ORGANIZADORES

FERNANDA **TARTUCE**

ANDRE **ROQUE**

FERNANDO **GAJARDONI**

LUIZ **DELLORE**

MARCELO **MACHADO**

RODRIGO **LEITE**

ZULMAR **DUARTE**

2021

SEGUNDA EDIÇÃO

PREFÁCIO **MINISTRO RIBEIRO DANTAS (STJ)**

CPC NA JURISPRUDÊNCIA

- Atualizado até a Lei nº 14.133, de 1º de Abril de 2021;
- CPC Anotado com Julgados em cada um dos Artigos (Quando Existentes);
- Remissões a Artigos do Código e Legislação Extravagante;
- Julgados e Súmulas do STJ e STF;
- Enunciados Interpretativos (ENFAM, FPPC, CEAPRO e CJF)
- Atualização Periódica pela *Internet*, até a Próxima Edição

EDITORA FOCO

2021 © Editora Foco
Organizadores: Fernanda Tartuce, Andre Roque, Fernando Gajardoni
Luiz Dellore, Marcelo Machado Rodrigo Leite e Zulmar Duarte
Diretor Acadêmico: Leonardo Pereira
Editor: Roberta Densa
Assistente Editorial: Paula Morishita
Revisora Sênior: Georgia Renata Dias
Capa Criação: Leonardo Hermano
Diagramação: Ladislau Lima
Impressão miolo e capa: GRÁFICA FORMA CERTA

Dados Internacionais de Catalogação na Publicação (CIP) de acordo com ISBD

C882

CPC na jurisprudência / Fernanda Tartuce...[et al.]. - 2. ed. - Indaiatuba : Editora Foco, 2021.

1.160 p. ; 17cm x 24cm.

Inclui índice e bibliografia.

ISBN: 978-65-5515-226-5

1. Direito. 2. Código de Processo Civil. 3. Jurisprudência. I. Tartuce, Fernanda. II. Roque, Andre. III. Gajardoni, Fernando da Fonseca. IV. Machado, Marcelo. V. Dellore, Luiz. VI. Leite, Rodrigo. VII. Duarte, Zulmar. VIII. Título.

2021-1046 CDD 340 CDU 34

Elaborado por Vagner Rodolfo da Silva - CRB-8/9410

Índices para Catálogo Sistemático:

1.Direito 340 2. Direito 34

Atualizações e erratas: a presente obra é vendida como está, sem garantia de atualização futura. Porém, atualizações voluntárias e erratas são disponibilizadas no site www.editorafoco.com.br, na seção *Atualizações*. Esforçamo-nos ao máximo para entregar ao leitor uma obra com a melhor qualidade possível e sem erros técnicos ou de conteúdo. No entanto, nem sempre isso ocorre, seja por motivo de alteração de *software*, interpretação ou falhas de diagramação e revisão. Sendo assim, disponibilizamos em nosso site a seção mencionada (*Atualizações*), na qual relataremos, com a devida correção, os erros encontrados na obra. Solicitamos, outrossim, que o leitor faça a gentileza de colaborar com a perfeição da obra, comunicando eventual erro encontrado por meio de mensagem para contato@editorafoco.com.br.

Impresso no Brasil (03.2021)
Data de Fechamento (03.2021)

2021

Editora Foco Jurídico Ltda.
Avenida Itororó, 348 – Sala 05 – Cidade Nova
CEP 13334-050 – Indaiatuba – SP

E-mail: contato@editorafoco.com.br
www.editorafoco.com.br

Apresentação

Em vigor desde março de 2016, a Lei 13.105/2015 trouxe para o Brasil um novo Código de Processo Civil (CPC/15). Desde sua edição, já foram diversas alterações legislativas e inúmeras decisões interpretando o Código (algumas vezes os Tribunais Superiores se afastando da legra da lei...).

Com 5 anos da vigência do CPC/15, é hora de uma 2ª edição deste trabalho, que apresenta uma consolidação de como os Tribunais estão interpretando o Código.

Assim, a Editora Foco apresenta esta obra, fundamental para a efetiva compreensão da legislação e para aqueles que atuam no foro: trazendo o que existe de jurisprudência a respeito do Código, primordialmente a partir dos Tribunais Superiores (STJ e STF) mas, também, de tribunais intermediários (TJs e TRFs) – além de, em alguns casos, julgados decorrentes da Justiça do Trabalho.

O objetivo dos organizadores – que atuam diariamente no contencioso do processo civil, cada qual em sua respectiva atividade – é apresentar ao leitor como os Tribunais estão interpretando o Código.

Assim, em cada artigo, parágrafo ou inciso, haverá a reprodução de um julgado – isso quando existir alguma decisão a respeito do tema (sendo certo que há vários dispositivos a respeito dos quais ainda inexistem decisões). E esse julgado será precedido de uma breve exposição a respeito do que trata a decisão, para facilitar ainda mais a compreensão do dispositivo em análise.

Além disso, quando pertinente, cada artigo será acompanhado por remissão a (i) outros dispositivos do próprio CPC, (ii) outros dispositivos de legislação extravagante, (iii) súmulas (STF e STJ) e (iv) enunciados interpretativos.

No que se refere aos enunciados, a obra traz a remissão nos artigos dos enunciados da ENFAM (Escola Nacional de Formação e Aperfeiçoamento de Magistrados), e CJF (Conselho da Justiça Federal), e, no final, dos enunciados FPPC (Fórum Permanente de Processualistas Civis), CEAPRO (Centro de Estudos Avançados de Processo). Vale destacar que todos esses encontros contaram com a participação de um ou mais dos organizadores desta obra. Em síntese, este é um trabalho elaborado por quem está participando ativamente dos debates e da construção da jurisprudência do CPC/15.

Assim, esta obra traz:

a) índice sistemático do CPC/2015 e exposição de motivos do Código;

b) redação integral e atualizada do CPC/2015, com remissões a artigos do Código, legislação extravagante, súmulas e enunciados CJF e ENFAM;

c) quando existentes, julgados em cada um dos dispositivos do Código;

d) súmulas selecionadas do STF e STJ, além de Enunciados da ENFAM, FPPC, CEAPRO e CJF;

e) razões de veto;

f) leis que alteraram o CPC/15 e índice remissivo.

Para a 2ª edição, a obra ganhou mais um autor, o Prof. Rodrigo Leite, que é um dos principais estudiosos do Brasil acerca de jurisprudência. E também o prefácio do professor e Ministro do STJ Navarro Dantas, o que muito nos honra.

O leitor encontrará, portanto, um material completo para estudar o sistema processual e para sua atuação profissional com base no CPC/15. Enfim, o CPC na jurisprudência.

Boa leitura e bons estudos!
Os organizadores

PREFÁCIO À SEGUNDA EDIÇÃO

Se o que fazemos não é útil, tola é nossa vaidade.

FEDRO, FÁBULAS

Quando saiu a primeira edição deste *CPC na Jurisprudência*, em 2018, recebi um exemplar com generosa dedicatória da Professora Fernanda Tartuce, que então concluiu, dizendo: *espero que a leitura seja útil para suas reflexões.*

Embora hoje, como juiz e professor, eu esteja me dedicando com exclusividade ao processo penal, nunca deixei o processo civil, não só porque estou entre aqueles que creem numa base comum entre eles, como porque este — ainda mais após o Código de 2015 — em muitos pontos atualizou e fortaleceu o primeiro, e, finalmente, porque não se abandona a disciplina por primeiro mais amada de toda uma vida acadêmica.

Assim, o vaticínio da Professora Fernanda se cumpriu. O livro me foi e é utilíssimo. E essa, para mim, é a mais elevada qualidade de uma publicação para fins profissionais.

Eis que agora, para honra minha, fui convidado para fazer a apresentação da edição nova deste precioso trabalho. Como já fora dito na da primeira, a obra é "fundamental para a efetiva compreensão da legislação e, também, para aqueles que atuam no foro: trazendo o que já há de jurisprudência a respeito da nova legislação, primordialmente a partir dos tribunais superiores (STJ e STF) mas, também, de tribunais intermediários (TJs e TRFs) — além de, em alguns casos, julgados decorrentes da Justiça do Trabalho".

Ali também se deixou claro que, entre outras coisas, há ainda súmulas selecionadas do STF e STJ, bem como Enunciados da Enfam, FPPC, Ceapro e CJF.

Um detalhe que entendo que vale a pena destacar é que toda essa jurisprudência, extremamente atualizada, assinale-se, não vem "solta", mas sob epígrafes que identificam e contextualizam os verbetes em relação a cada dispositivo da lei.

E não se pense que se cuida apenas de um amontoado de ementas que qualquer pesquisa de computador poderia compilar. A jurisprudência, aqui, é selecionada. Apenas as decisões mais importantes, mais significativas ou que explicitam uma dada visão interessante acerca do dispositivo normativo em questão, está recolhida.

Esse, a meu ver, é o maior mérito do trabalho, até porque, para alcançá-lo, foi necessária a expertise dos autores — um time de craques.

Começo pela Professora Fernanda Tartuce. Doutora e Mestra em Direito Processual pela USP. Professora e coordenadora em cursos de pós-graduação. Presidente da Comissão de Processo Civil do IBDFAM. Presidente da comissão de Mediação Contratual do Instituto Brasileiro de Direito Contratual (IBDCont). Vice-Presidente da Comissão de Mediação do Instituto Brasileiro de Direito Processual (IBDP). Diretora do Centro de Estudos Avançados de Processo (Ceapro) e membro do Instituto dos Advogados de São Paulo (IASP). Advogada e mediadora.

Em seguida, o Professor Andre Roque. Doutor e mestre em Direito Processual pela UERJ. Professor Adjunto de Direito Processual Civil da UERJ nos cursos de graduação, mestrado e doutorado. Membro do Instituto Brasileiro de Direito Processual (IBDP), do Comitê Brasileiro de Arbitragem (CBAr), Centro de Estudos Avançados de Processo (Ceapro) e Instituto dos Advogados Brasileiros (IAB). Sócio de Gustavo Tepedino Advogados.

Depois, meu caro amigo e colega magistrado, Professor Fernando da Fonseca Gajardoni. Doutor e Mestre em Direito Processual pela USP. Professor Doutor de Direito Processual Civil e Arbitragem dos cursos de graduação e pós-graduação da Faculdade de Direito de Ribeirão Preto da USP (FDRP-USP). Diretor Regional (SP) do IBDP (Instituto Brasileiro de Direito Processual) e membro do CBAr (Comitê Brasileiro de Arbitragem) e do Ceapro

(Centro de Estudos Avançados de Processo). Juiz de Direito no Estado de São Paulo (TJSP), atualmente atuando como Juiz Auxiliar junto ao Superior Tribunal de Justiça (STJ).

Na sequência, o Professor Luiz Dellore. Doutor e mestre em Direito Processual pela USP. Mestre em Direito Constitucional pela PUC-SP. *Visiting Scholar* na Syracuse University e Cornell University (EUA). Professor de Direito Processual do Mackenzie e Escola Paulista do Direito. Membro do IBDP (Instituto Brasileiro de Direito Processual) e do Centro de Estudos Avançados de Processo (Ceapro). Ex-assessor de ministro do STJ. Advogado da Caixa Econômica Federal e consultor jurídico.

Vem, então, o Professor Marcelo Machado. Doutor e mestre em Direito Processual pela USP. Professor de Direito Processual Civil. Membro do IBDP (Instituto Brasileiro de Direito Processual) e do Ceapro (Centro de Estudos Avançados de Processo). Advogado.

Adiante, o Professor Zulmar Duarte. Especialista em Direito Civil e Direito Processual Civil. Professor da Unisul e de diversos Cursos de Pós-Graduação. Professor Convidado Permanente da Escola Superior da Advocacia – OAB-SC. Membro do Instituto Brasileiro de Direito Processual (IBDP), da Associação Brasileira de Direito Processual (ABDPro), do Instituto dos Advogados Brasileiros (IAB) e do Instituto dos Advogados de São Paulo (IASP). Advogado e consultor jurídico.

E, para completar, meu conterrâneo e estimado ex-aluno, o Professor Rodrigo Leite. Mestre em Direito Constitucional, Especialista em Direito Processual Civil e Direito Público (UF, FESMP e Anhanguera). Professor da pós-graduação on-line da Rede Kroton-LFG. Membro do Instituto Potiguar de Direito Processual Civil (IPPC-RN) e do Instituto de Direito Administrativo Seabra Fagundes (IDASF). Membro do Conselho Editorial da Revista de Jurisprudência do TJRN. Assessor de Desembargador do Tribunal de Justiça do Rio Grande do Norte (TJRN).

São múltiplas experiências, diferentes vivências, mas um só objetivo — analisar o CPC à luz da melhor e mais prestável jurisprudência — e o mesmo altíssimo padrão acadêmico.

O livro traz, além de tudo quanto foi dito aqui, remissões a dispositivos conexos do próprio CPC ou da legislação extravagante, e o compromisso, assumido desde a edição originária, e rigorosamente mantido, de fazer atualizações periódicas pela internet até a próxima edição. E é encerrado com um índice remissivo extremamente prático.

O mantra, então, se repete: eis uma obra extremamente útil, já para o trabalho, já para o estudo de todos os que lidam coma a lei processual. Parabéns, portanto, aos que a compuseram, pois como dizia Bernard Shaw, *a verdadeira alegria de viver é ser útil a algo que se reconhece como importante.*

E, principalmente, parabéns para quem a tem nas mãos.

MARCELO NAVARRO RIBEIRO DANTAS

Doutor e Mestre em Direito (PUC_SP)
Professor de cursos de graduação (UnB) e pós-graduação (Uninove) em Direito
Ministro do Superior Tribunal de Justiça

SUMÁRIO

Índice Sistemático do Código de Processo Civil

LEI 13.105, DE 16 DE MARÇO DE 2015

PARTE GERAL

LIVRO I – DAS NORMAS PROCESSUAIS CIVIS

TÍTULO ÚNICO – DAS NORMAS FUNDAMENTAIS E DA APLICAÇÃO DAS NORMAS PROCESSUAIS

LIVRO II – DA FUNÇÃO JURISDICIONAL

TÍTULO I – DA JURISDIÇÃO E DA AÇÃO

TÍTULO II – DOS LIMITES DA JURISDIÇÃO NACIONAL E DA COOPERAÇÃO INTERNACIONAL

TÍTULO III – DA COMPETÊNCIA INTERNA

LIVRO III – DOS SUJEITOS DO PROCESSO

TÍTULO I – DAS PARTES E DOS PROCURADORES

TÍTULO II – DO LITISCONSÓRCIO

TÍTULO III – DA INTERVENÇÃO DE TERCEIROS

TÍTULO IV – DO JUIZ E DOS AUXILIARES DA JUSTIÇA

LIVRO II – DO PROCESSO DE EXECUÇÃO

TÍTULO I – DA EXECUÇÃO EM GERAL

TÍTULO II – DAS DIVERSAS ESPÉCIES DE EXECUÇÃO

EXPOSIÇÃO DE MOTIVOS

Brasília, 8 de junho de 2010.

Excelentíssimo Senhor Presidente do Senado Federal, Senador José Sarney.

Honrados pela nobre designação com que fomos distinguidos, submetemos à elevada apreciação de Vossa Excelência o Anteprojeto de Código de Processo Civil.

EXPOSIÇÃO DE MOTIVOS[NE1-NE2]

Um sistema processual civil que não proporcione à sociedade o reconhecimento e a realização[1] dos direitos, ameaçados ou violados, que têm cada um dos jurisdicionados, não se harmoniza com as garantias constitucionais[2] de um Estado Democrático de Direito.[3]

Sendo ineficiente o sistema processual, todo o ordenamento jurídico passa a carecer de real efetividade. De fato, as normas de direito material se transformam em pura ilusão, sem a garantia de sua correlata realização, no mundo empírico, por meio do processo.[4]

Não há fórmulas mágicas. O Código vigente, de 1973, operou satisfatoriamente durante duas décadas. A partir dos anos noventa, entretanto, sucessivas reformas, a grande maioria delas lideradas pelos Ministros Athos Gusmão Carneiro e Sálvio de Figueiredo Teixeira, introduziram no Código revogado significativas alterações, com o objetivo de adaptar as normas processuais a mudanças na sociedade e ao funcionamento das instituições.

A expressiva maioria dessas alterações, como, por exemplo, em 1.994, a inclusão no sistema do instituto da **antecipação de tutela**; em 1.995, a alteração do regime do **agravo**; e, mais recentemente, as leis que alteraram a execução, foram bem recebidas pela comunidade jurídica e geraram resultados positivos, no plano da operatividade do sistema.

O enfraquecimento da coesão entre as normas processuais foi uma consequência natural do método consistente em se incluírem, aos poucos, alterações no CPC, comprometendo a sua forma sistemática. A complexidade

---

Nota da Editora 1: É importante informar ao leitor que a presente Exposição de Motivos foi elaborada de acordo com a primeira redação do Projeto de Lei do Senado 166, em 8 de junho de 2010. Desde a apresentação até a publicação da Lei 13.105, em 16 de março de 2015, que instituiu o Novo Código de Processo Civil, ocorreram inúmeras alterações materiais e redacionais ao texto original, razão pela qual certas transcrições ou menções a artigos nesta exposição poderão não corresponder ao texto final promulgado.

Nota da Editora 2: Exposição de motivos extraída do endereço eletrônico do Senado Federal. Disponível em: [http://www.senado.gov.br/atividade/materia/detalhes.asp?p_cod_mate=116731].

1. Essencial que se faça menção a *efetiva* satisfação, pois, a partir da dita terceira fase metodológica do direito processual civil, o processo passou a ser visto como instrumento, que deve ser idôneo para o reconhecimento e a adequada concretização de direitos.
2. Isto é, aquelas que regem, eminentemente, as relações das partes entre si, entre elas e o juiz e, também, entre elas e terceiros, de que são exemplos a imparcialidade do juiz, o contraditório, a demanda, como ensinam CAPPELLETTI e VIGORITI (I diritti costituzionali delle parti nel processo civile italiano. *Rivista di diritto processuale*, II serie, v. 26, p. 604-650, Padova, Cedam, 1971, p. 605).
3. Os princípios e garantias processuais inseridos no ordenamento constitucional, por conta desse movimento de "constitucionalização do processo", não se limitam, no dizer de LUIGI PAOLO COMOGLIO, a "reforçar do exterior uma mera 'reserva legislativa' para a regulamentação desse método [em referência ao processo como método institucional de resolução de conflitos sociais], mas impõem a esse último, e à sua disciplina, algumas condições mínimas de legalidade e retidão, cuja eficácia é potencialmente operante em qualquer fase (ou momento nevrálgico) do processo" (Giurisdizione e processo nel quadro delle garanzie costituzionali. *Studi in onore di Luigi Montesano*, v. II, p. 87-127, Padova, Cedam, 1997, p. 92).
4. É o que explica, com a clareza que lhe é peculiar, BARBOSA MOREIRA: "Querer que o processo seja efetivo é querer que desempenhe com eficiência o papel que lhe compete na economia do ordenamento jurídico. Visto que esse papel é instrumental em relação ao direito substantivo, também se costuma falar da instrumentalidade do processo. Uma noção conecta-se com a outra e por assim dizer a implica. Qualquer instrumento será bom na medida em que sirva de modo prestimoso à consecução dos fins da obra a que se ordena; em outras palavras, na medida em que seja efetivo. Vale dizer: será efetivo o processo que constitua instrumento eficiente de realização do direito material" (Por um processo socialmente efetivo. *Revista de Processo*. São Paulo, v. 27, n.105, p. 183-190, jan./mar. 2002, p. 181).

resultante desse processo confunde-se, até certo ponto, com essa desorganização, comprometendo a celeridade e gerando questões evitáveis (pontos que geram polêmica e atraem atenção dos magistrados) que subtraem indevidamente a atenção do operador do direito.

Nessa dimensão, a preocupação em se preservar a forma sistemática das normas processuais, longe de ser meramente acadêmica, atende, sobretudo, a uma necessidade de caráter pragmático: obter-se um grau mais intenso de funcionalidade.

Sem prejuízo da manutenção e do aperfeiçoamento dos institutos introduzidos no sistema pelas reformas ocorridas nos anos de 1.992 até hoje, criou-se um Código novo, que não significa, todavia, uma ruptura com o passado, mas um passo à frente. Assim, além de conservados os institutos cujos resultados foram positivos, incluíram-se no sistema outros tantos que visam a atribuir-lhe alto grau de eficiência.

Há mudanças necessárias, porque reclamadas pela comunidade jurídica, e correspondentes a queixas recorrentes dos jurisdicionados e dos operadores do Direito, ouvidas em todo país. Na elaboração deste Anteprojeto de Código de Processo Civil, essa foi uma das linhas principais de trabalho: resolver **problemas**. Deixar de ver o processo como teoria descomprometida de sua natureza fundamental de **método** de resolução de conflitos, por meio do qual se realizam **valores constitucionais**.[5]

Assim, e por isso, um dos métodos de trabalho da Comissão foi o de resolver problemas, sobre cuja existência há praticamente unanimidade na comunidade jurídica. Isso ocorreu, por exemplo, no que diz respeito à complexidade do sistema recursal existente na lei revogada. Se o sistema recursal, que havia no Código revogado em sua versão originária, era consideravelmente mais simples que o anterior, depois das sucessivas reformas pontuais que ocorreram, se tornou, inegavelmente, muito mais complexo.

Não se deixou de lado, é claro, a necessidade de se construir um Código coerente e harmônico *interna corporis*, mas não se cultivou a obsessão em elaborar uma obra magistral, estética e tecnicamente perfeita, em detrimento de sua funcionalidade.

De fato, essa é uma preocupação presente, mas que já não ocupa o primeiro lugar na postura intelectual do processualista contemporâneo.

A coerência substancial há de ser vista como objetivo fundamental, todavia, e mantida em termos absolutos, no que tange à Constituição Federal da República. Afinal, é na lei ordinária e em outras normas de escalão inferior que se explicita a promessa de realização dos valores encampados pelos princípios constitucionais.

O novo Código de Processo Civil tem o potencial de gerar um processo mais célere, mais justo,[6] porque mais rente às necessidades sociais[7] e muito menos complexo.[8]

A simplificação do sistema, além de proporcionar-lhe coesão mais visível, permite ao juiz centrar sua atenção, de modo mais intenso, no mérito da causa.

Com evidente redução da complexidade inerente ao processo de criação de um novo Código de Processo Civil, poder-se-ia dizer que os trabalhos da Comissão se orientaram precipuamente por cinco objetivos: 1) estabelecer expressa e implicitamente verdadeira sintonia fina com a Constituição Federal; 2) criar condições para que o juiz possa proferir decisão de forma mais rente à realidade fática subjacente à causa; 3) simplificar, resolvendo problemas e reduzindo a complexidade de subsistemas, como, por exemplo, o recursal; 4) dar todo o rendimento possível a cada processo em si mesmo considerado; e, 5) finalmente, sendo talvez este último objetivo parcialmente alcançado pela realização daqueles mencionados antes, imprimir maior grau de organicidade ao sistema, dando-lhe, assim, mais coesão.

Esta Exposição de Motivos obedece à ordem dos objetivos acima alistados.

1) A necessidade de que fique evidente a *harmonia da lei ordinária em relação à* ***Constituição Federal da***

---

5. SÁLVIO DE FIGUEIREDO TEIXEIRA, em texto emblemático sobre a nova ordem trazida pela Constituição Federal de 1988, disse, acertadamente, que, apesar de suas vicissitudes, "nenhum texto constitucional valorizou tanto a 'Justiça', tomada aqui a palavra não no seu conceito clássico de 'vontade constante e perpétua de dar a cada um o que é seu', mas como conjunto de instituições voltadas para a realização da paz social" (O aprimoramento do processo civil como garantia da cidadania. In: FIGUEIREDO TEIXEIRA, Sálvio. *As garantias do cidadão na Justiça.* São Paulo: Saraiva, 1993. p. 79-92, p. 80).

6. Atentando para a advertência, acertada, de que não o processo, além de produzir um resultado justo, precisa ser justo em si mesmo, e portanto, na sua realização, devem ser observados aqueles *standards* previstos na Constituição Federal, que constituem desdobramento da garantia do *due process of law* (DINAMARCO, Cândido. *Instituições de direito processual civil*, v. 1. 6.a ed. São Paulo: Malheiros, 2009).

7. Lembrando, com BARBOSA MOREIRA, que "não se promove uma sociedade mais justa, ao menos primariamente, por obra do aparelho judicial. É todo o edifício, desde as fundações, que para tanto precisa ser revisto e reformado. Pelo prisma jurídico, a tarefa básica inscreve-se no plano do direito material" (*Por um processo socialmente efetivo*, p. 181)

8. Trata-se, portanto, de mais um passo decisivo para afastar os obstáculos para o acesso à Justiça, a que comumente se alude, isto é, a duração do processo, seu alto custo e a excessiva formalidade.

República[9] fez com que se incluíssem no Código, expressamente, **princípios constitucionais**, na sua versão processual. Por outro lado, muitas **regras** foram concebidas, dando concreção a princípios constitucionais, como, por exemplo, as que preveem um procedimento, com *contraditório* e produção de provas, prévio à decisão que desconsidera da pessoa jurídica, em sua versão tradicional, ou "às avessas"[10].

Está expressamente formulada a regra no sentido de que o fato de o juiz estar diante de matéria de ordem pública não dispensa a obediência ao princípio do **contraditório**.

Como regra, o depósito da quantia relativa às multas, cuja função processual seja levar ao cumprimento da obrigação *in natura*, ou da ordem judicial, deve ser feito logo que estas incidem.

Não podem, todavia, ser levantadas, a não ser quando haja trânsito em julgado ou quando esteja pendente agravo de decisão denegatória de seguimento a recurso especial ou extraordinário.

Trata-se de uma forma de tornar o processo mais eficiente e efetivo, o que significa, indubitavelmente, aproximá-lo da Constituição Federal, em cujas entrelinhas se lê que o processo deve assegurar o cumprimento da lei material.

Prestigiando o princípio constitucional da **publicidade** das decisões, previu-se a regra inafastável de que à data de julgamento de todo recurso deve-se dar publicidade (todos os recursos devem constar em pauta), para que as partes tenham oportunidade de tomar providências que entendam necessárias ou, pura e simplesmente, possam assistir ao julgamento.

Levou-se em conta o princípio da *razoável duração do processo*.[11] Afinal a ausência de celeridade, sob certo ângulo,[12] é ausência de justiça. A simplificação do sistema recursal, de que trataremos separadamente, leva a um processo mais ágil.

Criou-se o incidente de julgamento conjunto de demandas repetitivas, a que adiante se fará referência.

Por enquanto, é oportuno ressaltar que levam a um processo **mais célere** as medidas cujo objetivo seja o julgamento conjunto de demandas que gravitam em torno da mesma questão de direito, por dois ângulos: *a*) o relativo àqueles processos, em si mesmos considerados, que, serão decididos conjuntamente; *b*) no que concerne à atenuação do excesso de carga de trabalho do Poder Judiciário – já que o tempo usado para decidir aqueles processos poderá ser mais eficazmente aproveitado em todos os outros, em cujo trâmite serão evidentemente menores os ditos "tempos mortos" (períodos em que nada acontece no processo).

Por outro lado, haver, indefinidamente, **posicionamentos diferentes** e incompatíveis, nos Tribunais, a respeito da **mesma norma jurídica**, leva a que jurisdicionados que estejam em situações idênticas, tenham de submeter-se a regras de conduta diferentes, ditadas por decisões judiciais emanadas de tribunais diversos.

Esse fenômeno fragmenta o sistema, gera intranquilidade e, por vezes, verdadeira perplexidade na sociedade.

---

9. Hoje, costuma-se dizer que o processo civil **constitucionalizou-se**. Fala-se em modelo constitucional do processo, expressão inspirada na obra de Italo Andolina e Giuseppe Vignera, *Il modello costituzionale del processo civile italiano: corso di lezioni* (Turim, Giapicchelli, 1990). O processo há de ser examinado, estudado e compreendido à luz da Constituição e de forma a dar o maior rendimento possível aos seus princípios fundamentais.
10. O Novo CPC prevê expressamente que, antecedida de contraditório e produção de provas, haja decisão sobre a desconsideração da pessoa jurídica, com o redirecionamento da ação, na dimensão de sua patrimonialidade, e também sobre a consideração dita inversa, nos casos em que se abusa da sociedade, para usá-la indevidamente com o fito de camuflar o patrimônio pessoal do sócio. Essa alteração está de acordo com o pensamento que, entre nós, ganhou projeção ímpar na obra de J. LAMARTINE CORRÊA DE OLIVEIRA. Com efeito, há três décadas, o brilhante civilista já advertia ser essencial o predomínio da realidade sobre a aparência, quando *"em verdade* [é] *uma outra pessoa que está a agir, utilizando a pessoa jurídica como escudo, e se é essa utilização da pessoa jurídica, fora de sua função, que está tornando possível o resultado contrário à lei, ao contrato, ou às coordenadas axiológicas"* (*A dupla crise da pessoa jurídica.* São Paulo: Saraiva, 1979, p. 613).
11. Que, antes de ser expressamente incorporado à Constituição Federal em vigor (art. 5º, inciso LXXVIII), já havia sido contemplado em outros instrumentos normativos estrangeiros (veja-se, por exemplo, o art. 111, da Constituição da Itália) e convenções internacionais (Convenção Europeia e Pacto de San Jose da Costa Rica). Trata-se, portanto, de tendência mundial.
12. Afinal, a celeridade não é um valor que deva ser perseguido a qualquer custo. "Para muita gente, na matéria, a rapidez constitui o valor por excelência, quiçá o único. Seria fácil invocar aqui um rol de citações de autores famosos, apostados em estigmatizar a morosidade processual. Não deixam de ter razão, sem que isso implique – nem mesmo, quero crer, no pensamento desses próprios autores – hierarquização rígida que não reconheça como imprescindível, aqui e ali, ceder o passo a outros valores. Se uma justiça lenta demais é decerto uma justiça má, daí não se segue que uma justiça muito rápida seja necessariamente uma justiça boa. O que todos devemos querer é que a prestação jurisdicional venha ser melhor do que é. Se para torná-la melhor é preciso acelerá-la, muito bem: não, contudo, a qualquer preço" (BARBOSA MOREIRA, José Carlos. O futuro da justiça: alguns mitos. *Revista de Processo*, v. 102, p. 228-237, abr.-jun. 2001, p. 232).

Prestigiou-se, seguindo-se direção já abertamente seguida pelo ordenamento jurídico brasileiro, expressado na criação da Súmula Vinculante do Supremo Tribunal Federal (STF) e do regime de julgamento conjunto de recursos especiais e extraordinários repetitivos (que foi mantido e aperfeiçoado) tendência a criar estímulos para que a jurisprudência se uniformize, à luz do que venham a decidir tribunais superiores e até de segundo grau, e se estabilize.

Essa é a função e a razão de ser dos tribunais superiores: proferir decisões que **moldem** o ordenamento jurídico, objetivamente considerado. A função paradigmática que devem desempenhar é inerente ao sistema.

Por isso é que esses princípios foram expressamente formulados. Veja-se, por exemplo, o que diz o novo Código, no Livro IV: "A jurisprudência do STF e dos Tribunais Superiores deve nortear as decisões de todos os Tribunais e Juízos singulares do país, de modo a concretizar plenamente os princípios da legalidade e da isonomia".

Evidentemente, porém, para que tenha eficácia a recomendação no sentido de que seja a jurisprudência do STF e dos Tribunais superiores, efetivamente, norte para os demais órgãos integrantes do Poder Judiciário, é necessário que aqueles Tribunais mantenham jurisprudência razoavelmente estável.

A segurança jurídica fica comprometida com a brusca e integral alteração do entendimento dos tribunais sobre questões de direito.[13]

Encampou-se, por isso, expressamente princípio no sentido de que, uma vez firmada jurisprudência em certo sentido, esta deve, como norma, ser mantida, salvo se houver relevantes razões recomendando sua alteração.

Trata-se, na verdade, de um outro viés do princípio da segurança jurídica,[14] que recomendaria que a jurisprudência, uma vez pacificada ou sumulada, tendesse a ser mais estável.[15]

De fato, a alteração do entendimento a respeito de uma tese jurídica ou do sentido de um texto de lei pode levar ao legítimo desejo de que as situações anteriormente decididas, com base no entendimento superado, sejam redecididas à luz da nova compreensão. Isto porque a alteração da jurisprudência, diferentemente da alteração da lei, produz efeitos equivalentes aos *ex tunc*. Desde que, é claro, não haja regra em sentido inverso.

Diz, expressa e explicitamente, o novo Código que: "A mudança de entendimento sedimentado observará a necessidade de fundamentação adequada e específica, considerando o imperativo de estabilidade das relações jurídicas";

E, ainda, com o objetivo de prestigiar a segurança jurídica, formulou-se o seguinte princípio: "Na hipótese de alteração da jurisprudência dominante do STF e dos Tribunais superiores, ou oriunda de julgamentos de casos repetitivos, pode haver **modulação** dos efeitos da alteração no interesse social e no da segurança jurídica" (grifos nossos).

Esse princípio tem relevantes consequências práticas, como, por exemplo, a não rescindibilidade de sentenças transitadas em julgado baseadas na orientação abandonada pelo Tribunal. Também em nome da segurança jurídica, reduziu-se para um ano, como regra geral, o prazo decadencial dentro do qual pode ser proposta a ação rescisória.

Mas talvez as alterações mais expressivas do sistema processual ligadas ao objetivo de harmonizá-lo com o espírito da Constituição Federal, sejam as que dizem respeito a regras que induzem à uniformidade e à estabilidade da jurisprudência.

O novo Código prestigia o princípio da segurança jurídica, obviamente de índole constitucional, pois que se hospeda nas dobras do Estado Democrático de Direito e visa a proteger e a preservar as justas expectativas das pessoas.

Todas as normas jurídicas devem tender a dar efetividade às garantias constitucionais, tornando "segura" a vida dos jurisdicionados, de modo a que estes sejam poupados de "surpresas", podendo sempre prever, em alto grau, as consequências jurídicas de sua conduta.

13. Os ingleses dizem que os jurisdicionados não podem ser tratados "como cães, que só descobrem que algo é proibido quando o bastão toca seus focinhos" (BENTHAM citado por R. C. CAENEGEM, Judges, Legislators & Professors, p. 161).
14. "O homem necessita de segurança para conduzir, planificar e conformar autônoma e responsavelmente a sua vida. Por isso, desde cedo se consideravam os princípios da segurança jurídica e da proteção à confiança como elementos constitutivos do Estado de Direito. Esses dois princípios – segurança jurídica e proteção da confiança – andam estreitamente associados, a ponto de alguns autores considerarem o princípio da confiança como um subprincípio ou como uma dimensão específica da segurança jurídica. Em geral, considera-se que a segurança jurídica está conexionada com elementos objetivos da ordem jurídica – garantia de estabilidade jurídica, segurança de orientação e realização do direito – enquanto a proteção da confiança se prende mais com os componentes subjetivos da segurança, designadamente a calculabilidade e previsibilidade dos indivíduos em relação aos efeitos dos actos". (JOSÉ JOAQUIM GOMES CANOTILHO. Direito constitucional e teoria da constituição. Almedina, Coimbra, 2000, p. 256).
15. Os alemães usam a expressão princípio da "proteção", acima referida por Canotilho. (ROBERT ALEXY e RALF DREIER, Precedent in the Federal Republic of Germany, *in* Interpreting Precedents, A Comparative Study, Coordenação NEIL MACCORMICK e ROBERT SUMMERS, Dartmouth Publishing Company, p. 19).

Se, por um lado, o princípio do livre convencimento motivado é garantia de julgamentos independentes e justos, e neste sentido mereceu ser prestigiado pelo novo Código, por outro, compreendido em seu mais estendido alcance, acaba por conduzir a distorções do princípio da legalidade e à própria ideia, antes mencionada, de Estado Democrático de Direito. A dispersão excessiva da jurisprudência produz intranquilidade social e descrédito do Poder Judiciário.

Se todos têm que agir em conformidade com a lei, ter-se-ia, *ipso facto*, respeitada a isonomia. Essa relação de causalidade, todavia, fica comprometida como decorrência do desvirtuamento da liberdade que tem o juiz de decidir com base em seu entendimento sobre o sentido real da norma.

A tendência à diminuição[16] do número[17] de recursos que devem ser apreciados pelos Tribunais de segundo grau e superiores é resultado inexorável da jurisprudência mais uniforme e estável.[17]

Proporcionar legislativamente melhores condições para operacionalizar formas de uniformização do entendimento dos Tribunais brasileiros acerca de teses jurídicas é concretizar, na vida da sociedade brasileira, o princípio constitucional da isonomia.

Criaram-se figuras, no novo CPC, para evitar a dispersão[18] excessiva da jurisprudência. Com isso, haverá condições de se atenuar o assoberbamento de trabalho no Poder Judiciário, sem comprometer a qualidade da prestação jurisdicional.

Dentre esses instrumentos, está a complementação e o reforço da eficiência do regime de julgamento de recursos repetitivos, que agora abrange a possibilidade de suspensão do procedimento das demais ações, tanto no juízo de primeiro grau, quanto dos demais recursos extraordinários ou especiais, que estejam tramitando nos tribunais superiores, aguardando julgamento, desatreladamente dos afetados.

Com os mesmos objetivos, criou-se, com inspiração no direito alemão,[19] o já referido incidente de Resolução de Demandas Repetitivas, que consiste na identificação de processos que contenham a mesma questão de direito, que estejam ainda no primeiro grau de jurisdição, para decisão conjunta.[20]

---

16. Comentando os principais vetores da reforma sofrida no processo civil alemão na última década, BARBOSA MOREIRA alude ao problema causado pelo excesso de recursos no processo civil: "Pôr na primeira instância o centro de gravidade do processo é diretriz política muito prestigiada em tempos modernos, e numerosas iniciativas reformadoras levam-na em conta. A rigor, o ideal seria que os litígios fossem resolvidos em termos finais mediante um único julgamento. Razões conhecidas induzem as leis processuais a abrirem a porta a reexames. A multiplicação desmedida dos meios tendentes a propiciá-los, entretanto, acarreta o prolongamento indesejável do feito, aumenta-lhe o custo, favorece a chicana e, em muitos casos, gera para os tribunais superiores excessiva carga de trabalho. Convém, pois, envidar esforços para que as partes se deem por satisfeitas com a sentença e se abstenham de impugná-la" (Breve notícia sobre a reforma do processo civil alemão. *Revista de Processo*. São Paulo, v. 28, n. 111, p. 103-112, jul./set. 2003, p. 105).

17. O número de recursos previstos na legislação processual civil é objeto de reflexão e crítica, há muitos anos, na doutrina brasileira. EGAS MONIZ DE ARAGÃO, por exemplo, em emblemático trabalho sobre o tema, já indagou de forma contundente: "há demasiados recursos no ordenamento jurídico brasileiro? Deve-se restringir seu cabimento? São eles responsáveis pela morosidade no funcionamento do Poder Judiciário?" Respondendo tais indagações, o autor conclui que há três recursos que "atendem aos interesses da brevidade e certeza, interesses que devem ser ponderados – como na fórmula da composição dos medicamentos – para dar adequado remédio às necessidades do processo judicial": a apelação, o agravo e o extraordinário, isto é, recurso especial e recurso extraordinário (Demasiados recursos?. *Revista de Processo*. São Paulo, v. 31, n. 136, p. 9-31, jun. 2006, p. 18)

18. A preocupação com essa possibilidade não é recente. ALFREDO BUZAID já aludia a ela, advertindo que há uma grande diferença entre as decisões adaptadas ao contexto histórico em que proferidas e aquelas que prestigiam interpretações contraditórias da mesma disposição legal, apesar de iguais as situações concretas em que proferidas. Nesse sentido: "Na verdade, não repugna ao jurista que os tribunais, num louvável esforço de adaptação, sujeitem a mesma regra a entendimento diverso, desde que se alterem as condições econômicas, políticas e sociais; mas repugna-lhe que sobre a mesma regra jurídica deem os tribunais interpretação diversa e até contraditória, quando as condições em que ela foi editada continuam as mesmas. O dissídio resultante de tal exegese debilita a autoridade do Poder Judiciário, ao mesmo passo que causa profunda decepção às partes que postulam perante os tribunais" (Uniformização de Jurisprudência. *Revista da Associação dos Juízes do Rio Grande do Sul*, 34/139, jul. 1985).

19. No direito alemão a figura se chama *Musterverfahren* e gera decisão que serve de modelo (*Muster*) para a resolução de uma quantidade expressiva de processos em que as partes estejam na mesma situação, não se tratando necessariamente, do mesmo autor nem do mesmo réu (RALF-THOMAS WITTMANN. Il "contenzioso di massa" in Germania, *in* GIORGETTI ALESSANDRO e VALERIO VALLEFUOCO, Il Contenzioso di massa in Italia, in Europa e nel mondo, Milão, Giuffrè, 2008, p. 178).

20. Tais medidas refletem, sem dúvida, a tendência de coletivização do processo, assim explicada por RODOLFO DE CAMARGO MANCUSO: "Desde o último quartel do século passado, foi tomando vulto o fenômeno da 'coletivização' dos conflitos, à medida que, paralelamente, se foi reconhecendo a inaptidão do processo civil clássico para ins-

O incidente de resolução de demandas repetitivas é admissível quando identificada, em primeiro grau, controvérsia com potencial de gerar multiplicação expressiva de demandas e o correlato risco da coexistência de decisões conflitantes.

É instaurado perante o Tribunal local, por iniciativa do juiz, do MP, das partes, da Defensoria Pública ou pelo próprio Relator. O juízo de admissibilidade e de mérito caberão ao tribunal pleno ou ao órgão especial, onde houver, e a extensão da eficácia da decisão acerca da tese jurídica limita-se à área de competência territorial do tribunal, salvo decisão em contrário do STF ou dos Tribunais superiores, pleiteada pelas partes, interessados, MP ou Defensoria Pública. Há a possibilidade de intervenção de *amici curiae*.

O incidente deve ser julgado no prazo de seis meses, tendo preferência sobre os demais feitos, salvo os que envolvam réu preso ou pedido de *habeas corpus*.

O recurso especial e o recurso extraordinário, eventualmente interpostos da decisão do incidente, têm efeito suspensivo e se considera presumida a repercussão geral, de questão constitucional eventualmente discutida.

Enfim, não observada a tese firmada, caberá reclamação ao tribunal competente.

As hipóteses de cabimento dos embargos de divergência agora se baseiam exclusivamente na existência de *teses contrapostas*, não importando o veículo que as tenha levado ao Supremo Tribunal Federal ou ao Superior Tribunal de Justiça. Assim, são possíveis de confronto teses contidas em recursos e ações, sejam as decisões de mérito ou relativas ao juízo de admissibilidade.

Está-se, aqui, diante de poderoso instrumento, agora tornado ainda mais eficiente, cuja finalidade é a de uniformizar a jurisprudência dos Tribunais superiores, *interna corporis*.

Sem que a jurisprudência desses Tribunais esteja internamente uniformizada, é posto abaixo o edifício cuja base é o respeito aos precedentes dos Tribunais superiores.

2) Pretendeu-se converter o processo em instrumento incluído no **contexto social** em que produzirá efeito o seu resultado. Deu-se ênfase à possibilidade de as partes porem fim ao conflito pela via da mediação ou da conciliação.[21] Entendeu-se que a *satisfação efetiva* das partes pode dar-se de modo mais intenso se a solução é por elas criada e não imposta pelo juiz.

Como regra, deve realizar-se audiência em que, ainda antes de ser apresentada contestação, se tentará fazer com que autor e réu cheguem a acordo. Dessa audiência, poderão participar conciliador e mediador e o réu deve comparecer, sob pena de se qualificar sua ausência injustificada como ato atentatório à dignidade da justiça. Não se chegando a acordo, terá início o prazo para a contestação.

Por outro lado, e ainda levando em conta a qualidade da satisfação das partes com a solução dada ao litígio, previu-se a possibilidade da presença do *amicus curiae*, cuja manifestação, com certeza tem aptidão de proporcionar ao juiz condições de proferir decisão mais próxima às reais necessidades das partes e mais rente à realidade do país.[22]

Criou-se regra no sentido de que a intervenção pode ser pleiteada pelo *amicus curiae* ou solicitada de ofício, como decorrência das peculiaridades da causa, em todos os graus de jurisdição.

---

trumentalizar essas megacontrovérsias, próprias de uma conflitiva sociedade de massas. Isso explica a proliferação de ações de cunho coletivo, tanto na Constituição Federal (arts. 5.º, XXI; LXX, 'b'; LXXIII; 129, III) como na legislação processual extravagante, empolgando segmentos sociais de largo espectro: consumidores, infância e juventude; deficientes físicos; investidores no mercado de capitais; idosos; torcedores de modalidades desportivas, etc. Logo se tornou evidente (e premente) a necessidade da oferta de novos instrumentos capazes de recepcionar esses conflitos assim potencializado, seja em função do número expressivo (ou mesmo indeterminado) dos sujeitos concernentes, seja em função da indivisibilidade do objeto litigioso, que o torna insuscetível de partição e fruição por um titular exclusivo" (*A resolução de conflitos e a função judicial no Contemporâneo Estado de Direito*. São Paulo: Revista dos Tribunais, 2009, p. 379-380).

21. A criação de condições para realização da transação é uma das tendências observadas no movimento de reforma que inspirou o processo civil alemão. Com efeito, explica BARBOSA MOREIRA que "já anteriormente, por força de uma lei de 1999, os órgãos legislativos dos 'Lander' tinham sido autorizados, sob determinadas circunstâncias, a exigirem, como requisito de admissibilidade da ação, que se realizasse prévia tentativa de conciliação extrajudicial. Doravante, nos termos do art. 278, deve o tribunal, em princípio, levar a efeito a tentativa, ordenando o comparecimento pessoal de ambas as partes. O órgão judicial discutirá com elas a situação, poderá formular-lhes perguntas e fazer-lhes observações. Os litigantes serão ouvidos pessoalmente e terá cada qual a oportunidade de expor sua versão do litígio..." (*Breves notícias sobre a reforma do processo civil alemão*, p. 106).

22. Predomina na doutrina a opinião de que a origem do *amicus curiae* está na Inglaterra, no processo penal, embora haja autores que afirmem haver figura assemelhada já no direito romano (CÁSSIO SCARPINELLA BUENO, *Amicus curiae no processo civil brasileiro*, Ed. Saraiva, 2006, p. 88). Historicamente, sempre atuou ao lado do juiz, e sempre foi a discricionariedade deste que determinou a intervenção desta figura, fixando os limites de sua atuação. Do direito inglês, migrou para o direito americano, em que é, atualmente, figura de relevo digno de nota (CÁSSIO SCARPINELLA BUENO, ob.cit., p. 94 e seguintes).

Entendeu-se que os requisitos que impõem a manifestação do *amicus curiae* no processo, se existem, estarão presentes desde o primeiro grau de jurisdição, não se justificando que a possibilidade de sua intervenção ocorra só nos Tribunais Superiores. Evidentemente, todas as decisões devem ter a qualidade que possa proporcionar a presença do *amicus curiae*, não só a última delas.

Com objetivo semelhante, permite-se no novo CPC que os Tribunais Superiores apreciem o mérito de alguns recursos que veiculam questões relevantes, cuja solução é necessária para o aprimoramento do Direito, ainda que não estejam preenchidos requisitos de admissibilidade considerados menos importantes. Trata-se de regra afeiçoada à processualística contemporânea, que privilegia o conteúdo em detrimento da forma, em consonância com o princípio da instrumentalidade.

3) Com a finalidade de *simplificação*, criou-se,[23] *v.g.*, a possibilidade de o réu formular pedido independentemente do expediente formal da reconvenção, que desapareceu. Extinguiram-se muitos incidentes: passa a ser matéria alegável em preliminar de contestação a incorreção do valor da causa e a indevida concessão do benefício da justiça gratuita, bem como as duas espécies de incompetência. Não há mais a ação declaratória incidental nem a ação declaratória incidental de falsidade de documento, bem como o incidente de exibição de documentos. As formas de intervenção de terceiro foram modificadas e parcialmente fundidas: criou-se um só instituto, que abrange as hipóteses de denunciação da lide e de chamamento ao processo. Deve ser utilizado quando o chamado puder ser réu em ação regressiva; quando um dos devedores solidários saldar a dívida, aos demais; quando houver obrigação, por lei ou por contrato, de reparar ou garantir a reparação de dano, àquele que tem essa obrigação. A sentença dirá se terá havido a hipótese de ação regressiva, ou decidirá quanto à obrigação comum. Muitos[24] procedimentos especiais[25] foram extintos. Foram mantidos a ação de consignação em pagamento, a ação de prestação de contas, a ação de divisão e demarcação de terras particulares, inventário e partilha, embargos de terceiro, habilitação, restauração de autos, homologação de penhor legal e ações possessórias.

Extinguiram-se também as ações cautelares nominadas. Adotou-se a regra no sentido de que basta à parte a demonstração do *fumus boni iuris* e do perigo de ineficácia da prestação jurisdicional para que a providência pleiteada deva ser deferida. Disciplina-se também a tutela sumária que visa a proteger o direito evidente, independentemente de *periculum in mora*.

O Novo CPC agora deixa clara a possibilidade de concessão de tutela de urgência e de tutela à evidência. Considerou-se conveniente esclarecer de forma expressa que a resposta do Poder Judiciário deve ser rápida não só em situações em que a urgência decorre do risco de eficácia do processo e do eventual perecimento do próprio direito. Também em hipóteses em que as alegações da parte se revelam de juridicidade ostensiva deve a tutela ser antecipadamente (total ou parcialmente) concedida, independentemente de *periculum in mora*, por não haver razão relevante para a espera, até porque, via de regra, a demora do processo gera agravamento do dano.

Ambas essas espécies de tutela vêm disciplinadas na Parte Geral, tendo também desaparecido o livro das Ações Cautelares.

---

23. Tal possibilidade, rigorosamente, já existia no CPC de 1973, especificamente no procedimento comum sumário (art. 278, parágrafo 1º) e em alguns procedimentos especiais disciplinados no Livro IV, como, por exemplo, as ações possessórias (art. 922), daí porque se afirmava, em relação a estes, que uma de suas características peculiares era, justamente, a natureza dúplice da ação. Contudo, no Novo Código, o que era excepcional se tornará regra geral, em evidente benefício da economia processual e da idéia de efetividade da tutela jurisdicional.

24. EGAS MONIZ DE ARAGÃO, comentando a transição do Código de 1939 para o Código de 1973, já chamava a atenção para a necessidade de refletir sobre o grande número de procedimentos especiais que havia no primeiro e foi mantido, no segundo diploma. Nesse sentido: "Ninguém jamais se preocupou em investigar se é necessário ou dispensável, se é conveniente ou inconveniente oferecer aos litigantes essa pletora de procedimentos especiais; ninguém jamais se preocupou em verificar se a existência desses inúmeros procedimentos constitui obstáculo à 'efetividade do processo', valor tão decantado na atualidade; ninguém jamais se preocupou em pesquisar se a existência de tais e tantos procedimentos constitui estorvo ao bom andamento dos trabalhos forenses e se a sua substituição por outros e novos meios de resolver os mesmos problemas poderá trazer melhores resultados. Diante desse quadro é de indagar: será possível atingir os resultados verdadeiramente aspirados pela revisão do Código sem remodelar o sistema no que tange aos procedimentos especiais?" (Reforma processual: 10 anos. *Revista do Instituto dos Advogados do Paraná.* Curitiba, n. 33, p. 201-215, dez. 2004, p. 205).

25. Ainda na vigência do Código de 1973, já não se podia afirmar que a maior parte desses procedimentos era efetivamente especial. As características que, no passado, serviram para lhes qualificar desse modo, após as inúmeras alterações promovidas pela atividade de reforma da legislação processual, deixaram de lhes ser exclusivas. Vários aspectos que, antes, somente se viam nos procedimentos ditos especiais, passaram, com o tempo, a se observar também no procedimento comum. Exemplo disso é o sincretismo processual, que passou a marcar o procedimento comum desde que admitida a concessão de tutela de urgência em favor do autor, nos termos do art. 273.

A tutela de urgência e da evidência podem ser requeridas **antes** ou **no curso** do procedimento em que se pleiteia a providência principal.

Não tendo havido resistência à liminar concedida, o juiz, depois da efetivação da medida, extinguirá o processo, conservando-se a eficácia da medida concedida, sem que a situação fique protegida pela coisa julgada.

Impugnada a medida, o pedido principal deve ser apresentado **nos mesmos autos** em que tiver sido formulado o pedido de urgência.

As opções procedimentais acima descritas exemplificam sobremaneira a concessão da tutela cautelar ou antecipatória, do ponto de vista procedimental.

Além de a incompetência, absoluta e relativa, poderem ser levantadas pelo réu em preliminar de contestação, o que também significa uma maior simplificação do sistema, a incompetência absoluta não é, no Novo CPC, hipótese de cabimento de ação rescisória.

Cria-se a faculdade de o advogado promover, pelo correio, a intimação do advogado da outra parte. Também as testemunhas devem comparecer espontaneamente, sendo excepcionalmente intimadas por carta com aviso de recebimento.

A extinção do procedimento especial "ação de usucapião" levou à criação do procedimento edital, como forma de comunicação dos atos processuais, por meio do qual, em ações deste tipo, devem-se provocar todos os interessados a intervir, se houver interesse.

O prazo para todos os recursos, com exceção dos embargos de declaração, foi uniformizado: quinze dias.

O recurso de apelação continua sendo interposto no 1º grau de jurisdição, tendo-lhe sido, todavia, retirado o juízo de admissibilidade, que é exercido apenas no 2º grau de jurisdição. Com isso, suprime-se um novo foco desnecessário de recorribilidade.

Na execução, se eliminou a distinção entre praça e leilão, assim como a necessidade de duas hastas públicas. Desde a primeira, pode o bem ser alienado por valor inferior ao da avaliação, desde que não se trate de preço vil.

Foram extintos os embargos à arrematação, tornando-se a ação anulatória o único meio de que o interessado pode valer-se para impugná-la.

Bastante simplificado foi o sistema recursal. Essa simplificação, todavia, em momento algum significou restrição ao direito de defesa. Em vez disso deu, de acordo com o objetivo tratado no item seguinte, maior rendimento a cada processo individualmente considerado.

Desapareceu o agravo retido, tendo, correlatamente, sido alterado o regime das preclusões.[26] Todas as decisões anteriores à sentença podem ser impugnadas na apelação. Ressalte-se que, na verdade, o que se modificou, nesse particular, foi exclusivamente o momento da impugnação, pois essas decisões, de que se recorria, no sistema anterior, por meio de agravo retido, só eram mesmo alteradas ou mantidas quando o agravo era julgado, como preliminar de apelação. Com o novo regime, o momento de julgamento será o mesmo; não o da impugnação.

O agravo de instrumento ficou mantido para as hipóteses de concessão, ou não, de tutela de urgência; para as interlocutórias de mérito, para as interlocutórias proferidas na execução (e no cumprimento de sentença) e para todos os demais casos a respeito dos quais houver previsão legal expressa.

Previu-se a sustentação oral em agravo de instrumento de decisão de mérito, procurando-se, com isso, alcançar resultado do processo mais rente à realidade dos fatos.

Uma das grandes alterações havidas no sistema recursal foi a supressão dos embargos infringentes.[27] Há muito, doutrina da melhor qualidade vem propugnando pela necessidade de que sejam extintos.[28] Em contrapartida a essa extinção, o relator terá o dever de declarar o voto vencido, sendo este considerado como parte integrante do acórdão, inclusive para fins de prequestionamento.

Significativas foram as alterações, no que tange aos recursos para o STJ e para o STF. O Novo Código contém regra expressa, que leva ao aproveitamento do

26. Essa alteração contempla uma das duas soluções que a doutrina processualista colocava em relação ao problema da recorribilidade das decisões interlocutórias. Nesse sentido: *"Duas teses podem ser adotadas com vistas ao controle das decisões proferidas pelo juiz no decorrer do processo em primeira instância: ou, a) não se proporciona recurso algum e os litigantes poderão impugná-las somente com o recurso cabível contra o julgamento final, normalmente a apelação, caso estes em que não incidirá preclusão sobre tais questões, ou, b) é proporcionado recurso contra as decisões interlocutórias (tanto faz que o recurso suba incontinente ao órgão superior ou permaneça retido nos autos do processo) e ficarão preclusas as questões nelas solucionadas caso o interessado não recorra"* (ARAGÃO, E. M. *Reforma processual: 10* anos, p. 210-211).

27. Essa trajetória, como lembra BARBOSA MOREIRA, foi, no curso das décadas, *"complexa e sinuosa"* (Novas vicissitudes dos embargos infringentes, *Revista de Processo.* São Paulo, v. 28, n. 109, p. 113-123, jul-ago. 2004, p. 113).

28. Nesse sentido, "A existência de um voto vencido não basta por si só para justificar a criação de tal recurso; porque, por tal razão, se devia admitir um segundo recurso de embargos toda vez que houvesse mais de um voto vencido; desta forma poderia arrastar-se a verificação por largo tempo, vindo o ideal de justiça a ser sacrificado pelo desejo de aperfeiçoar a decisão" (ALFREDO BUZAID, Ensaio para uma revisão do sistema de recursos no Código de Processo Civil. *Estudos de direito.* São Paulo: Saraiva, 1972, v. 1, p. 111).

processo, de forma plena, devendo ser decididas todas as razões que podem levar ao provimento ou ao improvimento do recurso. Sendo, por exemplo, o recurso extraordinário provido para acolher uma causa de pedir, ou *a*) examinam-se todas as outras, ou, *b*) remetem-se os autos para o Tribunal de segundo grau, para que decida as demais, ou, *c*) remetem-se os autos para o primeiro grau, caso haja necessidade de produção de provas, para a decisão das demais; e, pode-se também, *d*) remeter os autos ao STJ, caso as causas de pedir restantes constituam-se em questões de direito federal.

Com os mesmos objetivos, consistentes em simplificar o processo, dando-lhe, simultaneamente, o maior rendimento possível, criou-se a regra de que não há mais extinção do processo, por decisão de inadmissão de recurso, caso o tribunal destinatário entenda que a competência seria de outro tribunal. Há, isto sim, em todas as instâncias, inclusive no plano de STJ e STF, **a remessa dos autos ao tribunal competente**.

Há dispositivo expresso determinando que, se os embargos de declaração são interpostos com o objetivo de prequestionar a matéria objeto do recurso principal, e não são admitidos, considera-se o prequestionamento como havido, salvo, é claro, se se tratar de recurso que pretenda a inclusão, no acórdão, da descrição de fatos.

Vê-se, pois, que as alterações do sistema recursal a que se está, aqui, aludindo, proporcionaram simplificação e levaram a efeito um outro objetivo, de que abaixo se tratará: obter-se o maior rendimento possível de cada processo.

4) O novo sistema permite que cada processo *tenha maior rendimento possível*. Assim, e por isso, estendeu-se a autoridade da coisa julgada às questões prejudiciais.

Com o objetivo de se dar maior **rendimento** a cada processo, individualmente considerado, e, atendendo a críticas tradicionais da doutrina,[29] deixou, a possibilidade jurídica do pedido, de ser condição da ação. A sentença que, à luz da lei revogada seria de carência da ação, à luz do Novo CPC é de improcedência e resolve definitivamente a controvérsia.

Criaram-se mecanismos para que, sendo a ação proposta com base em várias causas de pedir e sendo só uma levada em conta na decisão do 1º e do 2º graus, repetindo-se as decisões de procedência, caso o tribunal superior inverta a situação, retorne o processo ao 2º grau, para que as demais sejam apreciadas, até que, afinal, sejam todas decididas e seja, **efetivamente, posto fim à controvérsia**.

O mesmo ocorre se se tratar de ação julgada improcedente em 1º e em 2º graus, como resultado de acolhimento de uma razão de defesa, quando haja mais de uma.

Também visando a essa finalidade, o novo Código de Processo Civil criou, inspirado no sistema italiano[30] e francês[31], a estabilização de tutela, a que já se referiu no item anterior, que permite a manutenção da eficácia da medida de urgência, ou antecipatória de tutela, até que seja eventualmente impugnada pela parte contrária.

As partes podem, até a sentença, modificar pedido e causa de pedir, desde que não haja ofensa ao contraditório. De cada processo, por esse método, se obtém tudo o que seja possível.

Na mesma linha, tem o juiz o poder de adaptar o procedimento às peculiaridades da causa.[32]

Com a mesma finalidade, criou-se a regra, a que já se referiu, no sentido de que, entendendo o Superior Tribunal de Justiça que a questão veiculada no recurso especial seja constitucional, deve remeter o recurso do Supremo Tribunal Federal; do mesmo modo, deve o Supremo Tribunal Federal remeter o recurso ao Superior Tribunal de Justiça, se considerar que não se trata de ofensa direta à Constituição Federal, por decisão irrecorrível.

5) A Comissão trabalhou sempre tendo como **pano de fundo** um objetivo genérico, que foi de imprimir organicidade às regras do processo civil brasileiro, dando maior coesão ao sistema.

---

29. CÂNDIDO DINAMARCO lembra que o próprio LIEBMAN, após formular tal condição da ação em aula inaugural em Turim, renunciou a ela depois que *"a lei italiana passou a admitir o divórcio, sendo este o exemplo mais expressivo de impossibilidade jurídica que vinha sendo utilizado em seus escritos"* (*Instituições de direito processual civil.* v. II, 6.ª ed. São Paulo: Malheiros, 2009, p. 309).

30. Tratam da matéria, por exemplo, COMOGLIO, Luigi; FERRI, Corrado; TARUFFO, Michele. *Lezioni sul processo civile.* 4. ed. Bologna: Il Mulino, 2006. t. I e II; PICARDI, Nicola. *Codice di procedura civile.* 4. ed. Milão: Giuffrè, 2008. t. II; GIOLA, Valerio de; RASCHELLÀ, Anna Maria. *I provvedimento d´urgenza ex art. 700 Cod. Proc. Civ.* 2. ed. Experta, 2006.

31. É conhecida a figura do *référré* francês, que consiste numa forma sumária de prestação de tutela, que gera decisão provisória, não depende necessariamente de um processo principal, não transita em julgado, mas pode prolongar a sua eficácia no tempo. Vejam-se arts. 488 e 489 do *Nouveau Code de Procédure Civile* francês.

32. No processo civil inglês, há regra expressa a respeito dos *"case management powers"*. CPR 1.4. Na doutrina, v. NEIL ANDREWS, O moderno processo civil, São Paulo, Ed. RT, 2009, item 3.14, p. 74. Nestas regras de gestão de processos, inspirou-se a Comissão autora do Anteprojeto.

O Novo CPC conta, agora, com uma Parte Geral,[33] atendendo às críticas de parte ponderável da doutrina brasileira. Neste Livro I, são menciona- dos princípios constitucionais de especial importância para todo o processo civil, bem como regras gerais, que dizem respeito a todos os demais Livros. A Parte Geral desempenha o papel de chamar para si a solução de questões difíceis relativas às demais partes do Código, já que contém regras e princípios gerais a respeito do funcionamento do sistema.

O conteúdo da Parte Geral (Livro I) consiste no seguinte: princípios e garantias fundamentais do processo civil; aplicabilidade das normas processuais; limites da jurisdição brasileira; competência interna; normas de cooperação internacional e nacional; partes; litisconsórcio; procuradores; juiz e auxiliares da justiça; Ministério Público; atos processuais; provas; tutela de urgência e tutela da evidência; formação, suspensão e extinção do processo. O Livro II, diz respeito ao processo de conhecimento, incluindo cumprimento de sentença e procedimentos especiais, contenciosos ou não. O Livro III trata do processo de execução, e o Livro IV disciplina os processos nos Tribunais e os meios de impugnação das decisões judiciais. Por fim, há as disposições finais e transitórias.

O objetivo de organizar internamente as regras e harmonizá-las entre si foi o que inspirou, por exemplo, a reunião das hipóteses em que os Tribunais ou juízes podem voltar atrás, mesmo depois de terem proferido decisão de mérito: havendo embargos de declaração, erro material, sendo proferida decisão pelo STF ou pelo STJ com base nos artigos 543-B e 543-C do Código anterior.

Organizaram-se em dois dispositivos as causas que levam à extinção do processo, por indeferimento da inicial, sem ou com julgamento de mérito, incluindo-se neste grupo o que constava do art. 285-A do Código anterior.

Unificou-se o critério relativo ao fenômeno que gera a prevenção: o despacho que ordena a citação. A ação, por seu turno, considera-se proposta assim que protocolada a inicial.

Tendo desaparecido o Livro do Processo Cautelar e as cautelares em espécie, acabaram sobrando medidas que, em consonância com parte expressiva da doutrina brasileira, embora estivessem formalmente inseridas no Livro III, de cautelares, nada tinham. Foram, então, realocadas, junto aos procedimentos especiais.

Criou-se um livro novo, a que já se fez menção, para os processos nos Tribunais, que abrange os meios de impugnação às decisões judiciais – recursos e ações impugnativas autônomas – e institutos como, por exemplo, a homologação de sentença estrangeira.

Também com o objetivo de desfazer "nós" do sistema, deixaram-se claras as hipóteses de cabimento de ação rescisória e de ação anulatória, eliminando-se dúvidas, com soluções como, por exemplo, a de deixar sentenças homologatórias como categoria de pronunciamento impugnável pela ação anulatória, ainda que se trate de decisão de mérito, isto é, que homologa transação, reconhecimento jurídico do pedido ou renúncia à pretensão.

Com clareza e com base em doutrina autorizada,[34] disciplinou-se o litisconsórcio, separando-se, com a nitidez possível, o necessário do unitário.

Inverteram-se os termos **sucessão** e **substituição**, acolhendo-se crítica antiga e correta da doutrina.[35]

Nos momentos adequados, utilizou-se a expressão *convenção de arbitragem*, que abrange a cláusula arbitral e o

33. Para EGAS MONIZ DE ARAGÃO, a ausência de uma parte geral, no Código de 1973, ao tempo em que promulgado, era compatível com a ausência de sistematização, no plano doutrinário, de uma teoria geral do processo. E advertiu o autor: *"não se recomendaria que o legislador precedesse aos doutrinadores, aconselhando a prudência que se aguarde o desenvolvi- mento do assunto por estes para, colhendo-lhes os frutos, atuar aquele"* (*Comentários ao Código de Processo Civil*: v. II. 7.a Ed. Rio de Janeiro: Forense, 1991, p. 8). O profundo amadurecimento do tema que hoje se observa na doutrina processualista brasileiro justifica, nessa oportunidade, a sistematização da teoria geral do processo, no novo CPC.

34. CÂNDIDO DINAMARCO, por exemplo, sob a égide do Código de 1973, teceu críticas à redação do art. 47, por entender que "esse mal redigido dispositivo dá a impressão, absolutamente falsa, de que o litisconsórcio unitário seria modalidade do necessário" (*Instituições de direito processual civil*, v. II, p. 359). No entanto, explica, com inequívoca clareza, o processualista: "Os dois conceitos não se confundem nem se colocam em relação de gênero a espécie. A unitariedade não é espécie da necessariedade. Diz respeito ao 'regime de tratamento' dos litisconsortes, enquanto esta é a exigência de 'formação' do litisconsórcio".

35. "O Código de Processo Civil dá a falsa idéia de que a troca de um sujeito pelo outro na condição de parte seja um fenômeno de substituição processual: o vocábulo 'substituição' e a forma verbal'substituindo' são empregadas na rubrica em que se situa o art. 48 e em seu § 10. Essa impressão é falsa porque 'substituição processual' é a participação de um sujeito no processo, como autor ou réu, sem ser titular do interesse em conflito (art. 6º). Essa locução não expressa um movimento de entrada e saída. Tal movimento é, em direito, 'sucessão' – no caso, sucessão processual" (DINAMARCO, C. *Instituições de direito processual civil*, v. II, p. 281).

compromisso arbitral, imprimindo-se, assim, o mesmo regime jurídico a ambos os fenômenos.[36]

Em conclusão, como se frisou no início desta exposição de motivos, elaborar-se um Código novo não significa "deitar abaixo as instituições do Código vigente, substituindo-as por outras, inteiramente novas".[37]

Nas alterações das leis, com exceção daquelas feitas imediatamente após períodos históricos que se pretendem deixar definitivamente para trás, não se deve fazer "taboa rasa" das conquistas alcançadas. Razão alguma há para que não se conserve ou aproveite o que há de bom no sistema que se pretende reformar.

Assim procedeu a Comissão de Juristas que reformou o sistema processual: criou saudável equilíbrio entre conservação e inovação, sem que tenha havido drástica ruptura com o presente ou com o passado.

Foram criados institutos inspirados no direito estrangeiro, como se mencionou ao longo

desta Exposição de Motivos, já que, a época em que vivemos é de interpenetração das civilizações. O Novo CPC é fruto de reflexões da Comissão que o elaborou, que culminaram em escolhas racionais de caminhos considerados adequados, à luz dos cinco critérios acima referidos, à obtenção de uma sentença que resolva o conflito, com respeito aos direitos fundamentais e no menor tempo possível, realizando o interesse público da atuação da lei material.

Em suma, para a elaboração do Novo CPC, identificaram-se os avanços incorporados ao sistema processual preexistente, que deveriam ser conservados. Estes foram organizados e se deram alguns passos à frente, para deixar expressa a adequação das novas regras à Constituição Federal da República, com um sistema mais coeso, mais ágil e capaz de gerar um processo civil mais célere e mais justo.

A Comissão de Juristas

COMPOSIÇÃO DA COMISSÃO

Presidente: Luiz Fux.

Relatora-Geral: Teresa Arruda Alvim Wambier.

Membros: Adroaldo Furtado Fabrício, Benedito Cerezzo Pereira Filho, Bruno Dantas, Elpídio Donizetti Nunes, Humberto Theodoro Junior, Jansen Fialho de Almeida, José Miguel Garcia Medina, José Roberto dos Santos Bedaque, Marcus Vinicius Furtado Coelho, Paulo Cezar Pinheiro Carneiro.

Secretários da Comissão: Verônica Maia Baraviera (Designada através do Ato 503/2009, da Presidência do Senado Federal); Gláucio Ribeiro de Pinho (Designada através do Ato 167/2010, da Presidência do Senado Federal).

Equipe de Assessoramento à Comissão:

Advogados: Alex Alves Tavares, Anderson de Oliveira Noronha e Thalisson de Albuquerque Campos.

Assessora de Pesquisa: Helena Celeste R. L. Vieira.

Assessora de Imprensa: IlanaTrombka.

Estagiárias: Dominique Pinto de Britto, Rafaella Cristina Araújo Oliveira e Raianne Tavares Rocha.

Revisão final:

Consultor Legislativo: Fábio Augusto Santana Hage.

Analistas de Processo Legislativo: Andreza Rios de Carvalho, Ângela de Almeida Martins, Breno de Lima Andrade, Eduardo dos Santos Ribeiro, Emílio Moura Leite da Silveira, Maria Rita Galvão Lobo, Sebastião Araújo Andrade, Wesley Dutra de Andrade.

36. Sobre o tema da arbitragem, veja-se: CARMONA, Carlos Alberto. *Arbitragem e Processo um comentário à lei nº 9.307/96*. 3. ed. São Paulo: Atlas, 2009.
37. ALFREDO BUZAID, Exposição de motivos, Lei 5.869, de 11 de janeiro de 1973.

Razões de Veto

DESPACHOS DA PRESIDENTA DA REPÚBLICA

Nº 56, de 16 de março de 2015.

Senhor Presidente do Senado Federal,

Comunico a Vossa Excelência que, nos termos do § 1º do art. 66 da Constituição, decidi vetar parcialmente, por contrariedade ao interesse público, o Projeto de Lei 166, de 2010 (nº 8.046/10 na Câmara dos Deputados), que institui o "Código de Processo Civil".

Ouvidos, o Ministério da Justiça e a Advocacia-Geral da União manifestaram-se pelo veto ao seguinte dispositivo:

Art. 35

"Art. 35. Dar-se-á por meio de carta rogatória o pedido de cooperação entre órgão jurisdicional brasileiro e órgão jurisdicional estrangeiro para prática de ato de citação, intimação, notificação judicial, colheita de provas, obtenção de informações e cumprimento de decisão interlocutória, sempre que o ato estrangeiro constituir decisão a ser executada no Brasil."

Razões do veto

"Consultados o Ministério Público Federal e o Superior Tribunal de Justiça, entendeu-se que o dispositivo impõe que determinados atos sejam praticados exclusivamente por meio de carta rogatória, o que afetaria a celeridade e efetividade da cooperação jurídica internacional que, nesses casos, poderia ser processada pela via do auxílio direto."

A Advocacia-Geral da União manifestou-se pelo veto aos seguintes dispositivos:

Art. 333

"Art. 333. Atendidos os pressupostos da relevância social e da dificuldade de formação do litisconsórcio, o juiz, a requerimento do Ministério Público ou da Defensoria Pública, ouvido o autor, poderá converter em coletiva a ação individual que veicule pedido que:

I - tenha alcance coletivo, em razão da tutela de bem jurídico difuso ou coletivo, assim entendidos aqueles definidos pelo art. 81, parágrafo único, incisos I e II, da Lei 8.078, de 11 de setembro de 1990 (Código de Defesa do Consumidor), e cuja ofensa afete, a um só tempo, as esferas jurídicas do indivíduo e da coletividade;

II - tenha por objetivo a solução de conflito de interesse relativo a uma mesma relação jurídica plurilateral, cuja solução, por sua natureza ou por disposição de lei, deva ser necessariamente uniforme, assegurando-se tratamento isonômico para todos os membros do grupo.

§ 1º Além do Ministério Público e da Defensoria Pública, podem requerer a conversão os legitimados referidos no art. 5º da Lei 7.347, de 24 de julho de 1985, e no art. 82 da Lei 8.078, de 11 de setembro de 1990 (Código de Defesa do Consumidor).

§ 2º A conversão não pode implicar a formação de processo coletivo para a tutela de direitos individuais homogêneos.

§ 3º Não se admite a conversão, ainda, se:

I - já iniciada, no processo individual, a audiência de instrução e julgamento; ou

II - houver processo coletivo pendente com o mesmo objeto; ou

III - o juízo não tiver competência para o processo coletivo que seria formado.

§ 4º Determinada a conversão, o juiz intimará o autor do requerimento para que, no prazo fixado, adite ou emende a petição inicial, para adaptá-la à tutela coletiva.

§ 5º Havendo aditamento ou emenda da petição inicial, o juiz determinará a intimação do réu para, querendo, manifestar-se no prazo de 15 (quinze) dias.

§ 6º O autor originário da ação individual atuará na condição de litisconsorte unitário do legitimado para condução do processo coletivo.

§ 7º O autor originário não é responsável por nenhuma despesa processual decorrente da conversão do processo individual em coletivo.

§ 8º Após a conversão, observar-se-ão as regras do processo coletivo.

§ 9º A conversão poderá ocorrer mesmo que o autor tenha cumulado pedido de natureza estritamente individual, hipótese em que o processamento desse pedido dar-se-á em autos apartados.

§ 10. O Ministério Público deverá ser ouvido sobre o requerimento previsto no *caput*, salvo quando ele próprio o houver formulado."

Inciso XII do art. 1.015

"XII - conversão da ação individual em ação coletiva;"

Razões dos vetos

"Da forma como foi redigido, o dispositivo poderia levar à conversão de ação individual em ação coletiva de maneira pouco criteriosa, inclusive em detrimento do interesse das partes. O tema exige disciplina própria para garantir a plena eficácia do instituto. Além disso, o novo Código já contempla mecanismos para tratar demandas repetitivas. No sentido do veto manifestou-se também a Ordem dos Advogados do Brasil - OAB."

O Ministério da Defesa manifestou-se pelo veto ao seguinte dispositivo:

Inciso X do art. 515

"X - o acórdão proferido pelo Tribunal Marítimo quando do julgamento de acidentes e fatos da navegação."

Razões do veto

"Ao atribuir natureza de título executivo judicial às decisões do Tribunal Marítimo, o controle de suas decisões poderia ser afastado do Poder Judiciário, possibilitando a interpretação de que tal colegiado administrativo passaria a dispor de natureza judicial."

Ouvido ainda o Ministério da Fazenda, manifestou-se pelo veto ao dispositivo a seguir transcrito:

§ 3º do art. 895

"§ 3º As prestações, que poderão ser pagas por meio eletrônico, serão corrigidas mensalmente pelo índice oficial de atualização financeira, a ser informado, se for o caso, para a operadora do cartão de crédito."

Razões do veto

"O dispositivo institui correção monetária mensal por um índice oficial de preços, o que caracteriza indexação. Sua introdução potencializaria a memória inflacionária, culminando em uma indesejada inflação inercial."

O Ministério da Justiça solicitou, ainda, veto ao dispositivo a seguir transcrito:

Inciso VII do art. 937

"VII - no agravo interno originário de recurso de apelação, de recurso ordinário, de recurso especial ou de recurso extraordinário;"

Razões do veto

"A previsão de sustentação oral para todos os casos de agravo interno resultaria em perda de celeridade processual, princípio norteador do novo Código, provocando ainda sobrecarga nos Tribunais."

O Ministério da Justiça e o Ministério da Fazenda acrescentaram veto ao seguinte dispositivo:

Art. 1.055

"Art. 1.055. O devedor ou arrendatário não se exime da obrigação de pagamento dos tributos, das multas e das taxas incidentes sobre os bens vinculados e de outros encargos previstos em contrato, exceto se a obrigação de pagar não for de sua responsabilidade, conforme contrato, ou for objeto de suspensão em tutela provisória."

Razões do veto

"Ao converter em artigo autônomo o § 2º do art. 285-B do Código de Processo Civil de 1973, as hipóteses de sua aplicação, hoje restritas, ficariam imprecisas e ensejariam interpretações equivocadas, tais como possibilitar a transferência de responsabilidade tributária por meio de contrato."

Essas, Senhor Presidente, as razões que me levaram a vetar os dispositivos acima mencionados do projeto em causa, as quais ora submeto à elevada apreciação dos Senhores Membros do Congresso Nacional.

CÓDIGO DE PROCESSO CIVIL

LEI 13.105, DE 16 DE MARÇO DE 2015 ATUALIZADA PELA LEI 13.256, DE 4 DE FEVEREIRO DE 2016

A Presidenta da República:

Faço saber que o Congresso Nacional decreta e eu sanciono a seguinte lei:

PARTE GERAL

LIVRO I
DAS NORMAS PROCESSUAIS CIVIS

TÍTULO ÚNICO
Das Normas Fundamentais e da Aplicação das Normas Processuais

CAPÍTULO I
DAS NORMAS FUNDAMENTAIS DO PROCESSO CIVIL

Art. 1º O processo civil será ordenado, disciplinado e interpretado conforme os valores e as normas fundamentais estabelecidos na Constituição da República Federativa do Brasil, observando-se as disposições deste Código.

→ *v.* Art. 5º, §§ 1º, 2º e 3º, da CF/1988.

→ *v.* Convenção Americana sobre Direitos Humanos (Dec. 678/1992).

→ *v.* Arts. 13 e 16 do CPC.

Os magistrados se submetem a princípios e deveres universalmente consagrados – como independência, integridade ou probidade, e imparcialidade, os quais devem ser observados na suspeição e impedimento

✓ PROCESSUAL CIVIL. DIVERGÊNCIA JURISPRUDENCIAL NÃO DEMONSTRADA CORRETAMENTE. SUSPEIÇÃO OU IMPEDIMENTO DE MAGISTRADO. ARTIGOS 134 E 135 DO CÓDIGO DE PROCESSO CIVIL DE 1973. SÚMULAS 284 DO STF E 7 DO STJ. OBITER DICTUM. ARTIGOS 144 E 145 DO CÓDIGO DE PROCESSO CIVIL DE 2015. ÉTICA JUDICIAL. INDEPENDÊNCIA, INTEGRIDADE E IMPARCIALIDADE NA CONDUTA PROCESSUAL DOS MAGISTRADOS. CÓDIGO DE ÉTICA DA MAGISTRATURA NACIONAL. PRINCÍPIOS DE BANGALORE. CÓDIGO IBERO-AMERICANO DE ÉTICA JUDICIAL. (...) 4. Em obiter dictum voltado a estimular reflexão em recurso futuro que preencha os pressupostos de admissibilidade, importa lembrar que o CPC de 2015, sob o império do sistema e mandamentos hiper-republicanos de 1988, expressamente preceitua, logo no artigo 1°, que o seu texto "será ordenado, disciplinado e interpretado conforme os valores e as normas fundamentais estabelecidos na Constituição da República Federativa do Brasil" (grifo adicionado). Sem dúvida, a prescrição axiológico-hermenêutica inequívoca do artigo 1° traz para o âmbito processual do status, das responsabilidades e da atuação dos magistrados princípios e deveres universalmente consagrados – como independência, integridade ou probidade, e imparcialidade. Neles convergem três núcleos deontológicos, mas também constitucionais e legais, associados a vasto e complexo repertório de padrões de comportamento de rigor e aceitação crescentes, atualmente considerados pelas nações democráticas como imprescindíveis ao Estado de Direito e à própria noção de Justiça e, por isso mesmo, estrelas-guia da excelência judicial. (...) 9. Assim, inevitável que esse mosaico de valores, princípios, responsabilidades e expectativas – partilhado pela comunidade das nações democráticas e, em decorrência, matéria-prima do arcabouço deontológico da magistratura ideal – informe a interpretação que se venha a conferir aos arts. 144 e 145 do novo CPC. Por esse enfoque, o standard aplicável deixaria de ser de autoavaliação subjetiva do juiz e assumiria conformação de aparência exterior objetiva, isto é, aquela que toma por base a "confiança do público" ou de um "observador sensato". Em outras palavras, a aferição de impedimento e suspeição, a partir do texto da lei, haveria de levar em conta, além do realmente ser, o parecer ser aos olhos e impressões da coletividade de jurisdicionados. Em suma, não se cuidaria de juízo de realidade interna (ótica individual do juiz), mas, sim, de juízo de aparência externa de realidade (ótica da coletividade de jurisdicionados). 10. Recurso Especial parcialmente conhecido e, nessa extensão, não provido. (STJ, 2ª T., REsp 1720390/RS, Rel. Ministro Herman Benjamin, DJe 12/03/2019)

Art. 2º O processo começa por iniciativa da parte e se desenvolve por impulso oficial, salvo as exceções previstas em lei.

→ *v.* Art. 878 da CLT.

→ *v.* Arts. 141, 177, 492, 720, 730, 738 do CPC.

O princípio da inércia se aplica à ação rescisória, para impedir que o Tribunal altere o índice dos juros compensatórios fixados na sentença rescindenda se não especificamente impugnados na petição inicial

✓ PROCESSUAL CIVIL. AÇÃO RESCISÓRIA MOVIDA PELO INCRA. DESAPROPRIAÇÃO POR INTERESSE SOCIAL. FALTA DE LEGITIMIDADE PASSIVA AD CAUSAM DO ADVOGADO DA PARTE EXPROPRIADA. EXCLUSÃO

DA RELAÇÃO PROCESSUAL. PRECEDENTES. SÚMULA 343/STF. INAPLICABILIDADE. MÉRITO. MAJORAÇÃO DA ALÍQUOTA DOS JUROS COMPENSATÓRIOS À MÍNGUA DE RECURSO DA PARTE EXPROPRIADA. REFORMATIO IN PEJUS. CARACTERIZAÇÃO. SUCUMBÊNCIA. APLICAÇÃO DO CPC/2015. RESCISÓRIA PROCEDENTE. (...) 4. Caso concreto em que, embora não impugnado pela expropriada o índice dos juros compensatórios fixados na sentença (6% ao ano), e assim mantido pela Corte regional, acabou o acórdão rescindendo do STJ, em sede aclaratória (fls. 1.255/1.264), por promover a majoração daquele mesmo índice para o patamar de 12% ao ano, conquanto, repita-se, fosse recorrente apenas a autarquia expropriante (INCRA), parte autora desta rescisória. (...) 7. Ação rescisória que se julga: a) extinta, sem resolução de mérito, no tocante ao réu advogado; b) procedente, em desfavor da empresa ré (expropriada), em ordem a se cancelar a indevida majoração do percentual referente aos juros compensatórios (de 6% para 12%). (STJ, 1ª Seção, AR 4.883/MG, Rel. Ministro Sérgio Kukina, DJe 18/09/2020).

O juiz não desrespeita os limites impostos pela iniciativa da parte quando decide a partir da compreensão lógico-sistemática dos fatos e fundamentos expostos na inicial.

✓ AGRAVO INTERNO NO RECURSO ESPECIAL. AÇÃO REVISIONAL DE CONTRATO DE SEGURO DE VIDA. ILEGALIDADE DO REAJUSTE DO PRÊMIO PELO CRITÉRIO DE FAIXA ETÁRIA. CONTRATO DE RENOVAÇÕES SUCESSIVAS E AUTOMÁTICAS. PRESCRIÇÃO DO FUNDO DE DIREITO. INEXISTÊNCIA. JULGAMENTO EXTRA PETITA. NÃO OCORRÊNCIA. AGRAVO INTERNO NÃO PROVIDO. (...) 3. Afasta-se a alegação de julgamento extra petita quando o provimento jurisdicional decorre de uma compreensão lógico-sistemática dos fatos e fundamentos expostos na petição inicial, entendido como aquilo que se pretende com a instauração da demanda. 4. Agravo interno a que se nega provimento. (STJ, 4a T., AgInt no REsp 1695142/RS, Rel. Ministro Raul Araújo, DJe 13/03/2020)

A garantia de inércia se aplica ao âmbito recursal, de modo que impedir que o tribunal reforme capítulo de sentença não impugnado especificamente no recurso

✓ RECURSO ESPECIAL. AÇÃO DE NULIDADE DE CLÁUSULA CONTRATUAL C/C RESTITUIÇÃO DE QUANTIA. PLANO DE SAÚDE. REAJUSTE ANUAL. ABUSIVIDADE RECONHECIDA. SENTENÇA DE PROCEDÊNCIA DOS PEDIDOS. APELAÇÃO. OBJETO. VALIDADE DA CLÁUSULA. AMPLIAÇÃO PELO TRIBUNAL DE ORIGEM. ALTERAÇÃO DO TERMO INICIAL DA OBRIGAÇÃO DE RESTITUIR QUANTIA. JULGAMENTO FORA DO PEDIDO (EXTRA PETITA). JULGAMENTO: CPC/15. 1. Ação de nulidade de cláusula contratual c/c restituição de quantia ajuizada em 08/08/2016, da qual foi extraído o presente recurso especial, interposto em 10/08/2018 e atribuído ao gabinete em 31/01/2019. 2. O propósito recursal consiste em decidir sobre a ocorrência de julgamento da apelação fora do pedido (extra petita). 3. Em respeito, inclusive, ao princípio dispositivo (art. 2º do CPC/15), a apelação genérica pela improcedência da demanda não tem o condão de devolver ao órgão ad quem o exame de todas as questões decididas pelo órgão a quo e não impugnadas especificamente pelo recorrente, exceto quando decorrentes da incidência do efeito extensivo ou expansivo no seu julgamento. Interpretação do § 1º do art. 1.013 do CPC/15. 4. Hipótese em que, tendo havido a manutenção do único capítulo impugnado da sentença – reconhecimento da abusividade da cláusula contratual de reajuste anual – estava o julgador impedido de examinar o outro capítulo relativo à questão decidida pelo Juízo de primeiro grau e não impugnada oportunamente pelo apelante – termo inicial da obrigação de restituir as quantias indevidamente pagas -, ainda que relacionada ao objeto da apelação.5. Recurso especial conhecido e provido. (STJ, 3ª T., REsp 1793446/SP, Rel. Ministra Nancy Andrighi, DJe 28/09/2020)

Art. 3º Não se excluirá da apreciação jurisdicional ameaça ou lesão a direito.

→ *v.* Art. 5º, XXXV, da CF/1988.

§ 1º É permitida a arbitragem, na forma da lei.

→ *v.* Lei 9.307/1996 – Dispõe sobre a arbitragem.

→ *v.* Arts. 337, X, 359, 485, VII, 1.012, IV, 1.015, III, do CPC.

§ 2º O Estado promoverá, sempre que possível, a solução consensual dos conflitos.

→ *v.* Arts. 165 e seguintes, 359 e 694 do CPC.

§ 3º A conciliação, a mediação e outros métodos de solução consensual de conflitos deverão ser estimulados por juízes, advogados, defensores públicos e membros do Ministério Público, inclusive no curso do processo judicial.

→ *v.* Art. 139, V do CPC.

→ *v.* Enunciado 14 da I Jornada "Prevenção e solução extrajudicial de litígios" do CJF: A mediação é método de tratamento adequado de controvérsias que deve ser incentivado pelo Estado, com ativa participação da sociedade, como forma de acesso à Justiça e à ordem jurídica justa.

→ *v.* Enunciado 15 da I Jornada "Prevenção e solução extrajudicial de litígios" do CJF: Recomenda-se aos órgãos do sistema de Justiça firmar acordos de cooperação técnica entre si e com Universidades, para incentivo às práticas dos métodos consensuais de solução de conflitos, bem assim com empresas geradoras de grande volume de demandas, para incentivo à prevenção e à solução extrajudicial de litígios.

→ *v.* Enunciado 16 da I Jornada "Prevenção e solução extrajudicial de litígios" do CJF: O magistrado pode, a qualquer momento do processo judicial, convidar as partes para tentativa de composição da lide pela mediação extrajudicial, quando entender que o conflito será adequadamente solucionado por essa forma.

→ *v.* Enunciado 17 da I Jornada "Prevenção e solução extrajudicial de litígios" do CJF: Nos processos administrativo e judicial, é dever do Estado e dos operadores do Direito propagar e estimular a mediação como solução pacífica dos conflitos.

→ *v.* Enunciado 59 da I Jornada "Prevenção e solução extrajudicial de litígios" do CJF: A obrigação de estimular a adoção da conciliação, da mediação e de outros métodos consensuais de solução de conflitos prevista no § 3º do art. 3º do Código de Processo Civil aplica-se às entidades que promovem a autorregulação, inclusive no âmbito dos processos administrativos que tenham curso nas referidas entidades.

→ *v.* Enunciado 60 da I Jornada "Prevenção e solução extrajudicial de litígios" do CJF: As vias adequadas de solução de conflitos previstas em lei, como a conciliação, a arbitragem e a mediação, são plenamente aplicáveis à Administração Pública e não se incompatibilizam com a indisponibilidade do interesse público, diante do Novo Código de Processo Civil e das autorizações legislativas pertinentes aos entes públicos.

→ *v.* Enunciado 81 da I Jornada "Prevenção e solução extrajudicial de litígios" do CJF: A conciliação, a arbitragem e a mediação, previstas em lei, não excluem outras formas de resolução de conflitos que decorram da autonomia privada, desde que o objeto seja lícito e as partes sejam capazes.

Sob pena de violação à garantia da inafastabilidade, a tutela jurisdicional relativa à partilha de bens não pode ser condicionada à previa regularização do imóvel

✓ CIVIL E PROCESSUAL CIVIL. AÇÃO DE DIVÓRCIO CUMULADA COM PARTILHA DE BENS. IMPROCEDÊNCIA. PARTILHA DE BEM IMÓVEL SITUADO EM LOTEAMENTO IRREGULAR. AUTONOMIA ENTRE O DIREITO DE PROPRIEDADE E O DIREITO POSSESSÓRIO. EXPRESSÃO ECONÔMICA DO DIREITO POSSESSÓRIO. AUSÊNCIA DE MÁ-FÉ DOS POSSUIDORES QUANTO À NÃO REGULARIZAÇÃO DO IMÓVEL. POSSIBILIDADE DE PARTILHA DO DIREITO POSSESSÓRIO. 1- Ação distribuída em 30/07/2015. Recurso especial interposto em 30/05/2017 e atribuído à Relatora em 16/04/2018. 2- O propósito do presente recurso especial é definir se é admissível, em ação de divórcio, a partilha de bem imóvel situado em loteamento irregular. 3- A imposição de determinadas restrições ao exercício do direito fundamental de acesso à justiça pelo jurisdicionado e ao acolhimento da pretensão de mérito por ele deduzida são admissíveis, desde que os elementos condicionantes sejam razoáveis. 4- Não apenas as propriedades formalmente constituídas compõem o rol de bens adquiridos pelos cônjuges na constância do vínculo conjugal, mas, ao revés, existem bens e direitos com indiscutível expressão econômica que, por vícios de diferentes naturezas, não se encontram legalmente regularizados ou formalmente constituídos sob a titularidade do casal, como, por exemplo, as edificações realizadas em lotes irregulares sobre os quais os cônjuges adquiriram direitos possessórios. 5- Dada a autonomia existente entre o direito de propriedade e o direito possessório, a existência de expressão econômica do direito possessório como objeto de partilha e a existência de parcela significativa de bens que se encontram em situação de irregularidade por motivo distinto da má-fé dos possuidores, é possível a partilha de direitos possessórios sobre bem edificado em loteamento irregular, quando ausente a má-fé, resolvendo, em caráter particular, a questão que decorre da dissolução do vínculo conjugal, e relegando a segundo momento a discussão acerca da regularidade e formalização da propriedade sobre o bem imóvel. 6- Recurso especial conhecido e provido. (STJ, 3ª T., REsp 1739042/SP, Rel. Ministra Nancy Andrighi, DJe 16/09/2020)

O direito das as partes apresentarem alegações pode ser validamente restringido pela preclusão e pela necessidade de inibição das nulidades de algibeira

✓ RECURSO ESPECIAL – AÇÃO CONDENATÓRIA – ACÓRDÃO DO TRIBUNAL DE ORIGEM QUE, EM SEDE DE EMBARGOS DE DECLARAÇÃO, ACOLHE SUPOSTO VÍCIO PROCESSUAL COM BASE EM ARGUMENTO APENAS APRESENTADO EM PRELIMINAR SUSCITADA PELA RÉ APÓS O JULGAMENTO DO RECURSO DE APELAÇÃO – INSTÂNCIA PRECEDENTE QUE CONSIDERA A NULIDADE DE CITAÇÃO POR AUSÊNCIA DE INDICAÇÃO DE PRAZO PARA DEFESA NO MANDADO VÍCIO INSANÁVEL, A DESPEITO DA MANIFESTAÇÃO PRÉVIA DO STJ ACERCA DA VALIDADE DO ATO CITATÓRIO. Cinge-se a controvérsia em definir se é possível e juridicamente legítimo a parte se valer de defesa atinente a vício processual considerado insanável, para tanto utilizando argumento não deduzido quando da análise acerca da mesma questão, proferida por instância superior que reputou inexistente a apontada nulidade, porém por fundamentação diversa. 1. O entendimento do STJ é firme no sentido de que o condicionamento da interposição de qualquer recurso ao depósito da multa do art. 538, parágrafo único, do CPC/1973 [correspondente ao § 3º do art. 1.026 do CPC/15] só é admissível quando se está diante da segunda interposição de embargos de declaração protelatórios, o que não ocorreu no presente caso. 2. Inaplicável o óbice da súmula 7/STJ, pois desnecessário o reenfrentamento do acervo fático-probatório para o delineamento da questão controvertida. 3. Mesmo as matérias de ordem pública estão sujeitas à preclusão pro judicato, razão pela qual não podem ser revisitadas se já tiverem sido objeto de anterior manifestação jurisdicional. Precedentes. 4. É vedada a manipulação do processo pelas partes por meio da ocultação de nulidade, calculando o melhor momento para a arguição do vício (nulidade de algibeira ou de bolso). Precedentes. 5. Afastamento da multa por embargos de declaração protelatórios, porquanto opostos com nítida finalidade de prequestionamento da matéria arguida no especial (Súmula 98/STJ). 6. Recurso especial provido. (STJ, 4ª T., REsp 1637515/AM, Rel. Ministro Marco Buzzi, DJe 27/10/2020)

A interpretação acerca do objeto e da abrangência do negócio deve ser restritiva

✓ CIVIL. PROCESSUAL CIVIL. AÇÃO DE INVENTÁRIO. CELEBRAÇÃO DE NEGÓCIO JURÍDICO PROCESSUAL ATÍPICO. CLÁUSULA GERAL DO ART. 190 DO NOVO CPC. AUMENTO DO PROTAGONISMO DAS PARTES, EQUILIBRANDO-SE AS VERTENTES DO CONTRATUALISMO E DO PUBLICISMO PROCESSUAL, SEM DESPIR O JUIZ DE PODERES ESSENCIAIS À OBTENÇÃO DA TUTELA JURISDICIONAL EFETIVA, CÉLERE E JUSTA. CONTROLE DOS NEGÓCIOS JURÍDICOS PROCESSUAIS QUANTO AO OBJETO E ABRANGÊNCIA. POSSIBILIDADE. DEVER DE EXTIRPAR AS QUESTÕES NÃO CONVENCIONADAS E QUE NÃO PODEM SER SUBTRAÍDAS DO PODER JUDICIÁRIO. NEGÓCIO JURÍDICO ENTRE HERDEIROS QUE PACTUARAM SOBRE RETIRADA MENSAL PARA CUSTEIO DE DESPESAS, A SER ANTECIPADA COM OS FRUTOS E RENDIMENTOS DOS BENS. AUSÊNCIA DE CONSENSO SOBRE O VALOR EXATO A SER RECEBIDO POR UM HERDEIRO. ARBITRAMENTO JUDICIAL. SUPERVENIÊNCIA DE PEDIDO DE MAJORAÇÃO DO VALOR PELO HERDEIRO. POSSIBILIDADE DE EXAME PELO PODER JUDICIÁRIO. QUESTÃO NÃO ABRANGIDA PELA CONVENÇÃO QUE VERSA TAMBÉM SOBRE O DIREITO MATERIAL CONTROVERTIDO. INEXISTÊNCIA DE VINCULAÇÃO DO JUIZ AO DECIDIDO, ESPECIALMENTE QUANDO HOUVER ALEGAÇÃO DE SUPERVENIENTE MODIFICAÇÃO DO SUBSTRATO FÁTICO. NEGÓCIO JURÍDICO PROCESSUAL ATÍPICO QUE APENAS PODE SER BILATERAL, LIMITADOS AOS SUJEITOS PROCESSUAIS PARCIAIS. JUIZ QUE NÃO PODE SER SUJEITO DE NEGÓCIO JURÍDICO PROCESSUAL. INTERPRETAÇÃO ESTRITIVA DO OBJETO E DA ABRANGÊNCIA DO NEGÓCIO. NÃO SUBSTRAÇÃO DO EXAME DO PODER JUDICIÁRIO DE QUESTÕES QUE DESBORDEM O OBJETO CONVENCIONADO. VIOLAÇÃO AO PRINCÍPIO DO ACESSO À JUSTIÇA. REVISÃO DO VALOR QUE PODE SER TAMBÉM DECIDIDA À LUZ DO MICROSSISTEMA DE TUTELAS PROVISÓRIAS. ART. 647, PARÁGRAFO ÚNICO, DO NOVO CPC. SUPOSTA NOVIDADE. TUTELA PROVISÓRIA EM INVENTÁRIO ADMITIDA, NA MODALIDADE URGÊNCIA E EVIDÊN-

CIA, DESDE A REFORMA PROCESSUAL DE 1994, COMPLEMENTADA PELA REFORMA DE 2002. CONCRETUDE AOS PRINCÍPIOS CONSTITUCIONAIS DA INAFASTABILIDADE DA JURISDIÇÃO E DA RAZOÁVEL DURAÇÃO DO PROCESSO. HIPÓTESE ESPECÍFICA DE TUTELA PROVISÓRIA DA EVIDÊNCIA QUE OBVIAMENTE NÃO EXCLUI DA APRECIAÇÃO DO PODER JUDICIÁRIO PEDIDO DE TUTELA DE URGÊNCIA. REQUISITOS PROCESSUAIS DISTINTOS. EXAME, PELO ACÓRDÃO RECORRIDO, APENAS DA TUTELA DA EVIDÊNCIA. ACORDO REALIZADO ENTRE OS HERDEIROS COM FEIÇÕES PARTICULARES QUE O ASSEMELHAM A PENSÃO ALIMENTÍCIA CONVENCIONAL E PROVISÓRIA. ALEGADA MODIFICAÇÃO DO SUBSTRATO FÁTICO. QUESTÃO NÃO EXAMINADA PELO ACÓRDÃO RECORRIDO. REJULGAMENTO DO RECURSO À LUZ DOS PRESSUPOSTOS DA TUTELA DE URGÊNCIA. (STJ, 3ª T., REsp 1738656/RJ, Rel. Ministra Nancy Andrighi, DJe 05/12/2019)

Cabe também ao Poder Público buscar a solução consensual dos conflitos, desde que existente autorização expressa do órgão competente

✓ PREVIDENCIÁRIO E CIVIL. REVISÃO DO ATO DE CONCESSÃO DE BENEFÍCIO PREVIDENCIÁRIO. IRSM DE FEVEREIRO/1994. NEGATIVA DE PRESTAÇÃO JURISDICIONAL NÃO VERIFICADA. DECADÊNCIA. APLICAÇÃO DO ART. 103 DA LEI 8.213/1991, COM A REDAÇÃO DADA PELA MP 1.523-9/1997, AOS BENEFÍCIOS CONCEDIDOS ANTES DESSA NORMA. POSSIBILIDADE. TERMO A QUO. PUBLICAÇÃO DA ALTERAÇÃO LEGAL DO PRAZO DECADENCIAL. ANÁLISE DA MEDIDA PROVISÓRIA 201, DE 23/7/2004, CONVERTIDA NA LEI 10.999/2004. ATOS NORMATIVOS AUTORIZADORES DA REALIZAÇÃO DE ACORDO. INEXISTÊNCIA DE NOVO ATO DE CONCESSÃO. TEORIA DO DIÁLOGO DAS FONTES. APLICAÇÃO DOS ARTS. 207 E 209 DO CÓDIGO CIVIL. RECURSO ESPECIAL PROVIDO. NEGATIVA DE PRESTAÇÃO JURISDICIONAL 1. Não se configura a alegada negativa de prestação jurisdicional, uma vez que o Tribunal de origem julgou integralmente a lide e solucionou a controvérsia que lhe foi apresentada. Registre-se que não é o órgão julgador obrigado a rebater, um a um, todos os argumentos trazidos pelas partes em defesa da tese que apresentaram. (...) A EXISTÊNCIA DE NORMA ESCRITA É PRESSUPOSTO PARA A CONCILIAÇÃO 15. Não há melhor forma de resolver conflitos do que aquela oriunda das próprias partes. A conciliação entre partes em conflito é a forma mais legítima de pacificação, pois nela há a presença insofismável do consenso. 16. Nessa linha de pensamento, não se olvida que o Poder Público pode buscar e realizar medidas consensuais, como se observa nos textos das Leis 9.469/1997 (acordo) e 13.140/2015 (mediação), mas é necessário autorização expressa do órgão competente, que normalmente é o órgão máximo da estrutura administrativa, o qual deve fixar objetivamente as balizas da transação, evitando, assim, violações aos princípios da isonomia e da impessoalidade. 17. Desse modo, sempre que houver movimento direcionado à realização de acordos pelo Poder Público haverá atos normativos que lhe darão suporte e limites. Tais atos não devem, pois, ser interpretados como reconhecimento de direito, mas como meios de viabilizar a pacificação de uma controvérsia, ainda que o Estado não a reconheça, como no caso concreto, em que a medida somente teve lugar, conforme Exposição de Motivos, diante da jurisprudência desfavorável e da dificuldade financeira verificada. (STJ, 2ª T., REsp 1670907/RS, Rel. Ministro Herman Benjamin, DJe 06/11/2019).

A arbitragem não representa restrição ao acesso à justiça

✓ CONFLITO POSITIVO DE COMPETÊNCIA. JUÍZO ARBITRAL E ÓRGÃO JURISDICIONAL ESTATAL. CONHECIMENTO. ARBITRAGEM. NATUREZA JURISDICIONAL. MEIOS ALTERNATIVOS DE SOLUÇÃO DE CONFLITO. DEVER DO ESTADO. PRINCÍPIO DA COMPETÊNCIA-COMPETÊNCIA. PRECEDÊNCIA DO JUÍZO ARBITRAL EM RELAÇÃO À JURISDIÇÃO ESTATAL. CONTROLE JUDICIAL A POSTERIORI. CONVIVÊNCIA HARMÔNICA ENTRE O DIREITO PATRIMONIAL DISPONÍVEL DA ADMINISTRAÇÃO PÚBLICA E O INTERESSE PÚBLICO. CONFLITO DE COMPETÊNCIA JULGADO PROCEDENTE. I – Conflito de competência entre o Tribunal Arbitral da Corte Internacional de Arbitragem da Câmara de Comércio Internacional e o Tribunal Regional Federal da 2ª Região, suscitado pela Petróleo Brasileiro S/A – PETROBRAS. Reconhecida a natureza jurisdicional da arbitragem, compete a esta Corte Superior dirimir o conflito. (...) X – Convivência harmônica do direito patrimonial disponível da Administração Pública com o princípio da indisponibilidade do interesse público. A Administração Pública, ao recorrer à arbitragem para solucionar litígios que tenham por objeto direitos patrimoniais disponíveis, atende ao interesse público, preservando a boa-fé dos atos praticados pela Administração Pública, em homenagem ao princípio da segurança jurídica. XI – A arbitragem não impossibilita o acesso à jurisdição arbitral por Estado-Membro, possibilitando sua intervenção como terceiro interessado. Previsões legal e contratual. XIII – Prematura abertura da instância judicial em descompasso com o disposto no art. 3º, § 2º, do CPC/2015 e os termos da Convenção Arbitral. XIV – Conflito de competência conhecido e julgado procedente, para declarar competente o Tribunal Arbitral da Corte Internacional de Arbitragem da Câmara de Comércio Internacional. Agravos regimentais da Agência Nacional do Petróleo, Gás Natural e Biocombustíveis e do Estado do Espirito Santo prejudicados. (STJ, 1ª Seção, CC 139.519/RJ, Ministra Regina Helena Costa, DJe 10/11/2017).

Na execução de contrato com convenção de arbitragem, a jurisdição estatal tem limitadas suas possibilidades cognitivas

✓ RECURSO ESPECIAL. PROCESSO CIVIL. ARBITRAGEM. EXECUÇÃO. TÍTULO EXECUTIVO EXTRAJUDICIAL. CONTRATO DE LOCAÇÃO. CLÁUSULA COMPROMISSÓRIA. EMBARGOS DO DEVEDOR. MÉRITO. COMPETÊNCIA DO JUÍZO ARBITRAL. QUESTÕES FORMAIS, ATINENTES A ATOS EXECUTIVOS OU DE DIREITOS PATRIMONIAIS INDISPONÍVEIS. COMPETÊNCIA DO JUÍZO ESTATAL. HONORÁRIOS ADVOCATÍCIOS. NATUREZA JURÍDICA. LEI NOVA. MARCO TEMPORAL PARA A APLICAÇÃO DO CPC/2015. PROLAÇÃO DA SENTENÇA. 1. A cláusula arbitral, uma vez contratada pelas partes, goza de força vinculante e caráter obrigatório, definindo ao juízo arbitral eleito a competência para dirimir os litígios relativos aos direitos patrimoniais disponíveis, derrogando-se a jurisdição estatal. 2. No processo de execução, a convenção arbitral não exclui a apreciação do magistrado togado, haja vista que os árbitros não são investidos do poder de império estatal à prática de atos executivos, não tendo poder coercitivo direto. 3. Na execução lastreada em contrato com cláusula arbitral, haverá limitação material do seu objeto de apreciação pelo magistrado. O Juízo estatal não terá competência para resolver as controvérsias que digam respeito ao mérito dos embargos, às questões atinentes ao título ou às obrigações ali consignadas (existência, constituição ou extinção do crédito) e às matérias que foram eleitas para serem solucionadas pela instância arbitral (kompetenz e kompetenz), que deverão ser dirimidas pela via arbitral. 4. A exceção de convenção de arbitragem levará a que o juízo estatal, ao apreciar os embargos do devedor, limite-se ao exame de questões formais do título ou atinentes aos atos executivos (v.g., irregularidade da penhora, da avaliação, da alienação), ou ainda as relacionadas a direitos patrimoniais indisponíveis, devendo, no que sobejar, extinguir a ação sem resolução do mérito. 5. Na hipótese, o devedor opôs embargos à execução, suscitando, além da cláusula arbitral, dúvidas quanto à constituição do próprio crédito previsto no título executivo extrajudicial, arguindo a inexistência da dívida pelo descumprimento justificado do contrato. Dessarte, deve-se reconhecer a derrogação do juízo togado para apreciar a referida pretensão, com a extinção do feito, podendo o recorrido instaurar procedimento arbitral próprio para tanto. 6. O Superior Tribunal de Justiça propugna que, em homenagem à natureza processual material e com o escopo de preservar-se o direito adquirido, as normas sobre honorários advocatícios não são alcançadas por lei nova. A sentença, como ato processual que qualifica o nascedouro do direito à percepção dos honorários advocatícios, deve ser considerada o marco temporal para a aplicação das regras fixadas pelo CPC/2015. 7. No caso concreto, a sentença fixou os honorários em consonância com o CPC/1973. Dessa forma, não obstante o fato de esta Corte Superior reformar o acórdão recorrido após a vigência do novo CPC, incidem, quanto aos honorários, as regras do diploma processual anterior. 8. Recurso especial provido. (STJ, 4ª T., REsp 1465535/SP, Rel. Ministro Luis Felipe Salomão, DJe 22/08/2016)

Art. 4º As partes têm o direito de obter em prazo razoável a solução integral do mérito, incluída a atividade satisfativa.

→ *V.* Art. 5º, LXXVIII, da CF/1988.

→ *V.* Art. 8º, 1, da Convenção Americana sobre Direitos Humanos.

→ *V.* Arts. 2º, 80, IV, 113, § 1º, 139, II e 370 do CPC.

A garantia de satisfatividade das decisões judiciais inclui a utilização dos meios atípicos

✓ "HABEAS CORPUS". PROCESSUAL CIVIL. CPC/15. CUMPRIMENTO DE SENTENÇA. MEDIDAS EXECUTIVAS ATÍPICAS. ART. 139, IV, DO CPC. RESTRIÇÃO DE SAÍDA DO PAÍS SEM PRÉVIA GARANTIA DA EXECUÇÃO. INEXISTÊNCIA DE ILEGALIDADE MANIFESTA. ATENDIMENTO ÀS DIRETRIZES FIXADAS PELAS TURMAS DE DIREITO PRIVADO DO STJ. (...) 4. Segundo as diretrizes fixadas pela Terceira Turma desta Corte, diante da existência de indícios de que o devedor possui patrimônio expropriável, ou que vem adotando subterfúgios para não quitar a dívida, ao magistrado é autorizada a adoção subsidiária de medidas executivas atípicas, tal como a apreensão de passaporte, desde que justifique, fundamentadamente, a sua adequação para a satisfação do direito do credor, considerando os princípios da proporcionalidade e razoabilidade e observado o contraditório prévio (REsp 1.782.418/RJ e REsp 1788950/MT, Rel. Ministra NANCY ANDRIGHI, TERCEIRA TURMA, julgados em 23/4/2019, DJe 26/4/2019). 5. In casu, a Corte estadual analisou a questão nos moldes estatuídos pelo STJ, não se denotando arbitrariedade na medida coercitiva adotada com fundamento no art. 139, IV, do CPC, pois evidenciada a inefetividade das medidas típicas adotadas, bem como desconsiderada a personalidade jurídica da empresa devedora, uma vez constatada a sua utilização como escudo para frustrar a satisfação do crédito exequendo. 6. Ausência, ademais, de indicação de meio executivo alternativo menos gravoso e mais eficaz pelos executados, conforme lhes incumbia, nos termos do parágrafo único do art. 805 do CPC/2015. 7. HABEAS CORPUS NÃO CONHECIDO, INEXISTINDO SUBSTRATO PARA O DEFERIMENTO DA ORDEM DE OFÍCIO. (STJ, 3ª T., HC 558.313/SP, Rel. Ministro Paulo De Tarso Sanseverino, DJe 01/07/2020).

Não é lícito ao Judiciário restringir a aplicabilidade das medidas típicas que visam a satisfação das obrigações reconhecidas em decisões judiciais

✓ RECURSO ESPECIAL. CUMPRIMENTO DE SENTENÇA. AUSÊNCIA DE NEGATIVA DE PRESTAÇÃO JURISDICIONAL. QUESTÕES DEVIDAMENTE APRECIADAS PELO TRIBUNAL DE ORIGEM. REQUERIMENTO DE INCLUSÃO DO NOME DO EXECUTADO EM CADASTROS DE INADIMPLENTES, NOS TERMOS DO ART. 782, § 3º, DO CPC/2015. DESNECESSIDADE DE PRÉVIO REQUERIMENTO ADMINISTRATIVO. NORMA QUE DEVE SER INTERPRETADA DE FORMA A GARANTIR AMPLA EFICÁCIA À EFETIVIDADE DA TUTELA JURISDICIONAL EXECUTIVA. REFORMA DO ACÓRDÃO RECORRIDO. RECURSO ESPECIAL PROVIDO EM PARTE. (...) 5. Em relação às medidas executivas típicas, uma das novidades trazidas pelo novo diploma processual civil é a possibilidade de inclusão do nome do devedor nos cadastros de inadimplentes, a qual encontra previsão expressa no art. 782, § 3º, do CPC de 2015. 6. Tal norma deve ser interpretada de forma a garantir maior amplitude possível à concretização da tutela executiva, em conformidade com o princípio da efetividade do processo, não se mostrando razoável que o Poder Judiciário imponha restrição ao implemento dessa medida, condicionando-a à prévia recusa administrativa das entidades mantenedoras do respectivo cadastro, em manifesto descompasso com o propósito defendido pelo CPC/2015, especialmente em casos como o presente, em que as tentativas de satisfação do crédito foram todas frustradas. 7. Considerando que o único fundamento utilizado pelas instâncias ordinárias foi a necessidade de requerimento administrativo prévio pelo exequente, não havendo, portanto, qualquer análise acerca das circunstâncias do caso concreto para se verificar a necessidade e a potencialidade de a negativação coagir o devedor à satisfação da obrigação, impõe-se o retorno dos autos para que o pedido seja novamente analisado. 8. Recurso especial parcialmente provido. (STJ, 3ª T., REsp 1835778/PR, Rel. Ministro Marco Aurélio Bellizze, DJe 06/02/2020).

A solicitação de informações a respeito da parte executada é dever do Judiciário

✓ PROCESSUAL CIVIL. EXECUÇÃO FISCAL. SOLICITAÇÃO DE INFORMES ACERCA DE TÍTULOS EM NOME DA PARTE EXECUTADA PERANTE A B3 S/A – BRASIL, BOLSA, BALCÃO. EXPEDIÇÃO DE OFÍCIO. REQUERIMENTO EM

EXECUÇÃO FISCAL. POSSIBILIDADE. I – Na origem, a Agência Nacional de Petróleo, Gás Natural e Biocombustíveis – ANP ajuizou execução fiscal e, tendo em vista a não localização de ativos penhoráveis em nome do devedor, requereu a expedição de ofício à B3 S/A – Brasil, Bolsa, Balcão, para que fosse informada a existência de registro ou de depósito de ativos e títulos em nome da parte executada e sob a custódia da BM&F BOVESPA e da CETIP. O requerimento foi indeferido pelo Juízo de primeira instância e, interposto agravo de instrumento, o Tribunal Regional Federal da 4ª Região decidiu que não há, nos autos, indícios de que a parte executada possua valores mobiliários a serem informados pela companhia B3 S/A. II – A jurisprudência do Superior Tribunal de Justiça é no sentido de que incumbe ao Poder Judiciário promover a razoável duração do processo em consonância com o princípio da cooperação processual, além de impor medidas necessárias para a solução satisfativa do feito (arts. 4º, 6º e 139, IV, todos do CPC/2015), mediante a utilização de sistemas informatizados (sistemas Bacenjud, Renajud, Infojud, Serasajud etc.) ou a expedição de ofício para as consultas e constrições necessárias e suficientes. Dentre essas medidas inclui-se, efetivamente, a consulta junto à B3 S/A de informes acerca da existência, ou não, de títulos registrados em nome da parte executada e sob a custódia da BM&F BOVESPA e da CETIP. Precedentes citados: REsp 1809328/RS, Rel. Ministro Herman Benjamin, Segunda Turma, DJe 01/07/2019; REsp 1736217/SC, Rel. Ministro Francisco Falcão, Segunda Turma, DJe 01/03/2019; REsp 1801946/RS, Rel. Ministro Herman Benjamin, Segunda Turma, DJe 29/05/2019; AgInt no AREsp 1398071/RJ, Rel. Ministro Mauro Campbell Marques, Segunda Turma, DJe 15/03/2019; REsp 1679562/RJ, Rel. Ministro Herman Benjamin, Segunda Turma, DJe 13/09/2017. III – A medida judicial de consulta junto à B3 S/A evita a indevida oposição de sigilo bancário às autarquias sob a alegação de reserva de jurisdição. Além disso, tal consulta abrange instituições financeiras que escapam à pesquisa via Bacenjud. Por fim, ressalta-se que a consulta é menos gravosa que, por exemplo, a inscrição do nome do executado no cadastro de inadimplentes (Serasajud), sendo, assim, informada pelos princípios da proporcionalidade e da menor onerosidade (art. 805, caput, do CPC/2015). IV – No caso, o requerimento de consulta junto à B3 S.A. não poderia, de qualquer sorte, ter sido indeferido pela suposição de que não se encontrariam valores mobiliários custodiados, considerando que a consulta seria necessária justamente para aferir a situação econômica da parte executada. Nesse sentido: AgInt no AREsp 1024444/BA, Rel. Min. Napoleão Nunes Maia Filho, DJe 10/05/2019. AgInt no REsp. 1.479.999/PR, Rel. Min. Gurgel de Faria, DJe 28.6.2018; REsp. 1.653.002/MG, Rel. Min. Herman Benjamin, DJe 24.4.2017. V – Recurso especial provido. (STJ, 2ª T., REsp 1820838/RS, Rel. Ministro Francisco Falcão, DJe 16/09/2019).

✓ TRIBUTÁRIO. PROCESSUAL CIVIL. INCLUSÃO DO NOME DO EXECUTADO EM CADASTRO RESTRITIVO DE CRÉDITO. EXECUÇÃO FISCAL. POSSIBILIDADE. I – O pedido de inclusão do nome do executado em cadastros de inadimplentes, tal como o SerasaJUD, nos termos do art. 782, § 3º, do CPC/2015, não pode ser recusado pelo Poder Judiciário sob o argumento de que tal medida é inviável em via de execução fiscal. II – Tal entendimento vai de encontro com o objetivo de promover a razoável duração do processo e a cooperação processual. Além disso, compete ao juízo da execução fiscal tomar as medidas necessárias para a solução satisfativa do feito, conforme interpretação dos arts. 4º, 6º e 139, IV, todos do CPC/2015. III – Recurso especial provido. (STJ, 2ª T., REsp 1799572/SC, Rel. Ministro Francisco Falcão, DJe 14/05/2019)

O tempo limita as partes quanto à utilização de determinados procedimentos e pode afetar o direito material pela prescrição ou decadência, mas não é limitação para o exercício do direito de ação

✓ PROCESSUAL CIVIL E CONSUMIDOR. RECURSO ESPECIAL. EMBARGOS DE DECLARAÇÃO. OMISSÃO, CONTRADIÇÃO OU OBSCURIDADE. NÃO INDICAÇÃO. SÚMULA 284/STF. AÇÃO COLETIVA DE CONSUMO. SUJEIÇÃO À PASSAGEM DO TEMPO. APURAÇÃO CONCEITUAL. DIREITO SUBJETIVO. PRETENSÃO. DIREITO ABSTRATO DE AÇÃO. TEORIA DA ACTIO NATA. VIÉS SUBJETIVO. ILÍCITO EXTRACONTRATUAL. EFETIVA POSSIBILIDADE DE EXERCÍCIO DA PRETENSÃO. CONHECIMENTO DOS ELEMENTOS DA LESÃO E DO DANO. (...) 5. O direito subjetivo é a extensão prática, concreta e de direito material da previsão genérica do direito objetivo que define a possibilidade de um indivíduo exigir de outro um certo agir, pressupondo, pois, a intersubjetividade. 7. A pretensão, que também pertence ao direito material, está ligada intimamente à responsabilidade (haftung), se relacionando à exigibilidade da prestação. 8. O direito subjetivo nasce com o estabelecimento da relação jurídica, com a previsão com base no direito objetivo do nascimento dos feixes obrigacionais, ao passo que a pretensão somente surge no momento em que a prestação, decorrente do direito subjetivo, passa a ser exigível, com sua violação. 9. No Estado Democrático de Direito, em virtude do monopólio estatal da violência, há o desdobramento do direito de ação, e a consequente a previsão de um direito processual e abstrato de agir de titularidade de qualquer sujeito e que é dirigido ao Estado, para a obtenção da prestação jurisdicional. 10. O direito público subjetivo e processual de ação deve ser considerado, em si, imprescritível, haja vista ser sempre possível requerer a manifestação do Estado sobre um determinado direito e obter a prestação jurisdicional, mesmo que ausente, por absoluto, o direito material. 11. O máximo que pode que ocorrer é a impossibilidade da satisfação de uma determinada pretensão por meio de um específico procedimento processual, ante a passagem do tempo qualificada pela inércia do titular, caracterizadora da preclusão, o que, todavia, não impossibilita, em absoluto, o uso da específica ação ou procedimento. 12. A ação do tempo somada à inércia do titular tem, portanto, em regra, relação unicamente com a pretensão de direito material. 13. Pelo viés objetivo da teoria da actio nata, a prescrição começa a correr com a violação do direito, assim que a prestação se tornar exigível. 14. Por outro lado, segundo a vertente subjetiva da actio nata, a contagem do prazo prescricional exige a efetiva inércia do titular do direito, a qual somente se verifica diante da inexistência de óbices ao exercício da pretensão e a partir do momento em que o titular tem ciência inequívoca do dano, de sua extensão, e da autoria da lesão. 15. Segundo a jurisprudência desta Corte, a aplicação da actio nata sob a vertente subjetiva é excepcional, somente cabível nos ilícitos extracontratuais. Precedentes. 16. Embora o inquérito civil tenha por objetivo apurar indícios para dar sustentação a uma eventual ação coletiva, a fim de que não se ingresse em demanda por denúncia infundada, sua instauração não é obrigatória, podendo o autor coletivo pela presença de elementos suficientes para o imediato exercício do direito de ação. Precedentes. (STJ, 3ª T., REsp 1736091/PE, Rel. Ministra Nancy Andrighi, DJe 16/05/2019)

Art. 5º Aquele que de qualquer forma participa do processo deve comportar-se de acordo com a boa-fé.

→ *v.* Art. 422 do Código Civil.

→ *v.* Arts. 80, 139, II, 322, § 2º, 435, parágrafo único e 489, § 3º, do CPC.

→ *v.* Enunciado 1 do CJF: A verificação da violação à boa-fé objetiva dispensa a comprovação do animus do sujeito processual.

A demora injustificada na alegação de nulidade no processo é prática que ofende a boa fé

✓ AGRAVO INTERNO NO RECURSO ESPECIAL. AGRAVO DE INSTRUMENTO. EXECUÇÃO EXTRAJUDICIAL. CÉDULA RURAL PIGNORATÍCIA E HIPOTECÁRIA. RECURSOS DO FNE. INTERVENÇÃO DA UNIÃO. NECESSIDADE DE INTERESSE JURÍDICO. INTERVENÇÃO ANÔMALA. ART. 5º, PARÁGRAFO ÚNICO, DA LEI 9.469/97. PROCESSO NA FASE DE EXECUÇÃO. IMPOSSIBILIDADE DE INTERVENÇÃO ANÔMALA. PRECEDENTES. COMPETÊNCIA DA JUSTIÇA ESTADUAL. SUPERVENIÊNCIA DE SENTENÇA DE MÉRITO. NULIDADE DE ALGIBEIRA. PERDA DE OBJETO. NÃO OCORRÊNCIA. PRECEDENTES. 1. No caso dos autos, a União afirma que foi proferida sentença em 3/8/2016, todavia, apesar de ter tomado conhecimento desse fato naquela data, porquanto até então integrou o processo por força do acórdão objeto do presente recurso especial, permaneceu silente a esse respeito por aproximadamente quatro anos, tendo aguardado, portanto, pronunciamento desfavorável nesta Corte Superior para só então, agora, invocar a suposta perda de objeto do recurso e a nulidade do julgamento do recurso especial, o que demonstra a utilização inequívoca da chamada nulidade de algibeira. 2. "A jurisprudência do STJ, atenta à efetividade e à razoabilidade, tem repudiado o uso do processo como instrumento difusor de estratégias, vedando, assim, a utilização da chamada "nulidade de algibeira ou de bolso"" (EDcl no REsp 1424304/SP, Rel. Ministra NANCY ANDRIGHI, TERCEIRA TURMA, julgado em 12/08/2014, DJe 26/08/2014). 3. Segundo o entendimento manifestado pela Segunda Seção desta Corte Superior, a prolação de sentença de mérito pelo juízo considerado incompetente não acarreta perda de objeto do recurso especial em que se discute a questão da competência (REsp 1138522/SP, Rel. Ministra MARIA ISABEL GALLOTTI, SEGUNDA SEÇÃO, DJe 13/03/2017). 4. Agravo interno não provido. (STJ, 4ª T., AgInt nos EDcl no REsp 1484008/CE, Rel. Ministro Luis Felipe Salomão, DJe 02/12/2020)

O equívoco na imputação de prazo pelo Judiciário, se levar a parte a equívoco, justifica a desconsideração das consequências da intempestividade do ato processual

✓ PROCESSUAL CIVIL. EMBARGOS DE DIVERGÊNCIA NO AGRAVO EM RECURSO ESPECIAL. ENUNCIADO ADMINISTRATIVO N. 3/STJ. RECURSO ESPECIAL. INTERPOSIÇÃO FORA DO PRAZO RECURSAL. ERRO DE INFORMAÇÃO PELO SISTEMA ELETRÔNICO DO TRIBUNAL. BOA-FÉ PROCESSUAL. DEVER DE COLABORAÇÃO DAS PARTES E DO JUIZ. TEMPESTIVIDADE. EMBARGOS DE DIVERGÊNCIA PROVIDOS. 1. A embargante defende a tempestividade de recurso especial interposto fora de seu prazo. Para tanto, não destaca a ocorrência de feriado local ou ausência de expediente forense, mas equívoco na contagem do prazo pelo sistema oficial (PJe) do Tribunal de origem. 2. Não cabe às partes ou ao juiz modificar o prazo recursal, cuja natureza é peremptória. Porém, o caso dos autos não se trata de modificação voluntária do prazo recursal, mas sim de erro judiciário. 3. De fato, cabe ao procurador da parte diligenciar pela observância do prazo legal para a interposição do recurso. Porém, se todos os envolvidos no curso de um processo devem se comportar de boa-fé à luz do art. 5º do CPC/2015, o Poder Judiciário não se pode furtar dos erros procedimentais que deu causa. 4. O equívoco na indicação do término do prazo recursal contido no sistema eletrônico mantido exclusivamente pelo Tribunal não pode ser imputado ao recorrente. Afinal, o procurador da parte diligente tomará o cuidado de conferir o andamento procedimental determinado pelo Judiciário e irá cumprir às ordens por esse emanadas nos termos do art. 77, IV, do CPC/2015. 5. Portanto, o acórdão a quo deve ser reformado, pois conforme a Corte Especial já declarou: "A divulgação do andamento processual pelos Tribunais por meio da internet passou a representar a principal fonte de informação dos advogados em relação aos trâmites do feito. A jurisprudência deve acompanhar a realidade em que se insere, sendo impensável punir a parte que confiou nos dados assim fornecidos pelo próprio Judiciário" (REsp 1324432/SC, Rel. Ministro Herman Benjamin, Corte Especial, DJe 10/5/2013). 6. Embargos de divergência providos. (STJ, Corte Especial, EREsp 1805589/MT, Rel. Ministro Mauro Campbell Marques, DJe 25/11/2020).

Art. 6º Todos os sujeitos do processo devem cooperar entre si para que se obtenha, em tempo razoável, decisão de mérito justa e efetiva.

→ *v.* Art. 5º, LXXVIII, da CF/1988.

→ *v.* Arts. 77 e 357, § 3º, do CPC.

→ *v.* Art. 139 ZPO – Código de Processo Civil alemão.

As partes devem agir com prudência, lealdade e boa-fé, sempre no espírito de cooperação.

✓ RECURSO ESPECIAL. AÇÃO CONDENATÓRIA (COBRANÇA DE COTAS CONDOMINIAIS) AJUIZADA ORIGINARIAMENTE EM FACE DE ALEGADO POSSUIDOR, COM A INCLUSÃO POSTERIOR AO POLO PASSIVO DA DEMANDA DO ARREMATANTE DO IMÓVEL, EM HASTA PÚBLICA, DECORRENTE DO PROCESSO FALIMENTAR DA CONSTRUTORA PROPRIETÁRIA, NO QUAL EXPRESSAMENTE CONSIGNADO NO EDITAL DA PRAÇA QUE O BEM SERIA VENDIDO LIVRE DE QUAISQUER ÔNUS. TRIBUNAL DE ORIGEM QUE, AO REFORMAR A SENTENÇA, JULGA IMPROCEDENTE O PEDIDO EM RELAÇÃO AOS DOIS RÉUS E COMINA MULTA PRO LITIGÂNCIA DE MÁ-FÉ. INSURGÊNCIA RECURSAL DO CONDOMÍNIO AUTOR. HIPÓTESE. AÇÃO CONDENATÓRIA AJUIZADA POR CONDOMÍNIO EM FACE DE SUPOSTO POSSUIDOR E, POSTERIORMENTE, TAMBÉM CONTRA O ARREMATANTE (HASTA PÚBLICA REALIZADA EM PROCESSO FALIMENTAR NO QUAL PREVISTA A ALIENAÇÃO LIVRE DE QUAISQUER ÔNUS) DO IMÓVEL, VISANDO À COBRANÇA DAS TAXAS CONDOMINIAIS INADIMPLIDAS. (...). 6. Dentro da sistemática do processo civil moderno as partes são livres para escolher os meios mais idôneos à consecução de seus objetivos, porém há clara diretriz no sentido de que tais procedimentos sejam eficazes e probos, na medida em que o próprio legislador ordinário, ao prever penas por litigância de má-fé tem o objetivo de impedir que as partes abusem do seu direito de petição. Apesar de ser garantia constitucional o pleno acesso ao judiciário (art. 5º, incisos XXXIV a XXXV e LV da constituição federal) não se afigura correta a banalização do princípio e da conduta das partes, porquanto devem agir com prudência, lealdade e boa-fé, sempre no espírito de cooperação, que inclusive fora expressamente encartado no novel diploma processual (art. 6º do CPC). É vedado a este Superior Tribunal de Justiça a revisão da penalidade de litigância de má-fé, em observância ao óbice da Súmula nº 7/STJ, que veda o reexame de provas e reconstituição judicial de fatos na estreita via do Recurso Especial, instrumento processual de assento constitucional, destinado à apreciação de questões eminentemente jurídicas. 7. Recurso Especial desprovido. (STJ; REsp 1.197.824; Proc. 2010/0109527-1; RJ; Quarta Turma; Rel. Min. Marco Buzzi; DJE 28/10/2016)

A cooperação se aplica à instrução probatória. A inércia da parte na produção de provas deve ser considerada pelo juiz quando do julgamento de mérito.

✓ CIVIL. PROCESSUAL CIVIL. FAMÍLIA. INVESTIGAÇÃO DE PATERNIDADE. PROTEÇÃO À DIGNIDADE DA PESSOA HUMANA E TUTELA DO DIREITO À FILIAÇÃO, À IDENTIDADE GENÉTICA E À BUSCA PELA ANCESTRALIDADE. REALIZAÇÃO DE NOVO EXAME DE DNA FACE A SUSPEITA DE FRAUDE NO TESTE ANTERIORMENTE REALIZADO. POSSIBILIDADE. PROVA IRREFUTÁVEL DA FRAUDE. REDUÇÃO DA EXIGÊNCIA PROBATÓRIA, REVALORAÇÃO DAS PROVAS PRODUZIDAS E NECESSIDADE DE EXAURIMENTO DA ATIVIDADE INSTRUTÓRIA. INÉRCIA PROBATÓRIA DA PARTE ADVERSA. VALORAÇÃO DA CONDUTA NA FORMAÇÃO DO CONVENCIMENTO JUDICIAL. POSSIBILIDADE. TESTE DE DNA. VALOR PROBANTE RELATIVO, A SER EXAMINADO EM CONJUNTO COM OS DEMAIS ELEMENTOS DE PROVA. COISA JULGADA. AFASTAMENTO NA HIPÓTESE. (...) 6- A inércia probatória de uma das partes somada a atividade instrutória da outra deve ser levada em consideração na escolha do standard probatório mais adequado à hipótese e na valoração das provas então produzidas, pois as partes, em um processo civil norteado pela cooperação, tem o dever de colaborar com o Poder Judiciário para o descobrimento da verdade. (...) (STJ, 3ª T., REsp 1632750/SP, Rel. Ministro Moura Ribeiro, Rel. p/ Acórdão Ministra Nancy Andrighi, DJe 13/11/2017)

Art. 7º É assegurada às partes paridade de tratamento em relação ao exercício de direitos e faculdades processuais, aos meios de defesa, aos ônus, aos deveres e à aplicação de sanções processuais, competindo ao juiz zelar pelo efetivo contraditório.

→ *v.* Art. 5º, *caput*, I, LIV e LV, da CF/1988.

→ *v.* Art. 8º, 2, da Convenção Americana sobre Direitos Humanos.

→ *v.* Arts. 10, 115, 139, II e VI, 229, 329, II, 372, 435, parágrafo único, 437, § 1º, 493, parágrafo único, 503, § 1º, II e 962, § 2º, do CPC.

É dever do juiz assegurar a paridade real, inclusive com a inversão do ônus da prova

✓ ADMINISTRATIVO E PROCESSUAL CIVIL. ERRO MÉDICO. TEORIA DA DISTRIBUIÇÃO DINÂMICA E INVERSÃO DO ÔNUS DA PROVA. PARIDADE DE TRATAMENTO NO PROCESSO CIVIL. ARTS. 7º E 373, § 1º, DO CPC/2015. ACÓRDÃO QUE, À LUZ DAS PROVAS DOS AUTOS, CONCLUIU PELA HIPOSSUFICIÊNCIA TÉCNICA DA PARTE AUTORA. IMPOSSIBILIDADE DE REVISÃO. INCIDÊNCIA DA SÚMULA 7/STJ. (...) . 6. A inversão do ônus da prova cumpre papel ético-político, mas também jurídico, de equilibrar, no processo civil, as posições dos litigantes em conflito, de modo a evitar que a fraqueza processual gritante de um não corresponda tout court à vitória do outro, passaporte para negar àquele o que lhe cabe de direito. A "paridade de tratamento", essência do art. 7º do CPC/2015, carrega sentido de genuína paridade real, e não apenas de oca paridade formal, garantia inútil por ser carente de efetividade. É dever do juiz assegurar a paridade real, inclusive com a inversão do ônus da prova. 7. Agravo conhecido para não se conhecer do Recurso Especial. (STJ, 2ª T., AREsp 1682349/DF, Rel. Ministro Herman Benjamin, DJe 22/10/2020)

Art. 8º Ao aplicar o ordenamento jurídico, o juiz atenderá aos fins sociais e às exigências do bem comum, resguardando e promovendo a dignidade da pessoa humana e observando a proporcionalidade, a razoabilidade, a legalidade, a publicidade e a eficiência.

→ *v.* Arts. 1º, III, 5º, *caput*, II e LIV, e 37, *caput*, e 93, IX, da CF/1988.

→ *v.* Art. 5º da LINDB.

→ *v.* Art. 2º da Lei 8.112/1999.

→ *v.* Art. 140 do CPC.

Autorização de fixação de honorários por equidade diante do irrisório valor da causa

✓ AGRAVO INTERNO. EMBARGOS DE DECLARAÇÃO. AGRAVO. PREVIDÊNCIA PRIVADA. RENDA MENSAL INICIAL. CÁLCULO. ALTERAÇÃO DO PLANO DE BENEFÍCIOS. REGULAMENTO ANTERIOR. IMPOSSIBILIDADE. TEMA JURÍDICO SUBMETIDO AO RITO DOS REPETITIVOS. SOBRESTAMENTO NÃO APLICAÇÃO PREQUESTIONAMENTO. 1. A suspensão de recursos prevista no art. 1.037, II, do CPC/2015 (correspondente ao art. 543-C do CPC/1973), destina-se aos Tribunais Regionais Federais e aos Tribunais de Justiça dos Estados, não se aplicando aos processos já encaminhados ao STJ, por ausência de previsão legal. 2. O exame do conteúdo dos dispositivos legais indicados nas razões do especial revela atendido o requisito do prequestionamento. 3. Havendo alteração nas regras do plano de benefícios, apenas os participantes que preencheram os requisitos necessários para a aposentadoria, antes da mudança do regime jurídico, têm direito de ter os benefícios de complementação calculados com observância das regras anteriores. Precedentes. 4. Sendo irrisório o valor da causa, o art. 85, §§ 2º, I a IV, e 8º, do CPC/2015, autoriza a fixação dos honorários de advogado por equidade. 5. Agravo interno a que se nega provimento. (STJ; AgInt nos EDcl no REsp 1567151; SE; Quarta Turma; Rel. Min. Maria Isabel Gallotti; Julg. 03/10/2017; DJe 06/10/2017)

Art. 9º Não se proferirá decisão contra uma das partes sem que ela seja previamente ouvida.

→ *v.* Art. 5º, LIV e LV, da CF/1988.

→ *v.* Art. 8º, 2, da Convenção Americana sobre Direitos Humanos.

→ *v.* Arts. 7º, 10, 115, 139, VI, 229, 329, II, 372, 435, parágrafo único, 437, § 1º, 493, parágrafo único, 503, § 1º, II, e 962, § 2º, do CPC.

Parágrafo único. O disposto no *caput* não se aplica:

I – à tutela provisória de urgência;

→ v. Art. 300 e seguintes do CPC.

II – às hipóteses de tutela da evidência previstas no art. 311, incisos II e III;

III – à decisão prevista no art. 701.

Art. 10. O juiz não pode decidir, em grau algum de jurisdição, com base em fundamento a respeito do qual não se tenha dado às partes oportunidade de se manifestar, ainda que se trate de matéria sobre a qual deva decidir de ofício.

→ v. Art. 5º, LIV e LV, da CF/1988.

→ v. Art. 8º, 2, da Convenção Americana sobre Direitos Humanos.

→ v. Arts. 7º, 9º, 115, 139, VI, 329, II, 372, 435, parágrafo único, 437, § 1º, 493, parágrafo único, 437, § 1º, 493, parágrafo único, e 503, § 1º, do CPC.

→ v. Enunciado 1 da ENFAM: Entende-se por "fundamento" referido no art. 10 do CPC/2015 o substrato fático que orienta o pedido, e não o enquadramento jurídico atribuído pelas partes.

→ v. Enunciado 2 da ENFAM: Não ofende a regra do contraditório do art. 10 do CPC/2015, o pronunciamento jurisdicional que invoca princípio, quando a regra jurídica aplicada já debatida no curso do processo é emanação daquele princípio.

→ v. Enunciado 3 da ENFAM: É desnecessário ouvir as partes quando a manifestação não puder influenciar na solução da causa.

→ v. Enunciado 4 da ENFAM: Na declaração de incompetência absoluta não se aplica o disposto no art. 10, parte final, do CPC/2015.

→ v. Enunciado 5 da ENFAM: Não viola o art. 10 do CPC/2015 a decisão com base em elementos de fato documentados nos autos sob o contraditório.

→ v. Enunciado 6 da ENFAM: Não constitui julgamento surpresa o lastreado em fundamentos jurídicos, ainda que diversos dos apresentados pelas partes, desde que embasados em provas submetidas ao contraditório.

Não viola o princípio da não surpresa a decisão pautada em dispositivo de lei não invocado pelas partes, desde que o juiz respeite os limites do objeto litigioso do processo

✓ RECURSO ESPECIAL. ACÓRDÃO DO TRIBUNAL DE ORIGEM QUE ADOTOU FUNDAMENTO DIVERSO DO ADOTADO PELA SENTENÇA, COM BASE EM NOVA SITUAÇÃO DE FATO. VIOLAÇÃO AO PRINCÍPIO DA NÃO SURPRESA. ART. 10 DO CPC/2015. OCORRÊNCIA. ANULAÇÃO PARA OITIVA DA PARTE. DESNECESSIDADE. AUSÊNCIA DE PREJUÍZO. 1. "O 'fundamento' ao qual se refere o art. 10 do CPC/2015 é o fundamento jurídico – circunstância de fato qualificada pelo direito, em que se baseia a pretensão ou a defesa, ou que possa ter influência no julgamento, mesmo que superveniente ao ajuizamento da ação -, não se confundindo com o fundamento legal (dispositivo de lei regente da matéria). A aplicação do princípio da não surpresa não impõe, portanto, ao julgador que informe previamente às partes quais os dispositivos legais passíveis de aplicação para o exame da causa. O conhecimento geral da lei é presunção jure et de jure" (EDcl no Resp nº 1.280.825/RJ, Rel. Min. Maria Isabel Gallotti, Quarta Turma, julgado em 27/6/2017, DJe 1/8/2017.) 2. O art. 933 do CPC/2015, em sintonia com o multicitado art. 10, veda a decisão surpresa no âmbito dos tribunais, assinalando que, seja pela ocorrência de fato superveniente, seja por vislumbrar matéria apreciável de ofício ainda não examinada, deverá o julgador abrir vista, antes de julgar o recurso, para que as partes possam se manifestar. 3. Não há falar em decisão surpresa quando o magistrado, diante dos limites da causa de pedir, do pedido e do substrato fático delineado nos autos, realiza a tipificação jurídica da pretensão no ordenamento jurídico posto, aplicando a lei adequada à solução do conflito, ainda que as partes não a tenham invocado (iura novit curia) e independentemente de oitiva delas, até porque a lei deve ser do conhecimento de todos, não podendo ninguém se dizer surpreendido com a sua aplicação. 4. Na hipótese, o Tribunal de origem, valendo-se de fundamento jurídico novo – prova documental de que o bem alienado fiduciariamente tinha sido arrecadado ou se encontraria em poder do devedor -, acabou incorrendo no vício da decisão surpresa, vulnerando o direito ao contraditório substancial da parte, justamente por adotar tese – consubstanciada em situação de fato – sobre a qual a parte não teve oportunidade de se manifestar, principalmente para tentar influenciar o julgamento, fazendo prova do que seria necessário para afastar o argumento que conduziu a conclusão do Tribunal a quo em sentido oposto à sua pretensão. 5. No entanto, ainda que se trate de um processo cooperativo e voltado ao contraditório efetivo, não se faz necessária a manifestação das partes quando a oitiva não puder influenciar na solução da causa ou quando o provimento lhe for favorável, notadamente em razão dos princípios da duração razoável do processo e da economia processual. 6. No presente caso, ainda que não exista prova documental sobre a localização do equipamento (se foi arrecadado ou se está em poder do devedor ou de terceiros), tal fato não tem o condão de obstaculizar o pedido de restituição, haja vista que, conforme os ditames da lei, se a coisa não mais existir ao tempo do pedido de restituição, deverá o requerente receber o valor da avaliação do bem ou, em caso de venda, o respectivo preço (art. 86, I, da Lei nº 11.101/05). 7. Recurso especial provido. (STJ, 4ª T., REsp 1755266/SC, Rel. Ministro Luis Felipe Salomão, DJe 20/11/2018)

Só há nulidade, pela ausência de manifestação prévia, quando a decisão prejudicar a parte que teve sua oportunidade de manifestação denegada

✓ RECURSO ESPECIAL. ACÓRDÃO DO TRIBUNAL DE ORIGEM QUE ADOTOU FUNDAMENTO DIVERSO DO ADOTADO PELA SENTENÇA, COM BASE EM NOVA SITUAÇÃO DE FATO. VIOLAÇÃO AO PRINCÍPIO DA NÃO SURPRESA. ART. 10 DO CPC/2015. OCORRÊNCIA. ANULAÇÃO PARA OITIVA DA PARTE. DESNECESSIDADE. AUSÊNCIA DE PREJUÍZO. (...) de um processo cooperativo e voltado ao contraditório efetivo, não se faz necessária a manifestação das partes quando a oitiva não puder influenciar na solução da causa ou quando o provimento lhe for favorável, notadamente em razão dos princípios da duração razoável do processo e da economia processual. 6. No presente caso, ainda que não exista prova documental sobre a localização do equipamento (se foi arrecadado ou se está em poder do devedor ou de terceiros), tal fato não tem o condão de obstaculizar o pedido de restituição, haja vista que, conforme os ditames da lei, se a coisa não mais existir ao tempo do pedido de restituição, deverá o requerente receber o valor da avaliação do bem ou, em caso de venda, o respectivo preço (art. 86, I, da Lei nº 11.101/05). 7. Recurso especial provido. (STJ, 4ª T., REsp 1755266/SC, Rel. Ministro Luis Felipe Salomão, DJe 20/11/2018)

Para reconhecer a prescrição, é necessário previamente ouvir as partes.

✓ DIREITO PROCESSUAL CIVIL. EXECUÇÃO DE TÍTULO EXTRAJUDICIAL. SENTENÇA DE EXTINÇÃO. RECONHECIMENTO DE PRESCRIÇÃO. AUSÊNCIA DE PRÉVIO CONTRADITÓRIO. DECISÃO SURPRESA. As partes devem ser ouvidas antes que se profira decisão contra elas. O juiz não deve decidir com base em fundamento a respeito do qual não se tenha dado às partes oportunidade de se manifestar, ainda que se trate de matéria sobre a qual deva decidir de ofício. O reconhecimento de prescrição ou de ausência de pressuposto processual exige o prévio contraditório, sob pena de configurar decisão surpresa. Apelação provida. Sentença anulada. (TJDF. AC 20140111376528. Relator Hector Valverde. Julgado em 10/05/17)

Aplicação da vedação de decisão surpresa também quando da notícia de transação.

✓ PROCESSUAL CIVIL - EMBARGOS À EXECUÇÃO FISCAL - EXTINÇÃO DO PROCESSO - DECISÃO SURPRESA - NULIDADE. 1. O juiz não pode decidir, em grau algum de jurisdição, com base em fundamento a respeito do qual não se tenha dado às partes oportunidade de se manifestar, ainda que se trate de matéria sobre a qual deva decidir de ofício. Vedação à decisão-surpresa inscrita nos arts. 9º, 10 e 493, parágrafo único, do CPC. 2. Embargos do devedor extintos imediatamente após certidão de que na execução fiscal há notícia de acordo de parcelamento do crédito exequendo. Decisão surpresa que subtrai da parte o direito de se pronunciar sobre o tema. Sentença anulada. Recurso provido. (TJSP. Apelação Cível 10243954020168260564. Relator Décio Notarangeli. Julgado em 30/08/17).

Possibilidade de análise de todas as questões suscitadas desde que respeitado o contraditório.

✓ PENAL E PROCESSO PENAL. RECURSO EM HABEAS CORPUS. AMEAÇA. APELAÇÃO. EFEITO DEVOLUTIVO. PROFUNDIDADE INTEGRAL. FUNDAMENTAÇÃO. INOVAÇÃO. POSSIBILIDADE. OFENSA. AO DUPLO GRAU DE JURISDIÇÃO. INOCORRÊNCIA. PRECEITO SECUNDÁRIO. OPÇÃO POR PENA RESTRITIVA DE LIBERDADE À DE MULTA. POSSIBILIDADE. DISCRICIONARIEDADE DO MAGISTRADO. RÉU REVEL. MULTA. INOCUIDADE. APLICAÇÃO DE MULTA SUBSTITUTIVA. PLEITO NÃO EXAMINADO PELO TRIBUNAL DE ORIGEM. IMPOSSIBILIDADE DE ANÁLISE. INDEVIDA SUPRESSÃO DE INSTÂNCIA. RECURSO NÃO PROVIDO. 1. Interposta apelação, a segunda instância, respeitando o contraditório, poderá enfrentar todas as questões suscitadas, ainda que não decididas na primeira instância, desde que relacionadas ao objeto litigioso recursal, bem como apreciar fundamentos expostos pelas partes e não acolhidos pelo juiz (arts. 10 e 1.013, §§ 1º e 2º, do Código de Processo Civil, c/c art. 3º do Código de Processo Penal). (STJ; RHC 68.896; RJ; Quinta Turma; Rel. Min. Ribeiro Dantas; Julg. 17/08/2017; DJe 28/08/2017)

Intempestividade do recurso: inadmissão independente de intimação da parte para se manifestar a respeito.

✓ AGRAVO INTERNO NO AGRAVO EM RECURSO ESPECIAL. PRINCÍPIO DA NÃO SURPRESA. ART. 10 DO CPC/15. FUNDAMENTO LEGAL. DEVER DO JUIZ EM SE MANIFESTAR. FUNDAMENTO JURÍDICO. CIRCUNSTÂNCIA DE FATO QUALIFICADA PELO DIREITO. INTIMAÇÃO DAS PARTES. PRECEDENTE. PRAZO RECURSAL. 15 DIAS ÚTEIS. INTERPOSIÇÃO POSTERIOR. INTEMPESTIVIDADE CONFIGURADA. DECISÃO MANTIDA. 1. "O fundamento ao qual se refere o art. 10 do CPC/2015 é o fundamento jurídico. Circunstância de fato qualificada pelo direito, em que se baseia a pretensão ou a defesa, ou que possa ter influência no julgamento, mesmo que superveniente ao ajuizamento da ação. Não se confundindo com o fundamento legal (dispositivo de Lei regente da matéria). A aplicação do princípio da não 2017. Surpresa não impõe, portanto, ao julgador que informe previamente às partes quais os dispositivos legais passíveis de aplicação para o exame da causa. O conhecimento geral da Lei é presunção jure et de jure ". EDcl no REsp 1.280.825/RJ, Rel. Ministra Maria Isabel Gallotti, 4ª Turma; Julg. 27/06/2017; DJe 01/08/2017. 2. Verificada a intempestividade do recurso, deve ser não conhecido, independente de intimação da parte para se manifestar a respeito, inexistindo afronta ao art. 10 do CPC/15. 3. Iniciado o prazo recursal de 15 dias úteis em 23/SET/2016, o termo final foi 14/OUT/2016, sendo, portanto, intempestivo o recurso apresentado em 19/OUT/2016. 4. Agravo interno não provido. (STJ; AgInt-AREsp 1.044.597; Proc. 2017/0012005-0; MS; Quarta Turma; Rel. Min. Luis Felipe Salomão; DJE 14/11/2017)

Art. 11. Todos os julgamentos dos órgãos do Poder Judiciário serão públicos, e fundamentadas todas as decisões, sob pena de nulidade.

- *v.* Arts. 5º, LX, e 93, IX, da CF/1988.
- *v.* Arts. 73, § 2º, 107, I, 152, V, 189, 195, 294, 368, 370, parágrafo único, 426 e 489 do CPC.
- *v.* Enunciado 7 da ENFAM: O acórdão, cujos fundamentos não tenham sido explicitamente adotados como razões de decidir, não constitui precedente vinculante.
- *v.* Enunciado 8 da ENFAM: Os enunciados das súmulas devem reproduzir os fundamentos determinantes do precedente.
- *v.* Enunciado 10 da ENFAM: A fundamentação sucinta não se confunde com a ausência de fundamentação e não acarreta a nulidade da decisão se forem enfrentadas todas as questões cuja resolução, em tese, influencie a decisão da causa.

Parágrafo único. Nos casos de segredo de justiça, pode ser autorizada a presença somente das partes, de seus advogados, de defensores públicos ou do Ministério Público.

Art. 12. Os juízes e os tribunais atenderão, preferencialmente, à ordem cronológica de conclusão para proferir sentença ou acórdão.

- *Caput* com redação alterada pela Lei 13.256/2016, em vigor no início da vigência da Lei 13.105/2015 – Novo CPC (*v.* art. 4º da Lei 13.256/2016).
- *v.* Art. 37 da CF/1988.
- *v.* Art. 4º do CPC
- *v.* Enunciado 34 da ENFAM: A violação das regras dos arts. 12 e 153 do CPC/2015 não é causa de nulidade dos atos praticados no processo decidido/cumprido fora da ordem cronológica, tampouco caracteriza, por si só, parcialidade do julgador ou do serventuário.
- Anterior redação: Art. 12. Os juízes e os tribunais deverão obedecer à ordem cronológica de conclusão para proferir sentença ou acórdão.

§ 1º A lista de processos aptos a julgamento deverá estar permanentemente à disposição para consulta pública em cartório e na rede mundial de computadores.

§ 2º Estão excluídos da regra do *caput*:

→ *v.* Enunciado 32 da ENFAM: O rol do art. 12, § 2º, do CPC/2015 é exemplificativo, de modo que o juiz poderá, fundamentadamente, proferir sentença ou acórdão fora da ordem cronológica de conclusão, desde que preservadas a moralidade, a publicidade, a impessoalidade e a eficiência na gestão da unidade judiciária.

I – as sentenças proferidas em audiência, homologatórias de acordo ou de improcedência liminar do pedido;

→ *v.* Arts. 200, 332, 334, § 11, 487, II, 657, 659, 714, § 1º, 725, VIII, 731, 732 e 932, I, do CPC.

II – o julgamento de processos em bloco para aplicação de tese jurídica firmada em julgamento de casos repetitivos;

→ *v.* Art. 928 do CPC.

III – o julgamento de recursos repetitivos ou de incidente de resolução de demandas repetitivas;

→ *v.* Arts. 976 e seguintes e 1.036 e seguintes do CPC.

IV – as decisões proferidas com base nos arts. 485 e 932;

V – o julgamento de embargos de declaração;

→ *v.* Art. 1.022 e seguintes do CPC.

VI – o julgamento de agravo interno;

→ *v.* Art. 1.021 do CPC.

VII – as preferências legais e as metas estabelecidas pelo Conselho Nacional de Justiça;

→ *v.* Arts. 5º, *caput* e I, e 103-B, § 4º, da CF/1988.

→ *v.* Art. 20 da Lei 12.016/2009.

→ *v.* Arts. 153, 936, 980, 1.035, § 9º, 1.037, § 4º, 1.038, § 3º e 1.048 do CPC.

VIII – os processos criminais, nos órgãos jurisdicionais que tenham competência penal;

IX – a causa que exija urgência no julgamento, assim reconhecida por decisão fundamentada.

→ *v.* Enunciado 33 da ENFAM: A urgência referida no art. 12, § 2º, IX, do CPC/2015 é diversa da necessária para a concessão de tutelas provisórias de urgência, estando autorizada, portanto, a prolação de sentenças e acórdãos fora da ordem cronológica de conclusão, em virtude de particularidades gerenciais da unidade judicial, em decisão devidamente fundamentada.

§ 3º Após elaboração de lista própria, respeitar-se-á a ordem cronológica das conclusões entre as preferências legais.

→ *v.* Arts. 208 e 228 do CPC.

§ 4º Após a inclusão do processo na lista de que trata o § 1º, o requerimento formulado pela parte não altera a ordem cronológica para a decisão, exceto quando implicar a reabertura da instrução ou a conversão do julgamento em diligência.

§ 5º Decidido o requerimento previsto no § 4º, o processo retornará à mesma posição em que anteriormente se encontrava na lista.

§ 6º Ocupará o primeiro lugar na lista prevista no § 1º ou, conforme o caso, no § 3º, o processo que:

I – tiver sua sentença ou acórdão anulado, salvo quando houver necessidade de realização de diligência ou de complementação da instrução;

II – se enquadrar na hipótese do art. 1.040, inciso II.

O dever de respeitar a ordem cronológica não é absoluto, devendo ser respeitada a autonomia de gestão processual do juiz

✓ PROCESSO PENAL. AGRAVO REGIMENTAL DA DECISÃO QUE NÃO CONHECEU DO HABEAS CORPUS. EXCEÇÃO DE SUSPEIÇÃO. ART. 254, I, DO CPP. AMIZADE ÍNTIMA. DESEMBARGADOR FEDERAL. JUIZ DE 1º GRAU. ESTREITA PROXIMIDADE. NÃO EVIDENCIADA. RELAÇÃO DE MERA SIMPATIA E ADMIRAÇÃO. CONDUÇÃO DOS FEITOS NA ORIGEM. INEXISTÊNCIA DE IMPARCIALIDADE OU INDISPOSIÇÃO. FUNDAMENTAÇÃO. NECESSÁRIA. ART. 93, IX, DA CF. ORDEM CRONOLÓGICA DE JULGAMENTO. ART. 12 DO CPC. PREFERENCIAL. ART. 5º, LXXVIII, DA CONSTITUIÇÃO FEDERAL. RAZOÁVEL DURAÇÃO DO PROCESSO. EFETIVIDADE DA JUSTIÇA PENAL. INEXISTÊNCIA DE DESVIO DE FINALIDADE. ART. 145, IV, DO CPC. INTERESSE NÃO DEMONSTRADO. REVOLVIMENTO FÁTICO-PROBATÓRIO. INVIÁVEL. AGRAVO REGIMENTAL DESPROVIDO. (...) VII – O dever de observar a ordem cronológica de conclusão para proferir sentença ou acórdão, previsto no art. 12 do Código de Processo Civil, não tem natureza absoluta, e, caso não seja observado, não resulta por si só em nulidade processual. VIII – O fato de o magistrado excepto, no âmbito da autonomia de gestão processual, haver conferido celeridade ao andamento processual, em observância da regra de razoável duração do processo, insculpida no art. 5º, LXXVIII, da Constituição da República, e da necessidade de efetividade da justiça penal, não permite concluir que houve desvio de finalidade no ofício jurisdicional que resulte em sua suspeição. (...). (STJ, 5ª T., AgRg no HC 533.831/PR, Rel. Ministro FELIX FISCHER, DJe 09/09/2020)

Somente o idoso tem legitimidade para pleitear tramitação preferencial, a qual não pode ser pleiteada pela parte adversa

✓ RECURSO ESPECIAL. PROCESSO. TRAMITAÇÃO. PRIORIDADE. IDOSO. LEGITIMIDADE. ART. 71 DA LEI Nº 10.471/2003. ESTATUTO DO IDOSO. ART. 1.048 DO CPC/2015. REQUERIMENTO. CONCESSÃO. 1. Recurso especial interposto contra acórdão publicado na vigência do Código de Processo Civil de 2015 (Enunciados Administrativos nºs 2 e 3/STJ). 2. Cinge-se a controvérsia a definir quem legitimamente pode postular a prioridade de tramitação do feito atribuída por lei ao idoso. 3. A prioridade na tramitação do feito é garantida à pessoa com idade igual ou superior a 60 (sessenta) anos que figura como parte ou interveniente na relação processual (arts. 71 da Lei nº 10. 471/2003 e 1.048 do CPC/2015). 4. A pessoa idosa é a parte legítima para requerer a prioridade de tramitação do processo, devendo, para tanto, fazer prova da sua idade. 5. Na hipótese dos autos, a exequente – pessoa jurídica – postula a prioridade na tramitação da execução de título extrajudicial pelo fato de um dos executados ser pessoa idosa, faltando-lhe, portanto, legitimidade e interesse para formular o referido pedido. 6. Recurso especial não provido. (STJ, 3ª T., REsp 1801884/SP, Rel. Ministro Ricardo Villas Bôas Cueva, DJe 30/05/2019)

CAPÍTULO II
DA APLICAÇÃO DAS NORMAS PROCESSUAIS

Art. 13. A jurisdição civil será regida pelas normas processuais brasileiras, ressalvadas as disposições específicas previstas em tratados, convenções ou acordos internacionais de que o Brasil seja parte.

→ *V.* Art. 5º, §§ 1º, 2º e 3º, da CF/1988.

→ *V.* Convenção Americana sobre Direitos Humanos (Dec. 678/1992).

→ *V.* Arts. 1º e 16 do CPC.

Art. 14. A norma processual não retroagirá e será aplicável imediatamente aos processos em curso, respeitados os atos processuais praticados e as situações jurídicas consolidadas sob a vigência da norma revogada.

→ *V.* Art. 5º, XXXVI, da CF/1988.

→ *V.* Art. 6º da LINDB.

→ *V.* Arts. 13 e 16 do CPC.

→ *V.* Enunciado administrativo 1 do STJ: O Plenário do STJ, em sessão administrativa em que se interpretou o art. 1.045 do novo Código de Processo Civil, decidiu, por unanimidade, que o Código de Processo Civil aprovado pela Lei n. 13.105/2015, entrará em vigor no dia 18 de março de 2016.

→ *V.* Enunciado administrativo 2 do STJ: Aos recursos interpostos com fundamento no CPC/1973 (relativos a decisões publicadas até 17 de março de 2016) devem ser exigidos os requisitos de admissibilidade na forma nele prevista, com as interpretações dadas, até então, pela jurisprudência do Superior Tribunal de Justiça.

→ *V.* Enunciado administrativo 3 do STJ: Aos recursos interpostos com fundamento no CPC/2015 (relativos a decisões publicadas a partir de 18 de março de 2016) serão exigidos os requisitos de admissibilidade recursal na forma do novo CPC

→ *V.* Enunciado administrativo 4 do STJ: Nos feitos de competência civil originária e recursal do STJ, os atos processuais que vierem a ser praticados por julgadores, partes, Ministério Público, procuradores, serventuários e auxiliares da Justiça a partir de 18 de março de 2016, deverão observar os novos procedimentos trazidos pelo CPC/2015, sem prejuízo do disposto em legislação processual especial.

→ *V.* Enunciado administrativo 5 do STJ: Nos recursos tempestivos interpostos com fundamento no CPC/1973 (relativos a decisões publicadas até 17 de março de 2016), não caberá a abertura de prazo prevista no art. 932, parágrafo único, c/c o art. 1.029, § 3º, do novo CPC.

→ *V.* Enunciado administrativo 6 do STJ: Nos recursos tempestivos interpostos com fundamento no CPC/2015 (relativos a decisões publicadas a partir de 18 de março de 2016), somente será concedido o prazo previsto no art. 932, parágrafo único, c/c o art. 1.029, § 3º, do novo CPC para que a parte sane vício estritamente formal.

→ *V.* Enunciado administrativo 7 do STJ: Somente nos recursos interpostos contra decisão publicada a partir de 18 de março de 2016, será possível o arbitramento de honorários sucumbenciais recursais, na forma do art. 85, § 11, do novo CPC.

Aplicabilidade do CPC/1973 para situação jurídica consolidada

✓ EMBARGOS DE DECLARAÇÃO. AGRAVO REGIMENTAL. SUSPENSÃO DE SEGURANÇA DEFERIDA PARA EVITAR O AGRAVAMENTO DOS CONFLITOS ENTRE ÍNDIOS E NÃO ÍNDIOS NA TERRA INDÍGENA TUPINAMBÁ DE BELMONTE. AUSÊNCIA DE OMISSÃO, OBSCURIDADE OU CONTRADIÇÃO. TENTATIVA DE REDISCUSSÃO E APROFUNDAMENTO DA MATÉRIA DE MÉRITO. APLICAÇÃO DA NORMA PROCESSUAL NO TEMPO. SITUAÇÃO JURÍDICA CONSOLIDADA. EFEITOS INFRINGENTES. IMPOSSIBILIDADE. EMBARGOS DE DECLARAÇÃO DESPROVIDOS. I – Aplica-se o Código de Processo Civil (Lei 5.869/1973) no julgamento de recurso em que exista a constatação de situação jurídica consolidada ocorrida sob a vigência da norma processual revogada, conforme a inteligência do art. 14 do CPC. II – Ausência dos pressupostos do art. 535, I e II, do Código de Processo Civil. III – Embargos de declaração que busca a rediscussão e o aprofundamento da questão de mérito da ação de origem sobre o direito de propriedade, porém os embargos de declaração não constituem meio processual adequado para a reforma do decisum, não sendo possível atribuir-lhes efeitos infringentes, salvo em situações excepcionais, o que não ocorre no caso em questão. IV – A natureza excepcional da contracautela permite tão somente juízo mínimo de delibação sobre a matéria de fundo e análise do risco de grave lesão à ordem, à saúde, à segurança e à economia públicas. V – Embargos de declaração desprovidos. (STF; SS 5049 AgR-ED; Tribunal Pleno; Rel. Min. (Presidente) Ricardo Lewandowski; Julg. 20/04/2016; Processo Eletrônico DJe-098 DIVULG 13/05/2016 PUBLIC 16/05/2016)

O art. 14 visa proteger os atos praticados na vigência da codificação anterior

✓ RESPONSABILIDADE CIVIL. DANO MORAL. MAJORAÇÃO DE INDENIZAÇÃO. IMPOSSIBILIDADE DE ANÁLISE DO CONTEÚDO FÁTICO-PROBATÓRIO. INCIDÊNCIA DA SÚMULA 7/STJ. COMPENSAÇÃO DE HONORÁRIOS ADVOCATÍCIOS. SÚMULA 83/STJ. INADMISSIBILIDADE DO RECURSO. 1. Cuida-se de irresignação com a decisão do Tribunal de origem que entendeu que apenas os residentes dentro da faixa de zoneamento referente à Estação de Tratamento contam com o direito a indenização. Os recorrentes que, consoante as provas dos autos, moram fora do zoneamento ficaram inconformados por não ter sido configurado, quanto a eles, o dano moral. (...) 4. Assentou o Superior Tribunal de Justiça que "em homenagem à natureza processual material e com o escopo de preservar-se o direito adquirido, as normas sobre honorários advocatícios não são alcançadas por lei nova. A sentença, como ato processual que qualifica o nascedouro do direito à percepção dos honorários advocatícios, deve ser considerada o marco temporal para a aplicação das regras fixadas pelo CPC/2015" (REsp 1.465.535/SP, Rel. Ministro Luis Felipe Salomão, Quarta Turma, julgado em 21/6/2016; DJe 22/8/2016). 5. A hermenêutica ora propugnada pretende cristalizar a seguinte ideia: se o capítulo acessório da sentença, referente aos honorários sucumbenciais, foi prolatado em consonância com o CPC/1973, serão aplicadas as regras do vetusto diploma processual até a ocorrência do trânsito em julgado. Por outro lado, nos casos de sentença proferida a partir do dia 18.3.2016, as normas do novel CPC cingirão a situação concreta. 6. De fato, o próprio art. 14 do CPC/2015 aponta norma de direito intertemporal, com o escopo de proteger os atos praticados na vigência da codificação anterior: "Art. 14. A norma processual não retroagirá e será aplicável imediatamente aos processos em curso, respeitados os atos processuais praticados e as situações jurídicas consolidadas sob a vigência da norma revogada." 7. Em face dos contornos de direito material, não é possível sustentar-se a aplicação das novas regras de honorários recursais a partir de 18.3.2016, data em que entrou em vigor o novo CPC. De fato, a aplicação imediata do instituto, seguindo o princípio do isolamento dos atos processuais, revestirá a defendida natureza material com o capeirão da vertente processual, descontruindo, como consequência cartesiana, toda a legislação, a jurisprudência e a doutrina, que reconheceram, após décadas de vicissitudes, o direito alimentar dos advogados à percepção de honorários. 8. No presente caso, a sentença foi publicada antes de 18.3.2016. Logo, aplica-se aos honorários sucumbenciais o CPC/1973. 9. (...) (STJ; REsp 1672406/RS, Segunda Turma; Rel. Min. Herman Benjamin; Julg. 22/08/2017; DJe 13/09/2017)

Lei regente e Enunciado Administrativo n. 2 do STJ

✓ AGRAVO INTERNO NO AGRAVO EM RECURSO ESPECIAL. PROCESSUAL CIVIL. VIGÊNCIA DO NOVO CPC. 18/3/2016. LC 95/1998 E LEI N. 810/1949. DECISÃO IMPUGNADA PUBLICADA ANTES DA VIGÊNCIA DO NOVO CPC. APLICABILIDADE NA ESPÉCIE DO CPC DE 1973. PRINCÍPIO DO TEMPUS REGIT ACTUM. RECURSO ESPECIAL INTERPOSTO APÓS O PRAZO PREVISTO NO ART. 508 DO CPC DE 1973. INTEMPESTIVIDADE. DECISÃO MANTIDA. 1. Observando o disposto na Lei n. 810/1.949 c/c Lei Complementar 95/1.998, a vigência do novo Código de Processo Civil, instituído pela Lei n. 13.105, de 16 de março de 2015, iniciou-se em 18 de março de 2016 (Enunciado Administrativo n. 1, aprovado pelo Plenário do Superior Tribunal de Justiça em 2/3/2016). 2. À luz do princípio tempus regit actum, esta Corte Superior há muito pacificou o entendimento de que as normas de caráter processual têm aplicação imediata aos processos em curso, regra essa que veio a ser positivada no ordenamento jurídico no art. 14 do novo CPC. 3. Em homenagem ao referido princípio, o Superior Tribunal de Justiça consolidou o entendimento de que a lei a reger o recurso cabível e a forma de sua interposição é aquela vigente à data da publicação da decisão impugnada, ocasião em que o sucumbente tem a ciência da exata compreensão dos fundamentos do provimento jurisdicional que pretende combater. Precedentes. 4. Esse entendimento foi cristalizado pelo Plenário do Superior Tribunal de Justiça, na sessão realizada dia 9/3/2016 (ata publicada em 11/3/2016), em que, por unanimidade, aprovou a edição de enunciado administrativo com a seguinte redação: "Aos recursos interpostos com fundamento no CPC/1973 (relativos a decisões publicadas até 17 de março de 2016) devem ser exigidos os requisitos de admissibilidade na forma nele prevista, com as interpretações dadas, até então, pela jurisprudência do Superior Tribunal de Justiça" (Enunciado Administrativo n. 2, aprovado pelo Plenário do Superior Tribunal de Justiça em 9/3/2016). 5. A presente insurgência diz respeito à tempestividade do recurso especial, cujo acórdão recorrido foi publicado antes da vigência do novo Código de Processo Civil, ou seja, na vigência do Código de Processo Civil de 1973, sendo exigidos, pois, os requisitos de admissibilidade na forma prevista naquele código de ritos, com as interpretações dadas, até então, pela jurisprudência desta Corte. 6. O prazo para interposição do recurso especial contra acórdão proferido pelo Tribunal a quo (art. 541 do CPC de 1973) é de 15 (quinze) dias corridos, conforme o art. 508 do CPC de 1973. Intempestividade verificada. 7. "A jurisprudência do Superior Tribunal de Justiça firmou-se no sentido de permitir, em momento posterior à interposição do recurso na origem, a comprovação de feriado local ou suspensão dos prazos processuais, o que não foi feito no caso dos autos" (AgInt no AREsp 933.100/GO; Quarta Turma; Rel. Min. Raul Araújo; Julg. 22/11/2016; DJe 13/12/2016). 8. Agravo interno não provido. (STJ; AgInt no AREsp 1053239/SP; Quarta Turma; Rel. Min. Luis Felipe Salomão; Julg. 03/08/2017; DJe 09/08/2017)

Os pressupostos processuais da ação rescisória devem ser aferidos segundo a lei processual vigente ao tempo do trânsito em julgado da decisão rescindenda

✓ RECURSO ESPECIAL. AÇÃO RESCISÓRIA. CAPITALIZAÇÃO DE JUROS. CÉDULA DE CRÉDITO COMERCIAL. NEGATIVA DE PRESTAÇÃO JURISDICIONAL. OMISSÃO. NÃO OCORRÊNCIA. COMPETÊNCIA ABSOLUTA DO STJ PARA JULGAMENTO DA AÇÃO RESCISÓRIA. OPERADO O EFEITO SUBSTITUTIVO DO RECURSO ESPECIAL CUJO ACÓRDÃO TRANSITOU EM JULGADO. CARACTERIZAÇÃO DE DÚVIDA FUNDADA QUANTO AO TRIBUNAL COMPETENTE. NECESSIDADE DE REMESSA DO FEITO. EXEGESE DOS ARTS. 64, § 3º, E 968, §§ 5º E 6º, DO CPC/2015. REGRA DE PROCEDIMENTO. APLICAÇÃO DO SISTEMA DO ISOLAMENTO DOS ATOS PROCESSUAIS. RECURSO ESPECIAL DE BANCO DO BRASIL S.A. CONHECIDO E PARCIALMENTE PROVIDO. (...) 4. Os pressupostos processuais da ação rescisória, assim como as respectivas hipóteses de cabimento, devem ser aferidos segundo a lei processual vigente ao tempo do trânsito em julgado da decisão rescindenda, ao passo que, sobrevindo lei adjetiva nova no curso da demanda, os atos futuros ainda não iniciados submeter-se-ão à novatio legis, consoante preconiza o sistema do isolamento dos atos processuais adotado pela jurisprudência desta Corte Superior e positivado nos arts. 1.211 do CPC/1973 e 14 e 1.046 do CPC/2015. 5. Não obstante a presente ação rescisória tenha sido proposta sob a égide do diploma processual revogado, o julgamento de extinção do processo sem resolução de mérito pelo TJMS, em virtude de incompetência, se deu à luz do CPC/2015, de forma a incidir a lei nova e, por conseguinte, o atendimento à providência do art. 968, §§ 5º e 6º, do CPC/2015, por configurar regra de procedimento, que deve ser observada quando houver dúvida fundada acerca da competência, como na hipótese. 6. De rigor, assim, a devolução dos autos ao Tribunal de Justiça do Estado de Mato Grosso do Sul para que seja oportunizado ao autor a emenda da inicial e, posteriormente, ao réu a complementação dos argumentos de defesa, com a subsequente remessa do feito a esta Corte Superior para processamento e julgamento da ação rescisória em comento. 7. Recurso especial de Banco do Brasil S.A. conhecido e parcialmente provido. (STJ, 3ª T., REsp 1756749/MS, Rel. Ministro Marco Aurélio Bellizze, DJe 03/12/2020)

Art. 15. **Na ausência de normas que regulem processos eleitorais, trabalhistas ou administrativos, as disposições deste Código lhes serão aplicadas supletiva e subsidiariamente.**

→ *v.* Art. 769 da CLT.

→ *v.* Enunciado 2 do CJF: As disposições do CPC aplicam-se supletiva e subsidiariamente às Leis n. 9.099/1995, 10.259/2001 e 12.153/2009, desde que não sejam incompatíveis com as regras e princípios dessas Leis.

→ *v.* Enunciado 3 do CJF: As disposições do CPC aplicam-se supletiva e subsidiariamente ao Código de Processo Penal, no que não forem incompatíveis com esta Lei.

Recurso administrativo: cômputo dos prazos de modo contínuo.

✓ RECURSO ADMINISTRATIVO. CONTAGEM DO PRAZO. DIAS CORRIDOS. §2º DO ART. 66 DA LEI Nº 9.784/99. ART. 15 DO CPC/15. INTEMPESTIVIDADE. RECURSO NÃO CONHECIDO. 1) Ausente Lei específica, os comandos normativos contidos na Lei nº 9.784/99 são aplicáveis no âmbito das Administrações Estadual e Municipal. Precedentes do STJ. 2) De acordo com §2º do art. 66 da Lei que rege o processo administrativo em âmbito federal, os prazos expressos em dias são computados de modo contínuo, disposição que prevalece em detrimento da regra contida no art. 219 do CPC/15, nos termos do art. 15 do novel CODEX. 3) Por não possuir rito

avaliação judicial e aquele que os autores entendem corretos. Expressa manifestação dos autores no sentido de que não pretendem anular qualquer ato judicial da execução que resultou na adjudicação do imóvel. Sem a anulação dos atos executórios, tornam-se impossíveis ou inúteis os pedidos formulados pelos autores, configurando a falta de interesse de agir. Pedido meramente declaratório que, apesar de possível em tese (arts. 19 e 20 do CPC), precisa ser útil para que o interesse de agir esteja presente. Inutilidade da mera declaração do valor do imóvel, pois não se enquadra nas hipóteses do art. 19 do CPC e não configura declaração de direito violado dos autores (art. 20 do CPC). Recurso a que se nega provimento. (TJRJ; APL 0070651-90.2016.8.19.0002; Niterói; Segunda Câmara Cível; Rel. Des. Alexandre Freitas Câmara; DORJ 24/08/2017; Pág. 201)

Art. 20. É admissível a ação meramente declaratória, ainda que tenha ocorrido a violação do direito.

→ v. Súmula 258 do STF.

→ v. Súmula 461 do STJ.

Atuação do Poder Judiciário só se justifica em caso de ameaça ou efetiva lesão a direito que gere a situação de crise de incerteza.

✓ AGRAVO DE INSTRUMENTO. AÇÃO DECLARATÓRIA. ICMS. REGIME DE RESPONSABILIDADE POR SUBSTITUIÇÃO TRIBUTÁRIA. TUTELA DA EVIDÊNCIA. Pretensão inicial da agravante que objetiva a declaração de seu pretenso direito à repetição de futuros e eventuais indébitos tributários decorrentes de valores recolhidos a título de ICMS, sob o regime de substituição tributária, na forma do §7º, do art. 150, da CF/88, em montante superior ao efetivamente devido, seguindo a interpretação conferida à regra constitucional pelo Excelso Pretório quando do julgamento do RE nº 593.849/MG. Tutela da evidência. Impertinência. O regime de substituição tributária progressiva a que submetido o ICMS admite, em favor do responsável, a restituição imediata e preferencial da quantia por ele antecipada, seja na hipótese de inocorrência do fato gerador presumido (§7º, do art. 150, da CF/88), seja na hipótese em que o fato gerador ocorra, mas com base de cálculo inferior à presumida (RE nº 593.849/MG). No âmbito do Estado de São Paulo, não signatário do Convênio ICMS nº 13/87, é cabível, em tese, a restituição em ambas as hipóteses elencadas, observando-se, quanto ao conteúdo normativo fixado no RE nº 593.849/MG, o marco temporal inicial do direito, delimitado pelo E. STF a partir de 19.10.2016. Direito hipotético da agravante que não foi sequer ameaçado na via administrativa. Em que pese a garantia do cidadão à tutela meramente declaratória (arts. 19 e 20, do CPC/2015), certo é que a atuação do Poder Judiciário somente se justifica em caso de ameaça ou efetiva lesão a direito que gere a situação de crise de incerteza (art. 5º, inciso XXXV, da CF/88 e art. 3º, do CPC/2015). Inteligência da cláusula de inafastabilidade do Poder Judiciário. A tutela da evidência, conquanto dispense a demonstração de perigo de dano ou de risco ao resultado útil do processo (periculum in mora), somente é admitida nas restritas situações do art. 311, do CPC/2015. Agravante que não comprovou a ocorrência de quaisquer das hipóteses legais. Decisão mantida. Recurso desprovido. (TJSP; AI 2109798-66.2017.8.26.0000; Ac. 10675485; Mauá; Quarta Câmara de Direito Público; Rel. Des. Paulo Barcellos Gatti; Julg. 31/07/2017; DJESP 18/08/2017; Pág. 2604).

TÍTULO II
Dos Limites da Jurisdição Nacional e da Cooperação Internacional

Capítulo I
DOS LIMITES DA JURISDIÇÃO NACIONAL

→ v. Decreto 18.871/1929 – Promulga a Convenção de direito internacional privado, de Havana.

→ v. Decreto 2.095/1996 – Promulga o Protocolo de Buenos Aires sobre Jurisdição Internacional em Matéria Contratual, concluído em Buenos Aires, em 5 de agosto de 1994.

→ v. Decreto 3.413/2000 – Promulga a Convenção sobre os Aspectos Civis do Sequestro Internacional de Crianças, concluída na cidade de Haia, em 25 de outubro de 1980.

Art. 21. Compete à autoridade judiciária brasileira processar e julgar as ações em que:

→ v. Art. 5º, LIII, LIV e LV da CF/1988.

→ v. Arts. 7º, 11 e 17 da LINDB.

I – o réu, qualquer que seja a sua nacionalidade, estiver domiciliado no Brasil;

→ v. Arts. 70 a 78 do CC/2002.

II – no Brasil tiver de ser cumprida a obrigação;

III – o fundamento seja fato ocorrido ou ato praticado no Brasil.

Parágrafo único. Para o fim do disposto no inciso I, considera-se domiciliada no Brasil a pessoa jurídica estrangeira que nele tiver agência, filial ou sucursal.

A apresentação de questionamentos acerca do mérito da decisão alienígena é de competência do juízo estrangeiro.

✓ SENTENÇA ESTRANGEIRA CONTESTADA. CITAÇÃO VÁLIDA. TRÂNSITO EM JULGADO. CARIMBO "FILED". HOMOLOGAÇÃO DEFERIDA. I – A citação, no processo estrangeiro, pode ser verificada pela anuência do requerido ao acordo homologado na justiça alienígena. II – Esta Corte possui entendimento pacífico de que o carimbo com a expressão "filed" certifica o trânsito em julgado dos títulos judiciais oriundos da justiça norte-americana. III – A apresentação de questionamentos acerca do mérito da decisão alienígena é de competência do juízo estrangeiro. IV – Homologação deferida. (HDE 2.591/EX, Corte Especial, Rel. Ministro Francisco Falcão, DJe 29/06/2020)

Validade da partilha no estrangeiro sobre bem imóvel no Brasil adquirido antes do casamento

✓ SENTENÇA ESTRANGEIRA CONTESTADA. COMPETÊNCIA CONCORRENTE ENTRE A JUSTIÇA BRASILEIRA E A AMERICANA. TRÂNSITO EM JULGADO. CARIMBO DE ARQUIVAMENTO "FILED". DISPOSIÇÃO SOBRE IMÓVEL SITUADO NO BRASIL. AQUISIÇÃO ANTERIOR AO CASAMENTO CELEBRADO SOB O REGIME DE COMUNHÃO PARCIAL DE BENS. POSSIBILIDADE. ATENDIMENTO DOS REQUISITOS PARA HOMOLOGAÇÃO. DEFERIMENTO. I – A hipótese versada nos autos se insere no rol de competência concorrente da justiça brasileira previsto no art. 21 do CPC/2015. II – O trânsito em julgado pode ser comprovado com o carimbo "filed", no título judicial estrangeiro. (SEC 8.883/EX, Rel. Ministro Raul Araújo, Corte Especial, DJe 11/9/2015; SEC 11.060/EX, Rel. Ministro Og Fernandes, Corte

Especial, DJe 25/5/2015. III – É válida a partilha de bens realizada no estrangeiro quando o bem imóvel situado no Brasil for adquirido em data anterior ao casamento e o regime de bens estipulado pelas partes seja o da comunhão parcial de bens. (SEC 15.639/EX, Rel. Ministro Og Fernandes, Corte Especial, julgado em 4/10/2017, DJe 9/10/2017). IV – Homologação de sentença estrangeira deferida. (STJ, Corte Especial, SEC 14.822/EX, Rel. Ministro Francisco Falcão, DJe 13/09/2018).

O rol do art. 21 não é taxativo.

✓ RECURSO ESPECIAL. DIREITO PROCESSUAL CIVIL. AÇÃO DE INDENIZAÇÃO POR DANOS MATERIAIS E MORAIS. INVESTIMENTOS REALIZADOS NO EXTERIOR. INSUCESSO DAS OPERAÇÕES FINANCEIRAS. COMPETÊNCIA DA AUTORIDADE JUDICIÁRIA BRASILEIRA. FATOS E ATOS PRATICADOS NO BRASIL. PARTE RÉ DOMICILIADA EM TERRITÓRIO BRASILEIRO. ART. 88, I E III, DO CPC DE 1.973. 1. O art. 88 do CPC de 1.973 estabelece as hipóteses de competência internacional concorrente ou cumulativa, caso em que as Justiças brasileiras e estrangeiras podem, igualmente, julgar a controvérsia, sem que ocorra o fenômeno da litispendência. 2. No caso, observa-se a existência de atos praticados no Brasil, tanto pela pessoa física quanto pela pessoa jurídica, a exemplo de envio de dinheiro para conta localizada em Miami-EUA, diversas ligações telefônicas específicas sobre o investimento fracassado e eventual suporte da gerente operacional da instituição bancária com sede neste país, permitindo a aplicação do inciso III do art. 88 do CPC de 1.973. 3. Ademais, o réu, indicado na petição inicial, tem domicílio no Brasil, cuja legitimidade passiva fora confirmada pelas instâncias ordinárias, o que atrai a incidência do inciso I do art. 88 do CPC de 1.973. 4. O rol previsto no art. 88 do CPC de 1.973 não é taxativo, pois algumas demandas são passíveis de julgamento pela autoridade judiciária brasileira, ainda que a situação jurídica não se enquadre em nenhuma das hipóteses ali previstas (RO 64/SP; Terceira Turma; Rel. Min. Nancy Andrighi; Julg. 13/5/2008; DJe 23/6/2008). 5. Recurso especial não provido (STJ; Resp 1.366.642; Quarta Turma; Rel. Min. Luis Felipe Salomão; Julg. 11/10/2016; DJe 07/11/2016).

Documentação suficiente para a concessão de *exequatur*.

✓ CARTA ROGATÓRIA. AGRAVO REGIMENTAL. INCOMPETÊNCIA DA JURISDIÇÃO ESTRANGEIRA. ARTS. 21 E 23 DO NOVO CÓDIGO DE PROCESSO CIVIL. COMPETÊNCIA RELATIVA. DEFICIÊNCIA NA INSTRUÇÃO. INEXISTÊNCIA. DOCUMENTAÇÃO SUFICIENTE À COMPREENSÃO DA CONTROVÉRSIA. APLICAÇÃO DOS ARTS. 239, § 1º, DO NOVO CÓDIGO DE PROCESSO CIVIL E 216-W, PARÁGRAFO ÚNICO, DO REGIMENTO INTERNO DO SUPERIOR TRIBUNAL DE JUSTIÇA. I – O caso dos autos trata de matéria de competência relativa à autoridade brasileira e, portanto, à matéria de competência concorrente com a jurisdição estrangeira. II – Para a concessão do exequatur, não é preciso que a comissão seja acompanhada de todos os documentos mencionados na petição inicial, bastando aqueles necessários à compreensão da controvérsia, como se verifica in casu. III – É dispensável a remessa da carta rogatória à Justiça Federal após a concessão do exequatur, quando a parte interessada é considerada citada em razão do comparecimento aos autos para apresentar impugnação. Agravo regimental improvido. (STJ; AgRg na CR 10.053/EX; Corte Especial; Rel. Min. Francisco Falcão; Julg. 04/05/2016; DJe 20/05/2016)

Art. 22. Compete, ainda, à autoridade judiciária brasileira processar e julgar as ações:

I – de alimentos, quando:

→ v. Art. 1.694 e ss. do CC/2002.

→ v. Lei 5.478/1968 – Dispõe sobre ação de alimentos e dá outras providências.

a) o credor tiver domicílio ou residência no Brasil;

b) o réu mantiver vínculos no Brasil, tais como posse ou propriedade de bens, recebimento de renda ou obtenção de benefícios econômicos;

II – decorrentes de relações de consumo, quando o consumidor tiver domicílio ou residência no Brasil;

→ v. Arts. 3º e 101, I do CDC.

III – em que as partes, expressa ou tacitamente, se submeterem à jurisdição nacional.

Foro e alimentos.

✓ AGRAVO INTERNO NO HABEAS CORPUS. PRISÃO CIVIL. DECRETAÇÃO. DEVEDOR RESIDENTE NO EXTERIOR. POSSIBILIDADE. JUSTIÇA COMUM ESTADUAL. COMPETÊNCIA. COOPERAÇÃO JURÍDICA INTERNACIONAL. 1. Compete à Justiça Comum estadual processar e julgar ação de alimentos contra devedor domiciliado no exterior. 2. A situação do paciente submetido à jurisdição nacional se subsume inclui-se na regra ordinária, segundo a qual as ações de alimentos e as respectivas execuções devem ser processadas e cumpridas no foro do domicílio do alimentando. 3. O habeas corpus não é admitido como sucedâneo ou substitutivo de recurso ordinário 4. Agravo interno não provido. (STJ; AgInt no HC 369.350; SP; Terceira Turma; Rel. Min. Ricardo Villas Boas Cueva; Julg. 14/02/2017; DJe 20/02/2017)

Art. 23. Compete à autoridade judiciária brasileira, com exclusão de qualquer outra:

→ v. Art. 964 do CPC.

I – conhecer de ações relativas a imóveis situados no Brasil;

→ v. Arts. 1.225 e ss. do CC/2002.

→ v. Art. 47 do CPC.

II – em matéria de sucessão hereditária, proceder à confirmação de testamento particular e ao inventário e à partilha de bens situados no Brasil, ainda que o autor da herança seja de nacionalidade estrangeira ou tenha domicílio fora do território nacional;

→ v. Art. 5º, XXI da CF/1988.

→ v. Arts. 1.857 a 1859 do CC/2002.

→ v. Arts. 48 e 961, § 5º, do CPC.

III – em divórcio, separação judicial ou dissolução de união estável, proceder à partilha de bens situados no Brasil, ainda que o titular seja de nacionalidade estrangeira ou tenha domicílio fora do território nacional.

→ v. Arts. 1.571 a 1.582 do CC/2002.

→ v. Art. 53, I, do CPC.

Descumprimento de contrato não incluído no rol do art. 23.

✓ AGRAVO INTERNO NA CARTA ROGATÓRIA. SUPOSTA IRREGULARIDADE NA INSTRUÇÃO. DOCUMENTAÇÃO SUFICIENTE PARA COMPREENSÃO DA CONTRO-

VÉRSIA. PRAZO DE RESPOSTA. DUBIEDADE AFASTADA. INEXISTÊNCIA DE OFENSA AOS PRINCÍPIOS DA AMPLA DEFESA E DO CONTRADITÓRIO. TESE DE INCOMPETÊNCIA DA JUSTIÇA ESTRANGEIRA. JURISDIÇÃO CONCORRENTE. OBJETO DA DILIGÊNCIA DEVIDAMENTE CUMPRIDA. DISPENSA DO ENVIO DOS AUTOS PARA A JUSTIÇA FEDERAL. AGRAVO INTERNO DESPROVIDO. 1. Constata-se que a comissão foi regularmente instruída, com informações e documentação detalhada sobre o pedido de citação da Interessada. No tocante à suposta dubiedade, o mandado de citação traz o prazo para resposta, bem como a manifestação de fls. 430-453 confirma o período, inexistindo ofensa aos princípios da ampla defesa e do contraditório. 2. Quanto à tese de incompetência da Justiça estrangeira, a matéria de descumprimento de contrato não se encontra no rol dos temas sujeitos à jurisdição exclusiva da Justiça brasileira (art. 23 do novo Código de Processo Civil), sendo, portanto, o caso de jurisdição concorrente. Precedente. 3. A parte Interessada teve ciência do processo em trâmite no Juízo rogante, ocorrendo a consumação do objeto da diligência. Dessa forma, torna-se desnecessária a remessa do feito à Justiça Federal. Precedente. 4. Para fins de informação, a Interessada recusa-se expressamente a submeter-se à jurisdição estrangeira. 5. Agravo interno desprovido. (STJ; AgInt na CR 11.037/EX; Corte Especial; Rel. Min. Laurita Vaz; Julg. 19/04/2017; DJe 03/05/2017)

Discussão sobre marca: não incidência do art. 23, I.

✓ CARTA ROGATÓRIA. MARCA. BEM MÓVEL IMATERIAL. COMPETÊNCIA CONCORRENTE. ALEGAÇÃO DE LITISPENDÊNCIA. NÃO CONHECIMENTO. I – Marca é bem móvel imaterial protegido mediante registro, que integra o estabelecimento empresarial e não se confunde com bens imóveis, razão pela qual não se aplica o art. 23, I, do novo Código de Processo Civil. II – A alegação de litispendência desborda dos limites previstos no art. 216-Q do Regimento Interno do Superior Tribunal de Justiça. III – Outrossim, o art. 24 do novo Código de Processo Civil estabelece que a ação proposta perante tribunal estrangeiro não induz litispendência e não obsta a que a autoridade judiciária brasileira conheça da mesma causa e das que lhe são conexas. Agravo regimental improvido. (STJ; AgRg nos EDcl na CR 9.874/EX; Corte Especial; Rel. Min. Francisco Falcão; Julg. 15/06/2016; DJe 28/06/2016)

Em dissolução de casamento, pode-se dispor sobre direitos patrimoniais mesmo que a decisão reflita sobre bens situados no exterior.

✓ CIVIL E PROCESSUAL. RECURSO ESPECIAL. DISSOLUÇÃO DE SOCIEDADE CONJUGAL. PARTILHA DE BENS. CPC/73, ART. 89, II. DEPÓSITO BANCÁRIO FORA DO PAÍS. POSSIBILIDADE DE DISPOSIÇÃO ACERCA DO BEM NA SEPARAÇÃO EM CURSO NO PAÍS. COMPETÊNCIA DA JURISDIÇÃO BRASILEIRA. 1. Ainda que o princípio da soberania impeça qualquer ingerência do Poder Judiciário Brasileiro na efetivação de direitos relativos a bens localizados no exterior, nada impede que, em processo de dissolução de casamento em curso no País, se disponha sobre direitos patrimoniais decorrentes do regime de bens da sociedade conjugal aqui estabelecida, ainda que a decisão tenha reflexos sobre bens situados no exterior para efeitos da referida partilha. 2. Recurso especial parcialmente provido para declarar competente o órgão julgador e determinar o prosseguimento do feito (STJ; Resp 1.552.913; Quarta Turma; Rel. Min. Maria Isabel Galotti; Julg. 08/11/2016; DJe 02/02/2017; Informativo 597).

Art. 24. A ação proposta perante tribunal estrangeiro não induz litispendência e não obsta a que a autoridade judiciária brasileira conheça da mesma causa e das que lhe são conexas, ressalvadas as disposições em contrário de tratados internacionais e acordos bilaterais em vigor no Brasil.

→ *v.* Art. 55, 57 e 337, § 1º, do CPC.

Parágrafo único. A pendência de causa perante a jurisdição brasileira não impede a homologação de sentença judicial estrangeira quando exigida para produzir efeitos no Brasil.

→ *v.* Art. 960 e ss. do CPC.

Discussão sobre marca: não verificação de litispendência.

✓ CARTA ROGATÓRIA. MARCA. BEM MÓVEL IMATERIAL. COMPETÊNCIA CONCORRENTE. ALEGAÇÃO DE LITISPENDÊNCIA. NÃO CONHECIMENTO. I – Marca é bem móvel imaterial protegido mediante registro, que integra o estabelecimento empresarial e não se confunde com bens imóveis, razão pela qual não se aplica o art. 23, I, do novo Código de Processo Civil. II – A alegação de litispendência desborda dos limites previstos no art. 216-Q do Regimento Interno do Superior Tribunal de Justiça. III – Outrossim, o art. 24 do novo Código de Processo Civil estabelece que a ação proposta perante tribunal estrangeiro não induz litispendência e não obsta a que a autoridade judiciária brasileira conheça da mesma causa e das que lhe são conexas. Agravo regimental improvido. (STJ; AgRg nos EDcl na CR 9.874/EX; Corte Especial; Rel. Min. Francisco Falcão; Julg. 15/06/2016; DJe 28/06/2016)

Art. 25. Não compete à autoridade judiciária brasileira o processamento e o julgamento da ação quando houver cláusula de eleição de foro exclusivo estrangeiro em contrato internacional, arguida pelo réu na contestação.

→ *v.* Art. 63, 64, 337, II e 340 do CPC.

§ 1º Não se aplica o disposto no *caput* às hipóteses de competência internacional exclusiva previstas neste Capítulo.

§ 2º Aplica-se à hipótese do *caput* o art. 63, §§ 1º a 4º.

Inviabilidade de processamento e julgamento diante de foro exclusivo estrangeiro.

✓ APELAÇÃO CÍVEL. AÇÃO MONITÓRIA. INSURGÊNCIA CONTRA A DECISÃO QUE JULGOU IMPROCEDENTES OS EMBARGOS MONITÓRIOS APRESENTADOS PELOS DEVEDORES. RELAÇÃO JURÍDICA FRUTO DE CONTRATO DE ÂMBITO INTERNACIONAL. EXISTÊNCIA, OU NÃO, DE NOVAÇÃO DE DÍVIDA. FATO IRRELEVANTE NO CASO CONCRETO. CLÁUSULA DE ELEIÇÃO DE FORO ESTRANGEIRO. VALIDADE. AUSÊNCIA DE IMPEDIMENTO DE ORDEM PÚBLICA. AUTONOMIA DE VONTADE DAS PARTES. COMPETÊNCIA DO FORO DE MILÃO-ITÁLIA. PRECEDENTES JURISPRUDENCIAIS. EXTINÇÃO DO PROCESSO SEM RESOLUÇÃO DO MÉRITO POR AUSÊNCIA DE PRESSUPOSTO DE DESENVOLVIMENTO VÁLIDO DO PROCESSO. PREJUDICADA A ANÁLISE DAS DEMAIS

TESES APELAÇÃO CÍVEL Nº 1.596.913-4 FLS. 2 DE 16 APRESENTADAS. INVERSÃO DO ÔNUS DE SUCUMBÊNCIA. RECURSO CONHECIDO E PROVIDO. Quando houver cláusula de eleição de foro exclusivo estrangeiro em contrato internacional, não compete à autoridade judiciária brasileira o processamento e julgamento da ação (inteligência do art. 25 do CPC/2015). (TJPR; ApCiv 1596913-4; Curitiba; Sexta Câmara Cível; Rel. Des. Carlos Eduardo A. Espínola; Julg. 25/04/2017; DJPR 10/05/2017; Pág. 573)

Como a demanda foi proposta sob a vigência do CPC/1973, não incide a regra do art. 25 do CPC/2015.

✓ APELAÇÃO. AÇÃO DE RESCISÃO CONTRATUAL E DE RESTITUIÇÃO DE VALORES. PRESTAÇÃO DE SERVIÇOS. "MEMBRESIA". SENTENÇA DE ACOLHIMENTO DOS PEDIDOS. REFORMA, COM A PROCLAMAÇÃO DA IMPROCEDÊNCIA DA DEMANDA. 1. Nulidade da sentença por falta de fundamentação. Inocorrência. Decisão adequadamente fundamentada, tanto que amplamente impugnada nesta esfera recursal. Eventual deficiência na fundamentação que, de todo modo, não se confunde com a respectiva ausência. 2. Legitimidade passiva. Ré que é parte legítima para figurar no polo passivo da relação processual, uma vez que participa do mesmo grupo econômico da contratada e explora a prestigiosa marca "Meliá" no Brasil. Autores que aderiram ao contrato certamente fiando-se no pressuposto de que a ré atuava como representante do grupo no Brasil. Aplicação do princípio da boa-fé e da teoria da aparência. Consideração de que, entre esperar que a empresa apelante responda pelo contrato, para se acertar posteriormente com os demais componentes do grupo econômico, ou exigir que os consumidores apelados ingressem com a ação contra a empresa estrangeira, a efetiva contratada, é evidente que se deve escolher a primeira opção. Precedentes. 3. Jurisdição brasileira. Competência concorrente da Justiça brasileira para apreciar a causa, por aplicação da regra do art. 88, I, do CPC de 1973, reproduzida pelo art. 21, I, do CPC de 2015. Consideração, ainda a respeito, de que a empresa ré, sediada no Brasil, é tida como extensão da empresa contratante, por isso legitimada para a causa. 4. Cláusula de eleição de foro. Inaplicabilidade nas hipóteses de competência concorrente, em sendo a ação proposta no território nacional. Conclusão diversa que afrontaria a soberania do Estado brasileiro. Doutrina e jurisprudência. Observação de que a demanda foi proposta sob a vigência do CPC de 1973, por isso não incidindo a regra do art. 25 do novo Estatuto Processual. Possibilidade, ainda em situações tais, envolvendo relação de consumo expressa em contrato de adesão, de a invalidade da cláusula de eleição ser proclamada de ofício (CPC/73, art. 112, parágrafo único). 5. Direito aplicável à relação material ensejadora do litígio. Contrato celebrado em território estrangeiro, local em que as obrigações haveriam de ser cumpridas. Negócio se submetendo à Lei do país em que constituída a obrigação. Art. 9º da LINDB e arts. 164, 169, 182 e 185 do chamado Código de Bustamante. Consequente impossibilidade de análise da questão frente ao CDC. Autores que não invocaram o direito estrangeiro ou produziram prova a respeito, nem mesmo após a questão ser levantada na peça de defesa. Quadro impondo a rejeição dos pedidos. Dispositivo: Afastaram as preliminares e deram provimento à apelação. (TJSP; APL 1101237-32.2015.8.26.0100; Ac. 10225178; São Paulo; Décima Nona Câmara de Direito Privado; Rel. Des. Ricardo Pessoa de Mello Belli; Julg. 20/02/2017; DJESP 21/03/2017)

Capítulo II
DA COOPERAÇÃO INTERNACIONAL

→ *V.* Convenção Americana sobre Direitos Humanos.

→ *V.* Decreto 3.413/2000 – Promulga a Convenção sobre os Aspectos Civis do Sequestro Internacional de Crianças, concluída na cidade de Haia, em 25 de outubro de 1980.

→ *V.* Decreto 2.428/1997 – Promulga a Convenção Interamericana sobre Obrigação Alimentar, concluída em Montevidéu, em 15 de julho de 1989.

→ *V.* Decreto 9.176/2017 – Promulga a Convenção sobre a Cobrança Internacional de Alimentos para Crianças e Outros Membros da Família e o Protocolo sobre a Lei Aplicável às Obrigações de Prestar Alimentos, firmados pela República Federativa do Brasil, em Haia, em 23 de novembro de 2007.

Seção I
Disposições Gerais

Art. 26. A cooperação jurídica internacional será regida por tratado de que o Brasil faz parte e observará:

I – o respeito às garantias do devido processo legal no Estado requerente;

→ *V.* Art. 5º, LIV da CF/1988.

II – a igualdade de tratamento entre nacionais e estrangeiros, residentes ou não no Brasil, em relação ao acesso à justiça e à tramitação dos processos, assegurando-se assistência judiciária aos necessitados;

→ *V.* Art. 5º, *caput*, XXXV e LXXIV da CF/1988.

III – a publicidade processual, exceto nas hipóteses de sigilo previstas na legislação brasileira ou na do Estado requerente;

→ *V.* Art. 93, IX da CF/1988.

→ *V.* Art. 189 do CPC.

IV – a existência de autoridade central para recepção e transmissão dos pedidos de cooperação;

V – a espontaneidade na transmissão de informações a autoridades estrangeiras.

§ 1º Na ausência de tratado, a cooperação jurídica internacional poderá realizar-se com base em reciprocidade, manifestada por via diplomática.

→ *V.* Arts. 41, parágrafo único, e 961, § 4º, do CPC.

§ 2º Não se exigirá a reciprocidade referida no § 1º para homologação de sentença estrangeira.

→ *V.* Art. 960 e ss. do CPC.

§ 3º Na cooperação jurídica internacional não será admitida a prática de atos que contrariem ou que produzam resultados incompatíveis com as normas fundamentais que regem o Estado brasileiro.

→ *V.* Art. 39 do CPC.

§ 4º O Ministério da Justiça exercerá as funções de autoridade central na ausência de designação específica.

→ *V.* Decreto 6.061/2007 – Aprova a Estrutura Regimental e o Quadro Demonstrativo dos Cargos em Comissão e das Funções Gratificadas do Ministério da Justiça.

Pesquisa de bens e valores de titularidade da executada existentes em solo estrangeiro.

✓ AGRAVO DE INSTRUMENTO. Execução de título extrajudicial. Decisão indeferiu pesquisa de bens e valores de titularidade da executada existentes em solo estrangeiro, com base no art. 26 e seguintes do CPC. Cooperação internacional que, no caso, seria instrumentalizada através de Carta Rogatória. Questão preclusa, constatado o que restou decidido em recurso antecedente. Recurso não conhecido (art. 932, II, do CPC). (TJSP; AI 2145425-68.2016.8.26.0000; Ac. 9865786; São Paulo; Décima Terceira Câmara de Direito Privado; Rel. Des. Francisco Giaquinto; Julg. 03/10/2016; DJESP 06/10/2016)

A ressalva feita pelo Brasil em relação ao "pre-trial discovery of documents" não impede a busca de provas no estrangeiro.

✓ AGRAVO INTERNO NA CARTA ROGATÓRIA. OFENSA AO PRINCÍPIO DA COLEGIALIDADE. NÃO OCORRÊNCIA. COOPERAÇÃO JURÍDICA INTERNACIONAL. RESSALVA DO ART. 23 DA CONVENÇÃO DE HAIA. COMPARTILHAMENTO E PRODUÇÃO DE PROVAS. CONFIDENCIALIDADE, RECIPROCIDADE E NECESSIDADE DE PROVAS. 1. A concessão de exequatur à carta rogatória é atribuição do presidente do Superior Tribunal de Justiça, que poderá, a seu juízo, determinar a distribuição dos autos para julgamento pela Corte Especial caso o pedido verse sobre ato decisório e haja impugnação do interessado Inexistência de ofensa ao princípio da colegialidade (arts. 216-O e 216-T do RISTJ). 2. A ninguém é dado eximir-se do dever de colaborar com o Poder Judiciário, incumbindo ao terceiro, em relação a qualquer causa, exibir coisa ou documento que esteja em seu poder, observado o direito de abster-se de eventual autoincriminação (arts. 378, 379 e 380, II, do CPC). 3. A ressalva feita pelo Brasil em relação ao pre-trial discovery of documents, nos termos do art. 23 da Convenção de Haia sobre a Obtenção de Provas no Estrangeiro em Matéria Civil ou Comercial, não impede a busca de provas no estrangeiro, mas evita a coleta abusiva de provas quando dirigidas contra particulares. 4. Agravo interno desprovido. (STJ, AgInt na CR 13.192/EX, Corte Especial, Rel. Ministro João Otávio De Noronha, DJe 16/08/2019)

Art. 27. A cooperação jurídica internacional terá por objeto:

I – citação, intimação e notificação judicial e extrajudicial;

II – colheita de provas e obtenção de informações;

III – homologação e cumprimento de decisão;

IV – concessão de medida judicial de urgência;

V – assistência jurídica internacional;

VI – qualquer outra medida judicial ou extrajudicial não proibida pela lei brasileira.

→ *v.* Arts. 30, 35, 960 e 961 do CPC.

Alegação de ilicitude das provas obtidas por meio de cooperação jurídica internacional.

✓ EMBARGOS DE DECLARAÇÃO EM RECURSO ORDINÁRIO. ALEGAÇÃO DE OMISSÃO DO JULGADO. NÃO OCORRÊNCIA. 1. O tema trazido ao Superior Tribunal de justiça no recurso tido por prejudicado (de ilicitude das provas obtidas por meio da cooperação jurídica internacional entre Brasil e Estados Unidos) foi objeto de ampla cognição na superveniente sentença e passa a ser agora suporte de decisão condenatória recorrida, em exame pelo tribunal regional. 2. No julgado embargado, ficou bem registrado tanto no voto-vista quanto na retificação de voto que, na via da apelação, terá o tema adequado tratamento; em outras palavras, a questão posta, fundamento da condenação, será objeto de exame por ocasião da apreciação do recurso adequado, dotado de efeito devolutivo amplo. 3. Incabível discutir, neste momento, a respeito da interpretação e alcance dos arts. 5º, LXVIII, e 105, II, a, da Constituição Federal, para fins de prequestionamento. 4. Embargos de declaração rejeitados. (STJ; EDcl-RHC 42.825; Proc. 2013/0387307-1; RS; Sexta Turma; Rel. Min. Sebastião Reis Júnior; DJE 02/02/2016)

Seção II
Do Auxílio Direto

→ *v.* Decreto 166/1991 – Promulga o Convênio de Cooperação Judiciária em Matéria Civil, entre o Governo da República Federativa do Brasil e o Reino da Espanha.

→ *v.* Decreto 1.476/1995 – Promulga o Tratado Relativo à Cooperação Judiciária e ao Reconhecimento e Execução de Sentenças em Matéria Civil, entre a República Federativa do Brasil e a República Italiana, de 17 de outubro de 1989.

→ *v.* Decreto 1.850/1996 – Promulga o Acordo de Cooperação Judiciária em Matéria Civil, Comercial, Trabalhista e Administrativa, entre o Governo da República Federativa do Brasil e o Governo da República Oriental do Uruguai, de 28 de dezembro de 1992.

Art. 28. Cabe auxílio direto quando a medida não decorrer diretamente de decisão de autoridade jurisdicional estrangeira a ser submetida a juízo de delibação no Brasil.

Diferença entre auxilio direto e carta rogatória.

✓ AGRAVO REGIMENTAL EM FACE DE DECISÃO MONOCRÁTICA DE RELATOR NO STF. PEDIDO DE COOPERAÇÃO JURÍDICA INTERNACIONAL. AUXÍLIO DIRETO. PLEITO DO MINISTÉRIO PÚBLICO PORTUGUÊS. TRATADO DE AUXÍLIO MÚTUO EM MATÉRIA PENAL. DECRETO 1.320/94. OITIVA DE PRESO. CUSTÓDIA PARA FINS DE EXTRADIÇÃO SUBMETIDA AO STF. COMPETÊNCIA. CARTA ROGATÓRIA E EXEQUATUR NO STJ. DESNECESSIDADE. AGRAVO PROVIDO. 1. O pedido de cooperação jurídica internacional, na modalidade de auxílio direto, possui natureza distinta da carta rogatória. Nos moldes do disposto nos arts. 28, 33, caput, e 40, todos do Código de Processo Civil, caberá auxílio direto quando "a medida não decorrer diretamente de decisão de autoridade jurisdicional estrangeira", enquanto necessitará de carta rogatória quando for o caso de cumprir decisão jurisdicional estrangeira. 2. Formulado pedido de assistência direta pelo Ministério Público português ao Parquet brasileiro, com base em tratado internacional de mútua cooperação em matéria penal, firmado entre Brasil e Portugal - Decreto 1.320/1994 -, o cumprimento em território pátrio depende de mero juízo de delibação, sendo desnecessária a atuação homologatória em exequatur pelo Superior Tribunal de Justiça. 3. Encontrando-se o preso sob a custódia do Supremo Tribunal Federal, para fins de extradição, a esta Corte deve ser dirigida a comunicação de que o custodiado será ouvido em razão de pedido de cooperação formulado pela autoridade central portuguesa e encaminhado ao Ministério Público brasileiro. 4. Agravo regimental provido. (STF; Pet 5946; Primeira Turma; Rel. Min. Marco Aurélio; Rel. p/ Acórdão: Min. Edson Fachin; Julg. 16/08/2016, Acórdão Eletrônico DJe-237 DIVULG 07/11/2016 PUBLIC 08/11/2016).

✓ COMPETÊNCIA DA PRESIDÊNCIA DO SUPERIOR TRIBUNAL DE JUSTIÇA PARA MANIFESTAÇÃO QUANTO À PRESCINDIBILIDADE OU NÃO DO EXEQUATUR EM PEDIDOS DE COOPERAÇÃO JURÍDICA INTERNACIONAL. ATRIBUIÇÃO EXCLUSIVA DESTA CORTE SUPERIOR DE JUSTIÇA PELA CONSTITUIÇÃO DA REPÚBLICA. CARTA ROGATÓRIA E AUXÍLIO DIRETO. DEFINIÇÃO. CASO CONCRETO. INEXISTÊNCIA DE DECISÃO JUDICIAL ESTADUNIDENSE PARA A CONCESSÃO DO EXEQUATUR. PEDIDO ESTRANGEIRO BASEADO EM ACORDO DE ASSISTÊNCIA EM MATÉRIA PENAL CELEBRADO ENTRE BRASIL E OS ESTADOS UNIDOS DA AMÉRICA. EFICÁCIA. AGRAVO DESPROVIDO. 1. Compete ao Superior Tribunal de Justiça, exclusivamente, como antes competia ao Supremo Tribunal Federal, a análise dos requisitos para a concessão de exequatur às cartas rogatórias, nos termos do art. 105 da Constituição da República e do art. 216-O do Regimento Interno do Superior Tribunal de Justiça. 2. A carta rogatória e o auxílio direto convivem no ordenamento jurídico como sistemas de cooperação internacional em matéria penal, entretanto são institutos com ritos e procedimentos diversos, mormente em razão das normas aplicáveis e da origem da decisão que ensejou o pedido estrangeiro. 3. O pedido de assistência direta dos Estados Unidos da América (mutual legal assistance) firmou-se no Acordo de Assistência Judiciária em Matéria Penal, celebrado entre Brasil e Estados Unidos, devidamente integrado ao nosso ordenamento jurídico. A jurisprudência do Supremo Tribunal Federal e do Superior Tribunal de Justiça é no sentido de que os tratados e convenções internacionais de caráter normativo incorporados ao sistema jurídico brasileiro têm eficácia de lei ordinária e força normativa. 4. Na carta rogatória passiva, existe decisão judicial oriunda de juízos ou tribunais estrangeiros que, para serem executados em território nacional, precisam do juízo de delibação do Superior Tribunal de Justiça, sem, contudo, adentrar-se no mérito da decisão proveniente do país alienígena. No auxílio direto, há um pedido de assistência do Estado estrangeiro diretamente ao Estado rogado, no exercício de atividade investigatória, para que este preste as informações solicitadas ou, havendo necessidade legal, submeta o pedido à Justiça Federal competente para julgar a providência requerida (medidas acautelatórias), conforme o caso concreto. A assistência direta decorre de acordo ou tratado internacional de cooperação em que o Brasil é, necessariamente, signatário. 5. No caso em apreço, não há decisão judicial norte-americana a ser submetida ao juízo delibatório do Superior Tribunal de Justiça. O que se tem é pedido de assistência direta formulado por autoridade estrangeira no exercício de atividade investigatória, dirigido à autoridade congênere no Brasil, qual seja, o Ministério Público Federal, que, no intuito de cooperação internacional, submeteu o pedido estrangeiro ao crivo da Justiça Federal do Estado do Rio de Janeiro. 6. Prescindibilidade da concessão do exequatur, uma vez que o pedido estrangeiro não se amolda na definição de carta rogatória, podendo, dessa forma, prosseguir o feito como auxílio direto. Precedentes. 7. Agravo interno desprovido (AgInt na CR 11.165/EX; Corte Especial; Rel. Min. Laurita Vaz; Julg. 06/09/2017; DJe 15/09/2017)

Art. 29. A solicitação de auxílio direto será encaminhada pelo órgão estrangeiro interessado à autoridade central, cabendo ao Estado requerente assegurar a autenticidade e a clareza do pedido.

→ *v.* Arts. 26, § 4º, e 41 do CPC.

Art. 30. Além dos casos previstos em tratados de que o Brasil faz parte, o auxílio direto terá os seguintes objetos:

I – obtenção e prestação de informações sobre o ordenamento jurídico e sobre processos administrativos ou jurisdicionais findos ou em curso;

→ *v.* Art. 32 do CPC.

II – colheita de provas, salvo se a medida for adotada em processo, em curso no estrangeiro, de competência exclusiva de autoridade judiciária brasileira;

→ *v.* Arts. 23 e 35 do CPC.

III – qualquer outra medida judicial ou extrajudicial não proibida pela lei brasileira.

Art. 31. A autoridade central brasileira comunicar-se-á diretamente com suas congêneres e, se necessário, com outros órgãos estrangeiros responsáveis pela tramitação e pela execução de pedidos de cooperação enviados e recebidos pelo Estado brasileiro, respeitadas disposições específicas constantes de tratado.

Art. 32. No caso de auxílio direto para a prática de atos que, segundo a lei brasileira, não necessitem de prestação jurisdicional, a autoridade central adotará as providências necessárias para seu cumprimento.

A pessoa jurídica multinacional instituída e atuante no país submete-se às leis brasileiras, sendo desnecessária a cooperação internacional para a obtenção de dados requisitados pelo juízo.

✓ RECURSO ORDINÁRIO EM MANDADO DE SEGURANÇA. INQUÉRITO POLICIAL. QUEBRA DE SIGILO TELEMÁTICO. CUMPRIMENTO INCOMPLETO DE ORDEM JUDICIAL. APLICAÇÃO DE MULTA DIÁRIA À EMPRESA RESPONSÁVEL PELO FORNECIMENTO DE DADOS (FACEBOOK). POSSIBILIDADE. VALOR DAS ASTREINTES. RAZOABILIDADE E PROPORCIONALIDADE. 1. Situação em que a FACEBOOK SERVIÇOS ONLINE DO BRASIL LTDA. impugna decisão judicial que, em sede de inquérito, autorizou a interceptação do fluxo de dados telemáticos de contas Facebook de investigados, sob pena de multa diária de R$ 50.000,00 (cinquenta mil reais). 2. Não há ilegalidade ou abuso de poder a ser corrigido, pois fica claro o cumprimento incompleto da decisão judicial que determinara o fornecimento de dados de contas perfis no Facebook de investigados, já que não foram trazidas todas as conversas realizadas no período de 13/10/2015 a 13/11/2015, tampouco as senhas de acesso, o conteúdo completo da caixa de mensagens, o conteúdo da linha do tempo (timeline) e grupos de que participam, além das fotos carregadas no perfil com respectivos metadados. 3. A mera alegação de que o braço da empresa situado no Brasil se dedica apenas à prestação de serviços relacionados à locação de espaços publicitários, veiculação de publicidade e suporte de vendas não exime a organização de prestar as informações solicitadas, tanto mais quando se sabe que não raras vezes multinacionais dedicadas à exploração de serviços prestados via internet se valem da escolha do local de sua sede e/ou da central de suas operações com o objetivo específico de burlar carga tributária e ordens judiciais tendentes a regular o conteúdo das matérias por elas veiculadas ou o sigilo de informações de seus usuários. 4. Por estar instituída e em atuação no País, a pessoa jurídica multinacional submete-se, necessariamente, às leis brasileiras, motivo pelo qual se afigura desnecessária a cooperação internacional para a obtenção dos dados requisitados pelo juízo. (...) (RMS 55.109; PR; Quinta Turma; Rel. Min. Reynaldo Soares da Fonseca; Julg. 07/11/2017; DJe 17/11/2017)

Art. 33. Recebido o pedido de auxílio direto passivo, a autoridade central o encaminhará à Advocacia-Geral da União, que requererá em juízo a medida solicitada.

→ v. Arts. 21 e 22 do CPC.

Parágrafo único. O Ministério Público requererá em juízo a medida solicitada quando for autoridade central.

→ v. Arts. 26, § 4º, do CPC.

→ v. Decreto 56.826/1965 – Promulga a Convenção sobre a prestação de alimentos no estrangeiro.

→ v. Decreto 1.320/1994 – Promulga o Tratado de Auxílio Mútuo em Matéria Penal, entre o Governo da República Federativa do Brasil e o Governo da República Portuguesa, de 7.5.91.

→ v. Decreto 6.747/2009 – Promulga o Tratado de Assistência Mútua em Matéria Penal entre o Governo da República Federativa do Brasil e o Governo do Canadá, celebrado em Brasília, em 27 de janeiro de 1995.

Pleito do Ministério Público Português e encaminhamento ao MP brasileiro.

✓ AGRAVO REGIMENTAL EM FACE DE DECISÃO MONOCRÁTICA DE RELATOR NO STF. PEDIDO DE COOPERAÇÃO JURÍDICA INTERNACIONAL. AUXÍLIO DIRETO. PLEITO DO MINISTÉRIO PÚBLICO PORTUGUÊS. TRATADO DE AUXÍLIO MÚTUO EM MATÉRIA PENAL. DECRETO 1.320/94. OITIVA DE PRESO. CUSTÓDIA PARA FINS DE EXTRADIÇÃO SUBMETIDA AO STF. COMPETÊNCIA. CARTA ROGATÓRIA E EXEQUATUR NO STJ. DESNECESSIDADE. AGRAVO PROVIDO. 1. O pedido de cooperação jurídica internacional, na modalidade de auxílio direto, possui natureza distinta da carta rogatória. Nos moldes do disposto nos arts. 28, 33, caput, e 40, todos do Código de Processo Civil, caberá auxílio direto quando "a medida não decorrer diretamente de decisão de autoridade jurisdicional estrangeira", enquanto necessitará de carta rogatória quando for o caso de cumprir decisão jurisdicional estrangeira. 2. Formulado pedido de assistência direta pelo Ministério Público português ao Parquet brasileiro, com base em tratado internacional de mútua cooperação em matéria penal, firmado entre Brasil e Portugal - Decreto 1.320/1994 –, o cumprimento em território pátrio depende de mero juízo de delibação, sendo desnecessária a atuação homologatória em exequatur pelo Superior Tribunal de Justiça. 3. Encontrando-se o preso sob a custódia do Supremo Tribunal Federal, para fins de extradição, a esta Corte deve ser dirigida a comunicação de que o custodiado será ouvido em razão de pedido de cooperação formulado pela autoridade central portuguesa e encaminhado ao Ministério Público brasileiro. 4. Agravo regimental provido. (STF, Pet 5946; Primeira Turma; Rel. Min. Marco Aurélio; Rel. p/ Acórdão: Min. Edson Fachin; Julg. 16/08/2016, Acórdão Eletrônico DJe-237 DIVULG 07/11/2016 PUBLIC 08/11/2016)

Art. 34. Compete ao juízo federal do lugar em que deva ser executada a medida apreciar pedido de auxílio direto passivo que demande prestação de atividade jurisdicional.

→ v. Art. 109, I e X da CF/1988.

Tratando-se de ato judicial que deve ser cumprido no Brasil, sua execução por Juiz Federal supõe a prévia concessão do *exequatur* pelo STJ.

✓ RECLAMAÇÃO CONSTITUCIONAL. USURPAÇÃO DE COMPETÊNCIA. COOPERAÇÃO JURÍDICA INTERNACIONAL. PEDIDO DE SEQUESTRO DECORRENTE DE SENTENÇA PENAL CONDENATÓRIA PROFERIDA NO EXTERIOR. NECESSIDADE DE DELIBAÇÃO PELO SUPERIOR TRIBUNAL DE JUSTIÇA. 1. Tratando-se de ato judicial que deve ser cumprido no Brasil (sequestro de bens para garantia da execução dos efeitos civis de sentença penal condenatória proferida pela Justiça paraguaia), a sua execução, por Juiz Federal, supõe a prévia concessão do exequatur pelo Superior Tribunal de Justiça (art. 105, inciso I, alínea i, da Constituição Federal combinado com o art. 15 da Lei de Introdução às normas do Direito Brasileiro). 2. Hipótese em que a Justiça Federal deferiu o pedido de auxílio direto formulado pela União, determinando a constrição de bens do Reclamante, em manifesta usurpação da competência deste Tribunal. 3. Reclamação procedente, agravo regimental prejudicado (Rcl 3.364/MS; Corte Especial; Rel. Min. Laurita Vaz; Julg. 05/10/2016; DJe 26/10/2016)

Compete à Justiça Federal cumprir carta rogatória após a concessão do *exequatur* pela Presidência do Superior Tribunal de Justiça.

✓ CONFLITO. CARTA ROGATÓRIA. EXEQUATUR. COMPETÊNCIA. 1. Em conflito de competência não há espaço para discussão a respeito da regularidade de carta rogatória com exequatur concedido por decisão irrecorrida. 2. Compete à Justiça Federal cumprir carta rogatória após a concessão do exequatur pela Presidência do Superior Tribunal de Justiça (Art. 109, X, da Constituição Federal). 3. O Juízo Federal pode solicitar cooperação da Justiça Estadual quando a carta rogatória se destina a citar ou intimar pessoa que tem domicílio onde não esteja instalada sede da Justiça Federal (Art. 42, caput, da Lei 5.010/66) (CC 89.791/SP; Segunda Seção; Rel. Min. Humberto Gomes de Barros; Julg. 14/11/2007, DJ 26/11/2007; p. 114)

Seção III
Da Carta Rogatória

→ v. Decreto 1.899/1996 – Promulga a Convenção Interamericana sobre Cartas Rogatórias, de 30 de janeiro de 1975.

Art. 35. (Vetado).

→ v. Redação vetada: "Art. 35. Dar-se-á por meio de carta rogatória o pedido de cooperação entre órgão jurisdicional brasileiro e órgão jurisdicional estrangeiro para prática de ato de citação, intimação, notificação judicial, colheita de provas, obtenção de informações e cumprimento de decisão interlocutória, sempre que o ato estrangeiro constituir decisão a ser executada no Brasil."

→ v. Razões de veto.

Art. 36. O procedimento da carta rogatória perante o Superior Tribunal de Justiça é de jurisdição contenciosa e deve assegurar às partes as garantias do devido processo legal.

→ v. Resolução 9/2005 do STJ – Dispõe, em caráter transitório, sobre competência acrescida ao Superior Tribunal de Justiça pela Emenda Constitucional 45/2004.

§ 1º A defesa restringir-se-á à discussão quanto ao atendimento dos requisitos para que o pronunciamento judicial estrangeiro produza efeitos no Brasil.

→ v. Arts. 39, 963 e 964 do CPC.

§ 2º Em qualquer hipótese, é vedada a revisão do mérito do pronunciamento judicial estrangeiro pela autoridade judiciária brasileira.

Citação por carta rogatória ocorrida na pessoa de terceiro: anulação.

✓ AGRAVO DE INSTRUMENTO. CUMPRIMENTO DE SENTENÇA. NULIDADE DE CITAÇÃO. Ocorrência. Citação por carta rogatória ocorrida na pessoa de terceiro. Cabível a anulação do ato citatório e dos posteriores. Sentença anulada. RECURSO PROVIDO. (TJSP; AI 2106569-98.2017.8.26.0000; Ac. 10858559; Guararapes; Segunda Câmara de Direito Privado; Relª Desª Rosangela Telles; Julg. 04/10/2017; DJESP 06/11/2017; Pág. 2461)

Seção IV
Disposições Comuns às Seções Anteriores

Art. 37. O pedido de cooperação jurídica internacional oriundo de autoridade brasileira competente será encaminhado à autoridade central para posterior envio ao Estado requerido para lhe dar andamento.

→ v. Art. 26, § 4º, do CPC.

Art. 38. O pedido de cooperação oriundo de autoridade brasileira competente e os documentos anexos que o instruem serão encaminhados à autoridade central, acompanhados de tradução para a língua oficial do Estado requerido.

O ofício de encaminhamento de documentos pela autoridade central brasileira ou pela via diplomática garante a autenticidade dos documentos e da tradução enviada pela Justiça rogante.

✓ AGRAVO INTERNO NA CARTA ROGATÓRIA. TRADUÇÃO JURAMENTADA DOS DOCUMENTOS. AUSÊNCIA. TRAMITAÇÃO PELA AUTORIDADE CENTRAL. EXEQUATUR CONCEDIDO. POSSIBILIDADE. PRESUNÇÃO DE AUTENTICIDADE. REMARCAÇÃO DA DATA PARA A AUDIÊNCIA NA JUSTIÇA ROGANTE. PREJUÍZO AO INTERESSADO EM RAZÃO DA AUSÊNCIA DE NOVEL MANIFESTAÇÃO DO CURADOR ESPECIAL. NÃO OCORRÊNCIA. PEDIDO INAUGURAL IMPUGNADO E NOVA CITAÇÃO REALIZADA POR OFICIAL DE JUSTIÇA. AGRAVO REGIMENTAL DESPROVIDO. 1. A Corte Especial decidiu que "[o] ofício de encaminhamento de documentos pela autoridade central brasileira ou pela via diplomática garante a autenticidade dos documentos, bem como da tradução enviada pela Justiça rogante, dispensando, assim, legalização, autenticação e outras formalidades." (AgRg na CR 8.553/EX; Corte Especial; Rel. Min. Francisco Falcão; Julg. 18/03/2015; DJe 29/04/2015). 2. Inocorrência de prejuízo ao Interessado pela não abertura de vista ao curador especial para novel manifestação após a remarcação da data de audiência, uma vez que o pedido inaugural fora devidamente impugnado pela Defensoria Pública da União e a citação da nova data foi realizada por oficial de justiça. 3. Agravo interno desprovido (AgInt na CR 9.923/EX; Corte Especial; Rel. Min. Laurita Vaz; Julg. 06/09/2017; DJe 14/09/2017)

Art. 39. O pedido passivo de cooperação jurídica internacional será recusado se configurar manifesta ofensa à ordem pública.

→ v. Art. 26, I e § 3º e 963, VI do CPC.

Aplicando-se a lei brasileira apenas à prática do ato de cooperação, não há que se falar em ofensa à ordem pública na prática de atos diversos.

✓ CARTA ROGATÓRIA. RAZOABILIDADE DOS PRAZOS PREVISTOS EM LEGISLAÇÃO ESTRANGEIRA. DESCABIMENTO DESSA APRECIAÇÃO EM JUÍZO DELIBATÓRIO. APLICAÇÃO DA LEGISLAÇÃO BRASILEIRA RESTRITAMENTE AO PROCEDIMENTO DO ATO DE COOPERAÇÃO. CONSULTA. CONSTITUIÇÃO DE ADVOGADO DE CONFIANÇA. DESNECESSIDADE. TRATADOS DEVIDAMENTE INTERNALIZADOS POSSUEM FORÇA DE LEI. INCIDÊNCIA DO PRINCÍPIO DA IMPERATIVIDADE. EXISTÊNCIA DE INCIDENTES PROCESSUAIS PENAIS QUE TAMBÉM VISAM A GARANTIR EVENTUAL RESPONSABILIZAÇÃO CIVIL. I – Encontra-se fora do escopo do juízo delibatório a avaliação quanto à razoabilidade, ou não, de prazos previstos em legislação estrangeira, cuja fixação se encontra acobertada pela soberania do Estado requerente. Tais prazos são contados consoante a legislação vigente no Estado da Justiça rogante, não havendo nenhuma ofensa à soberania nacional brasileira ou à ordem pública. II – A legislação brasileira se aplica apenas ao que se refere à prática do ato de cooperação pleiteada: a intimação. As consequências desse ato processual e os prazos a serem contados a partir da sua prática são os previstos na legislação estrangeira. III – A consulta à Justiça rogante sobre a possibilidade de constituir advogado de confiança da parte requerente deve ser realizada diretamente pela parte interessada no juízo onde tramita a demanda. IV – Não há que se falar em ofensa à ordem pública, em razão de o pedido de cooperação internacional se relacionar também a requerimento de intimação de fiança, o qual estaria relacionado com responsabilidade civil. Mesmo se essa fiança fosse realmente de âmbito exclusivamente civil, não haveria óbice ao cumprimento da comissão, pois o Brasil e a Espanha possuem tratado em vigor sobre cooperação jurídica internacional sobre matéria civil, o qual foi internalizado por meio do Decreto n. 166, de 3 de julho de 1981. O fato de o pedido não ter sido embasado nesse acordo internacional não gera nenhuma nulidade, já que esse acordo tem força de lei ordinária, com o consequente caráter imperativo. V – Ao contrário do que foi defendido pela parte agravante, há institutos processuais penais no ordenamento jurídico brasileiro que visam a garantir eventual ressarcimento na esfera da responsabilidade civil como o sequestro e a hipoteca legal que estão previstos nos arts. 125 a 144 do Código de Processo Penal. Agravo regimental improvido (AgRg na CR 9.952/EX; Corte Especial; Rel. Min. Francisco Falcão; Julg. 03/08/2016; DJe 15/08/2016)

Art. 40. A cooperação jurídica internacional para execução de decisão estrangeira dar-se-á por meio de carta rogatória ou de ação de homologação de sentença estrangeira, de acordo com o art. 960.

Cumprimento e mero juízo de delibação.

✓ AGRAVO REGIMENTAL EM FACE DE DECISÃO MONOCRÁTICA DE RELATOR NO STF. PEDIDO DE COOPERAÇÃO JURÍDICA INTERNACIONAL. AUXÍLIO DIRETO. PLEITO DO MINISTÉRIO PÚBLICO PORTUGUÊS. TRATADO DE AUXÍLIO MÚTUO EM MATÉRIA PENAL. DECRETO 1.320/94. OITIVA DE PRESO. CUSTÓDIA PARA FINS DE EXTRADIÇÃO SUBMETIDA AO STF. COMPETÊNCIA. CARTA ROGATÓRIA E EXEQUATUR NO STJ. DESNECESSIDADE. AGRAVO PROVIDO. 1. O pedido de cooperação jurídica internacional, na modalidade de auxílio direto, possui natureza distinta da carta rogatória. Nos moldes do disposto nos arts. 28, 33, caput, e 40, todos do Código de Processo Civil, caberá auxílio direto quando "a medida não decorrer diretamente de decisão de autoridade jurisdicional estrangeira", enquanto necessitará de carta rogatória quando for o caso de cumprir decisão jurisdicional estrangeira. 2. Formulado pedido de assistência direta pelo Ministério Público português ao Parquet brasileiro, com base em tratado internacional de mútua cooperação em matéria penal, firmado entre Brasil e Portugal - Decreto 1.320/1994 -, o cumprimento em território pátrio depende de mero juízo de delibação, sendo desnecessária a atuação homologatória em exequatur pelo Superior Tribunal de Justiça. 3. Encontrando-se o preso sob a custódia do Supremo Tribunal Federal, para fins de extradição, a esta Corte deve ser dirigida a comunicação de que o custodiado será ouvido em razão de pedido de cooperação formulado pela autoridade central portuguesa e encaminhado ao Ministério Público brasileiro. 4. Agravo regimental provido. (STF, Pet 5946; Primeira Turma; Rel. Min. Marco Aurélio; Rel. p/ Acórdão: Min. Edson Fachin \; Julg. 16/08/2016, Acórdão Eletrônico DJe-237 DIVULG 07/11/2016 PUBLIC 08/11/2016)

Art. 41. Considera-se autêntico o documento que instruir pedido de cooperação jurídica internacional, inclusive tradução para a língua portuguesa, quando encaminhado ao Estado brasileiro por meio de autoridade central ou por via diplomática, dispensando-se ajuramentação, autenticação ou qualquer procedimento de legalização.

→ *v.* Decreto 2.067/1996 – Promulga o Protocolo de Cooperação e Assistência Jurisdicional em Matéria Civil, Comercial, Trabalhista e Administrativa.

Parágrafo único. O disposto no *caput* não impede, quando necessária, a aplicação pelo Estado brasileiro do princípio da reciprocidade de tratamento.

→ *v.* Art. 26, § 1º, do CPC.

Autenticidade do documento encaminhado ao Estado Brasileiro por meio de autoridade central ou por via diplomática.

✓ STJ, CARTA ROGATÓRIA Nº 10.267 - KR (2015/0222506-3). RELATOR: MINISTRO PRESIDENTE DO STJ - FRANCISCO FALCÃO. Cuida-se de Carta Rogatória pela qual o Poder Judiciário da República da Coréia solicita que seja remetida a parte interessada os documentos colacionados aos autos, segundo texto rogatório. A parte interessada, após intimada, apresentou impugnação. Defendeu, em suma, que: a tradução juntada não é juramentada; é impossível compreender a intenção do juízo estrangeiro; estão ausentes documentos imprescindíveis; o Juízo Rogante é incompetente. O Ministério Público Federal não se opõe à concessão da ordem (fl. 92). Manifestou-se pela improcedência da impugnação. Destacou que a tramitação da comissão pela via diplomática torna dispensável a chancela dos documentos e a tradução juramentada no Brasil. Acrescentou que a narrativa, embora sucinta e com falhas na tradução, não impede a compreensão da lide e não compromete o exercício do direito de defesa. Por último, asseverou que a competência é concorrente, não sendo caso de exclusividade da jurisdição brasileira. Relatados. Decido. A impugnação não merece guarida. Conforme consabido, a remessa da comissão rogatória pela via diplomática garante a autenticidade dos documentos, bem como da tradução enviada pela Justiça rogante, dispensando, assim, legalização, autenticação e tradução juramentada. Nesse sentido decidiu a Corte Especial, in verbis:

✓ CARTA ROGATÓRIA. AGRAVO REGIMENTAL. DEFICIÊNCIA NA INSTRUÇÃO. INEXISTÊNCIA. DOCUMENTAÇÃO SUFICIENTE À COMPREENSÃO DA CONTROVÉRSIA. ALEGADA NECESSIDADE DE TRADUÇÃO JURAMENTADA DOS DOCUMENTOS. COMISSÃO QUE TRAMITOU PELA AUTORIDADE CENTRAL. I - Para a concessão do exequatur, não é preciso que a comissão seja acompanhada de todos os documentos mencionados na petição inicial, bastando aqueles necessários à compreensão da controvérsia, como se verifica in casu. II - O ofício de encaminhamento de documentos pela autoridade central brasileira ou pela via diplomática garante a autenticidade dos documentos, bem como da tradução enviada pela Justiça rogante, dispensando, assim, legalização, autenticação e outras formalidades. Agravo regimental desprovido (AgRg na CR 8.553/EX; Corte Especial; Rel. Min. Francisco Falcão; Julg. 18/03/2015; DJe 29/04/2015). Não por outra razão, o novo Código de Processo Civil expressamente prevê, em seu art. 41, caput, que se considera autêntico o documento que instruir pedido de cooperação jurídica internacional, inclusive tradução para a língua portuguesa, quando encaminhado ao Estado Brasileiro por meio de autoridade central ou por via diplomática, dispensando-se a juramentação, autenticação ou qualquer procedimento de legalização. (...) Assim, tendo em vista o seu devido cumprimento, e com fulcro no art. 216-X do RI/STJ do e. Superior Tribunal de Justiça, determino, após o trânsito em julgado, a devolução da presente carta rogatória à Justiça rogante por intermédio da autoridade central competente. Publique-se. Intimem-se. Brasília (DF), 03 de maio de 2016. MINISTRO FRANCISCO FALCÃO

TÍTULO III
Da Competência Interna

Capítulo I
DA COMPETÊNCIA

Seção I
Disposições Gerais

→ *v.* Súmulas 6, 218, 235, 248, 249, 297, 330, 398, 443, 437, 498, 503, 504, 508, 511, 515, 521, 526 e 557 do STF.

→ *v.* Súmulas 1, 4, 10, 32, 34, 58, 66, 137, 173 e 383 do STJ.

Art. 42. As causas cíveis serão processadas e decididas pelo juiz nos limites de sua competência, ressalvado às partes o direito de instituir juízo arbitral, na forma da lei.

→ *V.* Lei 9.307/1996 – Arbitragem.
→ *V.* Art. 93 do CDC.
→ *V.* Art. 80 do Estatuto do Idoso.
→ *V.* Art. 2º da Lei 7.347/1985
→ *V.* Art. 24 da Lei 9.099/1995.

A presença de cláusula compromissória afasta a apreciação das controvérsias do Poder Judiciário, considerando que o juízo arbitral possui prioridade lógica e temporal.

✓ AGRAVO INTERNO NO CONFLITO DE COMPETÊNCIA. AÇÃO DE NULIDADE DE ACORDO DE ACIONISTAS. CLÁUSULA DE ELEIÇÃO DE FORO. VALIDADE. SUMULA 335/STF. COMPROMISSO ARBITRAL. PRESENÇA. REGRAS DE COMPETÊNCIA TERRITORIAL. NÃO OBSERVÂNCIA. 1. O propósito recursal consiste em avaliar a decisão monocrática, a qual, de plano, estabeleceu o juízo competente para a apreciação de lide acerca de questões societárias existentes entre J&F e MCL, relativas à participação na sociedade ELDORADO. 2. Decisão agravada declarou a competência da 2ª Vara Empresarial de Conflitos de Arbitragem da Comarca de São Paulo/SP e, por consequência, retirar a eficácia as decisões proferidas pelo TJ/MS. 3. De acordo com a Súmula nº 335/STF, é válida a cláusula de eleição do foro para os processos oriundos do contrato, e o Superior Tribunal de Justiça mantém essa mesma orientação. Na hipótese, há cláusula de eleição de foro em contrato de compra e venda de participação societária. 4. O Juízo Suscitante não demonstrou qualquer ilegalidade da cláusula de eleição de foro e, assim, seu conteúdo deve se manter válido e íntegro, o que afasta a competência do Juízo suscitante, em favor do Juízo suscitado. 5. A presença de cláusula compromissória afasta a apreciação das controvérsias do Poder Judiciário, considerando que o juízo arbitral possui prioridade lógica e temporal. Precedentes. 6. Nos termos do art. 955, parágrafo único, I, do CPC/2015, nas hipóteses de ofensa a súmulas do STF ou STJ, é permitido ao relator julgar, de plano, o conflito de competência. 7. As alegações da agravante estão fundamentadas na premissa de que a filial da Eldorado Brasil Celulose é localizada no Município de Três Lagoas/MS. Entretanto, a Eldorado não é parte na ação originária. 8. Argumentos adicionais apresentados no agravo interno são incapazes de infirmar a decisão agravada. 9. Agravo interno não provido. (STJ, 2a Seção, AgInt no CC 171.855/MS, Rel. Ministra Nancy Andrighi, DJe 21/08/2020)

Não cabe ao juízo cível suspender cautelar deferida perante o juízo criminal

✓ RECURSO ESPECIAL. VIOLAÇÃO DO ART. 1.022 DO CPC. OMISSÃO REITERADA. CONSTATAÇÃO. QUESTÃO DE RELEVÂNCIA AO DESLINDE DA AÇÃO PENAL, SUSCITADA OPORTUNAMENTE. INCIDÊNCIA DO ART. 1.025 DO CPC (PREQUESTIONAMENTO FICTO). VIOLAÇÃO DO ART. 42 DO CPC RECONHECIDA. SUSPENSÃO DE CAUTELAR CRIMINAL POR ÓRGÃO JULGADOR CÍVEL, EM PROCEDIMENTO QUE OSTENTA OBJETO DISTINTO. MANIFESTA ILEGALIDADE. ACÓRDÃO IMPUGNADO REFORMADO PARA NÃO CONHECER DO PEDIDO VEICULADO PELO RECORRIDO, ANTE O MANIFESTO DESCABIMENTO. (...) 3. A Corte de origem incorreu em violação do art. 42 do Código de Processo Civil, pois manteve a decisão que suspendeu cautelar criminal nos autos de procedimento cível (agravo de instrumento), que ostenta objeto distinto. 4. Recurso especial provido a fim de reformar o acórdão proferido no julgamento do Agravo Interno na Cautelar Inominada n. 5457074.06.2018.8.09.0000, de modo a não conhecer do pedido de tutela de urgência veiculado pela parte recorrida, ante o manifesto descabimento da pretensão. (STJ, 6ª T., REsp 1842207/GO, Rel. Ministro Sebastião Reis Júnior, DJe 06/12/2019)

Art. 43. Determina-se a competência no momento do registro ou da distribuição da petição inicial, sendo irrelevantes as modificações do estado de fato ou de direito ocorridas posteriormente, salvo quando suprimirem órgão judiciário ou alterarem a competência absoluta.

→ *V.* Art. 312 e 516, parágrafo único, do CPC.

Modificação no estabelecimento principal e competência na recuperação judicial.

✓ CONFLITO DE COMPETÊNCIA. PROCESSUAL CIVIL. 1. PEDIDO DE RECUPERAÇÃO JUDICIAL AJUIZADO NO FORO DO LOCAL DO PRINCIPAL ESTABELECIMENTO DO DEVEDOR. ART. 3º DA LEI 11.101/05. COMPETÊNCIA FUNCIONAL. PRECEDENTES. 2. ALTERAÇÃO DO ESTADO DE FATO SUPERVENIENTE. MAIOR VOLUME NEGOCIAL TRANSFERIDO PARA OUTRO ESTABELECIMENTO DO DEVEDOR NO CURSO DA DEMANDA RECUPERACIONAL. IRRELEVÂNCIA. NOVOS NEGÓCIOS QUE NÃO SE SUBMETEM AO PROCESSO DE RECUPERAÇÃO JUDICIAL. COMPETÊNCIA ABSOLUTA INALTERADA. 3. CONFLITO CONHECIDO PARA DECLARAR COMPETENTE O JUÍZO DE DIREITO DA VARA DE PORTO NACIONAL/TO. 1. O Juízo competente para processar e julgar pedido de recuperação judicial é aquele situado no local do principal estabelecimento (art. 3º da Lei n. 11.101/2005), compreendido este como o local em que se encontra "o centro vital das principais atividades do devedor". Precedentes. 2. Embora utilizado o critério em razão do local, a regra legal estabelece critério de competência funcional, encerrando hipótese legal de competência absoluta, inderrogável e improrrogável, devendo ser aferido no momento da propositura da demanda – registro ou distribuição da petição inicial. 3. A utilização do critério funcional tem por finalidade o incremento da eficiência da prestação jurisdicional, orientando-se pela natureza da lide, assegurando coerência ao sistema processual e material. 4. No curso do processo de recuperação judicial, as modificações em relação ao principal estabelecimento, por dependerem exclusivamente de decisões de gestão de negócios, sujeitas ao crivo do devedor, não acarretam a alteração do Juízo competente, uma vez que os negócios ocorridos no curso da demanda nem mesmo se sujeitam à recuperação judicial. 5. Conflito conhecido para declarar competente o Juízo de Direito da Vara de Porto Nacional/TO. (STJ, 2ª Seção, CC 163.818/ES, Rel. Ministro Marco Aurélio Bellizze, DJe 29/09/2020)

Apuração da competência material não pode depender de instrução probatória

✓ AGRAVO REGIMENTAL EM RECLAMAÇÃO. ADI-MC 3395. PLEITO FUNDADO EM DIREITOS ASSEGURADOS PELA CONSOLIDAÇÃO DAS LEIS TRABALHISTAS. COM-

PETÊNCIA DA JUSTIÇA DO TRABALHO. 1. É improcedente a reclamação quando o ato reclamado não contraria a decisão proferida na ADI-MC 3395. 2. A apuração da competência material para o julgamento da demanda não pode depender de instrução probatória, devendo ser verificada no momento da propositura da ação, em observância ao disposto no artigo 43 do Código de Processo Civil de 2015. 3. Agravo regimental, interposto em 23.06.2016, a que se nega provimento. (STF; Rcl 23634 AgR; Segunda Turma; Rel. Min. Edson Fachin; Julg. 05/05/2017, Processo Eletrônico DJe-104 DIVULG 18/05/2017 PUBLIC 19/05/2017).

Guarda e perpetuação da jurisdição.

✓ RECURSO ESPECIAL. PROCESSO CIVIL. AÇÃO DE GUARDA. EXCEÇÃO DE SUSPEIÇÃO. ALTERAÇÃO DE DOMICÍLIO DA CRIANÇA. PRINCÍPIO DA PERPETUAÇÃO DA JURISDIÇÃO. PREVALÊNCIA. HIPÓTESE CONCRETA. PECULIARIDADES. MOMENTO DA PROPOSITURA DA AÇÃO. JUÍZO COMPETENTE. 1. A competência é fixada no momento da propositura da ação (art. 87 do CPC/1973) e, à luz do Código de Processo Civil de 2015, no instante do registro ou da distribuição da petição inicial (art. 43 do CPC/2015). 2. A modificação da competência relativa não pode ocorrer de ofício pelo juiz em virtude da regra da perpetuação da jurisdição. 3. O princípio do juiz imediato está consagrado no art. 147, I e II, do ECA, segundo o qual o foro competente para apreciar e julgar as medidas, ações e procedimentos que tutelam interesses, direitos e garantias positivados no Estatuto é determinado pelo domicílio dos pais ou responsável e pelo lugar onde a criança ou o adolescente exerce, com regularidade, seu direito à convivência familiar e comunitária. 4. A jurisprudência do STJ firmou a aplicação subsidiária do art. 87 do CPC/1973 diante da incidência do art. 147, I e II, do ECA, no sentido de que deve prevalecer a regra especial em face da geral, respeitadas as peculiaridades do caso concreto. 5. Na hipótese dos autos, há circunstâncias aptas a manter a competência do juízo do momento da propositura da ação, pois o que pretende o recorrente, por vias indiretas, é o acolhimento da exceção de suspeição previamente rejeitada pelas instâncias de origem, agindo com o intuito de procrastinar a ação de guarda dos filhos do ex-casal ajuizada pela recorrida. 6. Recurso especial não provido. (STJ; REsp 1576472; RJ; Terceira Turma; Rel. Min. Ricardo Villas Boas Cueva; Julg. 13/06/2017; DJe 22/06/2017)

Processo já sentenciado: não alteração da competência.

✓ PROCESSUAL CIVIL. PERPETUATIO JURISDICTIONIS. MODIFICAÇÃO DE COMPETÊNCIA ABSOLUTA. AÇÃO DE DESAPROPRIAÇÃO. CRIAÇÃO DE VARA ESPECIALIZADA. MEIO AMBIENTE E OCUPAÇÃO DO SOLO URBANO E RURAL. PROCESSO JÁ SENTENCIADO. FASE DE EXECUÇÃO. PROSSEGUIMENTO NO JUÍZO ORIGINAL. 1. Cuida-se, na origem, de Agravo de Instrumento interposto de decisão pela qual o juízo da Primeira Vara da Fazenda Pública do Distrito Federal declinou da competência para processar e julgar Execução decorrente de Ação de Desapropriação de área de preservação biológica denominada "Reserva Biológica Águas Emendadas", e determinou a remessa dos autos ao juízo da Vara do Meio Ambiente, Desenvolvimento Urbano e Fundiário do Distrito Federal, prevista no art. 34 da Lei 11.697/2008 e implantada pela Resolução TJDFT 3/2009. 2. Embora a mudança superveniente de competência absoluta afaste, em regra, a perpetuatio jurisdictionis (arts. 87 do CPC/1973 e 43 do CPC/2015), isso não ocorre quando essa modificação se dá após a sentença, como no caso concreto, em que o processo já se encontra em fase de Execução (AgRg no CC 126.395/RN, Rel. Ministro Napoleão Nunes Maia Filho, Primeira Seção; DJe 9/3/2015; CC 63.723/SC, Rel. Ministro Humberto Martins, Primeira Seção, DJ 12/2/2007, p. 218; REsp 165.038/SP, Rel. Ministro Ari Pargendler, Segunda Turma, DJ 25/5/1998, p. 89). 3. Nessa linha, Fredie Didier Jr. explica que, "Se a alteração de competência absoluta ocorrer após a sentença, não haverá a redistribuição do processo, com a quebra da perpetuação da competência. Exatamente porque já houve julgamento" (Curso de direito processual civil: introdução ao direito processual civil, parte geral e processo de conhecimento, 17ª ed., Salvador, Ed. Jus Podivm, p. 201). 4. Essa orientação culminou na edição da Súmula 367/STJ: "A competência estabelecida pela EC n. 45/2004 não alcança os processos já sentenciados". 5. Recurso Especial provido. (STJ; REsp 1.209.886; DF, Segunda Turma; Rel. Min. Herman Benjamin; Julg. 06/10/2016; DJe 17/10/2016)

Art. 44. Obedecidos os limites estabelecidos pela Constituição Federal, a competência é determinada pelas normas previstas neste Código ou em legislação especial, pelas normas de organização judiciária e, ainda, no que couber, pelas constituições dos Estados.

Os tribunais não podem atribuir competência a varas especializadas em desconformidade com a lei

✓ (...) ESPECIALIZAÇÃO DE VARA E ÓRGÃOS FRACIONÁRIOS DOS TRIBUNAIS: LIMITES CONSTITUCIONAIS E LEGAIS NA ORGANIZAÇÃO JUDICIÁRIA DOS ESTADOS 4. Se é verdade que os arts. 8º e 44 do CPC/2015 autorizam, de maneira implícita, os tribunais a, por ato administrativo, designarem Varas e Câmaras/Turmas especializadas – alternativa inteiramente compatível com o princípio do juiz natural por não importar designação casuística ou manipulação post factum da competência -, tal poder vem condicionado por limites fixados em normas constitucionais federais e estaduais, legislação processual comum e especial, e leis de organização judiciária, tanto mais se envolvidos sujeitos vulneráveis ou valores e bens aos quais a legislação confere especial salvaguarda. Em outras palavras, interditado atribuir, administrativamente, a órgão jurisdicional competência que legalmente não lhe pertence, ou ampliar a existente fora das hipóteses cabíveis, mesmo que com o nobre fundamento da necessidade de especialização de varas. 5. Não se veja no art. 44 do CPC/2015 empecilho à melhor gestão processual de demandas guarnecidas de consistência ético-jurídica diferenciada, com destaque para as ações coletivas. É exatamente o contrário, haja vista, nessas latitudes de metaindividualidade, se requerer mais engenhosidade na organização judiciária. Tabus centenários e arranjos institucionais arcaicos convidam a incansável e enérgico questionamento e, se imperativo, modificação ou mesmo completa substituição. Situações haverá, inclusive em Estados com grande território, em que a especialização – e correlata concentração – se explicará pelo desiderato, iluminado pelo ânimo da eficiência e eficácia, de assegurar autêntica justiça a pessoas e bens jurídicos especialmente tutelados, como ocorre com Varas Ambientais desenhadas a partir, p. ex., da conformação de ecossistemas, ecorregiões, bacias ou sub-bacias hidrográficas, tendo em mente a concorrência ecológica instaurada nesse cenário, em que o dano potencial ou real, direto ou indireto, pode afetar, juntamente, múltiplas comarcas ou subseções judiciárias. Não há alternativa possível, dado que tribunais e juízes fracassarão se pretenderem aplicar ao processo civil coletivo a lupa, o modo de pensar, os institutos e os procedimentos típicos do processo civil individual. Nesse panorama, lembra-se que, por vezes, a especialização vem apresentada pelo legislador. É assim no art. 70 do Estatuto do Idoso ("O Poder Público poderá criar varas especializadas e exclusivas do idoso") e no art. 5º, IV, do Código de Defesa do Consumidor. (...) (STJ, 2ª T., RMS 64.534/MT, Rel. Ministro Herman Benjamin, DJe 01/12/2020)

Art. 45. Tramitando o processo perante outro juízo, os autos serão remetidos ao juízo federal competente se nele intervier a União, suas empresas públicas, entidades autárquicas e fundações, ou conselho de fiscalização de atividade profissional, na qualidade de parte ou de terceiro interveniente, exceto as ações:

→ v. Súmulas 66 e 553 do STJ.

→ v. Art. 109, I da CF/1988.

→ v. Lei 5.010/1966 – Organiza a Justiça Federal de primeira instância, e dá outras providências.

→ v. Art. 5º da Lei 9.469/1997.

→ v. Lei 8.906/1994 – Dispõe sobre o Estatuto da Advocacia e a Ordem dos Advogados do Brasil (OAB).

→ v. Lei 3.268/1957 – Dispõe sobre os Conselhos de Medicina, e dá outras providências.

→ v. Lei 5.194/1966 – Regula o exercício das profissões de Engenheiro, Arquiteto e Engenheiro-Agrônomo, e dá outras providências.

I – de recuperação judicial, falência, insolvência civil e acidente de trabalho;

→ v. Art. 109, I, parte final e § 3º da CF/1988.

II – sujeitas à justiça eleitoral e à justiça do trabalho.

→ v. Art. 109, I, parte final da CF/1988.

§ 1º Os autos não serão remetidos se houver pedido cuja apreciação seja de competência do juízo perante o qual foi proposta a ação.

§ 2º Na hipótese do § 1º, o juiz, ao não admitir a cumulação de pedidos em razão da incompetência para apreciar qualquer deles, não examinará o mérito daquele em que exista interesse da União, de suas entidades autárquicas ou de suas empresas públicas.

→ v. Súmula 150 do STJ.

§ 3º O juízo federal restituirá os autos ao juízo estadual sem suscitar conflito se o ente federal cuja presença ensejou a remessa for excluído do processo.

→ v. Súmula 224 do STJ.

Insolvência civil com interesse de autarquia federal: Justiça Estadual à luz do art. 45, I.

✓ CONFLITO DE COMPETÊNCIA. PROCESSUAL CIVIL. AÇÃO DECLARATÓRIA DE INSOLVÊNCIA CIVIL. AUTARQUIA FEDERAL. EVENTUAL INTERESSE. ART. 109, I, DA CF/1988. EXCEÇÃO. COMPETÊNCIA DA JUSTIÇA ESTADUAL. 1. Conflito suscitado em ação por meio da qual a autora, sociedade que exercia a atividade de assistência à saúde, pretende a declaração de sua insolvência civil, nos moldes do art. 23, § 1º, da Lei nº 9.656/1998. 2. O art. 109, I, da Constituição Federal afasta a competência da Justiça Federal para julgamento das ações falimentares, mesmo na hipótese em que a União, entidade autárquica ou empresa pública federal forem interessadas. 3. Ausência de razões que justifiquem a adoção de critério diverso de fixação de competência entre a falência e a insolvência civil. 4. Hipótese em que a Agência Nacional de Saúde – ANS – não é parte na relação processual, e mesmo que tivesse interesse no resultado da demanda, por haver decretado a liquidação extrajudicial da sociedade autora, não se justificaria o deslocamento da competência para a Justiça Federal. 5. O art. 99 do CPC/1973, ao estabelecer como competente o foro da capital do estado ou do território para as causas em que a União fosse autora, ré ou interveniente, excetuava dessa regra o processo de insolvência. 6. Dispõe o art. 45, I, do CPC/2015 que os autos devem ser remetidos ao Juízo Federal competente se nele intervier a União, suas empresas públicas, entidades autárquicas e fundações, ou conselho de fiscalização de atividade profissional, exceto as ações de recuperação judicial, falência, insolvência civil e acidente de trabalho. 7. Conflito conhecido para declarar competente o Juízo de Direito da 1ª Vara Cível do Foro Distrital de Paulínia – Comarca de Campinas – SP, ora suscitado. (STJ; CC 144.238; RJ; Segunda Seção; Rel. Min. Ricardo Villas Bôas Cueva; Julg. 24/08/2016; DJe 31/08/2016)

Art. 46. A ação fundada em direito pessoal ou em direito real sobre bens móveis será proposta, em regra, no foro de domicílio do réu.

→ v. Arts. 70 a 78 do CC/2002.

→ v. Art. 12 da LINDB.

→ v. Arts. 127 e 159 do CTN.

→ v. Art. 100, I do CDC.

→ v. Arts. 62 e 63 do CPC.

§ 1º Tendo mais de um domicílio, o réu será demandado no foro de qualquer deles.

§ 2º Sendo incerto ou desconhecido o domicílio do réu, ele poderá ser demandado onde for encontrado ou no foro de domicílio do autor.

§ 3º Quando o réu não tiver domicílio ou residência no Brasil, a ação será proposta no foro de domicílio do autor, e, se este também residir fora do Brasil, a ação será proposta em qualquer foro.

→ v. Arts. 26 e ss. do CPC.

§ 4º Havendo 2 (dois) ou mais réus com diferentes domicílios, serão demandados no foro de qualquer deles, à escolha do autor.

§ 5º A execução fiscal será proposta no foro de domicílio do réu, no de sua residência ou no do lugar onde for encontrado.

→ v. Súmula 58 do STJ.

Competência e litisconsórcio passivo com eleição de fora em relação a apenas um réu

✓ EMBARGOS DE DECLARAÇÃO NO RECURSO ESPECIAL. PROCESSUAL CIVIL. EXCEÇÃO DE INCOMPETÊNCIA. OMISSÃO CONFIGURADA. FORO DE ELEIÇÃO.

LITISCONSÓRCIO PASSIVO. AÇÃO QUE PODE SER PROPOSTA NO DOMICÍLIO DE QUALQUER UM DOS RÉUS. INTELIGÊNCIA DO ART. 94, § 4º, DO CPC/1973. EMBARGOS DECLARATÓRIOS ACOLHIDOS, SEM EFEITOS MODIFICATIVOS. 1. Havendo litisconsórcio passivo, é competente o juízo do domicílio de qualquer dos demandados, à escolha do autor, ainda que pactuada cláusula de eleição de foro com apenas um deles. Precedentes. 2. Embargos de declaração acolhidos, com efeitos modificativos. (STJ, 4ª T., EDcl no REsp 1167652/PE, Rel. Ministro Raul Araújo, DJe 04/08/2020)

Pedido indenizatório cumulado (mediato e dependente do pedido antecedente) não afasta a regra geral de competência.

✓ DIREITO PROCESSUAL CIVIL. COMPETÊNCIA. AÇÃO DE INDENIZAÇÃO. PEDIDO DE DECLARAÇÃO DE AUTORIA DE OBRA INTELECTUAL CUMULADO COM PEDIDO DE INDENIZAÇÃO POR SEU USO INDEVIDO. LEI 9.610/98. 1. A prolação de sentença de mérito pelo juízo considerado incompetente não acarreta perda de objeto do recurso especial em que se discute a questão da competência. Com efeito, arguida a incompetência relativa por meio de recurso próprio e tempestivo, eventual acolhimento da exceção no julgamento do recurso especial acarreta a nulidade dos atos processuais decisórios e a remessa dos autos ao juízo competente. 2. O processo e julgamento de pedido de declaração de autoria de obra intelectual é definido pela regra geral de competência, ou seja, cabe ao juízo do foro do domicílio do réu. No caso, a ré é pessoa jurídica, de modo que deve ser demandada onde tem sua sede, conforme previsão do art. 94 c/c art. 100, IV, "a", do Código de Processo Civil de 1973. 3. O pedido cumulado de indenização, quando mediato e dependente do reconhecimento do pedido antecedente, não afasta a regra geral de competência do foro do domicílio do réu. 4. No caso, o pedido principal - de cujo acolhimento depende o deferimento de todos os outros -, a definir a competência para o processo e julgamento do feito, é o pedido de declaração da autoria da obra que estaria sendo utilizada pela recorrente. Não há definição da autoria do manual eletrônico veiculado pela recorrente em seus aparelhos, nem se pode presumir que se trata da mesma obra cuja paternidade é vindicada pelo recorrido, sendo precisamente este o cerne da controvérsia a ser dirimida pelo juízo competente. 5. Recurso especial a que se dá provimento. (STJ; REsp 1138522/SP; Segunda Turma; Rel. Min. Maria Isabel Gallotti; Julg. 08/02/2017; DJe 13/03/2017).

Art. 47. Para as ações fundadas em direito real sobre imóveis é competente o foro de situação da coisa.

→ *v.* Arts. 62, 63, 569 a 573 do CPC.

§ 1º O autor pode optar pelo foro de domicílio do réu ou pelo foro de eleição se o litígio não recair sobre direito de propriedade, vizinhança, servidão, divisão e demarcação de terras e de nunciação de obra nova.

→ *v.* Súmula 218 do STF.

→ *v.* Súmulas 11 e 238 do STJ.

→ *v.* Art. 500 do CC/2002.

→ *v.* Art. 934 do CPC/1973.

§ 2º A ação possessória imobiliária será proposta no foro de situação da coisa, cujo juízo tem competência absoluta.

→ *v.* Arts 62, 63 e 554 e ss. do CPC.

É absoluta a competência para as ações fundadas em direito real sobre bem imóvel.

✓ PROCESSUAL CIVIL E ADMINISTRATIVO. AÇÃO DISCRIMINATÓRIA. TERRAS DEVOLUTAS DO ESTADO DO PIAUÍ. COMPETÊNCIA ABSOLUTA. FORO DA SITUAÇÃO DA COISA. REGISTROS IMOBILIÁRIOS EM NOME DE PARTICULARES. PRESUNÇÃO RELATIVA DO DIREITO DE PROPRIEDADE. FALSIDADE DOS TÍTULOS. ÔNUS PROBATÓRIO DO AUTOR. LEGITIMIDADE DA POSSE. CONCESSÃO DE DIREITO DE USO. PRODUÇÃO DE PROVA. OCUPANTE DE TERRA PÚBLICA. OBRIGAÇÃO. (...) 2. Em se tratando de demanda de direito real imobiliário que tenha por objeto os direitos de propriedade, vizinhança, servidão, posse, divisão e demarcação de terras e nunciação de obra nova, o art. 95 do CPC/1973 (correspondente ao art. 47 do CPC/2015) estabelece a competência absoluta do foro da situação da coisa, norma que deixou de ser observada pela Corte de origem. 3. Não se aplica a regra de prevenção estabelecida no art. 107 do antigo Estatuto Processual somente pelo fato de a área objeto da ação discriminatória abranger mais de uma comarca, notadamente se não há dúvidas acerca da exata localização das terras em litígio ou (se não há) nenhuma imprecisão acerca das divisas territoriais dos Municípios em que se situam os imóveis envolvidos. (STJ, 1ª T., AREsp 888.195/PI, Rel. Ministro Gurgel De Faria, DJe 28/02/2020)

Art. 48. O foro de domicílio do autor da herança, no Brasil, é o competente para o inventário, a partilha, a arrecadação, o cumprimento de disposições de última vontade, a impugnação ou anulação de partilha extrajudicial e para todas as ações em que o espólio for réu, ainda que o óbito tenha ocorrido no estrangeiro.

→ *v.* Arts. 70 a 78 do CC/2002.

→ *v.* Art. 23, II, 627 a 690 e 752 a 754 do CPC.

Parágrafo único. Se o autor da herança não possuía domicílio certo, é competente:

I – o foro de situação dos bens imóveis;

II – havendo bens imóveis em foros diferentes, qualquer destes;

III – não havendo bens imóveis, o foro do local de qualquer dos bens do espólio.

Competência para o inventário: último domicílio do autor da herança e, subsidiariamente, situação dos bens.

✓ AGRAVO INTERNO EM CONFLITO POSITIVO DE COMPETÊNCIA. DIREITO DE FAMÍLIA. SUCESSÃO. INVENTÁRIO. DOMICÍLIO DO AUTOR DA HERANÇA. SITUAÇÃO DOS BENS. ARTS. 96 do CPC/1973 e 48 do CPC/2015. 1. Conflito de competência suscitado sob a égide do Código de Processo Civil de 1973. 2. A competência para o inventário é definida em razão do domicílio do autor da herança, e, subsidiariamente, da situação dos bens, caso não possua domicílio certo. 3. Na hipótese, as declarações de renda do falecido, o contrato de locação firmado antes de sua morte, a origem de sua carteira de habilitação e o fato de a quase totalidade de bens do autor da herança encontrarem-se localizados no Rio de Janeiro comprovam a referida cidade como seu último domicílio. 4. Agravo interno não provido (STJ; AgInt no

CC 147.082/RJ; Segunda Seção; Rel. Min. Ricardo Villas Bôas Cueva; Julg. 25/10/2017; DJe 31/10/2017)

Art. 49. A ação em que o ausente for réu será proposta no foro de seu último domicílio, também competente para a arrecadação, o inventário, a partilha e o cumprimento de disposições testamentárias.

→ *v.* Arts. 22 e ss. do CC/2002.

→ *v.* Art. 610 e ss., 744 e 745 do CPC.

Art. 50. A ação em que o incapaz for réu será proposta no foro de domicílio de seu representante ou assistente.

→ *v.* Arts. 3º e 4º do CC/2002.

A ulterior incapacidade de uma das partes não altera o Juízo prevento

✓ CONFLITO DE COMPETÊNCIA. AÇÃO DE PARTILHA POSTERIOR AO DIVÓRCIO. INCAPACIDADE SUPERVENIENTE DE UMA DAS PARTES. PREVENÇÃO ORIUNDA DE CONEXÃO SUBSTANCIAL COM A AÇÃO DO DIVÓRCIO. COMPETÊNCIA FUNCIONAL DE NATUREZA ABSOLUTA. FORO DE DOMICÍLIO DO INCAPAZ. COMPETÊNCIA TERRITORIAL ESPECIAL DE NATUREZA RELATIVA. 1. Há entre as duas demandas (ação de divórcio e ação de partilha posterior) uma relação de conexão substancial, a qual, inevitavelmente, gera a prevenção do Juízo que julgou a ação de divórcio. 2. A prevenção decorrente da conexão substancial se reveste de natureza absoluta por constituir uma competência funcional. 3. A competência prevista no art. 50 do CPC/15 constitui regra especial de competência territorial, a qual protege o incapaz, por considerá-lo parte mais frágil na relação jurídica, e possui natureza relativa. 4. A ulterior incapacidade de uma das partes (regra especial de competência relativa) não altera o Juízo prevento, sobretudo quando o próprio incapaz opta por não utilizar a prerrogativa do art. 50 do CPC/15. 5. Conflito de competência conhecido para declarar como competente o Juízo de Direito da Vara Cível de Barbacena - MG. (STJ, 2ª Seção, CC 160.329/MG, Rel. Ministra Nancy Andrighi, DJe 06/03/2019)

A competência para processar e julgar ações conexas de interesse de menor é, em princípio, do foro do domicílio do detentor de sua guarda.

✓ PROCESSUAL CIVIL. AGRAVO INTERNO NO CONFLITO DE COMPETÊNCIA. RECURSO MANEJADO SOB A ÉGIDE DO CPC. AÇÃO DE GUARDA DE MENOR INCAPAZ. SÚMULA Nº 383 DO STJ. AGRAVO NÃO PROVIDO. 1. Aplicabilidade do CPC a este recurso ante os termos do Enunciado Administrativo nº 3 aprovado pelo Plenário do STJ na sessão de 9/3/2016: Aos recursos interpostos com fundamento no CPC/2015 (relativos a decisões publicadas a partir de 18 de março de 2016) serão exigidos os requisitos de admissibilidade recursal na forma do novo CPC. 2. A competência para processar e julgar ações conexas de interesse de menor é, em princípio, do foro do domicílio do detentor de sua guarda (Súmula nº 383 do STJ). 3. A guarda provisória da menor foi deferida ao seu genitor, cujo domicílio é o foro competente para processar e julgar as demais ações a ela relacionadas. 4. Agravo interno não provido (STJ; AgInt no CC 145.250/PE; Segunda Seção; Rel. Min. Moura Ribeiro; Julg. 14/12/2016; DJe 19/12/2016)

Art. 51. É competente o foro de domicílio do réu para as causas em que seja autora a União.

Parágrafo único. Se a União for a demandada, a ação poderá ser proposta no foro de domicílio do autor, no de ocorrência do ato ou fato que originou a demanda, no de situação da coisa ou no Distrito Federal.

→ *v.* Súmula 206 do STJ.

→ *v.* Art. 109, § 1º, da CF/1988.

As causas ajuizadas contra a União poderão, de acordo com a opção do autor, ser aforadas perante os juízos indicados no art. 109, § 2º da CF.

✓ PROCESSUAL CIVIL. AGRAVO INTERNO NO CONFLITO DE COMPETÊNCIA. ENUNCIADO ADMINISTRATIVO 3/STJ. MANDADO DE SEGURANÇA. UNIÃO. AÇÃO PROPOSTA NO FORO DO DOMICÍLIO DO AUTOR. OBSERVÂNCIA DA NORMA PREVISTA NO ARTIGO 109, § 2º, DA CONSTITUIÇÃO FEDERAL. AGRAVO INTERNO NÃO PROVIDO. 1. Inicialmente é necessário consignar que o presente recurso atrai a incidência do Enunciado Administrativo n. 3/STJ: "Aos recursos interpostos com fundamento no CPC/2015 (relativos a decisões publicadas a partir de 18 de março de 2016) serão exigidos os requisitos de admissibilidade recursal na forma do novo CPC". 2. O § 2º do art. 109 da Constituição Federal descreve que "as causas intentadas contra a União poderão ser aforadas na seção judiciária em que for domiciliado o autor, naquela onde houver ocorrido o ato ou fato que deu origem à demanda ou onde esteja situada a coisa, ou, ainda, no Distrito Federal". 3. Nesse ponto, constata-se que as causas intentadas contra a União poderão, de acordo com a opção do autor, ser aforadas perante os juízos indicados no art. 109, § 2º, da Lei Maior. O ordenamento constitucional, neste aspecto, objetiva facilitar o acesso ao Poder Judiciário da parte quando litiga contra a União, sendo este entendimento aplicável às autarquias federais. 4. No mesmo sentido: AgInt no CC 144.407/DF, Primeira Seção, de minha relatoria; DJe 19/09/2017. 5. Agravo interno não provido (STJ; AgInt no CC 149.881/DF; Primeira Seção; Rel. Min. Mauro Campbell Marques; Julg. 25/10/2017; DJe 30/10/2017)

Possibilidades de eleição de foro para a propositura de ações contra a União: parágrafo único do art. 51, do CPC/2015.

✓ CONFLITO NEGATIVO DE COMPETÊNCIA. Ação de indenização por danos materiais e morais proposta contra empresa pública federal. Domicílio necessário de servidor público. Art. 76 do CC. Regra legal que não impede a existência de domicílio voluntário. Sendo a união a parte demandada a ação poderá ser proposta na seção judiciária em que for domiciliado o autor, naquela onde houver ocorrido o ato ou fato que deu origem à demanda ou onde estiver situada a coisa, ou, ainda, no Distrito Federal. Art. 109, § 2º, da CF e no art. 51, parágrafo único, do CPC/2015. Competência do juízo suscitado. (STJ; CC 147.168; Proc. 2016/0160088-2; BA; Segunda Seção; Rel. Min. Marco Aurélio Bellizze; DJE 04/10/2017)

Possibilidade de eleição do domicilio do autor para a impetração de mandado de segurança contra ato de ente da União.

✓ CONFLITO DE COMPETÊNCIA. ADMINISTRATIVO. MANDADO DE SEGURANÇA CONTRA ATO DE PRESI-

DENTE DE AUTARQUIA FEDERAL. EXAME NACIONAL DO ENSINO MÉDIO (ENEM). INSCRIÇÃO. ANTINOMIA ENTRE A COMPETÊNCIA DEFINIDA EM RAZÃO DA SEDE FUNCIONAL DA AUTORIDADE APONTADA COMO COATORA E A OPÇÃO PREVISTA PELO CONSTITUINTE EM RELAÇÃO AO FORO DO DOMICÍLIO DO AUTOR. ART. 109, § 2º, DA CF. PREVALÊNCIA DESTE ÚLTIMO. PRECEDENTES DO STJ EM DECISÕES MONOCRÁTICAS. CONFLITO DE COMPETÊNCIA CONHECIDO PARA DECLARAR A COMPETÊNCIA DO JUÍZO FEDERAL DO DOMICÍLIO DA PARTE IMPETRANTE. I – Conflito de competência conhecido para declarar competente o juízo federal do domicílio da parte impetrante. II – A competência para conhecer do mandado de segurança é absoluta e, de forma geral, define-se de acordo com a categoria da autoridade coatora e pela sua sede funcional. III – Todavia, considerando a jurisprudência do Supremo Tribunal Federal no sentido de que, nas causas aforadas contra a União, pode-se eleger a seção judiciária do domicílio do autor (RE 627.709/DF), esta Corte de Justiça, em uma evolução de seu entendimento jurisprudencial, vem se manifestando sobre a matéria no mesmo sentido. Precedentes em decisões monocráticas: CC 137.408/DF, Rel. Min. Benedito Gonçalves, DJE 13.3.2015; CC 145.758/DF, Rel. Min. Mauro Campbell Marques, DJE 30.3.2016; CC 137.249/DF, Rel. Min. Sérgio Kukina, DJE 17.3.2016; CC 143.836/DF, Rel. Min. Humberto Martins, DJE 9.12.2015; e, CC n. 150.371/DF, Rel. Min. Napoleão Nunes Maia Filho; DJe 7/2/2017. IV – Agravo interno improvido (STJ; AgInt no CC 150.269/AL; Primeira Seção; Rel. Min. Francisco Falcão; Julg. 14/06/2017; DJe 22/06/2017).

Art. 52. É competente o foro de domicílio do réu para as causas em que seja autor Estado ou o Distrito Federal.

Parágrafo único. Se Estado ou o Distrito Federal for o demandado, a ação poderá ser proposta no foro de domicílio do autor, no de ocorrência do ato ou fato que originou a demanda, no de situação da coisa ou na capital do respectivo ente federado.

Natureza relativa da hipótese de competência do art. 52

✓ PROCESSUAL CIVIL. CONFLITO DE COMPETÊNCIA. AÇÃO INDENIZATÓRIA. DEMANDA CONTRA ESTADO DA FEDERAÇÃO. COMPETÊNCIA CONCORRENTE. FORO DO DOMICÍLIO DO AUTOR. OPÇÃO. 1. O art. 52, parágrafo único, do CPC/2015, ao enunciar que, se o Estado ou o Distrito Federal for demandado, a ação poderá ser proposta no foro de domicílio do autor, no de ocorrência do ato ou fato que originou a demanda, no de situação da coisa ou na capital do respectivo ente federado, estabelece a competência concorrente entre os juízos para o ajuizamento da ação, constituindo-se em verdadeira opção do seu promovente. 2. No caso, levando em consideração que a distribuição originária do feito deu-se na comarca do domicílio do autor, evidencia-se a competência do suscitado. 3. Impossibilidade de reconhecimento de ofício da incompetência relativa, a teor da Súmula 33 do STJ. 4. A pendência de ação direta de inconstitucionalidade perante o STF não tem o condão de autorizar o sobrestamento do presente conflito, à míngua de previsão legal. Precedentes: AgInt no CC 158781/DF, de minha relatoria, PRIMEIRA SEÇÃO, DJe 21/03/2019; AgInt no CC 157479/SE, rel. Min. REGINA HELENA COSTA, PRIMEIRA SEÇÃO, DJe 04/12/2018 5. Agravo interno desprovido (STJ, 1ª Seção, AgInt no CC 163.985/MT, Rel. Ministro Gurgel De Faria, DJe 25/06/2019)

Art. 53. É competente o foro:

I – para a ação de divórcio, separação, anulação de casamento e reconhecimento ou dissolução de união estável:

a) de domicílio do guardião de filho incapaz;

b) do último domicílio do casal, caso não haja filho incapaz;

c) de domicílio do réu, se nenhuma das partes residir no antigo domicílio do casal;

→ *V.* Arts. 5º, I, e 226, da CF/1988.

d) de domicílio da vítima de violência doméstica e familiar, nos termos da Lei 11.340, de 7 de agosto de 2006 (Lei Maria da Penha);

→ Alínea *d* incluída pela Lei 13.894/2019.

II – de domicílio ou residência do alimentando, para a ação em que se pedem alimentos;

→ *V.* Art. 26 da Lei 5.478/1968.

→ *V.* Arts. 189, II, 215, II, 292, III, e 528 a 533 do CPC.

III – do lugar:

a) onde está a sede, para a ação em que for ré pessoa jurídica;

→ *V.* Art. 75 do CC/2002.

b) onde se acha agência ou sucursal, quanto às obrigações que a pessoa jurídica contraiu;

c) onde exerce suas atividades, para a ação em que for ré sociedade ou associação sem personalidade jurídica;

→ *V.* Art. 75, IX, do CPC.

d) onde a obrigação deve ser satisfeita, para a ação em que se lhe exigir o cumprimento;

→ *V.* Art. 540 do CPC.

e) de residência do idoso, para a causa que verse sobre direito previsto no respectivo estatuto;

→ *V.* Art. 80 do Estatuto do Idoso.

f) da sede da serventia notarial ou de registro, para a ação de reparação de dano por ato praticado em razão do ofício;

→ *V.* Art. 57, § 3º, da Lei 6.015/1973.

→ *V.* Arts. 22 a 24 da Lei 8.935/1994.

IV – do lugar do ato ou fato para a ação:

a) de reparação de dano;

→ *V.* Art. 4º da Lei 9.099/1995.

b) em que for réu administrador ou gestor de negócios alheios;

→ *V.* Art. 665 do CC/2002.

V – de domicílio do autor ou do local do fato, para a ação de reparação de dano sofrido em razão de delito ou acidente de veículos, inclusive aeronaves.

Competência em razão de delitos civis e penais

✓ CIVIL. PROCESSUAL CIVIL. AÇÃO INDENIZATÓRIA. AGRAVO INTERNO EM RECURSO ESPECIAL. OMISSÃO. INOCORRÊNCIA. COMPETÊNCIA. DECISÃO INTERLOCUTÓRIA QUE VERSA SOBRE COMPETÊNCIA. RECORRIBILIDADE IMEDIATA POR AGRAVO DE INSTRUMENTO. POSSIBILIDADE. AÇÃO FUNDADA EM ALEGADO DELITO CIVIL E CRIMINAL AJUIZADA NO FORO DO DOMICÍLIO DO AUTOR. POSSIBILIDADE. ART. 53, V,

DO CPC/15. 1- Ação de reparação de danos materiais e morais em decorrência de alegado ato ilícito civil e penal praticado no mercado de capitais. 2- Examinadas todas as questões relevantes ao desfecho da controvérsia, não há que se falar em violação aos arts. 489, §1º e 1.022, ambos do CPC/15. 3- É cabível agravo de instrumento contra a decisão interlocutória que versa sobre competência. Precedentes. 4- A norma do art. 53, IV e V, do CPC/15 (antigo art. 100, V, do CPC/73), materializadora do forum commissi delicti, refere-se aos delitos de modo geral, tanto civis quanto penais. Precedentes. 5- Agravo interno em recurso especial desprovido. (STJ, 3ª T., AgInt no REsp 1773999/RS, Rel. Ministra Nancy Andrighi, DJe 03/09/2020)

A competência se estabelece no local da sede da empresa, não de suas filiais

✓ AGRAVO INTERNO NOS EMBARGOS DE DECLARAÇÃO NO RECURSO ESPECIAL. EXCEÇÃO DE INCOMPETÊNCIA. INADIMPLEMENTO CONTRATUAL. SUBSCRIÇÃO DE AÇÕES. CESSÃO. CONTRATOS DE PARTICIPAÇÃO FINANCEIRA. COMPETÊNCIA.LOCAL DE CUMPRIMENTO DAS OBRIGAÇÕES. DOMICÍLIO DO DEVEDOR. 1. Recurso especial interposto contra acórdão publicado da vigência do Código de Processo Civil de 2015 (Enunciados Administrativos nºs 2 e 3/STJ). 2. O domicílio da pessoa jurídica é o local de sua sede, não sendo possível o ajuizamento da ação em locais nos quais a recorrente mantém suas filiais se a obrigação não foi contraída em nenhuma delas. 3. Incide, na hipótese, a regra geral de competência, visto não haver convenção em sentido diverso e o contrário não decorrer da natureza da obrigação e das circunstâncias do caso. 4. Agravo interno não provido. (STJ, 3ª T., AgInt nos EDcl no REsp 1842401/PR, Rel. Ministro Ricardo Villas Bôas Cueva, DJe 27/04/2020)

Reunião de causas conexas no juízo da sede da pessoa jurídica.

✓ CONFLITO POSITIVO DE COMPETÊNCIA. CONFIGURAÇÃO. CONTROVÉRSIA ACERCA DA REUNIÃO DE PROCESSOS. CPC/2015, ARTIGOS 55, CAPUT E PARÁGRAFOS 1º E 3º, E 66, III. POSSIBILIDADE DE DECISÕES CONFLITANTES. CONEXÃO. CAUSA DE PEDIR E PEDIDOS COMUNS. COMPETÊNCIAS TERRITORIAIS DIVERSAS. PESSOA JURÍDICA RÉ. FORO DA SEDE. ART. 53, III, "A", DO CPC/2015. 1. Nos termos do art. 66, III, do CPC/2015, há conflito de competência quando existe, entre dois ou mais juízes, controvérsia acerca da reunião ou da separação de processos. 2. "Serão reunidos para julgamento conjunto os processos que possam gerar risco de prolação de decisões conflitantes ou contraditórias caso decididos separadamente, mesmo sem conexão entre eles" (art. 55, § 3º, do CPC/2015). Na espécie, acerca do mesmo evento, vários juízos estão proferindo decisões em processos diferentes e em sentidos diversos.3. Além disso, segundo o caput e o § 1º do art. 55 do CPC/2015, também serão reunidos, para decisão conjunta, os processos conexos, o que ocorre quando duas ou mais ações possuem pedido ou causa de pedir comuns. 4. As demandas ajuizadas em Careiro Castanho - AM (0000027-57.2017.04.3701), Madureira - RJ (0004747-71.2017.8.19 e 0005232-71.2017.8.19.0202) e uma das ações propostas em Corumbá de Goiás - GO (27625-85.2017.8.09.0034) são conexas, pois contêm a mesma causa de pedir e o mesmo pedido, consistentes na suposta irregularidade da candidatura do Sr. José Wellington da Costa Júnior, por alegada incompatibilidade, e no consequente pedido de exclusão. 5. Essas ações também são conexas com o feito processado na Comarca de Manaus - AM (0606086-54.2017.8.04.0001), por meio do qual, além da nulidade de outros registros eventualmente irregulares, também se busca a nulidade da mencionada candidatura com base na suposta incompatibilidade. 6. A demanda na capital amazonense, por sua vez, gera conexão com as ações propostas nas Comarcas de Peixe-Boi - PA (0000441-95.2017.8.14.0041), Carauari - AM (0000014-76.2017.8.04.3501), Juruá - AM (0000005-67.2017.8.04.5101) e Santo Antônio do Içá - AM (0000077.07.2017.8.04.6701), além da outra ação promovida na Comarca de Corumbá de Goiás - GO (52148-64.2017.8.09.0034), uma vez que todas almejam o cancelamento de inscrições de eleitores com fundamento na Resolução Eleitoral n. 001/2016 da Convenção. 7. Sendo conexas as causas, os processos devem ser reunidos para julgamento conjunto no juízo competente, o qual, tratando-se de ré pessoa jurídica, é aquele em que se localiza sua sede (art. 53, III, "a", do CPC/2015). Precedente: CC n. 132.402/SP, Relator Ministro SIDNEI BENETI, SEGUNDA SEÇÃO; Julg. 11/6/2014; DJe 1º/7/2014. 8. O conflito não merece conhecimento em relação aos feitos de n. 1006907-72.2017.8.26.0100 (Juízo da 13ª Vara Cível de São Paulo - SP), n. 0001215-57.2017.8.03.0001 (Juízo da 5ª Vara da Fazenda Pública do Macapá - AP) e n. 0000649-87.2017.8.19.0058 (Juízo da 2ª Vara da Comarca de Saquarema - RJ), pois foram extintos, em decorrência da homologação do pedido de desistência dessas ações. 9. Quanto ao processo de n. 0001141-07.2017.8.14.0030 (Juízo da Vara de Marapanim - PA), não há mais conflito sobre a reunião das demandas para julgamento conjunto, não sendo admissível o incidente, pois o Juízo declinou de sua competência em favor do foro de MADUREIRA - RJ, sede da pessoa jurídica ré. 10. O processo de n. 0001541-54.2017.8.14.0019, da Vara Única de Curuçá - PA, foi julgado extinto por ausência de recolhimento das custas, inexistindo conflito a ser dirimido em relação a tal demanda. 11. Conflito parcialmente conhecido para estabelecer a competência do Juízo de Direito da 1ª Vara Cível de Madureira - RJ. (STJ; 2ª Seção, CC 151.295; RJ; Rel. Min. Antonio Carlos Ferreira; Julg. 14/06/2017; DJe 22/06/2017)

Acidente de veículo: locadoras de veículo não abrangidas pela prerrogativa de escolha de foro.

✓ EMBARGOS DE DECLARAÇÃO. AGRAVO INTERNO. AGRAVO DE INSTRUMENTO CONTRA DECISÃO DENEGATÓRIA DE RECURSO ESPECIAL. EXCEÇÃO DE INCOMPETÊNCIA. AÇÃO DE REPARAÇÃO DE DANOS. ACIDENTE DE VEÍCULOS. FORO DO DOMICÍLIO DO AUTOR OU DO LOCAL DO FATO. ESCOLHA QUE NÃO COMPETE À LOCADORA DE VEÍCULOS. 1. É competente o juízo do foro do domicílio do autor ou do local do fato para a ação de reparação de dano sofrido em razão de acidente de veículos. Isso porque a regra geral do foro do domicílio do réu não seria suficiente para atender às necessidades decorrentes de lides relacionadas aos acidentes de trânsito, dado que muitas vezes a vítima haveria de ajuizar a demanda em comarcas distantes de seu domicilio ou mesmo do local do fato. 2. As pessoas jurídicas locadoras de frotas de veículos não estão abrangidas pela prerrogativa legal de escolha do foro. Assim, não incide a regra do art. 100, V, parágrafo único, do Código de Processo Civil de 1973 - nem a do art. 53, V, do atual CPC - no caso de ação judicial movida pela locadora para reparação dos danos sofridos em acidente de trânsito no qual envolvido o locatário, ainda que o veículo seja de propriedade da locadora. 3. A escolha dada ao autor de ajuizar a ação de reparação de dano decorrente de acidente de veículos é exceção à regra geral de competência, definida pelo foro do domicílio do réu. Não se pode dar à exceção interpretação tão extensiva a ponto de subverter o escopo da regra legal, mormente quando importar em privilégio à pessoa jurídica cujo negócio é alugar veículos em todo território nacional em detrimento da defesa do réu pessoa física. 4. Hipótese em que ambos os envolvidos no acidente, possíveis vítimas – o locatário do veículo e o réu – têm domicílio no local onde ocorreu o acidente, comarca de Porto Alegre, não atendendo à finalidade da lei a tramitação da causa em Minas Gerais, sede da autora, empresa proprietária e locadora do veículo. 5. Embargos de declaração acolhidos. (STJ, 4ª T., EDcl no AgRg no Ag 1366967; MG; Quarta Turma; Rel. Min. Marco Buzzi, Rel. p/ Acórdão Min. Maria Isabel Gallotti; Julg. 27/04/2017; DJe 26/05/2017)

Seção II
Da Modificação da Competência

Art. 54. A competência relativa poderá modificar-se pela conexão ou pela continência, observado o disposto nesta Seção.

→ *v.* Arts. 24, 65, 152, IV, e 337, VIII, do CPC.

Hipóteses de competência absoluta não são alteradas por continência ou conexão.

✓ CONFLITO DE COMPETÊNCIA. AÇÕES CIVIS PÚBLICAS. JUSTIÇA TRABALHISTA. JUSTIÇA FEDERAL. TUTELA DE INTERESSES DE CONSUMIDORES E DE TRABALHADORES. NÃO CARACTERIZAÇÃO DO CONFLITO. 1. O conflito positivo de competência ocorre quando dois ou mais Juízos se declararem competentes para apreciar a mesma causa, ou quando houver a prática de atos por ambos os Juízos, indicando que implicitamente se consideram competentes. 2. A Ação Civil Pública 0032200-52.2012.5.13.0002, em curso no TRT da 13ª Região, foi proposta por Sindicato, visando à segurança dos trabalhadores e higidez do ambiente de trabalho; enquanto a Ação Civil Pública 2008.82.00.007161-1, em curso no TRF da 5ª Região, foi proposta pelo Ministério Público Federal em defesa da segurança dos usuários dos serviços das agências postais. 3. Trata-se de hipóteses de competência – em razão da matéria e da pessoa, respectivamente – de natureza absoluta e, como tal, não sofrem alteração pela conexão ou continência, na forma do disposto nos artigos 54 e 62 do Código de Processo Civil/2015, razão pela qual não há como fazer, sem agredir frontalmente o princípio do juiz natural, com que apenas um único órgão jurisdicional se torne competente para julgar ambas as demandas. 4. Conforme reconhecido no seu memorial, a agravante demonstra que no âmbito de sua competência – "respectivamente, discussão da relação jurídica de proteção ao consumidor e de proteção de ambiente do trabalho" – ambos os órgãos jurisdicionais chegaram à mesma conclusão, inexistindo neste instante decisões conflitantes. A única divergência diz respeito ao momento do cumprimento "para a Justiça Federal somente após o trânsito em julgado e para a Justiça do Trabalho, eficácia imediata da sentença", situação que não se encontra no âmbito de definição do Conflito de Competência. 5. A questão veiculada no memorial relativa à inaplicabilidade da Lei 7.102/1983 aos correspondentes bancários diz respeito a matéria de fundo a ser debatida nas vias recursais adequadas, e não no presente Conflito de Competência. 6. Agravo Interno não provido. (STJ; AgInt no CC 131.257; PB; Primeira Seção; Rel. Min. Herman Benjamin; Julg. 26/10/2016; DJe 29/11/2016)

✓ PROCESSO CIVIL. EXECUÇÃO FISCAL. AÇÃO ANULATÓRIA DE DÉBITO FISCAL. CONEXÃO. REUNIÃO DOS PROCESSOS PARA JULGAMENTO SIMULTÂNEO. COMPETÊNCIA DO JUÍZO ONDE PROPOSTA A ANTERIOR EXECUÇÃO FISCAL. 1. É entendimento pacífico na jurisprudência pátria que, ajuizada ação anulatória com o fim de desconstituir crédito tributário já objeto de execução fiscal anteriormente ajuizada, a conexão deve ser reconhecida, impondo-se, em reverência aos princípios da segurança jurídica e da economia processual, bem como diante da prejudicialidade existente, a reunião dos processos para julgamento simultâneo, o que evita que sejam proferidas decisões inconciliáveis. 2. Ocorre que juízo de Vara Federal cível não tem competência para julgar execuções fiscais, uma vez que existe vara especializada para julgamento desta matéria. Trata-se, pois, de competência absoluta nos termos do art. 91 c/c art. 102 do CPC/1973 (correspondentes aos arts. 44 e 54 do CPC/15, respectivamente). Ou seja, como a competência das varas de execução fiscal é absoluta, por conta da especialidade da matéria discutida, a reunião da ação anulatória com a execução fiscal só é possível nestas varas especializadas. 3. Na hipótese, considerando (i) que a Execução Fiscal nº 0119093-31.2013.4.02.5101 (em trâmite na 2ª Vara Federal de Execução Fiscal do Rio de Janeiro) foi ajuizada anteriormente à propositura da Ação Anulatória nº 0030001-42.2013.4.02.5101 (em trâmite na 6ª Vara Federal do Rio de Janeiro); e (ii) que, nos termos da fundamentação supra, faz-se necessária a reunião dos feitos no Juízo da Vara Especializada, no caso, Juízo da 2ª Vara Federal de Execução Fiscal do Rio de Janeiro, a decisão agravada, proferida pelo Juízo 6ª Vara Federal do Rio de Janeiro nos autos da Ação Anulatória nº 0030001-42.2013.4.02.5101, deve ser declarada nula, a teor da regra inserta no art. 113, §2º, do CPC/73 (aplicável à época), vez que reconhecida a incompetência absoluta deste Juízo. 4. Agravo de instrumento da União Federal a que se dá provimento. (TRF 2ª R.; AI 0016470-60.2013.4.02.0000; Quarta Turma Especializada; Rel. Juiz Fed. Conv. Mauro Luís Rocha Lopes; DEJF 26/01/2017)

Art. 55. Reputam-se conexas 2 (duas) ou mais ações quando lhes for comum o pedido ou a causa de pedir.

→ *v.* Súmula 383 do STJ.

§ 1º Os processos de ações conexas serão reunidos para decisão conjunta, salvo se um deles já houver sido sentenciado.

→ *v.* Súmula 235 do STJ.

§ 2º Aplica-se o disposto no *caput*:

I – à execução de título extrajudicial e à ação de conhecimento relativa ao mesmo ato jurídico;

II – às execuções fundadas no mesmo título executivo.

§ 3º Serão reunidos para julgamento conjunto os processos que possam gerar risco de prolação de decisões conflitantes ou contraditórias caso decididos separadamente, mesmo sem conexão entre eles.

A competência absoluta da Justiça Federal para o julgamento de uma das causas não permite modificação por conexão

✓ PROCESSUAL CIVIL E CIVIL. AGRAVO INTERNO NOS EMBARGOS DE DECLARAÇÃO NO CONFLITO DE COMPETÊNCIA. COMPETÊNCIA DA JUSTIÇA ESTADUAL. JUÍZO FEDERAL DECIDE SOBRE INTERESSE DA UNIÃO. LIDE INDIVIDUAL ENTRE PARTICULARES. ACIDENTE AMBIENTAL. NAVIO VICUNÃ. AÇÃO COLETIVA. (...) 2. "Compete a Justiça Federal decidir sobre a existência de interesse jurídico que justifique a presença, no processo, da União, suas autarquias ou empresas públicas" (Súmula n. 150/STJ). 3. Inviável "a reunião de ações reputadas conexas que tramitam em juízo estadual e em juízo federal, pois a competência absoluta da Justiça Federal para o julgamento de uma das causas não permite modificação por conexão" (AgInt no CC 145.994/RN, Rel. Ministro JOÃO OTÁVIO DE NORONHA, SEGUNDA SEÇÃO, julgado em 10/8/2016, DJe 22/8/2016). (...) (STJ, 2ª Seção, AgInt nos EDcl no CC 157.586/PR, Rel. Ministro Antonio Carlos Ferreira, DJe 22/06/2020)

Julgamento conjunto de usucapião e oposição.

✓ PROCESSUAL CIVIL E ADMINISTRATIVO. AÇÃO DE USUCAPIÃO. OPOSIÇÃO. NECESSIDADE DE JULGAMENTO CONJUNTO. RISCO DE DECISÕES CONTRADITÓRIAS. ART. 55, § 3º, DO CPC/2015. 1. Caso em que, em primeira instância, a Ação de Usucapião e subsequente Oposição foram apreciadas conjuntamente, tendo sido o julgamento cindido pelo Tribunal Regional Federal da 5ª Região, apreciando em acórdãos distintos a Ação de Usucapião, e, posteriormente, a Oposição. Interpostos Recursos Especiais contra os arestos, o recurso na Ação de Usucapião foi admitido (o que gerou o REsp 1.224.848/PE), ao passo que o no âmbito da Ação de Oposição foi inadmitido, o que culminou no presente Ag 1.423.000/PE. 2. O REsp 1.224.848/PE, referente ao acórdão que julgou a Ação de Usucapião, foi provido, determinando o retorno dos autos à Corte de origem, para novo julgamento dos Embargos de Declaração (processo com baixa definitiva). 3. O apelo da Oposição deve ser reunido para julgamento conjunto, conforme o disposto no art. 55, § 3º, do CPC/2015: "Serão reunidos para julgamento conjunto os processos que possam gerar risco de prolação de decisões conflitantes ou contraditórias caso decididos separadamente, mesmo sem conexão entre eles". O julgamento em separado das ações gera inconsistências, como admite a própria União em Questão de Ordem à fl. 444, e-STJ. Parecer do MPF no mesmo sentido (fl. 307). 4. Tendo em vista o provimento do REsp 1.224.848/PE, com determinação de retorno dos autos à origem, a presente Oposição também deve retornar, pois os processos devem ser julgados conjuntamente. 5. Agravo Interno não provido. (STJ; AgInt no AgInt no Ag 1423000/PE, Segunda Turma; Rel. Min. Herman Benjamin; Julg. 08/08/2017; DJe 12/09/2017)

Julgamento conjunto para evitar decisões conflitantes.

✓ CONFLITO POSITIVO DE COMPETÊNCIA. CONFIGURAÇÃO. CONTROVÉRSIA ACERCA DA REUNIÃO DE PROCESSOS. CPC/2015, ARTIGOS 55, CAPUT E PARÁGRAFOS 1º E 3º, E 66, III. POSSIBILIDADE DE DECISÕES CONFLITANTES. CONEXÃO. CAUSA DE PEDIR E PEDIDOS COMUNS. COMPETÊNCIAS TERRITORIAIS DIVERSAS. PESSOA JURÍDICA RÉ. FORO DA SEDE. ART. 53, III, "A", DO CPC/2015. 1. Nos termos do art. 66, III, do CPC/2015, há conflito de competência quando existe, entre dois ou mais juízes, controvérsia acerca da reunião ou da separação de processos. 2. "Serão reunidos para julgamento conjunto os processos que possam gerar risco de prolação de decisões conflitantes ou contraditórias caso decididos separadamente, mesmo sem conexão entre eles" (art. 55, § 3º, do CPC/2015). Na espécie, acerca do mesmo evento, vários juízos estão proferindo decisões em processos diferentes e em sentidos diversos. 3. Além disso, segundo o caput e o § 1º do art. 55 do CPC/2015, também serão reunidos, para decisão conjunta, os processos conexos, o que ocorre quando duas ou mais ações possuem pedido ou causa de pedir comuns. (...) 11. Conflito parcialmente conhecido para estabelecer a competência do Juízo de Direito da 1ª Vara Cível de Madureira – RJ. (STJ; CC 151.295/RJ; Segunda Seção; Rel. Min. Antonio Carlos Ferreira; Julg. 14/06/2017; DJe 22/06/2017)

Reunião de causas conexas no juízo da sede da pessoa jurídica.

✓ CONFLITO POSITIVO DE COMPETÊNCIA. CONFIGURAÇÃO. CONTROVÉRSIA ACERCA DA REUNIÃO DE PROCESSOS. CPC/2015, ARTIGOS 55, CAPUT E PARÁGRAFOS 1º E 3º, E 66, III. POSSIBILIDADE DE DECISÕES CONFLITANTES. CONEXÃO. CAUSA DE PEDIR E PEDIDOS COMUNS. COMPETÊNCIAS TERRITORIAIS DIVERSAS. PESSOA JURÍDICA RÉ. FORO DA SEDE. ART. 53, III, "A", DO CPC/2015. 1. Nos termos do art. 66, III, do CPC/2015, há conflito de competência quando existe, entre dois ou mais juízes, controvérsia acerca da reunião ou da separação de processos. 2. "Serão reunidos para julgamento conjunto os processos que possam gerar risco de prolação de decisões conflitantes ou contraditórias caso decididos separadamente, mesmo sem conexão entre eles" (art. 55, § 3º, do CPC/2015). Na espécie, acerca do mesmo evento, vários juízos estão proferindo decisões em processos diferentes e em sentidos diversos.3. Além disso, segundo o caput e o § 1º do art. 55 do CPC/2015, também serão reunidos, para decisão conjunta, os processos conexos, o que ocorre quando duas ou mais ações possuem pedido ou causa de pedir comuns. 4. As demandas ajuizadas em Careiro Castanho – AM (0000027-57.2017.04.3701), Madureira – RJ (0004747-71.2017.8.19 e 0005232-71.2017.8.19.0202) e uma das ações propostas em Corumbá de Goiás – GO (27625-85.2017.8.09.0034) são conexas, pois contêm a mesma causa de pedir e o mesmo pedido, consistentes na suposta irregularidade da candidatura do Sr. José Wellington da Costa Júnior, por alegada incompatibilidade, e no consequente pedido de exclusão. 5. Essas ações também são conexas com o feito processado na Comarca de Manaus – AM (0606086-54.2017.8.04.0001), por meio do qual, além da nulidade de outros registros eventualmente irregulares, também se busca a nulidade da mencionada candidatura com base na suposta incompatibilidade. 6. A demanda na capital amazonense, por sua vez, gera conexão com as ações propostas nas Comarcas de Peixe-Boi – PA (0000441-95.2017.8.14.0041), Carauari – AM (0000014-76.2017.8.04.3501), Juruá – AM (0000005-67.2017.8.04.5101) e Santo Antônio do Içá – AM (0000077.07.2017.8.04.6701), além da outra ação promovida na Comarca de Corumbá de Goiás – GO (52148-64.2017.8.09.0034), uma vez que todas almejam o cancelamento de inscrições de eleitores com fundamento na Resolução Eleitoral n. 001/2016 da Convenção. 7. Sendo conexas as causas, os processos devem ser reunidos para julgamento conjunto no juízo competente, o qual, tratando-se de ré pessoa jurídica, é aquele em que se localiza sua sede (art. 53, III, "a", do CPC/2015). Precedente: CC n. 132.402/SP, Relator Ministro Sidnei Beneti, Segunda Seção, julgado em 11/6/2014, DJe 1º/7/2014. 8. O conflito não merece conhecimento em relação aos feitos de n. 1006907-72.2017.8.26.0100 (Juízo da 13ª Vara Cível de São Paulo - SP), n. 0001215-57.2017.8.03.0001 (Juízo da 5ª Vara da Fazenda Pública do Macapá - AP) e n. 0000649-87.2017.8.19.0058 (Juízo da 2ª Vara da Comarca de Saquarema - RJ), pois foram extintos, em decorrência da homologação do pedido de desistência dessas ações. 9. Quanto ao processo de n. 0001141-07.2017.8.14.0030 (Juízo da Vara de Marapanim - PA), não há mais conflito sobre a reunião das demandas para julgamento conjunto, não sendo admissível o incidente, pois o Juízo declinou de sua competência em favor do foro de MADUREIRA - RJ, sede da pessoa jurídica ré. 10. O processo de n. 0001541-54.2017.8.14.0019, da Vara Única de Curuçá - PA, foi julgado extinto por ausência de recolhimento das custas, inexistindo conflito a ser dirimido em relação a tal demanda. 11. Conflito parcialmente conhecido para estabelecer a competência do Juízo de Direito da 1ª Vara Cível de Madureira - RJ. (STJ; CC 151.295/RJ; Segunda Seção; Rel. Min. Antonio Carlos Ferreira; Julg. 14/06/2017; DJe 22/06/2017)

Art. 56. Dá-se a continência entre 2 (duas) ou mais ações quando houver identidade quanto às partes e à causa de pedir, mas o pedido de uma, por ser mais amplo, abrange o das demais.

→ *v.* Art. 337, VIII, do CPC.

Art. 57. Quando houver continência e a ação continente tiver sido proposta anteriormente, no processo relativo à ação contida será proferida sentença sem resolução de mérito, caso contrário, as ações serão necessariamente reunidas.

→ *v.* Súmula 489 do STJ.

Art. 58. A reunião das ações propostas em separado far-se-á no juízo prevento, onde serão decididas simultaneamente.

→ *v.* Art. 59 do CPC.

Impossibilidade de reunião se um dos juízos for incompetente para uma das causas

✓ PROCESSUAL CIVIL. AGRAVO INTERNO NO CONFLITO DE COMPETÊNCIA. CÓDIGO DE PROCESSO CIVIL DE 2015. APLICABILIDADE. AÇÃO ANULATÓRIA DE DÉBITO TRIBUTÁRIO E EXECUÇÃO FISCAL. REUNIÃO POR CONEXÃO. NÃO CABIMENTO NO CASO CONCRETO. APLICAÇÃO DE MULTA. ART. 1.021, § 4º, DO CÓDIGO DE PROCESSO CIVIL DE 2015. DESCABIMENTO. (...) II - Segundo entendimento firmado pela 1ª Seção desta Corte, a ação anulatória de débito tributário e a execução fiscal poderão tramitar separadamente quando um dos juízos for incompetente para apreciar uma das demandas, cabendo ao juízo no qual tramita o executivo fiscal decidir acerca da sua eventual suspensão. III - Em regra, descabe a imposição da multa, prevista no art. 1.021, § 4º, do CPC/2015, em razão do mero improvimento do Agravo Interno em votação unânime, sendo necessária a configuração da manifesta inadmissibilidade ou improcedência do recurso a autorizar sua aplicação, o que não ocorreu no caso. IV - Agravo Interno improvido. (STJ, 1ª Seção, AgInt no CC 159.553/DF, Rel. Ministra Regina Helena Costa, DJe 08/09/2020)

Determinação de reunião dos processos para decisão conjunta, no juízo da ação popular, prevento em virtude da primeira distribuição.

✓ PROCESSUAL CIVIL. Ação popular visando declaração de nulidade de contrato administrativo e ressarcimento de danos ao erário, referente à construção do denominado Centro Municipal de Eventos e Teatro, em Ilhabela. Extinção do processo em virtude de litispendência, mercê de ação civil pública posteriormente ajuizada. Inadmissibilidade. Reconhecimento de continência. Inteligência dos artigos 56, 58 e 59 do CPC. Determinação de reunião dos processos para decisão conjunta, no juízo da ação popular, prevento em virtude da primeira distribuição. Recurso provido. (TJSP; APL 0001593-17.2014.8.26.0247; Ac. 10664677; Ilhabela; Sétima Câmara de Direito Público; Rel. Des. Coimbra Schmidt; Julg. 07/08/2017; DJESP 21/08/2017; Pág. 3510)

Art. 59. O registro ou a distribuição da petição inicial torna prevento o juízo.

→ *v.* Art. 2º, parágrafo único, da Lei 7.347/1985.

→ *v.* Art. 240 do CPC.

Afasta-se a prevenção em face do princípio constitucional da prioridade absoluta dos interesses do menor (art. 147 do ECA).

✓ CONFLITO POSITIVO DE COMPETÊNCIA. GUARDA PROVISÓRIA DEFERIDA ÀS DUAS AVÓS EM DUAS DEMANDAS DISTINTAS. AFASTAMENTO DA REGRA DE PREVENÇÃO PREVISTA NO CPC, EM RAZÃO DA PREVALÊNCIA DO INTERESSE DO MENOR. 1. Nos termos do art. 59 do Código de Processo Civil, o registro ou a distribuição da petição inicial torna prevento o juízo. Na sistemática do antigo código processual, a prevenção se dá em decorrência da primeira citação válida (art. 219). 2. Contudo, não se podem adotar, de forma automática, as regras processuais civis se elas puderem acarretar qualquer prejuízo aos interesses e direitos do menor, cuja condição peculiar de pessoa em desenvolvimento implica a sobreposição e aplicação do princípio da proteção integral, que permeia as regras do Estatuto da Criança e do Adolescente. Precedentes. 3. No caso concreto, há liminares de juízos distintos deferindo a guarda provisória das duas netas menores (de 3 e 6 anos de idade) a ambas as avós, devendo-se aplicar a regra do art. 147, II, do ECA, qual seja a do local onde as crianças se encontram atualmente, em atenção ao princípio do juízo imediato, máxime porque, segundo consta, em atendimento médico a que submetida a criança, "surgiram indícios de que tivesse sofrido abuso sexual na cidade de Vilhena-RO ". 4. Dessarte, em face do princípio constitucional da prioridade absoluta dos interesses do menor, orientador dos critérios do art. 147 do ECA, mais adequada a declaração de competência do Juízo suscitante. 5. Conflito conhecido, declarando-se a competência do Juízo de Direito da Vara da Infância e da Juventude de Porecatu/PR. (STJ; CC 151.511; Proc. 2017/0063334-5; PR; Segunda Seção; Rel. Min. Luis Felipe Salomão; DJE 07/11/2017)

A nomeação de inventariante não serve como referência para prevenção na ação de inventário

✓ CIVIL. PROCESSUAL CIVIL. AÇÃO DE INVENTÁRIO E PARTILHA. PREJUÍZO CAUSADO PELO SERVIÇO JUDICIÁRIO. AUSÊNCIA DE PREQUESTIONAMENTO. SÚMULA 211/STJ. ARGUMENTAÇÃO RECURSAL DIS-

SOCIADA DA QUESTÃO DECIDIDA. FUNDAMENTAÇÃO DEFICIENTE. SÚMULA 284/STF. LITISPENDÊNCIA ENTRE AÇÕES DE INVENTÁRIO E PARTILHA PROPOSTAS POR DIFERENTES COLEGITIMADOS. TRÍPLICE IDENTIDADE CONFIGURADA, AINDA QUE AS PARTES OCUPEM POLOS DISTINTOS. LEGITIMIDADE CONCORRENTE E DISJUNTIVA. AÇÃO DE NATUREZA CONTENCIOSA E PROCESSADA SOB RITO ESPECIAL. OBSERVÂNCIA DAS REGRAS CONTIDAS NA PARTE GERAL DO CPC/15. CRITÉRIO TEMPORAL PARA DEFINIÇÃO SOBRE QUAL AÇÃO LITISPENDENTE DEVE PROSSEGUIR. DATA DE NOMEAÇÃO DO INVENTARIANTE. IMPOSSIBILIDADE. INSEGURANÇA JURÍDICA E AUSÊNCIA DE PREVISÃO LEGAL. DEFINIÇÃO A PARTIR DA DATA DA PROPOSITURA DA AÇÃO. OBSERVÂNCIA DOS ARTS. 59 E 312 DO CPC/15. DIVERGÊNCIA JURISPRUDENCIAL PREJUDICADA. (...) 5- Há litispendência entre duas ações de inventário e partilha ajuizadas por distintos colegitimados quando presente a tríplice identidade – mesmas partes, mesmas causas de pedir e mesmos pedidos -, sendo irrelevante o fato de as partes ocuparem polos processuais contrapostos nas duas ações em virtude da legitimação concorrente e disjuntiva para o ajuizamento da ação. 6- A ação de inventário e de partilha de bens é de natureza contenciosa e se submete a procedimento especial regulado pelo próprio CPC/15, de modo que a ela se aplicam às regras relacionadas ao momento de propositura da ação, à prevenção e à litispendência e que se encontram na parte geral do Código. 7- A data da nomeação do inventariante não pode ser elemento temporal definidor acerca de qual ação litispendente deve seguir em tramitação, seja porque inexiste previsão legal nesse sentido, seja porque se trata de marco temporal inseguro, porque vinculado à movimentações e atos processuais que independem exclusivamente das partes, devendo ser fixado, como marco definidor acerca de qual das ações idênticas deve prosseguir, a data de seu registro ou distribuição, nos termos dos arts. 59 e 312, ambos do CPC/15. 8- Fica prejudicado o exame do recurso especial fundado em divergência jurisprudencial quando a pretensão é acolhida com base na violação da lei federal. (...) (STJ, 3ª T., REsp 1739872/MG, Rel. Ministra Nancy Andrighi, DJe 22/11/2018)

Art. 60. Se o imóvel se achar situado em mais de um Estado, comarca, seção ou subseção judiciária, a competência territorial do juízo prevento estender-se-á sobre a totalidade do imóvel.

→ V. Art. 47, §§ 1º e 2º, do CPC.

Art. 61. A ação acessória será proposta no juízo competente para a ação principal.

→ V. Art. 299 do CPC.

Art. 62. A competência determinada em razão da matéria, da pessoa ou da função é inderrogável por convenção das partes.

→ V. Art. 781 do CPC.

A competência para os embargos de terceiro é inderrogável.

✓ CONFLITO DE COMPETÊNCIA. EMBARGOS DE TERCEIRO. USUCAPIÃO. COMPETÊNCIA ABSOLUTA. 1. A reunião de ações, em virtude de conexão, não se mostra possível quando implicar alteração de competência absoluta. 2. O foro competente para a ação de usucapião de bem imóvel será sempre o da situação da coisa (art. 95 do CPC/1973 e art. 57 do CPC/2015), configurando hipótese de competência material, portanto, absoluta e improrrogável. 3. A competência para julgamento dos embargos de terceiro é do juiz que determinou a constrição na ação principal, nos termos do art. 1.049 do CPC/1973 (art. 676 do CPC/2015), de modo que, por se tratar de hipótese de competência funcional, é também absoluta e improrrogável. 4. Conflito de competência conhecido para declarar a competência do Juízo suscitado. (STJ, 2ª Seção, CC 142.849/SP, Rel. Ministro Luis Felipe Salomão, DJe 11/04/2017)

As competências das Justiça Federal e Justiça do Trabalho não sofrem alteração por conexão ou continência

✓ CONFLITO DE COMPETÊNCIA. AÇÕES CIVIS PÚBLICAS. JUSTIÇA TRABALHISTA. JUSTIÇA FEDERAL. TUTELA DE INTERESSES DE CONSUMIDORES E DE TRABALHADORES. NÃO CARACTERIZAÇÃO DO CONFLITO. (...) 3. Trata-se de hipóteses de competência – em razão da matéria e da pessoa, respectivamente – de natureza absoluta e, como tal, não sofrem alteração pela conexão ou continência, na forma do disposto nos artigos 54 e 62 do Código de Processo Civil/2015, razão pela qual não há como fazer, sem agredir frontalmente o princípio do juiz natural, com que apenas um único órgão jurisdicional se torne competente para julgar ambas as demandas. 4. Conforme reconhecido no seu memorial, a agravante demonstra que no âmbito de sua competência – "respectivamente, discussão da relação jurídica de proteção ao consumidor e de proteção de ambiente do trabalho" – ambos os órgãos jurisdicionais chegaram à mesma conclusão, inexistindo neste instante decisões conflitantes. A única divergência diz respeito ao momento do cumprimento "para a Justiça Federal somente após o trânsito em julgado e para a Justiça do Trabalho, eficácia imediata da sentença", situação que não se encontra no âmbito de definição do Conflito de Competência. 5. A questão veiculada no memorial relativa à inaplicabilidade da Lei 7.102/1983 aos correspondentes bancários diz respeito a matéria de fundo a ser debatida nas vias recursais adequadas, e não no presente Conflito de Competência. 6. Agravo Interno não provido. (STJ, 1ª Seção, AgInt no CC 131.257/PB, Rel. Min. Herman Benjamin, DJe 29/11/2016)

Art. 63. As partes podem modificar a competência em razão do valor e do território, elegendo foro onde será proposta ação oriunda de direitos e obrigações.

§ 1º A eleição de foro só produz efeito quando constar de instrumento escrito e aludir expressamente a determinado negócio jurídico.

→ V. Súmula 335 do STF.

→ V. Enunciado 39 da ENFAM: Não é válida convenção pré-processual oral (art. 4º, § 1º, da Lei n. 9.307/1996 e 63, § 1º, do CPC/2015).

§ 2º O foro contratual obriga os herdeiros e sucessores das partes.

§ 3º Antes da citação, a cláusula de eleição de foro, se abusiva, pode ser reputada ineficaz de ofício pelo juiz, que determinará a remessa dos autos ao juízo do foro de domicílio do réu.

§ 4º Citado, incumbe ao réu alegar a abusividade da cláusula de eleição de foro na contestação, sob pena de preclusão.

→ V. Art. 337, II do CPC.

A cláusula de eleição de foro somente pode ser afastada mediante demonstração de ilegalidade

✓ AGRAVO INTERNO NO CONFLITO DE COMPETÊNCIA. AÇÃO DE NULIDADE DE ACORDO DE ACIONISTAS. CLÁUSULA DE ELEIÇÃO DE FORO. VALIDADE. SUMULA 335/STF. COMPROMISSO ARBITRAL. PRESENÇA. REGRAS DE COMPETÊNCIA TERRITORIAL. NÃO OBSERVÂNCIA. 1. O propósito recursal consiste em avaliar a decisão monocrática, a qual, de plano, estabeleceu o juízo competente para a apreciação de lide acerca de questões societárias existentes entre J&F e MCL, relativas à participação na sociedade ELDORADO. 2. Decisão agravada declarou a competência da 2ª Vara Empresarial de Conflitos de Arbitragem da Comarca de São Paulo/SP e, por consequência, retirar a eficácia as decisões proferidas pelo TJ/MS. 3. De acordo com a Súmula nº 335/STF, é válida a cláusula de eleição do foro para os processos oriundos do contrato? e o Superior Tribunal de Justiça mantém essa mesma orientação. Na hipótese, há cláusula de eleição de foro em contrato de compra e venda de participação societária. 4. O Juízo Suscitante não demonstrou qualquer ilegalidade da cláusula de eleição de foro e, assim, seu conteúdo deve se manter válido e íntegro, o que afasta a competência do Juízo suscitante, em favor do Juízo suscitado. 5. A presença de cláusula compromissória afasta a apreciação das controvérsias do Poder Judiciário, considerando que o juízo arbitral possui prioridade lógica e temporal. Precedentes. 6. Nos termos do art. 955, parágrafo único, I, do CPC/2015, nas hipóteses de ofensa a súmulas do STF ou STJ, é permitido ao relator julgar, de plano, o conflito de competência. 7. As alegações da agravante estão fundamentadas na premissa de que a filial da Eldorado Brasil Celulose é localizada no Município de Três Lagoas/MS. Entretanto, a Eldorado não é parte na ação originária. 8. Argumentos adicionais apresentados no agravo interno são incapazes de infirmar a decisão agravada. 9. Agravo interno não provido. (STJ, 2ª Seção, AgInt no CC 171.855/MS, Rel. Ministra Nancy Andrighi, DJe 21/08/2020)

A cláusula de eleição de foro na relação de consumo.

✓ PROCESSO CIVIL E DIREITO DO CONSUMIDOR. AÇÃO DE RESCISÃO DE CONTRATO DE COMPROMISSO DE COMPRA E VENDA DE IMÓVEL E INDENIZAÇÃO POR DANOS MATERIAIS E COMPENSAÇÃO POR DANOS MORAIS. EXCEÇÃO DE INCOMPETÊNCIA. CLÁUSULA DE ELEIÇÃO DE FORO. COMPETÊNCIA TERRITORIAL. RELATIVA. ALTERAÇÃO POR CONVENÇÃO DAS PARTES. ABUSIVIDADE NÃO CONFIGURADA. POSSIBILIDADE. (...)5. O STJ possui entendimento no sentido de que a cláusula que estipula a eleição de foro em contrato de adesão, só poderá ser considerada inválida quando demonstrada a hipossuficiência ou a dificuldade de acesso da parte ao Poder Judiciário. 6. Nesta perspectiva, a situação de hipossuficiência de uma das partes, por sua manifesta excepcionalidade, deve ser demonstrada com dados concretos em que se verifique o prejuízo processual para alguma delas. 7. A condição de consumidor, considerada isoladamente, não gera presunção de hipossuficiência a fim de repelir a aplicação da cláusula de derrogação da competência territorial quando convencionada, ainda que em contrato de adesão. 8. Recurso especial conhecido e provido, para determinar que a ação seja processada e julgada no foro estipulado contratualmente. (STJ, 3ª T., REsp 1.675.012/SP; Rel. Min. Nancy Andrighi; DJe 14/08/2017).

Seção III
Da Incompetência

Art. 64. A incompetência, absoluta ou relativa, será alegada como questão preliminar de contestação.

→ *v.* Súmula 33 do STJ.

→ *v.* Art. 337, II do CPC.

§ 1º A incompetência absoluta pode ser alegada em qualquer tempo e grau de jurisdição e deve ser declarada de ofício.

→ *v.* Art. 337, § 5º do CPC.

§ 2º Após manifestação da parte contrária, o juiz decidirá imediatamente a alegação de incompetência.

§ 3º Caso a alegação de incompetência seja acolhida, os autos serão remetidos ao juízo competente.

§ 4º Salvo decisão judicial em sentido contrário, conservar-se-ão os efeitos de decisão proferida pelo juízo incompetente até que outra seja proferida, se for o caso, pelo juízo competente.

→ *v.* Art. 278 do CPC.

Mandado de Segurança impetrado perante o juízo incompetente justifica sua remessa ao juízo competente

✓ PROCESSUAL CIVIL. AGRAVO INTERNO NO MANDADO DE SEGURANÇA. SÚMULA N. 41/STJ. APLICAÇÃO. INCOMPETÊNCIA. REMESSA AO JUÍZO COMPETENTE. ART. 64, § 3º, DO CPC/2015. AGRAVO INTERNO PROVIDO EM PARTE. 1. A competência desta Corte Superior para o Mandado de Segurança está restrita aos casos estabelecidos no art. 105, I, "b", da CF. 2. Caso a autoridade coatora indicada seja membro de outro Tribunal, incide a Súmula n. 41/STJ, devendo-se reconhecer a incompetência do Superior Tribunal de Justiça. 3. Cabível a remessa dos autos ao juízo competente, nos termos do art. 64, § 3º, do CPC/2015. Precedentes. 4. Agravo interno a que se dá parcial provimento, apenas para remeter os autos ao TJMG. (STJ, 2ª Seção, AgInt no MS 26.703/DF, Rel. Ministro Antonio Carlos Ferreira, DJe 16/11/2020).

✓ AGRAVO REGIMENTAL EM MANDADO DE SEGURANÇA. INTERPOSIÇÃO SOB A ÉGIDE DO CPC/2015. ATO PRATICADO PELO PRESIDENTE E PELO CORREGEDOR-GERAL DO TRIBUNAL DE JUSTIÇA DO ESTADO DO RIO DE JANEIRO. CORTE DE PONTO DE SERVIDORES EM GREVE. ALEGAÇÃO DE COMPROMETIMENTO DA IMPARCIALIDADE DO ÓRGÃO ESPECIAL PARA EXAME DA PRETENSÃO. SUPOSTA HIPÓTESE DE APLICAÇÃO DO ART. 102, I, 'N', DA CONSTITUIÇÃO FEDERAL. INOCORRÊNCIA. EXCEÇÕES DE SUSPEIÇÃO OU IMPEDIMENTO NÃO ARGUIDAS NA ORIGEM. PRETENSÃO FUNDADA EM ILAÇÕES. AUSÊNCIA DE COMPETÊNCIA DO SUPREMO TRIBUNAL FEDERAL. REMESSA DOS AUTOS AO TRIBUNAL DE JUSTIÇA LOCAL. 1. O impedimento suscetível de caracterizar a hipótese de competência originária prevista no art. 102, I, "n", da Carta da República pressupõe manifestação expressa, espontânea ou provocada, de mais da metade dos membros do Tribunal de origem, circunstância não demonstrada no caso. 2. Nos termos do art. 21,

IV, da LC nº 35/79, "Compete aos Tribunais, privativamente: (...) julgar, originariamente, os mandados de segurança contra seus atos, os dos respectivos Presidentes e os de suas Câmaras, Turmas ou Seções". O art. 21, § 1º, do RISTF, por sua vez, autoriza a remessa dos autos ao Tribunal de Justiça local, para o que de direito. Precedentes. O CPC/2015 contém preceito de mesma teleologia, art. 64, § 3º. 3. Agravo regimental conhecido e parcialmente provido, apenas para determinar a remessa dos autos ao Tribunal de Justiça do Estado do Rio de Janeiro. (STF; MS 34571 AgR; Primeira Turma; Rel. Min. Rosa Weber; Julg. 09/06/2017, Processo Eletrônico DJe-168 DIVULG 31/07/2017 PUBLIC 01/08/2017)

Reconhecimento da incompetência absoluta de ofício.

✓ CONFLITO POSITIVO DE COMPETÊNCIA – IMÓVEL LITIGIOSO NOS AUTOS DE FALÊNCIA E DE RESCISÃO CONTRATUAL – INAPLICABILIDADE, NO CASO EM CONCRETO, DA SÚMULA 59 DO STJ – INCIDENTE DE FIXAÇÃO DE COMPETÊNCIA AJUIZADO POR TERCEIRO INTERESSADO ANTES DA CERTIFICAÇÃO CARTORÁRIA DE TRÂNSITO EM JULGADO DA AÇÃO DE RESCISÃO DE COMPRA E VENDA DO IMÓVEL – COMPETÊNCIA ABSOLUTA DO JUÍZO UNIVERSAL QUE, ANTERIORMENTE, POR DECISÃO TRANSITADA EM JULGADA, HAVIA ALIENADO O REFERIDO BEM EM SEDE DE AÇÃO FALIMENTAR – PRECEDENTES DA SEGUNDA SEÇÃO DO STJ. 1. O terceiro interessado possui legitimidade ativa para ajuizar o presente incidente processual, pois, nos termos da jurisprudência da Segunda Seção do Superior Tribunal de Justiça, pode suscitar conflito de competência quem quer que esteja sujeito à eficácia da sentença, que qualquer dos juízes, no conflito positivo de competência, possa proferir. Precedentes. 2. Sopesados os fatos processuais específicos neste caso, há de se afastar a incidência da Súmula 59 do STJ, porquanto o conflito foi ajuizado por terceiro interessado antes da certificação do trânsito em julgado da ação de rescisão contratual, devolvendo o exame relativo a fixação da competência, oportunamente e em sede de instrumento adequado, à tutela jurisdicional. 3. Consoante o posicionamento firmado pela Colenda Segunda Seção do STJ, o destino do patrimônio da empresa em processo de soerguimento judicial ou falimentar, como no presente caso, não pode ser atingido por decisões prolatadas por juízo diverso daquele da recuperação ou da falência. 4. Conflito conhecido para declarar a competência do Juízo de Direito da 2.ª Vara Empresarial da Comarca de Contagem/MG (antiga 2.ª Vara dos Feitos da Fazenda Pública, Falências, Concordatas e Registros Públicos da Comarca de Contagem/MG) para processar e julgar a ação de rescisão contratual em exame, anulando-se, por conseguinte, com amparo no art. 64, § 1º, do CPC/2015, as decisões proferidas pela Justiça do Espírito Santo. (STJ, 2ª Seção, CC 137.178; MG, Rel. Min. Marcos Buzzi, DJe 19/10/2016)

Conservação de efeitos da decisão até apreciação pelo juízo competente.

✓ Agravo regimental no recurso extraordinário com agravo. Improbidade administrativa. Processual. Incompetência absoluta. Anulação dos atos decisórios praticados. Exegese do art. 64, § 4º, do CPC. Conservação da eficácia das decisões até ulterior deliberação do juízo competente. Supressão de instâncias. Decisão que compete à Justiça estadual. Agravo regimental não provido. 1. O art. 64, § 4º, do CPC, introduzindo dinâmica distinta daquela do CPC/1973, previu que os atos decisórios praticados por juízo incompetente conservam sua validade e eficácia até posterior manifestação do juízo competente, o qual, observados o contraditório e a ampla defesa, poderá ratificá-los ou não. 2. Reconhecida a competência da Justiça estadual para processar e julgar a demanda, a ela compete, a priori, analisar quais atos decisórios prolatados pelo juízo anterior serão ou não revogados, mesmo em casos de incompetência absoluta. Precedentes. 3. Excepcionalmente, a Suprema Corte poderá declarar, de imediato, a nulidade de deliberações, desde que satisfeitos os requisitos da urgência e/ou imprescindibilidade da medida, os quais não se encontram presentes no caso concreto. 4. Agravo regimental a que se nega provimento. (STF, 2ª T., ARE 850933 AgR; Rel. Min. Dias Toffoli; Julg. 02/05/2017, DJe-100 DIVULG 12/05/2017 PUBLIC 15/05/2017)

Art. 65. Prorrogar-se-á a competência relativa se o réu não alegar a incompetência em preliminar de contestação.

→ *V.* Art. 335 do CPC.

Parágrafo único. A incompetência relativa pode ser alegada pelo Ministério Público nas causas em que atuar.

Art. 66. Há conflito de competência quando:

I – 2 (dois) ou mais juízes se declaram competentes;

II – 2 (dois) ou mais juízes se consideram incompetentes, atribuindo um ao outro a competência;

III – entre 2 (dois) ou mais juízes surge controvérsia acerca da reunião ou separação de processos.

Parágrafo único. O juiz que não acolher a competência declinada deverá suscitar o conflito, salvo se a atribuir a outro juízo.

Conflito de competência pressupõe controvérsia sobre a extensão da jurisdição em determinado caso

✓ AGRAVO INTERNO NO CONFLITO DE COMPETÊNCIA. RECURSO MANEJADO SOB A ÉGIDE DO CPC. RECUPERAÇÃO JUDICIAL. EXECUÇÃO TRABALHISTA. AUSÊNCIA DE ATOS DE CONSTRIÇÃO DO PATRIMÔNIO DAS EMPRESAS RECUPERANDAS OU DO SÓCIO SUSCITANTE. DESCABIMENTO DO INCIDENTE COMO SUCEDÂNEO RECURSAL. AGRAVO INTERNO NÃO PROVIDO. 1. A existência do conflito de competência pressupõe controvérsia sobre a extensão da jurisdição em determinado caso, o que não ocorre quando cada juízo está atuando em sua própria esfera de competência. 2. Na hipótese dos autos, não houve ameaça de constrição que possa comprometer o plano de recuperação judicial, tampouco dois Juízos praticando atos concernentes ao processamento da execução, razão por que não ficou configurada nenhuma das situações previstas no art. 66, do CPC, inexistindo conflito de competência a ser dirimido. 3. Agravo interno não provido. (STJ, 2ª Seção, AgInt no CC 167.148/AM, Rel. Ministro Moura Ribeiro, DJe 03/12/2020).

✓ PROCESSUAL CIVIL. AGRAVO INTERNO NO CONFLITO DE COMPETÊNCIA. RECURSO MANEJADO SOB A ÉGIDE DO CPC. JUÍZO DA FALÊNCIA. JUÍZO DA EXECUÇÃO CÍVEL. DESCABIMENTO DO INCIDENTE COMO

SUCEDÂNEO RECURSAL. NÃO CONFIGURAÇÃO DE CONFLITO. INEXISTÊNCIA DAS HIPÓTESES PREVISTAS NO ART. 66 DO CPC. AGRAVO INTERNO NÃO PROVIDO. 1. O conflito não se configura quando cada um dos juízos suscitados atuou em conformidade com sua estrita esfera de competência, razão pela qual ambas as decisões podem coexistir. 2. A coexistência de processos não é motivo para concentrar os atos decisórios em um juízo específico, uma vez que cada juízo atuou no limite de suas atribuições nas causas que lhes foram submetidas. 3. A execução cível que somente agora é apontada como colidente tramitou em seu respectivo juízo por vários anos, com o uso de inúmeros recursos interpostos pelas partes. 4. O conflito de competência não pode ser utilizado como sucedâneo recursal, bem como não se presta a resolver questões que devem ser dirimidas nas instâncias ordinárias. 5. Agravo interno não provido. (STJ, 2ª Seção, AgInt no CC 170.805/SP, Rel. Ministro Moura Ribeiro, DJe 23/10/2020).

✓ PROCESSUAL CIVIL. AGRAVO INTERNO NO CONFLITO DE COMPETÊNCIA. EXECUÇÃO DE TÍTULO EXTRAJUDICIAL E JUÍZO DA FALÊNCIA. AUSÊNCIA DE ATOS DE CONSTRIÇÃO. INEXISTÊNCIA DE CONFLITO. DECISÃO MANTIDA. 1. "Não se vislumbra a ocorrência do conflito positivo de competência em razão da ausência de simultaneidade de decisões exaradas por Juízos diversos envolvendo o patrimônio de empresa em recuperação judicial." (AgInt no CC 163.108/CE, Rel. Ministro LUIS FELIPE SALOMÃO, SEGUNDA SEÇÃO, julgado em 26/6/2019, DJe 28/6/2019). 2. Agravo interno a que se nega provimento. (STJ, 2ª Seção, AgInt no CC 171.489/SC, Rel. Ministro Antonio Carlos Ferreira, DJe 21/08/2020).

✓ PROCESSUAL CIVIL. AGRAVO INTERNO NO CONFLITO DE COMPETÊNCIA. RECURSO MANEJADO SOB A ÉGIDE DO CPC. JUÍZO DA FALÊNCIA. JUÍZO DA EXECUÇÃO TRABALHISTA. DESCABIMENTO DO INCIDENTE COMO SUCEDÂNEO RECURSAL. NÃO CONFIGURAÇÃO DE CONFLITO. INEXISTÊNCIA DAS HIPÓTESES PREVISTAS NO ART. 66 DO CPC. AGRAVO INTERNO NÃO PROVIDO. 1. O conflito não se configura quando cada um dos juízos suscitados atuou em conformidade com sua estrita esfera de competência, razão pela qual ambas as decisões podem coexistir. 2. Na hipótese dos autos o Juízo Trabalhista determinou que o produto da alienação do bem imóvel fosse encaminhado ao Juízo Falimentar e utilizado para o pagamento, em rateio, dos credores da massa falida. 3. Quanto à alienação do bem imóvel por preço vil, não é possível transformar o conflito de competência em ampla modalidade recursal e dessa forma devolver ao STJ a possibilidade de reexaminar a legalidade de atos do processo que não guardam nenhuma relação com a competência e que devem ser atacados por vias próprias. 4. O conflito de competência não pode ser utilizado como sucedâneo recursal, bem como não se presta a resolver questões que devem ser dirimidas nas instâncias ordinárias. 5. Agravo interno não provido. (STJ, 2ª Seção, AgInt no CC 167.761/SP, Rel. Ministro Moura Ribeiro, DJe 04/06/2020)

Perda de interesse para o conflito de competência quando da satisfação da pretensão em um dos casos

✓ PROCESSUAL CIVIL. AGRAVO INTERNO NO CONFLITO DE COMPETÊNCIA. RECURSO MANEJADO SOB A ÉGIDE DO CPC. JUÍZO DA RECUPERAÇÃO JUDICIAL. JUÍZO DA EXECUÇÃO TRABALHISTA. CONCESSÃO DE ALVARÁ PARA LIBERAÇÃO DE DEPÓSITOS JUDICIAIS. LEVANTAMENTO EFETUADO PELO CREDOR TRABALHISTA. PERDA DO OBJETO. DESCABIMENTO DO INCIDENTE COMO SUCEDÂNEO RECURSAL. AGRAVO INTERNO NÃO PROVIDO. 1. O conflito ficou prejudicado diante do levantamento de valores pelo credor trabalhista. 2. Na hipótese dos autos o Juízo Trabalhista informou que não foi interposto recurso contra a decisão que indeferiu o pedido da parte executada de suspensão do cumprimento do alvará de liberação do valor do depósito recursal. 3. O conflito de competência não pode ser utilizado como sucedâneo recursal, bem como não se presta a resolver questões que devem ser dirimidas nas instâncias ordinárias. 4. Agravo interno não provido. (STJ, 2ª Seção, AgInt no CC 164.850/DF, Rel. Ministro Moura Ribeiro, DJe 04/06/2020)

Parte não pode provocar a competência originária do STF sem haver conflito entre julgadores.

✓ AGRAVO REGIMENTAL NO CONFLITO DE COMPETÊNCIA. INEXISTÊNCIA DE CONFLITO ENTRE ÓRGÃOS JUDICIAIS. DESCABIMENTO DA VIA PROCESSUAL ELEITA. INVIABILIDADE DA CONTROVÉRSIA. AGRAVO REGIMENTAL IMPROVIDO. I – Não cabe à parte interessada provocar a competência originária desta Corte Suprema para que, sem que exista conflito de competência entre órgãos judicantes, decida sobre suposto conflito suscitado abstratamente. II – Agravo regimental a que se nega provimento. (STF, Pleno, CC 7972 AgR, Rel. Min. Ricardo Lewandowski; Julg. 21/08/2017, DJe-190 DIVULG 25/08/2017 PUBLIC 28/08/2017)

O conflito de competência se caracteriza pela prática de atos decisórios colidentes

✓ AGRAVO INTERNO NO CONFLITO DE COMPETÊNCIA. INCIDENTE MANEJADO SOB A ÉGIDE DO CPC. RECLAMAÇÃO TRABALHISTA NA FASE DE EXECUÇÃO NO JUÍZO LABORAL. DETERMINAÇÃO DE INDISPONIBILIZAÇÃO DE BENS MÓVEIS E IMÓVEIS DOS ADMINISTRADORES DA FALIDA DEFERIDA PELO JUÍZO DA FALÊNCIA DA VASP. JUÍZO LABORAL QUE PROSSEGUIU COM OS ATOS DE CONSTRIÇÃO. PENHORA EFETIVADA PELO JUÍZO LABORAL QUE PERMANECE VÁLIDA E EFICAZ, FICANDO A CARGO DO JUÍZO UNIVERSAL DECIDIR SOBRE A ESSENCIALIDADE DO BEM PARA O PAGAMENTO DOS CREDORES DA FALIDA (VASP). COMPETÊNCIA DO JUÍZO UNIVERSAL. AGRAVO INTERNO NÃO PROVIDO. 1. A prática de atos aparentemente colidentes por juízos que, implicitamente, se consideram competentes configura o conflito de competência previsto no art. 66 do CPC. 2. O conflito foi conhecido para fixar a competência do juízo universal para decidir sobre a essencialidade do bem sujeito a constrição para o pagamento dos credores da falida. 3. Os bens sujeitos ao pagamento dos credores falimentares devem ser geridos pelo Juízo falimentar, por ser este o competente para decidir sobre a destinação do patrimônio da massa falida conforme o regramento da lei de quebra, visando respeitar a ordem de preferência estabelecida nos arts. 83 a 86 da Lei nº 11.101/2005. 4. Agravo interno não provido. (STJ, 2ª Seção, AgInt no CC 158.001/SP, Rel. Ministro Moura Ribeiro, DJe 07/05/2020)

Capítulo II
DA COOPERAÇÃO NACIONAL

Art. 67. Aos órgãos do Poder Judiciário, estadual ou federal, especializado ou comum, em todas as instâncias e graus de jurisdição, inclusive aos tribunais superiores, incumbe o dever de recíproca cooperação, por meio de seus magistrados e servidores.

Não cabe à parte postular a cooperação: a efetivação desta é dever do Poder Judiciário.

✓ AGRAVO DE PETIÇÃO. COOPERAÇÃO JURISDICIONAL. Conforme disciplinado nos artigos 67, 68 e 69 do Código de Processo Civil de 2015, é dever dos órgãos do Poder Judiciário a facilitação da habilitação de créditos na falência e na recuperação judicial. Entretanto, no caso em exame, não está, ainda, disciplinado nesta Justiça Especializada o meio pelo qual se dará a cooperação entre os órgãos do Poder Judiciário, seja federal ou estadual. Além disso, a cooperação a que se refere o artigo 69 não se confunde com a cooperação entre as partes de um processo, mas se trata da cooperação entre órgãos do Poder Judiciário visando à facilitação da prestação jurisdicional. Portanto, entendo que não cabe à parte, no caso concreto, como ocorreu no caso em voga, a postulação da efetivação da referida cooperação, a qual é dever e competência do Poder Judiciário. Negado provimento ao recurso. (TRT 4ª R.; AP 0020388-84.2016.5.04.0111; Relª Desª Ana Rosa Pereira Zago Sagrilo; DEJTRS 17/08/2017; Pág. 922)

Art. 68. Os juízos poderão formular entre si pedido de cooperação para prática de qualquer ato processual.

Cooperação entre juízo laboral e falimentar

✓ PROCESSO CIVIL. AGRAVO INTERNO NO CONFLITO DE COMPETÊNCIA. JUÍZO DA INSOLVÊNCIA CIVIL E JUÍZO LABORAL. INSOLVÊNCIA CIVIL AINDA NÃO DECLARADA. REGIME DE COOPERAÇÃO ESTABELECIDO ENTRE OS JUÍZOS. AUSÊNCIA DE DECISÕES CONFLITANTES. 1. A jurisprudência desta Corte consolidou-se no sentido de que o juízo onde se processa o pedido insolvência civil é o competente para deliberar acerca atos de natureza constritiva dos bens do insolvente, incluindo-se os créditos apurados por outros juízos, como o trabalhista. Precedentes. 2. No presente caso, conforme informações prestadas pelos Juízos suscitados, todos os atos constritivos praticados pelo Juízo Laboral que atingem o patrimônio da insolvente foram realizados com expresso consentimento do Juízo Universal. Conflito de competência não caracterizado, nos termos do art. 66 do CPC/2015. 3. Agravo interno não provido. (STJ, 2ª Seção, AgInt no CC 165.083/PR, Rel. Ministra Nancy Andrighi, DJe 21/08/2020)

Art. 69. O pedido de cooperação jurisdicional deve ser prontamente atendido, prescinde de forma específica e pode ser executado como:

I – auxílio direto;

II – reunião ou apensamento de processos;

III – prestação de informações;

IV – atos concertados entre os juízes cooperantes.

§ 1º As cartas de ordem, precatória e arbitral seguirão o regime previsto neste Código.

→ *v.* Art. 227, § 1º, do RISTJ.

§ 2º Os atos concertados entre os juízes cooperantes poderão consistir, além de outros, no estabelecimento de procedimento para:

I – a prática de citação, intimação ou notificação de ato;

II – a obtenção e apresentação de provas e a coleta de depoimentos;

III – a efetivação de tutela provisória;

IV – a efetivação de medidas e providências para recuperação e preservação de empresas;

V – a facilitação de habilitação de créditos na falência e na recuperação judicial;

VI – a centralização de processos repetitivos;

VII – a execução de decisão jurisdicional.

§ 3º O pedido de cooperação judiciária pode ser realizado entre órgãos jurisdicionais de diferentes ramos do Poder Judiciário.

O juízo da insolvência civil é competente para atos de constrição, ainda que decorrentes de créditos provenientes de outros juízos

✓ PROCESSO CIVIL. AGRAVO INTERNO NO CONFLITO DE COMPETÊNCIA. JUÍZO DA INSOLVÊNCIA CIVIL E JUÍZO LABORAL. INSOLVÊNCIA CIVIL AINDA NÃO DECLARADA. REGIME DE COOPERAÇÃO ESTABELECIDO ENTRE OS JUÍZOS. AUSÊNCIA DE DECISÕES CONFLITANTES. 1. A jurisprudência desta Corte consolidou-se no sentido de que o juízo onde se processa o pedido insolvência civil é o competente para deliberar acerca atos de natureza constritiva dos bens do insolvente, incluindo-se os créditos apurados por outros juízos, como o trabalhista. Precedentes. 2. No presente caso, conforme informações prestadas pelos Juízos suscitados, todos os atos constritivos praticados pelo Juízo Laboral que atingem o patrimônio da insolvente foram realizados com expresso consentimento do Juízo Universal. Conflito de competência não caracterizado, nos termos do art. 66 do CPC/2015. 3. Agravo interno não provido. (STJ, 2ª Seção, AgInt no CC 165.083/PR, Rel. Ministra Nancy Andrighi, DJe 21/08/2020)

LIVRO III
DOS SUJEITOS DO PROCESSO

TÍTULO I
Das Partes e dos Procuradores

Capítulo I
DA CAPACIDADE PROCESSUAL

Art. 70. Toda pessoa que se encontre no exercício de seus direitos tem capacidade para estar em juízo.

→ *v.* Arts. 2º e 5º do CC/2002.

→ *v.* Art. 210 do ECA.

→ *v.* Art. 8º, § 2º, da Lei 9.099/1995.

A capacidade de estar em juízo pode ser sanada após o ajuizamento da ação

✓ RECURSO ESPECIAL. DIREITO EMPRESARIAL E PROCESSUAL CIVIL. SOCIEDADE ANÔNIMA. AÇÃO REPARATÓRIA CONTRA EX-ADMINISTRADORES. AUTORIZAÇÃO DA ASSEMBLÉIA GERAL. ART. 159 DA LEI 6.404/76. EXTINÇÃO DO PROCESSO SEM JULGAMENTO DO MÉRITO AFASTADA. POSSIBILIDADE DE SANAÇÃO DA "LEGITIMATIO AD PROCESSUM". ART. 13 DO CPC/73. PRECEDENTE ESPECÍFICO. (...) 4. Em se tratando de capacidade para estar em juízo (legitimatio ad processum), eventual irregularidade pode vir a ser sanada após o ajuizamento da ação, impondo-se que se oportunize a regularização na forma do art. 13 do CPC/73. 5. Caso concreto em que a ata da assembleia, dando conta da autorização, foi acostada aos autos, demonstrando-se a capacidade para estar em juízo e, assim, permitindo-se o prosseguimento da ação reparatória. 6. RECURSO ESPECIAL DESPROVIDO. (STJ, 3ª T., REsp 1778629/RS, Rel. Ministro Paulo de Tarso Sanseverino, DJe 14/08/2019)

Art. 71. O incapaz será representado ou assistido por seus pais, por tutor ou por curador, na forma da lei.

→ *v.* Arts. 178, II e 721 do CPC.

Art. 72. O juiz nomeará curador especial ao:

→ *v.* Arts. 1.767 e ss. do CC/2002.

→ *v.* Art. 148, parágrafo único, f, do ECA.

I – incapaz, se não tiver representante legal ou se os interesses deste colidirem com os daquele, enquanto durar a incapacidade;

→ *v.* Art. 3º do CC/2002.

II – réu preso revel, bem como ao réu revel citado por edital ou com hora certa, enquanto não for constituído advogado.

→ *v.* Súmula 196 do STJ.

→ *v.* Arts. 246, IV, e 256 do CPC.

Parágrafo único. A curatela especial será exercida pela Defensoria Pública, nos termos da lei.

→ *v.* Art. 4º, XVI, da LC 80/1994.

A parte representada por advogado dativo ou defensoria pública está dispensada do preparo recursal

✓ PROCESSUAL CIVIL. AGRAVO INTERNO NO AGRAVO EM RECURSO ESPECIAL. EMBARGOS À EXECUÇÃO. RÉU REVEL. CURADOR ESPECIAL. GRATUIDADE DA JUSTIÇA. COMPROVAÇÃO DA NECESSIDADE. AUSÊNCIA. REEXAME DO CONJUNTO FÁTICO-PROBATÓRIO DOS AUTOS. SÚMULA N. 7 DO STJ. HIPOSSUFICIÊNCIA. PRESUNÇÃO. DESCABIMENTO. PREPARO RECURSAL. DISPENSA. SÚMULA N. 83 DO STJ. DECISÃO MANTIDA. (...) 2. "O advogado dativo e a defensoria pública, no exercício da curadoria especial prevista no inciso II do art. 72 do CPC, estão dispensados do recolhimento de preparo recursal, independentemente do deferimento de gratuidade de justiça em favor do curatelado especial, sob pena de limitação, de um ponto de vista prático, da defesa dos interesses do curatelado ao primeiro grau de jurisdição, porquanto não se vislumbra que o curador especial se disporia em custear esses encargos por sua própria conta e risco" (EDcl no AgRg no AREsp n. 738.813/RS, Relator Ministro LUIS FELIPE SALOMÃO, QUARTA TURMA, julgado em 15/8/2017, DJe 18/8/2017). As conclusões do precedente foram reiteradas no julgamento dos EREsp n. 1.655.686/SP (Relatora Ministra MARIA ISABEL GALLOTTI, SEGUNDA SEÇÃO, julgado em 12/12/2018, DJe 18/12/2018) e dos EAREsp n. 978.895/SP (Relatora Ministra MARIA THEREZA DE ASSIS MOURA, CORTE ESPECIAL, julgado em 18/12/2018, DJe 4/2/2019). 3. Na hipótese de revelia, a nomeação de curador especial não faz presumir a hipossuficiência do curatelado para fins de concessão da gratuidade da justiça. De outro lado, em observância aos princípios constitucionais da ampla defesa e do contraditório, os atos processuais praticados pelo curador especial (advogado dativo ou defensoria pública) – inclusive a interposição de recursos – estão dispensados do prévio pagamento das despesas, que serão custeadas pela parte vencida ao término do processo, conforme o art. 91, "caput", do CPC/2015. Aplicação da Súmula n. 83 do STJ. 4. Agravo interno a que se nega provimento. (STJ, 4ª T., AgInt no AREsp 1701054/SC, Rel. Ministro Antonio Carlos Ferreira, DJe 26/10/2020)

A concessão da guarda para terceiro não retira automaticamente a condição de representante legal do genitor

✓ CIVIL. PROCESSUAL CIVIL. AÇÃO INVESTIGATÓRIA DE PATERNIDADE. REPRESENTAÇÃO JUDICIAL DO MENOR. GUARDA CONCEDIDA A TERCEIRO SEM QUE TENHA HAVIDO DESTITUIÇÃO DO PODER FAMILIAR. EXERCÍCIO DO PODER-DEVER DE REPRESENTAÇÃO, EM REGRA, PELOS PAIS NÃO DESTITUÍDOS. INEXISTÊNCIA DE CONFLITO DE INTERESSES. GENITORA BIOLÓGICA EM LOCAL CERTO E SABIDO. GUARDA QUE NÃO IMPLICA EM DESTITUIÇÃO OU EM INJUSTIFICADA RESTRIÇÃO DO PODER FAMILIAR. NECESSIDADE DE AÇÃO PRÓPRIA PARA ESSA FINALIDADE. EVENTUAL INÉRCIA DA REPRESENTANTE LEGAL QUE PODERÁ SER SUPERADA PELO AJUIZAMENTO DA INVESTIGATÓRIA PELO MINISTÉRIO PÚBLICO OU PELA PRÓPRIA GUARDIÃ, MAS DESDE QUE PRESENTES CIRCUNSTÂNCIAS EXCEPCIONAIS NÃO VERIFICADAS. 1- Ação proposta em 29/05/2019. Recurso especial interposto em 14/06/2018 e atribuído à Relatora em 30/08/2018. 2- O propósito recursal é definir se a representação processual de menor em ação em que se pretende discutir a existência de vínculo genético paterno deve ser exercida pela genitora biológica que não fora destituída do poder familiar ou se pode ser exercida pela guardiã. 3- A representação legal do filho menor, que é uma das vertentes do pleno exercício do poder familiar, deverá ser exercida, em regra, pelos pais, ressalvadas as hipóteses de destituição do poder familiar, quando ausentes ou impossibilitados os pais de representar adequadamente o menor ou, ainda, quando houver colisão de interesses entre pais e filhos. 4- O fato de ter sido concedida a guarda permanente a terceiro que não compõe o núcleo familiar não pode implicar em automática destituição – ou em injustificada restrição – do exercício do poder familiar pela genitora, sobretudo porque medida dessa espécie não prescinde de cognição exauriente em ação a ser proposta especificamente para essa finalidade. 5- Hipótese em que, não havendo nenhum óbice ao ajuizamento da ação investigatória de paternidade pelo menor representado pela genitora biológica, descabe a propositura da referida ação pela guardiã em representação do menor, ressalvada a possibilidade de, na inércia da genitora, a ação ser proposta pelo Ministério Público e, excepcionalmente, até mesmo pela própria guardiã, mas desde que presentes circunstâncias excepcionais que justifiquem a concessão a ela de poderes de representação judicial. 6- Recurso especial conhecido e desprovido. (STJ, 3ª T., REsp 1761274/DF, Rel. Ministra NANCY ANDRIGHI, DJe 06/02/2020)

Curador especial e reconvenção

✓ AGRAVO INTERNO. RECURSO ESPECIAL. PROCESSUAL CIVIL. RÉU REVEL. CURADOR ESPECIAL. LEGITIMIDADE PARA AJUIZAMENTO DE RECONVENÇÃO. 1. O curador especial tem legitimidade para propor reconvenção em favor de réu revel citado por edital (art. 9º, II, do CPC/1973), poder que se encontra inserido no amplo conceito de defesa. Precedentes. 2. Agravo interno a que se nega provimento. (STJ, 4ª T., AgInt no REsp 1212824/DF, Rel. Ministra Maria Isabel Gallotti, DJe 02/10/2019)

Ausência de nomeação de curador a incapaz: nulidade.

✓ PROCESSUAL CIVIL E CIVIL. RECURSO ESPECIAL. AÇÃO DE INTERDIÇÃO. AUSÊNCIA DE INTERROGATÓRIO. AUSÊNCIA DE NOMEAÇÃO DE CURADOR À LIDE. INVIABILIDADE. NULIDADE. A ação de interdição é o meio através do qual é declarada a incapacidade civil de uma pessoa e nomeado curador, desde que fique demonstrada a incapacidade para praticar os atos da vida civil do interditando. A questão que exsurge nesse recurso é julgar se a ausência de nomeação de curador à lide e de interrogatório do interditando dão ensejo à nulidade do processo de interdição. A participação do Ministério Público como custos legis em ação de interdição não supre a ausência de nomeação de curador à lide, devido à antinomia existente entre as funções de fiscal da lei e representante dos interesses do interditando. O interrogatório do interditando é medida que garante o contraditório e a ampla defesa de pessoa que se encontra em presumido estado de vulnerabilidade. São intangíveis as regras processuais que cuidam do direito de defesa do interditando, especialmente quando se trata de reconhecer a incapacidade e restringir direitos. Recurso especial provido para nulificar o processo. (STJ, 3ª T., REsp 1686161, Rel. Min. Nancy Andrighi, DJe 15/09/2017)

Réu citado por edital: advogado dativo e Defensoria Pública estão dispensados do recolhimento de preparo recursal.

✓ EMBARGOS DE DECLARAÇÃO EM AGRAVO REGIMENTAL EM AGRAVO EM RECURSO ESPECIAL. OMISSÃO CONFIGURADA. CURADORIA ESPECIAL. RÉU CITADO POR EDITAL. ART. 72, II, DO CPC. RECOLHIMENTO DE PREPARO RECURSAL. DESNECESSIDADE. ACOLHIMENTO DOS EMBARGOS DE DECLARAÇÃO, PARA AFASTAR A DESERÇÃO DO RECURSO ESPECIAL. AGRAVO EM RECURSO ESPECIAL. AUSÊNCIA DE IMPUGNAÇÃO ESPECÍFICA AOS FUNDAMENTOS DA DECISÃO PROFERIDA PELO TRIBUNAL DE ORIGEM. ART. 544, § 4º, I, DO CPC DE 1973. 1. Depreende-se do artigo 1.022, e seus incisos, do novo Código de Processo Civil que os embargos de declaração são cabíveis quando constar, na decisão recorrida, obscuridade, contradição, omissão em ponto sobre o qual deveria ter se pronunciado o julgador, ou até mesmo as condutas descritas no artigo 489, parágrafo 1º, que configurariam a carência de fundamentação válida. 2. Na espécie, o aresto embargado não se manifestou de modo satisfatório sobre o argumento apresentado pela defensoria pública, quanto ao alegado descabimento da exigência de preparo no exercício de curadoria especial. Omissão configurada. 3. A nomeação de curador especial, nas hipóteses previstas no inciso II do art. 72 do CPC (correspondente ao art. 9º, II, do CPC de 1973), está calcada nos princípios constitucionais da ampla defesa e do contraditório, porquanto presume-se que a parte esteja impossibilitada de exercer os seus direitos, de sorte que o instituto é servil à defesa dos interesses do curatelado em situações de vulnerabilidade que ultrapassam o critério socioeconômico. Precedente: REsp 511.805/MG, Rel. Ministro Teori Albino Zavascki, Primeira Turma; Julg. 17/08/2006, DJ de 31/08/2006, p. 198. 4. O advogado dativo e a defensoria pública, no exercício da curadoria especial prevista no inciso II do art. 72 do CPC, estão dispensados do recolhimento de preparo recursal, independentemente do deferimento de gratuidade de justiça em favor do curatelado especial, sob pena de limitação, de um ponto de vista prático, da defesa dos interesses do curatelado ao primeiro grau de jurisdição, porquanto não se vislumbra que o curador especial se disporia em custear esses encargos por sua própria conta e risco. 5. As despesas relativas aos atos processuais praticados pelo curador especial – dentre elas o preparo recursal – serão custeadas pelo vencido ao final do processo, consoante disposto no caput do art. 91 do Código de Processo Civil de 2015, observado o regramento relativo à gratuidade de justiça. 6. O agravo que objetiva conferir trânsito ao recurso especial obstado na origem reclama, como requisito objetivo de admissibilidade, a impugnação específica aos fundamentos utilizados para a negativa de seguimento do apelo extremo, consoante expressa previsão contida no art. 544, § 4º, inc. I, do CPC de 1973 e art. 253, parágrafo único, I, do Regimento Interno do Superior Tribunal de Justiça – RISTJ, ônus da qual não se desincumbiu a parte insurgente. 7. Embargos de declaração acolhidos, com efeitos infringentes, para afastar a pena de deserção do recurso especial. Agravo nos próprios autos não conhecido. (STJ, 4ª T., EDcl no AgRg no AREsp 738.813, Rel. Min. Luis Felipe Salomão DJe 18/08/2017)

Art. 73. O cônjuge necessitará do consentimento do outro para propor ação que verse sobre direito real imobiliário, salvo quando casados sob o regime de separação absoluta de bens.

→ V. Arts. 5º, I, e 226, § 5º, da CF/1988.

→ V. Art. 1.647 do CC/2002.

→ V. Art. 3º da Lei 8.245/1991.

→ V. Art. 337, IX do CPC.

§ 1º Ambos os cônjuges serão necessariamente citados para a ação:

I – que verse sobre direito real imobiliário, salvo quando casados sob o regime de separação absoluta de bens;

→ V. Art. 114 do CPC.

II – resultante de fato que diga respeito a ambos os cônjuges ou de ato praticado por eles;

III – fundada em dívida contraída por um dos cônjuges a bem da família;

→ V. Arts. 1.643 e 1.644 do CC/2002.

IV – que tenha por objeto o reconhecimento, a constituição ou a extinção de ônus sobre imóvel de um ou de ambos os cônjuges.

§ 2º Nas ações possessórias, a participação do cônjuge do autor ou do réu somente é indispensável nas hipóteses de composse ou de ato por ambos praticado.

→ v. Art. 1.199 do CC/2002.

§ 3º Aplica-se o disposto neste artigo à união estável comprovada nos autos.

→ v. Art. 1.723 e ss. do CC/2002.

Terceiro de boa fé e ônus real sobre imóvel adquirido na constância da união estável

✓ CIVIL. PROCESSUAL CIVIL. AÇÃO DE NULIDADE DE ATOS JURÍDICOS. DISPOSITIVOS ALEGADAMENTE VIOLADOS QUE NÃO FORAM EXAMINADOS PELO ACÓRDÃO. FALTA DE PREQUESTIONAMENTO. SÚMULA 211/STJ. OMISSÕES RELEVANTES NÃO DEMONSTRADAS NO RECURSO ESPECIAL. SÚMULA 284/STF. CIÊNCIA INEQUÍVOCA DA LESÃO PARA FIM DO CÔMPUTO DO PRAZO PRESCRICIONAL. ELEMENTOS NÃO DESCRITOS NO ACÓRDÃO. REEXAME DE FATOS E PROVAS. SÚMULA 7/STJ. UNIÃO ESTÁVEL. AUTORIZAÇÃO CONVIVENCIAL. BEM IMÓVEL ADQUIRIDO NA CONSTÂNCIA DO VÍNCULO E DADO POR UM DOS CONVIVENTES EM GARANTIA. INVALIDADE DO NEGÓCIO JURÍDICO, SALVO QUANDO O TERCEIRO DE BOA-FÉ NÃO TIVER CIÊNCIA DA UNIÃO ESTÁVEL, CASO EM QUE SERÁ VÁLIDO O NEGÓCIO JURÍDICO. HIPÓTESE SINGULAR. IRRELEVÂNCIA DE BOA OU MÁ-FÉ DAS PARTES OU TERCEIRO. EXAME NA PERSPECTIVA DA NEGLIGÊNCIA DO TERCEIRO QUE, CIENTE DA UNIÃO ESTÁVEL, NÃO EXIGIU A AUTORIZÇÃO CONVIVENCIAL, E DO ENRIQUECIMENTO SEM CAUSA DA CONVIVENTE, QUE RECEBEU INTEGRALMENTE O IMÓVEL DADO EM GARANTIA POR OCASIÃO DA PARTILHA. CONSOLIDAÇÃO DA PROPRIEDADE DO IMÓVEL EM FAVOR DA CREDORA FIDUCIÁRIA, RESSALVADA A MEAÇÃO DA CONVIVENTE QUE NÃO ANUIU PARA COM O NEGÓCIO JURÍDICO, A QUEM CABERÁ METADE DO PRODUTO DA ALIENAÇÃO DO BEM. 6- Em regra, é indispensável a autorização de ambos os conviventes quando se pretender alienar ou gravar de ônus real bens imóveis adquiridos na constância da união estável, sob pena de absoluta invalidade do negócio jurídico, ressalvada a hipótese do terceiro de boa-fé que não tinha, e nem tampouco poderia ter, ciência do vínculo mantido entre os conviventes, caso em que o negócio jurídico celebrado por um deles deverá ser considerado inteiramente válido, cabendo ao outro o ajuizamento de ação pretendendo perdas e danos. Precedentes da 3ª Turma. 7- Hipótese em que, todavia, não se cogita de boa ou de má-fé das partes ou do terceiro, mas, ao revés, de desídia e de negligência da credora fiduciária (que, ciente da união estável mantida após a entrada em vigor do art. 226, §3º, da Constituição Federal, e das Leis nº 8.971/1994 e 9.278/1996, não se acautelou e não exigiu a autorização convivencial) e de enriquecimento sem causa da ex-convivente do devedor fiduciante (que tinha ciência das tratativas havidas entre ele e a credora e que recebeu o imóvel, integralmente, por ocasião da dissolução da união estável e partilha de bens), impondo-se solução distinta, no sentido de consolidar integralmente a propriedade do imóvel em favor da credora, mas resguardar a meação da ex-convivente que não anuiu com o negócio jurídico, a quem caberá a metade do produto da alienação do bem. 8- Recursos especiais parcialmente conhecidos e, nessa extensão, desprovidos (STJ, 3ª T., REsp 1663440/RS, Rel. Ministra Nancy Andrighi, DJe 30/06/2020).

✓ RECURSO ESPECIAL. AÇÃO DE NULIDADE DE ESCRITURA PÚBLICA C.C. CANCELAMENTO DE REGISTRO DE IMÓVEIS. 1. ALIENAÇÃO DE BENS IMÓVEIS ADQUIRIDOS DURANTE A CONSTÂNCIA DA UNIÃO ESTÁVEL. ANUÊNCIA DO OUTRO CONVIVENTE. OBSERVÂNCIA. INTERPRETAÇÃO DOS ARTS. 1.647, I, E 1.725 DO CÓDIGO CIVIL. 2. NEGÓCIO JURÍDICO REALIZADO SEM A AUTORIZAÇÃO DE UM DOS COMPANHEIROS. NECESSIDADE DE PROTEÇÃO DO TERCEIRO DE BOA-FÉ EM RAZÃO DA INFORMALIDADE INERENTE AO INSTITUTO DA UNIÃO ESTÁVEL. 3. CASO CONCRETO. AUSÊNCIA DE CONTRATO DE CONVIVÊNCIA REGISTRADO EM CARTÓRIO, BEM COMO DE COMPROVAÇÃO DA MÁ-FÉ DOS ADQUIRENTES. MANUTENÇÃO DOS NEGÓCIOS JURÍDICOS QUE SE IMPÕE, ASSEGURANDO-SE, CONTUDO, À AUTORA O DIREITO DE PLEITEAR PERDAS E DANOS EM AÇÃO PRÓPRIA. 4. RECURSO ESPECIAL DESPROVIDO. 1. Revela-se indispensável a autorização de ambos os conviventes para alienação de bens imóveis adquiridos durante a constância da união estável, considerando o que preceitua o art. 5º da Lei n. 9.278/1996, que estabelece que os referidos bens pertencem a ambos, em condomínio e em partes iguais, bem como em razão da aplicação das regras do regime de comunhão parcial de bens, dentre as quais se insere a da outorga conjugal, a teor do que dispõem os arts. 1.647, I, e 1.725, ambos do Código Civil, garantindo-se, assim, a proteção do patrimônio da respectiva entidade familiar. 2. Não obstante a necessidade de outorga convivencial, diante das peculiaridades próprias do instituto da união estável, deve-se observar a necessidade de proteção do terceiro de boa-fé, porquanto, ao contrário do que ocorre no regime jurídico do casamento, em que se tem um ato formal (cartorário) e solene, o qual confere ampla publicidade acerca do estado civil dos contratantes, na união estável há preponderantemente uma informalidade no vínculo entre os conviventes, que não exige qualquer documento, caracterizando-se apenas pela convivência pública, contínua e duradoura. 3. Na hipótese dos autos, não havia registro imobiliário em que inscritos os imóveis objetos de alienação em relação à copropriedade ou à existência de união estável, tampouco qualquer prova de má-fé dos adquirentes dos bens, circunstância que impõe o reconhecimento da validade dos negócios jurídicos celebrados, a fim de proteger o terceiro de boa-fé, assegurando-se à autora/recorrente o direito de buscar as perdas e danos na ação de dissolução de união estável c.c partilha, a qual já foi, inclusive, ajuizada. 4. Recurso especial desprovido. (STJ, 3ª T., REsp 1592072/PR, Rel. Ministro Marco Aurélio Bellizze, DJe 18/12/2017)

Dispensa de intimação de ex-cônjuge casado sob separação convencional.

✓ RECURSO ESPECIAL. PROCESSUAL CIVIL. DIREITO DE FAMÍLIA. EXECUÇÃO. PENHORA SOBRE IMÓVEL. INTIMAÇÃO DO EX-CÔNJUGE. DESNECESSIDADE. ART. 1.647 DO CÓDIGO CIVIL DE 2002. REGIME DE BENS. SEPARAÇÃO CONVENCIONAL. ART. 73 DO CÓDIGO DE PROCESSO CIVIL DE 2015. 1. A pessoa casada sob o regime da separação convencional de bens pode alienar bem imóvel sem a outorga conjugal (art. 1.647, caput, e I, do CC/2002 e 73 do CPC/2015). 2. É dispensável a intimação do ex-cônjuge casado sob o regime de separação convencional de bens da penhora sobre bem imóvel de propriedade particular, sobre o qual não tem direito de meação. 3. Na hipótese, não subsiste interesse jurídico do ex-cônjuge em defender o patrimônio a que não faz jus, devendo ser afastado eventual litisconsórcio passivo. 4. Recurso especial não provido. (STJ, 3ª T., REsp 1367343, Rel. Min. Ricardo Villas Boas Cueva, DJe 19/12/2016)

Art. 74. O consentimento previsto no art. 73 pode ser suprido judicialmente quando for negado por um dos cônjuges sem justo motivo, ou quando lhe seja impossível concedê-lo.

→ *v.* Art. 226, § 5º, da CF/1988.

→ *v.* Art. 1.648 do CC/2002.

Parágrafo único. A falta de consentimento, quando necessário e não suprido pelo juiz, invalida o processo.

→ *v.* Arts. 76, 337, IX e 485, IV, do CPC.

Art. 75. Serão representados em juízo, ativa e passivamente:

I – a União, pela Advocacia-Geral da União, diretamente ou mediante órgão vinculado;

→ *v.* Arts. 131 e 132 da CF/1988.

→ *v.* LC 73/1993 – Institui a Lei Orgânica da Advocacia-Geral da União.

→ *v.* Art. 242, § 3º do CPC.

II – o Estado e o Distrito Federal, por seus procuradores;

III – o Município, por seu prefeito ou procurador;

→ *v.* Art. 132 da CF/1988.

→ *v.* Art. 242, § 3º do CPC.

IV – a autarquia e a fundação de direito público, por quem a lei do ente federado designar;

→ *v.* Súmula 644 do STF.

→ *v.* Lei 10.480/2002 – Dispõe sobre o Quadro de Pessoal da Advocacia-Geral da União, a criação da Gratificação de Desempenho de Atividade de Apoio Técnico-Administrativo na AGU – GDAA, cria a Procuradoria-Geral Federal.

→ *v.* Art. 242, § 3º do CPC.

V – a massa falida, pelo administrador judicial;

→ *v.* Art. 22, III, n, da Lei 11.101/2005.

VI – a herança jacente ou vacante, por seu curador;

→ *v.* Arts. 1.819 a 1.823 do CC/2002.

→ *v.* Art. 739, § 1º, do CPC.

VII – o espólio, pelo inventariante;

→ *v.* Art. 616 do CPC.

VIII – a pessoa jurídica, por quem os respectivos atos constitutivos designarem ou, não havendo essa designação, por seus diretores;

IX – a sociedade e a associação irregulares e outros entes organizados sem personalidade jurídica, pela pessoa a quem couber a administração de seus bens;

X – a pessoa jurídica estrangeira, pelo gerente, representante ou administrador de sua filial, agência ou sucursal aberta ou instalada no Brasil;

XI – o condomínio, pelo administrador ou síndico.

→ *v.* Art. 1.314 do CC/2002.

→ *v.* Art. 22, § 1º, da Lei 4.591/1964.

§ 1º Quando o inventariante for dativo, os sucessores do falecido serão intimados no processo no qual o espólio seja parte.

§ 2º A sociedade ou associação sem personalidade jurídica não poderá opor a irregularidade de sua constituição quando demandada.

→ *v.* Art. 47 do CC/2002.

→ *v.* Art. 82. III, do CDC.

§ 3º O gerente de filial ou agência presume-se autorizado pela pessoa jurídica estrangeira a receber citação para qualquer processo.

§ 4º Os Estados e o Distrito Federal poderão ajustar compromisso recíproco para prática de ato processual por seus procuradores em favor de outro ente federado, mediante convênio firmado pelas respectivas procuradorias.

Representação da pessoa jurídica estrangeira

✓ DIREITO PROCESSUAL CIVIL. RECURSO ESPECIAL. AÇÃO CAUTELAR DE PRODUÇÃO ANTECIPADA DE PROVA. 1. ALEGAÇÃO DE OFENSA AOS ART. 9º E 11 DA LINDB. PREQUESTIONAMENTO. AUSÊNCIA. S ÚMULA N. 211/STJ. 2. REGULARIDADE DE REPRESENTAÇÃO PROCESSUAL. PESSOAS JURÍDICAS ESTRANGEIRAS. MANDATÁRIO CONSTITUÍDO POR PROCURAÇÃO PÚBLICA CONFECCIONADA NO EXTERIOR. DESBUROCRATIZAÇÃO. RECONHECIMENTO DE MESMO VALOR ATRIBUÍDO ÀS PROCURAÇÕES NACIONAIS. 3. NECESSIDADE DE DOCUMENTOS QUE COMPROVEM A EXISTÊNCIA DE PODERES DE REPRESENTAÇÃO. AUSÊNCIA DE COMPROVAÇÃO NO MOMENTO DE OUTORGA DA PROCURAÇÃO PÚBLICA. EXIGIBILIDADE. 4. OPORTUNIDADE PARA SANAR O VÍCIO CONFERIDA. PRAZO TRANSCORRIDO IN ALBIS. 5. RECURSO ESPECIAL DESPROVIDO. 1. O conhecimento do recurso especial exige que a tese recursal e o conteúdo normativo apontado como violado tenham sido objeto de efetivo pronunciamento por parte do Tribunal de origem, ainda que em embargos de declaração, o que não ocorreu no caso em tela (Súmula n. 211 do STJ). 2. Em regra, a representação processual de pessoa jurídica estrangeira é exercida por gerente, representante ou administrador de sua filial, agência ou sucursal aberta ou instalada no Brasil (art. 12, VIII, do CPC/1973 e art. 75, X, do CPC/2015). Contudo, inexistindo filial, agência ou sucursal, em território nacional, aplica-se a regra geral, a fim de ser a pessoa jurídica estrangeira representada "por quem os respectivos estatutos designarem, ou, não os designando, por seus diretores" (art. 12, VI, CPC/1973 e art. 75, VIII, CPC/2015). 3. A ausência de exigência legal expressa para juntada dos atos constitutivos, não obsta a exigência judicial, quando imprescindível para demonstrar a regular condição de representante legal, especialmente quando suscitada dúvida razoável pela parte contrária. 4. A outorga de procuração pública perante oficial de notas em território nacional pressupõe, por força de lei, a comprovação da identidade, capacidade e legitimidade dos signatários para a prática do ato (art. 215, § 1º, do CC/2002). 5. O reconhecimento de fé pública aos documentos lavrados perante o notário e o registrador, conjugado à exigência prévia da comprovação da condição de representante legal, afastam a necessidade de nova comprovação perante o Poder Judiciário, salvo se contestada a própria validade do ato cartorário. 6. A Convenção sobre a Eliminação da Exigência de Legalização dos Documentos Públicos Estrangeiros - Convenção da Apostila da Haia, internalizada por meio do Decreto n. 8.660/2016, desburocratizou as exigências para validade de documentos públicos oriundos de outros Estados signatários, substituindo a legalização pela apostila e impondo à Justiça brasileira o reconhecimento desses documentos, atribuindo-lhes o mesmo valor probatório legalmente previsto para os instrumentos públicos lavrados em território nacional. 7. Contudo, o valor probante desses documentos não tem o condão de afastar as exigências legais de capacidade e legitimidade, de modo que não tendo sido exigida a comprovação da condição de representante legal pela autoridade competente estrangeira, a regularidade da representação poderá ser objeto de dúvida e, portanto, se sujeitar à necessidade de comprovação judicial. 8. Recurso especial desprovido. (STJ, 3ª T., REsp 1845712/PR, Rel. Ministro Marco Aurélio Bellizze, DJe 03/12/2020).

✓ RECURSO ESPECIAL. INTERCEPTAÇÃO DE DADOS. ASTREINTES. AUSÊNCIA DE PREJUDICIALIDADE POR DECISÕES DO STF. APLICABILIDADE SUBSIDIÁRIA DO CPC AO PROCESSO PENAL. MULTA DIÁRIA E PODER GERAL DE CAUTELA. TEORIA DOS PODERES IMPLÍCITOS. MEDIDAS CONSTRITIVAS SOBRE O PATRIMÔNIO DE TERCEIROS. BACEN-JUD E INSCRIÇÃO EM DÍVIDA ATIVA. PRESUNÇÃO RELATIVA DE LIQUIDEZ E CERTEZA. DEVIDO PROCESSO LEGAL. CONTRADITÓRIO POSTERGADO. ANÁLISE ESPECÍFICA DO CASO CONCRETO. CUMPRIMENTO INTEGRAL. NÃO OCORRÊNCIA. PROPORCIONALIDADE DA MULTA APLICADA. RECURSO ESPECIAL DESPROVIDO (...) 2. O Facebook Brasil é parte legítima para representar, nos Brasil, os interesses do WhatsApp Inc, subsidiária integral do Facebook Inc. "Com o fim de facilitar a comunicação dos atos processuais às pessoas jurídicas estrangeiras no Brasil, o art. 75, X, do CPC prevê que a pessoa jurídica estrangeira é representada em juízo 'pelo gerente, representante ou administrador de sua filial, agência ou sucursal aberta ou instalada no Brasil' e o parágrafo 3º do mesmo artigo estabelece que o 'gerente de filial ou agência presume-se autorizado pela pessoa jurídica estrangeira a receber citação para qualquer processo'. Considerando-se que a finalidade destes dispositivos legais é facilitar a citação da pessoa jurídica estrangeira no Brasil, tem-se que as expressões "filial, agência ou sucursal" não devem ser interpretadas de forma restritiva, de modo que o fato de a pessoa jurídica estrangeira atuar no Brasil por meio de empresa que não tenha sido formalmente constituída como sua filial ou agência não impede que por meio dela seja regularmente efetuada sua citação." (HDE 410/EX, Rel. Ministro BENEDITO GONÇALVES, CORTE ESPECIAL, julgado em 20/11/2019, DJe 26/11/2019). A regras advinda do precedente não deve, no caso concreto, ficar restrita à possibilidade de citação e intimação, sem possibilitar a cominação de multa. Interpretação restritiva tornaria inócua a previsão legal, pois, uma vez intimada, bastaria à representante nada fazer. Portanto, a possibilidade das astreintes revela-se imperiosa até para que se dê sentido ao dispositivo. (...) (STJ, 3ª T., REsp 1568445/PR, Rel. Ministro Rogerio Schietti Cruz, Rel. p/ Acórdão Ministro Ribeiro Dantas, DJe 20/08/2020)

Preferência na sucessão pelo espólio

✓ PROCESSUAL CIVIL. AGRAVO INTERNO. AGRAVO DE INSTRUMENTO. SERVIDOR. HABILITAÇÃO DE SUCESSORES. SUBSTITUIÇÃO PROCESSUAL PELO ESPÓLIO. ART. 110 DO CPC. PARTICULARIDADES DO CASO. EXISTÊNCIA DE PATRIMÔNIO SUJEIÇÃO À ABERTURA DE INVENTÁRIO. 1. Cuida-se de Agravo de Instrumento interposto pelos sucessores de Luiz Antônio Minas dos Santos contra decisão em Ação Ordinária (em fase de execução), a qual determinou que para a habilitação de herdeiros é necessária a comprovação da abertura do inventário. 2. No presente caso, trata-se de situação peculiar, pois havendo valores a inventariar, há necessidade de abertura do inventário, com nomeação do inventariante, procedendo-se a habilitação na pessoa deste. 3. A jurisprudência do Superior Tribunal de Justiça é no sentido de que, nos termos do art. 110 do Código de Processo Civil, sucedendo a morte de qualquer das partes, dar-se-á a substituição dela pelo seu espólio ou sucessores. Precedentes: EDcl nos EDcl no AgRg no REsp 1.179.851/RS, Rel. Ministro Antônio Carlos Ferreira, Quarta Turma, DJe 29/4/2013; AgRg no AREsp 15.297/SE, Rel. Ministro Benedito Gonçalves, Primeira Turma, DJe 14/5/2012; AgRg no Ag 1.331.358/SP, Rel. Ministra Laurita Vaz, Quinta Turma, DJe 12/9/2011. 4. Apesar de o dispositivo referir que a substituição pode ocorrer alternativamente "pelo espólio ou pelos seus sucessores", entende-se que será dada preferência à substituição pelo espólio, havendo a habilitação o dos herdeiros em caso de inexistência de patrimônio sujeito à abertura de inventário. 5. Agravo Interno não provido. (STJ, 2ª T., AgInt no AREsp 1455705/SP, Rel. Ministro Herman Benjamin, SEGUNDA TURMA, julgado em 20/08/2019, DJe 13/09/2019)

Homologação da partilha e término da representação do inventariante

✓ RECURSO ESPECIAL. PROCESSUAL CIVIL E SUCESSÕES. NEGATIVA DE PRESTAÇÃO JURISDICIONAL. NÃO OCORRÊNCIA. DEFICIÊNCIA RECURSAL. FALTA DE PREQUESTIONAMENTO. INVENTÁRIO. ENCERRAMENTO. HOMOLOGAÇÃO DA PARTILHA. INVENTARIANTE. TÉRMINO DA REPRESENTAÇÃO. ACÓRDÃO RECORRIDO EM DESCONFORMIDADE COM A JURISPRUDÊNCIA DO STJ. RECURSO PARCIALMENTE PROVIDO. (...) 3. Após a homologação da partilha, há o encerramento do inventário e, consequentemente, o término da representação conferida ao inventariante pelo art. 12, V, do CPC/1973 (art. 75, VII, do CPC/2015). Precedentes. 4. Recurso especial a que se dá parcial provimento. (STJ, 4ª T., REsp 1524638/SP, Rel. Ministro Antonio Carlos Ferreira, DJe 10/12/2019)

Representação de ente público municipal: mandato e procuração.

✓ PROCESSUAL CIVIL. AGRAVO INTERNO NO RECURSO ESPECIAL. ENUNCIADO ADMINISTRATIVO 3/STJ. ENTE PÚBLICO MUNICIPAL. PROCURATÓRIO FEITO POR ADVOGADOS PARTICULARES. NECESSIDADE DE JUNTADA DE INSTRUMENTO DE MANDATO. AUSÊNCIA. FIXAÇÃO DE PRAZO PARA A REGULARIZAÇÃO DA REPRESENTAÇÃO PROCESSUAL. DESATENDIMENTO DA DILIGÊNCIA. 1. De regra, a representação judicial das pessoas jurídicas de direito público faz-se por corpo de procuradores constituído por servidores públicos, hipótese na qual se dispensa a apresentação de prova do mandato porque este é tido como de decorrência "ex lege". Inteligência do art. 75, incisos I a IV, do CPC/2015, e da Súmula 644/STF. 2.

No entanto, quando a representação do ente público faz-se mediante advogados privados, contratados, no comum dos casos, por prévio procedimento licitatório, é necessário que esse contrato de mandato prove-se pelo respectivo instrumento, vale dizer, pela procuração ou pelo substabelecimento. Precedentes. 3. Ausente essa comprovação, o art. 76, § 2.º, inciso II, do CPC/2015, determina a abertura de prazo para a regularização da representação processual, o transcurso "in albis" do lapso importando o não conhecimento do recurso, quando a diligência couber ao recorrente. 4. Agravo interno não conhecido. (STJ; AgInt no REsp 1603300; MG; Segunda Turma; Rel. Min. Mauro Campbell Marques; Julg. 16/02/2017; DJe 22/02/2017)

Assembleias legislativas: personalidade judiciária.

✓ PROCESSO CIVIL. AGRAVO INTERNO. RAZÕES QUE NÃO ENFRENTAM O FUNDAMENTO DA DECISÃO AGRAVADA. ASSEMBLÉIA LEGISLATIVA. ILEGITIMIDADE PASSIVA EM AÇÃO DE EXECUÇÃO. PERSONALIDADE JUDICIÁRIA. SÚMULA N° 83/STJ. TESE DO RECURSO ESPECIAL QUE DEMANDA REEXAME FÁTICO E PROBATÓRIO DOS AUTOS. SÚMULA N° 7/STJ. 1. As razões do agravo interno não enfrentam adequadamente o fundamento da decisão agravada. 2. A jurisprudência pátria possui entendimento uniforme no sentido de conferir às assembleias legislativas somente personalidade judiciária quando em defesa de seus interesses em juízo, não possuindo, portanto, legitimidade passiva em ação de execução. Súmula n° 83/STJ 3. A tese defendida no recurso demanda reexame do contexto fático e probatório dos autos, vedado pela Súmula n° 7/STJ. 4. Agravo interno a que se nega provimento (STJ, 4ª T., AgInt no REsp 1.195.151, Rel. Min. Maria Isabel Galotti, DJe 25/08/2016).

Art. 76. Verificada a incapacidade processual ou a irregularidade da representação da parte, o juiz suspenderá o processo e designará prazo razoável para que seja sanado o vício.

→ v. Súmula 115 do STJ.

→ v. Arts. 314 e 337, IX, do CPC.

§ 1º Descumprida a determinação, caso o processo esteja na instância originária:

I – o processo será extinto, se a providência couber ao autor;

→ v. Art. 485, IV do CPC.

II – o réu será considerado revel, se a providência lhe couber;

→ v. Art. 344 do CPC.

III – o terceiro será considerado revel ou excluído do processo, dependendo do polo em que se encontre.

→ v. Arts. 344 e 485, VI do CPC.

§ 2º Descumprida a determinação em fase recursal perante tribunal de justiça, tribunal regional federal ou tribunal superior, o relator:

I – não conhecerá do recurso, se a providência couber ao recorrente;

II – determinará o desentranhamento das contrarrazões, se a providência couber ao recorrido.

Inércia da regularização em contrarrazões e desentranhamento

✓ PROCESSUAL CIVIL. AGRAVO INTERNO. AGRAVO EM RECURSO ESPECIAL. AÇÃO DE USUCAPIÃO EXTRAORDINÁRIA. EMBARGOS DE DECLARAÇÃO. OMISSÃO, CONTRADIÇÃO OU OBSCURIDADE. NÃO OCORRÊNCIA. VIOLAÇÃO DO ART. 489 DO CPC. INOCORRÊNCIA. PREQUESTIONAMENTO. AUSÊNCIA. SÚMULA 211/STJ. REEXAME DE FATOS E PROVAS. INADMISSIBILIDADE. REGULARIZAÇÃO PROCESSUAL DO AGRAVADO. GRAU RECURSAL. AUSÊNCIA. DESENTRANHAMENTO DOS DOCUMENTOS. ART. 76, §2º, II DO CPC/15. (...) 5. Em conformidade com o art. 76, §2º, II do CPC/15, descumprida a determinação de regularização da representação processual em grau recursal, as contrarrazões juntadas aos autos pelo recorrido deverão ser desentranhadas. 6. Agravo interno no agravo em recurso especial não provido, com determinação de desentranhamento de documentos e exclusão do nome de advogado. (STJ, 3ª T., AgInt no AREsp 1492006/GO, Rel. Ministra Nancy Andrighi, DJe 29/10/2020)

Preclusão e regularização no âmbito recursal

✓ AGRAVO INTERNO NO AGRAVO EM RECURSO ESPECIAL. AUSÊNCIA DE PROCURAÇÃO DO ADVOGADO SUBSCRITOR DO APELO ESPECIAL. INTIMAÇÃO PARA REGULARIZAÇÃO. FALHA NÃO SUPRIDA. NÃO CONHECIMENTO DO RECURSO. DESNECESSIDADE DE INTIMAÇÃO PESSOAL DA PARTE. AGRAVO INTERNO DESPROVIDO. 1. Nos termos da jurisprudência do STJ, "a assinatura eletrônica é a forma de identificação inequívoca do signatário, e a opção pela utilização do meio eletrônico de peticionamento implica a vinculação do advogado titular do certificado digital ao documento chancelado, que será considerado, para todos os efeitos, o subscritor da peça, não tendo valor eventual assinatura digitalizada de outro advogado que venha a constar da peça encaminhada e assinada eletronicamente, mesmo que este possua procuração" (AgRg no AREsp 725.263/RO, Rel. Ministro Raul Araújo, Quarta Turma, julgado em 10/05/2016, DJe 27/05/2016). 2. Consoante dispõe o art. 76, § 2º, I, do CPC/2015, comunicada à parte a ausência de representação nos autos, com a determinação de que a falta seja regularizada, e esta, todavia, permanece inerte, impõe-se o não conhecimento do recurso. 3. Segundo orientação jurisprudencial desta Corte Superior, a exigência da intimação pessoal da parte somente se faz necessária nos casos de extinção da demanda por abandono (art. 267, § 1º, do CPC/1973, equivalente ao art. 485, § 1º, do CPC/2015), o que não se verifica na hipótese, uma vez que a questão ora sob análise diz respeito a falhas na procuração constante dos autos ou defeito na cadeia de substabelecimentos. Precedentes. 4. Agravo interno desprovido. (STJ, 3ª T., AgInt no AREsp 1660714/RJ, Rel. Ministro Marco Aurélio Bellizze, DJe 24/09/2020).

✓ AGRAVO INTERNO NO AGRAVO EM RECURSO ESPECIAL. FALTA DE INSTRUMENTO PROCURATÓRIO. INTIMAÇÃO PARA SANAR O VÍCIO. SEM MANIFESTAÇÃO. RECURSO INEFICAZ. INTELIGÊNCIA DOS ARTS. 104, § 2º, 76 § 2º, I E 932, PARÁGRAFO ÚNICO, DO CPC DE 2015. AGRAVO INTERNO NÃO CONHECIDO. 1. Apresentado agravo interno assinado eletronicamente por advogado sem instrumento procuratório nos autos, a parte agravante foi intimada para sanar o vício, nos moldes do art. 932, parágrafo único, do CPC/2015. 2. Diante da inércia da parte agravante em regularizar a sua representação processual, seu recurso subscrito por advogado sem procuração nos autos é considerado ineficaz, por força da norma do art. 104, § 2º, do CPC/2015, não merecendo ser conhecido (art. 76, § 2º, I, do CPC/2015). 3. Agravo interno não conhecido. (STJ, 4ª T., AgInt no AREsp 1074009; SP, Rel. Min. Luis Felipe Salomão, DJe 27/09/2017)

Capítulo II
DOS DEVERES DAS PARTES E DE SEUS PROCURADORES

Seção I
Dos Deveres

Art. 77. Além de outros previstos neste Código, são deveres das partes, de seus procuradores e de todos aqueles que de qualquer forma participem do processo:

→ *v.* Arts. 5º e 6º do CPC.

I – expor os fatos em juízo conforme a verdade;

→ *v.* Art. 448 do CPC.

II – não formular pretensão ou de apresentar defesa quando cientes de que são destituídas de fundamento;

→ *v.* Art. 5º, XXXV e LV da CF/1988.

III – não produzir provas e não praticar atos inúteis ou desnecessários à declaração ou à defesa do direito;

IV – cumprir com exatidão as decisões jurisdicionais, de natureza provisória ou final, e não criar embaraços à sua efetivação;

V – declinar, no primeiro momento que lhes couber falar nos autos, o endereço residencial ou profissional onde receberão intimações, atualizando essa informação sempre que ocorrer qualquer modificação temporária ou definitiva;

VI – não praticar inovação ilegal no estado de fato de bem ou direito litigioso.

§ 1º Nas hipóteses dos incisos IV e VI, o juiz advertirá qualquer das pessoas mencionadas no *caput* de que sua conduta poderá ser punida como ato atentatório à dignidade da justiça.

→ *v.* Arts. 31 a 33 da Lei 8.906/1994.

§ 2º A violação ao disposto nos incisos IV e VI constitui ato atentatório à dignidade da justiça, devendo o juiz, sem prejuízo das sanções criminais, civis e processuais cabíveis, aplicar ao responsável multa de até vinte por cento do valor da causa, de acordo com a gravidade da conduta.

→ *v.* Art. 330 do CP.

→ *v.* Arts. 186 e 927 do CC/2002.

→ *v.* Arts. 79 e 80 do CPC.

§ 3º Não sendo paga no prazo a ser fixado pelo juiz, a multa prevista no § 2º será inscrita como dívida ativa da União ou do Estado após o trânsito em julgado da decisão que a fixou, e sua execução observará o procedimento da execução fiscal, revertendo-se aos fundos previstos no art. 97.

→ *v.* Lei 6.830/1980 – Dispõe sobre a cobrança judicial da Dívida Ativa da Fazenda Pública, e dá outras providências.

§ 4º A multa estabelecida no § 2º poderá ser fixada independentemente da incidência das previstas nos arts. 523, § 1º, e 536, § 1º.

§ 5º Quando o valor da causa for irrisório ou inestimável, a multa prevista no § 2º poderá ser fixada em até 10 (dez) vezes o valor do salário mínimo.

→ *v.* Arts. 291 e ss. do CPC.

§ 6º Aos advogados públicos ou privados e aos membros da Defensoria Pública e do Ministério Público não se aplica o disposto nos §§ 2º a 5º, devendo eventual responsabilidade disciplinar ser apurada pelo respectivo órgão de classe ou corregedoria, ao qual o juiz oficiará.

§ 7º Reconhecida violação ao disposto no inciso VI, o juiz determinará o restabelecimento do estado anterior, podendo, ainda, proibir a parte de falar nos autos até a purgação do atentado, sem prejuízo da aplicação do § 2º.

→ *v.* Art. 5º, LV, da CF/1988.

§ 8º O representante judicial da parte não pode ser compelido a cumprir decisão em seu lugar.

→ *v.* Arts. 2º, § 3º e 7º, § 2º da Lei 8.906/1994.

O dever de seguir com exatidão as determinações jurisdicionais escusa a parte que praticou ato intempestivo em confiança a informação proveniente da Justiça

✓ PROCESSUAL CIVIL. EMBARGOS DE DIVERGÊNCIA NO AGRAVO EM RECURSO ESPECIAL. ENUNCIADO ADMINISTRATIVO N. 3/STJ. RECURSO ESPECIAL. INTERPOSIÇÃO FORA DO PRAZO RECURSAL. ERRO DE INFORMAÇÃO PELO SISTEMA ELETRÔNICO DO TRIBUNAL. BOA-FÉ PROCESSUAL. DEVER DE COLABORAÇÃO DAS PARTES E DO JUIZ. TEMPESTIVIDADE. EMBARGOS DE DIVERGÊNCIA PROVIDOS. 1. A embargante defende a tempestividade de recurso especial interposto fora de seu prazo. Para tanto, não destaca a ocorrência de feriado local ou ausência de expediente forense, mas equívoco na contagem do prazo pelo sistema oficial (PJe) do Tribunal de origem. 2. Não cabe às partes ou ao juiz modificar o prazo recursal, cuja natureza é peremptória. Porém, o caso dos autos não se trata de modificação voluntária do prazo recursal, mas sim de erro judiciário. 3. De fato, cabe ao procurador da parte diligenciar pela observância do prazo legal para a interposição do recurso. Porém, se todos os envolvidos no curso de um processo devem se comportar de boa-fé à luz do art. 5º do CPC/2015, o Poder Judiciário não se pode furtar dos erros procedimentais que deu causa. 4. O equívoco na indicação do término do prazo recursal contido no sistema eletrônico mantido exclusivamente pelo Tribunal não pode ser imputado ao recorrente. Afinal, o procurador da parte diligente tomará o cuidado de conferir o andamento procedimental determinado pelo Judiciário e irá cumprir às ordens por esse emanadas nos termos do art. 77, IV, do CPC/2015.5. Portanto, o acórdão a quo deve ser reformado, pois conforme a Corte Especial já declarou: "A divulgação do andamento processual pelos Tribunais por meio da internet passou a representar a principal fonte de informação dos advogados em relação aos trâmites do feito. A jurisprudência deve acompanhar a realidade em que se insere, sendo impensável punir a parte que confiou nos dados assim fornecidos pelo próprio Judiciário" (REsp 1324432/SC, Rel. Ministro Herman Benjamin, Corte Especial, DJe 10/5/2013). 6. Embargos de divergência providos. (STJ, Corte Especial, EREsp 1805589/MT, Rel. Ministro Mauro Campbell Marques, DJe 25/11/2020)

As astreintes somente podem ser impostas em face de quem é parte no processo

✓ PREVIDENCIÁRIO E PROCESSUAL CIVIL. ALEGAÇÃO DE OFENSA A DISPOSITIVOS DE LEI QUE NÃO CONTÊM COMANDO CAPAZ DE SUSTENTAR A TESE RECURSAL. INCIDÊNCIA DA SÚMULA 284/STF. ART. 535 DO CPC/73. NEGATIVA DE PRESTAÇÃO JURISDICIONAL NÃO CONFIGURADA. ASTREINTES. IMPOSIÇÃO A TERCEIRO QUE NÃO FIGURA COMO PARTE NO LITÍGIO. BANCO DEPOSITÁRIO DE VALOR PAGO A TÍTULO DE VERBA SUCUMBENCIAL. DETERMINAÇÃO JUDICIAL DE RETIFICAÇÃO DOS DADOS CONSTANTES DA RESPECTIVA GUIA DE PAGAMENTO. RECALCITRÂNCIA DO BANCO. CONTEMPT OF COURT. POSSIBILIDADE DE SANCIONAMENTO PECUNIÁRIO PELO ENTÃO VIGENTE ART. 14 DO CPC/73 (ART. 77 DO CPC/15). 1. Não se conhece de recurso especial no qual se alega ofensa a dispositivo de lei que não contenha comando capaz de sustentar a tese recursal. Incidência da Súmula 284/STF. 2. Contrariamente ao afirmado pela parte recorrente, a Corte de origem entregou a prestação jurisdicional de forma completa e sem ofensa ao art. 535 do CPC/73, pois todas as questões suscitadas restaram dirimidas, não se podendo, ademais, confundir julgamento desfavorável ao interesse da parte com negativa ou ausência de prestação jurisdicional. 3. Quanto à questão de fundo propriamente dita, controverte-se sobre ser possível, ou não, a imposição de astreintes (multa diária) em desfavor de entidade bancária - no caso, o Banco do Brasil -, como reprimenda por não haver retificado, conforme determinado pelo juízo de primeiro grau, os dados do efetivo recebedor de honorários sucumbenciais por ela pagos, na qualidade de simples depositária de valores disponibilizados pelo TRF-4, em sede de ação previdenciária movida por segurada contra o INSS. 4. É cediço que a aplicação de astreintes configura decorrência natural do descumprimento de uma obrigação de fazer ou não fazer, ou da que tenha por objeto a entrega de coisa, quando o responsável pelo inadimplemento figure como réu na ação principal, o que não é o caso dos autos, em que a lide originária versava sobre obtenção de benefício previdenciário junto ao INSS, em nada se confundindo com a posterior e incidental determinação imposta ao Banco do Brasil, no sentido de que retificasse os dados sobre liberação de valores feita no interesse do Escritório de Advocacia ora recorrente. 5. Andou bem o Tribunal de origem ao rechaçar a possibilidade de se impor ao Banco recorrido, no caso concreto, o pagamento de astreintes, sem prejuízo de que possa a mesma instituição bancária vir a sofrer a penalidade pecuniária outrora prevista no art. 14, V, do CPC/73 – hoje contemplada no art. 77, IV e § 2º, do CPC/15 -, mas na qualidade daqueles que de qualquer forma participem do processo. 6. Recurso especial a que se nega provimento. (STJ, 1ª T., REsp 1408422/PR, Rel. Ministro Sérgio Kukina, DJe 16/10/2020)

Astreintes e execução imediata

✓ AGRAVO REGIMENTAL NOS EMBARGOS DE DECLARAÇÃO NO RECURSO EM MANDADO DE SEGURANÇA. ASTREINTES. FUNDAMENTAÇÃO DA DECISÃO IMPUGNADA. OCORRÊNCIA. POSSIBILIDADE DE EXECUÇÃO IMEDIATA. PROPORCIONALIDADE. QUESTÃO PACIFICADA NO ÂMBITO DESTA CORTE. AGRAVO REGIMENTAL NÃO PROVIDO. (...) 3. Prevaleceu o entendimento de que nada obsta a execução imediata das astreintes, seja operando-se o bloqueio de ativos ou impondo-se a inscrição em dívida ativa. 4. É proporcional o valor estabelecido pela decisão impugnada, a qual orientou-se pelos parâmetros adotados por este Superior Tribunal, devidamente consignados no julgamento do REsp n. 1.568.445/RS. 5. Agravo regimental não provido. (STJ, 6ª T., AgRg nos EDcl no RMS 54.323/RS, Rel. Ministro Rogerio Schietti Cruz, DJe 01/10/2020)

Dever de manter atualizadas as informações das partes e validade de ato de comunicação

✓ AGRAVO INTERNO NO AGRAVO EM RECURSO ESPECIAL. VIOLAÇÃO DO ART. 290 DO CPC/2015 NÃO CONFIGURADA. INTIMAÇÃO REALIZADA. ENDEREÇO INCORRETO. DEVER DE MANTER ATUALIZADO O ENDEREÇO ONDE RECEBE INTIMAÇÕES. ART. 77, V, DO CPC/2015. ACÓRDÃO RECORRIDO EM CONSONÂNCIA COM A JURISPRUDÊNCIA DO STJ. SÚMULA 83/STJ. (...) 3. De acordo com o entendimento do STJ, seguindo o que preconiza a norma dos arts. 77, V, e 274, parágrafo único, do CPC/2015, "É dever da parte e do seu advogado manter atualizado o endereço onde receberão intimações (art. 77, V, do CPC/2015), sendo considerada válida a intimação dirigida ao endereçamento declinado na petição inicial, mesmo que não recebida pessoalmente pelo interessado a correspondência, se houver alteração temporária ou definitiva nessa localização (art. 274, parágrafo único, do CPC/2015)" (AgInt no REsp 1800035/SC, Rel. Ministro MARCO AURÉLIO BELLIZZE, TERCEIRA TURMA, julgado em 21/10/2019, DJe 28/10/2019). 4. Estando o acórdão recorrido em consonância com a jurisprudência firmada nesta Corte Superior, o recurso especial não merece ser conhecido, ante a incidência da Súmula 83/STJ: "Não se conhece do recurso especial pela divergência, quando a orientação do Tribunal se firmou no mesmo sentido da decisão recorrida". 5. Agravo Interno não provido. (STJ, 4ª T., AgInt nos EDcl no AREsp 1546657/RJ, Rel. Ministro Luis Felipe Salomão, DJe 31/08/2020)

Abuso do direito de demandar e sancionamento

✓ CIVIL E PROCESSUAL CIVIL. AÇÃO DE REPARAÇÃO DE DANOS MATERIAIS E MORAIS. OMISSÃO E OBSCURIDADE. INOCORRÊNCIA. FUNDAMENTAÇÃO SUFICIENTE. QUESTÃO DECIDIDA. ABUSO DO DIREITO DE AÇÃO E DE DEFESA. RECONHECIMENTO COMO ATO ILÍCITO. POSSIBILIDADE. PRÉVIA TIPIFICAÇÃO LEGAL DAS CONDUTAS. DESNECESSIDADE. AJUIZAMENTO SUCESSIVO E REPETITIVO DE AÇÕES TEMERÁRIAS, DESPROVIDAS DE FUNDAMENTAÇÃO IDÔNEA E INTENTADAS COM PROPÓSITO DOLOSO. MÁ UTILIZAÇÃO DOS DIREITOS FUNDAMENTAIS DE AÇÃO E DEFESA. POSSIBILIDADE. USURPAÇÃO DE TERRAS AGRÍCOLAS PRODUTIVAS MEDIANTE PROCURAÇÃO

FALSA POR QUASE 40 ANOS. DESAPOSSAMENTO INDEVIDO DOS LEGÍTIMOS PROPRIETÁRIOS E HERDEIROS E MANUTENÇÃO DE POSSE INJUSTA SOBRE O BEM MEDIANTE USO DE QUASE 10 AÇÕES OU PROCEDIMENTOS SEM FUNDAMENTAÇÃO PLAUSÍVEL, SENDO 04 DELAS NO CURTO LAPSO TEMPORAL CORRESPONDENTE À ÉPOCA DA ORDEM JUDICIAL DE RESTITUIÇÃO DA ÁREA E IMISSÃO NA POSSE DOS HERDEIROS, OCORRIDA EM 2011. PROPRIEDADE DOS HERDEIROS QUE HAVIA SIDO DECLARADA EM 1ª FASE DE AÇÃO DIVISÓRIA EM 1995. ABUSO PROCESSUAL A PARTIR DO QUAL FOI POSSÍVEL USURPAR, COM EXPERIMENTO DE LUCRO, AMPLA ÁREA AGRÍCOLA. DANOS MATERIAIS CONFIGURADOS, A SEREM LIQUIDADOS POR ARBITRAMENTO. PRIVAÇÃO DA ÁREA DE PROPRIEDADE DA ENTIDADE FAMILIAR, FORMADA INCLUSIVE POR MENORES DE TENRA IDADE. LONGO E EXCESSIVO PERÍODO DE PRIVAÇÃO, PROTRAÍDO NO TEMPO POR ATOS DOLOSOS E ABUSIVOS DE QUEM SABIA NÃO SER PROPRIETÁRIO DA ÁREA. ABALO DE NATUREZA MORAL CONFIGURADO. MODIFICAÇÃO DO TERMO INICIAL DA PRESCRIÇÃO. NECESSIDADE, NA HIPÓTESE, DE EXAME DE CIRCUNSTÂNCIAS FÁTICO-PROBATÓRIAS NÃO DELINEADAS NO ACÓRDÃO. SÚMULA 7/STJ. DIVERGÊNCIA JURISPRUDENCIAL NÃO DEMONSTRADA. (...) 4- Embora não seja da tradição do direito processual civil brasileiro, é admissível o reconhecimento da existência do ato ilícito de abuso processual, tais como o abuso do direito fundamental de ação ou de defesa, não apenas em hipóteses previamente tipificadas na legislação, mas também quando configurada a má utilização dos direitos fundamentais processuais. 5- O ardil, não raro, é camuflado e obscuro, de modo a embaralhar as vistas de quem precisa encontrá-lo. O chicaneiro nunca se apresenta como tal, mas, ao revés, age alegadamente sob o manto dos princípios mais caros, como o acesso à justiça, o devido processo legal e a ampla defesa, para cometer e ocultar as suas vilezas. O abuso se configura não pelo que se revela, mas pelo que se esconde. Por esses motivos, é preciso repensar o processo à luz dos mais basilares cânones do próprio direito, não para frustrar o regular exercício dos direitos fundamentais pelo litigante sério e probo, mas para refrear aqueles que abusam dos direitos fundamentais por mero capricho, por espírito emulativo, por dolo ou que, em ações ou incidentes temerários, veiculem pretensões ou defesas frívolas, aptas a tornar o processo um simulacro de processo ao nobre albergue do direito fundamental de acesso à justiça. 6- Hipótese em que, nos quase 39 anos de litígio envolvendo as terras que haviam sido herdadas pelos autores e de cujo uso e fruição foram privados por intermédio de procuração falsa datada do ano de 1970, foram ajuizadas, a pretexto de defender uma propriedade sabidamente inexistente, quase 10 ações ou procedimentos administrativos desprovidos de fundamentação minimamente plausível, sendo que 04 destas ações foram ajuizadas em um ínfimo espaço de tempo – 03 meses, entre setembro e novembro de 2011 -, justamente à época da ordem judicial que determinou a restituição da área e a imissão na posse aos autores. (...) (STJ, 3ª T., REsp 1817845/MS, Rel. Ministro Paulo De Tarso Sanseverino, Rel. p/ Acórdão Ministra Nancy Andrighi, DJe 17/10/2019)

Art. 78. É vedado às partes, a seus procuradores, aos juízes, aos membros do Ministério Público e da Defensoria Pública e a qualquer pessoa que participe do processo empregar expressões ofensivas nos escritos apresentados.

→ *v.* Art. 138 a 140 do CP.

→ *v.* Art. 7º, § 2º, da Lei 8.906/1994.

→ *v.* Art. 202 do CPC.

§ 1º Quando expressões ou condutas ofensivas forem manifestadas oral ou presencialmente, o juiz advertirá o ofensor de que não as deve usar ou repetir, sob pena de lhe ser cassada a palavra.

→ *v.* Art. 5º, LV, da CF/1988.

§ 2º De ofício ou a requerimento do ofendido, o juiz determinará que as expressões ofensivas sejam riscadas e, a requerimento do ofendido, determinará a expedição de certidão com inteiro teor das expressões ofensivas e a colocará à disposição da parte interessada.

→ *v.* Art. 202 do CPC.

Repúdio de expressões usadas com claro excesso no recurso.

✓ Embargos de Declaração em Ação Direta de Inconstitucionalidade. Ausência de Omissão, Contradição, Obscuridade ou Erro Material no Acórdão Recorrido. Mero Inconformismo não Caracteriza Omissão. Tentativa de Rediscussão da Matéria e de Fazer Prevalecer Tese que restou Vencida no Plenário. Impossibilidade nesta Sede Recursal. Dever de Urbanidade e Rechaço a Excessos presentes na Peça Recursal. Embargos de Declaração Conhecidos e Rejeitados. 1. Os embargos de declaração não constituem meio hábil para reforma do julgado, sendo cabíveis somente quando houver no acórdão omissão, contradição, obscuridade, ou erro material, o que não ocorre no presente caso. 2. Não se prestam os declaratórios para rediscutir a matéria, com objetivo único de obtenção de excepcional efeito infringente para fazer prevalecer tese amplamente debatida e que, no entanto, restou vencida no Plenário. 3. Repúdio, na dimensão do dever processual de urbanidade que de todos se espera (Art. 78, CPC), de expressões utilizadas com claro excesso ao longo da peça recursal. 4. Embargos de Declaração Conhecidos e Rejeitados. (STF, Pleno, ADI 5357 MC-Ref-ED, Rel. Min. Edson Fachin, DJe-042 DIVULG 06/03/2017 PUBLIC 07/03/2017)

Seção II
Da Responsabilidade das Partes por Dano Processual

Art. 79. Responde por perdas e danos aquele que litigar de má-fé como autor, réu ou interveniente.

→ *v.* Arts. 186 e 927 do CC/2002.

→ *v.* Arts. 302 e 776 do CPC

→ *v.* Enunciado 1 do CJF: A verificação da violação à boa-fé objetiva dispensa a comprovação do animus do sujeito processual.

Exercício regular do direito de recorrer não enseja condenação às penalidades por litigância de má-fé e multa.

✓ PROCESSUAL CIVIL. AGRAVO INTERNO NO RECURSO ESPECIAL. RAZÕES QUE NÃO IMPUGNAM, ESPECIFICAMENTE, OS FUNDAMENTOS DA DECISÃO RECORRIDA. SÚMULA 182/STJ E ART. 1.021, § 1º, DO CPC/2015. PENALIDADE POR LITIGÂNCIA DE MÁ-FÉ E MULTA. ARTS. 79 E 80, VII, DO CPC/2015. DESCABIMENTO, NO CASO. AGRAVO INTERNO NÃO CONHE-

CIDO. I. Agravo interno aviado contra decisão monocrática publicada em 23/09/2016, que, por sua vez, julgara recurso interposto contra decisão que inadmitira o Recurso Especial, publicada na vigência do CPC/73. II. A decisão ora agravada, com fundamento no art. 255, § 4º, II, do RISTJ, negou provimento ao Recurso Especial, ante o óbice da Súmula 282/STJ, em relação ao art. 54 da Lei 9.784/1999. III. O Agravo interno, porém, não impugna, especificamente, os fundamentos da decisão agravada, pelo que constituem óbices ao conhecimento do inconformismo a Súmula 182 desta Corte e o art. 1.021, § 1º, do CPC/2015. Nesse sentido: STJ, AgInt no RMS 46.873/CE, Rel. Ministro OG FERNANDES, SEGUNDA TURMA, DJe de 19/09/2016; AgInt no RMS 42.182/SP; Primeira Turma; Rel. Min. Sérgio Kukina, DJe de 26/08/2016; AgInt no RMS 49.216/GO, Rel. Ministro MAURO CAMPBELL MARQUES, SEGUNDA TURMA, DJe de 26/08/2016 IV. Na forma da jurisprudência, o exercício regular do direito constitucional de recorrer não enseja condenação do ora agravante às penalidades por litigância de má-fé e multa, na forma dos arts. 79 e 80, VII, do CPC/2015. Precedentes do STJ (AgInt no AgRg nos EREsp 1.433.658/SP, Rel. Ministro JORGE MUSSI, CORTE ESPECIAL, DJe de 25/11/2016). Descabimento, no caso, de aplicação dos arts. 79 e 80, VII, do CPC/2015. V. Agravo interno não conhecido. (STJ, 2ª T., AgInt no REsp 1628702, Rel. Min. Assusete Magalhães, DJe 08/03/2017)

Oposição de embargos fundada em ofensas à pessoa do relator constitui litigância de má-fé, passível de aplicação de multa.

✓ PROCESSUAL CIVIL. EMBARGOS DE DECLARAÇÃO NO AGRAVO INTERNO NO RECURSO ESPECIAL. ENUNCIADO ADMINISTRATIVO N. 03/STJ. SERVIDOR PÚBLICO FEDERAL. SERVIDORES DA FUNASA. INDENIZAÇÃO DE CAMPO. REAJUSTAMENTO DE 46,87%. ART. 15 DA LEI 8.270/1991. REAJUSTE DAS DIÁRIAS PELO DECRETO 5.554/2005. INEXISTÊNCIA DE VÍCIOS NO JULGADO. REDISCUSSÃO DE MATÉRIA JÁ DECIDIDA. IMPOSSIBILIDADE. LITIGÂNCIA DE MÁ-FÉ RECONHECIDA. EMBARGOS DE DECLARAÇÃO REJEITADOS COM APLICAÇÃO DE MULTA. 1. Os embargos de declaração têm a finalidade simples e única de completar, aclarar ou corrigir uma decisão omissa, obscura ou contraditória. Não são destinados à adequação do decisum ao entendimento da parte embargante, nem ao acolhimento de pretensões que refletem mero inconformismo, e, menos ainda, à rediscussão de questão já resolvida. Precedentes. 2. A análise das razões recursais revela a pretensão da parte em alterar o resultado do decisum, o que é inviável nesta seara recursal. 3. A oposição de embargos fundada em ofensas à pessoa do relator constitui litigância de má-fé, passível de aplicação de multa, nos termos dos arts. 79, 80 e 81 do Código de Processo Civil. 4. Embargos de declaração rejeitados, com aplicação de multa. (STJ, 2ª T., EDcl no AgInt no REsp 1585237, Rel. Min. Mauro Campbell Marques, DJe 12/08/2016)

Art. 80. Considera-se litigante de má-fé aquele que:

I – deduzir pretensão ou defesa contra texto expresso de lei ou fato incontroverso;

→ *v.* Art. 374, III, do CPC.

II – alterar a verdade dos fatos;

III – usar do processo para conseguir objetivo ilegal;

→ *v.* Art. 142 do CPC.

IV – opuser resistência injustificada ao andamento do processo;

V – proceder de modo temerário em qualquer incidente ou ato do processo;

→ *v.* Art. 774 do CPC.

VI – provocar incidente manifestamente infundado;

VII – interpuser recurso com intuito manifestamente protelatório.

→ *v.* Súmula 98 do STJ.

→ *v.* Enunciado 1 do CJF: A verificação da violação à boa-fé objetiva dispensa a comprovação do animus do sujeito processual.

A mera reiteração de recursos não configura litigância de má-fé

✓ EMBARGOS DE DECLARAÇÃO NO AGRAVO INTERNO NO AGRAVO EM RECURSO ESPECIAL. OMISSÃO. QUESTÃO SUSCITADA NA IMPUGNAÇÃO AO AGRAVO INTERNO NÃO EXAMINADA NO ACÓRDÃO EMBARGADO. OMISSÃO. LITIGÂNCIA DE MÁ-FÉ DA PARTE AGRAVANTE, ORA EMBARGADA. NÃO CARACTERIZAÇÃO. (...) 4. Da mesma forma, este Superior Tribunal entende que "o exercício do direito de recorrer não implica, necessariamente, no abuso de tal direito e, para a configuração da litigância de má-fé (arts. 17, VII e 18, § 2º, do Código de Processo Civil de 1973 e 80, IV e VII, e 81 do estatuto processual civil de 2015), é preciso a caracterização de culpa grave ou dolo por parte do recorrente, não podendo ser presumida a atitude maliciosa" (AgInt nos EDcl no AREsp 1.485.298/SP, Rel. Ministra REGINA HELENA COSTA, PRIMEIRA TURMA, DJe 12/2/2020). 5. Na espécie vertente não se verifica a presença dos requisitos capazes de caracterizar uma intenção manifestamente protelatória da parte embargada ao interpor seu agravo interno, na medida em que - ainda que equivocadamente, como restou demonstrado no acórdão embargado - limitou-se ela a exercer seu legítimo de direito de recorrer da decisão judicial. 6. Embargos de declaração acolhidos para sanar a omissão no julgado, sem efeitos infringentes. (STJ, 1ª T., EDcl no AREsp 1463620/SP, Rel. Ministro Sérgio Kukina, DJe 12/11/2020)

A provocação da competência originária do STF em sede reclamatória com paradigma em tese de repercussão geral de forma infundada constitui ato atentatório à dignidade da Justiça.

✓ Agravo regimental na reclamação. Negativa de seguimento de recurso extraordinário pelo tribunal de origem com fundamento no art. 543-B do CPC/73. Reclamação constitucional. Sucedâneo recursal. Ausência de teratologia. Ação manifestamente infundada. Multa por litigância de má-fé. Agravo regimental não provido. 1. Ausente a demonstração de teratologia da decisão da Corte de origem em que ela aplica entendimento do STF firmado de acordo com a sistemática da repercussão geral, não se admite o uso da reclamação constitucional. 2. A provocação da competência originária do STF em sede reclamatória com paradigma em tese de repercussão geral de forma infundada constitui ato atentatório à dignidade da Justiça, porquanto revela a finalidade da parte de se furtar a se submeter à sistemática introduzida com o objetivo de conferir maior efetividade à atuação do STF como Corte Constitucional, o que justifica a incidência do comando normativo inscrito no art. 80, I e VI, c/c art. 81, do CPC. 3. Agravo regimental não provido, com aplicação de multa. (STF, 2ª T., Rcl 26336 AgR, Rel. Min. Dias Toffoli, DJe-100 DIVULG 12/05/2017 PUBLIC 15/05/2017)

Sucessão de recursos internos com fundamentação repetida: configuração de expediente protelatório e imposição de multa.

✓ AGRAVO REGIMENTAL NOS EMBARGOS DE DECLARAÇÃO NA RECLAMAÇÃO. AGRAVO REGIMENTAL INTERPOSTO EM FACE DE DECISÃO COLEGIADA. RECURSO MANIFESTAMENTE INCABÍVEL. AGRAVO REGIMENTAL NÃO CONHECIDO. MULTA. 1. Inviável interposição de agravo regimental contra acórdão proferido por Turma ou pelo Plenário do Supremo Tribunal Federal. 2. Violação do dever de impugnação específica. Sucessão de recursos internos com fundamentação repetida, configuração de expediente protelatório, a exigir a imposição de multa, nos termos do disposto nos arts. 80, VII, e 1.021, § 4º, do CPC. 3. Agravo regimental não conhecido. (STF, 1ª T., Rcl 23836 ED-AgR; Primeira Turma, Rel. Min. Edson Fachin, DJe-046 DIVULG 09/03/2017 PUBLIC 10/03/2017)

A litigância de má fé depende de culpa ou dolo, além da demonstração de prejuízo

✓ PROCESSUAL CIVIL E TRIBUTÁRIO. PIS E COFINS. INCLUSÃO DO ICMS NA BASE DE CÁLCULO. EMBARGOS DE DECLARAÇÃO ACOLHIDOS PARA FINS DE ESCLARECIMENTOS, SEM EFEITOS MODIFICATIVOS. (...) 5. Em regra, descabe a imposição da multa prevista no art. 1.021, § 4º, do Código de Processo Civil de 2015 quando não há provimento do Agravo Interno em votação unânime, sendo necessária a configuração da manifesta inadmissibilidade ou improcedência do recurso a autorizar que aquela seja aplicada, o que não ocorreu no caso. 6. Para a configuração da litigância de má-fé (arts. 80 e 81 do Código de Processo Civil/2015) é preciso estar caracterizada a culpa grave ou o dolo do recorrente, não podendo ser presumida a atitude maliciosa. Além disso, devem-se demonstrar os prejuízos decorrentes do comportamento da parte adversa. No caso, não está demonstrado que a Fazenda Nacional agiu com culpa grave ou dolo capazes de configurar a litigância de má-fé. 7. Embargos de Declaração acolhidos sem efeito modificativo, apenas para serem prestados esclarecimentos. (STJ, 2ª T., EDcl no AgInt no AREsp 1620540/PR, Rel. Ministro Herman Benjamin, DJe 12/11/2020)

Ajuizamento duplo por equivoco não configura deslealdade processual.

✓ RECURSO EM MANDADO DE SEGURANÇA. PROCESSUAL CIVIL. AJUIZAMENTO EM DUPLICIDADE DE MANDADO DE SEGURANÇA. AUSÊNCIA DE DOLO. LITIGÂNCIA DE MÁ-FÉ AFASTADA. 1. A distribuição intencional e maliciosamente de novo e idêntico Mandado de Segurança, após a prolação de acórdão transitado em julgado que afirma o descabimento da ação, caracteriza hipótese de litigância de má-fé prevista no art. 80 do CPC/2015. 2. No caso dos autos, todavia, verifica-se que houve equívoco do recorrente ao ajuizar ação repetida e não o intuito de ofender a coisa julgada formal e/ou deslealdade processual. 3. Recurso em Mandado de Segurança provido. (STJ, 2ª T., RMS 53.212, Rel. Min. Herman Benjamin; DJe 18/04/2017)

Contradição de certidões e atos da Secretaria do STJ: tentativa de alterar a verdade e ação temerária

✓ AGRAVO INTERNO NOS EMBARGOS DE DECLARAÇÃO NOS EMBARGOS DE DECLARAÇÃO NO AGRAVO EM RECURSO ESPECIAL. AUSÊNCIA DE CONTRADIÇÃO PELA SECRETARIA. INTEMPESTIVIDADE CONFIRMADA. ALTERAR A VERDADE DOS FATOS. AGIR EM JUÍZO DE FORMA TEMERÁRIA. LITIGÂNCIA DE MÁ-FÉ. ART. 81, II E V, DO CPC. MULTA DE 2% SOBRE O VALOR ATUALIZADO DA CAUSA. DECISÃO MANTIDA. 1. Nos termos do art. 1.023 do CPC, é de 5 dias úteis o prazo para interposição dos embargos de declaração. 2. Afastada a alegada contradição nas Certidões e atos praticados pela Secretaria do STJ, confirma-se a intempestividade dos aclaratórios. 3. É dever das partes agir com lealdade, sob pena de, como no caso, configurar-se litigância de má-fé ao tentar alterar a verdade dos fatos e agir de forma temerária, nos termos do art. 80, II e V, do CPC. 4. Agravo interno não provido, com aplicação de multa de 2% sobre o valor atualizado da causa, conforme art. 81 do CPC. (STJ; AgInt nos EDcl nos EDcl no AREsp 825.696; SP; Quarta Turma; Rel. Min. Luis Felipe Salomão; Julg. 15/12/2016; DJe 02/02/2017).

✓ RECURSO ESPECIAL. PROCESSUAL CIVIL. CPC/73. LITIGÂNCIA DE MÁ-FÉ. DANO PROCESSUAL. DESNECESSIDADE DE DEMONSTRAÇÃO PARA APLICAÇÃO DA MULTA A QUE ALUDE O ART. 18 DO CPC/73. IMPOSSIBILIDADE DE REEXAME DE MATÉRIA FÁTICO-PROBATÓRIA. SÚMULA 7/STJ. 1. O dano processual não é pressuposto para a aplicação da multa por litigância de má-fé a que alude o art. 18 do CPC/73, que configura mera sanção processual, aplicável inclusive de ofício, e que não tem por finalidade indenizar a parte adversa. 2. Caso concreto em que se afirmou no acórdão recorrido que a conduta do recorrente foi de má-fé por ter instaurado incidente infundado e temerário, não tendo se limitado ao mero exercício do direito de recorrer, mas tendo incidindo em diversas das condutas elencadas no art. 17 do CPC/73 (art. 80 do CPC/15). 3. Impossibilidade de reexame de matéria fático-probatória. Súmula 7/STJ. 4. Recurso Especial Desprovido (STJ; REsp 1.628.065; MG; Terceira Turma; Rel. Min. Nancy Andrighi, Rel. p/ acórdão Min. Paulo De Tarso Sanseverino; Julg. 21/02/2017; DJe 04/04/2017)

Art. 81. De ofício ou a requerimento, o juiz condenará o litigante de má-fé a pagar multa, que deverá ser superior a um por cento e inferior a dez por cento do valor corrigido da causa, a indenizar a parte contrária pelos prejuízos que esta sofreu e a arcar com os honorários advocatícios e com todas as despesas que efetuou.

→ v. Art. 32 da Lei 8.906/1994.

→ v. Art. 17 da Lei 7.347/1985.

§ 1º Quando forem 2 (dois) ou mais os litigantes de má-fé, o juiz condenará cada um na proporção de seu respectivo interesse na causa ou solidariamente aqueles que se coligaram para lesar a parte contrária.

§ 2º Quando o valor da causa for irrisório ou inestimável, a multa poderá ser fixada em até 10 (dez) vezes o valor do salário mínimo.

→ v. Arts. 291 e 718 do CPC.

§ 3º O valor da indenização será fixado pelo juiz ou, caso não seja possível mensurá-lo, liquidado por arbitramento ou pelo procedimento comum, nos próprios autos.

Valor irrisório e fixação da multa equitativamente

✓ AGRAVO INTERNO NO AGRAVO INTERNO NO RECURSO EM MANDADO DE SEGURANÇA. RECURSO IMPUGNOU OS FUNDAMENTOS DO ACÓRDÃO RECORRIDO. INAPLICABILIDADE DA SÚMULA 283/STF. PRECATÓRIO. MODIFICAÇÃO DE CRITÉRIO DE CÁLCULO. OCORRÊNCIA. OFENSA À COISA JULGADA. LITIGÂNCIA DE MÁ-FÉ. TENTATIVA DE ALTERAR A VERDADE DOS FATOS. MULTA. APLICAÇÃO. (...) 4. Uma vez que em seus cálculos o próprio Estado da Bahia admitiu que o laudo pericial trouxe apenas o valor histórico da indenização e, ainda, que a atualização se deu a partir da data do laudo pericial, sua recalcitrância caracteriza verdadeira tentativa de alterar a verdade dos fatos, o que implica litigância de má-fé, sujeita à multa de 2 (dois) salários mínimos, considerando-se ser o valor da causa irrisório, nos termos dos arts. 80, II, e 81, § 2º, do CPC/2015. 5. Agravo interno não provido, com a condenação da parte agravante ao pagamento de multa por litigância de má-fé. (STJ, 1ª T., AgInt no AgInt no RMS 62.868/BA, Rel. Ministro Sérgio Kukina, DJe 31/08/2020)

Seção III
Das Despesas, dos Honorários Advocatícios e das Multas

Art. 82. Salvo as disposições concernentes à gratuidade da justiça, incumbe às partes prover as despesas dos atos que realizarem ou requererem no processo, antecipando-lhes o pagamento, desde o início até a sentença final ou, na execução, até a plena satisfação do direito reconhecido no título.

→ v. Súmulas 236 e 667 do STF.

→ v. Súmula 178 do STJ.

→ v. Súmula Vinculante 28 do STF.

→ v. Lei 1.060/1950 (e art. 1.069, III do CPC).

→ v. Art. 30 do Dec.-lei 3.365/1941.

→ v. Lei 9.289/1996 – Dispõe sobre as custas devidas à União, na Justiça Federal de primeiro e segundo graus e dá outras providências.

→ v. Arts. 12 e 13 da Lei 4.717/1965.

→ v. Arts. 54 e 55 da Lei 9.099/1995.

→ v. Art. 5º, II, da Lei 11.101/2005.

→ v. Arts. 98 e ss. do CPC.

§ 1º Incumbe ao autor adiantar as despesas relativas a ato cuja realização o juiz determinar de ofício ou a requerimento do Ministério Público, quando sua intervenção ocorrer como fiscal da ordem jurídica.

§ 2º A sentença condenará o vencido a pagar ao vencedor as despesas que antecipou.

→ v. Art. 128 da Lei 8.213/1991.

→ v. Arts. 85 do CPC.

Adiantamento das despesas com perícia

✓ ADMINISTRATIVO E PROCESSUAL CIVIL. DESAPROPRIAÇÃO INDIRETA. HONORÁRIOS PERICIAIS. ÔNUS PECUNIÁRIO. PARTE QUE REQUER. ARTS. 82 E 95 DO CPC. PRECEDENTES DO STJ. 1. Cuida-se de inconformismo com acórdão do Tribunal de origem que não atribuiu ao autor da ação de desapropriação indireta o ônus sobre o adiantamento dos honorários periciais. 2. De acordo com o disposto nos arts. 82 e 95 do CPC, cabe à parte que requereu a produção de prova pericial adiantar o pagamento da remuneração do profissional, ou ao autor quando requerida por ambas as partes ou determinada de ofício pelo juiz. (AgRg no REsp 1.478.715/AM, Rel. Ministro Herman Benjamin, Segunda Turma, DJe 26/11/2014). 3. Na ação de desapropriação indireta, o ônus do adiantamento dos honorários periciais compete a quem requereu a prova ou ao autor, no caso de requerimento de ambas as partes (REsp 1.363.653/SC, Rel. Ministro Og Fernandes, Segunda Turma, DJe 26/2/2018). No mesmo sentido: REsp 1.343.375/BA. Rel. Min. Eliana Calmon, Segunda Turma, DJe 17/9/2013; AgRg no REsp 1.253.727/MG, Rel. Min. Arnaldo Esteves, Primeira Turma, DJe 15/9/2011; AgRg no REsp 1.165.346/MT, Rel. Ministro Humberto Martins, Segunda Turma, DJe 27/10/2010; REsp 948.351/RS, Rel. Ministro Luiz Fux, Rel. p Acórdão Min. Teori Albino Zavascki, Primeira Turma, DJe 29/62009.4. O fato de o ICMBio ter cumprido a decisão judicial que determinou à autarquia que antecipasse o pagamento dos honorários periciais, não tem o condão de acarretar a perda superveniente do objeto recursal. 5. Recurso Especial provido. (STJ, 2ª T., REsp 1823835/ES, Rel. Ministro Herman Benjamin, DJe 05/11/2019)

Rateamento entre os vencidos

✓ AGRAVO INTERNO NO AGRAVO EM RECURSO ESPECIAL. AÇÃO DE NULIDADE DE CLÁUSULAS CONTRATUAIS C/C RESTITUIÇÃO DE VALOR PAGO E DANOS MORAIS COM PEDIDO DE TUTELA ANTECIPADA. DISTRIBUIÇÃO DOS ÔNUS SUCUMBENCIAIS. PLURALIDADE DE RÉUS. RATEIO DAS DESPESAS. RECURSO NÃO PROVIDO. 1. Havendo pluralidade de autores ou de réus, a condenação em honorários de advogado e as despesas processuais deve ser rateada entre os vencidos na proporção do interesse de cada um deles. 2. Agravo interno não provido. (STJ, 4ª T., AgInt nos EDcl no AREsp 1392172/SP, Rel. Ministro Luis Felipe Salomão, DJe 20/08/2019)

Possibilidade de caucionamento das despesas processuais

✓ RECURSO ESPECIAL. AÇÃO DE FALÊNCIA. REMUNERAÇÃO DO ADMINISTRADOR JUDICIAL. CAUÇÃO. DESPESA PROCESSUAL. POSSIBILIDADE DE ATRIBUIR TAL ÔNUS AO REQUERENTE DA FALÊNCIA. 1. Ação ajuizada em 20/7/2016. Recurso especial interposto em 8/5/2018. Autos conclusos ao Gabinete em 12/12/2018. 2. O propósito recursal é decidir se é possível exigir de credor de sociedade em processo de falência que caucione os honorários do administrador judicial. 3. Ante a fase inicial de incerteza acerca da suficiência dos bens a serem arrecadados para cobrir as despesas processuais e as demais obrigações da massa falida, aliado ao fato de não ter sido encontrada a empresa devedora, cuja citação ocorreu por edital, constitui medida hígida a exigência de que o credor caucione os honorários do administrador judicial. Precedente. RECURSO ESPECIAL NÃO PROVIDO. (STJ, 3ª T., REsp 1784646/SP, Rel. Ministra Nancy Andrighi, DJe 07/06/2019)

Art. 83. O autor, brasileiro ou estrangeiro, que residir fora do Brasil ou deixar de residir no país ao longo da tramitação de processo, prestará caução suficiente ao pagamento das custas e dos honorários de advogado da parte contrária nas ações que propuser, se não tiver no Brasil bens imóveis que lhes assegurem o pagamento.

§ 1º Não se exigirá a caução de que trata o *caput*:

I – quando houver dispensa prevista em acordo ou tratado internacional de que o Brasil faz parte;

II – na execução fundada em título extrajudicial e no cumprimento de sentença;

III – na reconvenção.

→ *v.* Enunciado 4 do CJF: A entrada em vigor de acordo ou tratado internacional que estabeleça dispensa da caução prevista no art. 83, § 1º, inc. I do CPC/2015, implica na liberação da caução previamente imposta.

§ 2º Verificando-se no trâmite do processo que se desfalcou a garantia, poderá o interessado exigir reforço da caução, justificando seu pedido com a indicação da depreciação do bem dado em garantia e a importância do reforço que pretende obter.

Caução e ausência de receio

✓ PROCESSUAL CIVIL. AGRAVO INTERNO NO RECURSO ESPECIAL. RECURSO MANEJADO SOB A ÉGIDE DO CPC. AÇÃO DE REPARAÇÃO DE DANOS AJUIZADA POR EMPRESA ESTRANGEIRA NÃO RESIDENTE NO BRASIL. VIOLAÇÃO DO ART. 83 DO CPC (ART. 835 DO CPC/73). RECURSO DA CORRÉ BTG PACTUAL. PRESTAÇÃO DE CAUÇÃO. DISPENSA. POSSIBILIDADE. PRECEDENTES DO STJ. ACÓRDÃO EM CONSONÂNCIA COM A JURISPRUDÊNCIA DESTA CORTE. SUMULA Nº 568 DO STJ. DECISÃO MANTIDA. MULTA DO ART. 1.021, § 4º, DO CPC. AGRAVO INTERNO NÃO PROVIDO, COM IMPOSIÇÃO DE MULTA. 1. Aplica-se o CPC a este julgamento ante os termos do Enunciado Administrativo nº 3, aprovado pelo Plenário do STJ na sessão de 9/3/2016: Aos recursos interpostos com fundamento no CPC/2015 (relativos a decisões publicadas a partir de 18 de março de 2016) serão exigidos os requisitos de admissibilidade recursal na forma do novo CPC. 2. O sistema processual brasileiro, por cautela, exige a prestação de caução para a empresa estrangeira litigar no Brasil, se não dispuser de bens suficientes para suportar os ônus de eventual sucumbência (art. 835 do CPC). Na verdade, é uma espécie de fiança processual para 'não tornar melhor a sorte dos que demandam no Brasil, residindo fora, ou dele retirando-se, pendente a lide', pois, se tal não se estabelecesse, o autor, nessas condições, perdendo a ação, estaria incólume aos prejuízos causados ao demandado (EREsp n º 179.147/SP, Rel. Ministro HUMBERTO GOMES DE BARROS, Corte Especial, j. 1º/8/2000, DJU 30/10/2000). 3. No caso dos autos, a Corte de origem, com base nos fatos da causa e em precedentes oriundos desta Corte, reconheceu inexistir motivo que justifique o receio no tocante a eventual responsabilização da demandante pelos ônus sucumbenciais, não se justificando a aplicação do disposto no art. 83 do CPC (art. 835 do CPC/73). Incidência, no ponto, das Súmulas nºs 7 e 568 do STJ. 4. Em razão da improcedência do presente recurso, e da anterior advertência em relação a incidência do CPC, incide ao caso a multa prevista no art. 1.021, § 4º, do CPC, no percentual de 3% sobre o valor atualizado da causa, ficando a interposição de qualquer outro recurso condicionada ao depósito da respectiva quantia, nos termos do § 5º daquele artigo de lei. 5. Agravo interno não provido, com imposição de multa. (STJ, 3ª T., AgInt no REsp 1792974/PR, Rel. Ministro Moura Ribeiro, DJe 21/08/2019)

Art. 84. As despesas abrangem as custas dos atos do processo, a indenização de viagem, a remuneração do assistente técnico e a diária de testemunha.

→ *v.* Art. 462 do CPC.

Despesas em incidente processual e sucumbência

✓ RECURSO ESPECIAL. AÇÃO DE INDENIZAÇÃO POR DANOS MATERIAIS E COMPENSAÇÃO DO DANO MORAL. MORTE DA PARTE AUTORA ANTES DA INTERPOSIÇÃO DO RECURSO. DESCONHECIMENTO DO FATO PELOS ADVOGADOS E AUSÊNCIA DE DEMONSTRAÇÃO DA MÁ-FÉ. SUCESSÃO PROCESSUAL REQUERIDA PELO ESPÓLIO E REGULARIZAÇÃO DA REPRESENTAÇÃO PROCESSUAL. VALIDADE DOS ATOS PROCESSUAIS. NEGATIVA DE PRESTAÇÃO JURISDICIONAL. AUSÊNCIA. RISCO INERENTE AO MEDICAMENTO. DEVER DE INFORMAR QUALIFICADO DO FABRICANTE. VIOLAÇÃO. DEFEITO DO PRODUTO. RISCO DO DESENVOLVIMENTO. DEFEITO DE CONCEPÇÃO. FORTUITO INTERNO. RESPONSABILIDADE OBJETIVA DO FABRICANTE CONFIGURADA. CULPA CONCORRENTE DO CONSUMIDOR AFASTADA. COMPROVAÇÃO DOS DANOS EMERGENTES E DOS LUCROS CESSANTES. NECESSIDADE DE LIQUIDAÇÃO DA SENTENÇA. REEXAME DE FATOS E PROVAS. SÚMULA 7/STJ. DANO MORAL. MAJORAÇÃO DA VERBA FIXADA. VERBA ALIMENTAR RECEBIDA EM ANTECIPAÇÃO DE TUTELA. NATUREZA IRREPETÍVEL. COMPENSAÇÃO INVIÁVEL. INCIDENTE DE FALSIDADE JULGADO IMPROCEDENTE. ÔNUS DA SUCUMBÊNCIA QUE RECAI SOBRE A PARTE VENCIDA. JULGAMENTO: CPC/15. (...) 15. Se o incidente de falsidade instaurado a requerimento do laboratório foi julgado improcedente, a ele incumbe suportar as respectivas despesas. 16. Recursos especiais de BOEHRINGER INGELHEIM DO BRASIL QUÍMICA E FARMACÊUTICA LTDA e MARIA AMÉLIA SOUZA DA ROCHA-ESPÓLIO conhecidos, sendo desprovido o primeiro e provido, em parte, o segundo. (STJ, 3ª T., REsp 1774372/RS, Rel. Ministra Nancy Andrighi, DJe 18/05/2020)

Honorários contratuais não constituem despesa ressarcível

✓ PROCESSUAL CIVIL. AGRAVO INTERNO. AGRAVO EM RECURSO ESPECIAL. PEDIDO DA PARTE VITORIOSA À CONDENAÇÃO DA SUCUMBENTE AOS HONORÁRIOS CONTRATUAIS DESPENDIDOS. DESCABIMENTO. PRECEDENTES DA CORTE ESPECIAL E DA SEGUNDA SEÇÃO DO STJ. DANO MORAL. NÃO INCIDÊNCIA. REEXAME DE PROVAS. SÚMULA N. 7/STJ. 1. A Corte Especial e a Segunda Seção do STJ já se pronunciaram no sentido de ser incabível a condenação da parte sucumbente aos honorários contratuais despendidos pela vencedora. Precedentes: EREsp.

1.507.864/RS, Relatora Ministra LAURITA VAZ, CORTE ESPECIAL, julgado em 20/4/2016, DJe 11/5/2016 e EREsp 1.155.527/MG, Rel. Ministro SIDNEI BENETI, SEGUNDA SEÇÃO, julgado em 13/6/2012, DJe 28/6/2012). 2. Não cabe, em recurso especial, reexaminar matéria fático-probatória (Súmula 7/STJ). 3. Agravo interno a que se nega provimento. (STJ, 4ª T., AgInt no AREsp 1332170/SP, Rel. Ministra Maria Isabel Gallotti, DJe 14/02/2019)

Art. 85. A sentença condenará o vencido a pagar honorários ao advogado do vencedor.

→ *v.* Súmulas 115, 185, 234, 256, 257, 378, 389, 450, 472, 512 e 616, 617, 633 do STF.

→ *v.* Súmulas 14, 29, 105, 110, 111, 131, 141, 201, 303, 306, 345, 421, 453 e 462 do STJ.

§ 1º São devidos honorários advocatícios na reconvenção, no cumprimento de sentença, provisório ou definitivo, na execução, resistida ou não, e nos recursos interpostos, cumulativamente.

→ *v.* Súmula 234 do STF.

→ *v.* Arts. 85, § 11, 343, 523 e 771 do CPC.

§ 2º Os honorários serão fixados entre o mínimo de dez e o máximo de vinte por cento sobre o valor da condenação, do proveito econômico obtido ou, não sendo possível mensurá-lo, sobre o valor atualizado da causa, atendidos:

→ *v.* Súmula 185 do STF.

→ *v.* Súmula 111 do STJ.

→ *v.* Arts. 291 e ss. do CPC.

→ *v.* Enunciado 14 da ENFAM: Em caso de sucumbência recíproca, deverá ser considerada proveito econômico do réu, para fins do art. 85, § 2º, do CPC/2015, a diferença entre o que foi pleiteado pelo autor e o que foi concedido, inclusive no que se refere às condenações por danos morais.

→ *v.* Enunciado 17 da ENFAM: Para apuração do "valor atualizado da causa" a que se refere o art. 85, § 2º, do CPC/2015, deverão ser utilizados os índices previstos no programa de atualização financeira do CNJ a que faz referência o art. 509, § 3º.

→ *v.* Enunciado 8 do CJF: Não cabe majoração de honorários advocatícios em agravo de instrumento, salvo se interposto contra decisão interlocutória que tenha fixado honorários na origem, respeitados os limites estabelecidos no art. 85, §§ 2º, 3º e 8º, do CPC.

I – o grau de zelo do profissional;

II – o lugar de prestação do serviço;

III – a natureza e a importância da causa;

IV – o trabalho realizado pelo advogado e o tempo exigido para o seu serviço.

§ 3º Nas causas em que a Fazenda Pública for parte, a fixação dos honorários observará os critérios estabelecidos nos incisos I a IV do § 2º e os seguintes percentuais:

→ *v.* Enunciado 15 da ENFAM: Nas execuções fiscais ou naquelas fundadas em título extrajudicial promovidas contra a Fazenda Pública, a fixação dos honorários deverá observar os parâmetros do art. 85, § 3º, do CPC/2015.

→ *v.* Enunciado 8 do CJF: Não cabe majoração de honorários advocatícios em agravo de instrumento, salvo se interposto contra decisão interlocutória que tenha fixado honorários na origem, respeitados os limites estabelecidos no art. 85, §§ 2º, 3º e 8º, do CPC.

I – mínimo de dez e máximo de vinte por cento sobre o valor da condenação ou do proveito econômico obtido até 200 (duzentos) salários mínimos;

II – mínimo de oito e máximo de dez por cento sobre o valor da condenação ou do proveito econômico obtido acima de 200 (duzentos) salários mínimos até 2.000 (dois mil) salários mínimos;

III – mínimo de cinco e máximo de oito por cento sobre o valor da condenação ou do proveito econômico obtido acima de 2.000 (dois mil) salários mínimos até 20.000 (vinte mil) salários mínimos;

IV – mínimo de três e máximo de cinco por cento sobre o valor da condenação ou do proveito econômico obtido acima de 20.000 (vinte mil) salários mínimos até 100.000 (cem mil) salários mínimos;

V – mínimo de um e máximo de três por cento sobre o valor da condenação ou do proveito econômico obtido acima de 100.000 (cem mil) salários mínimos.

§ 4º Em qualquer das hipóteses do § 3º:

I – os percentuais previstos nos incisos I a V devem ser aplicados desde logo, quando for líquida a sentença;

II – não sendo líquida a sentença, a definição do percentual, nos termos previstos nos incisos I a V, somente ocorrerá quando liquidado o julgado;

III – não havendo condenação principal ou não sendo possível mensurar o proveito econômico obtido, a condenação em honorários dar-se-á sobre o valor atualizado da causa;

IV – será considerado o salário mínimo vigente quando prolatada sentença líquida ou o que estiver em vigor na data da decisão de liquidação.

§ 5º Quando, conforme o caso, a condenação contra a Fazenda Pública ou o benefício econômico obtido pelo vencedor ou o valor da causa for superior ao valor previsto no inciso I do § 3º, a fixação do percentual de honorários deve observar a faixa inicial e, naquilo que a exceder, a faixa subsequente, e assim sucessivamente.

§ 6º Os limites e critérios previstos nos §§ 2º e 3º aplicam-se independentemente de qual seja o conteúdo da decisão, inclusive aos casos de improcedência ou de sentença sem resolução de mérito.

§ 7º Não serão devidos honorários no cumprimento de sentença contra a Fazenda Pública que enseje expedição de precatório, desde que não tenha sido impugnada.

→ *v.* Súmula 345 do STJ.

§ 8º Nas causas em que for inestimável ou irrisório o proveito econômico ou, ainda, quando o valor da causa for muito baixo, o juiz fixará o valor dos honorários por apreciação equitativa, observando o disposto nos incisos do § 2º.

→ *v.* Art. 11 da Lei 1.060/1950.

→ *v.* Arts. 291 e ss. do CPC.

→ *v.* Enunciado 6 do CJF: A fixação dos honorários de sucumbência por apreciação equitativa só é cabível nas hipóteses previstas no § 8º do art. 85 do CPC.

→ *v.* Enunciado 8 do CJF: Não cabe majoração de honorários advocatícios em agravo de instrumento, salvo se interposto contra decisão interlocutória que tenha fixado honorários na origem, respeitados os limites estabelecidos no art. 85, §§ 2º, 3º e 8º, do CPC.

§ 9º Na ação de indenização por ato ilícito contra pessoa, o percentual de honorários incidirá sobre a soma das prestações vencidas acrescida de 12 (doze) prestações vincendas.

§ 10. Nos casos de perda do objeto, os honorários serão devidos por quem deu causa ao processo.

§ 11. O tribunal, ao julgar recurso, majorará os honorários fixados anteriormente levando em conta o trabalho adicional realizado em grau recursal, observando, conforme o caso, o disposto nos §§ 2º a 6º, sendo vedado ao tribunal, no cômputo geral da fixação de honorários devidos ao advogado do vencedor, ultrapassar os respectivos limites estabelecidos nos §§ 2º e 3º para a fase de conhecimento.

→ *v.* Enunciado 16 da ENFAM: Não é possível majorar os honorários na hipótese de interposição de recurso no mesmo grau de jurisdição (art. 85, § 11, do CPC/2015).

→ *v.* Enunciado 7 do CJF: A ausência de resposta ao recurso pela parte contrária, por si só, não tem o condão de afastar a aplicação do disposto no art. 85, § 11, do CPC.

§ 12. Os honorários referidos no § 11 são cumuláveis com multas e outras sanções processuais, inclusive as previstas no art. 77.

→ *v.* Arts. 81, 202, 234, § 2º, 258 e 334, § 8º do CPC.

§ 13. As verbas de sucumbência arbitradas em embargos à execução rejeitados ou julgados improcedentes e em fase de cumprimento de sentença serão acrescidas no valor do débito principal, para todos os efeitos legais.

→ *v.* Arts. 513 e 914 do CPC.

§ 14. Os honorários constituem direito do advogado e têm natureza alimentar, com os mesmos privilégios dos créditos oriundos da legislação do trabalho, sendo vedada a compensação em caso de sucumbência parcial.

→ *v.* Art. 23 da Lei 8.906/1994.

§ 15. O advogado pode requerer que o pagamento dos honorários que lhe caibam seja efetuado em favor da sociedade de advogados que integra na qualidade de sócio, aplicando-se à hipótese o disposto no § 14.

§ 16. Quando os honorários forem fixados em quantia certa, os juros moratórios incidirão a partir da data do trânsito em julgado da decisão.

§ 17. Os honorários serão devidos quando o advogado atuar em causa própria.

§ 18. Caso a decisão transitada em julgado seja omissa quanto ao direito aos honorários ou ao seu valor, é cabível ação autônoma para sua definição e cobrança.

§ 19. Os advogados públicos perceberão honorários de sucumbência, nos termos da lei.

→ *v.* Súmula 421 do STJ.

Proporcionalidade na fixação dos honorários mesmo diante da previsão expressa de faixas

✓ ADMINISTRATIVO E PROCESSUAL CIVIL. AGRAVO INTERNO NO RECURSO ESPECIAL. FORNECIMENTO DE MEDICAMENTOS. ART. 1022 DO CPC/2015. OMISSÃO NÃO CONFIGURADA. ALEGADA DEMORA PARA SE FORNECER O FÁRMACO. DANO MORAL. ACÓRDÃO ANCORADO NO SUBSTRATO FÁTICO DOS AUTOS. REVISÃO. IMPOSSIBILIDADE. SÚMULA 7/STJ. HONORÁRIOS ADVOCATÍCIOS. ACÓRDÃO RECORRIDO QUE FIXOU A VERBA SUCUMBENCIAL COM BASE NA EQUIDADE. POSSIBILIDADE. PRECEDENTES. REDIMENSIONAMENTO EM SEDE DE RECURSO ESPECIAL. INVIABILIDADE. SÚMULA 7/STJ. (...) 4. O novo estatuto processual estabeleceu, nas causas em que for parte a Fazenda Pública, os critérios objetivos para a fixação dos honorários de sucumbência, com base no valor da condenação ou do proveito econômico obtido na demanda, prevendo cinco faixas progressivas e escalonadas como parâmetro para essa apuração (art. 85, § 3º, I a V, do CPC/2015). 5. A nova regulamentação dos honorários advocatícios comporta interpretação teleológica e sistemática, notadamente para atingir os postulados constitucionais da proporcionalidade e da razoabilidade, hoje expressamente positivados no âmbito do direito instrumental, consoante o que dispõe o art. 8º do CPC. 6. O caso dos autos está em consonância com as hipóteses em que as Turmas da Primeira Seção do Superior Tribunal de Justiça têm admitido a fixação de honorários por equidade; é certo que eventual alteração do julgado, a fim de afastar a incidência do art. 85, § 8º, do CPC, exigiria o reexame dos elementos de convicção postos no processo, o que atrai a incidência do óbice contido na Súmula 7/STJ. 7. Agravo interno não provido. (STJ, 1ª T., AgInt nos EDcl no REsp 1870490/RS, Rel. Ministro Sérgio Kukina, DJe 11/12/2020)

Honorários advocatícios no incidente de desconsideração de personalidade jurídica

✓ PROCESSUAL CIVIL. RECURSO ESPECIAL. AÇÃO REDIBITÓRIA C/C INDENIZATÓRIA. CUMPRIMENTO DE SENTENÇA. INCIDENTE DE DESCONSIDERAÇÃO DA PERSONALIDADE JURÍDICA. IMPROCEDÊNCIA. RESOLUÇÃO. DECISÃO INTERLOCUTÓRIA. ART. 136 DO CPC.15. HONORÁRIOS ADVOCATÍCIOS. ART. 338, PARÁGRAFO ÚNICO, DO CPC/15. SUCESSÃO DE PROCESSOS. INOCORRÊNCIA. DESPROVIMENTO. 1. Cuida-se de incidente de desconsideração da personalidade jurídica cujo pedido foi julgado improcedente, com a fixação, pelo Tribunal de origem, de honorários advocatícios em favor dos patronos dos sócios não incluídos no processo, em valor arbitrado por equidade. 2. Recurso especial interposto em: 06/07/2018; conclusos ao gabinete em: 19/03/2019; aplicação do CPC/15. 3. O propósito recursal consiste em determinar se, na presente hipótese, de improcedência do pedido de desconsideração da personalidade jurídica, os honorários deveriam ter sido fixados segundo a previsão do art. 338, parágrafo único, do CPC/15, entre 3 e 5% do valor da causa. 4. Segundo a orientação mais recente desta e. Terceira Turma – com a ressalva de meu entendimento pessoal -, caso um dado ato judicial não possua natureza de sentença nem se encontre previsto expressamente no elenco do art. 85, § 1º, do CPC/15, o pedido de condenação em honorários advocatícios será juridicamente impossível. Precedentes. 5. A incidência da previsão do art. 338 do CPC/15 é exclusiva da hipótese em que há a extinção do processo em relação ao réu originário, com a inauguração de um novo processo, por iniciativa do autor, em relação a um novo réu, de modo que, ausentes essas circunstâncias específicas, descabe cogitar da fixação de honorários mencionada no parágrafo único do art. 338 do CPC/15. 9. Na hipótese concreta, foi acolhida a impugnação ao incidente de desconsideração da personalidade jurídica, tendo sido julgado improcedente o pedido por equívoco na indicação da pessoa jurídica cujo patrimônio seria alcançado pela execução. 10 A despeito da impossibilidade jurídica de fixação de honorários advocatícios na decisão interlocutória que resolve o incidente de desconsideração, como os recorridos não se insurgiram contra o acórdão da Corte de origem, não cabe sua modificação, por aplicação do princípio da vedação da reformatio in pejus. 11. Recurso especial desprovido. (STJ, 3ª T., REsp 1800330/SP, Rel. Ministra Nancy Andrighi, DJe 04/12/2020)

Embargos de divergência e honorários recursais

✓ AGRAVO INTERNO NOS EMBARGOS DE DECLARAÇÃO NOS EMBARGOS DE DIVERGÊNCIA EM AGRAVO EM RECURSO ESPECIAL. PROCESSUAL CIVIL. APELO NÃO CONHECIDO. SÚMULA 315/STJ. MANUTENÇÃO DA DECISÃO QUE INDEFERIU LIMINARMENTE O RECURSO. MAJORAÇÃO DOS HONORÁRIOS RECURSAIS. POSSIBILIDADE. PRECEDENTES. 1. Nos termos da Súmula 315 deste STJ, "não cabem embargos de divergência no âmbito do agravo de instrumento que não admite recurso especial". Aplicação analógica à hipótese. 2. Na hipótese dos autos, a Quarta Turma, ao negar provimento ao agravo interno, manteve a decisão que negara provimento ao recurso especial, tendo em vista a incidência das súmulas 5 e 7 do STJ. 3. Não tendo sido efetivamente apreciado o mérito do recurso especial interposto, os embargos de divergência são manifestamente inadmissíveis. 4. "A Corte Especial do Superior Tribunal de Justiça consagrou o entendimento segundo o qual, "com a interposição de Embargos de Divergência tem início novo grau recursal, sujeitando-se o embargante, ao questionar decisão publicada na vigência do CPC/2015, à majoração dos honorários sucumbenciais, na forma do § 11 do art. 85, quando indeferidos liminarmente pelo relator ou se o colegiado deles não conhecer ou negar-lhes provimento. Precedente da Corte Especial" (AgInt nos EAREsp n. 1.334.550/MS, Relator o Ministro Luis Felipe Salomão, Corte Especial, DJe de 2/6/2020). 5. AGRAVO INTERNO A QUE SE NEGA PROVIMENTO. (STJ, 2ª Seção, AgInt nos EREsp 1603005/MS, Rel. Ministro Paulo De Tarso Sanseverino, DJe 04/12/2020)

A sucumbência é regida pela lei vigente na data da sentença.

✓ RECURSO ESPECIAL. PROCESSUAL CIVIL. EMBARGOS DE DECLARAÇÃO. NÃO OCORRÊNCIA DE OMISSÃO. REDISCUSSÃO DA MATÉRIA. HONORÁRIOS ADVOCATÍCIOS. NATUREZA JURÍDICA. LEI NOVA. MARCO TEMPORAL PARA A APLICAÇÃO DO CPC/2015. PROLAÇÃO DA SENTENÇA. 1. Constata-se que não se configura a ofensa ao art. 1.022 do Código de Processo Civil/2015, uma vez que o Tribunal de origem julgou integralmente a lide e solucionou a controvérsia, tal como lhe foi apresentada. 2. Cabe destacar que o simples descontentamento da parte com o julgado não tem o condão de tornar cabíveis os Embargos de Declaração, que servem ao aprimoramento da decisão, mas não à sua modificação, que só muito excepcionalmente é admitida. 3. No mérito, o Tribunal a quo consignou que "a melhor solução se projeta pela não aplicação imediata da nova sistemática de honorários advocatícios aos processos ajuizados em data anterior à vigência do novo CPC." 4. Com efeito, a Corte Especial do Superior Tribunal de Justiça posicionou-se que o arbitramento dos honorários não configura questão meramente processual. 5. Outrossim, a jurisprudência do STJ é pacífica no sentido de que a sucumbência é regida pela lei vigente na data da sentença. 6. Esclarece-se que os honorários nascem contemporaneamente à sentença e não preexistem à propositura da demanda. Assim sendo, nos casos de sentença proferida a partir do dia 18.3.2016, aplicar-se-ão as normas do CPC/2015. 7. In casu, a sentença prolatada em 21.3.2016, com supedâneo no CPC/1973 (fls. 40-41, e-STJ), não está em sintonia com o atual entendimento deste Tribunal Superior, razão pela qual merece prosperar a irresignação. 8. Quanto à destinação dos honorários advocatícios de sucumbência das causas em que forem parte a União, as autarquias e as fundações públicas federais, o artigo 29 da Lei 13.327/2016 é claro ao estabelecer que pertencem originariamente aos ocupantes dos cargos das respectivas carreiras jurídicas. 9. Recurso Especial parcialmente provido, para fixar os honorários advocatícios em 10% do valor da condenação, nos termos do artigo 85, § 3º, I, do CPC/2015 (STJ; Resp 1.636.124; AL; Primeira Seção; Rel. Min. Herman Benjamin; Julg. 06/12/2016; DJe 27/04/2017)

Irrisório valor da causa autoriza a fixação de honorários advocatícios por equidade.

✓ AGRAVO INTERNO. EMBARGOS DE DECLARAÇÃO. AGRAVO. PREVIDÊNCIA. PRIVADA. RENDA MENSAL INICIAL. CÁLCULO. ALTERAÇÃO DO PLANO DE BENEFÍCIOS. REGULAMENTO ANTERIOR. IMPOSSIBILIDADE. TEMA JURÍDICO SUBMETIDO AO RITO DOS REPETITIVOS. SOBRESTAMENTO NÃO APLICAÇÃO PREQUESTIONAMENTO. 1. A suspensão de recursos prevista no art. 1.037, II, do CPC/2015 (correspondente ao art. 543-C do CPC/1973), destina-se aos Tribunais Regionais Federais e aos Tribunais de Justiça dos Estados, não se aplicando aos processos já encaminhados ao STJ, por ausência de previsão legal. 2. O exame do conteúdo dos dispositivos legais indicados nas razões do especial revela atendido o requisito do prequestionamento. 3. Havendo alteração nas regras do plano de benefícios, apenas os participantes que preencheram os requisitos necessários para a aposentadoria, antes da mudança do regime jurídico, têm direito de ter os benefícios de complementação calculados com observância das regras anteriores. Precedentes. 4. Sendo irrisório o valor da causa, o art. 85, §§ 2º, I a IV, e 8º, do CPC/2015, autoriza a fixação dos honorários de advogado por equidade. 5. Agravo interno a que se nega provimento. (STJ; AgInt nos EDcl no REsp 1567151; SE; Quarta Turma; Rel. Min. Maria Isabel Galotti; Julg. 03/10/2017; DJe 06/10/2017).

✓ AGRAVO INTERNO. AGRAVO. PREVIDÊNCIA. PRIVADA. RESERVA DE POUPANÇA. MIGRAÇÃO DE PLANO DE BENEFÍCIOS. TRANSAÇÃO. CORREÇÃO MONETÁRIA. EXPURGOS. NÃO APLICAÇÃO. HONORÁRIOS ADVOCATÍCIOS. 1. Sendo irrisório o valor da causa, o art. 85,

§§ 2º, I a IV, e 8º, do CPC/2015, autoriza a fixação dos honorários de advogado por equidade. 2. Agravo interno a que se nega provimento. (STJ AgInt no AREsp 487.880; DF; Quarta Turma; Rel. Min. Maria Isabel Galotti; Julg. 29/08/2017; DJe 04/09/2017)

Clareza dos critérios na fixação da verba honorária.

✓ PROCESSUAL CIVIL. AGRAVO INTERNO SUBMETIDO AO ENUNCIADO ADMINISTRATIVO 3/STJ. HONORÁRIOS ADVOCATÍCIOS. REVISÃO. IMPOSSIBILIDADE. SÚMULA 7/STJ. 1. O afastamento excepcional do óbice da Súmula 7/STJ para permitir a revisão dos honorários advocatícios em sede de recurso especial – quando o montante fixado se revelar irrisório ou excessivo – somente pode ser feito quando o Tribunal a quo expressamente indicar e valorar os critérios delineados nas alíneas "a", "b" e "c" do art. 20, § 3º, do CPC/1973 (correspondentes ao art. 85, § 2º, I, II, III, IV do CPC/2015), conforme entendimento da Segunda Turma firmado no julgamento do AgRg no AREsp 532.550/RJ (Rel. p/ Acórdão Ministro Herman Benjamin; DJe de 2/2/2015). 2. No caso, não há como afastar o aludido óbice sumular, tendo em vista que o Tribunal de origem manteve a condenação do recorrente ao pagamento de honorários advocatícios no valor de R$ 2.000,00 (dois mil reais), sem, contudo declinar os critérios dos quais se valeu para chegar a tal montante. 3. Agravo interno não provido. (STJ; AgInt no REsp 1662894; CE; Segunda Turma; Rel. Min. Mauro Campbell Marques; Julg. 15/08/2017; DJe 21/08/2017)

Inviabilidade de majoração de honorários por se tratar de mandado de segurança.

✓ AGRAVO REGIMENTAL NO RECURSO EXTRAORDINÁRIO COM AGRAVO. ARTS. 21, XII, B; 22, IV, DA CF. AUSÊNCIA DE PREQUESTIONAMENTO. SÚMULAS/STF 282 E 356. NORMA INFRACONSTITUCIONAL LOCAL. SÚMULA/STF 280. HONORÁRIOS NÃO FIXADOS PELA ORIGEM. MAJORAÇÃO DESCABIDA. AGRAVO A QUE SE NEGA PROVIMENTO, COM APLICAÇÃO DE MULTA. I – Ausência de prequestionamento dos arts. 21, XII e 22, IV, da CF. Os embargos declaratórios não foram opostos com a finalidade de suprir essa omissão. Incidência das Súmulas/STF 282 e 356. II – Para divergir da conclusão adotada pelo acórdão recorrido, seria necessário interpretação da legislação infraconstitucional local aplicável à espécie, circunstância que torna inviável o recurso, nos termos da Súmula/STF 280. Precedentes. III – Incabível a majoração de honorários, uma vez tratar-se, na origem, de mandado de segurança. IV- Agravo regimental a que se nega provimento, com aplicação da multa prevista no art. 1.021, § 4º, do CPC. (STF; ARE 997915 AgR; Segunda Turma; Rel. Min. Ricardo Lewandowski; Julg. 06/10/2017, Processo Eletrônico DJe-238 DIVULG 18/10/2017 PUBLIC 19/10/2017)

Incabível fixar honorários recursais quando se tratar de recurso extraordinário formalizado em processo cujo rito os exclua.

✓ RECURSO EXTRAORDINÁRIO – ADEQUAÇÃO. O recurso extraordinário é cabível contra decisão de única ou última instância que haja implicado o julgamento da causa – artigo 102, inciso III, da constituição federal. Honorários advocatícios. Descabe a fixação de honorários recursais, previstos no artigo 85, § 11, do Código de Processo Civil de 2015, quando se tratar de extraordinário formalizado em processo cujo rito os exclua. (STF; Ag-RE-AgR 998.895; Rel. Min. Marco Aurélio; DJE 16/11/2017)

Decisão do STJ (i) delimitando quando possível aplicar a sucumbência recursal (direito intertemporal) e (ii) não admitindo honorários recursais em agravo interno

✓ EMBARGOS DE DECLARAÇÃO NO AGRAVO INTERNO NO RECURSO ESPECIAL. PROCESSUAL CIVIL. OMISSÃO CONFIGURADA. ACOLHIMENTO DOS EMBARGOS PARA SANAR O VÍCIO. CABIMENTO DE HONORÁRIOS ADVOCATÍCIOS RECURSAIS. REQUISITOS. I – Para fins de arbitramento de honorários advocatícios recursais, previstos no § 11 do art. 85 do CPC de 2015, é necessário o preenchimento cumulativo dos seguintes requisitos: Direito Intertemporal: deve haver incidência imediata, ao processo em curso, da norma do art. 85, § 11, do CPC de 2015, observada a data em que o ato processual de recorrer tem seu nascedouro, ou seja, a publicação da decisão recorrida, nos termos do Enunciado 7 do Plenário do STJ: "Somente nos recursos interpostos contra decisão publicada a partir de 18 de março de 2016, será possível o arbitramento de honorários sucumbenciais recursais, na forma do art. 85, § 11, do novo CPC"; o não conhecimento integral ou o improvimento do recurso

O CPC/2015 não autoriza a majoração dos honorários a cada recurso interposto no mesmo grau.

✓ DIREITO CIVIL. AGRAVO INTERNO NO AGRAVO EM RECURSO ESPECIAL. USUCAPIÃO. POSSE PRECÁRIA DE BEM IMÓVEL. ANIMUS DOMINI. INCIDÊNCIA DA SÚMULA 7/STJ. 1. O acórdão recorrido entendeu que a autora exercia posse precária e sem animus domini sobre o bem cujo reconhecimento de usucapião se buscava. Tais conclusões não se desfazem se o reexame de provas, o que é vedado por força da Súmula 7/STJ. 2. Não há que se falar na aplicação de honorários sucumbenciais recursais, uma vez que, de acordo com a orientação que vem se firmando nesta Corte, o art. 85 do CPC/2015 não autoriza a majoração dos honorários a cada recurso interposto no mesmo grau. Precedentes. 3. Agravo interno a que se nega provimento. (STJ; 4ª T., AgInt no AREsp 1012678; GO; Rel. Min. Luis Felipe Salomão; Julg. 26/09/2017; DJe 29/09/2017)

Inviabilidade de majoração de honorários em razão da interposição de agravo interno.

✓ AGRAVO INTERNO NO AGRAVO EM RECURSO ESPECIAL. ACÓRDÃO RECORRIDO PUBLICADO NA VIGÊNCIA DO CPC/73. MANDATO. SUBSCRITOR. AUSÊNCIA. SÚMULA N. 115 DO STJ. HONORÁRIOS. MAJORAÇÃO. INVIABILIDADE. NÃO PROVIMENTO. 1. Conforme a jurisprudência desta Corte, aos recursos interpostos antes da entrada em vigor do novo Código de Processo Civil, aplica-se a Súmula 115/STJ quando não juntada a cadeia completa de procuração e substabelecimento aos autos. 3. Os honorários devidos na fase de recurso especial compreendem a remuneração de todo o trabalho advocatício nesta etapa, inclusive eventual agravo interno que se faça necessário para que o recurso chegue ao conhecimento do colegiado naturalmente competente, a Turma. Não cabe, portanto, majorar os honorários, com base no art. 85, § 11, do CPC/2015, em razão da interposição de agravo interno. Atitudes eventualmente procrastinatórias são passíveis de sanção processual própria, inconfundível com o escopo dos honorários de sucumbência (CPC/2015, art. 80, §12). 3. Agravo interno a que se nega provimento (STJ; 4ª T., AgInt no AResp 928.873; SP; Rel. Min. Maria Isabel Galotti; Julg. 21/03/2017; DJe 07/04/2017).

✓ PROCESSUAL CIVIL. EMBARGOS DECLARATÓRIOS NO AGRAVO INTERNO NO RECURSO ESPECIAL. INEXISTÊNCIA DE VÍCIOS. EMBARGOS DE DECLARAÇÃO ACOLHIDOS PARA FINS DE ESCLARECIMENTOS QUANTO AOS HONORÁRIOS, SEM EFEITOS MODIFICATIVOS. 1. De início, impõe-se ressaltar que os presentes Embargos de Declaração foram opostos contra acórdão publicado já na vigência do novo Código de Processo Civil, razão pela qual devem ser exigidos os requisitos de admissibilidade recursal na forma nele prevista (Enunciado Administrativo 3/STJ). 2. Nestes Aclaratórios, a embargante sustenta que o acórdão embargado "omitiu-se, no entanto, no tocante à fixação dos honorários recursais, previstos no art. 85, § 11, do Código de Processo Civil" (fl. 685, e-STJ). 3. Na verdade, não verifico na espécie os pressupostos necessários e exigidos pelo art. 1.022 do CPC/2015 para acolhimento dos Aclaratórios, visto que nenhuma omissão, obscuridade, contradição ou erro material existe no corpo do decisum que justifique o oferecimento desse recurso. 4. Contudo, para evitar novos questionamentos, acolhem-se os Embargos Declaratórios para prestar esclarecimentos, sem, no entanto, emprestar-lhes efeitos infringentes. 5. O pedido de arbitramento/majoração da verba honorária de sucumbência no Agravo Interno, formulado pela embargante, deve ser rejeitado, em razão do entendimento da Escola Nacional de Formação e Aperfeiçoamento de Magistrados Ministro Sálvio de Figueiredo Teixeira - Enfam - adotado no seminário "O Poder Judiciário e o Novo CPC", no qual se editou o enunciado 16, com o seguinte teor: "Não é possível majorar os honorários na hipótese de interposição de recurso no mesmo grau de jurisdição (art. 85, § 11, do CPC/2015)". 6. Dito de outro modo, como se trata (o Agravo Interno) de recurso que apenas prorroga, no mesmo grau de jurisdição, a discussão travada no Recurso Especial, o caso concreto não comporta a aplicação do art. 85, § 11, do CPC/2015. 7. Embargos de Declaração acolhidos sem efeito modificativo, apenas para prestar esclarecimentos (STJ, 1ª Seção, EDcl no AgInt no Resp 1.578.347; AL; Rel. Min. Herman Benjamin; DJe 08/11/2016).

Inaplicabilidade de majoração ante a ausência de previa fixação de honorários de sucumbência.

✓ DIREITO DO TRABALHO. AGRAVO INTERNO EM RECURSO EXTRAORDINÁRIO COM AGRAVO. COMISSÃO DE CONCILIAÇÃO PRÉVIA. TÍTULO EXECUTIVO EXTRAJUDICIAL. EFICÁCIA LIBERATÓRIA. CONTROVÉRSIA QUE DEMANDA ANÁLISE DE LEGISLAÇÃO INFRACONSTITUCIONAL. CARÁTER PROTELATÓRIO. IMPOSIÇÃO DE MULTA. 1. O Plenário do Supremo Tribunal Federal, por ausência de questão constitucional, rejeitou preliminar de repercussão geral relativa à controvérsia sobre suposta violação aos princípios do contraditório, da ampla defesa, dos limites da coisa julgada e do devido processo legal (Tema 660. ARE 748.371 - RG, julgado sob a relatoria do Ministro Gilmar Mendes). 2. A solução da presente controvérsia pressupõe, necessariamente, a análise da legislação infraconstitucional aplicada do caso, o que não se admite na via do recurso extraordinário. Precedentes. 3. Inaplicável o art. 85, § 11, do CPC/2015, uma vez que não houve prévia fixação de honorários advocatícios de sucumbência. 4. Agravo interno a que se nega provimento, com aplicação da multa prevista no art. 1.021, § 4º, do CPC/2015. (STF; ARE 971986; Primeira Turma; Rel. Min. Roberto Barroso; Julg. 09/08/2016; DJE 29/08/2016; Pág. 38)

Aplicação da majoração de honorários.

✓ PROCESSO CIVIL. AGRAVO NO RECURSO ESPECIAL. RECURSO QUE NÃO INFIRMA ESPECIFICAMENTE O FUNDAMENTO DA DECISÃO AGRAVADA. INCIDÊNCIA DA SÚMULA 182 DO STJ. LITIGÂNCIA DE MÁ-FÉ. MULTA DO ART. 81 DO CPC. RECURSO MANIFESTAMENTE INADMISSÍVEL. APLICAÇÃO DE MULTA. ART. 1.021, § 4º, DO CPC. MAJORAÇÃO DOS HONORÁRIOS. ART. 85, §11, DO CPC. 1. Não merece conhecimento o agravo no recurso especial que não impugna, especificamente, os fundamentos da decisão agravada. Incidência da Súmula n. 182/STJ. 2. Considera-se litigante de má-fé aquele que alterar a verdade dos fatos a teor do inciso II do artigo 80 do CPC. 3.O recurso mostra-se manifestamente inadmissível, a ensejar a aplicação da multa prevista no artigo 1.021, § 4º, do CPC, no percentual de 1% sobre o valor atualizado da causa, ficando a interposição de qualquer outro recurso condicionada ao depósito da respectiva quantia, nos termos do § 5º, do citado artigo de lei. 4. Em razão do trabalho adicional realizado em grau recursal, os honorários fixados anteriormente foram majorados nos termos do artigo 85, §11, do CPC. 5. Agravo não conhecido, com aplicação de multa. (STJ; AgInt no REsp 1626058; MA; Terceira Turma; Rel. Min. Nancy Andrighi; Julg. 21/02/2017; DJe 24/02/2017).

✓ AGRAVO REGIMENTAL NO RECURSO EXTRAORDINÁRIO COM AGRAVO. RESPONSABILIDADE CIVIL DO ESTADO. DANO MORAL. CARACTERIZAÇÃO. REEXAME DO CONJUNTO FÁTICO-PROBATÓRIO. SÚMULA Nº 279/STF. MAJORAÇÃO DE HONORÁRIOS. AGRAVO A QUE SE NEGA PROVIMENTO, COM APLICAÇÃO DE MULTA. I. Para se chegar à conclusão contrária à adotada pelo acórdão recorrido quanto à caracterização do dano moral, necessário seria o reexame do conjunto fático-probatório constante dos autos, o que atrai a incidência da Súmula nº 279/STF. II- Nos termos do art. 85, § 11, do CPC majoro em 10% o valor da verba honorária fixada anteriormente, observados os limites legais do art. 85, § 2º e § 3º, do CPC. III- Agravo regimental a que se nega provimento, com aplicação da multa prevista no art. 1.021, § 4º, do CPC. (STF; ARE 1007002; Segunda Turma; Rel. Min. Ricardo Lewandowski; DJE 11/04/2017; Pág. 142)

Majoração de honorários não depende de requerimento.

✓ AGRAVO INTERNO NO AGRAVO EM RECURSO ESPECIAL. PROCESSUAL CIVIL. SÚMULA N. 283/STF. AUSÊNCIA DE IMPUGNAÇÃO A FUNDAMENTO POR SI SÓ SUFICIENTE PARA MANTER O ACÓRDÃO RECORRIDO. PREVIDÊNCIA PRIVADA. PRETENSÃO DE INCLUSÃO DO FILHO INVÁLIDO COMO DEPENDENTE QUE NUNCA ANTES FIGUROU NESSA CONDIÇÃO. IMPOSSIBILIDADE. DESEQUILÍBRIO ATUARIAL. AUSENTE IMPUGNAÇÃO SUFICIENTE PARA INFIRMAR TAL FUNDAMENTO. HONORÁRIOS RECURSAIS. MAJORAÇÃO.

INCIDÊNCIA. PROVIDÊNCIA QUE INDEPENDE DE REQUERIMENTO DA PARTE CONTRÁRIA E QUE TEM COMO PRESSUPOSTO A SUCUMBÊNCIA RECURSAL. PARÂMETROS DOS § § 2º AO 6º DO ART. 85 DO CPC/2015 DEVIDAMENTE OBSERVADOS. AGRAVO INTERNO DESPROVIDO (STJ; AgInt no AgInt no AResp 974.482; DF; Rel. Min. Paulo de Tarso Sanseverino; Julg. 04/04/2017; DJe 10/04/2017)

Irrelevância da não apresentação de contrarrazões/contraminuta para a fixação de honorários.

✓ AGRAVO REGIMENTAL NO RECURSO EXTRAORDINÁRIO COM AGRAVO. RECURSO INTERPOSTO APÓS O NOVO CÓDIGO DE PROCESSO CIVIL. MÉRITO. INCIDÊNCIA DE MULTA. JULGAMENTO POR UNANIMIDADE. MAJORAÇÃO DE HONORÁRIOS ADVOCATÍCIOS. JULGAMENTO POR MAIORIA, VENCIDO O RELATOR ORIGINÁRIO. AGRAVO REGIMENTAL DESPROVIDO. MÉRITO RECURSAL. NECESSIDADE DE REVOLVIMENTO DE MATÉRIA FÁTICA E INTERPRETAÇÃO DE NORMAS LEGAIS. IMPOSSIBILIDADE NA ESTRITA SEARA DO RECURSO EXTRAORDINÁRIO. MULTA. ART. 1.021, § 4º, CÓDIGO DE PROCESSO CIVIL. AGRAVO. CABIMENTO. INTERPOSIÇÃO DE RECURSO MANIFESTAMENTE INFUNDADO. MAJORAÇÃO DE HONORÁRIOS ADVOCATÍCIOS EM 1/4 (UM QUARTO). ARTIGO 85, §11, CÓDIGO DE PROCESSO CIVIL. AUSÊNCIA DE RESPOSTA AO RECURSO. IRRELEVÂNCIA. MEDIDA DE DESESTÍMULO À LITIGÂNCIA PROCRASTINATÓRIA. CABIMENTO. VENCIDO O RELATOR ORIGINÁRIO, NO PONTO (STF; ARE 951257 AgR; RJ; Rel. orig. Min. Marco Aurélio, red. p/ o ac. Min. Edson Fachin; Julg. 27/09/2016).

✓ AGRAVO INTERNO NA AÇÃO ORIGINÁRIA. ART. 102, I, 'N', DA CRFB/88. INTERESSE DE TODOS OS MEMBROS DA MAGISTRATURA NÃO CONFIGURADO. INCOMPETÊNCIA ORIGINÁRIA DO STF. CARÁTER RESTRITO E TAXATIVO DE SUA COMPETÊNCIA. MAJORAÇÃO DOS HONORÁRIOS ADVOCATÍCIOS. ART. 85, §11, DO CPC/2015. DESNECESSIDADE DE EXISTÊNCIA DE CONTRARRAZÕES. (...). 3. A interposição de recurso sob a égide da nova lei processual possibilita a majoração dos honorários advocatícios (ora fixados em 10% dez por cento sobre o valor da causa), mesmo quando não apresentadas contrarrazões, nos termos do art. 85, § 11, do CPC/2015. 4. Agravo regimental a que se nega provimento (STF; AO 2063 AGR; CE, Rel. orig. Min. Marco Aurélio, red. p/ o ac. Min. Edson Fachin; Julg. 18/05/2016).

No cálculo dos honorários advocatícios devidos na fase de cumprimento de sentença, após o prazo legal para o pagamento voluntário da obrigação, não devem ser incluídas as parcelas vincendas da dívida

✓ RECURSO ESPECIAL. CUMPRIMENTO DE SENTENÇA. ART. 1.022 DO CPC/2015. VIOLAÇÃO. INEXISTÊNCIA. SENTENÇA CONDENATÓRIA. PENSÃO MENSAL. PAGAMENTO VOLUNTÁRIO. NÃO OCORRÊNCIA. HONORÁRIOS ADVOCATÍCIOS. BASE DE CÁLCULO. DÉBITO. ART. 523, § 1º, DO CPC/2015. PARCELAS VINCENDAS. INCLUSÃO. NÃO CABIMENTO. (...) 3. Na fase de conhecimento, o percentual da verba honorária advocatícia sucumbencial, quando decorrente da condenação em ação indenizatória com vistas à percepção de pensão mensal, deve incidir sobre o somatório das parcelas vencidas, acrescidas de uma anualidade das prestações. Precedentes. 4. Na fase de cumprimento de sentença, os honorários advocatícios, quando devidos após o cumprimento espontâneo da obrigação (art. 523, § 1º, do CPC/2015), são calculados sobre as parcelas vencidas da pensão mensal, não se aplicando o § 9º do art. 85 do CPC/2015. 5. Recurso especial provido. (REsp 1837146/MS, Rel. Min. Ricardo Villas Bôas Cueva, Terceira Turma, julgado em 11/02/2020, DJe 20/02/2020)

Fixação de honorários advocatícios em exceção de pré-executividade para exclusão de sócio em execução fiscal

✓ Execução fiscal. Exceção de pré-executividade. Exclusão do sócio do polo passivo. Prosseguimento da execução, em relação ao executado e/ou responsáveis. Honorários advocatícios. É possível a fixação de honorários advocatícios, em exceção de pré-executividade, quando o sócio é excluído do polo passivo da execução fiscal, que não é extinta. (REsp 1.764.405/SP, Rel. Min. Assusete Magalhães, Primeira Seção, julgado em 10/03/2021, Tema 961).

Art. 86. Se cada litigante for, em parte, vencedor e vencido, serão proporcionalmente distribuídas entre eles as despesas.

→ v. Art. 94 do CPC.

Parágrafo único. Se um litigante sucumbir em parte mínima do pedido, o outro responderá, por inteiro, pelas despesas e pelos honorários.

→ v. Súmulas 306 e 326 do STJ.

Repartição proporcional dos honorários

✓ AGRAVO INTERNO. RECURSO ESPECIAL. ATRASO NA ENTREGA DO IMÓVEL. INDENIZAÇÃO POR DANOS MORAIS. NÃO CABIMENTO. JURISPRUDÊNCIA ADOTADA NESTA CORTE. SUCUMBÊNCIA RECÍPROCA. ÔNUS PROPORCIONAIS. ART. 86, CAPUT, DO CPC/2015. NÃO PROVIMENTO. 1. Nos termos da jurisprudência do Superior Tribunal de Justiça, o atraso na entrega de imóvel não enseja, por si só, o dever de compensar danos de ordem moral. 2. Havendo decaimento das partes, em relação aos pedidos realizados na inicial, cabida a repartição proporcional dos ônus de sucumbência, conforme o disposto no art. 86, caput, do Código de Processo Civil/2015. 3. Agravo interno a que se nega provimento. (STJ, 4ª T., AgInt no REsp 1857415/RJ, Rel. Ministra Maria Isabel Gallotti, QUARTA TURMA, julgado em 26/10/2020, DJe 13/11/2020)

Sucumbência mínima torna desnecessária a redistribuição dos ônus sucumbenciais.

✓ PROCESSUAL CIVIL E TRIBUTÁRIO. AGRAVO INTERNO NO AGRAVO EM RECURSO ESPECIAL. AUTO DE INFRAÇÃO. VALOR DA MULTA REDUZIDO EM 99% (NOVENTA E NOVE POR CENTO) PELO TRIBUNAL DE ORIGEM. HONORÁRIOS. ART. 86, PARÁGRAFO ÚNICO, DO CPC/2015. SUCUMBÊNCIA MÍNIMA. 1. Assiste razão às partes contrárias quando afirmam que houve sucumbência mínima, na forma do art. 86, parágrafo único, do CPC/2015. 2.

Isso porque a nova capitulação do auto de infração trouxe uma redução de 99% (noventa e nove por cento) do valor da multa, devendo o Estado de Goiás ser condenado ao pagamento integral do ônus de sucumbência. 3. Agravo Interno não provido. (STJ, 2ª T., AgInt no AREsp 1680410/GO, Rel. Ministro Herman Benjamin, DJe 14/10/2020).

✓ AGRAVO INTERNO EM EMBARGOS DE DECLARAÇÃO EM RECURSO ESPECIAL. ACOLHIMENTO PARCIAL DO RECURSO ESPECIAL TÃO SOMENTE PARA RESTABELECER A TAXA REFERENCIAL - TR COMO ÍNDICE DE CORREÇÃO MONETÁRIA E A ATUALIZAÇÃO DO SALDO DEVEDOR EM MOMENTO ANTERIOR À AMORTIZAÇÃO DA DÍVIDA (SÚMULA 450/STJ). SUCUMBÊNCIA MÍNIMA DO AUTOR. ART. 86, PARÁGRAFO ÚNICO, DO CPC. AGRAVO INTERNO NÃO PROVIDO. 1. Não obstante o parcial provimento do recurso especial da instituição financeira – restabelecendo a Taxa Referencial – TR como índice de correção monetária e determinando a atualização do saldo devedor antes da amortização mediante o pagamento da prestação -, observa-se que esses quesitos em que os autores foram vencidos não tiveram expressiva repercussão no proveito econômico da demanda. Desse modo, configurada a hipótese de sucumbência mínima prevista no parágrafo único do art. 86 do CPC, ressoa desnecessária a redistribuição dos ônus sucumbenciais. 2. Agravo interno não provido. (STJ; AgInt nos EDcl no REsp 1313351; MS; Quarta Turma; Rel. Min. Luis Felipe Salomão; Julg. 16/05/2017; DJe 19/05/2017)

Comando para aguardar trânsito em julgado constitui sucumbência mínima.

✓ PROCESSUAL CIVIL. HONORÁRIOS ADVOCATÍCIOS. SUCUMBÊNCIA RECÍPROCA. INEXISTÊNCIA. 1. Conforme estabelecido pelo Plenário do STJ, "aos recursos interpostos com fundamento no CPC/2015 (relativos a decisões publicadas a partir de 18 de março de 2016) serão exigidos os requisitos de admissibilidade recursal na forma do novo CPC" (Enunciado Administrativo n. 3). 2. O agravado obteve o reconhecimento do direito de compensar os valores recolhidos a título de contribuição previdenciária incidente sobre o subsídio dos ocupantes de mandato eletivo, nos dez anos anteriores ao ajuizamento da ação, sem os limites do art. 89, § 3º, da Lei n. 8.212/1991 (redação da Lei n. 9.129/1995) e correção pela SELIC (art. 39, § 4º, da Lei n. 9.250/1995). 3. Hipótese em que, diante do que foi acolhido, o comando de que a compensação aguarde o trânsito em julgado do acórdão, nos termos do art. 170-A do Código Tributário Nacional, constitui sucumbência de parte mínima do pedido, dando ensejo à aplicação do art. 86, parágrafo único, do CPC/2015: "se um litigante sucumbir em parte mínima do pedido, o outro responderá por inteiro, pelas despesas e pelos honorários." 4. Agravo interno desprovido. (STJ; AgInt no AREsp 39.382/DF; Primeira Turma; Rel. Min. Gurgel de Faria; Julg. 16/05/2017; DJe 23/06/2017)

Art. 87. Concorrendo diversos autores ou diversos réus, os vencidos respondem proporcionalmente pelas despesas e pelos honorários.

→ *v.* Art. 257 do CC/2002.

§ 1º A sentença deverá distribuir entre os litisconsortes, de forma expressa, a responsabilidade proporcional pelo pagamento das verbas previstas no *caput*.

§ 2º Se a distribuição de que trata o § 1º não for feita, os vencidos responderão solidariamente pelas despesas e pelos honorários.

Litisconsórcio passivo e honorários com base no quinhão da dívida atribuído à parte vencedora

✓ PROCESSUAL CIVIL. AGRAVO INTERNO NO AGRAVO EM RECURSO ESPECIAL. RECURSO MANEJADO SOB A ÉGIDE DO CPC. AÇÃO DE RESOLUÇÃO CONTRATUAL. ATRASO NA ENTREGA DE IMÓVEL. ILEGITIMIDADE PASSIVA. RECONHECIMENTO. AUSÊNCIA DE CONDENAÇÃO. VERBA HONORÁRIA SUCUMBENCIAL. FIXAÇÃO. APRECIAÇÃO EQUITATIVA. IMPOSSIBILIDADE. LIMITES PERCENTUAIS PREVISTOS NO ART. 85, § 2º, DO CPC. ENTENDIMENTO FIRMADO NA EG. SEGUNDA SEÇÃO DO STJ (RESP Nº 1.746.072/PR, DJE 29/3/2019). DECISÃO MANTIDA. AGRAVO INTERNO NÃO PROVIDO. 1. Aplica-se o CPC a este julgamento ante os termos do Enunciado Administrativo nº 3, aprovado pelo Plenário do STJ na sessão de 9/3/2016: Aos recursos interpostos com fundamento no CPC/2015 (relativos a decisões publicadas a partir de 18 de março de 2016) serão exigidos os requisitos de admissibilidade recursal na forma do novo CPC. 2. Na espécie, o acórdão recorrido divergiu do entendimento firmado pela Segunda Seção do STJ, no julgamento do REsp nº 1.746.072/PR, Rel. Ministra NANCY ANDRIGHI, Rel. p/ Acórdão Ministro RAUL ARAÚJO, DJe 29/3/2019. 3. Considerando, no entanto, que a demanda foi proposta contra quatro pessoas jurídicas em litisconsórcio passivo, é razoável supor que o quinhão ideal da dívida pelo qual responderia a BFC seria de apenas um quarto do valor reclamado, devendo, portanto, tal verba honorária ser arbitrada em proporção àquilo que deixou de pagar. 4. Agravo interno não provido. (STJ, 3ª T., AgInt no AREsp 1621447/DF, Rel. Ministro Moura Ribeiro, DJe 03/09/2020)

Art. 88. Nos procedimentos de jurisdição voluntária, as despesas serão adiantadas pelo requerente e rateadas entre os interessados.

→ *v.* Art. 719 e ss. do CPC.

Art. 89. Nos juízos divisórios, não havendo litígio, os interessados pagarão as despesas proporcionalmente a seus quinhões.

→ *v.* Art. 1.320 do CC/2002.

→ *v.* Art. 14, § 4.º, da Lei 9.289/1996.

Art. 90. Proferida sentença com fundamento em desistência, em renúncia ou em reconhecimento do pedido, as despesas e os honorários serão pagos pela parte que desistiu, renunciou ou reconheceu.

→ *v.* Arts. 485, VIII, e 487, III, **c**, do CPC.

§ 1º Sendo parcial a desistência, a renúncia ou o reconhecimento, a responsabilidade pelas despesas e pelos honorários será proporcional à parcela reconhecida, à qual se renunciou ou da qual se desistiu.

§ 2º Havendo transação e nada tendo as partes disposto quanto às despesas, estas serão divididas igualmente.

§ 3º Se a transação ocorrer antes da sentença, as partes ficam dispensadas do pagamento das custas processuais remanescentes, se houver.

§ 4º Se o réu reconhecer a procedência do pedido e, simultaneamente, cumprir integralmente a prestação reconhecida, os honorários serão reduzidos pela metade.

→ *V.* Enunciado 9 do CJF: Aplica-se o art. 90, § 4º, do CPC ao reconhecimento da procedência do pedido feito pela Fazenda Pública nas ações relativas às prestações de fazer e de não fazer.

→ *V.* Enunciado 10 do CJF: O benefício do § 4º do art. 90 do CPC aplica-se apenas à fase de conhecimento.

Inaplicabilidade do § 4º ao cumprimento de sentença

✓ PROCESSUAL CIVIL. RECURSO ESPECIAL. REDUÇÃO DE HONORÁRIOS PELA METADE EM CUMPRIMENTO DE SENTENÇA CONTRA A FAZENDA PÚBLICA NÃO IMPUGNADO. ART. 90, § 4º, DO CPC/2015. IMPOSSIBILIDADE. EXISTÊNCIA DE NORMA ESPECÍFICA. ART. 85, § 7º, DO CPC/2015. NORMA INCOMPATÍVEL COM A SISTEMÁTICA DOS PRECATÓRIOS. INCIDÊNCIA DE HONORÁRIOS EM EXECUÇÃO SUJEITA À EXPEDIÇÃO DE RPV. RECURSO NÃO PROVIDO. 1. Cinge-se a controvérsia a definir se a previsão do § 4º do art. 90 do CPC/2015 se aplica aos cumprimentos de sentença não impugnados, total ou parcialmente, pela Fazenda Pública. 2. Da análise sistemática do diploma legal, verifica-se não haver espaço para a incidência da norma em comento no cumprimento de sentença, pois a aplicação de dispositivos legais relativos ao procedimento comum nos procedimentos especiais e no processo de execução é expressamente subsidiária, nos termos do parágrafo único do art. 318 do Código de Ritos. 3. Com relação ao cumprimento de sentença contra a Fazenda Pública, há previsão específica de isenção de honorários em caso de ausência de impugnação, qual seja, o § 7º do art. 85 do CPC/2015. Portanto, o próprio Código de Processo Civil rege a hipótese de ausência de impugnação, não havendo que se cogitar a aplicação de outra disposição normativa de forma subsidiária.4. Por outro lado, deve-se ressaltar que a previsão legal é incompatível com o procedimento de execução ao qual está sujeita a Fazenda Pública, por não haver possibilidade de adimplemento simultâneo da dívida reconhecida, ante a necessidade de expedição de Precatório ou Requisição de Pequeno Valor. 5. Não assiste razão à parte recorrente em pretender obter o mesmo benefício dos particulares. Primeiro, porque os entes públicos já possuem prerrogativas constitucionais e legais que os colocam em situação favorável em relação aos particulares. Segundo, porque o art. 90, § 4º, do CPC/2015 não se aplica ao cumprimento de sentença que reconhece a exigibilidade de obrigação de pagar quantia certa, tendo em vista a existência de norma específica que isenta o executado do pagamento de honorários, em caso de pagamento voluntário do débito no prazo legal de 15 (quinze) dias (art. 523, caput e § 1º, do CPC/2015). 6. Esta Corte firmou jurisprudência de que são devidos honorários em execuções contra a Fazenda Pública relativas a quantias sujeitas ao regime de Requisições de Pequeno Valor (RPV), ainda que não haja impugnação. Precedentes. 7. Recurso especial a que se nega provimento. (STJ, 2ª T., REsp 1664736/RS, Rel. Ministro Og Fernandes, DJe 17/11/2020)

Transação não caracteriza sucumbência

✓ RECURSO ESPECIAL. PROCESSUAL CIVIL. PREQUESTIONAMENTO. AUSÊNCIA. SÚMULA 211/STJ. EXECUÇÃO. CÉDULA DE CRÉDITO RURAL. RENEGOCIAÇÃO DA DÍVIDA. EXTINÇÃO IMPRÓPRIA. MODIFICAÇÃO DO DIREITO DE CRÉDITO. HONORÁRIOS ADVOCATÍCIOS. PRINCÍPIO DA CAUSALIDADE. CAUSA SUPERVENIENTE. RESPONSABILIDADE. ATUAÇÃO BILATERAL DAS PARTES. ART. 12 DA LEI 13.340/16. ART. 90, § 2º, DO CPC/15. DISTRIBUIÇÃO IGUALITÁRIA. 1. Cuida-se de execução fundada em Cédula de Crédito Rural Pignoratícia e Hipotecária que foi extinta em razão da renegociação da dívida, nos termos da Lei 13.340/16. 2 Recurso especial interposto em: 09/04/2019; conclusos ao gabinete em: 09/09/2019. Aplicação do CPC/15. 3. O propósito recursal consiste em determinar se, em virtude da renegociação, realizada com fundamento na Lei 13.340/16, da dívida inscrita em cédula de crédito rural pignoratícia e hipotecária, com a consequente extinção do processo executivo, devem ser os executados condenados a pagar honorários advocatícios em favor dos patronos do exequente. 4. A ausência de decisão acerca dos dispositivos legais indicados como violados, não obstante a interposição de embargos de declaração, impede o conhecimento do recurso especial. 5. A condenação ao pagamento de honorários advocatícios é uma consequência objetiva da extinção do processo, sendo orientada, em caráter principal, pelo princípio da sucumbência e, subsidiariamente, pelo da causalidade. 6. O princípio da causalidade atende a uma razão de justiça distributiva e demanda que se questione comportamento das partes antes e no decorrer do processo. 7. A aplicação da causalidade e a justa distribuição das despesas e dos honorários resulta na imputação da responsabilidade a quem tornou necessário o processo ou quem seja responsável pela causa superveniente que ensejou sua extinção. Precedentes. 8. O processo executivo pode encontrar termo de maneira anômala e antecipada nos casos em que se extingue o próprio direito de crédito do exequente, por qualquer dos meios liberatórios previstos no direito material, ainda que extraprocessuais. 9. O acordo bilateral entre as partes, envolvido na renegociação da dívida, demanda reciprocidade das concessões, não caracteriza sucumbência e é resultado da conduta de ambas as partes. Nessa situação, os honorários devem ser arcados por cada parte, em relação a seu procurador (arts. 90, § 2º, do CPC/15 e 12 da Lei 13.340/16). 10. Recurso especial parcialmente conhecido e, no ponto, desprovido. (STJ, 3ª T, REsp 1836703/TO, Rel. Ministra NANCY ANDRIGHI, TERCEIRA TURMA, julgado em 06/10/2020, DJe 15/10/2020)

Reconhecimento do pedido e fixação de honorários.

✓ PROCESSO CIVIL. EMBARGOS DE DIVERGÊNCIA. HONORÁRIOS ADVOCATÍCIOS. RECONHECIMENTO DO PEDIDO. ART. 26 DO CPC/1973. 1. A transação enseja a extinção do feito com resolução de mérito (art. 269, III, do CPC) e, via de regra, não dá azo à sucumbência, haja vista pressupor, necessariamente, reciprocidade de concessões. A desistência ou o reconhecimento do pedido, ao revés, conforme disposto no art. 26 do CPC, enseja a fixação da verba honorária (arts. 85, §§ 6º e 10, e 90, do CPC/2015). Precedentes. 2. No caso, verifica-se que não ocorreu nem a transação nem a desistência da demanda, tendo em vista que o Município, no curso do processo, efetivamente reconheceu o direito da concessionária embargante, tanto que veio a anular 99,9% dos lançamentos tributários impugnados neste feito, atraindo, portanto, a incidência da norma prevista no art. 26 do CPC (e art. 90 do novo CPC). 3. Assim, considerando as peculiaridades da situação em exame, e tendo a Municipalidade dado causa ao ajuizamento da ação anulatória, reconhecendo posteriormente a procedência do pedido, ressoa inequívoca a inexistência do direito dos advogados embargados ao arbitramento da verba honorária de sucumbência, haja vista terem sido eles os patronos do Município. 4. Embargos de divergência procedentes. (STJ; EREsp 1322337; RJ; Corte Especial; Rel. Min. Og Fernandes, Rel. p/ Acórdão Min. Luis Felipe Salomão; Julg. 19/04/2017; DJe 07/06/2017)

Transação: silentes as partes, as despesas são divididas igualmente.

✓ AGRAVO REGIMENTAL NO RECURSO ESPECIAL. PROCESSUAL CIVIL. TRANSAÇÃO APÓS SENTENÇA. DESPESAS PROCESSUAIS. 1 - No silêncio acerca da distribuição das despesas processuais, estas serão divididas igualmente entre as partes. 2 - Inteligência do art. 26, § 2.º do CPC/73, bem como do art. 90, § 2.º do novel CPC/2015. 3 - AGRAVO REGIMENTAL DESPROVIDO. (STJ; AgRg no REsp 1400402; SC; Terceira Turma; Rel. Min. Paulo de Tarso Sanseverino; Julg. 05/04/2016; DJe 11/04/2016)

Art. 91. As despesas dos atos processuais praticados a requerimento da Fazenda Pública, do Ministério Público ou da Defensoria Pública serão pagas ao final pelo vencido.

→ v. Súmulas 190, 232 e 483 do STJ.

→ v. Art. 39 da Lei 6.830/1980.

§ 1º As perícias requeridas pela Fazenda Pública, pelo Ministério Público ou pela Defensoria Pública poderão ser realizadas por entidade pública ou, havendo previsão orçamentária, ter os valores adiantados por aquele que requerer a prova.

§ 2º Não havendo previsão orçamentária no exercício financeiro para adiantamento dos honorários periciais, eles serão pagos no exercício seguinte ou ao final, pelo vencido, caso o processo se encerre antes do adiantamento a ser feito pelo ente público.

Despesas e Ministério Público

✓ PROCESSUAL CIVIL. AGRAVO INTERNO EM RECURSO EM MANDADO DE SEGURANÇA. AÇÃO CIVIL PÚBLICA. ADIANTAMENTO DE HONORÁRIOS PERICIAIS. RESPONSABILIDADE DA FAZENDA PÚBLICA À QUAL SE ENCONTRA VINCULADO O PARQUET, COM RESSALVA DE COMPREENSÃO DO RELATOR. ENTENDIMENTO DESTE TRIBUNAL. ACÓRDÃO PARADIGMA: RESP. 1.253.844/SC, REL. MIN. MAURO CAMPBELL MARQUES, DJE 17.10.2013, JULGADO SOB O RITO DO ART. 543-C DO CÓDIGO BUZAID. COMPREENSÃO MANTIDA MESMO COM O ADVENTO DO CÓDIGO FUX. AGRAVO INTERNO DO ENTE FEDERATIVO DESPROVIDO. 1. Cinge-se a controvérsia em saber quem é responsável pelos honorários periciais em Ação Civil Pública ajuizada pelo Ministério Público. 2. A Fazenda Pública Bandeirante sustenta que não pode arcar com essa despesa, não apenas porque não participou do processo, como também porque, para aplicar o entendimento firmado no Recurso Especial Repetitivo 1.253.844/SC, deverá ser afastada a aplicação do art. 18 da LACP e _ considerando a omissão da norma quanto à responsabilidade pelo adiantamento dos honorários periciais _ deverá ser aplicado o Código Fux, em observância ao 19 da LACP. 3. De fato, exigir da Fazenda Pública o depósito de emolumentos, custas, honorários periciais e quaisquer outras despesas, quando o autor da ação for o Ministério Público, significa, na prática, derrogar o art. 18 da Lei da Ação Civil Pública. Quando o autor da Ação Civil Pública for o Ministério Público, não há adiantamento de despesa alguma, seja a que título for. Exigir-se o depósito da Fazenda Pública significa fazer um contorno da prerrogativa ministerial: o Ministério Público não pagaria, então a Fazenda Pública pagaria. Isso seria um détournement de pouvoir em derredor do Ministério Público. 4. Não se pode subscrever a afirmação de que o Ministério Público é vinculado à Fazenda Pública. O Ministério Público não é vinculado nem à Fazenda Pública nem a ninguém. A expressão vinculado passa, inadvertidamente, a ideia de que o Ministério Público é uma espécie de Advogado da Fazenda Pública ou de representante da Fazenda Pública ou de seu curador, quando não o é. O Ministério Público é absolutamente independente de qualquer dos Poderes e de qualquer poder social. 5. Contudo, apesar desse enfoque de compreensão, esta Corte Superior tem manifestado a tese de que a Fazenda Pública é responsável pelos honorários periciais, não havendo falar-se em overrruling do Código Fux quanto ao julgamento repetitivo que havia definido a questão (AgInt no RMS 59.738/SP, Rel. Min. SÉRGIO KUKINA, DJe 06.06.2019; AgInt no RMS 60.306/SP, Rel. Min. REGINA HELENA COSTA, DJe 22.05.2019; AgInt no RMS 60.205/SP, Rel. Min. ASSUSETE MAGALHÃES, DJe 23.05.2019). 6. Além disso, registre-se que não há falar em violação da cláusula de reserva de plenário, bem como da Súmula Vinculante 10, porquanto não houve declaração de inconstitucionalidade do art. 91, § 1o. do Código Fux, mas apenas subsunção dos fatos à norma, mediante a aplicação do princípio da especialidade, para resolver o conflito aparente de normas (AgInt no RMS 60.339/SP, Rel. Min. OG FERNANDES, DJe 26.08.2020). 7. Assim sendo, o Tribunal de origem, ao assinalar que a necessidade de remunerar os trabalhos periciais levou a Jurisprudência a consolidar entendimento de que, diante deste impasse, é aplicável, analogicamente, a Súmula 232 do C. Superior Tribunal de Justiça, impondo-se o ônus financeiro à Fazenda Pública tese que restou consolidada no Tema 510 de Recursos repetitivos (fls. 357/358) manifestou linha de compreensão que está em plena sintonia com o entendimento desta Corte Superior. 8. Agravo Interno do Ente Federativo desprovido. (STJ, 1ª T., AgInt no RMS 63.870/SP, Rel. Ministro Napoleão Nunes Maia Filho, DJe 17/11/2020)

Ação civil pública e adiantamento de honorários periciais pela Fazenda Pública

✓ PROCESSUAL CIVIL. AGRAVO INTERNO SUBMETIDO AO ENUNCIADO ADMINISTRATIVO 3/STJ. MANDADO DE SEGURANÇA. AÇÃO CIVIL PÚBLICA AMBIENTAL. ADIANTAMENTO DE HONORÁRIOS PERICIAIS. ENCARGO DA FAZENDA PÚBLICA. ENTENDIMENTO FORMADO EM RECURSO ESPECIAL REPETITIVO. 1. Decorre o presente recurso de mandado de segurança impetrado contra decisão judicial que determinara à Fazenda do Estado de São Paulo o custeio referente ao adiantamento dos honorários periciais em sede ação civil pública promovida pelo Ministério Público do Estado de São Paulo. 2. A Primeira Seção desta Corte, em sede de julgamento recurso especial repetitivo, assentou o entendimento de que, em sede de ação civil pública promovida pelo Ministério Público, o adiantamento dos honorários periciais ficará a cargo da Fazenda Pública a que está vinculado o Parquet, pois não é cabível obrigar o perito a exercer seu ofício gratuitamente, tampouco transferir ao réu o encargo de financiar ações contra ele movidas (REsp 1253844/SC, de minha relatoria, DJe de 17/10/2013). Aplicação analógica da orientação da Súmula 232/STJ: "A Fazenda Pública, quando parte no processo, fica sujeita à exigência do depósito prévio dos honorários do perito". 3. Ademais, "[n]ão se sustenta a tese de aplicação das disposições contidas no art. 91 do Novo CPC, as quais alteraram a responsabilidade pelo adiantamento dos honorários periciais; isto porque a Lei 7.347/1985 dispõe de regime especial de custas e despesas processuais, e, por conta de sua especialidade, referida norma se aplica à Ação Civil Pública, derrogadas, no caso concreto, as normas gerais do Código de Processo Civil" (RMS 55.476/SP, Rel. Min. Herman Benjamin, Segunda Turma, DJe de 19/12/2017). 4. Agravo interno não provido. (STJ, 2ª T., AgInt no RMS 61.873/SP, Rel. Ministro Mauro Campbell Marques, DJe 19/12/2019)

Dispensa do recolhimento de despesas: réu citado por edital com atuação de advogado dativo ou Defensoria Pública.

✓ EMBARGOS DE DECLARAÇÃO EM AGRAVO REGIMENTAL EM AGRAVO EM RECURSO ESPECIAL. OMISSÃO CONFIGURADA. CURADORIA ESPECIAL. RÉU CITADO POR EDITAL. ART. 72, II, DO CPC. RECOLHIMENTO DE PREPARO RECURSAL. DESNECESSIDADE. ACOLHIMENTO DOS EMBARGOS DE DECLARAÇÃO, PARA AFASTAR A DESERÇÃO DO RECURSO ESPECIAL. AGRAVO EM RECURSO ESPECIAL. AUSÊNCIA DE IMPUGNAÇÃO ESPECÍFICA AOS FUNDAMENTOS DA DECISÃO PROFERIDA PELO TRIBUNAL DE ORIGEM. ART. 544, § 4º, I, DO CPC DE 1973. (...) 3. A nomeação de curador especial, nas hipóteses previstas no inciso II do art. 72 do CPC (correspondente ao art. 9º, II, do CPC de 1973), está calcada nos princípios constitucionais da ampla defesa e do contraditório, porquanto presume-se que a parte esteja impossibilitada de exercer os seus direitos, de sorte que o instituto é servil à defesa dos interesses do curatelado em situações de vulnerabilidade que ultrapassam o critério socioeconômico. Precedente: REsp 511.805/MG, Rel. Ministro Teori Albino Zavascki, Primeira Turma; Julg. 17/08/2006, DJ de 31/08/2006, p. 198. 4. O advogado dativo e a defensoria pública, no exercício da curadoria especial prevista no inciso II do art. 72 do CPC, estão dispensados do recolhimento de preparo recursal, independentemente do deferimento de gratuidade de justiça em favor do curatelado especial, sob pena de limitação, de um ponto de vista prático, da defesa dos interesses do curatelado ao primeiro grau de jurisdição, porquanto não se vislumbra que o curador especial se disporia em custear esses encargos por sua própria conta e risco. 5. As despesas relativas aos atos processuais praticados pelo curador especial – dentre elas o preparo recursal – serão custeadas pelo vencido ao final do processo, consoante disposto no caput do art. 91 do Código de Processo Civil de 2015, observado o regramento relativo à gratuidade de justiça (...) (STJ; EDcl no AgRg no AREsp 738.813; RS; Quarta Turma; Rel. Min. Luis Felipe Salomão; Julg. 15/08/2017; DJe 18/08/2017)

Art. 92. Quando, a requerimento do réu, o juiz proferir sentença sem resolver o mérito, o autor não poderá propor novamente a ação sem pagar ou depositar em cartório as despesas e os honorários a que foi condenado.

→ *v.* Arts. 485 e 486, § 2º do CPC.

Art. 93. As despesas de atos adiados ou cuja repetição for necessária ficarão a cargo da parte, do auxiliar da justiça, do órgão do Ministério Público ou da Defensoria Pública ou do juiz que, sem justo motivo, houver dado causa ao adiamento ou à repetição.

→ *v.* Arts. 143 e 362, § 2º, do CPC.

Art. 94. Se o assistido for vencido, o assistente será condenado ao pagamento das custas em proporção à atividade que houver exercido no processo.

Art. 95. Cada parte adiantará a remuneração do assistente técnico que houver indicado, sendo a do perito adiantada pela parte que houver requerido a perícia ou rateada quando a perícia for determinada de ofício ou requerida por ambas as partes.

→ *v.* Súmula 232 do STJ.

→ *v.* Art. 10 da Lei 9.289/1996.

§ 1º O juiz poderá determinar que a parte responsável pelo pagamento dos honorários do perito deposite em juízo o valor correspondente.

§ 2º A quantia recolhida em depósito bancário à ordem do juízo será corrigida monetariamente e paga de acordo com o art. 465, § 4º.

§ 3º Quando o pagamento da perícia for de responsabilidade de beneficiário de gratuidade da justiça, ela poderá ser:

I – custeada com recursos alocados no orçamento do ente público e realizada por servidor do Poder Judiciário ou por órgão público conveniado;

II – paga com recursos alocados no orçamento da União, do Estado ou do Distrito Federal, no caso de ser realizada por particular, hipótese em que o valor será fixado conforme tabela do tribunal respectivo ou, em caso de sua omissão, do Conselho Nacional de Justiça.

§ 4º Na hipótese do § 3º, o juiz, após o trânsito em julgado da decisão final, oficiará a Fazenda Pública para que promova, contra quem tiver sido condenado ao pagamento das despesas processuais, a execução dos valores gastos com a perícia particular ou com a utilização de servidor público ou da estrutura de órgão público, observando-se, caso o responsável pelo pagamento das despesas seja beneficiário de gratuidade da justiça, o disposto no art. 98, § 2º.

§ 5º Para fins de aplicação do § 3º, é vedada a utilização de recursos do fundo de custeio da Defensoria Pública.

Responsabilidade do Estado pelo custeio na assistência gratuita

✓ PROCESSUAL CIVIL. RECURSO EM MANDADO DE SEGURANÇA. HONORÁRIOS DE PERITO. LITIGANTE BENEFICIÁRIO DA ASSISTÊNCIA JUDICIÁRIA. RESPONSABILIDADE DO ESTADO PELO CUSTEIO DA PERÍCIA. LIMITAÇÃO TABELA CNJ. APLICAÇÃO. ARTS. 95, § 2º, DO CPC E 2º DA RESOLUÇÃO CNJ Nº 232/2016. 1. A responsabilidade do Estado pelo custeio dos honorários de perito nos casos de assistência judiciária gratuita está limitada pelo art. 95, § 2º, do Código de Processo Civil, bem como pela Resolução do Conselho Nacional de Justiça – CNJ nº 232/2016, que estabelecem a aplicação da tabela de honorários do respectivo Tribunal ou, na ausência, da tabela do Conselho Nacional de Justiça. 2. A limitação diz respeito unicamente à responsabilidade financeira do Estado, que não retira a responsabilidade do sucumbente quanto a eventual verba honorária remanescente, sendo aplicada a suspensão legal do crédito nos termos da lei (art. 98, §§ 2º e 3º, do Código de Processo Civil). 3. Recurso provido. (STJ, 4ª T., RMS 61.105/MS, Rel. Ministra Maria Isabel Gallotti, DJe 13/12/2019)

Art. 96. O valor das sanções impostas ao litigante de má-fé reverterá em benefício da parte contrária, e o valor das sanções impostas aos serventuários pertencerá ao Estado ou à União.

Órgão público como parte e destinação da multa

✓ PROCESSUAL CIVIL. RECURSO ESPECIAL. MULTA. AGRAVO INTERNO MANIFESTAMENTE INADIMISSÍVEL OU IMPROCEDENTE. ART. 1.021, § 4º, DO CPC/2015. DESTINAÇÃO DO VALOR. FUNDO DE APARELHAMENTO DO PODER JUDICIÁRIO. ART. 97 DO CPC/2015. DESTINAÇÃO INDEVIDA. VALOR QUE DEVERÁ SER DIRECIONADO À PARTE CONTRÁRIA. RECURSO PROVIDO. 1. Cinge-se a controvérsia à destinação do valor da multa aplicada com amparo no art. 1.021, § 4º, do CPC/2015. Enquanto o recorrente defende que a quantia seria devida a ele, o órgão colegiado entendeu que o montante da sanção processual seria destinada ao Fundo de Aparelhamento do Poder Judiciário, por força do art. 97 do CPC/2015. 2. A regra insculpida no art. 97 do CPC/2015, segundo a qual os valores das sanções devidas à União ou aos Estados poderão ser revertidos aos fundos de modernização do Poder Judiciário têm aplicação restrita aos casos de ato atentatório à dignidade da justiça, conforme dispõe o art. 77, § 3º, do CPC/2015, e aos casos de sanções impostas aos serventuários, consoante o art. 96 do CPC/2015. 3. Portanto, quando ocorre a circunstância de ser aplicada multa processual cujo destinatário seja a parte contrária, a esta deverá ser direcionado o montante da sanção, ainda que corresponda justamente ao ente público ao qual pertence o órgão do poder judiciário no qual tramita a ação. 4. Dessa forma, a multa processual deverá ser destinada ao recorrente e não ao Fundo de Aparelhamento do Poder Judiciário. 5. Recurso especial provido. (STJ, 2ª T., REsp 1846734/RS, Rel. Ministro Og Fernandes, DJe 14/02/2020)

Art. 97. A União e os Estados podem criar fundos de modernização do Poder Judiciário, aos quais serão revertidos os valores das sanções pecuniárias processuais destinadas à União e aos Estados, e outras verbas previstas em lei.

Seção IV
Da Gratuidade da Justiça

→ *V.* Lei 1.060/1950 (e art. 1.072, III do CPC, a respeito dos dispositivos revogados).

Art. 98. A pessoa natural ou jurídica, brasileira ou estrangeira, com insuficiência de recursos para pagar as custas, as despesas processuais e os honorários advocatícios tem direito à gratuidade da justiça, na forma da lei.

→ *V.* Súmula 481/STJ.

→ *V.* Arts. 62 e 63 do RISTF.

→ *V.* Arts. 114 a 116 do RISTJ.

§ 1º A gratuidade da justiça compreende:

I – as taxas ou as custas judiciais;

II – os selos postais;

III – as despesas com publicação na imprensa oficial, dispensando-se a publicação em outros meios;

IV – a indenização devida à testemunha que, quando empregada, receberá do empregador salário integral, como se em serviço estivesse;

V – as despesas com a realização de exame de código genético – DNA e de outros exames considerados essenciais;

→ *V.* Art. 129, parágrafo único, da Lei 8.213/1991.

VI – os honorários do advogado e do perito e a remuneração do intérprete ou do tradutor nomeado para apresentação de versão em português de documento redigido em língua estrangeira;

VII – o custo com a elaboração de memória de cálculo, quando exigida para instauração da execução;

VIII – os depósitos previstos em lei para interposição de recurso, para propositura de ação e para a prática de outros atos processuais inerentes ao exercício da ampla defesa e do contraditório;

IX – os emolumentos devidos a notários ou registradores em decorrência da prática de registro, averbação ou qualquer outro ato notarial necessário à efetivação de decisão judicial ou à continuidade de processo judicial no qual o benefício tenha sido concedido.

→ *V.* Lei 6.515/1977 – Regula os casos de dissolução da sociedade conjugal e do casamento, seus efeitos e respectivos processos.

§ 2º A concessão de gratuidade não afasta a responsabilidade do beneficiário pelas despesas processuais e pelos honorários advocatícios decorrentes de sua sucumbência.

→ *V.* Art. 85 do CPC.

§ 3º Vencido o beneficiário, as obrigações decorrentes de sua sucumbência ficarão sob condição suspensiva de exigibilidade e somente poderão ser executadas se, nos 5 (cinco) anos subsequentes ao trânsito em julgado da decisão que as certificou, o credor demonstrar que deixou de existir a situação de insuficiência de recursos que justificou a concessão de gratuidade, extinguindo-se, passado esse prazo, tais obrigações do beneficiário.

§ 4º A concessão de gratuidade não afasta o dever de o beneficiário pagar, ao final, as multas processuais que lhe sejam impostas.

§ 5º A gratuidade poderá ser concedida em relação a algum ou a todos os atos processuais, ou consistir na redução percentual de despesas processuais que o beneficiário tiver de adiantar no curso do procedimento.

§ 6º Conforme o caso, o juiz poderá conceder direito ao parcelamento de despesas processuais que o beneficiário tiver de adiantar no curso do procedimento.

§ 7º Aplica-se o disposto no art. 95, §§ 3º a 5º, ao custeio dos emolumentos previstos no § 1º, inciso IX, do presente artigo, observada a tabela e as condições da lei estadual ou distrital respectiva.

§ 8º Na hipótese do § 1º, inciso IX, havendo dúvida fundada quanto ao preenchimento atual dos pressupostos para a concessão de gratuidade, o notário ou registrador, após praticar o ato, pode requerer, ao juízo competente para decidir questões notariais ou registrais, a revogação total ou parcial do benefício ou a sua substituição pelo parcelamento de que trata o § 6º deste artigo, caso em que o beneficiário será citado para, em 15 (quinze) dias, manifestar-se sobre esse requerimento.

Possibilidade de condenação do beneficiário a ressarcir as despesas processuais

✓ PROCESSUAL CIVIL E TRIBUTÁRIO. SUSPENSÃO DA EXECUÇÃO FISCAL. MANDADO DE SEGURANÇA. AUSÊNCIA DE DIREITO LÍQUIDO E CERTO. CONDENAÇÃO DO BENEFICIÁRIO DA JUSTIÇA GRATUITA AO PAGAMENTO DAS CUSTAS PROCESSUAIS. POSSIBILIDADE. SÚMULA N. 211 DO STJ. (...) III – Conforme a pacífica jurisprudência do Superior Tribunal de Justiça, é cabível a condenação do beneficiário da justiça gratuita ao pagamento das custas processuais, porquanto apenas a exigibilidade delas permanece suspensa enquanto perdurar a condição de hipossuficiência financeira que justificou a concessão da benesse. Precedentes: REsp n. 1.545.053/CE, Relator Ministro Og Fernandes, Segunda Turma, julgado em 19/9/2017, DJe 22/9/2017; e AgInt no AREsp n. 1.577.068/RS, Relator Ministro Raul Araújo, Quarta Turma, julgado em 20/4/2020, DJe 4/5/2020. IV – Configurada a ausência do indispensável requisito do prequestionamento, impõe-se o não conhecimento do recurso especial. Incide, sobre a hipótese, o óbice ao conhecimento recursal constante do enunciado da Súmula n. 211 do STJ. V – Conhecido o agravo para conhecer parcialmente do recurso especial e, nessa parte, negar-lhe provimento. (STJ, 2ª T., AREsp 1506013/SP, Rel. Ministro Francisco Falcão, DJe 04/09/2020)

Necessidade de comprovação da insuficiência de recursos pela pessoa jurídica.

✓ RECURSO ESPECIAL. GRATUIDADE DE JUSTIÇA. PESSOA JURÍDICA. COMPROVAÇÃO DA HIPOSSUFICIÊNCIA. NECESSIDADE. SÚMULA Nº 481/STJ. ALTERAÇÃO DAS PREMISSAS DO ACÓRDÃO RECORRIDO. IMPOSSIBILIDADE. SÚMULA Nº 7/STJ. ACÓRDÃO RECORRIDO EM HARMONIA COM A JURISPRUDÊNCIA DO STJ. SÚMULA Nº 83/STJ. 1. O STJ possui entendimento de que a pessoa jurídica poderá obter a Assistência Judiciária Gratuita, desde que comprove a impossibilidade de arcar com as despesas do processo. Súmula nº 481/STJ". 2. Não há espaço para a revisão da conclusão acerca da não comprovação da hipossuficiência da parte recorrente, tendo em vista o que preconiza a Súmula nº 7/STJ. 3. Acórdão recorrido em consonância com a orientação firmada no STJ. Incidência da Súmula nº 83/STJ. 4. Recurso Especial não provido. (STJ; REsp 1.728.142; Proc. 2018/0051430-9; SP; Rel. Min. Luis Felipe Salomão; Julg. 12/03/2018; DJE 20/03/2018; Pág. 6551)

Expetativa futura de renda e deferimento da assistência gratuita

✓ PROCESSUAL CIVIL. CÓDIGO DE PROCESSO CIVIL DE 2015. BENEFÍCIO DA GRATUIDADE DE JUSTIÇA. MUDANÇA DO ESTADO DE MISERABILIDADE EM RAZÃO DE FUTURA VENDA DE BEM PENHORADO EM LEILÃO JUDICIAL. REVOGAÇÃO DO BENEFÍCIO. INEXISTÊNCIA DE FATO NOVO. IMPOSSIBILIDADE. APLICAÇÃO DO ART. 98, § 3º, do CPC/2015. PRECEDENTES DO STJ. 1. O STJ entende que o aferimento da insuficiência econômica para fins da assistência judiciária gratuita deve ser realizado ante as circunstâncias concretas em que se encontra a pessoa (natural ou jurídica) no momento em que formula o correspondente pedido. 2. Dessa forma, é insuficiente para o afastamento da suspensão da exigibilidade da prestação de honorários mencionada no art. 98, § 3º, do CPC/2015 a expectativa de que a parte beneficiada com o deferimento da gratuidade seria capaz de pagar os valores após a venda do bem penhorado em leilão judicial. 3. Ressalte-se que a essência da gratuidade de justiça está em dispensar o beneficiário do adiantamento das custas e despesas processuais, a fim de que não seja obstado o exercício pleno de seu direito de ação ou de defesa. 4. No entanto, em sendo vencido o beneficiário, cairá sobre este a responsabilidade de arcar com o pagamento do que lhe foi previamente dispensado e, ainda, ressarcir a parte adversária, vencedora, do que ela desembolsou ao longo do processo, além de responder pelos honorários advocatícios decorrentes de sua sucumbência (art. 98, § 2º, do CPC/2015). 5. Agravo Interno não provido. (STJ, 2ª T., AgInt no REsp 1852402/SC, Rel. Ministro Herman Benjamin, DJe 21/08/2020)

Suspensão de exigibilidade e multa processual

✓ PROCESSUAL CIVIL. EMBARGOS DECLARATÓRIOS NO AGRAVO INTERNO NO AGRAVO EM RECURSO ESPECIAL. RECURSO ESPECIAL INADMITIDO. AGRAVO EM RECURSO ESPECIAL NÃO CONHECIDO. ART. 932, III, DO CPC/2015 E SÚMULA 182/STJ. AGRAVO INTERNO. RECURSO QUE NÃO IMPUGNA, ESPECIFICAMENTE, OS FUNDAMENTOS DA DECISÃO AGRAVADA. SÚMULA 182/STJ E ART. 1.021, § 1º, DO CPC/2015. AGRAVO INTERNO NÃO CONHECIDO, COM APLICAÇÃO DA MULTA, PREVISTA NO ART. 1.021, § 4º, DO CPC/2015. EMBARGOS DE DECLARAÇÃO. ALEGADA VIOLAÇÃO AO ART. 1.022 DO CPC/2015. PARTE BENEFICIÁRIA DA ASSISTÊNCIA JUDICIÁRIA. OMISSÃO CONFIGURADA.

ACOLHIMENTO DOS EMBARGOS DE DECLARAÇÃO. I. Embargos de Declaração opostos a acórdão prolatado pela Segunda Turma do Superior Tribunal de Justiça, publicado em 05/05/2020. II. O voto condutor do acórdão embargado, fundamentadamente, não conheceu do Agravo interno, com aplicação da multa, prevista no art. 1.021, § 4º, do CPC/2015, de 1% (um por cento) sobre o valor atualizado da causa, por se tratar de recurso manifestamente inadmissível. III. A ausência de pronunciamento, no acórdão embargado, quanto ao fato de que a parte recorrente é beneficiária da assistência judiciária, importa no acolhimento dos Embargos de Declaração, para sanar omissão no julgado, nos termos do art. 1.022 do CPC/2015. IV. Na forma da jurisprudência do STJ, infere-se que a multa, aplicada ao beneficiário da assistência judiciária, deve ser recolhida ao final do processo, consoante disposto no art. 1.021, § 5º, do CPC/2015, tendo a sua exigibilidade suspensa, nos termos do disposto no art. 98, § 3º, do CPC/2015. Precedentes. V. Embargos de Declaração acolhidos, para determinar que a multa, fixada no acórdão, seja recolhida ao final do processo, consoante disposto no art. 1.021, § 5º, do CPC/2015, tendo a sua exigibilidade suspensa, nos termos do disposto no art. 98, § 3º, do CPC/2015. (STJ, 2ª t., EDcl no AgInt no AREsp 1623063/SP, Rel. Ministra Assusete Magalhães, DJe 19/06/2020)

Presunção relativa e reconhecimento do autor sobre não ser hipossuficiente.

✓ RECURSO ESPECIAL. DIREITO PROCESSUAL CIVIL. AÇÃO DE USUCAPIÃO ESPECIAL URBANA. ART. 12 DA LEI Nº 10.257/2001. BENEFÍCIO DA JUSTIÇA E DA ASSISTÊNCIA JUDICIÁRIA GRATUITA. PRESUNÇÃO RELATIVA DE HIPOSSUFICIÊNCIA. 1. O art. 12, §2º, da Lei nº 10.257/2001 – que assegura aos autores da ação de usucapião especial urbana os benefícios da justiça e da assistência judiciária, incluindo-se aí as despesas perante o cartório de registro imobiliário – deve ser interpretado em conjunto e harmonia com as disposições da Lei nº 1.060/1950 e, a partir de 18 de março de 2016, do Código de Processo Civil de 20015. 2. A Lei nº 10.257/2001 concede ao autor da ação de usucapião especial urbana espécie de presunção relativa de hipossuficiência que, por isso, é ilidida a partir da comprovação inequívoca de que o autor não pode ser considerado "necessitado" nos termos do § 2º da Lei nº 1.060/1950. 3. No caso, o próprio autor reconheceu, em sua petição inicial, não preencher os requisitos da Lei nº 1.060/1950 para fins de obtenção dos benefícios da justiça gratuita, o que afasta qualquer possibilidade de concessão destes, sendo irrelevante para tanto que tenham sido requeridos com esteio no § 2º do art. 12 do Estatuto da Cidade (Lei nº 10.257/2001). 4. Recurso especial não provido. (STJ; REsp 1517822; SP; Terceira Turma; Rel. Min. Ricardo Villas Boas Cueva; Julg. 21/02/2017; DJe 24/02/2017)

Aplicação de verba honorária recursal com suspensão da exigibilidade.

✓ PROCESSUAL CIVIL. AGRAVO INTERNO, EMBARGOS DE DECLARAÇÃO EM EMBARGOS DE DIVERGÊNCIA. HONORÁRIOS ADVOCATÍCIOS. GRATUIDADE JUDICIÁRIA DEFERIDA ANTERIORMENTE. 1. Uma vez deferidos os benefícios da gratuidade judiciária os seus efeitos estendem-se até a decisão final do litígio, daí por que descabe a renovação do seu exame e por isso não é omisso o acórdão que não se manifesta sobre o tema. Inteligência do art. 9.º da Lei 1.060/1950, dispositivo ainda vigente porque não alcançado pelo disposto no art. 1.072, inciso III, do CPC/2015. 2. O deferimento da gratuidade de justiça não obsta a condenação em honorários recursais, que no entanto se submete a condição suspensiva de exigibilidade. Inteligência do art. 98, §§ 2.º e 3.º, do CPC/2015. 3. Agravo Interno não provido. (STJ, 1ª Seção, AgInt nos EDcl nos EDv nos EAREsp 1470414/RJ, Rel. Ministro Herman Benjamin, DJe 09/09/2020)

Concessão de assistência judiciária a estrangeiro residente no exterior.

✓ RECURSO ESPECIAL – AUTOS DE AGRAVO DE INSTRUMENTO – PEDIDO DE ASSISTÊNCIA JUDICIÁRIA INDEFERIDO PELAS INSTÂNCIAS ORDINÁRIAS – PESSOA ESTRANGEIRA RESIDENTE NO EXTERIOR – ART. 2º, LEI 1.060/50 REVOGADO PELO NOVO CPC – NORMA PROCESSUAL – APLICAÇÃO IMEDIATA – RECURSO PARCIALMENTE PROVIDO. Hipótese: Trata-se de pedido de concessão do benefício da justiça gratuita por estrangeiro residente no exterior, o qual fora negado pelas instâncias ordinárias ao fundamento de que se trata de pessoa estrangeira não residente no país. 1. O artigo 2º da Lei 1.060/50 fora revogado pelo Novo Código de Processo Civil, cuja matéria passou a ser disciplinada no artigo 98 do CPC/2015, in verbis: "A pessoa natural ou jurídica, brasileira ou estrangeira, com insuficiência de recursos para pagar as custas, as despesas processuais e os honorários advocatícios tem direito à gratuidade da justiça, na forma da lei." 1.1. Trata-se de norma de direito processual, portanto, a sua incidência é imediata, aplicando-se aos processos em curso, consoante dispõe o artigo 14 do CPC/2015. 2. Em que pese à época da apreciação da matéria pelo Tribunal de piso, a legislação em vigor não prever a possibilidade de concessão da assistência judiciária ao estrangeiro residente no exterior, com a vigência das novas regras processuais passou-se a admitir tal hipótese. 2.1. O caput do artigo 98 do Código de Processo Civil vigente ampliou o rol dos sujeitos que podem ser beneficiados pela concessão da assistência judiciária, em relação ao disposto no revogado artigo 2º da Lei 1.060/50. Portanto, não há qualquer impeditivo legal à pessoa estrangeira residente no exterior de postular a assistência judiciária gratuita e ter deu pedido apreciado pelo juízo. 2.2. A análise dos demais requisitos exigidos pela legislação para obtenção do benefício devem ser aferidos pelas instâncias ordinárias, visto que o presente apelo fora proposto nos autos de agravo de instrumento. 3. Recurso especial conhecido e parcialmente provido. (STJ; REsp 1225854; RS; Quarta Turma; Rel. Min. Marco Buzzi; Julg. 25/10/2016; DJe 04/11/2016)

Art. 99. O pedido de gratuidade da justiça pode ser formulado na petição inicial, na contestação, na petição para ingresso de terceiro no processo ou em recurso.

§ 1º Se superveniente à primeira manifestação da parte na instância, o pedido poderá ser formulado por petição simples, nos autos do próprio processo, e não suspenderá seu curso.

→ *V.* Arts. 319 e 337 do CPC.

§ 2º O juiz somente poderá indeferir o pedido se houver nos autos elementos que evidenciem a falta dos pressupostos legais para a concessão de gratuidade, devendo, antes de indeferir o pedido, determinar à parte a comprovação do preenchimento dos referidos pressupostos.

§ 3º Presume-se verdadeira a alegação de insuficiência deduzida exclusivamente por pessoa natural.

§ 4º A assistência do requerente por advogado particular não impede a concessão de gratuidade da justiça.

§ 5º Na hipótese do § 4º, o recurso que verse exclusivamente sobre valor de honorários de sucumbência fixados em favor do advogado de beneficiário estará sujeito a preparo, salvo se o próprio advogado demonstrar que tem direito à gratuidade.

§ 6º O direito à gratuidade da justiça é pessoal, não se estendendo a litisconsorte ou a sucessor do beneficiário, salvo requerimento e deferimento expressos.

§ 7º Requerida a concessão de gratuidade da justiça em recurso, o recorrente estará dispensado de comprovar o recolhimento do preparo, incumbindo ao relator, neste caso, apreciar o requerimento e, se indeferi-lo, fixar prazo para realização do recolhimento.

Execução de honorários advocatícios e gratuidade

✓ PROCESSUAL CIVIL. HONORÁRIOS. AUSÊNCIA DE PREPARO DO RECURSO ESPECIAL. DESERÇÃO. INCIDÊNCIA DA SÚMULA N. 187 DO STJ. AGRAVO INTERNO IMPROVIDO. I – O presente feito decorre, na origem, de cumprimento de sentença coletiva objetivando o fornecimento de vaga em creche. Por sentença, extinguiu-se a ação. No Tribunal a quo, a sentença foi parcialmente reformada para majorar os honorários sucumbenciais fixados. II – Aplica-se ao recurso especial o enunciado administrativo n. 3 da Súmula do STJ, segundo o qual: "Aos recursos interpostos com fundamento no CPC/2015 (relativos a decisões publicadas a partir de 18 de março de 2016) serão exigidos os requisitos de admissibilidade recursal na forma do novo CPC." III – Mediante análise dos autos, verifica-se que o recurso especial não foi instruído com a guia de custas devidas ao STJ e o respectivo comprovante de pagamento. IV – A parte, embora regularmente intimada para sanar referido vício, não regularizou, limitando-se a alegar que a parte recorrente é isenta do pagamento de custas, nos termos do art. 18 da Lei n. 7.347/1985. No entanto, seu procurador, que, nos autos, executa somente os honorários advocatícios, não faz jus ao referido benefício, nos termos do § 5º art. 99 do CPC. V – O recurso especial, portanto, não foi devida e oportunamente preparado. Incide o disposto na Súmula n. 187 deste Tribunal, o que leva à deserção do recurso. VI – É inviável a análise de tese não suscitada no recurso especial por se tratar de evidente inovação recursal (AgInt nos EDcl no AREsp n. 1.496.470/SP, relator Ministro Ricardo Villas Bôas Cueva, Terceira Turma, julgado em 31/8/2020, DJe 3/9/2020). VII – Agravo interno improvido. (STJ, 2ª T., AgInt no AREsp 1698371/SP, Rel. Ministro Francisco Falcão, DJe 25/11/2020)

Caráter relativo da presunção

✓ PROCESSUAL CIVIL E ADMINISTRATIVO. JUSTIÇA GRATUITA. INDEFERIMENTO. REVISÃO DO CONTEXTO FÁTICO-PROBATÓRIO. IMPOSSIBILIDADE. SÚMULA 7/STJ. EMBARGOS PROTELATÓRIOS. APLICAÇÃO DE MULTA. REEXAME DOS FATOS. SÚMULA 7/STJ. 1. Ao concluir pela manutenção da decisão que indeferiu o pedido de assistência judiciária gratuita, o acórdão impugnado consignou (fls. 296-297, e-STJ): "Tal presunção, contudo, é relativa (art. 99, § 5º, do CPC) e pode ser afastada com provas em sentido contrário, tal como se deu na espécie, em que a autora já auferia rendimentos brutos mensais de aproximadamente R$ 5.100,00 no ano de 2017 (fl. 278). O valor, embora não seja vultoso, é maior do que a média salarial nacional e suficiente para suportar o pagamento das despesas processuais, especialmente porque a autora não comprovou gastos extraordinários a ensejar o comprometimento significativo da sua renda. (...) Nesse sentido, não tendo sido suficientemente demonstrada pela autora a impossibilidade de arcar com o pagamento das despesas processuais sem prejuízo do próprio sustento ou de sua família, mantenho o indeferimento da Justiça Gratuita e da petição inicial". 2. O entendimento da Corte local encontra-se em sintonia com a jurisprudência do STJ de que a presunção de pobreza para fins de concessão dos benefícios da assistência judiciária gratuita ostenta caráter relativo, sendo possível a exigência da devida comprovação pelo magistrado. 3. É pacífico o entendimento no STJ de que a análise do artigo 1.026, § 2º, do CPC, que trata da multa por interposição de Embargos de Declaração protelatórios, demanda reexame do acervo fático-probatório dos autos, o que é inviável em Recurso Especial, sob pena de violação da Súmula 7 do STJ. 4. Agravo Interno não provido. (STJ, 2ª T., AgInt no REsp 1883738/SC, Rel. Ministro Herman Benjamin, DJe 24/11/2020)

Havendo dúvidas, cabe exame de ofício da condição financeira do requerente.

✓ PROCESSUAL CIVIL. GRATUIDADE DE JUSTIÇA. DECLARAÇÃO DE HIPOSSUFICIÊNCIA. PRESUNÇÃO RELATIVA DE VERACIDADE. EXAME DA CONDIÇÃO FINANCEIRA PELO MAGISTRADO. POSSIBILIDADE. 1. O art. 4º, § 1º, da Lei n. 1.060/1950, à época de sua vigência, e o art. 99, § 3º, do CPC/2015 estabeleceram presunção relativa de veracidade à declaração de hipossuficiência financeira das pessoas físicas que pleiteiam a concessão do benefício de gratuidade de justiça. 2. Na falta de impugnação da parte ex adversa e não havendo, nos autos, indícios da falsidade da declaração, o órgão julgador não deve exigir comprovação prévia da condição de pobreza. 3. Havendo dúvidas quanto à veracidade da alegação de hipossuficiência, o atual posicionamento jurisprudencial desta Corte é no sentido de que "as instâncias ordinárias podem examinar de ofício a condição financeira do requerente para atribuir a gratuidade de justiça, haja vista a presunção relativa da declaração de hipossuficiência" (AgInt no REsp 1.641.432/PR, Rel. Ministro Ricardo Villas Bôas Cueva, Terceira Turma, DJe 04/04/2017). 4. Hipótese em que o recurso especial encontra óbice nas Súmulas 7 e 83 do STJ, tendo em vista que o Tribunal de Justiça indeferiu o benefício porque a renda da parte requerente poderia suportar os ônus do processo. 5. Agravo interno não provido. (STJ; AgInt no AREsp 793.487; PR; Primeira Turma; Rel. Min. Gurgel de Faria; Julg. 22/08/2017; DJe 04/10/2017)

Negativa de gratuidade e fixação de prazo para o recolhimento do preparo.

✓ PROCESSUAL CIVIL E ADMINISTRATIVO. AGRAVO INTERNO NO RECURSO EM MANDADO DE SEGURANÇA. PEDIDO DE ASSISTÊNCIA JUDICIÁRIA GRATUITA. INDEFERIMENTO. AGRAVO REGIMENTAL CUJO PREPARO NÃO FOI RECOLHIDO.DESERÇÃO. NÃO CABIMENTO SEM FIXAÇÃO DE PRAZO PARA RECOLHIMENTO. ART. 99 DO CPC. 1. "É desnecessário o preparo do recurso cujo mérito discute o próprio direito ao benefício da assistência judiciária gratuita. Não há lógica em se exigir que o recorrente primeiro recolha o que afirma não poder pagar para só depois a Corte decidir se faz jus ou não ao benefício" (AgRg nos EREsp 1.222.355/MG, Rel. Ministro RAUL ARAÚJO, CORTE ESPECIAL, julgado em 04/11/2015, DJe 25/11/2015). 2. A jurisprudência do STJ está orientada no sentido de que "... não cabe a declaração imediata da deserção por falta de recolhimento do preparo, pois, caso o benefício da assistência judiciária seja deferido, há autorização judicial que supre a ausência do recolhimento do preparo; caso o pedido seja negado, deve-se abrir à parte oportunidade para regularizar o preparo" (AgRg no REsp 1.245.981/DF, Rel. Ministro HERMAN BENJAMIN, SEGUNDA TURMA, julgado em 02/10/2012, DJe 15/10/2012). 3. Ao negar o benefício da Justiça gratuita, deveria o Tribunal a quo fixar prazo para o recolhimento do preparo, em conformidade com a diretriz insculpida no art. 99 do CPC, o que não fez. Daí o parcial provimento do recurso ordinário, para determinar o retorno dos autos à Corte Estadual. 4. Agravo interno a que se nega provimento. (STJ; AgInt no RMS 49.168; AC; Primeira Turma; Rel. Min. Sérgio Kukina; Julg. 20/09/2016; DJe 06/10/2016)

Concessão de gratuidade: efeitos *ex nunc* (sem retroação).

✓ AGRAVO INTERNO NO AGRAVO (ART. 544 DO CPC/73) – PLEITO DE RESTITUIÇÃO DAS CUSTAS PROCESSUAIS ANTE O DEFERIMENTO DOS BENEFÍCIOS DA GRATUIDADE DE JUSTIÇA – DECISÃO MONOCRÁTICA QUE NEGOU PROVIMENTO AO RECLAMO. IRRESIGNAÇÃO DOS BENEFICIÁRIOS DA GRATUIDADE. 1. A jurisprudência desta Corte Superior firmou o entendimento de que o benefício da assistência judiciária gratuita, conquanto possa ser requerido a qualquer tempo, tem efeitos ex nunc, ou seja, não retroage para alcançar encargos processuais anteriores. Logo, não há que se falar em restituição de valores pagos a título de custas e despesas processuais face o posterior deferimento da benesse. Precedentes. 2. Agravo interno desprovido (STJ; AgInt no RMS 909.951; SP; Quarta Turma; Rel. Min. Marco Buzzi; Julg. 22/11/2016; DJe 01/12/2016)

Art. 100. Deferido o pedido, a parte contrária poderá oferecer impugnação na contestação, na réplica, nas contrarrazões de recurso ou, nos casos de pedido superveniente ou formulado por terceiro, por meio de petição simples, a ser apresentada no prazo de 15 (quinze) dias, nos autos do próprio processo, sem suspensão de seu curso.

→ *v.* Arts. 337, XIII, 350 e 351 do CPC.

Parágrafo único. Revogado o benefício, a parte arcará com as despesas processuais que tiver deixado de adiantar e pagará, em caso de má-fé, até o décuplo de seu valor a título de multa, que será revertida em benefício da Fazenda Pública estadual ou federal e poderá ser inscrita em dívida ativa.

Impossibilidade de extensão automática à rescisória do benefício deferido na demanda originária

✓ AGRAVO INTERNO NA AÇÃO RESCISÓRIA. IMPUGNAÇÃO À CONCESSÃO DA GRATUIDADE DA JUSTIÇA. AUSÊNCIA NOS AUTOS DE ELEMENTOS QUE EVIDENCIAM OS PRESSUPOSTOS LEGAIS PARA A CONCESSÃO DO BENEFÍCIO. GRATUIDADE DA JUSTIÇA DEFERIDA NA AÇÃO ORIGINÁRIA. IMPOSSIBILIDADE DE EXTENSÃO AUTOMÁTICA À FUTURA AÇÃO RESCISÓRIA. DEMANDA AUTÔNOMA. AGRAVO INTERNO DESPROVIDO. (STJ, 2ª Seção, AgInt na AR 6.587/DF, Rel. Ministro Paulo De Tarso Sanseverino, DJe 03/09/2020)

Art. 101. Contra a decisão que indeferir a gratuidade ou a que acolher pedido de sua revogação caberá agravo de instrumento, exceto quando a questão for resolvida na sentença, contra a qual caberá apelação.

→ *v.* Art. 1.015, V, do CPC.

§ 1º O recorrente estará dispensado do recolhimento de custas até decisão do relator sobre a questão, preliminarmente ao julgamento do recurso.

§ 2º Confirmada a denegação ou a revogação da gratuidade, o relator ou o órgão colegiado determinará ao recorrente o recolhimento das custas processuais, no prazo de 5 (cinco) dias, sob pena de não conhecimento do recurso.

Art. 102. Sobrevindo o trânsito em julgado de decisão que revoga a gratuidade, a parte deverá efetuar o recolhimento de todas as despesas de cujo adiantamento foi dispensada, inclusive as relativas ao recurso interposto, se houver, no prazo fixado pelo juiz, sem prejuízo de aplicação das sanções previstas em lei.

Parágrafo único. Não efetuado o recolhimento, o processo será extinto sem resolução de mérito, tratando-se do autor, e, nos demais casos, não poderá ser deferida a realização de nenhum ato ou diligência requerida pela parte enquanto não efetuado o depósito.

→ *v.* Art. 485, IV do CPC.

Capítulo III
DOS PROCURADORES

Art. 103. A parte será representada em juízo por advogado regularmente inscrito na Ordem dos Advogados do Brasil.

→ *v.* Súmula 644 do STF.

→ *v.* Súmulas 115 do STJ.

→ *v.* Arts. 5º, LV, e 133, da CF/1988.

→ *v.* Art. 791 da CLT.

→ *v.* Arts. 1º, 3º, § 2º, 5º, § 1º e 7º da Lei 8.906/1994.

→ *v.* Art. 2º da Lei 5.478/1968.

Parágrafo único. É lícito à parte postular em causa própria quando tiver habilitação legal.

Ausência de capacidade postulatória e inadmissão do recurso.

✓ PROCESSUAL CIVIL. CAPACIDADE POSTULATÓRIA. AUSÊNCIA. 1. Não tendo a subscritora do recurso habilitação perante a Ordem dos Advogados do Brasil para postular em juízo, a teor dos arts. 36 do CPC/1973 e 103 do CPC/2015, pressuposto processual subjetivo relativo à parte, o conhecimento da sua irresignação fica inviabilizado. 2. Agravo interno não conhecido. (STJ; AgInt no AREsp 563.607; SP; Primeira Turma; Rel. Min. Gurgel de Faria; Julg. 20/04/2017; DJe 23/05/2017)

Ausência de representação por advogado ou capacidade postulatória: inadmissão do recurso.

✓ AGRAVO REGIMENTAL NO PEDIDO DE TUTELA PROVISÓRIA. CAPACIDADE POSTULATÓRIA. INEXISTÊNCIA. 1. Não pode ser conhecido recurso interposto por quem não está representado por advogado, nem possui capacidade postulatória. 2. Agravo regimental não conhecido. (STJ; AgRg no TP 70; DF; Sexta Turma; Rel. Min. Antonio Saldanha Palheiro; Julg. 14/02/2017; DJe 21/02/2017)

Art. 104. O advogado não será admitido a postular em juízo sem procuração, salvo para evitar preclusão, decadência ou prescrição, ou para praticar ato considerado urgente.

→ *v.* Art. 5°, § 1° da Lei 8.906/1994.
→ *v.* Art. 2° da Lei 11.419/2006.
→ *v.* Art. 16 da Lei 1.060/1950.

§ 1° Nas hipóteses previstas no *caput*, o advogado deverá, independentemente de caução, exibir a procuração no prazo de 15 (quinze) dias, prorrogável por igual período por despacho do juiz.

§ 2° O ato não ratificado será considerado ineficaz relativamente àquele em cujo nome foi praticado, respondendo o advogado pelas despesas e por perdas e danos.

Inércia quanto à regularização da representação e ineficácia do recurso.

✓ AGRAVO INTERNO NO AGRAVO EM RECURSO ESPECIAL. FALTA DE INSTRUMENTO PROCURATÓRIO. INTIMAÇÃO PARA SANAR O VÍCIO. INEXISTÊNCIA DE REGULARIZAÇÃO. RECURSO INEFICAZ. INTELIGÊNCIA DOS ARTS. 104, § 2º, 76 § 2º, I E 932, PARÁGRAFO ÚNICO, DO CPC DE 2015. 1. Diante da não regularização do vício da representação processual no prazo legal, após a parte ser intimada, os recursos subscritos por advogados sem procuração nos autos são considerados ineficazes, por força da norma do art. 104, § 2º, do CPC/2015, não merecendo ser conhecidos (art. 76, § 2º, I, do CPC/2015). 2. Ressalte-se que a "(...) juntada de substabelecimento sem a respectiva procuração outorgada ao advogado substabelecente não subsiste por si só, sendo indispensável a apresentação do mandato para comprovar a legítima outorga de poderes" (AgRg nos EREsp 685.903/RJ, Rel. Ministro ALDIR PASSARINHO JUNIOR, SEGUNDA SEÇÃO, julgado em 10/09/2008, DJe 10/10/2008). 3. O art. 1017, § 5º do CPC destina-se às instâncias ordinárias, não sendo aplicável no âmbito deste Tribunal Superior. 4. Agravo interno não conhecido. (STJ, 4ª T., AgInt no AREsp 1634557/SP, Rel. Ministro Luis Felipe Salomão, DJe 03/12/2020)

Falha na cadeia procuratória e inércia da regularização da representação.

✓ PROCESSUAL CIVIL. ADMINISTRATIVO. SERVIDOR PÚBLICO MUNICIPAL. REENQUADRAMENTO. AGRAVO DO ART. 1.042 DO CPC/2015. AUSÊNCIA DE PROCURAÇÃO DO SIGNATÁRIO. ART. 104 C/C ART. 932, PARÁGRAFO ÚNICO, DO CPC/2015. INTIMADA A PARTE, NÃO HOUVE REGULARIZAÇÃO DA REPRESENTAÇÃO PROCESSUAL. SÚMULA N. 115 DO STJ. AGRAVO EM RECURSO ESPECIAL NÃO CONHECIDO. I – De acordo com o enunciado administrativo n. 3 do STJ, "aos recursos interpostos com fundamento no CPC/2015 (relativos a decisões publicadas a partir de 18 de março de 2016) serão exigidos os requisitos de admissibilidade recursal na forma do novo CPC" II – Constatada falha na cadeia procuratória do advogado subscritor do agravo em recurso especial, a parte recorrente foi intimada para regularização de sua representação, nos termos dos os arts. 104 c/c 932, parágrafo único, do Código de Processo Civil de 2015. Todavia, não tendo sido corrigido o vício no prazo fixado, inafastável o óbice do enunciado n. 115 da Súmula do STJ. III – Agravo interno improvido. (STJ; AgInt no AREsp 1027511; MG; Segunda Turma; Rel. Min. Francisco Falcão; Julg. 08/08/2017; DJe 17/08/2017)

Art. 105. A procuração geral para o foro, outorgada por instrumento público ou particular assinado pela parte, habilita o advogado a praticar todos os atos do processo, exceto receber citação, confessar, reconhecer a procedência do pedido, transigir, desistir, renunciar ao direito sobre o qual se funda a ação, receber, dar quitação, firmar compromisso e assinar declaração de hipossuficiência econômica, que devem constar de cláusula específica.

→ *v.* Art. 5°, § 2°, da Lei 8.906/1994.

§ 1° A procuração pode ser assinada digitalmente, na forma da lei.

→ *v.* Art. 1°, § 2°, da Lei 11.419/2006.

§ 2° A procuração deverá conter o nome do advogado, seu número de inscrição na Ordem dos Advogados do Brasil e endereço completo.

§ 3° Se o outorgado integrar sociedade de advogados, a procuração também deverá conter o nome dessa, seu número de registro na Ordem dos Advogados do Brasil e endereço completo.

§ 4° Salvo disposição expressa em sentido contrário constante do próprio instrumento, a procuração outorgada na fase de conhecimento é eficaz para todas as fases do processo, inclusive para o cumprimento de sentença.

Sem renuncia expressa, a procuração continua produzindo efeitos

✓ PROCESSUAL CIVIL. AGRAVO INTEMPESTIVO. DECISÃO PUBLICADA EM NOME DE ADVOGADOS COM

PODERES PARA REPRESENTAREM AS AGRAVANTES NO ATO PROCESSUAL. AUSÊNCIA DE PEDIDO EXPRESSO PARA QUE AS PUBLICAÇÕES FOSSEM FEITAS EM NOME DOS CAUSÍDICOS SUBSTABELECIDOS. 1. Trata-se, na origem, de Embargos à Execução opostos pelas ora insurgentes contra o Ministério Público do Estado de São Paulo, buscando aplicação imediata da Lei 12.651/2002 em face do Termo de Ajustamento de Conduta celebrado com base na Lei 4.771/1965. 2. A decisão recorrida assentou que o Agravo Interno é intempestivo, visto que a decisão monocrática de fls. 551-563, e-STJ, foi publicada no dia 4 de setembro de 2018, entretanto este recurso foi protocolado no dia 20.2.2019, conforme consta da Certidão de fl. 37, e-STJ, ou seja, fora do prazo de quinze dias determinado pelo art. 1.003 do Código de Processo Civil. 3. Naquela oportunidade este relator ressaltou que a publicação foi feita corretamente em nome dos advogados Lucas Tamer Milaré, OAB/SP 229.980, e Édis Milaré, OAB/SP 129.895, como dispõe o instrumento de substabelecimento elaborado pelo advogado Ari Alves de Oliveira Filho, juntado à fl. 284, e-STJ (fl. 351, e-STJ). 4. À fl. 530, e-STJ, destes autos, a Dra. Roberta Jardim de Morais, uma das advogadas constituídas no processo, substabeleceu os poderes outorgados pelas recorrentes, "sem reservas de iguais", aos causídicos Carlos Alberto Barroso de Freitas, OAB/SP 290.912, e Thiago Aparecido de Jesus, OAB/SP 223.581 (fl. 530, e-STJ). 5. Dessa forma, todos os procuradores acima citados, menos a Dra. Roberta Jardim de Morais, que substabeleceu sem reservas os poderes a ela instituídos, possuem habilitação para receberem intimações ou notificações neste processo (art. 105 do CPC), inclusive os Drs. Lucas Tamber Milaré e Édis Milaré. 6. Por último, é importante esclarecer que a sociedade de advogados não se confunde com cada um dos seus componentes; portanto, quando a sociedade substabelece os poderes que lhe foram conferidos pela parte através do mandato, o faz em nome próprio. 7. Ao contrário, quando apenas um dos advogados da sociedade de advogados substabelece, sem que esteja representando o escritório de advocacia, os demais causídicos, que não substabeleceram ou renunciaram, continuam a cumprir o seu munus de representar fielmente o mandante. 8. Assim sendo, como continua válida a procuração geral para o foro outorgada pelas recorrentes aos causídicos, visto que não houve renúncia ou revogação do mandato, os poderes e as obrigações advindos da cláusula ad judicia permanecem inalterados. 9. Ademais, conforme precedente do STJ – AgRg no REsp 1.128.975/RS, Relator Ministro Sidnei Beneti -, "não havendo pedido expresso para que as intimações sejam feitas em nome dos advogados substabelecidos, é válida a intimação feita em nome do patrono substabelecente." 10. Agravo Interno não provido. (STJ, 2ª T., AgInt nos EDcl no AgInt no REsp 1748720/SP, Rel. Ministro Herman Benjamin, DJe 22/09/2020)

Art. 106. Quando postular em causa própria, incumbe ao advogado:

I – declarar, na petição inicial ou na contestação, o endereço, seu número de inscrição na Ordem dos Advogados do Brasil e o nome da sociedade de advogados da qual participa, para o recebimento de intimações;

II – comunicar ao juízo qualquer mudança de endereço.

§ 1º Se o advogado descumprir o disposto no inciso I, o juiz ordenará que se supra a omissão, no prazo de 5 (cinco) dias, antes de determinar a citação do réu, sob pena de indeferimento da petição.

§ 2º Se o advogado infringir o previsto no inciso II, serão consideradas válidas as intimações enviadas por carta registrada ou meio eletrônico ao endereço constante dos autos.

Art. 107. O advogado tem direito a:

→ v. Art. 6º da Lei 9.028/1995.

I – examinar, em cartório de fórum e secretaria de tribunal, mesmo sem procuração, autos de qualquer processo, independentemente da fase de tramitação, assegurados a obtenção de cópias e o registro de anotações, salvo na hipótese de segredo de justiça, nas quais apenas o advogado constituído terá acesso aos autos;

→ v. Art. 7º, XIII, da Lei 8.906/1994.

II – requerer, como procurador, vista dos autos de qualquer processo, pelo prazo de 5 (cinco) dias;

→ v. Art. 7º, XV, da Lei 8.906/1994.

III – retirar os autos do cartório ou da secretaria, pelo prazo legal, sempre que neles lhe couber falar por determinação do juiz, nos casos previstos em lei.

§ 1º Ao receber os autos, o advogado assinará carga em livro ou documento próprio.

§ 2º Sendo o prazo comum às partes, os procuradores poderão retirar os autos somente em conjunto ou mediante prévio ajuste, por petição nos autos.

§ 3º Na hipótese do § 2º, é lícito ao procurador retirar os autos para obtenção de cópias, pelo prazo de 2 (duas) a 6 (seis) horas, independentemente de ajuste e sem prejuízo da continuidade do prazo.

§ 4º O procurador perderá no mesmo processo o direito a que se refere o § 3º se não devolver os autos tempestivamente, salvo se o prazo for prorrogado pelo juiz.

§ 5º O disposto no inciso I do *caput* deste artigo aplica-se integralmente a processos eletrônicos.

→ § 5º incluído pela Lei 13.793/2019.

Capítulo IV
DA SUCESSÃO DAS PARTES E DOS PROCURADORES

Art. 108. No curso do processo, somente é lícita a sucessão voluntária das partes nos casos expressos em lei.

→ v. Arts. 682, 687 e 688 do CC/2002.

→ v. Arts. 329, II, e 779, do CPC.

Mudança de guarda e execução de alimentos

✓ RECURSO ESPECIAL – AÇÃO DE EXECUÇÃO DE ALIMENTOS PELO RITO DO ART. 733 DO CPC/1973 – FILHAS MENORES REPRESENTADAS PELA GENITORA – TRANSFERÊNCIA DA GUARDA AO EXECUTADO NO CURSO DA EXECUÇÃO DE ALIMENTOS – ILEGITIMIDADE ATIVA PARA A CAUSA – INSURGÊNCIA DAS EXEQUENTES. RECURSO ESPECIAL PROVIDO. Hipótese: Cinge-se a controvérsia a decidir se a genitora tem ou não legitimidade para prosseguir na execução de débitos alimentares proposta à época em que era guardiã das menores, ainda que depois disso a guarda tenha sido transferida ao executado. 1. A matéria constante dos artigos 8º, 9º e 794 do CPC/1973 não foi objeto de discussão no acórdão impugnado, tampouco foram opostos embargos de declaração com a finalidade de sanar eventual omissão, não se configurando o necessário prequestionamento, o que impossibilita a sua apreciação na via especial. Incidência da Súmula 282 do STF, por analogia. 2. A genitora possui legitimidade para prosseguir na execução de débitos alimentares proposta à época em que era guardiã das menores, visando a satisfação de prestações pretéritas, até o momento da transferência da guarda. 2.1. A mudança da guarda das alimentandas em favor do genitor no curso da execução de alimentos, não tem o condão de extinguir a ação de execução envolvendo débito alimentar referente ao período em que a guarda judicial era da genitora, vez que tal débito permanece inalterado. 2.2. Não há falar em ilegitimidade ativa para prosseguimento da execução, quando à época em que proposta, e do débito correspondente, era a genitora a representante legal das menores. Ação de execução que deve prosseguir até satisfação do débito pelo devedor, ora recorrido. 3. Recurso especial provido. (STJ, 4ª T., REsp 1410815/SC, Rel. Ministro Marco Buzzi, DJe 23/09/2016)

Art. 109. A alienação da coisa ou do direito litigioso por ato entre vivos, a título particular, não altera a legitimidade das partes.

§ 1º O adquirente ou cessionário não poderá ingressar em juízo, sucedendo o alienante ou cedente, sem que o consinta a parte contrária.

→ *v.* Art. 286 do CC/2002.

§ 2º O adquirente ou cessionário poderá intervir no processo como assistente litisconsorcial do alienante ou cedente.

→ *v.* Art. 124 do CPC.

§ 3º Estendem-se os efeitos da sentença proferida entre as partes originárias ao adquirente ou cessionário.

Alienação da coisa, sentença e eficácia contra terceiros.

✓ PROCESSUAL CIVIL. AGRAVO INTERNO NO AGRAVO EM RECURSO ESPECIAL. EXECUÇÃO. TÍTULO EXTRAJUDICIAL. SUCESSÃO DE EMPRESAS. REEXAME DE CONTEÚDO FÁTICO-PROBATÓRIO. SÚMULA N. 7/STJ. DEFICIÊNCIA DE FUNDAMENTAÇÃO DO RECURSO. SÚMULA N. 284 DO STF. DECISÃO MANTIDA. 1. Na "alienação de coisa ou direito litigioso, os efeitos da sentença estendem-se ao adquirente/cessionário, tendo este ingressado ou não no feito" (REsp n. 1.837.413/PR, Rel. Ministro MARCO AURÉLIO BELLIZZE, TERCEIRA TURMA, julgado em 10/3/2020, DJe 13/3/2020). 2. O recurso especial não comporta exame de questões que impliquem revolvimento do contexto fático dos autos (Súmula n. 7 do STJ). 3. Considera-se deficiente, a teor da Súmula n. 284 do STF, a fundamentação recursal que alega violação de dispositivo legal cujo conteúdo jurídico é dissociado da tese defendida no recurso especial. 4. Agravo interno a que se nega provimento. (STJ, 4ª T., AgInt no AREsp 1512464/SP, Rel. Ministro Antonio Carlos Ferreira, DJe 28/08/2020).

✓ AGRAVO INTERNO NO AGRAVO EM RECURSO ESPECIAL. EMBARGOS DE TERCEIRO. TERCEIRO ADQUIRENTE. BOA-FÉ. EFICÁCIA SUBJETIVA DA COISA JULGADA. BEM OU DIREITO LITIGIOSO. MARCO INICIAL. LITISPENDÊNCIA. PROPOSITURA DA AÇÃO. CITAÇÃO VÁLIDA. 1. Recurso especial interposto contra acórdão publicado na vigência do Código de Processo Civil de 2015 (Enunciados Administrativos nºs 2 e 3/STJ). 2. Na origem, cuida-se de embargos de terceiro opostos por adquirente de bem imóvel que busca a proteção possessória, tendo em vista ordem de reintegração emanada do cumprimento de sentença oriunda de ação da qual não fez parte. 3. A regra geral do artigo 472 do Código de Processo Civil de 1973 dispõe que a coisa julgada só opera efeito entre as partes integrantes da lide. 4. O artigo 109, § 3º, do Código de Processo Civil de 2015 (art. 42, § 3º, do CPC/1973), por exceção, dispõe que, em se tratando de aquisição de coisa ou direito litigioso, a sentença proferida entre as partes originárias estende os seus efeitos ao adquirente ou ao cessionário. 5. Segundo a doutrina especializada, o bem ou direito se torna litigioso com a litispendência, ou seja, com a lide pendente. 6. A lide é considerada pendente, para o autor, com a propositura da ação e, para o réu, com a citação válida. 7. Para o adquirente, o momento em que o bem ou direito é considerado litigioso varia de acordo com a posição ocupada pela parte na relação jurídica processual que sucederia. 8. Não há falar em extensão dos efeitos da coisa julgada ao adquirente se o bem é adquirido por terceiro de boa-fé antes de configurada a litigiosidade. 9. Agravo interno não provido. (STJ, 3ª T., AgInt no AREsp 1293353/DF, Rel. Ministro Ricardo Villas Bôas Cueva, DJe 06/12/2018)

Penhora e inclusão do proprietário no polo passivo da execução

✓ PROCESSUAL CIVIL. AGRAVO INTERNO NO RECURSO ESPECIAL. AÇÃO DE COBRANÇA DE COTAS CONDOMINIAIS. PENHORA DO IMÓVEL GERADOR DOS DÉBITOS CONDOMINIAIS NO BOJO DE AÇÃO DE COBRANÇA NA QUAL A PROPRIETÁRIA DO BEM NÃO FIGUROU COMO PARTE. POSSIBILIDADE. OBRIGAÇÃO PROPTER REM. SÚMULA 568/STJ. 1. Cuida-se, na origem, de ação de cobrança de cotas condominiais, em fase de cumprimento de sentença. 2. A jurisprudência do STJ é no sentido de que, em se tratando a dívida de condomínio de obrigação propter rem, em razão do que o próprio imóvel gerador das despesas constitui garantia ao pagamento da dívida, o proprietário do imóvel pode ter seu bem penhorado no bojo de ação de cobrança, já em fase de cumprimento de sentença, ainda que não tenha participado da fase de conhecimento. 3. Sob o enfoque do direito material, aplica-se a regra do art. 1.345 do CC/02, segundo o qual "o adquirente de unidade responde pelos débitos do alienante, em relação ao condomínio, inclusive multa e juros moratórios". Por outro lado, no plano processual, a penhora do imóvel e a inclusão da proprietária no polo passivo da lide é viável ante o disposto no art. 109, § 3º, do CPC/15, no sentido de que os efeitos da sentença proferida entre as partes originárias se estendem ao adquirente ou cessionário. Precedentes. 4. Agravo interno não provido. (STJ, 3ª T., AgInt no REsp 1851742/PR, Rel. Ministra Nancy Andrighi, TERCEIRA TURMA, julgado em 29/06/2020, DJe 01/07/2020)

Art. 110. Ocorrendo a morte de qualquer das partes, dar-se-á a sucessão pelo seu espólio ou pelos seus sucessores, observado o disposto no art. 313, §§ 1º e 2º.

→ *v.* Arts. 221 e 618, I, do CPC.

Sucessão pela morte

✓ PROCESSUAL CIVIL E ADMINISTRATIVO. ENUNCIADO ADMINISTRATIVO N. 2/STJ. RECURSO ESPECIAL. VIOLAÇÃO DO ARTS. 458, II, E 535, I E II, DO CPC/1973. NÃO OCORRÊNCIA. INTIMAÇÃO PESSOAL. INÍCIO DO PRAZO RECURSAL. ENTREGA DOS AUTOS. HABILITAÇÃO DIRETA DE HERDEIROS. SUBSTITUIÇÃO PROCESSUAL. ART. 43 DO CPC/1973. ESPÓLIO. PREFERÊNCIA. HARMONIA ENTRE O ACÓRDÃO RECORRIDO E A JURISPRUDÊNCIA DESTA CORTE SUPERIOR. SÚMULA 83/STJ. 1. Afasta-se a alegada violação dos artigos 458, II, e 535, I e II, do CPC/1973, porquanto o acórdão recorrido manifestou-se de maneira clara e fundamentada a respeito das questões relevantes para a solução da controvérsia. A tutela jurisdicional foi prestada de forma eficaz, não havendo razão para a anulação do acórdão proferido em sede de embargos de declaração. 2. A Advocacia-Geral da União possui a prerrogativa de intimação pessoal das decisões judiciais. Entretanto, o prazo de recurso deve ser contado a partir da data da entrega dos autos na sua repartição administrativa e não da aposição no processo do ciente do seu membro. Nesse sentido, "o prazo apenas passou a correr da remessa de todos os volumes do instrumento, em 17.09.2012, nos termos de fls. 232, sendo, portanto, tempestivo o recurso interposto pela UNIÃO em 08.10.2012, conforme o art. 188 do CPC". (fl. 2479). 3. A jurisprudência do STJ é no sentido de que, nos termos do art. 110 do Código de Processo Civil, sucedendo a morte de qualquer das partes, dar-se-á a substituição dela pelo seu espólio ou sucessores. Precedentes: EDcl nos EDcl no AgRg no REsp 1.179.851/RS, Rel. Ministro Antônio Carlos Ferreira, Quarta Turma, DJe 29/4/2013; AgRg no AREsp 15.297/SE, Rel. Ministro Benedito Gonçalves, Primeira Turma, DJe 14/5/2012; AgRg no Ag 1.331.358/SP, Rel. Ministra Laurita Vaz, Quinta Turma, DJe 12/9/2011. 4. Agravo interno não provido. (STJ, 1ª T., AgInt no REsp 1681373/RJ, Rel. Ministro Benedito Gonçalves, DJe 01/10/2020)

Art. 111. A parte que revogar o mandato outorgado a seu advogado constituirá, no mesmo ato, outro que assuma o patrocínio da causa.

→ *v.* Art. 687 do CC/2002.

→ *v.* Art. 42 da Lei 8.906/1994.

Parágrafo único. Não sendo constituído novo procurador no prazo de 15 (quinze) dias, observar-se-á o disposto no art. 76.

Art. 112. O advogado poderá renunciar ao mandato a qualquer tempo, provando, na forma prevista neste Código, que comunicou a renúncia ao mandante, a fim de que este nomeie sucessor.

→ *v.* Art. 688 do CC/2002.

§ 1º Durante os 10 (dez) dias seguintes, o advogado continuará a representar o mandante, desde que necessário para lhe evitar prejuízo.

→ *v.* Art. 5º, § 3º, da Lei 8.906/1994.

§ 2º Dispensa-se a comunicação referida no *caput* quando a procuração tiver sido outorgada a vários advogados e a parte continuar representada por outro, apesar da renúncia.

Notificação inequívoca

✓ AGRAVO INTERNO NO RECURSO ESPECIAL. AGRAVO DE INSTRUMENTO. EXECUÇÃO DE TÍTULO EXTRAJUDICIAL. PENHORA DE PROVENTOS DE COMPLEMENTAÇÃO DE APOSENTADORIA. DESCONTO EM FOLHA DE PAGAMENTO. INVIABILIDADE DE ANÁLISE DE VIOLAÇÃO A DISPOSITIVO CONSTITUCIONAL. AUSÊNCIA DE PREQUESTIONAMENTO. ARTIGO SUPOSTAMENTE VIOLADO QUE NÃO GUARDA PERTINÊNCIA COM A MATÉRIA. AUSÊNCIA DE ARGUMENTAÇÃO JURÍDICA. SÚMULA 284/STF. DISSIDIO JURISPRUDENCIAL DISPOSITIVO LEGAL. INDICAÇÃO. AUSÊNCIA. SÚMULA 284/STF. DECISÃO MANTIDA. 1. É entendimento desta Corte Superior a necessidade de notificação inequívoca para o aperfeiçoamento da renúncia do mandato de advogado. Não comprovada nestes autos a comunicação "Enquanto o mandante não for notificado e durante o prazo de dez dias após a sua notificação, incube ao advogado representá-lo em juízo, com todas as responsabilidades inerentes à profissão." (REsp 320.345/GO, Rel. Ministro FERNANDO GONÇALVES, QUARTA TURMA, julgado em 05/08/2003, DJ 18/08/2003, p. 209) 2. A apontada violação art. 5º, XXXVI, da Constituição Federal não pode ser analisada em sede de recurso especial porquanto refoge à missão creditada ao Superior Tribunal de Justiça, pelo artigo 105, inciso III, da Carta Magna, qual seja, a de unificar o direito infraconstitucional e preservar a legislação federal de violação. (...) 7. Agravo interno não provido. (STJ, 4ª T., AgInt no REsp 1494351/DF, Rel. Ministro Luis Felipe Salomão, DJe 26/08/2020)

Omissão da parte e inadmissibilidade recursal

✓ AGRAVO INTERNO NO AGRAVO EM RECURSO ESPECIAL – AUTOS DE AGRAVO DE INSTRUMENTO NA ORIGEM – DECISÃO MONOCRÁTICA DA PRESIDÊNCIA DESTA CORTE QUE NEGOU PROVIMENTO AO RECLAMO. IRRESIGNAÇÃO DOS AGRAVANTES 1. É imperioso o não conhecimento do agravo interno quando a parte, devidamente notificada da renúncia de mandato por parte de seus procuradores, deixa de regularizar sua representação processual, a teor do contido nos artigos 76, § 2º, inc. I, e 112 do CPC/15. 2. Agravo interno não conhecido. (STJ, 4ª T., AgInt no AREsp 1494031/SP, Rel. Ministro Marco Buzzi, DJe 20/02/2020)

Desnecessidade de intimação para constituir novo advogado quando comprovada a notificação da renúncia dos poderes pelo causídico.

✓ PROCESSUAL CIVIL. AGRAVO INTERNO NOS EMBARGOS DE DIVERGÊNCIA EM AGRAVO EM RECURSO ESPECIAL. EMBARGOS DE DIVERGÊNCIA INDEFERIDOS LIMINARMENTE. AGRAVO DESPROVIDO. I – Inexiste nulidade quando proferida decisão monocrática, embora incluído o processo em pauta, porquanto não há falar em preclusão **pro judicato** nos termos da pacífica orientação desta Corte (precedentes). II – A atual jurisprudência da Corte Superior se firmou no sentido de ser prescindível a intimação da parte para constituição de novo advogado, quando comprovada a notificação pelo causídico da renúncia dos poderes, conforme artigo 45 do antigo Código de Processo Civil (artigo 112 do CPC). III – Aplica-se, portanto, a súmula 168/STJ, para indeferimento dos Embargos de Divergência, mantendo-se a decisão agravada conforme proferida. Agravo interno desprovido. (STJ; AgInt nos EAREsp 510.287; SP; Corte Especial; Rel. Min. Felix Fischer; Julg. 15/03/2017; DJe 27/03/2017)

Possibilidade de renúncia e afastamento de cláusula penal.

✓ RECURSO ESPECIAL. CONTRATO DE PRESTAÇÃO DE SERVIÇOS ADVOCATÍCIOS. RESCISÃO UNILATERAL. PRETENSÃO DE INCIDÊNCIA DA CLÁUSULA PENAL. PREVISÃO CONTRATUAL DA MULTA EM CASO DE REVOGAÇÃO DO MANDATO. IMPOSSIBILIDADE. DIREITO POTESTATIVO DO CLIENTE, ASSIM COMO É DO ADVOGADO, DE RENUNCIAR AO MANDATO. ESTATUTO DA OAB E CÓDIGO DE ÉTICA DOS ADVOGADOS. RELAÇÃO JURÍDICA INTUITU PERSONAE, LASTREADA NA EXTREMA CONFIANÇA. QUEBRA DA FIDÚCIA. DIREITO DE REVOGAÇÃO/RENÚNCIA SEM ÔNUS PARA OS CONTRATANTES. 1. Em razão do papel fundamental do advogado, por ser indispensável à administração da Justiça, prevê o Estatuto da OAB normas deontológicas, que devem nortear o exercício do profissional, inclusive na relação advogado/cliente, remetendo a regulação para o Código de Ética e Disciplina. 2. Justamente em razão da relação de confiança entre advogado e cliente, por se tratar de contrato personalíssimo (**intuitu personae**), dispõe o Código de Ética, no tocante ao advogado, que "a renúncia ao patrocínio deve ser feita sem menção do motivo que a determinou" (art. 16). 3. Trata-se, portanto, de direito potestativo do advogado em renunciar ao mandato e, ao mesmo tempo, do cliente em revogá-lo, sendo anverso e reverso da mesma moeda, do qual não pode se opor nem mandante nem mandatário. Deveras, se é lícito ao advogado, por imperativo da norma, a qualquer momento e sem necessidade de declinar as razões, renunciar ao mandato que lhe foi conferido pela parte, respeitado o prazo de 10 dias seguintes, também é da essência do mandato a potestade do cliente de revogar o patrocínio ad nutum. 4. A cláusula penal é pacto acessório, por meio do qual as partes determinam previamente uma sanção de natureza civil – cujo escopo é garantir o cumprimento da obrigação principal -, além de estipular perdas e danos em caso de inadimplemento parcial ou total de um dever assumido, podendo ser compensatória ou moratória, a depender do cumprimento total ou parcial da obrigação. 5. No contrato de prestação de serviços advocatícios, em razão do mister do advogado, só há falar em cláusula penal para as situações de mora e/ou inadimplemento e desde que os valores sejam fixados com razoabilidade, sob pena de redução (CC, arts. 412/413). 6. Não é possível a estipulação de multa no contrato de honorários para as hipóteses de renúncia ou revogação unilateral do mandato do advogado, independentemente de motivação, respeitado o direito de recebimento dos honorários proporcionais ao serviço prestado. 7. Recurso especial não provido. (STJ; REsp 1346171; PR; Quarta Turma; Rel. Min. Luis Felipe Salomão; Julg. 11/10/2016; DJe 07/11/2016)

Advogado renunciante fica vinculado ao processo e continua representando a parte durante os 10 (dez) dias subsequentes.

✓ AGRAVO REGIMENTAL NOS EMBARGOS DE DECLARAÇÃO NO RECURSO ESPECIAL. INTEMPESTIVIDADE DO ESPECIAL E DA APELAÇÃO. MATÉRIA DE ORDEM PÚBLICA. RENÚNCIA AO MANDATO. INEXISTÊNCIA DE FLAGRANTE ILEGALIDADE A JUSTIFICAR A ATUAÇÃO DE OFÍCIO DO STJ. (...). 2. A tempestividade é um dos pressupostos recursais extrínsecos e, tratando-se de matéria de ordem pública, pode ser reconhecida a qualquer tempo. 3. O advogado que renuncia ao mandato fica vinculado ao processo e continua representando a parte durante os 10 (dez) dias subsequentes, nos termos do disposto no art. 5º, § 3º, do Estatuto da Ordem do Advogados do Brasil, e por aplicação analógica do art. 45 do Código de Processo Civil (art. 112 do CPC). 4. Intimados o recorrente e o advogado anteriormente constituído acerca da sentença condenatória, inexiste flagrante ilegalidade a ensejar a concessão de habeas corpus de ofício, porquanto o réu estava devidamente representado nos autos. 5. Agravo regimental a que se nega provimento. (STJ; AgRg nos EDcl no REsp 1512017; SC; Quinta Turma; Rel. Min. Reynaldo Soares da Fonseca; Julg. 21/06/2016; DJe 29/06/2016).

✓ PENAL E PROCESSO PENAL. HABEAS CORPUS. 1. AÇÃO PENAL ORIGINÁRIA. CRIME DE APROPRIAÇÃO INDÉBITA. SESSÃO DE RECEBIMENTO DA DENÚNCIA. RENÚNCIA DO ADVOGADO NA VÉSPERA. VINCULAÇÃO DO CAUSÍDICO POR 10 DIAS. ART. 5º, § 3º, DO EOAB E ART. 45 DO CPC (112 DO CPC), C/C O ART. 3º DO CPP. PRECEDENTES. 2. NÃO REALIZAÇÃO DE SUSTENTAÇÃO ORAL. AUSÊNCIA DE NULIDADE. EXPEDIENTE FACULTATIVO. ART. 6º, § 1º, DA LEI N. 8.038/1990. PRECEDENTES DO STF E DO STJ. 3. PEDIDO INCIDENTAL. EXTINÇÃO DA PUNIBILIDADE. REPARAÇÃO INTEGRAL DO DANO. MATÉRIA NÃO SUBMETIDA À CORTE LOCAL. SUPRESSÃO DE INSTÂNCIA. 4. ORDEM DENEGADA. 1. O advogado que renuncia ao mandato ainda fica vinculado ao processo pelo prazo de 10 (dez) dias, nos termos do disposto no art. 5º, § 3º, do Estatuto da Ordem do Advogados do Brasil, e por aplicação analógica do art. 45 do Código de Processo Civil (art. 112 do CPC). Nesse contexto, considerando-se que advogado e paciente foram devidamente intimados da data em que seria realizada a sessão para deliberação sobre eventual recebimento da denúncia, observa-se que o paciente encontrava-se sim representado por advogado constituído, porquanto realizado o ato dentro do prazo de 10 (dez) dias trazido na norma. Com efeito, a renúncia foi protocolizada no dia 22/5/2013 e a sessão de recebimento da denúncia foi realizada no dia 23/5/2013. 2. O fato de o advogado não ter comparecido à sessão de julgamento, ou não ter pedido para realizar sustentação oral não revela, por si só, ausência de defesa, pois tanto a presença quanto o uso da palavra são facultativos, conforme disposto no art. art. 6º, § 1º, da Lei n. 8.038/1990. Precedentes do STJ e do STF. 3. O pedido formulado nas petições apresentadas incidentalmente, no sentido da extinção da punibilidade em virtude da reparação integral do dano, não foi previamente analisado pela Corte local, o que inviabiliza o conhecimento da matéria pelo Superior Tribunal de Justiça, sob pena de indevida supressão de instância. 4. Ordem denegada. (STJ; HC 280.682; MT; Quinta Turma; Rel. Min. Reynaldo Soares da Fonseca; Julg. 12/04/2016; DJe 19/04/2016)

TÍTULO II
Do Litisconsórcio

Art. 113. Duas ou mais pessoas podem litigar, no mesmo processo, em conjunto, ativa ou passivamente, quando:

→ *V.* Súmulas 631 e 641 do STF.

→ *V.* Art. 5º, § 2º, da Lei 7.347/1985.

→ V. Art. 6º, § 5º, da Lei 4.717/1965.
→ V. Art. 10, § 2º, da Lei 12.016/2009.
→ V. Art. 132, § 2º, do RISTF.

I – entre elas houver comunhão de direitos ou de obrigações relativamente à lide;

II – entre as causas houver conexão pelo pedido ou pela causa de pedir;

III – ocorrer afinidade de questões por ponto comum de fato ou de direito.

§ 1º O juiz poderá limitar o litisconsórcio facultativo quanto ao número de litigantes na fase de conhecimento, na liquidação de sentença ou na execução, quando este comprometer a rápida solução do litígio ou dificultar a defesa ou o cumprimento da sentença.

§ 2º O requerimento de limitação interrompe o prazo para manifestação ou resposta, que recomeçará da intimação da decisão que o solucionar.

→ V. Art. 336 do CPC.

Litisconsórcio multitudinário e prescrição

✓ RECURSO ESPECIAL. AÇÃO DE COMPENSAÇÃO POR DANOS MORAIS. MINERODUTO. OBRAS. LITISCONSÓRCIO ATIVO MULTITUDINÁRIO. DESMEMBRAMENTO. AUSÊNCIA DE CITAÇÃO. DEMANDA INDIVIDUAL SUBSEQUENTE. PRESCRIÇÃO. INTERRUPÇÃO. MARCO INICIAL. DATA DO AJUIZAMENTO DA AÇÃO ORIGINÁRIA. 1. Ação distribuída em 18/12/2005. Recurso especial interposto em 13/9/2019. Autos encaminhados à Relatora em 24/3/2020. 2. O propósito recursal é definir se a decisão que determina o desmembramento de litisconsórcio ativo multitudinário, proferida antes do despacho ordenatório da citação, interrompe ou não a prescrição para o exercício da pretensão individual da parte excluída da relação processual originária. (...) 5. No particular, deve-se considerar que a recorrida exerceu sua pretensão dentro do prazo, em litisconsórcio facultativo, quando ajuizou a demanda originária, não podendo, portanto, vir a sofrer qualquer prejuízo de índole processual ou material em decorrência de providência adotada pelo julgador, à qual não deu causa. 6. Assim, na hipótese dos autos, a data que deve prevalecer para fins do marco inicial da interrupção da prescrição é a da propositura da ação originária, como forma de não lesar os litisconsortes que litigavam conjuntamente e que foram elididos da relação processual primeva. 7. Nesse sentido, vale registrar, também são as conclusões do Fórum Permanente de Processualistas Civis (enunciados ns. 10 e 117), segundo o qual, havendo o desmembramento de litisconsórcio multitudinário ativo, os efeitos da interrupção da prescrição devem ser considerados produzidos desde o protocolo da petição inicial da demanda original. RECURSO ESPECIAL NÃO PROVIDO, COM MAJORAÇÃO DE HONORÁRIOS. (STJ, 3ª T., REsp 1868419/MG, Rel. Ministra Nancy Andrighi, DJe 28/09/2020)

Art. 114. O litisconsórcio será necessário por disposição de lei ou quando, pela natureza da relação jurídica controvertida, a eficácia da sentença depender da citação de todos que devam ser litisconsortes.

A ação de despejo não exige a formação de litisconsórcio ativo necessário

✓ RECURSO ESPECIAL. DIREITO CIVIL E PROCESSUAL CIVIL. AÇÃO DE DESPEJO. LOCAÇÃO NÃO RESIDENCIAL. TÉRMINO DO CONTRATO. RESCISÃO IMOTIVADA. EXISTÊNCIA DE COLOCADORES. LITISCONSÓRCIO ATIVO NECESSÁRIO. INEXISTENTE. (...) 2. O propósito recursal consiste em determinar se houve irregularidade no polo ativo da ação de despejo, em razão da ausência de todos os locadores (...). 3. O tema da admissibilidade ou não do litisconsórcio ativo necessário envolve limitação ao direito constitucional de agir, que se norteia pela liberdade de demandar, devendo-se admiti-lo apenas em situações excepcionais. 4. Na hipótese, não há razão para que se inclua entre essas situações excepcionais para a formação do litisconsórcio ativo necessário o pedido de despejo por encerramento do contrato de locação. (...) (REsp 1737476/SP, Rel. Min. Nancy Andrighi, Terceira Turma, julgado em 04/02/2020, DJe 06/02/2020)

Preterição de nomeação em concurso e litisconsórcio passivo

✓ PROCESSUAL CIVIL E ADMINISTRATIVO. AGRAVO INTERNO NO AGRAVO EM RECURSO ESPECIAL. CONCURSO PÚBLICO. PRETERIÇÃO. FORMAÇÃO DE LITISCONSORTE PASSIVO. DESNECESSIDADE. PARECER DO MPF PELO DESPROVIMENTO DO RECURSO. AGRAVO INTERNO DO ESTADO DO PIAUÍ A QUE SE NEGA PROVIMENTO. 1. O acórdão combatido revela que o entendimento adotado pelo Tribunal de origem se alinha à diretriz desta Corte Superior de que é dispensável a citação dos demais concursados como litisconsortes necessários, porquanto os candidatos, mesmo aprovados, não titularizariam direito líquido e certo à nomeação, mas tão somente expectativa de direito, não se aplicando o disposto no artigo 47 do CPC/1973, atual 114 do Código Fux. Precedentes: AgInt no REsp. 1.747.897/PI, Rel. Min. HERMAN BENJAMIN, DJe 11.3.2019; AgInt na PET no RMS 45.477/AP, Rel. Min. GURGEL DE FARIA, DJe 8.8.2018. (...) (STJ, 1ª T., AgInt no AREsp 1352369/PI, Rel. Ministro Napoleão Nunes Maia Filho, DJe 21/10/2019)

Litisconsórcio passivo necessário de parte e advogado em ação rescisória.

✓ RECURSO ESPECIAL. DIREITO CIVIL E PROCESSUAL CIVIL. AÇÃO RESCISÓRIA. LEGITIMIDADE PASSIVA. LITISCONSÓRCIO PASSIVO NECESSÁRIO ENTRE AQUELE QUE FIGUROU COMO PARTE NO PROCESSO E O ADVOGADO EM FAVOR DE QUEM CONSTITUÍDOS HONORÁRIOS SUCUMBENCIAIS. 1. A legitimidade passiva, na ação rescisória, se estabelece em função do pedido deduzido em juízo. Assim, conforme informado pela teoria da asserção, devem figurar no polo passivo da demanda todos aqueles (e somente aqueles) que foram concretamente beneficiados pela sentença rescindenda. 2. A ação rescisória, quando busca desconstituir sentença condenatória que fixou honorários advocatícios sucumbenciais deve ser proposta não apenas contra o titular do crédito principal formado em juízo, mas também contra o advogado em favor de quem foi fixada a verba honorária de sucumbência, porque detém, com exclusividade, a sua titularidade. 3. Recurso especial provido. (STJ; REsp 1651057; CE; Terceira Turma; Rel. Min. Moura Ribeiro; Julg. 16/05/2017; DJe 26/05/2017)

Litisconsórcio necessário de copossuidores em reintegração de posse.

✓ RECURSO ESPECIAL - AÇÃO DE REINTEGRAÇÃO DE POSSE - BEM PÚBLICO - OCUPAÇÃO IRREGULAR - INEXISTÊNCIA DE NOTIFICAÇÃO PRÉVIA DE TODOS OS OCUPANTES DO IMÓVEL, BEM COMO AUSÊNCIA DE CITAÇÃO DE UM OCUPANTE DO IMÓVEL - TRIBUNAL A QUO QUE AFASTOU AS PRELIMINARES DE AUSÊNCIA DE PRESSUPOSTOS DA AÇÃO E DE NULIDADE POR FALTA DE CITAÇÃO DE OCUPANTE. INSURGÊNCIA DOS RÉUS Hipótese: ação de reintegração de posse ajuizada em face de ocupantes irregulares, julgada procedente. Arguição de ausência de pressuposto processual e nulidade do feito, ante a ausência de citação de litisconsorte, afastadas pelas instâncias ordinárias. 1. A partir da leitura dos artigos 924, 927 e 928 do CPC/73, equivalentes aos artigos 558, 561 e 562 do CPC/15, infere-se que a notificação prévia não é documento essencial à propositura da ação possessória. 2. Em ação possessória na qual que se aprecia a legitimidade de composse, que é exercida conjuntamente e sem fracionamento do bem por todos os ocupantes, a sentença deverá ser cumprida por todos os copossuidores considerados ilegítimos, configurando-se a hipótese de litisconsórcio necessário prevista no artigo 47 do CPC/73, correspondente aos artigos 114, 115 e 116 do CPC/15. 3. A ausência da citação de litisconsorte passivo necessário enseja a nulidade da sentença, nos termos do artigo 47 do CPC/73, correspondente ao artigo 115 do CPC/15. 4. Recurso provido para declarar a nulidade da sentença, determinando a remessa dos autos à origem para que seja admitido o comparecimento espontâneo de Vanir Esteves Soares, bem como lhe seja conferida oportunidade para constituir novo patrono, considerando a destituição noticiada a fl. 413 e-STJ, e para apresentar defesa, com regular processamento e posterior julgamento do feito. (STJ; REsp 1263164; DF; Quarta Turma; Rel. Min. Marco Buzzi; Julg. 22/11/2016; DJe 29/11/2016)

Inexistência de litisconsórcio passivo necessário entre fundo de previdência complementar e instituição patrocinadora.

✓ REVISÃO DE BENEFÍCIO DE PREVIDÊNCIA COMPLEMENTAR. AGRAVO INTERNO. FORMAÇÃO DE LITISCONSÓRCIO PASSIVO, COM A CITAÇÃO DO PATROCINADOR DO PLANO DE BENEFÍCIOS. MANIFESTO DESCABIMENTO. 1. A vontade do réu, por si só, é irrelevante para a formação de litisconsórcio e, conforme se infere do disposto no artigo 47 do Código de Processo Civil de 1973 [correspondente aos arts. 114 e 116 do Novo CPC], a própria lei confere o caráter de excepcionalidade ao litisconsórcio necessário – só o impondo nas hipóteses previstas em lei ou pela natureza da relação jurídica -; portanto e em regra, quando houver diversos titulares de direitos derivantes do mesmo título ou do mesmo fato jurídico, mas estiver em jogo direitos patrimoniais, cabendo a cada qual uma parcela do todo divisível, o provimento concedido a algum, sem a presença dos demais, será eficaz. (REsp 1405102/SC, Rel. Ministro LUIS FELIPE SALOMÃO, QUARTA TURMA, julgado em 19/09/2013, DJe 15/10/2013) 2. O fundo formado pelo plano de benefícios – administrado pela entidade previdenciária – tem patrimônio segregado do patrocinador, e o custeio dos planos será responsabilidade do patrocinador e dos participantes, inclusive assistidos e, conforme art. 21 da Lei Complementar 109/2001, eventuais resultados deficitários deverão ser equacionados por patrocinadores, participantes e assistidos, na proporção existente entre as suas contribuições, conforme disposições infralegais oriundas do órgãos públicos regulador e fiscalizador. 3. Com efeito, "[n]ão há litisconsórcio passivo necessário entre o fundo de previdência complementar e a instituição patrocinadora, tendo em vista a autonomia de patrimônio e a personalidade jurídica própria do ente previdenciário. Incidência da Súmula nº 83 do STJ" (AgRg no AgRg no REsp 1.483.876/SE, Rel. Ministro MOURA RIBEIRO, TERCEIRA TURMA, julgado em 14/4/2015, DJe de 5/5/2015). 4. Agravo interno não provido. (STJ; AgInt no REsp 1547721; DF; Quarta Turma; Rel. Min. Luis Felipe Salomão; Julg. 06/10/2016; DJe 19/10/2016)

No caso de a anulação de partilha acarretar a perda de imóvel já registrado em nome de herdeiro casado sob o regime de comunhão universal de bens, a citação do cônjuge é indispensável (litisconsórcio necessário)

✓ RECURSO ESPECIAL. CIVIL E PROCESSUAL CIVIL. PARTILHA. ANULAÇÃO. IMÓVEIS. REGISTRO. HERDEIROS. COMUNHÃO UNIVERSAL DE BENS. CITAÇÃO. CÔNJUGES. NECESSIDADE. LITISCONSÓRCIO NECESSÁRIO. (...) 2. Cinge-se a controvérsia a definir se, em ação anulatória de partilha em que o título de transferência dos imóveis anteriormente recebidos pelos herdeiros já foi levado a registro, os cônjuges dos herdeiros casados sob o regime de comunhão universal de bens devem integrar a lide na qualidade de litisconsortes necessários. 3. No caso de a anulação de partilha acarretar a perda de imóvel já registrado em nome de herdeiro casado sob o regime de comunhão universal de bens, a citação do cônjuge é indispensável, tratando-se de hipótese de litisconsórcio necessário. 4. Recurso especial provido. (REsp 1706999/SP, Rel. Min. Ricardo Villas Bôas Cueva, Terceira Turma, julgado em 23/02/2021, DJe 01/03/2021)

Art. 115. A sentença de mérito, quando proferida sem a integração do contraditório, será:

→ v. Art. 487 do CPC.

I – nula, se a decisão deveria ser uniforme em relação a todos que deveriam ter integrado o processo;

II – ineficaz, nos outros casos, apenas para os que não foram citados.

Parágrafo único. Nos casos de litisconsórcio passivo necessário, o juiz determinará ao autor que requeira a citação de todos que devam ser litisconsortes, dentro do prazo que assinar, sob pena de extinção do processo.

→ v. Súmula 631 do STF.

Ausência de nulidade. Promitente-vendedor não proprietário não é litisconsorte necessário na ação de usucapião

✓ RECURSO ESPECIAL. PROCESSUAL CIVIL. 1. NEGATIVA DE PRESTAÇÃO JURISDICIONAL. NÃO OCORRÊNCIA. 2. PRINCÍPIO DA DEVOLUTIVIDADE. DIMENSÕES HORIZONTAL E VERTICAL OBSERVADAS. 3. QUERELA NULLITATIS. AUSÊNCIA DE CITAÇÃO. LITISCONSÓRCIO NECESSÁRIO. INEXISTÊNCIA. VÍCIO TRANSRESCISÓRIO NÃO VERIFICADO. 4. RECURSO ESPECIAL CONHECIDO E PARCIALMENTE PROVIDO. (...) 3. A função principal da querela nullitatis é impugnar a sentença mediante a anulação da própria relação processual, pois o que lhe dá ensejo é a existência de um vício transrescisório, tal como a ausência de citação de litisconsorte necessário. 3.1. O litisconsórcio necessário estará configurado quando a lei dispuser a respeito ou quando, pela natureza da relação jurídica controvertida, a eficácia da sentença depender da citação de todos que devam ser litisconsortes, sob pena de a sentença de mérito ser nula ou ineficaz. 3.2. Verifica-se, na espécie, a existência de alienação a non domino, de modo que a ação de usucapião deverá ser proposta em desfavor daquele que possui o domínio registral do imóvel. Assim, de acordo com a legislação de regência, o promitente vendedor, que não possui a propriedade do bem, não é litisconsorte necessário da relação processual, o que afasta a ocorrência de vício insanável capaz de subsidiar a querela nullitatis. 4. Recurso especial conhecido e parcialmente provido. (STJ, 3ª T., REsp 1771979/PR, Rel. Ministro Marco Aurélio Bellizze, DJe 12/11/2020)

Ausência da citação de litisconsorte passivo necessário enseja nulidade da sentença.

✓ RECURSO ESPECIAL - AÇÃO DE REINTEGRAÇÃO DE POSSE - BEM PÚBLICO - OCUPAÇÃO IRREGULAR - INEXISTÊNCIA DE NOTIFICAÇÃO PRÉVIA DE TODOS OS OCUPANTES DO IMÓVEL, BEM COMO AUSÊNCIA DE CITAÇÃO DE UM OCUPANTE DO IMÓVEL - TRIBUNAL A QUO QUE AFASTOU AS PRELIMINARES DE AUSÊNCIA DE PRESSUPOSTOS DA AÇÃO E DE NULIDADE POR FALTA DE CITAÇÃO DE OCUPANTE. INSURGÊNCIA DOS RÉUS Hipótese: ação de reintegração de posse ajuizada em face de ocupantes irregulares, julgada procedente. Arguição de ausência de pressuposto processual e nulidade do feito, ante a ausência de citação de litisconsorte, afastadas pelas instâncias ordinárias. 1. A partir da leitura dos artigos 924, 927 e 928 do CPC/73, equivalentes aos artigos 558, 561 e 562 do CPC/15, infere-se que a notificação prévia não é documento essencial à propositura da ação possessória. 2. Em ação possessória na qual que se aprecia a legitimidade de composse, que é exercida conjuntamente e sem fracionamento do bem por todos os ocupantes, a sentença deverá ser cumprida por todos os copossuidores considerados ilegítimos, configurando-se a hipótese de litisconsórcio necessário prevista no artigo 47 do CPC/73, correspondente aos artigos 114, 115 e 116 do CPC/15. 3. A ausência da citação de litisconsorte passivo necessário enseja a nulidade da sentença, nos termos do artigo 47 do CPC/73, correspondente ao artigo 115 do CPC/15. 4. Recurso provido para declarar a nulidade da sentença, determinando a remessa dos autos à origem para que seja admitido o comparecimento espontâneo de Vanir Esteves Soares, bem como lhe seja conferida oportunidade para constituir novo patrono, considerando a destituição noticiada a fl. 413 e-STJ, e para apresentar defesa, com regular processamento e posterior julgamento do feito. (STJ; REsp 1263164; DF; Quarta Turma; Rel. Min. Marco Buzzi; Julg. 22/11/2016; DJe 29/11/2016)

Art. 116. O litisconsórcio será unitário quando, pela natureza da relação jurídica, o juiz tiver de decidir o mérito de modo uniforme para todos os litisconsortes.

Litisconsórcio necessário de copossuidores em reintegração de posse.

✓ RECURSO ESPECIAL - AÇÃO DE REINTEGRAÇÃO DE POSSE - BEM PÚBLICO - OCUPAÇÃO IRREGULAR - INEXISTÊNCIA DE NOTIFICAÇÃO PRÉVIA DE TODOS OS OCUPANTES DO IMÓVEL, BEM COMO AUSÊNCIA DE CITAÇÃO DE UM OCUPANTE DO IMÓVEL - TRIBUNAL A QUO QUE AFASTOU AS PRELIMINARES DE AUSÊNCIA DE PRESSUPOSTOS DA AÇÃO E DE NULIDADE POR FALTA DE CITAÇÃO DE OCUPANTE. INSURGÊNCIA DOS RÉUS Hipótese: ação de reintegração de posse ajuizada em face de ocupantes irregulares, julgada procedente. Arguição de ausência de pressuposto processual e nulidade do feito, ante a ausência de citação de litisconsorte, afastadas pelas instâncias ordinárias. 1. A partir da leitura dos artigos 924, 927 e 928 do CPC/73, equivalentes aos artigos 558, 561 e 562 do CPC/15, infere-se que a notificação prévia não é documento essencial à propositura da ação possessória. 2. Em ação possessória na qual que se aprecia a legitimidade de composse, que é exercida conjuntamente e sem fracionamento do bem por todos os ocupantes, a sentença deverá ser cumprida por todos os copossuidores considerados ilegítimos, configurando-se a hipótese de litisconsórcio necessário prevista no artigo 47 do CPC/73, correspondente aos artigos 114, 115 e 116 do CPC/15. 3. A ausência da citação de litisconsorte passivo necessário enseja a nulidade da sentença, nos termos do artigo 47 do CPC/73, correspondente ao artigo 115 do CPC/15 (...) (STJ; REsp 1263164; DF; Quarta Turma; Rel. Min. Marco Buzzi; Julg. 22/11/2016; DJe 29/11/2016)

Inexistência de litisconsórcio passivo necessário entre fundo de previdência complementar e instituição patrocinadora.

✓ REVISÃO DE BENEFÍCIO DE PREVIDÊNCIA COMPLEMENTAR. AGRAVO INTERNO. FORMAÇÃO DE LITISCONSÓRCIO PASSIVO, COM A CITAÇÃO DO PATROCINADOR DO PLANO DE BENEFÍCIOS. MANIFESTO DESCABIMENTO. 1. A vontade do réu, por si só, é irrelevante para a formação de litisconsórcio e, conforme se infere do disposto no artigo 47 do Código de Processo Civil de 1973 [correspondente aos arts. 114 e 116 do Novo CPC], a própria lei confere o caráter de excepcionalidade ao litisconsórcio necessário - só o impondo nas hipóteses previstas em lei ou pela natureza da relação jurídica -; portanto e em regra, quando houver diversos titulares de direitos derivantes do mesmo título ou do mesmo fato jurídico, mas estiver em jogo direitos patrimoniais, cabendo a cada qual uma parcela do todo divisível, o provimento concedido a algum, sem a presença dos demais, será eficaz. (REsp 1405102/SC, Rel. Ministro LUIS FELIPE SALOMÃO, QUARTA TURMA, julgado em 19/09/2013, DJe 15/10/2013) 2. O fundo formado pelo plano de benefícios - administrado pela entidade previdenciária - tem patrimônio segregado do patrocinador, e o custeio dos planos será responsabilidade do patrocinador e dos participantes, inclusive assistidos e, conforme art. 21 da Lei Complementar 109/2001, eventuais resultados deficitários deverão ser equacionados por patrocinadores, participantes e assistidos, na proporção existente entre as suas contribuições, conforme disposições infralegais oriundas do órgãos públicos regulador e fiscalizador. 3. Com efeito, "[n]ão há litisconsórcio passivo necessário entre o fundo de previdência complementar e a instituição patrocinadora, tendo em vista a autonomia de patrimônio e a personalidade jurídica própria do ente previdenciário. Incidência da Súmula nº 83 do STJ" (AgRg no AgRg no REsp 1.483.876/SE, Rel. Ministro MOURA RIBEIRO, TERCEIRA TURMA, julgado em 14/4/2015, DJe de 5/5/2015). 4. Agravo interno não provido. (STJ; AgInt no REsp 1547721; DF; Quarta Turma; Rel. Min. Luis Felipe Salomão; Julg. 06/10/2016; DJe 19/10/2016)

Art. 117. Os litisconsortes serão considerados, em suas relações com a parte adversa, como litigantes distintos, exceto no litisconsórcio unitário, caso em que os atos e as omissões de um não prejudicarão os outros, mas os poderão beneficiar.

→ V. Art. 1.005 do CPC.

Desistência e consentimento

✓ PROCESSUAL CIVIL E CONSUMIDOR. RECURSO ESPECIAL. AÇÃO INDENIZATÓRIA E COMPENSATÓRIA. DANOS MATERIAIS E MORAIS. DEFEITO NA PRESTAÇÃO DE SERVIÇOS. DESISTÊNCIA PARCIAL. RÉU NÃO CITADO. RESPONSABILIDADE SOLIDÁRIA. LITISCONSÓRCIO. NATUREZA. FACULTATIVA. DEMAIS LITISCONSORTES. LITIGANTES DISTINTOS. ART. 117 DO CPC/15. ANUÊNCIA. DESNECESSIDADE. DIREITO DE REGRESSO. ART. 283 DO CC/02. EXERCÍCIO. AÇÃO AUTÔNOMA. ART. 88 DO CDC. (...) 4. No litisconsórcio necessário, diante da indispensabilidade da presença de todos os titulares do direito material para a eficácia da sentença, a desistência em relação a um dos réus demanda a anuência dos demais litisconsortes passivos. Precedentes.5. No litisconsórcio facultativo, todavia, segundo o art. 117 do CPC/15, os litisconsortes serão considerados litigantes distintos em suas relações com a parte adversa, de forma que a extinção da ação em relação a um deles, pela desistência, não depende do consentimento dos demais réus, pois não influencia o curso do processo. 6. Nas ações de consumo, nas quais previstas a responsabilidade solidária, é facultado ao consumidor escolher contra quem demandar, resguardado o direito de regresso daquele que repara o dano contra os demais coobrigados. Precedente. 7. Nessas circunstâncias, em que a responsabilidade pela reparação dos danos causados ao consumidor é solidária, o litisconsórcio passivo é, pois, facultativo. 8. Embora, em regra, o devedor possa requerer a intervenção dos demais coobrigados solidários na lide em que figure isoladamente como réu, por meio do chamamento ao processo, essa intervenção é facultativa e seu não exercício não impede o direito de regresso previsto no art. 283 do CC/02. 9. Nas ações de consumo, a celeridade processual age em favor do consumidor, devendo o fornecedor exercer seu direito de regresso quanto aos demais devedores solidários por meio de ação autônoma. 10. Recurso especial desprovido. (STJ, 3ª T., REsp 1739718/SC, Rel. Ministra Nancy Andrighi, DJe 04/12/2020)

Litisconsórcio unitário ativo facultativo

✓ RECURSO ORDINÁRIO EM MANDADO DE SEGURANÇA. DIREITO CIVIL E PROCESSUAL CIVIL. INVESTIGAÇÃO DE PATERNIDADE. IMPETRAÇÃO CONTRA DECISÃO JUDICIAL QUE DETERMINOU A EXUMAÇÃO DO CORPO DO PAI DO IMPETRANTE EM RAZÃO DO NÃO COMPARECIMENTO DOS SEUS IRMÃOS AO EXAME DE DNA PREVIAMENTE AGENDADO. 1. Controvérsia processual em torno da regularidade da extinção prematura do mandado de segurança impetrado pelo recorrente contra a decisão judicial que determinou a exumação do cadáver de seu pai, em razão da falta de regularização dos polos ativo e/ou passivo do mandamus. 2. Desnecessária a inclusão dos demais réus da ação investigatória de paternidade nos polos ativo ou passivo do presente writ. 3. O litisconsórcio ativo para impetração da ação mandamental, apesar de unitário, é facultativo, não exigindo a presença de todos os herdeiros interessados no polo ativo do mandado de segurança. 4. RECURSO ORDINÁRIO PROVIDO. (STJ, 3ª T., RMS 60.048/DF, Rel. Ministro Paulo De Tarso Sanseverino, DJe 08/06/2020)

Havendo litisconsórcio ativo e não habitando os demandantes no mesmo domicílio, a carta intimatória deverá ser destinada a todos.

✓ ADMINISTRATIVO. DESAPROPRIAÇÃO PARA FINS DE UTILIDADE PÚBLICA. INTIMAÇÃO ACERCA DO LAUDO PERICIAL. OCORRÊNCIA. INTIMAÇÃO PARA CONTRARRAZOAR OS EMBARGOS DE DECLARAÇÃO. NÃO OCORRÊNCIA. NULIDADE. 1. Trata-se de apelação interposta pelo Estado do Ceará, em face de sentença que declarou consumada a desapropriação por utilidade pública do imóvel localizado na zona rural do Município de Aracoiaba-CE, fixando o valor da indenização em R$ 8.107,57 (oito mil, cento e sete reais e cinquenta e sete centavos), valor arbitrado pelo laudo pericial. 2. O Estado do Ceará pretende, em suas razões recursais, a nulidade da sentença, ao argumento de que não foi intimado do despacho, o qual determinou que o DNIT e a parte expropriada se manifestassem sobre o laudo pericial. Com efeito, o julgador de origem já havia admitido o Estado do Ceará na lide, anteriormente à realização da perícia, bem como determinou vista às partes para manifestação acerca do Laudo Pericial. Depreende-se, portanto, que o Estado do Ceará foi intimado acerca do Laudo Pericial, quedando-se inerte ao não apresentar manifestação acerca da perícia. 3. Havendo litisconsórcio ativo e não habitando os demandantes no mesmo domicílio, a carta intimatória deve ser destinada a todos os integrantes do processo, conforme exegese dos arts. 117 e 118, do CPC/2015. In casu, a intimação foi direcionada apenas para um dos litisconsortes, não tendo havido a comunicação pessoal do agravante, que figura, igualmente, no polo ativo da lide originária. 4. O apelado manejou os aclaratórios contra sentença que declarou consumada a desapropriação por utilidade pública do imóvel e fixou o valor da indenização. Contudo, o Juízo de primeiro grau acolheu os embargos, conferindo efeitos infringentes, eis que julgou pela procedência do pedido, sem oportunizar ao recorrente a manifestação acerca dos termos da peça de embargos. 5. Inexistindo o exercício do contraditório na relação processual, nula é a sentença ora reexaminada, devendo os autos serem encaminhados ao Juízo "a quo" para oportunizar a parte embargada a apresentação de contrarrazões e, por consequência, a prolação de nova decisão de mérito. 6. Apelação provida. (TRF 5ª R.; AC 0013710-75.2011.4.05.8100; CE; Primeira Turma; Rel. Des. Fed. Élio Wanderley de Siqueira Filho; DEJF 29/09/2017; Pág. 59)

Em hipótese de litisconsórcio facultativo, a inércia de um litigante não induz à extinção do processo em relação aos demais.

✓ PROCESSUAL CIVIL. APELAÇÃO. CUMPRIMENTO DE SENTENÇA. REGULARIZAÇÃO DO PÓLO ATIVO. OMISSÃO. LITISCONSÓRCIO ATIVO FACULTATIVO. AUTONOMIA DOS LITISCONSORTES. ARTIGO 117 DO CPC/15. PROSSEGUIMENTO DO FEITO EM RELAÇÃO AOS DEMAIS AUTORES. 1. Nos termos do artigo 117 do CPC, os litisconsortes serão considerados, em suas relações com a parte adversa, como litigantes distintos, exceto no litisconsórcio unitário, caso em que os atos e as omissões de um não prejudicarão os outros, mas os poderão beneficiar. 2. Em se tratando de litisconsórcio facultativo, a extinção do feito não pode atingir os outros litisconsortes quando a omissão na regularização processual decorreu da omissão apenas de um deles. 3. O litisconsórcio facultativo simples diferencia-se do litisconsórcio unitário em razão de que neste último a decisão de mérito atingirá de modo uniforme a todos os litigantes. 4. Se cada autor pode ajuizar o cumprimento de sentença em separado para reaver valores decorrentes de reajustes inflacionários, bem como, mesmo diante do ajuizamento da ação em conjunto, a decisão de mérito poder ser diferenciada, a hipótese é de litisconsórcio facultativo, razão por que, a inércia de um litigante não induz à extinção do processo em relação aos demais. 5. Recurso conhecido e provido. (TJDF; APC 2016.01.1.112561-5; Ac. 987.881; Segunda Turma Cível; Rel. Des. Sandoval Oliveira; Julg. 14/12/2016; DJDFTE 09/01/2017)

Art. 118. Cada litisconsorte tem o direito de promover o andamento do processo, e todos devem ser intimados dos respectivos atos.

TÍTULO III
Da Intervenção de Terceiros

Capítulo I
DA ASSISTÊNCIA

Seção I
Disposições Comuns

Art. 119. Pendendo causa entre 2 (duas) ou mais pessoas, o terceiro juridicamente interessado em que a sentença seja favorável a uma delas poderá intervir no processo para assisti-la.

→ *v.* Art. 5º, *caput*, da Lei 9.469/1997.
→ *v.* Súmula 218 do STF.
→ *v.* Arts. 665 e 861 a 875, do CC/2002.
→ *v.* Arts. 90 e 94 do CDC.
→ *v.* Art. 6º da Lei 4.717/1965.
→ *v.* Art. 10 da Lei 9.099/1995.

Parágrafo único. A assistência será admitida em qualquer procedimento e em todos os graus de jurisdição, recebendo o assistente o processo no estado em que se encontre.

→ *v.* Art. 94 do CPC.

Assistente recebe o processo no estado em que se encontra

✓ AGRAVO INTERNO NOS EMBARGOS DE DECLARAÇÃO NO AGRAVO INTERNO NO AGRAVO EM RECURSO ESPECIAL. DECISÃO MONOCRÁTICA. NULIDADE. AUSÊNCIA. ASSISTÊNCIA SIMPLES. CREDOR HABILITADO NA FALÊNCIA. ILEGITIMIDADE RECURSAL. AUSÊNCIA DE RECURSO DA ASSISTIDA. ACESSORIEDADE. EXAME DE PROVAS. PROCESSO NA ORIGEM. NULIDADE. NÃO CABIMENTO. 1. Recurso especial interposto contra acórdão publicado na vigência do Código de Processo Civil de 2015 (Enunciados Administrativos nºs 2 e 3/STJ). 2. A assistência simples segue o regime da acessoriedade, cessando se o assistido não recorre. Precedentes. 3. Na hipótese dos autos, o agravante pede seu ingresso como assistente da massa falida – que não apresentou o agravo de instrumento que deu origem ao recurso especial nem recorreu da decisão que não conheceu de seu recurso diante da preclusão consumativa. 4. O assistente recebe o feito no estado em que se encontra, não sendo possível requerer a análise de fatos e provas nesta instância para que se declare a nulidade do processo na origem. 5. A possibilidade de interposição de recurso ao órgão colegiado (artigo 1.021 do CPC/2015) afasta qualquer alegação de ofensa ao princípio da colegialidade. Precedentes. 6. Agravo interno não provido. (STJ, 3ª T., AgInt nos EDcl no AgInt no AREsp 1258749/SP, Rel. Ministro Ricardo Villas Bôas Cueva, DJe 29/10/2020)

Assistência na execução

✓ AGRAVO INTERNO NA PETIÇÃO NO AGRAVO EM RECURSO ESPECIAL. PROCESSUAL CIVIL. INTERVENÇÃO DE TERCEIROS. ASSISTÊNCIA SIMPLES. PROCESSO DE EXECUÇÃO. NÃO CABIMENTO. PEDIDO INDEFERIDO. 1. É inviável a intervenção de terceiros sob a forma de assistência em processo de execução. Precedentes. 2. Agravo interno não provido. (STJ, 3ª T., AgInt na PET no AREsp 936.684/SP, Rel. Ministro Ricardo Villas Bôas Cueva, DJe 15/05/2020)

Inviabilidade de equiparar as figuras do *amicus curiae* e do assistente.

✓ AGRAVO REGIMENTAL EM RECURSO EXTRAORDINÁRIO. PEDIDO DE INGRESSO COMO AMICUS CURIAE. INDEFERIDO. INVIABILIDADE DE ADMISSÃO APÓS O JULGAMENTO DO MÉRITO DA DEMANDA. EQUIPARAÇÃO AO ASSISTENTE PROCESSUAL. IMPOSSIBILIDADE. EXCEPCIONALIDADE DO CASO. NÃO CONFIGURADA. 1. Não é devido o ingresso em feito, na qualidade de terceiro interveniente, após a ocorrência do julgamento do mérito do recurso extraordinário, sob a sistemática da repercussão geral. Ademais, a existência de embargos declaratórios com pleito de atribuição de efeitos infringentes e de modulação de efeitos não gera excepcionalidade à jurisprudência do STF. 2. Não há direito subjetivo à figuração em feito na qualidade de amicus curiae, sendo o crivo do Relator caracterizado por um juízo não só de pertinência e representatividade, mas também de oportunidade e utilidade processual. 3. Após julgado o mérito de repercussão geral e fixada súmula de julgamento com eficácia no sistema de precedentes obrigatórios, mostra-se pouco eficaz os subsídios instrutórios e técnicos a serem apresentados pela parte Agravante. 4. O advento do novo CPC não possui aptidão para alterar a jurisprudência do STF quanto à negativa de participação depois do julgamento de mérito, pois é inviável equiparar a figura do amicus curiae a do assistente, pois somente a este é possível a admissão em qualquer procedimento e em todos os graus de jurisdição, recebendo o processo no estado em que se encontre. Arts. 119, parágrafo único, e 138 do CPC. 5. Agravo regimental a que se nega provimento (STF; RE 593849 AgR; Tribunal Pleno; Rel. Min. Edson Fachin; Julg. 22/09/2017, Processo Eletrônico DJe-225 divulg 02/10/2017 public 03/10/2017).

Assistência litisconsorcial não autoriza renovação de atos anteriores nem ampliação de pedido e/ou causa de pedir.

✓ RECLAMAÇÃO. JULGAMENTO MONOCRÁTICO. POSSIBILIDADE. RISTF. ASSISTENTE LITISCONSORCIAL. AMPLIAÇÃO DO PEDIDO E/OU CAUSA DE PEDIR PELO AGRAVANTE. IMPOSSIBILIDADE. REMESSA DE CÓPIA DE INFORMAÇÕES AO MINISTÉRIO PÚBLICO. INTER-

VENÇÃO DO SUPREMO TRIBUNAL FEDERAL PELA VIA RECLAMATÓRIA. INOCORRÊNCIA. 1. A teor do art. 119, CPC, a "assistência será admitida em qualquer procedimento e em todos os graus de jurisdição, recebendo o assistente o processo no estado em que se encontre", razão pela qual não configura cerceamento de defesa a negativa de renovação de atos processuais anteriores que não contaram com a participação do assistente. (...) 3. Hipótese em que a admissão do ora recorrente na relação processual como assistente litisconsorcial operou-se na própria decisão recorrida, cenário a impedir que o assistente promova a ampliação do pedido e/ou da causa de pedir. 4. O requerimento em que se almeja que o agravante seja processado e julgado no âmbito do Supremo Tribunal Federal, formulado com fundamento na tramitação nesta Corte do Inquérito 3.989, no qual figura como investigado, não merece conhecimento, na medida em que estranho ao objeto da reclamação em que o agravante figura como assistente. 5. A reclamação é via inadequada para solução de competência de processamento e julgamento relacionada a órgãos jurisdicionais de primeiro grau. Ausência de articulação, no particular, de usurpação da competência do STF. 6. O pedido de remessa de cópia de informações ao Ministério Público destoa do objeto da reclamação, razão pela qual não merece enfrentamento em âmbito recursal. Ademais, referida providência pode ser alcançada pelo interessado por suas próprias forças, a revelar a dispensabilidade de atuação da Corte e, portanto, a ausência de interesse processual. 7. Agravo regimental parcialmente conhecido e, nessa parcela, desprovido. (STF; Rcl 23457 AgR-segundo; Tribunal Pleno; Rel. Min. Edson Fachin; Julg. 23/03/2017, Processo Eletrônico DJe-075 DIVULG 11/04/2017 PUBLIC 17-04-2017)

Renúncia de advogado e perda de qualidade para atuar como terceiro interessado.

✓ AGRAVO INTERNO NOS EMBARGOS DE DECLARAÇÃO NO AGRAVO EM RECURSO ESPECIAL. PROCESSUAL CIVIL. HONORÁRIOS ADVOCATÍCIOS. SOCIEDADE DE ADVOGADOS QUE NÃO MAIS REPRESENTA A PARTE NOS AUTOS. PERDA DA QUALIDADE DE TERCEIRO INTERESSADO. FALTA DE LEGITIMIDADE PARA RECORRER. RECURSO NÃO PROVIDO. 1. A orientação jurisprudencial desta Corte é no sentido de que "Tanto a parte quanto seu advogado, em nome próprio, têm legitimidade para recorrer de decisão que cuida de honorários advocatícios" (REsp 614.218/PR, Rel. Ministro JOÃO OTÁVIO DE NORONHA, SEGUNDA TURMA; Julg. 19/10/2006, DJ de 07/12/2006, p. 289). 2. Na hipótese dos autos, houve renúncia dos advogados ora agravantes ao patrocínio da parte, tendo sido essa última devidamente intimada para regularização de sua representação processual. Assim, deixando os causídicos de atuar na representação da aludida parte, ocorre a perda da qualidade para figurar como terceiro interessado, disposta no art. 119, caput, do CPC/2015 (art. 50, caput, do CPC/1973). 3. Agravo interno a que se nega provimento. (STJ; AgInt nos EDcl no AREsp 43.083; SP; Quarta Turma; Rel. Min. Raul Araújo; Julg. 06/04/2017; DJe 27/04/2017)

Interesse corporativo ou institucional de Conselho de Classe não configura interesse jurídico para admissão como assistente simples.

✓ AGRAVO INTERNO. PEDIDO DE INGRESSO NA CAUSA NA CONDIÇÃO DE ASSISTENTE. CONSELHO FEDERAL DA OAB. AUSÊNCIA DE INTERESSE JURÍDICO. 1. O interesse corporativo ou institucional do Conselho de Classe em ação em que se discute tese que se quer ver preponderar não constitui interesse jurídico para fins de admissão de assistente simples com fundamento no artigo 50 do Código de Processo Civil. Precedente: AgRg no AgRg na PET nos EREsp 1226946/PR, Rel. Ministra Eliana Calmon, Corte Especial, DJe 10/10/2013. 2. Agravo Interno não provido. (STJ; AgInt na PET no REsp 1590570; PB, Segunda Turma; Rel. Min. Herman Benjamin; Julg. 17/11/2016; DJe 19/04/2017)

Interesse econômico, moral ou corporativo não configura interesse jurídico para admissão como assistente simples.

✓ PROCESSUAL CIVIL. AGRAVO INTERNO NA PETIÇÃO NO MANDADO DE SEGURANÇA INDIVIDUAL. ENUNCIADO ADMINISTRATIVO Nº 03/STJ. SERVIDOR PÚBLICO FEDERAL. PROCURADOR DA FAZENDA NACIONAL. PROCESSO ADMINISTRATIVO DISCIPLINAR. PENA DE DEMISSÃO. PLEITO DA ORDEM DOS ADVOGADO DO BRASIL – SECCIONAL DO DISTRITO FEDERAL DE INGRESSO NO FEITO NA QUALIDADE DE ASSISTENTE SIMPLES. INEXISTÊNCIA DE INTERESSE JURÍDICO. PRECEDENTES. AGRAVO INTERNO NÃO PROVIDO. 1. A intervenção de terceiro, na modalidade de Assistente Simples, exige a demonstração do interesse jurídico, aferível pela potencialidade do provimento jurisdicional causar prejuízo juridicamente relevante ao direito daquele que pretende intervir, não bastando o mero interesse econômico, moral ou corporativo. Precedentes do STF e do STJ. 2. Não obstante a Ordem dos Advogados do Brasil tenha atribuição de representar em juízo ou fora dele os interesses dos advogados inscritos em seus quadros, possuindo legitimidade para fins de propositura de ações coletivas, não é de se admitir o seu ingresso no presente feito, porquanto ausente qualquer interesse jurídico apto para tanto, vez que a decisão aqui adotada atinge única e exclusivamente os interesses do ora impetrante, ex-Procurador da Fazenda Nacional sancionado administrativamente com pena de demissão em razão da prática de infração disciplinar capitulada nos arts. 117, IX e 132, IV, da Lei 8.112/1990 e que busca na presente demanda a anulação do Processo Administrativo Disciplinar e a consequente revisão da penalidade disciplinar, o que já foi inclusive rejeitado pela 1ª Seção desse e. STJ. 3. A prerrogativa prevista no art. 7º, II, da Lei 8.906/1994, que assegura aos advogados o direito à inviolabilidade de seu escritório ou local de trabalho, bem como de seus instrumentos de trabalho, desde que relativas ao exercício da advocacia, não se aplica às hipóteses em que servidores públicos utilizam-se de bens públicos (computadores instalados na repartição pública) para a prática de infrações disciplinares, de sorte que a perícia em tais instrumentos, em tais casos, independe de ordem judicial, conforme já decidiu esse Eg. STJ, pelo qual a análise em computador que compõe patrimônio público, determinada por servidor público responsável, não configura apreensão ilícita, nem exige autorização judicial (MS 15.906/DF, Rel. Ministro HUMBERTO MARTINS, PRIMEIRA SEÇÃO, julgado em 10/06/2015, DJe 01/07/2015; MS 15.832/DF, Rel. Ministro ARNALDO ESTEVES LIMA, PRIMEIRA SEÇÃO, julgado em 27/06/2012, DJe 01/08/2012; MS 15.825/DF, Rel. Ministro HERMAN BENJAMIN, PRIMEIRA SEÇÃO, julgado em 14/03/2011, DJe 19/05/2011).4. O eventual reconhecimento da validade ou não da produção da prova pericial em nada alcançará a classe dos advogados como um todo, a justificar o reconhecimento do interesse jurídico da Ordem dos Advogados do Brasil em intervir no presente feito. 5. A decisão adotada no presente feito não tem o condão de desencadear eventual procedimento disciplinar contra o impetrante perante a Ordem dos Advogados do Brasil, haja vista que o seu objetivo se limita ao exame da legalidade do ato demissório e do procedimento disciplinar, procedimentos estes sim que podem vir a dar azo a procedimento disciplinar contra o impetrante junto ao órgão de classe dos advogados. 6. O apenamento do impetrante não exige a observância das disposições e garantias asseguradas pela Lei 8.906/1994, mas tão-somente aquelas previstas na Lei 8.112/1990, posto que a sua demissão deu-se em razão da prática de infração funcional a qual o impetrante, na qualidade de servidor público federal, encontrava-se obrigado. 7. Portanto, não há dúvidas de que o decisum proferido nos presentes autos sequer prejudicada ou beneficia a classe dos advogados como um todo, tampouco a Instituição requerente, reduzindo suas prerrogativas, nem repercutirá em sua relação com os advogados inscritos na Ordem. 8. Agravo Interno não provido (STJ; AgInt no Mandado De Segurança 15.828; DF; Primeira Seção; Rel. Min. Mauro Campbell Marques; Julg. 14/12/2016; DJe 19/12/2016).

Art. 120. Não havendo impugnação no prazo de 15 (quinze) dias, o pedido do assistente será deferido, salvo se for caso de rejeição liminar.

Parágrafo único. Se qualquer parte alegar que falta ao requerente interesse jurídico para intervir, o juiz decidirá o incidente, sem suspensão do processo.

→ v. Art. 1.015, IX do CPC.

Seção II
Da Assistência Simples

Art. 121. O assistente simples atuará como auxiliar da parte principal, exercerá os mesmos poderes e sujeitar-se-á aos mesmos ônus processuais que o assistido.

Parágrafo único. Sendo revel ou, de qualquer outro modo, omisso o assistido, o assistente será considerado seu substituto processual.

→ v. Enunciado 19 do CEAPRO: A hipótese do parágrafo único do art. 121 não configura substituição processual, prevista no artigo 18. Por consequência, o regime jurídico permanece o da assistência.

Falta de requerimento e decisão expressa sobre admissão como assistente: ilegitimidade.

✓ PROCESSUAL CIVIL. AGRAVO INTERNO NO AGRAVO EM RECURSO ESPECIAL. AUSÊNCIA DE REQUERIMENTO DE ADMISSÃO NO FEITO NA CONDIÇÃO DE ASSISTENTE E DECISÃO DE ADMISSÃO. AGRAVO NÃO CONHECIDO. 1. A assistência simples, regulada pelos arts. 121, 122 e 123, do CPC/2015, exige requerimento e a existência, de fato, de interesse jurídico na demanda, podendo ser requerida e admitida a qualquer tempo e em qualquer grau de jurisdição. 2. Há, nos autos, uma simples petição do ora recorrente prestando informações, sem qualquer pretensão de ingresso na demanda, na condição de assistente. Por conseguinte, não há registro, nos autos, de decisão admitindo-o nessa condição. 3. Assim, não há alternativa, senão reconhecer a ausência de legitimidade ad causam. 4. Agravo interno não conhecido. (STJ; AgInt no AREsp 844.055; SP; Segunda Turma; Rel. Min. Og Fernandes; Julg. 16/05/2017; DJe 19/05/2017)

Assistente sujeito aos mesmos ônus processuais do assistido.

✓ PETIÇÃO RECEBIDA COMO AGRAVO REGIMENTAL EM AGRAVO (ART. 544 do CPC/1973) - DECISÃO MONOCRÁTICA QUE NEGOU PROVIMENTO AO RECLAMO DOS ASSISTIDOS. INSURGÊNCIA DO ASSISTENTE. 1. Nos termos do art. 121 do CPC (art. 52 do CPC/1973), o assistente atua como auxiliar da parte e exercerá os mesmos poderes e sujeitar-se-á aos mesmos ônus processuais do assistido. 2. Razões do reclamo recebido como agravo regimental que não impugnam especificamente os fundamentos invocados na decisão agravada, nos termos do art. 1.021, §1º, do CPC/2015. Em razão do princípio da dialeticidade, deve o agravante demonstrar de modo fundamentado o desacerto do decisum hostilizado. Aplicação da Súmula 182/STJ: "É inviável o agravo do art. 545 do CPC [73] que deixa de atacar especificamente os fundamentos da decisão agravada." 3. Agravo regimental não conhecido. (STJ; PET no AREsp 114.951; SP; Quarta Turma; Rel. Min. Marco Buzzi; Julg. 17/11/2016; DJe 07/12/2016)

Art. 122. A assistência simples não obsta a que a parte principal reconheça a procedência do pedido, desista da ação, renuncie ao direito sobre o que se funda a ação ou transija sobre direitos controvertidos.

Cessação da atuação do assistente simples após homologação da desistência recursal requerida pelo assistido.

✓ PROCESSUAL CIVIL. AGRAVO INTERNO DE ASSISTENTE SIMPLES. HOMOLOGAÇÃO DE DESISTÊNCIA REQUERIDA PELA RECORRENTE PREVIAMENTE DEFERIDA. AGRAVO NÃO CONHECIDO. 1. Agravo Interno proposto por assistente simples após a homologação da desistência recursal requerida pela parte recorrente. 2. Dessa forma, figurando a parte agravante apenas como assistente simples, uma vez homologada a desistência cessa a intervenção do assistente no processo. Aliás, esse é o teor dos arts. 53 do CPC/1973 e 122 do CPC/2015. 3. Agravo Interno da Associação não conhecido. (STJ; AgInt na DESIS no REsp 1504644; SP; Primeira Turma; Rel. Min. Napoleão Nunes Maia Filho; Julg. 13/06/2017; DJe 26/06/2017)

Art. 123. Transitada em julgado a sentença no processo em que interveio o assistente, este não poderá, em processo posterior, discutir a justiça da decisão, salvo se alegar e provar que:

→ v. Art. 502 do CPC.

I – pelo estado em que recebeu o processo ou pelas declarações e pelos atos do assistido, foi impedido de produzir provas suscetíveis de influir na sentença;

II – desconhecia a existência de alegações ou de provas das quais o assistido, por dolo ou culpa, não se valeu.

Seção III
Da Assistência Litisconsorcial

Art. 124. Considera-se litisconsorte da parte principal o assistente sempre que a sentença influir na relação jurídica entre ele e o adversário do assistido.

→ *V.* Art. 229 do CPC.

Capítulo II
DA DENUNCIAÇÃO DA LIDE

Art. 125. É admissível a denunciação da lide, promovida por qualquer das partes:

I – ao alienante imediato, no processo relativo à coisa cujo domínio foi transferido ao denunciante, a fim de que possa exercer os direitos que da evicção lhe resultam;

→ *V.* Arts. 447 a 457 do CC/2002.

→ *V.* Art. 10 da Lei 9.099/1995.

II – àquele que estiver obrigado, por lei ou pelo contrato, a indenizar, em ação regressiva, o prejuízo de quem for vencido no processo.

→ *V.* Súmula 188 do STF.

→ *V.* Súmula 150 do STJ.

→ *V.* Arts. 88 e 101, II, do CDC.

§ 1º O direito regressivo será exercido por ação autônoma quando a denunciação da lide for indeferida, deixar de ser promovida ou não for permitida.

→ *V.* Art. 88 do CDC.

§ 2º Admite-se uma única denunciação sucessiva, promovida pelo denunciado, contra seu antecessor imediato na cadeia dominial ou quem seja responsável por indenizá-lo, não podendo o denunciado sucessivo promover nova denunciação, hipótese em que eventual direito de regresso será exercido por ação autônoma.

Ausência de obrigatoriedade

✓ AGRAVO INTERNO. AGRAVO EM RECURSO ESPECIAL. PROCESSUAL CIVIL. DENUNCIAÇÃO DA LIDE. INEXISTÊNCIA DE OBRIGATORIEDADE. ACÓRDÃO RECORRIDO EM CONSONÂNCIA COM A JURISPRUDÊNCIA DO STJ. APLICAÇÃO DA SÚMULA 83/STJ. NÃO PROVIMENTO. 1. Em virtude dos princípios da economia processual e da celeridade, a denunciação da lide não é medida que se impõe obrigatoriamente (CPC, art. 125, II, correspondente ao art. 70, II do CPC/73). Precedentes. 2. O recurso especial é inviável quando o Tribunal de origem decide em consonância com a jurisprudência pacífica do STJ (Súmula 83/STJ). 3. Agravo interno a que se nega provimento. (STJ, 4ª T., AgInt no AREsp 1638549/SP, Rel. Ministra Maria Isabel Gallotti, DJe 18/09/2020)

Inadmissível se o denunciante busca se eximir da responsabilidade

✓ PROCESSUAL CIVIL E CIVIL. AGRAVO INTERNO NO AGRAVO EM RECURSO ESPECIAL. DENUNCIAÇÃO DA LIDE. RESPONSABILIDADE EXCLUSIVA DE TERCEIRO. IMPOSSIBILIDADE. AUSÊNCIA DE DEMONSTRAÇÃO DE OFENSA AOS DISPOSITIVOS LEGAIS INVOCADOS. SÚMULA N. 284/STF. DECISÃO MANTIDA. 1. "Não se admite a denunciação da lide com fundamento no art. 125, II, do CPC se o denunciante objetiva eximir-se da responsabilidade pelo evento danoso, atribuindo-o com exclusividade a terceiro. Precedentes" (AgInt no AREsp 1483427/SP, Rel. Ministro LUIS FELIPE SALOMÃO, QUARTA TURMA, julgado em 24/09/2019, DJe 30/09/2019). 2. A deficiência na fundamentação do recurso, de modo a impedir a compreensão da suposta ofensa ao dispositivo legal invocado, obsta o conhecimento do recurso especial (Súmula n. 284/STF). 3. Agravo interno a que se nega provimento. (STJ, 4ª T., AgInt no AREsp 1451888/SP, Rel. Ministro Antonio Carlos Ferreira, DJe 24/04/2020)

Denunciação da lide baseada na obrigação contratual de ressarcimento em ação regressiva.

✓ PROCESSUAL CIVIL. INDENIZAÇÃO POR ERRO MÉDICO. CIRURGIA REALIZADA NA SANTA CASA DE MISERICÓRDIA DE PORTO ALEGRE. REEXAME DE CLÁUSULAS CONTRATUAIS E ANÁLISE DE MATERIAL PROBATÓRIO. INVIABILIDADE. SÚMULAS 5 E 7/STJ. 1. Na hipótese em exame, o Tribunal de origem consignou que "no caso dos autos, o contrato celebrado entre a agravante e a Fundação Universidade Federal de Ciências da Saúde de Porto Alegre – UFCSPA prevê, em sua cláusula 3.4 que a Fundação obriga-se a assumir todos os riscos de acidentes que possam, eventualmente, ocorrer com seus servidores nas dependências da SANTA CASA bem como responsabilizar-se pelos danos, de qualquer natureza, causados pelos mesmos à SANTA CASA, ou a terceiros, no exercício de suas funções. Dessa forma, resta clara a necessidade de participação, como litisconsorte, da UFCSPA na demanda de origem, uma vez que a cirurgia objeto da demanda ocorreu em razão do Programa de Residência baseado em convênio firmado entre ambas as instituições, nos termos do que preceitua o inciso II do art. 125 do CPC (antigo inciso III do art. 70 do CPC de 1973). (...) Embora a Santa Casa e a Universidade tragam ao processo divergências em relação à condição de 'servidores' da Fundação, enquanto médicos responsáveis pelo atendimento da paciente autora, tal questão não é suficiente, neste momento, para afastar a aplicabilidade do disposto no art. 125, II do CPC, na medida em que a Fundação é obrigada, por força do contrato celebrado com a agravante, a indenizar a Santa Casa em ação regressiva. Com efeito, a condição dos médicos em comento, de servidores (ou não) da Universidade, é questão a ser discutida em sede de eventual ação regressiva, a ser ajuizada pela agravante em caso de procedência da demanda originária. Ante o exposto, defiro o pedido de antecipação dos efeitos da tutela recursal, para acolher a denunciação da lide oferecida pela agravante, nos termos da fundamentação" (fls. 1.115-1.117, e-STJ). 2. O acolhimento da pretensão recursal demanda a análise das cláusulas contratuais, bem como do contexto fático-probatório dos autos, o que é inviável em Recurso Especial, ante a incidência das Súmulas 5 e 7/STJ. 3. Recurso Especial não conhecido (STJ; REsp 1661620; RS, Segunda Turma; Rel. Min. Herman Benjamin; Julg. 09/05/2017; DJe 17/05/2017)

Denunciação autorizada diante da ausência de prejuízo concreto aos demandantes originários.

✓ ADMINISTRATIVO. AGRAVO DE INSTRUMENTO. AÇÃO INDENIZATÓRIA. ACIDENTE DE TRÂNSITO. DENUNCIAÇÃO DA LIDE À SEGURADORA. POSSIBILIDADE. 1. A denunciação da lide é admissível àquele que estiver obrigado, pela Lei ou pelo contrato, a indenizar, em ação regressiva, o prejuízo do que perder a demanda, conforme art. 125, inciso II, do CPC. 2. Inexiste prejuízo concreto aos demandantes originários, uma vez que a pretensão é apenas utilizar a faculdade de ver satisfeita garantia contratual decorrente de apólice de seguro, razão pela qual deve ser concedido o pedido. (TRF4ª R.; AG 5027612-77.2017.4.04.0000; Terceira Turma; Relª Desª Fed. Vânia Hack de Almeida; Julg. 28/11/2017; DEJF 30/11/2017)

Denunciação da lide prejudicaria a celeridade processual.

✓ ADMINISTRATIVO. AGRAVO DE INSTRUMENTO. AÇÃO INDENIZATÓRIA. USO DA IMAGEM DAS MOEDAS. DANOS MORAIS E MATERIAIS. DENUNCIAÇÃO DA LIDE À CMB. IMPOSSIBILIDADE. PROVIMENTO DO AGRAVO. 1. De acordo com as disposições contidas no inciso II do art. 125 do Código de Processo Civil, a denunciação da lide é admissível àquele que estiver obrigado, pela Lei ou pelo contrato, a indenizar, em ação regressiva, o prejuízo do que perder a demanda. 2. Entende-se que a denunciação da lide prejudicaria a celeridade processual, pois haveria a inclusão de novos elementos na lide processualizada, bem como a inclusão de discussão diversa daquela travada entre as partes originárias. Portanto, ainda que eventualmente admitido o direito de regresso entre a parte ré do processo originário e a agravante, rejeita-se a denunciação à lide. (TRF 4ª R.; AG 5026672-15.2017.4.04.0000; Terceira Turma; Relª Desª Fed. Vânia Hack de Almeida; Julg. 28/11/2017; DEJF 30/11/2017)

Inadmissível a denunciação da lide fundada na imputação de responsabilidade a terceiro pelo evento danoso.

✓ AGRAVO DE INSTRUMENTO. AÇÃO INDENIZATÓRIA. CONTRATO DE SERVIÇOS MÉDICO-HOSPITALAR. A relação jurídica entre as ora litigantes tem natureza consumerista e o Juízo a quo rejeitou o pedido da Ré de denunciação da lide. Ela interpôs Agravo de Instrumento, que foi desprovido por, de fato, ser vedada a espécie de intervenção de terceiro pretendida. RECURSO DE AGRAVO INTERNO. (Artigo 1.021 do Código de Processo Civil). A Ré insiste em que tem direito a denunciar da lide a terceira por ela contratada, que seria responsável pelo evento. Data venia, dispõe o verbete nº 240 desta Corte: "Inadmissível a denunciação da lide fundada na imputação de responsabilidade a terceiro pelo evento danoso". O §1º do Civil prevê o ajuizamento de Ação Regressiva para as hipóteses de não haver denunciação. RECURSO DESPROVIDO. (TJRJ; AI 0012130-27.2017.8.19.0000; Paraíba do Sul; Vigésima Quinta Câmara Cível Consumidor; Relª Desª Leila Maria Rodrigues Pinto de Carvalho e Albuquerque; DORJ 30/11/2017; Pág. 517)

Consignatária das mercadorias transportadas por via aérea deve responder pelo pagamento dos serviços de frete e taxas aeroportuárias.

✓ COBRANÇA. TRANSPORTE AÉREO DE MERCADORIAS. DENUNCIAÇÃO DA LIDE. Denunciação do despachante aduaneiro. Descabimento. Ausência dos requisitos do art. 125 do CPC. Preliminar rejeitada. Cobrança. Transporte aéreo de mercadorias. Ré que na qualidade de consignatária das mercadorias transportadas por via aérea deve responder pelo pagamento dos serviços de frete e taxas aeroportuárias. Inexistência de impugnação ao cálculo apresentado na petição inicial. Adoção dos fundamentos da sentença pelo Tribunal. Incidência do art. 252, do Regimento Interno do Tribunal de Justiça do Estado de São Paulo. Recurso negado. (TJSP; APL 1003562-07.2016.8.26.0562; Ac. 10980170; Santos; Décima Terceira Câmara de Direito Privado; Rel. Des. Francisco Giaquinto; Julg. 16/11/2017; DJESP 22/11/2017; Pág. 2291)

Art. 126. A citação do denunciado será requerida na petição inicial, se o denunciante for autor, ou na contestação, se o denunciante for réu, devendo ser realizada na forma e nos prazos previstos no art. 131.

→ *V.* Arts. 319 e 336 do CPC.

Art. 127. Feita a denunciação pelo autor, o denunciado poderá assumir a posição de litisconsorte do denunciante e acrescentar novos argumentos à petição inicial, procedendo-se em seguida à citação do réu.

Art. 128. Feita a denunciação pelo réu:

I – se o denunciado contestar o pedido formulado pelo autor, o processo prosseguirá tendo, na ação principal, em litisconsórcio, denunciante e denunciado;

→ *V.* Art. 336 do CPC.

II – se o denunciado for revel, o denunciante pode deixar de prosseguir com sua defesa, eventualmente oferecida, e abster-se de recorrer, restringindo sua atuação à ação regressiva;

→ *V.* Art. 344 do CPC.

III – se o denunciado confessar os fatos alegados pelo autor na ação principal, o denunciante poderá prosseguir com sua defesa ou, aderindo a tal reconhecimento, pedir apenas a procedência da ação de regresso.

→ *V.* Art. 389 do CPC.

Parágrafo único. Procedente o pedido da ação principal, pode o autor, se for o caso, requerer o cumprimento da sentença também contra o denunciado, nos limites da condenação deste na ação regressiva.

Cumprimento de sentença nos mesmos autos

✓ RECURSO ESPECIAL. PROCESSO CIVIL. RESPONSABILIDADE CIVIL. AÇÃO INDENIZATÓRIA. CONSUMIDOR QUE ADQUIRE VEÍCULO COM DEFEITO DE FABRICAÇÃO. NUMERAÇÃO DUPLICADA. DENUNCIAÇÃO DA LIDE. EXECUÇÃO DE TÍTULO JUDICIAL. DEMANDA REGRESSIVA NOS PRÓPRIOS AUTOS. POSSIBILIDADE. PRINCÍPIOS DA CELERIDADE E DA ECONOMIA PROCESSUAL. TRANSAÇÃO OCORRIDA NA LIDE PRINCIPAL. AUSÊNCIA DE PREJUÍZO. 1. A denunciação da lide é intervenção de terceiros com natureza jurídica de ação, cuja pretensão está associada ao direito de regresso, não ensejando, porém, a formação de outro processo, e sim de duas demandas que serão decididas por uma mesma sentença. O mote de sua existência é justamente permitir, com arrimo no princípio da economia processual, que o titular do direito exerça, no mesmo processo em que demandado, a sua pretensão ressarcitória (ação de garantia). 2. Instaurada e julgada a denunciação da lide, obtendo-se um título executivo judicial na ação regressiva, por consectário lógico, deve ser autorizado, no mesmo processo, o início do correspondente cumprimento de sentença, por se tratar de direito subjetivo do denunciante. 3. Ademais, a ausência de trânsito em julgado da denunciação da lide não pode ser tida como impeditivo do cumprimento de sentença da ação regressiva, uma vez que a coisa julgada apenas influencia a estabilidade do título, autorizando a instauração da execução provisória da sentença. 4. Na hipótese, a transação ocorrida na lide principal entre o autor/exequente e o réu/denunciante, além de não ter prejudicado a denunciada (a dívida atualizada acabou sendo substancialmente reduzida), não pode ser fundamento para a extinção automática da demanda de regresso, seja porque a denunciação da lide deve correr simultaneus processus, garantindo celeridade e economia processual, seja porque a condenação do litisdenunciado não interfere na relação jurídico-substancial entre o denunciante e a parte contrária, seja porque o cumprimento (provisório) de sentença é uma fase do processo de conhecimento. 5. Recurso especial provido. (STJ, 4ª T., REsp 1338907/RJ, Rel. Ministro Luis Felipe Salomão, DJe 04/08/2020)

Art. 129. Se o denunciante for vencido na ação principal, o juiz passará ao julgamento da denunciação da lide.

Parágrafo único. Se o denunciante for vencedor, a ação de denunciação não terá o seu pedido examinado, sem prejuízo da condenação do denunciante ao pagamento das verbas de sucumbência em favor do denunciado.

Capítulo III
DO CHAMAMENTO AO PROCESSO

Art. 130. É admissível o chamamento ao processo, requerido pelo réu:

→ v. Art. 10 da Lei 9.099/1995.

I – do afiançado, na ação em que o fiador for réu;

→ v. Arts. 818 e 827 do CC/2002.

II – dos demais fiadores, na ação proposta contra um ou alguns deles;

III – dos demais devedores solidários, quando o credor exigir de um ou de alguns o pagamento da dívida comum.

→ v. Art. 101, II, do CDC.

Intervenção facultativa e que não afeta o direito de regresso.

✓ PROCESSUAL CIVIL E CONSUMIDOR. RECURSO ESPECIAL. AÇÃO INDENIZATÓRIA E COMPENSATÓRIA. DANOS MATERIAIS E MORAIS. DEFEITO NA PRESTAÇÃO DE SERVIÇOS. DESISTÊNCIA PARCIAL. RÉU NÃO CITADO. RESPONSABILIDADE SOLIDÁRIA. LITISCONSÓRCIO. NATUREZA. FACULTATIVA. DEMAIS LITISCONSORTES. LITIGANTES DISTINTOS. ART. 117 DO CPC/15. ANUÊNCIA. DESNECESSIDADE. DIREITO DE REGRESSO. ART. 283 DO CC/02. EXERCÍCIO. AÇÃO AUTÔNOMA. ART. 88 DO CDC. (...) 3. O propósito recursal consiste em determinar se: a) em ações de consumo, a desistência da ação em relação a um dos litisconsortes passivos, devedores solidários, demanda a anuência dos demais litisconsortes; e b) se a extinção da ação sem resolução do mérito em relação a uma das fornecedoras, coobrigadas solidárias, impede o exercício do direito de regresso da ré que eventualmente paga a integralidade da dívida. 4. No litisconsórcio necessário, diante da indispensabilidade da presença de todos os titulares do direito material para a eficácia da sentença, a desistência em relação a um dos réus demanda a anuência dos demais litisconsortes passivos. Precedentes. 5. No litisconsórcio facultativo, todavia, segundo o art. 117 do CPC/15, os litisconsortes serão considerados litigantes distintos em suas relações com a parte adversa, de forma que a extinção da ação em relação a um deles, pela desistência, não depende do consentimento dos demais réus, pois não influencia o curso do processo. 6. Nas ações de consumo, nas quais previstas a responsabilidade solidária, é facultado ao consumidor escolher contra quem demandar, resguardado o direito de regresso daquele que repara o dano contra os demais coobrigados. Precedente. 7. Nessas circunstâncias, em que a responsabilidade pela reparação dos danos causados ao consumidor é solidária, o litisconsórcio passivo é, pois, facultativo. 8. Embora, em regra, o devedor possa requerer a intervenção dos demais coobrigados solidários na lide em que figure isoladamente como réu, por meio do chamamento ao processo, essa intervenção é facultativa e seu não exercício não impede o direito de regresso previsto no art. 283 do CC/02. 9. Nas ações de consumo, a celeridade processual age em favor do consumidor, devendo o fornecedor exercer seu direito de regresso quanto aos demais devedores solidários por meio de ação autônoma. 10. Recurso especial desprovido. (STJ, 3ª T., REsp 1739718/SC, Rel. Ministra Nancy Andrighi, DJe 04/12/2020)

Não é necessário chamar todos os codevedores

✓ PROCESSUAL CIVIL. RECURSO ESPECIAL. CONTRATO ADMINISTRATIVO. OBRIGAÇÃO SOLIDÁRIA. LITISCONSÓRCIO FACULTATIVO. PRECEDENTES. CHAMAMENTO AO PROCESSO DE APENAS UM DOS DEVEDORES. POSSIBILIDADE. ARTIGOS 72 E 79 DO CPC/73 NÃO PREQUESTIONADOS. 1. Os autos são oriundos de ação de cobrança, cumulada com ressarcimento e declaratória de direitos, ajuizada pela Itaipu Binacional em desfavor de algumas empresas contratadas para a implantação de unidades geradoras de energia elétrica na Usina Hidrelétrica de Itaipu (em regime de empreitada integral e solidariedade entre os contratados). A insurgência é contra acórdão que reconheceu a necessidade de formação de litisconsórcio passivo necessário entre todas as empresas contratadas (no que se refere à pretensão de cunho declaratório), bem como deferiu o chamamento ao processo de apenas uma delas (quanto à pretensão de ressarcimento pela substituição do óleo isolante). 2. A jurisprudência desta Corte possui entendimento de que não há litisconsórcio necessário nos casos de responsabilidade solidária, sendo facultado ao credor optar pelo ajuizamento da ação contra um, alguns ou todos os responsáveis. Precedentes: AgRg no REsp 1.164. 933/RJ, Rel. Min. Regina Helena Costa, Primeira Turma, DJe 09/12/2015; EDcl no AgRg no AREsp 604.505/RJ, Rel. Min. Luiz Felipe Salomão, Quarta Turma, DJe 27/05/2015; AgRg no AREsp 566.921/RS, Rel. Min. Humberto Martins, Segunda Turma, DJe 17/11/2014; REsp 1. 119.969/RJ, Rel. Min. Luis Felipe Salomão, Quarta Turma, DJe 15/10/2013; REsp 1.358.112/SC, Rel. Min. Humberto Martins, Segunda Turma, DJe 28/06/2013. O fato da pretensão ser declaratória não afasta a entendimento supra, mormente no caso dos autos em que a ação visa declarar modificações contratuais já executadas, não se vislumbrando, portanto, prejuízo para as empresas que não integraram a lide. 3. Quanto a alegação de impossibilidade de chamamento ao processo apenas da empresa Siemens, a insurgência não merece ser acolhida, na medida em que não é preciso que o réu demandado chame ao processo todos os demais devedores, além de que as teses defendida pelo recorrente (de descumprimento dos artigos 72 e 79 e da existência de cláusula de arbitragem) não foram apreciadas pelo acórdão recorrido. Incidência da Súmula 211/STJ. 4. Recurso conhecido em parte e, nesta extensão, parcial provimento, para afastar a formação de litisconsórcio passivo necessário. (STJ, 1ª T., REsp 1625833/PR, Rel. Ministro Benedito Gonçalves, DJe 05/09/2019)

Art. 131. A citação daqueles que devam figurar em litisconsórcio passivo será requerida pelo réu na contestação e deve ser promovida no prazo de 30 (trinta) dias, sob pena de ficar sem efeito o chamamento.

Parágrafo único. Se o chamado residir em outra comarca, seção ou subseção judiciárias, ou em lugar incerto, o prazo será de 2 (dois) meses.

Art. 132. A sentença de procedência valerá como título executivo em favor do réu que satisfizer a dívida, a fim de que possa exigi-la, por inteiro, do devedor principal, ou, de cada um dos codevedores, a sua quota, na proporção que lhes tocar.

→ *v.* Arts. 402 a 405 do CC/2002.

Capítulo IV
DO INCIDENTE DE DESCONSIDERAÇÃO DA PERSONALIDADE JURÍDICA

Art. 133. O incidente de desconsideração da personalidade jurídica será instaurado a pedido da parte ou do Ministério Público, quando lhe couber intervir no processo.

→ *v.* Súmula 435 do STJ.

→ *v.* Art. 50 do CC/2002.

→ *v.* Art. 28 do CDC.

→ *v.* Art. 116, parágrafo único, do CTN.

→ *v.* Art. 4º da Lei 9.605/1998.

→ *v.* Art. 34, parágrafo único da Lei 12.529/2011.

→ *v.* Arts. 795, § 4º e 1.062 do CPC.

→ *v.* Enunciado 53 da ENFAM: O redirecionamento da execução fiscal para o sócio-gerente prescinde do incidente de desconsideração da personalidade jurídica previsto no art. 133 do CPC/2015.

→ *v.* Enunciado 11 do CJF: Aplica-se o disposto nos arts. 133 a 137 do CPC às hipóteses de desconsideração indireta e expansiva da personalidade jurídica.

§ 1º O pedido de desconsideração da personalidade jurídica observará os pressupostos previstos em lei.

§ 2º Aplica-se o disposto neste Capítulo à hipótese de desconsideração inversa da personalidade jurídica.

Compatibilidade com a execução fiscal

✓ TRIBUTÁRIO. PROCESSUAL CIVIL. INCIDENTE DE DESCONSIDERAÇÃO DA PERSONALIDADE JURÍDICA – IDPJ. ARTS. 133 A 137 DO CPC/2015. EXECUÇÃO FISCAL. CABIMENTO. NECESSIDADE DE OBSERVÂNCIA DAS NORMAS DO CÓDIGO TRIBUTÁRIO NACIONAL. I – Consoante o decidido pelo Plenário desta Corte na sessão realizada em 09.03.2016, o regime recursal será determinado pela data da publicação do provimento jurisdicional impugnado. Aplica-se, in casu, o Código de Processo Civil de 2015. II – A instauração do incidente de desconsideração da personalidade jurídica – IDPJ, em sede de execução fiscal, para a cobrança de crédito tributário, revela-se excepcionalmente cabível diante da: (i) relação de complementariedade entre a LEF e o CPC/2015, e não de especialidade excludente; e (ii) previsão expressa do art. 134 do CPC quanto ao cabimento do incidente nas execuções fundadas em títulos executivos extrajudiciais. III – O IDPJ mostra-se viável quando uma das partes na ação executiva pretende que o crédito seja cobrado de quem não figure na CDA e não exista demonstração efetiva da responsabilidade tributária em sentido estrito, assim entendida aquela fundada nos arts. 134 e 135 do CTN. Precedentes. IV – Equivocado o entendimento fixado no acórdão recorrido, que reconheceu a incompatibilidade total do IDPJ com a execução fiscal. V – Recurso Especial conhecido e parcialmente provido para determinar o retorno dos autos ao tribunal a quo para o reexame do agravo de instrumento com base na fundamentação ora adotada. (STJ, 1ª T., REsp 1804913/RJ, Rel. Ministra Regina Helena Costa, DJe 02/10/2020)

Admissão de incidente de desconsideração inversa da personalidade jurídica.

✓ CIVIL E PROCESSUAL CIVIL. RECURSO ESPECIAL. AÇÃO MONITÓRIA. CONVERSÃO. CUMPRIMENTO DE SENTENÇA. COBRANÇA. HONORÁRIOS ADVOCATÍCIOS CONTRATUAIS. TERCEIROS. COMPROVAÇÃO DA EXISTÊNCIA DA SOCIEDADE. MEIO DE PROVA. DESCONSIDERAÇÃO INVERSA DA PERSONALIDADE JURÍDICA. OCULTAÇÃO DO PATRIMÔNIO DO SÓCIO. INDÍCIOS DO ABUSO DA PERSONALIDADE JURÍDICA. EXISTÊNCIA. INCIDENTE PROCESSUAL. PROCESSAMENTO. PROVIMENTO. 1. O propósito recursal é determinar se: a) há provas suficientes da sociedade de fato supostamente existente entre os recorridos; e b) existem elementos aptos a ensejar a instauração de incidente de desconsideração inversa da personalidade jurídica. 2. A existência da sociedade pode ser demonstrada por terceiros por qualquer meio de prova, inclusive indícios e presunções, nos termos do art. 987 do CC/02. 3. A personalidade jurídica e a separação patrimonial dela decorrente são véus que devem proteger o patrimônio dos sócios ou da sociedade, reciprocamente, na justa medida da finalidade para a qual a sociedade se propõe a existir. 4. Com a desconsideração inversa da personalidade jurídica, busca-se impedir a prática de transferência de bens pelo sócio para a pessoa jurídica sobre a qual detém controle, afastando-se momentaneamente o manto fictício que separa o sócio da sociedade para buscar o patrimônio que, embora conste no nome da sociedade, na realidade, pertence ao sócio fraudador. 5. No atual CPC, o exame do juiz a respeito da presença dos pressupostos que autorizariam a medida de desconsideração, demonstrados no requerimento inicial, permite a instauração de incidente e a suspensão do processo em que formulado, devendo a decisão de desconsideração ser precedida do efetivo contraditório. 6. Na hipótese em exame, a recorrente conseguiu demonstrar indícios de que o recorrido seria sócio e de que teria transferido seu patrimônio para a sociedade de modo a ocultar seus bens do alcance de seus credores, o que possibilita o recebimento do incidente de desconsideração inversa da personalidade jurídica, que, pelo princípio do tempus regit actum, deve seguir o rito estabelecido no CPC/15. 7. Recurso especial conhecido e provido. (STJ; REsp 1647362; SP; Terceira Turma; Rel. Min. Nancy Andrighi; Julg. 03/08/2017; DJe 10/08/2017)

Art. 134. O incidente de desconsideração é cabível em todas as fases do processo de conhecimento, no cumprimento de sentença e na execução fundada em título executivo extrajudicial.

→ *v.* Arts. 513, 771 e 932, VI do CPC.

→ *v.* Enunciado 11 do CJF: Aplica-se o disposto nos arts. 133 a 137 do CPC às hipóteses de desconsideração indireta e expansiva da personalidade jurídica.

§ 1º A instauração do incidente será imediatamente comunicada ao distribuidor para as anotações devidas.

§ 2º Dispensa-se a instauração do incidente se a desconsideração da personalidade jurídica for requerida na petição inicial, hipótese em que será citado o sócio ou a pessoa jurídica.

§ 3º A instauração do incidente suspenderá o processo, salvo na hipótese do § 2º.

→ *v.* Art. 313, VII do CPC.

§ 4º O requerimento deve demonstrar o preenchimento dos pressupostos legais específicos para desconsideração da personalidade jurídica.

→ *v.* Art. 373 do CPC.

Procedimento próprio

✓ AGRAVO INTERNO NO AGRAVO EM RECURSO ESPECIAL. PROCESSUAL CIVIL. CIVIL. DESCONSIDERAÇÃO DA PERSONALIDADE JURÍDICA. CONFIRMAÇÃO. AGRAVO DESPROVIDO. 1. É possível ao magistrado, no julgamento dos embargos de declaração, atribuir-lhes, excepcionalmente, efeitos infringentes, quando detectar que a decisão embargada fundara-se em premissa equivocada. 2. O CPC de 2015 estabelece procedimento próprio para a desconsideração da personalidade jurídica, possibilitando que ocorra no âmbito de cumprimento de sentença (art. 134), por meio da instauração incidente, no qual será citado o sócio para se defender e apresentar as provas cabíveis (arts. 133-137). Tal procedimento foi realizado no presente caso, no qual o pedido de desconsideração foi acolhido em sede de incidente apresentado em cumprimento de sentença em ação monitória (v. fls. 199 a 203). 3. A desconsideração da personalidade jurídica, prevista no art. 50 do Código Civil, a fim de que o patrimônio dos sócios responda pela dívida da sociedade empresária, somente é admitida em situações excepcionais, quando estiver demonstrada a ocorrência de desvio de finalidade ou de confusão patrimonial. 4. Na hipótese dos autos, as instâncias ordinárias autorizaram a desconsideração da personalidade jurídica da sociedade empresária, concluindo, com base nos fatos concretamente apresentados, que houve esvaziamento do patrimônio da sociedade em favor do sócio ora agravante, inviabilizando o pagamento das dívidas sociais e levando à confusão patrimonial. A alteração de tal conclusão, na via estreita do recurso especial, demandaria, necessariamente, o reexame de matéria fática e probatória dos autos, providência vedada nos termos da Súmula 7 do STJ. 5. Agravo interno a que se nega provimento. (STJ, 4ª T., AgInt no AREsp 1362690/DF, Rel. Ministro Raul Araújo, DJe 19/12/2019)

Art. 135. Instaurado o incidente, o sócio ou a pessoa jurídica será citado para manifestar-se e requerer as provas cabíveis no prazo de 15 (quinze) dias.

→ *v.* Arts. 9º, 238 e 674, § 2º, III do CPC.

→ *v.* Enunciado 52 da ENFAM: A citação a que se refere o art. 792, § 3º, do CPC/2015 (fraude à execução) é a do executado originário, e não aquela prevista para o incidente de desconsideração da personalidade jurídica (art. 135 do CPC/2015).

→ *v.* Enunciado 11 do CJF: Aplica-se o disposto nos arts. 133 a 137 do CPC às hipóteses de desconsideração indireta e expansiva da personalidade jurídica.

Art. 136. Concluída a instrução, se necessária, o incidente será resolvido por decisão interlocutória.

→ *v.* Arts. 203, § 2º e 1.015, IV do CPC.

→ *v.* Enunciado 11 do CJF: Aplica-se o disposto nos arts. 133 a 137 do CPC às hipóteses de desconsideração indireta e expansiva da personalidade jurídica.

Parágrafo único. Se a decisão for proferida pelo relator, cabe agravo interno.

→ *v.* Art. 1.021 do CPC.

Art. 137. Acolhido o pedido de desconsideração, a alienação ou a oneração de bens, havida em fraude de execução, será ineficaz em relação ao requerente.

→ *v.* Arts. 790, II e 792, § 3º, do CPC.

→ *v.* Enunciado 11 do CJF: Aplica-se o disposto nos arts. 133 a 137 do CPC às hipóteses de desconsideração indireta e expansiva da personalidade jurídica.

CAPÍTULO V
DO *AMICUS CURIAE*

→ *v.* Art. 31 da Lei 6.385/1976.

→ *v.* Art. 7º, § 2º da Lei 9.868/1999.

→ *v.* Art. 118 da Lei 12.529/2011.

→ *v.* Art. 3º, § 2º, da Lei 11.418/2006.

Art. 138. O juiz ou o relator, considerando a relevância da matéria, a especificidade do tema objeto da demanda ou a repercussão social da controvérsia, poderá, por decisão irrecorrível, de ofício ou a requerimento das partes ou de quem pretenda manifestar-se, solicitar ou admitir a participação de pessoa natural ou jurídica, órgão ou entidade especializada, com representatividade adequada, no prazo de 15 (quinze) dias de sua intimação.

→ *v.* Enunciado 12 do CJF: É cabível a intervenção de amicus curiae (art. 138 do CPC) no procedimento do Mandado de Injunção (Lei n. 13.300/2016).

§ 1º A intervenção de que trata o *caput* não implica alteração de competência nem autoriza a interposição de recursos, ressalvadas a oposição de embargos de declaração e a hipótese do § 3º.

→ *v.* Arts. 109, I e 114 da CF/1998.

§ 2º Caberá ao juiz ou ao relator, na decisão que solicitar ou admitir a intervenção, definir os poderes do **amicus curiae**.

→ *v.* Art. 1.015, IX do CPC.

§ 3º O **amicus curiae** pode recorrer da decisão que julgar o incidente de resolução de demandas repetitivas.

→ *v.* Arts. 976 e ss. do CPC.

Irrecorribilidade do indeferimento da intervenção

✓ PROCESSUAL CIVIL E ADMINISTRATIVO. AGRAVO INTERNO NO AGRAVO EM RECURSO ESPECIAL. NÃO CABE AGRAVO INTERNO CONTRA A DECISÃO QUE INADMITE A PARTICIPAÇÃO DE AMICUS CURIAE. INTERPRETAÇÃO DO ART. 138 DO CÓDIGO FUX, À LUZ DA JURISPRUDÊNCIA DESTE STJ. AGRAVO INTERNO DA OAB NÃO CONHECIDO. 1. Consoante o entendimento desta Corte Superior, é incabível a interposição de Agravo Interno contra decisão que indefere o pedido de ingresso de amicus curiae na lide, em virtude do disposto no caput do art. 138 do Código Fux. Julgados: AgInt no REsp. 1.734.471/SP, Rel. Min. HERMAN BENJAMIN, DJe 9.9.2020; AgInt na PET no AREsp. 1.139.158/MG, Rel. Min. SÉRGIO KUKINA, DJe 19.6.2018. 2. Agravo Interno da OAB não conhecido. (STJ, 1ª T., AgInt na PET no AREsp 1119669/ES, Rel. Ministro Napoleão Nunes Maia Filho, DJe 03/12/2020)

Após julgamento do mérito de repercussão geral e fixação de súmula de julgamento, não se admite *amicus curiae*.

✓ AGRAVO REGIMENTAL EM RECURSO EXTRAORDINÁRIO. PEDIDO DE INGRESSO COMO AMICUS CURIAE. INDEFERIDO. INVIABILIDADE DE ADMISSÃO APÓS O JULGAMENTO DO MÉRITO DA DEMANDA. EQUIPARAÇÃO AO ASSISTENTE PROCESSUAL. IMPOSSIBILIDADE. EXCEPCIONALIDADE DO CASO. NÃO CONFIGURADA. 1. Não é devido o ingresso em feito, na qualidade de terceiro interveniente, após a ocorrência do julgamento do mérito do recurso extraordinário, sob a sistemática da repercussão geral. Ademais, a existência de embargos declaratórios com pleito de atribuição de efeitos infringentes e de modulação de efeitos não gera excepcionalidade à jurisprudência do STF. 2. Não há direito subjetivo à figuração em feito na qualidade de amicus curiae, sendo o crivo do Relator caracterizado por um juízo não só de pertinência e representatividade, mas também de oportunidade e utilidade processual. 3. Após julgado o mérito de repercussão geral e fixada súmula de julgamento com eficácia no sistema de precedentes obrigatórios, mostra-se pouco eficaz os subsídios instrutórios e técnicos a serem apresentados pela parte Agravante. 4. O advento do novo CPC não possui aptidão para alterar a jurisprudência do STF quanto à negativa de participação depois do julgamento de mérito, pois é inviável equiparar a figura do amicus curiae a do assistente, pois somente a este é possível a admissão em qualquer procedimento e em todos os graus de jurisdição, recebendo o processo no estado em que se encontre. Arts. 119, parágrafo único, e 138 do CPC. 5. Agravo regimental a que se nega provimento. (STF; RE 593849 AgR; Tribunal Pleno; Rel. Min. Edson Fachin; Julg. 22/09/2017, Processo Eletrônico DJe-225 DIVULG 02/10/2017 PUBLIC 03/10/2017)

Critérios para admissão de pessoas físicas como *amicus curiae*.

✓ SEGUNDO AGRAVO REGIMENTAL EM ARGUIÇÃO DE DESCUMPRIMENTO DE PRECEITO FUNDAMENTAL. PEDIDO DE INGRESSO COMO AMICUS CURIAE INDEFERIDO. AUSÊNCIA DE CONTRIBUIÇÃO ESPECÍFICA. INTERESSE ECONÔMICO INDIVIDUAL. 1. Conforme os arts. 7º, §2º, da Lei 9.868/1999, 6º, §2º, da Lei 9.882/1999, e 138 do CPC/15, os critérios para admissão de pessoas físicas como amicus curiae são a relevância da matéria, especificidade do tema ou repercussão social da controvérsia, assim como a representatividade adequada do pretendente. 2. A mera alegação de integrar lides processuais acerca de mesma temática a ser solvida em processo de índole abstrata, sem a indicação de contribuição específica ao debate, não legitima a participação do Peticionante. 3. Agravo regimental a que se nega provimento. (STF; ADPF 145 AgR-segundo; Tribunal Pleno; Rel. Min. Edson Fachin; Julg. 01/09/2017, Acórdão Eletrônico DJe-206 DIVULG 11/09/2017 PUBLIC 12/09/2017)

✓ AGRAVO REGIMENTAL EM AÇÃO DIRETA DE INCONSTITUCIONALIDADE. RESOLUÇÃO Nº 13/2012 DO SENADO FEDERAL. PEDIDO DE INGRESSO COMO AMICUS CURIAE INDEFERIDO. AUSÊNCIA DE CONTRIBUIÇÃO ESPECÍFICA. 1. A interação dialogal entre o STF e pessoas naturais ou jurídicas, órgãos ou entidades especializadas, que se apresentem como amigos da Corte, tem um potencial epistêmico de apresentar diferentes pontos de vista, interesses, aspectos e elementos nem sempre alcançados, vistos ou ouvidos pelo Tribunal diretamente da controvérsia entre as partes em sentido formal, possibilitando, assim, decisões melhores e também mais legítimas do ponto de vista do Estado Democrático de Direito. 2. Conforme os arts. 7º, §2º, da Lei 9.868/1999 e 138 do CPC/15, os critérios para admissão de entidades como amicus curiae são a relevância da matéria, especificidade do tema ou repercussão social da controvérsia, assim como a representatividade adequada do pretendente. 3. Agravo regimental a que se nega provimento. (STF; ADI 4858 AgR; Tribunal Pleno; Rel. Min. Edson Fachin; Julg. 24/03/2017, Processo Eletrônico DJe-066 DIVULG 31/03/2017 PUBLIC 03/04/2017)

✓ AGRAVO REGIMENTAL EM RECURSO EXTRAORDINÁRIO. DIREITO TRIBUTÁRIO. FPM. PEDIDO DE INGRESSO COMO AMICUS CURIAE INDEFERIDO. ASSOCIAÇÕES ESTADUAIS E FEDERAÇÕES DE MUNICÍPIOS. AUSÊNCIA DE REPRESENTATIVIDADE E CONTRIBUIÇÃO ESPECÍFICA. 1. A interação dialogal entre o STF e pessoas naturais ou jurídicas, órgãos ou entidades especializadas, que se apresentem como amigos da Corte, tem um potencial epistêmico de apresentar diferentes pontos de vista, interesses, aspectos e elementos nem sempre alcançados, vistos ou ouvidos pelo Tribunal diretamente da controvérsia entre as partes em sentido formal, possibilitando, assim, decisões melhores e também mais legítimas do ponto de vista do Estado Democrático de Direito. 2. Conforme o art. 138 do CPC/15, os critérios para admissão de entidades como amicus curiae são a relevância da matéria, especificidade do tema ou repercussão social da controvérsia, assim como a representatividade adequada do pretendente. 3. Agravo regimental a que se nega provimento. (STF; RE 705423 AgR-segundo; Tribunal Pleno; Rel. Min. Edson Fachin; Julg. 15/12/2016, Processo Eletrônico DJe-024 DIVULG 07/02/2017 PUBLIC 08/02/2017)

Inviabilidade de interposição de recursos por *amicus curiae* (ressalvada a oposição de embargos de declaração).

✓ PEDIDO DE RECONSIDERAÇÃO NO RECURSO ESPECIAL. INTERPOSIÇÃO CONTRA ACÓRDÃO. NÃO

CABIMENTO. AMICUS CURIAE. LEGITIMIDADE RECURSAL. AUSÊNCIA. 1. Conforme dispõem os arts. 1.021 do CPC/2015 e 259 do RISTJ, é incabível a interposição de pedido de reconsideração contra decisão colegiada. Caracterização de erro grosseiro. 2. Nos termos do art. 138, § 1º, do CPC/2015, a intervenção do amicus curiae não autoriza a interposição de recursos, ressalvada a oposição de embargos de declaração, já que é terceiro admitido no processo para que forneça subsídios instrutórios (probatórios ou jurídicos) à melhor solução da controvérsia, não assumindo a condição de parte. 3. Pedido de reconsideração não conhecido. (STJ; RCD no REsp 1568244; RJ; Segunda Seção; Rel. Min. Ricardo Villas Bôas Cueva; Julg. 23/08/2017; DJe 28/08/2017)

Inviabilidade de intervenção, em sede de habeas corpus, na qualidade de assistente ou de *amicus curiae*.

✓ PEDIDO DE INGRESSO NO FEITO, NA QUALIDADE DE AMICUS CURIAE, FORMULADO POR TERCEIRO. HABEAS CORPUS. AÇÃO CONSTITUCIONAL DE RITO CÉLERE E CARÁTER PERSONALÍSSIMO. NÃO CABIMENTO. PACIENTES SUFICIENTEMENTE ASSISTIDOS PELA DEFENSORIA PÚBLICA. AGRAVO REGIMENTAL NÃO PROVIDO. 1. A pretendida intervenção, em sede de habeas corpus, seja na qualidade de assistente ou de amicus curiae, além de não possuir amparo legal, é refutada pela jurisprudência do Supremo Tribunal Federal e do Superior Tribunal de Justiça. 2. Hipótese em que a decisão agravada indeferiu o pedido de ingresso do Instituto Brasileiro de Ciências Criminais no feito, na qualidade de amicus curiae, cujos pacientes estão suficientemente representados pela Defensoria Pública do Estado de São Paulo, não sendo hipótese de nomear nenhum órgão ou entidade para prestar-lhes assistência técnico-jurídica. 3. Agravo regimental não provido. (STJ; AgInt na PET no HC 359.374; SP; Quinta Turma; Rel. Min. Reynaldo Soares da Fonseca; Julg. 25/04/2017; DJe 03/05/2017)

TÍTULO IV
Do Juiz e dos Auxiliares da Justiça

Capítulo I
DOS PODERES, DOS DEVERES E DA RESPONSABILIDADE DO JUIZ

Art. 139. O juiz dirigirá o processo conforme as disposições deste Código, incumbindo-lhe:

I – assegurar às partes igualdade de tratamento;

→ v. Art. 5º, II, da CF/1988.

→ v. Art. 35, IV, da LC 35/1979.

→ v. Art. 9º do Código de Ética da Magistratura.

II – velar pela duração razoável do processo;

→ v. Art. 5º, LXXVIII da CF/1988.

III – prevenir ou reprimir qualquer ato contrário à dignidade da justiça e indeferir postulações meramente protelatórias;

IV – determinar todas as medidas indutivas, coercitivas, mandamentais ou sub-rogatórias necessárias para assegurar o cumprimento de ordem judicial, inclusive nas ações que tenham por objeto prestação pecuniária;

→ v. Art. 77, § 2º do CPC.

→ v. Enunciado 48 da ENFAM: O art. 139, IV, do CPC/2015 traduz um poder geral de efetivação, permitindo a aplicação de medidas atípicas para garantir o cumprimento de qualquer ordem judicial, inclusive no âmbito do cumprimento de sentença e no processo de execução baseado em títulos extrajudiciais.

V – promover, a qualquer tempo, a autocomposição, preferencialmente com auxílio de conciliadores e mediadores judiciais;

→ v. Art. 334 do CPC.

→ v. Enunciado 14 do CEAPRO: O juiz deve estimular a adoção da autocomposição, sendo a ele vedada a condução da sessão consensual por força dos princípios da imparcialidade e confidencialidade (art. 139, V, 166, § 1º, CPC).

→ v. Enunciado 16 da I Jornada "Prevenção e solução extrajudicial de litígios" do CJF: O magistrado pode, a qualquer momento do processo judicial, convidar as partes para tentativa de composição da lide pela mediação extrajudicial, quando entender que o conflito será adequadamente solucionado por essa forma.

VI – dilatar os prazos processuais e alterar a ordem de produção dos meios de prova, adequando-os às necessidades do conflito de modo a conferir maior efetividade à tutela do direito;

→ v. Enunciado 35 da ENFAM: Além das situações em que a flexibilização do procedimento é autorizada pelo art. 139, VI, do CPC/2015, pode o juiz, de ofício, preservada a previsibilidade do rito, adaptá-lo às especificidades da causa, observadas as garantias fundamentais do processo.

→ v. Enunciado 13 do CJF: O art. 139, VI, do CPC autoriza o deslocamento para o futuro do termo inicial do prazo.

VII – exercer o poder de polícia, requisitando, quando necessário, força policial, além da segurança interna dos fóruns e tribunais;

VIII – determinar, a qualquer tempo, o comparecimento pessoal das partes, para inquiri-las sobre os fatos da causa, hipótese em que não incidirá a pena de confesso;

→ v. Art. 385, § 1º do CPC.

IX – determinar o suprimento de pressupostos processuais e o saneamento de outros vícios processuais;

→ v. Art. 352 do CPC.

X – quando se deparar com diversas demandas individuais repetitivas, oficiar o Ministério Público, a Defensoria Pública e, na medida do possível, outros legitimados a que se referem o art. 5º da Lei nº 7.347, de 24 de julho de 1985, e o art. 82 da Lei nº 8.078, de 11 de setembro de 1990, para, se for o caso, promover a propositura da ação coletiva respectiva.

Parágrafo único. A dilação de prazos prevista no inciso VI somente pode ser determinada antes de encerrado o prazo regular.

Impossibilidade de apreensão de CNH diante do caso concreto

✓ AGRAVO INTERNO NO RECURSO ESPECIAL. AGRAVO DE INSTRUMENTO. CUMPRIMENTO DE SENTENÇA. MEDIDAS ATÍPICAS. SUSPENSÃO DE CNH. DESPROPORCIONALIDADE. SÚMULA 83 DO STJ. REVISÃO. IMPOSSIBILI-

DADE. SÚMULA 7 DO STJ. AGRAVO INTERNO NÃO PROVIDO. 1. No tocante à ofensa ao artigo 139, inciso IV, do CPC, a jurisprudência desta Corte Superior firmou-se no sentido de que as medidas atípicas de satisfação do crédito não podem extrapolar os princípios da proporcionalidade e da razoabilidade, devendo-se observar, ainda, o princípio da menor onerosidade ao devedor, não sendo admitida a utilização do instituto como penalidade processual. Precedentes. 2. No caso concreto, o Tribunal de origem consignou que a tutela atípica postulada, consistente na apreensão da Carteira Nacional de Habilitação (CNH), extrapola os princípios da razoabilidade e da proporcionalidade, além de não representar certeza de efetividade à satisfação do crédito. A conclusão do Tribunal está em harmonia com a jurisprudência desta Corte, atraindo a aplicação da Súmula 83 do STJ. 3. Ademais, o reexame dos critérios fáticos é inviável em sede de recurso especial, a teor da Súmula 7/STJ. 4. Agravo interno não provido. (STJ, 4ª T., AgInt no REsp 1794916/DF, Rel. Ministro Luis Felipe Salomão, DJe 02/12/2020)

Possibilidade de retenção de passaporte, a depender do caso concreto

✓ "HABEAS CORPUS". PROCESSUAL CIVIL. CPC/15. CUMPRIMENTO DE SENTENÇA. MEDIDAS EXECUTIVAS ATÍPICAS. ART. 139, IV, DO CPC. RESTRIÇÃO DE SAÍDA DO PAÍS SEM PRÉVIA GARANTIA DA EXECUÇÃO. INEXISTÊNCIA DE ILEGALIDADE MANIFESTA. ATENDIMENTO ÀS DIRETRIZES FIXADAS PELAS TURMAS DE DIREITO PRIVADO DO STJ. 1. Na esteira da orientação jurisprudencial desta Corte, não é cabível a impetração de "habeas corpus" como sucedâneo de recurso próprio, salvo nos casos de manifesta ilegalidade do ato apontado como coator, em prejuízo da liberdade do paciente, quando a ordem poderá ser concedida de ofício. Precedentes. 2. Esta Corte Superior de Justiça, pelas suas duas Turmas da Seção de Direito Privado, tem reconhecido que o acautelamento de passaporte é medida capaz de limitar a liberdade de locomoção do indivíduo, o que pode significar constrangimento ilegal e arbitrário, passível de ser analisado pela via do "habeas corpus" 3. A adoção desta medida coercitiva atípica, no âmbito do processo de execução, não configura, em si, ofensa direta ao direito de ir e vir do indivíduo, razão pela qual a eventual abusividade ou ilegitimidade da ordem deve ser examinada no caso concreto. 4. Segundo as diretrizes fixadas pela Terceira Turma desta Corte, diante da existência de indícios de que o devedor possui patrimônio expropriável, ou que vem adotando subterfúgios para não quitar a dívida, ao magistrado é autorizada a adoção subsidiária de medidas executivas atípicas, tal como a apreensão de passaporte, desde que justifique, fundamentadamente, a sua adequação para a satisfação do direito do credor, considerando os princípios da proporcionalidade e razoabilidade e observado o contraditório prévio (REsp 1.782.418/RJ e REsp 1788950/MT, Rel. Ministra NANCY ANDRIGHI, TERCEIRA TURMA, julgados em 23/4/2019, DJe 26/4/2019). 5. In casu, a Corte estadual analisou a questão nos moldes estatuídos pelo STJ, não se denotando arbitrariedade na medida coercitiva adotada com fundamento no art. 139, IV, do CPC, pois evidenciada a inefetividade das medidas típicas adotadas, bem como desconsiderada a personalidade jurídica da empresa devedora, uma vez constatada a sua utilização como escudo para frustrar a satisfação do crédito exequendo. 6. Ausência, ademais, de indicação de meio executivo alternativo menos gravoso e mais eficaz pelos executados, conforme lhes incumbia, nos termos do parágrafo único do art. 805 do CPC/2015. 7. HABEAS CORPUS NÃO CONHECIDO, INEXISTINDO SUBSTRATO PARA O DEFERIMENTO DA ORDEM DE OFÍCIO. (STJ, 3ª T., HC 558.313/SP, Rel. Ministro Paulo De Tarso Sanseverino, DJe 01/07/2020)

Subsidiariedade da medida atípica e demais requisitos

✓ DIREITO PROCESSUAL CIVIL. RECURSO ESPECIAL. AÇÃO DE EXECUÇÃO DE TÍTULO EXECUTIVO EXTRAJUDICIAL. DÉBITOS LOCATÍCIOS. MEDIDAS EXECUTIVAS ATÍPICAS. ART. 139, IV, DO CPC/15. CABIMENTO. DELINEAMENTO DE DIRETRIZES A SEREM OBSERVADAS PARA A SUA APLICAÇÃO. 1. Ação de execução de título executivo extrajudicial, tendo em vista o inadimplemento de débitos locatícios. 2. Ação ajuizada em 12/05/1999. Recurso especial concluso ao gabinete em 04/09/2020. Julgamento: CPC/2015. 3. O propósito recursal é definir se a suspensão da carteira nacional de habilitação e a retenção do passaporte do devedor de obrigação de pagar quantia são medidas viáveis de serem adotadas pelo juiz condutor do processo executivo. 4. O Código de Processo Civil de 2015, a fim de garantir maior celeridade e efetividade ao processo, positivou regra segundo a qual incumbe ao juiz determinar todas as medidas indutivas, coercitivas, mandamentais ou sub-rogatórias necessárias para assegurar o cumprimento de ordem judicial, inclusive nas ações que tenham por objeto prestação pecuniária (art. 139, IV). 5. A interpretação sistemática do ordenamento jurídico revela, todavia, que tal previsão legal não autoriza a adoção indiscriminada de qualquer medida executiva, independentemente de balizas ou meios de controle efetivos. 6. De acordo com o entendimento do STJ, as modernas regras de processo, ainda respaldadas pela busca da efetividade jurisdicional, em nenhuma circunstância poderão se distanciar dos ditames constitucionais, apenas sendo possível a implementação de comandos não discricionários ou que restrinjam direitos individuais de forma razoável. Precedente específico. 7. A adoção de meios executivos atípicos é cabível desde que, verificando-se a existência de indícios de que o devedor possua patrimônio expropriável, tais medidas sejam adotadas de modo subsidiário, por meio de decisão que contenha fundamentação adequada às especificidades da hipótese concreta, com observância do contraditório substancial e do postulado da proporcionalidade. 8. Situação concreta em que o Tribunal a quo demonstra que há sinais de que o devedor esteja ocultando patrimônio. 9. Dada as peculiaridades do caso concreto, e tendo em vista que i) há a existência de indícios de que o recorrente possua patrimônio apto a cumprir com a obrigação a ele imposta; ii) a decisão foi devidamente fundamentada com base nas especificidades constatadas; iii) a medida atípica está sendo utilizada de forma subsidiária, dada a menção de que foram promovidas diligências à exaustão para a satisfação do crédito; e iv) observou-se o contraditório e o postulado da proporcionalidade; o acórdão recorrido não merece reforma. 10. Recurso especial conhecido e não provido. (STJ, 3ª T., REsp 1894170/RS, Rel. Ministra Nancy Andrighi, DJe 12/11/2020)

Proibição de deixar o Estado: impossibilidade

✓ HABEAS CORPUS. DÍVIDA PROVENIENTE DE EXECUÇÃO CONTRA DEVEDOR INSOLVENTE. WRIT IMPETRADO COMO SUBSTITUTIVO DE RECURSO ORDINÁRIO. ARTIGO 139, IV, DO CPC. PACIENTES IMPEDIDOS DE DEIXAR O MUNICÍPIO DO RIO DE JANEIRO EM

VIRTUDE DA TRAMITAÇÃO DE PROCESSO DE INSOLVÊNCIA CIVIL. CONSTRANGIMENTO ILEGAL EVIDENCIADO. 1. O Superior Tribunal de Justiça, na esteira da nova jurisprudência firmada pelo Supremo Tribunal Federal a partir do julgamento do HC 109.956/PR, Rel. Min. MARCO AURÉLIO, Primeira Turma, DJe de 11/9/2012, orientou-se no sentido de não conhecer de habeas corpus impetrado como substitutivo de recurso ordinário. 2. No entanto, dada a magnitude da garantia constitucional do habeas corpus, a existência de vício formal na impetração não dispensa o julgador de analisar a possibilidade de concessão da ordem de ofício, na hipótese de flagrante ilegalidade ou abuso de poder. 3. A adoção de medidas indutivas, coercitivas, mandamentais ou sub-rogatórias, prevista no art. 139, IV, do CPC, apresenta-se como instrumento importante a viabilizar a satisfação da obrigação exequenda, homenageando o princípio do resultado na execução, exteriorizado de forma mais evidente e, inquestionavelmente, alargado pelo Código vigente, alcançando, inclusive, as obrigações de pagar quantia certa. 4. No caso dos autos, os pacientes estão impedidos de deixar o Município do Rio de Janeiro, em virtude da tramitação de processo de insolvência civil. Tal medida coercitiva é ilegal, uma vez que restringe o direito fundamental de ir e vir de forma desproporcional e não razoável, até porque nem mesmo o art. 104, III, da Lei 11.101/2005 veda absolutamente a possibilidade de viajar para fora da comarca, apenas a condiciona ao preenchimento de determinados requisitos: a) existência de justo motivo; b) comunicação expressa ao juiz; e c) constituição de procurador. 5. Além disso, esta Corte Superior entende que a obrigação conferida pelo art. 104, III, da Lei 11.101/05, ainda que se pudesse cogitar de aplicar ao caso, não possui caráter de pena, visando, ao contrário, facilitar o curso da ação falimentar, pela garantia de que o falido estará disponível para esclarecimentos e para participar dos atos que dele dependam. 6. Assim, em sede de cognição sumária, há manifesta ilegalidade a ensejar o deferimento da medida de urgência, haja vista que o constrangimento se revela de plano. 7. Liminar em habeas corpus concedida. (STJ, 4ª T., HC 525.378/RJ, Rel. Ministro Luis Felipe Salomão, DJe 11/10/2019)

Medidas atípicas para exame de DNA

✓ CIVIL. PROCESSO CIVIL. INVESTIGAÇÃO DE PATERNIDADE. RECLAMAÇÃO. ACÓRDÃO DO STJ QUE DETERMINOU INVESTIGAÇÃO EXAURIENTE SOBRE FRAUDE EM EXAME DE DNA. SENTENÇA QUE, COM BASE NO MESMO DOCUMENTO JÁ EXAMINADO PELA CORTE, CONCLUIU PELA PREVALÊNCIA DE COISA JULGADA ANTERIORMENTE FORMADA E QUE HAVIA SIDO AFASTADA PELO STJ. OFENSA À DECISÃO PROFERIDA PELA CORTE. RECUSA TÁCITA AO FORNECIMENTO DE MATERIAL GENÉTICO PELO HERDEIRO E POR TERCEIROS. SENTENÇA QUE AFASTA A INCIDÊNCIA DA SÚMULA 301/STJ. ERRO DE JULGAMENTO. INAPLICABILIDADE DO ENTENDIMENTO SUMULAR QUE DEPENDE, DE IGUAL MODO, DO EXAURIMENTO DA ATIVIDADE INSTRUTÓRIA. ADOÇÃO DE MEDIDAS INDUTIVAS, COERCITIVAS E MANDAMENTAIS AO HERDEIRO QUE SE NEGA A FORNECER MATERIAL BIOLÓGICO. POSSIBILIDADE, QUANDO INAPLICÁVEL DESDE LOGO O ENTENDIMENTO DA SÚMULA 301/STF OU QUANDO VERIFICADA POSTURA ANTICOOPERATIVA QUE RESULTE EM PREJUÍZO AO PRETENSO FILHO. ADOÇÃO DAS MEDIDAS INDUTIVAS, COERCITIVAS E MANDAMENTAIS A TERCEIROS QUE IGUALMENTE SE RECUSAM A FORNECER MATERIAL BIOLÓGICO. POSSIBILIDADE. LEGITIMAÇÃO PROCESSUAL AD ACTUM. OBSERVÂNCIA DO CONTRADITÓRIO E, POR ANALOGIA, DO PROCEDIMENTO APLICÁVEL À EXIBIÇÃO DE DOCUMENTO OU COISA EM PODER DE TERCEIRO. 1- O propósito da presente reclamação é definir se a sentença que extinguiu o processo sem resolução de mérito ao fundamento de que deveria ser respeitada a coisa julgada formada em anterior ação investigatória de paternidade afrontou a autoridade de decisão proferida por esta Corte por ocasião do julgamento do REsp 1.632.750/SP, por meio da qual se determinou a apuração de eventual fraude no exame de DNA realizado na primeira ação investigatória e a realização de novo exame de DNA para a apuração de eventual existência de vínculo biológico entre as partes. 2- Tendo o acórdão desta Corte concluído que o documento apresentado pela parte configurava prova indiciária da alegada fraude ocorrida em anterior exame de DNA e, em razão disso, determinado a reabertura da fase instrutória, não pode a sentença, valendo-se apenas daquele documento, extrair conclusão diversa, no sentido de não ser ele suficiente para a comprovação da fraude, sob pena de afronta à autoridade da decisão proferida pelo Superior Tribunal de Justiça. 3- Determinado, pelo acórdão desta Corte, que fosse realizado novo exame de DNA para apuração da existência de vínculo biológico entre as partes, não pode a sentença, somente com base na ausência das pessoas que deveriam fornecer o material biológico, concluir pelo restabelecimento da coisa julgada que se formou na primeira ação investigatória (e que foi afastada por esta Corte), nem tampouco concluir pela inaplicabilidade da presunção contida na Súmula 301/STJ, sem que sejam empreendidos todas as providências necessárias para a adequada e exauriente elucidação da matéria fática. Aliás, é preciso enfatizar que maior do que o direito de ter um pai é o direito de saber quem é o pai. 4- A impossibilidade de condução do investigado "debaixo de vara" para a coleta de material genético necessário ao exame de DNA não implica na impossibilidade de adoção das medidas indutivas, coercitivas e mandamentais autorizadas pelo art. 139, IV, do novo CPC, com o propósito de dobrar a sua renitência, que deverão ser adotadas, sobretudo, nas hipóteses em que não se possa desde logo aplicar a presunção contida na Súmula 301/STJ ou quando se observar a existência de postura anticooperativa de que resulte o non liquet instrutório em desfavor de quem adota postura cooperativa, pois, maior do que o direito de um filho de ter um pai, é o direito de um filho de saber quem é o seu pai. 5- Aplicam-se aos terceiros que possam fornecer material genético para a realização do novo exame de DNA as mesmas diretrizes anteriormente formuladas, pois, a despeito de não serem legitimados passivos para responder à ação investigatória (legitimação ad processum), são eles legitimados para a prática de determinados e específicos atos processuais (legitimação ad actum), observando-se, por analogia, o procedimento em contraditório delineado nos art. 401 a 404, do novo CPC, que, inclusive, preveem a possibilidade de adoção de medidas indutivas, coercitivas, sub-rogatórias ou mandamentais ao terceiro que se encontra na posse de documento ou coisa que deva ser exibida. 6- Reclamação julgada procedente. (STJ, 2ª Seção, Rcl 37.521/SP, Rel. Ministra Nancy Andrighi, DJe 05/06/2020)

Violação de deveres e proporcionalidade da sanção aplicada.

✓ Agravo regimental em mandado de segurança. (...) 2. Conselho Nacional de Justiça. Competência para processar e julgar processo administrativo disciplinar com vistas a apurar descumprimento de deveres funcionais por parte dos magistrados. Art. 103-B, § 4º, da Constituição. 3. Independência funcional do magistrado. Incursão. Inocorrência. Atos sucessivos que demonstram a reiteração de procedimentos incorretos evidenciadores do desvirtuamento da atividade judicante. Violação aos deveres impostos aos magistrados pelo art. 139 do CPC e pelo art. 35 da LOMAN. 4. Proporcionalidade da sanção aplicada. Necessidade de ampla dilação probatória. Inadequação do meio processual. Impossibilidade. 5. Agravo regimental a que se nega provimento. (STF; MS 32221 AgR; Segunda Turma; Rel. Min. Gilmar Mendes; Julg. 29/09/2017, Processo Eletrônico DJe-232 DIVULG 09/10/2017 PUBLIC 10/10/2017)

Aplicação analógica do art. 139, IX para apreciar o mérito da demanda.

✓ MANDADO DE SEGURANÇA. ADMINISTRATIVO. PREVIDENCIÁRIO. PROCESSO CIVIL. ILEGITIMIDADE PASSIVA. DECADÊNCIA DO DIREITO DE IMPETRAÇÃO. ATO COMISSIVO, E NÃO OMISSIVO. PRINCÍPIO DA PRIMAZIA DA DECISÃO DE MÉRITO. MARÍTIMO SERVIDOR AUTÁRQUICO. AUSÊNCIA DE COMPROVAÇÃO DE ENQUADRAMENTO NO MINISTÉRIO DO TRABALHO. PEDIDO DE APROVEITAMENTO E CONVERSÃO PARA APOSENTADORIA COMPULSÓRIA. IMPOSSIBILIDADE. FALTA DE PREVISÃO LEGAL PARA CUMULAÇÃO DOS BENEFÍCIOS. PRECEDENTES DO TRIBUNAL FEDERAL DE RECURSOS E DO SUPERIOR TRIBUNAL DE JUSTIÇA. 1. Trata-se de Mandado de Segurança em que o impetrante, que pertenceu ao quadro da Lloyd Brasileiro, requer seu imediato aproveitamento e a conversão para a condição de aposentado, bem como o pagamento dos respectivos valores, considerada a prescrição, a partir do Decreto 62.938/1968 c/c a Lei 1.711/1952 e a Lei 8.112/1990. 2. Embora a autoridade apontada como responsável pelo ato omissivo ilegal (Ministro do Transporte) não seja, atualmente, competente para reaproveitar e aposentar o requerente, tem-se que o ato é, em verdade, comissivo, consistente no Despacho que negou expressamente o enquadramento almejado. 3. Nos termos do art. 6º, § 3º, da Lei 12.016/2009, é parte legítima não somente quem pode executar diretamente o ato, mas quem delegou essa possibilidade. Não se exige, quanto à legitimidade, que o impetrante conheça toda a distribuição de competências do órgão em que atua a autoridade. 4. A decisão denegatória expressa, aposta no Processo nº 14.261-98, afasta a hipótese de ato coator omissivo e leva à verificação da decadência para impetrar o Mandado de Segurança. 5. Não obstante a decadência do direito de impetração, de forma excepcional, à luz dos princípios da primazia da decisão de mérito, previsto nos arts. 4º e 6º do CPC de 2015; da duração razoável do processo; da celeridade; da instrumentalidade das formas, bem como da aplicação analógica dos arts. 139, IX e 1.029, § 3º, do CPC de 2015, não é o caso de se extinguir o presente Mandado de Segurança sem adentrar o mérito da demanda, pois o ajuizamento da demanda se deu há mais de 3 (três) anos, e a causa está pronta para julgamento, com documentos e argumentos lançados por ambas as partes. 6. Ademais, e mais importante, a segurança é manifestamente incabível, sendo desarrazoado extinguir o writ sem apreciar o direito material do impetrante, que poderia acessar as vias processuais ordinárias demandando a formação de uma nova relação processual. 7. Por ser manifestamente inadmissível, caberia a pronta denegação da segurança por decisão monocrática (art. 212 do Regimento Interno), o que permitiria a análise do mérito. Consequentemente, e diante dos fundamentos expostos, é de se permitir tal análise neste momento do processo. 8. O nome do impetrante não consta na lista anexa ao Decreto 62.938/1968, de modo que não foi integrado ao quadro do Ministério do Trabalho. 9. Ainda que tivesse ocorrido, os marítimos não possuem direito à percepção cumulativa de duas aposentadorias, uma pelo Regime Próprio da União e outra pelo Regime Geral da Previdência Social. Interpretação da Lei 2.752/1956 que não prevê a referida acumulação para os servidores autárquicos, seja da Lloyd Brasileiro, seja da Companhia Costeira. Precedentes. 10. Segurança denegada. (STJ; MS 20.295; DF; Primeira Seção; Rel. Min. Herman Benjamin; Julg. 09/11/2016; DJe 29/11/2016)

Não obstante a igualdade de tratamento e o dever de sanear o processo, havendo expressa disposição de lei o juiz deve decidir certas questões independentemente de requerimento das partes.

✓ PROCESSUAL CIVIL. REPRESENTAÇÃO. IRREGULARIDADE. INTIMAÇÃO PARA SANEAMENTO DO VÍCIO. DESCUMPRIMENTO. REQUERIMENTO DAS PARTES. DESNECESSIDADE. 1. Consoante o disposto no art. 76 do CPC/2015, assim como dispunha o antigo art. 13 do CPC/1973, verificada a irregularidade de representação da parte, o juiz suspenderá o processo e designará prazo para que seja sanado o vício, sendo certo que, não havendo o cumprimento da determinação, o processo deve ser extinto, se a providência couber ao autor. 2. Compete ao juiz dirigir o processo conforme as disposições do Código de Processo Civil, determinando, a qualquer tempo, o suprimento de pressupostos e o saneamento de vícios processuais (art. 139, IX, do CPC/2015). 3. Não obstante devam ser observados, na direção do processo, a igualdade de tratamento e o princípio da demanda, havendo expressa disposição de lei, deve o magistrado tratar de determinadas questões, independentemente de requerimento de qualquer uma das partes, não havendo que se falar em parcialidade. 4. Agravo interno desprovido. (STJ; AgInt na AR 5.768; DF; Primeira Seção; Rel. Min. Gurgel de Faria; Julg. 24/08/2016; DJe 21/09/2016)

Pelo princípio da igualdade, o valor destinado às partes no caso de vitória parcial do contribuinte está vinculado ao êxito obtido.

✓ PROCESSUAL CIVIL E TRIBUTÁRIO. DEPÓSITO JUDICIAL REALIZADO PARA SUSPENDER A EXIGIBILIDADE DA COBRANÇA TRIBUTÁRIA. LEVANTAMENTO DA PARCELA REFERENTE AO ÊXITO OBTIDO NA DECISÃO JUDICIAL TRANSITADA EM JULGADO. ART. 32, §2º, DA LEI 6.830/1980. PRINCÍPIO DA IGUALDADE PROCESSUAL. ART. 139, I, DO CPC VIOLAÇÃO DO ART. 535 DO CPC. INEXISTÊNCIA. DISSÍDIO JURISPRUDENCIAL. SÚMULA 284/STF. RECURSO ESPECIAL PARCIALMENTE CONHECIDO E NESSA PARTE PROVIDO. 1. Ao realizar o deposito judicial, visando à suspensão da exigibilidade do tributo, em conformidade com o art. 151, II, do CTN, o contribuinte fica sujeito à regra do art. 32, §2º, da Lei 6.830/1980, ou seja, se sujeita a adiantar a exação que será convertida em renda da União caso fique demonstrado o desacerto de sua pretensão judicial. 2. O depósito será devolvido ao contribuinte ou entregue à Fazenda Pública, a depender da decisão judicial que transitou em julgado. Por consectário lógico e em atenção ao princípio da igualdade, plasmado no art. 139, I, do CPC, o valor destinado às partes no caso de vitória parcial do contribuinte se encontra estritamente vinculado ao êxito obtido, sendo curial que possa o contribuinte levantar o valor da parcela que lhe foi favorável na decisão judicial e, que o restante seja, desde logo, utilizado pela Fazenda para a quitação da dívida. Precedente: REsp 1.240.477/SC, Rel. Min. MAURO CAMPBELL MARQUES, Segunda Turma; DJe 09/05/2011. Recurso parcialmente conhecido e nessa parte provido. (STJ; REsp 1584175; SP; Segunda Turma; Rel. Min. Humberto Martins; Julg. 04/08/2016; DJe 17/08/2016)

Bloqueio de valores ante a ineficácia da medida coercitiva antes imposta e não cumprida (multa), em conformidade com o art. 139, IV.

✓ RECURSO ORDINÁRIO EM MANDADO DE SEGURANÇA. INQUÉRITO POLICIAL. QUEBRA DE SIGILO TELEMÁTICO. CUMPRIMENTO INCOMPLETO DE ORDEM JUDICIAL. APLICAÇÃO DE MULTA DIÁRIA À EMPRESA RESPONSÁVEL PELO FORNECIMENTO DE DADOS (FACEBOOK). POSSIBILIDADE. VALOR DAS ASTREINTES. RAZOABILIDADE E PROPORCIONALIDADE.

✓ Situação em que a FACEBOOK SERVIÇOS ONLINE DO BRASIL LTDA. impugna decisão judicial que, em sede de inquérito, autorizou a interceptação do fluxo de dados telemáticos de contas Facebook de investigados, sob pena de multa diária de R$ 50.000,00 (cinquenta mil reais). 2. Não há ilegalidade ou abuso de poder a ser corrigido, pois fica claro o cumprimento incompleto da decisão judicial que determinara o fornecimento de dados de contas perfis no Facebook de investigados, já que não foram trazidas todas as conversas realizadas no período de 13/10/2015 a 13/11/2015, tampouco as senhas de acesso, o conteúdo completo da caixa de mensagens, o conteúdo da linha do tempo (timeline) e grupos de que participam, além das fotos carregadas no perfil com respectivos metadados. 3. A mera alegação de que o braço da empresa situado no Brasil se dedica apenas à prestação de serviços relacionados à locação de espaços publicitários, veiculação de publicidade e suporte de vendas não exime a organização de prestar as informações solicitadas, tanto mais quando se sabe que não raras vezes multinacionais dedicadas à exploração de serviços prestados via internet se valem da escolha do local de sua sede e/ou da central de suas operações com o objetivo específico de burlar carga tributária e ordens judiciais tendentes a regular o conteúdo das matérias por elas veiculadas ou o sigilo de informações de seus usuários. 4. Por estar instituída e em atuação no País, a pessoa jurídica multinacional submete-se, necessariamente, às leis brasileiras, motivo pelo qual se afigura desnecessária a cooperação internacional para a obtenção dos dados requisitados pelo juízo. 5. As Turmas que compõem a 3ª Seção desta Corte têm entendido que "a imposição de astreintes à empresa responsável pelo cumprimento de decisão de quebra de sigilo, determinada em inquérito, estabelece entre ela e o juízo criminal uma relação jurídica de direito processual civil", cujas normas são aplicáveis subsidiariamente no Processo Penal, por força do disposto no art. 3º do CPP. Nesse sentido, "a solução do impasse gerado pela renitência da empresa controladora passa pela imposição de medida coercitiva pecuniária pelo atraso no cumprimento da ordem judicial, a teor dos arts. 461, § 5.º, 461-A, do Código de Processo Civil, c.c. o art. 3.º do Código de Processo Penal" (RMS 44.892/SP, Rel. Ministro RIBEIRO DANTAS, Quinta Turma; Julg. 05/04/2016; DJe 15/04/2016). 6. A legalidade da imposição de astreintes a terceiros descumpridores de decisão judicial encontra amparo também na teoria dos poderes implícitos, segundo a qual, uma vez estabelecidas expressamente as competências e atribuições de um órgão estatal, desde que observados os princípios da proporcionalidade e razoabilidade, ele está implicitamente autorizado a utilizar os meios necessários para poder exercer essas competências.

✓ Nessa toada, incumbe ao magistrado autorizar a quebra de sigilo de dados telemáticos, pode ele se valer dos meios necessários e adequados para fazer cumprir sua decisão, tanto mais quando a medida coercitiva imposta (astreintes) está prevista em lei. 7. Muito embora no Direito Civil a exigibilidade da multa diária por descumprimento de decisão judicial esteja condicionada ao reconhecimento da existência do direito material vindicado na demanda (REsp n.º 1.006.473/PR, Rel. Ministro LUIS FELIPE SALOMÃO, Rel. p/ Acórdão Ministro MARCO BUZZI, QUARTA TURMA, julgado em 08/05/2012, DJe 19/06/2012), sob pena de enriquecimento sem causa do autor (destinatário do valor da multa), o mesmo raciocínio não se aplica ao Direito Penal, em que o destinatário do valor das astreintes é o Estado, titular da pretensão punitiva, e em que não existe motivo para condicionar-se a exigibilidade da multa à condenação do réu. 8. Ao determinar o bloqueio dos valores o juiz não age como o titular da execução fiscal, dando início a ela, mas apenas dá efetividade à medida coercitiva anteriormente imposta e não cumprida, tomando providência de natureza cautelar. E isso se justifica na medida em que a mera imposição da multa, seu valor e decurso do tempo parecem não ter afetado a disposição da empresa recorrente em cumprir a ordem judicial. De se lembrar que o art. 139, IV, do CPC/2015, autoriza o juiz a "determinar todas as medidas indutivas, coercitivas, mandamentais ou sub-rogatórias necessárias para assegurar o cumprimento de ordem judicial, inclusive nas ações que tenham por objeto prestação pecuniária". 9. A renitência da empresa em cumprir a determinação judicial por mais de um ano justifica a incidência da multa coercitiva prevista no art. 461, § 5º, do CPC no valor de R$ 50.000,00 (cinquenta mil reais), que não se revela excessivo, diante do elevado poder econômico da empresa, até porque valor idêntico foi adotado pelo STJ na QO-Inq n. 784/DF e no RMS 44.892/SP. 10. Recurso ordinário em mandado de segurança a que se nega provimento (RMS 55.109; PR; Quinta Turma; Rel. Min. Reynaldo Soares da Fonseca; Julg. 07/11/2017; DJe 17/11/2017)

Art. 140. O juiz não se exime de decidir sob a alegação de lacuna ou obscuridade do ordenamento jurídico.

→ *v.* Arts. 4º e 5º, da LINDB.

Parágrafo único. O juiz só decidirá por equidade nos casos previstos em lei.

→ *v.* Art. 6º da Lei 9.099/1995.

Dever do juiz de apreciar a violação a direito

✓ PROCESSUAL CIVIL E AMBIENTAL. AÇÃO CIVIL PÚBLICA. CONSTRUÇÕES EM ÁREA DE PRESERVAÇÃO PERMANENTE – APP. MARGEM DE RIO. MANGUEZAL. PRINCÍPIO DE PRESERVAÇÃO DA INTEGRIDADE DO SISTEMA CLIMÁTICO. CÓDIGO FLORESTAL. ARTS. 1º-A, PARÁGRAFO ÚNICO, I, 3º, II, 8º, CAPUT E §§ 2º, 4º, 64 e 65 DA LEI 12.651/2012. CRISE HÍDRICA E MUDANÇAS CLIMÁTICAS. ART. 5º, III, E 11 DA LEI 12.187/2009. DIREITO A CIDADE SUSTENTÁVEL. ARTS. 2º, I, DA LEI 10.257/2001. REGULARIZAÇÃO FUNDIÁRIA URBANA. ART. 11, I e II, e § 2º, DA LEI 13.465/2017. FUNDAMENTO ÉTICO-POLÍTICO DE

JUSTIÇA SOCIAL DO DIREITO A MORADIA EXCLUSIVO DE PESSOAS POBRES, MAS APLICADO INDEVIDAMENTE PELO ACÓRDÃO RECORRIDO A CASAS DE VERANEIO E ESTABELECIMENTOS COMERCIAIS. AFASTAMENTO DA TEORIA DO FATO CONSUMADO. SÚMULA 613 DO STJ. REGULARIZAÇÃO FUNDIÁRIA URBANA DE INTERESSE SOCIAL. DEVER DO PODER PÚBLICO DE FISCALIZAR. PRINCÍPIO DE VEDAÇÃO DO NON LIQUET. ART. 140, CAPUT, DO CÓDIGO DE PROCESSO CIVIL DE 2015. 1. Trata-se, na origem, de Ação Civil Pública ajuizada pelo Ibama contra particulares e a Municipalidade de Pitimbu, Estado da Paraíba, pugnando por provimento judicial que proíba a ampliação e determine a demolição de construções ilegais em onze imóveis localizados na faixa marginal do rio Acaú. Entre as edificações contestadas, incluem-se bar, farmácia, casas de veraneio e residências familiares. 2. Os fatos e a ocupação irregular da Área de Preservação Permanente são incontroversos. Conforme apontou a Corte de origem, os prédios embargados "foram erigidos às margens do Rio Acaú, estando inseridos em Área de Preservação Permanente, por ofensa à distância mínima exigida para edificar-se nas bordas de rios". Em idênticos termos, a sentença, apoiada em perícia, confirma que as construções acham-se "'coladas' à margem do rio, invadindo, portanto, a Área de Preservação Permanente marginal aos cursos d'água'" estabelecida pelo Código Florestal, em consequência causando 'dano ambiental também pelo lançamento de esgotos no Rio Acaú, sendo que a reversão dessa situação dependeria da demolição dos imóveis e da recuperação da vegetação no local'". (...) 21. Por isso, descabe a afirmação de que, por se tratar de "ponta de iceberg" em região "antropizada", seria imprópria a intervenção do Judiciário. Primeiro, porque a jurisprudência do STJ "não ratifica a aplicação dos princípios da razoabilidade e da proporcionalidade para manter dano ambiental consolidado pelo decurso do tempo" (AgInt no REsp 1.542.756/SC, Rel. Min. Mauro Campbell Marques, Segunda Turma, DJe 2.4.2019). Segundo, porque a transgressão de muitos não apaga o ilícito, nem libera todo o resto para a prática de novas infrações. Terceiro, porque contrassenso imoral pregar a existência de direito adquirido à ilegalidade em favor de um, ou de uns, e em prejuízo da coletividade presente e futura. Essa exatamente a posição do STJ enunciada reiteradamente: "em tema de direito ambiental, não se cogita em direito adquirido à devastação, nem se admite a incidência da teoria do fato consumado" (REsp 1.394.025/MS, Rel. Min. Eliana Calmon, Segunda Turma, DJe de 18.10.2013); "A natureza do direito ao meio ambiente ecologicamente equilibrado – fundamental e difusa – não confere ao empreendedor direito adquirido de, por meio do desenvolvimento de sua atividade, agredir a natureza, ocasionando prejuízos de diversas ordens à presente e futura gerações" (REsp 1.172.553/PR, Rel. Ministro Arnaldo Esteves Lima, Primeira Turma, DJe de 4/6/2014); "Reafirmo a impossibilidade de sustentar a proteção do direito adquirido para vilipendiar o dever de salvaguarda ambiental. Essa proteção jurídica não serve para justificar o desmatamento da flora nativa e a ocupação de espaços especialmente protegidos pela legislação, tampouco para autorizar a manutenção de conduta nitidamente lesiva ao ecossistema" (AgInt no REsp 1.545.177/PR, Rel. Min. Og Fernandes, Segunda Turma, DJe de 22/11/20180). 22. No ordenamento jurídico brasileiro, o legislador atribui ao juiz enormes poderes, menos o de deixar de julgar a lide e de garantir a cada um – inclusive à coletividade e às gerações futuras – o que lhe concerne, segundo o Direito vigente. Portanto, reconhecer abertamente a infração para, logo em seguida, negar o remédio legal pleiteado pelo autor, devolvendo o conflito ao Administrador, ele próprio corréu por desleixo, equivale a renunciar à jurisdição e a afrontar, por conseguinte, o princípio de vedação do non liquet. Ao optar por não aplicar norma inequívoca de previsão de direito ou dever, o juiz, em rigor, pela porta dos fundos, evita decidir, mesmo que, ao fazê-lo, não alegue expressamente lacuna ou obscuridade normativa, já que as hipóteses previstas no art. 140, caput, do Código de Processo Civil de 2015 estão listadas de forma exemplificativa e não em numerus clausus. 23. Recurso Especial provido. (STJ, 2ª T., REsp 1782692/PB, Rel. Ministro Herman Benjamin, DJe 05/11/2019)

Art. 141. **O juiz decidirá o mérito nos limites propostos pelas partes, sendo-lhe vedado conhecer de questões não suscitadas a cujo respeito a lei exige iniciativa da parte.**

→ *V.* Art. 487, I do CPC.

Impossibilidade de conhecimento de ofício de questões que tratam de direitos disponíveis das partes

✓ RECURSO ESPECIAL. RECUPERAÇÃO JUDICIAL. PLANO APROVADO EM ASSEMBLEIA DE CREDORES. HOMOLOGAÇÃO. IRRESIGNAÇÃO MANIFESTADA POR CREDOR QUIROGRAFÁRIO. JULGAMENTO, PELO TRIBUNAL DE ORIGEM, QUE EXTRAPOLOU OS LIMITES DA MATÉRIA DEVOLVIDA. 1. Ação distribuída em 9/10/2017. Recurso especial interposto em 24/7/2019. Autos conclusos à Relatora em 19/12/2019. 2. O propósito recursal é definir (i) se o acórdão recorrido configura julgamento extra petita; (ii) se há ilegalidade no plano de soerguimento quanto às condições de pagamento previstas para os créditos trabalhistas; (iii) se é possível convolar a recuperação em falência fora das hipóteses legalmente previstas; e (iv) qual deve ser o termo inicial de pagamento dos créditos. 3. Na ocasião da interposição do agravo de instrumento perante a Corte de origem, foram formulados pedidos certos e determinados, consistentes, unicamente, no reconhecimento da abusividade/ilegalidade das condições de pagamento referentes aos créditos quirografários (classe na qual inserido o credor recorrido). 4. O Tribunal a quo, todavia, a par de manter as condições de pagamento contra as quais se insurgiu a instituição financeira recorrida, decidiu (i) alterar a forma de satisfação de todos os créditos trabalhistas, sob pena de convolação em falência, e (ii) determinar que o período de supervisão judicial do processo de soerguimento tenha início somente após o transcurso dos prazos de carência nele constantes. 5. As questões decididas de ofício pela Corte de origem não podem ser tidas como de ordem pública, uma vez que versam sobre o conteúdo econômico do plano aprovado – efeitos da carência pactuada e condições de pagamento de determinados créditos. Tratando-se de direitos patrimoniais disponíveis titularizados pelos credores, o órgão julgador não está autorizado a proceder a seu exame sem que tenha havido irresignação dos respectivos interessados. 6. Assim, deve ser decotado do acórdão recorrido o que efetivamente desbordou da matéria devolvida com a interposição do agravo de instrumento (adequando-se a prestação jurisdicional aos limites impostos pelo CPC/15), ficando prejudicado o exame das demais questões objeto do presente recurso. RECURSO ESPECIAL PROVIDO. (STJ, 3ª T., REsp 1852752/SP, Rel. Ministra Nancy Andrighi, DJe 12/11/2020)

Interpretação lógico sistemática do pedido: possibilidade

✓ AGRAVO INTERNO NO AGRAVO EM RECURSO ESPECIAL. AÇÃO DE OBRIGAÇÃO DE FAZER C/C TUTELA

DE URGÊNCIA E INDENIZAÇÃO POR DANOS MORAIS. 1. INTERPRETAÇÃO LÓGICO-SISTEMÁTICA. DECISÃO ULTRA PETITA NÃO CONFIGURADA. 2. AUSÊNCIA DE IMPUGNAÇÃO DOS FUNDAMENTOS DO ACÓRDÃO RECORRIDO. SÚMULA 283/STF. 3. AGRAVO IMPROVIDO. 1. Nos termos da jurisprudência do Superior Tribunal de Justiça, não há falar em julgamento ultra ou extra petita quando o julgador, mediante interpretação lógico-sistemática, examina a petição apresentada pelo insurgente como um todo. 2. A manutenção de argumento que, por si só, sustenta o acórdão recorrido torna inviável o conhecimento do apelo especial, atraindo a aplicação do enunciado n. 283 da Súmula do Supremo Tribunal Federal. 3. Agravo interno a que se nega provimento. (STJ, 3ª T., AgInt no AREsp 1692518/SP, Rel. Ministro Marco Aurélio Bellizze, DJe 26/10/2020)

Inexiste julgamento *extra petita* quando o juízo *a quo*, adstrito aos fatos e ao pedido, procede à subsunção normativa com amparo em fundamentos jurídicos diversos dos indicados pelo autor e refutados pelo réu.

✓ AGRAVO INTERNO NO AGRAVO EM RECURSO ESPECIAL. RELAÇÃO DE CONSUMO. MATÉRIA QUE DEMANDA REEXAME DE FATOS E PROVAS. SUMULAS 5 E 7 DO STJ. ACÓRDÃO EM SINTONIA COM O ENTENDIMENTO FIRMADO NO STJ. AGRAVO INTERNO NÃO PROVIDO. 1. À luz dos artigos 128 e 460 do CPC/73, atuais, 141 e 492 do CPC/15, o vício de julgamento extra petita não se vislumbra na hipótese do juízo a quo, adstrito às circunstâncias fáticas (causa de pedir remota) e ao pedido constante nos autos, proceder à subsunção normativa com amparo em fundamentos jurídicos diversos dos esposados pelo autor e refutados pelo réu. 2. O Tribunal de origem concluiu que a sentença não foi citra petita, pois decidiu sobre a causa de pedir do autor; e que foi correta a decisão que condenou o réu ao pagamento da multa de 2% sobre o valor do contrato "já incluído o prazo de prorrogação de 180 dias previsto no contrato, devidamente atualizado, em consonância com a equidade de aplicação de cláusula penal contratual à ambas as partes, posto que se fosse o caso de mora do comprador, este seria incorreria na mesma cláusula penal.". Alterar o entendimento do acórdão recorrido não é possível, em sede de recurso especial, pois demandaria reexame do conjunto fático-probatório dos autos, e reinterpretação de cláusula contratual, o que é vedado em razão dos óbices das Súmulas 5 e 7 do STJ. 3. O entendimento do STJ é no sentido de que é possível a inversão da cláusula penal moratória em favor do consumidor, em caso de inadimplemento do promitente vendedor, consubstanciado no atraso da entrega do imóvel no prazo estipulado pelas partes. 4. Agravo interno não provido. (STJ; AgInt nos EDcl no AREsp 1010004; RJ; Quarta Turma; Rel. Min. Luis Felipe Salomão; Julg. 03/10/2017; DJe 05/10/2017)

Inexistência de decisão *citra petita*: o Tribunal de origem resolveu a controvérsia de modo fundamentado e integral.

✓ PROCESSO CIVIL. AGRAVO INTERNO NO RECURSO ESPECIAL. ENUNCIADO ADMINISTRATIVO Nº 3/STJ. NULIDADE DO ACÓRDÃO RECORRIDO. DECISÃO CITRA PETITA. AUSÊNCIA DO VÍCIO PROCESSUAL. OMISSÃO E OBSCURIDADE NÃO CARACTERIZADA. AGRAVO INTERNO NÃO PROVIDO. 1. O recorrente suscita nulidade do acórdão por vício processual, em razão da decisão ser citra petita nos termos do artigo 141 c/c 492 do CPC/2015, e por omissão e obscuridade do decisum. 2. Não prospera as alegações de nulidade do acórdão por vício processual citra petita e tampouco quanto à alegada ofensa aos artigos 141 c/c 492 e 1.022, todos do CPC/2015, pois, depreende-se dos autos que o Tribunal de origem, de modo fundamentado, tratou das questões suscitadas, resolvendo, portanto, de modo integral a controvérsia posta. 3. Agravo interno não provido. (STJ; AgInt no REsp 1651446; MT; Segunda Turma; Rel. Min. Mauro Campbell Marques; Julg. 21/09/2017; DJe 27/09/2017)

Art. 142. Convencendo-se, pelas circunstâncias, de que autor e réu se serviram do processo para praticar ato simulado ou conseguir fim vedado por lei, o juiz proferirá decisão que impeça os objetivos das partes, aplicando, de ofício, as penalidades da litigância de má-fé.

→ *v.* Arts. 80, III e 81 do CPC.

Art. 143. O juiz responderá, civil e regressivamente, por perdas e danos quando:

→ *v.* Arts. 186, 402 a 405 e 927 do CC/2002.

→ *v.* Art. 319 do CP.

I – no exercício de suas funções, proceder com dolo ou fraude;

II – recusar, omitir ou retardar, sem justo motivo, providência que deva ordenar de ofício ou a requerimento da parte.

Parágrafo único. As hipóteses previstas no inciso II somente serão verificadas depois que a parte requerer ao juiz que determine a providência e o requerimento não for apreciado no prazo de 10 (dez) dias.

O juiz pessoalmente não responde pela demora do processo

✓ RESPONSABILIDADE CIVIL. RECURSO ESPECIAL. RAZOÁVEL DURAÇÃO DO PROCESSO. LESÃO. DESPACHO DE CITAÇÃO. DEMORA DE DOIS ANOS E SEIS MESES. INSUFICIÊNCIA DOS RECURSOS HUMANOS E MATERIAIS DO PODER JUDICIÁRIO. NÃO ISENÇÃO DA RESPONSABILIDADE ESTATAL. CONDENAÇÕES DO ESTADO BRASILEIRO NA CORTE INTERAMERICANA DE DIREITOS HUMANOS. AÇÃO DE INDENIZAÇÃO POR DANOS MORAIS. RESPONSABILIDADE CIVIL DO ESTADO CARACTERIZADA. 1. Trata-se de ação de execução de alimentos, que por sua natureza já exige maior celeridade, esta inclusive assegurada no art. 1º, c/c o art. 13 da Lei n. 5.478/1965. Logo, mostra-se excessiva e desarrazoada a demora de dois anos e seis meses para se proferir um mero despacho citatório. O ato, que é dever do magistrado pela obediência ao princípio do impulso oficial, não se reveste de grande complexidade, muito pelo contrário, é ato quase que mecânico, o que enfraquece os argumentos utilizados para amenizar a sua postergação. 2. O Código de Processo Civil de 1973, no art. 133, I (aplicável ao caso concreto, com norma que foi reproduzida no art. 143, I, do CPC/2015), e a Lei Complementar n. 35/1979 (Lei Orgânica da Magistratura Nacional), no art. 49, I, prescrevem que o magistrado responderá por perdas e danos quando, no exercício de suas funções, proceder com dolo ou fraude. A demora na entrega da prestação jurisdicional, assim, caracteriza uma falha que pode gerar responsabilização do Estado, mas não diretamente do magistrado atuante na causa. 3.

A administração pública está obrigada a garantir a tutela jurisdicional em tempo razoável, ainda quando a dilação se deva a carências estruturais do Poder Judiciário, pois não é possível restringir o alcance e o conteúdo deste direito, dado o lugar que a reta e eficaz prestação da tutela jurisdicional ocupa em uma sociedade democrática. A insuficiência dos meios disponíveis ou o imenso volume de trabalho que pesa sobre determinados órgãos judiciais isenta os juízes de responsabilização pessoal pelos atrasos, mas não priva os cidadãos de reagir diante de tal demora, nem permite considerá-la inexistente. 4. A responsabilidade do Estado pela lesão à razoável duração do processo não é matéria unicamente constitucional, decorrendo, no caso concreto, não apenas dos arts. 5º, LXXVIII, e 37, § 6º, da Constituição Federal, mas também do art. 186 do Código Civil, bem como dos arts. 125, II, 133, II e parágrafo único, 189, II, 262 do Código de Processo Civil de 1973 (vigente e aplicável à época dos fatos), dos arts. 35, II e III, 49, II, e parágrafo único, da Lei Orgânica da Magistratura Nacional, e, por fim, dos arts. 1º e 13 da Lei n. 5.478/1965. 5. Não é mais aceitável hodiernamente pela comunidade internacional, portanto, que se negue ao jurisdicionado a tramitação do processo em tempo razoável, e também se omita o Poder Judiciário em conceder indenizações pela lesão a esse direito previsto na Constituição e nas leis brasileiras. As seguidas condenações do Brasil perante a Corte Interamericana de Direitos Humanos por esse motivo impõem que se tome uma atitude também no âmbito interno, daí a importância de este Superior Tribunal de Justiça posicionar-se sobre o tema. 6. Recurso especial ao qual se dá provimento para restabelecer a sentença. (STJ, 2ª T., REsp 1383776/AM, Rel. Ministro Og Fernandes, DJe 17/09/2018)

CAPÍTULO II
DOS IMPEDIMENTOS E DA SUSPEIÇÃO

Art. 144. Há impedimento do juiz, sendo-lhe vedado exercer suas funções no processo:

→ v. Art. 277 do RISTF.
→ v. Art. 272 do RISTJ.
→ v. Art. 14 da Lei 9.307/1996.
→ v. Art. 966, II, do CPC.

I – em que interveio como mandatário da parte, oficiou como perito, funcionou como membro do Ministério Público ou prestou depoimento como testemunha;

II – de que conheceu em outro grau de jurisdição, tendo proferido decisão;

→ v. Súmulas 72 e 252 do STF.

III – quando nele estiver postulando, como defensor público, advogado ou membro do Ministério Público, seu cônjuge ou companheiro, ou qualquer parente, consanguíneo ou afim, em linha reta ou colateral, até o terceiro grau, inclusive;

IV – quando for parte no processo ele próprio, seu cônjuge ou companheiro, ou parente, consanguíneo ou afim, em linha reta ou colateral, até o terceiro grau, inclusive;

→ v. Art. 1.595 do CC/2002.

V – quando for sócio ou membro de direção ou de administração de pessoa jurídica parte no processo;

→ v. Art. 95, parágrafo único, I, da CF/1988.
→ v. Arts. 26, § 1º e 36, I e II da LC 35/1979.

VI – quando for herdeiro presuntivo, donatário ou empregador de qualquer das partes;

VII – em que figure como parte instituição de ensino com a qual tenha relação de emprego ou decorrente de contrato de prestação de serviços;

VIII – em que figure como parte cliente do escritório de advocacia de seu cônjuge, companheiro ou parente, consanguíneo ou afim, em linha reta ou colateral, até o terceiro grau, inclusive, mesmo que patrocinado por advogado de outro escritório;

IX – quando promover ação contra a parte ou seu advogado.

§ 1º Na hipótese do inciso III, o impedimento só se verifica quando o defensor público, o advogado ou o membro do Ministério Público já integrava o processo antes do início da atividade judicante do juiz.

§ 2º É vedada a criação de fato superveniente a fim de caracterizar impedimento do juiz.

→ v. Art. 5º do CPC.

§ 3º O impedimento previsto no inciso III também se verifica no caso de mandato conferido a membro de escritório de advocacia que tenha em seus quadros advogado que individualmente ostente a condição nele prevista, mesmo que não intervenha diretamente no processo.

Necessidade de demonstração da hipótese por meio de provas

✓ PROCESSUAL CIVIL. AGRAVO INTERNO. EXCEÇÃO DE SUSPEIÇÃO. FATOS APENAS ALEGADOS E NÃO COMPROVADOS DA IMPARCIALIDADE DO MAGISTRADO. REJEIÇÃO LIMINAR. MULTA DO ART. 1.021, § 4º, DO CPC. 1. A alegação de existência de amizade ou inimizade do julgador para com uma das partes ou para com seus advogados (art. 145 do CPC) deve ser devidamente comprovada. Precedentes. 2. No caso, o excipiente não indicou em qual das hipóteses de suspeição taxativamente previstas no referido dispositivo legal, a Ministra excepta teria incorrido, limitando-se a acoimá-la de julgadora parcial em virtude de intervenções pretéritas em outros feitos por ela relatados. 3. Agravo interno não provido, com aplicação de multa. (STJ, 2ª Seção, AgInt na ExSusp 194/DF, Rel. Ministro Luis Felipe Salomão, DJe 21/08/2019)

Magistrado impedido e julgamento colegiado: ausência de prejuízo

✓ PROCESSUAL CIVIL. EMBARGOS DE DECLARAÇÃO NO AGRAVO INTERNO NO AGRAVO EM RECURSO ESPECIAL. ENUNCIADO ADMINISTRATIVO Nº 3/STJ. PARTICIPAÇÃO DE MINISTRO IMPEDIDO NO JULGAMENTO DO RECURSO. NULIDADE DO SEU VOTO. OMISSÕES E CONTRADIÇÕES. INEXISTÊNCIA. EFEITOS INFRINGENTES. IMPOSSIBILIDADE. AUSÊNCIA DE OMISSÃO, OBSCURIDADE, CONTRADIÇÃO OU ERRO MATERIAL. EMBARGOS REJEITADOS. 1. Consoante a jurisprudência deste STJ, "a participação no julgamento de magistrado impedido consubstancia irregularidade que não tem o condão de, por si só, anular o julgamento dos embargos declaratórios, pois consoante fora registrado no resultado do aresto, a rejeição do recurso foi unânime, denotando que a participação do nobre Ministro não foi decisiva para a obtenção do resultado" (EDcl nos EDcl no MS 15.741/DF, Rel. Ministro Luis Felipe Salomão, Corte Especial, julgado em 02/09/2015, DJe 21/09/2015). 2. Não havendo omissão, obscuridade, contradição ou erro material, merecem ser rejeitados os embargos de declaração opostos, sobretudo quando contêm elementos meramente impugnativos. 3. Embargos de declaração rejeitados. (STJ, 2ª T., EDcl no AgInt no AREsp 1225814/SP, Rel. Ministro Mauro Campbell Marques, DJe 12/02/2019)

Preclusão da alegação de impedimento de membro do MP, serventuário da justiça, perito, assistentes técnicos e intérprete.

✓ PROCESSUAL CIVIL. ALEGAÇÃO DE IMPEDIMENTO DO PERITO FEITA A DESTEMPO. PRECLUSÃO. APLICAÇÃO DO ART. 138, §1º, C/C O ART. 245 DO CPC/73. I - A regra do impedimento, quando dirigida ao magistrado, conforme previsão dos arts. 134 e 136 do CPC/73, atuais 144 e 147 do CPC/2015, trata de matéria de ordem pública, gerando nulidade absoluta que pode ser alegada mesmo após o trânsito em julgado, em ação rescisória. II - Embora se apliquem os mesmos motivos de impedimento e de suspeição do juiz ao membro do parquet, ao serventuário da justiça, ao perito, aos assistentes técnicos e ao interprete, a alegação de impedimento, para esses sujeitos do processo, deve ser realizada na primeira oportunidade em que couber à parte falar nos autos, sob pena de preclusão, em conformidade com a previsão contida nos arts. 138, § 1º, e 245 do CPC/1973. Precedente: REsp 876.942/MT, Rel. Ministro Herman Benjamin; DJe 31/8/2009. III - Agravo conhecido para negar provimento ao recurso especial. (STJ, AREsp 1010211; MG; Segunda Turma; Rel. Min. Francisco Falcão; Julg. 06/06/2017; DJe 13/06/2017)

Art. 145. Há suspeição do juiz:

→ *V.* Art. 277 do RISTF.

→ *V.* Art. 272 do RISTJ.

→ *V.* Art. 36, III, da LC 35/1979.

I – amigo íntimo ou inimigo de qualquer das partes ou de seus advogados;

II – que receber presentes de pessoas que tiverem interesse na causa antes ou depois de iniciado o processo, que aconselhar alguma das partes acerca do objeto da causa ou que subministrar meios para atender às despesas do litígio;

III – quando qualquer das partes for sua credora ou devedora, de seu cônjuge ou companheiro ou de parentes destes, em linha reta até o terceiro grau, inclusive;

IV – interessado no julgamento do processo em favor de qualquer das partes.

§ 1º Poderá o juiz declarar-se suspeito por motivo de foro íntimo, sem necessidade de declarar suas razões.

§ 2º Será ilegítima a alegação de suspeição quando:

I – houver sido provocada por quem a alega;

II – a parte que a alega houver praticado ato que signifique manifesta aceitação do arguido.

→ *V.* Art. 5º do CPC.

Regularidade formal e ônus de indicação clara da hipótese legal que fundamenta o requerimento

✓ AGRAVO INTERNO NA EXCEÇÃO DE SUSPEIÇÃO. HIPÓTESES LEGAIS PREVISTAS NO ART. 145 DO CPC/2015. ROL TAXATIVO. INTERPRETAÇÃO RESTRITIVA. ALEGAÇÕES QUE NÃO SE AMOLDAM ÀS HIPÓTESES LEGAIS. EXCEÇÃO REJEITADA. AGRAVO INTERNO DESPROVIDO. 1. Agravo interno interposto contra decisão monocrática que rejeitou liminarmente a exceção de suspeição, por inexistência dos pressupostos legais. 2. Deve ser rejeitada a exceção de suspeição que não indica nenhuma das hipóteses legais do art. 145 do Código de Processo Civil de 2015 (taxatividade do incidente). Precedentes. 3. Agravo interno desprovido. (STJ, 2ª Seção, AgInt na ExSusp 198/PE, Rel. Ministro Marco Aurélio Bellizze, DJe 20/03/2020)

Taxatividade do rol

✓ PROCESSUAL CIVIL. CAUSA DE SUSPEIÇÃO. ANÁLISE DE FATOS E PROVAS. REVISÃO. IMPOSSIBILIDADE. SÚMULA 7/STJ. ALÍNEA "C". NÃO CONHECIMENTO. 1. O Tribunal a quo consignou: "Portanto, os fatos alegados pelo excipiente não têm o condão de provar a inimizade alegada ou quaisquer hipóteses previstas no art. 145, do CPC/2015, de forma que o presente feito carece de suporte legal. Com essas considerações, REJEITO a presente exceção de suspeição". 2. A jurisprudência do STJ firmou o entendimento de que o rol do art. 145 do CPC/2015 (art. 135 do CPC/1973) é taxativo. Necessária ao provimento da exceção de suspeição a presença de uma das situações dele constantes. Precedentes: AgInt no AREsp 858.138/MG, Rel. Ministro Francisco Falcão, Segunda Turma, DJe 8.3.2017; AgRg no AREsp 689.642/MG, Rel. Ministro Og Fernandes, Segunda Turma, DJe 14.8.2015; REsp 1.454.291/MT, Rel. Ministro Herman Benjamin, Segunda Turma, DJe 18.8.2014; e AgRg no AREsp 748.380/PR, Rel. Ministro Benedito Gonçalves, Primeira Turma, DJe 28.10.2015 (grifei). 3. Modificar a conclusão a que chegou a Corte de origem, de modo a acolher a tese da recorrente, demanda reexame do acervo fático-probatório dos autos, o que é inviável em Recurso Especial, sob pena de violação da Súmula 7/STJ. 4. A incidência da Súmula 7/STJ também inviabiliza o conhecimento do Recurso Especial pela alínea "c" do permissivo constitucional. 5. Recurso Especial parcialmente conhecido e, nessa parte, não provido. (STJ, 2ª T, REsp 1686946/SE, Rel. Ministro Herman Benjamin, DJe 11/10/2017)

Suspeição por amizade íntima entre juiz e advogado.

✓ AÇÃO CIVIL PÚBLICA. IMPROBIDADE ADMINISTRATIVA. ART. 11 DA LEI 8.429/1992. JUIZ. AMIZADE ÍNTIMA COM ADVOGADO. OFENSA AOS PRINCÍPIOS ADMINISTRATIVOS. ELEMENTO SUBJETIVO PRESENTE. DANO AO ERÁRIO OU ENRIQUECIMENTO ILÍCITO. DESNECESSIDADE. RECURSO ESPECIAL PROVIDO. HISTÓRICO DA DEMANDA 1. Trata-se na origem de Ação Civil Pública objetivando a condenação do réu nas sanções previstas no art. 12, III, da Lei 8.429/1992, por infringência ao disposto no art. 11, caput e I, do referido diploma legal. Segundo o autor, o réu praticou, no exercício da função de Juiz do Trabalho, atos de improbidade administrativa incompatíveis com a magistratura, consistentes em: a) alteração de minuta elaborada por seu assessor, em decorrência de amizade com advogado da reclamante; b) obtenção de empréstimo bancário sem proceder ao respectivo pagamento; c) favorecimento de auxiliar do juízo, mediante a designação de somente um profissional para a elaboração de cálculos, com a fixação de honorários em valor elevado. PRESENÇA DO ELEMENTO SUBJETIVO 2. O entendimento do STJ é no sentido de que, para que seja reconhecida a tipificação da conduta do réu como incurso nas previsões da Lei de Improbidade Administrativa, é necessária a demonstração do elemento subjetivo, consubstanciado pelo dolo para os tipos previstos nos artigos 9º e 11 e, ao menos, pela culpa, nas hipóteses do artigo 10. 3. É pacífico o entendimento do STJ no sentido de que o ato de improbidade administrativa previsto no art. 11 da Lei 8.429/1992 requer a demonstração de dolo, o qual, contudo, não necessita ser específico, sendo suficiente o dolo genérico. 4. O dolo que se exige para a configuração de improbidade administrativa é a simples vontade consciente de aderir à conduta, produzindo os resultados vedados pela norma jurídica - ou, ainda, a simples anuência aos resultados contrários ao Direito quando o agente público ou privado deveria saber que a conduta praticada a eles levaria -, sendo despiciendo perquirir acerca de finalidades específicas. (AgRg no REsp 1.539.929/MG, Rei. Ministro Mauro Campbell Marques, Segunda Turma, DJe 2/8/2016). 5. Quanto à existência do elemento subjetivo, o v. acórdão recorrido narra fatos que reputa incontroversos, caracterizadores indubitavelmente de improbidade administrativa e, ao contrário do que esperava, chega à conclusão de inexistência de improbidade, como se extrai da leitura do voto impugnado: "Infere-se da análise das provas produzidas que o réu Antônio Cezar Andrade, no exercício do cargo de juiz do trabalho, alterou minuta elaborada por seu assessor, para dar provimento a pedido de reclamante defendida pelo advogado Hugo Celso Castanho, seu amigo íntimo. Além disso, contrariando orientação de sua Corregedoria, persistiu na designação de uma única Contadora, Joseanne de Oliveira Zanelato, para elaboração de cálculos em reclamatórias trabalhistas que tramitavam em sua Vara. Também contraiu empréstimo bancário, com aval de sua Contadora, e deixou de pagar algumas parcelas na data do vencimento. Esses fatos são incontroversos. Todavia, não se extrai desse contexto fático - notadamente por falta de substrato probatório minimamente suficiente - irregularidade hábil a configurar improbidade administrativa". (fl. 2.632). 6. Entretanto, todos os atos foram praticados de livre vontade e o elemento subjetivo é inseparável das condutas. 7. Não se olvida que, apenas na vigência do CPC/2015, ser o juiz amigo íntimo ou inimigo do advogado de alguma das partes passa a ser causa de suspeição, não havendo tal previsão no CPC de 1973. A propósito: REsp 600.737/SP, Rel. Ministro Carlos Alberto Menezes Direito, Terceira Turma, DJ 26.9.2005; REsp 4.509/MG, Rel. Min. Waldemar Zveiter, Terceira Turma, DJ 26.11.1990. 8. Contudo, em casos como o presente, em que a Corte local expôs em minúcias a relação com altíssimo grau de intimidade entre o juiz e o advogado, superando a simples amizade, concluindo ser incontroverso nos autos tal fato, caracterizada está a ofensa ao dever de imparcialidade objetiva do juiz, sendo certo que o próprio magistrado confirmou a aquisição de bens em conjunto com advogado (uma sala comercial em Curitiba e um apartamento em Florianópolis) e a utilização de automóvel do causídico: "é incontroverso que o Autor possuía amizade com o Dr. Hugo Castanho, tanto é que o Réu mencionou em seu depoimento que possuía 'um grau de amizade anterior' com o advogado, mesmo antes dele ser advogado (...). O Réu nega ter custeado a faculdade do Dr. Hugo (...), mas afirma ter adquirido alguns bens em conjunto com o advogado: uma sala comercial em Curitiba e um pequeno apartamento de veraneio em Florianópolis (...). O Réu aceitou a doação de um cachorro do advogado e afirmou ter utilizado um carro que estava em nome do Dr. Hugo, adquirido porque estava com restrições cadastrais" (fl. 2.632-2.633). 9. No caso em concreto, é inconteste que o magistrado não desconhecia o vínculo estreito entre ele e o advogado, ao ponto de prejudicar a percepção objetiva da sociedade quanto à imparcialidade do juiz, o que viola não só a Lei Orgânica da Magistratura como o princípio da moralidade administrativa, enunciado no art. 11 da Lei 8.492/1992. Na descrição dos fatos pelo Tribunal de origem, está patente o dolo genérico no comportamento do magistrado. Tais condutas, como descritas pelo Corte a quo, espelham inequívoco dolo, ainda que genérico. ENRIQUECIMENTO ILÍCITO E A OFENSA A PRINCÍPIOS ADMINISTRATIVOS 10. A Corte local, mantendo o decidido na sentença, expôs que "apesar das orientações da Corregedoria para haver modificação na forma de nomeação de peritos, nada se comprovou a respeito da suposta irregularidade existente na atuação de Josiane, tampouco que ela ou o Réu tiraram algum proveito financeiro da situação" (fl. 2.634) e que "não havendo (...) enriquecimento sem causa do Réu ou da Contadora, não há que se falar em ato de improbidade" (fl. 2.634). 11. Entretanto, quanto ao artigo 11 da Lei 8.429/1992, a jurisprudência do STJ, com relação ao resultado do ato, firmou-se no sentido de que se configura ato de improbidade a lesão a princípios administrativos, o que, em regra, independe da ocorrência de enriquecimento ilícito ou de dano ao Erário. Nesse sentido: REsp 1.320.315/DF, Rel. Ministra Eliana Calmon, Segunda Turma, DJe 20.11.2013, AgRg no REsp 1.500.812/SE, Rel. Ministro Mauro Campbell Marques, Segunda Turma, DJe 28.5.2015, REsp 1.275.469/SP, Rel. Ministro Napoleão Nunes Maia Filho, Rel. p/ Acórdão Ministro Sérgio Kukina, Primeira Turma, DJe 09/03/2015, e AgRg no REsp 1.508.206/PR, Rel. Ministro Herman Benjamin, Segunda Turma, DJe 5.8.2015. CONCLUSÃO 12. Verificada a ofensa aos princípios administrativos, em especial o princípio da moralidade administrativa, configurado está o ato ímprobo do art. 11 da Lei 8.429/1992. 13. Recurso Especial provido. (STJ; REsp 1528102; PR, Segunda Turma; Rel. Min. Herman Benjamin; Julg. 02/05/2017; DJe 12/05/2017)

Art. 146. No prazo de 15 (quinze) dias, a contar do conhecimento do fato, a parte alegará o impedimento ou a suspeição, em petição específica dirigida ao juiz do processo, na qual indicará o fundamento da recusa, podendo instruí-la com documentos em que se fundar a alegação e com rol de testemunhas.

§ 1º Se reconhecer o impedimento ou a suspeição ao receber a petição, o juiz ordenará imediatamente a remessa dos autos a seu substituto legal, caso contrário, determinará a autuação em apartado da petição e, no prazo de 15 (quinze) dias, apresentará suas razões, acompanhadas de documentos e de rol de testemunhas, se houver, ordenando a remessa do incidente ao tribunal.

→ *v.* Art. 313, III do CPC.

§ 2º Distribuído o incidente, o relator deverá declarar os seus efeitos, sendo que, se o incidente for recebido:

I – sem efeito suspensivo, o processo voltará a correr;

II – com efeito suspensivo, o processo permanecerá suspenso até o julgamento do incidente.

§ 3º Enquanto não for declarado o efeito em que é recebido o incidente ou quando este for recebido com efeito suspensivo, a tutela de urgência será requerida ao substituto legal.

→ V. Art. 313, III, do CPC.

§ 4º Verificando que a alegação de impedimento ou de suspeição é improcedente, o tribunal rejeitá-la-á.

§ 5º Acolhida a alegação, tratando-se de impedimento ou de manifesta suspeição, o tribunal condenará o juiz nas custas e remeterá os autos ao seu substituto legal, podendo o juiz recorrer da decisão.

§ 6º Reconhecido o impedimento ou a suspeição, o tribunal fixará o momento a partir do qual o juiz não poderia ter atuado.

§ 7º O tribunal decretará a nulidade dos atos do juiz, se praticados quando já presente o motivo de impedimento ou de suspeição.

Arguição intempestiva de suspeição: preclusão.

✓ EMBARGOS DE DECLARAÇÃO NO AGRAVO INTERNO NA AÇÃO ORIGINÁRIA. ARGUIÇÃO DE SUSPEIÇÃO INTEMPESTIVA. PRECLUSÃO. ART. 146 DO CPC/2015. AUSÊNCIA DE QUALQUER DOS VÍCIOS PREVISTOS NO ART. 1.022 DO CPC/2015. TENTATIVA DE MERA REDISCUSSÃO DO QUE JÁ FOI UNANIMEMENTE AFIRMADO NO ACÓRDÃO EMBARGADO. APLICAÇÃO DA MULTA DO ARTIGO 1.026, § 2º, DO CPC/2015. EMBARGOS DE DECLARAÇÃO DESPROVIDOS. 1. O inconformismo que tem como real escopo a pretensão de reformar o decisum não pode prosperar, porquanto inocorrentes as hipóteses de omissão, contradição, obscuridade ou erro material, sendo inviável a revisão da decisão em sede de embargos de declaração, em face dos estreitos limites do art. 1.022 do CPC/2015. 2. **In casu**, os embargos de declaração demonstram mera tentativa de rediscussão do que unanimemente decidido pelo acórdão embargado, inobservando a embargante que os restritos limites desse recurso não permitem o rejulgamento da causa. 3. Embargos de declaração desprovidos, com aplicação de multa. (STF; AO-AgR-ED 2.039; Primeira Turma; Rel. Min. Luiz Fux; DJE 04/08/2017)

Alegação de impedimento deve ser deduzida por meio de petição específica e não em embargos de declaração.

✓ PROCESSUAL PENAL. PRESCRIÇÃO DA PRETENSÃO PUNITIVA. NÃO OCORRÊNCIA. INTELIGÊNCIA DO ART. 110, § 1º, DO CP. EMBARGOS DE DECLARAÇÃO NO AGRAVO INTERNO NO RECURSO EXTRAORDINÁRIO. IMPEDIMENTO. DESCABIMENTO. INEXISTÊNCIA DE VÍCIOS. 1. Nos termos do art. 110, § 1º, do Código Penal, o prazo prescricional após a sentença condenatória com trânsito em julgado para a acusação regula-se pela pena aplicada. 2. No presente caso, considerando que os acórdãos são confirmatórios (Corte Regional e Superior Tribunal de Justiça), é a partir da publicação da sentença que passa a fluir o prazo prescricional, **in casu**, em 20/4/2011 (fl. 251, e-STJ). Logo, como até a presente data não transcorreram mais de 8 (oito) anos, não está caracterizada a prescrição e a extinção da punibilidade. 3. Cabem embargos de declaração para esclarecer obscuridade, eliminar contradição, suprir omissão de ponto ou questão sobre a qual se deveria pronunciar o juiz de ofício ou a requerimento e/ou corrigir erro material. 4. As alegações trazidas nas razões dos embargos não se coadunam com a via processual eleita. Isso porque, nos termos do art. 146 do Código de Processo Civil, a alegação de impedimento do órgão julgador deve ser deduzida por meio de petição específica (e não na via dos presentes embargos de declaração). 5. O ministro que participou do julgamento do Recurso Especial não está impedido para atuar no âmbito da admissibilidade do recurso extraordinário. Embargos de declaração acolhidos sem efeitos infringentes. (STJ; EDcl-AgRg-RE-AgRg-EAREsp 680.850; Proc. 2015/0060886-5; RJ; Corte Especial; Rel. Min. Humberto Martins; DJE 28/11/2017). EMBARGOS DE DECLARAÇÃO NO AGRAVO INTERNO NO RECURSO EXTRAORDINÁRIO. IMPEDIMENTO. DESCABIMENTO. INEXISTÊNCIA DE VÍCIOS. EMBARGOS ACOLHIDOS SEM EFEITOS INFRINGENTES. 1. Cabem embargos de declaração para esclarecer obscuridade, eliminar contradição, suprir omissão de ponto ou questão sobre o qual se deveria pronunciar o juiz de ofício ou a requerimento e/ou corrigir erro material. 2. **In casu**, cumpre ressaltar que as alegações trazidas nas razões dos embargos não se coadunam com a via processual eleita. Isso porque, nos termos do art. 146 do Código de Processo Civil, a alegação de impedimento do órgão julgador deve ser deduzida por meio de petição específica (e não na via dos presentes embargos de declaração). 3. O Ministro que participou do julgamento do Recurso Especial não está impedido para atuar no âmbito da admissibilidade do recurso extraordinário. Embargos de declaração acolhidos sem efeitos infringentes. (STJ; EDcl-AgInt-RE-EDcl-AgRg-RMS 46.462; Proc. 2014/0227176-0; BA; Corte Especial; Rel. Min. Humberto Martins; DJE 21/03/2017)

Prazo de quinze dias contado a partir da ciência da suspeição.

✓ PROCESSUAL CIVIL. EXCEÇÃO DE SUSPEIÇÃO. DESAPROPRIAÇÃO. INTEMPESTIVIDADE. 1. Exceção de suspeição na qual se requer a declaração de suspeição do Juiz da Vara Única da Subseção Judiciária de Balsas/MA, nos autos de ação de desapropriação, ao fundamento de que o magistrado seria suspeito para o processamento e julgamento da referida ação, por supostamente possuir interesse na causa em favor dos desapropriantes. 2. Nos termos do art. 146 do CPC é de quinze dias o prazo para a alegação de impedimento ou suspeição. A presente exceção é intempestiva, pois a excipiente teve ciência da suposta suspeição do magistrado no dia 25.08.2016 e a ação somente foi ajuizada em 16.12.2016. Precedentes deste Tribunal. 3. Exceção de suspeição não conhecida. (TRF 1ª R.; IncSusp 0003337-16.2016.4.01.3704; Quarta Turma; Rel. Des. Fed. Néviton Guedes; DJF1 16/10/2017)

O reconhecimento de impedimento/suspeição não autoriza a redistribuição a outro juízo, mas sim a remessa ao substituto legal do juiz impedido/suspeito.

✓ CONFLITO NEGATIVO DE COMPETÊNCIA. IMPEDIMENTO OU SUSPEIÇÃO. MODIFICAÇÃO DE COMPETÊNCIA INEXISTENTE. REMESSA DOS AUTOS AO SUBSTITUTO LEGAL. O reconhecimento do impedimento ou suspeição do juiz não é causa de modificação de competência, que autorize a redistribuição do processo a outro juízo, mas sim motivo para a remessa dos autos ao substituto legal do juiz impedido/suspeito, nos termos do que dispunham os arts. 313 e 314 do Código de Processo Civil de 1973, e dispõe o art. 146, §§ 1º e 5º, do Código de Processo Civil atualmente em vigor. (TRF 4ª R.; CC 0000697-13.2016.404.0000; RS; Primeira Seção; Rel. Des. Fed. Rômulo Pizzolatti; Julg. 06/10/2016; DEJF 14/10/2016)

Art. 147. Quando 2 (dois) ou mais juízes forem parentes, consanguíneos ou afins, em linha reta ou colateral, até o terceiro grau, inclusive, o primeiro que conhecer do processo impede que o outro nele atue, caso em que o segundo se escusará, remetendo os autos ao seu substituto legal.

→ *v.* Art. 128, *caput* e parágrafo único da Lei Complementar 35/1979 – Lei Orgânica da Magistratura Nacional.

Impedimento de magistrado configura matéria de ordem pública.

✓ PROCESSUAL CIVIL. ALEGAÇÃO DE IMPEDIMENTO DO PERITO FEITA A DESTEMPO. PRECLUSÃO. APLICAÇÃO DO ART. 138, §1º, C/C O ART. 245 DO CPC/73. I – A regra do impedimento, quando dirigida ao magistrado, conforme previsão dos arts. 134 e 136 do CPC/73, atuais 144 e 147 do CPC/2015, trata de matéria de ordem pública, gerando nulidade absoluta que pode ser alegada mesmo após o trânsito em julgado, em ação rescisória. II – Embora se apliquem os mesmos motivos de impedimento e de suspeição do juiz ao membro do parquet, ao serventuário da justiça, ao perito, aos assistentes técnicos e ao interprete, a alegação de impedimento, para esses sujeitos do processo, deve ser realizada na primeira oportunidade em que couber à parte falar nos autos, sob pena de preclusão, em conformidade com a previsão contida nos arts. 138, § 1º, e 245 do CPC/1973. Precedente: REsp 876.942/MT, Rel. Ministro Herman Benjamin, DJe 31/8/2009. III – Agravo conhecido para negar provimento ao recurso especial. (STJ, AREsp 1010211; MG; Segunda Turma; Rel. Min. Francisco Falcão; Julg. 06/06/2017; DJe 13/06/2017)

Art. 148. Aplicam-se os motivos de impedimento e de suspeição:

I – ao membro do Ministério Público;

II – aos auxiliares da justiça;

→ *v.* Art. 149 do CPC.

III – aos demais sujeitos imparciais do processo.

→ *v.* Arts. 149 e ss. 466 do CPC.

§ 1º A parte interessada deverá arguir o impedimento ou a suspeição, em petição fundamentada e devidamente instruída, na primeira oportunidade em que lhe couber falar nos autos.

→ *v.* Art. 465, § 1º, I, do CPC.

§ 2º O juiz mandará processar o incidente em separado e sem suspensão do processo, ouvindo o arguido no prazo de 15 (quinze) dias e facultando a produção de prova, quando necessária.

§ 3º Nos tribunais, a arguição a que se refere o § 1º será disciplinada pelo regimento interno.

§ 4º O disposto nos §§ 1º e 2º não se aplica à arguição de impedimento ou de suspeição de testemunha.

→ *v.* Arts. 447, §§ 2º e 3º e 457 do CPC.

Aplicabilidade das hipóteses ao MP e auxiliares e preclusão.

✓ PROCESSUAL CIVIL. ALEGAÇÃO DE IMPEDIMENTO DO PERITO FEITA A DESTEMPO. PRECLUSÃO. APLICAÇÃO DO ART. 138, §1º, C/C O ART. 245 DO CPC/73. I – A regra do impedimento, quando dirigida ao magistrado, conforme previsão dos arts. 134 e 136 do CPC/73, atuais 144 e 147 do CPC/2015, trata de matéria de ordem pública, gerando nulidade absoluta que pode ser alegada mesmo após o trânsito em julgado, em ação rescisória. II – Embora se apliquem os mesmos motivos de impedimento e de suspeição do juiz ao membro do parquet, ao serventuário da justiça, ao perito, aos assistentes técnicos e ao interprete, a alegação de impedimento, para esses sujeitos do processo, deve ser realizada na primeira oportunidade em que couber à parte falar nos autos, sob pena de preclusão, em conformidade com a previsão contida nos arts. 138, § 1º, e 245 do CPC/1973. Precedente: REsp 876.942/MT, Rel. Ministro Herman Benjamin, DJe 31/8/2009. III – Agravo conhecido para negar provimento ao recurso especial. (STJ, 2ª T, AREsp 1010211/MG, Rel. Ministro Francisco Falcão, DJe 13/06/2017)

CAPÍTULO III
DOS AUXILIARES DA JUSTIÇA

→ *v.* Arts. 35 a 44 da Lei 5.010/1966.

Art. 149. São auxiliares da Justiça, além de outros cujas atribuições sejam determinadas pelas normas de organização judiciária, o escrivão, o chefe de secretaria, o oficial de justiça, o perito, o depositário, o administrador, o intérprete, o tradutor, o mediador, o conciliador judicial, o partidor, o distribuidor, o contabilista e o regulador de avarias.

Legitimidade passiva do depositário na ação de perdas e danos

✓ RECURSO ESPECIAL. AÇÃO INDENIZATÓRIA. DESPEJO. BENS. DEPÓSITO. DEVOLUÇÃO PARCIAL. LOCADOR. ILEGITIMIDADE PASSIVA. TEORIA DA ASSERÇÃO. 1. Recurso especial interposto contra acórdão publicado na vigência do Código de Processo Civil de 2015 (Enunciados Administrativos nºs 2 e 3/STJ). 2. Cinge-se a controvérsia a definir se, na hipótese, o locador é parte legítima para responder pelos danos causados ao locatário diante da alegada devolução parcial dos bens após a execução da ordem de despejo. 3. A parte que obtém a tutela jurisdicional não responde, em regra, pelos danos advindos da execução da referida ordem concedida pelo magistrado da causa. 4. A partir do momento em que o Estado avoca para si o monopólio do exercício da jurisdição, ele se torna, em tese, responsável pelos danos que causar aos litigantes. 5. O depositário é a parte legítima para figurar no polo passivo de ação na qual se discute os danos decorrentes da ausência de devolução dos bens retirados do imóvel locado. Precedente. 6. O locador somente responderá por eventuais perdas e danos se tiver atuado diretamente no cumprimento da ordem judicial de despejo. 7. Na hipótese, os argumentos deduzidos na petição inicial não possibilitam afirmar abstratamente a legitimidade passiva da 4R's Participações e Desenvolvimento Imobiliário Ltda. 8. Recurso especial não provido. (STJ, 3ª T., REsp 1819837/SP, Rel. Ministro Ricardo Villas Bôas Cueva, DJe 28/08/2019)

Seção I
Do Escrivão, do Chefe de Secretaria e do Oficial de Justiça

Art. 150. Em cada juízo haverá um ou mais ofícios de justiça, cujas atribuições serão determinadas pelas normas de organização judiciária.

Art. 151. Em cada comarca, seção ou subseção judiciária haverá, no mínimo, tantos oficiais de justiça quantos sejam os juízos.

Art. 152. Incumbe ao escrivão ou ao chefe de secretaria:

I – redigir, na forma legal, os ofícios, os mandados, as cartas precatórias e os demais atos que pertençam ao seu ofício;

II – efetivar as ordens judiciais, realizar citações e intimações, bem como praticar todos os demais atos que lhe forem atribuídos pelas normas de organização judiciária;

III – comparecer às audiências ou, não podendo fazê-lo, designar servidor para substituí-lo;

IV – manter sob sua guarda e responsabilidade os autos, não permitindo que saiam do cartório, exceto:

a) quando tenham de seguir à conclusão do juiz;

b) com vista a procurador, à Defensoria Pública, ao Ministério Público ou à Fazenda Pública;

→ *v.* Art. 7.º, XV e XVI, Lei 8.906/1994.

c) quando devam ser remetidos ao contabilista ou ao partidor;

d) quando forem remetidos a outro juízo em razão da modificação da competência;

V – fornecer certidão de qualquer ato ou termo do processo, independentemente de despacho, observadas as disposições referentes ao segredo de justiça;

VI – praticar, de ofício, os atos meramente ordinatórios.

§ 1º O juiz titular editará ato a fim de regulamentar a atribuição prevista no inciso VI.

§ 2º No impedimento do escrivão ou chefe de secretaria, o juiz convocará substituto e, não o havendo, nomeará pessoa idônea para o ato.

A elaboração, a expedição e a distribuição de cartas precatórias são atribuições de serventuário da justiça e não da parte.

✓ TRIBUTÁRIO. AGRAVO. JUSTIÇA ESTADUAL. DISTRIBUIÇÃO DA CARTA PRECATÓRIA. ATRIBUIÇÃO DO ESCRIVÃO. CUSTAS. ADIANTAMENTO. INCABÍVEL. DESPESAS. CONDUÇÃO DO OFICIAL DE JUSTIÇA. PAGAMENTO. JUÍZO DEPRECANTE. 1. A elaboração, expedição e distribuição de cartas precatórias são atribuições de serventuário da justiça e não da parte, nos termos do que dispõem os incisos I e II do artigo 152 do Código de Processo Civil. 2. No tocante às despesas de condução do oficial de justiça, a Súmula nº 190 do Superior Tribunal de Justiça prevê que na execução fiscal, processada perante a Justiça Estadual, cumpre à Fazenda Pública antecipar o numerário destinado ao custeio das despesas com o transporte dos oficiais de justiça. É certo que a execução fiscal de origem está sendo processada na Justiça Federal, mas isso não faz com que a Justiça Estadual deva praticar os atos deprecados independentemente do pagamento das despesas nela incorridas. 3. Relativamente às custas, a decisão deixou de observar que a União deve arcar com esses valores apenas ao final e se vencida, nos termos do art. 91 do Código de Processo Civil (Artigo 91: As despesas dos atos processuais, efetuados a requerimento do Ministério Público ou da Fazenda Pública, serão pagas a final pelo vencido; CF. TRF4, AI nº 0013354-26.2012.404.0000, 2ª Turma, D.E. 06/02/2013, publicação em 07/02/2013), motivo pelo qual, quanto ao ponto, deve ser dado parcial provimento ao agravo. (TRF 4ª R.; AG 5025950-78.2017.4.04.0000; Segunda Turma; Rel. Des. Fed. Alcides Vettorazzi; Julg. 07/11/2017; DEJF 10/11/2017)

Incumbe ao serventuário da justiça realizar citações, não se justificando a intimação da exequente para promover a execução de atos de competência exclusiva do Cartório.

✓ AGRAVO DE INSTRUMENTO. EXECUÇÃO FISCAL. PROCESSUAL CIVIL. ELABORAÇÃO DA MINUTA DE CITAÇÃO EDITÁLICIA. ATRIBUIÇÃO DO ESCRIVÃO. 1. Estabelecem os incisos I e II do artigo 152 do CPC os deveres dos escrivães ou diretores de secretaria, de modo que competem a eles praticares os atos que lhes forem atribuídos pelas normas de organização judiciária. 2. Incumbe ao serventuário da justiça a realização de citações, de modo que não se justifica a intimação da exequente para promover a execução de atos de competência exclusiva do Cartório. Precedentes. 3. Agravo de instrumento provido. (TRF 3ª R.; AI 0021822-64.2016.4.03.0000; Quarta Turma; Relª Desª Fed. Marli Marques Ferreira; Julg. 15/03/2017; DEJF 28/03/2017)

A diligência de registro da penhora, em sede de execução fiscal, insere-se na competência do Oficial de Justiça, não podendo ser transferida para a parte exequente.

✓ AGRAVO DE INSTRUMENTO. DISTRIBUIÇÃO DE CARTA DE INTIMAÇÃO. ATRIBUIÇÃO DO DIRETOR DE SECRETARIA. REGISTRO DA PENHORA. ATRIBUIÇÃO DO OFICIAL DE JUSTIÇA. 1. Faz parte das atribuições do escrivão ou do diretor de secretaria a expedição e distribuição da carta citatória, da carta precatória e da intimação, não configurando tais tarefas incumbência do exequente ou credor, nos termos do preceituado no artigo 152 do Código de Processo Civil. 2. Este Tribunal Regional Federal tem firme entendimento no sentido de que a diligência de registro da penhora, em sede de execução fiscal, insere-se na competência do Oficial de Justiça, não podendo ser transferida para a parte exequente. (TRF 4ª R.; AG 5009476-32.2017.404.0000; Segunda Turma; Relª Juíza Fed. Luciane Amaral Corrêa Münch; Julg. 27/06/2017; DEJF 29/06/2017)

Art. 153. O escrivão ou o chefe de secretaria atenderá, preferencialmente, à ordem cronológica de recebimento para publicação e efetivação dos pronunciamentos judiciais.

→ *Caput* com redação alterada pela Lei 13.256/2016, em vigor no início da vigência da Lei 13.105/2015 – Novo CPC (*v.* art. 4º da Lei 13.256/2016).

→ *v.* Art. 12 do CPC.

→ Anterior redação: Art. 153. O escrivão ou chefe de secretaria deverá obedecer à ordem cronológica de recebimento para publicação e efetivação dos pronunciamentos judiciais.

→ v. Enunciado 14 do CJF: A ordem cronológica do art. 153 do CPC não será renovada quando houver equívoco atribuível ao Poder Judiciário no cumprimento de despacho ou decisão.

§ 1º A lista de processos recebidos deverá ser disponibilizada, de forma permanente, para consulta pública.

§ 2º Estão excluídos da regra do *caput*:

I – os atos urgentes, assim reconhecidos pelo juiz no pronunciamento judicial a ser efetivado;

II – as preferências legais.

§ 3º Após elaboração de lista própria, respeitar-se-ão a ordem cronológica de recebimento entre os atos urgentes e as preferências legais.

§ 4º A parte que se considerar preterida na ordem cronológica poderá reclamar, nos próprios autos, ao juiz do processo, que requisitará informações ao servidor, a serem prestadas no prazo de 2 (dois) dias.

§ 5º Constatada a preterição, o juiz determinará o imediato cumprimento do ato e a instauração de processo administrativo disciplinar contra o servidor.

Art. 154. Incumbe ao oficial de justiça:

→ v. Art. 44 da Lei 5.010/1966.

→ v. Art. 37 da Lei 6.830/1980.

I – fazer pessoalmente citações, prisões, penhoras, arrestos e demais diligências próprias do seu ofício, sempre que possível na presença de 2 (duas) testemunhas, certificando no mandado o ocorrido, com menção ao lugar, ao dia e à hora;

II – executar as ordens do juiz a que estiver subordinado;

III – entregar o mandado em cartório após seu cumprimento;

IV – auxiliar o juiz na manutenção da ordem;

V – efetuar avaliações, quando for o caso;

VI – certificar, em mandado, proposta de autocomposição apresentada por qualquer das partes, na ocasião de realização de ato de comunicação que lhe couber.

Parágrafo único. Certificada a proposta de autocomposição prevista no inciso VI, o juiz ordenará a intimação da parte contrária para manifestar-se, no prazo de 5 (cinco) dias, sem prejuízo do andamento regular do processo, entendendo-se o silêncio como recusa.

A avaliação dos bens a serem levados à hasta pública deve ser feita por auxiliar da justiça, exigindo-se a nomeação de perito apenas quando forem necessários conhecimentos específicos.

✓ AGRAVO DE INSTRUMENTO. ADMINISTRATIVO. REAVALIAÇÃO REALIZADA POR OFICIAL DE JUSTIÇA. LEGALIDADE DO ATO. BEM INDIVISÍVEL. POSSIBILIDADE DA INTEGRALIDADE DA PENHORA. Quanto à impugnação da reavaliação do imóvel objeto do leilão, releva notar que a reavaliação foi realizada por Oficial de Justiça, profissional de confiança do Juízo, habilitado a exercer tal mister, nos termos do artigo 154, inciso V, do Código de Processo Civil. Aliás, o Eg. Superior Tribunal de Justiça já se manifestou no sentido de que, pela nova redação dada ao art. 680 do CPC pela Lei nº 11.382/06, a avaliação dos bens a serem levados à hasta pública deve ser feita por auxiliar da justiça, exigindo-se a nomeação de perito apenas quando forem necessários conhecimentos específicos (STJ, 3ª Turma, MC 15976/PR, Min. Nancy Andrighi, DJE 09/10/2009), o que, gize-se, não é o caso dos autos. Ademais, em se tratando de imóvel indivisível entre os proprietários, os quais têm direito, na proporção de suas cotas-partes, a cada uma das parcelas componentes do todo, a Corte Especial do Eg. Superior Tribunal de Justiça, antes mesmo do advento do artigo 655 – B do CPC, já havia firmado entendimento no sentido da possibilidade da integralidade da penhora de bem indivisível, com sub-rogação da cota-parte do cônjuge (leia-se também condômino) alheio à execução no produto da alienação. (TRF 4ª R.; AG 5043807-74.2016.404.0000; Quarta Turma; Relª Desª Fed. Vivian Josete Pantaleão Caminha; Julg. 14/12/2016; DEJF 21/12/2016)

Art. 155. O escrivão, o chefe de secretaria e o oficial de justiça são responsáveis, civil e regressivamente, quando:

I – sem justo motivo, se recusarem a cumprir no prazo os atos impostos pela lei ou pelo juiz a que estão subordinados;

II – praticarem ato nulo com dolo ou culpa.

Seção II
Do Perito

Art. 156. O juiz será assistido por perito quando a prova do fato depender de conhecimento técnico ou científico.

→ v. Resolução CNJ n. 317/2020 – Dispõe sobre a realização de perícias em meios eletrônicos ou virtuais em ações em que se discutem benefícios previdenciários por incapacidade ou assistenciais, enquanto durarem os efeitos da crise ocasionada pela pandemia do novo Coronavírus.

→ v. Resolução CNJ n. 232/2016 – Fixa os valores dos honorários a serem pagos aos peritos, no âmbito da Justiça de primeiro e segundo graus, nos termos do disposto no art. 95, § 3º, II, do Código de Processo Civil – Lei 13.105/2015.

→ v. Resolução CNJ n. 233/2016- Dispõe sobre a criação de cadastro de profissionais e órgãos técnicos ou científicos no âmbito da Justiça de primeiro e segundo graus.

→ **v.** Arts. 464 e ss. do CPC.

§ 1º Os peritos serão nomeados entre os profissionais legalmente habilitados e os órgãos técnicos ou científicos devidamente inscritos em cadastro mantido pelo tribunal ao qual o juiz está vinculado.

§ 2º Para formação do cadastro, os tribunais devem realizar consulta pública, por meio de divulgação na rede mundial de computadores ou em jornais de grande circulação, além de consulta direta a universidades, a conselhos de classe, ao Ministério Público, à Defensoria Pública e à Ordem dos Advogados do Brasil, para a indicação de profissionais ou de órgãos técnicos interessados.

§ 3º Os tribunais realizarão avaliações e reavaliações periódicas para manutenção do cadastro, considerando a formação profissional, a atualização do conhecimento e a experiência dos peritos interessados.

§ 4º Para verificação de eventual impedimento ou motivo de suspeição, nos termos dos arts. 148 e 467, o órgão técnico ou científico nomeado para realização da perícia informará ao juiz os nomes e os dados de qualificação dos profissionais que participarão da atividade.

§ 5º Na localidade onde não houver inscrito no cadastro disponibilizado pelo tribunal, a nomeação do perito é de livre escolha pelo juiz e deverá recair sobre profissional ou órgão técnico ou científico comprovadamente detentor do conhecimento necessário à realização da perícia.

Não adstrição do juiz à conclusão da perícia.

✓ De acordo com a jurisprudência do STJ, entende-se que o juiz não está adstrito às conclusões da perícia técnica, podendo se pautar em outros elementos de prova aptos à formação de seu livre convencimento, estando autorizado a concluir pela incapacidade laborativa fundado no conjunto probatório produzido nos autos e nas particularidades do caso concreto" (STJ, AResp n. 1.273.309, Rel. Min. Francisco Falcão, 2ª Turma, j. 04.12.2018).

✓ Quanto à vinculação do Magistrado à conclusão da perícia técnica, o STJ possui jurisprudência firme e consolidada de que, com base no livre convencimento motivado, pode o juiz ir contra o laudo pericial, se houver nos autos outras provas em sentido contrário que deem sustentação à sua decisão (STJ, REsp 1726920, Rel. Min. Herman Benjamin, 2ª Turma, j. 08.05.2018).

A submissão do julgador à prova técnica só pode ser afastada na eventualidade de motivo relevante constante dos autos.

✓ CIVIL. SISTEMA FINANCEIRO DA HABITAÇÃO. CONTRATO DE FINANCIAMENTO HABITACIONAL. COBERTURA SECURITÁRIA. LEGITIMIDADE PASSIVA DA CAIXA ECONÔMICA FEDERAL. MUTUÁRIO COM INVALIDEZ PERMANENTE. ABSOLUTAMENTE INCAPAZ. PRESCRIÇÃO. INOCORRÊNCIA. DIREITO À COBERTURA SECURITÁRIA. 1. A Caixa Econômica Federal, operadora dos contratos do SFH, é a entidade responsável pela cobrança e atualização dos prêmios do seguro habitacional, bem como seu repasse à seguradora, com quem mantém vínculo obrigacional. Assim, tratando-se de questão que envolve a utilização da cobertura securitária para fim de quitação do mútuo, a CEF, na qualidade de parte na relação contratual e mandatária do mutuário, detém legitimidade ad causam para responder sobre todas as questões pertinentes ao contrato, inclusive as relativas ao seguro. 2. Tratando-se de controvérsia cuja solução dependa de prova técnica, por força do artigo 156 do CPC/2015, o juiz só poderá recusar a conclusão do laudo na eventualidade de motivo relevante constante dos autos, uma vez que o perito judicial se encontra em posição equidistante das partes, mostrando-se, portanto, imparcial e com mais credibilidade. 3. In casu, foi realizada prova pericial judicial por médico psiquiatra, o qual, em resposta aos quesitos, e com base no histórico e nos exames fornecidos pela autora, esclareceu que a autora, ora apelada, possui quadro grave, crônico e irreversível de transtorno psicótico. Esquizofrenia paranoide, e continua evoluindo, já revelando sinais de deterioração mental e comprometimento cognitivo. 4. A autora é absolutamente incapaz, de modo que contra ela não corre a prescrição, nos termos dos artigos 3º, inciso II, e 198, inciso I, ambos do Código Civil de 2002. Precedente do Superior Tribunal de Justiça: AGARESP 201101298551, Relator Ministro MAURO CAMPBELL MARQUES, SEGUNDA TURMA, DJE 3/10/2011. 5. Considerando que a presente ação foi ajuizada em 2010, ou seja, antes das mudanças perpetradas pela Lei n. 13.146/2015, que modificou o artigo 3º do Código Civil para revogar os seus incisos, aplica-se o regime pretérito que reconhecia a incapacidade absoluta daqueles que por deficiência mental ou enfermidade não possuíam o necessário discernimento para a prática dos atos da vida civil. 6. A pretensão de cobertura securitária está de acordo com a cláusula nona do seguro obrigatório, cuja vigência é simultânea com o contrato de financiamento, e no qual está incluída a cobertura por invalidez do mutuário. 7. Apelação desprovida. (TRF 2ª R.; AC 0016544-45.2010.4.02.5101; Quinta Turma Especializada; Rel. Des. Fed. Aluísio Gonçalves de Castro Mendes; Julg. 21/11/2017; DEJF 28/11/2017)

Perito nomeado conforme os requisitos do art. 156, §1º do CPC/2015: desnecessária habilitação específica.

✓ AGRAVO DE INSTRUMENTO. Indenização. Erro médico. Substituição de perito judicial por perito especializado em endoscopia ou cirurgia torácica. Desnecessidade. Perito que foi nomeado em conformidade com o art. 156, par. 1º, do CPC e tem especialidade em clínica médica e anestesiologia, não sendo relevante que possua subespecialização específica em determinada área da medicina. Aplicação do art. 156, par. 1º, do CPC. Recurso desprovido. É irrelevante se perito nomeado para realizar perícia é especializado ou não na área na qual deve ser realizada a prova técnica, no caso, medicina, e não pode, por este motivo, ser afastada sua credibilidade profissional, pelo fato de o art. 156, parágrafo 1º, do CPC, não exigir habilitação específica para o dever processual. (TJPR; Ag Instr 1514649-7; Curitiba; Primeira Câmara Cível; Rel. Juiz Conv. Fernando Cesar Zeni; Julg. 07/06/2016; DJPR 17/06/2016; Pág. 90)

Art. 157. O perito tem o dever de cumprir o ofício no prazo que lhe designar o juiz, empregando toda sua diligência, podendo escusar-se do encargo alegando motivo legítimo.

→ v. Súmula 232 do STJ.
→ v. Art. 13 da Lei 6.830/1980.
→ v. Art. 14 do Dec.-lei 3.365/1941.
→ v. Arts. 148, III, 152 e 464, do CPC.

§ 1º A escusa será apresentada no prazo de 15 (quinze) dias, contado da intimação, da suspeição ou do impedimento supervenientes, sob pena de renúncia ao direito a alegá-la.

§ 2º Será organizada lista de peritos na vara ou na secretaria, com disponibilização dos documentos exigidos para habilitação à consulta de interessados, para que a nomeação seja distribuída de modo equitativo, observadas a capacidade técnica e a área de conhecimento.

Desconsideração do laudo pericial ante a injustificada inércia do perito para esclarecer pontos controvertidos.

✓ APELAÇÃO CÍVEL. INDENIZATÓRIA. SENTENÇA DE IMPROCEDÊNCIA. Presente apelo que pugna pela nulidade da sentença, em razão de alegado cerceamento de defesa. Produção de prova pericial. Impugnação ao laudo ofertada pelo autor, ora apelante. Ausência de manifestação do perito, intimado para prestar esclarecimentos. Sentença de improcedência fundamentada pela perícia realizada. No âmbito do ordenamento processual pátrio, a figura do perito judicial surge identificado como auxiliar da justiça, na forma do art. 149 do CPC/2015. Explicita o código de processo civil, que o perito tem o dever de cumprir o ofício no prazo que lhe designar o juiz, empregando toda sua diligência. Art. 157 do CPC. Por fim, ao tratar da produção de prova pericial, o diploma em comento, estabelece os prazos a serem observados pelo técnico para responder, satisfatoriamente, ao seu múnus público, conforme preceitua o art. 477 e incisos. Especificamente, no que tange aos esclarecimentos é determina o CPC ser dever do perito a manifestação do ponto obscuro no prazo de 15 (quinze) dias (§2º do supracitado art. 477). Deveres do experto que estão em consonância com preciosos princípios processuais, de observância obrigatória, não só pelas partes e seus procuradores, mas por todos aqueles que de alguma forma interferem no processo, como os princípios da cooperação, da lealdade processual, da primazia da decisão de mérito e da boa-fé processual, insculpidos nos arts. 4º, 5º e 6º do CPC. Assim, intimado o perito para fins de esclarecimento sobre pontos controvertidos encontrados no seu exame técnico, mostra-se incabível sua inércia injustificada. Deste modo, ressoa cristalino o cerceamento de defesa no caso em tela, mormente porque a prova pericial impugnada foi utilizada nas razões de decidir do juiz sentenciante. Com isso, o julgamento realizado na forma do art. 355, inciso I do CPC se revelou açodado, tendo em vista que, ao possibilitar que seja proferida sentença, com resolução do mérito quando "não houver necessidade de produção de outras provas", o referido inciso não está a conferir ao julgador a possibilidade de antecipação de julgamento nos casos em que a produção da prova ainda está em fase de conclusão. Nulidade da sentença evidenciada. Provimento do recurso para anular a sentença, com nova intimação do perito a fim de que se manifeste a respeito da impugnação ao laudo pericial apresentada pelo autor, prosseguindo-se, após, o trâmite processual. (TJRJ; APL 0096312-60.2005.8.19.0001; Rio de Janeiro; Sexta Câmara Cível; Relª Desª Inês da Trindade Chaves de Melo; DORJ 14/11/2017; Pág. 180)

Os litigantes devem ser intimados da perícia a ser realizada, ou ter inconfundível conhecimento do ato, sob pena de nulidade.

✓ AGRAVO DE INSTRUMENTO. AÇÃO DEMOLITÓRIA. PROVA PERICIAL DE ENGENHARIA. DATA E HORÁRIO DA PRODUÇÃO DE PROVA. CIÊNCIA INEQUÍVOCA DAS PARTES. IMPRESCINDIBILIDADE. PERITO. FÉ PÚBLICA. "As partes terão ciência da data e do local designados pelo juiz ou indicados pelo perito para ter início a produção da prova" (art. 474 do CPC). A ciência das partes acerca da data, horário e local da produção da prova pericial deve ser inequívoca, garantindo-se a efetivação da garantia ao contraditório, sob pena de nulidade. Ou seja, os litigantes devem ser intimados da perícia a ser realizada, ou ter inconfundível conhecimento do ato. O perito atua como auxiliar da justiça e, por exercer múnus público, goza de fé pública, competindo-lhe "cumprir o ofício no prazo que lhe designar o juiz, empregando toda sua diligência" (art. 157 do CPC). V.V: AGRAVO DE INSTRUMENTO. PROVA PERICIAL. DATA E LOCAL DE PRODUÇÃO DA PROVA. CIÊNCIA DAS PARTES. PERITO. FÉ-PÚBLICA. O perito judicial, no exercício de seu múnus público, atua como auxiliar do juízo, gozando de fé-pública, presumindo-se de boa-fé toda a sua atuação em juízo. (TJMG; AI 1.0520.08.020703-5/003; Relª Desª Cláudia Maia; Julg. 20/05/2016; DJEMG 01/07/2016)

Art. 158. O perito que, por dolo ou culpa, prestar informações inverídicas responderá pelos prejuízos que causar à parte e ficará inabilitado para atuar em outras perícias no prazo de 2 (dois) a 5 (cinco) anos, independentemente das demais sanções previstas em lei, devendo o juiz comunicar o fato ao respectivo órgão de classe para adoção das medidas que entender cabíveis.

→ *V.* Arts. 186 e 927 do CC/2002.
→ *V.* Art. 342 do CP.

Seção III
Do Depositário e do Administrador

Art. 159. A guarda e a conservação de bens penhorados, arrestados, sequestrados ou arrecadados serão confiadas a depositário ou a administrador, não dispondo a lei de outro modo.

→ *V.* Súmulas 179, 271 e 319 do STJ.

A indenização por eventual dano material no bem penhorado e confiado à guarda do próprio proprietário dependerá de prova da conduta lesiva, da ocorrência do dano e do nexo causal entre eles.

✓ CIVIL. PROCESSO CIVIL. DANO MATERIAL. BEM PENHORADO. CONSERVAÇÃO. RESPONSABILIDADE. DEPOSITÁRIO. DANO MORAL. NEXO CAUSALIDADE. DEMONSTRAÇÃO. ONUS DA PROVA. AUTOR. 1. Nos termos do artigo 159 do Código de Processo Civil, a conservação dos bens penhorados é de responsabilidade do depositário judicial. 2. Havendo qualquer dano no bem penhorado e confiado à guarda do próprio proprietário, na condição de depositário judicial, não há que se falar em indenização por eventual dano material. 3. Para gerar o dever de reparação por danos morais, deve haver prova da conduta lesiva, da ocorrência do dano e o nexo causal entre eles, sendo que a ausência de qualquer desses requisitos impõe a improcedência do pedido de indenização. 4. Conforme determina o artigo 373, I, do Código de Processo Civil, incumbe ao autor o ônus da prova quanto ao fato constitutivo de seu direito. 5. Recurso conhecido e desprovido. (TJDF; APC 2016.06.1.011586-8; Ac. 104.4198; Terceira Turma Cível; Relª Desª Maria de Lourdes Abreu; Julg. 30/08/2017; DJDFTE 11/09/2017)

Art. 160. Por seu trabalho o depositário ou o administrador perceberá remuneração que o juiz fixará levando em conta a situação dos bens, ao tempo do serviço e às dificuldades de sua execução.

Parágrafo único. O juiz poderá nomear um ou mais prepostos por indicação do depositário ou do administrador.

Remuneração do administrador deve ser fixada considerando-se a complexidade das funções a serem desempenhadas e a capacidade de pagamento da sociedade empresária.

✓ AGRAVO DE INSTRUMENTO. RECUPERAÇÃO JUDICIAL. REMUNERAÇÃO. ADMINISTRADOR JUDICIAL. PRINCÍPIO DA PROPORCIONALIDADE. Regra do art. 24 da Lei n. 11.101/05. Complexidade das funções a serem desempenhadas aliada à capacidade de pagamento da sociedade empresária. O ajuste firmado entre o administrador judicial e a empresa recuperanda não deve prevalecer. Administrador judicial que é auxiliar do Juízo no exercício de suas atribuições legais (art. 149 do CPC/15). Compete ao magistrado a definição do percentual remuneratório. Art. 160 do CPC/15. Remuneração do agravante deve ser majorada. Sentença reformada. Recurso provido em parte. (TJSP; AI 2065647-49.2016.8.26.0000; Ac. 9829606; Cabreúva; Primeira Câmara Reservada de Direito Empresarial; Rel. Des. Hamid Bdine; Julg. 21/09/2016; DJESP 13/10/2016)

Remuneração pelo depósito conforme características físicas do bem e valor de mercado.

✓ AGRAVO DE INSTRUMENTO. DIREITO PRIVADO NÃO ESPECIFICADO. EXECUÇÃO. Muito embora tratem-se de objetos de tamanho reduzido, inegável a responsabilidade e trabalho ocasionados ao depositário, que tem no art. 160 do CPC/2015 garantido seu direito à remuneração. Valor fixado na decisão recorrida que se mostra elevado, especialmente se consideradas as características físicas do bem, bem como seu valor de mercado. Valor diário de remuneração do depósito fixado em R$ 0,50. À unanimidade, deram parcial provimento ao recurso. (TJRS; AI 0304442-67.2016.8.21.7000; Passo Fundo; Décima Primeira Câmara Cível; Relª Desª Katia Elenise Oliveira da Silva; Julg. 14/12/2016; DJERS 23/01/2017)

Art. 161. O depositário ou o administrador responde pelos prejuízos que, por dolo ou culpa, causar à parte, perdendo a remuneração que lhe foi arbitrada, mas tem o direito a haver o que legitimamente despendeu no exercício do encargo.

→ *V.* Art. 168, § 1º, II, do CP.

Parágrafo único. O depositário infiel responde civilmente pelos prejuízos causados, sem prejuízo de sua responsabilidade penal e da imposição de sanção por ato atentatório à dignidade da justiça.

→ *V.* Súmula Vinculante 25 do STF.
→ *V.* Arts. 186 e 927 do CC/2002.
→ *V.* Art. 5º, LXVII, da CF/1988.
→ *V.* Art. 7º, 7 da Convenção Americana sobre Direitos Humanos.

Impossibilidade de responsabilização do depositário na própria ação de execução fiscal.

✓ PROCESSUAL CIVIL. AÇÃO DE EXECUÇÃO FISCAL. DEPOSITÁRIO JUDICIAL. RESPONSABILIDADE PELA GUARDA E CONSERVAÇÃO DOS BENS. IMPOSSIBILIDADE. UTILIZAÇÃO DA AÇÃO DE EXECUÇÃO. PENHORA DE ATIVOS FINANCEIROS. EMBARGOS DE DECLARAÇÃO, ART. 535, II, DO CPC. OMISSÃO. SÚMULA Nº 284/STF. FALTA DE PREQUESTIONAMENTO. SÚMULA Nº 211/STJ. 1. Não se pode conhecer da alegada ofensa ao art. 535 do CPC, porquanto as razões do recurso são genéricas e não indicam objetivamente de que forma teria havido omissão e qual a relevância do ponto, em tese omitido, para o deslinde da controvérsia. Aplica-se, por analogia, o óbice da Súmula nº 284/STF. 2. A indicada afronta dos arts. 148, 149 e 902 do CPC não pode ser analisada, pois o tribunal de origem não emitiu juízo de valor sobre esses dispositivos legais. O Superior Tribunal de justiça entende ser inviável o conhecimento do Recurso Especial quando os artigos tidos por violados não foram apreciados pelo tribunal a quo, a despeito da oposição de embargos de declaração, haja vista a ausência do requisito do prequestionamento. Incide, na espécie, a Súmula nº 211/STJ. 3. O depositário judicial possui o dever de guarda e conservação dos bens penhorados, arrestados ou arrecadados, caso não cumpra com diligência o seu mister, responde pelos prejuízos advindos do seu dolo ou culpa. Contudo, a legislação não possibilita que o depositário seja responsabilizado na própria ação de execução fiscal e, muito menos, que seja deferida a penhora eletrônica dos seus ativos financeiros, via Bacenjud. 4. Os estreitos limites da ação de execução fiscal não permitem um juízo adequado de cognição que possibilitem apurar a responsabilidade do depositário judicial pelos danos sofridos aos bens penhorados. 5. Recurso Especial parcialmente conhecido e, nessa parte, não provido. (STJ; REsp 1.581.272; Proc. 2016/0028567-7; SP; Segunda Turma; Rel. Min. Herman Benjamin; DJE 25/05/2016)

Eventuais prejuízos causados pelo depositário, por dolo ou culpa, devem ser objeto de ação própria.

✓ PROCESSUAL CIVIL. AGRAVO LEGAL. AGRAVO DE INSTRUMENTO. EXECUÇÃO FISCAL. DEPOSITÁRIO. RESPONSABILIDADE. PENHORA ON LINE. SISTEMA BACENJUD. IMPOSSIBILIDADE. MANUTENÇÃO DA DECISÃO RECORRIDA. AGRAVO NÃO PROVIDO. 1. O depositário, agente auxiliar da justiça, tem o dever da guarda e conservação do bem a ele confiado (CC, art. 629 e CPC, art. 148), respondendo pelos prejuízos que, por dolo ou culpa, causar à parte (CPC, art. 150). 2. A jurisprudência desta e. Corte, contudo, firmou entendimento no sentido de que eventuais prejuízos que, por dolo ou culpa, o depositário. Cuja condição jurídica não se confunde com a do executado., causar a qualquer das partes, devem ser objeto de ação própria, de natureza condenatória. 3. Agravo legal não provido. (TRF 3ª R.; AL-AI 0016013-30.2015.4.03.0000; Primeira Turma; Rel. Des. Fed. Hélio Nogueira; Julg. 01/03/2016; DEJF 14/03/2016)

Aplica-se o disposto no art. 161 somente se demonstrado que o depositário agiu com desídia ou má-fé.

✓ MULTA. ATO ATENTATÓRIO À DIGNIDADE DA JUSTIÇA. ART. 774 DO CPC. AUSÊNCIA DE DOLO OU CULPA. DEVERES DO DEPOSITÁRIO. 1. Não há violação aos deveres do depositário judicial a simples constatação de depreciação de veículo automotor, objeto de depósito judicial, ausente qualquer liame de causalidade entre a conduta do depositário e a constatação de eventuais avarias ou depreciação do bem 2. Ausente a demonstração de que o depositário tenha agido com desídia ou má-fé, ou que em qualquer momento tenha deixado de cumprir ordens do juízo da execução, não tem aplicação quaisquer das cominações do art. 774 ou 161 do CPC. (TRF 4ª R.; AG 5025567-03.2017.404.0000; Primeira Turma; Rel. Des. Fed. Amaury Chaves de Athayde; Julg. 21/06/2017; DEJF 26/06/2017)

O depositário infiel não se confunde com o executado, sendo descabido o deferimento da penhora eletrônica de ativos financeiros em nome da embargante.

✓ PROCESSUAL CIVIL. TRIBUTÁRIO. EMBARGOS DE TERCEIROS. EXECUÇÃO FISCAL. PENHORA ON LINE DE ATIVOS FINANCEIROS DO DEPOSITÁRIO INFIEL. IMPOSSIBILIDADE. APELAÇÃO PROVIDA. I. Ressai dos autos que a embargante teve seus bens constritos em virtude de ser depositária infiel e não por ser sócia da empresa executada. Verifico que não houve redirecionamento da execução em nome da embargante, sócia da empresa, mas houve penhora de bens (200 luminárias) sendo nomeada a embargante depositaria. Por ocasião do leilão dos bens penhorados, em auto de avaliação e constatação foi certificado que tais luminárias haviam saído de linha, não mais as possuindo em estoque, conforme informado pela própria embargante. Em seguida o juízo da execução, em 15/04/2010, entendeu por determinar o imediato bloqueio de valores via BACENJUD das contas da depositária/embargante. Sendo realizado o bloqueio no valor total de R$ 6.108,31 (seis mil, cento e oito reais e centavos). Nestes autos, foi concedido liminarmente o desbloqueio do valor de R$ 878,14 (oitocentos e setenta e oito reais e centavos). II. Embora a depositária dos bens penhorados não tenha agido com o cuidado necessário para a conservação dos bens, não me parece razoável constringir, de pronto, o seu patrimônio pessoal para garantia do objeto da execução fiscal. Importa considerar que o depositário não é parte da relação jurídico-processual. É tratado como agente auxiliar da Justiça, para desempenhar a função administrativa de guarda e conservação do bem, nos termos do art. 148 do CPC/73 (art. 159 CPC), havendo meios adequados para responsabilizá-lo pelos prejuízos que causar no exercício desse encargo, de acordo com o art. 150 do CPC/73 (art. 161 do CPC). III. Nesse contexto, eventuais prejuízos que, por dolo ou culpa, o depositário causar a qualquer das partes, devem ser objeto de ação própria, de natureza condenatória. Assim, considerando que o depositário não se confunde com o executado, descabe o deferimento da penhora eletrônica de ativos financeiros via BACENJUD em nome da embargante. IV. Apelação provida. (TRF 3ª R.; AC 0004950-96.2010.4.03.6106; Terceira Turma; Rel. Des. Fed. Antonio Carlos Cedenho; Julg. 20/10/2016; DEJF 03/11/2016)

Seção IV
Do Intérprete e do Tradutor

Art. 162. O juiz nomeará intérprete ou tradutor quando necessário para:

→ *v.* Decreto n. 2.067/96, que validou o protocolo de Lãs Leñas: cooperação e assistência jurisdicional em matéria civil, comercial, trabalhista e administrativas entre os países do Mercosul.

I – traduzir documento redigido em língua estrangeira;

II – verter para o português as declarações das partes e das testemunhas que não conhecerem o idioma nacional;

III – realizar a interpretação simultânea dos depoimentos das partes e testemunhas com deficiência auditiva que se comuniquem por meio da Língua Brasileira de Sinais, ou equivalente, quando assim for solicitado.

Art. 163. Não pode ser intérprete ou tradutor quem:

I – não tiver a livre administração de seus bens;

II – for arrolado como testemunha ou atuar como perito no processo;

III – estiver inabilitado para o exercício da profissão por sentença penal condenatória, enquanto durarem seus efeitos.

Art. 164. O intérprete ou tradutor, oficial ou não, é obrigado a desempenhar seu ofício, aplicando-se-lhe o disposto nos arts. 157 e 158.

Seção V
Dos Conciliadores e Mediadores Judiciais

→ *v.* Lei 9.099/1995 – Dispõe sobre os Juizados Especiais Cíveis e Criminais e dá outras providências.

→ *v.* Lei 10.529/2001 – Dispõe sobre a instituição dos Juizados Especiais Cíveis e Criminais no âmbito da Justiça Federal.

→ *v.* Lei 12.153/2009 – Dispõe sobre os Juizados Especiais da Fazenda Pública no âmbito dos Estados, do Distrito Federal, dos Territórios e dos Municípios.

→ *v.* Lei 13.140/2015 – Dispõe sobre a mediação entre particulares como meio de solução de controvérsias e sobre a autocomposição de conflitos no âmbito da administração pública.

Art. 165. Os tribunais criarão centros judiciários de solução consensual de conflitos, responsáveis pela realização de sessões e audiências de conciliação e mediação, e pelo desenvolvimento de programas destinados a auxiliar, orientar e estimular a autocomposição.

→ *v.* Art. 7º da Lei 9.099/1995.

→ *v.* Enunciado 20 da I Jornada "Prevenção e solução extrajudicial de litígios" do CJF: Enquanto não for instalado o Centro Judiciário de Solução de Conflitos e Cidadania (Cejusc), as sessões de mediação e conciliação processuais e pré-processuais poderão ser realizadas por meio audiovisual, em módulo itinerante do Poder Judiciário ou em entidades credenciadas pelo Núcleo Permanente de Métodos Consensuais de Solução de Conflitos (Nupemec), no foro em que tramitar o processo ou no foro competente para o conhecimento da causa, no caso de mediação e conciliação pré-processuais.

→ *v.* Enunciado 58 da I Jornada "Prevenção e solução extrajudicial de litígios" do CJF: A conciliação/mediação, em meio eletrônico, poderá ser utilizada no procedimento comum e em outros ritos, em qualquer tempo e grau de jurisdição.

§ 1º A composição e a organização dos centros serão definidas pelo respectivo tribunal, observadas as normas do Conselho Nacional de Justiça.

→ *v.* Art. 103-B da CF/1998.

→ *v.* Resolução CNJ 125/2010 – Dispõe sobre a Política Judiciária Nacional de tratamento adequado dos conflitos de interesses no âmbito do Poder Judiciário e dá outras providências.

§ 2º O conciliador, que atuará preferencialmente nos casos em que não houver vínculo anterior entre as partes, poderá sugerir soluções para o litígio, sendo vedada a utilização de qualquer tipo de constrangimento ou intimidação para que as partes conciliem.

→ *v.* Art. 18 da Lei 10.529/2001.

→ *v.* Art. 15 da Lei 12.153/2009.

§ 3º O mediador, que atuará preferencialmente nos casos em que houver vínculo anterior entre as partes, auxiliará aos interessados a compreender as questões e os interesses em conflito, de modo que eles possam, pelo restabelecimento da comunicação, identificar, por si próprios, soluções consensuais que gerem benefícios mútuos.

A prévia tentativa de solução consensual pode ser requisito para o ingresso ou ao seguimento da demanda judicial.

✓ APELAÇÃO CÍVEL - AÇÃO ORDINÁRIA - INSCRIÇÃO EM CADASTRO DE PROTEÇÃO AO CRÉDITO - EMENDA DA INICIAL - COMPROVAÇÃO DE PRÉVIO REQUERIMENTO ADMINISTRATIVO - DILIGÊNCIA NÃO CUMPRIDA - INDEFERIMENTO - POSSIBILIDADE - INTELIGÊNCIA DO ART. 321, DO CPC - EXTINÇÃO DO FEITO SEM RESOLUÇÃO DE MÉRITO - MANUTENÇÃO DA SENTENÇA. - Nos termos do art. 139, inciso III, do CPC, incumbe ao julgador "prevenir ou reprimir qualquer ato contrário à dignidade da justiça", de modo que existindo dúvida razoável, como na espécie, acerca da real necessidade de ajuizamento da demanda, cabe ao magistrado intimar a parte responsável para sanar a dúvida aparente, conforme previsto no art. 321 do CPC. - Proferida uma ordem judicial nos termos supramencionado, é dever da parte e de seus procuradores cumprirem com exatidão a determinação, nos termos do art. 77, IV, do CPC. - A situação peculiar vivenciada na comarca de origem revela a necessidade da adoção de medidas que objetivem o desestímulo ao ajuizamento desenfreado de demandas temerárias, aí incluída demonstração de prévia tentativa de solução do conflito por meio de plataformas digitais colocadas gratuitamente à disposição do consumidor. - Assim, o descumprimento injustificado da determinação acarretará o indeferimento da petição inicial, nos termos do art. 321, parágrafo único, c/c art.485, inciso I, ambos do CPC. O interesse processual está assentado na adequação, necessidade e na utilidade do processo. A parte lesada, em razão da inscrição de seu nome nos cadastros dos órgãos de proteção ao crédito, não precisa comprovar o prévio requerimento administrativo para configurar o seu interesse processual. (TJMG - Apelação Cível 1.0000.20.084392-8/001, Relator(a): Des.(a) Mônica Libânio, 11ª CÂMARA CÍVEL, julgamento em 19/08/0020, publicação da súmula em 01/09/2020)

A prévia tentativa de solução consensual não pode ser requisito para o ingresso ou ao seguimento da demanda judicial.

✓ AGRAVO DE INSTRUMENTO. DIREITO PRIVADO NÃO ESPECIFICADO. SUSPENSÃO DA DEMANDA. PROJETO SOLUÇÃO DIRETA-CONSUMIDOR. NÃO OBRIGATORIEDADE. PRINCÍPIO DA INAFASTABILIDADE DA JURISDIÇÃO. ATIVISTO JUDICIAL. REDUÇÃO DE DIREITOS FUNDAMENTAIS. IMPOSSIBILIDADE. LIVRE ACESSO AO PODER JUDICIÁRIO. INSTÂNCIA ADMINISTRATIVA OU EXTRAJUDICIAL. DESNECESSIDADE. DECISÃO REFORMADA. Projeto solução direta-consumidor. Trata-se de uma parceria realizada entre o poder judiciário gaúcho e a secretaria nacional do consumidor do Ministério da Justiça, objetivando a solução alternativa de conflitos de consumo, no intuito de, com isso, evitar o ajuizamento de um processo judicial. Não obstante sua elogiável iniciativa a participação no projeto não pode ser imposta ao consumidor como requisito ao ingresso ou ao prosseguimento da demanda judicial. Princípio da inafastabilidade da jurisdição. Qualquer cidadão ou entidade legitimada tem a garantia do acesso à justiça para postular tutela jurisdicional preventiva ou reparatória de direito individual, coletivo ou difuso. O direito constitucional (fundamental) de ação significa poder deduzir pretensão em juízo e também poder dela defender-se. Todo expediente destinado a impedir ou dificultar sobremodo a ação ou a defesa no processo civil constitui ofensa ao princípio constitucional e fundamental da inafastabilidade da jurisdição. Ativismo judicial. Por ativismo judicial deve-se entender o exercício da função jurisdicional para além dos limites impostos pelo próprio ordenamento que incumbe, institucionalmente, ao poder judiciário fazer atuar, resolvendo litígios de feições subjetivas (conflitos de interesses) e controvérsias jurídicas de natureza objetiva (conflitos normativos). Trata-se de uma prática extremamente importante para efetivação dos direitos fundamentais, entre eles o princípio da inafastabilidade da jurisdição, pela simples razão de ser positiva, ou seja, amplia e consolida direitos. Porém, quando restringe direitos fundamentais do cidadão é maléfica para a sociedade e um risco para democracia. Direito à jurisdição. Se o livre acesso ao poder judiciário é comando constitucional, não cabe ao próprio judiciário criar obstáculos para sua efetivação, mas com criatividade, empenho, investimento nos juizados especiais, conselhos de conciliação em municípios desprovidos de Comarca, criação de centros judiciários de solução consensual de conflitos (art. 165 do novo CPC), trabalho legislativo na busca de orçamento, melhoria do seu atendimento abarcando todas as pretensões deduzidas em juízo, e transformando-se verdadeiramente na última instância de recurso do cidadão brasileiro. Instância administrativa ou extrajudicial. A prevalecer esse entendimento da necessidade do cidadão promover pedido administrativo ou comprovação de prévia tentativa de solução dos conflitos extrajudicialmente, em processos relativos à previdência, consumo e outros a serem escolhidos, a distância já existente se tornará ainda maior entre o poder judiciário e a sociedade. Decisão reformada. Agravo de instrumento provido por maioria. (TJRS; AI 0394690-16.2015.8.21.7000; Erechim; Décima Sétima Câmara Cível; Rel. Des. Gelson Rolim Stocker; Julg. 25/02/2016; DJERS 11/03/2016)

Art. 166. A conciliação e a mediação são informadas pelos princípios da independência, da imparcialidade, da autonomia da vontade, da confidencialidade, da oralidade, da informalidade e da decisão informada.

→ v. Art. 35 da LC 35/1979.

→ v. Art. 2º da Lei 9.099/1995.

→ v. Art. 2º da Lei 13.140/2015.

→ v. Enunciado 34 da I Jornada "Prevenção e solução extrajudicial de litígios" do CJF: Se constatar a configuração de uma notória situação de desequilíbrio entre as partes, o mediador deve alertar sobre a importância de que ambas obtenham, organizem e analisem dados, estimulando-as a planejarem uma eficiente atuação na negociação.

→ v. Enunciado n. 62 da ENFAM: O conciliador e o mediador deverão advertir os presentes, no início da sessão ou audiência, da extensão do princípio da confidencialidade a todos os participantes do ato.

§ 1º A confidencialidade estende-se a todas as informações produzidas no curso do procedimento, cujo teor não poderá ser utilizado para fim diverso

daquele previsto por expressa deliberação das partes.

→ v. Enunciado 14 do CEAPRO: O juiz deve estimular a adoção da autocomposição, sendo a ele vedada a condução da sessão consensual por força dos princípios da imparcialidade e confidencialidade.

§ 2º Em razão do dever de sigilo, inerente às suas funções, o conciliador e o mediador, assim como os membros de suas equipes, não poderão divulgar ou depor acerca de fatos ou elementos oriundos da conciliação ou da mediação.

→ v. Enunciado 46 da I Jornada "Prevenção e solução extrajudicial de litígios" do CJF: Os mediadores e conciliadores devem respeitar os padrões éticos de confidencialidade na mediação e conciliação, não levando aos magistrados dos seus respectivos feitos o conteúdo das sessões, com exceção dos termos de acordo, adesão, desistência e solicitação de encaminhamentos, para fins de ofícios.

§ 3º Admite-se a aplicação de técnicas negociais, com o objetivo de proporcionar ambiente favorável à autocomposição.

§ 4º A mediação e a conciliação serão regidas conforme a livre autonomia dos interessados, inclusive no que diz respeito à definição das regras procedimentais.

Instauração do procedimento de mediação no curso de processos de Recuperação Judicial e Falência.

✓ CUIDA-SE DE AGRAVO DE INSTRUMENTO VEICULADO CONTRA PARTE DA DECISÃO DE FLS. 104.876/104.881, POSTERIORMENTE INTEGRADA PELO PROVIMENTO JUDICIAL DE FLS. 186.232/186.239, PROFERIDOS PELO JUÍZO DA SÉTIMA VARA EMPRESARIAL DA COMARCA DA CAPITAL DESTE ESTADO QUE, EM AÇÃO DE RECUPERAÇÃO JUDICIAL, AO DEFERIR O PEDIDO DAS RECUPERANDAS PARA A INSTAURAÇÃO DE PROCEDIMENTO DE MEDIAÇÃO/CONCILIAÇÃO COM FOCO NOS PEQUENOS CREDORES, CUJA PROPOSTA SERIA EXTENSÍVEL A TODO E QUALQUER CREDOR QUE DESEJASSE RECEBER UM ADIANTAMENTO DO SEU CRÉDITO NO VALOR DE R$ 50.000,00, DETERMINOU (I) QUE O CREDOR DE UM CRÉDITO SUPERIOR A R$ 50.000,00 NÃO ESTARÁ RENUNCIANDO AO DIREITO DE RECEBER O VALOR QUE EXCEDER ESSE MONTANTE SE OPTAR PELA MEDIAÇÃO E O MANDATÁRIO TERÁ PODERES PARA VOTAÇÃO EM ASSEMBLEIA APENAS NESTA IMPORTÂNCIA. (II) QUE OS TERMOS DE MEDIAÇÃO, DE CARTA CONVITE E DE COMUNICADO AOS CREDORES SÃO MINUTAS NÃO VINCULATIVAS, SENDO CERTO QUE A FORMA E AS CONDIÇÕES DE PAGAMENTO DOS EVENTUAIS VALORES E OBJETO DE ACORDO SERÃO DISCUTIDAS NO ÂMBITO DO PROCESSO DE MEDIAÇÃO. (III) QUE, NAS HIPÓTESES DE VOTO LEGAL POR CABEÇA, SE HOUVER ACORDO COM O RECEBIMENTO PARCIAL E RENÚNCIA AO DIREITO DE IMPUGNAR O VALOR DO CRÉDITO CONSTANTE DA LISTA, O CREDOR QUE TRANSACIONOU SOMENTE TERÁ DIREITO A UM ÚNICO VOTO DECORRENTE DO CRÉDITO TRANSACIONADO, INDEPENDENTE DO VALOR RECEBIDO/REMANESCENTE, DESTACANDO QUE ESSE VOTO PODERÁ SER EXERCIDO DIRETAMENTE OU POR PROCURAÇÃO, NOS TERMOS DA LEI. 2. A controvérsia posta nos autos reside em aferir a possibilidade de o Juízo Recuperacional exercer controle prévio de legalidade, traçando, antecipadamente, parâmetros a serem seguidos pelos credores e pelas empresas recuperandas, antes mesmo de iniciado o procedimento de mediação. 3. A valorização do mecanismo da autocomposição vem sendo comumente reiterada pelo Poder Legislativo por intermédio da edição de várias Leis com escopo de estimular a solução consensual dos litígios, envolvendo os interessados na busca de um resultado que alcance um benefício mútuo. 4. O novo Código de Processo Civil, reconhecendo a importância do instituto, elencou os mecanismos de autocomposição de conflitos no rol das normas fundamentais do processo civil, previstas nos parágrafos 2º e 3º, de seu art. 3º. 5. De certo que conciliação e a mediação são informadas pelos princípios da independência, da imparcialidade, da autonomia da vontade, da confidencialidade, da oralidade, da informalidade e da decisão informada (art. 166, do CPC/15). 6. Com efeito, a Lei nº 11.101/2005 não traz qualquer vedação à aplicabilidade da instauração do procedimento de mediação no curso de processos de Recuperação Judicial e Falência. 7. Assim, na forma do art. 3º da Lei nº 13.140/2015, o qual disciplina "que pode ser objeto de mediação o conflito que verse sobre direitos disponíveis ou sobre direitos indisponíveis que admitam transação", não remanesce dúvidas sobre a sua aplicação aos processos de Recuperação Judicial e Falência. 8. Não se perde de vista, contudo, que embora a Lei da Mediação (Lei n º 13.140/2015) seja a regra especial do instituto, sua interpretação deve se dar em harmonia com o ordenamento jurídico pátrio e, principalmente, no caso, com a Lei de Recuperação Judicial. 9. Em se tratando de procedimento de mediação, a minuta elaborada pelas empresas recuperandas não pode ser de cunho vinculativo e não encerra "acordo de adesão", eis que, se assim o fosse, estaria divorciada da natureza jurídica do instituto proposto, o qual pressupõe a criação de um ambiente para que as partes sejam as protagonistas de uma solução conjunta para o seu impasse, a qual será alcançada, consensualmente, por intermédio de concessões mútuas. 10. Tendo em vista que a mediação não deve ser solução pronta, com a estipulação prévia de paradigmas por uma das partes, qualquer pretensão nesse sentido, ainda que sob as vestes de conferir legalidade e celeridade ao procedimento, iria de encontro ao próprio instituto. 11. Diante da índole negocial que o plano de recuperação judicial apresenta, constituindo-se negócio jurídico de caráter contratual, com determinações específicas, a atuação do Estado-Juiz se restringirá à verificação se os interesses das partes para alcançar a finalidade recuperatória estão desrespeitando ou extrapolando os limites da Lei. 12. Considerando que o procedimento de mediação pressupõe que as partes tenham espaçosa oportunidade de, no curso do processo, negociar e eventualmente transacionar acerca das condições e dos valores de pagamento do crédito em discussão, não há como o julgador antecipar quais as soluções poderão ser alcançadas pelas partes. 13. Não se está dizendo que poderão as partes obrar em descompasso com ordenamento jurídico em vigor, assim como em desarmonia com os princípios regentes do processo de recuperação judicial, porém, não compete ao Poder Judiciário atuar como um órgão consultivo prévio, mormente sobre situações hipotéticas, já que sua função primordial é a solução de conflitos. 14. Não encerrando o consenso qualquer ilegalidade, deverá se ter em vista que a composição eficiente pressupõe a escolha de um método adequado ao seu tratamento e que o resultado propicie um benefício mútuo e positivo para ambas os polos envolvidos. 15. Constituindo-se a mediação como uma forma de autocomposição de conflitos, apenas posteriormente ao procedimento é que poderá ser aferido se o acordo engendrado entre as partes suplantará os limites impostos pelo art. 304 e segs. Do CC/02 e art. 45, §3º, da LRF. 16. Tendo em vista que cada credor conserva o direito de participar da assembleia geral de credores segundo a capacidade de seu título, a subsistência ou não do direito de voto do credor que aderir à mediação dependerá do teor de cada transação no que concerne à forma e o modo em que se operarão as condições de pagamento do crédito. 17. Bem de ver que a hipótese de permanência do direito de voto será exclusivamente nos casos em que subsistir crédito a ser pago pelas empresas recuperandas, não se manifestando, contudo, o julgador a quo sobre os efeitos da autocomposição em relação à recuperação judicial quando esta importar na extinção da dívida. 18. Tendo em vista que dois são critérios são utilizados pelo legislador para a aprovação do plano de recuperação judicial, o valor do crédito não pode ser tomado isoladamente como premissa para o exercício do direito de voto pelo credor. 19. Hipótese em que não há como ser estabelecido previamente se as negociações a serem firmadas entre os credores e as recuperandas importarão em alteração do valor ou das condições originais de pagamento do crédito, subsumindo-se, assim, a regra traçada no art. 45, §3º, da LRFE. 20. Forçoso concluir que a conservação do exercício do direito de voto pelos credores que forem alcançados pela mediação somente poderá ser verificada após a conclusão do procedimento. 21. No que concerne às questões relacionadas à legalidade das procurações à luz dos acordos celebrados, não remanescem dúvidas de que qualquer credor poderá outorgar mandato ou procuração específica, com poderes especiais, para uma terceira pessoa lhe representar perante a Assembleia Geral de Credores, conforme prescreve o art. 37, §4º, da LRFE. 22. Desse modo, em linha de princípio, nada impede que o credor outorgue procuração, com poderes específicos, para que um terceiro, representando o legítimo interesse do seu mandante ou constituinte, se manifeste favorável ou contra à aprovação do plano de recuperação judicial. 23. Contudo, não se pode perder de vista que o direito (subjetivo) de voto pelo credor está relacionado e limitado pelo direito objetivo, assim como pelos princípios que balizam o seu exercício. 24. Ocorre que, conquanto não se possa antecipar as tratativas que as partes alcançarão no curso da mediação no tocante às condições de pagamento da dívida, certo é que a forma preestabelecida pela qual os credores aderentes serão representados na votação no plano de recuperação, desde já, se revela incompatível com os princípios norteadores do procedimento de mediação. 25. Isto porque a imposição prévia pelas empresas recuperandas acerca da representatividade dos credores que aderirem à proposta, notadamente com intuito de predeterminação de voto, acabaria por ceifar à voluntariedade das partes antes mesmo de iniciado o processo de negociação. 26. A contraprestação indireta ofertada pelas empresas recuperandas condicionada à outorga de procuração a um ou vários mandatários específicos, mas cuja escolha não decorre da livre manifestação volitiva do credor importa em flagrante violação aos princípios que regem a mediação. 27. Dessa forma, na hipótese de o credor pretender ser representado na AGE, a escolha de seu mandatário deve se dar de forma livre e voluntária, sem prévia imposição das recuperandas, sob pena de limitação ao princípio da autonomia da vontade, assim como da função social do negócio jurídico. 28. Soma-se a isso o fato de que eventual cláusula aposta na mediação que imponha a representação dos credores por um agente fiduciário previamente determinado pelas empresas recuperandas, não expressará, necessariamente, os seus autênticos anseios no tocante à aprovação ou rejeição do plano. 29. Isto porque tal imposição importará em flagrante desrespeito ao principal pilar da mediação, qual seja, a autonomia das partes, uma vez que a deliberação do plano de recuperação judicial deve expressar a legítima vontade da maioria dos membros de determinada classe, com o propósito de mitigar riscos de manipulação do resultado. 30. De outro turno, não se faz possível dissociar o direito de voto do direito de crédito, o que significa dizer que, embora seja possível a cessão de crédito, não é admitida, tão somente, a cessão ou venda do direito de voto. 31. Tal premissa conduz à inexorável conclusão de que a prévia determinação pelas empresas recuperandas para que o credor seja obrigado a ser representado por mandatário na AGE, inclusive, para o exercício do direito de voto, traduz verdadeira "cessão" deste direito em favor da empresa devedora, antes, contudo, de liquidado o crédito. 32. A imposição prévia pelas empresas recuperandas acerca da representatividade dos credores que aderirem à proposta, revela-se incompatível, desde já, com o escopo da mediação, razão pela qual se faz necessário que o Poder Judiciário, com espeque no poder gerencial que lhe é conferido pelo art. 139, do CPC/15, assim como zelando pela efetividade e celeridade do processo, garanta, antes mesmo de iniciado o procedimento judicial, que sua lisura seja respeitada pelas partes. 33. Nesse passo, deve ser refutada qualquer preordenação, que suprima a autonomia de vontade de qualquer das partes na condução do procedimento, razão pela qual deve ser o recurso provido nesse ponto, a fim de garantir aos credores, que aderirem à mediação, que possam participar diretamente na AGE ou se fazer representar pelos seus mandatários, à livre escolha, com poderes especiais e expressos para praticar atos em seu nome. 34. Não há dúvidas que qualquer negócio jurídico, ainda que no âmbito privado, somente será reputado válido, nos termos do art. 104, do CC/02, se este for celebrado por agente capaz, veiculado por intermédio da forma prescrita ou não defesa em Lei, e se contiver objeto lícito, possível, determinado ou determinável. 35. O Superior Tribunal de Justiça, em processo recuperacional, já se manifestou no sentido de que a obrigação de respeitar o conteúdo da manifestação de vontade não implica impossibilitar ao juízo que promova um controle quanto à licitude das providências decididas em assembleia. 36. Impende destacar que deve se ter em vista que as futuras tratativas negociais engendradas entre as recuperandas e os credores não poderão importar em exceção à **par conditio creditorum**, o que equivale dizer que o procedimento de mediação deverá sempre ser compatível com o princípio concursal. 37. Recurso parcialmente provido. (TJRJ; AI 0019043-25.2017.8.19.0000; Rio de Janeiro; Oitava Câmara Cível; Relª Desª Mônica Maria Costa Di Piero; DORJ 13/09/2017; Pág. 338)

A audiência de conciliação ou mediação não deve ser presidida pelo juiz da causa, mas por conciliador ou mediador sob pena de ofensa ao princípio da confidencialidade.

✓ ESTABELECE O ART. 334 DO CPC-15 QUE, OBSERVADOS OS REQUISITOS ESSENCIAIS NA PETIÇÃO INICIAL, E NÃO SENDO O CASO DE IMPROCEDÊNCIA LIMINAR DO PEDIDO, O JUIZ DESIGNARÁ AUDIÊNCIA DE CONCILIAÇÃO OU DE MEDIAÇÃO, EXCETO SE QUALQUER DAS PARTES MANIFESTAREM EXPRESSO DESINTERESSE NA COMPOSIÇÃO CONSENSUAL OU, AINDA, QUANDO A LIDE NÃO ADMITIR A AUTOCOMPOSIÇÃO

(ART. 334, § 4º, I E II). (...) 2. Audiência de conciliação ou de mediação que não pode ser presidida pelo magistrado da causa, mas por conciliador ou mediador, sob pena de ofensa ao princípio da confidencialidade (art. 334, §1º; art. 165, §2º e 3º e art. 166 § 2º, todos do CPC-15). Excepcionalmente, caso isso ocorra, o magistrado não poderá julgar o feito, salvo para homologar a autocomposição obtida, nos termos do art. 334, §11, da Lei Processual. 3. No caso em tela, verifica-se que os réus foram citados para oferecimento de contestação e intimados para comparecimento à audiência inaugural de conciliação, presidida pelo próprio magistrado da causa, com depoimento pessoal das partes, sob pena de confissão e aplicação da multa prevista no art. 334, § 8º do CPC-15, concluída com o proferimento de sentença de procedência do pedido autoral, configurando evidente violação ao princípio do devido processo legal, por inobservância de diversos dispositivos legais que orientam o procedimento comum. 4. Anulação da sentença **ex officio** que se impõe, por **error in procedendo**, com retorno dos autos à origem para regular prosseguimento, a partir das providências preliminares e saneamento (art. 347). Recursos prejudicados. (TJRJ; APL 0248819-20.2016.8.19.0001; Rio de Janeiro; Sétima Câmara Cível; Rel. Des. Luciano Sabóia Rinaldi de Carvalho; Julg. 26/07/2017; DORJ 31/07/2017; Pág. 210)

Art. 167. Os conciliadores, os mediadores e as câmaras privadas de conciliação e mediação serão inscritos em cadastro nacional e em cadastro de tribunal de justiça ou de tribunal regional federal, que manterá registro de profissionais habilitados, com indicação de sua área profissional.

→ *v.* Arts. 11 e 12 da Lei 13.140/2015.

§ 1º Preenchendo o requisito da capacitação mínima, por meio de curso realizado por entidade credenciada, conforme parâmetro curricular definido pelo Conselho Nacional de Justiça em conjunto com o Ministério da Justiça, o conciliador ou o mediador, com o respectivo certificado, poderá requerer sua inscrição no cadastro nacional e no cadastro de tribunal de justiça ou de tribunal regional federal.

→ *v.* Enunciado **n.** 59 da ENFAM: O conciliador ou mediador não cadastrado no tribunal, escolhido na forma do § 1º do art. 168 do CPC/2015, deverá preencher o requisito de capacitação mínima previsto no § 1º do art. 167.

§ 2º Efetivado o registro, que poderá ser precedido de concurso público, o tribunal remeterá ao diretor do foro da comarca, seção ou subseção judiciária onde atuará o conciliador ou o mediador os dados necessários para que seu nome passe a constar da respectiva lista, a ser observada na distribuição alternada e aleatória, respeitado o princípio da igualdade dentro da mesma área de atuação profissional.

→ *v.* Art. 37, II, da CF/1988.

§ 3º Do credenciamento das câmaras e do cadastro de conciliadores e mediadores constarão todos os dados relevantes para a sua atuação, tais como o número de processos de que participou, o sucesso ou insucesso da atividade, a matéria sobre a qual versou a controvérsia, bem como outros dados que o tribunal julgar relevantes.

→ *v.* Enunciado 22 da I Jornada "Prevenção e solução extrajudicial de litígios" do CJF: A expressão "sucesso ou insucesso" do art.167, § 3º, do Código de Processo Civil não deve ser interpretada como quantidade de acordos realizados, mas a partir de uma avaliação qualitativa da satisfação das partes com o resultado e com o procedimento, fomentando a escolha da câmara, do conciliador ou do mediador com base nas suas qualificações e não nos resultados meramente quantitativos.

§ 4º Os dados colhidos na forma do § 3º serão classificados sistematicamente pelo tribunal, que os publicará, ao menos anualmente, para conhecimento da população e para fins estatísticos e de avaliação da conciliação, da mediação, das câmaras privadas de conciliação e de mediação, dos conciliadores e dos mediadores.

§ 5º Os conciliadores e mediadores judiciais cadastrados na forma do *caput*, se advogados, estarão impedidos de exercer a advocacia nos juízos em que desempenhem suas funções.

→ *v.* Art. 7º, parágrafo único, da Lei 9.099/1995.

→ *v.* Art. 15, § 2º, da Lei 12.153/2009.

→ *v.* Art. 30 da Lei 8.906/1994.

→ *v.* Enunciado 60 da ENFAM: À sociedade de advogados a que pertença o conciliador ou mediador aplicam-se os impedimentos de que tratam os arts. 167, § 5º, e 172 do CPC/2015.

§ 6º O tribunal poderá optar pela criação de quadro próprio de conciliadores e mediadores, a ser preenchido por concurso público de provas e títulos, observadas as disposições deste Capítulo.

→ *v.* Art. 169 do CPC.

Art. 168. As partes podem escolher, de comum acordo, o conciliador, o mediador ou a câmara privada de conciliação e de mediação.

→ *v.* Enunciado **n.** 59 da ENFAM: O conciliador ou mediador não cadastrado no tribunal, escolhido na forma do § 1º do art. 168 do CPC/2015, deverá preencher o requisito de capacitação mínima previsto no § 1º do art. 167.

→ *v.* Enunciado 44 da I Jornada "Prevenção e solução extrajudicial de litígios" do CJF: Havendo processo judicial em curso, a escolha de mediador ou câmara privada ou pública de conciliação e mediação deve observar o peticionamento individual ou conjunto das partes, em qualquer tempo ou grau de jurisdição, respeitado o contraditório.

§ 1º O conciliador ou mediador escolhido pelas partes poderá ou não estar cadastrado no tribunal.

§ 2º Inexistindo acordo quanto à escolha do mediador ou conciliador, haverá distribuição entre aqueles cadastrados no registro do tribunal, observada a respectiva formação.

§ 3º Sempre que recomendável, haverá a designação de mais de um mediador ou conciliador.

Art. 169. Ressalvada a hipótese do art. 167, § 6º, o conciliador e o mediador receberão pelo seu trabalho remuneração prevista em tabela fixada pelo tribunal, conforme parâmetros estabelecidos pelo Conselho Nacional de Justiça.

→ *v.* Art. 13 da Lei 13.140/2015.

→ *v.* Resolução CNJ n. 271/2018 – Fixa parâmetros de remuneração a ser paga aos conciliadores e mediadores judiciais, nos termos do disposto no art. 169 do Código de Processo Civil – Lei nº 13.105/2015 – e no art. 13 da Lei de Mediação – Lei nº 13.140/2015.

§ 1º A mediação e a conciliação podem ser realizadas como trabalho voluntário, observada a legislação pertinente e a regulamentação do tribunal.

§ 2º Os tribunais determinarão o percentual de audiências não remuneradas que deverão ser suportadas pelas câmaras privadas de conciliação e mediação, com o fim de atender aos processos em que deferida gratuidade da justiça, como contrapartida de seu credenciamento.

Art. 170. No caso de impedimento, o conciliador ou mediador o comunicará imediatamente, de preferência por meio eletrônico, e devolverá os autos ao juiz do processo ou ao coordenador do centro judiciário de solução de conflitos, devendo este realizar nova distribuição.

→ *v.* Arts. 144 e 148 do CPC.

Parágrafo único. Se a causa de impedimento for apurada quando já iniciado o procedimento, a atividade será interrompida, lavrando-se ata com relatório do ocorrido e solicitação de distribuição para novo conciliador ou mediador.

Art. 171. No caso de impossibilidade temporária do exercício da função, o conciliador ou mediador informará o fato ao centro, preferencialmente por meio eletrônico, para que, durante o período em que perdurar a impossibilidade, não haja novas distribuições.

Art. 172. O conciliador e o mediador ficam impedidos, pelo prazo de 1 (um) ano, contado do término da última audiência em que atuaram, de assessorar, representar ou patrocinar qualquer das partes.

→ *v.* Enunciado 60 da ENFAM: À sociedade de advogados a que pertença o conciliador ou mediador aplicam-se os impedimentos de que tratam os arts. 167, § 5º, e 172 do CPC/2015.

Art. 173. Será excluído do cadastro de conciliadores e mediadores aquele que:

I – agir com dolo ou culpa na condução da conciliação ou da mediação sob sua responsabilidade ou violar qualquer dos deveres decorrentes do art. 166, §§ 1º e 2º;

II – atuar em procedimento de mediação ou conciliação, apesar de impedido ou suspeito.

§ 1º Os casos previstos neste artigo serão apurados em processo administrativo.

§ 2º O juiz do processo ou o juiz coordenador do centro de conciliação e mediação, se houver, verificando atuação inadequada do mediador ou conciliador, poderá afastá-lo de suas atividades por até 180 (cento e oitenta) dias, por decisão fundamentada, informando o fato imediatamente ao tribunal para instauração do respectivo processo administrativo.

Art. 174. A União, os Estados, o Distrito Federal e os Municípios criarão câmaras de mediação e conciliação, com atribuições relacionadas à solução consensual de conflitos no âmbito administrativo, tais como:

→ *v.* Resolução CNJ 125/2010 – Dispõe sobre a Política Judiciária Nacional de tratamento adequado dos conflitos de interesses no âmbito do Poder Judiciário e dá outras providências.

→ *v.* Art. 2º, II, *c*, 6, do Decreto 7.392/2010.

→ *v.* Art. 34 da Lei 13.465/2017

→ *v.* Enunciado 25 da I Jornada "Prevenção e solução extrajudicial de litígios" do CJF: A União, os Estados, o Distrito Federal e os Municípios têm o dever de criar Câmaras de Prevenção e Resolução Administrativa de Conflitos com atribuição específica para autocomposição do litígio.

→ *v.* Enunciado 60 da I Jornada "Prevenção e solução extrajudicial de litígios" do CJF: As vias adequadas de solução de conflitos previstas em lei, como a conciliação, a arbitragem e a mediação, são plenamente aplicáveis à Administração Pública e não se incompatibilizam com a indisponibilidade do interesse público, diante do Novo Código de Processo Civil e das autorizações legislativas pertinentes aos entes públicos.

I – dirimir conflitos envolvendo órgãos e entidades da administração pública;

II – avaliar a admissibilidade dos pedidos de resolução de conflitos, por meio de conciliação, no âmbito da administração pública;

III – promover, quando couber, a celebração de termo de ajustamento de conduta.

→ *v.* Art. 5º da Lei 7.347/1985.

Art. 175. As disposições desta Seção não excluem outras formas de conciliação e mediação extrajudiciais vinculadas a órgãos institucionais ou realizadas por intermédio de profissionais independentes, que poderão ser regulamentadas por lei específica.

→ *v.* Enunciado 18 da I Jornada "Prevenção e solução extrajudicial de litígios" do CJF: Os conflitos entre a administração pública federal direta e indireta e/ou entes da federação poderão ser solucionados pela Câmara de Conciliação e Arbitragem da Administração Pública Federal – CCAF – órgão integrante da Advocacia-Geral da União, via provocação do interessado ou comunicação do Poder Judiciário.

→ *v.* Enunciado 19 da I Jornada "Prevenção e solução extrajudicial de litígios" do CJF: O acordo realizado perante a Câmara de Conciliação e Arbitragem da Administração Pública Federal – CCAF – órgão integrante da Advocacia-Geral da União – constitui título executivo extrajudicial e, caso homologado judicialmente, título executivo judicial.

Parágrafo único. Os dispositivos desta Seção aplicam-se, no que couber, às câmaras privadas de conciliação e mediação.

→ *v.* Enunciado 72 da I Jornada "Prevenção e solução extrajudicial de litígios" do CJF: As instituições privadas que lidarem com mediação, conciliação e arbitragem, bem como com demais métodos adequados de solução de conflitos, não deverão conter, tanto no título de estabelecimento, marca ou nome, dentre outros, nomenclaturas e figuras que se assimilem à ideia de Poder Judiciário.

TÍTULO V
Do Ministério Público

Art. 176. O Ministério Público atuará na defesa da ordem jurídica, do regime democrático e dos interesses e direitos sociais e individuais indisponíveis.

→ *v.* Lei 8.625/1993 – Lei Orgânica Nacional do Ministério Público.

→ *v.* LC 75/1993 – Estatuto do Ministério Público da União.

→ *v.* Art. 127 da CF/1988.

→ *v.* Arts. 279, 976, § 2º e 991 do CPC.

→ v. Arts. 22, 28, § 1º, 50, 65, parágrafo único, 166, 553, parágrafo único, 1.037, 1.497, § 1º, 1.549, 1.637, 1.692, 1.768, III, e 1.769, do CC/2002.
→ v. Arts. 51, § 4º, e 82, I, do CDC.
→ v. Arts. 6º, § 4º e 9º, da Lei 4.717/1965.
→ v. Art. 5º, I, da Lei 7.347/1985.
→ v. Arts. 3º e 5º da Lei 7.853/1989.
→ v. Art. 17, § 4º da Lei 8.429/1992.
→ v. Art. 2º, § 4º da Lei 8.560/1992.
→ v. Art. 12 da Lei 12.016/2009.

Art. 177. O Ministério Público exercerá o direito de ação em conformidade com suas atribuições constitucionais.

→ v. Súmulas 329 e 594 do STJ.
→ v. Art. 129 da CF/1988

Legitimidade do MP para ação de alimentos em prol de menor, independentemente da existência ou eficiência da Defensoria Pública local.

✓ DIREITO CIVIL E PROCESSUAL CIVIL. Recurso especial. Ação de alimentos. Direito individual indisponível. Ministério público. Legitimidade ativa. Orientação consolidada no Recurso Especial repetitivo n. 1.265.821/BA 1. O ministério público tem legitimidade para figurar no polo ativo de ação de alimentos em prol de menor e na qualidade de substituto processual, independentemente da situação fática referente ao exercício do poder familiar dos pais, da condição em que se encontra esse menor ou ainda da existência ou eficiência da defensoria pública na Comarca onde reside o menor. 2. Preliminar julgada prejudicada. Recurso Especial conhecido e provido. (STJ; REsp 1.415.375; Proc. 2013/0363778-0; BA; Terceira Turma; Rel. Min. João Otávio de Noronha; DJE 08/03/2016)

Legitimidade do MP para propor ação de interdição de ébrio habitual.

✓ AGRAVO DE INSTRUMENTO. INTERDIÇÃO COM PEDIDO LIMINAR DE INTERNAÇÃO COMPULSÓRIA. ÉBRIO HABITUAL. DEBILIDADE FÍSICA E MENTAL. RESPOSTA INSUFICIENTE AOS TRATAMENTOS AMBULATORIAIS. LAUDO MÉDICO ATESTANDO A NECESSIDADE DA INTERNAÇÃO. DIREITO À VIDA QUE SE SOBREPÕE AO DIREITO À LIBERDADE. 1) o m. P. Tem legitimidade para ajuizar ação que versa sobre o estado da pessoa (interdição temporária), como dispõe o art. 176, do CPC/15 (correspondente ao art. 82, inciso I, do CPC/73). Ademais, o direito à saúde e à vida, tutelados na ação originária, são direitos individuais indisponíveis, cabendo ao parquet atuar na defesa desses interesses, como preceitua o art. 127, caput, da Constituição Federal. 2) o requerido é ébrio habitual e não correspondeu satisfatoriamente ao tratamento oferecido pela CAPS- AD – Centro de atenção psicossocial para álcool e outras drogas de Colatina-ES, tendo sido indicada a sua internação, à vista do grau extremo de debilidade física e mental a que chegou em razão do uso abusivo de álcool. A Lei que dispõe sobre a proteção das pessoas portadoras de transtornos mentais e redireciona o modelo assistencial em saúde mental (Lei nº 10.216/2001) exige um laudo médico circunstanciado que justifique os motivos da internação compulsória, documento este acostado ao processo em exame, fornecendo informações suficientes acerca da gravidade da doença, do risco à saúde do destinatário da medida e da insuficiência dos recursos extra-hospitalares anteriormente utilizados. Diante da gravidade do estado clínico relatado pelo médico, a internação se revela como medida necessária para o fim de resguardar a própria vida do paciente, sobrepondo-se ao direito de liberdade do cidadão. 3) reconhecido o acerto da decisão recorrida, que determinou ao estado do Espírito Santo que viabilize a internação do requerido em clínica pública especializada para tratamento para alcoolismo, ou arque com os gastos decorrentes da internação em clínica particular, fixando multa diária pelo descumprimento. 4) recurso conhecido e desprovido. (TJES; AI 0013950-16.2015.8.08.0014; Terceira Câmara Cível; Relª Desª Eliana Junqueira Munhos; Julg. 31/05/2016; DJES 10/06/2016)

Art. 178. O Ministério Público será intimado para, no prazo de 30 (trinta) dias, intervir como fiscal da ordem jurídica nas hipóteses previstas em lei ou na Constituição Federal e nos processos que envolvam:

→ v. Recomendação CNMP nº 34/2016, que dispõe sobre a atuação do Ministério Público como órgão interveniente no processo civil.
→ v. Enunciado 112 do CJF: A intervenção do Ministério Público como fiscal da ordem jurídica não inviabiliza a celebração de negócios processuais.

Indicando não ser cabível atuação do MP fora das hipóteses previstas na CF ou na lei

✓ O processo em apreço não encerra hipótese de intervenção obrigatória do Ministério Público, pois a demanda, tal como delimitada pela petição inicial, não veicula matéria que possa repercutir no interesse público ou social, nem trata de litígio coletivo de posse de terra rural ou urbana. O direito invocado é de natureza pessoal e estritamente patrimonial, residindo a causa de pedir no fato de terem os autores pago pelo terreno e não o terem recebido, porque o imóvel foi alvo de negociação paralela entre os réus (STJ, REsp 1714925 Rel. Min. Nancy Andrighi, 3ª Turma, j. 11.09.2018).

Apontando ser obrigatória a intervenção do Ministério Público no mandado de segurança por previsão em lei especial, independentemente dos casos relacionados nos incisos do art. 178.

✓ PROCESSO CIVIL. APELAÇÃO CÍVEL. MANDADO DE SEGURANÇA. APREENSÃO DE MERCADORIAS E COBRANÇA DE ICMS. PRELIMINAR DE OFICIO. MATÉRIA DE ORDEM PÚBLICA. INTERVENÇÃO OBRIGATÓRIA DO MINISTÉRIO PÚBLICO. AUSÊNCIA DE INTIMAÇÃO NO PRIMEIRO GRAU. DESCONSTITUIÇÃO DA SENTENÇA APELADA. RECURSO CONHECIDO E ACOLHIDO PARECER MINISTERIAL POR SER MATÉRIA DE ORDEM PÚBLICA. 1. O ministério público é obrigado a intervir no feito, em ação de mandado de segurança por disposição legal. A ausência de notificação do ministério púbico acarreta vicio insanável, e por consequência a nulidade atos processuais e da decisão combatida. 2. Acolho parecer ministerial, por tratar-se de matéria de ordem pública, sentença desconstituída, devendo os autos retornar à origem. (TJPA; APL 0002317-23.2013.8.14.0301; Ac. 177360; Primeira Turma de Direito Público; Relª Desª Ezilda Pastana Mutran; Julg. 19/06/2017; DJPA 28/06/2017; Pág. 279)

I – interesse público ou social;

→ v. Arts. 976, § 2º e 991 do CPC.
→ v. Arts. 52, V e 99, XIII da Lei 11.101/2005.

Exigindo a atuação do Ministério Público em ação coletiva, quando não for parte, sob pena de nulidade.

✓ AÇÃO CIVIL COLETIVA. AUSÊNCIA DE INTIMAÇÃO PRÉVIA DO MINISTÉRIO PÚBLICO DO TRABALHO. NULIDADE PROCESSUAL. CONFIGURAÇÃO. Tratando-se de ação civil coletiva, a ausência de intimação prévia do Ministério Público do Trabalho para intervir no processo, quando não for parte, acarreta a nulidade do julgado, porquanto obrigatória a sua atuação no feito como custos legis, por imposição legal, a teor do art. 92 do CDC; do art. 5º, § 1º, da Lei nº 7.347/1985; do art. 83, VI, da Lei Complementar nº 75/1993, e dos arts. 179 e 996, caput, do CPC, de aplicação subsidiária, nos termos do art. 769 da CLT. Preliminar que se acolhe para determinar a devolução dos autos ao Juízo de origem a fim de que seja reaberta a instrução processual, com a intimação prévia e pessoal do Parquet, que se perfaz em legítimo custos legis na presente demanda, observando-se o disposto no art. 178 do CPC. Recurso ordinário prejudicado. (TRT 13ª R.; RO 0131700-86.2015.5.13.0002; Tribunal Pleno; Rel. Des. Wolney de Macedo Cordeiro; Julg. 21/09/2017; DEJTPB 28/09/2017; Pág. 131)

Indicando que é necessária a intervenção do Ministério Público, quando este não for parte, na ação civil pública por improbidade administrativa.

✓ PROCESSUAL CIVIL. APELAÇÃO CÍVEL. AÇÃO CIVIL PÚBLICA POR ATO DE IMPROBIDADE ADMINISTRATIVA. AUSÊNCIA DE INTIMAÇÃO DO PARQUET NA INSTÂNCIA A QUO. OBRIGATORIEDADE DE INTERVENÇÃO DO MINISTÉRIO PÚBLICO COMO CUSTOS LEGIS. ART. 5º, § 1º, DA LEI Nº. 7.347/85. ART. 17, § 4º, DA LEI Nº. 8.429/92. PRELIMINAR DE NULIDADE PROCESSUAL ACOLHIDA. RETORNO DOS AUTOS AO JUÍZO A QUO PARA O SEU REGULAR PROSSEGUIMENTO E JULGAMENTO. RECURSO CONHECIDO E PROVIDO. 1. Trata-se de Ação Civil Pública proposta pelo Município de Luís Correia-PI em desfavor de Francisco Araújo Galeno (ex-gestor público) objetivando a sua condenação ao ressarcimento do importe de R$ 51.327,07 (cinquenta e um mil, trezentos e vinte e sete reais e sete centavos) e, ainda, às sanções previstas no art. 12, inciso I, da Lei nº. 8.429/92, pela prática de atos de improbidade administrativa, consubstanciada na apropriação indevida de valores pagos pelo Banco do Brasil S/A ao Município, referentes a Contrato de Locação Predial celebrado entre ambos. 2. Segundo disposto no artigo 17, § 4º, da Lei nº 8.429/92 c/c art. 5º, § 1º, Lei nº 7.347/85 47, do CPC/73, quando o Ministério Público não intervir no processo como parte, atuará obrigatoriamente, como fiscal da Lei, sob pena de nulidade. 3. O art. 82, III, do Código de Processo Civil/1973, recepcionado pelo art. 178, I, do CPC, dispõe que é obrigatória a intervenção Ministerial nas causas em que há interesse público evidenciado pela natureza da lide. 4. A presente demanda versa sobre possível desvio de verbas públicas, matéria esta que envolve o interesse público, razão pela qual, torna-se obrigatória a intervenção do Parquet, o que não ocorreu no caso em espécie, ensejando, assim, a nulidade processual. 5. Recurso conhecido e provido. 6. Retorno dos autos ao Juízo de origem para adotar o seu regular prosseguimento e julgamento. (TJPI; AC 2016.0001.012546-1; Quarta Câmara Especializada Cível; Rel. Des. Fernando Lopes e Silva Neto; DJPI 19/06/2017; Pág. 56)

Considerando obrigatória a atuação do Ministério Público na recuperação judicial.

✓ AGRAVO DE INSTRUMENTO. AÇÃO DE RECUPERAÇÃO JUDICIAL. DECISÃOPELADESNECESSIDADEDE ATUAÇÃO DO PARQUET NA AÇÃO RECUPERACIONAL. Inconformismo. Intervenção obrigatória do Ministério Público. Fiscal da ordem jurídica. Inteligência do art. 52, V da Lei nº 11.101/05 e art. 178, I do CPC/15. Atribuição exclusiva do Ministério Público na identificação da existência do interesse que justifique a intervenção da Instituição na causa. Presença de interesse público primário. Garantia de desenvolvimento equilibrado da ordem econômica. Tutela de bens jurídicos coletivos ou supraindividuais. Aplicação do art. 170 CF/88. Ministério Público como guardião da ordem econômica. Precedentes. Recurso provido. (TJRJ; AI 0036247-82.2017.8.19.0000; Rio de Janeiro; Décima Câmara Cível; Rel. Des. José Carlos Varanda dos Santos; DORJ 15/09/2017; Pág. 317)

Apontando a obrigatoriedade da intimação do Ministério Público na ação de usucapião, sob pena de nulidade absoluta.

✓ APELAÇÃO CÍVEL. AÇÃO DE USUCAPIÃO. AUSÊNCIA DE INTERVENÇÃO DO MINISTÉRIO PÚBLICO. NECESSIDADE. INTERESSE PÚBLICO. NULIDADE ABSOLUTA. É caso de se desconstituir a sentença e anular o processo para que o ministério público oficie no feito, uma vez que obrigatória a sua intervenção, considerando o tema em destaque e as disposições do art. 178 do CPC. Sentença desconstituída. Apelo prejudicado. (TJRS; AC 0229531-50.2017.8.21.7000; Caxias do Sul; Décima Sétima Câmara Cível; Rel. Des. Gelson Rolim Stocker; Julg. 31/08/2017; DJERS 12/09/2017). V. tb.: PELAÇÃO CÍVEL. USUCAPIÃO. INTERVENÇÃO DO MINISTÉRIO PÚBLICO. Parecer. Extinção. Memoriais descritivos, plantas e certidões. Imóvel não identificado plenamente. Indispensabilidade, no caso. Procedimento extrajudicial. Lei dos Registros Públicos. Opção. Anulação da sentença. Sentença proferida em 06/07/2016 (fl. 149). Ao julgamento do recurso contra a mesma interposto aplicam-se as novas regras atinentes à matéria, incidindo o enunciado administrativo nº 3 do Superior Tribunal de Justiça. A sentença hostilizada, que acolheu a promoção do Ministério Público, se lastreou no fato de que os requerentes não apresentaram memorial descritivo e planta do imóvel usucapiendo de modo a que se pudesse localizar os imóveis dos confinantes. Também se fundamentou no fato de que com a vigência do novo Código de Processo Civil, a usucapião poderia ser perfeitamente conseguida na esfera extrajudicial, ou seja, no Tabelionato, assim considerando que a extinção do processo em nada prejudicaria os autores na consecução do seu interesse, adotando, então, o Enunciado nº 108 das Primeiras Impressões de Juízes Cíveis acerca do novo CPC, promovido pelo Centro de Estudos e Debates do TJERJ (Aviso Conjunto TJ/CEDES 22/2015). A toda evidência na ação de usucapião o autor deve instruir a inicial com a planta do imóvel e o memorial descritivo. A falta desses documentos essenciais e o desatendimento ao comando judicial para a apresentação dos documentos requeridos pelo Ministério Público para a adequada instrução da ação, implica na ausência de pressupostos de constituição e de desenvolvimento válido do processo e importa na extinção do feito sem resolução do mérito. Feita a ressalva, ressalte-se que a usucapião pode realmente vir a ser reconhecida através de procedimento extrajudicial. Incidência do art. 1.071 do novo CPC, dando nova redação ao art. 216-A da Lei de Registros Públicos. A própria norma confirma que a possibilidade ocorre sem prejuízo da via jurisdicional. O entendimento adotado na sentença não deve prevalecer porque viola normas de índole constitucional. De fato, a via extrajudicial corresponde a uma opção a mais concedida ao cidadão. Consigne-se que o novo CPC não prevê um procedimento especial para a ação de usucapião, como ocorria no derrogado CPC, que a previa como um procedimento especial, nos arts. 941 a 945. E, muito embora a ela se refira incidentalmente nos art. 246, §3º e 259, inciso I, do CPC, a ação surge inserta às ações de procedimento comum, ressaltando-se a interveniência obrigatória do representante Ministério Público, isto que deverá ocorrer por cuidar-se de matéria de interesse social relevante (art. 178, inciso I, do CPC). Acrescente-se que o Ministério Púbico não comparece aos autos apenas para fazer exigências exageradas, como se infere da narrativa dos apelantes. Afinal, o que torna obrigatória a interveniência do Órgão Ministerial é a natureza de sua função constitucional acima de tudo como fiscal da Lei, cumprindo-lhe observar que ela seja cumprida irrestritamente. Os documentos exigidos pelo sentenciante são, de fato, indispensáveis para propositura da presente ação. Como no caso da planta, que só não é necessária quando o imóvel esteja perfeitamente delimitado. Todavia, sendo os requerentes beneficiários da gratuidade de justiça, cumpre que se observe o entendimento consagrado do Superior Tribunal de Justiça, que assevera que as despesas pessoais e materiais para a realização da perícia e confecção do laudo estão abrangidas pela isenção legal que goza o beneficiário da justiça gratuita. Não podendo exigir do perito que assuma o ônus financeiro para execução desses atos, é evidente que essa obrigação deve ser desincumbida pelo Estado, a quem foi conferido o dever constitucional e legal de prestar assistência judiciária aos necessitados. Inteligência do art. 98, caput, do novo CPC. Some-se a isso, no que tange aos demais documentos e certidões exigíveis, a serem produzidos pelos hipossuficientes, que o juiz requisitará às repartições públicas, em qualquer tempo ou grau de jurisdição, as certidões necessárias à prova das alegações do jurisdicionado hipossuficiente. Inteligência do art. 438, inciso I, do novo CPC. Por fim, acresce ponderar que o benefício da gratuidade deve ser interpretado em seu alcance mais amplo. Restringir sua incidência é torná-lo ineficaz, considerando-se que se o Estado reconhece a hipossuficiência da parte deve, por óbvio, conceder-lhe plenamente os efeitos decorrentes do benefício, sob pena de violação a princípios constitucionais (art. 5º, XXXIV, XXXV e LXXIV, da Constituição da República). Sentença que se anula, a fim de que prossiga a instrução, determinando-se que o magistrado nomeie um perito para elaboração do memorial descritivo e também da planta do imóvel, uma vez que entende insuficiente a que foi apresentada pelos autores, assim como que requisite junto às repartições públicas as certidões que repute necessárias à instrução do feito, na forma do art. 438, inciso I, do novo CPC. Parecer, favorável, da Procuradoria de Justiça. Recurso a que se dá provimento. (TJRJ; APL 0008805-81.2012.8.19.0206; Rio de Janeiro; Terceira Câmara Cível; Rel. Des. Mario Assis Goncalves; DORJ 18/08/2017; Pág. 260)

Considerando existir interesse público que autoriza a intervenção do órgão ministerial em demanda que discute ato administrativo que excluiu candidato de concurso público.

✓ RECURSO INOMINADO. PRIMEIRA TURMA RECURSAL DA FAZENDA PÚBLICA. CONCURSO. INSPETOR DE POLÍCIA PRIMEIRA CLASSE. EDITAL 004/2013. SINDICÂNCIA DA VIDA PREGRESSA. 1. Trata-se de ação em que pretende a parte autora, candidato ao cargo de inspetor de polícia de primeira classe inscrito sob o nº 22356 no concurso público aberto pelo Estado do Rio Grande do Sul por meio do edital 004/2013, reconhecimento de nulidade do ato administrativo que o excluiu do certame em razão de não indicação por ocasião de sua submissão à sindicância sobre a vida pregressa. 2. No caso telado, o ministério público atua como fiscal da Lei, intervindo no processo em razão do interesse público na solução do litígio preconizado no disposto no artigo 178 do CPC. Não obstante, após a manifestação à fl. 184, quando requereu publicação de decisão de fl. 116 e a intimação do réu para juntada dos documentos relativos ao exame de aptidão psicológica realizado, houve julgamento antecipado da lide, com afastamento da intervenção ministerial, sem que este houvesse sido instado ao oferecimento de parecer de mérito nos autos. Afronta ao disposto no artigo 179, I, do CPC. Nulidade evidenciada. De ofício, sentença desconstituída. Recurso inominado prejudicado. (TJRS; RCív 0010656-30.2017.8.21.9000; Pelotas; Turma Recursal da Fazenda Pública; Relª Juíza Thais Coutinho de Oliveira; Julg. 29/06/2017; DJERS 12/07/2017)

Entendendo haver interesse público em demanda na qual se discutia esbulho e a existência de bens de uso comum.

✓ APELAÇÃO. ESBULHO. SERVIDÃO DE PASSAGEM. ESTRADA VICINAL GOIÂNIA-NAZÁRIO. DOMÍNIO PÚBLICO. INTERVENÇÃO DO MINISTÉRIO PÚBLICO E DO MUNICÍPIO. NECESSIDADE. NULIDADE DO PROCESSO. Compete ao Ministério Público intervir em todas as causas em que o interesse público ou social for evidente, ex vi do disposto no artigo 178, inciso I, do Código de Processo Civil. Assim, a ausência de sua intervenção leva a nulidade do feito, devendo o juiz invalidar todos os atos a partir do momento em que deveria ser intimado, tudo nos termos do disposto no artigo 279, §§ 1º e 2º, do Estatuto Processual Civil. APELO CONHECIDO MAS PREJUDICADO. SENTENÇA CASSADA DE OFÍCIO. (TJGO; AC 0196178-68.2011.8.09.0111; Nazario; Sexta Câmara Cível; Rel. Des. Fausto Moreira Diniz; DJGO 17/05/2017; Pág. 88)

Ação de anulação de escritura pública exige a intervenção do Ministério Público, sob pena de nulidade.

✓ APELAÇÃO CÍVEL. ANULAÇÃO DE ESCRITURA PÚBLICA. INTERESSE PÚBLICO. INTERFERÊNCIA OBRIGATÓRIA DO MINISTÉRIO PÚBLICO. NÃO OBSERVÂNCIA. ERROR IN PROCEDENDO. SENTENÇA CASSADA. 1. Conforme previsto no artigo 178, I do Novo Código de Processo Civil, "o Ministério Público será intimado para, no prazo de 30 (trinta) dias, intervir como fiscal da ordem jurídica nas hipóteses previstas em Lei ou na Constituição Federal e nos processos que envolvam interesse público". 2. Tendo em vista a ocorrência de **error in procedendo**, a cassação da sentença é medida que se impõe. 3. Sentença cassada, apelação prejudicada. (TJMG; APCV 1.0778.05.008709-8/001; Relª Desª Mariza Porto; Julg. 20/07/2016; DJEMG 27/07/2016)

II – interesse de incapaz;

- *V.* Súmula 594 do STJ.
- *V.* Arts. 3º e 4º, do CC/2002.
- *V.* Arts. 3º e 5º da Lei 7.853/1989.
- *V.* Art. 79, § 2º, da Lei 13.146/2015 – Estatuto da Pessoa com Deficiência.

Exigindo a atuação do Ministério Público em ação relacionado ao reconhecimento/negação de paternidade de incapaz, ainda que socioafetiva

✓ PROCESSO CIVIL. DIREITO DE FAMÍLIA. AÇÃO NEGATÓRIA DE PATERNIDADE COMBINADA COM ANULATÓRIA DE REGISTRO DE NASCIMENTO. INTERESSE PÚBLICO. MINISTÉRIO PÚBLICO. FISCAL DA ORDEM JURÍDICA. LEGITIMIDADE. INCAPAZ. ARTIGOS 178, II, 179 E 966 DO CPC/2015. SÚMULA nº 99/STJ. PATERNIDADE RESPONSÁVEL. ARTIGOS 127 E 226 DA CF/1988. FILIAÇÃO. DIREITO PERSONALÍSSIMO. artigo 2º, §§ 4º E 6º, DA LEI Nº 8.560/1992. INTERVENÇÃO. OBRIGATORIEDADE. SOCIOAFETIVIDADE. Artigo 1.593 DO CC/2002. INSTRUÇÃO PROBATÓRIA. IMPRESCINDIBILIDADE. REGISTRO. RECONHECIMENTO ESPONTÂNEO. ERRO OU FALSIDADE. SOCIOAFETIVIDADE. PRESENÇA. ÔNUS DO AUTOR. ARTIGO 373, I, CPC 2015 (...) 2. O Ministério Público, ao atuar como fiscal da ordem jurídica, possui legitimidade para requerer provas e recorrer em processos nos quais oficia, tais como os que discutem direitos de incapazes em ação de investigação de paternidade com manifesto interesse público primário e indisponível (artigo 2º, §§ 4º e 6º, da Lei nº 8.560/1992). 3. A atuação do Parquet como custos legis está, sobretudo, amparada pela Constituição Federal (artigos 127, caput, 129, IX, e 226, § 7º), que elegeu o princípio da paternidade responsável como valor essencial e uma das facetas da dignidade humana. 4. O órgão ministerial presenta o Estado ao titularizar um interesse manifestamente distinto daqueles naturalmente defendidos no processo por autor e réu, não se submetendo a critérios discricionários. 5. A posição processual do Parquet é dinâmica e deve ser compreendida como um poder-dever em função do plexo de competências determinadas pela legislação de regência e pela Carta Constitucional. 6. A averiguação da presença de socioafetividade entre as partes é imprescindível, pois o laudo de exame genético não é apto, de forma isolada, a afastar a paternidade. 7. A anulação de registro depende não apenas da ausência de vínculo biológico, mas também da ausência de vínculo familiar, cuja análise resta pendente no caso concreto, sendo ônus do autor atestar a inexistência dos laços de filiação ou eventual mácula no registro público. 8. Recurso especial provido (STJ, REsp 1664554, Rel. Min. Ricardo Cuevas, 3ª Turma, j. 05.02.2019).

A decretação de divórcio, por si só, não interfere em interesses de eventuais filhos incapazes, não ensejando a atuação do Ministério Público.

✓ AGRAVO DE INSTRUMENTO. AÇÃO DE DIVÓRCIO LITIGIOSO. DIVÓRCIO DECRETADO EM SEDE DE JULGAMENTO PARCIAL DE MÉRITO. CASAMENTO REALIZADO NO EXTERIOR E LEGITIMAMENTE VALIDADO NO BRASIL. COMPETÊNCIA DA AUTORIDADE JUDICIÁRIA BRASILEIRA. IRREGULARIDADE FORMAL NA REPRESENTAÇÃO DO AGRAVADO. VÍCIO SANADO. AFASTAMENTO DAS ALEGAÇÕES DE NULIDADE DO ATO JUDICIAL ATACADO. DESNECESSIDADE DE INTERVENÇÃO MINISTERIAL. DEVIDO PROCESSO LEGAL OBSERVADO. DECISÃO INTERLOCUTÓRIA COM CONTEÚDO DE SENTENÇA. MANUTENÇÃO. 1. O casamento realizado no estrangeiro e validamente registrado no Brasil, tem plena validade no território nacional, de modo que, para o seu desfazimento, tem competência a autoridade judiciária brasileira, em concorrência com a autoridade estrangeira, segundo os critérios traçados na Lei processual vigente ao tempo do ajuizamento da ação (arts. 88 a 90, do CPC/73). A ação intentada perante tribunal estrangeiro não induz litispendência, nem obsta que a autoridade judiciária brasileira conheça da mesma causa e das que lhe são conexas. 2. A ausência de especificação de poderes especiais para propor a ação em questão enseja mera irregularidade formal do instrumento procuratório, que, se validamente suprida por procuração posteriormente apresentada, não induz nulidade por falha na representação processual (segundo o art. 13 do CPC/73, em regra reprisada pelo art. 76 do CPC/15, nas instâncias ordinárias, o vício poderia ser sanado a qualquer tempo, caso em que o juiz haveria de conceder prazo razoável para tanto). 3. A decretação do divórcio, por si só, em nada interfere no direito dos filhos dos cônjuges divorciados (no caso, menores), razão por que, não configuradas quaisquer das hipóteses do art. 178 do CPC/15, desnecessária a intervenção do órgão ministerial, não havendo falar em nulidade a ser decretada em virtude da ausência de manifestação do parquet. 4. Se, na ação de divórcio, a parte ré, regularmente citada, não apresenta resistência à pretensão inicial, a decretação do divórcio em decisão interlocutória que contempla julgamento parcial do mérito (art. 356, do CPC/15) não viola o contraditório e a ampla defesa, tampouco o princípio da não surpresa (art. 10, do CPC/15), que tem como escopo resguardar as partes de decisões judiciais que tratem de questões não ventiladas no feito e sobre as quais não estejam elas cientes. 5. O comando judicial que decreta o divórcio das partes, em sede de decisão interlocutória proferida nos termos do art. 356 do CPC/15, apresenta conteúdo de sentença (art. 487, I, do CPC/15), dotado de caráter de definitividade, razão por que é apto para, legitimamente, ser averbado perante do cartório extrajudicial competente. Recurso desprovido. (TJGO; AI 0201105-46.2016.8.09.0000; Goiânia; Segunda Câmara Cível; Rel. Des. Zacarias Neves Coelho; DJGO 01/12/2016; Pág. 211)

Se o autor alcança a maioridade no curso do processo, dispensa-se a atuação do órgão ministerial.

✓ APELAÇÕES CÍVEIS. AÇÃO DE INDENIZAÇÃO POR DANOS MORAIS. PRELIMINARES DE CERCEAMENTO DE DEFESA E NULIDADE DA SENTENÇA AFASTADAS. MÉRITO. PROBLEMAS TÉCNICOS NA AERONAVE FRETADA PELA RÉ. NÃO COMPROVAÇÃO. DANOS MORAIS INDEVIDOS. MÁ-FÉ DO AUTOR NÃO DEMONSTRADA. RECURSO DA RÉ PARCIALMENTE PROVIDO. RECURSO DO AUTOR PREJUDICADO. I. O não comparecimento da ré ou do seu advogado à audiência de instrução e julgamento designada revela o desinteresse na oitiva do depoimento pessoal do autor, pelo que não há falar em cerceamento de defesa. II. Não obstante a ação tenha sido ajuizada quando o autor ainda na condição de relativamente incapaz, o que impunha a participação nos autos do Ministério Público Estadual por força do disposto no artigo 178, II, do CPC, o certo é que posteriormente atingiu ele a maioridade, tornando, a partir de então, desnecessária a intervenção do parquet. No que toca à irregularidade da representação processual do autor, tal foi sanada com a juntada do instrumento do mandato. Preliminar de nulidade afastada. III. A pretensão do autor tem como causa de pedir única o fretamento pela ré de aeronave, em tese, sem condições de realizar a viagem objeto do contrato celebrado entre as partes, o que não foi comprovado nos autos, ônus que a ele competia nos termos do artigo 373, I, do CPC. IV. O fato de ter requerido a concessão dos benefícios da gratuidade da justiça, sobretudo por ser menor na data da distribuição da ação, não permite concluir tenha o autor litigado de má-fé; relativamente ao ajuizamento desta ação pretendendo obter a reparação de um dano moral supostamente suportado, ainda que julgado improcedente o pedido formulado, não revela a intenção do autor na busca de enriquecimento ilícito, apenas o exercício de direito consagrado constitucionalmente. (TJMS; APL 0800453-61.2014.8.12.0001; Quinta Câmara Cível; Rel. Des. Luiz Tadeu Barbosa Silva; DJMS 24/04/2017; Pág. 133)

Se o incapaz não for parte do processo ou o direito discutido na causa não lhe disser respeito, não se exige a intervenção do Ministério Público.

✓ APELAÇÃO CÍVEL E APELAÇÃO ADESIVA. EXTINÇÃO DE CONDOMÍNIO. PRELIMINAR DE INTEMPESTIVIDADE DO RECURSO DE APELAÇÃO. REJEITAR. PRELIMINAR DE NULIDADE DA SENTENÇA POR COISA JULGADA FORMAL E MATERIAL. REJEITAR. PRELIMINAR DE NULIDADE DE SENTENÇA POR AUSÊNCIA DE INTERVENÇÃO DO MINISTÉRIO PÚBLICO. REJEITAR. METADE DO VALOR OBTIDO COM A ALIENAÇÃO. DECOTAR PARTE RECEBIDA ANTECIPADAMENTE. PRAZO ESTIPULADO NO ART. 1.320, §1º, CPC. INAPLICABILIDADE. VENDA DE IMÓVEL PERTENCENTE A TRÊS PROPIETÁRIOS. VALOR A SER DECOTADO. METADE DE UM TERÇO. O prazo para interpor recurso de apelação é de 15 (quinze) dias úteis, conforme disposto no art. 219 c/c art. 1.003, §5º, ambos do CPC. Não há contrariedade a acordo homologado na Ação de Divórcio quando a sentença extingue o condomínio determinando a alienação judicial do imóvel, bem como o abatimento de parte já recebida. Nos termos do art. 178, do CPC, o Ministério Público será intimado para intervir como fiscal da ordem jurídica nos processos que envolvam interesse de incapaz, desde que seja parte da ação (ativa ou passiva) ou quando o direito discutido lhe diga respeito. O Juiz de primeiro grau cuidou em determinar que seja decotado do valor das importâncias já recebidas. O prazo a que se refere o art. 1.320, §1º, do CPC trata-se de uma faculdade para manter a coisa indivisa, desde que acordes. Inexistindo concordância, não se aplica o referido artigo. O valor recebido a mais corresponde a metade de um terço, vez que a outra metade já lhe pertencia devido a meação. (TJMG; APCV 1.0672.15.006085-9/001; Rel. Des. Pedro Aleixo; Julg. 23/08/2017; DJEMG 01/09/2017)

Indicando que, se o Ministério Público atua em segundo grau sem alegar prejuízo para o incapaz pela ausência de sua intervenção anterior, não se pronuncia a nulidade.

✓ APELAÇÃO CÍVEL. AÇÃO DE COBRANÇA DE SEGURO DPVAT. INTERESSE DE INCAPAZ. AUSÊNCIA DE INTERVENÇÃO DO MINISTÉRIO PÚBLICO. NULIDADE. Nos termos do artigo 178, II do Código de Processo Civil, compete ao Ministério Público intervir nas causas em que há interesse de incapaz. Conforme posicionamento consolidado pelo Colendo Superior Tribunal de Justiça, a nulidade do feito somente é afastada se o Ministério Público intervém em segundo grau de jurisdição sem apontar concretamente a existência de prejuízos à parte. (TJMG; APCV 1.0325.11.002471-9/002; Rel. Des. Alexandre Santiago; Julg. 25/10/2017; DJEMG 31/10/2017)

Considerando que a atuação do Ministério Público em segundo grau não convalida a nulidade decorrente da ausência de sua prévia intimação em causa envolvendo interesse de incapaz.

✓ APELAÇÃO. EMBARGOS DE TERCEIRO. IMPROCEDÊNCIA. Embargantes menores de idade. Intervenção obrigatória do MP (art. 178, II do CPC). Manifestação não oportunizada pelo MM. Juízo a quo. Prejuízo evidenciado pela improcedência dos embargos, que não pode ser suprido pela atuação em segundo grau. Nulidade configurada. Art. 279 do CPC. Preliminar acolhida. Recurso provido. (TJSP; APL 0121099-45.2011.8.26.0100; Ac. 10641337; São Paulo; Vigésima Oitava Câmara Extraordinária de Direito Privado; Rel. Des. Mauro Conti Machado; Julg. 31/07/2017; DJESP 10/10/2017; Pág. 2740). V. tb.: PREVIDENCIÁRIO. PENSÃO POR MORTE. NULIDADE INTERVENÇÃO DO MINISTÉRIO PÚBLICO. NECESSIDADE. EFETIVO PREJUÍZO. Havendo interesse de incapazes, é obrigatória a intervenção efetiva do Ministério Público, conforme previsto no art. 178, I, do CPC/2015 (art. 82, I, do CPC/73), não suprida pela intervenção ministerial em segundo grau. Impõe-se reconhecer o efetivo prejuízo dos menores cujo direito não foi reconhecido pela sentença proferida liminarmente e que deve ser anulada. (TRF 4ª R.; AC 0009420-94.2016.404.9999; RS; Quinta Turma; Rel. Des. Fed. Altair Antonio Gregório; Julg. 12/09/2017; DEJF 22/09/2017)

Entendimento intermediário, segundo o qual a atuação do Ministério Público em segundo grau somente convalida a nulidade se não houver prejuízo ao incapaz.

✓ DIREITO PROCESSUAL CÍVEL. APELAÇÃO. AÇÃO DE REPARAÇÃO POR DANOS MORAIS. SENTENÇA QUE JULGOU IMPROCEDENTE A DEMANDA. PRESENÇA DE INTERESSE DE MENOR. AUSÊNCIA DE INTERVENÇÃO DO MINISTÉRIO PÚBLICO NA ORIGEM. ARTIGOS 178, 179 E 279 DO CPC. NULIDADE RECONHECIDA. RECURSO PREJUDICADO. 1. É cediço que o ministério público, nos termos dos arts. 178, II, 179, I e 279 do código de processo civil, deverá intervir nas demandas que envolvam interesse de incapaz, sob pena de nulidade, tendo vista dos autos após a manifestação das partes. 2. O Superior Tribunal de Justiça entende que a ausência de intervenção ministerial em primeira instância pode ser suprida pela participação do parquet em sede de segundo grau, em atenção ao princípio da instrumentalidade das formas; no entanto, no caso dos autos, o ministério público, em grau recursal, destacando que a situação dos autos configura hipótese de intervenção ministerial, diante da presença de menor no polo ativo da demanda, bem salientando que houve prejuízos à incapaz, opinou pela nulidade da sentença de improcedência. 3. Assim, impõe-se o acolhimento dos argumentos apresentados pelo ministério público de segundo grau, para desconstituir a sentença e declarar nulos os atos processuais ocorridos sem a intervenção do parquet. Sentença desconstituída. 4. Recurso prejudicado. (TJCE; APL 0202328-20.2013.8.06.0001; Segunda Câmara de Direito Privado; Relª Desª Maria de Fátima de Melo Loureiro; DJCE 27/09/2017; Pág. 86)

No mesmo sentido, apontando que o prejuízo para o incapaz decorreu do fato de o Ministério Público ter atuado somente após o encerramento da instrução.

✓ DIREITO DE FAMÍLIA. AÇÃO DE RECONHECIMENTO E DISSOLUÇÃO DE UNIÃO ESTÁVEL C/C PARTI-

LHA DE BENS. PENSÃO ALIMENTÍCIA. DEPENDENTES. INTERESSE DE INCAPAZES. INTERVENÇÃO OBRIGATÓRIA DO MINISTÉRIO PÚBLICO ESTADUAL. INTERPRETAÇÃO DO ARTIGO 178, II, DO CPC. PREJUÍZO EVIDENCIADO NO CASO CONCRETO. NECESSIDADE DE MANIFESTAÇÃO DO PARQUET. SENTENÇA ANULADA. AGRAVO INTERNO PREJUDICADO. 1. No presente caso, o Ministério Público Estadual não foi intimado no primeiro grau de jurisdição para intervir no processo que tem por objeto interesse de menores. 2. A intervenção do Parquet apenas no segundo grau de jurisdição não supre a não intervenção no primeiro grau, porque fora encerrada a instrução. 3. A sentença arbitrou alimentos definitivos às menores, num valor menor do requerido. 4. Mostra-se evidenciado o prejuízo sofrido pelos requerentes. 5. Sentença anulada. 6. Agravo interno prejudicado. (TJBA; AgRg 0000212-20.2015.8.05.0183/50000; Salvador; Segunda Câmara Cível; Rel. Des. Maurício Kertzman Szporer; Julg. 05/09/2017; DJBA 25/09/2017; Pág. 375)

Apontando que o prejuízo para o incapaz em primeiro grau decorreu de sentença contrária a seus interesses.

✓ PREVIDENCIÁRIO E PROCESSUAL CIVIL. BENEFÍCIO DE AMPARO SOCIAL À PESSOA PORTADORA DE DEFICIÊNCIA. ART. 203, V, CF/88. LEI Nº 8.742/93. NECESSIDADE DE INTERVENÇÃO DO MINISTÉRIO PÚBLICO. SENTENÇA DESFAVORÁVEL. NULIDADE ATOS PROCESSUAIS A PARTIR DO RECEBIMENTO DA INICIAL. 1. São necessários os seguintes requisitos para concessão do benefício de prestação continuada: ser a pessoa portadora de deficiência ou idosa; não receber benefício de espécie alguma e não estar vinculado a nenhum regime de previdência social; ter renda mensal familiar per capita inferior a ½ do salário mínimo. 2. A parte postulante é pessoa incapaz, o que justifica a obrigatoriedade de intervenção do Ministério Público, nos termos do art. 178, inciso II, do CPC, cuja falta implica, em regra, em nulidade dos atos processuais praticados após a contestação. 3. A jurisprudência tem admitido a conservação de atos se o órgão do Ministério Público Federal, intervindo tardiamente, afirmar, com base nos elementos dos autos, que o interesse em causa foi preservado e que a repetição, esta sim, poderia ser prejudicial ao interesse especialmente protegido. 4. A manifestação tardia do Ministério Público Federal nesta Corte, entretanto, não supriria a necessidade de manifestação na primeira instância, quando a sentença foi proferida contrariamente aos interesses dos incapazes. 5. Tratando-se de lide em que há interesse de menor absolutamente incapaz e tendo-lhe sido desfavorável a sentença, faz-se necessária, em razão da ausência de intervenção do órgão ministerial em primeiro grau, a nulidade insanável de todos os atos processuais praticados após a juntada da contestação, quando, então, a teor do art. 179, I, do CPC, deveria ter sido intimado o Ministério Público. 6. Apelação da parte autora parcialmente provida, sentença anulada, com o retorno dos autos ao juízo de origem para que seja o Ministério Público intimado a se manifestar nos autos. (TRF 1ª R.; AC 0027452-09.2016.4.01.9199; Segunda Turma; Rel. Des. Fed. Francisco Neves da Cunha; DJF1 19/05/2017). V. tb.: APELAÇÃO CÍVEL. AÇÃO DE EXECUÇÃO DE ALIMENTOS. HOMOLOGAÇÃO DE ACORDO. AUSÊNCIA DE MANIFESTAÇÃO DO MINISTÉRIO PÚBLICO. ACORDO CELEBRADO EM VALOR MENOR AO QUANTUM DEVIDO. PREJUÍZO AO MENOR DEMONSTRADO. RECURSO PROVIDO. Conforme disposto no art. 178, I e II, do CPC/15, o Ministério Público deve intervir nas causas em que há interesse de incapaz, sob pena de nulidade; e esta ausência em primeiro grau somente pode ser suprida pela manifestação da Procuradoria-Geral de Justiça quando não restar prejuízo ao incapaz. No entanto, proferida sentença contrária às pretensões de incapaz, necessário se faz o reconhecimento do vício, com a renovação dos atos. (TJMT; APL 144556/2015; Juara; Rel. Des. João Ferreira Filho; DJMT 25/04/2017; Pág. 61)

Se o menor anuiu com os termos da sentença atacada, não se vislumbra prejuízo pela ausência de intervenção do Ministério Público para parecer final:

✓ APELAÇÃO CÍVEL. AÇÃO DE OBRIGAÇÃO DE FAZER C/C PERDAS E DANOS. SENTENÇA DE PROCEDÊNCIA. CONDENAÇÃO EM VERBA INDENIZATÓRIA NO VALOR DE R$ 8.000,00. RECURSO INTERPOSTO PELO MINISTÉRIO PÚBLICO. AUSÊNCIA DE INTIMAÇÃO PARA PARECER FINAL. INEXISTÊNCIA DE PREJUÍZO PARA O MENOR INCAPAZ. DESPROVIMENTO DO RECURSO. 1- Autor. Menor absolutamente incapaz. Intervenção ministerial obrigatória. Artigo 178, II do CPC. Ausência de intimação pessoal que é causa de nulidade. Artigo 279 do CPC. 2- Intervenção ministerial que tem por finalidade a proteção dos direitos do incapaz. Direito preservado na sentença de primeiro grau. 3- Parte autora que se manifestou anuindo com os termos da sentença atacada, pugnando por sua manutenção. 4- Aplicabilidade do princípio **pas de nullité sans grief** (não há nulidade sem prejuízo). 5- Interesses do menor, absolutamente incapaz, preservados e satisfeitos. 6- Procurador de Justiça que ressalta a desnecessidade do formalismo. 7- Precedentes: 0029213-92.2009.8.19.0208. APELAÇÃO. Relator: Des(a). MÔNICA Maria COSTA DI PIERO. Julgamento: 27/06/2017. OITAVA Câmara Cível. 0000729-21.2012.8.19.0060. APELAÇÃO. Relator: Des(a). GUARACI DE CAMPOS VIANNA. Julgamento: 29/11/2016. DÉCIMA NONA Câmara Cível. 8- Recurso conhecido e não provido. Sentença integralmente mantida. (TJRJ; APL 0081838-43.2013.8.19.0021; Duque de Caxias; Vigésima Quinta Câmara Cível Consumidor; Relª Desig. Desª Isabela Pessanha Chagas; DORJ 03/08/2017; Pág. 434)

Não se pode anular sentença já transitada em julgado por ausência de intimação do Ministério Público em sede de cumprimento de sentença, sendo a ação rescisória a via adequada.

✓ ACIDENTE DE TRÂNSITO. REPARAÇÃO DE DANOS. FASE DE CUMPRIMENTO DE SENTENÇA. ARGUIÇÃO DE NULIDADE DOS ATOS PROCESSUAIS POR AUSÊNCIA DE INTERVENÇÃO DO MINISTÉRIO PÚBLICO. NÃO RECONHECIMENTO. INTELIGÊNCIA DO ARTIGO 82, INCISO I, DO CÓDIGO DE PROCESSO CIVIL/1973 (ART. 178, INCISO II, DO CPC/2015). AGRAVO IMPROVIDO. Embora obrigatória a intervenção do órgão ministerial nas causas em que há interesses de incapazes, importa notória ofensa às normas processuais proclamar, em sede de agravo de instrumento, a anulação parcial dos atos praticados no processo, pois isso implicaria meio oblíquo para se alcançar a cassação de acórdão proferido em apelação, transitado em julgado. Contra a coisa julgada o Estatuto Processual só reconhece um dardo eficiente: A ação rescisória. (TJSP; AI 2065997-03.2017.8.26.0000; Ac. 10793308; Jaú; Vigésima Sexta Câmara de Direito Privado; Rel. Des. Renato Sartorelli; Julg. 14/09/2017; DJESP 16/10/2017; Pág. 2998).

A simples presença de idoso como parte no processo não exige a atuação do Ministério Público.

✓ DESPESAS DE CONDOMÍNIO. EMBARGOS DE TERCEIRO. Hipótese que não se enquadra em nenhuma das situações previstas no art. 178 do CPC/2015 ou na Lei nº 10.741/2003. Estatuto do Idoso, que afasta a necessidade de intervenção do Ministério Público no feito. Apelação que preenche os requisitos previstos no art. 1.010 do CPC/2015, permitindo o seu conhecimento. A legitimidade passiva para a ação de cobrança de despesas condominiais toca ao compromissário comprador, mesmo que sem título registrado, desde que tenha se imitido na posse do imóvel e que o condomínio tenha ciência inequívoca da transação. Aplicação da orientação contida no Recurso Especial nº 1.345.331/RS, julgado sob o rito dos recursos repetitivos. Embargante que comprovou ser a legítima possuidora do imóvel condominial há vários anos, fato que era de conhecimento do condomínio. Ação de cobrança ajuizada exclusivamente contra os antigos proprietários, em fase de cumprimento de sentença. Nulidade da constrição realizada sobre a unidade condominial. Reconhecimento. Recurso desprovido. (TJSP; APL 1006469-12.2017.8.26.0564; Ac. 10694820; São Bernardo do Campo; Vigésima Oitava Câmara de Direito Privado; Rel. Des. Dimas Rubens Fonseca; Julg. 15/08/2017; DJESP 18/08/2017; Pág. 2353)

III – litígios coletivos pela posse de terra rural ou urbana.

Não se exige a atuação do Ministério Público em qualquer ação possessória, mesmo que esteja em jogo a ocupação de bem público.

✓ PARTICIPAÇÃO DO MINISTÉRIO PÚBLICO NAS AÇÕES POSSESSÓRIAS. Não há obrigatoriedade, ante os termos do artigo 178 do Novo Código de Processo Civil. AUSÊNCIA DE JUSTIFICAÇÃO PRÉVIA. Considerou o juízo a quo que a petição inicial estava devidamente instruída, com os elementos suficientes à demonstração do esbulho, de modo que, sem ouvir a ré, deferiu a medida liminar. Exegese do artigo 562 do CPC. Com a reforma da decisão interlocutória que deferiu a liminar, não ocorreu ainda a efetiva reintegração de posse, motivo pelo qual não trouxe qualquer prejuízo à apelante a ausência de justificação prévia. Preliminares rejeitadas. APELAÇÃO CÍVEL. REINTEGRAÇÃO DE POSSE. OCUPAÇÃO DE BEM PÚBLICO. Invasão de área pertencente ao Município de Sorocaba. Pedido de reintegração. Esbulho caracterizado. A ocupação de bem público não caracteriza posse, mas mera detenção. Bens públicos insuscetíveis de afetação particular, dada a sua destinação pública, não podem ser objeto de usucapião, penhora ou alienação. Bens públicos que estão fora das relações comerciais de direito privado não se sujeitam à posse ou a direitos a ela inerentes. Alegação de abandono, pelo Poder Público, da área, que corresponde a um matagal. Irrelevância. Ocupação meramente precária, sem garantia de permanência. Eventual aprovação de projeto de ampliação da área construída da apelante, por parte da Administração Municipal, não é hábil a consolidar a posse do particular em bem público. Precedentes. Pedido inicial julgado procedente. Manutenção da sentença. Recurso não provido. (TJSP; APL 1001395-28.2015.8.26.0602; Ac. 10666153; Sorocaba; Décima Segunda Câmara de Direito Público; Rel. Des. Osvaldo de Oliveira; Julg. 02/08/2017; DJESP 29/08/2017; Pág. 2400). V. tb.: AGRAVO DE INSTRUMENTO. AÇÃO DE REINTEGRAÇÃO DE POSSE. PRELIMINAR DE NULIDADE DA DECISÃO POR AUSÊNCIA DE INTERVENÇÃO DO MINISTÉRIO PÚBLICO. REJEITADA. IRREGULARIDADE NA REPRESENTAÇÃO PROCESSUAL. VÍCIO SANADO COM A JUNTADA DA PROCURAÇÃO. PRELIMINAR AFASTADA. CONCESSÃO DE LIMINAR APÓS AUDIÊNCIA DE JUSTIFICAÇÃO PRÉVIA. DEPOIMENTOS CONTRADITÓRIOS. EXISTÊNCIA DE DÚVIDA SOBRE A POSSE. RECURSO CONHECIDO E PROVIDO. DECISÃO REFORMADA. I. Desnecessidade de intervenção do Ministério Público no feito, pois ausentes as hipóteses previstas no artigo 178 do Código de Processo Civil. II. Regularizada a representação processual pelo agravante no prazo que lhe foi assinalado (artigo 1.017, § 3º, do CPC), não se falar em inexistência da inicial recursal. III. O deferimento de liminar, em ação de reintegração de posse, requer o preenchimento dos requisitos dispostos no art. 561, do Código de Processo Civil. Demonstrando contraditórios os depoimentos colhidos em audiência de justificação e não demonstrados todos os requisitos do art. 561 do CPC, gerando incertezas na convicção do julgador, deve ser indeferida a liminar. (TJMT; AI 116475/2016; Vila Rica; Rel. Des. Sebastião de Moraes Filho; Julg. 08/02/2017; DJMT 13/02/2017; Pág. 38)

Parágrafo único. A participação da Fazenda Pública não configura, por si só, hipótese de intervenção do Ministério Público.

→ *v.* Súmula 189 do STJ.

Interesse meramente patrimonial da Fazenda Pública não exige a intervenção do Ministério Público.

✓ PROCESSUAL CIVIL E ADMINISTRATIVO. MINISTÉRIO PÚBLICO. INTERVENÇÃO. AUSÊNCIA DE INTERESSE PÚBLICO. ART. 178, I, DO CPC/2015. SERVIDOR PÚBLICO. ADICIONAL DE INSALUBRIDADE. LAUDO PERICIAL. IDONEIDADE. ACÓRDÃO FUNDADO NO CONJUNTO FÁTICO-PROBATÓRIO. REVISÃO. IMPOSSIBILIDADE. SÚMULA Nº 7/STJ. 1. A jurisprudência do STJ é pacífica no sentido de que o interesse patrimonial da Fazenda Pública, por si só, não se identifica com o interesse público para fins de intervenção do parquet no processo. 2. **In casu**, o tribunal a quo consignou, expressamente, que foi "oportunizada a intervenção do ministério público em segunda instância através da procuradoria geral de justiça, sendo que esta, pela missiva de fl. 262, entendeu pela desnecessidade de atuação do órgão ". 3. Hipótese em que a corte local concluiu que, "inexistindo nos autos afirmação idônea que desabone a conclusão do laudo judicial, o mesmo deve ser acolhido, uma vez que elaborado por pessoa habilitada que instruiu o juízo de forma adequada sobre a área de conhecimento específico ". Rever tal entendimento demandaria o reexame do conjunto fático-probatório, vedado pela Súmula nº 7/STJ. 4. Recurso Especial não conhecido. (STJ; REsp 1.676.131; Proc. 2017/0069478-8; MG; Segunda Turma; Rel. Min. Herman Benjamin; DJE 14/09/2017)

Discussão relativa a benefício de natureza acidentária não enseja a atuação do órgão ministerial.

✓ APELAÇÃO CÍVEL. ACIDENTE DE TRABALHO. LESÕES EM OMBROS. AUXÍLIO-DOENÇA, AUXÍLIO-ACIDENTE E APOSENTADORIA POR INVALIDEZ. IMPOSSIBILIDADE DE CONCESSÃO NO CASO CONCRETO. INCAPACIDADE LABORAL NÃO CONSTATADA. LIMI-

TAÇÃO FUNCIONAL INCOMPROVADA. MANUTENÇÃO DA SENTENÇA DE IMPROCEDÊNCIA. 1. Preliminar de nulidade do processo por ausência de intervenção do ministério público. 1.1. Não há falar em obrigatoriedade da intervenção do ministério público na forma do artigo 82, III, do CPC de 1973 (correspondente ao artigo 178, I, do novo CPC) quando a natureza da lide e a qualidade das partes não evidenciarem interesse público primário. Caso concreto em que a controvérsia concerne a direito disponível (benefício de natureza acidentária), sendo que o interesse público subjacente só pode ser concebido como secundário na espécie, na medida em que respeitante, unicamente, a ente integrante da administração pública indireta da união. Ademais, a mera participação, na lide, de pessoa jurídica de direito público não configura, por si só, hipótese de intervenção compulsória do ministério público nos autos do processo. Precedentes jurisprudenciais. 1.2. De outro lado, ainda que fosse considerada obrigatória a intervenção ministerial, considera-se suprida a irregularidade processual pela manifestação do procurador de justiça perante o tribunal, desde que seja exarado parecer sobre o mérito da causa e não haja apontamento de qualquer nulidade ou prejuízo decorrente da ausência de atuação do parquet em primeiro grau. Precedentes jurisprudenciais. Prefacial rejeitada. 2. Preliminar de nulidade da sentença por cerceamento de defesa. 2.1. Por força do princípio da persuasão racional, cabe ao juiz apreciar livremente as provas produzidas no processo, desde que decline os motivos que lhe formaram o convencimento. 2.2. Nesse norte, pode o juiz dispensar maior dilação probatória quando já estiver convencido acerca do direito aplicável ao fato litigioso ou, ainda, quando entender que as provas já existentes nos autos são suficientes para a solução da controvérsia. Não há, nesse contexto, cerceamento de defesa, mas mera aplicação do princípio do livre convencimento motivado. Precedentes jurisprudenciais. Ademais, a simples insatisfação da parte com as conclusões do experto não justifica, por si só, a reabertura da instrução processual para a renovação da perícia com outro profissional. Preliminar afastada. 3. Auxílio-doença, auxílio-acidente e aposentadoria por invalidez. 3.1. Para a concessão do benefício de auxílio-doença, deve estar demonstrada a qualidade de segurado e a incapacidade temporária para o exercício da sua atividade habitual, dispensando-se período de carência quando a incapacidade decorre de acidente de trabalho. A aposentadoria por invalidez, por seu turno, pressupõe que o segurado demonstre sua filiação ao regime geral de previdência social e a sua incapacidade de exercer qualquer trabalho capaz de garantir seu digno sustento. Por fim, o auxílio-acidente será concedido, como indenização, ao segurado quando, após consolidação das lesões decorrentes de acidente de qualquer natureza, resultarem sequelas que impliquem redução da capacidade para o trabalho que habitualmente exercia. 3.2. Caso concreto em que não configurados os pressupostos necessários à concessão de qualquer benefício por incapacidade. Laudo médico pericial que atesta, de forma peremptória, que o atual quadro clínico da segurada não reduz sua aptidão laboral e tampouco a incapacita para o exercício de seu trabalho habitual ou de qualquer outro labor que lhe garanta o digno sustento. Demais elementos de prova constantes dos autos que, por seu conteúdo, não bastam para infirmar as conclusões do perito de confiança do juízo. Sentença de improcedência que, diante disso, merece ser mantida. Preliminares afastadas. Apelação desprovida. (TJRS; AC 0082073-29.2017.8.21.7000; Lagoa Vermelha; Nona Câmara Cível; Rel. Des. Carlos Eduardo Richinitti; Julg. 12/07/2017; DJERS 31/07/2017)

Art. 179. Nos casos de intervenção como fiscal da ordem jurídica, o Ministério Público:

→ *V.* Súmula 99 do STJ.

→ *V.* Art. 996 do CPC.

I – terá vista dos autos depois das partes, sendo intimado de todos os atos do processo;

Ausência de intimação do MP nas hipóteses em que atuaria como fiscal da ordem jurídica não implica, necessariamente, na nulidade do processo

✓ A ausência da intimação do Ministério Público, quando necessária sua intervenção, por si só, não enseja a decretação de nulidade do julgado, sendo necessária a demonstração do efetivo prejuízo para as partes ou para a apuração da verdade substancial da controvérsia jurídica, à luz do princípio pas de nullité sans grief (STJ, AREsp 1044678, Rel. Min. Luis Felipe Salomão, 4ª Turma, j. 14.11.2017)

Apontando que, antes da sentença, o órgão ministerial deve ser intimado para parecer final nas causas que ensejam a sua atuação.

✓ APELAÇÃO CÍVEL. AÇÃO DE ALIMENTOS. REGULAMENTAÇÃO DE GUARDA. ACORDO ENTABULADO ENTRE AS PARTES. HOMOLOGADO PELO JUIZ DE PISO. JULGADO EXTINTO O PROCESSO COM RESOLUÇÃO DO MÉRITO. RECURSO DO MINISTÉRIO PÚBLICO. AUSÊNCIA DE INTIMAÇÃO PARA MANIFESTAR-SE SOBRE O RELATÓRIO PSICOLÓGICO. INTERESSE DE INCAPAZ. SENTENÇA PROFERIDA. PREJUÍZO CONSIDERÁVEL PARA OS MENORES. SENTENÇA ANULADA. RETORNO OS AUTOS AO JUÍZO DE ORIGEM. RECURSO PROVIDO. Em se tratando de relação processual que envolva interesse de incapaz, o magistrado, antes de proferir a sentença, deve intimar o Ministério Público, nos termos do art. 178, II, do Código de Processo Civil/15. A falta de intimação do órgão ministerial somada à ocorrência de prejuízo ao interesse do incapaz enseja a anulação da sentença. (TJMS; APL 0800232-04.2016.8.12.0003; Primeira Câmara Cível; Relª Desª Tânia Garcia de Freitas Borges; DJMS 26/07/2017; Pág. 55)

Como o órgão ministerial fala por último, a ausência de intimação das partes sobre o parecer do Ministério Público não caracteriza cerceamento de defesa.

✓ APELAÇÃO CÍVEL. DIREITO EMPRESARIAL. DISSOLUÇÃO DE SOCIEDADES EM CONTA DE PARTICIPAÇÃO. LIQUIDAÇÃO DE SENTENÇA. APURAÇÃO DE HAVERES. PRELIMINAR. CERCEAMENTO DE DEFESA. PARECER DO MINISTÉRIO PÚBLICO. AUSÊNCIA DE INTIMAÇÃO DAS PARTES. REJEIÇÃO. MÉRITO. AUSÊNCIA DE ESCRITURAÇÃO CONTÁBIL. APURAÇÃO DE HAVERES INVIABILIZADA. RENOVAÇÃO DA PERÍCIA. NÃO CABIMENTO. 1. A ausência de intimação das partes para manifestação acerca de parecer do Ministério Público não caracteriza cerceamento de defesa. Consoante se vê a partir do artigo 179, inciso I, do CPC/2015, nos casos de intervenção como fiscal da ordem jurídica, o Ministério Público terá vista dos autos depois das partes, dirigindo-se diretamente ao órgão julgador, não cabendo, pois, a oitiva dos litigantes logo após seu parecer. 2. A impugnação a laudo pericial deve ser objetiva e específica, repelindo-se, por essa via, a oposição genérica e desprovida de elemento hábil a infirmar o contido no trabalho do experto, órgão auxiliar do juiz, com encargo de assisti-lo na prova do fato carente de conhecimento técnico ou científico. 3. A ausência de registros contábeis, extratos bancários ou planilhas discriminatórias de entradas e saídas das sociedades em conta de participação impossibilita a apuração de haveres pela perícia contábil. 4. Não há que se falar em renovação de perícia técnica se os elementos trazidos aos autos são insuficientes para se estimar créditos e débitos de uma sociedade em relação à outra. 5. Recurso de apelação conhecido, preliminar rejeitada e, no mérito, não provido. (TJDF; APC 2013.01.1.016914-8; Ac. 101.6662; Primeira Turma Cível; Relª Desª Simone Costa Lucindo Ferreira; Julg. 27/04/2017; DJDFTE 14/06/2017)

No mandado de segurança, a intervenção do órgão ministerial deve ser posterior às informações da autoridade coatora.

✓ PROCESSO CIVIL. EMBARGOS DE DECLARAÇÃO EM MANDADO DE SEGURANÇA. INTERVENÇÃO OBRIGATÓRIA DO MINISTÉRIO PÚBLICO. INTIMAÇÃO REGULAR DO PARQUET. PARECER DE MÉRITO. POSTERGADO PARA DEPOIS DA DECISÃO LIMINAR. IMPROPRIEDADE. IMPULSO OFICIAL. JULGAMENTO DO FEITO. LEGALIDADE. EMBARGOS DE DECLARAÇÃO CONHECIDOS E DESPROVIDOS. 1. No procedimento do mandado de segurança, não importa o momento da decisão liminar, a manifestação do Ministério Público apenas deve suceder as informações da autoridade coatora (arts. 7º, I e 12, caput, Lei nº 12.016/2009). 2. No caso telado, mesmo devidamente intimada a representante do Parquet, desperdiçou a oportunidade de opinar sobre o mérito da questão, não podendo o Poder Judiciário ficar à mercê da atuação do Ministério Público, dado o princípio do impulso oficial (art. 262, CPC). 3. Embargos de Declaração conhecidos e desprovidos. (TJCE; EDcl 062286623.2014.8.06.0000/50000; Órgão Especial; Rel. Des. Francisco Gladyson Pontes; DJCE 05/02/2016; Pág. 6)

II – poderá produzir provas, requerer as medidas processuais pertinentes e recorrer.

Legitimidade do MP para recorrer e produzir provas nos processos em que atua como fiscal da ordem jurídica.

✓ O Ministério Público, ao atuar como fiscal da ordem jurídica, possui legitimidade para requerer provas e recorrer em processos nos quais oficia, tais como os que discutem direitos de incapazes em ação de investigação de paternidade com manifesto interesse público primário e indisponível (artigo 2º, §§ 4º e 6º, da Lei nº 8.560/1992) (STJ, Resp. 1664554, Rel. Min. Ricardo Cueva, 4ª Turma, j. 05.02.2019)

Cabe ao Ministério Público substituir a iniciativa do autor inerte em promover a realização das provas necessárias na ação de interdição.

✓ APELAÇÃO CÍVEL. CURATELA. AÇÃO DE INTERDIÇÃO. AÇÃO DE ESTADO QUE DEMANDA REALIZAÇÃO DE PROVA TÉCNICA JUDICIALIZADA CONSISTENTE NA AVALIAÇÃO MÉDICA DA PESSOA CUJA CAPACIDADE É QUESTIONADA. PROVA IMPRESCINDÍVEL PRECONIZADA NO ART. 753 DO NOVO CPC. SENTENÇA DESCONSTITUÍDA. A interdição apresenta caráter precipuamente protetivo da pessoa, não mostrando-se razoável o acolhimento da desistência da ação sem que haja prova da atual capacidade do interditando, mormente atentando-se para as peculiares circunstâncias do caso concreto em que há laudos técnicos contraditórios juntados nos autos. Em caso de inércia da autora em promover a realização das necessárias provas, deverá o ministério público, apelante, substituir a iniciativa, nos termos do art. 127 da magna carta e arts. 177 e 178, II, do novo CPC, conforme requerido. Apelo provido. (TJRS; AC 0042071-51.2016.8.21.7000; Esteio; Sétima Câmara Cível; Relª Desª Sandra Brisolara Medeiros; Julg. 18/05/2016; DJERS 01/06/2016)

O Ministério Público deve ser intimado inclusive para participar da fase instrutória.

✓ AÇÃO DE REPARAÇÃO DE DANO ESTÉTICO E MORAL. INTERESSE DE INCAPAZ. INTERVENÇÃO DO MINISTÉRIO PÚBLICO. OGRIGATORIEDADE. NULIDADE PROCESSUAL. SENTENÇA CASSADA. 1. O art. 127 da Constituição Federal e os art. 178, III e 179, I, ambos do Código de Processo Civil determinam ser obrigatória a atuação do Ministério Público nas causas que envolvam interesse público ou de incapaz, sendo-lhe assegurado o direito de ter vista dos autos depois das partes, bem como de ser intimado de todos os atos processo. 2. Embora o Ministério Público tenha atuado no feito até a fase de produção de provas, não lhe foi oportunizado realizar o acompanhamento adequado dos autos, tampouco apresentar parecer final sobre o mérito da demanda, motivo pelo qual a sentença deve ser declarada nula, nos termos do art. 279 do CPC/2015. 3. Recursos conhecidos. Preliminar de nulidade acolhida. Sentença cassada. (TJDF; APC 2011.01.1.127198-8; Ac. 103.0173; Oitava Turma Cível; Rel. Des. Diaulas Costa Ribeiro; Julg. 06/07/2017; DJDFTE 12/07/2017)

A ausência de intimação do órgão ministerial a respeito da sentença, impedindo-o de recorrer, caracteriza prejuízo e acarreta nulidade.

✓ ADMINISTRATIVO. PROCESSO CIVIL. AÇÃO DE IMPROBIDADE ADMINISTRATIVA AJUIZADA PELA UNIÃO. MINISTÉRIO PÚBLICO FEDERAL. ATUAÇÃO COMO FISCAL DA LEI. AUSÊNCIA DE INTIMAÇÃO DA SENTENÇA. PREJUÍZO CARACTERIZADO. NULIDADE DO FEITO A PARTIR DA SENTENÇA. RETORNO DOS AUTOS À ORIGEM PARA INTIMAÇÃO DO MPF. 1. O Ministério Público Federal. MPF, embora não intervenha obrigatoriamente como parte nesta ação, atua como fiscal da Lei, conforme previsto no art. 5º, § 1º, da Lei nº 7.347/1985 e deve ser intimado de todos os atos do processo (art. 179, I, do CPC). 2. A jurisprudência entende que a ausência de intimação do MP para qualquer ato enseja a nulidade do processo, nos casos em que há comprovado prejuízo. 3. Não tendo sido o Ministério Público intimado da sentença, situação que o impediu de interpor apelação, caracteriza-se o prejuízo. 4. Decretada, de ofício, a nulidade do feito a partir da prolação da sentença, determinando-se o retorno dos autos à origem a fim de que o Ministério Público Federal seja intimado pessoalmente da sentença proferida. 5. Apelação prejudicada. (TRF 1ª R.; AC 0047380-55.2013.4.01.3700; Quarta Turma; Rel. Juiz Fed. Conv. Henrique Gouveia da Cunha; DJF1 15/09/2016)

Reconhecendo legitimidade recursal ao Ministério Público para impugnar decisão que defere o processamento da recuperação judicial.

✓ AGRAVO DE INSTRUMENTO. DIREITO EMPRESARIAL. PEDIDO DE RECUPERAÇÃO JUDICIAL. DECISÃO QUE DEFERE O PROCESSAMENTO DA RECUPERAÇÃO. PRELIMINARES. LEGITIMIDADE E INTERESSE RECURSAL DO MINISTÉRIO PÚBLICO. ATUAÇÃO COMO FISCAL DA ORDEM JURÍDICA. PRECLUSÃO E SUPRESSÃO DE INSTÂNCIA. NÃO OCORRÊNCIA. MÉRITO. PETIÇÃO INICIAL QUE NÃO PREENCHE ADEQUADAMENTE OS REQUISITOS DO ARTIGO 51 DA LEI Nº 11.101/2005. NECESSIDADE DE EMENDA À INICIAL. RECURSO CONHECIDO E PARCIALMENTE PROVIDO. PRELIMINARES AFASTADAS. DECISÃO REFORMADA. 1. Conforme o disposto no inciso V do artigo 52 da Lei nº 11.101/2005, o Ministério Público será intimado logo após o deferimento do processamento da recuperação judicial. 2. A Lei nº 11.101/2005 não afasta as disposições dos arts. 82 e 83 do CPC/73 (arts. 178 e 179 do CPC/2015), os quais preveem a possibilidade de o Ministério Público intervir em qualquer processo, no qual entenda haver interesse público ou social. Além disso, consoante inteligência do artigo 499 do CPC/73 (art. 996 do CPC/2015), bem como Súmula nº. 99 do STJ, o Ministério Público tem legitimidade para recorrer como fiscal da ordem jurídica. 3. O inciso V do artigo 52 da Lei nº 11.101/2005 determina a intervenção do Ministério Público somente após o deferimento do processamento da recuperação judicial, o que demonstra que o órgão ministerial impugnou o deferimento do processamento da recuperação judicial na primeira oportunidade que a Lei lhe estabelece, não havendo, portanto, preclusão da matéria. 4. Inexiste supressão de instância quando a matéria devolvida no recurso, que trata do preenchimento dos requisitos estabelecidos no artigo 51 da Lei nº 11.101/2005, foi inteiramente analisada pelo magistrado de primeiro grau. Preliminares rejeitadas. 5. A petição inicial do pedido de recuperação judicial deve ser devidamente instruída, sob pena de indeferimento, e estando em termos a documentação exigida, o juiz deferirá o processamento da recuperação judicial, nos exatos termos dos artigos 51 e 52, caput, da Lei nº 11.101/2005. 6. In casu, o Ministério Público, na condição de fiscal da ordem jurídica, demonstrou que a recorrida não atendeu a contento os requisitos legais exigidos para o processamento do pedido de Recuperação Judicial. 7. Segundo doutrina de André Luiz Santa Cruz Ramos, caso a petição inicial esteja em desacordo com as determinações constantes no artigo 51 da LRE, o juiz não deve indeferi-la de imediato e decretar a falência do devedor, conforme determinava a Lei anterior. A prudência recomenda que o juiz, na ausência de algum documento, por exemplo, determine a emenda da inicial, nos termos da legislação processual. (In Direito Empresarial Esquematizado, 2ª ED. Forense/ Método, 2012. P. 711/712). 8. Recurso conhecido e parcialmente provido. Preliminares rejeitadas. (TJDF; AGI 2015.00.2.030081-3; Ac. 946.807; Primeira Turma Cível; Rel. Des. Rômulo de Araújo Mendes; Julg. 01/06/2016; DJDFTE 16/06/2016)

Art. 180. **O Ministério Público gozará de prazo em dobro para manifestar-se nos autos, que terá início a partir de sua intimação pessoal, nos termos do art. 183, § 1º.**

→ *v.* Art. 41, IV, da Lei 8.625/1993.

→ *v.* Art. 152, § 2º do ECA.

→ *v.* Súmula 116 do STJ.

O prazo para o Ministério Público impugnar decisão judicial se inicia da data da entrega dos autos na repartição, sendo irrelevante eventual intimação em audiência (Recurso submetido ao rito dos repetitivos).

✓ RECURSO ESPECIAL. RECURSO SUBMETIDO AO RITO DOS REPETITIVOS (ART. 1.036 DO CPC C/C O ART. 256, I, DO RISTJ). PROCESSO PENAL E PROCESSO CIVIL. INTIMAÇÃO DO MINISTÉRIO PÚBLICO. CONTAGEM DOS PRAZOS. INÍCIO. NECESSIDADE DE REMESSA DOS AUTOS À INSTITUIÇÃO. INTIMAÇÃO E CONTAGEM DE PRAZO PARA RECURSO. DISTINÇÕES. PRERROGATIVA PROCESSUAL. NATUREZA DAS FUNÇÕES DO MINISTÉRIO PÚBLICO. PECULIARIDADES DO PROCESSO PENAL. REGRA DE TRATAMENTO DISTINTA. RAZOABILIDADE. INTERPRETAÇÃO DOS ARTS. 18, II, "h", DA LC N. 75/1993 e 41, IV, DA LEI N. 8.625/1993. 1. A intimação dos atos processuais tem por objetivo dar conhecimento ao interessado sobre o ato praticado, permitindo-lhe, eventualmente, a ele reagir, em autêntica expressão procedimental do princípio do contraditório, o qual se efetiva no plano concreto com a participação das partes no desenvolvimento do processo e na formação das decisões judiciais, de sorte a conferir tanto ao órgão de acusação quanto ao de defesa o direito de influir, quer com a atividade probatória, quer com a apresentação de petições e arrazoados, escritos e orais, na formação do convencimento do órgão jurisdicional competente. 2. Na estrutura dialética do processo penal brasileiro, o Ministério Público desempenha suas funções orientado por princípios constitucionais expressos, entre os quais se destacam o da unidade e o da indivisibilidade, que engendram a atuação, em nome da mesma instituição, de diversos de seus membros, sem que isso importe em fragmentação do órgão, porquanto é a instituição, presentada por seus membros, que pratica o ato. 3. Incumbe ao Ministério Público a preservação da ordem jurídica, do regime democrático e dos interesses sociais e individuais indisponíveis (art. 127 da CF), o que autoriza a otimização da eficiência dos serviços oficiais, dependentes do acompanhamento e da fiscalização de vultosa quantidade de processos. Daí a necessidade e a justificativa para que a intimação pessoal seja aperfeiçoada com a vista dos autos (conforme disposto expressamente no art. 41, IV, da Lei n. 8.625/1993 e no art. 18, II, "h", da LC n. 75/1993). Raciocínio válido também para a Defensoria Pública (arts. 4º, V, e 44, I, da LC n. 80/1994), dada sua equivalente essencialidade à função jurisdicional do Estado (art. 134 da CF) e as peculiaridades de sua atuação. 4. Para o escorreito desempenho de suas atribuições constitucionais e legais, a intimação pessoal dos membros do Ministério Público é também objeto de expressa previsão no novo CPC, no art. 180 (repetindo o que já dizia o CPC de 1973, em seu art. 236, § 2º), semelhantemente ao disposto no art. 370, § 4º, do Código de Processo Penal. 5. A distinção entre intimação do ato e início da contagem do prazo processual permite que se entenda indispensável – para o exercício do contraditório e a efetiva realização da missão constitucional do Ministério Público – que a fluência do prazo para a prática de determinado prazo peremptório somente ocorra a partir do ingresso dos autos na secretaria do órgão destinatário da intimação. Precedentes. 6. Assim, a não coincidência entre a intimação do ato decisório (em audiência ou por certidão cartorial) e o início do prazo para sua eventual impugnação é a única que não sacrifica, por meio reflexo, os direitos daqueles que, no âmbito da jurisdição criminal, dependem da escorreita e eficiente atuação do Ministério Público (a vítima e a sociedade em geral). Em verdade, o controle feito pelo representante do Ministério Público sobre a decisão judicial não é apenas voltado à identificação de um possível prejuízo à acusação, mas também se dirige a certificar se a ordem jurídica e os interesses sociais e individuais indisponíveis – dos quais é constitucionalmente incumbido de defender (art. 127, caput, da CF) – foram observados, i.e., se o ato para o qual foi cientificado não ostenta ilegalidade a sanar, ainda que, eventualmente, o reconhecimento do vício processual interesse, mais proximamente, à defesa. 7. É natural que, nos casos em que haja ato processual decisório proferido em audiência, as partes presentes (defesa e acusação) dele tomem conhecimento. Entretanto, essa ciência do ato não permite ao membro do Ministério Público (e também ao integrante da Defensoria Pública) o exercício pleno do contraditório, seja porque o órgão Ministerial não poderá levar consigo os autos, seja porque não necessariamente será o mesmo membro que esteve presente ao ato a ter atribuição para eventualmente impugná-lo. 8. Recurso especial provido para reconhecer a tempestividade da apelação interposta pelo Ministério Público Federal e determinar ao Tribunal Regional Federal da 5ª Região que julgue o recurso ministerial. TESE: O termo inicial da contagem do prazo para impugnar decisão judicial é, para o Ministério Público, a data da entrega dos autos na repartição administrativa do órgão, sendo irrelevante que a intimação pessoal tenha se dado em audiência, em cartório ou por mandado. (STJ, REsp 1349935/SE, Rel. Ministro ROGERIO SCHIETTI CRUZ, TERCEIRA SEÇÃO; Julg. 23/08/2017; DJe 14/09/2017). V. tb., na Justiça do Trabalho: AGRAVO DE INSTRUMENTO. MINISTÉRIO PÚBLICO DO TRABALHO DA 8ª REGIÃO. NECESSIDADE DE INTIMAÇÃO PESSOAL DO ÓRGÃO MINISTERIAL SOBRE A PROLAÇÃO DA SENTENÇA. O art. 180 do CPC/2015, aplicado subsidiariamente no processo trabalhista, por força do art. 769 da CLT, além da jurisprudência já formada sobre o assunto, reconhece a prerrogativa do Ministério Público do Trabalho de ser intimado pessoalmente, seja como parte, seja como fiscal da lei, independentemente de estar presente à audiência que fixa data para prolação da sentença. Agravo provido. (TRT 8ª R.; AIRO 0002182-63.2015.5.08.0202; Quarta Turma; Rel. Des. Fed. Julianes Moraes das Chagas; DEJTPA 23/03/2017; Pág. 71)

Se o Ministério Público Estadual atuar como parte em tribunal superior, deverá ser intimado pessoalmente para que se iniciem seus prazos processuais.

✓ PROCESSUAL CIVIL. EMBARGOS DE DECLARAÇÃO NO AGRAVO REGIMENTAL NO RECURSO ESPECIAL. ATUAÇÃO DO MINISTÉRIO PÚBLICO. NOVO POSICIONAMENTO DESTA CORTE SUPERIOR. PRECEDENTE DA CORTE ESPECIAL. AUSÊNCIA DE INTIMAÇÃO. ATUAÇÃO DO MINISTÉRIO PÚBLICO ESTADUAL COMO PARTE E DO MINISTÉRIO PÚBLICO FEDERAL COMO FISCAL DA LEI. ANULAÇÃO DAS DECISÕES PROFERIDAS. ACOLHIMENTO DO RECURSO INTEGRATIVO. 1. Este Tribunal Superior, em recente posicionamento da Corte Especial datado de 16/12/2015, por ocasião do exame do EREsp nº 1.236.822/PR, Relator o Ministro MAURO CAMPBELL MARQUES, aderiu ao posicionamento sufragado pelo Plenário do Supremo Tribunal Federal, na QO no RE 593.727/MG, Relator o Ministro Cezar Peluso, de 21/6/2012, reconhecendo a legitimidade do Ministério Público Estadual para atuar diretamente no âmbito da Corte Constitucional nos processos em que figurar como parte. 2. Na oportunidade, também foram acatadas diversas premissas, dentre as quais a que determina a intimação pessoal do Ministério Público estadual nos processos em que figurar como parte (Resolução 469/2011 do Supremo Tribunal Federal). 3. Nesse contexto, deve ser reconhecida a ventilada nulidade, não só em virtude da ausência de manifestação do Parquet Federal, mas também da não intimação do Ministério Público Estadual, na qualidade de autor da ação civil pública, para, querendo, apresentar os recursos cabíveis, nos exatos termos do precedente acima referenciado. 4. Embargos de declaração acolhidos. (STJ; EDcl no AgRg no REsp 1417765/RJ; Terceira Turma; Rel. Min. Moura Ribeiro; Julg. 07/06/2016; DJe 21/06/2016)

§ 1º Findo o prazo para manifestação do Ministério Público sem o oferecimento de parecer, o juiz requisitará os autos e dará andamento ao processo.

→ v. Art. 12, parágrafo único da Lei 12.016/2009.

§ 2º Não se aplica o benefício da contagem em dobro quando a lei estabelecer, de forma expressa, prazo próprio para o Ministério Público.

→ v. Arts. 364, 721, 956, 983, 984, II, 991 do CPC.

→ v. Art. 198, II, do ECA.

→ v. Art. 12 da Lei 12.016/2009.

Art. 181. O membro do Ministério Público será civil e regressivamente responsável quando agir com dolo ou fraude no exercício de suas funções.

→ v. Art. 186 e 927 do CC/2002.

→ v. Art. 125, II do CPC.

Ação por danos causados por agente público.

✓ A teor do disposto no artigo 37 parágrafo 6º da Constituição Federal, a ação por danos causados por agente público deve ser ajuizada contra o Estado ou a pessoa jurídica prestadora do serviço público, sendo parte ilegítima passiva o autor do ato, assegurado o direito de regresso pelo Estado contra o responsável em caso de dolo ou culpa (STF, RE 1.027.633, j. 14.08.2019)

TÍTULO VI
Da Advocacia Pública

Art. 182. Incumbe à Advocacia Pública, na forma da lei, defender e promover os interesses públicos da União, dos Estados, do Distrito Federal e dos Municípios, por meio da representação judicial, em todos os âmbitos federativos, das pessoas jurídicas de direito público que integram a administração direta e indireta.

→ v. Arts. 131 e 132 da CF/1988.

→ v. Arts. 186 e 927 do CC/2002.

→ v. Art. 125, II do CPC.

Art. 183. A União, os Estados, o Distrito Federal, os Municípios e suas respectivas autarquias e fundações de direito público gozarão de prazo em dobro para todas as suas manifestações processuais, cuja contagem terá início a partir da intimação pessoal.

→ v. Súmula 116 do STJ.

→ v. Art. 152, § 2º do ECA.

Intimação pessoal (ainda que eletrônica) para todos os procuradores públicos a partir da vigência do CPC/2015.

✓ Na vigência do Código de Processo Civil de 1973, os procuradores dos Estados, do Distrito Federal e dos Municípios não tinham direito à intimação pessoal, por falta de previsão legal. Após a edição do Código de Processo Civil de 2015, essa situação foi alterada, conforme disposição de seu artigo 183 (STJ, REsp 1789770, Rel. Min. Og Fernandes, 2ª Turma, j. 21.02.2019).

Considerando que a dobra de prazo se aplica aos Tribunais de Contas.

✓ PROCESSUAL CIVIL. TRIBUNAL DE CONTAS. CAPACIDADE JUDICIÁRIA. PRAZO EM DOBRO. RECONHECIMENTO. EMBARGOS DE DECLARAÇÃO. REQUISITOS. INOCORRÊNCIA. 1. Os Tribunais de Contas, no exercício da capacidade judiciária que lhes confere poderes para estar em juízo na defesa de suas prerrogativas, bem como para figurar como autoridade impetrada em mandado de segurança, detêm a prerrogativa da dobra do prazo a que se refere o art. 183 do CPC/2015. Rejeitada a preliminar de intempestividade dos embargos agitada em contrarrazões. 2. Sanado vício na representação processual, a teor do disposto no art. 935, parágrafo único, do CPC/2015. 3. Os embargos de declaração têm ensejo quando há obscuridade, contradição, omissão ou erro material no julgado, a teor do disposto no art. 1.022 do CPC/2015. 4. Hipótese em que não há no acórdão nenhuma situação que dê amparo ao recurso integrativo. 5. Embargos de declaração rejeitados. (STJ; EDcl-AgRg-AREsp 532.941; Proc. 2014/0143980-3; GO; Primeira Turma; Rel. Min. Gurgel de Faria; DJE 23/11/2016)

Entendendo que, no processo do trabalho, as fazendas públicas estaduais e municipais não gozam da prerrogativa de intimação pessoal.

✓ AGRAVO DE INSTRUMENTO EM RECURSO DE REVISTA INTERPOSTO SOB A ÉGIDE DA LEI Nº 13.015/2014. FUNDAÇÃO PÚBLICA ESTADUAL. Intimação pessoal, Esta corte superior adota o entendimento de que as fazendas públicas estaduais e municipais não gozam da prerrogativa de intimação pessoal das decisões judiciais, ante a ausência de expressa previsão legal. Deve ser aplicada, portanto, a regra geral prevista no art. 272 do CPC, que considera feitas as intimações pela publicação dos atos no órgão oficial. Agravo de instrumento a que se nega provimento. (TST; AIRR 0010541-13.2015.5.15.0103; Oitava Turma; Relª Minª Maria Cristina Irigoyen Peduzzi; DEJT 19/12/2017; Pág. 7959)

Afastando a contagem em dobro no âmbito do processo penal.

✓ PENAL. PROCESSO PENAL. RECURSO ORDINÁRIO EM MANDADO DE SEGURANÇA. RECURSO INTERPOSTO APÓS O DECURSO DO PRAZO. INTEMPESTIVIDADE. 1. Tendo sido o recurso ordinário interposto fora do prazo de 15 dias, deve ser reconhecida a sua intempestividade. 2. Em matéria criminal não é aplicável a contagem em dobro prevista no art. 183 do Código de Processo Civil/2015. 3. Recurso ordinário em mandado de segurança não conhecido. (STJ; RMS 54.186; Proc. 2017/0124293-8; SP; Sexta Turma; Rel. Min. Sebastião Reis Júnior; DJE 17/10/2017)

§ 1º A intimação pessoal far-se-á por carga, remessa ou meio eletrônico.

→ *V.* Art. 1.050 do CPC.

→ *V.* Art. 5º, § 6º da Lei 11.419/2006.

Não se aplica a exigência de intimação pessoal às ações de controle concentrado de constitucionalidade.

✓ AGRAVO REGIMENTAL. ARGUIÇÃO DE DESCUMPRIMENTO DE PRECEITO FUNDAMENTAL. INTIMAÇÃO PESSOAL DA FAZENDA PÚBLICA. INAPLICABILIDADE. Processo de natureza objetiva. Intempestividade. Recurso não subscrito pelo governador do estado. Ilegitimidade recursal. Precedentes. Agravo do qual não se conhece. 1. a jurisprudência desta corte é pacífica no sentido de que as normas processuais destinadas a resguardar os interesses da fazenda pública não são aplicáveis aos processos de índole objetiva. Precedentes: ADI 2674-mc-agr-ed, rel. Min. Celso de Mello, tribunal pleno, DJe de 13/6/16; adi 2130 Agr, relator o ministro celso de Mello, tribunal pleno, Dj de 14/12/01; adi 1797 MC--AGR-ED, relator o ministro Ilmar Galvão, tribunal pleno, Dj de 29/06/01. 2. considerando a remansosa jurisprudência do tribunal, reiterada recentemente pelo plenário, é inaplicável ao controle concentrado a exigência de intimação pessoal dos entes públicos (art. 183 do CPC/2015), a revelar a intempestividade do recurso. 3. o agravo também é insuscetível de conhecimento, pois, embora alegadamente interporto pelo governador do estado do Piauí, foi assinado unicamente por procurador do estado, e não pelo chefe do poder executivo estadual, único legitimado a instaurar os processos objetivos de constitucionalidade e a interpor os respectivos recursos. Precedentes. 4. agravo regimental do qual não se conhece. (STF; ADPF-AgR 205; Tribunal Pleno; Rel. Min. Dias Toffoli; DJE 15/08/2017)

Na vigência do CPC/2015, não se admite a intimação da Fazenda Pública pelo Diário de Justiça.

✓ AGRAVO DE INSTRUMENTO. Cumprimento de sentença. Intimação da Fazenda Estadual para cumprir o disposto no art. 535, do CPC/2015, por meio de publicação no Diário da Justiça Eletrônico. Inadmissibilidade. Intimação da Fazenda Pública que deve ser pessoal, nos termos do art. 183, caput e § 1º do CPC/2015. Art. 4º, § 2º, da Lei Federal nº 11.419/2006 que é expresso quanto a não utilização do Diário da Justiça Eletrônico nos casos em que a Lei prevê a intimação ou vista pessoal. Previsão em legislação federal que se sobrepõe ao disposto no Comunicado Conjunto nº 379/2016, cuja natureza é de orientação administrativa. Prejuízo da Fazenda Estadual demonstrado. Necessidade de reabertura do prazo para impugnação. Decisão reformada. RECURSO PROVIDO. (TJSP; AI 3000288-04.2017.8.26.0000; Ac. 10805833; São Paulo; Oitava Câmara de Direito Público; Rel. Des. Antonio Celso Faria; Julg. 20/09/2017; DJESP 28/09/2017; Pág. 2636). V. tb.: APELAÇÃO CÍVEL. PROCESSO CIVIL. DISTRITO FEDERAL. INTIMAÇÃO PESSOAL. REMESSA DOS AUTOS. INEXISTÊNCIA. NULIDADE. AUDIÊNCIA DE CONCILIAÇÃO. AUSÊNCIA DO AUTOR. INTIMAÇÃO NÃO REALIZADA. SENTENÇA DESCONSTITUÍDA. 1. Nos termos do art. 183, § 1º, do CPC, o Distrito Federal goza da prerrogativa de ser pessoalmente intimado com carga, remessa ou meio eletrônico. Por isso, a intimação não se mostra válida pela mera publicação no Diário de Justiça Eletrônico, necessitando da remessa dos autos à Procuradoria do Distrito Federal. 2. Diante da ausência do autor na audiência de conciliação, o Juízo de origem concluiu que este não pode se manifestar a respeito das contestações e documentos justados aos autos, razão pela qual foi declarada a ocorrência de preclusão. 3. Comprovada a invalidade da intimação do Distrito Federal para a audiência de conciliação, deve ser reconhecido o cerceamento de defesa, com a respectiva declaração de nulidade da audiência realizada, bem como dos atos processuais posteriores. 4. Apelação conhecida e provida. Sentença desconstituída. (TJDF; APC 2016.01.1.000650-7; Ac. 104.5665; Terceira Turma Cível; Rel. Des. Alvaro Ciarlini; Julg. 06/09/2017; DJDFTE 05/10/2017)

Entretanto, permitindo a intimação da Fazenda Estadual pelo Diário de Justiça enquanto não é implementado o sistema de intimações por meio eletrônico.

✓ AGRAVO DE INSTRUMENTO. PROCESSUAL CIVIL. Decisão recorrida que afastou a pretensão da Fazenda Pública estadual de ser intimada nos termos do artigo 183 do novo código de processo civil. Insurgência. Intimação formalizada nos estritos termos do comunicado conjunto nº 379/2016. Ausência de prejuízo à agravante. Publicações feitas por meio do diário da justiça eletrônico. Possibilidade. Decisão mantida. Recurso desprovido. (TJSP; AI 2228173-60.2016.8.26.0000; Ac. 10142494; Itapetininga; Terceira Câmara de Direito Público; Rel. Des. Amorim Cantuária; Julg. 07/02/2017; DJESP 13/02/2017). V. tb.: AGRAVO DE INSTRUMENTO. CUMPRIMENTO DE SENTENÇA. ATO JUDICIAL IMPUGNADO. INDEFERIMENTO DE PEDIDO DE DEVOLUÇÃO DE PRAZO. FORNECIMENTO DE MEDICAMENTOS. CUMPRIMENTO DE SENTENÇA. EXECUÇÃO DE ASTREINTES. Instauração da fase de cumprimento da sentença. Determinação para apresentação de impugnação, nos termos do artigo 535 do CPC. Perda do prazo para apresentação de impugnação. Pedido de devolução do prazo fundado na obrigação de intimação da Fazenda por meio eletrônico. Inteligência dos artigos 535 e 270 do CPC. Impossibilidade técnica e financeira do TJSP para implementação de sistema que viabilize a comunicação eletrônica dos atos processuais. Observância dos Comunicados 360 e 379 do TJSP. Possibilidade de intimação pelo DJe. Prejuízo comprovado. Impossibilidade de sanação do vício relativo ao ato de comunicação. Repercussão para o devido processo legal, considerando a estrita obediência aos postulados do contraditório e da ampla defesa. Reconhecimento da nulidade da intimação. Devolução do prazo para apresentação de impugnação, que passará a transcorrer a partir da presente decisão. FUTURAS INTIMAÇÕES. Lealdade processual e cooperação. Ciência dos comunicados do TJSP e da impossibilidade fática de cumprimento da legislação. Dever de cumprir as recomendações, evitando-se o caos generalizado no processo. Decisão excepcional. Incumbe ao Estado reunir melhor condição para permitir que sua atuação em juízo seja eficiente e diligente, com a manutenção de um sistema informatizado atualizado com o nome dos procuradores que efetivamente atuam no feito para evitar situações constrangedoras como a dos autos. Advertência de que as futuras intimações serão realizadas pelo DJe, cabendo à instituição o acompanhamento do processo. RECURSO PROVIDO, COM OBSERVAÇÃO. (TJSP; AI 2082421-23.2017.8.26.0000; Ac. 10891732; Santos; Oitava Câmara de Direito Público; Rel. Des. José Maria Câmara Junior; Julg. 18/10/2017; DJESP 01/11/2017; Pág. 3064)

Se o município não atendeu ao dever de realizar o cadastro para recebimento de intimações eletrônicas, correta é a sua intimação por meio do Diário de Justiça.

✓ PROCESSUAL CIVIL. AGRAVO INTERNO NO AGRAVO EM RECURSO ESPECIAL. RECURSO INTEMPESTIVO. INTERPOSIÇÃO ALÉM DO PRAZO LEGAL. ARTS. 1.070 E 183 DO CPC/2015. MUNICÍPIO. INTIMAÇÃO ELETRÔNICA. AUSÊNCIA DE CADASTRO, JUNTO A ESTA CORTE. INTIMAÇÃO POR MEIO DO DIÁRIO DE JUSTIÇA ELETRÔNICO. ARTS. 183, § 1º, IN FINE, 246, §§ 1º E 2º, 270 E PARÁGRAFO ÚNICO, 272 E 1.050 DO CPC/2015. AGRAVO INTERNO NÃO CONHECIDO. I. Agravo interno aviado contra decisão monocrática, que julgou recurso interposto contra decisão que inadmitira o Recurso Especial, publicada na vigência do CPC/2015. II. A decisão, objeto deste Agravo interno, foi disponibilizada em 28/09/2016 (quarta-feira), no Diário de Justiça eletrônico, considerando-se publicada em 29/09/2016 (quinta-feira), e o presente recurso foi interposto em 20/03/2017, quando de há muito escoado o prazo legal, conforme certificado nos autos. III. Descumprido, portanto, o prazo de trinta dias úteis, para a interposição do Agravo interno, previsto nos arts. 1.070 e 183 do CPC vigente, inviável a análise dos argumentos recursais, uma vez que não preenchido um dos requisitos extrínsecos de sua admissibilidade. IV. Registre-se que, "nos termos do art. 1.050 do CPC/2015, competia ao Município ora agravante, no prazo de 30 dias após a entrada em vigor daquele diploma processual, proceder ao cadastramento perante a administração desta Corte, para fins de recebimento de intimações. No mesmo sentido: PET no AREsp 425.715/TO, Rel. Ministro Sérgio Kukina; DJe 2.8.2016" (STJ, AgInt no AgInt no REsp 1.594.244/MG, Segunda Turma; Rel. Min. Herman Benjamin; DJe de 07/03/2017), o que o Município agravante não providenciou, in casu. V. Não efetuando o cadastro previsto em Lei, junto a esta Corte, para fins de intimação pessoal eletrônica, nos termos dos arts. 183, § 1º, in fine, 246, §§ 1º e 2º, e 1.050 do CPC/2015, restou o Município intimado do decisum ora recorrido via Diário da Justiça eletrônico, de conformidade com o art. 272 do CPC/2015, conforme certificado nos autos. VI. Agravo interno não conhecido. (STJ; AgInt-AREsp 977.792; Proc. 2016/0233529-8; BA; Segunda Turma; Relª Minª Assusete Magalhães; DJE 27/06/2017)

Entendendo que a prerrogativa de intimação pessoal se estende ao ato de inclusão do feito em pauta.

✓ EMBARGOS DE DECLARAÇÃO DO DISTRITO FEDERAL. NULIDADE DO ACÓRDÃO. AUSÊNCIA DE INTIMAÇÃO PESSOAL ACERCA DA INCLUSÃO DO JULGAMENTO EM PAUTA. Com o advento do art. 183, § 1º do novo CPC, o Distrito Federal tem prerrogativa processual de ser intimado pessoalmente dos atos processuais. Como o litisconsorte não restou devidamente intimado acerca da inclusão do processo na pauta de julgamento, necessário se faz declarar a nulidade do acórdão, pois a ausência de intimação obstou o ente público de oferecer memoriais, apresentar defesa oral ou impugnar procedimentos na sessão. Acolhida a preliminar. 2. Embargos de declaração do Distrito Federal conhecidos e parcialmente providos para acolher a preliminar de nulidade. Prejudicada a análise dos embargos de declaração da reclamada. (TRT 10ª R.; RO 0000072-18.2016.5.10.0003; Primeira Turma;

Rel. Des. Gilberto Augusto Leitão Martins; Julg. 12/07/2017; DEJTDF 25/07/2017; Pág. 181)

§ 2º Não se aplica o benefício da contagem em dobro quando a lei estabelecer, de forma expressa, prazo próprio para o ente público.

→ v. Art. 9º da Lei 10.259/2001.

→ v. Art. 5º, § 6º da Lei 11.419/2006.

→ v. Art. 7º da Lei 12.153/2009.

Aplicação da dobra aos recursos no âmbito do pedido de suspensão de liminar, sentença ou segurança

✓ AGRAVO INTERNO. PRELIMINAR DE INTEMPESTIVIDADE NÃO CONFIGURADA. SUSPENSÃO DE JULGADO DO TRIBUNAL DE JUSTIÇA DO ESTADO. DECISÃO DE QUE SE BUSCA SUSPENDER OS EFEITOS, QUE APENAS DETERMINA A OBEDIÊNCIA AOS EXATOS TERMOS DA LIMINAR DEFERIDA EM PRIMEIRO GRAU. AUSÊNCIA DE COMPROVAÇÃO DE GRAVE LESÃO À ORDEM E À ECONOMIA PÚBLICAS. ARGUMENTAÇÃO DO AGRAVANTE VINCULADA EXCLUSIVAMENTE AO MÉRITO DA DECISÃO IMPUGNADA. AGRAVO INTERNO DESPROVIDO. Preliminarmente, afasta-se a alegação de intempestividade do recurso, tendo em vista que a questão do prazo em dobro para recorrer, inclusive no âmbito da suspensão de liminar e sentença ou segurança, encontra respaldo na jurisprudência da própria Corte Especial, bem como nos demais órgãos julgadores do Superior Tribunal de Justiça. Ademais, a controvérsia foi dirimida com a redação do novo Código de Processo Civil, em seu artigo 183, quando diz que "A União, os Estados, o Distrito Federal, os Municípios e suas respectivas autarquias e fundações de direito público gozarão de prazo em dobro para todas as suas manifestações processuais, cuja contagem terá início a partir da intimação pessoal ". A exceção à regra do caput também foi prevista no § 2.º do referido artigo, que exige para a não aplicação do benefício de contagem em dobro a menção expressa feita pela lei de regência, o que não se verifica no caso da suspensão de segurança (STJ, SS 2902, Rel. Min. Humberto Martins, Corte Especial, j. 01.02.2018).

Art. 184. O membro da Advocacia Pública será civil e regressivamente responsável quando agir com dolo ou fraude no exercício de suas funções.

→ v. Art. 186 e 927 do CC/2002.

→ v. Art. 125, II do CPC.

Ação por danos causados por agente público

✓ A teor do disposto no artigo 37 parágrafo 6º da Constituição Federal, a ação por danos causados por agente público deve ser ajuizada contra o Estado ou a pessoa jurídica prestadora do serviço público, sendo parte ilegítima passiva o autor do ato, assegurado o direito de regresso pelo Estado contra o responsável em caso de dolo ou culpa (STF, RE 1.027.633, j. 14.08.2019)

TÍTULO VII
Da Defensoria Pública

Art. 185. A Defensoria Pública exercerá a orientação jurídica, a promoção dos direitos humanos e a defesa dos direitos individuais e coletivos dos necessitados, em todos os graus, de forma integral e gratuita.

→ V. Art. 134 da CF/1988.

→ v. LC 80/1994 – Organiza a Defensoria Pública da União, do Distrito Federal e dos Territórios e prescreve normas gerais para sua organização nos Estados.

→ v. Art. 5º, II da Lei 7.347/1985.

Sobre a legitimação da Defensoria Pública para ajuizamento de ações coletivas tutelares de direitos difusos e coletivos de pessoas necessitadas.

✓ O art. 5º, II, da Lei da Ação Civil Pública, alterado pelo art. 2º da Lei 11.448/2007) que conferiu Legitimidade ativa da Defensoria Pública para ajuizar ação civil pública (art. 5º, II, da Lei 7.347/1985, é constitucional (STF, ADI 3943, DJE 06/08/2015). A Defensoria Pública tem legitimidade para a propositura de ação civil pública que vise a promover a tutela judicial de direitos difusos e coletivos de que sejam titulares, em tese, pessoas necessitadas (STF, RE 733433, DJe 07/04/2016).

✓ PROCESSUAL CIVIL. ADMINISTRATIVO. AGRAVO INTERNO NO RECURSO ESPECIAL. CÓDIGO DE PROCESSO CIVIL DE 2015. APLICABILIDADE. SERVIDORES PÚBLICOS MILITARES. CONCESSÃO DE AUXÍLIO TRANSPORTE. AÇÃO CIVIL PÚBLICA. INTERESSES DIFUSOS, COLETIVOS OU INDIVIDUAIS HOMOGÊNEOS. LEGITIMIDADE ATIVA DA DEFENSORIA PÚBLICA. EXISTÊNCIA. PRECEDENTE DO SUPREMO TRIBUNAL FEDERAL. CONCEITO DE NECESSITADO. CONCEPÇÃO AMPLIATIVA PARA ABRANGER OS HIPOSSUFICIENTES JURÍDICOS. PRECEDENTE DESTA CORTE. ARGUMENTOS INSUFICIENTES PARA DESCONSTITUIR A DECISÃO ATACADA. I. Consoante o decidido pelo Plenário desta Corte na sessão realizada em 09.03.2016, o regime recursal será determinado pela data da publicação do provimento jurisdicional impugnado. **In casu**, aplica-se o Código de Processo Civil de 2015. II. O Supremo Tribunal Federal, ao julgar a ADI n. 3.943/DF, declarou a constitucionalidade do art. 5º, II, da Lei n. 7.347/85, com redação dada pela Lei n. 11.448/07, consignando ter a Defensoria Pública legitimidade para propor ação civil pública em defesa de direitos difusos, coletivos, e individuais homogêneos. III. O Superior Tribunal de Justiça, ao interpretar os requisitos legais para a atuação coletiva da Defensoria Pública, encampa exegese ampliativa da condição jurídica de "necessitado", de modo a possibilitar sua atuação em relação aos necessitados jurídicos em geral, não apenas dos hipossuficientes sob o aspecto econômico. Caso concreto que se inclui no conceito apresentado. lV. A Agravante não apresenta, no agravo, argumentos suficientes para desconstituir a decisão recorrida. V. Agravo Interno improvido. (STJ; AgInt-REsp 1.510.999; Proc. 2015/0008000-1; RS; Primeira Turma; Relª Minª Regina Helena Costa; DJE 19/06/2017). V. tb.: PROCESSUAL CIVIL. Agravo em Recurso Especial. Enunciado administrativo nº 3/STJ. Legitimidade da defensoria pública para a propositura de ação civil pública por improbidade administrativa. Correta impugnação dos fundamentos da decisão agravada. Agravo convertido em recurso especial. (STJ; AREsp 1.087.781; Proc. 2017/0087795-7; RS; Segunda Turma; Rel. Min. Mauro Campbell Marques; DJE 15/05/2017) e PROCESSUAL CIVIL. AÇÃO CIVIL PÚBLICA. DIREITO À EDUCAÇÃO. ENSINO SUPERIOR. AÇÃO COLETIVA

QUE VISA BALIZAR REGRAS DE EDITAL DE VESTIBULAR. SISTEMA DE COTAS. DEFENSORIA PÚBLICA. LEI Nº 7.347/85. LEGITIMIDADE ATIVA. LEI Nº 11.448/07. TUTELA DE INTERESSES INDIVIDUAIS HOMOGÊNEOS. 1. Cuida-se, na origem, de ação civil pública ajuizada pela defensoria pública visando à obtenção de tutela jurisdicional que obrigue a instituição de ensino agravante a se abster de prever regra em edital de vestibular que elimine candidatos que não comprovem os requisitos para disputar as vagas destinadas ao sistema de cotas, possibilitando que esses candidatos figurem em lista de ampla concorrência, se obtiverem o rendimento necessário. Além disso, busca a defensoria que o recorrente deixe de considerar, para fins de eliminação do candidato à vaga como cotista o fato de ter cursado qualquer ano de formação escolar no ensino fundamental ou médio em instituição de ensino particular. O acórdão recorrido reformou a sentença a fim de reconhecer a legitimidade ativa da defensoria pública. 2. O direito à educação, responsabilidade do estado e da família (art. 205 da constituição federal), é garantia de natureza universal e de resultado, orientada ao "pleno desenvolvimento da personalidade humana e do sentido de sua dignidade" (art. 13, do pacto internacional sobre direitos econômicos, sociais e culturais, adotado pela XXI sessão da assembleia geral das nações unidas, em 19 de dezembro de 1966, aprovado pelo Congresso Nacional por meio do Decreto legislativo 226, de 12 de dezembro de 1991, e promulgado pelo Decreto nº 591, de 7 de julho de 1992), daí não poder sofrer limitação no plano do exercício, nem da implementação administrativa ou judicial. Ao juiz, mais do que a ninguém, compete zelar pela plena eficácia do direito à educação, sendo incompatível com essa sua essencial, nobre, indeclinável missão interpretar de maneira restritiva as normas que o asseguram nacional e internacionalmente. 3. É sólida a jurisprudência do STJ que admite possam os legitimados para a propositura de ação civil pública proteger interesse individual homogêneo, mormente porque a educação, mote da presente discussão, é da máxima relevância no estado social, daí ser integral e incondicionalmente aplicável, nesse campo, o meio processual da ação civil pública, que representa "contraposição à técnica tradicional de solução atomizada" de conflitos (REsp 1.225.010/PE, Rel. Ministro mauro Campbell marques, segunda turma, Dje 15.3.2011). 4. A defensoria pública, instituição altruísta por natureza, é essencial à função jurisdicional do estado, nos termos do art. 134, caput, da Constituição Federal. A rigor, mormente em países de grande desigualdade social, em que a largas parcelas da população. Aos pobres sobretudo. Nega-se acesso efetivo ao judiciário, como ocorre infelizmente no Brasil, seria impróprio falar em verdadeiro estado de direito sem a existência de uma defensoria pública nacionalmente organizada, conhecida de todos e por todos respeitada, capaz de atender aos necessitados da maneira mais profissional e eficaz possível. 5. O direito à educação legitima a propositura da ação civil pública, inclusive pela defensoria pública, cuja intervenção, na esfera dos interesses e direitos individuais homogêneos, não se limita às relações de consumo ou à salvaguarda da criança e do idoso. Ao certo, cabe à defensoria pública a tutela de qualquer interesse individual homogêneo, coletivo stricto sensu ou difuso, pois sua legitimidade ad causam, no essencial, não se guia pelas características ou perfil do objeto de tutela (= critério objetivo), mas pela natureza ou status dos sujeitos protegidos, concreta ou abstratamente defendidos, os necessitados (= critério subjetivo). 6. Ao se analisar a legitimação ad causam da defensoria pública para a propositura de ação civil pública referente a interesses e direitos difusos, coletivos stricto sensu ou individuais homogêneos, não se há de contar nos dedos o número de sujeitos necessitados concretamente beneficiados. Basta um juízo abstrato, em tese, acerca da extensão subjetiva da prestação jurisdicional, isto é, da sua capacidade de favorecer, mesmo que não exclusivamente, os mais carentes, os hipossuficientes, os desamparados, os hipervulneráveis. 7. "é imperioso reiterar, conforme precedentes do Superior Tribunal de Justiça, que a **legitimatio ad causam** da defensoria pública para intentar ação civil pública na defesa de interesses transindividuais de hipossuficientes é reconhecida antes mesmo do advento da Lei nº 11.448/07, dada a relevância social (e jurídica) do direito que se pretende tutelar e do próprio fim do ordenamento jurídico brasileiro: assegurar a dignidade da pessoa humana, entendida como núcleo central dos direitos fundamentais" (REsp 1.106.515/mg, Rel. Ministro Arnaldo esteves Lima, primeira turma, Dje 2.2.2011). 8. Agravo interno não provido. (STJ; AgInt-REsp 1.573.481; Proc. 2015/0312195-6; PE; Segunda Turma; Rel. Min. Herman Benjamin; DJE 27/05/2016)

Defensoria atuando em nome próprio para a defesa de suas prerrogativas institucionais.

✓ A Defensoria Pública tem a garantia de estar em juízo para defesa de suas prerrogativas e funções institucionais, não se mostrando necessário, nessa hipótese, que sua representação judicial fique a cargo da Advocacia-Geral da União (STF, SL 866 AgR, DJE 02/10/2019).

Desnecessidade de exibição de procuração pelo Defensor Público a fim de atuar no processo em favor de seus assistidos.

✓ A representação processual pela Defensoria Pública, faz-se por defensor público integrante de seu quadro funcional, independentemente de mandato, ressalvados os casos nos quais a lei exija poderes especiais (art. 44, XI e art. 128, XI, da LC 80/1994 (STF, AI 616.896, DJE 29/06/2011).

Art. 186. A Defensoria Pública gozará de prazo em dobro para todas as suas manifestações processuais.

→ *V.* Arts. 44, I, 88, I, e 128, I, da LC 80/1994.

§ 1º O prazo tem início com a intimação pessoal do defensor público, nos termos do art. 183, § 1º.

→ *V.* Arts. 44, I, 88, I, e 128, I, da LC 80/1994.

O prazo para a Defensoria Pública impugnar decisão judicial se inicia da data da entrega dos autos na repartição, sendo irrelevante eventual intimação em audiência.

✓ A fluência dos prazos para a Defensoria Pública tem início com a remessa dos autos com vista ou com a entrada destes na instituição e não com a oposição de ciência pelo seu representante. A intimação do defensor público se dá por intermédio de ofício ou mandado, devidamente recebido. Assim, a entrega de processo em setor administrativo, formalizada a carga por servidor do órgão, configura intimação pessoal (STF, HC 99.540, DJe 21/05/2010). Conferir, também, STJ, REsp 1349935/SE, Rel. Ministro Rel. Min. Rogerio Schietti Cruz; 3ª Seção; Julg. 23/08/2017; DJe 14/09/2017 (sobre o MP). E sobre a Defensoria Pública; STJ, HC 296.759; RS; Terceira Seção; Rel. Min. Rogerio Schietti Cruz; Julg. 23/08/2017; DJe 21/09/2017.

Condicionando o prazo em dobro à comunicação prévia de que o réu está representado pela Defensoria Pública.

✓ DEFENSORIA PÚBLICA. PRAZO EM DOBRO PARA CONTESTAR. ART. 186 DO NOVO CÓDIGO DE PROCESSO CIVIL. PRERROGATIVA QUE PRESSUPÕE A COMUNICAÇÃO PRÉVIA AO JUÍZO DE QUE O RÉU ESTÁ REPRESENTADO POR DEFENSOR PÚBLICO. OBSERVÂNCIA DOS PRINCÍPIOS DA BOA-FÉ OBJETIVA, DA LEALDADE E DA COLABORAÇÃO PROCESSUAL. NULIDADE INEXISTENTE. PRELIMINAR REJEITADA. Afirmada a prerrogativa de contagem em dobro do prazo para a contestação de quem está representado pela Defensoria Pública, indispensável compatibilizar esse direito com os princípios da boa-fé processual, lealdade e cooperação, que impõem ao Defensor Público o dever de informar ao Juízo, dentro do prazo simples a condição de representante do réu, visto que o juiz não tem como predizer essa condição. Sem que tenha adotado essa providência não pode o Defensor Público alegar nulidade do processo sob pena de se prestigiar o desrespeito o princípio da eticidade processual que deve ser observado por todos os atores do processo. INDENIZAÇÃO. USO DE IMAGEM SEM AUTORIZAÇÃO. VIOLAÇÃO AO DIREITO DE PERSONALIDADE. INDENIZAÇÃO DEVIDA. INCIDÊNCIA DA Súmula nº 403 DO Superior Tribunal de Justiça. A vida em rede desconsidera a propriedade privada, os direitos autorais e muitas vezes suprime a própria noção de individualidade do ponto de vista da dignidade pessoal como se nessa nova sociedade, filosoficamente discutida na apelação, tudo pertencesse a todos. Ou nada tivesse dono. Mas ao contrário do afirmado na apelação, não estava o réu autorizado a utilizar a fotografia da autora sem sua concordância, mesmo que se reconhecesse alguma finalidade superior ou altruística. (TJSP; APL 1004764-42.2016.8.26.0037; Ac. 10745699; Araraquara; Décima Câmara de Direito Privado; Rel. Des. Ronnie Herbert Barros Soares; Julg. 29/08/2017; DJESP 12/09/2017; Pág. 2008)

§ 2º A requerimento da Defensoria Pública, o juiz determinará a intimação pessoal da parte patrocinada quando o ato processual depender de providência ou informação que somente por ela possa ser realizada ou prestada.

→ V. Art. 231, § 3º do CPC.

Exigindo a intimação pessoal da parte para emenda da inicial.

✓ APELAÇÃO CÍVEL. EXTINÇÃO DO PROCESSO SEM RESOLUÇÃO DO MÉRITO. AUSÊNCIA DE INTIMAÇÃO DA PARTE PARA EMENDA DA INICIAL. INTIMAÇÃO ATRAVÉS DA DEFENSORIA PÚBLICA. NECESSIDADE DE INTIMAÇÃO PESSOAL DO ASSISTIDO. RECURSO CONHECIDO E PROVIDO. ANULADA A DECISÃO DE PRIMEIRO GRAU. A jurisprudência tem entendido que quando a parte se encontra assistida pela defensoria pública, necessário a sua intimação pessoal para determinados atos do processo. Tal entendimento se deve ao fato da instituição ter notória estrutura deficitária e ainda, em razão da dificuldade de ordem prática que obsta o contato entre defensor e seu assistido. Assim, as atividades processuais que dependam de informação ou de conduta pessoal da parte assistida, como ocorre com a juntada de documentos, exigem a intimação pessoal da parte, pois não poderão ser realizadas isoladamente pelo defensor. Com efeito, consigno que tal entendimento foi positivado no artigo 186, §2º do CPC, que prevê como faculdade do membro da Defensoria Pública a possibilidade de requerer ao magistrado a intimação pessoal da parte patrocinada quando o ato processual depender de providência ou informação que somente por ela possa ser realizada ou prestada. Ademais, o CPC/73, em seu artigo 267, III, §1º, cuja redação foi repetida pelo atual CPC, determina que a parte deverá ser intimada pessoalmente quando não promover os atos e diligência que lhe competir e abandonar a causa por mais de trinta dias. É o caso da situação narrada. Recurso Conhecido e Provido. (TJPA; APL 0001334-93.2006.8.14.0005; Ac. 181327; Altamira; Segunda Turma de Direito Privado; Rel. Des. José Maria Teixeira do Rosário; Julg. 19/09/2017; DJPA 04/10/2017; Pág. 208)

Não pode a Defensoria Pública transigir em nome da parte, sendo necessária a intimação pessoal desta.

✓ PROCESSUAL CIVIL. Ação de alimentos cumulada com guarda e regulamentação do direito de visitas. Audiência de conciliação. Imprescindível a presença do autor. Autor assistido por defensor público. Necessidade de intimação pessoal. Impossibilidade de o defensor público transigir em nome da parte. Aplicação do disposto no art. 186, § 2º do CPC. Recurso provido. (TJRN; AI 2017.000873-0; Natal; Segunda Câmara Cível; Rel. Des. Ibanez Monteiro; DJRN 21/09/2017)

Aplicando o dispositivo para cumprimento de decisão que determinou a desocupação de imóvel.

✓ AGRAVO DE INSTRUMENTO. DECISÃO PROFERIDA EM AUDIÊNCIA DE CONCILIAÇÃO QUE DETERMINOU A DESOCUPAÇÃO DE IMÓVEL. REQUERIMENTO DA DEFENSORIA PÚBLICA PARA INTIMAÇÃO PESSOAL DA PARTE PATROCINADA. NÃO OBSERVÂNCIA DO ART. 186, § 2º, CPC/2015. VIOLAÇÃO AO CONTRADITÓRIO E AMPLA DEFESA. NECESSIDADE DE ANULAÇÃO DA DECISÃO. RECURSO PROVIDO. 1. Uma vez designada audiência extraordinária de conciliação no processo originário (fls. 247), a Defensoria Pública peticionou logo em seguida requerendo a intimação pessoal dos Agravantes para comparecimento ao ato (fls. 249). 2. Trata-se de prerrogativa constante do § 2º do art. 186 do CPC/2015, pela qual o juiz, após requerimento da Defensoria Pública, deve determinar a intimação pessoal da parte por ela patrocinada quando o ato processual depender de providência ou informação que somente por ela possa ser realizada ou prestada. 3. Mesmo assim, tal requerimento foi ignorado e a audiência realizada. Ora, é inegável o prejuízo aos Agravantes, que não foram comunicados da audiência, sendo-lhes suprida a possibilidade de exercício do contraditório e da ampla defesa antes de ser proferida a decisão que determina a desocupação do imóvel, na esteira dos arts. 7º, 9º e 10, CPC/2015. 4. A previsão de intimação pessoal a pedido da Defensoria Pública se justifica porque a relação entre Defensoria e seu assistido é muito diferente, sob o ponto de vista jurídico, da que une os advogados a seus clientes. A primeira é de natureza público-estatutária, caracterizada pela impessoalidade e sujeita à rega da indeclinabilidade de causas; já a segunda é de natureza privada, intuitu personae e guiada pela liberdade de contratação (Sousa, José Augusto Garcia de. Breves Comentários ao Novo Código de Processo Civil. São Paulo: RT, 2015, p. 581). (TJES; AI 0011275-46.2017.8.08.0035; Terceira Câmara Cível; Rel. Des. Samuel Meira Brasil Junior; Julg. 05/09/2017; DJES 15/09/2017)

Considerando necessária a intimação pessoal da parte para o seu comparecimento em audiência.

✓ MANDADO DE SEGURANÇA. VENDA E COMPRA DE AUTOMÓVEL. AÇÃO DE OBRIGAÇÃO DE FAZER CUMULADA COM DECLARATÓRIA. TRANSFERÊNCIA DO VEÍCULO. PARTE AUTORA PATROCINADA PELA DEFENSORIA PÚBLICA. NÃO COMPARECIMENTO À AUDIÊNCIA. COMINAÇÃO DE MULTA DE 2% NOS TERMOS DO ART. 334, § 8º, DO CPC. DESCABIMENTO. AUSÊNCIA DE INTIMAÇÃO PESSOAL DA AUDIÊNCIA. INTELECÇÃO DO ART. 186, § 1º, DO CPC. CONCESSÃO DO MANDAMUS. NECESSIDADE. A inexorável conclusão é a de que, em verdade, a decisão objurgada merece reparos. O acionante é patrocinado pela Defensoria Pública do Estado de São Paulo. Logo, ex vi legis, qualquer intimação e/ou cientificação de ato judicial no processo, dar-se-á, consoante estatuído no art. 186, caput e § 1º, do CPC, de forma pessoal, conferindo-lhe prazo em dobro. ORDEM CONCEDIDA. (TJSP; MS 2058850-23.2017.8.26.0000; Ac. 10637011; São Paulo; Vigésima Sexta Câmara de Direito Privado; Rel. Des. Antonio Nascimento; Julg. 27/07/2017; DJESP 07/08/2017; Pág. 2461)

Indicando ser necessária a intimação pessoal da parte para informar se o acordo foi cumprido.

✓ APELAÇÃO CÍVEL. CUMPRIMENTO DE SENTENÇA. ALIMENTOS. INTIMAÇÃO DOS ALIMENTANDOS SOBRE O CUMPRIMENTO DE ACORDO. SOLICITAÇÃO DA DEFENSORIA PÚBLICA PARA INTIMAÇÃO PESSOAL. EXTINÇÃO SEM JULGAMENTO DO MÉRITO POR PRESUNÇÃO DE FALTA DE INTERESSE PROCESSUAL SUPERVENIENTE. AFRONTA AO ART. 186, §2º, DO CPC/2015. SENTENÇA INSUBSISTENTE. RECURSO CONHECIDO E PROVIDO, COM O PARECER. Ao extinguir o cumprimento de sentença referente a alimentos, por presunção de falta superveniente de interesse de agir, sem apreciar requerimento da Defensoria Pública no sentido de se intimar pessoalmente os alimentandos para informar se o acordo foi cumprido, o Juízo singular acabou por afrontar norma expressa de Lei, esculpida no art. 186, §2º, do CPC/2015, incorrendo em **error in procedendo**. (TJMS; APL 0804018-75.2015.8.12.0008; Terceira Câmara Cível; Rel. Des. Marco André Nogueira Hanson; DJMS 27/07/2017; Pág. 93)

Aplicando o dispositivo para a juntada de documentos.

✓ APELAÇÃO CÍVEL. EXTINÇÃO DO PROCESSO SEM RESOLUÇÃO DO MÉRITO. AUSÊNCIA DE INTIMAÇÃO DA PARTE PARA EMENDA DA INICIAL. INTIMAÇÃO ATRAVÉS DA DEFENSORIA PÚBLICA. NECESSIDADE DE INTIMAÇÃO PESSOAL DO ASSISTIDO. RECURSO CONHECIDO E PROVIDO. ANULADA A DECISÃO DE PRIMEIRO GRAU. 1. A jurisprudência tem entendido que quando a parte se encontra assistida pela defensoria pública, necessário a sua intimação pessoal para determinados atos do processo. 2. Tal entendimento se deve ao fato da instituição ter notória estrutura deficitária e ainda, em razão da dificuldade de ordem prática que obsta o contato entre defensor e seu assistido. 3. Assim, as atividades processuais que dependam de informação ou de conduta pessoal da parte assistida, como ocorre com a juntada de documentos, exigem a intimação pessoal da parte, pois não poderão ser realizadas isoladamente pelo defensor. 4. Com efeito, consigno que tal entendimento foi positivado no artigo 186, §2º do CPC, que prevê como faculdade do membro da defensoria pública a possibilidade de requerer ao magistrado a intimação pessoal da parte patrocinada quando o ato processual depender de providência ou informação que somente por ela possa ser realizada ou prestada. 5. Recurso conhecido e provido. (TJPA; APL 0028952-21.2001.8.14.0301; Ac. 182296; Belém; Segunda Turma de Direito Privado; Rel. Des. José Maria Teixeira do Rosário; Julg. 03/10/2017; DJPA 27/10/2017; Pág. 228)

Afastando o dispositivo para o caso de impugnação ao laudo de avaliação.

✓ AGRAVO DE INSTRUMENTO. AÇÃO DE COBRANÇA EM FASE DE CUMPRIMENTO DE SENTENÇA. DECISÃO AGRAVADA QUE INDEFERIU O PEDIDO DE INTIMAÇÃO PESSOAL DOS AGRAVANTES E HOMOLOGOU O LAUDO DE AVALIAÇÃO DO BEM IMÓVEL DE PROPRIEDADE DA RÉ. Inconformismo. 1-o artigo 186, § 2º, do código de processo civil determina que a requerimento da defensoria pública, o juiz determinará a intimação pessoal da parte patrocinada quando o ato processual depender de providência ou informação que somente por ela possa ser realizada ou prestada. 2-por outro lado, observa-se que a intimação pessoal da parte assistida pela defensoria pública somente se justifica quando concernente a atos pessoais que caibam exclusivamente à parte realizar, o que não é a hipótese dos autos, eis que a eventual irresignação da parte quanto ao conteúdo do laudo de avaliação seria sua impugnação, ato este de iniciativa do representante processual e não da parte. 3-existência de Lei Estadual 4664/2005 dando autonomia financeira à defensoria pública. 4-precedentes do TJRJ. Decisão mantida. Improvimento do recurso. (TJRJ; AI 0047597-67.2017.8.19.0000; Rio de Janeiro; Décima Sexta Câmara Cível; Rel. Des. Marco Aurelio Bezerra de Melo; DORJ 06/10/2017; Pág. 396)

§ 3º O disposto no *caput* aplica-se aos escritórios de prática jurídica das faculdades de Direito reconhecidas na forma da lei e às entidades que prestam assistência jurídica gratuita em razão de convênios firmados com a Defensoria Pública.

→ *V.* Enunciado 15 do CJF: Aplicam-se às entidades referidas no § 3º do art. 186 do CPC as regras sobre intimação pessoal das partes e suas testemunhas (art. 186, § 2º; art. 455, § 4º, IV; art. 513, § 2º, II e art. 876, § 1º, II, todos do CPC).

Condicionando o prazo em dobro à natureza pública da entidade conveniada com a Defensoria Pública.

✓ MINISTÉRIO PÚBLICO DO ESTADO DE MINAS GERAIS EMENTA RECURSO EM MANDADO DE SEGURANÇA. PROCESSO PENAL. PRAZO EM DOBRO. NÚCLEO DE PRÁTICA JURÍDICA VINCULADO A UNIVERSIDADE PÚBLICA. APLICABILIDADE. RECURSO PROVIDO. 1. O Superior Tribunal de Justiça, no julgamento do EDcl no AgRg no AREsp 72.095/RS, Rel. Ministro OG FERNANDES, adotou o entendimento de que "o advogado para ter direito ao prazo em dobro conferido aos Defensores Públicos e previsto no artigo 5.º, § 5.º, da Lei 1.060/50, deve integrar serviço de assistência judiciária organizado e mantido pelo Estado, como aqueles prestados pelas entidades públicas de ensino superior" (DJe 18/12/2012). 2. Espécie em que o Recorrente está sendo patrocinado pela Divisão de Assistência Judiciária da Universidade Federal de Minas Gerais – entidade pública de ensino -, que, nos termos da jurisprudência do Superior Tribunal de Justiça, tem a prerrogativa do prazo em dobro. 3. Recurso ordinário conhecido e provido para conceder a segurança pleiteada (STJ, RMS 58450, Rel. Min. Laurita Vaz, 6ª Turma, j. 02.10.2018).

✓ A Corte Especial do Superior Tribunal de Justiça firmou o posicionamento de que o prazo em dobro para recorrer, previsto no artigo 5º, § 5º, da Lei nº 1.060/1950, só é devido aos Defensores Públicos e àqueles que fazem parte do serviço estatal de assistência judiciária, não se incluindo no benefício os defensores dativos, mesmo que credenciados pelas Procuradorias-Gerais dos Estados via convênio com as Seccionais da Ordem dos Advogados do Brasil, uma vez que não exercem cargos equivalentes aos de Defensores Públicos (STJ, AREsp 1062401, Rel. Min. Ribeiro Dantes, 5ª Turma, j. 12.09.2017).

Considerando que a dobra se aplica aos advogados de entidade pública, conveniada com o Município e a Defensoria Pública.

✓ APELAÇÃO CÍVEL. AÇÃO DE REINTEGRAÇÃO DE POSSE. SENTENÇA DE IMPROCEDÊNCIA. INCONFORMISMO. PEDIDO DE JUSTIÇA GRATUITA FORMULADO PELOS RÉUS. Polo passivo representado por advogados de entidade de utilidade pública, conveniada com a Prefeitura Municipal de São José dos Campos e a Defensoria Pública do Estado de São Paulo. Benefício concedido. Prazo em dobro do qual também são detentores. Artigo 186, § 3º, do Código de Processo Civil. Tempestividade do recurso observada. Indenização por benfeitorias ao possuidor de boa-fé. Direito legalmente previsto. Artigo 1.219 do Código Civil. Contudo, ônus probatório àquele que alega este direito. Ausência de indícios mínimos da existência das benfeitorias. Prova testemunhal pleiteada que seria insuficiente para demonstrá-las. Sentença mantida. Majoração dos honorários advocatícios de sucumbência. Artigo 85, § 11, do Código de Processo Civil. Recurso não provido, com observação. (TJSP; APL 1019256-39.2014.8.26.0577; Ac. 10085059; São José dos Campos; Vigésima Segunda Câmara de Direito Privado; Rel. Des. Hélio Nogueira; Julg. 15/12/2016; DJESP 24/01/2017)

Os escritórios de prática jurídica também possuem direito ao prazo em dobro.

✓ A literalidade do artigo 186, § 3º, do CPC/2015 determina o benefício do prazo em dobro para recorrer às partes representadas processualmente pelos escritórios de prática jurídica das faculdades de Direito. Intempestividade do agravo em recurso especial afastada (STJ, AREsp 1093330, Rel. Desembargado Lázaro Guimarães, 4ª Turma, j. 16.08.2018)

Estendendo a aplicação do dispositivo ao processo penal.

✓ A Defensoria Pública tem a prerrogativa de receber, pessoalmente, a intimação de todos os atos do processo e do benefício de dispor da contagem em dobro dos prazos processuais, mesmo que se cuide de procedimentos de natureza penal (STF, HC 81.019, DJe 23/10/2009).

Considerando que o benefício do prazo em dobro não se aplica a escritórios de prática jurídica vinculados a pessoas de direito privado.

✓ AGRAVO INTERNO EM APELAÇÃO CÍVEL. AÇÃO DE COBRANÇA. RECURSO INTEMPESTIVO. NÃO CONHECIMENTO. DECISÃO MONOCRÁTICA DO RELATOR. POSSIBILIDADE. Os benefícios da contagem de prazo em dobro, não se aplicam ao Núcleo de Prática Jurídica da Faculdade Presidente Antônio Carlos de Uberlândia, por se tratar de fundação de natureza jurídica privada, não se enquadrando a apelante nas hipóteses do artigo 186, §3º do Código de Processo Civil. A apelação cível interposta fora do prazo legal de quinze dias úteis, é manifestamente inadmissível, porquanto intempestiva, devendo ser obstado o seu seguimento, mediante decisão monocrática do relator. Não se aplica ao caso o disposto pelo parágrafo único do artigo 932 do Código de Processo Civil de 2015, tendo em vista se tratar de recurso intempestivo, ao qual não aproveitam os conceitos de vício sanável ou formal. (TJMG; AgInt 1.0702.12.050388-4/003; Rel. Des. Paulo Balbino; Julg. 19/10/2017; DJEMG 30/10/2017)

Entendendo que não se aplica a dobra de prazo ao advogado dativo conveniado à Defensoria Pública.

✓ LOCAÇÃO IMOBILIÁRIA RESIDENCIAL ESCRITA. COBRANÇA. RÉU REPRESENTADO POR ADVOGADOS DE ESCRITÓRIO DE PRÁTICA JURÍDICA DA FACULDADE DE DIREITO DA PUC/SP. Revelia. Discussão sobre prazos processuais em dobro. R. Sentença de procedência. Apelo só do réu. Requerido que consta haver buscado os serviços do escritório modelo da Universidade (art. 186, § 3º, do CPC) antes da sentença, proferida após o decurso do prazo simples de 15 dias. Decisão de primeiro grau acertada, já que não há que se falar em equiparação do dativo conveniado à Defensoria Pública, através de Universidade particular, com o próprio Defensor. Negou-se provimento ao apelo do requerido. Embargos declaratórios opostos pelo inquilino contra Acórdão unânime. Fins exclusivos de prequestionamento. Ausência de obscuridade, omissão e/ou contradição. Embargos do réu rejeitados. (TJSP; EDcl 1013610-29.2016.8.26.0011/50000; Ac. 10849233; São Paulo; Vigésima Sétima Câmara de Direito Privado; Rel. Des. Campos Petroni; Julg. 03/10/2017; DJESP 16/10/2017; Pág. 3008). V. tb.: AGRAVO DE INSTRUMENTO. Interposição depois de decorridos 15 dias da publicação da decisão agravada. Intempestividade. Inaplicabilidade do prazo em dobro por disposição do artigo 5º, parágrafo 4º, da Lei nº 1.060/50, e art. 186 do CPC/2015. Observância de que o benefício do prazo em dobro não beneficia os advogados particulares, ainda que se trate daqueles indicados pelo convênio entre a Defensoria Pública do Estado e a OAB/SP. Recurso não conhecido. (TJSP; AI 2129314-72.2017.8.26.0000; Ac. 10769160; Caconde; Décima Sétima Câmara de Direito Privado; Rel. Des. Paulo Pastore Filho; Julg. 05/09/2017; DJESP 11/09/2017; Pág. 2962)

§ 4º Não se aplica o benefício da contagem em dobro quando a lei estabelecer, de forma expressa, prazo próprio para a Defensoria Pública.

Art. 187. O membro da Defensoria Pública será civil e regressivamente responsável quando agir com dolo ou fraude no exercício de suas funções.

→ v. Art. 186 e 927 do CC/2002.

→ v. Art. 125, II do CPC.

Ação por danos causados por agente público

✓ A teor do disposto no artigo 37 parágrafo 6º da Constituição Federal, a ação por danos causados por agente público deve ser ajuizada contra o Estado ou a pessoa jurídica prestadora do serviço público, sendo parte ilegítima passiva o autor do ato, assegurado o direito de regresso pelo Estado contra o responsável em caso de dolo ou culpa (STF, RE 1.027.633, j. 14.08.2019)

LIVRO IV
DOS ATOS PROCESSUAIS

TÍTULO I
Da Forma, do Tempo e do Lugar dos Atos Processuais

Capítulo I
DA FORMA DOS ATOS PROCESSUAIS

Seção I
Dos Atos em Geral

Art. 188. Os atos e os termos processuais independem de forma determinada, salvo quando a lei expressamente a exigir, considerando-se válidos os que, realizados de outro modo, lhe preencham a finalidade essencial.

→ v. MP 2.220/2001-2 – Institui a Infraestrutura de Chaves Públicas Brasileira – ICP – Brasil, transforma o Instituto Nacional de Tecnologia da Informação em autarquia, e dá outras providências.

Aplicando o dispositivo em caso de recolhimento de custas (a maior) em guia errada.

✓ Em consonância com as normas fundamentais previstas nos artigos 5º e 6º do CPC/2015 e com o princípio da instrumentalidade das formas, deve ser afastada a pena de deserção quando o recolhimento do preparo, apesar de ter sido realizado em montante e código diversos do recurso interposto, é realizado a maior, sendo o valor efetivamente revertido aos cofres do tribunal respectivo (STJ, AREsp 139994, Rel. Min. Francisco Falcão, j. 21.02.2019)

Aproveitamento de embargos do executado distribuídos equivocadamente como petição autônoma.

✓ EMBARGOS À EXECUÇÃO. Sentença que rejeitou liminarmente os embargos por serem intempestivos. Não cabimento. Embargante que protocolou petição autônoma tempestivamente, no processo de execução, ao invés de distribuir os embargos por dependência. Aplicação do princípio da instrumentalidade das formas, pois o equívoco não passou de mero erro formal. Consonância com os artigos 188 e 277 do CPC. Tempestividade configurada. Sentença anulada. Recurso provido. (TJSP; APL 1001812-04.2017.8.26.0604; Ac. 10875306; Sumaré; Segunda Câmara de Direito Público; Rel. Des. Claudio Augusto Pedrassi; Julg. 10/10/2017; DJESP 17/10/2017; Pág. 2226)

Equívoco na indicação da classe processual no momento do cadastramento em sistema de processo eletrônico não pode conduzir à extinção do processo.

✓ EQUÍVOCO NO CADASTRAMENTO DA CLASSE PROCESSUAL NO SISTEMA PJE. IMPOSSIBILIDADE DE EXTINÇÃO DO FEITO. SIMPLES RETIFICAÇÃO DO CADASTRO. Eventual equívoco no cadastramento da classe processual no sistema do PJE não deve provocar a extinção do processo sem resolução do mérito, notadamente diante da aplicação analógica da Súmula nº 263/TST, bem como do art. 19, parágrafos 3º e 4º, da Resolução 185/17 do Conselho Superior da Justiça do Trabalho. Entendimento diverso imporia restrição indevida ao princípio da inafastabilidade da jurisdição (art. 5º, XXXV, CF/88), valorizando desmedidamente a forma em detrimento da instrumentalidade e da efetividade do processo (artigos 8º e 188 do CPC). (TRT 3ª R.; AP 0010983-87.2017.5.03.0023; Rel. Des. Rogério Valle Ferreira; DJEMG 16/10/2017)

A apresentação de nova petição inicial pode ser aproveitada como aditamento após o indeferimento da tutela cautelar em caráter antecedente.

✓ APELAÇÃO CÍVEL. PROCESSUAL CIVIL. TUTELA CAUTELAR ANTECEDENTE. Indeferimento. Ausência de emenda e distribuição de pedido principal de forma autônoma. Extinção do processo. Sentença reformada. Na espécie, cuida-se de pretensão de tutela cautelar antecedente a qual foi indeferida. Posterior distribuição de pedido principal o que levou ao magistrado a extinção do processo, ao fundamento a redação do artigo 308 do CPC/2015. Inegável que o CPC/2015, extinguiu a autonomia do processo cautelar, no entanto, a redação dos dispositivos dos artigos 306 e 307 do CPC/2015, levam a conclusão que a mesma restou presente quando ocorrer o indeferimento da tutela cautelar. Ademais, o princípio da instrumentalidade das formas restou preservado no CPC/2015, tendo a sentença pautado por excesso de rigorismo. Inteligência do artigo 188 do CPC/2015. O excessivo rigor na técnica processual não se coaduna com a finalidade do direito processual moderno que homenageia o princípio da instrumentalidade das formas. Recurso conhecido e provido para a anular a sentença, nos termos do voto do desembargador relator. (TJRJ; APL 0003114-68.2017.8.19.0026; Itaperuna; Décima Segunda Câmara Cível; Rel. Des. Cherubin Helcias Schwartz Junior; Julg. 11/07/2017; DORJ 13/07/2017; Pág. 286)

Não se aplica o dispositivo se o agravo de instrumento foi protocolado em tribunal incompetente.

✓ EMBARGOS DE DECLARAÇÃO NO AGRAVO DE INSTRUMENTO. DIREITO PROCESSUAL CIVIL. RECURSO PROTOCOLADO EM TRIBUNAL INCOMPETENTE. ERRO GROSSEIRO. INTEMPESTIVIDADE. PREQUESTIONAMENTO. CARÁTER PROTELATÓRIO. MULTA DE 1% DO VALOR DA CAUSA. RECURSO NÃO PROVIDO. 1. De início, destaca-se que não seria o caso de aplicação do artigo 188 do CPC/2015, uma vez que o próprio artigo menciona a expressão salvo quando a Lei expressamente a exigir, e, como o art. 1016 do CPC/2015 determina que o agravo de instrumento seja dirigido ao Tribunal competente, o caso dos autos enquadrar-se-ia justamente nessa exceção; 2. Não seria também o caso de se aplicar o art. 277 do CPC, posto que a finalidade do ato não foi alcançada, especialmente porque quando o recurso adentrou no Tribunal competente, o prazo para sua interposição já havia se esgotado; 3. Com relação ao art. 283 e seu parágrafo único, melhor sorte não socorre a embargante, especialmente porque o ato praticado resulta em prejuízo óbvio à parte contrária, visto que o recurso visa reformar decisão que lhe beneficia; 4. No que tange ao prequestionamento do art. 1017, §3º do CPC/2015, verifica-se que a parte foi intimada do despacho de fls. 82 dos autos para manifestar-se acerca da intempestividade do recurso, contudo, não há como ser sanado o vício, na forma do art. 932, parágrafo único do CPC/2015, tendo em vista que o recurso não foi interposto em Tribunal competente; 5. A embargante requer ainda o prequestionamento do art. 5º, LV da CF/88, sendo certo que não há que se falar em prejuízo à aplicação dos princípios do contraditório e ampla defesa, tendo em vista que o recurso deixou de ser analisado pelo Tribunal em face de erro crasso cometido pela própria que não poderia, agora, beneficiar-se do mesmo; 6. Com relação ao pedido para que seja uniformizada a jurisprudência acerca da matéria (Art. 926 do CPC/2015), porque supostamente o acórdão embargado estaria contrário ao julgamento proferido pelo 1ª Câmara de Direito Público, no agravo de instrumento 0014335-59.2012.8.17.0000, da relatoria do Des. Jorge Américo Pereira de Lira, observa-se, de pronto, que os precedentes são distintos. No caso sub examine o recurso de agravo de instrumento foi interposto perante o Tribunal Regional Federal da 5ª Região, ou seja, Tribunal esse que não guarda qualquer relação de hierarquia com o juiz que proferiu a decisão agravada, e, portanto, alheio à matéria e qualquer decisão à essa cabível, podendo só, exclusivamente, declarar sua incompetência. No precedente trazido pela embargante, o recurso foi interposto no juízo de origem, quando deveria ter sido perante o Tribunal, sendo certo que o juízo de origem tem, obviamente, uma relação direta e hierárquica com o Tribunal, absolutamente diferente do caso dos autos, e, configurando, por isso, erro grosseiro que não deve ser albergado; 7. Por fim, destaca-se que o acórdão foi proferido, segundo a convicção do relator, que foi acompanhado pelos demais membros desta 4ª Câmara Cível, não havendo, assim, qualquer vício a ser sanado no julgado; 8. Não constatada omissão, obscuridade ou contradição no acórdão, mesmo em se tratando de embargos com fins de prequestionamento, impõe-se a rejeição dos embargos declaratórios que tem como finalidade o reexame das questões outrora devidamente fundamentadas, em coerência à controvérsia posta sub judice; 9. Observando-se o caráter manifestamente protelatório destes embargos declaratórios, visto que não há nenhum vício no decisum atacado, condena-se a embargante no pagamento de multa de 1% (um por cento) do valor atualizado da causa; 10. Conheço dos embargos, mas lhes nego provimento. (TJPE; Rec. 0008141-04.2016.8.17.0000; Quarta Câmara Cível; Rel. Desig. Des. Tenório dos Santos; Julg. 09/02/2017; DJEPE 20/03/2017)

Possibilidade de aproveitamento da impugnação à penhora como exceção de pré-executividade.

✓ AGRAVO DE INSTRUMENTO. EXPURGOS INFLACIONÁRIOS. CUMPRIMENTO INDIVIDUAL DE SENTENÇA COLETIVA. IDEC. AÇÃO CIVIL PÚBLICA Nº 1998.01.1.016798-9/DF. IMPUGNAÇÃO À PENHORA. PRINCÍPIO DA INSTRUMENTALIDADE DAS FORMAS. 1. Conforme se depreende do disposto no art. 854, §3º, do CPC/15, é taxativo o rol de matérias arguíveis na peça de defesa oferecida após a intimação da indisponibilidade de valores, sendo passível de insurgência, neste momento, somente: (I) A impenhorabilidade dos valores bloqueados; e (II) A permanência da indisponibilidade excessiva de ativos financeiros. 2. No caso dos autos, o réu ao perder o prazo para apresentação de impugnação ao cumprimento de sentença, apenas transmudou o **nomem juris** da peça de defesa apresentada, arguindo matérias diversas daquelas admitidas em impugnação à penhora. 3. Assim agindo, o executado trouxe, neste momento, questões de fato e de direito que ordinariamente são alegadas na impugnação ao cumprimento de sentença, caracterizando tentativa de burla ao devido processo legal. 4. Incabível o recebimento de "impugnação à penhora" que não trate exclusivamente daquelas matérias taxativamente previstas no art. 854, § 3º, do CPC/15. 5. Contudo, em homenagem ao princípio da instrumentalidade das formas, expressamente previsto no art. 188 do novo código de processo civil, deverá ser parcialmente conhecida a defesa como exceção de pré-executividade, para que seja apreciada somente a matéria de ordem pública ali alegada. Agravo de instrumento parcialmente provido. (TJRS; AI 0099800-98.2017.8.21.7000; Santana do Livramento; Vigésima Terceira Câmara Cível; Relª Desª Ana Paula Dalbosco; Julg. 27/06/2017; DJERS 04/07/2017)

Impossibilidade de aproveitamento de contestação como embargos do executado.

✓ AGRAVO DE INSTRUMENTO. AÇÃO DE EXECUÇÃO DE TÍTULO EXTRAJUDICIAL. OFERECIDA CONTESTAÇÃO AO INVÉS DE EMBARGOS À EXECUÇÃO. Inexistência de dúvida objetiva quanto à forma do exercício do direito. Erro grosseiro. Requisitos dos embargos à execução. Não preenchidos. Inaplicabilidade do art. 188 do CPC/15. Decisão mantida. Recurso improvido. (TJSP; AI 2076119-75.2017.8.26.0000; Ac. 10491298; Marília; Trigésima Sexta Câmara de Direito Privado; Rel. Des. Walter Cesar Exner; Julg. 05/06/2017; DJESP 08/06/2017; Pág. 2775)

Aproveitamento da alegação de convenção de arbitragem por meio de exceção de incompetência, em vez de preliminar de contestação.

✓ EXTINÇÃO DO PROCESSO SEM JULGAMENTO DE MÉRITO. ALEGAÇÃO PELA RÉ DE EXISTÊNCIA DE CONVENÇÃO DE ARBITRAGEM, QUE AFASTA A JURISDIÇÃO ESTATAL. ARGUIÇÃO FEITA POR MEIO DE EXCEÇÃO DE INCOMPETÊNCIA, NÃO EM PRELIMINAR DE CONTESTAÇÃO. IRRELEVÂNCIA. INSTRUMENTALIDADE DAS FORMAS. ARTS. 154 E 244 DO CÓDIGO BUZAID, CORRESPONDENTES AOS ARTS. 188 E 277 DO CPC. "Quando a Lei prescrever determinada forma, sem cominação de nulidade, o juiz considerará válido o ato se, realizado de outro modo, lhe alcançar a finalidade", reza o art. 244 do Código revogado, dito a mais bela das regras do moderno Processo Civil (STJ, RT 683/183, Sálvio DE Figueiredo). Sentença de extinção confirmada. Apelação da autora desprovida. (TJSP; APL 1007793-08.2016.8.26.0100; Ac. 10200560; São Paulo; Primeira Câmara Reservada de Direito Empresarial; Rel. Des. César Ciampolini; Julg. 22/02/2017; DJESP 07/03/2017)

Aproveitamento dos documentos digitalizados de forma invertida.

✓ DOCUMENTOS INVERTIDOS. POSSIBILIDADE ELETRÔNICA DE VISUALIZAÇÃO. PRINCÍPIO DA INSTRUMENTALIDADE. Havendo clara possibilidade de visualização dos documentos anexados de forma invertida, deve ser apreciado o mérito da ação, privilegiando a instrumentalidade e economia que regem o processo do trabalho e ao que estabelece o artigo 188 do novo CPC: Os atos e os termos processuais independem de forma determinada, salvo quando a Lei expressamente a exigir, considerando-se válidos os que, realizados de outro modo, lhe preencham a finalidade essencial. (TRT 3ª R.; RO 0011174-86.2016.5.03.0082; Rel. Des. Luís Felipe Lopes Boson; DJEMG 13/03/2017)

Art. 189. Os atos processuais são públicos, todavia tramitam em segredo de justiça os processos:

→ *v.* Art. 5º, LX, da CF/1988.

→ *v.* Art. 206 da Lei 9.279/1996.

→ *v.* Art. 14, § 4º da Lei 9.609/1998.

→ *v.* Enunciado 37 da ENFAM: São nulas, por ilicitude do objeto, as convenções processuais que violem as garantias constitucionais do processo, tais como as que: a) autorizem o uso de prova ilícita; b) limitem a publicidade do processo para além das hipóteses expressamente previstas em lei; c) modifiquem o regime de competência absoluta; e d) dispensem o dever de motivação.

Considerando que a decretação de segredo de justiça é prerrogativa do juiz.

✓ RECURSO ORDINÁRIO EM MANDADO DE SEGURANÇA. ATO COATOR CONSUBSTANCIADO NO INDEFERIMENTO DO PEDIDO DE TRAMITAÇÃO DO PROCESSO MATRIZ EM SEGREDO DE JUSTIÇA. Inadequação da via eleita. Orientação jurisprudencial nº 92 da sbdi-2. Trata-se, a hipótese, de mandado de segurança impetrado contra decisão proferida na reclamação trabalhista originária, que indeferiu o pedido de tramitação do processo matriz em segredo de justiça. Observe-se que a decisão combatida tem natureza interlocutória, despida de conteúdo decisório definitivo e irrecorrível de imediato, e, deve ser objeto de alegação em razões recursais, após a prolação da decisão final, respeitando os prazos preclusivos para interposição de recursos, nos termos dos artigos 893, §1º, e 895 da CLT. Dessa forma, existindo medida processual própria para corrigir supostas ilegalidades cometidas pela autoridade apontada como coatora, incabível a impetração de mandado de segurança, conforme entendimento consubstanciado na orientação jurisprudencial nº 92 da sbdi-2 e no art. 5º, II, da Lei nº 12.016/2009. Ressalte-se que o deferimento da tramitação do feito em segredo de justiça, consoante preconizam os arts. 189, caput e I, do CPC/2015, e 5º, LX, da Constituição Federal, é prerrogativa do juiz que conduz a instrução processual, cujo cabimento insere-se nas hipóteses em que a natureza da matéria objeto da lide e o interesse social requerem o sigilo do acesso às informações. Precedentes da sbdi-2. Recurso ordinário conhecido e não provido. (TST; RO 0022056-35.2016.5.04.0000; Subseção II Especializada em Dissídios Individuais; Relª Min. Maria Helena Mallmann; DEJT 20/10/2017; Pág. 177)

Considerando o rol do dispositivo em tela exemplificativo e admitindo a decretação de segredo de justiça em caso envolvendo o know-how de empresa.

✓ AGRAVO DE INSTRUMENTO. AÇÃO ANULATÓRIA DE CONTRATO DE FRANQUIA. DECISÃO QUE INDEFERIU PLEITO DE DECRETAÇÃO DE SIGILO. Rol do art. 189 do CPC que é meramente exemplificativo. Necessidade de preservação das informações estratégicas e confidenciais da empresa franqueadora. Conteúdo da documentação juntada que se relaciona mesmo ao know-how próprio da franquia, bem como às suas estratégias de exploração da atividade desenvolvida. Possibilidade de decretação de segredo de justiça. Decisão revista. Agravo provido. (TJSP; AI 2022708-20.2017.8.26.0000; Ac. 10844594; São José do Rio Preto; Segunda Câmara Reservada de Direito Empresarial; Rel. Des. Claudio Godoy; Julg. 02/10/2017; DJESP 05/10/2017; Pág. 2120)

Simples juntada de documentos contábeis da empresa não justifica a decretação de segredo de justiça.

✓ AGRAVO DE INSTRUMENTO. AÇÃO REVISIONAL DE CONTRATO BANCÁRIO. DECISÃO QUE INDEFERE PEDIDO LIMINAR. "TERMO DE GRAÇA" E TRAMITAÇÃO SOB SEGREDO DE JUSTIÇA. PLEITO DE DILAÇÃO DE PRAZO PARA PAGAMENTO DAS PARCELAS CONTRATUALMENTE ASSUMIDAS. ALEGAÇÃO DE DIFICULDADES FINANCEIRAS. CRISE ECONÔMICA. INVIABILIDADE. A tutela antecipada, dentre outros requisitos, exige o máximo de juízo de probabilidade, situação que não pode ser vislumbrada em pedido de Termo de Graça, sem análise exauriente da demanda. PEDIDO DE TRAMITAÇÃO DO FEITO SOB SEGREDO DE JUSTIÇA. HIPÓTESES DO ART. 189 DO CÓDIGO DE PROCESSO CIVIL NÃO EVIDENCIADAS. INDEFERIMENTO MANTIDO. A publicidade dos atos processuais é a regra (art. 93, IX, da Constituição Federal). Só excepcionalmente o processo pode correr em regime de publicidade especial, vale dizer, sob segredo de justiça, caso em que o acesso aos atos processuais é restrito às partes e aos seus procuradores, notadamente quando o interesse público o exigir ou a demanda versar sobre direito de família. Não verificada a presença de qualquer hipótese exceptiva, a só juntada aos autos de documentos contábeis da empresa não justifica a tramitação em regime de publicidade especial (CF. TJSC, Agravo de Instrumento n. 2011.047282-7, Quinta Câmara de Direito Civil, Rel. Des. Henry Petry Junior; Julg. 14-06-2012). (TJSC; AI 0154131-65.2015.8.24.0000; Itajaí; Quarta Câmara de Direito Comercial; Relª Desª Janice Ubialli; DJSC 21/09/2017; Pag. 164)

Decretação de bloqueio pelo sistema Bacen-Jud não enseja a decretação de segredo de justiça.

✓ AGRAVO DE INSTRUMENTO. CUMPRIMENTO DE SENTENÇA. DECISÃO AGRAVADA QUE INDEFERIU PEDIDO DE DESBLOQUEIO DE VALORES OBTIDOS VIA BACENJUD. Executado, ora Agravante, que sustenta a impenhorabilidade de tais valores, sob a alegação de se tratarem de verbas salariais e proventos de aposentadoria. Não comprovação. Valores disponíveis em conta corrente que não são abarcados pela impenhorabilidade, até porque não restou habilmente comprovado que as quantias bloqueadas são decorrentes exclusivamente de pagamento de salário. Manutenção também da negativa de tramitação dos autos em segredo de Justiça. Inocorrência de qualquer das exceções previstas no artigo 189 do CPC. Recurso não provido. (TJSP; AI 2154282-69.2017.8.26.0000; Ac. 10743589; Ribeirão Preto; Trigésima Sétima Câmara de Direito Privado; Rel. Des. João Pazine Neto; Julg. 29/08/2017; DJESP 11/09/2017; Pág. 3224)

Elevado valor da causa ou temor de lesão à integridade física não autorizam a restrição à publicidade.

✓ PUBLICIDADE DOS ATOS PROCESSUAIS. SEGREDO DE JUSTIÇA. Todos os atos processuais são públicos. Esta é regra geral disposta no caput do art. 189 do CPC, que somente será afastada nos casos específicos arrolados nos itens constantes do mesmo diploma legal, não se encontrando, dentre eles, o valor expressivo da causa ou o alegado temor de integridade física da parte. (TRT 3ª R.; AP 0000001-53.2017.5.03.0107; Rel. Des. José Marlon de Freitas; DJEMG 22/08/2017)

Sobre a decretação de segredo de justiça em processo envolvendo proteção de propriedade intelectual de programas de computador.

✓ AGRAVO INTERNO EM FACE DA DECISÃO MONOCRÁTICA QUE NEGOU PROVIMENTO AO RECURSO DE AGRAVO DE INSTRUMENTO INTERPOSTO PELA PARTE ORA AGRAVANTE. AÇÃO DE OBRIGAÇÃO DE FAZER. DESENVOLVIMENTO DE PROGRAMA DE COMPUTADOR. Propriedade intelectual. Segredo de justiça. Incidência do art. 14 § 4º da Lei nº 9.609/98 e do art. 206 da Lei nº 9.279/96. Reforma da decisão monocrática que se impõe. Provimento do recurso. Embora a tramitação em segredo de justiça seja exceção ao princípio da publicidade dos atos processuais, deve ser perquirido se tal medida influiria ou não no resultado prático, não sendo o art. 189 do CPC taxativo, tanto que a Lei de proteção da propriedade intelectual de programas de computador prevê a incidência da medida pretendida pelo agravante. Isto porque, resta claro que o sigilo no feito é indispensável à efetividade da prestação jurisdicional, posto que se discute a entrega de programa de computador, agasalhado pelas normas de proteção à propriedade intelectual. Com efeito, o mapa de desenvolvimento de software acostado ao feito originário, é protegido por acordo de confidencialidade. Registre-se, ademais, que a medida protetiva ora requerida encontra respaldo nos art. 14, §4º, da Lei nº 9.609/98, bem como no art. 206, da Lei nº 9.279/96.- por fim, importante consignar que a decretação de segredo de justiça não traz qualquer prejuízo à defesa da parte ora agravada, já que não limita o acesso das partes aos autos. (TJRJ; AI 0032777-77.2016.8.19.0000; Rio de Janeiro; Décima Nona Câmara Cível; Rel. Des. Guaraci de Campos Vianna; Julg. 18/07/2017; DORJ 20/07/2017; Pág. 400). V., porém, negando o segredo de justiça: CAUTELAR. PRODUÇÃO ANTECIPADA DE PROVA. CONTRAFAÇÃO DE PROGRAMAS DE COMPUTADOR. REQUERIMENTO PARA QUE O FEITO SEJA PROCESSADO EM SEGREDO DE JUSTIÇA. INDEFERIMENTO. MANUTENÇÃO. Inexistência de enquadramento da matéria discutida no processo em qualquer das hipóteses do artigo 189 do CPC. ATO CITATÓRIO QUE NÃO DEVE SOFRER DILAÇÃO INDEVIDA. Pena de importar indevida restrição ao contraditório e ampla defesa. Decisão mantida. Agravo desprovido. (TJSP; AI 2059204-82.2016.8.26.0000; Ac. 9429460; São Paulo; Sexta Câmara de Direito Privado; Rel. Des. Percival Nogueira; Julg. 12/05/2016; DJESP 17/05/2016)

Se a demanda foi ajuizada em razão de práticas abusivas contra o consumidor, deve ser publicizado o seu conteúdo.

✓ AGRAVO DE INSTRUMENTO. CONSUMIDOR. REVISÃO DE CONTRATO. APRODICON. FORO DIVERSO DO DOMICÍLIO DOS CONSUMIDORES, DO LOCAL DE CUMPRIMENTO DA OBRIGAÇÃO OU DO FORO DE ELEIÇÃO. INCOMPETÊNCIA NÃO SUSCITADA. IMPOSSIBILIDADE DE DECLÍNIO DE OFÍCIO. GRATUIDADE JUDICIÁRIA. RECOLHIMENTO DAS CUSTAS. PRECLUSÃO LÓGICA. INEXISTÊNCIA DE PROVA DA HIPOSSUFICIÊNCIA DA PESSOA JURÍDICA. FIXAÇÃO DA PREVENÇÃO DO JUÍZO. NÃO CABIMENTO. MULTA FIXADA EM VALOR RAZOÁVEL. MANUTENÇÃO. DESALIENAÇÃO DOS BENS PELA MERA PROPOSITURA DA REVISIONAL. INVIÁVEL. TRAMITAÇÃO DO FEITO EM SEGREDO DE JUSTIÇA. SITUAÇÃO QUE NÃO SE AMOLDA A QUALQUER DAS HIPÓTESES PREVISTAS NO ART. 5º, LX DA CONSTITUIÇÃO FEDERAL OU NO ART. 189 DO CPC. RECURSO NÃO PROVIDO. 1. Tratando-se de relação de consumo, o consumidor pode optar pelo foro de seu domicílio. Contudo, ao renunciar seu benefício, não pode escolher aleatoriamente o foro competente sem lastro nas regras gerais de competência, sob pena de ofensa ao princípio do Juiz Natural. 2. Ocorre que, nos autos sob análise a incompetência do juízo de Correntina-BA não foi suscitada pela parte ré/agravada. Diante desta situação, este relator se posiciona pela impossibilidade de declinação da competência, tendo em vista que, segundo o entendimento do Superior Tribunal de Justiça, ao qual se filia, a competência territorial, nas relações de consumo, só pode ser considerada absoluta, para fins de afastamento da Súmula nº 33 do STJ, quando isso se der em benefício do consumidor. 3. Não assiste razão o pleito da parte que, após requerer a gratuidade da justiça, efetua o recolhimento das custas processuais, posto que agiu de forma incompatível com o requerimento ora mencionado, de gratuidade, o que constitui preclusão lógica. Ademais, a parte autora/agravante não se desincumbiu do ônus de comprovar a situação de insuficiência financeira em se encontra, capaz de dificultar ou impossibilitar o recolhimento antecipado das custas e despesas da ação judicial proposta, limitando-se a declarar que se trata de uma associação sem fins lucrativos. 4. Revela-se descabido o pedido de fixação da competência do juízo de Correntina, pelo critério da prevenção, para processar e julgar eventuais demandas propostas pelo agravado relacionadas aos contratos objeto da lide, tendo em vista a remansosa jurisprudência do Superior Tribunal de Justiça no sentido da ausência de conexão entre a ação de busca e apreensão e a ação revisional. Acrescente-se que a parte autora/agravante não indicou a existência de outras demandas propostas em outros juízos envolvendo os mesmos contratos discutidos nos autos, sendo desprovido de utilidade o pedido de fixação da prevenção de maneira antecipada. 5. A majoração da multa seria justificável apenas se houvesse sido ela fixada em valor claramente irrisório, ou, ainda, se evidente a negligência do agravado em dar atendimento ao comando judicial, o que não é o caso dos autos, já que até o momento não há indícios de resistência da instituição financeira no cumprimento da medida liminar. 6. O mero ajuizamento de ação revisional, ainda quando prestada caução nos autos, não tem o condão de ensejar a desalienação do veículo, que só deve ser autorizada quando houver certeza acerca da quitação dos contratos, até porque o levantamento da garantia neste momento permitiria a alienação desonerada do bem, o que poderia criar situações indesejáveis no que diz respeito a possíveis direitos de terceiros de boa-fé (Súmula nº 92 do STJ) caso ao final venha a se apurar que o contrato não está quitado. 7. Revela-se desprovido de fundamentação jurídica o requerimento de tramitação da ação revisional em segredo de justiça, haja vista que o caso em tela não se amolda a qualquer das hipóteses previstas no art. 5º, LX da Constituição Federal ou no art. 189 do CPC, não se justificando o afastamento da regra da publicidade dos atos processuais, notadamente porque a demanda foi proposta em razão de supostas práticas de condutas lesivas aos consumidores, de modo que atender ao interesse público significa justamente publicizar os atos do processo. (TJBA; AI 0162342-73.2016.8.05.0909; Salvador; Primeira Câmara Cível; Rel. Des. José Jorge Lopes Barreto da Silva; Julg. 15/05/2017; DJBA 25/05/2017; Pág. 184)

I – em que o exija o interesse público ou social;

→ *v.* Art. 5º, XXXIII, da CF/1988.

Entendendo que não se deve decretar segredo de justiça em ação civil pública por ato de improbidade administrativa.

✓ ADMINISTRATIVO. AÇÃO CIVIL PÚBLICA POR ATO DE IMPROBIDADE ADMINISTRATIVA. SEGREDO DE JUSTIÇA. AUSÊNCIA DE JUSTIFICATIVA. PRESCRIÇÃO AFASTADA. NÃO OCORRÊNCIA DE NULIDADE PROCESSUAL. APLICABILIDADE DA LEI Nº 8.429/92 AOS AGENTES POLÍTICOS. PREFEITOS. POSSIBILIDADE. DANO AO ERÁRIO E ENRIQUECIMENTO ILÍCITO. CONDUTAS COMPROVADAS. EXISTÊNCIA DE DOLO. SANÇÕES APLICADAS EM ATENÇÃO AOS PRINCÍPIOS DA PROPORCIONALIDADE E RAZOABILIDADE. RECURSOS IMPROVIDOS. 1. Apelações interpostas por Claudiano Ferreira Martins e Brás José Nemézio Silva contra sentença que, em Ação Civil Pública de Improbidade Administrativa, julgou procedentes os pedidos formulados, para, com fundamento no art. 9º, caput e incisos II e XI, da Lei nº 8.429/92, condenar ambos os demandados nas seguintes sanções: a) ressarcimento integral do dano, no montante de R$ 1.436.385,20 (um milhão, quatrocentos e trinta e seis mil, trezentos e oitenta e cinco reais e vinte centavos; b) perda da função pública; c) suspensão dos direitos políticos por 10 (dez) anos; d) pagamento de multa civil de três vezes o valor do dano; e e) proibição de contratar com o Poder Público ou receber benefícios ou incentivos fiscais ou creditícios, direta ou indiretamente, ainda que por intermédio de pessoa jurídica da qual seja sócio majoritário, pelo prazo de 10 (dez) anos. 2. O caso não se enquadra nas hipóteses legais previstas no art. 189 do CPC/2015 para justificar o afastamento da publicidade dos atos processuais e decretação do segredo de justiça. Esta Corte já decidiu no sentido de rejeitar pedido de segredo de justiça em ação de improbidade administrativa, ante a ausência de motivos relevantes para a restrição da publicidade dos atos processuais. Precedente: (TRF5. Pleno, AR 00106796320124050000, Des. Fed. Rogério Fialho Moreira, DJE: 17/09/2012). Assim, não há razão para se manter os autos sob segredo de justiça, devendo ser publica a sua tramitação. (...) 33. A sentença acertadamente aquilatou as penas aplicáveis. O provimento recorrido se mostra adequado e suficiente para a punição dos atos ímprobos, não se mostrando exagerada e nem aquém do devido. A aplicação da sanção guardou obediência aos princípios da razoabilidade e proporcionalidade. 34. Apelações interpostas por Claudiano Ferreira Martins e Brás José Nemézio Silva desprovidas. (TRF 5ª R.; AC 0011950-44.2009.4.05.8300; PE; Terceira Turma; Rel. Juiz Fed. Conv. Janilson Siqueira; DEJF 16/03/2017; Pág. 24)

II – que versem sobre casamento, separação de corpos, divórcio, separação, união estável, filiação, alimentos e guarda de crianças e adolescentes;

→ *v.* Arts. 1.511 e ss. do CC/2002.
→ *v.* Arts. 1.579 e ss. do CC/2002.
→ *v.* Art. 226, § 6º da CF/1988.
→ *v.* Arts. 1.723 e ss. do CC/2002.
→ *v.* Arts. 1.596 e ss. do CC/2002.
→ *v.* Arts. 1.694 e ss. do CC/2002.
→ *v.* Arts. 1.583 e ss. do CC/2002.

A publicação indevida de decisão judicial com dados que revelam a intimidade do menor acarreta a responsabilização do Estado.

✓ RESPONSABILIDADE CIVIL DO ESTADO. LEGITIMIDADE ATIVA RECONHECIDA. PROCESSO DA VARA DE FAMÍLIA QUE CORREU EM SEGREDO DE JUSTIÇA. PUBLICAÇÃO DE DECISÃO JUDICIAL CONTENDO NOME POR EXTENSO DO MENOR. REVELAÇÃO DE DETALHES SOBRE A RELAÇÃO FAMILIAR. ERRO ADMINISTRATIVO. VIOLAÇÃO DA VIDA PRIVADA. DANOS MORAIS. Conforme art. 189 do CPC correm em segredo de justiça processos que versam sobre divórcio, alimentos e guarda de crianças. Caso em que foi publicada nota de expediente em diário de justiça com transcrição de decisão judicial em que redigido por extenso o nome do menor e reproduzido laudo psicológico em que ele revela aspectos íntimos da relação familiar. Em se tratando de alegada falha na atividade administrativa do estado, a causa deve ser julgada à luz do art. 37, § 6º, da CF. Equívoco cometido pelos servidores do poder judiciário, com violação da vida privada dos demandantes, cuja relação familiar foi exposta na internet. Indenizações de danos morais confirmadas em r$6.000,00 (seis mil reais) para o autor menor e em r$2.000,00 (dois mil reais) para cada um de seus genitores, os quais possuem legitimidade ativa para postular reparação de danos, pois também foram atingidos pelo evento. Condenação a ser atualizada conforme art. 1º-f da Lei nº 9.494/97 (com a redação que lhe foi dada pela Lei nº 11.960/09), considerando que a inconstitucionalidade da TR limita-se ao período entre a inscrição da dívida em precatório e a data do efetivo pagamento. Honorários advocatícios majorados para 15% sobre a condenação. Art. 85, §11 CPC. Apelação dos autores desprovida. Apelo do réu provido em parte. (TJRS; AC 0160560-13.2017.8.21.7000; Novo Hamburgo; Décima Câmara Cível; Rel. Des. Túlio de Oliveira Martins; Julg. 28/09/2017; DJERS 17/10/2017)

Contudo, não há responsabilidade do repertório de jurisprudência se houve publicação indevida de dados de processo judicial sujeito a segredo de justiça.

✓ CIVIL. SITE DE BUSCAS. BLOQUEIO E RESPONSABILIZAÇÃO. DESCABIMENTO. DECISÃO JUDICIAL. SEGREDO DE JUSTIÇA. CPC, ART. 189, III. Disponibilização em repertório de jurisprudência não há responsabilidade do site que propiciou a busca de decisão judicial que deveria estar em segredo de justiça, (CPC/1973, art. 155 e CPC, art. 189, inc. III), publicada pelo próprio órgão julgador no repertório de jurisprudência sem a observância das regras inerentes ao sigilo. (TJSC; AC 0016138-33.2013.8.24.0005; Balneário Camboriú; Quinta Câmara de Direito Civil; Rel. Des. Luiz Cézar Medeiros; DJSC 20/10/2016; Pag. 173)

Decretando segredo de justiça em causa que trata de questões íntimas em disputa entre irmãos.

✓ AGRAVO DE INSTRUMENTO. AÇÃO DE ALIENAÇÃO JUDICIAL DE COISA COMUM. NECESSIDADE DE TRAMITAÇÃO DO FEITO SOB SEGREDO DE JUSTIÇA. Verificado que a causa envolve contenda entre irmãos, em que se levantam fatos atrelados à vida íntima de um deles, é de bom alvitre autorizar a tramitação do feito de forma sigilosa, máxime considerando que as questões familiares suscitadas dizem respeito somente às partes e não há interesse público que possa impedir a imposição do segredo de justiça. Aplicação do artigo 5º, LX, da Constituição Federal. Rol exemplificativo do artigo 189 do Código de Processo Civil de 2015. Precedente do Superior Tribunal de Justiça. RECURSO CONHECIDO E PROVIDO. (TJGO; AI 0101739-34.2016.8.09.0000; Anápolis; Sexta Câmara Cível; Rel. Des. Fausto Moreira Diniz; DJGO 22/08/2016; Pág. 201)

III – em que constem dados protegidos pelo direito constitucional à intimidade;

→ v. Art. 5º, X e LX, da CF/1988.

→ v. Art. 23 da Lei 12.965/2014 – Marco Civil da Internet.

Decretação de segredo de justiça em processo que buscava os dados do utilizador de perfil eletrônico.

✓ AÇÃO DE OBRIGAÇÃO DE FAZER. Decisão que deferiu a tutela antecipada para que a ré forneça os dados pessoais e de identificação dos usuários que utilizaram o perfil eletrônico indicado. Inconformismo da corré. Desacolhimento. Aplicação do disposto no art. 252 do RITJSP. Autorização judicial para identificação do usuário que está baseada em indícios de ilicitude, como autoriza o art. 22, inc. I, da Lei n. 12.965/2014. Medida que objetiva resguardar os direitos constitucionais de livre acesso à justiça e de vedação ao anonimato. Tramitação do processo em segredo de justiça amparada no art. 189, inc. III, do Código de Processo Civil C.C. Art. 23 da referida Lei. Alegação de hospedagem de página eletrônica por empresa estrangeira que não restou demonstrada. Elementos que, a princípio, apontam a existência de grupo econômico, o que abrange a jurisdição brasileira, nos termos do art. 11, § 2º, da Lei em comento. Decisão mantida. Recurso desprovido. (TJSP; AI 2131895-60.2017.8.26.0000; Ac. 10861912; São Paulo; Quinta Câmara de Direito Privado; Rel. Des. J.L. Mônaco da Silva; Julg. 04/10/2017; DJESP 18/10/2017; Pág. 1952). V. tb.: AGRAVO DE INSTRUMENTO. Ação de obrigação de fazer com pedido de tutela provisória. Decisão que indeferiu o pedido liminar de exclusão do perfil de suposto ofensor, na rede social Facebook. Alegação de violação à honra subjetiva e à imagem da parte agravante. Não acolhida. Declarações proferidas em ano eleitoral, que não demonstram a violação à honra subjetiva e à imagem do agravante. Aplicação da teoria da proteção débil do homem público. Pedido de segredo de justiça. Acolhido. Inteligência do artigo 189, inciso III, do código de processo civil, e art. 23 da Lei nº 12.965/2014 recurso conhecido e parcialmente provido. Decisão unânime. (TJAL; AI 0803747-35.2016.8.02.0000; Primeira Câmara Cível; Rel. Des. Fábio José Bittencourt Araújo; DJAL 04/01/2017; Pág. 110)

Considerando que a juntada de declarações de imposto de renda e extratos bancários não acarreta o segredo de justiça.

✓ AGRAVO DE INSTRUMENTO. EMBARGOS DE TERCEIRO. DECISÃO QUE INDEFERIU O PEDIDO DE DECRETAÇÃO DE SIGILO DE DOCUMENTOS, BEM COMO DE DEFERIMENTO DE GRATUIDADE DE JUSTIÇA OU DE PARCELAMENTO DE CUSTAS. Inconformismo. 1-o benefício da gratuidade constitui instrumento para o exercício de garantia fundamental, qual seja, o acesso à justiça (art. 5º, incisos XXXV e LXXIV). 2-hipossuficiência financeira que possui presunção relativa de veracidade, sendo facultado, todavia, ao juízo exigir documentos que comprovem tal requisito (verbete sumular 39-TJRJ e art. 99, § 2º, CPC). 3-agravante que se encontra abrangida pela regra expressa no artigo 17, X, da Lei Estadual nº 3.350/99, que isenta do pagamento de custas os maiores de 60 anos que recebam até 10 salários mínimos. 4-taxa judiciária que está inserida no conceito de custas, na forma do disposto no artigo 10, X, da Lei Estadual nº 3.350/99.5-segredo de justiça que somente pode ser concedido quando a publicidade puder causar prejuízo às partes e houver amparo legal, o que inocorre. Inteligência do disposto no artigo 189 do código de processo civil. 6-ademais, apesar dos referidos documentos serem declarações de imposto de renda e extratos bancários, foram trazidos aos autos pela própria agravante a fim de obter o benefício da gratuidade de justiça. 7-precedentes deste tribunal. Provimento parcial do recurso. (TJRJ; AI 0008780-31.2017.8.19.0000; Rio de Janeiro; Décima Sexta Câmara Cível; Rel. Des. Marco Aurelio Bezerra de Melo; DORJ 14/08/2017; Pág. 396). V. tb.: AGRAVO DE INSTRUMENTO. Execução. Imóvel adquirido pelo executado através de escritura pública de compra e venda. Ausência de averbação junto ao registro do imóvel. Penhora. Possibilidade. Constrição que recai sobre os direitos decorrentes da compra e venda. Art. 835, XIII do CPC/2015. Tramitação do feito com segredo de justiça. Descabimento. Juntada de declaração de imposto de renda que não se enquadra nas hipóteses previstas no art. 189, do CPC/2015. Recurso não provido. (TJPR; Ag Instr 1586105-9; Londrina; Décima Quinta Câmara Cível; Rel. Des. Hamilton Mussi Correa; Julg. 08/02/2017; DJPR 22/02/2017; Pág. 369)

Apontando que, no caso de juntada de informações fiscais, basta que estas fiquem acauteladas em cartório.

✓ SEGREDO DE JUSTIÇA. Pedido de tramitação, diante de informações financeiras da agravada. Ausência de interesse público ou de violação à intimidade que justifiquem a limitação da publicidade dos atos processuais. Informações fiscais que, por outro lado, podem ser arquivadas em pasta própria na Serventia. Exegese do artigo 189, do CPC. Decisão mantida. RECURSO NÃO PROVIDO. (TJSP; AI 2108966-67.2016.8.26.0000; Ac. 9571179; São Paulo; Trigésima Oitava Câmara de Direito Privado; Rel. Des. Fernando Sastre Redondo; Julg. 29/06/2016; DJESP 08/07/2016)

IV – que versem sobre arbitragem, inclusive sobre cumprimento de carta arbitral, desde que a confidencialidade estipulada na arbitragem seja comprovada perante o juízo.

→ v. Lei 9.307/1996 – Dispõe sobre Arbitragem.

§ 1º O direito de consultar os autos de processo que tramite em segredo de justiça e de pedir certidões de seus atos é restrito às partes e aos seus procuradores.

→ v. Art. 7º, § 1º, 1) da Lei 8.906/1994 – Estatuto da OAB.

Impossibilidade de restringir o acesso das partes e de seus advogados a decisões proferidas no processo.

✓ HABEAS CORPUS. Execução. Alimentos provisórios. Rito coerção pessoal. Cerceamento de defesa. Comprovação de impedimento de acesso ao teor da decisão que decretou a prisão civil do paciente no processo eletrônico. Movimentação sem visibilidade externa e interna. Sigilo que não alcança as partes e os advogados constituídos. Regra disposta no § 1º do artigo 189 do CPC. Ilegalidade constatada. Expedição de salvo conduto. Ordem concedida. Seção da 13ª câmara cível (TJPR; HC Cível 1723048-3; Londrina; Décima Segunda Câmara Cível; Relª Juíza Conv. Suzana Massako Hirama Loreto de Oliveira; Julg. 13/09/2017; DJPR 28/09/2017; Pág. 180)

§ 2º O terceiro que demonstrar interesse jurídico pode requerer ao juiz certidão do dispositivo da sentença, bem como de inventário e de partilha resultantes de divórcio ou separação.

Art. 190. **Versando o processo sobre direitos que admitam autocomposição, é lícito às partes plenamente capazes estipular mudanças no procedimento para ajustá-lo às especificidades da causa e convencionar sobre os seus ônus, poderes, faculdades e deveres processuais, antes ou durante o processo.**

→ *v. art. 189, § 2º, da Lei 11.101/2005*

→ v. Enunciado 16 do CJF: As disposições previstas nos arts. 190 e 191 do CPC poderão aplicar-se aos procedimentos previstos nas leis que tratam dos juizados especiais, desde que não ofendam os princípios e regras previstos nas Leis n. 9.099/1995, 10.259/2001 e 12.153/2009.

→ v. Enunciado 17 do CJF: A Fazenda Pública pode celebrar convenção processual, nos termos do art. 190 do CPC.

→ v. Enunciado 18 do CJF: A convenção processual pode ser celebrada em pacto antenupcial ou em contrato de convivência, nos termos do art. 190 do CPC.

→ v. Enunciado 112 do CJF: A intervenção do Ministério Público como fiscal da ordem jurídica não inviabiliza a celebração de negócios processuais.

→ v. Enunciado 113 do CJF: As disposições previstas nos arts. 190 e 191 do CPC poderão ser aplicadas ao procedimento de recuperação judicial.

→ v. Enunciado 114 do CJF: Os entes despersonalizados podem celebrar negócios jurídicos processuais.

→ v. Enunciado 115 do CJF: O negócio jurídico processual somente se submeterá à homologação quando expressamente exigido em norma jurídica, admitindo-se, em todo caso, o controle de validade da convenção.

→ v. Enunciado 128 do CJF: Exceto quando reconhecida sua nulidade, a convenção das partes sobre o ônus da prova afasta a redistribuição por parte do juiz.

→ v. Enunciado 152 do CJF: O pacto de impenhorabilidade (arts. 190, 200 e 833, I) produz efeitos entre as partes, não alcançando terceiros.

→ v. Enunciado 153 do CJF: A penhorabilidade dos bens, observados os critérios do art. 190 do CPC, pode ser objeto de convenção processual das partes.

→ v. Enunciado 36 da ENFAM: A regra do art. 190 do CPC/2015 não autoriza às partes a celebração de negócios jurídicos processuais atípicos que afetem poderes e deveres do juiz, tais como os que: a) limitem seus poderes de instrução ou de sanção à litigância ímproba; b) subtraiam do Estado/juiz o controle da legitimidade das partes ou do ingresso de *amicus curiae*; c) introduzam novas hipóteses de recorribilidade, de rescisória ou de sustentação oral não previstas em lei; d) estipulem o julgamento do conflito com base em lei diversa da nacional vigente; e e) estabeleçam prioridade de julgamento não prevista em lei.

→ v. Enunciado 37 da ENFAM: São nulas, por ilicitude do objeto, as convenções processuais que violem as garantias constitucionais do processo, tais como as que: a) autorizem o uso de prova ilícita; b) limitem a publicidade do processo para além das hipóteses expressamente previstas em lei; c) modifiquem o regime de competência absoluta; e d) dispensem o dever de motivação.

→ v. Enunciado 38 da ENFAM: Somente partes absolutamente capazes podem celebrar convenção pré-processual atípica (arts. 190 e 191 do CPC/2015).

→ v. Enunciado 40 da ENFAM: Incumbe ao recorrente demonstrar que o argumento reputado omitido é capaz de infirmar a conclusão adotada pelo órgão julgador.

→ v. Enunciado 41 da ENFAM: Por compor a estrutura do julgamento, a ampliação do prazo de sustentação oral não pode ser objeto de negócio jurídico entre as partes.

→ v. Enunciado 42 da ENFAM: Não será declarada a nulidade sem que tenha sido demonstrado o efetivo prejuízo por ausência de análise de argumento deduzido pela parte.

Admitindo negócio jurídico processual.

✓ NJP para penhora de bens (hipoteca!) como garantia, em acordo na execução (TJSP, AI 2118535-58.2017, 17ª Câm. Dir Privado, Rel. Paulo Pastore Filho, j. 30.11.2017).

✓ NJP para redução de prazo de desocupação (60 para 05 dias) em casos de inadimplemento conforme art. 30 da Lei 9.514/97 (TJSP, AI 2269263-77.2018, 6ª Câm Direito Privado, Rel. Rodolfo Pellizari, j. 07.01.2019). NJP para admitir que o cedente do crédito hipotecário continue a patrocinando os interesses do cessionário (TJSP, AI 2136057-64.2018, 19ª Câm. Direito Privado, Rel. Ricardo Belli, j. 13.08.2018).

✓ NJP para admissão de compensação de honorários, afastando o art. 85, § 14 do CPC: "Diante de expressa e reiterada concordância entre as partes (defensoria pública do estado e município) acerca da compensação entre as verbas honorárias, não há por quê deixar de acolher o pedido, notadamente porque o novo código de processo civil tem como um de seus objetivos promover a solução consensual do litígio (artigos 3º e 190 do CPC). E, nesse contexto, a expressa concordância das partes quanto à compensação se sobrepõe ao disposto no art. 85, § 14, do CPC. Apelação provida. (TJRS; AC 0041106-39.2017.8.21.7000; Sapiranga; Segunda Câmara Cível; Rel. Des. Ricardo Torres Hermann; Julg. 29/03/2017; DJERS 19/04/2017).

✓ NJP para cumulação dos ritos de cumprimento e homologação de testamento com inventário em um só processo: "O art. 190 do Novo CPC prevê a possibilidade de que as partes, desde que plenamente capazes e em causa que verse sobre direitos que admitam autocomposição, estipulem mudanças no procedimento para ajustá-lo às especificidades da causa. Não há qualquer risco quanto à validade do negócio, sendo apenas facultado às partes, no presente caso, optar pelo controle judicial da validade do ato testamentário no mesmo procedimento em que será realizada a partilha, havendo assim economia de atos, despesas e tempo" (TJSE; AI 201600821544; Ac. 21239/2016; Segunda Câmara Cível; Rel. Des. José dos Anjos; Julg. 08/11/2016; DJSE 16/11/2016).

✓ NJP para considerar válida intimação recebida por terceiros que se encontrem em determinado local previamente avençado: AGRAVO DE INSTRUMENTO. AÇÃO MONITÓRIA. HOMOLOGAÇÃO DE ACORDO EXTRAJUDICIAL. CUMPRIMENTO DE SENTENÇA. Intimação para os fins do artigo 475 – J do CPC/1973. Ré executada sem advogado constituído nos autos. INTIMAÇÃO PESSOAL. DESNECESSÁRIO. Partes que estipularam mudança no procedimento para ajustá-lo a especificidade da demanda. NEGÓCIO JURÍDICO PRO-

CESSUAL PREVISTO NO CPC/2015. CABIMENTO. Intimações a serem realizadas no endereço declinado, ficando autorizado o recebimento de intimação por quaisquer terceiros que nele se encontrem. AUTOCOMPOSIÇÃO E CAPACIDADE PLENA DAS PARTES. DISPONIBILIDADE DOS INTERESSES A PERMITIR O NEGÓCIO JURÍDICO PROCESSAL. Inteligência do art. 190, do CPC/2015. DECISÃO AGRAVADA REFORMA. AGRAVO PROVIDO. (TJSP; AI 2045753-87.2016.8.26.0000; Ac. 9825592; Guarulhos; Trigésima Segunda Câmara de Direito Privado; Rel. Des. Luís Fernando Nishi; Julg. 22/09/2016; DJESP 29/09/2016).

✓ NJP para definição antecipada do bem a ser penhorado: "Acordo levado a efeito entre as partes, com previsão de penhora sobre imóveis oferecidos pelos executados – Viabilidade – Com o advento do novo CPC, é possível as partes celebrarem negócio jurídico processual, amoldando as normas processuais de acordo com os seus interesses – Inteligência do art. 190 do CPC/2015 – Composição que preserva os interesses das partes, bem como encontra arrimo no artigo 774, inciso V, e art. 829, § 2º, do CPC/2015 – Decisão reformada – Recurso provido" (TJ-SP 21185355820178260000 SP 2118535-58.2017.8.26.0000, Relator: Paulo Pastore Filho, Data de Julgamento: 30/11/2017, 17ª Câmara de Direito Privado, Data de Publicação: 30/11/2017).

✓ NJP para suspender execução por prazo indeterminado: "TRANSAÇÃO – Execução de título extrajudicial embargada – Celebração de acordo – Pedido expresso das partes no sentido de suspensão da execução pelo prazo de cumprimento da avença – Possibilidade de celebração de negócio jurídico processual – Inteligência do art. 922, do Código de Processo Civil/2015: – Possível a homologação de acordo celebrado em execução de título extrajudicial embargada, sem a extinção da execução, pois formulado o pedido com fulcro no art. 922, do novo Código de Processo Civil, consistente em hipótese de negócio jurídico processual, a permitir a suspensão da execução por prazo indeterminado, até o regular cumprimento da avença. RECURSO PROVIDO" (TJ-SP 10089419820168260344 SP 1008941-98.2016.8.26.0344, Relator: Nelson Jorge Júnior, Data de Julgamento: 16/10/2017, 13ª Câmara de Direito Privado, Data de Publicação: 16/10/2017)

Inadmitindo negócio jurídico processual

✓ NJP com benefícios só ao locador: desocupação imediata e sem garantia/caução, custeio de eventuais provas judiciais, etc. (TJSP, AI 2233478-88.2017, 30ª Câm. de Direito Privado, Rel. Maria Lucia Pizzotti, j. 21.03.2018).

✓ NJP, pela assembleia de credores, para modificação do prazo do art. 61 da LRJ (AI 2205760-82.2018, 2ª Câm. de Direito Empresarial, Rel. Sérgio Shimura, j. 04.02.2019) ou procedimento de impugnação judicial do crédito (AI 2208515-79.2018, 2ª Cam. De Direito Empresarial Rel. Claudio Godoy, j. 28.02.2019).

✓ NJP para admitir 2ª praça venda do bem em preço inferior 40% do preço da avaliação (art. 880, § 1º, do CPC) (TJSP, AI 2191919-20.2018, 15ª Câm Direito Privado, Rel. José Wagner Peixoto, j. 04.10.2018).

✓ NJP em acordo na fase de cumprimento de sentença, que determina, em caso de descumprimento, avaliação de bens por perito do Tribunal, sem ônus às partes (TJSP, AI 2233954-58.2019, 25ª Câm. de Direito Privado, Rel. Carmen Lúcia da Silva, j. 24.03.2020).

✓ NJP criando novas hipóteses de cabimento do agravo de instrumento: "para que determinada decisão seja enquadrada como agravável, é preciso que integre o catálogo de decisões passíveis de agravo de instrumento. Somente a Lei pode criar hipóteses de decisões agraváveis na fase de conhecimento. Não cabe, por exemplo, convenção processual, lastreada no art. 190 do CPC, que crie modalidade de decisão interlocutória agravável. 4. O Tribunal deve fundamentar suas decisões suficientemente à elucidação da controvérsia e em respeito ao art. 93, inc. IX, da Constituição Federal, o que não significa obrigatoriedade de examinar todos os argumentos e dispositivos legais eriçados na demanda, consoante entendimento jurisprudencial. 5. De acordo com o Novo Código de Processo Civil, a simples interposição dos embargos de declaração já é suficiente para prequestionar a matéria, "ainda que os embargos de declaração sejam inadmitidos ou rejeitados, caso o tribunal superior considere existentes erro, omissão, contradição ou obscuridade" (art. 1.025 do CPC), razão pela qual, a rigor, revela-se desnecessário o enfrentamento de todos os dispositivos legais ventilados pelas partes para fins de acesso aos Tribunais Superiores" (TRF 2ª R.; AI 0011401-42.2016.4.02.0000; Quarta Turma Especializada; Rel. Des. Fed. Luiz Antonio Soares; DEJF 11/07/2017).

✓ NJP estabelecendo que em nenhuma hipótese a comissão do leiloeiro será devolvida ao arrematante: "Disposição de ordem pública e não susceptível de ser objeto do negócio processual de que trata o artigo 190 do CPC, o que torna ineficaz anúncio que o leiloeiro lançou em documento padronizado e no qual colheu a assinatura do arrematante, segundo a qual em nenhuma hipótese a comissão seria devolvida. Direito líquido e certo à retenção não caracterizado. Segurança denegada". (TJSP; MS 2172410-74.2016.8.26.0000; Ac. 9999124; São Paulo; Trigésima Sexta Câmara de Direito Privado; Rel. Des. Arantes Theodoro; Julg. 24/11/2016; DJESP 02/12/2016).

✓ NJP para fixação de multa progressiva por ato atentatório à dignidade da justiça: "Apesar de haver, na negociação processual entabulada com amparo no art. 190 do CPC/15, a previsão da fixação de multa progressiva sobre o monte-mor, por ato atentatório à dignidade da justiça, ao litigante que reiterar pedido atingido pela preclusão, não restando caracterizada a prática de tal conduta, revela-se descabida a multa aplicada. Deram provimento. Unânime" (TJRS; AI 0323661-66.2016.8.21.7000; Getúlio Vargas; Oitava Câmara Cível; Rel. Des. Luiz Felipe Brasil Santos; Julg. 23/03/2017; DJERS 28/03/2017)

Entendendo inaplicável o dispositivo na Justiça do Trabalho (v. tb. Instrução Normativa nº 39/2016 do TST).

✓ ARTIGO 190 DO CPC/2015. INAPLICABILIDADE NA JUSTIÇA DO TRABALHO. CERCEAMENTO DE DEFESA CONFIGURADO. Embora o artigo 769 da CLT permita o emprego do direito processual comum ao processo do Trabalho de forma subsidiária, o disposto no artigo 190 do CPC não terá aplicação nas demandas trabalhistas, ante sua incompatibilidade. Assim, considerando a juntada tempestiva da defesa, consoante disposto no artigo 29 da Resolução 136/2014 do CSJT, acolho o cerceamento de defesa arguido pelo Réu e declaro a nulidade da sentença para determinar que seja proferido novo julgamento, com a análise da contestação e documentos colacionados, com eventual produção de provas orais e ou pericias, em razão da não ocorrência da revelia e da confissão ficta. (TRT 23ª R.; RO 0000233-15.2016.5.23.0052; Primeira Turma; Rel. Juiz Conv. Nicanor Fávero; Julg. 21/03/2017; DEJTMT 27/03/2017; Pág. 65)

O negócio jurídico processual que trate do contraditório e de atos de titularidade judicial depende de concordância do juiz

✓ Negócio jurídico processual. Art. 190 do CPC/2015. Limites. Contraditório. Vulnerabilidade da parte. Inexistência. Requisito de validade. Transação de ato judicial. Aquiecência do juiz. Necessidade. O negócio jurídico processual que transige sobre o contraditório e os atos de titularidade judicial se aperfeiçoa validamente se a ele aquiescer o juiz. (REsp 1.810.444/SP, Rel. Min. Luis Felipe Salomão, Quarta Turma, julgado em 23/02/2021).

Parágrafo único. De ofício ou a requerimento, o juiz controlará a validade das convenções previstas neste artigo, recusando-lhes aplicação somente nos casos de nulidade ou de inserção abusiva em contrato de adesão ou em que alguma parte se encontre em manifesta situação de vulnerabilidade.

Apontando serem taxativas as hipóteses previstas no parágrafo único do art. 190.

✓ PROCESSUAL. SUSPENSÃO DO PROCESSO. CONVENÇÃO DAS PARTES. POSSIBILIDADE. GRATUIDADE DE JUSTIÇA. HIPOSSUFICIÊNCIA. MERA AFIRMAÇÃO. PRESUNÇÃO RELATIVA. DECISÃO REFORMADA EM PARTE. 1. Embora o negócio jurídico processual possa ter sua validade controlada pelo magistrado, este só poderá recusar-lhe aplicação nas hipóteses do art. 190, parágrafo único, do CPC/2015. 2. Ainda que a afirmativa de hipossuficiência goze de presunção de veracidade, tal presunção não é absoluta. No caso, a parte não demonstrou a insuficiência de recursos para afastar as provas documentais que demonstram em sentido contrário. 3. Agravo conhecido e parcialmente provido. (TJDF; AGI 2016.00.2.047403-2; Ac. 984.997; Sétima Turma Cível; Rel. Des. Fábio Eduardo Marques; Julg. 30/11/2016; DJDFTE 06/12/2016)

Art. 191. De comum acordo, o juiz e as partes podem fixar calendário para a prática dos atos processuais, quando for o caso.

§ 1º O calendário vincula as partes e o juiz, e os prazos nele previstos somente serão modificados em casos excepcionais, devidamente justificados.

§ 2º Dispensa-se a intimação das partes para a prática de ato processual ou a realização de audiência cujas datas tiverem sido designadas no calendário.

Considerando que o calendário ajustado em 1º grau não vincula o 2º grau de jurisdição.

✓ CONSUMIDOR. CIVIL. PROCESSO CIVIL. FINANCIAMENTO ESTUDANTIL. FIES. REPASSE. RETENÇÃO INDEVIDA. COBRANÇA. RESTITUIÇÃO DO INDÉBITO. CABIMENTO. JUROS E CORREÇÃO MONETÁRIA. INCIDÊNCIA. RENÚNCIA. NULIDADE. DESVANTAGEM EXAGERADA. DANOS MORAIS. CONFIGURAÇÃO. COMPROMETIMENTO DO SEMESTRE LETIVO. LITIGÂNCIA DE MÁ-FÉ. AUSÊNCIA. PRELIMINARES. REJEIÇÃO. RECURSO DOS ESTUDANTES. INTEMPESTIVIDADE. NÃO CONHECMENTO. CALENDÁRIO PARA PRÁTICA DE ATOS PROCESSUAIS. RESTRIÇÃO. ATOS ESPECÍFICOS. Embora facultada às partes a fixação de calendário para prática de atos processuais (art. 191 do CPC), as datas estabelecidas de comum acordo não vinculam o 2º grau de jurisdição, mormente quando, em se tratando de prazo peremptório, nada foi firmado quanto à interposição de recursos. Nega-se, pois, seguimento a apelo manifestamente intempestivo. Não há falar em incompetência do juízo quando a temática objeto da lide aborda retenção indevida de valores repassados pelo programa de financiamento estudantil. FIES, de modo que o cerne da controvérsia gira em torno do contrato de prestação de serviços educacionais entre aluno e instituição de ensino superior participante. O fato de o programa postergar o início do pagamento das mensalidades para depois de encerrado o curso superior não afasta a obrigação de as instituições educacionais cumprirem integralmente os termos contratuais, cabendo a seus gestores aplicarem adequadamente os valores repassados pelo Governo. É nula de pleno direito a cláusula de acordo de renúncia a juros de mora e correção monetária incidente sobre valores indevidamente retidos por faculdade participante do programa FIES. O comprometimento do semestre letivo, em decorrência de retenção indevida de valores repassados pelo FIES para faculdade particular, ultrapassa o mero dissabor, configurando dano moral indenizável, haja vista frustrar a legítima expectativa de que a formação de ensino superior pode abrir portas para um futuro melhor. Ausente a prova inequívoca da intenção da parte em causar injustificado prejuízo à outra, ou intuito de protelar indefinidamente a demanda, deve ser rejeitada a preliminar de litigância de má-fé, instituto este que não se presume, devendo ser comprovado. Não se conheceu do recurso interposto por Maria ROSEANE OLIVEIRA COSTA E OUTRO, porquanto intempestivo. Rejeitadas as preliminares de incompetência do Juízo, formação de litisconsórcio passivo necessário e intempestividade da réplica/contestação, CONHECEU-SE do apelo interposto por INSTITUTO MAUÁ DE PESQUISA E EDUCAÇÃO Ltda-ME, e, no mérito, NEGOU-SE PROVIMENTO. Unânime. (TJDF; APC 2016.03.1.015315-3; Ac. 103.9795; Sétima Turma Cível; Rel. Des. Romeu Gonzaga Neiva; Julg. 02/08/2017; DJDFTE 24/08/2017).

Art. 192. Em todos os atos e termos do processo é obrigatório o uso da língua portuguesa.

Parágrafo único. O documento redigido em língua estrangeira somente poderá ser juntado aos autos quando acompanhado de versão para a língua portuguesa tramitada por via diplomática ou pela autoridade central, ou firmada por tradutor juramentado.

→ *v.* Decreto n. 2.067/96, que validou o protocolo de Lãs Leñas: cooperação e assistência jurisdicional em matéria civil, comercial, trabalhista e administrativa entre os países do Mercosul.

→ *v.* Arts. 38, 41 e 963, V do CPC.

Considerando indevida a restituição do valor pago pelo autor com traduções juramentadas juntadas ao processo, por este ser um ônus do demandante.

✓ RESPONSABILIDADE CIVIL. Contrato de transporte aéreo. Extravio temporário de bagagem. Responsabilidade objetiva da Ré incontroversa. Dano material. Atraso de dez dias na entrega de bagagem. Não configuração. Inexistência de diminuição patrimonial. Bagagem recuperada intacta. Valores despendidos para a compra de objetos e utensílios pessoais. Incorporação ao seu patrimônio. Inexistência de razoabilidade e essencialidade nas compras efetuadas. Abuso de boa-fé. Despesas com tradução de documento. Ônus do Autor (CF. Art. 192, parágrafo único, do CPC/2015). Dano moral. Quantum indenizatório. Quantia fixada em valor ínfimo (R$ 2.000,00). Necessidade de elevação. Pretensão de arbitramento em R$ 20.000,00. Descabimento. Indenização fixada em R$ 15.000,00. Atualização monetária a partir da data deste acórdão. Juros de mora de 1% ao mês desde a citação. Manutenção da sucumbência recíproca das partes Recurso parcialmente provido. (TJSP; APL 1127514-85.2015.8.26.0100; Ac. 10914116; São Paulo; Vigésima Câmara de Direito Privado; Rel. Des. Álvaro Torres Júnior; Julg. 23/10/2017; DJESP 01/11/2017; Pág. 2587)

Dispensando a tradução juramentada se outros documentos em língua portuguesa permitiram a compreensão do assunto.

✓ PROCESSO CIVIL. Conhecimentos de transporte. Documentos em língua inglesa. Admissibilidade. Autora exibiu outros documentos redigidos em língua portuguesa e que demonstram a forma de contratação da estadia dos contêineres. Tais documentos não trouxeram prejuízo aos réus dentro do contexto probatório. Inteligência do parágrafo único do art. 192 do CPC/2015. Preliminar rejeitada. PRESCRIÇÃO. Ação de cobrança. Taxa de estadia de contêineres. Inaplicação do disposto no art. 22 da Lei nº 9.611/1998. Modalidade única de transporte. Impossibilidade de aplicação do prazo ânuo para transporte multimodal. Revogação expressa do art. 449, § 3º, do Código Comercial (CF. Art. 2.045 do CC/02). Prescrição é quinquenal (CF. Art. 206, §5º, I, do CC/02). Ação ajuizada em 2015. Prescrição inocorrente. Preliminar rejeitada. CONTRATO. Transporte marítimo. Devolução de contêineres. Cobrança de taxa de estadia sem concessão de free time. Admissibilidade. Contrato prevê a cobrança a partir do primeiro dia da descarga do navio. Aceitação pelos réus dos termos ajustados contratualmente. Se eles não concordavam com os termos avençados deveriam não contratar com a autora. Necessidade de se observar o pacta sunt servanda. Ausência de arguição a respeito das datas de descarga dos contêineres. Réus que não se desincumbiram dos fatos impeditivos, extintivos ou modificativos do direito da autora. Ação procedente. Recurso desprovido. (TJSP; APL 1030801-20.2015.8.26.0562; Ac. 10778489; Santos; Vigésima Câmara de Direito Privado; Rel. Des. Álvaro Torres Júnior; Julg. 04/09/2017; DJESP 19/09/2017; Pág. 2265)

Afastando a exigência de tradução juramentada por se tratar de documento de fácil compreensão.

✓ APELAÇÃO CÍVEL. AÇÃO DE REPARAÇÃO SECURITÁRIA. ILEGITIMIDADE PASSIVA. PRELIMINAR REJEITADA. EMPRESAS PERTENCENTES AO MESMO GRUPO ECONÔMICO. DOCUMENTOS JUNTADOS EM LÍNGUA ESTRANGEIRA. AUSÊNCIA DE TRADUÇÃO JURAMENTADA. CONTEÚDO DE FÁCIL COMPREENSÃO. INTERPRETAÇÃO SISTEMÁTICA DO ART. 192, § ÚNICO DO CPC. CLÁUSULA CONTRATUAL. PREVISÃO EXPRESSA DE EXCLUSÃO DE COBERTURA. NEGATIVA DE COBERTURA. ILEGALIDADE. INEXISTÊNCIA. É entendimento jurisprudencial pacífico que, tratando-se de empresas pertencentes ao mesmo grupo econômico, não há que se falar em ilegitimidade passiva quando o autor ajuíza ação contra uma ou mais das empresas que compõem o conglomerado. Ainda que os documentos não tenham sido acompanhados de tradução juramentada, são válidos, posto que, no caso em tela, a tradução não era indispensável para sua compreensão. As regras da legislação consumerista aplicam-se aos contratos de plano de saúde e assistência. Em havendo cláusula contratual expressa que prevê exclusão de cobertura para o risco ocorrido, inexiste abusividade na negativa das requeridas. (TJMG; APCV 1.0024.14.105960-0/001; Relª Desª Mariângela Meyer; Julg. 29/08/2017; DJEMG 08/09/2017)

Exigência de tradução juramentada quando o documento redigido em língua estrangeira apresenta termos técnicos, que não são de conhecimento notório.

✓ EMBARGOS DE DECLARAÇÃO. Alegação de que o acórdão foi omisso, obscuro e contraditório. Adequação do julgado ao entendimento estampado no RESP. Nº 1.562.015/SP. Reconhecida a existência de omissões, as quais merecem ser sanadas. Documentos juntados aos autos com conteúdo em três línguas estrangeiras, desacompanhados de tradução juramentada. Inadmissibilidade. Exegese do art. 157 do CPC/73 (art. 192, par. Único, do CPC/15). Evidenciado prejuízo ao contraditório, direito de defesa e correta solução da lide. Línguas estrangeiras que detêm expressões próprias, de forma a gerar, eventualmente, dúbio sentido, desvios sintáticos ou incorreções gramaticais. Desconsideração do meio de prova que se impõe, mormente pelas referências a termos técnicos, cujo conhecimento não é notório. Ônus probatório que incumbia exclusivamente à ré-reconvinte. Supressão de exigência legal, conscientemente descumprida, que implicaria falta de imparcialidade do juízo. Inocorrência de contradição e obscuridade. Pretensão de obter efeitos infringentes. Inadmissibilidade. Prequestionamento. Embargos, da ré, acolhidos parcialmente. Rejeitados os embargos dos autores. (TJSP; EDcl 9217166-93.2009.8.26.0000/50000; Ac. 10737127; São Paulo; Trigésima Sexta Câmara de Direito Privado; Relª Desª Maria de Lourdes Lopez Gil; Julg. 24/08/2017; rep. DJESP 01/09/2017; Pág. 2691).

Apontando que incumbe ao fornecedor que redigiu documento em língua estrangeira traduzi-lo para demanda ajuizada pelo consumidor.

✓ INVERSÃO DO ÔNUS DA PROVA. DOCUMENTOS EM LÍNGUA ESTRANGEIRA. TRADUÇÃO. 1. A inversão do ônus da prova, prevista no art. 6º, VIII, do CDC, medida excepcional, é cabível nas relações de consumo, quando demonstrada a verossimilhança das alegações do consumidor ou sua hipossuficiência. 2. A obrigatoriedade da tradução de documento de origem estrangeira, prevista no art. 192 do CPC/15, excepcionalmente, pode ser afastada, quando possível a compreensão do teor dos documentos juntados. 3. Se companhia área internacional redigiu em língua estrangeira o documento, incumbe-lhe traduzi-lo. 4. Agravo não provido. (TJDF; AGI 2016.00.2.035675-2; Ac. 984.983; Sexta Turma Cível; Rel.

Des. Jair Soares; Julg. 30/11/2016; DJDFTE 07/12/2016). V. tb.: AGRAVO DE INSTRUMENTO. PRESTAÇÃO DE SERVIÇOS. AÇÃO DECLARATÓRIA DE RESCISÃO DE CONTRATO DE PROGRAMA DE HOSPEDAGEM EM REDE HOTELEIRA C.C. INDENIZATÓRIA E PEDIDO DE RESTITUIÇÃO DE VALORES. COMANDO DE EMENDA DA PETIÇÃO INICIAL, PARA APRESENTAÇÃO DO CONTRATO ORIGINAL ACOMPANHADO DA VERSÃO PARA A LÍNGUA PORTUGUESA, TRADUZIDO POR TRADUTOR JURAMENTADO, COMO EXIGE O ART. 192 DO CPC (ART. 157 DO CPC DE 1973). Hipótese em que, porém, se impõe amenizar o formalismo da Lei, por se tratar de relação de consumo e porque o indigitado documento, redigido em língua espanhola, parece possibilitar fácil, rápida e precisa compreensão pelo leitor de mediano nível de instrução, no que interessa ao caso dos autos. Ressalva da possibilidade de o réu, como matéria de defesa, impugnar a qualidade probante do citado documento. Dispositivo: Deram provimento ao agravo. (TJSP; AI 2096650-22.2016.8.26.0000; Ac. 9555661; São Paulo; Décima Nona Câmara de Direito Privado; Rel. Des. Ricardo Pessoa de Mello Belli; Julg. 20/06/2016; DJESP 01/07/2016). Contra, no entanto: RECURSO INOMINADO. Ação indenizatória por danos morais e materiais. Mudança de horário do voo de volta. Comunicado com 18 dias de antecedência da data de prevista para o retorno. Requerida que prestou todas as informações solicitadas pelos autores. Danos morais não configurados. A situação vivenciada em hipótese alguma atingiu os autores em sua personalidade, que pudesse ensejar reparação de cunho extrapatrimoninal. Danos materiais não comprovados. Documentos juntados em língua estrangeira sem qualquer tradução, conforme exigência do art. 192, §único do CPC. Desembolsos não comprovados. Reforma da sentença para julgar improcedente a ação. Recurso provido. (TJRS; RCív 0057547-46.2016.8.21.9000; Porto Alegre; Quarta Turma Recursal Cível; Relª Desª Gisele Anne Vieira de Azambuja; Julg. 09/12/2016; DJERS 19/12/2016)

Aplicando ao descumprimento da exigência em tela a regra de que nenhum ato processual será declarado nulo sem que tenha havido prejuízo.

✓ RECURSO DE REVISTA INTERPOSTO SOB A ÉGIDE DA LEI Nº 13.015/2014. AUSÊNCIA DE PRESSUPOSTOS DE DESENVOLVIMENTO VÁLIDO E REGULAR DO PROCESSO. DOCUMENTOS EM LÍNGUA ESTRANGEIRA. AUSÊNCIA DE TRADUÇÃO A CONCLUSÃO REGISTRADA NO ACÓRDÃO REGIONAL ESTÁ CONFORME AO ENTENDIMENTO PREDOMINANTE NA JURISPRUDÊNCIA, NO SENTIDO DE QUE, NA INTERPRETAÇÃO DO ART. 192 DO CPC, DEVEM SER LEVADOS EM CONSIDERAÇÃO OS PRINCÍPIOS QUE REGEM AS NULIDADES, ESPECIALMENTE O QUE CONSAGRA QUE NENHUM ATO SERÁ DECLARADO NULO SE DA NULIDADE NÃO RESULTAR PREJUÍZO PARA AS PARTES (PAS DE NULITTÉ SANS GRIEF). NO CASO, A CORTE DE ORIGEM NÃO CONSIDEROU O IDIOMA ESTRANGEIRO UM EMPECILHO À COMPREENSÃO E À VALORAÇÃO DOS DOCUMENTOS JUNTADOS AOS AUTOS. COMO CABE AO JUIZ A ANÁLISE FINAL DA PROVA, A ELE TAMBÉM COMPETE AVALIAR A IMPRESCINDIBILIDADE DA TRADUÇÃO DOS DOCUMENTOS PARA A FORMAÇÃO DE SEU LIVRE CONVENCIMENTO MOTIVADO. PRELIMINAR DE NULIDADE POR NEGATIVA DE PRESTAÇÃO JURISDICIONAL Matéria preclusa, incidência da Súmula nº 297, II, do TST. CONFLITO DE LEIS TRABALHISTAS NO ESPAÇO. DIFERENÇAS SALARIAIS. ADICIONAL DE PERICULOSIDADE. INDENIZAÇÃO POR DANO MORAL Nos temas em epígrafe, o Recurso de Revista não reúne condições de processamento por desatender ao requisito previsto no art. 896, § 1º-A, I, da CLT (redação da Lei nº 13.015/2014), de transcrever a decisão recorrida no que consubstancia o prequestionamento da controvérsia objeto do recurso de revista. Recurso de Revista não conhecido. (TST; RR 0000086-48.2012.5.12.0015; Oitava Turma; Relª Min. Maria Cristina Irigoyen Peduzzi; DEJT 19/12/2016; Pág. 7560)

Seção II
Da Prática Eletrônica de Atos Processuais

Art. 193. Os atos processuais podem ser total ou parcialmente digitais, de forma a permitir que sejam produzidos, comunicados, armazenados e validados por meio eletrônico, na forma da lei.

Parágrafo único. O disposto nesta Seção aplica-se, no que for cabível, à prática de atos notariais e de registro.

→ *V.* Lei 11.419/2006 – Dispõe sobre a informatização do processo judicial e dá outras providências.

→ *V.* Lei 6.015/1973 – Dispõe sobre os registros públicos, e dá outras providências.

→ *V.* Enunciado 25 do CJF: As audiências de conciliação ou mediação, inclusive dos juizados especiais, poderão ser realizadas por videoconferência, áudio, sistemas de troca de mensagens, conversa on-line, conversa escrita, eletrônica, telefônica e telemática ou outros mecanismos que estejam à disposição dos profissionais da autocomposição para estabelecer a comunicação entre as partes.

Art. 194. Os sistemas de automação processual respeitarão a publicidade dos atos, o acesso e a participação das partes e de seus procuradores, inclusive nas audiências e sessões de julgamento, observadas as garantias da disponibilidade, independência da plataforma computacional, acessibilidade e interoperabilidade dos sistemas, serviços, dados e informações que o Poder Judiciário administre no exercício de suas funções.

Art. 195. O registro de ato processual eletrônico deverá ser feito em padrões abertos, que atenderão aos requisitos de autenticidade, integridade, temporalidade, não repúdio, conservação e, nos casos que tramitem em segredo de justiça, confidencialidade, observada a infraestrutura de chaves públicas unificada nacionalmente, nos termos da lei.

Art. 196. Compete ao Conselho Nacional de Justiça e, supletivamente, aos tribunais, regulamentar a prática e a comunicação oficial de atos processuais por meio eletrônico e velar pela compatibilidade dos sistemas, disciplinando a incorporação progressiva de novos avanços tecnológicos e editando, para esse fim, os atos que forem necessários, respeitadas as normas fundamentais deste Código.

→ *V.* Resolução 185/2013 do CNJ – Institui o Sistema Processo Judicial Eletrônico – PJe como sistema de processamento de informações e prática de atos processuais e estabelece os parâmetros para sua implementação e funcionamento.

→ *V.* Resolução 234/2016 do CNJ – Institui o Diário de Justiça Eletrônico Nacional (DJEN), a Plataforma de Comunicações Processuais (Domicílio Eletrônico) e a Plataforma de Editais do Poder Judiciário, para os efeitos da Lei 13.105, de 16 de março de 2015 e dá outras providências.

Considerando que as intimações eletrônicas em portal prevalecem sobre as realizadas no Diário de Justiça.

✓ PROCESSUAL CIVIL. RECURSO ESPECIAL. TEMPESTIVIDADE. PROCESSO ELETRÔNICO REGIDO PELA LEI 11.419/2006. INTIMAÇÃO DO ACÓRDÃO RECORRIDO REALIZADA EM DUPLICIDADE, VIA DJE E ESPECÍFICA DIRIGIDA AO CAUSÍDICO. ATO PREVALECENTE PARA FINS DE CONTAGEM DO PRAZO RECURSAL. ALÍNEA "C ". NÃO DEMONSTRAÇÃO DA DIVERGÊNCIA. FALTA DE INDICAÇÃO DO DISPOSITIVO LEGAL OBJETO DE INTERPRETAÇÃO DIVERGENTE. DEFICIÊNCIA NA FUNDAMENTAÇÃO. SÚMULA Nº 284/STF. 1. Cinge-se a controvérsia a definir o ato de intimação considerado válido para fins de interposição Recurso Especial quando, no processo regido pela Lei nº 11.419/2006, há intimação eletrônica específica dirigida ao causídico acompanhada publicação via DJe. 2. A jurisprudência do STJ tem entendimento pela prevalência da intimação eletrônica sobre a realizada via DJe, na hipótese de duplicidade de intimações. Precedente: AgInt no AREsp 903.091/RJ, Rel. Ministro Paulo de Tarso Sanseverino, Terceira Turma; Julg. 16/3/2017; DJe 27/3/2017. 3. A divergência jurisprudencial deve ser comprovada, cabendo a quem recorre apontar o dispositivo objeto do dissenso e demonstrar as circunstâncias que identificam ou assemelham os casos confrontados, com indicação da similitude fática e jurídica entre eles. Indispensável a transcrição de trechos do relatório e do voto dos acórdãos recorrido e paradigma, realizando-se o cotejo analítico entre ambos, com o intuito de bem caracterizar a interpretação legal divergente. O desrespeito a esses requisitos legais e regimentais (art. 541, parágrafo único, do CPC e art. 255 do RI/STJ) impede o conhecimento do Recurso Especial com base na alínea "c" do inciso III do art. 105 da Constituição Federal. 4. Ademais, a propositura do recurso pela via da divergência jurisprudencial não dispensa o recorrente de apontar qual o dispositivo legal que teria sido objeto de interpretação divergente entre tribunais. A deficiência na fundamentação obsta o conhecimento do recurso fundamentado na alínea "c ", razão pela qual incide a Súmula nº 284/STF. Precedentes do STJ. 5. Agravo Interno não provido. (STJ; AgInt-EDcl-AREsp 981.940; Proc. 2016/0240716-2; RJ; Segunda Turma; Rel. Min. Herman Benjamin; DJE 16/06/2017). Contra, no entanto: PROCESSUAL CIVIL. AGRAVO INTERNO NO AGRAVO EM RECURSO ESPECIAL. CONVOLAÇÃO. CABIMENTO. INTEMPESTIVIDADE DO AGRAVO NOS PRÓPRIOS AUTOS. 1. É cabível agravo interno contra a decisão que determina a autuação do agravo como Recurso Especial para discutir a tempestividade do agravo nos próprios autos. 2. Segundo a jurisprudência desta corte superior, ocorrendo a duplicidade de intimações, intimação eletrônica e publicação no DJEERJ, prevalece esta última, uma vez que a publicação em diário de justiça eletrônico substitui qualquer outro meio de publicação oficial para quaisquer efeitos legais. Precedentes. 3. Logo, certificada a publicação da decisão de inadmissibilidade do apelo nobre em 15/7/2016, deve-se reconhecer a intempestividade do agravo em Recurso Especial protocolizado em 21/9/2016, pois ultrapassado o prazo previsto no art. 1.003, § 5º, do CPC/2015, contado em dobro, mesmo considerando a suspensão dos prazos entre os dias 5 a 21/8/2016, o feriado local em 22 de agosto e o feriado nacional de 7 de setembro. 4. Se não há discussão quanto à licitude da intimação ocorrida no diário de justiça eletrônico, não faz sentido considerar, para fins de contagem do prazo recursal, a intimação eletrônica posterior, porque com a publicação no Dje todas as partes já se deram por intimadas. Vale dizer, não há renovação de prazo. 5. Ainda que ultrapassadas essas considerações, no embate de teses, teria razão a ora agravante no sentido de que a intimação eletrônica do estado ocorreu em 18/7/2016 ("procuradoria geral do estado do Rio de Janeiro, intimação realizada, em 18/7/2016 14:39"). E não no dia 24/7/2015 ("Francesco conte (representando estado do rio de janeiro), intimação tácita, em 24/7/2016 13:33")., porque tem validade de intimação pessoal aquela dirigida à procuradoria geral do estado do Rio de Janeiro (lei n. 11.419/2006, art. 5º, § 6º). 6. Agravo interno a que se dá provimento. Agravo em Recurso Especial não conhecido por intempestividade. (STJ; AgInt-AREsp 1.040.421; Proc. 2016/0334787-9; RJ; Segunda Turma; Rel. Min. Og Fernandes; DJE 17/10/2017)

Art. 197. Os tribunais divulgarão as informações constantes de seu sistema de automação em página própria na rede mundial de computadores, gozando a divulgação de presunção de veracidade e confiabilidade.

Parágrafo único. Nos casos de problema técnico do sistema e de erro ou omissão do auxiliar da justiça responsável pelo registro dos andamentos, poderá ser configurada a justa causa prevista no art. 223, *caput* e § 1º.

→ *V.* Art. 10, § 2º, da Lei 11.419/2006.

Divergência entre informações do sítio do Tribunal na internet e do processo

✓ PROCESSUAL CIVIL. RECURSO ESPECIAL. MATÉRIA CONSTITUCIONAL. INADMISSIBILIDADE. INFORMAÇÕES PRESTADAS VIA INTERNET. NATUREZA MERAMENTE INFORMATIVA. REABERTURA DE PRAZO. DESNECESSIDADE. JUSTA CAUSA. DÚVIDA RAZOÁVEL. DEVER DE BOA-FÉ E COOPERAÇÃO DE TODOS OS SUJEITOS DO PROCESSO. 1. A jurisprudência do STJ é firme no entendimento de que as informações prestadas via internet têm natureza meramente informativa, não possuindo, portanto, caráter oficial. Assim, eventual erro ocorrido na divulgação de informações não configura justa causa para efeito de reabertura de prazo. 2. Não se desconhece que há entendimento da Corte Especial do STJ minimizando referida jurisprudência quando estiver configurada justa causa para o descumprimento do prazo recursal pelo litigante (artigo 183, caput, do CPC) (REsp 1.324.432/SC, Rel. Ministro Herman Benjamin, Corte Especial, DJe 10/5/2013). 3. Segundo a norma, "nos casos de problema técnico do sistema e de erro ou omissão do auxiliar da justiça responsável pelo registro dos andamentos, poderá ser configurada a justa causa prevista no artigo 223, caput e § 1º" (CPC, artigo 197, parágrafo único). 4. As informações divulgadas pelos sistemas de automação dos tribunais gozam de presunção de veracidade e confiabilidade, haja vista a legítima expectativa criada no advogado, devendo-se preservar a sua boa-fé e confiança na informação que foi divulgada. É de se ter, por outro lado, que, para fins de justa causa, a dúvida deve ser razoável. 5. Na hipótese, penso que não houve dúvida razoável apta a ludibriar o entendimento do advogado, tendo em conta a informação disponibilizada quanto ao termo a quo – 13/12/2016 – e o prazo de 15 dias do recurso especial (disposto pela norma e destacado na mensagem do site). Dessarte, não poderia o causídico simplesmente se omitir quanto aos outros dados informados pelo site do Tribunal, violando a boa-fé objetiva e o dever de cooperação (CPC, artigos 5º e 6º) para, simplesmente, protocolar o recurso depois de quase dois meses do início de seu prazo, tendo como desculpa a informação errônea em relação ao prazo final. 6. Realmente, apesar do prazo final estar realmente equivocado pelo site do Tribunal de origem, não é crível que o advogado, in casu, não soubesse do termo ad quem para interposição de seu recurso, inclusive porque, espera-se que o advogado tenha um mínimo de diligência no seu mister, cabendo "ao procurador da parte diligenciar pela observância do prazo legal estabelecido na legislação vigente (STJ, AgRg no Ag 1136085/RJ, Rel. Ministro Sidnei Beneti, Terceira Turma, julgado em 16/06/2009, DJe 24/06/2009). 7. Agravo interno não provido (STJ, REsp 1694174, Rel. Min. Luis Felipe Salomão, 4ª Turma, j. 04.09.2018).

Considerando possível a comprovação da indisponibilidade da comunicação eletrônica posteriormente à interposição do recurso.

✓ PROCESSUAL CIVIL. CPC/2015. AGRAVO INTERNO NO AGRAVO EM RECURSO ESPECIAL. INDISPONIBILIDADE DO SISTEMA DE PETICIONAMENTO ELETRÔNICO. COMPROVAÇÃO. INOCORRÊNCIA. DISTINÇÃO COM A HIPÓTESE DE FERIADO LOCAL. 1. Conforme dispõe o art. 224, § 1º, do CPC/2015: "Os dias do começo e do vencimento do prazo serão protraídos para o primeiro dia útil seguinte, se coincidirem com dia em que o expediente forense for encerrado antes ou iniciado depois da hora normal ou houver indisponibilidade da comunicação eletrônica" (sem grifos no original). 3. Prorrogação automática do prazo, mediante a comprovação por documento idôneo, ainda que posteriormente à interposição do recurso. 4. Distinção com a hipótese de feriado local, em que se exige, após a vigência do CPC/2015, comprovação no ato da interposição do recurso. 5. Caso concreto em que a indisponibilidade não foi comprovada por meio de documento idôneo. 6. AGRAVO INTERNO DESPROVIDO. (STJ; AgInt no AREsp 1054786/RJ; Terceira Turma; Rel. Min. Paulo de Tarso Sanseverino; Julg. 19/09/2017; DJe 25/09/2017)

Entendendo que a parte não pode ser prejudicada pela ausência de informação da juntada do mandado de citação.

✓ AGRAVO DE INSTRUMENTO. Ação ordinária. Fase de execução. Decisão recorrida que deferiu a devolução de prazo à Fazenda Estadual. Insurgência. Descabimento. Divulgação de informação no site do Tribunal de Justiça do Estado de São Paulo que goza de presunção de veracidade e confiabilidade. Omissão, no sistema de automação do Tribunal de Justiça do Estado de São Paulo, acerca da juntada de mandado de citação, que resultou prejuízo à parte. Incidência dos artigos 197 e 223, caput e § 1º, do novo Código de Processo Civil. CPC/2015. Precedentes do Superior Tribunal de Justiça e desta Corte de Justiça. Decisão mantida. Recurso não provido. (TJSP; AI 2123565-74.2017.8.26.0000; Ac. 10758029; São Paulo; Primeira Câmara de Direito Público; Rel. Des. Marcos Pimentel Tamassia; Julg. 29/08/2017; DJESP 05/09/2017; Pág. 2364)

Art. 198. As unidades do Poder Judiciário deverão manter gratuitamente, à disposição dos interessados, equipamentos necessários à prática de atos processuais e à consulta e ao acesso ao sistema e aos documentos dele constantes.

Parágrafo único. Será admitida a prática de atos por meio não eletrônico no local onde não estiverem disponibilizados os equipamentos previstos no *caput*.

Art. 199. As unidades do Poder Judiciário assegurarão às pessoas com deficiência acessibilidade aos seus sítios na rede mundial de computadores, ao meio eletrônico de prática de atos judiciais, à comunicação eletrônica dos atos processuais e à assinatura eletrônica.

Seção III
Dos Atos das Partes

Art. 200. Os atos das partes consistentes em declarações unilaterais ou bilaterais de vontade produzem imediatamente a constituição, modificação ou extinção de direitos processuais.

Entendendo que o requerimento de julgamento antecipado do mérito produz efeitos imediatos, inviabilizando posterior alegação de cerceamento de defesa por ausência de produção de provas.

✓ EMBARGOS DE DECLARAÇÃO EM APELAÇÃO CÍVEL. AÇÃO DECLARATÓRIA DE INEXISTÊNCIA DE DÉBITO C/C INDENIZAÇÃO POR DANOS MORAIS E MATERIAIS. INCLUSÃO INDEVIDA DE GRAVAME SOBRE VEÍCULO DE PESSOA JURÍDICA NO SISTEMA NACIONAL DE GRAVAMES (SNG). DANO MORAL NÃO DEMONSTRADO. ÔNUS PROBATÓRIO DA PARTE AUTORA. ART. 373, I, CPC. REQUERIMENTO DE JULGAMENTO ANTECIPADO DA LIDE. PRECLUSÃO CONSUMATIVA EVIDENCIADA. VERBA HONORÁRIA SUCUMBENCIAL MAJORADA. REDISCUSSÃO DA MATÉRIA. INEXISTÊNCIA DOS REQUISITOS DO ART. 1.022 DO CÓDIGO DE PROCESSO CIVIL. ADVERTÊNCIA SOBRE A APLICAÇÃO DA SANÇÃO DESCRITA NO ART. 1.026, § 2º, DO CPC, PARA O CASO DE REITERAÇÃO DA MATÉRIA. RECURSO CONHECIDO E REJEITADO. A parte que solicita o julgamento antecipado da lide não pode, posteriormente, alegar cerceamento de defesa pela não produção de provas, pois tal requerimento gera efeitos processuais imediatos, nos termos do artigo 200 do CPC. A pessoa jurídica pode sofrer abalo moral, sendo necessária para a concretização do dano a demonstração da ofensa à sua imagem (honra objetiva) perante a sociedade, o que não restou evidenciado no caso. É necessária a majoração dos honorários advocatícios em valor suficiente para remunerar o trabalho dos advogados, com o fito de não tornar aviltante o exercício da profissão. Não é possível, via embargos de declaração, a rediscussão da matéria já enfrentada nos autos, ainda que a parte pretenda o prequestionamento para fins de recurso às instâncias superiores. (TJMT; ED 27398/2017; Capital; Rel. Des. Dirceu dos Santos; Julg. 26/07/2017; DJMT 31/07/2017; Pág. 95)

Transação produz efeitos imediatos, ainda que não homologada.

✓ CONTRATUAL. PEDIDO DE TUTELA DE URGÊNCIA INDEFERIDO. Autora que pretende ser reintegrada na posse de uma escavadeira hidráulica. Formalização de acordo no processo de origem, no qual a recorrente reconheceu a devolução do bem. Veículo entregue em permuta a terceira pessoa. Ajuste que, conquanto ainda não tenha sido homologado, produz efeitos imediatos, nos termos do art. 200 do CPC. Recurso prejudicado. (TJSC; AI 0031535-45.2016.8.24.0000; Balneário Camboriú; Primeira Câmara de Direito Civil; Rel. Des. Jorge Luis Costa Beber; DJSC 30/05/2017; Pag. 88)

Aceitação da decisão recorrida produz efeitos imediatos, não admitindo retratação.

✓ CONSUMIDOR. CONTRATO DE FINANCIAMENTO DE VEÍCULO. FRAUDE. VEÍCULO REGISTRADO INDEVIDAMENTE EM NOME DA PARTE AUTORA. INCLUSÃO DO NOME EM DÍVIDA ATIVA E PROTESTO POR DÉBITOS DE IPVA ORIUNDOS DA OPERAÇÃO FRAUDULENTA. FALHA NA PRESTAÇÃO DOS SERVIÇOS DA INSTITUIÇÃO FINANCEIRA. DANO MORAL. CONDENAÇÃO. RAZOABILIDADE NO ARBITRAMENTO JUDICIAL. SENTENÇA MANTIDA. RECURSO CONHECIDO EM PARTE E NÃO PROVIDO. 1. A ré/recorrente informou o cumprimento parcial da sentença (id. 422481). A manifestação da parte produziu efeitos imediatos, entre os quais a extinção de direito processual, na forma do caput do artigo 200 do CPC/2015, de aplicação supletiva. De acordo com o artigo 1.000 do CPC/2015, de aplicação supletiva, a parte que aceita a decisão, expressa ou tacitamente, não pode recorrer. Precedentes no STJ: RESP 8.843/SP, Rel. Ministro Jose de Jesus Filho, Segunda Turma; RESP 1.931/RS, Rel. Ministro Waldemar Zveiter, Terceira Turma. Assim, o recurso não deve ser conhecido na parte que impugna a condenação à quitação dos débitos lançados em nome da parte autora/recorrida. 2. Alegando o contrato entre as partes como fato impeditivo do direito da parte autora, cabia à parte ré o ônus dessa prova e, na inércia, descabe o acolhimento de qualquer defesa respaldada no suposto contrato entabulado. Além disso, fraude por terceiro constituiu fortuito interno que não exclui a responsabilidade do fornecedor porque se liga aos riscos da atividade, de modo que, ocorrido durante a prestação do serviço, não importa saber o motivo que determinou o defeito, sendo responsável o fornecedor ainda que oriundo de fato imprevisível e inevitável. 3. Demonstrado nos autos que, em razão da contratação realizada por terceiro, o recorrido teve seu nome inscrito em dívida ativa e protestado, evidente o abalo moral pela simples restrição oriunda da má prestação dos serviços. Afinal, nesse contexto, o recorrido é consumidor por equiparação. 4. Consolidado na jurisprudência o entendimento de que o protesto indevido gera, por si só, a obrigação de indenizar e constitui dano moral **in re ipsa**, ou seja, dano vinculado à própria existência do fato ilícito, cujos resultados são presumidos. Precedente julgado no STJ: RESP 1.059.663/MS, Rel. Min. Nancy Andrighi; DJe 17.12.2008. 5. Em observância às finalidades compensatória, punitiva, pedagógica e preventiva da condenação, bem assim às circunstâncias da causa, inclusive a capacidade financeira do ofensor, afigura- se razoável e proporcional o arbitramento. 6. Promovido protesto indevido, o cancelamento do registro incumbe a quem autorizou ou deu causa ao apontamento. Aqui, não há falar em obrigação do suposto devedor para baixa desse ato registral, com base no artigo 26 da Lei nº 9.492/97, o que se aplica quando o protesto é devido. 7. Não deve ser conhecido do pedido deduzido em sede de contrarrazões ao recurso, a fim de majorar o valor arbitrado da indenização referente ao dano moral. Se a parte não estava conformada com a sentença prolatada, cabia a interposição de recurso adequado e próprio; não pode deduzir sua pretensão pela via optada, nem cabe falar em recurso adesivo no Juizado Especial por falta de previsão na Lei de Regência, sendo admissível, pelo princípio da fungibilidade, o recebimento do adesivo como Recurso Inominado quando atendidos os pressupostos, entre eles a tempestividade e o preparo, o que, todavia, não foi observado pelo recorrido. 8. Recurso conhecido em parte e não provido. Acórdão lavrado na forma do artigo 46 da Lei nº 9.099/95. 9. A recorrente vencida é condenada ao pagamento das custas processuais e dos honorários advocatícios, estes arbitrados em 10% do valor da condenação (art. 55 da Lei nº 9.099/95). (TJDF; RInom 0719379-41.2015.8.07.0016; Primeira Turma Recursal dos Juizados Especiais; Rel. Des. Fábio Eduardo Marques; DJDFTE 25/04/2016; Pág. 278)

Parágrafo único. A desistência da ação só produzirá efeitos após homologação judicial.

→ *v.* Art. 485, VIII do CPC.

Considerando possível a desistência sem a concordância do réu antes da contestação, ainda que a homologação ocorra apenas depois.

✓ ADMINISTRATIVO. AGRAVO DE INSTRUMENTO. AMBIENTAL. ACP. DESISTÊNCIA DA AÇÃO EM RELAÇÃO A UM DOS RÉUS. HOMOLOGAÇÃO. REPARAÇÃO DO DANO. PRESCRIÇÃO. 1. O artigo 85, §4º, do Código de Processo Civil, impõe o oferecimento da contestação como limite para a manifestação do autor no sentido de desistir da ação, não para a homologação do pedido. Formulado pedido de desistência antes da contestação, o seu acolhimento não implica ofensa ao art. 200, parágrafo único, do CPC. 2. Ausente a probabilidade do direito quanto à alegada prescrição da pretensão de ressarcimento ao erário, visto que a circunstância fática discutida na esfera criminal era prejudicial à ação civil indenizatória, nos termos do artigo 200 do CC. (TRF 4ª R.; AG 5031464-12.2017.404.0000; Terceira Turma; Relª Desª Fed. Vânia Hack de Almeida; Julg. 24/10/2017; DEJF 26/10/2017)

Possível a retratação da desistência da ação até a sua homologação.

✓ II – Diversamente de outras declarações unilaterais expendidas pelas partes no curso do processo, o pedido de desistência da ação somente produz efeitos a partir da correlata homologação judicial, nos termos do parágrafo único do artigo 158 do Código de Processo Civil (art. 200, parágrafo único, CPC/15). Assim, correta é a compreensão de que, enquanto não homologado o pedido de desistência, possível à parte empreender sua retratação ou retificação. III – Não apresentação de argumentos suficientes para desconstituir a decisão recorrida. IV – Em regra, descabe a imposição da multa, prevista no artigo 1.021, § 4º, do Código de Processo Civil de 2015, em razão do mero improvimento do Agravo Interno em votação unânime, sendo necessária a configuração da manifesta inadmissibilidade ou improcedência do recurso a autorizar sua aplicação, o que não ocorreu no caso. V – Agravo Interno improvido (STJ, REsp 1676883, Rel. Min. Regina Helena Costa, 1ª Turma, j. 25.10.2018).

Mitigando a possibilidade de retratação da desistência antes de sua homologação, tendo em vista o princípio da boa-fé processual.

✓ PROCESSUAL CIVIL. AGRAVO INTERNO EM AGRAVO DE INSTRUMENTO. PRELIMINAR DE NULIDADE DA DECISÃO MONOCRÁTICA. REJEITADA. MÉRITO. RETRATAÇÃO DO PEDIDO DE DESISTÊNCIA DA AÇÃO. INADMISSÍVEL. VIOLAÇÃO AOS PRINCÍPIOS DA BOA-FÉ OBJETIVA E COOPERAÇÃO. VENIRE CONTRA FACTUM PROPRIUM. REDUÇÃO DOS HONORÁRIOS ADVOCATÍCIOS INCABÍVEL. LITIGÂNCIA DE MÁFÉ. NÃO VERIFICADA. DECISÃO MONOCRÁTICA MANTIDA. 1) A decisão monocrática agravada não ofende à coletividade do tribunal nem o princípio do contraditório, pois o recorrente não demonstra que o julgado do Superior Tribunal de justiça utilizado como fundamento da decisão não corresponde a jurisprudência dominante do tribunal superior, logo corretamente aplicada ao caso em concreto a norma processual esculpida no art. 557, §1º-A, CPC/73. Preliminar de nulidade rejeitada. 2) aplicar de forma nua, crua e isolada a literalidade do parágrafo único do art. 158 do CPC/73 (atual art. 200, parágrafo único, do CPC/2015) e possibilitar a retratação da desistência da ação, após quase um ano do pedido anuído, sem que para tanto fosse alegada causa plausível e idônea para justificar tal comportamento, evidenciando verdadeiro o abuso de direito processual nas condições em que foi exercido, é prestigiar o desrespeito a boa-fé objetiva, o princípio da cooperação e autorizar a prática de comportamento contraditório. 3) os honorários advocatícios foram arbitrados em conformidade com os parâmetros estabelecidos no art. 20, §§3º e 4º, do CPC/73 (atual art. 85, §2º e §8º, do CPC/2015), sendo incabível sua redução. 4) o recorrente utilizou-se dos meios e das argumentações jurídicas a sua disposição para a defesa do direito que acreditava possuir, assim não incorreu em litigância de má-fé. Recurso de agravo interno conhecido e desprovido. (TJPA; AI 0011942-94.2010.8.14.0301; Ac. 161219; Belém; Primeira Câmara Cível Isolada; Relª Desª Maria do Ceo Maciel Coutinho; Julg. 20/06/2016; DJPA 22/06/2016; Pág. 513)

A desistência de recurso produz efeitos imediatos, não sendo possível sua retratação.

✓ EMBARGOS DE DECLARAÇÃO. PEDIDO DE DESISTÊNCIA DO SEGUNDO RECURSO. POSTERIOR PEDIDO DE "DESISTÊNCIA DA DESISTÊNCIA". IMPOSSIBILIDADE. RECURSO NÃO CONHECIDO. EMBARGOS DECLARATÓRIOS. MEIO PROCESSUAL ADEQUADO A SUSCITAR A MODULAÇÃO DOS EFEITOS DO CONTROLE DE CONSTITUCIONALIDADE. ACOLHIMENTO PARCIAL. Os atos das partes "produzem imediatamente a constituição, modificação ou extinção de direitos processuais" (art. 200 do CPC), de sorte que, requerida a desistência de recurso, conforme direito previsto no art. 998 do CPC, não há a possibilidade jurídica de a parte "desistir da desistência". A técnica da modulação dos efeitos da pronúncia de inconstitucionalidade constitui situação excepcional, que somente deve ser aplicada, após um juízo de ponderação, por razões de segurança jurídica ou de excepcional interesse social. Considerando as repercussões sociais e jurídicas da pronúncia de inconstitucionalidade no presente feito, torna-se necessária a modulação dos efeitos da decisão, para reconhecer apenas a legitimidade dos pagamentos das complementações de aposentadoria já feitas aos ex-servidores do Município de Timóteo até a data de conclusão do julgamento de mérito pelo Tribunal. (TJMG; EDcl 1.0000.15.001992-5/002; Rel. Des. Geraldo Augusto de Almeida; Julg. 22/03/2017; DJEMG 07/04/2017)

Simples pedido de desistência desacompanhado de procuração com poderes especiais para este fim não impede o trânsito em julgado.

✓ AGRAVO INTERNO EM MANDADO DE SEGURANÇA. ADMINISTRATIVO. PEDIDO DE DESISTÊNCIA NÃO HOMOLOGADO POR INEXISTIR NOS AUTOS PROCURAÇÃO COM PODERES ESPECIAIS. ART. 105 DO CPC/2015 (ART. 38, CPC/73). PRAZO RECURSAL NÃO INTERROMPIDO E NEM SUSPENSO. VERIFICADO O TRÂNSITO EM JULGADO. RECURSO IMPROVIDO. 1. A ausência de mandato outorgado pelo impetrante ao causídico, com poderes especiais para desistir, inviabilizou a homologação do pedido de desistência formulado nos autos. Uma vez que, a teor do parágrafo único do art. 200 do CPC/2015, o simples pedido não tem o condão de sustar o decurso do trânsito em julgado, observou-se a sua ocorrência, determinando-se o consequente arquivamento do feito. 2. Agravo interno a que se nega provimento. (TJBA; AgRg 0000666-64.2015.8.05.0000/50002; Salvador; Seção Cível de Direito Público; Relª Desª Regina Helena Ramos Reis; Julg. 09/03/2017; DJBA 20/03/2017; Pág. 154)

Desistência ainda não homologada na ação anterior não afasta o reconhecimento da litispendência na ação posterior.

✓ APELAÇÃO CÍVEL. REPRODUÇÃO DE CAUSA IDÊNTICA JÁ PROPOSTA. PEDIDO DE DESISTÊNCIA DA AÇÃO ANTERIOR. AUSÊNCIA DE HOMOLOGAÇÃO DO PEDIDO. LITISPENDÊNCIA. OCORRÊNCIA. Para configurar a ocorrência da litispendência, nos termos do artigo 337, do CPC, necessário que haja a identidade de três elementos: as partes, a causa de pedir e o pedido. Nos termos do parágrafo único do art. 200 do CPC, a desistência da ação só produzirá efeitos depois de homologada por sentença. Ajuizada ação idêntica antes de homologado o pedido de desistência daquela outra anteriormente distribuída, resta configurada a litispendência. (TJMG; APCV 1.0112.15.002647-7/001; Rel. Des. Marco Aurelio Ferenzini; Julg. 27/04/2017; DJEMG 05/05/2017)

Art. 201. As partes poderão exigir recibo de petições, arrazoados, papéis e documentos que entregarem em cartório.

Art. 202. É vedado lançar nos autos cotas marginais ou interlineares, as quais o juiz mandará riscar, impondo a quem as escrever multa correspondente à metade do salário mínimo.

Afastando a incidência do dispositivo no caso em que a manifestação manuscrita do procurador de justiça procurou conferir maior agilidade ao feito, sem causas qualquer prejuízo.

✓ APELAÇÃO CÍVEL. DIREITO TRIBUTÁRIO. EXECUÇÃO FISCAL. COTAS MARGINAIS. AUSÊNCIA DE NU-

LIDADE NA MANIFESTAÇÃO REALIZADA DE FORMA MANUSCRITA PELO PROCURADOR DO ESTADO. A vedação à utilização de cotas marginais constante do art. 202 do CPC/2015 não é aplicável ao caso dos autos, na medida em que a manifestação manuscrita do procurador de justiça procurou conferir maior agilidade ao feito, sem atentar contra a dignidade da justiça ou causar prejuízos à parte contrária. Apelação provida. (TJRS; AC 0225298-10.2017.8.21.7000; Pelotas; Primeira Câmara Cível; Rel. Des. Newton Luís Medeiros Fabrício; Julg. 13/09/2017; DJERS 16/10/2017)

A penalidade não se aplica a pedido manuscrito formulado na oportunidade adequada.

✓ EXECUÇÃO FISCAL. ATOS PROCESSUAIS DAS PARTES. COTA LANÇADA NOS AUTOS QUANDO DA INTIMAÇÃO EM CARTÓRIO DE DESPACHO ANTERIOR. COTAS MARGINAIS E INTERLINEARES. HIPÓTESE DISTINTA. VIOLAÇÃO AO ART. 202 DO NOVO CPC NÃO CONFIGURADA. 1. A norma proibitiva de que trata o art. 202 do novo CPC, segundo a qual é defeso lançar, nos autos, cotas marginais ou interlineares, não veda aos advogados das partes a possibilidade de se pronunciarem diretamente nos autos quando lhes for aberta vista. 2. A hipótese legal refere-se a anotações e comentários de qualquer extensão ou natureza introduzidos nos autos fora do lugar ou da oportunidade admissível. 3. Caso em que a exequente, valendo-se da oportunidade que lhe foi aberta para manifestar-se acerca do despacho exarado, formulou pedido manuscrito, não se amoldando este proceder à hipótese prevista no art. 202 do CPC/2015. (TRF 4ª R.; AG 5024614-73.2016.404.0000; Primeira Turma; Rel. Des. Fed. Jorge Antonio Maurique; Julg. 17/08/2016; DEJF 19/08/2016)

Aplicando a penalidade em caso no qual foram inseridos grifos e vários comentários a lápis na contestação.

✓ APELAÇÕES CÍVEIS. AÇÃO DECLARATÓRIA DE NULIDADE DE CLÁUSULA CONTRATUAL C/C REPETIÇÃO DE INDÉBITO E DANOS MORAIS. PROCEDÊNCIA PARCIAL. IRRESIGNAÇÃO. PRELIMINARES. ILEGITIMIDADE ATIVA. PLANO DE SAÚDE EMPRESARIAL. POSSIBILIDADE DE AJUIZAMENTO PELO BENEFICIÁRIO. ILEGITIMIDADE PASSIVA. UNIMED JOÃO PESSOA E SERGIPE. MESMO GRUPO ECONÔMICO. RESPONSABILIDADE SOLIDÁ- RIA. REJEIÇÃO. MÉRITO. APLICABILIDADE DAS NORMAS CONSUMERISTAS. NEGATIVA DE FORNECIMENTO DE MATERIAL NECESSÁRIO a PROCEDIMENTO CIRÚRGICO. PRÓTESE IMPORTADA. INDICA- ÇÃO DO PROCEDIMENTO MAIS ADEQUADO PARA CURA DA MOLÉSTIA PELO MÉDICO ESPECIALISTA. MANIFESTA ABUSIVIDADE DA CLÁUSULA CONTRATUAL RESTRITIVA DE DIREITO. RESTITUIÇÃO DEVIDA NA FORMA SIMPLIFICADA. ERRO JUSTIFICÁVEL. INDENIZAÇÃO POR DANOS MORAIS. RECUSA INJUSTIFICADA. ABALO PSICOLÓGICO SOFRIDO PELA PACIENTE. QUANTUM INDENIZATÓRIO. VALOR RAZOÁVEL E PROPORCIONAL. ABALO MORAL EM RICOCHETE, INDIRETO OU REFLEXO DA FILHA DA VÍTIMA DIRETA. NÃO CONFIGURAÇÃO. CIRURGIA REALIZADA COM SUCESSO. SUCUMBÊNCIA RECÍPROCA. EXISTÊNCIA APENAS PARA A AUTORA/FILHA. PROMOVENTE/MÃE QUE DECAI DE PARTE MÍNIMA DO PEDIDO. MAJORAÇÃO DA VERBA HONORÁRIA. CABIMENTO. COMENTÁRIOS DESCABIDOS NA PEÇA DE DEFESA. RAZOABILIDADE NA APLICAÇÃO DA PENALIDADE PREVISTA NO ART. 202, DO CPC. DESPROVIMENTO DOS RECURSOS DAS PROMOVIDAS E PROVIMENTO PARCIAL DO APELO DAS AUTORAS. (...) O art. 202, do CPC/2015, estabelece que "é vedado lançar nos autos cotas marginais ou interlineares, as quais o juiz mandará riscar, impondo a quem as escrever multa correspondente à metade do salário mínimo". A exegese do dispositivo acima transcrito visa preservar os autos, evitando anotações ou comentários descabidos, fora do lugar ou das oportunidades admissíveis, de modo que cabe ao juiz, de pronto, coibir tais atos. Havendo a inserção de diversos grifos e comentários na peça contestatória com lápis grafite, entendo que se mostrou razoável a aplicação da penalidade prevista no art. 202, do CPC, posto que estamos diante de comentários descabidos e fora do lugar ou da oportunidade admissível. (TJPB; APL 0043952-03.2010.815.2001; Segunda Câmara Especializada Cível; Rel. Des. Oswaldo Trigueiro do Valle Filho; DJPB 14/09/2017; Pág. 9)

A rasura nos autos enseja a condenação nas penas do art. 202 do CPC.

✓ PROCESSUAL CIVIL. EMBARGOS DE DECLARAÇÃO. ART. 1.022 DO CPC/2015. APOSENTADORIA ESPECIAL. TEMPO ESPECIAL. RUÍDO. OMISSÕES, CONTRADIÇÕES E/OU OBSCURIDADES INEXISTENTES. REDISCUSSÃO DE MATÉRIA DE DIREITO. PREQUESTIONAMENTO. IMPOSSIBILIDADE. RASURA NOS AUTOS. ART. 202 DO CPC/2015. 1. Consoante prevê o art. 1.022 do CPC/2015, os embargos de declaração destinam-se a afastar obscuridade, contradição, omissão ou erro material. 2. Na hipótese dos autos, a decisão embargada fundamentou devidamente o enquadramento dos períodos controversos como especiais, com expressa menção ao entendimento de que, as divergências constantes nos formulários acostados aos autos, quanto ao nível de exposição ao agente agressivo ruído, foram interpretadas à luz do princípio da hipossuficiência do segurado em relação ao ente público, adotando-se a solução in dubio pro misero. 3. Não há qualquer vício na decisão embargada, mas, sim, discordância do INSS quanto aos seus termos, o que somente pode ser revertido por via do recurso próprio. 4. Ainda que para fins de prequestionamento, os embargos de declaração somente são cabíveis quando houver omissão, obscuridade e/ou contradição na decisão embargada. Precedentes. 5. A praxe de destacar, de qualquer forma, inclusive por meio de grifos, peças dos autos que às partes e seus advogados pareçam convenientes é conduta reprovável a ensejar aplicação da multa do art. 202 do CPC, vez que tudo que o compõe constitui-se em documento público. 6. Embargos de declaração opostos pelo INSS não providos. (TRF 1ª R.; Ap-RN 0000294-08.2011.4.01.3814; Rel. Juiz Fed. Conv. Rodrigo Rigamonte Fonseca; DJF1 12/07/2017)

Seção IV
Dos Pronunciamentos do Juiz

Art. 203. Os pronunciamentos do juiz consistirão em sentenças, decisões interlocutórias e despachos.

§ 1º Ressalvadas as disposições expressas dos procedimentos especiais, sentença é o pronunciamento por meio do qual o juiz, com fundamento

nos arts. 485 e 487, põe fim à fase cognitiva do procedimento comum, bem como extingue a execução.

Decisão que extingue o cumprimento de sentença é classificada como sentença.

✓ RECURSO. INTERPOSIÇÃO DE APELAÇÃO CONTRA A DECISÃO QUE ACOLHE A IMPUGNAÇÃO AO CUMPRIMENTO DE SENTENÇA EM RAZÃO DA NULIDADE DE INTIMAÇÃO NOS EMBARGOS À EXECUÇÃO E DETERMINA O REGULAR PROSSEGUIMENTO DO FEITO, COM A ANULAÇÃO DA SENTENÇA ALI PROFERIDA, A QUAL É OBJETO DA PRESENTE FASE DE CUMPRIMENTO. CABIMENTO DO APELO, EM RAZÃO DO DISPOSTO NO ART. 203, § 1º, DO CPC/2015. Ainda que o art. 1.015, parágrafo único, deste diploma ressalve que cabe agravo de instrumento contra decisões proferidas na fase de cumprimento de sentença, a decisão que acolhe a impugnação e põe fim à fase de cumprimento de sentença é definitiva e desafia apelo. Preliminar repelida. IMPUGNAÇÃO AO CUMPRIMENTO DE SENTENÇA. Sentença que, ante o decurso do prazo de defesa do exequente-embargado, julgou procedentes os embargos à execução para extinguir o feito principal com relação à embargante e condenou o embargado ao pagamento das verbas sucumbenciais. Nulidade de intimação. Inocorrência de preclusão consumativa ou temporal porque a nulidade foi arguida pela via correta e na primeira oportunidade pelo recorrido. Regularidade de representação nesta impugnação. Requerimento prévio e expresso para que as publicações no feito ocorressem em nome de advogado diverso do que constou no Diário Oficial. Precedentes. Necessidade de anulação da sentença e concessão de novo prazo para que o embargado apresente defesa aos embargos à execução. Acolhimento da impugnação mantido. Sucumbência. Inexistência de interesse recursal porque a apelante não foi condenada ao pagamento de tais verbas. Litigância de má-fé do Banco-apelado. Inocorrência. Acolhimento da tese por ele arguida na impugnação. Recurso desprovido. (TJSP; APL 1076531-48.2016.8.26.0100; Ac. 10920747; São Paulo; Vigésima Câmara de Direito Privado; Rel. Des. Álvaro Torres Júnior; Julg. 23/10/2017; DJESP 01/11/2017; Pág. 2582).

Natureza da decisão que determina o cancelamento da distribuição.

✓ Entendendo não ser sentença: APELAÇÃO CÍVEL PELA PARTE AUTORA. Ação de busca e apreensão. Decisão singular que, com fulcro no artigo 290, do Código de Processo Civil e diante da ausência de recolhimento integral das custas, determinou o cancelamento da distribuição. Alegação de que a extinção do feito exige a intimação pessoal da parte. Não acolhimento. Recurso de apelação que sequer deve ser conhecido ante a ausência de recurso cabível em face da decisão impugnada. Decisão administrativa tendo em vista que o processo sequer teve início. Jurisprudência que entende pela inadmissibilidade da apelação em face da decisão que cancela a distribuição, eis que não se trata de sentença, nos termos do artigo 203, §1º, do CPC. Recurso que, se conhecido, deveria ser desprovido. Cancelamento da distribuição que independe de intimação pessoal. Inteligência do artigo 290, do CPC. Recurso não conhecido. (TJPR; ApCiv 1721350-0; Ponta Grossa; Décima Sétima Câmara Cível; Rel. Des. Tito Campos de Paula; Julg. 20/09/2017; DJPR 06/10/2017; Pág. 299).

✓ Contra, entendendo ser sentença e caber apelação: AGRAVO DE INSTRUMENTO. NEGÓCIOS JURÍDICOS BANCÁRIOS. FASE DE CUMPRIMENTO DE SENTENÇA. DECISÃO QUE DETERMINA O CANCELAMENTO DA DISTRIBUIÇÃO EM RAZÃO DO NÃO RECOLHIMENTO DAS CUSTAS. DECISÃO QUE DESAFIA RECURSO DE APELAÇÃO. ERRO GROSSEIRO. AGRAVO DE INSTRUMENTO NÃO CONHECIDO, NOS TERMOS DO ART. 932, INCISO III, DO CPC/15. A interposição de recurso de agravo de instrumento contra decisão que determinou o cancelamento da distribuição (art. 290, CPC/2015) em razão do não recolhimento das custas processuais, constitui erro grosseiro que impede o exame da irresignação recursal, tendo em vista que o recurso cabível na hipótese é o de apelação, conforme disposto no art. 1.009 do CPC/2015, considerando o caráter terminativo da decisão recorrida (art. 203, § 1º do CPC/2015). Agravo de instrumento não conhecido. (TJRS; AI 0263075-29.2017.8.21.7000; Casca; Décima Sétima Câmara Cível; Relª Desª Liege Puricelli Pires; Julg. 11/09/2017; DJERS 21/09/2017).

§ 2º Decisão interlocutória é todo pronunciamento judicial de natureza decisória que não se enquadre no § 1º.

→ *v.* Enunciado 70 do CJF: É agravável o pronunciamento judicial que postergar a análise de pedido de tutela provisória ou condicioná-la a qualquer exigência.

Decisão que exclui litisconsorte do processo é classificada como interlocutória.

✓ APELAÇÃO CÍVEL. Ação de indenização por danos materiais e morais. Decisum que reconheceu a ilegitimidade passiva de uma das partes, bem como consignou que o Código de Defesa do Consumidor não seria aplicado. Impugnação pela via de apelação. Artigo 203 do Código de Processo Civil de 2015. Descabimento. Decisão prolatada que, nos termos do artigo 203, § 2º do CODEX processualista, caracteriza-se como interlocutória. Inexistência de caráter terminativo. Artigo 354, parágrafo único. Aplicabilidade. Inadequação da via eleita. Impossibilidade de aplicação do princípio da fungibilidade recursal. Erro grosseiro. Honorários recursais. Cabimento em prol do cartório. Recurso de apelação não conhecido. (TJPR; ApCiv 1706107-3; Paranavaí; Décima Câmara Cível; Rel. Des. Luiz Lopes; Julg. 05/10/2017; DJPR 30/10/2017; Pág. 282)

Se a extinção é de apenas parte da execução, a decisão é interlocutória.

✓ AGRAVO INTERNO. DECISÃO DE EXCLUSÃO DE ASTREINTE. PROSSEGUIMENTO DA EXECUÇÃO. Interposição de recurso de apelação. Não cabimento. Ausência de aplicação do princípio da fungibilidade. Erro grosseiro. Apesar de excluir a incidência da multa diária, a decisão determina, expressamente, a manifestação da autora sobre cumprimento da obrigação de fazer. Logo, mostra-se patente que a decisão recorrida não extinguiu a execução. Tal decisão não possui natureza de sentença, uma vez que não põe termo à fase do processo, seja cognitivo ou de execução, nos termos do art. 203, §1º, do CPC. O próprio magistrado prolator da decisão atesta que não extinguiu a execução. A decisão, assim, é interlocutória, com fulcro no art. 203, §2º, do CPC. O recurso, cabível, portanto, é o agravo de instrumento, nos termos do art. 1.015, I do CPC. Por fim, não há que se falar em aplicação do princípio da fungibilidade, pois como observado, é simples a visualização de se tratar de decisão interlocutória, pois não há extinção da execução. Logo, configurado erro grosseiro. Desprovimento do recurso. (TJRJ; APL 0165637-10.2014.8.19.0001; Rio de Janeiro; Terceira Câmara Cível; Relª Desª Renata Machado Cotta; Julg. 18/10/2017; DORJ 20/10/2017; Pág. 311)

Decisão que põe fim à fase de liquidação é tida por interlocutória.

✓ APELAÇÃO CÍVEL. RELAÇÃO DE CONSUMO. LIQUIDAÇÃO DE SENTENÇA. IRRESIGNAÇÃO DA PARTE RÉ. 1. ARTIGO 203, §1º DO CPC/2015. Sentença é o pronunciamento por meio do qual o juiz extingue a execução. 2. Artigo 924 do CPC/2015, que elenca as hipóteses de extinção da execução. Juízo de primeiro grau que publicou o ato decisório como sentença. Todavia, a decisão que encerra a liquidação de sentença, e determina o prosseguimento do feito, para execução da quantia apurada, tem natureza de decisão interlocutória, desafiando a interposição do recurso de agravo de instrumento. Art. 1.015, parágrafo único do CPC/2015. 3. Execução que terá prosseguimento. Parte ré que ainda não depositou o valor devido. Princípio da fungibilidade que não se aplica ao caso em análise, por se tratar de erro grosseiro. Precedentes do STJ e do TJRJ. 4. Impossibilidade de se ultrapassar o juízo de admissibilidade recursal. Recurso inadmissível. 5. NÃO SE CONHECE DO RECURSO. (TJRJ; APL 0004919-58.2001.8.19.0045; Resende; Vigésima Quinta Câmara Cível Consumidor; Rel. Des. Sergio Seabra Varella; Julg. 18/10/2017; DORJ 19/10/2017; Pág. 570). V. tb.: AGRAVO DE INSTRUMENTO. LIQUIDAÇÃO DE SENTENÇA. INCIDENTE. DECISÃO INTERLOCUTÓRIA AGRAVÁVEL. COGNOSCIBILIDADE DO RECURSO. COISA JULGADA. LITIGÂNCIA DE MÁ-FÉ. MATÉRIA PRECLUSA. ASTREINTES. ACUIDADE. Decisão na liquidação de sentença. Decisão interlocutória que decidiu o incidente sem colocar fim à fase cognitiva ou à execução (art. 203, §§1º e 2º, do Código de Processo Civil). Cognoscibilidade do agravo interposto com fulcro no artigo 1.015, do CPC;. O incidente de liquidação de sentença não tolera a rediscussão de questões sobre as quais já se operou a preclusão ou a coisa julgada. Expressa previsão do artigo 509, §4º, do CPC. Descumprimento da liminar sacramentada no Acórdão transitado em julgado, inadmissível a conduta processual da recorrente, afrontando o dever de cooperação (artigos 6º, 80 e 81, do CPC). Irretocável a decisão, inclusive quanto à multa por litigância de má-fé. Multa diária imposta na hipótese do descumprimento de ordem judicial. Valor compatível com a natureza das astreintes, a fim de impor o cumprimento de ordem judicial. Art. 537, CPC; AGRAVO DE INSTRUMENTO NÃO PROVIDO. (TJSP; AI 2132101-74.2017.8.26.0000; Ac. 10826862; Suzano; Trigésima Câmara de Direito Privado; Relª Desª Maria Lúcia Pizzotti; Julg. 20/09/2017; DJESP 04/10/2017; Pág. 2235)

Decisão que acolhe o pedido na primeira fase da ação de exigir contas é interlocutória, embora admita-se a aplicação do princípio da fungibilidade em caso de manejo do recurso de apelação em vez do de agravo de instrumento.

✓ CIVIL. PROCESSUAL CIVIL. AÇÃO DE EXIGIR CONTAS. NEGATIVA DE PRESTAÇÃO JURISDICIONAL E OMISSÃO. INOCORRÊNCIA. PRONUNCIAMENTO JURISDICIONAL QUE JULGA A PRIMEIRA FASE DA AÇÃO DE EXIGIR CONTAS. NATUREZA JURÍDICA NO CPC/15. DÚVIDA ACERCA DA NATUREZA DE SENTENÇA, IMPUGNÁVEL POR APELAÇÃO, OU DA NATUREZA DE DECISÃO INTERLOCUTÓRIA, IMPUGNÁVEL POR AGRAVO DE INSTRUMENTO. MODIFICAÇÃO SUBSTANCIAL, PELO CPC/15, DOS CONCEITOS DE SENTENÇA, DEFINIDA A PARTIR DE CRITÉRIO FINALÍSTICO E SUBSTANCIAL, E DE DECISÃO INTERLOCUTÓRIA, DEFINIDA A PARTIR DE CRITÉRIO RESIDUAL. ATO JUDICIAL QUE ENCERRA A PRIMEIRA FASE. NECESSIDADE DE OBSERVÂNCIA DO CONTEÚDO. PROCEDÊNCIA DO PEDIDO QUE RESULTA EM DECISÃO PARCIAL DE MÉRITO RECORRÍVEL POR AGRAVO. IMPROCEDÊNCIA DO PEDIDO OU EXTINÇÃO SEM RESOLUÇÃO DO MÉRITO QUE RESULTAM EM SENTENÇA RECORRÍVEL POR APELAÇÃO. CONTROVÉRSIA DOUTRINÁRIA E JURISPRUDENCIAL. DÚVIDA OBJETIVA. INEXISTÊNCIA DE ERRO GROSSEIRO. APLICAÇÃO DO PRINCÍPIO DA FUNGIBILIDADE RECURSAL. PRETENSÃO GENÉRICA DE EXIGIR CONTAS. INOCORRÊNCIA. DESCRIÇÃO SUFICIENTE NA PETIÇÃO INICIAL E DELIMITAÇÃO JUDICIAL NA DECISÃO JUDICIAL QUE JULGOU PROCEDENTE O PEDIDO. ART. 54, § 2º, DA LEI Nº 8.245/91. FACULDADE DO LOCATÁRIO. IMPEDIMENTO A PROPOSITURA DA AÇÃO DE EXIGIR CONTAS. INOCORRÊNCIA. 1- Ação ajuizada em 25/04/2014. Recurso especial interposto em 09/02/2018 e atribuído à Relatora em 13/06/2018. 2- O propósito recursal consiste em definir: (i) se houve omissão relevante no acórdão recorrido; (ii) se cabe agravo de instrumento ou apelação contra a decisão que julga a primeira fase da ação de exigir contas; (iii) se, na hipótese, a pretensão de exigir contas é genérica. 3- Não há que se falar em omissão quando o acórdão que resolve os embargos de declaração, a despeito de rejeitá-los, efetivamente sana a eventual insuficiência de fundamentação havida no acórdão que deu provimento ao recurso de apelação. 4- Se, na vigência do CPC/73, o pronunciamento jurisdicional que julgava a primeira fase da ação de prestação de contas era a sentença, suscetível de impugnação pelo recurso de apelação, é certo que, após a entrada em vigor do CPC/15, instalou-se profunda controvérsia doutrinária e jurisprudencial acerca da natureza jurídica do ato judicial que encerra a primeira fase da ação agora chamada de exigir contas, se sentença suscetível de apelação ou se decisão interlocutória suscetível de agravo de instrumento. 5- O CPC/15 modificou substancialmente os conceitos de sentença e de decisão interlocutória, caracterizando-se a sentença pela cumulação dos critérios finalístico ("põe fim à fase cognitiva do procedimento comum") e substancial ("fundamento nos arts. 485 e 487") e caracterizando-se a decisão interlocutória pelo critério residual ("todo pronunciamento judicial de natureza decisória que não seja sentença"). 6- Fixadas essas premissas e considerando que a ação de exigir contas poderá se desenvolver em duas fases procedimentais distintas, condicionando-se o ingresso à segunda fase ao teor do ato judicial que encerra a primeira fase; e que o conceito de sentença previsto no art. 203, § 1º, do CPC/15, aplica-se como regra ao procedimento comum e, aos procedimentos especiais, apenas na ausência de regra específica, o ato judicial que encerra a primeira fase da ação de exigir contas possuirá, a depender de seu conteúdo, diferentes naturezas jurídicas: se julgada procedente a primeira fase da ação de exigir contas, o ato judicial será decisão interlocutória com conteúdo de decisão parcial de mérito, impugnável por agravo de instrumento; se julgada improcedente a primeira fase da ação de exigir contas ou se extinto o processo sem a resolução de seu mérito, o ato judicial será sentença, impugnável por apelação. 7- Havendo dúvida objetiva acerca do cabimento do agravo de instrumento ou da apelação, consubstanciada em sólida divergência doutrinária e em reiterado dissídio jurisprudencial no âmbito do 2º grau de jurisdição, deve ser afastada a existência de erro grosseiro, a fim de que se aplique o princípio da fungibilidade recursal. 8- Delineada suficientemente, nas causas de pedir existentes na petição inicial, o objeto e o período das contas que deverão ser prestadas, inclusive com delimitação judicial do objeto para fins de prosseguimento da ação em sua segunda fase, não há que se falar em pretensão genérica que inviabilize a prestação. 9- O art. 54, § 2º, da Lei nº 8.245/91, estabelece uma faculdade ao locatário, permitindo-lhe que exija a prestação de contas a cada 60 dias na via extrajudicial, o que não inviabiliza o ajuizamento da ação de exigir contas, especialmente na hipótese em que houve a efetiva resistência da parte em prestá-las mesmo após a delimitação judicial do objeto. 10- Recurso especial conhecido e parcialmente provido, com inversão da sucumbência e majoração de honorários advocatícios (STJ – REsp: 1746337 RS 2018/0137312-9, Relatora Ministra Nancy Andrighi, j. em 09/04/2019, 3ª Turma, Data de Publicação: DJe 12/04/2019 RSTJ vol. 254 p. 709).

Determinação para que seja exibido o original de título de crédito consiste em decisão interlocutória.

✓ APELAÇÃO CÍVEL. AÇÃO MONITÓRIA. Cheques. Sentença de extinção, com fulcro nos arts. 485, incisos I e IV, e 321, parágrafo único, do CPC/2015. Insurgência da parte autora. Intimação para apresentar a via original dos títulos de crédito procedida por ato ordinatório. Nulidade. Exegese do art. 162, § 4º, do CPC/1973 (equivalente ao art. 203, § 4º, do CPC/2015) e do art. 93, inciso XIV, da Constituição Federal. Deliberação de natureza jurisdicional que não pode ser delegada aos servidores da escrivania. Sentença anulada de ofício. Recurso prejudicado. (TJSC; AC 0300490-69.2016.8.24.0025; Gaspar; Quinta Câmara de Direito Comercial; Rel. Des. Cláudio Valdyr Helfenstein; DJSC 02/10/2017; Pag. 181)

Considerando interlocutória a decisão que homologa laudo pericial, sem extinguir o processo.

✓ RECURSO DE APELAÇÃO CÍVEL. AÇÃO DE REVISÃO CONTRATUAL DECISÃO QUE HOMOLOGA LAUDO PERICIAL E NÃO EXTINGUE O PROCESSO- RECURSO CABÍVEL. AGRAVO DE INSTRUMENTO. RECURSO NÃO CONHECIDO. O ato judicial que homologa laudo pericial e não extingue o processo, se trata pronunciamento de natureza decisória que não se enquadre no § 1º, do artigo 203 do CPC, portanto constitui decisão interlocutória que desafia recurso de agravo de instrumento. (TJMT; APL 19729/2017; Tangará da Serra; Rel. Des. Sebastião Barbosa Farias; Julg. 05/09/2017; DJMT 12/09/2017; Pág. 77)

§ 3º São despachos todos os demais pronunciamentos do juiz praticados no processo, de ofício ou a requerimento da parte.

Considerando simples despacho a decisão do relator no STF que determina o retorno dos autos à origem em razão da sistemática da repercussão geral.

✓ AGRAVO INTERNO NO RECURSO EXTRAORDINÁRIO. ADMINISTRATIVO. GRATIFICAÇÃO DE DESEMPENHO DO PLANO GERAL DE CARGOS DO PODER EXECUTIVO. GDPGPE. LIMITAÇÃO TEMPORAL DE EXTENSÃO AOS SERVIDORES INATIVOS. MATÉRIA JÁ EXAMINADA SOB O ENFOQUE DA REPERCUSSÃO GERAL. TEMA 351. RE 631.389. DEVOLUÇÃO DO FEITO À ORIGEM ATO JUDICIAL PREVISTO NO ARTIGO 328, PARÁGRAFO ÚNICO, DO RISTF. IRRECORRIBILIDADE. DEVOLUÇÃO IMEDIATA. DECISÃO. TRATA-SE DE AGRAVO INTERNO INTERPOSTO POR MARIA SOLANGE BRASIL, CONTRA DESPACHO DE MINHA RELATORIA, CUJA EMENTA TRANSCREVO. "RECURSO EXTRAORDINÁRIO. ADMINISTRATIVO. GRATIFICAÇÃO DE DESEMPENHO DO PLANO GERAL DE CARGOS DO PODER EXECUTIVO. GDPGPE. LIMITAÇÃO TEMPORAL DE EXTENSÃO AOS SERVIDORES INATIVOS. MATÉRIA JÁ EXAMINADA SOB O ENFOQUE DA REPERCUSSÃO GERAL. TEMA 351. RE 631.389. DEVOLUÇÃO DO FEITO À ORIGEM (ARTIGO 328, PARÁGRAFO ÚNICO, DO RISTF)." Inconformada com a decisão supra, a parte ora agravante interpõe o presente recurso, alegando, em síntese: "entretanto, tal entendimento não deve prevalecer, tendo em vista que o recurso extraordinário não recorreu contra a parte que tange a GDPGPE até o processamento das avaliações, que já foi o decidido no RE 631.389 – CE, mas sim acerca da parcela institucional após o processamento das avaliações de desempenho da GDPGPE, que não teve qualquer decisão do STF nesse sentido, nem mesmo no RE 631.359 – Ce. " (doc. 6, fl. 3) é o relatório. Decido. O presente recurso não merece conhecimento. O ato judicial previsto no artigo 328, parágrafo único, do RISTF (na redação da emenda regimental 21/2007), constitui mero procedimento, sem cunho decisório, contra o qual não cabe recurso. destarte, além da ausência de previsão legal nesse sentido, o referido ato não se enquadra nas hipóteses de ato decisório ou sentencial previstas no artigo 203, § 1º e § 2º, do Código de Processo Civil/2015, **verbis**: "art. 203. Os pronunciamentos do juiz consistirão em sentenças, decisões interlocutórias e despachos. § 1º ressalvadas as disposições expressas dos procedimentos especiais, sentença é o pronunciamento por meio do qual o juiz, com fundamento nos arts. 485 e 487, põe fim à fase cognitiva do procedimento comum, bem como extingue a execução. § 2º decisão interlocutória é todo pronunciamento judicial de natureza decisória que não se enquadre no § 1º. § 3º são despachos todos os demais pronunciamentos do juiz praticados no processo, de ofício ou a requerimento da parte. § 4º os atos meramente ordinatórios, como a juntada e a vista obrigatória, independem de despacho, devendo ser praticados de ofício pelo servidor e revistos pelo juiz quando necessário." é firme a jurisprudência desta suprema corte no sentido da irrecorribilidade dos despachos que determinam a devolução dos autos à origem para a observância da sistemática da repercussão geral. confiram-se, a título de exemplo, os seguintes julgados: "agravo regimental no recurso extraordinário. Processual civil. Repercussão geral reconhecida. Desistência do recurso paradigma. Futura substituição. Decisão que determina a devolução dos autos à origem para observância do art. 543 – B do Código de Processo Civil. Identidade material: irrecorribilidade. Precedente. agravo regimental não conhecido." (RE 784.034 – Agr, rel. Min. Cármen lúcia, segunda turma, Dje de 24/6/2014). "Ato do relator que, admitindo o recurso extraordinário, determina a devolução dos autos respectivos ao tribunal de origem para que, neste, seja observado o que dispõe o art. 543 – B do CPC. Ato judicial que não possui conteúdo decisório nem se reveste de lesividade. Irrecorribilidade. consequente não conhecimento do primeiro recurso de agravo. inconformismo da parte interessada que deduziu novo recurso de agravo ('agravo interno'), desta vez contra a decisão que não conheceu do primeiro recurso de agravo. improvimento desse novo recurso, com determinação de devolução imediata dos autos ao tribunal de origem, independentemente da publicação do acórdão referente ao presente julgamento." (ai 503.064 - Agr-agr, rel. min. Celso de Mello, segunda turma, Dje de 26/3/2010) "agravo regimental no agravo regimental no agravo de instrumento. Devolução dos autos ao tribunal de origem. Observância do art. 543 - B do CPC. Ato judicial sem cunho decisório. Irrecorribilidade. Agravo improvido. i. a jurisprudência desta corte consolidou-se no sentido de que é incabível recurso contra decisão que determina a devolução dos autos ao tribunal de origem para que seja observado o disposto no art. 543 - B do CPC, haja vista não possuir conteúdo decisório nem se revestir de lesividade. Precedentes. ii. agravo regimental improvido." (ai 811.626 - Agr-agr, rel. min. Ricardo Lewandowski, primeira turma, Dje de 4/3/2011) "recurso. Embargos de declaração. Caráter infringente. Embargos recebidos como agravo. Agravo regimental. Inadmissibilidade. Interposição contra decisão que determina devolução dos autos ao tribunal de origem. Aplicação do art. 543 - B do CPC. Inexistência de lesividade. Agravo não conhecido. Da decisão que determina a devolução dos autos ao tribunal de origem para os fins do art. 543 - B do CPC, não se admite recurso. 2. recurso. Agravo regimental. Jurisprudência assentada sobre a matéria. Caráter meramente abusivo. Litigância de má-fé. Imposição de multa. Aplicação do art. 557, § 2º, CC arts. 14, II e III, e 17, VII, do CPC. quando abusiva a interposição de agravo, manifestamente inadmissível ou infundado, deve o tribunal condenar o agravante a pagar multa ao agravado." (RE 513.473 - Ed, rel. min. Cezar Peluso, segunda turma, Dje de 18/12/2009) ex positis, não conheço do agravo e determino a devolução imediata dos autos à origem. (STF; RE 992964; Rel. Min. Luiz Fux; DJE 15/12/2016; Pág. 185)

Apontando como simples despacho o provimento que ordena a citação.

✓ AGRAVO. DESPACHO SEM CONTEÚDO DECISÓRIO. INTELIGÊNCIA DOS ARTS. 203, § 3º, E 1.001 DO CPC/2015. FALTA DE INTERESSE RECURSAL. RECURSO NÃO CONHECIDO. A determinação de citação dos executados para pagamento do débito em 03 (três) dias, sob pena de penhora e avaliação, a rigor, constitui impulso oficial, sem conteúdo decisório (art. 203, § 3º, do CPC/2015). Daí, ainda sem gravame, inexiste interesse recursal, aplicando-se o art. 1.001 do CPC/2015. (TJSP; AI 2207824-36.2016.8.26.0000; Ac. 9923592; São Bernardo do Campo; Trigésima Primeira Câmara de Direito Privado; Rel. Des. Adilson de Araújo; Julg. 25/10/2016; DJESP 03/11/2016)

Considerando que a intimação de sucessora para integrar o polo passivo da execução configura simples despacho.

✓ PROCESSUAL CIVIL. INTIMAÇÃO PARA INTEGRAR O POLO PASSIVO DA EXECUÇÃO. NATUREZA JURÍDICA DO PROVIMENTO JUDICIAL. DESPACHO. INTELIGÊNCIA DO ART. 162, §3º, DO CPC/73 e ART. 203, §3º, DO CPC/2015. VIOLAÇÃO DO ART. 535, II, DO CPC/73. INOCORRÊNCIA. DISSENSO JURISPRUDENCIAL DEFEITUOSO. AUSÊNCIA DE COTEJO ANALÍTICO. I - A indicação de violação do art. 535, II, do CPC/73, por alegada omissão, quando realizada de forma genérica, limitada à afirmação, em linhas gerais, que o acórdão recorrido deixou de se pronunciar acerca das questões apresentadas, sem desenvolver argumentos para demonstrar especificamente a suposta mácula, caracteriza deficiência desta parcela recursal. Incidência da Súmula n. 284/STF. II - Para a apresentação de divergência jurisprudencial, nos moldes do art. 105, III, c, da Constituição Federal, é necessário o cotejo analítico das teses dissidentes entre os acórdãos recorrido e paradigma, com indicação da similitude fática e jurídica entre os julgados. Como não foi realizado o referido confronto se tem impositivo o não conhecimento dessa parte do recurso. III - O provimento judicial que determina a intimação de aludida sucessora da RFFSA na execução para integrar o feito no polo passivo não importa em resolução de questão incidente, nem ostenta natureza decisória. Assim, por exceção prevista, tanto no art. 162, §3º, do CPC/1973, quanto no art. 203, §3º, do CPC/2015, o ato judicial referido caracteriza despacho, não comportando impugnação na via do agravo de instrumento. IV - O alegado equívoco no chamamento ao processo é impugnável na via da exceção de pré-executividade ou de embargos à execução. Precedentes: AgRg no AREsp 548.094/RN, Rel. Min. OG Fernandes, segunda turma; Julg. 9/9/2014; DJe 23/9/2014 e REsp 460.214/SP, Rel. Min. João Otávio de Noronha, DJ 2/8/2006, p. 243. V - Recurso especial improvido. (STJ; REsp 1624376/SP; Segunda Turma; Rel. Min. Francisco Falcão; Julg. 07/03/2017; DJe 10/03/2017)

Provimento que posterga o exame da conexão consiste em mero despacho.

✓ AGRAVO DE INSTRUMENTO. ATO COMBATIDO QUE APENAS POSTERGOU A APRECIAÇÃO DO PEDIDO LIMINAR DE BUSCA E APREENSÃO DE VEÍCULO ALIENADO FIDUCIARIAMENTE POR CONTA DE CONEXÃO COM AÇÃO REVISIONAL DE CONTRATO C/C CONSIGNATÓRIA. AUSÊNCIA DE CONTEÚDO DECISÓRIO NO ATO. Matéria relativa à conexão inatacável por meio de agravo de instrumento. Recurso inadmissível. 1."cabe agravo de instrumento contra as decisões interlocutórias que versarem sobre:..." (art. 1.015 do CPC); 2."decisão interlocutória é todo pronunciamento judicial de natureza decisória que não se enquadre no § 1º. " (art. 203, § 2º do CPC);3.in casu, o ato combatido não tem conteúdo decisório, tendo o magistrado de primeiro grau apenas postergado a apreciação do pedido para quando da reunião das ações tidas por conexas, onde foi deferida consignação do valor incontroverso das parcelas do financiamento;4.matéria relativa à conexão que não é atacável por meio de agravo de instrumento, uma vez que não inserida entre as hipóteses elencadas no art. 1.015 do CPC. 5.recurso não conhecido. (TJRJ; AI 0051336-48.2017.8.19.0000; Rio de Janeiro; Vigésima Quinta Câmara Cível Consumidor; Rel. Des. Luiz Fernando de Andrade Pinto; DORJ 16/10/2017; Pág. 533)

Considerando que a postergação do exame da tutela de urgência configura mero despacho, sem conteúdo decisório.

✓ AGRAVO INTERNO EM AGRAVO DE INSTRUMENTO. DECISÃO MONOCRÁTICA QUE NÃO CONHECEU DO AGRAVO DE INSTRUMENTO, OCORRENDO QUE O AUTOR/AGRAVANTE, EM SUAS RAZÕES RECURSAIS DO PRESENTE AGRAVO INTERNO, NÃO TRAZ QUALQUER FATO RELEVANTE OU QUESTÃO DE DIREITO CAPAZ DE MODIFICAR A DECISÃO, QUE ASSIM RESTOU EMEN-

TADA "AGRAVO DE INSTRUMENTO. AÇÃO DE DESPEJO C/C COBRANÇA DE ALUGUÉIS E ENCARGOS LOCATÍCIOS. Apreciação do requerimento de tutela de urgência adiada para momento processual posterior à manifestação da parte ré. Inexistência de juízo de valor em tal comando ou natureza decisória. Desse modo, não se vislumbra a existência de decisão interlocutória, definida pelo art. 203, § 2º, do novo CPC, a respaldar a interposição do presente agravo de instrumento, não se encontrando presente, in casu, qualquer das hipóteses previstas no art. 1.015 do aludido diploma legal. Ausência de conteúdo decisório. Despacho de mero expediente. Aplicação do art. 1.001 do novo CPC. Não se conhece do recurso, na forma do art. 932, III, do CPC, diante da sua manifesta inadmissibilidade. "Agravo interno improcedente. (TJRJ; AI 0038382-67.2017.8.19.0000; Rio de Janeiro; Vigésima Primeira Câmara Cível; Relª Desª Mônica Feldman de Mattos; DORJ 16/10/2017; Pág. 427). V. tb.: AGRAVO REGIMENTAL. DECISÃO MONOCRÁTICA QUE NEGA SEGUIMENTO A RECURSO DE AGRAVO DE INSTRUMENTO. DECISÃO OBJETO DO RECURSO SEM CARGA DECISÓRIA. REMARCAÇÃO DE AUDIÊNCIA CONCILIATÓRIA ANTERIORMENTE DESIGNADA. INTERPRETAÇÃO DOS ARTIGOS 203, §3º, C/C 1.001 DO CPC. AGRAVO MANIFESTAMENTE INADMISSÍVEL. NEGATIVA DE SEGUIMENTO QUE SE IMPÕE. DECISÃO ESCORREITA. REITERADOS PRECEDENTES DESTE TRIBUNAL E DO SUPERIOR TRIBUNAL DE JUSTIÇA. AUSÊNCIA DE FUNDAMENTO NOVO. DECISÃO MANTIDA POR SEUS PRÓPRIOS FUNDAMENTOS. RECURSO CONHECIDO E IMPROVIDO. 1. Na hipótese, a manifestação judicial que não deferiu e nem indeferiu o pedido de antecipação de tutela, apenas limita-se a remarcação de audiência conciliatória, carece de cunho decisório, não sendo atacável por meio de Agravo de Instrumento. (TJSE; AgRg 201600721113; Ac. 20762/2016; Primeira Câmara Cível; Rel. Des. Ruy Pinheiro da Silva; Julg. 07/11/2016; DJSE 10/11/2016) e AGRAVO INTERNO NO AGRAVO DE INSTRUMENTO. AÇÃO DE BUSCA E APREENSÃO DE VEÍCULO COM PEDIDO LIMINAR. RESERVA PARA APRECIAR O PEDIDO LIMINAR APÓS AUDIÊNCIA DE CONCILIAÇÃO. AUSÊNCIA DE CUNHO DECISÓRIO VEDAÇÃO DE APRECIAÇÃO EM SEDE DE AGRAVO. SUPRESSÃO DE INSTÂNCIA. 1) A reserva para apreciação de liminar após audiência de conciliação não possui cunho decisório, mas trata-se de despacho, nos termos do art. 203, §§ 2º e 3º, do CPC, o que impede o conhecimento do recurso de Agravo de Instrumento, o qual se presta a refutar decisões interlocutórias, conforme art. 1.015, caput, do CPC; 2) Ante a ausência de cunho decisório na manifestação do juízo de piso, há impedimento de apreciação da tutela liminar pleiteada por este Tribunal, em sede de agravo, por incidir em supressão de instância; 3) Agravo de Instrumento não conhecido, pois manifestamente inadmissível, nos termos do art. 932, III, do CPC. Decisão mantida em sede de agravo interno; 4) Agravo interno conhecido e desprovido. (TJAP; AGInt 0000546-07.2017.8.03.0000; Câmara Única; Rel. Juiz Conv. Eduardo Contreras; Julg. 30/05/2017; DJEAP 08/06/2017; Pág. 25)

Se o juiz determina o cumprimento de decisão anterior, o novo provimento consiste em simples despacho.

✓ AGRAVO DE INSTRUMENTO MANEJADO CONTRA DEICSÃO QUE DETERMINOU O CUMPRIMENTO DE DECISÃO ANTERIORMENTE PROLATADA PELO JUÍZO. NO CASO EM COMENTO, CONSTATA-SE QUE O AGRAVO DE INSTRUMENTO INTERPOSTO PELO ESTADO PRETENDE O REEXAME DE MATÉRIA DECIDIDA ANTERIORMENTE NO PROCESSO, OFERECENDO IMPUGNAÇÃOCONTRA PRONUNCIAMENTO DO JUÍZO A QUO NOMINADO COMO DECISÃO. PRONUNCIAMENTO JUDICIAL DESPROVIDO DE CONTEÚDO DECISÓRIO QUE NÃO PODE SER QUALIFICADO COMO DECISÃO INTERLOCUTÓRIA, CONFORME O DISPOSTO NO ART. 203 § 1º DO CPC/2015. Inobservância do princípio da dialeticidade, segundo o qual o recorrente deve impugnar expressamente a fundamentação da decisão que se pretende reformar ou nulificar. Cabimento do recurso de agravo de instrumento que só se verifica contra atos com conteúdo decisório, sendo inadmissível sua interposição no caso em tela, diante do disposto no art. 1.001 do CPC/2015. Precedentes do Superior Tribunal de Justiça e do nosso tribunal. Recurso que não se conhece. Manutenção da decisão. (TJRJ; AI 0007759-20.2017.8.19.0000; Rio de Janeiro; Sétima Câmara Cível; Rel. Des. Cláudio Brandão de Oliveira; DORJ 10/10/2017; Pág. 183)

Intimação da parte para que junte documentos comprobatórios da hipossuficiência para fins de concessão da gratuidade de justiça configura simples despacho.

✓ AGRAVO DE INSTRUMENTO. ASSISTÊNCIA JUDICIÁRIA. Embargos de terceiro. Agravante que se insurgiu contra a decisão que determinou que apresentasse documentos comprobatórios da alegada hipossuficiência financeira. Irrecorribilidade da decisão. Despacho de mero expediente. Inteligência do artigo 203, § 2º e § 3º do Código de Processo Civil. RECURSO NÃO CONHECIDO. (TJSP; AI 2110326-03.2017.8.26.0000; Ac. 10763133; Taboão da Serra; Décima Sétima Câmara de Direito Privado; Rel. Des. Afonso Bráz; Julg. 04/09/2017; DJESP 11/09/2017; Pág. 2944). V. tb.: AGRAVO DE INSTRUMENTO. DESPACHO DE MERO EXPEDIENTE. O pronunciamento judicial que determina a intimação da parte para que junte cópia integral da declaração de imposto de renda e comprove os rendimentos, para o fim de examinar o pedido de gratuidade da justiça, constitui despacho de mero expediente e, portanto, é irrecorrível. Inteligência dos artigos 203 e 1.001, do Código de Processo Civil/2015. Recurso manifestamente inadmissível (artigo 932, inciso III, do novo CPC) agravo não conhecido. (TJRS; AI 0272342-25.2017.8.21.7000; Porto Alegre; Décima Sexta Câmara Cível; Relª Desª Ana Maria Nedel Scalzilli; Julg. 08/09/2017; DJERS 14/09/2017). V. tb.: AGRAVO DE INSTRUMENTO. EXPURGOS INFLACIONÁRIOS. AÇÃO DE COBRANÇA. DETERMINAÇÃO DE JUNTADA DE DOCUMENTOS E REGULARIZAÇÃO DA REPRESENTAÇÃO PROCESSUAL. DESPACHO DE MERO EXPEDIENTE. DESCABIMENTO. 1. Com o advento no novo Código de Processo Civil (Lei nº 13.105/2015), as hipóteses de cabimento do agravo de instrumento estão previstas em numerus clausus, especificamente para as decisões interlocutórias constantes em seu art. 1.015. 2. A determinação para que a parte agravante acoste documentação adicional a fim de possibilitar a análise da AJG postulada, bem como regularize sua representação processual, é despacho de mero expediente, sem conteúdo decisório (art. 203, §§ 2º e 3º do CPC), manifestação judicial irrecorrível nos termos do art. 1.001 do supracitado diploma legal. Agravo de instrumento não conhecido. (TJRS; AI 0106499-08.2017.8.21.7000; Passo Fundo; Vigésima Terceira Câmara Cível; Relª Desª Ana Paula Dalbosco; Julg. 25/05/2017; DJERS 29/05/2017)

Intimação do autor para que esclareça se firmou contrato com a ré e, caso positivo, apresente o instrumento não possui conteúdo decisório.

✓ AGRAVO DE INSTRUMENTO. DESPACHO DE MERO EXPEDIENTE. O pronunciamento judicial que determina a intimação da parte para que esclareça se firmou um contrato escrito com a parte ré e, em caso positivo, que colacione o instrumento contratual aos autos, constitui despacho de mero expediente e, portanto, é irrecorrível. Inteligência dos artigos 203 e 1.001, do Código de Processo Civil/2015. Recurso manifestamente inadmissível (artigo 932, inciso III, do CPC) agravo de instrumento não conhecido. (TJRS; AI 0301406-80.2017.8.21.7000; Estância Velha; Décima Sexta Câmara Cível; Relª Desª Ana Maria Nedel Scalzilli; Julg. 04/10/2017; DJERS 10/10/2017)

Intimação do autor para dar andamento ao feito, sob pena de extinção, consiste em despacho.

✓ APELAÇÃO CÍVEL. ALIENAÇÃO FIDUCIÁRIA. EXECUÇÃO DE TÍTULO EXTRAJUDICIAL. Recurso objetiva modificar provimento judicial que determinou a intimação pessoal do exequente para dar prosseguimento ao processo, sob pena de arquivamento. Ausente, portanto, decisão terminativa do processo que viabilize a interposição de recurso de apelo (art. 203, §1º, do CPC). O despacho, por sua vez, é pronunciamento judicial irrecorrível (art. 1.001 do CPC). Recurso não conhecido. (TJRS; AC 0264849-94.2017.8.21.7000; Cerro Largo; Décima Quarta Câmara Cível; Relª Desª Judith dos Santos Mottecy; Julg. 28/09/2017; DJERS 03/10/2017)

Provimento que apenas intima o autor para se manifestar sobre eventual prescrição configura simples despacho.

✓ AGRAVO DE INSTRUMENTO. PROCESSO CIVIL. EXECUÇÃO FISCAL. INTIMAÇÃO DO ENTE PÚBLICO EXEQUENTE PARA MANIFESTAR-SE A RESPEITO DA PRESCRIÇÃO DE PARTE DO CRÉDITO EXECUTADO. OBSERVÂNCIA DO PARÁGRAFO ÚNICO DO ART. 487 DO CPC. AUSÊNCIA DE NATUREZA DECISÓRIA. PRONUNCIAMENTO JUDICIAL QUE NÃO SE CONFIGURA COMO DECISÃO INTERLOCUTÓRIA, MAS SIM, DESPACHO. ART. 203 DO CPC. IRRECORRIBILIDADE. ART. 1.001 DO CPC. RECURSO NÃO CONHECIDO. O pronunciamento judicial que apenas oportuniza à parte manifestar-se sobre a possível ocorrência de prescrição, por não conter natureza decisória, não se configura como decisão interlocutória, mas sim, despacho, e, por isso, é irrecorrível a teor do art. 1.001 do CPC. (TJSC; AI 4015827-47.2017.8.24.0000; Herval d´Oeste; Segunda Câmara de Direito Público; Rel. Des. Sérgio Roberto Baasch Luz; DJSC 25/08/2017; Pag. 239)

Entendendo que a concessão de novo prazo para a outra parte não apresenta caráter decisório.

✓ AGRAVO DE INSTRUMENTO. AÇÃO DE COBRANÇA DE HONORÁRIOS CONTRATUAIS. FASE DE CUMPRIMENTO DE SENTENÇA. DESPACHO DE MERO EXPEDIENTE SEM CUNHO DECISÓRIO. IRRECORRIBILIDADE. O pronunciamento judicial que acolhe pedido de concessão de novo prazo para a parte interessada se manifestar nos autos, constitui despacho de mero expediente, sem conteúdo decisório e, portanto, é irrecorrível. Inteligência dos artigos 203 e 1.001, do Código de Processo Civil/2015. Recurso manifestamente inadmissível. (Artigo 932, inciso III, do novo CPC) recurso não conhecido. (TJRS; AI 0359663-35.2016.8.21.7000; Sapiranga; Décima Sexta Câmara Cível; Relª Desª Ana Maria Nedel Scalzilli; Julg. 25/10/2016; DJERS 07/11/2016)

A determinação de suspensão da ação de busca e apreensão para que o juízo da recuperação judicial avalie a essencialidade do bem não apresenta conteúdo decisório, por ser preparatória à decisão propriamente dita.

✓ AGRAVO DE INSTRUMENTO. BUSCA E APREENSÃO. Despacho atacado que determinou a suspensão da ação de busca e apreensão até que o juízo da recuperação judicial se pronuncie acerca da essencialidade ou não do veículo em questão para o cumprimento do plano de recuperação judicial aprovado. Incabível recurso contra despacho de mero expediente e que nada decidiu, posto que preparatório de futura decisão. Exegese do § 3º do art. 203 do CPC/2015. Não conhecimento. (TJSP; AI 2156686-30.2016.8.26.0000; Ac. 9972263; Ribeirão Preto; Trigésima Segunda Câmara de Direito Privado; Rel. Des. Francisco Occhiuto Junior; Julg. 10/11/2016; DJESP 21/11/2016)

§ 4º Os atos meramente ordinatórios, como a juntada e a vista obrigatória, independem de despacho, devendo ser praticados de ofício pelo servidor e revistos pelo juiz quando necessário.

Intimação do autor para dar andamento ao feito possui carga decisória e não pode ser ordenada pelo servidor.

✓ APELAÇÃO CÍVEL. EXECUÇÃO. Extinção do feito sem resolução do mérito com fulcro no artigo 485, inciso III, do Código de Processo Civil. Intimação da parte autora para dar impulso ao feito, sob pena de extinção, realizada de ofício pelo cartório. Comando com carga decisória que deve ser proferido por ato jurisdicional. Exegese do artigo 203, § 4º, do CPC. Nulidade do ato ordinatório verificada. Abandono da causa não configurado. Sentença anulada. Recurso provido. (TJSC; AC 0300371-61.2015.8.24.0052; Porto União; Quinta Câmara de Direito Comercial; Rel. Des. Cláudio Barreto Dutra; DJSC 09/08/2017; Pag. 169). V. tb.: APELAÇÃO CÍVEL. Ação de Execução. Feito extinto sem resolução do mérito, com fulcro no art. 485, III c/c art. 771, parágrafo único, ambos do CPC. Extinção decorrente do não cumprimento de determinação contida em ato ordinatório. Impossibilidade. Necessidade de despacho. Inteligência do art. 203, § 4º, do CPC. Não configuração de abandono e não cumprimento do disposto no art. 485, §1º do CPC (Intimação pessoal). Necessidade da aludida providência. Sentença anulada. Prosseguimento do feito. Recurso conhecido e provido. (TJSE; AC 201700702052; Ac. 13810/2017; Primeira Câmara Cível; Relª Desª Elvira Maria de Almeida Silva; Julg. 04/07/2017; DJSE 07/07/2017)

Art. 204. Acórdão é o julgamento colegiado proferido pelos tribunais.

Art. 205. Os despachos, as decisões, as sentenças e os acórdãos serão redigidos, datados e assinados pelos juízes.

Considerando que a ausência de assinatura do juiz implica nulidade da sentença.

✓ PROCESSUAL CIVIL. EXECUÇÃO FISCAL. SENTENÇA POR CÓPIA. NULIDADE RECONHECIDA. PRINCÍPIOS DA INSTRUMENTALIDADE E DA EFETIVIDADE PROCESSUAIS. ART. 40 DA LEF. INEXISTÊNCIA DE PRESCRIÇÃO INTERCORRENTE. 1. A ausência de assinatura do juiz, nos termos do art. 205 do CPC, imputa nulidade à sentença. 2. Por tratar-se de questão exclusivamente de direito e estar em condições de imediato julgamento, aplicável o art. 1.013, § 3º, do CPC. 3. O art. 40 da Lei nº 6.8301980 deve ser interpretado em harmonia com o art. 174 do Código Tributário Nacional, sob pena de se admitir a imprescritibilidade da dívida fiscal. Não transcorridos mais de cinco anos após a data do arquivamento dos autos, fica afastada a prescrição. 4. Apelação a que se dá provimento, para anular a sentença e determinar o prosseguimento da execução fiscal. 733 Diário da Justiça Federal da 1ª Região TRF. Ano IX N. 184. Caderno Judicial. Disponibilizado em 05102017 (TRF 1ª R.; AC 0035572-07.2017.4.01.9199; Oitava Turma; Relª Desª Fed. Maria do Carmo Cardoso; DJF1 06/10/2017)

Apontando ser inexistente a sentença não assinada.

✓ AGRAVO DE INSTRUMENTO. RESPONSABILIDADE CIVIL. AÇÃO DECLARATÓRIA DE INEXISTÊNCIA DE DÉBITO CUMULADA COM INDENIZAÇÃO POR DANOS MORAIS. DECISÃO AGRAVADA INCOMPLETA, SEM A ASSINATURA DO JUIZ PROLATOR. RECURSO DEFICIENTEMENTE INSTRUÍDO. PEÇA DE TRASLADO OBRIGATÓRIO INCOMPLETA. REPRODUÇÃO DEFICIENTE. O agravo de instrumento deve ser instruído, obrigatoriamente, com cópia da petição inicial, da contestação, da petição que ensejou a decisão agravada, da própria decisão agravada, da certidão da respectiva intimação ou outro documento oficial que comprove a tempestividade recursal e das procurações outorgadas aos advogados do agravante e do agravado (art. 1.017, I, CPC/2015). Nos termos do art. 205 do CPC/2015, os despachos, decisões, sentenças e acórdãos serão redigidos, datados e assinados pelos juízes. A ausência da assinatura do juiz prolator caracteriza o ato como inexistente. Precedentes do TJRS e do STJ. A juntada de peça processual de traslado obrigatório incompleta, sem a ulterior sanação do defeito no prazo assinado pelo relator, conduz à inadmissibilidade do recurso (art. 932, parágrafo único, c/c art. 1.017, §3º, ambos do CPC/2015). Negado seguimento ao recurso liminarmente, com fulcro no art. 932, inc. III, do CPC/2015. (TJRS; AI 0183045-41.2016.8.21.7000; São Luiz Gonzaga; Nona Câmara Cível; Rel. Des. Miguel Ângelo da Silva; Julg. 29/06/2016; DJERS 04/07/2016)

§ 1º Quando os pronunciamentos previstos no *caput* forem proferidos oralmente, o servidor os documentará, submetendo-os aos juízes para revisão e assinatura.

§ 2º A assinatura dos juízes, em todos os graus de jurisdição, pode ser feita eletronicamente, na forma da lei.

→ *v.* Art. 1º, § 2º, da Lei 11.419/2006.

§ 3º Os despachos, as decisões interlocutórias, o dispositivo das sentenças e a ementa dos acórdãos serão publicados no Diário de Justiça Eletrônico.

Seção V
Dos Atos do Escrivão ou do Chefe de Secretaria

Art. 206. Ao receber a petição inicial de processo, o escrivão ou o chefe de secretaria a autuará, mencionando o juízo, a natureza do processo, o número de seu registro, os nomes das partes e a data de seu início, e procederá do mesmo modo em relação aos volumes em formação.

Art. 207. O escrivão ou o chefe de secretaria numerará e rubricará todas as folhas dos autos.

Parágrafo único. À parte, ao procurador, ao membro do Ministério Público, ao defensor público e aos auxiliares da justiça é facultado rubricar as folhas correspondentes aos atos em que intervierem.

Art. 208. Os termos de juntada, vista, conclusão e outros semelhantes constarão de notas datadas e rubricadas pelo escrivão ou pelo chefe de secretaria.

Art. 209. Os atos e os termos do processo serão assinados pelas pessoas que neles intervierem, todavia, quando essas não puderem ou não quiserem firmá-los, o escrivão ou o chefe de secretaria certificará a ocorrência.

§ 1º Quando se tratar de processo total ou parcialmente documentado em autos eletrônicos, os atos processuais praticados na presença do juiz poderão ser produzidos e armazenados de modo integralmente digital em arquivo eletrônico inviolável, na forma da lei, mediante registro em termo, que será assinado digitalmente pelo juiz e pelo escrivão ou chefe de secretaria, bem como pelos advogados das partes.

→ *v. Arts. 236, § 3º, 385, § 3º, 453, § 1º, 461, § 2º e 937, § 4º do CPC.*

→ *v. Lei 11.419/2006 – Dispõe sobre a informatização do processo judicial.*

Dispensando a transcrição em ata de audiência registrada por meio eletrônico.

✓ MONITÓRIA. DUPLICATAS MERCANTIS PROTESTADAS. CERCEAMENTO DE DEFESA NÃO VERIFICADO. AUSÊNCIA DE INTIMAÇÃO DA PARTE PARA SE MANIFESTAR SOBRE DOCUMENTOS NOVOS JUNTADOS AOS AUTOS. Fundamentação da sentença que se baseou nas demais provas coligidas ao processo, e não apenas nos instrumentos impugnados. Inexistência de violação ao art. 398 do Código de Processo Civil revogado, vigente à época. Precedente do Superior Tribunal de Justiça. Prescindibilidade da transcrição da prova oral produzida em audiência, gravada em mídia audiovisual. Medida autorizada pelo art. 209, § 1º, do Código de Processo Civil e art. 2º da Resolução n. 105/10 do Conselho Nacional de Justiça. Recurso não provido. (TJSP; APL 4006112-87.2013.8.26.0477; Ac. 9882226; Praia Grande; Trigésima Oitava Câmara de Direito Privado; Rel. Des. César Santos Peixoto; Julg. 05/10/2016; DJESP 17/10/2016)

§ 2º Na hipótese do § 1º, eventuais contradições na transcrição deverão ser suscitadas oralmente no momento de realização do ato, sob pena de preclusão, devendo o juiz decidir de plano e ordenar o registro, no termo, da alegação e da decisão.

Art. 210. É lícito o uso da taquigrafia, da estenotipia ou de outro método idôneo em qualquer juízo ou tribunal.

→ *v.* Arts. 460, § 1º e 944 do CPC.
→ *v.* Art. 405, § 1º, do CPP.
→ *v.* Art. 17 da Lei n. 12.016/2009 – Lei do Mandado de Segurança.

Art. 211. Não se admitem nos atos e termos processuais espaços em branco, salvo os que forem inutilizados, assim como entrelinhas, emendas ou rasuras, exceto quando expressamente ressalvadas.

Impossibilidade de rasura no valor da causa sem qualquer ressalva.

✓ REEXAME NECESSÁRIO E APELAÇÃO CÍVEL. AÇÃO COMINATÓRIA. DIREITO À SAÚDE. IMPOSSIBILIDADE DE RASURA QUANTO AO VALOR DA CAUSA SEM QUALQUER RESSALVA. AÇÃO AJUIZADA NA VIGÊNCIA DA LEI FEDERAL Nº 12.153/09 E DA RESOLUÇÃO Nº 700/2012 DO TJMG. VALOR DA CAUSA INFERIOR A 40 SALÁRIOS MÍNIMOS NÃO ALTERADO DE OFÍCIO OU IMPUGNADO. COMPETÊNCIA ABSOLUTA DO JUIZADO ESPECIAL DA FAZENDA PÚBLICA. 1- Não se admitem nos atos e termos processuais espaços em branco, salvo os que forem inutilizados, assim como entrelinhas, emendas ou rasuras, exceto quando expressamente ressalvadas, a teor do que determina o art. 211, do CPC/2015; 2- Em se tratando de ação ajuizada após o dia 22 de junho de 2012, por pessoa física, objetivando serviço de saúde, cujo valor da causa não ultrapassa o limite estabelecido em Lei, então não alterado de ofício ou impugnado pela parte contrária, torna-se manifesta a competência do Juizado Especial da Fazenda Pública para processar e julgar o feito, conforme disposto na Lei nº 12.153/2009 e na Resolução nº 700/2012 do Órgão Especial do Tribunal de Justiça de Minas Gerais; 3- A declaração de incompetência absoluta acarreta a anulação dos atos decisórios, cujos efeitos conservar-se-ão, até que outra decisão seja proferida, se for o caso, pelo juízo competente, nos termos do art. 64, §4º, do CPC/15. (TJMG; AC-RN 1.0024.14.055794-3/002; Rel. Des. Renato Dresch; Julg. 27/04/2017; DJEMG 04/05/2017)

Capítulo II
DO TEMPO E DO LUGAR DOS ATOS PROCESSUAIS

Seção I
Do Tempo

Art. 212. Os atos processuais serão realizados em dias úteis, das 6 (seis) às 20 (vinte) horas.

→ *v.* Art. 12 da Lei 9.099/1995.
→ *v.* Art. 216 do CPC.

§ 1º Serão concluídos após as 20 (vinte) horas os atos iniciados antes, quando o adiamento prejudicar a diligência ou causar grave dano.

§ 2º Independentemente de autorização judicial, as citações, intimações e penhoras poderão realizar-se no período de férias forenses, onde as houver, e nos feriados ou dias úteis fora do horário estabelecido neste artigo, observado o disposto no art. 5º, inciso XI, da Constituição Federal.

§ 3º Quando o ato tiver de ser praticado por meio de petição em autos não eletrônicos, essa deverá ser protocolada no horário de funcionamento do fórum ou tribunal, conforme o disposto na lei de organização judiciária local.

→ *v.* Art. 1.007, § 4º do CPC.
→ *v.* Súmula 484 do STJ.

Considerando intempestiva a apelação protocolada no último dia do prazo, após o expediente forense, ainda que dentro do horário estabelecido pelo art. 212, *caput*, do CPC.

✓ RECURSO ESPECIAL. PROCESSUAL CIVIL. AÇÃO DE COMPENSAÇÃO POR DANOS MORAIS. TEMPO DOS ATOS PROCESSUAIS. AUTOS FÍSICOS. PETICIONAMENTO. PROTOCOLO. EXPEDIENTE FORENSE. FLEXIBILIZAÇÃO. IMPOSSIBILIDADE. INTEMPESTIVIDADE DA CONTESTAÇÃO. RECONHECIDA. 1. Ação ajuizada em 8/10/10. Recurso especial interposto em 26/4/16. Autos conclusos ao gabinete em 21/9/16. Julgamento: CPC/15. 2. O propósito recursal consiste em definir se é intempestiva a contestação, cujo protocolo, em peça física, ocorreu no último dia do prazo, às 19h04min – exegese do art. 212, §3º, do CPC/15. 3. Em se tratando de autos não eletrônicos, a lei é expressa ao fixar que a petição deverá ser protocolada no horário de funcionamento do fórum ou tribunal, conforme o disposto na lei de organização judiciária local. É impositiva a observância do expediente forense para certificar a tempestividade do ato processual praticado. 4. Flexibilizar o horário previsto na lei de organização judiciária local ante o "recebimento sem ressalvas pelo setor responsável" ou por uma suposta "presunção de tempestividade" acaba por deslocar a lógica de igualdade formal dispensada indistintamente a todas as partes por uma política de balcão ao alvitre de cada unidade judiciária. 5. Aceitar o argumento de que o protocolo foi realizado "só poucos minutos após o horário previsto" abre margem a uma zona de penumbra e indeterminação passível de ser solucionada apenas por compreensões subjetivas e arbitrárias sobre qual tempo viria a ser razoável para admitir o ato processual praticado. 6. Na hipótese, escusar a parte que não logrou protocolar sua petição física no horário do expediente forense não significa valorizar a instrumentalidade das formas, antes disso, representa indesejado tratamento diferenciado em situações de certeza justificada na instituição da regra jurídica. 7. Recurso especial conhecido e provido (STJ, REsp 1628506/SC, Relatora Min. Nancy Andrighi, 3ª Turma, j. 24/09/2019).

Considerando que a juntada do mandado ocorrida após o horário indicado no dispositivo deve ser reputada na data do dia útil seguinte.

✓ AÇÃO DE COBRANÇA. AGRAVO DE INSTRUMENTO. RECURSO INTERPOSTO CONTRA DECISÃO QUE CONSIDEROU INTEMPESTIVA A CONTESTAÇÃO APRESENTADA PELO RÉU. RECURSO INADMISSÍVEL. QUESTÃO NÃO ELENCADA NO ROL DO ARTIGO 1.015 DO NOVO

CO´DIGO DE PROCESSO CIVIL. DECISÃO QUE, TODAVIA, INCIDIU EM ERRO DE PROCEDIMENTO, DERIVADO DE EQUÍVOCO NA CONTAGEM DO PRAZO PROCESSUAL POR CONSIDERAR COMO VÁLIDA A PRÁTICA DE ATO PROCESSUAL REALIZADA FORA DO PERÍODO DE EXPEDIENTE FORENSE. HIPÓTESE EM QUE, PARA FINS DO COMPUTO DO PRAZO PROCESSUAL, O ATO DEVERÁ SER CONSIDERADO COMO PRATICADO NO PRÓXIMO DIA ÚTIL SUBSEQUENTE. INTELIGÊNCIA DOS ARTIGOS 212, 214 E 216 DO CPC. DECISÃO ANULADA E TEMPESTIVIDADE DA CONTESTAÇÃO RECONHECIDA DE OFÍCIO. O presente agravo foi interposto sob a vigência do Novo Código de Processo Civil, que arrola no artigo 1.015, de forma taxativa (numerus clausus) e objetiva, quais as são decisões agraváveis. Observa-se que a presente situação não está indicada no referido dispositivo legal. Todavia, o fato é que a r. Decisão deve ser considerada nula, porquanto partiu de premissa completamente equivocada, violando expressamente a norma processual prevista nos artigos 212, 214 e 216 do CPC. Com efeito, a juntada do Aviso de recebimento da citação postal trata-se de um ato processual e, assim como tal, deve se curvar às regras processuais vigentes. Logo, dessa forma, com base nos dispositivos processuais acima elencados, para fins de computo do prazo legal, quando um ato processual for realizado em dia em que não houver expediente forense, como é o caso dos autos, o mesmo dever ser considerado como praticado no próximo dia útil sucessivo à sua realização. Diante de tais constatações, inquestionável que a r. Decisão incidiu em error in procedendo, impondo-se, assim, o reconhecimento se sua nulidade de ofício, para o fim de reconhecer a tempestividade da contestação apresentada pelo réu. Agravo não conhecido e decisão anulada de ofício. (TJSP; AI 2040541-51.2017.8.26.0000; Ac. 10534108; Presidente Prudente; Décima Segunda Câmara de Direito Privado; Relª Desª Sandra Galhardo Esteves; Julg. 21/06/2017; DJESP 05/07/2017; Pág. 1974)

Art. 213. A prática eletrônica de ato processual pode ocorrer em qualquer horário até as 24 (vinte e quatro) horas do último dia do prazo.

→ *v.* Lei 11.419/2006 – Dispõe sobre a informatização do processo judicial.

Parágrafo único. O horário vigente no juízo perante o qual o ato deve ser praticado será considerado para fins de atendimento do prazo.

Entendendo ser tempestivo o recurso protocolado eletronicamente após o horário do expediente forense.

✓ ELEIÇÕES 2012. AGRAVO REGIMENTAL. RECURSO ESPECIAL. PREFEITO. VICE-PREFEITO. AIJE. ABUSO DO PODER POLÍTICO. CAPTAÇÃO ILÍCITA DE SUFRÁGIO. NÃO CONFIGURAÇÃO. INSUFICIÊNCIA DE PROVAS. CONTRATAÇÃO TEMPORÁRIA DE SERVIDORES. AUSÊNCIA DE LIAME ELEITORAL E DE GRAVIDADE DA CONDUTA. PRELIMINAR DE INTEMPESTIVIDADE AFASTADA. DÍSSIDIO JURISPRUDENCIAL NÃO DEMONSTRADO. SÚMULA Nº 28/TSE. INCIDÊNCIA. REEXAME DE FATOS E PROVAS. IMPOSSIBILIDADE. SÚMULAS N OS 24/TSE E 279/STF. MANUTENÇÃO DO ACÓRDÃO REGIONAL. DESPROVIMENTO. 1. É tempestivo o recurso interposto mediante peticionamento eletrônico no último dia do prazo recursal, ainda que em horário posterior ao fechamento do protocolo do Tribunal Superior Eleitoral, pois, nos termos do art. 213 do Novo Código de Processo Civil (CPC), segundo o qual a prática eletrônica de ato processual pode ocorrer em qualquer horário até as 24 (vinte e quatro) horas do último dia do prazo. 2. A demonstração da divergência pressupõe a realização de cotejo analítico, de modo a evidenciar-se a similitude fática entre as hipóteses confrontadas, não se perfazendo com a simples transcrição de ementas, como ocorrido na espécie (REsp nº 371- 68/CE, Rel. Min. Laurita Vaz, PSESS em 13.12.2012). Incide, no caso, o disposto na Súmula nº 28/TSE. 3. A decisão regional, na qual se assentou a insuficiência do conjunto probatório para a condenação por abuso do poder político e captação ilícita de sufrágio, está rigorosamente em harmonia com a jurisprudência do TSE, pacífica no sentido de que a procedência da Ação de Investigação Judicial Eleitoral (AIJE) exige provas robustas da ocorrência e da gravidade dos ilícitos nela descritos. Precedentes do TSE. 4. Afastar a conclusão da Corte a quo demandaria o reexame do acervo fático-probatório dos autos, providência incabível na via estreita do Recurso Especial (Súmulas n os 24/TSE e 279/STF). 5. O argumento de que as contratações temporárias acarretaram o desequilíbrio no pleito, considerada a diferença de somente 143 votos entre o primeiro e o segundo colocados no pleito de 2012, não é suficiente para infirmar a decisão agravada, a teor da jurisprudência do TSE, segundo a qual a aferição da gravidade, para fins da caracterização do abuso de poder, deve levar em conta as circunstâncias do fato em si, não se prendendo a eventuais implicações no pleito, muito embora tais implicações, quando existentes, reforcem a natureza grave do ato (AGR-REsp nº 259-52/RS, de minha relatoria; DJe de 14.8.2015). 6. Agravo regimental desprovido. (TSE; AgR-g-REsp 577-64.2012.6.15.0055; PB; Relª Minª Luciana Lóssio; Julg. 13/09/2016; DJETSE 30/09/2016; Pág. 41)

Art. 214. Durante as férias forenses e nos feriados, não se praticarão atos processuais, excetuando-se:

→ *v.* Art. 93, XII, da CF/1998.

→ *v.* Art. 66, § 1º da LC 35/1979.

→ *v.* Art. 62 da Lei 5.010/1966.

I – os atos previstos no art. 212, § 2º;

II – a tutela de urgência.

→ *v.* Art. 300 do CPC.

Art. 215. Processam-se durante as férias forenses, onde as houver, e não se suspendem pela superveniência delas:

I – os procedimentos de jurisdição voluntária e os necessários à conservação de direitos, quando puderem ser prejudicados pelo adiamento;

→ *v.* Art. 719 e ss. do CPC.

II – a ação de alimentos e os processos de nomeação ou remoção de tutor e curador;

→ *v.* Lei 5.478/1968 – Dispõe sobre ação de alimentos.

III – os processos que a lei determinar.

→ *v.* Art. 39 do Dec.-lei 3.365/1941 – Dispõe sobre desapropriações por utilidade pública.

→ *v.* Art. 58, I, da Lei 8.245/1991.

→ *v.* Art. 2º, § 1º, da LC 76/1993.

Considerando que o prazo para purga da mora pelo devedor fiduciário na ação de busca e apreensão não se suspende pelo recesso forense.

✓ APELAÇÃO CÍVEL. Ação de busca e apreensão com pedido liminar. Sentença que julgou procedente o pedido inicial. Recurso da parte ré. Alegação de pagamento da integralidade da dívida dentro do quinquídio legal em razão da suspensão dos prazos pelo recesso forense. Não verificação. Prazo de cinco dias para pagamento da integralidade da dívida pelo devedor fiduciário que não se suspende. Prazo decadencial que não se sujeita à suspensão. Atos necessários para a preservação de direitos que se processam mesmo durante as férias forenses. Art. 215 do CPC/2015. Expressa determinação legal de realização de atos durante o plantão judiciário. Art. 3º do Decreto-Lei nº 911/69. Sentença mantida. Recurso de apelação cível conhecido e não provido. 2 (TJPR; ApCiv 1468857-8; Rio Branco do Sul; Décima Terceira Câmara Cível; Relª Desª Rosana Andriguetto de Carvalho; Julg. 29/06/2016; DJPR 12/07/2016; Pág. 277)

Art. 216. Além dos declarados em lei, são feriados, para efeito forense, os sábados, os domingos e os dias em que não haja expediente forense.

→ *v.* Art. 62 da Lei 5.010/1966.

→ *v.* Lei 662/1949 – Declara Feriados Nacionais os Dias 1º de janeiro, 1º de maio, 7 de setembro, 15 de novembro e 25 de dezembro.

→ *v.* Art. 5º da Lei 1.408/1951.

→ *v.* Lei 6.802/1980 – Declara Feriado Nacional o Dia 12 de outubro, Consagrado a Nossa Senhora Aparecida, Padroeira do Brasil.

→ *v.* Lei 9.093/1995 – Dispõe sobre feriados.

Seção II
Do Lugar

Art. 217. Os atos processuais realizar-se-ão ordinariamente na sede do juízo, ou, excepcionalmente, em outro lugar em razão de deferência, de interesse da justiça, da natureza do ato ou de obstáculo arguido pelo interessado e acolhido pelo juiz.

→ *v.* Arts. 449, parágrafo único, 454 e 751, § 1º do CPC.

Entendendo que, se o protocolo é realizado em desconformidade com a legislação local, deve ser considerada como data do protocolo a data em que o recurso chegou ao tribunal, por força do dispositivo em destaque.

✓ AGRAVO INTERNO EM RECURSO DE APELAÇÃO. INTEMPESTIVIDADE DO RECURSO DE APELAÇÃO. PROTOCOLO REALIZADO EM DESCONFORMIDADE COM AS DISPOSIÇÕES DA RESOLUÇÃO Nº 642/2010. DESPROVIMENTO DO AGRAVO. O serviço de protocolo postal, criado no intuito de facilitar a prática de atos processuais que, em regra, devem ser desempenhados na sede do Juízo (art. 217, do CPC/15), restringe-se às agências dos Correios do Estado de Minas Gerais (art. 5º da Resolução nº 642/2010). Evidenciado o descumprimento das disposições da Resolução nº 642/2010, considera-se como data do protocolo do recurso a data que este aportou ao Tribunal e não a data de postagem. O recurso intempestivo não deve ser conhecido. Agravo interno desprovido. (TJMG; AgInt 1.0283.12.000916-4/002; Relª Desª Ana Paula Caixeta; Julg. 26/10/2017; DJEMG 31/10/2017)

Determinando que a perícia seja realizada no local em que se encontra a parte, por esta apresentar dificuldades para se deslocar até a sede do juízo.

✓ AGRAVO DE INSTRUMENTO. Erro médico. Perícia determinada fora da sede do Juízo. Inadmissibilidade. Impossibilidade de deslocamento do periciando. Dificuldades financeiras e de locomoção. Direito constitucional de amplo acesso à Justiça. Artigo 217 do Código de Processo Civil. Precedentes desta E. Corte. Recurso provido. (TJSP; AI 2169526-72.2016.8.26.0000; Ac. 10064668; Santos; Oitava Câmara de Direito Público; Relª Desª Cristina Cotrofe; Julg. 14/12/2016; DJESP 24/01/2017)

Capítulo III
DOS PRAZOS

Seção I
Disposições Gerais

Art. 218. Os atos processuais serão realizados nos prazos prescritos em lei.

§ 1º Quando a lei for omissa, o juiz determinará os prazos em consideração à complexidade do ato.

Apontando ser exíguo o prazo de 48 horas para recolhimento dos honorários periciais.

✓ AGRAVO DE INSTRUMENTO. DIREITO DO CONSUMIDOR. PROCESSO CIVIL. Impugnação ao cumprimento de sentença. Prova pericial. Honorários do expert homologados pelo juízo a quo que se encontram em conformidade com os princípios constitucionais da razoabilidade e proporcionalidade. Ônus pelo pagamento atribuído ao impugnante. Parcelamento não requerido em primeiro grau de jurisdição. Outrossim, não há nos autos prova robusta demonstrando que o indeferimento do parcelamento acarretará sérios contratempos na saúde financeira da empresa. Quanto ao prazo estipulado pelo juízo de primeiro grau para o pagamento dos honorários do perito, entendo assistir razão ao recorrente, tendo em vista que o lapso temporal fixado (48horas) para o cumprimento da obrigação se apresentou exíguo. Por tais fundamentos, conheço e dou parcial provimento ao recurso, para alterar, tão somente, o prazo estipulado pelo juízo de origem referente ao pagamento dos honorários do expert, observando o disposto no §3º do art. 218 do Código de Processo Civil. (TJRJ; AI 0026767-80.2017.8.19.0000; Rio de Janeiro; Vigésima Sétima Câmara Cível Consumidor; Rel. Des. Antonio Carlos dos Santos Bitencourt; DORJ 13/09/2017; Pág. 470)

Considerando nula a designação de audiência sem respeitar a antecedência estabelecida no dispositivo.

✓ APELAÇÃO CÍVEL. OBRIGATORIEDADE DE COMPARECIMENTO À AUDIÊNCIA DE CONCILIAÇÃO. INOBSERVÂNCIA AO PRAZO MÍNIMO ESTABELECIDO NO ART. 218, § 2º, CPC/15. AUDIÊNCIA E SENTENÇA NULAS. RECURSO PROVIDO. 1 – Desrespeitada a antecedência mínima prevista no art. 218, § 2º, do Código de Processo Civil de 2015, para tornar obrigatório o comparecimento das partes à audiência de conciliação, nula é a designação/realização do referido ato solene. 2- Verificando-se que determinada constatação pode causar consequências graves à parte, deve o Magistrado, antes de simplesmente pôr fim à demanda, conceder prazo para que a mesma possa esclarecer o ocorrido, em observância ao disposto no art. 10 do CPC/15. 3- Sentença anulada. 4- Recurso provido. (TJES; APL 0001278-15.2015.8.08.0001; Quarta Câmara Cível; Rel. Des. Arthur José Neiva de Almeida; Julg. 10/10/2016; DJES 18/10/2016)

Indicando ser descabida a dilação do prazo se não há complexidade no ato a ser praticado.

✓ AGRAVO DE INSTRUMENTO. Insurgência contra a r. Decisão que concedeu prazo suplementar ao Banco. Manifestação acerca da planilha de cálculos elaborada pelo credor. Ato processual que não se reveste de complexidade. Ausência de justificativa para a dilação do prazo. Inteligência do parágrafo 1º, do artigo 218 do Novo Código de Processo Civil. Decisão reformada. Recurso provido. (TJSP; AI 2195770-38.2016.8.26.0000; Ac. 10004618; Caconde; Décima Oitava Câmara de Direito Privado; Rel. Des. Carlos Alberto Giarusso Lopes Santos; Julg. 22/11/2016; DJESP 30/11/2016)

§ 2º Quando a lei ou o juiz não determinar prazo, as intimações somente obrigarão a comparecimento após decorridas 48 (quarenta e oito) horas.

§ 3º Inexistindo preceito legal ou prazo determinado pelo juiz, será de 5 (cinco) dias o prazo para a prática de ato processual a cargo da parte.

Asseverando que a limitação do prazo para contestação em cinco dias no Juizado Especial não viola o contraditório.

✓ DIREITO PROCESSUAL CIVIL. NULIDADE DA CITAÇÃO. CERCEAMENTO DE DEFESA. NULIDADE DA SENTENÇA. 1. - Na forma do art. 46 da Lei nº 9.099/1995, a ementa serve de acórdão. Recurso próprio, regular e tempestivo. 2 - Nulidade da citação. A citação da pessoa jurídica pela via postal se aperfeiçoa de forma legítima e eficaz mediante o simples recebimento do mandado em sua sede ou filial (Acórdão n.274319, 20060810056415APC, Relator: Teófilo CAETANO). O aviso de recebimento de ID. 2534816 demonstra o regular cumprimento do ato processual de citação e ratifica que o réu estava ciente da demanda. Preliminar que se rejeita. 3 - Revelia. A ausência do réu à audiência de conciliação leva à presunção relativa de veracidade dos fatos alegados pelo autor, que pode ser afastada de acordo com as provas colacionadas ao processo (art. 20 da Lei nº 9.099/1995). 4 - Cerceamento de defesa. Não há cerceamento de defesa quando a parte teve a oportunidade de contestar e não o fez. A limitação do prazo de contestação em cinco dias não viola a regra constitucional que assegura o contraditório e a ampla defesa, mesmo porque, diante da ausência de fixação de prazo em Lei, é este o prazo (art. 218, §3º, do CPC). Precedente: (Acórdão n.758127, 20130111561360ACJ, 2ª Turma). Ademais, os Juizados Especiais possuem regramento próprio, o qual se adequa aos princípios de informalidade e celeridade que norteiam o respectivo sistema. No caso, foi oportunizado à parte a apresentação da defesa e a juntada de documentos (ID. 2534820) e a ré se manteve injustificadamente inerte, pelo que não cabe alegar cerceamento de defesa. Preliminar rejeitada. 5 - Ausência de discussão do mérito. Preclusão. Considerando que, no recurso, o réu não impugnou nenhum ponto da questão de mérito, rejeitadas as preliminares, confirma-se a sentença pelos seus próprios fundamentos. 6 - Recurso conhecido, mas não provido. Custas e honorários advocatícios, fixados em 10% do valor da condenação, pelo recorrente vencido. 03 (TJDF; Proc 0702.21.5.982017-8070014; Ac. 106.3022; Primeira Turma Recursal dos Juizados Especiais Cíveis e Criminais; Rel. Juiz Aiston Henrique de Sousa; Julg. 27/11/2017; DJDFTE 18/12/2017)

Considerando ser de cinco dias, sob pena de preclusão, o prazo para reclamação quanto ao valor da Requisição de Pequeno Valor.

✓ AGRAVO DE INSTRUMENTO. DIREITO PÚBLICO. CUMPRIMENTO DE SENTENÇA. RPV VENCIDA. BLOQUEIO DE VALORES. AUSÊNCIA DE IMPUGNAÇÃO PELO DEVEDOR. INTIMAÇÃO DO CREDOR ACERCA DA EXPEDIÇÃO DO ALVARÁ. PEDIDO DE COMPLEMENTAÇÃO DO PAGAMENTO. PRAZO. ART. 218, §3º, DO CPC/15. PRECLUSÃO RECONHECIDA. DECISÃO MANTIDA. I – O prazo que o credor dispõe para formular reclamação quanto ao valor do RPV pago é de 05 (cinco) dias, salvo assinação de outro prazo pelo juiz. Nesse sentido, o disposto no art. 46 do ato nº 013/2012, da presidência do TJRS, respaldado pela regra do art. 218, §3º, do CPC/15. II – No caso, o pedido de complementação do pagamento somente foi apresentado após o decurso daquele prazo, contado da intimação acerca da expedição do alvará respectivo, operada assim a preclusão, nos termos reconhecidos pela decisão recorrida. III – Desnecessária intimação expressa e específica para a parte falar acerca da satisfação do seu crédito, se do contexto da intimação realizada e dos autos é a decorrência lógica que se extrai. IV – Irrelevante a circunstância de, eventualmente, ter o ente público reconhecido a existência de saldo devedor quando já operada a preclusão. E isto porque a posição de credor encontra-se "extinta" pelo não exercício do ato de reclamar no prazo. V – Ausente, no caso, violação à coisa julgada material. VI – Reconhecimento da preclusão mantido. Recurso improvido. (TJRS; AI 0247760-58.2017.8.21.7000; Encantado; Vigésima Quinta Câmara Cível; Rel. Des. Ricardo Pippi Schmidt; Julg. 05/12/2017; DJERS 14/12/2017)

Entendendo aplicável o dispositivo ao prazo para cumprimento de determinação judicial pela parte.

✓ AGRAVO DE INSTRUMENTO. PLANO DE SAÚDE. OBRIGAÇÃO DE FAZER. Decisão que assinala não ter havido descumprimento da tutela antecipatória, porquanto não fixado prazo específico para o seu cumprimento. Inconformismo. Plausibilidade. Omissão que resulta na incidência do art. 218, § 3º, do CPC, o qual fixa o prazo de cinco dias quando inexistir preceito legal ou prazo determinado pelo juiz. Cálculo de eventual multa cominatória que deverá observar tal lapso, a partir da intimação da agravada da decisão que concedeu a antecipação de tutela. Decisão reformada. Agravo provido. (TJSP; AI 2136601-86.2017.8.26.0000; Ac. 10748262; São Paulo; Sétima Câmara de Direito Privado; Rel. Des. Rômolo Russo; Julg. 30/08/2017; DJESP 11/09/2017; Pág. 2775). No mesmo sentido, entre outros, TJSP; AI 2056895-54.2017.8.26.0000; Ac. 10565698; São Paulo; Sexta Câmara de Direito Privado; Rel. Des. Paulo Alcides; Julg. 29/06/2017; DJESP 04/07/2017; Pág. 1681; TJSP; AI 2244469-60.2016.8.26.0000; Ac. 10178136; Cajamar; Vigésima Sétima Câmara de Direito Privado; Relª Desª Ana Catarina Strauch; Julg. 14/02/2017; DJESP 24/02/2017. AGRAVO DE INSTRUMENTO. Originário de ação declaratória de inexistência de débito c/c indenização. Tutela de urgência concedida pelo juízo a quo. Requisitos previstos no art. 300, do CPC/2015. Preenchidos. Verossimilhança das alegações, existência de prova inequívoca e perigo de dano irreparável a consumidor. Determinação para que o banco réu/agravante providencie, junto ao INSS, a cessação dos descontos no benefício previdenciário do autor/agravado. Legalidade da medida. Ausência de prova da contratação de empréstimo. Ônus do banco agravante. Fumus boni iuris e periculum in mora favoráveis ao agravado. Fixação de astreintes. Caráter coercitivo. Valor arbitrado em R$ 500,00 (quinhentos reais) por dia de descumprimento, limitado a vinte dias. Quantia razoável. Pedido de redução. Não acolhimento. Compatibilidade com a obrigação instituída. Prazo para cumprimento é o prescrito no art. 218, do CPC/2015, qual seja, cinco dias. Obrigação imposta que não demanda maiores dificuldades. Mantença do decisório. Recurso conhecido e desprovido. À unanimidade. (TJSE; AI 201600830156; Ac. 9187/2017; Segunda Câmara Cível; Rel. Des. Ricardo Mucio Santana de A. Lima; Julg. 08/05/2017; DJSE 11/05/2017)

§ 4º Será considerado tempestivo o ato praticado antes do termo inicial do prazo.

→ *v.* Súmula 579 do STJ.
→ *v.* Art. 277 do CPC.

Reconhecendo a aplicabilidade do art. 218, § 4º ao processo penal.

✓ PROCESSUAL PENAL. HABEAS CORPUS SUBSTITUTIVO DE RECURSO. APELAÇÃO. LEGITIMIDADE RECURSAL DO RÉU E DO DEFENSOR. NECESSIDADE DE INTIMAÇÃO DE AMBOS. CONTAGEM DO PRAZO DA ÚLTIMA INTIMAÇÃO. RECURSO PREMATURO. ADMISSIBILIDADE. SURGIMENTO DO ATO JURÍDICO COM A PUBLICAÇÃO EM CARTÓRIO. WRIT NÃO CONHECIDO. ORDEM CONCEDIDA DE OFÍCIO. 1. Esta Corte e o Supremo Tribunal Federal pacificaram orientação no sentido de que não cabe habeas corpus substitutivo do recurso legalmente previsto para a hipótese, impondo-se o não conhecimento da impetração, salvo quando constatada a existência de flagrante ilegalidade no ato judicial impugnado, o que não ocorre na espécie. 2. No que tange às decisões de primeiro grau de jurisdição, o art. 577, caput, do CPP consagra a legitimidade recursal autônoma do defensor e do acusado, motivo pelo qual ambos devem ser individualmente intimados da prolação de sentença condenatória ou absolutória imprópria, iniciando-se a contagem do prazo recursal para a defesa no dia útil seguinte à derradeira intimação (CPP, art. 798, § 1º e 5º, 'a'). Nesse diapasão, mostra-se incompatível com a ampla defesa as restrições ao exercício da demanda recursal pelo réu, nas hipóteses em que se exige apenas a intimação do defensor (CPP, art. 392, II). 3. Malgrado o prazo recursal defensivo somente se inicie no dia útil seguinte à última intimação, independente da ordem de execução, a decisão judicial existe validamente como ato processual com a publicação em cartório, momento em que passa integrar a ato jurídico complexo, que é o procedimento, e a gerar repercussão na relação jurídica processual, criando uma situação jurídica aos sujeitos processuais. Portanto, se a parte tomou ciência do ato processual e de seu conteúdo, nada impede o aviamento recursal, até porque se hauriu o interesse recursal e, além disso, o lapso temporal de interposição apenas tem como função estabelecer o marco preclusivo, consectário da natureza sucessiva dos atos processuais. 4. Nesse sentido aponta o Novo Código de Processo Civil, em seu art. 218, § 4º, segundo o qual será considerado tempestivo o ato processual praticado antes do termo inicial do prazo, regra essa plenamente aplicável ao processo penal, diante do vácuo normativo (CPP, art. 798 c/c art. 3º). Não se desconhece a incidência da regra tempus regit actum à seara processual, motivo pelo qual inaplicável a norma processualista civil ao caso, contudo, plenamente possível utilizá-la como parâmetro interpretativo, para priorizar o direito à ampla defesa do acusado: se o recurso não seria inadmitido no âmbito civil, a fortiori, teratológica seria a adoção de maiores rigores formais ao âmbito penal, ultima ratio dentre os ramos do direito, pois tutela a liberdade de locomoção do indivíduo. 5. A intempestividade do recurso prematuro implicaria, além de grave prejuízo à ampla defesa, aplicação indevida de sanção ao advogado cauto, que se antecipou à formalidade processual de intimação, para defender os interesses do representado e, de forma mediata, contribuir para a razoável duração do processo. 6. Habeas corpus não conhecido. Ordem concedida de ofício para determinar o conhecimento do recurso de apelação inadmitido pelo Tribunal a quo. (STJ; HC 288.640; MG; Quinta Turma; Rel. Min. Ribeiro Dantas; Julg. 21/06/2016; DJe 28/06/2016).

Art. 219. Na contagem de prazo em dias, estabelecido por lei ou pelo juiz, computar-se-ão somente os úteis.

Parágrafo único. O disposto neste artigo aplica-se somente aos prazos processuais.

→ *v.* Art. 132 do CC/2002.
→ *v.* Art. 152, § 2º do ECA.
→ *v.* Art. 775 da CLT
→ *v.* Art. 12-A da Lei 9.099/95
→ *v.* Art. 189, § 1º, I, da Lei 11.101/2005
→ *v.* Enunciado 19 do CJF: O prazo em dias úteis previsto no art. 219 do CPC aplica-se também aos procedimentos regidos pelas Leis n. 9.099/1995, 10.259/2001 e 12.153/2009.
→ *v.* Enunciado 20 do CJF: Aplica-se o art. 219 do CPC na contagem do prazo para oposição de embargos à execução fiscal previsto no art. 16 da Lei n. 6.830/1980.
→ v. Enunciado 116 do CJF: Aplica-se o art. 219 do CPC na contagem dos prazos processuais previstos na Lei n. 6.830/1980.
→ v. Enunciado 132: O prazo para apresentação de embargos de terceiro tem natureza processual e deve ser contado em dias úteis.
→ v. Enunciado 146 do CJF: O prazo de 3 (três) dias previsto pelo art. 528 do CPC conta-se em dias úteis e na forma dos incisos do art. 231 do CPC, não se aplicando seu § 3º.
→ *v.* Enunciado 45 da ENFAM: A contagem dos prazos em dias úteis (art. 219 do CPC/2015) aplica-se ao sistema de juizados especiais.

Considerando que o prazo para pagamento espontâneo (art. 523 do CPC) deve ser computado em dias úteis, ainda que apreciando questão distinta, relativa à dobra do prazo pelo litisconsórcio.

✓ RECURSO ESPECIAL. CUMPRIMENTO DE SENTENÇA. PRAZO PARA PAGAMENTO VOLUNTÁRIO. CÔMPUTO EM DOBRO EM CASO DE LITISCONSORTES COM PROCURADORES DISTINTOS. 1. O artigo 229 do CPC de 2015, aprimorando a norma disposta no artigo 191 do código revogado, determina que, apenas nos processos físicos, os litisconsortes que tiverem diferentes procuradores, de escritórios de advocacia distintos, terão prazos contados em dobro para todas as suas manifestações, em qualquer juízo ou tribunal, independentemente de requerimento. 2. A impossibilidade de acesso simultâneo aos autos físicos constitui a ratio essendi do prazo diferenciado para litisconsortes com procuradores distintos, tratando-se de norma processual que consagra o direito fundamental do acesso à justiça. 3. Tal regra de cômputo em dobro deve incidir, inclusive, no prazo de quinze dias úteis para o cumprimento voluntário da sentença, previsto no artigo 523 do CPC de 2015, cuja natureza é dúplice: cuida-se de ato a ser praticado pela própria parte, mas a fluência do lapso para pagamento inicia-se com a intimação do advogado pela imprensa oficial (inciso I do § 2º do artigo 513 do atual Codex), o que impõe ônus ao patrono, qual seja o dever de comunicar o devedor do desfecho desfavorável da demanda, alertando-o das consequências jurídicas da ausência do cumprimento voluntário. 4. Assim, uma vez constatada a hipótese de incidência da norma disposta no artigo 229 do Novo CPC (litisconsortes com procuradores diferentes), o prazo comum para pagamento espontâneo deverá ser computado em dobro, ou seja, trinta dias úteis. 5. No caso dos autos, o cumprimento de sentença tramita em autos físicos, revelando-se incontroverso que as sociedades empresárias executadas são representadas por patronos de escritórios de advocacia diversos, razão pela qual deveria ter sido computado em dobro o prazo para o cumprimento voluntário da obrigação pecuniária certificada na sentença transitada em julgado. 6. Ocorrido o pagamento tempestivo, porém parcial, da dívida executada, incide, à espécie, o § 2º do artigo 523 do CPC de 2015, devendo incidir a multa de dez por cento e os honorários advocatícios (no mesmo percentual) tão somente sobre o valor remanescente a ser pago por qualquer dos litisconsortes. 7. Recurso especial provido para, considerando tempestivo o depósito judicial realizado a menor por um dos litisconsortes passivos, determinar que a multa de dez por cento e os honorários advocatícios incidam apenas sobre o valor remanescente a ser pago. (STJ; REsp 1693784; DF; Quarta Turma; Rel. Min. Luis Felipe Salomão, Julg. 28/11/2017, DJe 05/02/2018)

Apontando que não se aplica, nem subsidiariamente, a regra do art. 219 do CPC ao feitos regidos pelo ECA.

✓ Nos termos do caput do art. 198 do ECA, nos procedimentos regulados pelo Estatuto da Criança e do Adolescente, adotar-se-á o sistema recursal do Código de Processo Civil, com as adaptações da lei especial trazidas nos incisos do citado dispositivo legal. Assim, consoante o texto expresso no inciso II, em todos os recursos, salvo os embargos de declaração, o prazo será decenal e a sua contagem ocorrerá de forma corrida, conforme expressa previsão do art. 152, § 2º, do ECA. Uma vez que existe norma sobre a contagem do prazo em dias corridos na lei especial, não há lacuna a atrair a aplicação subsidiária ou supletiva da regra do Código de Processo Civil, que prevê o cálculo em dias úteis. Eventual conflito na interpretação das leis deve ser solucionado por meio de critérios hierárquico, cronológico ou da especialidade. O Código de Processo Civil não é norma jurídica superior à Lei n. 8.069/1990. O art. 198 do ECA (redação dada pela Lei n. 12.594/2012), por sua vez, não prevalece sobre o art. 152, § 2º (incluído pela Lei n. 13.509/2017), dispositivo posterior que regulou inteiramente a contagem dos prazos. Prepondera, assim, a especialidade, de modo que a regra específica do Estatuto da Criança e do Adolescente impede a incidência do art. 219 do CPC/2015. (STJ, HC 475.610-DF, Rel. Min. Rogerio Schietti Cruz, Sexta Turma, por unanimidade, julgado em 26/03/2019, DJe 03/04/2019).

Considerando que o prazo para impetração de mandado de segurança deve ser computado em dias corridos.

✓ AGRAVO INTERNO. MANDADO DE SEGURANÇA. PRAZO PARA IMPETRAÇÃO. ART. 23 DA LEI Nº 12.016/09. NATUREZA DECADENCIAL. SÚMULA Nº 632 DO EXCELSO SUPREMO TRIBUNAL FEDERAL. CONTAGEM EM DIAS CORRIDOS. NÃO APLICABILIDADE DO ART. 219 DO CÓDIGO DE PROCESSO CIVIL DE 2.015. O Excelso Supremo Tribunal Federal, quando da edição da Súmula nº 632, considerou constitucional o prazo estabelecido pelo art. 23 da Lei nº 12.016/09, ocasião em que reconheceu, expressamente, o seu caráter decadencial. Sendo decadencial o prazo para a impetração do mandado de segurança, a sua contagem é realizada em dias corridos, não havendo razão para que seja aplicada a regra do art. 219 do Código de Processo Civil de 2.015, mesmo porque o parágrafo único do referido dispositivo registra que apenas os prazos processuais deverão ser contados em dias úteis. (TJMG; AgInt 1.0000.17.001723-0/001; Relª Desª Ana Paula Caixeta; Julg. 30/11/2017; DJEMG 05/12/2017); MANDADO DE SEGURANÇA. Decadência. Ação ajuizada depois de transcorrido o prazo de 120 dias, previsto no art. 23 da Lei nº 12.016/09. Prazo decadencial, contado em dias corridos, que não se suspende nem se interrompe. Extinção do processo sem julgamento de mérito, falta de interesse processual por inadequação da via eleita. Sentença denegatória confirmada. Recurso de apelação desprovido, com observação. (TJSP; APL 1014387-59.2017.8.26.0114; Ac. 10920670; São Paulo; Décima Segunda Câmara de Direito Público; Rel. Des. J.M. Ribeiro de Paula; Julg. 25/10/2017; DJESP 24/11/2017; Pág. 2671). No mesmo sentido, TRF 4ª R.; AG 5002995-53.2017.404.0000; Terceira Turma; Relª Desª Fed. Marga Inge Barth Tessler; Julg. 16/05/2017; DEJF 18/05/2017. Contudo, apontando a natureza processual do prazo para a impetração do mandado de segurança, o que poderia levar à conclusão (não expressa no precedente) de contagem somente nos dias úteis: PROCESSUAL CIVIL. RECURSO ORDINÁRIO EM MANDADO DE SEGURANÇA. ICMS. VALOR ADICIONADO. APURAÇÃO DOS ÍNDICES PERCENTUAIS DOS MUNICÍPIOS. PUBLICAÇÃO DO ATO PELO ESTADO. IMPUGNAÇÃO ADMINISTRATIVA. TERMO INICIAL DO PRAZO PARA A IMPETRAÇÃO. 1. O ato de publicação dos índices do valor adicionado pelo Estado não pode ser considerado, isoladamente, para determinar o termo inicial do prazo legal para a impetração do mandado de segurança, porquanto a decisão da impugnação administrativa, mesmo sem efeito suspensivo, reabre à municipalidade a oportunidade de discutir os índices no âmbito judicial, caso lhe seja contrária, e até mesmo porque, para fins de valor adicionado, o repasse financeiro correlato só ocorrerá a partir do primeiro dia do ano imediatamente seguinte, momento em que, efetivamente, poderá haver, em tese, violação ao direito do ente municipal. 2. O prazo legal para a impetração do mandamus tem natureza processual, razão pela qual se lhe aplica a norma do Código de Processo Civil que posterga o início do lapso para o primeiro dia útil seguinte ao da ciência do ato impugnado (art. 184 do CPC/1973 ou art. 224 do CPC/2015). 3. Na hipótese dos autos, considerando-se o dia 23/12/2009, posterior ao dia da postagem da carta de resposta, como a data de ciência da decisão administrativa pelo município, o prazo para a impetração teve início em 24/12/2009, de tal sorte que é tempestivo o writ protocolizado aos 22/04/2010. 4. Recurso ordinário provido. (STJ; RMS 36.054; MG; Primeira Turma; Rel. Min. Gurgel de Faria; Julg. 10/05/2016; DJe 02/06/2016).

Entendendo que o prazo de suspensão de ações contra a empresa em recuperação judicial (stay period) deve ser contado apenas nos dias úteis.

✓ AGRAVO DE INSTRUMENTO. RECUPERAÇÃO JUDICIAL. STAY PERIOD. Contagem de prazo de suspensão do art. 6º, §4º, da Lei n. 11.101/05, que deve ser feita em dias úteis de acordo com o art. 219 do CPC/15. O cômputo dos dias úteis contribui para a segurança jurídica ao estabelecer critério objetivo ao mesmo tempo em que favorece a eficiência da recuperação judicial e maior oportunidade para a recuperanda cumprir os atos processuais que visam à recuperação judicial em prol de sua própria preservação (art. 47 da Lei n. 11.101/05). Decisão mantida. Recurso improvido. (TJSP; AI 2198137-98.2017.8.26.0000; Ac. 10943734; São Paulo; Primeira Câmara Reservada de Direito Empresarial; Rel. Des. Hamid Bdine; Julg. 01/11/2017; DJESP 08/11/2017; Pág. 1785); RECUPERAÇÃO JUDICIAL. DECISÃO QUE DETERMINOU QUE A CONTAGEM DO PRAZO DE SUSPENSÃO PREVISTO NO § 4º DO ART. 6º DA LEI Nº 11.101/2005 SEJA REALIZADA EM DIAS CORRIDOS. AGRAVO DE INSTRUMENTO DA RECUPERANDA. Natureza eminentemente processual do stay period, cabendo aplicar-se o disposto no art. 219 do CPC/2015. Jurisprudência da 1ª Câmara de Direito Empresarial deste TJSP, a abonar a contagem em dias úteis. Reforma da decisão agravada. Agravo de instrumento a que se dá provimento. (TJSP; AI 2061842-54.2017.8.26.0000; Ac. 10699604; Osasco; Primeira Câmara Reservada de Direito Empresarial; Rel. Des. Cesar Ciampolini; Julg. 15/08/2017; DJESP 18/08/2017; Pág. 2054); AGRAVO DE INSTRUMENTO. DEFERIMENTO DO PROCESSAMENTO DA RECUPERAÇÃO JUDICIAL. DETERMINAÇÃO DE SUSPENSÃO DAS EXECUÇÕES DE TODOS OS CRÉDITOS, INCLUSIVE AQUELES DE NATUREZA EXTRACONCURSAL (ART. 49, PARÁGRAFOS 3º E 4º DA LEI Nº 11.101/2005). Crédito com garantia fiduciária. Não sujeição aos efeitos da recuperação judicial quando atendidos os requisitos do art. 1.361, § 1º do CC e/ou do art. 33 da Lei n. 10.931/2004. Prudência que impõe a análise dos títulos com vencimento posterior ao deferimento da recuperação judicial, dados em garantia fiduciária. Prazo de suspensão por 180 dias (stay period). Natureza processual do prazo. Contagem. Aplicação do art. 219 do CPC/2015. (...) Conhecimento e desprovimento do recurso. (TJRJ; AI 0004393-70.2017.8.19.0000; Teresópolis; Vigésima Segunda Câmara Cível; Rel. Des. Carlos Santos de Oliveira; DORJ 10/08/2017; Pág. 493); AGRAVO DE INSTRUMENTO. RECUPERAÇÃO JUDICIAL. "STAY PERIOD". SUSPENSÃO DAS EXECUÇÕES. 180 DIAS. CONTAGEM. DIAS ÚTEIS. ART. 219 CPC/15. RECURSO NÃO PROVIDO. Diz o art. 219, caput do CPC que "na contagem de prazo em dias, estabelecido por Lei ou pelo juiz, computar-se-ão somente os dias úteis". O prazo do "stay period" é predominantemente processual, ao repercutir dentro do processo de recuperação, estabelecendo espaço temporal suficiente para deliberação sobre o plano em assembleia de credores, e fora dele, ao produzir efeitos em outros processos, suspendendo-os. O prazo deve ser contado em dias úteis, portanto, nos termos do art. 219 do CPC/15. (TJMG; AI 1.0431.16.000697-6/008; Rel. Des. Belizário Antônio de Lacerda; Julg. 25/08/2017; DJEMG 29/08/2017); AGRAVO DE INSTRUMENTO. CIVIL. RECUPERAÇÃO JUDICIAL. SUSPENSÃO DOS PRAZOS PROCESSUAIS. ARTIGO 6º, §4º, LEI Nº 11.101/05 C/C O ARTIGO 219, DO CÓDIGO DE PROCESSO CIVIL. A entrada em vigor do Código de Processo Civil de 2015 trouxe nova interpretação ao artigo 6º, §4º, da Lei nº 11.101/05, ao entender que o prazo de 180 dias de suspensão do prazo da prescrição e da tramitação de ações e execuções movidas em face do devedor deve ser contado em dias úteis porque é considerado prazo processual. (TJDF; Proc 0708.03.6.282017-8070000; Ac. 104.5318; Sexta Turma Cível; Rel. Des. Esdras Neves; Julg. 11/09/2017; DJDFTE 19/09/2017); AGRAVO DE INSTRUMENTO. AÇÃO DE RECUPERAÇÃO JUDICIAL. PERÍODO DE BLINDAGEM DA RECUPERANDA. STAY PERIOD. PRAZO DE NATUREZA PREDOMINANTEMENTE PROCESSUAL. CONTAGEM EM DIAS ÚTEIS. APLICAÇÃO DO ART. 219 DO CPC/2015. DECISÃO MANTIDA. RECURSO CONHECIDO E NÃO PROVIDO. Contagem de prazo de suspensão do art. 6º, § 4º, da Lei n. 11.101/05, que deve ser feita em dias úteis de acordo com o art. 219 do CPC/15. O cômputo dos dias úteis contribui para a segurança jurídica ao estabelecer critério objetivo ao mesmo tempo em que favorece a eficiência da recuperação judicial e maior oportunidade para a recuperanda cumprir os atos processuais que visam à recuperação judicial em prol de sua própria preservação. Precedentes. (TJMS; AI 1409759-03.2017.8.12.0000; Primeira Câmara Cível; Relª Desª Tânia Garcia de Freitas Borges; DJMS 07/12/2017; Pág. 149); AGRAVO DE INSTRUMENTO. AÇÃO DE BUSCA E APREENSÃO. ALIENAÇÃO FIDUCIÁRIA. PRELIMINAR DE NÃO CONHECIMENTO DO AGRAVO. ROL DO ART. 1.015 DO CPC. REJEIÇÃO. SUSPENSÃO DA AÇÃO PELO PRAZO DE 180 DIAS. ART. 6º, § 4º DA LEI Nº 11.101/2005. IMPOSSIBILDIADE. MANUTENÇÃO NA POSSE DOS BENS. ART. 49, § 3º DA LEI Nº 11.101/2005. 1. Superada a preliminar de não cabimento do agravo de instrumento contra a decisão que indeferiu o pedido de suspensão da ação de busca e apreensão em virtude do deferimento do pedido de recuperação judicial da empresa, deve ser analisado a questão de fundo do presente recurso. 2. Os créditos do credor titular da posição de proprietário fiduciário não se sujeitam aos efeitos da recuperação judicial, razão pela qual não há falar em suspensão da ação de busca e apreensão. Todavia, a parte final do disposto no § 3º do art. 49 da Lei nº 11.101/2005 expressamente prevê a manutenção na posse, pelo prazo de 180 dias (§ 4º do art. 6º da Lei nº 11.110/2005) de bens de capital essenciais a atividade empresarial. 3. No que diz respeito à forma de contagem do prazo de 180 dias (art. 6º, § 4º da Lei nº 11.101/2005), se em dias úteis ou em dias corridos, verifica-se que não há nenhuma disposição na Lei de Recuperação Judicial. Assim, ausente disposição expressa na Lei de Regência, deve-se aplicar subsidiariamente o Código de Processo Civil, o qual prevê no art. 219 que na contagem de prazo em dias, estabelecido por Lei ou pelo juiz, computar-se-ão somente os dias úteis. 4. Comprovada a existência de informação ao juízo da recuperação judicial bem como a essencialidade dos bens alienados fiduciariamente para o desenvolvimento das atividades da empresa, entendo que deve ser deferido o pedido de manutenção na posse dos bens pelo prazo de suspensão de 180 dias úteis, a teor do disposto no § 3º do art. 49 da Lei nº 11.101/2005 c/c o art. 219 do CPC/2015. (TRF 4ª R.; AG 5054768-74.2016.404.0000; Terceira Turma; Relª Desª Fed. Marga Inge Barth Tessler; Julg. 04/04/2017; DEJF 06/04/2017). Contra, entendendo que a contagem deve ser em dias corridos: AGRAVO DE INSTRUMENTO. Recuperação Judicial. Decisão singular que defere a contagem do prazo previsto no § 4º do artigo 6º da Lei n. 11.101/2005 em dias úteis. Descabimento. No entendimento do Relator, o prazo de 180 dias contado do deferimento do processamento da recuperação é improrrogável e a contagem em dias úteis configura injustificada prorrogação contra legem. Stay period configura-se prazo de natureza material, de modo que a sua contagem deve se dar em dias corridos. Inaplicabilidade da forma de contagem em dias úteis instituída no art. 219 do CPC/15. Decisão reformada. Agravo Provido. Dispositivo: Deram provimento ao recurso para declarar a contagem do prazo de suspensão das ações em dias corridos. (TJSP; AI 2136791-83.2016.8.26.0000; Ac. 10470338; São Paulo; Segunda Câmara Reservada de Direito Empresarial; Rel. Des. Ricardo Negrão; Julg. 29/05/2017; DJESP 09/06/2017; Pág. 2038); RECUPERAÇÃO JUDICIAL. STAY PERIOD. SUSPENSÃO DAS AÇÕES E EXECUÇÕES EM FACE DO DEVEDOR PREVISTA NO §4º DO ART. 6º DA LEI Nº 11.101/2005. Prazo de natureza material. Contagem que se faz em dias corridos e não úteis. Inaplicabilidade do caput do art. 219 do Código de Processo Civil. Entendimento adotado pela Câmara. Decisão reformada para determinar a contagem em dias corridos. Recurso provido. (TJSP; AI 2102149-50.2017.8.26.0000; Ac. 10938663; São Paulo; Segunda Câmara Reservada de Direito Empresarial; Rel. Des. Araldo Telles; Julg. 30/10/2017; DJESP 09/11/2017; Pág. 1971); AGRAVO DE INSTRUMENTO. RECUPERAÇÃO JUDICIAL. CRÉDITO GARANTIDO POR ALIENAÇÃO FIDUCIÁRIA. TRAVAS BANCÁRIAS LIBERAÇÃO. MANUTENÇÃO DA POSSE DOS BENS. SUSPENSÃO DAS AÇÕES E EXECUÇÕES. STAY PERIOD. PRAZO MATERIAL. TRANSCURSO DO PRAZO EM DIAS CORRIDOS. 1. Na esteira do disposto no art. 49, §3º da Lei n. 11.101/2005, não se sujeitam ao regime da recuperação judicial os créditos decorrentes de alienação fiduciária e arrendamento mercantil. 2. Tratando-se de crédito extraconcursal – Cédulas de crédito bancário com garantia de alienação fiduciária de coisa fungível ou cessão fiduciária de direitos de crédito -, não há submissão ao juízo da recuperação. 3. Possibilidade de manutenção da posse dos bens objeto de alienação fiduciária durante o período da recuperação e suspensão das execuções pelo prazo previsto no artigo 6º, §4º, da Lei n. 11.101/2005. Observância ao princípio da preservação da empresa e manutenção da atividade produtiva (art. 47 da Lei n. 11.101/05). 4. O prazo de 180 dias do stay period previsto no artigo 6º, §4º, da Lei nº 11.101/05 possui natureza material, motivo pelo qual é inaplicável o artigo 219, do CPC, que dispõe sobre a contagem dos prazos processuais em dias úteis. Precedentes. Agravo de instrumento parcialmente provido. (TJRS; AI 0217092-07.2017.8.21.7000; Dois Irmãos; Quinta Câmara Cível; Relª Desª Isabel Dias Almeida; Julg. 29/11/2017; DJERS 05/12/2017).

Indicando que o dispositivo não se aplica ao processo penal.

✓ AGRAVO REGIMENTAL. RECURSO ORDINÁRIO EM MANDADO DE SEGURANÇA. PENAL. PROCESSO PENAL. RECURSO QUE IMPUGNA DECISÃO MONOCRÁTICA DE RELATOR PROFERIDA NA VIGÊNCIA DO NOVO CPC. INTEMPESTIVIDADE. PRAZO LEGAL. 5 DIAS. ART. 39 DA LEI N. 8.038/1990. NORMA ESPECIAL QUE PREVALECE SOBRE A GERAL. 1. O prazo para interposição de agravo regimental, em processo penal, é de 5 dias, de acordo com os arts. 39 da Lei n. 8.038/1990 e 258 do RISTJ, os quais, mesmo após a entrada em vigor da Lei n. 13.105/2015, continuam sendo contados em dias corridos, nos termos do art. 798 do Código de Processo Penal. 2. Agravo regimental não conhecido. (STJ; AgRg-RMS 51.887; Proc. 2016/0229375-6; RJ; Sexta Turma; Rel. Min. Sebastião Reis Júnior; DJE 21/11/2017)

Art. 220. Suspende-se o curso do prazo processual nos dias compreendidos entre 20 de dezembro e 20 de janeiro, inclusive.

→ *v.* Art. 775-A da CLT.
→ *v.* Art. 39 do Decreto-lei 3.365/1941.
→ *v.* Art. 62, I da Lei 5.010/1966.
→ *v.* Art. 66, § 1º, da LC 35/1979.
→ *v.* Art. 58, I, da Lei 8.245/1991.
→ *v.* Art. 313, VIII do CPC.

§ 1º Ressalvadas as férias individuais e os feriados instituídos por lei, os juízes, os membros do Ministério Público, da Defensoria Pública e da Advocacia Pública e os auxiliares da Justiça exercerão suas atribuições durante o período previsto no *caput*.

→ *v.* Enunciado 21 do CJF: A suspensão dos prazos processuais prevista no *caput* do art. 220 do CPC estende-se ao Ministério Público, à Defensoria Pública e à Advocacia Pública.

§ 2º Durante a suspensão do prazo, não se realizarão audiências nem sessões de julgamento.

Possibilidade de realização de intimação no período de suspensão, pese o curso do prazo para a prática do ato processual só ser retomada após o fim do período.

✓ O art. 220 do CPC apenas suspende o curso dos prazos processuais no período de 20/12 a 20/1, mas não suspende a prática dos atos, que poderá ser realizada em qualquer dia útil, nos termos do art. 212 c/c art. 216 do CPC, não havendo assim, impedimento para a realização da intimação (STJ, AgInt nos EDcl no AREsp 1563799 / PR, Segunda Turma, Rel. Min. Francisco Falcão, julgado em 10.08.2020) ou publicação (STJ, AgInt nos EDcl no AREsp 1604573/SE, Rel. Min. Moura Ribeiro, 3ª Turma, j. 31.08.2020).

✓ O curso do prazo processual fica suspenso durante os dias compreendidos entre 20 de dezembro e 20 de janeiro, inclusive. Portanto, nas hipóteses em que a ciência da decisão judicial se dá durante o recesso forense, o termo a quo para a contagem do prazo recursal é o primeiro dia útil subsequente a 20 de janeiro. Inteligência do art. 220 do Código de Processo Civil (STJ, AgInt nos EDcl no AREsp 1495885/SP, Rel. Sérgio Kukina, 1ª Turma, j. 14.09.2020).

Concluindo que a suspensão se aplica ao prazo para cumprimento de decisão judicial, sob pena de multa diária.

✓ AGRAVO DE INSTRUMENTO. CUMPRIMENTO DE SENTENÇA CONTRA A FAZENDA PÚBLICA. REINCLUSÃO NO FUSEX. Declaração provisória de beneficiária. Astreintes. Inocorrência. Art. 220 do CPC. O artigo 220 do CPC (Suspende-se o curso do prazo processual nos dias compreendidos entre 20 de dezembro e 20 de janeiro, inclusive) aplica-se aos prazos processuais, inclusive ao relativo à intimação da parte para o cumprimento de obrigação de fazer, sob pena de multa diária, fixada em decisão judicial. A entrega de declaração provisória de beneficiária do FUSEX consubstancia o efetivo cumprimento da obrigação de reinclusão no plano de saúde do Exército, não havendo se falar em descumprimento de ordem judicial neste caso. (TRF 4ª R.; AG 5009845-26.2017.404.0000; Quarta Turma; Rel. Des. Fed. Sérgio Renato Tejada Garcia; Julg. 13/09/2017; DEJF 19/09/2017).

Entendendo que a suspensão não se aplica ao prazo para impetração de mandado de segurança.

✓ MANDADO DE SEGURANÇA. CONURSO PÚBLICO. AGENTE DE SEGURANÇA PRISIONAL DO ESTADO DE GOIÁS. DECADÊNCIA. PRAZO DE 120 DIAS CORRIDOS. RECESSO FORENSE. NÃO SUSPENDE PRAZO. 1. Impetrado mandado de segurança quando já decorridos 120 (cento e vinte dias) dias da ciência do ato objeto da impetração, resta configurada a decadência. 2. Tratando-se de prazo decadencial, não se sujeita à suspensão em razão do recesso forense. Segurança denegada. (TJGO; MS 0059661-25.2016.8.09.0000; Goiânia; Primeira Câmara Cível; Rel. Des. Orloff Neves Rocha; DJGO 15/04/2016; Pág. 86).

Apontando que a suspensão não se aplica ao processo penal.

✓ AGRAVO REGIMENTAL NOS EMBARGOS DE DECLARAÇÃO NO AGRAVO EM RECURSO ESPECIAL. APELO NOBRE INTERPOSTO SOB A ÉGIDE DO NOVO CPC. PRAZO LEGAL DE 15 (QUINZE) DIAS. CÔMPUTO EM DIAS CORRIDOS. INTEMPESTIVIDADE. ARTIGO 798 DO CPP. INSURGÊNCIA DESPROVIDA. 1. Após a entrada em vigor da Lei n. 13.105/2015, a Terceira Seção desta Corte Superior assentou entendimento no sentido de que, nos processos e recursos que tratam de matéria penal, o prazo continua a ser contado em dias corridos, em razão de disposição específica do art. 798 do Código de Processo Penal. 2. A Corte Especial deste Sodalício firmou entendimento no sentido de que a suspensão dos prazos processuais prevista no artigo 220 do CPC não se aplica aos processos criminais, razão pela qual sua contagem permanece ininterrupta, e, caso o termo final ocorra naquele período, o prazo será prorrogado para o primeiro dia útil subsequente ao seu término. 3. No caso, o acórdão recorrido foi publicado em 11.11.2016 e o Recurso Especial foi interposto apenas em 30.11.2016, portanto, fora do prazo legal. 4. Agravo regimental a que se nega provimento. (STJ; AgRg-EDcl-AREsp 1.126.042; Proc. 2017/0161332-2; SP; Quinta Turma; Rel. Min. Jorge Mussi; DJE 15/12/2017). No mesmo sentido, STJ; AgRg no AREsp 1079661; RS; Quinta Turma; Rel. Min. Joel Ilan Paciornik; Julg. 24/10/2017; DJe 08/11/2017; AgRg no REsp 1675765; SP; Sexta Turma; Rel. Min. Sebastião Reis Júnior; Julg. 24/10/2017; DJe 06/11/2017.

Art. 221. Suspende-se o curso do prazo por obstáculo criado em detrimento da parte ou ocorrendo qualquer das hipóteses do art. 313, devendo o prazo ser restituído por tempo igual ao que faltava para sua complementação.

→ *v.* Súmula 173 do STF.

Considerando que a retirada dos autos pela parte contrária configura obstáculo criado em detrimento da parte.

✓ AGRAVO DE INSTRUMENTO. AÇÃO COMINATÓRIA DE OBRIGAÇÃO DE FAZER. CONCESSÃO DE TUTELA PROVISÓRIA DE URGÊNCIA EM FAVOR DO AUTOR. PRAZO RECURSAL. RETIRADA DOS AUTOS DE SECRETARIA PELA PARTE AUTORA. OBSTÁCULO EM DETRIMENTO DA OUTRA PARTE. RESTITUIÇÃO DO PRAZO. NECESSIDADE. INTELIGÊNCIA DO ART. 221 DO CPC DE 2015. DECISÃO REFORMADA. AGRAVO PROVIDO. É admissível o agravo que impugna decisão que tem nexo imediato com o exame da tutela antecipada concedida, recorrível nos termos do art. 1.015, I, do CPC de 2015. A retirada dos autos de Secretaria de Juízo pela parte Autora durante o prazo recursal da decisão que concedeu tutela provisória de urgência em seu favor, caracteriza obstáculo criado em detrimento da outra parte, o que atrai a incidência do art. 221 do CPC que prevê, para tais casos, a restituição do prazo por tempo igual ao que faltava para sua complementação. (TJMG; AI 1.0107.15.001886-2/001; Rel. Des. José Marcos Vieira; Julg. 22/11/2017; DJEMG 01/12/2017). No mesmo sentido, TJDF; AGI 2016.00.2.040489-5; Ac. 987.866; Quinta Turma Cível; Rel. Des. Josaphá Francisco dos Santos; Julg. 14/12/2016; DJDFTE 09/02/2017

Mera alegação de que os autos estavam conclusos com o juiz não autoriza a restituição do prazo.

✓ AGRAVO INTERNO EM AGRAVO DE INSTRUMENTO. PROCESSUAL CIVIL. NÃO CONHECIMENTO. ARTIGOS 1.017 E 932, III, DO CPC. 1. O recorrente não cumpriu a determinação contida no artigo 1.017, do CPC, mesmo após ser dada a oportunidade para regularização nos termos do artigo 932, parágrafo único, do CPC. 2. Não prospera a alegação do agravante quanto à aplicação do artigo 221, do CPC, diante da existência de determinação específica quanto à falta de cópia de "qualquer" peça ou no caso de algum vício que comprometa a admissibilidade do agravo de instrumento. 3. De acordo com o teor do artigo 221, do CPC, deverá ser suspenso o "curso do prazo" na existência de obstáculo criado em detrimento da parte ou na ocorrência de qualquer das hipóteses do artigo 313, também do CPC. Entretanto, a argumentação de que "os autos estavam conclusos ao juiz" não se caracteriza "obstáculo criado em detrimento da parte" e não é suficiente para afastar a obrigação do recorrente de apresentar, no momento da interposição do agravo de instrumento, as peças obrigatórias, de acordo com o artigo 1.017, do CPC. 4. Agravo interno a que se nega provimento. (TRF 3ª R.; AgInt-AI 0012499-35.2016.4.03.0000; Quarta Turma; Relª Desª Fed. Marli Marques Ferreira; Julg. 01/02/2017; DEJF 22/02/2017)

Incapacidade laboral da advogada da parte autoriza a suspensão do prazo.

✓ AGRAVO DE INSTRUMENTO. PEDIDO DE RESTITUIÇÃO DE PRAZO. APELAÇÃO. INDEFERIMENTO. PARTE PATROCINADA POR APENAS UMA ADVOGADA. INEXISTÊNCIA DE SUBSTABELECIMENTO. ADVOGADA SUBMETIDA A CIRURGIA. AFASTAMENTO MOTIVADO DAS ATIVIDADES LABORAIS. SUSPENSÃO DO PRAZO PROCESSUAL. 1. Consoante estabelecem os arts. 221 e 313, do CPC, a incapacidade laboral da advogada da parte enseja a suspensão do processo e, além disso, a contagem dos prazos processuais. 2. Agravo de instrumento parcialmente provido. (TJDF; AGI 2016.00.2.043630-7; Ac. 102.5423; Quarta Turma Cível; Rel. Des. Arnoldo Camanho de Assis; Julg. 14/06/2017; DJDFTE 30/06/2017)

Apontando que a parte deve ser intimada do retorno dos autos, para que se restabeleça a contagem do prazo suspenso em virtude da retirada indevida pela parte contrária:

✓ AGRAVO DE INSTRUMENTO. EMBARGOS. IMPENHORABILIDADE. EFEITO SUSPENSIVO. I. Os autos foram indevidamente retirados em carga pelo procurador da parte embargada/agravada, de modo que incide o disposto no art. 221 do CPC/2015. Somado a isso, a parte não foi intimada do retorno ao cartório dos autos indevidamente retirados no curso de prazo recursal; de modo que a recontagem do prazo teve início quando a agravante teve ciência da devolução dos autos. II. Embora a impenhorabilidade, possa ser arguida por simples petição, nada obsta seja deduzida em sede de embargos à penhora. III. Em seu caput, o art. 919, CPC/2015, mantém a disposição do art. 739 – A, caput, do código anterior, de que, em regra, os embargos à execução não terão efeito suspensivo, salvo "quando verificados os requisitos para a concessão da tutela provisória e desde que a execução já esteja garantida por penhora, depósito ou caução suficientes" (919, §1º). Requisitos presentes, na hipótese. Em que pese a matéria (impenhorabilidade) exija dilação probatória, há fortes elementos nos autos a apontar que o imóvel penhorado é o único bem de propriedade da executada e é onde ela reside. IV. A executada/agravante não é a proprietária do imóvel objeto da matrícula nº 114.043, cuja nua propriedade pertence aos seus filhos, de modo que tal circunstância, em princípio, não obsta o reconhecimento da impenhorabilidade alegada em relação ao imóvel penhorado na ação executiva; e o usufruto é inalienável e "da inalienabilidade resulta a impenhorabilidade do usufruto", logo somente se poderia cogitar a penhora dos rendimentos do usufruto, conforme doutrina e jurisprudência. Agravo de instrumento provido. (TJRS; AI 0186051-22.2017.8.21.7000; Porto Alegre; Décima Primeira Câmara Cível; Rel. Des. Luiz Roberto Imperatore de Assis Brasil; Julg. 13/09/2017; DJERS 19/09/2017)

Apontando que a restituição do prazo pela retirada indevida dos autos pela parte contrária somente será concedida se comprovada a procura dos autos no período em que estavam indisponíveis:

✓ AGRAVO DE INSTRUMENTO. APELAÇÃO. RETIRADA DOS AUTOS DO CARTÓRIO PELA PARTE CONTRÁRIA. PEDIDO DE REABERTURA DO PRAZO RECURSAL. IMPOSSIBILIDADE. REQUERIMENTO DE RESTITUIÇÃO DO PRAZO INTEMPESTIVO. NÃO COMPROVAÇÃO DE PROCURA PELOS AUTOS. RECURSO NÃO PROVIDO. Tendo os autos do processo sido retirados da Secretaria durante o decurso do prazo para a realização de ato pela parte, a esta compete, sentindo-se prejudicada, requerer sua restituição antes de seu encerramento. Não restando comprovada a procura dos autos no período em que estes se encontravam fora da Secretaria, inocorrente o obstáculo judicial criado pela parte contrária que teria prejudicado o direito do agravante à ampla defesa e hábil a justificar a devolução do prazo recursal prevista no art. 221 do CPC. Recurso não provido. (TJMG; AI 1.0105.14.020214-1/001; Rel. Des. Veiga de Oliveira; Julg. 19/04/2016; DJEMG 20/05/2016)

Entendendo que a indisponibilidade do sistema de peticionamento eletrônico acarreta a suspensão de prazos (v., porém, precedentes ao art. 224, § 1º, considerando tratar-se de mera prorrogação e desde que no dia do começo ou do vencimento):

✓ AGRAVO DE INSTRUMENTO. AÇÃO DE COBRANÇA. CONTESTAÇÃO. Intempestividade. Sistema de peticionamento eletrônico indisponível. Recebimento da defesa. Admissibilidade. A despeito das regras do art. 8º da Resolução TJSP nº 551/2011, do art. 3º do Provimento CG nº 26/2013, não se pode olvidar que tal estrutura normativa é anterior a nova sistemática processual, segundo a qual na contagem de prazos em dias só se computarão os dias úteis (art. 219, do CPC), bem como que suspende-se o curso dos prazos por obstáculo criado em detrimento da parte (art. 221, do CPC). Dias em que o sistema esteve indisponível que devem ser considerados como dias não úteis. Contestação considerada tempestiva. Recurso desprovido. (TJSP; AI 2124566-94.2017.8.26.0000; Ac. 10779287; Campinas; Décima Segunda Câmara de Direito Privado; Rel. Des. Jacob Valente; Julg. 11/09/2017; DJESP 19/09/2017; Pág. 2092).

Parágrafo único. Suspendem-se os prazos durante a execução de programa instituído pelo Poder Judiciário para promover a autocomposição, incumbindo aos tribunais especificar, com antecedência, a duração dos trabalhos.

→ *v.* Arts. 3º, § 3º, e 166 do CPC.

Simples designação de audiência de mediação, de forma individualizada e sem a instituição de programa pelo Poder Judiciário, não implica a suspensão de prazos:

✓ AGRAVO DE INSTRUMENTO. PROCESSO CIVIL. AÇÃO DE RESCISÃO CONTRATUAL C/C REINTEGRAÇÃO DE POSSE E INDENIZAÇÃO POR PERDAS E DANOS. CUMPRIMENTO DE SENTENÇA. Indenização por benfeitorias. Decisão agravada. Intimação da devedora para pagamento do débito no prazo de dez dias sob pena de penhora. Afronta ao art. 523 do CPC/2015. Prazo de quinze dias para pagamento voluntário. Prazo peremptório. Vedação de redução de prazos peremptórios sem anuência das partes. art. 222, §1º, do CPC/2015. Decisão agravada reformada para restituição do prazo de quinze dias ao devedor para pagamento voluntário. Recurso provido. (TJPR; Ag Instr 1669601-4; Curitiba; Sexta Câmara Cível; Rel. Des. Roberto Portugal Bacellar; Julg. 24/10/2017; DJPR 16/11/2017; Pág. 267).

Art. 222. Na comarca, seção ou subseção judiciária onde for difícil o transporte, o juiz poderá prorrogar os prazos por até 2 (dois) meses.

§ 1º Ao juiz é vedado reduzir prazos peremptórios sem anuência das partes.

§ 2º Havendo calamidade pública, o limite previsto no *caput* para prorrogação de prazos poderá ser excedido.

Impossibilidade de redução do prazo para pagamento espontâneo do art. 523 do CPC,

✓ AGRAVO DE INSTRUMENTO. PROCESSO CIVIL. AÇÃO DE RESCISÃO CONTRATUAL C/C REINTEGRAÇÃO DE POSSE E INDENIZAÇÃO POR PERDAS E DANOS. CUMPRIMENTO DE SENTENÇA. Indenização por benfeitorias. Decisão agravada. Intimação da devedora para pagamento do débito no prazo de dez dias sob pena de penhora. afronta ao art. 523 do CPC/2015. Prazo de quinze dias para pagamento voluntário. Prazo peremptório. Vedação de redução de prazos peremptórios sem anuência das partes. art. 222, §1º, do CPC/2015. Decisão agravada reformada para restituição do prazo de quinze dias ao devedor para pagamento voluntário. Recurso provido. (TJPR; Ag Instr 1669601-4; Curitiba; Sexta Câmara Cível; Rel. Des. Roberto Portugal Bacellar; Julg. 24/10/2017; DJPR 16/11/2017; Pág. 267).

Impossibilidade de concessão de prazo para a apresentação das razões do recurso, se apenas foi protocolada a petição de interposição,

✓ AGRAVO DE INSTRUMENTO. PETIÇÃO DE RECURSO DE REVISTA INCOMPLETA. APRESENTAÇÃO APENAS DA PETIÇÃO DE INTERPOSIÇÃO. AUSÊNCIA DE FALHA NO SISTEMA DE TRANSMISSÃO. VÍCIO INSANÁVEL. I. No prazo do recurso de revista a Recorrente protocolou apenas a petição de interposição, acompanhada de substabelecimento e da guia do depósito recursal. II. A intimação para sanar o vício, como defendido pela Agravante, resultaria no elastecimento do prazo recursal sem justificativa. O art. 932, parágrafo único, do CPC, embora aplicável ao Processo do Trabalho, não autoriza o elastecimento de prazo peremptório fora das hipóteses legais (art. 222 do CPC). III. Não foi demonstrada a existência de problema no sistema do Processo Eletrônico, logo, o erro na transmissão só pode ser atribuído àquele que transmitiu a peça de forma incompleta. IV. As garantias constitucionais devem ser exercitadas com obediência às regras processuais vigentes. Não constitui violação do princípio da legalidade a denegação de recurso de revista que não preenche os requisitos legais. V. Dessa forma, incólumes os arts. 5º, II e 37, caput, da CR e 932, parágrafo único, do CPC. VI. Agravo de instrumento de que se conhece e a que se nega provimento. (TST; AIRR 0001396-95.2014.5.06.0012; Sexta Turma; Relª Desª Conv. Cilene Ferreira Amaro Santos; DEJT 22/09/2017; Pág. 2710)

Segunda determinação de emenda à petição inicial deve contemplar a concessão do prazo legal de quinze dias (art. 321), se não é mera reiteração da determinação anterior de emenda:

✓ PROCESSUAL CIVIL. EMENDA À PETIÇÃO INICIAL. REDUÇÃO DO PRAZO PEREMPTÓRIO DE 15 DIAS. ERROR IN PROCEDENDO. ARTS. 222, §1º E 321 DO CPC. RECURSO CONHECIDO E PROVIDO. SENTENÇA CASSADA. 1. O art. 321 do CPC estabelece que se o juiz verificar que a petição apresenta defeitos e irregularidades capazes de dificultar o julgamento de mérito, determinará que o autor, no prazo de 15 (quinze) dias, a emende ou a complete, indicando com precisão o que deve ser corrigido ou completado, sob pena de indeferimento da inicial. 2. Se a segunda determinação de emenda à inicial não é mera reiteração da primeira, que teria, inclusive, se revelado fruto de equívoco judicial em razão do descompasso com a hipótese fática apresentada pela parte, e possui, desse modo e nessa medida, razão distinta, a redução do prazo é causa de nulidade, por preterição à expressa disposição do art. 222, §1º, do Código de Processo Civil, que veda ao juiz a redução de prazos peremptórios, ou prazos próprios cuja inobservância gera preclusão. 3. Recurso conhecido e provido. Sentença cassada. (TJDF; APC 2016.06.1.008670-8; Ac. 976.562; Segunda Turma Cível; Relª Desª Sandra Tonussi; Julg. 26/10/2016; DJDFTE 04/11/2016)

Art. 223. Decorrido o prazo, extingue-se o direito de praticar ou de emendar o ato processual, independentemente de declaração judicial, ficando assegurado, porém, à parte provar que não o realizou por justa causa.

→ v. Enunciado 124 do CJF: Não há preclusão consumativa do direito de apresentar contestação, se o réu se manifesta, antes da data da audiência de conciliação ou de mediação, quanto à incompetência do juízo.

§ 1º Considera-se justa causa o evento alheio à vontade da parte e que a impediu de praticar o ato por si ou por mandatário.

§ 2º Verificada a justa causa, o juiz permitirá à parte a prática do ato no prazo que lhe assinar.

Pandemia COVID 19 não configura justa causa para suspensão do prazo para recursos.

✓ DIREITO PROCESSUAL CIVIL. AGRAVO INTERNO CONTRA DECISÃO MONOCRÁTICA QUE INDEFERIU PEDIDO DE DEVOLUÇÃO DO PRAZO. IRRESIGNAÇÃO SUBMETIDA AO CPC. RECURSO NÃO PROVIDO. 1. As disposições do CPC, no que se refere aos requisitos de admissibilidade dos recursos, são aplicáveis ao caso concreto ante os termos do Enunciado Administrativo nº 3, aprovado pelo Plenário do STJ na sessão de 9/3/2016. 2. Os reflexos da pandemia do COVID-19 nos prazos processuais perante o STJ foram suficientemente disciplinados pelas Resoluções STJ/GP nº 5, 6 e 10 de 2020. 3. O art. 5º da Resolução STJ nº 5/2020 suspendeu todos os prazos processuais no período entre 19/2/2020 e 17/4/2020. A Resolução nº 6/2020 estendeu essa suspensão até o dia 30/4/2020 e, em seguida, a Resolução nº 10/2020 determinou que os prazos suspensos voltariam a fluir a partir do dia 4/5/2020. 4. Incabível, portanto, permitir a devolução de prazo recursal com base na alusão genérica à pandemia do COVID-19 e à necessidade de isolamento social, sem indicação de situação concreta e específica capaz de configurar justa causa para inobservância do prazo recursal (STJ, AgInt na PET no AREsp 1600820/SP, Rel. Min. Moura Ribeiro, 3ª Turma, j. 26.10.2020).

Entendendo que o protocolo de petição suscitando nulidade no julgamento de embargos de declaração acarreta preclusão consumativa para o recurso especial:

✓ RECURSO INTERPOSTO NA VIGÊNCIA DO CPC/2015. ENUNCIADO ADMINISTRATIVO Nº 3. AGRAVO INTERNO EM RECURSO ESPECIAL. PROCESSUAL CIVIL. PRECLUSÃO CONSUMATIVA. ART. 223, DO CPC/2015. 1. Dos autos consta às e-STJ fls. 3065/3066 certidão onde a CONTRIBUINTE foi intimada do acórdão proferido pela Corte de Origem nos aclaratórios em 12/09/2016. Ocorre que, ao invés de interpor o competente recurso especial, a parte optou por protocolar em 13/09/2019 petição onde arguiu nulidade no julgamento dos embargos de declaração (e-STJ fls. 3067/3069). O recurso especial somente o foi interposto em 03/10/2016 (e-STJ fls. 3093). Desse modo, a situação é de evidente preclusão consumativa para a interposição do recurso especial. Aplicação do art. 223, do CPC/2015. Precedentes: AgRg nos EREsp 1525676 / SP, Corte Especial, Rel. Min. Maria Thereza de Assis Moura; Julg. 02.12.2015; AgRg no RE nos EDcl nos EAREsp 470134 / DF, Corte Especial, Rel. Min. Laurita Vaz; Julg. 18.11.2015. 2. Agravo interno não provido. (STJ; AgInt nos EDcl no REsp 1640561; PE; Segunda Turma; Rel. Min. Mauro Campbell Marques; Julg. 05/09/2017; DJe 14/09/2017).

Considerando que a justa causa deve ser comprovada na vigência do prazo ou em até cinco dias da cessação do impedimento:

✓ AGRAVO INTERNO NOS EMBARGOS DE DECLARAÇÃO NO AGRAVO INTERNO. AUSÊNCIA DE NOVOS FUNDAMENTOS CAPAZES DE MODIFICAR A DECISÃO

IMPUGNADA. INEXISTÊNCIA DE JUSTA CAUSA PARA CONHECIMENTO DE RECURSO INTEMPESTIVO. INCONFORMISMO COM RESULTADO DA LIDE. AGRAVO IMPROVIDO. 1. Nos termos do artigo 183 do CPC/1973 c/c artigo 223 do CPC/2015, decorrido o prazo para a interposição do recurso, extingue-se o direito de praticar o ato, exceto se a parte comprovar a ocorrência de justa causa. 2. Segundo consolidada jurisprudência, a tempestividade é matéria de ordem pública, podendo ser reconhecida, a qualquer tempo, pelo julgador. A justa causa, porém, justificante da interposição do recurso extemporâneo, deve ser comprovada na vigência do prazo ou até 5 (cinco) dias após a cessação do impedimento. 3. Sendo intempestivo o recurso interposto pela ora agravante, por não ter sido protocolado dentro do prazo legal, apresenta-se descabido o argumento da existência de força maior, pois a recorrente apenas apresentou seus motivos sobre a alegada justa causa dias após a interposição do agravo interno extemporâneo. 4. O mero inconformismo com o resultado da lide não pode servir de fundamento para interposição reiterada de recursos, fato que pode ensejar a aplicação de multa pelo abuso no direito de recorrer. Precedentes da Corte Especial. 5. Agravo improvido. (STJ; AgInt-EDcl-AgInt-EAREsp 247.327; Proc. 2014/0248310-0; PR; Corte Especial; Rel. Min. Jorge Mussi; DJE 25/11/2016)

Considerando que informações incorretas no sistema informatizado dos Tribunais são justa causa a fim de justificar a devolução do prazo para recurso.

✓ A Corte Especial no REsp 1.324.432/SC (DJe 10/5/2013) "admitiu o uso das informações constantes do andamento processual disponíveis no sítio eletrônico do Tribunal de origem para aferição da tempestividade quando constatado erro na informação divulgada" (STJ, AgInt no AgInt nos EDcl no AREsp 1466536/PR, Rel. Ministro Mauro Campbell Marques, 2ª Turma, julgado em 01/06/2020, DJe 05/06/2020). Na mesma linha, ambas as Turmas integrantes da Primeira Seção deste Tribunal Superior, à luz do disposto no art. 223, § 1º, do CPC/2015 (art. 183, caput e § 1º, do CPC/1973), vêm entendendo que as informações apresentadas de modo incorreto pelo serviço eletrônico configuram justa causa apta a afastar a intempestividade do recurso, quando verificar a boa-fé da parte prejudicada (AgInt no AREsp 1385652/TO, de minha relatoria, PRIMEIRA TURMA, julgado em 23/09/2019, DJe 26/09/2019) (STJ, AgInt no AREsp 1640644/MT, Rel. Min. Gurgel de Faria, 1ª Turma, j. 31.08.2020).

Simples atestado médico não comprova a impossibilidade de o advogado praticar o ato e não enseja a caracterização de justa causa:

✓ ELEIÇÕES 2016. AGRAVO REGIMENTAL EM AGRAVO. RECURSO ESPECIAL INADMITIDO NA ORIGEM PORQUE INTERPOSTO FORA DO TRÍDUO LEGAL. NÃO APLICABILIDADE, NA JUSTIÇA ELEITORAL, DA CONTAGEM DE PRAZO EM DIAS ÚTEIS PREVISTA NO ART. 219 DO CPC/15. RES. -TSE 23.478/16 E PRECEDENTES DESTA CORTE. AGRAVO REGIMENTAL INTERPOSTO, TAMBÉM, INTEMPESTIVAMENTE. NÃO CONHECIMENTO. 1. É intempestivo o Agravo Regimental manejado após o prazo de 3 dias contados da publicação da decisão monocrática no Diário da Justiça eletrônico. 2. Não merece acolhimento a alegação da agravante de que deve ser considerado tempestivo o apelo, em razão de justa causa, nos termos do art. 223 do CPC/15. Conforme entendimento firmado pelo STJ, somente se configura força maior quando demonstrada a absoluta impossibilidade de o Patrono da parte exercer a profissão ou substabelecer o mandato, não constituindo hipótese de justa causa, por si só, o fato de o Advogado se encontrar de atestado médico (Precedente STJ: AgInt no AREsp 907.557/MG, Rel. Min. MAURO CAMPBELL MARQUES; DJe 19.12.2016). 3. Mesmo que, por hipótese, se conhecesse do presente Agravo Regimental, o Agravo não comportaria provimento, porque o Recurso Especial foi, de fato, interposto intempestivamente, não prosperando as alegações da agravante de que devem ser adotadas, subsidiariamente, ao caso dos autos, as regras do CPC/15, mais precisamente o art. 219, que prevê a contagem do prazo em dias úteis. Entendimento do TSE materializado na Resolução 23.478/16 e no AGR-REspe 44-61/SP, de relatoria do eminente Ministro Luiz FUX, publicado no DJe de 26.10.2016. 4. Agravo Regimental não conhecido. (TSE; AgR-g-AI 225-19.2016.6.09.0125; GO; Rel. Min. Napoleão Nunes Maia Filho; Julg. 03/10/2017; DJETSE 01/12/2017; Pág. 78). No mesmo sentido, TJCE; AI 0628766-50.2015.8.06.0000; Terceira Câmara de Direito Privado; Relª Desª Lira Ramos de Oliveira; DJCE 05/04/2017.

Doença do advogado só se considera justa causa se não houver possibilidade de exercer o mister ou substabelecer outro profissional

✓ AGRAVO INTERNO NO AGRAVO EM RECURSO ESPECIAL. 1. PEDIDO DE RESTITUIÇÃO DO PRAZO RECURSAL. DOENÇA DO ADVOGADO. JUSTA CAUSA. NÃO COMPROVAÇÃO. PRECEDENTES. 2. INTERPOSIÇÃO DO AGRAVO APÓS O TRANSCURSO DO PRAZO DE 15 DIAS ÚTEIS (ART. 219, C/C O ART. 1.003, § 5º, DO CPC/2015). INTEMPESTIVIDADE RECONHECIDA. 3. AGRAVO INTERNO NÃO CONHECIDO. 1. De fato, "consoante a jurisprudência desta Corte, a doença que acomete o advogado somente se caracteriza como justa causa, a ensejar a devolução do prazo, quando o impossibilita totalmente de exercer a profissão ou de substabelecer o mandato, circunstância não comprovada no caso" (AgInt no AREsp 1.534.425/MA, Rel. Ministro Antonio Carlos Ferreira, Quarta Turma, julgado em 23/3/2020, DJe 26/3/2020). 1.1. Na hipótese, apesar de a advogada ser a única constituída nos autos, o atestado médico, por si só, não se mostra capaz de apontar a total impossibilidade da prática do ato processual, uma vez que nem sequer consta o CID da respectiva doença e tampouco ficou comprovada a impossibilidade de substabelecimento a outro advogado (STJ, AgInt no AREsp 1656951/GO, Rel. Min. Marco Aurélio Bellizze, 3ª Turma, j. 24.08.2020).

Não se configura justa causa se apenas foi demonstrada a impossibilidade da prática do ato pelo advogado, por motivo de doença, no último dia do prazo:

✓ AGRAVO DE INSTRUMENTO. RECURSO DE REVISTA. EXECUÇÃO. PROCESSO SOB A ÉGIDE DA LEI Nº 13.015/2014. 1. PRELIMINAR DE NULIDADE. NEGATIVA DE PRESTAÇÃO JURISDICIONAL DA DECISÃO DENEGATÓRIA DE SEGUIMENTO DO RECURSO DE REVISTA. Não há que se falar em negativa de prestação jurisdicional da decisão denegatória do recurso de revista, quando, de forma fundamentada, foram expostas as razões que ensejaram a denegação de seguimento ao apelo interposto. 2. INTEMPESTIVIDADE DO RECURSO DE REVISTA. DOENÇA DO PROCURADOR. JUSTA CAUSA NÃO CONFIGURADA. A Jurisprudência desta Corte vem perfilhando o entendimento de que, para efeito de suspensão de prazo processual, não configura motivo de força maior a doença do advogado que não impede sua atuação profissional de forma absoluta, em especial o ato de substabelecer o mandato que lhe fora outorgado. No caso dos autos, em que pese o procurador da parte recorrente ter procedido à juntada de atestado médico aos autos, demonstrando que ficou impedido de exercer seu ofício e de atuar no processo no último dia do prazo recursal, não restou comprovado que durante todo o prazo recursal ele teria ficado hospitalizado ou impossibilitado de substabelecer o mandato que lhe fora outorgado. Assim, não estando configurada a justa causa de que trata o art. 223, §1º, do CPC/15, o recurso de revista interposto após o prazo de oito dias é intempestivo. Agravo de instrumento desprovido. (TST; AIRR 0106900-40.1988.5.15.0016; Terceira Turma; Rel. Min. Mauricio Godinho Delgado; DEJT 03/07/2017; Pág. 1675)

Indisponibilidade dos autos configura justa causa e autoriza a concessão de novo prazo pelo juiz:

✓ AGRAVO DE INSTRUMENTO. Cumprimento de sentença. Decisão recorrida que indeferiu o pedido de devolução de prazo para oferecimento de impugnação. Insurgência. Cabimento. Agravante que não teve acesso aos autos originários para impugnar a execução, em afronta aos artigos 107, III, e 223, §§ 1º e 2º, ambos do Código de Processo Civil. Justa causa configurada, a justificar a devolução do prazo processual. Decisão reformada. Recurso provido. (TJSP; AI 3001003-46.2017.8.26.0000; Ac. 11050702; São Paulo; Primeira Câmara de Direito Público; Rel. Des. Marcos Pimentel Tamassia; Julg. 07/12/2017; DJESP 14/12/2017; Pág. 2537). No mesmo sentido, TJSP; AI 2182606-69.2017.8.26.0000; Ac. 11000228; São Paulo; Trigésima Segunda Câmara de Direito Privado; Rel. Des. Kioitsi Chicuta; Julg. 24/11/2017; DJESP 28/11/2017; Pág. 2048; TJSP; AI 2150710-08.2017.8.26.0000; Ac. 10806522; São Paulo; Quinta Câmara de Direito Privado; Rel. Des. Moreira Viegas; Julg. 20/09/2017; DJESP 25/09/2017; Pág. 2453; TJDF; APC 2013.01.1.080800-4; Ac. 103.6854; Segunda Turma Cível; Rel. Des. Sandoval Oliveira; Julg. 26/07/2017; DJDFTE 09/08/2017.

Exigindo a comprovação de indisponibilidade dos autos mediante certidão cartorária para que se demonstre a justa causa:

✓ AGRAVO INTERNO CONTRA DECISÃO MONOCRÁTICA QUE NÃO CONHECEU DO AGRAVO DE INSTRUMENTO. O fato de o processo estar concluso não pode inviabilizar o acesso do advogado aos autos, devendo, na hipótese de haver injurídica negativa, ser ela comprovada mediante certidão cartorária. Se de fato estivesse presente justa causa impeditiva da prática do ato, nos termos do art. 223 do CPC/2015, a mesma deveria ter sido comprovada no agravo de instrumento, quando da juntada intempestiva da documentação (justificando a intempestividade) ou tão logo a parte teve o acesso aos autos negado (para que, fosse o caso, o relator determinasse a reabertura do prazo), o que não fez. Agravo interno desprovido. (TJRS; AG 0232458-86.2017.8.21.7000; Getúlio Vargas; Décima Primeira Câmara Cível; Rel. Des. Luiz Roberto Imperatore de Assis Brasil; Julg. 27/09/2017; DJERS 05/10/2017). No mesmo sentido: PROCESSO CIVIL. REVELIA DECRETADA. AUTOS CONCLUSOS DENTRO DO PRAZO PARA APRESENTAÇÃO DE DEFESA. OBSTÁCULO JUDICIAL. AUSÊNCIA DE COMPROVAÇÃO. A conclusão dos autos ao juiz, estando em curso o prazo para a contestação, pode caracterizar cerceamento de defesa. O reconhecimento disso, todavia, exige prova inequívoca da impossibilidade de acesso aos autos. Na hipótese, ainda que os autos estivessem conclusos ao magistrado antes do término do prazo para contestar, o apelante não comprovou o seu comparecimento ao cartório ou qualquer elemento indicativo das suas tentativas infrutíferas de consulta aos autos. Não comprovada a devida justa causa a que se refere o art. 223 do CPC/15, improcede o pedido de devolução do prazo para oferecimento da correspondente peça contestatória. Igualmente improcedente é o pedido de redução dos honorários advocatícios, porquanto fixados em patamar adequado, bem como em obediência ao §3º do artigo 20 do CPC/73, vigente à época da prolação da sentença. Recurso Improvido. Sentença Mantida. (TJBA; AP 0000775-02.2008.8.05.0137; Salvador; Terceira Câmara Cível; Relª Desª Rosita Falcão de Almeida Maia; Julg. 27/09/2016; DJBA 03/10/2016; Pág. 374)

Entendendo que a justa causa por indisponibilidade dos autos deve ser alegada perante o juízo de origem, antes da interposição do recurso, sob pena de preclusão:

✓ PROCESSUAL CIVIL. AGRAVO INTERNO. PRELIMINAR DE INTEMPESTIVIDADE. VISTA PESSOAL ANTERIOR À PUBLICAÇÃO. INOCORRÊNCIA. REJEIÇÃO. DECISÃO QUE NEGA SEGUIMENTO A AGRAVO DE INSTRUMENTO. ART. 932, III, DO CPC. INTEMPESTIVIDADE. IMPOSSIBILIDADE DE ACESSO AOS AUTOS. CARGA DA PARTE CONTRÁRIA. ALEGAÇÃO DE HIPÓTESE DE SUSPENSÃO DO PRAZO RECURSAL. REABERTURA DO PRAZO. COMPETÊNCIA DO JUÍZO DE ORIGEM. OBSTÁCULO CRIADO EM DETRIMENTO DA PARTE. INOCORRÊNCIA. LITIGÂNCIA DE MÁ-FÉ. INOCORRÊNCIA. DECISÃO MANTIDA. 1. Agravo interno interposto contra decisão que não conheceu do agravo de instrumento, nos termos do art. 932, III, do CPC, por manifesta intempestividade. 2. A realização de carga do processo para cópia por advogado que não patrocina os agravantes, ainda que uma das partes seja sócio administrador de empresa para a qual o causídico presta serviços, não induz início do transcurso do prazo recursal. 2.1. Preliminar de intempestividade rejeitada. 3. A competência para apreciar a alegação de hipótese de suspensão do prazo recursal e reabri-lo é do Juízo da origem. 3.1. Ainda que os agravantes tenham apresentado certidões atestando a impossibilidade de acesso aos autos, devido à carga realizada pela parte contrária, a justa causa, prevista no art. 223, caput, do CPC, deveria ter sido apresentada antes da interposição, perante o Juízo de origem, sob pena de preclusão. 4. O presente caso não se enquadra na hipótese de suspensão do curso do prazo por obstáculo criado em detrimento da parte, nos termos do art. 221 do CPC, pois, ao receber os embargos à execução, sem efeito suspensivo, o juízo singular concedeu o prazo de 15 dias ao embargado, ora agravado, para resposta, nos termos do art. 740 do CPC de 1973. Assim, a carga dos autos pelo advogado do agravado não se trata de obstáculo criado em detrimento da parte, mas apenas de oportunidade para defesa. 5. Rejeitada a alegação de litigância de má-fé, porque não observadas as hipóteses do artigo 80 do CPC. 6.

Agravo Regimental desprovido. (TJDF; AGI 2016.00.2.015332-8; Ac. 959.850; Segunda Turma Cível; Rel. Des. João Egmont Leoncio Lopes; Julg. 03/08/2016; DJDFTE 19/08/2016)

Simples constituição de novo advogado não enseja a concessão de novo prazo por justa causa:

✓ PROCESSUAL CIVIL. AGRAVO DE INSTRUMENTO. RESTITUIÇÃO DE PRAZO. CONSTITUIÇÃO DE NOVO PATRONO. JUSTA CAUSA. AFASTADA. 1. O artigo 223 do Código de Processo Civil, ao tratar da preclusão processual, revela que, tendo havido a oportunidade de que se praticasse o ato processual e não tendo a parte o realizado, extingue-se para ela aquela faculdade processual. Fica assegurado à parte, entretanto, o direito de demonstrar que não realizou o ato por justa causa. 2. Tendo sido regularmente disponibilizada à parte a decisão judicial vergastada e inexistindo qualquer obstáculo ao direito de acesso aos autos, por motivos alheios à sua vontade, resta evidenciado o instituto da preclusão. 3. O reconhecimento de justa causa nos casos de mudança de patrono colocaria em risco a celeridade e a segurança jurídica, posto que poderia permitir à parte oportunidade processual já preclusa. 4. Agravo Interno não conhecido. Agravo de instrumento conhecido e desprovido. (TJDF; AGI 2016.00.2.047912-6; Ac. 100.1219; Segunda Turma Cível; Rel. Des. Sandoval Oliveira; Julg. 08/03/2017; DJDFTE 15/03/2017)

Impossibilidade de restituição integral do prazo se a justa causa se caracterizou após o início do prazo original:

✓ AGRAVO DE INSTRUMENTO. BRASIL TELECOM. IMPUGNAÇÃO AO CUMPRIMENTO DE SENTENÇA. RETIRADA DOS AUTOS EM CARGA PELA PARTE ADVERSA. REABERTURA DE PRAZO RECURSAL. A retirada dos autos em carga pela parte adversa, devidamente certificada pelo cartório, caracteriza a justa causa para restituição do prazo recursal, nos termos art. 223, § 1º, do CPC/2016. Contudo, considerando que a certidão foi emitida após iniciado o prazo para manifestação da parte, a restituição do prazo não deve ser feita de modo integral. Precedentes desta corte. Agravo de instrumento parcialmente provido. (TJRS; AI 0283089-68.2016.8.21.7000; Porto Alegre; Vigésima Quarta Câmara Cível; Rel. Des. Cairo Roberto Rodrigues Madruga; Julg. 26/10/2016; DJERS 31/10/2016)

Art. 224. Salvo disposição em contrário, os prazos serão contados excluindo o dia do começo e incluindo o dia do vencimento.

→ v. Súmula 310 do STF.

→ v. Súmula 1 do TST.

→ v. Art. 231 do CPC.

→ v. Art. 5º do Decreto 70.235/1972.

→ v. Art. 132 do CC/2002.

→ v. Art. 210 do CTN.

§ 1º Os dias do começo e do vencimento do prazo serão protraídos para o primeiro dia útil seguinte, se coincidirem com dia em que o expediente forense for encerrado antes ou iniciado depois da hora normal ou houver indisponibilidade da comunicação eletrônica.

§ 2º Considera-se como data de publicação o primeiro dia útil seguinte ao da disponibilização da informação no Diário da Justiça eletrônico.

→ v. Art. 4º, § 3º da Lei 11.419/2006.

§ 3º A contagem do prazo terá início no primeiro dia útil que seguir ao da publicação.

→ v. Art. 4º, § 4º, da Lei 11.419/2006.

Aplicando a regra do art. 224, caput, do CPC, ao prazo para oposição de embargos à execução.

✓ A regra prevista no art. 184 do CPC/1973 (art. 224 do CPC/2015), segundo a qual, na contagem dos prazos processuais, deve ser excluído o dia do começo e incluído o do vencimento, aplica-se aos embargos à execução (STJ, AgInt no REsp 1706630/CE, Rel. Min. Maria Isabel Gallotti, 4ª Turma, j. 28.09.2020).

Inaplicabilidade da prorrogação do prazo do art. 224, § 1º, do CPC, se houve encerramento do expediente forense não coincidente com o primeiro ou último dia do prazo.

✓ O encerramento antecipado do expediente forense que não coincide com o início ou o término do prazo para a interposição do recurso cabível não tem o condão de ensejar a sua prorrogação e, por conseguinte, afastar a intempestividade recursal (STJ, AgInt nos EDcl no REsp 1789189/ SP, Rel. Marco Aurélio Belizze, 3ª Turma, j. 02/09/2019).

Inaplicabilidade da prorrogação do prazo do art. 224, § 1º, do CPC, se houve indisponibilidade do sistema eletrônico em dia não coincidente com o primeiro ou último dia do prazo.

✓ A falha do sistema eletrônico, porém, que não coincide com o início ou o término do prazo recursal é inapta para ensejar a sua prorrogação e, por conseguinte, afastar a intempestividade do apelo extremo (STJ, AgInt no REsp 1.664.678/SP, Rel. Ministro Marco Aurélio Bellizze, 3ª Turma, DJe de 27/10/2017).

Aplicando a prorrogação do art. 224, § 1º ao prazo para impetração de mandado de segurança.

✓ PROCESSUAL CIVIL. RECURSO ORDINÁRIO EM MANDADO DE SEGURANÇA. ICMS. VALOR ADICIONADO. APURAÇÃO DOS ÍNDICES PERCENTUAIS DOS MUNICÍPIOS. PUBLICAÇÃO DO ATO PELO ESTADO. IMPUGNAÇÃO ADMINISTRATIVA. TERMO INICIAL DO PRAZO PARA A IMPETRAÇÃO. 1. O ato de publicação dos índices do valor adicionado pelo Estado não pode ser considerado, isoladamente, para determinar o termo inicial do prazo legal para a impetração do mandado de segurança, porquanto a decisão da impugnação administrativa, mesmo sem efeito suspensivo, reabre à municipalidade a oportunidade de discutir os índices no âmbito judicial, caso lhe seja contrária, e até mesmo porque, para fins de valor adicionado, o repasse financeiro correlato só ocorrerá a partir do primeiro dia do ano imediatamente seguinte, momento em que, efetivamente, poderá haver, em tese, violação ao direito do ente municipal. 2. O prazo legal para a impetração do **mandamus** tem natureza processual, razão pela qual se lhe aplica a norma do Código de Processo Civil que posterga o início do lapso para o primeiro dia útil seguinte ao da ciência do ato impugnado (art. 184 do CPC/1973 ou art. 224 do CPC/2015). 3. Na hipótese dos autos, considerando-se o dia 23/12/2009, posterior ao dia da postagem da carta de resposta, como a data de ciência da decisão administrativa pelo município, o prazo para a impetração teve início em 24/12/2009, de tal sorte que é tempestivo o writ protocolizado aos 22/04/2010. 4. Recurso ordinário provido. (STJ; RMS 36.054; MG; Primeira Turma; Rel. Min. Gurgel de Faria; Julg. 10/05/2016; DJe 02/06/2016).

Admitindo a comprovação da indisponibilidade do sistema de peticionamento eletrônico após a interposição do recurso, tratando-se de hipótese distinta da comprovação do feriado local.

✓ PROCESSUAL CIVIL. CPC/2015. EMBARGOS DE DECLARAÇÃO. AGRAVO INTERNO. AGRAVO EM RECURSO ESPECIAL. INDISPONIBILIDADE DO SISTEMA DE PETICIONAMENTO ELETRÔNICO. COMPROVAÇÃO POSTERIOR. CABIMENTO. EXEGESE DO ART. 224, § 1º, DO CPC/2015. HIPÓTESE DE INTEMPESTIVIDADE SANÁVEL. DISTINÇÃO COM A HIPÓTESE DE FERIADO LOCAL. 1. Controvérsia acerca da possibilidade de se comprovar a indisponibilidade do sistema de peticionamento eletrônico em momento posterior ao da interposição do recurso. 2. Conforme dispõe o art. 224, § 1º, do CPC/2015: "Os dias do começo e do vencimento do prazo serão protraídos para o primeiro dia útil seguinte, se coincidirem com dia em que o expediente forense for encerrado antes ou iniciado depois da hora normal ou houver indisponibilidade da comunicação eletrônica" (sem grifos no original). 3. Prorrogação automática do prazo, não se exigindo comprovação da indisponibilidade no ato de interposição do recurso. Doutrina sobre o tema. 4. Distinção com a hipótese de feriado local, em que se exige, após a vigência do CPC/2015, comprovação no ato da interposição do recurso. 5. Caso concreto em que a indisponibilidade foi comprovada por meio dos presentes embargos de declaração, impondo-se a modificação do acórdão embargado para afastar a intempestividade. 6. EMBARGOS DE DECLARAÇÃO ACOLHIDOS, COM EFEITOS INFRINGENTES. (STJ; EDcl-AgInt-AREsp 730.114; Proc. 2015/0145183-1; RJ; Terceira Turma; Rel. Min. Paulo de Tarso Sanseverino; DJE 26/06/2017)

Remessa eletrônica dos autos à instância superior não impossibilita o cumprimento do prazo e não acarreta a sua prorrogação.

✓ AGRAVO DE INSTRUMENTO. PROCESSUAL CIVIL. ARBITRAMENTO JUDICIAL DE HONORÁRIOS ADVOCATÍCIOS. Cumprimento de sentença. Artigo 523 do Código de Processo Civil. Processo eletrônico. Suspensão do prazo. "Remessa" dos autos a esta corte, em duas oportunidades distintas, durante o transcurso do prazo processual. Ausência de motivo capaz de suspender o prazo de processo eletrônico. Aplicação da regra do § 1º do artigo 224 do Código de Processo Civil. Prorrogação do prazo processual que somente se justificaria com a ocorrência de indisponibilidade do sistema, impossibilidade técnica por parte desta e. Corte ou outra circunstância excepcional devidamente comprovada, o que não ocorreu. Sucessão empresarial. Ocorrência. Conjunto probatório que permite concluir que a sucessora (Kirton Nank), não só atua no mesmo ramo, como manteve o mesmo número de CNPJ do HSBC Bank. Evidenciada a sucessão de empresas. Tentativa da agravada em procrastinar a satisfação do crédito do agravante. Reforma da decisão recorrida. Provimento do recurso. (TJRJ; AI 0022171-53.2017.8.19.0000; Rio de Janeiro; Vigésima Câmara Cível; Relª Desª Marilia de Castro Neves Vieira; Julg. 21/06/2017; DORJ 23/06/2017; Pág. 519)

Prorrogando o prazo que se encerra na quarta-feira de Cinzas, desde que o expediente forense tenha se iniciado nesse dia após o horário normal:

✓ APELAÇÃO CÍVEL. PRELIMINAR DE INTEMPESTIVIDADE AFASTADA. PRELIMINAR DE AUSÊNCIA DE INTERESSE DE AGIR ACOLHIDA. OBRIGAÇÃO DE FAZER. DIPLOMA DE CURSO SUPERIOR RECEBIDO ANTES DO AJUIZAMENTO DA AÇÃO. RECURSO PARCIALMENTE PROVIDO. 1. Das preliminares. 1. 1. Inicialmente cumpre destacar que não há como ser reconhecida a alegada intempestividade recursal, sobretudo por que o prazo terminou, em tese, no dia 1º de março do corrente ano, na quarta-feira de cinzas. Com efeito, o artigo 224, §1º, do Código de Processo Civil estabelece que: Os dias do começo e do vencimento do prazo serão protraídos para o primeiro dia útil seguinte, se coincidirem com dia em que o expediente forense for encerrado antes ou iniciado depois da hora normal ou houver indisponibilidade da comunicação eletrônica. 1. 2. Assim, como o expediente forense para aquela data se iniciou às 14:00hs, forçoso reconhecer que o prazo para apresentação de recurso foi protraído para o primeiro dia útil seguinte, que se deu exatamente na data do protocolo do presente apelo. 1. 3. No que toca a preliminar de ausência de interesse de agir, com razão à parte recorrente. 1. 4. Verifica-se dos autos que a recorrida ingressou com a presente ação de obrigação de fazer objetivando o recebimento do diploma de conclusão de curso superior e indenização por danos morais ante a demora na expedição do citado documento. 1. 5. No entanto, quando do ajuizamento da ação, a apelada já havia recebido o diploma (fls. 16/17). Logo, a presente demanda não é capaz de trazer qualquer situação jurídica de vantagem à autora, o caso é de se reconhecer a ausência de interesse de agir, com a extinção do processo sem resolução de mérito. 2. Recurso conhecido e parcialmente provido. (TJCE; APL 0000384-11.2015.8.06.0190; Segunda Câmara de Direito Privado; Rel. Des. Carlos Alberto Mendes Forte; Julg. 08/11/2017; DJCE 16/11/2017; Pág. 37).

Aplicando o disposto no art. 224, § 1º ao processo do trabalho.

✓ AGRAVO DE INSTRUMENTO EM RECURSO DE REVISTA INTERPOSTO PELAS RECLAMADAS. INTEMPESTIVIDADE DO RECURSO DE REVISTA. PORTARIA Nº 576/2015 DO TRIBUNAL REGIONAL DO TRABALHO DA 18ª REGIÃO. 1. A Portaria nº 576/2015 do Tribunal Regional do Trabalho da 18a Região, determinou, tão somente, a suspensão do expediente de trabalho no dia 19 de dezembro de 2016, bem como que os prazos que se iniciassem ou expirassem nessa data seriam prorrogados até o primeiro dia útil subsequente, na forma do art. 224, § 1º, do CPC. 2. Logo, não merece reparos a decisão que concluiu pela intempestividade do recurso de revista. 3. Com efeito, tendo a decisão recorrida sido publicada em 12/12/2016 (segunda-feira), o prazo para interposição do recurso de revista iniciou-se em 13/12/2016 (terça-feira) e suspendeu-se em 19/12/2016 (segunda- feira), nos moldes estatuídos pelo art. 220 do CPC, transcorrendo, assim, sete dias do prazo recursal. O prazo que sobejou, ou seja, um dia, recomeçou a correr no dia 21/1/2017 (CPC, art. 220), expirando no dia 23/1/2017 (segunda-feira), de modo que se tem por intempestiva a revista interposta, tão somente, no dia 26/1/2017 (quinta-feira), haja vista que já havia expirado o prazo legal de oito dias preconizado pelo art. 6º da Lei nº 5.584/70. Agravo de instrumento conhecido e não provido. (TST; AIRR 0012178-49.2014.5.18.0006; Oitava Turma; Relª Min. Dora Maria da Costa; DEJT 11/12/2017; Pág. 1178).

Contra, considerando inaplicável o disposto no art. 224, § 1º ao processo do trabalho.

✓ EMBARGOS DECLARATÓRIOS. PRESSUPOSTO OBJETIVO DE ADMISSIBILIDADE DO AGRAVO DE INSTRUMENTO EM RECURSO ORDINÁRIO. MANIFESTO EQUÍVOCO. Consoante o disposto no artigo 897-A da CLT, os embargos declaratórios destinam-se a sanar omissão, contradição, erro material ou manifesto equívoco no exame dos pressupostos extrínsecos de admissibilidade. Comprovado o equívoco no exame dos pressupostos extrínsecos de admissibilidade, impõe-se o provimento dos declaratórios com empréstimo de efeito modificativo. 2. RECURSO ORDINÁRIO DA RECLAMADA INTEMPESTIVO. NÃO CONHECIMENTO. CONTAGEM DO PRAZO. NORMAS PROCESSUAIS CIVIL E TRABALHISTA. SUBSIDIARIEDADE. NÃO APLICAÇÃO. A previsão de que os dias do começo e do vencimento do prazo serão protraídos para o primeiro dia útil seguinte, se coincidirem com dia em que o expediente forense for encerrado antes ou iniciado depois da hora normal, conforme previsto no art. 224, § 1º, do CPC de 2015, não se aplica ao Processo do Trabalho, pois este possui norma específica no artigo 775 da CLT, o que afasta a possibilidade de aplicação subsidiária ou supletiva da legislação processual civil. (TRT 10ª R.; AIRO 0003736-88.2016.5.10.0801; Primeira Turma; Rel. Des. Dorival Borges de Souza Neto; Julg. 06/12/2017; DEJTDF 12/12/2017; Pág. 891).

Art. 225. A parte poderá renunciar ao prazo estabelecido exclusivamente em seu favor, desde que o faça de maneira expressa.

Art. 226. O juiz proferirá:

→ v. Arts. 203 e 235 do CPC.

I – os despachos no prazo de 5 (cinco) dias;

II – as decisões interlocutórias no prazo de 10 (dez) dias;

III – as sentenças no prazo de 30 (trinta) dias.

→ v. Art. 12, parágrafo único, da Lei 12.016/2009.

Considerando incabível o mandado de segurança por omissão fundado no descumprimento do prazo estabelecido neste dispositivo.

✓ MANDADO DE SEGURANÇA. ATO JUDICIAL. DESCABIMENTO DO MANDAMUS. Não cabe mandado de segurança contra ato judicial passível de recurso ou correição (art. 5º da Lei nº 12.016/2009 e Súmula nº 267 do STF). Eventual demora do juízo quanto à apreciação de petitório enseja correição parcial nos termos dos arts. 226, 227 e 235 do CPC e art. 195 do COJE. Petição inicial indeferida (art. 10, da Lei nº 12.016/2009). Indeferida a petição inicial. Decisão monocrática. (TJRS; MS 0275097-56.2016.8.21.7000; Capão da Canoa; Décima Quarta Câmara Cível; Relª Desª Judith dos Santos Mottecy; Julg. 12/08/2016; DJERS 16/08/2016)

Art. 227. Em qualquer grau de jurisdição, havendo motivo justificado, pode o juiz exceder, por igual tempo, os prazos a que está submetido.

Art. 228. Incumbirá ao serventuário remeter os autos conclusos no prazo de 1 (um) dia e executar os atos processuais no prazo de 5 (cinco) dias, contado da data em que:

→ v. Art. 233 do CPC.

I – houver concluído o ato processual anterior, se lhe foi imposto pela lei;

II – tiver ciência da ordem, quando determinada pelo juiz.

§ 1º Ao receber os autos, o serventuário certificará o dia e a hora em que teve ciência da ordem referida no inciso II.

§ 2º Nos processos em autos eletrônicos, a juntada de petições ou de manifestações em geral ocorrerá de forma automática, independentemente de ato de serventuário da justiça.

→ v. Lei 11.419/2006 – Dispõe sobre a informatização do processo judicial.

Art. 229. Os litisconsortes que tiverem diferentes procuradores, de escritórios de advocacia distintos, terão prazos contados em dobro para todas as suas manifestações, em qualquer juízo ou tribunal, independentemente de requerimento.

→ v. Súmula 641 do STF.

→ v. Art. 915, § 3º do CPC.

→ v. Enunciado n. 164 do FONAJE: O art. 229, caput, do CPC/2015 não se aplica ao Sistema de Juizados Especiais.

§ 1º Cessa a contagem do prazo em dobro se, havendo apenas 2 (dois) réus, é oferecida defesa por apenas um deles.

→ v. Art. 346, parágrafo único, do CPC.

§ 2º Não se aplica o disposto no *caput* aos processos em autos eletrônicos.

Afastando a dobra para o agravo interposto contra a decisão que inadmite recurso especial.

✓ PROCESSUAL CIVIL. RECURSO MANEJADO SOB A ÉGIDE DO CPC/2015. INTEMPESTIVIDADE DO AGRAVO EM RECURSO ESPECIAL. LITISCONSORTES DIFERENTES. PRAZO EM DOBRO. INAPLICABILIDADE. 1. O STJ possui entendimento de que o prazo em dobro previsto no art. 229 do CPC/2015, correspondente ao art. 191 do CPC/1973, não se aplica para o agravo interposto contra a decisão que nega seguimento a Recurso Especial, mesmo que haja litisconsortes com procuradores diversos, porquanto somente o autor dessa 2017. Irresignação possuirá interesse e legitimidade para recorrer. 2. Assim, tendo sido os agravantes intimados da decisão agravada em 5.7.2016 e o agravo em Recurso Especial interposto em 28.7.2016, mostra-se intempestivo o apelo recursal, uma vez que interposto fora do prazo de 15 (quinze) dias úteis, nos termos do art. 994, VIII, c/c os arts. 1.003, § 5.º, 1.042, caput, e 219, caput, do CPC/2015. 3. Agravo interno não provido. (STJ; AgInt-AREsp 1.081.447; Segunda Turma; Rel. Min. Herman Benjamin; DJE 19/12/2017). No mesmo sentido, STJ; AgInt nos EDcl no AREsp 1544417/DF, Rel. Min. Marco Aurélio Bellize, 3ª Turma,

j. 31.08.2020; AgInt no AREsp 1294240/MG, Rel. Ministro Moura Ribeiro, 3ª Turma, DJe 26/06/2019.

Fim da prerrogativa do prazo em dobro acaso apenas um dos litisconsortes vencidos recorra (em autos físicos).

✓ O prazo em dobro do art. 229 do CPC/2015 existe em relação ao recurso cabível contra a decisão prejudicial aos litisconsortes, mas passa a ser simples para os recursos posteriores, caso apenas um dos litisconsortes tenha recorrido. Na espécie, a prerrogativa processual da contagem do prazo em dobro deixou de existir apenas para os recursos posteriores ao recurso especial STJ, AgInt nos EDcl no REsp 1763754/MT, Rel. Min. Nancy Andrighi, 3ª Turma, j. 09.09.2019).

Entendendo que o prazo para pagamento espontâneo (art. 523 do CPC) também se sujeita à dobra.

✓ RECURSO ESPECIAL. CUMPRIMENTO DE SENTENÇA. PRAZO PARA PAGAMENTO VOLUNTÁRIO. CÔMPUTO EM DOBRO EM CASO DE LITISCONSORTES COM PROCURADORES DISTINTOS. 1. O artigo 229 do CPC de 2015, aprimorando a norma disposta no artigo 191 do código revogado, determina que, apenas nos processos físicos, os litisconsortes que tiverem diferentes procuradores, de escritórios de advocacia distintos, terão prazos contados em dobro para todas as suas manifestações, em qualquer juízo ou tribunal, independentemente de requerimento. 2. A impossibilidade de acesso simultâneo aos autos físicos constitui a ratio essendi do prazo diferenciado para litisconsortes com procuradores distintos, tratando-se de norma processual que consagra o direito fundamental do acesso à justiça. 3. Tal regra de cômputo em dobro deve incidir, inclusive, no prazo de quinze dias úteis para o cumprimento voluntário da sentença, previsto no artigo 523 do CPC de 2015, cuja natureza é dúplice: cuida-se de ato a ser praticado pela própria parte, mas a fluência do lapso para pagamento inicia-se com a intimação do advogado pela imprensa oficial (inciso I do § 2º do artigo 513 do atual Codex), o que impõe ônus ao patrono, qual seja o dever de comunicar o devedor do desfecho desfavorável da demanda, alertando-o das consequências jurídicas da ausência do cumprimento voluntário. 4. Assim, uma vez constatada a hipótese de incidência da norma disposta no artigo 229 do Novo CPC (litisconsortes com procuradores diferentes), o prazo comum para pagamento espontâneo deverá ser computado em dobro, ou seja, trinta dias úteis. 5. No caso dos autos, o cumprimento de sentença tramita em autos físicos, revelando-se incontroverso que as sociedades empresárias executadas são representadas por patronos de escritórios de advocacia diversos, razão pela qual deveria ter sido computado em dobro o prazo para o cumprimento voluntário da obrigação pecuniária certificada na sentença transitada em julgado. 6. Ocorrido o pagamento tempestivo, porém parcial, da dívida executada, incide, à espécie, o § 2º do artigo 523 do CPC de 2015, devendo incidir a multa de dez por cento e os honorários advocatícios (no mesmo percentual) tão somente sobre o valor remanescente a ser pago por qualquer dos litisconsortes. 7. Recurso especial provido para, considerando tempestivo o depósito judicial realizado a menor por um dos litisconsortes passivos, determinar que a multa de dez por cento e os honorários advocatícios incidam apenas sobre o valor remanescente a ser pago. (STJ; REsp 1693784; DF; Quarta Turma; Rel. Min. Luis Felipe Salomão; Julg. 28/11/2017, DJe 05/02/2018).

Considerando inaplicável o art. 229 do CPC ao processo penal.

✓ Nas ações que tratam de matéria penal ou processual penal não incidem as regras do art. 219 do Código de Processo Civil, referente à contagem dos prazos em dias úteis, porquanto o Código de Processo Penal, em seu art. 798, possui disposição específica a respeito da contagem dos prazos. Outrossim, também não se aplica, na esfera penal, a contagem do prazo em dobro na hipótese de litisconsortes com advogados diferentes, prevista no art. 229 do Código de Processo Civil vigente (STJ, AgRg no REsp 1694714/MT, Rel. Min. Sebastião Reis Jr, 6ª Turma, j. 08.09.2020).

Se apenas um dos litisconsortes interpõe recurso, afasta-se o prazo em dobro para as manifestações subsequentes na esfera recursal.

✓ PROCESSUAL CIVIL. AGRAVO INTERNO NOS EMBARGOS DE DECLARAÇÃO NO AGRAVO INTERNO NO AGRAVO EM RECURSO ESPECIAL. AGRAVO INTERNO CONTRA ACÓRDÃO DE TURMA DO STJ. ERRO GROSSEIRO. LITISCONSORTES COM DIFERENTES PROCURADORES. PRAZO EM DOBRO. ART. 229, §1º DO CPC/15. RECURSO MANIFESTAMENTE INCABÍVEL. MULTA. CERTIFICAÇÃO DO TRÂNSITO EM JULGADO. BAIXA IMEDIATA DOS AUTOS. 1. Petição classificada pelo recorrente como agravo interno, cujo teor revela impugnação ao acórdão proferido pela 3ª Turma do STJ no julgamento de anterior agravo interno. 2. É incabível o agravo interno interposto contra decisão proferida por órgão colegiado, constituindo erro grosseiro. 3. O manejo de recurso manifestamente incabível não interrompe a fluência do prazo recursal. 4. A regra que anuncia o prazo em dobro para litisconsortes com diferentes procuradores, previsto no artigo 229 do CPC/15, deixa de incidir quando apenas um dos litisconsortes apresenta recurso. 5. Agravo interno nos embargos de declaração no agravo interno no agravo em Recurso Especial não conhecido, com certificação do trânsito em julgado, determinação de baixa imediata dos autos e aplicação de multa. (STJ; AgInt-EDcl-AgInt-AREsp 951.341; Proc. 2016/0184315-7; RJ; Terceira Turma; Relª Minª Nancy Andrighi; DJE 04/10/2017)

O prazo em dobro não aproveita ao terceiro prejudicado, por este não ser litisconsorte.

✓ PROCESSUAL CIVIL. EMBARGOS DE DECLARAÇÃO. INTEMPESTIVIDADE. PRAZO EM DOBRO. INAPLICABILIDADE. NÃO CONHECIMENTO. 1. O prazo para a interposição do recurso de Embargos de Declaração previsto no art. 1023 do Código de Processo Civil é de 05 (cinco) dias úteis. 2. Malgrado estejam presentes nos autos litisconsortes com procuradores distintos, o terceiro prejudicado, ao ingressar no processo para recorrer, não pode usufruir do prazo em dobro previsto no art. 1.023, §1º, c/c art. 229, ambos do CPC/2015 (art. 191 do CPC/1973), especialmente por não apresentar a qualidade de litisconsorte. Embargos de Declaração não conhecidos. (TJDF; APC 2013.01.1.175902-6; Ac. 102.6112; Quinta Turma Cível; Rel. Des. Ângelo Canducci Passareli; Julg. 21/06/2017; DJDFTE 04/07/2017).

Entendendo que a parte deve juntar a procuração antes do fim do prazo simples para usufruir do prazo em dobro.

✓ AGRAVO INTERNO. PRAZO EM DOBRO. ART. 229 DO CPC. INSTRUMENTO DE SUBSTABELECIMENTO JUNTADO AOS AUTOS APÓS O DECURSO DO PRAZO RECURSAL SIMPLES. MANDATO DATADO ANTERIORMENTE. IRRELEVÂNCIA. MOMENTO DE EFICÁCIA. CIÊNCIA DO JUÍZO. TEMPUS REGIT ACTUM. Objetivando a parte usufruir do prazo em dobro para fins recursais, deve coligir aos autos o instrumento de procuração antes do fim do prazo recursal simples, sendo a data do protocolo a eleita como parâmetro para a deflagração da eficácia do prazo duplicado (pouco importando quando o mandato foi outorgado), posto que somente a partir da juntada da peça aos autos é que o juízo passa a ter ciência acerca da constituição de novo procurador. (TJMG; AgInt 1.0637.11.005203-1/002; Relª Desª Cláudia Maia; Julg. 17/08/2017; DJEMG 25/08/2017).

Art. 230. O prazo para a parte, o procurador, a Advocacia Pública, a Defensoria Pública e o Ministério Público será contado da citação, da intimação ou da notificação.

Art. 231. Salvo disposição em sentido diverso, considera-se dia do começo do prazo:

→ *v.* Arts. 180, *caput*, 183, § 1º, 186, § 1º e 1.003, § 2º do CPC.

→ v. Enunciado 146 do CJF: O prazo de 3 (três) dias previsto pelo art. 528 do CPC conta-se em dias úteis e na forma dos incisos do art. 231 do CPC, não se aplicando seu § 3º.

I – a data de juntada aos autos do aviso de recebimento, quando a citação ou a intimação for pelo correio;

→ *v.* Arts. 247 e 258 do CPC.

II – a data de juntada aos autos do mandado cumprido, quando a citação ou a intimação for por oficial de justiça;

→ *v.* Arts. 249 a 255 do CPC.

III – a data de ocorrência da citação ou da intimação, quando ela se der por ato do escrivão ou do chefe de secretaria;

IV – o dia útil seguinte ao fim da dilação assinada pelo juiz, quando a citação ou a intimação for por edital;

→ *v.* Arts. 256 a 259 do CPC.

V – o dia útil seguinte à consulta ao teor da citação ou da intimação ou ao término do prazo para que a consulta se dê, quando a citação ou a intimação for eletrônica;

→ *v.* Arts. 5º e 6º da Lei 11.419/2006.

VI – a data de juntada do comunicado de que trata o art. 232 ou, não havendo esse, a data de juntada da carta aos autos de origem devidamente cumprida, quando a citação ou a intimação se realizar em cumprimento de carta;

VII – a data de publicação, quando a intimação se der pelo Diário da Justiça impresso ou eletrônico;

→ *v.* Arts. 224, §§ 2º e 3º do CPC.

VIII – o dia da carga, quando a intimação se der por meio da retirada dos autos, em carga, do cartório ou da secretaria.

§ 1º Quando houver mais de um réu, o dia do começo do prazo para contestar corresponderá à última das datas a que se referem os incisos I a VI do *caput*.

→ *v.* Art. 915, § 1º do CPC.

§ 2º Havendo mais de um intimado, o prazo para cada um é contado individualmente.

§ 3º Quando o ato tiver de ser praticado diretamente pela parte ou por quem, de qualquer forma, participe do processo, sem a intermediação de representante judicial, o dia do começo do prazo para cumprimento da determinação judicial corresponderá à data em que se der a comunicação.

§ 4º Aplica-se o disposto no inciso II do *caput* à citação com hora certa.

→ *v.* Arts. 252 a 254 do CPC.

Apontando que o prazo recursal se ini cia somente com a juntada do mandado aos autos, e não na data da intimação (recurso submetido ao rito dos repetitivos).

✓ PROCESSUAL CIVIL. RECURSO ESPECIAL REPETITIVO (ART. 543-C DO CPC/1973 E ART. 1.036 DO CPC/2015). INTIMAÇÃO POR OFICIAL DE JUSTIÇA, CARTA ROGATÓRIA, PRECATÓRIA, OU DE ORDEM. A DATA DA JUNTADA AOS AUTOS DO MANDADO OU DA CARTA ASSINALA O TERMO INICIAL DA FLUÊNCIA DO PRAZO RECURSAL. RECURSO ESPECIAL PROVIDO, CONFORME PARECER DO MPF. 1. O art. 241, II do CPC/1973 (art. 231, II do Código Fux, CPC/2015) preceitua que começa a correr o prazo quando a citação ou intimação for por oficial de justiça, da data da juntada aos autos do mandado cumprido 2. No caso presente, o acórdão recorrido (fls. 137/143) teria entendido que o prazo recursal teve início na data do cumprimento do mandado 19.1.2009 (fls. 124) e não da sua juntada ao processo 22.1.2009 (fls. 122), o que ocasionou o reconhecimento da intempestividade dos Declaratórios opostos no dia 30.1.2009. 3. Contudo, considerando que a parte recorrente tem prazo em dobro para a interposição de recursos, e o prazo recursal se inicia da juntada do mandado e não do seu cumprimento, os Embargos de Declaração, opostos no dia 30.1.2009, seriam tempestivos. 4. O Parecer do douto Ministério Público Federal é pelo provimento do Recurso Especial. 5. Recurso Especial provido para determinar o retorno dos autos ao Tribunal Regional Federal da 3a. Região para que aprecie os Embargos de Declaração de fls. 126/135. 6. Acórdão submetido ao regime do art. 543-C do CPC/1973 (art. 1.036 do Código Fux, CPC/2015), fixando-se a tese: nos casos de intimação/citação realizadas por Correio, Oficial de Justiça, ou por Carta de Ordem, Precatória ou Rogatória, o prazo recursal inicia-se com a juntada aos autos do aviso de recebimento, do mandado cumprido, ou da juntada da carta. (STJ; REsp 1632777; SP; Corte Especial; Rel. Min. Napoleão Nunes Maia Filho; Julg. 17/05/2017; DJe 26/05/2017).

Apontando que o termo inicial do prazo para purga da mora não se confunde com o termo inicial do prazo para contestar, que se dá com a juntada do mandado de citação aos autos.

✓ ALIENAÇÃO FIDUCIÁRIA. BUSCA E APREENSÃO. LIMINAR DEFERIDA. Termo inicial para pagamento da dívida nos termos do artigo 3º, §2º, do Decreto-Lei nº 911/69. Data de execução da liminar. Prazo para contestação que, no entanto, tem início apenas com a juntada do mandado de citação aos autos. Artigo 3º, §3º, do Decreto-Lei nº 911/1969 que deve ser interpretado em conjunto com os artigos 335 e 231, II, do Código de Processo Civil. Precedentes do STJ. Decisão mantida. Recurso improvido. (TJSP; AI 2191021-41.2017.8.26.0000; Ac. 10907192; São Paulo; Trigésima Segunda Câmara de Direito Privado; Rel. Des. Ruy Coppola; Julg. 24/10/2017; DJESP 06/11/2017; Pág. 3117). Em sentido semelhante, separando o termo inicial do prazo para constituição da mora e para contestar: Os efeitos da citação não podem ser confundidos com o início do prazo para a defesa dos litisconsortes. Não se aplica, para a constituição em mora, regra processual disciplinadora do termo inicial do prazo para contestar (CPC/2015, art. 231, § 1º), em detrimento da regra geral de direito material pertinente (Código Civil, art. 280) (STJ, REsp 1868855/RS, Rel. Min. Nancy Andrighi, 3ª Turma, j. 22.09.2020).

Entendendo que o prazo para cumprimento da medida liminar se inicia com a juntada aos autos do aviso de recebimento.

✓ PROCESSUAL CIVIL. TUTELA. ANTECIPAÇÃO. RECORRIDO. INTIMAÇÃO. AUSÊNCIA. ASTREINTES. MAJORAÇÃO. IMPOSSIBILIDADE. DECISÃO. MODIFICAÇÃO. I. A teor do disposto nos artigos 230 e 231, inciso I, do Código de Processo Civil, o prazo para cumprimento da medida liminar é contado da intimação da parte, que se opera com a juntada aos autos do aviso de recebimento, nas hipóteses em que a intimação é pelos correios. II. A Súmula nº 410 do STJ estabelece que, a prévia intimação pessoal do devedor constitui condição necessária para a cobrança de multa pelo descumprimento de obrigação de fazer ou não fazer. III. Evidenciado que, na data da prolação da decisão recorrida, o Agravante não tinha sido intimado da antecipação da tutela, indevida é a majoração da multa diária, impondo-se a sua modificação neste quesito. RECURSO PROVIDO. (TJBA; AI 0018269-19.2016.8.05.0000; Salvador; Quarta Câmara Cível; Relª Desª Roberto Maynard Frank; Julg. 22/11/2016; DJBA 25/11/2016; Pág. 294).

Art. 232. Nos atos de comunicação por carta precatória, rogatória ou de ordem, a realização da citação ou da intimação será imediatamente informada, por meio eletrônico, pelo juiz deprecado ao juiz deprecante.

→ v. Art. 915, § 4º do CPC.

Seção II
Da Verificação dos Prazos e das Penalidades

Art. 233. Incumbe ao juiz verificar se o serventuário excedeu, sem motivo legítimo, os prazos estabelecidos em lei.

→ v. Art. 35, III, da LC 35/1979.

→ v. Art. 228 do CPC.

§ 1º Constatada a falta, o juiz ordenará a instauração de processo administrativo, na forma da lei.

§ 2º Qualquer das partes, o Ministério Público ou a Defensoria Pública poderá representar ao juiz contra o serventuário que injustificadamente exceder os prazos previstos em lei.

Art. 234. Os advogados públicos ou privados, o defensor público e o membro do Ministério Público devem restituir os autos no prazo do ato a ser praticado.

§ 1º É lícito a qualquer interessado exigir os autos do advogado que exceder prazo legal.

§ 2º Se, intimado, o advogado não devolver os autos no prazo de 3 (três) dias, perderá o direito à vista fora de cartório e incorrerá em multa correspondente à metade do salário mínimo.

Impossibilidade de aplicação das sanções do art. 234 do CPC se o advogado não foi previa e pessoalmente intimado.

✓ RECURSO ESPECIAL. DIREITO PROCESSUAL CIVIL. RETENÇÃO DOS AUTOS. ADVOGADO. INTIMAÇÃO PESSOAL. NECESSIDADE. ART. 234, § 2º, DO CPC/2015. SANÇÕES. APLICAÇÃO. IMPOSSIBILIDADE. 1. Recurso especial interposto contra acórdão publicado na vigência do Código de Processo Civil de 2015 (Enunciados Administrativos 2 e 3/STJ). 2. Cinge-se a controvérsia a definir se é necessária a intimação pessoal do advogado para que lhe sejam aplicadas as sanções previstas no § 2º do art. 234 do CPC/2015, decorrentes da retenção indevida dos autos. 3. Na vigência do Código de Processo Civil de 1973, a jurisprudência desta Corte Superior firmou o entendimento no sentido de que a aplicação das penalidades por retenção indevida dos autos depende da prévia intimação pessoal do advogado, não sendo possível substituí-la por publicação em órgão da imprensa oficial. Precedentes. 4. A partir da entrada em vigor do CPC/2015, para aplicar as sanções por retenção dos autos (art. 234, § 2º), exige-se também a intimação pessoal do advogado para devolvê-los. 5. Se o advogado for intimado pessoalmente e não devolver os autos no prazo de 3 (três) dias, perderá o direito à vista fora de cartório e incorrerá em multa correspondente à metade do salário mínimo. 6. Na hipótese, a intimação do advogado ocorreu por meio do diário de justiça, motivo pelo qual devem ser afastadas as sanções previstas no art. 234, § 2º, do CPC/2015. 7. Recurso especial provido (STJ, REsp 1712172/DF, Rel. Min. Ricardo Villas Boas Cuevas, 3ª Turma, j. 21.08.2018).

Intimação para devolução dos autos deve ser dirigida ao advogado que os retirou de cartório, ainda que haja pedido para que as intimações no processo sejam dirigidas a outro causídico.

✓ AGRAVO INTERNO. AGRAVO DE INSTRUMENTO. VOTO ÚNICO. AGRAVO INTERNO PREJUDICADO. AUSÊNCIA DE FUNDAMENTAÇÃO. PRECLUSÃO. PRONUNCIAMENTO ANTERIOR NÃO ATACADO OPORTUNAMENTE. PRECLUSÃO. RETENÇÃO ABUSIVA DOS AUTOS. INTIMAÇÃO PESSOAL. 1. Trata-se de agravo de instrumento interposto contra a decisão que proibiu os patronos dos réus de obterem vista dos autos fora do Cartório e determinou a alienação em hasta pública do imóvel penhorado. 2. Considerando que a matéria discutida no agravo interno é a mesma aventada no agravo de instrumento e diante da manifestação das partes agravadas, ambos os recursos podem ser julgados na mesma assentada, com vistas a privilegiar a celeridade, a economia processual e a duração razoável do processo. 3. Julgado o mérito do agravo de instrumento, resta prejudicado o agravo interno, cujas razões recursais tratam da mesma matéria. 4. É válida a decisão proferida com fundamentação sucinta, se contêm os requisitos essenciais e indica as razões de decidir. 5. Se a parte deixa de exercer uma faculdade processual no prazo determinado, resta configurada hipótese de preclusão temporal. Nesse sentido, não sendo impugnada a matéria no momento adequado. Qual seja, no caso dos autos, a primeira oportunidade em que a questão foi levantada. Impõe-se a indiscutibilidade da decisão não atacada. 6. Se os autos foram retirados em cartório por um advogado, é dele a responsabilidade de devolvê-los. Logo, a intimação determinando a devolução deve ocorrer em seu nome, independentemente da existência de pedido expresso para que as publicações referentes ao feito fossem feitas em nome de outro patrono. 7. A jurisprudência deste Tribunal tem se posicionado no sentido de que a aplicação das sanções descritas no artigo 234, §2º, do Código de Processo Civil pressupõe a intimação pessoal do advogado, não sendo suficiente a sua intimação através de publicação oficial. 8. Agravo interno prejudicado. Agravo de instrumento conhecido e parcialmente provido. (TJDF; AGI 2016.00.2.047631-9; Ac. 101.7953; Segunda Turma Cível; Rel. Des. Sandoval Oliveira; Julg. 17/05/2017; DJDFTE 23/05/2017).

Descabimento de se vedar a vista dos autos se a falta foi cometida por outro advogado, que não mais atua no processo.

✓ AGRAVO DE INSTRUMENTO. DIREITO PROCESSUAL CIVIL. CUMPRIMENTO DE SENTENÇA. PRELIMINAR DE NÃO CONHECIMENTO DO RECURSO. INTEMPESTIVIDADE NÃO VERIFICADA. REJEIÇÃO. MÉRITO. PEDIDO DE VISTA DOS AUTOS. PROIBIÇÃO. PENALIDADE APLICADA AO ANTIGO PATRONO. EXTENSÃO AOS NOVOS ADVOGADOS CONSTITUÍDOS. PRECLUSÃO. INOCORRÊNCIA. DECISÃO REFORMADA. 1. De acordo com o artigo 219 do novo Código de Processo Civil, na contagem de prazo em dias, estabelecido por Lei ou pelo juiz, computar-se-ão somente os dias úteis. ? Logo, verificada a tempestividade do recurso, segundo a nova regra de contagem de prazos, a preliminar de não conhecimento deve ser afastada. 2. De acordo com o §2º do artigo 234 do Código de Processo Civil, se, intimado, o advogado não devolver os autos no prazo de 3 (três) dias, perderá o direito à vista fora de cartório e incorrerá em multa correspondente à metade do salário-mínimo. 3. Mostra-se cabível a discussão acerca do indeferimento da pretensão do novo patrono constituído pela parte em retirar os autos em carga quando a penalidade foi imposta ao advogado anterior, que não mais atua no feito, não havendo que se falar em preclusão. 4. O Estatuto da Advocacia (Lei nº 8.906/94) assegura ao advogado o direito de ter vista dos processos judiciais ou administrativos de qualquer natureza, em cartório ou na repartição competente, ou retirá-los pelos prazos legais? (Art. 7º, XV). Nesse contexto, não se mostra razoável estender a penalidade de perda do direito à vista dos autos fora de cartório aos advogados que não praticaram a falta prevista no artigo 234, §2º, do Código de Processo Civil. 5. Agravo de instrumento conhecido e provido. (TJDF; Proc 0705.31.0.812017-8070000; Ac. 103.9403; Primeira Turma Cível; Relª Desª Simone Lucindo; Julg. 16/08/2017; DJDFTE 05/09/2017).

Impossibilidade de proibição de vista dos autos pela Fazenda Pública fundada na indicação de reincidência na procrastinação de sua devolução.

✓ AGRAVO DE INSTRUMENTO. EXECUÇÃO FISCAL. REQUERIMENTO DE SUSPENSÃO TEMPORÁRIA DO FEITO PARA LOCALIZAÇÃO DO DEVEDOR E DE BENS. DETERMINAÇÃO JUDICIAL PELO ARQUIVAMENTO DO PROCESSO. PROVIMENTO N. 301/2015 DA CORREGEDORIA-GERAL DE JUSTIÇA DE MINAS GERAIS. ATO NORMATIVO QUE DISCIPLINA PROCEDIMENTOS INTERNA CORPORIS, COM VISTAS AO APRIMORAMENTO DA GESTÃO DA VARA. REGRAMENTO QUE NÃO MODIFICA A DISCIPLINA PROCESSUAL DAS EXECUÇÕES FISCAIS. PROVIDÊNCIA ADMINISTRATIVA QUE NÃO PREJUDICA O EXEQUENTE. POSSIBILIDADE DE EMISSÃO DE CERTIDÃO POSITIVA, DE REATIVAÇÃO DO FEITO A QUALQUER MOMENTO INDEPENDENTEMENTE DE RECOLHIMENTO DE CUSTAS. MANUTENÇÃO DA DECISÃO. DETERMINAÇÃO DE INTIMAÇÃO DA FAZENDA PÚBLICA APENAS EM CARTÓRIO. SANÇÃO FUNDADA EM SUPOSTA "REINCIDÊNCIA NA PROCRASTINAÇÃO DA DEVOLUÇÃO DOS AUTOS" PELA PROCURADORIA. NECESSÁRIA OBSERVÂNCIA DO PROCEDIMENTO LEGAL. ART. 234 DO CPC. 1. O Provimento n. 301/2015 da Corregedoria-Geral de Justiça de Minas Gerais apenas disciplina o procedimento interna corporis a ser observado nos serviços das secretarias dos juízos, com vistas a aprimorar a boa gestão da vara, evitando o congestionamento de processos e a formação de estatísticas inverídicas acerca do acervo processual do juízo. 2. Não se trata. Como não poderia deixar de ser, à luz da distribuição constitucional de competências legislativas (art. 22, I, CR). De regra que modifica a disciplina processual das execuções fiscais, não acarretando, na prática, prejuízo algum, para o recorrente, visto que o sistema resguarda a emissão de certidão positiva, garantindo-se ainda, à parte interessada, a reativação do feito a qualquer momento, com a retomada da ação, independentemente de novo recolhimento de custas, inclusive das despesas de desarquivamento. 3. Manutenção da decisão, no tocante à observância do provimento da Corregedoria. 4. Nos termos do art. 234 do CPC, os advogados públicos devem restituir os autos no prazo do ato a ser praticado. Para o caso de descumprimento dessa obrigação, o CPC prevê procedimento a ser observado, o qual inclui o dever de prévia intimação do procurador faltoso para devolver os autos, bem como a aplicação de multa ao agente público responsável pelo ato e a comunicação do fato ao órgão competente responsável pela instauração de procedimento disciplinar contra o membro que atuou no feito. Incabível a aplicação de sanção. Restrição ao modo de intimação da Fazenda. apenas à indicação genérica de "reincidência na procrastinação da devolução dos autos". 5. Recurso parcialmente provido. (TJMG; AI 1.0231.16.020502-8/001; Relª Desª Áurea Brasil; Julg. 26/10/2017; DJEMG 07/11/2017).

§ 3º Verificada a falta, o juiz comunicará o fato à seção local da Ordem dos Advogados do Brasil para procedimento disciplinar e imposição de multa.

→ *V.* Arts. 7º, § 1º, 34, XXII e 37, I e § 1º da Lei 8.906/1994 – Estatuto da OAB.

→ *V.* Art. 356 do Código Penal.

Apontando que a aplicação de multa é de atribuição exclusiva do órgão de classe.

✓ AGRAVO DE INSTRUMENTO. CUMPRIMENTO DE SENTENÇA. EXECUÇÃO DE HONORÁRIOS. PENALIDADES DO ARTIGO 234 DO CPC. PERDA DO DIREITO DE VISTA DOS AUTOS FORA DO CARTÓRIO. CARECE DE INTIMAÇÃO PESSOAL DO PATRONO. MULTA. EXIGE

PROCEDIMENTO ADMINISTRATIVO DO ÓRGÃO DE CLASSE. A aplicação da penalidade do art. 234 do CPC/15 (196 do CPC/73) a advogado que retém os autos irregularmente depende de sua intimação pessoal. Inocorrência. Penalidade não poderá ser aplicada. A multa, de caráter disciplinar, só o órgão de classe, a respectiva seccional da OAB, poderá aplicá-la. Decisão reformada para decotar as penalidades acima. (TJDF; AGI 2016.00.2.038023-2; Ac. 984.419; Segunda Turma Cível; Relª Desª Carmelita Brasil; Julg. 23/11/2016; DJDFTE 05/12/2016)

§ 4º Se a situação envolver membro do Ministério Público, da Defensoria Pública ou da Advocacia Pública, a multa, se for o caso, será aplicada ao agente público responsável pelo ato.

Impossibilidade de condenação do advogado público em custas processuais pela retenção abusiva dos autos:

✓ AGRAVO DE INSTRUMENTO. DIREITO ADMINISTRATIVO. FORNECIMENTO DE MEDICAMENTOS. INSTAURAÇÃO DE EXPEDIENTE ADMINISTRATIVO DE COBRANÇA DE AUTOS. RESTITUIÇÃO AO CARTÓRIO NO PRAZO LEGAL. IMPOSIÇÃO AO PROCURADOR DO ESTADO RESPONSÁVEL PELA CARGA DAS CUSTAS DO INCIDENTE E DAS RELATIVAS À EXPEDIÇÃO DE PRECATÓRIA. AUSÊNCIA DE PREVISÃO LEGAL. INTELECÇÃO DA REGRA DO ART. 234 DO CPC/2015. Retenção abusiva dos autos não configurada, eis que restituídos à serventia judicial dentro do prazo legal. Entre as penalidades indicadas na norma do § 2º do art. 234 do CPC/2015 não está o pagamento de custas processuais por quem der causa ao retardamento na restituição dos autos retirados em carga à serventia judicial. Decisão interlocutória reformada. Recurso provido. (TJRS; AI 0217957-30.2017.8.21.7000; Canela; Vigésima Segunda Câmara Cível; Rel. Des. Miguel Ângelo da Silva; Julg. 14/09/2017; DJERS 22/09/2017).

§ 5º Verificada a falta, o juiz comunicará o fato ao órgão competente responsável pela instauração de procedimento disciplinar contra o membro que atuou no feito.

→ *V.* Arts. 180, *caput*, 183, § 1º e 186, § 1º do CPC.

Descabimento de agravo de instrumento contra decisão proferida em incidente de cobrança de autos.

✓ AGRAVO DE INSTRUMENTO. INCIDENTE DE COBRANÇA DE AUTOS. PENALIDADE AO CAUSÍDICO. ARTIGO 234 DO NOVO CÓDIGO DE PROCESSO CIVIL. INADMISSIBILIDADE. Considerando que o artigo 1.015 do novo Código de Processo Civil estabelece rol taxativo das decisões interlocutórias contra as quais cabe a interposição de agravo de instrumento, é inadmissível o recurso cuja decisão agravada não se enquadra em nenhuma daquelas hipóteses legais, impondo-se o não conhecimento. Precedentes. Agravo de instrumento não conhecido. (TJRS; AI 0376410-26.2017.8.21.7000; Osório; Oitava Câmara Cível; Rel. Des. José Antônio Daltoé Cezar; Julg. 06/12/2017; DJERS 13/12/2017).

Art. 235. **Qualquer parte, o Ministério Público ou a Defensoria Pública poderá representar ao corregedor do tribunal ou ao Conselho Nacional de Justiça contra juiz ou relator que injustificadamente exceder os prazos previstos em lei, regulamento ou regimento interno.**

→ *V.* Art. 226 do CPC.

Descabimento de mandado de segurança por omissão em caso de excesso de prazo do magistrado, por caber a representação prevista no art. 235 do CPC.

✓ MANDADO DE SEGURANÇA. ATO JUDICIAL. DESCABIMENTO DO MANDAMUS. Não cabe mandado de segurança contra ato judicial passível de recurso ou correição (art. 5º da Lei nº 12.016/2009 e Súmula nº 267 do STF). Eventual demora do juízo quanto à apreciação de petitório enseja correição parcial nos termos dos arts. 226, 227 e 235 do CPC e art. 195 do COJE. Petição inicial indeferida (art. 10, da Lei nº 12.016/2009). Indeferida a petição inicial. Decisão monocrática. (TJRS; MS 0275097-56.2016.8.21.7000; Capão da Canoa; Décima Quarta Câmara Cível; Relª Desª Judith dos Santos Mottecy; Julg. 12/08/2016; DJERS 16/08/2016). NO mesmo sentido: TJRS; MS 0076211-14.2016.8.21.7000; Porto Alegre; Vigésima Quarta Câmara Cível; Rel. Des. Jorge Maraschin dos Santos; Julg. 18/03/2016; DJERS 24/03/2016. V. tb.: PROCESSUAL. MANDADO DE SEGURANÇA. IMPETRAÇÃO CONTRA SUPOSTO ATO JUDICIAL. IMPETRANTES QUE, DE FORMA CONFUSA, ENGLOBAM NA IMPETRAÇÃO UM ROL DE IRREGULARIDADES PRETENSAMENTE COMETIDAS PELO MAGISTRADO RESPONSÁVEL PELO PROCESSO, SEM IDENTIFICAR DE FORMA CLARA O OBJETO DA IMPETRAÇÃO. INÉPCIA CARACTERIZADA. QUESTÕES TRATADAS NO **MANDAMUS**, ALÉM DISSO, INSUSCETÍVEIS DE TRATAMENTO À GUISA DE IMPUGNAÇÃO DE ATOS DO PROCESSO, COMO POR EXEMPLO A ALEGAÇÃO DE RECUSA DA AUTORIDADE QUANTO AO RECEBIMENTO DE ADVOGADOS NO GABINETE. MATÉRIA QUE DESBORDA PARA O ASPECTO FUNCIONAL E QUE DEVE SER TRATADA EM VIA PRÓPRIA, DE CUNHO ADMINISTRATIVO. O MESMO SE DIZ QUANTO À ALEGADA OMISSÃO POR SUPERAÇÃO DO PRAZO LEGAL PARA A PROLAÇÃO DA DECISÃO PERTINENTE. CONDUTA PASSÍVEL DE ENSEJAR REPRESENTAÇÃO, NOS TERMOS E SEGUNDO O PROCEDIMENTO DO ART. 235 DO CPC VIGENTE (ART. 198 DO CPC/73), NÃO DE JUSTIFICAR MANDADO DE SEGURANÇA PARA A PROLAÇÃO DESDE LOGO DE DECISÃO EM SUBSTITUIÇÃO PELO TRIBUNAL. Ilegalidade, por fim, relacionada pelos impetrantes à manutenção de penhora sobre veículos que, segundo dizem, deveria ter sido levantada, que não foi objeto de decisão alguma, falecendo interesse processual para a discussão da questão pela via mandamental. Inexistência de ato judicial em concreto passível de ser inquinado de ilegal, não suscetível além disso de recurso (art. 5º, II, da Lei nº 12.016/2009). Ilegalidade por omissão tampouco verificada, a tanto não equivalendo a circunstância da prévia determinação de conferência de valores pela contadoria. Petição inicial indeferida. (TJSP; MS 2166211-36.2016.8.26.0000; Ac. 9828239; São Paulo; Vigésima Nona Câmara de Direito Privado; Rel. Des. Fabio Tabosa; Julg. 21/09/2016; DJESP 29/09/2016) e MANDADO DE SEGURANÇA. IMPETRAÇÃO EM RAZÃO DA MOROSIDADE DO D. JUIZ DE PRIMEIRA INSTÂNCIA. IMPOSSIBILIDADE. Inteligência dos artigos 235 do CPC/15 e 184, II, "a", do RITJSP. Petição inicial indeferida. Processo extinto sem resolução do mérito. (TJSP; MS 2132998-39.2016.8.26.0000; Ac. 9666801; Osasco; Trigésima Sexta Câmara de Direito Privado; Rel. Des. Walter César Exner; Julg. 05/08/2016; DJESP 11/08/2016).

§ 1º Distribuída a representação ao órgão competente e ouvido previamente o juiz, não sendo caso de arquivamento liminar, será instaurado procedimento para apuração da responsabilidade, com intimação do representado por meio eletrônico para, querendo, apresentar justificativa no prazo de 15 (quinze) dias.

§ 2º Sem prejuízo das sanções administrativas cabíveis, em até 48 (quarenta e oito) horas após a apresentação ou não da justificativa de que trata o § 1º, se for o caso, o corregedor do tribunal ou o relator no Conselho Nacional de Justiça determinará a intimação do representado por meio eletrônico para que, em 10 (dez) dias, pratique o ato.

§ 3º Mantida a inércia, os autos serão remetidos ao substituto legal do juiz ou do relator contra o qual se representou para decisão em 10 (dez) dias.

Impulsionamento do feito pelo magistrado representado enseja perda de objeto da representação:

✓ REPRESENTAÇÃO POR EXCESSO DE PRAZO. PROCESSAMENTO. IMPULSIONAMENTO DO PROCESSO OBJETO DA REPRESENTAÇÃO. PERDA SUPERVENIENTE DO OBJETO. REMESSA AO SUBSTITUTO LEGAL. IMPOSSIBILIDADE. NEGATIVA DE SEGUIMENTO. O impulsionamento do feito no qual apontada a caracterização de excesso de prazo pelo reclamante enseja a perda de objeto da reclamação, ante o atingimento da pretensão veiculada na peça de ingresso. Apenas se justifica a remessa dos autos ao substituto legal em caso de persistência da inércia. Inteligência do artigo 235, §3º, do CPC. (TJMG; ReprExcPraz 1.0000.17.002995-3/000; Rel. Des. Corrêa Junior; Julg. 06/03/2017; DJEMG 31/03/2017)

TÍTULO II
Da Comunicação dos Atos Processuais

Capítulo I
DISPOSIÇÕES GERAIS

Art. 236. Os atos processuais serão cumpridos por ordem judicial.

§ 1º Será expedida carta para a prática de atos fora dos limites territoriais do tribunal, da comarca, da seção ou da subseção judiciárias, ressalvadas as hipóteses previstas em lei.

→ v. Arts. 247, 255, 273, II e 782, § 1º do CPC.

§ 2º O tribunal poderá expedir carta para juízo a ele vinculado, se o ato houver de se realizar fora dos limites territoriais do local de sua sede.

§ 3º Admite-se a prática de atos processuais por meio de videoconferência ou outro recurso tecnológico de transmissão de sons e imagens em tempo real.

→ v. Arts. 385, § 3º, 453, § 1º, 461, § 2º e 937, § 4º do CPC.

→ v. Lei 11.900/2009 – Prevê a possibilidade de realização de interrogatório e outros atos processuais por sistema de videoconferência, e dá outras providências.

Considerando que a carta precatória se expede por ordem judicial, sendo descabido impor à parte o ônus de apresenta-la diretamente ao juízo deprecado:

✓ AGRAVO DE INSTRUMENTO. PROCESSO CIVIL. AUTARQUIA FEDERAL. INTIMAÇÃO PESSOAL. CARTA PRECATORIA. EXPEDIÇÃO. 1. Ao contrário do que consta da decisão agravada, não houve descumprimento por parte do IBAMA quanto à determinação para recolhimento da verba indenizatória para citação do executado, porquanto, a autarquia não foi intimada pessoalmente, conforme dispõe artigo 183, §1º, do CPC e artigo 25, parágrafo único, da Lei nº 6.830/1980. 2. Igualmente, equivoca-se a decisão agravada ao impor à agravante o ônus da expedição de nova carta precatória com apresentação direta ao juiz deprecado. Isso porque, a carta precatória é um documento emitido por ordem judicial, no intuito de que atos processuais sejam cumpridos (artigos 236 e 237, III, do CPC). Assim, a decisão agravada merece reforma para determinar a expedição de nova carta precatória pelo juízo a quo. 3. Agravo de instrumento provido. (TRF 2ª R.; AI 0001881-24.2017.4.02.0000; Sétima Turma Especializada; Rel. Des. Fed. Luiz Paulo S. Araujo Filho; Julg. 30/08/2017; DEJF 18/09/2017).

Art. 237. Será expedida carta:

I – de ordem, pelo tribunal, na hipótese do § 2º do art. 236;

II – rogatória, para que órgão jurisdicional estrangeiro pratique ato de cooperação jurídica internacional, relativo a processo em curso perante órgão jurisdicional brasileiro;

→ v. Arts. 35 e 36 do CPC.

III – precatória, para que órgão jurisdicional brasileiro pratique ou determine o cumprimento, na área de sua competência territorial, de ato relativo a pedido de cooperação judiciária formulado por órgão jurisdicional de competência territorial diversa;

IV – arbitral, para que órgão do Poder Judiciário pratique ou determine o cumprimento, na área de sua competência territorial, de ato objeto de pedido de cooperação judiciária formulado por juízo arbitral, inclusive os que importem efetivação de tutela provisória.

→ v. Art. 22-C da Lei 9.307/1996.

→ v. Enunciado 3 da I Jornada de Prevenção e Solução Extrajudicial de Litígios: A carta arbitral poderá ser processada diretamente pelo órgão do Poder Judiciário do foro onde se dará a efetivação da medida ou decisão.

Parágrafo único. Se o ato relativo a processo em curso na justiça federal ou em tribunal superior houver de ser praticado em local onde não haja vara federal, a carta poderá ser dirigida ao juízo estadual da respectiva comarca.

→ v. Art. 109, § 3º da CF/1988.

→ v. Art. 15 da Lei 5.010/1966.

→ v. Art. 13, § 2º da Lei 9.099/1995.

Considerando irrelevante a revogação da delegação de competência estabelecida na Lei 5.010/1966 para fins de processamento da carta precatória.

✓ PROCESSO CIVIL. CONFLITO DE COMPETÊNCIA. JUÍZO FEDERAL E JUÍZO DE DIREITO. EXECUÇÃO FIS-

CAL AJUIZADA APÓS A LEI N. 13.043/2014. CARTA PRECATÓRIA. CITAÇÃO. INAPLICABILIDADE DA SÚMULA 3/STJ. COMPETÊNCIA DA JUSTIÇA COMUM. JUÍZO DEPRECADO. 1. Com a entrada em vigor da Lei n. 13.043/2014, houve a revogação do art. 15, I, da Lei n. 5.010/1966 que conferia a competência delegada à Justiça estadual para ações de execução fiscal promovidas pela União, pelas autarquias e fundações públicas federais. No caso, a execução foi ajuizada no ano de 2016, isto é, após a entrada em vigor do mencionado diploma legislativo. Além disso, o presente conflito não diz respeito ao juízo competente para o feito executivo, mas apenas para o cumprimento de carta precatória de citação da parte executada. 2. A expedição de carta precatória para o cumprimento de atos processuais não se confunde com a delegação de competência conferida aos juízes estaduais para atuarem investidos de jurisdição federal. Precedentes: CC 10.391/PR, Rel. Min. Ruy Rosado de Aguiar, Segunda Seção, DJ 27/3/1995; CC 54.682/SC, Rel. Min. Carlos Alberto Menezes Direito, Segunda Seção, DJ 1º/2/2007. 3. Em se tratando do cumprimento de carta precatória, não há delegação da competência jurisdicional para o julgamento da causa, como ocorre nos casos previstos no art. 109, § 3º, da CF. Existe simples pedido de cooperação realizado por determinado juízo a outro, o qual atua nos estreitos limites do ato processual deprecado, no exercício de competência própria relacionada ao cumprimento da respectiva carta. Em tais hipóteses, não há ascendência jurisdicional do respectivo Tribunal Regional Federal sobre o juízo estadual deprecado, cumprindo ao Superior Tribunal de Justiça dirimir o conflito de competência em questão. 4. No caso, o ato processual deprecado referente à citação das partes no processo de execução de título extrajudicial deverá ser cumprido no Município de Ibirama - SC. Contudo, essa localidade não é sede de vara federal, devendo-se reconhecer a competência do Juízo de Direito para o cumprimento da carta precatória, consoante dispõe o art. 237, parágrafo único, do CPC. 5. Conflito conhecido para declarar a competência do Juízo de Direito da 2ª Vara Cível de Ibirama - SC, o suscitado (STJ, CC 154894/SC, Rel. Min. Og Fernandes, 1ª Seção, j. 27.02.2019).

Capítulo II
DA CITAÇÃO

Art. 238. Citação é o ato pelo qual são convocados o réu, o executado ou o interessado para integrar a relação processual.

→ *V.* Arts. 126, 127, 256, 329, 525, I, 829 e 915, do CPC.

Art. 239. Para a validade do processo é indispensável a citação do réu ou do executado, ressalvadas as hipóteses de indeferimento da petição inicial ou de improcedência liminar do pedido.

→ *V.* Arts. 330 e 332 do CPC.

Entendendo que o vício de citação implica nulidade (e não inexistência) da sentença subsequente.

✓ AÇÃO ANULATÓRIA DE SENTENÇA. AUSÊNCIA DE CITAÇÃO VÁLIDA NOS AUTOS EM QUE FORA PROFERIDA A SENTENÇA RESCINDENDA. VÍCIO INSANÁVEL. NULIDADE RECONHECIDA. COISA JULGADA MATERIAL. INOCORRÊNCIA. SENTENÇA MANTIDA. A ação anulatória se destina à desconstituição de atos eivados de nulidade. Para que o processo seja considerado regular, impõe-se a observância da regularidade de todos os atos processuais, dentre eles a citação válida. A citação inválida torna nulos os demais atos do processo (art. 214 do CPC), inclusive da sentença. Reconhecida a nulidade da citação, impõe-se a declaração de nulidade da sentença, que não será acobertada pela coisa julgada material, posto que proferida com base em irregularidade insanável. (TJMG; APCV 1.0713.14.002309-2/001; Rel. Des. Manoel dos Reis Morais; Julg. 28/03/2017; DJEMG 07/04/2017). V. tb.: QUERELA NULLITATIS. AÇÃO DECLARATÓRIA DE INEXISTÊNCIA DA SENTENÇA PROFERIDA EM PROCESSO CUJO RÉU NÃO FOI VALIDAMENTE CITADO. Trata-se de ação ajuizada visando a declaração de inexistência da sentença proferida em outros autos de processo no qual o recorrente alega não ter sido validamente citado. Tal procedimento é conhecido por querela nullitatis, em relação à qual persiste destacado pensamento doutrinário defendendo a ideia de que a citação constitui pressuposto processual de existência e, por isso, se não for realizada ou se o foi, atentar contra a forma ditada em lei, o processo não existirá. Não obstante, perfilho o entendimento de que o processo existe a partir da simples propositura de demanda perante órgão investido de jurisdição (art. 2º) e como tal perdurará até que se constate eventual vício capaz de extingui-la, dessa feita, mediante o pronunciamento por sentença. Com efeito, processo existirá se observado for tal pressuposto processual de existência, cujo curso, no entanto, poderá ser inviabilizado se restar desatendido algum pressuposto processual de validade, p. ex., na hipótese de inépcia da petição inicial relação processual há desde sempre, contudo, por estar inquinada por algum dos defeitos previstos pelo parágrafo único do art. 295 do CPC, o processo não prossegue até seu fim por ser inviável, obstando o alcance do resultado almejado pela parte autora. Penso que a citação do réu não constitui pressuposto processual de existência, mas de validade do processo. Assim é que a relação processual existe quando a demanda proposta perante o Estado-juiz dá formação ao processo, completando-se com a citação do réu para integrar a lide. Nada há de paradoxal em tal raciocínio, porquanto é o próprio Código que se encarrega de contemplar hipóteses outras em que, não obstante dispensar-se a citação, o processo existe desde sempre, podendo- se citar as lides cuja petição inicial é indeferida liminarmente ou nos casos em que o juiz pronuncia, de plano, a prescrição ou a decadência. Assim é que a citação não configura pressuposto processual de existência do processo, sua ausência ou realização ao arrepio dos requisitos de lei não é tampouco de porte a havê-lo por inexistente, consubstanciando, por outro lado, nítida hipótese de anulabilidade do processo por força da literal violação dos arts. 219, caput e 263 do CPC. Dessa feita, é nula a sentença proferida em processo cujo réu não é validamente citado, porém, tratando-se de título executivo judicial alçado à condição de coisa julgada, o vício processual em questão dever ser escoimado pela via da ação rescisória. Tocava, pois ao interessado valer-se da ação rescisória para atacar a sentença que supostamente padece de nulidade absoluta, até dois anos a contar de seu trânsito em julgado, sob pena de decair definitivamente do direito de desfazer o suposto vício grave perpetrado. (TRT 23ª R.; RO 0001198-67.2015.5.23.0071; Primeira Turma; Rel. Des. Roberto Benatar; Julg. 02/02/2016; DEJTMT 12/02/2016; Pág. 171)

Contra, entendendo que o vício de citação acarreta a inexistência de atos processuais posteriores.

✓ NULIDADE PROCESSUAL. VÍCIO DE CITAÇÃO. O vício de citação é capaz de gerar nulidade absoluta, tornando inexistentes os atos posteriores, sob pena de contaminar todo o processo, nos termos do caput do art. 239 do novo CPC. (TRT 3ª R.; AP 0010251-71.2016.5.03.0143; Relª Desª Camilla Guimarães Pereira Zeidler; DJEMG 07/12/2017). No mesmo sentido: AÇÃO DECLARATÓRIA DE NULIDADE INSANÁVEL. USUCAPIÃO. AUSÊNCIA DE CITAÇÃO DOS PROPRIETÁRIOS DA ÁREA QUE FOI USUCAPIDA. Sentença nula ipso iure. Sentença inexistente porquanto não ocorrida a devida triangularização processual. Hipótese de querela nullitatis insanabilis. Sentença mantida. Recurso a que se nega provimento. (TJSP; APL 0008384-68.2013.8.26.0495; Ac. 10929352; Registro; Vigésima Oitava Câmara Extraordinária de Direito Privado; Rel. Des. Mauro Conti Machado; Julg. 25/10/2017; DJESP 23/11/2017; Pág. 2370); AÇÃO RESCISÓRIA. PROCESSUAL CIVIL. AUSÊNCIA DE CITAÇÃO EM AÇÃO DE USUCAPIÃO. INADEQUAÇÃO DA VIA ELEITA. NECESSIDADE DE AJUIZAMENTO DE QUERELA NULLITATIS. 1. A ausência de citação do autor para integrar a relação processual de ação de usucapião de imóvel do qual é confinante, constitui defeito que acarreta a inexistência da sentença por falta de pressuposto de processual de existência do próprio processo. 2. Hipótese em que a pretensão de se anular o julgado não pode ser veiculada em sede de ação rescisória, eis que a via processual adequada para rescindir a sentença é a ação declaratória de nulidade (querela nullitatis) pela inexistência de ato indispensável para a formação da relação jurídico processual. 3. Impossibilidade de o Tribunal imiscuir-se na jurisdição do órgão de primeiro grau para decidir sobre as alegações de falsidade da planta do imóvel (CPC/2015, art. 966, VI), de existência de dolo processual dos réus na utilização do aludido documento (CPC/2015, art. 966, III) E de ocorrência de erro de fato decorrente da certidão extrajudicial (CPC/2015, art. 966, VIII), sob pena de supressão de instância. Competência do Juízo de primeiro grau, prolator da sentença supostamente nula. 4. Rescisória extinta sem resolução do mérito, com fundamento no art. 485, VI, do CPC/2015. Autor condenado ao pagamento das despesas remanescentes e dos honorários advocatícios arbitrados em 10% (dez inteiros por cento) sobre o valor da causa, na forma do art. 85, § 2º, do CPC/2015. (TJES; AR 0014612-22.2015.8.08.0000; Primeira Câmara Cível; Rel. Des. Fabio Clem de Oliveira; Julg. 19/07/2016; DJES 26/07/2016); AÇÃO RESCISÓRIA. AÇÃO CIVIL PÚBLICA. IMPROBIDADE ADMINISTRATIVA. NULIDADE PROCESSUAL. NÃO RECEBIMENTO DA PETIÇÃO INICIAL. AUSÊNCIA DE CITAÇÃO. CABIMENTO DA RESCISÓRIA PARA O RECONHECIMENTO DE NULIDADE PROCESSUAL. 1. Na hipótese de ação rescisória pautada em nulidade absoluta insanável, mas que ataca sentença de mérito proferida em detrimento da normativa referente à triangularização da relação instaurada no processo (citação), e, que, por conseguinte, viola direito material da parte, é de se admitir aquela via impugnativa excepcional a que se refere o art. 485, do CPC, não com vistas a desconstituir a sentença, mas para tão só decretar a nulidade do processo, propiciando-se, com isso, a correção da falha processual pelo juízo de origem. 2. Em se tratando de ação civil pública respaldada na Lei nº 8.429/92, o não recebimento da inicial importa violação do devido processo legal, por se tratar o referido ato judicial de condição sine qua non ao processamento do feito, devendo, inclusive, ser fundamentado, sob pena de nulidade. Precedentes do STJ. 3. Na ação de improbidade administrativa, a ausência de citação, na forma do art. 17, §9º, da Lei nº 8.429/92, não pode ser suprida pela mera notificação prevista no seu § 7º, notadamente se o réu não apresentou sequer a defesa preliminar. É que, em casos tais, a falta de citação, importa patente prejuízo ao réu, pois lhe retira a possibilidade de defesa. 4. Restando comprovada a nulidade insanável do processo subjacente, em procedimento que vai de encontro com a literalidade da norma de regência, imperiosa a cassação de todos os atos viciados, reconhecendo-se, inclusive, a inexistência da sentença e da decisão monocrática que a confirmou em grau recursal. Ação rescisória julgada parcialmente procedente. (TJGO; AR 0350333-66.2014.8.09.0000; Itapaci; Primeira Seção Cível; Rel. Des. Maurício Porfirio Rosa; DJGO 19/01/2016; Pág. 57); NULIDADE DA CITAÇÃO. SENTENÇA INEXISTENTE. A invalidade da citação inicial para comparecimento à audiência, que desencadeou os demais atos processuais, inclusive a sentença, torna nulos os atos de decretação da revelia e da aplicação da pena de confissão, além de importar no reconhecimento da inexistência da sentença no mundo jurídico. Tal inexistência pode ser reconhecida por meio de Recurso Ordinário, Exceção de Pré executividade e nos Embargos à Execução, mas também ser decretada pelo próprio juízo, em todo tempo e grau de jurisdição, conforme o entendimento do C. TST. Agravo de petição conhecido e provido. (TRT 7ª R.; AP 0000464-83.2015.5.07.0032; Terceira Turma; Rel. Des. Francisco Tarcísio Guedes Lima Verde; Julg. 03/08/2017; DEJTCE 17/08/2017; Pág. 2819).

§ 1º O comparecimento espontâneo do réu ou do executado supre a falta ou a nulidade da citação, fluindo a partir desta data o prazo para apresentação de contestação ou de embargos à execução.

→ *v.* Arts. 231, VIII, 280, 336 e 915 do CPC.

§ 2º Rejeitada a alegação de nulidade, tratando-se de processo de:

I – conhecimento, o réu será considerado revel;

→ *v.* Arts. 344 a 346 do CPC.

II – execução, o feito terá seguimento.

O peticionamento por advogado destituído de poderes especiais para receber citação não configura comparecimento espontâneo, a não ser quando conjugado com a prática de outros atos que configurem ciência inequívoca.

✓ RECURSO ESPECIAL. AGRAVO DE INSTRUMENTO. TEMPESTIVIDADE. JUNTADA DE PROCURAÇÃO DESTITUÍDA DE PODERES ESPECIAIS PARA RECEBIMENTO DE CITAÇÃO. COMPARECIMENTO ESPONTÂNEO. CONHECIMENTO INEQUÍVOCO NÃO CONFIGURADO. INCIDÊNCIA DA SÚMULA Nº 83/STJ. 1. O Superior Tribunal de Justiça possui entendimento consolidado no sentido de que, em regra, o peticionamento nos autos por advogado destituído de poderes especiais para receber citação não configura comparecimento espontâneo apto a suprir a necessidade de citação. Precedentes. 2. Somente em hipóteses excepcionais, mediante a prática de outros atos que impliquem a ciência inequívoca dos termos do processo. A exemplo do oferecimento concomitante de atos defesa. É que tal circunstância poderá ser flexibilizada, o que não se aplica ao caso em análise. 3. Recurso Especial provido. (STJ; REsp 1.680.010; Proc. 2017/0146590-4; MG; Quarta Turma; Rel. Min. Luis Felipe Salomão; DJE 21/09/2017). No mesmo sentido: PROCESSUAL CIVIL. TRIBUTÁRIO. EXECUÇÃO FISCAL PARA COBRANÇA DE IPTU. CITAÇÃO PELO COMPARECIMENTO ESPONTÂNEO DO RÉU NOS AUTOS. NÃO CARACTERIZAÇÃO. CONTROVÉRSIA EM TORNO DA CDA. SÚMULA N. 7/STJ. CDA APRESENTADA

EM CÓPIA REPROGRÁFICA. POSSIBILIDADE. I. Conforme a jurisprudência desta Corte, o comparecimento espontâneo do réu ocorre com: a) a juntada de procuração com poderes especiais, desde que possível o acesso aos autos do processo; e b) a apresentação de embargos ou exceção de pré-executividade, ainda que não outorgados poderes especiais ao advogado para receber a citação. II. Por outro lado, não configura o comparecimento espontâneo: a) o peticionamento nos autos por advogado destituído de poderes especiais para receber a citação e sem a apresentação de defesa; b) o peticionamento para informar a adesão a programa de parcelamento do débito tributário; e c) a carga dos autos por advogado sem poderes específicos para receber citação não supre a ausência do referido ato. III. Hipótese em que foram juntadas guias comprovando o pagamento de custas e noticiado, pelo próprio Exequente, o parcelamento dos débitos fiscais de 1993 a 2003. Ainda que o recolhimento das custas tenha sido efetuado em favor da Ré, tal ato não demonstra ciência inequívoca da execução e o reconhecimento do débito, sendo necessário, para tanto, a juntada de procuração do advogado com poderes especiais para receber a citação (desde que possível o acesso aos autos) ou apresentação de defesa. lV. A resolução da controvérsia estabelecida pelo Recurso Especial em torno da CDA, se apresentada em cópia reprográfica ou em documento original, demandaria necessário revolvimento de matéria fática, o que é inviável em sede de Recurso Especial, à luz da Súmula n. 7/STJ. V. Partindo da premissa adotada pelo acórdão recorrido de que a CDA foi apresentada em cópia reprográfica, não se vislumbra ofensa ao art. 202 do CTN, uma vez que o art. 6º, § 2º, da Lei de Execução Fiscal autoriza, inclusive, seja ela apenas transcrita na inicial de processo eletrônico. VI. Recurso especial improvido. (STJ; REsp 1.165.828; Proc. 2009/0217610-3; RS; Primeira Turma; Relª Minª Regina Helena Costa; DJE 17/03/2017)

Ingresso no processo para arguir o vício da citação implica comparecimento espontâneo.

✓ DIREITO INTERNACIONAL PRIVADO. PROCESSUAL CIVIL. SENTENÇA ESTRANGEIRA CONTESTADA. DIVÓRCIO DECRETADO PELA JUSTIÇA DE PORTUGAL. ARTS. 15 E 17 DA LEI DE INTRODUÇÃO ÀS NORMAS DO DIREITO BRASILEIRO. ART. 960 E SEGUINTES DO CPC/2015. ARTS. 216-C, 216-D E 216-F DO RISTJ. REQUISITOS ATENDIDOS. PEDIDO DE HOMOLOGAÇÃO DE SENTENÇA ESTRANGEIRA DEFERIDO. 1. A homologação de decisões estrangeiras pelo Poder Judiciário possui previsão na Constituição Federal de 1988 e, desde 2004, está outorgada ao Superior Tribunal de Justiça, que a realiza com atenção aos ditames dos arts. 15 e 17 do Decreto-Lei n. 4.657/1942 (LINDB), do Código de Processo Civil de 2015 (art. 960 e seguintes) e do art. 216-A e seguintes do RISTJ. 2. Nos termos dos arts. 15 e 17 da Lei de Introdução às Normas do Direito Brasileiro; 963 do Código de Processo Civil/2015; e 216-C, 216-D e 216-F do Regimento Interno do Superior Tribunal de Justiça, que, atualmente, disciplinam o procedimento de homologação de sentença estrangeira, constituem requisitos indispensáveis ao deferimento da homologação os seguintes: (i) instrução da petição inicial com o original ou cópia autenticada da decisão homologanda e de outros documentos indispensáveis, devidamente traduzidos por tradutor oficial ou juramentado no Brasil e chancelados pela autoridade consular brasileira; (ii) haver sido a sentença proferida por autoridade competente; (iii) terem as partes sido regularmente citadas ou haver-se legalmente verificado a revelia; (iv) ter a sentença transitado em julgado; (v) não ofender a soberania, a dignidade da pessoa humana e/ou ordem pública. 3. No que tange à preliminar de "nulidade da citação", penso, nos moldes do parecer do MPF, que a demandada, ao comparecer espontaneamente aos autos para arguir a nulidade da citação no processo de homologação, supriu a deficiência contida no mandado citatório, nos termos do art. 239, § 1º, do CPC/2015, fluindo a partir desta data o prazo para apresentação de contestação. 4. Tal fato é suficiente para considerar perfectibilizado o contraditório, eis que atendida a finalidade da citação, que é possibilitar o conhecimento da parte da existência de um processo contra si. A sentença homologanda, a propósito, foi proferida em Portugal, país de residência da requerida, pela Conservadora titular da Conservatória do Registro Civil da cidade da Guarda, cidade onde reside a requerida. E a petição inicial – que foi anexada ao mandado de citação – contém os dados que permitem identificar a sentença homologanda. Ou seja, a requerida poderia, facilmente, dirigir-se ao local competente na cidade da Guarda, em Portugal, para buscar a cópia da sentença homologanda. 5. Além disso, a Defensoria Pública da União, após a arguição de nulidade da citação, requereu, com fundamento no art. 6º do Código de Processo Civil, a concessão de prazo de 60 (sessenta) dias para suprir a deficiência referida, remetendo à requerida a cópia integral do processo para que possa confirmar ou não a dúvida sobre a veracidade da documentação. Tal prazo, no entanto, transcorreu em branco, sem notícias da DPU. Presumo, assim, que a DPU tenha entregue a cópia integral dos autos, como prometido, e a requerida nada teve a opor. 6. No mérito, a Defensoria Pública da União declarou nada ter a opor, o que também contou com a concordância do MPF. De fato, os requisitos legais se encontram plenamente atendidos neste caso, quanto à prova da citação da requerida e consequente revelia verificada no processo estrangeiro, ao trânsito em julgado, e estar a decisão devidamente autenticada por autoridade consular brasileira e com tradução oficial e/ou juramentada. 7. Pedido de homologação de sentença estrangeira deferido (STJ, SEC 15513/EX, Rel. Min. Og Fernandes, Corte Especial, j. 20.02.2019).

Interposição de agravo de instrumento configura comparecimento espontâneo para fins de suprir a falta de citação.

✓ AGRAVO DE INSTRUMENTO. AÇÃO CIVIL PÚBLICA. MAGISTRADO QUE A DESPEITO DE NÃO TER SIDO CITADO PESSOALMENTE, O CONSIDEROU CIENTE DA AÇÃO, UMA VEZ QUE, ALÉM DE APRESENTAR DEFESA PRÉVIA, TAMBÉM JUNTOU PETIÇÃO INFORMANDO SOBRE A INTERPOSIÇÃO DE AGRAVO DE INSTRUMENTO DA DECISÃO QUE RECEBEU A PETIÇÃO INICIAL E DETERMINOU A CITAÇÃO DO AGRAVANTE. Recurso manejado pelo requerido. Desprovimento de rigor. Plena ciência do teor da ação contra ela proposta. Não há se falar em nulidade da decisão por vício da citação porquanto a petição informando sobre a interposição de agravo de instrumento contra a decisão que recebeu a petição inicial e determinou a citação demonstra ciência inequívoca do ato processual. Comparecimento espontâneo do art. 239, § 1º, do CPC. Decisão mantida. Recurso desprovido. (TJSP; AI 2117444-30.2017.8.26.0000; Ac. 10947512; Carapicuíba; Sexta Câmara de Direito Público; Rel. Des. Sidney Romano dos Reis; Julg. 06/11/2017; DJESP 12/12/2017; Pág. 2791)

Aplicando a regra de comparecimento espontâneo, por analogia, para o caso de falta de intimação.

✓ PROCESSO CIVIL. AGRAVO DE INSTRUMENTO. AÇÃO DE EXONERAÇÃO DE ALIMENTOS. PRELIMINAR DE INADMISSIBILIDADE DO RECURSO, AFASTADA. MÉRITO. REQUERIMENTO DE TUTELA DE URGÊNCIA PARA DESBLOQUEIO DE CONTAS CORRENTES. AUSÊNCIA DE ELEMENTOS QUE EVIDENCIEM A PROBABILIDADE DO DIREITO E O PERIGO DE DANO OU O RISCO DE RESULTADO ÚTIL DO PROCESSO. PERIGO DE IRREVERSIBILIDADE DOS EFEITOS DA DECISÃO. PRESSUPOSTOS DO ARTIGO 300, DO CÓDIGO DE PROCESSO CIVIL, NÃO DEMONSTRADOS. TUTELA DE URGÊNCIA INDEFERIDA. RECURSO CONHECIDO E IMPROVIDO. DECISÃO RECORRIDA MANTIDA. 1. A preliminar de inadmissibilidade do presente agravo de instrumento, sob a alegativa de não instrução do recurso com a certidão de publicação da decisão recorrida, não merece prosperar, uma vez que, na hipótese, a agravante tomou conhecimento da decisão recorrida antes mesmo da sua publicação através do seu comparecimento espontâneo aos autos ao formular pedido de reconsideração do decisum, em 16/08/2017, ficando dessa forma suprida a sua intimação através do diário da justiça eletrônico, nos moldes do artigo 239, § 1º, do CPC, aplicado por analogia na espécie. 2. Dessa forma, havendo o presente recurso sido interposto dentro do prazo de 15 (quinze) dias contados da ciência da decisão e, estando presentes os demais requisitos de admissibilidade, não subsistem razões para inadmitir o agravo de instrumento, razão pela qual, afasta-se a preliminar de inadmissibilidade e passa-se a análise do mérito recursal. 3. (...) 10. Recurso conhecido e improvido. Decisão recorrida mantida. (TJCE; AI 0627231-18.2017.8.06.0000; Segunda Câmara de Direito Privado; Relª Desª Maria de Fátima de Melo Loureiro; DJCE 01/12/2017; Pág. 33)

Determinando que o prazo para contestação ou embargos se inicia do comparecimento espontâneo, sendo descabido o pedido de devolução do prazo.

✓ TÍTULOS DE CRÉDITO. Cheques. Ação de obrigação de fazer cumulada com indenização por danos materiais e morais. Citação pelo correio. Aviso de recebimento assinado por terceira pessoa. Devolução do prazo para apresentação da contestação. Impossibilidade, tendo em vista o comparecimento espontâneo do réu. Aplicação do disposto no art. 239, § 1º do CPC. Recurso não provido. (TJSP; AI 2180633-79.2017.8.26.0000; Ac. 10987221; Santo André; Décima Primeira Câmara de Direito Privado; Rel. Des. Gilberto dos Santos; Julg. 16/11/2017; DJESP 28/11/2017; Pág. 1724). V. tb.: AGRAVO DE INSTRUMENTO. Decisão que reconheceu a nulidade da citação por edital e definiu a contagem do prazo para oposição de embargos à execução a partir da ciência da decisão. Presunção juris tantum de veracidade da certidão do oficial de justiça afastada. Prova contrária, idônea e inequívoca de que os executados residiam no local na época da diligência do meirinho certificada como infrutífera. Início da contagem do prazo para oposição dos embargos à execução. Ciência inequívoca do trâmite da execução. Exegese do par. 1º do art. 239 do CPC/2015. Precedentes. Decisão parcialmente reformada. Agravo de instrumento parcialmente provido. (TJPR; Ag Instr 1715421-7; Ponta Grossa; Décima Quinta Câmara Cível; Relª Juíza Conv. Elizabeth M. F. Rocha; Julg. 22/11/2017; DJPR 01/12/2017; Pág. 326)

Art. 240. **A citação válida, ainda quando ordenada por juízo incompetente, induz litispendência, torna litigiosa a coisa e constitui em mora o devedor, ressalvado o disposto nos arts. 397 e 398 da Lei n. 10.406, de 10 de janeiro de 2002 (Código Civil).**

→ *v.* Súmulas 150 e 163 do STF.

→ *v.* Súmulas 54, 188, 204, 277 e 380 do STJ.

→ *v.* Art. 312 do CPC.

Considerando que a citação da parte ilegítima não interrompe a prescrição da pretensão contra a parte legítima.

✓ PROCESSUAL CIVIL. AGRAVO INTERNO NO RECURSO ESPECIAL. DISSONÂNCIA ENTRE O ACÓRDÃO RECORRIDO E A JURISPRUDÊNCIA DO STJ. 1. Ação de indenização securitária c/c danos morais. 2. É consequência inarredável das normas de regência que não há interrupção da prescrição (i) se a citação ocorre depois da implementação do prazo prescricional, salvo demora imputável à administração judiciária (§ 3.º do art. 240 do CPC/2015); ou, mesmo antes, (ii) se a citação não obedece a forma da lei processual. Nessa segunda perspectiva, se a ação é endereçada à parte ilegítima, claramente não foi observada a forma da lei processual e, por conseguinte, não há falar em interrupção do prazo prescricional). Precedente. Ante o entendimento do tema nesta Corte Superior, aplica-se, no particular, a Súmula 568/STJ. 3. Agravo interno no recurso especial não provido (STJ, AgInt no REsp 1878914/MG, Rel. Min. Nancy Andrighi, 3ª Turma, j. 19.10.2020).

Intimação prévia para exibir documentos não produz os efeitos da citação.

✓ CAUTELAR DE EXIBIÇÃO DE DOCUMENTO. INEXISTÊNCIA DE CITAÇÃO. Intimação prévia para a exibição de documento inapta a surtir os efeitos da citação. Falta de citação da parte ré. Requisito indispensável à regular formação da relação processual. Violação aos princípios constitucionais da ampla defesa e contraditório. Art. 337, inc. I e § 5º, do CPC. Nulidade que pode ser decretada de ofício. Sentença anulada. (TJSP; APL 1011562-04.2015.8.26.0506; Ac. 10216765; Ribeirão Preto; Oitava Câmara de Direito Privado; Rel. Des. Alexandre Coelho; Julg. 22/02/2017; DJESP 06/03/2017)

§ 1º A interrupção da prescrição, operada pelo despacho que ordena a citação, ainda que proferido por juízo incompetente, retroagirá à data de propositura da ação.

→ *v.* Súmula 383 do STF.

→ *v.* Súmulas 106, 119, 277, 380, 405, 409 e 414 do STJ.

→ *v.* Art. 202 do CC/2002.

→ *v.* Art. 802 do CPC.

→ *v.* Art. 174, parágrafo único, I, do CTN.

→ *v.* Art. 8º, § 2º, Lei 6.830/1980.

§ 2º Incumbe ao autor adotar, no prazo de 10 (dez) dias, as providências necessárias para viabilizar a citação, sob pena de não se aplicar o disposto no § 1º.

§ 3º A parte não será prejudicada pela demora imputável exclusivamente ao serviço judiciário.

→ *V.* Súmula 106 do STJ.

§ 4º O efeito retroativo a que se refere o § 1º aplica-se à decadência e aos demais prazos extintivos previstos em lei.

→ *V.* Art. 975 do CPC.

→ *V.* Art. 23 da Lei 12.016/2009.

Termo inicial da interrupção da prescrição nos casos de desmembramento do litisconsórcio multitudinário.

✓ RECURSO ESPECIAL. AÇÃO DE COMPENSAÇÃO POR DANOS MORAIS. MINERODUTO. OBRAS. LITISCONSÓRCIO ATIVO MULTITUDINÁRIO. DESMEMBRAMENTO. AUSÊNCIA DE CITAÇÃO. DEMANDA INDIVIDUAL SUBSEQUENTE. PRESCRIÇÃO. INTERRUPÇÃO. MARCO INICIAL. DATA DO AJUIZAMENTO DA AÇÃO ORIGINÁRIA. 1. Ação distribuída em 18/12/2005. Recurso especial interposto em 13/9/2019. Autos encaminhados à Relatora em 24/3/2020. 2. O propósito recursal é definir se a decisão que determina o desmembramento de litisconsórcio ativo multitudinário, proferida antes do despacho ordenatório da citação, interrompe ou não a prescrição para o exercício da pretensão individual da parte excluída da relação processual originária. 3. Como regra geral, o decurso do prazo prescricional é interrompido pelo despacho do juiz (ainda que incompetente) que ordena a citação (art. 240, § 1º, do CPC/15 e art. 202, I do CC). 4. A prescrição acarreta a perda da exigibilidade de um direito (ou a perda de uma pretensão deduzível em juízo), de modo que somente pode ser prejudicado pela passagem do tempo aquele a quem se puder atribuir inércia injustificada na busca de seus interesses. 5. No particular, deve-se considerar que a recorrida exerceu sua pretensão dentro do prazo, em litisconsórcio facultativo, quando ajuizou a demanda originária, não podendo, portanto, vir a sofrer qualquer prejuízo de índole processual ou material em decorrência de providência adotada pelo julgador, à qual não deu causa. 6. Assim, na hipótese dos autos, a data que deve prevalecer para fins do marco inicial da interrupção da prescrição é a da propositura da ação originária, como forma de não lesar os litisconsortes que litigavam conjuntamente e que foram elididos da relação processual primeva. 7. Nesse sentido, vale registrar, também são as conclusões do Fórum Permanente de Processualistas Civis (enunciados ns. 10 e 117), segundo o qual, havendo o desmembramento de litisconsórcio multitudinário ativo, os efeitos da interrupção da prescrição devem ser considerados produzidos desde o protocolo da petição inicial da demanda original (STJ, REsp 1868419/MG, Rel. Min. Nancy Andrighi, 3ª Turma, j. 22.09.2020).

Considerando que a citação por edital, sem o prévio esgotamento dos meios para localização do réu, prejudica a retroação da interrupção do prazo prescricional,

✓ CIVIL E PROCESSUAL CIVIL. APELAÇÃO. EMBARGOS À EXECUÇÃO. CÉDULA DE CRÉDITO BANCÁRIO. EMPRÉSTIMO. PRESCRIÇÃO TRIENAL. CITAÇÃO POR EDITAL. NULA. AUSÊNCIA DE CAUSA INTERRUPTIVA. SÚMULA Nº 106 DO STJ. INAPLICABILIDADE. RECURSO IMPROVIDO. 1. Apelação interposta contra sentença, proferida nos autos dos embargos à execução opostos, que julgou extinto o processo de execução, nos termos do art. 925, do CPC, em razão do acolhimento de nulidade da citação e da declaração da prescrição da cédula de crédito bancário objeto da lide. 2. O prazo prescricional para a pretensão de cobrança de crédito oriundo de cédula de crédito bancário é de três anos (artigo 206, § 3º, VIII, do CC), contados do vencimento da última parcela. 2.1. O vencimento antecipado da dívida não tem o condão de alterar o termo inicial do prazo prescricional, que começa a fluir a partir do vencimento da última prestação. 2.2. Precedente: 1. O termo inicial da prescrição, nos casos em que haja vencimento antecipado do título, continua sendo a data do vencimento nele indicado. Precedentes. 2. Agravo Regimental Desprovido. (AGRG no RESP 1479985/DF, Rel. Ministro Paulo de Tarso Sanseverino, Terceira Turma, DJe: 09/11/2015). 3. Embora a demanda executória tenha sido ajuizada dentro do lapso prescricional (7/10/13), até o presente momento, o embargado, ora apelante, não obteve êxito quanto à citação pessoal dos apelados, razão pela qual ocorreu a citação por edital, sendo nomeada a Defensoria Pública do Distrito Federal como Curadora Especial. 4. A citação é indispensável para a validade do processo (art. 239, caput, do CPC). 4.1. Dentre os efeitos da citação válida, tem-se a formação da relação processual e, no campo do direito material, a interrupção da prescrição. 4.2. O dever de promover tal ato é imputado ao exequente, devendo observar o prazo de 10 (dez) dias (art. 240, §2o, do CPC/73). 4.3. Ocorre que a citação por edital realizada antecedeu o esgotamento de todas as diligências processualmente possíveis para a localização dos devedores, razão pela qual foi declarada nula. 4.4. Isso porque, apesar do apelante ter requerido a citação em diversos endereços e terem sido realizadas todas as buscas por ele requeridas, por meio dos sistemas BacenJud, Infoseg, Siel-TRE e Infojud, deixou de requerer a expedição de carta precatória em 4 (quatro) endereços localizados em Minas Gerais restringindo-se apenas a afirmar que não haveria outros endereços à disposição do banco para citação, razão pela qual era necessária a citação por edital. 5. Conclui-se que, como a demora na citação dos embargantes, ora apelados, decorreu de fato imputável ao embargado, não se operou a interrupção do prazo prescricional, de forma que, mesmo judicializada a demanda, continuou a fluir o prazo prescricional. 5.1. Tal prazo, como dito, iniciou-se a partir do vencimento da cédula de crédito bancário (1/1/13) e encerrou-se 03 (três) anos depois, ou seja, no dia 1/1/2016. 5.2. Assim, como houve transcurso de prazo superior ao triênio legal e não ocorreu a interrupção ou suspensão desse prazo em tempo hábil, imperioso reconhecer que, na espécie, a pretensão executória foi alcançada pelo fenômeno da prescrição. 6. Ao contrário do afirmado pelo apelante, a demora para a citação não decorreu de culpa exclusiva do Poder Judiciário, porquanto as diversas diligências requeridas foram cumpridas em prazo razoável, razão pela qual tem-se por inaplicável à espécie o entendimento firmado na Súmula n. º 106 do colendo STJ. 7. Apelação improvida. (TJDF; APC 2016.01.1.012192-9; Ac. 106.2294; Segunda Turma Cível; Rel. Des. João Egmont; Julg. 22/11/2017; DJDFTE 28/11/2017)

Art. 241. Transitada em julgado a sentença de mérito proferida em favor do réu antes da citação, incumbe ao escrivão ou ao chefe de secretaria comunicar-lhe o resultado do julgamento.

→ *V.* Arts. 269, 330 e 332 do CPC.

Art. 242. A citação será pessoal, podendo, no entanto, ser feita na pessoa do representante legal ou do procurador do réu, do executado ou do interessado.

→ *V.* Arts. 75, § 3º, 105 e 248, §§ 2º e 4º do CPC.

Citação da massa falida deve ser feita na pessoa de seu administrador judicial.

✓ APELAÇÃO CÍVEL. AÇÃO DECLARATÓRIA DE INEXISTÊNCIA DE DÉBITO C/C REPETIÇÃO DE INDÉBITO E DANOS MORAIS. PRELIMINARES. CONCESSÃO DA JUSTIÇA GRATUITA. PEDIDO JÁ INDEFERIDO. NULIDADE DO PROCESSO POR VÍCIO NA CITAÇÃO. MASSA FALIDA. AUSÊNCIA DE NOTIFICAÇÃO DO ADMINISTRADOR JUDICIAL. ARTIGO 242, § 1º, DO CPC/2015 C/C ARTIGO 76, PARÁGRAFO ÚNICO, DA LEI Nº 11.101/2005. PRELIMINAR ACOLHIDA. NULIDADE DE ATOS PROCESSUAIS. RECURSO CONHECIDO E PROVIDO. 1. Ainda que seja indeferido o pedido de concessão dos benefícios da justiça gratuita, havendo o recolhimento do preparo, devem ser analisadas as matérias devolvidas no recurso de apelação. 2. Nos termos do artigo 76, parágrafo único, da Lei nº 11.101/2005 e do artigo 242, § 1º, do CPC/2015, a citação da empresa falida deve ser feita na pessoa do representante judicial, sob pena de nulidade absoluta dos atos processuais. (TJMS; APL 0802067-74.2015.8.12.0031; Quinta Câmara Cível; Rel. Des. Júlio Roberto Siqueira Cardoso; DJMS 13/03/2017; Pág. 190)

Aplicando a teoria da aparência em sede de citação pelo correio, cujo aviso de recebimento foi assinado sem ressalva.

✓ LOCAÇÃO DE IMÓVEL COMERCIAL. SHOPPING CENTER. AÇÃO RENOVATÓRIA. NULIDADE DA CITAÇÃO. Citação pessoal do requerido devidamente realizada no endereço em que consta estar localizada sua sede. Aviso de recebimento que retornou com assinatura e sem qualquer ressalva. Exegese do art. 242, § 2º do novo CPC. Aplicação da Teoria da Aparência. Citação efetivada de forma eficaz, atingindo o fim a que se propunha. Preliminar rejeitada. LOCAÇÃO DE IMÓVEL COMERCIAL. SHOPPING CENTER. AÇÃO RENOVATÓRIA. REVELIA DO RÉU. Sentença monocrática de procedência. Posicionamento a quo equivocado, mostrando-se precipitada a procedência do pedido da autora. Inaplicabilidade dos efeitos do art. 344 do novo CPC. Cerceamento de defesa configurado. Indispensável a realização de perícia técnica para apuração do real. Valor do aluguel atualmente vigente. Sentença anulada. Recurso parcialmente provido, para se anular a r. Sentença monocrática, determinando-se. O regular prosseguimento do feito, com a produção de prova pericial. (TJSP; APL 1005359-28.2016.8.26.0009; Ac. 11062172; São Paulo; Trigésima Primeira Câmara de Direito Privado; Rel. Des. Carlos Nunes; Julg. 12/12/2017; DJESP 19/12/2017; Pág. 3310). No mesmo sentido: TJSP; APL 1056361-21.2017.8.26.0100; Ac. 10990858; São Paulo; Trigésima Primeira Câmara de Direito Privado; Rel. Des. Paulo Ayrosa; Julg. 22/11/2017; DJESP 27/11/2017; Pág. 2508. V. tb.: PROCESSUAL CIVIL. AGRAVO DE INSTRUMENTO EM AÇÃO DE INDENIZAÇÃO. CITAÇÃO DE PESSOA JURÍDICA (BANCO) REALIZADA NA PESSOA DO GERENTE. VALIDADE. TEORIA DA APARÊNCIA. LITÍGIO REFERENTE A CONTRATO FIRMADO NA RESPECTIVA AGÊNCIA ONDE OCORREU O ATO CITATÓRIO. RECURSO CONHECIDO E PROVIDO. DECISÃO SUSPENSA. 1. A questão é saber se a citação da instituição bancária, realizada na pessoa do gerente, é válida ou não. 2. Em princípio, de acordo com o art. 242, do novo Código de Processo Civil, "a citação será pessoal, podendo, no entanto, ser feita na pessoa do representante legal ou do procurador do réu, do executado ou do interessado". Porém, a inobservância da referida formalidade, por si só, não conduz a nulidade da citação, tendo em vista a admissibilidade de incidência da teoria da aparência, que valida a citação recebida por qualquer funcionário da pessoa jurídica que se apresente para recebêla em suas dependências. 3. Na hipótese dos autos, as duas citações que foram consideradas viciadas pelo juízo a quo, foram recebidas por gerentes da agência bezerra de Menezes, sem qualquer ressalva, conforme se observa às fls. 17/19 e 22/24. Do mesmo modo, analisando a documentação de fls. 52/60, constatase que o agravante é cliente da referida agência bancária, tendo a contestação dos débitos sido formalizada naquela unidade. Daí porque, não há como afastar, pelo menos neste momento, a validade da citação recebidas pelos gerentes daquela agência, considerando o entendimento do Superior Tribunal de Justiça, ao qual me filio, no sentido de que é válida a citação do banco, na pessoa do gerente, quando o litígio se referir a contrato firmado na agência por ele dirigida. 4. Recurso conhecido e provido. Decisão interlocutória reformada. (TJCE; AI 062320108.2015.8.06.0000; Sexta Câmara Cível; Relª Desª Maria Vilauba Fausto Lopes; DJCE 11/04/2016; Pág. 37)

Afastando a Teoria da Aparência no caso e que a qualificação funcional da pessoa que recebeu a citação não foi identificada.

✓ DIREITO CIVIL E PROCESSUAL CIVIL. APELAÇÃO. AÇÃO DE BUSCA E APREENSÃO. PRELIMINAR DE INTEMPESTIVIDADE. ASFASTADA. NULIDADE DA CITAÇÃO. ART. 238, 239 E 242, §1º, DO CPC. ATO REALIZADO EM ENDEREÇO DIVERSO DA EMPRESA REQUERIDA. PESSOA QUE RECEBEU A CITAÇÃO NÃO É EMPREGADO, MANDATÁRIO, ADMINISTRADOR, PREPOSTO OU GERENTE DA APELANTE. INAPLICABILIDADE DA TEORIA DA APARÊNCIA. SENTENÇA CASSADA. APELO PROVIDO. 1. Apelação interposta contra sentença proferida nos autos da ação de busca e apreensão em alienação fiduciária. 2. Vislumbra-se que o recurso de apelação foi interposto antes do término do prazo recursal, motivo pelo qual não há que se falar em sua intempestividade. Preliminar afastada. 3. Segundo o art. 238 do CPC, a citação é o ato pelo qual são convocados o réu, o executado ou o interessado para integrar a relação processual. Segundo o art. 239 do mesmo CODEX para a validade do processo é indispensável a citação do réu ou do executado, ressalvadas as hipóteses de indeferimento da petição inicial ou de improcedência liminar do pedido. 3.1. O art. 242 esclarece que a citação será pessoal, podendo, no entanto, ser feita na pessoa do representante legal ou do procurador do réu, do executado ou do interessado. O § 1º do referido dispositivo esclarece que na ausência do citando, a citação será feita na pessoa de seu mandatário, administrador, preposto ou gerente, quando a ação se originar de atos por eles praticados. 3.2. No caso dos autos, é nula a citação da requerida. 3.2.1 Porquanto, no endereço da empresa, a pessoa que recebeu a contrafé não foi identificada como empregado, mandatário, administrador, preposto ou gerente da pessoa jurídica requerida. 3.2.1. Precedente da Casa: A teoria da aparência não pode ser invocada para validar citação na hipótese em que o oficial de justiça nem ao menos identifica a qualificação funcional da pessoa em nome da qual é efetivada, máxime quando o ato não se realiza no endereço em que se situa a sede da pessoa jurídica. (20140111700768APC, Relator: James Eduardo Oliveira, 4ª Turma Cível, DJE: 23/01/2017), 4. Apelo provido para cassar a sentença. (TJDF; APC 2016.14.1.004058-0; Ac. 102.2655; Segunda Turma Cível; Rel. Des. João Egmont Leoncio Lopes; Julg. 24/05/2017; DJDFTE 09/06/2017)

Citação de pessoa física deve ser entregue pessoalmente, sendo inaplicável a Teoria da Aparência.

✓ MANDADO DE SEGURANÇA. ATO JUDICIAL. AUSÊNCIA DOS REQUISITOS LEGAIS, NOS TERMOS DO ART. 10 DA LEI Nº 12.016/09. Em se tratando de citação de pessoa física, não há que se falar em aplicação da teoria da aparência. Inaplicável à espécie o art. 248, § 2º, do CPC, como pretende a impetrante. Decisum que não se mostra teratológico ou abusivo, inexistente direito líquido e certo a ser perseguido. Carência de impetração. Indeferida a inicial. Embargos declaratórios opostos só pela impetrante. Inocorrência de omissão, obscuridade e/ou contradição. Decisão colegiada unânime clara e objetiva. Os declaratórios devem ser encarados como instrumento de aperfeiçoamento da prestação jurisdicional, não como meio hábil ao reexame da causa, apenas porque o decisum refletiu entendimento contrário ao defendido pela embargante. Embargos de declaração conhecidos por serem tempestivos, porém rejeitados. (TJSP; EDcl 2101812-61.2017.8.26.0000/50000; Ac. 10648235; São Paulo; Vigésima Sétima Câmara de Direito Privado; Rel. Des. Campos Petroni; Julg. 01/08/2017; DJESP 14/08/2017; Pág. 2763); APELAÇÃO CÍVEL. Reparação de danos. Alegado vício na citação. Carta de citação que foi recebida por terceira pessoa. Ausência de citação pessoal dos apelantes que são pessoas físicas. Necessidade. Inteligência dos arts. 239, 242 e 248, §1º do CPC/2015. Inaplicabilidade da teoria da aparência à pessoa física. O ônus de provar que por intermédio da terceira pessoa os apelantes tomaram ciência inequívoca da demanda é daquele que alega a validade da citação. Ausência de pressuposto processual de existência. Sentença declarada nula por vício insanável. Recurso de apelação provido para anular o processo a partir da citação. (TJPR; ApCiv 1497568-1; Cascavel; Décima Primeira Câmara Cível; Rel. Des. Sigurd Roberto Bengtsson; Julg. 31/08/2016; DJPR 13/10/2016; Pág. 442). V. tb.: AGRAVO DE INSTRUMENTO. AÇÃO MONITÓRIA. CITAÇÃO POR CARTA PARA ENDEREÇO ANTIGO DA RECORRENTE. Não aplicação da teoria da aparência referente a pessoa física. Jurisprudência dominante. Manutenção da decisão recorrida implicaria injustificável cerceamento de defesa. Processo anulado a partir da citação. Desnecessária a citação da agravante que se deu por citada, ao apresentar os embargos, cujo mérito deverá ser apreciado pelo juízo a quo. Agravo de instrumento provido. Decisão unânime. (TJPE; AI 0010584-25.2016.8.17.0000; Sexta Câmara Cível; Rel. Des. Eduardo Augusto Paura Peres; Julg. 31/01/2017; DJEPE 20/02/2017)

Teoria da Aparência não se aplica ao empresário individual.

✓ LOCAÇÃO. AÇÃO DE DESPEJO POR FALTA DE PAGAMENTO. CITAÇÃO PELO CORREIO. PESSOA FÍSICA. ENTREGA DA CORRESPONDÊNCIA A PESSOA DIVERSA. INADMISSIBILIDADE. VÍCIO CARACTERIZADO, QUE COMPROMETE TODOS OS ATOS PROCESSUAIS PRATICADOS. AGRAVO PROVIDO. A citação pelo correio deve ser realizada mediante a entrega da correspondência à pessoa do citando, providência que não foi observada no caso em exame. O fato de se tratar de empresário individual não autoriza a adoção do tratamento legal conferido à pessoa jurídica, com aplicação da teoria da aparência. (TJSP; AI 2215592-76.2017.8.26.0000; Ac. 11045812; Franca; Trigésima Primeira Câmara de Direito Privado; Rel. Des. Antonio Rigolin; Julg. 06/12/2017; DJESP 19/12/2017; Pág. 3289). No mesmo sentido: AGRAVO DE INSTRUMENTO. CUMPRIMENTO DE SENTENÇA. EXCEÇÃO DE PRÉ-EXECUTIVIDADE. POSSIBILIDADE. NULIDADE DE CITAÇÃO. TEORIA DA APARÊNCIA. INAPLICABILIDADE. MEI. CNPJ APENAS PARA FINS TRIBUTÁRIOS. NÃO HÁ PERSONALIDADE JURÍDICA. CITAÇÃO RECEBIDA POR TERCEIRO NO ENDEREÇO NÃO PODE SER PRESUMIDA ENTREGUE AO MEI. RECURSO CONHECIDO E PROVIDO. 1. Tendo em vista que a alegação de nulidade da citação foi realizada na primeira oportunidade em que a parte ora agravante se manifestou nos autos, e considerando ainda que a exceção de pré-executividade é meio hábil para se arguir matérias de ordem pública conhecíveis de ofício, como é o caso da nulidade de citação, tem- se que não há qualquer óbice para o conhecimento do referido incidente. 2. Nos termos do que já definiu a doutrina, o empresário individual e, por conseguinte, o MEI (microempreendedor individual), seria equiparado à pessoa jurídica apenas para fins tributários, uma vez que inexiste qualquer diferença em termos patrimoniais ou de vontade entre o empresário, pessoa física e a pessoa jurídica, identificada com um CNPJ. 3. Recurso conhecido e provido. (TJPR; Ag Instr 1719995-8; Francisco Beltrão; Décima Oitava Câmara Cível; Rel. Des. Marcelo Gobbo Dalla Dea; Julg. 08/11/2017; DJPR 22/11/2017; Pág. 410)

Apontando que a exigência de citação pessoal não se aplica ao processo do trabalho.

✓ CITAÇÃO INICIAL RECEBIDA POR TERCEIRO. INEXISTÊNCIA DE NULIDADE. Nos termos do artigo 841 da CLT, a notificação (citação inicial) prescinde que seja feita, estritamente, em nome do representante legal da empresa ou de empregado seu, bastando a entrega a qualquer pessoa que se encontre no endereço correto, não se aplicando o disposto no artigo 242 do CPC/2015. (TRT 18ª R.; AP 0010378-11.2015.5.18.0051; Primeira Turma; Rel. Des. Aldon do Vale Alves Taglialegna; Julg. 16/11/2017; DJEGO 22/11/2017; Pág. 895). No mesmo sentido: CITAÇÃO VÁLIDA. EFEITOS. I – A norma do art. 242, do CPC/2015, que exige a citação pessoal do réu, por meio de representante legal ou procurador legalmente autorizado, não se aplica, com rigor, no processo trabalhista, que dispõe de norma própria, a saber, os artigos 774 e 841, § 1º, da CLT. II – Ademais, mesmo no processo civil, a citação do réu pode ser realizada não necessariamente no endereço indicado na petição inicial, mas em qualquer lugar em que se encontre o réu, diz o art. 243, do CPC/2015, salvo nas hipóteses ressalvadas por lei (art. 244, do CPC/2015). III – Agravo de Petição improvido. (TRT 8ª R.; AP 0011227-35.2013.5.08.0017; Segunda Turma; Rel. Des. Fed. Vicente José Malheiros da Fonseca; Julg. 25/10/2017; DEJTPA 13/11/2017; Pág. 1853)

§ 1º Na ausência do citando, a citação será feita na pessoa de seu mandatário, administrador, preposto ou gerente, quando a ação se originar de atos por eles praticados.

→ v. Art. 119 da Lei 6.404/1976.

§ 2º O locador que se ausentar do Brasil sem cientificar o locatário de que deixou, na localidade onde estiver situado o imóvel, procurador com poderes para receber citação será citado na pessoa do administrador do imóvel encarregado do recebimento dos aluguéis, que será considerado habilitado para representar o locador em juízo.

→ v. Art. 58, IV, da Lei 8.245/1991.

§ 3º A citação da União, dos Estados, do Distrito Federal, dos Municípios e de suas respectivas autarquias e fundações de direito público será realizada perante o órgão de Advocacia Pública responsável por sua representação judicial.

→ v. Art. 35 da LC 73/1993.

→ v. Art. 75, I, II e III do CPC.

Art. 243. A citação poderá ser feita em qualquer lugar em que se encontre o réu, o executado ou o interessado.

Parágrafo único. O militar em serviço ativo será citado na unidade em que estiver servindo, se não for conhecida sua residência ou nela não for encontrado.

→ v. Art. 76 do CC/2002.

Não pode o militar ser fictamente citado, sem que se tenha buscado encontrá-lo na unidade em que estiver servindo.

✓ AGRAVO DE INSTRUMENTO. RESPONSABILIDADE CIVIL EM ACIDENTE DE TRÂNSITO. CITAÇÃO POR CERTA. RÉU MILITAR. NULIDADE. Sendo o agravante militar do exército brasileiro, é uma prerrogativa sua receber a citação na unidade em que estiver servindo, se não for conhecida a sua residência ou se nela não for encontrado, nos termos do artigo 243, parágrafo único do CPC/2015. Como o recorrente foi citado por hora certa, pois não foi localizado em sua residência, impõe-se o reconhecimento da nulidade do ato processual. Agravo de instrumento provido. Unânime. (TJRS; AI 0386748-30.2015.8.21.7000; Porto Alegre; Décima Primeira Câmara Cível; Rel. Des. Antônio Maria Rodrigues de Freitas Iserhard; Julg. 25/05/2016; DJERS 31/05/2016)

Art. 244. Não se fará a citação, salvo para evitar o perecimento do direito:

I – de quem estiver participando de ato de culto religioso;

II – de cônjuge, de companheiro ou de qualquer parente do morto, consanguíneo ou afim, em linha reta ou na linha colateral em segundo grau, no dia do falecimento e nos 7 (sete) dias seguintes;

→ v. Art. 1.592 do CC/2002.

III – de noivos, nos 3 (três) primeiros dias seguintes ao casamento;

IV – de doente, enquanto grave o seu estado.

Mera apresentação de atestado médico ao tempo em que realizada a diligência, sem comprovação de comprometimento da saúde mental, não invalida a citação.

✓ DIREITO PROCESSUAL CIVIL. AGRAVO DE INSTRUMENTO. AÇÃO ANULATÓRIA AJUIZADA COM O FITO DE OBTER DECLARAÇÃO DE NULIDADE DE SENTENÇA PROFERIDA EM AÇÃO CIVIL PÚBLICA POR FORÇA DE NULIDADE DE CITAÇÃO (QUERELA NULLITATIS INSANABILIS). ALEGADA IMPOSSIBILIDADE DE RECEBER CITAÇÃO DECORRENTE DE ACOMETIMENTO POR DOENÇA GRAVE. TUTELA DE URGÊNCIA. ART. 300 DO CPC. INEXISTÊNCIA DE FUMUS BONI IURIS. RECURSO IMPROVIDO. 1. O art. 300 do CPC/2015 assim dispõe: "a tutela de urgência será concedida quando houver elementos que evidenciem a probabilidade do direito e o perigo de dano ou o risco ao resultado útil do processo ". Ainda que em outras palavras, usadas em suposto sentido novidadeiro, é inescondível que a tutela de urgência continua a depender do velho binômio "periculum in mora" e "fumus boni iuris ". 2. O agravante alega, mas não comprova, que ao tempo da citação encontrava-se impossibilitado temporariamente de exprimir sua vontade e, portanto, de receber a comunicação processual. Sim, pois embora haja nos autos atestado/relatório médico indicando que ele se encontrava em tratamento de câncer de próstata de 2010 a 2014, não há nada que evidencie que o agravante teve sua saúde mental comprometida e que, por força disso, não tinha condições de praticar os atos da vida civil. Como bem colocou o Juiz a quo, embora o atestado médico demonstre a existência de doença grave, "não faz prova de prejuízo à higidez mental ao ponto de prejudicar o autor em sua capacidade de receber citação ". 3. Além disso, a análise da certidão de citação na Ação Civil Pública nº 0002506-67.2013.403.6112 dá conta de que o recorrente ouviu a leitura do mandado e do inteiro teor das cópias dos atos e termos da ação proposta e da intimação da decisão de fls. 50/52, que deferiu a medida liminar, exarou sua nota de ciente e aceitou a contrafé sem ter oposto qualquer resistência decorrente de seu estado de saúde que o impossibilitasse de receber a citação. Por isso, o art. 244, IV, do CPC não o socorre, pelo menos não em sede de cognição sumária. 4. Assim, não basta que o autor alegue perigo de dano ou risco ao resultado útil do processo, para que se desprezem os demais requisitos que a Lei exige no art. 300 do CPC para o efeito pretendido. Em outros termos, a existência do periculum in mora, por si só, não socorre o agravante. 5. Recurso improvido. (TRF 3ª R.; AI 0012373-82.2016.4.03.0000; Sexta Turma; Rel. Des. Fed. Johonsom Di Salvo; Julg. 06/07/2017; DEJF 19/07/2017)

Se a doença grave ocorreu meses antes da citação, sem comprovação de que a enfermidade perdurou por todo esse período, não se reputa inválida o ato de comunicação processual.

✓ AGRAVO DE INSTRUMENTO. NULIDADE DE CITAÇÃO. NÃO OCORRÊNCIA. AVC ISQUÊMICO ANTERIOR À CITAÇÃO. 1. A citação não poderá ocorrer durante o período em que o demandado se encontrar hospitalizado, acometido por doença que impossibilite sua locomoção e a contratação de advogado, segundo inteligência do art. 244, IV, do CPC. 2. Verifica-se que não é o caso dos autos, uma vez que a agravante sofreu AVC isquêmico no início de junho de 2015 e a citação ocorreu em novembro de 2015, ou seja, mais ou menos cinco meses após o AVC, não havendo nos autos qualquer informação médica de que, após o acidente vascular, a paciente tenha ficado com a sua capacidade mental comprometida. 3. Agravo conhecido e não provido. (TJDF; AGI 2016.00.2.037033-6; Ac. 100.8206; Quinta Turma Cível; Rel. Des. Silva Lemos; Julg. 29/03/2017; DJDFTE 07/04/2017)

Art. 245. Não se fará citação quando se verificar que o citando é mentalmente incapaz ou está impossibilitado de recebê-la.

→ v. Art. 4º, II e III, do CC/2002.

→ v. Arts. 71 e 247, II do CPC.

→ v. Lei 13.146/2015 – Estatuto da Pessoa com Deficiência.

O simples fato de a citação ter ocorrido numa clínica de repouso não exige a observância aos termos do art. 245.

✓ CIVIL. APELAÇÃO. INTEMPESTIVIDADE. NÃO CONHECIMENTO. 1. Não se ignora que a apelante fora citada em uma clínica de repouso. Contudo, não se cogitando de presunção de incapacidade (art. 1, CC), por certo é que a citação pessoal sem qualquer ressalva prevista no art. 245, do CPC, é válida e, como consequência do descumprimento do prazo para oferecimento de defesa, incide, dentre outras, aquela prevista no art. 346, do CPC. 2. Recurso não conhecido. (TJSP; APL 1003221-19.2015.8.26.0011; Ac. 10220657; São Paulo; Trigésima Quinta Câmara de Direito Privado; Rel. Des. Artur Marques; Julg. 06/03/2017; DJESP 10/03/2017)

§ 1º O oficial de justiça descreverá e certificará minuciosamente a ocorrência.

A ocorrência deve ser verificada pessoalmente pelo oficial de justiça, e não por informação de terceiros.

✓ AGRAVO DE INSTRUMENTO. DIREITO TRIBUTÁRIO. EXECUÇÃO FISCAL. ISS. NULIDADE DA CITAÇÃO POR EDITAL. INOCORRÊNCIA. O procedimento de verificação de incapacidade do art. 245 do Código de Processo Civil somente possui lugar quando o oficial de justiça verifica, por si próprio e não por informação de terceiros, que há potencial incapacidade, relativa ou absoluta, temporária ou permanente, do destinatário da citação. No caso concreto, ademais, a informação fornecida ao meirinho de que o executado não poderia receber citação porque esquizofrênico cede frente ao pedido administrativo realizado presencialmente e de punho próprio pelo citando, menos de um mês após a diligência. Nulidade não reconhecida, uma vez que atendida a exigência da Súmula nº 414 do STJ. Prescrição intercorrente. Inexistência de inércia, no caso concreto. Notório que as dificuldades encontradas pelo município de Porto Alegre em promover a presente execução diligentemente encontram origem na conduta do executado, o qual - Ao que consta dos autos - Buscou fugir à citação em variadas oportunidades. Considerando, pois, que a prescrição intercorrente somente possui lugar quando se encontram conjugados o decurso de tempo e a inércia da parte credora, não se há falar em prescrição no caso em tela, eis que não imputável a demora na satisfação do crédito à municipalidade. Negaram provimento ao recurso. Unânime. (TJRS; AI 0329115-27.2016.8.21.7000; Porto Alegre; Segunda Câmara Cível; Relª Desª Laura Louzada Jaccottet; Julg. 15/02/2017; DJERS 22/02/2017)

§ 2º Para examinar o citando, o juiz nomeará médico, que apresentará laudo no prazo de 5 (cinco) dias.

Se a perícia for determinada de ofício pelo juiz, deve a remuneração do perito ser rateada pelas partes:

✓ AGRAVO DE INSTRUMENTO EM EXECUÇÃO. DÚVIDA SOBRE A CAPACIDADE CIVIL DO EXECUTADO PARA RECEBER CITAÇÃO. NOMEAÇÃO DE MÉDICO. REALIZAÇÃO DE PERÍCIA DETERMINADA DE OFÍCIO PELO JUIZ. RATEIO ENTRE AS PARTES DA DESPESA. 1. Nos termos do art. 245 do Código de Processo Civil de 2015, não se fará citação quando verificado que o réu/executado é mentalmente incapaz ou está impossibilitado de recebê-la. 2. Deve o juiz, diante dessa suspeita, nomear médico para examinar o citando e, caso reconhecida a situação incapacitante, o magistrado lhe designará curador especial, a quem caberá receber a citação e promover a defesa dos interesses do citando. 3. Quando a perícia for determinada de ofício pelo magistrado, deve ser rateada, entre as partes litigantes, a despesa decorrente da realização desse ato processual, de conformidade com o art. 95 do Código de Processo Civil de 2015. 4. AGRAVO DE INSTRUMENTO CONHECIDO E PARCIALMENTE PROVIDO. (TJGO; AI 0179797-51.2016.8.09.0000; Urutai; Quarta Câmara Cível; Relª Desª Elizabeth Maria da Silva; DJGO 28/09/2016; Pág. 130)

§ 3º Dispensa-se a nomeação de que trata o § 2º se pessoa da família apresentar declaração do médico do citando que ateste a incapacidade deste.

§ 4º Reconhecida a impossibilidade, o juiz nomeará curador ao citando, observando, quanto à sua escolha, a preferência estabelecida em lei e restringindo a nomeação à causa.

→ *v.* Arts. 1.775 e 1.775-A do CC/2002.

→ *v.* Arts. 72, I e 178, II do CPC.

§ 5º A citação será feita na pessoa do curador, a quem incumbirá a defesa dos interesses do citando.

→ *v.* Art. 18 da Lei 9.099/1995.

→ *v.* Art. 8º da Lei 6.830/1980.

Art. 246. A citação será feita:

→ *v.* Art. 700, § 7º do CPC.

I – pelo correio;

→ *v.* Súmula 429 do STJ.

→ *v.* Art. 58, IV, da Lei 8.245/1991.

→ *v.* Arts. 247 e 248 do CPC.

II – por oficial de justiça;

→ *v.* Arts. 249 a 255 do CPC.

III – pelo escrivão ou chefe de secretaria, se o citando comparecer em cartório;

IV – por edital;

→ *v.* Súmula 282 do STJ.

→ *v.* Arts. 256 a 259 do CPC.

V – por meio eletrônico, conforme regulado em lei.

→ *v.* Arts. 6º e 9º, § 1º, da Lei 11.419/2006.

Impossibilidade de citação por meio eletrônico enquanto o sistema não for implantado pelo tribunal:

✓ EXECUÇÃO. Citação por meio eletrônico. Não cabimento. Ausência de prévio cadastro do endereço eletrônico dos Executados. Inteligência do art. 2º, da Lei nº 11.419/06, e do art. 246, § 1º, do CPC. Sistema de cadastro ainda não implantado por este E. Tribunal de Justiça. Decisão mantida. Recurso não provido. (TJSP; AI 2094266-52.2017.8.26.0000; Ac. 10949266; São Paulo; Décima Segunda Câmara de Direito Privado; Rel. Des. Tasso Duarte de Melo; Julg. 07/11/2017; DJESP 13/11/2017; Pág. 2710). No mesmo sentido: AGRAVO DE INSTRUMENTO. AÇÃO DE EXECUÇÃO DE TÍTULO EXTRAJUDICIAL. INDEFERIMENTO DO PEDIDO DE INSTAURAÇÃO DE INCIDENTE DE RESOLUÇÃO DE DEMANDAS REPETITIVAS, POR NÃO ATENDIMENTO DO DISPOSTO NO ART. 976, I E II, DO CPC, VISTO QUE NÃO CONSTATADA A EFETIVA REPETIÇÃO DE DECISÕES CONFLITANTES APTAS A IMPLICAR RISCO À ISONOMIA E À SEGURANÇA JURÍDICA. Instauração do incidente que se mostra inadmissível. Insurgência em face de decisão que indeferiu pedido da instituição financeira agravante de citação dos agravados por meio eletrônico. Descabimento do inconformismo. Previsão legal disposta no art. 246, V, do CPC que, no momento, se mostra impossível de ser realizada, diante da ausência de Lei regulamentando a matéria. Hipótese de manutenção íntegra da decisão hostilizada. Recurso desprovido. (TJSP; AI 2097751-60.2017.8.26.0000; Ac. 10656643; Piracicaba; Décima Segunda Câmara de Direito Privado; Rel. Des. Jacob Valente; Julg. 03/08/2017; DJESP 11/08/2017; Pág. 2061)

Afastando a possibilidade de citação por e-mail:

✓ AGRAVO DE INSTRUMENTO. Ação monitória. Decisão que indeferiu a citação por correio eletrônico (e-mail), por não haver ainda regulamentação da matéria por Lei. Insurgência. Inadmissibilidade. Art. 246, V, do CPC, que permite a citação por meio eletrônico, conforme regulado em Lei. Art. 6º da Lei nº 11.419/2006 que não permite afirmar que a citação pode se dar por correio eletrônico, pois até o momento não há como permitir o acesso integral dos autos sem o cadastramento prévio da parte ao sistema do Tribunal. Risco à segurança jurídica pretender interpretação extensiva, como quer o agravante. Instauração de incidente de resolução de demanda repetitiva. Art. 479 do CPC/2015. Ausência de demonstração dos requisitos de efetiva existência de demandas repetitivas e perigo à isonomia e segurança jurídica. Própria parte pode requerer ao Presidente do Tribunal a instauração. Art. 977 do CPC. Decisão mantida. Recurso não provido. (TJSP; AI 2091014-41.2017.8.26.0000; Ac. 10667753; Diadema; Décima Oitava Câmara de Direito Privado; Rel. Des. Helio Faria; Julg. 01/08/2017; DJESP 11/08/2017; Pág. 2104)

Afastando a possibilidade de citação por publicação no diário de justiça, ainda que se trate de ação de restauração de autos:

✓ PROCESSO CIVIL. INCIDENTE DE RESTAURAÇÃO DE AUTOS. CITAÇÃO PESSOAL. FORMALIDADE LEGAL IMPRESCINDÍVEL. PUBLICAÇÃO NO DJE. INVALIDADE. PROCESSO NULO. O procedimento da ação de restauração de autos prevê que a parte contrária será citada para contestar o pedido no prazo de cinco dias (art. 714, CPC). Os arts. 242 e 246 do CPC, estabelecem que a citação pessoal deverá ser feita em uma das modalidades ali previstas, dentre as quais não se encontra a publicação no diário judiciário eletrônico, circunstância que torna inválido o ato citatório e vicia todo o processo de restauração. (TJMG; APCV 1.0394.16.003531-4/001; Rel. Des. Alberto Vilas Boas; Julg. 11/07/2017; DJEMG 19/07/2017)

§ 1º Com exceção das microempresas e das empresas de pequeno porte, as empresas públicas e privadas são obrigadas a manter cadastro nos sistemas de processo em autos eletrônicos, para efeito de recebimento de citações e intimações, as quais serão efetuadas preferencialmente por esse meio.

→ *V.* Art. 1.051 do CPC.

§ 2º O disposto no § 1º aplica-se à União, aos Estados, ao Distrito Federal, aos Municípios e às entidades da administração indireta.

Se o município não atendeu ao dever de realizar o cadastro para recebimento de intimações eletrônicas, correta é a sua intimação por meio do Diário de Justiça:

✓ PROCESSUAL CIVIL. AGRAVO INTERNO NO AGRAVO EM RECURSO ESPECIAL. RECURSO INTEMPESTIVO. INTERPOSIÇÃO ALÉM DO PRAZO LEGAL. ARTS. 1.070 E 183 DO CPC/2015. MUNICÍPIO. INTIMAÇÃO ELETRÔNICA. AUSÊNCIA DE CADASTRO, JUNTO A ESTA CORTE. INTIMAÇÃO POR MEIO DO DIÁRIO DE JUSTIÇA ELETRÔNICO. ARTS. 183, § 1º, IN FINE, 246, §§ 1º E 2º, 270 E PARÁGRAFO ÚNICO, 272 E 1.050 DO CPC/2015. AGRAVO INTERNO NÃO CONHECIDO. I. Agravo interno aviado contra decisão monocrática, que julgou recurso interposto contra decisão que inadmitira o Recurso Especial, publicada na vigência do CPC/2015. II. A decisão, objeto deste Agravo interno, foi disponibilizada em 28/09/2016 (quarta-feira), no Diário de Justiça eletrônico, considerando-se publicada em 29/09/2016 (quinta-feira), e o presente recurso foi interposto em 20/03/2017, quando de há muito escoado o prazo legal, conforme certificado nos autos. III. Descumprido, portanto, o prazo de trinta dias úteis, para a interposição do Agravo interno, previsto nos arts. 1.070 e 183 do CPC vigente, inviável a análise dos argumentos recursais, uma vez que não preenchido um dos requisitos extrínsecos de sua admissibilidade. IV. Registre-se que, "nos termos do art. 1.050 do CPC/2015, competia ao Município ora agravante, no prazo de 30 dias após a entrada em vigor daquele diploma processual, proceder ao cadastramento perante a administração desta Corte, para fins de recebimento de intimações. No mesmo sentido: PET no AREsp 425.715/TO, Rel. Ministro Sérgio Kukina, DJe 2.8.2016" (STJ, AgInt no AgInt no REsp 1.594.244/MG, Rel. Ministro HERMAN BENJAMIN, SEGUNDA TURMA, DJe de 07/03/2017), o que o Município agravante não providenciou, in casu. V. Não efetuando o cadastro previsto em Lei, junto a esta Corte, para fins de intimação pessoal eletrônica, nos termos dos arts. 183, § 1º, in fine, 246, §§ 1º e 2º, e 1.050 do CPC/2015, restou o Município intimado do decisum ora recorrido via Diário da Justiça eletrônico, de conformidade com o art. 272 do CPC/2015, conforme certificado nos autos. VI. Agravo interno não conhecido. (STJ; AgInt-AREsp 977.792; Proc. 2016/0233529-8; BA; Segunda Turma; Relª Minª Assusete Magalhães; DJE 27/06/2017). Cf., também, AgInt no AREsp 978007/MG, Rel. Min. Regina Helena Costa, 1ª Turma, j. 18/05/2020.

§ 3º Na ação de usucapião de imóvel, os confinantes serão citados pessoalmente, exceto quando tiver por objeto unidade autônoma de prédio em condomínio, caso em que tal citação é dispensada.

→ *V.* Súmulas 263 e 391 do STF.

→ *V.* Arts. 115, II e 259, I do CPC.

Considerando ser dispensável, na ação de usucapião de unidade autônoma de prédio em condomínio, a citação não só dos confinantes, mas também dos demais condôminos e de terceiros interessados:

✓ MANDADO DE SEGURANÇA. Ação de usucapião de apartamento. Unidade autônoma de condomínio edilício. Fração ideal que é parte vinculada ao apartamento (art. 1.331, § 3º, do CC). Desnecessidade de citação dos confinantes, dos demais condôminos e dos terceiros interessados. Inteligência do art. 246, § 3º, do CPC/2015. Mandado de segurança concedido à unanimidade. Custas ex lege. Sem honorários. Os impetrantes alegam que ajuizaram uma ação de usucapião do apartamento nº 803, situado no 8º andar do único edifício do condomínio Ivo do prado, na avenida Ivo do prado, nº 210, Aracaju. Se, no qual residiram com a mãe por mais de 30 (trinta) anos, e continuaram a residir após a morte desta. O magistrado determinou a citação dos confinantes do condomínio e os autores impetraram este **mandamus**. O art. 246, § 3º, do CPC/2015 é expresso em dispensar a citação dos confinantes na ação de usucapião de imóvel que tenha por objeto unidade autônoma de prédio em condomínio, sendo sabido que o art. 1.331, § 3º, do Código Civil elenca que a aquisição da propriedade de uma unidade autônoma implica, necessariamente, na aquisição da propriedade de uma fração ideal da área comum. (TJSE; MS 201700624577; Ac. 27581/2017; Câmaras Cíveis Reunidas; Rel. Des. Ricardo Mucio Santana de A. Lima; DJSE 13/12/2017)

Entendendo que se deve citar o síndico na ação de usucapião de unidade autônoma de prédio em condomínio:

✓ AGRAVO DE INSTRUMENTO. USUCAPIÃO. APARTAMENTO. CITAÇÃO DOS CONFINANTES. DESNECESSIDADE. Possível aplicar ao caso concreto o mesmo entendimento contido no artigo 246, §3º, do novo CPC, no tocante a desnecessidade da citação dos confinantes em ações de usucapião de apartamento, pois a individualização do imóvel nesse caso é precisa e delimitada. Contudo, prudente a citação do síndico. Decisão agravada parcialmente reformada. Deram parcial provimento ao agravo de instrumento. (TJRS; AI 0027834-12.2016.8.21.7000; Capão da Canoa; Décima Nona Câmara Cível; Rel. Des. Eduardo João Lima Costa; Julg. 28/04/2016; DJERS 09/05/2016)

Art. 247. A citação será feita pelo correio para qualquer comarca do país, exceto:

I – nas ações de estado, observado o disposto no art. 695, § 3º;

II – quando o citando for incapaz;

→ *v.* Art. 245, II do CPC.

III – quando o citando for pessoa de direito público;

Sobre a aplicação da regra ao processo do trabalho:

✓ INTIMAÇÃO PESSOAL DO ENTE PÚBLICO MUNICIPAL. INOBSERVÂNCIA. NULIDADE. Tratando-se de ente público municipal, a citação deve ser pessoal e não pode ser realizada por via postal, sobretudo quando fica caracterizado o prejuízo decorrente do não comparecimento do reclamado à audiência sofrendo os efeitos da revelia. O art. 841, § 1º, da CLT, quanto às notificações na Justiça do Trabalho, não afasta as disposições específicas previstas nos arts. 247 e 249 do CPC, que expressamente exigem a citação pessoal quando se tratar de pessoa jurídica de direito público. **In casu**, provada nos autos a ausência de eficaz e regular notificação do Município, impõe. Se a declaração de nulidade de todos os atos praticados, com o retorno do feito à Vara de origem para dar início às etapas do procedimento. (TRT 11ª R.; AP 0000602-18.2014.5.11.0018; Relª Desª Francisca Rita Alencar Albuquerque; Julg. 21/11/2017; DOJTAM 28/11/2017; Pág. 110). Contra, entendendo que o dispositivo não se aplica ao processo trabalhista: AUTARQUIA MUNICIPAL. CITAÇÃO VÁLIDA. NULIDADE. A notificação das pessoas jurídicas de direito público também é postal, não sendo aplicável à hipótese o art. 247, do Código de Processo Civil, que excetua da notificação postal os entes públicos, tendo em vista que tanto a Consolidação das Leis do Trabalho, em seu artigo 841, como o Decreto-Lei nº 779/1969, disciplinam integralmente a matéria. Recurso ordinário conhecido, mas desprovido. (TRT 11ª R.; RO 0002139-30.2015.5.11.0013; Terceira Turma; Rel. Des. Jorge Álvaro Marques Guedes; DOJTAM 15/03/2017; Pág. 176)

IV – quando o citando residir em local não atendido pela entrega domiciliar de correspondência;

V – quando o autor, justificadamente, a requerer de outra forma.

Infrutífera a citação pelo correio, cabe a sua renovação por oficial de justiça:

✓ AGRAVO DE INSTRUMENTO. Execução fiscal. Retorno de carta de aviso de recebimento. Citação infrutífera. Indeferimento de pleito de renovação do ato por oficial de justiça. Formal inconformismo. Carta que retornou sem constatação de que a empresa não está localizada em seu domicílio fiscal. Adequabilidade do pleito de tentativa de citação por oficial. Artigo 247, inciso V do CPC. Recurso provido. (TJPR; Ag Instr 1678385-4; Curitiba; Segunda Câmara Cível; Rel. Des. Guimarães da Costa; Julg. 19/09/2017; DJPR 23/10/2017; Pág. 90)

Considerando possível a citação pelos correios na execução de título extrajudicial:

✓ PROCESSUAL. EXECUÇÃO DE TÍTULO EXTRAJUDICIAL. DECISÃO QUE REPUTOU VÁLIDA A CITAÇÃO PELO CORREIO. Nulidade da citação. Inocorrência. Citação por carta em execução. Possibilidade. Artigo 247 do Código de Processo Civil. Carta enviada no endereço do fiador constante do contrato. Precedentes. Obrigação do fiador que subsiste até a efetiva entrega das chaves, conforme expressa previsão contratual e a teor do disposto no artigo 39 da Lei n. 8.245/1991. Cláusula geral da locação que dispunha que a prorrogação apenas se daria por escrito que não se sobrepõe à cláusula específica da fiança que prevê a responsabilidade dos garantes até a entrega das chaves do imóvel e sem limitação de tempo. Súmula n. 7 deste E. Tribunal de Justiça. Penhora de ativos financeiros encontrados em contas bancárias. Impenhorabilidade. Valor constrito (bem) inferior a 40 (quarenta) salários mínimos. Incidência do artigo 833, inciso X, do Código de Processo Civil. Interpretação ampliativa consagrada pelo C. STJ. RECURSO PROVIDO EM PARTE. (TJSP; AI 2183327-21.2017.8.26.0000; Ac. 11054317; São Paulo; Vigésima Sétima Câmara de Direito Privado; Rel. Des. Mourão Neto; Julg. 11/12/2017; DJESP 18/12/2017; Pág. 3168). No mesmo sentido: TJSP; AI 2124834-51.2017.8.26.0000; Ac. 10947080; São Paulo; Vigésima Oitava Câmara de Direito Privado; Rel. Des. Dimas Rubens Fonseca; Julg. 08/08/2017; DJESP 06/12/2017; Pág. 2979; TJSP; AI 2199388-54.2017.8.26.0000; Ac. 10956162; São Paulo; Vigésima Quinta Câmara de Direito Privado; Rel. Des. Hugo Crepaldi; Julg. 08/11/2017; DJESP 17/11/2017; Pág. 2860; TJSP; AI 2183400-90.2017.8.26.0000; Ac. 10960098; São Paulo; Décima Sétima Câmara de Direito Privado; Rel. Des. Irineu Fava; Julg. 09/11/2017; DJESP 16/11/2017; Pág. 2051; TJSP; AI 2014590-55.2017.8.26.0000; Ac. 10947224; Guarujá; Vigésima Oitava Câmara de Direito Privado; Rel. Des. Dimas Rubens Fonseca; Julg. 21/02/2017; DJESP 09/11/2017; Pág. 2338; TJSP; AI 2160159-87.2017.8.26.0000; Ac. 10934602; Sorocaba; Trigésima Terceira Câmara de Direito Privado; Rel.

Des. Sá Duarte; Julg. 30/10/2017; DJESP 08/11/2017; Pág. 2310; TJMG; AI 1.0342.15.011209-8/001; Rel. Des. Roberto Vasconcellos; Julg. 16/02/2017; DJEMG 03/03/2017; TRF 3ª R.; AI 0013593-18.2016.4.03.0000; Terceira Turma; Rel. Des. Fed. Antonio Carlos Cedenho; Julg. 02/08/2017; DEJF 10/08/2017; TRF 4ª R.; AG 5045159-67.2016.404.0000; Terceira Turma; Rel. Des. Fed. Ricardo Teixeira do Valle Pereira; Julg. 25/04/2017; DEJF 03/05/2017

Contra, entendendo inviável a citação pelo correio na ação de execução de título extrajudicial

✓ AGRAVO DE INSTRUMENTO. EXECUÇÃO FUNDADA EM TÍTULO EXTRAJUDICIAL. CITAÇÃO. Insurgência do exequente contra a decisão que indeferiu o pedido de citação pelo correio dos executados. O art. 247 do novo CPC não incluiu a execução nas hipóteses de exceção da citação por via postal, mas manteve previsão específica de expedição de mandado de citação para a execução, pressupondo que tal ato deverá ser praticado por oficial de justiça. Citação por oficial de justiça que atende ao interesse do credor e aos princípios de celeridade e economia processual, porquanto permite concentrar, em sequência, os atos de citação, penhora e avaliação de bens do devedor. Art. 829, § 1º, do novo CPC. Precedentes do TJ-SP. Decisão mantida. Recurso improvido. (TJSP; AI 2210746-16.2017.8.26.0000; Ac. 11018225; São Paulo; Vigésima Quarta Câmara de Direito Privado; Rel. Des. Plinio Novaes de Andrade Júnior; Julg. 23/11/2017; DJESP 05/12/2017; Pág. 2890). No mesmo sentido, TJRS; AI 0288235-56.2017.8.21.7000; Erechim; Décima Quarta Câmara Cível; Relª Desª Miriam Andréa da Graça Tondo Fernandes; Julg. 23/10/2017; DJERS 26/10/2017

Art. 248. Deferida a citação pelo correio, o escrivão ou o chefe de secretaria remeterá ao citando cópias da petição inicial e do despacho do juiz e comunicará o prazo para resposta, o endereço do juízo e o respectivo cartório.

§ 1º A carta será registrada para entrega ao citando, exigindo-lhe o carteiro, ao fazer a entrega, que assine o recibo.

→ *V.* Súmula 429 do STJ.

Apontando que a carta de citação deve ser entregue diretamente ao citando e que não se aplica a teoria da aparência quando se trata de citação doe pessoa física.

✓ RECURSO ESPECIAL. AÇÃO MONITÓRIA. REVELIA. CUMPRIMENTO DE SENTENÇA. EXCEÇÃO DE PRÉ-EXECUTIVIDADE. CITAÇÃO POSTAL. MANDADO CITATÓRIO RECEBIDO POR TERCEIRO. IMPOSSIBILIDADE. RÉU PESSOA FÍSICA. NECESSIDADE DE RECEBIMENTO E ASSINATURA PELO PRÓPRIO CITANDO, SOB PENA DE NULIDADE DO ATO, NOS TERMOS DO QUE DISPÕEM OS ARTS. 248, § 1º, E 280 DO CPC/2015. TEORIA DA APARÊNCIA QUE NÃO SE APLICA AO CASO. NULIDADE DA CITAÇÃO RECONHECIDA. RECURSO PROVIDO. 1. A citação de pessoa física pelo correio se dá com a entrega da carta citatória diretamente ao citando, cuja assinatura deverá constar no respectivo aviso de recebimento, sob pena de nulidade do ato, nos termos do que dispõem os arts. 248, § 1º, e 280 do CPC/2015. 2. Na hipótese, a carta citatória não foi entregue ao citando, ora recorrente, mas sim à pessoa estranha ao feito, em clara violação aos referidos dispositivos legais. 3. Vale ressaltar que o fato de a citação postal ter sido enviada ao estabelecimento comercial onde o recorrente exerce suas atividades como sócio administrador não é suficiente para afastar norma processual expressa, sobretudo porque não há como se ter certeza de que o réu tenha efetivamente tomado ciência da ação monitória contra si ajuizada, não se podendo olvidar que o feito correu à sua revelia. 4. A possibilidade da carta de citação ser recebida por terceira pessoa somente ocorre quando o citando for pessoa jurídica, nos termos do disposto no § 2º do art. 248 do CPC/2015, ou nos casos em que, nos condomínios edilícios ou loteamentos com controle de acesso, a entrega do mandado for feita a funcionário da portaria responsável pelo recebimento da correspondência, conforme estabelece o § 4º do referido dispositivo legal, hipóteses, contudo, que não se subsumem ao presente caso 5. Recurso especial provido (STJ, REsp 1840466/SP, Rel. Min. Marco Aurélio Bellizze, 3ª Turma, j. 16.06.2020).

§ 2º Sendo o citando pessoa jurídica, será válida a entrega do mandado a pessoa com poderes de gerência geral ou de administração, ou, ainda, a funcionário responsável pelo recebimento de correspondências.

→ *V.* Art. 18, II da Lei 9.099/1995.

Reconhecendo a aplicação da Teoria da Aparência para fins de validade da citação pelo correio de pessoa jurídica.

✓ AGRAVO DE INSTRUMENTO. Execução de obrigação de fazer. Título executivo: contrato com assinatura de duas testemunhas. Nulidade do título não foi objeto da decisão do magistrado singular, não sendo este o momento de apreciar a questão, sob pena de supressão de instância. Nulidade de citação. Inexistência. Citação realizada na sede da empresa, a seu empregado. Incumbência da sociedade orientar seus empregados a deixarem de receber a.r., e não do funcionário dos correios em diligenciar essa informação. A entrega da carta de citação a pessoa que aparenta ser responsável pelos recebimentos das correspondências no local onde a sociedade exerce suas atividades torna válida a citação, independentemente da condição de chefia ou gerência, ou da apresentação posterior de escritura pública indicando a falta de poderes do funcionário. Dicção do § 2º do art. 248 do CPC. Aplicação da teoria da aparência, consoante já consolidada jurisprudência do STJ. Recurso parcialmente conhecido e, na parte conhecida, desprovido. (TJPR; Ag Instr 1691910-5; Pato Branco; Décima Quarta Câmara Cível; Rel. Des. Fernando Antônio Prazeres; Julg. 08/11/2017; DJPR 20/11/2017; Pág. 304); AGRAVO DE INSTRUMENTO. Ação de execução de título extrajudicial. Decisão que indefere pedido formulado pela executada de devolução de prazo para oposição de embargos. Alegação de vício de citação, porque realizada em pessoa sem poderes específicos de representação. Validade do Ato. Aplicação da Teoria da Aparência. Exegese do art. 248, § 2º, do CPC. Precedentes do C. STJ e desta 15ª Câmara de Direito Privado. Decisão mantida. Recurso desprovido. (TJSP; AI 2202049-06.2017.8.26.0000; Ac. 11007284; São Paulo; Décima Quinta Câmara de Direito Privado; Rel. Des. José Wagner de Oliveira Melatto Peixoto; Julg. 28/11/2017; DJESP 06/12/2017; Pág. 2922); AGRAVO DE INSTRUMENTO. CITAÇÃO. PESSOA JURÍDICA. ENTREGA DE AR NA PORTARIA DE CONDOMÍNIO. ENDEREÇO DA EMPRESA. VALIDADE. MULTA. LITIGÂNCIA DE MÁ-FÉ. INEXISTÊNCIA DE SUBSUNÇÃO AO ART. 80 DO CPC.

AGRAVO PARCIALMENTE PROVIDO. 1. É assente, conforme jurisprudência do colendo Superior Tribunal de justiça, a validade da citação realizada por pessoa que embora não tenha poderes para tanto, recebe a citação via postal sem fazer qualquer ressalva, sendo desnecessária a entrega ao representante legal da empresa. Aplicação da teoria da aparência e artigo 248, §4º do CPC; 2. Conquanto se reconheça, na espécie, a improcedência das alegações da agravante, o exercício do direito de defesa, nos moldes em que lhe era possível, com a apresentação de argumentação, em tese, plausível, não se subsume as hipóteses taxativas do rol previsto no artigo 80 do CPC, de forma que descabe a aplicação de multa por litigância de má-fé. 3. Agravo de instrumento parcialmente provido. (TJAM; AI 4001261-51.2017.8.04.0000; Terceira Câmara Cível; Rel. Des. Airton Luis Corrêa Gentil; DJAM 18/09/2017; Pág. 24) .

Vício da citação entregue a quem não mais integrava o quadro societário da empresa.

✓ PROCESSUAL CIVIL. EMBARGOS À EXECUÇÃO. COMPARECIMENTO ESPONTÂNEO E JUNTADA DE PROCURAÇÃO DE EX-SÓCIO DA EMPRESA. PESSOA JURÍDICA REPRESENTADA POR SÓCIO RETIRANTE. IMPOSSIBILIDADE. NULIDADE DA CITAÇÃO. FALTA DE CAPACIDADE PARA SER PARTE NA DEMANDA. AUSÊNCIA DE PRESSUPOSTO DE DESENVOLVIMENTO VÁLIDO E REGULAR DO PROCESSO. EXTINÇÃO SEM RESOLUÇÃO DO MÉRITO. SENTENÇA MANTIDA. 1. Conhece-se em parte do recurso se o recorrente expõe fundamentos de fato e de direito divorciados daqueles constantes do decisum recorrido, deixando de rebater a fundamentação do julgado, revelando-se manifesta a irregularidade formal do recurso. 2. O artigo 248, § 2º, do CPC, dispõe que a citação de pessoa jurídica será considerada válida com a entrega do mandado a pessoa com poderes de gerência geral ou de administração, ou, ainda, a funcionário responsável pelo recebimento de correspondências. O artigo 75, inciso VIII, do mesmo diploma legal, preconiza, ainda, que a pessoa jurídica será representada em juízo ativa e passivamente por quem o ato constitutivo designar, ou, na falta de designação, pelos seus diretores. 3. Constatado que a citação se aperfeiçoou com o comparecimento de pessoa nos autos que não mais integrava o quadro societário da empresa, flagrante é a sua incapacidade para representar a empresa embargante nos autos, e, ainda que a pessoa jurídica esteja inadimplente, inviável o prosseguimento do feito e validade da citação da forma como ocorrida, porquanto ausentes os pressupostos de constituição e desenvolvimento válido e regular do processo, o que enseja a extinção do feito sem resolução do mérito, nos termos do artigo 485, inciso IV, do CPC. 4. Recurso do embargante conhecido em parte e desprovido e do embargado desprovido. Sentença mantida. (TJDF; APC 2017.06.1.005673-6; Ac. 106.6293; Quinta Turma Cível; Rel. Des. Josaphá Francisco dos Santos; Julg. 29/11/2017; DJDFTE 15/12/2017)

Reconhecendo fé pública de atos praticados pelo funcionário do correio.

✓ AGRAVO DE INSTRUMENTO. RESPONSABILIDADE CIVIL. CUMPRIMENTO DE SENTENÇA. ALEGAÇÃO DE NULIDADE DA CITAÇÃO. CITAÇÃO DE PESSOA FISICA POR CARTA AR. ASSINATURA DO DESTINATÁRIO COM INFORMAÇÃO DO Nº DO RG. PRESENÇÃO DE VERACIDADE NÃO ELIDIDA. NULIDADE NÃO CONFIGURADA. A citação de pessoa física pelo correio deve obedecer ao disposto no §1ª do art. 248 do CPC (antigo art. 223, parágrafo único, do CPC/73), sendo necessária a entrega direta ao destinatário, de quem o carteiro deve colher o ciente. – A entrega da carta de citação, mediante assinatura no respectivo aviso de recebimento, é realizada por meio da empresa brasileira de correios e telégrafos – ECT, empresa pública vinculada ao ministério das comunicações, cujos atos gozam de presunção de veracidade, por serem dotados da chamada fé pública. – Caso dos autos que, embora afirme a nulidade da citação, o agravante nada traz de efetivo nesse sentido, sendo sua afirmação desprovida de qualquer subsídio probatório a sustentar a sua tese. Presunção de veracidade não elidida. Agravo de instrumento desprovido. (TJRS; AI 0189927-82.2017.8.21.7000; Capão da Canoa; Nona Câmara Cível; Rel. Des. Carlos Eduardo Richinitti; Julg. 13/09/2017; DJERS 26/09/2017)

§ 3º Da carta de citação no processo de conhecimento constarão os requisitos do art. 250.

Ausência de indicação do prazo para contestar implica necessidade de repetição do ato citatório ou aceitação da contestação, ainda que intempestiva.

✓ APELAÇÕES. AÇÃO DE RESCISÃO DE CONTRATO DE CONSÓRCIO COM DEVOLUÇÃO DE VALORES E PEDIDO DE COMPENSAÇÃO POR DANOS MORAIS. DEMONSTRAÇÃO DE VÍCIO NA CARTA DE CITAÇÃODECORRENTE DA FALTA DE INDICAÇÃO DO PRAZO PARA APRESENTAR CONTESTAÇÃO. PREJUÍZO PRESUMIDO À REQUERIDA. NECESSIDADE DE REPETIÇÃO DA CITAÇÃO. APELAÇÃO DA REQUERIDA PARCIALMENTE PROVIDA E APELAÇÃO DO AUTOR COM ANÁLISE PREJUDICADA. SENTENÇA ANULADA. A falta de indicação do prazo para contestar no mandado ou na carta de citação impõe prejuízo presumido à parte requerida e a necessidade de repetição do ato citatório ou de aceitação da contestação mesmo que intempestiva. (TJMT; APL 64959/2017; Porto Alegre do Norte; Rel. Des. Guiomar Teodoro Borges; Julg. 19/07/2017; DJMT 24/07/2017; Pág. 125)

§ 4º Nos condomínios edilícios ou nos loteamentos com controle de acesso, será válida a entrega do mandado a funcionário da portaria responsável pelo recebimento de correspondência, que, entretanto, poderá recusar o recebimento, se declarar, por escrito, sob as penas da lei, que o destinatário da correspondência está ausente.

Afastando a Teoria da Aparência, pois a pessoa que recebeu a carta não tinha qualquer vínculo com a empresa.

✓ AGRAVO INTERNO NO AGRAVO EM RECURSO ESPECIAL. PROCESSUAL CIVIL. CITAÇÃO. TEORIA DA APARÊNCIA. INAPLICABILIDADE. NULIDADE RECONHECIDA. VÍCIO TRANSRESCISÓRIO. PREJUÍZO EVIDENTE. 1. Recurso especial interposto contra acórdão publicado na vigência do Código de Processo Civil de 1973 (Enunciados Administrativos 2 e 3/STJ). 2. A jurisprudência desta Corte, abrandando a regra legal prevista no art. 223, parágrafo único, segunda parte, do Código de Processo Civil de 1973, com base na teoria da aparência, considera válida a citação quando, encaminhada ao endereço da pessoa jurídica, é recebida por quem se apresenta como representante legal da empresa, sem ressalvas quanto à inexistência de poderes de representação em juízo. 3. Inaplicabilidade da teoria da aparência no caso concreto, em que a comunicação foi recebida por funcionário da portaria do edifício, pessoa estranha aos quadros da pessoa jurídica. 4. O Código de Processo Civil de 2015, em seu art. 248, § 4º, traz regra no sentido de admitir como válida a citação entregue a funcionário de portaria responsável pelo recebimento de correspondência, norma inaplicável à hipótese dos autos (STJ, AgInt no AREsp 913878/SP, Rel. Min. Ricardo Cueva, 3ª Turma, j. 30.09.2019).

Considerando que o § 4º se aplica inclusive quando o destinatário é uma pessoa jurídica.

✓ AGRAVO DE INSTRUMENTO. EXECUÇÃO DE TÍTULO EXTRAJUDICIAL. CITAÇÃO VIA POSTAL ENTREGUE NO ENDEREÇO CORRETO DA PESSOA JURÍDICA. Condomínio edilício. Recebimento pelo funcionário da portaria. Decisão agravada que não reconhece a nulidade da citação. Manutenção. Inteligência do art. 248 §2º e 4º do CPC/15. Enunciado nº 118 TJRJ. Validade do ato. Teoria da aparência. Ausência de elementos que indiquem a nulidade alegada. Desprovimento do recurso. (TJRJ; AI 0061648-83.2017.8.19.0000; Rio de Janeiro; Quinta Câmara Cível; Relª Desª Claudia Telles de Menezes; DORJ 14/12/2017; Pág. 305)

Irrelevante que na carta de citação não conste o andar e o número da sala, desde que o nome da destinatária esteja correto:

✓ AGRAVO DE INSTRUMENTO. NULIDADE DA CITAÇÃO. I. Prejudicada a análise do agravo regimental. II. Inocorrência da nulidade. Aplicação da teoria da aparência. Entendimento jurisprudencial de que o recebimento do mandado citatório ou mesmo da carta de citação, como é o caso dos autos, por funcionário sem poderes de representação é válido ante a aplicação da teoria da aparência. Cartas de citação e intimação recebidas no mesmo endereço, com a indicação correta e expressa do nome da empresa destinatária. Irrelevância de não citar o andar e o número da sala do conjunto comercial da empresa. Inteligência do art. 248, §§ 2º e 4º, do CPC. Citação válida. Decisão mantida. Agravo improvido. (TJSP; AI 2247278-23.2016.8.26.0000; Ac. 10484186; São Paulo; Vigésima Quarta Câmara de Direito Privado; Rel. Des. Salles Vieira; Julg. 01/06/2017; DJESP 07/06/2017; Pág. 1780)

Aplicando o disposto no § 4º em caso de ação de execução de título extrajudicial:

✓ AGRAVO DE INSTRUMENTO. AÇÃO DE EXECUÇÃO DE TÍTULO EXTRAJUDICIAL. DECISÃO DE INDEFERIMENTO DO PEDIDO DE PENHORA ELETRÔNICA NAS CONTAS CORRENTES DO EXECUTADO POR CONSIDERAR INVÁLIDA A CITAÇÃO REALIZADA. Irresignação dos exequentes. É válida a citação no processo de execução quando efetivada na pessoa do porteiro do condomínio onde reside o executado. Inteligência do artigo 248, §4º do CPC. Prosseguimento da execução é medida que se impõe. Impossibilidade da análise dos pedidos constritivos visto que sequer foram apreciados pelo r. Juízo de origem, sob pena de supressão de instância e de ofensa ao princípio do juiz natural. Recurso parcialmente provido. (TJRJ; AI 0046094-11.2017.8.19.0000; Rio de Janeiro; Décima Quarta Câmara Cível; Rel. Des. Francisco de Assis Pessanha Filho; DORJ 01/12/2017; Pág. 431)

Aplicando analogicamente o § 4º à intimação, ato menos solene do que a citação.

✓ DIREITO PROCESSUAL CIVIL. ABANDONO PROCESSUAL. INTIMAÇÃO PESSOAL REALIZADA PELA VIA POSTAL E RECEBIDA POR FUNCIONÁRIO DA PORTARIA DE CONDOMÍNIO EDILÍCIO. Possibilidade de aplicação analógica do art. 248, § 4º, do CPC, uma vez que a citação é ato mais solene e formal do que a intimação. Validade da intimação para fins do art. 485, § 1º, do CPC. Ônus da prova do autor de demonstrar que quem recebeu a intimação não era funcionário da portaria. Extinção do processo sem resolução do mérito, diante da inércia da autora (art. 485, III, do CPC). Recurso a que se nega provimento. (TJRJ; APL 0472832-75.2011.8.19.0001; Rio de Janeiro; Segunda Câmara Cível; Rel. Des. Alexandre Freitas Câmara; Julg. 14/11/2012; DORJ 26/10/2017; Pág. 255)

Art. 249. A citação será feita por meio de oficial de justiça nas hipóteses previstas neste Código ou em lei, ou quando frustrada a citação pelo correio.

Cabimento da citação por oficial de justiça quando há dúvida quanto ao motivo da frustração da citação pelo correio.

✓ AGRAVO DE INSTRUMENTO. Execução fiscal. Citação pelo correio infrutífera. Dúvida quanto ao real motivo do correio não ter obtido êxito na entrega do mandado. Requerimento de que a citação seja feita por oficial de justiça. Possibilidade. Medida justificável. Inteligência dos artigos 247, V e 249 do CPC. Recurso provido. (TJPR; Ag Instr 1685678-5; Curitiba; Primeira Câmara Cível; Rel. Des. Jorge de Oliveira Vargas; Julg. 06/06/2017; DJPR 10/07/2017; Pág. 107)

Exigência de tentativa de citação por oficial de justiça antes que se lance mão da citação por edital.

✓ APELAÇÃO CÍVEL. AÇÃO DECLARATÓRIA DE NULIDADE DE SENTENÇA DE MÉRITO. (QUERELA NULLITATIS INSANABILIS). Sentença de procedência. Citação por edital antes de esgotados todos os meios para a localização da parte ré. Ofensa aos princípios da ampla defesa e contraditório. Nulidade. Inteligência do artigo 256, do Código de Processo Civil. Frustrada a citação pelos correios caberia a diligência por meio de oficial de justiça na forma do art. 249 do CPC, o que não correu na hipótese. Não esgotamento dos meios de localização do réu. A citação por edital possui caráter excepcional e somente pode ser realizada mediante comprovação de impossibilidade da citação pessoal. Manutenção da decisão. Desprovimento do recurso. (TJRJ; APL 0046125-09.2009.8.19.0001; Rio de Janeiro; Décima Nona Câmara Cível; Rel. Des. Guaraci de Campos Vianna; DORJ 28/09/2017; Pág. 406); PROCESSO CIVIL. ACIDENTE DE TRÂNSITO. INDENIZAÇÃO POR DANOS MATERIAIS. CITAÇÃO POR EDITAL. NULIDADE. Na hipótese de frustração da citação do réu via correio, necessário o esgotamento das vias ordinárias para localização do endereço do réu, inclusive a tentativa de citação por meio de oficial de justiça (artigo 249 do CPC/2014), nos endereços já fornecidos. Nesse contexto, de rigor a anulação de todos os atos praticados a partir da citação por edital, observando que, na hipótese de frustração da citação por meio de oficial de justiça nos endereços já fornecidos, é necessário que se esgotem todos os meios possíveis para localização do réu, antes da realização de nova citação por edital. Recurso provido. (TJSP;

APL 1000800-12.2016.8.26.0564; Ac. 10753876; São Bernardo do Campo; Trigésima Quarta Câmara de Direito Privado; Rel. Des. Carlos von Adamek; Julg. 30/08/2017; DJESP 05/09/2017; Pág. 2309). V. tb.: TJSP; APL 0188851-97.2012.8.26.0100; Ac. 10155620; São Paulo; Décima Segunda Câmara de Direito Privado; Rel. Des. Ramon Mateo Júnior; Julg. 10/02/2017; DJESP 17/02/2017

Contra, dispensando que todas as tentativas de citação pelo correio sejam reiteradas por oficial de justiça para que seja deferida a citação por edital.

✓ PRESTAÇÃO DE SERVIÇOS EDUCACIONAIS. Ação monitória. Citação por edital. Validade diante das infrutíferas tentativas de localização da devedora. Descabida a anulação com fulcro no art. 249, do CPC, uma vez que houve inúmeras tentativas de citação por oficial de justiça, sendo desnecessária que todas as tentativas feitas por AR sejam reiteradas por oficial de justiça. Honorários advocatícios contratuais, no caso, não reembolsáveis. Sentença de procedência mantida, com observação. Recurso provido em parte. (TJSP; APL 4008481-84.2013.8.26.0564; Ac. 10705877; São Bernardo do Campo; Trigésima Quarta Câmara de Direito Privado; Relª Desª Cristina Zucchi; Julg. 09/08/2017; DJESP 25/08/2017; Pág. 2343)

Art. 250. O mandado que o oficial de justiça tiver de cumprir conterá:

I – os nomes do autor e do citando e seus respectivos domicílios ou residências;

II – a finalidade da citação, com todas as especificações constantes da petição inicial, bem como a menção do prazo para contestar, sob pena de revelia, ou para embargar a execução;

Considerando que a falta de expressa indicação no mandado de citação do prazo para contestar acarreta a nulidade do ato, mormente se o processo correu à revelia do requerido.

✓ AGRAVO INTERNO NOS EMBARGOS DE DECLARAÇÃO NO RECURSO ESPECIAL. AÇÃO DE ADIMPLEMENTO CONTRATUAL. CITAÇÃO. AUSÊNCIA DE INDICAÇÃO DO PRAZO PARA CONTESTAR. NULIDADE. AGRAVO INTERNO IMPROVIDO. 1. A ausência de indicação expressa do prazo para apresentação de contestação no mandado citatório, conforme determina o art. 250 do CPC/2015 (art. 225 do CPC/1973), acarreta a nulidade da citação, notadamente se o processo ocorreu à revelia da parte (STJ, AgInt nos EDcl no REsp 1675209/PR, Rel. Min. Raul Araújo, 4ª Turma, j. 21.09.2020).

III – a aplicação de sanção para o caso de descumprimento da ordem, se houver;

IV – se for o caso, a intimação do citando para comparecer, acompanhado de advogado ou de defensor público, à audiência de conciliação ou de mediação, com a menção do dia, da hora e do lugar do comparecimento;

→ V. Art. 334 do CPC.

V – a cópia da petição inicial, do despacho ou da decisão que deferir tutela provisória;

VI – a assinatura do escrivão ou do chefe de secretaria e a declaração de que o subscreve por ordem do juiz.

Apontando que a inobservância aos requisitos do art. 250 do CPC conduz à nulidade do ato citatório.

✓ RECURSO DE APELAÇÃO. APURAÇÃO DE INFRAÇÃO ADMINISTRATIVA. MANDADO DE CITAÇÃO. ART. 250, CPC. PRAZO PARA CONTESTAR. AUSÊNCIA INOBSERVÂNCIA DE REQUISITO. NULIDADE DA CITAÇÃO. SENTENÇA CASSADA. Os requisitos contidos no art. 250 do CPC são imprescindíveis para o regular andamento do feito e a sua inobservância conduz à nulidade do ato citatório. (TJMG; APCV 1.0686.15.019576-2/001; Rel. Des. Carlos Roberto de Faria; Julg. 16/11/2017; DJEMG 04/12/2017)

Art. 251. Incumbe ao oficial de justiça procurar o citando e, onde o encontrar, citá-lo:

→ V. Arts. 242 e 243 do CPC.

I – lendo-lhe o mandado e entregando-lhe a contrafé;

II – portando por fé se recebeu ou recusou a contrafé;

III – obtendo a nota de ciente ou certificando que o citando não a após no mandado.

Inexistência de nulidade da citação se, a despeito de não haver aposição de ciência do citando no mandado, estiver comprovado que ele tomou ciência do ato.

✓ CIVIL. PROCESSUAL CIVIL. HABEAS CORPUS. PRISÃO CIVIL POR ALIMENTOS. EXECUÇÃO DE ALIMENTOS. CITAÇÃO. APOSIÇÃO DE CIENTE NO MANDADO POR TERCEIRO. VÍCIO DE FORMA QUE PODE GERAR A NULIDADE DO ATO CITATÓRIO. HIPÓTESE EM QUE SE COMPROVOU, TODAVIA, QUE O PACIENTE TINHA CIÊNCIA INEQUÍVOCA DA EXECUÇÃO. NULIDADE NÃO CONFIGURADA. 1. O propósito do presente habeas corpus é definir se é válida a citação do devedor de alimentos na hipótese em que uma terceira pessoa, a rogo, apõe o ciente no mandado citatório. 2. Em regra, o descumprimento da formalidade prevista no art. 251, III, do CPC/2015, gera a nulidade do ato citatório, na medida em que não pode haver nenhuma dúvida acerca da ciência inequívoca do réu ou do executado de que há uma pretensão contra si deduzida. 3. Na hipótese, o vício de forma consubstanciado na aposição do ciente no mandado de citação por terceira pessoa, irmã do paciente, não se revela suficiente para gerar a nulidade do ato citatório, na medida em que se comprovou que o paciente teve ciência inequívoca das execuções de alimentos contra ele ajuizadas, tendo, inclusive, realizado pagamento parcial equivocado na execução extinta por litispendência. 4. Ordem denegada, revogando-se a liminar anteriormente concedida a fim de restabelecer imediatamente a prisão civil do paciente (STJ, HC 470326/MG, Rel. Min. Nancy Andrighi, 3ª Turma, j. 12.02.2019).

Se o oficial de justiça não obtém a nota de ciente, nem certifica sua recusa, verifica-se a nulidade da citação.

✓ AGRAVO DE INSTRUMENTO. EXCEÇÃO DE PRÉ-EXECUTIVIDADE. NULIDADE DA CITAÇÃO. CERTIDÃO. AUSÊNCIA DOS REQUISITOS LEGAIS DO ART. 251

DO CPC/15. INEXISTÊNCIA DE NOTA DE CIENTE E DE CERTIDÃO DE RECUSA EM APOR SUA ASSINATURA. 1. Demonstrado nas razões recursais o alegado equívoco da decisão agravada, especificamente com relação a cada ponto da defesa apresentada em sede de primeira instância, mesmo que com fundamentos semelhantes, não há o que se falar no desrespeito ao art. 1.016 do CPC/15. 2. Como cediço, a citação constitui requisito para instaurar a relação jurídica processual (art. 238 do CPC/15) e garantir o direito fundamental a ampla defesa e o contraditório (art. 5º, LV, da CF). 3. Considerando que o Oficial de Justiça não observou os requisitos indispensáveis para a validade do ato de comunicação (art. 251 do CPC/15), notadamente a nota de ciente do executado, ou a certidão de que este não apôs sua assinatura por ter se recusado, tem-se a nulidade da citação (art. 280 do CPC/15). 4. Recurso conhecido e provido. (TJMG; AI 1.0693.13.006172-6/001; Relª Desª Shirley Fenzi Bertão; Julg. 01/02/2017; DJEMG 07/02/2017). V. tb.: AGRAVO DE INSTRUMENTO INTERPOSTO SOB A ÉGIDE DA LEI Nº 13.015/2014. PRELIMINAR DE NULIDADE. CERCEAMENTO DE DEFESA Vislumbrada violação ao art. 5º, LV, da Constituição, dá-se provimento ao Agravo de Instrumento para determinar o processamento do recurso denegado. Agravo de Instrumento conhecido e provido. II. RECURSO DE REVISTA INTERPOSTO SOB A ÉGIDE DA LEI Nº 13.015/2014. PRELIMINAR DE NULIDADE. NEGATIVA DE PRESTAÇÃO JURISDICIONAL A prefacial não será examinada por força do art. 282, § 2º, do CPC. PRELIMINAR DE NULIDADE. CERCEAMENTO DE DEFESA. **In casu**, não consta na certidão de citação do oficial de justiça o nome e a assinatura do recebedor do mandado ou informação de que o citando recusou-se a apô-la. Nos termos do art. 251, III, do CPC, incumbe ao oficial de justiça procurar o citando e, onde o encontrar, citá-lo, obtendo a nota de ciente ou certificando que o citando não a após no mandado. Recurso de Revista conhecido parcialmente e provido. (TST; RR 0121000-19.2013.5.17.0161; Oitava Turma; Relª Min. Maria Cristina Irigoyen Peduzzi; DEJT 05/08/2016; Pág. 2329)

Art. 252. Quando, por 2 (duas) vezes, o oficial de justiça houver procurado o citando em seu domicílio ou residência sem o encontrar, deverá, havendo suspeita de ocultação, intimar qualquer pessoa da família ou, em sua falta, qualquer vizinho de que, no dia útil imediato, voltará a fim de efetuar a citação, na hora que designar.

→ *v.* Súmula 196 do STJ.

→ *v.* Art. 829, § 1º do CPC.

Parágrafo único. Nos condomínios edilícios ou nos loteamentos com controle de acesso, será válida a intimação a que se refere o *caput* feita a funcionário da portaria responsável pelo recebimento de correspondência.

Considerando que a certidão do oficial de justiça não precisa especificar as razões da suspeita de ocultação para a validade da citação com hora certa.

✓ CONDOMÍNIO. Ação de cobrança. Despesas condominiais. Citação com hora certa. Contestação por negação geral apresentada por curador especial. Alegação de nulidade da citação. Sentença de procedência. Apelo do réu. Requisitos do artigo 252 do Código de Processo Civil observados. Inexistência de exigência legal que obrigue o oficial de justiça a especificar os fundamentos que amparam a suspeita de ocultação. Certidão que goza de fé pública. Citação regular. Sentença mantida. Apelação desprovida. (TJSP; APL 1119575-88.2014.8.26.0100; Ac. 10987177; São Paulo; Vigésima Nona Câmara de Direito Privado; Rel. Des. Carlos Henrique Miguel Trevisan; Julg. 21/11/2017; DJESP 30/11/2017; Pág. 2564); AÇÃO DE COBRANÇA. PRESTAÇÃO DE SERVIÇOS EDUCACIONAIS. CITAÇÃO POR HORA CERTA. Validade. Observância aos requisitos do art. 252 do CPC. Certidão do oficial de justiça que goza de fé pública e presunção de veracidade. A ausência de descrição minuciosa da suspeita de ocultação não invalida o ato citatório. Recurso não provido. (TJSP; APL 1011317-72.2014.8.26.0006; Ac. 11002047; São Paulo; Vigésima Sexta Câmara de Direito Privado; Rel. Des. Alfredo Attié; Julg. 23/11/2017; DJESP 05/12/2017; Pág. 2919)

Ausência dos horários em que o oficial de justiça tentou citar o destinatário não invalida a citação com hora certa.

✓ ADMINISTRATIVO. EMBARGOS À EXECUÇÃO. CITAÇÃO POR HORA CERTA. NULIDADE INEXISTENTE. EMBARGOS INTEMPESTIVOS. 1. Segundo dispõe o artigo 252, caput do CPC/2015, quando, por 2 vezes, o oficial de justiça houver procurado o citando em seu domicílio ou residência sem o encontrar, deverá, havendo suspeita de ocultação, intimar qualquer pessoa da família ou, em sua falta, qualquer vizinho de que, no dia útil imediato, voltará a fim de efetuar a citação, na hora que designar. 2. A ausência dos horários na certidão emitida pelo oficial de justiça dos dias em que esteve na residência do citando antes da citação por hora certa não constitui um requisito fundamental, não estando previsto em Lei, de forma que a sua ausência não configura nulidade da citação. 3. Verificado o escoamento para apresentação dos embargos à execução, está caracterizada sua intempestividade. (TRF 4ª R.; AC 5037597-56.2016.404.7000; PR; Quarta Turma; Rel. Des. Fed. Luís Alberto d'Azevedo Aurvalle; Julg. 05/07/2017; DEJF 07/07/2017)

Contra, exigindo que seja fundamentada a suspeita de ocultação e indicados os horários em que se tentou a citação pessoal para a validade da citação com hora certa.

✓ APELAÇÃO. AÇÃO DE DESPEJO POR FALTA DE PAGAMENTO CUMULADA COM COBRANÇA DE ALUGUÉIS. CITAÇÃO POR HORA CERTA. Decretação da revelia. Sentença que julgou procedente o pedido para declarar rescindido o contrato de locação e determinar o despejo do imóvel, condenando o réu ao pagamento dos aluguéis e encargos vencidos, devidamente corrigidos, bem como ao pagamento das custas e honorários advocatícios. Insurgência do réu. Preliminar de nulidade da citação por hora certa que se acolhe. Ausência na certidão do Sr. Oficial de Justiça das razões de suspeita de ocultação e, ainda, dos horários em que foram realizadas as diligências. Inobservância do disposto no artigo 227 do Código de Processo Civil/1973 (atual artigo 252 do Código de Processo Civil). RECURSO A QUE SE DÁ PROVIMENTO. (TJRJ; APL 0036993-22.2014.8.19.0204; Rio de Janeiro; Décima Segunda Câmara Cível; Rel. Des. José Acir Lessa Giordani; DORJ 22/09/2017; Pág. 411); APELAÇÃO CÍVEL. DIREITO PRIVADO NÃO ESPECIFICADO. EMBARGOS À EXECUÇÃO. CITAÇÃO POR HORA CERTA. NULIDADE RECONHECIDA. INOBSERVÂNCIA DAS DISPOSIÇÕES

DOS ARTS. 252 E SEGUINTES DO CPC/2015. Suspeita de ocultação que não restou devidamente demonstrada. Embargos julgados procedentes. Recurso provido. Unânime. (TJRS; AC 0243550-61.2017.8.21.7000; Caxias do Sul; Décima Oitava Câmara Cível; Rel. Des. Pedro Celso Dal Pra; Julg. 14/09/2017; DJERS 22/09/2017)

Aplicando os termos do art. 252 do CPC para a intimação com hora certa.

✓ PROCESSO CIVIL. AGRAVO DE INSTRUMENTO. ALIENAÇÃO FIDUCIÁRIA DE BEM IMÓVEL. SENTENÇA PARCIAL DE MÉRITO. CONSOLIDAÇÃO DA PROPRIEDADE IMOBILIÁRIA. NECESSIDADE DE INTIMAÇÃO PESSOAL DO DEVEDOR. INTIMAÇÃO POR VIA JUDICIAL POR HORA CERTA APÓS FRUSTAÇÃO DA INTIMAÇÃO PESSOAL POR OCULTAÇÃO DA DEVEDORA. DECISÃO MANTIDA. 1. Embora necessária a intimação pessoal do devedor acerca da consolidação da propriedade imobiliária, admite-se a intimação realizada por via judicial e por hora certa em havendo suspeita de ocultação, em analogia aos termos do art. 252 do CPC. Inviável, portanto, a pretensão de anulação da consolidação da propriedade do bem, já que não houve qualquer irregularidade neste procedimento, e os devedores não purgaram a mora. 2. Recurso improvido. (TJSP; AI 2214052-27.2016.8.26.0000; Ac. 10061412; São Paulo; Trigésima Quinta Câmara de Direito Privado; Rel. Des. Artur Marques; Julg. 13/12/2016; DJESP 19/12/2016)

Art. 253. No dia e na hora designados, o oficial de justiça, independentemente de novo despacho, comparecerá ao domicílio ou à residência do citando a fim de realizar a diligência.

§ 1º Se o citando não estiver presente, o oficial de justiça procurará informar-se das razões da ausência, dando por feita a citação, ainda que o citando se tenha ocultado em outra comarca, seção ou subseção judiciárias.

§ 2º A citação com hora certa será efetivada mesmo que a pessoa da família ou o vizinho que houver sido intimado, esteja ausente, ou se, embora presente, a pessoa da família ou o vizinho se recusar a receber o mandado.

§ 3º Da certidão da ocorrência, o oficial de justiça deixará contrafé com qualquer pessoa da família ou vizinho, conforme o caso, declarando-lhe o nome.

§ 4º O oficial de justiça fará constar do mandado a advertência de que será nomeado curador especial se houver revelia.

→ *v.* Súmula 196 do STJ.

→ *v.* Art. 72, II do CPC.

Art. 254. Feita a citação com hora certa, o escrivão ou chefe de secretaria enviará ao réu, executado ou interessado, no prazo de 10 (dez) dias, contado da data da juntada do mandado aos autos, carta, telegrama ou correspondência eletrônica, dando-lhe de tudo ciência.

→ *v.* Art. 231, § 4º do CPC.

Considerando nula a citação com hora certa que deixou de observar a exigência do art. 254 do CPC.

✓ APELAÇÃO CÍVEL. CONDOMÍNIO. AÇÃO DE COBRANÇA. SENTENÇA DE PARCIAL PROCEDÊNCIA. RECURSO DA PARTE RÉ. NULIDADE DA CITAÇÃO COM HORA CERTA. CURADOR ESPECIAL. Ausência de comprovação da remessa da carta de cientificação exigida no art. 254 do CPC. Consequente reconhecimento da nulidade da citação com hora certa, com a desconstituição da sentença. Orientação jurisprudencial da câmara. Apelação provida. (TJRS; AC 0445398-36.2016.8.21.7000; Porto Alegre; Décima Nona Câmara Cível; Relª Desª Mylene Maria Michel; Julg. 09/11/2017; DJERS 27/11/2017); AGRAVO DE INSTRUMENTO. EXECUÇÃO POR QUANTIA CERTA. CITAÇÃO POR HORA CERTA. AUSÊNCIA DE ENVIO DE CARTA CONFIRMATÓRIA E NOMEAÇÃO DE CURADOR ESPECIAL. NULIDADE CONFIGURADA. VIOLAÇÃO À SÚMULA Nº 196 DO STJ E ARTS. 72, II E 254 DO CPC/15. RECURSO CONHECIDO E PROVIDO. 1. A remessa de carta, telegrama ou correspondência eletrônica ao réu citado por hora certa é pressuposto de validade da citação, e sua inobservância enseja nulidade. Precedentes do STJ. 2. "ao executado que, citado por edital ou por hora certa, permanecer revel, será nomeado curador especial, com legitimidade para apresentação de embargos" (Súmula nº 196 do STJ). Tal providência tem por finalidade garantir o contraditório efetivo e real no caso concreto. 3. A constituição de advogado pelo executado, a fim de interpor agravo de instrumento, não tem o condão de afastar a nulidade configurada pela falta de nomeação de curador especial, uma vez que tal providência deveria ter sido adotada em momento anterior à determinação da penhora dos bens do agravante, a fim de que este pudesse exercer seu direito de defesa antes de sofrer a constrição patrimonial. 4. Recurso conhecido e provido. (TJCE; AI 0627565-86.2016.8.06.0000; Terceira Câmara de Direito Privado; Relª Desª Marlucia de Araújo Bezerra; DJCE 21/03/2017; Pág. 76); APELAÇÃO CÍVEL. AÇÃO DE REINTEGRAÇÃO DE POSSE. SENTENÇA DE IMPROCEDÊNCIA. Anulação. Citação por hora certa. Revelia decretada. Inobservância do artigo 254 do Código de Processo Civil/2015. Ausência de nomeação de curador especial ao réu citado por hora certa. **Error in procedendo**. Sentença que se anula. Recurso a que se dá provimento. (TJRJ; APL 0433589-85.2015.8.19.0001; Rio de Janeiro; Nona Câmara Cível; Rel. Des. José Roberto Portugal Compasso; DORJ 05/10/2017; Pág. 303); AÇÃO DE COBRANÇA DE DESPESAS CONDOMINIAIS. CITAÇÃO COM HORA CERTA. NULIDADE. Carta de ciência não remetida. Remessa obrigatória. Inteligência do artigo 254 do CPC/2015. Recurso provido. (TJSP; APL 1023288-97.2013.8.26.0100; Ac. 10788638; São Paulo; Trigésima Sexta Câmara de Direito Privado; Rel. Des. Pedro Baccarat; Julg. 14/09/2017; DJESP 28/09/2017; Pág. 2379); AÇÃO MONITÓRIA. Citação por hora certa. Carta de citação não encaminhada. Inobservância da disposição contida no artigo 254, do CPC. Nulidade processual caracterizada, por vício de validade na citação. Sentença anulada. Recurso provido. (TJSP; APL 1087323-95.2015.8.26.0100; Ac. 10740895; São Paulo; Décima Primeira Câmara de Direito Privado; Rel. Des. Gilberto dos Santos; Julg. 24/08/2017; DJESP 06/09/2017; Pág. 2051); APELAÇÃO CÍVEL. AÇÃO MONITÓRIA. CITAÇÃO POR HORA CERTA DESCUMPRIMENTO DO DISPOSTO NO ART. 254 DO CPC. NECESSIDADE. ATO NULO. SENTENÇA CASSADA. RECURSO PROVIDO. A expedição de correspondência ao réu citado com hora certa, dando-lhe de tudo ciência, é requisito indispensável à validade do ato (art. 229 do CPC/1973). (TJMT; APL 31532/2016; Capital; Rel. Des. Rubens de Oliveira Santos Filho; Julg. 13/04/2016; DJMT 15/04/2016; Pág. 102)

Contra, entendendo que a inobservância à formalidade do art. 254 do CPC não invalida a citação com hora certa.

✓ APELAÇÃO CÍVEL. EMBARGOS À EXECUÇÃO. INTEMPESTIVIDADE. Nulidade da citação realizada por hora certa. Comunicado do art. 254 do CPC/15. Mera formalidade, conforme precedentes do STJ. O prazo para defesa começa a fluir a partir da data de juntada do mandado citatório. Gratuidade da justiça concedida. Deram provimento, em parte, ao recurso. Unânime. (TJRS; AC 0206910-59.2017.8.21.7000; Porto Alegre; Décima Quinta Câmara Cível; Rel. Des. Otávio Augusto de Freitas Barcellos; Julg. 06/12/2017; DJERS 19/12/2017); DIREITO CIVIL E PROCESSUAL CIVIL. DIREITO INTERTEMPORAL. APLICAÇÃO DO CPC-73 AOS REQUISITOS DE ADMISSIBILIDADE DO RECURSO. TEORIA DO ISOLAMENTO DOS ATOS PROCESSUAIS. APELAÇÃO CÍVEL EM INCIDENTE DE ARGUIÇÃO DE FALSIDADE. INTEMPESTIVIDADE. ARGUIÇÃO, PELO RECORRENTE, DE NULIDADE DA CITAÇÃO POR HORA CERTA. NÃO OCORRÊNCIA. COMUNICADO DO ART. 229 DO CPC. MERA FORMALIDADE. PRECEDENTES DO STJ. RECURSO CONHECIDO E NÃO PROVIDO. 1. O direito ao recurso nasce com a publicação em cartório, secretaria da vara ou inserção nos autos eletrônicos da decisão a ser impugnada, o que primeiro ocorrer. 2. Sendo assim, o cabimento e os pressupostos a serem adotados (prazos, efeitos, juízo de admissibilidade, dentre outros) são os da Lei Processual vigente à época em que a decisão se torna impugnável, qual seja, CPC-73. 3. A jurisprudência do STJ é no sentido de que o envio da correspondência mencionada no art. 229 do CPC – 73 (correspondente ao art. 254, do CPC-15), contendo a informação da citação por hora certa, é mera formalidade, não se constituindo como requisito para sua validade, que ocorreu de forma regular4. Portanto, não havendo nulidade da citação, deve-se reconhecer a intempestividade do incidente de arguição de falsidade, porquanto manejado em 05/03/2015, ou seja, quase três anos após o conhecimento do título executivo, ultrapassando, em muito, o prazo legal contido no art. 390, do CPC-73 (correspondente ao art. 430, do CPC-15). 5. Recurso de apelação conhecido e não provido. (TJCE; APL 0136765-11.2015.8.06.0001; Sexta Câmara Cível; Relª Desª Lira Ramos de Oliveira; DJCE 18/08/2016; Pág. 30)

Se a carta enviada ao citando foi assinada por terceira pessoa, tal circunstância não compromete a validade da citação com hora certa.

✓ APELAÇÃO. AÇÃO DE DESPEJO POR FALTA DE PAGAMENTO CUMULADA COM COBRANÇA DE ALUGUÉIS E ACESSÓRIOS DA LOCAÇÃO. Locação de imóvel não residencial. Autor alega falta de pagamento dos aluguéis e encargos locatícios. Citação com hora certa. Nomeação de curadora especial aos réus, nos termos do artigo 72, II, do CPC. Alegação de nulidade da citação. Descabimento. Carta de ciência da citação com hora certa (art. 254, do CPC). Aviso de recebimento assinado por terceira pessoa. Precedentes do STJ. Sentença parcialmente reformada. RECURSO PARCIALMENTE PROVIDO. (TJSP; APL 1008249-60.2013.8.26.0100; Ac. 10659901; São Paulo; Vigésima Sétima Câmara de Direito Privado; Relª Desª Ana Catarina Strauch; Julg. 01/08/2017; DJESP 14/08/2017; Pág. 2737)

Art. 255. Nas comarcas contíguas de fácil comunicação e nas que se situem na mesma região metropolitana, o oficial de justiça poderá efetuar, em qualquer delas, citações, intimações, notificações, penhoras e quaisquer outros atos executivos.

→ *V.* Arts. 260 e 782, § 1º do CPC.

Considerando que o dispositivo consagra mera faculdade, não afastando a expedição de carta precatória, na forma do art. 237, parágrafo único do CPC.

✓ PROCESSUAL CIVIL. EXECUÇÃO FISCAL. VIOLAÇÃO DO ART. 1.022 DO CPC. DEFICIÊNCIA NA FUNDAMENTAÇÃO. CUMPRIMENTO DE MANDADO DE PENHORA E AVALIAÇÃO RELATIVO A EXECUTADO DOMICILIADO EM MUNICÍPIO QUE NÃO É SEDE DA JUSTIÇA FEDERAL. COMARCA CONTÍGUA. CARTA PRECATÓRIA. POSSIBILIDADE.1. O art. 255 do CPC instituiu a possibilidade de prática, pelo Oficial de Justiça, de determinados atos processuais nas comarcas contíguas: "Art. 255. Nas comarcas contíguas de fácil comunicação e nas que se situem na mesma região metropolitana, o oficial de justiça poderá efetuar, em qualquer delas, citações, intimações, notificações, penhoras e quaisquer outros atos executivos". 2. A norma acima prevê uma faculdade, sem entretanto revogar ou instituir proibição para que o juízo federal depreque ao estadual a realização de atos processuais. Nesse sentido, aliás, a interpretação sistemática demonstra que a expedição de cartas precatórias dirigidas à Justiça Estadual, para realização de atos processuais em demandas que tramitam na Justiça Federal, encontra expressa previsão no art. 237, parágrafo único, do CPC: "Art. 237. (...) Parágrafo único. Se o ato relativo a processo em curso na justiça federal ou em tribunal superior houver de ser praticado em local onde não haja vara federal, a carta poderá ser dirigida ao juízo estadual da respectiva comarca". 3. Atualmente, portanto, a prática de atos processuais em Execução Fiscal que tramita na Justiça Federal, promovida contra réu domiciliado em comarca da Justiça Estadual: a) regra geral, é promovida mediante expedição de Carta Precatória; b) na hipótese específica de o domicílio estar localizado em comarca contígua, poderá ser realizada pelo próprio Oficial de Justiça do juízo federal. 4. Reitere-se que o caráter facultativo, e não impositivo, do art. 255 do CPC decorre da utilização da expressão "poderá efetuar", e não "efetuará", relacionada ao ato do Oficial de Justiça. 5. Para a solução da lide, o acórdão hostilizado se reportou à legislação interna, relativa à norma de procedimento, que dispensa os oficiais de justiça de cumprirem mandados fora da sede da subseção judiciária (art. 228, da Consolidação Normativa da Corregedoria Regional da 4ª Região, constante do Provimento 17/2013). 6. Recurso Especial não provido (STJ, REsp 1820682/PR, Rel. Min. Herman Benjamin, 2ª Turma, j. 15.08.2019) .

Art. 256. A citação por edital será feita:

I – quando desconhecido ou incerto o citando;

II – quando ignorado, incerto ou inacessível o lugar em que se encontrar o citando;

III – nos casos expressos em lei.

→ v. Súmulas 282 e 414 do STJ.
→ v. Art. 259 do CPC.

§ 1º Considera-se inacessível, para efeito de citação por edital, o país que recusar o cumprimento de carta rogatória.

§ 2º No caso de ser inacessível o lugar em que se encontrar o réu, a notícia de sua citação será divulgada também pelo rádio, se na comarca houver emissora de radiodifusão.

§ 3º O réu será considerado em local ignorado ou incerto se infrutíferas as tentativas de sua localização, inclusive mediante requisição pelo juízo de informações sobre seu endereço nos cadastros de órgãos públicos ou de concessionárias de serviços públicos.

Possibilidade de citação por edital em inventário, quando os herdeiros são desconhecidos.

✓ AGRAVO DE INSTRUMENTO. INVENTÁRIO. INSURGÊNCIA CONTRA A DECISÃO QUE INDEFERIU O PEDIDO DE CITAÇÃO POR EDITAL E DETERMINOU À INVENTARIANTE PROVIDENCIASSE A CERTIDÃO DE ÓBITO DOS IRMÃOS DO FALECIDO. Herdeiros desconhecidos. Possibilidade de citação por edital, nos termos dos artigos 256 e 257 do CPC. Decisão reformada. Recurso provido. (TJSP; AI 2152585-47.2016.8.26.0000; Ac. 10550864; Tatuí; Décima Câmara de Direito Privado; Rel. Des. J.B. Paula Lima; Julg. 27/06/2017; DJESP 04/07/2017; Pág. 1808)

Exigindo o prévio esgotamento das diligências antes que seja deferida a citação por edital.

✓ RECURSO ESPECIAL. PROCESSUAL CIVIL. CPC/15. AÇÃO MONITÓRIA. CITAÇÃO POR EDITAL. NECESSIDADE DE ESGOTAMENTO DE TODOS OS MEIOS DE LOCALIZAÇÃO DO RÉU. PESQUISA DO ENDEREÇO NOS CADASTROS DE ÓRGÃOS PÚBLICOS OU DE CONCESSIONÁRIAS DE SERVIÇOS PÚBLICOS. ART. 256, § 3º, DO CPC. NULIDADE PROCESSUAL CARACTERIZADA. 1. Controvérsia em torno da legalidade da citação do recorrente por edital. 2. O novo regramento processual civil, além de reproduzir a norma inserta no art. 231, II, do CPC/73, estabeleceu que o réu será considerado em local ignorado ou incerto se infrutíferas as tentativas de sua localização, inclusive mediante requisição pelo juízo de informações acerca de seu endereço nos cadastros de órgãos públicos ou de concessionárias de serviços públicos. 2. No caso, o fundamento utilizado pelo acórdão recorrido de inexistir comando legal impondo ao autor o dever de provocar o juízo no sentido de expedir ofícios a órgãos ou prestadores de serviços públicos a fim de localizar o réu não subsiste ante a regra expressa inserta no § 3º, do art. 256, do CPC (STJ, REsp 1828219/RO, Rel. Min. Paulo de Tarso Sanseverino, 3ª Turma, j. 03.09.2019).

Em execução fiscal, se exige que tenham restado infrutíferas as demais modalidades de citação previstas no art. 8º da Lei nº 6.830/1980.

✓ TRIBUTÁRIO. PROCESSUAL CIVIL. EXECUÇÃO FISCAL. OCORRÊNCIA DA CITAÇÃO POSTAL E CITAÇÃO POR OFICIAL DE JUSTIÇA. AUSÊNCIA DE ESGOTAMENTO DOS MEIOS DE LOCALIZAÇÃO DO DEVEDOR. CITAÇÃO POR EDITAL. INOPORTUNIDADE. I – A jurisprudência do Superior Tribunal de Justiça é assente no sentido de que a citação por edital somente é cabível quando não exitosas as outras modalidades de citação, ou seja, pelo correio e por oficial de justiça. Nesse sentido o REsp 1.103.050/BA, Rel. Min. Teori Albino Zavascki, primeira seção, julgado em 25/3/2009, Dje 6/4/2009, sob o rito dos recursos repetitivos. Entretanto, na situação dos autos, as duas modalidades de citação já foram realizadas pelo juízo da execução, mas o julgador entendeu que seriam necessárias mais diligências para viabilizar uma citação efetiva. II – A Súmula n. 414 do Superior Tribunal de Justiça deixa expresso que a citação por edital, na execução fiscal, somente é cabível quando frustradas as demais modalidades. O referido enunciado sumular deve ser interpretado abarcando a situação em que a inexecução da citação por oficial de justiça estiver relacionada com a ausência das diligências necessárias à persecução do devedor. III – Nesse panorama, para determinar a citação por edital, sabidamente de menor efetividade e de maior custo para a máquina judicial, faz-se necessário o exaurimento das diligências que precedem a citação por oficial de justiça, indo, tal entendimento ao encontro do art. 231 do CPC/73, atual 256, II, do CPC/2015. IV – Se a citação por oficial de justiça ocorreu sem o esgotamento prévio das diligências necessárias para a localização do devedor, não está o julgador autorizado a determinar, imediatamente, a citação editalícia, devendo, in casu, ser mantido o indeferimento do pedido de citação por esta modalidade. V – Agravo conhecido para negar provimento ao recurso especial (STJ, AREsp 1050314/RJ, Rel. Min. Francisco Falcão, 2ª Turma, j. 09/05/2017).

Considerando válida a citação por edital em razão do distanciamento dos cônjuges, não prejudicando tal pedido a existência de referências do citando em redes sociais.

✓ DIREITO INTERNACIONAL E PROCESSUAL CIVIL. SENTENÇA ESTRANGEIRA CONTESTADA. DIVÓRCIO. DECISÃO PROLATADA PELA JUSTIÇA DA ESPANHA. PEDIDO DE HOMOLOGAÇÃO. CITAÇÃO POR EDITAL. VALIDADE. REJEIÇÃO DA PRELIMINAR DE NULIDADE ARGUIDA. REQUISITOS PARA HOMOLOGAÇÃO DA SENTENÇA ESTRANGEIRA. PREENCHIMENTO. DEFERIMENTO. 1. É devida a homologação da sentença estrangeira de divórcio, porquanto foram atendidos os requisitos previstos no art. 15 da Lei de introdução às normas de direito brasileiro e nos arts. 216-A a 216-N do RISTJ, bem como constatada a ausência de ofensa à soberania nacional, à ordem pública e à dignidade da pessoa humana (LINDB, art. 17; RISTJ, art. 216-f). 2. Pode ser considerada válida a citação editalícia quando há natural distanciamento dos cônjuges, após divórcio realizado há mais de cinco anos, não havendo bens a partilhar ou filhos menores a considerar. Demais disso, o mero indicativo de que a parte requerida possui referências em redes sociais, sem que se verifique com precisão o seu endereço físico atual, não deve ser tomado como prova de sua possível localização. 3. A citação editalícia nos autos deste pedido de homologação de sentença estrangeira foi realizada com observância das exigências previstas no art. 257 e seguintes do CPC/2015. 4. Afastada a preliminar de nulidade da citação realizada por edital e deferido o pedido 2017. De homologação da sentença estrangeira. (STJ; SEC 11.700; Proc. 2014/0078937-1; EX; Corte Especial; Rel. Min. Og Fernandes; DJE 12/12/2017)

Art. 257. São requisitos da citação por edital:

→ v. Súmulas 196, 282 e 414 do STJ.

→ v. Resolução CNJ n. 234, de 13.07.2016 – Institui o Diário de Justiça Eletrônico Nacional (DJEN), a Plataforma de Comunicações Processuais (Domicílio Eletrônico) e a Plataforma de Editais do Poder Judiciário, para os efeitos da Lei 13.105, de 16 de março de 2015 e dá outras providências.

→ v. Enunciado 26 do CJF: A multa do § 8º do art. 334 do CPC não incide no caso de não comparecimento do réu intimado por edital.

I – a afirmação do autor ou a certidão do oficial informando a presença das circunstâncias autorizadoras;

II – a publicação do edital na rede mundial de computadores, no sítio do respectivo tribunal e na plataforma de editais do Conselho Nacional de Justiça, que deve ser certificada nos autos;

III – a determinação, pelo juiz, do prazo, que variará entre 20 (vinte) e 60 (sessenta) dias, fluindo da data da publicação única ou, havendo mais de uma, da primeira;

IV – a advertência de que será nomeado curador especial em caso de revelia.

Parágrafo único. O juiz poderá determinar que a publicação do edital seja feita também em jornal local de ampla circulação ou por outros meios, considerando as peculiaridades da comarca, da seção ou da subseção judiciárias.

Considerando que a indisponibilidade da plataforma de editais do CNJ não justifica a determinação para que o edital de citação seja publicado na imprensa local.

✓ PROCESSUAL CIVIL. AÇÃO MONITÓRIA. CITAÇÃO EDITALÍCIA. REQUISITOS. PUBLICAÇÃO NA INTERNET. REGRA. PUBLICAÇÃO EM JORNAIS LOCAIS DE GRANDE CIRCULAÇÃO. EXCEÇÃO. SITUAÇÕES PONTUAIS DA LOCALIZAÇÃO DO JUÍZO. PUBLICAÇÃO DO EDITAL DE CITAÇÃO NA PLATAFORMA DE EDITAIS DO CNJ. RESOLUÇÃO CNJ Nº 234/2016. FALTA DE CITAÇÃO. DESCUMPRIMENTO DE DECISÃO CONTRÁRIA À LEI. SENTENÇA CASSADA. 1. Para que a citação por edital seja considerada válida devem ser observados, dentre outros requisitos, a publicação na rede mundial de computadores, no sítio do respectivo tribunal e na plataforma de editais do Conselho Nacional de Justiça, em regra. 2. A publicação do edital de citação em jornal local de grande circulação foi prevista em caráter excepcional, condicionada às peculiaridades do local onde o feito se encontra, não sendo, assim, pressuposto de validade da citação editalícia, de acordo com o novo regramento processual civil. 3. Visando regulamentar as comunicações processuais segundo as atualizações exigidas pelo novo Código de Processo Civil, Lei nº 13.105/2015, o Conselho Nacional de Justiça. CNJ aprovou a Resolução nº 234, em 13/07/16, instituindo o Diário de Justiça Eletrônico Nacional (DJEN) e a Plataforma de Comunicações Processuais do Poder Judiciário, sendo que o DJEN será a plataforma de editais do CNJ e instrumento de publicação dos atos judiciais dos órgãos do Poder Judiciário. 4. A indisponibilidade da plataforma de editais do CNJ não pode ser considerada hipótese de exceção, prevista no parágrafo único do artigo 257 do CPC/2015, para justificar a determinação da publicação de edital de citação também na imprensa local, uma vez que a realização das intimações dos atos processuais, via Diário de Justiça Eletrônico do próprio órgão, está prevista na Resolução nº 234, de 13/07/16, como meio apropriado para se realizar a citação virtual até a plena implementação do novo sistema. 5. Apelação conhecida e provida. Sentença cassada. (TJDF; APC 2014.01.1.186968-4; Ac. 106.6350; Primeira Turma Cível; Relª Desª Simone Lucindo; Julg. 06/12/2017; DJDFTE 15/12/2017)

Contra, apontando que a indisponibilidade da plataforma de editais do CNJ autoriza a publicação do edital de citação em jornal de circulação local.

✓ PROCESSUAL CIVIL. AGRAVO DE INSTRUMENTO. CITAÇÃO POR EDITAL. DETERMINAÇÃO DE PUBLICAÇÃO EM JORNAL DE GRANDE CIRCULAÇÃO. POSSIBILIDADE. RECURSO DESPROVIDO. 1. Cuida-se de agravo de instrumento no qual pretende a agravante a reforma da decisão recorrida, para que seja determinada a citação editalícia da parte agravada, dispensando-se a publicação do edital em jornal de grande circulação. 2. O novo Código de Processo Civil estipulou que a obrigatoriedade de publicação do edital de citação em jornal local de ampla circulação se dá ao critério do magistrado, observadas as peculiaridades do caso concreto, nos termos do parágrafo único do artigo 257. 3. Verifica-se que o legislador, ao expressamente possibilitar ao magistrado que, em casos excepcionais, possa determinar a publicação do edital de citação em jornal local de ampla circulação, deixou submetida à livre apreciação do julgador, de acordo com o caso concreto, a estipulação do mencionado dever, observando, como balizas, dentre outras, as peculiaridades da Comarca, da seção ou da subseção judiciária. 4. No caso em apreço, justifica-se a publicação do edital em jornal de ampla circulação, tendo em vista a peculiaridade do caso concreto, pois, conforme bem pontuado pelo magistrado a quo, o Conselho Nacional de Justiça, apesar do que estabelece o inciso II do artigo 257 do CPC, ainda não instalou sua plataforma de editais, instrumento previsto para a publicação dos editais de citação. No mesmo sentido, não há notícia da instalação de plataforma de editais neste Tribunal Regional Federal da 2ª Região. 5. Deste modo, perfeita a decisão agravada, ao determinar que a agravante proceda à publicação do edital de citação em jornal de grande circulação, conforme previsto no parágrafo único do artigo 257 do Código de Processo Civil, inclusive para que seja garantido ao réu o devido contraditório e o acesso à ampla defesa. 6. Agravo de instrumento desprovido. (TRF 2ª R.; AI 0005146-34.2017.4.02.0000; Quinta Turma Especializada; Rel. Des. Fed. Aluisio Gonçalves de Castro Mendes; Julg. 08/08/2017; DEJF 16/08/2017)

Considerando que, enquanto não implantada a plataforma de editais do CNJ, deve o edital ser publicado no Diário de Justiça.

✓ APELAÇÃO CÍVEL. CITAÇÃO POR EDITAL. PLATAFORMA DE EDITAIS DO CONSELHO NACIONAL DE JUSTIÇA. PERIODO DE ADEQUAÇÃO. REQUISITOS LEGAIS OBSERVADOS. SENTENÇA MANTIDA. 1. Dispõe o art. 257, II, do CPC, que são requisitos de validade da citação por edital, entre outros, a publicação do edital na rede mundial de computadores, no sítio do respectivo tribunal e na plataforma de editais do Conselho Nacional de Justiça. 2. Nos termos do art. 14 da Resolução 234/16 do CNJ, até que seja implantado o DJEN, as intimações dos atos processuais serão realizadas via Diário de Justiça Eletrônico (DJe) do próprio Órgão. (AC. 983357, 20160020439188AGI, Rel. Desª LEILA ARLANCH, Publ. No DJE de 29/11/2016, Pág. 364-371) 3. Negou-se provimento ao recurso. Unânime. (TJDF; APC 2015.01.1.112450-0; Ac. 100.8848; Sétima Turma Cível; Rel. Des. Romeu Gonzaga Neiva; Julg. 05/04/2017; DJDFTE 10/04/2017)

Determinando a publicação de edital decorrente de ação coletiva na internet, para dar conhecimento do julgamento aos potenciais beneficiários.

✓ DIREITO PROCESSUAL COLETIVO. RECURSO ESPECIAL. RECURSO MANEJADO SOB A ÉGIDE DO CPC/73. AÇÃO CIVIL PÚBLICA. COBRANÇA DE EXPURGOS INFLACIONÁRIOS EM CADERNETA DE POUPANÇA. FASE DE CUMPRIMENTO DE SENTENÇA. DECISÃO EXTRA PETITA. VIOLAÇÃO AO PRINCÍPIO DA CONGRUÊNCIA ENTRE O PEDIDO E A TUTELA JURISDICIONAL. NÃO OCORRÊNCIA. DIVULGAÇÃO DA INFORMAÇÃO SOBRE O DIREITO DOS POUPADORES DE REAVER OS NUMERÁRIOS. FORNECIMENTO DE LISTA E CONVOCAÇÃO DOS BENEFICIADOS ATRAVÉS DA INTERNET E DE JORNAIS LOCAIS DE MAIOR CIRCULAÇÃO. SIGILO BANCÁRIO. OFENSA CONFIGURAÇÃO. INTIMAÇÃO GENÉRICA A SER REALIZADA NA INTERNET. RECURSO ESPECIAL PROVIDO EM PARTE. 1. (..) 3. O conceito de decisão extra petita e o princípio da demanda devem ser analisados no âmbito do direito processual coletivo, que ampliou os poderes do julgador para permitir a maior efetividade do provimento jurisdicional concedido na ação coletiva. Doutrina. 4. Não é extra petita e não ofende o princípio da demanda a decisão que determina a divulgação da sentença através da internet e de jornais locais de grande circulação, para que os poupadores beneficiados com o ressarcimento dos expurgos inflacionários em contas-poupança decorrentes de planos econômicos governamentais tomem ciência do decisum e providenciem a execução do julgado. 5. O contrato bancário está fundado numa operação de confiança entre banco e cliente, com a garantia do sigilo previsto no art. 1º da Lei Complementar nº 105/2001: as instituições financeiras conservarão sigilo em suas operações ativas e passivas e serviços prestados, estando inseridos nessa proteção os dados cadastrais dos usuários de serviços bancários. 6. A existência de decisão favorável aos interesses dos poupadores de determinada instituição financeira não autoriza o Poder Judiciário tornar públicos os dados cadastrais deles, especialmente em ação civil pública ajuizada por instituição de defesa do consumidor, cuja propositura pode ocorrer sem a anuência da parte favorecida. 7. A satisfação do crédito bancário, de cunho patrimonial, não pode se sobrepor ao sigilo bancário, instituto que visa proteger o direito à intimidade das pessoas, que é direito intangível da personalidade. 8. A planilha com os dados cadastrais dos poupadores deverá permanecer em segredo de justiça, com acesso restrito ao Poder Judiciário. 9. A divulgação do resultado do decisum deverá ser feita sem a menção dos dados específicos de cada poupador, bastando a intimação genérica de "todos os poupadores do Estado de Mato Grosso do Sul que mantinham cadernetas de poupança na instituição financeira requerida", no período fixado na sentença genérica. Precedente. 10. O CPC estabeleceu a publicação de editais pela rede mundial de computadores como regra, constituindo-se na atualidade o meio mais eficaz da informação atingir um grande número de pessoas, substituindo a custosa publicação impressa. A obrigação de fazer que foi imposta ao banco depositário não é intuito personae, personalíssima ou infungível, o que autoriza o próprio Poder Judiciário a publicar o edital com o resultado da sentença genérica somente na rede mundial de computadores, nos termos do disposto no art. 257, II e III, do CPC, pelo prazo de 60 (sessenta dias), fluindo da data da publicação única, excluída a determinação para divulgar o decisum nos jornais locais de grande circulação. 11. Recurso especial parcialmente provido. (STJ; REsp 1285437; MS; Terceira Turma; Rel. Min. Moura Ribeiro; Julg. 23/05/2017; DJe 02/06/2017).

Art. 258. A parte que requerer a citação por edital, alegando dolosamente a ocorrência das circunstâncias autorizadoras para sua realização, incorrerá em multa de 5 (cinco) vezes o salário mínimo.

Parágrafo único. A multa reverterá em benefício do citando.

A penalidade do art. 258 do CPC somente pode ser aplicada em caso de dolo do requerente.

✓ EXECUÇÃO DE TÍTULO EXECUTIVO EXTRAJUDICIAL. DESPESAS DE CONDOMÍNIO. CONVERSÃO DA AÇÃO DE COBRANÇA EM EXECUÇÃO DE TÍTULO EXTRAJUDICIAL ANTES DA CITAÇÃO DA EXECUTADA. Cabimento. Nulidade da citação da executada por edital. Comparecimento espontâneo da executada aos autos após a conversão da ação de cobrança em execução e arresto de ativos financeiros. Citação da executada aperfeiçoada. Inadimplemento incontroverso. Manutenção do arresto. Penalidade prevista no art. 258 do CPC 2015. Não cabimento, ante a ausência de dolo do exequente no pedido de citação da executada por edital. Decisão mantida. Agravo de instrumento não provido. (TJSP; AI 2177772-23.2017.8.26.0000; Ac. 11056772; São Paulo; Trigésima Terceira Câmara de Direito Privado; Rel. Des. Eros Piceli; Julg. 11/12/2017; DJESP 14/12/2017; Pág. 2408).

Art. 259. Serão publicados editais:

I – na ação de usucapião de imóvel;

II – na ação de recuperação ou substituição de título ao portador;

III – em qualquer ação em que seja necessária, por determinação legal, a provocação, para participação no processo, de interessados incertos ou desconhecidos.

CAPÍTULO III
DAS CARTAS

Art. 260. São requisitos das cartas de ordem, precatória e rogatória:

→ *v.* Art. 42 da Lei 5.010/1966.

I – a indicação dos juízes de origem e de cumprimento do ato;

II – o inteiro teor da petição, do despacho judicial e do instrumento do mandato conferido ao advogado;

III – a menção do ato processual que lhe constitui o objeto;

IV – o encerramento com a assinatura do juiz.

§ 1º O juiz mandará trasladar para a carta quaisquer outras peças, bem como instruí-la com mapa, desenho ou gráfico, sempre que esses documentos devam ser examinados, na diligência, pelas partes, pelos peritos ou pelas testemunhas.

§ 2º Quando o objeto da carta for exame pericial sobre documento, este será remetido em original, ficando nos autos reprodução fotográfica.

→ *v.* Art. 464 do CPC.

§ 3º A carta arbitral atenderá, no que couber, aos requisitos a que se refere o *caput* e será instruída com a convenção de arbitragem e com as provas da nomeação do árbitro e de sua aceitação da função.

→ *v.* Art. 22-C da Lei 9.307/1996.

Considerando que eventual descumprimento dos requisitos do art. 260 do CPC deve ser analisado à luz do princípio da instrumentalidade das formas.

✓ AGRAVO DE INSTRUMENTO. NULIDADE DA CARTA DE ORDEM. OBSERVÂNCIA DOS REQUISITOS FORMAIS MÍNIMOS. AUSÊNCIA DE PREJUÍZO. DIREITO À SAÚDE. DIREITO SOCIAL COM ACESSO UNIVERSAL E IGUALITÁRIO. OBSERVÂNCIA DA DIRETRIZ DO ATENDIMENTO INTEGRAL. PEDIDO DE MEDICAMENTO ESPECÍFICO NÃO INCLUÍDO NO COMPONENTE BÁSICO E SEM MANIFESTAÇÃO DA CONITEC PELA NEGATIVA DE SUA INCORPORAÇÃO AO SUS. LEGITIMIDADE DO ESTADO DE MINAS GERAIS. MENOR COM DIAGNÓSTICO DE TRANSTORNO DE DÉFICIT DE ATENÇÃO COM HIPERATIVIDADE (TDAH). MEDICAMENTO CONCERTA. PRESCRIÇÃO MÉDICA. FORNECIMENTO DEVIDO. NECESSIDADE COMPROVADA. DECISÃO REFORMADA. 1- O descumprimento de alguns dos requisitos formais exigidos no art. 260, do CPC/15, deve ser analisado sob a ótica do princípio da instrumentalidade das formas, em atenção, outrossim, à comprovação de prejuízo; 2- Os medicamentos não incluídos no componente básico (RENAME, anexos I e IV) e em relação aos quais não haja manifestação da CONITEC pela negativa de sua incorporação ao SUS, assim como os excepcionais do CEAF, não são passíveis de atendimento em nível primário, cabendo a execução das respectivas políticas pelo Estado-membro e pela União, como definido na Portaria nº 1.554/2013, sob pena de se onerar o gestor municipal; 3- A concessão da tutela provisória de urgência, em caráter liminar, exige a comprovação da probabilidade do direito e o perigo de dano ou o risco ao resultado útil do processo, nos termos do art. 300 do CPC/2015; 4- O serviço público de assistência à saúde deve ser integral (art. 198, II, da CF/88), não se admitem restrições administrativas que delimitem o fornecimento de medicamento apenas aos portadores de moléstias pré-determinadas. V.V.: AGRAVO DE INSTRUMENTO. DIREITO À SAÚDE. PEDIDO DE TRATAMENTO ESPECÍFICO. AUSÊNCIA DE COMPROVAÇÃO DA INEFICÁCIA, INEFICIÊNCIA E INEFETIVIDADE DAS ALTERNATIVAS TERAPÊUTICAS DISPONBILIZADAS PELO SUS. IMPOSSIBILIDADE DE FORNECIMENTO DO MEDICAMENTO PRETENDIDO. 1- O Brasil adotou o direito a medicina baseada em evidências, o que significa dizer que somente podem ser fornecidos medicamentos e realizados procedimentos em relação aos quais haja prova da eficácia, eficiência e efetividade, além de segurança, a fim de evitar grave lesão à ordem administrativa e maior comprometimento do SUS; 2- Em geral, deverá ser privilegiado o tratamento fornecido pelo SUS em detrimento de opção diversa escolhida pelo paciente, sempre que não for comprovada a ineficácia ou a impropriedade da política de saúde existente. (TJMG; AI 1.0680.17.000062-3/001; Rel. Des. Renato Dresch; Julg. 30/11/2017; DJEMG 05/12/2017)

Os requisitos do art. 260 do CPC só se aplicam às cartas rogatórias ativas.

✓ CARTA ROGATÓRIA. AGRAVO INTERNO. ALEGAÇÃO DE OFENSA AO PRINCÍPIO DA COLEGIALIDADE. IMPROCEDÊNCIA. NECESSIDADE DE TRADUÇÃO JURAMENTADA DOS DOCUMENTOS. COMISSÃO. TRÂMITE POR INTERMÉDIO DA AUTORIDADE CENTRAL. TESE DE DEFICIÊNCIA NA INSTRUÇÃO. DOCUMENTAÇÃO SUFICIENTE PARA A COMPREENSÃO DA CONTROVÉRSIA. REQUISITO DO ART. 260 DO CPC. APLICAÇÃO APENAS ÀS CARTAS ROGATÓRIAS ATIVAS. CITAÇÃO. CONCESSÃO DE EXEQUATUR. VIOLAÇÃO DA ORDEM PÚBLICA. NÃO OCORRÊNCIA. QUESTÕES DE MÉRITO. COMPETÊNCIA DA JUSTIÇA ROGANTE. Os requisitos previstos no art. 260 do CPC somente são aplicáveis às rogatórias ativas (STJ, AgInt nos EDcl na CR 14886/EX, Rel. Ministro João Otávio de Noronha, Corte Especial, j. 09/06/2020). Cf., também, AgInt na CR 12781/EX, Rel. Min. João Otávio Noronha, Corte Especial, j. 11.12.2018).

Entendendo como documento obrigatório da carta rogatória a relação das perguntas que a defesa pretende fazer à testemunha que se encontra fora do país.

✓ AGRAVO REGIMENTAL. HABEAS CORPUS. INDEFERIMENTO LIMINAR. IMPETRAÇÃO EM SUBSTITUIÇÃO AO RECURSO CABÍVEL. UTILIZAÇÃO INDEVIDA DO REMÉDIO CONSTITUCIONAL. VIOLAÇÃO AO SISTEMA RECURSAL. POSSE ILEGAL DE ARMA DE FOGO. REQUERIMENTO DE OITIVA DE TESTEMUNHAS POR CARTA ROGATÓRIA. INTIMAÇÃO DA DEFESA PARA JUSTIFICAR A PERTINÊNCIA DAS INQUIRIÇÕES E PARA APRESENTAR OS QUESITOS A SEREM REPASSADOS AO JUÍZO ROGADO. DECISÃO MOTIVADA. INEXISTÊNCIA DE CERCEAMENTO DO DIREITO DE DEFESA. DESPROVIMENTO DO RECLAMO. 1. A via eleita revela-se inadequada para a insurgência contra o ato apontado como coator, pois o ordenamento jurídico prevê recurso específico para tal fim, circunstância que impede o seu formal conhecimento. Precedentes. 2. Ao magistrado é facultado o indeferimento, de forma fundamentada, do requerimento de produção de provas que julgar protelatórias, irrelevantes ou impertinentes, devendo a sua imprescindibilidade ser devidamente justificada pela parte. Doutrina. Precedentes do STJ e do STF. 2. Na hipótese em apreço, foi determinada a intimação da defesa para justificar a pertinência da colheita de depoimentos por carta rogatória porque uma das testemunhas a serem ouvidas encontra-se foragida da justiça, ao passo que outra é esposa do réu. 3. Verifica-se, assim, que foram declinadas justificativas plausíveis para o procedimento adotado pelo magistrado singular, valendo destacar que nos termos do artigo 222-A do Código de Processo Penal, "as cartas rogatórias só serão expedidas se demonstrada previamente a sua imprescindibilidade, arcando a parte requerente com os custos de envio", sendo certo, outrossim, que a apresentação prévia das perguntas que a defesa deseja formular constitui documento necessário à instrução da carta rogatória, nos termos dos artigos 260 e seguintes do Novo Código de Processo Civil, o que revela a inexistência de coação ilegal passível de ser reparada na via eleita. 4. Agravo regimental desprovido. (STJ; AgRg no HC 419.453; PR; Quinta Turma; Rel. Min. Jorge Mussi; Julg. 21/11/2017; DJe 27/11/2017).

Art. 261. Em todas as cartas o juiz fixará o prazo para cumprimento, atendendo à facilidade das comunicações e à natureza da diligência.

§ 1º As partes deverão ser intimadas pelo juiz do ato de expedição da carta.

§ 2º Expedida a carta, as partes acompanharão o cumprimento da diligência perante o juízo destinatário, ao qual compete a prática dos atos de comunicação.

§ 3º A parte a quem interessar o cumprimento da diligência cooperará para que o prazo a que se refere o *caput* seja cumprido.

Art. 262. A carta tem caráter itinerante, podendo, antes ou depois de lhe ser ordenado o cumprimento, ser encaminhada a juízo diverso do que dela consta, a fim de se praticar o ato.

Parágrafo único. O encaminhamento da carta a outro juízo será imediatamente comunicado ao órgão expedidor, que intimará as partes.

Art. 263. As cartas deverão, preferencialmente, ser expedidas por meio eletrônico, caso em que a assinatura do juiz deverá ser eletrônica, na forma da lei.

→ v. Art. 7º da Lei 11.419/2006.

Possibilidade de expedição da carta em papel, por encerrar o art. 263 do CPC simples preferência.

✓ AGRAVO DE INSTRUMENTO. NEGÓCIOS JURÍDICOS BANCÁRIOS. EXECUÇÃO DE TÍTULO EXTRAJUDICIAL. Expedição de carta de citação e penhora que ainda pode ocorrer em papel, haja vista que o disposto no art. 263 do CPC refere-se à preferência – Não obrigatoriedade – Pelo meio eletrônico. Recurso desprovido. (TJRS; AI 0209745-54.2016.8.21.7000; Farroupilha; Décima Segunda Câmara Cível; Rel. Des. Pedro Luiz Pozza; Julg. 21/06/2016; DJERS 24/06/2016)

Art. 264. A carta de ordem e a carta precatória por meio eletrônico, por telefone ou por telegrama conterão, em resumo substancial, os requisitos mencionados no art. 250, especialmente no que se refere à aferição da autenticidade.

Art. 265. O secretário do tribunal, o escrivão ou o chefe de secretaria do juízo deprecante transmitirá, por telefone, a carta de ordem ou a carta precatória ao juízo em que houver de se cumprir o ato, por intermédio do escrivão do primeiro ofício da primeira vara, se houver na comarca mais de um ofício ou de uma vara, observando-se, quanto aos requisitos, o disposto no art. 264.

§ 1º O escrivão ou o chefe de secretaria, no mesmo dia ou no dia útil imediato, telefonará ou enviará mensagem eletrônica ao secretário do tribunal, ao escrivão ou ao chefe de secretaria do juízo deprecante, lendo-lhe os termos da carta e solicitando-lhe que os confirme.

§ 2º Sendo confirmada, o escrivão ou o chefe de secretaria submeterá a carta a despacho.

Considerando que a expedição da carta é atribuição do Poder Judiciário, sendo descabido impor tal dever à parte.

✓ DIREITO PROCESSUAL CIVIL E TRIBUTÁRIO. APELAÇÃO. EXECUÇÃO FISCAL. CARTA PRECATÓRIA. EXPEDIÇÃO E ENCAMINHAMENTO QUE COMPETE AO JUÍZO DEPRECANTE. DEVER PROCESSUAL QUE DEFLUI DO ARTIGO 265 DO CPC/2015. PRECEDENTES. APELAÇÃO PROVIDA. A questão que se coloca nos autos do presente recurso de apelação é a de se saber se a expedição da carta precatória é medida a ser adotada pela serventia do juízo deprecante ou se, ao revés, compete à própria exequente adotar as providências tendentes à sua expedição. O art. 265 do CPC/2015 estatui que compete ao secretário do tribunal, ao escrivão ou ao chefe da secretaria do juízo deprecante a transmissão da carta de ordem ou da carta precatória ao juízo deprecado. O dispositivo legal não menciona que esse dever processual é imputado à parte autora/exequente. Na análise do preceptivo legal em referência, a jurisprudência dos tribunais pátrios consolidou-se no sentido de que a expedição e o encaminhamento da carta precatória de fato representam deveres do escrivão do juízo deprecante. Apelação a que se dá provimento. (TRF 3ª R.; AC 0027530-37.2017.4.03.9999; Primeira Turma; Rel. Des. Fed. Wilson Zauhy; Julg. 31/10/2017; DEJF 21/11/2017); APELAÇÃO CÍVEL. EXTINÇÃO DO PROCESSO POR ABANDONO DA CAUSA. ENCAMINHAMENTO DE CARTA-PRECATÓRIA. ATRIBUIÇÃO DO CHEFE DE SECRETARIA DO JUÍZO DEPRECANTE. 1. A remessa de precatória de citação, não obstante a praxe cartorária de colocar à disposição do advogado, não se inclui entre os deveres da parte, inserindo-se entre as atribuições do juízo deprecante, conforme pressupõem os arts. 236, §1º, 265 e 266, do CPC. 2. Recurso provido (TJPE; APL 0000160-91.2011.8.17.0001; Quinta Câmara Cível; Rel. Des. Agenor Ferreira de Lima; Julg. 09/11/2016; DJEPE 01/12/2016)

Art. 266. Serão praticados de ofício os atos requisitados por meio eletrônico e de telegrama, devendo a parte depositar, contudo, na secretaria do tribunal ou no cartório do juízo deprecante, a importância correspondente às despesas que serão feitas no juízo em que houver de praticar-se o ato.

Art. 267. O juiz recusará cumprimento a carta precatória ou arbitral, devolvendo-a com decisão motivada quando:

I – a carta não estiver revestida dos requisitos legais;

II – faltar ao juiz competência em razão da matéria ou da hierarquia;

III – o juiz tiver dúvida acerca de sua autenticidade.

Parágrafo único. No caso de incompetência em razão da matéria ou da hierarquia, o juiz deprecado, conforme o ato a ser praticado, poderá remeter a carta ao juiz ou ao tribunal competente.

Considerando que os pedidos de cumprimento de liminar baseados no art. 3º, § 12, do Decreto-Lei nº 911/69 devem ser julgados pelo órgão jurisdicional com competência especializada no cumprimento de cartas precatórias:

✓ CONFLITO NEGATIVO DE COMPETÊNCIA. Pedido de cumprimento de liminar de busca e apreensão de bem móvel. Decreto-Lei nº 911/69. Bem localizado em Comarca diversa daquela em que tramita o processo. Art. 3º, § 12, do Decreto-Lei nº 911/69. Incluído pela Lei nº 13.043/14. Feito distribuído originalmente a Vara Cível comum. Competência da vara de precatórias cíveis do foro central da Comarca da região metropolitana de Curitiba. Art. 136, II, da resolução 93/2013 do órgão especial do TJPR. Interpretação literal/gramatical afastada. Interpretação teleológica e sistemática. Pedido do art. 3º, § 12, do Decreto-Lei nº 911/69 que cumpre as mesmas funções processuais das cartas precatórias. Arts. 260 a 268 do CPC/15. Comunicação do juízo no qual o ato processual deve ser praticado e requerimento de sua cooperação. Inovação legislativa voltada à facilitação e concessão de celeridade à apreensão de bens com base no Decreto-Lei nº 911/69. Diferenças entre o pedido previsto no art. 3º, § 12, do Decreto-Lei nº 911/69 e as cartas precatórias. Estritamente formais, notadamente em relação ao remetente/requerente. Pedido do Decreto-Lei que atende a boa parte dos requisitos das cartas precatórias (art. 260, I, II e III, do CPC/15). Justificativa da especialização dos órgãos jurisdicionais. Aumento da qualidade da prestação jurisdicional, em razão da redução da amplitude das matérias examinadas pelo magistrado. Vara de precatórias cíveis naturalmente melhor vocacionada, em comparação com as varas cíveis, ao cumprimento dos pedidos baseados no art. 3º, § 12, do Decreto-Lei nº 911/69, que têm conteúdo de carta precatória. Precedentes deste tribunal. Conflito de competência julgado improcedente. Declaração de competência da vara de precatórias cíveis do foro central da Comarca da região metropolitana de Curitiba. A interpretação teleológica e sistemática do ordenamento jurídico conduz à conclusão de que os pedidos de cumprimento de liminar baseados no art. 3º, § 12, do Decreto-Lei nº 911/69 devem ser julgados pelo órgão jurisdicional com competência especializada no cumprimento de cartas precatórias cíveis. Se existente na Comarca, como no foro central da Comarca da região metropolitana de Curitiba (art. 136, II, da resolução nº 93/2013 do órgão especial do TJPR)., pois em que pese o referido ato não tenha forma de carta precatória cível, tem conteúdo e serve às mesmas finalidades desta. (TJPR; ConCompCv 1473556-9; Curitiba; Décima Sétima Câmara Cível em Composição Integral; Rel. Des. Fernando Paulino; Julg. 03/08/2016; DJPR 30/08/2016; Pág. 328)

A solicitação de cumprimento de diligência pelo juízo federal endereçada a juízo estadual não se confunde com as hipóteses de competência delegada revogadas pela Lei nº 13.043/2014.

✓ CONFLITO DE COMPETÊNCIA. JUÍZO FEDERAL E JUÍZO DE DIREITO. CUMPRIMENTO DE CARTA PRECATÓRIA EXTRAÍDA DE EXECUÇÃO FISCAL. LEI Nº 13.043/14. NÃO AUTORIZA A RECUSA DO CUMPRIMENTO DE PRECATÓRIA REVESTIDA DOS REQUISITOS LEGAIS. 1. O ato ou diligência a ser executado pela Justiça Estadual não decorre de delegação de competência, mas de simples cumprimento de carta precatória. 2. As hipóteses de recusa de cumprimento de carta precatória estão previstas no artigo 267, do Código de Processo Civil de 2015, cujo teor é o mesmo do artigo 201, do CPC de 1973. 3. O digno Juízo deprecado não fundamenta a recusa em nenhuma das hipóteses legais, mas na revogação da competência delegada, fato absolutamente irrelevante para o cumprimento de carta precatória. 4. Conflito de Competência procedente. (TRF 3ª R.; CC 0003173-17.2017.4.03.0000; Primeira Seção; Rel. Des. Fed. Valdeci dos Santos; Julg. 17/10/2017; DEJF 25/10/2017)

Apontando serem taxativas as hipóteses de recusa a cumprimento da carta precatória:

✓ As hipóteses de recusa de cumprimento de carta precatória constituem rol taxativo descrito art. 267 do Código de Processo Civil, aplicável à seara penal com amparo no art. 3º do CPP. Com base na letra da lei, ao juízo deprecado somente é permitido devolver carta precatória quando não estiver revestida dos requisitos legais, quando carecer de competência em razão da matéria ou da hierarquia ou, ainda, quando tiver dúvida acerca de sua autenticidade, não estando, no caso em exame, a recusa do Juízo suscitado respaldada por nenhuma das hipóteses legais (STJ, CC 174482/MG, Rel. Min. Reynaldo Soares da Fonseca, 3ª Seção, j. 14/10/2020). Cf., também, STJ, AgRg no CC 158878/ES, Rel. Min. Maria Thereza de Assis Moura, 3ª Seção, j. em 22/08/2018.

Não pode o juízo deprecado se recusar a cumprir a carta precatória sob o fundamento de que é possível cumprir a diligência por meio de videoconferência:

✓ I – O art. 267 do CPC/2015 possui rol taxativo de recusa para o cumprimento de carta precatória. II – A prática de atos processuais por videoconferência é uma faculdade do juízo deprecante, não competindo ao juízo deprecado a determinação de forma diversa da realização de audiência. III – Conflito de competência conhecido para declarar competente para a causa o Juízo Federal da 2ª Vara do Juizado Especial Cível e Criminal de Pouso Alegre/MG (STJ, CC 165381/MG, Rel. Min. Francisco Falcão, 1ª Seção, j. 12.06.2019). No mesmo sentido, STJ; CC 145.457; Proc. 2016/0045849-4; PA; Terceira Seção; Rel. Min. Joel Ilan Paciornik; DJE 16/10/2017; CC 148.747; PE; Terceira Seção; Rel. Min. Ribeiro Dantas; Julg. 23/11/2016; DJe 30/11/2016; e CC 170751/PR, Min. Joel Ilan Paciornik, 3ª Seção, j. 13.05.2020.

Art. 268. Cumprida a carta, será devolvida ao juízo de origem no prazo de 10 (dez) dias, independentemente de traslado, pagas as custas pela parte.

Nas cartas com objetivo de inquirir testemunha, a prática do ato mediante gravação em mídia é suficiente, cabendo ao juízo deprecante, se assim não entender, promover a degravação do ato.

✓ CONFLITO NEGATIVO DE COMPETÊNCIA. PROCESSUAL CIVIL. DIREITO INTERTEMPORAL. CARTA PRECATÓRIA. INQUIRIÇÃO DE TESTEMUNHA. DEPOIMENTO. DEGRAVAÇÃO. ART. 460 DO CPC/2015. COMPETÊNCIA DO JUÍZO DEPRECANTE. 1. Cinge-se a controvérsia a definir o juízo competente para a degravação de depoimento colhido nos autos de carta precatória por sistema audiovisual na vigência do Código de Processo Civil de 2015. 2. O cumprimento de carta precatória é composto por diversos atos, os quais possuem suficiente autonomia para não serem considerados um ato único, mas sim como vários procedimentos isolados, aos quais é possível a aplicação de norma processual superveniente. 3. Na vigência do Código de Processo Civil de 2015, a colheita de prova testemunhal por gravação passou a ser um método convencional, ficando a degravação prevista apenas para hipóteses excepcionais em que, em autos físicos, for interposto recurso, sendo impossível o envio da documentação eletrônica. 4. Em caso de precatória inquiritória, a gravação dos depoimentos colhidos em audiência pelo método audiovisual é suficiente para a devolução da carta adequadamente cumprida. 5. Na hipótese excepcional de se mostrar necessária a degravação, deverá ser realizada pelo juízo deprecante ou pela parte interessada. 6. Conflito de competência conhecido para declarar a competência do Juízo de Direito da 12ª Vara Cível de São Paulo (STJ, CC 150252/SP, Rel. Min. Ricardo Villas Bôas Cueva, 2ª Seção, j. 10.06.2020).

Capítulo IV
DAS INTIMAÇÕES

Art. 269. Intimação é o ato pelo qual se dá ciência a alguém dos atos e dos termos do processo.

§ 1º É facultado aos advogados promover a intimação do advogado da outra parte por meio do correio, juntando aos autos, a seguir, cópia do ofício de intimação e do aviso de recebimento.

§ 2º O ofício de intimação deverá ser instruído com cópia do despacho, da decisão ou da sentença.

§ 3º A intimação da União, dos Estados, do Distrito Federal, dos Municípios e de suas respectivas autarquias e fundações de direito público será realizada perante o órgão de Advocacia Pública responsável por sua representação judicial.

Possibilidade de intimação do INSS a cumprir obrigação de fazer via procurador federal.

✓ PREVIDENCIÁRIO E PROCESSUAL CIVIL. AGRAVO INTERNO NO RECURSO ESPECIAL. APOSENTADORIA RURAL. MULTA POR DESCUMPRIMENTO DA OBRIGAÇÃO DE FAZER. INTIMAÇÃO DA AUTARQUIA REALIZADA ATRAVÉS DO PROCURADOR FEDERAL. DESNECESSIDADE DE INTIMAÇÃO DA AGÊNCIA DA PREVIDÊNCIA SOCIAL. AGRAVO DO INSS A QUE SE NEGA PROVIMENTO. 1. A ciência dos atos e ordens judiciais aos Entes Públicos, bem como às suas autarquias e fundações de direito público, deve observar a regra da intimação na pessoa de seus procuradores, os quais detêm capacidade postulatória, nos termos do art. 269, § 3o do Código Fux (STJ, AgInt no REsp 1794739/SC, Rel. Min. Napoleão Nunes Maia Filho, 1ª Turma, j. 19.10.2020).

Distinção entre data de intimação e termo inicial da contagem do prazo para impugnação da decisão judicial pelo MP (tese decidida para o processo penal, que entendemos também se aplicar aos processos de natureza civil).

✓ O termo inicial da contagem do prazo para impugnar decisão judicial é, para o Ministério Público, a data da entrega dos autos na repartição administrativa do órgão, sendo irrelevante que a intimação pessoal tenha se dado em audiência, em cartório ou por mandado (STJ, Tema repetitivo 959, 3ª Seção, j. 23.08.2017).

Art. 270. As intimações realizam-se, sempre que possível, por meio eletrônico, na forma da lei.

→ *V.* Arts. 5º e 9º da Lei 11.419/2006.

Apontando que a intimação por meio eletrônico é apenas uma faculdade, não uma obrigatoriedade.

✓ APELAÇÃO CÍVEL. AÇÃO ANULATÓRIA DE NEGÓCIO JURÍDICO. PRELIMINAR DE NULIDADE DA INTIMAÇÃO DA SENTENÇA. INTIMAÇÃO POR MEIO DE DIÁRIO. NÃO CONFIGURAÇÃO. NOVO CPC ESTABELECE A PREFERÊNCIA DA INTIMAÇÃO POR MEIO ELETRÔNICO, MAS NÃO SUA OBRIGATORIEDADE. INTIMAÇÃO FEITA EM NOME DE APENAS UM DOS ADVOGADOS DA APELANTE. INOCORRÊNCIA DE NULIDADE. AUSÊNCIA DE PEDIDO DE EXCLUSIVIDADE NAS INTIMAÇÕES. PRECEDENTES DO STJ. NÚMERO DE INSCRIÇÃO NA OAB DISTINTO DO QUE CONSTA NA PETIÇÃO INICIAL. NÚMEROS QUE PERTENCEM AO MESMO ADVOGADO, TRATANDO-SE APENAS DE INSCRIÇÃO SUPLEMENTAR, PERMITINDO A IDENTIFICAÇÃO DO DESTINATÁRIO. CAUSÍDICO ENFERMO. AUSÊNCIA DE PROVA DA INCAPACIDADE DE PETICIONAR. APELANTE REPRESENTADA POR MAIS DE UM PROCURADOR, NÃO HAVENDO IMPEDIMENTO PARA QUE O RECURSO FOSSE INTERPOSTO POR OUTRO DELES. PRELIMINARES REJEITADAS. APELAÇÃO INTEMPESTIVA. RECURSO NÃO CONHECIDO. 1. Nos termos do art. 270 do novo Código de Processo Civil, "as intimações realizam-se, sempre que possível, por meio eletrônico, na forma da Lei". 2. O novo diploma processual estabelece uma preferência – e não uma obrigatoriedade – para a realização das intimações por meio eletrônico, sendo que, "quando não realizadas por meio eletrônico, consideram-se feitas as intimações pela publicação dos atos no órgão oficial", conforme art. 272 do CPC. 3. "havendo vários advogados constituídos nos autos, é válida a intimação feita em nome de qualquer deles, ausente o pedido de exclusividade de publicação" (AGRG no ARESP 670.673/MA, Rel. Ministro Luis Felipe Salomão, quarta turma; Julg. 07/05/2015, Dje 12/05/2015). 4. Conforme demonstrado pela apelada em sede de contrarrazões, o número constante da publicação da sentença pertence ao mesmo causídico que subscreveu a petição inicial, tratando-se apenas de inscrição suplementar no Estado do Mato Grosso do Sul, mas que, ainda assim, permite a identificação do destinatário. 5. Quanto à enfermidade do causídico, tem-se que, consoante a jurisprudência do Superior Tribunal de Justiça, só se justifica a devolução do prazo ao advogado por motivo de doença caso reste comprovada a incapacidade de peticionar ou de substabelecer o mandato. 6. No caso dos autos, desde o início da demanda a apelante esteve representada por três advogados, sendo que qualquer um deles poderia ter interposto o recurso tempestivamente, não restando demonstrado qualquer impedimento para que os outros procuradores o fizessem. 7. Preliminares rejeitadas. Recurso não conhecido, por intempestivo. (TJCE; APL 0874637-53.2014.8.06.0001; Terceira Câmara de Direito Privado; Relª Desª Marlucia de Araújo Bezerra; DJCE 10/04/2017; Pág. 83)

Estabelecendo que a intimação por meio eletrônico dispensa a publicação do ato no Diário Eletrônico.

✓ APELAÇÃO. AÇÃO MONITÓRIA. CANCELAMENTO DA DISTRIBUIÇÃO DO PROCESSO, DIANTE DA AUSÊNCIA DE PREPARO. Desnecessária a intimação pessoal da parte. A norma contida no Art. 290 do CPC/2015 exige apenas a intimação do patrono da parte para o cancelamento da distribuição por falta do recolhimento do preparo. Dispõe o art. 270 do CPC/2015 que as intimações se realizam, sempre que possível, por meio eletrônico, não sendo necessária a publicação do ato no Diário Eletrônico, conforme previsão do art. 5º da Lei n. 11.419/2006. Sentença mantida. RECURSO NÃO PROVIDO. (TJRJ; APL 0027295-22.2016.8.19.0042; Petrópolis; Vigésima Terceira Câmara Cível Consumidor; Rel. Des. Celso Silva Filho; Julg. 01/11/2017; DORJ 09/11/2017; Pág. 461)

Considerando que, havendo intimações eletrônica e pelo Diário da Justiça, prevalece a última.

✓ DIREITO PROCESSUAL CIVIL. AGRAVO INTERNO. INTEMPESTIVIDADE DO RECURSO ESPECIAL E DO AGRAVO EM RECURSO ESPECIAL. DECURSO DO PRAZO LEGAL. INTIMAÇÃO TÁCITA. IMPOSSIBILIDADE. VALIDADE DA PUBLICAÇÃO DO DIÁRIO DA JUSTIÇA ELETRÔNICO. AGRAVO DESPROVIDO. 1. O acórdão recorrido foi publicado em 17/06/2016, ao passo que o Recurso Especial somente foi protocolado no tribunal de origem em 18/07/2016, quando decorrido o prazo recursal de 15 (quinze) dias úteis, nos termos do art. 994, VI, c/c os arts. 1.003, § 5º, 1.029 e 219, caput, do CPC/2015. 2. A decisão que inadmitiu o Recurso Especial no tribunal de origem foi publicada em 29/09/2016, ao passo que o agravo em Recurso Especial somente foi protocolado no tribunal de origem em 1º/11/2016, quando decorrido o prazo recursal de 15 (quinze) dias úteis previsto nos arts. 219, caput, 994, VIII, 1.003, § 5º, e 1.042, caput, do CPC/2015. 3. Frise-se que, ocorrendo a intimação eletrônica e a publicação da decisão no DJEERJ, prevalece esta última, uma vez que, nos termos da legislação citada, a publicação em diário de justiça eletrônico substitui qualquer outro meio de publicação oficial para quaisquer efeitos legais. Precedentes. 4. Agravo interno a que se nega provimento. (STJ; AgInt-AREsp 1.052.512; Proc. 2017/0025851-1; RJ; Quarta Turma; Rel. Des. Fed. Conv. Lázaro Guimarães; DJE 14/12/2017); PROCESSUAL CIVIL. AGRAVO INTERNO NO AGRAVO EM RECURSO ESPECIAL. INTEMPESTIVIDADE DO AGRAVO EM RECURSO ESPECIAL. LEI Nº 11.419/2006. INTIMAÇÃO TÁCITA. PREVALÊNCIA DA PUBLICAÇÃO DO DIÁRIO DE JUSTIÇA ELETRÔNICO. 1. Ocorrendo a intimação eletrônica e a publicação da decisão no Diário de Justiça eletrônico, prevalece esta última, uma vez que nos termos da legislação, a publicação em Diário de Justiça eletrônico substitui qualquer outro meio de publicação oficial para quaisquer efeitos legais. 2. Agravo interno no agravo em Recurso Especial não provido. (STJ; AgInt-AREsp 1.118.648; Proc. 2017/0140315-6; RJ; Terceira Turma; Relª Minª Nancy Andrighi; DJE 05/12/2017); PROCESSUAL CIVIL. AGRAVO INTERNO NO AGRAVO EM RECURSO ESPECIAL. RECURSO MANEJADO NA ÉGIDE DO CPC. RECURSO ESPECIAL NÃO ADMITIDO NA ORIGEM. PRAZO PARA INTERPOSIÇÃO DE AGRAVO EM RECURSO ESPECIAL. TERMO INICIAL DA CONTAGEM. PREVALÊNCIA DA PUBLICAÇÃO DA DECISÃO NO DIÁRIO DE JUSTIÇA ELETRÔNICO SOBRE A INTIMAÇÃO ELETRÔNICA REALIZADA NA FORMA DA LEI Nº 11.419/2006. INTEMPESTIVIDADE CONFIGURADA. AGRAVO INTERNO NÃO PROVIDO. 1. Aplicabilidade do CPC a este recurso ante os termos no Enunciado Administrativo nº 3 aprovado pelo Plenário do STJ na sessão de 9/3/2016: Aos recursos interpostos com fundamento no CPC/2015 (relativos a decisões publicadas a partir de 18 de março de 2016) serão exigidos os requisitos de admissibilidade recursal na forma do novo CPC. 2. Ocorrendo a intimação eletrônica e a publicação da decisão no DJEERJ, prevalece esta última, uma vez que nos termos da legislação citada a publicação em Diário de Justiça eletrônico substitui qualquer outro meio de publicação oficial para quaisquer efeitos legais (AgInt no AREsp nº 887.588/RJ, Relator o Ministro Luis Felipe Salomão; DJe 14/12/2016). 3. Agravo interno não provido. (STJ; AgInt-AREsp 999.485; Proc. 2016/0271611-1; RJ; Terceira Turma; Rel. Min. Moura Ribeiro; DJE 25/08/2017); PROCESSO CIVIL. AGRAVO INTERNO NO AGRAVO EM RECURSO ESPECIAL. CPC/1973. PUBLICAÇÃO DA DECISÃO NO DIÁRIO DE JUSTIÇA ELETRÔNICO. PREVALÊNCIA SOBRE OUTRO MEIO DE PUBLICAÇÃO OFICIAL. INTEMPESTIVIDADE DO ARESP. 1. De acordo com o Enunciado Administrativo n. 2 do STJ: "Aos recursos interpostos com fundamento no CPC/1973 (relativos a decisões publicadas até 17 de março de 2016) devem ser exigidos os requisitos de admissibilidade na forma nele prevista, com as interpretações dadas, até então, pela jurisprudência do Superior Tribunal de Justiça ". 2. No caso, a análise da tempestividade do agravo em Recurso Especial e dos pressupostos de admissibilidade do aludido apelo será realizada sob a ótica do CPC/1973, uma vez que a decisão que inadmitiu o Recurso Especial foi publicada anteriormente a 17/3/2016. 3. Tratando-se de decisão publicada no Diário de Justiça eletrônico, considera-se como início do prazo recursal o dia útil seguinte ao da disponibilização do decisum no referido diploma, consoante disposto no art. 4º, § 3º, da Lei nº 11.419/2006. 4. Mesmo quando há intimação eletrônica e publicação no Diário de Justiça eletrônico, a jurisprudência do STJ entende que o prazo recursal começa a fluir a partir da data desta última, já que a publicação no Diário de Justiça eletrônico substitui outros meios de publicação oficial para quaisquer efeitos legais. Precedentes: AgInt no AREsp 1.057.572/RJ, Rel. Ministra Assusete Magalhães, Segunda Turma, julgado em 20/6/2017, DJe 28/6/2017; AgInt no AREsp 1.019.565/RJ, Rel. Ministro Sérgio Kukina, Primeira Turma, julgado em 18/4/2017, DJe 2/5/2017; AgInt no AREsp 945.234/RJ, Rel. Ministra Nancy Andrighi, Terceira Turma, julgado em 14/3/2017, DJe 27/3/2017; EDcl no AgInt no AREsp 861.128/RJ, Rel. Ministro Raul Araújo, Quarta Turma, julgado em 6/4/2017, DJe 3/5/2017. 5. Nos termos da certidão, a decisão que inadmitiu o apelo especial foi publicada no Diário de Justiça eletrônico do dia 14/1/2016. Logo, deve-se reconhecer a intempestividade do agravo em Recurso Especial protocolizado em 3/2/2016, pois ultrapassado o prazo de 10 (dez) dias previsto no art. 544 do CPC/1973. 6. Agravo interno a que se nega provimento. (STJ; AgInt-AREsp 929.175; Proc. 2016/0146433-2; RJ; Segunda Turma; Rel. Min. Og Fernandes; DJE 23/08/2017); AGRAVO INTERNO NO AGRAVO EM RECURSO ESPECIAL. TERMO INICIAL. CONTAGEM DE PRAZO. PREVALÊNCIA DA PUBLICAÇÃO DA DECISÃO NO DIÁRIO DE JUSTIÇA ELETRÔNICO SOBRE A INTIMAÇÃO ELETRÔNICA. LEI N. 11.419/2006. INTEMPESTIVIDADE CONFIGURADA. 1. De acordo com entendimento desta Corte, se ocorreu intimação eletrônica e publicação no Diário de Justiça Eletrônico, deve prevalecer a data desta última para fins de contagem de prazo. Precedentes. 2. Agravo interno não provido. (STJ; AgInt-AREsp 1.019.565; Proc. 2016/0305399-9; RJ; Primeira Turma; Rel. Min. Sérgio Kukina; DJE 02/05/2017) e AGRAVO INTERNO NO AGRAVO EM RECURSO ESPECIAL. INTEMPESTIVIDADE. INTIMAÇÃO ELETRÔNICA E PUBLICAÇÃO EM DIÁRIO DE JUS-

TIÇA. 1. Nos termos do artigo 5º, § 1º, da Resolução nº 234 – CNJ, a publicação do DJEN substitui qualquer outro meio de publicação oficial, para fins de intimação, à exceção dos casos em que a Lei exija vista ou intimação pessoal. 2. Tendo ocorrido a intimação eletrônica e a publicação no Diário de Justiça eletrônico, esta prevalecerá sobre aquela para fins de contagem do prazo recursal. 3. Agravo interno não provido. (STJ; AgInt-AREsp 1.013.100; Proc. 2016/0298150-6; RJ; Terceira Turma; Rel. Min. Ricardo Villas Boas Cueva; DJE 24/03/2017). NO mesmo sentido: STJ, AgInt nos EDcl no AREsp 1521267/CE, Rel. Min. Og Fernandes, 2ª Turma, j. 08.06.2020.

Contra, entendendo que a intimação eletrônica prevalece sobre a intimação no Diário da Justiça.

✓ AGRAVO INTERNO NO AGRAVO EM RECURSO ESPECIAL. 1. Duplicidade de intimações. Prevalência da intimação eletrônica sobre a publicação no diário de justiça. Recurso tempestivo. 2. Ausência de negativa de prestação jurisdicional. 3. Compensação de crédito. Existência de fundamento do acórdão recorrido não impugnado nas razões do apelo nobre. Súmula nº 283/STF. 4. Agravo conhecido, em juízo de reconsideração, para conhecer parcialmente do Recurso Especial e, nessa extensão, negar-lhe provimento. (STJ; AgInt-AREsp 1.129.363; Proc. 2017/0160726-4; RJ; Terceira Turma; Rel. Min. Marco Aurélio Bellizze; DJE 07/12/2017).

Parágrafo único. Aplica-se ao Ministério Público, à Defensoria Pública e à Advocacia Pública o disposto no § 1º do art. 246.

Apontando que, se o ente público não cumpre o dever se se cadastrar para receber intimação eletrônica, deverá ser intimado pelo Diário da Justiça.

✓ PROCESSUAL CIVIL. AGRAVO INTERNO NO AGRAVO EM RECURSO ESPECIAL. RECURSO INTEMPESTIVO. INTERPOSIÇÃO ALÉM DO PRAZO LEGAL. ARTS. 1.070 E 183 DO CPC/2015. MUNICÍPIO. INTIMAÇÃO ELETRÔNICA. AUSÊNCIA DE CADASTRO, JUNTO A ESTA CORTE. INTIMAÇÃO POR MEIO DO DIÁRIO DE JUSTIÇA ELETRÔNICO. ARTS. 183, § 1º, IN FINE, 246, §§ 1º E 2º, 270 E PARÁGRAFO ÚNICO, 272 E 1.050 DO CPC/2015. AGRAVO INTERNO NÃO CONHECIDO. I. Agravo interno aviado contra decisão monocrática, que julgou recurso interposto contra decisão que inadmitira o Recurso Especial, publicada na vigência do CPC/2015. II. A decisão, objeto deste Agravo interno, foi disponibilizada em 28/09/2016 (quarta-feira), no Diário de Justiça eletrônico, considerando-se publicada em 29/09/2016 (quinta-feira), e o presente recurso foi interposto em 20/03/2017, quando de há muito escoado o prazo legal, conforme certificado nos autos. III. Descumprido, portanto, o prazo de trinta dias úteis, para a interposição do Agravo interno, previsto nos arts. 1.070 e 183 do CPC vigente, inviável a análise dos argumentos recursais, uma vez que não preenchido um dos requisitos extrínsecos de sua admissibilidade. IV. Registre-se que, "nos termos do art. 1.050 do CPC/2015, competia ao Município ora agravante, no prazo de 30 dias após a entrada em vigor daquele diploma processual, proceder ao cadastramento perante a administração desta Corte, para fins de recebimento de intimações. No mesmo sentido: PET no AREsp 425.715/TO, Rel. Ministro Sérgio Kukina, DJe 2.8.2016" (STJ, AgInt no AgInt no REsp 1.594.244/MG, Rel. Ministro HERMAN BENJAMIN, SEGUNDA TURMA, DJe de 07/03/2017), o que o Município agravante não providenciou, in casu. V. Não efetuando o cadastro previsto em Lei, junto a esta Corte, para fins de intimação pessoal eletrônica, nos termos dos arts. 183, § 1º, in fine, 246, §§ 1º e 2º, e 1.050 do CPC/2015, restou o Município intimado do decisum ora recorrido via Diário da Justiça eletrônico, de conformidade com o art. 272 do CPC/2015, conforme certificado nos autos. VI. Agravo interno não conhecido. (STJ; AgInt-AREsp 977.792; Proc. 2016/0233529-8; BA; Segunda Turma; Relª Minª Assusete Magalhães; DJE 27/06/2017)

Art. 271. O juiz determinará de ofício as intimações em processos pendentes, salvo disposição em contrário.

→ *v.* Súmula 240 do STJ.

Art. 272. Quando não realizadas por meio eletrônico, consideram-se feitas as intimações pela publicação dos atos no órgão oficial.

→ *v.* Art. 82 do RISTF.

→ *v.* Art. 88 do RISTJ.

Se o município não atendeu ao dever de realizar o cadastro para recebimento de intimações eletrônicas, correta é a sua intimação por meio do Diário de Justiça.

✓ PROCESSUAL CIVIL. AGRAVO INTERNO NO AGRAVO EM RECURSO ESPECIAL. RECURSO INTEMPESTIVO. INTERPOSIÇÃO ALÉM DO PRAZO LEGAL. ARTS. 1.070 E 183 DO CPC/2015. MUNICÍPIO. INTIMAÇÃO ELETRÔNICA. AUSÊNCIA DE CADASTRO, JUNTO A ESTA CORTE. INTIMAÇÃO POR MEIO DO DIÁRIO DE JUSTIÇA ELETRÔNICO. ARTS. 183, § 1º, IN FINE, 246, §§ 1º E 2º, 270 E PARÁGRAFO ÚNICO, 272 E 1.050 DO CPC/2015. AGRAVO INTERNO NÃO CONHECIDO. I. Agravo interno aviado contra decisão monocrática, que julgou recurso interposto contra decisão que inadmitira o Recurso Especial, publicada na vigência do CPC/2015. II. A decisão, objeto deste Agravo interno, foi disponibilizada em 28/09/2016 (quarta-feira), no Diário de Justiça eletrônico, considerando-se publicada em 29/09/2016 (quinta-feira), e o presente recurso foi interposto em 20/03/2017, quando de há muito escoado o prazo legal, conforme certificado nos autos. III. Descumprido, portanto, o prazo de trinta dias úteis, para a interposição do Agravo interno, previsto nos arts. 1.070 e 183 do CPC vigente, inviável a análise dos argumentos recursais, uma vez que não preenchido um dos requisitos extrínsecos de sua admissibilidade. IV. Registre-se que, "nos termos do art. 1.050 do CPC/2015, competia ao Município ora agravante, no prazo de 30 dias após a entrada em vigor daquele diploma processual, proceder ao cadastramento perante a administração desta Corte, para fins de recebimento de intimações. No mesmo sentido: PET no AREsp 425.715/TO, Rel. Ministro Sérgio Kukina, DJe 2.8.2016" (STJ, AgInt no AgInt no REsp 1.594.244/MG, Rel. Ministro HERMAN BENJAMIN, SEGUNDA TURMA, DJe de 07/03/2017), o que o Município agravante não providenciou, in casu. V. Não efetuando o cadastro previsto em Lei, junto a esta Corte, para fins de intimação pessoal eletrônica, nos termos dos arts. 183, § 1º, in fine, 246, §§ 1º e 2º, e 1.050 do CPC/2015, restou o Município intimado do decisum ora recorrido via Diário da Justiça eletrônico, de conformidade com o art. 272 do CPC/2015, conforme certificado nos autos. VI. Agravo interno não conhecido. (STJ; AgInt-AREsp 977.792;

Proc. 2016/0233529-8; BA; Segunda Turma; Relª Minª Assusete Magalhães; DJE 27/06/2017). No mesmo sentido: STJ, AgInt no AREsp 978007/MG, Min. Reginal Helena Costa, 1ª Turma, j. 18.05.2020).

§ 1º Os advogados poderão requerer que, na intimação a eles dirigida, figure apenas o nome da sociedade a que pertençam, desde que devidamente registrada na Ordem dos Advogados do Brasil.

→ v. Enunciado n. 169 do FONAJE: O disposto nos §§ 1.º e 5.º do art. 272 do CPC/2015 não se aplica aos Juizados Especiais

§ 2º Sob pena de nulidade, é indispensável que da publicação constem os nomes das partes e de seus advogados, com o respectivo número de inscrição na Ordem dos Advogados do Brasil, ou, se assim requerido, da sociedade de advogados.

Se o vício na identificação da parte é capaz de alterar o destinatário da comunicação, nula é a intimação.

✓ PROCESSUAL CIVIL. EMBARGOS DE DECLARAÇÃO. VÍCIO NA INTIMAÇÃO DA PARTE. PREJUÍZO CONSTATADO. NULIDADE DO ACÓRDÃO. ART. 272, § 2º, DO CPC/2015. OFENSA AOS PRINCÍPIOS DO DEVIDO PROCESSO LEGAL, DO CONTRADITÓRIO E DA AMPLA DEFESA. IDONEIDADE DA VIA ELEITA. ART. 1.022, III, DO CPC/2015. 1. Erro na autuação do nome do recorrente de Moto Grosso para Mato Grosso do Sul, com retificação posterior ao julgamento do Acórdão e à oposição dos Embargos de Declaração (fl. 374, e-STJ). 2. Vício sobre elemento essencial de identificação da parte, capaz de personalizar terceiro e alterar o destinatário da comunicação processual. 3. Prejuízo ao devido processo legal, ao contraditório e à ampla defesa que atrai a nulidade do art. 272, § 2º, do CPC/2015. 5. Idoneidade dos Embargos de Declaração para arguição do vício, por se tratar da primeira oportunidade do prejudicado para falar nos autos e diante da disciplina estabelecida no art. 1.022, II, do CPC/2015. 6. Embargos de Declaração acolhidos, com efeito modificativo, para anular o acórdão embargado e autorizar a inclusão do feito em nova pauta de julgamento. (STJ; EDcl--REsp 1.649.658; Proc. 2017/0013910-3; MT; Segunda Turma; Rel. Min. Herman Benjamin; DJE 13/09/2017)

Basta que conste o número de inscrição do advogado, não importando se suplementar ou principal, para que a intimação se considere regular.

✓ APELAÇÃO CÍVEL. AÇÃO ANULATÓRIA DE NEGÓCIO JURÍDICO. PRELIMINAR DE NULIDADE DA INTIMAÇÃO DA SENTENÇA. INTIMAÇÃO POR MEIO DE DIÁRIO. NÃO CONFIGURAÇÃO. NOVO CPC ESTABELECE A PREFERÊNCIA DA INTIMAÇÃO POR MEIO ELETRÔNICO, MAS NÃO SUA OBRIGATORIEDADE. INTIMAÇÃO FEITA EM NOME DE APENAS UM DOS ADVOGADOS DA APELANTE. INOCORRÊNCIA DE NULIDADE. AUSÊNCIA DE PEDIDO DE EXCLUSIVIDADE NAS INTIMAÇÕES. PRECEDENTES DO STJ. NÚMERO DE INSCRIÇÃO NA OAB DISTINTO DO QUE CONSTA NA PETIÇÃO INICIAL. NÚMEROS QUE PERTENCEM AO MESMO ADVOGADO, TRATANDO-SE APENAS DE INSCRIÇÃO SUPLEMENTAR, PERMITINDO A IDENTIFICAÇÃO DO DESTINATÁRIO. CAUSÍDICO ENFERMO. AUSÊNCIA DE PROVA DA INCAPACIDADE DE PETICIONAR. APELANTE REPRESENTADA POR MAIS DE UM PROCURADOR, NÃO HAVENDO IMPEDIMENTO PARA QUE O RECURSO FOSSE INTERPOSTO POR OUTRO DELES. PRELIMINARES REJEITADAS. APELAÇÃO INTEMPESTIVA. RECURSO NÃO CONHECIDO. 1. Nos termos do art. 270 do novo Código de Processo Civil, "as intimações realizam-se, sempre que possível, por meio eletrônico, na forma da Lei". 2. O novo diploma processual estabelece uma preferência – e não uma obrigatoriedade – para a realização das intimações por meio eletrônico, sendo que, "quando não realizadas por meio eletrônico, consideram-se feitas as intimações pela publicação dos atos no órgão oficial", conforme art. 272 do CPC. 3. "havendo vários advogados constituídos nos autos, é válida a intimação feita em nome de qualquer deles, ausente o pedido de exclusividade de publicação" (AGRG no ARESP 670.673/MA, Rel. Ministro Luis Felipe Salomão, quarta turma; Julg. 07/05/2015, Dje 12/05/2015). 4. Conforme demonstrado pela apelada em sede de contrarrazões, o número constante da publicação da sentença pertence ao mesmo causídico que subscreveu a petição inicial, tratando-se apenas de inscrição suplementar no Estado do Mato Grosso do Sul, mas que, ainda assim, permite a identificação do destinatário. 5. Quanto à enfermidade do causídico, tem-se que, consoante a jurisprudência do Superior Tribunal de Justiça, só se justifica a devolução do prazo ao advogado por motivo de doença caso reste comprovada a incapacidade de peticionar ou de substabelecer o mandato. 6. No caso dos autos, desde o início da demanda a apelante esteve representada por três advogados, sendo que qualquer um deles poderia ter interposto o recurso tempestivamente, não restando demonstrado qualquer impedimento para que os outros procuradores o fizessem. 7. Preliminares rejeitadas. Recurso não conhecido, por intempestivo. (TJCE; APL 0874637-53.2014.8.06.0001; Terceira Câmara de Direito Privado; Relª Desª Marlucia de Araújo Bezerra; DJCE 10/04/2017; Pág. 83). V. tb.: AGRAVO DE INSTRUMENTO EM RECURSO DE REVISTA. RECURSO DE REVISTA. INTEMPESTIVIDADE. NULIDADE DA INTIMAÇÃO. NÃO OCORRÊNCIA. Segundo o artigo 272, § 2º, do Código de Processo Civil, sob pena de nulidade, é indispensável que da publicação constem os nomes das partes e de seus advogados, com o respectivo número de inscrição na Ordem dos Advogados do Brasil, ou, se assim requerido, da sociedade de advogados. No caso dos autos, consta da publicação o nome do Dr. Nelson Willians Fratoni, com indicação do número de inscrição na Ordem dos Advogados do Brasil, especificamente do número relativo à inscrição suplementar no Conselho Seccional do Estado do Paraná. O artigo 272, § 2º, do CPC determina que da publicação conste o número da inscrição, e não a modalidade, se suplementar ou principal, de modo que a ausência da letra A, ao contrário do que alega a reclamada, não constitui ilegalidade sob a perspectiva do citado dispositivo legal. Não obstante, nota-se que as demais intimações e publicações realizadas nos autos observaram os mesmos requisitos, sem a constatação de qualquer prejuízo ao exercício do contraditório e da ampla defesa. Nesse contexto, não há falar em nulidade processual. Com efeito, sendo regular a publicação datada de 30/8/2016, a interposição do recurso de revista em 11/10/2016 se mostra intempestiva. Agravo de instrumento conhecido e não provido. (TST; AIRR 0000729-67.2014.5.09.0096; Oitava Turma; Relª Min. Dora Maria da Costa; DEJT 29/09/2017; Pág. 3415)

Aplicando os termos do art. 272, § 2º à publicação em secretaria ou mural do cartório no processo eleitoral.

✓ RECURSO ESPECIAL. REGISTRO DE CANDIDATURA. INTEMPESTIVIDADE. ALEGAÇÃO DE VÍCIO NA PUBLICAÇÃO DA SENTENÇA. PROVIMENTO. 1. Nos termos do art. 52, § 1º, da Res. -TSE 23.455, a decisão que apreciar o registro de candidatura será publicada em cartório, passando a correr desse momento o prazo de três dias para a interposição de recurso para o Tribunal Regional Eleitoral. 2. A publicação da sentença em cartório, como toda intimação, deve permitir a ciência formal do referido ato processual, a qual se efetiva pela correta identificação, no corpo do provimento jurisdicional ou do ato cartorário que o afixar em secretaria, do nome das partes e dos procuradores. 3. No caso, da publicação da sentença em secretaria constou apenas o nome da coligação requerente do Demonstrativo de Regularidade de Atos Partidários (DRAP), tendo sido ignoradas, por completo, as partes impugnantes do registro e os respectivos advogados. 4. Conquanto se trate de regra alusiva à publicação em órgãos oficiais, o art. 272, § 2º, do Código de Processo Civil pode ser tomado como parâmetro para aferir a regularidade da publicação em secretaria ou no mural do cartório. Recurso Especial provido, a fim de reformar o acórdão regional que reconheceu a intempestividade do recurso eleitoral. (TSE; REsp 176-06.2016.6.05.0087; BA; Rel. Min. Admar Gonzaga; Julg. 07/11/2017; DJETSE 07/12/2017; Pág. 20)

§ 3º A grafia dos nomes das partes não deve conter abreviaturas.

§ 4º A grafia dos nomes dos advogados deve corresponder ao nome completo e ser a mesma que constar da procuração ou que estiver registrada na Ordem dos Advogados do Brasil.

§ 5º Constando dos autos pedido expresso para que as comunicações dos atos processuais sejam feitas em nome dos advogados indicados, o seu desatendimento implicará nulidade.

→ *V.* Súmula 427 do TST.

→ *V.* Enunciado n. 169 do FONAJE: O disposto nos §§ 1.º e 5.º do art. 272 do CPC/2015 não se aplica aos Juizados Especiais.

Se não há pedido expresso, considera-se realizada a intimação no nome de qualquer advogado constituído pela parte.

✓ II – A jurisprudência já consolidada desta Corte é no sentido de ser "nula a intimação quando não observado o pedido expresso de publicação em nome de advogado específico" (AgInt no REsp n. 1.771.276/MG, Rel. Ministro Marco Aurélio Bellizze, Terceira Turma, DJe de 24/5/2019). Precedentes: AgInt no REsp n. 1.795.060/SP, Rel. Ministro Raul Araújo, Quarta Turma, julgado em 20/8/2019, Dje 9/9/2019; AgInt nos EDcl no REsp n. 1.685.309/MT, Rel. Ministra Maria Isabel Gallotti, Quarta Turma, DJe de 13/2/2019; AgInt no Resp n. 1.757.959/GO, Rel. Ministra Regina Helena Costa, Primeira Turma, DJe de 7/12/2018; AgRg nos EDcl no AREsp n. 314.781/RS, Rel. Ministro Ricardo Villas Bôas Cueva, Terceira Turma, DJe de 11/12/2015. Ocorre que, do que se depreende dos autos, inexiste qualquer requerimento nesse sentido. Além disso, o recorrido advogava no feito em causa própria e sem patrocínio de outros advogados, tanto que subscreveu a defesa prévia, a contestação e as contrarrazões ao recurso de apelação interposto pelo Parquet. Ademais, observa-se que a petição e a procuração de fls. 248-249 não indicam que o requerido deixaria de defender seus próprios interesses em conjunto com o novo patrono. Significa dizer que ele, que já atuava em causa própria, continuaria no patrocínio da causa. III – Sobre o tema, o Superior Tribunal de Justiça, há muito, consagrou o entendimento de que, "havendo vários advogados habilitados a receber intimações, é válida a publicação realizada na pessoa de apenas um deles. A nulidade das intimações só se verifica quando há requerimento prévio para que sejam feitas exclusivamente em nome de determinado patrono" (AgRg no REsp n. 1.496.663/MS, Rel. Ministro Mauro Campbell Marques, Segunda Turma, julgado em 18/8/2015, DJe 28/8/2015), o que não é o caso dos presentes autos. Sendo assim, não há que se falar em nulidade da intimação da decisão proferida pela Primeira Câmara Cível do Tribunal de Justiça do Estado do Maranhão. Precedentes: AgInt no RMS n. 51.662/DF, Rel. Ministra Assusete Magalhães, Segunda Turma, julgado em 6/2/2018, Dje 15/2/2018 e AgInt nos EDcl no AREsp n. 1.042.645/PR, Rel. Ministra Nancy Andrighi, Terceira Turma, julgado em 24/10/2017, Dje 6/11/2017 (STJ, REsp 1827707/MA, Rel. Min. Francisco Falcão, 2ª Turma, j. 12.11.2019). Cf., também, STJ, AgInt no REsp 1795060/SP, Rel. Min. Raul Araújo, 4ª Turma, j. 20.08.2019.

Não há necessidade de que o pedido expresso seja realizado em peça processual, podendo constar do substabelecimento.

✓ AGRAVO DE INSTRUMENTO. AÇÃO PREVIDENCIÁRIA. DEVOLUÇÃO DO PRAZO. CABIMENTO. REQUERIMENTO DE INTIMAÇÃO À ADVOGADO ESPECÍFICO EFETUADO POR SUBSTABELECIMENTO. VALIDADE. CERCEAMENTO DE DEFESA CONFIGURADO. RECURSO PROVIDO. 1. Segundo o § 5. º do artigo 272 do Código de Processo Civil "Constando dos autos pedido expresso para que as comunicações dos atos processuais sejam feitas em nome dos advogados indicados, o seu desatendimento implicará nulidade ". 2. Não há, conforme se depreende da leitura do supracitado dispositivo, exigência para que o pedido de intimação seja realizado na petição inicial ou em qualquer outra peça processual. Há menção, apenas, a pedido expresso, o que foi feito nos presentes autos. 3. O posicionamento adotado pelo MM. Juízo a quo, que entendeu não ser o substabelecimento o meio hábil à formulação do pedido, evidencia cerceamento de defesa na medida em que não possibilitou à parte interpor os recursos adequados às decisões proferidas nos autos. 4. Decisão agravada reformada a fim de que sejam republicadas todas as decisões a partir da reproduzida às fls. 29, disponibilizada no DJE em 05/02/2016, que (i) deferiu os benefícios da justiça gratuita, (ii) requisitou às empresas indicadas pelo autor que fornecessem ao juízo o PPP e o LTCAT e (iii) determinou a citação do INSS. Como consequência, devolve-se o prazo para interposição de eventual recurso. 5. Agravo de instrumento provido. (TRF 3ª R.; AI 0017672-40.2016.4.03.0000; Oitava Turma; Rel. Des. Fed. Luiz de Lima Stefanini; Julg. 26/06/2017; DEJF 11/07/2017)

Não há nulidade de intimação se, embora desatendido o requerimento para intimação em nome de advogado específico, a parte continuou peticionando no processo sem manifestar-se a respeito do vício

✓ AGRAVO INTERNO. PROCESSUAL CIVIL. PEDIDO DE PUBLICAÇÃO EM NOME DE ADVOGADO ESPECÍFICO. CONTINUIDADE DAS PUBLICAÇÕES EM NOME DE ADVOGADA CONSTITUÍDA E INTEGRANTE DO MESMO ESCRITÓRIO DE ADVOCACIA. ATUAÇÃO PRIMORDIAL NO PROCESSO DE ORIGEM. INTIMAÇÃO PARA APRE-

SENTAR CONTRAMINUTA AO AGRAVO DE INSTRUMENTO. INÉRCIA DA AGRAVADA. PEDIDO DE NULIDADE. INEXISTÊNCIA. RECURSO CONHECIDO E DESPROVIDO. 1. O fito precípuo da publicação da intimação consiste em cientificar a parte para a prática de um ato e oportunizar-lhe a defesa de seus interesses. Por conseguinte, nos termos do art. 272, § 5º, do CPC, constando dos autos pedido expresso para que as comunicações dos atos processuais sejam feitas em nome de determinado advogado, o seu desatendimento implicará nulidade. 2. No caso, ainda que a recorrente tenha aduzido requerimento expresso para que as intimações ocorressem em nome do advogado específico, não houve prejuízo à parte com a realização das publicações em nome da patrona subscritora da ação de conhecimento, integrante do mesmo escritório de advocacia do causídico indicado e detentora de poderes de representação mediante procuração que lhe foi outorgada, eis que continuou atuando em praticamente todas as peças do processo de origem, prestando informações ou realizando requerimentos, sem irresignar-se, em momento algum, quanto à eventual publicação realizada equivocadamente. 3. O inconformismo da agravante consiste na famigerada -nulidade de algibeira ou de bolso-, pois se trata de questão previamente conhecida e propositalmente omitida, com insurgência somente em momento conveniente, ou seja, após o provimento ao agravo de instrumento da parte adversa por esta e. Turma. Em verdade, a referida estratégia adotada não encontra guarida no ordenamento jurídico pátrio, consistindo em conduta rechaçada pelo c. Superior Tribunal de Justiça e por esta e. Corte. 4. Recurso de agravo interno conhecido e desprovido. Condenação da agravante ao pagamento da multa prevista no art. 1.021, § 4º, do CPC. (TJDF; Proc. 0700.92.7.602017-8070000; Ac. 105.3560; Segunda Turma Cível; Relª Desª Sandra Reves; Julg. 11/10/2017; DJDFTE 26/10/2017)

Entendendo que o pedido de intimação em nome de certo advogado deve ser considerado também para as intimações por meio eletrônico.

✓ CIVIL E CÓDIGO DE DEFESA DO CONSUMIDOR. APELAÇÃO. INTIMAÇÃO DA SENTENÇA. REQUERIMENTO EXPRESSO EM NOME DE ADVOGADO. NULIDADE DOS ATOS POSTERIORES. CONHECIMENTO. TRANSPORTE AÉREO. AÇÃO DE INDENIZAÇÃO. MÁ PRESTAÇÃO DO SERVIÇO. MENOR COM PARALISIA CEREBRAL. DANIFICAÇÃO DE CADEIRA DE RODAS. PRIVAÇÃO DO USO DO EQUIPAMENTO POR DIVERSOS MESES. DIGNIDADE DA PESSOA HUMANA. DANO MORAL. CARACTERIZAÇÃO. QUANTUM INDENIZATÓRIO. MANUTENÇÃO DA SENTENÇA. 1) De acordo com o art. 272, § 5º, do Código de Processo Civil, constando dos autos pedido expresso para que as comunicações dos atos processuais sejam feitas em nome dos advogados indicados, o seu desatendimento implicará nulidade. 2) Na hipótese dos autos, observado o envio da intimação eletrônica da sentença para advogado diverso daquele requerido pela parte apelante, é de se reconhecer a nulidade do ato e daqueles posteriores, convertendo em tempestivo o recurso interposto fora do prazo, diante de claro cerceamento de defesa. 3) Exige-se, para a caracterização do dano moral, efetiva violação a algum dos direitos da personalidade, ínsitos à pessoa humana e capazes de gerar no âmago da vítima sofrimento, angústia e constrangimentos maiores do que aqueles postos pela vida cotidiana. A caracterização do direito à reparação depende da conexão entre a ação do agente, o resultado lesivo e o nexo causal. 4) Nesse sentido, impõe-se o dever de indenizar à companhia aérea que, pela má prestação do serviço, danificou cadeira de rodas de passageira, menor, portadora de paralisia cerebral e tetraplegia, privando-a por diversos meses de mínima locomoção e de continuar o tratamento médico necessário à sua saúde. Incidência da Convenção Internacional sobre os Direitos da Pessoa com Deficiência. 5) O arbitramento do valor da compensação por danos morais deve ser realizado com moderação, proporcionalmente ao grau de culpa, ao nível socioeconômico do recorrido e, ainda, ao porte econômico do recorrente, orientando-se o juiz pelos critérios sugeridos pela doutrina e pela jurisprudência, com razoabilidade, fazendo uso de sua experiência e do bom senso, atento à realidade da vida e às peculiaridades do caso, daí porque deve ser mantido o quantum arbitrado na sentença. Precedentes do STJ. 6) Apelação não provida. (TJAP; APL 0040938-54.2015.8.03.0001; Câmara Única; Rel. Des. João Lages; Julg. 24/10/2017; DJEAP 22/11/2017; Pág. 27)

Considerando inaplicável o § 5º no processo eletrônico, em que a intimação deve ser feita ao advogado habilitado no processo como representante da parte.

✓ AGRAVO DE INSTRUMENTO. RECURSO ORDINÁRIO INTEMPESTIVO. VÍCIO DE PUBLICAÇÃO. INEXISTÊNCIA. É fato que tanto o § 5º do art. 272 do CPC, como a Súmula nº 427/TST, determinam de maneira uníssona que as intimações e publicações devem ser realizadas em nome de determinado advogado, sob pena de nulidade, quando houver pedido expresso em tal sentido. Todavia, em se tratando de processo eletrônico, as regras acima destacadas não são aplicadas. Na verdade o caput do referido art. 272 do CPC, já faz a ressalva no sentido de que, em regra, as publicações são feitas por meio do órgão oficial, salvo, quando não realizadas por meio eletrônico. E assim de fato o é, pois, o art. 4º, § 2º, da Lei nº 11.419/2016 (que dispõe acerca do Processo Judicial Eletrônico), afirma textualmente que a publicação eletrônica substitui qualquer outro meio, salvo nos casos em que se exige a intimação pessoal. Com efeito, se o advogado da Ré quisesse receber as publicações em seu nome, deveria habilitar-se no processo como advogado representante da Parte, o que não ocorreu. Assim, não há falar em irregularidade na decisão que entendeu como intempestivo o recurso ordinário. (TRT 10ª R.; AIRO 0000109-39.2017.5.10.0802; Primeira Turma; Relª Desª Flávia Simões Falcão; Julg. 06/12/2017; DEJTDF 14/12/2017; Pág. 207)

§ 6º A retirada dos autos do cartório ou da secretaria em carga pelo advogado, por pessoa credenciada a pedido do advogado ou da sociedade de advogados, pela Advocacia Pública, pela Defensoria Pública ou pelo Ministério Público implicará intimação de qualquer decisão contida no processo retirado, ainda que pendente de publicação.

Possibilidade de ciência da decisão para fins de intimação mediante carta dos autos pelo estagiário.

✓ DIREITO PROCESSUAL CIVIL. AGRAVO DE INSTRUMENTO. CUMPRIMENTO DE SENTENÇA. INTIMAÇÃO PARA PAGAMENTO. CARGA DOS AUTOS PELO ESTAGIÁRIO. CIÊNCIA INEQUÍVOCA. ART. 272, § 6º, CPC. RECURSO PROVIDO. 1. A carga dos autos antes da publicação do ato judicial, ainda que realizada por estagiário com o devido substabelecimento, importa ciência inequívoca, com força para deflagrar a contagem do prazo para efetuar o depósito judicial do valor do débito. 2. O art. 272, § 6º, do CPC, é expresso ao afirmar que a retirada dos autos do cartório ou da secretaria em carga pelo advogado, por pessoa credenciada pelo advogado ou sociedade de advogados, implicará na intimação de qualquer decisão contida no processo retirado, ainda que pendente de publicação. 3. A norma do art. 272, § 7º, do CPC, autoriza o credenciamento de prepostos para a retirada dos autos mediante carga, assim torna prescindível o registro na OAB, como estagiário ou advogado, para a carga dos autos, com a consequente intimação pessoal e deflagração do prazo processual. 3. Recurso conhecido e provido. (TJDF; Proc 0703.50.8.482017-8070000; Ac. 104.9675; Terceira Turma Cível; Rel. Des. Alvaro Ciarlini; Julg. 27/09/2017; DJDFTE 06/10/2017)

§ 7º O advogado e a sociedade de advogados deverão requerer o respectivo credenciamento para a retirada de autos por preposto.

§ 8º A parte arguirá a nulidade da intimação em capítulo preliminar do próprio ato que lhe caiba praticar, o qual será tido por tempestivo se o vício for reconhecido.

Apontando que o vício na intimação deve ser alegado na primeira oportunidade, sob pena de preclusão:

✓ EMBARGOS DE DECLARAÇÃO NO RECURSO ESPECIAL. PROCESSUAL CIVIL. NULIDADE. PAUTA. SESSÃO DE JULGAMENTO. FALTA DE INTIMAÇÃO DA RECORRIDA. ADVOGADA EM CAUSA PRÓPRIA. PROFISSIONAL ESTRANHO À SUA REPRESENTAÇÃO. INTIMAÇÃO. SESSÃO DE JULGAMENTO. OFENSA AO PRINCÍPIO DO CONTRADITÓRIO. ART. 272, §2º, DO CPC/2015. 1. À luz do que expressamente dispõe o §2º do art. 272 do Código de Processo Civil de 2015, é indispensável que da publicação constem os nomes das partes e de seus advogados, com o respectivo número de inscrição na Ordem dos Advogados do Brasil, ou, se assim requerido, da sociedade de advogados, sob pena de nulidade. 2. Consoante a jurisprudência desta Corte Superior, é nula a intimação quando não observado pedido expresso de publicação em nome de advogado específico. Tal nulidade, de natureza relativa, deve ser suscitada na primeira oportunidade em que a parte comparecer aos autos. 3. No caso, a intimação da data da sessão de julgamento de que resultou o provimento, por unanimidade, do recurso especial interposto em desfavor dos interesses da ora embargante, não observou a existência de pretérito pedido para que suas futuras intimações fossem realizadas em seu nome, pois passaria a atuar em causa própria. 4. Embargos de declaração de Antonieta Maria de Carvalho Almeida Prado acolhidos, com efeitos infringentes, para reconhecer a nulidade do acórdão de fls. 3.668/3.686 (e-STJ) e determinar a reinclusão do recurso especial em pauta para novo julgamento, agora com a correta intimação da embargante. Embargos de declaração do espólio de José Roberto Barboza de Vilhena prejudicados. (STJ, EDcl no REsp 1608424/SP, julgado em 12/09/2017, DJe 21/09/2017). No mesmo sentido: STJ, REsp 1810925/MG, Rel. Min. Paulo de Tarso Sanseverino, 3ª Turma, j. 08.10.2019; e AgInt no REsp 1801395/PB, Rel. Min. Paulo de Tarso Sanseverino, 3ª Turma, j. 27.05.2019.

Considerando, contudo, que o entendimento supra só se aplica se a parte/advogado teve ciência do ato do qual não foi adequadamente intimada.

✓ CIVIL. PROCESSUAL CIVIL. AÇÃO NEGATÓRIA DE PATERNIDADE. SENTENÇA DE IMPROCEDÊNCIA DO PEDIDO. NULIDADES DE INTIMAÇÕES. ARGUIÇÃO NA FASE DE CUMPRIMENTO OU EXECUÇÃO. POSSIBILIDADE. INTIMAÇÕES REALIZADAS EM NOME DE PATRONO DISTINTO DAQUELE SUBSTABELECIDO PARA O FIM ESPECÍFICO DE ACOMPANHAMENTO DO FEITO EM COMARCA DISTINTA. NULIDADE. MOMENTO DE ARGUIÇÃO DO VÍCIO. PRIMEIRA OPORTUNIDADE, SOB PENA DE PRECLUSÃO. NECESSIDADE DE EFETIVO ACESSO AO PROCESSO E DE CIÊNCIA INEQUÍVOCA DO VÍCIO. INOCORRÊNCIA NA HIPÓTESE. 1- Ação proposta em 10/04/2014. Recurso especial interposto em 28/11/2016 e atribuído à Relatora em 17/09/2018. 2- O propósito recursal é definir se é admissível o reconhecimento da nulidade de atos processuais em razão de vícios ocorridos nas intimações, inclusive da sentença de mérito e que resultou no trânsito em julgado da ação negatória de paternidade. 3- É admissível o reconhecimento da nulidade de intimação da sentença por petição apresentada em 1º grau na fase de cumprimento ou de execução do julgado. Precedentes. 4- É nula a intimação realizada apenas em nome do substabelecente quando há patrono substabelecido com o propósito específico de acompanhar o processo em comarca distinta, ainda que não tenha havido pedido expresso de intimação em nome do substabelecido. Precedentes. 5- Para que incida a orientação desta Corte segundo a qual o vício existente na regularidade da intimação deverá ser arguido pela parte interessada na primeira oportunidade para se manifestar nos autos, sob pena de preclusão, é indispensável que a parte efetivamente tenha acesso ao processo e tome ciência inequívoca dos vícios na intimação, o que não se verifica na hipótese em que a primeira manifestação da parte somente noticia fatos novos e não se relaciona, nem mesmo indiretamente, com as decisões judiciais e os atos processuais dos quais não fora intimada. 6- Recurso especial conhecido e provido. (STJ, REsp 1778384 / GO, Rel. Min. Nancy Andrighi, 3ª Turma, j. 03.09.2019).

§ 9º Não sendo possível a prática imediata do ato diante da necessidade de acesso prévio aos autos, a parte limitar-se-á a arguir a nulidade da intimação, caso em que o prazo será contado da intimação da decisão que a reconheça.

Entendendo que, no processo do trabalho, as fazendas públicas estaduais e municipais não gozam da prerrogativa de intimação pessoal.

✓ AGRAVO DE INSTRUMENTO EM RECURSO DE REVISTA INTERPOSTO SOB A ÉGIDE DA LEI Nº 13.015/2014. FUNDAÇÃO PÚBLICA ESTADUAL. Intimação pessoal. Esta corte superior adota o entendimento de que as fazendas públicas estaduais e municipais não gozam da prerrogativa de intimação pessoal das decisões judiciais, ante a ausência de expressa previsão legal. Deve ser aplicada, portanto, a regra geral prevista no art. 272 do CPC, que considera feitas as intimações pela publicação dos atos no órgão oficial. Agravo de instrumento a que se nega provimento. (TST; AIRR 0010541-13.2015.5.15.0103; Oitava Turma; Relª Minª Maria Cristina Irigoyen Peduzzi; DEJT 19/12/2017; Pág. 7959)

Art. 273. Se inviável a intimação por meio eletrônico e não houver na localidade publicação em órgão oficial, incumbirá ao escrivão ou chefe de secretaria intimar de todos os atos do processo os advogados das partes:

→ v. Art. 23 do Decreto 70.235/1972.

→ v. Art. 6º, § 2º, da Lei 9.028/1995.

I – pessoalmente, se tiverem domicílio na sede do juízo;

II – por carta registrada, com aviso de recebimento, quando forem domiciliados fora do juízo.

Possibilidade de intimação por carta, em caráter excepcional, de quem faz jus à intimação por vista, carga ou meio eletrônico.

✓ A jurisprudência desta Corte Superior considera válida a intimação dos procuradores federais – igualmente detentores da prerrogativa da intimação pessoal – efetivada por meio de carta com aviso de recebimento, à luz do disposto no art. 237, II, do CPC de 1973 (correspondente ao art. 273, II, do CPC de 2015), e no art. 6º, § 2º, da Lei n. 9.028/1995. Mutatis mutandis, esse mesmo entendimento deve ser aplicado, quanto às decisões desta Corte Superior, no que se refere às intimações dirigidas às defensorias públicas estaduais que não possuem sede em Brasília/DF. Regularidade, na espécie, da intimação da Defensoria Pública do Estado do Paraná por meio de ofício intimatório postal com aviso de recebimento – AR (STJ, AgInt no AgInt no REsp 1617597/PR, Rel. Min. Luis Felipe Salomão, 4ª Turma, j. 27.11.2018).

Art. 274. Não dispondo a lei de outro modo, as intimações serão feitas às partes, aos seus representantes legais, aos advogados e aos demais sujeitos do processo pelo correio ou, se presentes em cartório, diretamente pelo escrivão ou chefe de secretaria.

Parágrafo único: Presumem-se válidas as intimações dirigidas ao endereço constante dos autos, ainda que não recebidas pessoalmente pelo interessado, se a modificação temporária ou definitiva não tiver sido devidamente comunicada ao juízo, fluindo os prazos a partir da juntada aos autos do comprovante de entrega da correspondência no primitivo endereço.

O recebimento de intimação por carta pela esposa, também executada, configura ciência inequívoca, atingindo a finalidade do ato.

✓ De acordo com o entendimento do STJ, seguindo o que preconiza norma dos arts. 77, V, e 274, parágrafo único, do CPC/2015, "É dever da parte e do seu advogado manter atualizado o endereço onde receberão intimações (art. 77, V, do CPC/2015), sendo considerada válida a intimação dirigida ao endereçamento declinado na petição inicial, mesmo que não recebida pessoalmente pelo interessado a correspondência, se houver alteração temporária ou definitiva nessa localização (art. 274, parágrafo único, do CPC/2015)" (AgInt no Resp 1800035/SC, Rel. Ministro Marco Aurélio Belizze, julgado em 21/10/2019, DJe 28/10/2019).

Se o ato a ser praticado pela parte é personalíssimo, deve haver sua intimação pessoal.

✓ APELAÇÃO. SEGURO OBRIGATÓRIO (DPVAT). AÇÃO DE COBRANÇA. PROVA PERICIAL. NÃO COMPARECIMENTO DO AUTOR NA DATA AGENDADA. SENTENÇA QUE DECLAROU A PRECLUSÃO DA PROVA. INOCORRÊNCIA. NECESSIDADE DE INTIMAÇÃO PESSOAL. INTIMAÇÃO REALIZADA EXCLUSIVAMENTE POR MEIO DO ADVOGADO. CERCEAMENTO DE DEFESA CONFIGURADO. SENTENÇA ANULADA. RECURSO PROVIDO PARA ESSE FIM. Em se tratando de ato personalíssimo a ser praticado pela parte, era de rigor sua intimação pessoal para comparecimento ao exame médico designado pelo IMESC, não bastando a ciência da data endereçada unicamente aos seus patronos pela imprensa oficial, conforme interpretação dos arts. 274 e 474 do CPC/2015. Não há fundamento para falar em preclusão da prova pericial, pois cabia a intimação pessoal do autor para a perícia, afastando a simples publicação do ato apenas via órgão oficial. (TJSP; APL 1022177-10.2015.8.26.0100; Ac. 11045190; São Paulo; Trigésima Primeira Câmara de Direito Privado; Rel. Des. Adilson de Araujo; Julg. 06/12/2017; DJESP 19/12/2017; Pág. 3285)

Admitindo a intimação da vítima por telefone acerca da concessão de medidas protetivas previstas na Lei Maria da Penha.

✓ CORREIÇÃO PARCIAL. CONCESSÃO DE MEDIDAS PROTETIVAS DE URGÊNCIA. INDEFERIMENTO DO PEDIDO DE INTIMAÇÃO DAS PARTES POR TELEFONE. INEXISTÊNCIA DE ERRO DE PROCEDIMENTO. CORREIÇÃO PARCIAL NÃO PROVIDA. Inexiste erro ou abuso no indeferimento do pedido formulado pelo Parquet de intimação das partes por telefone, ante a ausência de previsão legal que ampare tal pleito, havendo, lado outro, expressa vedação no Provimento nº.161/CGJ/2006. V.V. CORREIÇÃO PARCIAL. Lei Maria DA PENHA. DECISÃO QUE CONCEDE MEDIDAS PROTETIVAS. INTIMAÇÃO DA VÍTIMA POR TELEFONE. POSSIBILIDADE. 1. À luz do que dispõem os artigos 370, §2º, do CPP e 188 e 236, §3º, do novo CPC, bem como tendo em vista o principal escopo protetivo da Lei Maria da Penha, razoável se revela a cientificação da vítima, por telefone, de que se encontra amparada por medidas protetivas, até mesmo para que possa exigir seu cumprimento por parte do ofensor. 2. Correição Parcial provida em parte. (TJMG; CPar 1.0000.16.047365-8/000; Rel. Des. Júlio César Lorens; Julg. 02/10/2017; DJEMG 20/10/2017)

Irrelevante se a intimação foi recebida por terceiro, considerando-se ainda assim realizada.

✓ SEGURO OBRIGATÓRIO (DPVAT). ACIDENTE AUTOMOBILÍSTICO. CASO DE INVALIDEZ PERMANENTE. INDENIZAÇÃO COM BASE NO LIMITE MÁXIMO DE R$ 13.500,00, DEPENDENDO DO GRAU DE COMPROMETIMENTO FÍSICO DO AUTOR, DECORRENTE DO SINISTRO. DETERMINAÇÃO DE REALIZAÇÃO DE PERÍCIA MÉDICA. NÃO COMPARECIMENTO DO AUTOR. AUSÊNCIA DE JUSTIFICATIVA. INTIMAÇÃO PESSOAL DO REQUERENTE ENCAMINHADA PARA O ENDEREÇO INDICADO NOS AUTOS. RECEBIMENTO POR TERCEIRO. IRRELEVÂNCIA. INTELIGÊNCIA DO ARTIGO 274 DO CÓDIGO DE PROCESSO CIVIL. PRECLUSÃO DA PROVA. AUTOR QUE NÃO SE DESINCUMBIU DO SEU ÔNUS, NOS TERMOS DO ART. 373, I, DO CPC. IMPROCEDÊNCIA DA

PRETENSÃO CONFIRMADA. RECURSO NÃO PROVIDO. Devendo ser mensurada a indenização securitária (DPVAT) por invalidez permanente decorrente de acidente automobilístico em função do grau de incapacidade, observada a Tabela expedida pela SUSEP, tendo sido determinada a realização da prova pericial para tal fim, vê-se que, dos presentes autos, a ausência do autor restou injustificada na perícia médica determinada, fato que implica na preclusão da prova, e assim, na falta de comprovação da alegada invalidez decorrente do sinistro, cujo ônus a ele pertencia, a teor do disposto no art. 373, I, do CPC, de rigor a manutenção integral da sentença, que julgou improcedente a ação, cujos fundamentos se adotam como razão de decidir na forma do art. 252 do Regimento Interno deste Tribunal. (TJSP; APL 1072249-98.2015.8.26.0100; Ac. 11049980; São Paulo; Trigésima Primeira Câmara de Direito Privado; Rel. Des. Paulo Ayrosa; Julg. 07/12/2017; DJESP 19/12/2017; Pág. 3303)

O transcurso de extenso lapso, por si só, não afasta a presunção prevista no parágrafo único do art. 274.

✓ AGRAVO DE INSTRUMENTO. PROCESSUAL CIVIL. CUMPRIMENTO DE SENTENÇA. INTIMAÇÃO. ENDEREÇO CONSTANTE DOS AUTOS. PRESUNÇÃO DE VALIDADE. AUSÊNCIA DE COMUNICAÇÃO AO JUÍZO DE EVENTUAL ALTERAÇÃO DE LOCALIZAÇÃO. ART. 274, PARÁGRAFO ÚNICO, DO CPC. RECURSO CONHECIDO E DESPROVIDO. 1. Nos termos do art. 274, parágrafo único, do CPC, presumem-se válidas as intimações dirigidas ao endereço em que realizado o ato citatório, se a modificação temporária ou definitiva não tiver sido devidamente comunicada ao Juízo, não se podendo alegar, como subterfúgio, o transcurso de extenso lapso temporal para elidir a referida presunção. 2. Ainda que realizada a citação na vigência do CPC/73, o código revogado apresentava, nos termos do art. 238, disposição correspondente ao art. 274 do novel Estatuto Processual civil, incumbindo às partes o dever processual de atualização dos dados cadastrais. 3. Recurso conhecido e desprovido. (TJDF; Proc 0711.02.5.072017-8070000; Ac. 106.4497; Segunda Turma Cível; Relª Desª Sandra Reves; Julg. 30/11/2017; DJDFTE 07/12/2017)

Art. 275. A intimação será feita por oficial de justiça quando frustrada a realização por meio eletrônico ou pelo correio.

§ 1º A certidão de intimação deve conter:

I – a indicação do lugar e a descrição da pessoa intimada, mencionando, quando possível, o número de seu documento de identidade e o órgão que o expediu;

II – a declaração de entrega da contrafé;

III – a nota de ciente ou a certidão de que o interessado não a após no mandado.

§ 2º Caso necessário, a intimação poderá ser efetuada com hora certa ou por edital.

→ *V.* Arts. 253 e 258 do CPC.

Considerando necessária a intimação pessoal da parte por oficial de justiça para dar andamento ao processo, sob pena de extinção por abandono:

✓ RECURSO DE APELAÇÃO CÍVEL. AÇÃO DE INDENIZAÇÃO POR DANOS MORAIS. REQUERIDO NÃO LOCALIZADO. AUSÊNCIA DE INTIMAÇÃO DO PRIMEIRO REQUERIDO. INÉRCIA DO AUTOR. SENTENÇA DE EXTINÇÃO. ABANDONO DE CAUSA. APLICAÇÃO DO ART. 485, III, DO CPC/2015 INTIMAÇÃO VIA AR FRUSTRADAS. INTIMAÇÃO PESSOAL NÃO EFETIVADA. NECESSIDADE. SENTENÇA ANULADA. RECURSO CONHECIDO E PROVIDO. Nos termos do art. 485, § 1º, do CPC/2015, é necessário que haja a intimação pessoal da parte antes da extinção do processo nos termos do art. 485, inc. III, do referido diploma legal, o que não ocorreu no caso em tela, considerando que a intimação por via AR não surtiu a eficácia necessária, deveria a parte autora ser intimada pessoalmente por meio de Oficial de Justiça, conforme dispõe o art. 275, do CPC/2015, razão pela qual se impõe a anulação da sentença; dando-se o regular andamento ao processo. (TJMT; APL 21103/2017; Capital; Rel. Des. Sebastião de Moraes Filho; Julg. 29/03/2017; DJMT 04/04/2017; Pág. 74)

TÍTULO III
Das Nulidades

Art. 276. Quando a lei prescrever determinada forma sob pena de nulidade, a decretação desta não pode ser requerida pela parte que lhe deu causa.

→ *V.* Art. 5º, LIV da CF/1988.

→ *V.* Arts. 166 a 184 do CC/2002.

→ *V.* Arts. 59 a 61 do Decreto 70.235/1972.

Não pode o autor alegar incompetência absoluta após sentença de improcedência, se foi ele mesmo quem indicou aquele juízo como o competente.

✓ EXCEÇÃO DE INCOMPETÊNCIA JULGADA EXTINTA LIMINARMENTE. ARGUIÇÃO FEITA PELA PRÓPRIA AUTORA DA AÇÃO, APÓS SENTENÇA DE IMPROCEDÊNCIA DO PEDIDO INICIAL. IMPOSSIBILIDADE. **Venire contra factum proprium**, após sentença que lhe foi desfavorável, levantando a apelante autora a absurda tese de incompetência absoluta, estabelecida a competência com base em parâmetros de qualificação livremente fornecidos por ela própria na exordial. Disposição específica do CPC 2015, cuja aplicação é imediata, a respeito da arguição de incompetência tanto absoluta quanto relativa, como preliminar de contestação. Incidente cuja legitimidade para arguir é de exclusividade do réu (artigos 64 e 337 do CPC2015). Extinção mantida. Litigância de má-fé reconhecida, por apelo manifestamente protelatório e pela prática de ato temerário no processo. Apelo improvido, com sanção por má-fé processual. (TJSP; APL 0005889-52.2016.8.26.0008; Ac. 10577811; São Paulo; Trigésima Quarta Câmara de Direito Privado; Rel. Des. Soares Levada; Julg. 28/06/2017; DJESP 12/07/2017; Pág. 1692)

Não pode o autor alegar nulidade da sentença de improcedência na ação de usucapião se foi ele mesmo quem deixou de indicar o confrontante.

✓ APELAÇÃO CÍVEL. USUCAPIÃO. CITAÇÃO DOS CONFINANTES. NULIDADE DA SENTENÇA NÃO CONFIGURADA. USUCAPIÃO EXTRAORDINÁRIA. REQUISITOS NÃO IMPLEMENTADOS. IMPROCEDÊNCIA MANTIDA. NULIDADE. A preliminar de desconstituição da sentença por ausência de citação dos confrontantes do imóvel não merece acolhimento, pois inviável arguir nulidade por quem lhe deu causa, na forma do art. 276, do CPC/15. Ademais, ausente prejuízo para quem se aproveita da sentença, conforme prevê o art. 282, § 2º, do CPC/15. Preliminar rejeitada. Usucapião. Requisitos: Para que seja reconhecida a usucapião extraordinária, é necessária a existência da posse, que perdure, ininterruptamente, por determinado período de tempo, de forma mansa e pacífica, com a intenção do possuidor de tê-la como sua, consoante se extrai do artigo 550, do Código Civil/1916, aplicável ao feito. Caso concreto em que se evidenciou a posse do autor, mas que não foi exercida sem oposição, deixando de atender o requisito exigido pelo diploma legal. Sentença de improcedência mantida. Sucumbência recursal: Sucumbência recursal reconhecida e honorários fixados em prol do procurador da parte ré majorados. Aplicação do art. 85, §11º, do CPC/15. Suspensa a exigibilidade, pois o autor é beneficiário de Assistência Judiciária Gratuita. Rejeitaram a preliminar e negaram provimento ao apelo. (TJRS; AC 0092756-28.2017.8.21.7000; Gravataí; Décima Nona Câmara Cível; Rel. Des. Eduardo João Lima Costa; Julg. 28/09/2017; DJERS 03/10/2017); APELAÇÃO CÍVEL. USUCAPIÃO. PRELIMINAR. NULIDADE. AUSÊNCIA DE CITAÇÃO DO CONFRONTANTE. REJEITADA. MÉRITO. IMÓVEL. NÃO COMPROVAÇÃO DA POSSE MANSA E PACÍFICA. PERMISSÃO E TOLERÂNCIA DO PROPRIETÁRIO PARA PEQUENOS USOS. ÂNIMO DE DONO NÃO DEMONSTRADO. RECURSO NÃO PROVIDO. A ausência de citação de algum confrontante resultou de desídia da própria autora, que não realizou as devidas indicações em tempo oportuno. Contudo, diante do resultado improcedência, o princípio da economia processual é óbice ao retorno dos autos à origem para que se complete o polo passivo da demanda e se chegue ao mesmo desfecho. Quando a Lei prescreve determinada forma sob pena de nulidade, a decretação desta não pode ser requerida pela parte que lhe deu causa, nos termos do art. 276 do CPC. Para a aquisição da propriedade por usucapião, é indispensável a presença de posse mansa, pacífica, prolongada e com **animus domini**. As provas produzidas nos autos demonstram que a ré é proprietária do imóvel, cujo domínio a autora pretende obter pela via da usucapião, em que pese a não ter logrado êxito em comprovar o efetivo exercício da posse mansa e pacífica pelo tempo necessário à prescrição aquisitiva. Os atos de posse não restaram confirmados para o propósito reivindicado pela apelante, e a utilização esporádica do terreno se deu por liberalidade dos proprietários. (TJBA; AP 0002478-09.2010.8.05.0230; Salvador; Segunda Câmara Cível; Rel. Des. Edmilson Jatahy Fonseca Júnior; Julg. 02/05/2017; DJBA 26/05/2017; Pág. 242)

Se a parte não comparece à perícia, não pode depois alegar cerceamento de defesa decorrente da não produção da prova pericial.

✓ APELAÇÃO CÍVEL. AÇÃO DE COBRANÇA. SEGURO DPVAT. PLEITO PELA ANULAÇÃO DA SENTENÇA EM DECORRÊNCIA DE CERCEAMENTO DE DEFESA. PROVA PERICIAL NÃO REALIZADA. INTIMAÇÃO PESSOAL REALIZADA. PARTE QUE NÃO COMPARECEU À PERÍCIA NEM APRESENTOU QUALQUER JUSTIFICATIVA PARA TANTO. AUSÊNCIA DE PROVA DA INVALIDEZ A FUNDAMENTAR O PLEITO DE COMPLEMENTAÇÃO DO VALOR JÁ PAGO ADMINISTRATIVAMENTE. CORRETA EXTINÇÃO DO FEITO COM RESOLUÇÃO DE MÉRITO. RECURSO CONHECIDO E NÃO PROVIDO. I. Não há que se falar em cerceamento de defesa quando a parte é devida e pessoalmente intimada da perícia, não comparecendo para a sua realização e nem justificando a sua ausência. II. Estando a prova preclusa e não havendo outras provas para amparar a pretensão do apelante. Mesmo porque a comprovação dos fatos constitutivos é ônus que lhe é imposto pelo artigo 373, I do CPC., correta é a sentença que julga improcedente a ação e extingue o processo com resolução do mérito. IV. Destaca-se que qualquer entendimento contrário acarretaria violação à própria máxima do ordenamento jurídico: **Nemo potest venire contra factum proprium**. Ora, como já orienta o artigo 276 do CPC, não pode ser decretada a nulidade de ato para beneficiar a parte que lhe deu causa. V. Recurso conhecido e não provido. (TJMS; APL 0808336-85.2016.8.12.0002; Segunda Câmara Cível; Rel. Des. Alexandre Bastos; DJMS 15/08/2017; Pág. 89)

Se o óbito da autora não é informado, não pode o espólio se insurgir contra a validade dos atos processuais praticados após o falecimento.

✓ CÍVEL. PROCESSUAL CIVIL. AÇÃO DE USUCAPIÃO. Óbito da autora não informado nos autos. Prosseguimento da demanda. Abandono do feito e extinção do mesmo sem resolução do mérito. Inconformismo. Óbito da autora original. Nulidade dos autos processuais praticados após o mesmo. Validade dos mesmos. Demandante que deu causa àquele vício e que não pode ver-se beneficiada por seu próprio proceder. Inteligência do art. 276 do CPC/2015, aqui aplicado por analogia. Ausência de intimação da parte autora para dar andamento ao feito previamente à prolação de sentença terminativa. Ato que, acaso praticado, teria restado inócuo, ante o falecimento da demandante. Representante legal do espólio que reside em lugar distinto do antigo domicílio da demandada. Ausência de prévia e regular comunicação da modificação daquele. Validade do processado. Aplicação do art. 274, parágrafo único, do CPC/2015. Desacolhimento da arguição de nulidade sustentada pelo Ministério Público. Desprovimento do apelo. Manutenção da sentença. Ausência de fixação de honorários recursais na origem. (TJRJ; APL 0389610-15.2011.8.19.0001; Rio de Janeiro; Vigésima Primeira Câmara Cível; Rel. Des. Pedro Freire Raguenet; DORJ 03/08/2017; Pág. 391)

Não pode a parte deixar de juntar o instrumento de mandato de seu advogado e depois pretender a invalidação dos atos processuais praticados.

✓ AÇÃO RESCISÓRIA. DIREITO PRIVADO NÃO ESPECIFICADO. Nulidade decorrente da não juntada de instrumento de mandato outorgado pela autora a seu advogado, em demanda na qual figurou como ré. Princípio comezinho de direito no sentido de que não pode arguir a nulidade quem a ela deu causa. Art. 276 do CPC (art. 243 do CPC revogado). Ademais, a ausência de mandato encartado nos autos não impediu o advogado de defender amplamente a autora, inclusive interpondo recurso contra a sentença, não havendo, portanto, prejuízo. Precedente. Inicial indeferida. (TJRS; AR 0293261-35.2017.8.21.7000; São Francisco de Paula; Sexto Grupo de Câmaras Cíveis; Rel. Des. Pedro Luiz Pozza; Julg. 27/09/2017; DJERS 29/09/2017)

Se a parte informa apenas ao juízo de origem a revogação dos poderes outorgados a seu advogado, não pode depois se insurgir contra a intimação realizada pela instância revisora em nome do profissional desconstituído dos autos.

✓ AGRAVO DE INSTRUMENTO. RESPONSABILIDADE CIVIL. AÇÃO DE REPARAÇÃO DE DANOS MORAIS E ESTÉTICOS. DECISÃO QUE REJEITA IMPUGNAÇÃO AO CUMPRIMENTO DE SENTENÇA. INTIMAÇÃO DO

ACÓRDÃO DA APELAÇÃO CÍVEL Nº 70058562844, MEDIANTE NOTA DE EXPEDIENTE DA QUAL CONSTOU OS NOMES DAS PARTES E DOS PROCURADORES POR ELA CONSTITUÍDOS. MENÇÃO AO NOME DO ADVOGADO CUJOS PODERES HAVIAM SIDO REVOGADOS. SITUAÇÃO NÃO INFORMADA PELA PARTE INTERESSADA À INSTÂNCIA REVISORA, EMBORA O FEITO ESTIVESSE EM FASE RECURSAL. COMUNICAÇÃO FEITA EXCLUSIVAMENTE AO JUÍZO DE ORIGEM. APLICAÇÃO DA REGRA DO ART. 276 DO CPC/2015. IMPUGNAÇÃO AO CUMPRIMENTO DE SENTENÇA REJEITADA. Eventual irregularidade das intimações dos atos processuais motivada por conduta desidiosa da parte ora recorrente, que disso não pode auferir proveito, em face do que preceitua o art. 276 do CPC/2015. Recurso desprovido. (TJRS; AI 0377145-93.2016.8.21.7000; Farroupilha; Nona Câmara Cível; Rel. Des. Miguel Ângelo da Silva; Julg. 15/03/2017; DJERS 20/03/2017)

Se a parte se qualificou com outro nome na contestação, deu causa ao desentranhamento da peça, não podendo alegar a nulidade daí decorrente.

✓ AGRAVO DE INSTRUMENTO CONTRA DECISÃO QUE REJEITOU A ALEGADA NULIDADE PROCESSUAL. Agravante que, na fase de conhecimento, se qualificou com outro nome na contestação, sem comprovar qualquer coincidência ou identidade com a empresa demandada. Imprudência carreada exclusivamente ao agravante. Correto desentranhamento da peça de defesa, a teor do artigo 6º (atual artigo 18) do CPC. Revelia, ademais, que não induz necessariamente ao deferimento dos pedidos articulados na inicial. Julgamento com base em fatos. Nulidade afastada, ante a confusão causada pelo agravante (artigo 276 do CPC). Recurso improvido. (TJSP; AI 2145694-10.2016.8.26.0000; Ac. 10160659; Orlândia; Décima Quinta Câmara de Direito Privado; Rel. Des. Jairo Oliveira Junior; Julg. 13/02/2017; DJESP 16/02/2017)

Entendendo que o advogado que deixou de se habilitar no sistema de intimações eletrônicas deu causa à nulidade e não pode invocá-la em seu favor.

✓ PROCESSO JUDICIAL ELETRÔNICO. INTIMAÇÃO. NULIDADE. ART. 276 CPC. VÍCIO NÃO VERIFICADO. A teor do disposto no art. 276 do CPC, a nulidade da citação não pode ser pronunciada quando arguida por quem lhe tiver dado causa. Não é causa de nulidade a intimação feita em favor de procurador regularmente habilitado nos autos, ainda que verificado requerimento expresso no sentido de que as intimações processuais sejam realizadas em nome de outro advogado, quando o profissional indicado não se encontrar devidamente cadastrado no Sistema PJE, impedindo esta Justiça Especializada de atender ao requerimento de envio da intimação direcionada. (TRT 10ª R.; AP 0001009-56.2015.5.10.0102; Primeira Turma; Rel. Des. Paulo Henrique Blair; Julg. 10/05/2017; DEJTDF 17/05/2017; Pág. 142)

Se a parte comparece em audiência sem advogado e celebra acordo, não pode depois pretender invalidá-lo sob o fundamento de que estava desassistida.

✓ AGRAVO DE INSTRUMENTO. DIREITO PRIVADO NÃO ESPECIFICADO. IMPUGNAÇÃO AO CUMPRIMENTO DE SENTENÇA. HOMOLOGAÇÃO JUDICIAL DE ACORDO EM AUDIÊNCIA DE CONCILIAÇÃO. ALEGAÇÃO DE NULIDADE. PRESENÇA DE ADVOGADO. MATÉRIAS INVIÁVEIS DE SEREM ARGUÍVEIS NA IMPUGNAÇÃO. DECISÃO MANTIDA. Parte que realiza acordo, desacompanhado de advogado, visando o pagamento da dívida condominial em audiência de conciliação da qual foi previamente intimado, na presença de juiz. Impossibilidade de alegar nulidade por não estar acompanhado de advogado, tendo em vista a disposição contida no art. 276 do CPC, uma vez que ele estava ciente a respeito da análise do termo de acordo firmado anteriormente durante a solenidade. – A conduta da parte deve ser analisada de acordo com os princípios da boa-fé, da lealdade processual e confiança, de modo que não pode a parte se beneficiar de nulidade por ela criada ao processo. Trata-se de nulidade relativa em que não há evidências de que a parte tenha sido prejudicada diante da ausência de advogado. – Impugnação ao cumprimento de sentença, que tem cognição sumária, de acordo com o art. 525, §1º do CPC (que reproduziu o art. 475 – L do CPC/73). – Matérias alegáveis na impugnação são limitadas pela Lei, não podendo ser objeto de rediscussão aquelas que foram objeto da ação de conhecimento, o que, claramente, pretende a parte agravante. Agravo de instrumento desacolhido. (TJRS; AI 0330133-83.2016.8.21.7000; São Leopoldo; Décima Sétima Câmara Cível; Rel. Des. Gelson Rolim Stocker; Julg. 17/11/2016; DJERS 24/11/2016)

Art. 277. Quando a lei prescrever determinada forma, o juiz considerará válido o ato se, realizado de outro modo, lhe alcançar a finalidade.

Possibilidade de aproveitamento dos embargos protocolados nos autos da execução, em vez de distribuídos por dependência.

✓ DIREITO PROCESSUAL CIVIL. RECURSO ESPECIAL. AÇÃO DE EXECUÇÃO DE TÍTULO EXECUTIVO EXTRAJUDICIAL. PROTOCOLIZAÇÃO DE EMBARGOS À EXECUÇÃO NOS AUTOS DA PRÓPRIA AÇÃO EXECUTIVA. INOBSERVÂNCIA DO ART. 914, § 1º, DO CPC/2015. ERRO SANÁVEL. APLICAÇÃO DOS PRINCÍPIOS DA INSTRUMENTALIDADE DAS FORMAS E DA ECONOMIA PROCESSUAL. 1. Ação de execução de título executivo extrajudicial, tendo em vista a inadimplência no pagamento de cotas condominiais. 2. O propósito recursal é definir se configura erro grosseiro, insuscetível de correção, a protocolização de embargos à execução nos autos da própria ação executiva, em inobservância ao que dispõe o art. 914, § 1º, do CPC/2015. 3. Com efeito, é inegável que a lei prevê expressamente que os embargos à execução tratam-se de ação incidente, que deverá ser distribuída por dependência aos autos da ação principal (demanda executiva). 4. Contudo, primando por uma maior aproximação ao verdadeiro espírito do novo Código de Processo Civil, não se afigura razoável deixar de apreciar os argumentos apresentados em embargos à execução tempestivamente opostos – ainda que, de forma errônea, nos autos da própria ação de execução – sem antes conceder à parte prazo para sanar o vício, adequando o procedimento à forma prescrita no art. 914, § 1º, do CPC/2015. 5. Ademais, convém salientar que o art. 277 do CPC/2015 preceitua que, quando a lei prescrever determinada forma, o juiz considerará válido o ato se, realizado de outro modo, lhe alcançar a finalidade. 6. Recurso especial conhecido e não provido. (STJ, REsp 1807228/RO, Rel. Min. Ricardo Villas Bôas Cueva, 3ª Turma, j. 03.09.2019).

Possibilidade de se aproveitar o mandado de segurança como agravo de instrumento, se a decisão recorrida versa sobre declínio de competência.

✓ MANDADO DE SEGURANÇA. Impugnação de ato judicial. Decisão que declinou da competência. Interpretação extensiva do inciso III, do art. 1.015, do CPC/15. Possibilidade. Hipóteses semelhantes. Aplicação do princípio da fungibilidade. Cabimento do agravo de instrumento. Observância dos princípios da igualdade (art. 7º, do CPC/15), da instrumentalidade das formas (art. 277, do CPC/15) e do aproveitamento dos atos processuais (art. 283, parágrafo único, do CPC/15). Emenda da inicial. Necessidade de intimação da parte requerente e de reautuação dos autos. Pedido alternativo deferido. (TJPI; MS 2017.0001.001907-0; Primeira Câmara de Direito Público; Rel. Des. Haroldo Oliveira Rehem; DJPI 04/12/2017; Pág. 58)

Considerando que o oferecimento de embargos de terceiro supre a ausência de intimação da cônjuge meeira.

✓ PROCESSUAL CIVIL. APELAÇÃO. EMBARGOS DE TERCEIRO. PRINCÍPIO DA INSTRUMENTALIDADE DAS FORMAS. APLICABILIDADE. EXECUÇÃO CONTRA CÔNJUGE MEEIRO. PENHORA DO BEM IMÓVEL. AUSÊNCIA DE INTIMAÇÃO DO CÔNJUGE. FINALIDADE DO ATO ALCANÇADA PELA OPOSIÇÃO DE EMBARGOS DE TERCEIROS. HONORÁRIOS RECURSAIS. NÃO CABIMENTO. INVERSÃO DOS ÔNUS DA SUCUMBÊNCIA. POSSIBILIDADE. RECURSO PROVIDO. 1. Pelo princípio da instrumentalidade das formas, temos que a existência do ato processual não é um fim em si mesmo, mas instrumento utilizado para se atingir determinada finalidade. Assim, ainda que com vício, se o ato atinge sua finalidade sem causar prejuízo às partes não se declara sua nulidade. Artigos 188 e 277 do Código de Processo Civil. 2. De fato, com razão à apelante. A interposição dos embargos de terceiro pela cônjuge meeira do executado supre a ausência de intimação. Precedentes. 3. Deve ser afastada a necessidade de intimação da cônjuge do devedor prevista no revogado parágrafo único do art. 669 do CPC/73 e art. 12, § 2º, da LEF, considerando que a oposição dos embargos de terceiro pela cônjuge meeira alcança a finalidade do contraditório. Assim, impõe-se a reforma da r. sentença e dar provimento ao presente recurso para julgar improcedentes os embargos e determinar o regular prosseguimento da execução fiscal nº 2002.61.24.001611-6. 4. Considerando que o recurso foi interposto sob a égide do CPC/1973 e, nos termos do Enunciado Administrativo nº 7, elaborado pelo Superior Tribunal de Justiça para orientar a comunidade jurídica acerca da questão do direito intertemporal, tratando-se de recurso interposto contra decisão publicada anteriormente a 18/03/2016, não é possível o arbitramento de honorários sucumbenciais recursais, na forma do artigo 85, § 11, do CPC/2015. 5. Invertem-se os ônus da sucumbência, observada a suspensão de que trata o artigo 98, § 3º, do Código de Processo Civil. 6. Apelação provida. (TRF 3ª R.; AC 0001611-51.2005.4.03.6124; Primeira Turma; Rel. Des. Fed. Hélio Nogueira; Julg. 27/06/2017; DEJF 05/07/2017)

Entendendo que a falta de intimação da Fazenda Pública sobre eventual causa suspensiva ou interruptiva da prescrição teria sido sanada com a oportunidade de interpor recurso contra a sentença de extinção.

✓ APELAÇÃO. EXECUÇÃO FISCAL. RECONHECIMENTO DA PRESCRIÇÃO DIRETA DO CRÉDITO TRIBUTÁRIO. INTIMAÇÃO PRÉVIA DA FAZENDA PÚBLICA. DESNECESSIDADE. APLICAÇÃO DO PAS DE NULLITÉ SANS GRIEF. PRESCRIÇÃO CARACTERIZADA IN CASU. RECURSO IMPROVIDO. 1. Sendo o caso de feito ajuizado anteriormente à Lei Complementar nº. 118/2005, que modificou o art. 174, parágrafo único, inciso I do CTN para determinar que o mero despacho do juiz interrompe a prescrição, havia a necessidade de que o executado fosse devidamente citado no prazo de 05 (cinco) anos contados da constituição do crédito tributário para que a prescrição fosse interrompida. 2. No caso dos autos, a execução fiscal foi proposta em fevereiro de 2003 sem que a citação tenha se efetivado até a prolação da sentença, sendo certo, ainda, que o primeiro despacho citatório proferido após a entrada em vigor da referida Lei Complementar foi exarado em março de 2008, após o transcurso do quinquênio, registrando-se, assim, a prescrição direta do crédito tributário antes mesmo da determinação de citação do administrador da empresa (multa de infração). 3. Demonstrada a desídia da Fazenda Pública na persecução do crédito tributário, está correta a sentença que decretou a sua prescrição, não sendo caso de aplicação do enunciado da Súmula nº. 106 do STJ. 4. Contraria a lógica processual e os princípios da economia, da celeridade e da duração razoável do processo (art. 1º do CPC c/c art. 5º, inciso LXXVIII da Constituição Federal) anular a sentença que não aplicou uma regra meramente procedimental (qual seja, a intimação da Fazenda Pública como condição para o reconhecimento da prescrição) quando a sua inobservância pode ser suprida no ato da interposição do recurso, momento em que poderia ser informado ao Poder Judiciário a ocorrência, ou não, de causas suspensivas/interruptivas do fluxo do prazo prescricional. 5. Impera, no caso, a máxima do **pas de nullité sans grief** e a aplicação do princípio da instrumentalidade das formas, incorporado no artigo 277 do CPC, devendo-se preservar o ato processual já praticado (incluindo-se, aí, a decisão judicial) quando o vício que o acomete for vencível e puder ser sanado de alguma maneira que não implique em prejuízo às partes. 6. Não prospera a alegação do apelante de que não se pode decretar a prescrição por força da exigência prevista no art. 146, III, b da CF, posto que o Código Tributário Nacional, que tem status de Lei Complementar, regula expressamente a matéria em seu art. 174, sendo certo que a discussão atinente à possibilidade de decretação **ex officio** da hipótese extintiva é processual, estando disciplinada no próprio CPC. 7. Recurso improvido. (TJBA; AP 0020895-62.2003.8.05.0001; Salvador; Segunda Câmara Cível; Rel. Des. Maurício Kertzman Szporer; Julg. 17/10/2017; DJBA 30/10/2017; Pág. 387)

Considerando que atinge a finalidade o instrumento de mandato assinado por quem detém poderes de representação, mas que indicou o nome do inventariante, em vez do espólio.

✓ APELAÇÃO CÍVEL. AÇÃO DE COBRANÇA DE ALUGUÉIS. FALECIMENTO DO AUTOR. PROCURAÇÃO OUTORGADA PELO INVENTARIANTE. MERO ERRO MATERIAL. AUSÊNCIA DE PREJUÍZO. SUCESSÃO PROCESSUAL REGULAR. NULIDADE DOS ATOS PROCESSUAIS. INOCORRÊNCIA. LOCATÁRIO NA POSSE DO IMÓVEL APÓS O CONTRATO FINDO. PRORROGAÇÃO AUTOMÁTICA. INTELIGÊNCIA DO ART. 46, 1º, DA LEI Nº 8.245/91 E DO ART. 574 DO CÓDIGO CIVIL. SUBSISTÊNCIA DA OBRIGAÇÃO. INADIMPLEMENTO COMPROVADO. SENTENÇA MANTIDA. Desde que outorgado o mandato por aquele que efetivamente detém os poderes de representação, o equívoco consistente na indicação do nome do inventariante, em lugar do espólio, constitui mero erro material, que se pode relevar pela aplicação do princípio da instrumentalidade das formas processuais, nos termos do art. 277 do CPC/2015, notadamente porque não houve qualquer prejuízo à defesa. Findo o prazo estipulado no contrato, se o locatário permanecer no imóvel por mais de trinta dias sem oposição do locador, presumir-se-á prorrogada a locação nas condições ajustadas, mas sem prazo determinado. Comprovado fato constitutivo do direito autor em receber os valores devidos, uma vez que o apelante permaneceu no imóvel, ainda que findo o contrato, subsiste a obrigação de arcar com os valores dos aluguéis em atraso e de eventual multa prevista no ajuste. (TJMG; APCV 1.0145.11.012692-0/002; Rel. Des. Ramom Tácio; Julg. 28/06/2017; DJEMG 07/07/2017)

Entendendo pela inaplicabilidade do art. 277 do CPC quando o agravo de instrumento é protocolado em tribunal incompetente.

✓ EMBARGOS DE DECLARAÇÃO NO AGRAVO DE INSTRUMENTO. DIREITO PROCESSUAL CIVIL. RECURSO PROTOCOLADO EM TRIBUNAL INCOMPETENTE. ERRO GROSSEIRO. INTEMPESTIVIDADE. PREQUESTIONAMENTO. CARÁTER PROTELATÓRIO. MULTA DE 1% DO VALOR DA CAUSA. RECURSO NÃO PROVIDO. 1. De início, destaca-se que não seria o caso de aplicação do artigo 188 do CPC/2015, uma vez que o próprio artigo menciona a expressão salvo quando a Lei expressamente a exigir, e, como o art. 1016 do CPC/2015 determina que o agravo de instrumento seja dirigido ao Tribunal competente, o caso dos autos enquadrar-se-ia justamente nessa exceção; 2. Não seria também o caso de se aplicar o art. 277 do CPC, posto que a finalidade do ato não foi alcançada, especialmente porque quando o recurso adentrou no Tribunal competente, o prazo para sua interposição já havia se esgotado; 3. Com relação ao art. 283 e seu parágrafo único, melhor sorte não socorre a embargante, especialmente porque o ato praticado resulta em prejuízo óbvio à parte contrária, visto que o recurso visa reformar decisão que lhe beneficia; (...) 8. Não constatada omissão, obscuridade ou contradição no acórdão, mesmo em se tratando de embargos com fins de prequestionamento, impõe-se a rejeição dos embargos declaratórios que tem como finalidade o reexame das questões outrora devidamente fundamentadas, em coerência à controvérsia posta sub judice; 9. Observando-se o caráter manifestamente protelatório destes embargos declaratórios, visto que não há nenhum vício no decisum atacado, condena-se a embargante no pagamento de multa de 1% (um por cento) do valor atualizado da causa; 10. Conheço dos embargos, mas lhes nego provimento. (TJPE; Rec. 0008141-04.2016.8.17.0000; Quarta Câmara Cível; Rel. Desig. Des. Tenório dos Santos; Julg. 09/02/2017; DJEPE 20/03/2017)

Possibilidade de recebimento dos embargos à execução como impugnação.

✓ AÇÃO DE DESPEJO. FASE DE CUMPRIMENTO DE SENTENÇA. DECISÃO QUE RECEBEU EMBARGOS À EXECUÇÃO COMO IMPUGNAÇÃO. Possibilidade. Meio de defesa do executado. Decisão que se mantém. O juiz singular recebeu os embargos como impugnação, considerando a relevância dos fundamentos apresentados na impugnação e havendo risco do prosseguimento dos atos executivos causar ao executado dano de difícil ou incerta reparação, sobretudo porque o juízo está garantido por penhora. A identidade de prazo e a efetivação da penhora, nestes autos, autorizam a aplicação do princípio da fungibilidade, inserto no art. 277 do CPC/15, até porque a propositura equivocada dos embargos pelo devedor não teve intuito protelatório, não se constatando a má-fé e, tampouco a ocorrência de prejuízo ao credor. Embargos opostos dentro do prazo da impugnação. Observância dos princípios da economia processual e da instrumentalidade das formas. Desprovimento ao recurso. (TJRJ; AI 0016416-48.2017.8.19.0000; Rio de Janeiro; Décima Sétima Câmara Cível; Rel. Des. Edson Aguiar de Vasconcelos; DORJ 18/08/2017; Pág. 476)

Entendendo que, se o título se torna líquido durante a execução, resta sanada a invalidade apontada.

✓ APELAÇÃO CÍVEL. EXECUÇÃO DE TÍTULO JUDICIAL. EMBARGOS À EXECUÇÃO. Sentença que acolhe parcialmente os embargos opostos pelo Rioprevidencia, fixando o quantum **debeatur** em R$ 72.247,28, arbitrando honorários sucumbenciais no valor de R$ 800,00 para cada litigante. Inconformismo da autarquia que deve ser acolhido em parte. Iliquidez do título executivo que, embora presente à época da distribuição da execução, restou sanada no transcurso da demanda, atraindo a aplicação do brocardo **pas de nullité sans grief** (art. 277 do CPC). Ademais, a própria autarquia previdenciária manifestou expressa concordância com os cálculos elaborados pela contadoria judicial. No tocante aos honorários sucumbenciais, impõe-se o ajuste ao disposto no art. 85, §§3º, 4º, I e 5º do CPC, tendo em mira a sucumbência da Fazenda Pública em parte mínima do pedido. Recurso a que se dá parcial provimento. (TJRJ; APL 0004244-13.2013.8.19.0001; Rio de Janeiro; Quarta Câmara Cível; Relª Desª Myriam Medeiros da Fonseca Costa; Julg. 19/07/2017; DORJ 21/07/2017; Pág. 280)

Atinge a sua finalidade a apelação que não apresenta petição de interposição, de forma apartada e dirigida ao juízo de origem, desde que seja possível compreender as razoes da insurgência.

✓ APELAÇÃO CÍVEL. POSSE (BENS IMÓVEIS). AÇÃO DE REINTEGRAÇÃO DE POSSE. EMBARGOS DE TERCEIRO. DESATENDIMENTO À DETERMINAÇÃO DE EMENDA. ELEMENTOS E DOCUMENTOS IMPRESCINDÍVEIS. INDEFERIMENTO DA INICIAL. POSSIBILIDADE. AUSÊNCIA DE PROVA MÍNIMA DO DIREITO ALEGADO. I. À decisão publicada a partir do dia 18/03/2016, aplicam-se, no tocante à admissibilidade recursal, as normas previstas no novo Código de Processo Civil. II. A ausência de juntada de petição de interposição, de forma apartada e dirigida ao juízo de origem, configura mera irregularidade se, da leitura das razões do apelo, for possível a compreensão da insurgência do recorrente. Preliminar contrarrecursal afastada, com base no art. 277 do CPC. III. A produção de prova documental pela parte demandante, com o intuito de demonstrar o fato constitutivo de seu direito – No caso, a condição de terceiro possuidor -, deve ocorrer, em regra, no momento do ajuizamento da ação. Inteligência dos artigos 230, 434 e 435, todos do CPC. lV. Hipótese em que o embargante, apesar de intimado, inclusive pessoalmente, para juntar aos autos documentos imprescindíveis ao exame da questão posta nos autos, bem como para indicar elementos do caso concreto, manteve-se inerte, acarretando a extinção do processo, por desatendimento ao disposto no art. 321 do CPC. V. Manutenção da sentença extintiva que se impõe, haja vista o desatendimento da determinação de emenda à inicial. Preliminar contrarrecursal afastada e apelo desprovido. Unânime. (TJRS; AC 0186251-29.2017.8.21.7000; Guaíba; Vigésima Câmara Cível; Rel. Des. Dilso Domingos Pereira; Julg. 12/07/2017; DJERS 19/07/2017)

Possibilidade de aproveitamento do cumprimento de sentença promovido por beneficiário de ação coletiva como liquidação:

✓ APELAÇÃO CÍVEL. NEGÓCIOS JURÍDICOS BANCÁRIOS. EXPURGOS. CADERNETA DE POUPANÇA. CUMPRIMENTO DE SENTENÇA. AÇÃO COLETIVA. NECESSIDADE LIQUIDAÇÃO PRÉVIA. PETIÇÃO INICIAL INDEFERIDA. SENTENÇA DESCONSTITUÍDA. O colendo STJ, quando do julgamento do recurso repetitivo n. 1.247.150/PR, sedimentou o entendimento de que a sentença proferida em ação civil pública é genérica e não se reveste de liquidez necessária ao cumprimento espontâneo do comando sentencial, havendo necessidade de prévia liquidação da sentença coletiva para apuração da titularidade do crédito e do montante devido. No caso dos autos, contudo, a parte autora instruiu o pedido de cumprimento de sentença com os documentos hábeis a comprovar a relação jurídica com a instituição financeira demandada e apresentou o cálculo dos valores que entende devidos. Assim, tendo em vista que o cumprimento individual da sentença coletiva fora inicialmente recebido pelo juízo a quo e a parte executada foi citada para apresentar impugnação, com possibilidade de ampla dilação probatória, não se verifica prejuízo à instituição financeira capaz de macular o procedimento. Aplicação dos princípios da instrumentalidade das formas e da sanabilidade dos atos do processo, **ex vi** legis dos arts. 277 e 283, do CPC. Apelação provida. Sentença desconstituída. Unânime. (TJRS; AC 0322240-41.2016.8.21.7000; Caxias do Sul; Vigésima Terceira Câmara Cível; Rel. Des. Martin Schulze; Julg. 28/03/2017; DJERS 06/04/2017)

Possibilidade de conhecimento de matérias de ordem pública em embargos à execução intempestivos.

✓ APELAÇÃO. EMBARGOS A EXECUÇÃO. PROCEDÊNCIA. Reconhecimento da prescrição do crédito de duplicata, a despeito da intempestividade dos embargos. Possibilidade excepcional de conhecimento de matéria deduzida em embargos intempestivos, desde que esta represente questão de ordem pública, porquanto passível, inclusive, de aferição ex officio. Impossibilidade de anulação de atos quando, por outra forma, for atingida a finalidade almejada. Inteligência dos arts. 188, 277 e 283 do CPC. Celeuma envolvendo a diversidade da pessoa originalmente demandada e a ora executada que é tema já decidido. Impossibilidade de reanálise da questão. Em tal cenário, considerada a data da citação da embargante e as regras dispostas no Código Civil/2002, tem-se por superado o prazo prescricional, no caso. Decisão mantida. Recurso improvido. (TJSP; APL 1010080-17.2016.8.26.0011; Ac. 10863647; São Paulo; Décima Nona Câmara de Direito Privado; Relª Desª Claudia Grieco Tabosa Pessoa; Julg. 02/10/2017; DJESP 16/10/2017; Pág. 2770)

O recebimento de intimação por carta pela esposa, também executada, configura ciência inequívoca, atingindo a finalidade do ato.

✓ EXECUÇÃO DE TÍTULO EXTRAJUDICIAL. Pedido de adjudicação do bem penhorado pelo credor. Arts. 876, § 1º, II do Novo Código de Processo Civil. Intimação pessoal dos devedores representados pela Defensoria Pública, por carta com aviso de recebimento. Correspondência endereçada ao executado recebida por sua esposa, também executada. Ciência inequívoca. Alcançada a finalidade do ato, não há que se falar em nulidade. Arts. 277, 282, § 1º 283, parágrafo único do Código de Processo Civil de 2015. Agravo não provido. (TJSP; AI 2098929-44.2017.8.26.0000; Ac. 10553450; Bragança Paulista; Trigésima Terceira Câmara de Direito Privado; Rel. Des. Sá Moreira de Oliveira; Julg. 26/06/2017; DJESP 30/06/2017; Pág. 1914)

A apresentação de reconvenção em peça autônoma consiste em mera irregularidade, que não prejudica o seu conhecimento.

✓ AGRAVO DE INSTRUMENTO. AÇÃO INDENIZATÓRIA. RECONVENÇÃO. Reconvenção ofertada em peça autônoma, apesar do art. 343 do CPC determinar sua apresentação na própria contestação. Possibilidade. Mera irregularidade formal. Precedentes deste Tribunal. Princípios da economia e celeridade processual e da segurança jurídica que devem ser prestigiados em detrimento do excesso de formalismo. Recurso provido. (TJSP; AI 2155171-57.2016.8.26.0000; Ac. 9935069; São Paulo; Vigésima Quinta Câmara de Direito Privado; Rel. Des. Hugo Crepaldi; Julg. 27/10/2016; DJESP 10/11/2016); RECURSO. AGRAVO DE INSTRUMENTO. PRESTAÇÃO DE SERVIÇOS. AÇÃO DE REPETIÇÃO DE INDÉBITO. RECONVENÇÃO. REJEIÇÃO LIMINAR. Insurgência contra a respeitável decisão que não conheceu a reconvenção protocolada em petição apartada, em razão da nova sistemática processual civil, que determina que o pedido reconvencional deve ser formulado no bojo da contestação. Reconvenção tempestiva, porém, apresentada de forma inadequada. Irregularidade sanável, que não acarreta prejuízo às partes. Aplicação do princípio da instrumentalidade das formas, previsto nos artigos 277 e 283, parágrafo único, do novo Código de Processo Civil. Concessão de prazo para que os recorrentes regularizem a propositura da reconvenção, nos moldes do artigo 343 do novo Código de Processo Civil. Decisão reformada. Recurso de agravo provido. (TJSP; AI 2135853-88.2016.8.26.0000; Ac. 9908217; São Paulo; Vigésima Quinta Câmara de Direito Privado; Rel. Des. Marcondes D' Ângelo; Julg. 20/10/2016; DJESP 27/10/2016)

Art. 278. A nulidade dos atos deve ser alegada na primeira oportunidade em que couber à parte falar nos autos, sob pena de preclusão.

Nulidade de intimação deve ser alegada na primeira oportunidade, sob pena de preclusão.

✓ AGRAVO INTERNO NO PEDIDO DE TUTELA PROVISÓRIA AUTOS DE AGRAVO DE INSTRUMENTO NA ORIGEM TIRADO CONTRA DECISÃO QUE, EM AÇÃO DE COBRANÇA DE HONORÁRIOS PROFISSIONAIS, INDEFERIU O PEDIDO DE DEVOLUÇÃO DO PRAZO PROCESSUAL EM FAVOR DA EXECUTADA. DECISÃO QUE INDEFERIU O PLEITO LIMINAR ANTE A AUSÊNCIA DOS REQUISITOS PARA A CONCESSÃO DA TUTELA DE URGÊNCIA. IRRESIGNAÇÃO DA EXECUTADA. 1. O uso da cautelar/tutela de urgência no âmbito deste Superior Tribunal de justiça é medida excepcional que visa a impedir o perecimento do direito e a consequente inutilidade do provimento jurisdicional futuro. 2. À concessão do efeito suspensivo aos recursos extraordinários, por meio de tutela de urgência, faz-se necessária a presença concomitante dos requisitos do **fumus boni iuris** e **periculum in mora**: o primeiro relativo à plausibilidade, aferida em juízo sumário, da pretensão recursal veiculada no apelo extremo (sua probabilidade de êxito) e o segundo consubstanciado no risco de dano irreparável que, em uma análise objetiva, revele-se concreto e real. 3. Na hipótese, não restou demonstrada a presença concomitante dos requisitos referidos, porquanto, no concernente ao fumus boni iuris, o vício de irregularidade da intimação, ensejador de nulidade relativa, deve ser alegado na primeira oportunidade em que couber à parte falar nos autos (art. 245 do CPC/73, atual art. 278 do CPC), ocorrendo a preclusão caso tal providência não seja tomada, sendo que na hipótese ocorreu intimação em nome de outros patronos constituídos, que interpuseram o recurso cabível no momento adequado e, ainda, transitou em julgado a matéria atinente à determinação de expedição de ofício à seguradora para o depósito do valor segurado. Relativamente ao periculum in mora, não se trata de penhora ou bloqueio de quantia em conta do insurgente, mas sim de determinação à seguradora para o depósito judicial do valor segurado. 4. Agravo interno desprovido. (STJ; AgInt-PedTutProv 441; Proc. 2017/0087900-6; SP; Quarta Turma; Rel. Min. Marco Buzzi; DJE 29/06/2017).

✓ AGRAVO INTERNO. RECURSO ESPECIAL. PROCESSUAL CIVIL. CPC/2015. SEGURO HABITACIONAL. SFH. VÍCIO CONSTRUTIVO. SOBRESTAMENTO PELO TEMA 1011/STF. INAPLICABILIDADE AO CASO. INTIMAÇÃO DA SENTENÇA. AUSÊNCIA DE INDICAÇÃO DO NÚMERO DA OAB DO PATRONO DA PARTE DEMANDA. NULIDADE NÃO ALEGADA NA PRIMEIRA OPORTUNIDADE. PRECLUSÃO. EXEGESE DO ART. 278 DO CPC/2015. JULGADOS DESTA CORTE SUPERIOR. 1. Descabimento do sobrestamento do recurso especial com base na repercussão geral reconhecida pelo STF no julgamento do Tema 1011/STF, referente ao interesse da Caixa Econômica Federal em ingressar na lide, uma vez que essa questão não foi devolvida tampouco suscitada em recurso extraordinário interposto no caso dos autos, ademais, no julgamento do referido Tema, não houve ordem de suspensão de demandas em todo o território nacional. 2. Nos termos do art. 272 do CPC/2015: "Sob pena de nulidade, é indispensável que da publicação constem os nomes das partes e de seus advogados, com o respectivo número de inscrição na Ordem dos Advogados do Brasil, ou, se assim requerido, da sociedade de advogados". 3. Caso concreto em que não constou na intimação da sentença o número da OAB do patrono da ora agravante, tendo constado essa informação tão somente no índice do Diário da Justiça. 4. Ausência de alegação de nulidade da intimação na primeira oportunidade processual, segundo a moldura fática delineada pelo Tribunal de origem. 5. Inviabilidade de se contrastar a moldura fática delineada pelo Tribunal de origem em razão do óbice da Súmula 7/STJ. 6. Nos termos do art. 278 do CPC/2015: "A nulidade dos atos deve ser alegada na primeira oportunidade em que couber à parte falar nos autos, sob pena de preclusão". 7. Ocorrência de preclusão no caso concreto, tendo em vista a ausência de alegação oportuna da nulidade, segundo a moldura fática delineada no acórdão recorrido. Julgados desta Corte Superior em casos análogos. 8. AGRAVO INTERNO DESPROVIDO (STJ, AgInt no REsp 1801395/PB, Rel. Min. Paulo de Tarso Sanseverino, 3ª Turma, j. 27.05.2019).

Se houve vício na fase instrutória, deve este ser alegado na primeira oportunidade pela parte, sob pena de preclusão:

✓ APELAÇÃO CÍVEL. DIREITO PREVIDENCIÁRIO. AÇÃO ACIDENTÁRIA. AUXÍLIO-ACIDENTE VITALÍCIO. AGRAVO RETIDO. ALEGAÇÃO DE NULIDADE DA PROVA. PRECLUSÃO. INTELIGÊNCIA DO ART. 245 DO CPC/73 (ART. 278, CPC). REALIZAÇÃO DE NOVA PROVA TÉCNICA. DESNECESSIDADE. ALEGAÇÃO DE CERCEAMENTO DE DEFESA REJEITADA. INDEFERIMENTO DA PRODUÇÃO DE NOVA PROVA PERICIAL EM DETRIMENTO DAQUELA SATISFATORIAMENTE PRODUZIDA. MERO INCONFORMISMO COM O SEU RESULTADO DESFAVORÁVEL AOS INTERESSES DA PARTE. HIGIDEZ EVIDENCIADA. PROVA TÉCNICA CONCLUSIVA PELA AUSÊNCIA DE NEXO CAUSAL ENTRE A DOENÇA E O ACIDENTE DE TRABALHO. REQUISITOS DO ART. 86 DA LEI Nº 8.213/91 NÃO PREENCHIDOS. IMPROCEDÊNCIA MANTIDA. APELO DESPROVIDO. 1. Eventuais nulidades da prova pericial realizada devem ser invocadas pela parte prejudicada na primeira oportunidade em que couber falar nos autos, sob pena de preclusão (CPC/73, art. 245, com correspondência no art. 278 do CPC), de modo que não tendo a parte agravante alegado, na primeira impugnação direcionada ao laudo pericial, que a prova seria nula por não ter sido franqueada a oportunidade do advogado acompanhar a perícia e também pelo fato de não ter o expert examinado o local de trabalho do segurado, deve ser reconhecida a preclusão da matéria. 2. O deferimento da realização de nova perícia exige que a matéria, a critério do juiz, por ser ele o destinatário da prova, não esteja suficientemente esclarecida nos autos, e tem o escopo de corrigir eventual falha da primeira, a teor do que estatui os arts. 437 e 438 do CPC/73 (art. 480 do CPC). Na espécie, dada a conclusividade da primeira prova pericial, que fora realizada com a devida observância aos princípios da ampla defesa e do contraditório, com elementos e respostas satisfatórias e suficientes para o deslinde das questões postas em Juízo, não há justificativa para determinar a realização de nova prova técnica, circunstância que descaracteriza, ainda, o alegado cerceamento de defesa, notadamente porque o mero descontentamento da parte com o resultado da perícia que lhe foi desfavorável não autoriza a realização de novo exame. 3. Para a concessão de benefício previdenciário de auxílio-acidente vitalício reclamado (Lei nº 8.213/91, art. 86) é de rigor a comprovação: (I) do acidente laboral; (II) da incapacidade, ainda que relativa, mas permanente, para o exercício do labor habitual; e (III) da existência de nexo de causalidade entre o acidente e o fato gerador do benefício, de modo que a ausência de demonstração de quaisquer um deles implica a improcedência da pretensão autoral. 4. Recurso desprovido. (TJES; Apl 0031025-09.2013.8.08.0024; Quarta Câmara Cível; Rel. Des. Jorge do Nascimento Viana; Julg. 15/05/2017; DJES 30/05/2017); APELAÇÃO CÍVEL. Cheque. Embargos à execução. Sentença de procedência. Inconformismo do embargado. Preliminar de cerceamento de defesa não acolhida. Falta de intimação do apelante para a audiência de oitiva de testemunha. Apresentação de memoriais sem arguição da nulidade. Preclusão. Artigo 278 do Código de Processo Civil. Presunção de liquidez, certeza e exigibilidade dos cheques que embasam a execução.

Ônus do embargante de produzir provas capazes de desconstituir a força executiva do título. Sentença reformada para julgar os embargos improcedentes, invertendo-se o ônus sucumbencial. Recurso provido. (TJSP; APL 1005721-24.2014.8.26.0066; Ac. 10959524; Barretos; Décima Sexta Câmara de Direito Privado; Relª Desª Daniela Menegatti Milano; Julg. 07/11/2017; DJESP 23/11/2017; Pág. 1985). V. tb.: TJPE; APL 0012997-81.2011.8.17.0001; Rel. Des. Rafael Machado da Cunha Cavalcanti; Julg. 04/08/2017; DJEPE 05/09/2017; TJPR; ApCiv 1702294-5; Curitiba; Décima Terceira Câmara Cível; Rel. Juiz Conv. Humberto Gonçalves Brito; Julg. 06/09/2017; DJPR 02/10/2017; Pág. 250; TJRJ; APL 0008242-36.2009.8.19.0063; Três Rios; Vigésima Sexta Câmara Cível Consumidor; Rel. Des. Wilson do Nascimento Reis; DORJ 06/10/2017; Pág. 695; TJRR; EDcl-AC 0010.16.801206-9; Rel. Desig. Des. Jefferson Fernandes; DJERR 08/05/2017; Pág. 27.

Se o juiz não julga os embargos de declaração, mas a parte nada aponta perante o tribunal, ocorre a preclusão.

✓ EMBARGOS DE DECLARAÇÃO. AÇÃO DE INDENIZAÇÃO POR DANO MORAL. SENTENÇA DE PARCIAL PROCEDÊNCIA CUJA MANUTENÇÃO SE IMPÕE. ALEGAÇÃO DE NULIDADE. PRECLUSÃO. ART. 278 DO NOVO CPC. INCIDÊNCIA. Cabia ao réu alegar a ocorrência da suposta nulidade pela falta de exame dos embargos de declaração manejados contra a sentença de 1ª instância na primeira oportunidade em que lhe coubesse falar nos autos, nos termos do art. 278 do novo CPC. O primeiro momento em que o requerido se manifestou foi nas contrarrazões que apresentou ao apelo da autora. No entanto, nada referiu no tocante ao vício – Só agora invocado -, tratando-se de matéria preclusa, conforme dispositivo legal antes mencionado. Impõe-se o desacolhimento dos embargos de declaração por ausente qualquer hipótese das previstas no artigo 1.022 do CPC/2015, bem assim para o fim de prequestionamento da matéria. Embargos de declaração desacolhidos opostos pelo réu. Unânime. (TJRS; EDcl 0136968-37.2017.8.21.7000; Porto Alegre; Vigésima Terceira Câmara Cível; Rel. Des. Clademir José Ceolin Missaggia; Julg. 27/06/2017; DJERS 06/07/2017); AGRAVO. AGRAVO DE INSTRUMENTO EM RECURSO DE REVISTA. PROCESSO SOB A ÉGIDE DA LEI Nº 13.015/2014. NULIDADE POR CERCEAMENTO DO DIREITO DE DEFESA. NÃO CONFIGURAÇÃO. Nos termos do art. 278 do CPC/2015 (art. 245 do CPC/1973), a nulidade dos atos deve ser alegada na primeira oportunidade em que couber à parte falar nos autos, sob pena de preclusão. Na hipótese, o TRT considerou preclusa a discussão a respeito do não julgamento dos embargos de declaração do Reclamado perante o Juízo de Primeiro Grau, sob o fundamento de que a Parte, em suas contrarrazões ao recurso ordinário do Reclamante, primeira oportunidade que teve para se manifestar nos autos, deixou de alegar a referida nulidade. Registre- se que o Código de Processo Civil, além da possibilidade de consulta aos autos, permite, na hipótese de prazo comum às partes, a retirada dos autos pelos procuradores, em conjunto ou mediante prévio ajuste, por petição nos autos (art. 107, § 2º, do CPC/2015. art. 40, § 2º, do CPC/1973). Não subsiste, portanto, a alegação de que, somente por ocasião da seção de julgamento do recurso ordinário, teve ciência da ausência de julgamento dos seus embargos de declaração. Incólumes, portanto, os dispositivos tidos por violados. Assim sendo, a decisão agravada foi proferida em estrita observância às normas processuais (art. 557, caput, do CPC/1973; arts. 14 e 932, IV, a, do CPC/2015), razão pela qual é insuscetível de reforma ou reconsideração. Agravo desprovido. (TST; Ag-AIRR 0001836-86.2012.5.01.0243; Terceira Turma; Rel. Min. Mauricio Godinho Delgado; DEJT 20/10/2017; Pág. 1651)

Deve a parte impugnar o perito logo após a sua nomeação, sob pena de preclusão.

✓ PREVIDENCIÁRIO. APOSENTADORIA POR INVALIDEZ OU AUXÍLIO DOENÇA. IMPUGNAÇÃO À NOMEAÇÃO DO PERITO PRECLUSA. I. Inicialmente, observo que o laudo médico foi devidamente realizado por perito nomeado pelo Juízo, tendo sido apresentado o parecer técnico a fls. 66/73, motivo pelo qual não merece prosperar o pedido de realização de nova prova pericial. O laudo encontra-se devidamente fundamentado e com respostas claras e objetivas, sendo despicienda a realização do novo exame por novo profissional. Saliento, ainda, que cumpria à parte impugnar a nomeação do perito logo após ter sido intimada da respectiva decisão, e não fazê-lo quando já apresentado o laudo, que lhe foi desfavorável (art. 148, § 1º c/c art. 278, do Código de Processo Civil/15). II- Cumpre ressaltar ainda que, em face do princípio do poder de livre convencimento motivado do juiz quanto à apreciação das provas. expresso no art. 131 do CPC., pode o magistrado, ao analisar o conjunto probatório, concluir pela dispensa de outras provas. Nesse sentido já se pronunciou o C. STJ (AgRg no Ag. nº 554.905/RS, 3ª Turma, Relator Min. Carlos Alberto Menezes Direito; Julg. 25/5/04, V. u., DJ 02/8/04). III- Apelação improvida. (TRF 3ª R.; AC 0021260-94.2017.4.03.9999; Oitava Turma; Rel. Des. Fed. Newton de Lucca; Julg. 04/09/2017; DEJF 21/09/2017)

Vícios nos cálculos não impugnados pelas partes estão sujeitos a preclusão.

✓ AGRAVO. CUMPRIMENTO DE SENTENÇA. EXPURGOS INFLACIONÁRIOS. AÇÃO CIVIL PÚBLICA. HOMOLOGAÇÃO DOS CÁLCULOS. DECISÃO QUE DETERMINA SUA IMPUGNAÇÃO. INTEMPESTIVIDADE. PRECLUSÃO TEMPORAL. REDISCUSSÃO DO MÉRITO. VIA INADEQUADA. MÁ-FÉ. AUSÊNCIA DE PROVAS. 1. O art. 278 do CPC/2015 determina que eventual prejuízo ou nulidade deve ser suscitado pela parte na primeira oportunidade que tiver para se manifestar nos autos, sob pena de preclusão. 1.1. Transcorridos os prazos para o réu/agravante impugnar os cálculos e insurgir-se contra sua homologação, é inviável discutir, nesta via de cognição sumária, matéria de mérito abarcada pela preclusão temporal. 2. Inexistem provas nos autos, tampouco debate suficiente para se concluir que o agravante teria agido com má-fé, sendo inadequado presumi-la pelo manejo equivocado do recurso. Precedentes do STJ. 3. Recurso conhecido e desprovido. (TJDF; AGI 2016.00.2.040453-2; Ac. 988.333; Oitava Turma Cível; Rel. Des. Diaulas Costa Ribeiro; Julg. 14/12/2016; DJDFTE 25/01/2017)

Vício decorrente dos atos processuais praticados após o óbito da parte, que deixou de ser informado no processo, se submete a preclusão.

✓ AGRAVO DE INSTRUMENTO. Processo civil. Óbito do executado. Informação tardia. Suspensão dos autos observada pelo juízo a quo. Pretensão de declaração de nulidade dos atos processuais praticados após o falecimento. Impossibilidade.

Nulidade relativa. Manifestação da administradora do espólio que não se deu na primeira oportunidade. Inobservância do artigo 278 do CPC/2015. Ademais, ausência de comprovação de efetivo prejuízo. Validade dos atos praticados. Precedentes do Superior Tribunal de justiça e deste TJPR. Decisão mantida. Recurso desprovido. Agravo de instrumento nº 1.673.073-92 (TJPR; Ag Instr 1673073-9; Londrina; Sexta Câmara Cível; Rel. Des. Roberto Portugal Bacellar; Julg. 29/08/2017; DJPR 15/09/2017; Pág. 150)

Entendendo que a distribuição a desembargador de férias configura nulidade relativa.

✓ EMBARGOS DE DECLARAÇÃO. VÍCIOS. INEXISTÊNCIA. NULIDADE. PRECLUSÃO. PREJUÍZO. DESEMBARGADOR. FÉRIAS. DISTRIBUIÇÃO. 1. A nulidade dos atos deve ser alegada na primeira oportunidade em que couber à parte falar nos autos. Se não alega, a questão torna-se preclusa (art. 278 do CPC). 2. Sem que haja prejuízo não se declara a nulidade de ato processual. 3. Não será feita distribuição a desembargador que se encontra de férias. Se realizada e a parte não impugna, deixando o processo correr até o julgamento, não pode, depois, alegar que nulos os atos processuais desde o momento da distribuição, sobretudo se não alega qualquer prejuízo. 4. Os embargos de declaração servem para aclarar dúvida, obscuridade, afastar contradição, omissão ou erro material, vícios que, se inexistentes, nega-se provimento aos embargos. 5. Embargos não providos. (TJDF; AGI 2016.00.2.043044-4; Ac. 100.9239; Sexta Turma Cível; Rel. Des. Jair Soares; Julg. 05/04/2017; DJDFTE 19/04/2017)

Considerando relativa eventual nulidade decorrente da falta de intimação do cônjuge na execução e de vícios na avaliação do bem alienado judicialmente.

✓ O IMÓVEL ARREMATADO FOI ADQUIRIDO PELO EXECUTADO ANTERIORMENTE AO CASAMENTO ENTRE ESTE E A SUA ESPOSA, PRIMEIRA AGRAVANTE E, POR TAL RAZÃO, INTEGRA O SEU PATRIMÔNIO PARTICULAR. 2. Forçoso concluir, assim, que a primeira agravante não ostenta a qualidade de terceira juridicamente interessada para intervir no feito e, consequentemente, exercer o direito de recorrer. 3. Há certidão cartorária, em que se atestou a regular intimação do executado acerca da realização da penhora via Diário Oficial, nos termos do artigo 652, §4º, do Código de Processo Civil de 1973. 4. Ainda que se pudesse cogitar a nulidade da constrição judicial, por vício decorrente da ausência de intimação da esposa do executado, certo é que esta compareceu espontaneamente aos autos posteriormente e nada disse a respeito. Aplicação do artigo 278 do Código de Processo Civil. 5. A matéria atinente ao preço vil se encontra preclusa, uma vez que a parte, embora intimada, não impugnou tempestivamente a avaliação do imóvel. 6. Frise-se que, inobstante tenham sido adequadamente intimados de todos os atos processuais, o executado não apresentou embargos à execução, tampouco impugnação à penhora. 7. Consigna-se ser ineficaz perante o arrematante o acordo entabulado entre o exequente e o executado, já que posteriormente à arrematação, sendo certo que o artigo 826 do CPC disciplina que "antes de adjudicados ou alienados os bens, o executado pode, a todo tempo, remir a execução, pagando ou consignando a importância atualizada da dívida, acrescida de juros, custas e honorários advocatícios". 8. Uma vez assinado o auto de arrematação, o que já ocorreu, esta "será considerada perfeita, acabada e irretratável", **ex vi** do artigo 903 do Código de Processo Civil. 9. Não conhecimento do primeiro agravo de instrumento e desprovimento do segundo. (TJRJ; AI 0052847-81.2017.8.19.0000; Cabo Frio; Décima Quinta Câmara Cível; Rel. Des. Gilberto Clovis Farias Matos; DORJ 08/11/2017; Pág. 287)

Apontando que eventual vício na citação deve ser alegado na primeira oportunidade, sob pena de preclusão.

✓ AGRAVO DE INSTRUMENTO. CONDOMÍNIO. AÇÃO DE COTAS CONDOMINIAIS. NULIDADE NA CITAÇÃO. A regra do art. 278 do CPC é clara: A nulidade deve ser alegada na primeira oportunidade, sob pena de preclusão. No caso em pauta, além de evidentemente não haver nulidade propriamente dita, não cabe mais alegá-la, visto que o agravante tomou ciência da relação processual em momento anterior, momento esse em que deveria ter arguido a alegada nulidade. Mantimento da decisão que julgou improcedente a impugnação ao cumprimento de sentença. Negaram provimento ao agravo de instrumento. Unânime. (TJRS; AI 0123114-73.2017.8.21.7000; Porto Alegre; Vigésima Câmara Cível; Rel. Des. Glênio José Wasserstein Hekman; Julg. 26/07/2017; DJERS 10/08/2017). No mesmo sentido, TJRS; AI 0091887-65.2017.8.21.7000; Alvorada; Quarta Câmara Cível; Rel. Des. Alexandre Mussoi Moreira; Julg. 28/06/2017; DJERS 04/07/2017.

Entendendo que a nulidade decorrente de suposta falta de capacidade processual deve ser alegada na primeira oportunidade.

✓ APELAÇÃO CÍVEL. DESTITUIÇÃO DO PODER FAMILIAR. PRELIMINAR DE INCAPACIDADE PROCESSUAL DA GENITORA. NEGLIGÊNCIA E INAPTIDÃO DOS GENITORES PARA O EXERCÍCIO DOS DEVERES INERENTES AO PODER FAMILIAR. PEDIDO DE GUARDA PELA FAMÍLIA EXTENSA. DESCABIMENTO. I – A apelante Priscila não é interditada, sendo pessoa capaz, em que pese seu déficit cognitivo. A par disso, não foi apresentado qualquer documento que possa pelo menos atestar, de forma inicial, a alegada (in) capacidade. Ainda, a nulidade deve ser arguida pela parte na primeira oportunidade que lhe couber falar nos autos, conforme determina o artigo 278 do CPC, sob pena de preclusão. II – Comprovada a violação dos deveres inerentes ao poder familiar, ante a conduta negligente dos genitores, autorizada a destituição do poder familiar. III – Não há como deferir a guarda da menor para a sobrinha paterna e companheiro, uma vez que além de inexistir vínculo afetivo, a família constantemente está em situação de conflito, podendo ser prejudicial à criança. Recursos desprovidos. (TJRS; AC 0099592-17.2017.8.21.7000; Farroupilha; Oitava Câmara Cível; Relª Desª Liselena Schifino Robles Ribeiro; Julg. 11/05/2017; DJERS 16/05/2017)

Nulidades atingidas pela preclusão não ensejam a rescisão de decisão transitada em julgado:

✓ AÇÃO RESCISÓRIA. ERRO DE FATO. VIOLAÇÃO À NORMA JURÍDICA. ART. 966, INCISO VIII DO CPC. INEXISTÊNCIA. MATÉRIAS PRECLUÍDAS. INVERSÃO DO ÔNUS DA PROVA NA SENTENÇA. INEXISTÊNCIA DE ERRO DE FATO. QUESTÃO JURÍDICA. 1. Não há interesse processual quanto a pretensão embasa-se em tese que, se acolhida, não beneficia o autor. 2. Nos termos do art. 278 do CPC, matérias precluídas, que sequer constam do acórdão rescindendo, não podem ser alegadas em ação rescisória, sob pena de configurar supressão de instância e violação dos princípios da segurança jurídica e da efetividade do processo. 3. A inversão do ônus da prova, na sentença, não constitui erro de fato, que ocorre quando há falsa percepção da realidade. Tratando-se de questão exclusivamente jurídica, não cabe aplicar o art. 966, inciso VIII do CPC. 4. No julgamento unânime, que considera inadmissível ou improcedente o pedido formulado em ação rescisória, o depósito compulsório de que trata o art. 968, II do CPC é revertido em favor do réu (CPC, art. 974, parágrafo único). 5. Ação rescisória conhecida. Pedido improcedente. (TJDF; ARC 2016.00.2.043921-9; Ac. 106.2185; Segunda Câmara Cível; Rel. Des. Diaulas Costa Ribeiro; Julg. 13/11/2017; DJDFTE 30/11/2017)

Parágrafo único. Não se aplica o disposto no *caput* às nulidades que o juiz deva decretar de ofício, nem prevalece a preclusão provando a parte legítimo impedimento.

Não pode a nulidade absoluta ser alegada se a matéria já foi rejeitada em decisão anterior.

✓ AGRAVO INTERNO NO AGRAVO EM RECURSO ESPECIAL. AÇÃO DE EXECUÇÃO DE TÍTULO EXTRAJUDICIAL. PENHORA E ARRESTO DE ALUGUÉIS DE IMÓVEIS GRAVADOS COM CLÁUSULAS DE INCOMUNICABILIDADE, INALIENABILIDADE E IMPENHORABILIDADE. ALEGAÇÃO DE NULIDADE ABSOLUTA. QUESTÃO JÁ DECIDIDA PELO JUÍZO A QUO. MATÉRIA PRECLUSA. AGRAVO DESPROVIDO. 1. Na linha da jurisprudência desta Corte Superior, embora a matéria de ordem pública seja passível de arguição em qualquer fase do processo, no caso de haver decisão anterior apreciando a questão, não se revela possível novo exame da matéria, em razão da preclusão consumativa. 2. Agravo interno desprovido. (STJ; AgInt-AREsp 1.054.736; Proc. 2017/0027932-4; SP; Terceira Turma; Rel. Min. Marco Aurélio Bellizze; Julg. 05/12/2017; DJE 19/12/2017; Pág. 3684)

Apontando ser o vício de citação causa de nulidade absoluta, não sujeita à preclusão.

✓ APELAÇÃO CÍVEL. AÇÃO DE OBRIGAÇÃO DE FAZER C/C INDENIZATÓRIA. AUTOR QUE MANTINHA, JUNTO A INSTITUIÇÃO FINANCEIRA 2ª RÉ, CONTA CONJUNTA COM SUA EX-COMPANHEIRA, 4ª RÉ, TAMBÉM SUA SÓCIA NA EMPRESA 3ª RÉ, E SE INSURGE CONTRA TRANSFERÊNCIA DE VALOR, ORIUNDO DE TÍTULO DE CAPITALIZAÇÃO EM PREVIDÊNCIA PRIVADA QUE CONTRATARAM COM A EMPRESA 1ª RÉ. Ausência de citação válida da 4ª ré. Falta de pressuposto de existência da relação processual. **Error in procedendo.** Sentença que se anula, **ex officio**, para que os réus sejam efetivamente citados por oficial de justiça. Prejudicado o exame de mérito do recurso interposto. 1.a ausência de citação é caso de nulidade absoluta do processo, por se tratar de pressuposto de existência da relação processual, podendo ser arguida a qualquer momento e decretada até mesmo de ofício, não gerando, portanto, a preclusão; 2.**in casu**, não houve a efetiva citação da 4ª ré, em afronta ao devido processo legal. **Error in procedendo** evidenciado;3. Sentença que se anula, **ex officio**, para que os réus sejam citados por oficial de justiça, restando prejudicado o exame de mérito do recurso interposto. (TJRJ; APL 0036251-39.2010.8.19.0203; Rio de Janeiro; Vigésima Quinta Câmara Cível Consumidor; Rel. Des. Luiz Fernando de Andrade Pinto; DORJ 07/12/2017; Pág. 553)

Considerando a impenhorabilidade da conta salário matéria de ordem pública.

✓ AGRAVO DE INSTRUMENTO. PROCESSUAL CIVIL. AÇÃO CIVIL PÚBLICA. EXECUÇÃO DE JULGADO. MATÉRIAS DE ORDEM PÚBLICA. AUSÊNCIA DE PRECLUSÃO. IMÓVEL BEM DE FAMÍLIA. INDISPONIBILIDADE. POSSIBILIDADE. 1. No tocante à indicação dos nomes e endereços dos advogados constantes dos autos, constato que não houve prejuízos à agravada que foi regularmente intimada e apresentou sua contraminuta normalmente, não se vislumbrando qualquer vulneração ao disposto no art. 1016, VI, do CPC/2015. 2. A documentação colacionada é suficiente para a análise das questões suscitadas nos autos. 3. As matérias de ordem pública podem ser arguidas em qualquer fase do processo, nos termos do disposto no parágrafo único do art. 278 do CPC/2015. A alegada impenhorabilidade da conta salário, com fundamento no art. 833 do CPC/2015, é uma delas. 4. Contudo, no presente caso, deixo de conhecer o pedido de impenhorabilidade/desbloqueio da conta salário, tendo em vista que a questão foi reapreciada pelo r. Juízo a quo, que reconheceu o caráter alimentar da quantia bloqueada pelo sistema BACENJUD, determinando sua devolução ao ora agravante, o que deu ensejo à interposição do AI nº 5002132-61.2016.4.03.0000. 5. Ao que se extrai dos autos, o imóvel de matrícula n. 24583, do 1º Cartório de Registro de Imóveis de São Paulo. Que o agravante alega ser bem de família e que, portanto, seria impenhorável., foi declarado indisponível no curso da ação condenatória. 6. A decisão agravada apenas ressaltou que o imóvel continua indisponível, não havendo que se falar, portanto, em possibilidade ou não de penhora sobre referido bem. E o caráter de bem de família de imóvel não tem o condão de obstar a determinação de sua indisponibilidade, uma vez que tal medida não implica a expropriação do bem. 7. Precedentes jurisprudenciais: STJ-RESP nº 200502046314, Primeira Turma, Rel. Min. Luiz Fux, DJE 03/03/2008; TRF-3ª Região, Agravo de Instrumento nº 00005193320124030000, Terceira Turma, Rel. Des. Fed. Carlos Muta, e-DJF3 03/08/2012. 8. Matéria preliminar arguida em contraminuta rejeitada e agravo de instrumento não conhecido de parte e, na parte conhecida, improvido. (TRF 3ª R.; AI 0013986-40.2016.4.03.0000; Sexta Turma; Relª Desª Fed. Consuelo Yatsuda Moromizato Yoshida; Julg. 08/06/2017; DEJF 21/06/2017)

A ausência de intimação pessoal da parte antes que o processo fosse extinto por abandono configura nulidade absoluta.

✓ APELAÇÃO CÍVEL DE SENTENÇA QUE INDEFERIU A PETIÇÃO INICIAL. AUSÊNCIA DE INTIMAÇÃO PESSOAL DA PARTE PARA REGULARIZAÇÃO DO FEITO INOBSTANTE DETERMINAÇÃO JUDICIAL EXPRESSA. NULIDADE ABSOLUTA. VIOLAÇÃO DOS DIREITOS AO CONTRADITÓRIO, AMPLA DEFESA E DEVIDO PROCESSO LEGAL. RECURSO CONHECIDO E PROVIDO I. Deve ser reformada a sentença que indefere a petição inicial se, tendo sido determinada a intimação pessoal da parte para regularizar a representação processual, o Cartório apenas procedeu à intimação de seu advogado. Ou seja, a extinção do processo fundamenta-se na ocorrência de preclusão temporal sem que a parte tenha, de fato, tomado ciência da providência outrora determinada. Trata-se de nulidade que há ser decretada de ofício (art. 245, parágrafo único do CPC/1973, reproduzido no art. 278, parágrafo único do Novo CPC), pois apresenta caráter absoluto, estando relacionada com o direito ao contraditório e à ampla defesa e, em última instância, ao devido processo legal, matéria de ordem pública, de modo que a extinção do processo resultará em evidente prejuízo para a parte. II. Recurso conhecido e provido. (TJMS; APL 0014347-79.2010.8.12.0001; Segunda Câmara Cível; Rel. Des. Alexandre Bastos; DJMS 07/07/2017; Pág. 42)

A falta de intimação pessoal da Defensoria Pública não se submete a preclusão.

✓ DIREITO CIVIL E PROCESSUAL CIVIL. Apelação cível em ação de execução de alimentos. Executante/apelante assistida pela defensoria pública. Intimação publicada em diário. Remessa dos autos inexistente. Violação de prerrogativa da defensoria pública. Inciso I do art. 44 da LC 80/94. Precedentes do Supremo Tribunal Federal. Nulidade insanável. Decretação de ofício. Inteligência do art. 278, I, do CPC/2015. Sentença anulada. Retorno dos autos ao juízo primevo para novo julgamento. Recurso conhecido e provido. (TJPA; APL 0012059-79.2013.8.14.0040; Ac. 180376; Parauapebas; Segunda Turma de Direito Privado; Rel. Des. José Maria Teixeira do Rosário; Julg. 05/09/2017; DJPA 13/09/2017; Pág. 162)

Entendendo que a ausência de intimação dos advogados constituídos nos autos pode ser alegada a qualquer tempo.

✓ AGRAVO DE INSTRUMENTO. CUMPRIMENTO DE SENTENÇA. AUSÊNCIA DE INTIMAÇÃO DOS NOVOS PROCURADORES CONSTITUÍDOS. NULIDADE ABSOLUTA. PREJUÍZO DEMONSTRADO. PRECLUSÃO. NÃO DEMONSTRAÇÃO. Comprovada a ausência da comunicação dos atos processuais aos novos advogados constituídos, evidenciada a nulidade absoluta, a garantir a cassação dos atos processuais posteriores, mormente quando evidenciado o efetivo prejuízo à parte. Não se aplica preclusão quanto às nulidades decretáveis de ofício pelo Juiz. Inteligência do parágrafo único do artigo 278 do CPC/2015. (TJMG; AGIN 1.0145.12.027636-8/002; Relª Desª Mônica Libânio; Julg. 13/12/2017; DJEMG 18/12/2017). V. tb.: APELAÇÃO CÍVEL. DIREITO CIVIL. AÇÃO DE COBRANÇA DE HONORÁRIOS ADVOCATÍCIOS SUCUMBENCIAIS. Sentença de procedência. Inconformismo dos réus e do autor. 1 – Alegação de nulidade da sentença por cerceamento de defesa. 2 – Da análise dos autos, verifica-se que o procurador do 3º réu não recebeu nenhuma intimação até a data de 24/02/2016, apesar de ter juntado procuração aos autos ao apresentar a contestação em fevereiro de 2012.3 – Ademais, observa-se claro prejuízo à defesa do réu, na forma do disposto no artigo 282, § 1º, do Código de Processo Civil, tendo em vista que o mesmo restou impedido de produzir provas e principalmente apresentar resposta ao requerimento do ministério público. Registre-se que a certidão cartorária afirma que não houve manifestação dos réus quanto ao requerimento do ministério público. 4 – Ocorrência de cerceamento de defesa. Afronta ao devido processo legal por violação dos artigos 272, 273 e 274, todos do CPC, que preveem a intimação do advogado acerca de todos os atos do processo, o que acarreta a nulidade absoluta de todos os atos praticados após a sentença de extinção do feito sem julgamento do mérito. 5 – A arguição de nulidade absoluta não encontra a barreira da preclusão. Inteligência do artigo 278, § único, do CPC. 6 – Anulação da sentença. Precedentes do STJ e do TJRJ. Provimento do 3º recurso, tornando prejudicado os demais recursos. (TJRJ; APL 0317033-68.2013.8.19.0001; Rio de Janeiro; Décima Sexta Câmara Cível; Rel. Des. Marco Aurelio Bezerra de Melo; Julg. 20/06/2017; DORJ 23/06/2017; Pág. 469)

Considerando que nulidades absolutas na execução podem ser conhecidas mesmo após o encerramento do prazo para os embargos ou a impugnação ao cumprimento de sentença.

✓ AGRAVO DE INSTRUMENTO. TRIBUTÁRIO. EXECUÇÃO FISCAL. CONTRIBUIÇÃO DE MELHORIA. NULIDADE DO LANÇAMENTO DO TRIBUTO. EXCEÇÃO DE PRÉ-EXECUTIVIDADE. CABIMENTO DA VIA ELEITA. PRECLUSÃO. INOCORRÊNCIA. INEXISTÊNCIA DE LEI ESPECÍFICA INSTITUINDO A CONTRIBUIÇÃO DE MELHORIA. VIOLAÇÃO DO PRINCÍPIO DA LEGALIDADE TRIBUTÁRIA. EXECUÇÃO FISCAL JULGADA EXTINTA. CONDENAÇÃO DO MUNICÍPIO EM HONORÁRIOS ADVOCATÍCIOS. ISENÇÃO DAS CUSTAS PROCESSUAIS. I. O Superior Tribunal de Justiça, por meio da Súmula n. 393, firmou orientação no sentido de que "a exceção de pré-executividade é admissível na execução fiscal relativamente às matérias conhecíveis de ofício que não demandem dilação probatória". Caso concreto, possível a análise, em sede de exceção de pré-executividade, da nulidade do lançamento da contribuição de melhoria por ausência de Lei específica a instituindo, em razão de ser matéria de ordem pública que pode ser reconhecida de ofício pelo juiz e por não necessitar de dilação probatória. II) Não deve ser reconhecida a preclusão da matéria, mesmo que não tenha sido arguida em sede de embargos à execução, justamente por ser questão de ordem pública, cognoscível de ofício pelo magistrado. Aplicação do art. 278 do CPC. III) Dentre os requisitos autorizadores para a instituição da contribuição de melhoria, está a publicação de Lei específica para a realização da obra pública. Não basta a previsão genérica da instituição do tributo. Se realizada a obra e esta não foi precedida de Lei específica, foi violado o princípio da legalidade tributária, previsto no art. 150, I, da Constituição Federal. Caso em que deve ser anulado o lançamento do tributo e julgada extinta a execução fiscal. IV) pela sucumbência, o município deve ser condenado a arcar com os honorários advocatícios em favor do procurador do excipiente, fixados em 10% sobre o valor atualizado da causa, nos termos do art. 85, § 3º, inciso I do Estatuto Processual vigente. V) o município é isento do pagamento das custas processuais, ressalvadas aquelas eventualmente recolhidas pelo devedor no curso da demanda, nos termos do art. 39 da LEF. Agravo de instrumento provido. Unânime. (TJRS; AI 0067818-66.2017.8.21.7000; Venâncio Aires; Vigésima Segunda Câmara Cível; Rel. Des. Francisco José Moesch; Julg. 13/07/2017; DJERS 19/07/2017); CUMPRIMENTO DE SENTENÇA. DECISÃO QUE AFASTOU A ALEGAÇÃO DE INTEMPESTIVIDADE DA IMPUGNAÇÃO AO CUMPRIMENTO DE SENTENÇA E DETERMINOU A REALIZAÇÃO DE PERÍCIA, CONSIDERANDO A DIVERGÊNCIA DOS VALORES APRESENTADOS PELAS PARTES. NÃO CARACTERIZADA A PRECLUSÃO. Impugnação suscitada após o bloqueio online. Reconhecida a possibilidade de impugnação relativa ao excesso de execução, nos termos do art. 823, §§ 2º e 3º do CPC. Impugnação que também encontra fundamento no fato de a defesa suscitada se referir à iliquidez do título executivo judicial, vício passível de conhecimento a qualquer tempo, nos termos do parágrafo único do art. 278 do CPC. Recurso desprovido. (TJSP; AI 2124552-13.2017.8.26.0000; Ac. 10730706; Santo Anastácio; Décima Quinta Câmara de Direito Privado; Rel. Des. Coelho Mendes; Julg. 24/08/2017; DJESP 29/08/2017; Pág. 1955)

Art. 279. É nulo o processo quando o membro do Ministério Público não for intimado a acompanhar o feito em que deva intervir.

→ v. Arts. 178, 976, § 2º e 991 do CPC.
→ v. Arts. 51, § 4º, e 82, I, do CDC.
→ v. Arts. 6º, § 4º e 9º, da Lei 4.717/1965.
→ v. Art. 5º, I, da Lei 7.347/1985.
→ v. Art. 12 da Lei 12.016/2009.
→ v. Arts. 52, V e 99, XIII da Lei 11.101/2005.

Nulidade pela falta de intimação do MP de 2º grau para oficiar no recurso.

✓ PROCESSUAL CIVIL. ADMINISTRATIVO. AÇÃO CIVIL PÚBLICA. IMPROBIDADE ADMINISTRATIVA. INDISPONIBILIDADE DE BENS DOS RÉUS. INDEFERIMENTO. ACÓRDÃO RECORRIDO. VÍCIO DE PROCEDIMENTO. INTIMAÇÃO DO PARQUET. AUSÊNCIA. PREJUÍZO. CONFIGURAÇÃO. I – Na origem, trata-se de agravo de instrumento interposto pelo Ministério Público Federal contra decisão proferida pelo Juízo da 8ª Vara Federal da Seção Judiciária do Rio de Janeiro que indeferiu o pedido de indisponibilidade dos bens dos réus nos autos da ação de improbidade administrativa. No Tribunal a quo, a decisão foi mantida. Esta Corte conheceu do agravo para conhecer e dar provimento ao recurso especial a fim de anular o julgamento do agravo de instrumento realizado pelo Tribunal Regional Federal da 2ª Região, determinando, após a abertura de vista dos autos à Procuradoria Regional da República, a realização de novo julgamento. II – O Superior Tribunal de Justiça, à luz do disposto na Súmula n. 735 do STF, entende que, via de regra, não é cabível recurso especial para reexaminar decisão que defere ou indefere liminar ou antecipação de tutela, em razão da natureza precária da decisão, sujeita à modificação a qualquer tempo pela sentença de mérito. III – A exceção é a violação direta ao dispositivo legal que disciplina o deferimento da medida de indisponibilidade de bens, não sendo possível, todavia, decidir, no recurso especial, a respeito da interpretação dos preceitos legais que dizem respeito ao mérito da causa. Nesse sentido: (AgInt no REsp n. 1.845.996/RS, Rel. Ministro Sérgio Kukina, Primeira Turma, julgado em 1º/6/2020, DJe 4/6/2020 e AREsp n. 1.390.893/SE, Rel. Ministro Francisco Falcão, Segunda Turma, julgado em 26/3/2019, DJe 29/3/2019.) IV – As matérias ventiladas pelo Ministério Público, no recurso especial, não versam sobre o mérito do ato de improbidade, mas apenas sobre a ocorrência ou não de vício procedimental no julgamento do recurso em segundo grau e de violação direta do art. 7º da LIA. Assim, não incide o óbice da Súmula n. 735 do STF. V – Para o Tribunal de origem, não houve prejuízo ao autor, porquanto "a anulação do acórdão embargado e o oferecimento de parecer reforçando as razões do agravo, por si", não teriam o condão de alterar o resultado do julgamento. VI – Entretanto, essa conclusão se revela precipitada, especialmente considerando o desconhecimento prévio dos argumentos que seriam apresentados no parecer. VII – Ademais, "na prática forense, ainda que a ação tenha sido ajuizada pelo Ministério Público, o membro que oficia em primeiro grau de jurisdição não atua perante o Tribunal a quo. Tal função, cabe ao membro do Parquet com atribuições em segundo grau de jurisdição, ainda que a atuação como fiscal da lei ou parte acabe se confundindo em diversas hipóteses, o que não afasta a necessidade de intimação pessoal do agente ministerial (com os respectivos autos) para os atos processuais. Inclusive, em temas de manifesta importância como o caso dos autos, que envolve a prática de atos de improbidade administrativa, não é razoável admitir a afirmação de que não seria necessária a intervenção ministerial no julgamento do recurso" (REsp n. 1.436.460/PR, Rel. Ministro Og Fernandes, Segunda Turma, julgado em 13/12/2018, DJe 4/2/2019). VIII – O Ministério Público Federal, em segundo grau, não foi intimado, o que gerou evidente prejuízo, ante a prolação de acórdão que negou provimento ao seu agravo de instrumento e manteve a decisão de indeferimento do pedido de indisponibilidade dos bens dos réus. IX – A intimação da Procuradoria Regional da República para conhecer do processo e nele atuar, em segundo grau, não se confunde com a intimação da pauta de sessão e julgamento, porquanto as finalidades de cada um desses atos processuais são distintas, razão pela qual a intimação eletrônica da data do julgamento, alguns dias antes da solenidade, não supre a necessidade de abertura de vista. X – É que a comunicação da pauta da sessão informa exclusivamente a data em que o recurso será julgado, ao passo que a abertura de vista dos autos permite que o Parquet tome ciência do conteúdo das questões que serão debatidas, apreciadas e julgadas pelo Tribunal e se prepare para eventual sustentação oral, o que garante que a atuação do Procurador de Justiça no julgamento seja efetiva. XI – É manifesto o prejuízo do Ministério Público Federal, ora recorrente, no caso concreto. Acerca do tema, transcrevo recentes precedentes desta Corte: (REsp n. 1.822.323/PR, Rel. Ministro Herman Benjamin, Segunda Turma, julgado em 19/9/2019, DJ 11/10/2019 e Resp n. 1.436.460/PR, Rel. Ministro Og Fernandes, Segunda Turma, julgado em 13/12/2018, DJe 4/2/2019.) XII – Agravo interno improvido. (STJ, AgInt no AREsp 1675860/RJ, Rel. Francisco Falcão, 2ª Turma, j. 19.10.2020).

Exige-se apenas a intimação do Ministério Público, não sua efetiva manifestação, devendo sua ausência ou omissão ser interpretada como concordância tácita com o acordo.

✓ RECURSO ESPECIAL. PROCESSUAL CIVIL. AÇÃO DE ALIMENTOS. MENORES. INCAPAZES. MINISTÉRIO PÚBLICO. AUDIÊNCIA. INTIMAÇÃO. AUSÊNCIA INJUSTIFICADA. HOMOLOGAÇÃO. ACORDO JUDICIAL. POSSIBILIDADE. PREJUÍZO. INEXISTÊNCIA. 1. Recurso especial interposto contra acórdão publicado na vigência do Código de Processo Civil de 2015 (Enunciados Administrativos 2 e 3/STJ). 2. Compete ao Ministério Público intervir em causas nas quais há interesses de incapazes. 3. A inércia do Ministério Público em atuar em audiência de conciliação quando devidamente intimado não impõe a nulidade de acordo celebrado entre as partes e homologado em juízo, especialmente na ausência de demonstração de prejuízo. 4. Recurso especial não provido. § 1º Se o processo tiver tramitado sem conhecimento do membro do Ministério Público, o juiz invalidará os atos praticados a partir do momento em que ele deveria ter sido intimado (STJ, REsp 1831660/MA, Rel. Min. Ricardo Villas Bôas Cueva, 3ª Turma, j. 10.12.2019).

§ 1º Se o processo tiver tramitado sem conhecimento do membro do Ministério Público, o juiz invalidará os atos praticados a partir do momento em que ele deveria ter sido intimado.

Prejuízo decorrente da ausência de participação do Ministério Público em processo envolvendo interesse de menor.

✓ APELAÇÃO CÍVEL. AÇÃO DE INDENIZAÇÃO POR DANOS MORAIS. Menor. Intervenção do ministério público. Obrigatória. Ausência de intimação de todos os atos processuais a partir da impugnação à contestação. Prejuízo aos autores, na medida em que a sentença foi improcedente. Parecer em segundo grau, pela nulidade da sentença e dos atos que se seguiram sem a intimação do órgão ministerial. Inteligência dos arts. 179 e 279 do CPC/15. Precedentes desta corte. Sentença nula, de ofício, bem como todos os atos processuais praticados sem a intimação do ministério público. Recurso de apelação não conhecido. (TJPR; ApCiv 1664900-2; Paranacity; Décima Câmara Cível; Relª Desª Ângela Khury Munhoz da Rocha; Julg. 23/11/2017; DJPR 15/12/2017; Pág. 129)

Não se exige a decretação da interdição para que seja necessária a atuação do Ministério Público em processo envolvendo interesse de incapaz.

✓ APELAÇÃO CÍVEL. RESPONSABILIDADE CIVIL EM ACIDENTE DE TRÂNSITO. AÇÃO DE REPARAÇÃO DE DANOS. INCAPACIDADE CIVIL. SENTENÇA EXTINGUINDO O FEITO, COM RESOLUÇÃO DE MÉRITO, COM BASE NO ARTIGO 487, INCISO II, DO CÓDIGO DE PROCESSO CIVIL, EM VIRTUDE DO ADVENTO DA PRESCRIÇÃO TRIENAL. PEDIDO DE PROVAS FEITO PELO AUTOR, PROTESTANDO POR SUA INCAPACIDADE CIVIL, NÃO APRECIADO PELO JUÍZO A QUO. INTERVENÇÃO OBRIGATÓRIA DO MISTÉRIO PÚBLICO EM PRIMEIRO GRAU, NÃO OPORTUNIZADA NA ORIGEM. NULIDADE DO PROCESSO, POR EVIDENTE CERCEAMENTO DO DIREITO À PRODUÇÃO DE PROVA E DECORRENTE NEGATIVA DE PRESTAÇÃO JURISDICIONAL. Não obstante fosse indispensável a intervenção do ministério público dada a alegação de incapacidade do autor, não foi oportunizada a participação ministerial no curso do processo, que foi julgado extinto por força do reconhecimento da prescrição. Evidente, pois, o prejuízo sofrido com o desfecho do processo pela parte que, desde o início da tramitação do feito, alegou sua incapacidade. Compulsando os autos, verifica-se, que, de fato, não há sentença de interdição do autor. No entanto, era indispensável que houvesse sido oportunizada a intervenção do agente ministerial, na origem, que poderia promover a realização de diligências e provas no intuito de bem esclarecer a alegada incapacidade do autor. Note-se que o eventual reconhecimento da incapacidade (e desde quando esta efetivamente se instalou) teria consequência direta na aferição do decurso do lapso prescricional, o qual, conforme é sabido, não corre contra os incapazes (art. 198, I, do CCB). Deve ser salientado que a julgadora a quo acolheu a prefacial de mérito sem permitir a realização de prova, que havia sido expressamente requerida pela parte autora, o que, desta forma, não lhe permitiu comprovar o fato que constitui o seu direito e que teria como possível consequência a interrupção da prescrição, configurando evidente cerceamento do direito à produção de prova. O art. 178, inciso II, do novo Código de Processo Civil reza que é obrigatória a intervenção do ministério público nas causas em que há interesses de incapazes. Já o art. 279 do novo Estatuto Processual comina de nulidade o processo em que o ministério público não foi chamado a acompanhar, quando sua intervenção for obrigatória, ao passo que o parágrafo primeiro do referido dispositivo de Lei determina que os atos processuais sejam invalidados a partir do momento em que deveria ter ocorrido a intervenção ministerial. Trata-se de nulidade absoluta e, portanto, insanável, devendo ser oportunizada, na origem, a manifestação do ministério público. A jurisprudência desta colenda corte é remansosa no sentido da nulidade do processo em que, conquanto obrigatória, não houve a intervenção do ministério público. Posto isso, deve ser decretada a nulidade do feito, com a consequente desconstituição da sentença e o retorno dos autos à origem, a fim de que seja oportunizada a intervenção ministerial. Sentença desconstituída. Apelo provido. (TJRS; AC 0320668-16.2017.8.21.7000; Porto Alegre; Décima Segunda Câmara Cível; Relª Desª Ana Lúcia Carvalho Pinto Vieira Rebout; Julg. 23/11/2017; DJERS 28/11/2017)

Basta haver indícios de incapacidade para que seja necessária a intervenção do Ministério Público, não sendo exigida prova cabal nesse sentido.

✓ AÇÃO RESCISÓRIA. PROCESSO CIVIL. ART. 485, V, DO CPC/73. ART. 487, III, A, DO CPC/73. PRELIMINARES DE INADMISSIBILIDADE DA AÇÃO E DE ILEGITIMIDADE ATIVA DO MINISTÉRIO PÚBLICO FEDERAL. CONFUSÃO COM O MÉRITO. VIOLAÇÃO DO ART. 198, I, DO CC. INEXISTÊNCIA DE PRONUNCIAMENTO JUDICIAL ACERCA DA INCAPACIDADE DO AUTOR PARA OS ATOS DA VIDA CIVIL. PRETENSÃO DE REEXAME DE PROVAS E DE FATOS. IMPROCEDÊNCIA. INDICATIVO DA PRESENÇA DE INTERESSE DE INCAPAZ. OBRIGATORIEDADE DE INTERVENÇÃO DO PARQUET. JULGAMENTO DO AGRAVO DE INSTRUMENTO SEM A PARTICIPAÇÃO DO MPF. RECONHECIMENTO DE PRESCRIÇÃO. PREJUÍZO EFETIVO. OFENSA AO ART. 82, I, DO CPC/73. NULIDADE DO JULGAMENTO. ART. 279, §1º, DO CPC/2015. AÇÃO RESCISÓRIA PARCIALMENTE PROCEDENTE. 1. Ação Rescisória proposta pelo MPF em face de acórdão que teria violado literal disposição do art. 198, I, do CC, e do art. 82, I, do CPC/73, porque (i) declarou prescrita a pretensão executória de obrigação de fazer, a que fora condenada a União, de promover a reforma do autor, sem atentar para a incapacidade dessa pessoa para o exercício de qualquer atividade civil ou militar, por exibir comportamento correspondente à idade mental de sete anos e seis meses, e (ii) não houve a obrigatória participação do parquet no processo já que havia interesse de incapaz. 2. No caso, o autor postulou em Juízo em nome próprio, outorgando procuração particular à advogada, sem a assistência de seus pais. Na inicial, além dos pedidos de reintegração ao serviço militar e de reforma, requereu-se a interdição do autor e a nomeação de curador, referindo-se à incapacidade do autor. Contudo, a sentença limitou-se a deferir o pedido de reforma e de pagamento das parcelas vincendas, que transitou em julgado. 3. Na fase de execução, oposta exceção de pré-executividade pela União, o Juízo reconheceu a prescrição da obrigação de pagar e, interposto agravo de instrumento pela União, a 3ª Turma deste eg. Tribunal reconheceu a prescrição da obrigação de fazer (reforma), sendo este o acórdão rescindendo. Não houve a intervenção do MPF no procedimento executório. 4. No curso do processo originário, houve perícia psiquiátrica judicial e laudo psicológico particular (elaborados com a finalidade de aferir a debilidade mental e a incapacidade para o exercício da atividade militar) que indicavam a possível incapacidade do autor (idade mental correspondente a 07 anos e 06 meses, devido à deficiência intelectual. Oligofrenia leve). 5. Como não houve reconhecimento judicial da incapacidade do autor para os atos da vida civil, mas apenas de continuar na atividade militar, não incumbe a este Tribunal, em sede de ação rescisória, declarar a incapacidade do autor para os atos da vida civil (incompetência material da Justiça Federal). 6. Para se constatar a suposta violação literal à disposição do art. 198, I1, do CC, é necessário reanalisar detidamente os fatos e provas (de modo a perquirir se os citados laudos seriam suficientes. Ou não. Para atestar a incapacidade civil do autor), o que é vedado em ação rescisória ajuizada com fundamento no art. 485, V, do CPC/73. Precedentes do TRF5 e do STJ. 7. Nos termos do art. 82, I, do CPC/73. Vigente à época., é obrigatória a intervenção do Ministério Público em processos que envolvam interesse de incapaz, sob pena de nulidade. Precedentes do TRF5 e do STJ. 8. Para haver a atuação ou intervenção do MPF no feito como custos legis, não é necessária prova cabal da incapacidade do autor, mas apenas a probabilidade (existência de indícios) de que o autor da demanda possa ser incapaz. 9. Ante a presença de interesse de possível incapaz no feito, era obrigatória a participação do MPF, desde a oposição da exceção de pré-executividade, no julgamento do recurso de agravo de instrumento (acórdão rescindendo), que culminaram no reconhecimento da prescrição dos direitos do autor (prejuízo efetivo). 10. Rejeição das preliminares de ilegitimidade ativa do MPF e de inadmissibilidade da ação rescisória. 11. Rescisão do acórdão do AGTR nº 126479/PE, para anular, com fundamento no art. 279, §1º, do CPC/2015, todos os atos do processo (inclusive o julgamento) a partir das contrarrazões apresentadas pelo agravado, visto que, logo após esse ato, os autos deveriam ter ido, com vista, ao MPF para a emissão de parecer como custos legis. 12. Ação rescisória parcialmente procedente. (TRF 5ª R.; AR 0008915-71.2014.4.05.0000; PE; Tribunal Pleno; Rel. Des. Fed. Fernando Braga; DEJF 11/05/2017; Pág. 22)

Apontando que a falta de intervenção do órgão ministerial acarreta nulidade absoluta.

✓ PREVIDENCIÁRIO. APOSENTADORIA POR INVALIDEZ OU AUXÍLIO DOENÇA OU BENEFÍCIO ASSISTENCIAL. SENTENÇA CITRA PETITA. ANULAÇÃO DA SENTENÇA. I. A sentença julgou apenas o pedido de concessão de aposentadoria por invalidez ou auxílio doença, julgando-os improcedentes, sob o fundamento de ausência de qualidade de segurado e incapacidade laborativa. Não houve apreciação do pedido de benefício assistencial na sentença, seja em sua fundamentação ou na parte dispositiva. Portanto, entendo que a sentença de fls. 142/144 não observou o princípio da congruência entre o pedido e a sentença, uma vez que não julgou integralmente o pedido formulado na petição inicial, caracterizando-se, desta forma, julgamento citra petita. II- Conforme dispõe o artigo 141 do Código de Processo Civil/2015, o juiz decidirá a lide nos limites propostos pelas partes. Igualmente, o artigo 492 do mesmo diploma legal trata da correlação entre o pedido e a sentença. Assim sendo, caracterizada a hipótese de julgado citra petita, a teor do disposto nos artigos 141, 282 e 492 do CPC/2015, declaro a nulidade da sentença, determinando o retorno dos autos à Vara de Origem para que se dê regular processamento ao feito, com a produção do estudo social. III- Conforme o disposto nos arts. 178 e 279 do CPC e art. 31 da Lei nº 8.742/93, em casos como este, no qual se pretende a concessão do benefício previsto no art. 203, V, da Constituição Federal e Lei nº 8.742/93, mister se faz a intimação do Ministério Público, sob pena de se fulminar o processo com nulidade absoluta. IV- Apelação parcialmente provida. Sentença anulada. (TRF 3ª R.; AC 0020173-06.2017.4.03.9999; Oitava Turma; Rel. Des. Fed. Newton de Lucca; Julg. 23/10/2017; DEJF 10/11/2017)

§ 2º A nulidade só pode ser decretada após a intimação do Ministério Público, que se manifestará sobre a existência ou a inexistência de prejuízo.

→ *V.* Súmula 189 do STJ.

Entendendo que a ausência de participação do Ministério Público somente acarreta nulidade se houver prejuízo.

✓ RECURSO ESPECIAL. PROCESSO CIVIL. AÇÃO DE RESCISÃO CONTRATUAL. CITAÇÃO EM NOME DE INCAPAZ. INCAPACIDADE DECLARADA POSTERIORMENTE. NULIDADE NÃO RECONHECIDA. INTERVENÇÃO DO MP. NULIDADE. NECESSIDADE DE DEMONSTRAÇÃO DO PREJUÍZO. ESTATUTO DA PESSOA COM DEFICIÊNCIA. LEI N. 13.146/2015. DISSOCIAÇÃO ENTRE TRANSTORNO MENTAL E INCAPACIDADE. 1. A sentença de interdição tem natureza constitutiva, caracterizada pelo fato de que ela não cria a incapacidade, mas sim, situação jurídica nova para o incapaz, diferente daquela em que, até então, se encontrava. 2. Segundo o entendimento desta Corte Superior, a sentença de interdição, salvo pronunciamento judicial expresso em sentido contrário, opera efeitos ex nunc. Precedentes. 3. Quando já existente a incapacidade, os atos praticados anteriormente à sentença constitutiva de interdição até poderão ser reconhecidos nulos, porém não como efeito automático da sentença, devendo, para tanto, ser proposta ação específica de anulação do ato jurídico, com demonstração de que a incapacidade já existia ao tempo de sua realização do ato a ser anulado. 4. A intervenção do Ministério Público, nos processos que envolvam interesse de incapaz, se motiva e, ao mesmo tempo, se justifica na possibilidade de desequilíbrio da relação jurídica e no eventual comprometimento do contraditório em função da existência da parte vulnerável. 5. A ausência da intimação do Ministério Público, quando necessária sua intervenção, por si só, não enseja a decretação de nulidade do julgado, sendo necessária a demonstração do efetivo prejuízo para as partes ou para a apuração da verdade substancial da controvérsia jurídica, à luz do princípio pas de nullité sans grief. 6. Na espécie, é fato que, no instante do ajuizamento da ação de rescisão contratual, não havia sido decretada a interdição, não havendo se falar, naquele momento, em interesse de incapaz e obrigatoriedade de intervenção do Ministério Público. 7. Ademais, é certo que, apesar de não ter havido intimação do Parquet, este veio aos autos, após denúncia de irregularidades, feito por terceira pessoa, cumprindo verdadeiramente seu mister, com efetiva participação, consubstanciada nas inúmeras manifestações apresentadas. 8. Nos termos do novel Estatuto da Pessoa com Deficiência, Lei n. 13.146 de 2015, pessoa com deficiência é a que possui impedimento de longo prazo, de natureza física, mental, intelectual ou sensorial (art. 2º), não devendo ser mais tecnicamente considerada civilmente incapaz, na medida em que a deficiência não afeta a plena capacidade civil da pessoa (conforme os arts. 6º e 84). 9. A partir do novo regramento, observa-se uma dissociação necessária e absoluta entre o transtorno mental e o reconhecimento da incapacidade, ou seja, a definição automática de que a pessoa portadora de debilidade mental, de qualquer natureza, implicaria na constatação da limitação de sua capacidade civil deixou de existir. 10. Recurso especial a que se nega provimento (STJ, REsp 1694984/MS, Rel. Min. Luis Felipe Salomão, j. 14.11.2017).

Considerando que a intervenção do órgão ministerial em segundo grau apenas supre a ausência de participação no grau inferior se não houver prejuízo.

✓ DIREITO PROCESSUAL CÍVEL. APELAÇÃO. AÇÃO DE REPARAÇÃO POR DANOS MORAIS. SENTENÇA QUE JULGOU IMPROCEDENTE A DEMANDA. PRESENÇA DE INTERESSE DE MENOR. AUSÊNCIA DE INTERVENÇÃO DO MINISTÉRIO PÚBLICO NA ORIGEM. ARTIGOS 178, 179 E 279 DO CPC. NULIDADE RECONHECIDA. RECURSO PREJUDICADO. 1. É cediço que o ministério público, nos termos dos arts. 178, II, 179, I e 279 do Código de Processo Civil, deverá intervir nas demandas que envolvam interesse de incapaz, sob pena de nulidade, tendo vista dos autos após a manifestação das partes. 2. O Superior Tribunal de Justiça entende que a ausência de intervenção ministerial em primeira instância pode ser suprida pela participação do parquet em sede de segundo grau, em atenção ao princípio da instrumentalidade das formas; no entanto, no caso dos autos, o ministério público, em grau recursal, destacando que a situação dos autos configura hipótese de intervenção ministerial, diante da presença de menor no polo ativo da demanda, bem salientando que houve prejuízos à incapaz, opinou pela nulidade da sentença de improcedência. 3. Assim, impõe-se o acolhimento dos argumentos apresentados pelo ministério público de segundo grau, para desconstituir a sentença e declarar nulos os atos processuais ocorridos sem a intervenção do parquet. Sentença desconstituída. 4. Recurso prejudicado. (TJCE; APL 0202328-20.2013.8.06.0001; Segunda Câmara de Direito Privado; Relª Desª Maria de Fátima de Melo Loureiro; DJCE 27/09/2017; Pág. 86). No mesmo sentido: PROCESSUAL CIVIL. AÇÃO DE COBRANÇA. SEGURO DE VIDA. AUTOR MENOR DE 16 ANOS. PESSOA ABSOLUTAMENTE INCAPAZ. INTERVENÇÃO DO MINISTÉRIO PÚBLICO. OBRIGATORIEDADE. ARTS. 176, 178, II, 179 E 279 DO CPC. AUSÊNCIA DE INTIMAÇÃO. NULIDADE. INVALIDADE DOS ATOS PROCESSUAIS POSTERIORES À IRREGULARIDADE. RECURSO CONHECIDO E PROVIDO. SENTENÇA CASSADA. 1. Nos termos do artigo 178, II, inciso I, do Código de Processo Civil é necessária e obrigatória a intervenção do Ministério Público nas causas em que há interesses de incapazes. 2. A intervenção do Ministério Público, nessa hipótese, se justifica em defesa do interesse público de que são manifestações o interesse social e o interesse indisponível. Assim, o Ministério Público participa do processo como fiscal da ordem jurídica, intervindo no processo para velar pela justiça do processo e sua decisão, sendo-lhe assegurada vista dos autos depois das partes e intimação de todos os atos processuais (art. 179, I do CPC). 3. A não intimação do Ministério Público nos casos em que a Lei prevê como obrigatória a sua intervenção implica na nulidade do processo por vício de forma, nos termos do artigo 279 do Código de Processo Civil. 4. A nulidade pela falta de intimação do Ministério Público nos casos em que deva atuar como fiscal da ordem jurídica atinge todos os atos praticados a partir de quando era devida a sua intervenção no processo. 5. **In casu**, embora obrigatória sua intervenção, não houve oportunização ao representante do parquet para falar nos autos anteriormente à prolação da sentença, quando obrigatória sua intervenção, opinando sobre o regular processamento do feito, as provas produzidas e, precipuamente, acerca do mérito da contenda, bem assim tampouco houve sua intimação após a sentença para ciência da decisão, ou mesmo da interposição do recurso dos autores. 6. O ingresso do órgão ministerial quando o feito já se encontra em fase recursal não supre a falta de intervenção no primeiro grau de jurisdição, notadamente diante da expressa manifestação da Procuradoria de Justiça quanto à configuração de prejuízo para o incapaz, havendo, inclusive, julgamento de mérito em seu desfavor. (Acórdão n. 1024734, 20150110622816APC, Relator: Maria IVATÔNIA 5ª TURMA CÍVEL, Data de Julgamento: 14/06/2017, Publicado no DJE: 03/07/2017. Pág.: 469/477) 7. Apelação conhecida e provida. Sentença cassada. (TJDF; APC 2016.01.1.098382-8; Ac. 104.3711; Sexta Turma Cível; Rel. Des. Alfeu Machado; Julg. 30/08/2017; DJDFTE 06/09/2017); APELAÇÃO CIVEL. AÇÃO DE COBRANÇA. POLO PASSIVO. MENOR IMPÚBERE. AUSÊNCIA DE INTERVENÇÃO DO MINISTÉRIO PÚBLICO. PEDIDO INICIAL JULGADO PROCEDENTE. PREJUÍZO PARA O MENOR. SENTENÇA CASSADA. A intervenção do Ministério Público é imprescindível quando há interesse de menor no processo, conforme o disposto no art. 279 do CPC. Intimada a Procuradoria-Geral de Justiça nesta Instância Revisora, e tendo o referido órgão alegado a existência de prejuízo para o menor, diante da sentença de procedência do pedido inicial, a medida que se impõe é a cassação do referido decisum e a decretação de nulidade de todos os atos decisórios, desde o primeiro momento em que o Ministério Público deveria ter se pronunciado nos autos. (TJMG; APCV 1.0024.13.330164-8/001; Relª Desª Aparecida Grossi; Julg. 06/10/2017; DJEMG 11/10/2017)

A intimação do Ministério Público para tomar ciência de decisão proferida em recurso por ele interposto não supre a falta de intimação para atuar na condição de fiscal da lei.

✓ EMBARGOS DE DECLARAÇÃO. DIREITO CIVIL. DIREITO PROCESSUAL CIVIL. AGRAVO DE INSTRUMENTO. AÇÃO DE PRESTAÇÃO DE CONTAS. INTIMAÇÃO MINISTÉRIO PÚBLICO. FISCAL DA LEI. INOCORRÊNCIA. NULIDADE. ART. 279 DO CPC. RECURSO CONHECIDO E PROVIDO. 1. Analisando os autos, verifica-se que os autos só foram encaminhados ao Ministério Público, na condição de agravante, para tomar ciência da decisão que indeferiu o pedido de antecipação de tutela recursal, não tendo ocorrido nova intimação para atuação na condição de fiscal da Lei. 2. Ante esta clara omissão, necessária a declaração de nulidade processual, nos termos do art. 279 do CPC e da jurisprudência de Corte. Precedentes. 3. Recurso conhecido e provido, com efeito infringente, para declarar a nulidade de todos os atos processuais, a partir da fl. 67. Unânime. (TJDF; AGI 2015.00.2.033452-0; Ac. 101.3919; Primeira Turma Cível; Rel. Des. Rômulo de Araújo Mendes; Julg. 19/04/2017; DJDFTE 23/05/2017)

Entendendo que, para a decretação de nulidade, não basta que o Ministério Público alegue a necessidade de sua intervenção, sendo indispensável demonstrar o efetivo prejuízo.

✓ APELAÇÃO. PRELIMINAR. AUSÊNCIA DE INTERVENÇÃO DO MINISTÉRIO PÚBLICO DE PRIMEIRO GRAU. REJEITADA. PRESCRIÇÃO ÂNUA. INAPLICABILIDADE. APLICÁVEL PRESCRIÇÃO TRIENAL. PRECEDENTE DO STJ. PLANO COLETIVO. REAJUSTE POR FAIXA ETÁRIA. INEXISTÊNCIA DE DANO MORAL. DEVOLUÇÃO SIMPLES, RESPEITANDO APENAS O PRAZO PRESCRICIONAL. RECURSO PARCIALMENTE PROVIDO POR UNANIMIDADE. 1. A nulidade do processo por ausência de intimação do membro do ministério público (em feito que deva intervir) só pode ser decretada após manifestação do parquet sobre a existência ou não de prejuízo, nos termos do art. 279, §2º do CPC/15. No caso, a procuradoria limitou-se a reiterar a necessidade de participação do ministério público de primeiro grau em razão do provimento parcial dos pedidos da inicial, sem contudo demonstrar o efetivo prejuízo ao menor. Preliminar rejeitada. 2. Como no caso, o contrato foi celebrado em 19. 1.2007, incide o prazo prescricional de 3 anos previsto no art. 206, §3º, IV, do CC/2002 em consonância com o entendimento fixado pelo STJ no julgamento do RESP n. 1.361.182. RS. Logo, tendo sido a ação ajuizada em 30.4.15, devem ser considerados prescritos os reajustes anteriores a 30.4.12. 3. Em suas razões recursais a apelante deixou de impugnar especificamente a parte da sentença que determinou a nulidade das cláusulas contratuais n. 13 e n. 15 (estabelecedoras de reajustes por variação de custos médico hospitalares e reajustes por sinistralidade), sendo incabível a manifestação desta corte sobre a nulidade das mencionadas cláusulas e seus respectivos tipos de reajuste, diante da flagrante ofensa ao princípio da dialeticidade. 4. A cláusula contratual estipuladora dos reajustes por faixa etária, não obedeceu aos critérios estabelecidos pela RN 63/2003 da ANS, devendo ser considerada abusiva. No entanto, para evitar o reformatio in pejus, deve ser mantido o entendimento do juiz de piso quanto à possibilidade de aplicação da cláusula estipuladora dos reajustes por faixa etária desde que observada a limitação ao percentual máximo de 30%. 5. É indevida a condenação da seguradora ao pagamento de danos morais, pois a simples cobrança indevida não traduz dor, vexame, sofrimento ou humilhação capaz de afetar profundamente a esfera íntima das partes autoras/apeladas e ensejar reparação. Precedentes do TJPE. 6. Tendo havido cobrança indevida de valores, devem eles ser devolvidos integralmente, respeitados apenas o prazo prescricional. 7. Diante da ocorrência da sucumbência recíproca, deve haver a divisão do pagamento das custas e dos honorários advocatícios, cabendo metade para cada um, nos termos do art. 21 do CPC/73, correspondente ao art. 86 do CPC/15. (TJPE; APL 0024440-87.2015.8.17.0001; Sexta Câmara Cível; Rel. Des. Francisco Eduardo Gonçalves Sertório Canto; Julg. 24/08/2017; DJEPE 11/09/2017)

Se o pedido foi julgado favoravelmente ao menor, não se cogita de prejuízo decorrente da falta de participação do órgão ministerial.

✓ APELAÇÕES CÍVEIS. AÇÃO INDENIZATÓRIA. AUSÊNCIA DE INTERVENÇÃO DO MP EM PRIMEIRA INSTÂNCIA. PREJUÍZO NÃO CARACTERIZADO. CANCELAMENTO UNILATERAL DE PLANO DE SAÚDE COLETIVO SEM PRÉVIO AVISO. RELAÇÃO DE CONSUMO. RESPONSABILIDADE SOLIDÁRIA (ART. 7º, PARÁGRAFO ÚNICO, DO CDC). DANO MORAL. DEVER DE INDENIZAR. MANUTENÇÃO DA SENTENÇA. 1. Por certo, a exigência de intimação do Parquet prevista nos artigos 178, II e 179 do CPC/2015 não se revela como rigorismo formal ou apego à formalidade, mas sim como garantia constitucional corroborada pelos princípios do devido processo legal e da isonomia, na medida em que prevê tratamento desigual proporcionalmente às desigualdades apresentadas, sento ululante que um incapaz não pode ser tratado no mesmo nível de igualdade com outras pessoas plenamente capazes. Não obstante, nos termos do art. 279, §2º do CPC, e em homenagem ao princípio **pas de nullité sans grief**, a nulidade somente será decretada caso haja prejuízo ao menor, o que não ocorreu no caso, uma vez que os pedidos foram julgados procedentes, razão pela qual deve ser negado provimento ao recurso ministerial. 2. No mérito, o princípio da boa-fé objetiva, analisado sob o viés da interpretação dos contratos, ensina que o juiz deve analisar o negócio jurídico de forma global para verificar se, de alguma forma, deliberada ou não, uma das partes teve sua expectativa frustrada, pelo abuso da confiança por ela depositada. 3. O cancelamento do plano de saúde ressai incontroverso dos autos, tendo sido admitido pelas recorrentes, que respondem solidariamente, por força da regra contida no art. 7º, parágrafo único, do CDC. 4. A rescisão do negócio jurídico, sem qualquer aviso prévio, afrontou os princípios da boa-fé objetiva e da função social dos contratos, caracterizando a figura do abuso do direito prevista no art. 187 do Código Civil. 5. Quanto ao pagamento de indenização por danos morais, cumpre ressaltar que a extinção indevida do plano de saúde fez com que o segurado temesse por sua saúde, fato que repercutiu intensamente em sua esfera psicológica e lhe acarretou inegável dano moral indenizável. 6. Mostra-se razoável e proporcional a verba indenizatória arbitrada, valor que atende à finalidade compensatória (art. 944, caput, do Código Civil), bem como ao componente punitivo-pedagógico que visa a impulsionar à sociedade empresária a melhoria de seus serviços. Aplicação do Verbete 343, da Súmula do TJRJ, segundo o qual a verba indenizatória do dano moral somente será modificada se não atendidos pela sentença os princípios da proporcionalidade e da razoabilidade na fixação do valor da condenação. 7. Desprovimento do recurso. (TJRJ; APL 0021142-03.2014.8.19.0087; São Gonçalo; Vigésima Sétima Câmara Cível Consumidor; Rel. Des. Marcos Alcino de Azevedo Torres; DORJ 10/10/2017; Pág. 278)

Se o órgão ministerial, em segundo grau, sequer suscita a nulidade pela falta de sua participação, devem ser mantidos os atos processuais praticados.

✓ AGRAVO INTERNO. DECISÃO MONOCRÁTICA QUE DEU PROVIMENTO AO RECURSO DO ENTE MUNICIPAL E DENEGOU A SEGURANÇA. PRETENSÃO DO MEMBRO DO PARQUET DE SUBMETER O PRESENTE RECURSO À APRECIAÇÃO DO ÓRGÃO COLEGIADO, AGORA COM A PRÉVIA MANIFESTAÇÃO DA PROCURADORIA DE JUSTIÇA, SOB O ARGUMENTO DE QUE O DECISUM AGRAVADO FOI PROFERIDO SEM A PRÉVIA MANIFESTAÇÃO DO REFERIDO ÓRGÃO. Quanto ao mérito do recurso, opinou pela denegação da segurança. Preliminar de nulidade, ora arguida, que não merece prosperar, eis que, conforme orienta o § 2º do artigo 279 do Código de Processo Civil, a nulidade, pela ausência de intimação do Ministério Público, só será reconhecida após a oitiva deste órgão, informando se, concretamente, tal vício processual resultou em prejuízo, ou não. Logo, se, in casu, o membro do Parquet opinou pela denegação da segurança, no mesmo sentido do que restou decidiu no decisum ora agravado, inexistiu qualquer prejuízo passível de ensejar a nulidade do aludido ato. Recurso desprovido. (TJRJ; APL 0023792-84.2013.8.19.0078; Armação dos Búzios; Vigésima Câmara Cível; Relª Desª Georgia de Carvalho Lima; Julg. 19/07/2017; DORJ 21/07/2017; Pág. 416)

Art. 280. As citações e as intimações serão nulas quando feitas sem observância das prescrições legais.

→ *V.* Art. 239 do CPC.

Carta de citação entregue a pessoa diversa do citando – nulidade.

✓ RECURSO ESPECIAL. AÇÃO MONITÓRIA. REVELIA. CUMPRIMENTO DE SENTENÇA. EXCEÇÃO DE PRÉ-EXECUTIVIDADE. CITAÇÃO POSTAL. MANDADO CITATÓRIO RECEBIDO POR TERCEIRO. IMPOSSIBILIDADE. RÉU PESSOA FÍSICA. NECESSIDADE DE RECEBIMENTO E ASSINATURA PELO PRÓPRIO CITANDO, SOB PENA DE NULIDADE DO ATO, NOS TERMOS DO QUE DISPÕEM OS ARTS. 248, § 1º, E 280 DO CPC/2015. TEORIA DA APARÊNCIA QUE NÃO SE APLICA AO CASO. NULIDADE DA CITAÇÃO RECONHECIDA. RECURSO PROVIDO. 1. A citação de pessoa física pelo correio se dá com a entrega da carta citatória diretamente ao citando, cuja assinatura deverá constar no respectivo aviso de recebimento, sob pena de nulidade do ato, nos termos do que dispõem os arts. 248, § 1º, e 280 do CPC/2015. 2. Na hipótese, a carta citatória não foi entregue ao citando, ora recorrente, mas sim à pessoa estranha ao feito, em clara violação aos referidos dispositivos legais. 3. Vale ressaltar que o fato de a citação postal ter sido enviada ao estabelecimento comercial onde o recorrente exerce suas atividades como sócio administrador não é suficiente para afastar norma processual expressa, sobretudo porque não há como se ter certeza de que o réu tenha efetivamente tomado ciência da ação monitória contra si ajuizada, não se podendo olvidar que o feito correu à sua revelia. 4. A possibilidade da carta de citação ser recebida por terceira pessoa somente ocorre quando o citando for pessoa jurídica, nos termos do disposto no § 2º do art. 248 do CPC/2015, ou nos casos em que, nos condomínios edilícios ou loteamentos com controle de acesso, a entrega do mandado for feita a funcionário da portaria responsável pelo recebimento da correspondência, conforme estabelece o § 4º do referido dispositivo legal, hipóteses, contudo, que não se subsumem ao presente caso. 5. Recurso especial provido. (STJ, REsp 1840466/SP, Rel. Min. Marco Aurélio Belizze, 3ª Turma, j. 16.06.2020).

Nulidade da intimação realizada por falha cartorária em nome de advogado anterior, que não mais representa a parte no processo.

✓ APELAÇÃO CÍVEL. NEGÓCIOS JURÍDICOS BANCÁRIOS. EXPURGOS INFLACIONÁRIOS DA CADERNETA DE POUPANÇA. CUMPRIMENTO INDIVIDUAL DE SENTENÇA COLETIVA. Implica nulidade processual a realização de intimação em nome de advogado que não mais representa a parte no processo, devendo ser a intimação repetida ao novo procurador indicado e que demorou a ser cadastrado por falha cartorária na juntada da petição aos autos, com a reabertura do prazo para sua manifestação, na forma dos arts. 272, § 5º, e 280, do CPC. Apelo provido para declarar a nulidade processual. (TJRS; AC 0345368-56.2017.8.21.7000; Tapejara; Vigésima Quarta Câmara Cível; Rel. Des. Cairo Roberto Rodrigues Madruga; Julg. 13/12/2017; DJERS 18/12/2017)

Ausência de citação implica invalidade de todos os atos do processo subsequentes.

✓ RECURSO INOMINADO. ESTADO DO RIO GRANDE DO SUL. ICMS ENERGIA ELÉTRICA. BASE DE CÁLCULO. AUSÊNCIA DE CITAÇÃO DO RÉU. NULIDADE ABSOLUTA DOS ATOS PROCESSUAIS. SENTENÇA DESCONSTITUÍDA. Compulsando detidamente os autos, verifica-se que o Estado do Rio Grande do Sul não foi citado. Tratando-se a citação regular de ato indispensável à validade do processo, cuja ausência pode ser reconhecida a qualquer momento, deve ser anulado o presente feito a partir da fl. 31, desconstituindo-se a sentença e procedendo-se, então, o correto cumprimento da decisão da fl. 29, a fim de que a ré seja devidamente citada. Inteligência dos artigos 280 e 282 do novo Código de Processo Civil. Desconstituída, de ofício, a sentença. Recurso da autora prejudicado. Unânime. (TJRS; RCív 0063904-08.2017.8.21.9000; São José do Ouro; Segunda Turma Recursal da Fazenda Pública; Rel. Juiz Mauro Caum Gonçalves; Julg. 29/11/2017; DJERS 05/12/2017)

A nulidade de intimação da inclusão do feito em pauta acarreta a nulidade do julgamento.

✓ EMBARGOS DE DECLARAÇÃO. APELAÇÃO CÍVEL. PAUTA PARA JULGAMENTO. PUBLICAÇÃO. NOME DO ADVOGADO. INOBSERVÂNCIA. NULIDADE CARACTERIZADA E DECLARADA. EMBARGOS DE DECLARAÇÃO ACOLHIDOS PARCIALMENTE. É nula a intimação da inclusão do feito em pauta para julgamento da qual não conste o nome do advogado que representa a parte, sendo nulos os atos subsequentes, inclusive o julgamento do apelo. Inteligência dos arts. 272, § § 2º e 5º, e 280 do CPC/2015. Nulidade declarada. Embargos de declaração acolhidos parcialmente. (TJBA; EDcl 0214809-52.2007.8.05.0001/50000; Salvador; Terceira Câmara Cível; Relª Desª Telma Laura Silva Britto; Julg. 13/12/2016; DJBA 24/01/2017; Pág. 279)

Se houve intimações anteriores em relação às quais houve manifestação tempestiva, não se pode alegar em momento posterior a sua nulidade.

✓ AGRAVO DE INSTRUMENTO. AÇÃO DE REINTEGRAÇÃO DE POSSE. CUMPRIMENTO DE SENTENÇA. EXPRESSA INDICAÇÃO, NA PEÇA INICIAL, DO NOME DO ADVOGADO A SER INTIMADO. INOBSERVÂNCIA. Anotação do nome do substabelecido em todas as publicações realizadas nos autos. Arts. 272, §5º e 280 do Código de Processo Civil. Primeiras manifestações, porém, que ocorreram de forma tempestiva. Nulidade alegada apenas na fase de cumprimento de sentença. Hipótese excepcional de preclusão. Nulidade de algibeira. Inadmissibilidade. Decisão mantida. Recurso improvido. (TJSP; AI 2149557-71.2016.8.26.0000; Ac. 10093195; São Paulo; Décima Sexta Câmara de Direito Privado; Rel. Des. Coutinho de Arruda; Julg. 10/01/2017; DJESP 06/02/2017)

Art. 281. Anulado o ato, consideram-se de nenhum efeito todos os subsequentes que dele dependam, todavia, a nulidade de uma parte do ato não prejudicará as outras que dela sejam independentes.

Nulidade da intimação acarreta a invalidação dos atos processuais subsequentes.

✓ APELAÇÃO. RELAÇÃO DE CONSUMO. AÇÃO INDENIZATÓRIA. Plano de saúde. Recusa a cobertura de procedimento cirúrgico de emergência sob alegação de que a autora encontrava-se em período de carência. Sentença de parcial procedência. Apelo das partes. Segunda ré que suscita preliminar de nulidade da sentença e dos demais atos processuais posteriores à decisão que deu oportunidade às partes de se manifestarem em provas. Intimações das decisões direcionadas a advogado diverso daquele indicado expressamente nos autos para tanto. Nulidade caracterizada. Inteligência do artigo 272, § 5º do CPC/2015. Decretação da nulidade do processo a partir do ato viciado, bem como de todos os subsequentes. Artigo 281 do CPC/2015. Recurso da segunda ré a que se dá provimento. Recursos da primeira ré e da autora aos quais se nega provimento, eis que restam prejudicados. (TJRJ; APL 0345243-27.2016.8.19.0001; Rio de Janeiro; Vigésima Sétima Câmara Cível Consumidor; Relª Desig. Desª Fernanda Fernandes Coelho Arrabida Paes; DORJ 12/12/2017; Pág. 449)

Nulidade da citação implica invalidação dos atos subsequentes, preservando-se, porém, o ato de reintegração de posse já consumado.

✓ REINTEGRAÇÃO DE POSSE. NULIDADE DA SENTENÇA. Ausência de intimação do advogado. Inequívoco cerceamento do direito de defesa. Ofensa à ampla defesa, ao contraditório e ao devido processo legal. Nulidade caracterizada. Art. 272, § 2º, do CPC. Anulação da sentença e dos atos subsequentes, ressalvado, ao menos por ora, o ato de reintegração de posse já consumado, por razões de segurança jurídica e estabilidade das relações sociais. Poder geral de cautela (art. 297 do CPC) e modulação dos efeitos da nulidade (arts. 281 e 282 do CPC). Decisão parcialmente reformada. Recurso parcialmente provido. (TJSP; AI 2221966-45.2016.8.26.0000; Ac. 10244405; São Paulo; Décima Segunda Câmara de Direito Privado; Rel. Des. Tasso Duarte de Melo; Julg. 14/03/2017; DJESP 22/03/2017)

Em caso de sentença ultra petita, basta a redução aos limites do pedido inicial, não prejudicando a preservação da decisão nas demais questões independentes.

✓ PREVIDENCIÁRIO. JULGAMENTO ULTRA PETITA. REMESSA NECESSÁRIA TIDA POR OCORRIDA. APELAÇÃO PREJUDICADA. APOSENTADORIA POR TEMPO DE SERVIÇO/CONTRIBUIÇÃO. TEMPO URBANO RECONHECIDO ADMINISTRATIVAMENTE. INVERSÃO DO ÔNUS DA SUCUMBÊNCIA. Sentença que julgou além do pedido inicial. Ultra petita. Redução aos limites da exordial, de acordo com os artigos 141, 281 e 492 do CPC/2015. Sentença declaratória e condenatória. Impossibilidade de aferição do valor econômico. Inaplicável o §2º do artigo 475 do CPC/73. Remessa necessária tida por ocorrida. Ausência de interesse processual quanto ao pedido de declaração de período urbano incontroverso. Inversão do ônus da sucumbência. Exigibilidade condicionada à hipótese prevista no artigo 12 da Lei nº 1.060/50. Sentença reduzida de ofício. Remessa necessária, tida por ocorrida, provida. Apelação do INSS prejudicada. (TRF 3ª R.; AC 0007036-42.2006.4.03.6183; Sétima Turma; Rel. Des. Fed. Paulo Domingues; Julg. 27/11/2017; DEJF 11/12/2017). No mesmo sentido: APELAÇÃO CÍVEL. Relação de Consumo. Energia elétrica. Ação de obrigação de fazer c/c pedido de indenização por danos morais. Termo de Ocorrência de Irregularidade. Ausência de perícia. Indenização por danos materiais e morais. Sentença de parcial procedência. Irresignação da parte ré. A sentença com parcial anulação e reforma. A anulação alcança a condenação da concessionária no pagamento de reparação por danos morais, considerando que a autora não formulou tal pedido. Julgamento extra petita, cabendo ressaltar, outrossim, que a nulidade de uma parte do julgado não prejudica o exame das outras questões que sejam independentes (artigo 281 do Código de Processo Civil). Concessionária que não logrou comprovar a irregularidade apontada, fato que poderia ser demonstrado por prova pericial. Termo de Ocorrência de Irregularidade não goza de presunção de veracidade, nos termos da sumula nº 256 deste Tribunal. Responsabilidade objetiva da ré, nos termos do art. 14 do CDC. Evidente abusividade da ré em acrescentar nas faturas da parte autora o parcelamento da dívida, sem que este tenha anuído com tal medida. Cobrança indevida que foi, com acerto reconhecida na sentença, conduzindo à devolução em dobro dos valores pagos, nos termos do artigo 42, parágrafo único da Lei nº 8.078/90. Poder Judiciário do Estado do Rio de Janeiro Vigésima Quarta Câmara Cível Página 2 de 9 05 Condenação da ré ao pagamento integral dos ônus sucumbenciais. ANULA-SE PARCIALMENTE DA SENTENÇA E NEGA- SE PROVIMENTO AO RECURSO. (TJRJ; Ap 0018686-42.2013.8.19.0208; Vigésima Quarta Câmara Cível; Relª Desª Ana Célia Montemor Soares Rios Gonçalves; Julg. 03/05/2017; DORJ 05/05/2017); APELAÇÃO CÍVEL. Prestação de serviços. Ação declaratória de inexigibilidade de débito cumulada com indenizatória por danos materiais e morais. Ausência de comparecimento da parte a audiência, o que enseja a pena de confissão nos termos do artigo 385, § 1º do Código de Processo Civil. Norma que se aplica ao não comparecimento da parte a audiência de instrução e julgamento, e não a audiência de conciliação. Procedimentos administrativos referentes a reclamações da apelante juntados aos autos pela apelada nos limites da Lei, conforme o Decreto nº 6.523/2008. Ausência de comprovação de que os bens da apelante foram furtados por funcionários da apelada. Inversão do ônus da prova nos termos do artigo 6º, inciso VIII do Código de Defesa do Consumidor que não se justifica. Hipossuficiência econômica e técnica da apelante que não guarda correlação com a produção de prova referente à autoria de furto. Dificuldade extrema de produção de prova negativa pela apelada. Dano moral não caracterizado. Alegação de sentença citra petita afastada. Alegação de sentença extra petita acolhida, vez que a apelante requereu a continuidade da prestação dos serviços contratados e a sentença determinou a rescisão do contrato de serviços. Nulidade que alcança apenas parte do ato processual, não prejudicando as demais que dela sejam independentes, nos termos do artigo 281 do Código de Processo Civil. Litigância de má-fé da apelada não caracterizada. Sentença reformada em parte. Recurso provido para os fins de determinar a preservação do negócio jurídico celebrado entre as partes. (TJSP; APL 1008822-97.2013.8.26.0068; Ac. 10636285; Barueri; Décima Sexta Câmara de Direito Privado; Relª Desª Daniela Menegatti Milano; Julg. 25/07/2017; DJESP 04/08/2017; Pág. 1842)

Ausência de citação válida impossibilita que se mantenha a penhora, por ser ato processual logicamente posterior.

✓ AGRAVO DE INSTRUMENTO. LOCAÇÃO. COMPRIMENTO DE SENTENÇA. PRESCRIÇÃO INTERCORRENTE. NECESSIDADE DE PRÉVIA INTIMAÇÃO PESSOAL. NULIDADE DA PENHORA. A declaração da prescrição intercorrente pressupõe a prévia intimação pessoal do credor para dar prosseguimento à execução, situação que não restou perfectibilizada na hipótese. Precedentes do STJ e desta corte. Prescrição afastada. Nulidade da citação por edital que torna igualmente nulos os demais atos subsequentes praticados, entre os quais a decisão que converteu o arresto em penhora. A falta de citação válida inviabiliza a constrição. Art. 281 do CPC/2015. Decisão já lançada na seara recursal, em face à exceção de pré-executividade, ora desconsiderada na origem, quando do julgamento dos embargos. Readequação. Agravo de instrumento provido em parte. (TJRS; AI 0432857-68.2016.8.21.7000; Pelotas; Décima Sexta Câmara Cível; Relª Desª Cláudia Maria Hardt; Julg. 23/03/2017; DJERS 03/04/2017)

Nulidade da audiência de justificação implica invalidação da liminar nela concedida.

✓ AGRAVO DE INSTRUMENTO. REQUISITO ESPECÍFICO DE ADMISSIBILIDADE. INTERPRETAÇÃO DO ART. 1.018, § 2º, DO CPC/15. DISPENSA DE APRESENTAÇÃO DA PETIÇÃO DO RECURSO, COMPROVANTE DE INTERPOSIÇÃO E RELAÇÃO DE DOCUMENTOS QUE O INSTRUÍRAM, NA HIPÓTESE DO PROCESSO PRINCIPAL/ORIGINÁRIO SER ELETRÔNICO. PROVIDÊNCIA EXIGÍVEL APENAS QUANDO A DECISÃO RECORRIDA TIVER SIDO PROFERIDA EM PROCESSO FÍSICO. IRRELEVÂNCIA DA FORMA (FÍSICA OU ELETRÔNICA) PELA QUAL O RECURSO TRAMITA NO TRIBUNAL. INTERPRETAÇÃO DOS §§ 2º E 3º DO ART. 1.018 DO CPC/15 QUE NÃO PODE SER DISSOCIADA DA NORMA DO CAPUT DESSE ARTIGO. ART. 11, III, C, DA LEI COMPLEMENTAR Nº 95/98. PRECEDENTES DO TJPR. ENTENDIMENTO DOUTRINÁRIO. MÉRITO RECURSAL. AÇÃO DE REINTEGRAÇÃO DE POSSE. AUDIÊNCIA DE JUSTIFICAÇÃO REALIZADA SEM A CITAÇÃO DA RÉ. NULIDADE ABSOLUTA. ART. 562 DO CPC/15. DEVIDO PROCESSO LEGAL (ART. 5º, LIV E LV, DA CF). PREJUÍZO CONFIGURADO. RÉ QUE NÃO PÔDE COMPARECER À AUDIÊNCIA, NEM INQUIRIR AS TESTEMUNHAS ARROLADAS PELO AUTOR. NULIDADE POR CONTAMINAÇÃO DA DECISÃO LIMINAR PROFERIDA COM BASE NAS PROVAS TESTEMUNHAIS COLHIDAS NESSA AUDIÊNCIA. ARTS. 281 INSTRUMENTO PROVIDO. DECISÃO ANULADA. 1. O critério a ser observado, a fim de verificar se a juntada da petição do agravo de instrumento, do comprovante de sua interposição e dos documentos complementares nos autos principais é ônus ou faculdade do agravante (art. 1.018 do CPC/15). E se, consequentemente, de sua inobservância pode decorrer o não conhecimento do recurso, desde que alegado e comprovado pelo agravado. É a forma (física ou eletrônica) pela qual tramitam os autos de origem, ou seja, o processo principal, não importando o modo pelo qual tramita o agravo de instrumento (se física ou eletronicamente).2. A audiência de justificação realizada no presente feito deve ser declarada nula por força da ausência de citação prévia da ré. Assim como os depoimentos nela tomados, que deverão ser considerados provas ilícitas (pois tomados em desobediência aos ditames legais e constitucionais)., pelo que a decisão liminar agravada também deve ser considerada nula (por derivação ou arrastamento, nos termos dos arts. 281 e 282 do CPC/15), visto que é ato processual subsequente e inteiramente dependente daquele primeiro ato processual inválido. (TJPR; Ag Instr 1626400-3; Curitiba; Décima Sétima Câmara Cível; Rel. Des. Fernando Paulino; Julg. 16/08/2017; DJPR 31/08/2017; Pág. 327)

Art. 282. Ao pronunciar a nulidade, o juiz declarará que atos são atingidos e ordenará as providências necessárias a fim de que sejam repetidos ou retificados.

§ 1º O ato não será repetido nem sua falta será suprida quando não prejudicar a parte.

Se o parecer sobre o qual não se oportunizou o contraditório não teve nenhuma influência no julgamento, não há prejuízo e, portanto, devem ser mantidos os atos processuais praticados.

✓ DIREITO EMPRESARIAL, CIVIL E PROCESSUAL CIVIL. RECURSO ESPECIAL. RECURSO MANEJADO SOB A ÉGIDE DO CPC/73. ALEGAÇÃO DE OFENSA AO ART. 535, I E II, DO CPC/73. OMISSÃO OU OBSCURIDADE INEXISTENTES. ACÓRDÃO DEVIDAMENTE FUNDAMENTADO. JUNTADA DE PARECER JURÍDICO. ART. 398 DO CPC/73. OFENSA AO PRINCÍPIO DO CONTRADITÓRIO. NULIDADE. NÃO OCORRÊNCIA. PRINCÍPIO PROCESSUAL DA INSTRUMENTALIDADE DAS FORMAS. PAS DE NULLITÉ SANS GRIEF. AUSÊNCIA DE PREJUÍZO CONCRETO. AQUISIÇÃO ACIONÁRIA. PAGAMENTO. AUSÊNCIA DE PROVA. MÁ-FÉ. CONFIGURAÇÃO. REFORMA DO JULGADO. REEXAME DE MATÉRIA FÁTICO-PROBATÓRIA. INCIDÊNCIA DA SÚMULA Nº 7 DO STJ. 1. Inaplicabilidade do CPC neste julgamento ante os termos do Enunciado Administrativo nº 2 aprovado pelo Plenário do STJ na sessão de 9/3/2016: Aos recursos interpostos com fundamento no CPC/1973 (relativos a decisões publicadas até 17 de março de 2016) devem ser exigidos os requisitos de admissibilidade na forma nele prevista, com as interpretações dadas até então pela jurisprudência do Superior Tribunal de Justiça. 2. Não há ofensa ao art. 535 do CPC/73 porque o Tribunal de origem enfrentou todas as questões postas, não havendo no acórdão recorrido omissão, contradição ou obscuridade. 3. Parecer de jurista não se compreende no conceito de documento novo para os efeitos do art. 398 do CPC/73 porque se trata apenas de reforço de argumentação para apoiar determinada tese jurídica, não sendo, portanto, imperativa a oitiva da parte contrária a seu respeito. 4. Na linha dos precedentes desta Corte, o princípio processual da instrumentalidade das formas, sintetizado pelo brocardo pas de nullité sans grief e positivado nos arts. 249 e 250, ambos do CPC/73 (arts. 282 e 283 do CPC), impede a anulação de atos inquinados de invalidade quando deles não tenham decorrido prejuízos concretos. 5. Se o parecer jurídico acostado aos autos não teve nenhuma influência no julgamento da controvérsia, não acarretou nenhum prejuízo para a parte. Impossível, assim, declarar a nulidade do processo. 6. Modificar a conclusão acerca da inexistência de provas da aquisição da participação societária da WHEATON, seja pelo pagamento das cautelas ou pela modalidade negocial management buyout, bem como da inocorrência de atos maculados de má-fé praticados pelo controlador a fim de prejudicar um diretor, seria necessário o revolvimento do conjunto fático-probatório, procedimento inviável nesta Corte de Justiça em virtude da vedação contida em sua Súmula nº 7. 7. Quem dirige sociedade empresária de porte, além de cuidar do empreendimento, também precisa saber cuidar dos seus interesses pessoais. Não é crível que um diretor de empresa não saiba guardar documentos reveladores da sua participação acionária nela, através de bonificação pela prestação de serviços. 8. Recurso especial parcialmente conhecido e, nessa extensão, não provido. ACÓRDÃO Prosseguindo no julgamento, após o voto-vista do Sr. Ministro Ricardo Villas Bôas Cueva. (STJ; REsp 1.641.901; Proc. 2016/0228059-0; SP; Terceira Turma; Rel. Min. Moura Ribeiro; DJE 20/11/2017)

Se houve oposição tempestiva de embargos à execução, não se cogita de prejuízo decorrente da nulidade de citação.

✓ AGRAVO DE INSTRUMENTO. EXECUÇÃO DE TÍTULO EXTRAJUDICIAL. ALEGAÇÃO DE NULIDADE DA CITAÇÃO E DA INTIMAÇÃO DE BLOQUEIO. ORDEM DE DESBLOQUEIO. APRESENTAÇÃO DE EMBARGOS À EXECUÇÃO. AUSÊNCIA DE PREJUÍZO. INSTRUMENTALIDADE DAS FORMAS. DECISÃO MANTIDA. RECURSO IMPROVIDO. I) A assertiva de que a citação por edital foi apressada e, portanto, nula, não merece amparo porquanto o ato não obstou a oposição tempestiva dos embargos à execução, tampouco importou em prejuízo patrimonial. II) Se da nulidade apontada não decorreu prejuízo, aplica-se o artigo 282, § 1º, do Código de Processo Civil em atenção ao princípio pas des nullités sans grief. II) Recurso conhecido e improvido. Decisão mantida. (TJMS; AI 1408030-39.2017.8.12.0000; Quarta Câmara Cível; Rel. Des. Dorival Renato Pavan; DJMS 18/12/2017; Pág. 134)

Não há prejuízo se os novos cálculos não cientificados às partes consistiram em mera atualização monetária, não tendo sido fundamento para o julgamento do litígio.

✓ CIVIL E PROCESSO CIVIL. AÇÃO DE COBRANÇA. NULIDADE DO PROCESSO. NÃO OCORRÊNCIA. AUSÊNCIA DE PREJUÍZO. MÉRITO. INDENIZAÇÃO DO SEGURO DPVAT. VALOR INDEVIDAMENTE RECEBIDO PELO RÉU. EXISTÊNCIA DA DÍVIDA. ÔNUS DA PARTE AUTORA. DEMONSTRAÇÃO. FATO IMPEDITIVO, MODIFICATIVO OU EXTINTIVO DO DIREITO DO AUTOR. ÔNUS DO RÉU. NÃO COMPROVAÇÃO. JUROS DE MORA. 1% A PARTIR DA CITAÇÃO. CORREÇÃO MONETÁRIA. INCIDÊNCIA. DATA DO RECEBIMENTO INDEVIDO. 1. Apesar da ausência da ciência prévia de qualquer das partes sobre o cálculo realizado pela Contadoria Judicial para atualizar o valor pleiteado na petição inicial, não há que se decretar a nulidade do processo por tal fato, pois a mera atualização do valor apresentado na petição inicial, em processo que teve início em 2005, diga-se de passagem, não trouxe qualquer prejuízo ao réu, ora apelante, mormente porque ela não foi fundamento para a procedência parcial da pretensão autoral; devendo-se privilegiar o princípio **pas de nullité sans grief** (não há nulidade sem prejuízo), positivado no art. 282, § 1º, do novo CPC/15 (art. 249, § 1º, do revogado CPC/73). 2. Quanto ao valor inadimplido, trata-se de verdadeira ação de cobrança. E nas ações de cobrança o ônus da prova da existência do seu direito é do credor, enquanto ao réu cabe a prova do pagamento, por exemplo, ou de outro fato impeditivo, modificativo ou extintivo do direito do autor. Inteligência dos incisos I e II do art. 373 do novo Código de Processo Civil de 2015. 3. Assim, desincumbindo-se a parte autora da prova do seu crédito perante a parte requerida, a procedência dos pedidos de ressarcimento do valor inadimplido é medida que se impõe. 4. Com efeito, em sede de ação de cobrança de valor indevidamente recebido pelo réu e que pertencia à autora, no que se refere a incidência de juros e correção monetária sobre o débito, temos que a dívida reclamada é líquida e certa, devendo, portanto, a correção monetária ser aplicada desde a data do recebimento indevido, sendo observados os índices da tabela da Corregedoria Geral de Justiça do Estado de Minas Gerais, os quais são suficientes à correção da moeda. 5. No tocante aos juros moratórios, por tratar-se a espécie de ação de cobrança e revelando a citação como o momento hábil para a constituição em mora do devedor, conforme art. 240 do novo CPC/15 (art. 219 CPC/73), somente a partir da regular citação do devedor há que se considerar a incidência dos juros moratórios, em percentual determinado pela lei: 1% ao mês. Inteligência do art. 406 do Código Civil de 2002, c/c o § 1º do art. 161 do Código Tributário Nacional. (TJMG; APCV 1.0180.05.028949-5/006; Rel. Des. Otávio Portes; Julg. 03/05/2017; DJEMG 12/05/2017)

Ausência de intimação da penhora dirigida ao cônjuge sanada pela oposição de embargos de terceiro.

✓ EMBARGOS DE TERCEIRO. SENTENÇA DE IMPROCEDÊNCIA. ILEGITIMIDADE ATIVA DO APELANTE PARA POSTULAR COMO TERCEIRO, POR SER EXECUTADO NA AÇÃO PRINCIPAL QUE ORIGINOU OS EMBARGOS E ESTE APELO. Inteligência dos artigos 330, inciso II, e 485, inciso VI, do CPC. Recurso não conhecido. Embargos de terceiro. Alegação de ausência de intimação da apelante acerca da penhora do imóvel do qual é meeira. Nulidade. Inocorrência. Ainda que a apelante não tenha sido intimada da constrição havida, a oposição dos embargos de terceiro supre essa falta. Ausência de prejuízo. Precedentes do STJ. Inteligência do parágrafo 1º do artigo 282 do Código de Processo Civil. Recurso improvido. Embargos de terceiro. Alegação de que o imóvel penhorado é bem de família e está na posse dos apelantes. Matéria decidida anteriormente no recurso de agravo de instrumento nº 2113443-70.2015.8.26.0000, interposto pelo executado Eduardo, oportunidade em que se decidiu pela existência de fraude à execução e pelo afastamento do bem como sendo de família. Preclusão. Vedação à rediscussão da matéria nesta instância. Inteligência do artigo 508 do CPC. Recurso improvido. (TJSP; APL 1024432-04.2016.8.26.0100; Ac. 10929284; São Paulo; Vigésima Segunda Câmara de Direito Privado; Rel. Des. Sérgio Rui; Julg. 26/10/2017; DJESP 07/11/2017; Pág. 2457)

Considerando não haver prejuízo decorrente do julgamento colegiado de embargos de declaração opostos contra decisão monocrática.

✓ EMBARGOS DE DECLARAÇÃO. AUSÊNCIA DE NULIDADE DO JULGAMENTO COLEGIADO DE EMBARGOS DECLARATÓRIOS OPOSTOS CONTRA DECISÃO MONOCRÁTICA. AUSÊNCIA DE PREJUÍZO ÀS PARTES. ARTIGO 282, §1º, DO NOVO CÓDIGO DE PROCESSO CIVIL. INEXISTÊNCIA DOS VÍCIOS DISCRIMINADOS NO ARTIGO 1022, DO NOVO CÓDIGO DE PROCESSO CIVIL. NOVA TENTATIVA DE REDISCUSSÃO DO MÉRITO DA ANTERIOR R. Decisão monocrática proferida para que a mesma lhe seja favorável, o que é inadmissível via embargos declaratórios. Reiteração de oposição de embargos declaratórios com inequívoco intuito protelatório. Abuso de direito. Pena de litigância de má-fé. Imposição, ademais, da penalidade descrita na parte final do §3º do artigo 1026, do Novo Código de Processo Civil. Embargos rejeitados, com observação. (TJSP; EDcl 2109350-30.2016.8.26.0000/50002; Ac. 10113916; São Paulo; Nona Câmara de Direito Privado; Rel. Des. Conti Machado; Julg. 31/01/2017; DJESP 24/02/2017)

Utilização de prova emprestada sem a anuência do demandado não caracteriza prejuízo se a decisão se baseou em outras provas.

✓ I. AGRAVO DE INSTRUMENTO. RECURSO DE REVISTA INTERPOSTO SOB A ÉGIDE DA LEI Nº 13.015/2014. CESTA BÁSICA. NORMA COLETIVA POR VISLUMBRAR VIOLAÇÃO AO ART. 7º, XXVI, DA CONSTITUIÇÃO, DÁ-SE PROVIMENTO AO AGRAVO DE INSTRUMENTO PARA MANDAR PROCESSAR O RECURSO DE REVISTA. II. RECURSO DE REVISTA INTERPOSTO SOB A ÉGIDE DA LEI Nº 13.015/2014. PRELIMINAR DE NULIDADE POR NEGATIVA DE PRESTAÇÃO JURISDICIONAL 1. QUANTO À CESTA BÁSICA, A PREFACIAL NÃO SERÁ ANALISADA, NA FORMA DO ART. 282, § 2º, DO CPC. 2. Nos demais temas, a simples contrariedade das razões de decidir às pretensões da parte não caracteriza abstenção da atividade julgadora. NULIDADE DO PROCESSO. UTILIZAÇÃO DE PROVA EMPRESTADA SEM ANUÊNCIA DAS PARTES Em que pese ter sido realizada a análise de prova emprestada sem a anuência da Reclamada, verifica-se que o acórdão recorrido baseou-se em outras provas, inclusive, trazidas pela Reclamada, para manter a sentença. Na ausência de prejuízo, não se declara nulidade do julgado, nos termos do art. 794 da CLT. PRÊMIO PRODUTIVIDADE. INTEGRAÇÃO AO SALÁRIO O Eg. TRT consignou que a parcela prêmio produtividade era prevista em norma coletiva e paga habitualmente. Concluiu não haver violação ao art. 7º, XXVI, da Constituição, no ponto, e manteve a sentença, que determinara a integração da parcela à remuneração do Autor. Julgados desta Corte em mesmo sentido. HORAS IN ITINERE. NORMA COLETIVA. NATUREZA JURÍDICA Não têm validade as cláusulas coletivas que alteram a natureza salarial da remuneração das horas de itinerário, de maneira a convertê-las em verbas indenizatórias e excluir os reflexos das horas extras e sobre as demais verbas. DESCONTOS. CONTRIBUIÇÃO ASSISTENCIAL/CONFEDERATIVA A contribuição confederativa somente pode ser cobrada dos filiados do sindicato. Inteligência do Precedente Normativo nº 119 da Seção Especializada em Dissídios Coletivos e da Súmula nº 666 do E. Supremo Tribunal Federal. CESTA BÁSICA. NORMA COLETIVA As convenções e os acordos coletivos de trabalho têm previsão constitucional, como forma de solução de conflitos entre empregados e empregadores, devendo ser observados, sob pena de desrespeito ao art. 7º, XXVI, da Constituição da República. Recurso de Revista conhecido parcialmente e provido. (TST; RR 0000855-96.2013.5.09.0567; Oitava Turma; Relª Min. Maria Cristina Irigoyen Peduzzi; DEJT 11/11/2016; Pág. 2131)

Não há prejuízo decorrente da falta de intimação da embargada sobre os embargos de declaração se o acolhimento destes importou em modificação que lhe foi favorável.

✓ EMBARGOS DE DECLARAÇÃO. TERMO INICIAL DE CONTAGEM DA CORREÇÃO MONETÁRIA A PARTIR DO EVENTO DANOSO. SÚMULA Nº 43 DO STJ. EMBARGOS ACOLHIDOS COM EFEITOS MODIFICATIVOS. 1. A teor do artigo 1.022 do novel Código de Processo Civil, os embargos declaratórios têm cabimento quando a decisão embargada registra erro material, obscuridade, omissão ou contradição, requisitos estes necessários para averiguação de sua admissibilidade. 2. Segundo o embargante, o acórdão foi contraditório ao fixar como prazo inicial da correção monetária "a partir desta decisão", quando, em verdade, deveria ser a partir do evento danoso, ou seja, do pagamento a menor em sede administrativa. 3. Tratandose de ação de cobrança que visa o pagamento de indenização securitária do DPVAT, enquadrada, portanto, no conceito de danos materiais, é certo que o termo inicial da contagem da atualização monetária deve ser a partir da data do efetivo prejuízo, ou seja, do evento danoso no qual o ofendido deixou de receber o que lhe era devido. Este entendimento já está devidamente sedimentado na jurisprudência do Superior Tribunal de Justiça, que trata do tema na Súmula nº 43, **in verbis**: "incide correção monetária sobre dívida por ato ilícito a partir da data do efetivo prejuízo. "4. Destarte, tendo a decisão recorrida fixado o termo a quo da correção a partir do arbitramento, o que somente se aplica nos casos de indenização por danos morais (Súmula nº 362 do STJ), é de se reconhecer a procedência destes aclaratórios para operar a devida correção deste ponto. 5. Salientese, por fim, que ausência de intimação da embargada para responder aos termos dos presentes embargos nos quais foram emprestados efeitos infringentes não viola o disposto no § 2º do art. 1.023 e no art. 9º do CPC, haja vista que embora importem em modificação do julgado, esta se dá em favor da embargada, não havendo vício ou nulidade por ausência de prejuízo, assim como preceitua o § 2º do art. 282 também do CPC. 6. Embargos declaratórios conhecidos e providos com efeitos modificativos. (TJCE; EDcl 000374451.2009.8.06.0064/50001; Oitava Câmara Cível; Rel. Des. Antônio Pádua Silva; DJCE 31/03/2016; Pág. 39)

Entendendo que a ausência de indicação do valor da causa não acarreta prejuízo às partes.

✓ APELAÇÃO CÍVEL. 1) PRELIMINAR. INÉPCIA DA INICIAL. AUSÊNCIA DE MENÇÃO AO VALOR DA CAUSA (ART. 282, V, CPC/1973). MERA IRREGULARIDADE. INEXISTÊNCIA DE NULIDADE. REJEIÇÃO. 2) PRELIMINAR. VÍCIO DE CITAÇÃO. RÉU CITADO POR HORA CERTA. EVENTUAL VÍCIO QUE FOI SUPRIDO PELO COMPARECIMENTO ESPONTÂNEO. REJEIÇÃO. 3) MÉRITO. AÇÃO DE ALIMENTOS. PRESSUPOSTOS. FIXAÇÃO. OBSERVÂNCIA DA NECESSIDADE DE QUEM OS PLEITEIA E DA POSSIBILIDADE FINANCEIRA DE QUEM OS PAGA. PEDIDO DE REDUÇÃO. DESCABIMENTO. 4) RECURSO DESPROVIDO. 1. A jurisprudência do Superior Tribunal de justiça entende que "a falta de indicação do valor da causa não ofende aos arts. 258 e 282, inc. V, do CPC, ante a ausência de prejuízo às partes, sobressaindo o caráter da instrumentalidade do processo" (ar 4.187/SC, Rel. Ministro Massami Uyeda, segunda seção, Dje de 25/09/2012). Em igual sentido: RESP 826.698/MS, Rel. Ministra Nancy Andrighi, terceira turma, Dje de 23/05/2008. [...]. (STJ, AGRG no ARESP 556.583/SC, Rel. Ministra Assusete Magalhães, segunda turma; Julg. 23/06/2015, Dje 01/07/2015). 2. Não há que se falar em vício de citação quando o réu é citado por hora certa e, mormente, quando depois comparece espontaneamente nos autos, impugnando decisões e fazendo-se presente em audiência. 3. Na fixação da verba alimentar deve-se levar em consideração a proporcionalidade entre a necessidade de quem a reclama e a possibilidade de quem está obrigado a prestar o sustento, nos termos do artigo 1.694 do Código Civil, não merecendo censura o provimento jurisdicional que observa fielmente os vetores da legislação civil no arbitramento dos alimentos. 4. Rejeição das preliminares e desprovimento da apelação. (TJPB; APL 0124462-85.2012.815.0011; Segunda Seção Especializada Cível; Rel. Des. Tercio Chaves de Moura; DJPB 27/06/2016)

Simples alegação de nulidade da sentença proferida dias após o óbito da parte não é capaz de demonstrar prejuízo aos herdeiros.

✓ APELAÇÃO CÍVEL. CONDOMÍNIO. AÇÃO DE ALIENAÇÃO DE COISA COMUM. FALECIMENTO DE UM DOS RÉUS CONDÔMINOS, ANTES DE PROFERIDA SENTENÇA. DESCONSTITUIÇÃO DA DECISÃO PARA HABILITAÇÃO DOS HERDEIROS CORRÉUS. DESNECESSIDADE. AUSÊNCIA DE PREJUÍZO. NULIDADE DA SENTENÇA. NÃO OCORRÊNCIA. LITIGÂNCIA DE MÁ-FÉ NÃO CONFIGURADA. SENTENÇA MANTIDA. I. O erro de forma do processo acarreta a anulação apenas dos atos que não possam ser aproveitados. Em outras palavras, dar-se-á o aproveitamento dos atos praticados no processo, desde que não resulte prejuízo à defesa de qualquer parte – Inteligência do artigo 283 do novo Código de Processo Civil. Caso em que os herdeiros, ao invés de cumprir determinação judicial de habilitação do espólio/sucessão, preferiram interpor recurso de apelação sustentando a nulidade da sentença porque proferida 18 dias após o óbito, sem elencar/especificar qualquer espécie de prejuízo. Sentença de procedência mantida. II. Não reconhecida a litigância de má-fé dos recorrentes porque não caracteriza nenhuma das hipóteses descritas no artigo 80 do Código de Processo Civil. Preliminar contrarrecursal afastada. Apelo desprovido. Unânime. (TJRS; AC 0050226-43.2016.8.21.7000; Taquara; Décima Sétima Câmara Cível; Relª Desª Liege Puricelli Pires; Julg. 14/04/2016; DJERS 20/04/2016)

§ 2º Quando puder decidir o mérito a favor da parte a quem aproveite a decretação da nulidade, o juiz não a pronunciará nem mandará repetir o ato ou suprir-lhe a falta.

Dispensa-se nova perícia se o mérito for favorável a quem aproveitaria a decretação de nulidade.

✓ APELAÇÃO CÍVEL. CONSUMIDOR, CIVIL E PROCESSO CIVIL. PROVA PERICIAL. DESNECESSIDADE. ERRO MÉDICO. EXAME LABORATORIAL. RESPONSABILIDADE OBJETIVA. INDENIZAÇÃO. DANO MORAL. VALOR. REDUÇÃO. 1. As partes possuem direito subjetivo à produção de provas, em atenção aos Princípios do Contraditório, da Ampla Defesa e do Devido Processo Legal, insculpidos no artigo 5º, LIV e LIV, da Constituição Federal. 2. É possível a dispensa da prova pericial quando as partes apresentarem sobre as questões de fato pareceres técnicos ou documentos elucidativos, tidos como suficientes pelo juiz. 3. Desnecessária a realização de nova perícia, nos termos do artigo 282, parágrafo 2º, do Código de Processo Civil, quando o mérito for favorável a quem aproveite a decretação de nulidade. Princípio da Primazia do Mérito. 4. Para caracterização da responsabilidade civil objetiva necessária a demonstração de três requisitos: Conduta (ação ou omissão), dano e nexo de causalidade. 5. Em atenção aos Vetores Principiológicos da Razoabilidade e Proporcionalidade, o arbitramento a título de danos morais deve atender ao caráter compensatório e pedagógico da medida, não sendo fator apto a justificar enriquecimento sem causa do demandante ou tampouco valor inexpressivo capaz de perpetuar o comportamento negativo. 6. Demonstrado, na hipótese, o excesso no valor da fixação da indenização por danos morais, impõe a sua redução. 7. Recurso conhecido e parcialmente provido. (TJDF; APC 2013.04.1.012542-8; Ac. 105.7485; Oitava Turma Cível; Rel. Des. Eustáquio de Castro; Julg. 26/10/2017; DJDFTE 07/11/2017)

Deixando de apreciar a prejudicial de prescrição porque o mérito será favorável à parte a quem aproveitaria o seu pronunciamento.

✓ APELAÇÃO. AÇÃO CIVIL PÚBLICA POR ATO DE IMPROBIDADE ADMINISTRATIVA. IMPROCEDÊNCIA. PRELIMINARES DE DIALETICIDADE E INÉPCIA DA INICIAL. DESNECESSIDADE DE ANÁLISE. MÉRITO DEFERIDO A FAVOR DE QUEM A ARGUIU. INTELIGÊNCIA DO ART. 282, §2º, DO CÓDIGO DE PROCESSO CIVIL. MÉRITO. EX-PREFEITO DO MUNICÍPIO DE NAZAREZINHO. PROCESSO LICITATÓRIO. EMPRESA VENCEDORA PERTENCENTE A PARENTES DO GESTOR MUNICIPAL. IRREGULARIDADES APONTADAS. IMPUTAÇÃO DA CONDUTA DESCRITA NOS ARTS. 10, VIII, E 11, CAPUT, DA LEI Nº 8.429/92. DESCABIMENTO. ATO ÍMPROBO NÃO CARACTERIZADO. MANUTENÇÃO DA SENTENÇA. DESPROVIMENTO. Dispensável a análise da prejudicial de prescrição arguida em contrarrazões, porquanto "quando puder decidir o mérito a favor da parte a quem aproveite a decretação da nulidade, o juiz não a pronunciará nem mandará repetir o ato ou suprir. Lhe a falta" (art. 282, §2º, do novo Código de Processo Civil). Para caracterização do ato de improbidade, previsto no art. 10, VIII, da Lei nº 8.429/1992, é indispensável, além da presença do dolo ou da culpa do agente, a existência do efetivo dano ao erário, e, neste caso, não demonstrada pelo contido no acervo probatório. A caracterização das condutas previstas no 11, caput, da Lei nº 8.429/92 exige a comprovação do dolo por parte do agente público, ou seja, que a conduta dolosa do agente público, decorrente da má-fé e da desonestidade com a coisa pública, tenha violado os princípios constitucionais da Administração Pública. (TJPB; APL 0002549-21.2015.815.0371; Quarta Câmara Especializada Cível; Rel. Des. Tercio Chaves de Moura; DJPB 11/12/2017; Pág. 17)

Considerando o art. 282, § 2º do CPC subsidiariamente aplicável ao processo penal.

✓ APELAÇÃO CRIMINAL. ROUBO DUPLAMENTE MAJORADO TENTADO. PRELIMINAR DE NULIDADE PROCESSUAL. SOLUÇÃO MERITÓRIA FAVORÁVEL À PARTE SUPOSTAMENTE PREJUDICADA. ART. 282, §2º, DO CPC.

APLICAÇÃO SUBSIDIÁRIA. PREAMBULAR AFASTADA. MÉRITO. AUTORIA E MATERIALIDADE COMPROVADAS NO TOCANTE AO RÉU. PALAVRA SEGURA DA VÍTIMA. RESPALDO NOS AUTOS. CONDENAÇÃO DESTE MANTIDA. FRAGILIDADE PROBATÓRIA EM RELAÇÃO À RÉ. RECONHECIMENTO. NECESSIDADE. IN DUBIO PRO REO. ABSOLVIÇÃO DESTA IMPOSTA. DOSIMETRIA. MAJORANTES DO CONCURSO DE PESSOAS E EMPREGO DE ARMA. PROVAS INSUFICIENTES À CONFIGURAÇÃO. DECOTE DE AMBAS IMPOSTO. MINORANTE DA TENTATIVA. AUMENTO DA FRAÇÃO REDUTORA. NECESSIDADE VISLUMBRADA DE OFÍCIO. SURSIS TAMBÉM CONCEDIDO EX OFFICIO. IMPOSIÇÃO DE VALOR MÍNIMO INDENIZATÓRIO. TEMA NÃO DEBATIDO. AUSÊNCIA DE CONTRADITÓRIO. IMPOSSIBILIDADE. AFASTAMENTO IMPOSTO. RECURSO PARCIALMENTE PROVIDO. 1. Mesmo que se considere procedente a alegação preliminar de nulidade processual, tal pleito não deve ser acolhido, tendo em vista que, no mérito, a decisão será benéfica à parte pretensamente prejudicada pela suposta irregularidade (aplicação subsidiária do art. 282, §2º, do CPC, autorizada pelo art. 3º do CPP). 2. A palavra do ofendido que, além de reconhecer o réu como o autor do delito, ainda narra os fatos com riqueza de detalhes, constitui prova suficiente da autoria deste. Afinal, o único interesse da vítima é apontar o culpado, e, não, prejudicar injustamente pessoas inocentes. 3. Banda outra, não ocorrendo o mesmo em relação à ré, e não se desincumbindo o Parquet do encargo de fazer a prova plena em seu desfavor, não estando, destarte, suficientemente comprovada a participação desta na prática delituosa articulada na denúncia, impossível se confirmar a sentença condenatória em relação a ela, devendo ser reformada para absolvê-la, em respeito ao princípio in dubio pro reo. 4. Concluído que o réu praticou o delito sozinho, bem como ter intimidado o ofendido, segundo ele próprio, tão somente com palavras e simulação de uso de arma, ao colocar uma das mãos debaixo de sua camisa. Não se utilizando, contudo, de forma ostensiva, da arma branca que, em tese, possuía em seu poder -, impositivo o decote das majoras previstas nos incisos I e II do §2º do art. 157 do CP. 5. Tendo o agente percorrido apenas o início iter criminis, estando bem distante, por conseguinte, da consumação, a fração de diminuição relativa à tentativa deve ser estabelecida em seu grau máximo. 6. Presentes os requisitos do art. 77 do CP, impõe-se, ex officio, a concessão do sursis, direito subjetivo do acusado que preenche as referidas condições. 7. Para que o valor mínimo de indenização seja estabelecido, é preciso que haja amplo debate a respeito do tema, assegurando-se as garantias processuais ao acusado, para que este se defenda também do aspecto cível debatido. Logo, não estabelecido o contraditório sobre a questão, impositivo o decote da reparação mínima imposta na sentença. 8. Recurso provido em parte. (TJMG; APCR 1.0024.15.197661-0/001; Rel. Des. Eduardo Brum; Julg. 18/10/2017; DJEMG 25/10/2017)

Aplicando o dispositivo ao processo do trabalho.

✓ I. AGRAVO DE INSTRUMENTO. RECURSO DE REVISTA. UNIÃO. LEI Nº 13.015/2014. CONTRIBUIÇÃO PREVIDENCIÁRIA. CRÉDITOS TRABALHISTAS RECONHECIDOS EM JUÍZO. MULTA E JUROS DE MORA. FATO GERADOR. CONTRATO DE TRABALHO POSTERIOR A 5/3/2009. 1. O RECURSO DE REVISTA FOI INTERPOSTO NA VIGÊNCIA DA LEI Nº 13.015/2014 E FORAM ATENDIDAS AS EXIGÊNCIAS DO ART. 896, § 1º-A, DA CLT. 2. O TRT, ao reconhecer que o fato gerador da incidência dos juros e multa é o efetivo pagamento nos termos do art. 276 do Decreto nº 3.048/99 (aplicado a período contratual por ele não mais regido), parece ter incorrido em violação do art. 43, § 2º, da Lei nº 8.212/91, com a redação dada pela MP nº 449/2008 (não aplicado ao período contratual por ele regido). 3. Agravo de instrumento a que se dá provimento. II. Recurso de revista. União. Lei nº 13.015/2014. Preliminar de nulidade do acórdão por negativa de prestação jurisdicional. Deixa-se de apreciar a preliminar, nos termos do art. 282, § 2º, do CPC/2015, pois se constata a possibilidade de julgamento do mérito favorável ao recorrente. Preliminar superada. Contribuição previdenciária. Créditos trabalhistas reconhecidos em juízo. Multa e juros de mora. Fato gerador. Contrato de trabalho posterior a 5/3/2009. 1. O recurso de revista interposto foi interposto na vigência da Lei nº 13.015/2014 e foram atendidas as exigências do art. 896, § 1º-a, da CLT. 2. O pleno do TST, no e-rr-1125-36.2010.5.06.0171, decidiu que: a) conforme os julgados do STF, o fato gerador das contribuições previdenciárias é matéria infraconstitucional, ficando afastada a afronta direta ao art. 195 da CF, que dispõe sobre o financiamento das contribuições previdenciárias; b) no período até 4/3/2009, anterior à vigência da MP nº 449/2008, convertida na Lei nº 11.941/2009, que deu nova redação ao art. 43 da Lei nº 8.212/1991, o fato gerador é o efetivo pagamento das parcelas trabalhistas tributáveis, havendo mora, para o fim de pagamento de correção monetária, juros e multa, pelo empregador, somente após o dia dois do mês seguinte à liquidação nos termos do art. 276 do Decreto nº 3.048/1999; c) no período a partir de 5/3/2009, quando passou a viger a MP nº 449/2008, ante o princípio da anterioridade nonagesimal (art. 150, III, a, c/c 195, § 6º, da CF/88), o fato gerador é a prestação de serviços nos termos da atual redação do art. 43 da Lei nº 8.212/1991, com apuração mês a mês, sendo a correção monetária de responsabilidade do empregador e do empregado, enquanto os juros são de responsabilidade apenas do empregador; d) no período a partir de 5/3/2009, a multa moratória, devida somente pelo empregador, incide a partir do exaurimento do prazo de 48h da citação na execução para o pagamento, observado o limite legal de 20%, por aplicação dos arts. 880 da CLT c/c 61 da Lei nº 9.430/1996. 3. No caso dos autos, discute-se período posterior à vigência da MP nº 449/2008, uma vez que a reclamante foi admitida em 2011 e o contrato de trabalho foi extinto em 2013. Assim, o TRT, ao determinar que o fato gerador da incidência dos juros e multa sobre as contribuições previdenciárias é o efetivo pagamento ao credor, ofendeu o art. 43, § 2º, da Lei nº 8.212/91 (com a redação dada pela MP nº 449/2008). 4. Recurso de revista a que se dá provimento. (TST; RR 0010432-37.2014.5.15.0134; Sexta Turma; Relª Min. Kátia Magalhães Arruda; DEJT 02/09/2016; Pág. 2211)

Art. 283. O erro de forma do processo acarreta unicamente a anulação dos atos que não possam ser aproveitados, devendo ser praticados os que forem necessários a fim de se observarem as prescrições legais.

Parágrafo único. Dar-se-á o aproveitamento dos atos praticados desde que não resulte prejuízo à defesa de qualquer parte.

Aproveitamento dos embargos à execução apresentados, que deverão ser considerados tempestivos, diante da nulidade das citações.

✓ APELAÇÃO. EXECUÇÃO DE TÍTULO EXTRAJUDICIAL (LOCAÇÃO). SENTENÇA DE REJEIÇÃO LIMINAR

DOS EMBARGOS À EXECUÇÃO, POR INTEMPESTIVIDADE. NULIDADE ABSOLUTA DAS CITAÇÕES. SENTENÇA ANULADA. APROVEITAMENTO DOS ATOS PROCESSUAIS, RECONHECENDO-SE A TEMPESTIVIDADE DOS EMBARGOS OPOSTOS. RECURSO PROVIDO, COM DETERMINAÇÃO. 1. Em ação de execução de título extrajudicial, o ofício judicial expediu cartas de intimações aos executados, estabelecendo forma e prazos diversos para defesa (atinentes ao cumprimento de sentença), acarretando prejuízo aos embargantes (apelantes). Ora, como é cediço, as citações e as intimações serão nulas quando feitas sem observância das prescrições legais (art. 280 do CPC/2015), considerando-se de nenhum efeito todos os atos subsequentes que dele dependam (art. 281 do CPC/2015), dentre os quais, logicamente, a sentença que rejeita liminarmente os embargos à execução por intempestividade. Assim, reconhecida a nulidade das citações, anula-se, por via de consequência, a r. Sentença que reconhece a intempestividade dos embargos. Objetivando o aproveitamento máximo dos atos processuais já praticados, há de ser reconhecida a tempestividade dos embargos à execução opostos pelos executados, com o retorno dos autos à origem para retomada da marcha processual. 2. Removido o óbice em sede recursal, cabe ao juiz natural monocrático analisar o pedido de efeito suspensivo e demais requisitos de admissibilidade da petição inicial, sob pena de supressão de um grau de jurisdição. (TJSP; APL 1007352-62.2017.8.26.0562; Ac. 10551815; Santos; Trigésima Primeira Câmara de Direito Privado; Rel. Des. Adilson de Araujo; Julg. 27/06/2017; DJESP 05/07/2017; Pág. 2310). No mesmo sentido: EMBARGOS À EXECUÇÃO. Nulidade da citação. Inocorrência. Nulidade suprida com a oposição de embargos à execução, considerados tempestivos pelo juízo de origem. Aproveitamento dos atos processuais realizados após a citação, pois ausente prejuízo à defesa. Art. 283 do CPC. Cerceamento de defesa. Inocorrência. Prova pericial desnecessária. Questões de direito. Demais matérias (ausência de certeza, liquidez e exigibilidade do crédito, abusividade da cobrança de comissão de permanência cumulada com outros encargos e ilegalidade da capitalização de juros e da multa contratual). Ação não instruída com cópias das peças processuais relevantes. Art. 914, § 1º, do CPC. Inviável a análise das questões devolvidas sem a cópia da inicial da execução, do título executivo e da memória de cálculo do crédito executado. Recurso não conhecido nesses pontos. Recurso conhecido em parte e, na parte conhecida, não provido. (TJSP; APL 1035558-17.2017.8.26.0100; Ac. 11049352; São Paulo; Décima Segunda Câmara de Direito Privado; Rel. Des. Tasso Duarte de Melo; Julg. 07/12/2017; DJESP 14/12/2017; Pág. 2125)

Aproveitamento do mandado de segurança impetrado contra decisão que declinou da competência como agravo de instrumento.

✓ MANDADO DE SEGURANÇA. Impugnação de ato judicial. Decisão que declinou da competência. Interpretação extensiva do inciso III, do art. 1.015, do CPC/15. Possibilidade. Hipóteses semelhantes. Aplicação do princípio da fungibilidade. Cabimento do agravo de instrumento. Observância dos princípios da igualdade (art. 7º, do CPC/15), da instrumentalidade das formas (art. 277, do CPC/15) e do aproveitamento dos atos processuais (art. 283, parágrafo único, do CPC/15). Emenda da inicial. Necessidade de intimação da parte requerente e de reautuação dos autos. Pedido alternativo deferido. (TJPI; MS 2017.0001.001907-0; Primeira Câmara de Direito Público; Rel. Des. Haroldo Oliveira Rehem; DJPI 04/12/2017; Pág. 58)

Aproveitamento da impugnação apresentada, que deve ser recebida e processada como contestação.

✓ AGRAVO DE INSTRUMENTO. NEGÓCIOS JURÍDICOS BANCÁRIOS. CÉDULA DE CRÉDITO RURAL. EXPURGOS. LIQUIDAÇÃO DE SENTENÇA. OFERECIMENTO DE IMPUGNAÇÃO. ERRO MATERIAL. PRINCÍPIO DA INSTRUMENTALIDADE DAS FORMAS. APLICABILIDADE. O novo Código de Processo Civil estabelece um sistema de nulidades fundamentado no princípio do aproveitamento, do qual decorre a regra da sanabilidade das nulidades processuais, ex vi legis dos arts. 277 e 283 do CPC. Desta forma, a peça apresentada pela parte demandada, embora nominada impropriamente "impugnação", deve ser recebida e processada como "contestação". Não deve, pois, o judiciário esquivar-se de sua análise pelo simples equívoco de nomenclatura, quando nenhum prejuízo redundou à parte adversa. Agravo de instrumento provido. Unânime. (TJRS; AI 0329418-41.2016.8.21.7000; Bagé; Vigésima Terceira Câmara Cível; Rel. Des. Martin Schulze; Julg. 29/11/2016; DJERS 06/12/2016)

TÍTULO IV
Da Distribuição e do Registro

Art. 284. Todos os processos estão sujeitos a registro, devendo ser distribuídos onde houver mais de um juiz.

Art. 285. A distribuição, que poderá ser eletrônica, será alternada e aleatória, obedecendo-se rigorosa igualdade.

→ v. Art. 10 da Lei 11.419/2006.

Parágrafo único. A lista de distribuição deverá ser publicada no Diário de Justiça.

Art. 286. Serão distribuídas por dependência as causas de qualquer natureza:

I – quando se relacionarem, por conexão ou continência, com outra já ajuizada;

→ v. Arts. 55 e 56 do CPC.

II – quando, tendo sido extinto o processo sem resolução de mérito, for reiterado o pedido, ainda que em litisconsórcio com outros autores ou que sejam parcialmente alterados os réus da demanda;

→ v. Arts. 485 e 486 do CPC.

Não se cogita de distribuição por dependência se a primeira ação detinha caráter voluntário e a segunda é de natureza contenciosa.

✓ CONFLITO DE COMPETÊNCIA. PROCESSO CIVIL. AÇÃO DE REVISÃO DE ALIMENTOS. ANTERIOR PEDIDO DE HOMOLOGAÇÃO DE ACORDO CUJO PROCESSO FOI EXTINTO SEM RESOLUÇÃO DO MÉRITO. DEPENDÊNCIA AFASTADA. 1. Se a primeira ação detinha caráter voluntário, ausente parte no polo passivo, e a nova ação apresenta natureza contenciosa, não há distribuição por dependência conforme disciplinado no art. 286, II, do Código de Processo Civil. 2. Conflito conhecido para declarar competente o Juízo suscitado, o da 3ª Vara de Família e de Órfãos e Sucessões de Ceilândia. (TJDF; Proc 0711.79.9.372017-8070000; Ac. 105.8002; Primeira Câmara Cível; Rel. Des. Fábio Eduardo Marques; Julg. 07/11/2017; DJDFTE 16/11/2017)

Alteração substancial do pedido entre uma ação e outra, ainda que entre as mesmas partes, afasta a distribuição por dependência.

✓ CONFLITO DE COMPETÊNCIA. DISTRIBUIÇÃO POR DEPENDÊNCIA. ALTERAÇÃO SUBSTANCIAL DO PEDIDO. Mesmo que idênticas as partes, a alteração substancial de pedidos em relação à reclamação anteriormente ajuizada, extinta sem resolução do mérito, afasta a prevenção prevista no artigo 286, do CPC/15. (TRT 1ª R.; CC 0101218-29.2017.5.01.0000; Órgão Especial; Rel. Des. Marcos de Oliveira Cavalcante; DORJ 29/11/2017)

Não há distribuição por dependência no caso em que a parte primeiro propõe ação no Juizado Especial Cível e depois opta por veicular o pedido na justiça comum.

✓ CONFLITO NEGATIVO DE COMPETÊNCIA. AÇÃO DE OBRIGAÇÃO DE FAZER CUMULADA COM INDENIZAÇÃO POR DANOS MORAIS. AÇÃO PROPOSTA NO JUIZADO ESPECIAL CÍVEL. DESISTÊNCIA. PRETENSÃO DEDUZIDA POSTERIORMENTE NA JUSTIÇA COMUM. DISTRIBUIÇÃO POR DEPENDÊNCIA. ART. 286. DO CPC/2015. INAPLICÁVEL. ÓRGÃOS JURISDICIONAIS DISTINTOS. I. Inaplicável ao caso vertente, a norma do art. 286, inciso II, do CPC/2015, que determina a distribuição por dependência quando, tendo sido extinto o processo, sem julgamento de mérito, for reiterado o pedido, haja vista que aludido preceptivo legal faz referência à prevenção para juízes da mesma competência e, no caso em apreço, os órgãos jurisdicionais são de competências diferentes. II. O mencionado dispositivo legal tem por fito evitar o direcionamento da distribuição e não obsta à parte a faculdade de escolher o rito processual pelo qual pretende ver apreciada a pretensão deduzida em juízo, se o feito comportar a propositura perante o Juizado, nos termos da Lei nº 9.099/95, ou ajuizar a ação na Justiça Estadual, nos termos do Código de Processo Civil/2015. III. Assim, atento ao que dispõe o art. 926 do CPC/2015, filio-me ao entendimento, a fim de julgar procedente o presente conflito de competência e declarar competente o Juízo Suscitado, qual seja, a 2ª Vara Cível, Fazendas Públicas, Registros Públicos e Ambiental da Comarca de Quirinópolis. CONFLITO DE COMPETÊNCIA PROCEDENTE. (TJGO; CC 0226264-88.2016.8.09.0000; Quirinópolis; Primeira Seção Cível; Rel. Des. Roberto Horácio de Rezende; DJGO 01/09/2016; Pág. 47)

O fato de ter sido extrapolado o limite de alçada do Juizado Especial Federal entre o primeiro processo e o segundo não afasta a distribuição por dependência.

✓ CONFLITO DE COMPETÊNCIA. PROCESSO CIVIL. JUIZADO ESPECIAL. EXTINÇÃO DO PROCESSO SEM JULGAMENTO DE MÉRITO. REITERAÇÃO DE PEDIDO EM AÇÃO DE PROCEDIMENTO COMUM ORDINÁRIO. DISTRIBUIÇÃO POR DEPENDÊNCIA. 1. Caracteriza hipótese de distribuição por dependência o ajuizamento de ação em que renovado pedido já formulado em processo anteriormente extinto sem resolução de mérito. Inteligência do art. 286, II, do CPC/2015. 2. A circunstância de o valor da causa, por conta do decurso do tempo, ter ultrapassado o teto fixado como limite para os juizados especiais federais cíveis, não tem o condão de afastar a aplicação da norma processual. Precedentes. (TRF 4ª R.; CC 5051157-79.2017.404.0000; Terceira Seção; Rel. Des. Fed. Celso Kipper; Julg. 25/10/2017; DEJF 01/11/2017)

Não há distribuição por dependência se os processos foram ajuizados em ramos distintos da justiça comum.

✓ PROCESSUAL CIVIL. AGRAVO DE INSTRUMENTO. AÇÃO AJUIZADA NA JUSTIÇA FEDERAL. EXTINÇÃO DO FEITO SEM RESOLUÇÃO DO MÉRITO. AUTOR QUE DEIXOU DE COMPARECER À PERÍCIA. AJUIZAMENTO DE NOVA AÇÃO NA JUSTIÇA ESTADUAL. POSSIBILIDADE. INAPLICABILIDADE DO ART. 286, II, DO CPC. COMPETÊNCIAS TERRITORIAIS DISTINTAS. ENTENDIMENTO DO PLENO DESTE TRF5. 1. O agravante interpôs ação ordinária perante o juízo da 15ª Vara Federal de Sousa/PB, objetivando a concessão de benefício previdenciário. O processo foi extinto sem resolução do mérito, na forma do art. 51, I, da Lei nº 9.099/95, tendo em vista que o autor deixou de comparecer à perícia designada pelo juízo. Posteriormente, a parte autora ajuizou ação idêntica perante a 3ª vara da Comarca de Catolé do Rocha/PB, sob o argumento de não possuir recursos financeiros para se deslocar da cidade onde reside (Jericó/PB) para a cidade de Souza/PB, onde todos os atos processuais serão praticados. 2. Na decisão agravada, a 3ª vara da Comarca de catolé do Rocha/PB declarou a incompetência absoluta daquele juízo e, diante da regra de distribuição do processo por dependência, prevista no art. 286, II, do CPC, determinou a remessa dos autos para a 15ª Vara Federal, com sede em Sousa/PB. 3. De acordo com entendimento firmado pelo pleno deste e. Trf5, a distribuição por prevenção, prevista no art. 286, II, do CPC, não se aplica quando em debate ramos distintos da justiça comum (justiça federal X justiça estadual), como é o caso dos autos, eis que não há identidade territorial que justifique a sua aplicação. (Processo: 00031887320154059999, cc3150/CE, desembargador federal Cid Marconi, pleno, julgamento: 28/10/2015, publicação: Dje 23/11/2015. Página 42). 4. Agravo de instrumento provido para reconhecer a competência do juízo da 3ª vara da Comarca de catolé do Rocha/PB para apreciar e julgar a lide. (TRF 5ª R.; AGTR 0001684-61.2017.4.05.9999; PB; Primeira Turma; Rel. Juiz Fed. Conv. Leonardo Resende Martins; DEJF 06/10/2017; Pág. 34)

Não há distribuição por dependência se a nova ação de alimentos é ajuizada anos depois em foro distinto, em decorrência da mudança de domicílio do alimentando.

✓ CONFLITO NEGATIVO DE COMPETÊNCIA. AÇÃO DE ALIMENTOS. PROPOSITURA NA VARA DE FAMÍLIA E DE ÓRFÃOS E SUCESSÕES DE ÁGUAS CLARAS. FORO DO DOMICÍLIO DO ALIMENTANDO. DISTRIBUIÇÃO POR DEPENDÊNCIA. ART. 286, II, DO CPC. PRIMEIRA VARA DE FAMÍLIA E DE ÓRFÃOS E SUCESSÕES DE SAMAMBAIA. FORO DO ANTERIOR DOMICÍLIO. ART. 147, I, DO ECA. PRINCÍPIOS DO JUIZ IMEDIATO E MELHOR INTERESSE DO MENOR. PREVALÊNCIA SOBRE AS DISPOSIÇÕES ORDINÁRIAS DO CPC. CONFLITO NEGATIVO CONHECIDO E DECLARADO COMPETENTE O

JUIZO SUSCITADO. 1. Cinge-se a controvérsia a definir a competência para o julgamento de nova ação de alimentos proposta, ajuizada após mais de cinco anos pelo alimentando e em foro diverso daquele que, anteriormente, julgou o processo extinto sem resolução do mérito, envolvendo as mesmas partes. 2. A mens legis do art. 286, inciso II, do CPC é evitar que a parte possa burlar o princípio do juiz natural e escolher o juízo que irá processar sua demanda. Entretanto, não há esquiva ao juiz natural quando a parte, após o decurso de mais de meia década e de mudança em seu domicílio, ajuíza nova ação de alimentos em desfavor de seu genitor no foro do seu endereço atual. 3. Em demandas que tratam dos direitos da criança e do adolescente, a regra que deve prevalecer é a do juiz imediato, consubstanciada no art. 147, inciso I, do ECA, em atenção ao melhor interesse do menor. 4. CONFLITO NEGATIVO CONHECIDO E DECLARADO COMPETENTE A VARA DE FAMÍLIA E DE ÓRFÃOS E SUCESSÕES DE ÁGUAS CLARAS. (TJDF; Proc 0708.25.2.862017-8070000; Ac. 104.3862; Segunda Câmara Cível; Rel. Des. Luís Gustavo Barbosa de Oliveira; Julg. 01/09/2017; DJDFTE 11/09/2017)

Distribuição por dependência de ação condenatória em decorrência de mandado de segurança precedente, ainda que haja redução ou ampliação do pedido.

✓ CONFLITO NEGATIVO DE COMPETÊNCIA. Ação condenatória em obrigação de fazer, visando aprovação definitiva de implantação de loteamento urbano. Existência de Mandado de Segurança precedente, julgado extinto, sem resolução do mérito, pelo juízo suscitado. Distribuição por dependência. Prevenção caracterizada, ainda que haja redução ou ampliação do pedido. Inteligência do disposto no art. 286, II do Código de Processo Civil. Conflito procedente. Competência do Juízo suscitado (1ª Vara da Judicial de Barra Bonita). (TJSP; CC 0015570-70.2016.8.26.0000; Ac. 10779198; Barra Bonita; Câmara Especial; Relª Desª Dora Aparecida Martins; Julg. 04/09/2017; DJESP 27/09/2017; Pág. 2597)

Se a distinção entre as duas ações diz respeito apenas às parcelas referentes à mora, deve ser determinada a distribuição por dependência.

✓ CONFLITO NEGATIVO DE COMPETÊNCIA. Repropositura de ação extinta sem julgamento de mérito. Distribuição por dependência que se impõe, de acordo com o disposto pelo art. 286, inc. II, do CPC e o Prov. CSM 834/2004. Ação posterior envolvendo as mesmas partes, causa de pedir e versando sobre o mesmo contrato, sendo apenas diversas as parcelas referentes à mora. Conflito procedente. Competente o Juízo suscitado, da 8ª Vara Cível do Foro Regional de Santo Amaro. (TJSP; CC 0015680-35.2017.8.26.0000; Ac. 10478950; São Paulo; Câmara Especial; Rel. Des. Salles Abreu; Julg. 29/05/2017; DJESP 19/07/2017; Pág. 2383)

Afastando a distribuição por dependência da ação de divórcio para o mesmo juízo para o qual foram distribuídas ações de separação litigiosa e separação de corpos.

✓ CONFLITO NEGATIVO DE COMPETÊNCIA. AÇÃO DE DIVÓRCIO LITIGIOSO DISTRIBUÍDA INICIALMENTE AO JUÍZO DA 1ª VARA DE FAMÍLIA DA COMARCA DE RIO BRANCO. DECLINAÇÃO DE COMPETÊNCIA COM BASE NO ART. 286, II, DO CPC, PARA O JUÍZO DA 2ª VARA DE FAMÍLIA DA COMARCA DE RIO BRANCO, ONDE TERIAM TRAMITADO A CAUTELAR DE SEPARAÇÃO DE CORPOS Nº 0014541-90.2007.8.01.0001 E A AÇÃO DE SEPARAÇÃO LITIGIOSA Nº 0017657-07.2007.8.01.0001, QUE FORAM EXTINTAS SEM RESOLUÇÃO DO MÉRITO ANTES DA EMENDA CONSTITUCIONAL N. 66, DE 13 DE JULHO DE 2010. CONFLITO SUSCITADO PELA 2ª VARA DE FAMÍLIA DA COMARCA DE RIO BRANCO INOCORRÊNCIA DE REITERAÇÃO DE PEDIDO FORMULADO EM PROCESSO EXTINTO SEM RESOLUÇÃO DO MÉRITO. NÃO CONFIGURAÇÃO DA SITUAÇÃO PREVISTA NO ART. 286, II, DO CPC A AUTORIZAR A DISTRIBUIÇÃO POR DEPENDÊNCIA. CONFLITO JULGADO PROCEDENTE. 1. Se a ação de separação litigiosa e a cautelar de separação de corpos, apontadas como motivação para a declinação da competência para julgamento da ação de divórcio, foram extintas sem resolução do mérito antes da Emenda Constitucional n. 66, de 13 de julho de 2010, forçoso concluir que não possuem mesma identidade de pedido ou causa de pedir com a ação de divórcio, já que as referidas ações não objetivavam a dissolução do matrimônio, mas apenas e tão somente a extinção de alguns dos efeitos do casamento, pelo que se deve afastar a declinação de competência com fundamento no art. 286, II, do CPC. 2. Conflito julgado procedente. (TJAC; CC 0100399-77.2016.8.01.0000; Ac. 3.233; Segunda Câmara Cível; Rel. Des. Júnior Alberto; DJAC 23/06/2016; Pág. 25)

Distribuição por dependência de nova ação para o recebimento do seguro DPVAT, ainda que ajuizada em face de diferente réu.

✓ PROCESSUAL CIVIL. AÇÃO DO PEDIDO EM NOVA AÇÃO. ART. 286, II, DO CÓDIGO DE PROCESSO CIVIL. PREVENÇÃO DO JUÍZO QUE EXTINGUIU SEM RESOLUÇÃO DE MÉRITO A PRIMEIRA AÇÃO. COMPETÊNCIA FUNCIONAL. NULIDADE ABSOLUTA. RECONHECIMENTO DE OFÍCIO. RECURSO PREJUDICADO. 1. O exame detido da ação anterior movida pelo recorrido revelou a existência de vício insanável, relativo à incompetência absoluta do juízo a quo para processar e julgar a presente demanda, violação expressa do quanto disposto no art. 286, inciso II, do Código de Processo Civil. 2. Nestes termos, tendo a primeira demanda tramitado no juízo da 25ª Vara Cível de Fortaleza, deveria a presente demanda correr no mesmo juízo e não no juízo da 29ª cível, por força do dispositivo legal supracitado e em razão do princípio do juiz natural, que orienta a questão em análise. 3. Sobre o tema, vale salientar que o dispositivo de Lei acima mencionado corresponde ipsis litteris ao art. 253, inc. III do CPC/73 (em vigor na data da propositura da demanda), que por sua vez foi acrescentado pela Lei nº 11.280/06, atendendo ao clamor da comunidade jurídica que reivindicava um instrumento capaz de coibir a prática maliciosa de alguns advogados de desistir de uma demanda logo após sua distribuição seja em virtude do indeferimento da liminar requerida, seja em razão do prévio conhecimento da orientação contrária do magistrado acerca da matéria em discussão, ou qualquer outra circunstância que pudesse indiciar o insucesso na causa para, logo em seguida, intentála novamente com o objetivo de chegar a um juiz que, ainda que em tese, lhes fosse mais favorável e/ou conveniente. 4. Restando indene de dúvidas a reiteração do mesmo pedido anteriormente formulado, e ainda que diferente o réu diante da solidariedade prevista para o recebimento do seguro DPVAT, deve ser reconhecida a incompetência absoluta do juízo da 29ª Vara Cível de Fortaleza, dado que a distribuição por dependência estatuída no art. 286, inc. II, do CPC diz respeito à competência funcional ou seja, de natureza absoluta derivada da atuação do juízo na primeira demanda. Precedentes do TJCE e STJ. 5. Recurso prejudicado. (TJCE; APL 001065977.2010.8.06.0001; Oitava Câmara Cível; Rel. Des. Antônio Pádua Silva; DJCE 22/06/2016; Pág. 68)

A criação de novas varas não afasta a distribuição por dependência em caso de reiteração do pedido.

✓ DIREITO PROCESSUAL CIVIL. CONFLITO NEGATIVO DE COMPETÊNCIA. JUÍZO DA 1ª VARA DE FAMÍLIA E DE ÓRFÃOS E SUCESSÕES DE TAGUATINGA. JUÍZO DA VARA DE FAMÍLIA E DE ÓRFÃOS E SUCESSÕES DE ÁGUAS CLARAS. AÇÃO. DIVÓRCIO GUARDA. VISITAS. PROPOSTA DUAS VEZES. INDEFERIMENTO INICIAL. INSTALAÇÃO APÓS A PERPETUAÇÃO DA JURISDIÇÃO. NOVA AÇÃO. DISTRIBUIÇÃO ALEATÓRIA. IMPOSSIBILIDADE. 1. Se houver distribuição por dependência de causas, tendo sido extinto o processo sem resolução de mérito, e for reiterado o pedido, tem-se caracterizada a competência funcional, absoluta e que não pode ser alterada pela vontade das partes. Inteligência do artigo 286, inciso II, do CPC. 2. A criação de novas varas não implica na distribuição dos processos por expressa disposição legal e por observância aos princípios do juiz natural e da perpetuatio jurisdicionis, sobretudo quando se tem processos anteriormente julgados sem análise de mérito na vara anteriormente competente, antes da inauguração do fórum de Águas Claras/DF. 3. A vedação da redistribuição encontra respaldo na regra de perpetuação da jurisdição (art. 43 do Código de Processo Civil de 2015); no princípio do juiz natural; no art. 70 da Lei de Organização Judiciária do Distrito Federal; e no art. 4º da Resolução nº 1/2016 do Tribunal de Justiça que criou a Circunscrição Judiciária de Águas Claras/DF. 4. Conflito negativo de competência conhecido para declarar competente o Juízo Suscitante. 1ª Vara de Família, Órfãos e Sucessões de Taguatinga/DF. (TJDF; CCP 2016.00.2.026190-9; Ac. 982.241; Primeira Câmara Cível; Relª Desª Maria de Lourdes Abreu; Julg. 07/11/2016; DJDFTE 25/11/2016)

III – quando houver ajuizamento de ações nos termos do art. 55, § 3º, ao juízo prevento.

→ *V.* Art. 337, § 2º do CPC.

→ *V.* Art. 28 da Lei 6.830/1980.

→ *V.* Súmula 235 do STJ.

Ação de reintegração de posse e ação de usucapião devem ser distribuídas por dependência para afastar o risco de decisões contraditórias.

✓ CONFLITO NEGATIVO DE COMPETÊNCIA. AÇÃO DE REINTEGRAÇÃO DE POSSE. CONEXÃO POR PREJUDICIALIDADE COM AÇÃO DE USUCAPIÃO. IDENTIDADE DE OBJETO. NECESSIDADE DE JULGAMENTO CONJUNTO. ARTIGO 55, § 3º, DO CÓDIGO DE PROCESSO CIVIL. IMPOSIÇÃO DE DISTRIBUIÇÃO DA AÇÃO DE REINTEGRAÇÃO DE POSSE POR DEPENDÊNCIA LOGO QUANDO AJUIZADA. INDEFERIMENTO DA PRIMEIRA PETIÇÃO INICIAL DA AÇÃO DE USUCAPIÃO E POSTERIOR REITERAÇÃO DO PEDIDO QUE NÃO É APTO A MODIFICAR COMPETÊNCIA JÁ FIXADA. REUNIÃO DOS FEITOS PERANTE O ÓRGÃO JULGADOR QUE RECEBEU A PRIMEIRA PETIÇÃO INICIAL. DISTRIBUIÇÃO POR DEPENDÊNCIA. ARTIGO 286 DO CÓDIGO DE PROCESSO CIVIL. 1. Ação de reintegração de posse e ação de usucapião que tenham por objeto o mesmo bem imóvel devem ser reunidas para julgamento conjunto a fim de se evitar a prolação de decisões conflitantes conforme artigo 55, § 3º, do Código de Processo Civil. 2. Por força princípio do juiz natural, a competência para julgamento de qualquer ação deve ser aferida quando do seu ajuizamento. Assim, logo de início a ação de reintegração de posse deveria ter sido distribuída por dependência à ação de usucapião, nos termos do artigo 286, III, do Código de Processo Civil. 3. O indeferimento da primeira petição inicial da ação de usucapião (posterior ao ajuizamento da ação de reintegração de posse) e ulterior reiteração não é fundamento apto a modificar a competência já fixada, devendo os feitos serem reunidos perante o órgão julgador que recebeu a primeira das ações por distribuição. CONFLITO DE COMPETÊNCIA IMPROCEDENTE. (TJPR; ConCompCv 1736558-9; Londrina; Décima Sétima Câmara Cível em Composição Integral; Relª Desª Rosana Amara Girardi Fachin; Julg. 22/11/2017; DJPR 05/12/2017; Pág. 286)

Parágrafo único. Havendo intervenção de terceiro, reconvenção ou outra hipótese de ampliação objetiva do processo, o juiz, de ofício, mandará proceder à respectiva anotação pelo distribuidor.

→ *V.* Arts. 119 e ss, 343 e ss e 503, § 1º do CPC.

Art. 287. A petição inicial deve vir acompanhada de procuração, que conterá os endereços do advogado, eletrônico e não eletrônico.

Parágrafo único. Dispensa-se a juntada da procuração:

I – no caso previsto no art. 104;

II – se a parte estiver representada pela Defensoria Pública;

III – se a representação decorrer diretamente de norma prevista na Constituição Federal ou em lei.

→ *V.* Súmula 644 do STF.

→ *V.* Art. 44, XI da LC 80/1994.

→ *V.* Art. 9º da Lei 9.469 /1997.

Não se exige apresentação de instrumento de procuração para a defesa em juízo da Administração Pública.

✓ APELAÇÃO. AÇÃO ANULATÓRIA CC. REPARAÇÃO DE DANOS. ATO ADMINISTRATIVO. SERVIDOR PÚBLICO MUNICIPAL. EXONERAÇÃO A PEDIDO. Preliminar: Revelia da Administração Pública por vício de representação. Inocorrência. Dispensa de instrumento de procuração. Inteligência do art. 287, III, do CPC/2015. Mérito: Pretensão inicial do autor, ex-servidor público do Município de Artur Nogueira, voltada à anulação do ato administrativo que culminou em sua exoneração a pedido, em razão de suposto vício de motivo. Alegação no sentido de que, à época do pedido exoneratório, o ex-servidor não possuía capacidade plena para manifestar validamente sua vontade, viciando o pressuposto fático do ato administrativo. Inadmissibilidade. Elementos de informação coligidos aos autos que não evidenciam a incapacidade absoluta do autor para a prática dos atos da vida civil. Preservação dos princípios da Administração Pública (art. 37, caput, do CPC/2015). Sentença de improcedência da ação mantida. Recurso do autor desprovido. (TJSP; APL 1001238-91.2014.8.26.0666; Ac. 10950992; Artur Nogueira; Quarta Câmara de Direito Público; Rel. Des. Paulo Barcellos Gatti; Julg. 30/10/2017; DJESP 22/11/2017; Pág. 2669)

Não se exige a intimação pessoal da parte para regularizar a procuração apresentada em juízo.

✓ APELAÇÃO. AUSÊNCIA DE PROCURAÇÃO REGULAR. DETERMINAÇÃO JUDICIAL DE EMENDA NÃO ATENDIDA. Sentença mantida. Os pressupostos processuais de existência, como se depreende da própria classificação, são elementos que devem preexistir em relação ao processo, sendo necessária a presença deles para que a relação processual possa ser instaurada, isto é, são os requisitos necessários para a instauração do processo. Já os pressupostos de validade do processo são os pressupostos de desenvolvimento válido e regular do processo, conforme a expressão do texto legal. Isso significa que, uma vez instaurada a relação processual, é necessário que ela esteja revestida de determinados requisitos para atingir seu objetivo, qual seja, o provimento de mérito. In casu, o feito foi extinto, uma vez que, instado a apresentar cópia dos documentos necessários à propositura da ação, a parte autora não cumpriu a diligência. Da análise conjunta dos artigos incidentes na hipótese (arts. 287, 320 e 321, do CPC), depreende-se que a demanda deve ser ajuizada com a juntada de todos os documentos necessários à sua propositura, devendo o juiz determinar a emenda da inicial em caso de deficiência na instrução da petição inicial, sob pena de seu indeferimento. Com efeito, o juízo, verificando que o instrumento de mandato não cumpria as exigências do art. 287, do CPC, determinou a regularização da procuração, no prazo legal, sob pena de extinção por ausência de documento essencial à propositura da ação. Contudo, muito embora devidamente intimado, o recorrente não cumpriu a diligência, mesmo ciente das consequências processuais de sua desídia. O argumento colacionado pelo autor, em suas razões, além de não refutar exatamente os fundamentos da sentença, é deveras falacioso, porquanto afirma que o art. 272, §2º, CPC determina seja realizada a intimação pessoal da parte para cumprimento da diligência, o que não é verdade. O referido dispositivo não traz qualquer determinação de intimação pessoal, sendo certo, ainda, que prevê a intimação via do, apenas quando não se tratar de processo eletrônico, o que não é a hipótese dos autos, em que o autor foi regularmente intimado por meio eletrônico. Ressalte-se, por fim, que a determinação do juízo não é mero formalismo, tendo em vista que o CPC previu como requisito da procuração a indicação do endereço eletrônico. Apenas se o causídico fundamentasse sua pretensão, alegando não possuir endereço eletrônico ou a desnecessidade de intimação por tal meio, é que seria possível, em tese, mitigar a nova regra processual. Contudo, na hipótese dos autos, os argumentos do apelante limitam-se apenas à necessidade de intimação pessoal, tratando o presente caso como uma sentença de abandono do antigo CPC, o que obviamente não prospera. Sendo assim, mostra-se correta a sentença, diante da desídia da parte em atender ao comando judicial, apesar de alertada da consequência de sua inércia. Desprovimento do recurso. (TJRJ; APL 0006428-66.2016.8.19.0055; São Pedro da Aldeia; Terceira Câmara Cível; Relª Desª Renata Machado Cotta; DORJ 10/11/2017; Pág. 429)

Dispensando excepcionalmente a juntada de procuração pelo Núcleo de Prática Jurídica.

✓ EMBARGOS DE DECLARAÇÃO NO AGRAVO REGIMENTAL NO AGRAVO EM RECURSO ESPECIAL. SÚMULA 115/STJ. NÚCLEO DE PRÁTICA JURÍDICA. DESNECESSIDADE DA JUNTADA DA CADEIA COMPLETA DE SUBSTABELECIMENTO, SE A REPRESENTAÇÃO ESTÁ RECONHECIDA PELAS INSTÂNCIAS ORDINÁRIAS, COMO DEFENSORIA DATIVA (CONVÊNIO OU ATO JUDICIAL). CERTIDÃO CARTORÁRIA DA VARA DE EXECUÇÕES PENAIS ENUNCIATIVA DE ATUAÇÃO DO NPJ-UNICEUB DESDE 2006. EXCEPCIONALIDADE. INTERPRETAÇÃO SISTEMÁTICA DOS ARTS. 263 E 266 DO CPP E 186, § 3º DO CPC. LIVRAMENTO CONDICIONAL. FALTAS GRAVES. AUSÊNCIA DE REQUISITO SUBJETIVO. SÚMULA 83/STJ. EMBARGOS ACOLHIDOS E AGRAVO DESPROVIDO. 1. Em situações excepcionais, tem-se admitido o acolhimento dos embargos declaratórios, com atribuição de efeitos modificativos, nas hipóteses em que o acórdão embargado destoar do entendimento consolidado posteriormente em recurso repetitivo (EDcl no AgRg no AREsp. 655.033/RJ, Rel. Min. SÉRGIO KUKINA; DJe 28/6/2016), de maneira a não permitir decisões conflitantes, sendo possível adotar-se essa orientação ao caso dos autos, para não prejudicar o apenado e em homenagem ao princípio da efetividade da jurisdição. 2. Na hipótese, foi negado provimento ao regimental ao fundamento de que os Núcleos de Prática jurídica não se equiparam à Defensoria Pública para todos os fins, motivo pelo qual não gozam de todas as prerrogativas a ela concedidas. Nessa linha de raciocínio, aplicou-se a orientação da jurisprudência deste Tribunal Superior no sentido de que o advogado integrante do Núcleo de Prática Jurídica não está dispensado de apresentar a procuração ou ato de nomeação judicial, por ausência de previsão legal. 3. Há, todavia, decisão da Quinta Turma desta Corte, proferida posteriormente ao julgamento do agravo, que, por unanimidade de votos, entendeu desnecessária a juntada da cadeia completa de procuração, quando o recorrente é patrocinado por Núcleo de Prática Jurídica, dada a peculiaridade do caso (AgRg no AREsp. 715.573/DF, Rel. Min. LÁZARO GUIMARÃES (DESEMBARGADOR CONVOCADO DO TRF 5ª REGIÃO), DJE 28/3/2016). 4. Deve prevalecer o posicionamento que alcança a finalidade de proteção dos assistidos pelos Núcleos de Práticas Jurídicas que exercem munus semelhante ao da Defensoria Pública, prestigiando o trabalho que fazem pelos hipossuficientes, quando o próprio Juízo oficiante reconhece, nos autos, a atuação do NPJ como defensoria dativa. (...) 7. Embargos acolhidos, para afastar, excepcionalmente, a incidência da Súmula 115/STJ, diante das peculiaridades do caso e da atuação do NPJ/UNICEUB. Agravo desprovido. (STJ; EDcl no AgRg no AREsp 787.778; DF; Quinta Turma; Rel. Min. Reynaldo Soares da Fonseca; Julg. 20/09/2016; DJe 26/09/2016)

Art. 288. O juiz, de ofício ou a requerimento do interessado, corrigirá o erro ou compensará a falta de distribuição.

O protocolo dos embargos à execução como petição nos autos da execução pode ser corrigido pelo juiz, para que se realize a sua distribuição por dependência.

✓ RECURSO. AGRAVO DE INSTRUMENTO. EMBARGOS À EXECUÇÃO. Insurgência contra a r. Decisão que determinou a serventia tornar sem efeito a petição dos embargos à execução que foram protocolados na execução ao invés de distribuídos como processo autônomo. Admissibilidade. O protocolo dos embargos ao invés de sua distribuição, no prazo legal, deve ser considerado erro escusável. Princípios da instrumentalidade das formas e da economia processual. Inteligência do artigo 288 do CPC/15. Viabilidade do desentranhamento para distribuição por dependência, nos moldes do §1º, do art. 914, do CPC. Recurso provido. (TJSP; AI 2106575-08.2017.8.26.0000; Ac. 10982728; Campinas; Décima Oitava Câmara de Direito Privado; Rel. Des. Roque Antonio Mesquita de Oliveira; Julg. 14/11/2017; DJESP 23/11/2017; Pág. 2009). No mesmo sentido: EMBARGOS DO DEVEDOR. EXECUÇÃO POR QUANTIA CERTA DE TÍTULO EXTRAJUDICIAL. PETIÇÃO INICIAL DOS EMBARGOS PROTOCOLIZADA, AO INVÉS DISTRIBUÍDA POR DEPENDÊNCIA NA FORMA DO ART. 914, § 1º, DO NOVO CPC. Erro de forma sanável. Equívoco do juízo de primeiro grau ao ordenar o desentranhamento da petição inicial e a entrega à executada. Cabimento da correção do erro, de ofício, nos termos do art. 288 do novo CPC e prazo do art. 290 para o pagamento das custas e despesas de ingresso, sob pena, em sendo o caso, de cancelamento da distribuição. Erro de forma que acarreta, segundo o art. 283, o aproveitamento do ato que não traz prejuízo, amoldando-o ao necessário às prescrições legais. Recurso provido, para esse fim. (TJSP; AI 2110928-91.2017.8.26.0000; Ac. 10772277; Martinópolis; Décima Segunda Câmara de Direito Privado; Rel. Des. Cerqueira Leite; Julg. 06/09/2017; DJESP 14/09/2017; Pág. 2510)

Art. 289. A distribuição poderá ser fiscalizada pela parte, por seu procurador, pelo Ministério Público e pela Defensoria Pública.

Art. 290. Será cancelada a distribuição do feito se a parte, intimada na pessoa de seu advogado, não realizar o pagamento das custas e despesas de ingresso em 15 (quinze) dias.

Entendendo aplicável o art. 290 do CPC também ao caso de complementação de custas.

✓ INSURGE-SE O RECORRENTE CONTRA A SENTENÇA QUE DETERMINOU O CANCELAMENTO DA DISTRIBUIÇÃO POR AUSÊNCIA DE RECOLHIMENTO DAS DESPESAS PROCESSUAIS DE INGRESSO, APÓS O INDEFERIMENTO DA GRATUIDADE DE JUSTIÇA PELO JUÍZO SINGULAR. 2. Demandante que busca a concessão da gratuidade de justiça, o deferimento do pagamento ao final ou a intimação para o recolhimento das despesas processuais. 3. Deixou o recorrente de apresentar recurso de agravo de instrumento face à decisão interlocutória que indeferiu a gratuidade, oportunizado em dois momentos o recolhimento das despesas processuais. 4. Não faz jus o recorrente, segundo os documentos acostados aos autos, à gratuidade de justiça, não demonstrada eventual impossibilidade em suportar as despesas do processo. 5. Assevera o art. 290 do CPC que a intimação para determinar a intimação do recolhimento, nos casos de cancelamento da distribuição, seja realizada na pessoa do advogado. 6. O Enunciado nº 23 deste Tribunal de Justiça dirimiu a dúvida quanto à aplicação do referido artigo, abrangendo as hipóteses de ausência total ou parcial de recolhimento das despesas. 7. Desprovimento do recurso. (TJRJ; APL 0130111-11.2016.8.19.0001; Rio de Janeiro; Décima Sétima Câmara Cível; Rel. Des. Elton Martinez Carvalho Leme; DORJ 15/12/2017; Pág. 518)

Aplicando o art. 290 do CPC à hipótese de complementação de custas, desde que haja expressa advertência e seja realizada a intimação pessoal do autor.

✓ APELAÇÃO. CANCELAMENTO DA DISTRIBUIÇÃO. HIPÓTESE NÃO DE AUSÊNCIA, MAS DE INSUFICIÊNCIA DE PREPARO. INOBSERVÂNCIA DOS REQUISITOS NECESSÁRIOS À APLICAÇÃO EXTENSIVA DO ART. 290 DO CPC-2015. SENTENÇA CASSADA. 1. Concebido para enquadrar as hipóteses de ausência absoluta de preparo, o art. 290 do novo Código de Processo Civil deve ser aplicado **cum grano salis**, quando extensivamente à hipótese de mera complementação das custas. Assim como o Estatuto Processual distingue ausência e insuficiência de preparo para fins de deserção (caput e § 2º do art. 511 do CPC), assim também deve o magistrado distinguir essas situações em relação às custas iniciais. 2. Para aplicação extensiva do art. 290 do CPC à hipótese de insuficiência de preparo, são imprescindíveis (I) a expressa advertência de que o descumprimento da ordem implicará o cancelamento da distribuição; (II) o escoamento do prazo de 15 dias desde a publicação da ordem de complementação; e (III) a intimação pessoal do autor, na forma da Súmula nº 290 deste Tribunal de Justiça. O terceiro requisito, todavia, não foi observado no caso dos autos. 3. Provimento ao recurso. (TJRJ; APL 0010115-95.2016.8.19.0008; Belford Roxo; Vigésima Sétima Câmara Cível Consumidor; Rel. Des. Marcos Alcino de Azevedo Torres; DORJ 19/12/2017; Pág. 511). No mesmo sentido: TJRJ; APL 0238994-52.2016.8.19.0001; Rio de Janeiro; Vigésima Quarta Câmara Cível Consumidor; Relª Desª Georgia de Carvalho Lima; DORJ 14/12/2017; Pág. 673.

Considerando que o art. 290 do CPC não se aplica à hipótese de complementação de custas.

✓ APELAÇÃO. RELAÇÃO DE CONSUMO. RESPONSABILIDADE CIVIL. Transporte metroviário. Lesões corporais sofridas em decorrência de evento ocorrido na plataforma da estação. Ação indenizatória. Advogados da parte autora que foram intimados pelo portal para procederem à regularização das custas. Pleito de modificação do valor da causa que foi indeferido. Sentença que determinou o cancelamento da distribuição, na forma do artigo 290 do CPC, julgando extinto o processo, sem apreciação do mérito, com fundamento no artigo 485, inciso III, do CPC. Inconformismo da parte autora. Necessidade da intimação pessoal do autor para complementação das custas, uma vez que não se trata de ausência de recolhimento, mas de complementação do valor inicialmente recolhido. Aplicação do enunciado da Súmula nº 290, deste tribunal. Precedentes. Error in procedendo configurado. Anulação da sentença para regular prosseguimento do feito. Recurso conhecido e provido. (TJRJ; APL 0407848-43.2015.8.19.0001; Rio de Janeiro; Vigésima Sexta Câmara Cível Consumidor; Rel. Des. Wilson do Nascimento Reis; DORJ 15/12/2017; Pág. 775). No mesmo sentido: RECURSO DE APELAÇÃO CÍVEL. EXECUÇÃO DE TÍTULO EXTRAJUDICIAL. COMPROVAÇÃO DO PAGAMENTO CUSTAS DE AJUIZAMENTO DO FEITO. PAGAMENTO PARCIAL COMPROVADO CANCELAMENTO DA DISTRIBUIÇÃO ART. 485, IV CPC. INAPLICABILIDADE DO ART. 290 DO CPC. ATRAI INCISO III, C/C §1º, AMBOS DO ART. 485, DO CPC. EXTINÇÃO DO FEITO SEM PRÉVIA INTIMAÇÃO DO EXEQUENTE. EXCEP-

CIONAL DESCABIMENTO SENTENÇA ANULADA. RECURSO PROVIDO. Excepcionalmente, na eventual necessidade de comprovação do pagamento integral das custas do ajuizamento da ação de execução de título extrajudicial, que restou parcialmente comprovado, atrai a aplicabilidade do art. 485, III c/c § 1º do CPC, que denota a extinção do feito por abandono unilateral e não de cancelamento da distribuição; o que determina a necessidade de intimação pessoal da parte autora para suprir a falta no prazo legal. (TJMT; APL 133707/2017; Diamantino; Rel. Des. Sebastião de Moraes Filho; Julg. 13/12/2017; DJMT 18/12/2017; Pág. 84); APELAÇÃO CÍVEL. AÇÃO DE EXECUÇÃO. RECOLHIMENTO DAS CUSTAS A MENOR. SENTENÇA QUE DETERMINOU O CANCELAMENTO DA DISTRIBUIÇÃO NOS TERMOS DO ART. 290 E 485, IV, AMBOS DO CPC. AUSÊNCIA DE INTIMAÇÃO PESSOAL. IMPRESCINDIBILIDADE. APELO PROVIDO. SENTENÇA CASSADA. O art. 290 do CPC deve ser aplicado apenas quando o autor deixar de recolher a integralidade das custas processuais. Em caso de recolhimento a menor, impõe-se, primeiro, intimar a parte para proceder à complementação e, sua intimação pessoal para dar andamento ao processo no prazo de 05 (cinco) dias, sob pena de extinção por abandono se a parte permanecer omissa. Precedente TJTO. Constato, pelos procedimentos praticados nos autos de origem, que a intimação constante do evento 07 foi devidamente cumprida pelo autor, como se segue: Em 04-07-2016, o apelante juntou o comprovante de recolhimento das custas pela diligência do oficial de justiça com data de pagamento em 20-06-2016, conforme evento 09, e com relação ao comprovante de pagamento do complemento das custas esta foi juntada em 19-10-2016, com data de pagamento em 24-06-2016, conforme evento 17 COMP2, desta forma, conclui-se que ocorreu apenas um erro material por parte do autor ao não anexar atempadamente o comprovante de pagamento de complementação das custas nos autos, o que foi corrigido através dos embargos de declaração anexados no evento 17, observo ainda, que os pagamentos foram efetivados dentro das datas acima mencionadas, portanto, tempestivo o preparo. Recurso de apelo provido para cassar a sentença de primeiro grau. (TJTO; AC 0005415-44.2017.827.0000; Araguaína; Segunda Câmara Cível; Rel. Des. Moura Filho; Julg. 25/10/2017; DJTO 07/11/2017; Pág. 55)

TÍTULO V
Do Valor da Causa

Art. 291. A toda causa será atribuído valor certo, ainda que não tenha conteúdo econômico imediatamente aferível.

→ *v.* Súmulas 449 e 667 do STF.

→ *v.* Súmula 14 do STJ.

→ *v.* Art. 3º, I, da Lei 9.099/1995.

→ *v.* Art. 3º da Lei 10.259/2001.

→ *v.* Art. 2º, *caput*, da Lei 12.153/2009.

Possibilidade de a parte renunciar ao valor excedente a 60 salários mínimos, para que a causa possa ser processada perante os Juizados Especiais Federais.

✓ Ao autor que deseje litigar no âmbito de Juizado Especial Federal Cível, é lícito renunciar, de modo expresso e para fins de atribuição de valor à causa, ao montante que exceda os 60 (sessenta) salários mínimos previstos no art. 3º, caput, da Lei 10.259/2001, aí incluídas, sendo o caso, as prestações vincendas (Tema 1.030, 1ª Seção, j. 28.10.2020).

Mesmo no caso de pedido meramente declaratório, o valor da cauda deve corresponder ao benefício econômico postulado.

✓ RECURSO ESPECIAL. AÇÃO CIVIL PÚBLICA. COMERCIALIZAÇÃO DE UNIDADES IMOBILIÁRIAS. MEMORIAL DE INCORPORAÇÃO. PRÉVIO REGISTRO CARTORÁRIO. EXIGÊNCIA LEGAL. VALOR DA CAUSA. CORRESPONDÊNCIA. CONTEÚDO ECONÔMICO DA DEMANDA. POSSIBILIDADE DE AFERIÇÃO. IMPOSSIBILIDADE DE FIXAÇÃO ALEATÓRIA. 1. Nos termos dos arts. 258 e 259 do CPC/1973, que encontram correspondência nos arts. 291 e 292 do CPC/2015, o valor da causa deve equivaler, em princípio, ao conteúdo econômico a ser obtido na demanda, ainda que o provimento jurisdicional buscado tenha conteúdo meramente declaratório. 2. Esta Corte tem entendimento consolidado no sentido de que, na impossibilidade de mensuração da expressão econômica da demanda, circunstância não verificada na espécie, admite-se que o valor da causa seja fixado por estimativa, sujeito a posterior adequação ao valor apurado na sentença ou no procedimento de liquidação. 3. O valor atribuído à causa pela associação autora da ação civil pública não se distancia dos princípios da razoabilidade e da proporcionalidade, motivo pelo qual não se justifica a sua alteração em julgamento de incidente de impugnação, principalmente se o magistrado fixa novo valor de forma aleatória, sem correspondência com o proveito econômico da demanda desde logo estimável. 4. Recurso especial parcialmente conhecido e, nessa parte, provido. (STJ; REsp 1.641.888; Proc. 2013/0378684-9; PE; Terceira Turma; Rel. Min. Ricardo Villas Boas Cueva; DJE 14/03/2017). Ver, ainda, AgInt no REsp 1745718/SP, Rel. Min. Luis Felipe Salomão, 4ª Turma, j. 31.08.2020; AgInt no REsp 1698699/PR, Rel. Min. Ricardo Villas Bôas Cueva, 3ª Turma, j. 06.02.2018.

Eventual dificuldade em apurar o proveito econômico pretendido não autoriza a fixação do valor da causa em quantia irrisória.

✓ ADMINISTRATIVO. AÇÃO RESCISÓRIA. IMPUGNAÇÃO AO VALOR DA CAUSA. 1. A toda causa será atribuído um valor certo (art. 291 do CPC), que deve corresponder ao valor do benefício econômico que a parte autora pretende obter com a demanda. Ainda que seja de difícil objetivação, à míngua de dados mais seguros, dada a eventual dificuldade em se apurar o exato proveito eventualmente percebido com o provimento do pedido, não há autorização, por si só, de fixação de valor em quantia pequena ou mesmo irrisória. 2. Impugnação acolhida para fixar o valor da causa na ação rescisória nº 5023586-07.2015.4.04.0000 em R$ 4.892.232,80. (TRF 4ª R.; IVC 5052250-48.2015.4.04.0000; Segunda Seção; Rel. Des. Fed. Candido Alfredo Silva Leal Junior; Julg. 14/12/2017; DEJF 18/12/2017)

Possibilidade de fixação do valor da causa em caráter estimativo, sujeitando-se a alteração ao final, quando quantificados os valores pretendidos.

✓ RECURSO ESPECIAL. AÇÃO COLETIVA. VALOR DA CAUSA. CONTEÚDO ECONÔMICO DA CAUSA. CORRESPONDÊNCIA. FIXAÇÃO. SISTEMAS LEGAL E VO-

LUNTÁRIO. RAZOABILIDADE NA ESTIMATIVA. NECESSIDADE. VALORIZAÇÃO E MORALIDADE DO SISTEMA JURISDICIONAL COLETIVO. FIXAÇÃO EM CARÁTER PROVISÓRIO E ESTIMATIVO. 1. Dispõe o art. 258 do CPC/1973 (art. 291 do CPC/2015) que o valor da causa deve apresentar correspondência com seu conteúdo econômico, considerado como tal o benefício financeiro que o autor pretende obter com a demanda, ainda que o provimento jurisdicional buscado tenha conteúdo meramente declaratório. 2. São dois os sistemas que orientam a fixação do valor da causa: o legal e o voluntário. No primeiro, a lei estabelece os critérios a serem observados; no segundo, o autor é livre para fixar uma estimativa. Mesmo no sistema voluntário de fixação, dever-se-á observar, em todas as oportunidades, o conteúdo patrimonial do pedido, salvo quando não houver qualquer conteúdo patrimonial. 3. A razoabilidade da estimativa do valor da causa há de prevalecer em todas as interpretações e soluções jurídicas, sendo necessária a consciência acerca dos objetivos do sistema processual e da garantia constitucional de acesso a ordem jurídica justa, sob pena de distorções, para evitar sejam impostos pelo juiz valores irreais e às vezes conducentes a despesas processuais insuportáveis. 4. Numa ação coletiva, o sistema para definição do valor da causa é peculiar, tendo em vista o fato de seu proveito econômico não estar, necessariamente, vinculado ao benefício patrimonial, direto ou imediato, de determinado conjunto de pessoas, muitas vezes representando os danos suportados por cada um pertencente àquele grupo, de forma individual. 5. A correta atribuição de um valor à causa contribui para valorizar a própria prestação jurisdicional, na medida em que, da mesma forma que onera demandas temerárias, fornecendo, como visto, substancial base de cálculo para o exercício efetivo do poder de polícia pelo juiz na condução e no saneamento da relação jurídica processual, também, contribui, nas hipóteses de ações civis, para a moralidade do microssistema do processo coletivo, viabilizando única e exclusivamente as discussões socialmente relevantes, sem prejudicar ou dificultar o direito de defesa. 6. No caso concreto, o autor não tratou de apontar, por qualquer meio válido, quer o número, ainda que estimado, de prejudicados com as alegadas práticas ilegais dos bancos réus, quer o valor objetivo desse alegado prejuízo, individualmente considerado ou de forma global, dificultando, sobremaneira, a atribuição de valor certo à causa. 7. Diante da absoluta impossibilidade de demonstração da repercussão econômica da prática de descontos atribuída às recorrentes, o valor dado à causa, por hora, deve ser simbólico e provisório, podendo ser alterado posteriormente. 8. Assim, frente a diversidade da natureza dos diferentes pedidos, nem todos de conteúdo econômico imediato, e o caráter indeterminável dos beneficiários, impossibilitando a exatidão do valor econômico da pretensão, que não autoriza, por consequência, sua fixação em quantia exorbitante, e tendo ainda como vetor os princípios da razoabilidade e da proporcionalidade, o valor da causa deve ser fixado, em caráter provisório e meramente estimativo, em R$ 160.000, 00 (cento e sessenta mil reais). 9. Recurso especial parcialmente provido (STJ, REsp 1712504/PR, Rel. Min. Luis Felipe Salomão, 4ª Turma, j. 10.04.2018).

Necessidade de razoabilidade na fixação do valor da causa, ainda que esta não tenha conteúdo econômico imediato.

✓ AGRAVO DE INSTRUMENTO. PROCESSUAL CIVIL. AÇÃO COLETIVA. ASSOCIAÇÃO EM SUBSTITUIÇÃO A SERVIDORES PÚBLICOS. VALOR DA CAUSA. CONTEÚDO ECONÔMICO DA DEMANDA. SOMA DAS PRETENSÕES INDIVIDUAIS. 1. Ainda que a causa não tenha conteúdo econômico imediato, é imperioso que o autor atribua-lhe um valor mais próximo da realidade do pedido, na forma do art. 291, do CPC/2015. 2. A jurisprudência do STJ é firme no sentido de que o valor da causa deve refletir o conteúdo econômico da demanda, o que em ações promovidas por Associação em substituição a seus associados importa na soma do valor pleiteado por cada substituído. 3. Agravo de não provido. (TRF 1ª R.; AI 0025734-89.2017.4.01.0000; Primeira Turma; Relª Desª Fed. Gilda Maria Carneiro Sigmaringa Seixas; DJF1 21/09/2017)

Não se admite valor da causa fixado de forma arbitrária para possível reflexo em eventual sucumbência.

✓ EMBARGOS DE DECLARAÇÃO. AGRAVO DE INSTRUMENTO. PEDIDO DE JUSTIÇA GRATUITA. Servidores estaduais do magistério que pedem recálculo de vencimentos com base em suposta diferença de conversão de moeda em URV em 1994. Valor da causa atribuído de forma arbitrária e sem razoabilidade pelos autores, para possível reflexo em eventual sucumbência da parte contrária, em demanda que não tem conteúdo econômico imediatamente aferível (art. 291 do CPC/2015) e passível de correção. De ofício pelo Juízo. Descabimento do pedido de gratuidade a constituir abuso de direito e desvirtuamento do instituto. Possibilidade dos autores de emendarem a petição inicial para atribuir valor certo e meramente para fins fiscais à causa. Professores Estaduais que requerem a concessão de gratuidade da justiça sem qualquer demonstração da alegada hipossuficiência. Apesar da apresentação da declaração de pobreza, não foram preenchidos os requisitos legais para a concessão da benesse. Decisão agravada mantida. Descabimento dos embargos com propósito modificativo do julgado. Recurso reservado para suprir omissão, obscuridade ou contradição, inexistentes no julgado. Embargos de Declaração rejeitados. (TJSP; EDcl 2064843-47.2017.8.26.0000/50000; Ac. 10668203; São Paulo; Oitava Câmara de Direito Público; Rel. Des. Leonel Costa; Julg. 08/08/2017; DJESP 14/08/2017; Pág. 3121)

Valor da causa não é matéria que possa ser objeto de disposição ou transação entre as partes.

✓ PROCESSUAL CIVIL. APELAÇÃO. MANDADO DE SEGURANÇA. VALOR DA CAUSA. BENEFÍCIO ECONÔMICO PRETENDIDO. DESPROVIMENTO DO RECURSO. 1. O valor da causa é um dos requisitos essenciais da inicial, e enseja a possibilidade de indeferimento, com extinção do processo sem julgamento de mérito, caso não promova o autor a sua adequação, segundo os critérios legais fixados (artigos 317 combinado com os artigos 319, V e 321, parágrafo único, ambos do CPC). 2. As partes não podem dispor ou transigir sobre o valor da causa segundo interesses ou critérios pessoais, uma vez que a partir de sua correta fixação são extraídos importantes efeitos processuais, em termos de definição, seja da competência, seja do rito procedimental. 3. O valor da causa é utilizado para o cálculo da verba honorária, em caso de sucumbência, nas mais diversas hipóteses e também é parâmetro de definição do valor das custas judiciais, e deve corresponder ao proveito econômico objetivamente pretendido com a ação, conforme inserido nos artigos 291 e 292 do Código de Processo Civil, de aplicação subsidiária à ação mandamental. 4. O artigo 292, I do Código de Processo Civil atua na definição do valor da causa, particularmente nas ações de cobrança, quando houver pedido de prestações vencidas e vincendas, quando, então, se determina que prevaleça a soma de todas as parcelas vencidas até a data da propositura da ação. 5. A ação mandamental tem como objeto a declaração do direito da impetrante excluir o ICMS da base de cálculo do PIS e da COFINS, bem como o direito de proceder à compensação/restituição dos valores pagos a maior das citadas contribuições. Em se cuidando de compensação ou restituição administrativa de créditos decorrentes de indébito fiscal, o valor da causa deve refletir o proveito econômico da operação almejada. 6. Não assiste razão à apelante ao alegar a não observância ao artigo 317 do CPC, pois concedida à apelante a oportunidade de correção do vício, e a impetrante se manifestou no sentido de discordar da decisão judicial. Diante do despacho de f. 95, interpôs agravo de instrumento, recebido sem efeito suspensivo. Pelas informações constantes no sistema PJ-e, não foi dado efeito suspensivo ao recurso, e em virtude de petição da própria agravante manifestando o desinteresse no prosseguimento do feito, após a prolação de sentença nesses autos, o recurso foi julgado prejudicado. 7. Quanto ao pedido de julgamento do feito nos termos do julgado pelo STF, conforme o artigo 1.040, II, do CPC, diante do julgamento do Tema nº 69 do STF, deixo de apreciar a matéria, uma vez que a análise de tal questão incorreria em supressão de instância, ante a não análise do mérito em primeiro grau de jurisdição. 8. Apelação desprovida. (TRF 3ª R.; AC 0015453-87.2016.4.03.6100; Terceira Turma; Rel. Des. Fed. Carlos Muta; Julg. 04/10/2017; DEJF 10/10/2017)

Possibilidade de o juiz exigir que a parte explicite os critérios pelos quais estimou o valor da causa.

✓ PROCESSUAL CIVIL. VALOR DA CAUSA. ART. 291 DO CPC. VEDAÇÃO À ATRIBUIÇÃO DE VALOR ALEATÓRIO. DEVER DE JUSTIFICAR O VALOR DA CAUSA. MANDADO DE SEGURANÇA. AÇÕES DECLARATÓRIAS. 1. O valor da causa deve traduzir a realidade do pedido, ainda que a demanda não tenha conteúdo econômico imediato. Aplicação do art. 258 do CPC, inclusive em mandado de segurança ou ações meramente declaratórias. 2. Sendo vedado pelo ordenamento a atribuição de valor aleatório, ao acaso, ou sem vinculação com os fatos, impõe-se à parte o dever de indicar o critério adotado. Se a parte não indicar as razões que lhe impulsionaram a atribuir um valor específico à causa, pode o juiz determinar que apresente cálculos ou material comprobatório da coerência do valor atribuído. 3. O valor da causa deve ser compatível com o pedido formulado, ainda que a ação contemple pedido meramente declaratório. (TRF 4ª R.; AG 5017881-57.2017.404.0000; Primeira Turma; Rel. Des. Fed. Amaury Chaves de Athayde; Julg. 24/05/2017; DEJF 31/05/2017)

O acolhimento da impugnação do valor da causa em momento posterior à decisão que julgou o mérito da causa principal não gera nulidade do processo

✓ A prolação da decisão de acolhimento da impugnação do valor da causa em momento posterior à decisão que julgara o mérito da causa principal constitui mera irregularidade, não gerando prejuízo suficiente para decretação da nulidade do processo. Ademais, ante o princípio da instrumentalidade, atinge seu fim o recolhimento posterior das custas, sem que para tanto seja necessária a decretação da nulidade do ato. Por fim, não se vislumbra prejuízo suficiente para a parte atingida pela irregularidade, pois o recolhimento das custas pode se dar de forma posterior, tendo por norte o fato de que o princípio da instrumentalidade das formas anda sempre de mãos dadas com o princípio da primazia da resolução de mérito (AgInt no REsp 1667308/SP, Rel. Min. Paulo de Tarso Sanseverino, Terceira Turma, julgado em 30/03/2020, DJe 01/04/2020).

Art. 292. O valor da causa constará da petição inicial ou da reconvenção e será:

→ *V.* Arts. 319, V e 343 do CPC.

Possibilidade de fixação do valor da causa em caráter estimativo em mandado de segurança sem conteúdo econômico imediato.

✓ APELAÇÃO CÍVEL. MANDADO DE SEGURANÇA. NULIDADE DE EDITAL DE LICITAÇÃO. VALOR DA CAUSA. AUSÊNCIA DE VANTAGEM ECONÔMICA IMEDIATA. SENTENÇA QUE EXTINGUIU O FEITO POR AUSÊNCIA DE EMENDA À INICIAL. APELO PLEITEANDO A ANULAÇÃO DA SENTENÇA. NÃO HÁ PROVEITO ECONÔMICO IMEDIATO EM MANDADO DE SEGURANÇA QUE BUSCA A NULIDADE DE LICITAÇÃO. ESTIPULAR O VALOR DA CAUSA LEVANDO-SE EM CONTA O VALOR DO CONTRATO A SER CELEBRADO COM A ADMINISTRAÇÃO, SERIA INVIABILIZAR O EMPREGO DESTE ESSENCIAL INSTRUMENTO DE COMBATE À ILEGALIDADE E AO ABUSO DE PODER, SOBRETUDO EM PROCEDIMENTOS LICITATÓRIOS. SENTENÇA ANULADA. RETORNO DOS AUTOS À VARA DE ORIGEM PARA REGULAR PROSSEGUIMENTO. RECURSO CONHECIDO E PROVIDO. Conforme teor dos arts. 291 e 292 do CPC, em regra, a fixação do valor da causa deve corresponder, na medida do possível, ao benefício econômico pretendido pelo demandante. Tratando-se de mandado de segurança, em que inexiste proveito econômico imediato, não há necessidade de retificação do valor atribuído, na petição inicial. Ademais, considerando que o valor do contrato não vem previamente definido no edital, não é, portanto, possível a sua vinculação ao valor da causa. A sentença vergastada deve ser desconstituída, eis que o valor da causa encontra-se correto, motivo pelo qual não há que se falar em necessidade de retificação do valor da causa e, consequentemente, de emenda à inicial. (TJSE; AC 201600729258; Ac. 8004/2017; Primeira Câmara Cível; Rel. Des. Ruy Pinheiro da Silva; Julg. 24/04/2017; DJSE 27/04/2017)

O valor da causa na ação rescisória, via de regra, corresponde ao benefício econômico pretendido com a rescisão.

✓ PROCESSUAL CIVIL. AÇÃO RESCISÓRIA. IMPUGNAÇÃO AO VALOR DA CAUSA. ACOLHIMENTO. VALOR CORRESPONDENTE AO DO PROVEITO ECONÔMICO IMEDIATAMENTE AFERÍVEL. PRETENSÃO RESCISÓRIA. DECADÊNCIA. AJUIZAMENTO APÓS O DECURSO DO PRAZO DE DOIS ANOS A CONTAR DO TRÂNSITO EM JULGADO DA DECISÃO RESCINDENDA. I – Se for possível identificar o proveito econômico almejado pelo autor com o ajuizamento da ação rescisória, deverá prevalecer referido valor, e não o originalmente atribuído à causa. No caso, o efeito imediato da rescisão pretendida corresponderá ao restabelecimento da aposentadoria do autor e à cassação da multa civil de R$ 10.000,00 (dez mil reais). Assim, identificado como efeito econômico prontamente aferível com a procedência do pedido rescisório o restabelecimento da aposentadoria, obrigação por prazo indeterminado, e o afastamento da multa civil, o valor da causa deve corresponder a uma prestação anual somado à multa civil. Impugnação ao valor da causa acolhida, fixando-a em R$ 514.000,00 (quinhentos e quatorze mil reais). II – Os prazos em anos expiram no dia de igual número do de início (CC, art. 132, §3º). Ademais, na contagem dos prazos, exclui-se o dia do começo e inclui-se o do vencimento (CC, art. 132, caput; CPC, art. 224). Logo, datando o trânsito em julgado da decisão rescindenda de 17/03/2015, o ajuizamento da ação rescisória deveria ocorrer até o dia 17/03/2017, mas se deu apenas em 18/03/2017. Decadência reconhecida (STJ, AR 6000/CE, Rel. Min. Francisco Falcão, Corte Especial, j. 15.05.2019).

Possibilidade de fixação de valor estimativo da causa em ação cautelar.

✓ SFH. AÇÃO CAUTELAR DE PROTESTO INTERRUPTIVO DA PRESCRIÇÃO. ART. 726 DO CPC. EMENDA À INICIAL. VALOR DA CAUSA. ART. 292 DO CPC. INAPLICABILIDADE. VALOR INESTIMÁVEL NÃO RELACIONADO COM O DIREITO MATERIAL A SER AINDA DISCUTIDO NA AÇÃO PRINCIPAL. PRECEDENTES DO STJ E DESTE TRF1. 1. O Superior Tribunal de Justiça firmou orientação de que o valor da causa na ação cautelar de protesto não corresponde, necessariamente, ao valor do título discutido na ação principal, que objetiva a decretação de nulidade do título, eis que os objetos de cada feito são distintos, não guardando identidade econômica. 2. No caso, a Caixa Seguradora S/A busca a suspensão do curso do prazo prescricional, para que possa exercitar o direito de ação visando o ressarcimento das despesas assumidas na defesa de processo em que se discutiu a revisão de contrato de mútuo habitacional celebrado no âmbito do SFH, inexistindo qualquer discussão sobre "a existência, validade, cumprimento, modificação ou rescisão de negócio jurídico", matéria atinente à ação principal. 3. A questão da existência ou não do direito a crédito relativo ao negócio jurídico firmado entre as partes (autor e réu) não será discutida na cautelar de protesto, mas somente na ação principal, sendo incabível aplicar, no caso, o ditame do art. 292 do CPC, que expressamente correlaciona o valor da causa ao valor do contrato firmado. 4. O baixo valor de R$ 1.000,00 (mil reais) atribuído pela Caixa Seguradora S/A à presente ação cautelar de protesto interruptivo da prescrição não autoriza o cancelamento da distribuição ou a extinção do processo sem o exame de seu mérito, pois o artigo 291 do CPC não fixa parâmetros para a estipulação do valor da causa nas hipóteses que não estão contempladas no artigo 292 do CPC. 5. A jurisprudência pátria tem admitido que a interrupção do prazo prescricional ocorra desde a protocolização da ação cautelar, quando, em face dos entraves decorrentes da máquina judiciária, a demora da citação não advenha de culpa do autor. 6. No caso, não tendo havido a devida citação da ré, Caixa Econômica Federal, declara-se, a título de antecipação da tutela recursal, interrompido o prazo prescricional a partir da data do ajuizamento da ação. 7. Apelação da Caixa Seguradora S/A provida para, reformando a sentença apelada, determinar o retorno dos autos ao juízo de origem para o regular prosseguimento do feito. (TRF 1ª R.; AC 0040097-37.2015.4.01.3400; Quinta Turma; Rel. Des. Fed. Néviton Guedes; DJF1 14/03/2017)

Ação destinada a exibição de documentos não possui proveito econômico imediato, comportando o arbitramento de valor da causa estimativo.

✓ APELAÇÃO. Ação de conhecimento com preceito cominatório de obrigação de fazer. Pretensão de exibição de documentos bancários. IMPUGNAÇÃO AO VALOR DA CAUSA. Acolhimento. A ação de cunho exibitório não tem conteúdo econômico imediato, de sorte que o valor da causa deve ser definido por estimativa, a teor do disposto no artigo 291 do CPC/2015, mediante a aplicação dos princípios da proporcionalidade e razoabilidade. Valor atribuído à causa (R$9.000,00) que destoa desses princípios e fica reduzido ao quantum de R$1.000,00. PEDIDO DE ADMINISTRATIVO INVÁLIDO. Ainda que a demanda tenha sido intitulada ação de conhecimento com preceito cominatório de obrigação de fazer, evidente a pretensão de exibição de documentos bancários, daí porque, ao caso em testilha, impõe-se a aplicação do entendimento firmado pelo Superior Tribunal de Justiça, em sede de julgamento de recurso repetitivo (RESP 1.349.453/MS). Ausência de assinatura da autora na missiva endereçada à ré. Inexistência de procuração específica para recebimento da documentação. Indicação do endereço de terceiro para o recebimento dos documentos. Sigilo das informações que deve ser observado pela apelada. Não caracterizada a recusa indevida da ré no fornecimento dos documentos pela via administrativa. Sentença mantida. Recurso desprovido. (TJSP; APL 1029154-27.2016.8.26.0506; Ac. 10753857; Ribeirão Preto; Vigésima Quarta Câmara de Direito Privado; Relª Desª Jonize Sacchi de Oliveira; Julg. 03/08/2017; DJESP 11/09/2017; Pág. 3019)

Apontando que o valor da causa em ação de dissolução parcial de consórcio deve corresponder ao valor da participação.

✓ DIREITO PROCESSUAL CIVIL. AGRAVO DE INSTRUMENTO. VALOR DA CAUSA. AÇÃO DE DISSOLUÇÃO PARCIAL DE CONSÓRCIO DE EMPRESAS. INVIABILIDADE DE AFERIÇÃO DO PROVEITO ECONÔMICO POSTULADO PELA DEMANDANTE. FIXAÇÃO POR ESTIMATIVA. RECURSO PROVIDO. Cuida-se de ação de dissolução parcial de consórcio de empresas em que o magistrado de primeira instância determinou fosse adequado o valor da causa para o montante de R$ 3.797.359,00, referente às transações bancárias realizadas pelo consorcio agravado, as quais estão sendo questionadas em ação de prestação de contas conexa e seria o real aproveitamento financeiro de ambas as demandas. Aplicando-se, com as devidas adaptações, o entendimento jurisprudencial adotado para a atribuição do valor da causa à ação de dissolução parcial de sociedade empresária, tem-se que na dissolutória de consórcio este importe deve corresponder à participação societária da empresa que se pretende retirar. Na hipótese, todavia, o termo de constituição do consórcio agravado não especifica o valor das quotas da agravante, indicando apenas seu percentual de participação, que é de 25%. Assim, inexistindo elementos objetivos para a determinação do valor da causa, ao menos neste momento processual, mostra-se equivocada a decisão recorrida, sendo o caso de se admitir a sua fixação por estimativa, sem prejuízo de posterior adequação ao montante apurado na sentença ou fase liquidatória da demanda originária, observada a participação da agravante na associação empresarial. Inteligência do art. 291 do CPC/2015. Agravo provido. (TJPE; AI 0003034-76.2016.8.17.0000; Rel. Des. Cândido José da Fonte Saraiva de Moraes; Julg. 10/08/2016; DJEPE 19/08/2016)

Os honorários contratuais de advogado não devem ser incluídos na fixação do valor da causa.

✓ AGRAVO INTERNO. AGRAVO DE INSTRUMENTO. VALOR DA CAUSA. HONORÁRIOS ADVOCATÍCIOS CONRATUAIS. PERDAS E DANOS. 1. Diversamente do alegado pelo agravante, a atual jurisprudência é no sentido de que os honorários advocatícios contratuais não integram as perdas e danos devidas pelo devedor ao credor, porquanto a mera contratação de advogado para ajuizamento de ação, por si só, não constitui ilícito capaz de ensejar danos materiais indenizáveis (cf. STJ. AgRg no AREsp 746.234/RS e STJ. AgRg no REsp 1370501/MS). 2. Nessa ótica, para fins de apuração do valor da causa nas ações relativas aos expurgos inflacionários, cuja fixação ocorre de maneira estimativa, indevida a inclusão dos honorários contratuais, que, a princípio, não integram o valor das perdas e danos. 3. Agravo interno desprovido. (TRF 2ª R.; AI 0001183-86.2015.4.02.0000; Sétima Turma Especializada; Rel. Des. Fed. Luiz Paulo S. Araujo Filho; Julg. 07/02/2017; DEJF 21/02/2017)

Em ação revisional, o valor da causa corresponde à diferença entre o valor pretendido e aquele pactuado.

✓ PROCESSO CIVIL. AGRAVO DE INSTRUMENTO. EMENDA DA INICIAL. ATRIBUIÇÃO DO VALOR DA CAUSA. AÇÃO REVISIONAL DE CONTRATO. VALOR DA CAUSA. VANTAGEM ECONÔMICA PRETENDIDA. PRECEDENTES DO STJ. RECURSO CONHECIDO E PROVIDO. 1. O valor da causa deve ser fixado de acordo com os parâmetros estabelecidos no artigo 292 do CPC. 2. Nos casos de revisão de contrato, no qual a parte pretende tão somente restabelecer o equilíbrio econômico e financeiro, o STJ tem entendido como valor da causa a vantagem econômica sobre o qual o autor terá vantagem. 3. Neste sentido, em se tratando de ação revisional, na qual há valor controvertido a ser debatido, o valor da causa deve ser a diferença entre o valor pretendido e aquele pactuado com a instituição financeira. 4. Conhecimento e provimento do presente Agravo de Instrumento, para confirmar, em definitivo a liminar concedida (fls. 113/115). 5. Votação Unânime. (TJPI; AI 2012.0001.001042-1; Segunda Câmara Especializada Cível; Rel. Des. José James Gomes Pereira; DJPI 24/11/2017; Pág. 48). No mesmo sentido: AÇÃO REVISIONAL DE CONTRATO BANCÁRIO. DECISÃO QUE MODIFICA, DE OFÍCIO, O VALOR DA CAUSA, NOS TERMOS DO ART. 292, §3º, CPC/2015. Agravo de instrumento. O valor da causa não deve corresponder à totalidade do valor do contrato, mas sim à estimativa do proveito econômico advindo com a sua eventual revisão. Interpretação do art. 292, inc. II, do CPC/2015. Precedentes do STJ. Valor da causa alterado para o patamar de R$ 106.126,01. Decisão parcialmente reformada. Recurso parcialmente provido. (TJSP; AI 2051843-77.2017.8.26.0000; Ac. 10432297; São Paulo; Vigésima Primeira Câmara de Direito Privado; Rel. Des. Virgilio de Oliveira Junior; Julg. 17/05/2017; DJESP 31/05/2017; Pág. 2055)

I – na ação de cobrança de dívida, a soma monetariamente corrigida do principal, dos juros de mora vencidos e de outras penalidades, se houver, até a data de propositura da ação;

Valor da causa dos embargos que ataquem toda a dívida deve corresponder ao valor total da execução.

✓ EMBARGOS À EXECUÇÃO. Decisão do Juízo a quo que determina ao embargante a correção do valor atribuído a causa. O valor da causa nos Embargos à Execução deve corresponder ao benefício econômico pretendido pelo embargante, tem relação com o conteúdo que busca afastar através dos embargos. Artigo 291 do Código de Processo Civil. Segundo se depreende da exordial dos embargos, o embargante busca afastar a execução por inteiro, razão pela qual o valor da causa também deve corresponder ao valor da execução. Portanto, a Decisão agravada merece ser mantida. Desprovimento do Agravo de Instrumento. (TJRJ; AI 0051062-21.2016.8.19.0000; Rio de Janeiro; Primeira Câmara Cível; Rel. Des. Camilo Ribeiro Ruliere; DORJ 22/06/2017; Pág. 278). V. tb.: RECURSO. Agravo de instrumento. "Impugnação ao valor atribuído à causa". Insurgência contra a r. Decisão que manteve o acolhimento da impugnação, para fixar o valor da causa em R$ 296.337,98 (duzentos e noventa e seis mil, trezentos e trinta e sete reais e noventa e oito centavos). Inadmissibilidade. Benefícios da gratuidade judiciária deferidos, exclusivamente para o processamento deste recurso. Inaplicabilidade das normas do CDC. Valor da causa que deve corresponder ao proveito econômico pretendido. Inteligência do artigo 291 do CPC. Agravante que pretende a extinção da execução. Valor da causa nos embargos, que deve equivaler ao valor total da execução. Ausência de violação ao disposto no artigo 5º, incisos XXXV e LV, da CF/88. Prequestionamento. Recurso improvido, cassado o efeito suspensivo. (TJSP; AI 2167448-08.2016.8.26.0000; Ac. 10087198; Ribeirão Preto; Décima Oitava Câmara de Direito Privado; Rel. Des. Roque Antonio Mesquita de Oliveira; Julg. 19/12/2016; DJESP 24/01/2017)

II – na ação que tiver por objeto a existência, a validade, o cumprimento, a modificação, a resolução, a resilição ou a rescisão de ato jurídico, o valor do ato ou o de sua parte controvertida;

Se o que se busca é a nulidade da hipoteca, o valor da causa deve corresponder ao valor da garantia real, e não do negócio jurídico que a constituiu.

✓ AÇÃO DECLARATÓRIA DE NULIDADE DE HIPOTECA. IMPUGNAÇÃO AO VALOR DA CAUSA ACOLHIDA. Decisão que determinou a emenda da petição inicial para que o valor dado à causa seja o valor do negócio jurídico que constituiu referida hipoteca. Insurgência. Decisão acertada. Valor da causa que deve corresponder ao valor do contrato que constituiu a hipoteca. Proveito econômico a ser obtido que corresponde ao valor da hipoteca. Inteligência dos arts. 291 e 292, II, do CPC. Recurso improvido. (TJSP; AI 2245054-15.2016.8.26.0000; Ac. 10192919; Campinas; Quarta Câmara de Direito Privado; Rel. Des. Fábio Quadros; Julg. 16/02/2017; DJESP 08/03/2017)

Entendendo que em ação de nulidade de contrato, sem pedido condenatório, o valor da causa não se atrela ao valor do bem.

✓ CIVIL. PROCESSO CIVIL. JUSTIÇA GRATUITA. VALOR DA CAUSA. NULIDADE. NEGÓCIO JURÍDICO. COMPRA E VENDA. MEAÇÃO. RECONHECIMENTO E DISSOLUÇÃO DE UNIÃO ESTÁVEL. USUFRUTO. 1. A necessidade de prova da situação de hipossuficiência econômica emana do art. 5º, inc. LXXIV, da Constituição Federal. 2. A assistência judiciária não se reveste do caráter de benevolência, mas se apresenta como meio necessário à viabilização do acesso igualitário a todos os que buscam a prestação jurisdicional. Por não se tratar de um ato de caridade, deve restar criteriosamente concedido, a fim de evitar o mau uso do benefício por pessoas que têm condições de recolher custas e arcar com verbas de sucumbência. 3. Em ação declaratória de nulidade de contrato de compra e venda, na qual inexiste pedido de condenação em obrigação de pagar quantia certa, o valor da causa não está atrelado ao valor do bem. Incidência do art. 291 do CPC. 4. É nulo o negócio jurídico de compra e venda na hipótese em que a alienante não observa a meação e adota nome e estado civil diversos do que detém, por ocasião da lavratura da escritura pública. 5. A pretensão deduzida em ação de reconhecimento e dissolução da união estável com partilha de bens tem natureza declaratória, eis que reconhece situação fática já consolidada, razão porque produz efeitos ex tunc. 6. A menção acerca do suposto cometimento de infração penal na fundamentação da sentença, pelo juízo cível, não vincula o Ministério Público, a quem incumbe proceder à classificação dos tipos penais e adotar a medida pertinente, posto que titular de eventual ação penal. 7. O usufruto voluntário deve ser constituído por negócio jurídico realizado entre o nu-proprietário e o usufrutuário, sendo certo que a declaração de nulidade da escritura pública de compra e venda fulmina também o usufruto ali instituído, que se extingue com o cancelamento do registro no Cartório de Registro de Imóveis (art. 1.410 do Código Civil). 8. Recursos dos Réus conhecidos e desprovidos. (TJDF; APC 2014.09.1.022596-5; Ac. 103.1736; Terceira Turma Cível; Rel. Des. Flavio Rostirola; Julg. 12/07/2017; DJDFTE 21/07/2017)

Se houve rescisão extrajudicial do contrato e apenas se discute o pagamento de diferença de valor, o valor da causa deve corresponder a essa diferença.

✓ APELAÇÃO CÍVEL. AÇÃO REVISIONAL DE CLÁUSULA CONTRATUAL. RELAÇÃO DE CONSUMO. Pretensão de devolução da diferença da quantia paga em contrato de compra e venda de imóvel em razão de distrato extrajudicial. Além de pedido de pagamento diferido da taxa judiciária, nos termos do Enunciado nº 27 do FETJ. Sentença de extinção do feito com fulcro no art. 485, incisos III e IV, CPC, por falta de pagamento integral das custas de ingresso, conforme determina o art. 290 do CPC. Deferimento do pagamento diferido da taxa judiciária requerida na inicial, determinando o parcelamento em cinco vezes. Magistrado que, após pagamento das custas, verificou inobservância da norma do artigo 291 e seguintes do CPC, determinando que a Recorrente emendasse a inicial, adequando o valor da causa ao valor do contrato, e a complementação das custas no prazo de 15 dias, sob pena de cancelamento da distribuição, na forma dos arts. 290 c/c 321, CPC. Apelante que requer a anulação da sentença, tendo em vista que o julgado foi proferido sem que seus embargos de declaração fossem apreciados, bem como requer a apreciação das razões dos embargos, com a manutenção do valor da causa atribuído na inicial. Antes de proferir a sentença, deveria ter sido analisado e julgado os embargos de declaração, a fim de evitar prejuízo à parte. No processo originário a Recorrente informa que houve rescisão extrajudicial do Instrumento Particular de Promessa de Compra e Venda firmado com a parte Ré, tendo a Demandada devolvido parte do valor pago, de modo que a apelante persegue a devolução da diferença. Não se discute nos autos a rescisão do contrato. Discute-se apenas o eventual não pagamento de uma diferença de valor. Forçoso reconhecer que o valor da causa atribuído na inicial, observou os ditames legais expressos no art. 292, II, parte final, do CPC, já que não se está discutindo a rescisão do contrato. DÁ-SE PROVIMENTO AO RECURSO, anulando-se a sentença. (TJRJ; APL 0032128-43.2015.8.19.0002; Niterói; Vigésima Quarta Câmara Cível Consumidor; Relª Desig. Desª Ana Célia Montemor Soares Rios Gonçalves; DORJ 09/10/2017; Pág. 370)

Possibilidade de fixação do valor da causa em caráter estimativo, se o pedido não se refere à integralidade do contrato.

✓ AGRAVO DE INSTRUMENTO. CONSIGNAÇÃO EM PAGAMENTO. VALOR DA CAUSA. VALOR DIVERSO DO CONTRATO. POSSIBILIDADE. VALOR CERTO E DETERMINADO DA CAUSA ESTIPULADO AO FINAL DA AÇÃO. ADEQUAÇÃO POSTERIOR. CUSTAS PROCESSUAIS AO FINAL DA AÇÃO. INVIÁVEL. NÃO COMPROVAÇÃO DA HIPOSSUFICIÊNCIA MOMENTÂNEA. AGRAVO CONHECIDO E PROVIDO PARCIALMENTE. A indicação do valor da causa é um dos requisitos da petição inicial, o qual não é dispensado mesmo nas demandas em que não haja conteúdo econômico imediato. Art. 291 do CPC/2015. Considerando que o pedido inicial não se refere à integralidade do contrato, e, reconhecida a dificuldade de ser fixado o valor em que se pretende ver expurgado do pacto, há possibilidade de atribuição, na inicial, de valor diverso, visto que apenas no final da cognição, quando do julgamento definitivo, é que se chegará a valor certo e determinado. Mantém-se, pois, o valor atribuído à causa por estimativa do agravante, no importe de R$ 1.000,00 (um mil reais), com a ressalva de que o referido valor poderá adequar-se quando da prolação da sentença. Resta indeferido o pedido de pagamento das custas processuais ao final da ação, porquanto, os documentos acostados não se mostram suficientes para comprovar a hipossuficiência alegada, ainda que momentânea. AGRAVO CONHECIDO E PROVIDO PARCIALMENTE. (TJBA; AI 0003568-19.2017.8.05.0000; Salvador; Terceira Câmara Cível; Relª Desª Rosita Falcão de Almeida Maia; Julg. 08/08/2017; DJBA 16/08/2017; Pág. 329)

Valor da causa em ação destinada a invalidar acordo deve corresponder ao valor do próprio acordo.

✓ AGRAVO DE INSTRUMENTO. IMPUGNAÇÃO AO VALOR DA CAUSA. PRETENSÃO DE ANULAR ACORDO JUDICIAL. VALOR DA CAUSA. PROVEITO ECONÔMICO. Inteligência dos artigos 291 e 292, ambos do CPC/2015. O valor da causa deve corresponder ao proveito econômico esperado pela parte, segundo o disposto nos artigos 291 e 292, ambos do CPC/2015, de modo que, em se tratando de pedido para anulação de acordo, esse deve corresponder à quantia do acordo a ser invalidado. (TJMG; AI 1.0071.13.005518-0/001; Rel. Des. Arnaldo Maciel; Julg. 13/12/2016; DJEMG 16/12/2016)

III – na ação de alimentos, a soma de 12 (doze) prestações mensais pedidas pelo autor;

→ v. Lei 5.478/1968 – Dispõe sobre ação de alimentos e dá outras providências.

Em ação de divórcio cumulada com oferta de alimentos, regulamentação de visitas e partilha de bens, o valor da causa deve compreender o rol de bens a serem partilhados, mais doze prestações mensais.

✓ AGRAVO DE INSTRUMENTO. GRATUIDADE JUDICIÁRIA. INDEFERIMENTO. VALOR DA CAUSA. DECLARAÇÃO DE HIPOSSUFICIÊNCIA. PRESUNÇÃO RELATIVA. PRECEDENTES. PRINCÍPIO DA COOPERAÇÃO. APRESENTAÇÃO DE CONJUNTO PROBATÓRIO. COMPROVAÇÃO DA CONDIÇÃO DE HIPOSSUFICIÊNCIA. VALOR DA CAUSA. PEDIDOS CUMULADOS. ART. 292, DA LEI Nº. 13.105/2015. CORREÇÃO DE OFÍCIO DO VALOR DA CAUSA. IMPOSIÇÃO LEGAL. RECURSO CONHECIDO E PARCIALMENTE PROVIDO. 1. Cuidam os presentes autos de agravo de instrumento interposto por p. H. C. V., em face da decisão da mmª. Juíza titular da 10ª vara de família da Comarca de Fortaleza, que indeferiu o pedido de justiça gratuita pleiteado pelo agravante e determinou a correção do valor da causa declinado pela parte. 2. A autoridade judiciária pode, de acordo com o princípio da cooperação, o qual obriga a autoridade judiciária ouvir previamente as partes sobre as questões de fato ou de direito que influenciarão o julgamento da causa, requerer dos postulantes ao benefício da justiça gratuita a apresentação de conjunto probatório apto a conceder a plausibilidade da gratuidade judiciária perquirida em face da presunção relativa de que goza a declaração de hipossuficiência. 3. Ao apresentar documentação suficiente, a parte consegue comprovar a contento a condição de hipossuficiência, devendo lhe ser garantido o deferimento da Assistência Judiciária Gratuita. 4. No que pertine ao valor da causa a ser atribuído pela parte, o art. 292, da Lei nº. 13.105/2015 explicitamente prevê como deverá constar na petição inicial o montante a ser atribuído pela parte. 5. O agravante realizou, cumulativamente, pedidos de divórcio, oferta de alimentos, regulamentação de visitas e partilha de bens. O conteúdo patrimonial em discussão ou o proveito econômico perseguido pelo autor deve ser obtido através do rol de bens a serem objeto da partilha, acrescidos dos alimentos mensais ofertados, calculados pela soma de 12 (doze) prestações mensais. 6. Recurso conhecido e parcialmente provido. Retificação de ofício do valor da causa discriminado pelo agravante, de acordo com o §3º, do art. 292, do novo CPC. (TJCE; AI 0621804¬74.2016.8.06.0000; Segunda Câmara Cível; Relª Desª Maria Nailde Pinheiro Nogueira; DJCE 14/06/2016; Pág. 25)

IV – na ação de divisão, de demarcação e de reivindicação, o valor de avaliação da área ou do bem objeto do pedido;

→ v. Art. 569 do CPC.

Entendendo que o valor da causa na ação possessória não corresponde ao valor da propriedade.

✓ AGRAVO DE INSTRUMENTO. AÇÃO DE REINTEGRAÇÃO POSSE. DETERMINAÇÃO DE RETIFICAÇÃO DO VALOR DA CAUSA PARA ATRIBUIR O VALOR DE MERCADO DO IMÓVEL. Conteúdo econômico indefinido da posse. Valor estimado. Possibilidade. Reforma da decisão interlocutória. Na ação de reintegração de posse o valor da causa não é o valor da propriedade, posto se tratar de ação possessória e não petitória. A atribuição de valor estimativo ao mero direito de posse cumpre o disposto no artigo 291 do CPC. Inaplicabilidade do disposto do artigo 292 do CPC. Reforma da decisão. Conhecimento e provimento do recurso. (TJRJ; AI 0034366-70.2017.8.19.0000; Rio de Janeiro; Vigésima Segunda Câmara Cível; Relª Desª Odete Knaack de Souza; DORJ 06/10/2017; Pág. 527). No mesmo sentido: REINTEGRAÇÃO DE POSSE. Bem imóvel. Valor da causa. Ausência de critério estabelecido no art. 292 do CPC para a hipótese de ação possessória. Circunstância em que se aplica o previsto no artigo 291 do mesmo diploma legal, admitindo-se, em consequência, o valor declinado na exordial. Sentença que indeferiu a petição inicial e julgou extinto o processo, por ausência de emenda alterando o valor da causa para o valor venal do bem anulada. Recurso provido. (TJSP; APL 1000544-72.2017.8.26.0002; Ac. 10782313; São Paulo; Décima Sétima Câmara de Direito Privado; Rel. Des. Paulo Pastore Filho; Julg. 11/09/2017; DJESP 19/09/2017; Pág. 2150)

Contra, aplicando o art. 292, IV do CPC por analogia à ação possessória.

✓ DIREITO CIVIL E PROCESSUAL CIVIL. AÇÃO DE MANUTENÇÃO DE POSSE DE IMÓVEL URBANO. FALTA DE FUNDAMENTAÇÃO DA SENTENÇA. NÃO OCORRÊNCIA. NULIDADE DA SENTENÇA POR ERROR IN PROCEDENDO. OFENSA AOS LIMITES DO PEDIDO CONTRAPOSTO. OCORRÊNCIA. MÉRITO. REQUISITOS. ARTIGOS 560 E 521 DO CÓDIGO DE PROCESSO CIVIL DE 2015. POSSE E TURBAÇÃO. PROVA. INEXISTÊNCIA. VALOR DA CAUSA. PARÂMETRO. VALOR DE AVALIAÇÃO DA ÁREA LITIGIOSA. APLICAÇÃO ANALÓGICA DO ART. 292, IV DO CPC/15. 1. É corolário constitucional que "todos os julgamentos dos órgãos do Poder Judiciário serão públicos, e fundamentadas todas as decisões, sob pena de nulidade, podendo a Lei, se o interesse público o exigir, limitar a presença, em determinados atos, às próprias partes e a seus advogados, ou somente a estes". Inteligência do art. art. 93, item IX, da Constituição Federal. 2. Portanto, é nula a sentença que não contém os motivos do convencimento do Juiz. 3. Em razão da força dúplice das ações possessórias, o réu, alegando que foi ofendido em sua posse, poderá ofertar pedido contraposto para demandar a proteção possessória e a indenização pelos prejuízos resultantes da turbação ou do esbulho cometido pelo autor, nos termos do art. 922 do CPC/73, vigente à época da apresentação da contestação no presente processo, cuja redação foi reprisada no art. 556 do novo CPC/15. 4. Dessa forma, é inviável, por inadequação do procedimento, que o réu formule pedido contraposto de indenização por dano moral ou de cancelamento de matrícula do imóvel objeto da lide, incorrendo em **error in procedendo** a sentença que acolhe qualquer pedido contraposto além daqueles legalmente previstos, como no caso dos autos, merecendo a decisão ora recorrida parcial desconstituição, pois deferiu os pedidos contrapostos do réu, ora apelado, para condenar o autor, ora apelante, a pagar indenização por dano moral e para determinar o cancelamento da matrícula nº 87.063. 5. Versa a ação de manutenção de posse exclusivamente quanto à perquirição a respeito da titularidade da posse, sendo imprescindível, portanto, a comprovação pelo requerente não só da qualidade de possuidor do bem objeto da demanda, mas também da suposta turbação, da data de sua efetivação e da continuação da posse, embora turbada, sob pena do indeferimento da pretensão autoral. Inteligência dos artigos 560 e 521 do novo Código de Processo Civil de 2015. 6. Na mesma linha, o caput do artigo 1.210 Código Civil dispõe que: "O possuidor tem direito a ser mantido na posse em caso de turbação, restituído no de esbulho, e segurado de violência iminente, se tiver justo receio de ser molestado". 7. A turbação, por definição, consiste em uma conduta espoliativa capaz de obstaculizar o exercício natural e normal dos atos possessórios pelo possuidor, mas não a ponto de privá-lo da totalmente da coisa. Ou seja, cuida-se de ato ou atos que atrapalham, estorvam a posse sobre a coisa. 8. Nas ações de manutenção de posse, não havendo prova da posse pela parte autora e nem da turbação dela pela parte requerida, impõe-se a improcedência dos pedidos iniciais. 9. Por necessidade de segurança jurídica e de um parâmetro preciso, o valor da causa na ação de manutenção de posse deve ser obtido mediante a aplicação analógica do art. 292, VI do CPC, correspondendo ao valor de avaliação da área ou do bem objeto do pedido. (TJMG; APCV 1.0525.14.009138-6/002; Rel. Des. Otávio Portes; Julg. 08/11/2017; DJEMG 22/11/2017)

Valor da causa na ação de adjudicação compulsória corresponde ao valor do contrato.

✓ DIREITO CIVIL E PROCESSUAL CIVIL. APELAÇÃO CIVIL. ADJUDICAÇÃO COMPULSÓRIA. VALOR DA CAUSA. HONORÁRIOS ADVOCATÍCIOS. BASE DE CÁLCULO. CONTRATO. 1. Na adjudicação compulsória, para fins de valor da causa, importa a medida do ato ajustado, nos termos do art. 292, inciso II, do Código de Processo Civil. 2. A base de cálculo dos honorários advocatícios é o proveito econômico obtido, que está determinado expressamente no contrato estabelecido entre as partes. 2. Recurso provido. (TJDF; Proc 0707.69.6.812017-8070001; Ac. 106.2027; Oitava Turma Cível; Rel. Des. Mario-Zam Belmiro; Julg. 23/11/2017; DJDFTE 04/12/2017); AGRAVO DE INSTRUMENTO. Ação de adjudicação compulsória. Decisão agravada determinou que o valor da causa corresponda ao valor venal do bem imóvel. Recurso da autora. Valor da causa que deve corresponder ao valor do contrato. Inteligência do artigo 292, II, do CPC. Decisão reformada. RECURSO PROVIDO. " (V. 23855). (TJSP; AI 2211307-74.2016.8.26.0000; Ac. 10022013; São Bernardo do Campo; Terceira Câmara de Direito Privado; Rel. Des. Dácio Tadeu Viviani Nicolau; Julg. 28/11/2016; DJESP 12/12/2016)

Valor da causa na ação de usucapião deve corresponder ao valor venal do imóvel.

✓ APELAÇÃO CÍVEL. USUCAPIÃO EXTRAORDINÁRIA. SENTENÇA QUE CORRETAMENTE DECLAROU O DOMÍNIO DO IMÓVEL EM FAVOR DOS APELADOS. Reconhecimento do recurso do lapso temporal necessário à aquisição do imóvel pela usucapião extraordinária. Demonstração suficiente da posse mansa e pacífica, exercida com **animus domini** pelos apelados. Prescrição aquisitiva operada. Redução do prazo para dez anos (art. 1.238, pár. Ún, do CC). Irrelevância da contagem do prazo após a data de vigência do Código Civil. Penhora havida sobre o imóvel que não tem o efeito de impedir a incidência de usucapião. Registro de gravame que, por si só, não altera a qualidade da posse do usucapiente. Recurso, nesta parte, improvido. Impugnação ao valor da causa. Valor da causa na ação de usucapião que deve corresponder ao valor venal constante do lançamento do IPTU. Possibilidade de correção do valor em sede recursal. Imposição de complementação das custas (art. 293, do CPC). Recurso, nesta parte, provido. (TJSP; APL 0003466-39.2014.8.26.0025; Ac. 10680327; Angatuba; Segunda Câmara de Direito Privado; Rel. Des. José Joaquim dos Santos; Julg. 08/08/2017; DJESP 16/08/2017; Pág. 2130)

V – na ação indenizatória, inclusive a fundada em dano moral, o valor pretendido;

→ v. Enunciado n. 170 do FONAJE – No Sistema dos Juizados Especiais, não se aplica o disposto no inc. V do art. 292 do CPC/2015 especificamente quanto ao pedido de dano moral; caso o autor opte por atribuir um valor específico, este deverá ser computado conjuntamente com o valor da pretensão do dano material para efeito de alçada e pagamento de custas

Entendendo ser impossível a formulação de pedido genérico de indenização por dano moral:

✓ APELAÇÃO CÍVEL. AÇÃO DE OBRIGAÇÃO DE FAZER CUMULADA COM INDENIZAÇÃO POR DANO MORAL. DANO MORAL QUANTIFICAÇÃO. AUSÊNCIA DO VALOR DA CAUSA. NECESSIDADE DE APONTAMENTO DO PROVEITO ECONÔMICO. PEDIDO GENÉRICO. IMPOSSIBILIDADE. INÉPCIA DA INICIAL. DISPOSIÇÃO DO ARTIGO 292, INCISO V DO CPC/15 EMENDA A INICIAL INVIABILIZADA. ANGULARIZAÇÃO PROCESSUAL. PEDIDO CERTO E DETERMINADO. SENTENÇA MANTIDA. HONORÁRIOS RECURSAIS MAJORADOS. RECURSO DESPROVIDO. O valor da causa é requisito formal da petição inicial, e, consoante artigo 291 do CPC/15, "a toda causa será atribuído valor certo, ainda que não tenha conteúdo econômico imediatamente aferível". Destacado que perfeitamente possível delinear a quantificação do dano moral, tem-se que não se insere o caso na hipótese de impossibilidade de se mensurar consequências do ato ou fato, posto que a negativa de cobertura do plano de saúde por si só já enseja uma afronta a dignidade da pessoa. Nesse passo, a par de tal digressão, tem-se que apesar de haver uma possibilidade de pedido genérico, deve haver atribuição de valor simbólico à causa, portanto, ainda que seja genérico, o pedido deve conter especificações mínimas que permitam ao réu identificar corretamente a pretensão do requerente, garantindo ao requerido seu direito de defesa. "[...] 1. Com o novo Código de Processo Civil em vigor, restou superado o antigo entendimento do Superior Tribunal de justiça, onde era permitida a formulação de pedido genérico da indenização por dano moral, que resultava no afastamento do pedido indenizatório do cálculo do valor da causa; o art. 292, inciso V, do novo CPC esclareceu que até mesmo na ação indenizatória fundada em dano moral deverá o autor especificar o prejuízo que pretende ver ressarcido, permitindo, assim, a observância do real valor econômico almejado pelo autor para o cálculo do valor da causa. 2. Nos termos do art. 292, inciso VI, do novo CPC, existindo pedidos cumulados, estes deverão ser conjuntamente observados para o cálculo do valor da causa". (AI 83154/2016, des. João Ferreira filho, primeira câmara de direito privado; Julg. 21/02/2017, publicado no Dje 24/02/2017) [...]". (TJMT; APL 87998/2017; Tangará da Serra; Relª Desª Nilza Maria Pôssas de Carvalho; Julg. 07/11/2017; DJMT 13/11/2017; Pág. 41); AGRAVO DE INSTRUMENTO. IMPUGNAÇÃO AO VALOR DA CAUSA. MAJORAÇÃO. INCLUSÃO DO DANO MORAL NO CÁLCULO. POSSIBILIDADE. VALOR ECONÔMICO REAL ALMEJADO PELO AUTOR. CUMULAÇÃO DOS PEDIDOS. APLICAÇÃO DO

ART. 292, INCISOS V E VI DO NOVO CPC. RECURSO PROVIDO. 1. Com o Novo Código de Processo Civil em vigor, restou superado o antigo entendimento do Superior Tribunal de Justiça, onde era permitida a formulação de pedido genérico da indenização por dano morais, que resultava no afastamento do pedido indenizatório do cálculo do valor da causa; o art. 292, inciso V, do Novo CPC esclareceu que até mesmo na ação indenizatória fundada em dano moral deverá o autor especificar o prejuízo que pretende ver ressarcido, permitindo, assim, a observância do real valor econômico almejado pelo autor para o cálculo do valor da causa. 2. Nos termos do art. 292, inciso VI, do Novo CPC, existindo pedidos cumulados, estes deverão ser conjuntamente observados para o cálculo do valor da causa. (TJMT; AI 83154/2016; Sinop; Rel. Des. João Ferreira Filho; Julg. 21/02/2017; DJMT 24/02/2017; Pág. 46); PROCESSO CIVIL. AÇÃO INDENIZATÓRIA. DETERMINADA A EMENDA DA PETIÇÃO INICIAL PARA CORRETA QUANTIFICAÇÃO DO DANO MORAL. Autor requer a condenação do réu desde que não seja inferior ao patamar de R$ 5.000,00. Sentença de indeferimento da petição inicial. Apelação do autor. Sentença que se mantém. O valor da causa nas ações indenizatórias correspondem ao valor pretendido a título de dano moral. Nova sistemática processual em vigor a partir de março de 2016. Inteligência do art. 292, V do CPC c/c os arts. 322 e 324 do CPC. Pedido incerto impede a defesa do réu e o próprio julgamento do mérito. Circunstâncias dos autos não se inserem nas hipóteses de formulação de pedido genérico. Recurso conhecido e não provido. (TJRJ; APL 0005963-58.2016.8.19.0087; São Gonçalo; Vigésima Sexta Câmara Cível Consumidor; Rel. Desig. Des. Ricardo Alberto Pereira; DORJ 04/08/2017; Pág. 713)

Considerando ainda possível a fixação de valor da causa estimativo em matéria de indenização por dano moral.

✓ APELAÇÃO CÍVEL. PASSAGENS AÉREAS. BILHETES EMITIDOS. NÃO PAGOS. INADIMPLEMENTO CONTRATUAL. INDENIZAÇÃO PELOS DANOS MATERIAIS. DANO MORAL NÃO CONFIGURADO. HONORÁRIOS. SUCUMBÊNCIA. CORREÇÃO DO VALOR DA CAUSA PELO MAGISTRADO. PREVISÃO LEGAL. 1. O dano moral consiste na lesão a um dos direitos da personalidade, gerando constrangimento ou frustração extremamente significativa, capaz de ofender a dignidade da pessoa. 2. É pacífico o entendimento no âmbito dos tribunais pátrios de que os aborrecimentos, percalços, frustrações e vicissitudes ocorridas na vida em sociedade não geram o dever de indenizar, ainda que tenham causado certa dose de desconforto, pois a reparação do dano moral não tem como objetivo amparar sensibilidades ou susceptibilidades exageradas. 3. Julgado improcedente o pedido de indenização por danos morais, aplica-se o disposto no art. 85 do Código de Processo Civil, segundo o qual a sentença condenará o vencido a pagar honorários ao advogado do vencedor. 4. O valor dado à causa relativa aos danos morais é meramente estimativo, sendo que, verificando o Magistrado valor excessivo, cabível, de ofício, a correção, como previsto no art. 292, § 3º, do novo Código de Processo Civil. 5. Recurso parcialmente provido. (TJDF; APC 2015.01.1.123537-7; Ac. 101.4843; Oitava Turma Cível; Rel. Des. Mario-Zam Belmiro Rosa; Julg. 27/04/2017; DJDFTE 23/05/2017); APELAÇÃO CÍVEL. DIREITO DO CONSUMIDOR. DIREITO PROCESSUAL CIVIL. Ação de obrigação de fazer c/c indenizatória. Sentença que decretou a extinção do feito, sem julgamento do mérito, com fulcro no artigo 485, I do CPC/15, por não ter sido feito pedido certo e determinado quanto à indenização de danos morais, nos termos do art. 292, V do CPC/15. Recorre a parte autora requerendo a anulação do julgado, uma vez que todos os requisitos exigidos pelo novo Código de Processo Civil foram preenchidos e que são admitidos pedidos genéricos, em determinadas situações nos termos do art. 324, § 1º, do CPC/2015. Ademais, foi quantificado o valor da indenização por danos morais em verba não inferior a quarenta salários mínimos. Recurso que merece prosperar. Possibilidade de formulação de pedido genérico quanto à indenização por danos morais, em conformidade com o art. 324, §1º, II, do CPC/2015. Matéria objeto do RESP nº 1.534.559 - SP (2015/0116526-2); Julg. 22.11.2016. 3ª turma do STJ cujo entendimento do voto da ministra Nancy Andrighi é o de que são admitidos pedidos genéricos, fazendo expressa correspondência com o art. 324, § 1º, do CPC. Sentença anulada. Recurso a que se dá provimento. (TJRJ; APL 0145539-33.2016.8.19.0001; Rio de Janeiro; Vigésima Quinta Câmara Cível Consumidor; Relª Desig. Desª Cintia Santarem Cardinali; Julg. 28/06/2017; DORJ 30/06/2017; Pág. 608).

Considerando, contudo, que se o valor pretendido a título de dano moral for estimado, ele deve compor o valor da causa.

✓ RECURSO ESPECIAL. PROCESSUAL CIVIL. INDENIZAÇÃO. DANOS MATERIAIS E MORAIS. VALOR DA CAUSA. PROVEITO ECONÔMICO. IDENTIFICAÇÃO. POSSIBILIDADE. CUMULAÇÃO. SOMA DOS PEDIDOS. 1. Recurso especial interposto contra acórdão publicado na vigência do Código de Processo Civil de 1973 (Enunciados Administrativos 2 e 3/STJ). 2. Se desde logo é possível estimar um valor, ainda que mínimo, para o benefício requerido na demanda, a fixação do valor da causa deve corresponder a essa quantia. Precedentes. 3. De acordo com a iterativa jurisprudência desta Corte, quando há indicação na petição inicial do valor requerido a título de danos morais, ou quando há elementos suficientes para sua quantificação, ele deve integrar o valor da causa. 4. O Código de Processo Civil de 2015 estabelece que o valor da causa, nas ações indenizatórias, inclusive as fundadas em dano moral, será o valor pretendido. 5. Na hipótese em que há pedido de danos materiais cumulado com danos morais, o valor da causa deve corresponder à soma dos pedidos. 6. Recurso especial parcialmente provido (STJ, REsp 1698665/SP, Rel. Min. Ricardo Villas Bôas Cueva, 3ª Turma, j. 24.04.2018).

VI – na ação em que há cumulação de pedidos, a quantia correspondente à soma dos valores de todos eles;

→ v. Art. 327 do CPC.

VII – na ação em que os pedidos são alternativos, o de maior valor;

→ v. Art. 325 do CPC.

VIII – na ação em que houver pedido subsidiário, o valor do pedido principal.

→ v. Art. 326 do CPC.

§ 1º Quando se pedirem prestações vencidas e vincendas, considerar-se-á o valor de umas e outras.

§ 2º O valor das prestações vincendas será igual a uma prestação anual, se a obrigação for por tempo

indeterminado ou por tempo superior a 1 (um) ano, e, se por tempo inferior, será igual à soma das prestações.

→ v. Art. 58, III, da Lei 8.245/1991.

§ 3º O juiz corrigirá, de ofício e por arbitramento, o valor da causa quando verificar que não corresponde ao conteúdo patrimonial em discussão ou ao proveito econômico perseguido pelo autor, caso em que se procederá ao recolhimento das custas correspondentes.

Considerando inaplicável o § 3º do art. 292 do CPC se não houver possibilidade de aferição do proveito econômico.

✓ ADMINISTRATIVO E PROCESSUAL CIVIL. CONCURSO PÚBLICO. ANULAÇÃO DE QUESTÃO. VALOR DA CAUSA. ALTERAÇÃO DE OFÍCIO. PROVEITO ECONÔMICO NÃO AFERÍVEL. IMPOSSIBILIDADE. DECISÃO REFORMADA. 1. Nos termos do artigo 291 do Código de Processo Civil, -a toda causa será atribuído valor certo, ainda que não tenha conteúdo econômico imediatamente aferível-. 2. O CPC, em seu art. 292, §3º, autoriza expressamente a alteração do valor da causa de ofício pelo magistrado, ao -verificar que não corresponde ao conteúdo patrimonial em discussão ou ao proveito econômico perseguido pelo autor-. Contudo, tal dispositivo é inaplicável quando não há possibilidade de se aferir o proveito econômico pretendido na demanda. 3. Recurso conhecido e provido. (TJDF; Proc 0706.27.1.222017-8070000; Ac. 104.5793; Quinta Turma Cível; Rel. Des. Sebastião Coelho; Julg. 13/09/2017; DJDFTE 26/09/2017)

Entendendo que, mesmo no caso de retificação do valor da causa pelo juiz, devem ser observados os marcos preclusivos.

✓ EMBARGOS DE DECLARAÇÃO. IMPUGNAÇÃO AO VALOR DA CAUSA. INOCORRÊNCIA. OMISSÃO NO JULGADO. INEXISTÊNCIA. CORREÇÃO DE OFÍCIO. MATÉRIA PRECLUSA. 1. Os embargos de declaração têm como finalidade elucidar obscuridades, afastar contradições, suprir omissões e corrigir erros materiais no julgado, nos termos do artigo 1.022 do CPC/2015. 2. Não encontra respaldo no ordenamento jurídico o raciocínio de que o ataque, em contestação, ao mérito de um pedido indenizatório configuraria, de per si, irresignação quanto ao valor atribuído à ação. Trata-se, é certo, de manifestações processuais que não se confundem. 3. Em não havendo irresignação nos autos quanto à incorreção do valor da causa, não há que se falar em omissão no julgado. 4. Segundo os artigos 292 e 293 do CPC/2015, o valor atribuído à causa pode ser impugnado pela parte ré, ou, então, corrigido de ofício pelo juiz, desde que, em ambos os casos, sejam observados os marcos preclusivos previstos na Lei Processual. 5. Realizado o juízo de admissibilidade da petição inicial, opera-se a preclusão pro judicato (CPC, art. 292, §3º), pelo que não é dado ao magistrado, a partir de então, proceder à correção, de ofício, do valor da causa; não prestando, pois, os embargos declaratórios como meio apto a provocar tal fim. 6. Embargos de declaração conhecidos e não providos. (TJDF; APC 2015.01.1.075830-3; Ac. 103.6644; Oitava Turma Cível; Relª Desª Ana Cantarino; Julg. 03/08/2017; DJDFTE 09/08/2017)

Contra, entendendo que a preclusão somente atinge a partes, não impedindo que o juiz retifique o valor atribuído à causa.

✓ PROCESSO CIVIL. RETIFICAÇÃO DE OFÍCIO DO VALOR ATRIBUÍDO À CAUSA. POSSIBILIDADE. EMBARGOS DE TERCEIRO. VALOR DA CAUSA QUE DEVE CORRESPONDER À EXPRESSÃO ECONÔMICA POSTA EM JUÍZO. VALOR DO BEM PENHORADO QUE CONSTA DA PETIÇÃO INICIAL. NECESSIDADE DE COMPLEMENTAÇÃO DAS CUSTAS DE DISTRIBUIÇÃO E DO PREPARO RECURSAL. 1. A preclusão de que cuida o art. 293, do CPC, é restrita à parte, não impedindo que o magistrado retifique de ofício o valor atribuído à causa na forma do artigo 292, §3º, CPC. 2. Por outro lado, o apelante alega não lhe ter sido oportunizado o contraditório, mas sequer questiona especificamente o critério eleito em primeiro grau, que bem observa a expressão econômica posta em juízo, no caso, o valor que o próprio embargante atribui à coisa penhorada na petição inicial dos embargos (fls. 02), caso em que deve prevalecer exegese sedimentado no sentido de que o valor da causa nos embargos de terceiro deve corresponder ao valor do bem penhorado, não podendo exceder o valor do débito. 3. Recurso improvido na parcela conhecida, concedido prazo para complementação das custas de distribuição e preparo recursal. (TJSP; APL 1001128-06.2015.8.26.0554; Ac. 10824510; Santo André; Trigésima Quinta Câmara de Direito Privado; Rel. Des. Artur Marques; Julg. 25/09/2017; DJESP 29/09/2017; Pág. 3094)

Apontando ser excepcional a retificação do valor da causa pelo juiz do trabalho.

✓ VALOR DA CAUSA. ALTERAÇÃO DE OFÍCIO. POSSIBILIDADE. O art. 293 do CPC/2015 trouxe a possibilidade de alteração do valor da causa de ofício, tendo inclusive o Tribunal Superior do Trabalho se pronunciado a respeito da compatibilidade do referido dispositivo ao processo do trabalho, consoante previsão o art. 3º, inciso V da Instrução Normativa nº 39, editada por meio da Resolução nº 203, de 15 de março de 2016. Contudo, embora não haja incompatibilidade, entendo que os dispositivos relacionados devem ser aplicados excepcionalmente, tendo em vista não ser função do Juiz do Trabalho fiscalizar o valor causa. FGTS. RECOLHIMENTO. ÔNUS DE PROVA DO EMPREGADOR. Cabe ao empregador comprovar o recolhimento integral do FGTS quando há alegação da ausência de depósitos na conta vinculada do empregado. (TRT 5ª R.; RO 0000684-84.2013.5.05.0492; Segunda Turma; Relª Desª Margareth Rodrigues Costa; DEJTBA 10/07/2017).

Art. 293. O réu poderá impugnar, em preliminar da contestação, o valor atribuído à causa pelo autor, sob pena de preclusão, e o juiz decidirá a respeito, impondo, se for o caso, a complementação das custas.

→ v. Art. 337, III do CPC.

Impossibilidade de impugnar o valor da causa em apelação ou em contrarrazões, se não foi suscitada a matéria na contestação.

✓ APELAÇÃO. AÇÃO DECLARATÓRIA DE INEXISTÊNCIA DE DÉBITO C.C. INDENIZAÇÃO POR DANOS MORAIS. PRESTAÇÃO DE SERVIÇO. TELEFONIA. Insurgência ao valor da causa em sede de apelação. Impossibilidade. Valor da causa que não foi impugnado em preliminar de contestação, nos termos do art. 293 do CPC/15. Honorários advocatícios fixados sobre o valor da condenação. Falta de interesse recursal da requerida. Recurso não conhecido neste ponto. Autor que apelada buscando afastar a aplicada da Súmula nº 385 do STJ. Dano moral não caracterizado. Existência de apontamentos anteriores ao impugnado nesta ação, que infirmam a tese de ocorrência de danos aos direitos da personalidade do autor. Inteligência da Súmula nº 385, do STJ. RECURSO DA RÉ PARCIALMENTE CONHECIDO E NA PARTE CONHECIDA DESPROVIDO. RECURSO DO AUTOR DESPROVIDO. (TJSP; APL 1042787-65.2016.8.26.0002; Ac. 10940345; São Paulo; Vigésima Sétima Câmara de Direito Privado; Relª Desª Ana Catarina Strauch; Julg. 31/10/2017; DJESP 13/11/2017; Pág. 2835); AÇÃO DE REINTEGRAÇÃO DE POSSE. IMPUGNAÇÃO AO VALOR DA CAUSA. NÃO CONHECIMENTO. PRECLUSÃO. HONORÁRIOS ADVOCATÍCIOS. FIXAÇÃO. EQUIDADE. ART. 85, § 8º DO CPC/15. MAJORAÇÃO. IMPOSSIBILIDADE. 1. A impugnação do valor causa apresentada apenas em contrarrazões não deve ser conhecida, eis que deixou de ser realizada no momento processual adequado (contestação), ensejando a preclusão nos termos do art. 293 do CPC. 2. Nas hipóteses em que a verba honorária revelar-se irrisória ou exorbitante, é cabível o arbitramento mediante apreciação equitativa, com fundamento no art. 85, §8º do CPC/2015, em atenção aos princípios da proporcionalidade e da razoabilidade. Precedentes deste Tribunal. 3. Recurso conhecido e parcialmente provido. Preliminar suscitada em contrarrazões não conhecida. (TJDF; APC 2017.01.1.002074-9; Ac. 106.7941; Oitava Turma Cível; Rel. Des. Diaulas Costa Ribeiro; Julg. 14/12/2017; DJDFTE 19/12/2017)

Apontando a necessidade de intimação prévia para complementação das custas.

✓ AÇÃO DE RESCISÃO DE CONTRATO C.C. INDENIZAÇÃO POR DANOS MORAIS. Acolhimento de impugnação ao valor da causa. Valor que deve corresponder ao benefício patrimonial perseguido pelo requerente (CPC/2015, art. 292, VI. E art. 259, inciso II, do CPC revogado). Extinção do feito por ausência de recolhimento das custas que deve, no entanto, ser afastada. Necessidade de intimação prévia para complementação das custas (art. 293 do CPC). Indicação pelo magistrado quanto à retificação do valor da causa e complemento das custas que deveria ser precisa (art. 321 do CPC). Ausência de recalcitrância da autora em cumprir a determinação do juízo. Recurso parcialmente provido para, mantido o acolhimento da impugnação ao valor da causa, afastar o Decreto de extinção e determinar o regular prosseguimento do feito. (TJSP; APL 1002960-33.2015.8.26.0309; Ac. 11025614; Jundiaí; Décima Quarta Câmara de Direito Privado; Relª Desª Lígia Araújo Bisogni; Julg. 30/11/2017; DJESP 05/12/2017; Pág. 2653)

Em mandado de segurança, o valor da causa pode ser impugnado nas informações da autoridade coatora.

✓ MANDADO DE SEGURANÇA. Protesto de Certidão de Dívida Ativa. Possibilidade. Artigo 1º, Lei nº 9.492/97, parágrafo único. Constitucionalidade reafirmada pelo E. Órgão Especial deste Tribunal. Precedente do STJ. Recurso desprovido. MANDADO DE SEGURANÇA. Impugnação ao valor da causa. Possibilidade na oportunidade do oferecimento de informações. Inteligência do art. 293 do CPC/2015. Contudo, pretensão que não guarda relação direta com o valor da dívida tributária. Inexistência de benefício econômico. Recurso desprovido, com observação. (TJSP; APL 1014633-86.2016.8.26.0309; Ac. 10701413; Jundiaí; Décima Quarta Câmara de Direito Público; Relª Desª Mônica Serrano; Julg. 10/08/2017; DJESP 23/08/2017; Pág. 2634)

LIVRO V
DA TUTELA PROVISÓRIA

TÍTULO I
Disposições Gerais

Art. 294. A tutela provisória pode fundamentar-se em urgência ou evidência.

→ *v.* Art. 84, §§ 3º e 5º, do CDC.

→ *v.* Súmula 212 do STJ.

→ *v.* Arts. 10, 12-F e 21 da Lei 9.868/1999.

→ *v.* Art. 5º da Lei 9.882/1999.

→ *v.* Art. 1º da Lei 9494/97 (antecipação de tutela contra a Fazenda Pública) e Lei 8.076/1990 – Estabelece hipóteses nas quais fica suspensa a concessão de medidas liminares.

→ *v.* Lei 8.367/1992 – Institui medida cautelar fiscal e dá outras providências.

→ *v.* Enunciado 45 do CJF: Aplica-se às tutelas provisórias o princípio da fungibilidade, devendo o juiz esclarecer as partes sobre o regime processual a ser observado.

Parágrafo único. A tutela provisória de urgência, cautelar ou antecipada, pode ser concedida em caráter antecedente ou incidental.

Indicando que não há mais autonomia ritual das ações cautelares.

✓ RECURSO ESPECIAL. PROCESSO CIVIL. TUTELA PROVISÓRIA. TUTELA CAUTELAR ANTECEDENTE. DEFERIMENTO. CITAÇÃO. CONTESTAÇÃO. TEORIA DA CIÊNCIA INEQUÍVOCA. INAPLICABILIDADE. PEDIDO PRINCIPAL. ADITAMENTO. AUDIÊNCIA DE CONCILIAÇÃO OU DE MEDIAÇÃO. INTIMAÇÃO. INEXISTÊNCIA. JULGAMENTO ANTECIPADO DO MÉRITO. NULIDADE. 1. Recurso especial interposto contra acórdão publicado na vigência do Código de Processo Civil de 2015 (Enunciados Administrativo2 e 3/STJ). 2. Diante das alterações promovidas pelo Código de Processo Civil de 2015, não existe mais a figura do processo cautelar autônomo. Agora, tanto a tutela cautelar quanto a tutela principal são requeridas e desenvolvidas numa mesma relação processual. 3. Deferida tutela cautelar antecedente cujo pedido foi contestado, apesar de desnecessária nova citação, é indispensável que passe a ser observado o procedimento comum. Devem as partes ser intimadas para a audiência e, uma vez não alcançada a autocomposição, tem início o prazo de 15 (quinze) dias para contestação do pedido principal, contado na forma do art. 335. Inaplicabilidade da teoria da ciência inequívoca na hipótese. 4. No caso, deve ser reconhecida a nulidade do feito, a partir da sentença, pois a tutela de urgência deferida na forma antecedente (arresto) foi sucedida pela própria condenação ao pagamento de quantia certa, em julgamento antecipado, porém sem que tenha havido manifestação dos recorrentes sobre o mérito do pedido principal, em contrariedade ao disposto no parágrafo único do art. 307 do CPC/2015. 5. Recurso especial provido (STJ, REsp 1802171/SC, Rel. Min. Ricardo Villas Bôas Cueva, 3ª Turma, j. 21.05.2019).

Apontando ser impossível a concessão de tutela de evidência em caráter antecedente por ausência de previsão legal.

✓ AGRAVO REGIMENTAL EM AGRAVO DE INSTRUMENTO. Impossibilidade de concessão de tutela de evidência em caráter antecedente. Procedimento previsto para a tutela de urgência. Decisão que determina emenda à inicial não indefere qualquer pedido, não havendo prejuízo a ser impugnado por meio de agravo de instrumento. Manutenção da decisão monocrática que não conheceu do recurso. Agravo regimental conhecido e não provido. (TJAM; AG 0004117-90.2016.8.04.0000; Terceira Câmara Cível; Rel. Des. Cláudio César Ramalheira Roessing; DJAM 17/05/2017; Pág. 34)

Art. 295. A tutela provisória requerida em caráter incidental independe do pagamento de custas.

Considerando o art. 295 do CPC subsidiariamente aplicável ao processo do trabalho:

✓ TUTELA PROVISÓRIA CAUTELAR INCIDENTAL. A tutela provisória requerida em caráter incidental independe do pagamento de custas. Exegese do artigo 295 do CPC, de aplicação subsidiária (CLT, artigo 769). Recurso ordinário das reclamadas provido para promover a isenção das custas fixadas na tutela cautelar incidental de arresto. ". (TRT 2ª R.; RO 0000074-92.2016.5.02.0008; Ac. 2017/0516746; Décima Primeira Turma; Rel. Des. Fed. Ricardo Verta Luduvice; DJESP 29/08/2017)

Art. 296. A tutela provisória conserva sua eficácia na pendência do processo, mas pode, a qualquer tempo, ser revogada ou modificada.

Parágrafo único. Salvo decisão judicial em contrário, a tutela provisória conservará a eficácia durante o período de suspensão do processo.

→ *v.* Arts. 313 e 314 do CPC.

→ *v.* Enunciado 26 da ENFAM: Caso a demanda destinada a rever, reformar ou invalidar a tutela antecipada estabilizada seja ajuizada tempestivamente, poderá ser deferida em caráter liminar a antecipação dos efeitos da revisão, reforma ou invalidação pretendida, na forma do art. 296, parágrafo único, do CPC/2015, desde que demonstrada a existência de outros elementos que ilidam os fundamentos da decisão anterior.

Considerando que, como regra, não cabe recurso especial para atacar acórdão relativo à tutela provisória, exatamente por conta da precariedade da decisão.

✓ 1. O recurso especial não comporta o exame de decisões de natureza precária, como é o caso de recursos envolvendo a concessão de medidas de urgência, passíveis de modificação ou revogação a qualquer tempo (CPC/2015, art. 296, parte final). 2. Isso porque o art. 105, III, da Constituição Federal prevê o cabimento do recurso especial para "causas decididas", expressão que traduz definitividade, sendo certo que "as medidas liminares de natureza cautelar ou antecipatória são conferidas à base de cognição sumária e de juízo de mera verossimilhança. Por não representarem pronunciamento definitivo, mas provisório, a respeito do direito afirmado na demanda, são medidas, nesse aspecto, sujeitas à modificação a qualquer tempo, devendo ser confirmadas ou revogadas pela sentença final. Em razão da natureza precária da decisão, em regra, não possuem o condão de ensejar a violação da legislação federal" (AgRg no REsp 1159745/DF, Min. Humberto Martins, Segunda Turma, julgado em 11/05/2010, DJe 21/05/2010) (STJ, AgInt nos EDcl no REsp 1742437/RN, Rel. Min. Antonio Carlos Ferreira, 4ª Turma, j 11.04.2019).

Apontando que a revogação da tutela provisória produz efeitos retroativos.

✓ ADMINISTRATIVO. MILITAR. CONCURSO. NÃO CLASSIFICAÇÃO. APLICAÇÃO DE CRITÉRIO DE "DEMÉRITO". REVOGAÇÃO DE MEDIDA LIMINAR. EFEITOS EX TUNC. 1) A tutela provisória, por ser precária, pode ser revogada a qualquer tempo (art. 296 do CPC/2015), e produz seus efeitos enquanto não revogada por decisão de mérito (art. 304, § 3º) como ocorreu, em face da prolação de sentença de improcedência. Portanto em sendo revogada a tutela, desaparece a motivação e a causa antecedente pela qual os autores estavam autorizados a fazer o curso, pouco importando, para fins de revogação de medida liminar, se haviam logrado aprovação ou não, e que aproveitamento tiveram no referido curso. 2) No presente caso, a aprovação do autor em curso de soldado não pode ser considerada como situação consolidada, que não possa sofrer os efeitos da revogação da tutela. 3) O licenciamento **ex officio** será feito na forma da legislação que trata do serviço militar e dos regulamentos específicos de cada Força Armada e se dará, dentre outras hipóteses, por conveniência do serviço (art. 121, §3º, b). Se não atingido o período de estabilidade, o licenciamento de ofício desses militares pela Administração pode ser feito a qualquer tempo, por conveniência e oportunidade, eis que o ato se enquadra dentro da discricionariedade administrativa. 4) Não se considera bis in idem o fato de o autor não ter obtido classificação válida para curso por ter sido aplicado critério de demérito, em face de punições administrativas anteriores. A não classificação, decorrente da aplicação de critérios objetivos não se configura como punição. (TRF 4ª R.; AC 5019008-39.2014.404.7112; RS; Quarta Turma; Rel. Juiz Fed. Eduardo Gomes Philippsen; Julg. 19/07/2017; DEJF 25/07/2017)

Condicionando a revogação ou modificação da tutela provisória à alteração posterior no estado de fato.

✓ AGRAVO DE INSTRUMENTO. PRELIMINAR. IRRECORRIBILIDADE DE DESPACHO. RECURSO DE QUE SE CONHECE APENAS PARCIALMENTE. AÇÃO DE IMISSÃO NA POSSE. TUTELA PROVISÓRIA. REVOGAÇÃO. POSSIBILIDADE. DECISÃO FUNDAMENTADA. CONHECIMENTO DE FATO NOVO. INTELIGÊNCIA DOS ARTS. 296 E 298, DO CPC DE 2015. RECURSO IMPROVIDO. DECISÃO MANTIDA. 1- Por não possuírem caráter decisório e, portanto, serem despidos de carga lesiva, os despachos são pronunciamentos judiciais irrecorríveis (art. 1.001, do CPC de 2015). 2- É facultado ao juiz modificar ou revogar a tutela provisória, de forma fundamentada, a teor do disposto nos arts. 296 e 298, do CPC de 2015. 3- Para a reapreciação da tutela provisória, mister a ocorrência de fato superveniente apto a alterar a cognição sumária do julgador, que, ao sopesar os argumentos expendidos inicialmente e os fatos supervenientes, decide acerca do mesmo pedido, conquanto fundado em argumento diverso. (TJMG; AI 1.0422.15.000954-2/001; Rel. Des. José Marcos Vieira; Julg. 17/11/2016; DJEMG 02/12/2016); AGRAVO DE INSTRUMENTO. NEGÓCIOS JURÍDICOS BANCÁRIOS. TUTELA PROVISÓRIA DE URGÊNCIA. INSCRIÇÃO NO ROL DE INADIMPLENTES. MODIFICAÇÃO

DO ESTADO DE PROVA. REVOGAÇÃO DA DECISÃO. Nos termos do art. 296 do CPC, a tutela provisória pode ser revogada ou modificada a qualquer tempo, em caso de alteração no estado de fato, de direito ou de prova. No caso, a narrativa constante da inicial não encontra amparo nos documentos acostados pelo banco agravado, os quais indicam, em juízo de cognição sumária, que a autora/recorrida assinou o contrato de abertura de conta, possuindo, por conseguinte, relação com a instituição financeira recorrente. Dessa forma, tendo sido demonstrada a insubsistência dos fundamentos utilizados para conceder a tutela de urgência, impõe-se a revogação da decisão que concedeu a tutela provisória, ante a ausência de demonstração da probabilidade do direito alegado pela autora/agravada, requisito previsto no art. 300 do CPC/2015. Agravo de instrumento provido. (TJRS; AI 0331518-66.2016.8.21.7000; Canoas; Décima Segunda Câmara Cível; Rel. Des. Umberto Guaspari Sudbrack; Julg. 24/11/2016; DJERS 29/11/2016); AGRAVO DE INSTRUMENTO. AÇÃO DE RECONHECIMENTO E DISSOLUÇÃO DE UNIÃO ESTÁVEL C/C ALIMENTOS E PARTILHA DE BENS. JUÍZO DE ADMISSIBILIDADE. PEDIDO DE APRECIAÇÃO DE TUTELA DE URGÊNCIA DIRETAMENTE EM SEGUNDO GRAU DE JURISDIÇÃO. INCABÍVEL, SOB PENA DE SUPRESSÃO DE INSTÂNCIA. CONDENAÇÃO EM CUSTAS PROCESSUAIS. MOMENTO INAPROPRIADO. PEDIDOS NÃO CONHECIDOS. APLICAÇÃO DE MULTA POR LITIGÂNCIA DE MÁ-FÉ. PREJUDICADA. MÉRITO RECURSAL. PLEITO DE MODIFICAÇÃO DA TUTELA DE URGÊNCIA EM RAZÃO DA ALTERAÇÃO DO QUADRO FÁTICO PROBATÓRIO. ADMISSIBILIDADE NOS PRÓPRIOS AUTOS, DE FORMA INCIDENTAL. ART. 297, CAPUT, DO CPC/2015. RECURSO CONHECIDO EM PARTE E, NESTE PARTICULAR, PROVIDO. I. Diferentemente do recurso de apelação, onde a jurisdição de primeiro grau já se esgotou com a prolação da sentença e, por isso, plenamente justificável a possibilidade de julgamento per saltum de eventual pedido não analisado na origem, tratando-se de pretensão inovadora suscitada diretamente no Tribunal de Justiça no âmbito do agravo de instrumento, evidentemente que tal Corte não pode suprimir a primeira instância. Inaplicável, pois, o art. 1.013, III, do CPC/2015 ao agravo de instrumento. II. Resta prejudicado o exame do pedido feito em contrarrazões, de aplicação de multa por litigância de má-fé ao agravante, se ele estava a pressupor prévia valoração do pedido não conhecido por ser per saltum. III. Não se conhece do pedido, concernente à condenação da parte agravada ao pagamento das custas processuais, porque referida matéria haverá de ser deliberada quando da prolação da sentença, momento este apropriado para definir os ônus sucumbenciais, que incluem dispêndios incidentais e intermediários. lV. Havendo alteração das circunstâncias fáticas que deram ensejo à prolação da decisão que concedera tutela provisória, plenamente admissível o aviamento de pedido incidental de reavaliação, com base em quadro probatório novo, ex VI do art. 297, caput, do CPC/2015. (TJMS; AI 1401538-31.2017.8.12.0000; Terceira Câmara Cível; Rel. Des. Marco André Nogueira Hanson; DJMS 08/06/2017; Pág. 60).

Reapreciação de tutela provisória indeferida também exige alteração nos elementos do processo.

✓ AGRAVO DE INSTRUMENTO. CAUTELAR DE SEQUESTRO. PEDIDO DEFERIDO. MODIFICAÇÃO DA TUTELA PROVISÓRIA INDEFERIDA. PEDIDO RENOVADO. POSSIBILIDADE DE NOVA APRECIAÇÃO DESDE QUE ESTEJAM PRESENTES ELEMENTOS QUE JUSTIFIQUEM UM NOVO PRONUNCIAMENTO SOBRE A MATÉRIA. NÃO OCORRÊNCIA. INDEFERIMENTO. DECISÃO MANTIDA. I. Nos termos do art. 296, do CPC: "A tutela provisória conserva sua eficácia na pendência do processo, mas pode, a qualquer tempo, ser revogada ou modificada". II. Não obstante, verificando-se que, no caso em apreço, o pedido de modificação da tutela provisória já foi indeferido em decisão anterior, eventual reapreciação demandaria alteração nos elementos do processo, que justifique um novo pronunciamento sobre a matéria. III. Ausente tal demonstração, correta a decisão que indeferiu o pedido do agravante. (TJMG; AI 1.0702.12.011273-6/005; Rel. Des. João Cancio; Julg. 07/02/2017; DJEMG 10/02/2017)

Se há novos elementos ou fatos, o juiz poderá reapreciar a tutela provisória, ainda que para decidir de forma diversa à instância superior.

✓ RECLAMAÇÃO. ALEGAÇÃO DE AFRONTA À AUTORIDADE DA DECISÃO DESTE RELATOR PROFERIDA EM SEDE DE COGNIÇÃO SUMÁRIA, POSTERIORMENTE CHANCELADA PELO COLEGIADO EM SESSÃO. INOCORRÊNCIA. TUTELA PROVISÓRIA QUE PODE SER MODIFICADA A QUALQUER MOMENTO. ART. 296 DO CPC/2015. MANIFESTA INADMISSIBILIDADE. Não há falar em "coisa julgada" quando a decisão é proferida em sede de tutela provisória e de cognição sumária, pois a decisão é adotada sob o implícito princípio da rebus SIC stantibus (assim permanecendo as coisas). Havendo novos elementos e/ou fatos, poderá o magistrado reapreciar as questões e decidir de forma diversa ao que ele próprio (ou outro julgador, ainda que de instância superior) anteriormente havia determinado, sem que isso importe em afronta à autoridade daquele que proferiu a decisão alegadamente abarcada pela imutabilidade. Essa é exatamente a hipótese dos autos, valendo observar que a decisão supostamente afrontada foi proferida há mais de 2 (dois) anos, quando os elementos constantes dos autos eram outros. Reclamação manifestamente improcedente. Reclamação julgada improcedente, de plano. (TJRS; Rcl 0270469-87.2017.8.21.7000; Passo Fundo; Nona Câmara Cível; Rel. Des. Eugênio Facchini Neto; Julg. 27/09/2017; DJERS 06/10/2017)

Art. 297. O juiz poderá determinar as medidas que considerar adequadas para efetivação da tutela provisória.

Parágrafo único. A efetivação da tutela provisória observará as normas referentes ao cumprimento provisório da sentença, no que couber.

→ *V.* Arts. 139, IV, 520, 536 e 537 do CPC.

→ *V.* Enunciado 38 do CJF: As medidas adequadas para efetivação da tutela provisória independem do trânsito em julgado, inclusive contra o Poder Público (art. 297 do CPC).

Possibilidade da adoção de medidas cautelares de ofício com base no poder geral de cautela.

✓ Esta Corte Superior já assentou: "valendo-se do poder geral de cautela, pode o magistrado determinar, de ofício, providência que lhe pareça cabível e necessária ao resultado útil do processo" (AgInt no AREsp 975.206/BA, Rel. Ministra

MARIA ISABEL GALLOTTI, QUARTA TURMA, julgado em 27/04/2017, DJe 04/05/2017) (STJ, AgInt no AREsp 1402383/MS, Rel. Min. Marco Buzzi, 4ª Turma, j. 01/06/2020).

Admitindo o arresto antes da citação do executado, desde que preenchidos os requisitos para a tutela provisória.

✓ PROCESSUAL CIVIL. EXECUÇÃO FISCAL. PENHORA DE DINHEIRO, MEDIANTE BLOQUEIO PELO SISTEMA BACEN JUD, ANTES DA CITAÇÃO. POSSIBILIDADE ANTE A DEMONSTRAÇÃO DE PERIGO DE LESÃO GRAVE OU DE DIFÍCIL REPARAÇÃO. 1. Hipótese em que o Tribunal a quo vedou, de forma absoluta, a possibilidade de arresto de bens do devedor, antes de sua citação em Execução Fiscal. 2. Em sentido contrário, o STJ admite excepcionalmente tal medida, desde que preenchidos os requisitos para o deferimento da tutela provisória fundada no poder geral de cautela do juiz, nos termos do art. 798 do CPC/1973. 3. Desse modo, deve ser acolhida a pretensão recursal tão somente para declarar que é possível a decretação do arresto anterior à citação do devedor, cabendo ao Tribunal a quo, em razão do óbice da Súmula 7/STJ, verificar se, no caso concreto, encontram-se preenchidos seus requisitos. 4. Recurso Especial parcialmente provido. (STJ; REsp 1691715; SP, Segunda Turma; Rel. Min. Herman Benjamin; Julg. 10/10/2017; DJe 23/10/2017). Ver, também, STJ, REsp 1713033/SP, 2ª Turma, Rel. Min. Herman Benjamin, j. 10.02.2018).

O poder geral de cautela permite que se determine o depósito judicial das parcelas, sem acréscimo de correção ou juros.

✓ AGRAVO DE INSTRUMENTO. NULIDADE DA DECISÃO POR AUSÊNCIA DE FUNDAMENTAÇÃO E POR VÍCIO EXTRA PETITA. PRELIMINARES REJEITADAS. AÇÃO DECLARATÓRIA. EMPRÉSTIMO BANCÁRIO. EXISTÊNCIA CONTESTADA. VALOR INDEVIDAMENTE CREDITADO EM CONTA-CORRENTE. PRETENSÃO DE DEVOLUÇÃO. RECOLHIMENTO DO RESPECTIVO VALOR EM DEPÓSITO JUDICIAL. DETERMINAÇÃO DE OFÍCIO. POSSIBILIDADE. INCIDÊNCIA DE CORREÇÃO MONETÁRIA E DE JUROS DE MORA. QUESTÃO MERITÓRIA. DECISÃO REFORMADA EM PARTE. Toda decisão deve ser fundamentada, mas para isso ela não precisa ser extensa ou extremamente detalhada, podendo ser sucinta e objetiva, desde que deixe claro qual é seu fundamento e o que é decidido. A correção monetária, assim como os juros moratórios, constituem matéria de ordem pública, podendo ser suscitada a qualquer tempo, inclusive de ofício pelo julgador. A determinação de incidência de tais encargos, ainda que a parte não tenha formulado tal pedido, não configura julgamento extra petita. Em virtude do poder geral de cautela, previsto no art. 297 do CPC/15, o juiz pode, de ofício, determinar as medidas que considerar adequadas para efetivação da tutela provisória. Alegando a parte autora ser indevido o crédito efetuado pelo banco réu em sua conta corrente, afirmando que com ele não contratou o respectivo empréstimo, tem-se por correta a decisão que determinou o recolhimento do valor correspondente em depósito judicial, mas na forma simples, sem o acréscimo relativo à correção monetária e aos juros moratórios, devendo a questão relativa à incidência de tais encargos ser decidida quando da prolação da sentença de mérito. (TJMG; AI 1.0701.15.024113-4/001; Rel. Des. José de Carvalho Barbosa; Julg. 24/08/2017; DJEMG 01/09/2017)

As medidas adequadas para a efetivação da tutela provisória podem ser determinadas de ofício pelo juiz, inclusive no caso de tutela de evidência.

✓ EMBARGOS DECLARATÓRIOS EM AGRAVO DE INSTRUMENTO EM AÇÃO CIVIL PÚBLICA. DECISÃO DE PRIMEIRA INSTÂNCIA QUE CONDICIONARA A EXISTÊNCIA DA AÇÃO COLETIVA À DEMONSTRAÇÃO DE QUE O ÓRGÃO MINISTERIAL TENTARA ENTABULAR TERMO DE AJUSTE DE CONDUTA COM A MUNICIPALIDADE. POIS EM SUA FALTA, ENTENDIA O JULGADOR SER O MINISTÉRIO PÚBLICO, EM TAL CASO, CARECEDOR DE AÇÃO. DESACERTO. DECISÃO REFORMADA. Agravo ministerial que limitou-se a pleitear a continuidade da demanda, sem referência às medidas de urgência ventiladas na inicial. Omissão no trato de políticas públicas cruciais ao desenvolvimento local, estadual e nacional. Favelização, desordem urbanística e incremento dos índices de violência. Documentos indicativos de que se estava diante de tutela de evidência, de natureza urgente. Poder Geral de Cautela, com liminar concedida **ex officio** por esta Corte, para ordenar à municipalidade uma série de práticas por si olvidadas em temas cruciais à coletividade. Possibilidade. Previsão expressa nos arts. 297 e 311, do CPC. Invocada lesão aos princípios da vedação da decisão surpresa e adstrição ao pedido. Inocorrência. Omissão inexistente, ademais. Embargos rejeitados. No poder geral de cautela, o magistrado está autorizado, até mesmo **ex officio**, a adotar as medidas que "considerar adequadas para efetivação da tutela provisória" de que trata o art. 297, do CPC, estendendo-se a possibilidade, ainda que de forma excepcional, a todos as formas de tutela provisória, inclusive a de evidência, hipótese que é a dos autos. Por força do art. 9º. Parágrafo Único, do CPC, a vedação da decisão surpresa é excepcionada nas hipóteses de tutela de urgência e evidência, além do mandado de pagamento próprio das ações monitórias previsto no respectivo art. 701, circunstâncias que foram verificadas na espécie. O magistrado está vinculado ao pedido para decidir a lide em caráter definitivo, como ocorre nas limitações impostas pelo art. 492, CPC, por exemplo, o que não se confunde com as determinações oriundas do poder geral de cautela, em que pode o julgador, até mesmo de ofício, conceder medidas liminares diversas das requeridas. (TJSC; EDcl 0115327-28.2015.8.24.0000/50000; Palhoça; Terceira Câmara de Direito Público; Rel. Des. Pedro Manoel Abreu; DJSC 24/04/2017; Pag. 256)

Possibilidade de medida de arresto, a título de tutela provisória, no incidente de desconsideração da personalidade jurídica.

✓ EMBARGOS DE TERCEIRO. DESCONSIDERAÇÃO DA PERSONALIDADE JURÍDICA DA EMPRESA E BLOQUEIO DE VALORES. INVIABILIDADE SEM PRÉVIA CITAÇÃO DAQUELES EVENTUALMENTE ATINGIDOS PELOS EFEITOS DA DECISÃO. INTELIGÊNCIA DOS ARTIGOS 133 A 137 DO CPC. ARRESTO DE VALORES. ADMISSIBILIDADE, NO CASO, A FIM DE EVITAR A OCORRÊNCIA DE DANO IRREPARÁVEL OU DE DIFÍCIL REPARAÇÃO AOS EXEQUENTES, COMO TAMBÉM PARA ASSEGURAR O RESULTADO ÚTIL DO PROCESSO. PODER GERAL DE CAUTELA CONFERIDO AO JUIZ QUE VEM ILUSTRADO NO ARTIGO 297 DO CÓDIGO DE PROCESSO CIVIL (O JUIZ PODERÁ DETERMINAR AS MEDIDAS QUE CONSIDERAR ADEQUADAS PARA EFETIVAÇÃO DA TUTELA PROVISÓRIA). INDISPONIBILIDADE EXCESSIVA

DE VALORES. LIBERAÇÃO ATRIBUÍDA À ANÁLISE DO MM. JUIZ DA CAUSA PARA EVITAR. SUPRESSÃO DE UM GRAU DE JURISDIÇÃO. PESSOA JURÍDICA QUE NÃO TEM LEGITIMIDADE PARA INTERPOR RECURSO NO INTERESSE DAS SÓCIAS. AGRAVO NÃO CONHECIDO. É agravável a decisão de mérito proferida no incidente de desconsideração da personalidade jurídica, sendo certo que outras decisões interlocutórias proferidas no curso do procedimento são irrecorríveis, só podendo ser impugnadas juntamente com a decisão final, aplicando-se, por analogia, o disposto nos §§ 1º E 2º, do art. 1.009 do CPC. A pessoa jurídica não tem legitimidade para interpor recurso no interesse do sócio. (TJSP; AI 2154427-28.2017.8.26.0000; Ac. 10898627; Nova Odessa; Vigésima Sexta Câmara de Direito Privado; Rel. Des. Renato Sartorelli; Julg. 19/10/2017; DJESP 06/11/2017; Pág. 2940)

Considerando viável determinar a averbação premonitória de ação de conhecimento, a título de tutela provisória.

✓ AGRAVO DE INSTRUMENTO. ALIENAÇÃO FIDUCIÁRIA DE IMÓVEL. AÇÃO DECLARATÓRIA DE NULIDADE DE ATOS JURÍDICOS. Tutela provisória indeferida em Primeiro Grau. Pretensão à averbação premonitória em fase de conhecimento. Possibilidade. Art. 828, CPC. Aplicação subsidiária das regras que regem o processo de execução. Ausência de incompatibilidade. Decisão reformada. Recurso provido. (TJSP; AI 2089244-13.2017.8.26.0000; Ac. 10542338; São Paulo; Vigésima Sexta Câmara de Direito Privado; Rel. Des. Bonilha Filho; Julg. 22/06/2017; DJESP 05/07/2017; Pág. 2169)

Art. 298. Na decisão que conceder, negar, modificar ou revogar a tutela provisória, o juiz motivará seu convencimento de modo claro e preciso.

- → *v.* Art. 1.015, I do CPC.
- → *v.* Enunciado 39 do CJF: Cassada ou modificada a tutela de urgência na sentença, a parte poderá, além de interpor recurso, pleitear o respectivo restabelecimento na instância superior, na petição de recurso ou em via autônoma.
- → *v.* Enunciado 70 do CJF: É agravável o pronunciamento judicial que postergar a análise de pedido de tutela provisória ou condicioná-la a qualquer exigência.

Nulidade da decisão que não fundamenta de forma concreta a concessão da tutela provisória.

✓ AGRAVO DE INSTRUMENTO. INTERDITO PROIBITÓRIO. NULIDADE DA DECISÃO FUSTIGADA. RECONHECIMENTO DE OFÍCIO. AUSÊNCIA DE FUNDAMENTAÇÃO VÁLIDA. RECURSO PREJUDICADO. 1. O artigo 298 do Código de Processo Civil prevê expressamente a obrigatoriedade de fundamentação da decisão que concede a tutela provisória, devendo o togado motivar seu convencimento de modo claro e preciso. Esse dever de motivação das decisões decorre no mandamento constitucional com sede no artigo 93, IX, da Constituição da República, posteriormente incorporado no §1º do artigo 489 do CPC. 2. Desse modo, impõe-se o reconhecimento da nulidade da decisão agravada, uma vez que não apresentou nenhum argumento concreto de fato ou direito relacionado com a medida deferida, o que impede a análise do mérito do presente instrumento recursal, sob pena de supressão de instância, em atenção ao princípio do duplo grau de jurisdição. 3. Recurso prejudicado. (TJAM; AI 4003337-82.2016.8.04.0000; Segunda Câmara Cível; Relª Desª Maria do Perpetuo Socorro Guedes Moura; DJAM 15/09/2017; Pág. 27)

Possibilidade de aplicação da teoria da causa madura ao agravo de instrumento para, desde logo, decidir tutela provisória que foi objeto de decisão recorrida sem a devida fundamentação.

✓ AGRAVO INTERNO E AGRAVO DE INSTRUMENTO. JULGAMENTO CONJUNTO NA MESMA SESSÃO. PERDA DO OBJETO DO AGRAVO INTERNO. RECURSO PREJUDICADO. DIREITO PROCESSUAL. INDEFERIMENTO PELO JUÍZO A QUO DO EFEITO SUSPENSIVO AOS EMBARGOS DE TERCEIRO AJUIZADOS PELOS AGRAVANTES. ALEGAÇÃO PELA PARTE AGRAVADA DE NÃO CABIMENTO DO AGRAVO DE INSTRUMENTO. INOCORRÊNCIA. PREVISÃO LEGAL DO CABIMENTO DO RECURSO. ARGUIÇÃO DE INADMISSIBILIDADE DO AGRAVO DE INSTRUMENTO POR AUSÊNCIA DE IMPUGNAÇÃO ESPECÍFICA AOS FUNDAMENTOS DA DECISÃO RECORRIDA. ALEGAÇÃO QUE NÃO PROSPERA. PRELIMINAR DE ILEGITIMIDADE ATIVA AD CAUSAM DOS RECORRENTES PARA FIGURAREM NO POLO ATIVO DOS EMBARGOS. IMPOSSIBILIDADE DE AFERIÇÃO DA LEGITIMIDADE. REJEIÇÃO DA PRELIMINAR. DECISÃO RECORRIDA SEM FUNDAMENTAÇÃO. VIOLAÇÃO AO ART. 93, IX, DA CONSTITUIÇÃO FEDERAL E AOS ARTS. 298 E 489, PARÁGRAFO 1º, DO CPC. NULIDADE MANIFESTA. APLICABILIDADE DO PARÁGRAFO 3º DO ART. 1.013 DO CPC AO AGRAVO DE INSTRUMENTO. 1 – Considerando que o agravo de instrumento que deu origem ao agravo interno está sendo julgado na mesma sessão que este, restou configurada a perda de objeto do segundo agravo. Recurso interno prejudicado. 2 – Não há que se falar em ausência de cabimento do agravo de instrumento por ter sido interposto contra decisão em sede de embargos de terceiro. In casu, o cabimento do recurso sub oculis encontra amparo na natureza do decisum guerreado que se trata de uma tutela provisória e o cabimento está previsto de forma expressa no art. 1.015, I, do CPC. 3 – Da leitura da peça recursal, verifica-se que os recorrentes demonstraram de forma clara as razões recursais, impugnando especificamente os fundamentos da decisão recorrida, em consonância com as normas dos arts. 932, III e 1.016, II e III, do CPC. 4 – Inexiste nos autos elementos probatórios capazes de comprovar se os recorrentes possuem ou não a posse sobre o imóvel em litígio, impossibilitando a aferição, por este sodalício, quanto à legitimidade dos agravantes para ajuizarem os embargos de terceiro. Preliminares rejeitadas. 5 – O magistrado a quo quando proferiu a decisão objurgada se limitou a dizer que não estavam presentes os requisitos necessários à concessão da tutela provisória de urgência prevista no art. 300 do CPC, sem tecer quaisquer comentários quanto ao caso concreto. Resta clarividente, portanto, que o decisum hostilizado não está fundamentado, maculando frontalmente o art. 93, IX, da Constituição Federal, bem como os arts. 298 e 489, parágrafo 1º, do Código de Processo Civil. 6 – A doutrina defende a aplicabilidade do parágrafo 3º do art. 1.013 do CPC ao agravo de instrumento, sob o argumento de que não obstante a norma estar inserida no capítulo atinente à apelação, a regra contida no dispositivo legal se aplica à teoria geral dos recursos, e, dessa forma, é aplicável aos demais recursos. 7 – Agravo interno prejudicado. Agravo de instrumento conhecido e provido para anular a decisão hostilizada ante a ausência de fundamentação e, com esteio no parágrafo 3º, inciso IV, do art. 1.013 do CPC, decidir, desde logo, quanto ao pedido de tutela provisória formulado pelos agravantes ao juízo de piso, consistente na suspensividade dos embargos de terceiro, para indeferi-lo, ante a inexistência dos requisitos exigidos pelo art. 678 e 300 da Lei Processual. (TJCE; AI 0627767-63.2016.8.06.0000; Quarta Câmara de Direito Privado; Relª Desª Maria Gladys Lima Vieira; DJCE 05/06/2017; Pág. 51)

Decisão que fixa alimentos provisórios deve analisar concretamente o binômio necessidade x possibilidade.

✓ AGRAVO DE INSTRUMENTO. AÇÃO DE ALIMENTOS. ALIMENTOS PROVISÓRIOS EM FAVOR DOS FILHOS MENORES. DECISÃO INTERLOCUTÓRIA COM FUNDAMENTAÇÃO GENÉRICA E SEM ENFRENTAMENTO DO CASO CONCRETO. NULIDADE POR FALTA DE FUNDAMENTAÇÃO. NECESSIDADE DE OBSERVÂNCIA AO DISPOSTO NOS ARTIGOS 298 E 489, § 1º DO CPC/15. RECURSO CONHECIDO E PROVIDO. I. Conforme enuncia o art. 298 do CPC/15, "Na decisão que conceder, negar, modificar ou revogar a tutela provisória, o juiz motivará seu convencimento de modo claro e preciso"; II. A decisão que fixou os alimentos provisórios a serem arcados pelo agravante ocorreu pura e simplesmente, sem qualquer fundamentação que depreendesse ter a julgadora de origem analisado o binômio "necessidade X possibilidade" diante da prova produzida pela parte autora, ora agravada; III. Destarte, ausentes os requisitos constitucionais e legais da decisão agravada, a declaração de nulidade é medida impositiva, devendo os autos retornarem imediatamente ao magistrado de primeiro grau, para apreciação do pedido de alimentos provisionais formulado pela parte agravada; IV. Recurso conhecido e provido. (TJSE; AI 201600721649; Ac. 25079/2016; Segunda Câmara Cível; Relª Desª Iolanda Santos Guimarães; Julg. 19/12/2016; DJSE 12/01/2017)

Ausente a fundamentação quanto ao pedido de tutela provisória se o magistrado analisa pedido diverso do formulado.

✓ AGRAVO DE INSTRUMENTO. AÇÃO DECLARATÓRIA. TUTELA DE EVIDÊNCIA. PRELIMINAR DE NULIDADE DA DECISÃO. FALTA DE FUNDAMENTAÇÃO. ANÁLISE DE PEDIDO DIVERSO DO QUE FOI FORMULADO. ART. 93, IX, DA CONSTITUIÇÃO FEDERAL C/C ART. 298 DO CPC/2015. DECISÃO CASSADA. O art. 93, IX, da Constituição Federal, tem como nulo o provimento jurisdicional proferido sem a devida fundamentação jurídica; o art. 298 do Novo CPC/2015 dispõe que, ao conceder, negar, modificar ou revogar a tutela provisória, o juiz motivará seu convencimento de modo claro e preciso. Resta ausente a fundamentação da decisão quando o magistrado analisa pedido diverso daquele formulado pela parte. Ausência de motivação que enseja a cassação da decisão. (TJMG; AI 1.0023.16.000722-7/001; Rel. Des. Luís Carlos Gambogi; Julg. 10/11/2016; DJEMG 22/11/2016)

Art. 299. A tutela provisória será requerida ao juízo da causa e, quando antecedente, ao juízo competente para conhecer do pedido principal.

Competência do juízo da recuperação judicial para suspender ato expropriatório em sede de execução fiscal.

✓ CONFLITO DE COMPETÊNCIA. RECUPERAÇÃO JUDICIAL. PEDIDO DE PROCESSAMENTO PENDENTE DE ANÁLISE. EXECUÇÃO FISCAL. TUTELA DE URGÊNCIA. SUSPENSÃO. ATOS EXPROPRIATÓRIOS. COMPETÊNCIA DO JUÍZO DA RECUPERAÇÃO JUDICIAL. 1. Cinge-se a controvérsia a definir o juízo competente para o julgamento de tutela de urgência incidente em ação de recuperação judicial na qual ainda não foi deferido o processamento do pedido, objetivando a suspensão de atos expropriatórios determinados em execução fiscal. 2. O conflito positivo de competência ocorre não apenas quando dois ou mais Juízos se declaram competentes para o julgamento da mesma causa, mas também quando proferem decisões incompatíveis entre si acerca do mesmo objeto. 3. O artigo 189 da LRF determina que se apliquem aos processos de recuperação e falência as normas do Código de Processo Civil no que couber, sendo possível concluir que o Juízo da recuperação está investido do poder geral de tutela provisória (arts. 297, 300 e 301 do CPC/2015), podendo determinar medidas tendentes a alcançar os fins previstos no artigo 47 da Lei nº 11.101/2005. 4. Um dos pontos mais importantes do processo de recuperação judicial é a suspensão das execuções contra a sociedade empresária que pede o benefício, o chamado stay period (art. 6º da LRF). Essa pausa na perseguição individual dos créditos é fundamental para que se abra um espaço de negociação entre o devedor e seus credores, evitando que, diante da notícia do pedido de recuperação, se estabeleça uma verdadeira corrida entre os credores, cada qual tentando receber o máximo possível de seu crédito, com o consequente perecimento dos ativos operacionais da empresa. 5. A suspensão das execuções e, por consequência, dos atos expropriatórios, é medida com nítido caráter acautelatório, buscando assegurar a elaboração e aprovação do plano de recuperação judicial pelos credores ou, ainda, a paridade nas hipóteses em que o plano não alcance aprovação e seja decretada a quebra. 6. Apesar de as execuções fiscais não se suspenderem com o processamento da recuperação judicial (art. 6º, § 7º, da Lei nº 11.101/2005), a jurisprudência desta Corte se firmou no sentido de que os atos expropriatórios devem ser submetidos ao juízo da recuperação judicial, em homenagem ao princípio da preservação da empresa. 7. O Juízo da recuperação é competente para avaliar se estão presentes os requisitos para a concessão de tutela de urgência objetivando antecipar o início do stay period ou suspender os atos expropriatórios determinados em outros juízos, antes mesmo de deferido o processamento da recuperação. 8. Conflito positivo de competência conhecido para declarar a competência do Juízo da 10ª Vara Cível de Maceió/AL (STJ, CC 168000/AL, Rel. Min. Ricardo Villas Bôas Cueva, 2ª Seção, j. 11.12.2019).

Parágrafo único. Ressalvada disposição especial, na ação de competência originária de tribunal e nos recursos a tutela provisória será requerida ao órgão jurisdicional competente para apreciar o mérito.

→ *v.* Súmulas 634 e 635 do STF.

→ *v.* Arts. 1.012, § 3º, 1.019, I, 1.029, § 5º do CPC.

A competência do STJ para apreciação de tutela provisória em recurso só se inaugura, como regra, após o juízo de admissibilidade realizado pelos Tribunais de 2º grau.

✓ PROCESSUAL CIVIL. AGRAVO INTERNO NO PEDIDO DE TUTELA PROVISÓRIA. DECISÃO DE ADMISSIBILIDADE. INEXISTÊNCIA. FUMUS BONI IURIS. NÃO CONFIGURAÇÃO. DECISÃO MANTIDA. 1. As tutelas provisórias requeridas diretamente no STJ são admissíveis nas ações originárias ou nas hipóteses em que se tenha aberto sua competência recursal (art. 288 RISTJ e 299 do CPC/2015). 2. Segundo a previsão expressa do art. 1.029, § 5º, do CPC/2015, a competência desta Corte para apreciar requerimentos de tutela provisória só se inicia após a publicação da decisão de admissibilidade do recurso especial, não sendo o caso dos autos. 3. O deferimento de tutela provisória de urgência pressupõe a demonstração de elementos que evidenciem a probabilidade do direito alegado e o perigo de dano ou o risco ao resultado útil do processo. 4. No caso concreto, o agravante não logrou demonstrar a viabilidade das teses deduzidas no recurso especial. 5. Agravo interno a que se nega provimento (STJ, AgInt no TP 2306/AC, Rel. Min. Antonio Carlos Ferreira, 4ª Turma, j. 18.11.2019).

Uma vez interposta a apelação, o tribunal passa a ser competente para a apreciação do pedido de tutela provisória.

✓ ADMINISTRATIVO. AGRAVO REGIMENTAL. PEDIDO DE TUTELA PROVISÓRIA. MANDADO DE SEGURANÇA. ENSINO SUPERIOR. EFETIVAÇÃO DE MATRÍCULA. INADIMPLÊNCIA DA ALUNA. Tendo havido a prolação de sentença e a interposição de apelação na ação originária, a competência para a apreciação de pedido de tutela provisória é do Tribunal, consoante o disposto no art. 299, parágrafo único, do CPC/2015. Os requisitos para a concessão de tutela provisória de urgência são a probabilidade do direito e o perigo de dano ou o risco ao resultado útil do processo, nos termos do art. 300 do CPC/2015. Considerando que não foram apontadas circunstâncias fáticas que afastem o direito da impetrante a manter seu vínculo com a instituição de ensino e realizar as disciplinas do Curso de Medicina, é de se manter o posicionamento adotado por esta Corte no sentido de reconhecer o direito da impetrante a sua rematrícula, independentemente da existência de pendências financeiras pretéritas, uma vez que a sua inscrição no sistema FIES encontra-se regular. (TRF 4ª R.; AGRLEG-TAT 5035912-62.2016.404.0000; Quarta Turma; Relª Desª Fed. Vivian Josete Pantaleão Caminha; Julg. 17/05/2017; DEJF 23/05/2017)

Uma vez proferida sentença, fica exaurida a jurisdição em primeiro grau, devendo o pedido de tutela provisória ser endereçado à instância superior.

✓ DIREITO PROCESSUAL CIVIL. AGRAVO DE INSTRUMENTO. INTERPOSIÇÃO CONTRA DECISÃO QUE NÃO APRECIA TUTELA PROVISÓRIA REQUERIDA APÓS A PROLAÇÃO DA SENTENÇA. RECURSO CABÍVEL. REQUISITOS ATENDIDOS. INCOMPETÊNCIA DO JUÍZO DE PRIMEIRO GRAU PARA O EXAME DA MATÉRIA. LITIGÂNCIA DE MÁ-FÉ NÃO VERIFICADA. DECISÃO MANTIDA. I. De acordo com o artigo 1.015, inciso I, do Código de Processo Civil, cabe agravo de instrumento contra pronunciamento de primeiro grau que deixa de apreciar pedido de tutela provisória sob o fundamento de que, após a prolação da sentença, compete ao tribunal o seu exame. II. Desde que as razões recursais sejam aptas a descortinar o inconformismo do recorrente e a pretensão de reforma da decisão, não deve ser obstado o conhecimento do agravo de instrumento. III. Matéria alheia à decisão agravada não pode ser revista em agravo de instrumento, sob pena de supressão de instância e violação do princípio do duplo grau de jurisdição. lV. A prolação da sentença exaure a jurisdição do juízo de primeiro grau e afasta sua competência para conhecer da tutela provisória de natureza cautelar, a teor do que prescreve o artigo 299, parágrafo único, do Código de Processo Civil. V. A litigância de má-fé não pode passar incólume aos olhos do julgador, porém sua apreciação não pode chegar ao ponto de desestimular a luta pelo direito dentro das raias éticas da legislação processual. VI. Recurso parcialmente conhecido e desprovido. (TJDF; AGI 2016.00.2.016706-7; Ac. 989.607; Quarta Turma Cível; Rel. Des. James Eduardo Oliveira; Julg. 14/12/2016; DJDFTE 01/02/2017). No mesmo sentido: PROCESSUAL CIVIL. SENTENÇA. PUBLICAÇÃO. APELAÇÃO. TUTELA PROVISÓRIA. ÓRGÃO JURISDICIONAOL COMPETENTE. RELATOR DO RECURSO. I. Depois de publicada a sentença resolvendo o mérito da demanda, termina a fase cognitiva do processo, de maneira que questões incidentes, como a tutela antecipada, não podem ser apreciadas, pois a prestação jurisdicional já foi entregue, ainda que a decisão esteja sujeita a reforma. II. O art. 299, parágrafo único, do CPC/2015, estabelece que nos recursos a tutela provisória será requerida ao órgão jurisdicional competente para apreciar o mérito. III. A antecipação da tutela deveria ser apreciada em oportunidade própria pela instância superior incidindo, analogicamente, a regra dos art. 932, II, do CPC/2015, 87 e 251, § 2º, do Regimento Interno. lV. Deu-se provimento ao recurso. (TJDF; AGI 2016.00.2.031993-3; Ac. 982.133; Sexta Turma Cível; Rel. Des. José Divino de Oliveira; Julg. 16/11/2016; DJDFTE 30/11/2016)

Competência do juízo da causa principal para o pedido de tutela provisória destinado a assegurar futuro cumprimento de sentença, ainda que a causa já tenha sido sentenciada:

✓ CÍVEL. Conflito negativo de competência. Pedido incidental de tutela provisória de urgência cautelar visando a resguardar patrimônio do requerido para assegurar eventual e futuro cumprimento de sentença. Feito principal já sentenciado, aguardando julgamento de recurso. Competência do juízo da causa principal para apreciar a tutela provisória incidental requerida. Competência do juízo suscitado, prolator da sentença. Inteligência do art. 299, caput, do CPC. Conflito de competência procedente. O pedido de tutela provisória incidental deve ser apreciado pelo juiz da causa principal (art. 299, caput, do CPC), independentemente de esta já ter sido sentenciada. (TJPR; ConCompCv 1630755-2; Londrina; Sexta Câmara Cível em Composição Integral; Relª Desª Lilian Romero; Julg. 25/07/2017; DJPR 16/08/2017; Pág. 714)

Considerando que o tribunal não possui competência para o pedido de tutela provisória formulado fora do âmbito recursal:

✓ RECURSO. EMBARGOS DE DECLARAÇÃO. ALEGAÇÃO DE CONTRADIÇÃO NO V. ACÓRDÃO. ART. 1.022, CPC. 1. Carece o tribunal de competência para apreciação de pedido de tutela provisória (suspensão de leilão) formulado fora do âmbito recursal, diretamente à Corte, estando os autos em trâmite perante o juízo a quo. Art. 299 do CPC. 2. Daí o seu pedido ter sido recebido como agravo de instrumento. 3. Embargos acolhidos exclusivamente para prestar esclarecimentos à parte, sem infringência do julgado embargado. (TJSP; EDcl 2222267-89.2016.8.26.0000/50000; Ac. 10256874; Ourinhos; Décima Quarta Câmara de Direito Privado; Rel. Des. Melo Colombi; Julg. 16/03/2017; DJESP 20/03/2017)

TÍTULO II
Da Tutela de Urgência
Capítulo I
DISPOSIÇÕES GERAIS

Art. 300. A tutela de urgência será concedida quando houver elementos que evidenciem a probabilidade do direito e o perigo de dano ou o risco ao resultado útil do processo.

→ *v.* Súmula 729 do STF.

→ *v.* Súmulas 405, 414 e 418 do TST.

→ *v.* Arts. 22-A e 22-B da Lei 9.307/1996 – Lei de Arbitragem.

→ *v.* Arts. 6º, § 12 e 20-B, § 1º, da Lei 11.101/2005.

→ *v.* Enunciado 42 do CJF: É cabível a concessão de tutela provisória de urgência em incidente de desconsideração da personalidade jurídica.

Apontando ser possível a concessão da tutela de urgência nos termos do art. 300 do CPC em ação de despejo.

✓ AGRAVO DE INSTRUMENTO. DIREITO CIVIL E PROCESSUAL CIVIL. AÇÃO DE DESPEJO. TUTELA PROVISÓRIA DEFERIDA. MITIGAÇÃO DOS REQUISITOS DO ART. 59, §1º, IX DA LEI Nº 8.245/91. APLICAÇÃO DO ART. 300 DO CPC/2015. INADIMPLEMENTO RECALCITRANTE DO LOCATÁRIO. RECUPERAÇÃO JUDICIAL. LIMINAR DE DESPEJO. IRRELEVÂNCIA. RECURSO CONHECIDO E IMPROVIDO. 1. Não obstante garantida a locação pela fiança e ausente caução prestada pelo Locador, o rol previsto no art. 59, § 1º, da Lei n. º 8.245/91 não é taxativo, podendo o magistrado acionar o disposto no art. 300 do CPC/2015 para a concessão da tutela provisória em ação de despejo, desde que preenchidos os requisitos para a medida. Precedentes do STJ e do TJES. 2. Na espécie, conquanto causa de pedir da demanda restrinja-se aos débitos referentes aos meses de outubro e novembro de 2016, não se pode renegar para a construção do provimento jurisdicional o fato que a Agravante assinou Termo de Confissão de Dívida, reconhecendo-se devedora das parcelas locatícias vencidas entre abril e agosto de 2016, inexistindo notícia nos autos de seu pagamento, pelo que se ostenta odiosa recalcitrância no inadimplemento dos aluguéis pactuados, razão pela qual inviável conferir a proteção legal e jurisdicional a quem confessa dívida anterior, persiste no inadimplemento e permanece sendo beneficiado em detrimento do proprietário do imóvel, que está impedido de dispor dos direitos inerentes à propriedade. 3. Ademais, é lógica decorrente do princípio da boa-fé objetiva que o Locador mitigue os prejuízos que, caso não cessados pela tutela de urgência, aumentarão mensalmente com o vencimento dos demais encargos locatícios e os decorrentes do desgaste natural da utilização do imóvel. 4. A sujeição dos créditos locatícios aos efeitos da recuperação judicial, advinda do artigo 49 da Lei nº 11.101/2005, afeta o direito de o locador executar os seus haveres, eis que eles deverão ser levados ao concurso universal, mas não o direito de retomar o bem locado por qualquer dos motivos previstos na Lei nº 8.245/91. 5. Recurso conhecido e improvido. (TJES; AI 0004297-86.2017.8.08.0024; Quarta Câmara Cível; Rel. Des. Robson Luiz Albanez; Julg. 19/06/2017; DJES 26/06/2017)

Considerando que a execução provisória de elevado valor, por si só, não caracteriza perigo da demora.

✓ AGRAVO INTERNO EM TUTELA PROVISÓRIA DE URGÊNCIA. REQUISITOS LEGAIS. FUMUS BONI IURIS E PERICULUM IN MORA. AUSÊNCIA. – A concessão de efeito suspensivo ao recurso especial depende do fumus boni juris, consistente na plausibilidade do direito alegado, e do periculum in mora, que se traduz na urgência da prestação jurisdicional. – A execução provisória de elevado valor, por si só, não constitui, isoladamente, o periculum in mora exigido para a concessão de efeito suspensivo ao seu recurso especial, até mesmo porque esse procedimento possui mecanismos próprios para evitar prejuízos ao executado. Precedentes. – Agravo interno a que se nega provimento. (STJ; AgInt no TP 28/SP; Terceira Turma; Rel. Min. Nancy Andrighi; Julg. 16/02/2017; DJe 21/02/2017)

Apontando que a previsão de multa judicial pelo descumprimento, por si só, não autoriza a concessão da tutela de urgência:

✓ AGRAVO INTERNO NA PETIÇÃO DE CONCESSÃO DE EFEITO SUSPENSIVO A RECURSO ESPECIAL. INSURGÊNCIA CONTRA A MULTA JUDICIAL FIXADA EM ANTECIPAÇÃO DE TUTELA CONCEDIDA NA SENTENÇA. AUSÊNCIA DE DEMONSTRAÇÃO DE PERIGO. 1. Para o deferimento do requerimento de tutela provisória fundada na urgência (art. 294 do CPC), deve o requerente demonstrar de forma concreta a existência de dano irreparável ou de difícil reparação (art. 300, parte final, do CPC). 2. Simples alegação da existência de multa judicial para hipótese de descumprimento do "decisum" não atende à exigência legal para aplicação da medida de exceção. 3. Insurgência recursal voltada contra multa judicial imposta para hipótese de descumprimento deve ser dirigida ao juízo do cumprimento provisório da sentença, que analisará a razoabilidade e a necessidade da medida. 4. AGRAVO INTERNO DESPROVIDO. (STJ; AgInt na TutPrv no REsp 1591054; SC; Terceira Turma; Rel. Min. Paulo de Tarso Sanseverino; Julg. 18/10/2016; DJe 27/10/2016)

Enumerando os requisitos para, em tutela de urgência, afastar os efeitos da mora.

✓ AGRAVO DE INSTRUMENTO. TUTELA PROVISÓRIA DE URGÊNCIA DE NATUREZA CAUTELAR. INEXISTÊNCIA DE AÇÃO REVISIONAL. CAUTELAR DE MERA APRESENTAÇÃO DE DOCUMENTO. AUSÊNCIA DOS ELEMENTOS ELENCADOS PELO STJ PARA AFASTAMENTO DA MORA. POSSE DO VEÍCULO ALIENADO E EXCLUSÃO OU ABSTENÇÃO DE INCLUSÃO DO NOME DO CONSUMIDOR NOS ÓRGÃOS DE RESTRIÇÃO AO CRÉDITO. REGULARIDADE. CONTRATO ACOSTADO AO FEITO DE ORIGEM. JUÍZO PRÉVIO DOS ENCARGOS. NÃO AFASTAMENTO DOS EFEITOS DA MORA. AUSÊNCIA DE PLAUSIBILIDADE DO DIREITO INVOCADO. RECURSO CONHECIDO E NÃO PROVIDO. Para se ilidir os efeitos da mora, segundo entendimento do STJ, proferido em recurso representativo da controvérsia, AgRg no REsp 1220427/RS, faz-se necessária a acumulação de três elementos: a) que haja ação proposta pelo devedor contestando a existência integral ou parcial do débito; b) que haja efetiva demonstração de que a contestação da cobrança indevida se funda na aparência do bom direito e em jurisprudência consolidada do STF ou do STJ; c) que, sendo a contestação apenas de parte do débito, deposite o valor referente à parte tida por incontroversa, ou preste caução idônea, ao prudente arbítrio do magistrado; sendo que ausente um deles é de rigor indeferir o pleito antecipatório. Não se apresentando, em cognição sumária, um dos requisitos essenciais para a concessão da tutela prevista no art. 300, do CPC/15, é de ser indeferida a medida antecipatória. (TJMS; AI 1411274-73.2017.8.12.0000; Segunda Câmara Cível; Rel. Des. Marcos José de Brito Rodrigues; DJMS 18/12/2017; Pág. 137). No mesmo sentido: AGRAVO DE INSTRUMENTO. AÇÃO REVISIONAL DE CONTRATO BANCÁRIO. DEPÓSITO DO VALOR INCONSTROVERSO. PRESSUPOSTOS PARA ELISÃO DOS EFEITOS DA MORA. NÃO COMPROVAÇÃO. DECISÃO MANTIDA. O Código Processo Civil exige a presença cumulativa da probabilidade do direito alegado e do perigo de dano ou risco ao resultado útil do processo, para concessão de tutelas provisórias de urgência, sejam elas cautelares, sejam elas satisfativas, nos termos do art. 300, do Código de Processo Civil. O Superior Tribunal de Justiça definiu, no julgamento do 1.061.530/RS, submetido ao rito do recurso repetitivo, os pressupostos necessários à concessão de efeitos liberatórios ao depósito do valor incontroverso. Notadamente, estabeleceu que "I) a ação for fundada em questionamento integral ou parcial do débito; II) houver demonstração de que a cobrança indevida se funda na aparência do bom direito e em jurisprudência consolidada do STF ou STJ; III) houver depósito da parcela incontroversa ou for prestada a caução fixada conforme o prudente arbítrio do juiz. ". O preenchimento dos requisitos indicados pelo STJ reflete a matéria de direito aplicável ao caso, razão pela a ausência de qualquer um deles, tal como a ausência de respaldo jurisprudencial das teses deduzidas na inicial da revisional, compromete o implemento do pressuposto relativo à "probabilidade do direito alegado", conduzindo, desse modo, ao indeferimento da tutela provisória. (TJMG; AI 1.0241.16.002809-8/001; Rel. Des. Kildare Gonçalves Carvalho; Julg. 16/02/2017; DJEMG 06/03/2017)

Possibilidade de, mesmo não preenchidos os requisitos para afastar os efeitos da mora, realizar os depósitos de valores incontroversos sem eficácia liberatória.

✓ AGRAVO DE INSTRUMENTO. Ação revisional de contrato de financiamento. Requerimento de tutela provisória para que o réu se abstenha de inscrever o nome do agravante nos órgãos de proteção ao crédito e de retomar o veículo financiado. Pretensão ao depósito judicial das prestações em valor aquém do contratado para afastar os efeitos da mora. Tutela provisória indeferida. Reforma parcial do decisum. A simples propositura da ação revisional não afasta os efeitos da mora (Súmula nº 380, do STJ). Ausência da probabilidade do direito alegado e de perigo de dano (art. 300, do CPC/2015). Segundo orientação n. 4, estabelecida pelo Superior Tribunal de Justiça no RESP n. 1.061.530/RS, a tutela antecipada ou a medida cautelar com o fim de obstar a negativação do nome somente será concedida se, cumulativamente, a ação estiver embasada em discussão total ou parcial do débito, houver depósito do valor incontroverso ou for prestada caução e ficar demonstrado que a cobrança indevida se funda na aparência do bom direito e em jurisprudência consolidada do STF ou do STJ. Alegações genéricas, desacompanhadas de fundamentação suficiente, que, por ora, não autorizam o deferimento da tutela provisória nos termos assentados pelo Superior Tribunal de Justiça. Possibilidade, entretanto, de realização do depósito dos valores incontroversos por conta e risco do autor, sem eficácia liberatória. Aplicação do disposto no art. 330, §3º, do CPC/2015 (art. 285-B, §1º, do CPC/1973). Recurso parcialmente provido para autorizar o depósito das parcelas incontroversas sem efeito liberatório da mora. (TJSP; AI 2144971-54.2017.8.26.0000; Ac. 11007711; Carapicuíba; Vigésima Quarta Câmara de Direito Privado; Relª Desª Jonize Sacchi de Oliveira; Julg. 23/11/2017; DJESP 05/12/2017; Pág. 2882)

§ 1º Para a concessão da tutela de urgência, o juiz pode, conforme o caso, exigir caução real ou fidejussória idônea para ressarcir os danos que a outra parte possa vir a sofrer, podendo a caução ser dispensada se a parte economicamente hipossuficiente não puder oferecê-la.

→ *v.* Súmula 112 do STJ.

Possibilidade de prestação de caução de veículo, desde que esteja em bom estado e possua valor de mercado.

✓ AGRAVO DE INSTRUMENTO. DIREITO PRIVADO NÃO ESPECIFICADO. AÇÃO ANULATORIA DE PROTESTO. TUTELA PROVISÓRIA. SUSTAÇÃO DOS EFEITOS DO PROTESTO. VALOR DAS DUPLICATAS GARANTIDO POR CAUÇÃO. VEÍCULO. DECISÃO REFORMADA. Estando demonstrados os requisitos autorizadores para a concessão da tutela provisória, nos termos do artigo 300, §1º do CPC, deve ser reformada a decisão proferida para permitir a prestação de caução pela parte agravante, através do veículo indicado, uma vez que há demonstração de que está em bom estado e possui valor no mercado de consumo a ressarcir eventuais danos que a outra parte possa vir a sofrer. Agravo de instrumento provido. (TJRS; AI 0240460-45.2017.8.21.7000; Cachoeirinha; Décima Sétima Câmara Cível; Rel. Des. Gelson Rolim Stocker; Julg. 23/11/2017; DJERS 13/12/2017)

Entendendo ser discricionária a decisão do juiz de exigir a prestação de caução em dinheiro.

✓ AGRAVO DE INSTRUMENTO. Ação declaratória de inexigibilidade de débito c/c pedido liminar de tutela provisória de urgência em caráter antecedente. Decisão que deferiu a suspensão ou sustação dos efeitos do protesto do título objeto da ação condicionada à prestação de caução em dinheiro no prazo de 48 horas, sob pena de revogação da tutela. Insurgência. Inadmissibilidade. Súmula nº 16 do TJ/SP. Discricionariedade do magistrado em exigir caução em dinheiro. Vigência do Novo Código de Processo Civil que não mudou o panorama da questão, a teor do art. 300, §1º, do CPC/2015. Não demonstração de hipossuficiência a justificar a dispensa da caução. Decisão mantida. Recurso não provido. (TJSP; AI 2149686-42.2017.8.26.0000; Ac. 10983713; São Paulo; Décima Oitava Câmara de Direito Privado; Rel. Des. Helio Faria; Julg. 14/11/2017; DJESP 23/11/2017; Pág. 2010); TUTELA PROVISÓRIA DE URGÊNCIA CAUTELAR REQUERIDA EM CARÁTER ANTECEDENTE. Sustação de protesto. Fixação da caução em dinheiro, para o deferimento da tutela de urgência. Regularidade. Artigo 300, § 1º, do CPC. Critério discricionário do juiz. Caução em dinheiro que se mostrou a mais adequada no caso concreto. Inviabilidade do oferecimento de bem imóvel como caução. Sentença mantida. RECURSO DESPROVIDO. (TJSP; APL 1001210-48.2017.8.26.0269; Ac. 10663473; Itapetininga; Décima Sétima Câmara de Direito Privado; Rel. Des. Afonso Bráz; Julg. 07/08/2017; DJESP 10/08/2017; Pág. 2100)

Relacionando os requisitos para que seja aceita a caução sobre bens móveis ou imóveis ou a caução fidejussória.

✓ DIREITO CIVIL E PROCESSUAL CIVIL. DECISÃO PROFERIDA SOB A ÉGIDE DO CPC/73. AGRAVO DE INSTRU-

MENTO EM AÇÃO DECLARATÓRIA DE INEXIGIBILIDADE DE DÍVIDA. PEDIDO DE SUSTAÇÃO DE PROTESTO DE DOIS TÍTULOS DE CRÉDITO. TUTELA DE CUNHO CAUTELAR. NECESSIDADE DE OFERECIMENTO DE CONTRACAUTELA EM VALOR CORRESPONDENTE AOS TÍTULOS PROTESTADOS. PRECEDENTE DO STJ FIRMADO EM SEDE DE RECURSO ESPECIAL REPETITIVO. ART. 330, § 1º, DO CÓDIGO DE PROCESSO CIVIL. POSSIBILIDADE DE CAUÇÃO REAL OU FIDEJUSSÓRIA, DESDE QUE IDÔNEA, SUFICIENTE E DOTADA DE LIQUIDEZ E CERTEZA. RECURSO CONHECIDO E PARCIALMENTE PROVIDO. 1. De acordo com o entendimento do STJ, firmado na sistemática dos recursos repetitivos, firmado nos autos do Recurso Especial nº 1340236/SP, sob a relatoria do ministro Luis Felipe Salomão, "a legislação de regência estabelece que o documento hábil a protesto extrajudicial é aquele que caracteriza prova escrita de obrigação pecuniária líquida, certa e exigível. Portanto, a sustação de protesto de título, por representar restrição a direito do credor, exige prévio oferecimento de contracautela, a ser fixada conforme o prudente arbítrio do magistrado". 2. Registre-se, ainda, que o art. 300, § 1º, do CPC, prevê que para a concessão da tutela de urgência, o juiz pode, conforme o caso, exigir caução real ou fidejussória idônea para ressarcir os danos que a outra parte possa vir a sofrer, podendo a caução ser dispensada se a parte economicamente hipossuficiente não puder oferecê-la. 3. O propósito da caução é resguardar eventual direito do agravado, de maneira a garantir o pagamento do título em discussão, não podendo ser aquém do valor protestado, tampouco em valor excessivo, sob pena de prejudicar uma das partes em detrimento da outra. 4. A necessidade de prestar caução idônea pela parte beneficiada pela tutela provisória visa evitar ou reparar, de maneira célere e eficaz, lesão à parte agravada no tocante aos prejuízos eventualmente advindos da execução da decisão provisória, devendo, por isso, ser suficiente para assegurar a obrigação, em havendo o inadimplemento daquele que presta a garantia. 5. Na espécie, cuida-se a caução de providência que se mostra acertada, pois visa, precipuamente, coibir eventuais abusos no manejo de providências de natureza cautelar, mostrando-se justificável, como no caso dos presentes autos, quando o quadro probatório recomenda um maior acautelamento a fim de não vulnerar direito da parte adversa. 6. Em verdade, o cumprimento, ou não, do objeto contratual é ponto controvertido entre as partes, cuja resolução exige cognição plena e exauriente, própria do processo de conhecimento, motivo pelo qual, ante a situação de incerteza presente nos autos, melhor sorte socorre à exigência da contracautela, tendo em vista ser medida capaz de garantir eventuais prejuízos advindos da modificação do comando decisório provisório. 7. Não obstante, tem-se que, em se tratando de bens móveis e imóveis, é indispensável a demonstração de que o bem oferecido seja idôneo, líquido e suficiente para evitar a lesão ou repará-la integralmente, devendo, ainda, ser facilmente revertido em dinheiro; além disso, admite-se, igualmente, caução fidejussória, desde que se constate a liquidez, solvência e a credibilidade do garantidor. 8. Recurso conhecido e parcialmente provido, para o fim de, reformando apenas parcialmente a decisão recorrida, admitir outros tipos de caução, distintas do depósito em dinheiro, como, por exemplo, a real ou fidejussória, desde que certa, suficiente, idônea, de fácil liquidez e, no caso da última, seja o garantidor pessoa idônea e solvente, tudo a ser prudentemente examinado, em caso de oferta de contracautela, pela instância a quo. (TJCE; AI 0623522-43.2015.8.06.0000; Terceira Câmara de Direito Privado; Relª Desª Lira Ramos de Oliveira; DJCE 07/04/2017; Pág. 58)

Para a sustação de protesto, só é necessária a prestação de caução se assim determinar o juiz.

✓ AGRAVO DE INSTRUMENTO. AÇÃO DE CANCELAMENTO DE PROTESTO C/C INDENIZAÇÃO POR DANOS MORAIS, EXIBIÇÃO DE DOCUMENTOS E PEDIDO DE TUTELA PROVISÓRIA DE URGÊNCIA. PORTESTO. SUSTAÇÃO DOS EFEITOS. ART. 300 DO CPC/2015. POSSIBILIDADE. RECURSO PROVIDO. 1- Demonstrada a presença dos requisitos autorizadores da concessão de tutela antecipada, qual sejam periculum in mora e fumus boni iuris, deve esta ser deferida. 2- Para concessão liminar de sustação de protesto somente é necessária prestação de caução caso assim entenda o Magistrado, sendo esta prescindível. 3- Recurso provido. (TJMG; AI 1.0878.16.002327-0/001; Relª Desª Hilda Teixeira da Costa; Julg. 08/08/2017; DJEMG 18/08/2017)

Dispondo que a suspensão de exigibilidade de crédito tributário está condicionada à prestação de caução em dinheiro.

✓ TUTELA PROVISÓRIA DE URGÊNCIA. AÇÃO ANULATÓRIA DE PROTESTO. Município de São Paulo. Protesto de Certidão de Dívida Ativa. Possibilidade. Inteligência do art. 1º, parágrafo único, da Lei nº 9.492/97. Desatendimento dos requisitos do Art. 300 do CPC. Agravo não provido. TUTELA PROVISÓRIA DE URGÊNCIA. Pedido subsidiário de oferta de caução real a fim de sustar os títulos protestados. Descabimento. Incidência à espécie da Súmula nº112 do STJ. Depósito em dinheiro que deve corresponder ao valor integral do crédito que se pretende desconstituir. Agravo não provido. (TJSP; AI 2187313-17.2016.8.26.0000; Ac. 10108071; São Paulo; Décima Quinta Câmara de Direito Público; Rel. Des. Erbetta Filho; Julg. 26/01/2017; DJESP 02/02/2017).

Possibilidade de suspensão da exigibilidade de crédito tributário mediante caução idônea, excluído o valor considerado abusivo da multa aplicada.

✓ AGRAVO DE INSTRUMENTO. Ação anulatória de auto de infração. ICMS. Pleito, em tutela provisória de urgência, de que fosse suspensa a exigibilidade do débito tributário proveniente de auto de infração. Decisão agravada que deferiu o pedido, concedendo a tutela provisória de urgência. Reforma parcial. Aferição, de ofício, da abusividade de multa que supera o patamar de 100% do imposto, de acordo com a jurisprudência do STJ. No restante da dívida. Principal, juros de mora e multa limitada a 100% do valor do imposto. É impossível a suspensão da exigibilidade do crédito tributário antes de instaurado o contraditório. Presunção de legitimidade do ato administrativo inquinado. Necessidade de caução em dinheiro, seguro-fiança ou outra caução idônea, no valor do débito, excluído o valor considerado abusivo da multa. Inteligência dos arts. 297 e 300, §1º, do novo CPC, que condicionam a concessão da tutela provisória de urgência, em alguns casos, à determinação de medidas adequadas à sua efetivação, no caso em tela, a exigência de caução em dinheiro, seguro-fiança ou outra caução idônea. Decisão agravada reformada. Agravo parcialmente provido. (TJSP; AI 2209747-97.2016.8.26.0000; Ac. 10044012; São Bernardo do Campo; Décima Câmara de Direito Público; Rel. Des. Marcelo Semer; Julg. 05/12/2016; DJESP 31/01/2017)

Possibilidade de suspensão de exigibilidade de crédito tributário independentemente de caução.

✓ TRIBUTÁRIO. ANULATÓRIA DE AIIM. CONCESSÃO DE TUTELA PROVISÓRIA DE URGÊNCIA PARA SUSPENSÃO DA EXIGIBILIDADE DO CRÉDITO, SEM A RESPECTIVA CAUÇÃO. POSSIBILIDADE. 1. Hipótese de concessão contra a Fazenda, não vedada pelo art. 1.059 do CPC. 2. Inexistência de incompatibilidade entre o disposto nos incisos II e V, do art. 151 do CTN, ante a presença dos requisitos autorizadores da tutela provisória, especialmente a reversibilidade. 3. Agravo não provido. (TJSP; AI 2118847-68.2016.8.26.0000; Ac. 9727184; São José do Rio Preto; Sétima Câmara de Direito Público; Rel. Des. Coimbra Schmidt; Julg. 22/08/2016; DJESP 19/09/2016); TUTELA PROVISÓRIA. Negada. ICMS sobre tarifas de uso dos sistemas de transmissão e de distribuição de energia elétrica, TUST e TUSD. Afastamento da incidência e repetição do indébito tributário. Legitimidade ativa do consumidor, que suporta o ônus da exação. Não incidência de ICMS sobre os referidos encargos. Precedentes do Superior Tribunal de Justiça. Incide, sim, motivo de urgência, para eximir o contribuinte de continuar fazendo pagamento indevido em favor do fisco, também o cabimento da medida como tutela de evidência, para poupar o contribuinte da contingência do solve et repete, com todos os percalços que isso representa, inclusive a insólita perspectiva de aguardar por anos na fila dos precatórios. Recorde-se que o depósito integral em dinheiro constitui apenas uma das múltiplas possibilidades de suspensão da exigibilidade do crédito tributário relacionadas no artigo 151 do Código Tributário Nacional, cabendo, como na hipótese, a suspensão sem o depósito, conforme previsão específica do inciso V. Não incide perigo de irreversibilidade da medida porque o valor poderá ser cobrado posteriormente, em caso de insucesso desta ação judicial. Recurso provido para conceder a medida. (TJSP; AI 2180088-43.2016.8.26.0000; Ac. 10552372; Santos; Décima Segunda Câmara de Direito Público; Rel. Des. Edson Ferreira; Julg. 27/06/2017; rep. DJESP 05/07/2017; Pág. 2718)

Exigindo que a prestação de caução em dinheiro para a suspensão de exigibilidade de crédito não tributário.

✓ AGRAVO DE INSTRUMENTO E EMBARGOS DE DECLARAÇÃO. EMBARGOS DE DECLARAÇÃO EM FACE DA DECISÃO QUE NEGOU A ANTECIPAÇÃO DE TUTELA RECURSAL. EMBARGOS PREJUDICADOS, UMA VEZ QUE O AGRAVO DE INSTRUMENTO JÁ SE ENCONTRA HÁBIL PARA JULGAMENTO. Ação anulatória. Multa administrativa. PROCON-RJ. Pedido de prestação de caução para suspensão da exigibilidade do crédito em tutela de urgência. Indeferimento. A prestação de caução para a suspensão da exigibilidade de crédito não tributário é possível, seja por analogia com o art. 151, II do CTN, que a prevê para o crédito tributário, seja por aplicação direta do art. 300, § 1º do CPC/15, que estipula a possibilidade de condicionar a prestação de caução ao deferimento da tutela provisória de urgência. Além disso, deve ser conjugada aos dispositivos legais mencionados a Súmula nº 112 do STJ que determina que tal depósito deva ser integral e em dinheiro. Decisão que se reforma para a concessão da tutela de urgência condicionada à prestação da caução do valor atualizado da multa integralmente e em dinheiro. EMBARGOS DE DECLARAÇÃO PREJUDICADOS. PROVIMENTO DO AGRAVO DE INSTRUMENTO. (TJRJ; AI 0049167-88.2017.8.19.0000; Rio de Janeiro; Terceira Câmara Cível; Rel. Des. Peterson Barroso Simão; DORJ 10/11/2017; Pág. 445)

Possibilidade de suspensão da exigibilidade de multa aplicada pelo Procon independentemente de caução.

✓ AGRAVO. AÇÃO ANULATÓRIA. TUTELA PROVISÓRIA. MULTA. PROCON. TELEFONIA. ART. 57 DO CDC. PRINCÍPIOS DA RAZOABILIDADE E PROPORCIONALIDADE. INOBSERVÂNCIA. VEROSSIMILHANÇA. SUSPENSÃO DA EXIGIBILIDADE DO CRÉDITO INDEPENDENTEMENTE DE CAUÇÃO. POSSIBILIDADE. Nos termos do art. 300 do novo CPC, para a concessão da tutela provisória de urgência devem estar presentes dois requisitos não cumulativos: A probabilidade do direito e o perigo de dano ou o risco ao resultado útil do processo. Possível a suspensão da exigibilidade da multa independentemente da prestação de caução quando existentes fundamentos para a concessão de pedido de antecipação de tutela. Caso em que a multa no valor de mais de 128 salários mínimos foi aplicada em razão de reclamação oferecida por um único consumidor, decorrente de contatos de telemarketing após o bloqueio de linha telefônica, revelando-se excessiva e desproporcional. Decisão agravada reformada. Tutela provisória concedida. Agravo de instrumento provido. (TJRS; AI 0041990-68.2017.8.21.7000; Porto Alegre; Vigésima Segunda Câmara Cível; Relª Desª Denise Oliveira Cezar; Julg. 25/05/2017; DJERS 05/06/2017)

Se a medida não é capaz de acarretar danos à parte contrária, não se exige caução.

✓ AGRAVO DE INSTRUMENTO. DIREITO PÚBLICO NÃO ESPECIFICADO. ENERGIA ELÉTRICA. IRREGULARIDADE NA UNIDADE CONSUMIDORA. CONSUMO NÃO FATURADO. PRETENSÃO DE TUTELA PROVISÓRIAPARA VEDAÇÃO DE SUSPENSÃO DO FORNECIMENTO E INSCRIÇÃO EM CADASTROS NEGATIVOS DE CRÉDITO. CONDICIONAMENTO À PRESTAÇÃO DE CAUÇÃO. DESCABIMENTO. A exigência de caução para a concessão de tutela de urgência tem por finalidade "ressarcir os danos que a outra parte possa vir a sofrer", nos termos do art. 300, § 1º, do CPC. Não há controvérsia acerca do adimplemento de faturas mensais atuais, atacando o autor cobrança de recuperação de consumo não faturado de energia elétrica de período pretérito. Não há razão para a prestação de caução, pois pretende o autor apenas vedação de corte e não inscrição em órgãos negativos de crédito, sem qualquer possibilidade de dano à concessionária, pois as faturas atuais estão em dia. E a medida é reversível a qualquer tempo. Precedentes desta corte. Agravo de instrumento conhecido em parte e provido. (TJRS; AI 0000604-58.2017.8.21.7000; Uruguaiana; Vigésima Primeira Câmara Cível; Rel. Des. Almir Porto da Rocha Filho; Julg. 22/02/2017; DJERS 09/03/2017)

Se revogada a tutela provisória, descabe a manutenção da caução, ainda que realizada em dinheiro.

✓ AGRAVO DE INSTRUMENTO. TUTELA PROVISÓRIA. Declaratória de inexigibilidade de débito. Revogação da tutela provisória, a pedido da autora, noticiando o encerramento de suas atividades comerciais. Pretensão de manutenção da determinação de depósito judicial (caução) de valores incontroversos. Descabimento. Desnecessidade do depósito ante a revogação da tutela provisória. Inteligência do art. 300, §1º, do CPC. Recurso negado. (TJSP; AI 2125141-05.2017.8.26.0000; Ac. 10670296; Itaquaquecetuba; Décima Terceira Câmara de Direito Privado; Rel. Des. Francisco Giaquinto; Julg. 08/08/2017; DJESP 11/08/2017; Pág. 2072)

Não se deve exigir caução em dinheiro de beneficiário da gratuidade de justiça, mas é possível a prestação de caução real ou fidejussória.

✓ ASSISTÊNCIA JUDICIÁRIA. Pedido de benefício da gratuidade da Justiça. Pessoa natural. Admissibilidade desde que declarada a falta de condições de pagar as custas e despesas processuais. Art. 99, §3º do CPC/2015. Recurso provido. TUTELA PROVISÓRIA. Exigência de caução em dinheiro. Impossibilidade. Previsão legal de apresentação de caução real ou fidejussória. Art. 300, §1º do CPC. Recurso provido. (TJSP; AI 2026428-92.2017.8.26.0000; Ac. 10477737; Jaú; Vigésima Terceira Câmara de Direito Privado; Rel. Des. J.B. Franco de Godoi; Julg. 31/05/2017; DJESP 09/06/2017; Pág. 2157)

§ 2º A tutela de urgência pode ser concedida liminarmente ou após justificação prévia.

→ *V.* Art. 2º da Lei 8.437/1992.

Em caso de urgência e não havendo ainda provas cons istentes, deve ser designada a audiência de justificação.

✓ AGRAVO DE INSTRUMENTO. DIREITO DE VIZINHANÇA. AÇÃO DE OBRIGAÇÃO DE FAZER C.C. PERDAS E DANOS. TUTELA PROVISÓRIA DE URGÊNCIA. AUSÊNCIA DE PROBABILIDADE DO DIREITO. CONTROVÉRSIA SOBRE A CAUSA DA DESESTRUTURAÇÃO DO MURO DIVISÓRIO. JUSTIFICAÇÃO PRÉVIA. NECESSIDADE. EXEGESE DO ART. 300, § 2º, DO NOVO CPC. Se cada uma das partes instrui os autos com laudo técnico que se mostra divergente quanto à causa da desestruturação do muro divisório, não se vislumbra a probabilidade do direito invocado pelas autoras a justificar a concessão liminar da tutela provisória de urgência. Diante do iminente perigo de dano em caso de se aguardar até o julgamento final da demanda, de rigor a designação de audiência de justificação prévia para a colheita de provas. Recurso parcialmente provido. (TJSP; AI 2145124-24.2016.8.26.0000; Ac. 9922334; Botucatu; Trigésima Quinta Câmara de Direito Privado; Rel. Des. Gilberto Leme; Julg. 25/10/2016; DJESP 01/11/2016)

§ 3º A tutela de urgência de natureza antecipada não será concedida quando houver perigo de irreversibilidade dos efeitos da decisão.

→ *V.* Art. 1º da Lei 9.494/1997.

→ *V.* Lei 8.076/1990 – Estabelece hipóteses nas quais fica suspensa a concessão de medidas liminares.

→ *V.* Enunciado 40 do CJF: A irreversibilidade dos efeitos da tutela de urgência não impede sua concessão, em se tratando de direito provável, cuja lesão seja irreversível.

→ *V.* Enunciado 25 da ENFAM: A vedação da concessão de tutela de urgência cujos efeitos possam ser irreversíveis (art. 300, § 3º, do CPC/2015 da ENFAM: pode ser afastada no caso concreto com base na garantia do acesso à Justiça (art. 5º, XXXV, da CRFB).

Flexibilização do requisito da reversibilidade da medida.

✓ AGRAVO INTERNO. RECURSO ESPECIAL. AGRAVO DE INSTRUMENTO. PEDIDO DE ANTECIPAÇÃO DE TUTELA. REEXAME. SÚMULAS N. 7/STJ E 735/STF. CONTRATO DE FRANQUIA. CLÁUSULA DE NÃO CONCORRÊNCIA. IRREVERSIBILIDADE INVERSA. 1. Não ofende o art. 300 §3º do CPC, decisão que, diante da incontroversa existência de cláusula de não concorrência, defere tutela de urgência voltada ao estrito cumprimento do contrato, inibindo a pretensão do contratante a ela vinculado de exercer a concorrência no mesmo mercado durante o respectivo período de vigência. Irreversibilidade causaria a revogação da antecipação de tutela, uma vez que escoaria o período da restrição, exaurindo-se os efeitos da cláusula, sem que ela tivesse surtido seus efeitos próprios, nos termos do contrato de franquia. 2. Não cabe, em recurso especial, reexaminar matéria fático-probatória (Súmula n. 7/STJ). 3. Agravo interno a que se nega provimento (STJ, AgInt no REsp 1802278/RJ, Rel. p/Acórdão Min. Maria Isabel Gallotti, 4ª Turma, j. 19.10.2019).

Considerando que se deve flexibilizar o requisito negativo da irreversibilidade em tutelas de caráter protetivo à vida.

✓ AGRAVO DE INSTRUMENTO. AÇÃO COMINATÓRIA COM PEDIDO DE TUTELA ANTECIPADA. OBRIGAÇÃO IMPOSTA AO ESTADO DE SERGIPE. REALIZAÇÃO DE PROCEDIMENTO CIRÚRGICO (CID S22.0). PRESENTES OS REQUISITOS DA PROBABILIDADE DO DIREITO ("FUMUS BONI IURIS") E DO PERIGO DE DANO OU RISCO AO RESULTADO ÚTIL DO PROCESSO ("PERICULUM IN MORA") NECESSÁRIOS À CONCESSÃO DA TUTELA PROVISÓRIA DE URGÊNCIA (ART. 300 DO NOVO CPC). OBRIGAÇÃO DO ENTE ESTATAL. ART. 196 DA CONSTITUIÇÃO FEDERAL. PROTEÇÃO DO DIREITO À VIDA E À SAÚDE. PARECER PELO CONHECIMENTO E IMPROVIMENTO DO RECURSO. PRAZO SUFICIENTE PARA O CUMPRIMENTO DA OBRIGAÇÃO. IMPROVIMENTO DO RECURSO. I. A Constituição Federal, em seu art. 196, estabelece que é dever do estado e direito de todos a garantia à saúde, com medidas que atenuem ou impeçam o risco de doença ou o seu agravamento. Essa disposição está de acordo com a nova ordem constitucional, que erigiu a dignidade humana como autoridade moral devida a todos os cidadãos. II. Sólido entendimento em nosso direito legal, doutrinário e jurisprudencial que, em tutelas de caráter protetivo à vida, mitiga-se o pressuposto negativo do "perigo de irreversibilidade" (Art. 300, §3º) das tutelas urgentes, em razão do princípio maior aqui assegurado (da vida digna) e, especialmente, ante o permissivo processual do Art. 8º do CPC/15. III. Presentes os requisitos autorizadores para concessão da tutela antecipada, probabilidade do direito e risco de lesão grave. IV. Recurso conhecido e improvido. (TJSE; AI 201700816272; Ac. 28161/2017; Segunda Câmara Cível; Rel. Des. Alberto Romeu Gouvei Aleite; Julg. 12/12/2017; DJSE 18/12/2017)

Aplicando o princípio da proporcionalidade para flexibilizar o pressuposto negativo da irreversibilidade.

✓ AGRAVO DE INSTRUMENTO. CONSTITCIONAL. ADMINISTRATIVO. PROCESSUAL CIVIL. TUTELA PROVISÓRIA DE URGÊNCIA. DIREITO À VIDA E A SAÚDE. VACINA CONTRA HPV. HIPOSSUFICIENCIA COMPROVADA. LAUDO MÉDICO ATESTANDO A NECESSIDADE. COMPETÊNCIA CONCORRENTE DOS ENTERS FEDERATIVOS. IRREVERSIBILIDADE DA MEDIDA NÃO OPONÍVEL NA ESPÉCIE. PERICULUM IN DEMNSTRADO. RECURSO

CONHECIDO E IMPROVIDO. 1. Nos termos do art. 23, II da Carta Magna, todos os entes federados têm competência comum no que toca à prestação de serviços na área da saúde, neles incluídos o fornecimento de medicamentos e vacinas. 2. Comprovada a sua hipossuficiência e Prescritas por profissional médico doses da vacina contra o HPV, a recusa da Administração em disponibilizá-la à beneficiária, sob a justificativa de que ela estaria fora da faixa etária compreendida na campanha de vacinação não tem o condão de se sobrepor às diretrizes legais que asseguram o direito vindicado, na espécie a concreção do art. 196 da CF. 3. A irreversibilidade dos efeitos da medida não se pode erigir em impedimento inafastável ao deferimento de provimento antecipatório, pois imprescindível se faz a observância do princípio da proporcionalidade, que deve inspirar a prestação jurisdicional, de modo que na colisão de interesses deve o julgador precatar aquele de maior valor, que, **in casu**, a toda evidência, é o que emana de preceito fundamental da Constituição da República (arts. 5º, caput, e 196). (TJES; AI 0000435-47.2017.8.08.0044; Quarta Câmara Cível; Rel. Des. Robson Luiz Albanez; Julg. 25/09/2017; DJES 06/10/2017)

O requisito da ausência de irreversibilidade não se aplica à tutela de evidência.

✓ PROCESSUAL CIVIL. ADMINISTRATIVO. AGRAVO DE INSTRUMENTO. TUTELA DE EVIDÊNCIA. SUSPENSÃO DOS EFEITOS DA HIPOTECA. Na hipótese, em cognição sumária, suficientemente demonstrados os fatos constitutivos do direito do agravado a dar guarida à concessão de tutela de evidência, nos termos do artigo 311, IV, do novo CPC, para a qual não se exige, vale dizer, o requisito da irreversibilidade dos efeitos da decisão (art. 300, §3º, do novo CPC), este próprio das tutelas provisórias fundadas na urgência. (TRF 4ª R.; AG 5046501-79.2017.4.04.0000; Terceira Turma; Rel. Des. Fed. Rogerio Favreto; Julg. 14/11/2017; DEJF 17/11/2017)

Art. 301. **A tutela de urgência de natureza cautelar pode ser efetivada mediante arresto, sequestro, arrolamento de bens, registro de protesto contra alienação de bem e qualquer outra medida idônea para asseguração do direito.**

Possibilidade da decretação da indisponibilidade de bens em execução fiscal de crédito não tributário, pese a ausência de previsão legal específica (poder geral de cautela).

✓ EXECUÇÃO FISCAL. DECRETAÇÃO DE INDISPONIBILIDADE DOS BENS DA PARTE EXECUTADA. CENTRAL NACIONAL DE INDISPONIBILIDADE - CNIB. FUNDAMENTO NO PODER GERAL DE CAUTELA. ADMISSIBILIDADE EM TESE. I - Na origem, o Inmetro ajuizou execução fiscal visando à satisfação de dívida ativa não tributária, sendo que, no curso da execução, requereu o bloqueio de bens imóveis com posterior prenotação e averbação, via Central Nacional de Indisponibilidade - CNIB. O pedido foi indeferido pelo Juízo de primeira instância e, interposto agravo de instrumento pelo exequente, o Tribunal de origem entendeu que a restrição via CNIB deve ser restrita aos casos em que há previsão legal específica da medida de indisponibilidade de bens; e não genericamente com lastro no poder geral de cautela, nos termos do Código de Processo Civil. II - No caso, o crédito exequendo não possui natureza tributária, situação que atrai a jurisprudência do Superior Tribunal de Justiça, que é pacífica no sentido de que não é cabível o deferimento do pedido de indisponibilidade de bens da parte executada, na forma do art. 185-A do CTN, que possui aplicação restrita às dívidas ativas tributárias. Precedentes citados: REsp n. 1.650.671/SC, Rel. Ministro Herman Benjamin, Segunda Turma, DJe 20/4/2017; AgRg no Resp n. 1.403.709/RS, Rel. Ministro Mauro Campbell Marques, Segunda Turma, DJe 24/10/2013; AgRg no AREsp n. 361.742/PR, Rel. Ministro Napoleão Nunes Maia Filho, Primeira Turma, DJe 22/10/2013. III - O requerimento de indisponibilidade de bens e direitos no âmbito de execução fiscal de dívida ativa não tributária encontra, em tese, fundamento no poder de geral de cautela (arts. 297 e 771, ambos do CPC/2015 e 1º, caput, da Lei n. 6.830/1980). Para tanto, o julgador a quo deve apreciar concretamente o preenchimento dos requisitos da probabilidade do direito e do perigo de dano ou do risco ao resultado útil do processo, nos termos do art. 300 do CPC/2015, em circunstâncias que exijam a efetivação de medida idônea para a asseguração do direito; no caso, a medida de indisponibilidade de bens via Central Nacional de Indisponibilidade - CNIB (art. 301 do CPC/2015). Precedentes citados: (REsp n. 1.713.033/SP, Rel. Ministro Herman Benjamin, Segunda Turma, Dje 14/11/2018; REsp n. 1.720.172/PE, Rel. Ministro Herman Benjamin, Segunda Turma, DJe 2/8/2018. IV - Recurso especial provido, para determinar o retorno dos autos ao Tribunal de origem, a fim de que analise, no caso presente, o cabimento da medida de indisponibilidade de bens via Central Nacional de Indisponibilidade - CNIB com fundamento no poder geral de cautela (STJ, REsp 1808622/SC, 2ª Turma, Rel. Min. Francisco Falcão, j. 15.10.2019).

Possibilidade de substituição da medida de sustação do protesto pela suspensão dos seus efeitos, se este já foi lavrado.

✓ AGRAVO DE INSTRUMENTO. AÇÃO CAUTELAR ANTECEDENTE. SUSTAÇÃO DO PROTESTO. CAUÇÃO FIDEJUSSÓRIA. AUSÊNCIA DE RISCO DE DANO. REFORMA PARCIAL DA DECISÃO AGRAVADA. 1- De acordo com o poder geral de cautela e o princípio da fungibilidade entre as medidas cautelares e as antecipatórias dos efeitos da tutela, o perigo de dano pode ser evitado com a substituição da sustação do protesto pela suspensão dos seus efeitos, se o protesto já tiver sido lavrado. 2. Para deferimento do pedido de tutela antecedente, é imprescindível o preenchimento dos requisitos cumulativos indicados no art. 300, do CPC/15, podendo o juiz, conforme o caso, exigir caução real ou fidejussória idônea para ressarcir os danos que a outra parte possa vir a sofrer (art. 300, §1º). 3- Dispensável a sua exigência, contudo, se a efetivação da tutela provisória não puder causar à parte contrária risco de dano grave ou irreparável. (TJMG; AI 1.0287.17.001415-6/001; Rel. Des. Pedro Aleixo; Julg. 30/08/2017; DJEMG 13/09/2017)

Possibilidade de concessão de tutela cautelar para impedir o levantamento de depósito judicial.

✓ AGRAVO DE INSTRUMENTO. Ação cautelar em caráter antecedente. Síntese fática. Indeferimento do pedido de urgência. Insurgência das autoras. Tutela cautelar. Suspensão do levantamento de depósito judicial e repasse de valores frutos de bem do espólio. Possibilidade. Indício de dono na confecção de acordo de partilha. Possibilidade de dissipação do patrimônio. Perigo ao resultado útil do processo. Inteligência dos artigos 300 e 301 do código de processo civil de 2015. Recurso conhecido e provido para a concessão da tutela cautelar para a suspensão do levantamento de depósito judiciário e repasse de valores da empresa Trattativa e Norte Fios para a agravada. (TJPR; Ag Instr 1591410-8; Rio Negro; Décima Primeira Câmara Cível; Relª Desª Lenice Bodstein; Julg. 30/08/2017; DJPR 15/09/2017; Pág. 182)

Viabilidade de concessão da tutela de urgência para a averbação de ação de cobrança no Registro de Imóveis.

✓ AGRAVO DE INSTRUMENTO. AÇÃO DE EXECUÇÃO. AUSENCIA DE TRÂNSITO EM JULGADO. AÇÃO DE COBRANÇA -PROTESTO DE ALIENAÇÃO DO BEM. TUTELA DEFERIDA. LITISPENDÊNCIA. INEXISTÊNCIA. Tutela cautelar (art. 300 e 301, do CPC). Requisitos. Provimento negado. 1. Deve ser concedida a tutela provisória de urgência de natureza cautelar, nos termos do art. 300 do CPC, caso haja comprovação de elementos que evidenciem a probabilidade do direito, somada ao perigo de dano ou o risco ao resultado útil do processo. 2. Tendo a ação de execução, em sede de apelação, sido julgada extinta por ausência dos requisitos de exigibilidade do título, é possível a propositura da ação de cobrança com pedido de tutela urgente para averbação de registro junto ao cri de protesto contra a alienação do bem (art. 301 do CPC). 3. Não há falar em litispendência quando os pedidos e as demandas (execução. Embargos. Cobrança) forem diversas. (TJMG; AI 1.0647.16.003599-2/001; Rel. Des. Manoel dos Reis Morais; Julg. 20/09/2016; DJEMG 30/09/2016)

Considerando viável determinar a averbação premonitória de ação de conhecimento, a título de tutela provisória.

✓ AGRAVO DE INSTRUMENTO. ALIENAÇÃO FIDUCIÁRIA DE IMÓVEL. AÇÃO DECLARATÓRIA DE NULIDADE DE ATOS JURÍDICOS. Tutela provisória indeferida em Primeiro Grau. Pretensão à averbação premonitória em fase de conhecimento. Possibilidade. Art. 828, CPC. Aplicação subsidiária das regras que regem o processo de execução. Ausência de incompatibilidade. Decisão reformada. Recurso provido. (TJSP; AI 2089244-13.2017.8.26.0000; Ac. 10542338; São Paulo; Vigésima Sexta Câmara de Direito Privado; Rel. Des. Bonilha Filho; Julg. 22/06/2017; DJESP 05/07/2017; Pág. 2169)

Art. 302. Independentemente da reparação por dano processual, a parte responde pelo prejuízo que a efetivação da tutela de urgência causar à parte adversa, se:

→ *V.* Enunciado 4 do CEAPRO: É objetiva a responsabilidade da parte favorecida com a concessão de tutela antecipada, pelos eventuais danos que este evento vier a ocasionar à parte adversa.

I – a sentença lhe for desfavorável;

II – obtida liminarmente a tutela em caráter antecedente, não fornecer os meios necessários para a citação do requerido no prazo de 5 (cinco) dias;

→ *V.* Arts. 238 e ss. do CPC.

III – ocorrer a cessação da eficácia da medida em qualquer hipótese legal;

IV – o juiz acolher a alegação de decadência ou prescrição da pretensão do autor.

Parágrafo único. A indenização será liquidada nos autos em que a medida tiver sido concedida, sempre que possível.

Apontando o art. 302 do CPC como caso de responsabilidade objetiva, independentemente de má-fé do requerente da tutela provisória e de pronunciamento judicial nesse sentido.

✓ RECURSO ESPECIAL. AÇÃO DE OBRIGAÇÃO DE FAZER. DESISTÊNCIA DA DEMANDA APÓS A CONCESSÃO DA TUTELA PROVISÓRIA. EXTINÇÃO DO FEITO, SEM RESOLUÇÃO DE MÉRITO. CUMPRIMENTO DE SENTENÇA FORMULADO PELA PARTE RÉ PLEITEANDO O RESSARCIMENTO DOS VALORES DESPENDIDOS EM RAZÃO DO DEFERIMENTO DA TUTELA PROVISÓRIA. CABIMENTO. DESNECESSIDADE DE PRONUNCIAMENTO JUDICIAL PRÉVIO NESSE SENTIDO. OBRIGAÇÃO EX LEGE. INDENIZAÇÃO QUE DEVERÁ SER LIQUIDADA NOS PRÓPRIOS AUTOS. ARTS. 302, CAPUT, INCISO III E PARÁGRAFO ÚNICO, E 309, INCISO III, DO CÓDIGO DE PROCESSO CIVIL DE 2015. REFORMA DO ACÓRDÃO RECORRIDO QUE SE IMPÕE. RECURSO PROVIDO. 1. A questão jurídica discutida consiste em definir se é possível proceder à execução, nos próprios autos, objetivando o ressarcimento de valores despendidos a título de tutela antecipada, posteriormente revogada em virtude de sentença que extingue o processo, sem resolução de mérito, por haver a autora desistido da ação. 2. O Código de Processo Civil de 2015, seguindo a mesma linha do CPC/1973, adotou a teoria do risco-proveito, ao estabelecer que o beneficiado com o deferimento da tutela provisória deverá arcar com os prejuízos causados à parte adversa, sempre que: i) a sentença lhe for desfavorável; ii) a parte requerente não fornecer meios para a citação do requerido no prazo de 5 (cinco) dias, caso a tutela seja deferida liminarmente; iii) ocorrer a cessação da eficácia da medida em qualquer hipótese legal; ou iv) o juiz acolher a decadência ou prescrição da pretensão do autor (CPC/2015, art. 302, caput e incisos I a IV). 3. Em relação à forma de se buscar o ressarcimento dos prejuízos advindos com o deferimento da tutela provisória, o parágrafo único do art. 302 do CPC/2015 é claro ao estabelecer que "a indenização será liquidada nos autos em que a medida tiver sido concedida, sempre que possível", dispensando-se, assim, o ajuizamento de ação autônoma para esse fim. 4. Com efeito, a obrigação de indenizar a parte adversa dos prejuízos advindos com o deferimento da tutela provisória posteriormente revogada é decorrência ex lege da sentença de improcedência ou de extinção do feito sem resolução de mérito, como no caso, sendo dispensável, portanto, pronunciamento judicial a esse respeito, devendo o respectivo valor ser liquidado nos próprios autos em que a medida tiver sido concedida, em obediência, inclusive, aos princípios da celeridade e economia processual. 5. Recurso especial provido (STJ, REsp 1770124/SP, Rel. Min. Marco Aurélio Bellize, 3ª Turma, j. 21/05/2019).

A possibilidade de reparação por dano processual afasta o pressuposto negativo da irreversibilidade para fins de fornecimento de medicamentos.

✓ AGRAVO DE INSTRUMENTO. TUTELA DE URGÊNCIA. PRELIMINAR DE ILEGITIMIDADE PASSIVA. ADMINISTRADORA DE BENEFÍCIOS. REJEIÇÃO. FORNECIMENTO DE MEDICAMENTO. SUSPENSÃO. DESCABIMENTO. PERIGO DE DANO INVERSO. ART. 302 DO CPC. 1. Nos termos do artigo 34 do CDC, é solidária a responsabilidade entre a operadora de saúde e a administradora de benefícios, em se tratando de contrato de prestação de serviços de saúde. 2. Não se observa o requisito de risco de dano grave a fim de se conceder efeito suspensivo à decisão que determina fornecimento de medicamento à beneficiária do plano de saúde, tendo em vista do contido no art. 302 do CPC. 3. Recurso conhecido e desprovido. (TJDF; Proc. 0708.58.6.232017-8070000; Ac. 105.5012; Quinta Turma Cível; Rel. Des. Josaphá Francisco dos Santos; Julg. 19/10/2017; DJDFTE 27/10/2017)

Suspensão do leilão extrajudicial não implica dano irreversível para a parte credora, dada a possibilidade de reparação por dano processual.

✓ AGRAVO DE INSTRUMENTO. DIREITO DO CONSUMIDOR. AÇÃO CAUTELAR VISANDO À SUSPENSÃO DO LEILÃO EXTRAJUDICIAL DO IMÓVEL FINANCIADO. Tutela de urgência deferida. Recurso da ré pleiteando a reforma do decisum. Recurso que não merece prosperar. Presentes os pressupostos para concessão da tutela requerida previstos no art. 300 do CPC/15. Parte autora que realizou a portabilidade do seu financiamento, sendo surpreendida com cobrança diversa da informada. Dívida controvertida e discutida judicialmente. Decisão que não se mostra teratológica, nem contrária às provas dos autos. Inteligência da Súmula nº 59 deste TJ. Medida concedida que não acarretará dano reverso de difícil ou impossível reparação, pois a questão será meramente patrimonial, podendo a demandada, se vitoriosa ao final do processo, buscar o ressarcimento, inclusive pelas vias próprias, se necessário. Inteligência do art. 302 do CPC/15. Decisum que merece ser mantido. Recurso ao qual se nega provimento. (TJRJ; AI 0052256-22.2017.8.19.0000; Niterói; Vigésima Quarta Câmara Cível Consumidor; Relª Desª Cintia Santarem Cardinali; Julg. 25/10/2017; DORJ 26/10/2017; Pág. 577)

Possibilidade de o plano de saúde cobrar os valores que pagou a mais, nos autos em que havia sido concedida a tutela de urgência, a qual restou parcialmente reformada.

✓ CUMPRIMENTO DE SENTENÇA. COBRANÇA. TUTELA DE URGÊNCIA REFORMADA EM PARTE NA SENTENÇA. Insurgência contra decisão que rejeitou os embargos, mantendo a improcedência da impugnação ao cumprimento de sentença. Pretensão do agravante para que não seja obrigado a restituir valores ao plano de saúde. Não acolhimento. Tutela de urgência havia obrigado o plano de saúde a custear integralmente mensalidade de clínica não credenciada. Sentença de parcial procedência, que limitou a obrigação da ré aos valores da rede credenciada. Decisão transitada em julgado. Início do cumprimento de sentença. Ré que cobrou a diferença entre a mensalidade da rede credenciada e da clínica utilizada pelo autor. Possibilidade de cobrança decorrente da reforma parcial da tutela de urgência na sentença (art. 302, I e parágrafo único do CPC/2015). Impugnação do autor na origem não tratou das matérias elencadas no art. 525, § 1º do CPC/2015, mas exclusivamente de matérias já decidida em definitivo na sentença. Cobrança legítima. Decisão mantida. Agravo desprovido. (TJSP; AI 2221435-56.2016.8.26.0000; Ac. 10153420; São Bernardo do Campo; Terceira Câmara de Direito Privado; Rel. Des. Carlos Alberto de Salles; Julg. 09/02/2017; DJESP 15/02/2017)

CAPÍTULO II
DO PROCEDIMENTO DA TUTELA ANTECIPADA REQUERIDA EM CARÁTER ANTECEDENTE

Art. 303. Nos casos em que a urgência for contemporânea à propositura da ação, a petição inicial pode limitar-se ao requerimento da tutela antecipada e à indicação do pedido de tutela final, com a exposição da lide, do direito que se busca realizar e do perigo de dano ou do risco ao resultado útil do processo.

→ *V.* Art. 319 do CPC.

→ *V.* Enunciado 45 do CJF: Aplica-se às tutelas provisórias o princípio da fungibilidade, devendo o juiz esclarecer as partes sobre o regime processual a ser observado.

→ *V.* Enunciado 163 do FONAJE: Os procedimentos de tutela de urgência requeridos em caráter antecedente, na forma prevista nos arts. 303 a 310 do CPC/2015, são incompatíveis com o Sistema dos Juizados Especiais.

Possibilidade de pedir tutela antecipada em caráter antecedente contra a Fazenda Pública.

✓ AGRAVO DE INSTRUMENTO. Ação declaratória de inexigibilidade de crédito tributário C.C. Sustação ou anulação de protesto com pedido de tutela antecipada em caráter antecedente. Recurso interposto pela Fazenda Estadual contra decisão que deferiu a tutela antecipada de urgência em caráter antecedente. Presença dos requisitos previstos no art. 303, caput do CPC para concessão. Possibilidade de utilização da medida em face do ente público, considerando não haver qualquer restrição prevista em Lei. Decisão mantida. Recurso desprovido. (TJSP; AI 2090730-33.2017.8.26.0000; Ac. 10668737; Jacareí; Sétima Câmara de Direito Público; Rel. Des. Eduardo Gouvêa; Julg. 07/08/2017; DJESP 14/08/2017; Pág. 3110). V. tb.: AGRAVO DE INSTRUMENTO. PRELIMINAR DE NÃO CABIMENTO DE PEDIDO DE TUTELA ANTECIPADA SATISFATIVA EM CARÁTER ANTECEDENTE. REJEITADA. ART. 303 DO CPC. PRELIMINAR DE IMPOSSIBILIDADE DE CONCESSÃO DE TUTELA ANTECIPADA CONTRA O PODER PÚBLICO. AFASTADA. PRELIMINAR DE AUSÊNCIA DE RESPONSABILIDADE DO MUNICÍPIO DE LAGOA DA PRATA. NÃO ACOLHIDA. FORNECIMENTO DE INSUMO. FRALDAS. POSSIBILIDADE. DIREITO À SAÚDE E VIDA DIGNA. Em sede de Agravo de Instrumento o julgador deve se ater, num exame sumário do caso, à presença dos requisitos indispensáveis à concessão da medida de urgência pleiteada. O CPC facultou ao autor, nos casos em que a urgência for contemporânea à propositura da ação, e desde que preenchidos os seus requisitos, a realização do procedimento da tutela antecipada requerida em caráter antecedente, previsto no art. 303. A própria edição da Lei nº 9.494/97, a que se refere o agravante, revela que as antecipações de tutela, como outras liminares, podem perfeitamente ser concedidas contra entidades de direito público. A relação obrigacional que conduz à legitimação do agravante decorre da previsão do art. 23, II, da CF/88, que estabelece a competência comum da União, dos Estados, do Distrito Federal e dos Municípios para cuidar da saúde e da assistência pública. A saúde é direito fundamental para a preservação da vida e cabe ao Estado (sentido amplo) promover meios para sua realização, fornecendo todas as condições necessárias para o seu pleno exercício. Restam presentes os requisitos necessários para a concessão da medida pleiteada e deferida pelo Juízo primevo, não havendo razões para sua reforma. Preliminares rejeitadas. Recurso não provido. (TJMG; AI 1.0372.16.001581-7/001; Relª Desª Heloisa Combat; Julg. 03/11/2016; DJEMG 08/11/2016)

Considerando incompatível a tutela de urgência em caráter antecedente com o sistema dos Juizados Especiais:

✓ CONFLITO DE COMPETÊNCIA. TUTELA DE URGÊNCIA EM CARÁTER ANTECEDENTE. TITULARIDADE DA PERMISSÃO DE TÁXI -INCOMPATIBILIDADE ENTRE A TUTELA DE URGÊNCIA ANTECEDENTE E O MICROSSISTEMA DOS JUIZADOS ESPECIAIS. DESCABIMENTO DO DESLOCAMENTO DA COMPETÊNCIA DOS FEITOS DO JUIZADO ESPECIAL FAZENDÁRIO (DE NATUREZA ABSOLUTA) PARA A JUSTIÇA COMUM. DESFECHO DO CONFLITO QUE PERPASSA A ANÁLISE DO ART. 2º DA LEI Nº 12.153/2009. VALOR DA CAUSA FIXADO EM MONTANTE ÍNFIMO. CONTEUDO ECONÔMICO SUPERIOR A 60 SALÁRIOS MÍNIMOS. 1. Há incompatibilidade entre o microssistema dos Juizados Especiais e a tutela de urgência em caráter antecedente, uma vez que, em razão da celeridade e da concentração, que determinam a solução de todos os incidentes no curso da audiência ou na própria sentença (art. 29 da Lei nº 9.099/95), não há espaço para o aditamento da inicial previsto no art. 303, §1º, I, do CPC/2015. 2. É também manifestamente incompatível com os procedimentos do Juizado Especial da Fazenda Pública a previsão contida no art. 304, §2º, do CPC, no sentido de que "qualquer das partes poderá demandar a outra com o intuito de rever, reformar ou invalidar a tutela antecipada estabilizada", visto que o ente público não pode demandar, como autor, neste juizado especial (Lei nº 12.153/2009, art. 5º). 3. Circunstâncias que apontam para o descabimento do procedimento da tutela de urgência em caráter antecedente no âmbito do Juizado Especial da Fazenda Pública, mas nunca acarretariam o deslocamento da competência, que é absoluta, dos feitos do Juizado Especial fazendário para a Justiça Comum. 4. A competência do Juizado Especial deve ser afastada em razão do conteúdo econômico do objeto da ação (titularidade de permissão de táxi), que muito se distancia do valor ínfimo de R$1.000,00, não condizente com a remuneração anual mínima do taxista, que supera o limite de 60 salários mínimos, segundo cálculo feito pela Secretaria Municipal de Transportes, com base em critérios dispostos em Decreto. 5. Conflito conhecido, para declarar a competência do juízo suscitado. (TJMG; CONF 1.0000.17.079068-7/000; Relª Desª Áurea Brasil; Julg. 07/12/2017; DJEMG 12/12/2017). No mesmo sentido: APELAÇÃO CÍVEL. TUTELA ANTECIPADA ANTECEDENTE. ARTIGOS 303 E 304 DO CPC/15. JUIZADO ESPECIAL. LEI N. 9.099/95. INCOMPATIBILIDADE DE RITOS. IRRECORRIBILIDADE. INICIAL COM FUNDAMENTAÇÃO MAIS EXTENSA. ESTABILIZAÇÃO. APRESENTAÇÃO DE CONTESTAÇÃO. RESISTÊNCIA MANIFESTADA. RESPEITO À COISA JULGADA. COGNIÇÃO EXAURIENTE. SENTENÇA CASSADA. PROSSEGUIMENTO DO FEITO. A sistemática do Código de Processo Civil de 2015 busca pela estabilização das decisões judiciais, sendo, por essa razão, incompatível com a irrecorribilidade das decisões interlocutórias, atinente ao rito sumaríssimo e consagrada pela Lei nº 9.099/95. Os requisitos previstos no art. 303, caput do CPC/15 constituem o mínimo necessário para que a tutela de urgência em caráter antecedente seja processada, não havendo vedação legal ao acréscimo de elementos na petição inicial, de forma a torná-la mais completa. Já apresentado o pedido de aditamento na própria inicial e apresentada contestação pela parte requerida não há motivos para se manter a decisão que considerou estabilizada a decisão liminar e extinguiu o feito. É necessário realizar uma interpretação teleológica do dispositivo legal, até para que sobre ele não repouse a pecha de inconstitucionalidade, pois é evidente que qualquer tipo de manifestação da parte contrária é apta a evitar que a decisão liminar "sobreviva" independente de confirmação por meio de processo de conhecimento, a dita estabilização. (TJMG; APCV 1.0372.17.000390-2/001; Rel. Des. Darcio Lopardi Mendes; Julg. 30/11/2017; DJEMG 05/12/2017)

Considerando o pedido de tutela antecipada em caráter antecedente de competência do Juizado Especial:

✓ AGRAVO DE INSTRUMENTO. SERVIDOR PÚBLICO. PROCESSO ADMINISTRATIVO DISCIPLINAR. COMARCA DE GRAVATAÍ. COMPETÊNCIA DO JUIZADO ESPECIAL DA FAZENDA PÚBLICA. A competência do juizado especial da Fazenda Pública é absoluta no foro onde tiver sido instalado. Inteligência dos artigos 2º, §4º, e 24 da Lei Federal nº 12.153/09. A competência do JEFP independe da complexidade da matéria. O único critério objetivo para a fixação da competência é o valor atribuído à causa, ressalvadas unicamente as matérias e procedimentos excepcionados pela própria Lei Federal. Na situação dos autos, a petição inicial do pedido de tutela antecipada requerida em caráter antecedente (art. 303 do CPC) foi ajuizada em 11.03.2016 e a parte autora atribuiu à causa o valor de alçada. Inexistindo qualquer das causas excludentes do § 1º do artigo 2º da Lei nº 12.153/09 (em especial, a ação em questão não tem como objeto a impugnação da pena de demissão imposta a servidor público), bem como ausente caráter vinculante no entendimento do Fonaje consubstanciado no enunciado nº 163, é crível reconhecer a incompetência absoluta do juízo cível da Comarca de Gravataí (§ 4º do art. 2º da Lei nº 12.153/09), que pode se dar em qualquer tempo e grau de jurisdição (art. 64, § 1º, do CPC). Precedentes do TJ/RS em casos similares. Incompetência absoluta declarada de ofício. Determinada a remessa dos autos para o juizado especial da Comarca de Gravataí. Recurso prejudicado. (TJRS; AI 0376711-07.2016.8.21.7000; Gravataí; Terceira Câmara Cível; Rel. Des. Leonel Pires Ohlweiler; Julg. 27/10/2016; DJERS 07/11/2016)

Considerando que a exibição de documentos pode ser postulada a título de tutela antecipada requerida em caráter antecedente, mas não como ação de obrigação de fazer:

✓ AÇÃO DE OBRIGAÇÃO DE FAZER C/C PEDIDO DE TUTELA ANTECIPADA. EXIBIÇÃO DE DOCUMENTOS. SENTENÇA. Extinção do processo sem resolução do mérito. Apelação do autor. Na vigência do CPC/2015 são três as formas pelas quais é possível requerer um documento em juízo: (I) tutela antecipada requerida em caráter antecedente. Art. 305 CPC/2015; (II) incidente de exibição de documentos. Art. 396 CPC/2015; (III) produção antecipada de provas. Art. 381, inc. III, CPC/2015. Determinação de emenda a inicial para que se decline o pedido principal nos termos do artigo 303 do CPC. Não atendimento. Eventual ajuizamento de pedido de exibição de documento em juízo sob o nomen iuris de ação de obrigação de fazer que não subsiste, pois se trata, de fato, de um dos três procedimentos supracitados, não sendo hipótese de ação de obrigação de fazer propriamente dita. Impossibilidade de pedido autônomo de exibição de documento na vigência do Novo Código de Processo Civil. Doutrina. Extinção mantida. Recurso desprovido. (TJSP; APL 1024591-87.2016.8.26.0506; Ac. 10767129; Ribeirão Preto; Vigésima Primeira Câmara de Direito Privado; Rel. Des. Virgilio de Oliveira Junior; Julg. 05/09/2017; DJESP 18/09/2017; Pág. 2893)

Impossibilidade de concessão de tutela antecipada em caráter antecedente se a petição inicial não se limita a tal requerimento:

✓ AGRAVO DE INSTRUMENTO. Obrigação de fazer. Prestação de serviço público. Fornecimento de medicamento para portadora de esclerose múltipla. Juízo singular que concedeu, de ofício, a tutela antecipada em caráter antecedente. Inadmissibilidade, no caso. Necessidade da parte autora requerer expressamente o benefício do art. 303, do CPC, consoante determinado em seu § 5º. Petição inicial que não se limita ao requerimento de antecipação de tutela. Pedido principal, instruído com documentos pertinentes para o deslinde da demanda. De rigor o afastamento das regras dos arts. 303 e 304 do CPC/15, mantido o deferimento da tutela provisória quanto ao fornecimento do medicamento em favor da agravada, cujo fundamento legal fica alterado para o art. 300, do CPC/15. Precedente desta Corte de Justiça. R. Decisão reformada. Recurso provido. (TJSP; AI 2201002-31.2016.8.26.0000; Ac. 9968229; Franco da Rocha; Nona Câmara de Direito Público; Rel. Des. Carlos Eduardo Pachi; Julg. 09/11/2016; DJESP 18/11/2016)

Não se exige que haja impedimento para a apresentação de petição inicial completa para que possa ser admitida a tutela antecipada em caráter antecedente:

✓ AGRAVO DE INSTRUMENTO. TUTELA ANTECIPADA EM CARÁTER ANTECEDENTE. Decisão que deferiu a tutela de urgência para permitir que o agravado prossiga nas demais etapas de admissão no concurso público para Soldado-PM de 2ª classe. Pleito de reforma da decisão diante da ausência dos requisitos necessários da "tutela antecipada em caráter antecedente" e do descabimento da referida medida em face da Fazenda Pública. Inadmissibilidade. O artigo 303 do Código de Processo Civil não exige que na interposição de ação para obtenção de "tutela antecipada de caráter antecedente" deva existir impedimento para a propositura da demanda principal, como no caso de ausência de algum documento imprescindível. Basta que exista urgência em momento contemporâneo ao da propositura da ação, requerimento de tutela antecipada, pedido da tutela final e demonstração do dano ou do risco ao resultado útil do processo. Requisitos presentes no caso dos autos. Possibilidade de utilização em face da agravante, na medida em que o artigo 303 do Código de Processo Civil não impede expressamente que o pedido seja feito em face de ente público. Dispositivo que não pode ser interpretado de maneira restritiva. Desnecessidade de prévia manifestação do representante judicial da pessoa jurídica de direito público para a concessão da tutela de urgência, uma vez que o artigo 2º da Lei nº 8.437, de 30/06/1.992, faz tal exigência somente nas hipóteses de mandado de segurança coletivo e ação civil pública, casos que não se enquadram na presente demanda. Decisão mantida. Recurso não provido. (TJSP; AI 2099187-88.2016.8.26.0000; Ac. 9656716; São Paulo; Terceira Câmara de Direito Público; Rel. Des. Kleber Leyser de Aquino; Julg. 02/08/2016; DJESP 08/08/2016)

§ 1º Concedida a tutela antecipada a que se refere o *caput* deste artigo:

I – o autor deverá aditar a petição inicial, com a complementação de sua argumentação, a juntada de novos documentos e a confirmação do pedido de tutela final, em 15 (quinze) dias ou em outro prazo maior que o juiz fixar;

→ *v.* Arts. 139, VI e 321 do CPC.

→ *v.* Enunciado 13 do CJF: O art. 139, VI, do CPC autoriza o deslocamento para o futuro do termo inicial do prazo.

II – o réu será citado e intimado para a audiência de conciliação ou de mediação na forma do art. 334;

→ *v.* Arts. 238 e 269 do CPC.

III – não havendo autocomposição, o prazo para contestação será contado na forma do art. 335.

Necessidade de intimação específica para que a parte promova o aditamento ao pleito de tutela antecipada antecedente concedido, a fim de converter o pleito antecedente em principal

✓ RECURSO ESPECIAL. PROCESSUAL CIVIL. TUTELA ANTECIPADA REQUERIDA EM CARÁTER ANTECEDENTE. PROCEDIMENTO. ARTS. 303 E 304 DO CPC/15. ADITAMENTO DA INICIAL. INTIMAÇÃO ESPECÍFICA. PRINCÍPIOS DA PRIMAZIA DO JULGAMENTO DE MÉRITO E DA ECONOMIA PROCESSUAL. ARTS. 4º, 139, IX, 321, CAPUT, 304, CAPUT E § 1º, e 1.003, § 5º, do CPC/15. PETIÇÃO. JUNTADA. CONTEÚDO. CONHECIMENTO INEQUÍVOCO. HIPÓTESE CONCRETA. NÃO CARACTERIZAÇÃO. 1. Ação de tutela antecipada em caráter antecedente, na qual se pleiteia o cumprimento de contrato de prestação de serviços, fornecimento e instalação de sistemas de controle de acesso, provedor de internet, telefonia VOIP e de monitoramento digital de imagens. 2. Recurso especial interposto em 17/07/17 e concluso ao gabinete em 14/09/18. Julgamento: CPC/15. 3. O propósito recursal consiste em determinar se a juntada de petição pelo autor após a concessão da tutela antecipada antecedente é apta a: a) configurar a ciência inequívoca da parte a respeito de seu conteúdo e; b) demarcar o início do prazo de 15 (quinze) dias para o aditamento da petição inicial previsto no art. 303, § 1º, I, do CPC/15. 4. Nosso direito processual civil é instrumental e adota o sistema da legalidade das formas, de modo que é preciso que seu rigorismo formal seja observado com vistas a se oferecer segurança jurídica e previsibilidade à atuação do juiz e das partes, sendo abrandado quando o ato atingir a finalidade que motiva sua vigência. 5. A intimação das partes acerca dos conteúdos decisórios é indispensável ao exercício da ampla defesa e do contraditório, pois somente o conhecimento dos atos e dos termos do processo permite a cada litigante encontrar os meios necessários e legítimos à proteção de seus interesses. 6. No processo eletrônico, a ciência pessoal de todo o conteúdo do processo é presumida, em regra, com a intimação formal. Precedente. 7. Excepciona-se essa regra na juntada superveniente de petição cujo conteúdo revele a indispensável ciência de todo o conteúdo decisório, isto é, o inequívoco conhecimento da decisão e a plena ciência da parte de que deve tomar alguma atitude processual. Precedentes. 8. No CPC/15, a tutela provisória passa a ser uma técnica aplicada na relação processual de conhecimento ou de execução, mas que, na forma do art. 303, pode ser também requerida em caráter antecedente à própria formação da relação jurídica processual da tutela definitiva. 9. O propósito da previsão dos arts. 303 e 304 do CPC é, especificamente, proporcionar oportunidade à estabilização da medida provisória satisfativa, valorizando a economia processual por evitar o desenvolvimento de um processo de cognição plena e exauriente, quando as partes se contentarem com o provimento sumário para solucionar a lide. 10. O procedimento da tutela provisória é, portanto, eventualmente autônomo em relação à tutela definitiva, pois, para a superação dessa autonomia, é preciso que o requerido recorra da decisão que concede a antecipação da tutela, sob pena de a tutela estabilizar-se e o processo ser extinto. 11. Como, na inicial da tutela antecipada antecedente, o autor somente faz a indicação do pedido de tutela final, existe a previsão de que deve complementar sua argumentação, com a confirmação do pedido de tutela final, no prazo de 15 (quinze) dias ou outro maior fixado pelo juiz. 12. Os prazos do requerido, para recorrer, e do autor, para aditar a inicial, não são concomitantes, mas subsequentes. 13. Solução diversa acarretaria vulnerar os princípios da economia processual e da primazia do julgamento de mérito, porquanto poderia resultar na extinção do processo a despeito da eventual ausência de contraposição por parte do adversário do autor, suficiente para solucionar a lide trazida a juízo. 14. Como a interposição do agravo de instrumento é eventual e representa o marco indispensável para a passagem do "procedimento provisório" para o da tutela definitiva, impõe-se a intimação específica do autor para que tome conhecimento desta circunstância, sendo indicada expressa e precisamente a necessidade de que complemente sua argumentação e pedidos. 15. Na hipótese dos autos, o conteúdo da petição juntada pelo autor, na qual requer a aplicação de multa em razão do descumprimento da tutela antecipada, não permite concluir por seu conhecimento inequívoco da determinação de aditar a inicial. 16. Além disso, a intimação do autor para o aditamento da inicial e o início do prazo de 15 (quinze) dias para a prática desse ato, previstos no art. 303, § 1º, I, do CPC/15, exigem intimação específica com indicação precisa da emenda necessária, como realizado pelo juízo do primeiro grau de jurisdição. 17. Recurso especial desprovido (STJ, REsp 1766376/TO, Relatora Min. Nancy Andrighi, 3ª Turma, j. 25.08.2020).

§ 2º Não realizado o aditamento a que se refere o inciso I do § 1º deste artigo, o processo será extinto sem resolução do mérito.

→ *v.* Art. 485, I, III e X do CPC.

§ 3º O aditamento a que se refere o inciso I do § 1º deste artigo dar-se-á nos mesmos autos, sem incidência de novas custas processuais.

§ 4º Na petição inicial a que se refere o caput deste artigo, o autor terá de indicar o valor da causa, que deve levar em consideração o pedido de tutela final.

→ *v.* Art. 291 e ss. do CPC.

§ 5º O autor indicará na petição inicial, ainda, que pretende valer-se do benefício previsto no *caput* deste artigo.

→ *v.* Art. 319 do CPC.

§ 6º Caso entenda que não há elementos para a concessão de tutela antecipada, o órgão jurisdicional determinará a emenda da petição inicial em até 5 (cinco) dias, sob pena de ser indeferida e de o processo ser extinto sem resolução de mérito.

→ *v.* Arts. 6º, 321 e 485, I do CPC.

Não se pode extinguir o pedido de tutela antecipada em caráter antecedente que foi indeferida sem a prévia intimação da parte para emendar a petição inicial.

✓ PREVIDENCIÁRIO. PROCESSUAL CIVIL. TUTELA ANTECIPADA EM CARÁTER ANTECEDENTE. EXTINÇÃO PREMATURA. INOBSERVÂNCIA AO DISPOSTO NO § 6º DO ART. 303 DO CPC. SENTENÇA ANULADA. ANTECIPAÇÃO DA TUTELA. IMPOSSIBILIDADE. AUSÊNCIA DOS REQUISITOS. 1. Intentada ação de Tutela Antecipada Requerida em Caráter Antecedente, prematura a extinção do feito, sem a intimação da parte autora para emendar a sua inicial, nos termos do art. 303, § 6º, do CPC, em 5 (cinco) dias, sob pena de extinção do processo sem resolução do mérito. 2. Ocorre que o exame realizado e a decisão proferida pelo INSS gozam de presunção de legitimidade que somente dever ser elidida mediante fortes indícios. Afigura-se imprescindível, portanto, a complementação da prova com a realização de perícia médica judicial, somente após o que poderá restar demonstrada a alegada incapacidade, conferindo, assim, a necessária verossimilhança das alegações, sem a qual, descabe qualquer juízo acerca da presença do perigo de dano irreparável ou de difícil reparação. 3. Dessa forma, antes da extinção, deve ser possibilitada a emenda da inicial para a realização da complementação da prova. 4. Decorrência do raciocínio ora exposto, improcede o pedido de reforma da sentença no sentido de ser deferida a antecipação da tutela. 5. Provido em parte o apelo para permitir o regular processamento do feito, possibilitando-se a emenda à inicial. (TRF 4ª R.; AC 5017436-15.2017.4.04.9999; Quinta Turma; Rel. Des. Fed. Luiz Carlos Canalli; Julg. 21/11/2017; DEJF 29/11/2017); APELAÇÃO. TUTELA ANTECIPADA REQUERIDA EM CARÁTER ANTECEDENTE. SENTENÇA QUE INDEFERE O PEDIDO DE TUTELA E, POR CONSEQUÊNCIA, INDEFERE A PETIÇÃO INICIAL, JULGANDO EXTINTO O PROCESSO SEM RESOLUÇÃO DO MÉRITO. Tutela bem indeferida. Mero anúncio de ajuizamento de ação revisional de cláusulas financeiras de contrato bancário não autorizando a que se ordene a abstenção das providências voltadas à recuperação do crédito, entre elas a inscrição do nome do mutuário em cadastro restritivo. Denegação da tutela, porém, não justificando o pronto indeferimento da petição inicial. Necessidade de adoção da providência exigida pelo art. 303, §6º, do CPC. Sentença que se anula para que o feito retome seu processamento, como de direito. Dispositivo: Deram parcial provimento à apelação. (TJSP; APL 1006076-93.2016.8.26.0347; Ac. 10827557; Matão; Décima Nona Câmara de Direito Privado; Rel. Des. Ricardo Pessoa de Mello Belli; Julg. 18/09/2017; DJESP 02/10/2017; Pág. 2196); TUTELA ANTECIPADA REQUERIDA EM CARÁTER ANTECEDENTE. Hipótese em que o processo foi, liminarmente, extinto, sem resolução do mérito, nos termos do artigo 485, X, do CPC, por reputar o d. Magistrado ausentes os requisitos à concessão da tutela de urgência. Necessidade de prévia intimação prévia da parte para emendar a petição inicial nos termos do artigo 303, § 6º, do CPC. Consideração, ainda, do que dispõe o artigo 10, do CPC. Decreto de extinção afastado. Sentença anulada. Determinação do retorno dos autos à origem para prosseguimento do feito a fim de que seja concedida à parte ativa oportunidade para aditar a petição inicial. Recurso provido para anular a r. Sentença. Dispositivo: Deram provimento ao recurso para anular a r. Sentença. (TJSP; APL 1002966-86.2016.8.26.0347; Ac. 10148105; Matão; Décima Nona Câmara de Direito Privado; Rel. Des. João Camillo de Almeida Prado Costa; Julg. 06/02/2017; DJESP 20/02/2017)

Apontando que a emenda na forma do art. 303, § 6º do CPC não implica modificação da demanda, disciplinada pelo art. 329 do CPC.

✓ AGRAVO DE INSTRUMENTO. TUTELA ANTECIPADA REQUERIDA EM CARÁTER ANTECEDENTE. Deferimento do pedido. Insurgência dos réus. Preliminares. (1) perda da eficácia da medida pela falta de complementação das custas iniciais. Valor da causa retificado. Despesas recolhidas em consonância com o referido importe. Tese afastada. (2) emenda da inicial, prevista no artigo 303, §1º, inc. I, do CPC, apresentada após a citação de uma das rés. Hipótese que não se amolda ao disposto no art. 329, inc. I, do CPC, justo que não envolve alteração ou aditamento do pedido. Mérito. Agravantes que reconhecem a autorização para uso da água, concedida pelo seu falecido pai/sogro. Termos em que a concessão foi deferida que depende da produção de provas. Fornecimento de água que, em princípio, deve ser mantido, ante a ausência de prova robusta no sentido de que a água proveniente das fontes existentes no imóvel da ré seria potável. Perigo de dano comprovado pela agravada. Decisão mantida. Recurso conhecido e desprovido. (TJSC; AI 4011769-35.2016.8.24.0000; Urubici; Primeira Câmara de Direito Civil; Rel. Des. Jorge Luis Costa Beber; DJSC 28/06/2017; Pag. 122)

Se indeferida a tutela antecipada em caráter antecedente, deve ser reiterado o pedido de tutela antecipada na emenda à petição inicial, sob pena de perda de objeto do agravo de instrumento interposto contra seu indeferimento.

✓ AGRAVO DE INSTRUMENTO. TUTELA ANTECIPADA ANTECEDENTE. ART. 303 DO CPC. EMENDA NO ART. 303 PARÁGRAFO 6º. PEDIDO DE ANTECIPAÇÃO NÃO REITERADO. PERDA SUPERVENIENTE DO OBJETO. RECURSO CONHECIDO E PREJUDICADO. Pedida a tutela antecipada em caráter antecedente (art. 303 do CPC) e determinada a emenda à inicial (art. 303 § 6º do CPC), a não reiteração do pedido antecipatório ocasiona a perda superveniente do agravo que buscava a reforma da decisão que, em caráter antecedente, indeferiu a antecipação de tutela. (TJDF; AGI 2016.00.2.011273-0; Ac. 954.477; Segunda Turma Cível; Relª Desª Carmelita Brasil; Julg. 13/07/2016; DJDFTE 18/07/2016)

Art. 304. A tutela antecipada, concedida nos termos do art. 303, torna-se estável se da decisão que a conceder não for interposto o respectivo recurso.

→ *v.* Enunciado 43 do CJF: Não ocorre a estabilização da tutela antecipada requerida em caráter antecedente, quando deferida em ação rescisória.

→ *v.* Enunciado 130 do CJF: É possível a estabilização de tutela antecipada antecedente em face da Fazenda Pública.

→ *v.* Enunciado 18 da ENFAM: Na estabilização da tutela antecipada, o réu ficará isento do pagamento das custas e os honorários deverão ser fixados no percentual de 5% sobre o valor da causa (art. 304, *caput*, c/c o art. 701, *caput*, do CPC/2015).

→ *v.* Enunciado 27 da ENFAM: Não é cabível ação rescisória contra decisão estabilizada na forma do art. 304 do CPC/2015.

→ *v.* Enunciado 28 da ENFAM: Admitido o recurso interposto na forma do art. 304 do CPC/2015, converte-se o rito antecedente em principal para apreciação definitiva do mérito da causa, independentemente do provimento ou não do referido recurso.

Considerando que haverá estabilização acaso a parte prejudicada pela concessão da tutela antecipada antecedente não oferte agravo de instrumento (recurso), não se prestando para o fim de obstar a estabilização a apresentação de contestação.

✓ PROCESSUAL CIVIL. ESTABILIZAÇÃO DA TUTELA ANTECIPADA CONCEDIDA EM CARÁTER ANTECEDENTE. ARTS. 303 E 304 DO CÓDIGO DE PROCESSO CIVIL DE 2015. NÃO INTERPOSIÇÃO DE AGRAVO DE INSTRUMENTO. PRECLUSÃO. APRESENTAÇÃO DE CONTESTAÇÃO. IRRELEVÂNCIA. I – Nos termos do disposto no art. 304 do Código de Processo Civil de 2015, a tutela antecipada, deferida em caráter antecedente (art. 303), estabilizar-se-á, quando não interposto o respectivo recurso. II – Os meios de defesa possuem finalidades específicas: a contestação demonstra resistência em relação à tutela exauriente, enquanto o agravo de instrumento possibilita a revisão da decisão proferida em cognição sumária. Institutos inconfundíveis. III – A ausência de impugnação da decisão mediante a qual deferida a antecipação da tutela em caráter antecedente, tornará, indubitavelmente, preclusa a possibilidade de sua revisão. IV – A apresentação de contestação não tem o condão de afastar a preclusão decorrente da não utilização do instrumento processual adequado – o agravo de instrumento. V – Recurso especial provido (STJ, REsp 1797365/RS, Rel. Min. Sérgio Kukina, Rel. p/Acórdão Min. Regina Helena Costa, 1ª Turma, j. 03.10.2019).

Contudo, em sentido contrário, considerando que não haverá estabilização acaso a parte prejudicada pela concessão da tutela antecipada antecedente oferte qualquer tipo de impugnação à tutela provisória deferida, inclusive contestação.

✓ RECURSO ESPECIAL. PEDIDO DE TUTELA ANTECIPADA REQUERIDA EM CARÁTER ANTECEDENTE. ARTS. 303 E 304 DO CÓDIGO DE PROCESSO CIVIL DE 2015. JUÍZO DE PRIMEIRO GRAU QUE REVOGOU A DECISÃO CONCESSIVA DA TUTELA, APÓS A APRESENTAÇÃO DA CONTESTAÇÃO PELO RÉU, A DESPEITO DA AUSÊNCIA DE INTERPOSIÇÃO DE AGRAVO DE INSTRUMENTO. PRETENDIDA ESTABILIZAÇÃO DA TUTELA ANTECIPADA. IMPOSSIBILIDADE. EFETIVA IMPUGNAÇÃO DO RÉU. NECESSIDADE DE PROSSEGUIMENTO DO FEITO. RECURSO ESPECIAL DESPROVIDO. 1. A controvérsia discutida neste recurso especial consiste em saber se poderia o Juízo de primeiro grau, após analisar as razões apresentadas na contestação, reconsiderar a decisão que havia deferido o pedido de tutela antecipada requerida em caráter antecedente, nos termos dos arts. 303 e 304 do CPC/2015, a despeito da ausência de interposição de recurso pela parte ré no momento oportuno. 2. O Código de Processo Civil de 2015 inovou na ordem jurídica ao trazer, além das hipóteses até então previstas no CPC/1973, a possibilidade de concessão de tutela antecipada requerida em caráter antecedente, a teor do que dispõe o seu art. 303, o qual estabelece que, nos casos em que a urgência for contemporânea à propositura da ação, a petição inicial poderá se limitar ao requerimento da tutela antecipada e à indicação do pedido de tutela final, com a exposição da lide, do direito que se busca realizar e do perigo de dano ou do risco ao resultado útil do processo. 2.1. Por essa nova sistemática, entendendo o juiz que não estão presentes os requisitos para a concessão da tutela antecipada, o autor será intimado para aditar a inicial, no prazo de até 5 (cinco) dias, sob pena de ser extinto o processo sem resolução de mérito. Caso concedida a tutela, o autor será intimado para aditar a petição inicial, a fim de complementar sua argumentação, juntar novos documentos e confirmar o pedido de tutela final. O réu, por sua vez, será citado e intimado para a audiência de conciliação ou mediação, na forma prevista no art. 334 do CPC/2015. E, não havendo autocomposição, o prazo para contestação será contado na forma do art. 335 do referido diploma processual. 3. Uma das grandes novidades trazidas pelo novo Código de Processo Civil é a possibilidade de estabilização da tutela antecipada requerida em caráter antecedente, instituto inspirado no référé do Direito francês, que serve para abarcar aquelas situações em que ambas as partes se contentam com a simples tutela antecipada, não havendo necessidade, portanto, de se prosseguir com o processo até uma decisão final (sentença), nos termos do que estabelece o art. 304, §§ 1º a 6º, do CPC/2015. 3.1. Segundo os dispositivos legais correspondentes, não havendo recurso do deferimento da tutela antecipada requerida em caráter antecedente, a referida decisão será estabilizada e o processo será extinto, sem resolução de mérito. No prazo de 2 (dois) anos, porém, contado da ciência da decisão que extinguiu o processo, as partes poderão pleitear, perante o mesmo Juízo que proferiu a decisão, a revisão, reforma ou invalidação da tutela antecipada estabilizada, devendo se valer de ação autônoma para esse fim. 3.2. É de se observar, porém, que, embora o caput do art. 304 do CPC/2015 determine que "a tutela antecipada, concedida nos termos do art. 303, torna-se estável se da decisão que a conceder não for interposto o respectivo recurso", a leitura que deve ser feita do dispositivo legal, tomando como base uma interpretação sistemática e teleológica do instituto, é que a estabilização somente ocorrerá se não houver qualquer tipo de impugnação pela parte contrária, sob pena de se estimular a interposição de agravos de instrumento, sobrecarregando desnecessariamente os Tribunais, além do ajuizamento da ação autônoma, prevista no art. 304, § 2º, do CPC/2015, a fim de rever, reformar ou invalidar a tutela antecipada estabilizada. 4. Na hipótese dos autos, conquanto não tenha havido a interposição de agravo de instrumento contra a decisão que deferiu o pedido de antecipação dos efeitos da tutela requerida em caráter antecedente, na forma do art. 303 do CPC/2015, a ré se antecipou e apresentou contestação, na qual pleiteou, inclusive, a revogação da tutela provisória concedida, sob o argumento de ser impossível o seu cumprimento, razão pela qual não há que se falar em estabilização da tutela antecipada, devendo, por isso, o feito prosseguir normalmente até a prolação da sentença. 5. Recurso especial desprovido (STJ, REsp 1760966/SP, Rel. Min. Marco Aurélio Belizze, 3ª Turma, j. 04.12.2018).

Considerando que haverá estabilização em caso de dupla inércia – do autor e do réu.

✓ AGRAVO DE INSTRUMENTO. AÇÃO DE OBRIGAÇÃO DE FAZER COM PEDIDO DE TUTELA ANTECIPADA ANTECEDENTE. ART. 303, CPC. TUTELA DE URGÊNCIA DEFERIDA. COMUNICAÇÃO DE CUMPRIMENTO DA ORDEM QUE NÃO AFASTA O DIREITO AO RECURSO DIANTE DA REGRA DO ART. 304 DO CPC, QUE CONFERE ESTABILIZAÇÃO DA TUTELA IRRECORRIDA. PETIÇÃO INICIAL QUE QUANDO COMPLETA NÃO EXIGE ADITAMENTO PREVISTO NO § 1º, I, DO ART. 303 DO CPC. PRESENÇA DA PROBABILIDADE DO DIREITO AFIRMADO E PERIGO DE DANO, REQUISITOS PARA CONCESSÃO DA MEDIDA SATISFATIVA, SENDO A INSURGÊNCIA RECURSAL DE ORDEM MERAMENTE PROCEDIMENTAL SEM CONTRAPOSIÇÃO DOS FATOS. CONSEQUÊNCIAS DA MEDIDA QUE NÃO SÃO IRREVERSÍVEIS (ART. 302, CPC), COM POSSIBILIDADE DE DISPENSA DE CAUÇÃO. RECURSO DESPROVIDO. DIANTE DO PROCEDIMENTO ESCOLHIDO (ART. 303, CPC) E DA REGRA DE ESTABILIZAÇÃO DA DEMANDA PREVISTA NO ART. 304 DO CPC, O CUMPRIMENTO DA TUTELA CONCEDIDA, PELA AGRAVANTE, NÃO IMPEDE A VEICULAÇÃO DO RECURSO, SENDO MECANISMO PARA IMPEDIR A ESTABILIZAÇÃO DECORRENTE DA INÉRCIA. Conforme o texto da Lei Processual, a petição inicial pode se limitar a simples requerimento, devendo ser posteriormente aditada (art. 303, CPC) e a questão do aditamento (complementação dos fundamentos e juntada de documentos), para efeito de estabilização, deve ser aferida pelo Magistrado, sendo da essência da estabilização a dupla inércia. A exigência da Lei é no sentido de que o autor declare que pretende adotar o benefício do procedimento antecedente, inclusive pode se beneficiar da inicial incompleta e não da estabilização, sendo ainda possível que esteja completa e o aditamento não seja necessário. Havia, no caso, urgência na medida, restando evidenciado o perigo de dano, sendo a tutela corretamente deferida. Os subsídios ofertados pelo autor demonstram a calçada inacabada após cessado o vazamento e, conforme se depreende das fotografias exibidas, com risco evidente, sem qualquer contraposição da parte adversa nesta sede recursal. No mais, não há irreversibilidade das consequências da medida, sendo assim permitido ao Juiz a valoração dos riscos, inclusive com dispensa de caução, diante da regra do art. 302 do CPC. (TJSP; AI 2010550-30.2017.8.26.0000; Ac. 10203875; Santos; Trigésima Segunda Câmara de Direito Privado; Rel. Des. Kioitsi Chicuta; Julg. 23/02/2017; DJESP 07/03/2017)

Possibilidade de estabilização da tutela contra a Fazenda Pública.

✓ APELAÇÃO CÍVEL. PROCEDIMENTO DE TUTELA ANTECIPADA EM CARÁTER ANTECEDENTE. TUTELA DEFERIDA. INTERPOSIÇÃO DE AGRAVO DE INSTRUMENTO. AUSÊNCIA. ESTABILIZAÇÃO DA TUTELA. 1. O novo Código de Processo Civil, em vigor desde 18.03.2016, trouxe importantes inovações no que diz respeito às tutelas provisórias, dispondo que, em casos de urgência contemporânea à propositura da ação, a parte pode limitar-se a expor sumariamente a lide, requerendo apenas a concessão da tutela antecipada em caráter antecedente, sendo que, caso a mesma seja deferida e não seja interposto recurso de agravo de instrumento, haverá a sua estabilização (artigos 303 e 304 do CPC/2015). 2. A estabilização da tutela antecipada concedida no procedimento em questão ocorre inclusive em face da Fazenda Pública, nos termos do Enunciado nº 21 sobre o CPC deste egrégio TJMG. 3. Para evitar a estabilização da tutela antecipada e, assim, a extinção da demanda, deve o requerido interpor o recurso cabível contra a decisão antecipatória, qual seja, o recurso de agravo de instrumento, nos termos do inciso I do artigo 1.015 do CPC/2015. (TJMG; APCV 1.0372.16.004575-6/001; Rel. Des. Edilson Olímpio Fernandes; Julg. 28/11/2017; DJEMG 11/12/2017)

Entendendo que a suspensão de exigibilidade de tributo é tutela de natureza cautelar e, portanto, não sujeita a estabilização.

✓ AÇÃO DECLARATÓRIA DE INEXISTÊNCIA DE RELAÇÃO JURÍDICO-TRIBUTÁRIA. Concessão de tutela antecipada para suspender a exigibilidade de ISS, na qual consignada a necessidade de interposição de recurso pela municipalidade para evitar a estabilidade de que trata o art. 304, caput, do CPC/2015. Pretensão à reforma especificamente quanto à estabilização da tutela. Acolhimento. Decisão que concedeu tutela de urgência de natureza cautelar (suspensão da exigibilidade. Art. 151 do CTN), caso em que não há que se falar em estabilização da tutela. Decisão reformada em sua parte final. Recurso provido. (TJSP; AI 2086995-26.2016.8.26.0000; Ac. 9859629; Sorocaba; Décima Oitava Câmara de Direito Público; Rel. Des. Ricardo Chimenti; Julg. 22/09/2016; DJESP 11/10/2016)

Impossibilidade de estabilização da tutela antecipada incidental.

✓ PROCESSO CIVIL. ADMINISTRATIVO. AGRAVO INTERNO NO AGRAVO EM RECURSO ESPECIAL. RESCISÃO DE CONTRATO ADMINISTRATIVO. EXECUÇÃO DE OBRA PÚBLICA. DECISÃO QUE INDEFERIU A ANTECIPAÇÃO DE TUTELA. VÍCIO DE FUNDAMENTAÇÃO. AUSÊNCIA. DECISÃO JUDICIAL EXARADA COM BASE EM COGNIÇÃO SUMÁRIA. DESCABIMENTO DO APELO ESPECIAL. SÚMULAS 7/STJ E 735/STF (...) 2. No caso, as instâncias ordinárias indeferiram o pedido liminar de rescisão do contrato administrativo, haja vista o regramento contido no art. 79 da Lei n. 8.666/1993, bem como a necessidade de dilação probatória. 3. De acordo com a jurisprudência do STJ, a verificação dos requisitos para a concessão da medida liminar de natureza cautelar ou antecipatória dos efeitos da tutela consiste em matéria de fato e de caráter precário, sendo defesa a análise em recurso especial, nos termos preconizados nas Súmulas 7 e 735 do STF. 4. A orientação contida na Súmula 735/STF permanece hígida quanto aos provimentos jurisdicionais fundamentados em juízo de cognição sumária, mesmo após a vigência do CPC/2015. 5. A estabilização da tutela concedida em caráter antecedente pressupõe a ausência de impugnação da decisão que deferiu a providência requerida com base no art. 303 do CPC e, por conseguinte, a extinção do processo, com resolução do mérito, consoante disposto no art. 304, § 1º, do CPC/2015. No caso, não se cogita da estabilização do provimento antecipatório, seja porque a parte autora não se utilizou do procedimento previsto no art. 303 do CPC/2015, seja porque a medida liminar não foi sequer deferida. 6. Agravo interno a que se nega provimento (STJ, AgInt no AREsp 1457801/SP, Rel. Min. Og Fernandes, 2ª Turma, j. 01.10.2019).

✓ AGRAVO DE INSTRUMENTO. LIMINAR. LEVANTAMENTO DE GRAVAME. ASTREINTES. PRAZO RAZOÁVEL. DILAÇÃO SUPERADA. EFEITO INIBITÓRIO. VALOR RAZOÁVEL. LIMITAÇÃO PECUNIÁRIA. TUTELA DE URGÊNCIA MANTIDA. Recurso adstrito à tutela de urgência, requerida nos termos do artigo 300, do Código de Processo Civil. Suficientes os elementos que denotam a "probabilidade do direito" e o "perigo de dano", ínsito ao gravame imposto (restrição ao direito de propriedade); Tutela antecipada incidental que não se confunde com a tutela antecipada em caráter antecedente, hipótese, portanto, não sujeita à estabilização da tutela de urgência (artigos 303 e 304, do Novo Código de Processo Civil). Singela dilação do prazo, já superada, inclusive. Multa diária imposta na hipótese do descumprimento de ordem judicial. Valor compatível com a natureza das astreintes, a fim de impor o cumprimento de ordem judicial. Art. 537, CPC. Limitação no valor do bem, sem prejuízo de eventual revisão (art. 537, §1º, do Novo Código de Processo Civil); AGRAVO DE INSTRUMENTO PARCIALMENTE PROVIDO. (TJSP; AI 2157687-50.2016.8.26.0000; Ac. 10069115; Jundiaí; Trigésima Câmara de Direito Privado; Relª Desª Maria Lúcia Pizzotti; Julg. 14/12/2016; DJESP 26/01/2017).

Incompatibilidade da estabilização da tutela antecipada com o sistema dos Juizados Especiais.

✓ APELAÇÃO CÍVEL. TUTELA ANTECIPADA ANTECEDENTE. ARTIGOS 303 E 304 DO CPC/15. JUIZADO ESPECIAL. LEI N. 9.099/95. IMCOMPATIBILIDADE DE RITOS. IRRECORRIBILIDADE. INICIAL COM FUNDAMENTAÇÃO MAIS EXTENSA. ESTABILIZAÇÃO. APRESENTAÇÃO DE CONTESTAÇÃO. RESISTÊNCIA MANIFESTADA. RESPEITO À COISA JULGADA. COGNIÇÃO EXAURIENTE. SENTENÇA CASSADA. PROSSEGUIMENTO DO FEITO. A sistemática do Código de Processo Civil de 2015 busca pela estabilização das decisões judiciais, sendo, por essa razão, incompatível com a irrecorribilidade das decisões interlocutórias, atinente ao rito sumaríssimo e consagrada pela Lei nº 9.099/95. Os requisitos previstos no art. 303, caput do CPC/15 constituem o mínimo necessário para que a tutela de urgência em caráter antecedente seja processada, não havendo vedação legal ao acréscimo de elementos na petição inicial, de forma a torná-la mais completa. Já apresentado o pedido de aditamento na própria inicial e apresentada contestação pela parte requerida não há motivos para se manter a decisão que considerou estabilizada a decisão liminar e extinguiu o feito. É necessário realizar uma interpretação teleológica do dispositivo legal, até para que sobre ele não repouse a pecha de inconstitucionalidade, pois é evidente que qualquer tipo de manifestação da parte contrária é apta a evitar que a decisão liminar "sobreviva" independente de confirmação por meio de processo de conhecimento, a dita estabilização. (TJMG; APCV 1.0372.17.000390-2/001; Rel. Des. Darcio Lopardi Mendes; Julg. 30/11/2017; DJEMG 05/12/2017); CONFLITO DE COMPETÊNCIA. TUTELA DE URGÊNCIA EM CARÁTER ANTECEDENTE. TITULARIDADE DA PERMISSÃO DE TÁXI -INCOMPATIBILIDADE ENTRE A TUTELA DE URGÊNCIA ANTECEDENTE E O MICROSSISTEMA DOS JUIZADOS ESPECIAIS. DESCABIMENTO DO DESLOCAMENTO DA COMPETÊNCIA DOS FEITOS DO JUIZADO ESPECIAL FAZENDÁRIO (DE NATUREZA ABSOLUTA) PARA A JUSTIÇA COMUM. DESFECHO DO CONFLITO QUE PERPASSA A ANÁLISE DO ART. 2º DA LEI Nº 12.153/2009. VALOR DA CAUSA FIXADO EM MONTANTE ÍNFIMO. CONTEUDO ECONÔMICO SUPERIOR A 60 SALÁRIOS MÍNIMOS. 1. Há incompatibilidade entre o microssistema dos Juizados Especiais e a tutela de urgência em caráter antecedente, uma vez que, em razão da celeridade e da concentração, que determinam a solução de todos os incidentes no curso da audiência ou na própria sentença (art. 29 da Lei nº 9.099/95), não há espaço para o aditamento da inicial previsto no art. 303, §1º, I, do CPC/2015. 2. É também manifestamente incompatível com os procedimentos do Juizado Especial da Fazenda Pública a previsão contida no art. 304, §2º, do CPC, no sentido de que "qualquer das partes poderá demandar a outra com o intuito de rever, reformar ou invalidar a tutela antecipada estabilizada", visto que o ente público não pode demandar, como autor, neste juizado especial (Lei nº 12.153/2009, art. 5º). 3. Circunstâncias que apontam para o descabimento do procedimento da tutela de urgência em caráter antecedente no âmbito do Juizado Especial da Fazenda Pública, mas nunca acarretariam o deslocamento da competência, que é absoluta, dos feitos do Juizado Especial fazendário para a Justiça Comum. 4. A competência do Juizado Especial deve ser afastada em razão do conteúdo econômico do objeto da ação (titularidade de permissão de táxi), que muito se distancia do valor ínfimo de R$1.000,00, não condizente com a remuneração anual mínima do taxista, que supera o limite de 60 salários mínimos, segundo cálculo feito pela Secretaria Municipal de Transportes, com base em critérios dispostos em Decreto. 5. Conflito conhecido, para declarar a competência do juízo suscitado. (TJMG; CONF 1.0000.17.079068-7/000; Relª Desª Áurea Brasil; Julg. 07/12/2017; DJEMG 12/12/2017)

Reconhecendo a possibilidade de estabilização se a tutela antecipada em caráter antecedente foi concedida em segundo grau de jurisdição:

✓ AÇÃO DE JURISDIÇÃO VOLUNTÁRIA DE CANCELAMENTO DE CLÁUSULAS TESTAMENTÁRIAS DE INALIENABILIDADE, INCOMUNICABILIDADE E IMPENHORABILIDADE, IMPOSTAS POR TESTAMENTO LAVRADO NA VIGÊNCIA DO CÓDIGO CIVIL ANTERIOR, TENDO O TESTADOR FALECIDO ANTES DO ADVENTO DO ATUAL. CABIMENTO, NAS CIRCUNSTÂNCIAS DO CASO CONCRETO. IMÓVEIS ONERADOS POR DÍVIDAS TRIBUTÁRIAS, SEM QUE O PROPRIETÁRIO, QUE O TESTADOR BUSCOU PROTEGER, POSSA PAGÁ-LAS. Cláusulas que esvaziam o conteúdo econômico da propriedade, retirando bens do comércio. Sua inconveniência. Disposições, sobre antieconômicas, contrárias à propriedade privada, alicerce da Ordem Econômica e Financeira pátria (Lei Maior, art. 170, II), bem assim afrontadoras das garantias individuais asseguradas no art. 5º, XXII (direito de propriedade), XXIII (sua função social) e XXX (direito à herança) da Constituição. Ofensa tanto ao aspecto estrutural da propriedade, ao aniquilar o direito de dispor, como ao funcional, pois os gravames transformam-se, com frequência, em estorvo para aquele que se buscava proteger, impedindo que os bens sejam explorados adequadamente. Decisão de primeiro grau, que condicionou a própria apreciação do pedido à apresentação, pelo autor, de bens em que se possam sub-rogar os vínculos. Agravo de instrumento do autor, em busca, desde logo de provisão acerca do mérito da ação. Deferimento tão só de tutela antecipatória, na forma do art. 303 do CPC. Determinação, todavia, diante aquiescência dos possíveis interessados na sucessão dos agravantes, que, intimados, compareceram aos autos, de que se dê o fenômeno da estabilização da antecipação, na forma do art. 304 seguinte, caso não se venham a interpor recursos contra o acórdão. Lição de ADA PELLEGRINI GRINOVER. O art. 304 em tela desmistificou os dogmas da universalidade do procedimento ordinário de cognição, da sentença e da coisa julgada, que não são mais a única técnica processual para a solução jurisdicional das controvérsias. Interesse da administração da Justiça em que assim seja (economia processual). Princípio da razoável duração do processo. Doutrina de Luiz GULHERME MARINONI e Sérgio CRUZ ARENHART. A novel técnica de otimização da prestação jurisdicional bem pode (e deve) ser usada em situações gerais que revelem a evidência do direito. Possibilidade de que isto se dê em se tratando de provimento, (des) constitutivo. Pressuposição de que, se da antecipação satisfativa não se recorreu, é porque não se tem interesse na discussão da questão, ou preocupação com os efeitos concretos da tutela antecipada. Agravo de instrumento apenas em parte provido, posto que não julgada de pronto a ação de jurisdição voluntária, como pedido no recurso, mas tão só deferida antecipação de tutela, com possibilidade de estabilização, na forma do art. 304 citado. Determinação de que, não interposto recurso, voltem os autos conclusos ao relator, para extinção do processo da ação de cancelamento de cláusulas (art. 932, I, combinado com o § 1º do art. 304, ambos do CPC). (TJSP; AI 2252486-22.2015.8.26.0000; Ac. 10611813; São Paulo; Décima Câmara de Direito Privado; Rel. Des. Cesar Ciampolini; Julg. 18/07/2017; DJESP 27/07/2017; Pág. 1817)

§ 1º No caso previsto no caput, o processo será extinto.

→ v. Art. 487, I e III, "a" do CPC.

Apontando que a estabilização da tutela antecipada acarreta extinção do processo sem resolução de mérito.

✓ PRESTAÇÃO DE SERVIÇOS. BUSCA E APREENSÃO DE DOCUMENTOS. TUTELA ANTECIPADA CONCEDIDA EM CARÁTER ANTECEDENTE. Recurso não interposto pela ré e não aditada a inicial. Tutela estabilizada. Art. 304, do CPC. Caráter definitivo da tutela mandamental. Desinteresse bilateral. Honorários adequados ao § 8º, do art. 85 do CPC. Recurso parcialmente provido. O autor pleiteou tutela antecipada em caráter antecedente, com liminar concedida e sem recurso da ré, bem como o autor não aditou a inicial, conforme determinação judicial, a manifestar interesse na continuidade do processo, com aplicação do disposto no *caput* e § 1º, do art. 304 do CPC, acarretando a estabilização do processo, com extinção sem resolução de mérito. Vale considerar que a ré sequer se insurgiu da sentença, o que permite inferir seu desinteresse na cognição exauriente, bem como a regra do § 6º, do art. 304 é clara acerca dos efeitos da tutela que só se afasta por nova ação a ser ajuizada. Diante do valor irrisório da causa, os honorários devem ser fixados nos termos do § 8º, do art. 85, do CPC, com arbitramento em R$ 1.000,00. (TJSP; APL 1007839-30.2016.8.26.0477; Ac. 10482924; Praia Grande; Trigésima Segunda Câmara de Direito Privado; Rel. Des. Kioitsi Chicuta; Julg. 01/06/2017; DJESP 08/06/2017; Pág. 2727)

§ 2º Qualquer das partes poderá demandar a outra com o intuito de rever, reformar ou invalidar a tutela antecipada estabilizada nos termos do *caput*.

§ 3º A tutela antecipada conservará seus efeitos enquanto não revista, reformada ou invalidada por decisão de mérito proferida na ação de que trata o § 2º.

§ 4º Qualquer das partes poderá requerer o desarquivamento dos autos em que foi concedida a medida, para instruir a petição inicial da ação a que se refere o § 2º, prevento o juízo em que a tutela antecipada foi concedida.

§ 5º O direito de rever, reformar ou invalidar a tutela antecipada, previsto no § 2º deste artigo, extingue-se após 2 (dois) anos, contados da ciência da decisão que extinguiu o processo, nos termos do § 1º.

§ 6º A decisão que concede a tutela não fará coisa julgada, mas a estabilidade dos respectivos efeitos só será afastada por decisão que a revir, reformar ou invalidar, proferida em ação ajuizada por uma das partes, nos termos do § 2º deste artigo.

Capítulo III
DO PROCEDIMENTO DA TUTELA CAUTELAR REQUERIDA EM CARÁTER ANTECEDENTE

Art. 305. A petição inicial da ação que visa à prestação de tutela cautelar em caráter antecedente indicará a lide e seu fundamento, a exposição sumária do direito que se objetiva assegurar e o perigo de dano ou o risco ao resultado útil do processo.

→ *v.* Art. 319 do CPC.

→ *v.* Enunciado 44 do CJF: É requisito da petição inicial da tutela cautelar requerida em caráter antecedente a indicação do valor da causa.

Considerando que a exibição de documentos pode ser postulada a título de tutela cautelar em caráter antecedente, mas não como ação de obrigação de fazer:

✓ APELAÇÃO CÍVEL. AÇÃO DE OBRIGAÇÃO DE FAZER. EXIBIÇÃO DE CONTRATO. Indeferimento da inicial, com fundamento nos artigos 330, I e III C.C. 485, I, IV e VI, todos do Código de Processo Civil. RECURSO DO AUTOR. Pugna pela reforma da sentença e análise do mérito. Pedido Rejeitado. Em que pese a ação ter sido denominada como ação de obrigação de fazer, verifica-se que se trata de ação de exibição de documento. O Código de Processo Civil de 2015 não prevê procedimento cautelar autônomo para essa finalidade. A pretensão da exibição pode ser formulada por meio de ação autônoma destinada à produção antecipada de prova (art. 381 CPC), por meio de tutela cautelar requerida em caráter antecedente (art. 305 do CPC) ou, incidentalmente, em processo de conhecimento (arts. 396 a 404 CPC). Configurada, portanto, a inadequação da via eleita. Entendimento diverso do ilustre integrante desta Câmara, Desembargador Tasso Duarte de Melo, nos autos da Apelação Nº 1012546-03.2016.8.26.0037, no sentido de ser cabível o recebimento da ação de obrigação de fazer como produção antecipada de provas, ante o princípio da instrumentalidade do processo, de sorte a ficar afastada a extinção pelo fundamento da inadequação da via. Não obstante, ainda que acolhido o entendimento, no caso, o interesse de agir não está presente na modalidade necessidade. Desnecessidade concreta da atividade jurisdicional que igualmente se constata. Irresignação da autora que não merece acolhida. RESP nº 1.349.453-MS. Representativo de recurso repetitivo. Precedentes desta C. Câmara. Apelante não comprovou que realizou pedido administrativo na forma estabelecida pelo recurso repetitivo, requisitos indispensáveis à luz do precedente jurisprudencial do STJ. No mesmo sentido é a declaração de voto supra mencionada: Entretanto, para caracterizar o interesse de agir na modalidade necessidade, também se faz necessária a presença dos requisitos de cabimento do pedido de exibição de contrato bancário fixados pelo C. STJ em julgamento de recursos repetitivos, quais sejam: (a) a prova de existência de relação jurídica entre as partes; (b) a prova de prévio requerimento administrativo enviado à instituição financeira, não atendido em prazo razoável; e (c) o pagamento do custo do serviço previsto contratualmente (RESP nº 1.349.453/MS, Rel. Min. Luis Felipe Salomão, 2ª Seção, j. 10/12/2014). SENTENÇA mantida. Deferimento dos benefícios da justiça gratuita ao autor. RECURSO IMPROVIDO. (TJSP; APL 1095076-69.2016.8.26.0100; Ac. 11075738; São Paulo; Décima Segunda Câmara de Direito Privado; Relª Desª Cristina Medina Mogioni; Julg. 15/12/2017; DJESP 19/12/2017; Pág. 2801); APELAÇÃO CÍVEL. Ação de Obrigação de Fazer. Pretensão de obter suposto Contrato de Empréstimo firmado entre as partes. Não enquadramento em alguma das vias adequadas. Ou através de ação autônoma destinada à produção antecipada de prova (art. 381 do CPC), ou através de tutela cautelar requerida em caráter antecedente (art. 305 do CPC) ou, incidentalmente, em processo de conhecimento (arts. 396 a 404 CPC). Manutenção da extinção do feito. Ainda que se fosse acolher o argumento de aplicação do Princípio da Instrumentalidade das Formas, admitindo-se a Ação de Obrigação de Fazer como Produção Antecipada de Provas, não se verifica o interesse de agir autoral, previsto no art. 17 do CPC, na modalidade necessidade, diante da inidoneidade do pleito administrativo. In casu, a autora não se desincumbiu do ônus de provar que solicitou ao banco a apresentação do contrato na forma estabelecida pelo STJ, em sede de recurso repetitivo (REsp nº 1.349.453-MS). Em que pese tenham sido acostados à inicial a notificação extrajudicial subscrita pela demandante e o A. R. Enviado à instituição financeira, não houve comprovação do pagamento do custo do serviço, tampouco há esclarecimento sobre o fato de o endereço de entrega da documentação não ser o da contratante, já que não restou comprovado que foi encaminhado instrumento procuratório junto com o requerimento administrativo. Assim, por força do sigilo bancário, a instituição financeira requerida não estava obrigada a encaminhar a documentação a endereço diverso daquele indicado no contrato, sem qualquer esclarecimento adicional, ou envio de procuração específica. Não caracterizado o interesse de agir da requerente, com comprovação de notificação extrajudicial idônea, escorreita a extinção do feito. Precedentes jurisprudenciais. RECURSO CONHECIDO E DESPROVIDO. Honorários advocatícios majorados para R$ 1.200,00, nos termos do art. 85, § 11, do CPC, mantida a gratuidade concedida à demandante. (TJSE; AC 201700722260; Ac. 26289/2017; Primeira Câmara Cível; Rel. Des. Ruy Pinheiro da Silva; Julg. 27/11/2017; DJSE 30/11/2017). V. tb.: PROCESSUAL CIVIL. AÇÃO CAUTELAR DE EXIBIÇÃO DE DOCUMENTO. CPC/2015. SENTENÇA. NULIDADE. I. A sentença expôs claramente os motivos pelos quais a petição inicial foi indeferida. Rejeitada a alegação de nulidade da sentença por ausência de fundamentação. II. Ainda que o CPC/2015 não mencione, de forma expressa, a ação cautelar de exibição de documento, permanece possível o ajuizamento de demanda com tal finalidade, como tutela cautelar requerida em caráter antecedente, arts. 305 e ss do CPC/2015. III. Apelação provida. Sentença anulada. (TJDF; APC 2016.01.1.064912-8; Ac. 997.008; Sexta Turma Cível; Relª Desª Vera Lúcia Andrighi; Julg. 15/02/2017; DJDFTE 03/03/2017).

Se o pedido é se mera exibição de documentos, que se encerra em si mesmo, descabe o pedido de tutela cautelar:

✓ AÇÃO DE CONHECIMENTO COM PRECEITO COMINATÓRIO DE OBRIGAÇÃO DE FAZER. Ausência de interesse de agir do Autor. Na hipótese dos autos, verifica-se que a pretensão do Autor é meramente de caráter exibitório. CAUTELAR DE EXIBIÇÃO DE DOCUMENTOS. Inteligência do art. 305, do CPC/15, que prevê expressamente a necessidade de. Pedidos de tutela. Cautelar requeridos em caráter antecedente indicar o direito que será objeto de pedido de tutela definitiva. Requisitos não atendidos pelo Autor. Manutenção da r. Sentença. RECURSO DO AUTOR NÃO PROVIDO. (TJSP; APL 1032197-69.2016.8.26.0506; Ac. 10839029; Ribeirão Preto; Vigésima Oitava Câmara de Direito Privado;

Relª Desª Berenice Marcondes Cesar; Julg. 29/09/2017; DJESP 04/10/2017; Pág. 2181); TUTELA CAUTELAR EM CARÁTER ANTECEDENTE. PRETENSÃO DE EXIBIÇÃO DE DOCUMENTOS. SENTENÇA QUE INDEFERIU A PETIÇÃO INICIAL POR RECONHECER A FALTA DE INTERESSE PROCESSUAL DO AUTOR. Apelação do autor, reiterando sua pretensão inicial e prosseguimento do feito nos moldes já expostos. Impossibilidade. Pedido formulado em caráter antecedente, na forma do art. 305 do CPC. Providência em questão não apresentando feição cautelar, nem envolvendo urgência. Novo Estatuto Processual prevendo instrumento específico para a obtenção forçada da exibição de documentos em caráter incidental (CPC, arts. 381 e segts.). Sentença mantida. Recurso não provido. (TJSP; APL 1022605-24.2017.8.26.0002; Ac. 10808933; São Paulo; Trigésima Oitava Câmara de Direito Privado; Rel. Des. Marcos Gozzo; Julg. 13/09/2017; DJESP 25/09/2017; Pág. 2746)

Considerando possível a tutela cautelar em caráter antecedente no Juizado Especial Federal:

✓ JUIZADO ESPECIAL DA FAZENDA PÚBLICA. CONCURSO PÚBLICO PARA PROVIMENTO DO CARGO DE PROFESSOR DE EDUCAÇÃO BÁSICA DO DISTRITO FEDERAL. AÇÃO DE EXIBIÇÃO DE DOCUMENTO. TUTELA CAUTELARREQUERIDA EM CARÁTER ANTECEDENTE. FOLHA DE RESPOSTA. MENOR COMPLEXIDADE. VALOR DA CAUSA. COMPETÊNCIA. CAUSA MADURA. INAPLICABILIDADE. PROCESSO SEM CONDIÇÕES DE JULGAMENTO. RECURSO CONHECIDO E PROVIDO PARA ANULAR A SENTENÇA. 1. Trata-se de ação de exibição de documento, com pedido de tutela cautelar requerida em caráter de urgência. Relata a autora que no ano de 2013 participou do Concurso Público para provimento do cargo de Professor de Educação Básica do Distrito Federal. Afirma que a 3ª Turma Cível do e. TJDFT, no julgamento da apelação interposta nos autos do processo nº 2014.01.1.054275-7, reconheceu a nulidade das questões nº 32 e 42 da prova objetiva, pois as matérias lá contempladas não estariam no conteúdo programático previsto no edital. Requer sejam as rés condenadas a fornecer sua folha de resposta referente a mencionada etapa do certame. 2. Insurge-se a recorrente contra a sentença que julgou incompetente o Juizado Especial da Fazenda Pública para conhecer da matéria objeto da presente demanda, sob o fundamento que ação cautelar referido no art. 305 do CPC, na forma de processo preparatório ou autônomo, não se amolda ao rito sumaríssimo regente do microssistema dos Juizados Especiais, e se apresenta incompatível com os princípios que neles se alinhavam, dado que é detentora de rito próprio, não se enquadrando no rol de ações que podem figurar em sede de Juizado. Ademais, os novos enunciados FONAJE aprovados expressam, em face do novo CPC, o entendimento de incompatibilidade normativa do novo diploma processual com a sistemática dos Juizados Especiais, indicando que os procedimentos de tutela de urgência requeridos em caráter antecedente, na forma prevista nos arts. 303 a 310 do CPC/15, são incompatíveis com o Sistema dos Juizados Especiais. E, por fim, a presente ação encontra óbice na aferição do valor da causa, uma vez que não há indícios concretos no sentido de que o proveito econômico a ser buscado na causa principal excederá o valor limite, fato que afasta a competência do Juizado Especial da Fazenda Pública. 3. Assiste razão a recorrente. 4. Pretende a autora medida cautelar de exibição de documento (folha de resposta da fase objetiva de concurso público do qual participou) como procedimento preparatório da ação principal, com finalidade de conhecer, antes da propositura de eventual ação, de documento de seu interesse. 5. Observa-se que as questões atinentes a concursos públicos não se encontram no rol de matérias cuja competência é exclusiva da Vara da Fazenda Pública (art. 2º, § 1º, da Lei nº 12.153/2009). 6. Além disto, a demanda apresentada pela autora não possui nenhuma complexidade a justificar a transferência de seu julgamento para as Varas da Fazenda Pública, tampouco o valor atribuído à causa revela-se superior ao teto estabelecido para a propositura da ação no sistema dos Juizados Especiais Fazendários. 7. Por fim, nos termos do art. 3º, da Lei retro mencionado, poderá o juiz, de ofício ou a requerimento das partes, deferir quaisquer providências cautelares e antecipatórias no curso do processo, para evitar dano de difícil ou de incerta reparação. 8. Por todo exposto, forçoso reconhecer a competência do Juizado da Fazenda Pública para apreciar a presente demanda. (...) 11. Assim, a anulação da sentença e a devolução do processo ao juízo a quo é medida que se impõe, inclusive para que o Magistrado a quo possa avaliar se persiste o interesse de agir em face de documentação juntada aos autos, bem como se a pretensão da autora estará fulminada pela prescrição, em vista do pedido que venha a ser formulado, segundo os ditames do art. 1º da Lei nº 7.515/86. 12. Recurso conhecido e provido para cassar a sentença. 13. Sem condenação em custas ou honorários advocatícios, nos termos do disposto no art. 55 da Lei nº 9.099/95. 14. A Súmula de julgamento servirá de acórdão, conforme inteligência dos artigos 2º e 46 da Lei n. 9.099/95, e em observância aos princípios informadores dos Juizados Especiais. (TJDF; RInom 0708178-81.2017.8.07.0016; Terceira Turma Recursal dos Juizados Especiais; Rel. Juiz Eduardo Henrique Rosas; Julg. 13/06/2017; DJDFTE 20/06/2017; Pág. 440)

Após ajuizada a demanda principal, descabe a propositura de demanda cautelar autônoma:

✓ AGRAVO DE INSTRUMENTO. TUTELA PROVISÓRIA DE URGÊNCIA. AÇÃO CAUTELAR. AJUIZAMENTO APÓS PROFERIDA SENTENÇA NA AÇÃO PRINCIPAL. IMPOSSIBILIDADE. SISTEMÁTICA DO CÓDIGO DE PROCESSO CIVIL DE 2015. 1. – Não é vedada a concessão de tutela de urgência em desfavor da Fazenda Pública quando a lide versar sobre matéria previdenciária. Por sinal, a jurisprudência do colendo Superior Tribunal de Justiça é firme no sentido de ser possível a concessão de medida liminar em ações de natureza previdenciária, na esteira do entendimento do Supremo Tribunal Federal, consubstanciado em sua Súmula nº 729 (AGRG no AREsp 416.017/PR, Relator Ministro Humberto Martins, Segunda Turma, julgado em 26-11-2013, DJe 09-12-2013). 2. – Caso concreto em que foi deferida tutela provisória de urgência nos autos de ação cautelar que objetiva preservar o resultado útil de ação principal já sentenciada ao tempo do ajuizamento da medida cautelar. 3. – A tutela cautelar em caráter antecedente deve ser requerida, por consectário lógico, anteriormente à propositura da demanda principal cujo resultado útil se pretenda preservar, conforme se dessume do artigo 308 do CPC. Em outras palavras, uma vez ajuizada a demanda principal, a tutela provisória de urgência de acordo com os regramentos do Código de Processo Civil deve ser pleiteada incidentalmente e não de forma antecedente como levado a efeito pela agravada. 4. – A propositura de demanda cautelar autônoma após o ajuizamento da ação principal, que no caso vertente encontrava-se inclusive sentenciada, revela, nos termos dos artigos 305 e seguintes do Código de Processo Civil, a inadequação da via processual eleita pela agravada. 5. – Configurada, portanto, a ausência de interesse processual da agravada sob a ótica da adequação em relação ao processo originário, sendo forçosa a extinção do referido feito sem resolução de mérito, por se tratar de matéria de ordem pública e cognoscível em qualquer tempo e grau de jurisdição, a teor do disciplinado no artigo 485, inciso VI, e §3º, do Código de Processo Civil. 6. – Recurso provido. Processo originário extinto sem resolução de mérito. (TJES; AI 0021412-57.2016.8.08.0024; Terceira Câmara Cível; Rel. Des. Dair José Bregunce de Oliveira; Julg. 14/02/2017; DJES 24/02/2017)

Admitindo a aplicação da consequência prevista no art. 400, I do CPC em sede de tutela cautelar, cujos efeitos, todavia, somente serão verificados na ação de conhecimento:

✓ TUTELA CAUTELAR REQUERIDA EM CARÁTER ANTECEDENTE. Pretensão à obtenção de cópias dos contratos que deram origem ao apontamento do nome da autora em cadastros dos órgãos de proteção ao crédito. Consideração de que não se cuida aqui de processo cautelar autônomo, porquanto versam estes autos sobre procedimento de tutela cautelar requerida em caráter antecedente, nos moldes dos artigos 305 e seguintes do Código de Processo Civil, que prevê postulação de pedido de natureza cautelar nos mesmos autos em que se fará o pedido principal. Concessão à autora do prazo de trinta dias para formular o pedido principal nestes próprios autos (CPC, 308). Possibilidade de aplicação da pena a que alude o artigo 400, inciso I, do Código de Processo Civil, conquanto seus efeitos incidam, se o caso, apenas na ação de conhecimento a ser eventualmente intentada nestes próprios autos. Sentença anulada de ofício. Dispositivo: Anularam, de ofício, a r. Sentença. (TJSP; APL 1051726-31.2016.8.26.0100; Ac. 10734392; São Paulo; Décima Nona Câmara de Direito Privado; Rel. Des. João Camillo de Almeida Prado Costa; Julg. 21/08/2017; DJESP 31/08/2017; Pág. 2586)

Diferenciando o pedido de atribuição de efeito suspensivo a recurso do pedido de tutela cautelar em caráter antecedente:

✓ EMBARGOS DE DECLARAÇÃO. Inexistência de contradição na decisão monocrática, que nos termos do art. 995, parágrafo único e art. 1.012, § 4º, ambos do CPC de 2015, deu provimento ao pedido do requerente (tutela recursal de urgência), para o fim de atribuir efeito suspensivo ao recurso de apelação. Medida que não se confunde com a Tutela Cautelar em caráter Antecedente prevista no Capítulo III, do Procedimento da Tutela Cautelar Requerida, arts. 305 e seguintes do CPC de 2015. A prestação jurisdicional foi fundamentada com base nas regras definidas no CPC de 2015, as quais tratam especificamente sobre a possibilidade de atribuição de efeito suspensivo ao recurso de apelação (995, parágrafo único e 1.012, § 4º, ambos do CPC de 2015). Independentemente da nomenclatura que se dê ao pedido do autor, o que interessa, em verdade, é o alcance da norma jurídica utilizada para fundamentar a decisão monocrática. EMBARGOS REJEITADOS. (TJSP; EDcl 2125870-65.2016.8.26.0000/50002; Ac. 9764839; São Paulo; Oitava Câmara de Direito Público; Rel. Des. Antonio Celso Faria; Julg. 31/08/2016; DJESP 03/10/2016)

Possibilidade de emenda à inicial para cumprimento do dispositivo em questão:

✓ AGRAVO EM RECURSO ESPECIAL Nº 1.649.463 – RS (2020/0010255-4) RELATOR: MINISTRO PRESIDENTE DO STJ AGRAVANTE: COOPERATIVA DE CREDITO, POUPANCA E INVESTIMENTO PLANALTO – SICREDI PLANALTO RS/MG AGRAVANTE: COOPERATIVA DE CREDITO DE LIVRE ADMISSAO DE ASSOCIADOS DO PLANALTO GAUCHO ADVOGADOS: ANDRÉ OLIVEIRA DOS REIS – RS035201 NEURI CLOVIS STOLTE – RS033317 EVANDRO GONZALES – RS114454 AGRAVADO: ROBSON PALOSCHI AGRAVADO: ANTONIO JOSE RIZZARDI AGRAVADO: FELIPE REMO RIZZARDI ADVOGADOS: WILSON ALEXANDRE DÉS ESSARTS BARUFALDI – RS047058 LUÍS FERNANDO ROESLER BARUFALDI – RS065309 WILLIAM LONGHI – RS100613 DECISÃO Trata-se de agravo apresentado por COOPERATIVA DE CRÉDITO DE LIVRE ADMISSÃO DE ASSOCIADOS DO PLANALTO GAÚCHO, contra a decisão que não admitiu seu recurso especial. O apelo nobre, fundamentado no artigo 105, inciso III, alínea "a", da CF/88, visa reformar acórdão proferido pelo TRIBUNAL DE JUSTIÇA DO ESTADO DO RIO GRANDE DO SUL, assim resumido: APELAÇÃO CÍVEL. NEGÓCIOS JURÍDICOS BANCÁRIOS. EXIBIÇÃO DE DOCUMENTOS. NATUREZA SATISFATIVA. 1. A ação cautelar de exibição de documentos – atual procedimento de produção antecipada de provas – tem cunho satisfativo, podendo evitar o ajuizamento de eventual demanda desnecessária. 2. Deve ser reformada a decisão que determinou a emenda da petição inicial para indicar futura demanda judicial. APELAÇÃO PROVIDA (fl. 99). Quanto à primeira controvérsia, alega violação do art. 1022 do CPC, no que concerne à nulidade do acórdão que julgou os embargos de declaração, em virtude de contradição. Quanto à segunda controvérsia, alega violação do art. 305 do CPC, no que concerne à necessidade de se manter o indeferimento da petição inicial por não ter a mesma sido emendada no sentido de "indicar a futura demanda judicial na qual baseia-se o presente pedido de tutela cautelar " (fl. 132). Traz os seguintes argumentos: O acórdão recorrido textualmente consigna que: Conforme a jurisprudência do STJ, a natureza jurídica da ação é definida por meio do pedido e da causa de pedir, não tendo relevância o nomen iuris dado pela parte autora. [...] Assim, não obstante a parte autora tenha nominado a sua ação de exibição de documentos, e insista na alegação de que se trata de ação ordinária e não cautelar, a verdade é que a causa de pedir, bem como o pedido vertido são próprios da produção antecipada de provas, atual procedimento da ação cautelar de exibição de documentos. Entretanto, apesar de confirmar que o pedido dos recorridos tem natureza cautelar, deu provimento para reformara a decisão de origem a fim de que os autores sejam dispensados de "indicar a futura demanda judicial na qual baseia-se o presente pedido de tutela cautelar" Ora, em se tratando de pedido com natureza cautelar, tem aplicação o art. 305 do CPC, o qual determina, expressamente que: Art. 305. A petição inicial da ação que visa à prestação de tutela cautelar em caráter antecedente indicará a lide e seu fundamento, a exposição sumária do direito que se objetiva assegurar e o perigo de dano ou o risco ao resultado útil do processo. Então, como pode se observar, a decisão do juízo de origem está correta ao determinar a emenda à inicial para que os autores cumprissem o que dispõe a literalidade do art. 305 do CPC (fls. 131/132) – negritei. No caso dos autos, a violação ao art. 305 do CPC exsurge do fato de o Tribunal consignar que a o pedido do autor possui natureza cautelar e, depois, no resultado do julgamento, dar provimento ao apelo para dispensar da emenda à inicial porque o pedido teria natureza satisfativa (fls. 132/133) – negritei. É o relatório. Decido. Quanto à primeira controvérsia, incide o óbice da Súmula n. 284/STF, uma vez que a parte recorrente aponta violação do art. 1.022 do Código de Processo Civil de 2015 (art. 535 do Código de Processo Civil de 1973), sem especificar, todavia, quais incisos foram contrariados, a despeito da indicação de omissão, contradição, obscuridade ou erro material. Quanto à segunda controvérsia, o acórdão recorrido assim decidiu: [?] não se pode desconsiderar o caráter satisfativo da presente demanda, pois poderá evitar o ajuizamento de ação desnecessária, na medida em que os documentos apresentados poderão oportunizar ao autor o conhecimento buscado acerca de sua pretensão. Dessa forma, destaca-se que ao contrário do decidido pelo juízo de origem, a cautelar exibitória (produção antecipada de provas) é de natureza satisfativa, conforme já decidido por esta Corte: [?]. Diante disso, a produção antecipada de provas permite o conhecimento do contrato, não tendo como intuito antecipar a prova ao juízo (fls. 103/104) – negritei. E no acórdão que julgou o recurso integrativo: [?] o acórdão prolatado é todo fundado no caráter satisfativo da ação cautelar de exibição de documentos – atual procedimento de produção antecipada de provas -, inexistindo dever à parte autora de indicar a futura demanda judicial na qual se baseia o pedido de tutela cautelar. Ou seja: não há "contradição" nesse fundamento. A assertiva é clara e direta. Há, pois, discordância da parte embargante (fl. 119) – negritei. Aplicável, portanto, o óbice da Súmula n. 284/STF, uma vez que as razões recursais delineadas no especial estão dissociadas dos fundamentos utilizados no aresto impugnado, tendo em vista que a parte recorrente não impugnou, de forma específica, os seus fundamentos, o que atrai a aplicação, por conseguinte, do referido enunciado. Nesse sentido, esta Corte Superior de Justiça já se manifestou na linha de que, "não atacado o fundamento do aresto recorrido, evidente deficiência nas razões do apelo nobre, o que inviabiliza a sua análise por este Sodalício, ante o óbice do Enunciado n. 284 da Súmula do Supremo Tribunal Federal" (AgRg no AREsp n. 1.200.796/PE, relator Ministro Jorge Mussi, Quinta Turma, DJe de 24/8/2018). Confiram-se ainda os seguintes julgados: REsp n. 1.682.077/RS, relator Ministro Herman Benjamin, Segunda Turma, DJe de 11/10/2017; AgInt no AREsp n. 734.966/MG, relator Ministro Ricardo Villas Bôas Cueva, Terceira Turma, DJe de 4/10/2016; AgRg nos EDcl no REsp n. 1.477.669/SC, relator Ministro Antonio Saldanha Palheiro, Sexta Turma, DJe de 2/5/2018; e AgRg no AREsp n. 673.955/BA, relator Ministro Nefi Cordeiro, Sexta Turma, DJe de 8/3/2018. Ante o exposto, com base no art. 21-E, V, do Regimento Interno do Superior Tribunal de Justiça, conheço do agravo para não conhecer do recurso especial. Publique-se. Intimem-se. Brasília, 18 de março de 2020. MINISTRO JOÃO OTÁVIO DE NORONHA Presidente (STJ – AREsp: 1649463 RS 2020/0010255-4, Relator: Ministro JOÃO OTÁVIO DE NORONHA, Data de Publicação: DJ 19/03/2020).

Ação de consignação em pagamento e tutela cautelar antecedente:

✓ RECURSO ESPECIAL Nº 1.841.399 – MT (2019/0296512-5) RELATOR: MINISTRO MARCO BUZZI RECORRENTE: DESTILARIA DE ÁLCOOL LIBRA LTDA ADVOGADOS: MARCEL ALEXANDRE LOPES – MT006454 RAQUEL CORREA BEZERRA – MT008670 DÉBORA LAURA PENHA ALMEIDA – MT020519 RECORRIDO: ODAIR JOSE DAUEK WOJCIECHOWSKI ADVOGADO: TRAJANO CAMARGO DOS SANTOS – MT009171B RECORRIDO: EDUARDO BRINGHENTI ADVOGADOS: KELLY ANAYANA BORTOLUZZI – MT010062 ANDERSON MELLO ROBERTO – MT008095 DECISÃO Cuida-se de recurso especial interposto por DESTILARIA DE ÁLCOOL LIBRA LTDA, com fundamento na alínea a do inciso III do art. 105 da Constituição Federal, desafiando acórdão proferido pelo Tribunal de Justiça do Estado do Mato Grosso, assim ementado (e-STJ, fl. 258-259): AGRAVO DE INSTRUMENTO – PRELIMINARES DE AUSÊNCIA DE INTERESSE RECURSAL – REJEITADAS – TUTELA CAUTELAR ANTECEDENTE – REQUISITOS PREENCHIDOS – ARTIGO 305 DO CPC – PRETENSÃO DE SUSPENSÃO DE PAGAMENTO COM DEPÓSITO EM JUÍZO ATÉ O DESLINDE DO FEITO – PROBABILIDADE DO DIREITO E RISCO ÚTIL AO RESULTADO DO PROCESSO – LIMINAR DEFERIDA – DECISÃO REFORMADA – RECURSO PROVIDO. Demonstrado pelo agravante a existência de necessidade e adequação na interposição do recurso, a fim de atingir o objetivo pretendido não há falar em ausência de interesse recursal. Há interesse de agir quando se faz presente o binômio "necessidade x utilidade". É medida de rigor o deferimento do pedido de liminar em ação cautelar quando se fazem presentes os dois requisitos indispensáveis, quais sejam, o fumus boni iuris e o periculum in mora. Preenchidos os requisitos previstos nos artigos 300 e 305 do CPC, quanto à demonstração do direito que se visa assegurar e o perigo de dano ou o risco ao resultado útil do processo, de rigor a concessão liminar pretendida. Opostos embargos de declaração, esses foram rejeitados (e-STJ, fls. 321-334). Em suas razões recursais (e-STJ, fls. 336-347), a parte recorrente sustenta a existência de violação aos arts. 334 a 345 do Código Civil e 539 a 549 do Código de Processo Civil de 2015, defendendo a reforma do acórdão que concedeu liminar para depositar em juízo o valor devido, porquanto houve depósito nos autos da ação de consignação em pagamento. Contrarrazões apresentadas às fls. 354-363 (e-STJ). Admitido o processamento do recurso na origem, consoante decisão de fls. 366-367 (e-STJ), ascenderam os autos a esta Corte. É o relatório. Decido. O presente recurso não merece prosperar. 1. Inicialmente, a parte sustenta violação aos arts. 334 a 345 do Código Civil e 539 a 549 do CPC/15, que versam sobre ação de consignação em pagamento. Contudo, conforme se observa do acórdão recorrido, o Tribunal analisou a questão à luz dos arts. 300 e 305 do CPC/15, que versam sobre o preenchimento dos requisitos necessários à concessão de tutela cautelar, e não dos dispositivos relacionados à ação de consignação em pagamento. É o que se extrai dos seguintes trechos (e-STJ, fl. 262-266): Ainda que exista a ação de consignação em pagamento em que foi deferido o depósito em juízo, certo que a pretensão aqui almejada em nada influenciará tal desiderato, cujo objeto também é o depósito em juízo do valor correspondente a cessão de crédito firmado com o agravante, devido ao primeiro agravado. Ressalva-se que, o agravante fora citado em 23.2.2018, quando já havia ajuizado sua pretensão anteriormente, bem como as demandas deverão tramitar conjuntamente o que cabe ao juízo de origem analisar a questão, de modo que não há se falar em ausência de interesse recursal por existir o comando na ação de consignação em pagamento. (...) Pretende o agravante a concessão cautelar de medida em caráter preparatório e antecedente ao ajuizamento de lide principal, salientando a existência de e fumus boni iuris periculum in mora passível de lhe ocasionar prejuízos irreversíveis. (...) Da análise da documentação dos autos, verifica-se que há o fumus boni iuris atinente a possibilidade de haver problemas com a germinação da semente adquirida com o primeiro agravado para efeitos de concessão da tutela cautelar antecedente. Contudo, tem-se que os demais fatos narrados e para uma conclusão efetiva do alegado é certo que deverá ser demonstrado através de realização de prova pericial durante a instrução processual do feito na origem. Apesar disso, há elementos nos autos que denotam a possibilidade de prejuízo irreversível ao agravante, pois considerando que não obteve o resultado eficaz quanto a semente adquirida e havendo cedido crédito concedido a segunda agravada, a qual deverá efetuar o pagamento ao primeiro agravado, este poderá receber o valor e em contrapartida não se responsabilizar por suposto dano causado ao agravante. Desse modo, o artigo 305 do CPC dispõe: "A petição inicial da ação que visa à prestação de tutela cautelar em caráter antecedente indicará a lide e seu fundamento, a exposição sumária do direito que se objetiva assegurar e o perigo de dano ou o risco ao resultado útil do processo". Assim, compete ao autor descrever em que consiste o direito ameaçado e o receio da lesão, deduzindo a pretensão cautelar. Tal pretensão serve para conservar o direito ameaçado de dano irreparável ou difícil reparação. No caso, tem-se que o laudo de id. 1944233 aponta a baixa qualidade da semente que influenciou diretamente na produção do agravante, denotando aparentemente um possível prejuízo. Constou ainda do laudo: "em constatação in loco foi detectado que em virtude da baixa qualidade da semente DKB 290 a produtividade desta variedade com a GENEZE foi muito inferior: DKB 290 com 17 sc de média e GENEZE com 66 sc de média, totalizando uma diferença de 49 (quarenta e nove) sacos por hectare." Portanto, para que se assegure a eficácia da ação principal imperiosa a concessão cautelar, que não se confunde com tutela antecipada ou satisfativa, considerando ainda que, a pretensão do agravante é que se suspenda o pagamento a ser realizado pela segunda agravada ao primeiro agravado, diante do infortúnio contratual caracterizado. O perigo de dano para o agravante se caracteriza porque em havendo o pagamento da cessão de crédito pela segunda agravada ao primeiro agravado, terá seu prejuízo majorado, ainda mais se efetivado o pagamento ao primeiro agravado esse terá satisfeita a sua contrapartida financeira decorrente de uma venda de sementes que não se prestaram para o fim proposto, qual seja, a formação sadia de uma lavoura produtiva. (...) Portanto, a priori preenchidos os requisitos a cautelar deve ser concedida, haja vista que, não haverá prejuízo para qualquer das partes, diante da discussão do fato em juízo que independente do resultado estará assegurado com o deposito em juízo da referida cessão do crédito. Ressalva-se que, o pagamento a ser efetuado deverá ser procedido e depositado em juízo, não havendo prejuízo a qualquer das partes, pois assim que esclarecidos os fatos, a segurança do pagamento do contratado será efetivada. Desse modo, tendo em vista que a questão foi decidida com base em fundamento diverso dos dispositivos suscitados pela insurgente, resta caracterizada a deficiência na fundamentação do apelo extremo no que tange à violação aos arts. 334 a 345 do Código Civil e 539 a 549 do CPC/15, pois apresenta razões dissociadas do que foi decidido pelo acórdão recorrido, circunstância atrativa do óbice contido na Súmula 284/STF. Precedentes: AGRAVO INTERNO NO RECURSO ESPECIAL. CONTRATO DE PARTICIPAÇÃO FINANCEIRA. CUMPRIMENTO DE SENTENÇA. DIVIDENDOS. RAZÕES DISSOCIADAS. SÚMULA 284/STF. AGRAVO INTERNO IMPROVIDO. 1. As razões apresentadas no presente agravo interno encontram-se dissociadas do que foi decidido na decisão monocrática, circunstância que caracteriza deficiência na fundamentação do recurso especial e atrai, por analogia, o óbice da Súmula 284 do eg. Supremo Tribunal Federal. 2. Agravo interno a que se nega provimento. (AgInt no REsp 1345155/RS, Rel. Ministro LÁZARO GUIMARÃES (DESEMBARGADOR CONVOCADO DO TRF 5ª REGIÃO), QUARTA TURMA, julgado em 13/03/2018, DJe 19/03/2018) PROCESSUAL CIVIL. AGRAVO INTERNO NO AGRAVO EM RECURSO ESPECIAL. AÇÃO DE EXECUÇÃO DE TÍTULO EXTRAJUDICIAL. VIOLAÇÃO DE SÚMULA. DESCABIMENTO. OMISSÃO, CONTRADIÇÃO OU OBSCURIDADE. NÃO OCORRÊNCIA. RAZÕES DISSOCIADAS DO ACÓRDÃO RECORRIDO. FUNDAMENTO DO ACÓRDÃO NÃO IMPUGNADO. SÚMULA 283/STF. 1. A interposição de recurso especial não é cabível quando ocorre violação de súmula ou de qualquer ato normativo que não se enquadre no conceito de lei federal, conforme disposto no art. 105, III, "a" da CF/88. 2. Ausentes os vícios do art. 535 do CPC, rejeitam-se os embargos de declaração. 3. Quando a parte apresenta razões dissociadas do que foi decidido pelo Tribunal de origem, incide a Súmula n. 284 do STF ante a impossibilidade de compreensão da controvérsia. 4. A existência de fundamento do acórdão recorrido não impugnado – quando suficiente para a manutenção de suas conclusões – impede a apreciação do recurso especial. 5. Agravo interno no agravo em recurso especial não provido. (AgInt no AREsp 970.977/MT, Rel. Ministra NANCY ANDRIGHI, TERCEIRA TURMA, julgado em 27/02/2018, DJe 02/03/2018) 2. Ademais, cabe salientar que a jurisprudência pacífica do STJ é no sentido de ser incabível, via de regra, o recurso especial que postula o reexame do deferimento ou indeferimento de medida acautelatória ou antecipatória, ante a natureza precária e provisória do juízo de mérito desenvolvido em liminar ou tutela antecipada, cuja reversão, a qualquer tempo, é possível no âmbito da jurisdição ordinária, o que configura ausência do pressuposto constitucional relativo ao esgotamento de instância, imprescindível ao trânsito da insurgência extraordinária. Aplicação analógica da Súmula 735/STF ("Não cabe recurso extraordinário contra acórdão que defere medida liminar."). Ademais, a análise do preenchimento dos requisitos autorizadores da concessão da liminar reclama a reapreciação do contexto fático-probatório dos autos, providência inviável em sede de recurso especial, ante o óbice da Súmula 7/STJ. Nesse sentido, confira-se: AGRAVO INTERNO NO AGRAVO EM RECURSO ESPECIAL. PROCESSUAL CIVIL. AÇÃO DE INDENIZAÇÃO DE DANOS MATERIAIS E MORAIS. DESLIZAMENTO DE TERRAS. EXPLOSÃO DO GASODUTO BOLÍVIA-BRASIL. DECISÃO QUE DEFERIU ANTECIPAÇÃO DE TUTELA. NEGATIVA DE PRESTAÇÃO JURISDICIONAL. INEXISTÊNCIA. REQUISITOS DA TUTELA ANTECIPADA. ART 300 DO CPC/2015. SÚMULA 735/STF. REEXAME DE PROVAS. SÚMULA 7/STJ. AGRAVO INTERNO IMPROVIDO. 1. Não prospera a alegação de negativa de prestação jurisdicional, tendo em vista que o v. acórdão recorrido adotou fundamentação suficiente, decidindo integralmente a controvérsia. 2. A jurisprudência do Superior Tribunal de Justiça, em consonância com o entendimento firmado pelo eg. Supremo Tribunal Federal na Súmula 735, consolidou-se no sentido de ser incabível, em princípio, recurso especial de acórdão que decide sobre pedido de antecipação de tutela, admitindo-se, tão somente, discutir eventual ofensa aos próprios dispositivos legais que disciplinam o tema (art. 300 do CPC/2015, correspondente ao art. 273 do CPC/1973), e não violação a norma que diga respeito ao mérito da causa. Precedentes. 3. No caso, o Tribunal de origem, com base nos elementos fáticos e probatórios dos autos, conclui pela presença dos requisitos autorizadores da tutela cautelar. A alteração das conclusões a que chegaram as instâncias ordinárias demanda o reexame do acervo fático-probatório dos autos, inviável em sede de recurso especial (Súmula 7/STJ). 4. Agravo interno não provido. (AgInt no AREsp 738.273/SC, Rel. Ministro RAUL ARAÚJO, QUARTA TURMA, julgado em 02/04/2019, DJe 24/04/2019) AGRAVO INTERNO NO AGRAVO EM RECURSO ESPECIAL. AGRAVO DE INSTRUMENTO. AÇÃO DECLARATÓRIA CUMULADA COM OBRIGAÇÃO DE FAZER. TUTELA DE URGÊNCIA. NATUREZA PRECÁRIA E PROVISÓRIA DO DECISUM QUE, EM REGRA, NÃO AUTORIZA A INTERPOSIÇÃO DO RECURSO ESPECIAL. ENUNCIADO N. 735 DA SÚMULA DO STF. APLICAÇÃO. REVISÃO DA CONCLUSÃO ESTADUAL IMPLICA REEXAME DE FATOS E PROVAS. INCIDÊNCIA DA SÚMULA 7/STJ. FUNDAMENTO INATACADO. SÚMULA 283/STF. AGRAVO IMPROVIDO. 1. Devido à precariedade da decisão liminar que decide pedido de concessão de tutela de urgência, passível de reversão a qualquer tempo pelas instâncias ordinárias, em regra, é incabível o recurso especial dela advindo, porque faltante o pressuposto constitucional do esgotamento de instância, conforme a Súmula 735/STF. 2. A alteração do entendimento do acórdão recorrido acerca da presença, ou não, dos requisitos necessários ao deferimento da tutela de urgência demandaria o revolvimento do conjunto fático-probatório dos autos, medida defesa em âmbito de recurso especial, ante o óbice da Súmula n. 7 do STJ. 3. A análise do dissídio jurisprudencial fica prejudicada em razão da aplicação do enunciado da Súmula n. 7/STJ, porquanto não é possível encontrar similitude fática entre o aresto combatido e os acórdãos paradigmas, uma vez que as suas conclusões díspares ocorreram não em virtude de entendimentos diversos sobre uma mesma questão legal, mas, sim, de fundamentações baseadas em fatos, provas e circunstâncias específicas de cada processo. 4. Razões recursais insuficientes para a revisão do julgado. 5. Agravo interno desprovido. (AgInt no AREsp 1248498/SP, Rel. Ministro MARCO AURÉLIO BELLIZZE, TERCEIRA TURMA, julgado em 26/06/2018, DJe 29/06/2018) 3. Do exposto, com fundamento no art. 932 do Novo Código de Processo Civil c/c Súmula 568/STJ, nego provimento ao recurso especial. Publique-se. Intimem-se. Brasília (DF), 29 de outubro de 2019. MINISTRO MARCO BUZZI Relator

Parágrafo único. Caso entenda que o pedido a que se refere o *caput* tem natureza antecipada, o juiz observará o disposto no art. 303.

→ *v.* Enunciado 45 do CJF: Aplica-se às tutelas provisórias o princípio da fungibilidade, devendo o juiz esclarecer as partes sobre o regime processual a ser observado.

Aplicação do princípio da fungibilidade entre as tutelas de urgência no caso de pedido liminar de arresto cautelar para garantia de futura execução:

✓ AGRAVO DE INSTRUMENTO. TUTELA CAUTELAR REQUERIDA EM CARÁTER ANTECEDENTE. Decisão que indeferiu o pedido de liminar para arresto cautelar de ativos financeiros e de bens pelos sistemas BACEN-Jud e Renajud, para garantia de futura execução. Elementos que evidenciam a probabilidade do direito não demonstrados de plano. Requisito previsto no art. 305, do novo CPC. Descabimento da concessão da tutela de urgência pretendida. Decisão de indeferimento mantida. Recurso improvido, neste aspecto. MANUTENÇÃO DE CORRÉ NO POLO PASSIVO. Pretensão da autora à manutenção da corré DÁgua na Boca Tapiocas no polo passivo da demanda. Decisão hostilizada que não deliberou a esse respeito, mas determinou apenas, à autora, que esclarecesse a inclusão da aludida empresa no polo passivo. Ausência de lesividade da decisão. Argumentos que não podem ser examinados diretamente em fase recursal, sob pena de supressão de instância. Recurso não conhecido, neste aspecto. EMENDA À PETIÇÃO INICIAL. Decisão que determinou a emenda à inicial, nos termos do art. 303, § 6º, do novo CPC. Possibilidade. Prosseguimento da tutela cautelar antecedente pelo procedimento da tutela antecipada antecedente. Art. 305, parágrafo único, do novo CPC. Aplicação do princípio da fungibilidade entre as tutelas de urgência. Medida que não acarreta prejuízo à autora e assegura a efetividade do processo. Decisão mantida. Recurso improvido, neste aspecto. RECURSO CONHECIDO EM PARTE E IMPROVIDO, NA PARTE CONHECIDA. (TJSP; AI 2100169-68.2017.8.26.0000; Ac. 10574164; São Paulo; Vigésima Quarta Câmara de Direito Privado; Rel. Des. Plinio Novaes de Andrade Júnior; Julg. 29/06/2017; DJESP 12/07/2017; Pág. 1652)

Admitindo a fungibilidade inversa, ou seja, da tutela antecipada para a tutela cautelar:

✓ AGRAVO DE INSTRUMENTO. AÇÃO DE OBRIGAÇÃO DE NÃO FAZER. DEMOLIÇÃO DE IMÓVEL. INTIMAÇÃO VERBAL. PROPRIEDADE EM CONDOMÍNIO PRO INDIVISO ENTRE O PODER PÚBLICO E PARTICULAR. TUTELA CAUTELAR. GARANTIA DO PROCESSO. 1. Estando o loteamento irregular encravado em terras cuja propriedade é exercida em condomínio pro indiviso entre o Poder Público e particular, não é cabível a demolição imediata do imóvel ocupado por adquirente de lote, diante da ausência de divisão e demarcação da área pública e da área particular. 2. Não demonstrada qualquer urgência e necessidade, a demolição do imóvel, mediante notificação verbal, é medida extrema que se mostra desproporcional e desarrazoada, além de contrária ao fim social da propriedade, ao direito social à moradia e à dignidade da pessoa humana. 3. Embora requerida tutela antecipada, aplica-se, no caso, a fungibilidade, a fim de deferir tutela de natureza cautelar, para assegurar o resultado útil do processo (CPC 300). 4. Deu-se provimento ao agravo de instrumento, para obstar a demolição do imóvel no curso da ação de obrigação de não fazer. (TJDF; AI 2015.00.2.023715-3; Ac. 938071; Quarta Turma Cível; Rel. Des. Sérgio Rocha; DJDFTE 05/05/2016; Pág. 260)

Art. 306. O réu será citado para, no prazo de 5 (cinco) dias, contestar o pedido e indicar as provas que pretende produzir.

→ *v.* Art. 335 do CPC.

Art. 307. Não sendo contestado o pedido, os fatos alegados pelo autor presumir-se-ão aceitos pelo réu como ocorridos, caso em que o juiz decidirá dentro de 5 (cinco) dias.

→ *v.* Art. 344 do CPC.

Parágrafo único. Contestado o pedido no prazo legal, observar-se-á o procedimento comum.

→ *v.* Art. 318 do CPC.

Sobre a aplicação do procedimento comum:

✓ RECURSO ESPECIAL. PROCESSO CIVIL. TUTELA PROVISÓRIA. TUTELA CAUTELAR ANTECEDENTE. DEFERIMENTO. CITAÇÃO. CONTESTAÇÃO. TEORIA DA

CIÊNCIA INEQUÍVOCA. INAPLICABILIDADE. PEDIDO PRINCIPAL. ADITAMENTO. AUDIÊNCIA DE CONCILIAÇÃO OU DE MEDIAÇÃO. INTIMAÇÃO. INEXISTÊNCIA. JULGAMENTO ANTECIPADO DO MÉRITO. NULIDADE. 1. Recurso especial interposto contra acórdão publicado na vigência do Código de Processo Civil de 2015 (Enunciados Administrativos nºs 2 e 3/STJ). 2. Diante das alterações promovidas pelo Código de Processo Civil de 2015, não existe mais a figura do processo cautelar autônomo. Agora, tanto a tutela cautelar quanto a tutela principal são requeridas e desenvolvidas numa mesma relação processual. 3. Deferida tutela cautelar antecedente cujo pedido foi contestado, apesar de desnecessária nova citação, é indispensável que passe a ser observado o procedimento comum. Devem as partes ser intimadas para a audiência e, uma vez não alcançada a autocomposição, tem início o prazo de 15 (quinze) dias para contestação do pedido principal, contado na forma do art. 335. Inaplicabilidade da teoria da ciência inequívoca na hipótese. 4. No caso, deve ser reconhecida a nulidade do feito, a partir da sentença, pois a tutela de urgência deferida na forma antecedente (arresto) foi sucedida pela própria condenação ao pagamento de quantia certa, em julgamento antecipado, porém sem que tenha havido manifestação dos recorrentes sobre o mérito do pedido principal, em contrariedade ao disposto no parágrafo único do art. 307 do CPC/2015. 5. Recurso especial provido. (STJ – REsp: 1802171 SC 2018/0329527-4, Relator: Ministro RICARDO VILLAS BÔAS CUEVA, Data de Julgamento: 21/05/2019, T3 – TERCEIRA TURMA, Data de Publicação: DJe 29/05/2019)

Art. 308. Efetivada a tutela cautelar, o pedido principal terá de ser formulado pelo autor no prazo de 30 (trinta) dias, caso em que será apresentado nos mesmos autos em que deduzido o pedido de tutela cautelar, não dependendo do adiantamento de novas custas processuais.

→ v. Art. 22-A da Lei 9.307/1996.

§ 1º O pedido principal pode ser formulado conjuntamente com o pedido de tutela cautelar.

§ 2º A causa de pedir poderá ser aditada no momento de formulação do pedido principal.

→ v. Art. 321 do CPC.

§ 3º Apresentado o pedido principal, as partes serão intimadas para a audiência de conciliação ou de mediação, na forma do art. 334, por seus advogados ou pessoalmente, sem necessidade de nova citação do réu.

§ 4º Não havendo autocomposição, o prazo para contestação será contado na forma do art. 335.

Considerando que persiste a autonomia do processo cautelar quando a liminar restar indeferida:

✓ APELAÇÃO CÍVEL. PROCESSUAL CIVIL. TUTELA CAUTELAR ANTECEDENTE. Indeferimento. Ausência de emenda e distribuição de pedido principal de forma autônoma. Extinção do processo. Sentença reformada. Na espécie, cuida-se de pretensão de tutela cautelar antecedente a qual foi indeferida. Posterior distribuição de pedido principal o que levou ao magistrado a extinção do processo, ao fundamento a redação do artigo 308 do CPC/2015. Inegável que o CPC/2015, extinguiu a autonomia do processo cautelar, no entanto, a redação dos dispositivos dos artigos 306 e 307 do CPC/2015, levam a conclusão que a mesma restou presente quando ocorrer o indeferimento da tutela cautelar. Ademais, o princípio da instrumentalidade das formas restou preservado no CPC/2015, tendo a sentença pautado por excesso de rigorismo. Inteligência do artigo 188 do CPC/2015. O excessivo rigor na técnica processual não se coaduna com a finalidade do direito processual moderno que homenageia o princípio da instrumentalidade das formas. Recurso conhecido e provido para a anular a sentença, nos termos do voto do desembargador relator. (TJRJ; APL 0003114-68.2017.8.19.0026; Itaperuna; Décima Segunda Câmara Cível; Rel. Des. Cherubin Helcias Schwartz Junior; Julg. 11/07/2017; DORJ 13/07/2017; Pág. 286)

Impossibilidade de conversão, de ofício, do pedido de tutela cautelar em tutela definitiva:

✓ TUTELA CAUTELAR REQUERIDA EM CARÁTER ANTECEDENTE. CONVERSÃO, DE OFÍCIO, DO PROCEDIMENTO PARA O RITO COMUM. Impossibilidade. Hipótese em que não se observou a regra do art. 308 do CPC, que autoriza a formulação do pedido principal, nos mesmos autos da ação cautelar, com nova oportunidade de manifestação para as partes. Sentença nula, pois apreciou a tutela satisfativa (principal) com base nos fatos e fundamentos que embasaram a lide cautelar, sem que, para tanto, tenha havido pedido da autora e resposta da ré. Lide cautelar que não se confunde com a lide satisfativa principal, não podendo ser suprimida das partes a oportunidade de litigar de acordo com as regras do procedimento adequado às suas pretensões. Nulidade do processo reconhecida. Violação ao devido processo legal. Erro de forma do processo, todavia, que acarreta unicamente a anulação dos atos que não possam ser aproveitados. Aplicação do art. 283 do CPC. Processo anulado para, nos termos do art. 308 do CPC, conferir nova oportunidade de formulação do pedido principal pela autora. Recurso provido. (TJSP; APL 1135024-18.2016.8.26.0100; Ac. 11026739; São Paulo; Vigésima Quinta Câmara de Direito Privado; Rel. Des. Edgard Rosa; Julg. 30/11/2017; DJESP 07/12/2017; Pág. 2223)

Considerando que o descumprimento do prazo de trinta dias autoriza a extinção do processo:

✓ APELAÇÃO CÍVEL. AÇÃO CAUTELAR. EXTINÇÃO DO PROCESSO SEM JULGAMENTO DE MÉRITO. AUSÊNCIA DE INTERPOSIÇÃO DA AÇÃO PRINCIPAL NO PRAZO DE 30 DIAS. CPC ARTS. 308 E 309, I. INÉRCIA DA PARTE AUTORA. HONORÁRIOS ADVOCATÍCIOS DEVIDOS. APRECIAÇÃO EQUITATIVA. CPC ART. 85, §8º. MAJORAÇÃO DO VALOR ARBITRADO. DESCABIMENTO. GRATUIDADE JUDICIÁRIA. APELO CONHECIDO E DESPROVIDO. 1. Tendo o processo sido extinto pela inércia da parte autora, a qual descumpriu o prazo de 30 dias, após a efetivação da tutela cautelar, para a interposição da ação principal preconizado pelos artigos 308 e 309, I, do CPC, deve-se atender à dinâmica do princípio da causalidade, respondendo a parte autoral pelas despesas e pelos honorários da parte adversa, porquanto deu causa à instauração do processo e à movimentação do aparato judiciário. 2. Não havendo condenação nem aferimento de qualquer proveito econômico porventura obtido, bem como, sendo ínfimo o valor dado à causa, devem os honorários ser fixados de forma equitativa conforme a norma prevista no art. 85, §8º, do CPC. 3. Não assiste razão ao apelo quanto à majoração do quantum arbitrado para o elevado patamar de r$5.000,00 (cinco mil reais), pois caso este vultoso valor fosse aceito, a real motivação da condenação em honorários em um processo findado sem julgamento de mérito ficaria desfigurada, se convertendo em uma grande punição para a parte autora por ter interposto a ação, bem como em uma remuneração injusta a ser obtida pela procuradoria do estado. 4. Ademais, foi concedido o benefício da gratuidade judiciária aos autores, estando a condenação em honorários advocatícios sob condição suspensiva de exigibilidade, nos termos do §3º do art. 98 do código de processo civil, o que indica os poucos recursos disponíveis da parte autora e torna o pedido de majoração inapropriado e sem efetividade. 5. Face ao exposto, conheço da apelação para negar-lhe provimento. (TJCE; APL 0407222-12.2000.8.06.0001; Segunda Câmara de Direito Público; Relª Desª Maria Iraneide Moura Silva; Julg. 28/06/2017; DJCE 05/07/2017; Pág. 27)

Apontando que, em caso de efetivação parcial da tutela cautelar, o prazo de trinta dias deve ser contado a partir do primeiro ato de constrição:

✓ RECURSO DE APELAÇÃO. AÇÃO DECLARATÓRIA. TUTELA CAUTELAR ANTE CAUSAM. LIMINAR CONCEDIDA. PEDIDO PRINCIPAL NÃO FORMULADO NO PRAZO LEGAL. INTELIGÊNCIA DO ART. 308 DO CPC EXTINÇÃO DO FEITO SEM RESOLUÇÃO DO MÉRITO, COM FULCRO NO ARTIGO 485, VI DO CPC/2015. SÚMULA Nº 482 DO STJ. TERMO INICIAL. EFETIVAÇÃO DA MEDIDA A CONTAR DO PRIMEIRO ATO DE EXECUÇÃO. DECISÃO MANTIDA. RECURSO DESPROVIDO. 1. Nos termos do art. 308 do Código de Processo Civil o prazo para a interposição da ação principal inicia-se da data da efetivação da medida cautelar. 2. Se a medida cautelar deferida nos autos, for executada parcialmente, a contagem do prazo deve corresponder à data da realização do primeiro ato de constrição praticado no processo, precedentes do Superior Tribunal de Justiça (STJ. REsp: 1115370 SP 2009/0086698-1, Relator: Ministro BENEDITO GONÇALVES; Julg.16/03/2010, T1 PRIMEIRA TURMA, Data de Publicação: DJe 30/03/2010). (TJMT; APL 71976/2017; Tangará da Serra; Relª Desª Nilza Maria Pôssas de Carvalho; Julg. 05/09/2017; DJMT 13/09/2017; Pág. 73). No mesmo sentido: APELAÇÃO CÍVEL. Tutela cautelar antecedente. Arresto. Cumprimento parcial da medida cautelar. Início do prazo decadencial para o ajuizamento de ação principal (art. 308, CPC). Inobservância. Perda da eficácia da tutela concedida (art. 309, CPC). Extinção do processo, sem resolução do mérito. Sentença mantida. O prazo decadencial de trinta dias, previsto no caput do artigo 308 do código de processo civil, para o ajuizamento da ação principal é contado a partir da efetivação, ainda que parcial, da tutela cautelar concedida em caráter antecedente. Apelação cível não provida. (TJPR; ApCiv 1731905-8; Astorga; Décima Quinta Câmara Cível; Rel. Des. Jucimar Novochadlo; Julg. 25/10/2017; DJPR 01/11/2017; Pág. 357)

Contra, considerando que o prazo de trinta dias apenas tem início com o cumprimento integral da tutela cautelar:

✓ AGRAVO DE INSTRUMENTO. CONTRATOS AGRÁRIOS. AÇÃO CAUTELAR DE ARRESTO. PARCERIA AGRÍCOLA. SACAS DE ARROZ. DECISÃO NÃO RECORRÍVEL. ART. 1015. ROL TAXATIVO. RECURSO INADMISSÍVEL. CPC/15. A decisão recorrida no tocante à propriedade dos grãos, natureza da execução, ordem de pagamento dos credores e demais tópicos versados nas razões recursais não é agravável, pois não se enquadra em nenhuma das hipóteses previstas no artigo 1.015, caput e parágrafo único, do CPC/15, o que permite não conhecimento do recurso, por manifestamente inadmissível. Medida liminar. Efetivação da tutela cautelar: Tendo em vista que no momento em que houve o aditamento da petição inicial – O que corresponde ao fim e ao cabo, ao ajuizamento da ação principal – Sequer a carta precatória havia sido cumprida junto à cooperja, o prazo previsto no art. 308 do CPC/15 foi respeitado. Pode-se dizer, assim, que a liminar de arresto, ao tempo do ajuizamento da ação de execução (**rectius** aditamento da petição inicial), ainda não havia sido cumprida de forma integral, circunstância que obsta o início da contagem do prazo previsto no art. 308 do CPC/15. Deram provimento ao agravo de instrumento, na parte conhecida. (TJRS; AI 0248740-39.2016.8.21.7000; Camaquã; Décima Nona Câmara Cível; Rel. Des. Eduardo João Lima Costa; Julg. 10/11/2016; DJERS 17/11/2016)

Considerando que o prazo do art. 308 do CPC é decadencial e, portanto, não se suspende nem se interrompe:

✓ APELAÇÃO CÍVEL. TUTELA CAUTELAR. CARÁTER ANTECEDENTE. Pretensão principal. Prazo decadencial. 30 dias. Extinção do processo. O pleito formulado pela parte autora na inicial é de natureza preparatória e tem natureza cautelar. A falta de apresentação de pedido principal, no prazo estabelecido pelo art. 309, II, do CPC, acarreta a perda da eficácia da medida cautelar, e a decretação da extinção do processo pelo juiz, sem julgamento de mérito. O prazo decadencial do art. 308, do CPC não se suspende e não se interrompe. Precedentes. Desprovimento do recurso. (TJRJ; APL 0007636-19.2017.8.19.0001; Rio de Janeiro; Terceira Câmara Cível; Rel. Des. Peterson Barroso Simão; DORJ 26/09/2017; Pág. 175)

Entendendo que o prazo de trinta dias é de direito material e, portanto, se conta em dias corridos:

✓ AGRAVO DE INSTRUMENTO. TUTELA ANTECIPADA REQUERIDA EM CARÁTER ANTECEDENTE. SUSTAÇÃO DE PROTESTOS. ART. 303 DO CÓDIGO DE PROCESSO CIVIL. TUTELA CAUTELAR EFETIVADA. Pedido principal terá de ser formulado pelo autor no prazo de 30 dias. Natureza jurídica do prazo do art. 308 do Código de Processo Civil. Material. Prazo que deve ser contado em dias corridos e não em dias úteis. Decisão mantida. Agravo improvido. (TJSP; AI 2150988-43.2016.8.26.0000; Ac. 9948176; Matão; Décima Sexta Câmara de Direito Privado; Rel. Des. Coutinho de Arruda; Julg. 03/11/2016; DJESP 07/12/2016)

Se indeferida a tutela cautelar, não tem início o prazo de trinta dias para a instauração da arbitragem:

✓ AGRAVO. COMPROVAÇÃO DA INSTAURAÇÃO DE ARBITRAGEM. TUTELA CAUTELAR ANTECEDENTE NÃO DEFERIDA. PRAZO DECADENCIAL CUJO CURSO AINDA NÃO SE INICIOU. 1. O que se verifica, portanto, é que, diante do indeferimento da tutela cautelar antecedente requerida pela agravante, não pode se aperfeiçoar a condição determinante da contagem do prazo decadencial de trinta dias para ajuizamento da ação principal, que somente tem início com a efetivação da medida. 2. O entendimento está em consonância com a mens legis extraída da redação do art. 806 do Código de Processo Civil. Ao qual corresponde o art. 308, caput, do CPC em vigor. Porque, ao limitar a eficácia da medida aos trinta dias subsequentes à sua efetivação, pretende a Lei impedir indevida protelação no ajuizamento da ação principal, em prejuízo do réu, que sofrerá os efeitos da liminar. Não é a situação antevista na hipótese de indeferimento da tutela cautelar antecedente. 3. Embora o entendimento tenha sido formado a luz do disposto no art. 806 do CPC de 73, (art. 308, caput, do CPC de 2015) com relação ao ajuizamento da ação principal, pode ser analogicamente aplicado também para a instauração da arbitragem, em virtude do disposto no art. 22 – A, parágrafo único, da Lei nº 9.307/96. 4. Recurso provido para dispensar a comprovação da instauração da arbitragem. (TJSP; AI 2149495-31.2016.8.26.0000; Ac. 9908309; São Paulo; Segunda Câmara Reservada de Direito Empresarial; Rel. Des. Carlos Alberto Garbi; Julg. 17/10/2016; DJESP 27/10/2016)

Ajuizamento de ação autônoma, em vez de pedido de tutela definitiva nos próprios autos, caracteriza descumprimento ao prazo do art. 308 do CPC, com a consequente extinção do processo, sem resolução do mérito:

✓ APELAÇÃO. Ação declaratória de inexigibilidade de débito C.C. Indenização por danos morais, precedida de pedido de tutela cautelar antecedente de sustação de protesto. Extinção do processo, sem resolução do mérito por não ajuizada ação principal no prazo legal. Decisão que merece subsistir. Ajuizamento de cautelar antecedente de sustação de protesto de CDA, sacado pela PGE, decorrentes de suposto débito tributário referente à inscrição na Dívida Ativa à Multa Fiscal Paulista nº 27619, aplicada pelo PROCON/SP, que a favoreceria na qualidade de suposta credora da autora. Efetivada a tutela cautelar, o pedido principal terá de ser formulado pelo autor no prazo de 30 (trinta) dias, caso em que será apresentado nos mesmos autos em que deduzido o pedido de tutela cautelar. Autor intentou ação autônoma distribuída por dependência na Medida Cautelar. Afronta ao art. 308 do CPC. Inaplicabilidade do art. 317 do CPC. Sentença mantida. Recurso da autora improvido. (TJSP; APL 1029261-72.2016.8.26.0053; Ac. 10780561; São Paulo; Terceira Câmara de Direito Público; Rel. Des. Maurício Fiorito; Julg. 12/09/2017; DJESP 19/09/2017; Pág. 2576)

Impossibilidade de condenação a título de honorários de sucumbência em sede de concessão de tutela cautelar, pois estes serão fixados ao final da demanda principal:

✓ APELAÇÃO CÍVEL. CAUTELAR DE EXIBIÇÃO DE DOCUMENTO. FALTA DE INTERESSE RECURSAL. NÃO OCORRÊNCIA. SENTENÇA PROFERIDA, APÓS A VIGÊNCIA DO NOVO CÓDIGO DE PROCESSO CIVIL. CONVERSÃO EM CAUTELAR ANTECEDENTE. POSSIBILIDADE. RESSARCIMENTO DE DESPESAS COM ADVOGADO. HONORÁRIOS CONTRATUAIS. IMPOSSIBILIDADE. CONTRATO EXIBIDO. RECONHECIMENTO DO PEDIDO. O interesse recursal decorre do prejuízo que a sentença possa ter acarretado à parte, sendo certo que tal prejuízo se configura no caso de sentença que, apesar de julgar procedente a demanda, deixa de condenar a parte ré nos ônus sucumbenciais. Tendo a sentença sido proferida na vigência do novo Código de Processo Civil, o caso é de conversão da pretensão autoral em tutela cautelar antecedente. A tutela de urgência será concedida quando houver elementos que evidenciem a probabilidade do direito (fumus boni iuris) e o perigo de dano ou de risco ao resultado útil do processo (periculum in mora). Exibido o documento pretendido, resta satisfeita a tutela antecedente, incumbindo à parte autora, no prazo de 30 (trinta) dias, deduzir o pedido principal, consoante determinação do art. 308 do CPC, não havendo que se falar em condenação de honorários, pois estes somente serão devidos ao final, pela parte vencida. Os honorários decorrentes da contratação, pelo autor, de serviços de advogado não podem ser objeto de reembolso, eis que resultam de ato voluntário do contratante, sem qualquer imposição ou interferência da parte contrária. (TJMG; APCV 1.0394.15.007509-8/001; Relª Desª Shirley Fenzi Bertão; Julg. 27/09/2017; DJEMG 29/09/2017)

Não obediência ao disposto no artigo 308:

✓ PROCESSO CIVIL. TUTELA CAUTELAR ANTECEDENTE. EXIBIÇÃO DE DOCUMENTOS. CONTRATO DE SEGURO. FINANCIAMENTO IMOBILIÁRIO. PEDIDO DE SUSPENSÃO DA COBRANÇA E DA EXECUÇÃO ANTE O ÓBITO DO MUTUÁRIO. DOCUMENTOS APRESENTADOS. TUTELA DEFERIDA. PEDIDO PRINCIPAL NÃO FORMULADO. CESSAÇÃO DA EFICÁCIA. ART. 308 E ART. 309, I DO CPC. SUCUMBÊNCIA RECÍPROCA. APELAÇÃO PARCIALMENTE PROVIDA. I – A parte Autora apresentou petição inicial requerendo tutela cautelar em caráter antecedente para obter exibição de documento que estava na posse da CEF, consistente em contrato de seguro acessório a financiamento imobiliário. Considerando o óbito do mutuário, requereu ainda a suspensão da cobrança dos valores relativos ao financiamento, bem como de quaisquer atos tendentes a executar o imóvel. II – No tocante ao pedido de exibição de documentos, a resistência administrativa da CEF restou comprovada. Com a apresentação da documentação concomitantemente à contestação, houve reconhecimento do pedido, justificando-se a condenação em honorários advocatícios, conforme já decidiu em reiteradas ocasiões o Superior Tribunal de Justiça. III – Há que se considerar, no entanto, no tocante ao pedido de suspensão da cobrança e execução do contrato, o teor do art. 308 do CPC, segundo o qual, efetivada a tutela cautelar, o pedido principal terá de ser formulado pelo autor no prazo de 30 (trinta) dias, caso em que será apresentado nos mesmos autos em que deduzido o pedido de tutela cautelar, não dependendo do adiantamento de novas custas processuais. IV – A parte Autora não formulou o pedido principal. É de rigor destacar que, uma vez que a CEF é credora do financiamento e estipulante do contrato de seguro, toda a discussão acerca da natureza jurídica da apólice contratada é irrelevante para se reconhecer a competência da Justiça Federal. É certo, no entanto, que a seguradora também deve ocupar o polo passivo da ação. V – Ainda que a apelante concluísse ser necessário o ajuizamento de nova ação, não se afasta o prazo previsto no art. 308 do CPC, nem a consequência prevista pelo art. 309, I do CPC que prevê que cessa a eficácia da tutela concedida em caráter antecedente se o autor não deduzir o pedido principal no prazo legal. VI – Nestas condições, é de rigor o reconhecimento da sucumbência recíproca no caso dos autos. VII – Apelação parcialmente provida para condenar a CEF ao pagamento de honorários advocatícios em favor do patrono da parte Autora no percentual de 10% do valor da causa, mantida a condenação fixada em sentença. (TRF-3 – ApCiv: 50180434420194036100 SP, Relator: Desembargador Federal VALDECI DOS SANTOS, Data de Julgamento: 17/11/2020, 1ª Turma, Data de Publicação: e – DJF3 Judicial 1 DATA: 19/11/2020)

Anulação de sentença por desrespeito ao artigo 308:

✓ EMBARGOS DE DECLARAÇÃO OPOSTOS CONTRA DECISÃO COLEGIADA QUE NEGOU PROVIMENTO AO RECURSO DE APELAÇÃO INTERPOSTOS PELO AUTOR, ORA EMBARGANTE. TUTELA CAUTELAR REQUERIDA EM CARÁTER ANTECEDENTE. EFETIVADA A TUTELA CAUTELAR. SENTENÇA QUE SE ANULA PARA OPORTUNIZAR AO AUTOR A FORMULAÇÃO DO PEDIDO PRINCIPAL EM ADITAMENTO AO PRESENTE PROCEDIMENTO, NO PRAZO DE 30 DIAS. ART. 308 DO CPC. RECURSO CONHECIDO E PROVIDO. (TJ-RJ - APL: 00184147320168190004, Relator: Des(a). JDS JOÃO BATISTA DAMASCENO, Data de Julgamento: 23/10/2019, VIGÉSIMA SÉTIMA CÂMARA CÍVEL).

Nulidade decorrente da falta de intimação para a audiência de conciliação ou de mediação:

✓ APELAÇÃO CÍVEL. LICITAÇÃO E CONTRATO ADMINISTRATIVO. MEDIDA CAUTELAR ANTECEDENTE DE SUSTAÇÃO DE PROTESTO. A presente ação iniciou como medida cautelar antecedente de sustação de protesto; posteriormente, a parte autora apresentou pedido principal de declaração de inexistência do débito sub judice. Muito embora protocolado o pedido principal, o feito tramitou sem que fosse observado o disposto no art. 308, § 3º, do Código de Processo Civil, ou seja, sem a cientificação do réu quanto à apresentação do pedido principal, restando cerceado o seu direito de defesa, razão pela qual reconheço a nulidade do feito. NULIDADE DO FEITO RECONHECIDA DE OFÍCIO. APELAÇÃO PREJUDICADA. (TJ-RS - AC: 70081689226 RS, Relator: Newton Luís Medeiros Fabrício, Data de Julgamento: 21/08/2019, Primeira Câmara Cível, Data de Publicação: 02/09/2019)

Art. 309. Cessa a eficácia da tutela concedida em caráter antecedente, se:

I – o autor não deduzir o pedido principal no prazo legal;

Considerando que a não formulação do pedido principal no prazo legal enseja a extinção do processo, sem resolução de mérito e com a condenação do autor nas verbas sucumbenciais:

✓ APELAÇÃO CÍVEL. AÇÃO CAUTELAR. EXTINÇÃO DO PROCESSO SEM JULGAMENTO DE MÉRITO. AUSÊNCIA DE INTERPOSIÇÃO DA AÇÃO PRINCIPAL NO PRAZO DE 30 DIAS. CPC ARTS. 308 E 309, I. INÉRCIA DA PARTE AUTORA. HONORÁRIOS ADVOCATÍCIOS DEVIDOS. APRECIAÇÃO EQUITATIVA. CPC ART. 85, §8º. MAJORAÇÃO DO VALOR ARBITRADO. DESCABIMENTO. GRATUIDADE JUDICIÁRIA. APELO CONHECIDO E DESPROVIDO. 1. Tendo o processo sido extinto pela inércia da parte autora, a qual descumpriu o prazo de 30 dias, após a efetivação da tutela cautelar, para a interposição da ação principal preconizado pelos artigos 308 e 309, I, do CPC, deve-se atender à dinâmica do princípio da causalidade, respondendo a parte autoral pelas despesas e pelos honorários da parte adversa, porquanto deu causa à instauração do processo e à movimentação do aparato judiciário. 2. Não havendo condenação nem aferimento de qualquer proveito econômico porventura obtido, bem como, sendo ínfimo o valor dado à causa, devem os honorários ser fixados de forma equitativa conforme a norma prevista no art. 85, §8º, do CPC. 3. Não assiste razão ao apelo quanto à majoração do quantum arbitrado para o elevado patamar de r$5.000,00 (cinco mil reais), pois caso este vultoso valor fosse aceito, a real motivação da condenação em honorários em um processo findado sem julgamento de mérito ficaria desfigurada, se convertendo em uma grande punição para a parte autora por ter interposto a ação, bem como em uma remuneração injusta a ser obtida pela procuradoria do estado. 4. Ademais, foi concedido o benefício da gratuidade judiciária aos autores, estando a condenação em honorários advocatícios sob condição suspensiva de exigibilidade, nos termos do §3º do art. 98 do código de processo civil, o que indica os poucos recursos disponíveis da parte autora e torna o pedido de majoração inapropriado e sem efetividade. 5. Face ao exposto, conheço da apelação para negar-lhe provimento. (TJCE; APL 0407222-12.2000.8.06.0001; Segunda Câmara de Direito Público; Relª Desª Maria Iraneide Moura Silva; Julg. 28/06/2017; DJCE 05/07/2017; Pág. 27). V. tb.: APELAÇÃO CÍVEL. TUTELA CAUTELAR. CARÁTER ANTECEDENTE. Pretensão principal. Prazo decadencial. 30 dias. Extinção do processo. O pleito formulado pela parte autora na inicial é de natureza preparatória e tem natureza cautelar. A falta de apresentação de pedido principal, no prazo estabelecido pelo art. 309, II, do CPC, acarreta a perda da eficácia da medida cautelar, e a decretação da extinção do processo pelo juiz, sem julgamento de mérito. O prazo decadencial do art. 308, do CPC não se suspende e não se interrompe. Precedentes. Desprovimento do recurso. (TJRJ; APL 0007636-19.2017.8.19.0001; Rio de Janeiro; Terceira Câmara Cível; Rel. Des. Peterson Barroso Simão; DORJ 26/09/2017; Pág. 175)

Apontando que, embora inaplicável o dispositivo em âmbito penal, não é razoável que as medidas protetivas da Lei Maria da Penha perdurem por quatro anos sem que nenhum processo principal tenha sido ajuizado:

✓ PROCESSUAL PENAL. RECURSO ESPECIAL. MEDIDAS PROTETIVAS DA LEI 11.340/06. LEI MARIA DA PENHA. NÃO PROPOSITURA DA AÇÃO PRINCIPAL. CARÁTER PENAL. LEGALIDADE. DESCABIDAS PROTEÇÕES AMPLIADORAS NÃO ABRANGIDAS TAXATIVAMENTE NA LEI. CAUTELAR QUE NÃO PODE SER ETERNIZADA. RECURSO IMPROVIDO. 1. Embora a Lei Maria da Penha possua incidência no âmbito cível e criminal, ao tratar da violência doméstica e familiar configuradora de crimes acaba por diretamente afetar penas: quando impede pena pecuniária (art. 17) e quando afasta as benesses da Lei nº 9.099/95 (art. 41), assim tornando certo o conteúdo de norma penal e a incidência do princípio da legalidade estrita. 2. Assim é que foi definida a inicial competência das varas criminais (art. 33), o processamento em casos violência doméstica com comunicação à Autoridade Policial e encaminhamento ao juiz (claramente criminal), que poderá fixar medidas protetivas (da vítima, filhos e de bens) e regularmente processar por crime. 3. A intervenção do juiz cível, usando de cautelares previstas ou não na Lei Maria da Penha previstas, se dá por seu poder geral de cautela, ínsito à jurisdição, mas exclusivamente em feitos de sua competência. 4. O relevantíssimo interesse de proteção a toda relação afetiva (mesmo homoafetiva, mesmo em violências que não envolvam o binômio agressor homem e vítima mulher), de valorização do gênero como autocompreensão na sociedade, de evitação a toda forma de violência e de mais forte intervenção estatal em favor do vulnerável, exige ampliações pela via da alteração legislativa. 5. Em feitos criminais de violência doméstica e familiar, não cabe ampliação interpretativa das formas de violência, dos sujeitos protegidos e das penas - mesmo cautelares - incidentes, por afetarem ao fundamental princípio da legalidade. 6. Em direito penal, os interesses sociais somente podem gerar apenamento por prévia alteração legal. É ao legislador e não ao juiz que cabe a ampliação de hipóteses incriminadoras ou alteração de penas. 7. As medidas protetivas são corretamente nominadas de urgentes por sua incidência imediata, mesmo sem contraditório, na proteção da mulher. 8. Se em feito cível a cessação da eficácia de tutela cautelar antecedente dá-se em trinta dias (art. 309 CP), no processo penal a falta da definição do prazo não permite de todo modo a eternização da restrição a direitos individuais - então aferida a cautelar por sua necessidade e adequação, em casuística ponderação. 9. Na espécie, o cautelar impedimento de aproximação e contato com variadas pessoas já perdura há quatro anos e nenhum processo posterior foi ajuizado, cível ou criminal, a demonstrar clara violação da proporcionalidade e da legalidade. 10. Recurso especial improvido, para manter a revogação da medida protetiva indevidamente eternizada. (STJ; REsp 1623144; MG; Sexta Turma; Rel. Min. Nefi Cordeiro; Julg. 17/08/2017; DJe 29/08/2017)

Não deduzido o pedido principal no prazo legal, cessa os efeitos da tutela concecida em caráter antecedente:

✓ AGRAVO EM RECURSO ESPECIAL Nº 1.706.407 - MG (2020/0123671-5) RELATOR: MINISTRO PRESIDENTE DO STJ AGRAVANTE: MONICA AURORA DOS ANJOS ADVOGADOS: ANTÔNIO CHALFUN - MG034968 GUSTAVO OLIVEIRA CHALFUN - MG081424 NAYARA ALVES PEREIRA - MG166935 SOC. de ADV.: CHALFUN ADVOGADOS ASSOCIADOS AGRAVADO: CARLOS NERY DO LAGO AGRAVADO: ROSELI APARECIDA DE PAIVA LAGO ADVOGADOS: MÁRIO CÉLIO FERREIRA PINTO - MG044619 PAULO CÉSAR CHAVES - MG072163 DECISÃO Trata-se de agravo apresentado por MONICA AURORA DOS ANJOS contra a decisão que não admitiu seu recurso especial. O apelo nobre, fundamentado no artigo 105, inciso III, alíneas a e c da CF/88, visa reformar acórdão proferido pelo TRIBUNAL DE JUSTIÇA DO ESTADO DE MINAS GERAIS, assim ementado: DIREITO PROCESSUAL CIVIL. AGRAVO DE INSTRUMENTO. TUTELA CAUTELAR EM CARÁTER ANTECEDENTE CONDICIONADA À CAUÇÃO. DEPÓSITO JUDICIAL. SUPOSTA EFETIVAÇÃO EXTEMPORÂNEA. ATENDIMENTO DO FIM PROPOSTO. AJUIZAMENTO DO PEDIDO PRINCIPAL ATRAVÉS DE AÇÃO AUTÔNOMA. ARTIGO 308 DO CPC. INTERPRETAÇÃO. POSSIBILIDADE. INSTRUMENTALIDADE DAS FORMAS. APLICAÇÃO. RECURSO NÃO PROVIDO. 1. As formas processuais são meramente instrumentais, i.e., não se exaurem como utilidade em si mesmas, servindo de mecanismos que visam à efetivação de um direito material substancialmente mais importante que o processo propriamente dito ('pas de nullité sans grief'). 2. Controvérsia em torno do deferimento de tutela cautelar em caráter antecedente condicionada à caução por depósito judicial que, a despeito de supostamente intempestivo, serviu ao fim proposto, qual seja, o de garantir o promitente vendedor de bem imóvel quanto à provisão de cheques havidos em razão da compra e venda correlata, discutida na ação principal. 3. Aplicação da máxima da instrumentalidade das formas, ainda, no que diz respeito ao ajuizamento de ação autônoma a respeito do pedido principal, reunida por conexão à ação cautelar em caráter antecedente, que termina por suprir e atender ao artigo 308 do CPC, devendo ser mitigada a aplicação irrestrita da sua literalidade (que exige a dedução 'nos próprios autos'), eis que atendida a finalidade da regra. Quanto à primeira controvérsia, alega a recorrente violação do art. 308 do CPC, porque os recorridos não realizaram o depósito legal no prazo, trazendo os seguintes argumentos: Os Recorridos pleitearam a realização de depósitos referentes aos cheques emitidos em favor da Agravante, sustentando que os depósitos ocorreriam da seguinte forma: o primeiro imediatamente após o deferimento da liminar e o segundo até 30 de dezembro de 2016. Pois bem. Analisando detidamente os autos, observa-se que em julho de 2017 restou deferida a autorizando dos depósitos, razão pela qual deveriam os Recorridos terem efetuado o pagamento/depósito nos dias que sucederam o deferimento. Neste sentido, dispõe o artigo 309, inciso II do Código de Processo Civil que: [...] NOTA-SE, ENTÃO, QUE O DEPÓSITO NÃO OCORREU DENTRO DO PRAZO FIXADO PELO JUIZ OU, PIOR, DENTRO DOS 30 (TRINTA) DIAS QUE SUCEDERAM O DEFERIMENTO, SEJAM ELES COMPUTADOS DE FORMA CORRIDA OU ÚTEIS, PELO QUE A EFICÁCIA RESTOU CESSADA. Como senão bastasse, aos dias 24 de janeiro de 2018, sem qualquer manifestação ou requerimento para tanto, sobreveio novo despacho (re) deferindo a tutela inicialmente pleiteada, sendo então o depósito realizado somente em 09 de janeiro de 2018 (intempestivamente, vez que concedido prazo de 05 dias para tanto). (fl. 522). No que se refere à segunda controvérsia, sustenta contrariedade do art. 309, I e II, e parágrafo único, do CPC, porque o autor não teria formulado o pedido principal no prazo legal, aduzindo: Isto posto, considerando-se que a tutela cautelar restou efetivada quando da realização dos depósitos em 09 de fevereiro de 2018, têm-se que o aditamento da demanda deveria ocorrer até 28 de março de 2018. NO ENTANTO, ATÉ A PRESENTE DATA, NÃO SE VISLUMBRA QUALQUER ADITAMENTO AO PEDIDO PRINCIPAL, SENDO CERTO QUE A PRESENTE DEMANDA NÃO SE TRATA DE TUTELA CAUTELAR SATISFATIVA. Isto posto, considerando as disposições do artigo 309 do Código de Processo Civil, a eficácia da tutela concedida encontra-se cessada, veja-se: Art. 309. Cessa a eficácia da tutela concedida em caráter antecedente, se: I. O Autor não deduzir o pedido principal, no prazo legal. (grifo nosso). Veja-se nobres magistrados que a conduta dos Recorridos representa verdadeira afronta à determinação contida no artigo supracitado, vez que como o autor não formulou o pedido principal, no prazo legal de 30 dias, conforme previsto no art. 308, cessaria de plano a eficácia da tutela concedida em caráter antecedente. Novamente, a decisão dos nobres julgadores não vai de encontro com as leis e jurisprudências vigentes, devendo ser rechaçado na integra. Vejamos: (fls. 527528). Quanto à terceira controvérsia, pela alínea c do permissivo constitucional, alega divergência de interpretação dos dispositivos supracitados. É o relatório. Decido. Na espécie, incide, por analogia, o óbice da Súmula n. 735/STF, pois, conforme a orientação jurisprudencial do Superior Tribunal de Justiça, é inviável, em regra, a interposição de recurso especial que tenha por objeto o reexame do deferimento ou indeferimento de medida acautelatória ou antecipatória, tendo em vista sua natureza precária e provisória, cuja reversão é possível a qualquer momento pela instância a quo. Nesse sentido: "A jurisprudência desta Corte é firme no sentido de que 'não é cabível recurso especial para reexaminar decisão que defere ou indefere liminar ou antecipação de tutela, em razão da natureza precária da decisão, sujeita a modificação a qualquer tempo, devendo ser confirmada ou revogada pela sentença de mérito"' (AgInt no AREsp n. 1.351.487/RS, relatora Ministra Assusete Magalhães, Segunda Turma, DJe de 17/12/2018). Confira-se ainda os seguintes precedentes: AgInt no AREsp n. 1.321.705/MS, relator Ministro Benedito Gonçalves, Primeira Turma, DJe de 12/2/2019; e AgInt no AREsp n. 1.571.937/PA, relatora Ministra Regina Helena Costa, Primeira Turma, DJe 13/4/2020. Ante o exposto, com base no art. 21-E, V, do Regimento Interno do Superior Tribunal de Justiça, conheço do agravo para não conhecer do recurso especial. Publique-se. Intimem-se. Brasília, 17 de agosto de 2020. MINISTRO JOÃO OTÁVIO DE NORONHA Presidente (STJ - AREsp: 1706407 MG 2020/0123671-5, Relator: Ministro JOÃO OTÁVIO DE NORONHA, Data de Publicação: DJ 26/08/2020).

Aplicação em demandas anteriores ao Código de Processo Civil atual:

✓ RECURSO ESPECIAL Nº 1.605.285 - PB (2016/0143128-4) RELATOR: MINISTRO PAULO DE TARSO SANSEVERINO RECORRENTE: U DA C P ADVOGADO: BRUNO AUGUSTO ALBUQUERQUE DA NÓBREGA E OUTRO (S) - PB011642 RECORRIDO: C C H P ADVOGADO: JOSELISSES ABEL FERREIRA E OUTRO (S) - PB013820 INTERES.: A L DE O C ADVOGADOS: HERMANO GADÊLHA DE SÁ E OUTRO (S) - PB008463 LEIDSON FLAMARION TORRES MATOS - PB013040 RECURSO ESPECIAL. PROCESSUAL CIVIL. CPC/1973. MEDIDA CAUTELAR. JULGAMENTO DO MÉRITO DA DEMANDA PRINCIPAL. REVOGAÇÃO DA CAUTELAR. PERDA DE INTERESSE JURÍDICO. INVERSÃO DO JULGADO. ÓBICE DA SÚMULA 7/STJ. RECURSO ESPECIAL DESPROVIDO. DECISÃO Vistos etc. Trata-se de recurso especial interposto por U. DA C. P. em face de acórdão do Tribunal de Justiça do Estado da Paraíba que, em agravo interno, manteve decisão monocrática assim ementada: PROCESSO CIVIL. RECURSOS APELATÓRIOS. AÇÃO CAUTELAR INCIDENTAL. DIVÓRCIO E PARTILHA. DEMANDA PRINCIPAL. JULGAMENTO DE MÉRITO.CESSAÇÃO DE EFICÁCIA DO INCIDENTE. PERDA SUPERVENIENTE DO INTERESSE DE AGIR NA DEMANDA ACAUTELATÓRIA. RECONHECIMENTO. EXTINÇÃO DO PROCESSO SEM RESOLUÇÃO DO MÉRITO.PRECEDENTES DO SUPERIOR TRIBUNAL DE JUSTIÇA.ANÁLISE DAS APELAÇÕES CÍVEIS PREJUDICADA. - Conforme recente entendimento emanado da Corte da Cidadania, a cessação da eficácia da medida cautelar, nos termos do art. 808, III, do Código de Processo Civil, independe do trânsito em julgado da sentença que extinguiu, com ou sem julgamento de mérito, a demanda principal. - A perda do objeto significa que, por motivo superveniente, o autor não possui mais interesse processual na demanda proposta, devendo ser reconhecida a carência de ação. - "A/os termos do art. 808, III, do CPC, a extinção do processo principal, com ou sem resolução de mérito, faz cessar a eficácia da medida cautelar, independentemente do trânsito em julgado da sentença extintiva da demanda." (STJ. AgRg no Ag1252849 / DF. Rei. Min. Rogério Shietti Cruz. J. em04/11/2014) - "Art. 267. Extingue-se o processo, sem julgamento do mérito: VI - quando não ocorrer qualquer das condições da ação, como a possibilidade jurídica, a legitimidade das partes e o interesse processual."(Art. 267, VI, do Código de ProcessoCivil). (fl. 785) Em suas razões, alega a parte recorrente violação dos arts. 807, e 808, inciso III, do Código de Processo Civil de 1973, sob o argumento de que a perda de objeto da medida cautelar somente ocorre com o trânsito em julgado da ação principal. Contrarrazões ao recurso especial às fls. 878/887. É o relatório. Passo a decidir. Inicialmente, esclareço que o juízo de admissibilidade do presente recurso será realizado com base nas normas do CPC/1973, por ser a lei processual vigente na data de publicação do decisum ora impugnado (cf. Enunciado Administrativo n. 2/STJ). O recurso especial merece não ser provido. Relatam os autos que a parte ora recorrente obteve medida cautelar, confirmada por sentença (fls. 611 s.), para suspender o registro de escritura de compra e venda de imóvel integrante de sua meação, "até julgamento final da Ação de Divórcio". A extensão da eficácia da medida cautelar até o "julgamento final" da ação principal poderia ser extraída do enunciado normativo do art. 807 do CPC/1973, abaixo transcrito: Art. 807. As medidas cautelares conservam a sua eficácia no prazo do artigo antecedente e na pendência do processo principal; mas podem, a qualquer tempo, ser revogadas ou modificadas. Parágrafo único. Salvo decisão judicial em contrário, a medida cautelar conservará a eficácia durante o período de suspensão do processo. Sobreveio, porém, sentença na ação principal, de divórcio. Ante esse fato, o Tribunal de origem declarou a perda de objeto da ação cautelar, com base na norma do art. 808, inciso III, do CPC/1973, abaixo transcrito: Art. 808. Cessa a eficácia da medida cautelar: III - se o juiz declarar extinto o processo, com ou sem julgamento do mérito. Daí a interposição do presente recurso especial, em que a parte ora recorrente sustentou que subsistiram os motivos que ensejaram o deferimento da medida cautelar, na medida em que a sentença de divórcio confirmou seu a 50% do imóvel, tornando-se necessário manter o bloqueio do registro da escritura de alienação desse imóvel a terceiro. Pois bem, é certo que, na vigência do CPC/1973, pairava controvérsia acerca da eficácia da medida cautelar após julgamento do mérito da demanda principal. No sentido da pretensão recursal, pela manutenção da eficácia até o trânsito em julgado, salvo revogação, confiram-se os seguintes arestos: MANDADO DE SEGURANÇA. DENTISTA DO CORPO DE OFICIAIS ATIVOS DA AERONÁUTICA. NOMEAÇÃO POR FORÇA DE CAUTELAR LIMINAR E FINAL. SUPERVENIÊNCIA DE SENTENÇA DE IMPROCEDÊNCIA DA AÇÃO PRINCIPAL. CONSERVAÇÃO DA EFICÁCIA DA TUTELA CAUTELAR. ART. 808, III DO CPC. ORDEM CONCEDIDA, EM CONFORMIDADE COM O PARECER MINISTERIAL. 1. A interpretação do disposto no art. 808, III do CPC deve ser feita em harmonia com o estabelecido no art. 807 do mesmo diploma processual, que impõe a conservação da eficácia da medida cautelar concedida durante todo o trâmite do processo principal, que só termina com o trânsito em julgado da decisão nas instâncias ordinárias. Precedente: REsp. 876.595/BA, Rel. Min. ELIANA CALMON, DJU 06.11.2008. 2. A eficácia da tutela cautelar regularmente deferida, sobretudo com sua confirmação após cognição da ação cautelar, só se extingue quando expressamente revogada ou com o trânsito em julgado da decisão da ação principal, ainda que esta já tenha sido julgada improcedente em primeira instância, uma vez que o interesse jurídico na manutenção da cautelaridade subsiste, dada a possibilidade de alteração do entendimento até então esposado. 3. O recebimento do recurso de Apelação em ambos os efeitos (devolutivo e suspensivo), sem nenhuma disposição expressa a respeito da revogação da medida cautelar deferida durante todo o decorrer do processo, impõe que a decisão cautelar produza os seus efeitos até o trânsito em julgado nas instâncias ordinárias da sentença proferida nos autos principais. 4. Ordem concedida a fim de manter os efeitos da medida cautelar até o trânsito em julgado da ação principal nas instâncias ordinárias. (MS 14.386/DF, Rel. Ministro NAPOLEÃO NUNES MAIA FILHO, TERCEIRA SEÇÃO, julgado em 25/08/2010, DJe 03/09/2010) AGRAVO REGIMENTAL EM RECURSO ESPECIAL - PROCESSUAL CIVIL - MEDIDA CAUTELAR DEFERIDA NOS AUTOS DE AÇÃO REIVINDICATÓRIA - EFEITOS - EXTENSÃO ATÉ O SEU RESPECTIVO TRÂNSITO EM JULGADO (ressalvando-se, contudo, eventual revogação de seus efeitos, pelo prudente juízo da causa, nas hipóteses em que alterados os pressupostos que outrora ensejaram seu deferimento) - RECURSO IMPROVIDO. (AgRg nos EDcl no REsp 1198564/SC, Rel. Ministro MASSAMI UYEDA, TERCEIRA TURMA, julgado em 13/11/2012, DJe 27/11/2012) Em sentido contrário, confiram-se: PROCESSUAL CIVIL. RECURSO ESPECIAL. SENTENÇA PROFERIDA NO PROCESSO PRINCIPAL. CAUTELAR. CESSAÇÃO DA EFICÁCIA. ART. 808, III, DO CPC. 1. Nos termos do artigo 808, III do CPC, "cessa a eficácia da medida cautelar (...) se o juiz declarar extinto o processo principal, com ou sem julgamento de mérito". A cessação da eficácia, em casos tais, independe do trânsito em julgado da sentença extintiva do processo, especialmente quando a providência requerida como cautelar tem típica natureza antecipatória. Entendimento contrário importaria, na prática, a conferir efeito suspensivo a todos os recursos, inclusive ao especial e ao extraordinário, que vierem a ser interpostos contra sentenças e acórdãos de improcedência ou terminativos proferidos no processo principal. 2. Embargos de divergência providos. (EREsp 1043487/SP, Rel. Ministro TEORI ALBINO ZAVASCKI, PRIMEIRA SEÇÃO, julgado em 08/06/2011, DJe 14/06/2011) PROCESSUAL CIVIL. EMBARGOS DE DECLARAÇÃO NOS EMBARGOS DE DIVERGÊNCIA NO RECURSO ESPECIAL. AÇÃO CAUTELAR. SUPERVENIÊNCIA DE SENTENÇA JULGANDO O PROCESSO PRINCIPAL. MEDIDA CAUTELAR. PERDA DA EFICÁCIA. ART. 808, III, DO CPC. DIVERGÊNCIA JURISPRUDENCIAL CONFIGURADA. EXISTÊNCIA DOS VÍCIOS PREVISTOS NO ART. 535 DO CPC. EFEITOS INFRINGENTES. POSSIBILIDADE. EMBARGOS ACOLHIDOS. 1. A possibilidade de atribuição de efeitos infringentes ou modificativos a embargos de declaração sobrevém como resultado da presença de omissão, obscuridade ou contradição a serem corrigidas no acórdão embargado. 2. Na sessão do dia 8/6/11, após o julgamento destes embargos de divergência, a Primeira Seção modificou o seu entendimento para conhecer da divergência e acolher os embargos opostos no REsp 1.043.487/SP, no sentido de que "a extinção do processo principal, com ou sem resolução do mérito, implica cessação da eficácia da medida cautelar, sendo desnecessário que se aguarde o trânsito em julgado da ação principal". 3. Embargos de declaração acolhidos. (EDcl nos EREsp 876.595/BA, Rel. Ministro ARNALDO ESTEVES LIMA, PRIMEIRA SEÇÃO, julgado em 11/06/2014, DJe 01/07/2014) Observe-se que o Código de Processo Civil de 2015 eliminou essa aparente antinomia, ao dispor no art. 309, inciso III, que a cessação de eficácia somente ocorre se a demanda principal for julgada improcedente ou extinta sem resolução do mérito. Confira-se: Art. 309. Cessa a eficácia da tutela concedida em caráter antecedente, se: I – o autor não deduzir o pedido principal no prazo legal: II – não for efetivada dentro de 30 (trinta) dias; III – o juiz julgar improcedente o pedido principal formulado pelo autor ou extinguir o processo sem resolução de mérito. O caso dos autos, embora regido pelo CPC/1973, guarda a particularidade de o Tribunal de origem, a par de ter sustentado a perda de eficácia da medida cautelar, ter declinado motivos que justificariam a sua revogação. Confira-se, a propósito, o seguinte trecho do acórdão recorrido: Ademais, apenas como um plus, mesmo que fôssemos adentrar nas razões de mérito dos apelos, melhor sorte não restaria ao recorrente, explico. Como é cediço, a cautelar inominada incidental, por ter natureza instrumental e acessória, possui íntima relação com a demanda principal, de modo que aquela deve trilhar o mesmo caminho da matéria decidida nessa última. Ora, se já restou decidido na demanda principal (ação de divórcio e partilha de bens) que deve ser partilhado o produto obtido com a venda do imóvel, bem como que eventual nulidade do contrato de alienação deve ser requerida através da via própria, a cautelar incidental, envolvendo pleitos interligados com o bem disputado pelo casal, não pode trilhar caminho distinto, razão pela qual os pedidos aviados pelo requerente carecem de relevância jurídica. (fls. 789 s.) Deveras, se a parte ora recorrente não foi aquinhoada com a fração ideal de 50% sobre o imóvel, mas apenas com 50% do produto da alienação (circunstância incontrastável no âmbito desta Corte Superior em razão do óbice da Súmula 7/STJ), não se justifica seja mantida a restrição no registro do imóvel, como bem entendeu o Tribunal a quo. Destarte, o recurso especial não merece ser provido. Ante o exposto, com base no art. 932, inciso IV, do CPC/2015 c/c a Súmula 568/STJ, NEGO PROVIMENTO ao recurso especial. Advirta-se que eventual recurso interposto contra este decisum estará sujeito às normas do CPC/2015 (cf. Enunciado Administrativo n. 3/STJ). Intimem-se. Brasília (DF), 22 de outubro de 2018. MINISTRO PAULO DE TARSO SANSEVERINO Relator (STJ - REsp: 1605285 PB 2016/0143128-4, Relator: Ministro PAULO DE TARSO SANSEVERINO, Data de Publicação: DJ 24/10/2018)

II – não for efetivada dentro de 30 (trinta) dias;

→ *v.* Enunciado 46 do CJF: A cessação da eficácia da tutela cautelar, antecedente ou incidental, pela não efetivação no prazo de 30 dias, só ocorre se caracterizada omissão do requerente.

III – o juiz julgar improcedente o pedido principal formulado pelo autor ou extinguir o processo sem resolução de mérito.

Parágrafo único. Se por qualquer motivo cessar a eficácia da tutela cautelar, é vedado à parte renovar o pedido, salvo sob novo fundamento.

→ *v.* Art. 502 do CPC.

Considerando que, uma vez cessada a eficácia da tutela cautelar, não se admite a reiteração do pedido, a não ser quando sob novo fundamento:

✓ APELAÇÃO. MEDIDA CAUTELAR. LIMINAR SATISFATIVA. DEFERIMENTO. INTERESSE PROCESSUAL. PERDA SUPERVENIENTE. EXTINÇÃO SEM JULGAMENTO DO MÉRITO. POSSIBILIDADE. CESSAÇÃO DA EFICÁCIA DA LIMINAR. APELAÇÃO À QUAL SE NEGA PROVIMENTO. 1. CESSA A EFICÁCIA DA MEDIDA CAUTELAR COM A PROLAÇÃO DE SENTENÇA, COM OU SEM RESOLUÇÃO DO MÉRITO (ART. 309, DO CÓDIGO DE PROCESSO CIVIL). 2. SE POR QUALQUER MOTIVO CESSAR A EFICÁCIA DA TUTELA CAUTELAR, É VEDADO À PARTE RENOVAR O PEDIDO, SALVO SOB NOVO FUNDAMENTO. 3. Dada a distinção entre os institutos da tutela cautelar requerida em caráter antecedente e a tutela antecipada, no primeiro, não há obrigatoriedade de sentença de mérito, notadamente quando verificada a tutela satisfativa. 4. Possibilidade de extinção por perda superveniente de interesse processual. (TJMG; APCV 1.0338.14.001585-4/001; Rel. Des. Marcelo Rodrigues; Julg. 03/10/2017; DJEMG 11/10/2017)

Art. 310. **O indeferimento da tutela cautelar não obsta a que a parte formule o pedido principal, nem influi no julgamento desse, salvo se o motivo do indeferimento for o reconhecimento de decadência ou de prescrição.**

→ *v.* Art. 487, II do CPC.

Possibilidade de analisar a prescrição em processo cautelar:

→ AgInt no AgRg no AGRAVO EM RECURSO ESPECIAL Nº 81.124 - PR (2011/0194634-0) RELATOR: MINISTRO MARCO BUZZI AGRAVANTE: COPEL DISTRIBUIÇÃO S.A ADVOGADOS: LUÍS RENATO MARTINS DE ALMEIDA E OUTRO (S) - PR024630 MICHELE SUCKOW LOSS - PR032678 CHRISTIANA TOSIN MERCER - PR027745 AGRAVADO: ENIO LANGER ADVOGADO: ARNI DEONILDO HALL E OUTRO (S) - PR013837 DECISÃO Cuida-se de agravo interno, interposto por COPEL DISTRIBUIÇÃO S.A, em face da decisão de fls. 210-212 e-STJ, da lavra deste relator, que negou provimento ao agravo (art. 544 do CPC/73), por entender ausente omissão no acórdão e por aplicação da Súmula 7/STJ. No entanto, procedem, em parte, as alegações da parte recorrente, devendo ser reconsiderada a decisão agravada. Pois bem. Cuida-se de agravo (art. 544 do CPC/73) interposto em face da decisão acostada às fls. 147-151 e-STJ, que, em juízo prévio de admissibilidade, negou seguimento ao recurso especial manejado pela ora agravante. O apelo extremo, fundado nas alíneas a e c do permissivo constitucional, fora deduzido em desafio ao acórdão de fls. 88-89 e-STJ, proferido pelo Tribunal de Justiça do Paraná, assim ementado: APELAÇÃO CÍVEL. MEDIDA CAUTELAR DE EXIBIÇÃO DE DOCUMENTOS C/C PROTESTO JUDICIAL INERRUPTIVO DA PRESCRIÇÃO. SENTENÇA QUE JULGA IMPROCEDENTE O PEDIDO INICIAL. O RECEBIMENTO PELO APELANTE DE CÓPIA DO CONTRATO NA ÉPOCA DE SUA ASSINATURA NÃO IMPEDE A PROPOSITURA DA MEDIDA CAUTELAR DE EXIBIÇÃO DE DOCUMENTOS. DOCUMENTO COMUM, DEVER DE GUARDA E EXIBIÇÃO DA CONCESSIONÁRIA. RECURSO CONHECIDO E PROVIDO. "Tratando-se de documento comum às partes, não se admite a recusa de exibi-lo, notadamente quando a instituição recorrente tem a obrigação de mantê-lo enquanto' não prescrita eventual ação sobre ele." (STJ. AgRg no Ag 647746 1 RS. Relator: Ministro BARROS MONTEIRO. DJ 12/12/2005) Opostos embargos de declaração (fls. 104-108 e-STJ), restaram desacolhidos (fls. 116-121 e-STJ). Nas razões de recurso especial (fls. 125-134 e-STJ), alegou a insurgente que o acórdão recorrido violou os seguintes dispositivos de lei federal: (i) artigo 535 do CPC/73, porquanto não sanada omissão apontada nos aclaratórios; e, (ii) artigo 810 do CPC/73, sustentando ser possível a análise da prescrição da pretensão principal em sede de ação cautelar, bem como aduz sua ocorrência no caso. Aduziu, ainda, a existência de dissídio jurisprudencial. Sem contrarrazões (fl. 139 e-STJ). Em juízo prévio de admissibilidade, a Corte de origem negou seguimento ao apelo nobre afastando a alegada negativa de prestação jurisdicional e por aplicação da Súmula 83/STJ. Inconformada, interpôs agravo (art. 544 do CPC/73), cuja minuta está acostada às fls. 155-163 e-STJ, por meio do qual pretende ver admitido o recurso especial. Sem contraminuta (fl. 165 e-STJ). É o relatório. Decide-se. Ante as razões expendidas, reconsidera-se parcialmente a decisão de fls. 210-212 e-STJ, a fim de conhecer do agravo e dar parcial provimento ao recurso especial. 1. No que se refere à alegação de ofensa ao artigo 810 do CPC/73 e ao dissídio jurisprudencial suscitado, a insurgente sustenta, inicialmente, a possibilidade de análise da prescrição nos autos da ação cautelar preparatória. Aduz, ainda, a necessidade de análise desta prescrição, porquanto não mais haveria obrigação de manter os documentos pleiteados após o transcurso do prazo prescricional. Razão lhe assiste neste ponto. A Corte de origem, ao apreciar os embargos declaratórios lá opostos, asseverou que "eventual discussão acerca da incidência da prescrição se dará somente se proposto o processo principal" (fl. 119 e-STJ), bem como que "não é cabível discutir em sede cautelar de exibição de documentos preliminar de mérito (prescrição) da ação principal" (fl. 119 e-STJ). Todavia, a simples leitura do artigo 810 do CPC/73 (equivalente ao art. 310 do CPC/15) permite concluir pela possibilidade de análise da prescrição nos autos de processo cautelar, veja-se: Art. 310. O indeferimento da tutela cautelar não obsta a que a parte formule o pedido principal, nem influi no julgamento desse, salvo se o motivo do indeferimento for o reconhecimento de decadência ou de prescrição. Ademais, a jurisprudência itinerante desta Corte é no sentido de que o dever de guarda de documentos permanece até a prescrição de eventuais pretensões derivadas daquela relação. Neste sentido: REsp 995.375/SP, Rel. Ministro LUIS FELIPE SALOMÃO, QUARTA TURMA, julgado em 04/09/2012, DJe 01/10/2012; AgRg no Ag 1275771/SP, Rel. Ministro MARCO BUZZI, QUARTA TURMA, julgado em 13/03/2012, DJe 23/03/2012. Portanto, indubitável o cabimento da discussão acerca de eventual prescrição do direito de fundo, seja porque o próprio diploma processual admite sua possibilidade, seja porque o direito de guarda e dever de exibição pode ser modificado com o transcurso do prazo prescricional - não se olvide que a insurgente sustenta, desde a origem, que não mais detém os documentos cuja exibição se pleiteia, justamente em razão do lapso temporal transcorrido. Em semelhante sentido, ainda, admitindo a análise da prescrição da ação principal nos autos da ação cautelar, é o precedente deste Corte: AGRAVO REGIMENTAL NO AGRAVO DE INSTRUMENTO. AÇÃO CAUTELAR. EXIBIÇÃO DE DOCUMENTOS. OFENSA AO ART. 535 DO CPC NÃO CONFIGURADA. PRESCRIÇÃO. AUSÊNCIA DE PREQUESTIONAMENTO. SÚMULA 211/STJ. 1. Não se verifica ofensa ao art. 535 do CPC, tendo em vista que o acórdão recorrido analisou, de forma clara e fundamentada, todas as questões pertinentes ao julgamento da causa, ainda que não no sentido invocado pela parte. 2. Conforme o art. 810 do CPC, é lícito ao juiz, na cautelar preparatória, desde que provocado para tanto, declarar a prescrição ou a decadência da pretensão principal. No entanto, tal questão pode vir a ser dirimida na ação principal. 3. A falta de prequestionamento de matéria suscitada no recurso especial, a despeito da oposição de embargos de declaração, impede o conhecimento do recurso especial (Súmula 211 do STJ). 4. Ainda que se trate de matéria de ordem pública, a análise da prescrição não dispensa o requisito do prequestionamento. Precedentes. 5. Agravo regimental a que se nega provimento. (AgRg no Ag 925.967/SE, Rel. Ministro VASCO DELLA GIUSTINA (DESEMBARGADOR CONVOCADO DO TJ/

RS), TERCEIRA TURMA, julgado em 09/06/2009, DJe 23/06/2009) E, ainda, as decisões monocráticas proferidas nos autos: AREsp 1276368/MG, Rel. Ministro RAUL ARAÚJO, DJe 06/11/2018; AREsp 827909/PR, Rel. Ministro ANTONIO CARLOS FERREIRA, DJe 15/08/2018; e, REsp 1598082/PR, Rel. Ministro RICARDO VILLAS BÔAS CUEVA, DJe 29/06/2018. Assim, imperioso o provimento parcial do recurso especial, a fim de reconhecer a possibilidade de análise da prescrição nos autos da ação cautelar preparatória. 2. Do exposto, reconsidera-se parcialmente a decisão de fls. 210-212 e-STJ e, com amparo no artigo 932 do CPC/15 c/c a súmula 568/STJ, conhece-se do agravo e, de plano, dá-se parcial provimento ao recurso especial, para, reconhecida a possibilidade de análise da prescrição na ação cautelar, determinar o retorno dos autos à Corte de origem a fim de que proceda a novo julgamento, apreciando a alegação, como entender de direito. Publique-se. Intimem-se. Brasília (DF), 18 de março de 2019. MINISTRO MARCO BUZZI Relator (STJ – AgInt no AgRg no AREsp: 81124 PR 2011/0194634-0, Relator: Ministro MARCO BUZZI, Data de Publicação: DJ 21/03/2019).

TÍTULO III
Da Tutela da Evidência

Art. 311. A tutela da evidência será concedida, independentemente da demonstração de perigo de dano ou de risco ao resultado útil do processo, quando:

→ *v.* Art. 7º da Lei 8.429/1992.

→ *v.* Art. 1º da Lei 9.494/1997.

→ *v.* Lei 8.076/1990 – Estabelece hipóteses nas quais fica suspensa a concessão de medidas liminares.

→ *v.* Enunciado 49 do CJF: A tutela da evidência pode ser concedida em mandado de segurança.

Impossibilidade de concessão de tutela de evidência em caráter antecedente:

✓ AGRAVO REGIMENTAL EM AGRAVO DE INSTRUMENTO. Impossibilidade de concessão de tutela de evidência em caráter antecedente. Procedimento previsto para a tutela de urgência. Decisão que determina emenda à inicial não indefere qualquer pedido, não havendo prejuízo a ser impugnado por meio de agravo de instrumento. Manutenção da decisão monocrática que não conheceu do recurso. Agravo regimental conhecido e não provido. (TJAM; AG 0004117-90.2016.8.04.0000; Terceira Câmara Cível; Rel. Des. Cláudio César Ramalheira Roessing; DJAM 17/05/2017; Pág. 34)

Não basta a existência de um título executivo com trânsito em julgado para a concessão da tutela de evidencia, sendo necessário enquadrar o caso em uma das hipóteses do art. 311 do CPC:

✓ AGRAVO DE INSTRUMENTO. LIQUIDAÇÃO POR ARBITRAMENTO. TUTELA DE EVIDÊNCIA. ARTIGO 311 DO NOVO CPC. PERICULUM IN MORA. DESNECESSIDADE. TÍTULO EXECUTIVO COM TRÂNSITO EM JULGADO. PEDIDO DE BACENJUD/INDISPONIBILIDADE DE BENS. DILAPIDAÇÃO PATRIMONIAL. NÃO VERIFICADA. 1. Nos termos do art. 311, CPC, está autorizada a liminar de tutela de evidência quando ficar caracterizado o abuso do direito de defesa ou o manifesto propósito protelatório da parte, houver provas documentais dos fatos, tese já firmada em recursos repetitivos, repercussão geral ou em Súmula vinculante, ou ainda, ser pedido de reivindicação de coisa (ação de depósito). 2. A tutela de evidência não necessita de demonstração do periculum in mora, sendo possível quando se enquadrar nas hipóteses (não cumulativas) previstas no artigo 311 do Novo CPC. 3. Ainda que se possa reconhecer a natureza cautelar em tutelas de evidência (visando proteger, preservar o direito, sem antecipar os efeitos da futura sentença), para o deferimento de bloqueio de ativos financeiros da parte ré, por intermédio do sistema BACENJUD, bem como a indisponibilidade de bens móveis e/ou imóveis, deve haver a incidência em qualquer das hipóteses previstas no artigo 311 do CPC. Não basta a existência de título executivo com trânsito em julgado. 4. Mesmo o periculum in mora presumido precisa partir de algum dado efetivo de que a parte ré está se desfazendo de seu patrimônio. Verifica-se que não há elementos que evidenciam a probabilidade do direito para concessão da tutela de urgência, porquanto, não há nos autos qualquer indício de que o réu esteja promovendo o levantamento das quantias que porventura possa ter aplicadas junto às instituições financeiras, nem de que está alienando seus bens. (TRF 4ª R.; AG 5023514-49.2017.4.04.0000; Terceira Turma; Relª Desª Fed. Marga Inge Barth Tessler; Julg. 21/11/2017; DEJF 27/11/2017)

Impossibilidade de concessão da tutela de evidência se a demanda se funda em teses contrárias à jurisprudência sumulada:

✓ AGRAVO DE INSTRUMENTO. AÇÃO ORDINÁRIA. REVISÃO DE CLÁUSULAS DE CONTRATO BANCÁRIO. TUTELA PROVISÓRIA. DEPÓSITO JUDICIAL DE PRESTAÇÕES MENSAIS. VALOR INCONTROVERSO. INSCRIÇÃO DE DADOS DO DEVEDOR NOS SERVIÇOS DE PROTEÇÃO AO CRÉDITO. EXERCÍCIO REGULAR DE DIREITO. URGÊNCIA OU EVIDENCIA NÃO IDENTIFICADAS. 1. Deve ser indeferido pedido de tutela de urgência quando inexistir elementos que evidenciem a probabilidade do direito e o perigo de dano ou o risco ao resultado útil do processo, como decorre do disposto no art. 300 do Código de Processo Civil. 2. Já a tutela de evidência não pode ser concedida quando, independentemente da demonstração de perigo de dano ou de risco ao resultado útil do processo, (I) não esteja caracterizado o abuso do direito de defesa ou o manifesto propósito protelatório da parte; (II) a tese firmada em casos repetitivos for contrária à pretensão do autor; 3. Por isso, não é de se admitir o depósito em conta judicial de valores tidos como incontroversos pelo autor na ação de revisão de contrato bancário, quando fundada em teses contrárias à jurisprudência sumulada do STJ. 4. A inscrição do nome do devedor nos cadastros de proteção ao crédito, em caso de inadimplemento, caracteriza exercício regular de direito do credor. (TJMG; AI 1.0702.15.031203-2/001; Rel. Des. José Flávio de Almeida; Julg. 24/05/2017; DJEMG 02/06/2017)

Entendendo que as disposições da Lei n. 12.016/2009 prevalecem sobre as disposições do CPC relativamente à tutela de evidência:

✓ AGRAVO DE INSTRUMENTO EM MANDADO DE SEGURANÇA. REQUISITOS PARA O DEFERIMENTO DA LIMINAR. INAPLICABILIDADE DO CPC. TUTELA DE EVIDÊNCIA. 1. No mandado de segurança os dois pressupostos que autorizam a concessão da medida liminar devem coexistir, ou seja, a relevância dos fundamentos invocados e o risco de ineficácia da medida se concedida somente ao final, conforme prevê o art. 7º, III, da Lei nº 12.016/2009 (...) quando houver fundamento relevante e do ato impugnado puder resultar a ineficácia da medida, caso seja finalmente deferida (...). 2. A Lei nº 12.016/09 (que disciplina o Mandado de Segurança), por se tratar de Lei Especial, prevalece sobre o CPC, de modo que, na espécie, devem ser observados os requisitos previstos no art. 7º, III, da aludida Lei, não sendo o caso de aplicação da tutela de evidência, invocada pela recorrente. 3. Não restou satisfeito em sua integralidade o comando legal pertinente à tutela de evidência (CPC, art. 311, inciso IV) que impõe, no mínimo, exame ou consideração explícita de eventual oposição, pela parte ré, de prova capaz de gerar dúvida razoável. 4. Agravo desprovido. (TRF 4ª R.; AG 5053163-93.2016.404.0000; Segunda Turma; Rel. Juiz Fed. Roberto Fernandes Júnior; Julg. 04/04/2017; DEJF 06/04/2017)

Considerando subsidiariamente aplicáveis as regras do art. 311 do CPC ao mandado de segurança:

✓ AGRAVO DE INSTRUMENTO EM MANDADO DE SEGURANÇA. REQUISITOS PARA O DEFERIMENTO DA LIMINAR. TUTELA DE EVIDÊNCIA. 1. É possível o deferimento parcial do pedido liminar, com fundamento no art. 311 do CPC (tutela de evidência) desde que a tese pontuada no mandamus esteja sufragada ou no STJ ou no STF. 2. A Lei do mandado de Segurança que é de 2009, explicita a possibilidade de aplicação subsidiária do CPC, sobretudo, quando a sua disposição geral não é afrontosa do seu microssistema 5. Agravo de instrumento provido, em parte. (TRF 4ª R.; AG 5000939-47.2017.404.0000; Segunda Turma; Rel. Juiz Fed. Roberto Fernandes Júnior; Julg. 04/04/2017; DEJF 06/04/2017)

Pedido de tutela de evidência em sede de agravo em recurso especial:

✓ TutPrv no AGRAVO EM RECURSO ESPECIAL Nº 1.521.049 - RS (2019/0164169-0) RELATOR: MINISTRO NAPOLEÃO NUNES MAIA FILHO REQUERENTE: BERTOLINI - INDUSTRIA QUIMICA LTDA ADVOGADOS: FÁBIO SONNTAG - RS077667 FELIPE MATEUS HOPPE - RS086617 REQUERIDO: FAZENDA NACIONAL DECISÃO (DEFERIMENTO DA TUTELA PROVISÓRIA DE EVIDÊNCIA) TRIBUTÁRIO E PROCESSUAL CIVIL. PEDIDO DE TUTELA PROVISÓRIA NO AGRAVO EM RECURSO ESPECIAL. PEDIDO DE TUTELA PROVISÓRIA DE EVIDÊNCIA. ICMS. BASE DE CÁLCULO. PIS/COFINS. RECENTE POSICIONAMENTO DO STF EM REPERCUSSÃO GERAL (RE 574.706/PR, REL. MIN. CÁRMEN LÚCIA). PRESENÇA DOS REQUISITOS AUTORIZADORES DA TUTELA DE EVIDÊNCIA EXIGIDOS PELO ART. 311, II DO CÓDIGO FUX. DEFERE-SE, POR ESTA DECISÃO, A TUTELA PROVISÓRIA DE EVIDÊNCIA, PARA AUTORIZAR QUE A REQUERENTE RECOLHA AS PARCELAS DAS CONTRIBUIÇÕES AO PIS E À COFINS, SEM INCLUSÃO DO ICMS EM SUA BASE DE CÁLCULO, ATÉ JULGAMENTO FINAL DO PRESENTE RECURSO OU DELIBERAÇÃO ULTERIOR. 1. Trata-se de Pedido de Tutela Provisória de Evidência formulado por BERTOLINI- INDÚSTRIA QUÍMICA LTDA., amparada no art. 311 e seguintes do Código Fux, a partir do qual visa a obter autorização para a não inclusão do ICMS na base de cálculo das parcelas das Contribuições ao PIS e à COFINS. 2. Relata a requerente que, mesmo diante da apreciação definitiva do tema pela excelsa Corte, com repercussão geral, concluindo ser indevida a inclusão de ICMS na base de cálculo do PIS e da COFINS, a FAZENDA NACIONAL vem apresentando inúmeros recursos, a fim de protelar os efeitos daquele julgado, o que causa enorme prejuízo ao contribuinte, que, por não ter requerido pedido liminar antecedente, suporta o pagamento de R$ 100.000,00 com a cobrança do ICMS na base de cálculos dos referidos tributos. 3. Requer, por isso, a concessão de medida de urgência, para que seja autorizado o recolhimento do PIS e da COFINS sem a inclusão do ICMS destacado de suas bases de cálculos. 4. É o relatório. 5. O Pedido de Tutela Provisória de Evidência se abriga sob a égide do disposto no art. 311 do Código Fux (CPC/2015), verbis: Art. 311. A tutela da evidência será concedida, independentemente da demonstração de perigo de dano ou de risco ao resultado útil do processo, quando:(...) II – as alegações de fato puderem ser comprovadas apenas documentalmente e houver tese firmada em julgamento de casos repetitivos ou em súmula vinculante; (...) Parágrafo único. Nas hipóteses dos incisos II e III, o juiz poderá decidir liminarmente." (grifamos) 6. Ao que se observa, o deferimento do pedido formulado em sede de tutela de evidência dispensa a comprovação do perigo de dano ou do risco ao resultado útil do processo, exigindo-se, porém, que a tese discutida nos autos já tenha sido solucionada em sede de recurso repetitivo ou em súmula vinculante. 7. A tese suscitada encontra-se amparada pelo julgamento do RE 574.706/PR, nos termos exigidos pelo art. 311, II do Código Fux. 8. Sendo assim, imperiosa a expedita manifestação desta Corte Superior, não se podendo aguardar o desfecho do julgamento nesta Corte, na medida em que os fundamentos da pretensão estão amparados nas conclusões do julgamento do mencionado RE 574.706/PR, subsumindo-se, desse modo, à hipótese prevista no art. 311, II do Código Fux. 9. Pelo exposto, presentes os requisitos, defere-se, por ora, a tutela provisória de evidência, a fim de autorizar que a requerente efetue o recolhimento das parcelas das Contribuições ao PIS e à COFINS, sem a inclusão do ICMS destacado de sua base de cálculo. 10. Publique-se. Intimem-se. Brasília (DF), 03 de março de 2020. NAPOLEÃO NUNES MAIA FILHO MINISTRO RELATOR (STJ – TutPrv no AREsp: 1521049 RS 2019/0164169-0, Relator: Ministro NAPOLEÃO NUNES MAIA FILHO, Data de Publicação: DJ 09/03/2020)

I – ficar caracterizado o abuso do direito de defesa ou o manifesto propósito protelatório da parte;

→ *v.* Enunciado 47 do CJF: A probabilidade do direito constitui requisito para concessão da tutela da evidência fundada em abuso do direito de defesa ou em manifesto propósito protelatório da parte contrária.

Interposição de recurso após o reconhecimento da procedência do pedido caracteriza abuso do direito de defesa, apto a ensejar a tutela de evidência:

✓ PREVIDENCIÁRIO. AUXÍLIO-DOENÇA E APOSENTADORIA POR INVALIDEZ. CARÊNCIA. NÃO COMPROVAÇÃO. AUSÊNCIA DOS REQUISITOS. SENTENÇA DE PROCEDÊNCIA TOTALMENTE REFORMADA. APELAÇÃO DO INSS NÃO CONHECIDA. REMESSA OFICIAL PARCIALMENTE PROVIDA. LITIGÂNCIA DE MÁ-FÉ CARACTERIZADA. CONDENAÇÃO DO INSS. CONCESSÃO DE TUTELA DE EVIDÊNCIA EM FAVOR DO AUTOR (ART. 311, I, CPC). 1. Trata-se de remessa necessária e de recurso de apelação interposto pelo INSS contra sentença que julgou procedente o pedido inicial para condenar o INSS ao pagamento, em favor do autor, do benefício de aposentadoria por invalidez, desde a data do requerimento administrativo. Em suas razões de apelo, o INSS sustenta que o juízo a quo deixou de verificar se o autor ostentava qualidade de segurado do RGPS ou se possuía carência, afirmando que o conjunto probatório dos autos não comprova o atendimento aos requisitos legais para a concessão de benefício por incapacidade, na condição de segurado especial. Na eventualidade, requer a fixação da DIB na data da juntada aos autos do laudo pericial, bem como a fixação de data limite para a realização de nova perícia médica. Pugna, outrossim, pela redução dos honorários advocatícios para 5% do valor da condenação, observada a Súmula n. 111 do STJ. 2. (...) 7. Todavia, considerando que o autor desistiu da prova apenas porque o INSS reconheceu o pedido autoral, entendo que não pode o feito ser julgado improcedente sem que seja dada oportunidade à parte de produzir as provas que lhe interesse, sob pena de violação aos princípios do contraditório e da ampla defesa e de afronta à legítima expectativa depositada na procedência do pedido. 8. Ante o exposto, voto no sentido de NÃO CONHECER da apelação do INSS e DAR PARCIAL PROVIMENTO à remessa oficial, para ANULAR A SENTENÇA, e determinar o retorno dos autos à origem, para a retomada da instrução processual, devendo ser oportunizada às partes a possibilidade de produção de prova testemunhal, ficando condenado o INSS ao pagamento de multa por litigância de má-fé, em 1% sobre o valor da causa, nos termos do art. 18 do CPC/73. 9. Considerando a comprovação inequívoca da incapacidade do autor, conforme laudo pericial de fls. 90/92, e a verossimilhança das alegações no tocante à qualidade de segurado, reforçada pelos documentos de fls. 10/34, e restando caracterizado, ainda, o abuso do direito de defesa por parte do INSS, que interpôs apelação após ter reconhecido a procedência do pedido, dever ser concedida à parte autora, com fulcro no art. 311, I, do CPC, a tutela de evidência, a fim de determinar ao INSS que implante, no prazo de 30 dias a contar da intimação da presente decisão, o benefício de aposentadoria por invalidez em favor do autor, até ulterior decisão a ser proferida pelo Juízo a quo. (TRF 1ª R.; Ap-RN 0062061-28.2010.4.01.9199; Primeira Câmara Regional Previdenciária de Juiz de Fora; Relª Juíza Fed. Conv. Silvia Elena Petry Wieser; DJF1 17/05/2017)

Oferecimento abusivo de reconvenção caracteriza abuso do direito de defesa e pode acarretar a concessão de tutela de evidência:

✓ APELAÇÃO CÍVEL. PROMESSA DE COMPRA E VENDA. PRETENSÃO DE RESCISÃO. ÁREA SITUADA EM TODO MAIOR. RECONVENÇÃO. PRETENSÃO DE COMPELIR OS PROMITENTES-VENDEDORES À REALIZAÇÃO DO DESMEMBRAMENTO DO IMÓVEL E TRANSFERÊNCIA DE PROPRIEDADE. VERIFICAÇÃO DO DESCUMPRIMENTO DAS OBRIGAÇÕES ASSUMIDAS PELO PROMITENTE-COMPRADOR. AUSÊNCIA DE PAGAMENTO DO VALOR ACORDADO, CONSISTENTE NO RECOLHIMENTO DE TRIBUTOS INCIDENTES SOBRE O TODO MAIOR. LITIGÂNCIA DE MÁ-FÉ MANTIDA. TUTELA DE EVIDÊNCIA CONFIRMADA. I. Tratando-se de promessa de compra e venda de terreno inserido em todo maior, o descumprimento, pelo promitente-comprador, da obrigação de pagar o valor avençado, consistente no recolhimento dos tributos incidentes sobre todo o imóvel, gera ao promitente-vendedor o direito à rescisão do contrato por inadimplemento, bem como o pagamento das perdas e danos, a serem apuradas em liquidação. Corolário lógico é o descabimento do pedido deduzido em reconvenção, por meio da qual o promitente-vendedor pretendia compelir a parte adversa a realizar o desmembramento do imóvel e transferir a propriedade do bem. II. Evidenciado que o réu se valeu da reconvenção para o fim de obter vantagem indevida, cabível sua condenação por litigância de má-fé, na forma do art. 80, incisos III e VI, do código de processo civil. III. Cabível a concessão da tutela de evidência no caso em exame, haja vista o abuso do direito de defesa por parte do demandado, que se mantém na posse do bem por cerca de nove anos de maneira absolutamente ilegítima. Recurso desprovido à unanimidade. (TJRS; AC 0316990-27.2016.8.21.7000; Santana do Livramento; Décima Sétima Câmara Cível; Relª Desª Liege Puricelli Pires; Julg. 15/12/2016; DJERS 31/01/2017)

II – as alegações de fato puderem ser comprovadas apenas documentalmente e houver tese firmada em julgamento de casos repetitivos ou em súmula vinculante;

→ *V.* Art. 1.032 e ss. do CPC.

→ *V.* Lei 11.417/2006 – Dispõe sobre a edição, a revisão e o cancelamento de enunciado de súmula vinculante pelo Supremo Tribunal Federal, e dá outras providências.

→ *V.* Enunciado 48 do CJF: É admissível a tutela provisória da evidência, prevista no art. 311, II, do CPC, também em casos de tese firmada em repercussão geral ou em súmulas dos tribunais superiores.

→ *V.* Enunciado 30 da ENFAM: É possível a concessão da tutela de evidência prevista no art. 311, II, do CPC/2015 quando a pretensão autoral estiver de acordo com orientação firmada pelo Supremo Tribunal Federal em sede de controle abstrato de constitucionalidade ou com tese prevista em súmula dos tribunais, independentemente de caráter vinculante.

→ *V.* Enunciado 31 da ENFAM: A concessão da tutela de evidência prevista no art. 311, II, do CPC/2015 independe do trânsito em julgado da decisão paradigma.

Concedendo a tutela de evidência com base em precedente extraído de recurso extraordinário com repercussão geral reconhecida:

✓ AGRAVO DE INSTRUMENTO. MANDADO DE SEGURANÇA. TUTELA PROVISÓRIA. TRIBUTÁRIO. PIS E COFINS. BASE DE CÁLCULO. NÃO INCLUSÃO DO ICMS. PRECEDENTE DO STF EM REPERCUSSÃO GERAL. 1. Cuida-se em essência de agravo de instrumento interposto para reformar decisão sobre pedido de tutela provisória. 2. A tutela de evidência é a tutela provisória concedida sem a exigência da comprovação de dano grave ou de difícil reparação, ou seja, apenas pelo fato de estar evidente o direito postulado, o que significa dizer que a defesa da parte contrária será, de todo modo, inconsistente. 3. Considerando que não se trata de singular entendimento jurisprudencial, mas, sim, de movimentação do Judiciário no sentido da uniformização da jurisprudência, mediante requisitos legais e determinado procedimento, ensejando precedente obrigatório aos demais Tribunais (arts. 926 e 927 do CPC), impende seja concedida a tutela de evidência, conforme acertadamente fez a decisão agravada. 4. A questão controvertida nos autos diz respeito à inclusão do ICMS na base de cálculo do PIS e da COFINS. 5. A matéria já foi amplamente debatida nessa Corte Regional, tanto no âmbito da 4ª Turma Especializada quanto na 2ª Seção

Especializada, que, inclusive, decidiu incidente de uniformização de jurisprudência nº 0010664-86.2007.4.02.5001, firmando a tese de que deveria prevalecer o entendimento consolidado no âmbito do STJ, segundo o qual, o ICMS integra a base de cálculo do PIS e da COFINS. 6. Diante disso, e somado ao fato de o Superior Tribunal de Justiça também ter firmado entendimento nesse sentido, em acórdão publicado em 02.12.2016, sob a sistemática dos recursos repetitivos (Tema 313), vinha proferindo decisões adotando a jurisprudência desta Corte, bem como o entendimento vinculante do Tribunal da Cidadania, no sentido de que a parcela relativa ao ICMS compõe a base de cálculo do PIS e da COFINS. 7. Não obstante, o Plenário do Supremo Tribunal Federal, em 15 de março de 2017, por maioria de votos decidiu no julgamento do RE 574.706 que o Imposto Sobre Circulação de Mercadorias e Serviços (ICMS) não integra a base de cálculo das contribuições para o Programa Integração Social (PIS) e a Contribuição para o Financiamento da Seguridade Social (COFINS), em julgamento proferido em Repercussão Geral, de modo que se faz necessário se alinhar ao novel entendimento do Excelso Pretório, sobretudo pelo fato de ter sido exarado em julgamento representativo de controvérsia, de observância obrigatória, portanto. 8. Não há qualquer distinção nos autos que admita o afastamento do entendimento proferido pela Suprema Corte que, em sua função típica, reconheceu a inconstitucionalidade da inclusão do ICMS na base de cálculo do PIS e da COFINS, ao fundamento de que a arrecadação do ICMS não se enquadra entre as fontes de financiamento da seguridade social previstas nas Constituição, pois não representa faturamento ou receita, representando apenas ingresso de caixa ou trânsito contábil a ser totalmente repassado ao fisco estadual. 9. Agravo de instrumento improvido. (TRF 2ª R.; AI 0008584-68.2017.4.02.0000; Quarta Turma Especializada; Rel. Des. Fed. Luiz Antonio Soares; DEJF 10/10/2017).

✓ AGRAVO REGIMENTAL EM MEDIDA CAUTELAR. AÇÃO ORIGINÁRIA. CONCURSO PÚBLICO DE OUTORGA DE DELEGAÇÕES DO SERVIÇO EXTRAJUDICIAL. ESTADO DE ALAGOAS. AUSÊNCIA DOS REQUISITOS CAUTELARES PARA A SUSPENSÃO DO CERTAME. AGRAVO REGIMENTAL A QUE SE NEGA PROVIMENTO. I – A decisão ora atacada não merece reforma ou qualquer correção, pois os fundamentos recursais trazem apenas a reiteração daqueles anteriormente expostos pelo autor. II- Como afirmando na decisão agravada, para o deferimento da tutela de urgência, é indispensável a presença de elementos que evidenciem a probabilidade do direito e o perigo de dano ou o risco ao resultado útil do processo (art. 300 do CPC). III- Já a tutela de evidência pode ser deferida liminarmente, independentemente da demonstração de perigo de dano ou de risco ao resultado útil do processo, quando as alegações de fato puderem ser comprovadas apenas documentalmente e houver tese firmada em julgamento de casos repetitivos ou em súmula vinculante (art. 311, caput, parágrafo único, do CPC). IV- Tais requisitos não estão presentes no caso em exame, tampouco foram demonstrados nas razões de agravo, tendo em vista que a decisão do CNJ quanto à realização do certame ocorreu após exaustivo debate naquele órgão, na forma do PCA 0003242-06.2014.2.00.0000, em estrita observância ao art. 236 da CF, inexistindo plausibilidade do direito invocado. V- No caso concreto, não obstante as razões recursais, em juízo de cognição sumária, não parece ser imprescindível a existência de legislação específica a disciplinar a realização de concurso público para outorga de delegações, na medida em que a Resolução 81/2009 do CNJ é amplamente adotada por várias unidades da federação. VI- Agravo regimental a que se nega provimento. (STF – MC-AgR AO: 2482 PE – PERNAMBUCO 0034624-25.2019.1.00.0000, Relator: Min. RICARDO LEWANDOWSKI, Data de Julgamento: 04/05/2020, Tribunal Pleno, Data de Publicação: DJe-122 18-05-2020)

Tutela de evidência não concedida com base em precedente extraído de súmula vinculante do STF por depender de dilação probatória:

✓ TutPrv no RECURSO EM MANDADO DE SEGURANÇA Nº 50.366 – RS (2016/0058273-5) RELATOR: MINISTRO BENEDITO GONÇALVES REQUERENTE: LIANI LEONHARDT ADVOGADO: NESTOR LEONHARDT E OUTRO(S) – RS048733 REQUERIDO: ESTADO DO RIO GRANDE DO SUL PROCURADOR: NILTON ROGERIO BORGES MIRANDA E OUTRO(S) – RS041989 REQUERIDO: CLEDEMAR DORNELLES DE MENEZES ADVOGADOS: PAULO RICARDO DORNELLES DA SILVA – RS034478 CELSO RUI DOMINGUES – RS005916 ROSANGELA LIMA DORNELLES DA SILVA – RS054847 REQUERIDO: MIGUEL OLIVEIRA FIGUEIRÓ ADVOGADOS: ANGELITA RIZZI FIGUEIRO RASKIN – RS036184 CARLOTA BERTOLI NASCIMENTO – RS074154B REQUERIDO: HONORIO LUIZ ALVES ADVOGADOS: DÉCIO ANTÔNIO ERPEN – RS049151 ROBERTO DE MORAES FABBRIN – RS071516 DECISÃO Trata-se tutela de evidência incidental, com pedido liminar, formulada por Liani Leonhardt, com fundamento no art. 311 do CPC/2015, na qual sustenta que o acórdão de origem, ao referir que o único requisito para a participação no concurso de remoção é a titularidade de delegação por mais de dois anos, violou nitidamente a Súmula Vinculante 43/STF, assim como a Súmula 685/STF, o art. 37, II, da CF, as disposições da Lei Estadual n. 7.305/79 e o entendimento do STJ, no sentido de que a remoção só é permitida entre titulares da respectiva categoria e para serviços da mesma natureza (princípios da especialidade e especificidade). Defende que "os candidatos Miguel Oliveira Figueiró e Honório Luiz Alves, e o litisconsorte Cledemar Dornelles de Menezes, não tem direito a remoção para o Registro de Imóveis e Especiais de Gramado/RS, pelo fato de terem titulação diversa, sendo que, apenas a Requerente faz jus à remoção à referida serventia, já que seu concurso de ingresso é da mesma natureza, de vez que, repete-se, ingressou originariamente no Registro de Imóveis e Especiais de Tapera/RS" (fls. 1.567). Ao final, pugna, inclusive liminarmente, pela suspensão "dos efeitos da outorga da delegação do Registro de Imóveis e Especiais de Gramado para o candidato Miguel Oliveira Figueiró, bem como, aos litisconsortes Honório Luiz Alves e Cledemar Dornelles de Menezes, até decisão transitada em julgado nos autos do presente recurso ordinário em mandado de segurança, tendo em vista que com a nomeação do Sr. Miguel Oliveira Figueiró, a situação poderá tornar-se irreversível, bem como os prejuízos daí decorrentes" (fls. 1.568). É o relatório. Decido. A respeito da tutela da evidência, o Código de Processo Civil de 2015, assim dispõe: "Art. 294. A tutela provisória pode fundamentar-se em urgência ou evidência. (...) Art. 311. A tutela da evidência será concedida, independentemente da demonstração de perigo de dano ou de risco ao resultado útil do processo, quando: I – ficar caracterizado o abuso do direito de defesa ou o manifesto propósito protelatório da parte; II – as alegações de fato puderem ser comprovadas apenas documentalmente e houver tese firmada em julgamento de casos repetitivos ou em súmula vinculante; III - se tratar de pedido reipersecutório fundado em prova documental adequada do contrato de depósito, caso em que será decretada a ordem de entrega do objeto custodiado, sob cominação de multa; IV - a petição inicial for instruída com prova documental suficiente dos fatos constitutivos do direito do autor, a que o réu não oponha prova capaz de gerar dúvida razoável. Parágrafo único. Nas hipóteses dos incisos II e III, o juiz poderá decidir liminarmente. Dos dispositivos supra, constata-se que a pretensão de tutela de evidência é uma espécie de tutela provisória, a qual será concedida independentemente do periculum in mora, quando houver elementos que caracterizem de plano o direito invocado. No caso dos autos, verifica-se que a requerente aduz violação a Súmula Vinculante do STF, a implicar na dedução (porque não há referência expressa nas suas razões) de que o pleito está embasado no inciso II do artigo 311 do CPC, que exige, cumulativamente, que as alegações de fato possam ser comprovadas apenas documentalmente e a tese tratada nos autos tenha sido pacificada em sede de recurso repetitivo ou em súmula vinculante. Ocorre que, no caso dos autos, não se pode dizer que a controvérsia foi solucionada em sede de recurso repetitivo ou em súmula vinculante, a caracterizar, de plano, o direito invocado, até mesmo porque eventual aplicação aos autos da Súmula Vinculante 43/STF (É inconstitucional toda modalidade de provimento que propicie ao servidor investir-se, sem prévia aprovação em concurso público destinado ao seu provimento, em cargo que não integra a carreira na qual anteriormente investido") não se mostra evidente neste momento, por depender do exame apurado dos elementos dos autos. Nesse sentido: AGRAVO INTERNO NO AGRAVO EM RECURSO ESPECIAL. CONTRATO DE PROMESSA DE COMPRA E VENDA DE IMÓVEL. DISTRATO. 1. AUSÊNCIA DE INDICAÇÃO DE DISPOSITIVO DE LEI FEDERAL PORVENTURA VIOLADO OU OBJETO DE INTERPRETAÇÃO DIVERGENTE. FUNDAMENTAÇÃO DEFICIENTE. SÚMULA 284/STF. 2. DEVOLUÇÃO DOS VALORES PAGOS. RETENÇÃO FIXADA EM 20%. POSSIBILIDADE. PRECEDENTES. REVISÃO DO ENTENDIMENTO DO ACÓRDÃO RECORRIDO. ANÁLISE DE CLÁUSULAS E REEXAME DE MATÉRIA FÁTICO-PROBATÓRIA. DESCABIMENTO. SÚMULAS N. 5 E 7 DO STJ. 3. TUTELA DE EVIDÊNCIA. IMPOSSIBILIDADE NO CASO. AUSÊNCIA DE PREENCHIMENTO DOS REQUISITOS CUMULATIVOS. 4. REQUERIMENTO DA PARTE AGRAVADA DE APLICAÇÃO DA MULTA PREVISTA NO § 4º DO ART. 1.021 DO CPC/2015. DESCABIMENTO. 5. MULTA POR LITIGÂNCIA DE MÁ-FÉ. AUSÊNCIA DE MÁ-FÉ OU INTUITO PROTELATÓRIO PELA INTERPOSIÇÃO DE RECURSO CABÍVEL. 6. AGRAVO IMPROVIDO. (...) 3. Conforme o disposto no inciso I do art. 311 do CPC/2015, a tutela de evidência será concedida quando ficar caracterizado abuso do direito de defesa ou manifesto propósito protelatório. No inciso II do mesmo dispositivo, é assegurada a tutela quando as alegações de fato puderem ser comprovadas apenas documentalmente e houver tese firmada em julgamento de casos repetitivos ou em súmula vinculante. Contudo, sendo esses requisitos cumulativos, não se aplicam ao caso concreto. (...) 6. Agravo interno a que se nega provimento (AgInt no AREsp 1393461/GO, Rel. Ministro MARCO AURÉLIO BELLIZZE, TERCEIRA TURMA, DJe 06/05/2019) TRIBUTÁRIO E PROCESSUAL CIVIL. AGRAVO INTERNO NO PEDIDO DE TUTELA PROVISÓRIA DE EVIDÊNCIA NO AGRAVO EM RECURSO ESPECIAL. ICMS. BASE DE CÁLCULO. PIS/COFINS. RECENTE POSICIONAMENTO DO STF EM REPERCUSSÃO GERAL (RE 574.706/PR, REL. MIN. CÁRMEN LÚCIA). PRESENÇA DOS REQUISITOS AUTORIZADORES DA TUTELA DE EVIDÊNCIA EXIGIDOS PELO ART. 311, II DO CÓDIGO FUX. DEFERE-SE, POR ESTA DECISÃO, A TUTELA PROVISÓRIA DE EVIDÊNCIA, PARA AUTORIZAR QUE A REQUERENTE RECOLHA AS PARCELAS DAS CONTRIBUIÇÕES AO PIS E À COFINS, SEM INCLUSÃO DO ICMS EM SUA BASE DE CÁLCULO, ATÉ O JULGAMENTO FINAL DO PRESENTE RECURSO OU DELIBERAÇÃO ULTERIOR. AGRAVO INTERNO DA FAZENDA NACIONAL A QUE SE NEGA PROVIMENTO. 1. O Pedido de Tutela Provisória de Evidencia se abriga sob a égide do disposto no art. 311 do Código Fux (CPC/2015) e dispensa a comprovação do perigo de dano ou do risco do resultado útil do processo, exigindo-se, porém, que a tese discutida nos autos já tenha sido solucionada em sede de recurso repetitivo ou em súmula vinculante. 2. Em relação à controvérsia dos presentes autos, registra-se que, na sessão do dia 15.3.2017, o Plenário do Supremo Tribunal Federal, julgando o RE 574.706/PR, em repercussão geral, Rel. Min. CÁRMEN LÚCIA, entendeu que o valor arrecadado a título de ICMS não se incorpora ao patrimônio do contribuinte e, dessa forma, não pode integrar a base de cálculo dessas contribuições, que são destinadas ao financiamento da Seguridade Social. 3. Também se encontra consolidado no Supremo Tribunal Federal o entendimento de que a existência de precedente firmado sob o regime de repercussão geral pelo Plenário daquela Corte autoriza o imediato julgamento dos processos com o mesmo objeto, independentemente do trânsito em julgado do paradigma (RE 1.006.958 AgR-ED-ED, Rel. Min. DIAS TOFFOLI, DJe 18.9.2017; ARE 909.527/RS-AgR, Rel. Min. LUIZ FUX, DJe de 30.5.2016). 4. No particular, os fundamentos da pretensão de que se autorize o recolhimento das parcelas das Contribuições ao PIS e à COFINS, sem a inclusão do ICMS em sua base de cálculo, estão amparados nas conclusões do julgamento do mencionado RE 574.706/PR, subsumindo-se, desse modo, à hipótese prevista no art. 311, II do Código Fux. 5. Agravo Interno da FAZENDA NACIONAL a que se nega provimento (AgInt no TutPrv no AREsp 300.743/SP, Rel. Ministro NAPOLEÃO NUNES MAIA FILHO, PRIMEIRA TURMA, DJe 01/04/2019) PROCESSUAL CIVIL. AGRAVO INTERNO. PETIÇÃO. ATRIBUIÇÃO DE EFEITO SUSPENSIVO A RECURSO ESPECIAL. AFASTAMENTO DA TUTELA DE EVIDÊNCIA CONCEDIDA NA ORIGEM. REQUISITOS LEGAIS CUMULATIVOS. AUSÊNCIA DE COMPROVAÇÃO. DEFERIMENTO DO PEDIDO. PROVIMENTO DO RECURSO. 1. A concessão de tutela de evidência, em caráter liminar, antes do escoamento do prazo para oferecimento de defesa, nos termos do art. 311, II, do Código de Processo Civil, exige não somente a comprovação documental das alegações de fato, mas também a existência cumulativa de tese firmada em julgamento de repetitivos ou em súmula vinculante, requisito não observado na hipótese. 2. Agravo interno provido para atribuir efeito suspensivo ao recurso especial (AgInt na Pet 12.363/RJ, Rel. Ministra MARIA ISABEL GALLOTTI, QUARTA TURMA, DJe 14/03/2019) Ante o exposto, indefiro o pedido. Publique-se. Intimem-se. Brasília, 21 de outubro de 2019. MINISTRO BENEDITO GONÇALVES Relator (STJ - TutPrv no RMS: 50366 RS 2016/0058273-5, Relator: Ministro BENEDITO GONÇALVES, Data de Publicação: DJ 05/11/2019)

III – se tratar de pedido reipersecutório fundado em prova documental adequada do contrato de depósito, caso em que será decretada a ordem de

entrega do objeto custodiado, sob cominação de multa;

→ V. Enunciado 29 da ENFAM: Para a concessão da tutela de evidência prevista no art. 311, III, do CPC/2015, o pedido reipersecutório deve ser fundado em prova documental do contrato de depósito e também da mora.

IV – a petição inicial for instruída com prova documental suficiente dos fatos constitutivos do direito do autor, a que o réu não oponha prova capaz de gerar dúvida razoável.

Concessão de tutela de evidência para determinar exclusão de negativação decorrente de conta não movimentada há anos pela autora:

✓ AGRAVO DE INSTRUMENTO. NEGÓCIOS JURÍDICOS BANCÁRIOS. AÇÃO DE INDENIZAÇÃO. TUTELA DE EVIDÊNCIA INDEFERIDA. AUSÊNCIA DE MOVIMENTAÇÃO. INCIDÊNCIA DE TAXAS E ENCARGOS CORRESPONDENTES. INSCRIÇÃO DO NOME DA CORRENTISTA NOS CADASTROS DE INADIMPLENTES. PRESENÇA DOS REQUISITOS DO ARTIGO 311 DO CÓDIGO DE PROCESSO CIVIL. DECISÃO AGRAVADA REFORMADA. I. Nos termos do previsto no artigo 311 do código de processo civil a tutela da evidência será concedida, independentemente da demonstração de perigo de dano ou de risco ao resultado útil do processo, quando: I – Ficar caracterizado o abuso do direito de defesa ou o manifesto propósito protelatório da parte; II – As alegações de fato puderem ser comprovadas apenas documentalmente e houver tese firmada em julgamento de casos repetitivos ou em Súmula vinculante; III – Se tratar de pedido reipersecutório fundado em prova documental adequada do contrato de depósito, caso em que será decretada a ordem de entrega do objeto custodiado, sob cominação de multa; IV – A petição inicial for instruída com prova documental suficiente dos fatos constitutivos do direito do autor, a que o réu não oponha prova capaz de gerar dúvida razoável. Parágrafo único. Nas hipóteses dos incisos II e III, o juiz poderá decidir liminarmente. II. No caso, comprovado que desde 2011 a conta não foi movimentada pela autora, vai reformada a decisão agravada para deferir a tutela de evidência e determinar a exclusão do nome da correntista dos cadastros restritivos de crédito por dívida oriunda de taxa de manutenção de conta corrente, porquanto evidente o encerramento tácito. Agravo de instrumento provido. Unânime. (TJRS; AI 0073331-15.2017.8.21.7000; São Leopoldo; Décima Sétima Câmara Cível; Relª Desª Liege Puricelli Pires; Julg. 29/06/2017; DJERS 11/07/2017).

Oferta de composição extrajudicial não autoriza, por si só, a concessão de tutela de evidência:

✓ DIREITO PROCESSUAL CIVIL. AGRAVO DE INSTRUMENTO. TUTELA DE EVIDÊNCIA FUNDADA NO INCISO IV DO ARTIGO 311 DO CPC. DEFERIMENTO LIMINAR PELO MAGISTRADO. IMPOSSIBILIDADE. HIPÓTESE QUE RECLAMA FORMAÇÃO MÍNIMA DE CONTRADITÓRIO. INDEFERIMENTO DA MEDIDA POR FALTA DE APARÊNCIA DO DIREITO. ANÁLISE À LUZ DOS REQUISITOS DA TUTELA DE URGÊNCIA. REQUISITO COMUM A AMBAS. INDEFERIMENTO QUE SE IMPORIA POR QUALQUER FORMA. OFERTA DE ACORDO EXTRAJUDICIAL PELO RÉU. CIRCUNSTÂNCIA QUE NÃO IMPÕE À CONFISSÃO QUANTO AOS FATOS QUE SERÃO OBJETO DO CONTRADITÓRIO. DECISÃO MANTIDA. 1. Sob a regência do CPC/15, as disposições pertinentes à tutela antecipada do extinto artigo 273 foram remanejadas para Título II do Código atual, onde é disciplinado o gênero tutela de urgência. Referidas tutelas provisórias podem fundar-se em urgência ou em evidência, na forma descrita pelo artigo 294 do novo Código, sendo que a primeira, por sua vez, poderá ser das espécies 'antecipada' ou 'cautelar'. 2. O artigo 311 do CPC estatui os requisitos e hipóteses onde a tutela provisória poderá ser deferida à luz da evidência da pretensão. 3. Hipótese em que o pedido de concessão de tutela de evidência da agravante ao que tudo indica estaria amparado no inciso IV do referido dispositivo, onde o juiz não está autorizado a decidir liminarmente (§ único) demandando mínima formação do contraditório para que possa assim fazê-lo. 4. Até a tutela de evidência somente dispensa o requisito demonstração de perigo de dano ou de risco ao resultado útil do processo, mas imprescinde de convencimento quanto juridicidade da pretensão vertida em juízo. Concluindo o juiz pela ausência deste (a), desimportante tenha analisado o pedido sob a ótica dos requisitos da tutela urgência, vez que tal pressuposto é comum a ambas as espécies de tutela provisória. 5. Acrescenta-se que não se pode afirmar que a mera oferta de composição extrajudicial do litígio possa equivaler a "prova documental suficiente dos fatos constitutivos do direito do autor, a que o réu não oponha prova capaz de gerar dúvida razoável". De uma porque se trata de mera liberalidade ofertada ainda no campo das concessões recíprocas de direito privado disponível dos litigantes, não representando confissão quanto aos fatos articulados na inicial. (TJMG; AI 1.0153.16.008925-3/001; Rel. Des. Otávio Portes; Julg. 26/07/2017; DJEMG 04/08/2017)

Não demonstração de nenhum dos requisitos previstos no art. 311:

✓ MANDADO DE SEGURANÇA Nº 26523 - DF (2020/0153591-8) RELATOR: MINISTRO BENEDITO GONÇALVES IMPETRANTE: LUANA MINGA RAMOS ADVOGADO: RUI XAVIER FERREIRA - SP153335 IMPETRADO: SUPERIOR TRIBUNAL DE JUSTIÇA INTERES.: UNIÃO DECISÃO Trata-se de mandado de segurança com pedido de liminar impetrado por LUANA MINGA RAMOS contra decisão do Presidente desta Corte, Ministro João Otávio de Noronha, que indeferiu pedido de tutela de evidência nos autos do AREsp n. 1.583.157/SP, com o seguinte teor (fl. 22): Quanto ao pedido de tutela de fls. 396/417, de acordo com o que prevê o art. 311 do CPC, a tutela de evidência será concedida quando: I – ficar caracterizado o abuso do direito de defesa ou o manifesto propósito protelatório da parte; II – as alegações de fato puderem ser comprovadas apenas documentalmente e houver tese firmada em julgamento de casos repetitivos ou em súmula vinculante; III – se tratar de pedido reipersecutório fundado em prova documental adequada do contrato de depósito, caso em que será decretada a ordem de entrega do objeto custodiado, sob cominação de multa; IV – a petição inicial for instruída com prova documental suficiente dos fatos constitutivos do direito do autor, a que o réu não oponha prova capaz de gerar dúvida razoável. No caso, na petição apresentada, nenhuma das hipóteses acima foi alegada ou discutida. Além disso, independentemente da fundamentação ou argumentos trazidos pela parte, não houve, em nenhum momento, demonstração da evidência do direito alegado, até porque apresentado por terceira estranha às partes dos autos. Não fosse isso, não há direito evidente pois às fls. 366/367 já houve decisão pelo não conhecimento deste agravo em razão da ausência de impugnação específica dos fundamentos de inadmissão do recurso especial, decisão esta publicada em 28 de outubro de 2019 (fl. 368). Ante o exposto, indefiro o pedido de tutela de evidência, em razão da ausência dos requisitos necessários. A impetrante alega que a decisão do Ministro está equivocada quando afirma que a petição inicial foi apresentada por terceira estranha, pois "LUANA MINGA RAMOS é neta, (mora e foi criada pelos seus avós), e dos quais sempre dependeu economicamente junto com sua irmã, menor TAINÁ, onde tem convivência familiar com reciprocidade de carinho e amor, com o falecimento da avó, SRA. MARIA ANTONIA DOS SANTOS RAMOS, resta a neta sua irmã Tainá (menor de 16 anos), que moram no mesmo teto cuidar do avô, JOSÉ CARDOSO RAMOS (doente sofreu 2 AVC., encontra-se total estado de dependência da vida, física e civil) e demais atos da vida civil e da família, inclusive a pensão por morte da avó" (fl. 6). Afirma que "o bloqueio do legitimo pagamento da aposentadoria por idade, também, caracteriza violação a direitos e garantias fundamentais; amparado pela nossa constituição" (fl. 11). Acrescenta que "a petição inicial for instruída com prova documental suficiente dos fatos constitutivos do direito do autor, a que o réu não oponha prova capaz de gerar dúvida razoável" (ibidem). Requer "liminarmente o recebimento, processamento e deferimento do presente mandado de segurança com a determinação do desbloqueio dos pagamentos bloqueados pelo INSS, pois, a impetrante e a irmã e o seu avô eram dependentes da falecida que tem direito líquido e certo ao pagamento determinado por sentença, trata-se de um direito adquirido irrenunciável e irreversível" (fl. 12). É o relatório. Decido. O presente writ merece indeferimento de plano. O Superior Tribunal de Justiça entende não caber impetração de mandado de segurança contra ato jurisdicional dos órgãos fracionários ou de relator do próprio Tribunal ou de seus ministros, salvo em caso de teratologia ou de flagrante ilegalidade. Nesse sentido: MANDADO DE SEGURANÇA. RECLAMAÇÃO. RESOLUÇÃO STJ N. 12/2009. DECISÃO MONOCRÁTICA. MINISTRO DO STJ. ÓRGÃO COLEGIADO QUE NÃO CONHECEU DO AGRAVO INTERNO. ATO JUDICIAL. TERATOLOGIA. ILEGALIDADE. ABUSO DE PODER. DIREITO LÍQUIDO E CERTO. AUSÊNCIA. INICIAL INDEFERIDA. 1. Mandado de segurança impetrado contra decisão do Min. Paulo de Tarso Sanseverino que julgou procedente a Rcl 27.739/DF, ajuizada com base na Resolução STJ n. 12/2009. Agravo interno que não foi conhecido pela 2ª Seção do STJ. 2. Alegação de que a reclamação é intempestiva, porque os embargos de declaração opostos pela parte reclamante perante a Turma Recursal são extemporâneos, não havendo, dessa maneira, interrupção do prazo. 3. A impetração de mandado de segurança contra ato jurisdicional é excepcionalíssima, somente admitida nas hipóteses de teratologia ou manifesta ilegalidade. 4. Hipótese em que o processamento da Rcl 27.739/DF pelo Relator não se reveste de qualquer ilegalidade ou teratologia, pois a reclamação foi ajuizada dentro do prazo de 15 (quinze) dias previsto no art. 1º da Res. 12/2009, contado da publicação do acórdão integrativo. Se teratologia há, essa se encontra no ato da Turma Recursal que recebeu embargos de declaração alegadamente intempestivos, ato esse que deveria ter sido impugnado pela parte interessada por meio dos instrumentos processuais ordinários cabíveis. 5. Agravo interno não provido. (AgInt nos EDcl no MS n. 23.602/DF, relatora Ministra Nancy Andrighi, Corte Especial, DJe de 5/11/2018.) Na espécie, não existe flagrante ilegalidade no indeferimento do pedido de tutela de evidência formulado no AREsp n. 1.583.157/SP, uma vez que ausentes os requisitos para sua concessão. Não há que se falar em direito evidente se já foi proferida decisão pelo não conhecimento do aludido agravo. Assim, a decisão impugnada está desprovida de ilegalidade capaz de justificar a medida excepcional de impetração do mandado de segurança e muito menos a atuação extraordinária do plantão judiciário. Ante o exposto, sendo manifestamente incabível o writ, indefiro liminarmente este mandado de segurança. Publique-se. Intimem-se. Brasília, 03 de julho de 2020. MARIA THEREZA DE ASSIS MOURA Vice-Presidente (STJ – MS: 26523 DF 2020/0153591-8, Relator: Ministra MARIA THEREZA DE ASSIS MOURA, Data de Publicação: DJ 04/08/2020)

✓ TutPrv no AGRAVO EM RECURSO ESPECIAL Nº 1.699.698 – GO (2020/0107854-1) RELATOR: MINISTRO PRESIDENTE DO STJ REQUERENTE: J L R ADVOGADOS: GILDOMAR REZENDE DA ROCHA JÚNIOR – GO029895 MARIANA CABRAL PIMENTA – GO057343 REQUERIDO: C S M ADVOGADOS: LUIZ HUMBERTO DE OLIVEIRA FILHO – GO026599 GRACIELLY DE OLIVEIRA DUARTE BAHIA – GO032158 DECISÃO Trata-se de pedido incidental de concessão de tutela formulado por J. L. R. para que "SEJA CONCEDIDO EFEITO SUSPENSIVO ao pagamento da pensão alimentícia, haja vista a decisão de exoneração do Tribunal de Justiça do Estado de Goiás, bem como decisão denegatória do recurso de Agravo em Recurso Especial manejado pela alimentada" (fl. 434). Sustenta o requerente "que embora tenha transitado em julgado a decisão, tal certidão não fora apresentada nos autos, o que tem sido empecilho para a Juíza singular dar cumprimento e suspensão ao pagamento da pensão alimentícia ora exonerada" (fl. 434). É o relatório. Decido. De acordo com o que prevê o art. 311 do CPC, a tutela de evidência será concedida quando: I – ficar caracterizado o abuso do direito de defesa ou o manifesto propósito protelatório da parte; II – as alegações de fato puderem ser comprovadas apenas documentalmente e houver tese firmada em julgamento de casos repetitivos ou em súmula vinculante; III – se tratar de pedido reipersecutório fundado em prova documental adequada do contrato de depósito, caso em que será decretada a ordem de entrega do objeto custodiado, sob cominação de multa; IV – a petição inicial for instruída com prova documental suficiente dos fatos constitutivos do direito do autor, a que o réu não oponha prova capaz de gerar dúvida razoável. No caso, na petição apresentada, nenhuma das hipóteses acima foi discutida. Além disso, independentemente da fundamentação ou argumentos trazidos pela parte, não houve, em nenhum momento, demonstração da evidência do direito alegado, até porque não houve ainda o trânsito em julgado da decisão de fls. 429/431, que somente ocorrerá no dia 7/8/2020 (arts. 81 e 106 do Regimento Interno do STJ). Não fosse isso, nos termos do inciso II do art. 516 do CPC, o cumprimento de sentença deve ser processado perante o "juízo que decidiu a causa no primeiro grau de jurisdição", não cabendo a esta Corte Superior qualquer providência neste sentido. Ante o exposto, indefiro o pedido de tutela de evidência. Publique-se. Intimem-se. Brasília, 04 de agosto de 2020. MINISTRO JOÃO OTÁVIO DE NORONHA Presidente (STJ – TutPrv no AREsp: 1699698 GO 2020/0107854-1, Relator: Ministro JOÃO OTÁVIO DE NORONHA, Data de Publicação: DJ 07/08/2020)

Parágrafo único. Nas hipóteses dos incisos II e III, o juiz poderá decidir liminarmente.

Considerando que, se houver controvérsia sobre as alegações de fato, a tutela de evidência não deve ser concedida liminarmente:

✓ AGRAVO DE INSTRUMENTO. PROMESSA DE COMPRA E VENDA. AÇÃO DECLARATÓRIA DE RESOLUÇÃO CONTRATUAL CUMULADA COM RESSARCIMENTO DE DANOS MATERIAIS. TUTELA DE EVIDÊNCIA INDEFERIDA. AUSÊNCIA DOS REQUISITOS DO ARTIGO 311 DO CÓDIGO DE PROCESSO CIVIL. DIVERGÊNCIA ENTRE OS VALORES EFETIVAMENTE PAGOS. NECESSIDADE DE INSTAURAÇÃO DO CONTRADITÓRIO. DECISÃO AGRAVADA MANTIDA. NOS TERMOS DO PREVISTO NO ARTIGO 311 DO CÓDIGO DE PROCESSO CIVIL A TUTELA DA EVIDÊNCIA SERÁ CONCEDIDA, INDEPENDENTEMENTE DA DEMONSTRAÇÃO DE PERIGO DE DANO OU DE RISCO AO RESULTADO ÚTIL DO PROCESSO, QUANDO. I – Ficar caracterizado o abuso do direito de defesa ou o manifesto propósito protelatório da parte; II – As alegações de fato puderem ser comprovadas apenas documentalmente e houver tese firmada em julgamento de casos repetitivos ou em Súmula vinculante; III – Se tratar de pedido reipersecutório fundado em prova documental adequada do contrato de depósito, caso em que será decretada a ordem de entrega do objeto custodiado, sob cominação de multa; IV – A petição inicial for instruída com prova documental suficiente dos fatos constitutivos do direito do autor, a que o réu não oponha prova capaz de gerar dúvida razoável. Parágrafo único. Nas hipóteses dos incisos II e III, o juiz poderá decidir liminarmente. No caso, embora comprovada a existência de Súmula vinculante, há divergência entre os valores tidos como pagos pelos agravantes e àqueles constantes das planilhas confeccionadas pelas construtoras, razão pela qual deixo de conceder, sem instauração do contraditório, a tutela de evidência requerida ante a ausência dos seus requisitos. Agravo de instrumento desprovido, com base no artigo 932, IV e VIII, do código de processo civil e artigo 169, XXXIX, do regimento interno desta corte. (TJRS; AI 0431431-21.2016.8.21.7000; Porto Alegre; Décima Sétima Câmara Cível; Relª Desª Liege Puricelli Pires; Julg. 25/04/2017; DJERS 09/05/2017)

Dispensa de comprovação do perigo de dano ou do risco ao resultado útil do processo para concessão da tutela de evidência liminarmente:

✓ TutPrv no AGRAVO EM RECURSO ESPECIAL Nº 1.620.531 – PR (2019/0341244-4) RELATOR: MINISTRO NAPOLEÃO NUNES MAIA FILHO REQUERENTE: COMERCIAL DE SECOS E MOLHADOS DAL POZZO LTDA ADVOGADOS: ARLI PINTO DA SILVA – PR020260 JORGE WADIH TAHECH – PR015823 ANDRÉ ALMEIDA GONÇALVES – PR043800 FRANCISCO NIEBUHR NETO – PR065848 GUILHERME MENEGAZZO TREVISAN – PR070915 REQUERIDO: FAZENDA NACIONAL DECISÃO (INDEFERIMENTO DA TUTELA PROVISÓRIA DE EVIDÊNCIA) TRIBUTÁRIO E PROCESSUAL CIVIL. PEDIDO DE TUTELA PROVISÓRIA DE EVIDÊNCIA. ICMS. BASE DE CÁLCULO. PIS/COFINS. TEMA APRECIADO SOB ENFOQUE EMINENTEMENTE CONSTITUCIONAL, CUJA COMPETÊNCIA PARA JULGAMENTO É DO SUPREMO TRIBUNAL FEDERAL, EX VI DO DISPOSTO NO ART. 102 DA CONSTITUIÇÃO FEDERAL. TUTELA PROVISÓRIA DE EVIDÊNCIA INDEFERIDA. 1. Trata-se de Pedido de Tutela Provisória de Evidência formulado por COMERCIAL DE SECOS E MOLHADOS DAL POZZO LTDA., amparada no art. 311 e seguintes do Código Fux, a partir do qual visa obter autorização para recolher o PIS e a COFINS, sem a inclusão do ICMS destacado em suas bases de cálculo (fls. 588). 2. É o relatório. 3. O Pedido de Tutela Provisória de Evidencia se abriga sob a égide do disposto no art. 311 do Código Fux (CPC/2015), verbis: Art. 311. A tutela da evidência será concedida, independentemente da demonstração de perigo de dano ou de risco ao resultado útil do processo, quando:(...) II – as alegações de fato puderem ser comprovadas apenas documentalmente e houver tese firmada em julgamento de casos repetitivos ou em súmula vinculante; (...) Parágrafo único. Nas hipóteses dos incisos II e III, o juiz poderá decidir liminarmente. 4. Ao que se observa, o deferimento do pedido formulado em sede de tutela de evidência dispensa a comprovação do perigo de dano ou do risco ao resultado útil do processo, exigindo-se, porém, que a tese discutida nos autos já tenha sido solucionada em sede de recurso repetitivo ou em súmula vinculante. 5. Pois bem, a questão posta nos autos está sendo debatida sob enfoque eminentemente constitucional, sendo vedado a esta Corte Superior pronunciar-se acerca dos limites que já foram ou que serão definidos em sede de repercussão geral, já que a competência de tal exame está jungida à Excelsa Corte, ex vi do disposto no art. 102 da Constituição Federal, sob pena de usurpação daquela competência. 6. A Primeira Seção desta Corte possui entendimento consolidado de que não cabe a este Superior Tribunal de Justiça emitir juízo a respeito dos limites do que foi julgado no precedente em repercussão geral do Supremo Tribunal Federal, colocando novas balizas em tema de ordem Constitucional (AgREsp. 1.539.885/RS, Rel. Min. MAURO CAMPBELL MARQUES). Especificamente para a hipótese dos autos, confiram-se os seguintes precedentes: AgInt no AREsp. 1.506.537/SC, Rel. Min. NAPOLEÃO NUNES MAIA FILHO, DJe 3.3.2020; AgInt no REsp. 1.820.927/PR, Rel. Min. HERMAN BENJAMIN, DJe 22.11.2019; AgInt no AREsp. 1.519.714/SC, Rel. Min. MAURO CAMPBELL MARQUES, DJe 24.9.2019 e AgInt no AREsp. 1.509.418/SC, Rel. Min. ASSUSETE MAGALHÃES, DJe 25.9.2019. 7. Desta forma, não se verifica a evidência apta ao deferimento do pedido. 8. Pelo exposto, indefere-se a tutela provisória de evidência. 9. Publique-se. 10. Intimações necessárias. Brasília-DF, 23 de abril de 2020. NAPOLEÃO NUNES MAIA FILHO MINISTRO RELATOR (STJ – TutPrv no AREsp: 1620531 PR 2019/0341244-4, Relator: Ministro NAPOLEÃO NUNES MAIA FILHO, Data de Publicação: DJ 30/04/2020)

LIVRO VI
DA FORMAÇÃO, DA SUSPENSÃO E DA EXTINÇÃO DO PROCESSO

TÍTULO I
Da Formação do Processo

Art. 312. Considera-se proposta a ação quando a petição inicial for protocolada, todavia, a propositura da ação só produz quanto ao réu os efeitos mencionados no art. 240 depois que for validamente citado.

→ *v.* Súmula 309 do STJ.

TÍTULO II
Da Suspensão do Processo

Art. 313. Suspende-se o processo:

I – pela morte ou pela perda da capacidade processual de qualquer das partes, de seu representante legal ou de seu procurador;

→ *v.* Art. 687 do CPC.

Nulidade dos atos processuais praticados após o falecimento da parte:

✓ DIANTE DO FALECIMENTO DE UMA DAS PARTES, O PROCESSO DEVE SER SUSPENSO, NOS TERMOS DO 313, I, DO NOVO CÓDIGO DE PROCESSO CIVIL, PARA A HABILITAÇÃO DOS HERDEIROS OU SUCESSORES ATRAVÉS DE PROCESSO INCIDENTAL, CONFORME DISPÕE OS ARTIGOS 687 E SEGUINTES, DA LEGISLAÇÃO INSTRUMENTAL. 2. A orientação jurisprudencial do C. Superior Tribunal de Justiça é no sentido de que a suspensão do processo ocorre imediatamente ao falecimento da parte, ainda que a informação do fato ao juízo da causa ocorra posteriormente, ante a eficácia declaratória do ato de suspensão do processo. Precedentes do C. STJ e deste E. TJRJ. 3. Vedação à prática de qualquer ato processual durante a suspensão do feito, salvo os atos urgentes a fim de evitar dano irreparável, nos termos do artigo 314 do CPC. 4. Ausência de capacidade postulatória da parte diante da extinção do mandato por ocasião de seu óbito, de forma que o indigitado patrono não tem poderes para apelar ou contra-arrazoar. 5. Declaração, de ofício, da nulidade dos atos processuais praticados após o óbito do autor/apelado, cujo juízo quanto à eventual convalidação dos atos decisórios deverá ser exercido pelo juízo a quo. 6. Anulação da R. Sentença. Suspensão do processo, para que seja ultimada a habilitação para a sucessão processual do autor falecido. 7. Apelação prejudicada. (TJRJ; APL 0000502-88.2003.8.19.0046; Rio Bonito; Décima Quinta Câmara Cível; Rel. Des. Gilberto Clovis Farias Matos; Julg. 18/07/2017; DORJ 20/07/2017; Pág. 367). V. tb.: PROCESSO CIVIL. CUMPRIMENTO DE SENTENÇA. LOCAÇÃO. NOTÍCIA DO FALECIMENTO DO COEXECUTADO. FATO QUE DETERMINA A SUSPENSÃO DO PROCESSO PARA POSSIBILITAR A REGULARIZAÇÃO RESPECTIVA. NULIDADE DOS ATOS PRATICADOS NESSE PERÍODO RECONHECIDA DE OFÍCIO. RECURSO PREJUDICADO. A morte constitui um fato jurídico processual que determina, de pronto, a suspensão do processo, tornando defesa a prática de quaisquer atos processuais (artigo 313, I, do CPC). Assim, impõe-se declarar a nulidade do processo a partir da verificação do óbito, de modo a possibilitar a sucessão processual. (TJSP; AI 2189539-58.2017.8.26.0000; Ac. 10981559; Porto Feliz; Trigésima Primeira Câmara de Direito Privado; Rel. Des. Antonio Rigolin; Julg. 16/11/2017; DJESP 22/11/2017; Pág. 2513).

Se não houve prejuízo, não se desfaz ato processual praticado após o falecimento da parte:

✓ EMBARGOS DE DECLARAÇÃO NO AGRAVO REGIMENTAL NO AGRAVO EM RECURSO ESPECIAL. INEXISTÊNCIA DOS REQUISITOS DO ART. 1.022 E INCISOS DO CPC DE 2015. EMBARGOS DE DECLARAÇÃO REJEITADOS. 1. Depreende-se do artigo 1.022, e seus incisos, do novo código de processo civil que os embargos de declaração são cabíveis quando constar, na decisão recorrida, obscuridade, contradição, omissão em ponto sobre o qual deveria ter se pronunciado o julgador, ou até mesmo as condutas descritas no artigo 489, parágrafo 1º, que configurariam a carência de fundamentação válida. Não se prestam os aclaratórios ao simples reexame de questões já analisadas, com o intuito de meramente dar efeito modificativo ao recurso. 2. No caso dos autos não ocorre nenhuma das hipóteses previstas no artigo 1.022 do novo CPC, pois o acórdão embargado apreciou as teses relevantes para o deslinde do caso e fundamentou sua conclusão. 3. O entendimento jurisprudencial deste Superior Tribunal de justiça prevê que em observância ao princípio da instrumentalidade das formas os atos judiciais não devem ser anulados, salvo quando comprovado o prejuízo. A eventual falta de observância da regra prevista no art. 265, I, do CPC de 1973 (art. 313, I do CPC) que determina a suspensão do processo com a morte de qualquer das partes, enseja apenas nulidade relativa, sendo válidos os atos praticados, desde que não haja prejuízo para os interessados. Na presente hipótese, não vislumbro a ocorrência de prejuízo às partes e muito menos o embargante demonstrou a existência de dano. Precedentes. 4. Embargos de declaração rejeitados. (STJ; EDcl-AgRg-AREsp 823.796; Proc. 2015/0307111-1; PR; Quarta Turma; Rel. Min. Luis Felipe Salomão; DJE 24/06/2016). V. tb.: PROCESSUAL CIVIL. SUSPENSÃO DO PROCESSO. COMUNICAÇÃO DE FALECIMENTO APÓS PUBLICAÇÃO DO ACÓRDÃO IMPUGNADO POR MEIO DE EMBARGOS DE DECLARAÇÃO. OMISSÃO, CONTRADIÇÃO OU OBSCURIDADE. NÃO CONFIGURAÇÃO. NÃO CABIMENTO. PRECEDENTES. ADMINISTRATIVO. RESPONSABILIDADE CIVIL. APELAÇÕES CÍVEIS E REMESSA NECESSÁRIA. INDENIZAÇÃO POR DANOS MORAIS E MATERIAIS. NAUFRÁGIO DA EMBARCAÇÃO BATEAU MOUCHE COM O ÓBITO DE 55 PASSAGEIROS. DESCONSIDERAÇÃO DA PERSONALIDADE JURÍDICA. CARACTERIZADA A RESPONSABILIDADE SOLIDÁRIA DOS DEMANDADOS. VERIFICADA A CONDUTA NEGLIGENTE DA UNIÃO NO DEVER DE FISCALIZAÇÃO. NEXO CAUSAL CONFIGURADO. CORREÇÃO MONETÁRIA. JUROS DE MORA. HONORÁRIOS ADVOCATÍCIOS. 1. A suspensão do processo em razão de falecimento de qualquer das partes tem por objetivo garantir a observância do princípio do devido processo legal. Assim sendo, inexistindo violação a esse direito, os atos processuais praticados no processo devem ser considerados válidos e eficazes. 2. A jurisprudência do E. STJ tem se orientado no sentido de que a falta de suspensão do processo a partir da morte da parte só pode ocasionar nulidade dos atos processuais se demonstrada a existência de prejuízo para a parte interessada. Precedente: STJ, EDcl no AgRg no AREsp 823.796, Rel. Min. LUIS FELIPE SALOMÃO, DJE 24.6.2016. 3. Considerando que os embargos de declaração tem por finalidade esclarecer, completar e aperfeiçoar as decisões judiciais, prestando-se apenas a corrigir eventuais distorções do ato judicial que podem comprometer sua utilidade e que eventual não provimento desse recurso, por consequência, apenas mantém a decisão impugnada e, ainda, que na forma do disposto na letra "b" do §1º do art. 265 do CPC/73, em vigor à época em que opostos os embargos de declaração, a suspensão do processo ocorre a partir da publicação do acórdão, não se vislumbra qualquer impedimento para que sejam os embargos de declaração julgados, mesmo existindo pedido de suspensão do processo em razão de falecimento de dois réus, fato comunicado após a publicação do acórdão impugnado. Contudo, a partir da publicação do acórdão dos presentes embargos de declaração, deve o feito ser suspenso. 4. (...). 7. Embargos de declaração não providos. Suspensão do processo, a partir da publicação do presente acórdão, por 3 meses, para que os demandantes, nos termos do art. 313, §2º, I, do CPC/2015, promovam a sucessão dos réus falecidos. (TRF 2ª R.; EDcl-Ap-RN 0028586-93.1991.4.02.5101; Quinta Turma Especializada; Rel. Des. Fed. Ricardo Perlingeiro; Julg. 24/01/2017; DEJF 28/03/2017). No mesmo sentido, STJ, AgInt na PET no AREsp 713.560/RN, Rel. Ministro MOURA RIBEIRO, TERCEIRA TURMA, julgado em 17/10/2017, DJe 30/10/2017.

Considerando que, se o óbito ocorreu antes da citação do executado, descabe redirecionar o feito em face dos sucessores:

✓ EXECUÇÃO FISCAL. TRIBUTÁRIO. EMBARGOS DE DECLARAÇÃO EM APELAÇÃO CÍVEL. EXECUTADO FALECIDO APÓS O AJUIZAMENTO DA DEMANDA E ANTERIORMENTE À EFETIVAÇÃO DA CITAÇÃO VÁLIDA. IMPOSSIBILIDADE DE REDIRECIONAMENTO. PRECEDENTE. RECURSO DESPROVIDO. 1. Trata-se de embargos de declaração, opostos pela UNIÃO/FAZENDA NACIONAL, com fundamento no artigo 1022, inciso I e III, do Novo Código de Processo Civil, objetivando suprir omissão que entende existente no acórdão às fls. 58/59. 2. Na hipótese, a ação foi ajuizada em 20/10/2004. Observe-se que, efetuada a consulta à RFB, veio a informação, à fl. 33, que o executado falecera em 2015, portanto, em data posterior ao ajuizamento da ação (20/10/2004). 3. Em que pese o fato de a demanda ter sido ajuizada em data anterior ao falecimento do devedor, quando de seu falecimento, a citação ainda não havia se positivado. Como cediço, o STJ assentou o entendimento no sentido de que, falecido o executado antes da citação válida, não se admite o redirecionamento do feito executivo contra o espólio. 4. É sabido que, via de regra, nos casos em que ocorre o óbito do executado no curso da demanda executiva, responde pelo crédito tributário o seu espólio até a conclusão do inventário, ao qual, ainda que não tenha personalidade jurídica, a Lei atribui capacidade para ser parte no processo, sendo representado em juízo, ativa e passivamente, pelo inventariante (CPC, art. 75, VII). E, também, os seus herdeiros e/ou sucessores. Estes últimos na hipótese de não ter havido ainda a partilha., sendo perfeitamente cabível o redirecionamento da execução em face deles. 5. Entretanto, a hipótese de suspensão do processo prevista no art. 313, I, do CPC/1973 pressupõe relação jurídica validamente instaurada, através da citação da parte, o que, no caso presente, não ocorreu. Percebe-se que o óbito se deu antes da efetiva citação do executado, motivo pelo qual se torna impossível o redirecionamento do feito aos sucessores. 6. Nesse sentido, diante da impossibilidade de se redirecionar a demanda, permanece a ilegitimidade de parte. 7. Embargos de declaração desprovidos. (TRF 2ª R.; AC 0531010-94.2004.4.02.5101; Quarta Turma Especializada; Rel. Des. Fed. Luiz Antonio Soares; Julg. 15/08/2017; DEJF 31/08/2017)

Suspensão do feito pelo falecimento da parte:

✓ RECLAMAÇÃO. CONSTITUCIONAL. ADMINISTRATIVO. NOVO PEDIDO DE SUSPENSÃO DO FEITO PELO PRAZO DE 6 (SEIS) MESES. FALECIMENTO DO BENEFICIÁRIO. PEDIDO DEFERIDO. Decisão: Trata-se de reclamação, com pedido de medida liminar, ajuizada pela União contra acórdão proferido pela Turma Recursal do Juizado Especial Federal da Seção Judiciária do Estado do Piauí nos autos do Processo 0010971-53.2013.4.01.4000, por suposta violação ao enunciado da Súmula Vinculante 37. Ante a notícia do falecimento do beneficiário da decisão reclamada, requereu a União o sobrestamento do presente feito por 6 (seis) meses, para fins de habilitação dos herdeiros no processo origem, o que deferi. Com o escoamento do prazo inicialmente assinalado, requer a União a concessão de novo prazo de 6 (seis) meses, a fim de que seja concluída a habilitação já iniciada. É o relatório. Decido. O inciso I do artigo 313 e o artigo 689, ambos do Código de Processo Civil, possibilitam a suspensão do feito nas circunstâncias do presente caso, senão vejamos: "Art. 313. Suspende-se o processo: I – pela morte ou pela perda da capacidade processual de qualquer das partes, de seu representante legal ou de seu procurador; [...] § 1º Na hipótese do inciso I, o juiz suspenderá o processo, nos termos do art. 689. Art. 689. Proceder-se-á à habilitação nos autos do processo principal, na instância em que estiver, suspendendo-se, a partir de então, o processo." Assim, inexistindo óbice legal e destinando-se o período de suspensão à apurar manifestação do espólio, dos sucessores ou, se for o caso, dos herdeiros do aludido beneficiário, quanto ao interesse na sucessão processual, consoante informado pela parte reclamante, entendo que é cabível nova suspensão do presente processo. Ex positis, determino a suspensão do feito por mais 6 (seis) meses, com fundamento no inciso I e § 1º do artigo 313 do Código de Processo Civil. Publique-se. Brasília, 7 de maio de 2020. Ministro Luiz Fux Relator Documento assinado digitalmente (STF – Rcl: 33780 PI – PIAUÍ 0019336-37.2019.1.00.0000, Relator: Min. LUIZ FUX, Data de Julgamento: 07/05/2020, Data de Publicação: DJe-114 11/05/2020)

✓ PET no AGRAVO EM RECURSO ESPECIAL Nº 1037938 – SP (2017/0003326-0) RELATOR: MINISTRO RICARDO VILLAS BÔAS CUEVA REQUERENTE: CHUKRU KASABIAN REQUERENTE: ARUTHIUN KASABIAN REQUERENTE: SANDRA KASABIAN ADVOGADO: DENY WILLIAMS CURY HADDAD E OUTRO (S) – SP231575 REQUERIDO: ANTONIO PERDIZES ADVOGADO: CEUMAR SANTOS GAMA – SP081899A DESPACHO Na petição de fls. 475-478 (e-STJ), os ora requerentes noticiam o falecimento de um dos recorrentes CHULRU KASABIAN, ocorrido em 25/2/2018. De acordo com o arts. 110 e 313, I e § 1º, do CPC/2015, em caso de óbito do réu (recorrido), o processo ficará suspenso e caberá aos autores, dentro do prazo assinalado, promover a sucessão da parte falecida pelo seu espólio, sucessores ou herdeiros: Art. 110. Ocorrendo a morte de qualquer das partes, dar-se-á a sucessão pelo seu espólio ou pelos seus sucessores, observado o disposto no art. 313, §§ 1º e 2º. (...) Art. 313. Suspende-se o processo: I – pela morte ou pela perda da capacidade processual de qualquer das partes, de seu representante legal ou de seu procurador; (...) § 1º Na hipótese do inciso I, o juiz suspenderá o processo, nos termos do art. 689. § 2 Não ajuizada ação de habilitação, ao tomar conhecimento da morte, o juiz determinará a suspensão do processo e observará o seguinte: I – falecido o réu, ordenará a intimação do autor para que promova a citação do respectivo espólio, de quem for o sucessor ou, se for o caso, dos herdeiros, no prazo que designar, de no mínimo 2 (dois) e no máximo 6 (seis) meses; II – falecido o autor e sendo transmissível o direito em litígio, determinará a intimação de seu espólio, de quem for o sucessor ou, se for o caso, dos herdeiros, pelos meios de divulgação que reputar mais adequados, para que manifestem interesse na sucessão processual e promovam a respectiva habilitação no prazo designado, sob pena de extinção do processo sem resolução de mérito." Dessa forma, determino a suspensão do processo, devendo o requerido, Antonio Perdizes, no prazo máximo de 2 (dois) meses, promover a sucessão processual com a substituição da parte falecida pelo respectivo espólio, sucessores ou herdeiros. Cumpra-se. Publique-se. Intimem-se. Brasília, 03 de julho de 2020. Ministro RICARDO VILLAS BÔAS CUEVA Relator (STJ - PET no AREsp: 1037938 SP 2017/0003326-0, Relator: Ministro RICARDO VILLAS BÔAS CUEVA, Data de Publicação: DJ 05/08/2020)

Intimação dos herdeiros ou espólio para regularizar a representação processual:

✓ RtPaut no AGRAVO EM RECURSO ESPECIAL Nº 27.674 - PR (2011/0166760-9) RELATOR: MINISTRO NAPOLEÃO NUNES MAIA FILHO REQUERENTE: TIPOGRAFIA SANTA CLARA LTDA E OUTRO ADVOGADO: IGOR LUBY KRAVTCHENKO E OUTRO(S) - RS003231 REQUERIDO: FAZENDA NACIONAL PROCURADOR: PROCURADORIA-GERAL DA FAZENDA NACIONAL DECISÃO TRIBUTÁRIO. PEDIDO DE RETIRADA DE PAUTA DE JULGAMENTO. PEDIDO DEFERIDO. 1. Em petição de fls. 267/274, IGOR LUBY KRAVTCHENKO requer a retirada do presente feito da pauta virtual de julgamento, ao argumento de que as empresas recorrentes são constituídas pela sociedade entre Nelson Pereira Alves e sua esposa Clara Abrahão Pereira Alves, já falecidos, havendo revogação dos poderes outorgados. Postula, ainda, seja oficiado ao Juiz do inventário da 6a. Vara de Família e Sucessões de Curitiba-PROJUDI para intervenção dos espólios dos falecidos sócios, em razão dos seus interesses jurídico e econômico. 2. O art. 313 do Código Fux estabelece: Art. 313. Suspende-se o processo: I - pela morte ou pela perda da capacidade processual de qualquer das partes, de seu representante legal ou de seu procurador; § 2º. Não ajuizada ação de habilitação, ao tomar conhecimento da morte, o juiz determinará a suspensão do processo e observará o seguinte: (...) II - falecido o autor e sendo transmissível o direito em litígio, determinará a intimação de seu espólio, de quem for o sucessor ou, se for o caso, dos herdeiros, pelos meios de divulgação que reputar mais adequados, para que manifestem interesse na sucessão processual e promovam a respectiva habilitação no prazo designado, sob pena de extinção do processo sem resolução de mérito. 3. Ademais, nos termos do art. 682 do Código Civil, em caso de morte da parte outorgante, sendo ela pessoa física ou jurídica, esta última representada, certamente, por pessoa física, a qual responde pelos atos praticados pela empresa, cessa o mandato, o que impõe a intimação dos herdeiros ou espólio para regular a representação processual. 4. Assim, tendo em vista as alegações apresentadas pelo Causídico, DEFIRO o pedido para determinar a retirada do presente feito da pauta de julgamento virtual, e determino seja oficiado o Juiz do Inventário nos autos do 5607-69.2015.8.16.0188, em trâmite na 6a. Vara de Família e Sucessões de Curitiba-PROJUDI. 5. Publique-se. 6. Intimações necessárias. Brasília (DF), 28 de outubro de 2019. MINISTRO NAPOLEÃO NUNES MAIA FILHO Relator (STJ - RtPaut no AREsp: 27674 PR 2011/0166760-9, Relator: Ministro NAPOLEÃO NUNES MAIA FILHO, Data de Publicação: DJ 06/11/2019)

II – pela convenção das partes;

→ *v.* Enunciado 21 da I Jornada de Prevenção e Solução Extrajudicial de Litígios: É facultado ao magistrado, em colaboração com as partes, suspender o processo judicial enquanto é realizada a mediação, conforme o art. 313, II, do Código de Processo Civil, salvo se houver previsão contratual de cláusula de mediação com termo ou condição, situação em que o processo deverá permanecer suspenso pelo prazo previamente acordado ou até o implemento da condição, nos termos do art. 23 da Lei n.13.140/2015.

Celebração de acordo extrajudicial antes da citação do réu não implica suspensão do processo, mas sim extinção sem resolução de mérito:

✓ PROCESSO CIVIL. BUSCA E APREENSÃO. ACORDO CELEBRADO ANTES DA CITAÇÃO. PEDIDO DE SUSPENSÃO. EXTINÇÃO DA PRETENSÃO SEM ANÁLISE DO MÉRITO. AUSÊNCIA DE INTERESSE DE AGIR. SÚMULA Nº 240 DO STJ. INAPLICÁVEL. SENTENÇA MANTIDA. 1. A celebração de acordo extrajudicial de composição da dívida antes da citação do executado não impõe a suspensão do processo nos termos do art. 313, II do CPC, pois a relação jurídica não se aperfeiçoou, caracterizando assim, a falta de interesse processual. 2. Para a Teoria Geral do Processo, este somente tem existência a partir da angularização da relação jurídica processual na sua estrutura tríplice (autor/juiz-Estado/réu) por meio da citação válida. Daí porque, sem olvidar do conceito abstrato que o processo traz em si mesmo, descabe extinguir ou suspender o que ainda não existe no mundo jurídico-processual, razão pela qual a pretensão deduzida será indeferida pelo juiz por meio da sentença que apenas põe termo prematuro à pretensão. 3. Cuidando-se de processo em que não se aperfeiçoou a relação, inaplicável o enunciado sumular 240 do STJ. 4. Recurso conhecido e desprovido. (TJDF; APC 2016.01.1.117001-0; Ac. 106.2761; Sexta Turma Cível; Rel. Des. Carlos Rodrigues; Julg. 18/10/2017; DJDFTE 29/11/2017)

Não pode o juiz extinguir o processo se as partes convencionaram sua suspensão no acordo até o cumprimento das obrigações:

✓ APELAÇÃO CÍVEL. AÇÃO DE BUSCA E APREENSÃO. CÉDULA DE CRÉDITO BANCÁRIO. FINANCIAMENTO DE VEÍCULO. LITIGANTES QUE INFORMARAM AO JUÍZO SINGULAR A REALIZAÇÃO DE COMPOSIÇÃO. SENTENÇA QUE HOMOLOGOU O ACORDO FIRMADO E, EM CONSEQUÊNCIA, EXTINGUIU O FEITO, NOS TERMOS DO ART. 487, III, "B", DO CPC/2015. INSURGÊNCIA DA INSTITUIÇÃO FINANCEIRA DEMANDANTE. ALEGAÇÃO DE NECESSIDADE DE SOBRESTAMENTO DO FEITO ATÉ O CUMPRIMENTO INTEGRAL DOS TERMOS DO ACORDO, ANTES DE DECRETAR A EXTINÇÃO DA ACTIO. TESE ACOLHIDA. HIPÓTESE EM QUE A COMPOSIÇÃO REALIZADA ENTRE AS PARTES PREVÊ O PAGAMENTO PARCELADO DA DÍVIDA E A SUSPENSÃO DO FEITO ATÉ O CUMPRIMENTO DA OBRIGAÇÃO. DEFERIMENTO DA SUSPENSÃO DA DEMANDA ATÉ A SATISFAÇÃO INTEGRAL DO ACORDO. EXEGESE DO ART. 313, II, DO CPC/2015. PRECEDENTES DESTA CORTE. SENTENÇA CASSADA. RECURSO CONHECIDO E PROVIDO. O requerimento, em petição conjunta, de suspensão do processo até o cumprimento do acordo celebrado entre as partes, não faculta ao juiz a extinção do feito, mas enseja a suspensão [...]" (STJ, RESP 332.230/RO, Relator: Min. Sálvio de Figueiredo Teixeira, 4ª Turma, j. 27/11/2001) (Apelação Cível n. 0301153-72.2016.8.24.0007, de Biguaçu, Rel. Des. Paulo Ricardo Bruschi, j. 11-5-2017). (TJSC; AC 0300707-71.2017.8.24.0092; Florianópolis; Segunda Câmara de Direito Comercial; Relª Desª Rejane Andersen; DJSC 28/11/2017; Pag. 200)

Possibilidade de suspensão de ação coletiva, tendo em vista a probabilidade de celebração de termo de ajustamento de conduta:

✓ AGRAVO DE INSTRUMENTO. ADMINISTRATIVO. AÇÃO CIVIL PÚBLICA. ECT. POLÍTICAS PÚBLICAS. ACESSIBILIDADE E MOBILIDADE. ADAPTAÇÃO DE AGÊNCIAS. ANTECIPAÇÃO DE TUTELA. REQUISITOS. NÃO PREENCHIMENTO. SUSPENSÃO DO PROCESSO. MANUTENÇÃO. 1. Ainda que a probabilidade de celebração de termo de ajustamento de conduta não esteja prevista nas hipóteses do art. 313 do Código de Processo Civil, os elementos presentes nos autos indicam que a medida adotada pelo Magistrado a quo, consistente na suspensão do processo pelo prazo de 60 dias, converge para a viabilização de uma solução eficiente da lide, tendo em vista a efetiva probabilidade de conciliação entre as partes e a inexistência de qualquer prejuízo grave e de difícil reparação. 2. Segundo o conjunto probatório acostado ao processo, os prédios objeto da lide encontram-se na situação contestada pelo autor ao menos desde o ano de 2013, sem que este tenha buscado, anteriormente, a tutela do direito alegado na via judicial ou administrativa. 3. Considerando-se que a parte recorrente não logrou trazer aos autos qualquer elemento capaz de demonstrar de forma inequívoca a existência do perigo da demora e da verossimilhança do direito alegado e, havendo a necessidade de um exame minudente da causa, à luz do contraditório e da ampla defesa, durante o curso do devido processo legal, deve ser mantida a decisão que indeferiu o pedido liminar. (TRF 4ª R.; AG 5044945-76.2016.404.0000; Terceira Turma; Rel. Des. Fed. Fernando Quadros da Silva; Julg. 25/04/2017; DEJF 27/04/2017)

III – pela arguição de impedimento ou de suspeição;

→ V. Arts. 144 e 145 do CPC.

IV – pela admissão de incidente de resolução de demandas repetitivas;

→ V. Art. 976 do CPC.

V – quando a sentença de mérito:

→ V. Art. 487 do CPC.

a) depender do julgamento de outra causa ou da declaração de existência ou de inexistência de relação jurídica que constitua o objeto principal de outro processo pendente;

Determinando a suspensão do leilão em execução trabalhista para aguardar o resultado de ação de usucapião na justiça comum:

✓ CONFLITO POSITIVO DE COMPETÊNCIA. EXECUÇÃO TRABALHISTA. DESIGNAÇÃO DE LEILÃO PARA VENDA DE IMÓVEL QUE É OBJETO DE AÇÃO DE USUCAPIÃO PROPOSTA POR TERCEIROS EM DESFAVOR DA EMPRESA QUE INTEGRA O POLO PASSIVO NA DEMANDA PERANTE A JUSTIÇA DO TRABALHO. PREJUDICIALIDADE HETEROGÊNEA. COMPETÊNCIA DOS JUÍZOS SUSCITADOS PARA O JULGAMENTO DAS RESPECTIVAS DEMANDAS. DETERMINAÇÃO DE SUSPENSÃO DA EXECUÇÃO ATÉ O JULGAMENTO FINAL DA AÇÃO USUCAPIENDA. 1. Os elementos constantes dos autos sinalizam a existência de relação de prejudicialidade entre as demandas, pois a eventual procedência da ação de usucapião proposta pelos suscitantes influenciará diretamente no desfecho da execução da sentença proferida pela justiça trabalhista, notadamente no que se refere à possibilidade de prosseguimento dos atos de alienação do imóvel constrito. 2. Havendo conflito positivo de competência entre duas ações que versam sobre a mesma relação jurídica e tramitam em juízos diferentes, a existência de prejudicialidade heterogênea conduz à suspensão de um dos feitos. 3. Conflito de competência conhecido para manter a competência dos Juízos suscitados para o julgamento das respectivas demandas, determinando a suspensão da realização do leilão pela Justiça do Trabalho até o julgamento final da ação de usucapião em trâmite perante o Juízo de Direito da Vara de Registros Públicos de Porto Alegre-RS. (STJ; CC 140.817; RS; Segunda Seção; Rel. Min. Marco Aurélio Bellizze; Julg. 25/10/2017, DJe 06/11/2017). No mesmo sentido, STJ, AgInt no CC 145.359; RS; Segunda Seção; Rel. Min. Moura Ribeiro; Julg. 13/09/2017, DJe 15/09/2017.

Admitindo a suspensão do processo para aguardar a definição da tomada de contas no TCU:

✓ ADMINISTRATIVO. PROCESSUAL CIVIL. AÇÃO CIVIL PÚBLICA. IMPROBIDADE ADMINISTRATIVA. TOMADA DE CONTAS ESPECIAL EM PROCESSAMENTO. SUSPENSÃODO PROCESSO POR 6 (SEIS) MESES. ART. 313, DO CPC/2015. 1. Apelação do prefeito do Município de Ouricuri-PE, em face da sentença que o condenou às penas do art. 12, da LIA, por dano ao erário e ausência de prestação de contas do Convênio nº 192/2009, que tem por objeto a construção de cisternas de placas para armazenamento de água de chuva, firmado entre o Ministério do Desenvolvimento Social e Combate à Fome e o Município de Ouricuri-PE. 2. Em consulta ao site do TCU (www.TCU.Gov.Br), verifica-se que está em processamento no Tribunal de Contas da União-TCU a Tomada de Contas Especial nº 029.198/2015-1, iniciada em 22/10/2015, para analisar e julgar as contas do Convênio 192/2009, objeto dos autos. Observa-se, ainda, que não houve julgamento pela Corte de Contas do referido processo, o qual se encontra em fase de instrução. 3. Apesar de se reconhecer a independência das instâncias cível, penal e administrativa, deve-se levar em conta as peculiaridades do caso concreto. Assim, a prova a ser produzida pelo TCU, na Tomada de Contas Especial, é altamente relevante para o deslinde da presente ação judicial (tais como a regularidade das contas, a existência do dano e a sua extensão), ainda que seja para verificação da dosimetria da pena a ser aplicada. 4. Suspensão da presente ação de improbidade administrativa, pelo prazo de 6 (seis) meses, aguardando-se o resultado do julgamento do processo TC 029.198/2015-1, devendo ser aplicado o disposto no art. 313, do CPC/2015. Após o transcurso do referido prazo, a questão deverá ser reavaliada. (TRF 5ª R.; AC 0000348-87.2013.4.05.8309; PE; Primeira Turma; Rel. Des. Fed. Alexandre Luna Freire; DEJF 20/12/2017; Pág. 40)

Entendendo que a suspensão somente se aplica a processo judicial em relação a outro processo judicial pendente, em que haja questão prejudicial, não quando esta questão foi objeto de processo administrativo:

✓ PROCESSO CIVIL. TRIBUTÁRIO. AGRAVO DE INSTRUMENTO. EXECUÇÃO FISCAL. EXCEÇÃO DE PRÉ-EXECUTIVIDADE. ALEGAÇÃO DE COMPENSAÇÃO NO EXTERIOR. PROCESSO ADMINISTRATIVO PENDENTE DE ANÁLISE. PEDIDO DE INTIMAÇÃO DA FAZENDA

NACIONAL PARA JULGAMENTO. MANEJO POR AÇÃO PRÓPRIA. SUSPENSÃO DA EXECUÇÃO FISCAL. IMPOSSIBILIDADE. RECURSO DESPROVIDO. 1. Sob o argumento de que o débito com relação ao qual o magistrado a quo determinou o prosseguimento da ação já foi devidamente adimplido mediante a compensação do imposto pago nos EUA, pretende o agravante seja determinado, no prazo de 30 (trinta) dias, o julgamento de processo administrativo que se encontra há tempo pendente de análise pelo Fisco e a suspensão da execução fiscal até o deslinde da controvérsia. 2. Primeiramente, é de se destacar que a alegação de pagamento por compensação no exterior não foi suficientemente corroborada por ocasião da exceção de pré-executividade, via que, como sabido, não admite dilação probatória. 3. A suspensão da execução fiscal não se justifica pelo teor do art. 313, V, a, do CPC/15, invocado pelo agravante em suas razões recursais, visto que tal dispositivo legal é aplicável quando da existência de outro processo judicial e não administrativo. 4. Ademais, com relação ao requerimento de intimação da Fazenda Nacional para que esta promova, dentro do prazo de 30 (trinta) dias, a apreciação definitiva do processo administrativo em que se discute o pedido de revisão de débito formulado pelo recorrente e o seu direito à alegada compensação, é de se frisar que, como bem destacado pelo magistrado a quo, o mesmo deve ser formulado em ação própria. 5. Agravo de instrumento conhecido e desprovido. (TRF 2ª R.; AI 0009887-54.2016.4.02.0000; Segunda Turma Especializada; Relª Desª Fed. Cláudia Maria Pereira Bastos Neiva; Julg. 28/03/2017; DEJF 10/04/2017)

Impossibilidade de suspensão de processo administrativo com fundamento no art. 313 do CPC:

✓ ASSUNTO. PROCESSO ADMINISTRATIVO FISCAL. ANO-CALENDÁRIO. 2005. CONCORRÊNCIA DE PROCESSOS ADMINISTRATIVO E JUDICIAL COM O MESMO OBJETO. CONCOMITÂNCIA. CONFIGURAÇÃO. A propositura pelo contribuinte de ação judicial onde se alterca a mesma matéria veiculada em processo administrativo, a qualquer tempo, antes ou após a inauguração da fase litigiosa administrativa, conforme o caso, importa em renúncia ao direito de recorrer ou desistência do recurso interposto. COMPENSAÇÃO. SUSPENSÃO DA EXIGIBILIDADE DO CRÉDITO TRIBUTÁRIO. AFERIÇÃO. Não compete às instâncias julgadoras administrativas o acompanhamento e a aferição das causas de suspensão da exigibilidade do crédito tributário, cabendo esta atribuição à unidade da RFB que jurisdiciona o sujeito passivo. CONCOMITÂNCIA. SOBRESTAMENTO. IMPOSSIBILIDADE. O sobrestamento do processo administrativo até o trânsito em julgado da decisão judicial, na hipótese de concomitância, não conta com respaldo legal ou regimental, não se lhe aplicando o disposto no art. 313 do Código de Processo Civil. Recurso voluntário negado. (CARF; RVol 19679.006470/2005-55; Ac. 3401-003.471; Rel. Cons. Robson José Bayerl; Julg. 24/04/2017; DOU 11/05/2017)

Se a ação de usucapião foi ajuizada após a adjudicação do imóvel, descabe a suspensão da execução:

✓ AGRAVO DE INSTRUMENTO. LOCAÇÃO. EXECUÇÃO DE TÍTULO EXTRAJUDICIAL. IMÓVEL ADJUDICADO. AÇÃO DE USUCAPIÃO AJUIZADA APÓS A ADJUDICAÇÃO DO IMÓVEL. SUSPENSÃO DA EXECUÇÃO ATÉ O JULGAMENTO DA AÇÃO DE USUCAPIÃO. DESCABIMENTO. A ação de usucapião foi ajuizada não somente após a constrição do imóvel, mas em momento posterior à própria adjudicação, e pelo filho e nora do devedor, impossibilitando a suspensão da execução, sendo inaplicáveis as disposições do artigo 313, alínea "a", do novo código de processo civil. A perda da posse nos autos da ação de despejo já foi determinada em dois graus de jurisdição, e ação de usucapião, ao que consta, está efetivamente sendo utilizada como expediente destinado a obstar o cumprimento das decisões judiciais. Litigância de má-fé. Descabimento. Inexistência de dolo processual no agir da parte recorrente capaz de ensejar a aplicação da penalidade por litigância de má-fé. Agravo de instrumento desprovido. (TJRS; AI 0260256-22.2017.8.21.7000; Pelotas; Décima Quinta Câmara Cível; Relª Desª Ana Beatriz Iser; Julg. 06/12/2017; DJERS 19/12/2017)

Se há conexão, mas as causas tramitam em ramos distintos da justiça, impossibilitando a reunião, deve ser determinada a suspensão de um dos processos:

✓ PROCESSUAL CIVIL. Conflito positivo de competência. Justiça comum e justiça federal. Ação de imissão na posse e ação anulatória de propriedade/leilão judicial. Competência absoluta da justiça federal em apenas uma das ações. Conexão. Impossibilidade. Reconhecimento de prejudicialidade externa heterogênea. Necessidade de suspensão do processo. Art. 313, V, "a ", do CPC/2015. (STJ; CC 144.103; Proc. 2015/0290748-7; RJ; Segunda Seção; Rel. Min. João Otávio de Noronha; DJE 29/04/2016). V. tb.: AGRAVO DE INSTRUMENTO. PREVIDENCIÁRIO. PROCESSUAL CIVIL. AUXÍLIO-DOENÇA. AÇÃO ACIDENTÁRIA EM CURSO. CONEXÃO. SUSPENSÃO DO PROCESSO. Verifica-se a ocorrência de conexão entre as duas ações, pois a causa de pedir lhes é comum. a suposta doença que incapacita a parte autora é a mesma em ambos os processos. Essa conexão não permite a reunião de processos, tendo em vista a competência ser distinta para ambos e contém uma característica especial: pedidos mutuamente excludentes, pois, eventualmente reconhecida a relação de causalidade entre o trabalho e a incapacidade, prejudicado estaria o pedido contido nesta ação. Para evitar a possibilidade de decisões conflitantes nas esferas estadual e federal, mister se faz a suspensão do processo originário deste agravo, com fulcro no art. 313, V, a, do CPC, até o julgamento definitivo do processo em curso na Justiça Estadual, suspendendo-se, inclusive, a decisão que determinou a implantação do benefício de auxílio-doença. Agravo de instrumento parcialmente provido. Agravo regimental prejudicado. (TRF 3ª R.; AI 0000167-02.2017.4.03.0000; Sétima Turma; Rel. Des. Fed. Paulo Domingues; Julg. 02/10/2017; DEJF 20/10/2017)

Se os processos são conexos, mas estão em fases distintas, inviabilizando a reunião, é cabível a suspensão para aguardar a solução da questão prejudicial externa:

✓ APELAÇÃO. AÇÃO DE BUSCA E APREENSÃO. CONEXÃO. CONCEITO AMPLO. DECISÕES CONFLITANTES. LIMITE TEMPORAL. PREJUDICIALIDADE EXTERNA. SUSPENSÃO DO FEITO. Novo Código de Processo Civil que admite a conexão entre a execução ou busca e apreensão e a revisional, em virtude da possibilidade de "decisões conflitantes". Art. 55, §2º e §3º, do CPC. Reunião de processos, contudo, que encontra limite temporal. Julgamento de qualquer das demandas. Inteligência da Súmula nº 235, do STJ, e do artigo 55,

§1º, do CPC. Inviável reunião de processos em fases distintas. Evidente prejudicialidade externa, impositiva a suspensão do feito até o julgamento da ação revisional em que foi deferida liminar para o pagamento. Art. 313, inciso V, alínea 'a', do CPC; SUSPENDERAM O PROCESSO (art. 313, V, do CPC). (TJSP; APL 0006222-47.2014.8.26.0372; Ac. 9978698; Monte Mor; Trigésima Câmara de Direito Privado; Relª Desª Maria Lúcia Pizzotti; Julg. 09/11/2016; DJESP 01/12/2016)

Possibilidade de suspensão dos embargos de terceiro enquanto não se define o incidente de desconsideração da personalidade jurídica:

✓ AGRAVO DE PETIÇÃO. EMBARGOS DE TERCEIRO. SUSPENSÃO DO FEITO. Situação em que a verificação da condição do autor dos embargos de terceiro – se parte no processo principal, como executado, ou efetivo terceiro – depende da decisão a ser proferida no incidente de desconsideração de pessoa jurídica. Equivocada a decisão que extinguiu o processo sem resolução do mérito por carência do direito da ação, devendo o processo ser suspenso, nos termos do artigo 313, V, alínea "a", do CPC/2015. Agravo de petição interposto pelo exequente a que se dá provimento parcial, no item. (TRT 4ª R.; AP 0010006-93.2016.5.04.0511; Rel. Des. João Alfredo Borges Antunes de Miranda; DEJTRS 19/12/2017; Pág. 1140)

Incidente de remoção de inventariança não autoriza a suspensão do inventário:

✓ AGRAVO DE INSTRUMENTO. Inventário e cumprimento de testamento público. Tramitação conjunta. Interposição do incidente de remoção de inventariante. Determinação judicial de suspensão de tramitação do inventário para se aguardar o julgamento do incidente processual. Irresignação de herdeira. Sequência de decisões judiciais remissivas à suspensão determinada. Ocorrência de revogação expressa em outra decisão posterior. Decisão que também se fundamenta na indispensabilidade da inventariante à administração do inventário. Inexistência de dependência jurídica. Não enquadramento da hipótese na previsão da alínea. A. Do inciso V do artigo 313 do CPC/2015. Continuidade do exercício do múnus pela inventariante no processo de inventário até o julgamento definitivo do incidente de remoção. Excepcionalidade não configurada. Impropriedade da suspensão do inventário. Decisão reformada. Agravo de instrumento conhecido e provido. – a determinação de suspensão do processo de inventário é medida excepcional. A interposição do incidente de remoção de inventariante não possui o condão de paralisar a tramitação do processo de inventário, sobretudo quando não verificada qualquer dependência jurídica entre as causas, nos termos da alínea. A. Do inciso V do artigo 313 do CPC/2015. (TJPR; Ag Instr 1686658-7; Londrina; Décima Segunda Câmara Cível; Rel. Des. Roberto Antônio Massaro; Julg. 18/10/2017; DJPR 20/11/2017; Pág. 281)

O ajuizamento de ação de cobrança fundada no mesmo contrato não implica suspensão da ação de busca e apreensão decorrente da alienação fiduciária:

✓ AGRAVO DE INSTRUMENTO. AÇÃO DE BUSCA E APREENSÃO. SUSPENSÃO DO PROCESSO. ART. 313, V, DO CÓDIGO DE PROCESSO CIVIL. INAPLICABILIDADE. RESTITUIÇÃO DO VEÍCULO. POSSIBILIDADE. MORA NÃO COMPROVADA. DECISÃO REFORMADA. RECURSO PROVIDO. O ajuizamento de Ação de Cobrança, mesmo fundada no contrato de seguro sub judice, não obsta o credor fiduciário de ajuizar ou prosseguir a ação de busca e apreensão, sob pena de afronta o disposto no art. 3º do Decreto-Lei nº 911/69. Ausentes elementos suficientes a comprovar que o devedor fora constituído em mora, não há que se falar na concessão de liminar de busca e apreensão. (TJMG; AI 1.0701.15.017596-9/001; Relª Desª Mariângela Meyer; Julg. 08/11/2016; DJEMG 25/11/2016)

Possibilidade de suspensão da ação de busca e apreensão se houve decisão na ação declaratória suspendendo a exigibilidade das parcelas:

✓ AGRAVO DE INSTRUMENTO. BUSCA E APREENSÃO. AÇÃO DECLARATÓRIA. PREJUDICIALIDADE. SUSPENSÃO DA EXIGIBILIDADE DO DÉBITO. AUSÊNCIA DE MORA. ACUIDADE DA SUSPENSÃO DA AÇÃO. Prejudicialidade externa fundada no artigo 313, do Novo Código de Processo Civil. Pendência de ação que versa sobre o mesmo contrato, na qual houve decisão provisória de suspensão da exigibilidade das parcelas do contrato de financiamento (art. 300, do CPC15). Hipótese que esvazia a mora e impede a efetivação da busca e apreensão; AGRAVO DE INSTRUMENTO NÃO PROVIDO. (TJSP; AI 2125031-40.2016.8.26.0000; Ac. 9888687; São Paulo; Trigésima Câmara de Direito Privado; Relª Desª Maria Lúcia Pizzotti; Julg. 05/10/2016; DJESP 18/10/2016)

Entendendo que a ação revisional pode ensejar a suspensão da ação de busca e apreensão, desde que aquela seja preexistente:

✓ AGRAVO DE INSTRUMENTO. AÇÕES DE BUSCA E APREENSÃO E REVISIONAL DE CONTRATO. RELAÇÃO DE PREJUDICIALIDADE EXTERNA. SUSPENSÃODO PROCESSO. ART. 313, V, DO CPC. Por força da relação de prejudicialidade externa, a busca e apreensão pode ser suspensa até o julgamento da preexistente ação revisional, nos termos do art. 313, V, a, do CPC, que reproduz o art. 265, IV, a, do CPC/73. No caso concreto, a ação revisional é preexistente, fundada no mesmo contrato, tramitando no Juízo da 7ª Vara de Rel. De Cons. Cível e Comerciais de Feira de Santana, tendo sido deferido parcialmente o pleito liminar para assegurar ao autor/agravado o depósito judicial das parcelas vencidas e vincendas. Contudo, a suspensão do processo por prejudicialidade externa não tem efeito retroativo, razão pela qual não é possível revogar a liminar deferida no feito suspenso, mas sobrestar seus efeitos. AGRAVO DE INSTRUMENTO PROVIDO EM PARTE PARA AFASTAR A REVOGAÇÃO DA LIMINAR, CUJOS EFEITOS FICARÃO SOBRESTADOS ENQUANTO SUSPENSO O PROCESSO. (TJBA; AI 0011956-08.2017.8.05.0000; Salvador; Primeira Câmara Cível; Relª Desª Silvia Carneiro Santos Zarif; Julg. 07/08/2017; DJBA 16/08/2017; Pág. 201); PROCESSO CIVIL. AGRAVO DE INSTRUMENTO. AÇÃO DE BUSCA E APREENSÃO. Direito do consumidor. Decisão agravada que deferiu a liminar de busca e apreensão. Existência de questão prejudicial externa recomendando a suspensão do processo, evidenciada pela natural influência do julgamento da ação de revisão contratual sobre o julgamento da ação de busca e apreensão, cujo objeto consiste na constituição da plena propriedade do bem pelo credor fiduciário. Em relação à suspensão, o STJ firmou entendimento no sentido de haver uma prejudicialidade externa que demandaria a suspensão da demanda de busca e apreensão se esta for distribuída após a demanda revisional do mesmo contrato, hipótese em que se resume à solução inserta no artigo 313, V, -a-, do CPC/2015. Recurso que se dá provimento. (TJRJ; AI 0023062-74.2017.8.19.0000; São João da Barra; Vigésima Quarta Câmara Cível Consumidor; Relª Desª Andrea Fortuna Teixeira; DORJ 16/10/2017; Pág. 501)

Considerando que o simples ajuizamento da ação revisional, sem a concessão de tutela provisória, não acarreta a suspensão da ação de busca e apreensão;

✓ DIREITO PROCESSUAL CIVIL E DIREITO CIVIL. Agravo de instrumento. Pedido de suspensão da ação de busca e apreensão em razão de precedente = anterior ajuizamento de ação revisional. Não obstante a vigência do novo código de processo civil Lei nº 13.105, de 16.03.2015 em 18.03.2016, em respeito aos atos praticados sob a vigília do CPC revogado Lei nº 5.869, de 11.01.1973, a dizer da obediência ao princípio do **tempus regis actum**, urge assinalar a aplicabilidade do art. 522 do código de processo civil/73, no que diz com os pressupostos exigidos à interposição do recurso de agravo de instrumento, tal qual o entendimento definido pelo Superior Tribunal de justiça no enunciado administrativo nº 2.2. Teoria da causa madura. Ausência de prejudicialidade externa entre as ações, nos termos do art. 313, inciso V, alínea a, do CPC, face à inexistência de decisão liminar favorável ao agravante = recorrente na ação revisional. Demais disso, a propositura da ação revisional de contrato de per si et por si só não tem o condão de elidir a mora e nem impede o prosseguimento da ação de busca e apreensão, a teor do enunciado da Súmula nº 380 do Superior Tribunal de justiça. Manutenção da liminar de busca e apreensão que se impõe. Recurso conhecido e não provido. Doutrina e jurisprudência. (TJAL; AI 0802601-90.2015.8.02.0000; Rel. Des. Paulo Barros da Silva Lima; DJAL 01/12/2016; Pág. 23). V. tb.: DIREITO PROCESSUAL CIVIL. AGRAVO DE INSTRUMENTO. AÇÃO DE BUSCA E APREENSÃO. MORA NÃO CONFIGURADA. PRÉVIO AJUIZAMENTO DE AÇÃO DE CONSIGNAÇÃO EM PAGAMENTO C/C REVISIONAL. DEPÓSITO DAS PARCELAS INCONTROVERSAS. RELAÇÃO DE PREJUDICIALIDADE ENTRE AS DEMANDAS. SOBRESTAMENTO DA BUSCA E APREENSÃO PELO PRAZO DE 01 (UM) ANO. INCIDÊNCIA DO ART. 313, V, A C/C ART. 313, §4º, AMBOS DO CPC. PRECEDENTES DO STJ. RECURSO PROVIDO. Não há conexão, e sim relação de prejudicialidade externa entre as ações de busca e apreensão e consignação com pedido revisional de cláusulas contratuais quando ambas discutem o mesmo contrato de alienação fiduciária. Precedentes do STJ. Interpretação que deve ser entendida de forma razoável, sob pena de invalidação dos dispositivos do Decreto-Lei nº 911/69. A melhor solução para o caso reside em determinar a suspensão do feito, nos termos do artigo 313, inciso V, alínea a, do código de processo civil/2015 (art. 265, IV, a, do CPC/73). Precedentes do STJ. Caso em análise que traz hipótese de distinguishing em relação à Súmula nº 380 do STJ, pois não se trata de mera propositura de ação revisional, tendo em vista que há autorização judicial para o devedor consignar as parcelas incontroversas, afastando, em princípio, a mora e descaracterizando o inadimplemento. Resta evidenciado o perigo de dano caso cumprido o mandado, pois o veículo constitui instrumento de trabalho do agravante (permissionário do serviço de transporte público complementar) e a sua busca e apreensão ocasionará perda de seu sustento. Agravo provido para determinar a suspensão da ação de busca e apreensão originária até julgamento da ação de consignação em pagamento pelo prazo máximo de 01 (um) ano, consoante o §4º do artigo 313 do CPC. (TJPE; AI 0004595-38.2016.8.17.0000; Rel. Des. Cândido José da Fonte Saraiva de Moraes; Julg. 22/06/2016; DJEPE 13/07/2016)

Ação declaratória atacando os títulos executivos e anterior à execução pode acarretar a suspensão desta, se concedida tutela de urgência:

✓ AGRAVO DE INSTRUMENTO. Execução de título extrajudicial. Decisão que indefere o pedido de suspensão do feito executivo. Ação declaratória, anteriormente oposta pelo devedor, tendo como objeto os títulos que ora se executam, cuja tutela de urgência fora deferida em razão da constatação da verossimilhança das alegações. Possibilidade da execução vir a ser declarada nula. Prejudicialidade externa verificada, nos termos do art. 315, IV, a, do código de processo civil. Juízo garantido. Possibilidade de suspensão da execução. Precedentes desta corte. Decisão reformada. Reunião dos feitos para julgamento conjunto. Desnecessidade, in casu. Ausência de risco de decisões conflitantes. Recurso conhecido e parcialmente provido. (TJPR; Ag Instr 1652875-3; Cascavel; Décima Sexta Câmara Cível; Relª Juíza Conv. Vania Maria da S. Kramer; Julg. 07/06/2017; DJPR 28/06/2017; Pág. 286)

Necessidade de reconhecimento de relação de prejudicialidade externa entre as demandas para aplicação do inc. V:

✓ PET na RECLAMAÇÃO Nº 36.076 - SP (2018/0151869-6) RELATORA: MINISTRA REGINA HELENA COSTA REQUERENTE: MARCOS WILSON FERREIRA MARTINS ADVOGADO: MARCOS WILSON FERREIRA MARTINS (EM CAUSA PRÓPRIA) - SP262900 REQUERIDO: CAIXA ECONÔMICA FEDERAL ADVOGADO: GIZA HELENA COELHO - SP166349 INTERES.: TRIBUNAL REGIONAL FEDERAL DA 3A REGIÃO DECISÃO Vistos. Fls. 194/198e: Trata-se de pedido do Reclamante de "suspensão pelo prazo de um ano, do processo até julgamento de mérito da Ação Declaratória", nos termos do art. 313, V, a, do Código de Processo Civil de 2015, uma vez que "a sentença de mérito depender do julgamento de outra causa ou da declaração de existência ou de inexistência de relação jurídica que constitua o objeto principal de outro processo pendente". No caso, o Requerente propôs a presente Reclamação, com pedido de liminar, com fundamento nos arts. 105, I, f, da Constituição da República, 13 da Lei n. 8.038/1990, e 187 do Regimento Interno desta Corte, em face de decisão prolatada pelo Sr. Desembargador Federal Vice-presidente do Tribunal Regional Federal da 3ª Região, que não admitiu recurso especial interposto nos autos da Ação Monitória n. 0004084-20.2008.403.6119, proposta pela Caixa Econômica Federal, da 5ª Vara Federal da Guarulhos/SP (fls. 15/16e). A presente Reclamação não foi conhecida, prejudicada a análise do pedido de tutela de urgência (fls. 105/116e). Interposto Agravo Interno (fls. 121/127e), a 1ª Seção desta Corte negou provimento ao recurso (fls. 133/149e). O Requerente interpôs novo Agravo Interno (fls. 154/157e) em face do acórdão da 1ª Seção que negou provimento ao recurso. A 1ª Seção não conheceu do recurso, porquanto inadmissível agravo interno contra acórdão, revelando-se, ademais, impossibilitada a aplicação do princípio da fungibilidade recursal, por constituir erro grosseiro. Precedentes da Corte Especial e das três Seções deste Tribunal Superior (fls. 162/167e). O Reclamante interpôs terceiro Agravo Interno (fls. 172/177e), novamente, não conhecido pela 1ª Seção desta Corte (fls. 184/189e). A Coordenadoria da 1ª Seção prestou informações (fl. 200e). É o relatório. Decido. O caso merece uma breve digressão fática. Em 29.05.2018, o Reclamante apresentou, nesta Corte, Pedido de Tutela de Urgência n. 1.519/SP, requerendo o deferimento de tutela provisória no âmbito do Agravo em Recurso Especial n. 1.275.932/SP, no qual a Sra. Ministra Presidente desta Corte proferiu decisão, em 27.04.2018, não conhecendo do recurso porquanto não impugnados especificamente os fundamentos da decisão de inadmissão, a qual foi atacada pelos embargos de declaração opostos em 10.05.2018. O pedido de tutela de urgência foi indeferido em 05.06.2018 e certificado o trânsito em julgado em 03.07.2018. Ademais, o AREsp n. 1.275.932/SP não foi conhecido, em 27.04.2018, os embargos de declaração rejeitados em 12.06.2018 e certificado o trânsito em julgado em 07.08.2018. Em 21.06.2018, o Requerente propôs a presente Reclamação não conhecida em decisão de 22.10.2018 (fls. 105/116e). O art. 313, V, a, do Código de Processo Civil de 2015 dispõe: Art. 313. Suspende-se o processo: (...) V – quando a sentença de mérito: a) depender do julgamento de outra causa ou da declaração de existência ou de inexistência de relação jurídica que constitua o objeto principal de outro processo pendente; não há, portanto, como reconhecer-se a apontada relação de prejudicialidade externa entre as demandas, nos termos do at. 313, V, do Código de Processo Civil. Posto isso, indefiro o pedido (fls. 194/198e). Certifique-se o trânsito em julgado e arquivem-se os autos. Publique-se. Intime-se. Brasília (DF), 24 de outubro de 2019. MINISTRA REGINA HELENA COSTA Relatora (STJ – PET na Rcl: 36076 SP 2018/0151869-6, Relator: Ministra REGINA HELENA COSTA, Data de Publicação: DJ 28/10/2019).

✓ RECURSO ESPECIAL Nº 1.712.983 – SP (2017/0149069-9) RELATORA: MINISTRA NANCY ANDRIGHI RECORRENTE: JULIANA PEDROSO PEDROSA RECORRENTE: MARIANE PEDROSO PEDROSA RECORRENTE: MATHEUS PEDROSO GUIMARAES ADVOGADO: DANIEL OLIVEIRA MATOS – SP315236 RECORRIDO: JOSÉ NELSON PEDROSO – ESPÓLIO REPR. POR: ANA ELISA MONTANARO PEDROSO – INVENTARIANTE RECORRIDO: ANDRELINA PEDROSO – ESPÓLIO RECORRIDO: FRANCISCO CARLOS PEDROSO – INVENTARIANTE ADVOGADO: JOSÉ RAUL MARTINS VASCONCELLOS – SP077704 INTERES.: MARLY APARECIDA PEDROSO DECISÃO Cuida-se de pedido de tutela provisória incidental formulado por JULIANA PEDROSO PEDROSA, MARIANE PEDROSO PEDROSA e MATHEUS PEDROSO GUIMARÃES, em que requer "seja atribuído a concessão de efeito suspensivo ao processo de origem nº 0066173-49.2013.8.26.0002 com o fito de suspender o andamento do feito até decisão final (art. 313, V, a, CPC), visto que o Inventariante arrolou novos herdeiros, os quais guardam a mesma relação dos Recorrentes" (fls 879/881, e-STJ). Relatados os fatos, decide-se. Inicialmente, anote-se que o requerimento de tutela provisória não foi minimamente fundamentado quanto à presença dos requisitos legais para a concessão da medida – fumus boni iuris e de periculum in mora -, o que é imprescindível para que se proceda ao seu adequado exame. A despeito da insuficiente fundamentação, verifica-se que o pedido formulado pelos requerentes está fundado no art. 313, V, a, do CPC/15, que assim dispõe: Art. 313. Suspende-se o processo: V – quando a sentença de mérito: a) depender do julgamento de outra causa ou da declaração de existência ou de inexistência de relação jurídica que constitua o objeto principal de outro processo pendente; Em se tratando de hipótese de prejudicialidade externa, sabe-se que o requerimento de suspensão do processo prejudicado até decisão do processo pendente e prejudicante deverá ser requerida naquele, ou seja, diretamente no processo 0066173-49.2013.826.0002, cabendo ao juízo da 3ª Vara da Família e Sucessões do Foro Regional de Santo Amaro da Comarca de São Paulo examinar e deliberar, inicialmente, sobre a aventada relação de prejudicialidade entre aquela causa e a causa da qual se originou o presente recurso especial. Forte nessas razões, NÃO CONHEÇO do pedido de tutela provisória requerido, porque desprovido de fundamentação e manifestamente incabível. Publique-se. Intimem-se. Brasília (DF), 08 de junho de 2018. MINISTRA NANCY ANDRIGHI Relatora (STJ – REsp: 1712983 SP 2017/0149069-9, Relator: Ministra NANCY ANDRIGHI, Data de Publicação: DJ 11/06/2018)

Suspensão do feito pela admissão de incidente de resolução de demandas repetitivas:

✓ RECURSO ESPECIAL Nº 1.771.518 – MG (2018/0259478-6) RELATOR: MINISTRO GURGEL DE FARIA RECORRENTE: ESTADO DE MINAS GERAIS PROCURADOR: CÉLIO LOPES KALUME E OUTRO(S) – MG044673 RECORRIDO: CLUBE PASSENSE DE NATACAO ADVOGADO: TARCÉLIO SANTIAGO DA SILVEIRA JUNIOR E OUTRO(S) – MG086063 DECISÃO Trata-se de recurso especial interposto pelo ESTADO DE MINAS GERAIS, fundado na alínea "a" do permissivo constitucional, contra acórdão assim ementado: PRELIMINAR – SUSPENSÃO DO FEITO – RECURSO REPRESENTATIVO DE CONTROVÉRSIA – STJ – NECESSIDADE. Se sujeita à suspensão prevista no art. 1.037, II, do CPC, os autos que versem sobre "questão atinente à inclusão da Tarifa de Uso do Sistema Transmissão de Energia Elétrica (TUST) e da Tarifa de Uso do Sistema de Distribuição de Energia Elétrica (TUSD) na base de cálculo do ICMS", nos termos do EREsp 1163020/RS, STJ. O recorrente, apontando violação dos arts. 314 e 982, § 2º, do CPC, sustenta que a suspensão de processos decorrente de afetação do tema à sistemática dos repetitivos "não tem aptidão de impedir a formulação e a concessão de pedidos de tutela provisória de urgência, que deverão ser realizados perante o juiz em que esteja tramitando o processo, de forma que, se os pedidos de tutela de urgência não são suspensos, por consequência lógica os agravos de instrumento interpostos contra decisões que concedem ou não a tutela provisória também não serão suspensos". Afirma, ainda, que "a manutenção de tutelas provisórias deferidas contra o Estado de Minas Gerais em processos envolvendo a incidência ou não do ICMS sobre a TUSD e TUST causa enorme prejuízo aos cofres públicos, sendo certo que há decisões recentes do próprio STJ prevendo que há a incidência do ICMS sobre essas tarifas". Depois de apresentadas as contrarrazões, o Tribunal de origem admitiu o recurso especial, determinando a subida dos autos para esta Corte Superior. Passo a decidir. O presente recurso especial se origina de agravo de instrumento manejado pela Fazenda Pública recorrente contra a decisão do magistrado de primeiro grau que, entendendo preenchidos os pressupostos elencados no art. 300 do CPC, referentes à probabilidade de êxito do pedido autoral e ao perigo de dano, concedeu tutela provisória de urgência "para determinar ao réu a suspensão da cobrança de ICMS incidente sobre as Tarifas de Uso e Distribuição e Transmissão destacadas nas faturas de energia elétrica endereçada ao estabelecimento do autor, devendo a referida exação incidir sobre o efetivo consumo de energia elétrica nas instalações da autora. Fica resguardado ao autor o direito de obter certidão de regularidade fiscal, desde que não tenha débitos de outra natureza em aberto com o Estado de Minas Gerais". O TJ/MG, quando do julgamento do agravo de instrumento, acolheu, por maioria, preliminar suscitada pelo Desembargador Jair Varão para suspender o processo em razão da afetação do tema de fundo à sistemática dos recursos repetitivos. Pois bem. Ponderados esses elementos, verifico que assiste razão ao recorrente. A suspensão de Jurisdição de que trata o art. 1.037, II, do CPC não impede que as instâncias de ordinárias apreciem, em caráter provisório, os pedidos de medidas de urgência que eventualmente surgirem até o julgamento do tema em repercussão geral ou repetitivo, conforme já decidido por esta Casa de Justiça, na questão de ordem suscitada no REsp 1.657.156 (DJe de 31/5/2017), nos seguintes termos: O SENHOR MINISTRO BENEDITO GONÇALVES: Trata-se de (1) ofício encaminhado pelos Juízes de Direito das Varas da Fazenda Pública do Estado de São Paulo (fls. 369-370, e-STJ); (2) correio eletrônico enviado pelo Juiz de Direito da Comarca de São Vicente do Sul (SC) ao Núcleo de Gerenciamento de Precedentes do STJ - NUGEP; (3) petição de n. 233.613/2017 (fls. 369-370, e-STJ), protocolizada pelo recorrente Estado do Rio de Janeiro. Solicitam-se esclarecimentos sobre a extensão da suspensão do processamento dos feitos que versem sobre a controvérsia do recurso especial repetitivo em epígrafe. Além disso, o ente público aponta a existência de erro material no acórdão de fls. 326-330, e-STJ), tendo em vista o equívoco na Portaria indicada. Defende, contudo, que haja a alteração da delimitação da tese a ser discutida no presente recurso repetitivo, pois "entende que o mais adequado seria a superação da delimitação da controvérsia com base nas Portarias acima apontadas para que passe a ser vinculada aos termos do disposto nos artigos 19-M, I, 19-P, 19-Q e 19-R da Lei Federal 8.080/1990, com a redação conferida pela Lei Federal n. 12.401/2011, de modo que a delimitação da matéria passe a ser "a obrigação do Poder Público de fornecer medicamentos e tratamentos terapêuticos não incorporados ao Sistema Único de Saúde" (fl. 378, e-STJ). É o breve relato. Seguem as considerações sobre as questões apresentadas. 1.) SUSPENSÃO DO PROCESSAMENTO DO FEITO, NOS TERMOS DO ART. 1.037, II, DO CPC/2015, E SUA EXTENSÃO. Não obstante o inciso II do art. 1.037 do CPC/2015 preceituar que o relator "determinará a suspensão do processamento de todos os processos pendentes, individuais ou coletivos, que versem sobre a questão e tramitem no território nacional", sem explicitar o alcance dessa suspensão, deve-se fazer uma leitura sistemática do diploma processual vigente. Assim, as normas que tratam da suspensão dos processos, constantes do art. 313 combinado com o art. 314 do CPC/215, bem como do art. 982, § 2º, do CPC/2015, que cuida da suspensão dos feitos no Incidente de Resolução de Demandas Repetitivas - IRDR, devem também ser aplicadas aos recursos repetitivos, tendo em vista que ambos compõem um mesmo microssistema (de julgamento de casos repetitivos), conforme se depreende do art. 928 do CPC/2015. Vejam-se os dispositivos acima citados: TÍTULO II DA SUSPENSÃO DO PROCESSO [...] Art. 313. Suspende-se o processo: [...] IV- pela admissão de incidente de resolução de demandas repetitivas; Art. 314. Durante a suspensão é vedado praticar qualquer ato processual, podendo o juiz, todavia, determinar a realização de atos urgentes a fim de evitar dano irreparável, salvo no caso de arguição de impedimento e de suspeição. TÍTULO I DA ORDEM DOS PROCESSOS E DOS PROCESSOS DE COMPETÊNCIA ORIGINÁRIA DOS TRIBUNAIS CAPÍTULO I DISPOSIÇÕES GERAIS [...] Art. 928. Para os fins deste Código, considera-se julgamento de casos repetitivos a decisão proferida em: I - incidente de resolução de demandas repetitivas; II - recursos especial e extraordinário repetitivos. CAPÍTULO VIII DO INCIDENTE DE RESOLUÇÃO DE DEMANDAS REPETITIVAS [...] Art. 982. Admitido o incidente, o relator: I - suspenderá os processos pendentes, individuais ou coletivos, que tramitam no Estado ou na região, conforme o caso; [...] § 2º Durante a suspensão, o pedido de tutela de urgência deverá ser dirigido ao juízo onde tramita o processo suspenso. Dos dispositivos transcritos, torna-se patente que a suspensão do processamento dos processos pendentes, determinada no art. 1.037, II, do CPC/2015, não impede que os Juízos concedam, em qualquer fase do processo, tutela provisória de urgência, desde que satisfeitos os requisitos contidos no art. 300 do CPC/2015, e deem cumprimento àquelas que já foram deferidas. [...] (QO na ProAfR no REsp 1.657.156/RJ, Rel. Ministro BENEDITO GONÇALVES, PRIMEIRA SEÇÃO, julgado em 24/05/2017, DJe 31/05/2017). Aplicando esse entendimento à realidade deste feito, tem-se que, se a aludida suspensão não atinge o processamento e a análise dos pedidos de tutela provisória, também não há falar em sobrestamento do agravo de instrumento que impugna a decisão interlocutória de primeiro grau que concedeu a medida de urgência, até porque essa espera fulminaria o próprio objeto do recurso. Ante o exposto, com fundamento no art. 255, § 4º, III, do RISTJ, DOU PROVIMENTO ao recurso especial para, cassando o acórdão recorrido, determinar o retorno dos autos ao Tribunal de origem, a fim de que prossiga no julgamento do agravo de instrumento, como entender de direito. Publique-se. Intimem-se. Brasília (DF), 22 de maio de 2020. MINISTRO GURGEL DE FARIA Relator (STJ - REsp: 1771518 MG 2018/0259478-6, Relator: Ministro GURGEL DE FARIA, Data de Publicação: DJ 26/05/2020)

b) tiver de ser proferida somente após a verificação de determinado fato ou a produção de certa prova, requisitada a outro juízo;

VI – por motivo de força maior;

Suspensão do feito por testagem positivo de COVID-19:

✓ RECURSO ESPECIAL Nº 1856850 - SC (2020/0004701-6) RELATOR: MINISTRO BENEDITO GONÇALVES RECORRENTE: INSTITUTO BRASILEIRO DO MEIO AMBIENTE E DOS RECURSOS NATURAIS RENOVAVEIS-IBAMA RECORRIDO: NELSON PESSOA GUIMARAES ADVOGADO: EMÍLIA SOARES DE SOUZA - SP053743 AGRAVANTE: NELSON PESSOA GUIMARAES AGRAVADO: INSTITUTO BRASILEIRO DO MEIO AMBIENTE E DOS RECURSOS NATURAIS RENOVAVEIS-IBAMA INTERES.: MINISTÉRIO PÚBLICO FEDERAL DECISÃO Trata-se de pedido de suspensão do feito, por 60 (sessenta) dias, requerido pelo recorrido em razão de sua Procuradora ter testado positivo para a COVID-19, conforme documentação que acompanha o requerimento. É o relatório. Decido. Com efeito, o requerente comprova, por meio dos documentos juntados às fls. 505-506, que sua Procuradora testou positivo para o vírus da COVID-19. O caso se a molda ao que dispõe o art. 313, VI, do

CPC, in verbis: Art. 313. Suspende-se o processo: [...] VI – por motivo de força maior. Defiro o pedido, nos termos dos arts. 313, VI, do CPC c.c. 34, I, do RI/STJ. Publique-se. Intimem-se. Brasília, 29 de junho de 2020. Ministro Benedito Gonçalves Relator (STJ – REsp: 1856850 SC 2020/0004701-6, Relator: Ministro BENEDITO GONÇALVES, Data de Publicação: DJ 01/07/2020)

VII – quando se discutir em juízo questão decorrente de acidentes e fatos da navegação de competência do Tribunal Marítimo;

VIII – nos demais casos que este Código regula.

→ V. Arts. 76, 134, § 3º, 678, 919, § 1º, 921, 922 e 955 do CPC.
→ V. Art. 20 da Lei 11.481/2007.
→ V. Art. 23 da Lei 13.140/2015 – Dispõe sobre a mediação entre particulares como meio de solução de controvérsias e sobre a autocomposição de conflitos no âmbito da administração pública.

Impossibilidade de suspensão do processo para aguardar que a parte cumpra o parcelamento das custas:

✓ RECLAMAÇÃO (ART. 243 DO RITJSC). MAGISTRADO QUE, COM APOIO NO ART. 98, § 6º, DO CPC, DEFERE O PARCELAMENTO DAS CUSTAS INICIAIS DA AÇÃO DE ORIGEM, MAS DETERMINA O SEU SOBRESTAMENTO ATÉ O IMPLEMENTO TOTAL DAS ALUDIDAS DESPESAS. Ausência de hipótese legal de suspensão do processo, seja pelo dispositivo que prevê a possibilidade de parcelamento de custas, seja pelo dispositivo que regula especificamente o sobrestamento da ação (art. 313 do CPC). Inversão da ordem legal do processo evidenciada. Prosseguimento da ação de origem que se impõe. Pedido julgado procedente. (TJSC; RCL 4020880-09.2017.8.24.0000; Blumenau; Terceira Câmara de Direito Civil; Rel. Des. Saul Steil; DJSC 27/11/2017; Pag. 123)

IX – pelo parto ou pela concessão de adoção, quando a advogada responsável pelo processo constituir a única patrona da causa; (Incluído pela Lei nº 13.363, de 2016)

X – quando o advogado responsável pelo processo constituir o único patrono da causa e tornar-se pai. (Incluído pela Lei nº 13.363, de 2016)

§ 1º Na hipótese do inciso I, o juiz suspenderá o processo, nos termos do art. 689.

§ 2º Não ajuizada ação de habilitação, ao tomar conhecimento da morte, o juiz determinará a suspensão do processo e observará o seguinte:

→ V. Art. 687 do CPC.

I – falecido o réu, ordenará a intimação do autor para que promova a citação do respectivo espólio, de quem for o sucessor ou, se for o caso, dos herdeiros, no prazo que designar, de no mínimo 2 (dois) e no máximo 6 (seis) meses;

Ainda que o endereço dos sucessores seja indicado após o prazo de suspensão, descabe a extinção do processo sem resolução de mérito:

✓ APELAÇÃO CÍVEL. PROCESSO CIVIL. COBRANÇA CONDOMÍNIO. EXTINÇÃO SEM RESOLUÇÃO DE MÉRITO. FALECIMENTO DO RÉU. INDICAÇÃO DOS HERDEIROS. CITAÇÃO. POSSIBILIDADE (ARTIGO 313, § 2º, INCISO I, CPC). 1. Apelação interposta da sentença que julgou extinto o processo, sem resolução de mérito, com fundamento no art. 485, inc. IV, do CPC/2015, por não ter o autor promovido a regularização do polo passivo da demanda, haja vista a informação de que o réu teria falecido. 2. Restando induvidoso o falecimento da parte ré e de sua esposa, tendo o autor indicado os herdeiros e fornecido os respectivos endereços, ainda que posteriormente ao prazo de suspensão do processo, cabível a citação destes, nos termos do artigo 313, § 2º, inciso I, do Código de Processo Civil, e não extinção do processo, sem resolução do mérito, por falta de pressuposto processual. 3. Apelo conhecido e provido. (TJDF; APC 2015.09.1.019198-4; Ac. 105.9416; Segunda Turma Cível; Rel. Des. César Loyola; Julg. 08/11/2017; DJDFTE 01/12/2017).

✓ AGRAVO EM RECURSO ESPECIAL Nº 578.567 – RJ (2014/0208072-9) RELATOR: MINISTRO BENEDITO GONÇALVES AGRAVANTE: DEMERVAL QUEIROZ FERNANDES – ESPÓLIO REPR. POR: RENATO SOARES FERNANDES – INVENTARIANTE ADVOGADOS: CINEZIO SALES MANHAES FILHO – RJ132821 LUÍS FELIPPE FERREIRA KLEM DE MATTOS – RJ120514 THATIANA RANGEL VIANA MANHÃES – RJ120821 AGRAVADO: MINISTÉRIO PÚBLICO FEDERAL DESPACHO À fl. 422 foi informado nos autos o falecimento do inventariante Renato Soares Fernandes, representante legal do espólio de Dermeval Queiroz Fernandes, o qual figurou inicialmente como réu na presente ação civil pública. A informação do óbito do representante legal não veio acompanhada da devida petição de habilitação por parte dos sucessores do falecido. Não houve, portanto, o ajuizamento da ação de habilitação, razão pela qual foi decido à fl. 423 que compete ao autor da ação (Ministério Público Federal) proceder a habilitação, nos termos do artigo 313, § 2º, I, in verbis: Art. 313. Suspende-se o processo: [...] § 2º. Não ajuizada ação de habilitação, ao tomar conhecimento da morte, o juiz determinará a suspensão do processo e observará o seguinte: I – falecido o réu, ordenará a intimação do autor para que promova a citação do respectivo espólio, de quem for o sucessor ou, se for o caso, dos herdeiros, no prazo que designar, de no mínimo 2 (dois) e no máximo 6 (seis) meses; Ciência da decisão de fl. 423 pelo Parquet federal à fl. 447. Determino o envio dos autos à Coordenadoria da Primeira Turma a fim de que se aguarde a habilitação no prazo de suspensão do processo. Intime-se. Brasília, 07 de agosto de 2018. MINISTRO BENEDITO GONÇALVES Relator (STJ – AREsp: 578567 RJ 2014/0208072-9, Relator: Ministro BENEDITO GONÇALVES, Data de Publicação: DJ 10/08/2018)

Habilitação em sede de execuções fiscais:

✓ DECISÃO MONOCRÁTICA. AGRAVO DE INSTRUMENTO Nº. PROCESSO Nº: 0003462-84.2009.814.0301. ÓRGÃO JULGADOR: 2ª TURMA DE DIREITO PÚBLICO. COMARCA: BELÉM. AGRAVANTE: MUNÍPIO DE BELÉM. PROCURADOR MUNICIPAL: EVANDRO ANTUNES COSTA. AGRAVADO: FRANCISCO LINHARES CONDE. ADVOGADOS: ADDELIA ELIZABETH NEYRÃO DE MELLO. PROCURADOR DE JUSTIÇA: MANOEL SANTINO NASCIMENTO JÚNIOR. RELATORA: DESA. DIRACY NUNES ALVES. Vistos etc. Trata-se de agravo de instrumento interposto em face de decisão que declarou prescrito o direito de ação para a cobrança do crédito tributário referente ao IPTU do exercício de 2004 (processo nº. 2009.1007978-7). Distribuídos os autos no âmbito da 1ª Câmara Cível Isolada (fl. 32), a Relatora manteve, através de decisão monocrática (fl. 33/35), a decisão de piso que declarou a prescrição. Interposto Embargos de Declaração (fls. 36/41), o recurso foi conhecido e improvido, sendo mantida a decisão monocrática proferida (fls. 43/45). Inconformado, o Município interpôs Agravo Interno em que, mais uma vez, foi conhecido, porém improvido, sendo referida decisão também tomada de forma singular (fls. 56/58). Em razão da decisão proferida no agravo interno, o Município embargou de declaração a decisão, porém, mais uma vez, não obteve sucesso (fl. 62/65). À fl. 92, o processo foi chamado à ordem, determinando o Relator que o Agravo Interno fosse julgado pelo Colegiado, bem como determinou ao autor que se manifestasse sobre o falecimento do executado, estipulando o prazo de 05 (cinco) dias para o cumprimento da diligência. Redistribuídos os autos (fl. 96), coube à mim a sua relatoria. Como primeiro ato, determinei a suspensão do feito, para que a irregularidade processual fosse sanada, sob pena de não conhecimento do recurso (fl. 98). Em resposta, o Município de Belém afirmou quanto à necessidade da parte executada apresentar em Juízo a prova do processo de inventário e partilha instaurado, para dessa forma, poder realizar a substituição processual (fls. 99/116). Determinada a intimação da viúva (fl.117), foi por si juntado o atestado de óbito do de cujus e informou que não houve a abertura de inventário (fls. 119/123). Ouvida a Fazenda Municipal (fl. 129), afirmou que a morte do proprietário do imóvel e a apresentação do atestado de óbito não são suficientes para obstar a execução fiscal, sendo correto o prosseguimento da ação em nome do de cujus. É o relatório. Prevê o Código de Processo Civil, que constatada a irregularidade processual, que poderá ocorrer em razão da morte de uma das partes, os autos deverão ser suspensos para que o defeito seja sanado. In verbis: Art. 76. Verificada a incapacidade processual ou a irregularidade da representação da parte, o juiz suspenderá o processo e designará prazo razoável para que seja sanado o vício. (...) § 2º Descumprida a determinação em fase recursal perante tribunal de justiça, tribunal regional federal ou tribunal superior, o relator: I – não conhecerá do recurso, se a providência couber ao recorrente; (...) Art. 313. Suspende-se o processo: I – pela morte ou pela perda da capacidade processual de qualquer das partes, de seu representante legal ou de seu procurador. Ocorrido o falecimento do réu, caberá ao autor a promoção da citação do espólio, dos sucessores ou dos herdeiros, nos termos do art. 313, § 2º, I do CPC: Art. 313. Suspende-se o processo: (...) § 2º Não ajuizada ação de habilitação, ao tomar conhecimento da morte, o juiz determinará a suspensão do processo e observará o seguinte: I – falecido o réu, ordenará a intimação do autor para que promova a citação do respectivo espólio, de quem for o sucessor ou, se for o caso, dos herdeiros, no prazo que designar, de no mínimo 2 (dois) e no máximo 6 (seis) meses. Pois bem. Intimado o Município de Belém, se limitou a afirmar que o Recurso não poderá ser extinto sem a resolução do seu mérito, em razão da obrigação em se promover a substituição processual, já que o IPTU é vinculado ao imóvel e não ao seu proprietário. Assim como é obrigação dos herdeiros abrirem a sucessão e informar à Fazenda quanto à mudança da responsabilidade em se pagar os tributos. Todavia, diferentemente ao alegado pelo agravante, caberá à Fazenda a regularização do polo passivo da ação, sendo esta uma obrigação imposta pelo Código de Processo Civil. Uma vez que a parte deverá ter capacidade de assumir direitos e contrair obrigações (art. 1º do CC), não há como ser sujeito processual o de cujus, em razão do seu óbvio impedimento em responder pelos atos da vida civil, até mesmo porque, nos presentes autos não se discute um direito personalíssimo. Em razão da obrigação em se regularizar o feito, foi determinada a suspensão e consequente saneamento do defeito às fls. 92 e 98, observando à vedação da decisão surpresa contida no art. 9º e art. 10, ambos do CPC. Destarte, inexistindo qualquer obrigação imposta à abertura do inventário ou apresentação do espólio, já que o CPC é claro ao permitir que os herdeiros substituam o de cujus, se torna obrigação do Município de Belém promover a substituição, independente de quem figure nos cadastros da Fazenda Municipal. Ante ao exposto, diante de todas a considerações acima expostas, NÃO CONHEÇO do recurso 66/72, nos termos do 76, § 2º, I do CPC. É como decido. Belém, 10 de maio de 2019. DIRACY NUNES ALVES DESEMBARGADORA-RELATORA. (TJ-PA – AI: 00034628420098140301 BELÉM, Relator: DIRACY NUNES ALVES, Data de Julgamento: 17/05/2019, 2ª TURMA DE DIREITO PÚBLICO, Data de Publicação: 17/05/2019)

II – falecido o autor e sendo transmissível o direito em litígio, determinará a intimação de seu espólio, de quem for o sucessor ou, se for o caso, dos herdeiros, pelos meios de divulgação que reputar mais adequados, para que manifestem interesse na sucessão processual e promovam a respectiva habilitação no prazo designado, sob pena de extinção do processo sem resolução de mérito.

Apontando que a intimação aos herdeiros necessita ser pessoal, pois com a morte da parte cessa o mandato conferido ao advogado:

✓ APELAÇÃO CÍVEL. NEGÓCIOS JURÍDICOS BANCÁRIOS. CADERNETA DE POUPANÇA. EXPURGOS INFLACIONÁRIOS. AÇÃO DE COBRANÇA. EXTINÇÃO DO PROCESSO. FALECIMENTO DO AUTOR. REGULARIZAÇÃO PROCESSUAL. NECESSIDADE DE INTIMAÇÃO PESSOAL DOS HERDEIROS/SUCESSORES. No caso de falecimento da parte autora/exequente, necessária a suspensão do feito e a intimação pessoal dos herdeiros/sucessores para a regularização processual, consoante o disposto nos arts. 110 e 313, §2º, II, do CPC. Ocorre que com a morte do mandante cessa o mandato e, em consequência, os poderes nele conferidos, sendo, portanto, insuficiente apenas a intimação em nome do procurador do de cujus para dar prosseguimento ao feito. Na hipótese dos autos, noticiado o falecimento do autor por seu procurador, foi suspenso o processo a fim de habilitar os sucessores. Em seguida, deferido novo prazo com intimação apenas do procurador cadastrado para dar prosseguimento ao feito. Na sequência sem que houvesse qualquer determinação judicial de intimação pessoal dos herdeiros/sucessores do autor, o feito foi julgado extinto, sem resolução do mérito, nos termos do artigo 485, IV, do CPC. Assim, diante da ausência de intimação pessoal dos herdeiros/sucessores para regularizar a representação no feito, tendo em vista que somente intimado o mandatário, o qual já não possuía poderes para atuar no feito, impõe-se a desconstituição da sentença recorrida. Apelação provida. Sentença desconstituída. (TJRS; AC 0333919-04.2017.8.21.7000; Passo Fundo; Vigésima Quarta Câmara Cível; Rel. Des. Jorge Maraschin dos Santos; Julg. 29/11/2017; DJERS 04/12/2017).

§ 3º No caso de morte do procurador de qualquer das partes, ainda que iniciada a audiência de instrução e julgamento, o juiz determinará que a parte constitua novo mandatário, no prazo de 15 (quinze) dias, ao final do qual extinguirá o processo sem resolução de mérito, se o autor não nomear novo mandatário, ou ordenará o prosseguimento do processo à revelia do réu, se falecido o procurador deste.

§ 4º O prazo de suspensão do processo nunca poderá exceder 1 (um) ano nas hipóteses do inciso V e 6 (seis) meses naquela prevista no inciso II.

Possibilidade de limitação da suspensão dos processos na origem determinada pelos tribunais superiores a um ano com base no art. 313, § 4º do CPC:

✓ AGRAVO DE INSTRUMENTO. EXCEÇÃO DE PRÉ-EXECUTIVIDADE. SOBRESTAMENTO DO FEITO. IMPOSSIBILIDADE. SUSPENSÃO QUE NÃO PODE EXTRAPOLAR O PRAZO DE UM ANO. ARTIGO 313, §4º DO CPC. PRELIMINAR AFASTADA. DECISÃO PROFERIDA EM OUTRO ESTADO DA FEDERAÇÃO NOS AUTOS DE AÇÃO CIVIL PÚBLICA. LIMITE TERRITORIAL DOS EFEITOS DA SENTENÇA. POSSIBILIDADE DE AJUIZAMENTO NO DOMICÍLIO DO CONSUMIDOR. RECURSO REPETITIVO NO STJ. NECESSIDADE PRÉVIA LIQUIDAÇÃO DE SENTENÇA. ORIENTAÇÃO FIRMADA NO STJ E PELA SEÇÃO ESPECIAL DE UNIFORMIZAÇÃO DE JURISPRUDÊNCIA DO TJMS. CONVERSÃO DO PROCEDIMENTO. APROVEITAMENTO DOS ATOS. INSTRUMENTALIDADE DAS FORMAS. RECURSO CONHECIDO E PARCIALMENTE PROVIDO. 1. A decisão de suspensão de julgamento dos recursos que se referem aos expurgos inflacionários do Plano Bresser e Verão, proferida no RE n. 626.307, deu-se há mais de um ano. Assim, considerando o disposto no § 5º, artigo 265, do CPC c/c o artigo 5º, inciso LXXVIII, da CF, direito a razoável duração do processo, bem como as metas impostas pelo CNJ e, finalmente, que não consta a ocorrência de qualquer outro pronunciamento da Suprema Corte a respeito, o prosseguimento do presente recurso é medida de rigor e de Justiça. Outrossim, o intuito do art. 1.036 do CPC não será prejudicado, ante a possibilidade de retenção de eventual Recurso Especial ou extraordinário no órgão de admissibilidade. 2. Ao apreciar o Recurso Especial n. 1.243.887-PR, julgado sob o rito do artigo 1.036 do Código de Processo Civil (recurso repetitivo), a Corte Especial do Superior Tribunal de Justiça, pondo fim a controvérsia anteriormente existente, definiu que os efeitos da sentença proferida em ação civil pública não estão limitados à competência territorial do órgão prolator e, ainda, que o cumprimento da referida sentença pode ser ajuizado no foro do domicílio do beneficiário. 3. Assim, é possível o ajuizamento, nas comarcas deste Estado, de liquidação e execução de sentença proferida por juízo de outra unidade da federação quando esta tiver decidido a questão com abrangência nacional. 4. Conforme entendimento fixado pelo Superior Tribunal de Justiça, a sentença genérica prolatada no âmbito da ação civil coletiva, por si, não confere ao vencido o atributo de devedor de "quantia certa ou já fixada em liquidação", porquanto, "em caso de procedência do pedido, a condenação será genérica", apenas "fixando a responsabilidade do réu pelos danos causados" (art. 95 do CDC). Desse modo, a condenação não se reveste de liquidez necessária ao cumprimento espontâneo do comando sentencial, sendo necessária a liquidação da sentença genérica proferida em ação civil pública para a definição da titularidade do crédito e do valor devido. 5. O mesmo entendimento foi firmado no Incidente de Uniformização de Jurisprudência, autos nº 1404510-42.2015.8.12.0000/50000, consoante rito do CPC/73, julgado no Órgão Especial deste Sodalício: "Na execução individual de sentença genérica proferida em ação civil pública é necessária a liquidação para definir a titularidade do crédito e do valor devido. " 6. A necessidade de prévia liquidação enseja a conversão da fase de cumprimento de sentença para liquidação, e não a extinção do processo, em face dos princípios da instrumentalidade das formas materializado pelo aproveitamento do feito de origem e dos atos já praticados. 7. Recurso conhecido e parcialmente provido. (TJMS; AI 1411356-41.2016.8.12.0000; Rel. Des. Vladimir Abreu da Silva; DJMS 13/12/2017; Pág. 100).

Impossibilidade de suspensão do processo por tempo superior ao limite de seus meses previsto no art. 313, § 4º do CPC, ainda que em decorrência de transação:

✓ APELAÇÃO CÍVEL. Homologação de transação. Suspensão do feito. Impossibilidade. A transação entre as partes põe fim ao litígio, extinguindo o processo com resolução do mérito, nos termos do art. 487, III, b do CPC. Impossibilidade de suspensão do processo até integral cumprimento da avença, diante do disposto no art. 313, §4º do CPC. Ausência de prejuízo ao autor, que na hipótese de inadimplemento poderá se valer do título executivo judicial para recuperar seu crédito. Sentença mantida. Recurso improvido. Decisão unânime. (TJSE; AC 201700816804; Ac. 26602/2017; Segunda Câmara Cível; Rel. Des. José dos Anjos; DJSE 01/12/2017)

§ 5º O juiz determinará o prosseguimento do processo assim que esgotados os prazos previstos no § 4º.

§ 6º No caso do inciso IX, o período de suspensão será de 30 (trinta) dias, contado a partir da data do parto ou da concessão da adoção, mediante apresentação de certidão de nascimento ou documento similar que comprove a realização do parto, ou de termo judicial que tenha concedido a adoção, desde que haja notificação ao cliente. (Incluído pela Lei nº 13.363, de 2016)

Impossibilidade de suspensão do processo decorrente de gravidez da advogada se o pedido veio a destempo e sem o devido atestado médico:

✓ NULIDADE DO PROCESSADO POR CERCEAMENTO DE DEFESA. ADIAMENTO DA AUDIÊNCIA EM DECORRÊNCIA DE PARTO DA CAUSÍDICA. É garantida a suspensão do processo por 30 dias, a contar da data do parto, quando a advogada responsável pelo processo for a única patrona constituída nos autos, conforme art. 313, inciso IX e §6º, do CPC c/c art. 7º-A, inciso IV e § 3º, do Estatuto da OAB. In casu, porém, a causídica requereu o adiamento da audiência em prosseguimento quando já transcorridos mais de 30 dias do parto, sendo que o requerimento sequer veio acompanhado de atestado comprovando sua impossibilidade de locomoção. Ademais, mesmo que se considere justificável a ausência da patrona, tal fato não afasta o dever da autora de se fazer presente à audiência. Com efeito, a pena de confissão é aplicada à parte, ausente à audiência em que deveria depor, e não a seu patrono. Preliminar não acolhida. (TRT 23ª R.; RO 0000774-92.2016.5.23.0005; Segunda Turma; Rel. Des. João Carlos; Julg. 25/10/2017; DEJTMT 17/11/2017; Pág. 1298)

§ 7º No caso do inciso X, o período de suspensão será de 8 (oito) dias, contado a partir da data do parto ou da concessão da adoção, mediante apresentação de certidão de nascimento ou documento similar que comprove a realização do parto, ou de termo judicial que tenha concedido a adoção, desde que haja notificação ao cliente. (Incluído pela Lei nº 13.363, de 2016)

Art. 314. Durante a suspensão é vedado praticar qualquer ato processual, podendo o juiz, todavia, determinar a realização de atos urgentes a fim de evitar dano irreparável, salvo no caso de arguição de impedimento e de suspeição.

→ *V.* Arts. 144, 145, 300 e ss., 982, § 2º do CPC.

Possibilidade de apreciar pedido de tutela provisória em processo suspenso por decisão do STF ou do STJ:

✓ TRATA-SE DE (1) OFÍCIO ENCAMINHADO PELOS JUÍZES DE DIREITO DAS VARAS DA FAZENDA PÚBLICA DO ESTADO DE SÃO PAULO (FLS. 369-370, E-STJ). (2) CORREIO ELETRÔNICO ENVIADO PELO JUIZ DE DIREITO DA COMARCA DE SÃO VICENTE DO SUL (SC) AO NÚCLEO DE GERENCIAMENTO DE PRECEDENTES DO STJ. NUGEP. (3) PETIÇÃO DE N. 233.613/2017 (FLS. 369-370, E-STJ), PROTOCOLIZADA PELO RECORRENTE ESTADO DO RIO DE JANEIRO. SOLICITAM-SE ESCLARECIMENTOS SOBRE A EXTENSÃO DA SUSPENSÃO DO PROCESSAMENTO DOS FEITOS QUE VERSEM SOBRE A CONTROVÉRSIA DO RECURSO ESPECIAL REPETITIVO EM EPÍGRAFE. ALÉM DISSO, O ENTE PÚBLICO APONTA A EXISTÊNCIA DE ERRO MATERIAL NO ACÓRDÃO DE FLS. 326-330, E-STJ), TENDO EM VISTA O EQUÍVOCO NA PORTARIA INDICADA. DEFENDE, CONTUDO, QUE HAJA A ALTERAÇÃO DA DELIMITAÇÃO DA TESE A SER DISCUTIDA NO PRESENTE RECURSO REPETITIVO, POIS "ENTENDE QUE O MAIS ADEQUADO SERIA A SUPERAÇÃO DA DELIMITAÇÃO DA CONTROVÉRSIA COM BASE NAS PORTARIAS ACIMA APONTADAS PARA QUE PASSE A SER VINCULADA AOS TERMOS DO DISPOSTO NOS ARTIGOS 19 - M, I, 19 - P, 19 - Q E 19 - R DA LEI FEDERAL 8.080/1990, COM A REDAÇÃO CONFERIDA PELA LEI FEDERAL N. 12.401/2011, DE MODO QUE A DELIMITAÇÃO DA MATÉRIA PASSE A SER "A OBRIGAÇÃO DO PODER PÚBLICO DE FORNECER MEDICAMENTOS E TRATAMENTOS TERAPÊUTICOS NÃO INCORPORADOS AO SISTEMA ÚNICO DE SAÚDE" (FL. 378, E-STJ). É O BREVE RELATO. SEGUEM AS CONSIDERAÇÕES SOBRE AS QUESTÕES APRESENTADAS. 1.) Suspensão do processamento do feito, nos termos do art. 1.037, II, do CPC/2015, e sua extensão. Não obstante o inciso II do art. 1.037 do CPC/2015 preceituar que o relator "determinará a suspensão do processamento de todos os processos pendentes, individuais ou coletivos, que versem sobre a questão e tramitem no território nacional ", sem explicitar o alcance dessa suspensão, deve-se fazer uma leitura sistemática do diploma processual vigente. Assim, as normas que tratam da suspensão dos processos, constantes do art. 313 combinado com o art. 314 do CPC/215, bem como do art. 982, § 2º, do CPC/2015, que cuida da suspensão dos feitos no incidente de resolução de demandas repetitivas. IRDR, devem também ser aplicadas aos recursos repetitivos, tendo em vista que ambos compõem um mesmo microssistema (de julgamento de casos repetitivos), conforme se depreende do art. 928 do CPC/2015. (...) Dos dispositivos transcritos, torna-se patente que a suspensão do processamento dos processos pendentes, determinada no art. 1.037, II, do CPC/2015, não impede que os juízos concedam, em qualquer fase do processo, tutela provisória de urgência, desde que satisfeitos os requisitos contidos no art. 300 do CPC/2015, e deem cumprimento àquelas que já foram deferidas. (...) É o que se propõe. Comunique-se aos senhores ministros integrantes da primeira seção e aos presidentes dos Tribunais Regionais Federais e dos tribunais de justiça. Vista ao ministério público federal, pelo prazo de 15 (quinze) dias (art. 1.038, inciso III e § 1º, do CPC/2015). (STJ; QO-ProAfR--REsp 1.657.156; Proc. 2017/0025629-7; RJ; Primeira Seção; Rel. Min. Benedito Gonçalves; DJE 31/05/2017). No mesmo sentido: AGRAVO DE INSTRUMENTO. Decisão do Supremo Tribunal Federal no RE 970.821. Suspensão do feito. Análise da tutela de urgência. Possibilidade de julgamento do presente recurso. Inteligência art. 314 do código de processo civil. Antecipação da diferença da alíquota do ICMS. Empresa optante pelo simples. Reconhecimento da possibilidade por este tribunal de justiça quando reconheceu a constitucionalidade do art. 1º da Lei estadual nº 6.476/04. Precedentes desta 1ª Câmara Cível. Recurso conhecido e provido. Decisão unânime. (TJAL; AI 9000056-53.2017.8.02.0000; Primeira Câmara Cível; Rel. Des. Fernando Tourinho de Omena Souza; DJAL 04/01/2018; Pág. 112); DECISÃO MONOCRÁTICA. Medicamento não incorporado no Sistema Único de Saúde. Decisão de afetação. RESP nº 1.657.156-RJ. Suspensão do processo. Tutela provisória de urgência. Art. 314 do CPC/15. (TJRS; RCív 0030961-35.2017.8.21.9000; Lagoa Vermelha; Segunda Turma Recursal da Fazenda Pública; Relª Juíza Rosane Ramos de Oliveira Michels; Julg. 09/07/2017; DJERS 05/12/2017).

Suspensão do processo não traz qualquer consequência para tutela de urgência previamente concedida:

✓ AGRAVO DE INSTRUMENTO CONTRA A DECISÃO QUE DEFERIU A TUTELA PROVISÓRIA DE URGÊNCIA PARA SUSPENDER A EXIGIBILIDADE DO ICMS SOBRE AS TARIFAS DE USO DO SISTEMA DE TRANSMISSÃO (TUST) OU DISTRIBUIÇÃO (TUSD) E ENCARGOS SETORIAIS COBRADAS NAS FATURAS DE ENERGIA ELÉTRICA DA PARTE AUTORA. 2. Atual posição da Primeira Turma do Superior Tribunal de Justiça, no julgamento dos RESP 1.163.020/RS, RESP 1.161.717/MG e RESP 1.223.298/GO, que reviu seu entendimento para afirmar que incide ICMS sobre todo o processo de fornecimento de energia elétrica, inclusive sobre os valores correspondentes a custos tarifários. Precedentes jurisprudenciais desta Corte. 3. Questão submetida a Incidente de Resolução de Demandas Repetitivas, cujo processamento foi admitido em julgamento proferido pela Seção Cível Comum deste Tribunal (proc. Nº 0045980-72.2017.8.19.0000). Suspensão do processo que não é capaz de acarretar qualquer consequência na decisão liminar proferida pelo Juízo de primeiro grau, à luz do disposto nos artigos 314 e 982, §2º, do CPC/2015. 4. Probabilidade do direito, requisito obrigatório para a concessão da tutela de urgência, que não mais se evidencia. Perigo de dano ou qualquer risco ao resultado útil do processo que não se vislumbra. Reforma da decisão que concedeu a tutela de urgência. 5. Processo que não versa sobre demanda contratada e não consumida. Inaplicabilidade do decidido no RE 593.824.6. Recurso conhecido a que se dá provimento. (TJRJ; AI 0029339-09.2017.8.19.0000; Petrópolis; Sétima Câmara Cível; Rel. Des. Ricardo Couto de Castro; DORJ 18/12/2017; Pág. 261).

Não se permite que o magistrado apontado como suspeito aprecie tutela de urgência:

✓ DIREITO PROCESSUAL CIVIL. AGRAVO INTERNO. INTERPOSIÇÃO CONTRA LIMINAR DEFERIDA EM MANDADO DE SEGURANÇA. EXCEÇÃO DE SUSPEIÇÃO. ART 314 DO CPC. SUSPENSÃO DO PROCESSO. DECISÃO PROFERIDA APÓS O AJUIZAMENTO DA EXCEÇÃO DE SUSPEIÇÃO. MANIFESTA ILEGALIDADE. ARGUMENTAÇÃO RECURSAL INSUFICIENTE PARA REFORMAR A DECISÃO AGRAVADA. AGRAVO IMPROVIDO. I. Com o ajuizamento da Exceção de Suspeição ocorre à suspensão do processo (CPC/2015, art. 313, inciso III), sendo que ao magistrado tido como suspeito é concedido as seguintes alternativas: Ou reconhece a suspeição e declina da competência para o substituto legal; ou a nega e determina o encaminhamento do incidente ao tribunal, órgão competente para julgá-la. II. Desta maneira, ainda que o magistrado se depare com situação tida como urgente, hipótese esta não presente no caso em espécie, não será permitido a realização de nenhum ato processual durante o período de suspensão do processo. Essa é uma inovação do Novo Código de Processo Civil com a finalidade de proteger aquele direito pleiteado, evitando que eventual situação de urgência se sobreponha a imprescindível imparcialidade dos magistrados para a análise de toda e qualquer demanda. III. Não há falar em negativa de prestação jurisdicional se o tribunal de origem motiva adequadamente sua decisão, solucionando a controvérsia com a aplicação do direito que entende cabível à hipótese, apenas não no sentido pretendido pela parte. (STJ, AgInt no AREsp 856.180/SP, Rel. Ministro RICARDO VILLAS BÔAS CUEVA, TERCEIRA TURMA, julgado em 02/08/2016, DJe 09/08/2016) IV. Agravo Interno improvido. (TJMA; Rec 040948/2016; Primeiras Câmaras Cíveis Reunidas; Rel. Des. Antonio Guerreiro Júnior; Julg. 03/02/2017; DJEMA 13/02/2017)

Atos praticados durante a suspensão processual devem ser reputados nulos:

✓ AGRAVO DE INSTRUMENTO. AÇÃO DE EXECUÇÃO DE TÍTULO EXTRAJUDICIAL. EMBARGOS DO DEVEDOR APENSADOS. PROPOSITURA ANTERIOR DE AÇÃO DE RESCISÃO DO CONTRATO EXEQUENDO. RELAÇÃO DE PREJUDICIALIDADE RECONHECIDA EM RECURSO ANTERIOR. SUSPENSÃO DO PROCEDIMENTO EXECUTIVO DETERMINADA. NULIDADE DOS ATOS PRATICADOS DURANTE O PERÍODO DE SOBRESTAMENTO. INTELIGÊNCIA DO ART. 314 DO CPC. A existência de ação de rescisão tendo por objeto o contrato no qual se funda o crédito, ajuizada anteriormente à propositura da respectiva ação de execução, pode justificar a suspensão deste, nos termos do art. 921, inciso I, c/c art. 313, inciso V, alínea "a", ambos do CPC. Segundo o art. 314 do CPC, "durante a suspensão é vedado praticar qualquer ato processual, podendo o juiz, todavia, determinar a realização de atos urgentes a fim de evitar dano irreparável, salvo no caso de arguição de impedimento e de suspeição". Assim sendo, atos praticados durante a suspensão do processo, em inobservância do que foi decido por esta instância ad quem em recurso anterior, devem ser reputados nulos, notadamente as inserções de restrições em veículos de propriedade da parte executada e de bloqueio "on-line" de valores custodiados em contas bancárias de titularidade desta. (TJMG; AI 1.0027.14.024435-4/001; Rel. Des. Mota e Silva; Julg. 04/07/2017; DJEMG 10/07/2017).

Inexistência de vedação a que o Juízo de origem determine a execução das medidas acautelatórias já concedidas durante a suspensão:

✓ Trata-se de embargos de declaração opostos pela Viação São Cristóvão Ltda. contra decisão por meio da qual julguei prejudicado o pedido na reclamação (documento eletrônico 26). A embargante sustenta que: "1. A teor da v. decisão ora embargada, teria havido a perda superveniente do objeto deste feito, haja vista que, na origem, o juízo reclamado suspendeu aquela ACP subjacente, em razão do Tema n. 1.046 de Repercussão Geral. 1.1. Ao aviso da ora embargante, todavia, aquela v. Decisão recorrida veio a incorrer em omissão, a ensejar o aviamento destes embargos declaratórios, na forma do art. 1.022 do CPC, rogata maxima venia. 2. Com efeito. Muito embora, efetivamente, na origem, tenha ocorrido a suspensão do feito principal, conforme bem aquilatado pela v. decisão ora embargada, a par disso, aquela mesma r. decisão de piso reconheceu a eficácia de uma tutela de urgência subjacente ali prolatada contra esta reclamante, cujo objeto relaciona-se, exatamente, à antecipação do provimento final daquela mesma demanda originária. 2.1. A propósito, confira-se, daquele próprio decisório de sobrestamento, aqui trazido à colação como peça 28, in verbis: 'Nessa ordem de ideias, suspenda-se a presente ação até o julgamento do Agravo de Instrumento do Tema 1046 pelo Supremo Tribunal Federal. Para coibir controvérsias futuras registro que, em conformidade ao permissivo contido no art. 314 do CPC, restou mantida pela Douta SDI-I, do TRT3, a liminar (Id. 2Ae86dc) concedida nestes autos e confirmada na decisão dos Embargos de Declaração (Id 47e755f) manejados nos autos 10837-47.2019.5.03.000. Registre a Secretaria o sobrestamento do feito. Intimem-se as partes. Nada mais. DIVINOPOLIS/MG, 14 de agosto de 2020. Bruno Alves Rodrigues Juiz (a) Titular da Vara do Trabalho." (págs. 1-2 do documento eletrônico 32 – grifei). Prossegue afirmando que "[...] a despeito da ocorrência do sobrestamento daquele feito originário, o que, em tese, na esteira da v. decisão ora embargada, implicaria a perda do objeto desta reclamação, avessamente, no entanto, a parte final da referida decisão de origem, ao determinar o cumprimento daquela indigitada tutela de urgência contra a reclamante embargante, em última análise, veio a se traduzir na própria perpetuação de afronta ao Tema n. 1.046, de Repercussão Geral, ante a determinação de continuidade de tramitação daquele feito (ACP). 2.2. Importa ressaltar, além do mais, que, inclusive, junto ao h. juízo reclamado, nos últimos dias, esta reclamante veio a ser intimada quanto à necessidade de cumprimento da aludida tutela liminar, observando-se, pois, que sobrestamento não houve, de fato, em relação ao mencionado feito" (pág. 3 do documento eletrônico 32 – sem os grifos do original). Ao final, pede "[...] seja reconsiderada a perda do objeto desta Reclamação Constitucional, com a consequente determinação de suspensão do feito, na origem, inclusive, no que se refere à eficácia de quaisquer deliberações subsequentes àquela r. decisão de piso, sobretudo, quanto ao cumprimento da r. medida liminar colacionada à inicial (peça n. 09). 5.1.1. A se considerar que, após a instauração da presente reclamação, esta nova deliberação, na origem (peça n. 28), a despeito de determinar a suspensão daquele feito subjacente (ACP), ao reconhecer a eficácia de medida liminar ali prolatada, acabou por absorver o objeto desta ação constitucional, pede-se, ainda, que, a título de cognição exauriente, seja reconhecida a teratologia daquele referido ato judicial subjacente, tomando-o, verdadeiramente, como ato impugnado, a se determinar a sua definitiva cassação, ao final. 5.2. Na pior das hipóteses, por mera eventualidade, acaso esta E. Relatoria venha a entender pelo descabimento destes declaratórios, pede-se, mais, seja esta peça recebida como agravo regimental, nos termos do art. 1.024, § 3º, do CPC, ensejando-se, de todo modo, o exercício do h. juízo de retratação a cargo de V. Exa. quanto à v. decisão ora recorrida, com posterior julgamento do referido agravo, redobradas máximas vênias" (pág. 6 do documento eletrônico 32 – sem os grifos do original). É o relatório. Decido. Bem reexaminados os autos, verifico que os embargos de declaração merecem ser acolhidos apenas para prestar esclarecimentos. Isso porque, já na petição inicial, a reclamante havia noticiado a existência de liminar deferida nos autos originais na data de 8/6/2019. Veja-se: "No âmbito daquela demanda de piso intentada contra a reclamante (ACP), após o oferecimento de contestação, a d. autoridade reclamada houve por bem em deferir, liminarmente, a título de tutela de urgência, o pleito cominatório formulado pelo MPT, a se impor, assim, a esta reclamante a obrigação de conceder os indigitados intervalos ininterruptos de onze horas de descanso a seus motoristas e auxiliares de viagem, em que pese a existência daquele permissivo de fracionamento, em norma coletiva, além da própria previsão infraconstitucional a contemplá-lo, conforme art. 235-C, § 3º, da CLT. Vide, a respeito, a própria decisão liminar, prolatada na origem, ora acostada por seu inteiro teor (doc. n. 04), de cuja parte dispositiva se pode extrair o que adiante se alinha, a saber: "Destarte, concedo a liminar referente a obrigação de fazer, para cominar à ré a adoção da seguinte conduta: Conceder o período mínimo de 11 (onze) horas consecutivas para descanso entre duas jornadas de trabalho, a todos os seus empregados, inclusive motoristas, conforme previsto no artigo 66 da CLT. Assim, sem prejuízo de todas as fiscalizações e sanções administrativas cabíveis pelos órgãos responsáveis a qualquer tempo, determina-se à ré que cumpra a obrigação de fazer imposta na presente decisão, no prazo de 15 (quinze) dias a contar de sua publicação. Isso sob pena de multa diária de R$ 5.000,00, pois a obrigação cominada versa sobre medida de proteção coletiva (art. 461, § 4º, do CPC), cujo valor eventualmente arrecadado deverá ser revertido em favor do FAT Fundo de Amparo ao Trabalhador (Lei 7.998/90 e artigos 11 da Lei n. 7.347/85 e 84, § 3º e 4º, do CDC) ou a outra destinação (fundo, instituição ou projeto) indicada pelo Juízo e/ou especificada pelo Ministério Público do Trabalho. Nos temos do art. 537, § 1º, do CPC, c/c art. 769 da CLT, a multa poderá ser revista, acaso se torne insuficiente ou excessiva.' (Da r. decisão liminar – ACP originária, de 08.06.2019) [...]" (pág. 3 do documento eletrônico 1 – grifei). Em despacho lavrado no dia 28/6/2018, o Ministro Gilmar Mendes, Relator do ARE 1.121.633/GO (Tema 1.046 da Repercussão Geral) – no qual esta Corte reconheceu a repercussão geral do tema relativo à validade de norma coletiva de trabalho que limita ou restringe direito trabalhista não assegurado constitucionalmente -, determinou a suspensão nacional dos feitos sobre o mesmo tema, com base no art. 1.035, § 5º, do CPC. Verifica-se, portanto, que a concessão da medida de natureza acautelatória, proferida em 8/6/2019, ocorreu em data anterior à suspensão nacional de processos, razão pela qual, no ponto, a reclamação não é admissível. Com efeito, a jurisprudência desta Casa é firme no sentido de que não se conhece da reclamação quando o ato reclamado é anterior ao paradigma apontado como descumprido pela autoridade reclamada. Nesse sentido: "Agravo interno em reclamação – Alegada ofensa à autoridade do STF e à eficácia da Súmula Vinculante nº 10 – Decisão reclamada anterior ao paradigma – Desrespeito não configurado – Agravo regimental não provido. 1 – Ato reclamado anterior à Súmula Vinculante nº 10, que se apresentou como paradigma. Caso de não conhecimento da reclamação, conforme jurisprudência do STF. Precedentes do Plenário: Rcl nº 1.723/CE-AgR-QO, Relator o Ministro Celso de Mello, DJ de 8/8/01; Rcl nº 4.131/SP, relator o Ministro Marco Aurélio, DJe de 6/6/08 e Rcl nº 4.644/SC-AgR, Relatora a Ministra Cármen Lúcia. 2- A tese de que houve julgamento definitivo apenas quando o Tribunal se pronunciou em embargos declaratórios equivale a dizer que esse instante, de fato, só ocorrerá quando houver o trânsito em julgado. Trata-se de perpetuação indevida da jurisdição, o que, na prática, inviabiliza a própria ideia de posteridade da súmula vinculante. 3 – Agravo regimental não provido" (Rcl 7.900-AgR, Rel. Min. Dias Toffoli, Tribunal Pleno – grifei). Ademais, destaco que a suspensão nacional dos processos não impede a concessão de medidas de urgência a fim de evitar dano irreparável, a teor do disposto no art. 314 do CPC, verbis: "Art. 314. Durante a suspensão é vedado praticar qualquer ato processual, podendo o juiz, todavia determinar a realização de atos urgentes a fim de evitar dano irreparável, salvo no caso de arguição de impedimento e de suspeição" (grifei). Assim, não há vedação a que o Juízo de origem determine a execução das medidas acautelatórias já concedidas. Por fim, anoto que a jurisprudência desta Corte é pacífica no sentido de que a reclamação não pode ser utilizada como sucedâneo do recurso processual cabível. Isso posto, acolho parcialmente os embargos de declaração, sem modificação do julgado, apenas para sanar a omissão e prestar os esclarecimentos acima. Publique-se. Brasília, 8 de setembro de 2020. Ministro Ricardo Lewandowski Relator (STF – Rcl: 42705 MG 0100173-45.2020.1.00.0000, Relator: RICARDO LEWANDOWSKI, Data de Julgamento: 08/09/2020, Data de Publicação: 10/09/2020).

Art. 315. Se o conhecimento do mérito depender de verificação da existência de fato delituoso, o juiz pode determinar a suspensão do processo até que se pronuncie a justiça criminal.

Apontando que a suspensão decorrente da pendencia de ação penal consiste em mera faculdade do juiz:

✓ PREVIDENCIÁRIO. DEVOLUÇÃO DE VALORES RECEBIDOS INDEVIDAMENTE. SUSPENSÃO DO PROCESSO. FACULDADE. MÁ-FÉ COMPROVADA. 1. A suspensão do processo cível em virtude de pendência de ação penal constitui mera faculdade do julgador, nos termos do art. 315, caput, do CPC. 2. Evidenciada a má-fé do segurado, com provas apuradas no âmbito da Operação Psicose que superam a dúvida razoável, é devida a restituição dos valores pagos indevidamente a título de auxílio-doença. (TRF 4ª R.; AC 5017979-66.2014.404.7204;

SC; Quinta Turma; Rel. Des. Fed. Paulo Afonso Brum Vaz; Julg. 21/03/2017; DEJF 23/03/2017); PROCESSUAL CIVIL. IMPROBIDADE ADMINISTRATIVA. AGRAVO DE INSTRUMENTO. INDISPONIBILIDADE DE BENS. DESBLOQUEIO. OFERECIMENTO DE BEM EM GARANTIA. NÃO OBJETO DA DECISÃO AGRAVADA. SUPRESSÃO DE INSTÂNCIA. SUSPENSÃO ATÉ JULGAMENTO DA AÇÃO PENAL. DESNECESSIDADE. INDEPENDÊNCIA DE INSTÂNCIAS. FUNDAMENTAÇÃO. FUMUS BONI IURIS. INDÍCIOS DA PRÁTICA DE ATO DE IMPROBIDADE. PERICULUM IN MORA IMPLÍCITO (ART. 7º, LEI Nº 8.429/92). LIMITAÇÃO DA MEDIDA. VERBAS ALIMENTÍCIAS. AGRAVO PARCIALMENTE PROVIDO. EMBARDOS DE DECLARAÇÃO PREJUDICADOS. 1. A pretensão do agravante (a qual inclusive motivou os embargos de declaração opostos em face da decisão que deferiu em parte o efeito suspensivo), de ter seus bens desbloqueados ante o oferecimento de bem imóvel em garantia a eventual ressarcimento integral do dano, não foi objeto da decisão agravada, razão pela qual tal pleito não é passível de análise por esta Corte Regional, sob pena de supressão de instância. 2. Consoante o disposto no art. 12 da Lei nº 8.429/92, as esferas civis, penais e administrativas são independentes entre si, ou seja, um mesmo fato pode ensejar uma condenação penal, civil e administrativa, de sorte que o fato de a conduta imputada ao agravante também ser considerada como crime tipificado em norma penal, tal circunstância não impede o ajuizamento e a regular tramitação da ação de improbidade administrativa. 3. As instâncias administrativa, judicial e penal são independentes, assim, não há impedimento para a apreciação do fato pelo Poder Judiciário, não havendo necessidade de aguardar o desfecho de processo penal para, somente depois, dar prosseguimento à ação de improbidade administrativa interposta judicialmente. Precedentes do STJ e desta Corte. 4. A hipótese de sobrestamento previsto no art. 315 do Código de Processo Civil é faculdade do magistrado, não se justificando, no presente caso, a paralisação da ação de improbidade administrativa, a qual pode prosseguir normalmente. Precedente do STJ. 5. (...). 12. Agravo de instrumento parcialmente provido. Embargos de declaração prejudicados. (TRF 1ª R.; AI 0012288-19.2017.4.01.0000; Terceira Turma; Rel. Juiz Fed. Conv. Leão Aparecido Alves; DJF1 19/12/2017).

Entendendo que a suspensão prevista no art. 315 do CPC não se aplica aos Juizados Especiais Cíveis:

✓ JUIZADO ESPECIAL CÍVEL. FRAUDE. LIBERAÇÃO DE VALORES. DEPENDÊNCIA. VERIFICAÇÃO DA EXISTÊNCIA DE FATO DELITUOSO. ARTIGO 315 DO CPC. SUSPENSÃO. IMPOSSIBILIDADE. RECURSO CONHECIDO E IMPROVIDO. SENTENÇA MANTIDA. 1. O conhecimento da matéria de mérito depende da verificação dos fatos delituosos narrados pelo autor. Nesse passo, a liberação dos valores objeto do negócio jurídico que o autor alega ter ocorrido mediante fraude deve aguardar o esclarecimento dos fatos na esfera criminal, a fim de resguardar o direito do terceiro (até a comprovação efetiva de culpa) e também da instituição financeira. 2. A situação que se apresenta encontra previsão no ordenamento jurídico, conforme disposto no artigo 315 do Código de Processo Civil, mas que não se aplica aos Juizados Especiais Cíveis, em razão de seus princípios informadores, especialmente o princípio da celeridade processual. 3. As provas produzidas pelo autor são insuficientes para confirmar a alegada fraude, que não foi confirmada pela recorrida. 4. Recurso CONHECIDO e IMPROVIDO. Condeno o recorrente vencido ao pagamento das custas processuais e honorários advocatícios fixados em 10% sobre o valor da causa, conforme art. 55, Lei nº. 9.099/95. (TJDF; RInom 0704722-26.2017.8.07.0016; Primeira Turma Recursal dos Juizados Especiais; Relª Juíza Mara Silda Nunes de Almeida; Julg. 03/08/2017; DJDFTE 17/08/2017; Pág. 713).

Considerando a regra aplicável também ao processo do trabalho:

✓ AGRAVO DE INSTRUMENTO. Recurso de revista. Processo sob a égide da Lei nº 13.015/2014. Nulidade. Cerceamento de defesa. Sobrestamento do feito. Instauração de processo criminal. Faculdade do juiz. Art. 315 do CPC/15 (art. 110 do CPC/73). O art. 315 do CPC/15 (art. 110 do CPC/73) preceitua que: se o conhecimento do mérito depender de verificação da existência de fato delituoso, o juiz pode determinar a suspensão do processo até que se pronuncie a justiça criminal. Ao utilizar a expressão pode, o referido dispositivo legal apenas concede a faculdade ao juiz de determinar o sobrestamento do feito até o pronunciamento definitivo da justiça criminal. No caso dos autos, ao indeferir o pleito de sobrestamento da demanda trabalhista, o TRT decidiu em conformidade com a regra processual que disciplina a matéria, não havendo, portanto que se falar em cerceamento de defesa. Ademais, é importante registrar que o regional consignou que os fatos delituosos investigados não são imprescindíveis para o deslinde da presente demanda. Agravo de instrumento desprovido. (TST; AIRR 0002413-50.2014.5.02.0022; Terceira Turma; Rel. Min. Mauricio Godinho Delgado; DEJT 03/03/2017; Pág. 1034)

Incidência do art. 935 do Código Civil para afastar a suspensão:

✓ PROCESSO CIVIL. AGRAVO DE INSTRUMENTO. AÇÃO INDENIZATÓRIA POR DANOS MATERIAL E MORAL. ACIDENTE DE TRÂNSITO. RÉU NESTA DEMANDA QUE ERA O PROPRIETÁRIO DO VEÍCULO ENVOLVIDO NO SINISTRO E PAI DO CONDUTOR, RÉU EM AÇÃO PENAL. DECISÃO JUDICIAL DE SUSPENSÃO DO PROCESSO PARA SE AGUARDAR O TRÂNSITO EM JULGADO DA DECISÃO PROFERIDA NA ESFERA PENAL. DESNECESSIDADE. INDEPENDÊNCIA DAS SEARAS CÍVEL E CRIMINAL. PROVIMENTO. Na espécie, não há fundamento jurídico para a suspensão do processamento da presente demanda indenizatória até que transite em julgado a sentença proferida no juízo criminal. Inaplicabilidade da regra prevista no artigo 315 do CPC ("Art. 315. Se o conhecimento do mérito depender de verificação da existência de fato delituoso, o juiz pode determinar a suspensão do processo até que se pronuncie a justiça criminal."). Com efeito, a presente demanda foi ajuizada em face do então proprietário do veículo envolvido em acidente de trânsito, conduzido por seu filho, que é réu na demanda criminal (processo nº 0023561-26.2015.8.19.0001). Nota-se que, enquanto na seara criminal o filho da parte aqui agravada (condutor do veículo envolvido no acidente) responde pelo crime previsto no artigo 302 do Código de Trânsito Brasileiro, nesta sede cível à parte agravada (proprietário do veículo) é imputada responsabilidade civil pelos danos causados à agravante. Incidência da regra prevista no artigo 935 do Código Civil ("Art. 935. A responsabilidade civil é independente da criminal, não se podendo questionar mais sobre a existência do fato, ou sobre quem seja o seu autor, quando estas questões se acharem decididas no juízo criminal."). Noutra senda, revela-se indiscutível o potencial prejuízo que poderá advir da manutenção da suspensão do processo na condição fixada pelo juízo processante. Precedentes. Impõe-se o prosseguimento do trâmite processual. Provimento. (TJ-RJ – AI: 00128719620198190000, Relator: Des(a). CLEBER GHELFENSTEIN, Data de Julgamento: 14/08/2019, DÉCIMA QUARTA CÂMARA CÍVEL).

§ 1º Se a ação penal não for proposta no prazo de 3 (três) meses, contado da intimação do ato de suspensão, cessará o efeito desse, incumbindo ao juiz cível examinar incidentemente a questão prévia.

§ 2º Proposta a ação penal, o processo ficará suspenso pelo prazo máximo de 1 (um) ano, ao final do qual aplicar-se-á o disposto na parte final do § 1º.

O prazo de um ano de suspensão não pode ser ultrapassado, ainda que pendente a ação penal:

✓ AGRAVO DE INSTRUMENTO. AÇÃO DE REPARAÇÃO CIVIL DECORRENTE DE MORTE EM ACIDENTE DE TRÂNSITO. DESPACHO QUE DETERMINA A PRORROGAÇÃO DA SUSPENSÃO DA AÇÃO CIVIL ATÉ O TRÂNSITO EM JULGADO DA AÇÃO PENAL. IMPOSSIBILIDADE. PRAZO MÁXIMO DE SUSPENSÃO QUE NÃO PODE EXCEDER 01 (UM) ANO. PARECER DA PROCURADORIA DE JUSTIÇA FAVORÁVEL À PRETENSÃO RECURSAL. RECURSO CONHECIDO E PROVIDO. É facultado ao Magistrado da Ação de Reparação Civil suspender o curso do processo civil pelo prazo máximo de 01 (Um) ano, nos termos do §2º do art. 315 do Código de Processo Civil, sem que haja qualquer exceção que prorrogue ou vincule o prazo ao trânsito em julgado da Ação Penal. (TJSE; AI 201700701143; Ac. 21879/2017; Primeira Câmara Cível; Rel. Des. Ruy Pinheiro da Silva; Julg. 06/10/2017; DJSE 11/10/2017)

Determinação de suspensão pela pendência de ação penal não consiste em matéria agravável, nos termos dos incisos do art. 1.015 do CPC;

✓ AÇÃO MONITÓRIA. AGRAVO DE INSTRUMENTO INTERPOSTO CONTRA DECISÃO QUE DETERMINOU A SUSPENSÃO DO ANDAMENTO DO PROCESSO NOS MOLDES DO § 1º DO ARTIGO 315 DO CPC. QUESTÃO NÃO ELENCADA NO ROL DO ARTIGO 1015 DO CPC/2015. RECURSO NÃO CONHECIDO. A questão suscitada pela agravante não pode ser dirimida por meio dessa via recursal. E isso porque, a matéria sub judice não se enquadra em nenhuma das hipóteses previstas no artigo 1.015 do CPC/2015, o que torna inadmissível a interposição do presente recurso. Recurso não conhecido. (TJSP; AI 2141062-04.2017.8.26.0000; Ac. 10707155; São Paulo; Décima Segunda Câmara de Direito Privado; Relª Desª Sandra Galhardo Esteves; Julg. 17/08/2017; DJESP 31/08/2017; Pág. 2488)

TÍTULO III
Da Extinção do Processo

Art. 316. A extinção do processo dar-se-á por sentença.

→ *v.* Arts. 485 e 487 do CPC.

Art. 317. Antes de proferir decisão sem resolução de mérito, o juiz deverá conceder à parte oportunidade para, se possível, corrigir o vício.

→ *v.* Arts. 4º, 321 e 488 do CPC.

Se o réu optou por ajuizar ações separadas, o juiz pode tentar reuni-las, mas não extinguir o processo sem resolução de mérito:

✓ AÇÃO DECLARATÓRIA E INDENIZATÓRIA. Relação de consumo. Apontamento. Declaração de inexistência de relação jurídica e baixa de apontamento, além de indenização por dano moral. Sentença de extinção sem resolução do mérito, por litispendência. Art. 485, V, do CPC. Contudo, não se verifica o vício processual afirmado, já que a ação anteriormente ajuizada pela autora, contra o mesmo réu, com o mesmo pedido, tem objeto distinto. Contratos e apontamentos distintos. Inexistência de óbice legal ao ajuizamento de ações diversas. Art. 327 do CPC. Faculdade do demandante. Juíza de Direito que agiu bem ao tentar concentrar as ações, para economia e celeridade do processo. Contudo, a extinção não foi correta, já que não existe mesmo impedimento legal ao procedimento adotado pela autora. Art. 317 do CPC que não foi observado, não tendo sido conferida a oportunidade de emenda. Anulação da sentença que é necessária, retornando à origem para prosseguimento. Recurso provido. DISPOSITIVO. Recurso provido, com determinação. (TJSP; APL 1013805-28.2017.8.26.0577; Ac. 11067126; São José dos Campos; Trigésima Oitava Câmara de Direito Privado; Rel. Des. Achile Alesina; Julg. 13/12/2017; DJESP 18/12/2017; Pág. 3288).

Se a determinação de emenda da petição inicial foi parcialmente cumprida, deve ser dada nova oportunidade para sanar o vício:

✓ AÇÃO DE USUCAPIÃO. EXTINÇÃO DO FEITO SEM JULGAMENTO DE MÉRITO. DETERMINAÇÃO DE EMENDA DA INICIAL QUE FOI PARCIALMENTE CUMPRIDA PELOS AUTORES. Impossibilidade de extinção sem que fosse disponibilizada outra oportunidade para sanar o vício. Inteligência do Artigo 317 do Código de Processo Civil. Descumprimento da determinação imposta pelo Artigo 139, IX do Código de Processo Civil. Sentença de extinção afastada. Prosseguimento do feito. Recurso provido. (TJSP; APL 1003787-30.2015.8.26.0637; Ac. 10946174; Tupã; Terceira Câmara de Direito Privado; Relª Desª Marcia Dalla Déa Barone; Julg. 06/11/2017; rep. DJESP 06/12/2017; Pág. 2505)

Não se deve extinguir o processo por ausência de condições da ação se é possível suprir a falha:

✓ DIREITO PROCESSUAL CIVIL. APELAÇÃO CÍVEL. RESTAURAÇÃO DE AUTOS. EXTINÇÃO DO FEITO EM RAZÃO DA AUSÊNCIA DE INTERESSE. PRIMAZIA DA DECISÃO DE MÉRITO. VIOLAÇÃO AO DISPOSTO NO ART. 317 DO CPC/2015. 1. A extinção do feito por ausência de condições da ação, na forma do disposto no art. 485, VI, do Código de Processo Civil, não se aplica quando há possibilidade de ser suprida a falta da prática de ato processual. 2. O CPC/2015 consagrou o princípio da primazia da decisão de mérito no art. 317. 3. É dever de cooperação dos agentes processuais a persecução da possibilidade de se proferir decisão de mérito, sendo nula a sentença terminativa proferida em hipótese na qual era possível intimação da parte incumbida da prática de determinado ato processual. 4. Deu-se provimento ao apelo. (TJDF; APC 2010.01.1.049872-9; Ac. 104.1992; Primeira Turma Cível; Rel. Des. Roberto Freitas; Julg. 09/08/2017; DJDFTE 04/09/2017). V. tb.: APELAÇÃO CÍVEL. AÇÃO DE INDENIZAÇÃO. ILEGITIMIDADE ATIVA. EXTINÇÃO DO PROCESSO SEM RESOLUÇÃO DE MÉRITO. INTIMAÇÃO PARA CORREÇÃO DE VÍCIO SANÁVEL. INOCORRÊNCIA. PRINCÍPIO DA PRIMAZIA DA DECISÃO DE MÉRITO, DO CONTRADITÓRIO E DA COOPERAÇÃO. CASSAÇÃO DA SENTENÇA. A decisão que extingue o processo sem exame do mérito por ilegitimidade ativa, sem que ao autor tenha sido previamente apontado o defeito e propiciada a oportunidade de saná-lo, viola não apenas a literalidade dos artigos 10 e 317 do CPC/2015, mas um conjunto de princípios de capital importância no sistema do CPC/2015, que conformam um modelo processual de índole marcadamente colaborativa. O vértice teleológico do novo modelo processual civil brasileiro é a "decisão de mérito justa e efetiva" (artigo 6º, CPC/2015), para a qual é de vital importância a observância do princípio da cooperação, que vincula todos os sujeitos do processo, impondo ao órgão jurisdicional, especificamente, os deveres de consulta e prevenção, cuja inobservância acarreta nulidade da sentença terminativa. (TJMG; APCV 1.0570.11.001384-6/001; Rel. Des. Vasconcelos Lins; Julg. 25/04/2017; DJEMG 27/04/2017)

O julgamento por insuficiência de provas acarreta a improcedência do pedido, o que afasta a aplicação do art. 317 do CPC:

✓ PROCESSUAL CIVIL. EMBARGOS DE DECLARAÇÃO. CONTRADIÇÃO. INEXISTÊNCIA. TRIBUTÁRIO. MANDADO DE SEGURANÇA. COMPENSAÇÃO DOS VALORES RECOLHIDOS INDEVIDAMENTE ANTERIORES À IMPETRAÇÃO. AUSÊNCIA DE COMPROVAÇÃO DE CONDIÇÃO DE CREDOR. ACÓRDÃO LIVRE DE OMISSÃO, OBSCURIDADE E CONTRADIÇÃO. 1. A falta de comprovação da situação de credor pelo impetrante, acarreta na extinção do feito com resolução do mérito em relação ao pedido de compensação dos valores recolhidos indevidamente nos 5 (cinco) anos anteriores à impetração. Precedentes do e. STJ. 2. In casu, não se trata de inviabilidade do mandado de segurança para reconhecer o direito à compensação, mas de ausência de provas que delimitem a condição de credor do contribuinte para que possa pleitear a repetição dos valores recolhidos indevidamente anteriores ao ajuizamento. 3. A contradição que dá ensejo a embargos de declaração é apenas a "interna ", vale dizer, a que resulta do conflito entre duas orações lançadas no ato decisório, de sorte a comprometer a sua inteligência. 4. A jurisprudência deste e. Tribunal é pacífica em reconhecer que o julgamento por ausência de provas acarreta na extinção do feito com resolução do mérito e, portanto, inaplicável o quanto disposto no artigo 317, do Código de Processo Civil de 2015. 5. Devem ser rejeitados os embargos de declaração opostos contra acórdão proferido a salvo de omissão, contradição ou obscuridade. (TRF 3ª R.; EDcl-Ap-Rem 0014669-91.2008.4.03.6100; Terceira Turma; Rel. Des. Fed. Nelton Agnaldo Moraes dos Santos; Julg. 10/11/2016; DEJF 28/11/2016)

PARTE ESPECIAL

LIVRO I
DO PROCESSO DE CONHECIMENTO E DO CUMPRIMENTO DE SENTENÇA

TÍTULO I
Do Procedimento Comum

Capítulo I
DISPOSIÇÕES GERAIS

Art. 318. Aplica-se a todas as causas o procedimento comum, salvo disposição em contrário deste Código ou de lei.

→ *v.* Art. 24, XI, da CF/1988.

→ *v.* Enunciado 119 do CJF: É admissível o ajuizamento de ação de exibição de documentos, de forma autônoma, inclusive pelo procedimento comum do CPC (art. 318 e seguintes).

Parágrafo único. O procedimento comum aplica-se subsidiariamente aos demais procedimentos especiais e ao processo de execução.

Aplicabilidade subsidiária do art. 323 do CPC ao processo de execução:

✓ AGRAVO DE INSTRUMENTO. AÇÃO DE EXECUÇÃO DE TÍTULO EXTRAJUDICIAL (COTAS DE CONDOMÍNIO EDILÍCIO). DECISÃO AGRAVADA QUE DETERMINOU A EMENDA DA INICIAL PARA A EXCLUSÃO DAS PARCELAS VINCENDAS. O CPC/2015 inovou, ao incluir no rol dos títulos executivos extrajudiciais, o crédito referente às contribuições ordinárias e extraordinárias de condomínio edilício, consoante inciso X, do art. 784 CPC/2015. Possibilidade de inclusão das cotas condominiais vincendas no pedido inicial, com base no art. 323 e art. 318, § único, ambos do CPC/2015. Tal providência evita o ajuizamento de novas execuções entre as mesmas partes, fundada na mesma relação jurídica, bem como prestigia os princípios da efetividade da economia processual e efetividade da prestação jurisdicional. Precedentes do e. STJ e desta e. Corte. Decisão reformada. Provimento do agravo. -. (TJRJ; AI 0048455-98.2017.8.19.0000; Rio de Janeiro; Vigésima Câmara Cível; Relª Desª Maria Inês da Penha Gaspar; DORJ 12/12/2017; Pág. 352). No mesmo sentido: AGRAVO DE INSTRUMENTO. Condomínio. Execução de título extrajudicial. Pedido de inclusão das cotas vincendas. Admissibilidade. Artigos 318, 323 e 771 do Novo Código de Processo Civil. Decisão reformada. Agravo provido. (TJSP; AI 2199729-80.2017.8.26.0000; Ac. 10976014; São Paulo; Trigésima Terceira Câmara de Direito Privado; Rel. Des. Sá Moreira de Oliveira; Julg. 13/11/2017; DJESP 21/11/2017; Pág. 3142) e DESPESAS CONDOMINIAIS. AÇÃO DE EXECUÇÃO DE TÍTULO EXTRAJUDICIAL. INCLUSÃO DAS PARCELAS VINCENDAS E INADIMPLIDAS NO DECORRER DO PROCESSO. ADMISSIBILIDADE. EXEGESE DO ART. 323 C.C. ARTS. 318 E 771, PAR. ÚN., DO CPC. Conquanto o demandante tenha optado pelo processo executório para a cobrança das despesas condominiais em atraso, considerando se tratar de relação jurídica de trato sucessivo e em observância aos princípios da economia processual e da efetividade vigentes no atual CPC, cabível a inclusão de prestações vencidas e não pagas no decorrer da execução. Inteligência do disposto nos art. 318, 323 e 771, par. Ún., do CPC. Recurso provido. (TJSP; AI 2121454-20.2017.8.26.0000; Ac. 10666560; Guarulhos; Trigésima Quinta Câmara de Direito Privado; Rel. Des. Gilberto Leme; Julg. 31/07/2017; DJESP 10/08/2017; Pág. 2368).

✓ APELAÇÃO CÍVEL. EXECUÇÃO DE TÍTULO EXTRAJUDICIAL. SENTENÇA DE EXTINÇÃO DO PROCESSO, SEM RESOLUÇÃO DO MÉRITO, NA FORMA DO ART. 485, III DO CPC. INÉRCIA NA MOVIMENTAÇÃO DO FEITO. INTIMAÇÃO PESSOAL DA PARTE E DE SEU ADVOGADO. INCONFORMISMO CALCADO NO ARGUMENTO DE QUE A EXECUÇÃO SOMENTE PODERIA SER EXTINTA COM BASE EM UMA DAS SITUAÇÕES DESCRITAS NO ART. 924 DO CPC. DESCABIMENTO. APLICAÇÃO DO ART. 318, PARÁGRAFO ÚNICO DO CPC. RECURSO A QUE SE NEGA PROVIMENTO. (TJ-RJ – APL: 00485687420168190004, Relator: Des(a). MYRIAM MEDEIROS DA FONSECA COSTA, Data de Julgamento: 01/04/2020, QUARTA CÂMARA CÍVEL, Data de Publicação: 2020-05-05)

Capítulo II
DA PETIÇÃO INICIAL

Seção I
Dos Requisitos da Petição Inicial

Art. 319. A petição inicial indicará:

→ *v.* Súmula 558 do STJ.
→ *v.* Art. 2º da Lei 5.741/1971.
→ *v.* Art. 37 da Lei 9.307/1996.
→ *v.* Art. 14 da Lei 9.099/1995.
→ *v.* Art. 2º-A da Lei 9.494/1997.
→ *v.* Arts. 106, 287, 303, 305 e 798 do CPC.

I – o juízo a que é dirigida;

II – os nomes, os prenomes, o estado civil, a existência de união estável, a profissão, o número de inscrição no Cadastro de Pessoas Físicas ou no Cadastro Nacional da Pessoa Jurídica, o endereço eletrônico, o domicílio e a residência do autor e do réu;

→ *v.* Art. 246, § 1º, do CPC.

Possibilidade de recebimento da petição inicial mesmo sem o endereço eletrônico do autor:

✓ APELAÇÃO CÍVEL. AÇÃO DECLARATÓRIA DE INEXISTÊNCIA DE DÉBITO C/C INDENIZAÇÃO POR DANOS MORAIS. INDEFERIMENTO DA PETIÇÃO INICIAL. AUSÊNCIA DE INDICAÇÃO DE ENDEREÇO ELETRÔNICO DO AUTOR. REFORMA DA SENTENÇA. POSSIBILIDADE DE CITAÇÃO DO RÉU. APLICAÇÃO DO DISPOSTO NO § 2º, DO ART. 319 DO CPC. ENFRENTAMENTO MERITÓRIO. 1. O art. 319, II do CPC, traz como um dos principais requisitos da petição inicial a individualização precisa do demandante e demandado, devendo haver o nome, prenome, profissão, estado civil, endereço, inclusive eletrônico. 2. O cerne do recurso é saber se a ausência de indicação de endereço da parte autora, consiste em não atendimento aos requisitos exigidos no art. 319 do CPC, devendo a falta de um deles ser hipótese de indeferimento da petição inicial, sendo o processo extinto sem resolução do mérito. 3. É cediço que o art. 319, mais precisamente em seu inciso II, traz como um dos principais requisitos da petição inicial a individualização das partes, tendo inclusive, requerido a indicação do endereço eletrônico, sendo uma forma de adequar a legislação aos avanços tecnológicos. Analisando o mencionado artigo, em seu § 2º, foi visto que a petição inicial não será indeferida se, a despeito da falta de informações a que se refere o inciso II, for possível a citação do réu. Vê-se que a preocupação é a citabilidade. É fato que o endereço eletrônico das partes é um requisito exigido pelo CPC quando da interposição da petição inicial, porém tal requisito não deve ser visto com rigidez, de tal forma que sua ausência, importe no indeferimento da inicial. 4. Observando que consta nos autos o endereço do demandado, inclusive o eletrônico, exigir que a parte autora, por sua vez, analfabeta, tenha endereço eletrônico para deferir a petição inicial, viola o princípio inafastabilidade da jurisdição. Além do mais, foi indicado o endereço de seu advogado, como o apto para receber qualquer comunicação e as informações contidas na inicial possibilita a citação do réu, sem maiores dificuldades. 5. Com essas considerações, entendo que a peça inicial em questão deve ser recebida, privilegiando-se a instrução do presente feito e o enfretamento do seu mérito, por ser essa a medida que melhor se adequa à nossa atual sistemática processual. 6. Recurso provido. (TJPE; APL 0000640-62.2016.8.17.1240; Rel. Des. José Viana Ulisses Filho; DJEPE 20/12/2017); APELAÇÃO CÍVEL. INDEFERIMENTO DA INICIAL. NÃO FORNECIMENTO DE ENDEREÇO ELETRÔNICO. IMPOSSIBILIDADE DE ACESSO À INTERNET. § 3º, DO ART. 319, DO CPC. RECURSO PROVIDO. 1. A petição inicial não será indeferida pelo não fornecimento de endereço eletrônico (inciso II, do art. 319, do CPC) se a parte não tiver acesso à internet, pois tal exigência tornaria praticamente impossível o acesso à justiça. 2. Recurso provido. (TJRR; AC 0010.16.824554-5; Relª Desª Tânia Vasconcelos; DJERR 03/05/2017; Pág. 13); PROCESSUAL CIVIL. REQUISITOS DA PETIÇÃO INICIAL. CPC, ART. 319, II. ENDEREÇO ELETRÔNICO. AUSÊNCIA JUSTIFICADA. NÃO OBRIGATORIEDADE – Em homenagem à garantia do acesso à justiça, e em interpretação da previsão constante no art. 319, § 3º, do Código de Processo Civil, a peça preambular não deve ser indeferida pela ausência justificada da indicação do endereço eletrônico das partes. JUSTIÇA GRATUITA – DECLARAÇÃO DE HIPOSSUFICIÊNCIA – CF, ART. 5º, INC. LXXIV – CPC/2015, ARTS. 98 E 99, § 3º – DEFERIMENTO. Na dicção do art. 98 do Código de Processo Civil de 2015, a pessoa natural ou jurídica, brasileira ou estrangeira, com insuficiência de recursos para pagar as custas, as despesas processuais e os honorários advocatícios tem direito à gratuidade da justiça. (TJSC; AI 4008719-64.2017.8.24.0000; Itajaí; Quinta Câmara de Direito Civil; Rel. Des. Luiz Cézar Medeiros; DJSC 28/07/2017; Pag. 128). V. tb.: TJSE; AC 201700812319; Ac. 18662/2017; Segunda Câmara Cível; Rel. Des. Luiz Antônio Araújo Mendonça; Julg. 29/08/2017; DJSE 04/09/2017.

Desnecessidade de apresentação de comprovante de residência com a petição inicial, podendo o juiz, contudo, exigir tal documento quando suspeitar de alguma irregularidade:

✓ APELAÇÃO. AÇÃO DECLARATÓRIA. INDEFERIMENTO DA INICIAL. COMPROVANTE DE RESIDÊNCIA EM NOME DO APELANTE. IMPOSSIBILIDADE. Com efeito, o artigo 319 do Código de Processo Civil exige apenas a indicação de endereço pelo autor na petição inicial, não havendo que se falar em obrigatoriedade de comprovação por meio de documento emitido por concessionária de serviços públicos. Destaco, porém, que o magistrado pode exigir a exibição do comprovante de endereço quando suspeitar de alguma irregularidade. Anoto que o Apelante não se insurgiu em face da decisão de fl. 22 que determinou que o mesmo colacionasse aos autos o mencionado comprovante, tanto no sentido de não possuir comprovante em seu nome quanto em não ser obrigatória a sua juntada, ou seja, quedou-se inerte (fl. 24). Destarte, por não ter cumprido a determinação de fl. 22, bem como, por não ter se insurgido em face da mencionada decisão, era mesmo caso de extinção do processo, porém, por falta de diligência. SENTENÇA MANTIDA POR FUNDAMENTO DIVERSO. RECURSO IMPROVIDO. (TJSP; APL 1000154-50.2017.8.26.0666; Ac. 11055312; Artur Nogueira; Trigésima Oitava Câmara de Direito Privado; Rel. Des. Eduardo Siqueira; Julg. 11/12/2017; DJESP 18/12/2017; Pág. 3249); PROCESSUAL CIVIL. PREVIDENCIÁRIO. APOSENTADORIA POR INVALIDEZ. AUXÍLIO-ACIDENTÁRIO. TRABALHADOR URBANO. AUSÊNCIA DA COMPROVAÇÃO DE ENDEREÇO. INDEFERIMENTO DA INICIAL, IMPOSSIBILIDADE. SENTENÇA ANULADA. 1. Nos termos do art. 319 do Código de Processo Civil/2015, a petição inicial indicará o domicílio e a residência do autor e réu, não sendo indispensável à propositura da ação a juntada do comprovante de residência. 2. Inexistindo na petição inicial qualquer defeito ou irregularidades capazes de dificultar ou impedir o julgamento do mérito, deve ser anulada sentença. Não estando a causa madura para julgamento, resta determinado o retorno dos autos ao Juízo de origem para regular processamento e julgamento do feito. 3. Apelação provida. Retorno dos autos à origem. (TRF 1ª R.; AC 0037624-73.2017.4.01.9199; Primeira Turma; Rel. Des. Fed. Carlos Augusto Pires Brandão; DJF1 25/10/2017). V. tb.: TJPE; APL 0000258-77.2017.8.17.1420; Quinta Câmara Cível; Rel. Des. Agenor Ferreira de Lima; Julg. 16/08/2017; DJEPE 05/09/2017; TJRS; AC 0095739-97.2017.8.21.7000; Porto Alegre; Décima Sétima Câmara Cível; Relª Desª Marta Borges Ortiz; Julg. 26/10/2017; DJERS 13/11/2017.

Sequer a determinação da competência territorial é motivo para se exigir a juntada do comprovante de residência, uma vez que o juiz não pode se dar por incompetente de ofício:

✓ INDEFERIMENTO DA PETIÇÃO INICIAL. Extinção do Processo. Ausência de comprovante de residência. Inicial apta a produzir seus regulares efeitos: Presentes o pedido e a causa de pedir. Artigo 319, inc. II, do CPC/2015 não prevê a necessidade de juntada de comprovante de residência a fim de averiguar a competência territorial relativa. Não cabimento. Não é cabível o indeferimento de petição inicial por ausência de comprovante de residência, apto a verificar a competência territorial relativa, porquanto não é dado ao juiz decliná-la de ofício. RECURSO PROVIDO. (TJSP; APL 1002233-71.2016.8.26.0428; Ac. 10696876; Paulínia; Décima Terceira Câmara de Direito Privado; Relª Desª Ana de Lourdes Coutinho Silva da Fonseca; Julg. 14/08/2017; DJESP 17/08/2017; Pág. 2295).

Indeferimento da petição inicial de ação rescisória por falta de emenda no prazo estipulado:

✓ AÇÃO RESCISÓRIA Nº 6748 - RS (2020/0095275-3) RELATOR: MINISTRO LUIS FELIPE SALOMÃO AUTOR: SUZY DORNELLES MAGADAN - SUCESSÃO REPR. POR: FERNANDO DORNELLES MAGADAN AUTOR: FERNANDO DORNELLES MAGADAN ADVOGADO: THOMAS OPPERMANN PASQUALI - RS106453 RÉU: EMERENCIANA DE SOUZA PINTO - SUCESSÃO REPR. POR: GUSTAVO FONSECA DUTRA ADVOGADO: GUSTAVO FONSECA DUTRA - RS066360 RÉU: HOSPITAL SÃO PATRÍCIO DE ITAQUI ADVOGADOS: EVANDRO RÔMULO DEGRAZIA - RS029956 PATRICIA DEGRAZIA LIMA - RS059452 PÂMELLA PALMER PEREIRA - RS087022 DECISÃO 1. Cuida-se de ação rescisória proposta com fundamento no art. 966, IV, V e VIII, do Código de Processo Civil, na qual se objetiva desconstituir sentença proferida nos autos da "ação ordinária declaratória constitutiva de testamento" n. 001/11102046842, proferida pela 7ª Vara de Família e Sucessões do Foro Central da Comarca de Porto Alegre, bem como os respectivos acórdãos da lavra do Tribunal de Justiça do Estado do Rio Grande do Sul. Na presente rescisória, endereçada ao Desembargador Presidente do TJRS, a parte autora não mencionou qual decisão ou acórdão, proferido pelo Superior Tribunal de Justiça, pretende seja objeto de rescisão. Assim, em decisão à fl. 762, determinei a emenda à inicial, no prazo de 15 dias, para que os autores sanassem o mencionado vício, sob pena de indeferimento da inicial. Não obstante, consoante atesta a Certidão de fl. 765, a parte autora não se manifestou, deixando, portanto, transcorrer in albis o prazo de emenda à inicial. Veja-se que, em consonância com o art. 968 do CPC, a petição inicial da rescisória também deve ser elaborada com a observância dos requisitos essenciais previstos no art. 319 do CPC, e será indeferida nos casos estabelecidos no art. 330 do CPC. A propósito: Art. 968. A petição inicial será elaborada com observância dos requisitos essenciais do art. 319, devendo o autor: I - cumular ao pedido de rescisão, se for o caso, o de novo julgamento do processo; II - depositar a importância de cinco por cento sobre o valor da causa, que se converterá em multa caso a ação seja, por unanimidade de votos, declarada inadmissível ou improcedente. § 3º Além dos casos previstos no art. 330, a petição inicial será indeferida quando não efetuado o depósito exigido pelo inciso II do caput deste artigo. Observa-se que os arts. 319 e 330 do CPC assim dispõem: Art. 319. A petição inicial indicará: I - o juízo a que é dirigida; II - os nomes, os prenomes, o estado civil, a existência de união estável, a profissão, o número de inscrição no Cadastro de Pessoas Físicas ou no Cadastro Nacional da Pessoa Jurídica, o endereço eletrônico, o domicílio e a residência do autor e do réu; III - o fato e os fundamentos jurídicos do pedido; IV - o pedido com as suas especificações; V - o valor da causa; VI - as provas com que o autor pretende demonstrar a verdade dos fatos alegados; VII - a opção do autor pela realização ou não de audiência de conciliação ou de mediação. § 1º Caso não disponha das informações previstas no inciso II, poderá o autor, na petição inicial, requerer ao juiz diligências necessárias a sua obtenção. § 2º A petição inicial não será indeferida se, a despeito da falta de informações a que se refere o inciso II, for possível a citação do réu. § 3º A petição inicial não será indeferida pelo não atendimento ao disposto no inciso II deste artigo se a obtenção de tais informações tornar impossível ou excessivamente oneroso o acesso à justiça. Art. 320. A petição inicial será instruída com os documentos indispensáveis à propositura da ação. Art. 321. O juiz, ao verificar que a petição inicial não preenche os requisitos dos arts. 319 e 320 ou que apresenta defeitos e irregularidades capazes de dificultar o julgamento de mérito, determinará que o autor, no prazo de 15 (quinze) dias, a emende ou a complete, indicando com precisão o que deve ser corrigido ou completado. Parágrafo único. Se o autor não cumprir a diligência, o juiz indeferirá a petição inicial. Art. 330. A petição inicial será indeferida quando: I – for inepta; II – a parte for manifestamente ilegítima; III – o autor carecer de interesse processual; IV – não atendidas as prescrições dos arts. 106 e 321. § 1º Considera-se inepta a petição inicial quando: I – lhe faltar pedido ou causa de pedir; II – o pedido for indeterminado, ressalvadas as hipóteses legais em que se permite o pedido genérico; III – da narração dos fatos não decorrer logicamente a conclusão; IV – contiver pedidos incompatíveis entre si. Registre-se, assim, que, em consonância com o art. 968, § 3º, cumulado com os arts. 330, IV, e 321, todos do CPC, não cumprindo o autor a diligência determinada – emenda ou complementação -, haverá o indeferimento da petição inicial. 2. Ante o exposto, com fulcro nos fundamentos acima aduzidos, indefiro a presente petição inicial de ação rescisória. Publique-se. Intimem-se. Brasília, 05 de agosto de 2020. MINISTRO LUIS FELIPE SALOMÃO Relator (STJ – AR: 6748 RS 2020/0095275-3, Relator: Ministro LUIS FELIPE SALOMÃO, Data de Publicação: DJ 13/08/2020).

✓ Decisão: Vistos. Cuida-se de reclamação constitucional, com pedido de liminar, ajuizada pelo Município de Cabeceiras do Piauí/PI em face da 1ª Vara do Trabalho de Teresina e do Tribunal Regional do Trabalho da 22ª Região, cuja decisão teria afrontado a autoridade do Supremo Tribunal Federal e a eficácia do que decidido na ADI nº 3.395/DF-MC. Em despacho liminar, deferi a tutela de urgência e conferi prazo ao reclamante para sanar as omissões especificamente apontadas da peça vestibular (DJe de 5/2/2018). O reclamante veio aos autos (Petição nº 3915/2018), na qual alega que o valor da causa foi informado na peça vestibular da reclamação, bem como "indic[ou] a parte beneficiária da decisão reclamada, FRANCISCO VANDERLEI DA SILVA, com o respectivo endereço: Localidade Água Branca, cidade de Cabeceiras do Piauí-PI (endereço indicado na petição inicial e na procuração)". Assiste razão ao reclamante quanto à alegação de estar o valor da causa indicado na petição inicial. Quanto à identificação da parte beneficiária da decisão reclamada, exige-se a indicação, na petição inicial, específica do endereço no qual deverá a parte ser citada para integrar a presente reclamação (art. 989, III, CPC/2015), não sendo suficiente a indicação genérica da localidade, tampouco o apontamento de existência de outras peças em que se poderá fazer a busca desse endereço. Dispõe o art. 319, II, do CPC/2015: "Art. 319. A petição inicial indicará: (...) II – os nomes, os prenomes, o estado civil, a existência de união estável, a profissão, o número de inscrição no Cadastro de Pessoas Físicas ou no Cadastro Nacional da Pessoa Jurídica, o endereço eletrônico, o domicílio e a residência do autor e do réu;" (grifei) Não tendo a parte logrado cumprir a determinação de emenda à inicial, casso a liminar e julgo extinta a reclamação, sem julgamento do mérito (art. 321, parágrafo único, CPC/2015). Publique-se. Int.. Brasília, 6 de março de 201. Ministro Dias Toffoli Relator Documento assinado digitalmente (STF – Rcl: 29360 PI – PIAUÍ 0015700-34.2017.1.00.0000, Relator: Min. DIAS TOFFOLI, Data de Julgamento: 06/03/2018, Data de Publicação: DJe-045 09/03/2018).

É ônus da parte de fornecer a identificação adequada ao réu:

✓ AGRAVO EM RECURSO ESPECIAL Nº 1.248.224 – PE (2018/0033246-6) RELATOR: MINISTRO MOURA RIBEIRO AGRAVANTE: ESTALEIRO ATLANTICO SUL S/A ADVOGADOS: JOÃO LOYO DE MEIRA LINS E OUTRO (S) – PE021415 LOUISE DANTAS DE ANDRADE – PE030392 AGRAVADO: TERCEIROS INCERTOS E NÃO SABIDOS ADVOGADO: SEM REPRESENTAÇÃO NOS AUTOS – SE000000M CIVIL. AGRAVO EM RECURSO ESPECIAL E RECURSO ESPECIAL INTERPOSTOS SOB A ÉGIDE DO CPC. AGRAVO DE INSTRUMENTO. PRODUÇÃO ANTECIPADA DE PROVA. SÚMULA Nº 735 DO STF. REEXAME DO CONJUNTO FÁTICO-PROBATÓRIO. SÚMULA Nº 7 DO STJ. AGRAVO CONHECIDO. RECURSO ESPECIAL NÃO CONHECIDO. DECISÃO ESTALEIRO ATLÂNTICO SUL S.A. (ESTALEIRO) interpôs agravo de instrumento contra decisão que, nos autos da ação de produção antecipada de prova movida em desfavor de TERCEIROS INCERTOS E NÃO SABIDOS (TERCEIROS), negou a tutela de urgência por considerar que a própria parte deve promover a realização das diligências necessárias para averiguar e identificar os eventuais ocupantes das casas situadas no conjunto habitacional. O Tribunal de Justiça de Pernambuco negou provimento ao agravo, nos termos da seguinte ementa: Agravo de instrumento. Produção antecipada de prova. Procedimento cautelar. Desvirtuamento. Arts. 381 e 319 do CPC/15. Recurso não provido. Decisão unânime. 1. Depreende-se o nítido intento da agravante em transferir ao Estado um ônus que, necessariamente, é seu, qual seja o de identificar os sujeitos passivos do litígio. Inteligência do art. 381 do CPC/15. 2. E ônus do agravante, e não do Estado, fornecer a identificação adequada do réu, sob pena de indeferimento da petição inicial. Inteligência do art. 319 do CPC/15. 3. Nem mesmo sob a luz do princípio da cooperação (art. 6º do CPC/15) é possível determinar ao Estado disponibilizar ao agravante um oficial de justiça com a finalidade de listar e identificar os ocupantes do imóvel deste. Isso porque a realização deste ônus processual é atribuída à parte pela lei. 4. Recurso não provido. Decisão unânime (e-STJ, fl. 166). Inconformado, o ESTALEIRO interpôs recurso especial, com fundamento no art. 105, III, a, da Constituição Federal, alegando ofensa ao art. 381 do CPC, ao sustentar que o pedido de produção antecipada de prova deve ser deferido, a fim de possibilitar uma forma mais eficaz de autocomposição extrajudicial (e-STJ, fls. 172/179). Contrarrazões do recurso especial não apresentada por não constar dos autos advogado habilitado (e-STJ, fl. 185). O apelo nobre não foi admitido em virtude da impossibilidade do reexame do conjunto fático-probatório (e-STJ, fls. 187/188). Nas razões do presente agravo em recurso especial, o ESTALEIRO alegou ofensa ao dispositivo de lei federal e inaplicabilidade da Súmula nº 7 do STJ (e-STJ, fls. 193/199). Contraminuta do agravo não apresentada por não constar dos autos advogado habilitado (e-STJ, fls. 203). É o relatório. DECIDO. O inconformismo não merece prosperar. Inicialmente, vale pontuar que as disposições do CPC, no que se refere aos requisitos de admissibilidade do agravo em recurso especial são inaplicáveis ao caso concreto ante os termos do Enunciado nº 3 aprovado pelo Plenário do STJ na sessão de 9/3/2016: Aos recursos interpostos com fundamento no CPC/2015 (relativos a decisões publicadas a partir de 18 de março de 2016) serão exigidos os requisitos de admissibilidade recursal na forma do novo CPC. Da alegada ofensa ao art. 381 do CPC Insurge-se o ESTALEIRO sustentando, em síntese, que o pedido de produção antecipada de prova deve ser deferido, a fim de possibilitar uma forma mais eficaz de autocomposição extrajudicial. Sobre o tema, o Tribunal local, por sua vez, assim se manifestou: Da análise da insurgência do Estaleiro depreende-se o nítido intento deste em transferir ao Estado um ônus que, necessariamente, é seu. Isso porque a previsão legal contida no alegado art. 381 do CPC/15 não se enquadra à espécie pretendida pelo agravante (e-STJ, fl. 163). [...] A identificação dos ocupantes do imóvel do agravante, por meio de oficial de justiça, não aponta para nenhum tipo de autocomposição entre os sujeitos do conflito, prevista no art. 381, inciso II, do CPC/15. Ao invés, demonstra o interesse do agravante em dar início ao litígio. Nesse aspecto, o Oficial de Justiça não é o agente público competente para encabeçar nenhum tipo de conciliação entre as partes, nem mesmo possui treinamento para tanto, pois a sua função restringe-se a dar conhecimento de ato processual aos sujeitos do processo. A situação dos autos também não se enquadra no inciso III, do aludido art. 381, do CPC/15, pois o conhecimento prévio dos fatos por parte dos invasores não evitará o ajuizamento da ação principal por parte do Estaleiro. O próprio Estaleiro reconhece o desvirtuamento da finalidade da produção antecipada de prova ao declarar: "Dessa forma, o deferimento da produção antecipada de prova possibilitará tanto que a agravante possa se utilizar das medidas extrajudiciais cabíveis quanto ao ajuizamento de ações nas hipóteses indispensáveis (...)" (grifos no original). Na realidade, o Estaleiro quer transferir ao Estado o ônus de identificar se os ocupantes do Residencial são funcionários, ex-funcionários ou invasores. Ora, qualificar as pessoas com o objetivo de ingressar com medida processual adequada é ônus processual do autor da petição inicial, imposto pelo art. 319, inciso II, do CPC/15, nos seguintes termos: Art. 319. A petição inicial indicará: II – os nomes, os prenomes, o estado civil, a existência de união estável, a profissão, o número de inscrição no Cadastro de Pessoas Físicas ou no Cadastro Nacional da Pessoa jurídica, o endereço eletrônico, o domicílio e a residência do autor e do réu; (original sem destaques) Na hipótese dos autos, é ônus do autor, ora agravante, e não do Estado, fornecer a identificação adequada do réu, sob pena de indeferimento da petição inicial. Essa regra é excepcionada pelo § 10 do art. 319 do CPC/15 que, a depender do caso concreto, quando não for possível dispor de todas as informações contidas no dispositivo acima transcrito, permite a realização de diligência por parte do juiz (§ 1º Caso não disponha das informações previstas no inciso 11, poderá o autor, na petição requerer ao juiz diligências necessárias a sua obtenção). Essa exceção, contudo, não autoriza a transferência do ônus processual do autor ao Estado no sentido de qualificar ou, ao menos, individuar os réus quando da interposição da petição inicial. Nem mesmo sob a luz do princípio da cooperação, estatuído pelo art. 60 do CPC/15, é possível determinar ao Estado disponibilizar ao agravante um oficial de justiça com a finalidade de listar e identificar os ocupantes do imóvel deste. Isso porque a realização deste ônus processual é atribuída à parte pela lei. Ademais, o art. 554, § 10, do CPC/15 traz a solução para as hipóteses de citação de inúmeras pessoas em ações de natureza possessória (e-STJ, fls. 163/164). [...] Assim, não vislumbro, sob nenhuma ótica, a possibilidade transferência de ônus processual do autor ao Estado, sob pena do desvirtuamento não só da medida cautelar de produção antecipada de provas como também dos próprios requisitos da petição inicial (e-STJ, fl. 165). Tem-se que o Tribunal a quo, analisando o conjunto fático-probatório, concluiu pela impossibilidade de deferimento da produção antecipada de prova. Ocorre que, na linha da jurisprudência desta eg. Corte Superior, em regra, não é cabível recurso especial com o objetivo de reexaminar acórdão que defere ou indefere medida liminar ou antecipação de tutela, em virtude da natureza precária do provimento jurisdicional concedido pela origem, e que está sujeito a modificação a qualquer tempo. Incidência, por analogia, da Súmula nº 735 do STF, verbis: não cabe recurso extraordinário contra acórdão que defere medida liminar. A propósito: AGRAVO REGIMENTAL NO AGRAVO EM RECURSO ESPECIAL. ANTECIPAÇÃO DE TUTELA. AUSÊNCIA DOS REQUISITOS AUTORIZADORES. NECESSIDADE DE REVOLVIMENTO DE MATÉRIA FÁTICO-PROBATÓRIA. IMPOSSIBILIDADE. SÚMULAS Nº 7/STJ E Nº 735/STF. 1. A jurisprudência do Superior Tribunal de Justiça entende que não é cabível recurso especial para reexaminar decisão que defere ou indefere liminar ou antecipação de tutela, haja vista a natureza precária da decisão, a teor do que dispõe a Súmula nº 735/STF. 2. Rever as conclusões do tribunal recorrido demandaria o reexame de matéria fático-probatória, o que é inviável em sede de recurso especial, nos termos da Súmula nº 7 do Superior Tribunal de Justiça. 3. Agravo regimental não provido. (AgRg no AREsp 573.120/DF, Rel. Ministro RICARDO VILLAS BÔAS CUEVA, Terceira Turma, j. aos 3/2/2015, DJe de 9/2/2015). Ademais, o Tribunal de origem indeferiu a tutela de urgência com base em elementos fáticos dos autos, cuja revisão implicaria o revolvimento do conjunto fático-probatório, providência vedada pela Súmula nº 7 do STJ. Nessas condições, com fundamento no art. 1.042, § 5º do CPC c/c art. 253 do RISTJ (com a nova redação que lhe foi dada pela emenda nº 22 de 16/03/2016, DJe 18/03/2016), CONHEÇO do agravo para NÃO CONHECER do recurso especial. Advirta-se que eventual recurso interposto contra esta decisão estará sujeito às normas do CPC, inclusive no que tange ao cabimento de multa (arts. 1.021, § 4º e 1.026, § 2º). Publique-se. Intimem-se. Brasília, 1º de agosto de 2018. Ministro MOURA RIBEIRO Relator (STJ – AREsp: 1248224 PE 2018/0033246-6, Relator: Ministro MOURA RIBEIRO, Data de Publicação: DJ 07/08/2018).

III – o fato e os fundamentos jurídicos do pedido;
IV – o pedido com as suas especificações;

Impossibilidade de se conhecer de pedido genérico de revisão contratual:

✓ APELAÇÃO CÍVEL. CONTRATOS DE CARTÃO DE CRÉDITO. AÇÃO ORDINÁRIA DE DESCONSTITUIÇÃO DE DÉBITO C/C INDENIZAÇÃO POR DANOS MORAIS. 1. Duplicidade de recursos. Princípio da unirrecorribilidade. A parte não pode oferecer dois recursos contra a mesma decisão, como no caso em apreço, sob pena de afronta ao princípio da unirrecorribilidade, pois é vedada a interposição simultânea ou cumulativa de mais de um recurso visando à impugnação do mesmo ato ou manifestação judicial. Não conhecida a segunda apelação interposta pela autora. 2. Preliminar contrarrecursal. Inépcia da petição inicial. A petição inicial não é inepta quando atende aos requisitos do art. 319 do código de processo civil e possibilita a compreensão do pedido e de seus fundamentos de fato e de direito, permitindo a ampla defesa e o contraditório. No caso dos autos, embora a petição inicial não exiba a melhor técnica, possibilitou a compreensão do pedido e seus fundamentos de fato e de direito, permitindo se extrair que a parte autora nega a existência do débito que ensejou a inscrição do seu nome nos cadastros de inadimplentes e, em decorrência disso, postula a desconstituição da dívida e a condenação do réu ao pagamento de indenização por danos morais. Caso concreto que não se enquadra em nenhuma das hipóteses de inépcia da petição inicial. Preliminar afastada. 3. Revisão do contrato. Pedido genérico. Cabe à parte autora indicar na petição inicial, de forma suficientemente fundamentada, as cláusulas que pretende revisar, especificando claramente quais as taxas e tarifas que entende ser abusivas, porquanto é vedada a revisão de ofício, a teor da Súmula nº 381 do STJ. Ausente especificação na inicial, como no caso, não pode ser conhecido o pedido genérico de revisão contratual. Recurso não conhecido no ponto. 4. Responsabilidade civil das instituições financeiras nas relações de consumo. Falha na prestação do serviço. Inocorrência. Contratação e débito comprovados. Inscrição nos cadastros de inadimplentes. Exercício regular de um direito. Dano moral não configurado. A parte ré comprovou a existência da contratação, a utilização do cartão de crédito e o débito inadimplido, objeto da inscrição negativa. Destarte, a inscrição do nome da parte autora nos cadastros de inadimplentes é exercício regular de um direito, de modo que não há falar em desconstituição do débito, cancelamento da inscrição e indenização por danos morais, porquanto não há como imputar qualquer falha na prestação dos serviços à parte demandada. Ademais, estando a autora prévia e legitimamente inscrita em cadastros restritivos de crédito, descabida é a indenização por danos morais, os termos da Súmula nº 385 do STJ. Apelação das fls. 120/130 não conhecida. Preliminar contrarrecursal desacolhida. Apelação das fls. 103/112 conhecida em parte e, na parte conhecida, desprovida. (TJRS; AC 0323305-37.2017.8.21.7000; Porto Alegre; Vigésima Quarta Câmara Cível; Rel. Des. Fernando Flores Cabral Junior; Julg. 13/12/2017; DJERS 18/12/2017).

Dever da parte recorrente especificar, em seus pedidos, o provimento que pretende obter em grau recursal, de acordo com o objeto da demanda, não bastando pedir, genericamente, a "reforma do acórdão recorrido" ou a "correta aplicação da lei federal" – aplicação do inc. IV:

✓ RECURSO ESPECIAL Nº 1.857.124 – RJ (2020/0006268-8) RELATORA: MINISTRA ASSUSETE MAGALHÃES RECORRENTE: EDINALDO DE SOUSA E SILVA ADVOGADO: NÚBIA MARINHO DE SOUZA – RJ123796 RECORRIDO: UNIÃO DECISÃO Trata-se de Recurso Especial, interposto por EDINALDO DE SOUSA E SILVA, contra acórdão do Tribunal Regional Federal da 2ª Região, assim ementado: "ADMINISTRATIVO. APELAÇÃO. MILITAR. MARINHA DO BRASIL. TRANSFERÊNCIA. MÉRITO ADMINISTRATIVO. ILEGALIDADE. NÃO DEMONSTRADA. REMESSA NECESSÁRIA E APELAÇÃO CONHECIDAS E PROVIDAS. 1. A controvérsia posta nos autos cinge-se a aferir o direito do Autor, militar da Marinha do Brasil, à movimentação da sede da aludida Organização Militar para a cidade de Manaus, no Estado do Amazonas, sob a alegação de premência de prestar apoio a sua cônjuge, residente naquela localidade e que se encontra enferma, bem como para que possa promover a continuidade de seu próprio tratamento, constantemente interrompido em virtude dos deslocamentos entre o Rio de Janeiro e Manaus. 2. Rejeitada a arguição de perda de objeto motivada pela transferência do Autor, militar da Marinha do Brasil, para a Reserva Remunerada, uma vez que a ordem processual vigente norteia a atividade do julgador a priorizar à resolução do mérito, sempre que possível, em prestígio à segurança jurídica oriunda da estabilização das relações sociais, ressaltando-se que, no caso, o regime castrense possibilita, em situações excepcionais, a convocação de militares que estejam na reserva. 3. O ato de lotação/movimentação do militar está inserido no campo de discricionariedade da Administração Militar, cujos critérios pautam-se na conveniência e oportunidade, de forma a que seu efetivo sujeita-se à possibilidade de remoção ex officio, por necessidade do serviço, de acordo com os interesses da Força que o servidor estiver subordinado e com os imperativos de segurança nacional. 4. O militar, ao ingressar nas Forças Armadas, está ciente das peculiaridades inerentes à carreira, sujeitando-se a preceitos rígidos de disciplina e hierarquia, dentre os quais, o da mobilidade geográfica (TRF – 2ª Região. Sexta Turma Especializada. AC 0052312-08.2015.4.02.5117. Relator: Desembargador Federal GUILHERME CALMON NOGUEIRA DA GAMA, e-DJF2R 04/07/2018, Unânime). 5. No caso, não restou configurado qualquer vício de legalidade no ato que denegou o pedido de movimentação formulado pelo militar, porquanto o militar à época ainda não havia cumprido o requisito de tempo de permanência mínima para comissões fora da sede, tampouco restou demonstrada a excepcionalidade da situação familiar narrada, uma vez que inexistem nos autos elementos comprobatórios que corroborem a impossibilidade de tratamento das enfermidades que acometem a sua cônjuge no Rio de Janeiro. 6. O Autor elegeu a via judicial para efetivação de seu pretenso direito, em detrimento da possibilidade de que a Administração Naval, por meio da elaboração de estudo social, reunisse subsídios acerca das circunstâncias que envolvem o seu núcleo familiar que porventura respaldassem a imprescindibilidade de movimentação alegada na exordial. Precedentes: TRF – 2ª Região, Oitava Turma Especializada, AC 201251010442066, Rel. Desembargador Federal MARCELO PEREIRA DA SILVA, Dj. 25/11/2014, Unânime; TRF – 2ª Região, Oitava Turma Especializada, APELREEX 0060749-86.2015.4.02.5101, Rel. p/ Acórdão: MARCELO PEREIRA DA SILVA, e-DJF2R 11/10/2017, maioria. 7. Ao Judiciário compete apenas o exame de legalidade do ato atacado, o qual se insere, a toda evidência, no mérito administrativo das Forças Armadas, no que tange à definição da distribuição de seu efetivo, impondo-se a improcedência da presente demanda. 8. Remessa Necessária e Apelação conhecidas e providas" (fls. 400/401e). Nas razões do Recurso Especial, interposto com base no art. 105, III, a e c, da Constituição Federal, a parte ora recorrente aponta, além do dissídio jurisprudencial, violação aos arts. 14, 496, §§ 1º e 3º, I, 942 e 1.046 do CPC/2015 sustentando que: "DA INEXISTÊNCIA DE REMESSA NECESSÁRIA: De acordo com a redação do art. 496, § 1º do CPC, a remessa se dará nos casos em Que a apelação não for interposta dentro do prazo legal, entretanto, analisando os autos, certo é que a recorrida (União), ao contrário, interpôs a apelação tempestivamente. Logo, a determinação da remessa é expressamente contrária ao dispositivo supra. Como se não bastasse, a redação do § 3°, inciso I do mesmo artigo dispõe que, transcrevo: 'Não se aplica ao disposto neste artigo quando a condenação ou proveito econômico obtido na causa for de valor certo e líquido inferior a: I – 1.000 (mil) salários mínimos para a União (...)'. Certo é que a condenação imposta pela sentença de 1º Grau foi fixada dentro dos ditames específicos deste artigo, portanto, não há que se falar, mais uma vez, em remessa necessária, visto que a sentença recorrida fixava 5% em honorários sucumbenciais, o que não ultrapassaria os limites legais. De igual forma, a jurisprudência já firmou entendimento nesse sentido, senão vejamos: (...) Além disso, observando a redação do art. 942 do CPC, verifica-se que nos casos em que o resultado da apelação for não unânime, o julgamento terá prosseguimento com a presença de outros julgadores, que serão convocados nos termos previamente definidos no regimento interno, em número suficiente para garantir a possibilidade de inversão do resultado inicial. Destarte, certo é que o r. Acórdão contou com o voto divergente da Exma. Sra. Desembargadora Federal Vera Lúcia Lima, que sustentou contrariamente ao voto do Relator, para conhecer da "remessa" e do recurso para extinção do processo, sem resolução do mérito, nos termos do art. 485, VI do CPC, com prejudicial ao exame do mérito da remessa necessária e do recurso de apelação e, caso ultrapassada essa questão, pelo desprovimento destes. Entretanto, em razão do reconhecimento equivocado da remessa necessária no r. Acórdão restou prejudicada a aplicação do artigo 942 do CPC, visto que em seu § 4º, consta uma vedação deste nos casos de remessa necessária o que, consequentemente, trouxe graves prejuízos ao direito do recorrente. De igual forma, observando o voto do relator, utilizado como termo e parte integrante do r. Acórdão, verifica que o D. Julgador utilizou em julgamento os ditames a luz do CPC/73, muito embora, a vigência do CPC/15 fosse imediata e o processo já estivesse em curso quando proferida a sentença e o recurso, afrontando claramente o que dispõe o art. 14 e do art. 1.046, ambos do CPC, que determinam a aplicação imediata dos dispositivos da legislação aos processos em curso e pendentes. Assim, muito embora ao caso não seja passível a remessa necessária pelos argumentos sustentados. Ao ser reconhecida, é tida pela doutrina majoritária, como uma confirmação da eficácia da sentença prolatada, portanto, pode-se afirmar que a sentença efetivamente somente produziria efeitos após a sua submissão ao duplo grau e, por conseguinte, ser atingida pela coisa julgada. Dessa maneira, embora seja irrelevante a sentença ter sido proferida na vigência do CPC/73, o voto do Relator atrelou-se a sua aplicação, portanto, seria possível considerá-lo como manifestamente ilegal e passível de ser revisto pelo Órgão colegiado, por expressa afronta literalidade da aplicação imediata do CPC, nas redações dos arts. 14 e 1.046" (fls. 407/411e). Por fim, requer "seja CONHECIDO e PROVIDO o presente recurso, sendo determinada a REFORMA do Acórdão a quo" (fl. 411e). Contrarrazões, a fls. 453/456e. O Recurso Especial foi admitido pelo Tribunal de origem (fls. 463/467e). A irresignação não merece conhecimento. Na origem, trata-se de demanda proposta pela parte ora recorrente, "objetivando a sua movimentação para a cidade de Manaus, Estado do Amazonas, para continuar servindo na mencionada cidade, a fim de lhe ser oportunizado o convívio diário com sua família e especialmente possa prestar assistência a sua esposa que se encontra enferma, bem como para que possa também tratar de sua saúde" (fl. 309e). Julgada procedente a demanda, recorreu a parte ré, tendo sido reformada a sentença, pelo Tribunal a quo. Daí a interposição do presente Recurso Especial. De início, o Recurso Especial não ultrapassa a admissibilidade, ante o óbice da Súmula 282 do Supremo Tribunal Federal ("É inadmissível o recurso extraordinário, quando não ventilada, na decisão recorrida, a questão federal suscitada"). Isso porque, para que se configure o prequestionamento, não basta que o recorrente devolva a questão controvertida para o Tribunal, é necessário que a causa tenha sido decidida à luz da legislação federal indicada, bem como seja exercido juízo de valor sobre os dispositivos legais indicados e as teses recursais a eles vinculada, interpretando-se a sua aplicação ou não ao caso concreto. In casu, as teses recursais vinculadas aos dispositivos tidos como violados – arts. 14, 496, §§ 1º e 3º, I, 942 e 1.046 do CPC/2015 – não foram apreciadas no voto condutor, sequer de modo implícito, não tendo servido de fundamento à conclusão adotada pelo Tribunal regional. A propósito: "PROCESSUAL CIVIL. ADMINISTRATIVO. RECURSO ESPECIAL. DIVERGÊNCIA JURISPRUDENCIAL. DESCUMPRIMENTO DOS REQUISITOS LEGAIS. NÃO CONFIGURAÇÃO. AUSÊNCIA DE PREQUESTIONAMENTO. SÚMULAS 282 E 356/STF. (...) REEXAME DE MATÉRIA FÁTICO-PROBATÓRIA. IMPOSSIBILIDADE. SÚMULA 7/STJ. PRECEDENTES DO STJ. RECURSO ESPECIAL PARCIALMENTE CONHECIDO E, NESSA PARTE, DESPROVIDO. (...) 2. Para a configuração do questionamento prévio, não é necessário que haja menção expressa do dispositivo infraconstitucional tido como violado. Todavia, é imprescindível que no aresto recorrido a questão tenha sido discutida e decidida fundamentadamente, sob pena de não preenchimento do requisito do prequestionamento, indispensável para o conhecimento do recurso especial. Incidência das Súmulas 282 e 356/STF. (...) 7. Recurso especial parcialmente conhecido e, nessa parte, desprovido" (STJ, REsp 1.046.084/SP, Rel. Ministra DENISE ARRUDA, PRIMEIRA TURMA, DJe de 05/03/2010). "PROCESSUAL CIVIL. TRIBUTÁRIO. EXECUÇÃO FISCAL. (...) ART. 192 DO CC. FALTA DE PREQUESTIONAMENTO. PRESCRIÇÃO INTERCORRENTE. INÉRCIA DO CREDOR. AFERIÇÃO. SÚMULA 7/STJ. (...) 4. A tese da prescrição com base no art. 192 do Código Civil não comporta conhecimento, por falta de prequestionamento, visto que o acórdão abordou a questão prescricional com base nos arts. 174 do CTN e 40 da Lei n. 6.830/80, o que atrai a incidência das Súmulas 282/STF e 356/STF ao ponto. (...) Agravo regimental improvido" (STJ, AgRg no REsp 1.461.155/PE, Rel. Ministro HUMBERTO MARTINS, SEGUNDA TURMA, DJe de 24/03/2015). "PROCESSUAL CIVIL E ADMINISTRATIVO. AGRAVO INTERNO NO AGRAVO EM RECURSO ESPECIAL. ENUNCIADO ADMINISTRATIVO N. 03/STJ. SERVIDOR PÚBLICO FEDERAL. RESSARCIMENTO DE VALORES RECEBIDOS INDEVIDAMENTE NOS AUTOS DA EXECUÇÃO. AUSÊNCIA DE PREQUESTIONAMENTO. SÚMULAS 282 E 356 DO STF. AGRAVO INTERNO NÃO PROVIDO. 1. O requisito do prequestionamento pressupõe tenha havido na instância ordinária o debate de determinada tese jurídica sob um dado enfoque normativo, não bastando a simples menção a dispositivo legal para que esse requisito de admissibilidade seja considerado cumprido. 2. In casu, o agravante na origem não suscita a apreciação da controvérsia à luz dos dispositivos de lei federal apontados como violados em seu recurso especial, tendo, inclusive, deixado de provocar a manifestação da Corte regional mediante a oposição dos competentes embargos de declaração. Aplicação das Súmulas 282 e 356 do STF. 3. Agravo interno não provido" (STJ, AgInt no AREsp 1.017.857/RS, Rel. Ministro MAURO CAMPBELL MARQUES, SEGUNDA TURMA, DJe de 17/03/2017). "PROCESSUAL CIVIL. AGRAVO INTERNO NO AGRAVO EM RECURSO ESPECIAL. EMBARGOS DECLARATÓRIOS. DEFICIÊNCIA NA FUNDAMENTAÇÃO DO RECURSO. SÚMULA N. 284 DO STF. PREQUESTIONAMENTO. LITIGÂNCIA DE MÁ-FÉ. REEXAME DO CONJUNTO FÁTICO-PROBATÓRIO DOS AUTOS. INADMISSIBILIDADE. INCIDÊNCIA DA SUMULA N. 7 DO STJ. DECISÃO MANTIDA. 1. A deficiência na fundamentação do recurso, de modo a impedir a compreensão da suposta ofensa ao dispositivo legal invocado, obsta o conhecimento do recurso especial (Súmula n. 284/STF). 2. A simples indicação dos dispositivos legais tidos por violados, sem que o tema tenha sido enfrentado pelo acórdão recorrido, obsta o conhecimento do recurso especial, por falta de prequestionamento, a teor da Súmula n. 282 do STF. (...) 5. Agravo interno a que se nega provimento" (STJ, AgInt no AREsp 273.612/RJ, Rel. Ministro ANTONIO CARLOS FERREIRA, QUARTA TURMA, DJe de

23/03/2018). Registre-se, ainda, que a exigência de prequestionamento encontra respaldo no próprio permissivo constitucional: "Art. 105. Compete ao Superior Tribunal de Justiça: (...) III – julgar, em Recurso Especial, as causas decididas, em única ou última instância, pelos Tribunais Regionais Federais ou pelos Tribunais dos Estados, do Distrito Federal e Territórios, quando a decisão recorrida: a) contrariar tratado ou lei federal, ou negar-lhes vigência; b) julgar válida lei ou ato de governo local contestado em face de lei federal; c) der a lei federal interpretação divergente da que lhe haja atribuído outro tribunal". Com efeito, "a exigência do prequestionamento, impende salientar, não é mero rigorismo formal, que pode ser afastado pelo julgador a que pretexto for. Ele consubstancia a necessidade de obediência aos limites impostos ao julgamento das questões submetidas ao E. Superior Tribunal de Justiça, cuja competência fora outorgada pela Constituição Federal, em seu art. 105. (...) A competência para a apreciação originária de pleitos no C. STJ está exaustivamente arrolada no mencionado dispositivo constitucional, não podendo sofrer ampliação" (STJ, REsp 1.033.844/SC, Rel. Ministro LUIZ FUX, PRIMEIRA TURMA, DJe de 20/05/2009). Assinale-se, também, o não cabimento do Recurso Especial com base no dissídio jurisprudencial, pois as mesmas razões que inviabilizaram o conhecimento do apelo, pela alínea a, servem de justificativa quanto à alínea c do permissivo constitucional. Se não bastasse, observa-se que a lei processual exige que os pedidos, quer na petição inicial, quer no recurso, sejam claros e precisos, para pautar o contraditório, essencial a todo processo, delimitar a prestação jurisdicional, nortear o que deve ser julgado e definir o que deve ser concedido à parte que pleiteia em Juízo. O Codex processual dispõe: Art. 319 – A petição inicial indicará: (...) III – o fato e os fundamentos jurídicos do pedido; IV – o pedido com as suas especificações; (...) Desse modo, a parte recorrente tem o dever de especificar, em seus pedidos, o provimento que pretende obter em grau recursal, de acordo com o objeto da demanda, não bastando pedir, genericamente, a "reforma do acórdão recorrido" ou a "correta aplicação da lei federal", ou "que seja o recurso submetido à Turma". Assim, os fundamentos jurídicos devem ser expostos congruentemente com o pedido recursal, expressa e determinadamente dirigidos à sustentação deste, não sendo admissível a exposição genérica de teses, para que a adequação se realize pela Corte. Ante o exposto, com fundamento no art. 255, § 4º, I, do RISTJ, não conheço do Recurso Especial. I. Brasília (DF), 03 de fevereiro de 2020. MINISTRA ASSUSETE MAGALHÃES Relatora (STJ – REsp: 1857124 RJ 2020/0006268-8, Relator: Ministra ASSUSETE MAGALHÃES, Data de Publicação: DJ 05/02/2020).

Necessidade de que os fundamentos jurídicos devem ser expostos congruentemente com o pedido recursal:

✓ AGRAVO EM RECURSO ESPECIAL Nº 1.475.109 – GO (2019/0084907-4) RELATORA: MINISTRA ASSUSETE MAGALHÃES AGRAVANTE: INSTITUTO DE PREVIDÊNCIA SOCIAL DOS SERVIDORES PUBLICOS DO MUNICIPIO DE MORRINHOS – IPAM ADVOGADO: RUSSAN FREDERIQUE DA SILVA GOMES – GO046783 AGRAVADO: GUSTAVO ARANTES GONCALVES DE SOUSA ADVOGADO: LIONIR GONÇALVES DE SOUSA – GO020420 DECISÃO Trata-se de Agravo em Recurso Especial, interposto pelo INSTITUTO DE PREVIDÊNCIA SOCIAL DOS SERVIDORES PÚBLICOS DO MUNICÍPIO DE MORRINHOS – IPAM, contra decisão do Tribunal de Justiça do Estado de Goiás, que inadmitiu o Recurso Especial, manejado em face de acórdão assim ementado: "APELAÇÃO CÍVEL. DIREITO PREVIDENCIÁRIO. AÇÃO DE RESTABELECIMENTO DE PENSÃO POR MORTE. IMPLEMENTO DE IDADE POR PARTE DO PENSIONISTA. IDADE LIMITE PREVISTA EM LEI MUNICIPAL (18 ANOS) EM DISSONÂNCIA COM A LEI FEDERAL 8.213/91 (21 ANOS). PREVALÊNCIA DA NORMA GERAL SOBRE A LEI LOCAL. INTELIGÊNCIA DO ART. 5º DA LEI FEDERAL N. 9.717/98. PROIBIÇÃO DE CONCESSÃO DE BENEFÍCIOS DISTINTOS DO REGIME GERAL. 1. Sem negar a aplicação do princípio da legalidade administrativa e tampouco a competência dos Municípios para legislar sobre o regime próprio dos seus servidores, a edição de normas locais pelo Municípios (art. 30, I, da CF/88), no que se refere à fixação de requisitos e critérios para concessão de benefícios, deve estar de acordo com as normas gerais editadas pela União (art. 24, inciso XII, da CF/88), sob pena de malferimento de todo o sistema previdenciário, como decorrência de disparidade de tratamento para situações correlatas. 2. Os termos da Lei Federal n. 9.717/1998 prevalece sobre a norma que regulamenta o regime próprio dos servidores públicos municipais, razão por que, em se tratando de benefício de pensão por morte, deve ser reconhecido o direito ao pensionamento do dependente do segurado até os 21 anos, conforme previsto na Lei n. 8.213/1991. Apelação provida" (fl. 308e). Nas razões do Recurso Especial, interposto com base no art. 105, III, a, da Constituição Federal, a parte ora agravante aponta violação ao art. 5º da Lei 9.717/98 sustentando que: "A Pensão por Morte é um direito constitucionalmente garantido aos beneficiários do Regime Próprio de Previdência Social (RPPS), conforme disposto no artigo 40, § 7º da Magna Carta, in verbis: (...) Da análise do § 7º do artigo 40 da Magna Carta, verifica-se que é nítido que LEI ESPECÍFICA disciplinará questões atinente à Pensão por Morte, e, por óbvio, a forma de concessão da mesma. Como se sabe, a ordem constitucional vigente instituiu um sistema de repartição de competências administrativas e legislativas, com a finalidade precípua de manter o pacto federativo. O caso em debate refere-se a matéria de Direito Previdenciário que, no âmbito constitucional, é incluída entra aquelas afetas à competência legislativa concorrente, cabendo, em apertada síntese, à União editar normas gerais, ou seja, princípios amplos, que traçam um plano, sem descer a pormenores, e aos Estados-Membros e ao Distrito Federal exercer a competência suplementar ou a plena, conforme o caso. No que se refere ao município, este também cabe suplementar a legislação federal e estadual, no que couber, a fim de atender, com melhor precisão, aos interesses surgidos das peculiaridades locais. A norma geral editada pela União, acerca dos regimes próprios de previdência, é a Lei nº 9.717/1998 que, em seu artigo 5º, vedou a concessão de benefícios distintos dos previstos no Regime Geral de Previdência Social. Dentre as demais normas gerais editadas pela União, concernentes a regime próprio de previdência dos servidores públicos, a Portaria do MPS Nº 402/2008, que disciplina os parâmetros e as diretrizes gerais para organização e funcionamento dos regimes próprios de previdência social dos servidores públicos ocupantes de cargos efetivos da União, dos Estados, do Distrito Federal e dos Municípios, em cumprimento das Leis nº 9.717, de 1998 e nº 10.887, de 2004, assim dispõe: (...) Saliente-se que inobstante o parágrafo 12º do artigo 40 da Constituição Federal disciplinar que o regime de previdência dos servidores públicos titulares de cargo efetivo observará, no que couber, os requisitos e critérios fixados para o regime geral de previdência social, não há em relação à Pensão por Morte, com exceção dos dependentes, nenhuma outra obrigatoriedade de observância à Lei nº 8.213/19911. Relembre-se que houvesse o dispositivo constitucional mencionado (§ 12 do artigo 40) estipulado a adoção de parâmetros de simetria entre os dois regimes na forma entendida pelo Tribunal de Justiça do Estado de Goiás, não constaria em seu texto a ressalva "no que couber", sendo certo que a lei, e mais ainda a Constituição, não contém disposições inúteis. Tal expressão denota o caráter subsidiário, e não impositivo, do Regime Geral de Previdência Social, em relação aos regimes dos servidores públicos titulares de cargos efetivos. (...) Excelências, é claro que a norma geral editada pela União deve ser respeitada pelos demais entes políticos, sob pena de violação ao pacto federativo. No caso em análise, entretanto, é possível a instituição, por lei municipal, da maioridade civil (18 anos) como limite para a permanência de filhos não emancipados na condição de dependentes de segurado do Instituto de Previdência Social dos Servidores Públicos do Município de Morrinhos – IPAM, uma vez que a referida previsão não implica na criação de benefício distinto daqueles previstos no Regime Geral, se inserindo na competência privativa do Município de Morrinhos que, ente autônomo, possui competência para legislar sobre assunto de interesse local. (...) Impende destacar, ainda, que a imposição de regras rígidas pela União, no uso da competência concorrente, inviabilizando a devida adequação da norma às peculiaridades dos demais entes federativos não se compatibiliza com o instituto, gerando inconstitucionalidade por usurpação de competência, tendo em vista que só o próprio ente federativo é capaz de dimensionar as particularidades impostas na gestão administrativa e financeira de seu regime próprio de previdência. Nessa ordem de ideias, ensina o doutrinador Marcelo Barroso Lima Brito de Campos que 'não compete a outro ente da federação que não àquele ao qual se vincula o servidor a tarefa de disciplinar seu vínculo previdenciário.' Isto posto, impõe o reconhecimento da contrariedade do julgado da 2ª. Turma Julgadora da 2ª Câmara Cível do Tribunal de Justiça do Estado de Goiás em relação à legislação federal (Art. 5º da Lei nº 9.717/1998)" (fls. 325/332e). Por fim, requer "que o presente Recurso Especial seja conhecido para, após, ser-lhe dado provimento" (fl. 332e). Contrarrazões, a fls. 340/342e. Inadmitido o Recurso Especial (fls. 344/345e), foi interposto o presente Agravo (fls. 348/364e). Contraminuta, a fls. 368/370e. Conheço do Agravo. Todavia o Recurso Especial não merece ser conhecido. Na origem, trata-se de demanda proposta pela parte ora recorrida, "objetivando o restabelecimento do benefício previdenciário que outrora percebia (pensão por morte) e que, por força de lei municipal (Lei 1.929/2012), lhe foi retirado em virtude do mero implemento da idade de 18 (dezoito) anos, destoando do regramento previsto para o Regime Geral de Previdência Social – RGPS, que prescreve a idade de 21 (vinte e um) anos como limite para pensionamento dos filhos menores do segurado da previdência social (art. 16, da Lei Federal n. 8.213/91)" (fl. 298e). Julgada improcedente a demanda, recorreu a parte autora, tendo sido reformada a sentença, pelo Tribunal local, para "julgar procedente o pedido inicial, e reconhecer o direito do autor/apelante, de perceber o benefício previdenciário denominado 'pensão por morte' até o implemento da idade de 21 (vinte e um) anos, a cujo pagamento condeno o ente previdenciário recorrido, observados os efeitos financeiros da liminar deferida initio litis" (fl. 306e) Daí a interposição do presente Recurso Especial. Este é o teor do voto condutor do acórdão recorrido, no que relevante: "No caso destes autos, observa-se que o apelante recebia o benefício designado 'pensão por morte', do INSTITUTO DE PREVIDÊNCIA SOCIAL DOS SERVIDORES PÚBLICOS DO MUNICÍPIO DE MORRINHOS, em razão do falecimento de sua genitora (ocorrido em 10/05/2010). Todavia, ao completar 18 (dezoito) anos de idade, foi comunicado da cessação do benefício, em observância ao disposto no artigo 60, inciso II, da Lei Municipal n. 1.929/02, que dispõe: (...) Acontece que, ao editar a Lei Federal n. 8.213/91, a União traçou normas gerais acerca dos planos de benefícios da previdência social, estabelecendo limite diverso para cessação do benefício 'pensão por morte'. Confira-se: (...) Tal como concluiu a Julgadora a quo, poder-se-ia pensar que a lei local deve prevalecer sobre a norma geral, como forma de prestigiar a legalidade administrativa. Todavia, sem negar a aplicação do princípio da legalidade administrativa e tampouco a competência dos Municípios para legislar sobre o regime próprio dos seus o servidores, tenho por certo que a edição de normas locais pelo Municípios (art. 30, I, da CF/88), em casos tais, deve estar de acordo com as normas gerais editadas pela União (art. 24, inciso XII, da CF/88), sob pena de malferimento de todo o sistema previdenciário, como decorrência de disparidade de tratamento para situações correlatas, pela simples alteração do ente federado envolvido, o que, deveras, não se admite. A propósito disso, o art. 5º da Lei n. 9.717/98, que traça as regras gerais para a organização e funcionamento dos regimes próprios de previdência social dos servidores públicos da União, dos Estados, do Distrito Federal e dos Municípios, dispõe que estes 'não poderão conceder benefícios distintos dos previstos no Regime Geral de Previdência Social, de que trata a Lei nº 8.213, de 24 de julho de 1991, salvo disposição em contrário da Constituição Federal'. Nessa linha, quando o legislador usou a expressão 'benefício distinto', além de se referir às diversas espécies de benefício, também se referiu aos requisitos e critérios fixados na lei geral, o que certamente inclui o termo final de pagamento de pensão por morte a filho de segurado. Aliás, é exatamente isso que proclama o art. 40, § 12 da Constituição Federal" (fls. 304/305e). Como se percebe, a Corte estadual dirimiu a controvérsia dos autos à luz de fundamentos eminentemente constitucionais, pelo que inviável a apreciação da matéria, em sede de Recurso Especial, sob pena de usurpação da competência reservada, pela Constituição Federal, ao STF. A propósito, os seguintes julgados: "ADMINISTRATIVO. RECURSO ESPECIAL. SERVIDOR PÚBLICO MUNICIPAL. PEDIDO DE APOSENTADORIA ESPECIAL. CONTROVÉRSIA DIRIMIDA À LUZ DE FUNDAMENTOS EMINENTEMENTE CONSTITUCIONAIS. COMPETÊNCIA DO STF. REEXAME DE FATOS E PROVAS. SÚMULA 7/STJ. 1. Trata-se, na origem, de demanda ajuizada por servidor público municipal, objetivando a percepção de aposentadoria especial. 2. A decisão atacada tem cerne meritório em matéria de cunho eminentemente constitucional, com base na interpretação do art. 40, § 4º, II e III, da Carta Magna e da jurisprudência do STF. 3. Compete ao Supremo Tribunal Federal eventual reforma do acórdão recorrido, sob pena de usurpação de competência inserta no art. 102 da Constituição Federal. 4. Ademais, o acolhimento da tese recursal no sentido de que o recorrido não teria comprovado o exercício de atividade especial requer revolvimento do conjunto fático-probatório, inadmissível na via especial, ante o óbice da Súmula 7/STJ. 5. Recurso Especial não conhecido"(STJ, REsp 1.799.459/SP, Rel. Ministro HERMAN BENJAMIN, SEGUNDA TURMA, DJe de 29/05/2019)"ADMINISTRATIVO. ENUNCIADO ADMINISTRATIVO N. 3/STJ. SERVIDOR PÚBLICO. FGTS. ACÓRDÃO BASEADO EM FUNDA-

MENTO EMINENTEMENTE CONSTITUCIONAL. INADEQUAÇÃO DA VIA ELEITA. 1. A hipótese permitida constitucionalmente para interposição de recurso especial pela alínea a do inciso III do artigo 105 da CF, em suma, restringe-se à violação de Tratado ou dispositivo de Lei Federal, excluída, portanto, da competência atribuída a esta Corte Superior, a apreciação e julgamento de suposta afronta à norma da Constituição Federal. Precedentes. 2. Agravo interno não provido"(STJ, AgInt nos EDcl no REsp 1.761.945/MG, Rel. Ministro MAURO CAMPBELL MARQUES, SEGUNDA TURMA, DJe de 26/02/2019) Além disso – e a título meramente ilustrativo -, verifica-se que a controvérsia dos autos envolve a observância da Lei Municipal 1.929/2002, que agora é contestada em face da Lei Federal 9.717/98. No entanto, após a edição da Emenda Constitucional 45/2004, a competência para julgar as causas decididas em única ou última instância, quando a decisão recorrida julgar válida lei local, contestada em face de lei federal, foi transferida para o STF, nos termos do art. 102, III, d, da CF/88. Nesse sentido, mutatis mutandis: "PROCESSUAL CIVIL. RECURSO ESPECIAL. PECÚLIO POST MORTEM. DIREITO RECONHECIDO COM BASE EM LEI LOCAL. CONTROVÉRSIA DE NATUREZA CONSTITUCIONAL. DESCABIMENTO DO APELO NOBRE. 1. Nos termos do art. 102, II, d, da Constituição Federal, cabe ao Supremo Tribunal Federal julgar, mediante recurso extraordinário, a decisão que assentar válida lei local contestada em face de lei federal. 2. Na hipótese, o Tribunal a quo, com base na tese de direito adquirido e no art. 24, XII, da CF/1988, afirmou a aplicação da Lei Estadual n. 285/1979 em detrimento da Lei Federal n. 9.717/1998. Inviável o exame da tese recursal nesta via sob pena de usurpação da competência da Corte Maior. Precedentes. 3. Recurso especial não conhecido" (STJ, REsp 1790976/RJ, Rel. Ministro OG FERNANDES, SEGUNDA TURMA, DJe de 08/04/2019) "ADMINISTRATIVO. SERVIDOR PÚBLICO. LEIS ESTADUAIS 10.790 E 11.025/1998. EFEITO RETROATIVO. LEI 9.504/1997. PERÍODO ELEITORAL. LEI LOCAL CONTESTADA EM FACE DE LEI FEDERAL. EC 45/2004. MATÉRIA CONSTITUCIONAL. COMPETÊNCIA DO STF. 1. 'A partir da Emenda Constitucional nº 45/2004, este Sodalício deixou de ser competente para a apreciação da demanda, visto que a análise de lei local contestada em face de lei federal é matéria de cunho constitucional, atribuível, portanto, ao Supremo Tribunal Federal' (AgRg no AREsp 98.895/SC, Rel. Ministro Mauro Campbell Marques, DJe 21/03/2012). 2. Agravo regimental a que se nega provimento" (STJ, AgRg no AREsp 369.150/SC, Rel. Ministro SÉRGIO KUKINA, PRIMEIRA TURMA, DJe de 16/09/2014). Por fim, ainda que os supramencionados óbices pudessem ser afastados – o que não é o caso, registra-se desde já -, observa-se que a lei processual exige que os pedidos, quer na petição inicial, quer no recurso, sejam claros e precisos, para pautar o contraditório, essencial a todo processo, delimitar a prestação jurisdicional, nortear o que deve ser julgado e definir o que deve ser concedido à parte que pleiteia em Juízo. O Codex processual dispõe: Art. 319 – A petição inicial indicará: (...) III – o fato e os fundamentos jurídicos do pedido; IV – o pedido com as suas especificações; (...) Desse modo, a parte recorrente tem o dever de especificar, em seus pedidos, o provimento que pretende obter em grau recursal, de acordo com o objeto da demanda, não bastando pedir, genericamente, a "reforma do acórdão recorrido" ou a "correta aplicação da lei federal", ou "que seja o recurso submetido à Turma". Assim, os fundamentos jurídicos devem ser expostos congruentemente com o pedido recursal, expressa e determinadamente dirigidos à sustentação deste, não sendo admissível a exposição genérica de teses, para que a adequação se realize pela Corte. Ante o exposto, com fulcro no art. 253, parágrafo único, II, a, do RISTJ, conheço do Agravo, para não conhecer do Recurso Especial. Em atenção ao disposto no art. 85, § 11, do CPC/2015 e no Enunciado Administrativo 7/STJ ("Somente nos recursos interpostos contra decisão publicada a partir de 18 de março de 2016 será possível o arbitramento de honorários sucumbenciais recursais, na forma do art. 85, § 11, do CPC"), majoro os honorários advocatícios em 10% (dez por cento) sobre o valor já arbitrado, levando-se em consideração o trabalho adicional imposto ao advogado da parte recorrida, em virtude da interposição deste recurso, respeitados os limites estabelecidos nos §§ 2º e 3º do art. 85 do CPC/2015. I. Brasília (DF), 13 de setembro de 2019. MINISTRA ASSUSETE MAGALHÃES Relatora (STJ - AREsp: 1475109 GO 2019/0084907-4, Relator: Ministra ASSUSETE MAGALHÃES, Data de Publicação: DJ 23/09/2019).

✓ APELAÇÃO – AÇÃO DE IMISSÃO CONVERTIDA EM INDENIZATÓRIA – Emenda apresentada apenas com alterações dos pedidos – Causa de pedir não especificada – Necessidade – Inépcia da inicial confirmada –- Sentença mantida – Recurso desprovido. (TJ-SP - AC: 10027983120148260161 SP 1002798-31.2014.8.26.0161, Relator: Costa Netto, Data de Julgamento: 05/11/2020, 6ª Câmara de Direito Privado, Data de Publicação: 06/11/2020).

V – o valor da causa;

→ *V.* Art. 58, III, da Lei 8.245/1991.

→ *V.* Arts. 291 e seguintes e 303, § 4º, do CPC.

VI – as provas com que o autor pretende demonstrar a verdade dos fatos alegados;

VII – a opção do autor pela realização ou não de audiência de conciliação ou de mediação.

→ *V.* Arts. 334, §§ 4º e 5º, do CPC.

§ 1º Caso não disponha das informações previstas no inciso II, poderá o autor, na petição inicial, requerer ao juiz diligências necessárias a sua obtenção.

Não pode a petição inicial ser indeferida se a parte justificou que não possui todos os dados de identificação do réu, requerendo a realização de diligências para descobri-los:

✓ DIREITO PROCESSUAL CIVIL. AÇÃO DE ALIMENTOS. AUSÊNCIA DE INDICAÇÃO DO ENDEREÇO COMPLETO DO RÉU. REQUERIMENTO EXPRESSO NA PETIÇÃO INICIAL DE DILIGÊNCIA PARA COMPLEMENTAÇÃO DAS INFORMAÇÕES NOS TERMOS DO ART. 319, §1º DO CPC/2015. EXTINÇÃO DO PROCESSO SEM RESOLUÇÃO DE MÉRITO POR ABANDONO DE CAUSA, NOS TERMOS DO ART. 485, III, DO CPC/2015. IMPOSSIBILIDADE. AUSÊNCIA DE INTIMAÇÃO PESSOAL DA PARTE NOS TERMOS DO ART. §1º DO ART. 319 DO CPC/2015. RECURSO CONHECIDO E PROVIDO. SENTENÇA ANULADA. RETORNO DOS AUTOS À ORIGEM PARA REGULAR PROCESSAMENTO DO FEITO. 1 – Cuida-se de apelação cível adversando sentença proferida pelo MM. Juiz de direito da 2ª vara da Comarca de Quixeramobim, nos autos da ação de alimentos aforada em desfavor do Francisco Ribeiro Sales, que extinguiu o processo sem resolução de mérito, com fulcro no art. 485, III do CPC, por falta das condições da ação. 2 – No despacho inaugural, o douto julgador de piso determinou a intimação da parte autora para no prazo de 10(dez) dias, retificar o informe contido na inicial fazendo constar o endereço correto do requerido, no entanto, devidamente intimada, quedou-se inerte, razão pela qual o processo foi extinto sem resolução de mérito, nos termos do art. 485, III, do CPC, por faltar-lhe uma das condições da ação legalmente exigida para a sua apreciação. 3 – Observa-se que na exordial de fls. 02/09, a requerente, ao qualificar a parte ré, asseverou expressamente não dispor "de todas as informações acerca da parte adversa", requerendo que fossem oficiados ao INSS para informar o cadastro nacional de informações sociais, Receita Federal, justiça eleitoral-siel, além dos próprios sistemas de justiça, nos termos do art. 319, § 1º do CPC. 4 – O art. 319 do CPC, estabelece os requisitos da petição inicial, os quais não sendo devidamente cumpridos, poderá acarretar a extinção do processo sem resolução de mérito, nos termos do art. 485, inciso I do CPC/2015. 5 – Ocorre que, o próprio art. 319, em seus §§ 1º a 3º traz algumas situações em que, mesmo a parte não cumprindo imediatamente o disposto no II, ainda assim a petição inicial não poderá ser indeferida. 6 – Observa-se, in casu, que no despacho inicial, o magistrado de planície determinou a intimação da parte autora para informar o endereço completo do requerido, sem, contudo, levar em consideração que esta já tinha expressamente mencionado em sua exordial, que não dispunha de todas as informações acerca do mesmo, requerendo diligências nos termos do art. 319, do CPC. 7 – Frise-se, por oportuno, que o douto julgador singular, extinguiu o feito, sem resolução de mérito por ausência de interesse processual, nos termos do art. 485, inciso III do CPC/2015, no entanto, para a extinção do feito por abandono de causa por mais de 30 dias, a parte também deveria ser intimada pessoalmente para no prazo de 05 (cinco) dias, suprir a falta, o que também não ocorreu no caso em liça, existindo nos autos apenas despacho inicial para a parte apresentar o endereço completo do suplicado. 8 – Desta feita, a sentença objurgada deverá ser anulada com o retorno dos autos à origem para seu regular prosseguimento, cumprindo o disposto no art. 319, §1º do CPC/2015, tendo em vista ter a parte expressado em sua exordial não possuir os dados completos da parte adversa. 9 – Apelação cível conhecida e provida. Sentença anulada. (TJCE; APL 0015262-15.2016.8.06.0154; Quarta Câmara de Direito Privado; Relª Desª Helena Lúcia Soares; Julg. 05/12/2017; DJCE 11/12/2017; Pág. 96)

§ 2º A petição inicial não será indeferida se, a despeito da falta de informações a que se refere o inciso II, for possível a citação do réu.

A falta de indicação do endereço eletrônico não prejudica a citação do réu e, portanto, a petição inicial não pode ser indeferida por ausência de tal dado:

✓ APELAÇÃO CÍVEL. AÇÃO DE COBRANÇA. CONDOMÍNIO. REQUISITOS DA PETIÇÃO INICIAL. INDEFERIMENTO. CITAÇÃO. ELEMENTOS NECESSÁRIOS PRESENTES. SENTENÇA DESCONSTITUÍDA. A ausência de indicação do endereço eletrônico da parte demandada na peça inicial, por si só, não importa no indeferimento da inicial, havendo outros elementos que possibilitam a citação, disposição do art. 319, §2º, do CPC. Sentença desconstituída. Apelação provida. Unânime. (TJRS; AC 0185995-86.2017.8.21.7000; Porto Alegre; Décima Sétima Câmara Cível; Rel. Des. Giovanni Conti; Julg. 20/07/2017; DJERS 26/07/2017); PROCESSUAL CIVIL. RECURSO DE APELAÇÃO. INDEFERIMENTO DA PETIÇÃO INICIAL. AUSÊNCIA DE ENDEREÇO ELETRÔNICO. DESCABIMENTO. INTELIGÊNCIA DO ART. 319 DO CPC/2015. Malgrado o CPC/2015, em seu artigo 319, tenha discriminado as exigências que deverão constar na petição inicial, incluindo o endereço eletrônico das partes, o mesmo dispositivo legal, em seu § 2º, prevê que "a petição inicial não será indeferida se, a despeito da falta de informações a que se refere o inciso II, for possível a citação do réu". – Com efeito, a falta de endereço eletrônico na inicial, por si só, não enseja o indeferimento da petição inicial, já que a sua ausência não impede a citação da parte demandada. – Apelo conhecido e provido. (TJAM; APL 0626010-85.2016.8.04.0001; Segunda Câmara Cível; Rel. Des. Wellington José de Araújo; DJAM 05/12/2016; Pág. 27)

§ 3º A petição inicial não será indeferida, pelo não atendimento ao disposto no inciso II deste artigo se a obtenção de tais informações tornar impossível ou excessivamente oneroso o acesso à justiça.

Art. 320. **A petição inicial será instruída com os documentos indispensáveis à propositura da ação.**

→ *V.* Art. 46 da Lei 6.766/1979.

→ *V.* Arts. 434, 435, 439, 550, § 1º, 677, 720, 767, 953, e 977, parágrafo único, do CPC.

Considerando possível determinar que o réu exiba documentos relativos a contas de energia elétrica, quando não for razoável se exigir que o autor tenha guardado todas elas:

✓ PROCESSUAL CIVIL. AGRAVO INTERNO NO AGRAVO EM RECURSO ESPECIAL. EMPRÉSTIMO COMPULSÓRIO SOBRE ENERGIA ELÉTRICA. INTIMAÇÃO PARA EMENDA DA PETIÇÃO INICIAL PARA APRESENTAÇÃO DE DOCUMENTOS COM A FINALIDADE DE VERIFICAÇÃO DOS VALORES RECOLHIDOS NAS CONTAS DE ENERGIA ELÉTRICA. RESPONSABILIDADE DA ELETROBRÁS. (...) II – Recurso especial interposto contra acórdão proferido em agravo de instrumento, que confirmou decisão do juiz singular, a qual determinou a emenda da petição inicial para apresentação de faturas/contas de energia elétrica pela parte autora. III – Cabe ao autor instruir a petição inicial com os documentos indispensáveis à propositura da ação (art. 283, do CPC/73, atual 320 do CPC/15). Entretanto, o Superior Tribunal de Justiça já decidiu no sentido de que não há ilegalidade na determinação de que a Eletrobrás forneça documentos (em matéria de exibição de documentos referentes a empréstimo compulsório), não sendo razoável exigir do contribuinte que guarde todas as suas contas mensais de energia elétrica, a fim de calcular o valor devido. Também é entendimento desta Corte no sentido de que o fornecimento dos documentos pode ser determinado em liquidação de sentença. Precedentes: AgRg no AREsp 216.315/RS, Rel. Ministro MAURO CAMPBELL MARQUES, SEGUNDA TURMA, julgado em 23/10/2012, DJe 06/11/2012; AgRg no AREsp 844.281/DF, Rel. Ministro HERMAN BENJAMIN, SEGUNDA TURMA, julgado em 19/04/2016, DJe 27/05/2016; REsp 1294587/SC, Rel. Ministro MAURO CAMPBELL MARQUES, SEGUNDA TURMA, julgado em 27/03/2012, DJe 10/04/2012) IV – Deve ser dado provimento ao recurso especial para determinar o prosseguimento da ação. V – Agravo interno provido. (STJ;

AgInt no AREsp 953.514; SP; Segunda Turma; Rel. Min. Francisco Falcão; Julg. 20/06/2017, DJe 23/06/2017).

A juntada de original ou cópia da sentença homologanda estrangeira é documento indispensável à propositura da demanda destinada à sua homologação no Brasil:

✓ PROCESSUAL CIVIL. SENTENÇA ESTRANGEIRA CONTESTADA. DOCUMENTO INDISPENSÁVEL À PROPOSITURA DA DEMANDA. AUSÊNCIA. 1. Nos termos do artigo 320 do Código de Processo Civil de 2015, a inicial deve ser instruída com os documentos indispensáveis à propositura da demanda. 2. É indispensável ao exame do pleito de homologação de sentença estrangeira a juntada de original ou cópia da sentença homologanda, consoante disciplina do art. 216 – C do RISTJ. 3. Caso em que a requerida foi intimada a proceder à juntada do documento, sob pena de extinção do feito sem apreciação do mérito, deixando, não obstante, de trazê-lo aos autos. 4. Sentença estrangeira extinção sem apreciação do mérito. (STJ; SEC 7.204; Proc. 2011/0168130-1; EX; Corte Especial; Rel. Min. Benedito Gonçalves; DJE 21/02/2017)

Ausência de início de prova material do tempo de serviço é considerado documento indispensável e sua falta pode conduzir à extinção do processo sem resolução de mérito:

✓ PREVIDENCIÁRIO. PROCESSO CIVIL. BENEFÍCIO DE SALÁRIO MATERNIDADE. AUSÊNCIA DE INÍCIO DE PROVA MATERIAL DO EXERCÍCIO DE ATIVIDADE RURAL. EXTINÇÃO DO FEITO SEM RESOLUÇÃO DO MÉRITO. I. O entendimento majoritário nesta Décima Turma é o de ser juridicamente adequado, em grau de apelação, a extinção do processo sem resolução do mérito, por falta de apresentação de documento indispensável ao ajuizamento da ação (art. 320 do Novo CPC). II. A interpretação teleológica dos dispositivos legais que versam sobre a questão em exame leva à conclusão que a ausência nos autos de documento tido por início de prova material é causa de extinção do feito sem resolução do mérito, com base no art. 485, inciso IV, do Novo CPC, pois o art. 55, § 3º, da Lei n. 8.213/91 e a Súmula nº 149 do E. STJ, ao vedarem a prova exclusivamente testemunhal em tais casos, criaram um óbice de procedibilidade nos processos que envolvam o reconhecimento de tempo de serviço, que a rigor acarretaria o indeferimento da inicial, nos termos dos arts. 320 e 321 do atual CPC. III. Nesse sentido, entendeu o E. Superior Tribunal de Justiça no julgamento do Recurso Especial n. 1.352.721/SP, Rel. Min. Napoleão Nunes Maia Filho, Representativo de Controvérsia (decisão proferida em 16.12.2015). IV. Extinção do feito sem resolução do mérito, nos termos do artigo 485, IV, do atual CPC. Apelação da parte autora prejudicada. (TRF 3ª R.; AC 0033337-38.2017.4.03.9999; Décima Turma; Rel. Des. Fed. Sérgio do Nascimento; Julg. 12/12/2017; DEJF 08/01/2018).

Considerando que a prova da contratação que ensejou o débito objeto da cobrança é indispensável à propositura da ação:

✓ APELAÇÃO CÍVEL. AÇÃO DE COBRANÇA. CARTÃO DE CRÉDITO. INÉPCIA DA INICIAL. AUSÊNCIA DE DOCUMENTO INDISPENSÁVEL. EFEITO TRANSLATIVO. Nos termos do art. 320 do CPC, a petição inicial será instruída com os documentos indispensáveis à propositura da ação. Inexistindo nos autos prova da contratação que ensejou o débito objeto da ação, a inicial deve ser indeferida por ausência de documento indispensável, aplicando-se ao caso o efeito translativo do recurso para extinguir a ação originária sem resolução do mérito. (TJMG; APCV 1.0384.14.008919-2/001; Rel. Des. Alexandre Santiago; Julg. 13/12/2017; DJEMG 18/12/2017).

Entendendo ser indispensável a juntada do contrato de alienação fiduciária objeto de pleito revisional, sem prejuízo da possibilidade de se pedir a exibição incidental à outra parte:

✓ CIVIL E PROCESSO CIVIL. APELAÇÃO EM AÇÃO ORDINÁRIA DE REVISÃO DE CONTRATO DE ALIENAÇÃO FIDUCIÁRIA. APLICAÇÃO DO ART. 285 – A. SENTENÇA DE IMPROCEDÊNCIA PRIMA FACIE DO PEDIDO. AUSÊNCIA DE DOCUMENTO ESSENCIAL À PROPOSITURA DA DEMANDA. INVIABILIDADE DE APLICAÇÃO DO ART. 285 – A SEM TOMAR CONHECIMENTO DAS CLÁUSULAS IMPUGNADAS. SENTENÇA QUE MERECE SER ANULADA. RETORNO DOS AUTOS À ORIGEM PARA ADEQUAÇÃO AO DEVIDO PROCESSO LEGAL. RECURSO PROCEDENTE. Nas ações que visam à revisão do contrato de alienação fiduciária, o instrumento contratual é documento indispensável à propositura da demanda, constituindo dever do autor anexá-lo à inicial, por expressa determinação do artigo 283 do CPC/73 (Correspondente do Art. 320 do CPC) ou, na impossibilidade de fazê-lo, requerer que tal documento seja exibido incidentalmente pela parte Requerida, aplicando-se analogicamente os arts. 355 e seguintes do CPC/73(Correspondentes dos Arts. 396 e seguintes do NPCC); – ainda que o Autor não decline o porquê da não juntada do contrato e não formule pedido de exibição incidental, compete ao magistrado, antes de realizar qualquer juízo sobre a causa, determinar sua intimação para emendar a inicial, seja para juntar cópia do contrato e readequar os termos da petição, seja para fins de apresentar justificativa idônea e requerer a apresentação do instrumento particular pela parte requerida, nos termos da Lei processual; – essa providência tem por finalidade evitar ou reprimir a proliferação de petições iniciais genéricas, pois referido mal atenta contra a boa técnica processual e dificulta sobremaneira o exercício da função jurisdicional pelo julgador; – tendo o magistrado de piso desprezado o dever de dialogar com o Autor e ordenar que emendasse a inicial, inviável a aplicação do art. 285 – A do CPC/73, pois a existência ou não de irregularidades no contrato, a priori, só poderia ser certificada por meio da apreciação do mesmo, revelando-se incongruente realizar um julgamento liminar sem tomar conhecimento de fato sobre as questões controvertidas; – recurso conhecido e provido. Sentença anulada. (TJAM; APL 0622131-41.2014.8.04.0001; Primeira Câmara Cível; Rel. Des. Paulo Cesar Caminha e Lima; DJAM 27/01/2017; Pág. 34)

Considerando a notificação do devedor para comprovação da mora documentos indispensável para a propositura de ação de busca e apreensão decorrente de alienação fiduciária:

✓ ALIENAÇÃO FIDUCIÁRIA. BUSCA E APREENSÃO. DESPACHO DETERMINANDO A EMENDA DA INICIAL PARA COMPROVAÇÃO DA MORA. DESATENDIMENTO À DETERMINAÇÃO JUDICIAL. REQUISITO INDISPENSÁVEL PARA O AJUIZAMENTO DA AÇÃO DE BUSCA E APREENSÃO. INÉRCIA DA PARTE. EXTINÇÃO. ART. 321, PARÁGRAFO ÚNICO DO CPC. Sendo a notificação do devedor para comprovação da mora requisito indispensável para o ajuizamento da ação de busca e apreensão, deve acompanhar a petição inicial (art. 330 do CPC). Assim, o descumprimento da determinação judicial no prazo concedido para a comprovação de que o devedor foi devidamente notificado conforme contratado, implica indeferimento da inicial, nos termos do disposto no Parágrafo único, do art. 321 do CPC. Se a petição inicial não preenche os requisitos do art. 330 do CPC e a parte não cumpre a determinação de emendá-la no prazo concedido, é caso de indeferimento da inicial e consequente extinção do feito. Recurso desprovido. (TJSP; APL 1021701-23.2016.8.26.0007; Ac. 11015696; São Paulo; Trigésima Quinta Câmara de Direito Privado; Rel. Des. Gilberto Leme; Julg. 27/11/2017; DJESP 04/12/2017; Pág. 2505).

Planilha de débitos é considerada documento essencial para a ação de busca e apreensão decorrente de alienação fiduciária:

✓ PROCESSUAL CIVIL. AÇÃO DE BUSCA E APREENSÃO. DECRETO-LEI Nº 911/69. AUSÊNCIA DE PLANILHA DISCRIMINADA COM PARCELAS VENCIDAS E VINCENDAS E DESCONTOS DOS JUROS. EMENDA À INICIAL. DESCUMPRIMENTO. EXTINÇÃO DO PROCESSO SEM RESOLUÇÃO DO MÉRITO. RECURSO CONHECIDO E DESPROVIDO. 1. Se o autor não responde ao claro comando judicial de emenda à inicial a fim de juntar aos autos planilha com discriminação das parcelas vencidas e vincendas, deduzindo-se os juros fixados em contrato das últimas, em observância aos art. 321 e 330, IV, CPC, revela-se acertada a sentença que extingue o processo sem resolução do mérito com fundamento no arts. 485, I, do CPC, em virtude da ausência de documento indispensável à propositura da ação, nos termos do art. 320 do CPC. 2. Recurso conhecido e desprovido. Sem honorários advocatícios em razão da ausência de sucumbência. (TJDF; APC 2016.05.1.005879-9; Ac. 100.3166; Segunda Turma Cível; Relª Desª Sandra Reves; Julg. 15/03/2017; DJDFTE 21/03/2017)

Não é considerado indispensável a juntada do contrato de prestação de serviços advocatícios em ação de arbitramento de honorários se o autor alega que a contratação foi verbal:

✓ APELAÇÃO CÍVEL. AÇÃO DE COBRANÇA. HONORÁRIOS ADVOCATÍCIOS. INÉPCIA DA INICIAL, POR AUSÊNCIA DE DOCUMENTOINDISPENSÁVEL À PROPOSITURA DA AÇÃO. INOCORRÊNCIA. CONTRATAÇÃO VERBAL DEMONSTRADA. PRESCRIÇÃO DA PRETENSÃO INICIAL. ART. 206, § 5º, II, DO CC/02. NÃO VERIFICAÇÃO. Conforme dispõe o art. 320 do CPC/2015, a petição inicial deve ser instruída com os documentos indispensáveis à propositura da ação. Em ação de cobrança de honorários advocatícios, não deve ser considerada imprescindível a juntada do contrato de prestação de serviços advocatícios se o autor, na petição inicial, alega que a contratação se deu verbalmente. Na ação de cobrança de honorários advocatícios, fundada em contrato verbal, o indispensável é a comprovação da contratação, que deve ocorrer no curso do processo, demonstrando o advogado a sua atuação na causa em que patrocinou os interesses da parte ré e que ensejou a propositura da ação de cobrança. No caso, isso ocorreu. Nos termos do art. 206, § 5º, II, do CC/02, o prazo prescricional de cinco anos, para que os profissionais liberais cobrem os seus honorários, é contado a partir da conclusão dos serviços contratados. Assim, não cabe falar em prescrição da pretensão inicial de cobrança de honorários advocatícios, se a ação foi ajuizada em menos de um ano depois do trânsito em julgado da decisão que pôs fim ao processo. (TJMG; APCV 1.0024.12.225151-5/001; Rel. Des. Ramom Tácio; Julg. 30/08/2017; DJEMG 13/09/2017)

Considerando que a prova de fato constitutivo do direito não se confunde com a exigência de juntada de documento indispensável à propositura da ação:

✓ DIREITO CIVIL. OBRIGAÇÕES. RESPONSABILIDADE CIVIL. ACIDENTE AMBIENTAL. INCÊNDIO. COMBUSTÃO DE FERTILIZANTES. FUMAÇA. SITUAÇÃO DE EMERGÊNCIA. DANOS MORAIS. IMPROCEDÊNCIA. 1. Cerceamento de defesa pelo julgamento antecipado do feito. Inacolhimento. Requerimento de prova. Ausência. Incumbência do autor. Fato constitutivo do direito. Providência da parte. Preliminar afastada. 2. Nulidade da sentença. Descumprimento do art. 321 do CPC. Inocorrência. Fato constitutivo de direito. Desnecessidade de emenda à inicial. Nulidade afastada. 3. Residência comprovada pela procuração ad judicia. Inacolhimento. Presunção relativa. Necessidade de comprovação em juízo. Autor que não demonstra residir em área atingida por acidente ambiental. Recurso desprovido. Sentença mantida. 1. Se oportunizado ao autor a produção das provas do fato constitutivo de seu direito, e mesmo assim ele mantém inerte, não pode, posteriormente, em grau recursal, requerer a nulidade da sentença por cerceamento de defesa. 2. A emenda à inicial, baseada no art. 320 do CPC, somente se justifica quando a parte não traz documento indispensável ao ajuizamento da ação, o qual não se confunde com prova de fato constitutivo de direito. 3. Incomprovado que o autor residia em um dos bairros atingidos pelo acidente ambiental, improcede indenizatória por danos morais decorrentes desse evento. (TJSC; AC 2015.091983-9; São Francisco do Sul; Sexta Câmara de Direito Civil; Rel. Des. Antônio do Rêgo Monteiro Rocha; Julg. 29/03/2016; DJSC 08/04/2016; Pág. 245).

Somente a ausência dos documentos indispensáveis à propositura da ação autoriza a inépcia de petição inicial:

✓ APELAÇÃO CÍVEL – AÇÃO ORDINÁRIA – INDEFERIMENTO DA INICIAL – AUSÊNCIA DE CÓPIAS DAS INICIAIS DE AÇÕES AJUIZADAS, DO REGISTRO DE NEGATIVAÇÃO E DA PROCURAÇÃO ATUALIZADA – EMENDA – DESCUMPRIMENTO – SENTENÇA MANTIDA. – A petição inicial será instruída com os documentos indispensáveis à propositura da ação, sob pena de seu indeferimento. – O juiz, ao verificar que a petição inicial não preenche os requisitos dos arts. 319 e 320 ou que apresenta defeitos e irregularidades capazes de dificultar o julgamento de mérito, determinará que o autor, no prazo de 15 (quinze) dias, a emende ou a complete, indicando com precisão o que deve ser corrigido ou completado. V.V 1) No que se refere ao disposto nos artigos 320 e 321 do CPC/15, importa esclarecer que há sensível diferença entre os conceitos de "documentos indispensáveis à propositura da ação" e de documentos essenciais à prova do direito alegado. É que somente a ausência dos primeiros autoriza a conclusão acerca da inépcia da petição inicial. A ausência dos demais não configura qualquer deficiência a viciar a demanda desde sua propositura, mas tão somente insuficiência probatória que pode ser sanada no decorrer do trâmite processual. 2) As cópias de outras petições iniciais das demandas ajuizadas pela parte não se amoldam à figura da documentação indispensável à propositura da ação (artigo 320 do CPC), mas quando muito destinado à facilitação da investigação de possível conexão, litispendência ou coisa julgada, não se afigurando legítimo o indeferimento da peça pelo só fato da falta de tais expedientes. 3) Não restando configurada a violação ao disposto no artigo 320 do Código de Processo Civil de 2015, impõe-se a reforma da r. sentença recorrida. (TJ-MG - AC: 10000191128594001 MG, Relator: Otávio Portes, Data de Julgamento: 19/02/2020, Data de Publicação: 21/02/2020).

Art. 321. O juiz, ao verificar que a petição inicial não preenche os requisitos dos arts. 319 e 320 ou que apresenta defeitos e irregularidades capazes de dificultar o julgamento de mérito, determinará que o autor, no prazo de 15 (quinze) dias, a emende ou a complete, indicando com precisão o que deve ser corrigido ou completado.

→ *v.* Art. 801 do CPC.

→ *v.* Art. 106 da Lei 11.101/2005.

→ *v.* Art. 216-A, § 10º, da Lei 6.015/1975.

→ *v.* Arts. 6º, 76, 106, § 1º, 139, IX, 303, § 6º, 700, § 5º e 801 do CPC.

→ *v.* Enunciado 120 do CJF: Deve o juiz determinar a emenda também na reconvenção, possibilitando ao reconvinte, a fim de evitar a sua rejeição prematura, corrigir defeitos e/ou irregularidades.

Antes de indeferir a petição inicial, deve o juiz oportunizar a sua correção:

✓ APELAÇÃO CÍVEL. AÇÃO CIVIL PÚBLICA. PEDIDO GENÉRICO. INDEFERIMENTO DA PETIÇÃO INICIAL. PRAZO PARA EMENDA NÃO CONCEDIDO. SENTENÇA ANULADA DE OFÍCIO. RECURSO PREJUDICADO. Antes de indeferir a petição inicial, o juiz deve facultar sua correção, a teor do que dispõe o art. 321 do CPC. (TJRR; AC 0010.12.712097-9; Rel. Des. Mozarildo Cavalcanti; DJERR 19/12/2017; Pág. 53).

Considerando dilatório o prazo do art. 321 do CPC:

✓ APELAÇÃO CÍVEL. PROCESSUAL CIVIL. EMENDA À PETIÇÃO INICIAL. REQUERIMENTO DE DILAÇÃO DE PRAZO. EXTINÇÃO SEM RESOLUÇÃO DO MÉRITO. DESCABIMENTO. APELAÇÃO CONHECIDA E PROVIDA. SENTENÇA CASSADA. 1. Incabível a extinção processual, quando a parte requer, tempestivamente, a prorrogação do lapso temporal para o cumprimento do despacho judicial, a fim de sanar as irregularidades apontadas pelo julgador. 2. O prazo legal do art. 321 do Código de Processo Civil é dilatório e não peremptório (STJ/RESP, RESP 1133689/PE). Ainda que isso implique em reconhecer como discricionário o ato judicial de conceder ou não mais prazo à parte para o cumprimento do despacho de emenda ou complementação à inicial (STJ/RESP, AGRG no AG 1.423.164/SC), não pode o Juiz indeferir a peça vestibular e extinguir o processo sem resolução do mérito, sem antes apreciar o pedido prévio e tempestivo formulado pela parte, para sua dilação ou prorrogação. Precedentes deste Tribunal. 3. O ato judicial que não observa essas diretrizes, atenta contra os princípios instrumentalidade, da razoabilidade, da celeridade e da economia processual, porque ao indeferir a petição inicial e extinguir o processo, não evitará a propositura de nova demanda, estando o mesmo juízo igualmente prevento para seu conhecimento, na esteira da nova Lei adjetiva. 4. APELAÇÃO CONHECIDA E PROVIDA. SENTENÇA CASSADA. (TJDF; Proc 0702.16.4.112017-8070007; Ac. 106.4360; Quarta Turma Cível; Rel. Des. Luís Gustavo Barbosa de Oliveira; Julg. 30/11/2017; DJDFTE 11/12/2017). V. tb.: USUCAPIÃO. Extinção do processo sem resolução do mérito. Indeferimento da inicial. Havendo requerimento do promovente solicitando a dilação do prazo para emenda da petição inicial, diante da pendência de expedição certidão de objeto e pé em outro processo, para instrução deste feito, revela-se inadmissível a extinção do processo. Prazo do parágrafo único do art. 321 do CPC que é dilatório e não peremptório, podendo ser prorrogado. Ausência de indispensável intimação pessoal do autor. Inteligência do artigo 485, inciso III, § 1º, do CPC. Sentença anulada. Recurso provido. (TJSP; APL 1009890-26.2015.8.26.0161; Ac. 10725874; Diadema; Décima Câmara de Direito Privado; Rel. Des. J.B. Paula Lima; Julg. 22/08/2017; DJESP 12/09/2017; Pág. 2038).

Ressalvando que, embora não peremptório, o pedido de dilação do prazo para a emenda deve ser apresentado dentro do prazo inicialmente fixado:

✓ DIREITO PRIVADO NÃO ESPECIFICADO. APELAÇÃO CÍVEL. AÇÃO DE CANCELAMENTO DE REGISTRO. INDEFERIMENTO DA PETIÇÃO INICIAL. EMENDA. PRAZO DILATÓRIO DO ART. 321 DO CPC/15. DILAÇÃO DE PRAZO POSTULADA APÓS O PRAZO INICIALMENTE CONCEDIDO PELO JUÍZO A QUO. EXTINÇÃO DO PROCESSO, COM FUNDAMENTO NO ART. 485, INCISO I, DO CPC, MANTIDA. Apesar de não ser peremptório o prazo do art. 321 do CPC/15, o pedido de dilação, contudo, deve ser formulado dentro do prazo inicialmente fixado pelo juízo. No caso sub judice, levando em conta que isso não foi observado pela parte-autora, impõe-se manter a sentença que indeferiu a petição inicial, julgando extinto o processo, na forma do artigo 485, inciso I, do CPC/15. Apelação desprovida. (TJRS; AC 0140716-77.2017.8.21.7000; Sapiranga; Décima Nona Câmara Cível; Rel. Des. Voltaire de Lima Moraes; Julg. 31/08/2017; DJERS 06/09/2017)

Dispensando a intimação pessoal da parte em caso de determinação para emenda da petição inicial:

✓ APELAÇÃO CÍVEL. DETERMINAÇÃO DE EMENDA À INICIAL. INÉRCIA. INDEFERIMENTO DA INICIAL. EXTINÇÃO SEM RESOLUÇÃO DO MÉRITO. DESNECESSIDADE DE INTIMAÇÃO PESSOAL. 1. A petição inicial é indeferida e o processo é extinto sem resolução do mérito se o autor não supre a irregularidade no prazo de 15 dias, quando intimado para tanto, nos termos do art. 321 e parágrafo único do CPC. 2. É prescindível a intimação pessoal do autor por não se tratar de abandono da causa, não se aplicando o art. 485, §1º, do CPC. 3. Recurso conhecido e improvido. (TJDF; APC 2015.12.1.001446-7; Ac. 106.0786; Oitava Turma Cível; Relª Desª Ana Cantarino; Julg. 16/11/2017; DJDFTE 24/11/2017).

Permitindo a emenda da petição inicial em ação coletiva mesmo após o prazo da contestação:

✓ RECURSO ESPECIAL. VIOLAÇÃO AO ART. 535 DO CPC/1973. AÇÃO CIVIL PÚBLICA. PETIÇÃO INICIAL INEPTA. PEDIDO GENÉRICO. EMENDA APÓS A CONSTATAÇÃO. AÇÕES INDIVIDUAIS. JURISPRUDÊNCIA VA-

CILANTE. AÇÕES COLETIVAS. POSSIBILIDADE. PRINCÍPIO DA EFETIVIDADE. INSTRUMENTO DE ELIMINAÇÃO DA LITIGIOSIDADE DE MASSA. 1. Não há falar em ofensa ao art. 535 do CPC/1973, se a matéria em exame foi devidamente enfrentada pelo Tribunal de origem, que emitiu pronunciamento de forma fundamentada, ainda que em sentido contrário à pretensão da parte recorrente. 2. No que se refere às ações individuais, a jurisprudência do Superior Tribunal de Justiça diverge sobre a possibilidade de, após a contestação, emendar-se a petição inicial, quando detectados defeitos e irregularidades relacionados ao pedido, num momento entendendo pela extinção do processo, sem julgamento do mérito (REsp 650.936/RJ, Rel. Ministra ELIANA CALMON, SEGUNDA TURMA, julgado em 21/3/2006, DJ 10/5/2006) em outro, afirmando a possibilidade da determinação judicial de emenda à inicial, mesmo após a contestação do réu (REsp 1229296/SP, Rel. Ministro MARCO BUZZI, QUARTA TURMA, julgado em 10/11/2016, DJe 18/11/2016). 3. A ação civil pública é instrumento processual de ordem constitucional, destinado à defesa de interesses transindividuais, difusos, coletivos ou individuais homogêneos e a relevância dos interesses tutelados, de natureza social, imprime ao direito processual civil, na tutela destes bens, a adoção de princípios distintos dos adotados pelo Código de Processo Civil, tais como o da efetividade. 4. O princípio da efetividade está intimamente ligado ao valor social e deve ser utilizado pelo juiz da causa para abrandar os rigores da intelecção vinculada exclusivamente ao Código de Processo Civil – desconsiderando as especificidades do microssistema regente das ações civis -, dado seu escopo de servir à solução de litígios de caráter individual. 5. Deveras, a ação civil constitui instrumento de eliminação da litigiosidade de massa, capaz de dissipar infindos processos individuais, evitando, ademais, a existência de diversidade de entendimentos sobre o mesmo caso, possuindo, ademais, expressivo papel no aperfeiçoamento da prestação jurisdicional, diante de sua vocação inata de proteger um número elevado de pessoas mediante um único processo. 6. A orientação que recomenda o suprimento de eventual irregularidade na instrução da exordial por meio de diligência consistente em sua emenda, prestigia a função instrumental do processo, segundo a qual a forma deve servir ao processo e a consecução de seu fim. A técnica processual deve ser observada não como um fim em si mesmo, mas para possibilitar que os objetivos, em função dos quais ela se justifica, sejam alcançados. 7. Recurso especial a que se nega provimento. (STJ, REsp 1279586/PR, Rel. Ministro LUIS FELIPE SALOMÃO, QUARTA TURMA, julgado em 03/10/2017, DJe 17/11/2017).

Aplicação do dispositivo em questão em ação rescisória:

✓ AÇÃO RESCISÓRIA Nº 6769 – DF (2020/0128336-2) RELATORA: MINISTRA ASSUSETE MAGALHÃES AUTOR: SÍLVIA DIAS SALGADO RODRIGUES ADVOGADOS: GUILHERME LUIZ DA VEIGA PADUANO – RJ146097 ORLANDO DE ANDRADE VILLAR – RJ155100 MÁRCIA DA COSTA LIMA OLIVEIRA E OUTRO (S) – RJ177897 RÉU: ESTADO DO RIO DE JANEIRO DECISÃO Trata-se de Ação Rescisória, ajuizada por SILVIA DIAS SALGADO RODRIGUES, com fundamento no art. 966, V (violar manifestamente norma jurídica), do CPC/2015, visando a desconstituição do acórdão proferido pela Primeira Turma do STJ, o qual manteve decisão monocrática da Relatora, Ministra REGINA HELENA COSTA, que dera provimento a Recurso Especial do ESTADO DO RIO DE JANEIRO, para, reformando o acórdão do Tribunal de Justiça do Estado do Rio de Janeiro, declarar a prescrição do fundo de direito (fls. 53/61e). Ante a deficiência da instrução da presente Rescisória, determinei, a fls. 111/112e, a intimação da autora para emendar a inicial, no prazo de 5 (cinco) dias úteis, em virtude da urgência do pedido de tutela provisória por ela formulado na exordial, a fim de juntar a cópia do inteiro teor do acórdão rescindendo. No entanto, a fls. 115/129e, requereu a autora a dilação do prazo "para pagamento da caução" (art. 968, II, do CPC/2015). Estabelece o art. 321, parágrafo único, do CPC/2015, que: "Art. 321. O juiz, ao verificar que a petição inicial não preenche os requisitos dos arts. 319 e 320 ou que apresenta defeitos e irregularidades capazes de dificultar o julgamento de mérito, determinará que o autor, no prazo de 15 (quinze) dias, a emende ou a complete, indicando com precisão o que deve ser corrigido ou completado. Parágrafo único. Se o autor não cumprir a diligência, o juiz indeferirá a petição inicial". Lado outro, estabelece o art. 320 do CPC/2015 que: "A petição inicial será instruída com os documentos indispensáveis à propositura da ação"; e o art. 330, IV, do CPC/2015 que: "A petição inicial será indeferida quando: (...) IV – não atendidas as prescrições dos arts. 106 e 321". Ademais, o art. 968, caput, II, e § 3º, do CPC/2015, dispõe que: "A petição inicial será elaborada com observância dos requisitos essenciais do art. 319, devendo o autor: (...) II – depositar a importância de cinco por cento sobre o valor da causa, que se converterá em multa caso a ação seja, por unanimidade de votos, declarada inadmissível ou improcedente. (...) § 3º Além dos casos previstos no art. 330, a petição inicial será indeferida quando não efetuado o depósito exigido pelo inciso II do caput deste artigo". Sendo assim, nos termos do art. 321, parágrafo único, do CPC/2015, intime-se a autora para, no prazo de 15 (quinze) dias, emendar a petição inicial, juntando aos autos cópia do inteiro teor do acórdão proferido no Agravo interno no REsp 1.363.186/RJ, bem como do comprovante do depósito previsto no art. 968, II, do CPC/2015, sob pena de indeferimento da inicial. I. Brasília, 29 de junho de 2020. MINISTRA ASSUSETE MAGALHÃES Relatora (STJ – AR: 6769 DF 2020/0128336-2, Relator: Ministra ASSUSETE MAGALHÃES, Data de Publicação: DJ 30/06/2020).

Parágrafo único. Se o autor não cumprir a diligência, o juiz indeferirá a petição inicial.

→ v. Art. 330 do CPC.

Desnecessidade de cominar na decisão que manda emendar a inicial a possibilidade de seu indeferimento, caso não atendida a determinação:

✓ AÇÃO COMINATÓRIA C/C PEDIDO LIMINAR. EMENDA À INICIAL. REFORMULAÇÃO DOS PEDIDOS. DESATENDIMENTO. INDEFERIMENTO DA INICIAL. EXTINÇÃO DO PROCESSO. ARTS. 321 E 485, I DO CPC/2015. 1. O não atendimento a contento de determinação judicial para emendar a inicial tem por consequência a extinção do processo sem resolução do mérito. 2. A decisão que determina a emenda da inicial é destinada ao advogado, que conhece ou deveria conhecer o direito. Assim, a ausência de previsão expressa de que o não atendimento à emenda determinada leva ao indeferimento da inicial, não tem o condão de invalidá-la. 3. Recurso conhecido e desprovido. (TJDF; APC 2017.01.1.000435-6; Ac. 106.2187; Oitava Turma Cível; Rel. Des. Diaulas Costa Ribeiro; Julg. 23/11/2017; DJDFTE 29/11/2017).

Entendendo que o atendimento parcial à determinação de emenda autoriza o indeferimento da petição inicial:

✓ APELAÇÃO. PROCESSUAL CIVIL. AÇÃO DE BUSCA E APREENSÃO. DETERMINAÇÃO DE EMENDA À INICIAL. DESCUMPRIMENTO. EXTINÇÃO DO PROCESSO SEM RESOLUÇÃO DO MÉRITO. RECURSO CONHECIDO E DESPROVIDO. 1. De acordo com o art. 321 do CPC, caso o juiz verifique que a petição apresenta defeitos e irregularidades, determinará que o autor, no prazo de 15 (quinze) dias, a emende ou a complete, sob pena de indeferimento da inicial. 2. Se o autor responde apenas parcialmente ao claro comando judicial de emenda à inicial, revela-se acertada a sentença que indefere a petição inicial com fundamento nos arts. 321, 330, IV, e 485, I, todos do CPC. 3. Recurso conhecido e desprovido. (TJDF; APC 2017.09.1.004720-4; Ac. 106.5316; Segunda Turma Cível; Relª Desª Sandra Reves; Julg. 29/11/2017; DJDFTE 13/12/2017).

Contra, considerando que, se a determinação de emenda da petição inicial foi parcialmente cumprida, deve ser dada nova oportunidade para sanar o vício:

✓ AÇÃO DE USUCAPIÃO. EXTINÇÃO DO FEITO SEM JULGAMENTO DE MÉRITO. DETERMINAÇÃO DE EMENDA DA INICIAL QUE FOI PARCIALMENTE CUMPRIDA PELOS AUTORES. Impossibilidade de extinção sem que fosse disponibilizada outra oportunidade para sanar o vício. Inteligência do Artigo 317 do Código de Processo Civil. Descumprimento da determinação imposta pelo Artigo 139, IX do Código de Processo Civil. Sentença de extinção afastada. Prosseguimento do feito. Recurso provido. (TJSP; APL 1003787-30.2015.8.26.0637; Ac. 10946174; Tupã; Terceira Câmara de Direito Privado; Relª Desª Marcia Dalla Déa Barone; Julg. 06/11/2017; rep. DJESP 06/12/2017; Pág. 2505); PROCESSO CIVIL. APELAÇÃO CÍVEL. AÇÃO DE EXECUÇÃO. INDEFERIMENTO DA PETIÇÃO INICIAL. DESIDIA DA PARTE NÃO COMPROVADA. PRINCIPIO DA INSTRUMENTALIDADE E DA COOPERAÇÃO. 1. O Direito Processual Civil, em seu artigo 283, consagra o princípio da instrumentalidade das formas, segundo o qual o julgador deve tentar, antes de decretar a invalidade, aproveitar os atos processuais ou procedimentos defeituosos já realizados. Dessa forma, deve-se buscar a validade dos atos processuais, mesmo quando realizados de modo diverso, a fim de alcançar o objetivo almejado. 2. O CPC de 2015 prestigia o princípio da cooperação das partes, cujas premissas já estão delineadas no artigo 339 do presente CPC de 1973. Enquanto o juiz coopera com as partes, na prestação adequada e efetiva da tutela jurisdicional, aquelas colaboram na condução processual, de maneira a não obstar o regular curso da demanda. Democratiza-se o processo, em que todos os envolvidos influem em sua condução. Esse é o espírito do novel CPC. 3. Ocorrendo o cumprimento, ainda que parcial, da determinação de emenda à inicial, torna-se evidente o interesse da parte em continuar com o prosseguimento da demanda, revelando-se inadequada a extinção prematura do feito. 4. Deu-se provimento ao recurso de apelação para determinar o retorno dos autos à instância de origem para regular processamento. (TJDF; APC 2017.09.1.001181-2; Ac. 103.1726; Terceira Turma Cível; Rel. Des. Flavio Rostirola; Julg. 12/07/2017; DJDFTE 20/07/2017).

Se a segunda determinação de emenda não é simples reiteração da anterior, deve ser concedida nova oportunidade e no prazo legal de quinze dias, sem possibilidade de redução:

✓ PROCESSUAL CIVIL. EMENDA À PETIÇÃO INICIAL. REDUÇÃO DO PRAZO PEREMPTÓRIO DE 15 DIAS. ERROR IN PROCEDENDO. ARTS. 222, §1º E 321 DO CPC. RECURSO CONHECIDO E PROVIDO. SENTENÇA CASSADA. 1. O art. 321 do CPC estabelece que se o juiz verificar que a petição apresenta defeitos e irregularidades capazes de dificultar o julgamento de mérito, determinará que o autor, no prazo de 15 (quinze) dias, a emende ou a complete, indicando com precisão o que deve ser corrigido ou completado, sob pena de indeferimento da inicial. 2. Se a segunda determinação de emenda à inicial não é mera reiteração da primeira, que teria, inclusive, se revelado fruto de equívoco judicial em razão do descompasso com a hipótese fática apresentada pela parte, e possui, desse modo e nessa medida, razão distinta, a redução do prazo é causa de nulidade, por preterição à expressa disposição do art. 222, §1º, do Código de Processo Civil, que veda ao juiz a redução de prazos peremptórios, ou prazos próprios cuja inobservância gera preclusão. 3. Recurso conhecido e provido. Sentença cassada. (TJDF; APC 2016.06.1.008670-8; Ac. 976.562; Segunda Turma Cível; Relª Desª Sandra Tonussi; Julg. 26/10/2016; DJDFTE 04/11/2016).

Considerando não agravável a decisão que determina a emenda da petição inicial:

✓ AGRAVO INTERNO NO AGRAVO DE INSTRUMENTO. NÃO CABIMENTO DE AGRAVO DE INSTRUMENTO CONTRA DECISÃO QUE DETERMINA EMENDA DA INICIAL. AUSÊNCIA DAS HIPÓTESES TAXATIVAS DO ART. 1.015 DO CPC/2015. RECURSO CONHECIDO E DESPROVIDO. 1. O Código de Processo Civil de 2015 prevê hipóteses específicas de cabimento do agravo de instrumento contra decisões interlocutórias (art. 1.015). 2. Não há previsão no rol taxativo do novo CPC (ou em qualquer outro dispositivo legal, a que ele remete) de cabimento do agravo de instrumento contra a decisão que determina a emenda da petição inicial. 3. O parágrafo único do art. 354, do CPC, estabelece que a decisão a que se refere o caput (relativa às hipóteses de extinção do processo com base no art. 485 e 487, II e III) Pode dizer respeito a apenas parcela do processo, caso em que será impugnável por agravo de instrumento. Porém, no caso concreto, não houve acolhimento de quaisquer dessas matérias, não houve extinção ou julgamento parcial do processo ou do mérito – não houve indeferimento ainda que parcial de qualquer pretensão inicial, mas apenas determinação de emenda. Já a hipótese do art. 356, §5º, diz respeito ao julgamento antecipado parcial do mérito, hipótese também do art. 1.015, II, do CPC/2015, também inocorrente no caso concreto. 4. A matéria ora atacada (concernente à emenda da inicial), segundo a nova sistemática processual, deverá ser suscitada em preliminar de apelação eventualmente interposta contra a decisão final, nos moldes do art. 1.009, §1º, do CPC/2015. 5. Nelson Nery Junior e Rosa Maria de Andrade Nery, na obra Código de processo civil comentado, 16ª edição, Revista dos Tribunais, página 2.233, assinalam que o art. 1.015 do CPC/2015 prevê, em numerus clausus, os casos em que a decisão interlocutória pode ser impugnada pelo recurso de agravo de instrumento. As interlocutórias que não se encontram no rol do CPC 1015 não são recorríveis pelo agravo, mas sim como preliminar de razões ou contrarrazões de apelação (CPC 1009 §1°). Pode-se dizer que o sistema abarca o princípio da irrecorribilidade em separado das interlocutórias como regra. Não se trata de irrecorribilidade da interlocutória que não se encontra no rol do CPC 1015, mas de recorribilidade diferida, exercitável em futura e eventual apelação (razões ou contrarrazões). 6. Recurso conhecido e desprovido. (TJES; AG-AI 0002505-28.2017.8.08.0047; Segunda Câmara Cível; Rel. Des. Des. Subst. Délio José Rocha Sobrinho; Julg. 01/08/2017; DJES 08/08/2017)

Seção II
Do Pedido

Art. 322. O pedido deve ser certo.

→ *V.* Súmulas 254 e 412 do STF.

→ *V.* Súmulas 318 e 326 do STJ.

§ 1º Compreendem-se no principal os juros legais, a correção monetária e as verbas de sucumbência, inclusive os honorários advocatícios.

→ *V.* Arts. 389, 404 e 406 do CC/2002.

→ *V.* Súmulas 254 e 256 do STF

→ *V.* Súmulas 453 e 551 do STJ.

Possibilidade de correção de ofício do termo inicial dos juros de mora em sede recursal, por se tratar de pedido implícito:

✓ APELAÇÃO. ACIDENTE DE TRÂNSITO. SEGURO DPVAT. 1. A comprovação de prévio pedido na esfera administrativa e eventual recusa de pagamento não são condições para o exercício do direito de ação. 2. O pagamento extemporâneo do prêmio do Seguro DPVAT não tem o condão de eximir a apelante da cobertura securitária. Precedente do TJSP. Inteligência da Súmula nº 257, do C. STJ. 3. Correção de ofício do termo inicial dos juros de mora. Possibilidade, por se tratar de pedido implícito, nos termos do artigo 322, § 1º, do CPC. Em se tratando de indenização do seguro DPVAT, os juros moratórios deverão incidir a partir da data da citação, nos termos da Súmula nº 426, do C. STJ. Recurso não provido. (TJSP; APL 1100207-30.2013.8.26.0100; Ac. 9899218; São Paulo; Trigésima Quarta Câmara de Direito Privado; Rel. Des. Kenarik Boujikian; Julg. 18/10/2016; DJESP 17/11/2016).

§ 2º A interpretação do pedido considerará o conjunto da postulação e observará o princípio da boa-fé.

→ *V.* Art. 5º do CPC.

Para se interpretar a extensão do pedido, deve ser analisada a petição inicial em seu conjunto, não se limitando ao item final da peça em que consta a sua formulação:

✓ CIVIL E PROCESSUAL CIVIL. EMBARGOS À EXECUÇÃO DE TÍTULO EXTRAJUDICIAL. PRELIMINAR DE NÃO CONHECIMENTO DO RECURSO QUANTO AO PEDIDO DE CONDENAÇÃO DO EMBARGADO AO PAGAMENTO DE INDENIZAÇÃO POR DANOS MORAIS. INOVAÇÃO RECURSAL. INOCORRÊNCIA. PEDIDO IMPLÍCITO EXTRAÍDO DA LEITURA DA CAUSA DE PEDIR. POSSIBILIDADE DE CONHECIMENTO DO PLEITO. INTELIGÊNCIA DO ART. 322, § 2º, DO CPC. REJEIÇÃO. SENTENÇA CITRA PETITA. PRESCINDIBILIDADE DE CASSAÇÃO. ANÁLISE DA POSTULAÇÃO COM BASE NO ART. 1.013, § 3º, INCISO II, DO CPC. IMPOSSIBILIDADE DE FORMULAÇÃO DE PEDIDO DE DANOS MORAIS EM SEDE DE EMBARGOS À EXECUÇÃO. GRATUIDADE DE JUSTIÇA. CONDENAÇÃO AO PAGAMENTO DE VERBAS SUCUMBENCIAIS. POSSIBILIDADE. SUSPENSÃO DA EXIGIBILIDADE POR CINCO ANOS. 1. Segundo o § 2º do art. 322 do CPC, a interpretação do pedido considerará o conjunto da postulação e observará o princípio da boa-fé. Dessa forma, para que se identifique com precisão aquilo que foi postulado pelo autor não se deve analisar apenas o pedido contido ao final da petição inicial. Este deve ser examinado em conjunto com a causa de pedir para se que compreenda aquilo que o autor efetivamente pretende obter do Poder Judiciário. No caso, embora não tenha sido postulada expressamente a condenação da embargada ao pagamento de indenização por danos morais, é possível inferir tal postulação do conjunto da petição inicial, pois a alegação de danos morais decorrentes da conduta da embargada integrou a causa de pedir. 2. A sentença que não analisa todas as postulações da parte autora, ainda que implicitamente deduzidas, é citra petita. Todavia, nos termos do art. 1.013, inciso II, do CPC, a falta de congruência parcial entre a sentença e a petição inicial não implica a anulação do decisum quando a causa está em condições de imediato julgamento, podendo o pedido ser apreciado pelo Tribunal de 2º Grau. 3. A ação de embargos à execução é de cognição restrita, limitada às matérias enumeradas nos incisos do art. 917 do CPC, entre as quais não se insere a formulação de pedido condenatório contra a parte embargada. 4. A gratuidade de justiça concede ao seu beneficiário apenas o direito de ver suspenso o pagamento das verbas sucumbenciais pelo período de cinco anos, com a possibilidade de estas virem a ser exigidas durante o período referido no caso de o credor demonstrar que a situação de hipossuficiência econômica do devedor não persiste. 5. Apelo não provido. (TJDF; APC 2016.01.1.042416-3; Ac. 104.6517; Quarta Turma Cível; Rel. Des. Arnoldo Camanho de Assis; Julg. 13/09/2017; DJDFTE 19/09/2017). No mesmo sentido: PROCESSUAL CIVIL E TRIBUTÁRIO. AGRAVO DE INSTRUMENTO. EXECUÇÃO FISCAL. EXCEÇÃO DE PRÉ-EXECUTIVIDADE. ALEGAÇÃO DE DECISÃO EXTRA PETITA. NÃO CARACTERIZAÇÃO. INTERPRETAÇÃO LÓGICO- SISTEMÁTICA DO PEDIDO. PRECEDENTES DO STJ. FORMAÇÃO DE GRUPO ECONÔMICO. INCLUSÃO NO POLO PASSIVO. POSSIBILIDADE. PRESCRIÇÃO. INOCORRÊNCIA. PRECEDENTE DESTA CORTE REGIONAL. DECISÃO MANTIDA. RECURSO DESPROVIDO. 1. Agravo de instrumento interposto contra decisão que rejeitou a exceção de pré-executividade oposta nos autos da execução fiscal origem, pleiteando seja declarada a nulidade da decisão recorrida, por ser extra petita ou, alternativamente, reconhecida a prescrição da pretensão executória em desfavor da agravante. 2. Nos termos do § 2º do art. 322 do CPC, a interpretação do pedido deve considerar o conjunto da postulação e observar o princípio da boa-fé. No caso, observa-se que a exequente, ao pleitear a desconsideração da personalidade jurídica, em razão da formação de grupo econômico de fato, deixou clara a sua pretensão de inclusão da empresa ora agravante no polo passivo da demanda. 3. O STJ já se manifestou reiteradas vezes no sentido de que o pedido deve ser extraído a partir de uma interpretação lógico-sistemática de toda a petição inicial, de modo que sejam considerados todos os requerimentos feitos ao longo da peça inaugural, ainda que implícitos, não podendo ficar restrito somente ao capítulo especial que contenha a denominação dos pedidos. Precedentes: AgRg no REsp nº 1251517/SE, Rel. Min. Maria Isabel Gallotti, Quarta Turma, DJe de 21/09/2016; REsp nº 1.263.234/TO, Rel. Min. (a) Nancy

Andrighi, Terceira Turma, DJE de 01/07/2013. 4. Relativamente à tese de reconhecimento da prescrição, cumpre observar que o fundamento da inclusão da empresa agravante no polo passivo da execução foi o reconhecimento da formação de grupo econômico de fato, incidindo na responsabilidade tributária solidária, na forma do art. 124, II, do CTN, combinado com o art. 30, IX, da Lei nº 8.212/1991. 5. Desse modo, ao contrário do que defende a recorrente, o prazo prescricional quinquenal não poderia ter como marco inicial a data da citação da executada originária, mas o momento em que se tornou conhecida, pelo ente fazendário, aquela situação fática de configuração do grupo econômico (princípio da actio nata), que, no caso, ocorreu em 01/12/2015. Incabível, portanto, o reconhecimento da prescrição sustentada pela agravante. 6. Nesse sentido, precedente da Terceira Turma desta Corte Regional, nos autos do AGTR nº 145422/PB, Rel. Des. Fed. Carlos Rebêlo Júnior, publicada no DJE de 01/08/2017, que tratou de situação idêntica à dos presentes autos. 7. Agravo de instrumento improvido. (TRF 5ª R.; AGTR 0000419-48.2017.4.05.0000; PB; Primeira Turma; Rel. Des. Fed. Roberto Machado; DEJF 07/12/2017; Pág. 49). V. tb.: TJDF; Proc 0706.37.9.512017-8070000; Ac. 104.1795; Quinta Turma Cível; Rel. Des. Josaphá Francisco dos Santos; Julg. 23/08/2017; DJDFTE 30/08/2017.

Se é postulado o recebimento de multa rescisória, pressupõe-se ter sido formulado o pleito de rescisão contratual:

✓ JUIZADOS ESPECIAIS CÍVEIS. DIREITO CIVIL. COBRANÇA DE ALUGUÉIS E DEMAIS ENCARGOS EM ATRASO. PEDIDO DE RESCISÃO CONTRATUAL IMPLÍCITO. DEVIDO O PAGAMENTO DE MULTA RESCISÓRIA. RECURSO CONHECIDO E PROVIDO. 1. O pedido inicial veiculado pelo autor, ora recorrente, de que fosse aplicada a multa rescisória de R$ 6.000,00 (seis mil reais) pressupõe o pleito de rescisão contratual, eis que tal penalidade só tem espaço partindo-se do pressuposto de que se pretende rescindir a avença entabulada entre as partes. 2. Sabe-se que o processo nos Juizados Especiais se orienta pelos critérios da oralidade, simplicidade, informalidade, economia processual e celeridade. A instrumentalidade das formas é princípio que informa o processo civil moderno e ganha especial relevância no âmbito dos Juizados Especiais. 3. Sendo evidente a alegação de que o locatário deu causa à rescisão do contrato, em razão do não pagamento pontual do aluguel, além do pedido que engloba a multa prevista na cláusula décima segunda, § 1º, do instrumento contratual, utilizar ou não a expressão rescisão não influi na regularidade do processo ou na solução da controvérsia. Assim, deve o juiz considerar a resolução do contrato como pedido consectário lógico do pedido de multa. É o mesmo que ocorre com os pedidos de despejo que possuem a rescisão contratual logicamente implícita. 4. Ademais, conforme artigo 322, § 2º, do CPC, o pedido além de certo é passível de interpretação pelo julgador, que considerará o conjunto da postulação, observando o princípio da boa-fé. 5. Desse modo, ante o exposto, entendo pela necessidade de apreciação do pedido de rescisão contratual, com a consequente aplicação da multa rescisória, razão pela qual o recurso merece ser CONHECIDO e PROVIDO para condenar o recorrido ao pagamento de R$ 6.000,00 (seis mil reais), a título de multa. (TJDF; Proc. 0701.66.5.552016-8070009; Ac. 104.6029; 2ª Turma Recursal dos Juizados Especiais Cíveis e Criminais; Rel. Juiz João Fischer; Julg. 13/09/2017; DJDFTE 06/11/2017)

Não viola os limites do pedido sentença que anula contratos dos quais se pediu a restituição das quantias pagas, sob o fundamento de abuso e ilegalidade:

✓ APELAÇÃO CÍVEL. NULIDADE POR VÍCIO DE JULGAMENTO ULTRA PETITA. REJEIÇÃO. REPETIÇÃO DE INDÉBITO E NULIDADE DE CONTRATOS DE MÚTUO. EMPRÉSTIMOS CONSIGNADOS E IMEDIATA APLICAÇÃO EM ESQUEMA FRAUDULENTO DE PIRÂMIDE FINANCEIRA. AÇÃO ENGENDRADA POR CORRESPONDENTE BANCÁRIO DAS APELANTES. LIAME DE CAUSALIDADE. CADEIA DE CONSUMO. RESPONSABILIDADE SOLIDÁRIA DA CORREPONDENTE E DAS INSTITUIÇÕES FINANCEIRAS. MANUTENÇÃO DA SENTENÇA. 1. Segundo o art. 322, §2º do CPC/15, "A interpretação do pedido considerará o conjunto da postulação e observará o princípio da boa-fé". Não contém vício de julgamento ultra petita sentença que anula contratos dos quais se pediu a restituição integral das quantias pagas, consectário lógico do reconhecimento do abuso e da ilegalidade. 2. Aferido o liame de causalidade e a cadeia de consumo havida entre o representante bancário e as instituições financeiras representadas, com o fomento à aplicação dos recursos levantados em esquema de pirâmide financeira que veio ruir, só resta manter a sentença que as condenou solidariamente a ressarcir ao mutuário os empréstimos a ele concedidos para tal fim. Era dever in vigilando das apeladas acompanhar de perto a atuação de sua correspondente, de modo a evitar abusos e ilegalidades, como a que de fato ocorreu e lesou o consumidor. (TJMG; APCV 1.0148.12.002419-2/001; Rel. Des. Sérgio André da Fonseca Xavier; Julg. 26/09/2017; DJEMG 28/09/2017)

Impossibilidade de, em sede de ação judicial questionando uma fase do processo extrajudicial de consolidação da propriedade fiduciária, formular novas demandas relativas a desdobramentos desse procedimento:

✓ AGRAVO DE INSTRUMENTO. TUTELA DE URGÊNCIA INCIDENTAL. INDEFERIMENTO. IRREGULARIDADES NO PROCESSO EXTRAJUDICIAL DE CONSOLIDAÇÃO DA PROPRIEDADE FIDUCIÁRIA (LEI Nº 9.514/1997). NULIDADE DA INTIMAÇÃO PARA CONSTITUIÇÃO EM MORA. QUESTÃO JÁ APRECIADA. AUSÊNCIA DE INTIMAÇÃO QUANTO À REALIZAÇÃO DO LEILÃO. PROPOSITURA DE AÇÃO DE REINTEGRAÇÃO DE POSSE. FATOS NOVOS, SEM LIGAÇÃO COM O PEDIDO PRINCIPAL. NÃO PASSÍVEIS DE CONHECIMENTO. CERTEZA DO PEDIDO E PRINCÍPIO DA ADSTRIÇÃO (ART. 322 E 492 DO NOVO CPC). OBEDIÊNCIA. DECISÃO MANTIDA. 1. A propositura de ação judicial para questionar uma fase do processo extrajudicial de consolidação da propriedade fiduciária, previsto na Lei nº 9.514/1997, não constitui autorização para a parte apresentar, a cada vício no procedimento, novas demandas e novos pleitos de tutela de urgência, mesmo que se tratem de desdobramentos do pedido principal. 2. Nos termos do artigo 322, caput, do Novo CPC, o pedido deve ser certo e expresso, a indicar de forma clara e precisa qual a espécie de tutela jurisdicional pretendida, visto ser ele o responsável por balizar a atuação do Juízo, bem como da defesa da parte contrária. 3. Apesar de o Novo CPC prever que -a interpretação do pedido considerará o conjunto da postulação e observará o princípio da boa-fé- (artigo 322, § 2º), a certeza como exigência do pedido se mantém, sendo vedado ao magistrado conceder aquilo que não tenha sido expressamente requerido pelo autor na inicial (artigo 492, caput). 4. Agravo de instrumento conhecido e não provido. (TJDF; Proc. 0710.54.3.592017-8070000; Ac. 105.6450; Primeira Turma Cível; Relª Desª Simone Lucindo; Julg. 26/10/2017; DJDFTE 13/11/2017)

Limites interpretativos ao dispositivo em questão:

✓ AGRAVO EM RECURSO ESPECIAL Nº 1.566.933 - RJ (2019/0252349-0) RELATORA: MINISTRA MARIA ISABEL GALLOTTI AGRAVANTE: UNIMED DE VOLTA REDONDA COOPERATIVA DE TRABALHO MÉDICO ADVOGADO: ROGER FELIPE DE ALMEIDA SLOSASKI E OUTRO(S) - RJ152713 AGRAVADO: ADELIO DE RESENDE LOPES AGRAVADO: JOANA DOS SANTOS LOPES ADVOGADO: EDNO JORGE ALVES E OUTRO(S) - RJ104099 DECISÃO Trata-se de agravo contra decisão que negou seguimento a recurso especial interposto por UNIMED DE VOLTA REDONDA COOPERATIVA DE TRABALHO MÉDICO, em face de acórdão assim ementado (fl. 503): CONSUMO. PLANO DE SAÚDE COLETIVO. AUTORES QUE CONTESTAM OS ÍNDICES APLICADOS NOS REAJUSTES ANUAIS. REALIZAÇÃO DE PERÍCIA, ONDE CONSTATADA A EXISTÊNCIA DE ALGUNS REAJUSTES SEM PREVISÃO CONTRATUAL. SENTENÇA QUE DETERMINA A ADEQUAÇÃO AO IGPM. APELAÇÃO DA UNIMED ADUZINDO JULGAMENTO EXTRA PETITA. INOCORRÊNCIA. ORIENTAÇÃO DO SUPERIOR TRIBUNAL DE JUSTIÇA QUANTO À INTERPRETAÇÃO LÓGICO-SISTEMÁTICA DA PEÇA INICIAL, MUITO ANTES DO ADVENTO DO NOVO CPC. DEVOLUÇÃO EM DOBRO QUE NÃO MERECE APLICAÇÃO, TENDO EM VISTA A INEXISTÊNCIA DE COMPROVAÇÃO DA MÁ-FÉ DA RÉ. DANO MORAL. INOCORRÊNCIA. AUTORES QUE DURANTE QUASE DUAS DÉCADAS SE UTILIZAM DOS SERVIÇOS DA RÉ, INSURGINDO-SE APENAS EM 2014, O QUE DEMONSTRA AUSÊNCIA DE DESCONFORTO OU MÁCULA A DIGNIDADE. SENTENÇA DE PARCIAL PROCEDÊNCIA QUE SE MANTÉM. RECURSO DESPROVIDO. Nas razões do especial, a ora agravante alega violação dos arts. 141, 322, § 2º, e 492 do Código de Processo Civil/2015, aduzindo que "o IGPM é utilizado como argumento para demonstrar a suposta abusividade dos valores cobrados, o que não afasta a certeza do pedido formulado pelo autor para que os valores que lhe são cobrados observem o índice da ANS" (fl. 518), estando caracterizado o julgamento extra petita. Ultrapassado o juízo de admissibilidade, passo a decidir. O Tribunal de origem, com base nos fatos e provas dos autos, concluiu pela não configuração de julgamento extra petita, assim se pronunciando (fl. 508): (...) o magistrado de 1º grau interpretou os pedidos, na forma do artigo 322, §2º do atual diploma. Art. 322. O pedido deve ser certo. § 2º A interpretação do pedido considerará o conjunto da postulação e observará o princípio da boa-fé. O julgador seguiu orientação consagrada pelo Superior Tribunal de Justiça que julga da mesma forma muito antes do advento do CPC, afastando qualquer suposta ofensa ao princípio da congruência. A análise das razões do recurso, a fim de demover o que concluído pela origem, demandaria inevitável reexame de matéria fática, procedimento que encontra óbice no verbete 7 da Súmula desta Corte. A conclusão acima reproduzida tem amparo no entendimento adotado nesta Corte, no sentido de que "O pedido é aquilo que se pretende com a instauração da demanda e se extrai a partir de uma interpretação lógico-sistemática do afirmado na petição inicial, recolhendo todos os requerimentos feitos" (REsp 120299/ES, Rel. Ministro Sálvio de figueiredo, DJ de 21.09.1998). Nessa direção: AGRAVO INTERNO. AGRAVO EM RECURSO ESPECIAL. JULGAMENTO EXTRA PETITA. NÃO CONFIGURAÇÃO. REVISÃO DE VALORES REFERENTES A TAXA DE OCUPAÇÃO DO IMÓVEL, RESTITUIÇÃO DE PARCELAS PAGAS E INDENIZAÇÃO POR BENFEITORIAS. REEXAME DE FATOS E PROVAS. SÚMULAS 5 E 7/STJ. 1. Não configurado o alegado julgamento extra petita quando, a partir da interpretação lógico-sistemática, infere-se que o tema tratado nas instâncias de origem compreende-se no requerido pelo autor. 2. Não cabe, em recurso especial, reexaminar matéria fático-probatória e a interpretação de cláusulas contratuais (Súmulas 5 e 7/STJ). 3. Agravo interno a que se nega provimento. (AgInt no AREsp 1260864/SP, de minha relatoria, QUARTA TURMA, julgado em 13/11/2018, DJe 19/11/2018) AGRAVO INTERNO NO AGRAVO EM RECURSO ESPECIAL. AÇÃO DE INDENIZAÇÃO SECURITÁRIA. SEGURO. INVALIDEZ. OFENSA AO DEVER DE INFORMAÇÃO RECONHECIDA PELO TRIBUNAL DE ORIGEM. REEXAME DE FATOS E PROVAS. SÚMULAS 5 E 7/STJ. COBERTURA DEVIDA. AGRAVO NÃO PROVIDO. 1. A apreciação da pretensão segundo uma interpretação lógico-sistemática da petição inicial não implica julgamento extra petita, pois, para compreender os limites do pedido, é preciso interpretar a intenção da parte com a instauração da demanda. Se a demanda abrange toda relação contratual, o julgador pode extrair do contrato o verdadeiro alcance de suas cláusulas, dirimindo as dúvidas que surgirem, sem que isso configure ofensa ao art. 141 do CPC. 2. O Tribunal de origem reconheceu que houve violação ao dever de informação, pois o segurado não foi previamente informado quanto aos limites da cobertura contratada. No caso em análise, a modificação desse entendimento demandaria o revolvimento do suporte fático-probatório dos autos e de cláusulas contratuais, o que é inviável em sede de recurso especial (Súmulas 5 e 7/STJ), mantendo-se a cobertura securitária reconhecida na origem. 3. Agravo interno não provido. (AgInt no AREsp 1311104/MS, Rel. Ministro RAUL ARAÚJO, QUARTA TURMA, julgado em 13/11/2018, DJe 23/11/2018) Dessa forma, encontrando-se o acórdão recorrido em consonância com a orientação desta Corte, não há o que se reformar, esbarrando o presente recurso no óbice da Súmula 83/STJ. Em face do exposto, não havendo o que reformar, nos termos do art. 34, XVIII, "b", do Regimento Interno do Superior Tribunal de Justiça, nego provimento ao agravo e, nos termos do art. 85, § 11, do Código de Processo Civil/2015, majoro em 10% (dez por cento) a quantia já arbitrada a título de honorários em favor da parte recorrida, observados os limites estabelecidos nos §§ 2º e 3º do mesmo artigo, considerando-se suspensas as exigibilidades em caso de assistência judiciária gratuita. Intimem-se. Brasília (DF), 18 de novembro de 2019. MINISTRA MARIA ISABEL GALLOTTI Relatora (STJ - AREsp: 1566933 RJ 2019/0252349-0, Relator: Ministra MARIA ISABEL GALLOTTI, Data de Publicação: DJ 27/11/2019).

Interpretação do conjunto de postulação e observância da boa-fé:

✓ AGRAVO EM RECURSO ESPECIAL Nº 1.659.057 - DF (2020/0026507-8) RELATOR: MINISTRO PRESIDENTE DO STJ AGRAVANTE: ARMANDO ROSAL FALCÃO ADVOGADOS: LEONARDO FARIAS DAS CHAGAS E OUTRO (S) - DF024885 WANESSA CADAVID ANDRADE -

DF025715 FELIPE AUGUSTO ALVES NUNES DE ARAUJO - DF032941 KAMILLO BRAZ ALBUQUERQUE - DF047979 AGRAVADO: DISTRITO FEDERAL PROCURADOR: FLAVIA BEATRIZ DE ANDRADE COSTA E OUTRO (S) - DF021131 DECISÃO Trata-se de agravo apresentado por ARMANDO ROSAL FALCÃO contra a decisão que não admitiu seu recurso especial. O apelo nobre, fundamentado no art. 105, inciso III, alínea a, da CF/88, visa reformar acórdão proferido pelo TRIBUNAL DE JUSTIÇA DO DISTRITO FEDERAL E TERRITÓRIOS, assim resumido: ADMINISTRATIVO. APELAÇÃO CÍVEL. SERVIDORES PÚBLICOS. SECRETARIA DE SAÚDE. REAJUSTE SALARIAL. GRATIFICAÇÃO DE ATIVIDADE TÉCNICO-ADMINISTRATIVA (GATA). VANTAGEM PESSOAL NOMINALMENTE IDENTIFICADA (VPNI). LEI DISTRITAL 5.008/2012. SÚMULA VINCULANTE 37 DO STF. SENTENÇA REFORMADA. 1. A Gratificação de Atividade Técnico-Administrativa (GATA) foi criada pela Lei Distrital 3.320/2004 e, posteriormente, a Lei Distrital 5.008/2012, que reestruturou as tabelas de vencimentos da Carreira Assistência Pública à Saúde do Distrito Federal, normatizou de forma diversa a gratificação, reduzindo o percentual pago e fixando data certa para sua extinção. 2. O artigo 5º da Lei Distrital 5.008/2012, em homenagem à garantia de irredutibilidade de vencimentos, apenas assegurou que eventual redução da remuneração global decorrente de sua aplicação seria compensada mediante a instituição de Vantagem Pessoal Nominalmente Identificada (VPNI). 3. Nos termos da Súmula Vinculante 37 do Supremo Tribunal Federal, não cabe ao Poder Judiciário aumentar vencimentos de servidores públicos, em virtude da ausência de função legislativa. 4. Recurso provido. Alega o recorrente, pela alínea a do permissivo constitucional, violação do art. 322, § 2º, do CPC, sustentando que o pedido da ação é o de que seja declarado o seu direito na aplicação dos efeitos das Leis Distritais n. 5.008/2012 e 5.174/2013, e não de incorporação da GATA (Gratificação de Atividade), como concluiu o acórdão impugnado, em ofensa ao princípio da boa-fé, aos seguintes fundamentos: A decisão recorrida é ilegal, pois viola o inciso § 2º do artigo 322 do CPC. A decisão contém a informação de que o (a) recorrente requer a incorporação da GATA: Depreende-se da leitura dos dispositivos transcritos que a GATA foi gradualmente suprimida até sua completa extinção, em 1.2 de setembro de 2015, e em momento algum o enunciado normativo tratou de qualquer incorporação da gratificação em comento.(grifo nosso) Acontece que em momento nenhum o (a) recorrente fundamentou seu pedido ou requereu incorporação, tampouco "condicionou" ou "vinculou a extinção da GATA" à essa suposta incorporação. O pedido da ação é outro, serve para "declarar o direito do (a) recorrente na aplicação dos efeitos da Lei 5.008/2012". O (a) recorrente ainda mencionou no próprio pedido a "extinção da Gratificação de Atividade Técnico - Administrativa (GATA)" (pedido 3) a)). O (a) recorrente não requereu incorporação da GATA, requereu o cumprimento da Lei. Assim, a lide não foi julgada conforme proposta pelas partes, o que evidencia a ilegalidade da decisão. O (a) recorrente opôs embargos de declaração, mas o digníssimo juízo a quo, mesmo se manifestando a respeito, não reconheceu a ilegalidade. Deve-se ressaltar que não se deve interpretar o pedido da ação de forma restritiva. O CPC consolidou esse entendimento há muito tempo estudado. O CPC dispõe que a interpretação do pedido considerará o conjunto da postulação e observará o princípio da boa-fé: Art. 322. O pedido deve ser certo. § 1º Compreendem-se no principal os juros legais, a correção monetária e as verbas de sucumbência, inclusive os honorários advocatícios. § 2º A interpretação do pedido considerará o conjunto da postulação e observará o princípio da boa-fé. (grifo nosso) Nesse sentido, o STJ: [...] O conjunto da postulação - incluindo petição inicial, réplica e apelação - é claro. O que se requer, no fim, é o cumprimento das Leis Distritais 5.008/2012 e 5.174/2013. Assim, o respeitável acórdão viola o § 2º do artigo 322 CPC e o Princípio da Boa-Fé. A decisão deve ser cassada, para que haja novo julgamento, sendo observado conjunto da postulação e o Princípio da Boa Fé, conforme o disposto no § 2 º do artigo 322 do CPC, e a lide seja julgada conforme foi proposta pelas partes (fls. 447/448). É o relatório. Decido. Na espécie, incide o óbice das Súmulas n. 282/STF e 356/STF, uma vez que a questão não foi examinada pela Corte de origem, tampouco foram opostos embargos de declaração para tal fim. Dessa forma, ausente o indispensável requisito do prequestionamento. Nesse sentido: REsp n. 1.160.435/PE, relator Ministro Benedito Gonçalves, Corte Especial, DJe de 28/4/2011; AgInt no AREsp n. 1.339.926/PR, relator Ministro Raul Araújo, Quarta Turma, DJe de 15/2/2019; e REsp n. 1.730.826/MG, relator Ministro Herman Benjamin, Segunda Turma, DJe de 12/2/2019. Ante o exposto, com base no art. 21-E, V, do Regimento Interno do Superior Tribunal de Justiça, conheço do agravo para não conhecer do recurso especial. Nos termos do art. 85, § 11, do Código de Processo Civil, majoro os honorários de advogado em desfavor da parte recorrente em 15% sobre o valor já arbitrado nas instâncias de origem, observados, se aplicáveis, os limites percentuais previstos nos §§ 2º e 3º do referido dispositivo legal, bem como eventual concessão de justiça gratuita. Publique-se. Intimem-se. Brasília, 23 de abril de 2020. MINISTRO JOÃO OTÁVIO DE NORONHA Presidente (STJ - AREsp: 1659057 DF 2020/0026507-8, Relator: Ministro JOÃO OTÁVIO DE NORONHA, Data de Publicação: DJ 30/04/2020)

Art. 323. Na ação que tiver por objeto cumprimento de obrigação em prestações sucessivas, essas serão consideradas incluídas no pedido, independentemente de declaração expressa do autor, e serão incluídas na condenação, enquanto durar a obrigação, se o devedor, no curso do processo, deixar de pagá-las ou de consigná-las.

→ *V.* Art. 541 do CPC.

Reconhecendo a aplicabilidade do dispositivo à execução de título extrajudicial:

✓ CONDOMÍNIO. DECISÃO QUE INDEFERIU PEDIDO DO EXEQUENTE PARA QUE SEJAM INCLUÍDAS NA EXECUÇÃO AS COTAS CONDOMINIAIS VINCENDAS. Aplicação subsidiária do art. 323 do CPC por se tratar de obrigação a ser cumprida em prestações sucessivas. Princípios da efetividade e da celeridade processual. Decisão reformada. Agravo de instrumento provido. (TJSP; AI 2218131-15.2017.8.26.0000; Ac. 11058905; São Caetano do Sul; Trigésima Terceira Câmara de Direito Privado; Rel. Des. Eros Piceli; Julg. 11/12/2017; DJESP 15/12/2017; Pág. 2366); DESPESAS CONDOMINIAIS. EXECUÇÃO DE TÍTULO EXTRAJUDICIAL. INCLUSÃO DE QUOTAS VINCENDAS NO CURSO DO PROCESSO, COM FUNDAMENTO NOS ARTIGOS 323 E 771, PAR. ÚNICO, DO CPC/2015. ADMISSIBILIDADE. POSSIBILIDADE DE SE UTILIZAR O PROCESSO EXECUTIVO PARA SATISFAÇÃO DE CRÉDITO DECORRENTE DE OBRIGAÇÃO DE TRATO SUCESSIVO. OBSERVÂNCIA

DOS PRINCÍPIOS DA EFETIVIDADE E ECONOMIA PROCESSUAL. DESPESAS NÃO PAGAS PELO CONDÔMINO QUE DISPENSAM NOVO PROCESSO DE EXECUÇÃO. RECURSO PROVIDO. Em que pese não haver previsão legal expressa acerca da inclusão das prestações vincendas no curso do processo executivo, não se pode olvidar que o novo Código de Processo Civil tem como norte os princípios da economia processual e da efetividade. Assim, cuidando-se de relação jurídica decorrente de trato sucessivo, não se mostra razoável obrigar o credor a manejar várias demandas executivas fundadas na mesma relação de direito material. Além do mais, o art. 323 do CPC, que autoriza a inclusão das parcelas vincendas no caso de cobrança de obrigação em prestações sucessivas, encontra aplicabilidade subsidiária ao caso, a teor do que dispõe o art. 771, par. único, do CPC. (TJSP; AI 2131663-82.2016.8.26.0000; Ac. 9614911; São Paulo; Trigésima Segunda Câmara de Direito Privado; Rel. Des. Kioitsi Chicuta; Julg. 21/07/2016; DJESP 28/07/2016); AGRAVO DE INSTRUMENTO. EXECUÇÃO DE TÍTULO EXECUTIVO. INCLUSÃO DE PARCELAS VINCENDAS NO CURSO DA EXECUÇAO. NÃO CABIMENTO. Dispõe o art. 323 do CPC: "na ação que tiver por objeto cumprimento de obrigação em prestações sucessivas, essas serão consideradas incluídas no pedido, independentemente de declaração expressa do autor, e serão incluídas na condenação, enquanto durar a obrigação, se o devedor, no curso do processo, deixar de pagá-las ou de consigná-las". Tal artigo deve ser interpretado de modo a englobar na condenação o pagamento das prestações vincendas até o trânsito em julgado da sentença, e não aquelas vincendas no curso da execução, como forma de atender o requisito da liquidez e da exigibilidade do título. A expressão "enquanto durar a obrigação" deve observar o princípio da razoabilidade, sob pena de perpetuação da ação e ofensa ao direito contraditório e da ampla defesa do devedor. Agravo de instrumento desprovido. (TJRS; AI 0093018-75.2017.8.21.7000; Porto Alegre; Décima Oitava Câmara Cível; Rel. Des. Heleno Tregnago Saraiva; Julg. 29/06/2017; DJERS 06/07/2017)

Entendendo que não é possível a inclusão de parcelas vencidas após o início do cumprimento de sentença:

✓ AGRAVO DE INSTRUMENTO. CUMPRIMENTO DE SENTENÇA. COTAS CONDOMINIAIS. PARCELAS VINCENDAS. ART. 323 DO CPC. HONORÁRIOS ADVOCATÍCIOS. 1. A teor do disposto no art. 323 do CPC as prestações sucessivas devem ser incluídas na condenação enquanto durar a obrigação, não estando limitadas ao trânsito em julgado da ação. No caso, todavia, o Condomínio pretende a inclusão de cotas condominiais vencidas após o início da fase de cumprimento de sentença, o que não se mostra possível. Logo, deve ser mantida a decisão agravada no ponto em que determinou o prosseguimento do cumprimento de sentença de acordo com a planilha apresentada pelo Condomínio em 02/05/2014, na qual foram incluídas as cotas condominiais relativas ao período de novembro/1998 até abril/2014. 2. A Corte Especial do Superior Tribunal de Justiça, no julgamento de recurso repetitivo, pacificou entendimento no sentido de que são devidos honorários advocatícios no cumprimento de sentença, haja ou não impugnação, depois de escoado o prazo para pagamento voluntário. 3. No caso, intimada para efetuar o pagamento voluntário no débito em 07/10/2014, a EMGEA em 15/10/2014 realizou o depósito no valor de R$ 195.626,82, relativo à parcela incontroversa do débito e do valor de R$ 78.861,54 para garantia do juízo. Logo, comprovado o pagamento da parcela incontroversa dentro do prazo, são devidos honorários advocatícios relativos à fase de cumprimento de sentença tão somente em relação à parcela controvertida. 4. Logo, sobre a diferença devida (R$ 218.645,97 – R$ 195.626,82 = R$ 23.019,15) incide honorários advocatícios de 10%, a teor do disposto no art. 523, § 1º do CPC/2015. Por outro lado, como a parte exequente postulou pagamento superior ao valor devido deve ser condenada ao pagamento de honorários advocatícios em favor do patrono da EMGEA fixados em 10% sobre o valor excluído do débito (R$ 274.488,36 – R$ 218.645,97 = R$ 55.842,39). 5. Muito embora tenha sido alterado o percentual devido a título de honorários advocatícios, a fixação em 10% sobre o valor excluído do cálculo não resulta em reformatio in pejus, na média em que restou alterada a base de cálculo. (TRF 4ª R.; AG 5032086-28.2016.404.0000; Terceira Turma; Relª Desª Fed. Marga Inge Barth Tessler; Julg. 14/03/2017; DEJF 15/03/2017)

Apontando a impossibilidade de se limitar a condenação nas parcelas vincendas até o trânsito em julgado da sentença proferida na fase de conhecimento:

✓ APELAÇÃO CÍVEL. AÇÃO DE COBRANÇA DE COTAS CONDOMINIAIS. SENTENÇA DE PROCEDÊNCIA, QUE CONDENA OS RÉUS AO PAGAMENTO DAS COTAS DE CONDOMÍNIO, VENCIDAS ATÉ O TRÂNSITO EM JULGADO, ACRESCIDAS DE CORREÇÃO MONETÁRIA E JUROS DE MORA DE 1% (UM POR CENTO) AO MÊS, CONTADOS DE CADA VENCIMENTO. Irresignação do condomínio autor quanto à não inclusão na condenação das cotas vincendas. Obrigação em prestações sucessivas. Condenação que deve englobar as prestações vencidas e inadimplidas, bem como, das prestações que se vencerem posteriormente, até o momento em que durar a obrigação. Inteligência do artigo 323, do CPC/15. Cotas condominiais que possuem exigibilidade imediata. Certeza e liquidez. Mora ex re. Artigo 397, do Código Civil. Incidência da atualização monetária e dos juros de mora desde o vencimento de cada parcela. Conhecimento e provimento do recurso, para condenar os réus ao pagamento das cotas condominiais vincendas até o efetivo pagamento. (TJRJ; APL 0003781-89.2014.8.19.0210; Sexta Câmara Cível; Relª Desª Cláudia Pires dos Santos Ferreira; DORJ 11/12/2017; Pág. 322).

Aplicando subsidiariamente o dispositivo ao processo do trabalho:

✓ RECURSO DE REVISTA REGIDO PELA LEI Nº 13.015/2014. ADICIONAL DE INSALUBRIDADE E HORAS EXTRAS. PARCELAS VINCENDAS. Nos termos do art. 323 do CPC (art. 290 do CPC/1973), devem ser incluídas na condenação o pagamento do adicional de insalubridade e das horas extras vincendas, prestações sucessivas, enquanto permanecem inalteradas as condições garantidoras das referidas prestações. Recurso de revista não conhecido. (TST; RR 0001021-50.2014.5.04.0271; Segunda Turma; Relª Min. Delaide Miranda Arantes; DEJT 17/02/2017; Pág. 840)

Aplicação aos processos de execução:

✓ DIREITO PROCESSUAL CIVIL. RECURSO ESPECIAL. AÇÃO DE EXECUÇÃO DE TÍTULO EXECUTIVO EXTRAJUDICIAL. DÉBITOS CONDOMINIAIS. INCLUSÃO DAS COTAS CONDOMINIAIS VINCENDAS. POSSIBILIDADE.

1. Ação de execução de título executivo extrajudicial, tendo em vista a inadimplência no pagamento de cotas condominiais. 2. Ação ajuizada em 19/03/2018. Recurso especial concluso ao gabinete em 08/08/2018. Julgamento: CPC/2015. 3. O propósito recursal é definir se, à luz das disposições do CPC/2015, é válida a pretensão do condomínio exequente de ver incluídas, em ação de execução de título executivo extrajudicial, as parcelas vincendas no débito exequendo, até o cumprimento integral da obrigação do curso do processo. 4. O art. 323 do CPC/2015, prevê que, na ação que tiver por objeto cumprimento de obrigação em prestações sucessivas, essas serão consideradas incluídas no pedido, independentemente de declaração expressa do autor, e serão incluídas na condenação, enquanto durar a obrigação, se o devedor, no curso do processo, deixar de pagá-las ou de consigná-las. 5. A despeito de referido dispositivo legal ser indubitavelmente aplicável aos processos de conhecimento, tem-se que deve se admitir a sua aplicação, também, aos processos de execução. 6. O art. 771 do CPC/2015, na parte que regula o procedimento da execução fundada em título executivo extrajudicial, admite a aplicação subsidiária das disposições concernentes ao processo de conhecimento à lide executiva. 7. Tal entendimento está em consonância com os princípios da efetividade e da economia processual, evitando o ajuizamento de novas execuções com base em uma mesma relação jurídica obrigacional. 8. Recurso especial conhecido e provido. (STJ – REsp: 1756791 RS 2018/0189712-8, Relator: Ministra NANCY ANDRIGHI, Data de Julgamento: 06/08/2019, T3 – TERCEIRA TURMA, Data de Publicação: DJe 08/08/2019)

✓ RECURSO ESPECIAL. AÇÃO DE EXECUÇÃO DE COTAS CONDOMINIAIS. INCLUSÃO DAS PARCELAS VINCENDAS NO DÉBITO EXEQUENDO. POSSIBILIDADE. PREVISÃO LEGAL CONTIDA NOS ARTS. 323 E 771, PARÁGRAFO ÚNICO, DO CÓDIGO DE PROCESSO CIVIL DE 2015. DÉBITOS ORIGINADOS DA MESMA RELAÇÃO OBRIGACIONAL. AUSÊNCIA DE DESCARACTERIZAÇÃO DOS REQUISITOS DO TÍTULO EXECUTIVO (LIQUIDEZ, CERTEZA E EXIGIBILIDADE) NA HIPÓTESE. HOMENAGEM AOS PRINCÍPIOS DA EFETIVIDADE E ECONOMIA PROCESSUAL. RECURSO PROVIDO. 1. O cerne da controvérsia consiste em saber se, à luz das disposições do Código de Processo Civil de 2015, é possível a inclusão, em ação de execução de título extrajudicial, das parcelas vincendas no débito exequendo, até o cumprimento integral da obrigação no curso do processo. 2. O art. 323 do CPC/2015 estabelece que: "Na ação que tiver por objeto cumprimento de obrigação em prestações sucessivas, essas serão consideradas incluídas no pedido, independentemente de declaração expressa do autor, e serão incluídas na condenação, enquanto durar a obrigação, se o devedor, no curso do processo, deixar de pagá-las ou de consigná-las". 2.1. Embora o referido dispositivo legal se refira à tutela de conhecimento, revela-se perfeitamente possível aplicá-lo ao processo de execução, a fim de permitir a inclusão das parcelas vincendas no débito exequendo, até o cumprimento integral da obrigação no curso do processo. 2.2. Com efeito, o art. 771 do CPC/2015, que regula o procedimento da execução fundada em título extrajudicial, permite, em seu parágrafo único, a aplicação subsidiária das disposições concernentes ao processo de conhecimento à execução, dentre as quais se insere a regra do aludido art. 323. 3. Esse entendimento, ademais, está em consonância com os princípios da efetividade e da economia processual, evitando o ajuizamento de novas execuções com base em uma mesma relação jurídica obrigacional, o que sobrecarregaria ainda mais o Poder Judiciário, ressaltando-se, na linha do que dispõe o art. 780 do CPC/2015, que "o exequente pode cumular várias execuções, ainda que fundadas em títulos diferentes, quando o executado for o mesmo e desde que para todas elas seja competente o mesmo juízo e idêntico o procedimento", tal como ocorrido na espécie. 4. Considerando que as parcelas cobradas na ação de execução – vencidas e vincendas – são originárias do mesmo título, ou seja, da mesma relação obrigacional, não há que se falar em inviabilização da impugnação dos respectivos valores pelo devedor, tampouco em cerceamento de defesa ou violação ao princípio do contraditório, porquanto o título extrajudicial executado permanece líquido, certo e exigível, embora o débito exequendo possa sofrer alteração no decorrer do processo, caso o executado permaneça inadimplente em relação às sucessivas cotas condominiais. 5. Recurso especial provido. (STJ – REsp: 1759364 RS 2018/0201250-3, Relator: Ministro MARCO AURÉLIO BELLIZZE, Data de Julgamento: 05/02/2019, T3 – TERCEIRA TURMA, Data de Publicação: DJe 15/02/2019).

Art. 324. O pedido deve ser determinado.

Impossibilidade de formulação de pedido genérico de revisão contratual, sem indicação das cláusulas a serem revistas:

✓ APELAÇÃO CÍVEL. BUSCA E APREENSÃO. REVISÃO CONTRATUAL. PEDIDO GENÉRICO. SENTENÇA MANTIDA. Inaceitável a revisão de um contrato sem se saber se existe realmente a suposta abusividade alegada pela parte, já que não houve individualização das cláusulas que se pretende revisar. O pedido inicial deverá ser, em regra, certo e determinado, conforme determina o artigo 324 do CPC. (TJMG; APCV 1.0439.15.004679-5/001; Rel. Des. Alberto Diniz Junior; Julg. 29/11/2017; DJEMG 06/12/2017)

Pedido genérico de pagamento de gratificações não atende ao disposto no art. 322 do CPC, a ensejar a inépcia da petição inicial:

✓ ADMINISTRATIVO. PEDIDO GENÉRICO DE PAGAMENTO DE GRATIFICAÇÕES DE DESEMPENHO EM IGUALDADE DE CONDIÇÕES COM OS SERVIDORES ATIVOS. GRATIFICAÇÕES COM LEGISLAÇÃO PRÓPRIA E CRITÉRIOS E PROCEDIMENTOS ESPECÍFICOS PARA AVALIAÇÃO INDIVIDUAL E INSTITUCIONAL. IMPOSSIBILIDADE DE EXAME DA MATÉRIA. AUSÊNCIA DE PEDIDO CERTO E DETERMINADO. ARTS. 330, 322 E 324 DO CPC/2015. EXTINÇÃO DO PROCESSO SEM JULGAMENTO DO MÉRITO. 1. A identificação da gratificação de desempenho da qual se pretende o reajuste é condição indispensável para a apreciação do pedido, uma vez que cada vantagem tem como fundamento uma legislação própria, com critérios, datas e procedimentos específicos para a avaliação de desempenho individual e institucional. Somente com a análise concreta das normas concernentes a uma determinada gratificação é que se pode concluir se ela teria ou não caráter genérico, de modo a justificar o direito à paridade dos inativos com os servidores em atividade. 2. Por sua vez, ainda que se pudesse admitir, em sede de apelação, uma modificação do pedido, o que não se revela cabível, observa-se que o autor, mesmo nas razões recursais, limitou-se a relacionar, "a título de exemplo ", algumas gratificações, sem apresentar a respectiva fundamentação ou ao menos apontar os períodos em que pretendia a majoração dos valores, a fim de permitir a análise da matéria. 3. Não havendo o autor, portanto, indicado, de modo específico, em relação a quais gratificações pretendiam os servidores substituídos receber o pagamento em paridade com os servidores ativos, o Juízo proferiu sentença julgando improcedente o pedido. 4. Sendo assim, por força do efeito devolutivo do recurso, devem ser examinados os pressupostos processuais e condições da ação. No presente caso, observa-se que não foi formulado pelo autor pedido certo e determinado, nos termos dos arts. 322 e 324 do CPC/2015, o que configura a inépcia da inicial, a acarretar o seu indeferimento, conforme o previsto no art. 330, I, combinado com o § 1º, II, do mesmo dispositivo, do CPC/2015. Dessa forma, não havendo sido preenchidas as condições para o desenvolvimento regular do feito, verifica-se que a hipótese é de extinção do processo, sem julgamento do mérito, por inépcia da inicial, nos termos do art. 485, I e IV, do CPC/2015. 5. Apelação parcialmente provida. (TRF 2ª R.; AC 0063273-56.2015.4.02.5101; Quinta Turma Especializada; Rel. Des. Fed. Aluísio Gonçalves de Castro Mendes; Julg. 06/06/2017; DEJF 13/06/2017)

Considerando impossível a formulação de pedido genérico de indenização por dano moral:

✓ PROCESSO CIVIL. AÇÃO DECLARATÓRIA E INDENIZATÓRIA. REAJUSTE DE PLANO DE SAÚDE POR MUDANÇA DE FAIXA ETÁRIA. Autor requer indenização por dano moral em valor a ser arbitrado pelo juízo. Determinada a emenda da petição inicial para correta quantificação do dano moral. Autor reafirma sua impossibilidade de quantificar o dano. Sentença indeferindo a petição inicial e julgado o feito extinto sem análise do mérito. Apelação da parte autora. Sentença que se mantém. O valor da causa nas ações indenizatórias corresponde ao valor pretendido a título de dano moral e havendo cumulação de pedidos, o valor da causa é correspondente à soma de todos eles. Nova sistemática processual em vigor a partir de março de 2016. Inteligência do art. 292, V e VII do CPC c/c os arts. 322 e 324 do CPC. Pedido incerto impede a defesa do réu e o próprio julgamento do mérito. Circunstâncias dos autos não se inserem nas hipóteses de formulação de pedido genérico. Recurso conhecido e não provido. (TJRJ; APL 0211860-50.2016.8.19.0001; Rio de Janeiro; Vigésima Sexta Câmara Cível Consumidor; Rel. Desig. Des. Ricardo Alberto Pereira; DORJ 18/12/2017; Pág. 422).

Contra, entendendo possível a formulação de pedido genérico de indenização por danos morais:

✓ APELAÇÃO CÍVEL. DIREITO DO CONSUMIDOR. DIREITO PROCESSUAL CIVIL. Ação de obrigação de fazer c/c indenizatória. Sentença que decretou a extinção do feito, sem julgamento do mérito, com fulcro no artigo 485, I do CPC/15, por não ter sido feito pedido certo e determinado quanto à indenização de danos morais, nos termos do art. 292, V do CPC/15. Recorre a parte autora requerendo a anulação do julgado, uma vez que todos os requisitos exigidos pelo novo código de processo civil foram preenchidos e que são admitidos pedidos genéricos, em determinadas situações nos termos do art. 324, § 1º, do CPC/2015. Ademais, foi quantificado o valor da indenização por danos morais em verba não inferior a quarenta salários mínimos. Recurso que merece prosperar. Possibilidade de formulação de pedido genérico quanto à indenização por danos morais, em conformidade com o art. 324, §1º, II, do CPC/2015. Matéria objeto do RESP nº 1.534.559 – SP (2015/0116526-2), julgado em 22.11.2016. 3ª turma do STJ cujo entendimento do voto da ministra Nancy Andrighi é o de que são admitidos pedidos genéricos, fazendo expressa correspondência com o art. 324, § 1º, do CPC. Sentença anulada. Recurso a que se dá provimento. (TJRJ; APL 0145539-33.2016.8.19.0001; Rio de Janeiro; Vigésima Quinta Câmara Cível Consumidor; Relª Desig. Desª Cintia Santarem Cardinali; Julg. 28/06/2017; DORJ 30/06/2017; Pág. 608).

Impossibilidade de pedido genérico de exclusão de taxas e tarifas bancárias:

✓ APELAÇÃO CÍVEL. NEGÓCIOS JURÍDICOS. AÇÃO REVISIONAL. CONTRATOS BANCÁRIOS. PESSOA JURÍDICA. POSSIBILIDADE DE REVISAR CONTRATAÇÕES BANCÁRIAS COM BASE NO CDC. Aplicabilidade do CDC. Juros remuneratórios. Limitação com base na taxa média de mercado. Entendimento sedimentado no STJ. Precedentes da câmara. Abusividade existente em alguns dos contratos firmados pelas partes. São considerados abusivos os juros remuneratórios que excedem uma vez e meia o percentual da taxa média dos juros praticada no mercado conforme tabelas divulgadas pelo BACEN para o período e relativas a operações da mesma natureza. Capitalização mensal dos juros. Orientação sobre a possibilidade da capitalização dos juros em periodicidade inferior a anual firmada pelo STF em repercussão geral reconhecida – Tema 33 (re 592.377). Admitida a capitalização anual com relação aos contratos que não foram juntados aos autos. Possível a capitalização mensal de juros em contratos bancários celebrados após o advento da medida provisória nº 1.963-17/2000, de 31.03.2000, desde que expressamente prevista no contrato. Consoante definido pelo egrégio STJ no julgamento do RESP n. 973.827/RS, mostra-se suficiente a indicação de juros anuais em índice inferior ao duodécuplo da taxa mensal. Recente edição de verbetes pelo STJ. Súmulas nº 539 e 541. Comissão de permanência. Estando contratada, admite-se a cobrança da comissão de permanência de forma exclusiva para o período de inadimplência, desde que não cumulada com juros moratórios, multa ou correção monetária, calculada pela taxa média de mercado, não podendo o valor ultrapassar a soma dos encargos moratórios previstos no contrato. Observância das Súmulas nºs 30, 294, 296 e 472, todas do STJ. Pedido genérico de exclusão das taxas e tarifas bancárias. O artigo 324 do CPC/2015- aplicável à espécie – Veda a formulação de pedido genérico. Sucumbência redimensionada. Apelação parcialmente provida. (TJRS; AC 0257708-24.2017.8.21.7000; Garibaldi; Décima Segunda Câmara Cível; Rel. Des. Guinther Spode; Julg. 23/11/2017; DJERS 28/11/2017).

Impossibilidade de formulação de pedido genérico de prestação de contas, sem a especificação dos lançamentos duvidosos:

✓ CIVIL. Processual civil. Agravo em Recurso Especial. Recurso manejado sob a égide do CPC. Bancário. Ação de prestação de contas. Primeira fase. Pedido genérico. Ocorrência. Carência de ação. Falta de interesse processual configurado. Precedentes. Agravo conhecido. Recurso Especial conhecido em parte e, nesta extensão, provido. (STJ; AREsp 1.198.948; Proc. 2017/0286135-6; SP; Terceira Turma; Rel. Min. Moura Ribeiro; DJE 07/12/2017). No mesmo sentido: AÇÃO DE PRESTAÇÃO DE CONTAS. PRIMEIRA FASE. SENTENÇA PARCIALMENTE PROCEDENTE. INSURGÊNCIA DA INS-

TITUIÇÃO FINANCEIRA RÉ. ALEGAÇÃO DE PEDIDO GENÉRICO. OCORRÊNCIA. AUSÊNCIA DE APONTAMENTO EXPRESSO DE DÚVIDAS NOS LANÇAMENTOS. IMPOSSIBILIDADE. INFRINGÊNCIA AO ART. 324 DO CPC. INTERESSE DE AGIR NÃO DEMONSTRADO. CARÊNCIA DA AÇÃO RECONHECIDA. EXTINÇÃO DO PROCESSO COM FUNDAMENTO NO ART. 485, VI, DO CÓDIGO DE PROCESSO CIVIL. Recurso Conhecido e Provido. (TJPR; ApCiv 1544333-3; Francisco Beltrão; Décima Quarta Câmara Cível; Relª Desª Themis Furquim Cortes; Julg. 17/08/2016; DJPR 24/08/2016; Pág. 517); APELAÇÃO. RETRAÇÃO. AÇÃO DE PRESTAÇÃO DE CONTAS. LANÇAMENTOS PRATICADOS EM CONTA CORRENTE. PEDIDO GENÉRICO. INTERESSE PROCESSUAL. AUSÊNCIA. Em autos de ação de prestação de contas, que tem por alvo tornar conhecidos lançamentos praticados pela instituição financeira em conta corrente durante todo o interregno contratual, a extinção do processo, sem resolução de mérito, por ausência de interesse processual, é providência que se impõe (artigo 267, VI, do CPC/73, atual artigo 485, VI), quando não declinados pela parte autora os motivos consistentes para a busca de tais esclarecimentos e as efetivas ocorrências duvidosas em sua conta corrente. (TJMG; APCV 1.0188.13.010652-2/001; Rel. Des. Newton Teixeira Carvalho; Julg. 30/11/2017; DJEMG 13/12/2017).

Aplicação do dispositivo à reconvenção:

✓ AGRAVO EM RECURSO ESPECIAL Nº 1.239.827 - SP (2018/0019924-9) RELATOR: MINISTRO MARCO BUZZI AGRAVANTE: MARIA VALDETE DOS SANTOS ADVOGADOS: EDSON NOVAIS GOMES PEREIRA DA SILVA - SP226818 LUCIANO FRANCISCO NOVAIS - SP258398 AGRAVADO: BANCO BRADESCO S/A ADVOGADOS: MARIEL MARQUES OLIVEIRA BORGES SILVA - SP273427 FABIO ABRUNHOSA CEZAR - SP248481 DECISÃO Cuida-se de agravo (art. 1.042 do CPC), interposto por MARIA VALDETE DOS SANTOS em face de decisão de inadmissibilidade de recurso especial. O apelo extremo objetivou reformar acórdão proferido pelo Tribunal de Justiça do Estado de São Paulo, assim ementado (fl. 107): EXTINÇÃO DO PROCESSO SEM JULGAMENTO DE MÉRITO Indeferimento da petição inicial Pedido de exibição de documento que contenha eventual anotação pendente sobre o nome da autora Pedido genérico Impossibilidade de julgamento da demanda Sentença mantida RECURSO NÃO PROVIDO. Nas razões do recurso especial (fls. 112/161), a parte insurgente alegou, além de dissídio jurisprudencial, ofensa aos arts. 6º, VIII, 43, 83 do Código de Defesa do Consumidor; 844, II, 355 do CPC/73; 34, § 4º, I ao IX, 5º, 6º, I e II, 7º, I ao IV, 10, §§ 1º ao 3º e 21 da Lei n. 12.527/11. Sustentou, em síntese, que o pedido para a apresentação de documentos relativamente aos últimos anos do relacionamento existente com a instituição financeira recorrida, os quais tenha servido de base para a negativação do nome da cliente, não pode ser considerado genérico, pois foi postulado de modo específico. Sem contrarrazões. Inadmitido o apelo, os autos subiram ao exame do STJ mediante a interposição do agravo (art. 1.042 do CPC). Sem contraminuta. É o relatório. Decido. A irresignação não merece prosperar. 1. O pedido da ação de exibição de documentos deve indicar, precisamente, qual ou quais documentos devem ser exibidos, como, por exemplo, instrumentos contratuais, adesão a serviços bancários, guias de depósito ou de transferência etc. Isto é, o pedido não pode demandar por todos os documentos que, nos últimos cinco anos, causaram ou fundamentaram a negativação do nome da cliente, pois é nitidamente genérico. Com o mesmo raciocínio, podem ser citados os seguintes precedentes: AGRAVO REGIMENTAL. AGRAVO EM RECURSO ESPECIAL. AÇÃO DE PRESTAÇÃO DE CONTAS. PEDIDO GENÉRICO. FALTA DE INTERESSE DE AGIR. PROSSEGUIMENTO DO FEITO. EXIBIÇÃO DE DOCUMENTOS. SUCUMBÊNCIA RECÍPROCA. 1. A desarrazoada extensão do lapso temporal e a não indicação de ocorrências que estariam sob suspeita não se prestam para individualização do pedido de prestação de contas. 2. Caracterizado o pedido genérico, há falta de interesse de agir e, por consequência, carência da ação. 3. Em razão dos pedidos feitos na inicial, extinta a ação de prestação de contas, deve prosseguir o feito no que se refere ao pleito de exibição de documentos. 4. Reconhecida hipótese de sucumbência recíproca. 5. Agravo regimental parcialmente provido. (AgRg no AREsp 757.830/PR, Rel. Ministro JOÃO OTÁVIO DE NORONHA, TERCEIRA TURMA, julgado em 02/02/2016, DJe 17/02/2016) AGRAVO REGIMENTAL NO AGRAVO (ART. 544 DO CPC) AÇÃO DE PRESTAÇÃO DE CONTAS C/C EXIBIÇÃO DE DOCUMENTOS - INTERESSE DE AGIR - DECISÃO MONOCRÁTICA QUE CONHECEU DO AGRAVO PARA, DE PRONTO, DAR PARCIAL PROVIMENTO AO RECURSO ESPECIAL. IRRESIGNAÇÃO DA PARTE AUTORA. 1. Há interesse de agir do titular de conta corrente perante a instituição financeira, relativamente à prestação de contas dos lançamentos efetuados em escrita contábil, com a finalidade de esclarecimento de dúvidas sobre a movimentação da conta bancária e sobre os lançamentos feitos em seus extratos. Entendimento constante no enunciado da Súmula 259/STJ. 2. Embora cabível a ação de prestação de contas pelo titular da conta corrente, independentemente do fornecimento extrajudicial de extratos detalhados, não basta a mera presunção genérica de que há possível erro nos lançamentos para respaldar o pedido inicial, sendo necessária indicação das ocorrências duvidosas em sua conta corrente, o que justificaria a provocação do Poder Judiciário mediante ação de prestação de contas. Entendimento sedimentado pela Segunda Seção deste STJ no julgamento do REsp 1231027/PR, Relatora Ministra Maria Isabel Gallotti, Segunda Seção, DJe de 18/12/2012. Na hipótese, constata-se a existência de pedido genérico na inicial, motivo pelo qual adequada a assertiva acerca da ausência de interesse de agir do correntista no manejo da ação de prestação de contas. 3. Agravo regimental desprovido. (AgRg no AREsp 597.338/PR, Rel. Ministro MARCO BUZZI, QUARTA TURMA, julgado em 17/03/2015, DJe 24/03/2015) AGRAVO REGIMENTAL NO AGRAVO EM RECURSO ESPECIAL. CONTRATO BANCÁRIO. AÇÃO DE PRESTAÇÃO DE CONTAS. PEDIDO GENÉRICO. 1. O pedido na ação de prestação de contas não pode ser genérico, porquanto deve ao menos especificar o período e a respeito de quais movimentações financeiras busca esclarecimentos, o que não ocorreu no presente caso. 2. Agravo regimental não provido. (AgRg no AREsp 18.048/PR, Rel. Ministro RICARDO VILLAS BÔAS CUEVA, TERCEIRA TURMA, julgado em 28/05/2013, DJe 05/06/2013) Embora os precedentes digam respeito à ação de prestação de contas, o fundamento deles é o mesmo desta decisão: o art. 324 do CPC (286 e 287 do CPC/73), assim redigido: Art. 324 – O pedido deve ser determinado. Parágrafo primeiro – É lícito, porém, formular pedido genérico: I – nas ações universais, se o autor não puder individuar os bens demandados; II – quando não for possível determinar, desde logo, as consequências do ato ou do fato; III – quando a determinação do objeto ou do valor da condenação depender de ato que deva ser praticado pelo réu. Parágrafo segundo – O disposto neste artigo aplica-se à reconvenção. Assim, como a ação de exibição de documentos não indicou precisamente qual ou quais documentos devem ser exibidos pelo banco, não há necessidade de reparar o acórdão recorrido. 2. Ante o exposto, com base no art. 932 do CPC e na Súmula 568/STJ, nego provimento ao agravo. Majoro os honorários em 1% do valor atualizado da causa, observada eventual concessão de gratuidade de justiça à recorrente. Publique-se. Intimem-se. Brasília (DF), 31 de outubro de 2018. MINISTRO MARCO BUZZI Relator (STJ - AREsp: 1239827 SP 2018/0019924-9, Relator: Ministro MARCO BUZZI, Data de Publicação: DJ 07/11/2018).

§ 1º É lícito, porém, formular pedido genérico:

→ v. Art. 14, § 2º da Lei 9.099/1995.

I – nas ações universais, se o autor não puder individuar os bens demandados;

II – quando não for possível determinar, desde logo, as consequências do ato ou do fato;

→ v. Art. 491 do CPC.

Considerando admissível a formulação de pedido genérico se o cálculo dos danos materiais for extremamente complexo:

✓ DIREITO PROCESSUAL CIVIL. RECURSO ESPECIAL. APLICAÇÃO DO CPC/1973. AÇÃO DE INDENIZAÇÃO POR DANO MATERIAL E COMPENSAÇÃO POR DANO MORAL. COBRANÇAS INDEVIDAS. INSCRIÇÃO EM CADASTRO DE INADIMPLENTES. PEDIDO GENÉRICO. POSSIBILIDADE. INDIVIDUALIZAÇÃO DA PRETENSÃO AUTORAL. VALOR DA CAUSA. QUANTIA SIMBÓLICA E PROVISÓRIA. 1. Ação ajuizada em 16/12/2013. Recurso especial interposto em 14/05/2014. Autos atribuídos a esta Relatora em 25/08/2016. 2. Aplicação do CPC/73, a teor do Enunciado Administrativo n. 2/STJ. 3. É pacífica a jurisprudência desta Corte quanto à possibilidade de formulação de pedido genérico de compensação por dano moral, cujo arbitramento compete exclusivamente ao juiz, mediante o seu prudente arbítrio. 4. Na hipótese em que for extremamente difícil a imediata mensuração do quantum devido a título de dano material - por depender de complexos cálculos contábeis -, admite-se a formulação de pedido genérico, desde que a pretensão autoral esteja corretamente individualizada, constando na inicial elementos que permitam, no decorrer do processo, a adequada quantificação do prejuízo patrimonial. 5. Em se tratando de pedido genérico, o valor da causa pode ser estimado em quantia simbólica e provisória, passível de posterior adequação ao valor apurado na sentença ou no procedimento de liquidação. 6. Recurso especial parcialmente provido. (STJ; REsp 1534559; SP; Terceira Turma; Rel. Min. Nancy Andrighi; Julg. 22/11/2016, DJe 01/12/2016).

Possibilidade de formulação de pedido genérico de indenização se ainda não se sabe quais foram os danos causados ao imóvel objeto de reintegração:

✓ APELAÇÃO CÍVEL. AÇÃO DE REINTEGRAÇÃO DE POSSE C/C PEDIDO INDENIZATÓRIO. JUÍZO A QUO QUE DETERMINA A EMENDA DA INICIAL EM RELAÇÃO A DIVERSOS PONTOS, DENTRE ELES O PEDIDO INDENIZATÓRIO. Autor que justifica a indeterminação do valor pleiteado na peça inicial em razão do desconhecimento dos reais prejuízos causados pelo réu. Nova ordem de emenda, para cumprimento no prazo de 48 horas, não atendida. Sentença que indefere a inicial e julga extinto o feito, sem análise do mérito, na forma do artigo 485, I, do CPC/15. Inconformismo do autor que prospera. Possibilidade de formulação de pedido genérico quando não for possível, desde logo, mensurar as consequências do ato ou do fato. Inteligência do artigo 324, § 1º, inciso II, do CPC/15. Prejuízos ignorados pelo autor. Recurso conhecido e provido para cassar a sentença combatida. (TJRJ; APL 0293139-58.2016.8.19.0001; Rio de Janeiro; Décima Sexta Câmara Cível; Rel. Des. Eduardo Gusmão Alves de Brito Neto; DORJ 25/08/2017; Pág. 516)

Possibilidade de formulação de pedido genérico de restituição se as cobranças ainda estão em curso:

✓ APELAÇÃO. AÇÃO DECLARATÓRIA CC. REPETIÇÃO DE INDÉBITO TRIBUTÁRIO. ICMS. INCIDÊNCIA SOBRE AS TARIFAS DE USO DO SISTEMA DE DISTRIBUIÇÃO E TRANSMISSÃO. PETIÇÃO INICIAL. REQUISITOS. Pretensão inicial da autora-contribuinte voltada à declaração de inexigibilidade do ICMS exigido pelo Fisco Estadual sobre as chamadas Tarifas de Uso do Sistema de Transmissão (TUST) e Distribuição (TUSD), cumulada com pedido de repetição do indébito tributário não atingido pela prescrição quinquenal. Sentença terminativa proferida pelo Juízo a quo. Indeferimento da petição inicial por descumprimento da determinação de emenda, nos termos do parágrafo único, do art. 321, do CPC/2015. Desacerto. Na hipótese sub examine, observado que a real extensão do indébito dependerá do momento em que cessada eventual cobrança indevida, cabível a formulação de pedido genérico, à luz do quanto disposto no inciso II, do §1º, do art. 324, do CPC/2015. Admissibilidade da atribuição de valor da causa por estimativa nos casos em que o exato conteúdo econômico da demanda não for imediatamente aferível. Ausência de prejuízo à defesa ou à delimitação objetiva da demanda. Precedentes deste Tribunal de Justiça. Sentença reformada. Retorno dos autos à origem para formalização do contraditório e regular prosseguimento do feito até seus ulteriores termos (art. 331, §2º, do CPC/2015). Recurso da autora provido, com determinação. (TJSP; APL 1011571-65.2017.8.26.0224; Ac. 11022556; Guarulhos; Quarta Câmara de Direito Público; Rel. Des. Paulo Barcellos Gatti; Julg. 27/11/2017; DJESP 12/12/2017; Pág. 2752).

Entendendo possível a formulação de pedido genérico de condenação do Estado a fornecer todo tipo de tratamento de saúde:

✓ APELAÇÃO. DIREITO À SAÚDE. RESPONSABILIDADE SOLIDÁRIA DOS ENTES FEDERADOS. INSUMO. OMISSÃO ADMINISTRATIVA. RESERVA DO POSSÍVEL. ÔNUS DE PROVA. PRETENSÃO VOLTADA À DETERMINADA MARCA. VEDAÇÃO. MULTA COERCITIVA. APLICABILIDADE. PEDIDO GENÉRICO. EXTINÇÃO SEM ANÁLISE DE MÉRITO. 1. Segundo posicionamento pacífico do Supremo Tribunal Federal, tratamentos médicos adequados aos necessitados se inserem no rol dos deveres do Estado, porquanto responsabilidade solidária dos entes federados, podendo o polo passivo de ações pleiteando prestações à satisfação do direito à saúde ser composto por qualquer um deles, isoladamente ou conjuntamente. 2. Considerando essa existência de obrigação solidária entre os Entes Federados, nos termos da jurisprudência do STF, não há que se falar em desobediência às diretivas do SUS quanto à distribuição das competências para fornecimento de fármacos/insumos. 3. Comprovada a necessidade de determinado medicamento/insumo, verificada a omissão administrativa acerca da possibilidade de inclusão de tal produto em lista padronizada para a moléstia que acomete o paciente, é dever do ente público o seu fornecimento, importando a negativa em ofensa ao direito à saúde garantido constitucionalmente, sendo prudente condicionar o fornecimento à retenção de receita. 4. A tese defensiva da reserva do possível impõe o ônus de prova a quem a alega quanto aos seus elementos. 5. A pretensão de fornecimento de insumo não pode se voltar à marca específica, mas ao princípio ativo que lhe trará o mesmo resultado prático e observará os princípios da isonomia e da eficiência. 6. As cominações impostas pelo descumprimento da obrigação de fazer ou não fazer, denominadas de astreintes, são dotadas de coercibilidade e tem por finalidade o cumprimento da obrigação imposta. Ainda que em desfavor da Fazenda Pública, esta é devida. Precedentes STJ. 7. Nos termos do art. 324, do CPC, não é possível a formulação de pedido genérico consistente na condenação de Ente Público ao fornecimento de todo tipo de tratamento de saúde (consultas, remédios, exames, internações, transporte, alimentação e equipamentos) de que necessitar o paciente. (TJMG; APCV 1.0223.16.007115-3/002; Rel. Des. Jair Varão; Julg. 09/11/2017; DJEMG 05/12/2017); APELAÇÃO CÍVEL. FORNECIMENTO DE TRATAMENTO MÉDICO. POSSIBILIDADE DE PEDIDO GENÉRICO. ART. 324, § 1º, II, DO CÓDIGO DE PROCESSO CIVIL. DEVER DO ESTADO DE ASSEGURAR A SAÚDE PÚBLICA. ART. 196 DA CONSTITUIÇÃO FEDERAL. ABSOLUTA PRIORIDADE PARA EFETIVAÇÃO DO DIREITO À SAÚDE. 01. É possível a formulação de pedido genérico nos casos de impossibilidade de determinação, desde logo, das consequências do ato ou do fato, conforme art. 324, § 1º, II, do Código de Processo Civil. 02. O Estado tem o dever de assegurar a saúde do cidadão, garantida pela Constituição Federal, em seu art. 196. Recurso conhecido e não provido. (TJMS; APL 0804279-64.2016.8.12.0021; Segunda Câmara Cível; Rel. Des. Vilson Bertelli; DJMS 15/08/2017; Pág. 87). No mesmo sentido: APELAÇÃO CÍVEL. DIREITO PÚBLICO NÃO ESPECIFICADO. REMESSA NECESSÁRIA. SENTENÇA ILÍQUIDA. CONHECIMENTO. Sentença ilíquida condenatória em face da Fazenda Pública sujeita ao reexame necessário, conforme Súmula nº 490 do STJ. Preliminar. Condenação genérica. Art. 324, §1º, II, do CPC/15. Rejeição. – O art. 324, §1º, II, do CPC/15 dispõe a licitude de formulação de pedido genérico quando o autor não puder individuar os bens demandados. Situação dos autos que não se pode prever todos os procedimentos necessários para a fixação das vértebras cervicais e nem mesmo qual o exato tratamento posteriormente ministrado. Mérito. Estado. Saúde. Transferência hospitalar e tratamento não disponibilizados pelo SUS. Direito à saúde. Garantia constitucional. Provas da necessidade e da inexistência de condições financeiras para custeio. – O direito à saúde e a solidariedade dos entes públicos na sua garantia é matéria já pacificada tanto neste tribunal de justiça quanto nas cortes superiores. Trata-se de interpretação sistemática da legislação infraconstitucional com os arts. 196 e 198 da Constituição Federal, não sendo oponível ao cidadão qualquer regulamentação que tolha seus direitos fundamentais à saúde e à dignidade. Preliminar rejeitada. Apelação desprovida. Sentença mantida em remessa necessária. (TJRS; AC 0050617-61.2017.8.21.7000; Bagé; Vigésima Segunda Câmara Cível; Relª Desª Marilene Bonzanini Bernardi; Julg. 06/04/2017; DJERS 12/04/2017)

✓ APELAÇÃO CÍVEL. AÇÃO DECLARATÓRIA C/C INDENIZATÓRIA. SENTENÇA DE EXTINÇÃO DO FEITO POR INÉPCIA DA INICIAL. PARTE AUTORA QUE PROMOVEU A EMENDA DA INICIAL. POSSIBILIDADE DE FORMULAR PEDIDO GENÉRICO, NOS TERMOS DO § 1º DO ART. 324 DO CPC. ERROR IN PROCEDENDO. INOBSERVÂNCIA AO PRINCÍPIO PRIMAZIA DA SOLUÇÃO DO MÉRITO. SENTENÇA ANULADA. PROVIMENTO DO RECURSO. (TJ-RJ – APL: 00777577220178190001, Relator: Des(a). CESAR FELIPE CURY, Data de Julgamento: 11/09/2019, DÉCIMA PRIMEIRA CÂMARA CÍVEL).

Possibilidade de se formular pedido genérico no caso de ações universais em que o autor não puder individualizar os bens demandados:

✓ RECURSO ESPECIAL Nº 1.702.774 – RO (2017/0251995-1) RELATORA: MINISTRA MARIA ISABEL GALLOTTI RECORRENTE: THIAGO APARECIDO MENDES ANDRADE RECORRENTE: MARCOS ANTONIO MENDES ANDRADE ADVOGADO: MARCOS RODRIGUES CASSETARI JUNIOR – RO001880 RECORRIDO: BANCO BRADESCO S/A ADVOGADOS: JOSE EDGARD DA CUNHA BUENO FILHO E OUTRO (S) – SP126504 KARINA DE ALMEIDA BATISTUCI – RO004571 DECISÃO Trata-se de recurso especial interposto em face de acórdão assim ementado: Agravo de instrumento. Apresentação de documentos. Rol genérico. A relação de dependência de um documento a um evento se dá pelo estabelecimento de uma conexão entre a ocorrência do evento e a transformação do documento em necessário para a resolução da questão diretamente originada do evento. Opostos os embargos de declaração, esses foram rejeitados. Nas razões do recurso especial, a parte recorrente alegou violação ao artigo 303 do Código de Processo Civil de 2015, visto que os recorrentes formularam pedido por meio de tutela de urgência antecipada, não podendo ser obstada a sua pretensão ao aditamento da inicial nos termos do art. 303, § 1º. inc. I, tendo em vista que após a exibição de todos os documentos é que será possível a complementação da inicial. Da análise dos pressupostos de admissibilidade do presente recurso, verifico que este não merece conhecimento. Nos termos do disposto no artigo 932, III, do novo Código de Processo Civil, incumbe ao relator, de forma singular, negar seguimento a recurso inadmissível. Da análise dos autos, verifico que o ora recorrente não rebateu os fundamentos dispendidos pelo acórdão recorrido, de modo que o recurso especial encontra óbice na Súmula nº 283, do STF. É o que se depreende da leitura dos seguintes trechos (fls. 82/84 e-STJ): O acórdão embargado reformou parcialmente a decisão agravada, que indeferiu a exibição de documentos relacionados a evento danoso ocorrido com o falecido pai dos embargantes, sob o argumento de que os documentos requeridos pelos agravantes e cuja apresentação foi determinada na decisão anterior foram apresentados para determinar a exibição de outros documentos. Os embargantes sustentam que o acórdão referido foi omisso ao analisar o pedido de prorrogação do prazo para aditamento da inicial para até após a exibição dos documentos devidos, conforme preceitua o artigo 324, § 1º, inciso I, do Código de Processo Civil. Contudo, suas alegações não merecem prosperar porque o referido dispositivo estabelece uma possibilidade de se formular pedido genérico no caso de ações universais em que o autor não puder individualizar os bens demandados, conforme transcrevo a seguir: Art. 324. O pedido deve ser determinado. § 1º É lícito, porém, formular pedido genérico: I nas ações universais, se o autor não puder individuar os bens demandados; [&amp.]. Trata-se de tese incapaz de infirmar a decisão recorrida porque o dispositivo mencionado não autoriza a prorrogação do prazo de aditamento da inicial previsto no artigo 329, incisos I e II, do Código de Processo Civil, transcritos a seguir: Art. 329. O autor poderá: I – até a citação, aditar ou alterar o pedido ou a causa de pedir, independentemente de consentimento do réu; II – até o saneamento do processo, aditar ou alterar o pedido e a causa de pedir, com consentimento do réu, assegurado o contraditório mediante a possibilidade de manifestação deste no prazo mínimo de 15 (quinze) dias, facultado o requerimento de prova suplementar. Parágrafo único. Aplica-se o disposto neste artigo à reconvenção e à respectiva causa de pedir. Dos dispositivos acima colacionados, vê-se que apenas em duas hipóteses se pode aditar ou alterar o pedido ou a causa de pedir. A primeira, prevista no inciso I, possui como condição de aditamento ou de alteração do pedido ou da causa de pedir o tempo até a citação sem que se ouça o réu. A segunda, prevista no inciso II, por sua vez, possui como condição também o tempo entre a citação e o saneamento do processo, mas com o consentimento do réu. Não é o caso dos autos, porque o réu já citado, logo, a primeira possibilidade ficaria preclusa. Sobre o saneamento do processo, já ocorrido na decisão do juízo a quo em 22/11/2016, conforme trecho que a seguir transcrevo: 5. O pedido contido na inicial refere-se à cobrança de seguro em nome do falecido pai dos autores. Nem se diga que o pedido poderia eventualmente ser aditado, para recebimento de outros valores (saldo em conta ou investimentos), tendo em vista que isto só poderia ocorrer em processo de inventário, considerando, inclusive, que o falecido deixou, além dos autores, outros filhos, ainda menores. O indeferimento do pedido em questão, como transcrito, ocorreu sob o fundamento de impossibilidade do pedido de aditamento, ainda que com o consentimento do réu, poder alterar a procedimento do processo, afinal, os embargantes pretendem aditar o pedido para cobrar o seguro em nome de seu falecido pai, o que apenas seria possível sob o rito do processo de inventário, que é um procedimento especial. Logo, a apreciação do argumento trazido pelos embargantes em sua peça de agravo de instrumento é incapaz de infirmar a decisão recorrida, e por apenas ser omissa uma decisão judicial que deixa de analisar argumento jurídico formulado pela parte e que seja capaz de infirmar a conclusão do julgado, conforme o artigo 489, § 1º, inciso IV, do Código de Processo Civil, o acórdão embargado não pode ser considerado omisso. Confiram, ainda, a decisão agravada pelo recorrente que originou o acórdão recorrido (fl. 13 e-STJ): 1. Indefiro o pedido dos autores, formulado no ID n. 6839477. 2. Embora os autores tenham mencionado, na inicial, o art. 303, do novo Código de Processo Civil, o despacho inicial determinou o processamento do feito pelo rito comum. Com relação à pretendida exibição de documentos, foi deferida, com fundamento no art. 396, do CPC, sendo certo que os autores não apresentaram eventual recurso relativamente a tal decisão. 3. O réu foi regularmente citado, apresentou o documento pretendido pelos autores (apólice de seguros) e contestou o pedido. 4. Não há razão, portanto, para que se determine ao Banco que exiba outros documentos, tais como extratos de conta corrente e informações relativas ao saldo bancário e investimentos eventualmente mantidos pelo falecido pai dos autores. 5. O pedido contido na inicial refere-se à cobrança de seguro em nome do falecido pai dos autores. Nem se diga que o pedido poderia eventualmente ser aditado, para recebimento de outros valores (saldo em conta ou investimentos), tendo em vista que isto só poderia ocorrer em processo de inventário, considerando, inclusive, que o falecido deixou, além dos autores, outros filhos, ainda menores. 6. Às partes, para dizerem se pretendem produzir outras provas, hipótese em que deverão especificá-las e justificar eventuais requerimentos. Nesse contexto, verifico que a parte recorrente não teceu fundamento algum quanto ao fato de o processo não estar mais correndo sob o rito de tutela de urgência antecipada, de modo que inaplicável o artigo mencionado como violado. Outrossim, foi consignado expressamente que o aditamento que a parte pretende é vedado não em razão do momento processual em que a ação se encontra, mas em razão da qualidade dos documentos que pretende juntar futuramente, os quais são relacionados à herança deixada pelo de cujus e, portanto, devem ser juntados no futuro inventário. Noutros termos, a pretensão que pretendem exercer na presente ação de exibição de documentos é vedada, fundamento o qual igualmente não foi impugnado. Com efeito, não havendo violação ao artigo apontado, necessária se faz a incidência também da Súmula nº 284, do STF, visto que a deficiência na fundamentação do recurso não permitiu a exata compreensão da controvérsia. Nesse sentido: AGRAVO INTERNO NO AGRAVO INTERNO NO AGRAVO EM RECURSO ESPECIAL. PREVIDÊNCIA PRIVADA. REVISÃO DE SUPLEMENTAÇÃO QUE RESULTOU EM DIFERENÇA NOS PROVENTOS DA APOSENTADORIA. OFENSA A DISPOSITIVO CONSTITUCIONAL. RECURSO ESPECIAL INCABÍVEL. ART. 6º, § 1º, DA ANTIGA LICC. AUSÊNCIA DE PREQUESTIONAMENTO. SÚMULAS 282 E 356 DO STF. FUNDAMENTOS DO ACÓRDÃO RECORRIDO NÃO IMPUGNADOS. INCIDÊNCIA DAS SÚMULAS 283 E 284 DO STF. ALEGAÇÃO DE QUE O VALOR BUSCADO PELO AUTOR DA AÇÃO JÁ FOI DEPOSITADO EM SUA CONTA. SÚMULA 7 DESTA CORTE. RECURSO NÃO PROVIDO. 1. Não se conhece da apontada violação aos dispositivos da Constituição Federal, uma vez que compete ao col. Supremo Tribunal Federal o exame de matéria constitucional, conforme preconiza o art. 102 da Carta Magna. 2. Fica inviabilizado o conhecimento de tema trazido na petição de recurso especial, mas não debatido e decidido nas instâncias ordinárias, porquanto ausente o indispensável prequestionamento. Aplicação das Súmulas 282 e 356 do STF. 3. O Tribunal de origem, ao negar provimento às apelações interpostas por ambas as partes, consignou ser devida a cobrança de valores referentes às diferenças resultantes da revisão da suplementação de aposentadoria paga pela Petros ao autor da ação, verificando, assim, que referido valor, uma vez repassado pelo INSS, foi retido pela ora recorrente sem que houvesse o repasse para o autor. 4. A ausência de impugnação dos fundamentos do aresto recorrido enseja o não conhecimento do recurso, incidindo, por analogia, as Súmulas 283 e 284 do Supremo Tribunal Federal. 5. Ademais, a alegação de que o valor buscado pelo autor da ação já foi depositado em sua conta demandaria o revolvimento do acervo fático-probatório, situação que violaria a Súmula 7/STJ. 6. Agravo interno a que se nega provimento. (AgInt no AgInt no AREsp 1040372/PR, Rel. Ministro RAUL ARAÚJO, QUARTA TURMA, julgado em 13/06/2017, DJe 27/06/2017) AGRAVO INTERNO NO AGRAVO (ART. 544 DO CPC/73)- AÇÃO DE INDENIZAÇÃO SECURITÁRIA – DECISÃO MONOCRÁTICA QUE CONHECEU DO AGRAVO PARA NEGAR SEGUIMENTO AO RECURSO ESPECIAL. INSURGÊNCIA DOS AUTORES. 1. A jurisprudência do STJ firmou-se no sentido de que a impugnação, no agravo, de capítulos autônomos da decisão recorrida apenas induz a preclusão das matérias não impugnadas. 2. Inadmissíveis as alegações referentes à legitimidade ativa de duas das agravantes, pois as razões recursais não combateram os fundamentos apresentados pela Corte local, o que atrai a incidência dos óbices das súmulas 283/STJ e 284/STF. 3. Aplica-se às ações ajuizadas por segurado/beneficiário em desfavor de seguradora, visando à cobertura de sinistro referente a contrato de mútuo celebrado no âmbito do Sistema Financeiro da Habitação - SFH, o prazo prescricional anual, nos termos do art. 178, § 6º, II, do Código Civil de 1916. Incidência da Súmula 83/STJ. 4. Agravo interno desprovido. (AgInt no AREsp 878.843/MG, Rel. Ministro MARCO BUZZI, QUARTA TURMA, julgado em 06/06/2017, DJe 13/06/2017) Em face do exposto, não conheço do recurso especial. Intimem-se. Brasília (DF), 09 de agosto de 2018. MINISTRA MARIA ISABEL GALLOTTI Relatora (STJ - REsp: 1702774 RO 2017/0251995-1, Relator: Ministra MARIA ISABEL GALLOTTI, Data de Publicação: DJ 16/08/2018)

III – quando a determinação do objeto ou do valor da condenação depender de ato que deva ser praticado pelo réu.

→ v. Art. 14, § 2º, da Lei 9.099/1995.

→ v. Arts. 509 a 512 do CPC.

§ 2º O disposto neste artigo aplica-se à reconvenção.

→ v. Art. 343 do CPC.

Art. 325. **O pedido será alternativo quando, pela natureza da obrigação, o devedor puder cumprir a prestação de mais de um modo.**

Parágrafo único. **Quando, pela lei ou pelo contrato, a escolha couber ao devedor, o juiz lhe assegurará o direito de cumprir a prestação de um ou de outro modo, ainda que o autor não tenha formulado pedido alternativo.**

→ v. Art. 252 e seguintes do CC/2002.

→ v. Art. 543 do CPC.

Art. 326. **É lícito formular mais de um pedido em ordem subsidiária, a fim de que o juiz conheça do posterior, quando não acolher o anterior.**

Apontando existir sucumbência recíproca se apenas o pedido subsidiário é concedido:

✓ APELAÇÃO CÍVEL. FAMÍLIA. AÇÃO DE EXONERAÇÃO E REVISÃO DE ALIMENTOS. FILHO MAIOR DE IDADE. 1. O pedido alternativo é aquele que, pela natureza da obrigação, pode ser cumprido por mais de um modo, o que, inclusive, consta expressamente do art. 325 do CPC. O art. 326, por sua vez, traz a possibilidade de formulação de pedidos sucessivos para que o juiz conheça do posterior caso não possa acolher o anterior. 2. Verifica-se que, no caso, os pedidos formulados na exordial não são alternativos, pois não trazem opção de adimplemento. São sucessivos, haja vista a eventualidade que os justifica, pois a rejeição do pedido principal possibilitou a acolhida do pedido sucessivo, para houvesse redução do quantum alimentar. 3. Sucumbência recíproca na improcedência de pedido principal com acolhimento de pedido sucessivo. Precedentes do STJ e deste tribunal de justiça. Recurso desprovido. (TJRS; AC 0312361-10.2016.8.21.7000; Porto Alegre; Sétima Câmara Cível; Relª Desª Liselena Schifino Robles Ribeiro; Julg. 09/11/2016; DJERS 14/11/2016); APELAÇÃO. REVISIONAL. CONTRATO BANCÁRIO. DISTRIBUIÇÃO DOS ÔNUS SUCUMBENCIAIS. PEDIDO SUBSIDIÁRIO. CUMULAÇÃO ALTERNATIVA. JUSTIÇA GRATUITA. SUSPENSÃO DA EXIGIBILIDADE. REGRA DO ART. 98, §3º, CPC. Na hipótese de pedido subsidiário formulado por meio de cumulação alternativa (art. 326, do CPC), sobrevém sucumbência recíproca ainda que o autor saia vencedor do pleito subsidiário, já que se viu perdedor do requerimento principal. Deferida à parte o benefício da gratuidade de justiça, impositiva a suspensão da exigibilidade da obrigação decorrente de sua sucumbência, na forma prevista no art. 98, §3º, CPC. (TJMG; APCV 1.0024.12.136872-4/001; Relª Desª Cláudia Maia; Julg. 08/09/2016; DJEMG 16/09/2016)

Se o pedido principal é acolhido, não há sucumbência pela rejeição dos subsidiários:

✓ APELAÇÃO CÍVEL. EMPRESARIAL E PROCESSUAL CIVIL. RECONHECIMENTO E DISSOLUÇÃO DE SOCIEDADE COMERCIAL DE FATO. APURAÇÃO DE HAVERES. PERÍCIA CONTÁBIL. HONORÁRIOS PERICIAIS. CUMULAÇÃOALTERNATIVA DE PEDIDOS. ACOLHIMENTO DO PEDIDO PRINCIPAL E REJEIÇÃO DOS PEDIDOS SUBSIDIÁRIOS. AUSÊNCIA DE SUCUMBÊNCIA. 1. Considerando que a apuração de haveres é de interesse de todos os sócios, a perícia contábil destinada à liquidação da quota do sócio retirante, deve ser custeada por todos eles. 2. Se o pedido principal é acolhido, não há sucumbência em razão da rejeição dos pedidos subsidiários, pois a improcedência destes decorre logicamente do acolhimento daquele. 3. Deu-se provimento parcial ao apelo dos réus. (TJDF; EDcl-APL 2015.01.1.031844-9; Ac. 942690; Quarta Turma Cível; Rel. Des. Sérgio Rocha; DJDFTE 25/05/2016; Pág. 283).

O acolhimento do pedido principal prejudica o exame do pedido secundário, que somente seria apreciado e eventualmente acolhido na hipótese de rejeição do pedido anterior:

✓ EDcl no AGRAVO EM RECURSO ESPECIAL Nº 421.076 - SP (2013/0357608-9) RELATOR: MINISTRO MARCO BUZZI EMBARGANTE: CONCEITO CONSTRUTORA E PARTICIPAÇÕES LTDA ADVOGADOS: FÁBIO YUNES FRAIHA E OUTRO (S) - SP180407 FLÁVIO YUNES FRAIHA E OUTRO (S) - SP231380 FILIPPI DIAS MARIA E OUTRO (S) - SP297010 EMBARGADO: CONDOMÍNIO DO EDIFÍCIO LIVING CONCEPT ADVOGADO: GERSON DE FAZIO CRISTOVÃO E OUTRO (S) - SP149838 DECISÃO Trata-se de embargos de declaração opostos por CONCEITO CONSTRUTORA E PARTICIPAÇÕES LTDA em face de decisão monocrática da lavra deste signatário (fls. 1231/1237), que conheceu do agravo de fls. 1174/1186 para conhecer em parte do recurso especial de fls. 1117/1131 e, nessa extensão, dou-lhe provimento a fim de: (a) afastar a multa aplicada com amparo no artigo 538, parágrafo único, do Código de Processo Civil de 1973; (b) reconhecer a violação ao artigo 535, inciso II, do Código de Processo Civil de 1973; (c) cassar o acórdão proferido em sede de embargos de declaração (fls. 1109/1114); e (d) determinar o retorno dos autos à origem a fim de que o Colegiado local profira novo julgamento, enfrentando-se de modo claro, coerente e fundamentado as questões omissas. Em suas razões (fls. 1245/1247), a embargante alega se mostrar imprescindível a complementação da decisão embargada a fim de evitar futura interpretação equivocada que possa lhe onerar excessivamente. Assevera que, em virtude da cassação do acórdão proferido pelo Tribunal a quo em sede de embargos de declaração (fls. 1109/1114), deve ficar explícito se aquele recurso aclaratório (que será julgado novamente) tem o condão de suspender a de determinação de conclusão das obras no prazo de 180 (cento e oitenta) dias contados do acórdão proferido em sede de apelação, sob pena de multa diária no valor de R$ 1.000,00 (mil reais). Impugnação às fls. 1260/1261. É o relatório. Decido. O inconformismo não merece prosperar. 1. Conforme bem esclarecido na decisão monocrática embargada (fl. 1237), em virtude do acolhimento da negativa de prestação jurisdicional, o exame das demais teses aventadas no recurso especial (dentre as quais se encontrava a alegada inviabilidade de se determinar o cumprimento espontâneo da obrigação, sob pena de multa diária, antes do trânsito em julgado da demanda ou da execução provisória de iniciativa do recorrido) restou prejudicado. Essa é, aliás, a inteligência extraída do art. 326 do CPC/2015 (correspondente ao art. 289 do CPC/1973), de seguinte teor: Art. 326. É lícito formular mais de um pedido em ordem subsidiária, a fim de que o juiz conheça do posterior, quando não acolher o anterior. Significa o dispositivo legal que, existindo a cumulação subsidiária de pedidos na petição inicial ou recursal, o acolhimento do pedido principal prejudica o exame do pedido secundário, que somente seria apreciado e eventualmente acolhido na hipótese de rejeição do pedido anterior. Nesse mesmo sentido, entendendo que o acolhimento da alegada violação ao artigo 535 do CPC/1973 prejudica o exame das demais teses meritórias aventadas no recurso especial, confiram-se os seguintes julgados: PROCESSUAL CIVIL. RECURSO ESPECIAL. VIOLAÇÃO DO ART. 535 DO CPC/1973. ACOLHIMENTO DE UM DOS VÍCIOS APONTADOS. PROVIMENTO INTEGRAL DO RECURSO PARA ANULAR O ACÓRDÃO RECORRIDO. PRETENSÃO DE ACOLHIMENTO PARCIAL. DESCABIMENTO. (...) 2. A constatação de algum dos vícios de integração suscitados é suficiente para o provimento integral do recurso especial por violação do art. 535 do CPC/1973. Isso porque a existência de qualquer um dos defeitos indicados em que incorrido o acórdão a quo impõe o reconhecimento de sua nulidade, com a devolução dos autos ao Tribunal de origem, para que realize outro julgamento, com o saneamento das falhas identificadas, bem como prejudica a análise de todas as demais questões suscitadas no recurso especial, porquanto ainda não exaurida a instância ordinária. 3. Agravo interno não provido. (AgInt no REsp 1522969/MG, Rel. Ministro GURGEL DE FARIA, PRIMEIRA TURMA, julgado em 20/09/2016, DJe 26/10/2016, sem grifos no original) EMBARGOS DE DECLARAÇÃO NO RECURSO ESPECIAL. DECISÃO QUE DÁ PROVIMENTO AO RECURSO ESPECIAL. ART. 535, DO CPC. OMISSÃO CONFIGURADA. DEMAIS QUESTÕES CONSTANTES DO RECURSO DA EMBARGANTE PREJUDICADAS. RETORNO DOS AUTOS AO TRIBUNAL DE ORIGEM PARA SUPRIR A OMISSÃO APONTADA. 1. É firme o entendimento do Superior Tribunal de Justiça no sentido de que, sendo acolhida a tese de vulneração ao art. 535, do CPC, ficam prejudicados os demais tópicos constantes das razões do recurso especial, facultado à parte a renovação do inconformismo quanto às demais questões, em momento processual posterior. 2. Embargos de declaração rejeitados. (EDcl no REsp 1227601/RS, Rel. Ministro LUIS FELIPE SALOMÃO, QUARTA TURMA, julgado em 06/09/2016, DJe 13/09/2016, sem grifos no original) PROCESSO CIVIL. ADMINISTRATIVO. AÇÃO DE IMPROBIDADE ADMINISTRATIVA. CÂMARA MUNICIPAL DE LAVRAS/MG. VEREADORES. RECEBIMENTO DE DIÁRIAS. VIOLAÇÃO DO ART. 535 DO CPC. EXISTÊNCIA. CONTRADIÇÃO. NULIDADE. RECONHECIMENTO. RETORNO DOS AUTOS PARA A INSTÂNCIA DE ORIGEM. (...) 5. O reconhecimento da ofensa ao art. 535 do CPC, com a consequente anulação do acórdão recorrido, torna prejudicada a análise dos demais temas suscitados nos apelos, inclusive no que diz respeito ao pedido cautelar de suspensão da inelegibilidade, cujo exame passa a ser de competência do Tribunal de origem. 6. Recursos especiais providos. (REsp 1596498/MG, Rel. Ministra DIVA MALERBI - DESEMBARGADORA CONVOCADA TRF 3ª REGIÃO, SEGUNDA TURMA, julgado em 17/05/2016, DJe 24/05/2016, sem grifos no original) Não se pode perder de vista ainda que, dentre os pontos reconhecidos como omissos por este signatário, encontra-se aquele relacionado à ausência de pronunciamento sobre a alegada inviabilidade de se determinar o cumprimento espontâneo da obrigação, sob pena de multa diária, antes do trânsito em julgado da demanda ou da execução provisória de iniciativa do recorrido. Veja-se o seguinte trecho do decisum embargado, que corrobora essa conclusão (fls. 1234/1235): Não bastasse isso, embora o Colegiado local tenha afirmado não se poder levar em conta o fato de uma única testemunha noticiar que a alteração da inclinação da rampa de garagem se deu a pedido do condomínio (fl. 1063) e de dever a obrigação ser cumprida no prazo de 180 dias contados do acórdão (fl. 1066), o órgão jurisdicional se recusou a emitir juízo de valor acerca das seguintes alegações decorrentes do próprio julgado proferido: (a) a lei processual civil não veda a utilização de uma testemunha como meio de a parte comprovar as suas argumentações e (b) é inviável se determinar o cumprimento espontâneo da obrigação, sob pena de multa diária, antes do trânsito em julgado da demanda ou da execução provisória de iniciativa do recorrido. Dessa forma, como este signatário acolheu a negativa de prestação jurisdicional sobre a matéria, não haveria a possibilidade de se suprimir a instância ordinária para declarar, desde já, a inexequibilidade do comando previsto no acórdão de fls. 1058/1067. 2. Do exposto, por inexistirem quaisquer dos vícios previstos no artigo 1.022 do CPC/2015, rejeito os embargos de declaração. Publique-se. Intimem-se. Brasília (DF), 16 de dezembro de 2016. MINISTRO MARCO BUZZI Relator (STJ – EDcl no AREsp: 421076 SP 2013/0357608-9, Relator: Ministro MARCO BUZZI, Data de Publicação: DJ 01/02/2017).

Parágrafo único. É lícito formular mais de um pedido, alternativamente, para que o juiz acolha um deles.

→ v. Arts. 547 e 548 do CPC.

Diferenciando a cumulação alternativa da subsidiária:

✓ APELAÇÃO CÍVEL. PROCESSO CIVIL. ÔNUS SUCUMBENCIAL. HONORÁRIOS ADVOCATÍCIOS. CUMULAÇÃO IMPRÓPRIA DE PEDIDOS. INDEFERIMENTO DO PEDIDO PRINCIPAL. DEFERIMENTO DO PEDIDO SUBSIDIÁRIO. SUCUMBÊNCIA MÚTUA. 1. Trata-se de apelação contra a decisão que julgou improcedente o pedido de aposentadoria por invalidez com proventos integrais, e procedente o pedido subsidiário de readaptação, condenando o Distrito Federal ao pagamento de honorários advocatícios fixados em 10% (dez por cento) do valor atualizado da causa. 2. Acumulação dos pedidos pode ser classificada como própria, quando for possível a procedência simultânea de todos os pedidos, ou imprópria, quando, apesar de formulados mais de um pedido, somente um deles puder ser concedido. 3. São duas as modalidades de cumulação imprópria: A cumulação alternativa, na qual o autor, sem estabelecer um pedido prioritário e sem condicionar o julgamento de um deles ao indeferimento do outro, permite que o juiz decida pela concessão de qualquer deles; e a cumulação subsidiária, em que a prioridade de um dos pedidos é revelada pelo fato de que o autor condiciona a análise de um dos pedidos à eventualidade do não atendimento do outro. 4. Na forma em que foram deduzidos na inicial, é inegável que existe a prevalência do pedido de aposentadoria por invalidez, em detrimento do pleito de readaptação, restando clara a sucumbência mútua, a ensejar a redistribuição do ônus sucumbencial. 5. Recurso conhecido e parcialmente provido. (TJDF; APC 2008.01.1.080932-3; Ac. 102.7476; Segunda Turma Cível; Rel. Des. Sandoval Oliveira; Julg. 28/06/2017; DJDFTE 03/07/2017)

Art. 327. **É lícita a cumulação, em um único processo, contra o mesmo réu, de vários pedidos, ainda que entre eles não haja conexão.**

→ *v.* Súmula 170 do STJ.

→ *v.* Enunciado 109 do CJF: Na hipótese de cumulação alternativa, acolhido integralmente um dos pedidos, a sucumbência deve ser suportada pelo réu.

§ 1º São requisitos de admissibilidade da cumulação que:

I – os pedidos sejam compatíveis entre si;

→ *v.* Súmula 387 do STJ.

Se impossível a cumulação de pedidos por serem diversas as competências absolutas, o juiz deve conhecer apenas dos pedidos abarcados pela sua jurisdição:

✓ APELAÇÃO CÍVEL. AÇÃO DENOMINADA PETIÇÃO DE HERANÇA E SONEGADOS. PRETENSÃO ANULATÓRIA DE NEGÓCIO JURÍDICO DOAÇÃO. CUMULAÇÃO COM PEDIDOS DE PARTILHA E APLICAÇÃO DE PENA DE SONEGADOS. IMPOSSIBILIDADE. COMPETÊNCIA ABSOLUTA DO JUÍZO DAS SUCESSÕES. Sentença anulada. 1. É vedada a cumulação de pedidos quando o mesmo juízo não for absolutamente competente para o julgamento de todos eles. 2. A cumulação indevida de pedidos não acarreta a extinção do processo por inépcia da inicial, devendo o magistrado conhecer apenas dos pedidos abarcados pela sua jurisdição. (TJMG; APCV 1.0024.07.404823-2/001; Rel. Des. Marcelo Rodrigues; Julg. 22/08/2017; DJEMG 01/09/2017).

Inviabilidade de cumulação de pleitos de jurisdição voluntária e contenciosa:

✓ APELAÇÃO CÍVEL. JURISDIÇÃO VOLUNTÁRIA. AÇÃO DE RETIFICAÇÃO DE MATRÍCULA E EXTINÇÃO DE CONDOMÍNIO. RETIFICAÇÃO DE ÁREA. REDUÇÃO. JURISDIÇÃO VOLUNTÁRIA. POSSIBILIDADE. DIVISÃO DE TERRAS. JURISDIÇÃO CONTENCIOSA. RITO. CUMULAÇÃOINCOMPATÍVEL. A providência para alterações de registros ou averbações no ofício de imóveis pode ser administrativa, facultado ao interessado valer-se do procedimento judicial de jurisdição voluntária, segundo a Lei de registros públicos. – O CPC/73 estabelece procedimentos cognitivos comuns e especiais; e estes podem ser de jurisdição contenciosa ou voluntária. A cumulação de pedidos autoriza que num mesmo processo se postule o que poderia ensejar ações autônomas, mas sob condições. A cumulação de ações requisita compatibilidade de pedidos, identidade de juízo e adequação ou mesmo tipo de procedimento. Não é possível cumularem-se pleitos de jurisdição voluntária e de contenciosa. – Circunstância dos autos em que se impõe conceder a tutela jurisdicional para retificar para menos a área do autor; e manter a extinção do processo quanto ao pedido de divisão da área, abertura de novas matrículas e averbação de medidas e confrontações. Recurso parcialmente provido. (TJRS; AC 0056507-78.2017.8.21.7000; Estância Velha; Décima Oitava Câmara Cível; Rel. Des. João Moreno Pomar; Julg. 27/04/2017; DJERS 08/05/2017).

II – seja competente para conhecer deles o mesmo juízo;

→ *v.* Súmula 170 do STJ.

III – seja adequado para todos os pedidos o tipo de procedimento.

§ 2º Quando, para cada pedido, corresponder tipo diverso de procedimento, será admitida a cumulação se o autor empregar o procedimento comum, sem prejuízo do emprego das técnicas processuais diferenciadas previstas nos procedimentos especiais a que se sujeitam um ou mais pedidos cumulados, que não forem incompatíveis com as disposições sobre o procedimento comum.

Considerando possível a cumulação dos pedidos de indenização e consignação das parcelas:

✓ CIVIL E PROCESSUAL CIVIL. Agravo de instrumento. Ação de indenização por danos morais c/c consignação. Decisão a quo que autorizou a consignação da parcela vencida e das parcelas vincendas nos valores contratados até a data dos respectivos vencimentos, sob pena de revogação da medida. Possibilidade de cumulação dos pedidos de indenizatória e de consignação das parcelas do financiamento. Adoção do procedimento comum. Art. 327, § 2º, do CPC. Decisão mantida. Conhecido e desprovido. (TJRN; AI 2017.003766-9; Natal; Primeira Câmara Cível; Rel. Des. Dilermando Mota; DJRN 17/11/2017).

Possibilidade de cumulação dos pedidos de divórcio, alimentos e partilha de bens:

✓ PROCESSUAL CIVIL E FAMÍLIA. APELAÇÃO CÍVEL. AÇÃO DE DIVÓRCIO C/C ALIMENTOS, PRESTAÇÃO DE CONTAS E PARTILHA DE BENS. POSSIBILIDADE. PRECEDENTES DO STJ, DO TJCE E DEMAIS TRIBUNAIS. APELO PROVIDO. SENTENÇA ANULADA. 1. Cuidam os presentes autos de apelação cível interposta por Casthia Kaline Bezerra Cardoso contra sentença oriunda do juízo da 7ª vara de família da Comarca de Fortaleza/CE, a qual decretou o divórcio do casal, bem como determinou que todas as outras questões sejam discutidas e decididas em processos próprios (fl. 762). 2. Com efeito, o artigo 327 do código de processo civil estabelece as condições para cumulação dos pedidos, senão vejamos: Art. 327. É lícita a cumulação, em um único processo, contra o mesmo réu, de vários pedidos, ainda que entre eles não haja conexão. [...]2º quando, para cada pedido, corresponder tipo diverso de procedimento, será admitida a cumulação se o autor empregar o procedimento comum, sem prejuízo do emprego das técnicas processuais diferenciadas previstas nos procedimentos especiais a que se sujeitam um ou mais pedidos cumulados, que não forem incompatíveis com as disposições sobre o procedimento comum. 3. Assim, como bem destacado pelo douto procurador de justiça, a cumulação dos pedidos de divórcio, alimentos e partilha de bens é devida, na medida em que o procedimento escolhido foi o ordinário. 4. Dessa maneira, como o julgador deve ficar adstrito aos pedidos formulados pelo autor e pelo réu no desenrolar da relação processual, devendo enfrentar todos eles, sob pena de proferir sentença citra petita, a decisão atacada deve ser cassada. 5. Precedentes. 6. Apelo conhecido e provido. (TJCE; APL 0201098-40.2013.8.06.0001; Segunda Câmara de Direito Privado; Rel. Des. Carlos Alberto Mendes Forte; Julg. 25/10/2017; DJCE 31/10/2017; Pág. 34). V. tb.: AGRAVO DE INSTRUMENTO. CUMULAÇÃO DE PEDIDOS DE DIVÓRCIO C/C ALIMENTOS. POSSIBILIDADE EFETIVIDADE E CELERIDADE PROCESSUAL. ALIMENTOS FIXADOS EM 30% (TRINTA POR CENTO) DO SALÁRIO MÍNIMO, CUJO VALOR SE AFIGURA RAZOÁVEL, DIANTE DAS NECESSIDADES DO FILHO, SEM QUE DEMONSTRADA A INCAPACIDADE DO AGRAVANTE PARA ASSUMIR TAL ENCARGO. Os pedidos de divórcio e alimentos são compatíveis entre si (inciso I, do § 1º, do art. 327, do CPC); o Juízo de família é o competente para conhecer dos referidos pedidos (inciso II, do § 1º, do art. 327, do CPC) e, por fim, o procedimento ordinário é adequado para ambas as pretensões (CPC, 327 § 2º). Em atenção aos princípios da efetividade e celeridade processual, é possível a cumulação dos pedidos de divórcio, guarda e alimentos de menores. A verba fixada, à base de 30% (trinta por cento) do salário mínimo, se afigura revestida da proporcionalidade e razoabilidade necessárias. Agravo improvido. (TJBA; AI 0019131-87.2016.8.05.0000; Salvador; Segunda Câmara Cível; Rel. Des. Maurício Kertzman Szporer; Julg. 24/01/2017; DJBA 06/02/2017; Pág. 287)

Não se admite cumulação do pedido de prestação de contas com a pretensão de revisão/anulação de cláusulas contratuais:

✓ APELAÇÃO CÍVEL. AÇÃO DE PRESTAÇÃO DE CONTAS. LAUDO PERICIAL QUE EXCEDE SUA FUNÇÃO. JULGAMENTO EM DESCONFORMIDADE COM OS CÁLCULOS DO PERITO. ACOLHIMENTO CONTAS APRESENTADAS PELA PARTE RÉ. POSSIBILIDADE. NÃO CABIMENTO DE PRETENSÃO REVISIONAL EM AÇÃO DE PRESTAÇÃO DE CONTAS. ENTENDIMENTO FIRMADO PELO STJ EM JULGAMENTO DE RECURSO REPETITIVO. CONSTATAÇÃO. Tendo o laudo pericial excedido sua função de levantar as contas prestadas e apurar a existência de débito/crédito em favor da requerente, efetuando na verdade verdadeira revisão dos encargos, juros e taxas cobradas pela instituição financeira, devem ser julgadas boas as contas apresentadas pela parte ré, desde que retratem corretamente a movimentação realizada na conta da correntista. Não é cabível, em sede de ação de prestação de contas, a pretensão pela parte requerente de revisão/anulação das cláusulas pactuadas, por tramitar a ação ajuizada sob o rito do procedimento especial, não havendo em que se falar em sobre a possibilidade de tal cumulação de pedidos, considerando o posicionamento firmado pelo STJ quando do julgamento do RESP nº 1.497.831, bem como o disposto no §2º do art. 327 do CPC/2015. (TJMG; APCV 1.0390.10.001041-7/002; Rel. Des. Arnaldo Maciel; Julg. 28/03/2017; DJEMG 31/03/2017). V. tb.: TJRJ; APL 0099328-83.2011.8.19.0042; Petrópolis; Vigésima Sexta Câmara Cível Consumidor; Rel. Des. Wilson do Nascimento Reis; DORJ 15/12/2017; Pág. 768.

Em caso de cumulação de pedidos envolvendo matérias de diferentes competências, deve a ação prosseguir perante o juízo onde foi inicialmente proposta, o qual apreciará a lide nos limites de sua competência, extinguindo o feito sem exame do mérito no ponto em que lhe falta competência, sem prejuízo do ajuizamento de nova demanda:

✓ CONFLITO DE COMPETÊNCIA Nº 172870 - MG (2020/0140612-2) RELATOR: MINISTRO ANTONIO CARLOS FERREIRA SUSCITANTE: JUÍZO FEDERAL DA 1A VARA CÍVEL E CRIMINAL DE MONTES CLAROS - SJ/MG SUSCITADO: JUÍZO DE DIREITO DA 4A VARA CÍVEL DE MONTES CLAROS - MG INTERES.: ERIKA NAYONARA ALMEIDA GUIMARAES MARTINS ADVOGADO: JUNUCELIA CRISTHYANE DIAS - MG127354 INTERES.: WARLEY FARIA DE SOUZA INTERES.: CAIXA ECONÔMICA FEDERAL INTERES.: IPIRANGA PRODUTOS DE PETRÓLEO S/A ADVOGADO: LOYANNA DE ANDRADE MIRANDA - MG111202 DECISÃO Trata-se de conflito negativo de competência no qual é suscitante o JUÍZO FEDERAL DA 1ª VARA CÍVEL E CRIMINAL DE MONTES CLAROS - SJ/MG e suscitado o JUÍZO DE DIREITO DA 4ª VARA CÍVEL DE MONTES CLAROS - MG. Na origem, foi proposta demanda indenizatória e de obrigação de fazer contra WARLEY FARIA DE SOUZA, CAIXA ECONÔMICA FEDERAL e IPIRANGA PRODUTOS E PETRÓLEO S.A. A ação foi distribuída ao Juízo estadual suscitado, que entendeu ser caso de competência da Justiça Federal, ante a existência da CEF no polo passivo (e-STJ fl. 72). O suscitante, por sua vez, considerou haver cumulação indevida de pedidos, existindo lides autônomas em relação aos réus, cabendo a ele decidir a questão referente apenas à CEF, quanto ao pedido de disponibilizar os extratos da conta corrente apontada na exordial, sendo incompetente para dispor sobre a demanda quanto aos demais réus. Afirmou ainda que, tendo sido a cumulação indevida proposta inicialmente na Justiça estadual, deveria o magistrado cível ter extinto o processo sem resolução do mérito apenas em relação ao pleito realizado contra a CEF (e-STJ fls. 2/3). O Ministério Público Federal manifestou-se pela cisão do efeito, reconhecendo-se a competência da Justiça Federal para julgar a lide acerca das pretensões formuladas em face da Caixa Econômica Federal (e-STJ fls. 91/96). É o relatório. Decido. Extrai-se dos autos que há duas lides autônomas, cumuladas no mesmo instrumento processual e perante o mesmo Juízo estadual. Entretanto, conforme o art. 327, § 1º, II, do CPC/2015, a cumulação de pedidos exige que o juízo seja competente para analisar todos os pleitos. Confira-se: Art. 327. É lícita a cumulação, em um único processo, contra o mesmo réu, de vários pedidos, ainda que entre eles não haja conexão. § 1º São requisitos de admissibilidade da cumulação que: [...] II - seja competente para conhecer deles o mesmo juízo; em relação ao pedido formulado em desfavor da Caixa Econômica Federal, carece de competência o Juízo estadual, em razão da regra disposta no art. 109, I, da CF, a qual delimita competência absoluta. Nesse contexto, ocorreu, no caso, cumulação indevida de pedidos. Segundo o entendimento do STJ, havendo cumulação de pedidos envolvendo matérias de diferentes competências, deve a ação prosseguir perante o juízo onde foi inicialmente proposta, o qual apreciará a lide nos limites de sua competência, extinguindo o feito sem exame do mérito no ponto em que lhe falta competência, sem prejuízo do ajuizamento de nova demanda, com o pedido remanescente, no juízo próprio. Entendimento da Súmula n. 170/STJ (AgRg nos EDcl no CC n. 142.645/RJ, Relator Ministro RICARDO VILLAS BÔAS CUEVA, SEGUNDA SEÇÃO, julgado em 25/2/2016, DJe 1º/3/2016). A propósito: Conflito de competência. Ação de cumprimento. Contribuição prevista em convenção coletiva. Contribuição sindical prevista em lei. Impossibilidade de cumulação dos pedidos. 1. No tocante à contribuição assistencial decorrente de convenção coletiva, a jurisprudência desta Corte está pacificada no sentido de ser competente a Justiça do Trabalho. Com relação à contribuição sindical prevista em lei, o entendimento jurisprudencial desta Corte considera competente a Justiça Comum do Estado. Precedentes. 2. Havendo cumulação de pedidos envolvendo matérias de diferentes competências, aplica-se o disposto na Súmula nº 170/STJ, devendo a ação prosseguir perante o Juízo onde primeiro foi intentada a ação, nos limites de sua competência, 'sem prejuízo do ajuizamento de nova causa, com o pedido remanescente, no juízo próprio'. 3. Conflito conhecido para declarar competente o Tribunal Regional do Trabalho da 1ª Região para o julgamento do pedido relativo à contribuição assistencial decorrente de convenção coletiva." (CC 31.049/RJ, Relator Ministro CARLOS ALBERTO MENEZES DIREITO, SEGUNDA SEÇÃO, julgado em 22/2/2001, DJ 23/4/2001, p. 115.) AGRAVO REGIMENTAL. CONFLITO NEGATIVO. ACIDENTE FATAL DE TRABALHO. AÇÃO DE INDENIZAÇÃO POR DANOS MATERIAIS E MORAIS MOVIDA PELA VIÚVA E FILHOS EM FACE DA EX-EMPREGADORA E DA PROPRIETÁRIA DO VEÍCULO. CUMULAÇÃO INDEVIDA DE PEDIDOS DE NATUREZA DISTINTA. ENUNCIADO 170 DA SÚMULA DO STJ. APLICAÇÃO QUANTO À SEGUNDA RÉ. COMPETÊNCIA. JUSTIÇA ESTADUAL. 1. Compete à Justiça estadual, onde primeiramente ajuizada, processar e julgar ação de indenização por danos materiais e morais sofridos pela viúva e filhos de trabalhador falecido em acidente de trabalho, em que consta no polo passivo, além da ex-empregadora, a proprietária do veículo na oportunidade dirigido pelo de cujus. 2. A indevida cumulação de pedidos, que contra a empregadora tramitará na Justiça do Trabalho, tem como consequência, por faltar essa qualidade à agravante, que responda pelo ilícito na Justiça comum, nos termos do entendimento sumulado no enunciado 170-STJ. 3. Inviabilidade de discussão em conflito de competência de questões relativas à suposta ilegitimidade passiva ad causam da recorrente e ao mérito da controvérsia. 4. Agravo regimental a que se nega provimento. (AgRg no CC 117.133/SP, Relatora Ministra MARIA ISABEL GALLOTTI, SEGUNDA SEÇÃO, julgado em 24/8/2011, DJe 31/8/2011.) Diante do exposto, CONHEÇ O do presente conflito negativo de competência, para DECLARAR COMPETENTE o JUÍZO DE DIREITO DA 4ª VARA CÍVEL DE MONTES CLAROS – MG a fim de dispor sobre a demanda proposta em desfavor apenas de WARLEY FARIA DE SOUZA e IPIRANGA PRODUTOS E PETRÓLEO S.A., podendo a parte autora da ação, se assim entender, propor nova demanda contra a CEF na Justiça Federal. Publique-se e intimem-se. Brasília, 03 de agosto de 2020. Ministro ANTONIO CARLOS FERREIRA Relator (STJ – CC: 172870 MG 2020/0140612-2, Relator: Ministro ANTONIO CARLOS FERREIRA, Data de Publicação: DJ 05/08/2020).

Quando para cada pedido corresponder tipo diverso de procedimento, será admitida a cumulação se o autor empregar o procedimento comum:

✓ AGRAVO EM RECURSO ESPECIAL Nº 1.376.838 – CE (2018/0260665-7) RELATORA: MINISTRA MARIA ISABEL GALLOTTI AGRAVANTE: J O F M ADVOGADOS: WILSON DE NORÕES MILFONT NETO E OUTRO (S) – CE015248 JORGE ANDRÉ FORTALEZA SAMPAIO – CE015286 ANDRE LUIZ NEPOMUCENO – CE032604 AGRAVADO: E K B M – MENOR IMPÚBERE AGRAVADO: C K B C ADVOGADOS: DEODATO JOSÉ RAMALHO JUNIOR – CE003645 JEANE MICHELE MOURA BARRETO – CE024055 CILAIDE MARTINS PAZ – CE025022 DECISÃO Trata-se de agravo interposto contra decisão que não admitiu recurso especial manejado em face de acórdão assim ementado: EMENTA: PROCESSUAL CIVIL E FAMÍLIA. APELAÇÃO CÍVEL. AÇÃO DE DIVÓRCIO C/C ALIMENTOS, PRESTAÇÃO DE CONTAS E PARTILHA DE BENS. POSSIBILIDADE. PRECEDENTES DO STJ, DO TJCE E DEMAIS TRIBUNAIS. APELO PROVIDO. SENTENÇA ANULADA. 1. Cuidam os presentes autos de apelação cível interposta por Casthia Kaline Bezerra Cardoso contra sentença oriunda do Juízo da T Vara de Família da Comarca de Fortaleza/CE, a qual decretou o divórcio do casal, bem como determinou que todas as outras questões sejam discutidas e decididas em processos próprios (fl. 762). 2. Com efeito, o artigo 327 do Código de Processo Civil estabelece as condições para cumulação dos pedidos, senão vejamos: Art. 327. E lícita a cumulação, em um único processo, contra o mesmo réu, de vários pedidos, ainda que entre eles não haja conexão. [...J2º Quando, para cada pedido, corresponder tipo diverso de procedimento, será admitida a cumulação se o autor empregar o procedimento comum, sem prejuízo do emprego das técnicas processuais diferenciadas previstas nos procedimentos especiais a que se sujeitam um ou mais pedidos cumulados, que não forem incompatíveis com as disposições sobre o procedimento comum. 3. Assim, como bem destacado pelo douto Procurador de Justiça, a cumulação dos pedidos de divórcio, alimentos e partilha de bens é devida, na medida em que o procedimento escolhido foi o ordinário. 4. Dessa maneira, como o Julgador deve ficar adstrito aos pedidos formulados pelo autor e pelo réu no desenrolar da relação processual, devendo enfrentar todos eles, sob pena de proferir sentença citra petita, a decisão atacada deve ser cassada. 5. Precedentes. 6. Apelo conhecido e provido. Nas razões do recurso especial, a parte recorrente aponta violação do art. 1.581 do Código Civil, alegando que há possibilidade de concessão do divórcio sem a partilha prévia dos bens. Não foram apresentadas Contrarrazões (certidão de fl. 852). Assim delimitada a controvérsia, passo a decidir. Destaco que a decisão recorrida foi publicada depois da entrada em vigor da Lei nº 13.105 de 2015, estando o recurso sujeito aos requisitos de admissibilidade do Código de Processo Civil de 2015, conforme dispõe o Enunciado Administrativo nº 3/2016 do Superior Tribunal de Justiça. Da análise dos autos, verifica-se que a discussão a respeito da suposta violação ao art. 1.581 do Código Civil não foi objeto de exame pela instância ordinária, e sequer foram opostos embargos de declaração na origem para suprir eventual omissão sobre esses aspectos, o que torna inviável sua análise, pois ausente o requisito indispensável do prequestionamento, do qual não estão isentas sequer as questões de ordem pública. Incidem, na hipótese, os óbices das Súmulas 282 e 356 do Supremo Tribunal Federal. Nesse sentido: AGRAVO

INTERNO NO AGRAVO (ART. 544 DO CPC/73)- AÇÃO REVISIONAL DE CONTRATO BANCÁRIO – DECISÃO MONOCRÁTICA NEGANDO PROVIMENTO AO RECLAMO. INSURGÊNCIA DO AUTOR. 1. Em relação ao artigo 396 do Código Civil, incidem os enunciados das Súmulas 282 e 356 do Supremo Tribunal Federal, ante a ausência de prequestionamento, porquanto a matéria contida em tal dispositivo não teve o competente juízo de valor aferido, nem interpretada ou a sua aplicabilidade afastada ao caso concreto pelo Tribunal de origem. 2. A despeito de o insurgente afirmar não ter manejado o reclamo com base na alínea c do permissivo constitucional, em uma simples leitura da folha de apresentação do recurso especial depreende-se que o apelo foi interposto com fundamento "nas alíneas 'a' e 'c' do inciso III do artigo 105 da Constituição da República". Assim, não tendo a parte logrado comprovar o referido dissenso jurisprudencial, adequada a monocrática que não conheceu do recurso no ponto. 3. Agravo interno desprovido. (AgInt no AREsp 1.112.475/SP, Rel. Ministro MARCO BUZZI, QUARTA TURMA, julgado em 19.10.2017, DJe 25.10.2017). Em face do exposto, nego provimento ao agravo. Intimem-se. Brasília (DF), 22 de novembro de 2018. MINISTRA MARIA ISABEL GALLOTTI Relatora (STJ – AREsp: 1376838 CE 2018/0260665-7, Relator: Ministra MARIA ISABEL GALLOTTI, Data de Publicação: DJ 29/11/2018).

§ 3º O inciso I do § 1º não se aplica às cumulações de pedidos de que trata o art. 326.

Se a cumulação é imprópria, não há necessidade de que os pedidos cumulados sejam compatíveis:

✓ PETIÇÃO INICIAL. PEDIDOS. CUMULAÇÃO. BENEFÍCIO ASSISTENCIAL E PREVIDENCIÁRIO. POSSIBILIDADE. I. A cumulação sucessiva de pedidos é classificada como imprópria exatamente porque de cumulação não se trata, já que a parte pede ao juiz que acolha apenas um dos pedidos formulados, respeitada a preferência apontada na petição inicial. II. É a identificação do tipo de cumulação deduzida pelo autor que define a necessidade ou não de haver compatibilidade entre os pedidos. A regra geral é a de que o processo não comporta pedidos inconciliáveis (art. 292, §1º, inc. I, do CPC/73, mantido pelo art. 327, §1º, inc. I, do CPC/2015). III. Em se tratando de cumulação imprópria (pedidos sucessivo/subsidiário ou alternativo), descarta-se a exigência de compatibilidade entre os pedidos, tendo em vista que a pretensão do autor não é a do acolhimento simultâneo de ambos. IV. Embora o benefício de prestação continuada/LOAS e a aposentadoria por invalidez/auxílio-doença sejam benefícios de naturezas diversas (assistencial o primeiro e previdenciários os últimos), nada impede que sejam deduzidos na mesma petição inicial, de forma subsidiária. V. Os demais requisitos impostos no então vigente art. 292, incs. II e III, do CPC/73 (atual art. 327, incs. II e III, do CPC/2015) também estão cumpridos, de forma a não haver nenhum óbice quanto ao recebimento da petição inicial, relativamente a este aspecto. VI. Agravo de instrumento provido. (TRF 3ª R.; AI 0028595-62.2015.4.03.0000; Oitava Turma; Rel. Des. Fed. Newton de Lucca; Julg. 03/04/2017; DEJF 24/04/2017).

Art. 328. Na obrigação indivisível com pluralidade de credores, aquele que não participou do processo receberá sua parte, deduzidas as despesas na proporção de seu crédito.

→ *v.* Arts. 257 e seguintes do CC/2002.

Art. 329. O autor poderá:

I – até a citação, aditar ou alterar o pedido ou a causa de pedir, independentemente de consentimento do réu;

Possibilidade de alteração do polo passivo antes da citação do demandado:

✓ AGRAVO DE INSTRUMENTO. AÇÃO CAUTELAR DE SUSTAÇÃO DE PROTESTO. Emenda da inicial. Alteração do polo passivo. Decisão de indeferimento. Pedido formalizado antes da citação do demandado e, portanto, anterior à estabilização subjetiva da lide. Possibilidade. Artigo 329, inciso I, do CPC/2015. Recurso conhecido e provido. (TJSC; AI 0033202-66.2016.8.24.0000; Blumenau; Terceira Câmara de Direito Comercial; Rel. Des. Jaime Machado Junior; DJSC 15/12/2017; Pag. 321).

Possibilidade de alteração do rito processual antes da citação do réu:

✓ AGRAVO DE INSTRUMENTO. REINTEGRAÇÃO DE POSSE. ARRENDAMENTO MERCANTIL. CONVERSÃO EM AÇÃO DE EXECUÇÃO. ADMISSIBILIDADE. PARTE RÉ NÃO CITADA. CONTRADITÓRIO AINDA NÃO INSTALADO. MODIFICAÇÃO NO PEDIDO E NA CAUSA DE PEDIR. POSSIBILIDADE. RECURSO CONHECIDO E PROVIDO. Não tendo havido a citação da parte requerida, é cabível a modificação do pedido e da causa de pedir, nos termos do artigo 329 do CPC, ainda que isso implique em alteração do rito processual, correndo às expensas da parte autora as custas acrescidas em razão da iniciativa tomada. (TJMS; AI 1409254-46.2016.8.12.0000; Terceira Câmara Cível; Rel. Des. Marco André Nogueira Hanson; DJMS 16/05/2017; Pág. 107).

Possibilidade de inclusão de novos executados após a citação de alguns litisconsortes passivos:

✓ PETIÇÃO INICIAL. EMENDA. LITISCONSÓRCIO. LIDE NÃO ESTABILIZADA, AUSENTE A CITAÇÃO DE UM DOS EXECUTADOS. ART. 329, CPC. 1. O art. 329 do CPC autoriza que o autor emende a petição inicial de sua ação, sem que seja necessário o consentimento do réu, antes da citação. 2. No caso, a demanda ainda não estabilizou porquanto há litisconsórcio passivo e nem todos os executados foram citados. 3. De mais a mais, a emenda visa apenas inclusão dos avalistas no polo passivo da execução. O que, na verdade, não representa alteração do pedido e nem traz prejuízos aos executados já citados. 4. Recurso não provido. (TJSP; AI 2116668-30.2017.8.26.0000; Ac. 10698994; São Paulo; Décima Quarta Câmara de Direito Privado; Rel. Des. Melo Colombi; Julg. 16/08/2017; DJESP 18/08/2017; Pág. 2232).

II – até o saneamento do processo, aditar ou alterar o pedido e a causa de pedir, com consentimento do réu, assegurado o contraditório mediante a possibilidade de manifestação deste no prazo mínimo de 15 (quinze) dias, facultado o requerimento de prova suplementar.

→ *v.* Art. 2º, § 8º, da Lei 6.830/1980.

Entendendo que, se o réu não se insurge expressamente contra a alteração da causa de pedir após a sua citação, configura-se sua concordância tácita:

✓ APELAÇÃO CÍVEL. AÇÃO DECLARATÓRIA C/C COBRANÇA. SEGURO DE VIDA. INEXISTÊNCIA DE INOVAÇÃO RECURSAL. ARGUMENTAÇÃO EXPOSTA NAS RAZÕES RECURSAIS FOI APRESENTADA PELAS APELANTES DURANTE TRAMITAÇÃO DO FEITO. ALTERAÇÃO CAUSA DE PEDIR ANTES DO SANEAMENTO DO PROCESSO. OBSERVÂNCIA DO CONTRADITÓRIO. AUSÊNCIA DE EXPRESSA IMPUGNAÇÃO DA APELADA. CONSENTIMENTO TÁCITO. ART. 329, II DO CPC/2015. CANCELAMENTO UNILATERAL DA APÓLICE POR INADIMPLÊNCIA. IMPOSSIBILIDADE. APLICAÇÃO CLÁUSULA DE RENOVAÇÃO AUTOMÁTICA DO CONTRATO. RENOVAÇÃO POR UM ANO. INTERPRETAÇÃO MAIS FAVORÁVEL AO CONSUMIDOR DAS CLÁUSULAS CONTRATUAIS. ART. 47 DO CDC. CONTRATO VIGENTE POR OCASIÃO DO FALECIMENTO DO SEGURADO. INDENIZAÇÃO DO VALOR DA COBERTURA SECURITÁRIA DEVIDA PELA SEGURADORA. ART. 757 DO CÓDIGO CIVIL. PAGAMENTO DE EVENTUAL SALDO DEVEDOR CONTRATUAL PELAS APELANTES. DESDOBRAMENTO LÓGICO. INEXISTÊNCIA DANO MORAL. RECURSO CONHECIDO E PARCIALMENTE PROVIDO PARA REFORMAR A SENTENÇA E JULGAR PARCIALMENTE PROCEDENTE A PRETENSÃO INICIAL. INVERSÃO ÔNUS DE SUCUMBÊNCIA FIXADOS NA SENTENÇA. Inexistência de inovação recursal. Argumentação exposta nas razões recursais foi apresentada pelas apelantes durante tramitação do feito, pela primeira vez na impugnação à contestação e, após, no pedido de julgamento antecipado do processo e nos embargos de declaração. Alteração da parte da causa de pedir, consistente no fundamento da existência de apólice vigente por ocasião do falecimento do segurado, está abarcada pela disposição do inciso II do art. 329 do CPC/2015. Foi realizada antes do saneamento do processo e com observância do contraditório, pois foi rebatida pela apelada, a qual não se insurgiu expressamente em desfavor da alteração, fato que configura consentimento tácito. Cartão Porto Seguro Seguros Vida e Previdência emitido com validade de dois anos para apólice de um ano confunde consumidor e viola dever de informação (art. 6º, III do CDC). Cancelamento unilateral da apólice por inadimplência. Cláusula 12. A constatação de ausência de pagamento implica necessidade de constituição em mora do segurado pela seguradora. Cláusula nula (art. 51, IV e XI do CDC). Não constituição em mora. Manutenção da apólice. Aplicação cláusula de renovação automática do contrato. Diferentemente do mencionado na sentença, existe cláusula de renovação automática no contrato de seguro. Cláusula 9. Inexistência de renovação anterior e de comprovação de expressa desistência de renovação no prazo de 60 dias, prevista no pacto. Interpretação mais favorável ao consumidor das cláusulas contratuais, art. 47 do CDC. Contrato vigente por ocasião do falecimento do segurado. Indenização do valor da cobertura securitária devida pela seguradora, art. 757 do Código Civil. Pagamento, pelas apelantes/autoras de eventual saldo devedor. Desdobramento lógico, não configura julgamento extra petita. Determinação de pagamento do seguro de vida desacompanhada da quitação do valor da contrapartida contratualmente estipulada configuraria enriquecimento ilícito. Dano moral. Descumprimento contratual, em regra, não gera dever de indenizar, por caracterizar mero aborrecimento, dissabor. Ausência de demonstração de efetivo desequilíbrio psicológico ocasionado pela negativa de pagamento do seguro de vida. (TJMS; APL 0800988-76.2013.8.12.0016; Quinta Câmara Cível; Rel. Des. Júlio Roberto Siqueira Cardoso; DJMS 27/06/2017; Pág. 49).

Impossibilidade de conversão da execução em ação de cobrança após a citação do réu e sem a sua concordância:

✓ EXECUÇÃO. EMBARGOS Á EXECUÇÃO. CHEQUES PRESCRITOS. CONVERSÃO DA EXECUÇÃO EM AÇÃO DE CONHECIMENTO CONDENATÓRIA. INADMISSIBILIDADE. De regra, já tendo sido citado o executado, afigura-se inadmissível a conversão da execução em ação de conhecimento condenatória, mormente se com isso não concorda o devedor (art. 329, I e II, do CPC/2015). Afora isso, tal conversão acarretaria a alteração do pedido e da causa de pedir que somente pode ser feita até a fase do saneamento do processo (princípio da estabilização objetiva da demanda), o que inocorreu no caso sub judice. Apelação improvida. (TJRS; AC 0166850-44.2017.8.21.7000; Gravataí; Décima Nona Câmara Cível; Rel. Des. Voltaire de Lima Moraes; Julg. 14/09/2017; DJERS 21/09/2017)

No caso do inc. II impõe-se a necessidade de que o réu apresente motivo fundamentado e juridicamente plausível, não podendo invocar a inexistência de norma específica, sob pena de sua conduta ser considerada como abuso de direito, afastando-se da boa-fé processual:

✓ Decisão: Trata-se de petição (Pet. 3.675/2020, eDOC 37) apresentada pelo Estado do Pará, na qual alega o descumprimento, por parte da União, da liminar anteriormente deferida, em razão da negativa de formalizar outros dois contratos de empréstimos, do Programa Avançar Cidades, exatamente pela mesma e única motivação: gastos com pessoal do Poder Legislativo paraense. Aduz que, caso prevaleça o entendimento da União, o Estado do Pará terá que ajuizar uma nova demanda a cada novo contrato de empréstimo rejeitado com fundamento no gasto com pessoal de seu Poder Legislativo, mesmo já havendo decisão proferida contra tal prática em outras 3 (três) ações civis originárias (ACOs 3114, 3133 e 3327). Entende que relacionar todos os contratos de empréstimo que possam vir a ser negociados pelo Estado, como quer a União, seria verdadeiro exercício de futurologia, além de desnecessário, considerando que essa Corte já determinou à União, expressamente, que não utilize a questão do gasto com pessoal do Poder Legislativo paraense como causa impeditiva para a formalização de empréstimos. Afirma que o item "c" dos pedidos deduzidos pelo Estado seria claro e intencionalmente abrangente, de modo que a pretensão judicial sempre foi afastar o óbice imposto em razão do gasto com pessoal do Poder Legislativo, em clara e direta aplicação do princípio da intranscendência das sanções. Requer que seja expressamente assegurado que a União se abstenha de suscitar a questão do gasto com pessoal do Poder Legislativo como causa obstativa à formalização dos empréstimos negociados pelo Estado, especialmente os contratos referentes ao programa Avançar Cidades, cujas comunicações de negativa seguem em anexo. Subsidiariamente, caso se entenda necessário que a presente ação seja aditada para os fins de incluir, expressamente, os contratos em negociação do programa Avançar Cidades, pleiteia que a presente manifestação seja recebida como aditamento à inicial. Intimada, nos termos do referido art. 329 do CPC, a União apresentou manifestação (eDOC 56), aduzindo que o pedido formulado na inicial, bem como toda a documentação acostada aos autos, fez referência apenas à operação de crédito no valor de R$ 537.322.634,96 (quinhentos e trinta e sete milhões, trezentos e vinte e dois mil, seiscentos e trinta e quatro reais e noventa e seis centavos), os quais seriam revertidos para investimentos em saúde, infraestrutura, saneamento básico e integração territorial. Defende que, com base no princípio da boa-fé, que deve nortear a interpretação do pedido (art. 322, § 2º, CPC) e a atuação das partes no processo civil (art. 5º, CPC), seria impossível interpretar o pedido deduzido na peça vestibular, como se ele incluísse operações de crédito que não foram nela mencionadas. Conclui, portanto, que a pretensão de ampliação do pedido e da causa de pedir, formulado pelo Estado do Pará na petição incidental, deve ser rejeitado, uma vez que foi apresentado após a citação e não conta com a anuência da ré. É o breve relatório. Decido. Anote-se, inicialmente, que não houve o descumprimento da liminar por parte da União, mormente considerando a decisão do eDOC 53, de modo que passo a analisar o pleito subsidiário do Estado do Pará de aditamento à inicial. Pois bem. O fundamento utilizado pela União para negar o pleito da ampliação do pedido foi a ausência de previsão legal para tanto. A possibilidade legal de aditamento à inicial encontra previsão no art. 329, do Código de Processo Civil, cuja redação ora transcrevo: "Art. 329. O autor poderá: I – até a citação, aditar ou alterar o pedido ou a causa de pedir, independentemente de consentimento do réu; II – até o saneamento do processo, aditar ou alterar o pedido e a causa de pedir, com consentimento do réu, assegurado o contraditório mediante a possibilidade de manifestação deste no prazo mínimo de 15 (quinze) dias, facultado o requerimento de prova suplementar. Parágrafo único. Aplica-se o disposto neste artigo à reconvenção e à respectiva causa de pedir". (grifo nosso) Nestes termos, após a citação, é bem verdade que o aditamento ou a alteração do pedido ou da causa de pedir depende de consentimento do réu. Todavia, o exercício desse assentimento não pode extrapolar os fins legais, na medida que pratica abuso de direito aquele que excede os limites éticos de suas posições jurídico-processuais, nos termos do art. 187 do Código Civil: "Art. 187. Também comete ato ilícito o titular de um direito que, ao exercê-lo, excede manifestamente os limites impostos pelo seu fim econômico ou social, pela boa-fé ou pelos bons costumes". Assim, se o réu não quiser concordar com o aditamento (que possui previsão legal) deverá apresentar ao juízo motivo fundamentado e juridicamente plausível, não podendo invocar a inexistência de norma específica, sob pena de sua conduta ser considerada como abuso de direito, afastando-se da boa-fé processual. Não por outro motivo, o art. 5º do Código de Processo Civil assim dispôs: "Art. 5º. Aquele que de qualquer forma participa do processo deve comportar-se de acordo com a boa-fé". Ademais, o art. 6º do CPC acolheu expressamente o princípio da cooperação processual, dispondo que "Todos os sujeitos do processo devem cooperar entre si para que se obtenha, em tempo razoável, decisão de mérito justa e efetiva". Excepcionalmente, na situação de inexistir fundamento razoável juridicamente pela parte ré, admite-se o abrandamento do princípio da estabilização da demanda, contido no art. 329 do CPC, para atender aos princípios da instrumentalidade das formas, da celeridade, da economia e da efetividade processuais. Não obstante o princípio da estabilização da demanda estar positivado no Código de Processo Civil, com o objetivo de atender aos princípios da segurança jurídica e do contraditório, é preciso reconhecer que a realidade social, da qual se origina a lide, muda constantemente. Atento a esse relevante aspecto, o mesmo Código de Processo Civil, em seu art. 342, preconiza que, após a contestação, é lícito ao réu deduzir novas alegações relativas a fato superveniente. Vide: "Art. 342. Depois da contestação, só é lícito ao réu deduzir novas alegações quando: I – relativas a direito ou a fato superveniente; II – competir ao juiz conhecer delas de ofício; III – por expressa autorização legal, puderem ser formuladas em qualquer tempo e grau de jurisdição". Ou seja, nosso diploma processual impõe que sejam levados em conta, no momento do julgamento da causa, os fatos constitutivos, modificativos ou extintivos do direito que influírem na resolução do mérito. Carlos Alberto Álvaro de Oliveira, ao tratar da experiência estrangeira sobre o tema, informa que: "(...) a experiência alemã, ao permitir a modificação da demanda, independente de anuência do adversário, se entendido pelo órgão judicial estar presente o requisito da 'utilidade' para a causa (Sachdienlichkeit: § 263, com a redação da Novela de 1933). Para a jurisprudência constituem elementos decisivos para a aplicação desse conceito o interesse público no rápido desenvolvimento do processo e as exigências de economia do juízo. Na mesma esteira, o § 235, 3, da Ordenança Processual austríaca autoriza o juiz a permitir a modificação da demanda se não conduz ao 'retardamento relevante' e ao 'agravamento' do desenvolvimento do processo. A esse modo de ver o problema não ficou alheia a Ordenança Processual de Berna, cujo § 94 admite a alteração da ação ou da reconvenção, sem o consentimento da parte contrária, se apoiada em causa de pedir semelhante à anterior pretensão ou conexa com a exercida, entendendo o órgão judicial não decorrer daí considerável agravamento ou demora no processamento da causa. Nessa mesma perspectiva, revela-se interessante e original a solução preconizada na ampla e profunda reforma introduzida no processo civil português ocorrida em 1995 e 1996, em que se faculta, mesmo sem concordância da outra parte (CPC português, art. 273, incisos 1 a 6): a) a alteração ou ampliação da causa de pedir na réplica, se o processo a admitir, a não ser que a alteração ou a ampliação seja consequência de confissão feita pelo réu e aceita pelo autor; b) a alteração ou ampliação do pedido na réplica, podendo, além disso, o autor, em qualquer altura, reduzir o pedido e ampliá-lo até o encerramento da discussão em 1º grau de jurisdição se a ampliação consistir em desenvolvimento ou consequência do pedido primitivo; c) a ampliação ou alteração do pedido de aplicação de sanção pecuniária compulsória no caso de obrigações de prestação de fato infungíveis, ao abrigo do disposto no art. 829, I, do Código Civil, respeitados os termos do art. 273, 2, do CPC; d) ao autor requerer nas ações de indenização fundadas em responsabilidade civil, até o encerramento da audiência de discussão e julgamento em 1º grau de jurisdição, a condenação do réu em forma de renda vitalícia ou temporária (art. 567 do Código Civil), mesmo que inicialmente tenha pedido a condenação daquele em quantia certa; e) a modificação simultânea do pedido e da causa de pedir, desde que tal não implique convolação para relação jurídica diversa da controvertida. Aliás, em havendo acordo das partes, já a reforma de 1967, dando nova redação ao art. 272 do CPC português, autorizara a alteração ou ampliação do pedido e da causa de pedir em qualquer altura do processo, tanto em 1º quanto 2º grau de jurisdição, salvo se ocorresse perturbação inconveniente da instrução, discussão e julgamento do pleito. Entendo tratar-se aqui de efetividade virtuosa porque a flexibilização sugerida encaminha uma solução conveniente para a clara tensão verificada entre o direito processual e o direito material. Pense-se como a satisfação deste correria o risco de se prolongar, às vezes de maneira insustentável, por considerações puramente formais, dando lugar a incertezas e injustiças". (OLIVEIRA, Carlos Alberto Álvaro. Efetividade e Processo de Conhecimento. Disponível em: http://www.abdpc.org.br/abdpc/artigos/Carlos%20A%20A%20de%20Oliveira (3)%20 -formatado.pdf. Acesso em 13.3.2020, grifo nosso) Desse modo, a rigidez estabelecida pelo art. 329 do CPC deve ser interpretada de forma sistemática, de acordo com todos os princípios que informam o processo civil, aliada à análise do caso concreto, visando compatibilizar o postulado da economia processual, na situação em que não houver prejuízo para a parte demandada. In casu, é possível perceber que há similitude entre os novos pedidos formulados pelo autor, com aquele já deduzido na inicial. Isso porque as partes são as mesmas e a causa de pedir remota também se refere ao mesmo fato, qual seja, a intranscendência subjetiva das sanções decorrentes de atos praticados por outros órgãos com autonomia constitucional, no contexto da tentativa de obtenção de empréstimo que depende do aval da União. Sem que a parte requerida apresente justificativa sustentável juridicamente e havendo conexão entre as causas de pedir e/ou os pedidos conexos e originários, solapam-se os princípios da economia processual e da instrumentalidade das formas inadmitir a ampliação do objeto litigioso até o saneamento do feito, considerando que o autor poderá formulá-lo em ação apartada e inevitavelmente haverá a reunião dos feitos para julgamento conjunto, nos termos do art. 55, § 1º, do CPC. Em outras palavras, a possibilidade de aditamento vai ao encontro dos princípios da celeridade, da economia e da efetividade processual, tendo em vista que, quando não houver motivo fático-jurídico razoável da parte da requerida, caso não seja admitida, certamente será novamente judicializada, implicando em mais demandas similares nesta Suprema Corte de idêntico jaez. Ad argumentantum tantum, caso não se permitisse o aditamento do pedido nessas situações, nova demanda, futuramente a ser ajuizada, deveria ser reunida a esta, por se tratarem de ações conexas, visando julgamentos conjunto, desde que a mais antiga não tenha sido sentenciada, com fundamento no art. 55, § 1º, do CPC, a saber: "Art. 55. Reputam-se conexas 2 (duas) ou mais ações quando lhes for comum o pedido ou a causa de pedir. § 1º. Os processos de ações conexas serão reunidos para decisão conjunta, salvo se um deles já houver sido sentenciado". (grifo nosso) Outrossim, insta salientar que o aditamento da inicial não causará prejuízo à ré, que poderá se manifestar e apresentar documentos em sua nova oportunidade de defesa. Desse modo, a inadmissão do aditamento do pedido, até o saneamento, na espécie (quando não apresentado motivo fático-jurídico razoável da parte promovida para opor-se), tornará mais oneroso e demorado o julgamento de feitos por esta Corte e ocasionará a proliferação de inúmeras demandas que poderiam estar unidas em um único feito. Ante o exposto, defiro o pedido de aditamento formulado na Petição 3.675/2020, estendendo os efeitos da tutela de urgência outrora concedida neste feito aos contratos de financiamento referentes ao programa "Avançar Cidades" (eDOC 37). Intime-se à União para apresentar nova contestação sobre os pedidos aditados no prazo de 30 dias (art. 329, II, do CPC). Publique-se. Intimem-se, COM URGÊNCIA. Brasília, 13 de março de 2020. Ministro Gilmar Mendes Relator Documento assinado digitalmente (STF – ACO: 3327 DF – DISTRITO FEDERAL 0035086-79.2019.1.00.0000, Relator: Min. GILMAR MENDES, Data de Julgamento: 13/03/2020, Data de Publicação: DJe-063 19/03/2020).

Parágrafo único. Aplica-se o disposto neste artigo à reconvenção e à respectiva causa de pedir.

→ V. Art. 343 e seguintes do CPC.

Correção de erro material na petição inicial não implica modificação da demanda:

✓ APELAÇÃO CÍVEL. AÇÃO DE COBRANÇA DE ALUGUÉIS E ENCARGOS DA LOCAÇÃO. NULIDADE DA CITAÇÃO. INOCORRÊNCIA. A alteração ou aditamento do pedido, na forma do art. 329, inc. I, do CPC/15, depois de angularizada a relação processual, não implica na nulidade da citação, mas na prejudicialidade da modificação do pedido. Todavia, no caso concreto, inexistiu emenda, alteração ou aditamento do pedido inicial, tendo em vista que o autor postulou, tão somente, a correção de erro material existente na exordial. Gratuidade da justiça concedida. Deram provimento, em parte, ao recurso. Unânime. (TJRS; AC 0262655-24.2017.8.21.7000; Caxias do Sul; Décima Quinta Câmara Cível; Rel. Des. Otávio Augusto de Freitas Barcellos; Julg. 06/12/2017; DJERS 19/12/2017).

Impossibilidade de reversão da execução em busca e apreensão, especialmente se já ocorrida a citação:

✓ AGRAVO DE INSTRUMENTO. AÇÃO DE BUSCA E APREENSÃO CONVERTIDA EM EXECUÇÃO. ART. 4º DO DECRETO-LEI Nº 911/69. REVERSÃO DA AÇÃO EXECUTIVA EM BUSCA E APREENSÃO. IMPOSSIBILIDADE. AUSÊNCIA DE PREVISÃO LEGAL. VEDAÇÃO DE ALTERAÇÃO DOS ELEMENTOS OBJETIVOS DA DEMANDA. ART. 329, I, DO CPC. RECURSO CONHECIDO E DESPROVIDO. A conversão da ação de busca e apreensão em execução encontra respaldo no art. 4º, do Decreto-Lei nº 911/69, desde que preenchidos os requisitos legais. Referido dispositivo legal não contempla a reversão desse procedimento para possibilitar a retomada do curso daquela ação. De acordo com o art. 329, I, do Código de Processo Civil a alteração dos elementos objetivos da demanda (pedido ou da causa e pedir) somente é permitida até a citação do devedor. Efetuada a conversão da ação de busca e apreensão em execução não é mais possível revertê-la, especialmente quando já realizada a citação no feito executivo. (TJMS; AI 1412351-54.2016.8.12.0000; Terceira Câmara Cível; Rel. Des. Eduardo Machado Rocha; DJMS 20/04/2017; Pág. 102)

Alteração dos medicamentos a serem fornecidos pelo Estado para o mesmo tratamento de saúde não implica violação ao art. 329 do CPC:

✓ TRATAMENTO DE SAÚDE. PEDIDO DE BLOQUEIO DE VERBA, EM SEDE DE CUMPRIMENTO DE SENTENÇA, PARA TRATAMENTO PSIQUIÁTRICO. LIMITES DA COISA JULGADA. Ato atentatório contra a dignidade da Justiça. Inexistência. Nas demandas que visam garantir à população o direito à saúde, é possível a alteração da medicação e dos procedimentos a serem disponibilizados ao paciente, desde que se refiram ao tratamento da mesma moléstia e sejam prescritos por profissional habilitado. Com isso, evita-se a propositura de sucessivas demandas judiciais pelo mesmo requerente. De fato, é bastante comum a alteração dos fármacos durante o tratamento médico, o que não implica em ofensa ao artigo 329 do Código de Processo Civil, pois o pedido inicial se fundamenta no artigo 196 da Constituição da República, que garante à população o direito à saúde. (...) Assim, é certo que muitas vezes o ente municipal não cumpre as determinações, vendo-se o paciente, que já suporta os males de uma enfermidade gravíssima, obrigado a requerer a busca e apreensão dos insumos ou o bloqueio de verba para custear o tratamento. Desse modo, tenho que o pedido de bloqueio de verbas para o tratamento psiquiátrico nada mais é do que um simples requerimento, certamente justificado, conforme salientado pela Procuradoria de Justiça em seu parecer, o qual, de forma alguma, causa tumulto processual ou induz a uma litigância temerária. Recurso a que se dá parcial provimento. (TJRJ; AI 0021254-34.2017.8.19.0000; Nova Friburgo; Terceira Câmara Cível; Rel. Des. Mario Assis Goncalves; DORJ 17/10/2017; Pág. 196). No mesmo sentido: AGRAVO DE INSTRUMENTO. AÇÃO PARA FORNECIMENTO DE FÁRMACO. AMPLIAÇÃO DO ROL DE MEDICAMENTOS PLEITEADOS EM RAZÃO DE MUDANÇA NO QUADRO CLÍNICO DA AGRAVADA. POSSIBILIDADE. INOCORRÊNCIA DE VIOLAÇÃO DO DISPOSTO NO ART. 329 DO CÓDIGO DE PROCESSO CIVIL. DECISÃO INTERLOCUTÓRIA MANTIDA. RECURSO DESPROVIDO. A ampliação ou substituição do rol de fármacos pleiteados, no decorrer da lide, mercê de nova prescrição médica, não configura, a rigor, modificação do pedido vulneratória ao comando do art. 329 do Código de Processo Civil, tratando-se, antes, em razão de fato superveniente, de mera adequação, voltada a conferir eficácia e instrumentalidade à prestação jurisdicional, dada a relevância do pleito, que envolve direito inalienável, assegurado pela Carta Magna da República, a teor do disposto no seu art. 196, além do que refugiria à lógica do razoável exigir-se, a cada novo medicamento que se mostre necessário, ou à vista da alteração daquele prescrito, o ajuizamento de nova ação. (TJSC; AI 4012107-09.2016.8.24.0000; Joinville; Segunda Câmara de Direito Público; Rel. Des. João Henrique Blasi; DJSC 10/03/2017; Pag. 255); RECURSO DE AGRAVO DE INSTRUMENTO. MANDADO DE SEGURANÇA. DIREITO CONSTITUCIONAL. MEDICAMENTOS. INCLUSÃO DE NOVOS FÁRMACOS APÓS A PROLAÇÃO DA SENTENÇA. IMPOSSIBILIDADE. PRETENSÃO À REVOGAÇÃO. POSSIBILIDADE. 1. A inclusão de medicamentos, após a citação, ainda que desprovida do consentimento da parte ré, não caracteriza violação ao artigo 329, II, do CPC (artigo 264 do CPC/73). 2. Contudo, é impossível a substituição de medicamentos, na hipótese de alteração do pedido inicial ou da causa de pedir. 3. Precedentes da jurisprudência do C. Superior Tribunal de Justiça e desta E. Corte de Justiça. 4. Decisão agravada, reformada. 5. Recurso de agravo de instrumento, apresentado pela parte ré, provido. (TJSP; AI 2064887-66.2017.8.26.0000; Ac. 10760179; Santo André; Quinta Câmara de Direito Público; Rel. Des. Francisco Bianco; Julg. 01/09/2017; DJESP 27/09/2017; Pág. 2332)

Apontando que o aditamento à petição inicial em sede de tutela antecipada em caráter antecedente não implica modificação da demanda vedada pelo art. 329 do CPC:

✓ AGRAVO DE INSTRUMENTO. TUTELA ANTECIPADA REQUERIDA EM CARÁTER ANTECEDENTE. Deferimento do pedido. Insurgência dos réus. Preliminares. (1) perda da eficácia da medida pela falta de complementação das custas iniciais. Valor da causa retificado. Despesas recolhidas em consonância com o referido importe. Tese afastada. (2) emenda da inicial, prevista no artigo 303, §1º, inc. I, do CPC, apresentada após a citação de uma das rés. Hipótese que não se amolda ao disposto no art. 329, inc. I, do CPC, justo que não envolve alteração ou aditamento do pedido. Mérito. Agravantes que reconhecem a autorização para uso da água, concedida pelo seu falecido pai/sogro. Termos em que a concessão foi deferida que depende da produção de provas. Fornecimento de água que, em princípio, deve ser mantido, ante a ausência de prova robusta no sentido de que a água proveniente das fontes existentes no imóvel da ré seria potável. Perigo de dano comprovado pela agravada. Decisão mantida. Recurso conhecido e desprovido. (TJSC; AI 4011769-35.2016.8.24.0000; Urubici; Primeira Câmara de Direito Civil; Rel. Des. Jorge Luis Costa Beber; DJSC 28/06/2017; Pag. 122)

Impossibilidade de inclusão de contas de água e esgoto após a citação do réu em ação de despejo cumulada com cobrança:

✓ AÇÃO DE DESPEJO CUMULADA COM COBRANÇA. Débitos relacionados com aluguéis em atraso e contas de energia elétrica. Posterior inclusão de contas de água e esgoto após a citação do réu. Impossibilidade. Alteração do pedido ou da causa de pedir que exigia o consentimento do réu. Inteligência do art. 329 do CPC (art. 264 do CPC/73). Condenação que deve se limitar aos pedidos formulados na petição inicial. Recurso parcialmente provido. (TJSP; APL 1013901-27.2014.8.26.0196; Ac. 10877182; Franca; Trigésima Oitava Câmara Extraordinária de Direito Privado; Rel. Des. Milton Carvalho; Julg. 10/10/2017; DJESP 18/10/2017; Pág. 2363)

Seção III
Do Indeferimento da Petição Inicial

Art. 330. A petição inicial será indeferida quando:

→ v. Arts. 321 e 801 do CPC.
→ v. Art. 10 da Lei 12.016/2009.
→ v. Art. 17, § 8º, da Lei 8.429/1992.

Emenda à petição inicial, ainda que extemporânea, afasta o seu indeferimento:

✓ APELAÇÃO CÍVEL. AÇÃO DECLARATÓRIA C/C COBRANÇA C/C REPETIÇÃO DE INDÉBITO C/C INDENIZAÇÃO POR DANOS MORAIS. Determinação de emenda à exordial pela magistrada a quo. Emenda extemporânea. Indeferimento da petição inicial. Extinção do feito sem resolução de mérito, a teor do art. 485, I, e art. 330, ambos do código de processo civil. Inépcia não verificada. Autor que atendeu à emenda da peça exordial. Protocolo extemporâneo. Prazo de caráter dilatório e não peremptório. Observância dos princípios da instrumentalidade das formas e da economia processual. Aplicabilidade em consonância com entendimento proferido pelo Superior Tribunal de Justiça. Ausência de prejuízo à parte requerida. Prosseguimento do feito que se mostra adequado ao caso. Anulação da sentença e provimento do recurso é medida que se impõe. Recurso conhecido e provido. (TJSC; AC 0307678-31.2016.8.24.0020; Criciúma; Quarta Câmara de Direito Civil; Rel. Des. Rodolfo C. R. S. Tridapalli; DJSC 14/12/2017; Pag. 173).

Considerando que a falta de juntada de documentos com a petição inicial não constitui causa para seu indeferimento:

✓ APELAÇÃO CÍVEL. DIREITO DO CONSUMIDOR. PRELIMINAR DE INÉPCIA DA INICIAL REJEITADA. EMPRESA DE TELEFONIA. AUSÊNCIA DE SINAL. FALHA NA

PRESTAÇÃO DO SERVIÇO. RESPONSABILIDADE OBJETIV A DA CONCESSIONÁRIA. ART. 14, § 1º DO CDC. DANO MORAL CONFIGURADO. DEVER DE INDENIZAR. QUANTUM INDENIZATÓRIO FIXADO DE ACORDO COM OS CRITÉRIOS DE RAZOABILIDADE E PROPORCIONALIDADE 1. A ausência de juntada de documentos com a petição inicial não constitui causa para o seu indeferimento, notadamente porque inconfundível a produção da prova documental com juízo de admissibilidade da ação. Inteligência do art. 320, do CPC. 2. In casu, resta incontroverso que a concessionária de telefonia, ora apelada, não conseguiu demonstrar a regularidade na prestação do serviço no período informado na exordial, dando ensejo a reparação da ofensa moral causada a autora/apelada. 3. A apelante não se desincumbiu de comprovar a regularidade da prestação do serviço nos termos do art. 373, II, do Código de Processo Civil. 4. Com efeito, a concessionária de telefonia responde objetivamente pelos defeitos relativos à prestação de serviço (art. 14, § 1º, do CDC), somente se eximindo da responsabilidade se comprovar que inexistiu o defeito ou na hipótese de culpa exclusiva do consumidor ou de terceiro, o que, porém, não restou demonstrado no feito. 5. Logo, provado o evento danoso, é de se reconhecer a ocorrência de dano moral in re ipsa, independentemente da comprovação da culpa, em consonância com o disposto no art. 14 do CDC. Precedentes. 6. Analisando as peculiaridades do caso concreto, tais como a gravidade e a repercussão da lesão, a imprudência da requerida, o potencial punitivo em razão da sua capacidade econômica e a extensão do dano, se apresenta razoável e proporcional a fixação do quantum indenizatório no valor de R$1.000,00 (um mil reais). 7. RECURSO IMPROVIDO. SENTENÇA MANTIDA PELOS SEUS PRÓPRIOS FUNDAMENTOS. (TJBA; AP0000474-90.2015.8.05.0240; Salvador; Quinta Câmara Cível; Relª Desª Ilona Márcia Reis; Julg. 18/12/2017; DJBA 21/12/2017; Pág. 845)

I – for inepta;

Ausência de indicação expressa da pessoa jurídica de direito público na petição inicial do mandado de segurança configura mera irregularidade, se esta apresentou informações:

✓ RECURSO DE APELAÇÃO. MANDADO DE SEGURANÇA. PRELIMINAR DE INÉPCIA DA INICIAL SUSCITADA PELO MUNICÍPIO. REJEIÇÃO. MÉRITO. AUTO DE INFRAÇÃO. MULTA AMBIENTAL. DESCUMPRIMENTO DA LEGISLAÇÃO DE REGÊNCIA. CERCEAMENTO DE DEFESADESCARACTERIZADA. IMPOSSIBILIDADE DE ANULAÇÃO DO ATO ADMINISTRATIVO. NECESSIDADE DE DILAÇÃO PROBATÓRIA. RECURSO CONHECIDO E DESPROVIDO. SENTENÇA MANTIDA. Configura-se mera irregularidade sanável, que não resulta prejuízo, a ausência de indicação expressa da Pessoa Jurídica de Direito Público Interno na petição inicial do writ, quando esta, intimada através de despacho inicial, nos termos do art. 7º, II, da Lei nº. 12.016/2009, apresenta informações pertinentes ao caso. Precedentes do STJ e deste Sodalício. A manutenção de terreno sujo configura uma conduta omissiva do seu proprietário, contrária à higiene da habitação, cuja consequência é a aplicação de multa administrativa ambiental, nos casos de inobservância ao prazo legal para a respectiva regularização. Inteligência do parágrafo único do art. 33 c/c art. 6º do Código de Postura do Município de Mirassol D'Oeste (Lei Complementar nº. 001/1990). Impossível à anulação do auto de infração na via estreita do mandamus, seja em virtude da inexistência de demonstração por parte da apelante de qualquer irregularidade na fiscalização, seja em razão da barreira da dilação probatória. (TJMT; APL 138368/2016; Mirassol D'Oeste; Relª Desª Antônia Siqueira Gonçalves Rodrigues; Julg. 29/08/2017; DJMT 18/09/2017; Pág. 99).

Impossibilidade de compreensão dos fatos alegados nem extrair fundamento jurídico válido da conclusão da petição inicial:

✓ DECISÃO PETIÇÃO. PROCESSUAL CIVIL. ALEGAÇÃO DE ERRO MATERIAL. PETIÇÃO INEPTA. PETIÇÃO À QUAL SE NEGA SEGUIMENTO. Relatório 1. Petição apresentada em 29.7.2020, por Espólio de José Amilcar Tavares, contra decisão proferida nos Embargos de Declaração no Recurso Extraordinário com Agravo n. 1.273.026 pelo Ministro Presidente deste Supremo Tribunal Federal. O caso 2. Em 26.6.2020, o Ministro Presidente negou seguimento ao Recurso Extraordinário com Agravo n. 1.273.026, ao fundamento de que a petição recursal não teria "tópico devidamente fundamentado de repercussão geral da matéria, o que implica a impossibilidade do trânsito do presente recurso." Essa decisão foi impugnada por petição recebida como embargos de declaração, rejeitados pelo Ministro Presidente em 20.7.2020, em razão de ausência de omissão, obscuridade, contradição e erro material. 3. Em petição extremamente confusa, o requerente alega que "o Espólio não designou o recurso como Embargos de Declaração para o requerimento de Erro Material. (...) o Art. 494, I, II, do CPC, permite a modificação da sentença. Entrementes, passou in albis, à apreciação do senhor Ministro, a observação tratada à pág. 1712, como defesa do Espólio". Sustenta que "Às fls. 3 da inicial, o Espólio impugnou a aplicação do Art. 85º, § 11º, do CPC, porquanto, o senhor Ministro do STJ, Herman Benjamin, no REsp. 1.676.027, considerou o senhor Ministro que, o senhor Magistrado a quo, não observou o Art. 10º, do N/CPC, e emitiu decisão surpresa, o que gerou a nulidade no REsp. 1.676.027. O senhor Ministro DIAS TOFFOLI, silenciou-se sobre o requerimento, não se manifestou a respeito. Requer nulidade do Acórdão". Assevera que "o Erro Material poderá ser entendido como pedido de uma peça processual judicial autônoma, ou seja, poderá ser usado, processado como um instituto isolado e sem auxílio dos embargos de declaração, diga-se ainda conforme os Doutores, o Erro Material poderá ser aceito, explicitado por outra teoria entende que, Erro Material pode ser adestrado, processado através do instituto de embargos de declaração". Requer a "procedência da ação do Espólio, visto que, no antecedente, o Poder Judiciário trabalhou em razão da jurisprudência defensiva, (vide discurso do Ministro Humberto Gomes de Barros, corajoso, autêntico na posse do STJ, 04/2008), (1035646-06.2014...), ou seja, na extinção do processo sem resolução do mérito, o Poder Judiciário não atuou em razão da primazia do julgamento do mérito, Art. 4º, e 6º do N/CPC, outrossim, encaminhar o processo sem resolução de mérito é medida anômala que não corrobora a efetividade da tutela jurisdicional". Examinados os elementos havidos no processo, DECIDO. 4. Da confusa e desarticulada petição inicial, que sequer veio acompanhada da documentação necessária ao conhecimento da matéria, não é possível extrair em que consiste a irresignação do Requerente. Dispõe-se no Código de Processo Civil: "Art. 330. A petição inicial será indeferida quando: I – for inepta; (...) § 1º Considera-se inepta a petição inicial quando: (...) III – da narração dos fatos não decorrer logicamente a conclusão". Na espécie, a inicial apresenta-se ininteligível, sendo impossível compreender os fatos alegados nem extrair fundamento jurídico válido da conclusão. 5. Ademais, cumpre anotar que a decisão do Ministro Presidente, contra a qual parece se insurgir o Requerente, se for o caso, deve ser impugnada por meio do recurso cabível e não por petição autônoma, dirigida a outro Ministro. 6. Pelo exposto, nego seguimento à presente petição (§ 1º do art. 21 do Regimento Interno do Supremo Tribunal Federal). Defiro o pedido de justiça gratuita, nos termos do art. 98 do Código de Processo Civil c/c o art. 62 do Regimento Interno do Supremo Tribunal Federal. Publique-se. Brasília, 5 de agosto de 2020. Ministra CÁRMEN LÚCIA Relatora (STF – Pet: 9036 SP 0099039-80.2020.1.00.0000, Relator: CÁRMEN LÚCIA, Data de Julgamento: 05/08/2020, Data de Publicação: 07/08/2020).

II – a parte for manifestamente ilegítima;

III – o autor carecer de interesse processual;

IV – não atendidas as prescrições dos arts. 106 e 321.

§ 1º Considera-se inepta a petição inicial quando:

I – lhe faltar pedido ou causa de pedir;

Petição inicial que permite a compreensão dos fatos, fundamentos jurídicos e pedido para a defesa não é inepta, ainda que contenha alguma deficiência:

✓ APELAÇÃO CÍVEL. DIREITO PRIVADO NÃO ESPECIFICADO. CONTRATO DE PARTICIPAÇÃO. AÇÕES DA CTMR/TELEBRÁS. AGRAVO RETIDO INTERPOSTO PELO RÉU. NÃO CONHECIMENTO. INOBSERVÂNCIA AO DISPOSTO NO ARTIGO 523, §1º, DO CPC/1973. Não tendo havido requerimento nesse sentido, nos termos do artigo 523, §1º, do CPC/73, dispositivo vigente à época da interposição do recurso, deixa-se de conhecer do agravo retido interposto pelo réu. Cassação da sentença. Não ocorrência. A apelante pretende a cassação da sentença sob o argumento de que, em que pese embargada a decisão, a alegação de ilegitimidade passiva não foi analisada pela sentença. Da legitimidade passiva da Telebrás e ilegitimidade passiva da Brasil telecom. Nas demandas que objetivam complementação de ações em razão de contrato firmado com a CTMR – Companhia telefônica melhoramento e resistência, a Telebras – Telecomunicações brasileiras s. A. É parte legitima para figurar no polo passivo, sendo a Brasil Telecom S/A parte ilegítima para figurar em tal polo. Inépcia da petição inicial. Não é inepta a petição inicial que indica suficientemente os fatos, os fundamentos jurídicos e o pedido, ainda que presente eventual deficiência incapaz de causar prejuízo à defesa. Apenas os documentos indispensáveis devem acompanhar a petição inicial. Complementação acionária. Não comprovado o adimplemento parcial do contrato de participação financeira torna-se inviável a procedência da postulação. Sucumbência. Redimensionamento. O resultado do julgamento impõe redimensionamento da verba honorária. Honorários recursais. Agravo retido do apelante não conhecido. Apelação provida. (TJRS; AC 0312720-23.2017.8.21.7000; Pelotas; Vigésima Quarta Câmara Cível; Rel. Des. Jorge Maraschin dos Santos; Julg. 29/11/2017; DJERS 04/12/2017); PETIÇÃO INICIAL. Indeferimento. Causa de pedir. A petição inicial permite a perfeita identificação do pedido e da causa de pedir, não podendo assim ser considerada inepta, até porque a inépcia pressupõe impossibilidade absoluta de compreensão dos objetivos e fundamentos, não bastando deficiências técnicas. RECURSO PROVIDO. (TJSP; APL 4001766-14.2013.8.26.0568; Ac. 7765075; São João da Boa Vista; Oitava Câmara de Direito Público; Rel. Des. Antonio Celso Faria; Julg. 13/08/2014; DJESP 05/10/2017; Pág. 2805).

Inépcia da inicial que se limita a impugnar um débito e pedir indenização, sem qualquer fundamentação:

✓ INDEFERIMENTO DA PETIÇÃO INICIAL. INÉPCIA. AUSÊNCIA DE CAUSA DE PEDIR. MANUTENÇÃO. Obstáculo ao processamento e integral compreensão da demanda é inepta a petição inicial por meio da qual o. Autor se limita a pugnar pela declaração de inexistência de um débito e pela condenação da ré ao pagamento de indenização, sem qualquer outro esclarecimento fático. Determinada a emenda da inicial. Por duas vezes. O demandante se limitou a afirmar que não pretende discutir a relação entre as partes, sem esclarecer, contudo, qual a origem fática de seu pedido. Ausência de informação que cria obstáculo para a defesa e para a própria prolação da sentença, sendo vedada a distribuição de demandas alicerçadas em argumentos e teses genéricas. Dever de especificação. Indeferimento da inicial mantido. Recurso improvido. (TJSP; APL 1018750-37.2017.8.26.0002; Ac. 10792145; São Paulo; Trigésima Câmara de Direito Privado; Relª Desª Maria Lúcia Pizzotti; Julg. 06/09/2017; DJESP 20/09/2017; Pág. 2524).

Indeferimento por falta de interesse processual:

✓ AGRAVO EM RECURSO ESPECIAL Nº 1.541.688 – MS (2019/0207039-9) RELATORA: MINISTRA MARIA ISABEL GALLOTTI AGRAVANTE: ROSALVO PEREIRA DE AQUINO ADVOGADOS: JOSIANE ALVARENGA NOGUEIRA – MS017288 ALEX FERNANDES DA SILVA – MS017429 AGRAVADO: BANCO DO ESTADO DO RIO GRANDE DO SUL SA ADVOGADO: NELSON WILIANS FRATONI RODRIGUES E OUTRO (S) – MS013043 DECISÃO Trata-se de agravo manifestado contra decisão que negou seguimento a recurso especial, no qual se alega violação dos arts. 6º, 317, 321, 489, II e § 1º, IV e VI, 1.022, II, do Código de Processo Civil; 104, III, e 166, IV, do Código Civil; e 37, § 1º, da Lei n. 6.015/1973. O acórdão recorrido recebeu a seguinte ementa (fl. 98): RECURSO DE APELAÇÃO – DECLARATÓRIA DE INEXISTÊNCIA DE RELAÇÃO JURÍDICA CUMULADA COM REPETIÇÃO DE INDÉBITO E COMPENSAÇÃO POR DANOS MORAIS – OFENSA À DIALETICIDADE RECURSAL NÃO CONFIGURADA – AUSÊNCIA DE INTERESSE PROCESSUAL – INDEFERIMENTO DA PETIÇÃO INICIAL. 01. Não há violação à dialeticidade quando a parte impugna devidamente a sentença e demonstra o interesse na reforma da decisão. 02. O interesse processual exige a presença do binômio necessidade-adequação, de modo que é necessário que a pretensão somente possa ser satisfeita por meio da tutela jurisdicional, bem como que esta seja adequada para a postulação formulada. Ausentes tais elementos, é de rigor o indeferimento da inicial. Recurso conhecido e não provido. O agravante opôs embargos de declaração, que foram rejeitados, conforme a seguinte ementa (fl. 152): EMBARGOS DE DECLARAÇÃO EM RECURSO DE APELAÇÃO – INEXISTÊNCIA DE OMISSÃO – REDISCUSSÃO DA MATÉRIA – INADMISSIBILIDADE. Os embargos de declaração destinam-se ao aperfeiçoamento do julgado, desde que presente algum dos vícios listados no artigo 1.022 do Código de Processo Civil. Inadmissível, em sede de embargos de declaração, rediscussão da matéria apreciada. Embargos de declaração rejeitados. Sustenta o agravante que, antes de indeferir a petição inicial, o magistrado deveria conceder à parte oportunidade para corrigir o vício. Afirma que deve ser declarada a nulidade do contrato por ter sido celebrado por pessoa analfabeta, sem que fosse formalizado por instrumento público ou particular, assinado a rogo por procurador constituído por instrumento público. Alega, por fim, que "ainda que se admitisse a validade do negócio jurídico, por se tratar de contrato de mútuo, havia a necessidade de se comprovar a liberação do crédito, na conta em que o (a) recorrente recebia o benefício previdenciário" (fl. 168). Assim posta a questão, passo a decidir. Inicialmente, em relação à suposta ofensa aos arts. 489 e 1.022 do CPC/2015, verifico que não existe omissão ou ausência de fundamentação na apreciação das questões suscitadas. Além disso, não se exige do julgador a análise de todos os argumentos das partes, a fim de expressar o seu convencimento. O pronunciamento acerca dos fatos controvertidos, a que está o magistrado obrigado, encontra-se objetivamente fixado nas razões do acórdão recorrido. Incide, por outro lado, o enunciado n. 282 da Súmula do STF quanto aos arts. 104 e 166 do Código Civil e 37, § 1º, da Lei n. 6.015/1973, pois são estranhos ao julgado recorrido, a eles faltando o indispensável prequestionamento, do qual não estão isentas sequer as questões de ordem pública. Ressalto, ademais, que os referidos dispositivos sequer foram tratados nos embargos de declaração opostos às fls. 105/111. No mérito, observo que o Tribunal de origem manteve o indeferimento da petição inicial, assim discorrendo (fls. 100/101): (...) Na hipótese, o magistrado indeferiu a petição inicial, com fundamento nos artigos 330, III, e 485, VI, ambos do Código de Processo Civil, in verbis: Art. 330. A petição inicial será indeferida quando: (...) III – o autor carecer de interesse processual; Art. 485. O juiz não resolverá o mérito quando: (...) VI – verificar ausência de legitimidade ou de interesse processual; Sobre o assunto, Cândido Rangel Dinamarco leciona que o interesse processual consiste no "binômio necessidade-adequação; 'necessidade concreta da atividade jurisdicional e adequação de provimento e procedimento desejados". Ou seja, para haver o interesse processual é necessário que a pretensão somente possa ser satisfeita por meio da tutela jurisdicional, bem como que esta seja adequada para a postulação formulada. Aliás, o prejuízo jurídico alegado deve ser de natureza objetiva e prática e não meramente subjetiva e hipotética. Por conseguinte, a petição inicial deve estar fundada em evidências concretas e indicativos probatórios suficientes para demonstrar a ocorrência da lesão mencionada e justificar o direito pretendido. No caso, não verifico o interesse processual da parte autora, pois inexiste, na demanda ajuizada, os elementos acima aludidos. Na petição inicial, o autor informa que não se lembra de celebrar o contrato questionado e tampouco de receber o respectivo valor. No entanto, tal argumento, por si só, sem quaisquer documentos aptos a embasar os pedidos iniciais, representa uma aventura jurídica em uma demanda genérica, uma vez que, para saber se houve ou não o recebimento do valor referente ao empréstimo em comento, bastava a obtenção dos respectivos extratos bancários no período correspondente. Assim, não há necessidade da providência judicial e tampouco adequação deste instrumento para efetivar o direito subjetivo pleiteado, porque o autor sequer sabe se houve, de fato, uma efetiva lesão do seu direito. Embora o juiz não tenha determinado a emenda da inicial antes de indeferi-la, o autor poderia, no recurso, ter complementado sua petição, instruindo a demanda com as informações e documentos necessários para o regular prosseguimento do processo ou, pelo menos, comprovar a tentativa de obtê-los. Contudo, não o fez. Importante consignar, em razão da proliferação de demandas versando sobre idêntica questão, cujo resultado, na maioria das vezes, esclarece a regular contratação, com o recebimento do valor pelo autor, convém estabelecer a necessidade de apresentação de evidências concretas das alegações expostas na inicial, a fim de efetivamente demonstrar o interesse processual. Por isso, correta a sentença de indeferimento da petição inicial. (...) Com efeito, observo que rever a conclusão do Tribunal de origem, que concluiu pela ausência de interesse de agir, demandaria reexame de matéria fática dos autos, o que encontra óbice na Súmula n. 7 do STJ. A propósito, confira-se: AGRAVO REGIMENTAL NO AGRAVO EM RECURSO ESPECIAL. DIREITO PROCESSUAL CIVIL. PRESTAÇÃO DE CONTAS. ALEGAÇÃO DE QUE A INICIAL NÃO ATENDE AOS REQUISITOS EXIGIDOS PELA JURISPRUDÊNCIA DO STJ. ENUNCIADO 7 DA SÚMULA DO STJ. AUSÊNCIA DE DEMONSTRAÇÃO. INEXISTÊNCIA DE ARGUMENTOS APTOS A INFIRMAR OS FUNDAMENTOS DA DECISÃO AGRAVADA. AGRAVO REGIMENTAL IMPROVIDO. 1. Nas hipóteses em que o acórdão recorrido emite conclusões quanto à inépcia da inicial e à ausência de interesse processual a partir dos elementos fático-probatórios dos autos, a reforma do julgado é inviável em recurso especial por força do enunciado n. 7 da Súmula desta Corte. Precedente. 2. Há interesse processual para a propositura de ação de prestação de contas nas hipóteses em que o correntista, na petição inicial, indica a conta-corrente em questão, o período dentro do qual se situam os lançamentos as serem esclarecidos e efetua a exposição de motivos consistentes, ocorrências duvidosas em sua conta-corrente, que tornam necessária, útil e adequada a prestação de tutela jurisdicional. Precedente. 3. Se o agravante não traz argumentos aptos a infirmar os fundamentos da decisão agravada, deve-se negar provimento ao agravo regimental. 4. Agravo regimental a que se nega provimento. (AgRg no AREsp 632.097/PR, Rel. Ministro MARCO AURÉLIO BELLIZZE, TERCEIRA TURMA, DJe de 20.8.2015) (grifo nosso) Ademais, destaco que o recorrente não impugnou todos os referidos fundamentos utilizados pelo julgado estadual, especificamente a questão de que "Embora o juiz não tenha determinado a emenda da inicial antes de indeferi-la, o autor poderia, no recurso, ter complementado sua petição, instruindo a demanda com as informações e documentos necessários para o regular prosseguimento do processo ou, pelo menos, comprovar a tentativa de obtê-los. Contudo, não o fez"(fl. 100), o que faz incidir, também, o óbice da Súmula n. 283 do STF. Em face do exposto, nego provimento ao agravo. Nos termos do art. 85, § 11, do CPC/15, majoro em 10% (dez por cento) a quantia já arbitrada a título de honorários em favor da parte recorrida, observados os limites estabelecidos nos §§ 2º e 3º do mesmo artigo, considerando-se suspensas as exigibilidades em caso de assistência judiciária gratuita. Intimem-se. Brasília (DF), 28 de agosto de 2019. MINISTRA MARIA ISABEL GALLOTTI Relatora (STJ – AREsp: 1541688 MS 2019/0207039-9, Relator: Ministra MARIA ISABEL GALLOTTI, Data de Publicação: DJ 03/09/2019)

✓ PETIÇÃO Nº 12.800 – RJ (2019/0185747-4) RELATOR: MINISTRO GURGEL DE FARIA REQUERENTE: ANNA CLARA SILVA VIDAL ADVOGADO: ERASMO FRANCISCO DE CARVALHO – RJ154357 REQUERIDO: UNIVERSIDADE FEDERAL RURAL DO RIO DE JANEIRO DECISÃO Trata-se de pedido de atribuição de efeito suspensivo a recurso especial interposto por ANNA CLARA SILVA VIDAL com o propósito de assegurar matrícula em vaga destinada a cotistas na Universidade Rural do Rio de Janeiro. À e-STJ fl. 25, a em. Min. MARIA THEREZA DE ASSIS MOURA, no exercício da Presidência determinou a intimação da parte requerente para colacionar aos autos cópias do acórdão recorrido, das razões do apelo nobre e da respectiva decisão de admissibilidade do recurso, sob pena de indeferimento da inicial. A parte suplicante não apresentou as peças indicadas (e-STJ fl. 31). Passo a decidir. No exame do tema, observo que o art. 330 do CPC/2015 assim dispõe: Art. 330. A petição inicial será indeferida quando: (...) IV – não atendidas as prescrições dos arts. 106 e 321. Na presente hipótese, nos termos do art. 321 do CPC/2015, a requerente foi intimada para regularizar a petição inicial, com a juntada aos autos das cópias do acórdão recorrido, das razões do apelo nobre e da respectiva decisão de admissibilidade. Não obstante a intimação, a suplicante não cumpriu a determinação, uma vez que não juntou os documentos indicados como necessários à instrução do feito. Ante o exposto, nos termos do art. 34, XVIII, a, do RISTJ e do art. 321, parágrafo único, do CPC/2015, INDEFIRO a petição inicial. Publique-se. Intimem-se. Brasília (DF), 12 de novembro de 2019. MINISTRO GURGEL DE FARIA Relator (STJ – Pet: 12800 RJ 2019/0185747-4, Relator: Ministro GURGEL DE FARIA, Data de Publicação: DJ 19/11/2019)

II – o pedido for indeterminado, ressalvadas as hipóteses legais em que se permite o pedido genérico;

→ *V. Art. 324 do CPC.*

III – da narração dos fatos não decorrer logicamente a conclusão;

Considerando inepta a petição do advogado que se diz credor de verba sucumbencial, mas ajuíza ação de execução de título extrajudicial:

✓ APELAÇÃO CÍVEL. DIREITO PRIVADO NÃO ESPECIFICADO. AÇÃO DE COBRANÇA. VERBA DE SUCUMBÊNCIA. AJUIZAMENTO DE EXECUÇÃO. INDEFERIMENTO DA PETIÇÃO INICIAL. Considera-se inepta a petição inicial quando da narração dos fatos não decorrer logicamente a conclusão (art. 330, §1º, III do CPC/2015). No caso, embora o autor tenha narrado na inicial ser credor de verba sucumbencial decorrente de ação de cobrança em que atuou como procurador do vencedor, ajuizou ação autônoma de execução de título extrajudicial, o que é flagrantemente incabível, mormente por se tratar de título judicial, o qual é passível de cumprimento da sentença (art. 523 e seguintes do CPC/15). A incompatibilidade da norma com a fase de cumprimento da sentença inviabiliza o prosseguimento da execução. Manutenção da inépcia da petição inicial. Apelação desprovida. (TJRS; AC 0248707-15.2017.8.21.7000; Estrela; Décima Nona Câmara Cível; Rel. Des. Marco Antonio Angelo; Julg. 14/12/2017; DJERS 18/12/2017).

Petição inicial que apresenta uma ação de cobrança, mas com antecipação de tutela para tornar exequíveis os títulos apresentados, com requerimento de citação do réu para pagamento em três dias, é inepta:

✓ PROCESSUAL CIVIL. AÇÃO EXTINTA POR INÉPCIA DA INICIAL. INCONFORMISMO. Extinção por inépcia da inicial, porquanto o autor apresentou uma inicial de cobrança com pedidos de execução de título executivo extrajudicial. Narrativa dos fatos constante da petição inicial que não conduz de forma lógica aos pedidos deduzidos, pois apresenta uma ação de cobrança e requer a antecipação de tutela para que se torne exequível os títulos apresentados, requerendo a citação para pagamento em 3 dias. Confusão de procedimentos. Prejuízo para a defesa do réu, que não saberia se deveria apresentar contestação ou embargos à execução. Juízo a quo que, diante da incerteza acerca da identificação da natureza da pretensão autoral, se cognitiva ou executiva, corretamente determinou a regularização, indicando de forma clara o que deveria ser corrigido (art. 321, do CPC/2015). Autor que, embora devidamente intimado (art. 5º, § 3º, da Lei nº 11.419/2006) quedou-se inerte. Descumprimento da determinação de emenda à inicial (art. 321 do CPC) que acarreta o indeferimento da exordial, situação que dispensa a exigência da intimação pessoal. Jurisprudência pacífica do STJ. SENTENÇA QUE SE MANTÉM. RECURSO A QUE SE NEGA PROVIMENTO. (TJRJ; APL 0240354-22.2016.8.19.0001; Rio de Janeiro; Vigésima Primeira Câmara Cível; Rel. Des. André Emilio Ribeiro Von Melentovytch; DORJ 21/09/2017; Pág. 405).

✓ AGRAVO EM RECURSO ESPECIAL Nº 1.491.436 – RJ (2019/0114492-3) RELATOR: MINISTRO MARCO AURÉLIO BELLIZZE AGRAVANTE: SANDRA REGINA FERNANDES ADVOGADOS: SALATIEL ANDRIOLA PIZELLI – RJ114429 JULIO CÉSAR ANDRIOLA PIZELLI – RJ135150 HELENA MARIA PEREIRA DOS SANTOS E OUTRO (S) – RJ201127 AGRAVADO: LEILA MARIA GOMES DA SILVEIRA DOS SANTOS ADVOGADO: LUIS GUILHERME TOMAZ PACHECO E OUTRO (S) – RJ103393 EMENTA AGRAVO EM RECURSO ESPECIAL. AGRAVO DE INSTRUMENTO. AÇÃO DE REPARAÇÃO DE DANOS. 1. INÉPCIA DA INICIAL E ILEGITIMIDADE PASSIVA NÃO CONFIGURADAS. SÚMULAS N. 5 E 7 DO STJ. INCIDÊNCIA DA TEORIA DA ASSERÇÃO. 2. AGRAVO CONHECIDO PARA NÃO CONHECER DO RECURSO ESPECIAL. DECISÃO: Na origem, Sandra Regina Fernandes interpôs agravo de instrumento em decorrência de decisão proferida na ação de reparação de danos ajuizada por Leila Maria Gomes da Silveira dos Santos contra XBS Rio Com. de Roupas e Acessórios Ltda., a ora agravante e Edimo Sardinha, a qual indeferiu o pedido de extinção do feito sem julgamento do mérito por inépcia da inicial e ilegitimidade passiva ad causam da agravante. No julgamento do agravo de instrumento, a Décima Nona Câmara Cível do Tribunal de Justiça do Rio de Janeiro decidiu, por unanimidade, negar provimento ao recurso, em aresto assim ementado (e-STJ, fls. 42-43): AGRAVO DE INSTRUMENTO. PROCESSO CIVIL. AÇÃO DE REPARAÇÃO DE DANOS. AUTORA QUE ALEGA TER SOFRIDO DANOS EM DECORRÊNCIA DA QUEDA DE UM LETREIRO DE AÇO INSTALADO SOBRE O ESTABELECIMENTO DA EMPRESA RÉ, TENDO AJUIZADO A AÇÃO EM FACE DA EMPRESA E DAQUELES QUE SERIAM SEUS DOIS SÓCIOS (SANDRA E EDIMO). EM CONTESTAÇÃO A APONTADA SÓCIA (SANDRA) ARGUIU PRELIMINARES DE INÉPCIA DA INICIAL E ILEGITIMIDADE PASSIVA E REQUEREU A EXTINÇÃO DO FEITO SEM ANÁLISE DO MÉRITO, ARGUMENTANDO QUE DA INICIAL NÃO SE DEDUZ UMA CONCLUSÃO LÓGICA, ALÉM DE NEGAR SER SÓCIA DO ESTABELECIMENTO RÉU. DECISÃO DO JUÍZO A QUO INDEFERINDO AS PRELIMINARES. AGRAVO DE INSTRUMENTO INTERPOSTO PELA SÓCIA (SANDRA). REI-

TERA O PEDIDO DE ACOLHIMENTO DAS PRELIMINARES. ACRESCENTA QUE A DECISÃO NÃO FOI FUNDAMENTADA. DECISÃO QUE NÃO MERECE REFORMA. INICIAL QUE PREENCHE OS REQUISITOS DO ART. 319 DO CPC, PERMITINDO A ESTRITA COMPREENSÃO DOS FATOS POSTULADOS, DE MODO A VIABILIZAR A DEFESA DOS RÉUS. ILEGITIMIDADE PASSIVA QUE NÃO SE VERIFICA, POSTO QUE, CONSOANTE A TEORIA DA ASSERÇÃO, AS CONDIÇÕES DA AÇÃO DEVEM SER AFERIDAS DE ACORDO COM AS CIRCUNSTÂNCIAS NARRADAS PELA AUTORA, QUE SE PRESUMEM VERDADEIRAS PARA A ANÁLISE DOS REQUISITOS PARA O SEU REGULAR DESENVOLVIMENTO. AGRAVANTE QUE CONSTA NO ESTATUTO DA EMPRESA COMO SÓCIA, ESTANDO DESIMPEDIDA DE EXERCER A ADMINISTRAÇÃO DA SOCIEDADE. CERCEAMENTO DE DEFESA QUE SÓ EXISTIRIA CASO A DECISÃO FOSSE IMOTIVADA, NOS TERMOS DO EXPRESSO NO ART. 489, § 1º, DO CPC, O QUE NÃO OCORREU. FUNDAMENTAÇÃO CONCISA QUE NÃO SE CONFUNDE COM FALTA DE FUNDAMENTAÇÃO. NÃO PROVIMENTO DO AGRAVO. "Ação de Reparação de Danos" ajuizada por Leila Maria Gomes da Silveira dos Santos em face de XBS Rio Com. de Roupas e Acessórios Ltda., de Sandra Regina Fernandes, ora agravante, e de Edimo Sardinha. Alega a autora que sofreu danos estéticos e morais ao ser atingida por um letreiro de aço que encimava a loja da empresa ré, indicando como sócios os réus Sandra e Edimo. Ingressou com a ação contra a empresa XBS Rio e contra Sandra e Edimo. Em contestação, a ré Sandra arguiu preliminares de inépcia da inicial e de ilegitimidade passiva, sob os argumentos de que não é possível chegar a qualquer conclusão sobre o objeto da demanda e de que nunca atuou na empresa XBS Rio como sócia. Requereu a extinção do feito sem julgamento do mérito. Decisão do juízo a quo saneando o feito e indeferindo as preliminares. Agravo de instrumento interposto pela ré Sandra Maria Fernandes. Reitera os pedidos preliminares, aduzindo que a decisão não foi fundamentada. Decisão que não merece reforma. Quanto à preliminar de inépcia, improcede, eis que estão ausentes os motivos elencados no § 1º do art. 330 do CPC, que expressa que a petição inicial é considerada inepta quando "I- lhe faltar pedido ou causa de pedir; II- o pedido for indeterminado, ressalvadas as hipóteses legais em que se permite o pedido genérico; III – da narração dos fatos não decorrer logicamente a conclusão; IV- contiver pedidos incompatíveis entre si.". Da leitura da exordial depreende-se claramente que a autora foi vítima da queda do letreiro de aço que encimava o estabelecimento réu, sofrendo danos em razão disso e pretendendo a consequente indenização. Não há, portanto, que se falar em inépcia da inicial. Quanto à alegada ilegitimidade passiva, note-se que, consoante a teoria da asserção adotada em nosso sistema processual civil, as condições da ação devem ser aferidas de acordo com as circunstâncias narradas pelo autor, que se presumem verdadeiras para a análise dos requisitos para o seu regular desenvolvimento. Ademais, pela leitura do registro da ocorrência, lavrado na 74ª DP, vê-se que consta como endereço do fato a Rua João Caetano, 130, Alcântara, São Gonçalo/RJ, local de estabelecimento da loja da 1ª ré, XBS RIO COM. DE ROUPAS E ACESSÓRIOS LTDA, de acordo com o contrato social da empresa, onde constam EDIMO SARDINHA e a ora agravante, SANDRA REGINA FERNANDES, como sócios. Ressalte-se que o laudo pericial realizado em sede policial constatou que o letreiro desabou do imóvel comercial onde funciona a loja com razão social "XBS RIO", nome fantasia "ABUSIVA", tendo a ora agravante e EDIMO SARDINHA realizado transação penal com o Ministério Público com relação aos fatos, comprometendo-se cada um a pagar uma cesta básica. Acerca da tese recursal de que a agravante não teria legitimidade passiva pelo fato de a responsabilidade do sócio não se confundir com a da pessoa jurídica, também não lhe assiste razão. É sabido que as sociedades possuem personalidade jurídica e patrimônio diversos de seus sócios, na forma dos artigos 45 e 985 do Código Civil. Diante disso, processualmente, as sociedades são representadas ativa e passivamente por quem seus respectivos estatutos designarem, conforme determinado no art. 75, VII, do CPC. No estatuto social se observa que a administração da sociedade será exercida pelo sócio EDIMO SARDINHA. Entretanto, a cláusula décima terceira estipula que ambos os sócios estão desimpedidos de exercer a referida administração, o que corrobora a legitimidade passiva ad causam da agravante. Ademais, a regra do artigo 50 do Código Civil estabelece que: "Em caso de abuso da personalidade jurídica, caracterizado pelo desvio de finalidade, ou pela confusão patrimonial, pode o juiz decidir, a requerimento da parte, ou do Ministério Público quando lhe couber intervir no processo, que os efeitos de certas e determinadas relações de obrigações sejam estendidos aos bens particulares dos administradores ou sócios da pessoa jurídica." Frise-se que inexistiu a alegada falta de fundamentação da decisão atacada, sendo certo que só configuraria cerceamento de defesa caso a mesma fosse imotivada, nos termos do expresso no art. 489, § 1º, do CPC, o que claramente não ocorreu, visto que o juízo a quo considerou que "A narrativa dos fatos constante da petição inicial conduz de forma lógica ao pedido deduzido, esclarecendo de forma suscita a questão em debate e possibilitando o exercício do contraditório e do direito de defesa, estando atendidos, assim, os requisitos dos artigos 319-320 do Código de Processo Civil...", tendo, assim, explicado didaticamente as razões que o levaram a entender pelo indeferimento do solicitado, não se podendo confundir fundamentação concisa com falta de fundamentação. Precedentes jurisprudenciais do STJ e desta Corte. AGRAVO DE INSTRUMENTO AO QUAL SE NEGA PROVIMENTO. Opostos embargos de declaração, foram rejeitados (e-STJ, fls. 62-67). Nas razões do recurso especial, a recorrente, com fundamento na alínea a do permissivo constitucional, alegou violação aos arts. 330, § 1º, III, e 485, VI, do CPC/2015, com base nos seguintes argumentos: a) inépcia da petição inicial por não ser possível extrair dela conclusão lógica; b) sua ilegitimidade passiva, uma vez que figura como mera sócia da apontada empresa e sem poderes de gestão; c) ainda que fosse sócia, a responsabilidade da pessoa jurídica não se confunde com a dos seus sócios, assim como, no caso, não se encontram presentes os requisitos para a desconsideração da personalidade jurídica; e d) afirmou discutir judicialmente o negócio jurídico pelo qual teria adquirido cotas da referida sociedade. Contrarrazões apresentadas às fls. 123-130 (e-STJ). O Tribunal local não admitiu o processamento do recurso especial pela incidência das Súmulas 284 do STF e 7 e 83 do STJ. Brevemente relatado, decido. Na linha dos precedentes desta Corte, as condições da ação, aí incluída a legitimidade para a causa, devem ser aferidas com base na teoria da asserção, isto é, à luz das afirmações contidas na petição inicial. A propósito: RECURSO ESPECIAL. AÇÃO DE ARBITRAMENTO DE HONORÁRIOS ADVOCATÍCIOS. CONDIÇÕES DA AÇÃO. POSSIBILIDADE JURÍDICA DO PEDIDO. AFERIÇÃO. TEORIA DA ASSERÇÃO. INTERPRETAÇÃO DE CLÁUSULAS. SÚMULA 5. IMPOSSIBILIDADE. 1. Ação ajuizada em 17/04/2012. Recursos especiais interpostos em 23/01/2014 e 24/01/2014 e atribuído a este gabinete em 26/08/2016. 2. O propósito recursal da recorrente ACHÉ consiste em analisar a possibilidade jurídica do pedido de arbitramento de honorários advocatícios na relação ocorrida entre os recorrentes. Por sua vez, o recurso de ROSA tem o propósito de restabelecer o arbitramento de honorários advocatícios contida na sentença de 1º grau de jurisdição, bem como discutir o termo inicial da correção monetária. 3. Nos termos da jurisprudência do STJ, as condições da ação, entre elas a possibilidade jurídica do pedido, devem ser aferidas com base na teoria da asserção, isto é, à luz das afirmações deduzidas na petição inicial, dispensando-se qualquer atividade instrutória. 4. A interpretação de cláusulas contratuais em recurso especial é inadmissível. 5. Recurso especial de ACHÉ conhecido e não provido. 6. Recurso especial de ROSA não conhecido. (REsp 1.748.452/SP, Rel. Ministra NANCY ANDRIGHI, TERCEIRA TURMA, julgado em 12/3/2019, DJe 15/3/2019 - sem grifo no original) AGRAVO INTERNO NO AGRAVO EM RECURSO ESPECIAL. LEGITIMIDADE PASSIVA. TEORIA DA ASSERÇÃO. SÚMULA Nº 83/STJ. CONTRATO DE CONCESSÃO DE SERVIÇOS. GESTÃO COMERCIAL. REEXAME DO CONTEXTO FÁTICO-PROBATÓRIO. SÚMULAS NºS 5 E 7/STJ. 1. Nos termos da jurisprudência do Superior Tribunal de Justiça, as condições da ação, aí incluída a legitimidade para a causa, devem ser aferidas com base na teoria da asserção, isto é, à luz das afirmações deduzidas na petição inicial. 2. O revolvimento quanto à gestão comercial dos serviços objeto de contrato de concessão (esgotamento sanitário e abastecimento de água), firmado entre as partes, esbarra nos enunciados das Súmulas nºs 5 e 7/STJ. 3. Agravo interno não provido. (AgInt no AREsp 966.393/RJ, Rel. Ministro RICARDO VILLAS BÔAS CUEVA, Terceira Turma, DJe de 14/2/2017 - sem grifo no original) PROCESSUAL CIVIL. AGRAVO REGIMENTAL NO AGRAVO EM RECURSO ESPECIAL. RESPONSABILIDADE CIVIL. ACIDENTE FERROVIÁRIO. LEGITIMIDADE PASSIVA DA PARTE VERIFICADA. REVISÃO. ANÁLISE DO CONJUNTO FÁTICO-PROBATÓRIO DOS AUTOS. ÓBICE DA SÚMULA N. 7/STJ. DECISÃO MANTIDA. 1. O recurso especial não comporta o exame de questões que impliquem revolvimento do contexto fático-probatório dos autos, a teor do que dispõe a Súmula n. 7 do STJ. 2. Tem prevalecido na jurisprudência desta Corte o entendimento de que as condições da ação, aí incluída a legitimidade para a causa, devem ser aferidas com base na teoria da asserção, isto é, à luz das afirmações deduzidas na petição inicial. 3. Agravo regimental a que se nega provimento. (AgRg no AREsp 512.835/SP, Rel. Ministro ANTONIO CARLOS FERREIRA, Quarta Turma, DJe de 1º/6/2015 - sem grifo no original) Dito isso, em relação a apontada inépcia da inicial e da ilegitimidade passiva da ora agravante, o Tribunal estadual deixou assente que (e-STJ, fls. 45-49 - sem grifo do original): Quanto à preliminar de inépcia, improcede, eis que estão ausentes os motivos elencados no § 1º do art. 330 do CPC, que expressa que a petição inicial é considerada inepta quando "I- lhe faltar pedido ou causa de pedir; II- o pedido for indeterminado, ressalvadas as hipóteses legais em que se permite o pedido genérico; III - da narração dos fatos não decorrer logicamente a conclusão; IV- contiver pedidos incompatíveis entre si.". Ressalte-se que a petição inicial da "ação de reparação de danos" (fls. 04/16 - índice 000003 - proc. Originário 0035689-06.2014.8.19.0004) preenche os requisitos do art. 319 do CPC, permitindo a estrita compreensão dos fatos postulados de modo a viabilizar a defesa dos réus, não tendo qualquer respaldo as afirmações da agravante de que, a teor do art. 330, § 1º, III, do CPC, da narração dos fatos não decorreria logicamente a conclusão, sob o entendimento de que "... a parte Agravada pleiteia uma série de pedidos vagos e contraditórios." (fls. 05 - índice 000002). Da leitura da exordial depreende-se claramente que a autora foi vítima da queda do letreiro de aço que encimava o estabelecimento réu, sofrendo danos em razão disso e pretendendo a consequente indenização. Não há, portanto, que se falar em inépcia da inicial, como se vê do seguinte entendimento do STJ: (...) Quanto à alegada ilegitimidade passiva, note-se que, consoante a teoria da asserção adotada em nosso sistema processual civil, as condições da ação devem ser aferidas de acordo com as circunstâncias narradas pelo autor, que se presumem verdadeiras para a análise dos requisitos para o seu regular desenvolvimento. (...) Ademais, pela leitura do registro da ocorrência, lavrado na 74ª DP, vê-se que consta como endereço do fato a Rua João Caetano, 130, Alcântara, São Gonçalo/RJ, local de estabelecimento da loja da 1ª ré, XBS RIO COM. DE ROUPAS E ACESSÓRIOS LTDA, de acordo com o contrato social da empresa (fls. 26/34 - índice 000017 - proc. Originário 0035689-06.2014.8.19.0004), onde constam EDIMO SARDINHA e a ora agravante, SANDRA REGINA FERNANDES, como sócios. O laudo pericial realizado em sede policial constatou que o letreiro desabou do imóvel comercial onde funciona a loja com razão social "XBS RIO", nome fantasia "ABUSIVA" (fls. 49 - índice 000017 - proc. Originário 0035689-06.2014.8.19.0004), tendo a ora agravante e EDIMO SARDINHA realizado transação penal com o Ministério Público com relação aos fatos (fls. 54/62 - índice 000017 - proc. Originário 0035689-06.2014.8.19.0004), comprometendo-se cada um a pagar uma cesta básica. Acerca da tese recursal de que a agravante não teria legitimidade passiva pelo fato de a responsabilidade do sócio não se confundir com a da pessoa jurídica, também não lhe assiste razão. É sabido que as sociedades possuem personalidade jurídica e patrimônio diversos de seus sócios, na forma dos artigos 45 e 985 do Código Civil, in verbis: "Art. 45. Começa a existência legal das pessoas jurídicas de direito privado com a inscrição do ato constitutivo no respectivo registro, precedida, quando necessário, de autorização ou aprovação do Poder Executivo, averbando-se no registro todas as alterações por que passar o ato constitutivo." "Art. 985. A sociedade adquire personalidade jurídica com a inscrição, no registro próprio e na forma da lei, dos seus atos constitutivos (arts. 45 e 1.150)."(...) Diante disso, processualmente, as sociedades são representadas ativa e passivamente por quem seus respectivos estatutos designarem, conforme determinado no art. 75, VII, do Código de Processo Civil, in verbis: "Art. 12. Serão representados em juízo, ativa e passivamente:" "VII - a pessoa jurídica, por quem os respectivos atos constitutivos designarem ou, não havendo essa designação, por seus diretores;" No estatuto social se observa que a administração da sociedade será exercida pelo sócio EDIMO SARDINHA (fls. 40 - índice 000017 - proc. Originário 0035689-06.2014.8.19.0004). Entretanto, a cláusula décima terceira estipula que ambos os sócios estão desimpedidos de exercer a referida administração, o que corrobora sua legitimidade passiva ad causam. Veja-se: "Os sócios EDIMO SARDINHA e SANDRA REGINA FERNANDES, já qualificados no preâmbulo deste instrumento, declaram, sob as penas da lei, que não estão impedidos de exercer a administração da sociedade..." (fls. 41 - índice 000017 - proc. Originário 0035689-06.2014.8.19.0004). Ademais, a regra do artigo 50 do Código Civil estabelece que: "Em caso de abuso da personalidade jurídica, caracterizado pelo desvio de finalidade, ou pela confusão patrimonial, pode o juiz decidir, a requerimento da parte, ou do Ministério Público quando lhe couber intervir no processo, que os efeitos de certas e determinadas relações de obrigações sejam estendidos aos bens particulares dos administradores ou sócios da pessoa jurídica." (...) Frise-se que inexistiu a alegada falta de fundamentação da decisão atacada, sendo certo que só configuraria cerceamento de defesa caso a mesma fosse imotivada, nos termos do expresso no art. 489, § 1º, do CPC, o que claramente não ocorreu, visto que o juízo a quo considerou que "A narrativa dos fatos constante da petição inicial conduz de forma lógica ao pedido deduzido, esclarecendo de forma suscita a questão em debate e possibilitando o exercício do contraditório e do direito de defesa, estando atendidos, assim, os requisitos dos artigos 319-320 do Código de Processo Civil..." (fls. 226 - índice 000226 - proc. Originário 0035689-06.2014.8.19.0004), tendo, assim, explicado didaticamente as razões que o levaram a entender pelo indeferimento do solicitado, não se podendo confundir fundamentação concisa com falta de fundamentação. (...) Desta forma, em sede de cognição sumária se conclui que os elementos constantes dos autos dão conta de que a decisão que se pretende sobrestar foi proferida de forma escorreita, alinhando-se à doutrina e jurisprudência predominantes, não merecendo reforma. Nesse contexto, para alterar os fundamentos do acórdão recorrido, a fim de reconhecer a inépcia da petição inicial, bem como afastar a legitimidade passiva da recorrente, seria imprescindível a reavaliação das cláusulas contratuais e o reexame das provas do processo, o que é inviável no âmbito do recurso especial, consoante o óbice das Súmulas n. 5 e 7 do STJ. Nesse sentido: AGRAVO INTERNO NO AGRAVO EM RECURSO ESPECIAL. AÇÃO DE INDENIZAÇÃO. CONTRATO DE REPRESENTAÇÃO COMERCIAL. OMISSÃO. ART. 535 DO CPC/1973. INEXISTÊNCIA. CONVENÇÃO DE ARBITRAGEM. ART. 267, VII, DO CPC/1973. AUSÊNCIA DE PREQUESTIONAMENTO. SÚMULAS 282 E 356/STF. INÉPCIA DA INICIAL E ILEGITIMIDADE PASSIVA. TEORIA DA ASSERÇÃO. REEXAME DE PROVA. SÚMULA 7/STJ. DENUNCIAÇÃO DA LIDE. ART. 70, III, DO CPC/1973. INADMISSIBILIDADE NO CASO. AGRAVO NÃO PROVIDO. [...] 3. Ao examinar os aspectos relativos à inépcia da inicial, ilegitimidade passiva da demandada e denunciação da lide, o Tribunal de origem decidiu com base nas circunstâncias da causa, razão pela qual a modificação do entendimento lançado no v. acórdão recorrido demandaria o revolvimento de matéria fático-probatória, inviável em sede de recurso especial (Súmula 7/STJ). 4. As condições da ação, nos termos da jurisprudência do Superior Tribunal de Justiça, devem ser aferidas com base na teoria da asserção, ou seja, à luz das afirmações deduzidas na inicial, sem a necessidade de uma investigação mais aprofundada das provas. [...] 6. Agravo interno não provido. (Agint no AREsp n. 410.544/SP. Relator Ministro LÁZARO GUIMARÃES, Desembargador convocado do TRF da 5ª Região, Quarta Turma, DJe 27/3/2018). Ante o exposto, conheço do agravo para não conhecer do recurso especial. Publique-se. Brasília, 19 de agosto de 2019. MINISTRO MARCO AURÉLIO BELLIZZE, Relator (STJ - AREsp: 1491436 RJ 2019/0114492-3, Relator: Ministro MARCO AURÉLIO BELLIZZE, Data de Publicação: DJ 03/09/2019).

✓ PROCESSO CIVIL. ADMINISTRATIVO. AGRAVO INTERNO NO AGRAVO EM RECURSO ESPECIAL. ENUNCIADO ADMINISTRATIVO 3/STJ. INÉPCIA DA INICIAL. NECESSIDADE DE REEXAME DO CONJUNTO FÁTICO-PROBATÓRIO DOS AUTOS. SÚMULA 7/STJ. CULPA CONCORRENTE. REVISÃO DO VALOR DA INDENIZAÇÃO. NECESSIDADE DE REEXAME DO CONJUNTO FÁTICO-PROBATÓRIO DOS AUTOS. SÚMULA 7/STJ. REVISÃO DA VERBA HONORÁRIA. NECESSIDADE DE REEXAME DO CONJUNTO FÁTICO-PROBATÓRIO DOS AUTOS. SÚMULA 7/STJ. AGRAVO INTERNO NÃO PROVIDO. O Tribunal de origem ao proceder a análise da matéria, observou que não estavam presentes quaisquer dos critérios previstos no art. 330, § 1º, do CPC/2015, quais sejam: i) a ausência de pedido ou da causa de pedir; ii) o pedido indeterminado, ressalvadas as hipóteses legais em que se permite o pedido genérico; iii) da narração dos fatos não decorrer logicamente a conclusão; iv) pedidos incompatíveis entre si. Observa-se que para modificar o entendimento proferido pela Corte a quo seria necessário o revolvimento da matéria fático-probatória dos autos, inclusive operando-se o cotejamento de peças processuais, procedimento inviável em sede do recurso especial em razão do óbice da Súmula 7/STJ. Melhor sorte não ocorre com a irresignação recursal voltada à suposto malferimento aos arts. 43, 884, 944 e 945 do CC/2002, normas relacionadas aos requisitos da responsabilização civil, das situações de culpa concorrente em evento ilícito gerador de dano, bem como dos critérios de estipulação do valor da indenização. A instância ordinária considerou o acervo cognitivo do autos para concluir pela necessidade de reparação dos danos causados, inclusive com análise de laudo pericial, assim, os fatos alegados foram analisados pelo Tribunal a quo, sendo que a exame das razões da recorrente, no sentido de se apurar a própria ocorrência dos supostos atos ilícitos e do dano moral, bem como a existência de nexo causal, demandaria necessariamente o reexame do conjunto fático-probatório dos autos, procedimento inviável em sede de recurso especial ante o óbice previsto na Súmula 7/STJ: A pretensão de simples reexame de prova não enseja recurso especial. Por outro lado, como já dito na decisão recorrida, apenas nos casos excepcionais de irrisoriedade e exorbitância do valor da indenização, este Sodalício está autorizado a rever o montante indenizatório, situação que não ocorre do presente caso. Verifica-se que o valor da indenização em R$ 20.000,00, foi fixado com base na análise das provas constantes nos autos, de modo que não há como o STJ infirmar as conclusões a que chegou o Tribunal de origem, sob pena de violação da Súmula 7/STJ. A Corte de origem utilizou-se dos critérios factuais constantes das alíneas a, b e c, do § 3º, do art. 20 do CPC1973, para fixar o valor da verba honorária, o que impede a avaliação da questão por esta Corte Superior eis que vedado pela Súmula 7/STJ o reexame da matéria fático-probatória em sede de recurso especial. Agravo interno não provido. (STJ - AgInt no AREsp: 1415079 PE 2018/0328281-7, Relator: Ministro MAURO CAMPBELL MARQUES, Data de Julgamento: 23/05/2019, T2 - SEGUNDA TURMA, Data de Publicação: DJe 28/05/2019).

IV – contiver pedidos incompatíveis entre si.

§ 2º Nas ações que tenham por objeto a revisão de obrigação decorrente de empréstimo, de financiamento ou de alienação de bens, o autor terá de, sob pena de inépcia, discriminar na petição inicial, dentre as obrigações contratuais, aquelas que pretende controverter, além de quantificar o valor incontroverso do débito.

Se o autor não especifica quais clausulas pretende a revisão, deve o juiz oportunizar a emenda da petição inicial:

✓ RECURSO DE APELAÇÃO. AÇÃO DE REVISÃO E ANULAÇÃO DE CLÁUSULAS CONTRATUAIS COM PEDIDO DE REPETIÇÃO DE INDÉBITO. EXTINÇÃO DO PROCESSO, SEM RESOLUÇÃO DO MÉRITO, COM ARRIMO NO ART. 330 §2º DO CPC/15. AUSÊNCIA DE OPORTUNIDADE DE EMENDA. NULIDADE DA SENTENÇA POR ERROR IN PROCEDENDO RECONHECIDA DE OFÍCIO. APELO PREJUDICADO. DECISÃO UNÂNIME. 1. Em se tratando de ação de revisão e anulação de cláusulas contratuais, afigura-se imprescindível a discriminação, pelo autor, de quais as cláusulas que se pretende submeter à revisão através do Poder Judiciário, haja vista a impossibilidade de constatação da presença de cláusulas abusivas ou ilegais. Precedentes. 2. Uma vez não indicadas pelo autor quais as cláusulas consideradas abusivas ou ilegais, não caberia a extinção do processo sem a resolução do mérito pelo juízo de 1º grau. Seria o caso, em verdade, de o magistrado a quo, verificando a ausência de discriminação, na petição inicial, de quais as obrigações contratuais que o autor pretende controverter (art. 330, §2º, do CPC), determinar a emenda à inicial, nos termos do art. 321 do CPC. 3. Demais disso, é nula a decisão que extingue o processo sem apreciação do mérito, fundamentado no art. 330 §2º, quando sequer foi oportunizada qualquer instrução. Precedentes STJ. 4. Nulidade da sentença reconhecida de ofício. Apelo conhecido e, no mérito, julgado prejudicado. Decisão Unânime. (TJPE; APL 0065808-47.2013.8.17.0001; Quarta Câmara Cível; Rel. Des. Jones Figueirêdo Alves; Julg. 07/12/2017; DJEPE 08/01/2018).

Apontando que a indicação do valor incontroverso em ação revisional não pode ser aleatória, devendo estar amparada em algum demonstrativo:

✓ APELAÇÃO CÍVEL. CONTRATOS DE CARTÃO DE CRÉDITO. AÇÃO REVISIONAL. RECONVENÇÃO. DECISÃO RECORRIDA PUBLICADA NA VIGÊNCIA DO CPC/2015. No ajuizamento da ação revisional cabe, obrigatoriamente, a parte autora especificar as cláusulas que pretende revisar e quantificar o valor incontroverso. O valor incontroverso não pode ser um valor aleatório. A indicação deste valor, de acordo com o entendimento majoritário do STJ acerca da questão, deve ser feita na inicial de modo contábil, indicando o valor do débito e sobre ele aplicando as taxas e valores que defende na ação revisional. No caso concreto, restou descumprido o disposto no art. 330, § 2º, do CPC/2015. Outrossim, diante da autonomia da reconvenção, nos termos do art. 343, § 2º, do CPC/2015, desconstitui-se parcialmente a sentença. Necessária apenas a adequação da reconvenção às eventuais modificações impostas pela ação revisional. De ofício, sentença desconstituída parcialmente. Apelação prejudicada. (TJRS; AC 0325962-83.2016.8.21.7000; Cachoeirinha; Vigésima Quarta Câmara Cível; Rel. Des. Altair de Lemos Junior; Julg. 14/12/2016; DJERS 23/01/2017).

Inaplicabilidade do §2º do art. 330:

✓ AGRAVO EM RECURSO ESPECIAL Nº 1.376.116 - SE (2018/0265396-3) RELATORA: MINISTRA MARIA ISABEL GALLOTTI AGRAVANTE: JOSE DANTAS BASTOS ADVOGADO: ANA CRISTINA CARLOS SARMENTO MENESES - SE002827 AGRAVADO: COQUEIROS EMPREENDIMENTOS IMOBILIARIOS LTDA AGRAVADO: EMPREENDIMENTOS IMOBILIARIOS DAMHA ARACAJU I - SPE LTDA ADVOGADO: DANILO GURJÃO MACHADO - SE005553 DECISÃO Trata-se de agravo contra decisão que negou seguimento a recurso especial interposto em face de acórdão assim ementado: AGRAVO DE INSTRUMENTO - AÇÃO REVISIONAL DE CONTRATO COM CONSIGNAÇÃO EM PAGAMENTO - DECISÃO AGRAVADA QUE INDEFERIU A TUTELA PROVISÓRIA DE URGÊNCIA - PLEITO AUTORAL DE DEPÓSITO EM JUÍZO DE VALORES INFERIORES AO QUE FORA PACTUADO NO COMPROMISSO DE COMPRA E VENDA DE IMÓVEL COM PACTO DE ALIENAÇÃO FIDUCIÁRIA - AUSÊNCIA DE PROBABILIDADE DO DIREITO - INEXISTÊNCIA DE CARÁTER INCONTROVERSO DAS PRESTAÇÕES - RECURSO CONHECIDO E DESPROVIDO. Não foram opostos embargos de declaração. Nas razões de recurso especial, alega o agravante, em suma, violação aos artigos 39, IV e V, e art. 51, § 1º, do Código de Defesa do Consumidor, e 317 do Código Civil. Requer a concessão de efeito suspensivo ao recurso especial. Sustenta a necessidade de revisão dos termos contratuais, aduzindo a abusividade da aplicação da tabela price, e do anatocismo praticado no caso dos autos. Defende a legitimidade do valor apresentado em planilha de cálculos, por si elaborada, para fins de depósito em consignação e purgação da mora, ao argumento de que a parte agravada não se insurgiu contra o respectivo valor. Apresentadas contrarrazões (e-STJ fls. 97 - 104), pugnando o não provimento do recurso. O recurso não foi admitido na origem, nos termos da decisão de fls. 139 - 142, e-STJ. Assim delimitada a controvérsia, passo a decidir. Destaca-se que a decisão recorrida foi publicada depois da entrada em vigor da Lei 13.105 de 2015, estando o recurso sujeito aos requisitos de admissibilidade do novo Código de Processo Civil, conforme Enunciado Administrativo 3/2016 desta Corte. Não assiste razão ao agravante. Quanto ao pleito de concessão de efeito suspensivo, cumpre destacar que, esta Corte tem admitido, excepcionalmente, a medida, exigindo, para tanto, porém, a demonstração do periculum in mora, consubstanciado na urgência da prestação jurisdicional, assim como a presença do fumus boni juris, consistente na plausibilidade do direito alegado e na probabilidade de provimento do recurso ao qual se pretende dar efeito suspensivo. No caso, entendo que o fumus boni juris não está presente, afastando a probabilidade de êxito do agravo em recurso especial. Isso porque, do exame superficial dos autos inerente à presente via, entendo que a alteração das conclusões do acórdão recorrido acerca da existência de ato ilícito e necessidade de reparação de danos exigiria o reexame do conjunto fático-probatório dos autos, procedimento vedado pelas Súmulas 5 e 7/STJ. Com relação à alegação de que seriam incontroversos, os valores apresentados em planilha de cálculo, para fins de depósito em consignação e purgação da mora, ao contrário do que alega a parte agravante, respectivos valores foram impugnados pela parte agravada. No ponto, a Corte local registrou que (e-STJ, fls. 73 - 74): Como se visualiza na planilha de fls. 151/153, o Demandante afirmou que o saldo devedor recalculado em seria de 25.12.2016 R$, e não aquele informado pela Promitente 138.292,13 (cento e trinta e oito mil, duzentos e noventa e dois reais e treze centavos). Vendedora no importe de. R$ 281.062,94 (duzentos e oitenta e um mil, sessenta e dois reais e noventa e quatro centavos). Ocorre que o art. 330, § 2º, do CPC é claro ao dispor: § 2º Nas ações que tenham por objeto a revisão de obrigação decorrente de empréstimo, de financiamento ou de alienação de bens, o autor terá de, sob pena de inépcia, discriminar na petição inicial, dentre as obrigações contratuais, aquelas que pretende controverter, além de quantificar o valor incontroverso do débito. § 3º Na hipótese do § 2º, o valor incontroverso deverá continuar a ser pago no tempo e modo contratados. No caso concreto, ao contrário do que alegou o Recorrente, o valor da prestação que pretende depositar em juízo não tem caráter incontroverso, haja vista que foi apurado unilateralmente em planilha por ele acostada, cujos cálculos não têm o condão de demonstrar a alegada abusividade das parcelas pactuadas, ressaltando-se que não houve anuência das Agravadas quanto à pretendida redução, como se visualiza na contestação de fls. 296/312 (grifamos). (...) impõe-se a manutenção da decisão de primeiro grau. Conforme se verifica, a revisão da conclusão adotada na origem é medida que encontra veto nas Súmulas 5 e 7 do STJ, por demandar necessário reexame de cláusulas contratuais, fatos e provas. Acerca da prática de anatocismo em virtude da aplicação da tabela price, verifica-se que a decisão, proferida em sede de agravo de instrumento, limitou-se a analisar a concessão do efeito suspensivo requerido, não emitindo nenhum juízo de valor sobre a matéria, que, possivelmente será analisada em sentença. A ausência de prequestionamento impede a análise da tese na presente via, em vista da aplicação da Súmula 211/STJ. Em face do exposto, nego provimento ao agravo. Deixo de majorar os honorários nos termos do art. 85, § 11, do CPC/15, tendo em vista a ausência de condenação na origem, uma vez que o recurso especial foi interposto em sede de agravo. Intimem-se. Brasília (DF), 1º de fevereiro de 2019. MINISTRA MARIA ISABEL GALLOTTI Relatora (STJ - AREsp: 1376116 SE 2018/0265396-3, Relator: Ministra MARIA ISABEL GALLOTTI, Data de Publicação: DJ 08/02/2019).

§ 3º Na hipótese do § 2º, o valor incontroverso deverá continuar a ser pago no tempo e modo contratados.

→ *v.* Art. 1.055 do CPC.

Entendendo que a falta de pagamento do valor incontroverso em ação revisional acarreta o indeferimento da petição inicial:

✓ AGRAVO DE INSTRUMENTO. DEPÓSITO DO VALOR INCONTROVERSO. NECESSIDADE. RECURSO CONHECIDO E IMPROVIDO. 1. Cinge-se a presente lide em saber se é obrigatório ao autor informar as obrigações que pretende controverter, se o pagamento do valor incontroverso deve continuar a ser adimplido no mesmo modo e tempo contratados. 2. O simples ajuizamento de ação revisional, com a alegação da abusividade das cláusulas contratadas, não é capaz de inibir a caracterização da mora do devedor, sendo indispensável que o devedor demonstre a verossimilhança das alegações de abusividade das cláusulas contratuais e dos encargos financeiros capazes de elidir a mora, bem como deposite o valor incontroverso da dívida ou preste caução idônea. 3. Assim, verifica-se que não merece acolhida o pleito do presente recurso, eis que a legislação civil adjetiva é clara ao afirmar que o autor da demanda deve indicar os pontos controvertidos, bem como quantificar o valor incontroverso e depositá-lo no tempo e modo contratado, conforme preceitua o art. 330 do CPC. 4. É importante ressalvar que a ausência do pagamento do valor incontroverso implica no indeferimento da petição inicial, sendo este um requisito legal, além do pagamento ser necessário para o afastamento da mora do devedor em eventual requerimento de tutela antecipada. De acordo com a Súmula no 380 do Superior Tribunal de Justiça, "a simples propositura da ação de revisão de contrato não inibe a caracterização da mora do autor". Logo, a mora só é elidida nesses casos por meio do pagamento do valor incontroverso e do depósito em juízo do valor controvertido. 5. Recurso conhecido e improvido. (TJCE; AI 0624356-75.2017.8.06.0000; Segunda Câmara de Direito Privado; Rel. Des. Carlos Alberto Mendes Forte; Julg. 08/11/2017; DJCE 16/11/2017; Pág. 53).

✓ AGRAVO EM RECURSO ESPECIAL Nº 1.397.797 - MG (2018/0298531-6) RELATORA: MINISTRA MARIA ISABEL GALLOTTI AGRAVANTE: ARLLEY LUCIO DE ABREU E SILVA AGRAVANTE: ELIZETE FERNANDA DE SOUSA ADVOGADOS: PRISCILA HELENA ALVES TEIXEIRA - MG155891 JESSICA CAROLINE AVELINO DE SOUZA - MG184750 ELOISA FERREIRA NOGUEIRA - MG093887 LUIZA BURIAN WANDERLEY RODRIGUES - MG177028 AGRAVADO: BANCO SANTANDER (BRASIL) S.A. ADVOGADO: NEILDES ARAUJO AGUIAR DI GESU E OUTRO (S) - MG162751 DECISÃO Trata-se de agravo contra decisão que negou seguimento a recurso especial interposto em face de acórdão assim ementado (e-STJ, fl. 457): EMENTA: AGRAVO INTERNO EM AGRAVO DE INSTRUMENTO - AÇÃO REVISIONAL DE CONTRATO BANCÁRIO SUPOSTA ABUSIVIDADE NAS CLÁUSULAS CONTRATUAIS TESES RECURSAIS CONTRÁRIAS AO ENTENDIMENTO DOS TRIBUNAIS SUPERIORES, FIRMADO EM SÚMULAS E RECURSOS REPETITIVOS - MORA NÃO AFASTADA. - Juros remuneratórios abusivos (aqueles que excedem uma vez e meia da taxa média de mercado), e capitalização não contratada de juros, que tenham incidência no período de normalidade do cumprimento contratual, afastam a mora do devedor (STJ, REsp 1.061.530/RS, julgado sob ótica dos recursos repetitivos). - A simples propositura da ação de revisão de contrato não inibe a caracterização da mora do autor (STJ, Súmula 380). Não foram opostos embargos de declaração. Nas razões de recurso especial, alegam os ora agravantes violação dos arts. 50, § 4º, da Lei n. 10.931/2004; e 300 do Código de Processo Civil de 2015, além de divergência jurisprudencial. Sustentam o preenchimento de todos os requisitos que autorizam a concessão da tutela antecipada com a finalidade de depositarem o valor incontroverso, com o fim de afastar os efeitos da mora. Contrarrazões apresentadas às fls. 551-565 (e-STJ). O recurso não foi admitido na origem, nos termos da decisão de fls. 570-571 (e-STJ). Contraminuta apresentada às fls. 591-606 (e-STJ). Assim delimitada a controvérsia, passo a decidir. Da análise dos autos, observo que as alegações de ofensa à lei federal não merecem prosperar. De início, observo que o Tribunal de origem, com base nos fatos e provas dos autos, apurou a ocorrência de responsabilidade exclusiva do agravante e concluiu pela caracterização do dano moral indenizável, assim se pronunciando (e-STJ fls. 459-462): Não há como acolher a pretensão dos agravantes. É que, conforme restou fundamentado na decisão agravada, as teses recursais sustentadas pela parte agravante são contrárias ao entendimento firmado pelos Tribunais Superiores, em enunciados de súmulas e acórdãos proferidos em recursos repetitivos, de modo que elas não merecem acolhimento. A respeito da capitalização de juros, o Superior Tribunal de Justiça admite a sua cobrança, nos contratos celebrados por instituições financeiras, após março de 2000, em virtude do disposto na MP 1.963-17/2000, desde que pactuada expressamente. A questão encontra-se sumulada no enunciado de nº 539: Súmula 539 É permitida a capitalização de juros com periodicidade inferior à anual em contratos celebrados com instituições integrantes do Sistema Financeiro Nacional a partir de 31/3/2000 (MP n. 1.963-17/2000, reeditada como MP n. 2.170-36/2001), desde que expressamente pactuada. Além disso, com a Súmula n. 541, o STJ também consolidou o entendimento de que a previsão de taxa de juros anual superior ao duodécuplo da mensal é suficiente para permitir a incidência de juros capitalizados. Confira-se: Súmula nº 541: A previsão no contrato bancário de taxa de juros anual superior ao duodécuplo da mensal é suficiente para permitir a cobrança da taxa efetiva anual contratada. Ora, o contrato firmado entre as partes prevê taxa de juros anual superior ao duodécuplo da taxa mensal, o que indica a contratação e a legalidade da capitalização desses juros. Em relação à suposta abusividade na correção do saldo devedor antes da amortização das prestações pagas, essa questão também está sumulada pelo STJ, no enunciado de n. 540 do STJ: nos contratos vinculados ao SFH, a atualização do saldo devedor antecede sua amortização pelo pagamento da prestação. "Quanto à mora, ela somente pode ser afastada em caso de cobrança de juros remuneratórios abusivos (acima uma vez e meia da taxa média de mercado) e de capitalização não avençada, no período da normalidade. (...). (...) Demais disso, a mera discussão judicial da dívida não inibe a caracterização da mora do autor. Veja-se, por oportuno, o enunciado da Súmula 380 do STJ: Súmula 380 A simples propositura da ação de revisão de contrato não inibe a caracterização da mora do autor. Por fim, em relação ao pedido de depósito dos valores que a parte agravante entende incontroverso, os §§ 2º e 3º do art. 330 do CPC/2015, correspondente ao art. 285-B do CPC/1973, inibem o seu pleito. Vale conferir: Art. 330. (...) § 2º Nas ações que tenham por objeto a revisão de obrigação decorrente de empréstimo, de financiamento ou de alienação de bens, o autor terá de, sob pena de inépcia, discriminar na petição inicial, dentre as obrigações contratuais, aquelas que pretende controverter, além de quantificar o valor incontroverso do débito. § 3º Na hipótese do § 2º, o valor incontroverso deverá continuar a ser pago no tempo e modo contratados. A mesma previsão consta do artigo 50 da Lei n. 10.931/2004. Portanto, é incabível a pretensão da parte agravante, de depósito judicial das parcelas do contrato, no valor correspondente ao incontroverso. Aliás, medida deferida nesse sentido do depósito apenas causaria transtornos às partes, tanto em razão da necessidade da formalização de requerimentos mensais para a expedição de guias dos depósitos respectivos por parte do devedor, quanto em razão da necessidade posterior de ter que haver a expedição de alvarás para levantamento dos valores depositados pela credora, fato que ocasionaria uma burocratização desnecessária. Seja como for, além de a discussão não se fundar, em princípio, em aparência de bom direito e jurisprudência dos Tribunais Superiores, a parte agravada não está obrigada a receber de forma diversa da acordada (CC/2002, art. 336), sendo incabível, pois, a suspensão da cobrança das parcelas mensais, na forma contratada. Com efeito, para alcançar a pretensão de elisão da mora, basta que os agravantes continuem a realizar o pagamento das prestações na forma, tempo e valor contratados. O STJ entende que, via de regra, não é cabível recurso especial para reexaminar decisão que defere ou não liminar ou antecipação de tutela, em razão da natureza precária da decisão, sujeita à modificação a qualquer tempo, devendo ser confirmada ou revogada pela sentença de mérito. Nesse sentido: AGRAVO INTERNO. AGRAVO EM RECURSO ESPECIAL. AQUISIÇÃO DE VEÍCULO AUTOMOTOR. VÍCIO REDIBITÓRIO. PAGAMENTO DE IPVA. DECISÃO DE ANTECIPAÇÃO DOS EFEITOS DA TUTELA. REEXAME. IMPOSSIBILIDADE. SÚMULAS 7/STJ E 735/STF. 1. A jurisprudência deste STJ, à luz do disposto no enunciado da Súmula 735 do STF, entende que, via de regra, não é cabível recurso especial para reexaminar decisão que defere ou indefere liminar ou antecipação de tutela, em razão da natureza precária da decisão, sujeita à modificação a qualquer tempo, devendo ser confirmada ou revogada pela sentença de mérito. Apenas violação direta ao dispositivo legal que disciplina o deferimento da medida autorizaria o cabimento do recurso especial, no qual não é possível decidir a respeito da interpretação dos preceitos legais que dizem respeito ao mérito da causa. 2. Não cabe, em recurso especial, reexaminar matéria fático-probatória (Súmula 7/STJ). 3. Agravo interno a que se nega provimento. (AgInt no AREsp 1.075.621/SP, Rel. Ministra MARIA ISABEL GALLOTTI, QUARTA TURMA, julgado em 15.3.2018, DJe 20.3.2018) Por fim, o acolhimento das razões do recurso especial, a fim de demover as conclusões da Corte de origem, demandaria reexame de matéria fática, o que esbarra na Súmula 7 do STJ. A incidência do óbice contido na Súmula 7 do STJ impede a análise do dissídio jurisprudencial, uma vez que falta identidade entre os paradigmas apresentados e os fundamentos do acórdão recorrido, tendo em vista a situação fática do caso, com base na qual a Corte de origem deu solução à causa. Em face do exposto, nego provimento ao agravo. Deixo de majorar os honorários nos termos do artigo 85, § 11, do Código de Processo Civil, visto que o recurso especial foi interposto nos autos de agravo de instrumento que ataca decisão interlocutória na qual não houve prévia fixação de honorários. Intimem-se. Brasília (DF), 27 de março de 2019. MINISTRA MARIA ISABEL GALLOTTI Relatora (STJ – AREsp: 1397797 MG 2018/0298531-6, Relator: Ministra MARIA ISABEL GALLOTTI, Data de Publicação: DJ 02/04/2019)

Art. 331. Indeferida a petição inicial, o autor poderá apelar, facultado ao juiz, no prazo de 5 (cinco) dias, retratar-se.

→ *V.* Art. 198, VII, do ECA.

→ *V.* Art. 332, §§ 3º e 4º, e 485, § 7º, do CPC.

→ *V.* Enunciado 43 da ENFAM: O art. 332 do CPC/2015 se aplica ao sistema de juizados especiais e o inciso IV também abrange os enunciados e súmulas dos seus órgãos colegiados competentes.

Não conhecendo de agravo que indefere liminarmente parte dos pedidos formulados:

✓ AGRAVO DE INSTRUMENTO. AÇÃO DECLARATÓRIA DE INEXISTÊNCIA DE DÉBITO CUMULADA COM INDENIZATÓRIA. INDEFERIMENTO PARCIAL DA INICIAL, COM FULCRO NO ART. 485, INC. I, DO CPC/2015. REJEIÇÃO LIMINAR DO PEDIDO DE INDENIZAÇÃO POR DANOS MORAIS. JULGAMENTO DE IMPROCEDÊNCIA PARCIAL DA AÇÃO EXARADO DE PLANO. CONSTITUCIONALIDADE E LEGALIDADE DISCUTÍVEL. RECURSO DE AGRAVO INCABÍVEL. ARTIGO 331 DO CPC/2015. ROL TAXATIVO DAS DECISÕES SUSCETÍVEIS DE IMPUGNAÇÃO POR AGRAVO DE INSTRUMENTO. Segundo a sistemática adotada pelo CPC o elenco de decisões suscetíveis de impugnação por agravo de instrumento é restritivo (art. 1.015 do CPC/2015). A decisão que indefere em parte a petição inicial, rejeitando (=indeferindo) liminarmente o pedido de reparação de danos morais deduzido de forma cumulada (=cúmulo de ações admissível segundo o CPC), não se amolda às hipóteses taxativas de cabimento desse recurso previstas no CPC. Agravo de instrumento não conhecido. Decisão monocrática amparada no artigo 932, inciso III, do CPC/2015. (TJRS; AI 0260037-43.2016.8.21.7000; Santa Rosa; Nona Câmara Cível; Rel. Des. Miguel Ângelo da Silva; Julg. 28/07/2016; DJERS 03/08/2016).

Entendendo cabível o recurso de apelação ainda que o indeferimento da petição inicial se limite a um dos pedidos:

✓ AGRAVO INTERNO. PREVIDENCIÁRIO. PROCESSUAL CIVIL. PEDIDO DE CONCESSÃO DE APOSENTADORIA CUMULADO COM DANOS MORAIS. INDEFERIMENTO DA INICIAL EM RELAÇÃO AO PEDIDO DE INDENIZAÇÃO. IMPUGNAÇÃO VIA APELAÇÃO. ARTIGOS 331 E 485, § 7º, DO CÓDIGO DE PROCESSO CIVIL. ARTIGO 1.015 DO CPC. HIPÓTESE TAXATIVA. 1. Nos termos do artigo 485, I, do Código de Processo Civil a decisão que indefere a petição inicial, em relação ao pedido de danos morais, não resolve o mérito e, portanto, é impugnável via apelação, a teor dos artigos 331 e 485, § 7º, da Lei Processual vigente. 2. A decisão agravada, que declara inepta a inicial, não se insere nas hipóteses taxativas previstas no artigo 1.015 do Código de Processo Civil. 4. Conferir interpretação extensiva ao artigo 1.015 do CPC contraria a nova sistemática processual de limitação dos recursos contra as decisões interlocutórias. (TRF 4ª R.; AGInt-AG 5049502-09.2016.404.0000; Sexta Turma; Relª Desª Fed. Salise Monteiro Sanchotene; Julg. 25/01/2017; DEJF 27/01/2017)

Aplicação do princípio da instrumentalidade das formas:

✓ AGRAVO EM RECURSO ESPECIAL Nº 1.439.153 – SP (2019/0022459-9) RELATOR: MINISTRO MARCO AURÉLIO BELLIZZE AGRAVANTE: JOAO DE OLIVEIRA PENTEADO AGRAVANTE: ANTONIO CARLOS BORGES DE NOVAIS ADVOGADO: PEDRO RICARDO DELLA CORTE GUIMARÃES PACHECO – SP107214 AGRAVADO: NILCÉIA ROCHA DA SILVA ADVOGADO: MARCELA CRISTINA GIACON SERAFIM – SP261380 INTERES.: JOÃO CARLOS PEREIRA JUNIOR ADVOGADO: SEM REPRESENTAÇÃO NOS AUTOS – SE000000M DECISÃO Cuida-se de agravo interposto por JOÃO DE OLIVEIRA PENTEADO e ANTONIO CARLOS BORGES DE NOVAIS contra decisão que inadmitiu recurso especial (e-STJ, fls.192) proposto para impugnar acórdão proferido pelo Tribunal de Justiça do Estado de São Paulo, assim ementado (e-STJ, fl. 148): Ação de obrigação de fazer transferência de cota – Preliminar de nulidade da sentença – Inocorrência – Juízo de retratação consoante os princípios da instrumentalidade das formas, da primazia do mérito e da economia processual – Incontroversa cessão de cotas sociais entre as partes – Obrigação dos réus em averbar a cessão no respectivo registro da pessoa jurídica na Junta Comercial – Ato que deve ser averbado, sob pena de não produzir efeitos em relação à sociedade e terceiros – Prazo fixado para o cumprimento da obrigação e fixação de multa diária que atendem aos princípios da razoabilidade e da proporcionalidade – Sentença de procedência – Manutenção – Recurso desprovido. Opostos embargos de declaração, o aresto recorrido foi integralizado pela seguinte ementa (e-STJ, fl. 162): Embargos de declaração – Ação de obrigação de fazer transferência de cota – Arguição de omissão e contradição – Hipóteses do art. 1.022 do CPC não verificadas – Inconformismo revelador de natureza infringente dos embargos de declaração – Prequestionamento – Embargos de declaração rejeitados. Nas razões do recurso especial, os recorrentes, com fulcro na alínea a do permissivo constitucional, alegaram violação aos arts. 218, 223 e 494 do CPC/2015. Sustentaram a existência de omissão e contradição no aresto recorrido, visto que o Tribunal local deixou de se manifestar sobre a juntada intempestiva do comprovante de pagamento das custas judiciais. Afirmaram que, após a publicação, não pode o julgador fazer modificação no conteúdo decisório da sentença. Asseveraram que, não demonstrado tempestivamente o recolhimento das custas judiciais, incidem os efeitos da preclusão temporal. Frisaram ser imperiosa a manutenção da sentença de extinção do processo, ante a prática intempestiva dos atos processuais. Apreciada a admissibilidade do recurso excepcional, o Tribunal de origem inadmitiu a insurgência (e-STJ, fl. 192). Diante de tal fato, foi interposto agravo em recurso especial (e-STJ, fls. 195-229). Brevemente relatado, decido. De início, é importante ressaltar que o recurso foi interposto contra decisão publicada já na vigência do Novo Código de Processo Civil, sendo, desse modo, aplicável ao caso o Enunciado Administrativo n. 3 do Plenário do STJ, segundo o qual: "aos recursos interpostos com fundamento no CPC/2015 (relativos a decisões publicadas a partir de 18 de março de 2016) serão exigidos os requisitos de admissibilidade recursal na forma do novo CPC". Nas razões do presente recurso, os agravantes alegam terem cumprido com todos os requisitos exigidos para conhecimento e julgamento do recurso especial. Constatados os pressupostos de admissibilidade do agravo, passo à análise do recurso especial. Preliminarmente, no tocante à alegação de omissão e contradição no aresto recorrido, não há como ser examinada a tese, pois os recorrentes, nas razões recursais, não apontaram o dispositivo da legislação federal violado. É necessário frisar que o recurso especial possui natureza vinculada, exigindo, para o seu cabimento, a imprescindível demonstração, de forma clara e precisa, dos dispositivos apontados como malferidos pela decisão recorrida juntamente com argumentos suficientes à exata compreensão da controvérsia estabelecida, sob pena de inadmissão. Nesse sentido, incide, in casu, o enunciado da Súmula 284/STF. A respeito da nulidade da sentença de retratação, na qual o julgador acolheu a petição interposta pela parte recorrida com a documentação comprobatória do pagamento das custas judiciais, o Tribunal de origem assim se manifestou (e-STJ, fls. 149-150): Afasta-se a preliminar de nulidade da r. sentença. Os apelantes sustentam que o juízo de retratação feito pelo magistrado, tornando a sentença de fls. 34 sem efeito, feriu os princípios da irretratabilidade e da inalterabilidade, e a coisa julgada formal. Contudo, razão não lhes assiste. Nos termos do artigo 331 do Código de Processo Civil, "indeferida a petição inicial, o autor poderá apelar, facultado ao juiz, no prazo de 5 (cinco) dias, retratar-se." Embora a parte autora não tenha apelado da r. sentença que extinguiu o processo, é certo que ela protocolou petição juntando o comprovante das custas adimplidas no prazo então estabelecido, a autorizar o juízo de retração e a aplicação dos artigos 277 e 188, ambos do Código de Processo Civil, os quais consagram o princípio da instrumentalidade das formas, segundo o qual a forma do ato não pode ser mais importante do que sua finalidade, daí por que se recomenda que não sejam declarados nulos os atos processuais quando alcançada a sua finalidade, ainda que não tenha sido observada a forma prescrita em lei. Marcos Destefenni ensina que "esse princípio basilar quer significar que as formas, no processo civil, não se constituem em um fim em si mesmas

mas, muito ao contrário, representam meios para que possam ser atingidas finalidades. O fato de o sistema de nulidades processuais ser informado pelo princípio da instrumentalidade das formas, aliás, consequência direta da situação do processo civil dentro do direito público, superando-se a nulidade processual sempre que o ato, ainda que eivado de nulidade, atingir a sua finalidade essencial". (Curso de Processo Civil 1 - Tomo I Processo de Conhecimento: Convencional e Eletrônico, 2ª ed., Saraiva, 2008. p. 164.) Ademais, se isso não bastasse, registre-se que o Processo Civil pátrio é regido, igualmente, pelos princípios da primazia do mérito e da economia processual. Do excerto acima transcrito, depreende-se que o Tribunal estadual entendeu que, em caso de indeferimento da petição inicial, é possível ao julgador efetuar juízo de retratação quando constatar a correção do vício que obstava o recebimento da exordial. De fato, nos termos do art. 331 do CPC/2015, indeferida inicial e apelando o autor, poderá o julgador exercer juízo de retratação. Confira-se: Art. 331. Indeferida a petição inicial, o autor poderá apelar, facultado ao juiz, no prazo de 5 (cinco) dias, retratar-se. No caso em exame, embora o magistrado singular não tenha recebido a exordial por constatar a falta de pagamento das custas judiciais, reconsiderou sua decisão após a autora, ora recorrida, juntar comprovante de adimplemento das despesas processuais, considerando o julgador tempestiva a manifestação da agravada. Diante dessa conclusão, não há como o STJ infirmar o posicionamento adotado pela instância ordinária, a fim de verificar se a apresentação da documentação ocorreu dentro do prazo estabelecido, pois, para tanto, seria preciso o revolvimento do conjunto fático-probatório dos autos, o que é vedado pela incidência da Súmula 7/STJ. Ante o exposto, conheço do agravo para não conhecer do recurso especial. Publique-se. EMENTA AGRAVO EM RECURSO ESPECIAL. OMISSÃO. AUSÊNCIA DE CITAÇÃO DO DISPOSITIVO DA LEGISLAÇÃO FEDERAL VIOLADO. SÚMULA 284/STF. INDEFERIMENTO DA PETIÇÃO INICIAL. JUÍZO DE RETRATAÇÃO. JUNTADA TEMPESTIVA DA DOCUMENTAÇÃO. REVISÃO. SÚMULA 7/STJ. AGRAVO CONHECIDO PARA NÃO CONHECER DO RECURSO ESPECIAL. Brasília, 02 de abril de 2020. MINISTRO MARCO AURÉLIO BELLIZZE, Relator (STJ - AREsp: 1439153 SP 2019/0022459-9, Relator: Ministro MARCO AURÉLIO BELLIZZE, Data de Publicação: DJ 13/04/2020).

§ 1º Se não houver retratação, o juiz mandará citar o réu para responder ao recurso.

Não se verificam os efeitos da revelia, caso o réu não responda ao recurso:

✓ APELAÇÃO. CÉDULA DE CRÉDITO BANCÁRIO. AÇÃO REVISIONAL C.C. CONSIGNAÇÃO EM PAGAMENTO. Sentença de indeferimento da petição inicial. Desacerto. Circunstância de a autora se encontrar em mora não a impedindo de empregar a ação de consignação em pagamento para a satisfação forçada da obrigação. Suposta inviabilidade do pleito consignatório que, de todo modo, não dispensaria a análise do pedido cumulado, de caráter revisional. Incabível, porém, o pronto julgamento do litígio, a pretexto da regra do art. 1.013, §3º, do CPC, apesar de o réu, citado, não ter apresentado contrarrazões. Citação prevista no art. 331, §1º, do CPC, da mesma forma que a do art. 332, §4º, do mesmo estatuto, não tendo o condão de positivar os efeitos da revelia (art. 344), se o réu não responder ao recurso. Em tal momento, com efeito, não há que se exigir do réu resposta à demanda, o que representa ato diverso e muito mais amplo que o de responder ao recurso, tanto que a resposta propriamente dita à demanda envolve a apresentação de contestação, reconvenção e/ou exceções. Doutrina em tal sentido. Cenário em que se impõe afastar a sentença apelada, para que o processo retome seu curso em primeiro grau, também com a concessão de oportunidade para o réu se defender. Dispositivo: Deram provimento à apelação. (TJSP; APL 1000420-71.2016.8.26.0084; Ac. 10794368; Campinas; Décima Nona Câmara de Direito Privado; Rel. Des. Ricardo Pessoa de Mello Belli; Julg. 04/09/2017; DJESP 22/09/2017; Pág. 2321)

Entendendo que não há necessidade de citação do réu se a apelação atacar sentença de extinção do processo por outro motivo, que não o indeferimento da petição inicial:

✓ BANCÁRIOS. Ação de obrigação de fazer. Apelante que teve indeferido o pedido de gratuidade da justiça. Determinação para recolhimento das custas iniciais. Inércia. Sentença de extinção com base no art. 485, inciso IV, do CPC/2015. Preliminar. Desnecessidade de citação do apelado. Extinção sem resolução de mérito (ausência de pressupostos processuais). Aplicabilidade do art. 331, § 1º, do CPC/2015 exigível apenas em caso de indeferimento da petição inicial. Justiça gratuita/diferimento. Requerimento de benefício nas razões recursais. Intuito de substituir recurso cabível de anterior indeferimento. Ausência de prova da mudança da situação econômico-financeira no curso do processo. Mera alegação genérica da impossibilidade de custear custas e despesas processuais. Impossibilidade da concessão do benefício e de eventual diferimento no recolhimento. Concessão da gratuidade da justiça que na hipótese gera efeitos **ex nunc**. Precedentes STF, STJ e TJ. Preparo indispensável. Ausência. Deserção reconhecida (art. 1.007, caput, do CPC/2015). Recurso não conhecido. (TJSP; APL 1061336-23.2016.8.26.0100; Ac. 10177118; São Paulo; Décima Quinta Câmara de Direito Privado; Rel. Des. José Wagner de Oliveira Melatto Peixoto; Julg. 16/02/2017; DJESP 21/02/2017)

Caso mantida a sentença de indeferimento e tendo o réu apresentado contrarrazões, deve haver a condenação do autor em honorários advocatícios:

✓ APELAÇÃO. Ação de cobrança. Assistência Judiciária Gratuita. Pessoa jurídica. Inviável a concessão do benefício ante a ausência de efetiva comprovação da impossibilidade de arcar com as custas e despesas processuais. Inteligência dos arts. 5º, inciso LXXIV, da Constituição Federal, 98, caput e 99, § 3º, do Novo Código de Processo Civil e da Súmula nº 481 do C. Superior Tribunal de Justiça. Precedentes. Quedando-se inerte a autora em comprovar a sua situação de hipossuficiência ou providenciar o recolhimento da taxa judiciária, correto o indeferimento da petição inicial e a consequente extinção do feito, sem resolução do mérito. Honorários advocatícios. Devidos após a apelada, regularmente citada nos termos do art. 331, § 1º do Novo Código de Processo Civil, ter apresentado contrarrazões, ocasião em que se operou a triangulação da relação jurídico-processual. Sentença mantida. Apelo desprovido. (TJSP; APL 1004231-66.2016.8.26.0269; Ac. 10101734; Itapetininga; Segunda Câmara de Direito Público; Rel. Des. Renato Delbianco; Julg. 18/01/2017; DJESP 24/01/2017)

§ 2º Sendo a sentença reformada pelo tribunal, o prazo para a contestação começará a correr da intimação do retorno dos autos, observado o disposto no art. 334.

Impossibilidade de apreciação de matérias relativas ao mérito da causa em apelação contra indeferimento da petição inicial:

✓ PROCESSO. Como (a) a juntada de comprovante de residência não constitui requisito essencial para a propositura da demanda, nos termos do art. 319, II, do CPC/2015, bastando à parte autora a indicação do seu endereço, de rigor, (b) a sua falta não autoriza o julgamento de indeferimento da inicial, por inépcia, com base no art. 330, I, do CPC, ou por não atendimento de determinação de emenda, na forma do art. 321, § único, do CPC, nem o julgamento de extinção do processo, sem resolução do mérito, com base no art. 485, I, do CPC. PROCESSO. A aferição do interesse processual e da legitimidade deve ser realizada de acordo com a teoria da asserção, ou seja, considerando as afirmações, no recebimento da inicial, constantes da petição inicial, e, em momento processual posterior, deduzidas pelas partes. Em ações objetivando condenação em reparação de danos. Caso dos autos., é desnecessário prévio pedido administrativo e/ou esgotamento administrativo, porque o art. 5º, XXXV, da CF, que assegura acesso irrestrito ao Poder Judiciário, sendo, a propósito, relevante salientar que: (a) mero reconhecimento administrativo do direito, sem a demonstração do efetivo cumprimento da decisão, não resulta em falta de interesse de agir capaz de obstar o prosseguimento do pleito judicial; e (b) o interesse processual fica evidenciado, com o oferecimento de contestação, buscando a rejeição constante da petição inicial. (...) Incabível o conhecimento das alegações, que compreendem matéria própria de contestação, constante das contrarrazões deduzidas pela parte apelada, na atual situação processual, por se tratar de apelação contra sentença de indeferimento de petição inicial proferida antes da antes da citação da parte integrante do polo passivo, cujo conhecimento é limitado à matéria objeto do recurso, nos termos do art. 331, § 2º, do CPC/2015. Recurso provido. (TJSP; APL 1003468-73.2016.8.26.0428; Ac. 10911978; Paulínia; Vigésima Câmara de Direito Privado; Rel. Des. Rebello Pinho; Julg. 23/10/2017; DJESP 01/11/2017; Pág. 2534)

§ 3º Não interposta a apelação, o réu será intimado do trânsito em julgado da sentença.

Capítulo III
DA IMPROCEDÊNCIA LIMINAR DO PEDIDO

Art. 332. Nas causas que dispensem a fase instrutória, o juiz, independentemente da citação do réu, julgará liminarmente improcedente o pedido que contrariar:

→ *V.* Art. 17, § 8º, da Lei 8.429/1992.

→ *V.* Enunciado 22 do CJF: Em causas que dispensem a fase instrutória, é possível o julgamento de improcedência liminar do pedido que contrariar decisão do Supremo Tribunal Federal em controle concentrado de constitucionalidade ou enunciado de súmula vinculante.

Considerando impossível o julgamento liminar de improcedência quanto a apenas parte dos pedidos:

✓ MONITÓRIA. PRESCRIÇÃO. INCOMPATIBILIDADE ENTRE O JULGAMENTO LIMINAR DE IMPROCEDÊNCIA E O JULGAMENTO ANTECIPADO PARCIAL DO MÉRITO. 1. Nas causas que dispensem fase instrutória, o juiz, independentemente de citação do réu, poderá julgar liminarmente improcedente o pedido se verificar, desde logo, a ocorrência de decadência ou de prescrição (CPC/15, art. 332, § 1º). 2. Trata-se de instituto que busca a celeridade e economia processual, o que não ocorrerá se o julgamento for parcial, pois a ação deverá prosseguir em relação ao pedido que não foi julgado. 3. Inviável o julgamento liminar de parcial improcedência ante a incompatibilidade dos institutos do julgamento liminar de improcedência (art. 332 do CPC/15) e do julgamento antecipado parcial do mérito (art. 356 do CPC/15). O primeiro impugnável por apelação, e o segundo, por agravo de instrumento. 4. Apelação provida. (TJDF; APC 2016.06.1.002374-3; Ac. 946.711; Sexta Turma Cível; Rel. Des. Jair Oliveira Soares; Julg. 08/06/2016; DJDFTE 15/06/2016). V. tb.: DIREITO PROCESSUAL CIVIL. IMPROCEDÊNCIALIMINAR PARCIAL DO PEDIDO. DECISÃO INTERLOCUTÓRIA. JULGAMENTO ANTECIPADO PARCIAL DO MÉRITO. SENTENÇA. ERROR IN PROCEDENDO. ANULAÇÃO. I. As hipóteses do art. 332 do CPC equivalem a indeferimento da inicial, somente se admitindo o sentenciamento do processo caso a improcedência liminar do pedido seja total. II. No caso de somente parte do mérito ser julgado com fundamento no art. 332, o magistrado deverá fazê-lo por decisão interlocutória (art. 356 do CPC), e não por sentença. III. Deu-se provimento ao recurso. (TJDF; APC 2016.06.1.013022-9; Ac. 103.1569; Sexta Turma Cível; Rel. Des. José Divino; Julg. 12/07/2017; DJDFTE 19/07/2017)

Reconhecendo a improcedência liminar do pedido em relação a apenas uma das autoridades impetradas em mandado de segurança:

✓ MANDADO DE SEGURANÇA PREVENTIVO. SINDALERJ. SINDICATO DOS SERVIDORES DO PODER LEGISLATIVO DO ESTADO DO RIO DE JANEIRO. Servidores inativos da Alerj. Writ em que se pleiteia o pagamento do 13º salário de 2016 até o dia 20 de dezembro. Compete ao rioprevidência o pagamento dos proventos de aposentadoria dos servidores públicos estatutários estaduais, incluindo-se o abono natalino, a teor do disposto no art. 1º, § 1º, da Lei nº 3.189/99, que institui o fundo único de previdência social do Estado do Rio de Janeiro. Ilegitimidade passiva do primeiro impetrado. Súmula nº 510 do STF e Súmula nº 114 desta corte. Improcedência liminar do pedido em relação à primeira autoridade impetrada, nos termos do art. 332, I, do CPC/2015.declínio de competência para uma das varas de Fazenda Pública da Comarca da capital. (TJRJ; MS 0065234-65.2016.8.19.0000; Rio de Janeiro; Tribunal Pleno e Órgão Especial; Rel. Des. Antonio Carlos Nascimento Amado; DORJ 13/12/2017; Pág. 141)

Aplicando o instituto da sentença de improcedência liminar do pedido para extinguir o processo sem resolução do mérito:

✓ APELAÇÃO. AÇÃO COM PEDIDO DE OBRIGAÇÃO DE FAZER. IMPROCEDÊNCIA LIMINAR DO PEDIDO. Pedido de anulação da r. Sentença para que seja julgado o mérito em primeiro grau. Descabimento. Sentença que julgou improcedente a demanda, com fundamento no artigo 332 do CPC. Hipótese em que o Colendo Superior Tribunal de Justiça fixou entendimento de que a ausência de prévio pedido administrativo configura falta de interesse de agir. Notificação extrajudicial enviada por e-mail apenas dois dias antes da propositura da ação que não pode ser tida como válida. Autor que deu causa ao ajuizamento da demanda. Extinção do processo que deve ser mantida, mas sem julgamento do mérito (CPC, art. 485, VI). RECURSO DESPROVIDO. (TJSP; APL 1007273-14.2017.8.26.0003; Ac. 11024609; São Paulo; Décima Terceira Câmara de Direito Privado; Relª Desª Ana de Lourdes Coutinho Silva da Fonseca; Julg. 30/11/2017; DJESP 05/12/2017; Pág. 2623)

Apontando que não basta a causa dispensar dilação probatória para que seja proferida sentença liminar de improcedência, devendo estar configurada alguma das situações previstas nos incisos do art. 332:

✓ DIREITO PROCESSUAL CIVIL. JULGAMENTO LIMINAR DE IMPROCEDÊNCIA DO PEDIDO. REQUISITOS DO ART. 332 DO CPC. O art. 332 do atual Código de Processo Civil traz a possibilidade de o juiz resolver desde logo o mérito contra o autor, com base em precedentes do Supremo Tribunal Federal, do Superior Tribunal de Justiça e do Tribunal de Justiça local, ou quando constatar a ocorrência de prescrição ou de decadência. Todavia, sistemática do julgamento liminar de improcedência do pedido requer a combinação do caput e dos incisos do art. 332 do Código de Processo Civil. Em outras palavras, além da dispensa de fase instrutória, é necessária a ocorrência de um dos requisitos descritos nos incisos daquele dispositivo. Apelação provida. Sentença anulada. (TJDF; APC 2016.01.1.103510-2; Ac. 101.9678; Primeira Turma Cível; Rel. Des. Hector Valverde Santana; Julg. 24/05/2017; DJDFTE 07/07/2017)

Se a hipótese exige dilação probatória ou esclarecimentos, não cabe sentença liminar de improcedência:

✓ EXECUÇÃO DE TÍTULO EXTRAJUDICIAL. DECISÃO QUE EXTINGUIU PARCIALMENTE A AÇÃO, ANTE O RECONHECIMENTO DE EXCESSO DE EXECUÇÃO, NOS TERMOS DO ARTIGO 332, I DO NOVO CPC E DETERMINOU A EMENDA DA PETIÇÃO INICIAL, SOB PENA DE EXTINÇÃO. JULGAMENTO LIMINAR DE IMPROCEDÊNCIA QUE NÃO SE ADEQUA À HIPÓTESE DE EXTINÇÃO PARCIAL. Matéria conhecida de ofício pelo juízo a quo que não dispensava instrução ou, ao menos, esclarecimentos do exequente, uma vez que não se sabe ao certo os encargos utilizados para obter o valor executado. Decisão afastada. Recurso provido. (TJSP; AI 2104941-11.2016.8.26.0000; Ac. 9763778; Lençóis Paulista; Décima Quinta Câmara de Direito Privado; Rel. Des. Coelho Mendes; Julg. 30/08/2016; DJESP 15/09/2016)

Considerando viável a improcedência liminar do pedido por impossibilidade jurídica:

✓ APELAÇÃO CÍVEL. AÇÃO DE USUCAPIÃO. SENTENÇA DE EXTINÇÃO POR FALTA DE INTERESSE DE AGIR. CASSADA. RECURSO CONHECIDO E PROVIDO. CAUSA MADURA. USUCAPIÃO DE BEM PÚBLICO. PEDIDO JURIDICAMENTE IMPOSSÍVEL. ART. 332 DO CPC C/C SÚMULA Nº 340 DO STF. IMPROCEDÊNCIA LIMINAR DO PEDIDO. 1. Na hipótese, está presente o interesse de agir, pois evidenciada a necessidade, utilidade e adequação da demanda para a solução da lide. 2. Porém, a pretensão de usucapião de bem público na forma proposta, por encontrar vedação constitucional, consiste em pedido juridicamente impossível, o que, segundo a nova sistemática processual, inaugurada pelo Código de Processo Civil de 2015, enseja extinção do processo, com resolução do mérito, por improcedência liminar do pedido. (TJMS; APL 0800645-20.2016.8.12.0002; Quinta Câmara Cível; Rel. Des. Júlio Roberto Siqueira Cardoso; DJMS 08/03/2017; Pág. 61)

Apontando que a sentença liminar de improcedência não configura violação ao contraditório para o autor, que poderá se manifestar em sede de apelação:

✓ APELAÇÃO CÍVEL. DIREITO PROCESSUAL. IMPROCEDÊNCIA LIMINAR DO PEDIDO. ART. 332 DO CPC/15. VIOLAÇÃO À GARANTIA DO CONTRADITÓRIO. NEGATIVA DE PRESTAÇÃO JURISDICIONAL. NÃO OCORRÊNCIA. UTILIDADE E NECESSIDADE. INTERESSE PROCESSUAL CONFIGURADO. PRESCRIÇÃO DE FUNDO DE DIREITO. INEXISTÊNCIA. RELAÇÃO DE TRATO SUCESSIVO. PEDIDO DE INDENIZAÇÃO POR DANOS MORAIS. JULGAMENTO COM BASE NO ART. 487, I, DO NOVO CÓDIGO. RELAÇÃO PROCESSUAL NÃO FORMADA. IMPOSSIBILIDADE. O julgamento liminar de improcedência, nos termos do art. 332 do CPC/15, não implica violação ao princípio do contraditório, uma vez que o Autor pode apresentar elementos que contrariem a conclusão do Magistrado, opondo apelação, que abre a possibilidade de retratação, e, não havendo retratação, o Réu é citado para apresentar contrarrazões, oportunidade em que poderá se manifestar sobre o direito em debate. A extinção do feito sem julgamento de mérito ou o julgamento preliminar de improcedência, em decisão fundamentada, não importam em negativa de prestação jurisdicional. Demonstrada a utilidade e necessidade do provimento judicial pleiteado, bem como a adequação da via eleita pela parte, descabido o indeferimento da petição inicial com fulcro no art. 330 do CPC/15. Sendo de trato sucessivo a relação entre as partes, a prescrição incide apenas sobre as parcelas vencidas antes do quinquênio que precedeu a propositura da ação, nos termos da Súmula nº 85 do STJ. Afigura-se contraditória a sentença que promove o julgamento liminar de improcedência nos termos do art. 332, I, do CPC/15, invocando a Súmula nº 85 do STJ para, numa relação de trato sucessivo, decretar a prescrição do fundo de direito. O julgamento liminar de improcedência, ou seja, aquele realizado antes da formação da relação processual, somente pode se efetivar nas hipóteses expressamente delineadas no art. 332 do CPC/15, sendo descabida a extinção liminar do processo nas hipóteses do art. 487 do mesmo diploma legal. Sentença reformada para determinar o retorno dos autos ao Juízo Singular para regular prosseguimento. (TJMG; APCV 1.0352.16.001728-6/001; Relª Desª Ana Paula Caixeta; Julg. 10/11/2016; DJEMG 22/11/2016)

I – enunciado de súmula do Supremo Tribunal Federal ou do Superior Tribunal de Justiça;

II – acórdão proferido pelo Supremo Tribunal Federal ou pelo Superior Tribunal de Justiça em julgamento de recursos repetitivos;

III – entendimento firmado em incidente de resolução de demandas repetitivas ou de assunção de competência;

IV – enunciado de súmula de tribunal de justiça sobre direito local.

§ 1º O juiz também poderá julgar liminarmente improcedente o pedido se verificar, desde logo, a ocorrência de decadência ou de prescrição.

→ *v.* Art. 10, 302, IV, 310, 487, II e parágrafo único, e 1.013, § 4º, do CPC.

Dispensando a oitiva do exequente em caso de pronunciamento liminar de prescrição e decadência:

✓ APELAÇÃO CÍVEL. EXECUÇÃO FISCAL. MULTA VENCIDA EM 24/10/2002. Demanda ajuizada somente em dezembro de 2007. Sentença a quo que reconheceu de ofício a prescrição do crédito não tributário, julgando extinto o processo. Apelo do município exequente. Manutenção do decisum. O exequente tinha de 24/10/2002 até 24/10/2007 para perseguir seus créditos, porém, além de ajuizar a presente demanda a destempo, quando já ultrapassado o prazo prescricional de 5 anos do art. 174 do CTN, até a presente data o recorrido sequer foi citado, pelo que, mostra-se inafastável a prescrição pura e simples. Possibilidade de o magistrado reconhecer de ofício a prescrição nos moldes do art. 219, §5º do CPC/73, eis que a prescrição pura e simples ocorreu antes da propositura da demanda. Inteligência contida na Súmula nº 409 do STJ. Ademais, o artigo 332, § 1º, do novo Código de Processo Civil, autoriza a improcedência liminar do pedido, independentemente da citação do réu, quando verificada a ocorrência da prescrição ou da decadência, ou seja, independente da oitiva da Fazenda Pública, excepcionando a regra do parágrafo único do art. 487 do CPC que exige a prévia manifestação das partes nas hipóteses de prescrição e decadência. Não aplicação da regra interruptiva do art. 174, parágrafo único, inciso I, do CTN, com a nova redação que lhe foi dada pela Lei Complementar nº 118/2005 (prescrição interrompida com o despacho do juiz que ordenar a citação), a uma, porque a prescrição ocorreu antes do ajuizamento da demanda, a duas, porque a norma alteradora de 09/02/2005 é posterior ao vencimento do débito ocorrido em 2002, não podendo retroagir, portanto, para o fim de atingir fatos geradores que lhe são anteriores. No mais, até a presente data o recorrido sequer integra a presente relação jurídica de direito processual. Prevalência da regra anterior que exigia a citação válida do devedor para interromper o prazo prescricional. Incabível a suspensão do feito em razão do RESP 1.340.553/RS, submetido a sistemática dos recursos repetitivos no STJ, uma vez que a matéria afetada (prescrição intercorrente em execução fiscal) não possui qualquer similitude à questão dos autos (prescrição simples, não intercorrente). APELO CONHECIDO E DESPROVIDO. (TJRJ; APL 0253186-05.2007.8.19.0001; Rio de Janeiro; Décima Nona Câmara Cível; Rel. Des. Ferdinaldo do Nascimento; DORJ 15/12/2017; Pág. 542). No mesmo sentido: TJDF; APC 2013.01.1.123350-2; Ac. 984.675; Quarta Turma Cível; Rel. Des. Arnoldo Camanho de Assis; Julg. 10/11/2016; DJDFTE 06/12/2016; TRT 17ª R.; Rec. 0000406-66.2016.5.17.0000; Rel. Des. José Luiz Serafini; DOES 22/11/2016; Pág. 121.

Contra, entendendo que mesmo no caso de improcedência liminar, deve o exequente ser ouvido sobre eventual prescrição:

✓ PROCESSUAL CIVIL. DIREITO TRIBUTÁRIO. DECRETAÇÃO DE PRESCRIÇÃO. AUSÊNCIA DE OITIVA DO EXEQUENTE. NULIDADE. VIOLAÇÃO À GARANTIA DO CONTRADITÓRIO. AGRAVO DE INSTRUMENTO PROVIDO. I. A decretação da prescrição não seguiu o devido processo legal, especificamente a garantia do contraditório. II. O CPC de 2015 exige que as partes sejam ouvidas antes de qualquer decisão que venha a adotar fundamento novo, indisponível nos autos. A exigência se aplica, inclusive, às matérias de ordem pública (artigo 10), cuja compreensão pode ser influenciada pela manifestação dos interessados. III. Segundo os autos da execução fiscal, o Juízo de Origem, logo após a distribuição da ação, considerou prescrita a pretensão de recebimento da anuidade correspondente a 2009. Não conferiu oportunidade de defesa ao Conselho Regional de Contabilidade/SP, que ficou impossibilitado de interferir no provimento judicial, trazendo eventualmente causas suspensivas ou interruptivas do prazo prescricional. IV. A possibilidade de improcedência liminar do pedido não autoriza o sacrifício do contraditório. A designação do instituto encontra justificativa na dispensa de citação do réu (artigo 332 do CPC), sem que tenha qualquer relação com os direitos da parte prejudicada. V. Até porque a oitiva prévia decorre de garantia constitucional e é prevista no capítulo "Das Normas Fundamentais do Processo Civil" do CPC de 2015, que fundamenta a interpretação de todos os artigos espalhados pelo texto. VI. Agravo de instrumento a que se dá provimento. (TRF 3ª R.; AI 0000201-74.2017.4.03.0000; Terceira Turma; Rel. Des. Fed. Antonio Carlos Cedenho; Julg. 22/11/2017; DEJF 29/11/2017).

§ 2º Não interposta a apelação, o réu será intimado do trânsito em julgado da sentença, nos termos do art. 241.

§ 3º Interposta a apelação, o juiz poderá retratar-se em 5 (cinco) dias.

→ *v.* Art. 331 do CPC.

§ 4º Se houver retratação, o juiz determinará o prosseguimento do processo, com a citação do réu, e, se não houver retratação, determinará a citação do réu para apresentar contrarrazões, no prazo de 15 (quinze) dias.

CAPÍTULO IV
DA CONVERSÃO DA AÇÃO INDIVIDUAL EM AÇÃO COLETIVA

Art. 333. (Vetado).

→ *v.* Redação vetada: "Art. 333. Atendidos os pressupostos da relevância social e da dificuldade de formação do litisconsórcio, o juiz, a requerimento do Ministério Público ou da Defensoria Pública, ouvido o autor, poderá converter em coletiva a ação individual que veicule pedido que:

I – tenha alcance coletivo, em razão da tutela de bem jurídico difuso ou coletivo, assim entendidos aqueles definidos pelo art. 81, parágrafo único, incisos I e II, da Lei 8.078, de 11 de setembro de 1990 (Código de Defesa do Consumidor), e cuja ofensa afete, a um só tempo, as esferas jurídicas do indivíduo e da coletividade;

II – tenha por objetivo a solução de conflito de interesse relativo a uma mesma relação jurídica plurilateral, cuja solução, por sua natureza ou por disposição de lei, deva ser necessariamente uniforme, assegurando-se tratamento isonômico para todos os membros do grupo.

§ 1º Além do Ministério Público e da Defensoria Pública, podem requerer a conversão os legitimados referidos no art. 5º da Lei 7.347, de 24 de julho de 1985, e no art. 82 da Lei 8.078, de 11 de setembro de 1990 (Código de Defesa do Consumidor).

§ 2º A conversão não pode implicar a formação de processo coletivo para a tutela de direitos individuais homogêneos.

§ 3º Não se admite a conversão, ainda, se:

I – já iniciada, no processo individual, a audiência de instrução e julgamento; ou

II – houver processo coletivo pendente com o mesmo objeto; ou

III – o juízo não tiver competência para o processo coletivo que seria formado.

§ 4º Determinada a conversão, o juiz intimará o autor do requerimento para que, no prazo fixado, adite ou emende a petição inicial, para adaptá-la à tutela coletiva.

§ 5º Havendo aditamento ou emenda da petição inicial, o juiz determinará a intimação do réu para, querendo, manifestar-se no prazo de 15 (quinze) dias.

§ 6º O autor originário da ação individual atuará na condição de litisconsorte unitário do legitimado para condução do processo coletivo.

§ 7º O autor originário não é responsável por nenhuma despesa processual decorrente da conversão do processo individual em coletivo.

§ 8º Após a conversão, observar-se-ão as regras do processo coletivo.

§ 9º A conversão poderá ocorrer mesmo que o autor tenha cumulado pedido de natureza estritamente individual, hipótese em que o processamento desse pedido dar-se-á em autos apartados.

§ 10. O Ministério Público deverá ser ouvido sobre o requerimento previsto no caput, salvo quando ele próprio o houver formulado."

→ *v.* Razões de veto.

Capítulo V
DA AUDIÊNCIA DE CONCILIAÇÃO OU DE MEDIAÇÃO

Art. 334. Se a petição inicial preencher os requisitos essenciais e não for o caso de improcedência liminar do pedido, o juiz designará audiência de conciliação ou de mediação com antecedência mínima de 30 (trinta) dias, devendo ser citado o réu com pelo menos 20 (vinte) dias de antecedência.

→ *v.* Arts. 3º, §§ 2º e 3º e 165 a 175, e 694, do CPC.

→ *v.* Resolução 125 do CNJ – Dispõe sobre a Política Judiciária Nacional de tratamento adequado dos conflitos de interesses no âmbito do Poder Judiciário.

→ *v.* Lei 13.140/2015 – Dispõe sobre a mediação entre particulares como meio de solução de controvérsias e sobre a autocomposição de conflitos no âmbito da administração pública.

→ *v.* Enunciado 25 do CJF: As audiências de conciliação ou mediação, inclusive dos juizados especiais, poderão ser realizadas por videoconferência, áudio, sistemas de troca de mensagens, conversa on-line, conversa escrita, eletrônica, telefônica e telemática ou outros mecanismos que estejam à disposição dos profissionais da autocomposição para estabelecer a comunicação entre as partes.

→ *v.* Enunciado 121 do CJF: Não cabe aplicar multa a quem, comparecendo à audiência do art. 334 do CPC, apenas manifesta desinteresse na realização de acordo, salvo se a sessão foi designada unicamente por requerimento seu e não houver justificativa para a alteração de posição.

→ *v.* Enunciado 20 da I Jornada de Prevenção e Solução Extrajudicial de Litígios: Enquanto não for instalado o Centro Judiciário de Solução de Conflitos e Cidadania (Cejusc), as sessões de mediação e conciliação processuais e pré-processuais poderão ser realizadas por meio audiovisual, em módulo itinerante do Poder Judiciário ou em entidades credenciadas pelo Núcleo Permanente de Métodos Consensuais de Solução de Conflitos (Nupemec), no foro em que tramitar o processo ou no foro competente para o conhecimento da causa, no caso de mediação e conciliação pré-processuais.

→ *v.* Enunciado 56 da ENFAM: Nas atas das sessões de conciliação e mediação, somente serão registradas as informações expressamente autorizadas por todas as partes.

→ *v.* Enunciado 57 da ENFAM: O cadastro dos conciliadores, mediadores e câmaras privadas deve ser realizado nos núcleos estaduais ou regionais de conciliação (Núcleos Permanentes de Métodos Consensuais de Solução de Conflitos – NUPEMEC), que atuarão como órgãos de gestão do sistema de autocomposição.

→ *v.* Enunciado 58 da ENFAM: As escolas judiciais e da magistratura têm autonomia para formação de conciliadores e mediadores, observados os requisitos mínimos estabelecidos pelo CNJ.

→ *v.* Enunciado 59 da ENFAM: O conciliador ou mediador não cadastrado no tribunal, escolhido na forma do § 1º do art. 168 do CPC/2015, deverá preencher o requisito de capacitação mínima previsto no § 1º do art. 167.

→ *v.* Enunciado 61 da ENFAM: Somente a recusa expressa de ambas as partes impedirá a realização da audiência de conciliação ou mediação prevista no art. 334 do CPC/2015, não sendo a manifestação de desinteresse externada por uma das partes justificativa para afastar a multa de que trata o art. 334, § 8º.

→ *v.* Enunciado 62 da ENFAM: O conciliador e o mediador deverão advertir os presentes, no início da sessão ou audiência, da extensão do princípio da confidencialidade a todos os participantes do ato.

Considerando correta a não designação da audiência quando a autocomposição se demonstrar improvável:

✓ APELAÇÃO CÍVEL. COBRANÇA. PRESTAÇÃO DE SERVIÇOS EDUCACIONAIS. NÃO REALIZAÇÃO DE AUDIÊNCIA DE CONCILIAÇÃO OU DE MEDIAÇÃO. ERRO IN PROCEDENDO NÃO CONFIGURADO. INADIMPLÊNCIA. DESCONTO DE PONTUALIDADE. CUMULAÇÃO COM MULTAMORATÓRIA. LEGALIDADE. Não configura erro in procedendo a ausência designação de audiência de conciliação ou de mediação, nos moldes do art. 334, do CPC, quanto for hipóteses de julgamento antecipado ou de improvável composição. É legítima a cláusula que prevê o desconto de pontualidade inserido nos contratos de prestação de serviços educacionais, o qual não se confunde com acréscimos decorrentes da mora, razão pela qual a cumulação não configura bis in idem. Precedentes. (TJDF; APC 2016.16.1.010820-7; Ac. 105.7137; Segunda Turma Cível; Relª Desª Carmelita Brasil; Julg. 25/10/2017; DJDFTE 03/11/2017)

A falta de realização da audiência preliminar não configura causa de nulidade da sentença:

✓ APELAÇÃO. PROCESSUAL CIVIL. AÇÃO DE COBRANÇA. SERVIÇOS EDUCACIONAIS (MENSALIDADE ESCOLAR). PROVA TESTEMUNHAL INDEFERIDA. NÃO REALIZAÇÃO DE AUDIÊNCIA DE CONCILIAÇÃO. NULIDADE DA SENTENÇA NÃO CONFIGURADA. CONCESSÃO DE DESCONTO DE PONTUALIDADE ATÉ A DATA DE VENCIMENTO DA OBRIGAÇÃO. POSSIBILI-

DADE. MULTA DISFARÇADA NÃO CARACTERIZADA. 1. Apelação contra sentença que julgou procedente o pedido de condenação do réu ao pagamento das prestações de serviços educacionais (mensalidade escolar). 2. Não configura cerceamento de defesa, ocasionando a nulidade da sentença, o indeferimento de produção de prova oral quando a matéria tratada é eminentemente de direito e inexistem questões fáticas incidentes. Ademais, o Juiz é o destinatário da prova e a quem cabe indeferir aquelas que se mostrem inúteis e procrastinatórias (art. 370, parágrafo único, do CPC/2015). Preliminar rejeitada. 3. Em que pese as disposições do art. 3º, §§ 2º e 3º, e 334, do CPC/2015, a não realização da audiência de conciliação, por si só, não é motivo para se anular a sentença. Preliminar rejeitada. 4. Conforme pronunciamento do Superior Tribunal de Justiça no RESP 1.424.814/SP, em se tratando da prestação de serviços educacionais, regulados que são pelas regras civis ordinárias e consumeristas, a política de concessão de desconto de pontualidade até justamente o dia do vencimento da obrigação não significa a incidência de multa disfarçada, pois o que faz é estimular que o dever seja honrado em dia, premiando o bom pagador. 5. Apelação conhecida, preliminares rejeitadas e, no mérito, negado provimento. (TJDF; APC 2013.07.1.005079-4; Ac. 103.2315; Segunda Turma Cível; Rel. Des. César Loyola; Julg. 19/07/2017; DJDFTE 25/07/2017). V. tb.: TJES; Apl 0005687-53.2016.8.08.0048; Quarta Câmara Cível; Rel. Des. Manoel Alves Rabelo; Julg. 15/05/2017; DJES 23/05/2017; TJPR; ApCiv 1692751-0; Londrina; Décima Primeira Câmara Cível; Rel. Des. Dalla Vecchia; Julg. 19/07/2017; DJPR 08/08/2017; Pág. 210.

A falta de realização da audiência preliminar não causa prejuízo, já que possível a transação a qualquer momento:

✓ EXECUÇÃO. Duplicatas de serviço por indicação. Audiência de conciliação. Inteligência do art. 334 do CPC. Hipótese em que a dispensa da audiência não caracterizou prejuízo. Ausência de nulidade. Cerceamento de defesa. Inocorrência. Questão puramente de direito. Julgamento antecipado. Possibilidade. Recurso não provido, nestes pontos. Ausência de prova. "A transação pode ocorrer em qualquer fase processual, não havendo nulidade sem a demonstração inequívoca da existência de prejuízo." (TJSP. Apelação nº 1001000-04.2016.8.26.0472. Relator (a): Tasso Duarte de Melo; Órgão Julgador: 12ª Câmara de Direito Privado; Data do Julgamento: 27/11/2017.

Considerando que a simples apresentação de contestação anteriormente à audiência não configura manifestação tácita de desinteresse na sua realização:

✓ DIREITO CIVIL. PROCESSUAL CIVIL. ADJUDICAÇÃO COMPULSÓRIA. PRELIMINAR DE ILEGITIMIDADE ATIVA. SENTENÇA RESOLUTIVA CONDENANDO A RÉ/APELANTE. MULTA POR AUSÊNCIA NA AUDIÊNCIA DE CONCILIAÇÃO. RECURSO DA AUTORA/APELANTE NÃO CONHECIDO. RECURSO DA RÉ/APELANTE CONHECIDO E DESPROVIDO. 1. A ação de adjudicação compulsória é o instrumento jurídico voltado para a obtenção de escritura pública do indivíduo que detenha direito real sobre o imóvel, observados os requisitos formais da ação. 2. Preliminarmente, a autora/apelante busca justificar sua legitimidade para promover a ação que originou o presente recurso por meio de um substabelecimento de procuração. Tal instrumento não é suficiente para legitimar que a autora ocupe o polo ativo da presente demanda. Isso porque o instrumento utilizado produz efeitos restritos às partes que o compõem, não há que se falar aqui em direito real da autora/apelante de aquisição do imóvel em controvérsia. 3. Resta evidente que não houve celebração de negócio jurídico entre a autora/apelante e a empresa ré. Dessa maneira, não há motivos para que esta lhe outorgue escritura pública do imóvel, uma vez que o documento utilizado pela apelante para justificar sua legitimidade produz efeitos inter partes, não vinculando também a empresa requerida. Acatar a preliminar de ilegitimidade ativa é a medida que se impõe. 4. O art. 334 do Novo Código de Processo Civil dispõe que a realização da audiência de conciliação é obrigatória nos procedimentos judiciais. 5. Não há outra maneira de se interpretar o texto normativo senão pelo método gramático/literal. Dessa forma, é evidente a necessidade de se manifestar expressamente o desinteresse na realização da audiência de conciliação, sob pena de sofrer a represália do § 8º do mesmo artigo. 6. Apresentar contestação, ainda que antes da data marcada para a audiência, mas que não trata expressamente do desinteresse na realização da audiência, não é suficiente para configurar uma renúncia tácita de realizá-la. 7. Preliminar de ilegitimidade ativa acolhida, recurso da autora/apelante NÃO CONHECIDO. Recurso da ré/apelante CONHECIDO e DESPROVIDO. Sentença mantida. (TJDF; APC 2016.01.1.050149-9; Ac. 102.3956; Quinta Turma Cível; Rel. Des. Robson Barbosa de Azevedo; Julg. 07/06/2017; DJDFTE 26/06/2017)

Considerando nula a audiência realizada sem a presença do réu, citado sem a antecedência mínima exigida em lei:

✓ MANDADO DE SEGURANÇA. PRELIMINAR DA INADEQUAÇÃO DA VIA ELEITA. AFASTADA. ANTECEDÊNCIA ENTRE A CITAÇÃO E A AUDIÊNCIA DE INSTRUÇÃO E JULGAMENTO. ORDEM CONHECIDA E CONCEDIDA, PARA ANULAR O PROCESSO DE ORIGEM, A PARTIR DA AUDIÊNCIA DE CONCILIAÇÃO, DEVENDO O JUÍZO DE ORIGEM PROCEDER COM O REGULAR PROCESSAMENTO DO FEITO. 1. Cumpre registrar que o novo CPC, em seu artigo1.015, dispõe, taxativamente, das hipóteses em que é cabível a interposição do recurso de agravo de instrumento. No entanto, a situação em deslinde não se encontra arrolada em tais hipóteses. Dessa forma, tem-se que é inadmissível a interposição de agravo de instrumento para atacar decisão interlocutória que não consta do rol das decisões passíveis de serem revistas ou modificadas mediante agravo de instrumento. 2. Dessa forma, ao contrário do que afirma o impetrado, a decisão impugnada não está sujeita a recurso. Pelo exposto, considerando a ausência de previsão legal para atacar a decisão impetrada, e caracterizado o prejuízo à parte, que alega violação a direito líquido e certo, entendo cabível a ação mandamental. 3. Conforme relatado, na impetração, o impetrante alega cerceamento de defesa, uma vez que, embora citado e intimado para comparecer à audiência de conciliação, não lhe foi possível comparecer ao referido ato, dada a exiguidade de tempo para produzir sua defesa. 4. O caput do art. 334do CPC dispõe que se a petição inicial preencher os requisitos essenciais e não for o caso de improcedência liminar do pedido, o juiz designará audiência de conciliação ou de mediação com antecedência mínima de 30 (trinta) dias, devendo ser citado o réu com pelo menos 20 (vinte) dias de antecedência. 5. Na espécie, observa-se que a aludida audiência de conciliação fora designada para o dia 06/02/2017, tendo o réu, ora impetrante, sido citado, por carta precatória no Município de Matias Olímpio, apenas no dia 30/01/2017 (fls. 44), portanto, o juízo a quo deixou de observar o disposto no art. 334, caput, do CPC, ou seja, o prazo de 20 (vinte) dias de antecedência, ferindo ao direito de defesa do impetrante. Dessa forma, é ilegal a multa aplicada pelo não comparecimento à mencionada audiência. 6. De fato, a observância dos vinte dias de antecedência à audiência de conciliação, como tempo necessário à preparação da parte acionada para se defender, é de rigor. 7. Concedo a segurança pleiteada, para anular o processo de origem, a partir da audiência de conciliação, devendo o juízo de origem proceder com o regular processamento do feito. (TJPI; MS 2017.0001.006707-6; Quinta Câmara de Direito Público; Rel. Des. Francisco Antônio Paes Landim Filho; DJPI 12/12/2017; Pág. 78).

Considerando que determinar a presença obrigatória das partes em audiência de conciliação em ação de execução depende de pedido de ambas nesse sentido:

✓ AGRAVO DE INSTRUMENTO. Execução de título extrajudicial. Verbas condominiais. Artigo 523 do Código de Processo Civil. Multa e honorários. Previsão expressa para a fase de cumprimento de sentença, inaplicáveis às execuções de título extrajudicial, devendo ser observado o disposto no artigo 827 do Código de Processo Civil. Disposição expressa de incidência de honorários advocatícios de 10%, reduzidos pela metade em caso de pagamento em três dias. Dispositivos legais em substituição ao artigo 652 – A do Código de 1973, que determinava o arbitramento da verba fundada no artigo 20, §4º, quando era também inaplicável o artigo 475 – J em casos semelhantes. Decisão mantida nesse ponto. Audiência de conciliação prevista no artigo 334 do Código de Processo Civil, que trata do processo de conhecimento. Determinação de presença obrigatória sob pena de a ausência ser considerada ato atentatório à dignidade da justiça. Faculdade de designar audiência prevista no artigo 139 do Código de Processo Civil. Impossibilidade de impor às partes comparecimento em audiência em processo de execução sem pedido de ambas nesse sentido. Possibilidade de autocomposição a qualquer tempo. Decisão reformada nesse ponto. Litigância de má-fé não caracterizada. Agravo parcialmente provido. (TJSP; AI 2121371-04.2017.8.26.0000; Ac. 10765330; São Bernardo do Campo; Trigésima Terceira Câmara de Direito Privado; Rel. Des. Sá Moreira de Oliveira; Julg. 04/09/2017; DJESP 12/09/2017; Pág. 2303).

§ 1º O conciliador ou mediador, onde houver, atuará necessariamente na audiência de conciliação ou de mediação, observando o disposto neste Código, bem como as disposições da lei de organização judiciária.

→ v. Enunciado 23 do CJF: Na ausência de auxiliares da justiça, o juiz poderá realizar a audiência inaugural do art. 334 do CPC, especialmente se a hipótese for de conciliação.

→ v. Enunciado 46 da I Jornada de Prevenção e Solução Extrajudicial de Litígios: Os mediadores e conciliadores devem respeitar os padrões éticos de confidencialidade na mediação e conciliação, não levando aos magistrados dos seus respectivos feitos o conteúdo das sessões, com exceção dos termos de acordo, adesão, desistência e solicitação de encaminhamentos, para fins de ofícios.

Considerando que, se o magistrado preside a audiência de conciliação ou mediação, fica impedido para julgar o feito, a não ser para homologar a autocomposição:

✓ ESTABELECE O ART. 334 DO CPC-15 QUE, OBSERVADOS OS REQUISITOS ESSENCIAIS NA PETIÇÃO INICIAL, E NÃO SENDO O CASO DE IMPROCEDÊNCIA LIMINAR DO PEDIDO, O JUIZ DESIGNARÁ AUDIÊNCIA DE CONCILIAÇÃO OU DE MEDIAÇÃO, EXCETO SE QUALQUER DAS PARTES MANIFESTAREM EXPRESSO DESINTERESSE NA COMPOSIÇÃO CONSENSUAL OU, AINDA, QUANDO A LIDE NÃO ADMITIR A AUTOCOMPOSIÇÃO (ART. 334, § 4º, I E II). 2. Audiência de conciliação ou de mediação que não pode ser presidida pelo magistrado da causa, mas por conciliador ou mediador, sob pena de ofensa ao princípio da confidencialidade (art. 334, §1º; art. 165, §2º e 3º e art. 166 § 2º, todos do CPC-15). Excepcionalmente, caso isso ocorra, o magistrado não poderá julgar o feito, salvo para homologar a autocomposição obtida, nos termos do art. 334, §11, da Lei Processual. 3. No caso em tela, verifica-se que os réus foram citados para oferecimento de contestação e intimados para comparecimento à audiência inaugural de conciliação, presidida pelo próprio magistrado da causa, com depoimento pessoal das partes, sob pena de confissão e aplicação da multa prevista no art. 334, § 8º do CPC-15, concluída com o proferimento de sentença de procedência do pedido autoral, configurando evidente violação ao princípio do devido processo legal, por inobservância de diversos dispositivos legais que orientam o procedimento comum. 4. Anulação da sentença ex officio que se impõe, por error in procedendo, com retorno dos autos à origem para regular prosseguimento, a partir das providências preliminares e saneamento (art. 347). Recursos prejudicados. (TJRJ; APL 0248819-20.2016.8.19.0001; Rio de Janeiro; Sétima Câmara Cível; Rel. Des. Luciano Sabóia Rinaldi de Carvalho; Julg. 26/07/2017; DORJ 31/07/2017; Pág. 210).

§ 2º Poderá haver mais de uma sessão destinada à conciliação e à mediação, não podendo exceder a 2 (dois) meses da data de realização da primeira sessão, desde que necessárias à composição das partes.

→ v. Enunciado 39 da I Jornada de Prevenção e Solução Extrajudicial de Litígios: A previsão de suspensão do processo para que as partes se submetam à mediação extrajudicial deverá atender ao disposto no § 2º do art. 334 da Lei Processual, podendo o prazo ser prorrogado no caso de consenso das partes.

§ 3º A intimação do autor para a audiência será feita na pessoa de seu advogado.

→ v. Art. 250, IV, do CPC.

§ 4º A audiência não será realizada:

Entendendo que a decisão que dispensa a audiência prevista no art. 334 do CPC não pode ser atacada nem por agravo de instrumento, nem por mandado de segurança:

✓ AGRAVO INTERNO. MANDADO DE SEGURANÇA. INDEFERIMENTO DA INICIAL. DECISÃO INTERLOCUTÓRIA. DISPENSA DA AUDIÊNCIA DO ART. 334 DO CPC/2015. HIPÓTESE DE NÃO CABIMENTO DE AGRAVO DE INSTRUMENTO. Decisão interlocutória que dispensa a audiência prevista no art. 334 do CPC/2015 não pode ser atacada por meio de mandado de segurança tão somente porque não prevista entre as hipóteses autorizadoras de interposição de agravo de instrumento, constantes do rol taxativo do art.

1.015 do CPC/2015. A uma, porque a decisão do juízo a quo não se reveste de caráter manifestamente ilegal, abusivo ou teratológico. A duas, porque admitir o cabimento da ação constitucional em todas as hipóteses não enquadradas em referido rol desvirtuaria por completo o objetivo do novo CPC, qual seja, a redução das hipóteses de recorribilidade em face de decisão interlocutória. Negaram provimento. Unânime. (TJRS; AG 0019779-38.2017.8.21.7000; Porto Alegre; Oitava Câmara Cível; Rel. Des. Luiz Felipe Brasil Santos; Julg. 09/03/2017; DJERS 15/03/2017)

I – se ambas as partes manifestarem, expressamente, desinteresse na composição consensual;

→ v. Enunciado 29 da I Jornada de Prevenção e Solução Extrajudicial de Litígios: Caso qualquer das partes comprove a realização de mediação ou conciliação antecedente à propositura da demanda, o magistrado poderá dispensar a audiência inicial de mediação ou conciliação, desde que tenha tratado da questão objeto da ação e tenha sido conduzida por mediador ou conciliador capacitado.

Considerando que o desinteresse de uma das partes não afasta a realização da audiência de conciliação:

✓ AGRAVO DE INSTRUMENTO. CONTRATO DE MÚTUO COM ALIENAÇÃO FIDUCIÁRIA. INADIMPLÊNCIA. CONSOLIÇÃO DA PROPRIEDADE. SUSPENSÃO DE MEDIDAS EXECUTIVAS. 1. O agravante, na petição inicial do processo originário, manifestou expressamente o interesse na realização da audiência de conciliação, logo, ainda que a Caixa tenha externado desinteresse, descabida sua dispensa, eis que não configurada qualquer das hipóteses contempladas no § 4º do art. 334 do CPC. (...) 4. Não demonstrado que esteja em curso negociação de acordo no processo nº 0025007-72.2016.4.02.5001 (imissão na posse), eis que após a Caixa recusar a oferta do agravante e oferecer uma contraproposta, restou assentada a impossibilidade da realização de acordo em audiência realizada em 16/08/2017. 5. Agravo de instrumento parcialmente provido, para que seja determinada a realização de audiência de conciliação, nos termos do art. 334 do CPC. (TRF 2ª R.; AI 0007685-70.2017.4.02.0000; Sétima Turma Especializada; Rel. Des. Fed. Luiz Paulo S. Araujo Filho; Julg. 29/11/2017; DEJF 15/12/2017).

Contra, entendendo que o desinteresse manifestado por uma das partes justifica a não designação da audiência:

✓ AGRAVO DE INSTRUMENTO. DECISÃO INTERLOCUTÓRIA QUE DECRETA A REVELIA DO RÉU, O QUAL SUSTENTA NÃO TER APRESENTADO CONTESTAÇÃO PORQUE APENAS SERIA OBRIGADO A FAZÊ-LO APÓS A AUDIÊNCIA DE CONCILIAÇÃO. AUTOR QUE, DESDE A PETIÇÃO INICIAL, HAVIA DECLARADO NÃO TER INTERESSE NA COMPOSIÇÃO CONSENSUAL. Interpretação literal dos arts. 334 e 335 do CPC que deve ser afastada, tendo em vista que basta a uma das partes declarar seu desinteresse na composição consensual para que não se realize a audiência de conciliação, hipótese em que o prazo para contestação deve ser contado a partir da juntada do aviso de recebimento da citação aos autos. Revelia efetivamente verificada. RECURSO NÃO PROVIDO. (TJRJ; AI 0031307-74.2017.8.19.0000; Niterói; Vigésima Terceira Câmara Cível Consumidor; Rel. Des. Celso Silva Filho; DORJ 28/07/2017; Pág. 521).

Necessidade de ambas as partes manifestarem desinteresse na realização de audiência de conciliação ou de mediação:

✓ PETIÇÃO Nº 12.088 – DF (2017/0238812-9) RELATOR: MINISTRO OG FERNANDES REQUERENTE: SINDIFISCO NACIONAL – SIND. NAC. DOS AUD. FISCAIS DA RECEITA FEDERAL DO BRASIL ADVOGADOS: PRISCILLA MEDEIROS DE ARAÚJO BACCILE – DF014128 RICARDO DANTAS ESCOBAR – DF026593 RACKEL LUCENA BRANCO DE MEDEIROS – DF027216 REQUERIDO: UNIÃO DECISÃO Vistos etc. Trata-se de ação ordinária, com pedido de tutela antecipada, manejada pelo Sindifisco Nacional Sindicato Nacional dos Auditores Fiscais da Receita Federal do Brasil em oposição à União. Alega o requerente que, ante o descumprimento do Termo de Acordo n. 2/2016, firmado pelo Governo Federal relativamente às questões remuneratórias dos Auditores Fiscais da Receita Federal do Brasil, convocou Assembleia Nacional nas datas de 14, 20 e 27 de novembro, 11 e 18 de novembro, e 1º e 13 de dezembro de 2016, tendo sido deflagrada a greve no mesmo ano, nos dias: 18, 19, 20, 25 e 26 de outubro; 1º, 3, 8, 9, 10, 16, 17, 22, 23, 24, 29 e 30 de novembro; e 1º, 6, 7, 8, 13, 14, 15, 20, 21 e 22 de dezembro. Constatando a iminência do término do prazo para votação da Medida Provisória n. 765/2016, sem sinal de que haveria a votação, o autor convocou novamente a Assembleia Nacional, porém, em 8 de maio de 2017, a categoria deliberou por deflagrar greve nos dias 11, 16 e 18 do referido mês, e, no dia 16, em nova Assembleia Nacional, fora deflagrada greve por prazo indeterminado a partir do dia 22 de maio. Aduz que, "embora a ré tenha reconhecido a legalidade da greve, está impondo penalidade funcional aos substituídos ao considerar os dias de greve como falta, com repercussão em seus assentamentos funcionais, na medida em que está prejudicando a remoção, a concessão de licença capacitação, de aposentadoria aos substituídos, dentre outras penalidades, não sendo possível elencar à exaustão todos os atos que porventura possam ser praticados pela Administração Pública" (e-STJ, fls. 3/4). Invoca o art. 44 da Lei 8.112/1990 para argumentar que a falta por motivo de greve é justificada, não podendo repercutir de forma negativa no assentamento funcional do servidor. Ao revés, deve ser considerada como período de efetivo exercício para todos os efeitos. Em conclusão, afirma que, "considerando que a ausência do servidor diante de adesão a movimento grevista constitui falta justificada, e, na forma do parágrafo único do art. 44 da Lei 8.112/90, é assegurada a compensação mediante apresentação de justificativa, a ré deve possibilitar a compensação das faltas, especialmente pelo fato de o autor ter comunicado previamente à ré acerca da paralisação das atividades desempenhadas pelos substituídos, garantindo a essencialidade do serviço, atendendo os requisitos da Lei 7.783/89" (e-STJ, fl. 9). Postula a concessão de tutela provisória de urgência inaudita altera pars, alegando haver prova inequívoca de que a União vem impondo penalidade funcional aos substituídos, conforme se verifica no registro de férias e afastamentos de alguns servidores, bem como da cópia dos requerimentos à ré, solicitando fosse formulada a proposta de compensação dos dias paralisados em razão da deflagração da greve. Fundamenta o receio de dano irreparável ou de difícil reparação nos direitos dos substituídos, que vêm sendo afetados, principalmente aqueles que têm direito à aposentadoria e poderiam receber abono de permanência, não fosse o entendimento adotado pela requerida de que a falta por greve configura falta injustificada. Nesse contexto, requer (e-STJ, fls. 14/15): a) seja deferido o pedido de tutela provisória de urgência, inaudita altera pars, para determinar à ré que que se abstenha de registrar qualquer sanção ou penalidade no assentamento funcional dos substituídos, possibilitando a aquisição e o gozo de direitos que são implementados pelo efetivo exercício, bem como que apresente proposta de compensação da greve, com fundamento no parágrafo único do art. 44 da Lei 8.112/90, uma vez que a ausência do servidor por motivo de greve é considerada falta justificada, conforme entendimento deste Egrégio Superior Tribunal de Justiça; [...] c) seja julgado PROCEDENTE o pedido, a fim de se reconhecer o direito de os substituídos: I) não terem o registro de sanção ou penalidade em seus assentamentos funcionais, em razão de ausência por motivo de greve, uma vez que corresponde à falta justificada, considerada como de efetivo exercício; e II) promoverem a compensação dos dias paralisados por motivo de greve, diante da previsão do art. 44 da Lei 8.112/90, por se tratar de falta justificada [...]. O pedido liminar foi indeferido nos termos da decisão de e-STJ, fls. 167/170. Contrarrazões às e-STJ, fls. 177/197. Réplica às e-STJ, fls. 202/373. Parecer do Ministério Público Federal opinando pela declaração de incompetência absoluta do Superior Tribunal de Justiça para o julgamento da lide, e alternativamente pela procedência do pedido. É o relatório. A parte autora, nos termos da petição de e-STJ, fls. 202/373, noticia a dispensa da audiência de conciliação e alega que não houve interesse da administração pública em realizar a composição da lide administrativamente. Sobre a conciliação, o Código de Processo Civil dispõe: Art. 334. Se a petição inicial preencher os requisitos essenciais e não for o caso de improcedência liminar do pedido, o juiz designará audiência de conciliação ou de mediação com antecedência mínima de 30 (trinta) dias, devendo ser citado o réu com pelo menos 20 (vinte) dias de antecedência. [...] § 4º A audiência não será realizada: I – se ambas as partes manifestarem, expressamente, desinteresse na composição consensual; Conforme se verifica, o desinteresse na composição consensual, deverá ser expressamente manifestado por ambas as partes do processo. Desse modo, considerando que um dos pedido formulados pelo autor é o de compensação dos dias parados em razão da greve, e tendo em vista o entendimento firmado pelo STF no RE 693.456/RJ em repercussão geral, o qual se possibilita a compensação dos dias parados em caso de acordo, bem como o entendimento jurisprudencial consolidado por esta casa e pelo STF no sentido de que ausência ao trabalho por adesão a movimento grevista é considerado falta justificada (MS 14.942/DF, Rel. Ministra Laurita Vaz, Terceira Seção, julgado em 9/5/2012, DJe 21/5/2012 e Súmula 316/STF), intimem-se as partes para que, no prazo de trinta dias, se manifestem expressamente acerca do interesse na realização da composição consensual. Em igual prazo devem as partes, querendo, apresentarem razões finais. Após, retornem os autos para julgamento. Publique-se. Intimem-se. Brasília (DF), 29 de junho de 2018. Ministro Og Fernandes Ministro (STJ – Pet: 12088 DF 2017/0238812-9, Relator: Ministro OG FERNANDES, Data de Publicação: DJ 02/08/2018).

II – quando não se admitir a autocomposição.

→ *v.* Enunciado 24 do CJF: Havendo a Fazenda Pública publicizado ampla e previamente as hipóteses em que está autorizada a transigir, pode o juiz dispensar a realização da audiência de mediação e conciliação, com base no art. 334, § 4º, II, do CPC, quando o direito discutido na ação não se enquadrar em tais situações.

→ *v.* Enunciado 32 da I Jornada de Prevenção e Solução Extrajudicial de Litígios: A ausência da regulamentação prevista no art. 1º da Lei n. 9.469/1997 não obsta a autocomposição por parte de integrante da Advocacia-Geral da União e dirigentes máximos das empresas públicas federais nem, por si só, torna-a inadmissível para efeito do inc. II do § 4º do art. 334 do CPC/2015.

→ *v.* Enunciado 45 da I Jornada de Prevenção e Solução Extrajudicial de Litígios: A mediação e conciliação são compatíveis com a recuperação judicial, a extrajudicial e a falência do empresário e da sociedade empresária, bem como em casos de superendividamento, observadas as restrições legais.

§ 5º O autor deverá indicar, na petição inicial, seu desinteresse na autocomposição, e o réu deverá fazê-lo, por petição, apresentada com 10 (dez) dias de antecedência, contados da data da audiência.

Entendendo que, se a resposta foi apresentada pelo réu dez dias antes da audiência, descabe a imposição de multa pela sua ausência:

✓ CONDOMÍNIO. Ação de cobrança. Sem ciência do condomínio a respeito da cessão de direitos sobre o imóvel. Legitimidade do cedente. Negócio que não pode ser oposto à coletividade. Obrigação propter rem. Aplicação do Recurso Repetitivo nº 1.345.331. Débito comprovado. Sem prova de pagamento. Pedido julgado procedente. Ausência em audiência de conciliação. Resposta apresentada dez dias antes do ato, com indicação de visar evitar a inutilidade da providência. Arguição de ilegitimidade. Sem hipótese para aplicação do artigo 334, § 8º, do Novo Código de Processo Civil. Multa afastada. Apelação parcialmente provida. (TJSP; APL 1009702-57.2017.8.26.0001; Ac. 10800075; São Paulo; Trigésima Terceira Câmara de Direito Privado; Rel. Des. Sá Moreira de Oliveira; Julg. 18/09/2017; DJESP 22/09/2017; Pág. 2421).

§ 6º Havendo litisconsórcio, o desinteresse na realização da audiência deve ser manifestado por todos os litisconsortes.

§ 7º A audiência de conciliação ou de mediação pode realizar-se por meio eletrônico, nos termos da lei.

§ 8º O não comparecimento injustificado do autor ou do réu à audiência de conciliação é considerado ato atentatório à dignidade da justiça e será sancionado com multa de até dois por cento da vantagem econômica pretendida ou do valor da causa, revertida em favor da União ou do Estado.

→ *v.* Enunciado 26 do CJF: A multa do § 8º do art. 334 do CPC não incide no caso de não comparecimento do réu intimado por edital.

Considerando que não cabe agravo de instrumento contra a decisão que aplica multa pelo não comparecimento a audiência de conciliação:

✓ AGRAVO INTERNO. AGRAVO DE INSTRUMENTO. AÇÃO DE INEXIGIBILIDADE DE DÉBITO CUMULADA COM INDENIZAÇÃO POR DANOS MORAIS E CANCELAMENTO DE REGISTRO NEGATIVO. DESIGNAÇÃO DE AUDIÊNCIA PRELIMINAR. NÃO COMPARECIMENTO INJUSTIFICADO DA AUTORA À AUDIÊNCIA DE CONCILIAÇÃO. ATO ATENTATÓRIO À DIGNIDADE DA JUSTIÇA. APLICAÇÃO DE MULTA. ART. 334, §8º, DO CPC/2015. ROL TAXATIVO DAS DECISÕES SUSCETÍVEIS DE IMPUGNAÇÃO POR AGRAVO DE INSTRUMENTO. Segundo a sistemática adotada pelo CPC, o elenco de decisões suscetíveis de impugnação por agravo de instrumento é restritivo (art. 1.015 do CPC/2015). A decisão que aplica multa ante o não comparecimento injustificado da autora à audiência conciliatória não se amolda a nenhuma das hipóteses de cabimento desse recurso previstas no CPC. Ratificação, pelo colegiado, da decisão monocrática impugnada. Agravo interno desprovido. (TJRS; AG 0292955-03.2016.8.21.7000; Porto Alegre; Nona Câmara Cível; Rel. Des. Miguel Ângelo da Silva; Julg. 19/10/2016; DJERS 25/10/2016); DIREITO PROCESSUAL CIVIL. DECISÃO QUE APLICOU A MULTA PREVISTA NO ART. 334, § 8º, DO CPC, PORQUE A AUTORA/ AGRAVANTE NÃO COMPARECEU À AUDIÊNCIA DE CONCILIAÇÃO. MATÉRIA EXCLUÍDA DO ROL DO ART. 1.015 DO CÓDIGO DE PROCESSO CIVIL. Não cabimento do recurso de agravo de instrumento. Recurso não conhecido. (TJRJ; AI 0050444-42.2017.8.19.0000; Rio de Janeiro; Vigésima Sexta Câmara Cível Consumidor; Rel. Desig. Des. Ricardo Alberto Pereira; Julg. 19/10/2017; DORJ 20/10/2017; Pág. 714)

Entendendo incabível o mandando de segurança para questionar a aplicação da multa, uma vez que não cabe agravo de instrumento, mas é possível a revisão da matéria em julgamento de apelação:

✓ MANDADO DE SEGURANÇA. ATO JUDICIAL QUE APLICOU A MULTA PREVISTA NO ART. 334, § 8º, DO CPC, ANTE AUSÊNCIA DA AUTORA EM AUDIÊNCIA. INDEFERIMENTO DA INICIAL, NOS TERMOS DO ARTIGO 10, CAPUT, DA LEI Nº 12.016/2009. Extinção do processo sem apreciação do mérito. Não obstante as razões declinadas pelo impetrante, certo é que a via escolhida não se afigura adequada para seu objetivo. O mandado de segurança visa proteger direito líquido e certo de violação concreta ou perigo de violação, ilegalmente ou com abuso de poder, por parte de autoridade. Ressalte-se que o remédio processual não poderá ser impetrado quando da decisão judicial couber recurso com efeito suspensivo. Entendimento consolidado pelo verbete nº 267, da Súmula do Supremo Tribunal Federal, ao estabelecer que -não cabe mandado de segurança contra ato judicial passível de recurso ou correição-. Frise-se que, por se tratar de ato judicial, o cabimento do mandado de segurança tem caráter excepcional, exigindo a ausência de recurso hábil a impugnar a decisão combatida. No caso em exame, em que pese ser incabível a interposição de agravo de instrumento, há previsão legal para reavaliação judicial da matéria. Neste caso, há remédio jurídico próprio, previsto na legislação processual para combater a decisão vergastada, qual seja, preliminar de apelação, de acordo com o artigo 1.009, §1º do CPC/15. Ademais, a nova Lei Processual Civil prevê, como regra geral, a irrecorribilidade das decisões interlocutórias, em atenção aos princípios da celeridade da prestação jurisdicional e da efetividade do processo. Sendo assim, no caso em apreço, não incabível a utilização do mandado de segurança como sucedâneo recursal. Desta forma, sem razão o impetrante, não se justificando a utilização da via mandamental para discussão de tema reservado para outras vias. (TJRJ; MS 0040177-11.2017.8.19.0000; Rio de Janeiro; Vigésima Sexta Câmara Cível Consumidor; Rel. Des. Arthur Narciso de Oliveira Neto; DORJ 11/12/2017; Pág. 655).

Inaplicabilidade da multa do § 8º por ausência a tentativa de composição entre as partes em fase posterior à audiência preliminar do art. 334:

✓ APELAÇÃO CÍVEL. AÇÃO DECLARATÓRIA DE INEXISTÊNCIA DE DÉBITO C/C INDENIZAÇÃO POR DANOS MORAIS. INSCRIÇÃO INDEVIDA DO NOME DO CONSUMIDOR NOS ÓRGÃOS DE RESTRIÇÃO AO CRÉDITO. DANOS MORAIS NÃO CONFIGURADOS. DEVEDOR CONTUMAZ. MULTA DO ARTIGO 334, §8º DO CPC. IMPOSSIBILIDADE. A inclusão do nome da parte no cadastro restritivo ao crédito, sem que comprovada a contratação, atesta a ilicitude da conduta perpetrada pela empresa. Pratica ato ilícito a parte que inscreve o nome do consumidor no serviço de proteção ao crédito, por dívida não reconhecida e não comprovada. Entretanto, tal ato ilícito não dá direito ao ressarcimento por danos morais, se este possui outras inscrições em órgãos de proteção ao crédito. Não há que se falar em aplicação da multa do artigo 334, §8º do CPC, uma vez que a audiência de conciliação prevista em referido artigo, diz respeito à audiência preliminar à própria citação do réu. Já o ato designado pela douta magistrada, trata-se de simples tentativa de composição entre as partes, não se sujeitando à multa pelo não comparecimento. (TJMG; APCV 1.0567.15.010398-2/001; Relª Desª Shirley Fenzi Bertão; Julg. 22/11/2017; DJEMG 30/11/2017).

Inaplicabilidade da multa por não comparecimento em tentativa de conciliação realizada em sede de apelação:

✓ APELAÇÃO CÍVEL. PROMESSA DE COMPRA E VENDA. AÇÃO DE INDENIZAÇÃO POR DANOS MORAIS E MATERIAIS. MULTA POR NÃO COMPARECIMENTO EM CONCILIAÇÃO. CLÁUSULA DE TOLERÂNCIA. DEVOLUÇÃO DE VALORES. REQUERIMENTO DE APLICAÇÃO DE MULTA POR NÃO COMPARECIMENTO A AUDIÊNCIA. A multa por não comparecimento à audiência de conciliação (art. § 8 do art. 334 do CPC/15) não incide em mera tentativa de conciliação perante o núcleo de conciliação deste TJ/RS, especialmente por já haver sentença proferida mediante cognição exauriente e, principalmente, pelo fato de pender de julgamento apelo manejado por ambas as partes. Pedido de aplicação de multa afastado. (...). Sucumbência recursal reconhecida e honorários fixados em prol do procurador da parte demandada majorados. Deram parcial provimento ao apelo da parte demandada. Negaram provimento ao apelo da parte autora. (TJRS; AC 0358134-78.2016.8.21.7000; Porto Alegre; Décima Nona Câmara Cível; Rel. Des. Eduardo João Lima Costa; Julg. 17/08/2017; DJERS 24/08/2017).

Mantendo a aplicação da multa, ainda que a audiência de conciliação tenha sido designada em ação de execução:

✓ AGRAVO DE INSTRUMENTO. Ação de execução. Decisão que aplicou ao exequente, ora agravante, multa por ato atentatório à dignidade da justiça, com base no inciso III, art. 77, do CPC. Insurgência. Ausência injustificada a audiência de conciliação requerida pelo próprio exequente. Aplicação do art. 334, §8º, do CPC. Decisão mantida. Efeito suspensivo cassado. Recurso não provido. (TJSP; AI 2084093-66.2017.8.26.0000; Ac. 10725164; São Paulo; Décima Oitava Câmara de Direito Privado; Rel. Des. Helio Faria; Julg. 22/08/2017; DJESP 29/08/2017; Pág. 2043).

Possibilidade de designação de audiência de conciliação em ação de busca e apreensão, com advertência de que a ausência acarretará imposição de multa:

✓ PROCESSUAL CIVIL. AGRAVO DE INSTRUMENTO. AÇÃO DE BUSCA E APREENSÃO. MULTA DO ARTIGO 443, § 8º, DO CPC/2015. APLICAÇÃO. POSSIBILIDADE. MULTA DIÁRIA PELO DESCUMPRIMENTO DE OBRIGAÇÃO DE FAZER. APLICAÇÃO. POSSIBILIDADE. Embora o DL 911/67 não preveja a realização de audiência de conciliação, nada impede que, consideradas as peculiaridades do caso concreto, o julgador designe audiência na tentativa de realizar conciliação. Designada a audiência, o não comparecimento injustificado da parte autoriza a aplicação da multa prevista no artigo 334, § 8º, do CPC/2015. Quando a parte desobedece determinação judicial consistente em obrigação de fazer, é cabível a fixação de multa periódica para compelir a parte ao cumprimento específico da determinação. Recurso desprovido. (TJES; AI 0008827-09.2016.8.08.0012; Rel. Des. Samuel Meira Brasil Junior; Julg. 13/12/2016; DJES 27/01/2017)

Entendendo que não é preciso expressa advertência de que a ausência à audiência de conciliação implicará a imposição de multa – mesmo em ação de execução de título extrajudicial:

✓ AGRAVO DE INSTRUMENTO. AÇÃO DE EXECUÇÃO POR TÍTULO EXTRAJUDICIAL. EMBARGANTE QUE NÃO COMPARECE À AUDIÊNCIA DE TENTATIVA DE CONCILIAÇÃO. IMPOSIÇÃO DA MULTA DE QUE TRATA O ART. 334, § 8º, DO CPC. PRETENDIDO CANCELAMENTO. PLEITO IMPROCEDENTE. AUSÊNCIA NÃO JUSTIFICADA. Desnecessidade de advertência sobre a incidência da multa no ato da intimação, tanto porque a intimação dirigida ao autor se faz por intermédio do advogado (§ 3º), profissional que, cabe presumir, conhece o teor da Lei. Sanção, aliás, insignificante no caso dos autos, uma vez que diminuto o valor da causa. Dispositivo: Negaram provimento ao agravo. (TJSP; AI 2129690-92.2016.8.26.0000; Ac. 9746198; São Paulo; Décima Nona Câmara de Direito Privado; Rel. Des. Ricardo Pessoa de Mello Belli; Julg. 22/08/2016; DJESP 02/09/2016).

Considerando que a ausência de advertência sobre a aplicabilidade da multa na carta de citação afasta a penalidade:

✓ RECURSO. Agravo de Instrumento. "Ação de execução por quantia certa contra devedor solvente". Insurgência contra o respeitável decisum que condenou a executada ao pagamento de multa de 2% (dois por cento) do valor da causa atualizado em favor do Estado de São Paulo, com fundamento no artigo 334, § 8º do CPC/15. Admissibilidade. Carta de intimação. A executada não foi regularmente cientificada da designação da audiência de conciliação. O aviso de recebimento (AR) foi recebido por terceira pessoa. Ausência de advertência sobre a aplicabilidade da multa. Penalidade afastada. Inteligência do Enunciado Nº 273 do Fórum Permanente de Processualistas Civis (FPPC). Recurso provido. (TJSP; AI 2145373-72.2016.8.26.0000; Ac. 10086823; São Paulo; Décima Oitava Câmara de Direito Privado; Rel. Des. Roque Antonio Mesquita de Oliveira; Julg. 19/12/2016; DJESP 24/01/2017). No mesmo sentido: RESCISÃO DE COMPROMISSO DE COMPRA E VENDA DE IMÓVEL POR CULPA EXCLUSIVA DAS RÉS. ATRASO NA ENTREGA DA OBRA. PEDIDO DE RESTITUIÇÃO DE VALORES PAGOS. Comprovado o atraso na entrega das chaves, inafastável a mora das rés após a data de entrega prevista no contrato. Prazo de tolerância extrapolado. Abusividade que ensejou o pedido de rescisão contratual e de restituição dos valores pagos. Cabimento. Devolução integral das parcelas pagas pelos compradores, sem direito à retenção, diante da culpa exclusiva das rés pela rescisão. Súmula 03 – TJSP e Súmula nº 543 – STJ. Condenação mantida. Multa processual aplicada às rés em razão do não comparecimento à audiência de conciliação, conforme art. 334, § 8º, CPC. Descabimento. No caso dos autos, além de a intimação ter sido realizada em prazo inferior a 20 dias da data da audiência, conforme determina o art. 334, caput, do CPC, os mandados de intimação não mencionaram qualquer advertência à parte com relação à penalidade prevista para a hipótese de não comparecimento. Afronta ao disposto no art. 250, inciso III, do CPC. Sentença reformada apenas para afastar a multa imposta às rés. Considerando o desprovimento do recurso quanto ao mérito propriamente dito, fica mantida a sucumbência a cargo das rés. Honorários recursais devidos na espécie. RECURSO PARCIALMENTE PROVIDO. (TJSP; APL 1006291-65.2016.8.26.0704; Ac. 10562771; São Paulo; Nona Câmara de Direito Privado; Relª Desª Angela Lopes; Julg. 27/06/2017; DJESP 04/07/2017; Pág. 1736).

Afastando a aplicação de multa porque o autor informou expressamente do seu desinteresse na realização da audiência:

✓ APELAÇÃO CIVEL. DIREITO PRIVADO NÃO ESPECIFICADO. AÇÃO DE OBRIGAÇÃO DE FAZER. I. Afastada a multa prevista no art. 334, § 8º do CPC, uma vez que houve, por parte da autora, requerimento expresso acerca do desinteresse de realização de audiência de conciliação/autocomposição. II. Mantida a multa determinada pela sentença para o caso de descumprimento de ordem judicial, nos termos do art. 536, § 1º, do CPC, para o fim de viabilizar a aplicação do princípio da efetividade das decisões judiciais. III. Para fins de evitar que a astreinte alcance valor exagerado, o que destoaria dos patamares balizados por esta câmara, deve ser mantida a multa nos exatos termos em que fixada pelo juízo singular. IV. Sucumbência majorada. Negaram provimento ao recurso da ré e deram parcial provimento ao apelo da autora. Unanime. (TJRS; AC 0329639-87.2017.8.21.7000; Porto Alegre; Décima Sexta Câmara Cível; Rel. Des. Ergio Roque Menine; Julg. 23/11/2017; DJERS 30/11/2017); PROCESSUAL CIVIL. AGRAVO DE INSTRUMENTO. AUDIÊNCIA DE CONCILIAÇÃO. NÃO COMPARECIMENTO. MULTA PREVISTA NO ART. 334, § 8º DO CPC. NÃO APLICAÇÃO. AUSÊNCIA DE RAZOABILIDADE. RECURSO PROVIDO. 1. Cuida-se de agravo de instrumento no qual pretende a agravante a reforma da decisão recorrida, para que seja afastada a aplicação de multa de 1% (um por cento) do valor da causa em seu desfavor, ante sua ausência em audiência de conciliação anteriormente designada. 2. Não há fundamento legítimo em proceder-se à designação de audiência em que, expressamente, uma das partes em litígio se manifestou, com antecedência, no sentido de não possuir interesse na conciliação, não se configurando o "não comparecimento injustificado" previsto no artigo 334, § 8º, do CPC. 3. Nessa linha, forçoso concluir que a norma que estipula o pagamento de multa por ato atentatório à dignidade da justiça extravasa os limites da razoabilidade, ao forçar uma das partes do processo a praticar, sem possibilidade de recusa, ato processual ao qual se opõe frontalmente. 4. Agravo de instrumento provido. (TRF 2ª R.; AI 0001074-04.2017.4.02.0000; Quinta Turma Especializada; Rel. Des. Fed. Aluísio Gonçalves de Castro Mendes; Julg. 09/05/2017; DEJF 24/05/2017)

Contra, mantendo a multa mesmo tendo o réu expressamente manifestado seu desinteresse na audiência:

✓ DIREITO PROCESSUAL CIVIL. AGRAVO DE INSTRUMENTO. AÇÃO ORDINÁRIA. AUDIÊNCIA DE CONCILIAÇÃO. NÃO COMPARECIMENTO PELO INSS. APLICAÇÃO DE MULTA DE 2% SOBRE O VALOR DA CAUSA. ART. 334, §8º, DO CPC. VIABILIDADE NA ESPÉCIE. AUSÊNCIA DE MANIFESTAÇÃO DO DESINTERESSE NA REALIZAÇÃO DA AUDIÊNCIA POR AMBAS AS PARTES. AGRAVO DE INSTRUMENTO IMPROVIDO. Da análise do art. 334 do CPC é possível extrair que eventual desinteresse na autocomposição deve ser indicado por ambas as partes, pelo autor, na petição inicial, e pelo réu, por petição, com no mínimo dez dias de antecedência da data da audiência designada (§ 5º). É possível extrair também que a ausência injustificada de quaisquer das partes à audiência de conciliação deve ser sancionada com multa de até 2% do valor da causa por ser considerado ato atentatório à dignidade da justiça (§ 8º). No caso dos autos, observo que em 10.10.2016 o juízo de origem proferiu decisão deferindo o pedido de tutela de urgência requerido pelo agravado e designando a realização de audiência de conciliação para 30.11.2016. Intimado desta decisão em 26.10.2016, o INSS manifestou seu desinteresse na realização da referida audiência dentro do prazo previsto pelo artigo 334, § 5º do CPC. O Novo CPC veio a instituir, em verdade, a indispensabilidade da audiência prévia de conciliação ou autocomposição, só não ocorrendo quando o autor da ação manifestar, expressamente, em sua inicial, o desinteresse e o réu também manifestar o desinteresse no prazo de 10 dias anteriores à audiência. Caso contrário, ou seja, não havendo manifestação de ambas as partes (334, § 4ª, I), a audiência será levada a termo e, na ausência de uma das partes, ou de ambas, injustificadamente, o ato torna legítima a imposição da multa (§ 8º). Agravo de instrumento a que se nega provimento. (TRF 3ª R.; AI 0000773-30.2017.4.03.0000; Primeira Turma; Rel. Des. Fed. Wilson Zauhy; Julg. 27/06/2017; DEJF 11/07/2017); APELAÇÃO CÍVEL. RECURSO ADESIVO. DIREITO PRIVADO NÃO ESPECIFICADO. AÇÃO REVISIONAL DE EMPRESTIMO CONSIGNADO. Recurso adesivo interposto na mesma peça das contrarrazões. Não conhecimento, uma vez que se aplicam ao recurso adesivo as mesmas regras dos recursos em geral, devendo, portanto, ser interposto em peça independente (§2º do artigo 997 do CPC). Multa por ato atentatório à dignidade da justiça. Manutenção. A petição apresentada pela ré apenas aduzindo não ter interesse na composição consensual não atendo ao disposto no § 8º do art. 334 do CPC, porquanto a Lei exige uma justificativa plausível para o não comparecimento e não o mero desinteresse na composição consensual. O desinteresse de apenas uma das partes não é suficiente para a não realização da audiência, conforme disposto no § 4º, do mencionado artigo. Opção do legislador que deve ser observada. Juros remuneratórios. As entidades abertas de previdência privada, ao realizarem operações financeiras de empréstimo a seus participantes, são equiparadas às instituições financeiras. Desse modo, em se tratando a ré de entidade aberta de previdência privada não há como limitar os juros remuneratórios em 12% ao ano, mas sim à taxa média de mercado divulgada pelo BACEN, considerado o período da contratação. Abusividade configurada. Recurso adesivo não conhecido e desprovida a apelação. (TJRS; AC 0197896-51.2017.8.21.7000; Porto Alegre; Décima Oitava Câmara Cível; Rel. Des. Heleno Tregnago Saraiva; Julg. 14/09/2017; DJERS 21/09/2017).

Afastamento da multa quando o procurador da parte informa a impossibilidade de autocomposição por se tratar de direito indisponível:

✓ PROCESSUAL CIVIL E PREVIDENCIÁRIO. AUDIÊNCIA DE CONCILIAÇÃO. ART. 334 DO CPC. AUSÊNCIA JUSTIFICADA. ALEGAÇÃO DE INDISPONIBILIDADE DO INTERESSE PÚBLICO. EXCEÇÃO PREVISTA NO ART. 334, §4º, II, DO CPC. MULTA. INAPLICABILIDADE. DECISÃO REFORMADA. 1. O artigo 334 do CPC determina ao magistrado a designação de audiência de conciliação ou mediação, estipulando a incidência de multa em caso de não comparecimento injustificado de umas das partes, em respeito à dignidade da justiça. 2. A mens legis da citada multa é exatamente coibir a ausência injustificada nas audiências de conciliação, de forma a estimular, ao máximo possível, a solução consensual dos conflitos. 3. Não há como se acolher como injustificada a ausência quando o procurador da parte requerida informar, nos autos, a impossibilidade de comparecimento com fulcro na exceção prevista no art. 334, §4º, II, do CPC, sob o argumento de que se trata de direito indisponível. Configurar-se-ia, em tese, ausência injustificada nos casos em que, intimado para audiência, o réu quedar-se inerte, sem justificar impossibilidade de comparecimento, o que não se amolda ao caso dos autos. 4. Assim, há que se evitar a aplicação indiscriminada da multa, o que acabaria não por estimular, mas verdadeiramente enterrar o instituto da conciliação e mediação. 5. Agravo de instrumento provido. (TRF 1ª R.; AI 0014328-71.2017.4.01.0000; Primeira Turma; Rel. Des. Fed. Carlos Augusto Pires Brandão; DJF1 14/09/2017)

Afastando a imposição de multa por ter o autor comunicado que houve acordo extrajudicial entre as partes:

✓ AGRAVO DE INSTRUMENTO. BUSCA E APREENSÃO. ACORDO EXTRAJUDICIAL. AUDIÊNCIA DE CONCILIAÇÃO DESIGNADA. NÃO COMPARECIMENTO DA PARTE AUTORA. IMPOSIÇÃO DE MULTA. ATO ATENTATÓRIO A DIGNIDADE DA JUSTIÇA. INOCORRÊNCIA. RECURSO CONHECIDO E PROVIDO. 1. A parte autora, ora agravante, colaciona aos autos minuta de acordo firmado extrajudicialmente com o réu, que prevê a quitação do débito e liberação do veículo apreendido. Ato seguinte, o magistrado a quo profere despacho designando audiência de conciliação. 2. Ante o não comparecimento da parte autora à audiência designada, o magistrado a quo aplicou a multa prevista no artigo 334, § 8º do CPC. Entretanto, o dispositivo qualifica como ato atentatório à dignidade da justiça o não comparecimento injustificado de alguma das partes à audiência de conciliação para que possa ser aplicada a multa descrita. 3. Na espécie, o agravante peticiona pugnando pela desnecessidade da realização da audiência de conciliação, tendo em vista a autocomposição extrajudicial realizada entre as partes, o que faz presumir a superveniente inexistência de pretensão resistida. Revelou-se assim, prescindível a realização da audiência designada, não havendo que se falar em ato atentatório à dignidade da justiça já que houve comunicação prévia da parte autora. 4. Recurso conhecido e provido. (TJES; AI 0021200-72.2016.8.08.0012; Segunda Câmara Cível; Rel. Des. Fernando Estevam Bravin Ruy; Julg. 13/06/2017; DJES 22/06/2017)

Inaplicabilidade da multa em caso de ausência a audiência de mediação:

✓ AGRAVO INTERNO NO AGRAVO DE INSTRUMENTO. DECISÃO AGRAVADA QUE, EM AÇÃO DE COBRANÇA, APLICOU MULTA PROCESSUAL DE 2% (DOIS POR CENTO) SOBRE O VALOR CORRIGIDO DA CAUSA, EM DESFAVOR DO AGRAVANTE, NA FORMA DO ARTIGO 334, §8º DO CPC A SER RECOLHIDA AO FETJ. DECISÃO MONOCRÁTICA QUE DEU PROVIMENTO AO RECURSO, AFASTANDO A MULTA PROCESSUAL APLICADA, DIANTE DA FALTA DE PREVISÃO LEGAL. Agravo Interno que alega a necessidade de manutenção da multa aplicada. Pretensão que não merece prosperar. As medidas de caráter sancionatório devem ser interpretadas de forma restritiva, sob pena de violação dos princípios da segurança jurídica e da legalidade. A multa processual prevista no artigo 334, §8º do CPC somente pode ser aplicada nas hipóteses de ausência injustificada em audiência de conciliação. O ato processual originador da medida sancionatória configura-se audiência de mediação. Afastamento da multa por falta de previsão legal. Recorrente que não traz argumentos suficientes para alterar a decisão ora agravada. Manutenção da decisão. Improvimento do agravo interno. (TJRJ; AI 0039185-50.2017.8.19.0000; Rio de Janeiro; Décima Câmara Cível; Rel. Des. Celso Luiz de Matos Peres; DORJ 27/11/2017; Pág. 313)

Contra, entendendo possível a imposição de multa por ausência à audiência de mediação, ainda que uma das partes manifeste desinteresse na sua realização:

✓ APELAÇÃO CÍVEL. AÇÃO DECLARATÓRIA DE INEXISTÊNCIA DE DÉBITO CUMULADA COM INDENIZAÇÃO POR DANOS MORAIS. PRELIMINAR PARA AFASTAR MULTA COMINATÓRIA POR NÃO COMPARECIMENTO EM AUDIÊNCIA CONCILIAÇÃO. AFASTADA. ART. 334, § 4. º, I, DO CPC. DESINTERESSE NA REALIZAÇÃO DA AUDIÊNCIA MANIFESTADO SOMENTE PELO AUTOR. MULTA APLICÁVEL. SERVIÇOS EDUCACIONAIS. INVERSÃO DOS ÔNUS DA PROVA INDEVIDA. AUSÊNCIA DE REQUISITOS LEGAIS. DESISTÊNCIA DO CURSO. AUSÊNCIA DE PROVA DA REALIZAÇÃO DE MATRÍCULA. COBRANÇA INDEVIDA DE MENSALIDADE. DÉBITO DECLARADO INEXISTENTE. DANO MORAL NÃO CONFIGURADO. MERO DISSABOR. RECURSO PROVIDO PARCIALMENTE. 1. A audiência de mediação somente não se realizará quando todas as partes envolvidas no processo manifestarem desinteresse na composição consensual, conforme dispõe o art. 334, § 4. º, I, do Código Processual Civil. A imposição da multa será devida quando somente o autor manifestar tal desinteresse e deixar de comparecer ao ato judicial designado. (...) Inobstante não se negue os possíveis transtornos sofridos por aquele que se vê frustrado em razão da cobrança indevida, conclui-se que tal situação não configura ofensa anormal à personalidade, não configurando dano extrapatrimonial, pressuposto necessário à percepção de indenização, pois a simples irritação ou aborrecimento não devem ser compensados pecuniariamente, sob pena de banalização do instituto. (TJMS; APL 0800499-41.2016.8.12.0046; Terceira Câmara Cível; Rel. Des. Fernando Mauro Moreira Marinho; DJMS 04/05/2017; Pág. 47).

Impossibilidade de extinção do processo em virtude da ausência do autor à audiência:

✓ PROCESSUAL CIVIL. Recurso de apelação. Cobrança de seguro obrigatório DPVAT. Ausência da autora à audiência de conciliação. Extinção do feito por abandono de causa. Impossibilidade. Sentença anulada. Recurso conhecido e provido, em consonância com o parecer ministerial. - a ausência da autora, ora apelante, à audiência de conciliação não importa na automática extinção do feito sem resolução de mérito, podendo, no máximo, ensejar a aplicação da multa a que alude o art. 334, §8º, do CPC/2015.- apelo conhecido e provido para anular a sentença objeto do recurso, determinando-se o retorno dos autos à origem para regular prosseguimento do feito. (TJAM; APL 0610250-96.2016.8.04.0001; Primeira Câmara Cível; Rel. Des. Ernesto Anselmo Queiroz Chíxaro; DJAM 13/11/2017; Pág. 22); APELAÇÃO. AÇÃO DE COBRANÇA. PROCEDIMENTO COMUM. AUDIÊNCIA DE CONCILIAÇÃO. NÃO COMPARECIMENTO DO AUTOR. AUSÊNCIA DE INTIMAÇÃO PESSOAL E DE REQUERIMENTO DO RÉU. EXTINÇÃO DO PROCESSO SOB O RITO DO JUIZADO ESPECIAL. NULIDADE. 1) No procedimento comum, a falta à audiência de conciliação não autoriza a conclusão de que o autor abandonou o processo. 2) Por mais que o autor fique inerte por tempo superior a 30 (trinta) dias, ele ainda deverá ser intimado pessoalmente a se manifestar no prazo de 05 (cinco) dias, devendo o réu, se já houver contestado, requerer a extinção do processo por abandono da causa. 3) A causa que tramita sob o procedimento comum não deve ser extinta com fundamento na Lei dos Juizados Especiais, principalmente se o valor superar o teto dessa Lei. 4) Ocorrendo ausência injustificada à audiência de conciliação, o juízo de origem deve adotar a medida prevista no art. 334, § 8º, do CPC, isto é, impor multa por ato atentatório à dignidade da justiça. 5) Apelo provido. (TJAP; APL 0000472-63.2016.8.03.0007; Câmara Única; Rel. Des. Carmo Antônio; Julg. 01/08/2017; DJEAP 29/08/2017; Pág. 31)

Impossibilidade de julgamento antecipado do mérito decorrente da ausência de uma das partes à audiência:

✓ APELAÇÃO CÍVEL. APELAÇÃO ADESIVA. OBRIGAÇÃO DE FAZER C/C INDENIZAÇÃO POR DANOS MORAIS. INTERRUPÇÃO DE FORNECIMENTO DE ÁGUA. SENTENÇA PROFERIDA EM AUDIÊNCIA DE CONCILIAÇÃO. PARTE AUSENTE. DEFESA APRESENTADA. AUSÊNCIA DE MANIFESTAÇÃO DO JUÍZO SOBRE PEDIDO DE PRODUÇÃO DE PROVAS. JULGAMENTO ANTECIPADO DA LIDE. NÃO CABIMENTO. NULIDADE. PROSSEGUIMENTO DO FEITO. Só é permitido o julgamento antecipado da lide nas hipóteses taxativamente estabelecidas na Lei Processual. É nula a sentença de mérito proferida em audiência de conciliação quando ausente uma parte, sobretudo se houve pedido de produção de provas. Não pode o magistrado sancionar a parte ausente à audiência de conciliação com uma sentença de mérito em seu desfavor, havendo, para tanto, previsão de estabelecimento de multa, cujos limites encontram-se previstos no art. 334, §8º, do CPC/15. (TJMG; APCV 1.0086.16.002126-6/001; Relª Desª Alice Birchal; Julg. 11/07/2017; DJEMG 18/07/2017)

Impossibilidade de agravar a decisão cominatória de multa do art. 334, §8º, do CPC à parte que deixa de comparecer à audiência de conciliação sem apresentar justificativa adequada:

✓ RECURSO ESPECIAL. PROCESSUAL CIVIL. AGRAVO DE INSTRUMENTO. HIPÓTESES DE CABIMENTO DO RECURSO (ART. 1.015, INCISO II, DO CPC). AUSÊNCIA INJUSTIFICADA A AUDIÊNCIA DE CONCILIÇÃO. MULTA POR ATO ATENTATÓRIO À DIGNIDADE DA JUSTIÇA. 1. Controvérsia em torno da recorribilidade, mediante agravo de instrumento, contra a decisão cominatória de multa à parte pela ausência injustificada à audiência de conciliação. 2. O legislador de 2015, ao reformar o regime processual e recursal, notadamente do agravo de instrumento, pretendeu incrementar a celeridade do processo, que, na vigência do CPC de 1973, era constantemente obstaculizado pela interposição de um número infindável de agravos de instrumento, dilargando o tempo de andamento dos processos e sobrecarregando os Tribunais, Federais e Estaduais. 3. A decisão cominatória da multa do art. 334, § 8º, do CPC, à parte que deixa de comparecer à audiência de conciliação, sem apresentar justificativa adequada, não é agravável, não se inserindo na hipótese prevista no art. 1.015, inciso II, do CPC, podendo ser, no futuro, objeto de recurso de apelação, na forma do art. 1.009, § 1º, do CPC. 4. RECURSO ESPECIAL DESPROVID (STJ – REsp: 1762957 MG 2018/0221473-0, Relator: Ministro PAULO DE TARSO SANSEVERINO, Data de Julgamento: 10/03/2020, T3 – TERCEIRA TURMA, Data de Publicação: DJe 18/03/2020).

§ 9º As partes devem estar acompanhadas por seus advogados ou defensores públicos.

Impossibilidade de aplicação da multa se a parte compareceu à audiência, ainda que sem o seu patrono:

✓ APELAÇÃO CÍVEL. PROCESSO CIVIL. AÇÃO ANULATÓRIA DE NEGÓCIO JURÍDICO C/C RESTITUIÇÃO DE QUANTIAS PAGAS E INDENIZAÇÃO POR DANOS MORAIS. Sentença que julgou procedente o pedido autoral, bem como aplicou, contra o autor, multa de 2% sobre o valor da causa, a ser revertida em favor do FETJ, ante o não comparecimento do defensor do autor à audiência preliminar, a teor do artigo 334, §8º, do CPC. Inconformismo do autor tão somente quanto à aplicação da multa pelo não comparecimento do defensor público à audiência de conciliação. Recurso provido. 1. A sanção prevista no § 8º do art. 334 do CPC se refere tão somente à ausência das partes e não à ausência do patrono das partes. No caso em tela, em que pese a ausência do defensor público que assiste o autor, este compareceu devidamente à audiência, sendo certo que o magistrado, inclusive, proferiu sentença de mérito na referida audiência. 2. É verdade que o art. 334, § 9º, do CPC dispõe que -as partes devem estar acompanhadas por seus advogados ou defensores públicos-, no entanto, a ausência do advogado não impedirá a realização da audiência de conciliação e mediação, a teor do que dispõe o enunciado nº 48 do fonamec (fórum nacional da mediação e conciliação), que diz: -nos procedimentos processuais (mediação e conciliação judiciais), quando o advogado ou defensor público, devidamente intimado, não comparecer à audiência injustificadamente, o ato poderá ser realizado sem a sua presença se o cliente/assistido concordar expressamente. 3. Quanto aos enunciados do fórum nacional da mediação e conciliação (fonamec), é oportuno dizer que, após aprovação pela comissão permanente de acesso à justiça e cidadania do CNJ, os mesmos passam a integrar a resolução nº 125/CNJ, para fins de vinculatividade, no que diz respeito à Justiça Estadual, a teor do art. 12 – A e §§ da referida resolução. 4. Ainda que assim não fosse, no caso dos autos, não se observou o devido processo legal, tendo em vista que a defensoria pública não foi intimada a tempo sobre a audiência de conciliação, pois o despacho que designou a audiência para o dia 07/02/17 foi proferido em 30/11/2016, no entanto, a intimação eletrônica da defensoria só ocorreu 6 dias antes, qual seja, no dia 01/02/2017. Ocorre que o caput do art. 334 do CPC dispõe que -se a petição inicial preencher os requisitos essenciais e não for o caso de improcedência liminar do pedido, o juiz designará audiência de conciliação ou de mediação com antecedência mínima de 30 (trinta) dias, devendo ser citado o réu com pelo menos 20 (vinte) dias de antecedência. -. Como visto, em relação à parte autora, o referido prazo não foi cumprido. 5. Sentença que se reforma em parte para excluir a condenação do autor ao pagamento da multa prevista no art. 334, §8º, do CPC. 6. Apelação a que se dá provimento. (TJRJ; APL 0308618-91.2016.8.19.0001; Rio de Janeiro; Décima Nona Câmara Cível; Rel. Des. Juarez Fernandes Folhes; Julg. 25/07/2017; DORJ 31/07/2017; Pág. 305)

§ 10. A parte poderá constituir representante, por meio de procuração específica, com poderes para negociar e transigir.

→ v. Art. 661 do CC/2002.

Se a parte esteve representada por advogados com poderes específicos para transigir, afasta-se a multa do § 8º:

✓ APELAÇÃO CÍVEL. RELAÇÃO DE CONSUMO. AÇÃO DE RESCISÃO CONTRATUAL CUMULADO COM PEDIDO DE INDENIZAÇÃO. Empreendimento imobiliário. Resolução contratual que deve prosperar. Reconhecimento do direito de retenção do promitente vendedor. Irrevogabilidade e irretratabilidade do contrato que configuram abusividade e denotam vantagem exagerada do promitente vendedor. Percentual de retenção fixado em 10%, em conformidade com os critérios norteadores de razoabilidade e proporcionalidade. Súmula nº 543 do STJ. Recurso da parte ré pretendendo a integral reforma da sentença. Exclusão da multa do artigo 334, § 8º do CPC/2015. Réus representados na audiência de conciliação por advogado com poderes específicos para transigir nos termos do artigo 334, § 10º do CPC/2015. Condenação da parte apelante ao pagamento de honorários recursais, de acordo com o artigo 85, §§ 2º e 11 do CPC/2015. Recurso da parte ré ao qual se dá parcial provimento. (TJRJ; APL 0017467-02.2016.8.19.0042; Petrópolis; Vigésima Sétima Câmara Cível Consumidor; Relª Desig. Desª Fernanda Fernandes Coelho Arrabida Paes; DORJ 19/12/2017; Pág. 520); DIREITO PROCESSUAL CIVIL. APELAÇÃO CÍVEL. AÇÃO DE IMISSÃO DE POSSE. IMÓVEL ADQUIRIDO PERANTE A CAIXA ECONÔMICA FEDERAL, ENQUANTO OCUPADO POR ANTERIOR MUTUÁRIO. PRELIMINAR DE CARÊNCIA DE AÇÃO AFASTADA. IMÓVEL ADQUIRIDO PELO SISTEMA FINANCEIRO DE HABIT AÇÃO. ALEGAÇÃO DE QUE A AUSÊNCIA À AUDIÊNCIA DE CONCILIAÇÃO ENSEJA A MULTAE EXTINÇÃO DO FEITO. INVIABILIDADE. TESE DE MANEJO DE AÇÃO INADEQUADA, POR TRATAR-SE DE HIPÓTESE A ENSEJAR POSSESSÓRIA. INOCORRÊNCIA. APELO IMPROVIDO. 1. Deve ser afastada a preliminar de carência de ação, desde quando a discussão sobre qual o tipo de procedimento cabível, se possessória ou reivindicatória, é no presente caso afeta ao próprio mérito da Demanda. 2. De igual modo, constata-se pelos elementos informativos dos autos que o imóvel foi adquirido com recursos do Sistema Financeiro de Habitação. SFH, não sendo passível de aquisição por usucapião. 3. Quanto a tese de necessidade de extinção e aplicação de multa em razão do não comparecimento da parte Acionada à audiência de conciliação pré-processual (art. 334, § 8º, do CPC), deve ser mantido o entendimento já exposto pelo Juízo a quo, de que o Réu se fez representar por advogado com poderes para transigir e negociar, não sendo necessária, no caso concreto, a aplicação de qualquer penalidade. 4. Quanto ao procedimento, tratando-se da hipótese de pessoa que nunca deteve a posse do bem adquirido, por encontrar-se ocupado por terceiro, a Ação correta é a de Imissão de Posse, estando o Julgado monocrático acertado neste aspecto. 5. Apelo ao qual nega-se provimento. (TJBA; AP 0511459-22.2016.8.05.0080; Salvador; Quinta Câmara Cível; Rel. Des. Raimundo Sérgio Sales Cafezeiro; Julg. 12/12/2017; DJBA 18/12/2017; Pág. 387). V. tb.: TJRJ; APL 0427960-96.2016.8.19.0001; Rio de Janeiro; Vigésima Quinta Câmara Cível Consumidor; Rel. Des. Sergio Seabra Varella; DORJ 07/12/2017; Pág. 585.

§ 11. A autocomposição obtida será reduzida a termo e homologada por sentença.

→ *V.* Art. 487, III, do CPC.

§ 12. A pauta das audiências de conciliação ou de mediação será organizada de modo a respeitar o intervalo mínimo de 20 (vinte) minutos entre o início de uma e o início da seguinte.

Capítulo VI
DA CONTESTAÇÃO

Art. 335. **O réu poderá oferecer contestação, por petição, no prazo de 15 (quinze) dias, cujo termo inicial será a data:**

I – da audiência de conciliação ou de mediação, ou da última sessão de conciliação, quando qualquer parte não comparecer ou, comparecendo, não houver autocomposição;

→ *V.* Enunciado 122 do CJF: O prazo de contestação é contado a partir do primeiro dia útil seguinte à realização da audiência de conciliação ou mediação, ou da última sessão de conciliação ou mediação, na hipótese de incidência do art. 335, inc. I, do CPC.

→ *V.* Enunciado 124 do CJF: Não há preclusão consumativa do direito de apresentar contestação, se o réu se manifesta, antes da data da audiência de conciliação ou de mediação, quanto à incompetência do juízo.

Apontando que a justificativa para a ausência na audiência preliminar afasta a imposição de multa, mas não altera o termo inicial do prazo para contestar:

✓ APELAÇÃO CÍVEL. AÇÃO DE RESCISÃO DE CONTRATO. RÉU CITADO NA VIGÊNCIA DO NOVO CPC. PRAZO PARA CONTESTAÇÃO A CONTAR DA AUDIÊNCIA DE CONCILIAÇÃO. AR QUE TEM INÍCIO DA DATA DA AUDIÊNCIA. INTELIGÊNCIA DO ART. 335, I, DO CPC. REVELIA. RECURSO CONHECIDO E IMPROVIDO. 1. Compulsando os autos, observa-se que o réu, ora recorrente, foi citado para apresentar defesa e intimado acerca da audiência de conciliação designada para o dia 26 de outubro de 2016, com a advertência que o prazo de quinze dias para apresentar contrarrazões seria contado a partir da referida audiência ou do protocolo do pedido de seu cancelamento (fl. 28). 2. O art. 335, I, do CPC determina que: O réu poderá oferecer contestação, por petição, no prazo de 15 (quinze) dias, cujo termo inicial será a data: I – da audiência de conciliação ou de mediação, ou da última sessão de conciliação, quando qualquer parte não compareceu ou, comparecendo, não houver autocomposição;3. Assim, caberia ao apelante apresentar defesa, contrapondo-se ao pleito, dentro do prazo ofertado, capaz de elidir os argumentos trazidos na inicial, o que de fato não ocorreu. 4. Ademais, o atestado médico juntado pelo recorrente à fl. 34, somente se presta a afastar a aplicação da multa prevista no §8º do art. 334 do CPC. 5. Dessa maneira, resta caracterizada a preclusão consumativa, que consiste na perda da faculdade de praticar ato processual posterior pela falta de um outro anterior que o autorize. 6. A par disso, o juízo a quo analisou, de forma acurada os argumentos expostos na exordial, bem como as provas dos autos demonstram a inadimplência do recorrente junto ao bando que financiou a compra do veículo, bem como a negativação do nome da apelada em razão do referido atraso. 7. Recurso conhecido e improvido. (TJCE; APL 0000706-94.2016.8.06.0190; Segunda Câmara de Direito Privado; Rel. Des. Carlos Alberto Mendes Forte; Julg. 06/12/2017; DJCE 13/12/2017; Pág. 67).

Impossibilidade de alteração pelo juiz do termo inicial do prazo para a contestação, uma vez designada a audiência preliminar:

✓ APELAÇÃO CÍVEL. PROCESSUAL CIVIL. AÇÃO INDENIZATÓRIA COM PEDIDO DE TUTELA ANTECIPADA. Magistrado que designou audiência de conciliação, contudo fixou a data do cumprimento do mandado de citação como início do prazo para oferecimento de contestação. Impossibilidade. Decretação de revelia. Sentença julgando procedente em parte o pedido autoral. Error in procedendo, de acordo com o artigo 335, I, do CPC. Anulação da sentença de conhecimento com o regular prosseguimento do feito. Recurso a que se dá parcial provimento. (TJRJ; APL 0178619-85.2016.8.19.0001; Rio de Janeiro; Vigésima Sétima Câmara Cível Consumidor; Relª Desª Tereza Cristina Sobral Bittencourt Sampaio; DORJ 12/12/2017; Pág. 443). V. tb.: PROCESSUAL CIVIL. AÇÃO DE COBRANÇA. AUDIÊNCIA DE CONCILIAÇÃO. AUSÊNCIA DE CITAÇÃO DE REQUERIDO. PEDIDO DE NOVA AUDIÊNCIA. DEFERIMENTO. ACORDO EXTRAJUDICIAL. AUSÊNCIA DE REQUISITOS. IMPOSSIBILIDADE DE HOMOLOGAÇÃO. PROSSEGUIMENTO DO FEITO. CONTAGEM DO PRAZO PARA APRESENTAÇÃO DE CONTESTAÇÃO A PARTIR DA JUNTADA DO MANDADO. INOBSERVÂNCIA DO RITO PROCESSUAL. REVELIA. INOCORRÊNCIA. É cediço que as partes podem transacionar a qualquer tempo e grau de jurisdição, de modo que a ausência de designação de audiência de conciliação, não constitui óbice para que as partes possam, eventualmente, por fim ao litígio mediante concessões mútuas. No entanto, em caso de deferimento do pedido de nova realização de audiência de conciliação, não podem as partes ser surpreendidas com rito processual diverso do esperado, com a contagem do prazo para apresentação da peça defensiva a partir da juntada aos autos do mandado de citação, nos termos do art. 231, I e §1º do CPC/2015, devendo prevalecer a regra prevista no art. 335, I do CPC/2015, que determina o prazo de 15 (quinze) dias a partir da audiência de conciliação. (TJDF; APC 2016.01.1.054366-8; Ac. 100.3903; Segunda Turma Cível; Relª Desª Carmelita Brasil; Julg. 15/03/2017; DJDFTE 21/03/2017)

A celebração de autocomposição parcial na audiência preliminar não modifica o prazo para a contestação:

✓ APELAÇÃO CÍVEL. DIVÓRCIO LITIGIOSO. PARTILHA DE BENS. PATRIMÔNIO COMUM DO CASAL. AUDIÊNCIA DE CONCILIAÇÃO. AUTOCOMPOSIÇÃO PARCIAL. NÃO APRESENTAÇÃO DE CONTESTAÇÃO. REVELIA. CERCEAMENTO DE DEFESA. INOCORRÊNCIA. 1. Apelação contra sentença que, considerando a revelia da apelante, julgou procedente em parte de partilha dos bens, direitos e obrigações pertencentes ao ex casal. 2. Realizada audiência de conciliação com autocomposição parcial, porquanto apenas em relação ao divórcio, prosseguindo o feito quanto à partilha de bens, tem-se tal data como termo inicial do prazo quinzenal para oferecimento de contestação (inciso I do art. 335 do CPC/15), sem a qual se configura a revelia (art. 344 do CPC/15). 3. Recurso conhecido e desprovido. (TJDF; APC 2015.07.1.031061-4; Ac. 990.024; Segunda Turma Cível; Rel. Des. César Laboissiere Loyola; Julg. 25/01/2017; DJDFTE 31/01/2017)

II – do protocolo do pedido de cancelamento da audiência de conciliação ou de mediação apresentado pelo réu, quando ocorrer a hipótese do art. 334, § 4º, inciso I;

III – prevista no art. 231, de acordo com o modo como foi feita a citação, nos demais casos.

Apontando que o termo inicial do prazo para purga da mora não se confunde com o termo inicial do prazo para contestar, que se dá com a juntada do mandado de citação aos autos:

✓ ALIENAÇÃO FIDUCIÁRIA. BUSCA E APREENSÃO. LIMINAR DEFERIDA. Termo inicial para pagamento da dívida nos termos do artigo 3º, §2º, do Decreto-Lei nº 911/69. Data de execução da liminar. Prazo para contestação que, no entanto, tem início apenas com a juntada do mandado de citação aos autos. Artigo 3º, §3º, do Decreto-Lei nº 911/1969 que deve ser interpretado em conjunto com os artigos 335 e 231, II, do Código de Processo Civil. Precedentes do STJ. Decisão mantida. Recurso improvido. (TJSP; AI 2191021-41.2017.8.26.0000; Ac. 10907192; São Paulo; Trigésima Segunda Câmara de Direito Privado; Rel. Des. Ruy Coppola; Julg. 24/10/2017; DJESP 06/11/2017; Pág. 3117)

Apontando que a falta de expressa indicação no mandado de citação do início do prazo para contestar acarreta a sua restituição:

✓ AGRAVO DE INSTRUMENTO. DECISÃO QUE INDEFERE O PEDIDO DE QUE O PRAZO PARA CONTESTAR SE INICIE COM A DESIGNAÇÃO DE AUDIÊNCIA CONCILIATÓRIA. IRRESIGNAÇÃO. Acolhimento. Audiência de conciliação não designada. Multiplicidade de critérios legais de contagem. Prazo de resposta regido pelo disposto no art. 231 do CPC, cujo início se verifica com a juntada do mandado citatório aos autos (art. 335 do CPC). Determinação, contudo, que se afigura genérica. Falta de expressa advertência no conteúdo da ordem citatória quanto ao início de fluência do prazo de defesa. Decisão que causa surpresa à parte. Potencial lesão aos princípios da ampla defesa e do contraditório que deve ser evitada. Restituição do prazo para a apresentação da contestação que espelha providência que melhor acomoda a prestação jurisdicional. Decisão reformada. Agravo provido. (TJSP; AI 2123901-78.2017.8.26.0000; Ac. 10877351; Salto; Sétima Câmara de Direito Privado; Rel. Des. Rômolo Russo; Julg. 11/10/2017; DJESP 18/10/2017; Pág. 2008).

✓ RECURSO ESPECIAL Nº 1.847.747 – CE (2019/0335536-4) RELATOR: MINISTRO RAUL ARAÚJO RECORRENTE: INDÚSTRIA E COMÉRCIO DE RAÇÕES PRADO LTDA ADVOGADO: MATHEUS CINTRA BEZERRA – CE014849 RECORRIDO: OZIAS DE ALBUQUERQUE TAVARES RECORRIDO: JOILA ALBUQUERQUE TAVARES RECORRIDO: MARIA JOSÉ TAVARES RECORRIDO: MIQUEIAS DE ALBUQUERQUE TAVARES RECORRIDO: OZANIRA DE ALBUQUERQUE TAVARES RECORRIDO: RAQUEL ALBUQUERQUE TAVARES RECORRIDO: ROSANGELA ALBUQUERQUE TAVARES RECORRIDO: DALILA ALBUQUERQUE TAVARES RECORRIDO: JONAS ALBUQUERQUE TAVARES RECORRIDO: MOISÉS ALBUQUERQUE TAVARES RECORRIDO: JOÍAS ALBUQUERQUE TAVARES RECORRIDO: REGINALDO ANDRADE ARAÚJO RECORRIDO: OTAILZA DOS SANTOS DE ALBUQUERQUE ADVOGADO: AURISTECILIA MARIA SERRA NUNES – CE005612 DECISÃO Trata-se de recurso especial fundado no art. 105, III, a, da Constituição Federal, interposto por INDÚSTRIA E COMÉRCIO DE RAÇÕES PRADO LTDA contra v. acórdão do eg. Tribunal de Justiça do Estado do Ceará (TJ-CE), assim ementado (fls. 306-308): "DIREITO CIVIL. APELAÇÃO CÍVEL. OBRIGAÇÃO DE FAZER. INTEMPESTIVIDADE DA CONTESTAÇÃO. INOCORRÊNCIA. LITISCONSÓRCIO PASSIVO. DATA DA JUNTADA DO ÚLTIMO MANDADO. EXCEÇÃO DE CONTRATO NÃO CUMPRIDO. AUSÊNCIA DE PROVA DO CUMPRIMENTO INTEGRAL DAS OBRIGAÇÕES CONTRATUAIS. APELO IMPROVIDO. 1. Inicialmente, cumpre destacar que não se vislumbra razão à alegação recursal de intempestividade da contestação apresentada, a fim de se decretar a revelia dos recorridos, na medida em que o prazo para apresentação de defesa se dá da juntada do último mandado de citação, diante da existência de litisconsórcio passivo. 2. Com efeito, o Código de Processo Civil assim dispõe, verbis: Art. 335. O réu poderá oferecer contestação, por petição, no prazo de 15 (quinze) dias, cujo termo inicial será a data: (?) III – prevista no art. 231, de acordo com o modo como foi feita a citação, nos demais casos. Art. 231. Salvo disposição em sentido diverso, considera-se dia do começo do prazo: (?) § 1º Quando houver mais de um réu, o dia do começo do prazo para contestar corresponderá à última das datas a que se referem os incisos I a VI do caput. 3. Assim, afasta-se a alegação de intempestividade da defesa apresentada. 4. No mais, como bem registrou a sentença atacada, para que um contratante exija o cumprimento integral da contraprestação necessário se faz a demonstração do adimplemento de sua contraparte, em observância ao primado da boa-fé objetiva. 5. Assim, a exceção de contrato não cumprido é mecanismo de defesa, que faz com que um contratante não possa reclamar a execução do que lhe é devido pelo outro contratante, sem antes pagar o que deve. Nesse mister o Código Civil estabelece no art. 476: Nos contratos bilaterais, nenhum dos contratantes, antes de cumprida a sua obrigação, pode exigir o implemento da do outro. 6. No caso em exame, considerando o teor da negociação, onde cabia à recorrente arcar com a contraprestação da regularização do imóvel, para posterior venda deste pelos apelados, o recorrente não se desincumbiu do ônus de comprovar o cumprimento de seus encargos, sobretudo por que os documentos apresentados não demonstram a regularidade do pagamento pelos serviços prestados por terceiro para tanto. Registre-se que os recibos apresentados dão conta de que a obrigação era de responsabilidade da empresa recorrente, inclusive porque o valor de R$ 12.000,00 (doze mil reais) seria descontado do montante devido para aquisição do imóvel. 7. Ademais, inconsistente a argumentação de que não teria sido cientificado da conclusão da retificação do imóvel na matrícula, sobretudo diante da alegação de que o bem teria sido posto à venda logo após a correção do registro do bem. Em sendo assim, não há qualquer reforma a ser feita na decisão atacada, sob pena de configurar o instituto indicado pelo brocardo nemo potest venire contra factum proprium, desdobramento da boa-fé objetiva, prevista no art. 422 do Código Civil, o qual sustenta a impossibilidade de comportamento contraditório nas relações. Tal postulado proíbe que qualquer das partes adote na linha do tempo comportamentos contraditórios entre si, qual seja, alegar que após a conclusão do ato a parte contrária demonstrou desinteresse em rescindir o contrato e após, alegar que não teve ciência do ato. 8. Conclui-se que os argumentos esposados pelo recorrente não possuem fundamento, devendo, desta forma, a sentença mantida por não se admitir posicionamentos contraditórios das partes, em observância ao princípio da boa-fé objetiva, sobretudo por não restar demonstrado o cumprimento de suas obrigações contratuais. 9. Apelo conhecido e improvido." Os embargos de declaração foram rejeitados (conforme acórdão às fls. 344-351). Nas razões do recurso especial, a parte recorrente alega violação dos art. 1.022, II, do CPC de 2015, aduzindo que a Corte de origem foi omissa ao julgar a questão da exorbitância dos honorários advocatícios sucumbenciais fixados. Admitido o recurso na origem, subiram os autos. É o relatório. Decido. O apelo merece prosperar no tocante à ofensa ao art. 1.022, II, do CPC/2015. Compulsando os autos, infere-se que nos embargos de declaração (fls. 321-325) foi reiterada a análise dos honorários advocatícios sucumbenciais, como se infere da leitura do seguinte excerto das razões recursais (fl. 324): "1.10. Outro ponto objeto de omissão no acórdão foi aquele ligado à alegação de EXORBITÂNCIA DO VALOR DOS HONORÁRIOS ARBITRADOS de R$ 160.000,00 (cento e sessenta mil reais), referente a 10% sobre o valor da causa, que se mostra um inconteste enriquecimento sem causa, contrariando o princípio máster contido no art. 884 do Código Civil de 2002. 1.11. Os honorários estão exorbitantes, carecendo serem minorados, caso não seja acatada a tese de efeitos infringentes contida neste recurso de embargos declaratórios. 1.12. Assim sendo, os honorários foram arbitrados em patamar que merece uma revisão, em face dos princípios da razoabilidade e proporcionalidade, levando em conta o trabalho exercido no presente processo. Mantê-lo no patamar fixado é garantir uma vantagem patrimonial desproporcional." De fato, com a devida venia, a eg. Corte Estadual rejeitou os aclaratórios (acórdão às fls. 344-351) sem examinar a referida tese, que pode vir a influenciar no desate da presente lide. Por sua vez, a iterativa jurisprudência desta eg. Corte é no sentido de que fica caracterizada a violação ao art. 1.022 do CPC/2015, quando o eg. Tribunal a quo deixa de examinar temas essenciais ao desate da controvérsia, apesar de devidamente provocado em sede de embargos de declaração. Nessa linha de intelecção, destacam-se os seguintes julgados: "AGRAVO INTERNO. AGRAVO EM RECURSO ESPECIAL. VIOLAÇÃO AO ART. 535 DO CPC/1973. OCORRÊNCIA. SEGURO DE VIDA EM GRUPO. LIMITAÇÃO DE COBERTURA. INVALIDEZ FUNCIONAL PERMANENTE TOTAL POR DOENÇA (IFPD) E INVALIDEZ LABORATIVA PERMANENTE TOTAL POR DOENÇA (ILPD). INTERPRETAÇÃO RESTRITIVA. APOSENTADORIA. ÓRGÃO PREVIDENCIÁRIO. PERÍCIA. NECESSIDADE. (...) 4. O acórdão recorrido não se manifestou sobre questões essenciais para o julgamento da causa, pressuposto indispensável para o exame do recurso especial, motivo pelo qual reconhece-se a ofensa ao art. 535 do Código de Processo Civil. 5. Agravo interno a que se nega provimento."(AgInt no AREsp 952.515/SC, Rel. Ministra MARIA ISABEL GALLOTTI, QUARTA TURMA, julgado em 23/05/2017, DJe 02/06/2017 – grifou-se)"AGRAVO REGIMENTAL EM AGRAVO (ART. 544 DO CPC)- AÇÃO INDENIZATÓRIA – DECISÃO MONOCRÁTICA QUE DEU PROVIMENTO AO RECLAMO – INSURGÊNCIA DA RÉ. 1. Violação ao art. 535 do Código de Processo Civil configurada. Acórdão estadual que não enfrentou todos os aspectos essenciais à resolução da controvérsia. Existência de ponto omisso relativamente à conduta da agravada, cuja elucidação mostra-se relevante para o deslinde da controvérsia, a qual gira em torno da existência de responsabilidade da empresa de transporte com relação aos eventos danosos suportados pela agravada 2. Agravo regimental desprovido."(AgRg no AREsp 197.146/BA, Rel. Ministro MARCO BUZZI, QUARTA TURMA, julgado em 16/02/2016, DJe 23/02/2016 – grifou-se) Nesse senda, deve ser reconhecida a violação ao art. 1.022 do CPC/2015, para anular o v. acórdão (fls. 344-351) que julgou os aclaratórios (fls. 321-325), e determinar o retorno dos autos ao eg. TJ-CE para novo julgamento dos embargos de declaração, como entender de direito, sanando as omissões ora reconhecidas. Por sua vez, acolhida a alegada ofensa ao art. 1.022 do CPC/2015, fica prejudicada a análise das demais teses trazidas no apelo nobre. Ante o exposto, com arrimo no art. 255, § 4º, III, do RI-STJ, dou provimento ao recurso especial para reconhecer a violação ao art. 1.022 do CPC/2015, anulando-se o v. acórdão de fls. 344-351 e determinando-se o retorno dos autos ao eg. Tribunal de Justiça do Estado do Ceará para promover novo julgamento dos embargos de declaração (fls. 321-325), como entender de direito, sanando as omissões ora reconhecidas, ficando prejudicada a análise das demais questões. Publique-se. Brasília (DF), 18 de novembro de 2019. MINISTRO RAUL ARAÚJO Relator (STJ – REsp: 1847747 CE 2019/0335536-4, Relator: Ministro RAUL ARAÚJO, Data de Publicação: DJ 03/12/2019)

§ 1º No caso de litisconsórcio passivo, ocorrendo a hipótese do art. 334, § 6º, o termo inicial previsto no inciso II será, para cada um dos réus, a data de apresentação de seu respectivo pedido de cancelamento da audiência.

§ 2º Quando ocorrer a hipótese do art. 334, § 4º, inciso II, havendo litisconsórcio passivo e o autor desistir da ação em relação a réu ainda não citado, o prazo para resposta correrá da data de intimação da decisão que homologar a desistência.

Art. 336. Incumbe ao réu alegar, na contestação, toda a matéria de defesa, expondo as razões de fato e de direito com que impugna o pedido do autor e especificando as provas que pretende produzir.

→ *V.* Arts. 155, IV, 434, 435, 544 e 556 do CPC.

→ *V.* Enunciado 1 do CEAPRO: A aceitação pelo autor da indicação do sujeito passivo pelo réu com a alteração da petição inicial, não está submetida ao prévio controle judicial.

→ *v.* Enunciado 2 do CEAPRO: A alegação da ilegitimidade com a indicação do correto sujeito passivo da relação jurídica deve ser feita pelo réu em contestação.

→ *v.* Enunciado 3 do CEAPRO: A aceitação do autor, após a alegação da ilegitimidade com a indicação do correto sujeito passivo da relação jurídica, deve ser feita no prazo de 15 dias após a intimação para se manifestar sobre a contestação ou sobre essa alegação do réu.

Impossibilidade de trazer novos argumentos em sede de razões recursais, ante o fenômeno da preclusão:

✓ APELAÇÃO CÍVEL. BUSCA E APREENSÃO. Razões recursais não arguidas em sede de contestação, mas, tão somente, em petição intermediária. Vedação de análise. Inteligência do artigo 342 do código de processo civil. Preclusão consumativa configurada. Recurso não conhecido. Adição de honorários recursais. (TJSC; AC 0300872-34.2015.8.24.0078; Meleiro; Quinta Câmara de Direito Comercial; Rel. Des. Cláudio Barreto Dutra; DJSC 06/12/2017; Pag. 173); DIREITO PROCESSUAL CIVIL. APELAÇÃO. RAZÕES DISSOCIADAS. REVELIA. JUNTADA DE DOCUMENTOS. INOVAÇÃO RECURSAL. NÃO CONHECIMENTO DO RECURSO. I. Não se conhece de apelação cujas razões estejam dissociadas dos fundamentos da sentença, por ausência da regularidade formal prevista nos incisos II e III do art. 1.010 do CPC. II. O réu revel somente pode deduzir as matérias de defesa elencadas no art. 342 do CPC, quais sejam, relativas a direito ou fato superveniente, conhecíveis de ofício pelo juiz e aquelas que, por expressa autorização legal, possam ser formuladas em qualquer tempo e grau de jurisdição, não podendo alegar em apelação questões de fato que deveriam ter sido arguidas na contestação, pois a seu respeito operou-se a preclusão e a sua análise implicaria supressão de instância. Também não pode juntar documentos antigos sem justificar o impedimento para sua apresentação no momento oportuno. III. Não se conheceu do recurso. (TJDF; APC 2015.07.1.029538-8; Ac. 103.8916; Sexta Turma Cível; Rel. Des. José Divino; Julg. 09/08/2017; DJDFTE 23/08/2017); APELAÇÃO E RECURSO ADESIVO. DIREITO PRIVADO NÃO ESPECIFICADO. AÇÃO DE COBRANÇA. INOVAÇÃO RECURSAL. NÃO CONHECIMENTO. 1. A modificação da tese defensiva, após a apresentação da contestação, acarreta o não conhecimento do apelo, por absoluta inovação recursal. Exegese do art. 303 do CPC/73, correspondente ao art. 342 do novo CPC. 2. Considerando que o recurso de apelação não foi conhecido, não deve ser conhecido do recurso adesivo, na medida em que este segue o principal. Apelação e recurso adesivo não conhecidos. Unânime. (TJRS; AC 0110351-74.2016.8.21.7000; Porto Alegre; Décima Sétima Câmara Cível; Relª Desª Liege Puricelli Pires; Julg. 30/06/2016; DJERS 07/07/2016)

Considerando que não cabe rediscutir cláusulas contratuais em sede de ação de busca e apreensão:

✓ APELAÇÃO CÍVEL. ALIENAÇÃO FIDUCIÁRIA. AÇÃO DE BUSCA E APREENSÃO. 1. A prova da mora é imprescindível à busca e apreensão (Súmula nº 72, STJ), e deve dar-se via notificação cartorária, na forma do artigo 2º, § 2º, do DL 911/69. Presume-se a validade e efetividade da notificação quando remetida ao endereço do devedor. 2. Em sede de ação de busca e apreensão resta incabível a análise das cláusulas contratuais como matéria de defesa em contestação. Afronta aos arts. 336 e 337, ambos do CPC. 3. Na ação de busca e apreensão é possível apreciar cláusulas contratuais pelo pedido expresso da parte tão somente para constatar a presença, ou não, de abusividades contratuais. Ausente a abusividade contratual, a mora não é afastada. 4. Mantida a sentença de improcedência ante o adimplemento substancial do contrato. 5. Improcedente a ação de busca e apreensão e sendo impossível a restituição do veículo, é cabível a condenação do banco ao pagamento de multa, em favor do devedor fiduciante, equivalente a cinquenta por cento do valor originalmente financiado, devidamente atualizado, nos termos do parágrafo 6º, do artigo 3º, do Decreto-Lei nº 911/69 e conversão em perdas e danos. Preliminar contrarrecursal rejeitada e apelos parcialmente providos. (TJRS; AC 0170329-79.2016.8.21.7000; Caxias do Sul; Décima Quarta Câmara Cível; Rel. Des. Roberto Sbravati; Julg. 25/08/2016; DJERS 10/11/2016)

Aproveitamento da impugnação apresentada, que deve ser recebida e processada como contestação:

✓ AGRAVO DE INSTRUMENTO. NEGÓCIOS JURÍDICOS BANCÁRIOS. CÉDULA DE CRÉDITO RURAL. EXPURGOS. LIQUIDAÇÃO DE SENTENÇA. OFERECIMENTO DE IMPUGNAÇÃO. ERRO MATERIAL. PRINCÍPIO DA INSTRUMENTALIDADE DAS FORMAS. APLICABILIDADE. O novo código de processo civil estabelece um sistema de nulidades fundamentado no princípio do aproveitamento, do qual decorre a regra da sanabilidade das nulidades processuais, ex vi legis dos arts. 277 e 283 do CPC. Desta forma, a peça apresentada pela parte demandada, embora nominada impropriamente "impugnação", deve ser recebida e processada como "contestação". Não deve, pois, o judiciário esquivar-se de sua análise pelo simples equívoco de nomenclatura, quando nenhum prejuízo redundou à parte adversa. Agravo de instrumento provido. Unânime. (TJRS; AI 0329418-41.2016.8.21.7000; Bagé; Vigésima Terceira Câmara Cível; Rel. Des. Martin Schulze; Julg. 29/11/2016; DJERS 06/12/2016)

✓ RECURSO ESPECIAL Nº 1.843.094 - RJ (2019/0307917-2) RELATORA: MINISTRA NANCY ANDRIGHI RECORRENTE: MAIO EMPREENDIMENTOS E CONSTRUCOES S/A RECORRENTE: PARANASA ENGENHARIA E COMERCIO S/A ADVOGADOS: ULISSES DE VASCONCELOS RASO - MG031044 CAROLINA PARISI CASTANHEIRA - MG123954 DANIELLE ROBERTO CORDEIRO MEDEIROS DE LIMA - RJ175671 JERSICA DE PINHO HOLANDA - RJ171136 RENATO AZEVEDO SETTE DA SILVEIRA - MG118366 RECORRIDO: MARIA JOSE DA SILVA TERRA RODRIGUES ADVOGADOS: LUCIANA BARBOZA SILVA - RJ157527 SIMONE SALDANHA DA SILVA - RJ112088 EMENTA PROCESSUAL CIVIL. RECURSO ESPECIAL. INDENIZAÇÃO POR DANOS MATERIAIS C/C PEDIDO DE COMPENSAÇÃO POR DANOS MORAIS. ATRASO NA ENTREGA DE UNIDADE IMOBILIÁRIA. OMISSÃO, CONTRADIÇÃO OU OBSCURIDADE. VIOLAÇÃO DO ART. 1022 DO CPC/15. INOCORRÊNCIA. PREQUESTIONAMENTO. AUSÊNCIA. SÚMULA 211/STJ. ALEGAÇÃO GENÉRICA DE OFENSA À LEI. SÚMULA 284/STF. FUNDAMENTO DO ACÓRDÃO NÃO IMPUGNADO. SÚMULA 283/STF. REEXAME DE FATOS E PROVAS E INTERPRETAÇÃO DE CLÁUSULAS CONTRATUAIS. INADMISSIBILIDADE. SÚMULAS 5 E 7/STJ. INADIMPLEMENTO CONTRATUAL. DANO MORAL NÃO CONFIGURADO. 1. Devidamente analisadas e discutidas as questões de mérito, e fundamentado corretamente o acórdão recorrido, de modo a esgotar a prestação jurisdicional, não há que se falar em violação do art. 1022 do CPC/15. 2. A ausência de decisão acerca dos dispositivos legais indicados como violados, não obstante a oposição de embargos de declaração, impede o conhecimento do recurso especial. 3. A ausência de fundamentação ou a sua deficiência importa no não conhecimento do recurso quanto ao tema. 4. A existência de fundamento do acórdão recorrido não impugnado quando suficiente para a manutenção de suas conclusões impede a apreciação do recurso especial. 5. Alterar o decidido no acórdão impugnado, no que se refere à comprovação de atraso na entrega do imóvel, exige o reexame de fatos e provas e a interpretação de cláusulas contratuais, procedimentos que são vedados pelas Súmulas 5 e 7, ambas do STJ. 6. Esta corte tem firmado o posicionamento de que o mero descumprimento contratual, caso em que a promitente vendedora deixa de entregar o imóvel no prazo contratual injustificadamente, embora possa ensejar reparação por danos materiais, não acarreta, por si só, danos morais. 7. Recurso especial parcialmente conhecido e, nessa parte, provido. DECISÃO Cuida-se de recurso especial interposto por MAIO EMPREENDIMENTOS E CONSTRUCOES S/A e outra, com fundamento nas alíneas "a" e "c" do permissivo constitucional. Recurso especial interposto em: 06/06/2019. Concluso ao gabinete em: 30/10/2019. Ação: indenização por danos materiais c/c pedido de compensação por ajuizada por MARIA JOSE DA SILVA TERRA RODRIGUES, em face das recorrentes, em razão de atraso na entrega de unidade habitacional. Sentença: julgou parcialmente procedentes os pedidos para condenar as recorrentes a ressarcirem os valores pagos de aluguéis, a partir de julho de 2013, bem como ao pagamento de R$ 15.000,00 a título de danos morais. Acórdão: negou provimento à apelação interposta pelas recorrentes. Recurso especial: Sustentam violação dos arts. 10, 371, 373, I e 1022 do CPC; 186, 884 e 885 do CC/02. Além da negativa de prestação jurisdicional, alegam, em síntese: i) que o mero descumprimento contratual é incapaz de gerar dano moral; ii) demonstraram não ter havido descumprimento do prazo de entrega das obras, conforme documentação colacionada aos autos, em que pese ter sido ignorado pelo Tribunal de origem; iii) não há que se falar em inovação recursal, pois se trata de informação extraída de prova constante dos autos. RELATADO O PROCESSO, DECIDE-SE. – Da violação do art. 1022 do CPC/15 É firme a jurisprudência do STJ no sentido de que não há ofensa ao art. 1022 do CPC quando o Tribunal de origem, aplicando o direito que entende cabível à hipótese, soluciona integralmente a controvérsia submetida à sua apreciação, ainda que de forma diversa daquela pretendida pela parte. A propósito, confira-se: AgInt nos EDcl no REsp 1.469.906/MG, 3ª Turma, DJe de 16/02/2018; AgInt no AREsp 808.418/SP, 4ª Turma, DJe de 13/12/2017. No particular, verifica-se que o acórdão recorrido decidiu, fundamentada e expressamente sobre as questões aventadas, de maneira que os embargos de declaração opostos pelas recorrentes, de fato, não comportavam acolhimento. Devidamente analisadas e discutidas as questões de mérito, e fundamentado corretamente o acórdão recorrido, de modo a esgotar a prestação jurisdicional, não há que se falar em violação do art. 1022 do CPC. – Da ausência de prequestionamento O acórdão recorrido não decidiu acerca dos arts. 373, I, do CPC; 186, 884 e 885 do CC/02, indicados como violados, apesar da oposição de embargos de declaração. Por isso, o julgamento do recurso especial é inadmissível. Aplica-se, nesta hipótese, a Súmula 211/STJ. – Da fundamentação deficiente. Os argumentos invocados pelas recorrentes não demonstram como o acórdão recorrido teria violado o art. 10 do CPC. A deficiência na fundamentação impede a perfeita compreensão da controvérsia, o que enseja o não conhecimento do recurso, nos termos da Súmula 284, do STF. – Da existência de fundamento não impugnado O TJ/RJ assim se manifestou para o deslinde da controvérsia: A propósito, dispõe o art. 336 do CPC/15 (art. 300 do CPC/73): Art. 336. Incumbe ao réu alegar, na contestação, toda a matéria de defesa, expondo as razões de fato e de direito com que impugna o pedido do autor e especificando as provas que pretende produzir. Importa salientar que não se cuida de fato superveniente, matéria cognoscível de ofício, tampouco arguível em qualquer tempo ou grau de jurisdição por autorização legal, nos termos do art. 342 do CPC/15 7 (art. 303 do CPC/73). Logo, impõe-se reconhecer a preclusão em prestígio ao princípio da concentração da defesa. (...) Não bastasse o acima exposto, observa-se que as rés, na contestação (fl. 117 - doc. 121), afirmaram que o imóvel seria entregue a partir de junho de 2013. (fls. 345/348, e-STJ) Como tais fundamentos não foram impugnados, deve-se manter o acórdão recorrido. Aplica-se, neste caso, a Súmula 283/STF. – Do reexame de fatos e provas e da interpretação de cláusula contratual. Ademais, alterar o decidido no acórdão impugnado, no que se refere à comprovação de atraso na entrega do imóvel, exige o reexame de fatos e provas e a interpretação de cláusulas contratuais, procedimentos que são vedados pelas Súmulas 5 e 7, ambas do STJ. – Da não configuração de dano moral pelo simples inadimplemento contratual (Súmula 568/STJ) O TJ/RJ, ao reconhecer a possibilidade de compensação por danos morais, em razão do simples atraso na entrega de bem imóvel, de forma a não demonstrar consequências fáticas que venham a ultrapassar o mero aborrecimento, divergiu do entendimento STJ, no sentido de que o inadimplemento contratual não causa, por si só, danos morais (REsp 1.642.314/SE, 3ª Turma, DJe de 22/03/2017; AgRg no AREsp 316.555/RJ, 4ª Turma, Dje de 24/02/2017). Forte nessas razões, CONHEÇO PARCIALMENTE do recurso especial e, nessa parte, DOU-LHE PROVIMENTO, com fundamento no art. 932, III e V, "a", do CPC/2015, bem como na Súmula 568/STJ, para afastar a condenação relativa à compensação por danos morais. Alerto que a interposição de recurso contra esta decisão, declarado manifestamente inadmissível, protelatório ou improcedente, poderá acarretar sua condenação ao pagamento das penalidades fixadas nos arts. 1021, §4º e 1026, §2º do CPC/15. Publique-se. Intimem-se. Brasília, 04 de novembro de 2019. Ministra NANCY ANDRIGHI Relatora (STJ – REsp: 1843094 RJ 2019/0307917-2, Relator: Ministra NANCY ANDRIGHI, Data de Publicação: DJ 11/11/2019).

Art. 337. Incumbe ao réu, antes de discutir o mérito, alegar:

I – inexistência ou nulidade da citação;

→ *V.* Art. 238 e seguintes do CPC.

II – incompetência absoluta e relativa;

→ *V.* Art. 64 e seguintes do CPC.

III – incorreção do valor da causa;

→ *V.* Art. 291 e seguintes do CPC.

IV – inépcia da petição inicial;

→ *V.* Art. 330, I, do CPC.

V – perempção;

→ *V.* Art. 486, § 3º, do CPC.

VI – litispendência;

VII – coisa julgada;

VIII – conexão;

→ v. Art. 55 do CPC.

IX – incapacidade da parte, defeito de representação ou falta de autorização;

→ v. Art. 76 do CPC.

X – convenção de arbitragem;

→ v. Art. 3º da Lei 9.307/1996.

→ v. Enunciado 5 da I Jornada de Prevenção e Solução Extrajudicial de Litígios: A arguição de convenção de arbitragem pode ser promovida por petição simples, a qualquer momento antes do término do prazo da contestação, sem caracterizar preclusão das matérias de defesa, permitido ao magistrado suspender o processo até a resolução da questão.

XI – ausência de legitimidade ou de interesse processual;

XII – falta de caução ou de outra prestação que a lei exige como preliminar;

→ v. Art. 83 do CPC.

XIII – indevida concessão do benefício de gratuidade de justiça.

→ v. Art. 1º e seguintes da Lei 1.060/1950.

→ v. Arts. 99 a 102, e 1.072, III, do CPC.

§ 1º Verifica-se a litispendência ou a coisa julgada quando se reproduz ação anteriormente ajuizada.

§ 2º Uma ação é idêntica a outra quando possui as mesmas partes, a mesma causa de pedir e o mesmo pedido.

§ 3º Há litispendência quando se repete ação que está em curso.

Considerando haver litispendência entre mandado de segurança e ação pelas vias ordinárias, ainda que o primeiro tenha sido impetrado contra determinada autoridade coatora e a última tenha sido proposta em face da pessoa jurídica de direito público:

✓ PROCESSUAL CIVIL. MANDADO DE SEGURANÇA. ADMINISTRAÇÃO PÚBLICA. SANÇÃO DE IMPEDIMENTO DE LICITAR E CONTRATAR. LITISPENDÊNCIA. RECONHECIMENTO. 1. Ocorre litispendência quando existem dois processos em curso com identidade de partes, pedido e causa de pedir (CPC/1973, art. 301, III, §§ 1º a 3º, e CPC/2015, art. 337, VI, §§ 1º a 3º) e se reconhece tal fenômeno "ainda que o polo passivo seja constituído de pessoas distintas; em um pedido mandamental, a autoridade administrativa, e, no outro, a própria entidade de Direito Público" (AgRg no MS 18.759/DF, Rel. Ministro NAPOLEÃO NUNES MAIA FILHO, PRIMEIRA SEÇÃO, julgado em 27/04/2016, DJe 10/05/2016). 2. Caso em que se constata a tríade de identidade a configurar a litispendência, porquanto impetrado **mandamus** com o mesmo desiderato de ação declaratória ajuizada: a suspensão dos efeitos de portaria que impôs à impetrante a pena de impedimento de licitar e contratar com a União pelo prazo de 3 (três) anos. 3. Verificado que a providência requerida na ação mandamental e aquela pleiteada em anterior ação ordinária convergem, ao final, para o mesmo resultado prático pretendido e sob a mesma causa petendi, há pressuposto processual negativo apto a obstar o regular processamento deste segundo feito. 4. Mandamus extinto, sem resolução do mérito. Liminar cassada. Agravo regimental prejudicado. (STJ, MS 21.734/DF, Rel. Ministro GURGEL DE FARIA, PRIMEIRA SEÇÃO, julgado em 23/11/2016, DJe 09/12/2016).

Entendendo que a litispendência nas ações coletivas deve ser examinada tendo por perspectiva os beneficiários dos efeitos da sentença:

✓ PROCESSUAL CIVIL. RECURSO ORDINÁRIO. AÇÃO COLETIVA DE INDENIZAÇÃO. VIOLAÇÃO DE DIREITOS HUMANOS. ATOS ILÍCITOS DE RESPONSABILIDADE INTERNACIONAL. LITISPENDÊNCIA EM DEMANDA COLETIVA. INEXISTÊNCIA. DÚVIDA SOBRE COINCIDÊNCIA DE BENEFICIÁRIOS. PRIMEIRA DEMANDA EXTINTA SEM APRECIAÇÃO DO MÉRITO. 1. Na origem, a ação ordinária foi ajuizada pela Associação dos Soldados da Borracha, Seringueiros e Familiares do Estado de Rondônia – ASBORON contra a União Federal e os Estados Unidos da América do Norte, visando pagamento de indenização, a título de danos morais e materiais, em virtude de suposta violação aos direitos humanos, decorrente da exploração de mão de obra, nos moldes de trabalho escravo, nos seringais da Amazônia Brasileira, durante o ano de 1944. 2. Contra a sentença que indeferiu a inicial, julgando extinto o processo, sem resolução do mérito, nos termos do art. 295, III, e art. 267, § 3º, I e V, do CPC, (existência de litispendência com ação proposta pelo sindicato da mesma categoria) a referida Associação apelou, ocasião em que o Tribunal Regional Federal da 1ª Região, reconheceu sua incompetência para julgá-lo, determinando a remessa dos autos a esta Corte Superior, por tratar de ação proposta contra Estado estrangeiro por pessoa estabelecida em território nacional. 3. A litispendência constitui pressuposto processual negativo, o qual obsta a repropositura de demanda anteriormente ajuizada, ainda pendente de análise, com o objetivo de assegurar a segurança das relações jurídicas, evitando julgamentos contraditórios. 4. O mesmo raciocínio é aplicado no caso das ações coletivas, sendo que, em relação à identidade das partes, a litispendência deve ser aferida através dos beneficiários dos efeitos da sentença, e não pelo exame dos autores da demanda, os quais podem ser diferentes. 5. No caso dos autos, a causa de pedir e o pedido são idênticos, porém não há elementos para se afirmar peremptoriamente a exata coincidência entre os substituídos pelo Sindicato (todos os integrantes da categoria) e os associados substituídos nestes autos pela Associação autora. 6. Não obstante, o processo ajuizado anteriormente foi extinto sem julgamento do mérito em razão da ilegitimidade ativa do Sindicato dos Soldados da Borracha e Seringueiros do Estado de Rondônia – SINDISBOR, uma vez não comprovado o seu registro no Ministério do Trabalho e Emprego. Embora ainda não tenha havido o trânsito em julgado, o recurso especial pendente de juízo de admissibilidade não tem efeito suspensivo. 7. Recurso ordinário provido, para, reformando a sentença, determinar o retorno dos autos ao Juiz de 1º grau, o qual deverá prosseguir no julgamento da causa. (STJ; RO 164; RO; Primeira Turma; Rel. Min. Benedito Gonçalves; Julg. 13/09/2016; DJe 23/09/2016).

Reconhecimento de litispendência:

✓ AGRAVO EM RECURSO ESPECIAL Nº 1.248.863 – SP (2018/0034928-2) RELATOR: MINISTRO MARCO AURÉLIO BELLIZZE AGRAVANTE: PAMELA RENATA DE OLIVEIRA ADVOGADO: JOSIAS WELLINGTON SILVEIRA E OUTRO (S) – SP293832 AGRAVADO: BANCO BRADESCO S/A ADVOGADOS: JOSÉ EDUARDO CARMINATTI – SP073573 GLÁUCIO HENRIQUE TADEU CAPELLO E OUTRO (S) – SP206793 AGRAVO EM RECURSO ESPE-

CIAL. CAUTELAR DE EXIBIÇÃO DE DOCUMENTOS. 1. CONCLUSÃO DO ACÓRDÃO PELA COMPROVAÇÃO DA EXISTÊNCIA DE LITISPENDÊNCIA. AUTORA QUE DISTRIBUIU AÇÃO IDÊNTICA QUANDO A PRIMEIRA AINDA ESTAVA EM CURSO. APLICAÇÃO DA MULTA POR LITIGÂNCIA DE MÁ-FÉ. REVISÃO DO JULGADO. IMPOSSIBILIDADE QUE ESBARRA NO ÓBICE DA SÚMULA 7/STJ. 2. DISSÍDIO JURISPRUDENCIAL PREJUDICADO. 3. AGRAVO CONHECIDO PARA NÃO CONHECER DO RECURSO ESPECIAL. DECISÃO Trata-se de agravo interposto por Pamela Renata de Oliveira contra decisão que negou seguimento ao recurso especial, com fundamento nas alíneas a e c do permissivo constitucional, desafiando acórdão proferido pelo Tribunal de Justiça de São Paulo assim ementado (e-STJ, fl. 114): Cautelar de exibição de documentos. Litispendência. Extinção sem resolução de mérito. Apelação. Parte que distribuiu ação idêntica [mesmas partes, pedido e causa de pedir]. Litispendência configurada. Litigância de má-fé. Precedentes. Sentença mantida. Recurso desprovido. Nas razões do recurso especial, a recorrente alegou, além de divergência jurisprudencial, violação aos arts. 79, 80, 337, VI, §§ 1º e 3º, e 485, V, do CPC/2015, ao argumento de que não há que falar em litispendência, uma vez que requereu na origem a desistência do processo de n. 1016202-44.2014.8.26.0196, o que foi homologado. Além disso, sustentou que não recordava da ação ajuizada em 2014 e encaminhou nova notificação administrativa à parte ré, solicitando os documentos que geraram o apontamento de seu nome em cadastros de inadimplentes, por não ter sido atendida anteriormente. Afirmou também que não ficou caracterizada a sua má-fé, pois a sua conduta não está inclusa no rol taxativo do art. 80 do CPC/2015, além de não ter havido nenhum prejuízo à parte recorrida. Contrarrazões apresentadas às fls. 133-138 (e-STJ). O Tribunal local não admitiu o processamento do recurso especial ante a falta de vulneração aos dispositivos tidos por violados, bem como pela incidência da Súmula 7 do STJ e da falta de demonstração do dissídio jurisprudencial. Brevemente relatado, decido. De início, destaca-se a aplicabilidade do CPC a este recurso ante os termos do Enunciado Administrativo n. 3 aprovado pelo Plenário do STJ na sessão de 9/3/2016: "Aos recursos interpostos com fundamento no CPC/2015 (relativos a decisões publicadas a partir de 18 de março de 2016) serão exigidos os requisitos de admissibilidade recursal na forma do novo CPC". Dito isso, a litispendência está prevista no art. 337 do novo Código de Processo Civil, do qual se extrai o seguinte: Art. 337. Incumbe ao réu, antes de discutir o mérito, alegar: [...] VI – litispendência; [...] § 1º Verifica-se a litispendência ou a coisa julgada quando se reproduz ação anteriormente ajuizada. § 2º Uma ação é idêntica a outra quando possui as mesmas partes, a mesma causa de pedir e o mesmo pedido. § 3º Há litispendência quando se repete ação que está em curso. Em face disso, o Tribunal de origem resolveu a contenda com base nos seguintes fundamentos (e-STJ, fls. 115-117 – sem grifo no original): Cuidam os autos principais de ação de exibição de documento. Conforme constou da r. sentença a autora já havia proposto, contra o mesmo réu, o pedido de exibição do contrato FI23141205825. A primeira ação foi extinta sem resolução de mérito por falta de interesse de agir. A autora recorreu naqueles autos e, concomitantemente distribui nova ação em 31/05/2016. Com a contestação o banco informou acerca da litispendência uma vez que ação idêntica estava em curso, aguardando julgamento da apelação pelo Tribunal. A autora, então, protocolou o pedido de desistência de seu recurso de apelação naquela primeira ação em 31.08.2016. Ora, não há dúvida acerca da litispendência nesse caso uma vez que a autora distribuiu ação idêntica quando a primeira ainda estava em curso. Tentou, assim, lograr melhor sorte na segunda do que teve na primeira. Age, sem dúvida, em litigância de má-fé. A inafastabilidade do Poder judiciário não permite à parte usar a máquina pública, como bem entende, em seu favor. Bem por isso, o Código de Processo Civil coíbe a tentativa de distribuição de ações idênticas na tentativa de encontrar uma sentença que melhor lhe atenda. Nesse sentido, farta a jurisprudência desta Corte. (...) Mantém-se, assim, a r. sentença combatida. Diante do exposto, nega-se provimento ao recurso. Nesse contexto, alcançar conclusão diversa da que chegou o Tribunal estadual acerca da configuração da litispendência e da caracterização da má-fé demandaria o revolvimento do acervo fático-probatório, procedimento inviável no âmbito do recurso especial, incidindo na hipótese a Súmula n. 7 do STJ. A propósito: AGRAVO REGIMENTAL EM AGRAVO (ART. 544 do CPC/1973)- AÇÃO DE OBRIGAÇÃO DE NÃO FAZER C/C REPARAÇÃO DE DANOS MORAIS COM PEDIDO DE LIMINAR – DECISÃO MONOCRÁTICA QUE NEGOU PROVIMENTO AO RECLAMO – INSURGÊNCIA DOS DEMANDADOS. 1. A modificação do entendimento do Tribunal de origem acerca da ocorrência ou não da litispendência exigiria o reexame do contexto fático probatório dos autos, o que é vedado em sede de recurso especial, a teor do disposto na Súmula 7 do STJ. 2. A incidência do referido óbice sumular impede o exame de dissídio jurisprudencial, porquanto falta identidade entre os paradigmas apresentados e os fundamentos do acórdão, tendo em vista a situação fática do caso concreto, com base na qual a Corte de origem deu solução a causa 3. Agravo regimental desprovido. (AgRg no AREsp 713.025/DF, Relator o Ministro MARCO BUZZI, DJe 1º/2/2017) AGRAVO REGIMENTAL – AÇÃO DE INDENIZAÇÃO POR DANOS MORAIS – TERCEIRA INSCRIÇÃO INDEVIDA EM ÓRGÃO DE RESTRIÇÃO AO CRÉDITO, EMBORA TENHAM SIDO PROFERIDAS EM DOIS OUTROS PROCESSOS DETERMINAÇÕES PARA O CANCELAMENTO DAS INSCRIÇÕES PELA MESMA DÍVIDA – DECISÃO MONOCRÁTICA QUE NEGOU PROVIMENTO AO AGRAVO DE INSTRUMENTO. INSURGÊNCIA DA CASA BANCÁRIA. 1. A modificação do entendimento do julgado do Tribunal de origem exige que se verifiquem os elementos configuradores da litispendência entre ações, o que demanda reexame do conjunto fático-probatório dos autos. Súmula 7/STJ. 2. Descabe a esta Corte Superior de Justiça apreciar as razões que levaram as instâncias ordinárias a aplicar a multa por litigância de má-fé (arts. 16, 17 e 18 do CPC), porquanto seria necessário rever o suporte fático-probatório dos autos, o que se revela inviável face a incidência do óbice da súmula 7/STJ. Precedentes. 3. Agravo regimental não provido. (AgRg no Ag 1.234.988/SP, Rel. Ministro MARCO BUZZI, QUARTA TURMA, julgado em 27/8/2013, DJe 3/9/2013) Impende registrar que, consoante iterativa jurisprudência desta Corte, a incidência da Súmula 7/STJ impede o conhecimento do recurso lastreado, também, na alínea c do permissivo constitucional, uma vez que falta identidade entre os paradigmas apresentados e os fundamentos do acórdão, tendo em vista a situação fática de cada caso. Ante o exposto, conheço do agravo para não conhecer do recurso especial. Nos termos do art. 85, § 11, do CPC/2015, fixo os honorários advocatícios em favor do advogado da parte recorrida em 2% sobre o valor atualizado da causa, suspensa a exigibilidade em razão da gratuidade de justiça deferida à recorrente. Publique-se. Brasília, 05 de março de 2018. MINIS-

TRO MARCO AURÉLIO BELLIZZE, Relator (STJ - AREsp: 1248863 SP 2018/0034928-2, Relator: Ministro MARCO AURÉLIO BELLIZZE, Data de Publicação: DJ 14/03/2018).

Acerca do reconhecimento coisa julgada:

✓ AGRAVO EM RECURSO ESPECIAL Nº 1.504.351 - PE (2019/0138848-4) RELATOR: MINISTRO GURGEL DE FARIA AGRAVANTE: AURORA MASID RODRIGUEZ ADVOGADOS: ANTONIO ALMIR DO VALE REIS JÚNIOR - PE027685 THIAGO CANTARELLI DE ANDRADE LIMA ALBUQUERQUE - PE028498 AGRAVADO: INSTITUTO NACIONAL DO SEGURO SOCIAL DECISÃO Trata-se de agravo interposto por AURORA MASID RODRIGUEZ contra decisão do Tribunal Regional Federal da 5ª Região, que não admitiu recurso especial fundado na alínea "a" do permissivo constitucional em desafio a acórdão assim ementado (e-STJ fl. 297): PROCESSUAL CIVIL.COISA JULGADA MATERIAL. IMPOSSIBILIDADE DE REDISCUTIR MATÉRIA JÁ ACOBERTADA PELO INSTITUTO DA COISA JULGADA. EXTINÇÃO DO PROCESSO. 1. Cuida-se de apelação interposta em face de sentença que extinguiu o processo sem resolução do mérito, em razão da coisa julgada, em ação em que reivindica a autora a revisão do ato de concessão da aposentadoria por tempo de contribuição, reconhecendo como especiais os períodos laborados após o dia 28/04/1995, convertendo-se para APOSENTADORIA ESPECIAL (B46), além do pagamento das diferenças financeiras desde o requerimento administrativo em 19.10.2012. 2. A coisa julgada material é a impossibilidade de modificação da sentença naquele mesmo processo ou em qualquer outro, posto que a matéria em análise cumpriu todos os trâmites procedimentais que permitem ao Judiciário decidir a questão em definitivo. Depois de formada a coisa julgada, nenhum juiz poderá concluir de forma diversa, por qualquer motivo. Em princípio, apenas as sentenças que tenham decidido a disputa existente entre as partes (mérito), fazem coisa julgada material. Estas sentenças não podem ser modificadas, nem se pode iniciar um novo processo com o mesmo objetivo, em virtude da necessidade de promover a segurança jurídica, para que não se possa discutir eternamente questões que já foram suficientemente analisadas 3. Nos termos da sentença, destaco que entre o presente feito e a ação tombada sob o nº 0521285-25.2012.4.05.8300 há identidade de partes, de causa de pedir e de pedido, pelo que se configura a reprodução de ação anteriormente ajuizada. Note-se que naqueles autos, assim como no presente, a pretensão se funda no indeferimento do benefício de aposentadoria por tempo de contribuição, NB 158.856.158-2, ocorrido no dia 19.10.2012. 4. Apelo improvido. No especial obstaculizado, a recorrente apontou violação dos arts. 485, V, § 3º, e 505 do Código de Processo Civil de 2015, sustentando a não ocorrência da coisa julgada, pois, diferentemente da ação anterior - que julgou procedente o pedido de aposentadoria por tempo de contribuição, com reconhecimento dos períodos laborados de 1984 a 1995 -, pretende neste feito a revisão do ato de concessão a fim de que seja realizada a conversão dos períodos especiais posteriormente à vigência da Lei 9.032/1995 para efeito de concessão de aposentadoria especial. Após apresentação de contrarrazões (e-STJ fls. 359/361), o apelo nobre recebeu juízo negativo de admissibilidade pelo Tribunal de origem, ao entendimento de que o julgado foi baseado em matéria fática, cuja alteração esbarra na Súmula 7 do STJ. Na presente irresignação, a agravante sustenta que a solução da demanda não requer o reexame de matéria fática, mas apenas a interpretação da legislação vigente. Passo a decidir. Conforme estabelecido pelo Plenário do STJ, "aos recursos interpostos com fundamento no CPC/2015 (relativos a decisões publicadas a partir de 18 de março de 2016) serão exigidos os requisitos de admissibilidade recursal na forma do novo CPC" (Enunciado Administrativo n. 3). Feito tal esclarecimento, verifico que foram preenchidos os requisitos de admissibilidade do agravo, motivo pelo qual passo a analisar o recurso especial. A existência da coisa julgada, nos termos dos arts. 337, VI, §§ 1º, 2º e 4º, e 485, V, do CPC/2015, pressupõem a existência das mesmas partes, da mesma causa de pedir e do mesmo pedido, não podendo o juiz resolver o mérito da questão, a saber: Art. 337. Incumbe ao réu, antes de discutir o mérito, alegar: [...] VII - coisa julgada; § 1º Verifica-se a litispendência ou a coisa julgada quando se reproduz ação anteriormente ajuizada. § 2º Uma ação é idêntica a outra quando possui as mesmas partes, a mesma causa de pedir e o mesmo pedido. § 4º Há coisa julgada quando se repete ação que já foi decidida por decisão transitada em julgado. [...] Art. 485. O juiz não resolverá o mérito quando: [...] V - reconhecer a existência de perempção, de litispendência ou de coisa julgada; Nesse sentido: PREVIDENCIÁRIO. APOSENTADORIA POR IDADE. RURÍCOLA. DEPÓSITO PRÉVIO. DISPENSABILIDADE. AUTARQUIA. APLICAÇÃO DA SÚMULA N. 175/STJ. OFENSA LITERAL A DISPOSITIVO DE LEI. NÃO OCORRÊNCIA. DOLO. DESCARACTERIZAÇÃO. FALTA DE INDICAÇÃO EXPRESSA DO INCISO IV DO ART. 485 DO CPC. PRESCINDIBILIDADE. FUNDAMENTAÇÃO SUFICIENTE. ADMISSIBILIDADE. OFENSA À COISA JULGADA. EXISTÊNCIA. PEDIDO PROCEDENTE. (...) 4. A ação rescisória ajuizada com base no artigo 485, IV, do Diploma Processual Civil pressupõe a existência de duas decisões sobre a mesma relação jurídica para a configuração da ofensa à coisa julgada. 5. Proposta nova ação com identidade de partes, de postulação e da causa de pedir, configurada está a violação à coisa julgada. 6. Ausente a inequívoca prova de má-fé na conduta do réu, não há falar em dolo processual previsto no inciso III do art. 485 do CPC. 7. Ação rescisória procedente. (AR 3.029/SP, Rel. Ministro JORGE MUSSI, TERCEIRA SEÇÃO, julgado em 11/05/2011, DJe 30/08/2011) Na hipótese vertente, o processo indicado como formador da coisa julgada é a ação visando a concessão de aposentadoria por tempo de contribuição integral, com conversão em tempo comum ou, subsidiariamente, aposentadoria com proventos proporcionais ajuizada pela ora agravante (autos n. 0521285-25.2012.4.05.8300) em face do INSS (Petição Inicial às e-STJ fls. 249/261). A referida ação foi julgada procedente, nos seguintes termos (e-STJ fls. 187/188, grifos acrescidos): Cuida a hipótese de ação especial previdenciária proposta por Aurora Masid Rodrigues, em face do Instituto Nacional do Seguro Social - INSS, pretendendo o reconhecimento de tempo de serviço exercido sob condições especiais e consequente concessão de aposentadoria por tempo de contribuição. Inicialmente, destaco que o contribuinte individual pode fazer jus à aposentadoria especial, bastando comprovar a exposição a agentes nocivos (ou o exercício de atividade que se presume especial até o advento da Lei 9.032/95). Isso porque nem a Constituição Federal nem a Lei nº 8.213/91 fazem qualquer tipo de restrição. Destaque-se, porém, que, embora nesses casos o contribuinte individual subscreva o formulário ou PPP, o laudo pericial deverá provir de terceiros. Após esse esclarecimento, passo a averiguar a natureza do vínculo especificado pela autora na inicial. Ora, examinando os documentos acostados ao processo (CNIS, PLENUS, Fichas de Consultas, Certidão CRO, Contribuições Individuais - anexos 5, 8/20 e 26 a 40), percebe-se que a autora - contribuinte individual - trabalhou de 01.07.1984 até

28.04.1995 na atividade profissional de dentista. Como é cediço, com relação a algumas categorias profissionais, havia a presunção júris et jure de exposição a agentes nocivos, de sorte que, relativamente a essas atividades, mostrava-se desnecessária a prova da efetiva sujeição do empregado a condições especiais de trabalho. Consoante entendimento assentado na jurisprudência pátria, essa presunção perdurou até 28.04.1995. Quando adveio a Lei 9.032/95, quando passou a ser necessária a efetiva comprovação do trabalho em condições especiais. No caso específico da função de dentista, havia presunção legal de insalubridade, conforme enquadramento no código 1.3.4 do Anexo ao Decreto 83.080/79 e 2.1.3 do Anexo ao Decreto 53.831/64. Tal presunção, consoante raciocínio exposto acima, perdurou até 28.04.1995, véspera da entrada em vigor da Lei 9.032/95. Assim, no caso da autora, ela faz jus à contagem do tempo trabalhado nessa função, de 01.07.1984 até 28.04.1995, como tempo de serviço especial, haja vista a presunção legal então existente. Ora, somando-se o tempo de serviço laborado pela autora até a data do requerimento administrativo (DER 19.10.2012), tem-se que foi alcançado o período de 30 (trinta) anos, 5 (cinco) meses e 20 (vinte) dias, tempo suficiente para aposentadoria por tempo de contribuição integral, conforme se verifica na planilha de apuração de tempo de serviço, ora anexada aos autos e que integra a presente sentença. Diante do exposto, julgo procedente o pedido para considerar como tempo especial o laborado pela autora no período especificado nesta sentença, condenando o INSS a conceder aposentadoria por tempo de contribuição integral a demandante, com DIB em 19.10.2012 e DIP no trânsito em julgado da sentença, bem como o pagamento das diferenças devidas, ressalvadas as parcelas alcançadas pela prescrição quinquenal, as quais devem ser acrescidas de correção monetária e juros de mora, calculados na forma da nova redação do art. 1º F da Lei n. 9.494/97. Ocorre que, na hipótese vertente, a autora pretende "a revisão do ato de concessão da aposentadoria por tempo de contribuição, reconhecendo como especiais os períodos laborados após o dia 28/04/1995, convertendo-se para APOSENTADORIA ESPECIAL (B46) além do pagamento das diferenças financeiras desde o requerimento administrativo" (e-STJ fl. 266), hipótese essa diversa da ação anterior. Dessa forma, não vislumbro a existência da coisa julgada, por se tratarem de pedidos e de causas de pedir distintas. Ante o exposto, com base no art. 253, II, parágrafo único, "c", do RISTJ, CONHEÇO do agravo para DAR PROVIMENTO ao recurso especial a fim de que seja afastada a coisa julgada material. DETERMINO a devolução dos autos à origem para prosseguir no julgamento do feito como entender de direito. Publique-se. Intimem-se. Brasília (DF), 27 de setembro de 2019. MINISTRO GURGEL DE FARIA Relator (STJ – AREsp: 1504351 PE 2019/0138848-4, Relator: Ministro GURGEL DE FARIA, Data de Publicação: DJ 02/10/2019).

§ 4º Há coisa julgada quando se repete ação que já foi decidida por decisão transitada em julgado.

§ 5º Excetuadas a convenção de arbitragem e a incompetência relativa, o juiz conhecerá de ofício das matérias enumeradas neste artigo.

Apontando que as condições da ação consistem em matéria de ordem pública:

✓ APELAÇÃO CÍVEL. AÇÃO CAUTELAR. EXIBIÇÃO DE DOCUMENTOS. AUSÊNCIA DE INTERESSE DE AGIR. EXTINÇÃO DE OFÍCIO DA AÇÃO. Para a obtenção de um documento real, próprio ou comum às partes litigantes, depende-se de uma manifestação ativa do interessado legitimado em solicitar tal documento administrativamente, e, a necessidade do ajuizamento de uma demanda judicial, só nasce depois da negativa, expressa ou tácita, pelo decurso de um lapso de tempo razoável entre o pedido administrativo regularmente formulado e a não obtenção do documento. – A ausência de qualquer desses requisitos enseja o reconhecimento da carência de ação, podendo ser decretada de ofício, em qualquer tempo ou grau de jurisdição, uma vez que se refere às condições da ação, questão ordem pública. Extinção da ação de ofício. Apelo prejudicado. (TJRS; AC 0320224-80.2017.8.21.7000; Canoas; Décima Sétima Câmara Cível; Rel. Des. Gelson Rolim Stocker; Julg. 14/12/2017; DJERS 23/01/2018); APELAÇÃO CÍVEL. DIREITO PROCESSUAL CIVIL. CONDIÇÕES DA AÇÃO. PRECLUSÃO TEMPORAL. INEXISTÊNCIA. LEGITIMIDADE PASSIVA. TEORIA DA ASSERÇÃO. AÇÃO DECLARATÓRIA DE INEXISTÊNCIA DE DÉBITO C/C REPARAÇÃO DE DANOS MORAIS. MANUTENÇÃO INDEVIDA DE GRAVAME DE ALIENAÇÃO FIDUCIÁRIA JUNTO AOS REGISTROS DO DETRAN. DANOS NÃO CONFIGURADOS. MULTA POR DESCUMPRIMENTO DA OBRIGAÇÃO DE FAZER. VALOR RAZOÁVEL E PROPORCIONAL. INTIMAÇÃO PESSOAL REALIZADA. MORA NO CUMPRIMENTO DA OBRIGAÇÃO. MULTA DEVIDA. I. Não há preclusão temporal para matéria de ordem pública, como é o caso da legitimidade processual, conforme se infere do art. 337, inc. XI e § 5º, do Código de Processo Civil de 2015. II. Segundo a teoria da asserção, o juiz verifica as condições da ação apenas com base nas afirmações realizadas pelo autor em sua petição inicial, presumindo-as verdadeiras. As provas produzidas no processo não são analisadas para apuração das condições da ação, mas para a resolução do mérito. III. A Resolução do CONTRAN nº. 320/2009, ao disciplinar os procedimentos para inclusão e liberação de gravame nos veículos automotores, dispõe que, após o cumprimento das obrigações por parte do devedor, a instituição credora providenciará, automática e eletronicamente, a informação da baixa do gravame junto ao órgão de trânsito, no prazo máximo de 10 (dez) dias. lV. A Lei Processual permite expressamente a modificação para aumentar ou reduzir o valor das astreintes, mas somente daquelas vincendas. Inteligência dos arts. 536, § 1º, e 537, § 1º, I e II, ambos do novo Código de Processo Civil. V. Mostrando-se equânime a quantia fixada a título de multa, como também seu limite, deve ser mantido o valor, tornando-se devida após o vencimento do prazo estipulado para o cumprimento da obrigação de fazer. VI. Meros dissabores, aborrecimentos e contrariedades decorrentes de manutenção indevida de gravame de alienação fiduciária no registro do veículo perante o Detran não geram danos morais. (TJMG; APCV 1.0012.12.000224-6/001; Rel. Des. Vicente de Oliveira Silva; Julg. 07/02/2017; DJEMG 17/02/2017).

Considerando que mesmo matérias de ordem pública não podem ser reapreciadas se já rejeitadas por decisão transitada em julgado:

✓ PROCESSUAL CIVIL. AÇÃO DE COBRANÇA DE SEGURO OBRIGATÓRIO. DPVAT. EXTINÇÃO DO PROCESSO ANTE A FALTA DE RECOLHIMENTO DAS CUSTAS JUDICIAIS. PRECLUSÃO. RECURSO NÃO CONHECIDO. As matérias de ordem pública (e.g., prescrição, decadência, condições da ação, pressupostos processuais, consectários legais, incompetência absoluta, impenhorabilidade etc.)

não se sujeitam à preclusão, podendo ser apreciadas a qualquer momento nas instâncias ordinárias' (AgRgAREsp n. 223.196, Min. Humberto Martins), salvo se rejeitadas anteriormente em decisão interlocutória transitada em julgado (AgRgAI n. 1.395.964, Min. Benedito Gonçalves; RESP n. 1.267.614, Min. Mauro Campbell Marques; AgRgREsp n. 1.098.487, Min. Sidnei Beneti)" (AC n. 2012.024676-8, Des. Newton Trisotto). Impõe-se o não conhecimento da apelação se a matéria nela suscitada já se encontra atingida pela preclusão. (TJSC; AC 0302200-91.2016.8.24.0036; Jaraguá do Sul; Segunda Câmara de Direito Civil; Rel. Des. Newton Trisotto; DJSC 19/01/2018; Pag. 61).

Ressaltando que, em sede recursal, matérias de ordem pública somente podem ser conhecidas se preenchidos os requisitos de admissibilidade recursais:

✓ ILEGITIMIDADE DOS SÓCIOS DE EMPRESA EM LIQUIDAÇÃO EXTRAJUDICIAL. MATÉRIA DE ORDEM PÚBLICA. APELAÇÃO INTEMPESTIVA. CONHECIMENTO DE OFÍCIO DA MATÉRIA. IMPOSSIBILIDADE. I. O Recurso Especial tem como único fundamento a alegada impossibilidade de conhecimento de ofício da afirmada ilegitimidade dos sócios, tendo em vista a intempestividade da apelação que serviu de instrumento para a apreciação da questão. II. Ainda que as matérias de ordem púbica, notadamente as condições da ação e os pressupostos processuais, possam ser conhecidas de ofício no segundo grau de jurisdição em decorrência do aspecto da profundidade do efeito devolutivo, esse conhecimento está vinculado à presença dos pressupostos de admissibilidade do recurso. III. Ausente o pressuposto extrínseco da tempestividade do recurso de apelação, a matéria de ordem pública nele alegada pela parte apelante não poderia ser conhecida, porque não se ultrapassou sequer a fase de admissibilidade do recurso de apelação. lV. Recurso especial provido. (STJ; REsp 1.633.948; Proc. 2016/0279553-9; RS; Segunda Turma; Rel. Min. Francisco Falcão; DJE 12/12/2017).

Entendendo que mesmo matérias de ordem pública se sujeitam ao requisito do prequestionamento para serem conhecidas pelos tribunais superiores:

✓ PROCESSUAL CIVIL. AGRAVO INTERNO NO RECURSO ESPECIAL. CONDIÇÕES DA AÇÃO. MATÉRIA DE ORDEM PÚBLICA EXAME PELAS INSTÂNCIAS ORDINÁRIAS. OBRIGATORIEDADE. 1. A corte de origem, embora instada a se manifestar, alegou que o tema da ilegitimidade ativa do agravante seria inovação recursal. Dessa forma, uma vez preenchidos os pressupostos de admissibilidade do apelo extremo e estando o aresto combatido em confronto com a jurisprudência deste tribunal superior, é de rigor o provimento do Recurso Especial para que a corte a quo verse sobre o tema aventado por se tratar de questão relativa às condições da ação, sendo, portanto, matéria de ordem pública. 2. Inviável o exame por esta casa de justiça de tema que, mesmo de ordem pública, não tenha sido objeto de manifestação pelo tribunal de origem. Incidência da Súmula nº 282/STF. 3. Agravo interno a que se nega provimento. (STJ; AgInt-REsp 1.579.946; Proc. 2016/0020754-9; SP; Segunda Turma; Rel. Min. Og Fernandes; DJE 11/10/2017).

Entendendo que a alegação de falta de interesse em agir se submete à preclusão:

✓ AÇÃO DE CANCELAMENTO DOS REGISTROS E AVERBAÇÕES DE ÔNUS REAIS. PENHORAS E HIPOTECAS JUNTO AO REGISTRO DE IMÓVEIS DE AMAMBAI/MS. IMÓVEL ARREMATADO. ART. 849, INCISO VII, DO CÓDIGO CIVIL DE 1916. SENTENÇA MANTIDA. I. Cuida-se de sentença que julgou procedente o pedido de Luiz Carlos da Silva Vieira e Cilda Vieira em face de HSBC Bamerindus, Caixa Econômica Federal, Domar Pereira dos Santos e Fernando Jorge Albuquerque Pissini, determinando o cancelamento dos registros e averbações de ônus reais. Penhoras e hipotecas. junto ao Registro de Imóveis de Amambai/MS, referente às matrículas especificadas na decisão de fls. 213/v dos presentes autos. II. Preambularmente, deixo de conhecer a preliminar suscitada pela Apelante quanto à falta de interesse de agir dos autores, pela preclusão, por não ter sido alegada no momento processual adequado, à luz do art. 342 do CPC/2015. III. No mérito, é de se constatar que o feito se processou com absoluta observância do contraditório e ampla defesa, ainda que os corréus Domar Pereira e Fernando Jorge tenham sido declarado revéis por falta de contestação. lV. No caso em comento, houve arrematação dos bens imóveis de matrículas nº 8.182 e 8.448 pelos autores, por força de dívida trabalhista, e não há, nesta circunstância, que se considerar a prioridade de outras inscrições reais hipotecárias pendentes sobre tais bens, tendo ocorrido uma adjudicação aos apelados pela Justiça do Trabalho, operando-se, em verdade, aquisição de natureza originária, tal como se dá na usucapião. V. Aplicando-se a regra do tempus regit actum, e aplicando-se a regra do art. 849, inciso VII, do Código Civil então vigente, é certo concluirmos que o ato de arrematação extinguirá quaisquer inscrições reais porventura existentes até então. VI. O próprio Código atual também é claro neste sentido, fazendo-se extinguir a hipoteca na arrematação, desde que os credores tenham sido notificados (art. 1501). VII. Desta maneira, há de prevalecer o correto entendimento exposto pela sentença recorrida, a fim de que seja mantido o cancelamento dos registros e averbações junto ao Registro de Imóveis de Amambai-MS, em relação às matrículas mencionadas nas fls. 213/v da decisão recorrida. VIII. Recurso de Apelação da Caixa Econômica Federal desprovido. (TRF 3ª R.; AC 0000294-69.2000.4.03.6002; Segunda Turma; Rel. Des. Fed. Luís Paulo Cotrim Guimarães; Julg. 06/06/2017; DEJF 14/06/2017)

§ 6º A ausência de alegação da existência de convenção de arbitragem, na forma prevista neste Capítulo, implica aceitação da jurisdição estatal e renúncia ao juízo arbitral.

Art. 338. Alegando o réu, na contestação, ser parte ilegítima ou não ser o responsável pelo prejuízo invocado, o juiz facultará ao autor, em 15 (quinze) dias, a alteração da petição inicial para substituição do réu.

Eventual descuido do autor na indicação do réu não afasta a faculdade prevista no art. 338 do CPC, caso alegada a ilegitimidade passiva pelo réu:

✓ APELAÇÕES CÍVEIS. AÇÃO DE INDENIZAÇÃO. ILEGITIMIDADE PASSIVA ARGUIDA EM CONTESTAÇÃO. ANUÊNCIA DO AUTOR, COM PEDIDO DE TROCA NO

POLO PASSIVO. ADMISSIBILIDADE. ARTIGO 338 DO CPC/2015. EXTINÇÃO DO FEITO SEM RESOLUÇÃO DE MÉRITO. DESCABIMENTO. SENTENÇA CASSADA. Ainda que se possa imputar descuido ao autor no ajuizamento da ação contra pessoa sem legitimidade passiva, se o réu argui sua ilegitimidade em contestação e o autor, no prazo de 15 (quinze) dias, pleiteia a alteração no polo passivo, indicando o novo sujeito a ser citado, cumpre deferir a troca, nos termos do artigo 338 do CPC/2015, evitando, assim, a extinção do processo sem resolução de mérito. V.V. APELAÇÃO CÍVEL. OBRIGAÇÃO DE FAZER. TRANSFERÊNCIA DE VEÍCULO. ILEGITIMIDADE PASSIVA RECONHECIDA. SUBSTITUIÇÃO DO POLO PASSIVO. ART. 338 DO CPC/15. INAPLICABILIDADE. LITIGÂNCIA DE MÁ-FÉ. NÃO CONFIGURAÇÃO. No que se refere ao pedido de substituição do polo passivo, nos termos do art. 338 do CPC/15, impõe-se a manutenção da extinção do feito, sem resolução do mérito, devendo o autor, antes de acionar o judiciário, cumprir as diligências que somente a ele incumbe. "A tipificação como ato de litigância de má-fé exige que a conduta seja dolosa, manifestada de forma intencional e temerária em clara e indiscutível violação dos princípios da boa-fé e da lealdade processual". Não cabe a condenação solidária dos procuradores do autor, embora possam ser responsabilizados após apuração em ação própria, haja vista o disposto no art. 32, parágrafo único da Lei nº 8.906/94. Precedentes do STJ. (TJMG; APCV 1.0476.12.000009-8/001; Rel. Des. Sérgio André da Fonseca Xavier; Julg. 12/12/2017; DJEMG 18/12/2017).

Se o autor, em réplica, ataca a preliminar de ilegitimidade, pressupõe-se que não quis fazer uso da faculdade do art. 338:

✓ APELAÇÃO CÍVEL. AÇÃO REGRESSIVA. CONSTRUTORA E PROMISSÁRIO COMPRADOR. TAXAS CONDOMINIAIS. ERROR IN PROCEDENDO. PRELIMINAR REJEITADA. ARTIGOS 338 E 339 CPC. PRAZO DE 15 DIAS. CONCESSÃO. PRAZO ESPECÍFICO. DESNECESSÁRIO. MANIFESTA INTENÇÃO EM NÃO ALTERAR O POLO PASSIVO. PRECLUSÃO. ILEGITIMIDADE AD CAUSAM. TEORIA DA ASSERÇÃO. CONTRATO DE PROMESSA DE COMPRA E VENDA DE IMÓVEL. CESSÃO DE DIREITOS POSTERIOR. NÃO VINCULAÇÃO DE EFEITOS. DENUNCIAÇÃO À LIDE. AUSENTE APRECIAÇÃO PELO JUÍZO DE ORIGEM. SENTENÇA TORNADA SEM EFEITO. 1. Inexiste error in procedendo por violação aos artigos 338 e 339 do CPC, quando conferido prazo de 15 dias para o autor manifestar-se sobre a contestação na qual o réu alega ilegitimidade passiva, ocasião em que poderia exercer as faculdades de substituição ou inclusão de réus, não necessitando de prazo específico para tal finalidade. 2. Manifestando-se o autor, em réplica, quanto ao descabimento da ilegitimidade passiva, extrai-se sua manifesta intenção em não alterar o polo passivo, acarretando preclusão consumativa quanto às faculdades conferidas pelos artigos 338 e 339 do CPC. 3. À luz da teoria da asserção, a legitimidade ad causam deve ser aferida, abstratamente, com base nas afirmações contidas na inicial. 4. Residindo a pretensão autoral no direito de regresso atinente ao ressarcimento de taxas condominiais inadimplidas após a entrega das chaves do imóvel, assim como no registro junto ao Cartório de Imóveis e à Secretaria de Fazenda do Distrito Federal, vislumbra-se a legitimidade passiva da pessoa que firmou o contrato original de promessa de compra e venda de unidade imobiliária. 5. As obrigações constantes de contrato posterior de cessão de direitos vinculam apenas o réu-cedente e os cessionários-adquirentes, não incidindo efeitos quanto à construtora em relação ao anterior contrato originário de promessa de compra e venda, ainda mais quando não comprovada, de plano, a ocorrência de expressa anuência por esta. 6. Havendo pedido de denunciação à lide pendente de apreciação, bem como de dilação procedimental específica, deve o feito retornar à origem para regular processamento, impedindo-se a imediata análise de mérito da demanda por não encontrar-se a causa madura para julgamento, sob pena de violação ao duplo grau de jurisdição. 7. Recurso conhecido e parcialmente provido. Preliminar rejeitada. (TJDF; APC 2016.06.1.013667-0; Ac. 106.4722; Oitava Turma Cível; Relª Desª Ana Cantarino; Julg. 30/11/2017; DJDFTE 07/12/2017). V. tb.: REVISIONAL. Sentença de extinção. Ilegitimidade passiva ad causam. Recurso dos autores. Insurgência. Impossibilidade. Preliminar rejeitada. Os autores, em réplica à contestação, afirmaram pela legitimidade passiva da empresa ré. Inaplicabilidade do art. 338 do CPC/15. Empresa ré atua como custodiante da cédula de crédito imobiliário. Inexistência de cessão de crédito. Empresa ré é parte ilegítima da demanda. Sentença mantida. Art. 252 do RITJSP Recurso não provido. (TJSP; APL 1018015-15.2015.8.26.0506; Ac. 9882177; Ribeirão Preto; Trigésima Oitava Câmara de Direito Privado; Rel. Des. Achile Alesina; Julg. 05/10/2016; DJESP 17/10/2016).

Não pode o juiz extinguir o processo por ilegitimidade passiva sem antes abrir a oportunidade para o autor se valer da faculdade do art. 338 do CPC:

✓ DIREITO PROCESSUAL CIVIL. AÇÃO DE COBRANÇA. ALEGAÇÃO DE ILEGITIMIDADE PASSIVA AD CAUSAM. CONCESSÃO DE PRAZO PARA ALTERAÇÃO DO POLO PASSIVO. NECESSIDADE. ART. 338 DO CPC. DESPESAS E HONORÁRIOS ADVOCATÍCIOS. FIXAÇÃO. DESCABIMENTO. SENTENÇA CASSADA. 1. – Nos termos do art. 338 do Código de Processo Civil, -Alegando o réu, na contestação, ser parte ilegítima ou não ser o responsável pelo prejuízo invocado, o juiz facultará ao autor, em 15 (quinze) dias, a alteração da petição inicial para substituição do réu-. Nesses termos, não pode o Juiz extinguir o Feito, sem resolução do mérito (artigo 485, VI, CPC), em razão de ilegitimidade passiva ad causam alegada em contestação, sem antes oportunizar ao Autor a retificação do polo passivo, no prazo de 15 (quinze) dias. Assim, se o Magistrado extingue o Feito sem oportunizar à parte Autora o prazo para substituir o Réu na petição inicial, impõe-se a cassação da sentença proferida, a fim de que a demanda obtenha regular prosseguimento 2 – Na espécie, não há que se falar em aplicação do artigo 338, parágrafo único, do CPC. Trata-se de situação fática não prevista expressamente pela Lei, pois, in casu, sequer é possível falar que o caso dos autos é de substituição do réu, tendo em vista que o Espólio é figura que não mais existe com a extinção do Inventário. Por isso, não deve haver reembolso de despesas processuais e de honorários advocatícios nesse momento processual, pois, da providência jurisdicional que ora se concede, apenas decorre a necessidade de prosseguimento do Feito, com determinação de retificação do polo passivo da demanda. Apelação Cível provida. (TJDF; Proc 0709.50.1.692017-8070001; Ac. 106.1622; Quinta Turma Cível; Rel. Des. Ângelo Passareli; Julg. 23/11/2017; DJDFTE 01/12/2017).

Possibilidade de redirecionamento da ação indenizatória que havia ficado suspensa contra os verdadeiros responsáveis pelo dano, conforme apurado em outra demanda judicial:

✓ RECURSO ESPECIAL SUBMETIDO AO CPC/73. DIREITO PROCESSUAL CIVIL. AÇÃO DE INDENIZAÇÃO PROPOSTA CONTRA O ESPÓLIO DOS PRETENSOS CAUSADORES DO ACIDENTE DE TRÂNSITO, QUE FALECERAM EM RAZÃO DO INFORTÚNIO. RECONHECIMENTO JUDICIAL DE QUE O EVENTO DANOSO ACONTECEU POR DEFEITO NA FABRICAÇÃO DO PNEU DO VEÍCULO. REDIRECIONAMENTO DO FEITO AO FABRICANTE DO PRODUTO. ALTERAÇÃO SUBJETIVA E OBJETIVA DA LIDE APÓS A CITAÇÃO. POSSIBILIDADE. RECURSO ESPECIAL NÃO PROVIDO. 1. Discute-se nos autos a possibilidade de redirecionar ação indenizatória ao fabricante do pneu defeituoso causador do acidente de trânsito, após a demanda inicialmente proposta contra os pretensos responsáveis, haver permanecido suspensa aguardando o desfecho do processo conexo em que justamente foi reconhecida a verdadeira causa do evento. 2. A jurisprudência desta Corte, na linha dos arts. 41 e 264 do CPC/73, ressalta a impossibilidade de alteração subjetiva da lide após a citação. 3. Válida, contudo, a extinção da lide em relação aos réus originários, com sua condenação ao pagamento de custas processuais e honorários advocatícios, e concomitante determinação de citação de um novo réu, indicado pelo autor, nos autos do mesmo processo. 4. Orientação corroborada pelo art. 338 do CPC. 5. Também é válido, por isso, o aditamento do pedido formulado em relação aos réus originários, porque agora direcionado contra outra pessoa, ainda não citada. 6. Na linha dos precedentes desta Corte, o princípio processual da instrumentalidade das formas, sintetizado pelo brocardo **pas de nullité sans grief** e positivado nos arts. 249 e 250 do CPC/73 (arts. 282 e 283 do CPC), impede a anulação de atos inquinados de invalidade quando deles não tenham decorrido prejuízos concretos. 7. Recurso especial não provido. (STJ; REsp 1443735; SC; Terceira Turma; Rel. Min. Moura Ribeiro; Julg. 13/06/2017; DJe 22/06/2017).

Aplicando o art. 338 do CPC ao processo nos Juizados Especiais:

✓ JUIZADOS ESPECIAIS. DIREITO CIVIL, PROCESSUAL CIVIL E DO CONSUMIDOR. INCORPORAÇÃO IMOBILIÁRIA. SOCIEDADE DE PROPÓSITO ESPECÍFICO. SOCIEDADES PERTENCENTES AO MESMO CONGLOMERADO ECONÔMICO. RELAÇÃO DE CONSUMO. TEORIA DA APARÊNCIA. APLICAÇÃO. LEGITIMIDADE PASSIVA CONFIGURADA. PRETENSÃO DE REPETIÇÃO DE INDÉBITO DA DIFERENÇA PAGA EM RAZÃO DA UTILIZAÇÃO DO IGPM APÓS A EXPEDIÇÃO DE HABITE-SE. PLEITO DE VALOR CERTO E DETERMINADO. COMPLEXIDADE DA CAUSA INEXISTENTE. TAXAS CONDOMINIAIS. PAGAMENTO ANTES DA ENTREGA DAS CHAVES. DEMORA A QUE O CONSUMIDOR NÃO DEU CAUSA. RESSARCIMENTO PELO FORNECEDOR. CORREÇÃO MONETÁRIA DO CONTRATO. IGP-M. APLICAÇÃO A PARTIR DA EXPEDIÇÃO DO HABITE-SE. LEGALIDADE. REJEIÇÃO DAS PRELIMINARES ALEGADAS EM CONTESTAÇÃO. RECURSO CONHECIDO E PROVIDO. SENTENÇA ANULADA. CAUSA MADURA. PEDIDOS DA PARTE AUTORA JULGADOS PARCIALMENTE PROCEDENTES. 1. Não prospera a preliminar de ilegitimidade passiva ad causam quando demandada determinada Sociedade de Propósito Específico, pertencente ao mesmo conglomerado que a incorporadora com quem o consumidor contratou, "sob pena de desvirtuamento do instituto jurídico criado para aumentar a segurança do consumidor, e não esvaziar a responsabilidade da incorporadora. Ademais, pela ótica do Código de Defesa do Consumidor, em vista da teoria da aparência, é evidente a responsabilidade da incorporadora que instituiu a SPE, integrante do mesmo grupo econômico, não podendo se valer da legislação que dispõe sobre tais entidades para afastar-se da responsabilidade assumida na relação de consumo". (Acórdão n. 927855, 20150710110913APC, Relator: ALFEU MACHADO, Revisor: ROMULO DE ARAUJO Mendes, 1ª TURMA CÍVEL; Julg.17/03/2016, Publicado no DJE: 14/04/2016. Pág. 141-171). 2. Ademais, quando a parte ré alega a ilegitimidade passiva, os princípios norteadores dos Juizados Especiais (Lei nº 9.099/95, art. 2º) permitem a correção do polo passivo, ante o estatuído no art. 338 do CPC ("Alegando o réu, na contestação, ser parte ilegítima ou não ser o responsável pelo prejuízo invocado, o juiz facultará ao autor, em 15 (quinze) dias, a alteração da petição inicial para substituição pelo réu"). Portanto, ainda que não fosse pela teoria da aparência, não seria de se admitir a extinção do processo sem apreciação de mérito pela ilegitimidade passiva ad causam sem antes se facultar ao autor a correção do polo passivo. (...) 7. RECURSO CONHECIDO E PROVIDO. Sentença anulada. No mérito, julgados parcialmente procedentes os pedidos formulados na inicial, para condenar o réu/recorrido ao ressarcimento das taxas condominiais pagas pelo autor/recorrente. 8. Sem condenação em custas processuais e honorários advocatícios, ante a ausência de recorrente vencido. (TJDF; RInom 0701545-76.2016.8.07.0020; Primeira Turma Recursal dos Juizados Especiais; Relª Juíza Marilia de Ávila e Silva Sampaio; Julg. 01/12/2016; DJDFTE 06/12/2016; Pág. 581)

Parágrafo único. Realizada a substituição, o autor reembolsará as despesas e pagará os honorários ao procurador do réu excluído, que serão fixados entre três e cinco por cento do valor da causa ou, sendo este irrisório, nos termos do art. 85, § 8º.

Não pode o juiz determinar a correção do polo passivo sem condenar o autor em honorários sucumbenciais:

✓ AGRAVO DE INSTRUMENTO. Interlocutória que diante da inexistência de espólio, em razão de os bens do de cujus já terem sido partilhados entre os herdeiros, determinou a correção do polo passivo para inclusão de herdeiros, sem fixação de honorários sucumbenciais. Incorreção. Decisão recorrida que contraria o parágrafo único do art. 338 do CPC. Substituição da parte ilegítima após a contestação que determina o reembolso das despesas e o pagamento de honorários ao procurador do réu excluído que serão fixados entre três e cinco por cento do valor da causa ou, sendo este irrisório, nos termos do art. 85, § 8º do CPC. Precedentes. Caso em que o arbitramento dos honorários deve ser feito por equidade, ante a baixa expressividade do valor atribuído à causa. RECURSO PROVIDO. (TJSP; AI 2093300-89.2017.8.26.0000; Ac. 10839111; São Paulo; Vigésima Quinta Câmara de Direito Privado; Rel. Des. Azuma Nishi; Julg. 28/09/2017; DJESP 05/10/2017; Pág. 2473)

Se o autor resiste à preliminar de ilegitimidade passiva, não tem direito à redução dos honorários sucumbenciais prevista no art. 338, parágrafo único do CPC:

✓ PROCESSUAL CIVIL E ADMINISTRATIVO. AÇÃO INDENIZATÓRIA. DESAPROPRIAÇÃO. IMÓVEIS RURAIS. CRIAÇÃO DE PARQUE. EXCLUSÃO DO IBAMA DA LIDE. ILEGITIMIDADE PASSIVA. FIXAÇÃO DE HONORÁRIOS. AGRAVO DE INSTRUMENTO. PROVIMENTO. INAPLICABILIDADE DO ART. 338, PARÁGRAFO ÚNICO, CPC/2015. NÃO HOUVE SUBSTITUIÇÃO DE RÉU. MANIFESTAÇÃO DA RECORRIDA PELA LEGITIMIDADE EM RÉPLICA APRESENTADA NO PRIMEIRO GRAU. ALTERAÇÃO DOS HONORÁRIOS PARA 10% SOBRE O VALOR DA CAUSA. APLICAÇÃO DO ART. 85, § 3º, I, DO CPC/2015 EM DETRIMENTO DO ART. 338, PARÁGRAFO ÚNICO, DO MESMO DIPLOMA LEGAL. HONORÁRIOS RECURSAIS. CABIMENTO. FIXAÇÃO FINAL EM 12% SOBRE O VALOR DA CAUSA. I – Em autos de ação indenizatória ajuizada pela recorrida, com o objetivo de receber indenização decorrente da criação de Parque abrangendo lotes rurais de sua propriedade, o recorrente foi excluído da lide, em razão de sua ilegitimidade passiva. II – Fixação dos honorários com base no art. 338, parágrafo único, do CPC/2015, em 3% (três por cento) sobre o valor da causa, de forma indevida. Não se trata de substituição do réu, mas somente exclusão de um dos três apontados. Além disso, na primeira oportunidade em que se manifestou sobre a alegação de ilegitimidade do recorrente, a recorrida insistiu na legitimidade. III – Como o valor da causa é menor do que 200 salários mínimos, aplica-se o art. 85, § 3º, inc. I, do CPC/2015, com a fixação dos honorários em 10% (dez por cento) sobre essa base de cálculo. IV – Em face do sucesso parcial obtido pelo recorrente no julgamento do agravo de instrumento no Tribunal a quo e o sucesso total obtido no presente julgamento, esses honorários devem ser majorados para quantia equivalente a 12% (doze por cento) do valor da causa, nos termos do art. 85, §11, do CPC/2015. V – Recurso conhecido e provido. (STJ; REsp 1671940; RS; Segunda Turma; Rel. Min. Francisco Falcão; Julg. 24/10/2017; Julg. DJe 31/10/2017).

Art. 339. Quando alegar sua ilegitimidade, incumbe ao réu indicar o sujeito passivo da relação jurídica discutida sempre que tiver conhecimento, sob pena de arcar com as despesas processuais e de indenizar o autor pelos prejuízos decorrentes da falta de indicação.

→ v. Enunciado 123 do CJF: Aplica-se o art. 339 do CPC à autoridade coatora indicada na inicial do mandado de segurança e à pessoa jurídica que compõe o polo passivo.

§ 1º O autor, ao aceitar a indicação, procederá, no prazo de 15 (quinze) dias, à alteração da petição inicial para a substituição do réu, observando-se, ainda, o parágrafo único do art. 338.

§ 2º No prazo de 15 (quinze) dias, o autor pode optar por alterar a petição inicial para incluir, como litisconsorte passivo, o sujeito indicado pelo réu.

→ v. Enunciado 152 do FPPC: O autor terá prazo único para requerer a substituição ou inclusão de réu (arts. 338, *caput*, 339, §§ 1º e 2º), bem como para a manifestação sobre a resposta (arts. 350 e 351).

Aplicando o art. 339 do CPC para permitir a correção da autoridade coatora no mandado de segurança:

✓ MANDADO DE SEGURANÇA. ILEGITIMIDADE PASSIVA DO GOVERNADOR DO ESTADO DE GOIÁS E DO PRESIDENTE DO DEPARTAMENTO ESTADUAL DE TRÂNSITO. DETRAN/GO. INTIMAÇÃO. AUSÊNCIA DE INDICAÇÃO DE OUTRA AUTORIDADE COATORA. EXTINÇÃO DO FEITO, SEM RESOLUÇÃO DO MÉRITO. Excluídas as autoridades apontadas como coatoras (governador do estado de Goiás e do presidente do departamento de trânsito-Detran/go), para figurarem no polo passivo do presente mandado de segurança e, em seguida, oportunizado o impetrante para a indicação correta da autoridade coatora, consoante o art. 339 do CPC/2015, e permanecendo ele inerte, impõe-se a extinção da ação mandamental, de acordo com o artigo 485, inciso VI, do CPC c/c artigo 6º, §§3º e 5º, da Lei nº 12.016/2009. Processo extinto, sem resolução do mérito. Segurança denegada (TJGO; MS 0145847-51.2016.8.09.0000; Goiânia; Corte Especial; Rel. Des. Amaral Wilson de Oliveira; DJGO 27/07/2017; Pág. 10); APELAÇÃO. MANDADO DE SEGURANÇA. SENTENÇA PROCESSUAL. EXTINÇÃO DO PROCESSO SEM RESOLUÇÃO DO MÉRITO. ILEGITIMIDADE PASSIVA. INDEFERIMENTO DE REQUERIMENTO DE EMENDA À PETIÇÃO INICIAL. AUSÊNCIA DE OPORTUNIDADE PARA EMENDA. DIREITO DA PARTE. PODER-DEVER DO JUIZ. É direito subjetivo da parte que seja franqueada oportunidade para emendar a petição inicial quando indicada erroneamente a autoridade coatora. Hipótese em que a autoridade indicada, parte ilegítima, identificou a pessoa correta apta a anular o ato administrativo impugnado. Requerimento de emenda para alteração do polo passivo. Indeferimento e prolação de sentença de mérito. Inteligência dos artigos 321 e 339 do Código de Processo Civil. A possibilidade de sanação do vício obriga o juiz a atribuir oportunidade para a emenda e corrigir o vício da petição inicial. Incumbe ao juiz o poder-dever para viabilizar a correção do defeito e especificar a providência a ser adotada pela parte. Prevalência do princípio da cooperação entre os protagonistas do processo. O novo CPC reúne normas vocacionadas para fazer o processo render. Sempre que houver a possibilidade de sanar o defeito certamente incumbirá ao juiz oportunizar à parte exercer o direito de emenda. Princípios que se coadunam com o regramento envolvendo o mandado de segurança. Jurisprudência que viabiliza a emenda em sede de mandado de segurança, inclusive para retificação da autoridade coatora. Anulação da sentença processual, para viabilizar a emenda do libelo e determinar a retomada da marcha processual. RECURSO PROVIDO. (TJSP; APL 1017340-19.2016.8.26.0053; Ac. 10224092; São Paulo; Nona Câmara de Direito Público; Rel. Des. José Maria Câmara Junior; Julg. 07/03/2017; DJESP 21/03/2017).

Art. 340. Havendo alegação de incompetência relativa ou absoluta, a contestação poderá ser protocolada no foro de domicílio do réu, fato que será imediatamente comunicado ao juiz da causa, preferencialmente por meio eletrônico.

→ v. Art. 64 e seguintes do CPC.

§ 1º A contestação será submetida a livre distribuição ou, se o réu houver sido citado por meio de carta precatória, juntada aos autos dessa carta, seguindo-se a sua imediata remessa para o juízo da causa.

§ 2º Reconhecida a competência do foro indicado pelo réu, o juízo para o qual for distribuída a contestação ou a carta precatória será considerado prevento.

§ 3º Alegada a incompetência nos termos do *caput*, será suspensa a realização da audiência de conciliação ou de mediação, se tiver sido designada.

§ 4º Definida a competência, o juízo competente designará nova data para a audiência de conciliação ou de mediação.

→ *V.* Art. 334 e seguintes do CPC.

Art. 341. Incumbe também ao réu manifestar-se precisamente sobre as alegações de fato constantes da petição inicial, presumindo-se verdadeiras as não impugnadas, salvo se:

I – não for admissível, a seu respeito, a confissão;

→ *V.* Art. 213 do CC/2002.

→ *V.* Art. 391 do CPC.

II – a petição inicial não estiver acompanhada de instrumento que a lei considerar da substância do ato;

→ *V.* Art. 108 do CC/2002.

→ *V.* Art. 406 do CPC.

III – estiverem em contradição com a defesa, considerada em seu conjunto.

Parágrafo único. O ônus da impugnação especificada dos fatos não se aplica ao defensor público, ao advogado dativo e ao curador especial.

→ *V.* Arts. 72, 185 e 186 do CPC.

Considerando que a impugnação por negativa geral somente se aplica à contestação, mas não à apelação:

✓ APELAÇÃO CÍVEL. ADJUDICAÇÃO COMPULSÓRIA. CURADOR ESPECIAL. DEFENSORIA PÚBLICA. CITAÇÃO POR EDITAL. IMPUGNAÇÃO POR NEGATIVA GERAL. GRATUIDADE DA JUSTIÇA. I. Em que pese a impugnação por negativa geral seja uma prerrogativa do curador especial, conforme redação do § único, do art. 341, do CPC, esta é limitada à contestação, não se estendendo ao recurso de apelação cível. Recuso não conhecido no ponto, forte no art. 1.010, II e III, do CPC, porquanto ausente ataque aos fundamentos da sentença. Precedentes desta corte. II. O fato de os apelantes serem representados pela defensoria pública, na condição de curadora especial, não tem o condão, por si só, de ensejar o deferimento da gratuidade da justiça, uma vez que não faz presumir a hipossuficiência econômico-financeira. Assim, impossibilitada a concessão do beneplácito perquirido pelos demandados, porquanto inexistem elementos probatórios que denotem sua hipossuficiência econômico-financeira. III. Os honorários advocatícios devidos aos procuradores dos autores serão majorados, com fulcro no art. 85, § 11, do CPC. Conheceram em parte do apelo, negando-lhe provimento na parte conhecida. Unânime. (TJRS; AC 0352065-93.2017.8.21.7000; Viamão; Vigésima Câmara Cível; Rel. Des. Dilso Domingos Pereira; Julg. 29/11/2017; DJERS 13/12/2017); AÇÃO MONITÓRIA. PRESTAÇÃO DE SERVIÇOS EDUCACIONAIS. INADIMPLÊNCIA DA RÉ RECONHECIDA NA SENTENÇA. APELAÇÃO OFERECIDA POR CURADOR ESPECIAL. NEGATIVA GERAL. IMPOSSIBILIDADE. ARTIGO 341 DO CPC QUE É APLICÁVEL SOMENTE À CONTESTAÇÃO. RECURSO NÃO CONHECIDO. A parte representada por curador especial não está dispensada de fundamentar adequadamente seu recurso, já que o artigo 341 do CPC, que prevê a possibilidade de defesa por negativa geral, não se estende à fase recursal, limitando-se, na verdade, à contestação. (TJSP; APL 1000171-89.2014.8.26.0602; Ac. 11017708; Sorocaba; Vigésima Sexta Câmara de Direito Privado; Rel. Des. Renato Sartorelli; Julg. 29/11/2017; DJESP 07/12/2017; Pág. 2265). V. tb.: TJRS; AC 0285673-74.2017.8.21.7000; Viamão; Décima Terceira Câmara Cível; Rel. Des. André Luiz Planella Villarinho; Julg. 30/11/2017; DJERS 07/12/2017.

Inaplicabilidade dos efeitos materiais da revelia em ação rescisória:

✓ PROCESSO CIVIL. 1. Ação rescisória embasada no art. 485, inciso V, do CPC de 1973 (correspondente ao art. 966, inciso V, do novo CPC). 2. Alegação de ofensa à literal disposição de Lei. 3. Sentença rescindenda que, no bojo de ação exoneratória de alimentos, aplicou os efeitos da revelia contra a ré. 4. Natureza indisponível do direito em questão que impede a incidência dos referidos efeitos. Inteligência do art. 320, inciso II, do CPC de 1973 (correspondente ao art. 345, inciso II, do novo CPC). 5. Observância do binômio possibilidade-necessidade. 6. Ausência de provas acerca de mudança na situação financeira da alimentanda. 7. Sentença rescindida. 8. Ação rescisória julgada procedente. (TJBA; AR 0014201-36.2010.8.05.0000; Salvador; Primeira Câmara Cível; Relª Desª Maria de Lourdes Pinho Medauar; Julg. 11/12/2017; DJBA 22/12/2017; Pág. 112).

Presunção de veracidade dos fatos não impugnados:

✓ AgInt nos EDcl no AGRAVO EM RECURSO ESPECIAL Nº 1.360.773 – MG (2018/0233174-8) RELATORA: MINISTRA MARIA ISABEL GALLOTTI AGRAVANTE: UNIÃO COMERCIAL BARÃO LTDA ADVOGADOS: MARCUS VINICIUS GODINHO CAMILO – MG078401 JULIANO VELOSO LEITE E SILVA – MG096259 ANA CAROLINA GODINHO CAMILO – MG126632 SERAFIM LOPES GODINHO E OUTRO(S) – MG076165N AGRAVADO: ETE CONSTRUCOES E MONTAGENS ELETRICAS LTDA ADVOGADOS: LAUDELINO DA COSTA MENDES NETO – RJ031456 ISABELLA SILVEIRA BARROSO – MG173127 DECISÃO Diante dos argumentos da agravante, reconsidero a decisão ora agravada. Passo a novo exame do agravo interposto por União Comercial Barão Ltda. contra decisão que negou seguimento a recurso especial que impugnava acórdão assim ementado: EMENTA: APELAÇÃO CÍVEL – AÇÃO DE COBRANÇA – CONTRATO DE LOCAÇÃO DE BENS MÓVEIS – AUSÊNCIA DE ASSINATURA DE RATIFICAÇÃO DO EFETIVO SERVIÇO NAS NOTAS FICAIS – MATERIALIDADE DA LOCAÇÃO NÃO COMPROVADA – SENTENÇA MANTIDA. – Na locação de coisas, o locador é toda pessoa física ou jurídica que cede o uso, gozo de um bem, móvel ou imóvel, ao locatário, pessoa física ou jurídica que recebe e serve-se do bem, mediante retribuição, com tempo determinado, artigo 565 do Código Civil. – A parte interessada deve demonstrar a efetiva realização da locação, ou seja, a entrega dos bens móveis para fins de uso e gozo da apelada. – É possível a cobrança de crédito amparado em Nota Fiscal de locação de bens móveis, desde que devidamente acompanhada de comprovante de entrega no endereço do destinatário. – A eficácia de negócio já existente e válido só legitima a cobrança uma vez comprovada a efetiva prestação da locação, o que não se vislumbrou no caderno processual, sendo pois, ineficaz para a cobrança. Opostos os embargos de declaração, esses foram rejeitados. Nas razões do especial, a parte recorrente alegou violação dos arts. 341, 374, 489 e 1.022 do Código de Processo Civil de 2015, assim como divergência jurisprudencial. Sustentou negativa de prestação jurisdicional. Afirmou que a parte recorrida não se desincumbiu de comprovar as suas alegações, especialmente a existência da locação, a sua inadimplência e a liquidez do valor que lhe foi cobrado, os quais são fatos incontroversos nos autos e, por isso, isentos de prova. Assim, argumentou que deveria ser imputado à parte agravada o ônus de demonstrar suas assertivas, notadamente a validade da assinatura do contrato de locação pactuado entre as partes. Apontou que a parte recorrida não impugnou, de forma específica, os fundamentos jurídicos alegados pela parte autora, os quais se tornam incontroversos e se presumem verdadeiros, devendo o seu pedido inicial de cobrança ser julgado totalmente procedente. Merece reforma a decisão agravada. Com efeito, contra o acórdão que negou provimento à apelação, a ora agravante opôs embargos de declaração, afirmando (fls. 187-189/e-STJ): 1. Diante da pretensão de cobrança de valores decorrentes de contratos de locação firmados pelas partes, corroborados por faturas remetidas mensalmente por e-mail e por notificação cartorária jamais respondida, a ré alegou, em sua contestação de três páginas (f. 75-77), unicamente que tais contratos teriam sido assinados por quem não detém poderes para representá-la, o que lhes retiraria a validade. 2. Observe-se que a ré, ora embargada, em momento algum de sua peça de contestação nega a existência da relação locatícia ou impugna o débito em cobrança. Também não se manifesta, sequer superficialmente, sobre as faturas emitidas pela apelante ou sobre a notificação cartorária a ela remetida, deixando de impugnar tais documentos. 3. A falta de impugnação da parte ré quanto à existência da locação, e a consequente ausência de controvérsia quanto a tal fato, tornaram desnecessária qualquer prova nesse sentido, nos termos dos artigos 341 e 374, III, do CPC. 4. Por isso, a autora, ora embargante, alegou no item II de seu recurso de apelação, de forma reiterada, que a sentença se equivocara ao deixar de reconhecer a existência de fato incontroverso nos autos – qual seja, a existência da relação jurídica de locação e o recebimento, pela embargada, dos equipamentos locados. 5. E de outra forma não poderia ser, haja vista que em toda a peça de contestação de f. 75-77 não havia uma negativa sequer da embargada quanto à existência da relação jurídica de locação alegada na petição inicial, ou mesmo a simples alegação de que os equipamentos locados não lhe teriam sido entregues pela embargante. 6. A existência e devida exposição de tal fundamento em sede de recurso de apelação pode ser constatada, inclusive, pelo relatório que antecede o voto da ilustre Desembargadora Relatora, que assim sintetiza o argumento deduzido no apelo: "Em suas razões recursais, requer a reforma da sentença alegando que a parte apelada, ré, não impugnou em qualquer momento dos autos a existência da relação locanda havida entre as partes ou o débito da mesma forma não se insurgiu contra as faturas emitidas pela apelante ou sobre a notificação cartorária a ela enviada. Diante disso, argumenta ser presumida a veracidade dos fatos trazidos pela autora" (p.2 do acórdão embargado, grifamos). 7. Muito embora tal argumento conste expressamente do relatório, o voto proferido pela ilustre Desembargadora Relatora não aborda tal argumento jurídico, cuja relevância é incontestável. 8. Não se pode negar que constitui dever do réu a impugnação, de forma especificada, dos fundamentos jurídicos alegados pela parte autora, sob pena de se tornarem incontroversos, como decorre dos citados artigos 341 e 374, III, do CPC, que assim dispõem: Art. 341. Incumbe também ao réu manifestar-se precisamente sobre as alegações de fato constantes da petição inicial, presumindo-se verdadeiras as não impugnadas salvo se: I – não for admissível, a seu respeito, a confissão; II – a petição inicial não estiver acompanhada de instrumento que a lei considerar da substância do ato; III – estiverem em contradição com a defesa, considerada em seu conjunto. Parágrafo único. O ônus da impugnação especificada dos fatos não se aplica ao defensor público, ao advogado dativo e ao curador especial. Art. 374. Não dependem de prova os fatos: I – notórios; II – afirmados por uma parte e confessados pela parte contrária; III – admitidos no processo como incontroversos. IV – em cujo favor milita presunção legal de existência ou de veracidade. 9. Não se trata aqui, ressalve-se, de discutir validade da assinatura aposta no contrato firmado – este o único fato efetivamente alegado pela embargada em sua contestação de f. 75-77 – mas de deixar a parte de negar a existência da locação ou mesmo negar o recebimento dos equipamentos locados. 10. Se a embargada, em sua contestação, não nega a existência da relação locatícia, o inadimplemento de suas obrigações ou mesmo o recebimento dos bens locados, tais fatos, constitutivos do direito da embargante, se tornaram claramente incontroversos nos autos. (...) Ocorre que o Tribunal de origem rejeitou os embargos de declaração, afirmando suficiência de fundamentos, deixando de apreciar de forma específica as alegações da embargante, as quais podem alterar substancialmente o resultado do julgamento, donde a ofensa ao artigo 1.022, II, do Código de Processo Civil. Em face do exposto, conheço do agravo e dou provimento ao recurso especial para anular o acórdão dos embargos de declaração e determinar o retorno dos autos para que o Tribunal de origem supra as omissões acima anotadas. Intimem-se. Brasília (DF), 11 de fevereiro de 2020. MINISTRA MARIA ISABEL GALLOTTI Relatora (STJ – AgInt nos EDcl no AREsp: 1360773 MG 2018/0233174-8, Relator: Ministra MARIA ISABEL GALLOTTI, Data de Publicação: DJ 18/02/2020)

✓ AGRAVO EM RECURSO ESPECIAL Nº 1.251.276 – DF (2018/0038218-3) RELATOR: MINISTRO LUIS FELIPE SALOMÃO AGRAVANTE: EDWALDO DE PAULO PERES AGRAVANTE: REGINA VITORIA NICOLAU MORHY PERES ADVOGADOS: BERNARDO BOTELHO PEREIRA DE VASCONCELOS – DF010500 JOSÉ MIRANDA DE SIQUEIRA – DF010332 JOSÉ EDUARDO PAIVA MIRANDA DE SIQUEIRA – DF044459 AGRAVADO: DANIELLE TIEMY KORESSAWA CAIAFA AGRAVADO: TAQUEGI KORESSAWA JUNIOR ADVOGADO: CARLOS ALBERTO GALDINO DE SOUSA – DF005447 DECISÃO 1. Trata-se de agravo interposto por REGINA VITÓRIA NICOLAU MOHRY E EDWALDO DE PAULO PERES, contra decisão que não admitiu o seu recurso especial, por sua vez manejado com fulcro no art. 105, III, a, da Constituição Federal, em face de acórdão do Tribunal de Justiça do Distrito Federal e Territórios, assim ementado (fls. 822-824): APELAÇÃO CÍVEL. DIREITO CIVIL. CERCEAMENTO DO DIREITO DE DEFESA E NULIDADE DA SENTENÇA. INOBSERVÂNCIA. PRELIMINARES REJEITADAS. RESCISÃO DE CONTRATO DE COMPRA E VENDA DE IMÓVEL. INADIMPLÊNCIA POR UMA

DAS PARTES EM NÃO ENTREGAR OS IMÓVEIS OBJETO DA PERMUTA. RESCISÃO LEGÍTIMA. INCIDÊNCIA DOS ALUGUÉIS A PARTIR DE 16/02/2008 E FIXAÇÃO EM R$ 12.000,00. FATO INCONTROVERSO. POSSIBILIDADE. INDENIZAÇÃO DAS BENFEITORIAS VOLUPTUÁRIAS. BOA-FÉ. DIREITO À INDENIZAÇÃO. RECURSOS CONHECIDOS. DESPROVIDO DOS RÉUS E PARCIALMENTE PROVIDO DOS AUTORES. SENTENÇA REFORMADA EM PARTE. 1. No presente caso, de fato, a produção de prova testemunhal e pericial mostrou-se desnecessária, pois não acrescentaria novos elementos de convicção ao magistrado a quo, eis que os documentos até então colacionados aos autos foram suficientes para o julgamento da causa, comportando, assim, o julgamento antecipado da lide. E embora alegue prejuízo para sua defesa, o fato de o magistrado ter negado tal produção de provas em nada prejudicou o julgamento da sentença ou causou algum prejuízo à parte agravante. Pelo contrário, reduziu o tramite processual ao julgar antecipadamente a lide, uma vez que na fase de liquidação de sentença poderão as partes requererem as perícias necessárias às quais entenderem. 2. Acerca dos documentos ora juntados a fls. 481/494, deles nada se aproveita substancialmente, uma vez que não se prestaram para alterar a dinâmica dos fatos, nem tampouco influenciar na decisão do magistrado a quo ou deste Relator, não havendo que se falar em prejuízo à defesa dos apelantes. Ademais, tratam -se -de documentos meramente informativos e de domínio público, não fazendo referência a nenhum dos réus/apelantes. 3. O contrato não estava perfeito e acabado, uma vez que a inadimplência de uma das partes enseja na sua rescisão. Com relação ao tema, o art. 483 do Código Civil estabelece o seguinte: "A compra e venda pode ter por objeto coisa atual ou futura. Neste caso, ficará sem efeito o contrato se esta não vier a existir...", sendo justamente o que aconteceu no presente caso, pois as partes estabeleceram um contrato de compra e venda, na modalidade de permuta de imóveis, sendo que os imóveis dados em pagamento pelos apelantes/requeridos não foram construídos e portanto, não entregue aos requerentes, o que ensejou na rescisão do contrato, pela inadimplência da parte requerida. 4. Restabelecendo-se o contrato ao status quo ante, tem-se que a data também deva retroagir ao início do contrato e não à data de seu inadimplemento, como assinalado pelo magistrado sentenciante, uma vez que a posse dos autores foi perdida em 16/02/2008, assim, o contrato ao restabelecer ao status quo ante, retroage à data em que os autores perderam a posse do imóvel, ou melhor, à data em que os autores ainda estavam de posse do imóvel. 5. Com relação à fixação dos aluguéis em R$ 12.000,00 (doze mil reais), por restarem incontroversos e que os mesmos sejam calculados após a reforma do imóvel, vejo que neste ponto razão também assiste aos autores, até porque o valor atribuído em R$ 12.000,00 (doze mil reais), não foi rebatido pela parte adversa que teve o momento certo para se defender quando da apresentação da contestação (fls. 48/86) e até mesmo em pedido reconvencional (fls. 191/227). 6. Quanto à acessão, assim prescreve o art. 1.255 do Código Civil: "Aquele que semeia, planta ou edifica em terreno alheio perde, em proveito do proprietário, as sementes, plantas e construções; se procedeu de boa-fé, terá direito a indenização". Assim sendo, não se pode excluir da indenização as benfeitorias voluptuárias, pois a lei assegura ao benfeitor o direito de indenização o que não está a merecer qualquer reparo a sentença neste ponto. 7. Recursos CONHECIDOS. DESPROVIDO dos réus e PARCIALMENTE PROVIDO os autores. Sentença parcialmente reformada. Opostos embargos de declaração pela parte recorrente (fls. 850-856), foram rejeitados (fls. 860-867). Nas razões do recurso especial (fls. 870-899), aponta a parte recorrente ofensa ao disposto nos arts. 333, I, do Código de Processo Civil de 1973, art. 884 do Código Civil, arts. 341, III, 489 e 1.022, do Novo Código de Processo Civil. Em apertada síntese, sustenta que a presunção relativa de veracidade não elide a necessidade de cumprir o ônus probatório, de modo que há a necessidade de se realizar a perícia para apurar os valores locatícios, sob pena de enriquecimento ilícito. Contrarrazões ao recurso especial às fls. 909-926. É o relatório. DECIDO. 2. Inicialmente, observa-se que não se viabiliza o recurso especial pela indicada violação do art. 1.022 do Novo Código de Processo Civil. Isso porque, embora rejeitados os embargos de declaração, a matéria em exame foi devidamente enfrentada pelo Tribunal de origem, que emitiu pronunciamento de forma fundamentada, ainda que em sentido contrário à pretensão do recorrente. 3. Em relação à fundamentação do acórdão, observa-se que, mediante convicção formada do exame feito aos elementos fático-probatórios dos autos, o acórdão tratou de forma clara e suficiente a controvérsia apresentada, lançando fundamentação jurídica sólida para o desfecho da lide, apenas não foi ao encontro da pretensão da parte recorrente, o que está longe de significar violação ao art. 489 do CPC/15. 4. Ao analisar a demanda, a Corte de origem consignou a respeito do valor dos alugueis (fls. 840-841): Já quanto à fixação dos aluguéis em R$ 12.000,00 (doze mil reais), por restarem incontroversos e que os mesmos sejam calculados após a reforma do imóvel, vejo que neste ponto razão também assiste aos autores, até porque o valor atribuído em R$ 12.000,00 (doze mil reais), não foi rebatido pela parte adversa que teve o momento certo para se defender quando da apresentação da contestação (fls. 48/86) e até mesmo em pedido reconvencional (fls. 191/227). Assim, nos termos do art. 341 do CPC, presumem-se verdadeiras as alegações constantes da petição inicial e não impugnadas precisamente pelo réu, verbis: "Art. 341. Incumbe também ao réu manifestar-se precisamente sobre as alegações de fato constantes da petição inicial, presumindo-se verdadeiras as não impugnadas, salvo se: I – não for admissível, a seu respeito, a confissão; II – a petição inicial não estiver acompanhada de instrumento que a lei considerar da substância do ato; III – estiverem em contradição com a defesa, considerada em seu conjunto. Parágrafo único. O ônus da impugnação especificada dos fatos não se aplica ao defensor público, ao advogado dativo e ao curador especial." Deixando os réus de se defenderem, quando no momento oportuno, há de se presumir verdadeiros os fatos alegados na inicial. E se por força dessa presunção é suficiente para o reconhecimento do direito alegado, não poderia o juízo a quo deixar de aplicar a norma ao caso concreto por essa presunção legal. É preciso lembrar que os fatos alegados não sofrem qualquer limitação probatória, como também não se evidencia, qualquer elemento de convencimento que permitisse o Juiz a decidir diferentemente do pedido do autor. Não é por demais lembrar que as decisões judiciais devem ser motivadas. E essa motivação deve se dá com base nas provas que existem no processo. Se o que consta é apenas a presunção de veracidade dos fatos em desfavor do réu, caracteriza erro in judicando decidir em desfavor da pretensão posta na inicial. Por conseguinte, restado incontroverso o valor pedido e não rebatido pelos réus, sua confirmação é medida que se deve impor. No presente caso, o acolhimento da pretensão recursal demandaria a alteração das premissas fático-probatórias estabelecidas pelo acórdão recorrido, com o revolvimento das provas carreadas aos autos, o que é vedado em sede de recurso especial, nos termos do enunciado da Súmula 7 do STJ. 5. Ante o exposto, nego provimento ao agravo em recurso especial. Publique-se. Intimem-se. Brasília (DF), 08 de março de 2018. MINISTRO LUIS FELIPE SALOMÃO Relator (STJ – AREsp: 1251276 DF 2018/0038218-3, Relator: Ministro LUIS FELIPE SALOMÃO, Data de Publicação: DJ 13/03/2018).

Art. 342. Depois da contestação, só é lícito ao réu deduzir novas alegações quando:

Impossibilidade de trazer novos argumentos em sede de razões recursais, ante o fenômeno da preclusão:

✓ APELAÇÃO CÍVEL. BUSCA E APREENSÃO. Razões recursais não arguidas em sede de contestação, mas, tão somente, em petição intermediária. Vedação de análise. Inteligência do artigo 342 do código de processo civil. Preclusão consumativa configurada. Recurso não conhecido. Adição de honorários recursais. (TJSC; AC 0300872-34.2015.8.24.0078; Meleiro; Quinta Câmara de Direito Comercial; Rel. Des. Cláudio Barreto Dutra; DJSC 06/12/2017; Pag. 173); DIREITO PROCESSUAL CIVIL. APELAÇÃO. RAZÕES DISSOCIADAS. REVELIA. JUNTADA DE DOCUMENTOS. INOVAÇÃO RECURSAL. NÃO CONHECIMENTO DO RECURSO. I. Não se conhece de apelação cujas razões estejam dissociadas dos fundamentos da sentença, por ausência da regularidade formal prevista nos incisos II e III do art. 1.010 do CPC. II. O réu revel somente pode deduzir as matérias de defesa elencadas no art. 342 do CPC, quais sejam, relativas a direito ou fato superveniente, conhecíveis de ofício pelo juiz e aquelas que, por expressa autorização legal, possam ser formuladas em qualquer tempo e grau de jurisdição, não podendo alegar em apelação questões de fato que deveriam ter sido arguidas na contestação, pois a seu respeito operou-se a preclusão e a sua análise implicaria supressão de instância. Também não pode juntar documentos antigos sem justificar o impedimento para sua apresentação no momento oportuno. III. Não se conheceu do recurso. (TJDF; APC 2015.07.1.029538-8; Ac. 103.8916; Sexta Turma Cível; Rel. Des. José Divino; Julg. 09/08/2017; DJDFTE 23/08/2017); APELAÇÃO E RECURSO ADESIVO. DIREITO PRIVADO NÃO ESPECIFICADO. AÇÃO DE COBRANÇA. INOVAÇÃO RECURSAL. NÃO CONHECIMENTO. 1. A modificação da tese defensiva, após a apresentação da contestação, acarreta o não conhecimento do apelo, por absoluta inovação recursal. Exegese do art. 303 do CPC/73, correspondente ao art. 342 do novo CPC. 2. Considerando que o recurso de apelação não foi conhecido, não deve ser conhecido do recurso adesivo, na medida em que este segue o principal. Apelação e recurso adesivo não conhecidos. Unânime. (TJRS; AC 0110351-74.2016.8.21.7000; Porto Alegre; Décima Sétima Câmara Cível; Relª Desª Liege Puricelli Pires; Julg. 30/06/2016; DJERS 07/07/2016)

I – relativas a direito ou a fato superveniente;

II – competir ao juiz conhecer delas de ofício;

→ v. Art. 337, § 5º do CPC.

Apontando que as condições da ação consistem em matéria de ordem pública:

✓ APELAÇÃO CÍVEL. AÇÃO CAUTELAR. EXIBIÇÃO DE DOCUMENTOS. AUSÊNCIA DE INTERESSE DE AGIR. EXTINÇÃO DE OFÍCIO DA AÇÃO. Para a obtenção de um documento real, próprio ou comum às partes litigantes, depende-se de uma manifestação ativa do interessado legitimado em solicitar tal documento administrativamente, e, a necessidade do ajuizamento de uma demanda judicial, só nasce depois da negativa, expressa ou tácita, pelo decurso de um lapso de tempo razoável entre o pedido administrativo regularmente formulado e a não obtenção do documento. – A ausência de qualquer desses requisitos enseja o reconhecimento da carência de ação, podendo ser decretada de ofício, em qualquer tempo ou grau de jurisdição, uma vez que se refere às condições da ação, questão ordem pública. Extinção da ação de ofício. Apelo prejudicado. (TJRS; AC 0320224-80.2017.8.21.7000; Canoas; Décima Sétima Câmara Cível; Rel. Des. Gelson Rolim Stocker; Julg. 14/12/2017; DJERS 23/01/2018); APELAÇÃO CÍVEL. DIREITO PROCESSUAL CIVIL. CONDIÇÕES DA AÇÃO. PRECLUSÃO TEMPORAL. INEXISTÊNCIA. LEGITIMIDADE PASSIVA. TEORIA DA ASSERÇÃO. AÇÃO DECLARATÓRIA DE INEXISTÊNCIA DE DÉBITO C/C REPARAÇÃO DE DANOS MORAIS. MANUTENÇÃO INDEVIDA DE GRAVAME DE ALIENAÇÃO FIDUCIÁRIA JUNTO AOS REGISTROS DO DETRAN. DANOS NÃO CONFIGURADOS. MULTA POR DESCUMPRIMENTO DA OBRIGAÇÃO DE FAZER. VALOR RAZOÁVEL E PROPORCIONAL. INTIMAÇÃO PESSOAL REALIZADA. MORA NO CUMPRIMENTO DA OBRIGAÇÃO. MULTA DEVIDA. I. Não há preclusão temporal para matéria de ordem pública, como é o caso da legitimidade processual, conforme se infere do art. 337, inc. XI e § 5º, do Código de Processo Civil de 2015. II. Segundo a teoria da asserção, o juiz verifica as condições da ação apenas com base nas afirmações realizadas pelo autor em sua petição inicial, presumindo-as verdadeiras. As provas produzidas no processo não são analisadas para apuração das condições da ação, mas para a resolução do mérito. III. A Resolução do CONTRAN nº. 320/2009, ao disciplinar os procedimentos para inclusão e liberação de gravame nos veículos automotores, dispõe que, após o cumprimento das obrigações por parte do devedor, a instituição credora providenciará, automática e eletronicamente, a informação da baixa do gravame junto ao órgão de trânsito, no prazo máximo de 10 (dez) dias. lV. A Lei Processual permite expressamente a modificação para aumentar ou reduzir o valor das astreintes, mas somente daquelas vincendas. Inteligência dos arts. 536, § 1º, e 537, § 1º, I e II, ambos do novo Código de Processo Civil. V. Mostrando-se equânime a quantia fixada a título de multa, como também seu limite, deve ser mantido o valor, tornando-se devida após o vencimento do prazo estipulado para o cumprimento da obrigação de fazer. VI. Meros dissabores, aborrecimentos e contrariedades decorrentes de manutenção indevida de gravame de alienação fiduciária no registro do veículo perante o Detran não geram danos morais. (TJMG; APCV 1.0012.12.000224-6/001; Rel. Des. Vicente de Oliveira Silva; Julg. 07/02/2017; DJEMG 17/02/2017).

Considerando que mesmo matérias de ordem pública não podem ser reapreciadas se já rejeitadas por decisão transitada em julgado:

✓ PROCESSUAL CIVIL. AÇÃO DE COBRANÇA DE SEGURO OBRIGATÓRIO. DPVAT. EXTINÇÃO DO PROCESSO ANTE A FALTA DE RECOLHIMENTO DAS CUSTAS JUDICIAIS. PRECLUSÃO. RECURSO NÃO CONHECIDO. As matérias de ordem pública (e.g., prescrição, decadência, condições da ação, pressupostos processuais, consectários legais, incompetência absoluta, impenhorabilidade etc.)

não se sujeitam à preclusão, podendo ser apreciadas a qualquer momento nas instâncias ordinárias' (AgRgAREsp n. 223.196, Min. Humberto Martins), salvo se rejeitadas anteriormente em decisão interlocutória transitada em julgado (AgRgAI n. 1.395.964, Min. Benedito Gonçalves; RESP n. 1.267.614, Min. Mauro Campbell Marques; AgRgREsp n. 1.098.487, Min. Sidnei Beneti)" (AC n. 2012.024676-8, Des. Newton Trisotto). Impõe-se o não conhecimento da apelação se a matéria nela suscitada já se encontra atingida pela preclusão. (TJSC; AC 0302200-91.2016.8.24.0036; Jaraguá do Sul; Segunda Câmara de Direito Civil; Rel. Des. Newton Trisotto; DJSC 19/01/2018; Pag. 61).

Ressaltando que, em sede recursal, matérias de ordem pública somente podem ser conhecidas se preenchidos os requisitos de admissibilidade recursais:

✓ ILEGITIMIDADE DOS SÓCIOS DE EMPRESA EM LIQUIDAÇÃO EXTRAJUDICIAL. MATÉRIA DE ORDEM PÚBLICA. APELAÇÃO INTEMPESTIVA. CONHECIMENTO DE OFÍCIO DA MATÉRIA. IMPOSSIBILIDADE. I. O Recurso Especial tem como único fundamento a alegada impossibilidade de conhecimento de ofício da afirmada ilegitimidade dos sócios, tendo em vista a intempestividade da apelação que serviu de instrumento para a apreciação da questão. II. Ainda que as matérias de ordem púbica, notadamente as condições da ação e os pressupostos processuais, possam ser conhecidas de ofício no segundo grau de jurisdição em decorrência do aspecto da profundidade do efeito devolutivo, esse conhecimento está vinculado à presença dos pressupostos de admissibilidade do recurso. III. Ausente o pressuposto extrínseco da tempestividade do recurso de apelação, a matéria de ordem pública nele alegada pela parte apelante não poderia ser conhecida, porque não se ultrapassou sequer a fase de admissibilidade do recurso de apelação. lV. Recurso especial provido. (STJ; REsp 1.633.948; Proc. 2016/0279553-9; RS; Segunda Turma; Rel. Min. Francisco Falcão; DJE 12/12/2017).

Entendendo que mesmo matérias de ordem pública se sujeitam ao requisito do prequestionamento para serem conhecidas pelos tribunais superiores:

✓ PROCESSUAL CIVIL. AGRAVO INTERNO NO RECURSO ESPECIAL. CONDIÇÕES DA AÇÃO. MATÉRIA DE ORDEM PÚBLICA EXAME PELAS INSTÂNCIAS ORDINÁRIAS. OBRIGATORIEDADE. 1. A corte de origem, embora instada a se manifestar, alegou que o tema da ilegitimidade ativa do agravante seria inovação recursal. Dessa forma, uma vez preenchidos os pressupostos de admissibilidade do apelo extremo e estando o aresto combatido em confronto com a jurisprudência deste tribunal superior, é de rigor o provimento do Recurso Especial para que a corte a quo verse sobre o tema aventado por se tratar de questão relativa às condições da ação, sendo, portanto, matéria de ordem pública. 2. Inviável o exame por esta casa de justiça de tema que, mesmo de ordem pública, não tenha sido objeto de manifestação pelo tribunal de origem. Incidência da Súmula nº 282/STF. 3. Agravo interno a que se nega provimento. (STJ; AgInt-REsp 1.579.946; Proc. 2016/0020754-9; SP; Segunda Turma; Rel. Min. Og Fernandes; DJE 11/10/2017).

Entendendo que a alegação de falta de interesse em agir se submete à preclusão:

✓ AÇÃO DE CANCELAMENTO DOS REGISTROS E AVERBAÇÕES DE ÔNUS REAIS. PENHORAS E HIPOTECAS JUNTO AO REGISTRO DE IMÓVEIS DE AMAMBAI/MS. IMÓVEL ARREMATADO. ART. 849, INCISO VII, DO CÓDIGO CIVIL DE 1916. SENTENÇA MANTIDA. I. Cuida-se de sentença que julgou procedente o pedido de Luiz Carlos da Silva Vieira e Cilda Vieira em face de HSBC Bamerindus, Caixa Econômica Federal, Domar Pereira dos Santos e Fernando Jorge Albuquerque Pissini, determinando o cancelamento dos registros e averbações de ônus reais. penhoras e hipotecas. Junto ao Registro de Imóveis de Amambai/MS, referente às matrículas especificadas na decisão de fls. 213/v dos presentes autos. II. Preambularmente, deixo de conhecer a preliminar suscitada pela Apelante quanto à falta de interesse de agir dos autores, pela preclusão, por não ter sido alegada no momento processual adequado, à luz do art. 342 do CPC/2015. III. No mérito, é de se constatar que o feito se processou com absoluta observância do contraditório e ampla defesa, ainda que os corréus Domar Pereira e Fernando Jorge tenham sido declarado revéis por falta de contestação. IV. No caso em comento, houve arrematação dos bens imóveis de matrículas nº 8.182 e 8.448 pelos autores, por força de dívida trabalhista, e não há, nesta circunstância, que se considerar a prioridade de outras inscrições reais hipotecárias pendentes sobre tais bens, tendo ocorrido uma adjudicação aos apelados pela Justiça do Trabalho, operando-se, em verdade, aquisição de natureza originária, tal como se dá na usucapião. V. Aplicando-se a regra do tempus regit actum, e aplicando-se a regra do art. 849, inciso VII, do Código Civil então vigente, é certo concluirmos que o ato de arrematação extinguirá quaisquer inscrições reais porventura existentes até então. VI. O próprio Código atual também é claro neste sentido, fazendo-se extinguir a hipoteca na arrematação, desde que os credores tenham sido notificados (art. 1501). VII. Desta maneira, há de prevalecer o correto entendimento exposto pela sentença recorrida, a fim de que seja mantido o cancelamento dos registros e averbações junto ao Registro de Imóveis de Amambai-MS, em relação às matrículas mencionadas nas fls. 213/v da decisão recorrida. VIII. Recurso de Apelação da Caixa Econômica Federal desprovido. (TRF 3ª R.; AC 0000294-69.2000.4.03.6002; Segunda Turma; Rel. Des. Fed. Luís Paulo Cotrim Guimarães; Julg. 06/06/2017; DEJF 14/06/2017)

III – por expressa autorização legal, puderem ser formuladas em qualquer tempo e grau de jurisdição.

→ *V.* Arts. 193, 210 e 211 do CC/2002.

Apontando a prescrição e a decadência como matérias que podem ser conhecidas a qualquer tempo:

✓ PROCESSUAL CIVIL. AGRAVO INTERNO NO RECURSO ESPECIAL. CÓDIGO DE PROCESSO CIVIL DE 2015. APLICABILIDADE. RECURSO ESPECIAL PARCIALMENTE PROVIDO. MATÉRIA DE ORDEM PÚBLICA. PRESCRIÇÃO. RECONHECIMENTO A QUALQUER TEMPO. ARGUMENTOS INSUFICIENTES PARA DESCONSTITUIR A DECISÃO ATACADA. I. Consoante o decidido pelo Plenário desta Corte na sessão realizada em 09.03.2016, o regime recursal será determinado pela data da publicação do provimento jurisdicional impugnado. In casu, aplica-se o Código de Processo Civil11 de 2015. II. É pacífico o entendimento no Superior Tribunal de Justiça segundo o qual matérias de ordem pública, tal como a prescrição, nas instâncias ordinárias, podem ser reconhecidas a qualquer tempo, inclusive de ofício, não estando sujeitas à preclusão. III. A Agravante não apresenta, no agravo, argumentos suficientes para desconstituir a decisão recorrida. IV. Agravo Interno improvido. (STJ; AgInt-REsp 1.637.832; Proc. 2016/0297123-1; DF; Primeira Turma; Relª Minª Regina Helena Costa; DJE 03/08/2017); AGRAVO INTERNO EM RECURSO ESPECIAL. PROCESSUAL CIVIL. PRESCRIÇÃO. MATÉRIA DE ORDEM PÚBLICA. AUSÊNCIA DE PRECLUSÃO. SÚMULA Nº 83/STJ. OFENSA AO ART. 32 DO CTN. SÚMULA Nº 7/STJ. 1. A jurisprudência do STJ firmou-se no sentido de que as matérias de ordem pública, tais como prescrição e decadência, nas instâncias ordinárias, podem ser reconhecidas a qualquer tempo, não estando sujeitas à preclusão. 2. No que concerne à citada afronta ao art. 32 do CTN, sob o argumento de que o IPTU não seria devido em virtude de ter ocorrido o esvaziamento econômico integral do imóvel, aplica-se o óbice da Súmula nº 7/STJ. Isso porque, ao decidir a controvérsia, o tribunal a quo consignou que não houve a desapropriação indireta. É inarredável a revisão do conjunto probatório dos autos para afastar as premissas fáticas estabelecidas pelo acórdão recorrido. 3. Agravo interno desprovido. (STJ; AgInt-AREsp 786.109; Proc. 2015/0239790-4; RJ; Segunda Turma; Rel. Min. Herman Benjamin; DJE 06/03/2017). V. tb.: TJSC; AC 0004565-17.2017.8.24.0018; Chapecó; Quinta Câmara de Direito Civil; Rel. Des. Luiz Cézar Medeiros; DJSC 15/12/2017; Pag. 180.

Capítulo VII
DA RECONVENÇÃO

Art. 343. Na contestação, é lícito ao réu propor reconvenção para manifestar pretensão própria, conexa com a ação principal ou com o fundamento da defesa.

- → *v.* Súmulas 237 e 258 do STF.
- → *v.* Súmula 292 do STJ.
- → *v.* Arts. 85, § 1º, 286, parágrafo único, 292, 324, § 2º, 329, parágrafo único e 702, § 6º do CPC.
- → *v.* Art. 31 da Lei 9.099/1995.
- → *v.* Art. 36 da Lei 6.515/1977.
- → *v.* Art. 16, § 3º, da Lei 6.830/1980.
- → *v.* Enunciado 133 do CJF: É admissível a formulação de reconvenção em resposta aos embargos de terceiro, inclusive para o propósito de veicular pedido típico de ação pauliana, nas hipóteses de fraude contra credores.

Reconhecendo a preclusão consumativa para a reconvenção se a contestação foi apresentada no dia anterior:

✓ AGRAVO DE INSTRUMENTO. COMPROMISSO DE COMPRA E VENDA DE QUOTAS SOCIAIS E TRANSFERÊNCIA DE DIREITOS DE PERMISSÃO DE CASA LOTÉRICA. RECONVENÇÃO. Alegação de que a reconvenção é tempestiva quando apresentada dentro do prazo e ainda que no dia seguinte ao do protocolo da contestação. Regra do art. 343 do CPC/15. Inadmissibilidade. Precedentes. Mesmo adotando posicionamento flexível com vistas à efetividade do processo, contribuindo para o julgamento conjuntos das ações, o caso dos autos, entretanto, não permite a admissibilidade da reconvenção do agravante em virtude do retrocesso provocado à marcha processual, contrariando, com isso, a própria finalidade dessa modalidade de resposta do réu. Recurso improvido. (TJSP; AI 2011729-96.2017.8.26.0000; Ac. 10200781; São Paulo; Primeira Câmara Reservada de Direito Empresarial; Rel. Des. Hamid Bdine; Julg. 22/02/2017; DJESP 07/03/2017)

A apresentação de reconvenção em peça autônoma consiste em mera irregularidade, que não prejudica o seu conhecimento:

✓ AGRAVO DE INSTRUMENTO. AÇÃO INDENIZATÓRIA. RECONVENÇÃO. Reconvenção ofertada em peça autônoma, apesar do art. 343 do CPC determinar sua apresentação na própria contestação. Possibilidade. Mera irregularidade formal. Precedentes deste Tribunal. Princípios da economia e celeridade processual e da segurança jurídica que devem ser prestigiados em detrimento do excesso de formalismo. Recurso provido. (TJSP; AI 2155171-57.2016.8.26.0000; Ac. 9935069; São Paulo; Vigésima Quinta Câmara de Direito Privado; Rel. Des. Hugo Crepaldi; Julg. 27/10/2016; DJESP 10/11/2016); RECURSO. AGRAVO DE INSTRUMENTO. PRESTAÇÃO DE SERVIÇOS. AÇÃO DE REPETIÇÃO DE INDÉBITO. RECONVENÇÃO. REJEIÇÃO LIMINAR. Insurgência contra a respeitável decisão que não conheceu a reconvenção protocolada em petição apartada, em razão da nova sistemática processual civil, que determina que o pedido reconvencional deve ser formulado no bojo da contestação. Reconvenção tempestiva, porém, apresentada de forma inadequada. Irregularidade sanável, que não acarreta prejuízo às partes. Aplicação do princípio da instrumentalidade das formas, previsto nos artigos 277 e 283, parágrafo único, do novo Código de Processo Civil. Concessão de prazo para que os recorrentes regularizem a propositura da reconvenção, nos moldes do artigo 343 do novo Código de Processo Civil. Decisão reformada. Recurso de agravo provido. (TJSP; AI 2135853-88.2016.8.26.0000; Ac. 9908217; São Paulo; Vigésima Quinta Câmara de Direito Privado; Rel. Des. Marcondes D' Ângelo; Julg. 20/10/2016; DJESP 27/10/2016).

Admitindo a reconvenção em ação rescisória:

✓ PROCESSUAL CIVIL E ADMINISTRATIVO. AÇÃO RESCISÓRIA E RECONVENÇÃO. AUTORA BENEFICIÁRIA DA JUSTIÇA GRATUITA. DISPENSA DE EFETIVAÇÃO DO DEPÓSITO PRÉVIO. PRELIMINARES REJEITADAS. PENSÃO ESPECIAL POR MORTE DE EX-COMBATENTE. FILHA. ART. 53, II, DO ADCT, DA CF/88. LEI Nº 8.069/90. INADMISSIBILIDADE DE ACUMULAÇÃO COM BENEFÍCIO PREVIDENCIÁRIO PAGO EM FUNÇÃO DA MESMA CONDIÇÃO OSTENTADA PELO INSTITUIDOR (MESMO FATO GERADOR). INCIDÊNCIA DA LEI VIGENTE À ÉPOCA DO ÓBITO DO EX-COMBATENTE. LEIS Nº 4.242/63 (ART. 30) E Nº 3.765/60 (ART. 26). INCAPACIDADE E IMPOSSIBILIDADE DE PROVER A PRÓPRIA SUBSISTÊNCIA NÃO DEMONSTRADAS. PERCEPÇÃO DE IMPORTÂNCIAS DOS COFRES PÚBLICOS (PENSÃO PREVIDENCIÁRIA DAS LEIS Nº 1.756/52 E 4.297/63). AUSÊNCIA DE DIREITO À PENSÃO ESPECIAL DO ADCT, DA CF/88. IMPROCEDÊNCIA DA AÇÃO RESCISÓRIA. PROCEDÊNCIA DA RECONVENÇÃO. 1. Ação rescisória, fundada no art. 966, V, do CPC/2015, através da qual a autora objetiva a desconstituição parcial de acórdão da Segunda Turma desta Corte Regional, que lhe reconheceu, na condição de filha de ex-combatente falecido, o direito à percepção de pensão especial, no valor do soldo de Segundo-Tenente das Forças Armadas, com base no art. 53, do ADCT, da CF/88, obstando-lhe, entretanto, a percepção cumulada desse benefício com a pensão por morte previdenciária de ex-combatente marítimo, que lhe fora deferida, com base nas Leis nº 1.756/52 e nº 4.297/63, também em razão do falecimento do seu genitor, permitindo-lhe a opção. (...) 7. É possível o manejo de reconvenção em ação rescisória, haja vista que o art. 343, do CPC/2015, não trouxe limitação a esse cabimento, tratando-se a reconvenção de ação invertida da parte ré contra a parte autora. 8. Observa-se que a reconvenção foi deduzida na forma legal, dentro das razões da contestação da UNIÃO. Além de ter preenchido as condições específicas para a sua admissibilidade (existência de conexão entre as causas e de processo pendente, mesma competência e identidade de procedimento para ambas), a reconvenção também atendeu às exigências previstas na Lei para a formulação de pretensões rescisórias (art. 968, do CPC/2015), tendo sido respeitado o prazo decadencial para o ajuizamento da ação rescisória: o trânsito em julgado do processo originário ocorreu em 14.11.2014, ao passo que a reconvenção foi protocolizada em 25.07.2016. 9. Em sua reconvenção, a UNIÃO pretende desconstituir o acórdão, na parte em que reconheceu à autora, na condição de filha, a pensão especial por morte de ex-combatente, no valor do soldo de Segundo-Tenente das Forças Armadas, regulada pelo art. 53, II, do ADCT, da CF/88, e pela Lei nº 8.059/90. Alega, para tanto, que o acórdão violou a norma do art. 30, da Lei nº 4.242/63, aplicável à hipótese, considerando-se a data do óbito do instituidor, ocorrida em 1968. (...) 14. IMPROCEDÊNCIA do pedido da ação rescisória e PROCEDÊNCIA do pedido da reconvenção, desconstituindo-se o acórdão da AC nº 477789/RN e, em novo julgamento da demanda originária, conclui-se pela improcedência do pedido da autora. 15. Condenação da autora-reconvinda em honorários advocatícios, arbitrados em 10% (dez por cento) do valor atualizado da causa, de acordo com o § 2º, do art. 85, do CPC/2015, devendo dele a execução permanecer suspensa, enquanto persistir a situação de hipossuficiência econômica, segundo o art. 98, §§ 2º e 3º, do CPC/2015. (TRF 5ª R.; AR 0001158-55.2016.4.05.0000; RN; Tribunal Pleno; Rel. Des. Fed. Élio Wanderley de Siqueira Filho; DEJF 10/03/2017; Pág. 60)

Admitindo a reconvenção da reconvenção, desde que preenchidos os requisitos do art. 343 do CPC:

✓ AGRAVO DE INSTRUMENTO. RECONVENÇÃO DA RECONVENÇÃO. DISCUSSÃO DOUTRINÁRIA. POSSIBILIDADE. CONFIGURADA NO CASO CONCRETO. FUNDAMENTOS CONEXOS A MATÉRIA DE DEFESA. DECISÃO REFORMADA. 1. Nos termos do que determinar o art. 343 do CPC, na contestação, é lícito ao réu propor reconvenção para manifestar pretensão própria, conexa com a ação principal ou com o fundamento da defesa. 2. Em sendo a parte demandada incluída no feito, na qualidade litisconsorte passivo da ação, possibilitada está manejo dos meios de defesa previstos na norma processual civil. 3. Ao se tratar de reconvenção da reconvenção, ainda que se verifique a enorme discussão doutrinária sobre o tema, parte da doutrina entende pelo seu cabimento, quando condicionado às situações de reconvenção com fundamento na conexão com os fundamentos de defesa. 4. Em existindo conexão entre a causa principal e a reconvencional ou com os fundamentos da defesa, permitida, no caso concreto, o recebimento da reconvenção proposta pelo recorrente. 5. Recurso conhecido e provido. (TJDF; AGI 2016.00.2.035017-4; Ac. 980.772; Sétima Turma Cível; Relª Desª Gislene Pinheiro; Julg. 16/11/2016; DJDFTE 22/11/2016)

Entendendo que a deserção da reconvenção não é capaz de ensejar a sua nulidade:

✓ AÇÃO ANULATÓRIA CUMULADA COM INDENIZAÇÃO POR DANOS MORAIS. RECONVENÇÃO. RESPONSABILIDADE CIVIL. INSCRIÇÃO NEGATIVA. RELAÇÃO CONTRATUAL. COMPROVAÇÃO. ALTERAÇÃO DA VERDADE DOS FATOS. MULTA POR LITIGÂNCIA DE MÁ-FÉ. MANUTENÇÃO. HONORÁRIOS RECURSAIS. I. No caso, a sentença julgou improcedente a ação e procedente a reconvenção, sendo que a insurgência da parte autora cinge-se à litigância de má-fé, bem como em relação ao não conhecimento da reconvenção, cabendo a análise de tais questões, somente. II. Quanto à alegação de nulidade da reconvenção em razão de a reconvinte não ter recolhido as custas no momento oportuno, não assiste razão à requerente. Isso porque, o fato de a reconvenção estar deserta é incapaz, por si só, de gerar a nulidade pretendida, tratando-se de irregularidade que pode ser suprida ao final da lide, com o pagamento das custas pendentes. Ademais, tal arguição sequer foi aventada no momento apropriado, pois a contestação à reconvenção é completamente intempestiva. No caso, a autora-reconvinda apresentou contestação à reconvenção fora do prazo legal de 15 dias, previsto no art. 343, § 1º, do CPC. III. Outrossim, restou demonstrado que a autora não só detinha plena ciência da contratação, referente ao serviço de tratamento ortodôntico prestado pela ré, como também deixou de quitar grande parte do débito. Portanto, deve ser mantida a multa imposta pelo juízo a quo, tendo em vista estar caracterizado o dolo processual, ou seja, a intenção deliberada de alterar a verdade dos fatos, de acordo com o art. 80, II, do CPC. IV. De acordo com o art. 85, § 11, do CPC, ao julgar recurso, o tribunal deve majorar os honorários fixados anteriormente ao advogado vencedor, levando em conta o trabalho adicional realizado em grau recursal, observados os limites estabelecidos nos §§ 2º e 3º para a fase de conhecimento. Apelação desprovida. (TJRS; AC 0122553-49.2017.8.21.7000; Porto Alegre; Quinta Câmara Cível; Rel. Des. Jorge André Pereira Gailhard; Julg. 30/08/2017; DJERS 08/09/2017)

A falta de apreciação da reconvenção na sentença acarreta a nulidade da decisão:

✓ ALIENAÇÃO FIDUCIÁRIA REFERENTE A FIAT UNO, ANO 13. PURGA DA MORA NÃO EFETIVADA. R. SENTENÇA DE PROCEDÊNCIA. Apelo só da demandada. Incabível, observados os limites estreitos da ação de busca e apreensão, a revisão das cláusulas contratuais, ou mesmo de seus encargos, sendo certo que tais questões deveriam ser objeto de discussão em ação própria. Plena aplicação do CDC. Inteleção do art. 252 do Regimento Interno deste Tribunal. Negou-se provimento ao apelo da requerida. Embargos declaratórios opostos apenas pela requerida. De serem acolhidos os declaratórios da demandada, e isso a fim de dar provimento ao seu apelo, com o fito de anular a r. Sentença, que fora proferida sem a apreciação da reconvenção, tempestivamente. Ajuizada, com observância ao art. 343 do CPC. (TJSP; EDcl 1002269-07.2017.8.26.0161/50000; Ac. 10850080; Diadema; Vigésima Sétima Câmara de Direito Privado; Rel. Des. Campos Petroni; Julg. 03/10/2017; DJESP 16/10/2017; Pág. 3002); APELAÇÃO CÍVEL. ALIENAÇÃO FIDUCIÁRIA. AÇÃO DE BUSCA E

APREENSÃO E RECONVENÇÃO. 1. Segundo o § 2º do artigo 343 do CPC/2015, a "desistência da ação ou a ocorrência de causa extintiva que impeça o exame de seu mérito não obsta ao prosseguimento do processo quanto à reconvenção". 2. Não tendo sido apreciada, pelo magistrado a quo, a reconvenção manejada pelo consumidor, impõe-se a desconstituição da sentença e a remessa dos autos à instância de origem para o saneamento da nulidade. Sentença desconstituída, de ofício. Apelação prejudicada. (TJRS; AC 0439750-75.2016.8.21.7000; Viamão; Décima Quarta Câmara Cível; Rel. Des. Mario Crespo Brum; Julg. 30/03/2017; DJERS 06/04/2017)

Impossibilidade de reconvenção versando sobre revisão contratual em sede de ação de busca e apreensão:

✓ ALIENAÇÃO FIDUCIÁRIA. AÇÃO DE BUSCA E APREENSÃO. ALEGAÇÕES VOLTADAS A QUESTIONAR ENCARGOS CONTRATUAIS. MATÉRIA ESTRANHA AO ÂMBITO DA LIDE, A SER OBJETO DE AÇÃO AUTÔNOMA. RECONVENÇÃO INCABÍVEL, POR INEXISTÊNCIA DE CONEXÃO COM A AÇÃO PRINCIPAL E COM A DEFESA POSSÍVEL (ART. 343 DO CPC). INADMISSÍVEL, PORTANTO, A ALEGAÇÃO DE CERCEAMENTO DE DEFESA. CARÊNCIA RECONHECIDA DE OFÍCIO, PREJUDICADO EM PARTE O RECURSO, QUE É IMPROVIDO QUANTO AO MAIS. 1. A ação de busca e apreensão objetiva possibilitar ao credor fiduciário consolidar o domínio e posse do bem. Qualquer discussão a respeito de temas relacionados à afirmação de cobrança de encargos excessivos, juros compostos ou quaisquer outras relacionadas às cláusulas, inclusive quanto à aplicabilidade das normas do Código de Defesa do Consumidor, é estranha a essa demanda, cabendo à parte, se o caso, a propositura de ação específica para a discussão do tema, o que efetivamente ocorreu. 2. Fixada essa premissa, incabível se apresenta o pleito reconvencional objetivando discutir exatamente esses temas, pois inadmissíveis na ação principal e defesa. 3. Diante desse contexto, nenhum fundamento existe para cogitar de cerceamento de defesa, ausente que estava a necessidade de dilação probatória, o que bem justificou a realização do julgamento antecipado. ALIENAÇÃO FIDUCIÁRIA. AÇÃO DE BUSCA E APREENSÃO. PEDIDO DE PRESTAÇÃO DE CONTAS APÓS A VENDA DO VEÍCULO. INADMISSIBILIDADE. POSSIBILIDADE DE QUESTIONAMENTO APENAS POR AÇÃO AUTÔNOMA. RECURSO IMPROVIDO. Alcançando a credora fiduciária a consolidação do domínio e posse do bem, como decorrência de sua recuperação após a resolução do contrato de alienação fiduciária, tem a possibilidade de realizar a venda extrajudicial sem prévio conhecimento da devedora fiduciante, a quem cabe ampla possibilidade de questionamento por ação autônoma. (TJSP; APL 1005337-98.2016.8.26.0322; Ac. 10656176; Lins; Trigésima Primeira Câmara de Direito Privado; Rel. Des. Antonio Rigolin; Julg. 03/08/2017; DJESP 07/08/2017; Pág. 2511).

Possibilidade de reconvenção em ação declaratória de inexigibilidade de título de crédito visando à sua cobrança:

✓ TÍTULOS DE CRÉDITO. AÇÃO DECLARATÓRIA DE INEXIGIBILIDADE DE DÉBITO E RECONVENÇÃO. DUPLICATAS. Cerceamento do direito de produzir provas não configurado. O julgamento antecipado da lide não implicou cerceamento do direito de produzir provas. A análise da tese e da antítese, em cotejo com as provas documentais acostadas aos autos, já permite a formação do livre convencimento motivado para solução da controvérsia. Reconvenção em ação declaratória de inexigibilidade de título de crédito. Conexão com o fundamento da defesa. Interesse processual presente. Admissível a reconvenção oferecida por réu em ação declaratória de inexigibilidade de título, ante a conexão com a ação principal e o fundamento de defesa apresentado na contestação, como exigido pelo art. 343 do Código de Processo Civil. No caso concreto, a ação principal tem por objeto dívida referente a duplicatas que a autora/reconvinda busca ver declaradas inexigíveis. Dívida esta que é cobrada pela ré/reconvinte, com fundamento na exigibilidade do referido crédito. Exigibilidade do débito estampado nas duplicatas. Há farta prova documental comprovando a compra e venda e a entrega da mercadoria à autora/reconvinda. De outro lado, não há nem um mínimo de prova da alegada discrepância da mercadoria entregue, nem de sua devolução. Apelação não provida. (TJSP; APL 0000561-06.2016.8.26.0635; Ac. 10477192; São Paulo; Décima Segunda Câmara de Direito Privado; Relª Desª Sandra Galhardo Esteves; Julg. 31/05/2017; DJESP 08/06/2017; Pág. 2493)

Inadmitindo a reconvenção para regulamentação de visitas em ação de alimentos por ausência de conexão:

✓ AGRAVO DE INSTRUMENTO. AÇÃO DE ALIMENTOS. RECONVENÇÃO PARA REGULAMENTAÇÃO DE VISITAS PATERNAS. NÃO RECEBIMENTO. AUSÊNCIA DE CONEXÃO. MANUTENÇÃO. Caso em que o recebimento da reconvenção, cujo objeto é a regulamentação de visitas paternas, esbarra na ausência de conexão com a ação principal, cujo objeto é a fixação de alimentos em favor das filhas menores, estando a decisão questionada amparada no art. 343 do CPC. Agravo de instrumento desprovido. (TJRS; AI 0108532-05.2016.8.21.7000; Ivoti; Oitava Câmara Cível; Rel. Des. Ricardo Moreira Lins Pastl; Julg. 02/06/2016; DJERS 07/06/2016)

Heterogeneidade de ritos como óbice à pretensão manifestada no âmbito da reconvenção proposta:

✓ AGRAVO EM RECURSO ESPECIAL Nº 1597287 - RJ (2019/0299873-9) RELATOR: MINISTRO ANTONIO CARLOS FERREIRA AGRAVANTE: JOSÉ LUIZ DOS SANTOS SOARES AGRAVANTE: MARCOS ANTONIO MAZARIN ADVOGADOS: ALEXANDRE JOSÉ DA COSTA FRANCO - RJ080386 DANIEL GUIMARÃES SAD - RJ125326 AGRAVADO: WALTER AURELIO ALCANTELADO AGRAVADO: DOMINGOS INÁCIO BRAZÃO ADVOGADOS: NEIDÍ GONÇALVES DE AGUIAR - RJ037276 NEY MOREIRA DA FONSECA E OUTRO (S) - RJ125059 DECISÃO Trata-se de agravo nos próprios autos contra decisão que inadmitiu o recurso especial por incidência da Súmula n. 7/STJ (e-STJ fls. 846/851). O acórdão recorrido foi proferido nos termos da seguinte ementa (e-STJ fls. 697/698): Apelação. Ação de conhecimento. Rito ordinário. Rescisão de contrato. Negócio jurídico. Cessão onerosa de cotas de sociedade empresarial. Dívidas desconhecidas. Pretensão indenizatória. Resposta e reconvenção. Execução do saldo do preço. Descabimento. Ação ajuizada objetivando a rescisão de negócio jurídico cumulada com reparação de danos materiais, fundada na existência de dívidas não conhecidas. Contrato (fls. 383/389). Alegação de vícios de vontade e de forma no negócio jurídico. Contrato envolvendo a transferência de cotas e administração de sociedade limitada. Pedido julgado improcedente e extinto o processo, com resolução do mérito, com fulcro com fulcro no art. 487, inciso I, do vigente Código de Processo Civil, condenando-os ao pagamento das custas processuais e dos honorários advocatícios, fixados 10% sobre valor da causa. Pedido dos réus. Reconvenção julgada extinta, sem resolução do mérito, com fulcro com fulcro no art. 485, inciso IV, do Código de Processo Civil, os quais condenou ao pagamento das custas processuais e dos honorários advocatícios, também fixados em 10% sobre valor da causa. Reconvenção. Não se admite, em reconvenção, pedido que visa inaugurar lide executória subjacente, incompatível com o procedimento em questão. Descabimento. Insustentabilidade, seja em vista da natureza da tutela pretendida, seja em razão da própria estrutura procedimental. Reconvenção inadmitida. Ausência de conexão. Vale destacar que, se por intermédio de sentença de improcedência, de natureza declaratória negativa, seja negado o pedido do autor, isso não implica que se reconheça necessariamente o direito de crédito em favor dos réus, que, para tanto, sempre poderão mover pretensão própria, já então no polo ativo da relação processual, quando será possível a delimitação da lide e a consequente formação da coisa julgada. Mérito. A teoria contratual contemporânea contempla quatro grandes princípios: autonomia privada, boa-fé, justiça contratual e função social do contrato. Por mais amplo que seja o conceito, por óbvio ele não permite a subsistência da alegação dos autores quanto a que teriam sido iludidos em sua boa-fé, considerando-se a sua plena ciência, consoante se colhe do contrato celebrado quanto à existência de dívidas na sociedade que passariam a integrar. Cláusulas quinta, sexta e sétima, de cuja dicção se extrai que eles assumiram a responsabilidade pelo passivo, se reservaram direito de regresso contra os promitentes vendedores por qualquer importância que venham a despender para pagamento de débitos, desde que ultrapassem o valor de R$ 100.000,00 e o fato gerador seja anterior a data da posse, que se deu efetivamente em 02/01/2007, cuja responsabilidade de pagamento corresponda aos promitentes vendedores ou seus antecessores, e ainda porque também chegaram a prever a compensação entre eventuais débitos apurados e devidamente comprovados com os créditos existentes, respeitado os respectivos prazos de vencimento. Falta, ademais, de qualquer ressalva no documento. Depoimentos pessoais que culminaram por também confirmar tal conhecimento. Inadmissível é que os autores pretendam desfazer negócios jurídicos perfeito e acabados, realizados sem vício de vontade, por simples arrependimento ou até mesmo porque o negócio jurídico entabulado não tenha correspondido às expectativas. É o que igualmente pode ser observado da notificação extrajudicial levada a efeito pelos autores (fls. 22/25). A alegação de desconhecimento do passivo da sociedade não é, portanto, capaz de justificar o descumprimento das obrigações contraídas pelos autores, pois cabe a eles obter as respectivas certidões de débito junto aos órgãos competentes, a fim de verificar a existência de eventuais débitos que possam obstar o exercício da atividade empresarial. Não se pode olvidar que o princípio da boa-fé exige que as partes se comportem de forma correta não só durante as tratativas, como também durante a formação e o cumprimento do contrato, consoante o disposto no artigo 422 do Código Civil. Ausência de prova de erro, dolo, coação ou outra forma de vício de consentimento. A assunção plena do ativo e passivo de sociedade empresarial resulta na sucessão, mediante a qual os novos sócios passam a explorar o negócio em si, operando-se de pleno direito a transferência da pessoa jurídica. Precedentes deste Tribunal de Justiça. Sentença correta e que deve ser mantida. Recursos aos quais se nega provimento. Rejeitados os embargos de declaração opostos (e-STJ fls. 783/797). Nas razões do recurso especial (e-STJ fls. 821/831), interposto com fundamento no art. 105, III, a e c, da CF, os recorrentes alegaram, além do dissídio jurisprudencial, violação: (i) dos arts. 343 e 543 do CPC/2015, por não ter sido observado pelo Tribunal de origem o princípio da economia processual, visto que estavam presentes os requisitos necessários ao julgamento da demanda reconvencional. Afirmaram que, "independentemente do rito a ser adotado, deveria o juízo ter adentrado no mérito da matéria, ou seja, deveria julgar a reconvenção apresentada pelos recorrentes" (e-STJ fl. 827). Defenderam que a norma "não faz restrição as possibilidades de apresentação de reconvenção, sendo incabível a sua interpretação restritiva, conforme fez a sentença" (e-STJ fl. 826). (ii) do art. 85 do CPC/2015, alegando que não foi analisado pelo Tribunal de origem a tese de impossibilidade de condenação em honorários sucumbenciais na reconvenção, argumentando que "a condenação dos recorrentes em honorários de sucumbência deve ser desconsiderada, seja pela não existência de contestação dos patronos dos recorridos, seja pela inexistência de qualquer atividade profissional dos mesmos para com a reconvenção" (e-STJ fl. 830). Subsidiariamente, pedem a alteração da base de cálculo dos honorários. No agravo (e-STJ fls. 903/916), afirmam a presença de todos os requisitos de admissibilidade do especial. Os recorridos apresentaram contraminuta (e-STJ fls. 921/922). É o relatório. Decido. Em relação ao art. 543 do CPC/2015, verifica-se que o comando legal descrito na norma é dissociado das razões recursais a ele relacionadas. O citado dispositivo trata do prazo indicado ao credor para exercer seu direito de escolha na ação de consignação em pagamento de objeto indeterminado, e as razões recursais defendem a necessidade de observar o princípio da economia processual. Incidente, portanto, a Súmula n. 284/STF. No mais, o Tribunal manteve a sentença, que extinguiu a reconvenção sem resolução do mérito, devido à incompatibilidade dos ritos, visto que a ação principal segue o procedimento comum, enquanto a reconvenção tem natureza executiva. Confira-se o seguinte trecho (e-STJ fls. 702/704): A nova legislação adjetiva civil manteve intacto na edição do novo Código de Processo Civil o instituto da reconvenção, mas o fez com algumas mudanças estruturais, nos termos do art. 343 (a que corresponde o art. 315 e 316 do ab rogado CPC de 1973). Dispõe o caput do artigo 343 do vigente Código de Processo Civil: Art. 343. Na contestação, é lícito ao réu propor reconvenção para manifestar pretensão própria, conexa com a ação principal ou com o fundamento da defesa. (...). [...] Sem maiores digressões, traz-se aos autos um antigo, mas ainda em termos oportuno, aresto a destacar a heterogeneidade de ritos como óbice à pretensão manifestada no âmbito da reconvenção interposta nos presentes autos: DESPEJO. FALTA DE PAGAMENTO DE ALUGUEL. RECONVENCAO. INADMISSIBILIDADE. Processual Civil. Ação de despejo por falta de pagamento. Reconvenção. Inadmissibilidade. "Nos litígios de procedimento especial em que a cognitio e a execução se aglutinam em um só processo, não cabe reconvenção visto que a heterogeneidade procedimental é absoluto, impedindo assim o 'simultaneus processus', ainda mesmo que o processo de conhecimento, na conventio, tome o rito ordinário, uma vez que, apesar disso, a execução não deverá ser objeto de outro processo". Lição de Frederico Marques. Logo, em ação de despejo por falta de pagamento, em que, dada sua natureza, a execução da sentença independe de instauração do processo executivo, é inadmissível a reconvenção. (Apelação Cível 0146007-22.2001.8.19.0001 – DÉCIMA TERCEIRA CÂ-

MARA CÍVEL, Rel.: Des (a). NAMETALA MACHADO JORGE - Julgamento: 26/11/2003) [...] Acresce ponderar que, muito embora a reforma legislativa trazida pela Lei nº 11.232/05, especificamente pelo art. 475-N, inciso I, do vigente Código de Processo Civil, ao estabelecer o caráter de título executivo judicial à sentença proferida no processo civil que reconheça a existência de obrigação de fazer, não fazer, entregar coisa ou pagar quantia, tenha feito com que se passasse a compreender a viabilidade da abertura das vias executivas para concretização dos atos materiais decorrentes de sentença declaratória, em tais vertentes não figura a presente ação de conhecimento, valendo destacar que, por intermédio de sentença de improcedência, de natureza declaratória negativa, nega-se o pedido do autor, sem que necessariamente se reconheça o direito de crédito em favor do réu, a quem, para tanto, caberá mover pretensão própria, agora no polo ativo da relação processual, quando será possível a delimitação da lide e consequente formação da coisa julgada. A decisão está em consonância com a orientação desta Corte no sentido de que, para ser possível a reconvenção, é necessário haver compatibilidade do procedimento desta com o da ação principal. Nesse sentido: RECURSO ESPECIAL. PROCESSUAL CIVIL. EMBARGOS DE TERCEIRO. RECONVENÇÃO. NÃO CABIMENTO. CPC/1973. INCOMPATIBILIDADE DE RITOS. DOUTRINA. [...] 3. O procedimento da demanda reconvencional deve ser compatível com o procedimento da ação principal, tendo em vista que elas terão processamento conjunto. [...] (REsp 1578848/RS, Rel. Ministro RICARDO VILLAS BÔAS CUEVA, TERCEIRA TURMA, julgado em 19/06/2018, DJe 25/06/2018.) PROCESSUAL CIVIL E ADMINISTRATIVO. DESAPROPRIAÇÃO INDIRETA. PRESCRIÇÃO. CÓDIGO CIVIL DE 2002. ART. 1.238, PARÁGRAFO ÚNICO. PRESCRIÇÃO DECENAL. REGRA DE TRANSIÇÃO. PEDIDO RECONVENCIONAL. IMPROCEDÊNCIA. INCOMPATIBILIDADE DE RITOS PROCEDIMENTAIS. HONORÁRIOS. COMPENSAÇÃO. IMPOSSIBILIDADE. MODIFICAÇÃO DA SUCUMBÊNCIA NA ÉGIDE DO NOVO CPC. (...) 3. A reconvenção deve atender, além dos requisitos gerais exigidos para toda e qualquer ação, aos pressupostos de admissibilidade que lhe são peculiares, incluindo o da compatibilidade entre os ritos procedimentais da ação principal e da ação reconvencional. No caso em tela, inexiste compatibilidade entre o rito do pleito reconvencional e do principal. (...) 5. Recurso Especial do Autor não provido, e Recurso Especial do Município de Aparecida de Goiânia parcialmente provido. (REsp 1737864/GO, Rel. Ministro HERMAN BENJAMIN, SEGUNDA TURMA, julgado em 11/12/2018, DJe 29/05/2019.) Incidente, portanto, a Súmula n. 83/STJ. Ainda que assim não fosse, modificar as razões do acórdão recorrido, a fim de avaliar a compatibilidade dos procedimentos demandaria o revolvimento do acervo fático-probatório, inviável no recurso especial ante o óbice da Súmula 7/STJ. Quanto aos honorários advocatícios sucumbenciais, apesar de a parte apontar omissão do Tribunal de origem na análise de tese relacionada a tal tema, deixou de indicar o dispositivo legal supostamente violado. Deficiente, portanto, a fundamentação recursal, o que atrai a incidência da Súmula n. 284/STF. Ainda que assim não fosse, a decisão está em consonância com a orientação desta Corte, pacífica no sentido de que devem ser fixados honorários sucumbenciais independentemente do conteúdo da decisão. E, havendo decisão sem resolução do mérito, a atribuição da verba será orientada pelo princípio da causalidade. Nesse sentido: AGRAVO INTERNO NO AGRAVO EM RECURSO ESPECIAL. PROCESSUAL CIVIL. AÇÃO DE COBRANÇA. EXTINÇÃO DO PROCESSO SEM RESOLUÇÃO DO MÉRITO. ABANDONO DA CAUSA. HONORÁRIOS ADVOCATÍCIOS. PRINCÍPIO DA CAUSALIDADE. ÔNUS DA PARTE AUTORA. AGRAVO INTERNO NÃO PROVIDO. 1. Nas hipóteses de extinção do processo sem resolução do mérito, a responsabilidade pelo pagamento de custas e honorários advocatícios deve ser fixada com base no princípio da causalidade, segundo o qual a parte que deu causa à instauração do processo deve suportar as despesas dele decorrentes. Precedentes. [...] (AgInt no AREsp 1542033/MT, Rel. Ministro RAUL ARAÚJO, QUARTA TURMA, julgado em 11/05/2020, DJe 25/05/2020.) No caso, a demanda reconvencional foi extinta com fundamento no art. 485, IV, do CPC/2015, por ausência de pressupostos processuais, caso em que a responsabilidade da verba honorária deverá ser atribuída a quem deu causa à instauração da demanda. Em relação ao pedido subsidiário, os recorrentes também deixaram de indicar a norma federal violada, o que impede a análise do especial (Súmula n. 284 do STF). Por fim, quanto ao dissídio jurisprudencial, conforme a reiterada jurisprudência desta Corte, os óbices aplicados impedem, igualmente, o exame do recurso especial tanto pela alínea a quanto pela alínea c. Nesse sentido: PROCESSUAL CIVIL E CIVIL. AGRAVO INTERNO NO AGRAVO EM RECURSO ESPECIAL.SÚMULA N. 83/STJ. ALÍNEA A DO PERMISSIVO CONSTITUCIONAL. APLICABILIDADE. INTERNAÇÃO PSIQUIÁTRICA. PRAZO SUPERIOR A TRINTA DIAS. COPARTICIPAÇÃO. CLÁUSULA CONTRATUAL EXPRESSA. POSSIBILIDADE. DECISÃO MANTIDA. 1. Consoante entendimento desta Corte, a Súmula 83 do STJ aplica-se aos recursos especiais interpostos com fundamento tanto na alínea c quanto na alínea a do permissivo constitucional. Precedentes. [...] 3. Agravo interno a que se nega provimento. (AgInt no AREsp 1.287.341/DF, de minha relatoria, QUARTA TURMA, julgado em 12/11/2018, DJe 20/11/2018.) Ante o exposto, NEGO provimento ao agravo. Nos termos do art. 85, § 11, do CPC/2015, majoro em 20% o valor atualizado dos honorários advocatícios arbitrados na origem em favor da parte recorrida, observando-se os limites d os §§ 2º e 3º do referido dispositivo. Brasília, 30 de junho de 2020. Ministro ANTONIO CARLOS FERREIRA Relator (STJ - AREsp: 1597287 RJ 2019/0299873-9, Relator: Ministro ANTONIO CARLOS FERREIRA, Data de Publicação: DJ 01/07/2020).

§ 1º Proposta a reconvenção, o autor será intimado, na pessoa de seu advogado, para apresentar resposta no prazo de 15 (quinze) dias.

§ 2º A desistência da ação ou a ocorrência de causa extintiva que impeça o exame de seu mérito não obsta ao prosseguimento do processo quanto à reconvenção.

→ *V.* Súmula 240 do STJ.

§ 3º A reconvenção pode ser proposta contra o autor e terceiro.

A reconvenção pode ser proposta contra terceiro, mas apenas se este estiver em litisconsórcio com o autor da demanda principal:

✓ APELAÇÕES CÍVEIS. DIREITO PRIVADO NÃO ESPECIFICADO. AÇÃO DE OBRIGAÇÃO DE FAZER E RECONVENÇÃO. APELO DA AUTORA NÃO CONHECIDO POR AUSÊNCIA DE INTERESSE RECURSAL. INDEFERI-

MENTO DA PETIÇÃO INICIAL DA AÇÃO PRINCIPAL, DE OFÍCIO. APELO DAS RECONVINDAS PROVIDO. EXTINÇÃO DA DEMANDA RECONVENCIONAL POR AUSÊNCIA DE PRESSUPOSTOS DE CONSTITUIÇÃO E DE DESENVOLVIMENTO VÁLIDO E REGULAR DO PROCESSO. I. Apelo da autora da ação principal não conhecido por ausência de interesse recursal. Caso em que postulada, pela própria autora da ação principal, o acolhimento da preliminar de inépcia da petição inicial formulada pela parte adversa. II. Deve ser reconhecida a inépcia da petição inicial quando da narração dos fatos narrados não decorre lógica conclusão. Indeferimento da petição inicial da ação principal reconhecida de ofício, fulcro no inciso III do §1º do artigo 330 do CPC. Caso em que deduzido pedido contra pessoa que não integra polo passivo da demanda. III. É possível a propositura de reconvenção contra terceiro que não faz parte da lide, desde que em litisconsórcio passivo com o autor da ação principal – Exegese do §3º do artigo 343 do código de processo civil. **In casu**, proposta demanda reconvencional de forma exclusiva contra terceiro que não integra a lide principal, deve ser extinta a ação autônoma por ausência de pressupostos de constituição e de desenvolvimento válido e regular do processo. Apelo da autora não conhecido. Apelo das reconvindas provido. (TJRS; AC 0278256-70.2017.8.21.7000; Ijuí; Décima Sétima Câmara Cível; Relª Desª Liege Puricelli Pires; Julg. 23/11/2017; DJERS 01/12/2017)

Admitindo a reconvenção contra o franqueado e o seu fiador para demandar o adimplemento de obrigação cobrada pelo réu (franqueador) da demanda originária:

✓ CIVIL E PROCESSUAL CIVIL. AGRAVO DE INSTRUMENTO. AÇÃO DE RESCISÃO DE CONTRATO DE FRANQUIA. RECONVENÇÃO DA FRANQUEADORA. COBRANÇA DE DIVIDAS DERIVADAS DO MESMO CONTRATO. PEDIDO DE CITAÇÃO DOS FIADORES NA RECONVENÇÃO. INDEFERIMENTO. DECISÃO CONTRARIA AO TEXTO NORMATIVO VIGENTE. ARTIGO 343, §3º. PREVISÃO LEGAL QUE ADMITE A INCLUSÃO DE TERCEIRO ESTRANHO À RELAÇÃO PROCESSUAL NO PEDIDO DE RECONVENÇÃO. RESPONSABILIDADE DOS FIADORES PELA DÍVIDA DESCRITA NO CONTRATO. LITISCONSÓRCIO COM O DEVEDOR PRINCIPAL. ARTIGO 113, INCISO I, DO CPC. RECURSO CONHECIDO E PROVIDO. DECISÃO REFORMADA. 1. Merece reforma a decisão que indefere o ajuizamento de pedido reconvencional contra terceiro que fiador da parte autora e, portanto, responsável pelo adimplemento da obrigação postulada na reconvenção, pois o artigo 343, §3º, do Novo Código de Processo Civil, admite, de forma literal e expressa, a inclusão de litisconsorte passivo em sede de reconvenção, dispondo que "A reconvenção pode ser proposta contra o autor e terceiro". 2. Considerando que, nos temos do artigo 818 do Código de Civil, pelo contrato de fiança, uma pessoa garante satisfazer ao credor uma obrigação assumida pelo devedor, caso este não a cumpra, os fiadores da agravada são, em tese, corresponsáveis pelo pagamento do suposto débito objeto do pedido reconvencional da agravante, legitimando sua inclusão no polo passivo da reconvenção, como litisconsortes, nos moldes do artigo 113, inciso I, do Código de Processo Civil. 3. Recurso conhecido e provido. Decisão reformada. (TJDF; Proc. 0705.50.5.662017-8070000; Ac. 104.4103; Sexta Turma Cível; Rel. Des. Alfeu Machado; Julg. 04/09/2017; DJDFTE 20/09/2017)

Limitando o terceiro referido no § 3º ao litisconsorte necessário ou, desde que haja pelo menos conexão, ao litisconsorte facultativo:

✓ AGRAVO DE INSTRUMENTO. COBRANÇA. PRESTAÇÃO DE SERVIÇO MÉDICO-HOSPITALARES EM ESTABELECIMENTO PARTICULAR. RECONVENÇÃO. PRETENSÃO DOS RECONVINTES EM RESPONSABILIZAR O ESTADO. INADEQUAÇÃO DA VIA ELEITA. § 3º DO ART. 343 DO CPC. IMPOSSIBILIDADE, ADEMAIS, DE RECEBIMENTO NA FORMA DE DENUNCIAÇÃO À LIDE. FATO NOVO (RECUSA DE ATENDIMENTO NA REDE PÚBLICA) DEPENDENTE DE INSTRUÇÃO. OFENSA À ECONOMIA E CELERIDADE PROCESSUAIS. RECURSO IMPROVIDO. O termo "terceiro" citado no § 3º do art. 343 do código de processo civil, é "aplicável aos casos de litisconsórcio necessário (simples ou unitário) entre o autor reconvindo e um terceiro e sua aplicabilidade ao litisconsórcio facultativo só se justifica quando se der, no mínimo, por conexão. senão decorrer de um caso de colegitimação (unitariedade)" (DIDIER JUNIOR, Fredie. Curso de Direito Processual Civil. v. 1. Juspodivm, 2015, p. 659). não comprovada de plano a recusa de atendimento de paciente hipossuficiente pela rede pública, indefere-se a denunciação à lide dos entes estatais em ação de cobrança proposta por hospital particular pela prestação de serviços médico-hospitalares, tendo em vista a necessidade de se perquirir fato novo, dependente de instrução, com franco prejuízo ao regular andamento da ação proposta pelo autor e, por conseguinte, aos princípios da celeridade e da efetividade. recurso improvido. (TJMS; AI 1408402-85.2017.8.12.0000; Quarta Câmara Cível; Rel. Des. Dorival Renato Pavan; DJMS 07/11/2017; Pág. 80)

Possibilidade de apresentação de reconvenção à reconvenção pelo sistema processual:

✓ CIVIL. PROCESSUAL CIVIL. AÇÃO DE COBRANÇA E ARBITRAMENTO DE HONORÁRIOS ADVOCATÍCIOS. PRETENSÃO DE REPETIÇÃO DO INDÉBITO DEDUZIDA PELO RÉU EM RECONVENÇÃO. PRETENSÃO DE REPETIÇÃO DO INDÉBITO DEDUZIDA PELO AUTOR EM RECONVENÇÃO SUCESSIVA. RECONVENÇÃO À RECONVENÇÃO PROPOSTA NA VIGÊNCIA DO CPC/73, LEGISLAÇÃO APLICÁVEL QUANTO AO CABIMENTO. ADMISSIBILIDADE DA RECONVENTIO RECONVENTIONIS. DOUTRINA MAJORITÁRIA. AUSÊNCIA DE PROIBIÇÃO, CONDICIONADO O AJUIZAMENTO AO SURGIMENTO DA QUESTÃO QUE A JUSTIFICA NA CONTESTAÇÃO OU NA PRIMEIRA RECONVENÇÃO. INDEFERIMENTO LIMINAR DA RECONVENÇÃO SUCESSIVA NA VIGÊNCIA DO CPC/15. NOVA LEGISLAÇÃO PROCESSUAL QUE SOLUCIONOU OS IMPEDIMENTOS APONTADOS AO CABIMENTO. INTIMAÇÃO PARA APRESENTAÇÃO DE RESPOSTA E NÃO DE CONTESTAÇÃO. ART. 343, §1º. VEDAÇÃO EXPRESSA DA RECONVENÇÃO SUCESSIVA APENAS NA HIPÓTESE DE AÇÃO MONITÓRIA. ART. 702, §6º. ADMISSIBILIDADE CONDICIONADA AO SURGIMENTO DA QUESTÃO QUE JUSTIFICA A RECONVENÇÃO SUCESSIVA APENAS NA CONTESTAÇÃO OU NA PRIMEIRA RECONVENÇÃO. SOLUÇÃO INTEGRAL DO LITÍGIO NO MESMO PROCESSO. OBSERVÂNCIA DOS PRINCÍPIOS DA EFICIÊNCIA E DA ECONOMIA PROCESSUAL, SEM AFRONTA À RAZOÁVEL DURAÇÃO DO

PROCESSO. TEMA REPETITIVO 622. DESNECESSIDADE DE RECONVENÇÃO NA HIPÓTESE DE PRETENSÃO DE REPETIÇÃO DO INDÉBITO. IRRELEVÂNCIA. TESE VINCULANTE QUE APENAS AUTORIZA A ARGUIÇÃO DA MATÉRIA EM CONTESTAÇÃO, SEM EXCLUIR A POSSIBILIDADE DE RECONVENÇÃO PARA ESSA FINALIDADE. 1- O propósito recursal é definir se, no sistema processual brasileiro, é admissível a reconvenção sucessiva, também denominada de reconvenção à reconvenção. 2- Dado que propositura da reconvenção à reconvenção ocorreu na vigência do CPC/73 e que a questão controvertida versa justamente sobre o seu cabimento, é correto afirmar que a admissibilidade da reconvenção sucessiva deve ser examinada, inicialmente, à luz da legislação revogada. 3- Ainda na vigência do CPC/73, a doutrina se posicionou, majoritariamente, pela admissibilidade da reconvenção à reconvenção, por se tratar de medida não vedada pelo sistema processual, mas desde que a questão que justifica a propositura da reconvenção sucessiva tenha como origem a contestação ou a primeira reconvenção. 4- Esse entendimento não se modifica se porventura se adotar, como marco temporal, a data da publicação da decisão que rejeitou liminarmente a reconvenção sucessiva, ocorrida na vigência do CPC/15, pois a nova legislação processual solucionou alguns dos impedimentos apontados ao cabimento da reconvenção sucessiva, como, por exemplo, a previsão de que o autor-reconvindo será intimado para apresentar resposta e não mais contestação (art. 343, §1º) e a vedação expressa de reconvenção à reconvenção apenas na hipótese da ação monitória (art. 702, §6º). 5- Assim, também na vigência do CPC/15, é igualmente correto concluir que a reconvenção à reconvenção não é vedada pelo sistema processual, condicionando-se o seu exercício, todavia, ao fato de que a questão que justifica a propositura da reconvenção sucessiva tenha surgido na contestação ou na primeira reconvenção, o que viabiliza que as partes solucionem integralmente o litígio que as envolve no mesmo processo e melhor atende aos princípios da eficiência e da economia processual, sem comprometimento da razoável duração do processo. 6- Na hipótese, o autor ajuizou ação de cobrança e de arbitramento de honorários advocatícios em face do recorrido, pleiteando o pagamento de honorários contratuais e sucumbenciais; em reconvenção, o réu formulou pretensão de repetição do indébito, porque teria pago ao autor, a título de honorários, valor maior do que o devido, surgindo, apenas a partir desse exato momento, a pretensão de repetição do indébito deduzida pelo autor na reconvenção sucessiva, a fim de que seja o réu condenado a pagar ao autor o equivalente do que dele exige, pretensão que não seria suscetível de cumulação com os pedidos formulados na petição inicial. 7- O fato de a 2ª Seção desta Corte, por ocasião do julgamento do REsp 1.111.270/PR, submetido ao rito dos repetitivos (tema 622), ter fixado a tese de que "a aplicação da sanção civil do pagamento em dobro por cobrança judicial de dívida já adimplida (cominação encartada no artigo 1.531 do Código Civil de 1916, reproduzida no artigo 940 do Código Civil de 2002) pode ser postulada pelo réu na própria defesa, independendo da propositura de ação autônoma ou do manejo de reconvenção, sendo imprescindível a demonstração de má-fé do credor" não impede a propositura da reconvenção sucessiva, pois, no referido precedente vinculante, houve apenas a autorização para que o debate acerca da repetição do indébito acontecesse a partir da arguição da matéria em contestação, sem, contudo, eliminar a possibilidade de manejo da reconvenção para essa finalidade. 8- Recurso especial conhecido e provido, para determinar seja dado regular prosseguimento à reconvenção sucessiva ajuizada pelo recorrente. (STJ – REsp: 1690216 RS 2017/0193448-6, Relator: Ministro PAULO DE TARSO SANSEVERINO, Data de Julgamento: 22/09/2020, T3 – TERCEIRA TURMA, Data de Publicação: DJe 28/09/2020).

§ 4º A reconvenção pode ser proposta pelo réu em litisconsórcio com terceiro.

§ 5º Se o autor for substituto processual, o reconvinte deverá afirmar ser titular de direito em face do substituído, e a reconvenção deverá ser proposta em face do autor, também na qualidade de substituto processual.

§ 6º O réu pode propor reconvenção independentemente de oferecer contestação.

Capítulo VIII
DA REVELIA

Art. 344. Se o réu não contestar a ação, será considerado revel e presumir-se-ão verdadeiras as alegações de fato formuladas pelo autor.

→ *v.* Art. 20 da Lei 9.099/1995.

→ *v.* Arts. 72, II, 503, § 1º, II 525, § 1º, I, e 963, II, do CPC.

Apontando que a presunção decorrente da revelia é relativa:

✓ APELAÇÃO DO RÉU. NÃO CONHECIMENTO. PROTOCOLO DE FOTOCÓPIA. APRESENTAÇÃO POSTERIOR DO ORIGINAL. IRREGULARIDADE FORMAL DO RECURSO. APELAÇÃO AUTORAL. DIREITO DO CONSUMIDOR. INSCRIÇÃO EM CADASTRO RESTRITÍCIO. REVELIA. DANO MORAL CONFIGURADO. ADEQUAÇÃO DO QUANTUM INDENIZATÓRIO. APELO PROVIDO PARCIALMENTE. O recurso do Réu carece de pressuposto extrínseco de admissibilidade posto que foi apresentado através de fotocópia. A jurisprudência consolidada do Superior Tribunal de Justiça aponta para a impossibilidade de apresentação de recurso cujas respectivas petições de interposição e razões não estejam subscritas de forma direta pelo advogado ou procurador judicial. Ainda que se admita, por analogia, a aplicação da Lei nº 9.800/90, é necessário que os originais sejam apresentados nos autos, necessariamente, no prazo legal de 05 (cinco) dias. Nos termos do art. 2ª da referida Lei. A decretação da revelia pelo Julgador primevo, gera a presunção relativa de veracidade dos fatos alegados pelo Autor na exordial, conforme disposto no artigo 344 do CPC, devendo referidas alegações fáticas serem consideradas verdadeiras caso o conjunto probatório não traga elementos aptos a contraditá-las. Danos morais que se dá in re ipsa, ou seja, prescindindo da efetiva comprovação de sua existência. Logo, por conseguinte, devida a indenização. Valor da indenização que deve proporcionar à vítima satisfação na justa medida do abalo sofrido, produzindo no agente do ilícito impacto suficiente para dissuadi-lo de igual procedimento, forçando-o a adotar cautela maior em situações como a descrita nestes autos. Adequação do valor arbitrado no 1º Grau (R$3.000,00. Três mil reais). Termo inicial dos juros moratórios deslocados de ofício para a data do evento danoso. Súmula nº 54 do c. STJ. Apelação parcialmente provida. (TJPE; APL 0097851-37.2013.8.17.0001; Rel. Des. Cândido José da Fonte Saraiva de Moraes; Julg. 13/12/2017; DJEPE 05/01/2018); APELAÇÃO CÍVEL. OUTORGA DE ESCRITURA PÚBLICA. REVELIA. PRESUNÇÃO RELATIVA DE VERACIDADE. PREVALÊNCIA DA OBRIGAÇÃO DA

PARTE AUTORA DE COMPROVAR OS FATOS CONSTITUTIVOS DO DIREITO PRETENDIDO. CONTRATO DE COMPRA E VENDA DE IMÓVEL. AUSÊNCIA DE PROVAS DA QUITAÇÃO. OUTORGA INDEFERIDA. A teor do art. 344 do Código de Processo Civil de 2015, sendo o réu revel, reputam-se verdadeiras as alegações de fatos formuladas na inicial. Contudo, trata-se de presunção relativa, que não exime a parte autora da obrigação instituída no art. 373, I, do CPC/2015, de comprovar os fatos constitutivos do direito pretendido. Não tendo a parte autora conseguido comprovar, efetivamente, a quitação das parcelas do contrato de compra e venda firmado entre as partes, não há como ser deferida em seu favor a outorga da escritura pública do imóvel objeto da avença. (TJMG; APCV 1.0394.13.001513-1/001; Rel. Des. Arnaldo Maciel; Julg. 12/09/2017; DJEMG 15/09/2017)

Ressaltando que a revelia não acarreta a automática procedência do pedido:

✓ APELAÇÃO CÍVEL. AÇÃO INDENIZATÓRIA. DANO MORAL. OFENSAS PELA INTERNET. REVELIA. PRESUNÇÃO RELATIVA DE VERACIDADE. DOCUMENTOS JUNTADOS COM CONTESTAÇÃO E RECONVENÇÃO INTEMPESTIVAS. PROVAS CONTRAPOSTAS ÀS ALEGAÇÕES DO AUTOR PRODUZIDAS A TEMPO. AUSÊNCIA DE IRREGULARIDADE. IMPROCEDÊNCIA DO PEDIDO. ÔNUS DA SUCUMBÊNCIA. DISTRIBUIÇÃO. 1. Apelação interposta da r. Sentença, que, em ação de indenização por dano moral, julgou improcedente o pedido inicial e condenou o autor ao pagamento dos ônus da sucumbência. 2. A presunção de veracidade advinda da decretação da revelia não é absoluta nem enseja a automática procedência do pedido inicial, artigos 344 e 345 do CPC/2015. Além disso, a medida não impede o réu de produzir provas contrapostas às alegações do autor. Desde que se faça representar nos autos a tempo de praticar os atos processuais indispensáveis a essa produção., tampouco obsta a iniciativa probatória do Juiz, na tentativa de busca da verdade real, artigos 349 e 370 do CPC/2015. 3. No presente caso, não se verifica irregularidade no julgamento de improcedência do pedido inicial pelo simples fato de estar fundado em documentos juntados com a contestação e a reconvenção intempestivas. Isso porque tais documentos foram produzidos no momento processual adequado, ou seja, durante a fase postulatória, na qual é dado ao autor e ao réu a produção de prova documental. 4. O autor responde sozinho pelos ônus da sucumbência, haja vista que o pedido inicial foi julgado improcedente e a reconvenção sequer foi processada. 5. Apelação do autor conhecida e desprovida. (TJDF; APC 2015.01.1.033145-6; Ac. 106.6016; Segunda Turma Cível; Rel. Des. César Loyola; Julg. 06/12/2017; DJDFTE 20/12/2017); ARBITRAMENTO DE HONORÁRIOS ADVOCATÍCIOS. REVELIA DECRETADA. PRESUNÇÃO RELATIVA. CONTRATAÇÃO DE ADVOGADO. NEGATIVA DE PAGAMENTO SEM JUSTA CAUSA. VALOR FIXADO DE ACORDO COM O TRABALHO DESEMPENHADO PELO CAUSÍDICO. INAPLICABILIDADE DO ART. 85, §2º, DO CPC/15. SENTENÇA MANTIDA. RECURSO DESPROVIDO. No caso, sendo o réu revel, é certo que deve militar a presunção relativa de veracidade dos fatos narrados na inicial, tal como preconizado no art. 344, do CPC/15, não havendo que se falar em procedência total da demanda apenas em função da revelia decretada. Na falta de estipulação ou de acordo, os honorários são fixados por arbitramento judicial, em remuneração compatível com o trabalho e o valor econômico da questão. Inteligência do art. 22, §2º, do Estatuto da OAB. Nas hipóteses de ação de arbitramento de honorários não se aplica a regra de percentual sobre o valor da causa ou condenação disposta no §2º, do art. 85, do CPC/15, devendo o magistrado se ater aos critérios qualitativos do causídico durante a sua participação no feito, a fim de arbitrar os honorários de forma justa, razoável e proporcional, consoante se observou na espécie. (TJMT; APL 127173/2017; Capital; Rel. Des. Carlos Alberto Alves da Rocha; Julg. 13/12/2017; DJMT 18/12/2017; Pág. 179).

Apontando que o pedido contra o revel pode ser julgado improcedente se os fatos presumidos conduzirem a consequências jurídicas diversas das pretendidas pelo autor:

✓ EMBARGOS DE DECLARAÇÃO. EXISTÊNCIA DE OMISSÃO. VÍCIO SANADO. Os embargos de declaração possuem a finalidade de esclarecer obscuridade, eliminar contradição, suprir omissão ou corrigir erro material existente na decisão judicial. No caso concreto, houve omissão, vício que deve ser sanado. Revelia. A revelia induz presunção de veracidade dos fatos articulados na petição inicial (art. 344 do CPC/15), mas não implica necessariamente a procedência do pedido. Isso porque os fatos fictamente provados podem conduzir a consequências jurídicas distintas daquelas pretendidas pelo autor ou pode existir algum fato capaz de obstar os efeitos da revelia. Enfrentamento de todos os argumentos deduzidos no processo. O julgador não precisa rebater todos os argumentos deduzidos pelas partes, sendo obrigado a analisar apenas aqueles que são relevantes, ou seja, os argumentos capazes de alterar a conclusão da decisão judicial. Inteligência do art. 489, § 1º, IV, do CPC/2015. Embargos de declaração parcialmente acolhidos. (TJRS; EDcl 0321582-80.2017.8.21.7000; São Leopoldo; Décima Nona Câmara Cível; Rel. Des. Marco Antonio Angelo; Julg. 14/12/2017; DJERS 18/12/2017).

Considerando que, mesmo com a decretação da revelia, o juiz pode se convencer de forma distinta daquele pretendida pelo autor:

✓ APELAÇÃO CÍVEL. DIVÓRCIO. PARTILHA. INSUFICIÊNCIA DE ELEMENTOS DE CONVENCIMENTO. REVELIA. PRESUNÇÃO RELATIVA DE VERACIDADE DOS FATOS AFIRMADOS PELA PARTE AUTORA. A precariedade probatória acerca da existência da edificação (casa) tal como afirmada pela autora, bem como a ausência de elementos de convencimento de que tenha sido realizada a expensas dos litigantes durante o casamento, em que pese sobre terreno alheio, resulta que nenhum direito de meação pode ser a ela concedido. A circunstância de o demandado não ter apresentado contestação, não significa, ipso facto, a procedência dos pedidos da parte autora, porquanto nos termos do art. 344 do CPC a revelia faz presumir verdadeiras as alegações de fato formuladas pelo autor, de modo que pode o julgador se convencer em sentido diverso, como é o caso, não significando que esteja forçado a, impositivamente, proferir sentença de procedência do pedido. Negaram provimento. Unânime. (TJRS; AC 0294215-81.2017.8.21.7000; Porto Alegre; Oitava Câmara Cível; Rel. Des. Luiz Felipe Brasil Santos; Julg. 07/12/2017; DJERS 14/12/2017).

Ressalvando as questões de direito e de ordem pública dos efeitos materiais da revelia:

✓ APELAÇÃO CÍVEL. CONTESTAÇÃO INTEMPESTIVA. REVELIA CONFIGURADA. LIBERDADE DE MANIFESTAÇÃO DO PENSAMENTO E EXPRESSÃO. DANO MORAL. NÃO CONFIGURADO. MAJORAÇÃO DE HONORÁRIOS, ARTIGO 85, § 11, DO CPC. RECURSO DESPROVIDO. 1. A presunção de veracidade dos fatos disciplinada no artigo 344 do CPC é relativa, devendo ser cotejada com elementos de prova constantes nos autos. 2. Não há óbice legal para que referida peça e os documentos que a acompanham sejam mantidos nos autos. A ocorrência da revelia induz a veracidade da matéria fática, no entanto, não alcança as questões de direito de ordem pública. 3. A liberdade de pensamento e de expressão, prevista nos artigos 5º, incisos IV, IX, e XIV e 220 da Constituição Federal, devem ser exercidas sem lesionar os direitos da personalidade, previsto no inciso X, também do artigo 5º da Constituição, sob pena de cometimento de ato ilícito, cuja indenização cabível também é garantida pela Constituição Federal, em seu artigo 5º, inciso V, e pelo Código Civil, em seus artigos 186 e 927. 4. À luz dos fundamentos apresentados, não houve, no caso vertente, exercício abusivo da liberdade de manifestação do pensamento e de expressão, motivo pelo qual inexiste conduta ilícita imputável à requerida. Não há falar, portanto, em responsabilização civil, porquanto ausente o requisito previsto nos artigos 186 e 927 do Código Civil. 5. Recurso conhecido e desprovido. Sentença mantida. (TJDF; APC 2016.01.1.012190-4; Ac. 101.0969; Quinta Turma Cível; Rel. Des. Silva Lemos; Julg. 05/04/2017; DJDFTE 09/05/2017).

Exigindo suporte probatório mínimo para que se opere a presunção decorrente da revelia:

✓ APELAÇÃO CÍVEL. AÇÃO DE COBRANÇA. CONTRATO DE PRESTAÇÃO DE SERVIÇOS DE EMPREITADA. ILEGITIMIDADE ATIVA. REJEIÇÃO. NULIDADE CITAÇÃO. QUESTÃO JÁ DECIDIDA. REVELIA. PRESUNÇÃO RELATIVA DE VERACIDADE. ÔNUS DA PROVA DO AUTOR. INADIMPLENCIA CONTRATUAL. COMPROVAÇÃO. DANOS MATERIAIS PARCIALMENTE DEVIDOS". Uma vez comprovada a relação jurídica existente entre as partes, clara está a legitimidade ativa da apelada. É defeso à parte rediscutir no curso do processo as questões já decididas por acórdão dessa corte, a cujo respeito não foi interposto recurso a tempo e modo. Tratando-se de revelia, o artigo 344 do CPC/15 dispõe que presumem-se verdadeiras as alegações de fato afirmados pelo autor, mas, desde que as provas ora produzidas estejam aptas a comprovar o que foi por ele alegado. Nos termos do art. 373 do CPC/15, tratando-se de distribuição do ônus da prova, compete ao autor provar os fatos constitutivos do seu direito e ao réu, os fatos modificativos, extintivos ou impeditivos do direito do autor. (TJMG; APCV 1.0525.12.020526-1/003; Rel. Des. Pedro Aleixo; Julg. 01/11/2017; DJEMG 10/11/2017); APELAÇÃO CÍVEL. AÇÃO DE COBRANÇA. EXPURGOS. REVELIA. EFEITOS. ÔNUS DA PROVA. AUSÊNCIA DE COMPROVAÇÃO DA EXISTÊNCIA DA CONTA À ÉPOCA. COMPROMETIMENTO DA PRESTAÇÃO JURISDICIONAL. SENTENÇA MANTIDA. O efeito previsto no art. 344, do CPC, não é absoluto e tampouco importa na procedência automática do pedido, já que pode ceder diante dos elementos presentes nos autos. Assim sendo, não se reputa cabível a aplicação da presunção de veracidade prevista no art. 344 do CPC, quando se tratar de ação de cobrança de expurgos inflacionários, e for inexistente qualquer indício de prova da existência da conta poupança à época, já que o julgamento depende da prova da existência da conta e de seus dados, para que a partir de então seja analisada a possível incidência o expurgo reclamado. Não se desincumbindo o autor de provar os fatos constitutivos do seu direito, afasta-se a responsabilidade da parte requerida, já que não há falar em inversão do ônus da prova para compelir o réu à apresentação de extrato de conta poupança à época dos expurgos inflacionários, uma vez ter restado comprovado que a abertura da conta ocorreu somente em 1995. (TJMG; APCV 1.0027.09.177838-4/001; Rel. Des. Alberto Henrique; Julg. 26/10/2017; DJEMG 10/11/2017)

Reconhecendo que, mesmo em ação monitória, a revelia não impede o juiz de avaliar as condições da ação:

✓ MONITÓRIA. PRESTAÇÃO DE SERVIÇOS EDUCACIONAIS. Caracterizada a revelia. Prova escrita que possibilita o pedido monitório. SENTENÇA DE PROCEDÊNCIA, "reconhecendo como título executivo o contrato que segue com a inicial, convertendo-se o mandado e o rito para execução". Presunção que decorre do disposto no artigo 344 do Código de Processo Civil que não impede o Magistrado de apreciar as condições da ação. Ausente prova escrita que possibilite o pedido monitório. Documentos não subscritos pelas Requeridas. Ausente o interesse processual. RECURSO DAS REQUERIDAS PROVIDO, PARA JULGAR EXTINTO O PROCESSO, COM FULCRO NO ARTIGO 267, INCISO VI, DO ANTIGO CÓDIGO DE PROCESSO CIVIL, E PARA CONCEDER O BENEFÍCIO DA GRATUIDADE PROCESSUAL ÀS REQUERIDAS. (TJSP; APL 1037943-74.2013.8.26.0100; Ac. 10220784; São Paulo; Trigésima Quinta Câmara de Direito Privado; Rel. Des. Flavio Abramovici; Julg. 06/03/2017; DJESP 10/03/2017).

Ausência de amparo legal para se determinar o desentranhamento da contestação do réu revel:

✓ APELAÇÃO CÍVEL. AÇÃO DE PRESTAÇÃO DE CONTAS. CONTESTAÇÃO INTEMPESTIVA. REVELIA. DESENTRANHAMENTO DA CONTESTAÇÃO E DOCUMENTOS. DESNECESSIDADE. RECURSO NÃO PROVIDO. A prestação de contas cabe a todos aqueles que administram bens e patrimônio de terceiros e mesmo bens comuns, não sendo exigível aos bens particulares. Inexistindo irregularidades na citação pessoal da parte, por meio de Oficial de Justiça, deve ser reconhecida a intempestividade da contestação apresentada fora prazo legal. Os efeitos da revelia, previstos no art. 344, do CPC, não induzem à procedência dos pedidos formulados na inicial e nem impedem o exame de outras circunstâncias constantes dos autos, conforme o princípio do livre convencimento do juiz. A manutenção da contestação nos autos não prejudica a parte autora, haja vista que tal peça será apreciada apenas quanto às questões de direito, não sendo possível ao demandado a produção de prova a respeito dos fatos por ele alegados. Os documentos que instruem a contestação também devem permanecer nos autos já que é lícito às partes juntar documentos novos a qualquer momento, conforme preceitua o art. 435 do CPC. (TJMG; APCV 1.0080.14.002231-2/001; Rel. Des. Belizário Antônio de Lacerda; Julg. 02/05/2017; DJEMG 10/05/2017). No mesmo sentido: AGRAVO DE INSTRUMENTO. REVELIA. JUNTADA DO CONTRATO SOCIAL. DÚVIDAS QUANTO À REPRESENTAÇÃO DA PESSOA

JURÍDICA. POSSIBILIDADE. DETERMINAÇÃO DE DESENTRANHAMENTO DA CONTESTAÇÃO, RECONVENÇÃO E DOCUMENTOS ACOSTADOS QUE FOGE DOS EFEITOS DA REVELIA. REFORMA PARCIAL1. Corriqueiramente, não é imprescindível, porém é prudente, a juntada do contrato social da pessoa jurídica que outorga a procuração, sendo, apenas, indispensável quando há dúvida acerca do credenciamento da pessoa que outorgou o mandato de procuração. 2 no caso dos autos, em razão das dúvidas suscitadas pela parte autora da ação original e, em face da inércia da empresa ré em não ter sanado o questionamento promovido, mesmo após efetiva intimação com esta finalidade, deve ser mantido o comando oriundo do 1º grau de jurisdição. 3. A decretação da revelia não implica na necessidade de desentranhamento das peças e documentos acostados pela parte ré, até porque, como se sabe, o réu revel pode ingressar nos autos a qualquer tempo, recebendo-o no estado em que se encontra, podendo, inclusive, promover a produção de provas. Recurso conhecido e parcialmente provido. Decisão unânime. (TJAL; AI 0803049-63.2015.8.02.0000; Primeira Câmara Cível; Rel. Des. Fernando Tourinho de Omena Souza; DJAL 01/04/2016; Pág. 116); CIVIL E PROCESSUAL CIVIL. APELAÇÃO. PRELIMINAR DE INTEMPESTIVIDADE DA CONTESTAÇÃO. DESENTRANHAMENTO DA PETIÇÃO. DESNECESSÁRIO. REVELIA. PRESUNÇÃO RELATIVA. ENERGIA ELÉTRICA. AÇÃO CIVIL PÚBLICA. PROIBIÇÃO DE COBRANÇA DE FATURAS. INEXISTÊNCIA DE PROVA DE QUITAÇÃO. REPETIÇÃO DE INDÉBITO INDEVIDA. DANOS MORAIS. MERO ABORRECIMENTO. INEXISTÊNCIA DO DEVER DE INDENIZAR. RECURSO CONHECIDO E NÃO PROVIDO 1. Desnecessário o desentranhamento de contestação protocolada fora do prazo, posto que a revelia importa tão somente na presunção relativa de veracidade dos fatos alegados, sendo certo que as questões de direito podem e devem ser analisadas, independentemente de sua apresentação e o réu revel pode intervir no processo em qualquer fase, recebendo-o no estado em que se encontra, nos termos do disposto no art. 322do-CPC/73 (art. 346, do CPC/2015). 2. Existência de sentença proferida na Ação Civil Pública. Proc. n. 1452007 proibindo a cobrança de faturas de energia elétrica referente ao ano de 2008 aos consumidores dos municípios de Arraial e de Francisco Ayres. 3. Incabível a repetição em dobro do valor despendido posto não haver provas nos autos do efetivo pagamento de contas de energia elétrica. 4. Pedido de indenização por danos morais incabível, pois inexistentes os requisitos ensejadores do dever de indenizar. Mero aborrecimento pela cobrança indevida e ameaça de inclusão no SPC/SERASA. 5. Recurso conhecido e não provido à unanimidade. (TJPI; AC 2015.0001.011193-7; Quarta Câmara Especializada Cível; Rel. Des. Raimundo Nonato da Costa Alencar; DJPI 31/03/2017; Pág. 55)

Contra. Entendendo ser possível determinar o desentranhamento da contestação do réu revel:

✓ APELAÇÃO CÍVEL. AÇÃO DE NUNCIAÇÃO DE OBRA NOVA. REVELIA. DESENTRANHAMENTO DA CONTESTAÇÃO. POSSIBILIDADE. REQUERIMENTO DE PRODUÇÃO DE PROVAS FORMULADO NA PETIÇÃO DESENTRANHADA. NÃO APRECIAÇÃO. CONSTRUÇÃO PRÓXIMA AO MURO VIZINHO. IRREGULARIDADES. RECURSO DESPROVIDO. SENTENÇA MANTIDA. I – O c. STJ manifesta o entendimento de que a contestação protocolada intempestivamente pode ser desentranhada dos autos, face à decretação da revelia; II – Ainda que o réu possa produzir provas antes do final da fase instrutória, tem-se que sendo intempestiva a sua contestação, não deve ser apreciado o requerimento de provas nela contido; III – Mantém-se inalterado o comando exarado pela Magistrada a quo que determinou o desentranhamento da contestação apresentada pelo Apelante e rejeita-se a alegação de violações ao devido processo legal e à igualdade das partes, eis que reconhecida a sua revelia, não havendo que se falar em anulação da sentença e na determinação de retorno dos autos para a reabertura da fase instrutória. IV – No tocante ao mérito, verifica-se que o Município de Guarapari, através da sua Secretaria de Fiscalização, em resposta ao ofício expedido pela Magistrada a quo, informou que a construção erigida pelo Apelante seria irregular, motivo pelo qual destacou que ingressaria com a competente ação demolitória, circunstância que demonstra que a construção do Apelante não fora devidamente licenciada, dando azo para que as irregularidades verificadas quanto ao direito de vizinhança ganhassem força, sobretudo quando se observa as imagens constantes às fls. 19/24, as quais demonstram que o Apelante teria sustentado as telhas da sua garagem no muro divisório já existente, infringindo o quanto disposto nos artigos 1.305, parágrafo único e 1.306 do Código Civil. Ademais, tais imagens, aliadas àquelas juntadas às fls. 62/66, demonstram que a construção erigida pelo Apelante não observou o distanciamento mínimo obrigatório, conforme estatuído no art. 1.301 do Código Civil; V – Recurso conhecido e desprovido. (TJES; APL 0006043-37.2013.8.08.0021; Quarta Câmara Cível; Rel. Des. Jorge do Nascimento Viana; Julg. 30/01/2017; DJES 14/02/2017); AGRAVO DE INSTRUMENTO. AÇÃO DE COBRANÇA. CONTESTAÇÃO APRESENTADA A DESTEMPO. REVELIA. DESENTRANHAMENTO DA PEÇA CONTESTATÓRIA. POSSIBILIDADE. RECURSO CONHECIDO E IMPROVIDO. Inexiste óbice para o desentranhamento da contestação apresentada de forma extemporânea, mormente porque tal procedimento não faz com que o réu não possa mais interferir no feito, produzindo provas, nem que os fatos alegados pelo autor sejam considerados verdadeiros. (TJMS; AI 1402449-43.2017.8.12.0000; Segunda Câmara Cível; Rel. Des. Marcos José de Brito Rodrigues; DJMS 22/05/2017; Pág. 96).

Os efeitos da revelia não devem se dar de forma absoluta:

✓ AGRAVO EM RECURSO ESPECIAL Nº 1643211 – SP (2019/0381141-6) RELATOR: MINISTRO LUIS FELIPE SALOMÃO AGRAVANTE: VALFILM – MG INDUSTRIA DE EMBALAGENS LTDA ADVOGADOS: MARCELO BRINGEL VIDAL – SP142362 LEONARDO ALEXANDRE DE SOUZA E SILVA – SP376742 AGRAVADO: WENG QIQIANG MERCADO ADVOGADO: MARCO AURÉLIO GOES TEIXEIRA – SP381055 DECISÃO 1. Cuida-se de agravo interposto por VALFILM – MG INDUSTRIA DE EMBALAGENS LTDA. contra decisão que não admitiu o seu recurso especial, por sua vez manejado em face de acórdão proferido pelo TRIBUNAL DE JUSTIÇA DE SÃO PAULO assim ementado: "PRELIMINAR NULIDADE DA CITAÇÃO Carta de citação devidamente encaminhada, pelos Correios, ao endereço indicado pela autora Funcionário da recepção do condomínio edilício que recebeu o ato citatório, assinando o aviso de recebimento e indicando o número de seu documento pessoal, sem apresentar ressalva, objeção ou recusa – Endereço que é expressamente indicado na" Ficha Cadastral Completa "da ré, obtida perante à Jucesp – Ré, ademais, que ao acostar aos autos a guia DARE, visando o recolhimento do preparo recursal, indicou, no campo específico 'endereço', aquele para o qual justamente foi direcionada a carta de citação – Entendimento jurisprudencial de que o recebimento do mandado citatório ou mesmo da carta de citação, como é o caso dos autos, por funcionário sem poderes de representação é válido ante a aplicação da teoria da aparência Inexistindo elementos ou indícios passíveis de afastar a tese de que a ré foi devidamente citada, há que se considerar válida e regular a citação realizada nos autos – Inteligência do art. 248, §§ 2º e 4º, do CPC Precedentes do C. STJ e deste E. TJ Preliminar afastada." "PRELIMINAR INCOMPETÊNCIA DO JUÍZO I – Ação declaratória de inexistência de débito c.c. pedido de indenização por danos morais, embasada no indevido protesto do nome da autora junto ao 4º Tabelião de Protesto de Letras e Títulos de São Paulo/SP Hipótese em que incide o art. 53, III, d, do CPC – Competente o Juízo do lugar onde deveria ter havido o pagamento, o qual no feito coincide ainda com o local de seu protesto Precedentes deste E. TJ II Hipótese, ademais, em que uma das Varas Cíveis do Foro Central desta Comarca de São Paulo/SP também se revela competente, considerando-se o endereço onde a ré exerce suas atividades Juízo competente Preliminar afastada." "PRELIMINAR – CAPACIDADE POSTULATÓRIA DO PATRONO DA AUTORA Hipótese em que a procuração acostada aos autos aponta o endereço do advogado da autora, bem como seu telefone para contato – Intimação do advogado, atualmente, que ainda não ocorre via endereço eletrônico Ausente qualquer nulidade ante a ausência de indicação de e-mail do advogado da autora na procuração – E-mail que serve apenas como um canal alternativo e informal de comunicação dos atos processuais Preliminar afastada." "AÇÃO DECLARATÓRIA DE INEXISTÊNCIA DE DÉBITO C.C. PEDIDO DE INDENIZAÇÃO POR DANOS MORAIS REVELIA I – A apelação devolverá ao tribunal o conhecimento da matéria impugnada Reconhecido que as questões não debatidas no juízo de primeiro grau não podem ser apreciadas pelo Tribunal em grau de recurso, por obediência ao princípio do duplo grau de jurisdição Impossibilidade de apreciação, em sede de apelo, de matéria que deveria ter sido impugnada em sede de contestação, exceto aquelas que podem ser conhecidas de ofício Ré que, citada, não apresentou contestação, sendo decretada sua revelia Presunção relativa de veracidade dos fatos alegados pela autora Inexistência de qualquer elemento capaz de afastar a referida presunção de veracidade Sentença mantida II – Sentença proferida e publicada quando já em vigor o CPC Em razão do trabalho adicional realizado em grau de recurso, com base no art. 85, § 11, do CPC, majora-se os honorários advocatícios para 20% sobre o valor da condenação – Apelo improvido. Os embargos de declaração foram rejeitados (fls. 124-129). Nas razões do recurso especial (fls. 132-139), a parte recorrente aponta violação do art. 1.013 do CPC/2015, sob o argumento de que foi negado provimento à apelação sem que o pedido referente à redução do quantum arbitrado na sentença fosse apreciado pelo Tribunal Estadual. Contrarrazões às fls. 165-178 e 180-186. É o relatório. DECIDO. 2. A irresignação não prospera. O Tribunal de origem, ao dirimir a controvérsia que lhe foi apresentada, consignou (fls. 109-120): (...) Vê-se dos autos que, devidamente citada (fl. 37), a ré permaneceu inerte, deixando transcorrer in albis o prazo para apresentação de defesa, sendo decretada sua revelia. Agora, em sede de recurso, ingressa a ré nos autos, com a pretensão de discutir o mérito da ação, sem que este tenha sido discutido em primeira instância, vez que a sentença foi proferida à revelia, por ausência de contestação e da juntada de documentos. Devolvendo a apelação ao tribunal somente o conhecimento da matéria impugnada (art. 1.013 do CPC, correspondente ao art. 515 do CPC/1973), não é dado à ré discutir, em sede de apelo, fatos não impugnados em primeira instância. As razões expendidas pela ré, portanto, não podem ser apreciadas, vez que o mérito da ação não foi discutido junto à MM. Juíza" a quo ", face à revelia. Não é dado à ré discutir fatos não impugnados em primeira instância, em sede de apelo, podendo ser discutida, na sede recursal, apenas as questões que o juiz deva conhecer de ofício. (...) Portanto, embora o art. 346 do CPC, admita a intervenção da ré revel no processo a qualquer momento, isto não significa que a esta possa rediscutir matéria tida por incontroversa em face da revelia. Afasta-se, portanto, sem apreciação, a matéria de mérito alegada em sede de apelo. Acrescente-se, apenas por oportuno, que dispõe o art. 344 do CPC: "Art. 344. Se o réu não contestar a ação, será considerado revel e presumir-se-ão verdadeiras as alegações de fato formuladas pelo autor.". No entanto, os efeitos da revelia não devem se dar de forma absoluta, de modo a impedir a efetiva apreciação do cabimento do direito invocado e postulado pela autora. (...) Assim, não sendo absoluta a presunção de veracidade decorrente da revelia e havendo elementos nos autos que levem a conclusão contrária, não está o juiz obrigado a decidir em favor do pedido da autora. No caso dos autos, contudo, inexiste qualquer elemento a afastar a presunção de veracidade dos fatos alegado pela autora, razão pela qual a r. sentença, quanto ao mérito, não comporta reparos. De rigor era, pois, a procedência da ação, exatamente como constou do decisum a quo. Pois bem, o art. 1.013, caput, do CPC/2015, dispositivo tido por violado no presente recurso especial, prevê que a apelação devolverá ao tribunal o conhecimento da matéria impugnada. Na hipótese dos autos, a Corte local foi clara ao afirmar que as questões suscitadas pela ora recorrente não poderiam ser apreciadas, uma vez que a questão não teria sido impugnada em primeira instância, diante de sua revelia, o que afastaria a devolutividade da matéria em segundo grau. E ainda acrescentou que"...não sendo absoluta a presunção de veracidade decorrente da revelia e havendo elementos nos autos que levem a conclusão contrária, não está o juiz obrigado a decidir em favor do pedido da autora. No caso dos autos, contudo, inexiste qualquer elemento a afastar a presunção de veracidade dos fatos alegado pela autora, razão pela qual a r. sentença, quanto ao mérito, não comporta reparos". Ciente disso, assevero que, uma vez interposta a apelação, o Tribunal poderá apreciar todas as questões oportunamente suscitadas, ainda que não decididas na primeira instância, desde que relacionadas ao objeto litigioso, não se admitindo, pelo revel, alegações relacionadas a matérias que deveriam constar da contestação, tendo em vista o instituto da preclusão. A propósito, mutatis mutandis (grifamos): PENAL E PROCESSO PENAL. RECURSO EM HABEAS CORPUS. AMEAÇA. APELAÇÃO. EFEITO DEVOLUTIVO. PROFUNDIDADE INTEGRAL. FUNDAMENTAÇÃO. INOVAÇÃO. POSSIBILIDADE. OFENSA. AO DUPLO GRAU DE JURISDIÇÃO. INOCORRÊNCIA. PRECEITO SECUNDÁRIO. OPÇÃO POR PENA RESTRITIVA DE LIBERDADE À DE MULTA. POSSIBILIDADE. DISCRICIONARIEDADE DO MAGISTRADO. RÉU REVEL. MULTA. INOCUIDADE. APLICAÇÃO DE MULTA SUBSTITUTIVA. PLEITO NÃO EXAMINADO PELO TRIBUNAL DE ORIGEM. IMPOSSIBILIDADE DE ANÁLISE. INDEVIDA SUPRESSÃO DE INSTÂNCIA. RECURSO NÃO PROVIDO. 1. Interposta apelação, a segunda instância, respeitando o contraditório, poderá enfrentar todas as questões suscitadas, ainda que não decididas na primeira instância, desde que relacionadas ao objeto litigioso recursal, bem como apreciar fundamentos expostos pelas partes e não acolhidos pelo juiz (arts. 10 e 1.013, §§ 1º e 2º, do Código de

Processo Civil, c/c art. 3º do Código de Processo Penal). (...) 8. Recurso não provido. (RHC 68.896/RJ, Rel. Ministro RIBEIRO DANTAS, QUINTA TURMA, julgado em 17/08/2017, DJe 28/08/2017) Desse modo, saliento que a verificação acerca da observância ou não, pelo Tribunal a quo, dos pontos relacionados à devolutividade da apelação, sobretudo a questão dos efeitos da revelia, bem como se a matéria seria tipicamente recursal ou de contestação, na forma propugnada pela recorrente, excederia as razões colacionadas no aresto impugnado, implicando revolvimento do contexto fático-probatório dos autos, o que é vedado em Recurso Especial, ante o disposto na Súmula 7/STJ. A propósito: AGRAVO INTERNO NO AGRAVO EM RECURSO ESPECIAL. RESPONSABILIDADE CIVIL. AUSÊNCIA DOS REQUISITOS. INDENIZAÇÃO POR DANOS MORAIS. REVELIA NÃO IMPORTA PRESUNÇÃO ABSOLUTA DOS FATOS. ANÁLISE DAS PROVAS. INCIDÊNCIA DA SÚMULA 7 DO STJ. ART. 1.013 DO CPC/2015. FALTA DE PREQUESTIONAMENTO. AGRAVO INTERNO NÃO PROVIDO. 1. A jurisprudência firmada neste Sodalício é no sentido de que a caracterização da revelia não importa em presunção absoluta de veracidade dos fatos, a qual pode ser afastada pelo Juiz à luz das provas existentes, cumprindo-lhe indicar as razões da formação do seu convencimento. 3. Reapreciar decisão de mitigação dos efeitos da revelia demandaria necessariamente a incursão no acervo fático-probatório dos autos, o que é vedado no âmbito do recurso especial, por incidência da Súmula 7/STJ. 2. O Tribunal local que, com amparo nos elementos de convicção dos autos, entendeu não estar provado o fato constitutivo do direito da autora, ora agravante, devido a ausência dos requisitos ensejadores da responsabilidade civil. Impossibilidade de reexame de fatos e provas, incidindo o óbice da Súmula 7/STJ. 4. A falta do necessário prequestionamento inviabiliza o exame da alegada contrariedade ao dispositivo citado por este Tribunal, em sede de especial. Incidência na espécie da Súmula 211/STJ. 5. Agravo interno não provido. (AgInt no AgInt no AREsp 1110702/SP, Rel. Ministro LUIS FELIPE SALOMÃO, QUARTA TURMA, julgado em 06/03/2018, DJe 09/03/2018) 3. Ante o exposto, nego provimento ao agravo. Publique-se. Intimem-se. Brasília, 13 de junho de 2020. MINISTRO LUIS FELIPE SALOMÃO Relator (STJ – AREsp: 1643211 SP 2019/0381141-6, Relator: Ministro LUIS FELIPE SALOMÃO, Data de Publicação: DJ 24/06/2020).

Art. 345. A revelia não produz o efeito mencionado no art. 344 se:

I – havendo pluralidade de réus, algum deles contestar a ação;

Apontando que a contestação do litisconsorte apenas afasta os efeitos da revelia se disser respeito a fatos comuns do réu que deixou de se defender:

✓ APELAÇÃO. Ação ordinária cumulada com pedido de indenização por dano moral. Cessão de crédito supostamente irregular. Pagamento ao cedente. Protesto realizado pela cessionária, a despeito do pagamento. Pedidos improcedentes. Pleito de reforma da r. Sentença proferida. Possibilidade em parte. Cedente regularmente citada. Ausência de contestação. Incidência dos efeitos da revelia. Inteligência do art. 344 C.C 345, I do Código de Processo Civil. Contestação da cessionária que não diz respeito a fatos comuns. Inexistência, ademais, de litisconsórcio unitário. Presunção de veracidade dos fatos alegados. Cedente que deve restituir o montante recebido, sob pena de enriquecimento sem causa. Sentença reformada neste aspecto. Cessão de crédito. Cedente que não tomou conhecimento da cláusula ajustada junto ao sacado. Efeitos do contrato que não atingem o terceiro de boa-fé. Cessão válida. Prévia notificação realizada. Pagamento ao credor originário após a comunicação da cessão. Protesto que decorre do exercício regular do direito do credor. Inteligência do artigo 293, do Código Civil. Ausência do dever de indenizar. Sentença mantida neste ponto. Recurso parcialmente provido. (TJSP; APL 1034616-69.2015.8.26.0224; Ac. 10814330; Guarulhos; Décima Nona Câmara de Direito Privado; Relª Desª Claudia Grieco Tabosa Pessoa; Julg. 18/09/2017; DJESP 26/09/2017; Pág. 2201).

II – o litígio versar sobre direitos indisponíveis;

→ v. Art. 213 do CC/2002.

→ v. Art. 392 do CPC.

Considerando que não se operam os efeitos da revelia em ação rescisória ante a indisponibilidade do direito:

✓ PROCESSO CIVIL. 1. Ação rescisória embasada no art. 485, inciso V, do CPC de 1973 (correspondente ao art. 966, inciso V, do novo CPC). 2. Alegação de ofensa à literal disposição de Lei. 3. Sentença rescindenda que, no bojo de ação exoneratória de alimentos, aplicou os efeitos da revelia contra a ré. 4. Natureza indisponível do direito em questão que impede a incidência dos referidos efeitos. Inteligência do art. 320, inciso II, do CPC de 1973 (correspondente ao art. 345, inciso II, do novo CPC). 5. Observância do binômio possibilidade-necessidade. 6. Ausência de provas acerca de mudança na situação financeira da alimentanda. 7. Sentença rescindida. 8. Ação rescisória julgada procedente. (TJBA; AR 0014201-36.2010.8.05.0000; Salvador; Primeira Câmara Cível; Relª Desª Maria de Lourdes Pinho Medauar; Julg. 11/12/2017; DJBA 22/12/2017; Pág. 112); AÇÃO RESCISÓRIA. PREVIDÊNCIA PRIVADA. REVELIA. AUXÍLIO CESTA-ALIMENTAÇÃO. MUDANÇA DE INTERPRETAÇÃO JURISPRUDENCIAL. IMPOSSIBILIDADE DE RESCISÃO. OFENSA À COISA JULGADA. I. Primeiramente, deve ser reconhecida a ilegitimidade da ré que atuou na condição de advogada da autora na ação rescindenda. Tratando-se de matéria de ordem pública, a ilegitimidade passiva pode ser reconhecida inclusive de ofício, sem implicar reformatio in pejus ou decisão extra petita. Precedentes deste tribunal. II. Outrossim, apesar de citadas, a requerida não contestou a presente ação. No entanto, a natureza jurídica da ação rescisória impede a concretização dos efeitos da revelia, por conta do interesse público, diante da possibilidade de manutenção ou desconstituição da coisa julgada. Assim, aplica-se ao caso o art. 345, II, do CPC/2015 (art. 320, II, do CPC/1973). (...) Ação rescisória julgada improcedente quanto à requerida sucessão de Carmem Regina Pereira Rapetto. (TJRS; AR 0396884-86.2015.8.21.7000; Pelotas; Terceiro Grupo de Câmaras Cíveis; Rel. Des. Jorge André Pereira Gailhard; Julg. 02/06/2017; DJERS 16/06/2017)

Entendendo que contra a Fazenda Pública não se operam os efeitos materiais da revelia:

✓ APELAÇÃO CÍVEL. AÇÃO DE COBRANÇA. LEGITIMIDADE PASSIVA DO MUNICÍPIO. REVELIA CONTRA A FAZENDA PÚBLICA. IMPOSSIBILIDADE. NULIDADE DA SENTENÇA. Contra a Fazenda Pública não há a presunção de veracidade dos fatos narrados pelo autor. Efeito material da revelia. Pois seus direitos são indisponíveis, atraindo, assim, a aplicação do artigo 345, II do CPC/15. Constatada a legitimidade passiva do Município, anula-se a sentença para novo julgamento do feito, com sua manutenção no polo passivo. Recurso de apelação conhecido e parcialmente provido. Sentença anulada. (TJMG; APCV 1.0024.13.169736-9/001; Relª Desª Albergaria Costa; Julg. 16/11/2017; DJEMG 15/12/2017); APELAÇÃO CÍVEL. ANULATÓRIA DE DÉBITO FISCAL. IPTU. Exercícios fiscais de 2007 a 2012. Alegação da contribuinte de que os débitos se encontram quitados. Efeitos da revelia que não se aplicam à Fazenda Pública. Inteligência do art. 345, II, do novo CPC. Certidão da dívida ativa que goza de presunção de legalidade, somente afastada se comprovado o contrário pelo contribuinte. Inexistência de prova concreta de que os débitos fiscais se encontram integralmente quitados. Sentença de improcedência mantida. Preliminar de impossibilidade jurídica do pedido corretamente afastada. Pedido de cancelamento de protestos que jamais existiram. Questão invocada como preliminar que se confunde com o mérito e com ele deverá ser decidida. Revelia do município decretada. O direito da Fazenda Pública é indisponível, diante da supremacia no interesse público, não se sujeitando aos efeitos da revelia. Artigo 345, II, do novo CPC. Certidões da dívida ativa que gozam de presunção de veracidade e somente poderá ser desconstituída mediante prova inquestionável, produzida pelo contribuinte. Ausência de comprovação dos fatos constitutivos do direito autoral, a justificar a anulação e desconstituição dos débitos já inscritos em dívida ativa e cobrados judicialmente através de execuções fiscais. Recurso conhecido e desprovido. (TJRJ; APL 0013648-57.2015.8.19.0021; Duque de Caxias; Quarta Câmara Cível; Relª Desª Maria Helena Pinto Machado; DORJ 12/12/2017; Pág. 250).

Contra, entendendo que é possível aplicar os efeitos materiais da revelia contra a Fazenda Pública, desde que se trata de matéria relativa ao interesse público secundário:

✓ REVELIA. ENTE PÚBLICO. APLICABILIDADE. A pessoa jurídica de direito público sujeita-se à revelia prevista no artigo 844, da CLT. Inteligência da OJ nº 152, da SDI-I, do TST. O direito indisponível capaz de atrair a exceção estabelecida pelo artigo 345, II, do CPC/15 concerne ao interesse público da coletividade (primário) e não ao interesse administrativo (secundário) do Ente Público. Logo, não há que se falar em nulidade da decisão de mérito que declarou a revelia e aplicou a confissão ficta ao Estado, em virtude de sua ausência injustificada à audiência, pois em perfeita consonância com a legislação vigente na data em que foi exarada. REVELIA. MATÉRIA FÁTICA. INOVAÇÃO RECURSAL. CONHECIMENTO PARCIAL. É defeso à parte ventilar, em sede de recurso, matéria fática não deduzida na instância ordinária, por configurar-se inovação recursal. Não se conhece de recurso cujos fundamentos contêm tese inovadora, pois não apresentada no momento oportuno. Uma vez declarada a revelia do Litisconsorte, tem-se que não foi examinada a matéria fática, abordada nas razões recursais, pelo juízo a quo. A confissão ficta derivada da revelia, no entanto, não impede a interposição de recurso, que aborde eventual matéria jurídica pertinente à causa. (...) Recurso Ordinário do Litisconsorte Parcialmente Conhecido e Não Provido. (TRT 11ª R.; RO 0000498-54.2017.5.11.0007; Terceira Turma; Rel. Des. José Dantas de Góes; DOJTAM 29/11/2017; Pág. 295).

Afastando os efeitos materiais da revelia em ações de família e envolvendo interesses indisponíveis de incapazes:

✓ APELAÇÃO CÍVEL. PRELIMINAR. INÉPCIA RECURSAL. REJEITADA. MÉRITO. DIVÓRCIO DIRETO. INTERESSE DE INCAPAZES. REVELIA. EFEITOS MATERIAIS NÃO APLICÁVEIS. AUSÊNCIA DE INSTRUÇÃO PROCESSUAL. NULIDADE DA SENTENÇA. RECURSO CONHECIDO E PROVIDO. 1. Preliminar: inépcia recursal. O recurso trata de error in procedendo praticado pelo d. juízo de 1º grau, qual seja o fato de não ter designado audiência de instrução e julgamento para avaliar a situação dos filhos do casal divorciando (interesses de incapazes). Não há que se falar, portanto, em inépcia recursal. Preliminar rejeitada. 2. Em ações de família e que, ainda, envolvem interesses indisponíveis de incapazes, os efeitos da revelia não são aplicados (art. 345, II, do CPC). 3. O membro do Ministério Público em ofício no 1º grau de jurisdição, ao verificar a presença de incapazes no feito e com objetivo de resguardar direitos indisponíveis (alimentos, guarda, direito de visitas etc.), requisitou fosse designada audiência de conciliação, instrução e julgamento. Entretanto, o d. juízo a quo silenciou-se a respeito e, considerando a revelia e ausência de bens a partilhar, julgou procedente a ação ao decretar o divórcio do casal. 4. Nesse contexto, conclui-se que o d. juízo de 1º grau incidiu em error in procedendo, impondo-se a nulidade da sentença e o retorno dos autos à origem. 5. Recurso conhecido e provido. (TJPI; AC 2017.0001.007121-3; Quarta Câmara Especializada Cível; Rel. Des. Oton Mário José Lustosa Torres; DJPI 13/12/2017; Pág. 87).

Considerando que não se aplicam os efeitos da revelia nos embargos à execução:

✓ APELAÇÃO CÍVEL. EMBARGOS À EXECUÇÃO. PRELIMINAR. ILEGITIMIDADE PASSIVA. REJEIÇÃO. REVELIA. NÃO APLICAÇÃO. INSTRUMENTO PARTICULAR DE CONFISSÃO DE DÍVIDA. TÍTULO EXECUTIVO EXTRAJUDICIAL. REGULARIDADE. AUSÊNCIA DE COMPROVAÇÃO DE VÍCIOS A ENSEJAR NULIDADE E DE EXCESSO DE EXECUÇÃO. 1- A legitimidade é a pertinência subjetiva da demanda, a qual deve ser aferida de acordo com o objeto do litígio. Tem legitimidade passiva, na execução, a empresa individual devedora do título executivo extrajudicial. 2- Não se aplicam os efeitos da revelia nos embargos à execução, uma vez que o título executivo tem presunção de veracidade, incumbindo à parte embargante o ônus da prova que possa desconstituí-lo. 3- Ausente comprovação de vícios no instrumento particular de confissão de dívida, bem como de excesso de execução, deve ser mantida a improcedência dos embargos à execução. (TJMG; APCV 1.0567.15.010177-0/001; Rel. Des. Octávio de Almeida Neves; Julg. 23/11/2017; DJEMG 01/12/2017); APELAÇÃO E RECURSO ADESIVO. EMBARGOS DO DEVEDOR. EXCESSO DE EXECUÇÃO. CONTRATO BANCÁRIO. COMISSÃO DE PERMANÊNCIA. CUMULAÇÃO COM DEMAIS ENCARGOS MORATÓRIOS. IMPOSSIBILIDADE. ABATIMENTO DE VALOR. COMPROVAÇÃO. AUSÊNCIA. EFEITOS DA REVELIA. IMPOSSIBILIDADE. HONORÁRIOS ADVOCATÍCIOS. SENTENÇA PROFERIDA NA VIGÊNCIA DO CPC/2015. FIXAÇÃO SOBRE O VALOR ATRIBUÍDO À CAUSA. 1. A cobrança da comissão de permanência é admitida no período de inadimplência, desde que não cumulada com correção monetária, juros moratórios ou multa contratual, e desde que limitada às taxas do contrato, sob pena de ocorrência de dupla valoração, conforme dispõem as Súmulas de números 30, 294, 296 e 472 do Superior Tribunal de Justiça. 2. Conforme entendimento consolidado no âmbito do STJ, nos embargos à execução, não se aplica os efeitos da revelia relativos à presunção de veracidade dos fatos alegados pelo devedor, pois a execução pressupõe certeza, liquidez e exigibilidade da dívida, cabendo ao devedor o ônus de desconstituir o título ou demonstrar possível excesso cobrado. 3. Logo, não há que se falar em abatimento de valor estampado em depósito bancário realizado em favor de terceira pessoa, sem a devida comprovação de que tenha ocorrido o efetivo pagamento. 4. Afasta-se a condenação do embargante em honorários advocatícios no período em que o feito tramitou na primeira instância se não houve atuação do advogado do embargado no feito, o qual deixou escoar o prazo para impugnar os embargos. 5. Assim, a condenação em honorários deverá se restringir ao trabalho exercido pelo causídico em segundo grau de jurisdição. 6. Deu-se parcial provimento aos recursos para reformar a sentença tão somente em relação aos honorários advocatícios. (TJDF; APC 2015.01.1.066172-9; Ac. 101.6464; Quinta Turma Cível; Rel. Des. Josaphá Francisco dos Santos; Julg. 10/05/2017; DJDFTE 22/05/2017).

III – a petição inicial não estiver acompanhada de instrumento que a lei considere indispensável à prova do ato;

→ *V.* Art. 108 do CC/2002.

→ *V.* Art. 341 e 406 do CPC.

IV – as alegações de fato formuladas pelo autor forem inverossímeis ou estiverem em contradição com prova constante dos autos.

Alegações genéricas de abusividades em contrato bancário não induzem à presunção decorrente da revelia:

✓ APELAÇÃO. Ação revisional de contrato bancário. Conta corrente. Sentença de improcedência. Natureza da relação contratual que exclui a incidência das regras do Código de Defesa do Consumidor. Crédito destinado ao fomento de atividade empresarial. Vulnerabilidade não manifesta. Pleito de reforma. Inadmissibilidade. Revelia do banco réu que, diante das circunstâncias retratadas nos autos não produz efeito. Abordagem genérica acerca de eventuais ilegalidades e abusividades. Ausência de condições mínimas para o acolhimento dos pedidos ventilados na exordial. Teses inverossímeis. Inteligência do artigo 345, inc. IV do CPC. Sentença mantida. Recurso ao qual se nega provimento. (TJSP; APL 1003588-93.2016.8.26.0274; Ac. 11039341; Itápolis; Décima Nona Câmara de Direito Privado; Relª Desª Claudia Grieco Tabosa Pessoa; Julg. 27/11/2017; DJESP 15/12/2017; Pág. 2239).

Art. 346. Os prazos contra o revel que não tenha patrono nos autos fluirão da data de publicação do ato decisório no órgão oficial.

→ *V.* Súmula 196 do STJ.

→ *V.* Art. 357, II, 513, § 2º, IV, e 889, parágrafo único, do CPC.

Considerando que o efeito processual da revelia se entende à fase de cumprimento de sentença:

✓ AGRAVO DE INSTRUMENTO. Ação de indenização por danos materiais e morais, ora em fase de cumprimento de sentença. Réu revel, citado pessoalmente na fase de conhecimento. Intimação pessoal para pagamento voluntário em 15 dias. Desnecessidade. Aplicação do efeito processual da revelia que se estende à fase de cumprimento de sentença, mero desdobramento da fase de conhecimento. Aplicação do art. 346 do CPC. Precedentes do c. STJ. Incidência da multa de 10% e dos honorários advocatícios ante a falta de pagamento voluntário no prazo legal. Possibilidade. Prosseguimento dos atos constritivos e expropriatórios do patrimônio do devedor. Cabimento. Decisão reformada. Recurso provido. (TJSP; AI 2173781-39.2017.8.26.0000; Ac. 11026835; Taubaté; Vigésima Quinta Câmara de Direito Privado; Rel. Des. Edgard Rosa; Julg. 30/11/2017; DJESP 07/12/2017; Pág. 2228); AGRAVO DE INSTRUMENTO. Réu que foi citado pessoalmente por oficial de justiça na fase de conhecimento. Revelia. Desnecessidade de nova intimação para o início da fase de cumprimento de sentença. Inteligência do art. 346 do CPC. Precedentes do TJSP e STJ. Decisão reformada. Recurso provido para determinar o prosseguimento da fase de cumprimento de sentença sem a intimação pessoal do executado. (TJSP; AI 2193207-37.2017.8.26.0000; Ac. 10986656; São Paulo; Décima Quinta Câmara de Direito Privado; Rel. Des. Mendes Pereira; Julg. 21/11/2017; DJESP 29/11/2017; Pág. 2122); AGRAVO DE INSTRUMENTO. FASE DE CUMPRIMENTO DE SENTENÇA. RÉU REVEL NA FASE DE CONHECIMENTO. DESNECESSIDADE DE INTIMAÇÃO PARA CUMPRIR O COMANDO SENTENCIAL. ART. 346 DO CPC. DEFERIMETO DO LEVANTAMENTO DOS VALORES BLOQUEADOS EM CONTA DE TITULARIDADE DO REVEL. RECURSO IMPROVIDO. 1. Segundo o art. 346 do CPC, os prazos contra o revel que não constituiu advogado nos autos fluem da data de publicação do ato decisório no órgão oficial, podendo aquele intervir no processo em qualquer fase, recebendo-o no estado em que se encontrar. 2. A execução por quantia fundada em título judicial desenvolve-se no mesmo processo em que o direito subjetivo foi certificado, de forma que a revelia decretada na fase anterior, ante a inércia do réu que fora citado pessoalmente, dispensa sua intimação pessoal para dar cumprimento à sentença. 3. O não oferecimento de impugnação na fase de cumprimento da sentença pelo devedor autoriza o levantamento pelo credor das quantias encontradas em conta de titularidade daquele. 4. Recurso improvido. (TJES; AI 0024542-55.2016.8.08.0024; Segunda Câmara Cível; Rel. Des. Subst. Ubiratan Almeida Azevedo; Julg. 31/01/2017; DJES 15/02/2017); AGRAVO DE INSTRUMENTO. AÇÃO DE EXECUÇÃO. REVELIA. INTIMAÇÃO DOS EXECUTADOS ACERCA DE PENHORA RELIZADA. DESNECESSIDADE. 1. Nos moldes do artigo 346 do CPC, revela-se desnecessária a prévia intimação dos executados revéis acerca da penhora realizada para que se proceda à alienação judicial do bem penhorado. (TJMG; AI 1.0134.15.006178-3/001; Rel. Des. Alberto Diniz Junior; Julg. 05/04/2017; DJEMG 10/04/2017). V. tb.: TJMS; AI 1403907-95.2017.8.12.0000; Quinta Câmara Cível; Rel. Des. Júlio Roberto Siqueira Cardoso; DJMS 22/06/2017; Pág. 125

Contra, entendendo que, para deflagrar a fase de cumprimento de sentença, mesmo o revel deve ser intimado pessoalmente:

✓ AGRAVO DE INSTRUMENTO. CUMPRIMENTO DE SENTENÇA. RÉU REVEL. PEDIDO DE DISPENSA DA INTIMAÇÃO PESSOAL DO DEVEDOR. NECESSIDADE DE INTIMAÇÃO DO RÉU POR CARTA QUANDO ESTE NÃO TIVER ADVOGADO NOS AUTOS. INTELIGÊNCIA DO

ART. 513, §2º, INCISO II, DO CPC. RECURSO CONHECIDO E IMPROVIDO. DECISÃO UNÂNIME. No decorrer da fase de conhecimento, uma vez decretada a revelia os prazos fluem normalmente para o revel a partir da publicação de cada ato processual, podendo este intervir no feito e recebê-lo no estado em que se encontra (art. 346 do CPC). Ocorre que para a fase de cumprimento de sentença, o novo CPC trouxe previsão expressa, no seu art. 513, §2º, inciso II, da necessidade de intimação do devedor por carta com aviso de recebimento quando este for revel e não possuir advogado nos autos. (TJSE; AI 201700826219; Ac. 27205/2017; Segunda Câmara Cível; Rel. Des. José dos Anjos; Julg. 05/12/2017; DJSE 11/12/2017).

Parágrafo único. O revel poderá intervir no processo em qualquer fase, recebendo-o no estado em que se encontrar.

→ *V.* Súmula 231 do STF.

→ *V.* Art. 349 do CPC.

Capítulo IX
DAS PROVIDÊNCIAS PRELIMINARES E DO SANEAMENTO

Art. 347. Findo o prazo para a contestação, o juiz tomará, conforme o caso, as providências preliminares constantes das seções deste Capítulo.

Seção I
Da Não Incidência dos Efeitos da Revelia

Art. 348. Se o réu não contestar a ação, o juiz, verificando a inocorrência do efeito da revelia previsto no art. 344, ordenará que o autor especifique as provas que pretenda produzir, se ainda não as tiver indicado.

Considerando que o juiz está dispensado da providência prevista no art. 348 do CPC se o autor já tiver especificado as provas que pretende produzir na petição inicial:

✓ APELAÇÃO CÍVEL. AÇÃO DE COBRANÇA DE ALUGUEIS. PRELIMINAR DE CERCEAMENTO DE DEFESA. AFASTADA. MÉRITO. RESTITUIÇÃO DO VALOR GASTO PARA CONSERTO E PINTURA DO IMÓVEL. CABÍVEL. PEDIDO DE AFASTAMENTO DA MULTA APLICADA EM SEDE DE EMBARGOS DE DECLARAÇÃO. ATENDIDO. RECURSO CONHECIDO E PROVIDO. Nos termos do art. 348 do CPC, o juiz, verificando a inocorrência do efeito da revelia previsto no art. 344, somente ordenará que o autor especifique as outras provas que pretende produzir se ainda não as tiver indicado, o que não se verificou na espécie, visto que o autor já havia indicado na inicial as provas que pretendia produzir, de modo que não há falar em cerceamento de defesa. Havendo previsão contratual para a pintura e reparo no imóvel após o término do contrato de aluguel e, não tendo o locatário cumprido a obrigação, porquanto entregou o imóvel antes do término do prazo da locação, sem prévia notificação da imobiliária, é devida a restituição, ao locador, dos valores despendidos para a pintura e conserto do imóvel. Hipótese em que, na vistoria final do imóvel, foram apontados os itens em desacordo com a vistoria inicial, de modo que os danos existentes no imóvel foram provados, não tendo o apelado/fiador tomado ciência do laudo de vistoria final porque é revel no processo. Não verificado intuito protelatório na oposição dos embargos de declaração em face da sentença, afasta-se a multa aplicada. (TJMS; APL 0801525-17.2013.8.12.0002; Quarta Câmara Cível; Rel. Des. Dorival Renato Pavan; DJMS 21/03/2017; Pág. 69).

Art. 349. Ao réu revel será lícita a produção de provas, contrapostas às alegações do autor, desde que se faça representar nos autos a tempo de praticar os atos processuais indispensáveis a essa produção.

→ *V.* Súmula 231 do STF.

→ *V.* Art. 346, parágrafo único, do CPC.

Reconhecendo a aplicação subsidiária do art. 349 do CPC ao processo do trabalho:

✓ REVELIA. PRODUÇÃO DE PROVA TESTEMUNHAL E COLHEITA DE DEPOIMENTO PESSOAL PELA PARTE REVEL. INTELIGÊNCIA DO ART. 349 DO CPC. COMPARECIMENTO APENAS DO ADVOGADO DA PARTE IMPOSSIBILIDADE. Na audiência trabalhista, a partes devem comparecer pessoalmente, facultando-se ao empregador fazer-se representar por preposto, nos termos do art. 843, caput e § 1º, da CLT, logo, a presença apenas do advogado da parte recorrente não é suficiente para autorizar que ela produza contraprovas (oitiva do autor e de testemunhas) em juízo às alegações do reclamante, tendo em vista que não se fazia representar regularmente nos autos a tempo de praticar os atos processuais indispensáveis a essa produção, como exigido na parte final do art. 349 do CPC/2015. (TRT 3ª R.; RO 0010455-16.2016.5.03.0176; Rel. Des. Rodrigo Ribeiro Bueno; DJEMG 24/10/2016).

Seção II
Do Fato Impeditivo, Modificativo ou Extintivo do Direito do Autor

Art. 350. Se o réu alegar fato impeditivo, modificativo ou extintivo do direito do autor, este será ouvido no prazo de 15 (quinze) dias, permitindo-lhe o juiz a produção de prova.

Se a contestação suscita fatos impeditivos, modificativos ou extintivos, a falta de intimação do autor para se manifestar em réplica caracteriza cerceamento de defesa:

✓ APELAÇÃO CÍVEL. AÇÃO REVISIONAL. CONTRATO DE FINANCIAMENTO. PRELIMINAR DE NULIDADE PROCESSUAL ACOLHIDA. JULGAMENTO ANTECIPADO. AUSÊNCIA DE INTIMAÇÃO VALIDA PARA RÉPLICA. SENTENÇA ANULADA. APELAÇÃO CONHECIDA E PROVIDA. 1 – Despacho determinando a manifestação das partes sobre provas e réplica do autor à contestação que não foi publicada. 2 – A contestação suscita fato impeditivo do direito dos autores e juntou documentos. A falta de intimação para replicar e especificar as provas pretendidas caracteriza cerceamento de defesa. Artigos 350 e 437 do CPC/2015. 3 – Sentença anulada. Apelação conhecida e provida. (TJCE; APL 0517575-36.2011.8.06.0001; Segunda Câmara de Direito Privado; Rel. Des. Teodoro Silva Santos; Julg. 13/12/2017; DJCE 19/12/2017; Pág. 115); APELAÇÃO CÍVEL. ADMINISTRATIVO. AÇÃO DE OBRIGAÇÃO DE FAZER. Concurso público. Petrobrás. Técnico de segurança do trabalho. Alegação de fato extintivo do direito do autor em contestação. Ausência de intimação para apresentação de réplica. Artigos 350 e 351 do CPC. Nulidade. Cerceamento de defesa. Necessidade de informação e amplo debate no processo. Precedentes desta corte. Sentença que deve ser anulada. Recurso parcialmente provido. (TJRJ; APL 0354691-58.2015.8.19.0001; Rio de Janeiro; Vigésima Segunda Câmara Cível; Relª Desª Odete Knaack de Souza; DORJ 22/11/2017; Pág. 398).

Entendendo que a falta de intimação para apresentação de réplica não configura nulidade se não verificado prejuízo:

✓ APELAÇÃO. DIREITO PÚBLICO NÃO ESPECIFICADO. FORNECIMENTO DE MEDICAMENTOS. AUSÊNCIA DE INTIMAÇÃO PARA APRESENTAÇÃO DA RÉPLICA. INEXISTÊNCIA DE PREJUÍZO. NULIDADE. NÃO OCORRÊNCIA. A ausência de intimação para apresentação de réplica à contestação não configura nulidade se não verificado qualquer prejuízo à parte, sobretudo quando ausente as hipóteses previstas nos artigos 327 CPC/1973 e 351 do CPC/20115. A própria parte autora requereu o julgamento antecipado da lide, com fulcro no art. 330, inciso I, do CPC, assinalando, na oportunidade, que a lide versava unicamente sobre questões de direito, o que evidencia a ausência de prejuízo e, consequentemente, a inexistência de nulidade na espécie. Embora se reconheça que o acréscimo de medicamentos quando comprovado o agravamento do quadro clínico da parte autora não configure alteração do pedido, não é dado à parte deduzir tal pretensão após a prolação da sentença. Preliminar rejeitada. Legitimidade passiva. Solidariedade dos entes federativos. A Constituição da República prevê o dever de prestar os serviços de saúde de forma solidária aos entes federativos, de modo que qualquer deles tem legitimidade para responder às demandas que visam ao fornecimento gratuito de medicamento, exame ou procedimento. A divisão de competências no âmbito da gestão interna do Sistema Único de Saúde não é oponível ao particular. Precedentes do STJ. Acesso à saúde. Proteção suficiente. O acesso à saúde é direito fundamental e as políticas públicas que o concretizam devem gerar proteção suficiente ao direito garantido, sendo passíveis de revisão judicial, sem que isso implique ofensa aos princípios da divisão de poderes, da reserva do possível ou da isonomia e impessoalidade. O fato de os fármacos pleiteados não integrarem as listas públicas de dispensação não exclui a responsabilidade solidária dos entes federativos pelo atendimento dos serviços de saúde, porquanto os atos normativos do SUS não se sobrepõem aos dispositivos constitucionais. Sentença reformada. Ação julgada procedente. Inversão do ônus de sucumbência. Apelação provida. Unânime. (TJRS; AC 0112597-09.2017.8.21.7000; Parobé; Vigésima Segunda Câmara Cível; Relª Desª Denise Oliveira Cezar; Julg. 24/08/2017; DJERS 31/08/2017)

Considerando que a ausência de réplica não implica presunção de veracidade das alegações articuladas na contestação:

✓ AUSÊNCIA DE IMPUGNAÇÃO À CONTESTAÇÃO. IMPOSSIBILIDADE DA PRESUNÇÃO DE VERACIDADE DAS ALEGAÇÕES FORMULADAS NA DEFESA OU DOS DOCUMENTOS QUE A TENHAM ACOMPANHADO. A impugnação à contestação ou réplica é prevista exclusivamente nas hipóteses dos artigos 350, 351 e 437, do CPC/2015. Mesmo nestes casos, sua ausência não resulta na presunção de veracidade das alegações formuladas na defesa ou dos documentos que a tenham acompanhado, uma vez que as disposições do art. 344, do CPC/2015, aplicam-se estritamente aos episódios em que a contestação não tenha sido apresentada. (TRT 3ª R.; RO 0011918-88.2016.5.03.0015; Relª Desª Taísa Maria Macena de Lima; DJEMG 11/07/2017)

Entendendo que também na réplica se aplica o ônus da impugnação especificada:

✓ REPETIÇÃO DE INDÉBITO. Pagamento de parcelas de forma desordenada. Aplicação de cláusula contratual em caso de inversão no pagamento de parcelas. Contrato firmado em 24 (vinte e quatro) parcelas. Inadimplemento da parcela 20ª, inscrita no cadastro de inadimplentes ao término do contrato. Aplicação do ônus da impugnação especificada em réplica. Recurso provido para julgar improcedente a ação. (TJSP; APL 1026650-31.2014.8.26.0405; Ac. 9549133; Osasco; Vigésima Primeira Câmara de Direito Privado; Rel. Des. Silveira Paulilo; Julg. 23/06/2016; DJESP 12/07/2016)

Seção III
Das Alegações do Réu

Art. 351. Se o réu alegar qualquer das matérias enumeradas no art. 337, o juiz determinará a oitiva do autor no prazo de 15 (quinze) dias, permitindo-lhe a produção de prova.

Configura cerceamento de defesa a falta de intimação do autor para se manifestar em réplica sobre preliminar suscitada na contestação:

✓ APELAÇÃO CÍVEL. AÇÃO DECLARATÓRIA DE INEXISTÊNCIA DE NEGÓCIO JURÍDICO CUMULADA COM REPETIÇÃO DE INDÉBITO E INDENIZAÇÃO POR DANOS MORAIS. CONTRATO DE EMPRÉSTIMO CONSIGNADO. CERCEAMENTO DE DEFESA COMPROVADO. NULIDADE DA SENTENÇA. TEORIA DA CAUSA MADURA. JULGAMENTO DE MÉRITO DA DEMANDA. AUSÊNCIA DE FRAUDE COMPROVADA PELO DEMANDADO. INEXISTÊNCIA DAS FORMALIDADES NECESSÁRIAS PARA A CONTRATAÇÃO COM PESSOA ANALFABETA. ANULAÇÃO DO INSTRUMENTO CONTRATUAL. RESTITUIÇÃO SIMPLES DOS VALORES INDEVIDAMENTE DESCONTADOS. DANOS MORAIS CONFIGURADOS. Recurso parcialmente provido restou comprovado o cerceamento de defesa uma vez que não houve a devida intimação da parte autora para que se manifestasse acerca da preliminar arguida em sede de contestação, bem como acerca dos documentos acostados pela instituição financeira. Inteligência dos arts. 437 e 351 do código de processo civil (2015). Teoria da causa madura que torna apta o julgamento de mérito da demanda conforme proposta nos termos da exordial. Aplicação dos arts. 282, §2º c/c art. 1.013, §3º. 4. Contudo, embora o analfabetismo, de fato, não constitua, por si só, causa de incapacidade para a prática dos atos da vida civil, a jurisprudência pátria entende majoritariamente que a celebração de contrato por pessoa analfabeta deve ser realizada através de instrumento público ou, se por instrumento particular, através de procurador constituído por procuração pública, o que não ocorreu no caso sub judice, sob pena de nulidade dos negócios jurídicos. 5. Os valores indevidamente descontados nos proventos da recorrente, devem ser restituídos na forma simples, uma vez que não restou comprovada a má-fé da instituição financeira. 6. Restando comprovada a ocorrência do dano moral, que possui característica in re ipsa, é dever da instituição bancária recorrida repará-la, devendo ser enfatizado que o valor da indenização deve ser estipulado observado os princípios da proporcionalidade e razoabilidade, observadas as características do caso concreto, mostrando-se o valor de R$ 5.000,00 (cinco mil reais), razoável e condizente com a realidade dos fatos tratados nos presentes autos. 7. Apelação conhecida e parcialmente provida. (TJCE; APL 0012551-18.2016.8.06.0128; Segunda Câmara de Direito Privado; Rel. Des. Teodoro Silva Santos; Julg. 21/06/2017; DJCE 28/06/2017; Pág. 41). V. tb.: APELAÇÃO CÍVEL. AÇÃO DE COBRANÇA SECURITÁRIA DO SEGURO DPVAT. INTIMAÇÃO DO AUTOR PARA APRESENTAR IMPUGNAÇÃO À CONTESTAÇÃO. AUSÊNCIA. CERCEAMENTO DE DEFESA. CONFIGURAÇÃO NO CASO CONCRETO. PERÍCIA DESIGNADA. INTIMAÇÃO PESSOAL DO PERICIANDO. NECESSIDADE. SENTENÇA CASSADA. Nos termos do artigo 351 do CPC/15, se o réu alegar qualquer das matérias enumeradas no art. 337, o juiz determinará a oitiva do autor no prazo de 15 (quinze) dias, permitindo-lhe a produção de prova. No caso concreto, tendo em vista que o réu arguiu falta de interesse processual e carência de ação (matérias previstas no mencionado art. 337 do CPC/15), denota-se imprescindível, portanto, a intimação da parte autora para que apresente eventual impugnação. É indispensável a intimação pessoal da parte a realização de perícia médica judicial, em se tratando de ação de cobrança de DPVAT, porquanto se trata de ato que deve ser praticado pessoalmente, não suprindo a irregularidade com a intimação do procurador do periciando. Sentença cassada. (TJMG; APCV 1.0702.15.060318-2/001; Rel. Des. Ramom Tácio; Julg. 19/04/2017; DJEMG 28/04/2017).

Entendendo que mesmo em mandado de segurança deve o autor ser intimado para se manifestar em réplica, caso alegada a ilegitimidade passiva:

✓ PROCESSUAL CIVIL. MANDADO DE SEGURANÇA. LEGITIMIDADE PASSIVA. AUSÊNCIA DE INTIMAÇÃO DA PARTE CONTRÁRIA. NULIDADE. RETORNO DOS AUTOS À ORIGEM PARA FINS DE INTIMAÇÃO. Se o réu arguir, na contestação, sua ilegitimidade passiva ad causam (CPC, inciso XI do 337), o juiz determinará a oitiva do autor para se manifestar no prazo de 15 dias (art. 351 do CPC/2015). A ausência da intimação do autor é vício que ofende o princípio do contraditório, ensejando na anulação da sentença. Apelo provido para anular a sentença e determinar o retorno dos autos ao Juízo a quo para regular prosseguimento do feito, com a intimação do autor. (TRF 4ª R.; AC 5006341-77.2016.404.7200; SC; Segunda Turma; Relª Juíza Fed. Cláudia Maria Dadico; Julg. 27/09/2016; DEJF 29/09/2016)

A falta de observância do dispositivo afronta aos princípios da não surpresa e do contraditório:

✓ RECURSO DE AGRAVO INTERNO – DECISÃO MONOCRÁTICA QUE PROVÊ RECURSO DE APELAÇÃO, CASSA A SENTENÇA E DETERMINA O RETORNO DOS AUTOS À INSTÂNCIA DE ORIGEM DIANTE DO EVIDENTE CERCEAMENTO DE DEFESA – ALEGAÇÃO DE PRELIMINAR DE ILEGITIMIDADE ATIVA E DE LITIGÂNCIA DE MÁ-FÉ EM CONTESTAÇÃO ONDE TAMBÉM FORAM JUNTADOS DOCUMENTOS – PEDIDOS ACOLHIDOS PELA JUÍZA DE ORIGEM SEM OPORTUNIZAR A MANIFESTAÇÃO DA PARTE ADVERSA – OFENSA AO ARTIGO 351 DO CPC – DECISÃO UNIPESSOAL MANTIDA – RECURSO DESPROVIDO. Na sentença, a Juíza singular acolheu a preliminar de ilegitimidade ativa e o pedido de imposição de multa por litigância de má-fé, sem oportunizar defesa ao Recorrido, em afronta ao que expressamente determina o artigo 351, do CPC, cuja redação tem o seguinte teor: "se o réu alegar qualquer das matérias enumeradas no art. 337, o juiz determinará a oitiva do autor no prazo de 15 (quinze) dias, permitindo-lhe a produção de prova. Dentre as matérias enumeradas no artigo 337 da Lei de Ritos, o inciso IX, trata da ausência de legitimidade ou de interesse processual. Assim, é inconteste que a Juíza singular deveria ter oportunizado ao Agravado o prazo para apresentar réplica e, querendo, produzir prova. Tal fato, sem dúvida, afronta aos princípios da não surpresa, do contraditório (TJ-MT – AGR: 10094799320208110041 MT, Relator: CLARICE CLAUDINO DA SILVA, Data de Julgamento: 07/10/2020, Segunda Câmara de Direito Privado, Data de Publicação: 07/10/2020)

Art. 352. Verificando a existência de irregularidades ou de vícios sanáveis, o juiz determinará sua correção em prazo nunca superior a 30 (trinta) dias.

→ V. Arts. 282 e 283 do CPC.

Entendendo que a inépcia da inicial pode ser regularizada na forma do art. 352 do CPC:

✓ PROCESSUAL CIVIL. AÇÃO DE COBRANÇA. ARGUIÇÃO DE INÉPCIA DA INICIAL. PLANILHA DE CÁLCULO INCOMPLETA. ARTIGOS 351 E 352 DO CPC/2015. NECESSIDADE DE CONCESSÃO DE PRAZO PARA REGULARIZAÇAO DA PLANILHA DE CÁLCULOS. CASSAÇÃO DA SENTENÇA. 1. De acordo com o artigo 352 do Código de Processo Civil, Verificando a existência de irregularidades ou de vícios sanáveis, o juiz determinará sua correção em prazo nunca superior a 30 (trinta) dias, nas hipóteses em que o réu tenha alegado qualquer das matérias enumeradas no art. 337, do mesmo diploma legal, dentre as quais encontra-se inserida a inépcia da inicial. 2. Tendo em vista que a parte ré, ao ofertar contestação, arguiu preliminar de inépcia da inicial, ante a existência de quebra de sequência na planilha de cálculos apresentada pela parte autora, e tratando-se de vício sanável, mostra-se impositiva a cassação da r. Sentença, para que seja observada a regra inserta nos artigos 351 e 352 do Código de Processo Civil. 3. Constatada a existência de quebra na sequência dos cálculos que fundamentam a Ação de cobrança, faz-se necessária a correção do vício, mediante a apresentação de nova planilha. 4. Recurso de Apelação conhecido e provido. Sentença cassada. (TJDF; APC 2015.07.1.017453-6; Ac. 105.1637; Oitava Turma Cível; Relª Desª Nídia Corrêa Lima; Julg. 28/09/2017; DJDFTE 11/10/2017)

Permitindo que o autor seja intimado para sanar vício decorrente de documentação anexada de forma desordenada, dificultando a análise do processo:

✓ AÇÃO DE BUSCA E APREENSÃO. Indeferimento da inicial. Documentação processual anexada no sistema de forma desordenada. Inserção que não implica prejuízo ao contraditório. Princípio da cooperação. Recurso provido 1. O fato do advogado ter inserido documentos em pastas erradas não implica qualquer prejuízo ao exercício do contraditório, pois tanto a inicial como os documentos que a instruem são de fácil compreensão para análise da ação proposta. 2 – Nos termos do art. 6° do código de processo civil de 2015: todos os sujeitos do processo devem cooperar entre si para que se obtenha, em tempo razoável, decisão de mérito justa e efetiva. 3 – Segundo o art. 352 do CPC: sendo verificada irregularidade que impeça ou dificulte a análise do processo cabe ao juiz determinar que o autor promova as alterações necessárias. 4. Recurso provido. (TJPE; APL 0025106-05.2015.8.17.2001; Rel. Des. Bartolomeu Bueno de Freitas Morais; Julg. 06/07/2017; DJEPE 15/08/2017)

Art. 353. Cumpridas as providências preliminares ou não havendo necessidade delas, o juiz proferirá julgamento conforme o estado do processo, observando o que dispõe o Capítulo X.

Capítulo X
DO JULGAMENTO CONFORME O ESTADO DO PROCESSO

Seção I
Da Extinção do Processo

Art. 354. Ocorrendo qualquer das hipóteses previstas nos arts. 485 e 487, incisos II e III, o juiz proferirá sentença.

Parágrafo único. A decisão a que se refere o *caput* pode dizer respeito a apenas parcela do processo, caso em que será impugnável por agravo de instrumento.

→ *v.* Arts. 90, § 1º, 356, 966, § 3º, 1.015 a 1.020, do CPC.

Entendendo que a decisão que exclui um dos réus do processo deve ser impugnada mediante agravo de instrumento:

✓ PROCESSUAL CIVIL. APELAÇÃO. DECISÃO QUE DETERMINOU A EXCLUSÃO DE UMA DAS PARTES DO POLO PASSIVO DA DEMANDA. RECURSO CABÍVEL. AGRAVO DE INSTRUMENTO. PREVISÃO LEGAL EXPRESSA. ART. 354, PARÁGRAFO ÚNICO, DO CPC/2015. INAPLICABILIDADE DO PRINCÍPIO DA FUNGIBILIDADE RECURSAL. RECURSO NÃO CONHECIDO. 1. O decisum que determina a exclusão de uma das partes do polo passivo da demanda tem natureza jurídica de decisão interlocutória, de modo que o recurso cabível é o de agravo de instrumento, consoante inteligência dos artigos 354, parágrafo único, 203, §2º e 1.015, XIII, todos do Código de Processo Civil/2015. 2. Diante da inexistência de dúvida quanto ao recurso cabível, não há que se falar em aplicação do princípio da fungibilidade recursal. 3. Ainda que fosse manejado o recurso adequado, qual seja, o agravo de instrumento, o mesmo não seria conhecido, pois a apelante, em suas razões, não atacou a decisão em seus fundamentos. Limitou-se apenas a tecer alegações genéricas que não impugnam especificamente o decisum proferido pelo Juízo a quo. 4. Recurso de apelação não conhecido. (TRF 2ª R.; AC 0000727-45.2009.4.02.5110; Quinta Turma Especializada; Rel. Des. Fed. Aluísio Gonçalves de Castro Mendes; Julg. 13/12/2016; DEJF 11/01/2017)

Contra, considerando não agravável a decisão que extingue o processo em face de apenas um dos réus:

✓ AGRAVO DE INSTRUMENTO. DECISÃO SANEADORA QUE ACOLHEU PRELIMINAR DE ILEGITIMIDADE PASSIVA AD CAUSAM E EXTINGUIU O PROCESSO COM RELAÇÃO A UM DOS RÉUS. RECURSO INTERPOSTO SOB A ÉGIDE DO NOVO CPC. Decisão agravada que acolhe preliminar de ilegitimidade passiva e extingue o feito sem análise do mérito em face do segundo réu. Decisão esta que não se reveste, em seu aspecto formal, da natureza de sentença, da qual o recurso cabível seria a apelação, nem tampouco hipótese de julgamento parcial de mérito previsto nos artigos 356 e parágrafo único do artigo 354, ambos do CPC/2015, na qual o recurso cabível é o agravo de instrumento. Conteúdo da decisão agravada que não foi contemplado no rol taxativo do art. 1.015 do CPC. Matéria impugnada que não restará preclusa, podendo ser impugnada posteriormente, em sede de apelação ou contrarrazões, conforme preceitua o Art. 1009, §1º, do novo CPC. Não conhecimento do recurso, em razão de manifesta inadmissibilidade. RECURSO NÃO CONHECIDO. (TJRJ; AI 0055442-53.2017.8.19.0000; São Gonçalo; Vigésima Terceira Câmara Cível Consumidor; Relª Desª Sônia de Fátima Dias; DORJ 15/12/2017; Pág. 648)

Considerando agravável a decisão que extingue o processo em relação a somente um dos pedidos:

✓ APELAÇÃO. PROCESSO CIVIL. PROVIMENTO JUDICIAL QUE JULGA EXTINTO O PROCESSO EM RELAÇÃO A UM DOS PEDIDOS FORMULADOS NA INICIAL, E DETERMINA O PROSSEGUIMENTO DO FEITO EM RELAÇÃO AOS DEMAIS. Extinção parcial do feito. Ato judicial com natureza de decisão interlocutória, atacável por agravo de instrumento. Inteligência dos artigos 203, § 1º, e 354, parágrafo único, ambos do Código de Processo Civil. Princípio da correspondência. Interposição de recurso de apelação que configura erro grosseiro, e não autoriza a aplicação do princípio da fungibilidade. Recurso não conhecido. (TJRJ; APL 0060639-20.2016.8.19.0001; Rio de Janeiro; Vigésima Sétima Câmara Cível Consumidor; Rel. Des. Marcos Alcino de Azevedo Torres; DORJ 12/12/2017; Pág. 437)

Contra decisão que extingue apenas a reconvenção, deve ser interposto agravo de instrumento, sendo descabida a aplicação do princípio da fungibilidade:

✓ APELAÇÃO. PROCESSUAL CIVIL. DECISÃO QUE JULGA EXTINTA A RECONVENÇÃO. Prosseguimento do feito. Descabimento do recurso de apelação. O recurso não preenche o requisito de admissibilidade do cabimento. De acordo com José Carlos Barbosa Moreira, o objeto do juízo de admissibilidade "são os requisitos necessários para que se possa legitimamente apreciar o mérito do recurso, dando-lhe ou negando-lhe provimento". Dentre estes requisitos, também chamados pela doutrina de pressupostos de admissibilidade recursal, está o cabimento. Logo, para que seja cabível o recurso, é preciso que o ato impugnado seja, em tese, suscetível de ataque por meio dele. A apelação é o recurso apropriado para atacar decisão que põe fim ao processo. **In casu**, o autor interpôs recurso de apelação em face do decisum que extinguiu, sem resolução de mérito, a reconvenção apresentada pelo apelante, por considerar inepta a inicial. Tal julgado, embora possua natureza jurídica de sentença, nos termos do artigo 354 do CPC, é impugnável por agravo de instrumento em atenção ao parágrafo único do referido dispositivo. É preciso ter em mente que a reconvenção, embora seja demanda autônoma, não faz surgir um novo processo. O processo é único e nele se inclui a demanda original e a demanda reconvencional. Precedentes do c. STJ. Com efeito, descabe a aplicação do princípio da fungibilidade na hipótese, por se tratar de erro grosseiro. Ademais, não se verifica a existência de dúvida objetiva quanto ao recurso cabível no caso, em razão da expressa previsão legal. Recurso não conhecido. (TJRJ; APL 0018795-53.2013.8.19.0209; Rio de Janeiro; Terceira Câmara Cível; Relª Desª Renata Machado Cotta; Julg. 13/06/2017; DORJ 19/06/2017; Pág. 206)

Apontando que a decisão que extingue a demanda principal e determina o prosseguimento da reconvenção deve ser atacada por agravo de instrumento:

✓ APELAÇÃO CÍVEL. RESPONSABILIDADE CIVIL EM ACIDENTE DE TRÂNSITO. AÇÃO DE INDENIZAÇÃO POR DANOS MATERIAIS. NÃO RECOLHIMENTO DAS CUSTAS PROCESSUAIS PELO AUTOR. EXTINÇÃO DO PROCESSO APENAS EM RELAÇÃO À AÇÃO. PROSSEGUIMENTO DA RECONVENÇÃO. DECISÃO INTERLOCUTÓRIA. RECURSO CABÍVEL É O AGRAVO DE INSTRUMENTO. ERRO GROSSEIRO. É o agravo de instrumento, e não a apelação, o recurso adequado contra decisão que extingue apenas a ação, prosseguindo-se com a reconvenção, uma vez que não se trata de decisão extintiva do processo, mas de interlocutória. Inteligência do artigo 354, parágrafo único, do código de processo civil atual. Precedentes. Apelação não conhecida. (TJRS; AC 0348657-94.2017.8.21.7000; Pelotas; Décima Segunda Câmara Cível; Relª Desª Ana Lúcia Carvalho Pinto Vieira Rebout; Julg. 27/11/2017; DJERS 30/11/2017)

Declaração parcial de prescrição deve ser questionada mediante agravo de instrumento:

✓ EMBARGOS DE DECLARAÇÃO. Ação de cobrança. Decisão monocrática que negou seguimento ao recurso interposto pelos embargantes sob o argumento de que o decisum não se enquadra nas hipóteses de cabimento previstas no art. 1.015 do CPC/2015. Declaração parcial de prescrição da pretensão autoral. Decisão impugnável por agravo de instrumento (art. 354, parágrafo único, do CPC/2015). Recurso recebido com efeito suspensivo. Existência de erro material. Exclusão do parágrafo que não guarda relação com os autos. Embargos conhecidos e acolhidos, com a atribuição de efeito infringente. (TJPR; EmbDecCv 1593000-0/01; Guarapuava; Sexta Câmara Cível; Rel. Des. Carlos Eduardo A. Espínola; Julg. 21/03/2017; DJPR 06/04/2017; Pág. 239)

Seção II
Do Julgamento Antecipado do Mérito

Art. 355. O juiz julgará antecipadamente o pedido, proferindo sentença com resolução de mérito, quando:

→ *V.* Enunciado 27 do CJF: Não é necessário o anúncio prévio do julgamento do pedido nas situações do art. 355 do CPC.

I – não houver necessidade de produção de outras provas;

→ *V.* Art. 37 da Lei 6.515/1977.

→ *V.* Art. 87, § 3º, da Lei 11.101/2005.

Se as provas constantes dos autos são consideradas suficientes, inexiste cerceamento de defesa decorrente do julgamento antecipado do mérito:

✓ INDEFERIMENTO DA PRODUÇÃO DE PROVA ORAL REQUERIDA PELA APELANTE QUE SE DEU EM RAZÃO DE AS PROVAS CONSTANTES NOS AUTOS SE REVELARAM SUFICIENTES PARA O JULGAMENTO ANTECIPADO DO PEDIDO, NOS TERMOS DO ART. 355, I DO CPC. AUSÊNCIA DE CERCEAMENTO DE DEFESA. Rejeitada a preliminar de nulidade. 2. Embargante que não demonstra a existência de contrato de locação com o de cujus e demonstra o pagamento de alugueres a pessoa sem poderes de administração sobre o imóvel dos espólios/apelados. Manutenção da sentença de improcedência. NEGATIVA DE PROVIMENTO AO RECURSO. (TJRJ; APL 0166344-07.2016.8.19.0001; Rio de Janeiro; Vigésima Câmara Cível; Relª Desª Mônica de Faria Sardas; DORJ 09/01/2018; Pág. 653). No mesmo sentido: CERCEAMENTO DE DEFESA. Tese que depende de prova documental. Provas suficientes nos autos. Ocorrência. Desnecessidade de outras provas. Convencimento do Magistrado. Julgamento Antecipado. Aplicação do artigo 355, inciso I, do CPC/2015. Possibilidade: Não se admite o alegado cerceamento de defesa ante a suposta necessidade de realização de outras provas, se elas são suficientes para o livre convencimento do Magistrado, sendo permitido o julgamento antecipado, nos termos do artigo 355, inciso I, do Código de Processo Civil/2015. ÔNUS DA PROVA. Relação de Consumo. Responsabilidade do autor. Não afastamento. Fato constitutivo do seu direito. Prova cabe ao autor. Inteligência do artigo 373, inc. I, do CPC/2015. Ônus da prova eventualmente imputado ao réu, segundo a legislação consumerista, não afasta a responsabilidade da parte autora de demonstrar seu direito, nos termos do artigo 373, inciso I, do novo Código de Processo Civil. COBRANÇA. Contrato de Cartão de Credito. Faturas em aberto. Cobrança. Exercício Regular de Direito. Possibilidade. Abusividade. Não Ocorrência. É cabível a cobrança de débitos em aberto decorrente do uso de cartão de crédito regularmente contratado, tratando-se de exercício regular de direito credora. HONORÁRIOS RECURSAIS. Sentença proferida sob a égide do CPC/2015. Recurso não provido. Majoração necessária, com fulcro no art. 85, §11º, do CPC/2015. Em se tratando de sentença proferida sob a égide do CPC/2015, mostra-se necessária a majoração de honorários devidos ao patrono do apelado, em virtude do não provimento do recurso, com fulcro no §11º do mesmo artigo. RECURSO NÃO PROVIDO. (TJSP; APL 1027981-49.2016.8.26.0576; Ac. 11004773; São José do Rio Preto; Décima Terceira Câmara de Direito Privado; Rel. Des. Nelson Jorge Júnior; Julg. 22/11/2017; DJESP 07/12/2017; Pág. 2014). V. tb.: TJDF; APC 2016.10.1.005288-6; Ac. 105.2533; Oitava Turma Cível; Relª Desª Ana Cantarino; Julg. 05/10/2017; DJDFTE 13/10/2017

Não pode o juiz indeferir as provas requeridas, julgar antecipadamente o mérito e concluir pela improcedência do pedido por falta de prova:

✓ AGRAVO INTERNO NO RECURSO ESPECIAL. JULGAMENTO ANTECIPADO DA LIDE. IMPROCEDÊNCIA POR FALTA DE PROVAS. NÃO CABIMENTO. CERCEAMENTO DE DEFESA. OCORRÊNCIA. 1. O enunciado nº 7/STJ, apenas tem incidência quando as instâncias de origem amparam seu julgamento nas provas constantes dos autos e a parte alega cerceamento de defesa pelo indeferimento de prova, o que não ocorreu na hipótese dos autos. 2. O Superior Tribunal de Justiça já decidiu que há cerceamento de defesa quando o tribunal julga improcedente o pedido por ausência de provas cuja produção foi indeferida no curso do processo. 3. Agravo interno desprovido. (STJ; AgInt-REsp 1.493.745; Proc. 2014/0287420-7; SC; Terceira Turma; Rel. Min. Paulo de Tarso Sanseverino;

DJE 01/09/2017); AGRAVO INTERNO NO AGRAVO EM RECURSO ESPECIAL. ENUNCIADO ADMINISTRATIVO N. 3 DO STJ. SERVIDOR PÚBLICO. PENSÃO POR MORTE. AFERIÇÃO DA RELAÇÃO DE DEPENDÊNCIA. ANÁLISE DA CAPACIDADE ECONÔMICA DE FILHA INVÁLIDA PARA O TRABALHO. JULGAMENTO ANTECIPADO DO MÉRITO. IMPROVIMENTO DA INICIAL POR FALTA DE PROVAS. CERCEAMENTO DE DEFESA CARACTERIZADO. ANULAÇÃO DA SENTENÇA E DO ACÓRDÃO A QUO. AGRAVO INTERNO NÃO PROVIDO. 1. Na origem, o pedido à pensão por morte não foi provido por falta de provas de dependência econômica da ora recorrida em juízo antecipado de mérito. Porém, a recorrida pugnou a realização de provas em atendimento a despacho do próprio juízo sentenciante. 2. A jurisprudência do STJ admite a anulação do acórdão e da sentença que julga improcedente os pedidos contidos na inicial apesar do requerimento da parte requerente pela produção de provas. 3. Agravo interno não provido. (STJ; AgInt-AREsp 1.013.734; Proc. 2016/0295172-0; SP; Segunda Turma; Rel. Min. Mauro Campbell Marques; DJE 03/04/2017). V. tb.: EMBARGOS DE DECLARAÇÃO. IMPROBIDADE ADMINISTRATIVA. DANO AO ERÁRIO. NECESSIDADE DE DILAÇÃO PROBATÓRIA. CERCEAMENTO DE DEFESA. Ato de improbidade consistente em direcionamento de licitação e superfaturamento de produtos alimentícios adquiridos pelo Município de Jundiaí para merenda escolar. JULGAMENTO ANTECIPADO DA LIDE. CERCEAMENTO DE DEFESA. RECONHECIMENTO. É defeso ao juiz conhecer diretamente da lide, sem abrir às partes oportunidade para a produção de provas, e, ao mesmo tempo, afastar a tese da parte autora por falta de provas. Cerceamento de defesa reconhecido. Precedentes no Colendo STJ. Desconstituição da sentença é medida que se impõe. Preliminar acolhida, com anulação do julgado. OMISSÃO, CONTRADIÇÃO OU OBSCURIDADE. INOCORRÊNCIA. PREQUESTIONAMENTO. Acórdão combatido que não apresenta omissão, contradição ou obscuridade para o acolhimento dos embargos. Propósito de modificação do julgado. Inviabilidade. Prequestionamento. Desnecessidade de manifestação expressa à Lei ou dispositivos constitucionais nos fundamentos do acórdão a viabilizar a interposição de recurso aos Tribunais Superiores. Decisão deve conter fundamentos jurídicos. Prescindível a menção de dispositivos legais. Decisão mantida. Embargos rejeitados. (TJSP; EDcl 0021851-90.2013.8.26.0309/50000; Ac. 10702105; Jundiaí; Oitava Câmara de Direito Público; Rel. Des. Leonel Costa; Julg. 16/08/2017; DJESP 19/09/2017; Pág. 2658). V. tb.: TJRN; AC 2017.010392-0; Natal; Terceira Câmara Cível; Rel. Des. João Rebouças; DJRN 05/12/2017; TJRR; AC 0010.10.914488-0; Rel. Des. Jefferson Fernandes; DJERR 10/01/2018; Pág. 57.

Deve o juiz, para promover o julgamento antecipado do mérito, fundamentar por que não realiza o saneamento:

✓ RECURSO DE APELAÇÃO CÍVEL. TELEFONIA. PAGAMENTO DE SERVIÇO NÃO CONTRATADO. PRELIMINAR. CERCEAMENTO DE AMPLA DEFESA E CONTRADITÓRIO. SOLICITAÇÃO DAS GRAVAÇÕES DE CONVERSA REALIZADAS NA CENTRAL DE ATENDIMENTO AO CONSUMIDOR NÃO APRECIADA. OMISSÃO. DISTRIBUIÇÃO DAS PROVAS. INEXISTÊNCIA DE DESPACHO SANEADOR. ART. 357 DO CPC. SEM FUNDAMENTAÇÃO QUANTO AO JULGAMENTO ANTECIPADO DA LIDE. NULIDADE. ART. 92, IX DA CF. ART. 489, II DO CPC. SENTENÇA SEM FUNDAMENTAÇÃO QUANTO AO JULGAMENTO ANTECIPADO DA LIDE. VIOLAÇÃO AO CONTRADITÓRIO. DECISÃO SURPRESA. VEDAÇÃO. SENTENÇA NULA. RECURSO PROVIDO. Incide em erro o magistrado que não observa o contraditório, sentenciando o processo sem a devida apreciação das provas requeridas nos autos, as quais sendo legítimas poderão interferir no decisum. Há o direito fundamental à produção de prova, desde que lícita. O julgamento antecipado da lide, sem a devida fundamentação das razões da não realização do despacho saneador ou mesmo omissa quanto este ponto, fere preceito constitucional de que todas as decisões do Poder Judiciário são devidamente fundamentadas. Sentença declarada nula, por violação a preceito constitucional (contraditório e cerceamento de defesa). (TJMT; APL 27817/2017; Pontes e Lacerda; Relª Desª Nilza Maria Pôssas de Carvalho; Julg. 13/06/2017; DJMT 20/06/2017; Pág. 54)

II – o réu for revel, ocorrer o efeito previsto no art. 344 e não houver requerimento de prova, na forma do art. 349.

→ *v.* Arts. 344 a 346 do CPC.

Configura cerceamento de defesa o julgamento antecipado do mérito sem apreciação do requerimento de prova formulado pelo réu, ainda que revel:

✓ APELAÇÃO CÍVEL. RÉU REVEL. PEDIDO DE PRODUÇÃO DE PROVA. NÃO APRECIAÇÃO. OFENSA AOS ARTS. 349 E 355, INCISO II, DO CPC. ERROR IN PROCEDENDO. NULIDADE. O julgamento antecipado da causa sem que tenha sido apreciado o pedido de prova por réu revel, formulado oportunamente, enseja erro in procedendo, por violação aos artigos 349 e 355, inciso II, do Código de Processo Civil. É lícito ao réu revel a produção de provas contrapostas às alegações realizadas na petição inicial, ou seja, que digam respeito às alegações autorais. (TJDF; APC 2016.01.1.041865-5; Ac. 105.4017; Sexta Turma Cível; Rel. Des. Esdras Neves; Julg. 11/10/2017; DJDFTE 18/10/2017)

Seção III
Do Julgamento Antecipado Parcial do Mérito

Art. 356. O juiz decidirá parcialmente o mérito quando um ou mais dos pedidos formulados ou parcela deles:

→ *v.* Art. 354, parágrafo único, e 966, § 3º, do CPC.

→ *v.* Enunciado 117 do CJF: O art. 356 do CPC pode ser aplicado nos julgamentos dos tribunais.

→ *v.* Enunciado 125 do CJF: A decisão parcial de mérito não pode ser modificada senão em decorrência do recurso que a impugna.

→ *v.* Enunciado 126 do CJF: O juiz pode resolver parcialmente o mérito, em relação à matéria não afetada para julgamento, nos processos suspensos em razão de recursos repetitivos, repercussão geral, incidente de resolução de demandas repetitivas ou incidente de assunção de competência.

→ *v.* Enunciado 127 do CJF: O juiz pode homologar parcialmente a delimitação consensual das questões de fato e de direito, após consulta às partes, na forma do art. 10 do CPC.

→ *v.* Enunciado 13 do CEAPRO: O efeito suspensivo automático do recurso de apelação, aplica-se ao agravo de instrumento interposto contra a decisão parcial do mérito prevista no art. 356.

Admitindo o julgamento antecipado parcial do mérito no Juizado Especial Federal:

✓ JUIZADO ESPECIAL. FAZENDA PÚBLICA. DECISÃO PARCIAL DE MÉRITO. ADICIONAL DE UM TERÇO DE FÉRIAS. IMPOSTO DE RENDA. RESTITUIÇÃO INDEVIDA. INCIDÊNCIA DE CONTRIBUIÇÃO PREVIDENCIÁRIA. REPERCUSSÃO GERAL. SUSPENSÃO. 1. Cuida-se de Agravo de Instrumento interposto contra decisão que promoveu o julgamento antecipado parcial de mérito, nos termos do art. 356, II, do CPC e julgou improcedente o pedido de restituição de parcelas relativas ao imposto de renda incidente sobre o terço constitucional de férias dos agravantes, bem como acatou a suspensão do processo, quanto ao pedido de não incidência de desconto de contribuição previdenciária sobre um terço de férias, ante a existência de questão constitucional controvertida reconhecida em sede de repercussão geral pelo STF (RE 593068). 2. (...). 6. AGRAVO DE INSTRUMENTO CONHECIDO e NÃO PROVIDO. Sem custas e honorários advocatícios. 7. A ementa servirá de acórdão, conforme art. 46 da Lei n. 9.099/95. (TJDF; Proc. 0700.91.0.872017-8079000; Ac. 106.6670; Primeira Turma Recursal dos Juizados Especiais Cíveis e Criminais; Relª Juíza Soníria Rocha Campos Dassunção; Julg. 12/12/2017; DJDFTE 20/12/2017)

Considerando nula a decisão de julgamento antecipado parcial do mérito sem relatório:

✓ AGRAVO DE INSTRUMENTO. JULGAMENTO PARCIAL DO MÉRITO. ART. 356, INCISO II, DO CPC. Ausência de relatório. Ato processual submetido às exigências do art. 489 do CPC. Decisão anulada de ofício. Recurso da autora prejudicado. (TJSP; AI 2186278-85.2017.8.26.0000; Ac. 10946004; Rio Claro; Quarta Câmara de Direito Público; Rel. Des. Luis Fernando Camargo de Barros Vidal; Julg. 30/10/2017; DJESP 22/11/2017; Pág. 2676)

Entendendo que não cabe o julgamento antecipado parcial de mérito em grau recursal:

✓ CONVERSÃO DE EMBARGOS DE DECLARAÇÃO EM AGRAVO INTERNO. POSSIBILIDADE. JULGAMENTO PARCIAL DE RECURSO. NÃO CABIMENTO. Nos termos do art. 1.024, §3º, do CPC, é cabível a conversão dos embargos de declaração em agravo interno, quando o recurso é oposto com o propósito único de ver reformada a decisão embargada por meio de tal instrumento. O art. 356, do CPC, não deve ser aplicado em grau recursal, pois o julgamento parcial do mérito é realizado por meio de decisão interlocutória contra a qual será cabível recurso de agravo de instrumento, além de não haver previsão de julgamento parcial de recurso. (TJMG; AG 1.0145.13.071985-2/003; Rel. Des. Marco Aurelio Ferenzini; Julg. 27/04/2017; DJEMG 05/05/2017)

Aplicando subsidiariamente o art. 356 do CPC ao processo do trabalho:

✓ NOVO CPC. JULGAMENTO ANTECIPADO PARCIAL DO MÉRITO. RECURSO ORDINÁRIO DE IMEDIATO. PRECLUSÃO. Tendo em vista a aplicabilidade do art. 356 do CPC ao Processo do Trabalho, em caso de julgamento antecipado parcial do mérito, cabe à parte interpor recurso ordinário de imediato, e não apenas quando do julgamento final da lide, sob pena de preclusão. (TRT 4ª R.; RO 0021834-89.2015.5.04.0004; Rel. Des. Cláudio Antônio Cassou Barbosa; DEJTRS 11/07/2017; Pág. 371); PRELIMINAR DE INTEMPESTIVIDADE DO RECURSO ORDINÁRIO. SENTENÇA PARCIAL DE MÉRITO. Previsto no art. 356 do Novo Código de Processo Civil, o Julgamento Antecipado Parcial de Mérito tem sua aplicabilidade referendada pela IN n. 39/2016 do C. TST, cujo artigo 5º prevê ser necessário a imediata interposição de recurso ordinário pela parte, para impugnar o julgamento antecipado parcial de mérito, como medida a afastar o trânsito em julgado da decisão e da própria execução definitiva (CPC/15, artigo 356, § 3º). Não tendo a parte, recorrido da parcela já julgada antecipadamente, encontram-se estes pleitos fulminados pela preclusão, posto que deveriam ter sido vergastados dentro do octídio legal imediato à sentença proferida. DOENÇA OCUPACIONAL. PERÍCIA TÉCNICA JUDICIAL. AUSÊNCIA DE NEXO CAUSAL/CONCAUSAL COM O LABOR DA RECLAMANTE. INDENIZAÇÕES INDEVIDAS. Considerando que a perícia realizada no processo foi clara e incisiva, ao demonstrar que as enfermidades alegadas pela reclamante não consistem em doença ocupacional, visto que inexiste nexo de causalidade ou de concausalidade entre a mesma e o trabalho por ela prestado, não há como acatar os pedidos de indenizações por danos morais e materiais relacionadas a tal fato. Recurso ordinário a que se nega provimento. (TRT 13ª R.; RO 0131920-15.2015.5.13.0025; Primeira Turma; Rel. Des. Paulo Maia Filho; DEJTPB 09/05/2017; Pág. 84)

Caberá agravo instrumento das decisões que decidirem parcialmente o mérito:

✓ AGRAVO INTERNO NO AGRAVO EM RECURSO ESPECIAL. OFENSA AO PRINCÍPIO DA COLEGIALIDADE. NÃO OCORRÊNCIA. AGRAVO DE INSTRUMENTO. DESCABIMENTO CONTRA DECISÃO QUE, NO CASO, FIXOU PONTO CONTROVERTIDO E DEFERIU A PRODUÇÃO DE PROVAS. INEXISTÊNCIA DE DECISÃO PARCIAL DE MÉRITO. INTERPRETAÇÃO DO ART. 356, I E II, § 5º, C/C O ART. 1.015, II, DO CPC/2015. APLICAÇÃO DA MULTA PREVISTA NO § 4º DO ART. 1.021 DO CPC. NÃO CABIMENTO. RECURSO DESPROVIDO. 1. A jurisprudência desta Corte já assentou o entendimento de que "é possível ao Relator negar seguimento a recurso manifestamente inadmissível, improcedente ou prejudicado não ofendendo, assim, o princípio da colegialidade. Ademais, com a interposição do agravo regimental, fica superada a alegação de nulidade pela violação ao referido princípio, ante a devolução da matéria à apreciação pelo Órgão Julgador" (AgRg no REsp n. 1.113.982/PB, Relatora a Ministra Laurita Vaz, DJe de 29/8/2014). 2. Consoante dispõe o art. 356, caput, I e II, e § 5º, do CPC/2015, o juiz decidirá parcialmente o mérito quando um ou mais dos pedidos formulados ou parcela deles mostrarem-se incontroversos ou estiver em condições de imediato julgamento, nos termos do art. 355, sendo a decisão proferida com base neste artigo impugnável por agravo de instrumento. 3. No caso, conforme asseverou o acórdão recorrido, a decisão do Juízo singular não ingressou no mérito, justamente porque entendeu pela necessidade de dilação probatória, deferindo as provas testemunhal e pericial. Logo, não havendo questão incontroversa que possibilitasse a prolação de decisão de mérito, inviável se falar, por conseguinte, na impugnação do referido decisum por meio de agravo de instrumento, por não estar configurada a hipótese do art. 1.015, II, do CPC/2015. 4. A aplicação da multa prevista no § 4º do art. 1.021 do CPC/2015 não é automática, não se tratando de mera decorrência lógica do desprovimento do agravo interno em votação unânime. A condenação do agravante ao pagamento da aludida multa, a ser analisada em cada caso concreto, em decisão fundamentada, pressupõe que o agravo interno mostre-se manifestamente inadmissível ou que sua improcedência seja de tal forma evidente que a simples interposição do recurso possa ser tida, de plano, como abusiva ou protelatória, o que, contudo, não se verifica na hipótese. 5. Agravo interno desprovido. (STJ - AgInt no AREsp: 1411485 SP 2018/0321955-8, Relator: Ministro MARCO AURÉLIO BELLIZZE, Data de Julgamento: 01/07/2019, T3 - TERCEIRA TURMA, Data de Publicação: DJe 06/08/2019)

I – mostrar-se incontroverso;

→ *V.* Arts. 374, II e III, do CPC.

II – estiver em condições de imediato julgamento, nos termos do art. 355.

Possibilidade de julgamento antecipado parcial do mérito se parte dos pedidos está suspensa aguardando o julgamento de recurso repetitivo:

✓ AGRAVO DE INSTRUMENTO. AÇÃO RESCISÓRIA DE CONTRATO DE ARRENDAMENTO MERCANTIL C.C. PEDIDO REVISIONAL E DE REPETIÇÃO DE INDÉBITO. SOBRESTAMENTO DO FEITO DETERMINADO PELO JUÍZO A QUO EM RAZÃO DA SUSPENSÃO DETERMINADA NO RESP REPETITIVO Nº 1.578.526. Insurgência da ré/agravante contra a paralisação total do feito, uma vez que o Recurso Especial mencionado apenas afetou parte dos temas tratados. Possibilidade de tramitação do processo em relação aos demais temas. Inteligência do art. 356 do CPC/15, que admite o julgamento parcial do mérito. Agravo provido. (TJSP; AI 2183181-77.2017.8.26.0000; Ac. 11054224; Franca; Trigésima Quarta Câmara de Direito Privado; Rel. Des. Soares Levada; Julg. 06/12/2017; DJESP 19/12/2017; Pág. 3386). V. tb.: DIREITO PREVIDENCIÁRIO. Apelação cível e reexame necessário. Pleito de restabelecimento de pensão por morte e devolução dos valores descontados a título de ressarcimento ao erário do benefício pago. Sentença de parcial procedência. Apelação (1). Autor. Pleito de restabelecimento do benefício de pensão por morte. Impossibilidade. Constituição de união estável informada ao órgão previdenciário. Perda da qualidade de dependente da instituidora da pensão. Hipótese de cancelamento do benefício. Art. 61, § 1º, da Lei nº. 12.398/1998. Princípio da legalidade. Garantia do administrado. Sumula 170 TRF. Inaplicabilidade. Existência de previsão expressa de causa extintiva do benefício. Modificação da situação econômica. Irrelevância. Sentença mantida. Apelação (2) e (3) paranaprevidencia e estado do Paraná. (1) desconto dos proventos de aposentadoria a título de ressarcimento da pensão indevidamente paga. Devolução dos valores descontados. Benefício previdenciário. Matéria afetada para julgamento no repetitivo nº 1.578.526/ SP. Sobrestamento parcial do feito. Suspensão apenas nessa parte. Concretização do princípio constitucional da duração razoável do processo. Aplicação analógica do art. 356 e seguintes do CPC/2015. (4) honorários devidos pelo autor. Observância ao art. 85, § 2º. Fixação em percentual. Sentença reformada. Honorários recursais. Majoração dos honorários advocatícios. Inteligência do §11 do art. 85 do CPC/2015. Recursos de apelação 01 (autor) conhecido e não provido. Recurso de apelação 02 (paranaprevidência) conhecido e sobrestado parcialmente. Recurso de apelação 03 (estado do paraná) conhecido e sobrestado. (TJPR; ApCiv 1716278-0; Londrina; Sexta Câmara Cível; Rel. Des. Renato Lopes de Paiva; Julg. 28/11/2017; DJPR 12/12/2017; Pág. 247). V. tb.: TJMS; AI 1407283-89.2017.8.12.0000; Quinta Câmara Cível; Rel. Des. Vladimir Abreu da Silva; DJMS 06/09/2017; Pág. 173.

Possibilidade de julgamento antecipado parcial do mérito para decretar o divórcio, prosseguindo o feito para discutir questões relativas ao filho menor e a eventual partilha de bens:

✓ RAC. AÇÃO DE DIVÓRCIO LITIGIOSO UNILATERAL-JULGAMENTO ANTECIPADO DA LIDE. INADEQUAÇÃO. AUSÊNCIA DOS REQUISITOS AUTORIZADORES CONSTANTES NO ARTIGO 355 CPC/15 PARA EXTINÇÃO DO PROCESSO. APLICAÇÃO DO JULGAMENTO PARCIAL DO MÉRITO. MANUTENÇÃO DA DECRETAÇÃO DO DIVÓRCIO E SEGUIMENTO DA AÇÃO PARA RESGUARDAR OS INTERESSES DO FILHO MENOR DE IDADE. RECURSO CONHECIDO E PARCIALMENTE PROVIDO. 1. O julgamento antecipado da lide não se mostra adequado ao caso, uma vez não preenchidos os requisitos ao artigo 355 do CPC/15; 2. Na hipótese, conveniente seria a aplicação do julgamento parcial do mérito, conforme preconiza o artigo 356 do CPC/15, sendo possível ao caso em tela a dissolução do casamento, seguindo a ação no debate das questões que ainda pendem de julgamento acerca do filho menor púbere e eventual partilha de bens. (TJMT; APL 20483/2017; Várzea Grande; Relª Desª Clarice Claudino da Silva; Julg. 21/06/2017; DJMT 26/06/2017; Pág. 33). No mesmo sentido: AGRAVO DE INSTRUMENTO. DECRETAÇÃO DE DIVÓRCIO EM JULGAMENTO ANTECIPADO PARCIAL DE MÉRITO. POSSIBILIDADE. EXEGESE DO ART. 356 DO CPC/15. PROSSEGUIMENTO DA AÇÃO QUANTO AOS INTERESSES DOS FILHOS MENORES. DESPROVIMENTO. De acordo com o art. 356, I, do CPC, se um dos pedidos for incontroverso, é possível o julgamento antecipado parcial de mérito. Tal disposição é aplicável às ações que envolvem direito de família, podendo, nesses termos, ser decretado o divórcio sem prejuízo do prosseguimento da ação para o debate das demais questões, tal como guarda dos filhos e alimentos. (TJSC; AI 4016783-97.2016.8.24.0000; Criciúma; Primeira Câmara de Direito Civil; Rel. Des. Domingos Paludo; DJSC 23/03/2017; Pag. 83)

§ 1º A decisão que julgar parcialmente o mérito poderá reconhecer a existência de obrigação líquida ou ilíquida.

§ 2º A parte poderá liquidar ou executar, desde logo, a obrigação reconhecida na decisão que julgar parcialmente o mérito, independentemente de caução, ainda que haja recurso contra essa interposto.

→ *V.* Enunciado 49 da ENFAM: No julgamento antecipado parcial de mérito, o cumprimento provisório da decisão inicia-se independentemente de caução (art. 356, § 2º, do CPC/2015), sendo aplicável, todavia, a regra do art. 520, IV.

§ 3º Na hipótese do § 2º, se houver trânsito em julgado da decisão, a execução será definitiva.

§ 4º A liquidação e o cumprimento da decisão que julgar parcialmente o mérito poderão ser processados em autos suplementares, a requerimento da parte ou a critério do juiz.

→ v. Art. 509, § 1º, do CPC.

§ 5º A decisão proferida com base neste artigo é impugnável por agravo de instrumento.

→ v. Art. 1.015 a 1.020 do CPC.

Caracteriza erro grosseiro a interposição de apelação contra decisão de julgamento antecipado parcial do mérito:

✓ APELAÇÃO CÍVEL. AÇÃO INDENIZATÓRIA. CONTRATO DE COMPRA E VENDA. ATRASO NA ENTREGA DA OBRA. APELO NÃO CONHECIDO. ERRO GROSSEIRO. Tratando-se de sentença que julga parcialmente o mérito, cabível a interposição de agravo de instrumento e não de recurso de apelação. Inteligência do artigo 356, do novo código de processo civil. Há evidente inadequação da via recursal. Erro grosseiro que autoriza o desconhecimento do recurso de apelação, pois inaplicável o princípio da fungibilidade. Acolheram a preliminar contrarrecursal e não conheceram do recurso de apelação. (TJRS; AC 0087567-69.2017.8.21.7000; Porto Alegre; Décima Nona Câmara Cível; Rel. Des. Eduardo João Lima Costa; Julg. 14/12/2017; DJERS 18/12/2017); AÇÃO REVISIONAL DE CONTRATO BANCÁRIO. JULGAMENTO ANTECIPADO PARCIAL DE MÉRITO, PROFERIDA NOS TERMOS DO ART. 356, II, DO CPC. INTERPOSIÇÃO DE RECURSO DE APELAÇÃO. Descabimento. A decisão que aprecia parcialmente o meritum causae e posterga para momento processual oportuno a apreciação de outros temas é impugnável por agravo de instrumento. Inteligência do art. 356, §5º, do CPC C.C. Art. 1.015, II e XIII, do CPC. Hipótese de erro inescusável, insuscetível de correção por meio da aplicação do princípio da fungibilidade. Recurso não conhecido. (TJSP; APL 1032706-23.2017.8.26.0002; Ac. 11049591; São Paulo; Décima Terceira Câmara de Direito Privado; Rel. Des. Francisco Giaquinto; Julg. 07/12/2017; DJESP 15/12/2017; Pág. 2182). V. tb.: TJPR; Ag Instr 1741077-2; Curitiba; Décima Quinta Câmara Cível; Rel. Des. Shiroshi Yendo; Julg. 29/11/2017; DJPR 07/12/2017; Pág. 244.

Apontando a formação de coisa julgada na decisão de julgamento antecipado parcial de mérito não recorrida:

✓ DIREITO CIVIL. AÇÃO DE INDENIZAÇÃO. CONTRATO DE TRANSPORTE RODOVIÁRIO DE COISAS. PRELIMINAR. INCOMPETÊNCIA. REJEIÇÃO. PRESCRIÇÃO. PRECLUSÃO DA MATÉRIA. TRANSPORTE DE ANIMAL (CAVALO). ACIDENTE DE TRÂNSITO. MORTE DO SEMOVENTE. RESPONSABILIDADE OBJETIVA DO TRANSPORTADOR. VALOR DA INDENIZAÇÃO. INCIDÊNCIA DO ART. 750 DO CÓDIGO CIVIL E DO ART. 14 DA LEI Nº 11.422/2007. LIMITAÇÃO AO VALOR DECLARADO. SENTENÇA PARCIALMENTE REFORMADA. 1. Nos termos do art. 100, parágrafo único, do CPC de 1973, é competente para processar e julgar a Ação de Indenização por dano sofrido em razão de acidente de veículo o foro do domicílio do Autor. 2. O provimento judicial que não põe fim à controvérsia e examina a prescrição da pretensão condenatória, que faz parte do mérito da demanda nos termos do art. 487 do CPC de 2015, possui natureza jurídica de decisão interlocutória definitiva de mérito e desafia a interposição de Agravo de Instrumento (art. 356, § 5º, do CPC). Não interposto o recurso, forma-se coisa julgada material em torno da questão e, em razão de sua eficácia preclusiva, não é possível reexaminar o tema em sede Apelação. 3. O transportador responde de forma objetiva pelos danos causados à carga transportada, sendo despicienda a verificação da culpa. 4. Não caracterizada a força maior ou o caso fortuito alegado pelo transportador, não há que se falar em exclusão da responsabilidade. 5. Nos termos do arts. 750 do Código Civil e 14 da Lei nº 11.442/2007, a responsabilidade do transportador se limita ao valor do bem a ele informado, podendo-se considerar, ainda, o valor do frete e de eventual seguro, caso haja prova nos autos das respectivas quantias. 6. Quando a nota fiscal é entregue ao transportador para ser utilizada como conhecimento de carga, é o valor contido na nota que deve servir de parâmetro para a fixação do valor indenização por dano material. Preliminar rejeitada. Apelação Cível parcialmente provida. (TJDF; APC 2015.01.1.122130-8; Ac. 104.1970; Quinta Turma Cível; Rel. Des. Ângelo Passareli; Julg. 23/08/2017; DJDFTE 11/09/2017)

Seção IV
Do Saneamento e da Organização do Processo

Art. 357. Não ocorrendo nenhuma das hipóteses deste Capítulo, deverá o juiz, em decisão de saneamento e de organização do processo:

→ v. Enunciado 28 do CJF: Os incisos do art. 357 do CPC não exaurem o conteúdo possível da decisão de saneamento e organização do processo.

Configura cerceamento de defesa se o juiz deixa de promover o saneamento e julga antecipadamente o feito sem apontar alguma das hipóteses do art. 355 do CPC:

✓ PROCESSUAL CIVIL. APELAÇÃO CÍVEL. AÇÃO ORDINÁRIA. CONCURSO PÚBLICO. TESTE DE APTIDÃO FÍSICA. JULGAMENTO CONFORME O ESTADO DO PROCESSO. SANEAMENTO. INOCORRÊNCIA. PEDIDO DE PRODUÇÃO DE PROVA NÃO APRECIADO PELO JUÍZO SENTENCIANTE. OPORTUNIZAÇÃO ÀS PARTES. NÃO VERIFICAÇÃO. CERCEAMENTO DE DEFESA CONFIGURADO. PRECEDENTES DO STJ. PRELIMINAR ACOLHIDA. SENTENÇA ANULADA. RETORNO DOS AUTOS À ORIGEM. 1. Cuida-se de recurso voluntário de apelação cível adversando sentença proferida pelo juízo da 1ª vara da Comarca de Eusébio/CE que, nos autos da ação ordinária autuada sob o nº. 0012214-96.2013.8.06.0075, julgou improcedente o requesto autoral (art. 487, I, CPC/2015), a pretexto de que não restou demonstrada nenhuma irregularidade na execução do concurso público realizado pela municipalidade em referência. 2. Pois bem. De pronto, assevero que a preliminar de cerceamento de defesa aventada pela parte apelante merece acolhimento, devendo o comando sentencial em referência ser tido como nulo. Isso porque a decisão que julga antecipadamente a lide, sem se pronunciar acerca de direito de prova, não justificando, ainda, a realização deste julgamento antecipado, que ademais, ocorreu em fase prematura do procedimento é contrária ao ordenamento jurídico, não merecendo, nessa medida, prosperar. 3. Como se sabe, deve o juiz dirigir o processo conforme os regramentos do código de processo civil, incumbindo-lhe, na fase de saneamento, caso verifique a ocorrência de elemento relevante para o direito discutido nos autos, apontá-lo, delimitando "as questões de fato sobre as quais recairá a atividade probatória", bem como especificando "os meios de prova admitidos", consoante previsão do artigo 357 do CPC/2015. 4. Na hipótese vertente, contudo, infere-se que não foi aberta a fase de saneamento nem de instrução probatória, tendo o magistrado sentenciado o feito com base no art. 487, I, do CPC/2015, sem demonstrar a configuração de umas das hipóteses de julgamento antecipado de mérito previstas na legislação processual emergente (art. 355, CPC/2015). 5. Data vênia, há mesmo cerceamento de defesa no caso em exame, porquanto sequer foi oportunizada às partes a produção de provas, o que se agrava quando presente nos autos pedidos nesse sentido. Em verdade, o julgador de planície simplesmente ignorou tais requisitos, isto é, promanou sentença sem enfrentar os pleitos, ainda que para indeferi-los. Assim, em se considerando a ocorrência de cerceamento de defesa, pertinente e insuperável a anulação do comando sentencial adversado. 6. Ademais, como sabido, o magistrado tem o dever de consultar as partes e lhes informar, previamente os fatos, antes de decidir as questões, sendo-lhe vedada a adoção de medidas sem que as partes tenham ciência, especificamente quando tal medida importar na decisão final do feito. Referido preceito denomina-se princípio da cooperação; preceito exponencial do processo civil, que tem como norte propiciar que as partes e o juiz cooperem entre si, a fim de se alcançar uma prestação jurisdicional efetiva, com a justiça do caso concreto. 7. Recurso conhecido, para acolher a preliminar de cerceamento de defesa. Sentença anulada. Retorno dos autos à origem para regular processamento do feito. Apelação prejudicada nos demais pontos. (TJCE; APL 0012214-96.2013.8.06.0075; Primeira Câmara de Direito Público; Relª Desª Lisete de Sousa Gadelha; DJCE 11/01/2018; Pág. 11)

Considerando incabível rediscutir a decisão de saneamento em mandado de segurança, ressalvados casos excepcionais de ilegalidade patente e risco de perecimento do direito:

✓ MANDADO DE SEGURANÇA. Impetração em face de decisão interlocutória insuscetível de questionamento através de agravo de instrumento. Rol taxativo do art. 1.015 do CPC. Limitação recursal que não implica em falta de acesso ao Judiciário, mas em nova sistemática recursal. Utilização do mandado de segurança que só seria admissível em casos. Absolutamente excepcionais de ilegalidade patente ou flagrante do ato judicial e efetivo risco de perecimento do direito. Hipótese dos autos que não retrata tal situação. Inexistência de direito líquido e certo. Situação que reclama o uso de petição prevista em Lei (art. 357, § 1º do CPC) ou de embargos de declaração (art. 1.022 do CPC). Falta de interesse evidenciada. Petição inicial indeferida, nos termos dos arts. 5º, II e 10 da Lei nº 12.016/09 e art. 330, III do CPC. Extinção da ação. (TJSP; MS 2156424-46.2017.8.26.0000; Ac. 10715593; Itapetininga; Segunda Câmara de Direito Público; Rel. Des. Claudio Augusto Pedrassi; Julg. 21/08/2017; DJESP 23/08/2017; Pág. 2498)

Entendendo incompatível a etapa de saneamento com o procedimento dos Juizados Especiais:

✓ EMBARGOS DE DECLARAÇÃO. JUIZADOS ESPECIAIS CÍVEIS. DIREITO PROCESSUAL CIVIL E DO CONSUMIDOR. REVELIA. PRESUNÇÃO RELATIVA DE VERACIDADE DOS FATOS. COMPRA DE PASSAGEM AÉREA. CANCELAMENTO DE VOO. ÔNUS DA PROVA DA PARTE AUTORA. DANOS MORAIS NÃO CARACTERIZADOS. PEDIDO DE NULIDADE DA SENTENÇA NÃO ANALISADO. OMISSÃO CONFIGURADA. EMBARGOS CONHECIDOS. NO MÉRITO, NÃO ACOLHIDOS. 1. Trata-se de Embargos de Declaração interpostos pela parte autora/recorrente afirmando haver omissão no acordão ora impugnado, porque não manifestou sobre a nulidade da sentença. Argumenta que não houve saneamento do processo, para a determinação de produção de provas, na forma prescrita pelo CPC. Pediu o acolhimento dos embargos para anular a sentença. 2. Recurso próprio, regular e tempestivo. Acórdão lavrado na forma do art. 46 da Lei n. 9.099/95. 3. Assiste razão à embargante apenas no que se refere à omissão no acórdão quanto ao pedido de nulidade da sentença, o que se analisa. 4. No mérito, sem razão a embargante. O art. 357, III, do CPC, que dispõe sobre a fase de saneamento do processo, é disciplina estranha ao rito sumaríssimo previsto na Lei n. 9.099/95, marcado pela celeridade e simplicidade, motivo pelo qual não há que se cogitar de nulidade decorrente da ausência dessa etapa processual. É de se ver, ainda, que após a conciliação, houve intimação da embargante para a produção de provas que entendesse necessárias (I.d. 1664052), do que não se desincumbiu (I.d. 1664053). 5. Não obstante a revelia do réu, era obrigação da autora comprovar os fatos alegados na inicial, uma vez que a revelia não tem o condão de provocar a presunção absoluta de veracidade. 6. Embargos conhecidos para sanar a omissão no julgado e, no mérito, rejeitados. (TJDF; EDcl 0726509-48.2016.8.07.0016; Segunda Turma Recursal dos Juizados Especiais; Rel. Juiz Arnaldo Corrêa Silva; Julg. 04/10/2017; DJDFTE 10/10/2017; Pág. 703). No mesmo sentido: JUIZADOS ESPECIAIS CÍVEIS. PROCESSUAL CIVIL E CONSUMIDOR. ERROR IN PROCEDENDO INEXISTENTE. AUSÊNCIA DE NULIDADE. MÉRITO. ALEGAÇÃO DE TROCA DE CARTÃO DE DÉBITO POR CARTÃO RELIGIOSO. SAQUES REALIZADOS. INVERSÃO DO ÔNUS DA PROVA DESCABIDA. AUTOR QUE NÃO COMPROVOU OS FATOS CONSTITUTIVOS DE SEU DIREITO (ART. 373, I, CPC). IMPROCEDÊNCIA DOS PLEITOS FORMULADOS NA INICIAL. RECURSO CONHECIDO. PRELIMINARES REJEITADAS. DESPROVIDO. SENTENÇA MANTIDA PELOS SEUS PRÓPRIOS FUNDAMENTOS. 1. O art. 357, III, do CPC, que dispõe acerca da fase de saneamento do processo, é disciplina estranha ao rito sumaríssimo previsto na Lei n. 9.099/95, marcado pela celeridade e simplicidade, motivo pelo qual não há que se cogitar de nulidade decorrente da ausência dessa etapa processual. (...) 7. Recurso conhecido. Preliminares rejeitadas. Desprovido. Sentença mantida por seus próprios fundamentos. A Súmula de julgamento servirá de acórdão, conforme art. 46 da Lei n. 9.099/1995. Condenado o recorrente vencido ao pagamento das custas processuais e honorários advocatícios fixados em 10% (dez por cento) do valor atualizado da causa, o qual resta sobrestado por litigar o autor sob o pálio da justiça gratuita. (TJDF; ACJ 2016.06.1.001064-6; Ac. 951.044; Terceira Turma Recursal dos Juizados Especiais; Rel. Des. Flávio Fernando Almeida da Fonseca; Julg. 28/06/2016; DJDFTE 04/07/2016)

Apontando ser a decisão de saneamento incompatível com o processo do trabalho:

✓ ÔNUS DA PROVA. INVERSÃO PRÉVIA À SENTENÇA. PROCESSO DO TRABALHO. O art. 357 do CPC/2015 não é compatível com o processo do trabalho, por contrariar os princípios da celeridade, da efetividade e da informalidade. O despacho de saneamento não se coaduna com a realidade da Justiça do Trabalho, em que os processos, no geral, envolvem numerosos pedidos, o que inviabiliza a prévia fixação do ônus de prova, quanto a cada tema, assim como a delimitação de todas as matérias de direito relevantes. Tanto é assim que o C. TST, ao editar a Instrução Normativa 39/2016, não incluiu o art. 357 do CPC/2015 entre aqueles aplicáveis subsidiariamente ao processo do trabalho. (TRT 3ª R.; RO 0010624-21.2015.5.03.0149; Rel. Des. Milton Vasques Thibau de Almeida; DJEMG 23/08/2017)

I – resolver as questões processuais pendentes, se houver;

II – delimitar as questões de fato sobre as quais recairá a atividade probatória, especificando os meios de prova admitidos;

Configura causa de nulidade o não enfrentamento de requerimentos de produção de prova, mesmo após apresentado pedido de esclarecimentos:

✓ APELAÇÃO CÍVEL. PRETENSÃO DE RECEBIMENTO DE INDENIZAÇÃO POR DANO MATERIAL E MORAL. ACIDENTE OCORRIDO NO CLUBE NÁUTICO DE SEPETIBA. Cabo de âncora da embarcação de propriedade do réu que prendeu no motor da lancha do autor, ocasionando a quebra da peça denominada rabeta. Decisão saneadora que não apreciou o pedido de produção de provas documental, testemunhal e depoimento pessoal postulado pelo réu, ora apelante. Solicitação de ajuste, na forma do art. 357, § 1º, do CPC. Juízo a quo que não enfrentou a questão. Nova sistemática processual que confere às partes o direito de pedir esclarecimentos e solicitar ajustes na decisão de saneamento. Error in procedendo. Provimento jurisdicional não fundamentado. Art. 93, inciso IX, da CRFB. Precedente. Provimento do recurso, para cassar a sentença e determinar a apreciação da petição que solicitou o ajuste, com o prosseguimento do feito. (TJRJ; APL 0008992-26.2011.8.19.0206; Rio de Janeiro; Sétima Câmara Cível; Rel. Des. André Gustavo Corrêa de Andrade; DORJ 25/08/2017; Pág. 385)

III – definir a distribuição do ônus da prova, observado o art. 373;

Descabimento da inversão do ônus da prova por ocasião da decisão que aprecia pedido de tutela antecipada ou no despacho inicial:

✓ AGRAVO DE INSTRUMENTO INTERPOSTO CONTRA R. DECISÃO PELA QUAL FOI INDEFERIDO PEDIDO DE ANTECIPAÇÃO DE TUTELA COMO DEDUZIDO PELA AGRAVANTE. ALEGAÇÃO DE QUE SE FAZEM PRESENTES OS REQUISITOS AUTORIZADORES PARA CONCESSÃO DA TUTELA DE URGÊNCIA. IMPOSSIBILIDADE DE CONCESSÃO DA MEDIDA COMO PRETENDIDA, AO MENOS NO PRESENTE MOMENTO PROCESSUAL. Inexistência de prova inequívoca apta a demonstrar a probabilidade do direito que se diz violado, como também de perigo de dano, ou risco ao resultado útil do processo. Momento inadequado para inversão dos ônus da prova, ademais. Inteligência do art. 357, III, do CPC/2015. Acerto da r. Decisão atacada. Recurso não provido. (TJSP; AI 2171921-03.2017.8.26.0000; Ac. 10963482; Catanduva; Décima Sexta Câmara de Direito Privado; Rel. Des. Simões de Vergueiro; Julg. 10/11/2017; DJESP 27/11/2017; Pág. 2425); AGRAVO DE INSTRUMENTO. AÇÃO ORDINÁRIA. DECISÃO QUE INDEFERIU O PEDIDO DE TUTELA PROVISÓRIA DE URGÊNCIA. MANUTENÇÃO. AUSÊNCIA DE PREENCHIMENTO DOS REQUISITOS INDISPENSÁVEIS PARA SUA CONCESSÃO, MORMENTE O FUMUS BONI IURIS. TUTELA PROVISÓRIA QUE PODERÁ SER DEFERIDA APÓS O ESTABELECIMENTO DO CONTRADITÓRIO. I. Preliminar de inobservância da regra prevista no art. 1.018, §2º do CPC. Rejeitada. II. Agiu com acerto o Magistrado a quo, quando, às fls. 59/66, indeferiu liminarmente o pedido de tutela provisória de urgência, "sem prejuízo do reexame do pedido após estabelecido o contraditório", tendo em vista que os Agravantes não acostaram aos autos elementos probatórios suficientes para evidenciar a probabilidade do direito afirmado. III. Ainda que se trate de relação consumerista e que, por isso, seja aplicável o princípio da inversão do ônus da prova, esta somente poderá ser promovida na fase processual pertinente, à luz do art. 357, III do CPC em vigor. IV. Deve ser mantida a decisão recorrida também no tocante à exclusão da Sra. Verailde Guilherme Ramos do polo ativo da lide. Como consignou o Juiz a quo "eventual direito à meação da companheira, desde que comprovada sua condição e eventual direito patrimonial sobre o referido imóvel, há de ser objeto de debate em autos próprios, por meio de embargos de terceiros". PRELIMINAR REJEITADA AGRAVO DE INSTRUMENTO CONHECIDO E IMPROVIDO. (TJBA; AI 0000620-07.2017.8.05.0000; Salvador; Quinta Câmara Cível; Relª Desª Carmem Lucia Santos Pinheiro; Julg. 06/06/2017; DJBA 12/06/2017; Pág. 362). V. tb.: AGRAVO DE INSTRUMENTO. AÇÃO REVISIONAL. CONTA CORRENTE. Inversão do ônus da prova com base no CDC. Despacho inicial. Error in procedendo. Momento procedimental inadequada do para deliberação acerca da distribuição do ônus probatório. Matéria a ser decidida na fase de saneamento e organização do processo. Inteligência do art. 357, III, do CPC/2015. Decisão anulada em relação à inversão do ônus probatório. Recurso conhecido e provido. (TJPR; Ag Instr 1574566-1; Londrina; Décima Quarta Câmara Cível; Rel. Des. Themis Furquim; Julg. 01/11/2017; DJPR 13/11/2017; Pág. 247). No mesmo sentido: TJRS; AI 0245365-93.2017.8.21.7000; Porto Alegre; Nona Câmara Cível; Rel. Des. Eduardo Kraemer; Julg. 11/10/2017; DJERS 18/10/2017.

Entendendo que apenas após a resolução das questões processuais pendentes e da definição das questões de fato sobre a qual recairá a atividade probatória é que pode o juiz apreciar a distribuição dinâmica do ônus da prova:

✓ DIREITO DO CONSUMIDOR. DIREITO PROCESSUAL CIVIL. AGRAVO DE INSTRUMENTO. INVERSÃO DO ÔNUS DA PROVA. NECESSIDADE DE OBSERVAR A ORDEM DE MATÉRIAS CONTIDAS NO ARTIGO 357 DO ATUAL CÓDIGO DE PROCESSO CIVIL. AGRAVO PROVIDO. 1. A decisão de saneamento e organização do processo constitui um marco de estabilização do feito que deve ser prestigiado. Cuida-se de fase de organização e saneamento estabelecida pelo artigo 357 do atual CPC, em que. Ainda que o magistrado não tenha elementos que lhe permita resolver o objeto litigioso. Terá de preparar o processo para a atividade instrutória (DIDIER Júnior, Fredie. Curso de Direito Processual Civil. Vol. 1. 18. ED. Salvador: JusPodivm, 2016, p. 701 e 704). 2. O ponto da discussão do presente agravo cinge-se a saber se é possível realizar a inversão do ônus da prova. Com sua distribuição, previsto no inciso III do artigo 357 do CPC. Sem antes examinar questões processuais pendentes (inciso I) Ou a delimitação das questões de fato sobre as quais recairá a atividade probatória (inciso II). 3. Os incisos I e II do artigo 357 do atual CPC cuidam da organização retrospectiva do processo, em que o magistrado irá examinar as questões processuais pendentes com o fim de saneá-las, vez que o ideal é examinar todas as questões processuais sejam examinadas e resolvidas com o saneamento (MARINONI, Luiz Guilherme; ARENHARTE, Sergio Cruz; MITIDIERO, Daniel. Curso de Processo Civil. Vol. 2. 2. ED. São Paulo: Revista dos Tribunais, 2016, p. 241). 4. Apenas após a resolução das questões processuais pendentes e da delimitação das questões de fato sobre as quais recairá a atividade probatória é que caberá ao magistrado. Caso acolha os pedidos de dilação probatória. Especificar quais serão os meios de prova a serem utilizados e delimitar a distribuição do ônus da prova entre as partes. 5. Agravo conhecido e provido. Decisão cassada. (TJDF; AGI 2016.00.2.026313-5; Ac. 988.120; Quinta Turma Cível; Relª Desª Maria Ivatônia; Julg. 14/12/2016; DJDFTE 09/02/2017)

Impossibilidade de inversão do ônus da prova na sentença:

✓ APELAÇÃO CÍVEL. AÇÃO DE OBRIGAÇÃO DE FAZER, C/C INDENIZAÇÃO POR DANO MORAL. IMPOSSIBILIDADE DE MATRÍCULA EM INSTITUIÇÃO DE ENSINO. INVERSÃO DO ÔNUS DA PROVA REALIZADA EM SENTENÇA. INDEVIDA. AUSÊNCIA DE VEROSSIMILHANÇA OU HIPOSSUFICIÊNCIA PARA A PRODUÇÃO DA PROVA. MOMENTO INOPORTUNO. AUSÊNCIA DE PROVAS ACERCA DO FATO CONSTITUTIVO DO DIREITO DA AUTORA. IMPROCEDÊNCIA. RECURSO CONHECIDO E PROVIDO. 1. A inversão da regra do ônus probatório em favor do consumidor demanda a existência, alternativamente, de verossimilhança das alegações, ou hipossuficiência do demandante, ocorrendo esta última no momento em que o consumidor não tem como provar processualmente, pelos seus próprios meios, os fatos alegados. 2. A inversão do ônus da prova é regra de instrução, devendo ser efetuada quando da decisão saneadora, nos expressos termos do art. 357, III, do Código de Processo Civil. 3. Compete, em princípio, ao autor, o ônus da prova do fato constitutivo de seu direito. Não provados os fatos alegados, a improcedência do pedido é medida que se impõe. 4. Recurso conhecido e provido. (TJMS; APL 0800420-85.2016.8.12.0006; Quinta Câmara Cível; Rel. Des. Sideni Soncini Pimentel; DJMS 28/08/2017; Pág. 165)

IV – delimitar as questões de direito relevantes para a decisão do mérito;

V – designar, se necessário, audiência de instrução e julgamento.

§ 1º Realizado o saneamento, as partes têm o direito de pedir esclarecimentos ou solicitar ajustes, no prazo comum de 5 (cinco) dias, findo o qual a decisão se torna estável.

→ *v.* Enunciado 29 do CJF: A estabilidade do saneamento não impede a produção de outras provas, cuja necessidade se origine de circunstâncias ou fatos apurados na instrução.

Apontando que o pedido de esclarecimentos do art. 357, § 1º não possui natureza recursal e, portanto, não interrompe o prazo para o agravo de instrumento:

✓ PROCESSO CIVIL. INVERSÃO. ÔNUS. PROVA. PEDIDO DE ESCLARECIMENTOS. ART. 357, § 1º, CPC/15. NATUREZA RECURSAL. INEXISTÊNCIA. PRINCÍPIO DA TAXATIVIDADE DOS RECURSOS. EFEITO INTERRUPTIVO. INEXISTÊNCIA. 1. O pedido de esclarecimentos e ajustes previsto no § 1º do art. 357 do CPC/15 não possui natureza recursal, pois só são recursos aqueles taxativamente previstos como tal na Lei Processual. 2. Não há se falar em extensão do efeito interruptivo. Previsto apenas para os embargos declaração (art. 1.026, caput, do CPC/15) e para os embargos de divergência (art. 1.044, § 1º, CPC), não incidindo em nenhuma outra modalidade recursal. Ao pedido de esclarecimentos e ajustes em questão, que sequer recurso é. 3. Recurso conhecido e desprovido. (TJDF; AGI 2016.00.2.032565-9; Ac. 994.288; Terceira Turma Cível; Relª Desª Maria de Lourdes Abreu; Julg. 08/02/2017; DJDFTE 21/02/2017)

Possibilidade de novos requerimentos de prova por ocasião do pedido de esclarecimentos:

✓ AGRAVO DE INSTRUMENTO. DIVÓRCIO LITIGIOSO. PERÍCIA. APURAÇÃO DE HAVERES. PEDIDO REALIZADO APÓS SANEADOR. PRECLUSÃO. NÃO OCORRÊNCIA. PLEITO FORMALIZADO DENTRO DO PRAZO ASSINALADO NO ART. 357, §1º DO CPC. Decisão que ainda não era estável. Pertinência da prova evidenciada. Eventual nulidade do pacto antenupcial que imporá a divisão do patrimônio amealhado na constância do matrimônio, incluindo-se aí, a empresa objeto da lide. Decisão mantida. Recurso improvido. (TJSP; AI 2175526-88.2016.8.26.0000; Ac. 10265378; São Paulo; Nona Câmara de Direito Privado; Rel. Des. Mauro Conti Machado; Julg. 20/03/2017; rep. DJESP 06/06/2017; Pág. 1956)

§ 2º As partes podem apresentar ao juiz, para homologação, delimitação consensual das questões de fato e de direito a que se referem os incisos II e IV, a qual, se homologada, vincula as partes e o juiz.

→ *v.* Arts. 190 e 191 do CPC.

§ 3º Se a causa apresentar complexidade em matéria de fato ou de direito, deverá o juiz designar audiência para que o saneamento seja feito em cooperação com as partes, oportunidade em que o juiz, se for o caso, convidará as partes a integrar ou esclarecer suas alegações.

→ *v.* Art. 6º do CPC.

Considerando estar inserida na discricionariedade do juiz designar ou não o saneamento em audiência:

✓ AGRAVO DE INSTRUMENTO. DIREITO PROCESSUAL CIVIL. ACIDENTE DE ÔNIBUS. DENUNCIAÇÃO DA LIDE DA SEGURADORA. NÃO OBRIGATORIEDADE. PERDA DO DIREITO DE REGRESSO. INEXISTÊNCIA. DESPACHO SANEADOR. NÃO OBRIGATORIEDADE DE SER REALIZADO EM AUDIÊNCIA COM A PRESENÇA DAS PARTES. AGRAVO NÃO PROVIDO. AGRAVO INTERNO PREJUDICADO. 1. A denunciação da lide só é obrigatória em relação ao denunciante que, não denunciando, perderá o direito de regresso. Contudo, não está o julgador obrigado a processá-la, se concluir que a tramitação de duas ações em uma só onerará em demasia uma das partes, ferindo os princípios da economia e da celeridade na prestação jurisdicional. Como a agravante não perderá o direito de regresso contra a seguradora, não existe obrigatoriedade na denunciação da lide; 2. Quanto ao pedido de nulidade do despacho saneador porque não o foi feito em audiência e com a participação das partes, consoante dispõe o

§3º, do art. 357, do CPC-2015, entendeu-se que também não mereceu prosperar o argumento trazido pela agravante. A nova sistemática do CPC estabelece a possibilidade de cooperação das partes, contudo, deixa essa hipótese sob a análise do magistrado, que ao entender pela complexidade das questões de fato e/ou de direito, pode recorrer às partes para tanto. Ocorre que essa possibilidade não é uma obrigação, mas sim uma opção dada ao juiz que, em sua discricionariedade, vai analisar caso a caso, e aplicar o dispositivo invocado quando entender necessário. Sendo assim, o despacho saneador agravado não enseja a nulidade invocada pela agravante; 3. Recurso de agravo de instrumento não provido; 4. Com relação ao agravo interno interposto da decisão interlocutória, este perde o objeto em face do julgamento do agravo de instrumento, pelo que resta prejudicado. (TJPE; Rec. 0007938-42.2016.8.17.0000; Quarta Câmara Cível; Rel. Des. Tenório dos Santos; Julg. 13/10/2016; DJEPE 03/11/2016)

Entendendo haver prejuízo se a parte faltou à audiência de saneamento, mas havia sido intimada para comparecer a uma audiência preliminar:

✓ AÇÃO DE INDENIZAÇÃO POR DANOS PATRIMONIAIS E MORAIS. APELAÇÃO CÍVEL. ACIDENTE EM PONTE. OMISSÃO DO MUNICÍPIO. FALTA DE FISCALIZAÇÃO E DE MANUTENÇAO. PONTE ROMPIDA. DANO MATERIAL E MORAL. JULGAMENTO ANTECIPADO DA LIDE. AUSENCIA DA PARTE EM AUDIENCIA DE SANEAMENTO. PUBLICAÇÃO ERRONEA. CERCEAMENTO DE DEFESA CONFIGURADO. ANULAÇÃO DA SENTENÇA. A ausência de uma das partes à audiência saneadora do art. 357 do CPC/15 implicará, em princípio, a presunção de que a parte ausente não tem provas a serem produzidas, o que tornará preclusa essa faculdade quanto ao seu ônus probatório. Contudo, existindo erro na publicação da referida audiência, como sendo de sessão de conciliação prevista no art. 334 do CPC/15, indubitável que a parte ausente teve prejuízo processual, na medida em que a única sanção prevista pela ausência a essa audiência trata-se da multa do §8º daquele dispositivo e não a perda da faculdade de provar os fatos alegados. Evidenciado o erro in procedendo e não sendo o caso de aplicação da teoria da causa madura, a sentença deve ser cassada para regular instrução do feito. Recurso ao qual se dá provimento. (TJMG; APCV 1.0134.14.016169-3/001; Relª Desª Lílian Maciel Santos; Julg. 26/10/2017; DJEMG 07/11/2017)

§ 4º Caso tenha sido determinada a produção de prova testemunhal, o juiz fixará prazo comum não superior a 15 (quinze) dias para que as partes apresentem rol de testemunhas.

Considerando preclusivo o prazo para apresentação do rol de testemunhas:

✓ DIREITO PROCESSUAL CIVIL. APRESENTAÇÃO EXTEMPORÂNEA DO ROL DE TESTEMUNHAS. PRECLUSÃO. HONORÁRIOS. I. O prazo previsto no art. 357, § 4º, do CPC/15 é preclusivo, de modo que se a parte não apresenta o rol de testemunhas no termo fixado, perde a oportunidade de produzir a prova oral, não havendo se falar em cerceamento de defesa. II. Sendo os vencedores representados pelo mesmo advogado, são lhes devidos única verba honorária, ainda que a ação tenha sido extinta com relação a um dos corréus e improcedente quanto aos demais. III. Dispõe o art. 87 do CPC/15, que, concorrendo diversos autores ou diversos réus, os vencidos respondem proporcionalmente pelas despesas e pelos honorários. IV. Negou-se provimento aos recursos. (TJDF; APC 2016.12.1.001320-4; Ac. 101.3202; Sexta Turma Cível; Rel. Des. José Divino de Oliveira; Julg. 26/04/2017; DJDFTE 03/05/2017). No mesmo sentido: APELAÇÃO CÍVEL. AÇÃO DE RESPONSABILIDADE. PROVA TESTEMUNHAL. FIXAÇÃO DE PRAZO. APRESENTAÇÃO DO ROL. ART. 357, § 4º, DO CPC/2015. DESCUMPRIMENTO. INTEMPESTIVIDADE RECONHECIDA. PRECLUSÃO. SENTENÇA MANTIDA. RECURSO DESPROVIDO. Na atual sistemática, o rol de testemunhas deve ser apresentado tão logo seja determinado pelo juiz, após ter determinado, no saneamento do processo, a produção dessa prova (CPC 357 § 4º) e com a contestação (CPC 335), caso as partes queiram se valer dessa modalidade de prova" (Nery Júnior, Nelson E Nery, ROSA Maria DE ANDRADE. Comentários ao Código de Processo Civil. São Paulo: Revista dos Tribunais, 2015. P. 1070). (TJSC; AC 0300394-62.2014.8.24.0045; Palhoça; Terceira Câmara de Direito Civil; Rel. Des. Fernando Carioni; DJSC 07/04/2017; Pag. 152); AÇÃO DE COBRANÇA. PROCEDÊNCIA. CERCEAMENTO DE DEFESA. Inocorrência. Pedido de dilação de prazo para apresentação do rol de testemunhas pelas rés. Indeferimento. Prazo para apresentação de testemunhas que é preclusivo. Art. 357, § 4º do CPC. Sentença mantida. Recurso improvido. (TJSP; APL 1012224-73.2016.8.26.0007; Ac. 10787760; São Paulo; Décima Quarta Câmara de Direito Privado; Rel. Des. Thiago de Siqueira; Julg. 14/09/2017; DJESP 19/09/2017; Pág. 2104)

§ 5º Na hipótese do § 3º, as partes devem levar, para a audiência prevista, o respectivo rol de testemunhas.

§ 6º O número de testemunhas arroladas não pode ser superior a 10 (dez), sendo 3 (três), no máximo, para a prova de cada fato.

§ 7º O juiz poderá limitar o número de testemunhas levando em conta a complexidade da causa e dos fatos individualmente considerados.

→ V. Enunciado 300 do FPPC: O juiz poderá ampliar ou restringir o número de testemunhas a depender da complexidade da causa e dos fatos individualmente considerados.

→ V. Enunciado 677 do FPPC: É possível a ampliação do número de testemunhas, em razão da complexidade da causa e dos fatos individualmente considerados.

§ 8º Caso tenha sido determinada a produção de prova pericial, o juiz deve observar o disposto no art. 465 e, se possível, estabelecer, desde logo, calendário para sua realização.

§ 9º As pautas deverão ser preparadas com intervalo mínimo de 1 (uma) hora entre as audiências.

→ V. Enunciado 151 do FPPC: Na Justiça do Trabalho, as pautas devem ser preparadas com intervalo mínimo de uma hora entre as audiências designadas para instrução do feito. Para as audiências para simples tentativa de conciliação, deve ser respeitado o intervalo mínimo de vinte minutos.

→ V. Enunciado 295 do FPPC: As regras sobre intervalo mínimo entre as audiências do CPC só se aplicam aos processos em que o ato for designado após sua vigência.

Capítulo XI
DA AUDIÊNCIA DE INSTRUÇÃO E JULGAMENTO

Art. 358. No dia e na hora designados, o juiz declarará aberta a audiência de instrução e julgamento e mandará apregoar as partes e os respectivos advogados, bem como outras pessoas que dela devam participar.

Intimação para comparecimento em audiência através de advogado:

✓ Apelação. Ação de reintegração de posse. Propriedade do autor alegadamente cercada. Alegação de esbulho praticado pelos réus. Sentença de procedência. Processual Civil. Nulidade da sentença. Alegação de falta de intimação das partes para a audiência de instrução e julgamento. Intimação que ocorreu por meio de advogado regularmente constituído. Mérito. Juízo possessório que não analisa o domínio. Interpretação do artigo 1210, § 2º, do Código Civil. Contratos de comodatos juntados pelos réus que sequer individualizam a área ocupada. Testemunha ouvida como informante que nada acrescenta em relação à posse em discussão. Alegação de usucapião, em defesa, desacolhida. O usucapiente precisa possuir o bem com convicção e intenção de se tornar o proprietário ("animus domini ou animus rem sibi habendi"). Não ocorrência. Preliminar rejeitada. Recursos não providos. (TJ-SP; APL: 00065240620148260266; SP; 18ª Câmara de Direito Privado; Rel. Edson Luiz de Queiróz; Julg. 02/05/2017; Data de Publicação: 04/05/2017)

Art. 359. Instalada a audiência, o juiz tentará conciliar as partes, independentemente do emprego anterior de outros métodos de solução consensual de conflitos, como a mediação e a arbitragem.

→ v. Arts. 139, V, 165 a 175 do CPC.

Art. 360. O juiz exerce o poder de polícia, incumbindo-lhe:

I – manter a ordem e o decoro na audiência;

Limites ao exercício do poder/dever do juiz:

✓ ADMINISTRATIVO. ANTERIOR CONDENAÇÃO DA UNIÃO AO PAGAMENTO DE DANOS MORAIS DECORRENTES DE ADIAMENTO DE AUDIÊNCIA NA JUSTIÇA LABORAL. MOTIVO INJUSTIFICADO. PROCEDÊNCIA DA AÇÃO REGRESSIVA CONTRA O AGENTE CAUSADOR DO DANO. – Colhe-se dos autos ser previsível que a conduta do réu (juiz do trabalho) fosse gerar abalo moral ao autor da anterior demanda (trabalhador rural, com escassos recursos financeiros). Era natural que o depoente viesse a se sentir moralmente ofendido com o adiamento da audiência pelo simples fato de não vestir sapato fechado, em região com grande quantidade de trabalhadores rurais de escassos recursos financeiros. – Assim, tendo em mente a natureza administrativa do ato praticado pelo réu (adiamento de audiência por motivo banal), e presente conduta culposa do magistrado, impõe-se a obrigação de ressarcimento à União, em caráter regressivo, nos termos do art. 37, § 6º, da CF/88. – Apelação improvida. (TRF-4; AC: 50006221620134047008; PR; Terceira Turma; Rel. Maria Isabel Pezzi Klein; Julg. 06/06/2017)

II – ordenar que se retirem da sala de audiência os que se comportarem inconvenientemente;

→ v. Art. 459, § 2º, do CPC.

III – requisitar, quando necessário, força policial;

→ v. Art. 139, VII, do CPC.

Requisito de força policial para cumprimento de decisão judicial:

✓ AGRAVO DE INSTRUMENTO. AÇÃO CAUTELAR INOMINADA. DECISÃO AGRAVADA QUE DETERMINOU A MAJORAÇÃO DA ASTREINTE PARA R$ 30.000,00 POR DESCUMPRIMENTO DA DECISÃO ANTERIOR QUE DETERMINOU O LIVRE E IRRESTRITO ACESSO DOS AUTORES ÀS INSTALAÇÕES DO ESCRITÓRIO TANTO NA CIDADE DO RIO DE JANEIRO, QUANTO NA CIDADE DE SÃO SAULO, COM DIREITO DE USO DE TODOS OS MEIOS INDISPENSÁVEIS PARA O EXERCÍCIO PLENO DE SUAS FUNÇÕES, SOB PENA DE MULTA DE R$ 10.000,00, PARA CADA DIA DE DESCUMPRIMENTO, DEVIDAMENTE COMPROVADO, ATÉ A DECISÃO CONTRÁRIA DESSE JUÍZO, PODENDO SER REQUISITADO USO DE FORÇA POLICIAL, CASO NECESSÁRIO, PARA O CUMPRIMENTO INTEGRAL DA PRESENTE DECISÃO. INCONFORMISMO. 1- Perda do objeto. Decisão proferida na ação de dissolução parcial de sociedade, registrada sob o nº 0225129-59.2016.8.19.0001, mantida através do agravo de instrumento nº 0040330-78.2016.8.19.0000, determinando a exclusão dos réus dos quadros da sociedade objeto da lide, não sendo permitido aos mesmos frequentar as dependências físicas do escritório após tal prazo sem o consentimento dos autores, lhes sendo facultado apenas a retirada de seus pertences de uso pessoal e o pagamento do valor mensal de retirada de R$ 15.000,00 para cada um dos sócios, além do recebido com os clientes individuais, sendo certo que tal valor será posteriormente compensado na apuração dos haveres. 2- Pedido recursal que se limita ao requerimento de redução da multa diária aplicada por descumprimento. Recurso não conhecido. (TJ-RJ; AI 00045516220168190000; Rio de Janeiro; 7 Vara Empresarial; Décima Sexta Câmara Cível; Rel. Marco Aurélio Bezerra de Melo; Julg.20/06/2017; Data de Publicação: 23/06/2017)

IV – tratar com urbanidade as partes, os advogados, os membros do Ministério Público e da Defensoria Pública e qualquer pessoa que participe do processo;

→ v. Art. 78 do CPC.

V – registrar em ata, com exatidão, todos os requerimentos apresentados em audiência.

Art. 361. As provas orais serão produzidas em audiência, ouvindo-se nesta ordem, preferencialmente:

→ v. Art. 139, VI, do CPC.

Inversão de ordem na produção de prova e nulidade do ato:

✓ RECURSO DE REVISTA DA RECLAMADA. PRELIMINAR DE NULIDADE POR CERCEAMENTO DO DIREITO DE DEFESA. INVERSÃO DA ORDEM DE PRODUÇÃO DAS PROVAS. PREJUÍZO NÃO DEMONSTRADO. O processo do trabalho é informado pelos princípios da celeridade e da simplicidade, e a princípio, a inobservância da ordem de produção das provas de que trata o art. 452 do CPC/73 (art. 361 do CPC/2015) não implica nulidade dos atos, salvo se demonstrado o efetivo prejuízo para a parte. Conforme consignado pelo TRT, não foi demonstrado prejuízo à parte, e não se justifica a declaração de nulidade (art. 794 da CLT). Constou no acórdão recorrido o seguinte: "a reclamada não comprova que o fato de uma testemunha ter sido ouvida em Teófilo Otoni

(...) antes da produção a prova pericial (...), tenha prejudicado seu direito à ampla defesa. Registre-se que duas outras testemunhas foram ouvidas a seu rogo em Belo Horizonte (...) e mais duas ouvidas a rogo do reclamante na Vara de origem (...). Ainda que se admitisse a veracidade da afirmação lançada em recurso de que a perícia não apurou fatos referentes às atividades dos representantes comerciais (...), isso não caracteriza prejuízo à reclamada, seja porque cinco testemunhas, além do reclamante, foram ouvidos para elaboração do laudo, na forma do art. 429 do CPC (...), seja porque as cinco testemunhas ouvidas em juízo depuseram acerca desses mesmos fatos, especialmente acerca da venda das vacinas antiaftosa". Recurso de revista de que não se conhece. PRELIMINAR DE NULIDADE POR CERCEAMENTO DO DIREITO DE DEFESA. INTIMAÇÃO DA PARTE PARA A AUDIÊNCIA DE OITIVA DE TESTEMUNHAS POR CARTA PRECATÓRIA. PREJUÍZO NÃO DEMONSTRADO. Conforme consignado pelo Regional, não houve prejuízo à parte, razão por que não se cogita da declaração de nulidade do acórdão regional, nos termos do artigo 794 da CLT. Recurso de revista de que não se conhece. COMISSÕES SOBRE VENDAS. REPRESENTAÇÃO COMERCIAL. MATÉRIA PROBATÓRIA. Constou no acórdão recorrido que: "há prova de que no início do contrato de trabalho do reclamante, admitido em 15.8.00, ele recebia porcentagem de 1% sobre a venda de vacina antiaftosa e que houve participação sua na intermediação da venda direta via telefone, após a mudança da logística empresarial"; "a reclamada, ao contratar vendedor, exigia a formação na área superior de veterinária, zootecnia ou agronomia (...), valendo-se de sua consultoria para a venda dos produtos, pelo que o profissional deve ser remunerado pela venda da vacina, ainda que haja necessidade de contato direto com a reclamada para tanto"; "comprovada, também, a exclusividade da zona de representação, na forma do art. 31 da Lei 4.886/65, sendo devida a comissão na área respectiva". Infere-se ainda do acórdão recorrido que, mesmo que houvesse a necessidade de contato direto com a reclamada para a venda da vacina antiaftosa a partir de 2003, também havia a participação do reclamante para tanto, o que enseja o pagamento das comissões sobre vendas. Decisão diversa demandaria o reexame de matéria fático-probatória, o que é vedado nesta instância extraordinária pela Súmula nº 126 do TST. Recurso de revista que não se conhece. (TST; RR: 972001720085030099; 6ª Turma; Rel. Kátia Magalhães Arruda; Julg. 15/06/2016; Data de Publicação 17/06/2016)

I – o perito e os assistentes técnicos, que responderão aos quesitos de esclarecimentos requeridos no prazo e na forma do art. 477, caso não respondidos anteriormente por escrito;

II – o autor e, em seguida, o réu, que prestarão depoimentos pessoais;

III – as testemunhas arroladas pelo autor e pelo réu, que serão inquiridas.

→ V. Art. 434, parágrafo único, do CPC.

Parágrafo único. Enquanto depuserem o perito, os assistentes técnicos, as partes e as testemunhas, não poderão os advogados e o Ministério Público intervir ou apartear, sem licença do juiz.

→ V. Enunciado 430 do FPPC: A necessidade de licença concedida pelo juiz, prevista no parágrafo único do art. 361, é aplicável também aos Defensores Públicos.

Art. 362. A audiência poderá ser adiada:

I – por convenção das partes;

II – se não puder comparecer, por motivo justificado, qualquer pessoa que dela deva necessariamente participar;

Adiamento da audiência por impossibilidade de comparecimento do advogado:

✓ RECURSO ORDINÁRIO DO RECLAMANTE. AUDIÊNCIA DE INSTRUÇÃO. IMPOSSIBILIDADE DE COMPARECIMENTO DO ADVOGADO DO RECLAMANTE. PEDIDO DE ADIAMENTO DO ATO PROCESSUAL. DEFERIMENTO A participação do Advogado em todos os atos processuais é garantia de exercício da ampla defesa das partes e não pode ser obstada pelo Magistrado, cabendo ser acolhido o pedido de adiamento de audiência, desde que suficientemente justificado. O acometimento de doença pelo Advogado do reclamante, devidamente comprovado mediante atestado médico, deve ser visto como um impeditivo à presença do procurador judicial, restando nítida a necessidade de reaprazamento do ato audiencial. Recurso Ordinário do reclamante conhecido e parcialmente provido. Prejudicado o exame do mérito dos recursos. (TRT-7; RO: 00009271620145070014; Rel. Regina Glaucia Cavalcante Nepomuceno; Julg.17/08/2016; Data de Publicação: 17/08/2016)

III – por atraso injustificado de seu início em tempo superior a 30 (trinta) minutos do horário marcado.

§ 1º O impedimento deverá ser comprovado até a abertura da audiência, e, não o sendo, o juiz procederá à instrução.

Comprovação de impossibilidade de comparecimento e necessidade de adiamento da audiência:

✓ AÇÃO DECLARATÓRIA DE NULIDADE DE NEGÓCIO JURÍDICO. RECURSO DO RÉU. IMPOSSIBILIDADE DE COMPARECIMENTO À AUDIÊNCIA DE INSTRUÇÃO E JULGAMENTO. FALTA JUSTIFICADA. PEDIDO INDEFERIDO EM AUDIÊNCIA. EVIDENTE CERCEAMENTO DE DEFESA. SENTENÇA ANULADA. REMESSA DOS AUTOS À COMARCA DE ORIGEM PARA REALIZAÇÃO DE AUDIÊNCIA DE INSTRUÇÃO E JULGAMENTO. PREJUDICADA A ANÁLISES DAS DEMAIS TESES RECURSAIS. (TJ-SC; AC 20140314081 Ascurra; Primeira Câmara de Direito Civil; Rel. Saul Steil; Julg. 28/04/2016)

Ausência de comprovação da impossibilidade de comparecimento na audiência:

✓ APELAÇÃO CÍVEL. EMBARGOS À EXECUÇÃO.CONTRATO PARTICULAR DE CONFISSÃO DE DÍVIDA. 1. NÃO COMPARECIMENTO DA EMBARGANTE NA AUDIÊNCIA DE INSTRUÇÃO E JULGAMENTO.APRESENTAÇÃO DE ATESTADO MÉDICO APÓS A SENTENÇA. JUSTIFICAÇÃO TARDIA E LACÔNICA.VIOLAÇÃO DO ART. 453, II, § 1º, DO CPC.INEXISTÊNCIA DE NULIDADE NA SENTENÇA. 2.AUSÊNCIA DE IMPUGNAÇÃO AOS EMBARGOS.DECRETAÇÃO DA REVELIA. IMPOSSIBILIDADE.DIREITO DO CREDOR LASTREADO EM TÍTULO EXECUTIVO EXTRAJUDICIAL. PRESUNÇÃO DE VERACIDADE. ÔNUS DO DEVEDOR DE COMPROVAR FATO IMPEDITIVO, EXTINTIVO OU MODIFICATIVO DO DIREITO DO EXEQUENTE. SENTENÇA MANTIDA. 3.PRIN-

CÍPIO DA SUCUMBÊNCIA. MANUTENÇÃO DO ÔNUS.1. Nos termos do art. 453 do CPC, incumbe ao advogado provar o impedimento do comparecimento da parte até a abertura da audiência; não o fazendo, o juiz procederá à instrução.2. A ausência de impugnação aos embargos à execução não gera os efeitos da revelia, tendo em vista que a pretensão do credor restou deduzida na petição inicial, sendo ônus do devedor comprovar fato impeditivo, extintivo ou modificativo do direito do exequente.3. O ônus de sucumbência deve ser distribuído considerando o aspecto quantitativo e o jurídico em que cada parte decai de suas pretensões. Recurso de apelação desprovido. (TJPR - 15ª C. Cível - AC - 1386208-1 - Região Metropolitana de Londrina - Foro Central de Londrina - Rel.: Jucimar Novochadlo - Unânime - - J. 15.07.2015) (TJ-PR; APL 13862081; 15ª Câmara Cível; Rel. Jucimar Novochadlo; Julg.15/07/2015; Data de Publicação: DJ: 1615 28/07/2015)

§ 2º O juiz poderá dispensar a produção das provas requeridas pela parte cujo advogado ou defensor público não tenha comparecido à audiência, aplicando-se a mesma regra ao Ministério Público.

Impossibilidade de dispensa da produção de prova quando comparece uma parte:

✓ PROCESSO CIVIL. SALÁRIO MATERNIDADE A TRABALHADORA RURAL. PROVA TESTEMUNHAL. 1. De acordo com o Art. 362, § 2º, do CPC "O juiz poderá dispensar a produção das provas requeridas pela parte cujo advogado ou defensor público não tenha comparecido à audiência, aplicando-se a mesma regra ao Ministério Público.". Tendo o advogado da autora comparecido à audiência acompanhado da sua testemunha, o Juiz não pode dispensar a produção de prova oral. 2. Não basta a prova oral, se não for corroborada pela documentação trazida como início de prova material. De igual modo, sem a prova oral fica comprometida toda a documentação que se presta a servir de início de prova material. 3. Ao Tribunal, por também ser destinatário da prova, é permitido o reexame de questões pertinentes à instrução probatória, não sendo alcançado pela preclusão. Precedentes do e. STJ. 4. É de se oportunizar a realização de prova oral com oitiva de testemunhas, resguardando-se à autoria produzir as provas constitutivas de seu direito - o que a põe no processo em idêntico patamar da ampla defesa assegurada ao réu, e o devido processo legal, a rechaçar qualquer nulidade processual, assegurando-se desta forma eventual direito. 5. Apelação provida. (TRF-3; AC 00363030820164039999 SP; Décima Turma; Rel. Desembargador Federal Baptista Pereira; Julg.07/02/2017; Data de Publicação: e-DJF3 Judicial 1 DATA:15/02/2017)

Dispensa da produção de prova em audiência pela ausência de comparecimento:

✓ EXTINÇÃO DE CONDOMÍNIO - Encerramento da instrução processual sem oitiva das testemunhas arroladas pela autora - Ausência do defensor dativo ao ato, embora pessoalmente intimado - Decisão mantida - Aplicação do art. 453, II, § 2º, CPC/73 (art. 362, II, § 2º, CPC - Nomeação de advogado ad hoc que não tem previsão legal no juízo cível - Nulidade inexistente - Recurso desprovido. (TJ-SP; AI 22538433720158260000 SP; 9ª Câmara de Direito Privado; Rel. Galdino Toledo Júnior; Julg. 25/10/2016; Data de Publicação: 26/10/2016)

§ 3º Quem der causa ao adiamento responderá pelas despesas acrescidas.

Art. 363. Havendo antecipação ou adiamento da audiência, o juiz, de ofício ou a requerimento da parte, determinará a intimação dos advogados ou da sociedade de advogados para ciência da nova designação.

Art. 364. Finda a instrução, o juiz dará a palavra ao advogado do autor e do réu, bem como ao membro do Ministério Público, se for o caso de sua intervenção, sucessivamente, pelo prazo de 20 (vinte) minutos para cada um, prorrogável por 10 (dez) minutos, a critério do juiz.

Necessidade se se oportunizar a apresentação de razões finais:

✓ APELAÇÃO CÍVEL. RESPONSABILIDADE CIVIL EM ACIDENTE DE TRÂNSITO. Não oportunizada a apresentação de memoriais. Cerceamento de defesa. Necessidade de desconstituição da sentença. Prejudicado o exame dos demais pontos do apelo. SENTENÇA DESCONSTITUÍDA. UNÂNIME. (Apelação Cível Nº 70072119019, Décima Primeira Câmara Cível, Tribunal de Justiça do RS, Relator: Antônio Maria Rodrigues de Freitas Iserhard, Julgado em 26/07/2017). (TJ-RS; AC 70072119019 RS; Décima Primeira Câmara Cível; Rel. Antônio Maria Rodrigues de Freitas Iserhard; Julg. 26/07/2017; Data de Publicação: 31/07/2017)

✓ APELAÇÃO CÍVEL. LICITAÇÕES E CONTRATOS ADMINISTRATIVOS. PROVAS ORAL E PERICIAL. SENTENÇA SEM OPORTUNIZAÇÃO DE DEBATES ORAIS OU MEMORIAIS. IMPRESCINDIBILIDADE EM CASOS COMPLEXOS. NULIDADE. PRLIMINAR DE CONTRARRAZÕES AFASTADA. Os embargos declaratórios deixaram de ser conhecidos indevidamente, pois atacavam adequadamente a sentença, de acordo com o entendimento da autora, sem configuração do alegado erro grosseiro, o que acabou sendo reconhecido por este Tribunal, com determinação de processamento da apelação. NULIDADE DA SENTENÇA. Configura-se nulidade da sentença, por ter sido proferida sem a realização de debates orais, ou oportunização de apresentação de memoriais, apesar da existência de provas oral e pericial, não tendo sido observado o disposto nos arts. 454 e 456 do CPC de 1973, à época vigente. Imprescindibilidade em casos complexos, caracterizando-se cerceamento de defesa. APELAÇÃO PROVIDA. (Apelação Cível Nº 70068994078, Vigésima Primeira Câmara Cível, Tribunal de Justiça do RS, Relator: Almir Porto da Rocha Filho, Julgado em 28/09/2016). (TJ-RS; AC 70068994078 RS; Vigésima Primeira Câmara Cível; Rel. Almir Porto da Rocha Filho; Julg. 28/09/2016; Data de Publicação: 06/10/2016).

A apresentação de memoriais como faculdade do juiz:

✓ DIREITO PREVIDENCIÁRIO. BENEFÍCIO DE AUXÍLIO-DOENÇA/APOSENTADORIA POR INVALIDEZ. CERCEAMENTO DE DEFESA. INOCORRÊNCIA. PRESENÇA DOS REQUISITOS LEGAIS. CONSECTÁRIOS. - Prescindível a prova oral e não se tratando de causa complexa, o magistrado, desde que não haja prejuízo às partes, tem a faculdade de abrir ou não prazo para a apresentação de memoriais. - Considerando a decisão que traçou as diretrizes para prosseguimento e saneou o feito e a abertura de vista às partes do laudo pericial, oportunidade em que fora trazida à lume toda a argumentação concernente às matérias de fato e de direito relativas ao caso, não se verifica a ocorrência de prejuízo às partes, pelo que fica rejeitada a matéria preliminar. – É certo que o art. 43, § 1º, da Lei de Benefícios disciplina que a concessão da aposentadoria depende da comprovação da incapacidade total e definitiva mediante exame médico-pericial a cargo da Previdência Social. O entendimento jurisprudencial, no entanto, firmou-se no sentido de que também gera direito ao benefício a incapacidade parcial e definitiva para o trabalho, atestada por perícia médica, a qual inabilite o segurado de exercer sua ocupação habitual, tornando inviável a sua readaptação. Tal entendimento traduz, da melhor forma, o princípio da universalidade da cobertura e do atendimento da Seguridade Social. – Presentes os requisitos indispensáveis à concessão do benefício de auxílio-doença ou aposentadoria por invalidez, quais sejam, a comprovação da incapacidade laborativa, da carência e da qualidade de segurado, o pedido é procedente. – Não merece prosperar o pedido de indenização por danos morais, pois a reparação em questão pressupõe a prática inequívoca de ato ilícito que implique diretamente lesão de caráter não patrimonial a outrem, inocorrente nos casos de indeferimento ou cassação de benefício, tendo a Autarquia Previdenciária agido nos limites de seu poder discricionário e da legalidade, mediante regular procedimento administrativo, o que, por si só, não estabelece qualquer nexo causal entre o ato e os supostos prejuízos sofridos pelo segurado. – Por se tratar de período pretérito a que faz jus a parte autora, ausentes os requisitos à concessão da tutela de urgência pleiteada no apelo. – Os honorários advocatícios deverão ser fixados na liquidação do julgado, nos termos do inciso II, do § 4º, c.c. § 11, do artigo 85, do CPC/2015. – Matéria preliminar rejeitada. Apelações desprovidas. (TRF-3; AC 00000040820124036140 SP; Nona Turma; Rel. Desembargador Federal Gilberto Jordan; Julg.17/07/2017; Data de Publicação: e-DJF3 Judicial 131/07/2017)

✓ RECURSO EM MANDADO DE SEGURANÇA Nº 57.159 – SP (2018/0085704-6) RELATOR: MINISTRO SÉRGIO KUKINA RECORRENTE: SERGIO ALBERTO DE SOUZA FILHO ADVOGADO: SÉRGIO ALBERTO DE SOUZA FILHO (EM CAUSA PRÓPRIA) E OUTROS – SP198310 RECORRIDO: MINISTÉRIO PÚBLICO DO ESTADO DE SÃO PAULO INTERES.: MUNICÍPIO DE CAÇAPAVA INTERES.: HENRIQUE LOURIVALDO RINCO DE OLIVEIRA INTERES.: BENEDITO DE PAULA BARROS FILHO DECISÃO Trata-se de recurso ordinário em mandado de segurança interposto por SÉRGIO ALBERTO DE SOUZA FILHO, com fundamento no art. 105, II, b, da Constituição Federal, contra acórdão do Tribunal de Justiça do Estado de São Paulo. Narram os autos que o ora recorrente impetrou o subjacente mandado de segurança contra suposto ato ilegal do Juízo da 2ª Vara Cível da Comarca de Caçapava/SP, consistente nas decisões interlocutórias – proferidas nos autos da Ação Civil Pública por ato de improbidade administrativa nº 0004539-75.2015.8.26.0101, ajuizada pelo Ministério Público do Estado de São Paulo em desfavor da parte ora impetrante – que, respectivamente: (a) impuseram-lhe multa de 1% sobre o valor da causa e (b) deferiram apenas 10 (dez) dias de prazo para as razões finais escritas, sem direito à carga dos autos. O Tribunal de origem denegou a segurança nos termos do acórdão assim ementado (fl. 128): MANDADO DE SEGURANÇA Ação Civil Pública Improbidade Administrativa Pleito de gratuidade judiciária reiterada nesta oportunidade; de cancelamento da multa de 1% do valor da causa; de devolução do prazo de 30 dias para apresentar razões finais escritas e retirada do processo de Cartório. Segurança denegada. Sustenta a parte recorrente, em preliminar, a nulidade do acórdão recorrido, uma vez que o subjacente mandado de segurança teria tramitado "de forma heterodoxa, sem seguir a Lei Federal nº 12.016/2009" (fl. 153), pois: (a) "o primeiro despacho do mandado de segurança nas folhas 110 ocorreu em 24/07/2017, sem deliberar sobre os pedidos liminares e sem determinar a notificação da autoridade coatora" (fl. 150), sequer tendo sido publicado; (b) da mesma forma, "em novo despacho do E. Relator nas folhas 113 deste Mandado de Segurança foi determinada a inclusão do Ministério Público do Estado de São Paulo como interessado, e permaneceram sem deliberação os pedidos liminares realizadas 'ab initio litis' assim como também não foi determinada a notificação da autoridade coatora" (fls. 150/151). No mérito, afirma que a primeira decisão impugnada é teratológica, pois "desde o início do Mandado de Segurança foi demonstrado o direito líquido e certo violado, qual seja, a ausência de fundamentação da decisão que aplicou a multa, pois a Constituição Federal estabelece no inciso IX do artigo 93, que toda a decisão judicial deve ser fundamentada" (fl. 154), situação esta que resta evidenciada diante do fato de que, a despeito de ter sido mencionada no decisum "a existência de sentença e de prazo para o trânsito em julgado", inexistia "sentença proferida no processo, nem tampouco prazo para trânsito em julgado de decisão condenatória" (fl. 155). Segue afirmando, quanto à segunda decisão atacada, que ela "se mostra totalmente ilegal, pois a Lei cogente é clara ao determinar o prazo de 15 (quinze) dias para as razões finais escritas" (fl. 157), que, outrossim, deveria ser concedido em dobro na espécie, na medida em "a Ação de Improbidade onde foi proferida a decisão/ato coator tramita em processo físico, possui 3 (três) réus, e cada um deles é representado por escritórios de advocacia distintos" (fls. 157/158). A seu turno, alega o recorrente que "as decisões judiciais/atos coatores acima demonstrados causam prejuízo financeiro e processual" (fl. 160). Por fim, requer o provimento do recurso ordinário a fim de que seja declarada a nulidade do acórdão recorrido "em virtude da inexistência e intimação da autoridade impetrada" (fl. 161) ou, no mérito, para que seja concedida a segurança. Sem contrarrazões (fl. 188). O Ministério Público Federal, em parecer do Subprocurador-Geral da República MOACIR GUIMARÃES MORAIS FILHO, opinou pelo não conhecimento ou, alternativamente, pelo não provimento do recurso ordinário (fls. 197/201). É O RELATÓRIO. PASSO À FUNDAMENTAÇÃO. No que diz respeito à alegada primeira nulidade do julgamento, convém esclarecer que, nos termos do art. 7º, I, da Lei 12.016/2009, a notificação da autoridade apontada como coatora tem como objetivo assegurar oportunidade de justificar a prática do ato impugnado e oferecer ao Juízo elementos probatórios aptos a elucidar a interpretação do julgador a respeito dos fatos lançados no writ. Ora, sendo o julgador o destinatário final da prova e tendo ele já formado seu convencimento com base nos elementos fáticos-probatórios colacionados pelo autor do feito, mostra-se possível a dispensa da notificação da autoridade coatora. Ademais, a jurisprudência deste Superior Tribunal de Justiça é firme no sentido de que, em observância ao princípio do pas de nullité sans grief, eventual nulidade no trâmite processual somente será declarada quando oportunamente suscitada pela parte interessada e houver a comprovação de efetivo prejuízo às partes, o que não se verificou no caso dos autos. Com efeito, o recorrente não possui interesse jurídico em suscitar eventual nulidade processual em face da ausência de intimação da autoridade impetrada, para apresentar contrarrazões. Ademais, não foi apontado o prejuízo causado ao ora recorrente. Da mesma forma, a ausência de deliberação a respeito dos pedidos liminares formulados na petição inicial também é irrelevante, porquanto prejudicados em razão da denegação da ordem, pelo Tribunal de origem. Quanto ao mérito, entendeu a Corte estadual pela inexistência de direito líquido e certo do impetrante, no que concerne à decisão que lhe aplicou a multa de 1% sobre o valor da causa, uma vez que: [...] o [...] remédio constitucional não se presta aos fins pretendidos, seja em razão da preclusão consumativa, ante a interposição de recurso anteriormente pelo impetrante, seja porque inviável travestir-se esta segurança com a roupagem das extintas hipóteses de cabimento do agravo de instrumento, em razão da nova regulação do tema trazida pelo art. 1.015, da Lei nº 13.105/2015, Código de Processo Civil em vigor, mormente se ausente direito líquido e certo a ser protegido. Sucede que tal fundamento não foi especificamente impugnado, o que atrai a incidência da Súmula 283/STF, por analogia. De outro lado, verifica-se que ao recorrente foi imposto o impedimento de retirada dos autos do cartório, ante a existência de certidão da qual consta deslealdade processual ao deixar de cumprir o compromisso de devolução dos autos na data solicitada, inviabilizando o acesso dos demais interessados aos autos (fl. 107), punição esta que não merece qualquer reparo. Nada obstante, no que tange ao prazo para oferecimento de memoriais escritos, tenho que assiste razão ao recorrente. Quanto ao tema, convém trazer à colação a literalidade do art. 364 do CPC/15: Art. 364. Finda a instrução, o juiz dará a palavra ao advogado do autor e do réu, bem como ao membro do Ministério Público, se for o caso de sua intervenção, sucessivamente, pelo prazo de 20 (vinte) minutos para cada um, prorrogável por 10 (dez) minutos, a critério do juiz. § 1º Havendo litisconsorte ou terceiro interveniente, o prazo, que formará com o da prorrogação um só todo, dividir-se-á entre os do mesmo grupo, se não convencionarem de modo diverso. § 2º Quando a causa apresentar questões complexas de fato ou de direito, o debate oral poderá ser substituído por razões finais escritas, que serão apresentadas pelo autor e pelo réu, bem como pelo Ministério Público, se for o caso de sua intervenção, em prazos sucessivos de 15 (quinze) dias, assegurada vista dos autos. De se ver, portanto, que a legislação é cristalina ao dispor que o prazo para a apresentação de razões finais escritas deve ser de quinze dias, não se vislumbrando qualquer perspectiva para a redução, ex officio, do período enunciado. Ao contrário, o Novo Código de Processo Civil acrescenta, em seu art. 222, § 1º, que "Ao juiz é vedado reduzir prazos peremptórios sem anuência das partes", de modo que a postura adotada pelo magistrado configura patente ilegalidade. Ademais, esclareça-se que a previsão constante do § 1º do artigo acima transcrito – segundo a qual, havendo litisconsorte, o prazo deverá ser dividido entre os advogados do mesmo grupo – é destinada exclusivamente ao fracionamento de prazo para intervenção oral em audiência. Soma-se a isso o fato de que, nos termos do que prevê o art. 229 do CPC/2015, os litisconsortes que tiverem diferentes procuradores, de escritórios de advocacia distintos, possuem prazos contados em dobro para todas as suas manifestações no processo. Assim, não há que se falar na redução ou divisão do período para apresentação de razões finais escritas, mas, em verdade, na dilatação do prazo, respeitando-se o benefício legal de contagem em dobro do prazo para manifestação nos autos. Nesse sentido, mutatis mutandis: PROCESSUAL CIVIL. AGRAVO REGIMENTAL INTERPOSTO CONTRA DECISÃO EXARADA PELA PRESIDÊNCIA DESTE STJ. INTERPOSIÇÃO DE RECURSO ESPECIAL APÓS O PRAZO DE 15 DIAS. INOCORRÊNCIA DE PRAZO EM DOBRO, POR SE TRATAR DE RECORRENTE ÚNICO. INEXISTÊNCIA DE ARGUMENTOS APTOS A INFIRMAR A DECISÃO AGRAVADA. AGRAVO REGIMENTAL DA EMPRESA DESPROVIDO. 1. Esta Corte Superior firmou a diretriz jurisprudencial de que, nos termos do art. 191 do CPC/1973 (art. 229 do CPC Fux), o prazo recursal é contado em dobro nos casos em que a decisão recorrida causar gravame a litisconsortes com procuradores distintos, incidindo prazo simples para recursos futuros se apenas um dos litisconsortes recorrer (REsp. 1.584.404/SP, Rel. Min. PAULO DE TARSO SANSEVERINO, DJe 27.9.2016); precedente amoldável à espécie. 2. Agravo Regimental da Empresa desprovido, em conformidade com a manifestação do MPF. (AgRg no AREsp 626.269/DF, Rel. Ministro NAPOLEÃO NUNES MAIA FILHO, PRIMEIRA TURMA, DJe 06/12/2018) Ante o exposto, conheço em parte do recurso ordinário e, nessa extensão, dou-lhe parcial provimento, para determinar a concessão de prazo comum de 30 (trinta) dias para a apresentação de razões finais escritas, mantido o impedimento de retirada dos autos por parte do recorrente. Custas ex lege. Sem condenação em honorários advocatícios, nos termos da Súmula 105/STJ. Publique-se. Brasília (DF), 27 de abril de 2020. MINISTRO SÉRGIO KUKINA Relator (STJ – RMS: 57159 SP 2018/0085704-6, Relator: Ministro SÉRGIO KUKINA, Data de Publicação: DJ 29/04/2020)

§ 1º Havendo litisconsorte ou terceiro interveniente, o prazo, que formará com o da prorrogação um só todo, dividir-se-á entre os do mesmo grupo, se não convencionarem de modo diverso.

§ 2º Quando a causa apresentar questões complexas de fato ou de direito, o debate oral poderá ser substituído por razões finais escritas, que serão apresentadas pelo autor e pelo réu, bem como pelo Ministério Público, se for o caso de sua intervenção, em prazos sucessivos de 15 (quinze) dias, assegurada vista dos autos.

→ v. Art. 139, VI, do CPC.

Art. 365. A audiência é una e contínua, podendo ser excepcional e justificadamente cindida na ausência de perito ou de testemunha, desde que haja concordância das partes.

Parágrafo único. Diante da impossibilidade de realização da instrução, do debate e do julgamento no mesmo dia, o juiz marcará seu prosseguimento para a data mais próxima possível, em pauta preferencial.

Possibilidade de fracionamento da audiência:

✓ APELAÇÃO CÍVEL. AÇÃO DE INDENIZAÇÃO. PRELIMINAR DE CERCEAMENTO DE DEFESA E DE NULIDADE DA AUDIÊNCIA DE INSTRUÇÃO REJEITADAS. MÉRITO. ABANDONO AFETIVO NÃO COMPROVADO. DANO MORAL NÃO CONFIGURADO. SENTENÇA CONFIRMADA. 1) Não há cerceamento de defesa se a prova pretendida mostra-se despicienda para a solução da demanda. 2) O Parágrafo único do artigo 365 do Novo CPC possibilita ao julgador a interrupção da audiência de instrução, em casos excepcionais, com designação de nova data para prosseguimento dos atos instrutórios. 3) Não havendo comprovação dos elementos caracterizadores da responsabilidade civil, quais sejam: o dano, a culpa do agente e o nexo de causalidade, a parte não fará jus ao recebimento de indenização por dano moral. (TJ-MG; AC 10521120164251002 MG; 11ª Câmara Cível; Rel. Marcos Lincoln; Julg. 02/08/2017; Data de Publicação: 08/08/2017)

Art. 366. Encerrado o debate ou oferecidas as razões finais, o juiz proferirá sentença em audiência ou no prazo de 30 (trinta) dias.

→ *v.* Art. 226, III, do CPC.

Ausência de identidade física do juiz e possibilidade de prolação da decisão no prazo de trinta dias:

✓ INCIDENTE DE CONFLITO DE JURISDIÇÃO. PRINCÍPIO DA IDENTIDADE FÍSICA DO JUIZ. APLICAÇÃO DO ARTIGO 399, § 2º, DO CPP, COM AS EXCEÇÕES QUE ERAM PREVISTAS NO ANTIGO 132, DO CPP/1973, EM PROL DO JUIZ NATURAL. Conflito de Jurisdição instaurado pela Juíza de Direito da 10ª Vara Criminal da Comarca da Capital, em face da Juíza de Direito da 1ª Vara Criminal da Comarca de Niterói. Instrução realizada pela Juíza em exercício na 1ª Vara Criminal da Comarca de Niterói, que passou a atuar na 10ª Vara Criminal da Comarca da Capital. A regra legal prevista no artigo 399, § 2º, do CPP, que se refere ao princípio da identidade física do Juiz, não é absoluta, não podendo prevalecer sobre princípios constitucionais, como o do Juiz natural. Uma vez que o magistrado está afastado, legalmente, por qualquer motivo, deixa de ser competente para o julgamento da causa, de forma que, impor a aplicação da identidade física do juiz, em casos como tais, de maneira irrestrita, importaria na prevalência de um princípio legal (artigo 399, § 2º, do CPP) sobre um constitucional (artigo 5º, XXXVII e LIII, da CRFB/88). Assim, ainda que tenha havido a revogação do artigo 132, do CPC/73, mantem-se a orientação no sentido de que o afastamento do magistrado, por qualquer motivo, excepciona o princípio da identidade física do juiz. Aplicação, ademais, por analogia, da regra do artigo 366, do atual CPC, segundo o qual encerrado o debate ou oferecidas as razões finais, o juiz proferirá sentença em audiência, ou no prazo de 30 (trinta) dias, situação esta na qual não importa se o juiz presidiu a audiência ou não. PROCEDÊNCIA do conflito. Unânime. (TJ-RJ; CJ 00230280220178190000 Rio de Janeiro, Niterói; 1ª Vara Criminal; Terceira Câmara Criminal; Rel. Antonio Carlos Nascimento Amado; Julg. 27/06/2017; Data de Publicação: 07/07/2017)

✓ CONFLITO NEGATIVO DE JURISDIÇÃO. SUSCITADA QUE PRESIDIU A AUDIÊNCIA DE INSTRUÇÃO E JULGAMENTO, COM COLHEITA DE PROVA ORAL, SENDO, A POSTERIORI, PROMOVIDA. RELATIVIZAÇÃO DO PRINCÍPIO DA IDENTIDADE FÍSICA DO JUIZ. IMPROCEDÊNCIA DO CONFLITO. 1. Com o advento da Lei 11.719/08, o sistema processual penal passou a adotar expressamente o princípio da identidade física do juiz no § 2º do art. 399 do Código de Processo Penal. Contudo, o diploma legal em tela não disciplinou sua aplicação em casos excepcionais, razão pela qual a jurisprudência, amplamente, aplicava a inteligência do art. 132 do Código de Processo Civil de 1973, que assim dispunha, verbis: O juiz, titular ou substituto, que concluir a audiência julgará a lide, salvo se estiver convocado, licenciado, afastado por qualquer motivo, promovido ou aposentado, caso em que passará os autos ao seu sucessor. 2. Elaborado o novo Código de Processo Civil, a norma em questão não foi reproduzida pela Lei 11.105, de 16 de março de 2015, deixando o novel diploma processual de prever expressamente o princípio da identidade física do juiz, muito embora se possa extraí-lo, ainda que de forma tímida, do disposto no artigo 366 do atual CPC, que assim dispõe: Encerrado o debate ou oferecidas as razões finais, o juiz proferirá sentença em audiência ou no prazo de 30 (trinta) dias. 3. O princípio da identidade física do juiz preconiza que o magistrado que presidiu e concluiu a instrução criminal seja o mesmo a proferir a sentença, pois a oralidade da fase processual antecedente o permitiu avaliar direta e pessoalmente os fatos e ter o contato imediato com as partes. 4. Todavia, tal regra não é absoluta, considerando que a atividade do Juiz no processo está sujeita a interrupções, sejam temporárias, como férias, licença, ou mesmo definitivas, como promoção, remoção, aposentadoria, situações estas que não podem prejudicar o andamento regular do feito. 5. In casu, a magistrada que presidiu a audiência de instrução e julgamento, colhendo a prova oral, veio a ser promovida para o III Juizado Especial Cível da Comarca de Nova Iguaçu/Mesquita, o que afasta a sua vinculação com o feito (indexador 000002 – fls. 07). 6. Ressalte-se que a jurisprudência dominante, adotada por este Órgão Fracionário, posiciona-se no sentido de que a remoção é causa de cessação da competência do magistrado que presidiu a A.I.J. Em se tratando de promoção, a solução é a mesma, ainda mais considerando os termos do artigo 132 da Lei 5.869, de 11/01/1973, que a previa como motivo para afastar a competência do juiz que concluiu a instrução. 7. No caso em apreço, tem-se que a Juíza Suscitada, embora tenha presidido a instrução criminal realizada, deixou de proferir a sentença em audiência. No entanto, foi, posteriormente, promovida para o III Juizado Especial Cível da Comarca de Nova Iguaçu/Mesquita, afastando-se, com efeito, a sua competência para julgar o feito. 8. Desta forma, é de se reconhecer cessada a vinculação e, por via de consequência, que a sentença deverá ser prolatada pela Juíza de direito Suscitante. 9. CONFLITO JULGADO IMPROCEDENTE PARA DECLARAR A COMPETÊNCIA DA JUÍZA DE DIREITO SUSCITANTE. (TJ-RJ – CJ: 00282785020168190000; Rio de Janeiro; 41º Vara Criminal; Oitava Câmara Criminal, Rel. Adriana Lopes Moutinho; Julg.20/07/2016; Data de Publicação: 22/07/2016)

Art. 367. O servidor lavrará, sob ditado do juiz, termo que conterá, em resumo, o ocorrido na audiência, bem como, por extenso, os despachos, as decisões e a sentença, se proferida no ato.

→ *v.* Enunciado 7 do CEAPRO: O CPC estabelece um dever-poder instrutório do magistrado

Registros das ocorrências na audiência:

✓ APELAÇÃO. DIREITO PÚBLICO NÃO ESPECIFICADO. REGISTRO CUMPRIMENTO DA LIMINAR. PERDA DO OBJETO. INOCORRÊNCIA. O cumprimento da medida liminar não implica a perda superveniente do objeto do mandado de segurança, sobretudo no caso em apreço, pois o pedido era de que fosse assegurado o registro fonográfico tanto das audiências aprazadas, quanto das futuras, nos termos em que autoriza o art. 367, §§ 5º e 6º do CPC/2015. CUSTAS PROCESSUAIS.

MUNICÍPIO. ISENÇÃO. TAXA ÚNICA. No caso dos autos, o mandado de segurança foi impetrado após a vigência da Lei Estadual nº 14.634/2014, portanto, isento o Município do pagamento da taxa de serviços forenses, consoante o disposto nos arts. 1º, caput e inciso II, e 5º, I da Lei Estadual. RECURSO PARCIALMENTE PROVIDO. UNÂNIME. (Apelação e Reexame Necessário Nº 70074426503, Vigésima Segunda Câmara Cível, Tribunal de Justiça do RS, Relator: Denise Oliveira Cezar, Julgado em 26/10/2017). (TJ-RS; REEX: 70074426503 RS, Vigésima Segunda Câmara Cível; Rel. Denise Oliveira Cezar; Julg. 26/10/2017; Data de Publicação 01/11/2017)

Aplicação subsidiária em procedimento administrativo:

✓ AGRAVO EM RECURSO ESPECIAL Nº 1.604.482 - SP (2019/0312106-4) RELATOR: MINISTRO PRESIDENTE DO STJ AGRAVANTE: IGOR ANDRIJ JAKUBOVSKY ADVOGADOS: ALEX SANDRO OCHSENDORF - SP162430 PATRICIA DELL AMORE TORRES E OUTRO(S) - SP252458 MAYARA GIL FONSECA - SP364786 AGRAVADO: FAZENDA DO ESTADO DE SÃO PAULO PROCURADORES: DANIELA FERNANDES ANSELMO GONÇALVES RODRIGUES - SP172740 LIGIA PEREIRA BRAGA VIEIRA E OUTRO(S) - SP143578 DECISÃO Trata-se de agravo apresentado por IGOR ANDRIJ JAKUBOVSKY contra a decisão que não admitiu seu recurso especial. O apelo nobre, fundamentado no art. 105, inciso III, alínea "a", da CF/88, visa reformar acórdão proferido pelo TRIBUNAL DE JUSTIÇA MILITAR DE SÃO PAULO, assim resumido: POLICIAL MILITAR - CONSELHO DE DISCIPLINA - RESPONSABILIDADE DISCIPLINAR EM FACE DE PUBLICAÇÕES REALIZADAS EM REDE SOCIAL (FACEBOOK) - MANDADO DE SEGURANÇA - TRANCAMENTO DO PROCEDIMENTO ADMINISTRATIVO - ALEGAÇÃO DE INFRINGÊNCIA AO DIREITO DE LIVRE MANIFESTAÇÃO E AO PRINCÍPIO DA HIERARQUIA - ALEGAÇÃO DE REPRODUÇÃO DE NOTÍCIAS E DE FATOS QUE JÁ HAVIAM SIDO VEICULADOS PELA MÍDIA NACIONAL - INFRINGÊNCIA AOS PRINCÍPIOS DA RAZOABILIDADE E DA PROPORCIONALIDADE - O IMPETRANTE ALEGA TER COBRADO O PARLAMENTAR SOBRE SUAS PROMESSAS DE CAMPANHA - AUSÊNCIA DE GRAVAÇÃO ELETRÔNICA DE SESSÃO DE OITIVA DA TESTEMUNHA - ALEGADO DESCUMPRIMENTO DO ART 367 DO CPC - UNIFICAÇÃO DOS CONSELHOS DE DISCIPLINA A QUE RESPONDE O IMPETRANTE - IMPROCEDÊNCIA DO PEDIDO MANDAMENTAL - APELAÇÃO - REITERAÇÃO DO PEDIDO INICIAL - O DIREITO CONSTITUCIONAL DE LIVRE MANIFESTAÇÃO NÃO É ILIMITADO E ABSOLUTO - UTILIZAÇÃO DE PALAVRAS ESCRITAS QUE JUSTIFICAM NÃO SOMENTE A INSTAURAÇÃO DA INSTÂNCIA ADMINISTRATIVA COMO TAMBÉM PODEM RENDER AO IMPETRANTE A RESPECTIVA RESPONSABILIDADE PENAL - PROIBIÇÃO DO EXCESSO - DECISÃO FINAL AINDA NÃO PROLATADA - NÃO VINCULAÇÃO DO DESCRITIVO ACUSATÓRIO À SANÇÃO ADMINISTRATIVA CAPITAL - AUSÊNCIA DE PROVA INEQUÍVOCA SOBRE A VERACIDADE DAS AFIRMAÇÕES TECIDAS EM REDE SOCIAL - PRESIDENTE DO CD DE PATENTE INFERIOR À DA TESTEMUNHA - POSSIBILIDADE - NÃO INCIDÊNCIA DO ART 78 DA LC 893 / 01 - O REGULAMENTO DISCIPLINAR DA POLÍCIA MILITAR NÃO INCIDE SOBRE O MILITAR DA RESERVA QUE ESTIVER OCUPANDO FUNÇÃO PÚBLICA - INTELIGÊNCIA DO ART 2º PARÁGRAFO ÚNICO I DA LC 893 / 01 - AUSÊNCIA DE GRAVAÇÃO POR MEIO ELETRÔNICO DA SESSÃO DE OITIVA DA TESTEMUNHA - NÃO EXISTÊNCIA DE PREVISÃO LEGAL NAS I - LÓ - PM - APLICAÇÃO SUBSIDIÁRIA DO CPC - OBSERVÂNCIA DO ART 367 §1 DO CPC QUE AUTORIZA O REGISTRO POR OUTROS MEIOS - UNIFICAÇÃO DOS CONSELHOS DE DISCIPLINA - DECISÃO ADMINISTRATIVA SOBRE A UNIFICAÇÃO SE ENCONTRA DENTRO DOS LIMITES DO PODER DISCRICIONÁRIO DA ADMINISTRAÇÃO - AUSÊNCIA DE DEMONSTRAÇÃO DO DIREITO LÍQUIDO E CERTO A AMPARAR A PRETENSÃO DO IMPETRANTE - SENTENÇA DE IMPROCEDÊNCIA MANTIDA - APELO IMPROVIDO - UNÂNIME Alega violação do art. 367, § 5º e 6º, do CPC, no que concerne à possibilidade de gravação da audiência, trazendo o(s) seguinte(s) argumento(s): Conforme se observa pela ata da sessão do Conselho de Disciplina, realizada em 03 de abril de 2018, a defesa técnica do Recorrente, em razão das arbitrariedades ocorridas já no início da sessão, quando a testemunha Deputado Telhada requereu que os celulares de todos, incluindo do patrono do Recorrente fossem recolhidos, requereu e fez constar em ata seu pedido de que fosse registrado o que ocorreu na sessão integralmente, solicitando, por vênia a autoridade presidente do procedimento, a gravação da sessão, nos moldes do disposto no artigo 367, §5º e 6º, do CPC. (fls. 388). [...] Ocorre que, o Código de Processo Civil, que pode ser aplicado ao caso por analogia em razão da lacuna na legislação militar, passou a garantir a possibilidade de gravação de audiência na busca de mais celeridade e transparência à Justiça. (...) (fls. 389). [...] O artigo autoriza até mesmo as partes, independe de autorização, de gravar os atos (o que não o fez em respeito ao Ilustre Cap PM Flávio). No entanto, este direito lhe foi negado pelo simples desconhecimento da norma por parte da autoridade que presidiu o procedimento administrativo disciplinar. Além de incontestável violação direta a norma federal, o ato gerou inegável prejuízo a defesa do Recorrente, ou seja, inegável cerceamento de defesa, uma vez que lhe foi negado o acesso ao que foi falado na sessão e demonstrado na sua integralidade, até com o fim de comprovar as ilegalidade e arbitrariedades que lá ocorreram e não constaram na ata de julgamento. (fls. 390). É o relatório. Decido. Na espécie, o acórdão recorrido assim decidiu: O I. Defensor parece que procede a leitura do trecho da norma que lhe aproveita, esquecendo-se dos demais aspectos. Nesse sentido, peço vênia para transcrever o art. 367 do CPC, que ele mesmo colacionou em sua peça recursal: "...Art. 367. O servidor lavrará, sob ditado do juiz, termo que conterá, em resumo, o ocorrido na audiência, bem como, por extenso, os despachos, as decisões e a sentença, se proferida no ato. § 1º Quando o termo não for registrado em meio eletrônico, o juiz rubricar-lhe-á as folhas, que serão encadernadas em volume próprio. § 2º Subscreverão o termo o juiz, os advogados, o membro do Ministério Público e o escrivão ou chefe de secretaria, dispensadas as partes, exceto quando houver ato de disposição para cuja prática os advogados não tenham poderes. § 3º O escrivão ou chefe de secretaria trasladará para os autos cópia autêntica do termo de audiência. § 4º Tratando-se de autos eletrônicos, observar-se-á o disposto neste Código, em legislação específica e nas normas internas dos tribunais. § 5º A audiência poderá ser integralmente gravada em imagem e em áudio, em meio digital ou analógico, desde que assegure o rápido acesso das partes e dos órgãos julgadores, observada a legislação específica. § 6º A gravação a que se refere o § 5º também pode ser realizada diretamente por qualquer das partes, independentemente de autorização judicial...". Com base na legislação acima citada, de aplicação subsidiária, posto que as I -16 -PM não possuem dispositivo que determine o registro eletrônico da sessão, e em vista do que consta na ID 166.833, fica evidenciado que, embora pudesse, a Defesa realizar a gravação da sessão, tratava-se de mera faculdade e não de um direito a ser exercido e imposto a terceiro de forma cogente. Assim, forçoso ao Conselho de Disciplina, em vista da vontade manifestada pela testemunha, a qual não autorizou a gravação de sua imagem, que atendesse ao reclamo, sob pena de prejudicar a oitiva (fls. 367/368). Cumpria, por outro lado, em face da não autorização do registro eletrônico, reduzir a termo tudo o que aconteceu naquela sessão, conforme determina o caput do art. 367, supramencionado, o que foi feito, à evidência dos autos. Lavrado o respectivo termo, foi subscrito por todos os presentes, inclusive pelo defensor naquela sessão presente. Aplicável, portanto, o óbice da Súmula n. 284/STF, uma vez que as razões recursais delineadas no especial estão dissociadas dos fundamentos utilizados no aresto impugnado, tendo em vista que a parte recorrente não impugnou, de forma específica, os seus fundamentos, o que atrai a aplicação, por conseguinte, do referido enunciado: "É inadmissível o recurso extraordinário, quando a deficiência na sua fundamentação não permitir a exata compreensão da controvérsia". Nesse sentido, esta Corte Superior de Justiça já se manifestou na linha de que, "não atacado o fundamento do aresto recorrido, evidente deficiência nas razões do apelo nobre, o que inviabiliza a sua análise por este Sodalício, ante o óbice do Enunciado n. 284 da Súmula do Supremo Tribunal Federal" (AgRg no AREsp n. 1.200.796/PE, relator Ministro Jorge Mussi, Quinta Turma, DJe de 24/8/2018). Confiram-se ainda os seguintes julgados: REsp n. 1.682.077/RS, relator Ministro Herman Benjamin, Segunda Turma, DJe de 11/10/2017; AgInt no AREsp n. 734.966/MG, relator Ministro Ricardo Villas Bôas Cueva, Terceira Turma, DJe de 4/10/2016; AgRg nos EDcl no REsp n. 1.477.669/SC, relator Ministro Antonio Saldanha Palheiro, Sexta Turma, DJe de 2/5/2018; e AgRg no AREsp n. 673.955/BA, relator Ministro Nefi Cordeiro, Sexta Turma, DJe de 8/3/2018. Ante o exposto, com base no art. 21-E, V, do Regimento Interno do Superior Tribunal de Justiça, conheço do agravo para não conhecer do recurso especial. Publique-se. Intimem-se. Brasília, 22 de novembro de 2019. MINISTRO JOÃO OTÁVIO DE NORONHA Presidente (STJ – AREsp: 1604482 SP 2019/0312106-4, Relator: Ministro JOÃO OTÁVIO DE NORONHA, Data de Publicação: DJ 09/12/2019)

§ 1º Quando o termo não for registrado em meio eletrônico, o juiz rubricar-lhe-á as folhas, que serão encadernadas em volume próprio.

§ 2º Subscreverão o termo o juiz, os advogados, o membro do Ministério Público e o escrivão ou chefe de secretaria, dispensadas as partes, exceto quando houver ato de disposição para cuja prática os advogados não tenham poderes.

§ 3º O escrivão ou chefe de secretaria trasladará para os autos cópia autêntica do termo de audiência.

§ 4º Tratando-se de autos eletrônicos, observar-se-á o disposto neste Código, em legislação específica e nas normas internas dos tribunais.

§ 5º A audiência poderá ser integralmente gravada em imagem e em áudio, em meio digital ou analógico, desde que assegure o rápido acesso das partes e dos órgãos julgadores, observada a legislação específica.

§ 6º A gravação a que se refere o § 5º também pode ser realizada diretamente por qualquer das partes, independentemente de autorização judicial.

Proibição da gravação audiovisual da audiência:

✓ MANDADO DE SEGURANÇA. DECISÃO QUE PROIBIU A GRAVAÇÃO E A UTILIZAÇÃO DE TELEFONES CELULARES EM AUDIÊNCIA. SIGILO DO ATO JUSTIFICADAMENTE DECRETADO. LEGALIDADE DA DECISÃO. INEXISTÊNCIA DE DIREITO LÍQUIDO E CERTO À GRAVAÇÃO E UTILIZAÇÃO DE APARELHOS CELULARES EM TODAS AS DEMAIS AUDIÊNCIAS. DENEGAÇÃO DA ORDEM. 1. Mandado de segurança impetrado contra decisão que proibiu a gravação audiovisual do ato e determinou que todos os telefones celulares permanecessem desligados durante sua realização. 2. Da leitura da ata da audiência e das informações prestadas pelo juízo, observa-se que foi decretado o sigilo da audiência, em sua primeira etapa, a fim de preservar as partes e as testemunhas do assédio da imprensa, e estas últimas também de qualquer constrangimento ou coação, tendo em vista as notícias de que algumas testemunhas teriam sido ameaçadas e coagidas a alterarem seus depoimentos. 3. A proibição da gravação audiovisual e a ordem para que os telefones fossem desligados estão em consonância com a decisão que decretou o sigilo do ato, sendo certo que a utilização de aparelhos celulares possibilitaria, em razão dos vários recursos tecnológicos hoje disponíveis, não só a gravação da audiência, mas também o envio imediato de arquivos de áudio e vídeo a pessoas que não participavam do ato. 4. A publicidade dos atos processuais é regra que, como qualquer outra, admite exceções, já vislumbradas pelo próprio constituinte ao prever tal garantia fundamental nos arts. 5º, LX, e 93, IX, da Carta Magna. No âmbito do processo penal, a restrição à publicidade da audiência é disciplinada pelo art. 792 do CPP. 5. Caso fosse permitida a gravação dos depoimentos, restaria fragilizada, ainda, a incomunicabilidade das testemunhas, exigida pelo art. 210, caput e parágrafo único, do CPP, uma vez que os respectivos arquivos de áudio ou vídeo poderiam, em tese, ser enviados às testemunhas que ainda não haviam sido ouvidas. 6. É conferido ao magistrado, como condutor da audiência, o poder de assegurar o bom andamento do ato processual, tomando as medidas que entender cabíveis para o caso, conforme art. 251 do CPP. 7. Ausência de violação às prerrogativas dos advogados. Tais prerrogativas destinam-se a assegurar o livre exercício da advocacia, o qual, no caso, não foi de forma alguma obstaculizado. Ademais, o direito das partes e seus patronos de gravar a audiência não pode se sobrepor ao direito das testemunhas à intimidade e à integridade física e mental, bem como ao direito de todos à regularidade do processo, pela qual incumbe ao magistrado velar. 8. Inexistência de ilegalidade na decisão proferida pelo juízo impetrado e de direito líquido e certo dos impetrantes à gravação e à utilização de aparelhos celulares em todas as demais audiências a serem realizadas, sendo certo que qualquer nova proibição deverá ser igualmente motivada e fundamentada. 9. Denegação da ordem. (TRE-RJ; MS 7779 Campos Dos Goytacazes – RJ; Rel. Cristina Serra Feijó; Julg.17/07/2017; Data de Publicação 1/07/2017; Pág. 26/29).

Art. 368. A audiência será pública, ressalvadas as exceções legais.

→ *V.* Arts. 11 e 189 do CPC.

Capítulo XII
DAS PROVAS

Seção I
Disposições Gerais

Art. 369. As partes têm o direito de empregar todos os meios legais, bem como os moralmente legítimos, ainda que não especificados neste Código, para provar a verdade dos fatos em que se funda o pedido ou a defesa e influir eficazmente na convicção do juiz.

→ *V.* Art. 5º, LVI, da CF/1988.

→ *V.* Arts. 212 a 232 do CC/2002.

→ *V.* Art. 155 do CPP.

→ *V.* Arts. 5º, 32 a 37 da Lei 9.099/1995.

Direito à prova:

✓ RECURSO INOMINADO. AÇÃO DE COBRANÇA. CONTRATO DE SEGURO DE VIDA. AUTORA QUE TOMOU CONHECIMENTO QUANDO DA MORTE DE SEU MARIDO. REVELIA. DISPENSA DA AUDIÊNCIA DE INSTRUÇÃO. SENTENÇA DE IMPROCEDÊNCIA POR AUSÊNCIA DE PROVA DO PAGAMENTO DO PRÊMIO. CERCEAMENTO DE DEFESA. NULIDADE RECONHECIDA. RETORNO DOS AUTOS À ORIGEM PARA REALIZAÇÃO DE INSTRUÇÃO. SENTENÇA DESCONSTITUÍDA. RECURSO PROVIDO. (Recurso Cível Nº 71006827786, Quarta Turma Recursal Cível, Turmas Recursais, Relator: Luis Antonio Behrensdorf Gomes da Silva, Julgado em 14/09/2017). (TJ-RS; Recurso Cível 71006827786 RS; Quarta Turma Recursal Cível; Rel. Luis Antonio Behrensdorf Gomes da Silva; Julg.14/09/2017; Data de Publicação: 15/09/2017)

✓ RECURSO INOMINADO. AÇÃO DE COBRANÇA. CONTRATO PARTICULAR DE INTERMEDIAÇÃO DE COTAS DE SEGURO. REVELIA. SENTENÇA QUE DECLAROU A NULIDADE DO CONTRATO E DETERMINOU O RETORNO DAS PARTES AO STATUS QUO ANTE, MAS JULGOU IMPROCEDENTE O PEDIDO DE RESTITUIÇÃO DE VALORES POR AUSÊNCIA DE PROVAS DO PAGAMENTO. CONTRADIÇÃO EVIDENCIADA. CERCEAMENTO DE DEFESA. NULIDADE RECONHECIDA. RETORNO DOS AUTOS À ORIGEM PARA REALIZAÇÃO DE INSTRUÇÃO COM A JUNTADA DAS PROVAS PERTINENTES, ESPECIALMENTE O CONTRATO E A PROVA DO PAGAMENTO. SENTENÇA DESCONSTITUÍDA, DE OFÍCIO. RECURSO PREJUDICADO. (Recurso Cível Nº 71007140593, Quarta Turma Recursal Cível, Turmas Recursais, Relator: Luis Antonio Behrensdorf Gomes da Silva, Julgado em 20/10/2017). (TJ-RS; Recurso Cível 71007140593 RS; Quarta Turma Recursal Cível; Rel. Luis Antonio Behrensdorf Gomes da Silva; Julg.20/10/2017; Data de Publicação: 24/10/2017)

✓ PROCESSUAL CIVIL. EMBARGOS DE DECLARAÇÃO. RECONHECIMENTO DE OMISSÃO QUANTO ANÁLISE DE DISPOSITIVOS. OMISSÃO SANADA EMBARGOS DE DECLARAÇÃO CONHECIDOS E PARCIALMENTE PROVIDOS, SEM EFEITOS INFRINGENTES. 1- Os embargos de declaração constituem recurso de rígidos contornos processuais, possuindo âmbito de cognição restrito, nele vedada a rediscussão da causa para a reforma do julgado. É cediço que os pressupostos de admissibilidade dos embargos de declaração são a existência de obscuridade, contradição ou omissão na decisão recorrida, devendo ser ressaltado que esse rol determinado pelo artigo 1022, do novo Código de Processo Civil, é taxativo, não permitindo, assim, interpretação extensiva. 2 – A embargante alega que o acórdão recorrido foi omisso em relação à documentação que comprova que houve compensação, não se manifestando sobre os artigos que dispõem sobre a extinção da execução pela compensação. Alega, ainda, que houve omissão quanto ao pleito de suspensão com fundamento na Portaria Conjunta SRF/PGFN nº 1, de 12 de maio de 1999) e do Parecer Normativo COSIT nº 08/2014. Por fim, requer que haja manifestação expressa sobre a violação ao art. 369 do CPC. 3 – No que se refere à documentação relativa à compensação, em que pese o argumento dos embargos, não há que se falar em omissão, posto que o acórdão recorrido foi enfático ao fundamentar a análise da documentação juntada, bem como o exercício do contraditório, e eventual perícia contábil, a fim de verificar, de forma efetiva, sua possibilidade ou não, necessita ser realizada mediante cognição ampla, não cabível via exceção de pré-executividade. A decisão embargada ressaltou, ainda, ressaltar que, ainda que fosse possível aferir de plano que a compensação é possível, não haveria como se verificar, de ofício, o valor do crédito a ser compensado e se é superior ao débito inscrito em dívida ativa, questões que dependem, invariavelmente, de dilação probatória. 4 – Os artigos 156, II, do CTN e no art. 170 do CTN, tratam da compensação e da extinção do crédito tributário pelo reconhecimento da mesma. Ocorre que este Juízo reconhece a possibilidade de extinção do crédito tributário pela compensação, mas entende que é preciso realizar uma análise documental, ou mesmo a realização de perícia, para que se efetue o "encontro de contas", sendo necessária a dilação probatória possível via embargos da execução. 5 – No que se refere à violação do art. 369 do CPC, que dispõe ter as partes o "direito de empregar todos os meios legais, bem como os moralmente legítimos, ainda que não especificados neste Código, para provar a verdade dos fatos em que se funda o pedido ou a 1 defesa e influir eficazmente na convicção do juiz", em que pese a omissão a da decisão tal dispositivo, o mesmo não é aplicável ao caso. Isso porque não se está restringindo o direito da parte influir eficazmente na convicção do julgador, mas sim aplicando as regras cabíveis a cada um dos institutos colocados a disposição da parte. 6 – É preciso considerar que o art. 369, do CPC está inserido no capítulo que trata das provas, devendo ser interpretado sistematicamente, no sentido de ser possível a utilização de qualquer meio de prova, em harmonia com o modelo constitucional do direito processual civil e o princípio da atipicidade da prova. Desta feita, não há que se falar em violação ao art. 369 do CPC, eis que a parte interessada poderá se utilizar dos embargos à execução, ação autônoma, eis que se poderá produzir qualquer dos meios de prova admissíveis. 7 – Por fim, quanto ao pleito de suspensão da execução com fundamento na Portaria Conjunta SRF/PGFN nº. 1, de 12 de maio de 1999 e do Parecer Normativo COSIT nº 08/2014, em que pese a ausência de manifestação no acórdão, entendo que o mesmo não poderia ser efetivamente apreciado, uma vez que não há qualquer manifestação na decisão agravada a respeito de tal requerimento de suspensão. Há que se considerar que a concessão do provimento pleiteado nessa ocasião (suspensão da execução) sem a manifestação do Juízo monocrático (positiva ou negativa), implicaria em inadmissível supressão de instância, além de malferir o princípio do Juiz natural, já que as alegações trazidas no agravo de instrumento não foram apreciadas em primeira instância. 8 – Ora, os Tribunais, Órgãos Colegiados, possuem, de maneira predominante, a função de instância revisora das decisões prolatadas pelos juízes. O Agravo de Instrumento, assim como os demais recursos, são instrumentos colocados à disposição das partes para o reexame da decisão. Destarte, pressuposto para o seu manejo, assim como para a competência funcional dos Tribunais, é que as questões recorridas tenham sido arguidas e decididas em primeira instância. 9 – Embargos de declaração parcialmente provimento aos embargos de declaração, para sanar a omissão apontada, afastando, contudo, a aplicação dos dispositivos mencionados, ou seja, sem efeitos infringentes, nos termos da fundamentação. (TRF-2; AG 00033686320164020000 RJ; 4ª Turma Especializada; Rel. Luiz Antonio Soares; Julg. 28/11/2016)

✓ RECURSO DO RECLAMANTE. PROVA TESTEMUNHAL EMPRESTADA. VALIDADE. Nada obstante o silêncio do Juízo de piso, tenho que o art. 369 do CPC, de aplicação subsidiária ao Processo do Trabalho, estabelece que: "As partes têm o direito de empregar todos os meios legais, bem como os moralmente legítimos, ainda que não especificados neste Código, para provar a verdade dos fatos em que se funda o pedido ou a defesa e influir eficazmente na convicção do juiz". A prova emprestada, quando colhida em caráter contraditório e, sobretudo, com a participação da parte contra quem deve operar seus efeitos, é juridicamente válida – hipótese dos presentes autos, considerando que a prova emprestada apresentada pelo demandante foi colhida em processo em que figura como demandada a empresa ora reclamada. Como se não bastasse, a prova emprestada é amplamente utilizada e estimulada pelo Judiciário Trabalhista, inclusive em observância ao princípio da celeridade processual. De resto, o reclamante do processo em que produzida a prova emprestada exerceu atividades semelhantes às do ora recorrente. Assim, acolhe-se a prova emprestada do autor nesta instância ad quem. Recurso do reclamante a que se dá provimento. (Processo: RO – 0000766-18.2015.5.06.0331; Quarta Turma; Rel. Jose Luciano Alexo da Silva; Data de julgamento: 28/09/2016; Data da assinatura: 30/09/2016) (TRT-6; RO 00007661820155060331; Quarta Turma; Julg. 28/09/2016)

Desnecessidade de provar a pertinência de juntada de documentação volumosa para provar o alegado;

✓ PROCESSUAL CIVIL. AGRAVO INTERNO NO AGRAVO EM RESP. AGRAVO DE INSTRUMENTO INTERPOSTO PERANTE O TJ/AP POR DEMANDADO EM ACP DE IMPROBIDADE ADMINISTRATIVA CONTRA DECISÃO DE PRIMEIRO GRAU QUE DETERMINOU O DESENTRANHAMENTO DE DOCUMENTOS, SOB O FUNDAMENTO DE QUE REPRESENTARIA ÓBICE À RAZOÁVEL DURAÇÃO DO PROCESSO. INEXISTÊNCIA DO NEXO DE CAUSALIDADE DE QUE A JUNTADA, AINDA QUE VOLUMOSA, DE DOCUMENTOS, CAUSARÁ O TARDAMENTO DA ENTREGA DA PRESTAÇÃO JURISDICIONAL. AO CONTRÁRIO, IMPEDIR QUE OS DOCUMENTOS SEJAM LEVADOS AOS AUTOS É OFENSIVO AO DIREITO DE DEFESA DO DEMANDADO. AGRAVO INTERNO DO PARQUET AMAPAENSE DESPROVIDO. 1. Agravo Interno interposto pelo MP/AP contra decisão monocrática do Ministro Relator desta Corte Superior que, reformando o aresto de origem, deferiu a integral juntada de documentos reputados pelo demandado por improbidade como importantes ao exercício de sua defesa. 2. Cinge-se a controvérsia em analisar o acórdão do Tribunal Amapaense confirmatório de decisão de Primeiro Grau, esta que determinou o desentranhamento de documentos na Ação Civil Pública de origem, por reputá-los obstativos à duração razoável do processo. 3. Sobre o tema, o Código Fux disciplina, em seu art. 369, que as partes têm o direito de empregar todos os meios legais, bem como os moralmente legítimos, ainda que não especificados neste Código, para provar a verdade dos fatos em que se funda o pedido ou a defesa e influir eficazmente na convicção do juiz. 4. No caso dos autos, o Tribunal de Justiça do Estado do Amapá manteve inalterada a decisão de Primeiro Grau que determinou o desentranhamento de documentos, ao fundamento de que: (a) a juntada demandaria o serviço de muitos Servidores; (b) a parte não evidenciou a sua pertinência para o processo; (c) os documentos ocupariam sete volumes de caderno processual, o que representaria violação ao postulado da razoável duração do processo. 5. Contrariamente ao que asseverou o acórdão, não se pode lançar ao demandado, antes da solução final meritória, a tese de que deve comprovar a pertinência dos documentos veiculados para sua defesa. Com efeito, a quem se lança à defesa em lide sancionadora, a pertinência dos documentos pode-se dizer presumida. Somente ao final, por ocasião da solução final, é que se pode proferir afirmação sobre a pertinência dos documentos, quando então já se terá juízo acerca de absolvição ou de condenação do acusado. 6. Em não raras vezes, muito embora seja do Órgão Acusador o ônus de provar o fato constitutivo do direito, o demandado por improbidade administrativa se vê na contingência de ter que provar a sua inocência, o que não se deve admitir em termos de Direito Sancionador. Se a isso é somado o indeferimento da juntada de documentos, as garantias do acusado na ação de improbidade são altamente obliteradas. 7. Não há nexo de causalidade entre a razoável duração do processo e a eventual juntada volumosa de documentos. Trata-se de entimema, uma vez que esconde a afirmação, possivelmente falaciosa, de que muitos documentos a serem juntados nos autos resultam em demora processual. A razoável duração do processo não é apta a justificar o impedimento da juntada de documentos de defesa. 8. Saliente-se, ademais, que, atualmente, há forte tendência a que os autos judiciais sejam totalmente eletrônicos, com juntada automática de petições e documentos, de modo que o eventual volume de peças se torna facilmente acessível e as fases devidamente indexadas, não resultando em prejuízo algum ao andamento processual e ao manuseio das peças. A alegação de impertinência de documentos perde sentido. 9. Frente a tais considerações, a juntada dos documentos requerida pela parte deve ser deferida, até mesmo para que não sobrevenha alegação de violação aos postulados da ampla defesa e do contraditório, que, sem dúvida alguma, são de altíssimo préstimo na ordem processual constitucional. A decisão agravada, que deferiu a juntada dos documentos na lide originária, prestigia os postulados constitucionais de defesa do acusado. 10. Agravo Interno do Parquet Amapaense desprovido. (STJ – AgInt no AREsp: 1046734 AP 2017/0015736-4, Relator: Ministro NAPOLEÃO NUNES MAIA FILHO, Data de Julgamento: 10/12/2019, T1 – PRIMEIRA TURMA, Data de Publicação: DJe 12/12/2019).

Art. 370. Caberá ao juiz, de ofício ou a requerimento da parte, determinar as provas necessárias ao julgamento do mérito.

→ *v.* Enunciado 6 do CEAPRO: A hipossuficiência justificadora da atribuição do ônus da prova é a informativa e não a econômica.

Instrução processual e deferimento de provas:

✓ PROCESSUAL CIVIL E ENERGIA ELÉTRICA. LINHA DE TRANSMISSÃO. DESLOCAMENTO DE POSTES. REQUERIMENTO DE PROVAS E INDEFERIMENTO. ARTIGO 130, CPC/73 (ATUAL ARTIGO 370, CPC/15). Com base no artigo 130, CPC/73 (atual artigo 370, CPC/15), cabível a produção das provas requeridas pela concessionária, quais sejam, a tomada do depoimento pessoal da autora e de prova testemunhal, além daquela pericial, indispensável para elucidação de questão técnica, consistente na possibilidade ou não da alteração do traçado da linha de transmissão objeto da controvérsia. (Agravo de Instrumento Nº 70068680255, Vigésima Primeira Câmara Cível, Tribunal de Justiça do RS, Relator: Armínio José Abreu Lima da Rosa, Julgado em 11/05/2016). (TJ-RS; AI 70068680255 RS; Vigésima Primeira Câmara Cível; Rel. Armínio José Abreu Lima da Rosa; Julg.11/05/2016; Data de Publicação: 17/05/2016)

✓ PREVIDENCIÁRIO. BENEFÍCIO DE SALÁRIO MATERNIDADE. LAUDO. TRABALHADOR RURAL. PROVA TESTEMUNHAL. INDISPENSÁVEL. ART. 370 CPC/2015. I- A produção de prova testemunhal, a qual foi requerida na inicial, é indispensável para esclarecer a questão acerca do exercício de atividade rural. II – Cabe ao Juízo, até mesmo de ofício, determinar a produção da prova oral, tendo em vista a falta de elementos probatórios aptos a substituí-la. III- Apelação da autora provida para declarar a nulidade da sentença, determinando-se o retorno dos autos ao Juízo de origem para regular instrução do feito e novo julgamento. (TRF-3; AC 00281456120164039999 SP; Décima Turma; Rel. Desembargador Federal Sergio Nascimento; Julg.18/10/2016; Data de Publicação: e-DJF3 Judicial 1:26/10/2016)

✓ PREVIDENCIÁRIO. BENEFÍCIO DE INCAPACIDADE. LAUDO. PROVA PERICIAL. INDISPENSÁVEL. ART. 370 CPC/2015. NULIDADE DA SENTENÇA. I- A produção de prova pericial, a qual foi requerida na inicial, é indispensável para esclarecer a questão acerca da incapacidade da parte autora. II – Cabe ao Juízo, até mesmo de ofício, determinar a produção da prova pericial, tendo em vista a falta de elementos probatórios aptos a substituí-la. III- Apelação da parte autora provida para declarar a nulidade da sentença, determinando-se o retorno dos autos ao Juízo de origem para regular instrução do feito e novo julgamento. (TRF-3; AC 00226390720164039999 SP; Décima Turma; Rel. Desembargador Federal Sergio Nascimento; Julg.11/10/2016; Data de Publicação: e-DJF3 Judicial 1:19/10/2016)

Sobre a persuasão racional:

✓ PROCESSUAL CIVIL E ADMINISTRATIVO. CONCURSO PÚBLICO. LAUDO PERICIAL. COMPROVAÇÃO DE APTIDÃO PARA O EXERCÍCIO DE ATIVIDADE LABORATIVA. VIOLAÇÃO DOS ARTIGOS 489 E 1.022 DO CPC/2015. INOCORRÊNCIA. ACÓRDÃO RECORRIDO QUE POSSUI FUNDAMENTO CONSTITUCIONAL E INFRACONSTITUCIONAL. SÚMULA 126/STJ. CERCEAMENTO DE DEFESA. PERÍCIA. QUESITOS. NECESSIDADE DE REEXAME DO CONJUNTO FÁTICO. IMPOSSIBILIDADE. SUMULA 7/STJ. 1. Inicialmente, constata-se que não se configura a ofensa aos arts. 489 e 1.022 do Código de Processo Civil/2015, uma vez que a Corte a quo julgou integralmente a lide e solucionou a controvérsia, tal como lhe foi apresentada. 2. No enfrentamento da matéria, o Tribunal de origem lançou os seguintes fundamentos (fls. 279-280, e-STJ): "Contudo, diante do Parecer Cardiológico elaborado pelo Instituto Nacional de Cardiologia, tendo como médica signatária a Drª Clara Weksler, CRM 5216780-0, o autor encontra-se apto para exercer a atividade laborativa proposta pelo certame. Destarte, partindo-se da premissa de que o requisito de aptidão constante do edital é aquele que permite ao agente cumprir a missão conferida pela norma legal, e considerando que o autor está apto a exercer o trabalho pretendido pelo concurso que prestou, a reprovação, nos moldes estabelecidos pela Urbe, destoa do princípio da razoabilidade, além de não conter motivação pautada em critério objetivo, pois, como já mencionado, baseia-se apenas na alegada impossibilidade de cumprir o múnus, o que foi rechaçado pelo parecer médico. A tese aventada pela Urbe de que seus quesitos não foram respondidos não merece guarida, visto que, todos que interessavam ao deslinde da causa o foram. Passo a enumerá-los, com a indicação das respectivas respostas, as quais se encontram à pasta nº 000234, fl. 02:" 3. Já no julgamento dos Embargos de Declaração, o Tribunal de origem esclareceu que não houve o alegado cerceamento de defesa, porquanto o recorrente foi intimado de todas as decisões proferidas nos presentes autos (fl. 315, e-STJ). 4. Da leitura do acórdão recorrido depreende-se que foram assentados fundamentos constitucional e infraconstitucional. No entanto, a parte recorrente interpôs apenas o Recurso Especial, sem discutir a matéria constitucional, em Recurso Extraordinário, no excelso Supremo Tribunal Federal. 5. Assim, aplica-se na espécie o teor da Súmula 126/STJ: "É inadmissível Recurso Especial, quando o acórdão recorrido assenta em fundamentos constitucional e infraconstitucional, qualquer deles suficiente, por si só, para mantê-lo, e a parte vencida não manifesta Recurso Extraordinário." 6. Ainda que fossem superados tais óbices, a irresignação não mereceria prosperar, porquanto o art. 370 do CPC/2015 (art. 130 do CPC/1973) consagra o princípio da persuasão racional, habilitando o magistrado a valer-se do seu convencimento, à luz das provas constantes dos autos que entender aplicáveis ao caso concreto. 7. Além disso, tem-se que, "no sistema de persuasão racional adotado pelo Código de Processo Civil nos arts. 130 e 131, em regra, não cabe compelir o magistrado a autorizar a produção desta ou daquela prova, se por outros meios estiver convencido da verdade dos fatos, tendo em vista que o juiz é o destinatário final da prova, a quem cabe a análise da conveniência e necessidade da sua produção" (REsp 1.175.616/MT, Relator Ministro Luis Felipe Salomão, Quarta Turma, julgado em 1º/3/2011, DJe 4/3/2011). 8. Não obstante, a aferição acerca da necessidade de produção de prova pericial e/ou de quesitos impõe o reexame do conjunto fático-probatório encartado nos autos, o que é defeso ao STJ, ante o óbice erigido pela Súmula 7/STJ. 9. Recurso Especial não conhecido. (REsp 1689978; RJ; Segunda Turma; Rel. Min. Herman Benjamin; Julg. 19/09/2017; DJe 10/10/2017)

Parágrafo único. O juiz indeferirá, em decisão fundamentada, as diligências inúteis ou meramente protelatórias.

→ *v.* Art. 139, III, do CPC.

Indeferimento de provas desnecessárias:

✓ ADMINISTRATIVO E PROCESSUAL CIVIL. AGRAVO REGIMENTAL NO RECURSO ESPECIAL. DIVULGAÇÃO DE MEDICAMENTO PROIBIDO. NECESSIDADE DE OBSERVÂNCIA DAS PENALIDADES APLICADAS AOS DEMAIS INFRATORES PELO MESMO FATO. PENA DE ADVERTÊNCIA. IMPOSSIBILIDADE DE ALTERAÇÃO DO ENTENDIMENTO FIRMADO PELA CORTE DE ORIGEM SEM O REEXAME DO CONTEXTO FÁTICO-PROBATÓRIO DOS AUTOS. SÚMULA 7/STJ. AGRAVO REGIMENTAL DA ANVISA DESPROVIDO. 1. O acolhimento das alegações deduzidas no Apelo Nobre para alterar a conclusão a que chegou a Corte de origem demandaria o reexame do contexto fático-probatório dos autos, circunstância que redundaria na formação de novo juízo acerca dos fatos, e não de valoração dos critérios jurídicos concernentes à utilização da prova e à formação da convicção. 2. Conforme jurisprudência sedimentada neste Tribunal, o juízo de pertinência das provas produzidas nos autos compete às vias ordinárias. O art. 370 do Novo Código de Processo Civil (art. 130 do CPC/1973) consagra o princípio do livre convencimento motivado, segundo o qual o magistrado fica habilitado a valorar, livremente, as provas trazidas à demanda. 3. Em observância aos princípios da razoabilidade e da proporcionalidade, compete ao julgador, dentro do seu livre convencimento e de acordo com as peculiaridades do caso, adequar a penalidade. 4. Agravo Regimental da ANVISA desprovido. (AgRg no REsp 1169112; SC; Primeira Turma; Rel. Min. Napoleão Nunes Maia Filho; Julg. 27/06/2017; DJe 02/08/2017)

✓ APELAÇÃO CÍVEL. ADMINISTRATIVO. PROCESSUAL CIVIL. AÇÃO COMINATÓRIA. TRANSFERÊNCIA DE IMÓVEL. PROGRAMA HABITACIONAL. IMPOSSIBILIDADE. PROVA ORAL. DESNECESSIDADE. NEGOU PROVIMENTO. 1. Ao juiz cabe indeferir a produção de prova desnecessária ou protelatória, conforme previsão expressa do parágrafo único do art. 370 do CPC, que assim dispõe: O juiz indeferirá, em decisão fundamentada, as diligências inúteis ou meramente protelatórias 2. A transferência de imóveis de programa habitacional está condicionada a atendimento de condições específicas, não demonstradas no caso em apreço. 3. Apelo conhecido e não provido. (TJ-DF; 07061668820178070018; 7ª Turma Cível; Rel. Leila Arlanch; Julg.18/10/2017; Data de Publicação: Publicado no DJE: 27/10/2017)

✓ APELAÇÃO CÍVEL. PRELIMINAR DE CERCEAMENTO DE DEFESA: REJEIÇÃO. PREVIDENCIÁRIO. PENSÃO POR MORTE. FILHO QUE COMPLETA 21 ANOS. CESSAÇÃO DO BENEFÍCIO. PRINCÍPIO DA LEGALIDADE ESTRITA. RECURSO DESPROVIDO. - Nos termos do art. 370 do CPC/15: "caberá ao juiz, de ofício ou a requerimento da parte, determinar as provas necessárias ao julgamento do mérito". O parágrafo único do referido dispositivo estabelece que "o juiz indeferirá, em decisão fundamentada, as diligências inúteis ou meramente protelatórias". - A Administração rege-se pelo princípio da legalidade estrita e, não havendo lei que autorize o pagamento de pensão a maiores de 21 anos, não pode ser o benefício deferido pelo Judiciário. - Se a lei estabelece que a perda da qualidade de dependente ocorre para o filho que completa 21 anos de idade, salvo se inválido, o fato de estar ele cursando curso superior não produz consequências legais. - O pagamento de pensão alimentícia ao credor maior de idade, até 24 anos, é, de fato, criação da jurisprudência, já consolidada, mas esta regra não é aqui aplicável. (TJ-MG; AC 10396140004203001 MG; 5ª Câmara Cível; Rel. Wander Marotta; Julg.10/08/2017; Data de Publicação: 22/08/2017)

✓ DIREITO ADMINISTRATIVO. DIREITO PROCESSUAL CIVIL. CERCEAMENTO DE DEFESA. INEXISTÊNCIA. INSCRIÇÃO DO MUNICÍPIO NO SISTEMA CAUC/SIAFI. PEDIDO DE EXCLUSÃO. DEFERIMENTO. PRECEDENTES. Conforme o artigo 370 do Código de Processo Civil, caberá ao juiz, de ofício ou a requerimento da parte, determinar as provas necessárias ao julgamento do mérito. O juiz indeferirá, em decisão fundamentada, as diligências inúteis ou meramente protelatórias. Portanto, o deferimento da prova vai depender da avaliação do magistrado quanto à necessidade dela, diante da matéria controversa e do confronto com as provas já existentes. Dessa forma, não se configura cerceamento de defesa quando o conjunto probatório dos autos é suficiente para formação da convicção do magistrado. Na hipótese, não há falar em cerceamento de defesa haja vista que o conjunto probatório que instruiu o presente feito é suficiente para a formação da convicção do julgador. Ademais, o juízo de origem está próximo das partes e dos fatos, devendo ser prestigiada sua apreciação dos fatos da causa, uma vez não havendo nos autos situação que justifique alteração do que foi decidido. Os Tribunais Superiores, seguidos por esta Corte, firmaram entendimento de que ente municipal não pode ser prejudicado pela ineficiência do administrador anterior, quando o atual administrador já adotou as medidas cabíveis visando à reparação dos prejuízos decorrentes daquela gestão. (TRF-4; AC 50059573020154047110 RS; Quarta Turma; Rel. Candido Alfredo Silva Leal Junior; Julg.23/11/2016;)

Art. 371. O juiz apreciará a prova constante dos autos, independentemente do sujeito que a tiver promovido, e indicará na decisão as razões da formação de seu convencimento.

→ v. Arts. 11 e 489, § 1º, do CPC.

Apreciação das provas por parte do juiz:

✓ DIREITO CIVIL. PROCESSUAL CIVIL. LITÍGIO RESULTANTE DE CONTRATO DE CRÉDITO IMOBILIÁRIO. AÇÃO DE REPARAÇÃO DE DANOS MATERIAIS PROPOSTA POR MUTUÁRIO CONTRA SEGURADORA. CERCEAMENTO DO DIREITO DE DEFESA INOCORRENTE. LITIGÂNCIA DE MÁ-FÉ. INEXISTÊNCIA. RECURSO PARCIALMENTE PROVIDO. 01. Conforme o Código de Processo Civil, "o juiz será assistido por perito quando a prova do fato depender de conhecimento técnico ou científico" (art. 156). É certo que o magistrado "apreciará a prova constante dos autos, independentemente do sujeito que a tiver promovido, e indicará na decisão as razões da formação de seu convencimento" (CPC, art. 371). A absoluta submissão do juiz ao laudo do perito importaria em transmudar este em julgador. Porém, quando a prova técnica for essencial para a resolução do litígio, somente poderá desprezá-la se nos autos houver outras provas com força suficiente para derruir as conclusões nele lançadas. Se para tanto não se prestaria a prova oral, a sua dispensa não importa em cerceio do direito de defesa. 02. "No contrato de seguro habitacional, vige o princípio do risco integral. Desta forma, a existência de cláusula que particulariza os riscos cobertos não deve ser considerada exaustiva, mas meramente exemplificativa, cedendo lugar ao interesse maior que é o do privilégio da segurança, razão de ser do próprio seguro. Além do mais, por ser típico contrato de adesão, o seguro habitacional é simplesmente imposto ao mutuário do Sistema Financeiro de Habitação, sem qualquer discussão sobre suas cláusulas e condições, merecendo, em hipótese de dúvida sobre seu alcance, interpretação mais favorável à parte que ao pacto adere" (AC n. 2004.002746-0, Des. Salete Silva Sommariva; AC n. 2002.027287-1, Des. Luiz Carlos Freyesleben). 03. A multa decendial (Lei n. 4.380/1964) é devida independentemente de ter havido requerimento na seara administrativa se, "ajuizada a demanda pelo segurado e decorridos trinta dias da citação da seguradora sem que esta efetue a quitação da indenização" (TJ-SC; AC: 20100572825 São José 2010.057282-5; Segunda Câmara de Direito Civil; Rel. Newton Trisotto; Julg. 28/04/2016)

✓ APELAÇÃO CÍVEL. EMBARGOS À EXECUÇÃO. PEDIDO JULGADO IMPROCEDENTE PELO JUÍZO A QUO. INCONFORMISMO DA EMBARGANTE. ALEGAÇÃO DE CERCEAMENTO DE DEFESA ANTE O JULGAMENTO ANTECIPADO DA LIDE. PRETENSA PRODUÇÃO DE PROVAS. AFASTAMENTO. ELEMENTOS SUFICIENTES PARA O CONVENCIMENTO DO JULGADOR. RECURSO DESPROVIDO. (TJ-SC; AC 20140355283; Blumenau; Quarta Câmara de Direito Comercial; Rel. José Everaldo Silva; Julg. 29/03/2016)

✓ EMENTA APELAÇÃO CÍVEL. FABRICANTE. COMERCIANTE. NÃO APLICAÇÃO DO CDC. AUSÊNCIA DE PROVAS DOS FATOS CONSTITUTIVOS DO DIREITO AUTORAL. RECURSO CONHECIDO. PARCIALMENTE PROVIDO. SENTENÇA REFORMADA. 1. Consumidor é toda pessoa física ou jurídica que adquire ou utiliza produto ou serviço como destinatário final. No caso dos autos, inexiste relação consumerista entre a fabricante e o comerciante. 2. Aos litigantes são oportunizados o contraditório e a ampla defesa, o que lhes permite impugnar todas as provas acostadas aos autos. 3. O juiz apreciará a prova constante dos autos, independentemente do sujeito que a tiver promovido, e indicará na decisão as razões da formação de seu convencimento. 4. O autor não comprovou a integralidade dos fatos constitutivos de seu direito, o que lhe competia por força do artigo 373 do CPC/15. 5. Recurso conhecido e parcialmente provido. 6. Sentença reformada. ACÓRDÃO Vistos, relatados e discutidos estes autos, acordam os Desembargadores da Primeira Câmara Cível, à unanimidade, CONHECER e DAR PARCIAL PROVIMENTO ao recurso, para reformar a sentença e julgar parcialmente procedente os pedidos iniciais, condenando o réu ao reembolso do valor de R$ 1.900,00 (hum mil e novecentos reais), nos termos do voto do relator. Vitória/ES, de 2017. PRESIDENTE RELATOR (TJ-ES; APL 00013198220168080021; Primeira Câmara Cível; Rel. Jorge Henrique Valle dos Santos; Julg. 30/05/2017; Data de Publicação: 08/06/2017)

✓ EMBARGOS DE DECLARAÇÃO. APELAÇÃO CÍVEL. RESPONSABILIDADE CIVIL EM ACIDENTE DE TRÂNSITO. COLISÃO DE MOTOCICLETA COM ÔNIBUS. MANOBRA DE INFLEXÃO À ESQUERDA. RESPONSABILIDADE OBJETIVA. JUROS DE MORA. CONTRADIÇÃO E OMISSÃO NA VALORAÇÃO DA PROVA. 1. JUROS DE MORA. SÚMULA N. 54 DO STJ. Não houve contradição no acórdão ao serem fixados os juros de mora a contar do evento danoso. Embora a responsabilidade da ré seja objetiva, isso em nada se reflete na contagem dos juros de mora, como pretende a embargante, pois o ilícito permanece sendo extracontratual (não houve contrato de transporte entre a vítima, ora embargada, e a empresa de ônibus). 2. CONTRADIÇÃO E OMISSÃO NA VALORAÇÃO DA PROVA. A prova testemunhal foi valorada segundo a apreciação da Relatora, que expôs os motivos do seu convencimento, cumprindo a regra do art. 489, § 1º, da novel legislação processual. Ademais, persiste, no novo diploma, o princípio da livre valoração da prova pelo julgador, desde que motivadamente, como se confere do art. 371 do Novo Código de Processo Civil: O juiz apreciará a prova constante dos autos, independentemente do sujeito que a tiver promovido, e indicará na decisão as razões da formação de seu convencimento. Embargos de declaração em que não se constatam os vícios que dariam ensejo à interposição do recurso, segundo disposto pelo art. 1.022, incisos e Parágrafo único, da Lei n. 13.105/2015 (Novo Código de Processo Civil). Desacolhimento. EMBARGOS DE DECLARAÇÃO DESACOLHIDOS. (TJ-RS; Embargos de Declaração 70068571298; Décima Segunda Câmara Cível; Rel. Ana Lúcia Carvalho Pinto Vieira Rebout; Julg. 29/03/2016)

✓ AGRAVO DE INSTRUMENTO. RECURSO DE REVISTA INTERPOSTO SOB A ÉGIDE DAS LEIS NOS 13.015/2014 E 13.105/2015 E ANTES DA VIGÊNCIA DA LEI Nº 13.467/2017. DESCABIMENTO. 1. Nulidade do despacho denegatório. Cerceamento do direito de defesa. Nulidade não configurada. O trancamento do recurso, na origem, nenhum preceito viola, na medida em que exercitado o juízo de admissibilidade dentro dos limites da Lei (CLT, art. 896, § 1º). O despacho agravado, no precário exame da admissibilidade recursal, não impede a devolução à corte superior da análise de todos os pressupostos de cabimento do apelo. Assim, decai a tese de nulidade do despacho agravado. 2. Salário extrafolha. Diferenças de adicional de periculosidade. Apreciação da prova. Nos termos do art. 371 do CPC, o juiz apreciará a prova constante dos autos, independentemente do sujeito que a tiver promovido, e indicará na decisão as razões da formação de seu convencimento. Na hipótese, o regional, pelo exame da prova documental e testemunhal, concluiu que a autora desvencilhou-se satisfatoriamente do ônus da prova que lhe competia. Não há elementos que indiquem que houve má apreciação da prova. Incidência da Súmula nº 126/TST. Agravo de instrumento conhecido e desprovido. (TST; AIRR 0012084-89.2013.5.03.0027; Terceira Turma; Rel. Min. Alberto Bresciani; DEJT 11/12/2017; Pág. 862)

Art. 372. **O juiz poderá admitir a utilização de prova produzida em outro processo, atribuindo-lhe o valor que considerar adequado, observado o contraditório.**

→ *V.* Enunciado 30 do CJF: É admissível a prova emprestada, ainda que não haja identidade de partes, nos termos do art. 372 do CPC.

Possibilidade do empréstimo da prova:

✓ AGRAVO DE INSTRUMENTO. EXECUÇÃO DE TÍTULO EXTRAJUDICIAL. DECISÃO INTERLOCUTÓRIA QUE INDEFERIU A JUNTADA DE PROVA EMPRESTADA. INSURGÊNCIA DA PARTE EXEQUENTE. MÉRITO. PEDIDO PARA ACOSTAR DUAS DECISÕES JUDICIAIS,

TRANSITADAS EM JULGADO, EM QUE A PERSONALIDADE JURÍDICA DA EXECUTADA FOI DESCONSIDERADA INDIRETAMENTE, RESPONSABILIZANDO-SE O GRUPO ECONÔMICO QUE INTEGRA. PROVA EMPRESTADA. POSSIBILIDADE. EXEGESE DOS PRINCÍPIOS DA ECONOMIA PROCESSUAL E BUSCA DA VERDADE REAL. INTELIGÊNCIA DO ARTIGO 332 DO CÓDIGO DE PROCESSO CIVIL DE 1973. ADMISSÃO PREVISTA NO ARTIGO 372 DO NOVO CÓDIGO DE PROCESSO CIVIL (LEI 13.105/2015). DESNECESSIDADE DA PARTE EXEQUENTE PARTICIPAR DAQUELA DEMANDA PARA TRANSPORTAR SUAS PROVAS PARA O PRESENTE FEITO. PRECEDENTE DO SUPERIOR TRIBUNAL DE JUSTIÇA. "Em vista das reconhecidas vantagens da prova emprestada no processo civil, é recomendável que essa seja utilizada sempre que possível, desde que se mantenha hígida a garantia do contraditório. No entanto, a prova emprestada não pode se restringir a processos em que figurem partes idênticas, sob pena de se reduzir excessivamente sua aplicabilidade, sem justificativa razoável para tanto. [...] Independentemente de haver identidade de partes, o contraditório é o requisito primordial para o aproveitamento da prova emprestada, de maneira que, assegurado às partes o contraditório sobre a prova, isto é, o direito de se insurgir contra a prova e de refutá-la adequadamente, afigura-se válido o empréstimo. (STJ, EREsp 617.428/SP, Rel. Ministra NANCY ANDRIGHI, CORTE ESPECIAL, julgado em 04/06/2014, DJe 17/06/2014). PEDIDO DE DESCONSIDERAÇÃO DA PERSONALIDADE JURÍDICA DE MODO INDIRETO EDIFICADO EM PROVA EMPRESTADA. NECESSIDADE DE GARANTIR O CONTRADITÓRIO ANTES DA ANÁLISE DO PEDIDO, SOB PENA DE SURPREENDER A PARTE E SUPRIMIR O JUÍZO A QUO. PEDIDO NÃO ANALISADO. RECURSO PARCIALMENTE PROVIDO. (TJ-SC; AI 20150672481; Trombudo Central; Quinta Câmara de Direito Comercial; Rel. Guilherme Nunes Born; Julg.17/03/2016)

Art. 373. O ônus da prova incumbe:

I – ao autor, quanto ao fato constitutivo de seu direito;

Sobre a comprovação do fato constitutivo do direito:

✓ RESPONSABILIDADE CIVIL. PEDIDO DE INDENIZAÇÃO POR DANOS MORAIS E MATERIAIS. PRISÃO ILEGAL E ERRO JUDICIÁRIO. SENTENÇA DE IMPROCEDÊNCIA DOS PEDIDOS INICIAIS. APELAÇÃO DA PARTE AUTORA. APONTADA ILEGALIDADE DO ESTADO NA PRISÃO EM FLAGRANTE DELITO E NA MANUTENÇÃO DA PRISÃO, EM RAZÃO DE POSTERIOR SENTENÇA ABSOLUTÓRIA POR AUSÊNCIA DE PROVAS DA AUTORIA DO DELITO. PARTE AUTORA QUE NÃO ACOSTOU NENHUM MEIO DE PROVA CAPAZ DE COMPROVAR O FATO CONSTITUTIVO DO DIREITO ALEGADO. ÔNUS QUE A INCUMBIA POR FORÇA DO ART. 373, I, DO CÓDIGO DE PROCESSO CIVIL DE 1973. APLICAÇÃO DA TEORIA OBJETIVA. INTELIGÊNCIA DO ART. 37, § 6º, DA CONSTITUIÇÃO FEDERAL. AUSÊNCIA DE PROVA DOS REQUISITOS PARA A CONFIGURAÇÃO DA RESPONSABILIDADE CIVIL. INEXISTÊNCIA DE ERRO JUDICIÁRIO. APLICAÇÃO DA TEORIA OBJETIVA. INTELIGÊNCIA DO ART. 37, § 6º, DA CONSTITUIÇÃO FEDERAL. AUSÊNCIA DOS REQUISITOS PARA A CONFIGURAÇÃO DA RESPONSABILIDADE CIVIL. LEGALIDADE DA SEGREGAÇÃO. Incumbe à parte autora a comprovação do fato constitutivo de seu direito, nos termos do art. 373, I, do Código de Processo Civil de 2015, sob pena de rejeição do pleito inicial. "A prisão em flagrante, quando obediente aos pressupostos que a autorizam, não se confunde com o erro judiciário a que alude o inc. LXXV do art. 5º da Constituição da República, mesmo que o réu ao final do processo venha a ser absolvido, tenha sua sentença condenatória reformada na instância superior ou fique preso cautelarmente por tempo superior à sua condenação" (TJ-SC; AC 03072868220168240023 Capital; Segunda Câmara de Direito Público; Rel. Francisco Oliveira Neto; Julg.10/10/2017).

II – ao réu, quanto à existência de fato impeditivo, modificativo ou extintivo do direito do autor.

Sobre a comprovação do fato impeditivo, modificativo ou extintivo do direito do autor:

✓ APELAÇÃO CÍVEL. AÇÃO DE RECONHECIMENTO E DISSOLUÇÃO DE UNIÃO ESTÁVEL C/C PARTILHA DE BENS. AUSÊNCIA DE ACORDO NO TOCANTE À DIVISÃO DO PATRIMÔNIO. SENTENÇA DE PARCIAL PROCEDÊNCIA. RECURSO DO REQUERIDO. PEDIDO DE REVISÃO DA PARTILHA DOS BENS MÓVEIS QUE GUARNECIAM A RESIDÊNCIA DO CASAL AO ARGUMENTO DE TEREM SIDO, EM SUA MAIORIA, LEVADOS PELA AUTORA AO DEIXAR O LAR CONJUGAL. INSUBSISTÊNCIA. DEMANDADO QUE NÃO LOGROU COMPROVAR OS FATOS DESCONSTITUTIVOS DO DIREITO DA AUTORA, COMO LHE INCUMBIA. EXGESE DO ART. 333, INCISO II, DO CPC (ART. 373, II, DO NOVO CPC). APLICAÇÃO DO PRINCÍPIO DA CONFIANÇA NO JUIZ DA CAUSA, PORQUANTO OBSERVADA A IDENTIDADE FÍSICA. SENTENÇA MANTIDA. PEDIDO DE REVISÃO DAS PROVIDÊNCIAS DETERMINADAS PELO JUÍZO ACERCA DA SUPOSTA PRÁTICA DE CRIME DE FALSO TESTEMUNHO POR TESTIGO ARROLADO PELO REQUERIDO. INSUBSISTÊNCIA. DETERMINAÇÃO DE EXTRAÇÃO DE CÓPIAS DOS AUTOS E ENCAMINHAMENTO AO MINISTÉRIO PÚBLICO MANTIDA. EXEGESE DO ARTIGO 40, DO CÓDIGO DE PROCESSO PENAL. RECURSO ADESIVO DA AUTORA. PEDIDO DE PARTILHA DAS BENFEITORIAS REALIZADAS NA CONSTÂNCIA DA UNIÃO ESTÁVEL EM IMÓVEL QUE SERVIU DE MORADIA ÀS PARTES. IMPOSSIBILIDADE. EDIFICAÇÃO EM TERRENO ALHEIO. INCABÍVEL A PARTILHA PRETENDIDA. RECONHECIDO, EM SENTENÇA, O DIREITO DA AUTORA À INDENIZAÇÃO DA METADE DAS MELHORIAS REALIZADAS NO IMÓVEL. POSSÍVEL AÇÃO DE INDENIZAÇÃO POR ACESSÃO, A SER MOVIDA DIRETAMENTE EM FACE DOS EFETIVOS PROPRIETÁRIOS DO IMÓVEL. RECURSO DE APELAÇÃO DO REQUERIDO CONHECIDO E DESPROVIDO E RECURSO ADESIVO DA AUTORA CONHECIDO E DESPROVIDO. (TJ-SC; AC 20140019693 Tubarão; Sexta Câmara de Direito Civil; Rel. Denise Volpato; Julg.22/03/2016)

✓ APELAÇÃO CÍVEL. PLANO DE SAÚDE. ATRASO NO PAGAMENTO DAS MENSALIDADES. RESCISÃO CONTRATUAL. NOTIFICAÇÃO EFETIVADA CONFORME ART. 13, PARÁGRAFO ÚNICO, INC. II, DA LEI 9.656/98. CONSUMIDORA QUE, POR SUA VEZ, NÃO PRODUZIU PROVA DE AVISO, POR QUALQUER MEIO, NOTI-

CIANDO O ALEGADO INTUITO DE PÔR FIM À AVENÇA EM PERÍODO ANTERIOR. INCUMBÊNCIA QUE LHE COMPETIA, A TEOR DO QUE PRESCREVEM OS ARTIGOS 373, INCISO II, E 434, AMBOS DO NOVO CÓDIGO DE PROCESSO CIVIL. MANUTENÇÃO DO DEVER DE HONRAR O DÉBITO DECORRENTE DO PERÍODO DE INADIMPLÊNCIA. RECURSO DESPROVIDO. (TJ-SC; AC 20120604977 Gaspar; Primeira Câmara de Direito Civil; Rel. Domingos Paludo; Julg.31/03/2016)

✓ APELAÇÃO CÍVEL. AÇÃO DE INDENIZAÇÃO POR DANOS MORAIS. CASAN. SUSPENSÃO DO FORNECIMENTO ÁGUA NA UNIDADE CONSUMIDORA DO DEMANDANTE. FATURA QUITADA. CULPA ATRIBUÍDA A TERCEIRO (AGENTE ARRECADADOR). RESPONSABILIDADE CIVIL EVIDENCIADA. CONCESSIONÁRIA DE SERVIÇO PÚBLICO. RELAÇÃO CONSUMERISTA. SUSPENSÃO TEMPORÁRIA DEMONSTRADA NOS AUTOS. AUSÊNCIA DE PROVAS ACERCA DA LICITUDE DA CONDUTA. ÔNUS QUE COMPETIA À RÉ (ART. 333, II, DO CPC/1973 - ART. 373, II, DO CPC/2015). ABALO ANÍMICO CONFIGURADO. DEVER DE INDENIZAR INARREDÁVEL. SENTENÇA REFORMADA. [...] As Câmaras de Direito Público têm decidido que eventual equívoco na digitação do código de barras da fatura pelo agente arrecadador não pode ser atribuído ao consumidor – que quitou a dívida em tempo hábil e, mesmo assim, sofreu a negativação por culpa do preposto da concessionária. Se for o caso, a Celesc deve buscar a responsabilização de terceiros em demanda regressiva [...] (Apelação Cível nº 2014.083328-2, de Jaguaruna. Rel. Des. Subst. Paulo Henrique Moritz Martins da Silva. J. em 05/05/2015). QUANTUM COMPENSATÓRIO. FIXAÇÃO EM R$ 5.000,00 (CINCO MIL REAIS). VALOR EM OBSERVÂNCIA AOS PRINCÍPIOS DA RAZOABILIDADE E DA PROPORCIONALIDADE, BEM COMO AOS PARÂMETROS DESTA CORTE. O quantum indenizatório arbitrado deve traduzir-se em montante que, por um lado, sirva de atenuante ao dano moral sofrido, sem importar em enriquecimento sem causa do ofendido; e, por outro lado, represente advertência ao ofensor e à sociedade de que não se aceita a conduta assumida, ou a lesão dela proveniente. CONSECTÁRIOS LEGAIS. TERMO INICIAL DOS JUROS DE MORA. INAPLICABILIDADE DA SÚMULA 54 DO STJ. ENCARGO MORATÓRIO QUE INCIDE A PARTIR DA DATA DA CITAÇÃO. RELAÇÃO CONTRATUAL. EXEGESE DO ART. 405 DO CÓDIGO CIVIL. PRECEDENTES. MARCO INICIAL DA CORREÇÃO MONETÁRIA. DATA DO PRESENTE ARBITRAMENTO. SÚMULA 362 DO SUPERIOR TRIBUNAL DE JUSTIÇA. INVERSÃO DOS ÔNUS SUCUMBENCIAIS. HONORÁRIOS ADVOCATÍCIOS FIXADOS EM 15% SOBRE O VALOR DA CONDENAÇÃO. PERCENTUAL CONDIZENTE COM OS CRITÉRIOS NORTEADORES DOS § 3º, ART. 20, CPC/1973 (§ 2º, ART. 85, CPC/2015), E TAMBÉM EM HOMENAGEM À JUSTA REMUNERAÇÃO DO TRABALHO PROFISSIONAL. RECURSO CONHECIDO E PROVIDO. (TJ-SC; AC 20140944671 Taió; Primeira Câmara de Direito Público; Rel. Carlos Adilson Silva; Julg. 29/03/2016)

✓ APELAÇÃO CÍVEL. AÇÃO DE RESPONSABILIDADE CIVIL POR DANOS MATERIAIS. JUÍZO DA ORIGEM QUE JULGA PROCEDENTES OS PEDIDOS CONSTANTES NA EXORDIAL. INSURGÊNCIA DA RÉ. TEMA AFETO À PROVA QUE FOI UNIFORMIZADO POR ESTA CORTE. ENUNCIADO VIII DO GRUPO DE CÂMARAS DE DIREITO PÚBLICO. "Nas ações em que a Celesc for demandada por eventuais prejuízos causados ao fumicultor em decorrência da interrupção do fornecimento de energia elétrica, somente será admissível o julgamento antecipado quando a concessionária não oferecer defesa, ou apresentar contestação genérica, sem contestar, pontual e objetivamente, o laudo técnico extrajudicial elaborado pelo autor da ação ou, ainda, quando não formular a produção de provas de forma específica e com dedução expressa da finalidade. A dilação probatória, quando pertinente, deverá ser realizada na fase de conhecimento, para prolação de sentença líquida". AVALIAÇÃO TÉCNICA DE ESPECIALISTA QUE APONTOU A OCORRÊNCIA DE CESSAÇÃO DE FORNECIMENTO DE ENERGIA ELÉTRICA À UNIDADE CONSUMIDORA DO AUTOR E, AINDA, DESTACOU QUE OS DANOS NA SAFRA DO FUMO DECORRERAM EXCLUSIVAMENTE DA INTERRUPÇÃO DO PROCESSO DE SECAGEM, O QUAL É DEPENDENTE DE ELETRICIDADE. ESPECIALISTA QUE, INCLUSIVE, APUROU O VALOR DA PERDA ECONÔMICA DAS FOLHAS DE FUMO. RÉ QUE, TANTO EM SUA CONTESTAÇÃO, QUANTO EM SEDE RECURSAL, NÃO IMPUGNOU A PROVA PRODUZIDA EM JUÍZO, QUEDANDO-SE EM LANÇAR ARGUMENTOS GENÉRICOS, DIVORCIADOS DE QUALQUER INDÍCIO. TESE DE OCORRÊNCIA DE FATORES EXTERNOS PARA A QUEDA DO FORNECIMENTO DE ENERGIA ELÉTRICA QUE NÃO POSSUI AMPARO PROBATÓRIO. ÔNUS QUE INCUMBIA À DEMANDADA. EXEGESE DO ART. 373, INCISO II, DO CÓDIGO DE PROCESSO CIVIL. RESPONSABILIDADE OBJETIVA DA RÉ. DANO EXPERIMENTADO PELO AUTOR QUE DECORREU EXCLUSIVAMENTE DA CESSAÇÃO DO FORNECIMENTO DE ELETRICIDADE. REPARAÇÃO DEVIDA. SENTENÇA QUE DEVE SER MANTIDA NO PONTO.TOGADO DE ORIGEM QUE FIXOU O EVENTO DANOSO COMO MARCO INICIAL DO ADITAMENTO SOBRE O MONTANTE INDENITÁRIO. VALOR DO PREJUÍZO QUE DEVERÁ SER ACRESCIDO DE CORREÇÃO MONETÁRIA PELO INPC DESDE A CONFECÇÃO DO LAUDO TÉCNICO, E JUROS DE MORA A CONTAR DA CITAÇÃO. ALTERAÇÃO DA SENTENÇA NESSE VIÉS.SUCUMBÊNCIA. MODIFICAÇÃO EM SEDE RECURSAL QUE SE DEU DE FORMA APEQUENADA. ÔNUS QUE PERMANECE CONFORME LANÇADO NA ORIGEM. HONORÁRIOS RECURSAIS. VERBA DEVIDA AO CAUSÍDICO DO AUTOR. MAJORAÇÃO. ART. 85, §11, DO CÓDIGO DE PROCESSO CIVIL. RECURSO CONHECIDO E PROVIDO EM PARTE. (TJSC; Apelação Cível 0300232-93.2016.8.24.0143; Rio do Campo; Quarta Câmara de Direito Civil; Rel. Des. Rosane Portella Wolff; Julg. 14/12/2017)

✓ APELAÇÃO – AÇÃO DE DESPEJO C\C COBRANÇA DE ALUGUEL – ÔNUS DA PROVA – AUTOR – FATOS CONSTITUTIVOS DE SEU DIREITO – RÉU – PROVA FATO IMPEDITIVO DO DIREITO DO AUTOR – IMPROCEDÊNCIA DO PEDIDO – SENTENÇA MANTIDA Impõe-se a manutenção da sentença que julga improcedente o pedido formulado em ação de despejo c/c cobrança de aluguel quando a parte requerida logra êxito em comprovar fato impeditivo do direito do autor. Recurso não provido. (TJ-MG; AC 10005140016717001 MG; 16ª Câmara Cível; Rel. Kildare Carvalho; Julg.28/06/2017; Data de Publicação: 07/07/2017)

§ 1º Nos casos previstos em lei ou diante de peculiaridades da causa relacionadas à impossibilidade ou à excessiva dificuldade de cumprir o encargo nos termos do caput ou à maior facilidade de obtenção da prova do fato contrário, poderá o juiz atribuir o ônus da prova de modo diverso, desde que o faça por decisão fundamentada, caso em que deverá dar à parte a oportunidade de se desincumbir do ônus que lhe foi atribuído.

→ v. Arts. 6º, VIII, e 51, VI, do CDC.

→ v. Art. 927, parágrafo único, do CC/2002.

→ v. Enunciado 72 do CJF: É admissível a interposição de agravo de instrumento tanto para a decisão interlocutória que rejeita a inversão do ônus da prova, como para a que a defere.

→ v. Enunciado 128 do CJF: Exceto quando reconhecida sua nulidade, a convenção das partes sobre o ônus da prova afasta a redistribuição por parte do juiz.

→ v. Enunciado 18 do CEAPRO: A Súmula 375 do STJ não impede a atribuição diversa do ônus da prova, de que tratam os § 1º e 2º do art. 373.

Quanto à inversão do ônus da prova:

✓ AGRAVO DE INSTRUMENTO. AÇÃO DE INDENIZAÇÃO POR DANO MORAL C/C DANO MATERIAL. DESPACHO SANEADOR QUE AFASTOU AS PRELIMINARES AVENTADAS E DETERMINOU A INVERSÃO DO ÔNUS DA PROVA. INSURGÊNCIA DA REQUERIDA QUANTO À DISTRIBUIÇÃO DO ENCARGO PROBATÓRIO. DISTRIBUIÇÃO DINÂMICA DA PROVA. HIPÓTESE QUE AUTORIZA A INVERSÃO DO ÔNUS PROBANTE, NOS TERMOS DO ART. 6º, VIII do CÓDIGO DE DEFESA DO CONSUMIDOR E ART. 373 DO CÓDIGO DE PROCESSO CIVIL/2015. FACILIDADE DE PRODUÇÃO PELA PARTE REQUERIDA. RECURSO CONHECIDO E DESPROVIDO. Não obstante a lei processual civil adote a distribuição estática do ônus da prova, o mesmo diploma processual reconhece a necessidade de, em determinadas situações, afastar-se a rigidez estática do encargo probatório, adotando critério mais flexível, a que a doutrina denomina ônus dinâmico da prova, atribuindo-o, de maneira diversa do sistema ordinário da lei, à parte que realmente esteja em condições de melhor esclarecer os fatos relevantes da demanda (CPC/2015, art. 373, § 1º), ou seja, cabe o ônus da prova a parte que apresentar maior facilidade em produzi-la. (TJSC; Agravo de Instrumento 0031921-75.2016.8.24.0000; Fraiburgo; Quarta Câmara de Direito Civil; Rel. Des. Rodolfo Cezar Ribeiro Da Silva Tridapalli; Julg. 29/06/2017)

✓ AGRAVO DE INSTRUMENTO. SERVIDORA PÚBLICA MUNICIPAL. ADIMPLEMENTO DE ADICIONAL DE INSALUBRIDADE. IRRESIGNAÇÃO QUANTO À INVERSÃO DO ÔNUS DA PROVA E IMPUTAÇÃO DE PAGAMENTO DE HONORÁRIOS PERICIAIS AO ENTE FEDERADO. APLICAÇÃO DA TEORIA DA CARGA DINÂMICA DA PROVA. INVIABILIDADE. AUSÊNCIA DE PREVISÃO LEGAL E CIRCUNSTÂNCIA EXCEPCIONAL A LEGITIMAR A INAPLICABILIDADE DO ART. 33 DO CÂNONE PROCESSUAL. ONUS PROBANDI QUE RECAI SOBRE QUEM PRETENDE PRODUZIR A PROVA. HONORÁRIOS DE PERITO PAGOS AO FINAL, PELO ESTADO OU PELO VENCIDO, EM RAZÃO DA CONCESSÃO DA GRATUIDADE DA JUSTIÇA À DEMANDANTE. PRECEDENTES DESTE SODALÍCIO. "A parte autora tem o ônus de comprovar os fatos constitutivos do direito que alega possuir. A inversão do ônus da prova em ação proposta por servidor contra ente público, com base na "teoria da distribuição dinâmica da prova", além de não contar com previsão legal no Código de Processo Civil vigente, só estaria autorizada, excepcionalmente, nos casos em que for manifesta a excessiva dificuldade de produção da prova pela parte a quem compete o ônus probatório. "Os honorários do perito judicial devem ser adiantados pela parte autora quando for ela a requerente ou, ainda, quando a prova é determinada de ofício pelo Juiz. Porém, se a parte autora é beneficiária da justiça gratuita, o perito deverá receber seus honorários a cargo da parte vencida, somente ao final" (AI n. 2015.041100-3, de Laguna, rel. Des. Jaime Ramos, Julg. 17-9-2015). RECURSO CONHECIDO E PROVIDO. (TJ-SC; AI 20150751639 Laguna; Primeira Câmara de Direito Público; Rel. Jorge Luiz de Borba; Julg.15/03/2016)

✓ AGRAVO DE INSTRUMENTO – AÇÃO CIVIL PÚBLICA – INVERSÃO DO ÔNUS DA PROVA – PRELIMINAR DE NULIDADE DA DECISÃO RECORRIDA – AUSÊNCIA DE FUNDAMENTAÇÃO – ACOLHIMENTO. 1. Consoante o disposto no art. 93, inciso X, da Constituição Federal, as decisões judiciais devem ser, necessariamente, fundamentadas. 2. Concernente à inversão do ônus probante, dispõe o art. 373 do Código de Processo Civil, em especial o seu § 1º, que nos casos previstos em lei ou diante de peculiaridades da causa relacionadas à impossibilidade ou à excessiva dificuldade de cumprir o encargo nos termos do caput ou à maior facilidade de obtenção da prova do fato contrário, poderá o juiz atribuir o ônus da prova de modo diverso, desde que o faça por decisão fundamentada, caso em que deverá dar à parte a oportunidade de se desincumbir do ônus que lhe foi atribuído. 3. No caso, verifica-se que o magistrado de piso incorreu na hipótese do inciso I do § 1º do art. 489 do CPC, visto que, ao deferir a inversão do ônus probatório, limitou-se apenas a fazer menção aos artigos 224 do Estatuto da Criança e do Adolescente, art. 21 da Lei 7.347/85 e art. 6º do Código de Defesa do Consumidor, sem apresentar qualquer justificativa do porquê de tal deferimento. 4. Acolhimento da preliminar de nulidade da decisão recorrida por ausência de fundamentação. 5. Recurso provido. (TJ-AC; AI 10008005120168010000 AC; Segunda Câmara Cível; Rel. Des. Júnior Alberto; Julg.12/08/2016; Data de Publicação: 15/08/2016)

✓ CIVIL. LOCAÇÃO RESIDENCIAL. VALORES DEVIDOS. REDISTRIBUIÇÃO DO ÔNUS PROBATÓRIO. INADIMPLÊNCIA DA LOCATÁRIA. PROVA. Dispõe o art. 373, § 1º, do CPC, que, nos casos previstos em lei ou diante de peculiaridades da causa relacionadas à impossibilidade ou à excessiva dificuldade de cumprir o encargo nos termos do caput ou à maior facilidade de obtenção da prova do fato contrário, poderá o juiz atribuir o ônus da prova de modo diverso, desde que o faça por decisão fundamentada, caso em que deverá dar à parte a oportunidade de se desincumbir do ônus que lhe foi atribuído. Desincumbindo-se o autor do ônus probatório a ele imposto, logrando êxito em demonstrar a inexistência de depósito, por parte da requerida, da parcela do aluguel em discussão, tem-se por acertada a sentença que reconhece a inadimplência. (TJ-DF 20140910278945; 6ª Turma Cível; Rel. Esdras Neves; Julg. 26/10/2016; Data de Publicação: DJE: 08/11/2016; Pág.: 193/208)

✓ AGRAVO DE INSTRUMENTO. AGENTE COMUNITÁRIA DE SAÚDE. PRETENSÃO DE RECONHECIMENTO DE INSALUBRIDADE. SANEADOR QUE INVERTEU O ÔNUS PROBATÓRIO E IMPUTOU AO MUNICÍPIO DEMANDADO A OBRIGAÇÃO DE ADIANTAR OS HONORÁRIOS DO PERITO JUDICIAL. INCONFORMISMO A QUE SE DÁ PROVIMENTO. INVIABILIDADE DE APLICAÇÃO DA TEORIA DA CARGA DINÂMICA DA PROVA, NA ESPÉCIE. AUSÊNCIA DE PREVISÃO LEGAL OU PECULIARIDADE DO CASO A JUSTIFICAR A INVERSÃO PREVISTA NO ARTIGO 373 DO CÓDIGO DE PROCESSO CIVIL DE 2015 ONUS PROBANDI QUE RECAI SOBRE QUEM REQUER A PRODUÇÃO DA PROVA. REMUNERAÇÃO DO EXPERT A SER PAGA CONFORME AS DIRETRIZES DO ARTIGO 95 DO CÓDIGO DE PROCESSO CIVIL DE 2015. "A parte autora tem o ônus de comprovar os fatos constitutivos do direito que alega possuir. A inversão do ônus da prova em ação proposta por servidor contra ente público, com base na 'teoria da distribuição dinâmica da prova', além de não contar com previsão legal no Código de Processo Civil vigente, só estaria autorizada, excepcionalmente, nos casos em que for manifesta a excessiva dificuldade de produção da prova pela parte a quem compete o ônus probatório" (Agravo de Instrumento n. 2015.041100-3, de Laguna, rel. Des. Jaime Ramos, Julg. 17.09.2015)." "Estabelece o artigo 33 do Código de Processo Civil que o dever de arcar com a remuneração do expert é de quem pleiteia a produção da prova pericial e, caso pretendida por ambas as partes, os honorários periciais devem ser suportados pela parte autora. 'Todavia, como esta é beneficiária da Justiça Gratuita, por isso isenta do pagamento de custas e despesas processuais, os honorários periciais deverão ser pagos ao final pelo não beneficiário, se vencido, ou pelo Estado, a quem incumbe a prestação de assistência' (Agravo de Instrumento n. 2009.047628-2, de Chapecó, Relator Des. Ricardo Roesler, 2ª Câm. Dir. Púb., j. 20/07/2010)." (Agravo de Instrumento n. 2014.068002-1, de Jaraguá do Sul, rel. Des. Paulo Ricardo Bruschi, j. 10.03.2015). (TJSC, Agravo de Instrumento n. 0137882-39.2015.8.24.0000, de Laguna, rel. Des. Cid Goulart, j. 09-05-2017). RECURSO PROVIDO. (TJSC; Agravo de Instrumento 0136820-61.2015.8.24.0000; Laguna; Quarta Câmara de Direito Público; Rel. Des. Vera Lúcia Ferreira Copetti; Julg. 28-09-2017).

A inversão do ônus probatório não acarreta o dever de pagar pela prova. Mas a parte fica sujeita às consequências decorrentes da não produção da prova

✓ "PROCESSUAL CIVIL E AMBIENTAL. RECONVENÇÃO. POSSIBILIDADE DE LITISCONSÓRCIO. FUNDAMENTO NÃO ATACADO. SÚMULA 283/STF. CONSTRUÇÃO DE HIDRELÉTRICA. DANO AMBIENTAL. ART. 373, § 1º, DO CÓDIGO DE PROCESSO CIVIL. INVERSÃO DO ÔNUS DA PROVA. POSSIBILIDADE. PROVA PERICIAL. RESPONSABILIDADE PELAS CUSTAS (...) 2. Acerca da inversão do ônus da prova, nenhum reparo merece o acórdão recorrido. Em perfeita sintonia com a Constituição de 1988, o art. 373, § 1º, do Código de Processo Civil reproduz, na relação processual, a transição da isonomia formal para a isonomia material, mutação profunda do paradigma dos direitos retóricos para o paradigma dos direitos operativos, pilar do Estado Social de Direito. Não se trata, contudo, de prerrogativa judicial irrestrita, pois depende ora de previsão legal (direta ou indireta, p. ex., como consectário do princípio da precaução), ora, na sua falta, de peculiaridades da causa, associadas quer à impossibilidade ou a excessivo custo ou complexidade de cumprimento do encargo probante, quer à maior capacidade de obtenção da prova pela parte contrária. Naquela hipótese, em reação à natureza espinhosa da produção probatória, a inversão foca em dificuldade do beneficiário da inversão; nesta, prestigia a maior facilidade, para tanto, do detentor da prova do fato contrário. Qualquer elemento probatório, pontualmente - ou todos eles conjuntamente -, pode ser objeto da decretação de inversão, desde que haja adequada fundamentação judicial. 3. A alteração *ope legis* ou *ope judicis* da sistemática probatória ordinária leva consigo o custeio da carga invertida, não como dever, mas como simples faculdade. Logo, não equivale a compelir a parte gravada a pagar ou a antecipar pagamento pelo que remanescer de ônus do beneficiário. Modificada a atribuição, desaparece a necessidade de a parte favorecida provar aquilo que, daí em diante, integrar o âmbito da inversão. Ilógico e supérfluo, portanto, requisitar produza o réu prova de seu exclusivo interesse disponível, já que a omissão em nada prejudicará o favorecido ou o andamento processual. Ou seja, a inversão não implica transferência ao réu de custas de perícia requerida pelo autor da demanda, pois de duas, uma: ou tal prova continua com o autor e somente a ele incumbe, ou a ele comumente cabia e foi deslocada para o réu, titular da opção de, por sua conta e risco, cumpri-la ou não. Claro, se o sujeito titular do ônus invertido preferir não antecipar honorários periciais referentes a seu encargo probatório, presumir-se-ão verdadeiras as alegações da outra parte..." (REsp 1807831/RO, Rel. Min. Herman Benjamin, Segunda Turma, julgado em 07/11/2019, DJe 14/09/2020)

Decisão que nega o cabimento do agravo de instrumento quando o juiz mantém o regramento legal relativamente ao ônus da comprovação:

✓ PROCESSUAL CIVIL E ADMINISTRATIVO. INVERSÃO DO ÔNUS DA PROVA. ART. 373, § 1º, CPC/2015. INAPLICABILIDADE AO CASO. PRETENSÃO DE DISTRIBUIÇÃO DO ENCARGO PROBATÓRIO JÁ ENQUADRADA NA REGRA DO ART. 373, I E II, DO CÓDIGO INSTRUMENTAL. RECURSO DE AGRAVO DE INSTRUMENTO INCABÍVEL POR FALTA DE ADEQUAÇÃO TÍPICA E CARÊNCIA DE INTERESSE RECURSAL. 1. A ação, na origem, objetiva anular multa aplicada pela ANS por ter a recorrente deixado de enviar periodicamente informações obrigatórias pela Lei 9.656/1998. 2. De acordo com a recorrente, a ANS alega na contestação que o não envio das informações teria causado prejuízos ao bem jurídico tutelado pela norma. Daí a necessidade de demonstração, pela ré, dos prejuízos causados aos consumidores pela recorrente, pois, mesmo que as informações tivessem sido enviadas pelo registro ativo, porém inoperante, elas teriam sido enviadas em branco, já que não havia beneficiários ou produtos cadastrados. 3. Caberia à ANS, segundo a empresa apenada, comprovar os prejuízos causados, por ser a única parte que dispõe dos meios para demonstrar como o não envio de informações periódicas de uma operadora que não atuava no mercado de saúde suplementar pode ter causado algum tipo de dano. 4. Requereu a recorrente ao juízo de primeira instância a inversão do ônus da prova, que teria a "finalidade de impor à parte que sustenta a existência de danos o dever de comprová-los, ou seja, sendo a existência de prejuízos ao bem jurídico tutelado um pressuposto da sanção, nada mais justo que a própria ANS, responsável pela regulação da atividade, esclareça tal ponto controvertido." 5. O juízo monocrático indeferiu o pleito, por entender prejudicado o pedido de inversão, na medida em que o CPC já prevê que o ônus da prova incumbe ao autor quanto ao fato constitutivo do seu direito, e ao réu quanto à existência de fato impeditivo, modificativo ou extintivo do direito do autor. 6. Dessa decisão a recorrente interpôs Agravo de Instrumento, de que não conheceu o relator nos seguintes termos (fls. 627-628, e-STJ): "Não houve, na decisão agravada, uma redistribuição do ônus da prova, mas sim sua manutenção como previsto no caput do art. 373 do CPC, ou seja, incumbe ao autor o ônus da prova quanto ao fato constitutivo de seu direito, e ao réu quanto à existência de fato impeditivo, modificativo ou extintivo do direito do autor. Tenho que as hipóteses de cabimento do Agravo de Instrumento são taxativas e que, no caso específico, sequer se cogita de eventual impossibilidade de produção da prova em momento posterior, caso venha a ser determinada a inversão do ônus probante no ponto, já que a teor do disposto no art. 1.019, §1º do CPC 'As questões resolvidas na fase de conhecimento, se a decisão a seu respeito não comportar agravo de instrumento, não são cobertas pela preclusão e devem ser suscitadas em preliminar de apelação, eventualmente interposta contra a decisão final, ou nas contrarrazões'. Nesse contexto, tenho que o recurso é inadmissível.". 7. A decisão do Relator foi mantida pelo colegiado em Agravo Interno (fls. 651-653, e-STJ). Insurge-se agora a recorrente mediante Recurso Especial contra a decisão do Tribunal a quo, que não conheceu do Agravo de Instrumento. 8. Assevera ser cabível Agravo de Instrumento tanto de decisão que defere como de decisão que indefere o pedido de redistribuição do ônus da prova, razão pela qual o acórdão impugnado deve ser anulado, para que o recurso interposto na origem seja apreciado em seu mérito. 9. Não prospera a irresignação. 10. Extrai-se dos autos que as instâncias de origem entenderam impróprio o pedido de inversão não por falta dos pressupostos legais, mas por considerarem que a finalidade pretendida pela parte já se encontrava albergada pela própria distribuição ordinária do ônus da prova prevista no art. 373 do CPC/2015. A hipótese, portanto, não seria de inversão, seja para deferir, seja para indeferir, mas de aplicação pura e simples das regras ordinárias que atribuem o ônus da prova a quem alega, o que torna prejudicado o pleito da parte. 11 A recorrente invoca, indevidamente, o art. 373, § 1º, do CPC/2015, quando a situação se enquadra diretamente nos incisos do art. 373 do mesmo Diploma Legal.12. Não sendo o caso de deferimento ou indeferimento da inversão contida no § 1º do art. 373 do CPC/2015, mas de inaplicabilidade do dispositivo a situação já compreendida na regra comum de encargo probatório, o Agravo de Instrumento se mostra incabível por falta de adequação típica e carência de interesse recursal. 13. Recurso Especial não provido. (REsp 1684452; PR; Segunda Turma; Rel. Min. Herman Benjamin; Julg. 05/10/2017; DJe 16/10/2017)

✓ AGRAVO DE INSTRUMENTO. AÇÃO INDENIZATÓRIA. INVERSÃO DO ÔNUS DA PROVA. CABIMENTO. Incidente, ao caso em concreto, os dispositivos contidos no Código de Defesa do Consumidor, uma vez que a relação é de consumo. É cabível a inversão do ônus da prova, nos termos do que dispõe o artigo 373, inciso II, do Código de Processo Civil, recaindo sobre a demandada o dever de comprovar o alegado em defesa. NEGARAM PROVIMENTO AO AGRAVO DE INSTRUMENTO. (TJ-RS; Agravo de Instrumento 70074367525; Décima Nona Câmara Cível; Rel. Eduardo João Lima Costa, Julg. 17/08/2017

Agravo de instrumento é o recurso cabível contra a decisão que modifica o ônus da prova:

✓ RECURSO ESPECIAL Nº 1.831.628 – RJ (2019/0239089-7) RELATOR: MINISTRO LUIS FELIPE SALOMÃO RECORRENTE: CONSORCIO OPERACIONAL BRT ADVOGADO: JOÃO CÂNDIDO MARTINS FERREIRA LEÃO – RJ143142 RECORRIDO: SONIA MARIA DOS SANTOS BARRETO ADVOGADOS: FÁBIO DO CARMO OZORIO – RJ175202 TIAGO CAMARA DA CUNHA LEITE – RJ178139 EMENTA PROCESSUAL CIVIL. RECURSO ESPECIAL. VIOLAÇÃO AO ART. 1.022 DO CPC/2015. INEXISTÊNCIA. DECISÃO INTERLOCUTÓRIA QUE INDEFERIU A INVERSÃO DO ÔNUS DA PROVA. DECISÃO QUE DESAFIA O RECURSO DE AGRAVO DE INSTRUMENTO. PRECEDENTES. SÚMULA 83 DO STJ. RECURSO NÃO CONHECIDO. 1. Não há falar em violação ao art. 1.022 do CPC/2015 quando houve análise das matérias relevantes à lide e sobre elas o julgador emitiu pronunciamento, ainda que em desconformidade com a vontade da parte recorrente. 2. "A partir do exame dos arts. 1.015, XI, e 373, §1º, ambos do CPC/15, as decisões interlocutórias que deferem e também as decisões que indeferem a modificação judicial do ônus da prova são imediatamente recorríveis por agravo de instrumento, tendo em vista que o conteúdo normativo da referida hipótese de cabimento – "versar sobre redistribuição do ônus da prova nos termos do art. 373, §1º" – não foi objeto de limitação pelo legislador." (REsp 1802025/RJ, Rel. Ministra Nancy Andrighi, Terceira Turma, julgado em 17/09/2019, DJe 20/09/2019) 3. Recurso especial não conhecido. DECISÃO 1. Cuida-se de recurso especial interposto por CONSORCIO OPERACIONAL BRT, com fundamento no art. 105, III, a, da Constituição da República, contra acórdão proferido pelo TRIBUNAL DE JUSTIÇA DO ESTADO DO RIO DE JANEIRO, assim ementado: CONSUMIDOR. AGRAVANTE QUE AFIRMA TER SOFRIDO UMA QUEDA NA RAMPA DO BRT, EM FUNÇÃO DE A MESMA SE ENCONTRAR ESCORREGADIA. DECISÃO DE 1º GRAU INDEFERINDO PEDIDO DE INVERSÃO DO ÔNUS DA PROVA. REFORMA. DISCIPLINA O CDC SER UM DIREITO BÁSICO DO CONSUMIDOR A FACILITAÇÃO DA DEFESA DE SEUS DIREITOS, INCLUSIVE COM A INVERSÃO DO ÔNUS DA PROVA, A SEU FAVOR, A CRITÉRIO DO JUIZ, QUANDO FOR VEROSSÍMIL A ALEGAÇÃO OU QUANDO FOR ELE HIPOSSUFICIENTE, SEGUNDO AS REGRAS ORDINÁRIAS DE EXPERIÊNCIAS. VEROSSIMILHANÇA E HIPOSSUFICIÊNCIA COMPROVADAS. PROVIMENTO DO RECURSO. Opostos embargos de declaração, foram rejeitados. Em suas razões recursais, aponta a parte recorrente ofensa ao disposto nos arts. 1.015, XI, e 1.022 do CPC/2015. Alega, em síntese, a ausência de cabimento de agravo de instrumento contra decisão que tenha negado a inversão do ônus probatório. Contrarrazões ao recurso especial às fls. 62-66. Crivo positivo de admissibilidade na origem (fls. 68-73). É o relatório. Decido. 2. De início, não há falar em violação ao art. 1.022 do CPC/2015, pois o eg. Tribunal a quo dirimiu as questões pertinentes ao litígio, com fundamentação clara e suficiente. Além disso, basta ao órgão julgador que decline as razões jurídicas que embasaram a decisão, não sendo exigível que se reporte de modo específico a determinados preceitos legais. Cabe destacar que não significa omissão quando o julgador adota outro fundamento que não aquele perquirido pela parte. A propósito: AGRAVO INTERNO NO AGRAVO EM RECURSO ESPECIAL. AGRAVO DE INSTRUMENTO. EXECUÇÃO DE TÍTULO EXTRAJUDICIAL. VIOLAÇÃO DO ART. 1.022 DO CPC/2015. NÃO OCORRÊNCIA. VALORES DEPO-

SITADOS EM CONTA CORRENTE. BENEFÍCIO PREVIDENCIÁRIO. SOBRAS. POSSIBILIDADE DE PENHORA. PRECEDENTES DO STJ. AGRAVO INTERNO NÃO PROVIDO. 1. Não se verifica a alegada violação ao art. 1.022 do CPC/2015, na medida em que a eg. Corte de origem dirimiu, fundamentadamente, a questão que lhe foi submetida, não sendo possível confundir julgamento desfavorável, como no caso, com negativa de prestação jurisdicional ou ausência de fundamentação. [...] 4. Agravo interno a que se nega provimento. (AgInt no AREsp 1360830/RS, Rel. Ministro RAUL ARAÚJO, QUARTA TURMA, julgado em 27/08/2019, DJe 11/09/2019) 3. No que tange à violação ao art. 1.015, XI, do CPC/2015, a irresignação também não prospera. Na espécie, a Corte local concluiu pelo cabimento do agravo de instrumento com a seguinte fundamentação no acórdão do agravo de instrumento e no acórdão dos embargos de declaração, respectivamente: "Inicialmente, cabe salientar que o recurso se enquadra na hipótese prevista no artigo 1.015, XI do CPC, que ao remeter ao artigo 373, §1°, inclui a possibilidade da inversão deferida com base em legislação especial, como o CDC." (fl. 27) "Equivoca-se o embargante quando afirma que a matéria ventilada no agravo de instrumento não estaria dentro do rol do artigo 1.015 do CPC. Isto porque, o inciso XI do referido artigo menciona a possibilidade de recurso quando há redistribuição do ônus da prova, nos termos do artigo 373, §1° do mesmo Diploma Legal. Art. 373. O ônus da prova incumbe: § 1º Nos casos previstos em lei ou diante de peculiaridades da causa relacionadas à impossibilidade ou à excessiva dificuldade de cumprir o encargo nos termos do caput ou à maior facilidade de obtenção da prova do fato contrário, poderá o juiz atribuir o ônus da prova de modo diverso, desde que o faça por decisão fundamentada, caso em que deverá dar à parte a oportunidade de se desincumbir do ônus que lhe foi atribuído. A lei mencionada no §1°, na hipótese dos autos, é o CDC e, portanto, totalmente admissível o recurso." (fl. 42) Verifica-se que o entendimento da Corte local está em conformidade com a jurisprudência desta Corte Superior. O STJ, interpretando o CPC/2015, possui jurisprudência no sentido de que cabe agravo de instrumento contra decisão que defere ou indefere a modificação judicial do ônus da prova, incidindo a hipótese do inciso XI do art. 1.015 do CPC/2015. Com efeito, o novo diploma processual dispõe sobre o cabimento de agravo de instrumento contra decisões interlocutórias que versem sobre redistribuição do ônus da prova da seguinte forma: Art. 1.015. Cabe agravo de instrumento contra as decisões interlocutórias que versarem sobre: [...] XI – redistribuição do ônus da prova nos termos do art. 373, § 1º; Art. 373. O ônus da prova incumbe: [...] § 1º Nos casos previstos em lei ou diante de peculiaridades da causa relacionadas à impossibilidade ou à excessiva dificuldade de cumprir o encargo nos termos do caput ou à maior facilidade de obtenção da prova do fato contrário, poderá o juiz atribuir o ônus da prova de modo diverso, desde que o faça por decisão fundamentada, caso em que deverá dar à parte a oportunidade de se desincumbir do ônus que lhe foi atribuído. Interpretando esses dispositivos legais, há precedente do STJ no sentido de que "É cabível o agravo de instrumento nas hipóteses de distribuição judicial do ônus da prova, seja nas situações em que há inversão autorizada pelo legislador (p. ex., art. 6º, VIII, do CDC, combinado com art. 373, §1º, primeira parte, do CPC/15), seja com base na cláusula aberta de distribuição dinâmica do art. 373, §1º, segunda parte, do CPC/15, tratando-se de regras de instrução com as quais o julgador deve se preocupar na fase instrutória" (REsp 1802025/RJ, Rel. Ministra NANCY ANDRIGHI, TERCEIRA TURMA, julgado em 17/09/2019, DJe 20/09/2019). Segue ementa desse precedente: CIVIL E DIREITO DO CONSUMIDOR. PROCESSUAL CIVIL. AÇÃO DE RESCISÃO CONTRATUAL CUMULADA COM INDENIZATÓRIA. DECISÃO INTERLOCUTÓRIA QUE INDEFERE O REQUERIMENTO DE INVERSÃO DO ÔNUS DA PROVA EM AÇÃO DE CONSUMO. RECORRIBILIDADE IMEDIATA POR AGRAVO DE INSTRUMENTO. POSSIBILIDADE. HIPÓTESE DE CABIMENTO QUE ABRANGE QUAISQUER MODIFICAÇÕES JUDICIAIS DO ÔNUS DA PROVA AUTORIZADAS PELO LEGISLADOR OU FUNDADAS EM DISTRIBUIÇÃO DINÂMICA. RECURSO CABÍVEL DAS DECISÕES INTERLOCUTÓRIAS QUE DEFEREM E DAS QUE INDEFEREM A REDISTRIBUIÇÃO DO ÔNUS DA PROVA. DISSÍDIO JURISPRUDENCIAL PREJUDICADO. 1- Ação proposta em 22/05/2014. Recurso especial interposto em 20/07/2018 e atribuído à Relatora em 06/05/2019. 2- O propósito recursal é definir se a decisão interlocutória que indefere o requerimento de inversão do ônus da prova em ação de consumo é imediatamente recorrível por agravo de instrumento com fundamento no art. 1.015, XI, do CPC/15. 3- É cabível o agravo de instrumento nas hipóteses de distribuição judicial do ônus da prova, seja nas situações em que há inversão autorizada pelo legislador (p. ex., art. 6º, VIII, do CDC, combinado com art. 373, §1º, primeira parte, do CPC/15), seja com base na cláusula aberta de distribuição dinâmica do art. 373, §1º, segunda parte, do CPC/15, tratando-se de regras de instrução com as quais o julgador deve se preocupar na fase instrutória. Precedente. 4- A partir do exame dos arts. 1.015, XI, e 373, §1º, ambos do CPC/15, as decisões interlocutórias que deferem e também as decisões que indeferem a modificação judicial do ônus da prova são imediatamente recorríveis por agravo de instrumento, tendo em vista que o conteúdo normativo da referida hipótese de cabimento – "versar sobre redistribuição do ônus da prova nos termos do art. 373, §1º" – não foi objeto de limitação pelo legislador. 5- O provimento do recurso especial por um dos fundamentos torna despiciendo o exame dos demais suscitados pela parte. Precedentes. 6- Recurso especial conhecido e provido. (REsp 1802025/RJ, Rel. Ministra NANCY ANDRIGHI, TERCEIRA TURMA, julgado em 17/09/2019, DJe 20/09/2019). No mesmo sentido: CIVIL. PROCESSUAL CIVIL. AÇÃO DE REPARAÇÃO DE DANOS MATERIAIS E MORAIS EM DECORRÊNCIA DE RELAÇÃO DE CONSUMO. ALEGAÇÃO DO RÉU DE QUE OS REQUISITOS PARA A INVERSÃO DO ÔNUS DA PROVA NÃO ESTÃO PRESENTES. RECORRIBILIDADE IMEDIATA COM BASE NO ART. 1.015, XI, DO CPC/15. POSSIBILIDADE. REGRA DE CABIMENTO DO AGRAVO DE INSTRUMENTO QUE SE INTERPRETA EM CONJUNTO COM O ART. 373, §1º, DO CPC/15. AGRAVO DE INSTRUMENTO CABÍVEL NAS HIPÓTESES DE DISTRIBUIÇÃO DINÂMICA DO ÔNUS DA PROVA E DE INVERSÃO DO ÔNUS DA PROVA. INSTITUTOS DISTINTOS, MAS SEMELHANTES QUANTO À NATUREZA, JUSTIFICATIVA, MOMENTO DE APLICAÇÃO E EFEITOS. INDISPENSÁVEL NECESSIDADE DE PERMITIR À PARTE A DESINCUMBÊNCIA DO ÔNUS DE PROVAR QUE, POR DECISÃO JUDICIAL, FORA IMPOSTO NO CURSO DO PROCESSO. 1- Ação proposta em 20/08/2015. Recurso especial interposto em 21/09/2017 e atribuído à Relatora em 13/03/2018. 2- O propósito recursal é definir se cabe agravo de instrumento, com base nos arts. 1.015, XI e 373, §1º, do CPC/15, contra a decisão interlocutória que versa sobre a inversão do ônus da prova nas ações que tratam de relação de consumo. 3- No direito brasileiro, o ônus da prova é disciplinado a partir de uma regra geral prevista no art. 373, I e II, do CPC/15, denominada de distribuição estática do ônus da prova, segundo a qual cabe ao autor provar o fato constitutivo do direito e cabe ao réu provar o fato impeditivo, modificativo ou extintivo do direito do autor, admitindo-se, ainda, a existência de distribuição estática do ônus da prova de forma distinta da regra geral, caracterizada pelo fato de o próprio legislador estabelecer, previamente, a quem caberá o ônus de provar fatos específicos, como prevê, por exemplo, o art. 38 do CDC. 4- Para as situações faticamente complexas insuscetíveis de prévia catalogação pelo direito positivo, a lei, a doutrina e a jurisprudência passaram a excepcionar a distribuição estática do ônus da prova, criando e aplicando regras de distribuição diferentes daquelas estabelecidas em lei, contexto em que surge a regra de inversão do ônus da prova prevista no art. 6º, VIII, do CDC, e a teoria da distribuição dinâmica do ônus da prova, reiteradamente aplicada por esta Corte mesmo antes de ser integrada ao direito positivo, tendo ambas – inversão e distribuição dinâmica – a característica de permitir a modificação judicial do ônus da prova (modificação ope judicis). 5- As diferentes formas de se atribuir o ônus da prova às partes se reveste de acentuada relevância prática, na medida em que a interpretação conjunta dos arts. 1.015, XI, e 373, §1º, do CPC/15, demonstra que nem todas as decisões interlocutórias que versem sobre o ônus da prova são recorríveis de imediato, mas, sim, apenas àquelas proferidas nos exatos moldes delineados pelo art. 373, §1º, do CPC/15. 6- O art. 373, §1º, do CPC/15, contempla duas regras jurídicas distintas, ambas criadas para excepcionar à regra geral, sendo que a primeira diz respeito à atribuição do ônus da prova, pelo juiz, em hipóteses previstas em lei, de que é exemplo a inversão do ônus da prova prevista no art. 6º, VIII, do CDC, e a segunda diz respeito à teoria da distribuição dinâmica do ônus da prova, incidente a partir de peculiaridades da causa que se relacionem com a impossibilidade ou com a excessiva dificuldade de se desvencilhar do ônus estaticamente distribuído ou, ainda, com a maior facilidade de obtenção da prova do fato contrário. 7- Embora ontologicamente distintas, a distribuição dinâmica e a inversão do ônus têm em comum o fato de excepcionarem a regra geral do art. 373, I e II, do CPC/15, de terem sido criadas para superar dificuldades de natureza econômica ou técnica e para buscar a maior justiça possível na decisão de mérito e de se tratarem de regras de instrução que devem ser implementadas antes da sentença, a fim de que não haja surpresa à parte que recebe o ônus no curso do processo e também para que possa a parte se desincumbir do ônus recebido. 8- Nesse cenário, é cabível a impugnação imediata da decisão interlocutória que verse sobre quaisquer das exceções mencionadas no art. 373, §1º, do CPC/15, pois somente assim haverá a oportunidade de a parte que recebe o ônus da prova no curso do processo dele se desvencilhar, seja pela possibilidade de provar, seja ainda para demonstrar que não pode ou que não deve provar, como, por exemplo, nas hipóteses de prova diabólica reversa ou de prova duplamente diabólica. 9- Recurso especial conhecido e provido. (REsp 1729110/CE, Rel. Ministra NANCY ANDRIGHI, TERCEIRA TURMA, julgado em 02/04/2019, DJe 04/04/2019) ____________ Incide, na espécie, a Súmula 83 do STJ, aplicável também aos recursos especiais interpostos pela alínea "a" do permissivo constitucional, segundo iterativa jurisprudência deste Tribunal. 4. Ante o exposto, não conheço do recurso especial. Publique-se. Intimem-se. Brasília, 06 de dezembro de 2019. Ministro Luis Felipe Salomão Relator (STJ - REsp: 1831628 RJ 2019/0239089-7, Relator: Ministro LUIS FELIPE SALOMÃO, Data de Publicação: DJ 04/02/2020)

§ 2º A decisão prevista no § 1º deste artigo não pode gerar situação em que a desincumbência do encargo pela parte seja impossível ou excessivamente difícil.

Quanto a inviabilidade de inversão do ônus prova:

✓ AÇÃO DECLARATÓRIA DE INEXIGIBILIDADE DE DÉBITO C.C. REPARAÇÃO DE DANOS. TELEFONIA. Petição inicial que não foi aparelhada com provas mínimas das alegações do Autor. Ausência de verossimilhança das alegações. Inadmissibilidade de inversão do ônus da prova, pena de se imputar prova de fato negativo à concessionária Ré. Inteligência do art. 373, § 2º, do CPC. Autor não que provou os fatos constitutivos do seu direito. Sentença reformada, com o julgamento de improcedência dos pedidos iniciais. Sucumbência integral do Autor, ressalvado o benefício da justiça gratuita. Recurso da Ré provido. Recurso do Autor prejudicado. (TJ-SP; 10009359320168260541 SP; 12ª Câmara de Direito Privado; Rel. Tasso Duarte de Melo; Julg. 23/08/2017; Data de Publicação: 23/08/2017). Trata-se de agravo de instrumento interposto contra decisão que, em sede de ação ajuizada com a finalidade de obter a anulação de decisões administrativas prolatadas por representantes da CONAB, determinou a intimação da CONAB para, no prazo de 30 dias, juntar aos autos a íntegra dos processos administrativos nº 15/0387/2008 e nº 15/0386/2008. Alega a parte agravante que, no caso em tela, o ônus da prova foi indevidamente invertido. Refere jurisprudência desta Corte no sentido da impossibilidade de instar a Fazenda Pública a fazer prova contra si mesma. Sustenta que não há qualquer justificativa que demonstre a impossibilidade de a parte autora comprovar o seu direito por outros meios, de modo que a imputação de tal encargo à parte adversa importaria em encargo excessivamente oneroso e desproporcional. Assevera que a decisão recorrida não observou o disposto no art. 373, § 1º do CPC. Requer a atribuição de efeito suspensivo ao agravo de instrumento. É o relatório. Passo a decidir. No caso dos autos, tenho que não merece prosperar a irresignação manifestada pela parte agravante. Com efeito, embora o art. 373, I do CPC atribua o ônus da prova ao autor, em regra, quanto ao fato constitutivo do seu direito, o § 1º do referido dispositivo legal traz exceções à regra geral de distribuição da responsabilidade pela produção probatória. Entre tais exceções, encontram-se os casos em que verificadas peculiaridades da causa que importem em impossibilidade ou excessiva dificuldade de cumprir o encargo, ou, ainda, nas hipóteses de maior facilidade de obtenção da prova do fato contrário. É o que se vê da transcrição a seguir: Art. 373. O ônus da prova incumbe: I – ao autor, quanto ao fato constitutivo de seu direito; II – ao réu, quanto à existência de fato impeditivo, modificativo ou extintivo do direito do autor. § 1º Nos casos previstos em lei ou diante de peculiaridades da causa relacionadas à impossibilidade ou à excessiva dificuldade de cumprir o encargo nos termos do caput ou à maior facilidade de obtenção da prova do fato contrário, poderá o juiz atribuir o ônus da prova de modo diverso, desde que o faça por decisão fundamentada, caso em que deverá dar à parte a oportunidade de se desincumbir do ônus que lhe foi atribuído. § 2º A decisão prevista no § 1º deste artigo não pode gerar situação em que a desincumbência do encargo pela parte seja impossível ou excessivamente difícil. § 3º A distribuição diversa do ônus da prova também pode ocorrer por convenção das partes, salvo quando: I – recair sobre direito indisponível da parte; II – tornar excessivamente difícil a uma parte o exercício do direito. § 4º A convenção de que trata o § 3º pode ser celebrada antes ou durante o processo. No caso dos autos, os processos administrativos em questão foram instaurados e tramitaram junto à empresa pública ora agravante. Dessa forma, verifica-se que a demandada tem não apenas maior facilidade de acesso, mas detém em seus arquivos os documentos em questão. De outro lado, a interposição do presente agravo de instrumento contra a decisão que determinou a intimação para a juntada dos processos administrativos tem o condão de caracterizar a resistência da parte agravante à pretensão do autor em relação à entrega dos documentos. Ressalto, ainda, que a CONAB alega em petição juntada no Evento 10 do processo originário a ocorrência de coisa julgada em relação à matéria discutida na demanda de origem, sendo necessário para o exame de tal alegação, além de outros elementos, a análise dos processos administrativos em comento, incidindo na hipótese o disposto no inciso II do citado art. 373 do CPC. Destaco, por fim, que a parte agravante, na condição de responsável pela instauração e trâmite dos processos administrativos em comento, não trouxe aos autos qualquer elemento capaz de corroborar as suas alegações no sentido da onerosidade e da desproporcionalidade do encargo em questão. Ante o exposto, indefiro o pedido de atribuição de efeito suspensivo ao agravo de instrumento. Intimem-se. A parte agravada, para os fins do disposto no art. 1.019, II do CPC. Após, retornem conclusos. (TRF-4; AG 50261311620164040000; Terceira Turma; Rel. Fernando Quadros Da Silva; Julg. 24/06/2016).

✓ AGRAVO DE INSTRUMENTO. PROCESSUAL. INVENTÁRIO. IMÓVEIS TRAZIDOS À COLAÇÃO EM RAZÃO DE SUPOSTO ADIANTAMENTO DE LEGÍTIMA. ALEGAÇÃO DE TEREM SIDO OS BENS ADQUIRIDOS COM RECURSOS FINANCEIROS DO INVENTARIADO. INVERSÃO DO ÔNUS DA PROVA. ENCARGO EXCESSIVAMENTE DIFÍCIL DE SER CUMPRIDO PELOS AGRAVANTES. A regra geral em nosso ordenamento jurídico impõe à parte autora o encargo de juntar os documentos indispensáveis ao ajuizamento da ação e de demonstrar o fato constitutivo de seu direito, nos termos do que prevê o inciso I, do artigo 373, do CPC/2015. A inversão do ônus da prova, in casu, tem o condão de gerar encargo excessivamente difícil de ser cumprido pelos agravantes, vez que transfere aos mesmos o ônus de comprovar que tinham condições de adquirir os imóveis com recursos próprios, mediante a apresentação de documentos, que não se encontram em seu poder, não sendo possível afirmar que as instituições financeiras com quem tiveram vínculo ou a própria Receita Federal os possuam. Por outro lado, caso o Juízo a quo entenda necessário, poderá requerer às instituições financeiras e à Receita Federal tais informações sigilosas, assim como os documentos que possam comprovar que os recursos financeiros tenham advindo do patrimônio do inventariado, sem que a ausência delas implique, necessariamente, o reconhecimento da alegada doação simulada. Provimento do recurso. (TJ-RJ; AI 00408061920168190000; Rio de Janeiro; 4ª Vara Órfãos Suc; Vigésima Primeira Câmara Cível; Rel. Denise Levy Tredler; Julg.09/02/2017; Data de Publicação: 14/02/2017)

✓ DECISÃO: ACORDAM os Desembargadores integrantes da Oitava Câmara Cível do Tribunal de Justiça do Estado do Paraná, por unanimidade de votos, em conhecer e dar parcial provimento ao agravo de instrumento, a fim de afastar a distribuição dinâmica do ônus da prova relativa à ré/agravante, bem como a responsabilidade desta pelo pagamento dos honorários periciais, conforme fundamentação supra. EMENTA: DIREITO PROCESSUAL CIVIL - AGRAVO DE INSTRUMENTO - AÇÃO DE PRODUÇÃO ANTECIPADA DE PROVAS (CPC, ART. 381. INCISO I) - DISTRIBUIÇÃO DINÂMICA DO ÔNUS DA PROVA - AUSÊNCIA DE FUNDAMENTAÇÃO E DE CONCESSÃO DE PRAZO PARA A PARTE SE DESINCUMBIR DO ÔNUS ATRIBUÍDO - UTILIZAÇÃO INADEQUADA DO INSTITUTO - PAGAMENTO DOS HONORÁRIOS PERICIAIS - APLICAÇÃO DA REGRA GERAL PREVISTA NO ART. 95 DO CPC - ÔNUS QUE DEVE SER ATRIBUÍDO EXCLUSIVAMENTE AOS AUTORES - DECISÃO RECORRIDA, NESTAS DUAS QUESTÕES, REFORMADA - INCIDÊNCIA DO CÓDIGO DE DEFESA DO CONSUMIDOR AO CASO - PONTO A SER DIRIMIDO NA VIA ADEQUADA, E NÃO NA AÇÃO QUE VERSA SOMENTE A PRODUÇÃO ANTECIPADA DA PROVA - RECURSO CONHECIDO E PARCIALMENTE PROVIDO. (TJPR; AI 1601049-4 Pontal do Paraná; 8ª C.Cível; Rel. Ademir Ribeiro Richter; Unânime; Julg. 23/03/2017).

§ 3º A distribuição diversa do ônus da prova também pode ocorrer por convenção das partes, salvo quando:

I – recair sobre direito indisponível da parte;

→ v. Art. 841 do CC/2002.

→ v. Art. 190 do CPC.

II – tornar excessivamente difícil a uma parte o exercício do direito.

→ v. Art. 190, parágrafo único, do CPC.

§ 4º A convenção de que trata o § 3º pode ser celebrada antes ou durante o processo.

Art. 374. Não dependem de prova os fatos:

→ v. Súmula 403 do STJ.

I – notórios;

Relativamente aos fatos notórios:

✓ PODER JUDICIÁRIO DO ESTADO DO PARANÁ 3ª TURMA RECURSAL - DM92 - PROJUDI Rua Mauá, 920 - 28º Andar - Alto da Glória - Curitiba/PR - CEP: 80.030-200 - Fone: 3017-2568 Autos nº. 0013237-70.2016.8.16.0018/0 Recurso: Classe Processual: Assunto Principal: (s): (s): Com arrimo no artigo 557 do Código de Processo Civil e em liame com o Enunciado sob o nº 13.17 das Turmas Recursais dos Juizados Especiais Cíveis do Paraná, passo a julgar monocraticamente o caso abordado nos autos. Trata-se de demanda de indenização por danos morais aforada em face de Companhia De Saneamento Do, em razão de interrupção do fornecimento de água, por longo interregno temporal. Paraná Sanepar Aduz o reclamante que na data de 12 de janeiro de 2016 teve o abastecimento de água interrompido, sem prévia notificação. Pontua que, embora a reclamada tenha anunciado medidas para o imediato restabelecimento do serviço, somente regularizou o abastecimento após aproximadamente 10 (dez) dias. Pleiteia a compensação pelos danos morais suportados. Sobreveio sentença de procedência do pedido inicial para o fim de condenar a reclamada ao pagamento de R$ 4.000,00, a título de indenização por danos morais. Descontente, a reclamada manejou Recurso Inominado em que pugnou primeiramente pela suspensão do feito em razão da existência de Ação Civil Pública em trâmite perante a 2ª Vara da Fazenda Pública de Maringá, autuada sob o nº 0003981-72.2016.8.16.0190, cuja causa de pedir é a mesma dos presentes autos. Outrossim, sustentou a nulidade da sentença por cerceamento de defesa diante do indeferimento do pedido de audiência de instrução, e arguiu preliminar de ilegitimidade ativa, bem como incompetência dos Juizados Cíveis em razão da necessidade de produção de prova complexa. No mérito, alegou inaplicabilidade do Código de Defesa do Consumidor sob o argumento de que a matéria é regida por legislação específica (Lei nº 11.445/2007 – Lei de Diretrizes do Saneamento Básico), além de repisar as questões suscitadas em defesa. Satisfeitos os pressupostos processuais viabilizadores da admissibilidade deste recurso, tanto os objetivos quanto os subjetivos, deve ser ele conhecido. Esquadrinhando os autos vislumbra-se que a sentença exarada pelo d. magistrado a bem analisou os fatos em consonância com o material probatório, não havendo necessidade de quo reforma. Senão vejamos. Da suspensão do feito. Primeiramente, cumpre consignar que a mera existência de Ação Civil Pública, não suspende o processo individual, tendo em vista que é facultado ao consumidor requerer, ou não, a suspensão do seu processo em razão de demanda coletiva, a teor do artigo 104, do Código de Defesa do Consumidor, o qual dispõe: Art. 104. As ações coletivas, previstas nos incisos I e II e do parágrafo único do art. 81, não induzem litispendência para as ações individuais, mas os efeitos da coisa julgada erga omnes ou ultra partes a que aludem os incisos II e III do artigo anterior não beneficiarão os autores das ações individuais, se não for requerida sua suspensão no prazo de trinta dias, a contar da ciência nos autos do ajuizamento da ação coletiva. Por esta razão, indefiro o pedido de suspensão do feito. Da legitimidade ativa. Sustenta o recorrente pela ilegitimidade ativa do reclamante, entretanto a parte reclamante apresentou prova mínima de que é consumidor dos serviços prestados pela reclamada. Outrossim, considerando o caso concreto narrado na inicial, vislumbra-se verossimilhança nas alegações da reclamante ao pleitear o dano moral sofrido. Deste modo, rejeitada a preliminar de ilegitimidade ativa. Do cerceamento de defesa. Perpassando os argumentos laborados pelas partes, interligando-os com o conjunto probatórios carreado nos autos, depreende-se que a sentença proferida pelo d. magistrado a quo não se encontra eivada de nulidade, em virtude do indeferimento do pedido de audiência de instrução para produção de prova testemunhal. Veja-se que o fato discutido na lide, qual seja, a interrupção de abastecimento de água no período de 11 de janeiro de 2016 à 22 de janeiro de 2016 no município de Maringá trata-se de fato notório. As demais questões aventadas nos autos versam sobre matéria de direito, as quais prescindem de dilação probatória, consoante artigo 374, inciso I, do Código de Processo Civil: Art. 374. Não dependem de prova os fatos: I – notórios; [...] Neste palmilhar, não prospera a arguição manejada. Da Competência do Juizado Especial Cível A reclamada pretende obter reforma da sentença monocrática defendendo a incompetência do Juízo em razão da complexidade da causa que necessita de realização de prova a quo pericial. Prescreve o art. 3º da Lei nº 9.099/95 que o Juizado Especial Cível tem competência para conciliação, processo e julgamento das causas cíveis de menor complexidade? Nesse mesmo sentido, é o entendimento desta Turma Recursal: Enunciado 13.6. Complexidade da causa: Simples afirmação da necessidade de realizar prova complexa não afasta a competência do Juizado Especial, mormente quando não exauridos os instrumentos de investigação abarcados pela Lei n.º 9.099/95. Além do caso em tela se tratar de fato notório, que independe de prova, a incompetência dos Juizados Especiais somente se verifica quando a prova pericial é a única forma suficiente do deslinde do feito, o que não é o caso dos autos. Preliminares rejeitadas. Do Mérito Preambularmente, insta observar que a relação estabelecida entre as partes é tipicamente de consumo, enquadrando-se nos artigos 2º e 3º do Código de Defesa do Consumidor, e assim sendo, perfeitamente aplicável o artigo 6º, em especial o inciso VIII, o qual estabelece a inversão do ônus probatório, desde que verossímil a alegação ou verificada a hipossuficiência do consumidor, hipótese vertente. Incontroverso nos autos que ocorreu a interrupção de água em janeiro de 2016, por período superior à 10 (dez) dias. A reclamada, em razão de sua condição de concessionária de serviços públicos, por força do art. 37, § 6º, da Constituição Federal, possui responsabilidade objetiva, vale dizer, demonstrado pela parte reclamante o nexo de causalidade entre a falha da concessionária e o dano sofrido, passa esta a ter o dever de indenizar. Na vertência em exame, fulgurou comprovada a falha na prestação de serviços da reclamada, em razão da interrupção do fornecimento de água, por longo interregno temporal, nos termos do artigo 14 do Código de Defesa do Consumidor: Art. 14. O fornecedor de serviços responde, independentemente da existência de culpa, pela reparação dos danos causados aos consumidores por defeitos relativos à prestação dos serviços, bem como por informações insuficientes ou inadequadas sobre sua fruição e riscos.? Assim, cabia à fornecedora do serviço proceder com conduta proativa visando a manutenção de alternativas que possibilitem a continuidade da prestação do serviço, ante a singularidade e essencialidade do respectivo serviço. Embora a atuação da reclamada, os procedimentos realizados não foram suficientes para evitar o dano, não obstante se tratar de situações previsíveis, posto que diversos são os mecanismos tecnológicos que possibilitam a previsão do volume de chuvas. Nesse sentido, a obrigatoriedade da reclamada em prestar serviços adequados, eficientes, seguros e contínuos é prevista no artigo 22 do Código de Defesa do Consumidor: Art. 22. Os órgãos públicos, por si ou suas empresas, concessionárias, permissionárias ou sob qualquer outra forma de empreendimento, são obrigados a fornecer serviços adequados, eficientes, seguros e, quanto aos essenciais, contínuos.? É cediço que a responsabilidade da reclamada, na condição de prestadora de serviço público, é objetiva, bastando a comprovação de nexo de causalidade entre a conduta da reclamada e o dano auferido pelo usuário, o que restou claramente comprovado nos autos. Ainda mais, no caso dos autos, há de se considerar que se trata de serviço essencial, em que não houve a solução do problema em lapso temporal razoável, além da existência da responsabilidade objetiva da reclamada perante o consumidor, por se tratarem de situações inerentes a prestação do serviço em alusão. Assim, a TRU/PR já consolidou entendimento: Enunciado 8.4. Concessionárias de serviço público. Responsabilidade objetiva: Nas relações de consumo, a responsabilidade dos concessionários de serviço público é objetiva, mesmo quando fundada em ato omissivo. Veja-se que, no caso em tela, não restam configuradas excludentes de responsabilidade da reclamada, ao passo que o caso fortuito ou força maior não são contemplados pelo art. 14, § 3.º do Código de Defesa do Consumidor como excludentes. Desta forma, sendo o consumidor privado da utilização de serviço essencial e verificada sua patente vulnerabilidade, principalmente frente à concessionária de serviço público, resta evidenciado o dever de indenizar, pois a situação vivenciada ultrapassa o mero dissabor cotidiano, já que é inconcebível que o consumidor seja privado por período superior à 10 (dez) dias dos serviços, sem que a reclamada tenha procedido de forma satisfatória a fim de evitar e solucionar, os danos causados pelo evento natural. Patente que a parte reclamada violou o, da Constituição Federal, do Código art. 5º, X, arts. 186 e 927 Civil, ao abalar psicologicamente a honra e a dignidade do reclamante. O dano moral nada mais é do que: ?É a privação ou diminuição daqueles bens que têm um valor precípuo na vida do homem e que são a paz, a tranquilidade de espírito, a liberdade individual, a integridade física, a honra e os demais sagrados afetos, classificando-se desse modo, em dano que afeta a parte social do patrimônio moral (honra, reputação etc.), dano moral que provoca direta ou indiretamente dano patrimonial (cicatriz deformante etc.) e dano moral puro (dor, tristeza etc.) (DANO MORAL, 2, editora RT, 1998). É certo que o dano moral implica, substancialmente, a uma relação de dano à personalidade, em relação ao mundo externo, em que a imagem é arduamente atingida. O intuito do legislador, nada mais é do que impor uma dor semelhante ao ofensor, exteriorizada no valor de uma indenização pecuniária que não extingue o sofrimento percebido na data do caso concreto, mas que minimiza de alguma forma o desgosto, a angústia, a dor. Outrossim, conforme entendimento do STJ, por voto do rel. Min. César Asfor Rocha da 4ª Turma no REsp 196.024-MG: A jurisprudência desta Corte está consolidada no sentido de que na concepção moderna de reparação do dano moral prevalece a orientação de que a responsabilização do agente se opera por força do simples fato da violação, de modo a tornar-se desnecessária a prova do prejuízo em concreto. Ainda, nos termos do art. 186 do Código Civil, aquele que, por ação ou omissão voluntária, negligência ou imprudência, violar direito e causar dano a outrem, ainda que exclusivamente moral, comete ato ilícito. Ainda, o art. 927 do mesmo diploma legal dispõe que: aquele que, por ato ilícito (arts. 186 e 187), causar dano a outrem, fica obrigado a repará-lo. Quanto à necessidade de comprovação, importante notar que a caracterização do dano moral decorre da própria conduta lesiva, sendo aferido segundo o senso comum do homem médio, conforme leciona Carlos Alberto Bittar: ?(...) na concepção moderna da teoria da reparação dos danos morais prevalece, de início, a orientação de que a responsabilização do agente se opera por força do simples fato da violação (...) o dano existe no próprio fato violador, impondo a necessidade de resposta, que na reparação se efetiva. Surge **ex facto** ao atingir a esfera do lesado, provocando-lhe as reações negativas já apontadas. Nesse sentido é que se fala em **damnum in re ipsa**. Ora, trata-se de presunção absoluta ou **iure et de iure**, como a qualifica a doutrina. Dispensa, portanto, prova em contrário. Com efeito corolário da orientação traçada é o entendimento de que não há que se cogitar de prova de dano moral. (in **Reparação Civil por Danos Morais**, Editora Revista dos Tribunais, 2ª Ed., pp. 202/204). Além disso, a existência do dano moral caracterizada pela suspensão de serviço essencial, é explicitada pelo Enunciado 12.11 desta Turma Recursal: Enunciado 12.11 – Suspensão do fornecimento de serviço essencial: O corte indevido de serviço essencial pela concessionária de serviço público enseja a reparação por dano moral. Dessa forma, comprovado o nexo de causalidade e o dano moral por parte da reclamada, em face do reclamante, impõe-se a condenação. No que tange ao indenizatório, a dificuldade inerente a tal questão reside no fato da lesão a bens quantum meramente extrapatrimoniais não ser passível de exata quantificação monetária, vez que impossível seria determinar o exato valor da honra, do bem-estar, do bom nome ou da dor suportada pelo ser humano. Não trazendo a legislação pátria critérios objetivos a serem adotados, a doutrina e a jurisprudência apontam para a necessidade de cuidado, devendo o valor estipulado atender de forma justa e eficiente a todas as funções atribuídas à indenização: ressarcir a vítima pelo abalo sofrido (função satisfativa) e punir o agressor de forma a não encorajar novas práticas lesivas (função pedagógica). Tomando-se por base aspectos do caso concreto, extensão do dano, condições socioeconômicas e culturais das partes, condições psicológicas e grau de culpa dos envolvidos, o valor deve ser arbitrado de maneira que atinja de forma relevante o patrimônio do ofensor, porém sem ensejar enriquecimento ilícito da vítima. Seguindo essa premissa, tem-se que o valor indenizatório de R$ 4.000,00 (quatro mil reais), se mostra adequado à solução da controvérsia e coaduna com precedentes desta Turma Recursal, restando incabível a minoração pleiteada. Em observância ao Enunciado nº 12.13, A, do TRU/PR, por se tratar de relação contratual, a correção monetária incidirá a partir da decisão condenatória, corrigidos pelo INPC IGP/DI, e os juros moratórios, desde a citação, na razão de 1% ao mês. Dito isso, o recurso da reclamada, devendo a sentença ser mantida por seus não merece provimento próprios e jurídicos fundamentos (artigo 46 da LJE). Considerando o insucesso recursal, deve o recorrente arcar com as custas processuais e honorários advocatícios, no percentual de 20% sobre o valor da condenação, com base no art. 55 da LJE. Diligências necessárias. Intimem-se as partes. Curitiba, 03 de Março de 2017. Marco Vinícius Schiebel Juiz Relator (TJPR; DM92 - 0013237-70.2016.8.16.0018/0 - Maringá; 3ª Turma Recursal; Rel. Marco Vinicius Schiebel; Julg. 03/03/2017)

✓ PROCESSUAL CIVIL - AÇÃO DE INDENIZAÇÃO POR DANOS MORAIS E MATERIAIS - VAZAMENTO DE ÓLEO DOS TRANSFORMADORES DA SUBESTAÇÃO DA CELESC - CERCEAMENTO DE DEFESA ALEGADO PELA CELESC - INOCORRÊNCIA - CPC/1973, ART. 427 (CPC, ART. 472) 1 Sob a égide do CPC/1973, "não configura cerceamento de defesa quando o magistrado, destinatário final da prova, verificando suficientemente instruído o processo e embasando-se em elementos de prova e fundamentação bastantes, ante os princípios da livre admissibilidade da prova e do livre convencimento motivado, corolários do princípio da persuasão racional, entende desnecessária a dilação probatória e julga antecipadamente a lide" (AC n. 2016.016237-8, Des. Henry Petry Junior). 2. Dispensável a produção de prova testemunhal ou técnica pretendida no caso concreto, por não ser crucial para subsidiar a decisão ou demonstrar a ausência do nexo causal, seja em razão da falta de interesse da parte, que obteve a reforma da sentença em seu favor, ou da existência de suficientes evidências, no caso, fatos notórios e incontroversos (CPC, art. 374; CPC/1973, art. 334). DANOS EMERGENTES E LUCROS CESSANTES - ADIMPLEMENTO ADMINISTRATIVO - AUSÊNCIA DE COMPROVAÇÃO DOS PREJUÍZOS EXCEDENTES - ÔNUS QUE INCUMBIA À AUTORA, A TEOR DO ART. 333, I, DO CPC/1973 (CPC, ART. 373, I) - REFORMA DA SENTENÇA 1 A inexistência de documento indispensável à propositura da ação que evidencie concretamente os prejuízos sofridos pela autora impõe a improcedência do pedido de indenização a título de danos materiais, mormente porque já adimplida pela demandada administrativamente. 2 A prova testemunhal, ademais, em casos semelhantes, somente seria admissível se houvesse início de prova documental, pois inviável a produção exclusiva de prova testemunhal para evidenciar ou mensurar os danos materiais sofridos, mormente em se tratando de lucros cessantes. DANOS MORAIS - CABIMENTO - REDUÇÃO DO QUANTUM 1 O Superior Tribunal de Justiça já sufragou o entendimento de que o desassossego intenso de pescador profissional artesanal, o que inclui os maricultores produtores ou extrativistas, causado pela privação das condições de trabalho, em consequência de dano ambiental, justifica a indenização por dano moral (REsp n. 1.114.398/PR, 2ª Seção, Min. Sidnei Beneti). 2. No caso dos autos, como a angústia pelo receio da privação do meio de subsistência decorreu não propriamente da toxicidade do material despejado no mar, mas sim do embargo preventivo determinado pelas autoridades administrativas, aliada à ausência de consequências mais gravosas ou imprevisíveis, o correspondente valor compensatório deve obedecer rigorosamente aos princípios da razoabilidade e proporcionalidade. RESPONSABILIDADE POR DANO PROCESSUAL – LITIGÂNCIA DE MÁ-FÉ – CPC, ARTS. 79 A 81 – IMPOSIÇÃO DA MULTA DE OFÍCIO Conforme o art. 81 do Código de Processo Civil de 2015, o juiz condenará o litigante de má-fé, **ex officio** ou a requerimento, ao pagamento de multa entre um e dez por cento do valor corrigido da causa, para indenizar a parte contrária pelos prejuízos sofridos. (TJSC; Apelação Cível 0017628-36.2013.8.24.0023; Capital; Quinta Câmara de Direito Civil; Rel. Des. Luiz Cézar Medeiros; Julg. 12/12/2017).

II – afirmados por uma parte e confessados pela parte contrária;

Dispensa da prova pela existência de fatos confessados:

✓ RECURSO INOMINADO. AÇÃO DE COBRANÇA. PARTE AUTORA ALEGA SER CREDORA DO RÉ NA IMPORTÂNCIA DE R$ 9.364,49, REFERENTE A VALORES EMPRESTADO PARA PAGAMENTO DE CONDOMÍNIOS EM ATRASO. SENTENÇA DE PROCEDÊNCIA. INSURGÊNCIA RECURSAL DA RECLAMADA. PRELIMINARES DE NULIDADE DA SENTENÇA POR CERCEAMENTO DE DEFESA ANTE A NÃO OITIVA DAS TESTEMUNHAS ARROLADAS E ILEGITIMIDADE ATIVA. CERCEAMENTO DE DEFESA NÃO CONFIGURADO, JÁ QUE O JUIZ, AO ANALISAR A PRETENSÃO, VERIFICOU QUE AS PROVAS CONSTANTES NOS AUTOS SERIAM SUFICIENTES PARA PROFERIR SUA DECISÃO, ATRAVÉS DO SEU LIVRE CONVENCIMENTO. ALÉM DISSO, O JUIZ É O DESTINATÁRIO DA PROVA E ESTÁ AUTORIZADO A DISPENSAR A PRODUÇÃO DE QUAISQUER OUTRAS PROVAS, PODENDO ATÉ JULGAR ANTECIPADAMENTE A LIDE, COM BASE NO ART. 355, I, DO CPC. ILEGITIMIDADE ATIVA SOB O ARGUMENTO DE QUE A SUPOSTA DÍVIDA É DEVIDA AO CONDOMÍNIO, NÃO ASSISTE RAZÃO, TENDO EM VISTA QUE O AUTOR NÃO ESTÁ COBRANDO A DÍVIDA COMO SÍNDICO DO CONDOMÍNIO E SIM DE VALOR QUE AFIRMA TER PESSOALMENTE EMPRESTADO A ORA RECORRENTE. PRELIMINARES AFASTADAS. NO MÉRITO, TESE DE INEXIGIBILIDADE DO DÉBITO. SEM RAZÃO. COMO BEM DEMONSTRADO PELO JUIZ, EM QUE PESE AS ALEGAÇÕES DAA QUO RECORRENTE, EM SEU DEPOIMENTO PESSOAL CONFESSOU QUE O E QUE AUTOR PAGOU OS CONDOMÍNIOS? PRETENDE DEVOLVER O, PORTANTO, DINHEIRO DO AUTOR, MAS NÃO TEM CONDIÇÕES. IN CASU APLICA-SE O ART. 374, II DO CPC, ONDE DISPÕE QUE: NÃO DEPENDEM DE PROVA OS FATOS: II -AFIRMADOS POR UMA PARTE E CONFESSADOS PELA PARTE CONTRÁRIA, JÁ QUE HOUVE A CONFISSÃO PREVISTA NO ARTIGO 389 DO MESMO DIPLOMA LEGAL.NESTE SENTIDO, ESCORREITO É O INDEFERIMENTO DA INQUIRIÇÃO DAS TESTEMUNHAS, POSTO QUE NO ART. 443, I DO CPC: O JUIZ INDEFERIRÁ A INQUIRIÇÃO DE TESTEMUNHAS SOBRE FATOS: I JÁ PROVADOS POR DOCUMENTOS OU CONFISSÃO DA SENTENÇA MANTIDA PELOS PRÓPRIOS FUNDAMENTOS.PARTE APLICABILIDADE DO ART. 46 DA LEI Nº 9099/95. Recurso conhecido e desprovido. Ante o exposto, esta 1ª Turma Recursal resolve, por unanimidade dos votos, em relação ao recurso de TANYA MARA PALHARES RAYMUNDO DE ARAUJO COSTA, julgar pelo (a) Com Resolução do Mérito – Não Provimento nos exatos termos do voto (TJPR; 0035341-83.2015.8.16.0182/0; Curitiba; 1ª Turma Recursal; Rel. Leo Henrique Furtado Araújo; Julg. 25/04/2017)

✓ APELAÇÃO CÍVEL. AÇÃO DE COBRANÇA DE SEGURO DPVAT. RECIBO – DOCUMENTO EMITIDO ATRAVÉS DO SISTEMA MEGADATA – PAGAMENTO CONFIRMADO PELO AUTOR – COMPLEMENTAÇÃO – IMPROCEDÊNCIA. – O documento emitido eletrônica e unilateralmente pelo credor, sem assinatura do beneficiário, não faz prova de pagamento e não pode ser admitido como recibo. – Havendo manifestação do beneficiário confirmando o recebimento da quantia apontada pelo documento eletrônico, e não sendo reconhecido na ação o direito ao recebimento do seguro em grau diverso do que foi quitado extrajudicialmente, deve ser reformada a sentença e julgada improcedente a pretensão de complementação deduzida na inicial. (TJ-MG; AC 10702140871998001 MG; 9ª Câmara Cível; Rel. Pedro Bernardes; Julg.01/08/2017; Data de Publicação: 11/08/2017)

III – admitidos no processo como incontroversos;

Fatos incontroversos:

✓ APELAÇÃO. CONSUMIDOR. PEDIDO DE PROVA TESTEMUNHAL. INDEFERIDO. CERCEAMENTO DE DEFESA. FATO INCONTROVERSO. DESNECESSIDADE DE PROVA. PRELIMINAR REJEITADA.PLANO DE SAÚDE. NEGATIVA DE COBERTURA. ATENDIMENTO EMERGENCIAL. URGÊNCIA. INADIMPLEMENTO CONTRATUAL. DANO MORAL. NÃO CABIMENTO. OFENSA AOS ATRIBUTOS DA PERSONALIDADE. NÃO VERIFICADO. HONORÁRIOS RECURSAIS. MAJORADOS. ART. 85, § 11º, CPC/2015. 1. Afasta-se a preliminar de cerceamento de defesa quando o que se pretende provar encontra-se de forma nítida nos autos, pois, não dependem de prova os fatos admitidos no processo como incontroversos (art. 374, inciso II, do CPC/2015). 2. Em se tratando de plano de saúde, incide o Código de Defesa do Consumidor (Lei n. 8.078/90), consoante consolidado pelo Superior Tribunal de Justiça na súmula 469. 3. A negativa de cobertura contratual pelo plano de saúde não ensejou maiores prejuízos à consumidora que retornou para sua residência sem maiores problemas. 4. O inadimplemento contratual não enseja, por si só, a indenização por danos morais. 5. Diante da sucumbência recursal, devem os honorários advocatícios serem majorados nos termos do art. 85, § 11 do CPC/2015. 6. Recurso conhecido. Preliminar rejeitada. Apelação não provida. (TJ-DF; 20151010070915 0007020-21.2015.8.07.0010; 8ª Turma Cível; Rel. Ana Cantarino; Julg. 01/12/2016; Data de Publicação: DJE: 16/12/2016; Pág.: 998/999)

✓ PROCESSUAL CIVIL. ADMINISTRATIVO. CERCEAMENTO DE DEFESA. FATO INCONTROVERSO. PRELIMINAR REJEITADA. APOSENTADORIA POR INVALIDEZ. PROVENTOS PROPORCIONAIS. DOENÇA GRAVE. LEI COMPLEMENTAR DISTRITAL Nº 769/2008. ROL TAXATIVO. HONORÁRIOS ADVOCATÍCIOS. REDUÇÃO. NÃO CABIMENTO. 01. O art. 374, III, do CPC/2015, dispõe que não dependem de prova os fatos admitidos no processo como incontroversos. Repele-se a arguição de cerceamento de defesa se o fato que a parte pretendia demonstrar através da produção de prova pericial afigura-se incontroverso nos autos. 02. O artigo

18, § 5º, da Lei Complementar Distrital nº 769/2008, estabelece que o servidor público distrital será aposentado por invalidez permanente, com proventos integrais, no caso de doença grave ali relacionada. 03. O Supremo Tribunal Federal, ao analisar o Recurso Extraordinário nº 656860/MT, afeto ao regime processual de repercussão geral decidiu que a expressão "na forma da lei" constante do artigo 40, § 1º, inciso I, da Constituição Federal, demanda interpretação taxativa do rol legal de doenças capazes de ensejar a aposentadoria por invalidez com proventos integrais. 04. Impossível a interpretação pela ampliação do rol de doenças, além daquelas previstas no artigo 18, § 5º, da Lei Complementar Distrital nº 769/2008, para justificar concessão de aposentadoria por invalidez com proventos integrais. 05. A valoração do trabalho empreendido na causa deve guardar relação de proporcionalidade com o momento, a natureza, a importância, o tempo, além de outros requisitos que possam ser determinantes ao estabelecer o quantum devido a título de honorários advocatícios. O arbitramento dos honorários advocatícios em patamar irrisório mostra-se aviltante e atenta contra o exercício profissional. 06. Honorários recursais devidos e fixados, mas com exigibilidade suspensa, conforme inteligência do art. 98, § 3º, do CPC/2015. 07. Rejeitou-se a preliminar e, no mérito, negou-se provimento ao apelo. (TJ-DF; 20160110182246 DF; 3ª Turma Cível; Rel. Flavio Rostirola; Julg.13/09/2017; Data de Publicação: Publicado no DJE: 21/09/2017; Pág.: 138/144)

IV – em cujo favor milita presunção legal de existência ou de veracidade.

→ *V.* Súmula 301 do STJ.

→ *V.* Arts. 231 e 231 do CC/2002.

Provas prescindíveis frente à presunção legal:

✓ DIREITO CONSTITUCIONAL. AÇÃO CIVIL PÚBLICA. OBRIGAÇÃO DE FAZER. DEFENSORIA PÚBLICA DO ESTADO. GARANTIAS FUNDAMENTAIS. ASSISTÊNCIA JURÍDICA INTEGRAL E GRATUITA AOS NECESSITADOS. ACESSO À JUSTIÇA. IMPOSIÇÃO DE MEDIDAS RAZOÁVEIS, PERIÓDICAS E ALTERNADAS COM O ESCOPO DE VIABILIZAR O ATENDIMENTO PELA DEFENSORIA PÚBLICA NOS MUNICÍPIOS DE MANOEL URBANO E SANTA ROSA DO PURUS. AUSÊNCIA DE PRESTAÇÃO DO SERVIÇO NAS REFERIDAS LOCALIDADES. ALEGADA OFENSA AO PRINCÍPIO DA SEPARAÇÃO DOS PODERES. INOCORRÊNCIA. INTERVENÇÃO JUDICIAL QUE SE MOSTRA NECESSÁRIA E ADEQUADA. SENTENÇA MANTIDA. APELAÇÃO DESPROVIDA. 1. A Constituição Federal impõe ao Estado o dever de prestar assistência jurídica integral e gratuita àqueles que comprovarem insuficiência de recursos (art. 5º, inciso LXXIV), outorgando à Defensoria Pública (art. 134), instituição essencial à função jurisdicional do Estado, a orientação jurídica e a defesa, em todos os graus, dos necessitados. 2. É fato público e notório que no Estado do Acre, notadamente em municípios do interior, a Defensoria Pública funciona em condições insatisfatórias, sem a plenitude do atendimento de suas importantes funções institucionais, ante o número deficitário de Defensores Públicos para o atendimento das demandas. Na espécie, tal fato é corroborado pelas informações prestadas pelo Defensor Público-Geral do Estado no Ofício n.º 289/GAB/DPE-AC, juntado aos autos pelo próprio ente público em sede de defesa, no qual assevera que a despeito de haver dois Defensores Públicos lotados em Sena Madureira com competência prorrogada para Manoel Urbano e Santa Rosa do Purus, os mesmos não estão se deslocando às referidas localidades, o que demonstra que o atendimento nos referidos municípios não vem sendo sequer prestado, em descumprimento ao art. 2º, da Instrução Normativa n. 004/2013/DPE-AC e à própria ordem constitucional. 3. De acordo com o princípio da comunhão das provas (art. 371, do CPC/2015), consectário lógico dos princípios da verdade real e da igualdade das partes na relação jurídico-processual, os elementos de prova carreados aos autos pertencem a todos os sujeitos do processo, haja vista que o que interessa na valoração da prova é o seu resultado e não o responsável pela sua promoção. Ademais, nos termos do art. 374, I, do CPC/2015, não dependem de prova os fatos notórios; os afirmados por uma parte e confessados pela parte contrária; os admitidos no processo como incontroversos; e aqueles em cujo favor milita presunção legal de existência ou de veracidade. 4. A Emenda Constitucional 80/2014, que acresceu o art. 98 ao ADCT, estabeleceu o prazo de 08 (oito) anos, a partir da sua promulgação, para provimento pela União, Estados e Distrito Federal de Defensores Públicos para atuar em todas as unidades jurisdicionais. Todavia, no caso dos autos, a sentença recorrida não foi no sentido de imediata instalação e estruturação da instituição, tampouco de nomeação ou lotação definitiva de Defensores Públicos, mas sim de imposição de medidas razoáveis com o escopo de viabilizar, de forma mínima, periódica ou alternada, o atendimento nos municípios em questão, com o deslocamento de defensores, mediante a concessão de diárias. 5. O Supremo Tribunal Federal firmou entendimento no sentido de que é lícito, ao Poder Judiciário, em face do princípio da supremacia da Constituição, adotar, em sede jurisdicional, medidas destinadas a tornar efetiva a implementação de políticas públicas, se e quando se registrar situação configuradora de inescusável omissão estatal, sem que isso importe em violação ao princípio da separação dos poderes. Precedentes do STF e desta Corte de Justiça. 6. A alegação genérica de que o cumprimento da obrigação imposta implicará liberação de recursos capazes de comprometer o orçamento público é inadmissível. 7. Sentença que levou em consideração o panorama deficitário de defensores nos quadros da instituição e a questão orçamentária, sem olvidar da garantia fundamental ao serviço jurídico prestado pela Defensoria Pública que é universal e gratuito, dotado de eficácia plena e imediata. 8. Apelo desprovido. Vistos, relatados e discutidos estes autos de Apelação n. 0800016-90.2014.8.01.0012, ACORDAM os Senhores Desembargadores da Primeira Câmara Cível do Tribunal de Justiça do Estado do Acre, à unanimidade, negar provimento ao Apelo, nos termos do voto da Relatora e das mídias digitais arquivadas. (TJ-AC; APL: 08000169020148010012 AC; Rel. Desª. Cezarinete Angelim; Primeira Câmara Cível; Julg.10/10/2017; Data de Publicação: 18/10/2017)

✓ DEPOIMENTO PESSOAL X PROVA TESTEMUNHAL. PREVALÊNCIA DA CONFISSÃO. A teor do art. 374 do novo Código de Processo Civil – CPC, "Não dependem de prova os fatos: I – notórios; II – afirmados por uma parte e confessados pela parte contrária; III – admitidos no processo como incontroversos; IV – em cujo favor milita presunção legal de existência ou de veracidade." Considerando que foi informado pelo perito oficial que o reclamante admitiu ter usufruído regularmente do "descanso térmico de 30 minutos para 30 minutos de trabalho", não há como se dar credibilidade à informação em sentido contrário, prestada pela testemunha inquirida a rogo do autor. (TRT-3; RO; Quinta Turma; Rel. Manoel Barbosa da Silva; Data de Publicação: 19/12/2016)

Art. 375. O juiz aplicará as regras de experiência comum subministradas pela observação do que ordinariamente acontece e, ainda, as regras de experiência técnica, ressalvado, quanto a estas, o exame pericial.

Possibilidade de aplicação de regra de experiência para o juiz determine a comprovação da hipossuficiência financeira:

✓ RECURSO ESPECIAL. GRATUIDADE DE JUSTIÇA. NECESSIDADE DE RECOLHIMENTO PRÉVIO DO PREPARO OU DE RENOVAÇÃO DO PEDIDO PARA MANEJO DE RECURSO EM QUE SE DISCUTE O DIREITO AO BENEFÍCIO. DESNECESSIDADE. AFERIR CONCRETAMENTE, SE O REQUERENTE FAZ JUS À GRATUIDADE DE JUSTIÇA. DEVER DA MAGISTRATURA NACIONAL. INDÍCIO DE CAPACIDADE ECONÔMICO-FINANCEIRA DO REQUERENTE. INDEFERIMENTO, DE OFÍCIO, COM PRÉVIA OPORTUNIDADE DE DEMONSTRAÇÃO DO DIREITO À BENESSE. POSSIBILIDADE. REEXAME DO INDEFERIMENTO DO PEDIDO. ÓBICE IMPOSTO PELA SÚMULA 7/STJ. 1. Por ocasião do julgamento do AgRg nos EREsp 1.222.355/MG, relator Ministro Raul Araújo, a Corte Especial pacificou, no âmbito do STJ, o entendimento de que "[é] desnecessário o preparo do recurso cujo mérito discute o próprio direito ao benefício da assistência judiciária gratuita". 2. Consoante a firme jurisprudência do STJ, a afirmação de pobreza, para fins de obtenção da gratuidade de justiça, goza de presunção relativa de veracidade. Por isso, por ocasião da análise do pedido, o magistrado deverá investigar a real condição econômico-financeira do requerente, devendo, em caso de indício de haver suficiência de recursos para fazer frente às despesas, determinar seja demonstrada a hipossuficiência. 3. Nos recentes julgamentos de leading cases pelo Plenário do STF - RE 249003 ED/RS, RE 249277 ED/RS E RE 284729 AgR/MG -, relatados pelo Ministro Edson Fachin, aquele Órgão intérprete Maior da Constituição Federal definiu o alcance e conteúdo do direito fundamental à assistência jurídica integral e gratuita prestada pelo Estado, previsto no art. 5º, LXXIV, da CF, conferindo interpretação extensiva ao dispositivo, para considerar que abrange a gratuidade de justiça. 4. Por um lado, à luz da norma fundamental a reger a gratuidade de justiça e do art. 5º, caput, da Lei n. 1.060/1950 - não revogado pelo CPC/2015 -, tem o juiz o poder-dever de indeferir, de ofício, o pedido, caso tenha fundada razão e propicie previamente à parte demonstrar sua incapacidade econômico-financeira de fazer frente às custas e/ou despesas processuais. Por outro lado, é dever do magistrado, na direção do processo, prevenir o abuso de direito e garantir às partes igualdade de tratamento. 5. É incontroverso que o recorrente tem renda significativa e também aposentadoria oriunda de duas fontes diversas (previdências oficial e privada). Tal fato já configuraria, com base em regra de experiência (arts. 335 do CPC/1973 e 375 do novo CPC), indício de capacidade financeira para fazer frente às despesas do processo, a justificar a determinação de demonstrar-se a incapacidade financeira. Como não há também apuração de nenhuma circunstância excepcional a justificar o deferimento da benesse, é descabido, em sede de recurso especial, o reexame do indeferimento do pedido. 6. Recurso especial não provido. (REsp 1584130; RS; Quarta Turma; Rel. Min. Luis Felipe Salomão; Julg. 07/06/2016; DJe 17/08/2016).

Aplicação de regra de experiência pelo juiz:

✓ APELAÇÃO CÍVEL. AÇÃO MONITÓRIA. CHEQUE PRESCRITO. SENTENÇA DE PROCEDÊNCIA PROLATADA SOB A VIGÊNCIA DO CÓDIGO DE PROCESSO CIVIL DE 2015. CHEQUE ASSINADO EM BRANCO. BOLETIM DE OCORRÊNCIA QUE REGISTRA O EXTRAVIO DA CÁRTULA. REGISTRO FEITO MUITO ANTES DA DATA DE EMISSÃO CONSTANTE DO TÍTULO. DISCUSSÃO ACERCA DA CAUSA DEBENDI. VIABILIDADE. ELEMENTOS DE CONVICÇÃO QUE DÃO SUPORTE À TESE DA RÉ. APLICAÇÃO DE REGRAS DE EXPERIÊNCIA COMUM SUBMINISTRADAS PELA OBSERVAÇÃO DO QUE ORDINARIAMENTE ACONTECE. ARTIGO 375 DO CPC/2015. PROVIMENTO DO RECURSO. INVERSÃO DOS ÔNUS SUCUMBENCIAIS. HONORÁRIOS RECURSAIS. SENTENÇA PUBLICADA NA VIGÊNCIA DO NOVO CPC. CABIMENTO. Se a decisão recorrida foi prolatada sob a vigência do CPC/2015 e nela foram arbitrados honorários advocatícios, o Tribunal, ao julgar o recurso, deve majorar aqueles honorários levando em conta o trabalho adicional em grau recursal. (TJSC; Apelação Cível 0004774-49.2013.8.24.0010; Braço do Norte; Quarta Câmara de Direito Comercial; Rel. Des. Janice Goulart Garcia Ubialli; Julg. 24/10/2017)

✓ PROMESSA DE COMPRA E VENDA DE IMÓVEL - PRAZO DE ENTREGA - CLÁUSULA DE TOLERÂNCIA - PREVISÃO NO AJUSTE - ADIMPLEMENTO CONTRATUAL - DANOS MORAIS E MATERIAIS - SENTENÇA DE IMPROCEDÊNCIA CONFIRMADA 1 Nos contratos de compra e venda de bens imóveis, desde que expressamente prevista e com prazo pautado na razoabilidade, é válida a cláusula que estende o lapso de entrega além do ajustado pelas partes contratantes. 2. Verificada essa previsão e entregue o bem no prazo contratualmente estipulado, não há que se falar em indenização pelos prejuízos suportados pelo adquirente consumidor. 3. Conquanto a efetiva entrega das chaves tenha se dado depois do prazo previsto na cláusula de tolerância, diante das peculiaridades do caso e do fato de as partes não terem apresentado as razões pelas quais a vistoria do bem ocorreu meses após a concessão do "habite-se", considera-se, pelas regras da experiência, a data de expedição deste como sendo a de entrega do apartamento (CPC, art. 375). (TJSC; Apelação Cível 0320219-76.2015.8.24.0038; Joinville; Quinta Câmara de Direito Civil; Rel. Des. Luiz Cézar Medeiros; Julg. 22/08/2017)

✓ PREVIDENCIÁRIO. APOSENTADORIA POR INVALIDEZ, AUXÍLIO-DOENÇA OU AUXÍLIO-ACIDENTE. AUSÊNCIA DE INAPTIDÃO TOTAL AO TRABALHO. COMPROVAÇÃO POR PERÍCIA JUDICIAL, A QUAL, TODAVIA, ATESTOU A REDUÇÃO DA CAPACIDADE AO LABOR HABITUAL. VIABILIDADE DE REVERSÃO MEDIANTE CIRURGIA. CIRCUNSTÂNCIA INCAPAZ DE DESCARACTERIZAR A DEFINITIVIDADE DA LESÃO. IMPOSSIBILIDADE DE OBRIGAR O SEGURADO A SUBMETER-SE AO ALUDIDO PROCEDIMENTO. PRECEDENTES DESTA CORTE. NEXO ETIOLÓGICO RECONHECIDO PREVIAMENTE PELO ENTE ANCILAR, CORROBORADO PELAS REGRAS DE EXPERIÊNCIA APLICÁVEIS À ESPÉCIE (ART. 375 CPC) E PELO PRINCÍPIO IN DUBIO PRO MISERO. HIPÓTESE DE AUXÍLIO-ACIDENTE. PRESSUPOSTOS LEGAIS AUTORIZADORES DA CONCESSÃO DEMONSTRADOS, CONSOANTE RESP REPETITIVO N. 1108298/SC. TERMO INICIAL. DIA SEGUINTE

À CESSAÇÃO DO AUXÍLIO-DOENÇA. EXEGESE DO ART. 86, § 2º, DA LEI N. 8.213/91. CONSECTÁRIOS LEGAIS. INCIDÊNCIA DO ART. 1º-F DA LEI N. 9.494/97, COM REDAÇÃO DADA PELA LEI N. 11.960/09. RECURSO PARCIALMENTE PROVIDO. (TJSC; Apelação Cível 0116211-31.2014.8.24.0020; Criciúma; Terceira Câmara de Direito Público; Rel. Des. Ronei Danielli; Julg. 09/05/2017)

✓ APELAÇÃO CÍVEL. RESPONSABILIDADE CIVIL E PROCESSUAL CIVIL. AÇÃO DECLARATÓRIA E CONDENATÓRIA. DANOS MORAIS. NEGATIVAÇÃO INDEVIDA. - PROCEDÊNCIA NA ORIGEM. RECURSO DO RÉU. (1) NEGÓCIO JURÍDICO INDEMOSTRADO. INEXIGIBILIDADE DO DÉBITO. NEGATIVAÇÃO INDEVIDA. ILÍCITO. DEVER DE INDENIZAR. - Se não comprovada pelo credor a pactuação do negócio jurídico, faz-se inexigível o débito, a ensejar a irregularidade da inscrição do nome do devedor no cadastro dos órgãos de proteção ao crédito e, como tal, configurar o ato ilícito e um consequente dever de indenizar. Inteligência dos arts. 6º, incs. VI e VII, 14, caput e §§ 1º e 3º, e 43 do CDC; e 186, 187 e 188, inc. I, e 927 do CC; e 373 do CPC/2015. (2) ABALO. CONFIGURAÇÃO. QUANTUM. PARÂMETROS. ARBITRAMENTO. IMPORTE ADEQUADO. MANUTENÇÃO. - Consolidado que o protesto indevido de título ou inscrição irregular nos órgãos de proteção ao crédito geram presumíveis danos morais, independente de comprovação, por presunção de prejuízo à honra, direito da personalidade, em suas feições objetiva e/ou subjetiva, por regras de experiência comum, ensejando o dever de indenizar. Inteligência dos arts. 12, caput, do CC; 375 do CPC/2015; e 1º, inc. III, e 5º, incs. V e X, da CRFB. - O arbitramento do importe indenizatório a título de danos morais, atendendo às peculiaridades do caso concreto, à extensão dos danos perpetrados e ao grau de culpa dos envolvidos, levará em conta os critérios de proporcionalidade e razoabilidade, com observância das características do bem jurídico tutelado e das condições socioeconômico-financeiras do ofensor. Deve-se atentar, ainda, às suas feições reparatória e compensatória, punitiva e dissuasória, bem como exemplar e pedagógica, não devendo ser excessivo nem irrisório, pena de ofensa à regra constitucional da justa indenização e ao fim social da norma. Inteligência dos arts. 5º da LINDB; 884, 944, caput, e 945 do CC; 1º, 8º e 375 do CPC/2015; e 1º, caput e inc. III, 5º, incs. V, X, XXIV e LIV, 182, § 3º, e 184, caput, da CRFB. Observadas tais premissas, faz-se devida a manutenção do montante arbitrado em primeiro grau. (3) HONORÁRIOS RECURSAIS. PRESSUPOSTOS PRESENTES. CABIMENTO. - Os honorários advocatícios recursais têm 3 (três) pressupostos: 1) sentença publicada na vigência do Código de Processo Civil de 2015; 2) prévia fixação ou arbitramento de verba honorária na decisão recorrida; e 3) trabalho adicional realizado em grau recursal, com valoração entre os limites quantitativos de 10% (dez por cento) e, na soma com o percentual estabelecido na decisão recorrida, de 20% (vinte por cento), à luz dos critérios qualitativos. Sob esse prisma, a distribuição deverá se embasar na sucumbência em grau recursal, com incidência, sucessiva e subsidiariamente, sobre: a) o valor atualizado da condenação; b) o valor atualizado do proveito econômico obtido; ou, não sendo possível mensurá-lo, c) o valor atualizado da causa. Porém, sendo referidos parâmetros inestimáveis, nas perspectivas da não quantificabilidade ou da exorbitância, ou irrisórios, cumpre arbitrar a verba honorária mediante apreciação equitativa. Inteligência dos arts. 4º e 5º da LINDB; 1º, caput, da Lei n. 6.899/1981; 884 do CC; 1º, 8º, 14, 85, § 2º, 6º, 8º e 11, 322, § 1º, e 1.046 do CPC/2015; 1º, caput, e 5º, caput e incs. XXXVI e LIV, da CRFB. Presentes os pressupostos, aplica-se a verba recursal. SENTENÇA MANTIDA. RECURSO DESPROVIDO. (TJSC; Apelação 0300030-47.2015.8.24.0242; Ipumirim; Quinta Câmara de Direito Civil; Rel. Des. Henry Petry Junior; Julg. 19/09/2016)

✓ ELEIÇÕES 2016. RECURSO ELEITORAL. PRESTAÇÃO DE CONTAS. DOAÇÕES QUE AFETAM A CONFIABILIDADE DAS CONTAS. RECURSO DESPROVIDO. 1. A Justiça Eleitoral vem aprimorando os sistemas fiscalizatórios e incrementando a possibilidade de batimentos de dados, tudo a permitir, ao julgador, uma gama maior de elementos para melhor subsidiar o exame da prestação de contas, pelo que, munir o Judiciário de todos esses mecanismos e, ao mesmo tempo, tolher a possibilidade do exame material dos dados obtidos, esvaziaria por completo a evolução pela qual vem passando esta Especializada em seu ofício fiscalizador. 2. Por regra de hermenêutica o juiz, ao aplicar a norma e os fatos que lhes são subjacentes, não deve se afastar daquilo que ensina a experiência comum, daquilo que normalmente ocorre, da conduta e do critério do homem médio, cujo paradigma se pode extrair do conceito de bônus pater familiae herdado do direito romano. É o que preceitua, aliás, o CPC, quando estabelece critérios para valoração probatória, verbis: "Art. 375. O juiz aplicará as regras de experiência comum subministradas pela observação do que ordinariamente acontece e, ainda, as regras de experiência técnica, ressalvado, quanto a estas, o exame pericial." 3. Caso em que, das 12 (doze) doações em dinheiro recebidas pelo candidato, 09 (nove) foram feitas de forma padronizada pelo mesmo tipo de servidores – faxineiros -, em valores entre R$ 1.200,00 e R$ 3.000,00. 4. Não há como supor que servidor que perceba a média salarial de um salário mínimo realize doações que atingem o patamar de R$ 3.000,00 (três mil reais), colocando em risco a sua subsistência e a de seus familiares, pelo que há se de considerar que a realidade formalmente apresentada na prestação de contas pelo candidato não se mostra verossímil. O fato de a prática formalmente encontrar brechas legais não nos permite fechar os olhos para a realidade fática, que há de se impor. O raciocínio há de caminhar em sentido oposto. Por se tratar de prática até corriqueira, fundada em mera aparência de regularidade, baseada em simulação, há de ser afastada com maior veemência, vez que denota maior culpabilidade (dolo) por parte de quem adota tal método. 5. Caso em que do ponto de vista quantitativo a irregularidade alcança 51,79% do total de recursos arrecadados (incluídos os estimáveis) e sob o aspecto qualitativo envolve questão grave atinente à simulação, o que permite inferir que o desvalor da conduta (culpabilidade) é tão significativo que macula a confiabilidade das contas apresentadas, constituindo fator suficiente para ensejar a reprovação das contas do candidato. 6. Recurso conhecido e desprovido. (TRE-PA; RE 28129 Marabá; Rel. Altemar da Silva Paes; Julg. 01/08/2017; Data de Publicação: DJE 10/08/2017; Pág. 3)

✓ ANULATÓRIA DE TÍTULO DE CRÉDITO. CHEQUE. EMISSÃO DO TÍTULO EM NEGÓCIO JURÍDICO POSTERIORMENTE DESFEITO. EXECUÇÃO DO TÍTULO QUE NÃO CIRCULOU POR ENDOSSO. APRESENTAÇÃO DE DEFESA, SEM QUE FOSSE ESCLARECIDO POR QUE OS RÉUS SE ENCONTRAVAM NA POSSE DOS CHEQUES. DISCUSSÃO DA CAUSA DEBENDI. POSSIBILIDADE, DIANTE DA AUSÊNCIA DE CIRCULAÇÃO POR ENDOSSO E DE INDÍCIOS DE MÁ-FÉ. INSTRUÇÃO PROBATÓRIA QUE

DEMONSTRA A POSSIBILIDADE DE ENRIQUECIMENTO ILÍCITO DOS RÉUS. SENTENÇA REFORMADA PARA JULGAR PROCEDENTE O PEDIDO, TORNANDO INEXIGÍVEIS OS TÍTULOS. – Um título de crédito é autônomo, não em relação à sua causa, e sim porque o possuidor de boa-fé exercita um direito próprio, que não pode ser restringido ou destruído em virtude das relações existentes entre os anteriores possuidores e o devedor. – As obrigações contraídas no cheque são abstratas, desconsiderando-se o negócio subjacente, não sendo possível a investigação sobre a causa debendi. No entanto, excetuam-se desta regra as controvérsias estabelecidas diretamente entre o emitente e o portador, por relações pessoais havidas entre si, bem como, em relação ao terceiro, quando tenha recebido o título de má-fé, ou seja, tendo conhecimento de defeito existente no negócio fundamental. – O julgador, na árdua função de tentar alcançar a justiça das decisões, utiliza-se de indícios e máximas de experiência para valoração da prova, apuração dos fatos e formação de seu convencimento. – As máximas de experiência se caracterizam como juízos formados na observação do que comumente acontece, nos termos do artigo 375 do Código de Processo Civil. – Resta evidente que os títulos estão na posse dos réus por razões que os mesmos não podem ou não querem declinar, evidenciando que o pagamento gerará enriquecimento sem causa dos mesmos. RECURSO AO QUAL SE DÁ PROVIMENTO. (TJ-RJ; APL 00317340620108190004 Rio de Janeiro; São Gonçalo; 6ª Vara Cível; Décima Sétima Câmara Cível; Rel. Flávia Romano de Rezende; Julg.01/06/2016; Data de Publicação: 03/06/2016)

Art. 376. A parte que alegar direito municipal, estadual, estrangeiro ou consuetudinário provar-lhe-á o teor e a vigência, se assim o juiz determinar.

→ *v.* Art. 14 da LINDB.

Ônus de comprovação sobre o teor vigência do direito municipal, estadual, estrangeiro ou consuetudinário:

✓ APELAÇÃO CÍVEL – AÇÃO ORDINÁRIA – SERVIDOR PÚBLICO MUNICIPAL – DIFERENÇAS REMUNERATÓRIAS – DETERMINAÇÃO JUDICIAL PARA COMPROVAÇÃO DO DIREITO MUNICIPAL – CPC/2015, ART. 376 – ÔNUS PROBATÓRIO DO AUTOR – NÃO CUMPRIMENTO 1. A parte que alegar direito municipal, estadual, estrangeiro ou consuetudinário provar-lhe-á o teor e a vigência, se assim o juiz determinar (CPC/2015, art. 376). 2. Não cumprimento, pelo autor, da ordem de comprovação, no prazo assinalado, do conteúdo da legislação municipal que respaldaria o direito vindicado. 3. Inobservância do ônus probatório. Manutenção da improcedência do pedido de recebimento de diferenças remuneratórias, decorrentes de progressão vertical e do adicional por tempo de serviço. 4. Recurso não provido. (TJ-MG; AC 10243130004688001 MG; 5ª Câmara Cível; Rel. Áurea Brasil; Julg. 24/10/0017; Data de Publicação: 07/11/2017)

✓ SERVIDORAS PÚBLICAS MUNICIPAIS. Professoras. Adicional referente à progressão funcional nível VI. Lei Municipal nº 1623/2002. Pedido expresso na petição inicial, ao contrário da alegação do Município. Apresentada cópia do texto da legislação municipal pertinente, em cumprimento de determinação judicial, nos termos do artigo 337 do Código de Processo Civil anterior, artigo 376 do atual. Foram respeitadas as garantias do devido processo legal, do contraditório e da ampla defesa, por isso sem motivo de nulidade da sentença. Portarias expedidas conferem às autoras direito à progressão funcional nível VI, mas os demonstrativos de pagamento não acusam pagamento dos correspondentes valores, de acordo com o Anexo I da Lei Municipal nº 1623/2002. Determinado o pagamento, respeitada a prescrição quinquenal. Recurso e reexame necessário a que se nega provimento. (TJ-SP; APL 00006395120148260382 SP; 12ª Câmara de Direito Público; Rel. Edson Ferreira; Julg.13/09/2016; Data de Publicação: 13/09/2016)

Art. 377. A carta precatória, a carta rogatória e o auxílio direto suspenderão o julgamento da causa no caso previsto no art. 313, inciso V, alínea "**b**", quando, tendo sido requeridos antes da decisão de saneamento, a prova neles solicitada for imprescindível.

Parágrafo único. A carta precatória e a carta rogatória não devolvidas no prazo ou concedidas sem efeito suspensivo poderão ser juntadas aos autos a qualquer momento.

→ *v.* Arts. 69 e 260 a 268 do CPC.

Art. 378. Ninguém se exime do dever de colaborar com o Poder Judiciário para o descobrimento da verdade.

→ *v.* Art. 6º do CPC.

→ v. Art. 6º do CPC.

→ v. Enunciado 31 do CJF: – A compatibilização do disposto nos arts. 378 e 379 do CPC com o art. 5º, LXIII, da CF/1988, assegura à parte, exclusivamente, o direito de não produzir prova contra si quando houver reflexos no ambiente penal.

Necessidade de indicação pelo devedor da localização do bem:

✓ AÇÃO DE BUSCA E APREENSÃO. CONTRATO DE FINANCIAMENTO COM CLÁUSULA DE ALIENAÇÃO FIDUCIÁRIA EM GARANTIA. Decisão que, renovando o mandado de busca e apreensão anteriormente expedido, de pronto, determinou que, em caso de frustração de seu cumprimento, seja o devedor intimado para informar a localização do veículo, sob pena de se caracterizar litigância de má-fé. Agravante que se insurge apenas contra a sinalização de uma possível aplicação de multa, na hipótese de descumprimento de futura e eventual determinação do juízo. Não constatação de efetiva lesividade aos interesses da parte. De outro modo, a negativa do devedor fiduciante em informar a localização do bem, nesse cenário, caracterizaria realmente deslealdade processual, a teor do art. 422 do Código Civil c. c. os arts. 77, IV e 378, ambos do Código de Processo Civil/2015. Aplicabilidade do princípio da boa-fé objetiva. Ausente interesse recursal. Recurso não conhecido. (TJ-SP; AI 21579314220178260000 SP; 28ª Câmara de Direito Privado; Rel. Dimas Rubens Fonseca; Julg.13/09/2017; Data de Publicação: 13/09/2017).

Não pode parte ou terceiro deixar de colaborar com a Justiça sem justificativa apresentada:

✓ RECURSO ESPECIAL Nº 1.344.789 – RJ (2012/0196552-8) RELATOR: MINISTRO LUIS FELIPE SALOMÃO RECORRENTE: CANDIDO ANTONIO JOSÉ FRANCISCO MENDES DE ALMEIDA ADVOGADO: SÉRGIO MAZZILLO E OUTRO (S) – RJ025538 RECORRIDO: ANTÔNIO LUIS DE MELLO VIEIRA MENDES DE ALMEIDA ADVOGADO: EDUARDO LESSA BASTOS E OUTRO (S) – RJ019274 DECISÃO 1. Cuida-se de recurso especial interposto por CANDIDO ANTONIO JOSÉ FRANCISCO MENDES DE ALMEIDA, com fundamento no art. 105, III, a, da Constituição da República, contra acórdão proferido pelo TRIBUNAL DE JUSTIÇA DO ESTADO DO RIO DE JANEIRO, assim ementado: PROCESSO CIVIL. ASSOCIAÇÃO. DESPACHO DETERMINANDO AO PRESIDENTE DA MESMA A EXIBIÇÃO DE DOCUMENTOS CONTÁBEIS PARA REALIZAÇÃO DE PERÍCIA. RECUSA FUNDADA NO SIGILO DAS INFORMAÇÕES E DE QUE A ASSOCIAÇÃO NÃO INTEGRA A LIDE. JUSTIFICATIVA DESCABIDA. OBRIGAÇÃO DE TODOS EM COLABORAR COM A JUSTIÇA PARA O DESCOBRIMENTO DA VERDADE. INTELIGÊNCIA DO ART. 339 DO CPC. MANUTENÇÃO DA DECISÃO. Dispõe o art. 339 do CPC que ninguém se exime do dever de colaborar com o Poder Judiciário para o descobrimento da verdade. Tais documentos são necessários para a realização da perícia contábil, que tem por objetivo a verificação da regularidade contábil da Sociedade Brasileira de Instrução. Ora, tal prova é de interesse de ambas as partes, inclusive da SBI, porque dirimirá toda dúvida em relação à existência de irregularidades na administração financeira da instituição. Cabe ressaltar que, em razão da natureza das informações existentes nos documentos, poderá, se for o caso, ser determinado pelo magistrado que o feito prossiga sob o pálio do segredo de justiça, a fim de resguardar o sigilo das informações. Não pode a parte ou o terceiro deixar de colaborar com a Justiça injustificadamente. Precedentes do STJ. Recurso improvido. Revogado o efeito suspensivo. Opostos embargos de declaração, foram rejeitados. Em suas razões recursais, aponta a parte recorrente ofensa ao disposto nos arts. 165, 429, 458, 535, do CPC, 667 do CC e 153, 154, 155 e 156 da Lei das SAs. Crivo negativo de admissibilidade na origem (fls. 620), ascendendo a esta Corte pelo provimento do agravo (fls. 629). É o relatório. DECIDO. 2. A irresignação perdeu seu objeto. Consultando o sítio de informações processuais do Tribunal de origem constato que, em 13.10.2016, houve o arquivamento em definitivo da ação principal, o que esvazia o objeto do presente recurso especial. 3. Ante o exposto, com fundamento no art. 34, XI, do Regimento Interno do STJ, julgo prejudicado o recurso especial. Publique-se. Intimem-se. Brasília (DF), 03 de abril de 2018. MINISTRO LUIS FELIPE SALOMÃO Relator (STJ – REsp: 1344789 RJ 2012/0196552-8, Relator: Ministro LUIS FELIPE SALOMÃO, Data de Publicação: DJ 03/05/2018)

Art. 379. Preservado o direito de não produzir prova contra si própria, incumbe à parte:

→ v. Art. 5º, LXIII, da CF/1988.

→ v. Art. 231 e 232 do CC/2002.

→ v. Enunciado 31 do CJF: – A compatibilização do disposto nos arts. 378 e 379 do CPC com o art. 5º, LXIII, da CF/1988, assegura à parte, exclusivamente, o direito de não produzir prova contra si quando houver reflexos no ambiente penal.

Impossibilidade de produção contra si mesmo:

✓ AGRAVO DE INSTRUMENTO – Monitória – Decisão saneadora indeferiu pedido da ré para produção de prova para que a autora exiba documentos que, em tese, comprovariam o pagamento da dívida objeto da monitória – O pagamento se comprova com regular quitação, ônus que incumbe ao autor (art. 373 do CPC), além do que vedada a determinação para que a parte faça prova contra si mesma – Inteligência do art. 379 do CPC – Recurso negado.* (TJ-SP; AI 20182202220178260000 SP; 13ª Câmara de Direito Privado; Rel. Francisco Giaquinto; Julg.24/03/2017; Data de Publicação: 24/03/2017).

✓ Agravo de instrumento. Propriedade industrial e intelectual. Ação fundada em alegado uso indevido de imagem de projeto arquitetônico em material de divulgação de produtos em drywall e de construção a seco. Pedido de antecipação de tutela para juntada de documentos que demonstrem médias de venda de produtos, tiragem e tempo de divulgação do material. Ausência de vinculação entre o faturamento da agravante à eventual dano material dos agravados. Quantificação de eventual indenização que poderá ser apurada em sede de liquidação de sentença. Agravo de instrumento provido. (TJ-RS; Agravo de Instrumento 70070741046; Sexta Câmara Cível; Rel. Ney Wiedemann Neto; Julg. 27/10/2016)

✓ DECISÃO: Acordam os Desembargadores (Juízes de Direito Substitutos em 2º Grau) integrantes da 9ª Câmara Cível do Tribunal de Justiça do 3 Idem. p. 514. Estado do Paraná, por unanimidade de votos, em dar provimento ao recurso. EMENTA: AGRAVO DE INSTRUMENTO. AÇÃO DE INDENIZAÇÃO POR DANOS MATERIAIS. – ACIDENTE EM RODOVIA. ALEGAÇÃO DE DEFEITO DE SINALIZAÇÃO EM TRECHO EM OBRAS. LITISDENUNCIAÇÃO PELA CONCESSIONÁRIA À EMPRESA RESPONSÁVEL PELA OBRA. ÔNUS DE PROVAR A REGULARIDADE DA SINALIZAÇÃO E A CULPA EXCLUSIVA DA VÍTIMA ATRIBUÍDO ÀS REQUERIDAS (DENUNCIANTE E DENUNCIADA). IMPOSSIBILIDADE DE IMPUTAR À DENUNCIANTE, NA LIDE SECUNDÁRIA, O ÔNUS DE PROVAR QUE A SINALIZAÇÃO ERA DEFEITUOSA. PARTE QUE NÃO PODE SER OBRIGADA A PRODUZIR PROVA CONTRA SI. – RECURSO CONHECIDO E PROVIDO. (TJPR; AI – 1553406-0 – Guarapuava; 9ª C. Cível; Rel.: Rafael Vieira de Vasconcellos Pedroso; Unânime; Julg. 15/09/2016)

Determinação para que a parte exiba documento:

✓ AGRAVO INTERNO NA CARTA ROGATÓRIA. INTIMAÇÃO DA PARTE INTERESSADA PARA EXIBIÇÃO DE DOCUMENTO. CONCESSÃO DE EXEQUATUR. VIOLAÇÃO DA ORDEM PÚBLICA. INOCORRÊNCIA. AGRAVO INTERNO DESPROVIDO. 1. A comissão tem por finalidade a intimação da parte Interessada para a exibição de documento, diligência que não traduz violação da ordem pública, de modo que não se observa óbice ao seu cumprimento. 2. Cabe ao Superior Tribunal de Justiça emitir juízo meramente delibatório acerca da concessão do exequatur nas cartas rogatórias, sendo competência da Justiça rogante a análise de alegações relacionadas ao mérito da causa. 3. Agravo interno desprovido. (AgRg na CR 10.605/EX; Corte Especial; Rel. Min. Laurita Vaz; Julg. 06/09/2017, DJe 14/09/2017)

✓ Agravo de Instrumento. Obrigação de fazer. Entrega de diploma. Ensino fundamental. Indeferimento da tutela de urgência. Irresignação. Intimação da parte agravante para regularização da instrução recursal, consoante o que dispõe o art. 932, parágrafo único c/c 379, II, do CPC. Inércia que obsta a admissão do recurso. Negativa de conhecimento. (TJ-RJ – AI: 00179750620188190000, Relator: Des(a). PEDRO FREIRE RAGUENET, Data de Julgamento: 02/07/2019, VIGÉSIMA PRIMEIRA CÂMARA CÍVEL)

✓ Agravo de instrumento. Ação de inventário e partilha. Deferimento de gratuidade de justiça ao espólio. Revogação da benesse pelo Magistrado de origem. Inconformismo. A gratuidade de justiça, espécie do gênero isenção tributária, é ato vinculado, condicionado à comprovação, pelo interessado, de não possuir efetivamente, meios e recursos para fazer frente as despesas do processo. Recorrente que instado a apresentar reforço probatório, deixou de praticar ato que lhe fora determinado no processo. Ofensa aos artigos 378 e 379, ambos do CPC. Existência de recursos, do monte a ser partilhado, que indica a possibilidade de recolhimento das despesas processuais. Procedimento que conta com seis interessados, devendo haver, em sendo o caso, a participação de todos para o correto andamento do feito, inclusive no que tange ao recolhimento das custas processuais devidas. Desprovimento do recurso e manutenção da decisão combatida (TJ-RJ – AI: 00738035020198190000, Relator: Des(a). PEDRO FREIRE RAGUENET, Data de Julgamento: 04/06/2020, VIGÉSIMA PRIMEIRA CÂMARA CÍVEL, Data de Publicação: 2020-06-10)

✓ Agravo de instrumento. Tutela de urgência. Rematrícula. Dever de cumprimento da decisão. Recurso ao qual se nega provimento. (TJ-SP – AI: 01000345120178269034 SP 0100034-51.2017.8.26.9034, Relator: Diogo Porto Vieira Bertolucci, Data de Julgamento: 22/09/2017, 2ª Turma Recursal Cível, Data de Publicação: 25/09/2017)

I – comparecer em juízo, respondendo ao que lhe for interrogado;

II – colaborar com o juízo na realização de inspeção judicial que for considerada necessária;

III – praticar o ato que lhe for determinado.

→ *v.* Art. 5º, II, da CF/1988.

Art. 380. Incumbe ao terceiro, em relação a qualquer causa:

I – informar ao juiz os fatos e as circunstâncias de que tenha conhecimento;

II – exibir coisa ou documento que esteja em seu poder.

Vedação à determinação de exibição de documentos sigilosos de terceiro:

✓ RECURSO ORDINÁRIO EM MANDADO DE SEGURANÇA. ATO JUDICIAL. EXCEPCIONALIDADE CONFIGURADA. MANIFESTA ILEGALIDADE. DESNECESSIDADE DE INTERPOSIÇÃO, POR TERCEIRO PREJUDICADO, DO RECURSO CABÍVEL. SÚMULA 202/STJ. MITIGAÇÃO DOS SIGILOS BANCÁRIO E FISCAL DE TERCEIRO ESTRANHO À LIDE. RECURSO PROVIDO. SEGURANÇA CONCEDIDA. 1. Fora das circunstâncias normais, a doutrina e a jurisprudência majoritárias admitem a impetração de mandado de segurança contra ato judicial, ao menos nas seguintes hipóteses excepcionais: a) decisão judicial manifestamente ilegal ou teratológica; b) decisão judicial contra a qual não caiba recurso; c) para imprimir efeito suspensivo a recurso desprovido de tal atributo; e d) quando impetrado por terceiro prejudicado por decisão judicial. 2. Consoante entendimento cristalizado na Súmula 202/STJ: "A impetração de segurança por terceiro, contra ato judicial, não se condiciona a interposição de recurso." 3. Na espécie, o ato judicial apontado como coator mostra-se manifestamente equivocado, uma vez que, à revelia do devido processo legal, determinou a mitigação dos sigilos bancário e fiscal da impetrante em processo judicial civil em que nem sequer é parte. 4. Recurso provido para conceder a segurança, cassando-se o ato judicial apontado como coator. (STJ; RMS 49035; SP; 2015/0200302-2; Quarta Turma; Rel. Min. Raul Araújo; Julg. 12/09/2017; Data de Publicação: DJe 19/10/2017).

Parágrafo único. Poderá o juiz, em caso de descumprimento, determinar, além da imposição de multa, outras medidas indutivas, coercitivas, mandamentais ou sub-rogatórias.

→ *v.* Art. 77, I e IV, do CPC.

Inviabilidade de aplicação de multa cominatória para parte na exibição de documentos:

✓ RECURSO – Rejeitada a preliminar de não conhecimento do recurso, por falta de peças obrigatórias, elencadas no art. 1.017, CPC/2015. CUMPRIMENTO DE SENTENÇA – Multa diária – Multa cominatória pelo descumprimento de decisão judicial de exibição de documentos, incidental ou autônoma, deve ser afastada, uma vez que não é exigível, porque: (a) é descabida sua aplicação, a teor da Súmula 372/STJ, que subsiste, para pedido de exibição de documentos contra parte, envolvendo direitos disponíveis, nos termos do julgado no Recurso Repetitivo 13333988/SP, mesmo após o advento do CPC/2015, dado que a multa não expressamente mencionada como medida no § único, do art. 400, no pedido de exibição contra parte, como acontece no § único, dos arts. 380 e 403, para o pedido contra terceiro; e (b) a questão relativa à multa cominatória, ainda que imposta por r. ato judicial irrecorrível, por força do art. 537, § 1º, CPC/2015, não está sujeita à incidência da coisa julgada, nem da preclusão em recurso objetivando alterar deliberação judicial admitindo a cobrança – Na espécie, nos termos da orientação supra, de rigor a reforma da r. decisão agravada, determinando-se o afastamento da incidência de multa diária pelo descumprimento de determinação de exibição de documentos referentes a contrato de abertura de conta corrente firmado entre as partes e extratos bancários. Recurso provido. (TJ-SP; 20779600820178260000 SP; 20ª Câmara de Direito Privado; Rel. Rebello Pinho; Julg. 04/09/2017; Data de Publicação: 06/09/2017).

Sobre o arbitramento da multa:

✓ APELAÇÕES CÍVEIS. Propriedade. Ação Regressiva de Obrigação de Fazer cumulada com Indenização por Danos Materiais e Morais e Tutela antecipada. Sentença de Parcial Procedência. RECURSO DO RÉU. Não acolhimento. Descumprimento de obrigação de cancelar o gravame sobre o veículo no prazo estabelecido no artigo 9º, da Resolução nº 320/09 do COTRAN. Dano material patente. Astreintes mantidas. O arbitramento do valor da multa deve ser suficiente a coibir o descumprimento das Decisões Judiciais. Valor razoável e proporcional. RECURSO ADESIVO DO AUTOR. Não acolhimento. Majoração do valor da Condenação descabida. Decisão de Primeiro Grau mantida. Ratificação nos termos do artigo 252, do Regimento Interno. RECURSOS NÃO PROVIDOS. (TJ-SP; APL 00006118120158260242 SP; 30ª Câmara de Direito Privado; Rel. Penna Machado; Julg. 05/07/2017; Data de Publicação: 06/07/2017)

Seção II
Da Produção Antecipada da Prova

Art. 381. A produção antecipada da prova será admitida nos casos em que:

→ *v.* Enunciado 129 do CJF: É admitida a exibição de documentos como objeto de produção antecipada de prova, nos termos do art. 381 do CPC.

→ *v.* Enunciado 118 do CJF: É cabível a fixação de honorários advocatícios na ação de produção antecipada de provas na hipótese de resistência da parte requerida na produção da prova.

Direito autônomo à prova:

✓ CIVIL. PROCESSUAL CIVIL. FAMÍLIA. INVESTIGAÇÃO DE PATERNIDADE. PROTEÇÃO À DIGNIDADE DA PESSOA HUMANA E TUTELA DO DIREITO À FILIAÇÃO, À IDENTIDADE GENÉTICA E À BUSCA PELA ANCESTRALIDADE. REALIZAÇÃO DE NOVO EXAME DE DNA FACE A SUSPEITA DE FRAUDE NO TESTE ANTERIORMENTE REALIZADO. POSSIBILIDADE. PROVA IRREFUTÁVEL DA FRAUDE. REDUÇÃO DA EXIGÊNCIA PROBATÓRIA, REVALORAÇÃO DAS PROVAS PRODUZIDAS E NECESSIDADE DE EXAURIMENTO DA ATIVIDADE INSTRUTÓRIA. INÉRCIA PROBATÓRIA DA PARTE ADVERSA. VALORAÇÃO DA CONDUTA NA FORMAÇÃO DO CONVENCIMENTO JUDICIAL. POSSIBILIDADE. TESTE DE DNA. VALOR PROBANTE RELATIVO, A SER EXAMINADO EM CONJUNTO COM OS DEMAIS ELEMENTOS DE PROVA. COISA JULGADA. AFASTAMENTO NA HIPÓTESE. 1- Ação distribuída em 11/8/2008. Recurso especial interposto em 16/6/2015. 2- O propósito recursal é definir se é possível o afastamento da coisa julgada material formada em ação investigatória de paternidade cujo resultado foi negativo, na hipótese em que a parte interessada produz prova indiciária acerca de possível ocorrência de fraude no exame de DNA inicialmente realizado. 3- Os direitos à filiação, à identidade genética e à busca pela ancestralidade integram uma parcela significativa dos direitos da personalidade e são elementos indissociáveis do conceito de dignidade da pessoa humana, impondo ao Estado o dever de tutelá-los e de salvaguardá-los de forma integral e especial, a fim de que todos, indistintamente, possuam o direito de ter esclarecida a sua verdade biológica. 4- Atualmente se reconhece a existência de um direito autônomo à prova, assentado na possibilidade de a pessoa requerer o esclarecimento sobre fatos que a ela digam respeito independentemente da existência de um litígio potencial ou iminente, alterando-se o protagonismo da atividade instrutória, que passa a não ser mais apenas do Poder Judiciário, mas também das partes, a quem a prova efetivamente serve. 5- A existência de dúvida razoável sobre possível fraude em teste de DNA anteriormente realizado é suficiente para reabrir a discussão acerca da filiação biológica, admitindo-se a redução das exigências probatórias quando, não sendo possível a prova irrefutável da fraude desde logo, houver a produção de prova indiciária apta a incutir incerteza no julgador, aliada a possibilidade de exaurimento da atividade instrutória no grau de jurisdição originário. 6- A inércia probatória de uma das partes somada a atividade instrutória da outra deve ser levada em consideração na escolha do standard probatório mais adequado à hipótese e na valoração das provas então produzidas, pois as partes, em um processo civil norteado pela cooperação, têm o dever de colaborar com o Poder Judiciário para o descobrimento da verdade. 7- Embora de valiosa importância para as ações investigatórias ou negatórias de paternidade, o exame de DNA, por se tratar de prova técnica suscetível a falhas ou vícios, não pode ser considerado como o único meio de prova apto a atestar a existência ou não de vínculo paterno-filial, devendo o seu resultado ser cotejado com as demais provas produzidas ou suscetíveis de produção, sobretudo diante da célere e constante evolução científica e tecnológica. 8- Em situações excepcionais, é possível o afastamento da coisa julgada material formada nas ações investigatórias ou negatórias de paternidade, a fim de que seja exaustivamente apurada a existência da relação paterno-filial e, ainda, elucidadas as causas de eventuais vícios porventura existentes no exame de DNA inicialmente realizado. 9- Recurso especial provido. (REsp 1632750; SP; Terceira Turma; Rel. Min. Moura Ribeiro, Rel. p/ Acórdão Min. Nancy Andrighi; Julg. 24/10/2017, DJe 13/11/2017)

✓ APELAÇÃO. AÇÃO DE PRODUÇÃO ANTECIPADA DE PROVA. PEDIDO DE EXIBIÇÃO DA DOCUMENTAÇÃO QUE EMBASA SUPOSTO DÉBITO. INEXISTÊNCIA DE REGULAR PEDIDO ADMINISTRATIVO. NOTIFICAÇÃO APRESENTADA INEFICAZ. SITUAÇÃO TÍPICA DE CARÊNCIA DE AÇÃO POR FALTA DE INTERESSE PROCESSUAL, SEGUNDO A TESE SUFRAGADA NO JULGAMENTO DO RE Nº 631.240-MG PELO COLENDO SUPREMO TRIBUNAL FEDERAL (STF) E JULGAMENTO DO RESP Nº 1.349.453-MS DO COLENDO SUPERIOR TRIBUNAL DE JUSTIÇA (STJ), AMBOS COM REPERCUSSÃO GERAL (ART. 543-C, DO CPC/1973). RECURSO IMPROVIDO. Julgado, pelo C. STF, o Recurso Extraordinário 631.240-MG, corroborado pelo C. STJ (RESP 1.349.453-MS), com repercussão geral, ficou expressa a instituição de condições para o regular exercício do direito de ação compatível com o art. 5º, XXXV, da Constituição Federal. Para se caracterizar a presença de interesse em agir, é exigida, porém, a comprovação do prévio pedido administrativo não atendido. No caso, a notificação apresentada pela parte autora é ineficaz para o fim de ser reconhecido seu interesse de agir, porque não atendeu exigências mínimas e que visam garantir sigilo e segurança das informações dos consumidores. Decorre, naturalmente, a falta de interesse processual da parte autora. (TJ-SP; 10512661020178260100 SP; 31ª Câmara de Direito Privado; Rel. Adilson de Araujo; Julg. 23/11/2017; Data de Publicação: 23/11/2017)

✓ APELAÇÃO. AÇÃO DE PRODUÇÃO ANTECIPADA DE PROVA. PEDIDO DE EXIBIÇÃO DA DOCUMENTAÇÃO QUE EMBASA SUPOSTO DÉBITO. INEXISTÊNCIA DE REGULAR PEDIDO ADMINISTRATIVO. NOTIFICAÇÃO APRESENTADA INEFICAZ. SITUAÇÃO TÍPICA DE CARÊNCIA DE AÇÃO POR FALTA DE INTERESSE PROCESSUAL, SEGUNDO A TESE SUFRAGADA NO JULGAMENTO DO RE Nº 631.240-MG PELO COLENDO SUPREMO TRIBUNAL FEDERAL (STF) E JULGAMENTO DO RESP Nº 1.349.453-MS DO COLENDO SUPERIOR TRIBUNAL DE JUSTIÇA (STJ), AMBOS COM REPERCUSSÃO GERAL (ART. 543-C, DO CPC/1973). RECURSO IMPROVIDO. Julgado, pelo C. STF, o Recurso Extraordinário 631.240-MG, corroborado pelo C. STJ (RESP 1.349.453-MS), com repercussão geral, ficou expressa a instituição de condições para o regular exercício do direito de ação compatível com o art. 5º, XXXV, da Constituição Federal. Para se caracterizar a presença de interesse em agir, é exigida, porém, a comprovação do prévio pedido administrativo não atendido. No caso, a notificação apresentada pela parte autora é ineficaz para o fim de ser reconhecido seu interesse de agir, porque não atendeu exigências mínimas e que visam garantir sigilo e segurança das informações dos consumidores. Decorre, naturalmente, a falta de interesse processual da parte autora. (TJ-SP; 10443323920178260002 SP; 31ª Câmara de Direito Privado; Rel. Adilson de Araujo; Julg. 13/11/2017; Data de Publicação: 13/11/2017).

I – haja fundado receio de que venha a tornar-se impossível ou muito difícil a verificação de certos fatos na pendência da ação;

Cabimento exibição de documentos:

✓ APELAÇÃO CÍVEL. PRODUÇÃO ANTECIPADA DE PROVAS. EXIBIÇÃO DE DOCUMENTOS. CONTRATO DE TELEFONIA. SENTENÇA QUE HOMOLOGOU A PROVA E DEIXOU DE FIXAR HONORÁRIOS ADVOCATÍCIOS. RECURSO DO PATRONO DO AUTOR. PEDIDO DE CONCESSÃO DA JUSTIÇA GRATUITA. POSSIBILIDADE. PRESUNÇÃO DE HIPOSSUFICIÊNCIA FINANCEIRA DECORRENTE DE DECLARAÇÃO FIRMADA. PREVALÊNCIA DA GARANTIA FUNDAMENTAL DO AMPLO ACESSO À JUSTIÇA. INTELIGÊNCIA DO ARTIGO 5º, XXXV E LXXV, DA CONSTITUIÇÃO FEDERAL. BENEFÍCIO DA JUSTIÇA GRATUITA DEFERIDO. PLEITO DE CONDENAÇÃO DA REQUERIDA AO PAGAMENTO DE HONORÁRIOS ADVOCATÍCIOS. POSSIBILIDADE. REQUERIDA QUE SE MANTEVE INERTE AO PEDIDO ADMINISTRATIVO. PRETENSÃO RESISTIDA CONFIGURADA. HONORÁRIOS ADVOCATÍCIOS A SEREM SUPORTADOS PELA PARTE DEMANDADA. INTELIGÊNCIA DO PRINCÍPIO DA SUCUMBÊNCIA E DA CAUSALIDADE. VERBA HONORÁRIA FIXADA EM R$ 1.000,00 (MIL REAIS). OBSERVÂNCIA DOS CRITÉRIOS DO ARTIGO 85, §§ 2º E 8º, DO NOVO CÓDIGO DE PROCESSO CIVIL. RECURSO CONHECIDO E PROVIDO. (TJ-SC; AC 03024058620168240015 Canoinhas; Sexta Câmara de Direito Civil; Rel. Denise Volpato; Julg.29/08/2017)

✓ AGRAVO DE INSTRUMENTO - AÇÃO DE INDENIZAÇÃO POR DANOS MORAIS - PRODUÇÃO ANTECIPADA DE PROVAS - DEMONSTRAÇÃO DE RISCO - DEFERIMENTO. Havendo demonstração de que há riscos de que a prova, a qual pretende seja antecipadamente exibida pela parte autora, irá se perder ou se deteriorar antes da fase de instrução processual, impõe-se o seu deferimento. (TJ-MG; AI 10000170525752001 MG; 17ª Câmara Cível; Rel. Luciano Pinto; Julg. 07/11/0017; Data de Publicação: 10/11/2017)

✓ INTERESSE PROCESSUAL - PRODUÇÃO ANTECIPADA DE PROVA - AUSÊNCIA DO PRESSUPOSTO - PRETENSÃO À JUSTIFICAÇÃO DA ALEGADA POSSE DA AUTORA SOBRE UM IMÓVEL, A FIM DE INSTRUIR FUTURA AÇÃO DE USUCAPIÃO, A DESPEITO DE NÃO HAVER TRANSCORRIDO O PRAZO PRESCRICIONAL AQUISITIVO DESSE INSTITUTO - AUSÊNCIA DE MENÇÃO ACERCA DOS FATOS SOBRE OS QUAIS A PROVA DEVERIA RECAIR, SEGUNDO DICÇÃO DO ART. 382 DO CPC/15, BEM COMO DE INDICAÇÃO DE QUALQUER RISCO DE PERECIMENTO DA PROVA REQUERIDA, NOS MOLDES DO ART. 381, I, DESSE DIPLOMA PROCESSUAL - RECURSO IMPROVIDO. (TJ-SP; APL 10038125520168260266 SP; 23ª Câmara de Direito Privado; Rel. Paulo Roberto de Santana; Julg.27/03/2017; Data de Publicação: 27/03/2017)

✓ PROCESSUAL CIVIL - PRODUÇÃO ANTECIPADA DE PROVA - SERVIÇOS DE TELEFONIA - EXIBIÇÃO DO CONTRATO - TERMO PADRÃO DE ADESÃO - CLÁUSULAS GENÉRICAS - INTERESSE PROCESSUAL - AUSÊNCIA - DOCUMENTO DISPONIBILIZADO VIA INTERNET - IMPROPRIEDADE DO AJUIZAMENTO DA AÇÃO - PRETENSÃO AFASTADA 1 Não há fundamento que enseje a procedência da ação de produção antecipada de prova para exibição de documentos quando não demonstrada a finalidade a ser obtida com o instrumento contratual almejado. Mormente ao se tratar de contrato de prestação de serviços padrão, com cláusulas genéricas, cujo teor pode ser facilmente acessado no sítio eletrônico da empresa de telefonia. 2. É legal e elogiável o ato judicial que obsta demandas de massa, com intuito de mera obtenção de vantagem sem nenhuma razoabilidade, como o ganho de verba honorária sucumbencial até então tida como certa, como nas ações de exibição de documento sem nenhum fundamento, nas quais se confia que a simples indicação de existência de relação jurídica entre as partes já é o bastante para a procedência da demanda. (TJ-SC; AC 03049208520178240039 Lages; Quinta Câmara de Direito Civil; Rel. Luiz Cézar Medeiros; Julg.12/09/2017)

✓ PRESTAÇÃO DE SERVIÇOS. PRODUÇÃO ANTECIPADA DE PROVAS. Plenamente cabível o manejo da produção antecipada de provas visando a obtenção de documentos que se encontram na posse da parte interessada, nos termos do art. 381 do CPC. Sentença anulada. Recurso provido. (TJ-SP; 10051312220168260084 SP; 26ª Câmara de Direito Privado; Rel. Felipe Ferreira; Julg. 24/08/2017; Data de Publicação: 25/08/2017)

✓ PRODUÇÃO ANTECIPADA DE PROVAS – Exibição de documentos – Nome da autora inscrito em rol de inadimplentes por dívida contraída junto à ré – Pretensão à exibição do contrato que ensejou o apontamento levado a cabo – Extinção do feito, por ausência de interesse processual – Hipótese em que a autora, instada a manifestar-se, informou tratar-se a presente demanda de produção antecipada de provas – Demandante que preencheu os requisitos exigidos para a propositura da referida ação – Desnecessária a verificação dos pressupostos exigidos no recurso repetitivo REsp. 1.349.453-MS – Interesse de agir configurado – Sentença anulada – Recurso provido. (TJ-SP; 10013932720178260040 SP; 13ª Câmara de Direito Privado; Rel. Heraldo de Oliveira; Julg. 17/11/2017; Data de Publicação: 17/11/2017).

II – a prova a ser produzida seja suscetível de viabilizar a autocomposição ou outro meio adequado de solução de conflito;

Possibilidade de utilização da exibição de documentos para viabilizar soluções alternativas de composição do litígio:

✓ DECISÃO: ACORDAM os Senhores Desembargadores integrantes do 16ª Câmara Cível por unanimidade, em conhecer e dar provimento ao recurso, nos termos do voto do Relator. EMENTA: APELAÇÃO CÍVEL. AÇÃO DE PRODUÇÃO ANTECIPADA DE PROVA - CONTRATO BANCÁRIO - DETERMINAÇÃO DE EMENDA À PETIÇÃO INICIAL.DESCUMPRIMENTO. INDEFERIMENTO DA PETIÇÃO INICIAL - SENTENÇA ANULADA. 1. De acordo com o novo Código de Processo Civil, a produção antecipada de prova é via adequada para a exibição de contrato bancário, mormente quando visa a solução amigável de conflito ou instruir eventual ação principal. 2. Apelação Cível conhecida e provida. (TJPR; AC - 1634156-5 - Porecatu; 16ª C. Cível; Rel.: Luiz Fernando Tomasi Keppen; Unânime; Julg. 12.04.2017).

A competência é definida pelo local em que se pretende produzir a prova e há previsão expressa da competência da Justiça Estadual para julgar as demandas propostas em face de empresa pública federal, quando, no local, não houver vara federal:

✓ CONFLITO DE COMPETÊNCIA Nº 155.619 - PR (2017/0305906-8) RELATORA: MINISTRA NANCY ANDRIGHI SUSCITANTE: JUÍZO FEDERAL DA 1A VARA DE PATO BRANCO - SJ/PR SUSCITADO: JUÍZO DE DIREITO DA VARA CÍVEL DE CHOPINZINHO - PR INTERES.: TEREZINHA ZINO DE GOIS ADVOGADOS: ARNI DEONILDO HALL - PR013837 GEONIR EDVARD FONSECA VINCENSI - PR017507 MARCELLO KOZIK - PR079120 INTERES.: CAIXA ECONÔMICA FEDERAL CONFLITO NEGATIVO DE COMPETÊNCIA. PROCESSO CIVIL. EXIBIÇÃO DE DOCUMENTOS. AÇÃO AUTÔNOMA DE ANTECIPAÇÃO DE PROVA. JUSTIÇA FEDERAL. COMARCA DO INTERIOR. CUMPRIMENTO PELA JUSTIÇA ESTADUAL. INTELIGÊNCIA DO ARTIGO 381, § 4º, DO CPC/15. 1. O comando inserto no art. 381, § 4º, do CPC/15 explicita que é da competência da Justiça Estadual o julgamento do pedido de antecipação de prova em face da União, entidades autárquicas e empresas públicas federais, caso a localidade não seja sede da Vara Federal. 2. Conflito conhecido, declarando-se competente o juízo estadual suscitado. DECISÃO Cuida-se de conflito negativo de competência instaurado pelo JUÍZO FEDERAL DA 1A VARA DE PATO BRANCO - SJ/PR e do JUÍZO DE DIREITO DA VARA CÍVEL DE CHOPINZINHO - PR. Ação: medida cautelar de exibição de documentos proposta por TEREZINHA ZINO DE GOIS em face da CAIXA ECONÔMICA FEDERAL. Manifestação do Juízo suscitado: declinou da competência tendo em vista a presença de empresa pública federal no polo passivo. Manifestação do Juízo suscitante: suscitou conflito negativo de competência, porquanto a tutela pretendida é a exibição de documento antecedente, tratando-se, na verdade, de ação probatória autônoma (art. 381 do CPC/15). Assim, nos termos do art. 381, § 4º, a Justiça Estadual tem competência para processar a ação em face de empresa pública, caso a comarca não seja sede de Vara Federal. Parecer do MPF: a i. Subprocuradora-Geral da República, Dra. Ana Maria Guerrero Guimarães, opina pelo não conhecimento do conflito. RELATADO O PROCESSO, DECIDO. Narra a autora na petição inicial que pretende a exibição de extratos bancários no período em que se divorciou de seu ex-cônjuge até o seu falecimento para provar que era sua dependente econômica, pois recebia pensão alimentícia de forma voluntária. Conclui-se, portanto, que se trata de medida cautelar de exibição de documentos, visando provar a condição de dependente econômica ao fim de requerer benefício previdenciário junto ao INSS, hipótese regulada pelo art. 381, II, do CPC/15. Confira-se: "Art. 381. A produção antecipada da prova será admitida nos casos em que: (...) II - a prova a ser produzida seja suscetível de viabilizar a autocomposição ou outro meio adequado de solução de conflito" Acerca da competência para o julgamento dessa ação autônoma dispõe o art. 381, §§ 2º a 4º.: "§ 2º A produção antecipada da prova é da competência do juízo do foro onde esta deva ser produzida ou do foro de domicílio do réu. § 3º A produção antecipada da prova não previne a competência do juízo para a ação que venha a ser proposta. § 4º O juízo estadual tem competência para produção antecipada de prova requerida em face da União, de entidade autárquica ou de empresa pública federal se, na localidade, não houver vara federal." Assim, a competência é definida pelo local em que se pretende produzir a prova e há previsão expressa da competência da Justiça Estadual para julgar as demandas propostas em face de empresa pública federal, quando, no local, não houver vara federal. A leitura sistemática do dispositivo evidencia que será da competência da Justiça Estadual o julgamento da demanda em face da União, entidade autárquica ou empresa pública federal, quando o local não for sede da Justiça Federal, independentemente de haver vara federal com jurisdição naquela comarca. Em casos análogos, o STJ já decidiu que as cartas precatórias podem ser cumpridas pelos Juízos Estaduais nas comarcas do interior independentemente de haver Vara Federal com jurisdição sobre elas. Confira-se os seguintes julgados: "Conflito negativo de competência. Ação monitória ajuizada por empresa pública federal. Carta precatória. Vara Federal deprecante. Vara Distrital deprecada. Comarca Estadual sede da Vara Federal. Competência do Juízo deprecante. - O comando inserto no art. 1.213 do CPC explicita que as cartas precatórias, dentre elas as citatórias, expedidas pela Justiça Federal, poderão ser cumpridas nas comarcas do interior pela Justiça Estadual. - O juízo deprecado pode recusar cumprimento à carta precatória, devolvendo-a com despacho motivado, desde que evidenciada uma das hipóteses enumeradas nos incisos do art. 209 do CPC, quais sejam: (i) quando não estiver a carta precatória revestida dos requisitos legais; (ii) quando carecer o juiz de competência, em razão da matéria ou hierarquia; (iii) quando o juiz tiver dúvida acerca de sua autenticidade. - Existindo Vara Federal na Comarca onde se situa o Foro Distrital, não subsiste a delegação de competência prevista no art. 109, § 3º, da CF, permanecendo incólume a competência absoluta da Justiça Federal. Conflito conhecido, declarando-se competente o juízo suscitante." (CC 62.249/SP, de minha relatoria, SEGUNDA SEÇÃO, julgado em 28/06/2006, DJ 01/08/2006, p. 365)"CONFLITO NEGATIVO DE COMPETÊNCIA. PROCESSO PENAL. CARTA PRECATÓRIA. AUSÊNCIA DE JUSTIÇA FEDERAL NA COMARCA DO INTERIOR. CUMPRIMENTO PELA JUSTIÇA ESTADUAL. INTELIGÊNCIA DO ARTIGO 1.213 DO CPC. 1. Sempre que a comarca não for sede da Justiça Federal, as cartas precatórias expedidas por este Juízo deverão ser cumpridas pela Justiça Estadual, conforme preceitua o artigo 1.213 do Código de Processo Civil, que se aplica subsidiariamente, somente admitindo a recusa por parte do Juízo deprecado quando evidenciada uma das hipóteses do artigo 209 do CPC. Precedentes desta Corte. 2. Conflito conhecido para declarar competente o Juízo de Direito da Vara Criminal de Matelândia/PR, o suscitado."(CC 114.422/PR, Terceira Seção, Rel. Min. Marco Aurélio Bellizze, DJe 7.12.2011). Ressalta-se que a comarca de Chopinzinho não é sede da Vara do Juízo Federal suscitante, pois o que há é jurisdição federal sobre aquela comarca. Assim, com muito mais propósito tal entendimento deve ser aplicado na hipótese do art. 381 do CPC/15, ora analisado. Forte nessas razões, CONHEÇO do conflito para declarar a competência do JUÍZO DE DIREITO DA VARA CÍVEL DE CHOPINZINHO - PR, suscitado. Publique-se. Intimem-se. Oficie-se. Brasília, 21 de março de 2018. MINISTRA NANCY ANDRIGHI Relatora (STJ - CC: 155619 PR 2017/0305906-8, Relator: Ministra NANCY ANDRIGHI, Data de Publicação: DJ 26/03/2018).

III – o prévio conhecimento dos fatos possa justificar ou evitar o ajuizamento de ação.

→ *v.* Súmula 455 do STF.

Produção antecipada de provas para permitir o conhecimento prévio dos fatos:

✓ PRODUÇÃO ANTECIPADA DE PROVA. Exibição de documentos. Contrato bancário. Possibilidade. Inteligência do art. 381, III, do CPC. Interesse se agir configurado. Indeferimento da petição inicial afastado. Indeferimento afastado. RECURSO PROVIDO. (TJ-SP; 10057547320168260347 SP; Sexta Câmara de Direito Civil; Rel. Fernando Sastre Redondo; Julg. 09/08/2017; Data de Publicação: 10/08/2017).

§ 1º O arrolamento de bens observará o disposto nesta Seção quando tiver por finalidade apenas a realização de documentação e não a prática de atos de apreensão.

Produção antecipada de provas para arrolamento de bens:

✓ AGRAVO DE INSTRUMENTO. FAMÍLIA E PROCESSUAL CIVIL. AÇÃO DE DIVÓRCIO. ANTECIPAÇÃO DOS EFEITOS DA TUTELA. – INDEFERIMENTO NA ORIGEM. (1) ADMISSIBILIDADE. DOCUMENTOS NOVOS. GRAU RECURSAL. POSSIBILIDADE. LEALDADE PROCESSUAL. OBSERVAÇÃO. – Uma vez "inexistentes o espírito de ocultação premeditada e o propósito de surpreender o juízo, verificada a necessidade, ou a conveniência, da juntada do documento, ao magistrado cumpre admiti-la" (SANTOS, Moacyr Amaral apud DIDIER JR., Fredie; BRAGA, Paula Sarno; OLIVEIRA, Rafael Alexandria de. Curso de direito processual civil: teoria da prova, direito probatório, ações probatórias, decisão, precedente, coisa julgada e antecipação da tutela. 8. ed. rev., ampl. e atual. Salvador: JusPodivm, 2013. v. 2. p. 193). MÉRITO. (2) ALIMENTOS SOLIDÁRIOS. BINÔMIO. NECESSIDADES. NÃO DEMONSTRAÇÃO. ÔNUS PROBATÓRIO DO AUTOR (ART. 373, I, CPC/215) – A ruptura do matrimônio ou da união estável traz inexorável diminuição das condições sociais das partes, não sendo razoável exigir que um dos companheiros tenha que manter o outro nos mesmos moldes de como viviam em conjunto, mormente quando considerado o amplo lapso temporal entre o fim da união e o ajuizamento do pleito alimentar. In casu, os elementos probatórios não demonstram a necessidade de pensionamento. (3) ANTECIPAÇÃO DOS EFEITOS DA TUTELA. ARROLAMENTO DE BENS. REQUISITOS. AUSÊNCIA. LUCROS. DIVISÃO IMEDIATA. INVIABILIDADE. AUDITORIA. PLEITO PREJUDICADO. – A natureza dos bens partilháveis, por si só, não preenche o "fundado receio" exigido pelo inciso I do artigo 381 do Código de Processo Civil de 2015, na medida em que o ordenamento jurídico presume a boa-fé. Assim sendo, na ausência de indícios de dilapidação patrimonial, incabível o deferimento da medida. DECISÃO MANTIDA. RECURSO DESPROVIDO. (TJ-SC; AI 40120245620178240000 Itajaí; Quinta Câmara de Direito Civil; Rel. Henry Petry Junior; Julg. 05/12/2017).

§ 2º A produção antecipada da prova é da competência do juízo do foro onde esta deva ser produzida ou do foro de domicílio do réu.

§ 3º A produção antecipada da prova não previne a competência do juízo para a ação que venha a ser proposta.

Produção antecipada de prova e ausência de prevenção:

✓ Conflito Negativo de Competência – ação ordinária de cobrança de seguro por morte natural e devolução de indébito remetida ao juízo suscitante, sob o argumento de que lá tramitou ação cautelar de exibição de documentos – tutela de urgência que não previne competência para ulterior ação cognitiva ou de execução – inteligência do artigo 381, § 3º, do Novo Código de Processo Civil – precedente – conflito procedente – competência do juízo suscitado. (TJ-SP; 00276321120178260000 SP; Câmara Especial; Rel. Ademir Benedito (Vice-Presidente); Julg.21/08/2017; Data de Publicação: 29/08/2017)

✓ CONFLITO NEGATIVO DE COMPETÊNCIA – CAUTELAR DE PRODUÇÃO ANTECIPADA DE PROVAS – INEXISTÊNCIA DE PREVENÇÃO PARA A AÇÃO DECORRENTE – INTELIGÊNCIA DO ART. 381, § 1º, CPC – COMPETÊNCIA ATRIBUÍDA PELA DISTRIBUIÇÃO LIVRE DA AÇÃO ORDINÁRIA – CONFLITO CONHECIDO PARA DECLARA A COMPETÊNCIA DO JUÍZO SUSCITADO. (TJ-SP; CC 00103306620178260000 SP; Câmara Especial; Rel. Salles Abreu (Pres. Seção de Direito Criminal); Julg. 27/03/2017; Data de Publicação: 28/03/2017)

✓ CONFLITO NEGATIVO DE COMPETÊNCIA. EXIBIÇÃO DE DOCUMENTOS. RECLAMAÇÃO TRABALHISTA. PREVENÇÃO. INOCORRÊNCIA. "A produção antecipada da prova não previne a competência do juízo para a ação que venha a ser proposta" (CPC, art. 381, § 3º; CPC/73, art. 800). Cuida-se de norma processual aplicável ao processo do trabalho, cujo procedimento, na seara juslaborista, é regido pelos arts. 668/669 da CLT. No magistério de Manoel Antônio Teixeira Filho, "a prova poderá ser produzida sem que seja para instruir processo futuro, mas para simples documentação. Esse era o procedimento da justificação (medida cautelar específica) prevista no art. 862 do CPC revogado". Nessa ordem de ideias, a exibição de documentos consiste em medida de caráter satisfativo, conservativo de direito, não ensejando a prevenção do juízo. (TRT-10; CC 00001672320175100000 DF; Rel. Ricardo Alencar Machado; Julg. 30/05/2017)

§ 4º O juízo estadual tem competência para produção antecipada de prova requerida em face da União, de entidade autárquica ou de empresa pública federal se, na localidade, não houver vara federal.

→ v. Art. 109, § 3º, da CF/1988.

Competência da Justiça Estadual para análise de produção antecipada de prova relativo a feito que tramitará na Justiça Federal:

✓ CONFLITO DE COMPETÊNCIA Nº 152.287 – SP (2017/0108016-6) RELATOR: MINISTRO MARCO AURÉLIO BELLIZZE SUSCITANTE: JUÍZO DE DIREITO DA 2A VARA CÍVEL DE PRAIA GRANDE – SP SUSCITADO: JUÍZO FEDERAL DA 1A VARA DE SÃO VICENTE – SJ/SP INTERES.: MARCO MAURICIO DE SOUZA ADVOGADOS: SAMUEL LEONARDO FRANCISCO ALVES SOARES – SP311668 THIEGO SANTOS DE SOUZA – SP334297 JOÃO BARBOSA MOREIRA – SP326232 INTERES.: CAIXA ECONÔMICA FEDERAL INTERES.: CAIXA SEGURADORA S/A INTERES.: JOSE APARECIDO PEREIRA INTERES.: LUCIA ROSA DE SOUZA PEREIRA CONFLITO NEGATIVO DE COMPETÊNCIA. 1. AÇÃO DE PRODUÇÃO ANTECIPADA DE PROVA EM FACE DE EMPRESA PÚBLICA FEDERAL PROMOVIDA PERANTE A JUSTIÇA FEDERAL. DECLÍNIO DA COMPETÊNCIA, COM BASE NO ART. 381, § 4º, DO CPC. JUÍZO ESTADUAL, INVESTIDO, POR DELEGAÇÃO, DE JURISDIÇÃO FEDERAL QUE SUSCITA O PRESENTE CONFLITO DE COMPETÊNCIA. COMPETÊNCIA DO RESPECTIVO TRI-

BUNAL REGIONAL FEDERAL PARA DIRIMÍ-LO, A TEOR DO ENUNCIADO N. 3 DA SÚMULA DO STJ. 2. CONFLITO DE COMPETÊNCIA NÃO CONHECIDO, DETERMINANDO-SE A REMESSA DOS AUTOS, COM URGÊNCIA, AO RESPECTIVO TRF. 1. O presente conflito negativo de competência envolve, de um lado, o Juízo federal, competente originariamente para conhecer e julgar ação em que conste como parte a União, entidade autárquica ou empresa pública federal, e, de outro, o Juízo estadual, investido, por delegação, de jurisdição federal, a ser dirimido pelo respectivo Tribunal Regional Federal, a teor do enunciado n. 3 da Súmula do STJ. 2. Conflito de competência não conhecido, com determinação, com urgência a considerar o nítido viés acautelatório da ação de produção antecipada de provas, a remessa dos autos ao Tribunal Regional Federa da 3ª Região. DECISÃO Cuida-se de conflito de competência negativo instaurado entre o Juízo de Direito da 2ª Vara Cível de Praia Grande/SP, como suscitante, e o Juízo Federal da 1ª Vara de São Vicente – SJ/SP, como suscitado, no bojo de ação de produção antecipada de provas, promovida por Marco Maurício de Souza contra Caixa Econômica Federal, Caixa de Seguros S/A, José Aparecido Pereira e Lúcia Rosa de Souza Pereira, tendo por propósito obter o provimento jurisdicional destinado à realização de perícia técnica em imóvel de sua propriedade, situado no município de Praia Grande/SP, objeto de financiamento imobiliário firmado com a primeira ré, bem como à oitiva de testemunhas e à requisição de documentos aos réus e à Prefeitura Municipal. A referida ação de produção antecipada de provas foi promovida perante o Juízo Federal da 1ª Vara de São Vicente – SJ/SP, que declinou de sua competência, sob os seguintes fundamentos: [...] não vislumbro, no presente caso, razões que justifiquem a competência desta vara para o processamento e julgamento da presente ação. Isto porque o artigo 381 do Código de Processo Civil, invocado pelo autor, diz que (g.n.): Art. 381. A produção antecipada da prova será admitida nos casos em que: (...) § 2º A produção antecipada da prova é da competência do juízo do foro onde esta deve ser produzia ou do foro de domicílio do réu. § 3º A produção antecipada da prova não previne a competência do juízo para a ação que venha a ser proposta. § 4º O Juízo estadual tem competência para produção antecipada de prova requerida em face da União, de entidade autárquica ou de empresa pública federal, se, na localidade, não houver vara federal (...) Tal dispositivo cuida, inclusive, de competência delegada à Justiça Estadual com o fito de facilitar o acesso das partes ao Judiciário. Destarte, em municípios onde não há varas federais, a produção antecipada de provas há de ser ajuizada e processada perante o Juízo de Direito do foro onde devam ser produzidas. Mesmo com a existência de vara federal com jurisdição sobre esse município, isso não tem o condão de modificar a competência fixada pela novel legislação processual. No caso dos autos, a prova pericial requerida, bem como a testemunhal, será produzida em Praia Grande. Por isso, determino a remessa dos autos ao Juízo Estadual de Praia Grande, com a respectiva baixa, ressaltando que, consoante disposto no § 3º do artigo 381 acima transcrito, a produção antecipada da prova sob comando da Justiça Estadual não previne aquele Juízo. (e-STJ, fls. 99-100) Distribuído o feito ao Juízo da 2ª Vara Cível da Comarca de Praia Grande/SP, este reconheceu a sua incompetência e suscitou o presente conflito de competência, sob os seguintes fundamentos: [...] No caso em análise, o polo passivo também é ocupado por empresa pública federal, sendo certo nos termos do art. 109, inciso I, da Constituição Federal, firma-se a competência absoluta da Justiça Federal, competência esta prevista em norma constitucional e que não poder ser alterada por mera legislação adjetiva. Ademais, ainda que se aceitasse a alteração/ampliação de competência sem mudança no texto constitucional, por simples legislação ordinária, a regra do artigo 381, par.4º, do Código de Processo Civil jamais poderia ser interpretada como mitigação da competência da Justiça Federal, mas mera faculdade do jurisdicionado que poderia optar por demanda perante a Justiça Estadual, se na localidade não houvesse Vara Federal instalada. Oportuno salientar que a intenção do legislador (ainda que em violação de regra constitucional) parece ter sido foi facilitar o acesso à justiça de jurisdicionados que se encontram instalados em regiões longínquas, que distam vários quilômetros das sedes de Varas Federais, o que não se verifica no presente caso, vez que as cidades da Baixada Santista estão integradas em região metropolitana e se desenvolveram uma ao lado da outra, de tal modo que acabaram se unindo como se fosse uma, formando uma conurbação. Ademais, o fórum da Comarca de Praia Grande dista pouco mais de 10 km do fórum da sede da Justiça Federal de São Vicente, sendo certo que as cidades da região são servidas com rede regular de transporte urbano intermunicipal. Deste modo, não havendo competência absoluta da Justiça Estadual para o processamento da produção antecipada de provas, não poderia o juízo suscitado declinar de ofício e determinar a remessa dos autos ao juízo que entende competente, supondo dificuldades que o autor não vislumbrou na propositura da ação, escorando-se em regra que viola texto constitucional, sendo certo que o feito pode ter seu curso normal na Vara Federal de São Vicente, onde deverá ser proposta a ação principal, que tem competência jurisdicional sobre o município de Praia Grande para questões afetas à área federal, inclusive para produção da prova postulada nos limites de sua área de atuação jurisdicional. (e-STJ, fls. 1-3) O demandante da ação subjacente ao presente conflito de competência requereu, em tutela de urgência, seja determinado "um juízo (estadual ou federal) para tomar as medidas urgentes que o caso requer, especialmente a nomeação do perito e designação urgente da perícia in limine litis e inaudita altera pars, até que o presente conflito de competência seja julgado, em respeito ao princípio da dignidade da pessoa humana" (e-STJ, fls. 109-113). Brevemente relatado, decido. O presente conflito de competência não pode ser conhecido pelo Superior Tribunal de Justiça, a teor do enunciado n. 3 da Súmula do STJ. A definição da competência para conhecer e julgar a subjacente ação de produção antecipada de prova perpassa pela interpretação do art. 381, §§ 3º e 4º – disposição legal inédita -, que encerra hipótese de competência delegada, admitida pela Constituição Federal, em seu art. 109, § 3º, parte final, com o nítido escopo de viabilizar o acesso à Jurisdição, indiscutivelmente. Como se constata, o presente conflito negativo de competência envolve, de um lado, o Juízo federal, competente originariamente para conhecer e julgar ação em que conste como parte a União, entidade autárquica ou empresa pública federal, e, de outro, o Juízo estadual, investido, por delegação, de jurisdição federal, a ser dirimido pelo respectivo Tribunal Regional Federal. Por conseguinte, o presente incidente não comporta conhecimento por parte do Superior Tribunal de Justiça. Em arremate, na esteira dos fundamentos acima delineados, não conheço do presente conflito de competência, determinando-se, com urgência a considerar o nítido viés acautelatório da ação de produção antecipada de provas, a remessa dos autos ao Tribunal Regional Federa da 3ª Região. Publique-se. Brasília (DF), 29 de junho de 2017. MINISTRO MARCO AURÉLIO BELLIZZE, Relator (STJ; CC 152287 SP 2017/0108016-6; Rel. Ministro Marco Aurélio Bellizze, Data de Publicação: DJ 01/08/2017)

§ 5º Aplica-se o disposto nesta Seção àquele que pretender justificar a existência de algum fato ou relação jurídica para simples documento e sem caráter contencioso, que exporá, em petição circunstanciada, a sua intenção.

→ *V.* Súmula 32 do STJ.

→ *V.* Arts. 46, § 3º, 69, § 2º, 89, e 113 da Lei 6.015/1973.

Justificação por meio da produção antecipada de provas:

✓ APELAÇÃO CÍVEL. AÇÃO DE PRODUÇÃO ANTECIPADA DE PROVA POR MEIO DE JUSTIFICAÇÃO. AQUISIÇÃO DE VEÍCULO AUTOMOTOR. PROBLEMAS DE PERDA DE POTÊNCIA. PEDIDO DE PRODUÇÃO DE PARECER TÉCNICO VIA PERÍCIA MINUCIOSA PELA CONCESSIONÁRIA COM DETALHAMENTO DOS MOTIVOS DA FALHA NO MOTOR. PROVA REQUERIDA PARA SUBSIDIAR FUTURA AÇÃO CONTRA O SUPOSTO CAUSADOR DO DANO (POSTO DE GASOLINA QUE COMERCIALIZAVA COMBUSTÍVEL ADULTERADO). AUSÊNCIA DE OBRIGAÇÃO LEGAL DA CONCESSIONÁRIA. VEÍCULO CONSERTADO. OBRIGAÇÃO CUMPRIDA. OBSERVÂNCIA AO PRINCÍPIO DO CONTRADITÓRIO E DA AMPLA DEFESA. SENTENÇA MANTIDA. RECURSO DESPROVIDO. (TJ-SC; AC 03017624520168240075 Tubarão; Terceira Câmara de Direito Civil; Rel. Fernando Carioni; Julg. 05/12/2017).

Art. 382. Na petição, o requerente apresentará as razões que justificam a necessidade de antecipação da prova e mencionará com precisão os fatos sobre os quais a prova há de recair.

§ 1º O juiz determinará, de ofício ou a requerimento da parte, a citação de interessados na produção da prova ou no fato a ser provado, salvo se inexistente caráter contencioso.

Citação dos interessados:

✓ Agravo de Instrumento – Ação de obrigação de fazer cumulada com pedido de indenização – Inicial recebida como pedido de produção antecipada de prova, determinando-se, com fulcro no art. 382, § 1º, do CPC, a citação do réu para, no prazo de 15 dias, exibir o documento solicitado – Inadmissibilidade, tendo-se em vista o caráter contencioso da presente medida – Citação que deve ser feita para apresentação de defesa, no prazo de quinze dias – Determinação para exibição do documento solicitado que deve ser afastada – Matérias deduzidas na defesa que ainda deverão ser apreciadas pelo douto Magistrado, após a oitiva do autor – Recurso do réu provido, com observação. (TJ-SP; 21090763220178260000 SP; 14ª Câmara de Direito Privado; Rel. Thiago de Siqueira; Julg. 14/08/2017; Data de Publicação: 14/08/2017)

Irrecorribilidade previsto no §4º:

✓ AGRAVO EM RECURSO ESPECIAL Nº 1.251.189 - SE (2018/0038056-7) RELATOR: MINISTRO LÁZARO GUIMARÃES (DESEMBARGADOR CONVOCADO DO TRF 5ª REGIÃO) AGRAVANTE: REINALDO OLIVEIRA DE JESUS ADVOGADOS: BRUNO AUGUSTO SAMPAIO FUGA - PR048250 JULIANA TRAUTWEIN CHEDE E OUTRO (S) - SE001026A AGRAVADO: SEGURADORA LIDER DO CONSÓRCIO DO SEGURO DPVAT SA ADVOGADO: RODRIGO AYRES MARTINS DE OLIVEIRA E OUTRO (S) - SE000918A DECISÃO Trata-se de agravo de decisão que inadmitiu recurso especial fundado no art. 105, III, a e c, da Constituição Federal, interposto contra v. acórdão do eg. Tribunal de Justiça do Estado de Sergipe, assim ementado: "APELAÇÃO CÍVEL - AÇÃO DE PRODUÇÃO ANTECIPADA DE PROVA - IRRECORRIBILIDADE DE DECISÕES PROFERIDAS NA AÇÃO AUTÔNOMA PROBATÓRIA - OBSERVÂNCIA DO ART. 382, § 4º, DO CPC - NÃO CONHECIMENTO DO APELO - INTELIGÊNCIA DO ART. 932, III, DO ALUDIDO DIPLOMA LEGAL - POR MAIORIA." (e-STJ, fl. 184) Nas razões do recurso especial, a parte agravante alega violação dos arts. 20 do Código de Processo Civil de 1973 e 82, 305, 381 e 396 do CPC/2015 e divergência jurisprudencial, sustentando, em síntese, que houve pretensão resistida e, por isso, deve haver condenação aos ônus da sucumbência da parte contrária. É o relatório. Decido. O Tribunal de origem, ao não conhecer do recurso de apelação do recorrente, consignou que a previsão do art. 382, § 4º do Novo CPC prevê a irrecorribilidade de decisões proferidas na ação autônoma probatória, somente admitindo a apelação contra a sentença que inadmitir totalmente a produção da prova e com isso extinguir o processo, o que não ocorreu no caso dos autos em que o magistrado homologou a prova acolhida, nos seguintes termos: "Cuida-se de Ação de Produção de Antecipação de prova manejada por Reinaldo Oliveira de Jesus contra SEGURADORA LÍDER DOS CONSÓRCIOS DO SEGURO DPVAT S/A, visando cópia do processo administrativo de seguro DPVAT, por força do acidente trânsito ocorrido em 06.06.2014. A magistrado homologou a prova colhida no presente incidente, deixando de condenar no pagamento das custas, ante o deferimento a quo dos benefícios da Justiça Gratuita em favor do autor e por não haver resistência, assim como, em honorários de sucumbência, sob alegação de que o AR juntado aos autos não comprova de forma cabal o seu conteúdo. Inconformado, o Autor interpôs recurso de Apelação, argumentando que houve pretensão resistida, vez que o AR juntado aos autos demonstra a recusa da Seguradora em fornecer os documentos pleiteados. Pois bem. Analisando os autos, verifico um óbice ao conhecimento deste recurso, qual seja, a dicção do art. 382, § 4º, do CPC, que dispõe de forma clara acerca da irrecorribilidade de decisões como a que ora se impugna. Eis sua literalidade: Art. 382. Na petição, o requerente apresentará as razões que justificam a necessidade de antecipação da prova e mencionará com precisão os fatos sobre os quais a prova há de recair. § 4º Neste procedimento, não se admitirá defesa ou recurso, salvo contra decisão que indeferir totalmente a produção da prova pleiteada pelo requerente originário. Acerca do tema, trago à baila as sábias palavras de Daniel Amorim Assumpção Neves: Note-se que a previsão do art. 382, § 4º do Novo CPC prevê a irrecorribilidade de decisões proferidas na ação autônoma probatória, somente admitindo a apelação contra a sentença que inadmitir totalmente a produção da prova e com isso extinguir o processo. Nem mesmo o indeferimento parcial é recorrível, porque embora seja realizado por meio de uma decisão interlocutória de mérito, se afasta a aplicação do art. 1015, II, do Novo CPC pela expressa previsão de irrecorribilidade. Como se nota, não se trata de irrecorribilidade por agravo, mas de irrecorribilidade por qualquer espécie recursal. Havendo violação a direito líquido e certo à produção da prova, será cabível mandado de segurança contra a decisão judicial. (Novo Código de Processo Civil Comentado artigo por artigo, Ed. Jus Podivm, Salvador, 2016, fls. 678) Assim, verifico não ser possível conhecer o presente apelo, na forma do artigo 932, III do Novo Código de Processo Civil, a saber: Art. 932.

Incumbe ao relator:... III não conhecer de recurso inadmissível prejudicado ou que não tenha impugnado especificamente os fundamentos da decisão recorrida; Diante dessas razões, o recurso é inadmissível e, portanto, não pode ser conhecido na forma do art. 932 do Novo CPC."(e-STJ, fls. 185/186). O Tribunal de origem, ao aplicar o disposto no art. 382, § 4º, e 932, III, do CPC/2015, concluiu pela irrecorribilidade de decisões em ações autônomas probatórias quando a produção da prova for deferida, como no caso dos autos. Contudo, tal fundamento, autônomo e suficiente à manutenção do v. acórdão recorrido, não foi impugnado nas razões do recurso especial, convocando, na hipótese, a incidência da Súmula 283/STF, segundo a qual "É inadmissível o recurso extraordinário, quando a decisão recorrida assenta em mais de um fundamento suficiente e o recurso não abrange todos eles". Além disso, a alteração da conclusão do acórdão recorrido acerca da ausência de resistência no caso dos autos, como pretende o recorrente, importaria na análise dos elementos fático-probatórios dos autos, providência vedada ante o óbice da Súmula 7/STJ. Diante do exposto, nos termos do art. 253, parágrafo único, II, b, do RISTJ, conheço do agravo para negar provimento ao recurso especial. Publique-se. Brasília, 15 de março de 2018. MINISTRO LÁZARO GUIMARÃES (DESEMBARGADOR CONVOCADO DO TRF 5ª REGIÃO) Relator (STJ - AREsp: 1251189 SE 2018/0038056-7, Relator: Ministro LÁZARO GUIMARÃES (DESEMBARGADOR CONVOCADO DO TRF 5ª REGIÃO), Data de Publicação: DJ 19/03/2018)

✓ RECURSO ESPECIAL Nº 1.772.594 - SE (2018/0264268-9) RELATOR: MINISTRO RAUL ARAÚJO RECORRENTE: MARIO ANTONIO DOS SANTOS ADVOGADOS: BRUNO AUGUSTO SAMPAIO FUGA - SP352413 JULIANA TRAUTWEIN CHEDE E OUTRO(S) - SE001026 RECORRIDO: SEGURADORA LIDER DO CONSORCIO DO SEGURO DPVAT SA ADVOGADO: RODRIGO AYRES MARTINS DE OLIVEIRA E OUTRO(S) - BA043925 DECISÃO Trata-se de recurso especial interposto por MARIO ANTONIO DOS SANTOS, com fundamento no art. 105, III, "a" e "c", da Constituição Federal, contra acórdão do eg. Tribunal de Justiça do Estado de Sergipe, assim ementado: "AGRAVO REGIMENTAL - NÃO CONHECIMENTO DA APELAÇÃO CÍVEL - MAGISTRADO QUE SEGUIU O PROCEDIMENTO DO ART. 381 E SS. DO CPC - RITO QUE VEDA A INTERPOSIÇÃO DE RECURSO - ARTIGO 382, §4º, DO DIPLOMA CITADO - INTELIGÊNCIA DO ARTIGO 932, III, DO CPC - MANUTENÇÃO - RECURSO CONHECIDO E IMPROVIDO." Os embargos de declaração opostos foram rejeitados (fls. 373/375). Em suas razões recursais, a recorrente aponta violação dos arts. 20 do Código Civil de 1973; 82 e seguintes, 305, 381, 396, do Código de Processo Civil de 2015, e divergência jurisprudencial, defendendo a necessidade de condenação da parte recorrida ao pagamento de honorários sucumbenciais, uma vez que foi negado o pedido administrativo e que houve pretensão resistida em apresentar os documentos solicitados. Apresentadas contrarrazões às fls. 437/442. É o relatório. O Tribunal de origem, ao manter a decisão que não conheceu da apelação interposta pela parte recorrente, expressamente consignou que não restou comprovada nos autos a alegada resistência da parte recorrida em fornecer os documentos na esfera administrativa. É o que se extrai do seguinte trecho do acórdão recorrido: "Ao analisar as razões recursais, verifiquei que o recurso não deveria ser conhecido, uma vez que o mesmo era inadmissível, tendo em vista o comando do artigo 382, §4º do CPC, senão vejamos: Inicialmente, cabe frisar que o procedimento iniciou-se em 01/09/2016, sendo assim, sob a égide do CPC/2015. Desta forma, deve o pleito recursal ser analisado conforme suas normas. Analisando as razões recursais, verifico que o recurso não deve ser conhecido, uma vez que o recurso é inadmissível tendo em vista o comando do artigo 382, §4º do CPC. Para melhor análise, reproduzo a norma mencionada: Art. 382. Na petição, o requerente apresentará as razões que justificam a necessidade de antecipação da prova e mencionará com precisão os fatos sobre os quais a prova há de recair. (...) § 4º Neste procedimento, não se admitirá defesa ou recurso, salvo contra decisão que indeferir totalmente a produção da prova pleiteada pelo requerente originário. Da leitura do comando sentencial percebe-se que aquela possui cunho meramente homologatório do procedimento intentado. Reconhecendo a satisfação do direito, o magistrado homologou a prova colhida no presente feito. Por conseguinte, não houve qualquer insurgência acerca do rito aplicado, encontrando-se preclusa a presente matéria. Neste sentido, tendo o magistrado prosseguido com o rito da produção antecipada de provas (Art. 381 e ss.) e sendo vedada expressamente a possibilidade de recurso pela lei pátria, mostra-se o presente apelo plenamente inadmissível. O art. 932, III, do Diploma Adjetivo Civil permite o não conhecimento a recurso inadmissível, prejudicado ou que não tenha impugnado especificadamente o fundamento da decisão recorrida. Por essas razões, não conheço do recurso. Nesse sentido, por aplicação do artigo 932, III, do CPC, não fora conhecida a apelação cível, haja vista que o recurso era inadmissível. De qualquer sorte, insta salientar que a sentença de piso foi apenas no sentido de homologar as provas trazidas aos autos pela Seguradora requerida, não restando imposta nenhuma condenação a título de honorários advocatícios, pois não havia nos autos prova cabal de resistência na esfera administrativa da requerida." (fl. 300, g.n.) Consoante a jurisprudência desta Corte Superior, à luz dos princípios da sucumbência e da causalidade, são devidos honorários advocatícios em ações cautelares de exibição de documentos e produção antecipada de provas, desde que demonstrada a recusa administrativa e configurada a resistência pela parte ré em fornecer os documentos. Nesse sentido, os seguintes precedentes: "AGRAVO INTERNO NO AGRAVO EM RECURSO ESPECIAL - AÇÃO DE PRODUÇÃO ANTECIPADA DE PROVAS - AUSÊNCIA DE PRETENSÃO RESISTIDA - DESCABIMENTO DA CONDENAÇÃO EM ÔNUS SUCUMBENCIAIS - DECISÃO MONOCRÁTICA QUE NEGOU PROVIMENTO AO RECLAMO. IRRESIGNAÇÃO DA PARTE AUTORA. 1. A jurisprudência do STJ caminha no sentido de que, à luz dos princípios da sucumbência e da causalidade, são devidos honorários advocatícios em ações cautelares de exibição de documentos e produção antecipada de provas, desde que demonstrada a recusa administrativa e configurada a resistência pela parte ré em fornecê-los. Precedentes. 2. O Tribunal de origem, com base na análise dos elementos fáticos e probatórios dos autos, entendeu que não houve resistência na apresentação dos documentos requeridos no incidente de produção antecipada de provas. Assim, para se rever tal entendimento demandaria, inevitavelmente, o exame do contexto fático-probatório dos autos, atraindo o óbice da Súmula 7/STJ. Precedentes. 3. Agravo interno desprovido." (AgInt no AREsp 1221810/SE, Rel. Ministro MARCO BUZZI, QUARTA TURMA, julgado em 19/06/2018, DJe 26/06/2018, g.n.) "PROCESSUAL CIVIL. AÇÃO CAUTELAR DE PRODUÇÃO ANTECIPADA DE PROVAS. EXISTÊNCIA DE PRETENSÃO RESISTIDA. CONDENAÇÃO DO RÉU AO PAGAMENTO DOS ÔNUS SUCUMBENCIAIS. POSSIBILIDADE. AGRAVO REGIMENTAL NÃO

PROVIDO. 1. É cabível a condenação do réu, em ação cautelar de produção antecipada de provas, se vencido, ao pagamento dos ônus sucumbenciais quando caracterizada a resistência à pretensão autoral. 2. Tendo a Corte de origem expressamente manifestado a existência de resistência qualificada à pretensão autoral, inclusive com a apresentação de contestação e agravo de instrumento, não há falar em irregularidade na condenação da ré ao pagamento de honorários e demais despesas processuais. 3. Agravo regimental a que se nega provimento. (AgRg no AREsp 513.903/SP, de minha relatoria, QUARTA TURMA, julgado em 25/08/2015, DJe 16/09/2015; g.n.) Assim, tendo a Corte de origem expressamente consignado que não houve resistência na da parte recorrida na esfera administrativa, a revisão deste entendimento a fim de condenar a parte recorrida ao pagamento de honorários sucumbenciais demandaria, inevitavelmente, o exame do contexto fático-probatório dos autos, principalmente para se verificar a adequação do pedido administrativo, o que é vedado em sede de recurso especial, atraindo o óbice da Súmula 7/STJ. Diante do exposto, nos termos do art. 255, § 4º, II, do RISTJ, nego provimento ao recurso especial. Deixo de majorar os honorários previstos no art. 85, §11, do CPC, haja vista não ter havido fixação prévia. Publique-se. Brasília (DF), 1º de agosto de 2019. MINISTRO RAUL ARAÚJO Relator (STJ – REsp: 1772594 SE 2018/0264268-9, Relator: Ministro RAUL ARAÚJO, Data de Publicação: DJ 15/08/2019)

§ 2º O juiz não se pronunciará sobre a ocorrência ou a inocorrência do fato, nem sobre as respectivas consequências jurídicas.

→ *v.* Enunciado 5 do CEAPRO: No depoimento pessoal, a parte contrária deve ter o mesmo tratamento da parte depoente, ou seja, cabe ao magistrado a definição prévia acerca da permanência das partes quando do depoimento da parte contrária.

Limites à cognição do juiz:

✓ APELAÇÃO. Da produção antecipada da prova. Art. 381 e seguintes do CPC/2015. Pretensão da autora que revela nítida intenção de inversão do ônus da prova. Inadmissibilidade, no caso concreto. Art. 382, § 2º, do CPC/2015: "O juiz não se pronunciará sobre a ocorrência ou a inocorrência do fato, nem sobre as respectivas consequências jurídicas." Sentença mantida por seus próprios fundamentos, nos termos do art. 252 do Regimento Interno do Tribunal de Justiça do Estado de São Paulo. Recurso desprovido. (TJ-SP; 10025565220168260242 SP; 38ª Câmara de Direito Privado; Rel. Flávio Cunha da Silva; Julg. 27/09/2017; Data de Publicação: 28/09/2017)

✓ APELAÇÃO CÍVEL – AÇÃO DE PRODUÇÃO ANTECIPADA DE PROVAS – DECISÃO QUE EXTINGUIU O FEITO SEM RESOLUÇÃO DE MÉRITO – FORO PRIVILEGIADO POR PRERROGATIVA DE FUNÇÃO – IMPOSSIBILIDADE DE PRONUNCIAMENTO DO MAGISTRADO ACERCA DAS CONSEQUÊNCIAS JURÍDICAS DA PRODUÇÃO DA PROVA – ART. 382, § 2º, DO CPC – NULIDADE DA SENTENÇA. – Na ação de produção antecipada de provas não cabe ao juiz se pronunciar acerca das consequências jurídicas da produção da prova pleiteada, cumprindo ao magistrado tão somente viabilizar que a prova seja produzida. (TJ-MG; AC 10280160043798001 MG; 3ª Câmara Cível; Rel. Jair Varão; Julg. 23/03/2017; Data de Publicação: 11/04/2017)

§ 3º Os interessados poderão requerer a produção de qualquer prova no mesmo procedimento, desde que relacionada ao mesmo fato, salvo se a sua produção conjunta acarretar excessiva demora.

§ 4º Neste procedimento, não se admitirá defesa ou recurso, salvo contra decisão que indeferir totalmente a produção da prova pleiteada pelo requerente originário.

→ **v.** Enunciado 32 do CJF: – A vedação à apresentação de defesa prevista no art. 382, § 4º, do CPC, não impede a alegação pelo réu de matérias defensivas conhecíveis de ofício.

Apresentação de defesa e interposição de recurso na produção antecipada de provas:

✓ PROCESSUAL CIVIL. MEDIDA CAUTELAR DE PRODUÇÃO ANTECIPADA DE PROVA. PERÍCIA EM EDIFÍCIO RESIDENCIAL PARA AVERIGUAÇÃO DE VÍCIOS CONSTRUTIVOS. PROVA PRODUZIDA. SENTENÇA HOMOLOGATÓRIA. INSURGÊNCIA DA REQUERIDA. PEDIDO DE NÃO CONHECIMENTO DO RECURSO EM CONTRARRAZÕES, POR FALTA DE DIALETICIDADE. INSUBSISTÊNCIA. CLAREZA DAS RAZÕES E EXISTÊNCIA DE IMPUGNAÇÕES ESPECÍFICAS À SENTENÇA. APLICAÇÃO DO ART. 382, § 4º, DO NOVO CPC. VERIFICAÇÃO DO CABIMENTO DO RECURSO. CONTRADITÓRIO E AMPLA DEFESA DIFERIDOS NO PROCEDIMENTO CAUTELAR. RECURSO CABÍVEL APENAS PARA DISCUSSÃO DE QUESTÕES PROCESSUAIS COGENTES (DE ORDEM PÚBLICA), CONFORME INTERPRETAÇÃO DOUTRINÁRIA. CONSIDERAÇÕES DA REQUERIDA ACERCA DO CONTEÚDO E DA ADEQUAÇÃO METODOLÓGICA DO LAUDO PERICIAL. RECURSO NÃO CONHECIDO NO PONTO. NATUREZA MERAMENTE HOMOLOGATÓRIA DA MEDIDA CAUTELAR. INVIABILIDADE DE VALORAÇÃO DA PROVA. LAUDO TÉCNICO, ADEMAIS, PRODUZIDO COM PLENO RESPEITO ÀS NORMAS PROCESSUAIS, POIS PREENCHIDOS OS REQUISITOS DO ART. 473 DO CPC. VERBAS SUCUMBENCIAIS. RESISTÊNCIA À PRETENSÃO CAUTELAR SUFICIENTEMENTE CARACTERIZADA PELA APRESENTAÇÃO DE CONTESTAÇÃO E IMPUGNAÇÃO. RESPONSABILIDADE DA PARTE VENCIDA PELAS CUSTAS PROCESSUAIS E HONORÁRIOS, TANTO OS PERICIAIS COMO OS ADVOCATÍCIOS. PRECEDENTE DO STJ. SENTENÇA MANTIDA. FIXAÇÃO DE HONORÁRIOS RECURSAIS. RECURSO CONHECIDO EM PARTE E, NESTA EXTENSÃO, DESPROVIDO. 1. "O momento próprio para impugnar a higidez do laudo pericial produzido através de medida cautelar de produção antecipada de provas é no curso normal da ação cognitiva, até porque os estreitos limites daquela natureza processual conservativa não admitem impugnações ou contraditas" (TJ-SC; AC 03051461620158240054 Rio do Sul; Terceira Câmara de Direito Civil; Rel. Marcus Tulio Sartorato; Julg. 04/07/2017)

✓ VISTOS. 1. Trata-se de agravo de instrumento interposto por Banco Itaucard S/A da decisão de fls. 66/67, proferida na "ação de produção antecipada de provas" ajuizada por Maria Leocidia Veneski, que determinou a apresentação do contrato de financiamento atrelado ao CPF da autora em 15 (quinze) dias, sob pena de multa diária de R$1.000,00 (mil reais). Sustenta o agravante que o não cumprimento voluntário da obrigação de exibir documentos não pode ensejar a cominação de multa diária, na medida em que as consequências do desatendimento da determinação já vêm estabelecidas pelo legislador, passando-se a admitir como verdadeiros os fatos que pelo documento se pretendia provar na ação ordinária. Considera que o juiz deve avaliar a utilidade e efetividade da medida coercitiva a ser aplicada e que o valor arbitrado é excessivo, especialmente porque as astreintes não têm função reparatória ou indenizatória. Destaca que não foi demonstrada a existência de eventual relação jurídica entre as partes e requer o provimento do recurso, com o afastamento da multa aplicada, que estaria contrariando a Súmula 372, do Superior Tribunal de Justiça, ou, alternativamente, sua redução. O efeito suspensivo postulado foi indeferido às fls. 78/79-verso e a agravada, apesar de intimada, não apresentou contrarrazões (fl.82). 2. A decisão recorrida foi proferida quando já em vigor o Novo Código de Processo Civil, de modo que deve ser observada a nova legislação, conforme enunciado administrativo nº 3, do e. Superior Tribunal de Justiça: "Aos recursos interpostos com fundamento no CPC/2015 (relativos a decisões publicadas a partir de 18 de março de 2016) serão exigidos os requisitos de admissibilidade recursal na forma do novo CPC." Maria Leocidia Veneski propôs "ação de produção antecipada de prova", em julho de 2016, quando já em vigor o Novo Código de Processo Civil, requerendo fosse determinada ao Banco Itaucard S/A a apresentação do contrato de financiamento que teria sido firmado mediante o uso indevido de seu CPF. O Juízo a quo, ao receber a petição inicial, determinou que o requerido, em 15 (quinze) dias, apresentasse "os documentos solicitados (contratos firmados e extratos da conta), sob pena de incidir em multa diária no valor de R$1.000,00 (mil reais)". Considerando que referida decisão poderia importar em lesão de difícil reparação, em razão da multa arbitrada, o Banco Itaucard S/A interpôs o presente agravo de instrumento. Inobstante o indeferimento do efeito suspensivo postulado e a determinação de processamento do recurso, o agravo de instrumento não comporta conhecimento. De acordo com o artigo 1015, inciso VI, do CPC, é cabível agravo de instrumento contra decisão interlocutória que versar sobre "exibição ou posse de documento ou coisa". Todavia, trata-se de procedimento de produção antecipada de provas, formulado com base nos artigos 381 e seguintes do CPC, e não de ação de exibição de documento (arts. 396 e ss., CPC). O § 4º do artigo 382 do CPC expressamente veda a interposição de recurso no procedimento de produção antecipada de provas, salvo em caso de uma única exceção, que não se amolda à presente hipótese: "Art. 382. (...) § 4º. Neste procedimento, não se admitirá defesa ou recurso, salvo contra decisão que indeferir totalmente a produção da prova pleiteada pelo requerente originário." Deste modo, diante da expressa vedação legal (art. 382, § 4º. CPC), nego seguimento ao agravo de instrumento, com fulcro no artigo 932, inciso III, do Novo Código de Processo Civil, porque manifestamente inadmissível. Intimem-se. Em 08 de fevereiro de 2017 Desª ÂNGELA KHURY – Relatora (TJ-PR; AI 15790351 PR 1579035-1 (Decisão Monocrática); 10ª Câmara Cível; Rel. Ângela Khury; Julg. 10/02/2017; Data de Publicação: DJ: 1986 10/03/2017)

✓ VOTO Nº 25421 AÇÃO AUTÔNOMA DE EXIBIÇÃO DE DOCUMENTOS. Admissibilidade como produção antecipada de provas. Incidência do regramento previsto nos arts. 381 e seguintes do CPC. Recurso cabível somente quando indeferida a produção da prova pleiteada. Inteligência do art. 382, § 4º, do CPC. Sentença que homologou a produção antecipada de provas. Sentença irrecorrível. Recurso não conhecido. (TJ-SP; 10087309720178260224 SP; 12ª Câmara de Direito Privado; Rel. Tasso Duarte de Melo; Julg.24/11/2017; Data de Publicação: 24/11/2017)

✓ Apelação. Produção antecipada de provas. Faturas de energia elétrica apresentadas nos autos pela concessionária. Impossibilidade de interposição de apelo. Art. 382, § 4º, do CPC. Recurso não conhecido. (TJ-SP; 10284168620178260576 SP; 4ª Câmara de Direito Público; Rel. Luis Fernando Camargo de Barros Vidal; Julg.13/11/2017; Data de Publicação: 14/11/2017)

Art. 383. Os autos permanecerão em cartório durante 1 (um) mês para extração de cópias e certidões pelos interessados.

Parágrafo único. Findo o prazo, os autos serão entregues ao promovente da medida.

→ *v.* Art. 112 da Lei 6.015/1973.

Autos em cartório e posterior entrega aos interessados:

✓ RECURSO ELEITORAL. AÇÃO CAUTELAR. QUEBRA DO SIGILO BANCÁRIO. EXTINÇÃO SEM APRECIAÇÃO DO MÉRITO. PERDA DO OBJETO. IMPOSSIBILIDADE DE AJUIZAMENTO DE AÇÕES CIVEÍS-ELEITORAIS. AFERIÇÃO DE EVENTUAL PRÁTICA DE CRIME DO ART. 350 DO CÓDIGO ELEITORAL. MEIO INIDÔNEO. DESENTRANHAMENTO DE PEÇAS PARA ADOÇÃO DE EVENTUAL INVESTIGAÇÃO POR ILÍCITO PENAL. RECURSO DESPROVIDO. I – Recurso interposto em face de decisão que extinguiu, sem apreciação do mérito, ação cautelar que visava à quebra do sigilo bancário dos ora recorridos, diante de indícios de fraude no financiamento de campanha eleitoral. II – O Parquet, por meio de dados disponibilizados pelo sistema Sisconta, averiguou que os três recorridos teriam supostamente realizado doações vultosas em favor do candidato eleito ao cargo de vereador, ora 1º recorrido, ainda que sua renda formal declarada fosse incompatível com os valores doados. III – Verifica-se na fundamentação da peça exordial a intenção do Parquet de utilizar-se da presente ação cautelar para subsidiar possível oferecimento de representação por excesso de doação, ação de natureza cível-eleitoral, fundamento igualmente utilizado pelo Juízo a quo para a concessão da medida cautelar. IV – Despicienda a análise da questão relativa ao não cumprimento da determinação judicial para apresentação dos extratos bancários do 1º recorrido. O descumprimento parcial da medida requerida não tem o condão de manter o prosseguimento do feito, quando o interesse na esfera cível não mais subsiste. V – No que se refere à alegação de que a presente demanda teria também por objetivo a análise de crime prevista no art. 350 do Código Eleitoral, em nenhum momento a peça inicial do presente feito faz referência à matéria criminal, motivo pelo qual o juízo sentenciante, quando deferiu o pedido de quebra de sigilo, sequer fez menção a tal questão. VI – A Ação Cautelar não se apresenta como meio idôneo a dar prosseguimento a uma eventual investigação penal, a qual possui o inquérito criminal como instrumento adequado e previsto em lei para sua concretização. VII – Viável o prosseguimento da investigação em sede criminal, inclusive com a restante da quebra de sigilo não ocorrida, em procedimento próprio de persecução criminal, a fim de assim complementar a obtenção de dados para averiguação de eventual ilícito penal. VIII – Uma vez transitada em julgado a decisão proferida na prestação de contas e não havendo a possibilidade de oferecimento das demais ações cíveis-eleitorais, a ação cautelar, ao contrário do que decidido pelo Juízo processante, não deve ser extinta, nos termos do art. 485, VI, do CPC, por ausência de interesse processual. IX – Tão logo satisfeito o pedido formulado, deve o magistrado em sua decisão tão somente homologar as provas produzidas, confirmando a regularidade de sua produção. X – Indeferimento do requerimento formulado pela Procuradoria Regional Eleitoral de desentranhamento dos extratos bancários originais destes autos, para encaminhamento à Promotoria Eleitoral com atribuição perante a 147ª Zona Eleitoral. XI – Aplicação do regramento contido no art. 383 e parágrafo único do CPC, segundo o qual os autos permanecerão em cartório durante um mês para extração de cópias e certidões pelos interessados, sendo posteriormente entregues ao promovente da ação cautelar. DESPROVIMENTO DO RECURSO, alterando, ex officio, a decisão proferida pelo Juízo de 1º grau, HOMOLOGANDO A PRODUÇÃO DAS PROVAS COLIGIDAS NOS AUTOS, MERAMENTE SOB O ASPECTO FORMAL DE SUA REGULARIDADE. (TRE-RJ; RE 39895 Angra dos Reis – RJ; Rel. Luiz Antonio Soares; Julg.02/10/2017, Data de Publicação: DJERJ 10/10/2017; Pág. 10/14)

✓ Apelação. Produção antecipada de provas fundada no art. 381 do Código de Processo Civil/2015. Ação objetivando a exibição de documentos. Contrato exibido com a contestação. Resistência caracterizada. Necessidade de pagamento das verbas de sucumbência. Observação quanto à aplicação do art. 383 do CPC. Recurso parcialmente provido. (TJ-SP; APL 10210681420168260071 SP; 38ª Câmara de Direito Privado; Rel. Flávio Cunha da Silva; Julg. 24/05/2017; Data de Publicação: 26/05/2017)

Seção III
Da Ata Notarial

→ *V.* Lei 8.935/1994 – Regulamenta o art. 236 da Constituição Federal, dispondo sobre serviços notariais e de registro (Lei dos cartórios).

Art. 384. A existência e o modo de existir de algum fato podem ser atestados ou documentados, a requerimento do interessado, mediante ata lavrada por tabelião.

Parágrafo único. Dados representados por imagem ou som gravados em arquivos eletrônicos poderão constar da ata notarial.

Ata notarial como meio de prova:

✓ APELAÇÃO CÍVEL. INDENIZAÇÃO POR DANOS MORAIS. INCÊNDIO OCORRIDO EM DEPÓSITO DE FERTILIZANTES RESULTANDO EM FUMAÇA TÓXICA E ATINGINDO DIVERSAS LOCALIDADES DO MUNICÍPIO DE SÃO FRANCISCO DO SUL. SENTENÇA DE IMPROCEDÊNCIA. INSURGÊNCIA DA AUTORA. PRELIMINAR DE CERCEAMENTO DE DEFESA PELO JULGAMENTO ANTECIPADO DA LIDE. INCONSISTÊNCIA. INEXISTÊNCIA DE PLEITO DE PRODUÇÃO DE PROVAS NA PETIÇÃO INICIAL. PREFACIAL RECHAÇADA. PREFACIAL DE AUSÊNCIA DE FUNDAMENTAÇÃO NO VEREDITO. INSUBSISTÊNCIA. JUÍZO QUE PORMENORIZOU OS FATOS E FUNDAMENTOS DE FORMA SATISFATÓRIA. MÉRITO. ALEGADA JUNTADA DE DOCUMENTOS SUFICIENTES A COMPROVAR O PREJUÍZO SOFRIDO. INOCORRÊNCIA. COMPROVANTE HÍGIDO DE RESIDÊNCIA NÃO COLACIONADO NO FEITO. CAPTURA DE TELA DE SITE ELETRÔNICO QUE, MESMO CONTENDO DADOS DO LOGRADOURO DA PARTE, NÃO POSSUI AUTENTICIDADE, TAMPOUCO PRESUNÇÃO DE VERACIDADE. INFORMAÇÕES ALIMENTADAS PELOS USUÁRIOS. NECESSIDADE DE REGISTRO EM ATA NOTARIAL. NÃO OCORRÊNCIA. DECLARAÇÃO DE RESIDÊNCIA PELO PROCURADOR QUE TAMBÉM POSSUI PRESUNÇÃO RELATIVA. IMPOSSIBILIDADE DE RECONHECIMENTO DO SUPOSTO DANO SUPORTADO PELA APELANTE. REQUISITO INDISPENSÁVEL PARA CARACTERIZAR O DEVER DE INDENIZAR. SENTENÇA MANTIDA. RECURSO CONHECIDO E DESPROVIDO. (TJ-SC; AC 05013871020138240061 São Francisco do Sul; Sexta Câmara de Direito Civil; Rel. André Luiz Dacol; Julg. 27/06/2017)

✓ JUIZADO ESPECIAL CÍVEL. DIREITO AUTORAL E PROCESSUAL CIVIL. PERÍCIA TÉCNICA. DESNECESSIDADE. SUFICIÊNCIA DA PROVA DOCUMENTAL. INOCORRÊNCIA DE CERCEAMENTO DE DEFESA. TEORIA DA ASSERÇÃO. ILEGITIMIDADE ATIVA E PASSIVA. REJEIÇÃO. OBRA FOTOGRÁFICA. UTILIZAÇÃO DESAUTORIZADA EM PUBLICAÇÃO JORNALÍSTICA. DANO MATERIAL E MORAL CONFIGURADOS. NECESSIDADE DE REDUÇÃO DO QUANTUM. RECURSO CONHECIDO. PRELIMINARES REJEITADAS. PROVIDO EM PARTE. I. Trata-se de recurso inominado interposto pela parte ré em face da sentença que julgou procedentes os pedidos iniciais para condená-la ao pagamento de indenização, no valor de R$ 4.500,00 (quatro mil e quinhentos reais) por dano material em virtude do uso não autorizado de fotografia de autoria da parte recorrida, além de R$ 3.000,00 (três mil reais) a título de compensação por dano moral. A parte recorrente suscita a preliminar de ilegitimidade ativa, ao argumento de que a parte recorrida não comprovou ser a autora da fotografia. Argui, também, sua ilegitimidade passiva, porque obteve a imagem no site de busca Google, bem como pelo fato de que outros sítios eletrônicos teriam utilizado a mesma obra sem mencionar a autoria. Suscita, ainda, preliminar de cerceamento de defesa, porque não realizada prova pericial. No mérito, sustenta que não houve violação a direito autoral porque a fotografia constava na rede mundial de computadores sem menção ao autor da obra. Alega que não restou comprovada a ocorrência de dano material, tampouco de dano moral. Sustenta que não obteve lucro direto com a divulgação da imagem, pois a publicação possuía somente fim jornalístico. Subsidiariamente, pugna pela redução tanto do dano material, que entende deva ser fixado por arbitramento, quanto do dano moral, cuja fixação deve ser feita segundo o princípio da razoabilidade. II. Recurso próprio, tempestivo e com preparo regular (ID 1639503 e 1639502). Contrarrazões apresentadas (ID 1639512). III. À luz da teoria da asserção, as condições da ação, dentre elas a legitimidade ad causam, devem ser apreciadas conforme o exposto na petição inicial. No caso, a parte recorrida afirma-se autora de obra intelectual utilizada sem autorização pela parte ré, de forma que ambas são partes legítimas para figurarem como partes na demanda. Por conseguinte, rejeito as preliminares de ilegitimidade ativa e passiva. IV. Desnecessária a realização de prova pericial, porquanto a prova documental se revela suficiente para a solução da demanda, em especial em razão da ata notarial juntada pela parte recorrida (ID 1639471), a qual não restou especificamente impugnada pela parte recorrente. Acerca da ata notarial, dispõe o Estatuto Processual Civil: Art. 384. A existência e o modo de existir de algum fato podem ser atestados ou documentados, a requerimento do interessado, mediante ata lavrada por tabelião. Parágrafo único. Dados representados por imagem ou som gravados em arquivos eletrônicos poderão constar da ata notarial. Rejeita-se, portanto, a preliminar de cerceamento de defesa. V. O art. 5.º, XXII da Constituição da República assegura aos autores de produção intelectual o direito exclusivo de utilização, publicação ou reprodução de suas obras. Na mesma esteira, a Lei 9.610/98 estatui que cabe ao autor de obra literária, artística ou científica o direito exclusivo de utilizar, fruir e dispor da obra, cuja utilização, por qualquer modalidade, depende de sua autorização prévia e expressa (artigos 28 e 29). VI. Na situação dos autos, restou efetivamente demonstrada a autoria da fotografia (ID 1639476, p. 1-2; 5), bem como a utilização desta no sítio eletrônico da parte recorrida, em matéria jornalística (ID 1639471, p. 1-10). A inexistência de autorização para a utilização da foto foi reconhecida pela parte recorrente, que justifica sua conduta no fato de ter obtido a imagem por meio de consulta realizada na internet. A escusa, todavia, não lhe aproveita, mormente porque se trata de pessoa jurídica voltada a publicações jornalísticas, a quem cumpre ter conhecimento das normas para utilização de imagens fotográficas, bem como da possibilidade de violação de direitos autorais em relação àquelas obtidas sem cautela na rede mundial de computadores, sendo certo que o art. 7.º da Lei 9.610/98 assegura a proteção autoral às obras ?expressas por qualquer meio ou fixadas em qualquer suporte, tangível ou intangível?, o que alcança as fotografias que possam ser encontradas no meio eletrônico. De igual sorte, a utilização de fotografias da parte recorrida por terceiros, com ou sem violação de direito autoral, também não socorre a parte recorrente, pois a defesa do seu direito de autor é faculdade da parte recorrida, cujo não exercício em relação a determinada violação não impede que busque a proteção jurídica frente a outra. VII. O uso indevido da obra fotográfica, sem a autorização expressa do autor, gera o dever de indenizar materialmente, uma vez que a parte recorrente deixou de receber a pecúnia condizente com a utilização das fotos. Quanto ao valor do dano material, em que pese a demonstração da comercialização das fotografias em moeda estrangeira (ID 1639475, p. 11; ID 1639468, p. 18), o montante deve ser reduzido para R$ 2.000,00. VIII. A utilização não autorizada das fotografias, ainda que para a ilustração de matéria jornalística, aliada à ausência de identificação do autor da obra, configura violação ao disposto no artigo 79, § 1º, da lei 9.610/98 e caracteriza dano moral, que decorre da própria violação do direito de autor e dispensa prova do reflexo em outras órbitas do direito de personalidade da parte afetada. Por consequência, impõe-se a compensação do dano moral perpetrado. O valor da reparação deve guardar correspondência com o gravame sofrido, devendo o juiz pautar-se nos princípios da proporcionalidade e da razoabilidade, sopesar as circunstâncias do fato e as condições pessoais e econômicas das partes envolvidas, assim como o grau da ofensa moral e sua repercussão. Atento às diretrizes acima elencadas, entende-se o montante deve ser reduzido de R$ 3.000,00 para R$ 2.000,00, como suficiente para, com razoabilidade e proporcionalidade, compensar os danos sofridos pela parte recorrida, sem, contudo, implicar enriquecimento sem causa. IX. Recurso conhecido. Preliminares rejeitadas. Provido em parte para reduzir os valores fixados a título de indenização por danos materiais para R$ 2.000,00 e a título de danos morais, igualmente, para R$ 2.000,00. Mantidos os demais termos da sentença. Custas recolhidas. Sem condenação de honorários advocatícios ante a ausência de recorrente vencido. X. A súmula de julgamento servirá de acórdão, consoante disposto no artigo 46 da Lei nº 9.099/95. (TJ-DF; 07072119720168070007 DF; 2ª Turma Recursal dos Juizados Especiais Cíveis e Criminais do DF; Rel. Almir Andrade de Freitas; Julg.28/06/2017; Data de Publicação: Publicado no DJE: 07/08/2017; Pág.: Sem Página Cadastrada.)

✓ TRIBUTÁRIO – APELAÇÃO – EMBARGOS À EXECUÇÃO FISCAL – ISS – EXERCÍCIOS DE 2009 E 2010 – MUNICÍPIO DE CACHOEIRA PAULISTA – Sentença que julgou improcedentes os embargos – Apelo da executada. CERTIDÃO DE DÍVIDA ATIVA – PRESUNÇÃO RELATIVA DE LEGALIDADE E VERACIDADE – LANÇAMENTO POR HOMOLOGAÇÃO – LANÇAMENTO DE OFÍCIO. O lançamento por homologação extingue o crédito, só se justificando uma execução fiscal se houve omissão ou inexatidão, caso em que um lançamento de ofício é obrigatório. Mesmo um lançamento por homologação exige alguma documentação física ou digital, cuja posse deveria ter o sujeito ativo. CERTIDÃO DE DÍVIDA ATIVA – PRESUNÇÃO RELATIVA DE LEGALIDADE E VERACIDADE – Presunção ilidida por meio de ata notarial – ATA NOTARIAL. Instrumento por meio do qual o notário atesta a existência e o modo de existir de algum fato – Documento dotado de fé pública – Inteligência do art. 364 do Código de Processo Civil de 1973, do art. 384 do Código de Processo Civil de 2015, do art. 7º, III, da Lei Federal nº 8.935/1994 e dos itens 137 e seguintes do Capítulo XIV das Normas de Serviço da Corregedoria Geral de Justiça do TJ/SP (Tomo II) – Ata que pode ser utilizada para diligências de constatação, equiparando-se, em valor probatório, à certidão do Oficial de Justiça, conforme entendimento doutrinário – No caso, foi juntada Ata Notarial de Constatação lavrada pela Titular do Tabelionato de Notas do Município, na qual se constata que o contribuinte se dirigiu até a Secretaria de Finanças e a Procuradoria do Município, locais onde lhe foi informado não existir qualquer documento a respeito do débito que se cobra, e que houve perda de dados em razão da alteração do sistema eletrônico da municipalidade. PROCESSO ADMINISTRATIVO CORRESPONDENTE À INSCRIÇÃO DE DÍVIDA ATIVA, À EXECUÇÃO FISCAL OU À AÇÃO PROPOSTA CONTRA A FAZENDA PÚBLICA. Obrigatoriedade de sua manutenção na repartição competente e apresentação aos interessados e ao juízo. – Violação ao art. 41 da Lei de Execuções Fiscais. Sentença reformada – Recurso provido. (TJ-SP; APL 10000287720168260102 SP; 15ª Câmara de Direito Público; Rel. Eurípedes Faim; Julg. 18/05/2017; Data de Publicação: 19/05/2017)

Seção IV
Do Depoimento Pessoal

Art. 385. Cabe à parte requerer o depoimento pessoal da outra parte, a fim de que esta seja interrogada na audiência de instrução e julgamento, sem prejuízo do poder do juiz de ordená-lo de ofício.

→ *V.* Enunciado 33 do CJF: No depoimento pessoal, o advogado da contraparte formulará as perguntas diretamente ao depoente.

§ 1º Se a parte, pessoalmente intimada para prestar depoimento pessoal e advertida da pena de confesso, não comparecer ou, comparecendo, se recusar a depor, o juiz aplicar-lhe-á a pena.

→ *V.* Súmula 74 do TST.

Depoimento pessoal e sanção de confesso:

✓ DECLARATÓRIA DE INEXISTÊNCIA DE DÉBITO – FATOS CONTRARIADOS PELA DEFESA – DESIGNAÇÃO DE AUDIÊNCIA PARA COLHEITA DE DEPOIMENTO PESSOAL – DETERMINAÇÃO DE OFÍCIO – POSSIBILIDADE – PENA DE CONFISSÃO Nos termos do art. 385 do CPC, cabe à parte requerer o depoimento pessoal da outra parte, a fim de que esta seja interrogada na audiência de instrução e julgamento, sem prejuízo do poder do juiz de ordená-lo de ofício, de modo que o julgador pode determinar a colheita do depoimento independentemente de pedido. E prossegue o § 1º do mesmo dispositivo que, se a parte, pessoalmente intimada para prestar depoimento pessoal e advertida da pena de confesso, não comparecer ou, comparecendo, se recusar a depor, o juiz aplicar-lhe-á a pena de confesso. Apelante devidamente intimada do ato, com as advertências respectivas. Penalidade devidamente aplicada. RECURSO IMPROVIDO. (TJ-SP; 10294193220168260602 SP; 30ª Câmara de Direito Privado; Rel. Maria Lúcia Pizzotti; Julg. 04/10/2017; Data de Publicação: 09/10/2017)

✓ Nulidade. Confissão. Alteração de endereço do Fórum. Intimação à parte. Ciência à parte feita em audiência anterior, de que deveria comparecer à próxima audiência sem que houvesse qualquer referência à alteração do local. Mudança do lugar do Fórum que constitui alteração substancial nas condições em que a ciência foi tomada. Portaria GP/CR nº 50/2014 que determina a nova intimação das partes, bem como dos advogados, em relação às audiências redesignadas. Intimação pessoal da autora que deveria ter sido realizada, por expressa imposição legal, na forma estabelecida pelo Código de Processo Civil atual (art. 343, parágrafo1º e parágrafo 2º) e em conformidade com o texto do Novo Código de Processo Civil (art. 385, parágrafo 1º). Sentença que indefere a maior parte dos pedidos, fundamentando-se na confissão aplicada. Nulidade configurada. (TRT-2; RO 00011573420145020261 SP; 00011573420145020261 A28; 6ª Turma; Rel. Edilson Soares de Lima; Julg. 26/05/2015; Data de Publicação: 01/06/2015)

✓ MASSA FALIDA. REVELIA E CONFISSÃO FICTA. POSSIBILIDADE. Há possibilidade de declaração da revelia e da aplicação dos efeitos da confissão ficta as empresas que tiveram decretada a falência, quando devidamente intimadas não comparecem à audiência em que deveriam prestar depoimento, considerando que a CLT regula inteiramente a matéria, em seu art. 843, § 1º, não havendo lacuna a autorizar a aplicação subsidiária do Código de Processo Civil. Demais disso, o art. 843 da CLT não traz qualquer exceção à aplicação desta penalidade, sendo certo que consubstancia-se em ônus do síndico da massa falida diligenciar quanto às demandas judiciais em que é parte. FRAUDE À RELAÇÃO DE EMPREGO. INDÍCIOS DE RELAÇÃO DE EMPREGO CONSOANTE RECOMENDAÇÃO Nº 198 DA OIT. VÍNCULO EMPREGATÍCIO CONFIGURADO. Na contratação de pessoa física na qualidade de prestador de serviços autônomo, para laborar em serviços enquadrados na atividade essencial da tomadora, com pessoalidade e subordinação, presume-se a fraude, formando-se o vínculo direto com a reclamada. As normas que versam sobre a relação de emprego e sua correspondência obrigatória com o contrato de trabalho têm natureza cogente e se impõem independentemente da vontade das partes. O princípio da primazia da realidade que informa o Direito do Trabalho prestigia a realidade dos fatos em detrimento das formas contratuais. Por outro lado, são nulos de pleno direito todos os atos tendentes a fraudar ou impedir a aplicação dos preceitos da Consolidação das Leis do Trabalho. Diante do princípio da primazia da realidade e do que dispõe o artigo 9º da CLT, a celebração de contrato de natureza civil é nula quando a realidade da prestação demonstra o exercício subordinado de atividades e de disponibilidade da força de trabalho e da energia humana do contratado. A relação fática de emprego corresponde à forma jurídica do contrato de trabalho, consoante regra expressa no artigo 442 da CLT, que precede a todas as outras e afasta as demais formas contratuais civis e societárias. Recurso do reclamante conhecido e provido no particular. (TRT-1; RO 00014621920115010045; Sétima Turma; Rel. Sayonara Grillo Coutinho Leonardo da Silva; Julg. 30/01/2017; Data de Publicação: 13/03/2017).

Interrogatório como direito da parte adversa:

✓ RECURSO ESPECIAL. PROCESSO CIVIL. DIREITO DE FAMÍLIA. LITISCONSÓRCIO. DEPOIMENTO PESSOAL. PARTE CONTRÁRIA. INCIDÊNCIA DO ARTIGO 343 DO CPC/1973. ATUAL ART. 385 DO CPC/2015. AUSÊNCIA DE PREJUÍZO. NULIDADE AFASTADA. PAS DE NULLITÈ SANS GRIEF. PRINCÍPIO DA INSTRUMENTALIDADE DAS FORMAS. 1. Nos termos do art. 343 do CPC/1973 (atual artigo 385 do CPC/2015), o depoimento pessoal é um direito conferido ao adversário, seja autor ou réu. 2. Não cabe à parte requerer seu próprio depoimento, bem assim dos seus litisconsortes, que desfrutam de idêntica situação na relação processual. 3. O sistema das nulidades processuais é informado pela máxima "pas de nullité sans grief", segundo a qual não se decreta nulidade sem prejuízo 4. Recurso especial não provido. (REsp 1291096; SP; Terceira Turma; Rel. Min. Ricardo Villas Bôas Cueva; Julg. 02/06/2016; DJe 07/06/2016).

Confissão aplicada em razão da ausência do réu para fins de depoimento pessoal, reconhecendo sua responsabilidade:

✓ RECURSO ESPECIAL Nº 1.772.454 – RJ (2018/0263624-3) RELATOR: MINISTRO MARCO AURÉLIO BELLIZZE RECORRENTE: VALTER NUNES MADUREIRA ADVOGADO: JORGE LUIZ DE CARVALHO E OUTRO (S) – RJ073976 RECORRIDO: JULIO CESAR DOS SANTOS REIS ADVOGADO: DEFENSORIA PÚBLICA DO ESTADO DO RIO DE JANEIRO RECURSO ESPECIAL. AÇÃO DE COBRANÇA. MUDANÇA DE ENDEREÇO SEM COMUNICAÇÃO – INTIMAÇÃO ENCAMINHADA PARA O ENDEREÇO CONSTANTE NOS AUTOS – VALIDADE. RECURSO ESPECIAL PROVIDO. DECISÃO Cuida-se de recurso especial interposto por Valter Nunes Madureira contra o acórdão de fls. 326-333 (e-STJ), proferido pelo Tribunal de Justiça do Estado do Rio de Janeiro, assim ementado: APELAÇÃO CÍVEL. INDENIZATÓRIA. RESPONSABILIDADE CIVIL. SENTENÇA QUE, APLICANDO A PENA DE CONFESSO, JULGA PARCIALMENTE PROCEDENTES OS PEDIDOS. PRELIMINAR. CERCEAMENTO DE DEFESA. IRREGULARIDADE DA INTIMAÇÃO, REALIZADA PELA VIA POSTAL. MUDANÇA DE ENDEREÇO. RÉU QUE NÃO FOI REGULARMENTE INTIMADO PARA DEPOIMENTO PESSOAL. ACOLHIMENTO DA PRELIMINAR. SENTENÇA QUE SE ANULA. 1. "Cabe à parte requerer o depoimento pessoal da outra parte, a fim de que esta seja interrogada na audiência de instrução e julgamento, sem prejuízo do poder do juiz de ordená-lo de ofício. § 1º Se a parte, pessoalmente intimada para prestar depoimento pessoal e advertida da pena de confesso, não comparecer ou, comparecendo, se recusar a depor, o juiz aplicar-lhe-á a pena." (Art. 385 do CPC); 2. Na espécie, o decisum fundamentou-se na pena de confissão aplicada em razão da ausência do réu para fins de depoimento pessoal, reconhecendo sua responsabilidade pelos danos decorrentes da colisão de veículos. Irregularidade da diligência, realizada pela via postal. Informação de que o réu se mudou; 3. Desatualização do endereço que não pode respaldar a adoção da medida extrema. Incompletude do ato que subtrai da parte o conhecimento do alcance de sua ausência, em se tratando de meio probante. Precedentes jurisprudências; 4. Recurso provido para, acolhendo a preliminar de cerceamento de defesa, anular a sentença. Prejudicado o mérito dos apelos. Nas razões do recurso especial (e-STJ, fls. 340-345), aponta o insurgente a existência de violação dos arts. 77, V, e 274 do Código de Processo Civil de 2015. Sustenta, em síntese, a validade da intimação encaminhada ao endereço constante nos autos. Contrarrazões às fls. 350-353 (e-STJ). Admitido o processamento do recurso na origem (e-STJ, fls. 356-358), ascenderam os autos a esta Corte. Brevemente relatado, decido. A jurisprudência desta Corte é pela validade da intimação encaminhada para o endereço constante dos autos, no caso de mudança de endereço sem comunicação. Nesse sentido: AGRAVO INTERNO NO AGRAVO EM RECURSO ESPECIAL. PROCESSUAL CIVIL. RENÚNCIA AO MANDATO. INTIMAÇÃO PARA REGULARIZAÇÃO. MUDANÇA DE ENDEREÇO NÃO NOTIFICADA NOS AUTOS. PRESUNÇÃO DE VALIDADE DAS INTIMAÇÕES. PROVIDÊNCIA NÃO TOMADA. AGRAVO NÃO CONHECIDO. 1. Consoante dispõe o art. 274, parágrafo único, do CPC/2015, presumem-se válidas as intimações dirigidas ao endereço da parte, se a mudança de endereço não foi devidamente comunicada nos autos. Comunicada à parte a ausência de representação nos autos e esta quedando-se inerte, o não conhecimento do recurso é medida que se impõe, conforme prevê o art. 76, § 2º, I, do CPC/2015. 2. Agravo interno não conhecido. (AgInt no AREsp 866.039/SP, Rel. Ministro MARCO AURÉLIO BELLIZZE, TERCEIRA TURMA, julgado em 06/03/2018, DJe 13/03/2018). Dessa forma, a decisão recorrida, na qual se reconheceu a nulidade da intimação para afastar a pena de confissão, se mostra destoada do entendimento desta Corte, motivo pelo qual merece reforma. Diante do exposto, dou provimento ao recurso especial para, reconhecendo a validade da intimação encaminhada ao endereço constante dos autos, restabelecer a sentença de primeiro grau nos seus exatos termos. Publique-se. Brasília, 02 de agosto de 2019. MINISTRO MARCO AURÉLIO BELLIZZE, Relator (STJ – REsp: 1772454 RJ 2018/0263624-3, Relator: Ministro MARCO AURÉLIO BELLIZZE, Data de Publicação: DJ 16/08/2019).

§ 2º É vedado a quem ainda não depôs assistir ao interrogatório da outra parte.

§ 3º O depoimento pessoal da parte que residir em comarca, seção ou subseção judiciária diversa daquela onde tramita o processo poderá ser colhido por meio de videoconferência ou outro recurso tecnológico de transmissão de sons e imagens em tempo real, o que poderá ocorrer, inclusive, durante a realização da audiência de instrução e julgamento.

→ *V.* Arts. 236, § 3º, 453, § 1º, 461, § 2º, 937, § 4º, do CPC.

Depoimento pessoal realizado via precatória:

✓ MANDADO DE SEGURANÇA- AÇÃO INDENIZATÓRIA POR DANOS MORAIS- DETERMINAÇÃO DE OUVIDA DAS REQUERIDAS NA COMARCA ONDE TRAMITA A DEMANDA- CORREQUERIDOS QUE TÊM DOMICÍLIO E ATIVIDADES EM COMARCA DIVERSA- INVOCAÇÃO DO DIREITO DE SER OUVIDO POR PRECATÓRIA- POSSIBILIDADE QUE SE DEVE RECONHECER- PRECEDENTES DO STJ E DESTA CORTE- ALTERNATIVA DE OUVIDAS POR TELECONFERÊNCIA OU OUTROS MEIOS RESSALVADA- SEGURANÇA CONCEDIDA, COM OBSERVAÇÃO. (TJ-SP; MS: 21122785120168260000 SP; 7ª Câmara de Direito Privado; Rel. Miguel Brandi; Julg. 22/03/2017; Data de Publicação: 23/03/2017).

Art. 386. Quando a parte, sem motivo justificado, deixar de responder ao que lhe for perguntado ou empregar evasivas, o juiz, apreciando as demais circunstâncias e os elementos de prova, declarará, na sentença, se houve recusa de depor.

Recusa de depoimento:

✓ DECISÃO: ACORDAM os Senhores Desembargadores integrantes desta Sétima Câmara Cível do Tribunal de Justiça do Estado do Paraná, por unanimidade de votos, em NEGAR PROVIMENTO ao apelo, nos termos do voto do Relator. EMENTA: AÇÃO DE INDENIZAÇÃO. JULGADA IMPROCEDENTE. APELAÇÃO CÍVEL – PRELIMINAR DE NULIDADE DA SENTENÇA POR FALTA DE FUNDAMENTAÇÃO – AFASTADA – ALEGAÇÃO DE PROPAGANDA ENGANOSA REFUTADA COM O ACOLHIMENTO DOS EMBARGOS SEM EFEITOS INFRINGENTES – INSCRIÇÃO NO SERASA – AUSÊNCIA DE PLEITO DE INDENIZAÇÃO NESTE SENTIDO MÉRITO – COMPROMISSO DE COMPRA E VENDA – DEPOIMENTO DO PREPOSTO DA MRV – INAPLICABILIDADE DO ART. 386 DO CPC (ANTIGO 345 DO CPC/73)- DESCUMPRIMENTO DO PRAZO ENTREGA DO IMÓVEL – NÃO OCORRÊNCIA – BLOCO 3 COM "HABITE-SE" AVERBADO DESDE 2010 – CONTRATO CELEBRADO EM 2012 – DEMANDA INDENIZATÓRIA IMPROCEDENTE POR OUTRO FUNDAMENTO – RECURSO DESPROVIDO. APELAÇÃO CÍVEL DESPROVIDA. (TJPR – 7ª C.Cível – AC – 1615159-4 – Região Metropolitana de Londrina – Foro Central de Londrina – Rel.: Luiz Antônio Barry – Unânime – – J. 07.02.2017) (TJ-PR; APL 16151594 PR 1615159-4 (Acórdão); 7ª Câmara Cível; Rel. Luiz Antônio Barry; Julg. 07/02/2017; Data de Publicação: DJ: 1977 23/02/2017)

✓ APELAÇÃO. Ação de indenização por danos materiais e morais – Transporte aéreo internacional – Falha no atendimento de pessoa com deficiência e avaria de sua cadeira de rodas, despachada como bagagem, em três viagens realizadas – Autores: a criança com deficiência e seus genitores – Sentença de parcial procedência – Apelo do réu. AGRAVO RETIDO – Não conhecimento – Falta de requerimento para a apreciação pelos autores nas contrarrazões apresentadas. FALHA NO SERVIÇO – Ocorrência – Afastamento da pena de confissão ficta aplicada devido ao amplo desconhecimento do preposto do réu – Inexistência de recusa da parte em prestar o depoimento – Resultado inalterado, porque o réu não logrou produzir prova acerca da regularidade de seus procedimentos no caso concreto, o que lhe incumbia, diante da verossimilhança das alegações dos autores e das provas por eles produzidas – Responsabilidade objetiva do fornecedor de produtos ou serviços, que se amolda à Teoria do Risco Profissional – Inexistência das excludentes de culpa exclusiva do consumidor, de terceiros, de inexistência do defeito ou ocorrência de caso fortuito ou força maior – Soluções oferecidas pela empresa mostraram-se inefetivas para reparar os danos. DANO MATERIAL – Reforma parcial, limitando-se aos danos de ocorrência comprovada - Aquisição de encosto para cadeira de rodas - Diária de estadia em hotel e aluguel de carro pelo atraso na locação provisória de equipamento - Desconto de 80% nas passagens da acompanhante, tratando-se de menor portador de deficiência física e mental. DANO MORAL - Limitação da locomoção de pessoa com deficiência, prejuízo no acompanhamento escolar e regressão no tratamento clínico - Excessivo o valor fixado pelo juízo de origem, devendo ser reduzido para não ensejar enriquecimento sem causa - Arbitramento razoável às circunstâncias do caso para R$ 8.000,00 a cada um dos litigantes - Sucumbência mantida. Recurso parcialmente provido. (TJ-SP; APL 00299414120138260001 SP; 18ª Câmara de Direito Privado; Rel. Helio Faria; Julg. 27/06/2017; Data de Publicação: 28/06/2017)

Art. 387. A parte responderá pessoalmente sobre os fatos articulados, não podendo servir-se de escritos anteriormente preparados, permitindo-lhe o juiz, todavia, a consulta a notas breves, desde que objetivem completar esclarecimentos.

Art. 388. A parte não é obrigada a depor sobre fatos:

I – criminosos ou torpes que lhe forem imputados;

II – a cujo respeito, por estado ou profissão, deva guardar sigilo;

III – acerca dos quais não possa responder sem desonra própria, de seu cônjuge, de seu companheiro ou de parente em grau sucessível;

IV – que coloquem em perigo a vida do depoente ou das pessoas referidas no inciso III.

Parágrafo único. Esta disposição não se aplica às ações de estado e de família.

Seção V
Da Confissão

Art. 389. Há confissão, judicial ou extrajudicial, quando a parte admite a verdade de fato contrário ao seu interesse e favorável ao do adversário.

→ *v.* Arts. 167, § 1º, II, e 212, I, do CC/2002.

Confissão:

✓ EMBARGOS DE DECLARAÇÃO. CONTRADIÇÃO CONFIGURADA. CONFISSÃO FICTA EM AUDIÊNCIA DE INSTRUÇÃO. PRINCÍPIO DA IMEDIATIDADE E INTELIGÊNCIA DO ART. 356 DO CPC. ADMISSÃO QUANTO AO RECEBIMENTO DA CAUÇÃO. PRESUNÇÃO RELATIVA. AUSENTE PROVA EM SENTIDO CONTRÁRIO. DEVOLUÇÃO DOS VALORES PAGOS, EIS QUE AUSENTE PREVISÃO DE MULTA CONTRATUAL. ACOLHIMENTO DOS EMBARGOS COM EFEITOS INFRINGENTES. (Embargos de Declaração 71006299275; Quarta Turma Recursal Cível, Turmas Recursais; Rel. Gisele Anne Vieira de Azambuja; Julg. 11/11/2016)

✓ APELAÇÃO CÍVEL - AÇÃO DECLARATÓRIA DE INEXISTÊNCIA DE DÉBITO C/C INDENIZATÓRIA POR DANOS MORAIS - INSCRIÇÃO EM CADASTRO DE PROTEÇÃO AO CRÉDITO - COMPROVAÇÃO DA DÍVIDA - CONFISSÃO - DANO E ILICITUDE NÃO CONFIGURADOS - LITIGÂNCIA DE MÁ-FÉ APLICADA AO ADVOGADO - IMPOSSIBILIDADE - Se o credor demonstra a existência do débito, o que se confirma pela confissão manifestada pelo autor em depoimento pessoal, reputa-se regular a negativação, pois representa exercício regular de direito (art. 188, I, CC). - A atribuição das penas da litigância de má-fé ao patrono da parte é medida vedada pelas normas procedimentais que, apoiadas na garantia constitucional da inviolabilidade da atuação advogado, restringem as consequências patrimoniais da lide às partes, devendo eventual prejuízo decorrente da atuação técnica ser apurada por meio apartado e adequado. (TJ-MG; AC 10707140201468001 MG; 18ª Câmara Cível; Rel. Vasconcelos Lins; Julg. 28/11/2017; Data de Publicação: 30/11/2017).

Confissão através da adesão do contribuinte à programa de parcelamento do débito:

✓ AGRAVO EM RECURSO ESPECIAL Nº 1.679.445 - ES (2020/0061261-7) RELATOR: MINISTRO PRESIDENTE DO STJ AGRAVANTE: LESTE BRASILEIRA IMPORTADORA E EXPORTADORA LTDA ADVOGADO: BRUNO RAPHAEL DUQUE MOTA - ES011412 AGRAVADO: FAZENDA NACIONAL INTERES.: AGOSTINHO CAMPOS DE OLIVEIRA INTERES.: JOAO BOSCO CAMPOS DE OLIVEIRA ADVOGADO: BRUNO RAPHAEL DUQUE MOTA - ES011412 DECISÃO Trata-se de agravo apresentado por LESTE BRASILEIRA IMPORTADORA E EXPORTADORA LTDA contra a decisão que não admitiu seu recurso especial, fundamentado no art. 105, inciso III, alínea a, da CF/88, que visa reformar acórdão proferido pelo TRIBUNAL REGIONAL FEDERAL DA 2ª REGIÃO, assim resumido: REDIRECIONAMENTO PARA O SÓCIO-GERENTE. INAPLICABILIDADE DO ART. 13 DA LEI Nº 8.620/93. DISSOLUÇÃO IRREGULAR NÃO CONFIGURADA. SÚMULA Nº 435 DO STJ. FATO GERADOR DA OBRIGAÇÃO TRIBUTÁRIA. PUNIÇÃO DECORRENTE DO INADIMPLEMENTO DO TRIBUTO. IMPOSSIBILIDADE. PARCELAMENTO ADMINISTRATIVO DO DÉBITO. CONFISSÃO. 1 - Tratando-se de débitos para a Seguridade Social, a responsabilidade pessoal dos sócios por quotas de responsabilidade limitada prevista no art. 13 da Lei nº 8.620/93 somente existirá se presentes as condições elencadas no artigo 135, III, do CTN. 2 - De acordo com a jurisprudência consolidada do STJ, é possível o redirecionamento da execução fiscal para o sócio-gerente quando comprovado que o mesmo agiu com excesso de poderes, infração de lei, do contrato social ou dos estatutos, bem assim no caso de dissolução irregular da empresa. Precedente firmado sob a sistemática do art. 543-C do Código de Processo Civil (AgRg no Ag nº 126.512-4/SP). 3 - Nos termos da Súmula nº 435 do STJ: "presume-se dissolvida irregularmente a empresa que deixar de funcionar no seu domicílio fiscal, sem comunicação aos órgãos competentes, legitimando o redirecionamento da execução fiscal para o sócio-gerente". 4 - No caso dos autos, além de não ter sido confirmada a dissolução irregular da sociedade empresária, apta a ensejar o redirecionamento da execução para os sócios, tendo em vista a autonomia patrimonial entre a pessoa jurídica e a pessoa natural, temos que o fato de alguns dos sócios exercerem cargos de gestão à época do fato gerador da obrigação tributária não pode ser considerado isoladamente para os fins de atribuição da responsabilidade. Isso porque, a punição não decorre do simples inadimplemento do tributo, mas da própria dissolução irregular, que deve ser cabalmente comprovada, bem como a prática dos atos elencados no art. 135 do CTN, o que não se constatou. 5 - A adesão do contribuinte a programa de parcelamento do débito implica no reconhecimento expresso da dívida objeto de questionamento e na consequente renúncia ao direito em que se funda a ação, suspendendo a exigibilidade do crédito tributário, nos termos dos artigos 151, VI e 156 do Código Tributário Nacional. Extinção dos embargos à execução, sem resolução do mérito, ante a inexistência de renúncia expressa. 6 – Apelação da União Federal improvida. Apelação da embargante parcialmente provida. Nas razões do recurso especial, alega violação do art. 352 do CPC de 1973, no que concerne à renúncia sobre o direito no qual se funda a ação, trazendo o seguinte argumento: Com efeito, o acórdão exarado pelo Tribunal a quo viola de forma direta e literal o artigo 352 do Código de Processo Civil anterior, merecendo reforma. Embora assim não tenha entendido o Tribunal a quo, o simples parcelamento do débito decorrente de adesão à programa de parcelamento não pode importar ao devedor a renúncia ao direito em que se funda a ação. Isto porque, pode suceder que após efetuado o parcelamento, o contribuinte verifique que o mesmo é totalmente improcedente. Constatada a improcedência do parcelamento, não há impedimento legal para que o mesmo pleiteie em Juízo a anulação do lançamento efetuado ou da decisão administrativa que infringiu seu direito, inclusive com a repetição do indébito tributário (consequente do processo de parcelamento em andamento) (fls. 599). É o relatório. Decido. Inicialmente, incide o óbice da Súmula n. 284/STF, uma vez que a parte recorrente não demonstra, de forma direta, clara e particularizada, como o acórdão recorrido violou o dispositivo de lei federal apontado, o que atrai, por conseguinte, a aplicação do referido enunciado: "É inadmissível o recurso extraordinário, quando a deficiência na sua fundamentação não permitir a exata compreensão da controvérsia". Nessa linha, esta Corte Superior de Justiça já se manifestou no sentido de que a "argumentação recursal em torno de normas infraconstitucionais não pode ser meramente genérica, sem o desenvolvimento de teses efetivamente vinculadas a elas e sem a demonstração objetiva de como o acórdão recorrido as teria violado. Incidência da Súmula n. 284/STF" (REsp n. 1.293.548/SP, relator Ministro Og Fernandes, Segunda Turma, DJe de 26/6/2018). Confiram-se ainda os seguintes julgados: REsp n. 1.442.952/SP, relator Ministro Benedito Gonçalves, Primeira Turma, DJe de 3/2/2017; EDcl no AgRg no AREsp n. 422.103/RJ, relator Ministro Herman Benjamin, Segunda Turma, DJe de 13/10/2014; AgRg no AREsp n. 413.345/SP, relator Ministro Antonio Carlos Ferreira, Quarta Turma, DJe de 22/10/2015; e AgRg no AREsp n. 634.545/SP, relator Ministro Marco Aurélio Bellizze, Terceira Turma, DJe de 18/5/2015. Ademais, o Tribunal de origem se manifestou nos seguintes termos: A confissão, segundo se extrai da leitura dos arts. 348 do CPC/73 e 389 do CPC/15 abaixo transcritos, tem valor de prova legal e, por isso, obriga o magistrado a se submeter aos termos em que realizada, ou seja, a veracidade do fato confessado fica excluída de qualquer apreciação judicial. "Art. 348. Há confissão, quando a parte admite a verdade de um fato, contrário ao seu interesse e favorável ao adversário. A confissão é judicial ou extrajudicial". "Art. 389. Há confissão, judicial ou extrajudicial, quando a parte admite a verdade de fato contrário ao seu interesse e favorável ao do adversário". Entretanto, conforme os atos jurídicos em geral, a confissão se submete à revogação, por ação anulatória ou rescisória, caso comprovada a existência de vício de consentimento, ou seja, erro (falso conhecimento da realidade), dolo (indução voluntária de alguém a erro) ou coação (ameaça injusta de dano à sua pessoa, família ou bens). Nenhuma dessas situações foram constatadas no caso específico, especialmente porque o lançamento decorreu da confissão através da adesão do contribuinte a programa de parcelamento do débito em 01.09.96, conforme se extrai do extrato fornecido pela exequente à fl. 75. (fls. 587-588). Aplicável, portanto, o óbice da Súmula n. 284/STF, uma vez que as razões recursais delineadas no especial estão dissociadas dos fundamentos utilizados no aresto impugnado, tendo em vista que a parte recorrente não impugnou, de forma específica, os seus fundamentos, o que atrai a aplicação, por conseguinte, do referido enunciado: "É inadmissível o recurso extraordinário, quando a deficiência na sua fundamentação não permitir a exata compreensão da controvérsia". Nesse sentido, esta Corte Superior de Justiça já se manifestou na linha de que, "não atacado o fundamento do aresto recorrido, evidente deficiência nas razões do apelo nobre, o que inviabiliza a sua análise por este Sodalício, ante o óbice do Enunciado n. 284 da Súmula do Supremo Tribunal Federal" (AgRg no AREsp n. 1.200.796/PE, relator Ministro Jorge Mussi, Quinta Turma, DJe de 24/8/2018). Confiram-se ainda os seguintes julgados: REsp n. 1.682.077/RS, relator Ministro Herman Benjamin, Segunda Turma, DJe de 11/10/2017; AgInt no AREsp n. 734.966/MG, relator Ministro Ricardo Villas Bôas Cueva, Terceira Turma, DJe de 4/10/2016; AgRg nos EDcl no REsp n. 1.477.669/SC, relator Ministro Antonio Saldanha Palheiro, Sexta Turma, DJe de 2/5/2018; e AgRg no AREsp n. 673.955/BA, relator Ministro Nefi Cordeiro, Sexta Turma, DJe de 8/3/2018. Por fim, incide, ainda, o óbice da Súmula n. 7 do STJ ("A pretensão de simples reexame de prova não enseja recurso especial"), uma vez que a pretensão recursal demanda o reexame do acervo fático-probatório juntado aos autos. Nesse sentido: "O recurso especial não será cabível quando a análise da pretensão recursal exigir o reexame do quadro fático-probatório, sendo vedada a modificação das premissas fáticas firmadas nas instâncias ordinárias na via eleita (Súmula n. 7/STJ)" (AgRg no REsp n. 1.773.075/SP, relator Ministro Felix Fischer, Quinta Turma, DJe de 7/3/2019). Confiram-se ainda os seguintes precedentes: AgRg no AgRg no AREsp n. 1.374.756/BA, relatora Ministra Laurita Vaz, Sexta Turma, DJe de 1º/3/2019; AgInt nos EDcl no AREsp n. 1.356.000/RS, relator Ministro Luis Felipe Salomão, Quarta Turma, DJe de 6/3/2019; e REsp n. 1.764.793/RJ, relator Ministro Herman Benjamin, Segunda Turma, DJe de 8/3/2019. Ante o exposto, com base no art. 21-E, V, do Regimento Interno do Superior Tribunal de Justiça, conheço do agravo para não conhecer do recurso especial. Publique-se. Intimem-se. Brasília, 12 de junho de 2020. MINISTRO JOÃO OTÁVIO DE NORONHA Presidente (STJ – AREsp: 1679445 ES 2020/0061261-7, Relator: Ministro JOÃO OTÁVIO DE NORONHA, Data de Publicação: DJ 23/06/2020)

Art. 390. A confissão judicial pode ser espontânea ou provocada.

§ 1º A confissão espontânea pode ser feita pela própria parte ou por representante com poder especial.

§ 2º A confissão provocada constará do termo de depoimento pessoal.

→ *V.* Art. 385 do CPC.

Art. 391. A confissão judicial faz prova contra o confitente, não prejudicando, todavia, os litisconsortes.

Eficácia da confissão quanto aos litisconsortes e validade da prova:

✓ DECISÃO: ACORDAM os Desembargadores integrantes da Décima Sétima Câmara Cível do Tribunal de Justiça do

Estado do Paraná, por unanimidade de votos, em conhecer e negar provimento ao Recuso de Apelação, nos termos do voto acima relatado. EMENTA: APELAÇÃO CÍVEL - AÇÃO DE COBRANÇA COM PEDIDO DE DESCONSIDERAÇÃO DA PERSONALIDADE JURÍDICA - CONFISSÃO DE LITISCONSORTE - LIMITAÇÃO DA EFICÁCIA - ART. 391 DO CPC/15 - PRINCÍPIO DA PERSUASÃO RACIONAL - CONJUGAÇÃO DAS PROVAS DO PROCESSO - ALEGAÇÃO DE AGIOTAGEM PELA DEFESA - PEDIDO DE DEMONSTRAÇÃO DO NEGÓCIO QUE DÁ ORIGEM À CÁRTULA - INOCUIDADE - DEVER LEGAL DE REGISTRO DE ATIVIDADE OBRIGATÓRIO ÀS EMPRESAS DE FOMENTO MERCANTIL (FACTORING) - DESCONSIDERAÇÃO DA PERSONALIDADE JURÍDICA - ACOLHIMENTO - PEDIDO FORMULADO E ANALISADO SOB À ÉGIDE DO CÓDIGO DE PROCESSO CIVIL DE 1973 - AFASTAMENTO DA TEORIA MENOR - DESCARACTERIZAÇÃO DE RELAÇÃO CONSUMERISTA - CONTRATANTE QUE ASSUME RISCO DE INVESTIMENTO INCOMPATÍVEL COM O OBJETO SOCIAL DA INVESTIDA - TEORIA MAIOR - ABUSO DE PERSONALIDADE JURÍDICA - DESVIO DE FINALIDADE - ART. 50 DO CÓDIGO CIVIL - LIMITAÇÃO SUBJETIVA DA DESCONSIDERAÇÃO DA PESSOA JURÍDICA - IMPOSSIBILIDADE NO CASO CONCRETO - SENTENÇA MANTIDA. 1. Nos termos do art. 391 do CPC/15, correspondente ao art. 350 do CPC/73, "A confissão judicial faz prova contra o confitente, não prejudicando, todavia, os litisconsortes." Não obstante, a limitação da eficácia probatória não se confunde com a invalidade da prova. 2. O princípio da persuasão racional confere ao Magistrado da prerrogativa do livre convencimento motivado sobre o acervo probatório. 3. No caso dos autos, o desvio de finalidade não foi corroborado exclusivamente pela confissão de um dos litisconsortes. 4. A Lei nº 9.3613/98 impõe às empresas de fomento mercantil (leasing) o dever de manter registro de suas operações, razão pela qual a suspeição sobre a origem da dívida é inócua. 5. No ordenamento jurídico brasileiro há dois sistemas harmônicos por meio do qual se sistematiza a desconsideração da personalidade jurídica: são as Teorias Maior e Menor. 6. Inaplicabilidade da teoria menor no caso concreto, ante a inaplicabilidade de normas protecionistas, tais como a do consumidor. 7. Consoante a teoria maior, evidenciado o abuso da personalidade jurídica, seja por confusão patrimonial, ou por desvio de finalidade, deve ser aplicada a disregard doctrine, a fim de que os sócios sejam responsabilizados pelas dívidas da sociedade. 8. À luz da teoria da aparência e do primado da boa-fé objetiva, a solidariedade dos sócios é regra que admite exceção mediante elevado temperamento e concreta demonstração de que a irregularidade que motiva a medida de exceção da personalidade foi praticada por específicos sócios ou administradores, assegurado o direito de terceiros de boa-fé e a segurança do tráfego negocial. RECURSO CONHECIDO E NÃO PROVIDO. (TJPR; AC 1587753-9; Cianorte; 17ª C. Cível; Rel. Rosana Amara Girardi Fachin; Unânime; Julg. 30/11/2016). APELAÇÃO CÍVEL. AÇÃO ANULATÓRIA. CONFISSÃO JUDICIAL. LITISCONSORTE. NÃO EXTENSÃO DOS EFEITOS. ART. 391 DO CPC. AUSÊNCIA DE REALIZAÇÃO DE PROVA PERICIAL. PEDIDO EXPRESSO. APELAÇÃO PROVIDA. 1. Com a inicial o autor da ação deve expor de forma clara as razões fáticas que ensejam o ajuizamento da demanda, além da motivação jurídica para seu adequado processamento. Nesse sentido o artigo 319, inciso III, do CPC estabelece que: A petição inicial indicará: III - o fato e os fundamentos jurídicos do pedido. 2. Dessa maneira, o efeito jurídico perquirido deve corresponder ao fato que serve de base à pretensão de fundo. 3. De fato, havendo contradição entre os fatos expostos na inicial e os apurados em sede de instrução probatória, o pleito deve ser afastado, sobretudo por que é ônus do autor a prova do fato constitutivo do seu direito, nos termos do artigo 373, inciso I, do CPC. 4. Contudo, esse não é o entendimento a ser aplicado à questão trazida à baila. É que a suposta confissão de um dos promoventes, ora apelante, não é suficiente para afastar a causa de pedir apresentada na exordial, a uma por que a confissão judicial faz prova apenas contra o confitente, não prejudicando os litisconsortes, conforme art. 391 do CPC, abaixo transcrito; a duas por que o encerramento precoce da fase instrutória, enseja o reconhecimento de cerceamento do devido processo legal, sobretudo quando há pedido expresso de realização de prova pericial para se aferir a autenticidade das assinaturas apostas em contrato. Art. 391. A confissão judicial faz prova contra o confitente, não prejudicando, todavia, os litisconsortes. 5. Apelo conhecido e provido. ACÓRDÃO: Vistos, relatados e discutidos estes autos, acorda a 2ª Câmara Direito Privado do Tribunal de Justiça do Estado do Ceará, por votação unânime, em conhecer do recurso interposto, para dar-lhe provimento, em conformidade com o voto do eminente relator. Fortaleza, 21 de junho de 2017 CARLOS ALBERTO MENDES FORTE Presidente do Órgão Julgador DESEMBARGADOR CARLOS ALBERTO MENDES FORTE Relator (TJ-CE; APL 00055558620118060028; 2ª Câmara Direito Privado; Rel. Carlos Alberto Mendes Forte; Data de Publicação: 21/06/2017)

Parágrafo único. Nas ações que versarem sobre bens imóveis ou direitos reais sobre imóveis alheios, a confissão de um cônjuge ou companheiro não valerá sem a do outro, salvo se o regime de casamento for o de separação absoluta de bens.

→ *V.* Art. 1.647, I, do CC/2002.

Art. 392. Não vale como confissão a admissão, em juízo, de fatos relativos a direitos indisponíveis.

→ *V.* Art. 213 do CC/2002.

Desvalia da confissão relativamente a direitos indisponíveis:

✓ APELAÇÃO CÍVEL. AÇÃO DENOMINADA COMO "NEGATÓRIA DE PATERNIDADE". ACORDO. DIREITO INDISPONÍVEL. AUSÊNCIA DE PERÍCIA GENÉTICA. VÍCIO DE CONSENTIMENTO. NECESSIDADE DE APURAÇÃO. DESCONSTITUIÇÃO DA SENTENÇA HOMOLOGATÓRIA, PARA REABERTURA DA FASE INSTRUTÓRIA. 1. Tratando-se de direito indisponível, é inválido o acordo entabulado entre os genitores acerca do estado de filiação do infante (art. 104, II, do CCB). Matéria que sequer não comporta confissão, na esteira do art. 392 do CPC. 2. Considerando que o ordenamento jurídico protege a posição do incapaz, autorizando a desconstituição do vínculo paternal somente em casos específicos, elencados pela lei (vício de consentimento ou falsidade no registro), os quais não foram prontamente comprovados, valendo destacar que sequer há prova acerca da indigitada inexistência de liame biológico, pois não produzida a prova pericial (exame de DNA), a desconstituição da sentença para fins de reabertura da fase instrutória é medida que se impõe. APELO PROVIDO. (TJ-RS; Apelação Cível 70073975518; Oitava Câmara Cível; Rel. Ricardo Moreira Lins Pastl; Julg. 28/09/2017).

§ 1º A confissão será ineficaz se feita por quem não for capaz de dispor do direito a que se referem os fatos confessados.

§ 2º A confissão feita por um representante somente é eficaz nos limites em que este pode vincular o representado.

→ *V.* Art. 1.602 do CC/2002.

Eficácia da confissão pela ausência do representante legal em audiência:

✓ MASSA FALIDA. REVELIA E CONFISSÃO FICTA. POSSIBILIDADE. Há possibilidade de declaração da revelia e da aplicação dos efeitos da confissão ficta as empresas que tiveram decretada a falência, quando devidamente intimadas não comparecem à audiência em que deveriam prestar depoimento, considerando que a CLT regula inteiramente a matéria, em seu art. 843, § 1º, não havendo lacuna a autorizar a aplicação subsidiária do Código de Processo Civil. Demais disso, o art. 843 da CLT não traz qualquer exceção à aplicação desta penalidade, sendo certo que consubstancia-se em ônus do síndico da massa falida diligenciar quanto às demandas judiciais em que é parte. FRAUDE À RELAÇÃO DE EMPREGO. INDÍCIOS DE RELAÇÃO DE EMPREGO CONSOANTE RECOMENDAÇÃO Nº 198 DA OIT. VÍNCULO EMPREGATÍCIO CONFIGURADO. Na contratação de pessoa física na qualidade de prestador de serviços autônomo, para laborar em serviços enquadrados na atividade essencial da tomadora, com pessoalidade e subordinação, presume-se a fraude, formando-se o vínculo direto com a reclamada. As normas que versam sobre a relação de emprego e sua correspondência obrigatória com o contrato de trabalho têm natureza cogente e se impõem independentemente da vontade das partes. O princípio da primazia da realidade que informa o Direito do Trabalho prestigia a realidade dos fatos em detrimento das formas contratuais. Por outro lado, são nulos de pleno direito todos os atos tendentes a fraudar ou impedir a aplicação dos preceitos da Consolidação das Leis do Trabalho. Diante do princípio da primazia da realidade e do que dispõe o artigo 9º da CLT, a celebração de contrato de natureza civil é nula quando a realidade da prestação demonstra o exercício subordinado de atividades e de disponibilidade da força de trabalho e da energia humana do contratado. A relação fática de emprego corresponde à forma jurídica do contrato de trabalho, consoante regra expressa no artigo 442 da CLT, que precede a todas as outras e afasta as demais formas contratuais civis e societárias. Recurso do reclamante conhecido e provido no particular. (TRT-1; RO 00014621920115010045; Sétima Turma; Rel. Sayonara Grillo Coutinho Leonardo da Silva; Julg.30/01/2017; Data de Publicação: 13/03/2017)

Art. 393. A confissão é irrevogável, mas pode ser anulada se decorreu de erro de fato ou de coação.

→ *V.* Art. 214 do CC/2002.

→ *V.* Art. 966, § 4º, do CPC.

Parágrafo único. A legitimidade para a ação prevista no *caput* é exclusiva do confitente e pode ser transferida a seus herdeiros se ele falecer após a propositura.

Anulação da confissão:

✓ APELAÇÃO CÍVEL. AÇÃO ANULATÓRIA DE CONFISSÃO. DECLARAÇÃO REALIZADA PELA PARTE PARA ELABORAÇÃO DE LAUDO PERICIAL NOS AUTOS DE AÇÃO DE DESPEJO. ALEGAÇÃO DE ERRO DE FATO. INDEFERIMENTO DE PRODUÇÃO DE PROVAS. JULGAMENTO ANTECIPADO DA LIDE. INOCORRÊNCIA DE CERCEAMENTO DE DEFESA. POR SER DESTINATÁRIO DAS PROVAS PRODUZIDAS NOS AUTOS, CABE AO JUIZ VALORAR A NECESSIDADE DE SUA PRODUÇÃO À INSTRUÇÃO DO PROCESSO, INDEFERINDO AS DILIGÊNCIAS INÚTEIS OU MERAMENTE PROTELATÓRIAS (ARTIGO 370 DO CPC). NA FORMAÇÃO DO LIVRE CONVENCIMENTO, PODE O JUIZ ENTENDER PELA DESNECESSIDADE DAS PROVAS REQUERIDAS. INEXISTÊNCIA DE QUALQUER ELEMENTO OU INDÍCIO QUE IDENTIFIQUE ERRO DE FATO OU COAÇÃO NAS DECLARAÇÕES DO LAUDO PERICIAL. ARTIGO 393 DO NOVO CÓDIGO DE PROCESSO CIVIL. MANIFESTA CONCORDÂNCIA DA PARTE COM O REFERIDO LAUDO NOS RESPECTIVOS AUTOS. DEMANDA QUE TRANSITOU EM JULGADO. INCABÍVEL NA AÇÃO ANULATÓRIA DE CONFISSÃO. CABIMENTO DE AÇÃO RESCISÓRIA NOS TERMOS DO ARTIGO 966 DO NOVO CÓDIGO DE PROCESSO CIVIL. SENTENÇA DE IMPROCEDÊNCIA MANTIDA. DESPROVIMENTO DO RECURSO. (TJ-RJ; APL 00052931820128190036 Rio de Janeiro; Nilópolis; 1ª Vara Cível; Décima Nona Câmara Cível; Rel. Guaraci de Campos Vianna; Julg.19/04/2016; Data de Publicação: 25/04/2016)

✓ APELAÇÃO CÍVEL. AÇÃO ANULATÓRIA DE CONFISSÃO JUDICIAL. SENTENÇA DE EXTINÇÃO SEM JULGAMENTO DO MÉRITO. PRESENÇA DE INTERESSE DE AGIR. SENTENÇA QUE MERECE SER ANULADA. 1. Na origem, cuida-se de ação anulatória, na qual a parte autora postula a declaração de nulidade da sua confissão nos autos da ação declaratória de união estável, processo nº 0035922-82.2014.8.19.0204, sob o fundamento de que sofria de perturbação psíquica naquele momento, como demostraria o atestado médico que apresenta. 2. A sentença julgou extinto sem exame do mérito, por falta de interesse de agir, sob o fundamento "que o pedido ora formulado pode e deve ser objeto do recurso cabível" no processo de declaração de união estável, que ainda não transitou em julgado. 3. Ocorre que o ato que a autora pretende anular é uma confissão Judicial, e nos termos do art. 389 do CPC/2015, esta é passível de anulação quando decorrer de erro de fato ou de coação, por ação autônoma. 4. Portanto, a parte autora tem interesse de agir e legitimidade à eventual declaração da nulidade pretendida. 5. Necessidade de abertura da instrução probatória. 6. Provimento do recurso. (TJ-RJ - APL: 00396838220188190204, Relator: Des(a). MÔNICA MARIA COSTA DI PIERO, Data de Julgamento: 05/05/2020, OITAVA CÂMARA CÍVEL, Data de Publicação: 2020-05-08)

Art. 394. A confissão extrajudicial, quando feita oralmente, só terá eficácia nos casos em que a lei não exija prova literal.

Art. 395. A confissão é, em regra, indivisível, não podendo a parte que a quiser invocar como prova aceitá-la no tópico que a beneficiar e rejeitá-la no que lhe for desfavorável, porém cindir-se-á quando o confitente a ela aduzir fatos novos, capazes de constituir fundamento de defesa de direito material ou de reconvenção.

Seção VI
Da Exibição de Documento ou Coisa

Art. 396. O juiz pode ordenar que a parte exiba documento ou coisa que se encontre em seu poder.

→ *v.* Súmulas 260 e 390 do STF.

→ *v.* Súmula 372 do STJ.

→ *v.* Art. 1.191 do CC/2002.

→ *v.* Art. 41, parágrafo único, da Lei 6.830/1980.

Viabilidade da determinação de exibição:

✓ APELAÇÃO CÍVEL. AÇÃO REVISIONAL. CONTRATO DE EMPRÉSTIMO PESSOAL. SENTENÇA QUE, APÓS OPORTUNIZADA A EMENDA, INDEFERIU A INICIAL, EM RAZÃO DE A AUTORA NÃO TER APRESENTADO CÓPIA DA AVENÇA EM DISCUSSÃO NOS AUTOS, BEM COMO NÃO TER ADEQUADO O VALOR DA CAUSA À PRETENSÃO ECONÔMICA ALMEJADA. RECURSO DA DEMANDANTE. REQUERIDA CONCESSÃO DA JUSTIÇA GRATUITA. ACOLHIMENTO. INCAPACIDADE FINANCEIRA EXTRAÍDA DA DOCUMENTAÇÃO ACOSTADA AOS AUTOS. DEFERIMENTO DA BENESSE QUE SE IMPÕE. PRETENDIDA CASSAÇÃO DA DECISÃO EXTINTIVA. VIABILIDADE. VALOR DA CAUSA EM AÇÕES REVISIONAIS. ARBITRAMENTO QUE DEVE SE PAUTAR NO PROVEITO ECONÔMICO PRETENDIDO. HIPÓTESE, CONTUDO, EM QUE NÃO É POSSÍVEL AFERIR O VALOR EXATO DO BENEFÍCIO FINANCEIRO PERSEGUIDO, EM RAZÃO DE A AUTORA NÃO POSSUIR CÓPIA DO CONTRATO EM DEBATE NA LIDE. DEMANDANTE, ADEMAIS, BENEFICIÁRIA DA JUSTIÇA GRATUITA, O QUE TORNA A DISCUSSÃO DE SOMENOS IMPORTÂNCIA. CONSERVAÇÃO, POR ORA, DO IMPORTE ESTIMADO NA PEÇA DE ENTRADA QUE SE IMPÕE. INVERSÃO DO ÔNUS DA PROVA, DE OUTRA BANDA, QUE SE FAZ NECESSÁRIA NO CASO. VIABILIDADE DE SE ATRIBUIR À CASA BANCÁRIA RÉ A OBRIGAÇÃO DE EXIBIR O CONTRATO EM DEBATE NOS AUTOS, HAJA VISTA A HIPOSSUFICIÊNCIA DA CONSUMIDORA DEMANDANTE. RECURSO CONHECIDO E PROVIDO. (TJ-SC; AC 20150768892 Criciúma; Terceira Câmara de Direito Comercial; Rel. Tulio Pinheiro; Julg.31/03/2016)

✓ EXIBIÇÃO INCIDENTAL. CONTRATO. Dever de apresentação pelo banco dos documentos comuns entre as partes. Inteligência dos artigos 396 e 399, inciso III, ambos do CPC/15. DECISÃO REFORMADA. RECURSO PROVIDO. (TJ-SP; AI 22414590820168260000; 38ª Câmara de Direito Privado; Rel. Fernando Sastre Redondo; Julg.08/02/2017; Data de Publicação: 10/02/2017)

✓ AÇÃO DE EXIBIÇÃO DE DOCUMENTOS Ajuizada pelo Município de Leme pretendendo o fornecimento de cópia de contratos bancários e documentos para apuração da prestação de serviços de determinada empresa sujeita ao ISSQN. Ação extinta sem julgamento de mérito, por inadequação da via eleita. Inadmissibilidade. Procedimento subsistiu às novas disposições legais (art. 396 e seguintes do CPC). Extinção afastada. Prosseguimento do feito. Recurso provido, com determinação. (TJ-SP; 10016961720168260318 SP; 6ª Câmara de Direito Público; Rel. Evaristo dos Santos; Julg.18/09/2017; Data de Publicação: 21/09/2017)

✓ APELAÇÃO CÍVEL. DEMANDA REVISIONAL DE CONTRATOS BANCÁRIOS. MAGISTRADO QUE INDEFERE A INICIAL, EXTINGUINDO O PROCESSO SEM RESOLUÇÃO DO MÉRITO, NA FORMA DO ART. 485, INCISO I, DO NOVO CPC. IRRESIGNAÇÃO DOS AUTORES. DIREITO INTERTEMPORAL. DECISÃO PUBLICADA EM CARTÓRIO EM 21-07-17. APLICAÇÃO DOS ENUNCIADOS ADMINISTRATIVOS N. 2, 3 E 7 DO STJ. INCIDÊNCIA DO CÓDIGO DE PROCESSO CIVIL DE 2015. PROCESSUAL CIVIL. VENTILADA DESNECESSIDADE DA DETERMINAÇÃO DE EMENDA À EXORDIAL PARA QUE OS DEMANDANTES (A) EXIBISSEM TODOS OS CONTRATOS QUE PRETENDEM REVISAR; (B) ESPECIFICASSEM OS ENCARGOS QUE CONSIDERAM ABUSIVOS OU ILEGAIS; (C) APONTASSEM O VALOR DO EXCESSO E A QUANTIA INCONTROVERSA DEVIDAMENTE CONSIGNADA; E (D) RETIFICASSEM O VALOR ATRIBUÍDO À CAUSA. ESPECIFICAÇÃO DAS CLÁUSULAS QUE OS AUTORES PRETENDEM REVISAR NAS AVENÇAS. COMANDO INÓCUO. INÉPCIA DA EXORDIAL NÃO VISLUMBRADA. DEMANDANTES QUE EXTERNARAM AS SUAS RAZÕES DE FATO E DE DIREITO E APONTARAM OS ENCARGOS CONTRATUAIS QUE PRETENDEM REVISAR EM TODOS OS CONTRATOS FIRMADOS COM O RÉU, POSSIBILITANDO A APRESENTAÇÃO DE DEFESA PELO ENTE FINANCEIRO. EXIBIÇÃO DE DOCUMENTOS INCIDENTAL À AÇÃO ORDINÁRIA DE REVISÃO CONTRATUAL. MAGISTRADO QUE ORDENA AOS AUTORES A JUNTADA AOS AUTOS DOS CONTRATOS SOBRE OS QUAIS RECAI O PLEITO REVISIONAL. INCORREÇÃO DA MEDIDA. POSSIBILIDADE DE OS DEMANDANTES PUGNAREM PELA EXIBIÇÃO INCIDENTAL, NA FORMA DO ART. 396 DO NOVO CPC. DESNECESSIDADE, INCLUSIVE, DE INGRESSO DE FEITO PRÓPRIO. INVERSÃO DO ÔNUS DA PROVA. DEMANDA ENVOLVENDO CORRENTISTAS E INSTITUIÇÃO FINANCEIRA. INCIDÊNCIA DO CÓDIGO DE DEFESA DO CONSUMIDOR. EXEGESE DA SÚMULA 297 DO SUPERIOR TRIBUNAL DE JUSTIÇA. DEVER DO BANCO DE EXIBIR A DOCUMENTAÇÃO RELACIONADA PELOS CLIENTES NA INICIAL DA AÇÃO REVISIONAL. OBRIGAÇÃO DECORRENTE DA GARANTIA CONSTITUCIONAL DE INFORMAÇÃO, REPETIDA NO ART. 6º, INCISO VIII, DA LEI 8.078/90, NA RESOLUÇÃO 913/84 DO BACEN E NO ART. 399, INCISO III, DO NOVO CPC. COMANDO EXIBITÓRIO DIRIGIDO AOS DEMANDANTES QUE SE AFIGURA EQUIVOCADO. QUANTIFICAÇÃO DOS VALORES QUE OS REQUERENTES REPUTAM INCONTROVERSOS. INVIABILIDADE NA ATUAL FASE DO PROCESSO EM RAZÃO DO GRANDE NÚMERO DE CONTRATOS A SEREM REVISADOS. DÍVIDA QUE SERÁ APURADA NA FASE DE CUMPRIMENTO DE SENTENÇA. COMANDO DE RETIFICAÇÃO DO VALOR ATRIBUÍDO À DEMANDA. PROVIMENTO DESNECESSÁRIO. VALORAÇÃO DA CAUSA POR ESTIMATIVA. POSSIBILIDADE. INCIDÊNCIA DO ART. 291 DO NOVO CPC. DEMANDANTES QUE ALMEJAM A REVISÃO DE PARTE DAS CLÁUSULAS DISPOSTAS EM TODOS OS CONTRATOS FIRMADOS COM O REQUERIDO. VALOR DA CAUSA QUE EQUIVALE AO PROVEITO ECONÔMICO QUE A PARTE AUTORA VISA OBTER COM A PRESTAÇÃO DA TUTELA JURISDICIONAL. QUANTUM ATRIBUÍDO NA PEÇA VESTIBULAR SATISFATÓRIO, TENDO EM VISTA O NÚMERO VULTOSO DE CONTRATOS A SEREM REVISADOS E A IMPOSSIBILIDADE MATERIAL DE FIXAÇÃO

SEGURA DO MONTANTE A SER REVERTIDO EM FAVOR DOS AUTORES NESTA FASE PROCESSUAL. MANUTENÇÃO, POR ORA, DO VALOR ESTIMADO NO PÓRTICO INAUGURAL, SEM PREJUÍZO DE MODIFICAÇÃO AO FINAL DA DEMANDA. SENTENÇA EXTINTIVA CASSADA, COM DETERMINAÇÃO DO PROSSEGUIMENTO REGULAR DA ACTIO. HONORÁRIOS SUCUMBENCIAIS RECURSAIS. INTELIGÊNCIA DO ART. 85, §§ 1º E 11, DO CÓDIGO FUX. INVIABILIDADE DE IMPOSIÇÃO. VERBA QUE PRESSUPÕE A EXISTÊNCIA DE DECISÃO FINAL ANTERIOR. COMANDO QUE RESTOU ANULADO NESTE GRAU DE JURISDIÇÃO. POSICIONAMENTO EXPOSTO PELO SUPERIOR TRIBUNAL DE JUSTIÇA. REBELDIA PROVIDA. (TJ-SC; AC 03001937320178240010 Braço do Norte; Quarta Câmara de Direito Comercial; Rel. José Carlos Carstens Köhler; Julg.19/09/2017)

Determinação de exibição de forma incidental:

✓ REVISIONAL. Contrato bancário. Pedido incidental de exibição do instrumento. Dever de apresentação pelo banco dos documentos comuns entre as partes. Inteligência dos artigos 396 e 399, III, ambos do CPC/15. Decisão mantida. RECURSO NÃO PROVIDO. (TJ-SP; AI 21710735020168260000 SP; 38ª Câmara de Direito Privado; Rel. Fernando Sastre Redondo; Julg. 21/09/2016; Data de Publicação: 22/09/2016).

Exibição e exigência de prévio requerimento:

✓ PROCESSUAL CIVIL. CAUTELAR DE EXIBIÇÃO DE DOCUMENTOS. INDEFERIMENTO DA INICIAL POR FALTA DE INTERESSE DE AGIR. AUSÊNCIA DE REQUERIMENTO ADMINISTRATIVO PRÉVIO. DOCUMENTOS APRESENTADOS COM A INICIAL. DEMONSTRAÇÃO TEMPESTIVA DA TENTATIVA DE EXIBIÇÃO PELA VIA ADMINISTRATIVA. SENTENÇA CASSADA. RECURSO PROVIDO. (TJ-SC; AC 03114581920168240039 Lages; Terceira Câmara de Direito Civil; Rel. Marcus Tulio Sartorato; Julg.10/10/2017)

✓ RECURSO – Apelação – Benefícios da justiça gratuita – Pleito indeferido pelo juiz da causa quando proferida a r. sentença recorrida – Preliminar acolhida. MEDIDA CAUTELAR – Exibição de documentos – Empresa de Telefonia – Sentença que indeferiu a inicial, com base no art. 330, incisos I e III, do CPC, julgando extinto o processo, sem resolução do mérito – Falta de interesse de agir demonstrada, ante a não comprovação de que se trata de documento comum às partes – Ausência de comprovação de envio de requerimento administrativo prévio e idôneo – Desatendimento dos requisitos indispensáveis à propositura da ação, nos termos do novo entendimento do C. STJ – Sentença mantida – Recurso improvido. (TJ-SP; APL 10478195120168260002 SP; 14ª Câmara de Direito Privado; Rel. Lígia Araújo Bisogni; Julg. 08/02/2017; Data de Publicação: 08/02/2017)

✓ APELAÇÃO CÍVEL. AÇÃO DE EXIBIÇÃO DE DOCUMENTO OU COISA. CÓPIAS DE GRAVAÇÃO DE LIGAÇÕES TELEFÔNICAS. SENTENÇA DE IMPROCEDÊNCIA. RECURSO INTERPOSTO PELA AUTORA. PROTOCOLOS E PERÍODO FORNECIDOS. AUSÊNCIA DE IMPUGNAÇÃO ESPECÍFICA. RESISTÊNCIA COMPROVADA. RECURSO PROVIDO. 1- Demanda que visa a obtenção de cópias de gravações telefônicas realizadas em dezembro de 2015 e janeiro de 2016, referentes aos protocolos 111705613718, 11308872383, 112252385221 e 111647125528. 2- Demonstrada a existência de relação jurídica entre as partes e o devido requerimento prévio de apresentação da cópia da gravação telefônica. 3- A Operadora ré tem o dever legal de manter as gravações telefônicas, pelo prazo mínimo de 90 (noventa dias) – artigo 15, § 3º do Decreto nº 6.523/2008. 4- Não há qualquer exigência legal para o requerimento da cópia de gravação telefônica, uma vez que poderá ser requerida durante o atendimento telefônico ou mesmo em ocasião posterior, em contado com o SAC, fornecendo-se tão somente o número do protocolo correspondente ao contato telefônico que se pretende a cópia da gravação. 5- Apresentação dos nºs de protocolos, bem como a informação referente aos meses em que foram gerados, são suficientes para comprovar o requerimento prévio à Operadora ré. Prazo de 10 dias para entregar as gravações requeridas por meio eletrônico, por correspondência ou pessoalmente, a critério do solicitante – artigo 1º e parágrafo único da Portaria nº 49/2009 da Secretaria de Direito Econômico. 6- Demanda ajuizada dentro do prazo mínimo de 90 dias para de manutenção das gravações telefônicas por parte da Operadora. 7- Citação tardia que não justifica a ausência de apresentação das cópias de gravações requeridas. Parte autora que não deu causa à demora. 8- Parte ré que não impugnou os protocolos apresentados. 9- Ligações telefônicas se mostram úteis à comprovação do que poderia constituir, eventualmente, falha da prestação do serviço. 10- Atendidos os requisitos autorizadores da presente demanda – artigo 397 do CPC e artigo 15, § 3º do Decreto nº 6.523/08. 11- Recusa na apresentação das gravações que dá ensejo às medidas previstas no artigo 400 do CPC. 12- Comprovada a resistência da ré quanto a apresentação do material requerido pela autora, incumbe à Operadora ré o pagamento das despesas processuais e honorários advocatícios. 13- Precedente: 0005106-45.2017.8.19.0000 – AGRAVO DE INSTRUMENTO – Relator: Des (a). MAURO DICKSTEIN – Julgamento: 10/04/2017 – DÉCIMA SEXTA CÂMARA CÍVEL. 0002968-12.2012.8.19.0023 – APELAÇÃO – Relator: Des (a). ALEXANDRE ANTÔNIO FRANCO FREITAS CÂMARA – Julgamento: 08/03/2017 – SEGUNDA CÂMARA CÍVEL. 0038932-96.2016.8.19.0000 – AGRAVO DE INSTRUMENTO – Relator: Des (a). MARÍLIA DE CASTRO NEVES VIEIRA – Julgamento: 09/11/2016 – VIGÉSIMA CÂMARA CÍVEL. 0198993-59.2015.8.19.0001 – APELACAO – Relator: DES. SANDRA CARDINALI – Julgamento: 12/05/2016 – VIGESIMA SEXTA CÂMARA CIVEL CONSUMIDOR. 0374543-73.2012.8.19.0001 – APELACAO – Relator: DES. CELSO SILVA FILHO – Julgamento: 11/05/2016 – VIGESIMA TERCEIRA CÂMARA CIVEL CONSUMIDOR. 14- Recurso conhecido e provido, para determinar a Operadora ré que exiba, no prazo de 15 (quinze) dias, sob pena de busca e apreensão, as cópias das gravações telefônicas referentes aos protocolos nºs 111705613718, 11308872383, 112252385221 e 111647125528, realizadas no período de dezembro de 2015 e janeiro de 2016, sob as penas previstas no artigo 400 do CPC, e, por fim, inverto os ônus sucumbenciais. (TJ-RJ; APL: 00038061520168190087 Rio De Janeiro, Alcântara, Regional São Gonçalo; 3ª Vara Cível; Vigésima Quinta Câmara Cível Consumidor; Rel. JDS Isabela Pessanha Chagas; Julg.23/08/2017; Data de Publicação: 24/08/2017).

Art. 397. O pedido formulado pela parte conterá:

Requisitos para formulação do pedido de exibição:

✓ AGRAVO DE INSTRUMENTO. AÇÃO ORDINÁRIA. CONCURSO PÚBLICO. DIREITO À NOMEAÇÃO. PEDIDO DE EXIBIÇÃO INCIDENTAL DO QUADRO DE VAGAS EM

RELAÇÃO AO CARGO ALMEJADO. POSSIBILIDADE. RECURSO PROVIDO. 1. A possibilidade de exibição incidental de documento ou coisa encontra previsão no art. 396 do Novo CPC. Para tanto, o pedido formulado pela parte interessada deverá conter (art. 397): I – a individuação, tão completa quanto possível, do documento ou da coisa; II – a finalidade da prova, indicando os fatos que se relacionam com o documento ou com a coisa; e III – as circunstâncias em que se funda o requerente para afirmar que o documento ou a coisa existe e se acha em poder da parte contrária. 2. A exibição incidental do documento consistente no "quadro de vagas" relativo ao cargo para o qual o candidato, aprovado além do número de vagas previsto no edital, almeja provimento, em razão de supostamente haver a preterição pela contratação indevida de temporários para o exercício das respectivas funções, há de ser deferida, porquanto especificado, de natureza pública e inequivocamente necessário para o deslinde da controvérsia. (TJ-MG; AI 10000150339158002 MG; 1ª Câmara Cível; Rel. Bitencourt Marcondes; Julg.22/01/0017; Data de Publicação: 25/01/2017).

I – a individuação, tão completa quanto possível, do documento ou da coisa;

Necessidade de individuação do objeto da exibição:

✓ APELAÇÃO CÍVEL. MEDIDA CAUTELAR DE EXIBIÇÃO DE DOCUMENTOS. CONTRATO DE COMPRA E VENDA DE BEM IMÓVEL. DOCUMENTO APRESENTADO PELO RÉU EM AÇÃO DE MANUTENÇÃO DE POSSE COMO FORMA DE SE APODERAR DO PATRIMÔNIO. ALEGAÇÃO DE FALSIDADE IDEOLÓGICA. EXIBIÇÃO. PERÍCIA GRAFOTÉCNICA. INDIVIDUAÇÃO DO OBJETO. FINALIDADE DA PROVA. PRESSUPOSTOS DO ART. 397 DO CÓDIGO DE PROCESSO CIVIL PREENCHIDOS. SENTENÇA MANTIDA. RECURSO DESPROVIDO. (TJ-SC; AC 00662837320128240023 Capital; Terceira Câmara de Direito Civil; Rel. Fernando Carioni; Julg.28/11/2017)

✓ AGRAVO DE INSTRUMENTO – AÇÃO ORDINÁRIA – DIREITO ADMINISTRATIVO E PROCESSUAL CIVIL – PRETENSÃO DE RECEBIMENTO DE FUNDO DE GARANTIA POR TEMPO DE SERVIÇO – EXIBIÇÃO DE DOCUMENTOS – ARTS. 397 E SEGUINTES DO CÓDIGO DE PROCESSO CIVIL DE 2015 – APRESENTAÇÃO DE CONTRACHEQUES PELA PARTE CONTRÁRIA – DISPONIBILIZAÇÃO EM PORTAL ELETRÔNICO DO SERVIDOR – CÓPIAS DOS INSTRUMENTOS CONTRATUAIS – ASSINATURA DO DOCUMENTO EM DUAS VIAS – DESACOLHIMENTO DA PRETENSÃO. 1. O procedimento para obtenção de documentos de interesse para a solução da lide que esteja em poder da outra parte tem amparo no art. 396 do CPC/15, cuja sistemática desafia o atendimento dos requisitos previstos no art. 397 do mesmo diploma. 2. Em ação ordinária proposta por contratada temporária estadual para recebimento de parcela referentes ao Fundo de Garantia por Tempo de Serviço – FGTS, não é de se compelir o ente estadual a exibir os instrumentos contratuais e os contracheques da autora, os primeiros por ficarem em poder da contratada e os últimos pelo fato de serem disponibilizados no portal do servidor na internet. (TJ-MG; AI 10024143064483001 MG; 1ª Câmara Cível; Rel. Edgard Penna Amorim; Julg.22/08/0016; Data de Publicação: 24/08/2016).

II – a finalidade da prova, indicando os fatos que se relacionam com o documento ou com a coisa;

III – as circunstâncias em que se funda o requerente para afirmar que o documento ou a coisa existe e se acha em poder da parte contrária.

Indispensabilidade de demonstração sumária de que o objeto da exibição está em poder da parte adversa:

✓ DECISÃO: Acordam os Integrantes da 6ª Câmara Cível do Tribunal de Justiça do Estado do Paraná, por unanimidade de votos, em (a) não conhecer do agravo retido interposto pela empresa de telefonia; (b) conhecer e dar provimento ao apelo de Oi S/A para julgar improcedente o pedido inicial; (c) inverter os ônus da sucumbência, nos termos do voto do Relator. EMENTA: DIREITO PROCESSUAL CIVIL. "AÇÃO PARA ADIMPLEMENTO CONTRATUAL C/C PEDIDO LIMINAR DE EXIBIÇÃO DE DOCUMENTOS" – SENTENÇA DE PROCEDÊNCIA DO PEDIDO DE RETRIBUIÇÃO ACIONÁRIA.AGRAVO RETIDO – CONVERSÃO DE AGRAVO DE INSTRUMENTO EM AGRAVO RETIDO QUANDO EM VIGOR O CPC/1973 – RECURSO QUE DEIXOU DE EXISTIR COM A REDAÇÃO DO CPC/2015 – SUPRESSÃO DO RECURSO, PELA NOVA SISTEMÁTICA PROCESSUAL, QUE NÃO OBSTA O REEXAME DA MATÉRIA NELE VEICULADA. NÃO REITERAÇÃO DO AGRAVO RETIDO EM RAZÕES DE APELAÇÃO. APELAÇÃO DA EMPRESA DE TELEFONIA. LEGITIMIDADE PASSIVA – SE EXISTE CLÁUSULA DO EDITAL QUE DEU INÍCIO AO PROCESSO DE PRIVATIZAÇÃO, DISPONDO QUE A EVENTUAL ADQUIRENTE NÃO TERIA RESPONSABILIDADE COM AS OBRIGAÇÕES PRETÉRITAS DA EMPRESA PÚBLICA POSTA À VENDA, DE MODO ALGUM, ISSO AFETA OU ATINGE A ESFERA DE DIREITOS DE TERCEIROS, NO CASO, OS Apelação Cível nº 1.494.668-4 f. 2DIREITOS PELOS QUAIS A REQUERENTE PLEITEIA. INTERESSE PROCESSUAL – O CONTRATO É MEIO PARA A PROVA DE FATO QUE INTERESSA À COMPOSIÇÃO DEFINITIVA (NÃO CAUTELAR) DA LIDE – NÃO SE TRATA DE EXIBITÓRIA TÍPICA EM QUE A AÇÃO SERVE, APENAS, PARA OBTER DETERMINADO DOCUMENTO. NÃO OBSERVÂNCIA, PELA AUTORA, DA DESCRIÇÃO EXIGIDA PELO ARTIGO 397 E INCISOS, DO CPC. AUSÊNCIA DE PROVA MÍNIMA ACERCA DO FATO CONSTITUTIVO DO DIREITO DA REQUERENTE – NÃO COMPROVAÇÃO DA CESSÃO DE DIREITOS ACIONÁRIOS – CESSIONÁRIOS DO DIREITO DE USO DE LINHA TELEFÔNICA QUE NÃO POSSUEM LEGITIMIDADE PARA PLEITEAR COMPLEMENTAÇÃO DE SUBSCRIÇÃO DE AÇÕES, "EXCETO NA HIPÓTESE DE CONSTAR DO CONTRATO A CESSÃO DE TODOS OS DIREITOS E OBRIGAÇÕES CONTRATUAIS AO CESSIONÁRIO" – PRECEDENTES DO STJ. IMPOSSIBILIDADE DE COMETER À REQUERIDA A PROVA DE FATO CONSTITUTIVO NEGATIVO, NA FORMA DO ARTIGO 357 DO CPC. INVERSÃO DOS ÔNUS DA SUCUMBÊNCIA, COM FIXAÇÃO DE NOVA VERBA HONORÁRIA ADVOCATÍCIA, PORQUE INEXISTE CONDENAÇÃO. NÃO APLICAÇÃO DO ARTIGO 85, § 1º, PARTE FINAL DO NOVO CPC, DIANTE DA NATUREZA DA NORMA. AGRAVO RETIDO NÃO CONHECIDO. RECURSO CONHECIDO E PROVIDO PARA JULGAR IMPROCEDENTE O PEDIDO INICIAL. Apelação Cível nº 1.494.668-4 f. 3 (TJPR; AC – 1494668-4; Xambrê; 6ª C. Cível; Rel. Renato Lopes de Paiva; Unânime; Julg. 05/04/2016)

✓ DIREITO PROCESSUAL CIVIL E DEFESA DO CONSUMIDOR. APELAÇÃO CÍVEL. AÇÃO CAUTELAR DE EXIBIÇÃO DE DOCUMENTOS. CONTRATO DE SERVIÇOS. RELAÇÃO JURÍDICA NÃO AFIRMADA PELA PRÓPRIA REQUERENTE. DEVER DE COMPROVAR QUE A COISA EXISTE E ENCONTRA-SE EM PODER DA PARTE CONTRÁRIA. REQUERIMENTO ADMINISTRATIVO. AUSÊNCIA DE DEMONSTRAÇÃO. ÔNUS QUE A PARTE AUTORA NÃO SE DESINCUMBIU. ART. 397, INCISO III, CPC. INCIDÊNCIA. EXTINÇÃO DO FEITO. ART. 485, VI, DO CPC. APLICAÇÃO. ÔNUS SUCUMBENCIAL PELA REQUERENTE. HONORÁRIOS ADVOCATÍCIOS. ART. 85, 2º, DO CPC/2015. BENEFICIÁRIA DA GRATUIDADE DA JUSTIÇA. SUSPENSÃO DA EXIGIBILIDADE. INCIDÊNCIA DO ARTIGO 12, DA LEI Nº 1.060/50. MANUTENÇÃO DA SENTENÇA. I- O contratante tem o direito de exigir a exibição de cópia do contrato de serviços e documentos que estão em poder da parte contrária, por se tratar de documento comum às partes, indispensável à propositura da ação ordinária a ser intentada. Não apresentados os documentos especificados, possui interesse de buscá-los em juízo, pois a sua recusa é ilegítima. II- Nos termos do artigo 396, do Código de Processo Civil/2015, "o juiz pode ordenar que a parte exiba documento ou coisa que se encontre em seu poder" e o art. 397, III, diz que o Autor trará no pedido "as circunstâncias em que se funda o requerente para afirmar que o documento ou a coisa existe e se acha em poder da parte contrária", ônus este que não se desincumbiu a parte Autora. III- In casu, a própria parte autora não afirma qualquer contratação com a parte contrária, portanto, não demonstrada a existência documento assinado por ele em poder do Réu. IV- Não comprovada a relação jurídica entre as partes nem o prévio pedido à instituição financeira não atendido em prazo razoável, a extinção do pedido de exibição de documentos é medida que se impõe, razão pela qual se mantém intacta a sentença, conforme precedentes do STJ. V- O ônus sucumbencial deve ser suportado com exclusividade pela Autora, sendo os honorários advocatícios arbitrados em obediência aos parâmetros do artigo 85, § 2º, do Código de Processo Civil/2015. Contudo, restou suspensa a sua exigibilidade, em razão desta ser beneficiária da gratuidade da justiça, nos termos do art. 12, da Lei 1060/50, impondo-se a manutenção. RECURSO CONHECIDO E NÃO PROVIDO. (Apelação, Número do Processo: 0512856-96.2015.8.05.0001; Quarta Câmara Cível; Rel. Roberto Maynard Frank; Publicado em: 30/11/2016)

Art. 398. O requerido dará sua resposta nos 5 (cinco) dias subsequentes à sua intimação.

Parágrafo único. Se o requerido afirmar que não possui o documento ou a coisa, o juiz permitirá que o requerente prove, por qualquer meio, que a declaração não corresponde à verdade.

Apresentação de defesa pelo demandado na exibição:

✓ APELAÇÃO CIVEL. AÇÃO CAUTELAR DE EXIBIÇÃO DE DOCUMENTOS. SENTENÇA DE IMPROCEDÊNCIA. PARTE AUTORA QUE NÃO SE DESINCUMBIU DO ÔNUS DE PROVAR QUE OS DOCUMENTOS SE ENCONTRAM NA POSSE DA RÉ. ARTIGO 398, PARÁGRAFO ÚNICO DO CPC/15. NEGADO PROVIMENTO AO RECURSO. 1- "Art. 398 do CPC: O requerido dará sua resposta nos 5 (cinco) dias subsequentes à sua intimação. Parágrafo único. Se o requerido afirmar que não possui o documento ou a coisa, o juiz permitirá que o requerente prove, por qualquer meio, que a declaração não corresponde à verdade."; 2- In casu, trata-se de Ação Cautelar de Exibição de Documentos na qual alegam os autores que contrataram a empresa ré para prestação do serviço de assessoria de financiamento, referente ao imóvel situado na Rua Rodrigues Alves, na Taquara. Afirmam que, em decorrência de um erro cometido pela ré, solicitaram a prestação de contas das despesas relativas ao registro do imóvel, sendo que a demandada informou que lhes seria restituída a quantia de R$ 1.562,85. Requerem que a ré exiba em juízo todos os documentos que foram necessários para o registro do imóvel, com a devida comprovação dos gastos necessários, relativos às certidões, ônus reais, cópia da escritura definitiva e demais documentos; 3- Sustenta a parte ré, em contestação, não possuir a documentação requerida pelos autores, afirmando que todas as certidões estão retidas junto ao RGI. Assim, afirmando a ré que não possui o documento solicitado, caberia à autora a comprovação, por qualquer meio, de que a declaração não corresponde à verdade, na forma do art. 398, parágrafo único do CPC, o que não ocorreu nos autos; 4- Precedentes: 0239825-08.2013.8.19.0001 – APELAÇÃO Des (a). CINTIA SANTAREM CARDINALI – Julgamento: 19/04/2017 – VIGÉSIMA QUARTA CÂMARA CÍVEL CONSUMIDOR e 0015991-50.2015.8.19.0207 – APELAÇÃO Des (a). JDS MARIA CELESTE PINTO DE CASTRO JATAHY – Julgamento: 23/11/2016 – VIGÉSIMA TERCEIRA CÂMARA CÍVEL CONSUMIDOR; 5- Negado provimento ao recurso. (TJ-RJ; APL: 00432795320138190203 Rio de Janeiro, Jacarepaguá, Regional. 2ª Vara Cível; Vigésima Quinta Câmara Cível Consumidor; Rel. JDS Isabela Pessanha Chagas; Julg. 01/11/2017).

Resistência na exibição e honorários advocatícios:

✓ AÇÃO CAUTELAR DE EXIBIÇÃO DE DOCUMENTOS. Prestação de serviço de telefonia. Pleito de exibição atendido com o oferecimento de resposta. Documento apresentado pela concessionária que indica não existir contratação de Plano de Expansão (PEX) ou participação em Programa Comunitário de Telefonia (PCT). Apelante que não comprovou que o contrato existe, o que afasta a pretensão de sua exibição. Dicção do art. 357 do CPC/1973 – art. 398, parágrafo único, do CPC/2015. Ausência de resistência da apelada que impede a sua condenação exclusiva ao pagamento das coimas da sucumbência. Repartição dos encargos processuais que deve ser mantida. Em se considerando que o art. 85, § 14, do CPC/2015 veda a compensação, cada parte arcará com a metade das custas e despesas, além dos honorários ora fixados em R$300,00 (trezentos reais). Recurso provido em parte. (TJ-SP; APL 10011047220168260576; 28ª Câmara de Direito Privado; Rel. Dimas Rubens Fonseca; Julg.06/12/2016; Data de Publicação: 09/12/2016).

Hipótese em que o requerente não se desincumbiu do ônus probatório que lhe cabia, não colacionou provas de que fora ilegítima a recusa da ré, ou de que a demandada, de fato, possuía os documentos que pretendia ser exibidos:

✓ AGRAVO EM RECURSO ESPECIAL Nº 1.256.412 – SE (2018/0047719-5) RELATOR: MINISTRO MARCO BUZZI AGRAVANTE: L F L S (MENOR) REPR. POR: L C S L ADVOGADOS: BRUNO AUGUSTO SAMPAIO FUGA E OUTRO (S) – PR048250 JULIANA TRAUTWEIN CHEDE – SE001026A AGRAVADO: SEGURADORA LIDER DO CONSÓRCIO DO SEGURO DPVAT SA ADVOGADO: RODRIGO AYRES MARTINS DE OLIVEIRA E OUTRO (S) – SE000918A DECISÃO

Trata-se de agravo (artigo 1.042, do CPC/2015) interposto por L F L S (MENOR) - representado por L C S L contra decisão que inadmitiu o recurso especial. O apelo nobre, fundamentado no artigo 105, inciso III, alíneas a e c, da CF, desafia acórdão prolatado pelo Tribunal de Justiça do Estado de Sergipe, assim ementado (fls. 161, e-STJ): APELAÇÃO CÍVEL. AÇÃO DE EXIBIÇÃO DE DOCUMENTOS. A REQUERIDA AFIRMA QUE NÃO POSSUI OS DOCUMENTOS. ÔNUS DA PROVA DO AUTOR EM PROVAR QUE A DECLARAÇÃO DA SEGURADORA NÃO CORRESPONDE A VERDADE. INTELIGÊNCIA DO ARTIGO 398, § 1º, DO CPC. SENTENÇA MANTIDA. RECURSO CONHECIDO E IMPROVIDO. DECISÃO UNÂNIME. Em suas razões de recurso especial (fls. 166-188, e-STJ), a parte insurgente aponta, além de divergência jurisprudencial, a contrariedade aos artigos 85, 305, 381, 396, todos do CPC/2015. Sustenta, em síntese: a) haver legítimo interesse de agir da parte autora na ação probatória de exibição de documento; b) ser incontroverso o recebimento do AR e notificação da recorrida solicitando os documentos pela via administrativa; e c) a condenação do réu/recorrido a arcar com os ônus de sucumbência, em observância ao princípio da causalidade, por ter a parte recorrida dado causa à instauração do processo em virtude da resistência em apresentar os documentos solicitados. Contrarrazões ofertadas às fls. 206-209 (e-STJ). Em juízo prévio de admissibilidade (fls. 262-267, e-STJ), negou-se o processamento do recurso especial, o que ensejou a interposição do presente agravo (fls. 273-286, e-STJ), buscando destrancar o processamento daquela insurgência. Contraminuta apresentada às fls. 289-293, e-STJ. É o relatório. Decido. A irresignação não merece prosperar. 1. Observa-se que os conteúdos normativos dos artigos 85, 305 e 381, do CPC/2015, tidos por violados no apelo nobre não foram apreciados pelo Tribunal a quo, tampouco foram opostos embargos de declaração para sanar eventual omissão. Dessa forma, à falta do indispensável prequestionamento, incide, por analogia, o óbice das Súmulas 282 e 356 do STF. Para que se configure o prequestionamento da matéria, há que se extrair do acórdão recorrido pronunciamento sobre as teses jurídicas em torno dos dispositivos legais tidos como violados, a fim de que se possa, na instância especial, abrir discussão sobre determinada questão de direito, definindo-se, por conseguinte, a correta interpretação da legislação federal. Oportuno assinalar, ainda, que a jurisprudência deste Tribunal Superior é tranquila no sentido da necessidade de prequestionamento dos dispositivos que se entende violados, mesmo em se tratando de matéria de ordem pública. Nesse contexto, colaciono a seguinte decisão da Corte Especial: PROCESSUAL CIVIL. RECURSO ESPECIAL. EMBARGOS DE DIVERGÊNCIA. AGRAVO REGIMENTAL. DISCUSSÃO ACERCA DA APLICAÇÃO DE REGRA TÉCNICA RELATIVA AO CONHECIMENTO DO RECURSO ESPECIAL. IMPOSSIBILIDADE. MATÉRIA DE ORDEM PÚBLICA. PREQUESTIONAMENTO. IMPRESCINDIBILIDADE. SÚMULA N. 168/STJ. 1. A jurisprudência do Superior Tribunal de Justiça, na linha do entendimento do Supremo Tribunal Federal, é firme quanto à impropriedade de debate, em embargos de divergência, sobre a aplicação de regra técnica relativa ao conhecimento do recurso especial. 2. Para a abertura da instância especial, é necessário o cumprimento do requisito do prequestionamento das matérias de ordem pública. 3. Incidência da Súmula n. 168/STJ. 4. Agravo regimental desprovido. (AgRg nos EREsp n. 947.231/SC, Relator Ministro JOÃO OTÁVIO DE NORONHA, CORTE ESPECIAL, julgado em 23/4/2012, DJe 10/5/2012.) No mesmo sentido: PROCESSUAL CIVIL. AGRAVO INTERNO NO RECURSO ESPECIAL. AÇÃO DE PRESTAÇÃO DE CONTAS. FALTA DE FUNDAMENTAÇÃO DO ACÓRDÃO RECORRIDO. INEXISTÊNCIA. AUSÊNCIA DE IMPUGNAÇÃO A FUNDAMENTOS DA DECISÃO AGRAVADA. SÚMULA N. 182/STJ. PRESCRIÇÃO. QUESTÃO DE ORDEM PÚBLICA. FALTA DE PREQUESTIONAMENTO. DECISÃO MANTIDA. 1. Inexiste afronta aos arts. 131, 165 e 458, II, do CPC/1973 quando o acórdão recorrido analisou todas as questões pertinentes para a solução da lide, pronunciando-se, de forma clara e suficiente, sobre a controvérsia estabelecida nos autos. 2. É inviável o agravo previsto no art. 1.021 do CPC/2015 que deixa de atacar especificamente os fundamentos da decisão agravada (Súmula n. 182/STJ). 3. Nos termos da jurisprudência pacífica desta Corte, ainda que se trate de matéria de ordem pública, é exigido o prequestionamento. 4. Agravo interno a que se nega provimento. (AgInt no REsp 1414609/RS, Rel. Ministro ANTONIO CARLOS FERREIRA, QUARTA TURMA, julgado em 03/12/2018, DJe 13/12/2018) PROCESSUAL CIVIL. AGRAVO INTERNO NO AGRAVO EM RECURSO ESPECIAL. AÇÃO DE COBRANÇA. PRESCRIÇÃO. MATÉRIA DE ORDEM PÚBLICA. PREQUESTIONAMENTO. AUSÊNCIA. SÚMULA 282/STF. 1. As questões de ordem pública são passíveis de conhecimento de ofício nas instâncias ordinárias, contudo, estas devem observar o requisito do prequestionamento na via do recurso especial. Precedentes. 2. A ausência de decisão acerca dos argumentos invocados pelo recorrente em suas razões recursais impede o conhecimento do recurso especial. 3. Agravo interno no agravo em recurso especial não provido. (AgInt no AREsp 1272387/SP, Rel. Ministra NANCY ANDRIGHI, TERCEIRA TURMA, julgado em 26/06/2018, DJe 02/08/2018) AGRAVO INTERNO NO AGRAVO EM RECURSO ESPECIAL. AÇÃO DE RESTITUIÇÃO. PREVIDÊNCIA PRIVADA. 1. PRESCRIÇÃO. MATÉRIA DE ORDEM PÚBLICA. NECESSIDADE DE PREQUESTIONAMENTO. SÚMULAS N. 282 DO STF E 211 DO STJ. 2. ALTERAÇÃO UNILATERAL DO CONTRATO. RESTITUIÇÃO DE VALORES PAGOS PARA O PLANO DE PREVIDÊNCIA. REVISÃO. IMPOSSIBILIDADE. INCIDÊNCIA DAS SÚMULAS 5 E 7/STJ. 3. DISSÍDIO JURISPRUDENCIAL PREJUDICADO. 4. AGRAVO IMPROVIDO. 1. A questão referente à prescrição quinquenal, além de não ter sido objeto das razões de embargos de declaração, não foi debatida pelo Tribunal de Justiça, tampouco arguiram ofensa ao art. 1.022 do CPC/2015. Dessa forma, não tendo sido enfrentada pelo acórdão recorrido a referida tese, o conhecimento do recurso especial fica obstado, dada a ausência de prequestionamento, incidindo, por conseguinte, as Súmulas n. 282 do STF e 211 do STJ. Segundo pacífica jurisprudência do STJ, na instância especial, ainda que se trate de matéria de ordem pública, a análise da questão controvertida não dispensa o prequestionamento. 2. Para se chegar a conclusão contrária ao entendimento do acórdão recorrido sobre a restituição dos valores pagos pela parte agravante ante a ruptura do contrato motivada pelas agravantes, seria imprescindível o reexame de fatos e provas, bem como a interpretação de cláusulas contratuais, o que é vedado no âmbito do recurso especial, ante o disposto nas Súmulas 5 e 7 do STJ. 3. A necessidade do reexame da matéria fática inviabiliza o recurso especial também pela alínea c do permissivo constitucional, ficando, portanto, prejudicado o exame da divergência jurisprudencial. 4. Agravo interno a que se nega provimento. 2. O Tribunal a quo, ao negar provimento à apelação interposta pela parte autora, ora agravante, mantendo a sentença de primeiro grau que julgou improcedente o pedido veiculado na inicial, assim se pronunciou (fl. 162-163, e-STJ – grifos nossos): Cumpre-me ressaltar que a presente demanda trata-se de Ação de Exibição de

Documentos, na qual pretende o Requerente a exibição de cópias de documentos relacionados ao procedimento administrativo para receber o seguro DPVAT que se encontram com a Requerida. A Seguradora, ao ser indagada a apresentar a documentação perquirida afirmou que não possui os documentos pleiteados pelo autor, tendo em vista que não encontrou o procedimento administrativo, nem os documentos solicitados. Importante destacar que, em situações como a presente, dispõe o art. 398, parágrafo único, do CPC, que quando o requerido afirmar que não possui o documento pleiteado, caberá a parte autora comprovar que tal informação é incorreta, ou seja, incumbe a parte autora o ônus de alegar a inveracidade da alegação da ré. Vejamos o que dispõe o art., in verbis: Art. 398. O requerido dará sua resposta nos 5 (cinco) dias subsequentes à sua intimação. Parágrafo único. Se o requerido afirmar que não possui o documento ou a coisa, o juiz permitirá que o requerente prove, por qualquer meio, que a declaração não corresponde à verdade. Entretanto, compulsando os autos, verifico que o requerente não se desincumbiu do ônus probatório que lhe cabia, não colacionou provas de que fora ilegítima a recusa da ré, ou de que a Demandada, de fato, possuía os documentos que pretendia ser exibidos. Nesse sentido, assim é o entendimento do Tribunal de Justiça do Estado de Minas Gerais: CIVIL E PROCESSUAL CIVIL - APELAÇÃO - AÇÃO CAUTELAR DE EXIBIÇÃO DE DOCUMENTOS - PRONTUÁRIOS DE ATENDIMENTO MÉDICO - ALEGAÇÃO DE INEXISTÊNCIA DE ARQUIVO ANTIGO DA DOCUMENTAÇÃO - IMPOSSIBILIDADE DE EXIBIÇÃO - AUSÊNCIA DE PROVA DA POSSE DOS DOCUMENTOS - IMPROCEDÊNCIA DO PEDIDO EXIBITÓRIO - MANUTENÇÃO DA SENTENÇA - RECURSO NÃO PROVIDO. - Na ação cautelar de exibição de documentos, na hipótese de o réu negar a existência da documentação requerida, cabe à parte autora comprovar que a declaração não corresponde à verdade, nos termos do art. 357 do CPC. - Se a parte autora não provou que a documentação requerida está arquivada com o réu, a consequência lógica é a improcedência da ação de exibição. - Apelação conhecida e não provida. (Processo n. 0065148-45.2010.8.13.0106. Relatora: Desª. Márcia de Paoli Balbino. D.J. 07/07/2011) EMENTA: APELAÇÃO CÍVEL- AÇÃO CAUTELAR DE EXIBIÇÃO DE DOCUMENTOS- AFIRMATIVA DO RÉU DE NÃO POSSUIR O DOCUMENTO- ART. 398, CPC/1973 - ÔNUS DA PROVA DO AUTOR- AUSÊNCIA - RECUSA LEGÍTIMA - SENTENÇA MANTIDA. De acordo com o art. 398, do CPC, tendo o réu negado a existência do documento cabe ao autor comprovar que tal alegação é inverídica. Não tendo a parte autora comprovado que a recusa do réu fora ilegítima e que o mesmo possui o documento que pretende ser exibido, a improcedência do pedido é medida que se impõe. (TJMG - Apelação Cível 1.0024.14.075804-6/002, Relator (a): Des.(a) Otávio Portes, 16ª CÂMARA CÍVEL, julgamento em 10/05/2017, publicação da sumula em 19/05/2017) Assim, sem maiores delongas, entendo que agiu com acerto o Magistrado sentenciante. Por lodo o exposto e com base nos argumentos delineados, conheço do recurso interposto para lhe negar provimento, mantendo-se na íntegra os demais termos da sentença vergastada. Majorando os honorários para RS 1.300,00 (um mil c trezentos reais), observada, contudo, a suspensão de que trata o art. 98, § 3º do CPC, cm razão da gratuidade processual. Entretanto, nas razões recursais, não há resistência quanto aos referidos fundamentos que, ao persistirem incólumes, mostram-se suficientes para a manutenção do julgado, circunstância que atrai a aplicação, por analogia, da Súmula nº 283/STF. Nesse sentido: AGRAVO INTERNO NO RECURSO ESPECIAL. PROCESSUAL CIVIL (CPC/1973). AÇÃO DE COBRANÇA. DESPESAS CONDOMINIAIS. LEGITIMIDADE. REEXAME. IMPOSSIBILIDADE. INCIDÊNCIA DA SÚMULA 7/STJ. AUSÊNCIA DE IMPUGNAÇÃO DAS RAZÕES RECURSAIS. SÚMULA 283 STF. APLICAÇÃO. AGRAVO DESPROVIDO (AgInt no REsp 1.566.495/SP, Rel. Ministro PAULO DE TARSO SANSEVERINO, TERCEIRA TURMA, julgado em 06/03/2018, DJe 09/03/2018). PROCESSUAL CIVIL. AGRAVO REGIMENTAL NO AGRAVO REGIMENTAL NO AGRAVO EM RECURSO ESPECIAL. AÇÃO DE SUBSTITUIÇÃO DE CURADORA. AUSÊNCIA DE IMPUGNAÇÃO DE FUNDAMENTOS DO ACÓRDÃO RECORRIDO. SÚMULA N. 283 DO STF. REEXAME DE MATÉRIA FÁTICA. IMPOSSIBILIDADE. SÚMULA N. 7 DO STJ. DECISÃO MANTIDA. 1. O recurso especial que não impugna fundamento do acórdão recorrido suficiente para mantê-lo não deve ser admitido, a teor da Súmula n. 283/STF. 2. O recurso especial não comporta exame de questões que impliquem revolvimento do contexto fático-probatório dos autos (Súmula n. 7 do STJ). 3. Agravo regimental a que se nega provimento (AgRg no AgRg no AREsp 570.868/SP, Rel. Ministro ANTONIO CARLOS FERREIRA, QUARTA TURMA, julgado em 06/03/2018, DJe 13/03/2018). 3. Do exposto, conheço do agravo para não conhecer do recurso especial. Com base no art. 85, § 11, do CPC/2015, majoro em 10% (dez por cento) o valor dos honorários sucumbenciais fixados pelo Tribunal de origem (fl. 162, e-STJ) em favor da parte ora recorrida, observando-se o disposto no artigo 98, § 3º, do CPC/2015. Publique-se. Intimem-se. Brasília, 21 de fevereiro de 2019. MINISTRO MARCO BUZZI Relator (STJ - AREsp: 1256412 SE 2018/0047719-5, Relator: Ministro MARCO BUZZI, Data de Publicação: DJ 26/02/2019)

Art. 399. O juiz não admitirá a recusa se:

Ausência de comprovação de justo motivo para não exibição:

✓ APELAÇÕES CÍVEIS. CIVIL E PROCESSUAL CIVIL. AÇÃO MANDAMENTAL. EXIBIÇÃO DE DOCUMENTO. CONTRATOS DE TRANSMISSÃO DE ESPETÁCULOS DESPORTIVOS. - PROCEDÊNCIA NA ORIGEM. (1) PRELIMINARES. CONFUSÃO COM O MÉRITO. PREFERÊNCIA DE EXAME CONJUNTO COM ESTE. - As preliminares, quando se confundirem e cederem face ao mérito, devem ser com este conjuntamente examinadas, em homenagem ao princípio da primazia do julgamento do mérito, de forma integral, justa e efetiva, bem como aos princípios da eficiência ou da economia processual e da razoável duração do processo. (2) LEGITIMIDADE ATIVA. SINDICATO. LEGITIMAÇÃO EXTRAORDINÁRIA. PRESENÇA. - Os sindicatos possuem legitimação extraordinária, à luz dos arts. 5º, inc. LXX, alínea b, e 8º, inc. III, da Constituição, para a defesa dos direitos e dos interesses coletivos ou individuais da categoria que representam, independentemente de autorização dos filiados substituídos. - Os sindicatos de atletas profissionais possuem legitimação extraordinária para defender direitos e interesses relativos à participação de seus filiados nos contratos de transmissão de espetáculos desportivos assegurada pelo art. 42, § 1º, da Lei n. 9.615/1998. (3) LEGITIMIDADE PASSIVA. AFILIADA DE EMISSORA DE TELEVISÃO. TEORIA DA APARÊNCIA. PRESENÇA. - As afiliadas das emissoras de televisão, ainda que apenas retransmitam a programação, sem ingerência na elaboração, ao fazê-lo, passam a se apresentar, aos olhos da sociedade, como a própria emissora ou, ao menos, uma extensão desta, de modo a serem legitimadas a responder perante terceiros, à luz da teoria da aparência, como se as emissoras fossem, nos limites, por certo, da programação por si retransmitida, sem prejuízo de eventual direito de regresso. (4) MÉRITO. EXIBIÇÃO. PEDIDO EXTRAJUDICIAL PRÉVIO. DESNECESSIDADE. CONTRATOS DE TRANSMISSÃO DE ESPETÁCULOS DESPORTIVOS. RECUSA DO PORTADOR. ILEGITIMIDADE. AUSÊNCIA DE LASTRO. OBRIGAÇÃO LEGAL. CONTEÚDO DO DOCUMENTO COMUM ÀS PARTES. DEVER DE EXIBIR. – O pedido de exibição de documento ou coisa, antecedente ou incidental, enquanto meio de prova, independe de prévia tentativa extrajudicial frustrada de obtenção, à luz dos princípios do contraditório e da ampla defesa, corolários do princípio do devido processo legal. – O portador do documento cuja exibição se pretende pode apresentar recusa, que somente será admitida, expurgando-lhe do dever de exibição, se for legítima, porquanto dotada de justo motivo, o que, porém, não prevalece se a alegação vem desprovida de qualquer lastro, bem como se o portador tiver obrigação legal de exibir ou, ainda, o documento, por seu conteúdo, for comum às partes. SENTENÇA MANTIDA. RECURSOS DESPROVIDOS. (TJ-SC; AC 05001165120118240023 Capital; Quinta Câmara de Direito Civil; Rel. Henry Petry Junior; Julg. 06/06/2017).

I – o requerido tiver obrigação legal de exibir;

→ v. Art. 5º, II, da CF/1988.
→ v. Art. 195 do CTN.

Obrigação de exibir documentos relativos ao desempenho de atividades próprias:

✓ AGRAVO DE INSTRUMENTO. REVISIONAL. EXIBIÇÃO DE DOCUMENTOS. OBRIGAÇÃO DO BANCO. MEDIDA LIMINAR. CONCESSÃO. MULTA. COMINAÇÃO. IMPOSSIBILIDADE. "O banco tem a obrigação de exibir em juízo a documentação que deve guardar, relacionada com o desempenho de sua atividade" (REsp 473122/MG, rel. Ministro Ruy Rosado de Aguiar, DJ de 15-12-2003, p. 315). A admissão da veracidade dos fatos que se pretende provar através da documentação a ser exibida (art. 359, CPC) é a sanção cabível para os casos de descumprimento de ordem de exibição de documentos em processo de conhecimento. (TJ-SC; AI 312865 SC 2007.031286-5; Primeira Câmara de Direito Comercial; Rel. Salim Schead dos Santos; Julg.13/12/2007)

✓ AGRAVO DE INSTRUMENTO – AÇÃO REVISIONAL – INVERSÃO DO ÔNUS DA PROVA – DECISÃO QUE DETERMINOU AO RÉU A APRESENTAÇÃO DOS DOCUMENTOS ESSENCIAIS AO EXAME DA LIDE – FIXAÇÃO DA MULTA DIÁRIA POR DESCUMPRIMENTO DA ORDEM JUDICIAL – INVIABILIDADE – APLICABILIDADE DO ARTIGO 359, I, DO CPC – RECURSO CONHECIDO E PARCIALMENTE PROVIDO PARA DESCONSTITUIR A MULTA. A norma esculpida nos artigos 355 e seguintes do Código de Processo Civil autoriza a determinação de exibição incidental dos contratos, na existência de relação jurídica entre os litigantes não só em razão do conteúdo comum, mas por ser dever das partes em colaborar com o Poder Judiciário (artigos 339 a 341 do CPC). No caso de descumprimento de decisão judicial de exibição no prazo legal, o juiz poderá admitir como verdadeiros os fatos que, por meio do documento, a parte pretendia provar (art. 359, CPC). Descabe, porém, a imposição de multa em caso de recalcitrância à determinação judicial, pois não se trata de obrigação de fazer ou não fazer, nem para entrega da coisa. (TJ-SC; AI 112334 SC 2006.011233-4; Terceira Câmara de Direito Comercial; Rel. Alcides Aguiar; Julg. 24/05/2007)

✓ AGRAVO DE INSTRUMENTO. AÇÃO DE COBRANÇA. DECISÃO QUE DETERMINOU A APRESENTAÇÃO, PELA CASA BANCÁRIA RÉ, DE DOCUMENTOS QUE DEMONSTREM A SITUAÇÃO ATUAL DAS AÇÕES REPORTADAS NA EXORDIAL, SOB PENA DE MULTA DIÁRIA DE R$ 200,00 (DUZENTOS REAIS). RECURSO DA INSTITUIÇÃO FINANCEIRA. ALMEJADA SUPRESSÃO DA PENALIDADE. ACOLHIMENTO. ORDEM DE EXIBIÇÃO DE DOCUMENTOS QUE POSSUI, A TEOR DO ART. 400 DO ATUAL CÓDIGO DE PROCESSO CIVIL, SANÇÃO ESPECÍFICA PARA O CASO DE DESCUMPRIMENTO. PENALIDADE EXPUNGIDA. PRECEDENTES. RECLAMO CONHECIDO E PROVIDO. (TJ-SC; AI 40027272520178240000 Lauro; Terceira Câmara de Direito Comercial; Rel. Tulio Pinheiro; Julg.01/06/2017).

II – o requerido tiver aludido ao documento ou à coisa, no processo, com o intuito de constituir prova;

III – o documento, por seu conteúdo, for comum às partes.

Documentos comuns às partes:

✓ APELAÇÃO CÍVEL. "PRODUÇÃO ANTECIPADA DE PROVAS (ART. 381 SS DO CPC) COM EXIBIÇÃO DE DOCUMENTO". IMPROCEDÊNCIA NA ORIGEM, AO FUNDAMENTO DE QUE O AUTOR NÃO TERIA COMPROVADO A EXISTÊNCIA FÍSICA DO DOCUMENTO PLEITEADO. IRRESIGNAÇÃO. VÍNCULO ENTRE AS PARTES DEVIDAMENTE DEMONSTRADO MEDIANTE A JUNTADA DE FATURA REFERENTE AO CONTRATO DE PRESTAÇÃO DE SERVIÇOS DE TELEFONIA DO QUAL SE ALMEJA A EXIBIÇÃO. DEVER DE EXIBIÇÃO DE DOCUMENTO COMUM (ART. 399, III, CPC/2015). CONTRATO DE ADESÃO DISPONÍVEL NA INTERNET. IRRELEVÂNCIA. EXEGESE DO ART. 6º DO CDC E ARTS. 22 E 35 DA RESOLUÇÃO Nº 632/2014 DA ANATEL. NECESSIDADE DE EXIBIÇÃO DO DOCUMENTO QUE SE IMPÕE. CONTRATO ACOSTADO EM CONTESTAÇÃO QUE TEM COMO CONTRATADA A EMPRESA TELEMAR, ALHEIA À LIDE. IRRELEVÂNCIA. ELEMENTOS EVIDENCIADORES DE QUE REFERIDA EMPRESA FOI INCORPORADA PELA OI S/A. HOMOLOGAÇÃO DO CONTRATO ACOSTADO AOS AUTOS. INVERSÃO DOS ÔNUS SUCUMBENCIAIS. FIXAÇÃO DE HONORÁRIOS A SEREM PAGOS PELA APELADA AO CAUSÍDICO DO APELANTE. ""pela conjugação dos princípios da causalidade e da sucumbência, em sede de ação cautelar de exibição de documentos, somente se perfaz legítima a imposição de verba honorária em desfavor da parte ré se configurada sua resistência injustificada em apresentar os escritos pleiteados, seja a oposição externada no âmbito administrativo ou no próprio processo judicial". (TJ-SC – AC: 03068836520168240039 Lages 0306883-65.2016.8.24.0039; Rel. André Carvalho; Julg.23/11/2017, Primeira Câmara de Direito Civil)

✓ REVISIONAL. Contrato bancário. Pedido incidental de exibição. Dever de apresentação pelo banco dos documentos comuns entre as partes. Inteligência dos artigos 396 e 399, III, ambos do CPC/15. Decisão mantida. RECURSO NÃO PROVIDO. (TJ-SP – AI 21795679820168260000 SP

2179567-98.2016.8.26.0000; Rel. Fernando Sastre Redondo; Julg.28/09/2016, 38ª Câmara de Direito Privado, Data de Publicação: 29/09/2016)

✓ PROCESSUAL CIVIL. AÇÃO CAUTELAR DE EXIBIÇÃO DE DOCUMENTOS. SENTENÇA DE PROCEDÊNCIA. APELAÇÃO CÍVEL. ILEGITIMIDADE DA RECUSA DE EXIBIÇÃO DOS DOCUMENTOS COMUNS ÀS PARTES. APRESENTAÇÃO DE TELAS DE SISTEMA QUE VIOLA O ART. 399, III, DO CPC/2015. DOCUMENTO ELETRÔNICO QUE PRECISA SER IMPRESSO E AUTÊNTICO. OS FATOS NARRADOS SERÃO ADMITIDOS COMO VERDADEIROS. INTELIGÊNCIA DO ART. 400 DO CPC/2015. APELO CONHECIDO E DESPROVIDO. 1. Não deve ser admitida a recusa à exibição de documento comum às partes (art. 399, III, CPC/2015), razão pela qual a mera exibição da cópia do contrato e um CD em que consta os projetos gravado por meio do programa AUTOCAD, não atende plenamente a pretensão autoral. 2. Precedente do TJRN (AC nº 2017.001971-9, Rel.º Desembargador Amaury Moura Sobrinho, 3ª Câmara Cível, j. 05/09/2017) 3. Apelo conhecido e desprovido. (TJ-RN – AC: 20160206591 RN; Rel. Desembargador Virgílio Macêdo Jr.; Julg.17/10/2017, 2ª Câmara Cível)

✓ DIREITO PROCESSUAL CIVIL E DEFESA DO CONSUMIDOR. APELAÇÃO CÍVEL. AÇÃO CAUTELAR DE EXIBIÇÃO DE DOCUMENTOS. CONTRATO DE SERVIÇOS BANCÁRIOS. DEVER DE INFORMAR ADEQUADAMENTE SOBRE OS SERVIÇOS PRESTADOS. PROCEDÊNCIA. HONORÁRIOS ADVOCATÍCIOS. 15% VALOR DA CAUSA (R$ 40.000,00). R$ 6.000,00. REDUÇÃO DO VALOR DA CAUSA PARA R$ 10.000,00. ART. 20, § 4º DO CPC/73. RECEPCIONADO PELO ARTIGO 85, § 8º, DO CPC. APLICAÇÃO. SENTENÇA REFORMADA PARCIALMENTE. I- O contratante tem o direito de exigir a exibição de cópia do contrato de serviços e documentos que estão em poder da Instituição Financeira, por se tratar de documento comum às partes, indispensável à propositura da ação ordinária a ser intentada. Não apresentado os documentos especificados, possui interesse de buscá-los em juízo, pois a sua recusa é ilegítima. II- O direito à informação, a par de decorrer diretamente do princípio da defesa do consumidor, previsto em nível constitucional e na legislação específica, não pode ter seu conteúdo restringido, uma vez que a informação constitui dever a ser cumprido por qualquer fornecedor, ensejando a procedência do pedido, como na espécie. III- Em ação cautelar de exibição de documentos, os honorários do advogado da parte vencedora serão fixados na forma do artigo 20, § 4º, do Código de Processo Civil/73, recepcionado pelo artigo 85, § 8º, do Novo Código de Processo Civil, consideradas as circunstâncias mencionadas no seu parágrafo, como critérios equitativos empregados pelo juiz, de modo que sejam condizentes com a atuação dos procuradores e a natureza da causa. IV- Os honorários sucumbenciais foram fixados em 15%, sobre o valor da causa (R$ 40.000,00), equivalente a R$ 6.000,00, ensejando a redução do valor da causa para R$ 10.000,00 (dez mil reais), por ser mais adequado para a remuneração do trabalho desempenhado pelo advogado da parte contrária. RECURSO CONHECIDO E PARCIALMENTE PROVIDO. (Classe: Apelação, Número do Processo: 0546909-06.2015.8.05.0001, Rel. Roberto Maynard Frank; Quarta Câmara Cível; Publicado em: 27/09/2017).

Documentos comuns às partes, que se encontra em poder de uma das partes, dever legal de exibi-los:

✓ AGRAVO EM RECURSO ESPECIAL Nº 1664588 – PR (2020/0035869-0) RELATOR: MINISTRO MARCO AURÉLIO BELLIZZE AGRAVANTE: BANCO BRADESCO S/A ADVOGADOS: JOSÉ IVAN GUIMARÃES PEREIRA – PR013037 DENIZE HEUKO – PR030356 AGRAVADO: DEOCLECIO DE SOUZA ADVOGADO: HERIBERTO RODRIGUES TEIXEIRA – PR016184 EMENTA AGRAVO EM RECURSO ESPECIAL. AÇÃO REVISIONAL DE CONTRATOS BANCÁRIOS. EXIBIÇÃO INCIDENTAL DE DOCUMENTOS. ART. 324 DO CPC/2015. FALTA DE PREQUESTIONAMENTO. SÚMULAS 282 E 356/STF. EXISTÊNCIA DE DOCUMENTO COMUM A AMBAS AS PARTES. FUNDAMENTO NÃO IMPUGNADO NAS RAZÕES RECURSAIS. SÚMULA 283/STF. DESNECESSIDADE DE REQUERIMENTO PRÉVIO. PRECEDENTES. AGRAVO CONHECIDO PARA NEGAR PROVIMENTO AO RECURSO ESPECIAL. DECISÃO Trata-se de agravo interposto contra decisão que não admitiu o recurso especial apresentado por BANCO BRADESCO S.A., com base no art. 105, III, a, da Constituição Federal, desafiando acórdão assim ementado (e-STJ, fl. 131): AGRAVO INTERNO. AGRAVO DE INSTRUMENTO. INDEFERIMENTO DO EFEITO SUSPENSIVO AO RECURSO. IRRESIGNAÇÃO DA PARTE AGRAVANTE. REQUISITOS NÃO PREENCHIDOS. AUSÊNCIA DE ELEMENTO NOVO CAPAZ DE ALTERAR A DECISÃO PROFERIDA. DECISÃO MANTIDA. MULTA POR LITIGÂNCIA DE MÁ-FÉ E ATO ATENTATÓRIO À DIGNIDADE DA JUSTIÇA, FORMULADO NAS CONTRARRAZÕES RECURSAIS. INOCORRÊNCIA. Agravo interno desprovido. Nas razões do recurso especial (e-STJ, fls. 144-152), o recorrente alegou violação aos arts. 320, 321, 324 e 400 do Código de Processo Civil de 2015. Insurgiu-se contra a conclusão do acórdão estadual em manter a decisão interlocutória que determinou sua intimação para promover a exibição de documentos na ação revisional ajuizada pelo recorrido. Sustentou, em síntese, que o recorrido descumpriu as regras expostas no art. 320 do CPC/2015, não instruindo a inicial com os documentos que seriam indispensáveis para a propositura da demanda em questão. Discorreu sobre a inaplicabilidade do art. 400 do CPC/2015 ao caso, afirmando que era dever da parte contrária instruir a inicial com as provas necessárias. Asseverou que não foi observado o decidido no Recurso Especial repetitivo n. 1.349.453/MS, aplicável para ação autônoma ou incidental, que exige prévio pedido de exibição de documentos na esfera administrativa. O Tribunal de origem deixou de admitir o recurso especial às fls. 180-182 (e-STJ), tendo sido interposto agravo em recurso especial às fls. 190-201 (e-STJ). Brevemente relatado, decido. De início, é importante salientar que o presente recurso foi interposto contra decisão publicada já na vigência do Novo Código de Processo Civil, de maneira que é aplicável ao caso o Enunciado Administrativo n. 3 do Plenário do STJ, segundo o qual: "aos recursos interpostos com fundamento no CPC/2015 (relativos a decisões publicadas a partir de 18 de março de 2016) serão exigidos os requisitos de admissibilidade recursal na forma do novo CPC". Dito isso, verifica-se que o art. 324 do CPC/2015 não foi objeto de análise pelo acórdão impugnado, não tendo sido sequer opostos embargos de declaração a fim de ver sanada a suposta omissão, ressentindo-se o recurso especial, no ponto, do indispensável requestionamento. Incidência das Súmulas 282 e 356/STF. No caso, verifica-se que o Tribunal de origem, ao dirimir a controvérsia, consignou os seguintes fundamentos (e-STJ, fls. 83-84): Trata-se de

Ação Revisional de Contratos Bancários ajuizada por Deoclecio de Souza em face de Banco Bradesco S/A, tendo como objeto as contas correntes de nº. 1961-5 (agência 2230), 16387-2 (agência 1987) e 886-9 (agência 642). Depreende-se da petição inicial que a parte autora/agravado pugnou pela exibição incidental dos contratos e extratos, bem como comprovou sua relação contratual (mov. 1.3/1.15 dos autos originários). Não vislumbro qualquer razão de direito ou de fato para eximir-se o agravante do seu dever de apresentar os documentos em questão, uma vez que em se tratando de documentos comuns às partes, que se encontram em poder do agravante, tem o dever legal de exibi-los, como constou na decisão. Isso porque o no art. 399, III, do Código de Processo Civil estabelece expressamente que é obrigatória a exibição de documentos comuns às partes por aquele que os detém: "Art. 399. O juiz não admitirá a recusa se: III – o documento, por seu conteúdo, for comum às partes". Ou seja, em se tratando de documentos comuns às partes, não há que se falar em recusa do juiz de exigi-los ou do banco de apresentá-los, independentemente da distribuição do ônus probandi. [...] Ademais, as instituições financeiras têm a obrigação de preservar, em arquivo, os documentos referentes a seus clientes pelo período correspondente ao prazo prescricional da pretensão de exibição, qual seja, dez ou vinte anos, observada a regra de transição do art. 2028 do Código Civil. Portanto, em se tratando de documentos comuns às partes, pode o juiz, até mesmo de ofício, determinar que a parte exiba os documentos que se encontre em seu poder, nos termos do art. 396 e seguintes do CPC, podendo, inclusive, aplicar a presunção de veracidade dos fatos que, com eles, pretendia-se provar, nos termos do art. 400, I, do CPC, como medida coercitiva para o efetivo cumprimento da obrigação imposta. Como se denota, o acórdão ponderou que, por tratar-se de documentos comuns às partes, seria obrigatória a exibição de documentos pelo recorrente, aplicando inclusive a presunção e veracidade, independente da distribuição do ônus da prova. Todavia, verifica-se que o referido fundamento adotado pela Corte estadual não foi objeto de impugnação nas razões do recurso especial, limitando-se o recorrente a afirmar que era obrigação da parte adversa apresentar os documentos no momento da interposição da petição inicial. Dessa maneira, a manutenção de algum argumento que, por si só, sustenta o acórdão recorrido torna inviável o conhecimento do apelo especial, permanecendo, assim, a aplicação do enunciado n. 283 da Súmula do Supremo Tribunal Federal. Em relação à alegada necessidade de prévio pedido administrativo (aplicação do entendimento firmado no REsp n. 1.349.453/MS), verifica-se que esta Corte possui entendimento no sentido da dispensa de pedido administrativo quando tratar-se de documento comum às partes. Incidência, no ponto, da Súmula n. 83 desta Corte. Nesse sentido: AGRAVO REGIMENTAL NO AGRAVO EM RECURSO ESPECIAL. EXIBIÇÃO DE DOCUMENTOS. INTERESSE DE AGIR. PRÉVIO REQUERIMENTO ADMINISTRATIVO. DESNECESSIDADE. DOCUMENTO COMUM A AMBAS AS PARTES. SÚMULA Nº 83/STJ. EXIBIÇÃO DO DOCUMENTO. RECUSA. COMPROVAÇÃO. CONJUNTO FÁTICO-PROBATÓRIO. REEXAME. HONORÁRIOS ADVOCATÍCIOS. REVISÃO. FIXAÇÃO COM BASE NO ART. 20, § 4º, DO CÓDIGO DE PROCESSO CIVIL. IMPOSSIBILIDADE. SÚMULA Nº 7/STJ. 1. O consumidor possui interesse no ajuizamento da demanda de exibição de documentos, independentemente de prévio requerimento administrativo, quando o documento requerido for comum a ambas as partes 2. A comprovação de que não houve prévia recusa administrativa à exibição de documento demanda o reexame do conjunto fático-probatório dos autos, o que é vedado na instância especial, nos termos da Súmula nº 7/STJ. 3. Não é possível, ante o óbice da Súmula nº 7/STJ, rever o valor dos honorários advocatícios na hipótese em que, além de estarem dentro da razoabilidade (R$ 500,00), foram fixados por meio de apreciação equitativa, com base no art. 20, parágrafos 3º e 4º, do Código de Processo Civil. 4. Agravo regimental não provido. (AgRg no AREsp 638.443/SP, Rel. Ministro RICARDO VILLAS BÔAS CUEVA, TERCEIRA TURMA, julgado em 15/12/2015, DJe 03/02/2016) AGRAVO REGIMENTAL NO AGRAVO EM RECURSO ESPECIAL. EXIBIÇÃO DE DOCUMENTOS. INTERESSE DE AGIR. PRÉVIO REQUERIMENTO ADMINISTRATIVO. DESNECESSIDAD E. DOCUMENTO COMUM A AMBAS AS PARTES. SÚMULA N. 83/STJ. COMPROVAÇÃO DE RECUSA A EXIBIÇÃO DO DOCUMENTO. REEXAME DO CONJUNTO FÁTICO-PROBATÓRIO. SÚMULA N. 7/STJ. 1. O consumidor possui interesse no ajuizamento da demanda de exibição de documentos, independentemente de prévio requerimento administrativo, quando o documento requerido for comum a ambas as partes 2. Não se conhece do agravo pela divergência, quando a orientação do STJ firmou no mesmo sentido da decisão recorrida. Incidência da Súmula n. 83/STJ. 3. A comprovação de que não houve prévia recusa administrativa à exibição de documento demanda o reexame do conjunto fático-probatório dos autos, o que é vedado na instância especial, nos termos da Súmula n. 7/STJ. 4. Agravo regimental desprovido. (AgRg no AREsp 650.765/MG, Rel. Ministro JOÃO OTÁVIO DE NORONHA, TERCEIRA TURMA, julgado em 19/05/2015, DJe 25/05/2015) Diante do exposto, conheço do agravo para negar provimento ao recurso especial. Publique-se. Brasília, 08 de maio de 2020. MINISTRO MARCO AURÉLIO BELLIZZE, Relator (STJ – AREsp: 1664588 PR 2020/0035869-0, Relator: Ministro MARCO AURÉLIO BELLIZZE, Data de Publicação: DJ 28/05/2020)

Art. 400. Ao decidir o pedido, o juiz admitirá como verdadeiros os fatos que, por meio do documento ou da coisa, a parte pretendia provar se:

I – o requerido não efetuar a exibição nem fizer nenhuma declaração no prazo do art. 398;

Admissão da veracidade dos fatos pela não apresentação dos documentos:

✓ RECURSO ESPECIAL REPRESENTATIVO DE CONTROVÉRSIA – ARTIGO 1036 E SEGUINTES DO CPC/2015 – AÇÃO REVISIONAL DE CONTRATOS BANCÁRIOS – PROCEDÊNCIA DA DEMANDA ANTE A ABUSIVIDADE DE COBRANÇA DE ENCARGOS – INSURGÊNCIA DA CASA BANCÁRIA VOLTADA À PRETENSÃO DE COBRANÇA DA CAPITALIZAÇÃO DE JUROS 1. Para fins dos arts. 1036 e seguintes do CPC/2015. 1.1 A cobrança de juros capitalizados nos contratos de mútuo é permitida quando houver expressa pactuação. 2. Caso concreto: 2.1 Quanto aos contratos exibidos, a inversão da premissa firmada no acórdão atacado acerca da ausência de pactuação do encargo capitalização de juros em qualquer periodicidade demandaria a reanálise de matéria fática e dos termos dos contratos, providências vedadas nesta esfera recursal extraordinária, em virtude dos óbices contidos nos Enunciados 5 e 7 da Súmula do Superior Tribunal de Justiça. 2.2 Relativamente aos pactos não exibidos, verifica-se ter o Tribunal a quo determinado a sua apresentação, tendo o banco-réu, ora insurgente, deixado de colacionar aos autos os contratos, motivo pelo qual lhe foi aplicada a penalidade constante do artigo 359 do

CPC/73 (atual 400 do CPC), sendo tido como verdadeiros os fatos que a autora pretendia provar com a referida documentação, qual seja, não pactuação dos encargos cobrados. 2.3 Segundo a jurisprudência do Superior Tribunal de Justiça, é possível tanto a compensação de créditos quanto a devolução da quantia paga indevidamente, independentemente de comprovação de erro no pagamento, em obediência ao princípio que veda o enriquecimento ilícito. Inteligência da Súmula 322/STJ. 2.4 Embargos de declaração manifestados com notório propósito de prequestionamento não tem caráter protelatório. Inteligência da súmula 98/STJ. 2.5 Recurso especial parcialmente provido apenas para afastar a multa imposta pelo Tribunal a quo. (REsp 1388972/SC, Rel. Ministro MARCO BUZZI, SEGUNDA SEÇÃO, julgado em 08/02/2017, DJe 13/03/2017)

✓ PROCESSUAL CIVIL. ACORDO EXTRAJUDICIAL HOMOLOGADO EM JUÍZO. ANULATÓRIA. VÍCIO NO AJUSTE. DEMONSTRAÇÃO. EXIBIÇÃO DOCUMENTAL. RECUSA NÃO VERIFICADA. PRESUNÇÃO DE VERACIDADE DOS FATOS. SANÇÃO. DESCABIMENTO. 1. O art. 359, I, do CPC/1973 (CPC/2015, art. 400) sanciona com a presunção de veracidade os fatos que se pretendia provar com o documento ou coisa cuja exibição foi recusada pelo requerido. 2. Hipótese em que se postula a aplicação daquela sanção processual em ação anulatória de acordo extrajudicial homologado judicialmente, alegando-se recusa da parte em apresentar os extratos bancários que comprovariam o vício apto a anular o ajuste. 3. O julgado que determinou a exibição dos documentos requeridos, com a ressalva de que "a sanção para a recusa à exibição é a presunção de veracidade", foi proferido em sede de juízo antecipatório da tutela, de modo a não poder se falar em coisa julgada material. 4. Ao apreciar a questão no julgamento do apelo, a Corte de origem entendeu não ser possível afirmar que o requerido descumpriu a obrigação exibitória, pelo que não há como, no âmbito do especial, reconhecer a inexistência de "justificativa plausível" e sufragar a presunção ficta de veracidade afirmada no recurso. 5. Em face do quadro probatório "duvidoso e inconcluso", como assinalado no acórdão recorrido, e em prestígio à estabilidade da decisão homologatória anterior já passada em julgado, mostra-se mais adequada ao caso a solução encontrada naquele aresto (devolução do feito ao primeiro grau para produção probatória). 6. Recurso especial desprovido. (REsp 1646836/MA, Rel. Ministro NAPOLEÃO NUNES MAIA FILHO, Rel. p/ Acórdão Ministro GURGEL DE FARIA, PRIMEIRA TURMA, julgado em 02/05/2017, DJe 30/05/2017)

✓ RECURSO ESPECIAL - AÇÃO DE PRESTAÇÃO DE CONTAS - SEGUNDA FASE - INSTITUIÇÃO FINANCEIRA QUE NÃO PRESTOU AS CONTAS NA FORMA MERCANTIL, BEM AINDA, DEIXOU DE JUNTAR AOS AUTOS O CONTRATO BANCÁRIO CONFORME DETERMINADO NO ARTIGO 917 DO CPC/73 - PARTE AUTORA QUE APRESENTOU OS CÁLCULOS QUE ENTENDEU PERTINENTES - TRIBUNAL A QUO QUE JULGOU PROCEDENTE O PEDIDO COM A DECLARAÇÃO DE SALDO CREDOR A FAVOR DO DEMANDANTE - INSURGÊNCIA DA CASA BANCÁRIA VOLTADA À PRETENSÃO DE COBRANÇA DA CAPITALIZAÇÃO ANUAL DE JUROS E TARIFAS BANCÁRIAS. 1. Na hipótese, não há pleito recursal formulado pela casa bancária objetivando a manifestação desta Corte Superior acerca do cabimento da ação de prestação de constas, sendo inviável a declaração de ofício de eventual vício nessa esfera recursal extraordinária. A despeito de a demanda ter se iniciado como ação de prestação de contas, o feito está na segunda fase do procedimento, momento no qual ocorre a efetiva apuração do saldo credor e devedor. 2. O Superior Tribunal de Justiça, no bojo do Resp nº 1.388.972/SC, julgado em 08/02/2017, assentou entendimento nos moldes do artigo 1036 e seguintes do CPC, no sentido de que a cobrança de juros capitalizados nos contratos de mútuo é permitida quando houver expressa pactuação. 2.1 Inviável a cobrança de capitalização anual de juros na hipótese. Uma vez determinada, pelo Tribunal a quo, a apresentação do contrato firmado entre as partes para possibilitar a apuração/verificação das contas, tendo o banco-réu, ora insurgente, deixado de colacionar aos autos o aludido ajuste, correta a aplicação da penalidade constante do artigo 359 do CPC/73 (atual 400 do CPC), considerando-se verdadeiro o fato que a autora pretendia provar com a referida documentação, qual seja, a não pactuação dos encargos cobrados. 3. Quanto à impossibilidade de cobrança das tarifas bancárias, as razões recursais não combatem a argumentação da Corte local, o que atrai a incidência dos óbices das súmulas 283/STJ e 284/STF, pois deficientes as razões recursais que não atacam fundamento suficiente do acórdão recorrido apto por si só a mantê-lo. 4. Recurso especial desprovido. (REsp 1593858/PR, Rel. Ministro MARCO BUZZI, QUARTA TURMA, julgado em 21/03/2017, DJe 25/04/2017)

✓ AGRAVO DE INSTRUMENTO. AÇÃO DE COBRANÇA. EXPURGOS INFLACIONÁRIOS. DECISÃO QUE DETERMINOU A APRESENTAÇÃO DOS EXTRATOS BANCÁRIOS REFERENTES AOS MESES DE ABRIL E MAIO DE 1990, SOB PENA DE MULTA DIÁRIA DE R$ 200,00 (DUZENTOS REAIS), LIMITADO AO VALOR DE R$ 10.000,00 (DEZ MIL REAIS). INSURGÊNCIA DA INSTITUIÇÃO FINANCEIRA. ARGUIDA INVIABILIDADE DE COMINAÇÃO DE ASTREINTE PARA ASSEGURAR O CUMPRIMENTO DA ORDEM DE EXIBIÇÃO DOS DOCUMENTOS SOLICITADOS. ACOLHIMENTO. PREVISÃO DE SANÇÃO PROCESSUAL ESPECÍFICA À ESPÉCIE. PRESUNÇÃO DE VERACIDADE CONTIDA NO ART. 359 DO CÓDIGO DE PROCESSO CIVIL DE 1973 (ART. 400 DO CPC). PRECEDENTES DESTA CÂMARA E DO SUPERIOR TRIBUNAL DE JUSTIÇA. DESNECESSIDADE DE ANALISAR O PLEITO DE PREQUESTIONAMENTO. RECURSO CONHECIDO E PROVIDO. (TJ-SC - AI 01823635820138240000 Criciúma 0182363-58.2013.8.24.0000; Rel. Newton Varella Júnior; Julg.25/07/2017, Segunda Câmara de Direito Comercial).

Interpretação do dispositivo:

✓ AGRAVO EM RECURSO ESPECIAL Nº 1.534.499 - SP (2019/0192407-0) RELATOR: MINISTRO RICARDO VILLAS BÔAS CUEVA AGRAVANTE: TECNO PRIME CONSTRUCOES LTDA OUTRO NOME: TECNO PRIME CONSTRUCOES LTDA - EMPRESA DE PEQUENO PORTE ADVOGADOS: NOEMIA APARECIDA PEREIRA VIEIRA E OUTRO(S) - SP104016 VALERIA RODRIGUES DOS SANTOS - SP388238 AGRAVADO: BANCO DO BRASIL SA ADVOGADO: NEI CALDERON E OUTRO(S) - SP114904 DECISÃO Trata-se de agravo interposto por TECNO PRIME CONSTRUÇÕES LTDA. contra decisão que inadmitiu recurso especial. O apelo extremo, fundamentado no art. 105, III, "a" e "c", da Constituição Federal, insurge-se contra acórdão proferido pelo Tribunal de Justiça do Estado de São Paulo assim ementado: "EXIBIÇÃO DE DOCUMENTOS. Ação cautelar. Multa cominatória.

'Astreinte'. Possibilidade. Cominações previstas no Novo Código de Processo Civil (CPC/2015, § único, art. 400). Busca e apreensão de documentos. Maior eficácia ao caso concreto. Decisão modificada. Recurso provido em parte"(e-STJ fl. 122). Nas razões do recurso especial, a recorrente aponta, além de divergência jurisprudencial, violação dos artigos 400, § único, 536, § 1º e 537 do Código de Processo Civil de 2015. Alega que a Súmula nº 372/STJ foi cancelada após a entrada em vigor do Novo Código de Processo Civil, sendo plenamente cabível o arbitramento da multa, a qual fora feito dentro do padrão da razoabilidade e proporcionalidade. Sem contrarrazões, o recurso foi inadmitido na origem, resultando daí o presente agravo, no qual se busca o processamento do apelo nobre. É o relatório. DECIDO. Ultrapassados os requisitos de admissibilidade do agravo, passa-se ao exame do recurso especial. O acórdão impugnado pelo recurso especial foi publicado na vigência do Código de Processo Civil de 2015 (Enunciados Administrativos nºs 2 e 3/STJ). A irresignação não merece prosperar. No caso vertente, o tribunal de origem cancelou a multa aplicada em ação cautelar de exibição de documento e a substituiu pela busca e apreensão do documento pretendido, com base nos seguintes fundamentos: "No presente caso, foi intimado a cumprir a obrigação para exibição do contrato nº 12200 celebrado entre as partes, sob pena multa de R$ 100,00, até o limite de R$ 2.000,00. Entendia-se que na ação cautelar de exibição de documentos era inaplicável a multa cominatória, nos moldes do entendimento sumulado pelo Colendo Superior Tribunal de Justiça: Súmula 372/STJ: 'Na ação de exibição de documentos, não cabe a aplicação de multa cominatória'. Com o advento do Novo Código de Processo Civil, foi acrescentado ao artigo 400, correspondente ao antigo artigo 359 (CPC/1973), o parágrafo único que dispõe o seguinte: 'Art. 400. Ao decidir o pedido, o juiz admitirá como verdadeiros os fatos que, por meio do documento ou da coisa, a parte pretendia provar se: I – o requerido não efetuar a exibição nem fizer nenhuma declaração no prazo do art. 398; II – a recusa for havida por ilegítima. Parágrafo único: Sendo necessário, o juiz pode adotar medidas indutivas, coercitivas, mandamentais ou sub-rogatórias para que o documento seja exibido.' Sendo assim, na falta de apresentação dos documentos requeridos pelo autor, imputar-se-ão as cominações previstas no art. 400 do CPC/2015. Entretanto, a norma do artigo 400, parágrafo único, do CPC/2015, deve ser interpretada cum grano salis. É regra elementar de hermenêutica a que ordena sejam desprezadas as interpretações que levem ao absurdo, bem com aquelas que, na interpretação do Direito como ciência, impeçam a busca de instrumentos e técnicas que a tornem mais fácil e eficiente. Nessa linha, embora o magistrado possa adotar medidas como a aplicada no caso em tela, outra medida mais eficaz será a busca e apreensão dos documentos objeto da ação. Diz o agravante não estar encontrando o documento, mas tal situação não pode permanecer indefinida pelo que se impõe a busca e apreensão. A multa, pelo visto, foi ineficiente para obrigar o Banco a cumprir a ordem pelo que há de ser afastada" (e-STJ fls. 122-124). Nesse contexto, a modificação do entendimento adotado pelo órgão colegiado demandaria o revolvimento do acervo fático-probatório dos autos, o que se mostra inviável ante a natureza excepcional da via eleita, a teor do enunciado da Súmula nº 7/STJ. Ante o exposto, conheço do agravo para não conhecer do recurso especial. Publique-se. Intimem-se. Brasília, 28 de agosto de 2019. Ministro RICARDO VILLAS BÔAS CUEVA Relator (STJ – AREsp: 1534499 SP 2019/0192407-0, Relator: Ministro RICARDO VILLAS BÔAS CUEVA, Data de Publicação: DJ 13/09/2019).

II – a recusa for havida por ilegítima.

Recusa ilegítima na apresentação do objeto da exibição:

✓ AGRAVO DE INSTRUMENTO. AÇÃO DE COBRANÇA. EXIBIÇÃO INCIDENTAL DE DOCUMENTOS. INCIDÊNCIA DO ART. 400, II, CPC, AFASTADA. DEMONSTRAÇÃO DA INEXISTÊNCIA DO DOCUMENTO. – Ao decidir o pedido, o juiz admitirá como verdadeiros os fatos que, por meio do documento ou da coisa, a parte pretendia provar se a recusa da parte contrária for havida por ilegítima (art. 400, II, CPC). – Demonstrada a inexistência do documento, a penalidade prevista pelo caput do art. 400 do CPC/2015 não se aplica. (TJ-MG – AI 10024075959932001 MG; Rel. Cláudia Maia; Julg.29/08/0017, Câmaras Cíveis / 14ª CÂMARA CÍVEL, Data de Publicação: 01/09/2017).

Parágrafo único. **Sendo necessário, o juiz pode adotar medidas indutivas, coercitivas, mandamentais ou sub-rogatórias para que o documento seja exibido.**

→ *V.* Súmula 372 do STJ.

Sanção pela não apresentação do objeto da exibição:

✓ AGRAVO DE INSTRUMENTO. AÇÃO DE COBRANÇA. DECISÃO QUE DETERMINOU A APRESENTAÇÃO, PELA CASA BANCÁRIA RÉ, DE DOCUMENTOS QUE DEMONSTREM A SITUAÇÃO ATUAL DAS AÇÕES REPORTADAS NA EXORDIAL, SOB PENA DE MULTA DIÁRIA DE R$ 200,00 (DUZENTOS REAIS). RECURSO DA INSTITUIÇÃO FINANCEIRA. ALMEJADA SUPRESSÃO DA PENALIDADE. ACOLHIMENTO. ORDEM DE EXIBIÇÃO DE DOCUMENTOS QUE POSSUI, A TEOR DO ART. 400 DO ATUAL CÓDIGO DE PROCESSO CIVIL, SANÇÃO ESPECÍFICA PARA O CASO DE DESCUMPRIMENTO. PENALIDADE EXPUNGIDA. PRECEDENTES. RECLAMO CONHECIDO E PROVIDO. (TJ-SC – AI 40027272520178240000 Lauro Müller 4002727-25.2017.8.24.0000; Rel. Tulio Pinheiro; Julg.01/06/2017, Terceira Câmara de Direito Comercial)

✓ AGRAVO DE INSTRUMENTO EXPURGOS INFLACIONÁRIOS PLANO VERÃO – CUMPRIMENTO DE SENTENÇA Decisão que determinou ao banco informasse quem eram os titulares das contas poupanças descritas nos autos, na primeira quinze de janeiro de 1989, no prazo de 30 dias, sob pena de pagamento de multa diária de um salário mínimo por dia de atraso – Cabimento – Inegável a necessidade de que traga o agravante ao processo informações precisas a respeito das contas questionadas – Decisão mantida nesta parte. AGRAVO DE INSTRUMENTO – EXPURGOS INFLACIONÁRIOS – PLANO VERÃO – CUMPRIMENTO DE SENTENÇA – Multa diária – Descabimento – Sanção imposta que deve ser afastada – Provimento do agravo neste aspecto. Agravo provido em parte. (TJ-SP 22067423320178260000 SP 2206742-33.2017.8.26.0000; Rel. João Batista Vilhena; Julg. 27/11/2017, 17ª Câmara de Direito Privado, Data de Publicação: 27/11/2017)

✓ AGRAVO DE INSTRUMENTO. AÇÃO DE EXIBIÇÃO DE DOCUMENTO. DESCUMPRIMENTO DA OBRIGAÇÃO. INTIMAÇÃO PARA CUMPRIMENTO SOB PENA DE MULTA DIÁRIA DE R$ 200,00. ALEGAÇÃO DE NÃO CABIMENTO DE MULTA COMINATÓRIA. SÚMULA 372 DO

STJ. IRRESIGNAÇÃO DA PARTE RÉ. COM O ADVENTO DO NOVO CÓDIGO DE PROCESSO CIVIL O LEGISLADOR ESTABELECEU A POSSIBILIDADE DE SEREM ADOTADAS MEDIDAS INDUTIVAS, COERCITIVAS, MANDAMENTAIS E SUB-ROGATÓRIAS, VIABILIZANDO ASSIM, A EXIBIÇÃO DOS DOCUMENTOS. ENUNCIADO Nº. 54 DO FÓRUM PERMANENTE DE PROCESSUALISTAS CIVIS: "FICA SUPERADO O ENUNCIADO 372 DA SÚMULA DO STJ APÓS A ENTRADA EM VIGOR DO CPC, PELA EXPRESSA POSSIBILIDADE DE FIXAÇÃO DE MULTA DE NATUREZA COERCITIVA NA AÇÃO DE EXIBIÇÃO DE DOCUMENTO" DESPROVIMENTO AO RECURSO. (TJ-RJ – AI 00493846820168190000; Rio de Janeiro; 45 VARA CIVEL; Rel. JOÃO BATISTA DAMASCENO; Julg. 14/12/2016, VIGÉSIMA SÉTIMA CÂMARA CÍVEL CONSUMIDOR, Data de Publicação: 19/12/2016)

✓ DECISÃO: ACORDAM OS DESEMBARGADORES E JUÍZES SUBSTITUTOS DA DÉCIMA OITAVA CÂMARA CÍVEL DO TRIBUNAL DE JUSTIÇA DO ESTADO DO PARANÁ, POR UNANIMIDADE DE VOTOS, EM CONHECER, E DAR PARCIAL PROVIMENTO AO PRESENTE RECURSO DE AGRAVO DE INSTRUMENTO. EMENTA: AGRAVO DE INSTRUMENTO. AÇÃO REVISIONAL DE CONTRATO.DETERMINAÇÃO DE EXIBIÇÃO INCIDENTAL DE TODOS OS CONTRATOS A SEREM REVISADOS. FIXAÇÃO DE MULTA DIÁRIA.CABIMENTO. INTELIGÊNCIA DO ART. 400, PARÁGRAFO ÚNICO, DO CPC/15. POSSIBILIDADE DE EXIBIR DOS DOCUMENTOS E CUMPRIR A OBRIGAÇÃO IMPOSTA. REDUÇÃO. DESNECESSIDADE. VALOR RAZOÁVEL. MULTA POR ATO ATENTATÓRIO À DIGNIDADE DA JUSTIÇA. IMPOSSIBILIDADE. NÃO CONSTATAÇÃO DE MÁ-FÉ NA CONDUTA DO BANCO.RECURSO PARCIALMENTE PROVIDO. (TJPR; AI – 1569670-7; Cianorte; 18ª C. Cível; Rel. Denise Antunes; Unânime; Julg. 14/12/2016)

✓ AGRAVO DE INSTRUMENTO – AÇÃO REVISIONAL DE CONTRATO – EXIBIÇÃO DE DOCUMENTOS – MULTA DIÁRIA – FIXAÇÃO – POSSIBILIDADE. A exibição de documentos pode ocorrer de forma incidente, nos termos dos artigos 396 e seguintes do CPC. A resistência ao cumprimento da ordem de exibição acarreta a adoção de medidas indutivas, coercitivas, mandamentais ou sub-rogatórias, dentre elas inclusive a fixação de multa diária. (TJ-MG; AI 10024123220253001 MG; 12ª Câmera Cível; Rel. Saldanha da Fonseca; Julg. 06/07/2017; Data de Publicação: 11/07/2017)

Art. 401. Quando o documento ou a coisa estiver em poder de terceiro, o juiz ordenará sua citação para responder no prazo de 15 (quinze) dias.

Citação de terceiro para exibição de documento ou coisa:

✓ AÇÃO DE EXIBIÇÃO DE DOCUMENTO. SENTENÇA QUE JULGOU PROCEDENTE O PEDIDO E CONDENOU A RÉ AO PAGAMENTO DAS CUSTAS, DESPESAS PROCESSUAIS E HONORÁRIOS ADVOCATÍCIOS. AUSÊNCIA DE PRETENSÃO RESISTIDA. APLICAÇÃO DO PRINCÍPIO DA CAUSALIDADE. AFASTAMENTO DA CONDENAÇÃO QUE SE IMPÕE. Dispõe o artigo 401 do atual Código de Processo Civil: "quando o documento ou a coisa estiver em poder de terceiro, o juiz ordenará sua citação para responder no prazo de 15 (quinze) dias". O interesse de agir da autora restou evidenciado com a necessidade de obtenção do prontuário médico e demais documentos relativos à internação de sua filha nas dependências da ré. Sucede que a ré, após ser citada dos termos da ação, apresentou os documentos requeridos em cartório, satisfazendo, portanto, o pedido formulado pela autora. Assim, não obstante, a parte não esteja obrigada a requerer a exibição dos documentos de seu interesse pela via administrativa, não há dúvidas de que o pronto atendimento do pedido, na qual a parte adversa não apresenta resistência e exibe voluntariamente o documento pretendido, obsta o arbitramento de honorários advocatícios em favor do patrono do requerente. Sentença reformada. Recurso provido. (TJ-SP; APL 10099627720148260248; SP; 10ª Câmara de Direito Privado; Rel. Carlos Alberto Garbi; Julg. 16/05/2017; Data de Publicação: 18/05/2017)

Art. 402. Se o terceiro negar a obrigação de exibir ou a posse do documento ou da coisa, o juiz designará audiência especial, tomando-lhe o depoimento, bem como o das partes e, se necessário, o de testemunhas, e em seguida proferirá decisão.

Exibição em desfavor de terceiro:

✓ AGRAVO DE INSTRUMENTO – TRIBUTÁRIO – AÇÃO DECLARATÓRIA C.C. REPETIÇÃO DE INDÉBITO – ICMS – TARIFAS "TUST" E "TUSD" – ENERGIA ELÉTRICA – PEDIDO INCIDENTAL DE EXIBIÇÃO DE DOCUMENTOS – Agravo cabível nos termos do art. 1015, VI do CPC – Decisão agravada que determinou a inclusão da CPFL no polo passivo da lide principal – Decisão que merece reforma – Ilegitimidade passiva da concessionária de energia elétrica para figurar no polo passivo das ações em que se discute a possibilidade de incidência de ICMS sobre os valores pagos a título de Tarifa de Uso do Sistema de Transmissão (TUST) e Distribuição (TUSD) destacados na conta de energia elétrica – Precedentes do STJ – Nada obstante, a concessionária pode ser citada para compor a lide acessória de exibição de documentos – Relação processual paralela, com partes diferentes, e objeto próprio – Recurso provido. (TJ-SP; AI 20901881520178260000; SP; 8ª Câmara de Direito Público; Rel. Ponte Neto; Julg. 14/06/2017; Data de Publicação: 14/06/2017)

Art. 403. Se o terceiro, sem justo motivo, se recusar a efetuar a exibição, o juiz ordenar-lhe-á que proceda ao respectivo depósito em cartório ou em outro lugar designado, no prazo de 5 (cinco) dias, impondo ao requerente que o ressarça pelas despesas que tiver.

Parágrafo único. Se o terceiro descumprir a ordem, o juiz expedirá mandado de apreensão, requisitando, se necessário, força policial, sem prejuízo da responsabilidade por crime de desobediência, pagamento de multa e outras medidas indutivas, coercitivas, mandamentais ou sub-rogatórias necessárias para assegurar a efetivação da decisão.

Possibilidade de fixação de multa coercitiva para viabilizar a exibição de documentos:

✓ EXIBIÇÃO DE DOCUMENTOS. MULTA COMINATÓRIA. POSSIBILIDADE. CPC/2015. SUPERAÇÃO DA SÚMULA 372 DO STJ. SENTENÇA MANTIDA. – O CPC prevê, expressamente, a possibilidade de aplicação de medidas coercitivas para que o documento seja exibido, dentre as quais se inclui a fixação de multa. – Segundo o enunciado 54, do Fórum Permanente de Processualistas Civis, fica superado "o enunciado 372 da súmula do STJ (" Na ação de exibição de documentos, não cabe a aplicação de multa cominatória ") após a entrada em vigor do CPC, pela expressa possibilidade de fixação de multa de natureza coercitiva na ação de exibição de documento". – Recurso a que se nega provimento. (TJ-MG; AC 10693160011211001 MG; 5ª Câmara Cível; Rel. Wander Marotta; Julg. 11/10/0016; Data de Publicação: 25/10/2016)

✓ AGRAVO DE INSTRUMENTO – Medida cautelar exibitória de documentos, em fase de cumprimento de sentença – Decisão que deferiu o pedido de busca e apreensão – Possibilidade da constrição (artigo 403, par. ún., do CPC) – Recurso desprovido. (TJ-SP 21182523520178260000; SP; 20ª Câmara de Direito Privado; Rel. Correia Lima; Julg. 07/08/2017; Data de Publicação: 10/08/2017)

✓ APELAÇÃO CÍVEL. AÇÃO CAUTELAR DE EXIBIÇÃO DE DOCUMENTOS. PRETENSÃO ATINENTE A CONTRATOS DE ABERTURA DE CRÉDITO. REQUERIMENTO ADMINISTRATIVO DEVIDAMENTE FORMULADO PELA PARTE AUTORA. AUSÊNCIA DE PROVA DA EXIGÊNCIA DO CUSTO DO SERVIÇO. INTERESSE DE AGIR DEMONSTRADO. PRETENSÃO RESISTIDA. CONTENCIOSIDADE INSTAURADA. MEDIDA PARA O CASO DE DESCUMPRIMENTO DA ORDEM JUDICIAL. ASTREINTES. CABIMENTO. FACULDADE CONFERIDA AO MAGISTRADO. LIMITAÇÃO DOS VALORES. POSSIBILIDADE. COMINAÇÃO QUE DEVE CONSIDERAR O BEM DA VIDA TUTELADO. ÔNUS SUCUMBENCIAIS MANTIDOS. HONORÁRIOS RECURSAIS. SENTENÇA PUBLICADA NA VIGÊNCIA DO CPC/2015. ARBITRAMENTO EX OFFICIO. EXEGESE DO ART. 85, § 11, DO CÓDIGO DE RITOS. RECURSO CONHECIDO E PARCIALMENTE PROVIDO. "O valor a ser fixado a título de astreinte fica a critério do magistrado, o qual, em que pese a discricionariedade na fixação, deve levar em consideração as peculiaridades do caso concreto, a capacidade econômica das partes e a natureza da obrigação a ser cumprida." (Agravo de Instrumento n. 2012.022574-0, de Santa Rosa do Sul, rel. Des. Jairo Fernandes Gonçalves; Julg. 31-8-2012) [...] (Apelação Cível n. 0001565-14.2012.8.24.0073, de Timbó, Rel. Des. Rubens Schulz; Julg. 22/11/2016). (TJ-SC; AC 03018068620158240079; Videira; Primeira Câmara de Direito Comercial; Rel. Paulo Ricardo Bruschi; Julg. 06/07/2017)

✓ APELAÇÃO CÍVEL. MEDIDA CAUTELAR DE EXIBIÇÃO DE DOCUMENTO. PROCEDIMENTO ADMINISTRATIVO DE REFORMA DE BOMBEIRO MILITAR. SENTENÇA DE PROCEDÊNCIA. 1. Art. 37 *caput*, incisos I e II, conjugado com o artigo 5º inciso XXX, CF. 2. Exibição de documento que não está condicionado à recusa na via administrativa, conforme jurisprudência assente nos nossos tribunais, sendo certo que, no caso concreto, há prova da recusa do réu em fornecer os documentos relativos ao processo administrativo de reforma do autor. 3.Evidenciado o interesse do autor na exibição do procedimento administrativo cuja apresentação em juízo cabe ao réu. 4.Caso que não se insere em nenhuma das exclusões do art. 404 do CPC/15. 5.Sentença mantida. RECURSO CONHECIDO E DESPROVIDO. (TJ-RJ; APL 04221663120158190001; Rio de Janeiro; 9 Vara Faz Pública; 11ª Câmara Cível; Rel. Fernando Cerqueira Chagas; Julg. 28/09/2016; Data de Publicação: 30/09/2016)

✓ Apelação cível. Ação cautelar incidental de exibição de documentos. Pretensão de apresentação de notas fiscais relativas ao fornecimento de gás pela ré-apelante a seus clientes e que, segundo a autora-apelada, comprovariam sua prestação do serviço de transporte àquela. Documentos de interesse comum que se encontram em posse da ré-apelante. Argumentos de recusa da apresentação que não encontram respaldo legal. Propositura da ação e apresentação de defesa que ocorreram antes do decurso do prazo de guarda previsto na Lei Municipal/DC nº 1664/02 (Código Tributário do Município de Duque de Caxias). Descumprimento do dever de boa-fé da ré-apelante quanto à manutenção dos documentos durante o curso da lide por se tratar do objeto do litígio. Manutenção da sentença de procedência. Honorários recursais fixados na forma do art. 85, §§ 2º e 11 do CPC/15. Desprovimento do recurso. (TJ-RJ; APL 00614869820128190021; Duque de Caxias/RJ; 6ª Vara Cível; Quinta Câmara Cível; Rel. Cristina Tereza Gaulia; Julg. 28/03/2017; Data de Publicação: 30/03/2017)

✓ AGRAVO DE INSTRUMENTO. PROCESSUAL CIVIL. ASSISTÊNCIA JUDICIÁRIA. NÃO COMPROVAÇÃO DO ESTADO DE HIPOSSUFICIÊNCIA. DOCUMENTOS EM PODER DE TERCEIRO. INTIMAÇÃO INDEFERIDA. AÇÃO PRÓPRIA DE EXIBIÇÃO DE DOCUMENTOS. RECURSO DESPROVIDO. 1. Não merece acolhida o pleito da parte agravada no que toca ao não conhecimento do recurso, sob a alegação de que o caso em tela não se adéqua às estritas hipóteses de cabimento da nova sistemática prevista no Novo Código de Processo Civil para o recurso de Agravo de Instrumento, porquanto a decisão interlocutória cuidou de matéria afeta à exibição ou posse de documento ou coisa, hipótese passível de interposição desse recurso, uma vez que prevista no inciso VI do artigo 1.015 do Novo CPC. 2. Cinge-se a controvérsia em perquirir se correta a decisão vergastada que indeferiu a intimação de terceiro para apresentação de documentação exigida para instrução do requerimento do benefício da gratuidade de justiça, uma vez que competiria a parte autora a prova do fato constitutivo de seu direito. 3. A Lei nº 1.060/50 estabelece que a parte gozará dos benefícios da assistência judiciária mediante simples afirmação, na própria petição inicial, de que não está em condições de pagar as custas processuais e os honorários advocatícios, sem prejuízo próprio ou de sua família, consoante seu artigo 4º. Tratando-se de presunção relativa de miserabilidade, pode ser contrariada tanto pela parte adversa quanto pelo juiz, de ofício, desde que seja feito de forma fundamentada. 4. Desse modo, o magistrado deve investigar sobre a real condição econômico-financeira do requerente, podendo ordenar que comprove nos autos que não pode arcar com as despesas processuais e com os honorários de sucumbência. 5. Preleciona o artigo 373 do Novo CPC que o ônus da prova incumbe ao autor quanto ao fato constitutivo de seu direito. Assim, cabe à parte requerente produzir as provas pertinentes para formar a convicção do magistrado a respeito de sua hipossuficiência financeira. 6. Havendo escusas por terceiro de exibir documentos alheios sob a sua posse, cabível o ajuizamento de ação própria de exibição de documentos, ensejando, desse modo, uma nova relação processual, tendo como sujeito passivo terceiro alheio à causa principal. 7. Agravo de instrumento desprovido. (TRF-2; AG 00038978220164020000; RJ; 5ª Turma

Especializada; Rel. Aluisio Gonçalves de Castro Mendes; Julg. 03/06/2016)

✓ AÇÃO EXIBIÇÃO DE DOCUMENTOS. SEGURO DE VIDA COLETIVO. ESTIPULAÇÃO FEITA POR EMPRESA PRIVADA EM FAVOR DE SEUS FUNCIONÁRIOS. NECESSÁRIA EXIBIÇÃO DE APÓLICE E CERTIFICADO CORRELATO. DOCUMENTOS ESSENCIAIS PARA QUE O BENEFICIÁRIO DE EX-SEGURADA POSSA VINDICAR SEUS DIREITOS JUNTO À SEGURADORA. DECLARAÇÃO APRESENTADA QUE NÃO ATENDE AO INTENTO DO AUTOR. INSUSTENTÁVEL RECUSA. SENTENÇA DE PROCEDÊNCIA. CORREÇÃO. INOCORRÊNCIA DE JULGAMENTO EXTRA PETITA. POSSIBILIDADE DE APLICAÇÃO DE MULTA EM CASO DE DESCUMPRIMENTO. INTELIGÊNCIA DO PARÁGRAFO ÚNICO DO ARTIGO 400 DO CPC/2015. INAPLICABILIDADE DA SÚMULA Nº 372 DO STJ. VALOR DA ASTREINTE DEVIDAMENTE ARBITRADO. MANUTENÇÃO DO DECISUM QUE SE IMPÕE. DESPROVIMENTO DO APELO. (TJ-RJ; APL 00168061020168190014; Campos dos Goytacazes/RJ; 2ª Vara Cível; Primeira Câmara Cível; Rel. Sergio Ricardo de Arruda Fernandes; Julg. 27/06/2017; Data de Publicação: 29/06/2017)

✓ EMBARGOS DE DECLARAÇÃO. APELAÇÃO CÍVEL. DIREITO PRIVADO NÃO ESPECIFICADO. AÇÃO CAUTELAR DE EXIBIÇÃO DE DOCUMENTOS E ENTREGA DE COISA. GRAVAÇÕES E DOCUMENTOS CONTRATUAIS. EXTINÇÃO DO PROCESSO SEM JULGAMENTO DE MÉRITO POR FALTA DO INTERESSE DE AGIR. SENTENÇA DESCONSTITUÍDA. MÉRITO. JULGAMENTO NA FORMA DO ARTIGO 1.013, § 3º, INCISO I, DO CÓDIGO DE PROCESSO CIVIL. REDISCUSSÃO. PRÉ-QUESTIONAMENTO. 1. Embargos de declaração em que não se constatam os vícios que dariam ensejo à oposição do recurso, segundo disposto pelo art. 1.022, incisos e Parágrafo único, da Lei n. 13.105/2015 (Novo Código de Processo Civil). 2. No que toca o pré-questionamento da matéria legal versada nos embargos, não está o órgão julgador obrigado a se manifestar expressamente sobre todos os dispositivos de lei invocados pela parte, cumprindo-lhe resolver o litígio em sua complexidade e extensão, como procedido. Ademais, pela redação do art. 1.025 do novel diploma, tem-se superada a celeuma suscitada pelas recorrentes. EMBARGOS DE DECLARAÇÃO DESACOLHIDOS. (TJ-RS; Embargos de Declaração 70073311391; Décima Segunda Câmara Cível; Rel. Ana Lúcia Carvalho Pinto Vieira Rebout; Julg. 27/07/2017).

✓ IMPUGNAÇÃO – Ação de obrigação de fazer, c/c. indenização ora em fase de cumprimento de sentença – Sentença que determinou exibição de cópia de contrato, e rejeitou pedido indenizatório – Impugnação – Ação originária entre apelada e Intercap – Cessão de crédito efetivada e comprovada entre Intercap e o Itaú, ora apelante – Legitimidade passiva do cessionário válida para cumprimento na fase executiva – Conversão da obrigação de fazer (exibir) em perdas e danos – Inviabilidade – Documento consumido em incêndio – Excludente caracterizada – Efeitos da falta de exibição a ser tratado em eventual outra ação entre as partes – Conversão desconstituída – Sentença modificada, sem alteração dos encargos sucumbenciais – Recurso parcialmente provido. (TJ-SP; APL 40059399320138260079; SP; 15ª Câmara de Direito Privado; Rel. José Wagner de Oliveira Melatto Peixoto; Julg. 23/02/2017; Data de Publicação: 23/02/2017)

✓ VOTO DO RELATOR EMENTA – CONDOMÍNIO – INDENIZAÇÃO E LUCROS CESSANTES – FASE DE CUMPRIMENTO DE SENTENÇA – Decisão que, diante da conclusão pericial (no tocante à apuração dos lucros cessantes, fixados em 8% do rendimento médio do autor, auferido como acupunturista e declarados à Receita Federal), determinou a produção de prova documental para que o autor demonstre que os valores declarados ao fisco se referem à atividade de acupunturista – Inadmissibilidade – Descabido exigir da parte a guarda/posse de livros fiscais que ultrapassam o lapso prescricional legal (hipótese dos autos, aonde é exigida a exibição de tais documentos, relativos ao período de 2001 a 2002) – Inteligência dos arts. 195 do CTN e 363 do CPC então vigente (redação mantida pelo art. 404, V, do Novo CPC) – Decisão reformada – Recurso provido. (TJ-SP; AI 20114609120168260000; SP; 8ª Câmara de Direito Privado; Rel. Salles Rossi; Julg. 29/06/2016; Data de Publicação: 29/06/2016)

✓ APELAÇÃO – COBRANÇA – Julgamento de extinção do processo – Prescindível análise do mérito – Reconhecimento da falta de pressuposto de constituição e desenvolvimento válido e regular – Pedido de reforma do autor – Cabimento – Provocação para a indicação do juízo no qual tramita o inventário e seu representante – Apresentação de certidão negativa de distribuição – Impossibilidade de fato de exibir documento – Escusa justificável – Descumprimento que não implica em sanção imediata de término do feito – Exigência que não constitui irregularidade capaz de dificultar a prestação jurisdicional – Solução prematura que afronta o devido processo legal – Pedido suficientemente instruído – Autorização de seguimento imperativo – Chamamento dos herdeiros como habilitados a substituir o espólio – Sentença anulada – Recurso provido (TJ-SP 10009435420158260008; SP; 20ª Câmara Extraordinária de Direito Privado; Rel. Salles Rossi; Julg. 24/10/2017; Data de Publicação: 24/10/2017)

✓ APELAÇÃO – EXIBIÇÃO DE DOCUMENTOS – Decreto de procedência – Pedido de reforma do réu A) Apresentação do instrumento particular do contrato de compra e venda do imóvel – Pretensão satisfativa do próprio objeto da demanda – Inconcebível justa causa à recusa – Impossibilidade de fato não configurada B) Afastamento das preliminares – Presença de possibilidade jurídica do pedido, de interesse de agir e de legitimidade passiva "ad causam" – Pronunciamento aquém do requerimento não demonstrado – Indeferimento contido em fase de encerramento – Ato judicial do juiz natural da causa originária suficientemente fundamentado sobre a descaracterização de carência da ação – Inexistência de defeito sujeito à decretação de nulidade – Falta de prejuízo concreto – Ausência de irregularidades capazes de dificultar o julgamento de mérito – Rejeição de cerceamento de defesa – Indicação expressa da ação principal de rescisão contratual cumulada com indenização por danos materiais – Prescindível propositura no prazo de trinta dias – Natureza satisfativa do pleito C) Sentença mantida – Recurso improvido (TJ-SP 10014408320148260079; SP; 20ª Câmara Extraordinária de Direito Privado; Rel. Salles Rossi; Julg. 24/10/2017; Data de Publicação: 24/10/2017)

✓ EMBARGOS DE DECLARAÇÃO. APELAÇÃO CÍVEL. DIREITO PRIVADO NÃO ESPECIFICADO. AÇÃO CAUTE-

LAR DE EXIBIÇÃO DE DOCUMENTOS E ENTREGA DE COISA. GRAVAÇÕES E DOCUMENTOS CONTRATUAIS. EXTINÇÃO DO PROCESSO SEM JULGAMENTO DE MÉRITO POR FALTA DO INTERESSE DE AGIR. SENTENÇA DESCONSTITUÍDA. MÉRITO. JULGAMENTO NA FORMA DO ARTIGO 1.013, § 3º, INCISO I, DO CÓDIGO DE PROCESSO CIVIL. REDISCUSSÃO. PRÉ-QUESTIONAMENTO. 1. Embargos de declaração em que não se constatam os vícios que dariam ensejo à oposição do recurso, segundo disposto pelo art. 1.022, incisos e Parágrafo único, da Lei n. 13.105/2015 (Novo Código de Processo Civil). 2. No que toca o pré-questionamento da matéria legal versada nos embargos, não está o órgão julgador obrigado a se manifestar expressamente sobre todos os dispositivos de lei invocados pela parte, cumprindo-lhe resolver o litígio em sua complexidade e extensão, como procedido. Ademais, pela redação do art. 1.025 do novel diploma, tem-se superada a celeuma suscitada pelas recorrentes. EMBARGOS DE DECLARAÇÃO DESACOLHIDOS. (TJ-RS; Embargos de Declaração 70073311391; Décima Segunda Câmara Cível; Rel. Ana Lúcia Carvalho Pinto Vieira Rebout; Julg. 27/07/2017).

Art. 404. A parte e o terceiro se escusam de exibir, em juízo, o documento ou a coisa se:

I – concernente a negócios da própria vida da família;

II – sua apresentação puder violar dever de honra;

III – sua publicidade redundar em desonra à parte ou ao terceiro, bem como a seus parentes consanguíneos ou afins até o terceiro grau, ou lhes representar perigo de ação penal;

IV – sua exibição acarretar a divulgação de fatos a cujo respeito, por estado ou profissão, devam guardar segredo;

→ *v.* Art. 5º, XIV, da CF/1988.

→ *v.* Art. 34, VII, da Lei 8.906/1994.

V – subsistirem outros motivos graves que, segundo o prudente arbítrio do juiz, justifiquem a recusa da exibição;

VI – houver disposição legal que justifique a recusa da exibição.

Parágrafo único. Se os motivos de que tratam os incisos I a VI do *caput* disserem respeito a apenas uma parcela do documento, a parte ou o terceiro exibirá a outra em cartório, para dela ser extraída cópia reprográfica, de tudo sendo lavrado auto circunstanciado.

Seção VII
Da Prova Documental

Subseção I
Da Força Probante dos Documentos

Art. 405. O documento público faz prova não só da sua formação, mas também dos fatos que o escrivão, o chefe de secretaria, o tabelião ou o servidor declarar que ocorreram em sua presença.

Fé pública do documento público:

✓ DECISAO: ACORDAM os Senhores Desembargadores e o Juiz de Direito Substituto de 2º grau integrantes da Terceira Câmara Cível do Tribunal de Justiça do Estado do Paraná, por unanimidade de votos, por CONHECER do recurso e NEGAR-LHE PROVIMENTO, nos termos do voto do Relator. EMENTA: EXECUÇÃO FISCAL – APELAÇÃO CÍVEL- ISS – EXTINÇÃO DA EXECUÇÃO EM RAZÃO DA PRECRIÇÃO. CARIMBO DE CARGA ANTES DA DECISÃO DE CITAÇÃO- FÉ PÚBLICA DO DOCUMENTO- INEXISTÊNCIA DE PROVA EM CONTRÁRIO. AUSÊNCIA DE PRÉVIA INTIMAÇÃO PESSOAL DO AUTOR- INOCORRÊNCIA- REPRESENTANTE JUDICIAL DO MUNICÍPIO INTIMADO MEDIANTE A CARGA DOS AUTOS DE MODO DIRETO EM CARTÓRIO – INTIMAÇÃO PESSOAL EFETIVADA EM CONFORMIDADE COM O ART. 25, PARÁGRAFO ÚNICO, DA LEI DE EXECUÇÃO FISCAL. DEVOLUÇÃO DOS AUTOS EM CARTÓRIO SEM MANIFESTAÇÃO APÓS O PRAZO PRESCRICIONAL DE 5 ANOS- PRESCRIÇÃO VERIFICADA. DEMORA QUE NÃO PODE SER IMPUTADA AOS MECANISMOS DO JUDICIÁRIO- INAPLICABILIDADE DA SÚMULA 106 STJ. RECURSO CONHECIDO E DESPROVIDO. Vistos, relatados e discutidos estes autos de Apelação Cível nº 1527600-5 de Irati em que é apelante Munícipio de Irati e apelado Maria Roseli Adamowicz. RELATÓRIO 1. Munícipio de Irati propôs Execução Fiscal de autos nº 1402-61.2009.8.16.0095 contra Maria Roseli Adamowicz em razão de débitos de ISS, conforme certidão de dívida ativa de número 507/2009. Requereu-se a citação do executado e penhora de bens, respeitada a ordem do artigo 11 da Lei 6830/80 (fl. 02). O Juiz da causa intimou o exequente para depositar antecipadamente as despesas de condução do Oficial de Justiça em 06/04/2010 (fl. 05); em 12 de agosto de 2010 Silmar Dietrich fez carga dos autos, devolvendo-os ao cartório, sem manifestação, em 29/07/2011 (fl. 05 verso). O Juiz da causa julgou extinta a execução fiscal em razão da prescrição dos créditos tributários, nos termos do artigo 174 do CTN. Condenou-se o exequente no pagamento das custas processuais (fls. 09). Munícipio de Irati interpôs recurso de Apelação Cível para sustentar, (a) em preliminar, que a sentença deve ser anulada por erro do aparelho judiciário, uma vez que não consta a assinatura do seu procurador no carimbo de retirada dos autos do cartório; (b) é necessária a intimação pessoal do procurador, nos termos do artigo 25 da Lei 6.830/80; (c) o ato citatório é obrigatório após a distribuição do processo, devendo ser aplicado ao caso a Súmula 106 do STJ; (d) da certidão de dívida ativa infere-se que o fato gerador ocorreu no ano de 2004 e a inscrição em 2005, logo o início do prazo prescricional começou a correr em 2006, assim a prescrição teria ocorrido em dezembro de 2010, porém deve-se considerar que o processo ficou parado no judiciário até agosto de 2010 e foi entregue em carga em julho de 2011; tratando-se de tributo sujeito a homologação e inexistindo pagamento, o prazo passa a ser de 10 anos após a ocorrência do fato gerador. Requereu-se o provimento do recurso, anulando-se a sentença e, subsidiariamente, o reconhecimento da não configuração da prescrição (fls. 11-17). O recurso foi recebido em seu duplo efeito (fl. 39). ADMISSIBILIDADE 2. O recurso é tempestivo conforme o que se observa do cotejo entre a certidão de fl. 10 verso e o protocolo de interposição do recurso de fl. 11. A ausência de preparo se justifica em virtude da isenção conferida à Fazenda Pública pelo art. 511, § 1º, do Código de Processo Civil em vigor quando da apresentação do recurso. Presentes os demais pressupostos recursais, intrínsecos e extrínsecos, conheço o recurso. VOTO 3. Trata-se de recurso de Apelação Cível em que é apelante Munícipio de Irati e apelado Maria Roseli Adamowicz. 3.1. Munícipio de Irati afirma, preliminarmente, que a sentença deve ser anulada por erro do aparelho judiciário, uma vez que não consta a assinatura do seu procurador no carimbo de retirada dos autos do cartório. Sustenta-se, ainda, que o ato citatório é obrigatório após a distribuição do processo, devendo ser aplicado ao caso a Súmula 106 do STJ. Verifica-se da inicial que o Procurador Geral do Município, Silmar Ferreira Ditrich, subscreve a ação de execução fiscal oposta por Município de Irati, ora apelante (fl. 02). Denota-se que consta no carimbo de fl. 05-verso, que o procurador do apelante retirou os autos em carga em 12 de agosto de 2010, devolvendo-os apenas em 29 de julho de 2011 sem manifestação, o que comprova a ausência de impulso processual por parte da apelante, sendo que competia ao procurador municipal promover a citação do devedor, conforme disposição contida no artigo 240, § 2º, do Código de Processo Civil em vigor 1. Outrossim, desprovida de qualquer prova sobre a autenticidade ou erro da certidão lavrada pelo funcionário juramentado, que registrou a carga dos autos ao procurador do apelante, a mera alegação não tem o condão de alterar o seu conteúdo, pois o ato goza de fé pública, nos termos do artigo 405 do Código de Processo Civil em vigor 2. Assim, não houve nenhuma falha por parte do mecanismo judiciário, eis que os autos foram retirados com carga pelo próprio procurador municipal antes mesmo do despacho do ato 1 Art. 240 § 2 o Incumbe ao autor adotar, no prazo de 10 (dez) dias, as providências necessárias para viabilizar a citação, sob pena de não se aplicar o disposto no § 1º. 2 Art. 405. O documento público faz prova não só da sua formação, mas também dos fatos que o escrivão, o chefe de secretaria, o tabelião ou o servidor declarar que ocorreram em sua presença. Citatório, o que afasta a aplicação da Súmula 106 do Superior Tribunal de Justiça. Ocorreu falha da Procuradoria Municipal que não observou a passagem do tempo e a manutenção da carga dos autos. Deste modo, o apelo deve ser desprovido neste ponto. 3.2. Afirma-se que é necessária a intimação pessoal do procurador, nos termos do artigo 25 da Lei 6.830/80 e, portanto não se pode computar para fins de prescrição, o período em que o processo estava com carga, sem a intimação pessoal do procurador do apelante. Verifica-se dos autos que proposta a ação de exceção fiscal em 28 de dezembro de 2009 (fl. 02), o Juiz da causa intimou o exequente para depositar antecipadamente as custas de condução do oficial, no prazo de 10 dias, em 06/04/2010 (fl. 05); o apelante, representado por seu procurador, retirou os autos em carga em 12/08/2010 (fl. 05 verso). Deste modo, ainda que o apelante alegue que não foi intimado desta decisão, vislumbra-se que ele fez carga dos autos no dia 12/08/2010, conforme a certidão de fl. 05-verso, que tem fé pública, tomando assim o Município recorrente, ciência da decisão de fl. 05. Ademais, o parágrafo único do artigo 25 da Lei nº 6.830/80 dispõe que a intimação do representante da Fazenda Pública poderá ser feita mediante vista dos autos, veja-se: "A intimação de que trata este artigo poderá ser feita mediante vista dos autos, com imediata remessa ao representante judicial da Fazenda Pública, pelo cartório ou secretaria." Em se tratando de execução fiscal, tendo o procurador do Município intimado da decisão na data da carga dos autos (12/08/2010), o recurso deve ser desprovido neste ponto. 3.3. Afirma-se que da certidão de dívida ativa infere- se que o fato gerador ocorreu no ano de 2004 e a inscrição em 2005, logo o início do prazo prescricional começou a correr em 2006, assim a prescrição teria ocorrido em dezembro de 2010, porém deve-se considerar que o processo ficou parado no judiciário até agosto de 2010 e foi entregue com carga em julho de 2011; tratando-se de tributo sujeito a homologação e inexistindo pagamento, o prazo passa a ser de 10 anos após a ocorrência do fato gerador. O Juiz da causa julgou extinta a execução fiscal em razão da prescrição dos créditos tributários, nos termos do artigo 174 do CTN (fls. 09). O imposto sobre serviços – ISS está sujeito ao lançamento por homologação. Desse modo, a prescrição da pretensão executória para este tributo conta-se a partir da data de vencimento da obrigação ou da entrega da declaração, pois a partir desses momentos são exigíveis os citados créditos tributários. Nesse sentido, é o entendimento desta Câmara, veja-se: APELAÇÃO CÍVEL – TRIBUTÁRIO E PROCESSUAL CIVIL – EXECUÇÃO FISCAL – ISS – IMPOSTO SUJEITO À LANÇAMENTO POR HOMOLOGAÇÃO – TERMO INICIAL DA CONTAGEM DO PRAZO QUINQUENAL (ART. 174, DO CTN): DATA DA DECLARAÇÃO DO CONTRIBUINTE OU DO VENCIMENTO DA OBRIGAÇÃO – FEITO AJUIZADO ANTES DO ADVENTO DA LC Nº 118/2005, DE MODO QUE SOMENTE A CITAÇÃO TERIA O CONDÃO DE INTERROMPER A PRESCRIÇÃO (ART. 174 DO CTN, EM SUA REDAÇÃO ORIGINAL)- CARTA CITATÓRIA ENTREGUE NO ENDEREÇO DO EXECUTADO – CITAÇÃO VÁLIDA (ART. 8º, II, DA LEF)- INTERRUPÇÃO DO PRAZO PRESCRICIONAL – PRESCRIÇÃO AFASTADA – PRESCRIÇÃO INTERCORRENTE TAMBÉM NÃO VERIFICADA – PROCESSO QUE NÃO FICOU PARALISADO SEM MANIFESTAÇÃO OU PRÁTICA DE ALGUM ATO TENDENTE À SATISFAÇÃO DO CRÉDITO – SENTENÇA REFORMADA.RECURSO CONHECIDO E PROVIDO. (TJPR – 2ª C. Cível – AC – 949570-3 – Londrina – Rel. Josély Dittrich Ribas; Unânime; Julg.19.03.2013). Verifica-se da certidão de dívida ativa que a inscrição da dívida ativa ocorreu nas seguintes datas: 31/12/2004; 23/05/2005 e 18/11/2005 (fl. 03); a partir de então, tinha o apelante, nos termos do artigo 174, caput, do Código Tributário Nacional, cinco anos para a cobrança do tributo. Nos termos do artigo 174, parágrafo único, inciso I do CTN, a prescrição se interrompe pelo despacho do juiz que ordenar a citação em execução fiscal; o despacho que ordenou a citação foi proferido em 01/08/2011 (fl. 06), após a devolução dos autos da carga realizada pelo procurador da parte em 29/07/2011 (fl. 05-verso). Considerando que a devolução dos autos ocorreu em 29/07/2011 (fl. 05-verso), já havia decorrido mais de 05 (cinco) anos da constituição do crédito tributário; logo, não se há falar em afastamento da prescrição. A conclusão final que se impõe é que o recurso de apelação cível articulado não se viabiliza. Vota-se, portanto, para CONHECER do recurso de apelação do Município de Irati e NEGAR-LHE PROVIMENTO. ACORDAM os Senhores Desembargadores e o Juiz de Direito Substituto de 2º grau integrantes da Terceira Câmara Cível do Tribunal de Justiça do Estado do Paraná, por unanimidade de votos, por CONHECER do recurso e NEGAR-LHE PROVIMENTO, nos termos do voto do Relator. (TJPR; AC – 1527600-5; Irati; 3ª C. Cível; Rel. Francisco Cardozo Oliveira; Unânime; Julg. 14/06/2016)

✓ Ementa: Apelação Cível. Ação de obrigação de fazer c/c indenizatória por danos morais e materiais com pedido de tutela antecipada. Superendividamento. Contratos de empréstimo consignado. Pretensão de limitação de descontos a 30% dos rendimentos. Sentença de extinção com fulcro no artigo 485, VI, do CPC. Apelo do autor. Preliminar de ilegitimidade passiva suscitada pelo 2º réu (POUPEX) em suas contrarrazões que não prospera, visto que em nosso ordenamento jurídico é a parte autora que escolhe contra quem vai litigar. Se tiver ou não direito, trata-se de matéria de prova ligada ao mérito da causa, implicando na procedência ou não do pedido. A Fundação Habitacional do Exército junta petição de indexador 000353. No entanto, ela não será considerada para fins de julgamento deste recurso, uma vez que ela não é parte do processo. Autos paralisados. Expedição de mandado de intimação pessoal para cumprimento por oficial de justiça, a fim de que o autor promovesse o regular andamento ao feito. Diligência efetivada no endereço do autor, resultando negativa, visto que ele não foi encontrado. Cunhado do autor que declara para o OJA que o intimando não mais reside no imóvel. Ausência de informação do novo local de seu endereço. Comprovantes de residência juntados aos autos pelo apelante que não são idôneas a desconstituir, no caso, a certidão negativa do meirinho. Descumprimento do autor do disposto no artigo 77, V, do CPC. Sentença que se mantém. RECURSO CONHECIDO E DESPROVIDO. (TJ-RJ; APL 04585632620148190001; Rio de Janeiro; 18ª Vara Cível; 23ª Câmara Cível do Consumidor; Rel. Murilo André Kieling Cardona Pereira; Julg. 27/09/2017; Data de Publicação: 29/09/2017)

A simples impugnação do fato, sem base em outros elementos convincentes, mesmo que amparado pela negativa geral, não é suficiente para infirmar a incidência do dispositivo:

✓ AGRAVO EM RECURSO ESPECIAL Nº 1.563.682 - DF (2019/0239140-5) RELATOR: MINISTRO PRESIDENTE DO STJ AGRAVANTE: MANOEL HEBERT MARTINS DOS ANJOS ADVOGADO: DEFENSORIA PÚBLICA DO DISTRITO FEDERAL AGRAVADO: MARIA DE FATIMA DE LIMA COSTA ADVOGADO: GABRIELA DE MORAES - DF0031444 DECISÃO Trata-se de agravo apresentado por MANOEL HEBERT MARTINS DOS ANJOS contra a decisão que não admitiu seu recurso especial. O apelo nobre, fundamentado no art. 105, inciso III, alínea "a", da CF/88, visa reformar acórdão proferido pelo TRIBUNAL DE JUSTIÇA DO DISTRITO FEDERAL E TERRITÓRIOS, assim ementado: APELAÇÃO. DIREITO CIVIL. PRELIMINAR DE CERCEAMENTO DE DEFESA REJEITADA. PROVA DOCUMENTAL. CERTIDÃO PÚBLICA. VEÍCULO ALIENADO FIDUCIARIAMENTE. AUSÊNCIA DE CONSENTIMENTO DO CREDOR FIDUCIÁRIO. DANOS MORAIS NÃO CONFIGURADOS. 1. O juiz deve indeferir a inquirição de testemunhas sobre fatos já provados por documento. É desnecessária a realização de audiência para prova de fato comprovado por documento público. O documento público faz prova não só da sua formação, mas também dos fatos que o escrivão, o chefe de secretaria, o tabelião ou o servidor declarar que ocorreram em sua presença. 2. A propriedade do bem alienado fiduciariamente pertence ao credor fiduciário. O devedor fiduciante detém apenas a posse direta, portanto não pode cedê-la a terceiros sem o consentimento da instituição credora. O devedor fiduciante não possui direito à reparação por dano moral, pois conhece (ou deveria antecipar) os riscos e inconvenientes que pode vir a suportar ao tentar alienar bem que não lhe pertence. 3. Apelações desprovidas. (fls. 255). Quanto à controvérsia, alega violação do art. 373, II, do CPC, no que concerne ao cerceamento do direito de defesa, trazendo os seguintes argumentos: Em que pese o brilhantismo característico à ilustre lavra, merece reparo a r. sentença, na medida em que o julgamento antecipado do feito fora fundado unicamente na procuração apresentada pela parte autora, ora Recorrida e, consequentemente, sem a devida produção da prova requerida pelo Recorrente, ferindo-se, assim, seu direito à ampla defesa e contraditório. (fls. 266). É o relatório. Decido. Quanto à controvérsia, acórdão recorrido assim decidiu (grifos nossos): Afasto a preliminar de cerceamento de defesa. Diferente do que alega o réu, o julgamento antecipado do feito não ofende o ordenamento jurídico. Pelo contrário, é determinado pelo art. 355, I, do CPC, quando não houver necessidade de produção de outras provas. O juiz tem o dever de zelar pela razoável duração do processo (art. 139, II, do CPC). Cabe a ele determinar as provas necessárias ao julgamento do mérito, devendo indeferir as diligências inúteis ou meramente protelatórias (art. 370, do CPC). O fundamento adotado pela sentença foi o de que a prova documental era suficiente para julgamento antecipado do feito (id 6773213). A prova requerida pelo réu (a ser produzida em audiência, id 6773222, f. 9) é irrelevante para a resolução da demanda. A certidão pública expedida pelo Terceiro Ofício de Notas, Registro Civil e Protesto de Títulos, juntada pela autora, registra que ela e o réu compareceram perante o titular da serventia com a finalidade de outorgar mandato em caráter irrevogável para tratar de qualquer assunto referente à motocicleta, com os poderes de vender, ceder, transferir, dentre outros: [...]. [...] O juiz deve indeferir a inquirição de testemunhas sobre fatos já provados por documento (art. 443, I, do CPC). O documento público faz prova não só da sua formação, mas também dos fatos que o escrivão, o chefe de secretaria, o tabelião ou o servidor declarar que ocorreram em sua presença (art. 405, do CPC). A simples impugnação do fato, sem base em outros elementos convincentes, mesmo que amparado pela negativa geral, não é suficiente para infirmar a incidência do art. 405, do CPC, e justificar a produção de prova em audiência. O enquadramento jurídico do negócio (se atendeu ou não aos requisitos da compra e venda), com seus consequentes efeitos, é matéria exclusivamente de direito, não exigindo a realização de audiência. A Primeira Turma Cível do Tribunal de Justiça do Distrito Federal e dos Territórios é firme em repelir restrições ao direito de defesa de quaisquer das partes, anulando a decisão sempre que a violação aos princípios do contraditório e à ampla defesa prejudica algum dos litigantes. Contudo, as provas requeridas pelo réu são meramente protelatórias. As partes e todos aqueles que de qualquer forma participem do processo têm o dever de não produzir provas e de não praticar atos inúteis ou desnecessários à declaração ou à defesa do direito (art. 77, III, do CPC). A sentença não deve ser anulada. (fls. 257/258). Aplicável, portanto, o óbice da Súmula n. 284/STF, uma vez que as razões recursais delineadas no especial estão dissociadas dos fundamentos utilizados no aresto impugnado, tendo em vista que a parte recorrente não impugnou, de forma específica, os seus fundamentos, o que atrai a aplicação, por conseguinte, do referido enunciado: "É inadmissível o recurso extraordinário, quando a deficiência na sua fundamentação não permitir a exata compreensão da controvérsia". Nesse sentido, esta Corte Superior de Justiça já se manifestou na linha de que, "não atacado o fundamento do aresto recorrido, evidente deficiência nas razões do apelo nobre, o que inviabiliza a sua análise por este Sodalício, ante o óbice do Enunciado n. 284 da Súmula do Supremo Tribunal Federal" (AgRg no AREsp n. 1.200.796/PE, relator Ministro Jorge Mussi, Quinta Turma, DJe de 24/8/2018). Confiram-se ainda os seguintes julgados: REsp n. 1.682.077/RS, relator Ministro Herman Benjamin, Segunda Turma, DJe de 11/10/2017; AgInt no AREsp n. 734.966/MG, relator Ministro Ricardo Villas Bôas Cueva, Terceira Turma, DJe de 4/10/2016; AgRg nos EDcl no REsp n. 1.477.669/SC, relator Ministro Antonio Saldanha Palheiro, Sexta Turma, DJe de 2/5/2018; e AgRg no AREsp n. 673.955/BA, relator Ministro Nefi Cordeiro, Sexta Turma, DJe de 8/3/2018. Ademais, incide o entendimento firmado na Súmula n. 7 do STJ ("A pretensão de simples reexame de prova não enseja recurso especial"), uma vez que a pretensão recursal demanda o reexame do acervo fático-probatório juntado aos autos. Nesse sentido: "O recurso especial não será cabível quando a análise da pretensão recursal exigir o reexame do quadro fático-probatório, sendo vedada a modificação das premissas fáticas firmadas nas instâncias ordinárias na via eleita (Súmula n. 7/STJ)" (AgRg no REsp n. 1.773.075/SP, relator Ministro Felix Fischer, Quinta Turma, DJe de 7/3/2019). Confiram-se ainda os seguintes precedentes: AgRg no AgRg no AREsp n. 1.374.756/BA, relatora Ministra Laurita Vaz, Sexta Turma, DJe de 1º/3/2019; AgInt nos EDcl no AREsp n. 1.356.000/RS, relator Ministro Luis Felipe Salomão, Quarta Turma, DJe de 6/3/2019; e REsp n. 1.764.793/RJ, relator Ministro Herman Benjamin, Segunda Turma, DJe de 8/3/2019. Ante o exposto, com base no art. 21-E, V, do Regimento Interno do Superior Tribunal de Justiça, conheço do agravo para não conhecer do recurso especial. Nos termos do art. 85, § 11, do Código de Processo Civil, majoro os honorários de advogado em desfavor da parte recorrente em 15% sobre o valor já arbitrado nas instâncias de origem, observados, se aplicáveis, os limites percentuais previstos nos §§ 2º e 3º do referido dispositivo legal, bem como eventual concessão de justiça gratuita. Publique-se. Intimem-se. Brasília, 23 de setembro de 2019. MINISTRO JOÃO OTÁVIO DE NORONHA Presidente (STJ – AREsp: 1563682 DF 2019/0239140-5, Relator: Ministro JOÃO OTÁVIO DE NORONHA, Data de Publicação: DJ 27/09/2019)

Art. 406. Quando a lei exigir instrumento público como da substância do ato, nenhuma outra prova, por mais especial que seja, pode suprir-lhe a falta.

→ *v.* Arts. 108 e 215 do CC/2002.

Indispensabilidade do instrumento público:

✓ APELAÇÃO CÍVEL – AÇÃO CIVIL PÚBLICA – OBRIGAÇÃO DE FAZER – CONSTRUÇÃO DE CALÇADAS NA TESTADA DE IMÓVEL – ENCARGO DE INCUMBÊNCIA DO PROPRIETÁRIO – ESCRITURA PÚBLICA NÃO ACOSTADA AO FEITO – ILEGITIMIDADE PASSIVA AD CAUSAM DO RÉU. Furtando-se o autor de apresentar a escritura pública do imóvel objeto da controvérsia, documento esse indispensável para atestar o domínio do bem, e sendo a construção dos passeios na testada do imóvel um encargo de incumbência exclusiva do proprietário, não é o réu legitimado para compor o polo passivo da lide, motivo pelo qual, com supedâneo no art. 267, VI, do CPC, a extinção do feito sem resolução do mérito se impõe. (TJ-SC; AC 265858 SC 2007.026585-8; Primeira Câmara de Direito Público; Rel. Volnei Carlin; Julg. 06/12/2007)

✓ AGRAVO EM RECURSO ESPECIAL Nº 1.140.782 – PE (2017/0180671-4) RELATORA: MINISTRA MARIA ISABEL GALLOTTI AGRAVANTE: IRENILDA CAMELO FELIX ADVOGADO: MOISÉS JOSÉ DA SILVA JUNIOR – PE029990 AGRAVADO: ERONIDES GOMES TAVARES JUNIOR AGRAVADO: TACIANA SALES SOUZA TAVARES ADVOGADO: MARCUS ANDRÉ ALMEIDA LINS – PE016844 DECISÃO Trata-se de agravo manifestado contra decisão que inadmitiu recurso especial interposto com fundamento na alínea a do inciso III do artigo 105 da Constituição Federal, em face de acórdão proferido pelo Tribunal de Justiça do Estado de Pernambuco, assim ementado: APELAÇÃO CÍVEL. CIVIL. DIREITOS REAIS. USUCAPIÃO ESPECIAL URBANO. NÃO CONFIGURAÇÃO DO LAPSO TEMPORAL CONSTITUCIONAL. IMISSÃO NA POSSE. RECURSO NÃO PROVIDO. A usucapião especial urbana tem como condições, além da posse mansa e pacífica, o dever do requerente comprovar um lapso temporal de 05 (cinco) ocupando o imóvel com ânimo de dono. No processo em tela, a apelante não trouxe provas suficientes para demonstrar a posse com animus domni por um prazo de 05 (cinco) anos exigidos pela Constituição Federal, uma vez que, durante o período de ocupação do imóvel, a propriedade era de outrem, pois o bem era objeto de financiamento. Apesar da recorrente afirmar que a adjudicação ocorreu em 2007, ela não juntou provas que confirmassem o alegado, existindo no processo, apenas, carta de adjudicação datada de 21/06/2012, sendo esse o prazo inicial da prescrição aquisitiva. Desta forma, não resta configurado o usucapião especial urbano. Recurso de IRENILDA CAMELO FÉLIX não provido. Nas razões do recurso especial, alega a recorrente violação ao artigo 1.240 do Código Civil. Assim delimitada a controvérsia, passo à análise do recurso. O Tribunal de origem, com base nos fatos e provas dos autos, concluiu que o lapso temporal constitucional para a prescrição aquisitiva não foi atingido, assim se pronunciando (fls. 424/426): Depreende-se do conjunto fático-probatório existente no processo que a apelante possuía precariamente imóvel até o ano de 2012, já que incidia sobre o imóvel um financiamento bancário, ausente, desta forma, o animus domini exigido pela legislação. Assim, verifica-se que o lapso temporal constitucional para a prescrição aquisitiva não foi atingido, pois a apelante ocupava o bem com a ciência de que existiam obrigações a serem quitadas, posto que, conforme já citado pelo juízo de 1º grau, havia averbação no registro do imóvel informando o gravame. [...] Em consonância com o disposto no art. 373, II, deveria a ré, ora apelante, ter provado algum fato impeditivo, modificativo ou extintivo do direito do autor. Porém, em sua defesa, limitou-se a recorrente a alegar a usucapião especial urbana, sem comprovar o preenchimento de seus requisitos, não havendo razão, deste modo, para a reforma da sentença. Ainda que afirme ter sido efetuada a adjudicação no ano de 2007 e que a Caixa Econômica Federal se manteve inerte durante esse tempo, iniciando, portanto, neste ano, o prazo para a prescrição aquisitiva, a apelante não colacionou aos autos nenhum documento que possa comprovar tal fato. A alegação da apelante de que a adjudicação foi realizada em momento anterior e somente registrada anos depois não há de prosperar, uma vez que o referido ato executório somente se considera perfeito e acabado com a lavratura e a assinatura do auto pelo juiz, escrivão e adjudicante, resultando na expedição da carta de adjudicação, conforme o art. 685-B do CPC/73 (referente ao art. 877, § 1º do CPC/15). A única carta de adjudicação existente nos autos é a juntada pela recorrida em sua inicial (fl. 56), lavrada no dia 21 de junho de 2012. Ressalta-se, ainda, que o fato da Caixa Econômica ter alegado, em outro processo, que a adjudicação ocorreu em 2007 não torna o fato incontroverso. O art. 366 do CPC de 1973 (referente ao art. 406 CPC/15) dispõe o seguinte: "quando a lei exigir, como da substância do ato, o instrumento público, nenhuma outra prova, por mais especial que seja, pode suprir-lhe a falta". Portanto, uma simples alegação constante em processo anterior informando suposta data de adjudicação não é prova suficiente para comprovar sua existência e não se sobrepõe, nem substitui um documento público oficial, como o carreado aos autos às fls. 56. Conforme asseverou o juízo de 1º grau, o marco inicial para a contagem da prescrição aquisitiva é 21 de junho de 2012, data em que foi expedida a certidão de averbação, não perfazendo, portanto, o prazo legal da usucapião especial urbana. Desse modo, a desconstituição da conclusão do acórdão recorrido, na forma pretendida, demandaria o reexame do acervo fático, procedimento que, em sede especial, encontra óbice no enunciado n. 7 da Súmula do STJ. Em face do exposto, nego provimento ao agravo. Intimem-se. Brasília (DF), 13 de outubro de 2017. MINISTRA MARIA ISABEL GALLOTTI Relatora (STJ; AREsp: 1140782 PE 2017/0180671-4; Rel. Ministra Maria Isabel Gallotti; Data de Publicação: DJ 20/10/2017)

✓ AGRAVO DE INSTRUMENTO. RELAÇÃO DE CONSUMO. ACÃO DE OBRIGAÇÃO DE FAZER C/C INDENIZAÇÃO POR DANO MORAL E MATERIAL. AUTORA ANALFABETA. NECESSIDADE DE PROCURAÇÃO POR INSTRUMENTO PÚBLICO. O ANALFABETO SUBMETE-SE A DETERMINADAS FORMALIDADES PARA SUA PRÓPRIA PROTEÇÃO. INTELIGÊNCIA DOS ARTIGOS 654 DO CÓDIGO CIVIL E 406 DO NOVO CÓDIGO DE PROCESSO CIVIL. BASTA A APRESENTAÇÃO DA DECISÃO DE PRIMEIRO GRAU QUE CONCEDEU O BENEFÍCIO DA GRATUIDADE DE JUSTIÇA E A DEMONSTRAÇÃO DE QUE O ATO NOTARIAL E/OU DE REGISTRO SEJA CORRELATO AO PROCESSO JUDICIAL PARA A OBTENÇÃO DA GRATUIDADE DE JUSTIÇA TAMBÉM REFERENTE AOS SERVIÇOS NOTARIAIS E DE REGISTRO. ARTIGO 98, PARÁGRAFO 1º, INCISO IX DO CPC-2015. GARANTIAS DO ACESSO À JUSTIÇA DEMOCRÁTICO (ARTIGO 5º, INCISO XXXV, CRFB-1988) E DA ASSISTÊNCIA JURÍDICA INTEGRAL E GRATUITA (ARTIGO 5º, INCISO LXXIV, CRFB-1988). RECURSO DA AUTORA A QUE SE NEGA PROVIMENTO. (TJ-RJ; AI 00113465020178190000; Duque de Caxias/RJ; 1ª Vara Cível, Vigésima Sexta Câmara Cível Consumidor; Rel. Luiz Roberto Ayoub; Julg. 15/03/2017; Data de Publicação: 16/03/2017)

A propriedade de bem imóvel se prova pelo registro do título translativo no cartório:

✓ AGRAVO EM RECURSO ESPECIAL Nº 1.434.796 - SP (2019/0016608-1) RELATORA: MINISTRA MARIA ISABEL GALLOTTI AGRAVANTE: C A B ADVOGADOS: ENZO PISTILLI - SP171677 GIULIANO PISTILLI - SP288749 KALENNY NONATA DE SOUSA - SP319293 AGRAVADO: M D R B ADVOGADOS: MARIA LUCIA TEIXEIRA DE CASTRO - SP215265 MACIEL GOMES DA SILVA - SP296489 DECISÃO Trata-se de agravo manifestado contra decisão que negou seguimento a recurso especial interposto em face de acórdão com a seguinte ementa: DIVÓRCIO E PARTILHA. Sentença que, após homologação de acordo em relação a um dos imóveis, decretou o divórcio e acolheu parcialmente o pedido para partilhar bens móveis, imóveis e obrigações, afastando a partilha de um veículo automotor, por ausência de prova de propriedade. APELAÇÃO DO AUTOR, que insiste na partilha do veículo, contudo que seja apenas sobre as parcelas pagas na constância do casamento, sustentando tal critério também em relação a um dos imóveis. APELAÇÃO DA RÉ que pretende a partilha do veículo. Ausência de prova de propriedade. Sentença mantida quanto ao indeferimento da partilha do veículo. Domínio imobiliário que se prova com a matrícula imobiliária que, no caso, não foi juntada. Nulidade. RECURSOS DESPROVIDOS. Anulação, de ofício, da partilha dos imóveis, diante da ausência de prova do domínio. Alegou-se, no especial, violação dos artigos 1.022 e 374, II, do Código de Processo Civil, sob o argumento de que o acórdão local é omisso e que não se exige prova dos fatos confessados pela parte contrária. Assim delimitada a controvérsia, passo a decidir. Não é omisso e nem carece de fundamentação a decisão judicial que, embora decida em sentido contrário aos interesses da parte, examina suficientemente as questões que lhe foram propostas, adotando entendimento que ao órgão julgador parecia adequado à solução da controvérsia. Assim: AGRAVO INTERNO. AGRAVO EM RECURSO ESPECIAL. REGULAR PRESTAÇÃO JURISDICIONAL. INÉPCIA DA INICIAL. HONORÁRIOS. COMPENSAÇÃO. 1. Ausência de violação dos artigos 489 e 1.022 do Código de Processo Civil, pois, embora rejeitados os embargos de declaração, a matéria em exame foi devidamente enfrentada pelo Tribunal de origem, que emitiu pronunciamento de forma fundamentada. 2. Inviabilidade de acolher a alegação de inépcia da inicial, pois a convicção formada pela Corte local decorreu dos elementos existentes nos autos, os quais não são possíveis de ser reexaminados nesta via especial. Incidência da Súmula 7/STJ. 3. Fixada a compensação de honorários na vigência do CPC/1973, deve ser mantida já que acolhida até então pelo ordenamento jurídico, conforme elucidado no enunciado da Súmula n. 306/STJ, tendo em vista que a sucumbência é regida pela lei vigente à data da deliberação que a impõe ou modifica. 4. Agravo interno não provido. (AgInt no AREsp 1131853/RS, Rel. Ministro LUIS FELIPE SALOMÃO, QUARTA TURMA, julgado em 8/2/2018, DJe 16/2/2018) Quanto ao mais, o Tribunal local anulou a partilha entre os ex-cônjuges no tocante aos bens imóveis sob o fundamento de que não havia prova do domínio. A alegação de que houve confissão de parte contrária não encontra guarida na legislação pátria, isso porque, nos termos do artigo 1.245 do Código Civil a propriedade de bem imóvel se prova pelo registro do título translativo no cartório e, como ensina o artigo 406 do Código de Processo Civil, "quando a lei exigir instrumento público como da substância do ato, nenhuma outra prova, por mais especial que seja, pode suprir-lhe a falta." É inequívoco, pois, que o reexame da causa esbarra nas disposições do verbete n. 7 da Súmula desta Casa. Diante do exposto, nego provimento ao agravo. Não foram fixados honorários nas instâncias ordinárias. Impossível, pois, eventual majoração. Intimem-se. Brasília (DF), 18 de março de 2019. MINISTRA MARIA ISABEL GALLOTTI Relatora (STJ - AREsp: 1434796 SP 2019/0016608-1, Relator: Ministra MARIA ISABEL GALLOTTI, Data de Publicação: DJ 25/03/2019)

Art. 407. O documento feito por oficial público incompetente ou sem a observância das formalidades legais, sendo subscrito pelas partes, tem a mesma eficácia probatória do documento particular.

Imprestabilidade do documento sem autenticação:

✓ AGRAVO DE INSTRUMENTO. RECURSO DE REVISTA. TRASLADO DE PEÇA SEM AUTENTICAÇÃO. INSTRUMENTO INCOMPLETO. Não se conhece do agravo para subida do recurso de revista quando o agravante realiza o traslado de peças obrigatórias sem a devida autenticação, exigida por força dos artigos 830 da CLT e 384 do CPC, bem como, quando faltarem peças necessárias à sua formação (Instrução Normativa nº 16/99 e § 5º do artigo 897 da CLT). (TST; AIRR: 150940052001518OOO5 150940-05.2001.5.18.0005; 2ª Turma; Rel. Renato de Lacerda Paiva; Julg. 06/08/2003; Data de Publicação: DJ 29/08/2003.)

Art. 408. As declarações constantes do documento particular escrito e assinado ou somente assinado presumem-se verdadeiras em relação ao signatário.

→ *v.* Art. 219 do CC/2002.

Eficácia das declarações constantes de documento particular:

✓ APELAÇÃO CÍVEL. EMBARGOS MONITÓRIOS. AUSÊNCIA DE ASSINATURA DO CREDOR NO CONTRATO DE QUE DETÉM POSSE. DESNECESSIDADE. DOCUMENTOS QUE FUNDAMENTAM A DÍVIDA ASSINADOS PELO DEVEDOR. EXEGESE DO DISPOSTO NO ARTIGO 408 DO CÓDIGO DE PROCESSO CIVIL DE 2015. SENTENÇA MANTIDA. CONDENAÇÃO EM LITIGÂNCIA DE MÁ-FÉ. HONORÁRIOS RECURSAIS. RECURSO DESPROVIDO. (TJ-SC; AC 03027624620168240054 Rio do Sul; Quinta Câmara de Direito Comercial; Rel. Cláudio Barreto Dutra; Julg. 20/07/2017)

✓ EMBARGOS DE DECLARAÇÃO. Alegação de erro material na descrição da ação principal. Lapso que deve ser corrigido. Tese de nulidade do instrumento particular de partilha por ter atribuído a totalidade dos bens ao agravante, de modo que deve ser mantida a liminar de arrolamento de bens. Acordo por meio do qual a agravante declarou que os bens cuja partilha requer, constituíam bens particulares do réu. Presume-se verdadeira, em relação a seu signatário, a declaração constante do documento particular, consoante exegese do art. 408 do CPC. Instrumento particular que previu, ainda, a partilha entre as partes do imóvel adquirido pelo casal, bem como declarou pertencerem exclusivamente à autora diversas aplicações financeiras, ações, cotas de fundo imobiliário, fundo de previdência e automóvel. Circunstância da qual resulta não ser verossímil a afirmação de que a integralidade dos bens adquirida na constância da união estável fora atribuída ao réu. Embargos parcialmente acolhidos sem efeitos modificativos. (TJ-SP; ED 20574691420168260000; SP; 7ª Câmara de Direito Privado; Rel. Rômolo Russo; Julg. 30/01/2017; Data de Publicação: 30/01/2017)

✓ APELAÇÃO CÍVEL. ALIENAÇÃO FIDUCIÁRIA. DIREITO CIVIL/OBRIGAÇÕES. ADOÇÃO DOS PARADIGMAS DO NOVO CPC - LEI 13.105/2015. BUSCA E APREENSÃO. CASO CONCRETO. CONVERSÃO EM AÇÃO DE DEPÓSITO. CONTESTAÇÃO. NEGATIVA DE PACTUAÇÃO DO CONTRATO. EXEGESE DOS ART. 375 E 408 DO CPC. PRESUNÇÃO DE VERACIDADE DA ASSINATURA APOSTA NO DOCUMENTO PARTICULAR – CONTRATO DE FINANCIAMENTO DE VEÍCULO. SENTENÇA DE PROCEDÊNCIA MANTIDA NESTE GRAU RECURSAL. APELO DESPROVIDO. (TJ/RS; Apelação Cível 70069287886; Décima Terceira Câmara Cível; Rel. Angela Terezinha de Oliveira Brito; Julg. 28/07/2016).

Parágrafo único. Quando, todavia, contiver declaração de ciência de determinado fato, o documento particular prova a ciência, mas não o fato em si, incumbindo o ônus de prová-lo ao interessado em sua veracidade.

Art. 409. A data do documento particular, quando a seu respeito surgir dúvida ou impugnação entre os litigantes, provar-se-á por todos os meios de direito.

Possibilidade de comprovação sobre a data do documento particular:

✓ Locação. Embargos de terceiro. O ordenamento jurídico não exige o reconhecimento de firma dos contratantes como condição de validade do compromisso de compra e venda de bem imóvel. Considerando que o documento tem data anterior à própria celebração do contrato de locação que deu origem à ação judicial, e que não constavam restrições na matrícula imobiliária em 2009, em princípio não há elementos que infirmem a boa-fé do embargante. Se o magistrado tem dúvida se a data de celebração do negócio realmente é aquela estampada no instrumento particular, deveria ter dado àquele que produziu o documento a oportunidade de comprová-la. Julgamento antecipado da lide que se revelou prematuro. Cerceamento de defesa caracterizado. Sentença anulada. Recurso provido. (TJ-SP; APL 10041233120168260077; SP; 34ª Câmara de Direito Privado; Rel. Gomes Varjão; Julg. 22/05/2017; Data de Publicação: 22/05/2017)

Parágrafo único. Em relação a terceiros, considerar-se-á datado o documento particular:

I – no dia em que foi registrado;

Data do registro como prova do tempo em que realizado o documento particular:

✓ ACIDENTE DE TRÂNSITO. COLISÃO TRASEIRA. VEÍCULO CAUSADOR DO SINISTRO SUPOSTAMENE VENDIDO EM DATA ANTERIOR AO ACIDENTE. INCIDÊNCIA DO ART. 370 DO CPC/73, REPRODUZIDO NO ART. 409 DO CPC/2015. AUSÊNCIA DE PROVA CONCRETA DA VENDA REALIZADA. ILEGITIMIDADE PASSIVA AFASTADA. PRESUNÇÃO DE CULPA NÃO ELIDIDA. DEVER DE REPARAR OS DANOS. ORÇAMENTOS CONDIZENTES COM OS DANOS. VALOR DA INDENIZAÇÃO CORRETAMENTE FIXADO. I – A ré, proprietária registral do caminhão que colidiu na traseira do automóvel de propriedade do autor, apresentou contrato de compra e venda do caminhão datado em 25/11/2013. Num primeiro momento, considerando que o acidente ocorreu em 26/01/2015, não seria ela parte legítima para responder à lide. Nesse sentido, a Súmula 132 do STJ. II – No entanto, o conjunto probatório não confere verossimilhança à tese da ré. Peculiaridades do caso concreto que colocam em dúvida a alienação do caminhão. Observa-se que o preço da venda foi de R$110.000,00, mas a ré não se acautelou em reconhecer a firma, pelo menos, do comprador, quiçá registrar o instrumento em cartório ou no órgão de trânsito, não obstante o preço ser pago em prestações, cujos recibos também não vieram aos autos. Dúvida, inclusive, se o preço foi pago, pois o parcelamento encerraria em 25/01/2015 e, em 20/11/2015 o caminhão ainda estava registrado em nome da ré. Incidência da regra que estabelece a eficácia probatória da data do documento particular, em relação a terceiros, quando a seu respeito surgir dúvida... ou impugnação (art. 370 do CPC/73, reproduzido no art. 409 do CPC/2015). Ilegitimidade passiva afastada. Precedentes das Turmas Recursais. III – Culpa presumida em razão da colisão traseira não elidida pela parte ré, ônus probatório que lhe competia, a teor do art. 373, II, do CPC. Dever de reparar os prejuízos causados ao autor. IV – Orçamentos condizentes com os danos no automóvel. Condenação pelo de menor valor, acrescido de correção monetária pelo IGP-M, a partir da data de elaboração do orçamento, e juros moratórios de 1% ao mês, a contar do evento danoso, fulcro nas Súmulas 43 e 54 do STJ. Sentença reformada. Recurso provido. (Recurso Cível 71006184360; Quarta Turma Recursal Cível, Turmas Recursais; Rel. Ricardo Pippi Schmidt; Julg. 26/08/2016).

II – desde a morte de algum dos signatários;

III – a partir da impossibilidade física que sobreveio a qualquer dos signatários;

IV – da sua apresentação em repartição pública ou em juízo;

V – do ato ou do fato que estabeleça, de modo certo, a anterioridade da formação do documento.

Art. 410. Considera-se autor do documento particular:

I – aquele que o fez e o assinou;

Assinatura do documento particular para atribuição de sua autoria:

✓ HORAS EXTRAS. CONTROLES DE FREQUÊNCIA NÃO ASSINADOS. INIDONEIDADE. Cartões de ponto não assinados são imprestáveis como meio prova já que não se submetem ao crivo do empregado, além de poderem ser manipulados pela empregadora a qualquer tempo. Desprovimento do recurso da Ré. (TRT-1; RO 00106527120135010033 RJ; Sétima Turma; Rel. Giselle Bondim Lopes Ribeiro; Data de Publicação: 03/04/2017)

✓ HORAS EXTRAS. CONTROLES DE FREQUÊNCIA NÃO ASSINADOS. INIDONEIDADE. Cartões de ponto não assinados são imprestáveis como meio prova já que não se submetem ao crivo do empregado, além de poderem ser manipulados pela empregadora a qualquer tempo. Desprovimento do recurso da Ré. (TRT-1; RO 00106527120135010033; Sétima Turma; Rel. Giselle Bondim Lopes Ribeiro; Julg. 22/03/2017; Data de Publicação: 03/04/2017)

II – aquele por conta de quem ele foi feito, estando assinado;

III – aquele que, mandando compô-lo, não o firmou porque, conforme a experiência comum, não se costuma assinar, como livros empresariais e assentos domésticos.

E-mail com versão de contrato não assinado como prova:

✓ A) AGRAVO DE INSTRUMENTO. RECURSO DE REVISTA. PROCESSO SOB A ÉGIDE DA LEI 13.015/2014. 1. PRELIMINAR DE NULIDADE POR NEGATIVA DE PRESTAÇÃO JURISDICIONAL. NÃO CONFIGURAÇÃO. 2. VÍNCULO EMPREGATÍCIO. MATÉRIA FÁTICA. SÚMULA 126/TST. ÔNUS DA PROVA. O objeto de irresignação das Reclamadas está assente no conjunto probatório dos autos e a sua análise se esgota nas instâncias ordinárias. Diante da adequada distribuição do ônus da prova, pela Corte Regional, e do correto enquadramento jurídico à luz das premissas fáticas que evidenciam a presença de vínculo empregatício, extrai-se que, para se chegar à conclusão pretendida pelas Reclamadas e afastar a configuração do liame laboral, somente seria possível mediante revolvimento de fatos e provas, o que é inadmissível nesta instância de natureza extraordinária, diante do óbice da Súmula 126/TST. 3. RESCISÃO CONTRATUAL. DESCONTOS. OBSERVÂNCIA AOS LIMITES DA LIDE. Quanto ao tema "descontos efetuados na rescisão contratual", é relevante ressaltar que a Corte Regional assentou que "inexiste este pedido na defesa e não há qualquer apreciação e julgamento na sentença de primeiro grau, pelo que estão as empresas a inovar a matéria em grau de recurso, o que não é possível". Logo, depreende-se que a Corte de origem proferiu sua decisão levando em consideração os limites da lide, uma vez que concluiu que esse pedido das Reclamadas, no sentido de que fosse efetuado o desconto do "valor do contrato de financiamento de leasing de veículo pelo Reclamante", foi formulado em inovação recursal – porquanto não teria sido deduzido oportunamente, na contestação, – estando configurada a preclusão. 4. PARTICIPAÇÃO NOS LUCROS E RESULTADOS. DOCUMENTO SEM ASSINATURA. TRATATIVAS VEICULADAS POR E-MAIL. VALIDADE COMO MEIO DE PROVA. PRINCÍPIO DO CONVENCIMENTO MOTIVADO. No caso em exame, a Corte Regional assentou que o Reclamante juntou aos autos os documentos intitulados "contrato de participação em lucros", salientando que esse instrumento não estava devidamente ratificado por nenhuma das partes. O Tribunal de origem, não obstante conferisse validade a esse instrumento, afastou a base de cálculo nele prevista para a verba. Assim, o Colegiado "a quo" entendeu que não deveria tomar por base "o capital social da empresa, como quer o Reclamante, até porque isto não existe nesta parcela, eis que da sua própria denominação se extrai que o cálculo é sobre o ' lucro'". Com efeito, para dirimir a presente controvérsia – relativa à admissibilidade de um documento sem assinatura como meio de prova dos critérios de cálculo da verba "Participação nos Lucros e Resultados" -, tem-se que, não se trata de conferir validade ao referido instrumento ajustado como se possuísse natureza de contrato, uma vez que não se revestiu das formalidades a ele inerentes, dentre as quais, por exemplo, a assinatura dos contratantes. Cuida-se, em verdade, nos moldes delineados pelo Tribunal Regional, de documento particular, que deve ser considerado como meio de prova legítimo, embora sem o caráter de prova absoluta, mas relativa. Ademais, extrai-se do acórdão regional que a própria Reclamada impugnou o documento afirmando tratar-se de e-mail, contendo a primeira versão de uma série de tratativas de negociações. A esse respeito, tem-se como certa a validade do e-mail (mensagem eletrônica) como meio de prova para fins processuais. Por fim, extrai-se que o Tribunal Regional, valorando fatos e provas, à luz do princípio do convencimento motivado (art. 131 do CPC/73 – correspondente ao art. 371 do CPC/2015), firmou sua convicção no sentido de entender, "assim como o ilustre Juiz ' a quo', que tais documentos são norte para a tratativa da PL, que existiu entre as partes, mas não tomando por base o capital social da empresa, como quer o Reclamante, até porque isto não existe nesta parcela, eis que da sua própria denominação se extrai que o cálculo é sobre o

' lucro'". Dessarte, considerando o contexto fático insuscetível de reexame, delineado no acórdão regional, e ponderando que a mensagem eletrônica trocada entre as partes é válida como meio de prova – competindo às instâncias ordinárias proceder à sua valoração -, extrai-se a correção do enquadramento jurídico procedido pelo TRT, de modo que, para se chegar à conclusão pretendida pelas Reclamadas, somente seria possível mediante o revolvimento de fatos e provas, procedimento que encontra óbice na Súmula 126 do TST. Não se divisa, portanto, violação aos indicados arts. 121, 131, 368, 458, II, 460 do CPC/73, 219 do Código Civil, 2º da Lei nº 10.101/2000. Agravo de instrumento desprovido. B) PEDIDO DE OBTENÇÃO DE TUTELA PROVISÓRIA DE URGÊNCIA EM CARÁTER INCIDENTAL. FUNDAMENTO NO ART. 294 DO CPC/2015. PRETENSÃO DE SUSPENSÃO DA EXECUÇÃO PROVISÓRIA ATÉ O JULGAMENTO DO PRESENTE AGRAVO DE INSTRUMENTO. PREJUDICIALIDADE. Por meio de pedido de tutela provisória de urgência, em caráter incidental, as Reclamadas pretenderam obter "efeito suspensivo ao Agravo de Instrumento em Recurso de Revista interposto, determinando-se a imediata e urgente suspensão da execução provisória promovida no Juízo da 16ª Vara do Trabalho de Salvador/BA, no âmbito da reclamação trabalhista n.º 1123-05.2012.5.05.0016, até o julgamento do recurso principal em curso perante esta ínclita Corte". Diante do presente julgamento do agravo de instrumento, resta prejudicada a pretensão deduzida, por perda do objeto. Pedido de tutela provisória que se julga prejudicado. (TST; AIRR 11230520125050016; 3ª Turma; Rel. Maurício Godinho Delgado; Julg. 30/11/2016; Data de Publicação: DEJT 02/12/2016)

Art. 411. Considera-se autêntico o documento quando:

I – o tabelião reconhecer a firma do signatário;

Autenticidade do documento pelo reconhecimento de firma pelo tabelião:

✓ Processo nº 0019106-73.2016.8.19.0036 RECORRENTE (S): CRED-SYSTEM ADMINISTRADORA DE CARTÕES DE CRÉDITO RECORRIDO (S): ADRIANO FERREIRA DE MACEDO VOTO Cuido de ação em que o autor narra que recebeu em sua residência o cartão de crédito denominado MAIS, sem ter jamais solicitado. A parte autora pleiteia a abstenção da demandada em enviar cartões de crédito sem solicitação e indenização por danos morais. Em sede de contestação, a parte ré alega que inexiste conduta ilícita indenizável, uma vez que o autor assinou proposta de adesão ao crédito. Pugna pela improcedência dos pedidos. Junta documentos A Sentença de fls. 74/7 julgou procedentes os pedidos autorais, condenando o réu ao pagamento de mil reais a título de danos morais, bem como a abstenção do réu em enviar novos cartões sem anuência do autor. O réu interpôs recurso inominado ressaltando os termos de sua defesa, em especial o termo de adesão assinado pelo autor. É o relatório. Decido. Assiste razão ao recorrente. A reforma da sentença se faz necessária, uma vez que compulsando os autos verifica-se que o autor, de fato, subscreveu contrato de adesão ao cartão de crédito emitido pelo réu. Prevê o Código de Processo Civil que: Art. 411. Considera-se autêntico o documento quando: I – o tabelião reconhecer a firma do signatário; II – a autoria estiver identificada por qualquer outro meio legal de certificação, inclusive eletrônico, nos termos da lei; III – não houver impugnação da parte contra quem foi produzido o documento. Art. 412. O documento particular de cuja autenticidade não se duvida prova que o seu autor fez a declaração que lhe é atribuída. O autor, durante toda a marcha processual, em momento algum impugna a autenticidade do documento juntado pelo réu. Desta forma, desnecessária a prova pericial para verificar autenticidade de documento particular considerado autêntico pela lei. Com efeito, nenhuma conduta ilícita pode ser atribuída ao réu, descabendo, assim, a condenação por danos morais. Noutro giro, ao deduzir pretensão que sabe ser improcedente, alterando a verdade dos fatos através da alegação de desconhecimento de documento que depois se demonstrou devidamente subscrito, cuja autenticidade, por não ser negada, decorre de lei, o autor é considerado litigante de má-fé. Assim a Lei Adjetiva: Art. 80. Considera-se litigante de má-fé aquele que: (...) II – alterar a verdade dos fatos; (...) Art. 81. De ofício ou a requerimento, o juiz condenará o litigante de má-fé a pagar multa, que deverá ser superior a um por cento e inferior a dez por cento do valor corrigido da causa, a indenizar a parte contrária pelos prejuízos que esta sofreu e a arcar com os honorários advocatícios e com todas as despesas que efetuou. Impõe-se, assim, a improcedência dos pedidos e o reconhecimento da litigância de má-fé. À conta de tais fundamentos, conheço do recurso acima referenciado e VOTO no sentido de dar-lhe provimento para JULGAR IMPROCEDENTES OS PEDIDOS, nos termos do art. 487, I, CPC, condenando o autor na multa de 5% (cinco por cento) sobre o valor da causa, bem como nas custas e honorários advocatícios, que arbitro em 10% (dez por cento) sobre o valor da condenação, tendo em vista a litigância de má-fé identificada, a teor do disposto no art. 81, CPC, ressaltando que as penalidade processuais não são abrangidas pela gratuidade de justiça (Em. 16, Aviso Conjunto TJ/COJES 15/2016). Luciana da Cunha Martins Oliveira JUÍZA RELATORA (TJ-RJ; RI 00191067320168190036 Rio de Janeiro, Nilópolis; I Juizado Especial Cível; Rel. Luciana da Cunha Martins Oliveira; Julg. 30/10/2017)

✓ APELAÇÃO CÍVEL – EXECUÇÃO DE TÍTULO EXTRAJUDICIAL – CONTRATOS DE PARTICIPAÇÃO EM GRUPO DE CONSÓRCIO, CESSÃO E ALIENAÇÃO FIDUCIÁRIA EM GARANTIA – AUSÊNCIA DE ASSINATURA DE DUAS TESTEMUNHAS – DOCUMENTOS PARTICULARES – RECONHECIMENTO DE FIRMA – IRRELEVÂNCIA – LEI 11.795/2008 – ATRIBUIÇÃO DE EFICÁCIA EXECUTIVA AO CONTRATO DE PARTICIPAÇÃO EM GRUPO DE CONSÓRCIO – IRRETROATIVIDADE – ATO JURÍDICO PERFEITO – PROTEÇÃO AO CONSUMIDOR – JURISPRUDÊNCIA DO STJ QUE INFORMAVA A ILIQUIDEZ DE TAL ESPÉCIE CONTRATUAL – FATO AGRAVADO PELA TENTATIVA DE EXECUÇÃO DE TRÊS CONTRATOS EM CONJUNTO – VALORES DISTINTOS ENTRE SI E ENTRE O CONSTANTE DA EXECUÇÃO – AUSÊNCIA DE TÍTULO EXECUTIVO E ILIQUIDEZ – MANUTENÇÃO DA SENTENÇA QUE INDEFERE A PETIÇÃO INICIAL – RECURSO CONHECIDO E DESPROVIDO. Para que se constitua título executivo extrajudicial, o documento particular deve estar assinado pelo devedor e por duas testemunhas. O reconhecimento de firma certifica a autenticidade do documento, isto é, torna certo o fato de que a assinatura existente no documento exibido pertence à pessoa a quem é atribuída, não sendo apta a alterar a natureza particular do documento. O art. 10, § 6º, da Lei 11.795/2008, que confere ao contrato de adesão em grupo de consórcio natureza de título executivo extrajudicial, não pode retroagir para alcançar os contratos celebrados anteriormente, quer porque se trata de ato jurídico perfeito, quer ainda porque viola as normas de proteção ao consumidor, instituindo contra este obrigação sem seu anterior conhecimento. A iliquidez do contrato de adesão a grupo de consórcio, anteriormente reconhecida pela jurisprudência do Superior Tribunal de Justiça, é mais patente quando o exequente pretende cobrar não os valores constantes do contrato inicial, mas valor unilateralmente fixado que leva em consideração três contratos acerca do mesmo objeto com valores distintos entre si, e diferentes daquele cobrado na execução. Ante a inexistência de título executivo extrajudicial, e, ainda, diante da ausência de liquidez do valor cobrado, impõe-se o indeferimento da petição inicial da execução. 6. Recurso conhecido e desprovido. (TJ-MS; 08034909320148120002 MS; Câmara Cível I; Rel. Des. Sideni Soncini Pimentel; Julg. 11/05/2017)

II – a autoria estiver identificada por qualquer outro meio legal de certificação, inclusive eletrônico, nos termos da lei;

III – não houver impugnação da parte contra quem foi produzido o documento.

Autenticidade do documento pela ausência de sua impugnação:

✓ Apelação Cível. Relação de Consumo. Ação Cautelar de Exibição de Documentos. Instituição Financeira. Recusa do Banco em fornecer os documentos, espontaneamente. Prova da existência de relação jurídica. Dever de cooperação e informação, a teor do art. 6º do CDC. Condenação ao pagamento de ônus sucumbenciais. Sentença de procedência. Condenação da autora ao pagamento das despesas processuais. Sem condenação em honorários sucumbenciais. Recurso. Reforma. Prestígio ao Princípio da Causalidade. Ainda que a instituição financeira exiba os documentos com a contestação, por si só, não afasta a sucumbência. Ausência de impugnação de documento anexado com a inicial comprovando a notificação na via administrativa. Parte ré que deu causa à instauração da demanda, devendo arcar com as despesas dela decorrentes, bem como honorários sucumbenciais. Jurisprudência e Precedentes citados: AgRg no AREsp 448.844/MG; Terceira Turma; Rel. Nancy Andrighi; Julg. 18/02/2014; DJe 28/02/2014;0193331-85.2013.8.19.0001 – APELAÇÃO DES. PETERSON BARROSO SIMAO – Julgamento: 20/05/2014 – VIGÉSIMA QUARTA CÂMARA CÍVEL CONSUMIDOR; 0192952-81.2012.8.19.0001 – APELAÇÃO DES. FLAVIO MARCELO DE A. HORTA FERNANDES – Julgamento: 30/05/2014 – VIGÉSIMA QUARTA CÂMARA CÍVEL CONSUMIDOR; 0014035-62.2012.8.19.0026 – APELAÇÃO DES. CARLOS AZEREDO DE ARAUJO – Julgamento: 29/09/2014 – NONA CÂMARA CÍVEL. PROVIMENTO PARCIAL DO RECURSO. (TJ-RJ; APL 00158061120138190036 Rio de Janeiro, Nilópolis; 1ª Vara Cível, Vigésima Quarta Câmara Cível; Rel. REGINA LUCIA PASSOS; Julg. 07/06/2017; Data de Publicação: 08/06/2017)

✓ RECURSO N. 0005595-95.2017.8.19.0208. RECORRENTE: AGUIMAR SILVEIRA GARCIA E ROSEMARY APARECIDA FIACA GARCIA. RECORRIDO: AGRELL CONSTUÇÕES LTDA. Cuido de ação indenizatória cumulada com obrigação de fazer proposta por AGUIMAR SILVEIRA GARCIA e ROSEMARY APARECIDA FRIACA GARCIA em face de AGRELL CONSTRUÇÃO LTDA, em que se objetiva o cancelamento da negativação promovida pelo réu, bem como a condenação em danos morais. Narram os autores que adquiriram junto ao réu um imóvel do empreendimento Arena Park Emp. Imobiliários, em 16/05/2012, sendo informados no ato da celebração da vença que arcariam com R$ 3.000,00 referente às despesas em RGI, cobrado através e boleto bancário pelo réu. Foram gerados dois boletos: um de R$ 60,00 e outro de R$ 2.940,00, com vencimento em 16/06/2012 e solvidos pelos autores. Aduzem que o registro apenas ocorreu em 2014, ocasião em que foram novamente cobrados pelo réu, dessa vez em R$ 4.0290,88, referente à "diferenças de valores a título de emolumentos do RGI". Relatam que foram negativados por força dessa dívida e atribuem a demora no registro exclusivamente ao réu. O réu, mesmo devidamente citado, não ofereceu contestação, tampouco compareceu à audiência de conciliação, tendo a sua revelia decretada em sentença. A r. sentença julgou improcedentes os pedidos autorais, sob o argumento de que não foi comprovado o pagamento de taxas em momento pretérito, tal como alegado pelos autores. É o relato do necessário. Decido. Assiste razão ao recorrente. Merece reforma a sentença de primeiro grau. Compulsando os autos, verifica-se que a documentação carreada aos autos é apta a comprovar as alegações do autor. Chega-se a tal conclusão quando se analisa o documento acostado às fls. 29, onde há uma declaração do réu apontando a importância como paga em 18/05/2012, sob a rubrica de "compromissos pagos; tipo: registro". Muito embora o comprovante esteja de fato ilegível, a informação é suprida pela declaração de pagamento emitida pelo réu. Diz o Código de Processo Civil que: Art. 411. Considera-se autêntico o documento quando: (...) III – não houver impugnação da parte contra quem foi produzido o documento. Art. 412. O documento particular de cuja autenticidade não se duvida prova que o seu autor fez a declaração que lhe é atribuída. Por tal razão, revela-se indevida a negativação ocorrida em nome do primeiro autor e, assim, passível de reparação extrapatrimonial. Noutro giro, não subsiste qualquer dever de indenizar em favor da segunda autora, que não experimentou lesão à sua esfera de direitos da personalidade, sendo certo que a negativação ocorreu apenas em desfavor do primeiro autor. O fato de serem cônjuges não garante, por si, a extensão das lesões sofridas pelo outro. No que tange ao quantum indenizatório, tal medida deve ser balizada pela proporcionalidade e razoabilidade, a fim de conferir o caráter punitivo-pedagógico para o réu, sem negligenciar, contudo, a possibilidade de enriquecimento sem causa do consumidor. Entendo ser o valor de R$ 8.000,00 adequado à hipótese. À conta de tais fundamentos, VOTO no sentido de conhecer do recurso e dar-lhe provimento, para JULGAR PROCEDENTES os pedidos autorais, condenando o réu ao pagamento de R$ 8.000,00 (oito mil reais) a título de danos morais, bem como para cancelar o registro desabonador pela dívida objeto da lide. Ressalvando, apenas, que a obrigação de fazer relativa à exclusão do nome da autora dos cadastros restritivos de crédito deverá ser cumprida na forma do enunciado 144 da Súmula do TJERJ, através da expedição de ofícios. Luciana da Cunha Martins Oliveira. JUÍZA RELATORA. (TJ-RJ; RI 00055599520178190208 Rio de Janeiro, Méier; Regional XII Juizado Especial Cível; Rel. Luciana da Cunha Martins Oliveira; Julg. 05/09/2017; Data de Publicação: 11/09/2017)

✓ APELAÇÃO CÍVEL. PROCESSUAL CIVIL. AÇÃO DE CONSIGNAÇÃO EM PAGAMENTO. PRODUÇÃO DE PROVAS. AUSÊNCIA DE ESPECIFICAÇÃO NO MOMENTO OPORTUNO. JULGAMENTO ANTECIPADO DO MÉRITO. CERCEAMENTO DE DEFESA. NÃO OCORRÊNCIA. 1. O oferecimento da defesa é o momento processual adequado para o réu requerer e especificar as provas que pretende produzir, bem como apresentar os documentos aptos a demonstrar suas alegações, nos termos dos artigos 336 e 434 do Código de Processo Civil. 2. O julgamento antecipado do mérito não configura cerceamento de defesa quando o processo está devidamente instruído com elementos probatórios e as partes não apresentam requerimento para produção de provas. 3. Recurso conhecido e desprovido. (TJ-DF; 20160110780268 DF 0022092-41.2016.8.07.0001; 8ª Turma Cível; Rel. Eustáquio de Castro; Julg. 20/07/2017; Data de Publicação: Publicado no DJE: 25/07/2017; Pág. 572/579)

✓ APELAÇÃO CÍVEL - AÇÃO DE CANCELAMENTO DE REGISTRO - EMISSÃO DE CHEQUES SEM PROVISÃO DE FUNDOS - ÔNUS DA PROVA - CÓPIA DOS TÍTULOS - AUTENTICIDADE NÃO IMPUGNADA PELA PARTE AUTORA - LEGALIDADE - EXERCÍCIO REGULAR DE DIREITO - NOTIFICAÇÃO PRÉVIA - RESPONSABILIDADE DA EMPRESA MANTENEDORA DO CADASTRO - LITIGÂNCIA DE MÁ-FÉ - CONDENAÇÃO. Considera-se autêntico o documento quando não impugnado pela parte contra quem foi produzido (art. 411, III e art. 436, parágrafo único do CPC/15). O lançamento de informação pertinente à emissão de cheques sem provisão de fundos em cadastro restritivo constitui exercício regular do direito e não causa danos morais indenizáveis. Age de má-fé o consumidor que altera a verdade dos fatos e nega intencionalmente a emissão de cheques sem fundos com o intuito de obter vantagem indevida. (TJ-MG; AC 10707150026755001 MG; 10ª Câmara Cível; Rel. Manoel dos Reis Morais; Julg. 03/10/2017; Data de Publicação: 13/10/2017)

✓ OBRIGAÇÕES. RESSARCIMENTO. DANO MATERIAL. YMPACTUS COMERCIAL. TELEXFREE. PROMESSA ENGANOSA DE GANHOS RÁPIDOS E DE BAIXO INVESTIMENTO. SUSPEITA DE PRÁTICA DE PIRÂMIDE FINANCEIRA. RESCISÃO DO PACTO E DEVOLUÇÃO DE VALORES AO AUTOR. AUSÊNCIA DE DOCUMENTAÇÃO DOS PAGAMENTOS REALIZADOS PELO AUTOR, A TÍTULO DE INVESTIMENTO, QUE PODE SER SUPRIDA PELOS RELATÓRIOS APRESENTADOS PELA PRÓPRIA DEMANDADA. SENTENÇA QUE DEVE SER MODIFICADA APENAS QUANTO AO MONTANTE A SER DEVOLVIDO PELA RÉ ANTE A NECESSIDADE DE AMORTIZAÇÃO DO MONTANTE JÁ RECEBIDO PELO AUTOR, CONFORME RELATÓRIOS JUNTADOS E QUE NÃO FORAM ESPECIFICAMENTE IMPUGNADOS PELA PARTE CONTRÁRIA. SENTENÇA REFORMADA EM PARTE. RECURSO PROVIDO PARCIALMENTE. (Recurso Cível 71005813704; Quarta Turma Recursal Cível, Turmas Recursais; Rel. Ricardo Pippi Schmidt; Julg. 30/09/2016).

✓ APELAÇÃO CÍVEL. NEGÓCIOS JURÍDICOS BANCÁRIOS. ACORDO ACOSTADO AOS AUTOS. CÓPIA. PETIÇÃO. VALIDADE DO ACORDO. ACORDO HOMOLOGADO. RECURSO ADESIVO PROVIDO. APELO PREJUDICADO. Ainda que o acordo acostado aos autos seja cópia reprográfica, a petição que o acostou aos autos possui a assinatura dos procuradores de ambas as partes, tendo o do apelante o ratificado na petição de fl. 164, não pairando dúvidas acerca da veracidade dos termos da cópia acostada aos autos. Acordo homologado. Sentença desconstituída. APELO ADESIVO PROVIDO. APELO PREJUDICADO. (TJ-RS; Apelação Cível 70070007380; Décima Segunda Câmara Cível; Rel. Pedro Luiz Pozza; Julg. 29/06/2016).

Art. 412. **O documento particular de cuja autenticidade não se duvida prova que o seu autor fez a declaração que lhe é atribuída.**

Eficácia da declaração de documento particular reconhecido como autêntico:

✓ RECURSO N. 0005595-95.2017.8.19.0208. RECORRENTE: AGUIMAR SILVEIRA GARCIA E ROSEMARY APARECIDA FIACA GARCIA. RECORRIDO: AGRELL CONSTUÇÕES LTDA. Cuido de ação indenizatória cumulada com obrigação de fazer proposta por AGUIMAR SILVEIRA GARCIA e ROSEMARY APARECIDA FRIACA GARCIA em face de AGRELL CONSTRUÇÃO LTDA, em que se objetiva o cancelamento da negativação promovida pelo réu, bem como a condenação em danos morais. Narram os autores que adquiriram junto ao réu um imóvel do empreendimento Arena Park Emp. Imobiliários, em 16/05/2012, sendo informados no ato da celebração da vença que arcariam com R$ 3.000,00 referente às despesas em RGI, cobrado através e boleto bancário pelo réu. Foram gerados dois boletos: um de R$ 60,00 e outro de R$ 2.940,00, com vencimento em 16/06/2012 e solvidos pelos autores. Aduzem que o registro apenas ocorreu em 2014, ocasião em que foram novamente cobrados pelo réu, dessa vez em R$ 4.0290,88, referente a "diferenças de valores a título de emolumentos do RGI". Relatam que foram negativados por força dessa dívida e atribuem a demora no registro exclusivamente ao réu. O réu, mesmo devidamente citado, não ofereceu contestação, tampouco compareceu à audiência de conciliação, tendo a sua revelia decretada em sentença. A r. sentença julgou improcedentes os pedidos autorais, sob o argumento de que não foi comprovado o pagamento de taxas em momento pretérito, tal como alegado pelos autores. É o relato do necessário. Decido. Assiste razão ao recorrente. Merece reforma a sentença de primeiro grau. Compulsando os autos, verifica-se que a documentação carreada aos autos é apta a comprovar as alegações do autor. Chega-se a tal conclusão quando se analisa o documento acostado às fls. 29, onde há uma declaração do réu apontando a importância como paga em 18/05/2012, sob a rubrica de "compromissos pagos; tipo: registro". Muito embora o comprovante esteja de fato ilegível, a informação é suprida pela declaração de pagamento emitida pelo réu. Diz o Código de Processo Civil que: Art. 411. Considera-se autêntico o documento quando: (...) III - não houver impugnação da parte contra quem foi produzido o documento. Art. 412. O documento particular de cuja autenticidade não se duvida prova que o seu autor fez a declaração que lhe é atribuída. Por tal razão, revela-se indevida a negativação ocorrida em nome do primeiro autor e, assim, passível de reparação extrapatrimonial. Noutro giro, não subsiste qualquer dever de indenizar em favor da segunda autora, que não experimentou lesão à sua esfera de direitos da personalidade, sendo certo que a negativação ocorreu apenas em desfavor do primeiro autor. O fato de serem cônjuges não garante, por si, a extensão das lesões sofridas pelo outro. No que tange ao quantum indenizatório, tal medida deve ser balizada pela proporcionalidade e razoabilidade, a fim de conferir o caráter punitivo-pedagógico para o réu, sem negligenciar, contudo, a possibilidade de enriquecimento sem causa do consumidor. Entendo ser o valor de R$ 8.000,00 adequado à hipótese. À conta de tais fundamentos, VOTO no sentido de conhecer do recurso e dar-lhe provimento, para JULGAR PROCEDENTES os pedidos autorais, condenando o réu ao pagamento de R$ 8.000,00 (oito mil reais) a título de danos morais, bem como para cancelar o registro desabonador pela dívida objeto da lide. Ressalvando, apenas, que a obrigação de fazer relativa à exclusão do nome da autora dos cadastros restritivos de crédito deverá ser cumprida na forma do enunciado 144 da Súmula do TJERJ, através da expedição de ofícios. Luciana da Cunha Martins Oliveira. JUÍZA RELATORA. (TJ-RJ; RI 00055599520178190208 Rio de Janeiro, Méier; Regional XII Juizado Especial Cível; Rel. Luciana da Cunha Martins Oliveira; Julg. 05/09/2017; Data de Publicação: 11/09/2017)

Parágrafo único. O documento particular admitido expressa ou tacitamente é indivisível, sendo vedado à parte que pretende utilizar-se dele aceitar os fatos que lhe são favoráveis e recusar os que são contrários ao seu interesse, salvo se provar que estes não ocorreram.

Art. 413. O telegrama, o radiograma ou qualquer outro meio de transmissão tem a mesma força probatória do documento particular se o original constante da estação expedidora tiver sido assinado pelo remetente.

Parágrafo único. A firma do remetente poderá ser reconhecida pelo tabelião, declarando-se essa circunstância no original depositado na estação expedidora.

Possibilidade de comprovação de atos jurídicos por todos os meios em direito admitidos:

✓ AÇÃO CAUTELAR Exibição de documentos relacionados a contrato bancário – Alegação do réu a respeito da existência de empréstimo concedido ao correntista via internet – A inexistência de contrato físico não exime a instituição financeira de exibir à consumidora documentos que comprovem a efetiva pactuação e em que condições disponibilizou o crédito à correntista em razão do mútuo realizado por via eletrônica Dever legal da instituição financeira e inerente à relação obrigacional apresentar o contrato padrão e a proposta de adesão firmado por meio da internet que devem conter o valor do empréstimo, data de vencimento, detalhamento dos encargos financeiros contratados vigentes no período, as condições para o caso de mora, tarifas bancárias, IOF e o número de parcelas do contrato de empréstimo – O contrato físico não é o único instrumento capaz de comprovar a existência de uma relação jurídica e a validade negocial existente entre as partes – Possibilidade de se utilizar de todos meios de provas previstos no Código Civil e no Código de Processo Civil – Honorários advocatícios Princípio da causalidade Autora que precisou ajuizar demanda para ter acesso aos documentos que estavam na posse do réu Caso concreto em que se evidenciou a resistência do réu na apresentação do documento que até o momento não foi exibido – Ônus da sucumbência corretamente carreado ao banco réu Sentença mantida Recurso do réu não provido. HONORÁRIOS ADVOCATÍCIOS SUCUMBENCIAIS Recurso da autora postulando a majoração dos honorários advocatícios – Cabimento – Sentença de procedência que condenou o requerido no pagamento das custas, despesas processuais e honorários advocatícios arbitrados em R$ 500,00 (quinhentos reais) – Valor desproporcional ao trabalho desenvolvido pelo causídico – Fixação de acordo com os critérios de razoabilidade e proporcionalidade, além de remunerar com dignidade o trabalho desenvolvido – Verba majorada para R$ 1.400,00 (mil e quatrocentos reais) Sentença parcialmente reformada – Apelação da autora provida. RECURSO DO RÉU NÃO PROVIDO E RECURSO DE APELAÇÃO DA AUTORA PROVIDO. (TJ-SP; APL 00278333620138260196; SP; 38ª Câmara de Direito Privado; Rel. Spencer Almeida Ferreira; Julg. 28/05/2014; Data de Publicação: 28/05/2014)

✓ AÇÃO CAUTELAR DE EXIBIÇÃO DE DOCUMENTOS. Documentos comuns às partes Cabe ao banco, fornecedor de serviços, informar adequadamente seus clientes – Aplicação do artigo 355 e seguintes do CPC Presente o interesse de agir em Juízo para se obter da instituição financeira cópia dos documentos pretendidos, que são comuns às partes Pedido expresso para demonstração de documento específico – Contrato de adesão que não satisfaz o pleito da requerente, tendo em vista a falta de individuação prevista no artigo 356, inciso I, do CPC A inexistência de contrato físico assinado pela parte não exime a instituição financeira de exibir à consumidora documentos que comprovem a efetiva pactuação e em que condições disponibilizou o crédito à cliente usuária do cartão de crédito Dever legal da instituição financeira e inerente à relação obrigacional apresentar o contrato padrão e a proposta de adesão firmado entre as partes que devem conter o valor do crédito, data de vencimento, detalhamento dos encargos financeiros contratados vigentes no período, as condições para o caso de mora, tarifas bancárias – O contrato físico assinado não é o único instrumento capaz de comprovar a existência de uma relação jurídica e a validade negocial existente entre as partes – Possibilidade de se utilizar de todos meios de provas previstos no Código Civil e no Código de Processo Civil – Presunção de veracidade decorrente da não exibição dos documentos Impossibilidade Inaplicabilidade do art. 359 do CPC, em sede de ação preparatória ou satisfativa Não se presume o teor de documento não exibido em ação cautelar, nem há confissão ficta quanto ao alegado, posto que não há ação principal em andamento – Em caso de negativa do apelante em cumprir a decisão de exibição, a medida processual adequada é a busca e apreensão – Decisão reformada apenas para afastar a penalidade de presunção de veracidade RECURSO PARCIALMENTE PROVIDO. (TJ-SP; APL 00392478920128260576; SP; 38ª Câmara de Direito Privado; Rel. Spencer Almeida Ferreira; Julg. 21/08/2013; Data de Publicação: 27/08/2013)

✓ AÇÃO CAUTELAR Exibição de documentos relacionados a contrato bancário – Alegação de existência de empréstimo concedido ao correntista por meio de terminal eletrônico com a utilização de cartão magnético e o emprego da senha eletrônica – A inexistência de contrato físico não exime a instituição financeira de exibir à consumidora documentos que comprovem a efetiva pactuação e em que condições disponibilizou o crédito à correntista em razão do mútuo realizado por via eletrônica Dever legal da instituição financeira e inerente à relação obrigacional apresentar o contrato padrão e a proposta de adesão firmado através do sistema eletrônico que devem conter o valor do empréstimo, data de vencimento, detalhamento dos encargos financeiros contratados vigentes no período, as condições para o caso de mora, tarifas bancárias,

IOF e o número de parcelas do contrato de empréstimo – O contrato físico não é o único instrumento capaz de comprovar a existência de uma relação jurídica e a validade negocial existente entre as partes – Possibilidade de se utilizar de todos meios de provas previstos no Código Civil e no Código de Processo Civil – Honorários advocatícios Princípio da causalidade Autora que precisou ajuizar demanda para ter acesso aos documentos que estavam na posse do réu Ônus da sucumbência corretamente carreado ao banco réu – Honorários advocatícios adequadamente fixados – Valor que remunera suficientemente o trabalho desenvolvido pelo causídico da parte vencedora, que, aliás, não recorreu Recurso não provido. (TJ-SP; APL 00552244720118260224; SP; 38ª Câmara de Direito Privado; Rel. Spencer Almeida Ferreira; Julg. 14/08/2013; Data de Publicação: 16/08/2013)

Art. 414. O telegrama ou o radiograma presume-se conforme com o original, provando as datas de sua expedição e de seu recebimento pelo destinatário.

Art. 415. As cartas e os registros domésticos provam contra quem os escreveu quando:

I – enunciam o recebimento de um crédito;

II – contêm anotação que visa a suprir a falta de título em favor de quem é apontado como credor;

III – expressam conhecimento de fatos para os quais não se exija determinada prova.

Art. 416. A nota escrita pelo credor em qualquer parte de documento representativo de obrigação, ainda que não assinada, faz prova em benefício do devedor.

Registros em nota fiscal:

✓ Ação monitória – Prestação de serviços e venda de mercadorias – Notas fiscais com assinatura de recebimento – Embargos monitórios, impugnando, parcialmente, as notas fiscais – Afirmação de que não houve a efetiva entrega de mercadorias e prestação de serviços – Prova pericial contábil na escrituração da ré – Ação julgada procedente para constituir título executivo – Apelo da ré – Preliminar de cerceamento de defesa rejeitada – Sentença confirmada, adotando-se os fundamentos nos moldes do art. 252 do RITJ – Provas dos autos que robustecem o direito de crédito cobrado pela autora, especialmente a perícia contábil realizada na escrita da ré – Acerto da sentença quanto ao termo inicial dos juros de mora e da correção monetária – Recurso desprovido. (TJ-SP; APL 10011425220168260037; SP; 24ª Câmara de Direito Privado; Rel. Jonize Sacchi de Oliveira; Julg. 26/05/2017; Data de Publicação: 26/05/2017)

Registros em nota promissória:

✓ AGRAVO DE INSTRUMENTO AÇÃO DECLARATÓRIA NEGATIVA DE DÉBITO C.C. DANOS MORAIS NOTA PROMISSÓRIA PERÍCIA GRAFOTÉCNICA PROVA ORAL DESNECESSIDADE – CERCEAMENTO DE DEFESA INOCORRÊNCIA Tratando-se de ação negativa de débito, em que a autora alega inexistir débitos em aberto perante a empresa ré, e esta, por sua vez, tendo apresentado nos autos nota promissória, comprovando a aquisição de mercadorias, suficiente a realização de prova pericial grafotécnica, sobre a nota promissória, a fim de se verificar a autenticidade da assinatura – Desnecessária a produção de prova oral para o deslinde da questão Inteligência dos arts. 400, II c.c. 333, II e 377, todos do CPC Inocorrência de cerceamento de defesa Decisão mantida Agravo improvido. (TJ-SP; AI 21369872420148260000; SP; 24ª Câmara de Direito Privado; Rel. Salles Vieira; Julg. 27/11/2014; Data de Publicação: 28/11/2014)

Parágrafo único. Aplica-se essa regra tanto para o documento que o credor conservar em seu poder quanto para aquele que se achar em poder do devedor ou de terceiro.

Art. 417. Os livros empresariais provam contra seu autor, sendo lícito ao empresário, todavia, demonstrar, por todos os meios permitidos em direito, que os lançamentos não correspondem à verdade dos fatos.

Prova e livros empresariais:

✓ APELAÇÃO CÍVEL. AÇÃO DE DISSOLUÇÃO DE SOCIEDADE DE FATO. SENTENÇA PROCEDENTE. INSURGÊNCIA DE AMBAS AS PARTES. RESTITUIÇÃO DE VALORES. ALEGAÇÃO DE QUE HOUVE O REEMBOLSO DOS VALORES. INOVAÇÃO RECURSAL. IMPOSSIBILIDADE DE ALEGAÇÃO. COMPROVAÇÃO AUSENTE. MENÇÃO DE QUE OS DOCUMENTOS APRESENTADOS PELA AUTORA NÃO CONTÊM INDICAÇÃO. PARTE APELADA QUE NÃO APRESENTOU OS LIVROS CONTÁBEIS, INVIABILIZANDO A REALIZAÇÃO DE PROVA PERICIAL PARA APURAÇÃO DE HAVERES. ANÁLISE DOS DOCUMENTOS APRESENTADOS PELA AUTORA, QUE SÃO CONDIZENTES COM O CASO APRESENTADO E DEVEM SER LEVADOS EM CONSIDERAÇÃO PARA REEMBOLSO PARA VERIFICAÇÃO DO MONTANTE INVESTIDO. DANOS MORAIS. TROCA DE FECHADURA DO ESTABELECIMENTO COMERCIAL. CONDUTA ILÍCITA VERIFICADA. SÓCIA QUE POSSUI DIREITO DE ENTRAR NO ESTABELECIMENTO E DE CONFERIR OS LIVROS E DOCUMENTOS PERTENCENTES À SOCIEDADE. EXCESSO VERIFICADO. ABALO MORAL EVIDENTE. QUANTUM INDENIZATÓRIO. MINORAÇÃO E MAJORAÇÃO. VALOR ARBITRADO. RESPEITO AOS PRINCÍPIOS DA RAZOABILIDADE E PROPORCIONALIDADE. "O valor da indenização do dano moral deve ser arbitrado pelo juiz com base nas peculiaridades da espécie e razoabilidade, de maneira a servir, por um lado, de lenitivo para a dor psíquica sofrida pelo lesado, sem importar a ele enriquecimento sem causa ou estímulo ao abalo suportado; e, por outro lado, deve desempenhar uma função pedagógica e uma séria reprimenda ao ofensor, a fim de evitar a recidiva." (Apelação cível n. 2006.024252-7, da Capital. Rel. Des. Luiz Carlos Freyesleben). HONORÁRIOS ADVOCATÍCIOS. MAJORAÇÃO DA VERBA. DESNECESSIDADE. VALOR SUFICIENTE A VALORIZAÇÃO DO TRABALHO DESENVOLVIMENTO PELO CAUSÍDICO. HONORÁRIOS RECURSAIS MAJORADOS. Recursos conhecidos e improvidos. (TJ-SC; AC 00386333720018240023 Capital; Primeira Câmara de Direito Comercial; Rel. Guilherme Nunes Born; Julg. 28/09/2017)

✓ APELAÇÃO – EMBARGOS À EXECUÇÃO FISCAL – ICMS – OPERAÇÃO DE SAÍDA DE ÁLCOOL ETÍLICO HIDRATADO – DIVERGÊNCIA NOS REGISTROS DE ESTOQUE E DE SAÍDA DA MERCADORIA – Preliminar: Cerceamento do direito de defesa da embargante (art. 5º, LV, da CF/88)- inocorrência - documentos colacionados aos autos que se mostram suficientes à formação do convencimento juridicamente motivado do magistrado (art. 371, do CPC/2015)- imprestabilidade da prova pericial requerida (art. 370, do CPC/2015). Mérito: Pretensão inicial da empresa-embargante voltada à desconstituição de título executivo fiscal, decorrente de recolhimento do ICMS em montante inferior ao efetivamente devido na operação de saída de álcool etílico hidratado - regularidade formal e material da autuação fiscal - na hipótese, a CDA que serve de título executivo preencheu todos os requisitos previstos no § 5º, do art. 2º, da LF nº 6.830/80 - uma vez não comprovado, por meio de singela prova documental, o pagamento do imposto proporcional à quantidade de álcool etílico efetivamente comercializado, deve a contribuinte arcar com a diferença do tributo daí decorrente - ônus da embargante de demonstrar o singelo erro material no preenchimento de seus livros de registro - inaplicabilidade, ao caso, do art. 112, do CTN - ENCARGOS MORATÓRIOS - falta de interesse recursal - decisum de primeiro grau que já admitiu a validade e a aplicabilidade da taxa SELIC sobre o débito fiscal sub executio - inexistência de elementos de informação que indiquem a cobrança de encargos moratórios em índices superiores - auto de infração lavrado antes da LE nº 13.918/2009 e que conferiu nova redação ao art. 96, da LE nº 9.374/89 - sentença de improcedência do incidente mantida. Recurso conhecido em parte e, nesta, desprovido. (TJ-SP 00025972520128260291; SP; 4ª Câmara de Direito Público; Rel. Paulo Barcellos Gatti; Julg. 28/08/2017; Data de Publicação: 12/09/2017)

Art. 418. Os livros empresariais que preencham os requisitos exigidos por lei provam a favor de seu autor no litígio entre empresários.

Livros empresariais e sua eficácia probatória:

✓ AGRAVO REGIMENTAL. Prejudicado em razão da análise do mérito do agravo de instrumento. AGRAVO DE INSTRUMENTO. APURAÇÃO DE HAVERES. Decisão que julga liquidação por arbitramento em sede de apuração de haveres de sócio excluído da sociedade. Manutenção. Perícia contábil. Laudo pericial homologado pelo Juízo de primeiro grau. Contabilização de valor atinente a "adiantamento para sócio" como receita para que o outro sócio não sofra dano injusto. Laudo pericial que apurou corretamente o valor a ser pago ao sócio retirante por seus haveres sociais. Recurso não provido. (TJ-SP; AI 21175659220168260000; SP; 1ª Câmara Reservada de Direito Empresarial; Rel. Francisco Loureiro; Julg. 10/08/2016; Data de Publicação: 11/08/2016)

✓ EMBARGOS À EXECUÇÃO FISCAL. SUBSTITUIÇÃO TRIBUTÁRIA. RETENÇÃO DE IMPOSTO PELO TOMADOR DOS SERVIÇOS. COMPROVAÇÃO. AUSÊNCIA DE COMPROVANTE DE RETENÇÃO EMITIDO PELAS FONTES PAGADORAS. ESCRITA CONTÁBIL E NOTAS FISCAIS DO CONTRIBUINTE. Estando regular a escrita contábil do contribuinte, e sendo ela corroborada pelas notas fiscais/faturas de prestação de serviços, é plenamente cabível que seja utilizada para demonstrar o montante do imposto retido na fonte pelos tomadores de serviço que não apresentaram DIRF ou comprovante de retenção. (TRF-4; AC 50119584520124047107 RS; Segunda Turma; Rel. Rômulo Pizzolatti; Julg. 16/05/2017)

Obrigatoriedade de verificar as irregularidades constatadas nos livros contábeis:

✓ AGRAVO EM RECURSO ESPECIAL Nº 1.209.560 - SP (2017/0303240-9) RELATOR: MINISTRO MARCO AURÉLIO BELLIZZE AGRAVANTE: RFX-MEDICAL COMERCIO E IMPORTACAO DE PRODUTOS CIRURGICOS LTDA ADVOGADOS: FLÁVIA MACHADO CORCHS - SP292218 LEONARDO MIESSA DE MICHELI E OUTRO (S) - SP271247 AGRAVADO: RAUL VIEIRA NETO ADVOGADO: FRANCESCO REALE SERRA E OUTRO (S) - MG104961 INTERES.: FERNANDO SOUZA DE LIMA AGRAVO EM RECURSO ESPECIAL. AÇÃO DE DISSOLUÇÃO DE SOCIEDADES. APURAÇÃO DE HAVERES. ART. 1.031, § 2º, DO CÓDIGO CIVIL. AUSÊNCIA DE PREQUESTIONAMENTO. SÚMULA 211/STJ. LEGALIDADE DO LAUDO PERICIAL HOMOLOGADO. REVER O JULGADO. IMPOSSIBILIDADE. SÚMULA 7/STJ. AGRAVO CONHECIDO PARA NÃO CONHECER DO RECURSO ESPECIAL. DECISÃO Trata-se de agravo interposto contra decisão que não admitiu o recurso especial apresentado por RFX-Medical Comércio e Importação de Produtos Cirúrgicos Ltda., com base no art. 105, III, a, da Constituição Federal, desafiando acórdão assim ementado (e-STJ, fl. 486): AGRAVO REGIMENTAL. Prejudicado em razão da análise do mérito do agravo de instrumento. AGRAVO DE INSTRUMENTO. APURAÇÃO DE HAVERES. Decisão que julga liquidação por arbitramento em sede de apuração de haveres de sócio excluído da sociedade. Manutenção. Perícia contábil. Laudo pericial homologado pelo Juízo de primeiro grau. Contabilização de valor atinente a "adiantamento para sócio" como receita para que o outro sócio não sofra dano injusto. Laudo pericial que apurou corretamente o valor a ser pago ao sócio retirante por seus haveres sociais. Recurso não provido. Na origem, versam os autos sobre agravo de instrumento interposto contra a decisão proferida nos autos da ação de dissolução de sociedade cumulada com pedido de apuração de haveres ajuizada por Raul Vieira Neto em desfavor de RFX Medical Comércio e Importação de Produtos Cirúrgicos Ltda., ora agravante, e Fernando Souza de Lima, que ora figura como interessado no feito. Em suas razões, sustentou que houve irregularidades nos livros contábeis e nos cálculos apresentados pelo perito, o qual apurou o valor dos haveres do agravado na sociedade em R$ 97.794,05 (noventa e sete mil, setecentos e noventa e quatro reais e cinco centavos). O Desembargador Relator negou provimento ao recurso, concluindo pela legalidade da decisão que acolheu o laudo pericial elaborado, reputando correto o valor a ser pago ao sócio retirante por seus haveres sociais. A decisão unipessoal foi mantida pelo Colegiado Estadual por ocasião do julgamento do agravo regimental (e-STJ, fls. 485-494). Os embargos de declaração opostos foram rejeitados (e-STJ, fls. 505-514). Nas razões do recurso especial, a recorrente alegou violação ao art. 1.031, caput, e § 2º do Código Civil. Sustentou, em síntese, que o acórdão recorrido, ao manter a decisão do juízo de primeiro grau que homologou o laudo produzido, desvirtuou o instituto da apuração de haveres ao equipará-la à prestação de contas. Asseverou que "a aferição constante da apuração de haveres tem o condão de ser objetiva e direta, com pouca ou nenhuma margem à subjetividade" (e-STJ, fl. 526). Ressaltou, ainda, que o acórdão não se atentou para a previsão legal de que a contabilização dos juros deve ocorrer a partir de 90 (noventa) dias após a intimação da decisão de homologação de cálculos. A decisão da Presidência da Seção de Direito Privado do Tribunal de Justiça do Estado de São Paulo deixou de admitir o recurso especial por incidência das Súmulas 7 e 211 do STJ (e-STJ, fls. 537-538). Foi interposto agravo em recurso especial às fls. 540-551 (e-STJ). Brevemente relatado, decido. De início, é importante salientar que o presente recurso foi interposto contra decisão publicada já na vigência do Novo Código de Processo Civil, de maneira que é aplicável ao caso o Enunciado Administrativo n. 3 do Plenário do STJ, segundo o qual: "aos recursos interpostos com fundamento no CPC/2015 (relativos a decisões publicadas a partir de 18 de março de 2016) serão exigidos os requisitos de admissibilidade recursal na forma do novo CPC". Dito isso, verifica-se que o conteúdo normativo referente ao art. 1.031, § 2º, do Código Civil não foi debatido na origem, mesmo após a oposição dos embargos declaratórios, carecendo, no ponto, do imprescindível requisito do prequestionamento. Incidem, portanto, as Súmulas 282 do Supremo Tribunal Federal e 211 do Superior Tribunal de Justiça. Para que se atenda ao requisito do prequestionamento, é necessária a efetiva discussão do tema pelo Tribunal de origem, ainda que em embargos de declaração, o que, na espécie, não ocorreu. Ademais, o Colegiado Estadual, ao ratificar integralmente a decisão interlocutória impugnada, adotou a seguinte fundamentação (e-STJ, fls. 492-494): Ocorre que o laudo pericial acolhido pela sentença não comporta reparo. O expert esclarece a questão. Vejamos: "Trata-se de Retiradas somente do sócio Fernando Lima, no período de 30/04/2014 a 07/09/2014, não havendo nenhuma retirada do sócio Raul Vieira Neto, que possui 50% das cotas da sociedade conforme dita Consolidação do Contrato Social. (Vide item 5.3 – A.2. Deste Laudo). Tal situação motivou e fundamentou a desclassificação do saldo da conta 'Adiantamento para Sócios' no valor de R$ 199.354,13, agregando este valor no resultado do exercício e consequentemente no patrimônio líquido da sociedade" (fl. 209 dos autos digitais). A conclusão do laudo está absolutamente correta. A retirada exclusiva de somente um dos sócios, sem pagamento ao outro, que tem idêntica participação social, deve ser computada como receita, ou crédito da sociedade. Isso porque parece claro que o pagamento exclusivo a um dos sócios, em detrimento do retirante, não pode vir em prejuízo deste último. O único critério capaz de evitar a manifesta disparidade que provocaria a retirada exclusiva de valores por um dos sócios foi contabilizá-la como receita da sociedade, para que o outro sócio retirante não sofresse dano injusto. Além disso, como bem apontou o MM. Magistrado de primeiro grau, não se pode perder de vista que foram constatadas irregularidades nos livros contábeis. Reza o artigo 418 do Código de Processo Civil vigente: "Os livros empresariais que preencham os requisitos exigidos por lei provam a favor de seu autor no litígio entre empresários". No mesmo diapasão, prevê o artigo 226, caput, do Código Civil o seguinte: "Os livros e fichas dos empresários e sociedades provam contra as pessoas a que pertencem, e, em seu favor, quando, escriturados sem vício extrínseco ou intrínseco, forem confirmados por outros subsídios". O laudo pericial é claro no sentido de que os livros diário de 2.011 a 2.014 não foram registrados na Junta Comercial (vide fl. 213 dos autos digitais). Além disso, não teriam sido contabilizadas pela sociedade contratos referentes a renegociações de dívidas (vide fl. 258). Como consequência, não é possível imputar ao sócio retirante as irregularidades na escrituração contábil. O que fez o perito, a rigor, foi apurar os haveres do sócio retirante com base nos elementos à sua disposição. Nada mais. Em suma, não vislumbro ilegalidade na decisão impugnada, que corretamente acolheu o bem elaborado laudo pericial e encontrou o valor a ser pago ao sócio retirante por seus haveres sociais, razão por que fica mantida. Examinando as razões do acórdão, verifica-se que a convicção quanto à legalidade do laudo pericial decorreu da análise dos elementos fático-probatórios do processo, de modo que a desconstituição da referida premissa demandaria o revolvimento do mencionado suporte, providência vedada pelo óbice da Súmula n. 7 do STJ. Diante do exposto, conheço do agravo para não conhecer do recurso especial. Publique-se. Brasília (DF), 13 de dezembro de 2017. MINISTRO MARCO AURÉLIO BELLIZZE, Relator (STJ – AREsp: 1209560 SP 2017/0303240-9, Relator: Ministro MARCO AURÉLIO BELLIZZE, Data de Publicação: DJ 02/02/2018)

Art. 419. A escrituração contábil é indivisível, e, se dos fatos que resultam dos lançamentos, uns são favoráveis ao interesse de seu autor e outros lhe são contrários, ambos serão considerados em conjunto, como unidade.

Art. 420. O juiz pode ordenar, a requerimento da parte, a exibição integral dos livros empresariais e dos documentos do arquivo:

→ *v.* Súmula 260 do STF.

→ *v.* Art. 194 do CTN.

→ *v.* Art. 1º, I, da Lei 8.137/1990.

→ *v.* Art. 105 da Lei 6.404/1976.

I – na liquidação de sociedade;

II – na sucessão por morte de sócio;

III – quando e como determinar a lei.

Exibição de livros e o sigilo fiscal:

✓ AGRAVO DE INSTRUMENTO. AÇÃO INDENIZATÓRIA EM FASE DE CUMPRIMENTO DE SENTENÇA. PENHORA DE RENDA. DECISÃO AGRAVADA QUE DETERMINA A INTIMAÇÃO DO DEPOSITÁRIO, NA FORMA DO § 2º DO ART. 866 DO CPC/2015, PARA PRESTAR CONTAS E ENTREGAR AO JUÍZO A QUANTIA DEVIDA PELA EXECUTADA, SENDO QUE EM CASO DE DESCUMPRIMENTO SERÁ NOMEADO PERITO ARRECADADOR COM LIVRE ACESSO AOS LIVROS FISCAIS E CONTÁBEIS DA EMPRESA. IMPOSSIBILIDADE. QUEBRA DE SIGILO. HIPÓTESE DOS AUTOS (EFETIVAÇÃO DA PENHORA DE RENDA) QUE NÃO ESTÁ ELENCADA NO ROL DOS ARTIGOS 420 DO CPC/2015 E 1191 DO CC/02 QUE AUTORIZAM A EXIBIÇÃO DE LIVROS FISCAIS E CONTÁBEIS. INCIDÊNCIA DA SÚMULA 260 DO STF. PRECEDENTE DESTA E. CÂMARA. DECISÃO REFORMADA, EM PARTE. PROVIMENTO DO AGRAVO. (TJ-RJ; AI 00394834220178190000 Rio de Janeiro, Ilha Do Governador, Regional; 3ª Vara Cível, Vigésima Câmara Cível; Rel. Maria Inês da Penha Gaspar; Julg. 30/08/2017; Data de Publicação: 01/09/2017)

✓ AGRAVO DE INSTRUMENTO – PRESTAÇÃO DE CONTAS – Indeferimento de apensamento aos autos da ação da herança jacente – Pedido de reforma do Curador Especial – Cabimento – Existência de norma expressa autorizando a reunião de processos – Conteúdo sujeito a exame pericial – Permissão à feitura de inspeção judicial – Discricionariedade à exibição de documento – Resultado obtido por desarquivamento – Garantia de ampla defesa – Decisão interlocutória modificada – Recurso provido (TJ-SP; AI 20456759320168260000; SP; 8ª

Câmara de Direito Privado; Rel. Salles Rossi; Julg. 30/08/2016; Data de Publicação: 30/08/2016)

✓ AGRAVO DE INSTRUMENTO – EXECUÇÃO- PENHORA ON LINE PELO SISTEMA BACEN-JUD – Reiteração do pedido – Possibilidade – Princípio da razoabilidade – Última pesquisa realizada há mais de um ano de forma que há a possibilidade de alteração da situação econômico financeira da agravada-Decisão reformada – Recurso provido nesta parte. AGRAVO DE INSTRUMENTO- EXECUÇÃO- LIVROS CONTÁBEIS PEDIDO de exibição para aferição da situação financeira da agravada a fim de possibilitar futura penhora- Inadmissibilidade – Questão que envolve sigilo fiscal e não se insere nas hipóteses dos art. 1191 do CCB e 420 do CPC- Medida, sobretudo, inócua por se tratar a agravada de sociedade sem fins lucrativos. – Recurso não provido nesta parte. Recurso provido em parte. (TJ-SP 20524941220178260000; SP; 24ª Câmara de Direito Privado; Rel. Denise Andréa Martins Retamero; Julg. 07/12/2017; Data de Publicação: 07/12/2017)

Art. 421. O juiz pode, de ofício, ordenar à parte a exibição parcial dos livros e dos documentos, extraindo-se deles a suma que interessar ao litígio, bem como reproduções autenticadas.

Exibição parcial dos livros e dos documentos:

✓ EXIBIÇÃO DE DOCUMENTOS – Direito da parte que tem interesse em conferir o pagamento das comissões que lhe eram devidas, mas que não implica em exibição integral da escrituração contábil ou revelação dos segredos comerciais da representada, cingindo-se o interesse da agravada apenas na exibição daqueles necessários à demonstração dos negócios jurídicos que lhe são pertinentes – Decisão reformada em parte – Agravo de instrumento parcialmente provido. (TJ-SP; AI 22498837320158260000; SP; 15ª Câmara de Direito Privado; Rel. Mendes Pereira; Julg. 06/06/2016; Data de Publicação: 06/06/2016)

Exegese que se faz do art. 1.191 do Código Civil deve guardar harmonia com o que preconiza o art. 421:

✓ AGRAVO EM RECURSO ESPECIAL Nº 1.265.050 – SP (2018/0056065-4) RELATOR: MINISTRO LUIS FELIPE SALOMÃO AGRAVANTE: ESTEVES S/A ADVOGADOS: AGNALDO DA SILVA AZEVEDO – SP160198 TATIANI SCARPONI RUA CORREA – SP230486 MARINA ALVES MOREIRA DA COSTA – SP275191 AGRAVADO: CARLOS NOGUEIRA DA SILVA REPR. POR: WAGNER NOGUEIRA DA SILVA – CURADOR ADVOGADOS: HENRIQUE AUGUSTO PAULO – SP077333 REGINALDO NUNES WAKIM – SP067577 DECISÃO 1. Cuida-se de agravo interposto por ESTEVES S/A contra decisão que não admitiu o seu recurso especial, por sua vez manejado em face de acórdão proferido pelo TRIBUNAL DE JUSTIÇA DE SÃO PAULO assim ementado: Exibição de documentos contábeis para acionista detentor de mais de 5% do capital social. Cabimento e necessidade de inclusão do livro Diário. Sociedade que não recorre. Provimento do recurso do autor para incluir o livro Diário no rol dos documentos. Os primeiros embargos de declaração foram acolhidos nos seguintes termos (fls. 463-466): Embargos declaratórios acolhidos. Acórdão que manda exibir livros e nada decide sobre possibilidade de acompanhamento de técnico e extração de cópias. Possibilidade. Ordem complementada. Os segundos aclaratórios foram rejeitados (fls. 479-484): Nas razões do recurso especial (fls. 488-511), o recorrente aponta violação dos arts. 1.191 do Código Civil e 169 da Lei 11.101/2005, sob o argumento de que não é admissível a realização de cópias de documentos contidos em livro diário, por entender que são protegidos pelo sigilo da escrituração empresarial. Alega, ainda, ofensa ao art. 535, I e II, do CPC/1973, por entender que o Tribunal de origem foi omisso e contraditório acerca de questões oportunamente aventadas. Contrarrazões ás fls. 560-571. É o relatório. DECIDO. 2. Inicialmente, verifico que não há ofensa ao art. 535, I e II, do CPC/1973, pois o Tribunal a quo dirimiu as questões pertinentes ao litígio, emitindo pronunciamento de forma clara e fundamentada. Além disso, basta ao órgão julgador que decline as razões jurídicas que embasaram a decisão, não sendo exigível que se reporte de modo específico a determinados preceitos legais. No caso, o julgamento dos embargos de declaração apenas se revelou contrário aos interesses da parte recorrente, circunstância que não configura omissão, nem contradição. A Corte de origem, ao julgar aclaratórios, assim se pronunciou (fls. 482-484): O art. 1191, § 1º, do CC, não incide para vetar o acionista de ter completo – e produtivo – acesso aos documentos da contabilidade. O embargado não é um estranho e não há de ser tomada medida preventiva contra quebra de sigilo, até porque qualquer deslize dele sobre o conhecimento de matérias eventualmente sigilosas ou de segredo empresarial, serão debitadas em sua responsabilidade, mesmo sendo incapaz. Aliás e por tal razão, foi deferido o acompanhamento de assessor contábil, porque de nada adiantaria permitir o exame se o acionista não possui total discernimento para distinguir o que é útil ou inútil para proteção de seus eventuais direitos. (...) Os embargos afirmam que existe limitação ou restrição ao direito de examinar livros. Os livros serão examinados na sede da sociedade empresária ou no local em que estão guardados (em contador) e não saíram da esfera de disponibilidade, ainda que haja necessidade de extrair cópias. O interessado deverá comparecer com aparato adequado para filmagens e tudo o que é permitido para escanear o material de interesse. Os embargos não dizem o que seria sigiloso nos termos das Lei 11.101/2005 e não poderá utilizar resoluções do Conselho Federal dos Contadores para inibir ou engessar os direitos dos acionistas que, como é o caso do embargado, estão deslocados da administração e não possuem acesso aos documentos que possam dar sentido da sua posição acionária ou de seus investimentos. Quem vai extrair cópia é o acionista e qual o receio da sociedade quanto a isso, quando deveria ter enviado a ele, no momento da solicitação, os documentos? Na ponderação de valores ganha em primazia o direito do acionista que é incapaz de ter amplo acesso aos documentos para exercício de seus direitos, ainda que se possa admitir risco de ruptura de sigilo de algo que não foi demonstrado com ampla segurança. Claramente se observa que inexiste omissão no acórdão que, embora com fundamentação contrária ao interesse da parte, desata a questão jurídica posta em juízo. Com efeito, a tutela jurisdicional foi efetivamente prestada, apenas em desconformidade com os interesses da parte recorrente, circunstância que não revela nenhuma irregularidade no julgamento a quo. Quanto à questão de fundo, o recorrente alega que não é possível que terceiros realizem cópias de documentos contidos em livro diário, uma vez que estes são protegidos pelo sigilo da escrituração empresarial. Aduz, ainda, que é inadmissível que tais documentos "sejam xerocopiados e levados para fora da sede da empresa". Conforme já exposto anteriormente, a Corte a quo asseverou que a parte interessada na exibição da documentação não é um "estranho" e sim um acionista da empresa. Além disso, ficou expresso no acórdão recorrido que os livros serão examinados na sede da sociedade empresária ou no local em que estão guardados, sem que haja saída da esfera de disponibilidade, ainda que haja necessidade de extrair cópias (fls. 482-484). Ocorre que, nas razões do recurso especial, a parte insurgente trouxe argumentação jurídica genérica e dissociada das peculiaridades fáticas expostas no aresto hostilizados, não procedendo à impugnação ao que foi efetivamente decidido pela Corte a quo. Desse modo, afirmo que a argumentação contida no apelo nobre não possui elementos suficientes para infirmar as razões colacionadas no acórdão objurgado, pois não ataca especificamente os fundamentos utilizados pelo Tribunal local para dirimir a controvérsia, o que impõe o não conhecimento da pretensão, a teor do entendimento das Súmulas 283 e 284 do STF, ante a deficiência na motivação e a ausência de impugnação a fundamento autônomo. Cito precedentes: AGRAVO REGIMENTAL NOS EMBARGOS DE DECLARAÇÃO NO AGRAVO (ART. 544 DO CPC/73)- CUMPRIMENTO DE SENTENÇA - DECISÃO MONOCRÁTICA QUE DEU PARCIAL PROVIMENTO AO RECLAMO. INSURGÊNCIA DO AUTOR. 1. A jurisprudência do STJ firmou-se no sentido de que a impugnação, no agravo, de capítulos autônomos da decisão recorrida apenas induz a preclusão das matérias não impugnadas. 2. A falta de exposição sobre o modo como teriam sido violados aos dispositivos de lei invocados, bem como a subsistência de fundamento inatacado, apto a manter a conclusão do aresto impugnado, além da apresentação de razões dissociadas desse fundamento impõe o reconhecimento da incidência das Súmulas 283 e 284 do STF, por analogia. 3. Agravo regimental desprovido. (AgRg nos EDcl no REsp 1210184/RS, Rel. Ministro MARCO BUZZI, QUARTA TURMA, julgado em 14/11/2017, DJe 21/11/2017) AGRAVO INTERNO NO AGRAVO EM RECURSO ESPECIAL. AÇÃO REVISIONAL DE ALIMENTOS. DISSÍDIO JURISPRUDENCIAL. NÃO COMPROVAÇÃO DA REDUÇÃO DA CAPACIDADE CONTRIBUTIVA. RENDA MENSAL MÉDIA DA GENITORA. FUNDAMENTOS INATACADOS. ALTERAÇÃO DAS PREMISSAS ADOTADAS. INVIABILIDADE. REEXAME FÁTICO-PROBATÓRIO. SÚMULA 7 DO STJ. DECISÃO MANTIDA. AGRAVO NÃO PROVIDO. 1. O Tribunal de origem, apreciando as peculiaridades fáticas da causa e considerando o interesse do menor, concluiu pela manutenção da pensão, tendo em vista a "não comprovação de redução de capacidade contributiva" e que "o quadro financeiro delineado às fls. 48 (revendedora de produtos, com renda mensal média de R$ 450, 00), sem contrariedade específica na réplica de fls. 54/55, não enseja a possibilidade de aporte relevante a ponto de reduzir a participação do apelado no custeio do seu filho". 2. Tais fundamentos, autônomos e suficientes à manutenção do v. acórdão recorrido, não foram impugnados nas razões do recurso especial, convocando, na hipótese, a incidência das Súmulas 283 e 284 do STF. Em âmbito de especial, é indispensável demonstrar o cabimento do recurso e o desacerto do acórdão impugnado. 3. Outrossim, as peculiaridades destacadas pelo acórdão recorrido afastam o cabimento do recurso especial com base no dissídio jurisprudencial (Súmula 7/STJ). Precedentes. 4. Agravo interno a que se nega provimento. (AgInt no AREsp 1067066/SP, Rel. Ministro LÁZARO GUIMARÃES (DESEMBARGADOR CONVOCADO DO TRF 5ª REGIÃO), QUARTA TURMA, julgado em 14/11/2017, DJe 21/11/2017) 3. Saliento que, ainda que superado o óbice das Súmula 283 e 284/STF, a irresignação não prosperaria. Consigno que em momento algum a legislação invocada pelo recorrente (arts. 1.191 do Código Civil e 169 da Lei 11.101/2005) afirma que é vedada a realização de cópias de livros e papéis de escrituração. Em verdade, a exegese que se faz do art. 1.191 do Código Civil deve guardar harmonia com o que preconiza o art. 421 do CPC/2015 (art. 382 do CPC/1973), segundo o qual, in verbis, "juiz pode, de ofício, ordenar à parte a exibição parcial dos livros e dos documentos, extraindo-se deles a suma que interessar ao litígio, bem como reproduções autenticadas" (grifamos). Nesse ponto, vale destacar a seguinte lição doutrinária: A exibição judicial dos livros comerciais já se acha prevista tanto no art. 381 do Código de Processo Civil – segundo o qual o juiz pode ordenar, a requerimento da parte, a exibição integral dos livros comerciais e dos documentos do arquivo, quer na liquidação de sociedade; quer na sucessão por morte de sócio; quer, ainda, quando e como determinar a lei – quanto no art. 382 do mesmo Código, pelo qual o juiz pode, de ofício, ordenar à parte a exibição parcial dos livros e documentos, extraindo-se deles a suma que interessar ao litígio, bem como reproduções autenticadas. (...) Este art. 1.191 do Código Civil harmoniza-se, sem problemas, com as citadas disposições da lei adjetiva. (...) (Código Civil Comentado. 8. ed. São Paulo: Saraiva, 2012. p. 1284. Coordenação Regina Beatriz Tavares da Silva). Pelas razões brevemente delineadas, não se pode afirmar que houve violação dos arts. 1.091 e 169 da Lei 11.101/2005. 4. Ante o exposto, nego provimento ao agravo em recurso especial. Publique-se. Intimem-se. Brasília (DF), 06 de junho de 2018. MINISTRO LUIS FELIPE SALOMÃO Relator (STJ - AREsp: 1265050 SP 2018/0056065-4, Relator: Ministro LUIS FELIPE SALOMÃO, Data de Publicação: DJ 08/06/2018)

Art. 422. Qualquer reprodução mecânica, como a fotográfica, a cinematográfica, a fonográfica ou de outra espécie, tem aptidão para fazer prova dos fatos ou das coisas representadas, se a sua conformidade com o documento original não for impugnada por aquele contra quem foi produzida.

→ *v.* Lei 5.433/1968 – Regula a microfilmagem de documentos oficiais.

Eficácia probatória da reprodução do documento quando não impugnada:

✓ AGRAVO DE INSTRUMENTO. NEGÓCIO JURÍDICO BANCÁRIO. AÇÃO DE EXECUÇÃO DE TÍTULO EXTRAJUDICIAL. EXCEÇÃO DE PRÉ-EXECUTIVIDADE. Em não se tratando de execução de título de crédito, em que vige o princípio da cartularidade, possível aparelhar a execução extrajudicial com cópia simples do título executivo. Não se faz necessária a juntada da via original do título executivo se a conformidade da cópia que instrui a inicial não for impugnada pela parte executada. AGRAVO DE INSTRUMENTO DESPROVIDO. (TJ-RS; Agravo de Instrumento 70074047101; Décima Nona Câmara Cível; Rel. Mylene Maria Michel; Julg. 09/11/2017).

✓ EXTINÇÃO DO PROCESSO – Ação declaratória de inexigibilidade do débito – Determinação de emenda da inicial para apresentar originais da documentação juntada com a exordial, bem como para esclarecer a fundamentação do pedido – Prescindibilidade – Petição inicial que preenche o disposto nos arts. 319 e 320 do CPC e presunção de autenticidade dos documentos colacionados – Sentença anulada para que o processo tenha seu curso regular – Apelação provida para esse fim* (TJ-SP; APL 10071641120168260625; SP; 21ª Câmara de Direito Privado; Rel. Maia da Rocha; Julg. 27/10/2016; Data de Publicação: 27/10/2016)

Impugnação da fotocópia:

✓ PROCESSUAL CIVIL. AGRAVO DE INSTRUMENTO. DECISÃO QUE RECONHECE A AUSÊNCIA DE INTERESSE DE AGIR NA INSTAURAÇÃO DE INCIDENTE DE FALSIDADE POR FALTA DE OPOSIÇÃO DA PARTE CONTRÁRIA. INSURGÊNCIA DO AGRAVANTE. ALEGADA FALSIDADE MATERIAL NOS EMAILS COLACIONADOS PELO AUTOR. INCLUSÃO E SUPRESSÃO DE TRECHOS DA CONVERSA REALIZADA ENTRE AS PARTES ATRAVÉS DE MENSAGENS ELETRÔNICAS. ATA NOTARIAL LAVRADA EM TABELIONATO COMPETENTE QUE DEMONSTRA AS ALTERAÇÕES. NÃO INSURGÊNCIA EXPRESSA DO AGRAVADO. DESNECESSIDADE DA INSTAURAÇÃO DO INCIDENTE. FALSIDADE MATERIAL QUE SERÁ DEVIDAMENTE ANALISADA COM O MÉRITO DA QUAESTIO. DECISÃO MANTIDA. RECURSO DESPROVIDO. (TJ-SC; AI 40170218220178240000 São Francisco do Sul 4017021-82.2017.8.24.0000, Rel. Marcus Tulio Sartorato; Julg. 28/11/2017, Terceira Câmara de Direito Civil)

§ 1º As fotografias digitais e as extraídas da rede mundial de computadores fazem prova das imagens que reproduzem, devendo, se impugnadas, ser apresentada a respectiva autenticação eletrônica ou, não sendo possível, realizada perícia.

→ v. Lei 12.960/2014 – Estabelece princípios, garantias, direitos e deveres para o uso da Internet no Brasil (Marco Civil da Internet).

Fotografias retiradas do facebook:

✓ Agravo. Recurso eleitoral. Decisão que não conheceu do recurso pela intempestividade. Tempestividade na interposição recursal comprovada. Intimação pessoal da sentença efetuada após a publicação desta no DJE. Agravo conhecido e provido. Divulgação de pesquisa eleitoral sem o prévio registro. Provas idôneas. Fotografias de página do Facebook do agravante. Não impugnação no momento adequado. Aplicação de multa. Previsão contida no art. 17 da Res. TSE nº 23.453/2015. Desprovimento do recurso. 1. Constata-se, na hipótese, que o cartório eleitoral, mesmo após haver publicado a sentença no DJE, intimou o agravante de seu teor, motivo pelo qual a contagem do prazo recursal tem-se por iniciada na data da intimação efetiva na respectiva serventia judicial; 2. Agravo provido para reconhecer a tempestividade do recurso eleitoral; 3. O agravante deixou escoar o prazo de defesa sem manifestação, não cabendo ao mesmo, neste momento processual, impugnar as provas coligadas aos autos; 4. As fotografias trazidas aos fólios, extraídas da rede mundial de computadores, fazem prova das imagens que reproduzem, nos exatos termos do que dita o art. 422, § 1º do CPC; 5. Não restando dúvidas de que a pesquisa foi divulgada sem o prévio registro das informações na Justiça Eleitoral, como exige o art. 2º da Res. TSE nº 23.453/2015, tem-se que a sentença vergastada que condenou o agravante ao pagamento de multa prevista no art. 17 da citada legislação prescinde de retoques; 6. Recurso eleitoral a que se nega provimento. (TRE-BA; RE 29902 Jequié – BA; Rel. Fábio Alexsandro Costa Bastos; Julg. 03/04/2017; Data de Publicação: DJE 10/04/2017)

§ 2º Se se tratar de fotografia publicada em jornal ou revista, será exigido um exemplar original do periódico, caso impugnada a veracidade pela outra parte.

§ 3º Aplica-se o disposto neste artigo à forma impressa de mensagem eletrônica.

Eficácia probatória das mensagens eletrônicas:

✓ AÇÃO DE COBRANÇA – PRESTAÇÃO DE SERVIÇOS – PROVA DOCUMENTAL – MENSAGENS ELETRÔNICAS – VALIDADE – INADIMPLÊNCIA CONFESSA 1 – É válida a juntada aos autos de mensagens eletrônicas (e-mail) trocadas entre as partes acerca da contratação e débitos pendentes entre elas a fim de fazer prova documental. Código de Processo Civil de 2015 que possui dispositivo expresso nesse sentido, aceitando tal prova, mormente quando sua autoria e seu conteúdo não forem impugnados pela parte contrária, como no caso em estudo. Desnecessidade de juntada de notas fiscais ou duplicatas em ação de simples cobrança, que não se confunde com execução; 2 – Devedora que confessa estar inadimplente com relação a algumas parcelas, formulando oferta de parcelamento que não foi aceita pelo credor, que paralisou a prestação dos serviços e passou a cobrar as quantias referentes aos serviços já prestados e não pagos. Sentença que deve ser mantida. RECURSO IMPROVIDO. (TJ-SP; APL 10079890820158260554; SP; 30ª Câmara de Direito Privado; Rel. Maria Lúcia Pizzotti; Julg. 06/07/2016; Data de Publicação: 15/07/2016)

Art. 423. As reproduções dos documentos particulares, fotográficas ou obtidas por outros processos de repetição, valem como certidões sempre que o escrivão ou o chefe de secretaria certificar sua conformidade com o original.

Autenticação de documentos particulares:

✓ APELAÇÃO CÍVEL – AÇÃO ANULATÓRIA DE NEGÓCIO JURÍDICO – COMPRA E VENDA DE IMÓVEL – DIREITO DE PREFERÊNCIA – CONTRATO DE PROMESSA DE COMPRA E VENDA – AUSÊNCIA DE INTERESSE DE AGIR. 1. Os coproprietários do imóvel litigado têm legitimidade ativa para o exercício do direito de preferência na aquisição das quotas-partes dos demais condôminos. 2. A cópia de documento autenticada por cartório de registro de notas deve ser considerada como existente e verdadeira em virtude da fé pública que detém o Tabelião, conforme os artigos 423, 424 e 425, III, todos do CPC/2015. 3.Comprovado que a autora alienou o bem comum antes do seu ex-cônjuge, ora réu, patente a ausência de seu interesse de agir. (TJ-MG; AC 10080100017617001 MG; 18ª Câmara Cível; Rel. Vasconcelos Lins; Julg. 13/06/2017; Data de Publicação: 20/06/2017)

Art. 424. A cópia de documento particular tem o mesmo valor probante que o original, cabendo ao escrivão, intimadas as partes, proceder à conferência e certificar a conformidade entre a cópia e o original.

Autenticação do documento particular – título de crédito:

✓ AGRAVO DE INSTRUMENTO. NEGÓCIOS JURÍDICOS BANCÁRIOS. EXECUÇÃO DE TÍTULO EXTRAJUDICIAL. JUNTADA DE DOCUMENTO ORIGINAL OU CÓPIA AUTENTICADA. É desnecessária a instrução da execução com o original do título executivo extrajudicial, consubstanciado em Cédula de Crédito Bancário, sendo, contudo, imprescindível a juntada ao menos da cópia autenticada, ao efeito de conferir o requisito da certeza, ínsito à regularidade da execução. Inteligência do art. 424 do CPC/15. Precedentes desta Corte. Exceção parcialmente acolhida, ao efeito de oportunizar ao credor seja sanado o vício. AGRAVO DE INSTRUMENTO PARCIALMENTE PROVIDO. (TJ-RS; Agravo de Instrumento 70074020231; Vigésima Terceira Câmara Cível; Rel. Ana Paula Dalbosco; Julg. 26/09/2017).

✓ AGRAVO DE INSTRUMENTO. NEGÓCIOS JURÍDICOS BANCÁRIOS. EXECUÇÃO DE TÍTULO EXTRAJUDICIAL. CÉDULA DE CRÉDITO BANCÁRIO. EXCEÇÃO DE PRÉ-EXECUTIVIDADE. ORIGINAL DO TÍTULO. DESNECESSIDADE. Cumpre ao credor instruir a petição inicial com o título executivo extrajudicial (artigo 798, I, a, do CPC) e, considerada a cédula de crédito bancário como título de crédito, possui as características gerais atinentes à literalidade, cartularidade, autonomia, abstração, independência e circulação. Assim, mostra-se imprescindível o seu encarte aos autos de demandas judiciais que objetivem a sua cobrança ou o exercício de direitos dele decorrentes. No entanto, mostra-se desnecessária a apresentação da via original do título executivo objeto da presente demanda, porquanto tal obrigação somente é exigível quando a ação executiva versar sobre títulos cambiais circuláveis, como medida de segurança jurídica, dada a possibilidade de circulação destes. Em que pese não se faça necessária a apresentação da via original do título, é indispensável a juntada da cópia autenticada para embasar o pleito executório, ao efeito de conferir o requisito da certeza, ínsito à regularidade da execução. AGRAVO DE INSTRUMENTO PARCIALMENTE PROVIDO. UNÂNIME. (TJ-RS; Agravo de Instrumento 70075168633; Vigésima Terceira Câmara Cível; Rel. Martin Schulze; Julg. 28/11/2017).

✓ PROCESSO CIVIL. APELAÇÃO CÍVEL. AÇÃO DE EXECUÇÃO. CÉDULA DE CRÉDITO BANCÁRIO. JUNTADA DE CÓPIA SMPLES. DETERMINAÇÃO DE EMENDA À INICIAL PARA APRESENTAÇÃO DO TÍTULO ORIGINAL. NECESSIDADE. INDEFERIMENTO DA INICIAL. ART. 485, I, CPC/2015. POSSIBILIDADE. SENTENÇA MANTIDA. 1. O artigo 217 do Código Civil e 425, incisos II, IV e § 2º, e 424, ambos do Código de Processo Civil de 2015, preveem que os documentos registrados e autenticados possuem a mesma força probante do que os documentos originais. 2. Em que pese a cédula de crédito bancário ser regida pelo sistema cambiário, ela somente é passível de circulação por endosso em preto, nos termos do artigo 29, § 1º, da Lei 10.931/2004. 3. Não estando revestida da livre-circulação, atributo genérico dos títulos cambias, podendo circular somente sob a forma de endosso em preto, a jurisprudência, inclusive desta Corte e do egrégio Superior Tribunal de Justiça, vem mitigando as regras do direito cambiário, para admitir a execução de cédula de crédito bancário representada por cópia, desde que autenticada. 4. A juntada de cópia simples, não autenticada, não constitui documento hábil a aparelhar o feito executivo. Portanto, se a emenda à inicial era necessária, impõe-se a manutenção da sentença e o não provimento da apelação. 5. Recurso conhecido e não provido. Sentença mantida. (TJ-DF; 20160310176410 DF; 6ª Turma Cível; Rel. Alfeu Machado; Julg. 06/12/2017, Data de Publicação: DJE: 12/12/2017; Pág. 417/440)

✓ EMBARGOS À EXECUÇÃO – CONTRATO DE EMPRÉSTIMO – CÉDULA DE CRÉDITO BANCÁRIO – SENTENÇA DE IMPROCEDÊNCIA – PRETENSÃO DE EXTINÇÃO DA EXECUÇÃO NÃO INSTRUÍDA COM VIA ORIGINAL DO CONTRATO – SUBSISTÊNCIA DA PRESUNÇÃO DE AUTENTICIDADE DA CÓPIA DIGITAL JUNTADA PELO BANCO – EXEGESE DO ART. 372 DO CPC – DESNECESSIDADE DE JUNTADA AOS AUTOS DA VIA ORIGINAL DO TÍTULO EXEQUENDO ANTE A FORÇA PROBANTE DA CÓPIA DIGITALIZADA – PRECEDENTES – EXISTÊNCIA DE MERO ERRO MATERIAL NA PEÇA INICIAL QUE APONTOU NÚMERO DE CONTRATO DIVERSO DO EXECUTADO – MANUTENÇÃO DA DECISÃO. Seguimento negado. Vistos e examinados estes autos de Apelação Cível nº 1409327-1, da 19ª Vara Cível do Foro Central da Comarca da Região Metropolitana de Curitiba, em que figuram, como Apelante, Christofer Gabriel Surf Wear Ltda. e, como Apelado, Banco Santander (Brasil) S/A. TRIBUNAL DE JUSTIÇA ESTADO DO PARANÁ Apelação Cível nº 1409327-1 1. Trata-se de apelação cível interposta por Christofer Gabriel Surf Wear Ltda., da sentença que julgou improcedentes os embargos à execução movida por Banco Santander (Brasil) S/A, condenando o Embargante ao pagamento das custas processuais e honorários advocatícios fixados em R$ 1.000,00 (mil reais), ressalvado o disposto no artigo 12 da Lei 1.060/50. Em suas razões recursais, o Embargante insurge-se contra a sentença, alegando, em síntese, a necessidade de indeferimento da petição inicial da execução diante da ausência do título original executado nos autos, bem como da divergência entre o esse título e aquele juntado aos autos. Recebido o recurso e apresentadas as contrarrazões, os autos foram remetidos a este Tribunal. 2. Desmerece acolhimento a pretensão manejada pelo Apelante, sendo aplicável o contido no caput do artigo 557 do Código de Processo Civil. Esse dispositivo confere poder ao relator para negar seguimento a recurso manifestamente inadmissível, improcedente, prejudicado ou em confronto com súmula ou com jurisprudência dominante do respectivo tribunal, do Supremo Tribunal Federal, ou de Tribunal Superior. Primeiramente, não assiste razão ao Apelante, no que se refere à sua alegação de que a inicial deveria ser indeferida diante da ausência do título original nos autos. Extrai-se do art. 283 do Código de Processo Civil, que a petição inicial deve ser instruída com os documentos indispensáveis à propositura da ação. De tal dispositivo, portanto, não se extrai a necessidade de serem colacionados aos autos os documentos originais ou cópias autenticadas. Consoante já destacou o Excelentíssimo Desembargador Hamilton Mussi Corrêa, quando da apreciação de caso análogo1, "as cópias juntadas presumem-se verdadeiras, tendo eficácia probatória do original, mormente quando não impugnada a sua fidedignidade em relação à via original, de modo que não haveria, em princípio, motivo para que o magistrado singular determinasse, por 1 TJPR – decisão monocrática, Agr. Instr. nº 696.925-5, Rel. Hamilton Mussi Corrêa, J. 06/08/2010. TRIBUNAL DE JUSTIÇA ESTADO DO PARANÁ Apelação Cível nº 1409327-1 ocasião do recebimento da petição inicial, que os documentos fossem autenticados ou viessem os originais aos autos. Ademais, a autenticação das peças não configura requisito indispensável à petição inicial". Nesse mesmo sentido, aliás, já decidiu o Superior Tribunal de Justiça, ilustrando-se com os seguintes julgados: "EMBARGOS DE DECLARAÇÃO NO AGRAVO REGIMENTAL. SUBSTABELECIMENTO. FOTOCÓPIA NÃO AUTENTICADA. PRESUNÇÃO JURIS TANTUM DE AUTENTICIDADE. AUSÊNCIA DE IMPUGNAÇÃO OPORTUNA. MATÉRIA PRECLUSA. 1."A autenticação de cópia de procuração e de substabelecimento é desnecessária, porquanto presumem-se verdadeiros os documentos juntados aos autos pelo autor, cabendo à parte contrária arguir-lhe a falsidade. Inaplicabilidade da Súmula n. 115/STJ. Precedente: (EREsp 898510/RS, Rel. Ministro TEORI ALBINO ZAVASCKI, CORTE ESPECIAL; Julg. 19/11/2008, DJ. 05/02/2009; EREsp 881170/RS, Rel. Ministro ARI PARGENDLER, CORTE ESPECIAL; Julg. 03/12/2008, DJ. 30/03/2009)." 2. Não é cabível a oposição de aclaratórios com a finalidade de suscitar matéria preclusa. 3. Embargos de declaração não conhecidos." (3ª Turma do STJ, EDcl no AgRg nos EDcl no REsp. nº 1029652/RS, Rel. Paulo de Tarso Sanseverino, J. 04/11/2010) "PROCESSO CIVIL. MANDADO DE SEGURANÇA. AUTENTICAÇÃO. DOCUMENTOS. PETIÇÃO INICIAL. DESNECESSIDADE. PRESUNÇÃO DE VERACIDADE, SE A PARTE CONTRÁRIA NÃO IMPUGNA SUA AUTENTICIDADE. PRINCÍPIO DA BOA-FÉ DAS PARTES LITIGANTES. 1. É desnecessária a autenticação dos documentos juntados à petição inicial, seja em ação ordinária seja em mandado de segurança, porque prevalece o princípio da boa-fé das partes litigantes – presunção júris tantum de veracidade. TRIBUNAL DE JUSTIÇA ESTADO DO PARANÁ Apelação Cível nº 1409327-1 Precedentes.2. Agravo regimental não provido" (2ª Turma do STJ, AgRg no REsp. nº 1085728/SP, Rel. Castro Meira, J. 03/09/2009) Tal entendimento, salienta-se, também é perfilhado por este Tribunal de Justiça: "APELAÇÃO CÍVEL. AÇÃO DE COBRANÇA. POUPANÇA. PLANO VERÃO. JUROS REMUNERATÓRIOS. AÇÃO CIVIL PÚBLICA N.º 14.552/93. APADECO. 13ª VARA CÍVEL. CURITIBA. AUSÊNCIA DE DOCUMENTOS ESSENCIAIS. PROCURAÇÃO. FOTOCÓPIA. AUSÊNCIA DE IMPUGNAÇÃO OPORTUNA. PRECLUSÃO. PLANO BRESSER. JUROS REMUNERATÓRIOS. PEDIDO. INEXISTÊNCIA. PRESCRIÇÃO. ALEGAÇÃO. NÃO CONHECIMENTO. HONORÁRIOS ADVOCATÍCIOS. VALOR FIXADO. ADEQUAÇÃO. 1. É desnecessária a autenticação de cópia de procuração ou juntada do original, visto que o documento acostado à inicial se presume verdadeiro, cabendo à parte ré arguir a falsidade no prazo dos artigos 372 e 390, do Código de Processo Civil, sob pena de preclusão, caso em que não é possível o conhecimento da matéria em sede de apelação. [...]." (15ª Câm. Cív. do TJPR, Apel. Cív. nº 725901-2, Rel. Luiz Carlos Gabardo, J. 19/01/2011). "[...] Cediço que a petição inicial deve ser instruída com os documentos indispensáveis à propositura da ação, não dispondo o art. 283, do CPC, acerca da necessidade da juntada de documentos autenticados ou originais aos autos." (TJPR – Decisão monocrática, Agr. Instr. nº 665860-6, Rel. Jurandyr Souza Junior. J. 05/04/2010)"[...] No que tange à questão da necessidade de que os documentos de fls. 12/13 sejam declarados autênticos, referido tópico merece ser revisto, pois ao contrário do decidido, o art. 283 e 284 do Código de TRIBUNAL DE JUSTIÇA ESTADO DO PARANÁ Apelação Cível nº 1409327-1 Processo Civil não impõe à parte autora o dever de que sejam autenticados. Ademais, o art. 225 do Código Civil é claro ao dotá-los como meio de prova válido, cumprindo serem impugnados em sua veracidade pela parte adversa, veja-se" (TJPR, Decisão monocrática, Agr. Instr. nº 636120-2, Rel. Jurandyr Reis Junior. J. 24/11/2009) Com efeito, seria necessária a juntada da via original do título em execução, somente caso o feito se tratasse de execução de título cambial, uma vez que este, por sua própria natureza, está sujeito à livre circulação. Ademais, conforme prescreve o art. 365 do Código de Processo Civil: "Art. 365. Fazem a mesma prova que os originais: II – os traslados e as certidões extraídas por oficial público, de instrumentos ou documentos lançados em suas notas; III – as reproduções dos documentos públicos, desde que autenticadas por oficial público ou conferidas em cartório, com os respectivos originais. V – os extratos digitais de bancos de dados, públicos e privados, desde que atestado pelo seu emitente, sob as penas da lei, que as informações conferem com o que consta na origem; VI – as reproduções digitalizadas de qualquer documento, público ou particular, quando juntados aos autos pelos órgãos da Justiça e seus auxiliares, pelo Ministério Público e seus auxiliares, pelas procuradorias, pelas repartições públicas em geral e por advogados públicos ou privados, ressalvada a alegação motivada e fundamentada de adulteração antes ou durante o processo de digitalização." Sobre o tema, percuciente a reprodução das seguintes ementas: "DIREITO CIVIL. RECURSO ESPECIAL. LOCAÇÃO. FIANÇA. PENHORA. BEM DE FAMÍLIA. POSSIBILIDADE. PRECEDENTES DO SUPREMO TRIBUNAL FEDERAL E DO SUPERIOR TRIBUNAL DE TRIBUNAL DE JUSTIÇA ESTADO DO PARANÁ Apelação Cível nº 1409327-1 JUSTIÇA. EXECUÇÃO. INSTRUÇÃO. CÓPIA DO CONTRATO. ADMISSIBILIDADE. TESTEMUNHAS. ASSINATURA. DESNECESSIDADE. LIQUIDEZ E CERTEZA DO DIREITO. EXAME. IMPOSSIBILIDADE. MATÉRIA FÁTICO-PROBATÓRIA. SÚMULA 7/STJ. PRORROGAÇÃO LEGAL POR PRAZO INDETERMINADO. EXONERAÇÃO AUTOMÁTICA DA FIANÇA. IMPOSSIBILIDADE. PRECEDENTES. DIVERGÊNCIA JURISPRUDENCIAL. INEXISTÊNCIA. SÚMULA 83/STJ. RECURSO ESPECIAL CONHECIDO E IMPROVIDO. [...] 2. Basta, para instrução da inicial, a juntada de cópia do contrato do qual se originou o crédito pleiteado, quanto não se tratar de ação de execução fundada em título cambial, ainda que deste não conste a assinatura de duas testemunhas. [...]."(5ª Turma do STJ, REsp. nº 951649/SP, Rel. Arnaldo Esteves Lima, J. 17/12/2007)."PROCESSUAL CIVIL. RECURSO ESPECIAL. VIOLAÇÃO AO ART. 535. OMISSÃO. INOCORRÊNCIA. LOCAÇÃO. EXECUÇÃO. INSTRUÇÃO. CÓPIA DO CONTRATO. POSSIBILIDADE. EXECUÇÃO. EXCESSO NA APLICAÇÃO DOS JUROS. ERRO DE CÁLCULO. RETIFICAÇÃO. PENHORA. BEM DE FAMÍLIA. LEI 8.245/91. VIABILIDADE. FIANÇA. RESPONSABILIDADE DO FIADOR. CLÁUSULA CONTRATUAL. ENTREGA DAS CHAVES. SÚMULA 214/STJ. II – E suficiente, para instruir a inicial de execução, a cópia do contrato de locação, visto que a necessidade de juntar o original cabe às execuções fundadas em título cambial. Precedentes. [...]." (5ª Turma do STJ, REsp. nº 543102/SP, Rel. Felix Fischer, J. 07/08/2003). "PROCESSUAL CIVIL. RECURSO ESPECIAL. PREQUESTIONAMENTO DEFICIENTE. SÚMULAS NS. 282 E 356- STF. MATÉRIA DE PROVA. SÚMULA N. 7-STJ. EXECUÇÃO. TRIBUNAL DE JUSTIÇA ESTADO DO PARANÁ Apelação Cível nº 1409327-1 CONTRATO. CÓPIA. SUFICIÊNCIA. [...] III. Suficiente a instrução da execução por cópia de contrato de financiamento, mormente quando não impugnada a sua fidedignidade em relação à via original. Precedentes. IV. Agravo improvido." (4ª Turma do STJ, AgRg no Ag. nº 124454/RJ, Rel. Aldir

Passarinho Junior, J. 06/12/2001). Ademais, em consulta aos autos da ação de execução, via sistema PROJUDI, é possível perceber que os valores apresentados pelo Exequente em sua petição inicial, tanto na planilha de cálculo e como no contrato, são os mesmos, de modo que fica claro que houve equívoco apenas no que se refere ao número do contrato declinado, erro que não macula a execução. Desse modo, tendo em vista a presença dos pressupostos de constituição e de desenvolvimento válido e regular do processo, não merece reparo a sentença neste tópico. Por conseguinte, sendo mantida a sentença de improcedência, não há que se falar em inversão do ônus sucumbencial. 3. Portanto, com substrato no que dispõe o caput do artigo 557 do Código de Processo Civil, nego seguimento ao presente recurso. Publique-se e intimem-se. Curitiba, 12 de agosto de 2015. Elizabeth M. F. Rocha, Juíza de Direito Substituta em Segundo Grau (TJ-PR; APL 14093271 PR 1409327-1 (Decisão Monocrática); 15ª Câmara Cível; Rel. Elizabeth M F Rocha; Julg. 13/08/2015; Data de Publicação: DJ: 1631 19/08/2015)

Art. 425. Fazem a mesma prova que os originais:

I – as certidões textuais de qualquer peça dos autos, do protocolo das audiências ou de outro livro a cargo do escrivão ou do chefe de secretaria, se extraídas por ele ou sob sua vigilância e por ele subscritas;

Eficácia probatória das certidões de dívida ativa:

✓ AGRAVO DE INSTRUMENTO – Execução Fiscal – IPTU – Exercícios de 2002 a 2005 – Decisão que deixou de receber a apelação interposta pelo Município de Itapuí por intempestiva – Pretensão à reforma – Inadmissibilidade – Certidão nos autos a demonstrar ter sido realizada carga ao Procurador Municipal em 25/11/2015, com interposição do apelo apenas em 15/04/2016 – Intempestividade do recurso configurada – Decisão agravada mantida – Agravo desprovido. (TJ-SP; AI 21372135820168260000; SP; 18ª Câmara de Direito Público; Rel. Roberto Martins de Souza; Julg. 25/08/2016; Data de Publicação: 29/08/2016)

II – os traslados e as certidões extraídas por oficial público de instrumentos ou documentos lançados em suas notas;

Eficácia probatória das certidões extraídas por oficial público:

✓ APELAÇÃO CÍVEL. EMBARGOS À EXECUÇÃO. CÓPIA DE NOTA PROMISSÓRIA VINCULADA AO CONTRATO. TÍTULO REVESTIDO DOS REQUISITOS ESSENCIAIS PARA PROPOSITURA DA EXECUÇÃO. VALOR CORRETAMENTE A SER EXECUTADO. MANUTENÇÃO DA SENTENÇA. Sentença atacada que julgou improcedentes os embargos à execução com base nas provas dos autos que demonstraram a inexistência de excesso na execução e a validade e exigibilidade do título. Documento que se pretende executar no presente feito é a escritura de promessa de compra e venda, o qual constitui título executivo extrajudicial, na forma do art. 585, II, do CPC. O fato de possuir notas promissórias vinculadas à aludida escritura não retira deste documento a liquidez, certeza e exigibilidade, requisitos essenciais para propositura da execução. Além disso, a cópia da nota promissória referente à parcela anual de 2006 (fls. 23 dos autos da execução) foi autenticada pelo cartório do 1º Ofício de protesto do Rio de Janeiro e acompanhada da certidão de protesto (fls.26 dos autos da execução), o que lhe confere fé pública e supre a necessidade de juntada do original, conforme dispõe o artigo 425, II 1do Novo Código de Processo Civil. Desse modo, a certeza, liquidez e exigibilidade do documento que instrui a via de ingresso da ação de execução não será afastada por estar sustentada em cópia autenticada do título e não a via original deste. Valores corretamente cobrados nos autos da execução em apenso conforme expressamente determinado nas cláusulas quarta, item f e sexta da escritura de promessa de compra e venda celebrada entre as partes. Desprovimento do recurso. (TJ-RJ; APL 00137890220128190209 Rio de Janeiro, Barra da Tijuca, Regional; 3ª Vara Cível, Vigésima Câmara Cível; Rel. Alcides da Fonseca Neto; Julg. 30/08/2017; Data de Publicação: 01/09/2017)

III – as reproduções dos documentos públicos, desde que autenticadas por oficial público ou conferidas em cartório com os respectivos originais;

Reprodução de documentos públicos autenticadas:

✓ AGRAVO DE INSTRUMENTO DOCUMENTO REQUISITOS DE VALIDADE Desapropriação Carta de sentença destinada a fazer prova no Registro de Imóveis Cópias reprográficas de peças necessárias à formação do instrumento Autenticação Necessidade Inteligência do art. 216 do Código Civil, art. 365, III, do Código de Processo Civil e Normas de Serviço para os Ofícios da Justiça expedidas pela Corregedoria Geral da Justiça do Estado de São Paulo Decisão mantida. Recurso desprovido. (TJ-SP; AI 00112126720138260000; SP; 8ª Câmara de Direito Público; Rel. João Carlos Garcia; Julg. 24/04/2013; Data de Publicação: 24/04/2013)

✓ PREVIDENCIÁRIO. AGRAVO DE INSTRUMENTO. RETIFICAÇÃO DO VALOR DA CAUSA. AUTENTICAÇÃO DOS DOCUMENTOS. DESNECESSIDADE. I- A recorrente propôs ação previdenciária visando à "concessão da aposentadoria por invalidez ou sucessivamente auxílio-doença, consoante o grau de incapacidade constatado, retroativo a data de sua indevida suspensão 14/09/2006, devendo as parcelas em atraso até a liquidação da sentença, serem atualizadas monetariamente, mais juros de mora, despesas processuais e honorários advocatícios..." (fls. 09), dando à causa o valor de R$ 4.560,00. Considerando-se que a autora recebia a título de auxílio-doença o valor de um salário-mínimo (fls. 30), e que a ação foi ajuizada em julho/2007 (fls. 06), afigura-se adequado o valor dado à causa, nos termos do art. 260, do CPC. Ademais, nos termos do art. 261, do CPC, "O réu poderá impugnar, no prazo da contestação, o valor atribuído à causa pelo autor". II- Quanto à autenticação dos documentos, não obstante o teor do art. 365, inc. III, do CPC, in verbis: "Fazem a mesma prova que os originais:... III – as reproduções dos documentos públicos, desde que autenticadas por oficial público ou conferidas em cartório, com os respectivos originais", cumpre anotar que essa disposição não pode ser interpretada de forma unívoca e isolada posto que, mesmo estando autenticada, é possível desfazer a presunção de veracidade que a autenticação confere à cópia, por meio de arguição de falsidade do documento. Há que se observar, ainda, o disposto no art. 385, do CPC, que prescreve ter a cópia do documento particular o mesmo valor probante do original se não impugnada a sua veracidade (ônus da parte adversa, CPC, art. 372). III- Recurso provido. (TRF-3;

AG 8820; SP; 2008.03.00.008820-9; Oitava Turma; Rel. Desembargador Federal Newton de Lucca; Julg. 21/07/2008)

IV – as cópias reprográficas de peças do próprio processo judicial declaradas autênticas pelo advogado, sob sua responsabilidade pessoal, se não lhes for impugnada a autenticidade;

Cópia de peças processuais autenticadas pelo advogado:

✓ PROCESSUAL CIVIL. EXECUÇÃO. CONTRATO DE PRESTAÇÃO DE SERVIÇOS ADVOCATÍCIOS. CÓPIA. DECLARAÇÃO DE AUTENTICIDADE POR PARTE DO ADVOGADO. JUNTADA DO ORIGINAL. DESNECESSIDADE. SENTENÇA CASSADA. 1.NOS TERMOS DO ARTIGO 365, INCISO IV, DO CÓDIGO DE PROCESSO CIVIL, FAZEM A MESMA PROVA QUE O ORIGINAL "AS CÓPIAS REPROGRÁFICAS DE PEÇAS DO PRÓPRIO PROCESSO JUDICIAL DECLARADAS AUTÊNTICAS PELO PRÓPRIO ADVOGADO SOB SUA RESPONSABILIDADE PESSOAL, SE NÃO LHES FOR IMPUGNADA A AUTENTICIDADE". 2.AAPRESENTAÇÃO DE CÓPIA DO CONTRATO DE PRESTAÇÃO DE SERVIÇOS ADVOCATÍCIOS COM AUTENTICIDADE DECLARADA PELO ADVOGADO DISPENSA A JUNTADA DO DOCUMENTO ORIGINAL. PRECEDENTES DO COLENDO SUPERIOR TRIBUNAL DE JUSTIÇA. 3.RECURSO CONHECIDO E PROVIDO. SENTENÇA CASSADA. (TJ-DF; APC: 20130111283396 DF; 3ª Turma Cível; Rel. Nídia Corrêa Lima; Julg. 12/03/2014; Data de Publicação: Publicado no DJE: 25/03/2014; Pág. 241)

✓ PROCESSUAL CIVIL. EXECUÇÃO. CONTRATO DE LOCAÇÃO. CÓPIA. DECLARAÇÃO DE AUTENTICIDADE POR PARTE DO ADVOGADO. JUNTADA DO ORIGINAL. DESNECESSIDADE. SENTENÇA CASSADA. 1. NOS TERMOS DO ARTIGO 365, INCISO IV, DO CÓDIGO DE PROCESSO CIVIL, FAZEM A MESMA PROVA QUE O ORIGINAL "AS CÓPIAS REPROGRÁFICAS DE PEÇAS DO PRÓPRIO PROCESSO JUDICIAL DECLARADAS AUTÊNTICAS PELO PRÓPRIO ADVOGADO SOB SUA RESPONSABILIDADE PESSOAL, SE NÃO LHES FOR IMPUGNADA A AUTENTICIDADE". 2. A APRESENTAÇÃO DE CÓPIA DO CONTRATO DE LOCAÇÃO COM AUTENTICIDADE DECLARADA PELO ADVOGADO DISPENSA A JUNTADA DO DOCUMENTO ORIGINAL. PRECEDENTES DO COLENDO SUPERIOR TRIBUNAL DE JUSTIÇA. 3. RECURSO CONHECIDO E PROVIDO. SENTENÇA CASSADA. (TJ-DF; APC: 20120710323758 DF 0031240-97.2012.8.07.0007; 3ª Turma Cível; Rel. Nídia Corrêa Lima; Julg. 21/08/2013; Data de Publicação: Publicado no DJE: 02/09/2013; Pág. 83)

✓ Vistos. Consoante decisão da fl. 240, o recurso ordinário interposto pela reclamada não foi recebido, por deserto. Inconformada interpôs agravo de instrumento, pleiteando o seguimento do recurso. Todavia, não merece ser conhecido o agravo de instrumento, porquanto manifestamente inadmissível. Não foram observados os requisitos previstos nos artigos 830 da CLT e 364 e 365, III e IV, do CPC, aplicados subsidiariamente nos termos do artigo 769 da CLT: Art. 830. O documento em cópia oferecido para prova poderá ser declarado autêntico pelo próprio advogado, sob sua responsabilidade pessoal. Art. 364. O documento público faz prova não só da sua formação, mas também dos fatos que o escrivão, o tabelião, ou o funcionário declarar que ocorreram em sua presença. Art. 365. Fazem a mesma prova que os originais: (...) III – as reproduções dos documentos públicos, desde que autenticadas por oficial público ou conferidas em cartório, com os respectivos originais. IV – as cópias reprográficas de peças do próprio processo judicial declaradas autênticas pelo próprio advogado sob sua responsabilidade pessoal, se não lhes for impugnada a autenticidade. As cópias mencionadas no artigo 897, § 5º, I, da CLT, foram juntadas sem autenticação. Dessa forma, com fundamento no disposto pelo artigo 557, caput, do CPC, aplicável subsidiariamente ao Processo do Trabalho, por força do artigo 769 da CLT, não conheço do agravo de instrumento, porquanto manifestamente inadmissível. Intimem-se as partes. (TRT-4; AIRO 00112544320135040271 RS; Vara do Trabalho de Osório; Rel. Rejane Souza Pedra; Julg. 29/11/2013)

✓ AGRAVO EM RECURSO ESPECIAL Nº 1.190.895 – MG (2017/0262754-3) RELATOR: MINISTRO HERMAN BENJAMIN AGRAVANTE: CAROLINA MONTEIRO DE CASTRO ATAIDE ADVOGADOS: JULIANA MARA PORFÍRIO GOMES – MG072949 CARLA ROSSI CRUZ – MG082824 AGRAVADO: ESTADO DE MINAS GERAIS PROCURADORES: MARIA LETICIA SÉRA DE OLIVEIRA COSTA – MG076912 CAROLINA MIRANDA LABORNE MATTIOLI HERMETO – MG109166 DECISÃO Trata-se de Agravo contra inadmissão de Recurso Especial (art. 105, III, a e c, da CF) interposto contra acórdão assim ementado: Apelação cível – Ação ordinária – Servidor público estadual – Técnico Fazendário de Administração e Finanças – Promoção por escolaridade adicional – Requisitos – Lei Estadual 15.464, de 2005 – Decreto 44.769, de 2008 – Resolução Conjunta SEPLAG/SEDS 6.582 – Ausência de comprovação – Recurso a que se nega provimento. 1. Coube ao Decreto Estadual 44.769, de 2008, regular a promoção por escolaridade adicional e este, por sua vez, condicionou a sua eficácia à publicação de resolução conjunta SEPLAG/SEDS 6.582. de 2008. 2. O servidor não faz jus à promoção por escolaridade adicional quando inexistir prova nos autos quanto ao preenchimento dos requisitos exigidos pela Lei Estadual 14.464. de 2005, pelo Decreto 44 769, de 2008, e pela Resolução Conjunta SEPLAG/SEDS 6.582. Os Embargos de Declaração opostos pela parte ora agravante foram rejeitados. A recorrente alega violação do art. 425, IV, do CPC/2015, com base na não apreciação da matéria ventilada nos Embargos de Declaração. Aduz ofensa ao art. 14 do CPC/2015, defendendo a não incidência dos requisitos para a validade de documentos do novo CPC, sob alegação de que a aplicação seria retroativa. O Recurso Especial teve seu seguimento obstado na origem em razão da existência de fundamento não atacado, o que ensejaria a aplicação da Súmula 283 do STF. É o relatório. Decido. Com efeito, segundo excerto transcrito no Recurso Especial, o órgão a quo asseverou que "as provas devem atestar com segurança a existência de direitos (...) não sendo possível verificar a veracidade dos fatos narrados". Acrescentou, ainda que "é entendimento já consolidado na doutrina e na jurisprudência que a assinatura do documento é imprescindível para que este emane a certeza capaz de gerar efeitos jurídicos e de consolidar o que se encontra ali elencado". Como visto, baseou-se o Tribunal de origem na capacidade probatória de documento apócrifo, e não na ausência de autenticidade de cópia de documento. Não obstante, a recorrente menciona, como dispositivo violado, o art. 425, IV, do CPC de 2015, que assim dispõe: Art. 425. Fazem a mesma prova que os originais: [...] IV – as cópias reprográficas de peças do próprio processo judicial declaradas autênticas pelo advogado, sob sua responsabilidade pessoal, se não lhes for impugnada a autenticidade; assim, incide no caso, mutatis mutandis, a Súmula 283 do STF: "É inadmissível o recurso extraordinário, quando a decisão recorrida assenta em mais de um fundamento suficiente e o recurso não abrange todos eles". Não se deve conhecer, pois, do recurso, uma vez que a razão de decidir permaneceu incólume após a interposição do Recurso Especial. Também ao contrário do argumentado pela recorrente, não houve emprego retroativo do CPC de 2015. No dizer do voto condutor do acórdão dos Embargos de Declaração, "ao contrário do alegado pela apelante, não houve aplicação de normas do Código de Processo Civil de 2015" (fl. 201, e-STJ). Por fim, verifica-se que o acórdão não abordou o dispositivo tido por violado, a despeito da oposição de Embargos Declaratórios. Não houve, por outro lado, indicação, no Recurso Especial, de violação ao art. 1.022 do CPC de 2015. Desse modo, ante a ausência de prequestionamento, é inviável o conhecimento do recurso nesse ponto. Aplicação da Súmula 211/STJ. Isso posto, não conheço do Agravo. Publique-se. Intimem-se. Brasília (DF), 23 de novembro de 2017. MINISTRO HERMAN BENJAMIN Relator (STJ - AREsp: 1190895 MG 2017/0262754-3, Relator: Ministro HERMAN BENJAMIN, Data de Publicação: DJ 12/12/2017)

V – os extratos digitais de bancos de dados públicos e privados, desde que atestado pelo seu emitente, sob as penas da lei, que as informações conferem com o que consta na origem;

Extratos digitais de bancos de dados:

✓ DECISÃO: ACORDAM os Senhores Desembargadores integrantes da Sexta Câmara Cível do Tribunal de Justiça do Estado do Paraná, por unanimidade de votos, em dar provimento ao recurso, nos termos do voto do Relator. EMENTA: APELAÇÃO CÍVEL - AÇÃO DE ADIMPLEMENTO CONTRATUAL - CONTRATO DE PARTICIPAÇÃO FINANCEIRA EM INVESTIMENTOS DO SISTEMA TELEFÔNICO - PROCESSO EXTINTO, PELA AUSÊNCIA DE COMPROVAÇÃO DE EXISTÊNCIA DA RELAÇÃO JURÍDICA ENTRE AS PARTES - INOCORRÊNCIA - FATURA TELEFÔNICA CORROBORADA PELAS RADIOGRAFIAS ACEITAS COMO LASTRO PROBATÓRIO MÍNIMO - APRECIAÇÃO PELO TRIBUNAL, QUANTO AOS DEMAIS TEMAS AVENTADOS, NOS TERMOS DO ART. 515, § 3º DO CPC - PRETENSÃO DO AUTOR/ACIONISTA AO RECEBIMENTO DE DIFERENÇA DE AÇÕES A QUE TERIA DIREITO - PROCEDÊNCIA DA AÇÃO - APLICAÇÃO DO CÓDIGO DE DEFESA DO CONSUMIDOR - INVERSÃO DO ÔNUS DA PROVA PARA DETERMINAR A EXIBIÇÃO DOS DOCUMENTOS PELA RÉ - IMPOSSIBILIDADE DE O AUTOR APRESENTAR O CONTRATO DE FINANCIAMENTO - VERIFICAÇÃO DO VALOR DAS AÇÕES PELO VALOR DE SUA COTAÇÃO NA BOLSA DE VALORES, VIGENTE NO DIA DO TRÂNSITO EM JULGADO DA SENTENÇA - SENTENÇA REFORMADA - RECURSO PROVIDO. (TJPR; AC - 1441284-1 - Pato Branco; 6ª C. Cível; Rel. Prestes Mattar; Unânime; Julg.02.02.2016)

VI – as reproduções digitalizadas de qualquer documento público ou particular, quando juntadas aos autos pelos órgãos da justiça e seus auxiliares, pelo Ministério Público e seus auxiliares, pela Defensoria Pública e seus auxiliares, pelas procuradorias, pelas repartições públicas em geral e por advogados, ressalvada a alegação motivada e fundamentada de adulteração.

Reproduções digitalizadas juntadas aos autos pelos órgãos da justiça e seus auxiliares:

✓ PROCESSUAL CIVIL. AGRAVO DE INSTRUMENTO. MÍDIA DIGITAL (DVD-R) CONTENDO CÓPIA INTEGRAL DOS AUTOS, INCLUÍDAS AS PEÇAS OBRIGATÓRIAS. INTELIGÊNCIA DO ART. 365, VI, DO CPC/1973 (REPRODUZIDO NO ART. 425, VI, DO CPC/2015). 1. O apelo nobre tem por objeto acórdão que não conheceu do Agravo de Instrumento porque desacompanhado das peças obrigatórias em sua forma física (papel), não sendo considerada válida a suposta cópia integral fornecida em mídia digital (dvd). 2. Prescreve o art. 365, VI, do CPC/1973: "Art. 365. Fazem a mesma prova que os originais: (...) VI - as reproduções digitalizadas de qualquer documento, público ou particular, quando juntados aos autos pelos órgãos da Justiça e seus auxiliares, pelo Ministério Público e seus auxiliares, pelas procuradorias, pelas repartições públicas em geral e por advogados públicos ou privados, ressalvada a alegação motivada e fundamentada de adulteração antes ou durante o processo de digitalização". 3. A norma acima foi reproduzida no art. 425, VI, do CPC/2015. 4. Não há precedentes no STJ contendo questão absolutamente idêntica à debatida nos autos. Não obstante, já em outras ocasiões, o STJ reconheceu a força probante dos documentos digitalizados, excepcionando apenas a hipótese em que sobrevém fundada dúvida ou impugnação à sua validade. Cuida-se de situações em que, por exemplo, foi juntado documento em papel (cópia simples de decisão judicial) extraído da internet, digitalizado, cuja autenticidade não foi questionada. 5. Idêntico raciocínio deve ser aqui apresentado. Com a dispensa da juntada das peças originais, a apresentação em forma física (papel por cópia ou reprodução simples) ou eletrônica (mídia contendo imagens), acompanhada da declaração de autenticidade pelo advogado e não impugnada pela parte adversária, deve ser considerada válida. 6. Isso, evidentemente, não significa que o Tribunal de origem deva examinar o mérito do Agravo de Instrumento. 7. A acolhida da pretensão veiculada neste Recurso Especial apenas supera o fundamento adotado na Corte local - suposta invalidade da mídia digital (dvd) contendo cópia integral dos autos -, razão pela qual, com o retorno dos autos à origem, caberá ao órgão fracionário examinar se o arquivo digitalizado efetivamente contém as peças obrigatórias para, aí sim, decidir se é ou não caso de examinar o mérito do recurso a ele dirigido. 8. Recurso Especial provido. (REsp 1608298; SP, Segunda Turma; Rel. Herman Benjamin; Julg. 01/09/2016; DJe 06/10/2016)

✓ AGRAVO DE INSTRUMENTO. NEGÓCIOS JURÍDICOS BANCÁRIOS. AÇÃO DE EXECUÇÃO POR QUANTIA CERTA. CÉDULA DE CRÉDITO BANCÁRIO. JUNTADA DO CONTRATO ORIGINAL. DESNECESSIDADE. Desnecessária a determinação de juntada do instrumento contratual original, bastando a cópia da cédula de crédito bancária já acostada ao processo. Eventual exigência do contrato original somente terá utilidade caso haja dúvida quanto à adulteração do documento, nos termos do artigo 425, inciso VI, do Código de Processo Civil, que não é a situação em apreço. AGRAVO DE INSTRUMENTO PROVIDO. (TJ-RS; Agravo de Instrumento 70074632324; Décima Segunda Câmara Cível; Rel. Ana Lúcia Carvalho Pinto Vieira Rebout; Julg. 19/10/2017).

§ 1º Os originais dos documentos digitalizados mencionados no inciso VI deverão ser preservados pelo seu detentor até o final do prazo para propositura de ação rescisória.

§ 2º Tratando-se de cópia digital de título executivo extrajudicial ou de documento relevante à instrução do processo, o juiz poderá determinar seu depósito em cartório ou secretaria.

Título executivo extrajudicial, original e sua reprodução:

✓ AGRAVO DE INSTRUMENTO. AÇÃO DE EXECUÇÃO. CEDULA DE PRODUTO RURAL FINANCEIRA. LEI N. 8.929 DE 1994. ORDEM PARA EXIBIÇÃO DA VIA ORIGINAL DO CONTRATO EM CARTÓRIO. DECISÃO PROLATADA SOB A VIGÊNCIA DO CÓDIGO DE PROCESSO CIVIL DE 1973. TÍTULO PASSÍVEL DE CIRCULAÇÃO POR ENDOSSO. ARTIGO 10, I, DA LEI N. 8.929/1994. PRINCÍPIO DA CARTULARIDADE. NECESSÁRIA APRESENTAÇÃO DO CONTRATO ORIGINAL. A cédula de produto rural financeira, regida pela Lei n. 8.929/1994, é transferível por endosso (art. 10, I), o que impõe o reconhecimento da aplicação do princípio da cartularidade ao título, e, por isso, independente da força probante concedida às cópias de títulos de crédito extrajudicial pelos incisos do art. 425 do CPC/2015, o título original deve ser apresentado em cartório (§ 2º do art. 425 do CPC/2015). (TJ-SC; AI 40130924120178240000 Dionísio Cerqueira; Quarta Câmara de Direito Comercial; Rel. Janice Goulart Garcia Ubialli; Julg. 10/10/2017)

✓ AGRAVO DE INSTRUMENTO. AÇÃO DE EXECUÇÃO. CEDULA DE PRODUTO RURAL FINANCEIRA. LEI N. 8.929 DE 1994. ORDEM PARA EXIBIÇÃO DA VIA ORIGINAL DO CONTRATO EM CARTÓRIO. DECISÃO PROLATADA SOB A VIGÊNCIA DO CÓDIGO DE PROCESSO CIVIL DE 1973. TÍTULO PASSÍVEL DE CIRCULAÇÃO POR ENDOSSO. ARTIGO 10, I, DA LEI N. 8.929/1994. PRINCÍPIO DA CARTULARIDADE. NECESSÁRIA APRESENTAÇÃO DO CONTRATO ORIGINAL. A cédula de produto rural financeira, regida pela Lei n. 8.929/1994, é transferível por endosso (art. 10, I), o que impõe o reconhecimento da aplicação do princípio da cartularidade ao título, e, por isso, independente da força probante concedida às cópias de títulos de crédito extrajudicial pelos incisos do art. 425 do CPC/2015, o título original deve ser apresentado em cartório (§ 2º do art. 425 do CPC/2015). (TJ-SC; AI 40130924120178240000 Dionísio Cerqueira 4013092-41.2017.8.24.0000, Rel. Janice Goulart Garcia Ubialli; Julg. 10/10/2017, Quarta Câmara de Direito Comercial)

✓ AGRAVO DE INSTRUMENTO. BUSCA E APREENSÃO. AUTOS DIGITAIS. ORDEM PARA DEPÓSITO DA CÉDULA DE CRÉDITO BANCÁRIO ORIGINAL EM CARTÓRIO. TÍTULO EXECUTIVO EXTRAJUDICIAL. INTELIGÊNCIA DO ARTIGO 425, § 2º, DO CÓDIGO DE PROCESSO CIVIL DE 2015. POSSIBILIDADE DE CIRCULAÇÃO DO TÍTULO VIA ENDOSSO. INDISPENSABILIDADE DE SEU DEPÓSITO EM JUÍZO. INAPLICABILIDADE DO INCISO III DO ART. 425 DO CPC/2015. (TJ-SC; AI 40053271920178240000 Itapoá; Quarta Câmara de Direito Comercial; Rel. Janice Goulart Garcia Ubialli; Julg. 26/09/2017)

✓ AGRAVO DE INSTRUMENTO. Execução por quantia certa contra devedor solvente. Decisão agravada que determinou a juntada do título executivo original (cédula de crédito bancário), no prazo de 10 dias, sob pena de indeferimento da inicial. Inconformismo do requerente. Pretensão de reforma da decisão. Não acolhimento. Cédula de crédito bancário que, conforme a regra do artigo 29, § 1º, da Lei nº 10.931/04, tem natureza cambiária, portando a característica da circulação mediante endosso. Assim, é título executivo extrajudicial que deve ser apresentado juntamente com a inicial da execução (art. 798, I, a do CPC). Em se tratando de processo eletrônico, a possibilidade de o magistrado determinar o depósito do título original em cartório conta com expressa disciplina legal (artigo 425, § 2º, do CPC) e administrativa (artigo 1.260 das Normas de Serviço da CGJTJSP). Decisão recorrida mantida. Recurso não provido. (TJ-SP; AI 21636313320168260000; SP; 20ª Câmara de Direito Privado; Rel. Roberto Maia; Julg. 26/09/2016; Data de Publicação: 29/09/2016)

✓ AGRAVO DE INSTRUMENTO. AÇÃO DE EXECUÇÃO. CEDULA DE PRODUTO RURAL FINANCEIRA. LEI N. 8.929 DE 1994. ORDEM PARA EXIBIÇÃO DA VIA ORIGINAL DO CONTRATO EM CARTÓRIO. DECISÃO PROLATADA SOB A VIGÊNCIA DO CÓDIGO DE PROCESSO CIVIL DE 1973. TÍTULO PASSÍVEL DE CIRCULAÇÃO POR ENDOSSO. ARTIGO 10, I, DA LEI N. 8.929/1994. PRINCÍPIO DA CARTULARIDADE. NECESSÁRIA APRESENTAÇÃO DO CONTRATO ORIGINAL. A cédula de produto rural financeira, regida pela Lei n. 8.929/1994, é transferível por endosso (art. 10, I), o que impõe o reconhecimento da aplicação do princípio da cartularidade ao título, e, por isso, independente da força probante concedida às cópias de títulos de crédito extrajudicial pelos incisos do art. 425 do CPC/2015, o título original deve ser apresentado em cartório (§ 2º do art. 425 do CPC/2015). (TJ-SC; AI 40130924120178240000 Dionísio Cerqueira 4013092-41.2017.8.24.0000, Rel. Janice Goulart Garcia Ubialli; Julg. 10/10/2017, Quarta Câmara de Direito Comercial)

✓ AGRAVO DE INSTRUMENTO. EXCEÇÃO DE PRÉ-EXECUTIVIDADE. REJEIÇÃO. EXECUÇÃO DE TÍTULO EXTRAJUDICIAL. INSURGÊNCIA DO DEVEDOR. ALEGADA INEXIGIBILIDADE DA CÁRTULA POR SE TRATAR DE CÓPIA. DOCUMENTO INDISPENSÁVEL AO AJUIZAMENTO DA AÇÃO. EMENDA DA INICIAL DETERMINADA E ATENDIDA A TEMPO E MODO PELO EXEQUENTE. AUSÊNCIA DE IRREGULARIDADE. TÍTULO EXIGÍVEL. RECURSO CONHECIDO E NÃO PROVIDO. (TJ-SC; AI 01578903720158240000 Indaial; Terceira Câmara de Direito Comercial; Rel. Jaime Machado Junior; Julg. 16/11/2017)

✓ EMBARGOS DE DECLARAÇÃO. EXECUÇÃO DE TÍTULO EXTRAJUDICIAL. CÉDULA DE CRÉDITO BANCÁRIO. JUNTADA DA VIA ORIGINAL DO TÍTULO EXECUTIVO. Descabe o acolhimento dos embargos de declaração por ausentes as hipóteses de omissão e contradição alegadas pelo embargante, com relação a juntada da cédula de crédito bancário original. Outrossim, o artigo 425 do CPC/2015, assim como o art. 365 do CPC/1973, dispõe as cópias e reproduções que fazem a mesma prova que os originais e a Medida Provisória nº 2.200/01 traz a presunção de veracidade em relação aos signatários na certificação eletrônica. EMBARGOS DE DECLARAÇÃO DESACOLHIDOS. UNÂNIME. (TJ-RS; Embargos de Declaração 70069846392; Vigésima Terceira Câmara Cível; Rel. Clademir José Ceolin Missaggia; Julg. 23/08/2016).

Art. 426. O juiz apreciará fundamentadamente a fé que deva merecer o documento, quando em ponto substancial e sem ressalva contiver entrelinha, emenda, borrão ou cancelamento.

→ *V.* Art. 489, § 1º, CPC.

Art. 427. Cessa a fé do documento público ou particular sendo-lhe declarada judicialmente a falsidade.

Ausência de prova da falsidade do documento:

✓ APELAÇÃO - INDENIZAÇÃO POR DANOS MORAIS - Decreto de improcedência - Pedido de reforma do autor - Descabimento - Inexistência de prova da falsidade material de ficha cadastral de empresa da Junta Comercial do Estado de São Paulo - Falta de volição dolosa à provocação de autoridade judiciária - Exercício regular do direito subjetivo - Materialidade de ato ilícito não configurada - Imperfeição de nexo causal entre a iniciativa e nocivo resultado moral - Deficitária concorrência dos elementos da responsabilidade civil aquiliana - Indenização incabível - Sentença mantida - Recurso improvido (TJ-SP 00203261820128260565; SP; 8ª Câmara de Direito Privado; Rel. Salles Rossi; Julg. 27/07/2017; Data de Publicação: 27/07/2017)

✓ APELAÇÃO CÍVEL. DIREITO PRIVADO NÃO ESPECIFICADO. AÇÃO DECLARATÓRIA DE INEXISTÊNCIA DE DÉBITO CUMULADA COM PEDIDO DE REPARAÇÃO DE DANOS. DOCUMENTO. FALSIDADE. ÔNUS DA PROVA. A ré/apelada, confrontada com alegação do autor de inexistência de relação jurídica entre as partes que amparasse a emissão das duplicatas mercantis protestadas, juntou ao processo cópia de nota fiscal de prestação de serviços, acompanhada do aceite da duplicata. Assim, o ônus da prova quanto à alegação de falsidade da nota fiscal de prestação de serviço que embasou a emissão da duplicata era de incumbência da parte que a arguiu. Inteligência do art. 389, I, do CPC/1973 - legislação vigente durante o trâmite da ação em primeiro grau. Falsidade que não restou minimamente comprovada. Sentença confirmada. Verba honorária recursal arbitrada. NEGARAM PROVIMENTO AO RECURSO. UNÂNIME. (TJ-RS; Apelação Cível 70075371005; Décima Oitava Câmara Cível; Rel. Marlene Marlei de Souza; Julg. 07/12/2017).

✓ EMENTA: DIREITO ADMINISTRATIVO. AÇÃO DE OBRIGAÇÃO DE FAZER. APELAÇÃO VOLUNTÁRIA ACOMPANHADA DE REMESSA EX OFFICIO. CONTRATO ADMINISTRATIVO. ORDEM CRONOLÓGICA DE PAGAMENTO. ARTIGO 5º, DA LEI 8.666⁄93. OBRIGATORIEDADE. COMPROVAÇÃO DA PRESTAÇÃO DO SERVIÇO. ALTERAÇÃO DA ORDEM DE PAGAMENTO. RAZÕES RELEVANTES DE INTERESSE PÚBLICO. INEXISTÊNCIA. RECURSO CONHECIDO E IMPROVIDO. REMESSA EX OFFICIO. SUBMISSÃO DA OBRIGAÇÃO AO RITO DOS PRECATÓRIOS. IMPOSSIBILIDADE. SENTENÇA MANTIDA NA SUA INTEGRALIDADE. I. O artigo 5º, da Lei nº 8.666⁄93 estabelece que ¿ Todos os valores, preços e custos utilizados nas licitações terão como expressão monetária a moeda corrente nacional, ressalvado o disposto no art. 42 desta Lei, devendo cada unidade da Administração, no pagamento das obrigações relativas ao fornecimento de bens, locações, realização de obras e prestação de serviços, obedecer, para cada fonte diferenciada de recursos, a estrita ordem cronológica das datas de suas exigibilidades, salvo quando presentes relevantes razões de interesse público e mediante prévia justificativa da autoridade competente, devidamente publicada¿. II. Na hipótese vertente, restou devidamente comprovada a regular prestação dos serviços, bem como a ausência de inclusão das respectivas dívidas contraídas pela Administração Municipal na ordem cronológica de pagamento das obrigações fazendárias em relação ao Contrato administrativo firmado com a empresa Recorrida. III. Inexistindo razões relevantes de interesse público capazes de ensejar a inversão da ordem de pagamento das obrigações da Administração Pública Municipal, é impositiva a fiel observância da ordem cronológica de pagamento prevista no artigo 5º da Lei nº 8.666⁄93, cuja obrigação não se submete ao regime de precatórios. IV. Em se tratando de desrespeito à ordem cronológica de pagamento do artigo 5º, da Lei nº 8.666⁄93, inexiste falar-se em submissão do crédito ao regime de precatórios, porquanto incompatível com a origem da obrigação, a qual era precedida de empenho e liquidação, constituindo, portanto, verba existente e comprometida com a despesa a ser efetuada pela Administração Pública. V. Recurso conhecido e improvido, à unanimidade. Sentença confirmada em sede de Remessa Ex Officio, por maioria de votos. ACORDA a Egrégia Segunda Câmara Cível, em conformidade da Ata e Notas Taquigráficas da Sessão, que integram este julgado, à unanimidade, conhecer e negar provimento à Apelação Voluntária, confirmando, outrossim, a Sentença recorrida em sede de Remessa Ex Officio, por maioria de votos. Vencido o Voto proferido pelo Eminente Desembargador FERNANDO ESTEVAN BRAVIN RUY. (TJ-ES; APL 00153258120148080048; Segunda Câmara Cível; Rel. Namyr Carlos de Souza Filho; Julg. 09/05/2017; Data de Publicação: 07/06/2017)

Parágrafo único. A falsidade consiste em:

I – formar documento não verdadeiro;

Documento não verdadeiro:

✓ APELAÇÃO - DECLARATÓRIA DE NULIDADE DE NEGÓCIO JURÍDICO - Reconhecimento de decadência - Pedido de reforma do autor - Cabimento - Suscitação de falsidade ideológica e material do instrumento particular de compra e venda de bem imóvel - Perda imediata da fé à disposição do documento - Existência de requerimento expresso de produção de prova oral - Controvérsia reclama conhecimento de fato sobre a configuração da verdadeira intenção dos contratantes à formação do tipo de convenção - Julgamento antecipado da lide - Configuração de cerceamento - Necessidade de oitiva de testemunhas em audiência de instrução e julgamento - Concreto prejuízo adjetivo - Preterição de ato capaz de influenciar a convicção decisória - Presença de defeito insanável - Obrigação de respeito ao devido processo legal - Dever de ofertar faculdade à plena disponibilidade de meios à demonstração da alegação - Sentença anulada - Recurso provido (TJ-SP; APL 00047106020148260491; SP; 8ª Câmara de Direito Privado; Rel. Salles Rossi; Julg. 29/06/2016; Data de Publicação: 29/06/2016)

II – alterar documento verdadeiro.

Art. 428. Cessa a fé do documento particular quando:

I – for impugnada sua autenticidade e enquanto não se comprovar sua veracidade;

Impugnação a autenticidade dos documentos e ônus da prova:

✓ APELAÇÃO CÍVEL. NEGÓCIOS JURÍDICOS BANCÁRIOS. EMBARGOS DE TERCEIRO. CERCEAMENTO DE DEFESA. As partes devem ter a oportunidade de produzir as provas que entenderem necessárias para o reconhecimento de seu direito, sob pena de cerceamento de defesa. Na hipótese dos autos, houve expressa impugnação à autenticidade das assinaturas no título objeto de execução, razão pela qual inviável o julgamento antecipado do feito sem oportunização das partes acerca da produção de provas. Sentença desconstituída. APELAÇÃO PROVIDA. (TJ-RS; Apelação Cível 70073595266; Décima Nona Câmara Cível; Rel. Marco Antonio Angelo; Julg. 23/11/2017).

✓ Responsabilidade civil – Contrato de administração de cartão de crédito – Ação declaratória de inexigibilidade de débito, c.c. indenização por dano moral – Inclusão da autora como usuária de cartão de crédito em cadastros de inadimplentes – Exibição pelo réu de proposta de adesão e faturas mensais – Contratação negada e assinaturas contestadas pela autora – Perícia grafotécnica não requerida pelo réu – Preclusão – Art. 429, inciso II, do CPC de 2015 – Regra de distribuição do "ônus probandi" – Réu que não se desincumbiu de provar a idoneidade das assinaturas na proposta de adesão – Restrições ao crédito indevidas – Responsabilidade do réu que emana do risco profissional – Súmula n. 479 do Col. STJ – Inexigibilidade do débito – Abalo ao crédito que ocorreria, não fosse a existência de restrições anteriores, de iniciativa de outros credores – Inteligência da Súmula n. 385 do Col. STJ – Ônus da prova a cargo da autora – Inexistência de prova de controvérsia acerca das outras restrições – Consumidora que não pode alegar situação vexatória se o desabono já lhe era comum – Dano moral não tipificado – Parcial procedência da pretensão – Sucumbência recíproca – Recurso provido em parte. (TJ-SP 10288028120168260405; SP; 12ª Câmara de Direito Privado; Rel. Cerqueira Leite; Julg. 01/12/2017; Data de Publicação: 01/12/2017)

✓ APELAÇÃO CÍVEL – AÇÃO DECLARATÓRA DE INEXISTÊNCIA DE DÉBITO C/C INDENIZAÇÃO POR DANOS MORAIS – NEGATIVAÇÃO PERANTE CADASTROS DE INADIMPLENTES – CONTRATO DE FINANCIAMENTO – IMPUGNAÇÃO DE ASSINATURA – ÔNUS DO CREDOR QUE APRESENTOU O DOCUMENTO – RELAÇÃO JURÍDICA E DÍVIDA – AUSÊNCIA DE COMPROVAÇÃO – DANO MORAL CONFIGURAÇÃO – DIREITO À INDENIZAÇÃO – QUANTUM – MANUTENÇÃO. I- Uma vez arguida pelo devedor a falsidade da assinatura lançada em seu nome em contrato apresentado pelo credor, surge para este o dever de provar a autenticidade e titularidade da firma (arts. 428/429 CPC/15). II- Não tendo restado comprovado pelas rés a existência da relação jurídica entre as partes nem a dívida inscrita, impõe-se o reconhecimento da ilegitimidade da negativação feita do nome da autora nos cadastros de inadimplentes. III- A inscrição em cadastros de proteção ao crédito com base em dívida não comprovada constitui ato ilícito cujos efeitos danosos podem ser facilmente presumidos, ensejando reparação por danos morais, sendo que a entidade que a promove responde, independentemente da verificação de culpa, pelos danos causados, em vista da responsabilidade objetiva prevista no art. 14 do CDC. IV- O valor da indenização por danos morais deve ser suficiente e adequado para compensação dos prejuízos experimentados pela vítima do ilícito e para desestimular-se a prática reiterada da conduta lesiva pelo ofensor. (TJ-MG; AC 10249160005149001 MG; 18ª Câmara Cível; Rel. João Cancio; Julg. 24/10/2017; Data de Publicação: 26/10/2017)

✓ Agravo de instrumento – Ação ordinária de anulatória e revisional de cláusula contratual – Contrato de prestação de serviços advocatícios – Perícia grafotécnica – Determinação de apresentação de documento pelo autor para perícia – Decisão mantida. No caso ora sob exame, à vista de tais considerações, não vejo motivo para alterar a r. decisão agravada, a qual deve ser mantida, uma vez que não há, nos autos deste agravo, elementos suficientes à constatação de equívoco da decisão agravada, que manteve a perícia grafotécnica no contrato porque o ônus da prova é do autor, ora agravante, tendo sido determinado que o autor apresente sua via original para a perícia. Agravo desprovido. (TJ-SP 21736064520178260000; SP; 30ª Câmara de Direito Privado; Rel. Lino Machado; Julg. 29/11/2017; Data de Publicação: 30/11/2017)

II – assinado em branco, for impugnado seu conteúdo, por preenchimento abusivo.

Impugnação ao conteúdo do documento:

✓ AGRAVO DE INSTRUMENTO – Ação de obrigação de fazer cumulada com declaração de inexistência de relação jurídica e reparação por danos morais – Alegação de falsidade de assinatura em contrato – Decisão que reconhece relação de consumo existente entre as partes e determina a realização de perícia judicial, nomeia perito e determina que a parte ré deposite a verba honorária pericial – Como o contrato a ser periciado foi juntado pelo agravante, incide a regra estabelecida pelo inciso II do art. 429 do Novo CPC, incumbindo-lhe o custeio da prova, sendo sua a obrigação de pagar os honorários do perito – Precedentes desta Corte de Justiça – Decisão mantida – Recurso desprovido. (TJ-SP 21903597720178260000; SP; 15ª Câmara de Direito Privado; Rel. José Wagner de Oliveira Melatto Peixoto; Julg. 28/11/2017; Data de Publicação: 28/11/2017)

✓ Apelação cível. Relação de consumo. Dívida não reconhecida pela autora. Alegação de negativação indevida. Sentença de improcedência. Irresignação da parte autora. 1. Réu que juntou aos autos contrato de financiamento assinado. A autora contesta a existência de relação jurídica, afirmando que desconhece a assinatura aposta no contrato. 2. Réu que não logrou êxito em comprovar a autenticidade do contrato, ônus que lhe incumbia, independente da inversão do ônus da prova. Art. 429, II, do CPC/2015 (correspondente ao art. 389, II, do CPC/1973). Contestada a assinatura do documento particular, cessa-lhe a fé, independentemente de arguição de falsidade, cabendo o ônus da prova à parte que o produziu. Precedentes do STJ e do TJRJ. 3. Inclusão do nome da autora nos cadastros de inadimplentes por contrato pelo qual não é responsável. Falha na prestação dos serviços do réu reconhecida. 4. Dano moral configurado. No caso em exame o dano moral emerge in re ipsa, não demandando prova da sua ocorrência, mas apenas da existência do fato lesivo, que é o próprio apontamento indevido nos bancos de proteção ao crédito. Dano consistente, sobretudo, na dor e angústia sofridas pelo autor, ao se deparar com a negativação indevida de seu nome. Ofensa à dignidade e à honra. Incidência do enunciado 89 da Súmula do TJRJ. Quantum indenizatório fixado de acordo com as peculiaridades do caso concreto. 5. Reforma de sentença. 6. DÁ-SE PROVIMENTO AO RECURSO. (TJ-RJ; APL 00006479520138190046 Rio de Janeiro, Rio Bonito; 1ª Vara, Vigésima Quinta Câmara Cível Consumidor; Rel. Sérgio Seabra Varella; Julg. 18/10/2017; Data de Publicação: 20/10/2017)

✓ CONTRATO DE SEGURO DE REEMBOLSO DE DESPESAS DE ASSISTÊNCIA MÉDICO-HOSPITALAR. DOCUMENTO PARTICULAR NÃO IMPUGNADO. PRECLUSÃO. RESCISÃO CONTRATUAL PRECOCE. INADIMPLEMENTO. MULTA RESCISÓRIA LIVREMENTE PACTUADA. MANUTENÇÃO. 1. Cessa a fé do documento particular quando for impugnada sua autenticidade e enquanto não se comprovar sua veracidade. Inteligência do art. 428, I, do CPC. 1.1. O ônus da prova quanto à falsidade ou preenchimento abusivo de documento particular incumbe à parte que o arguir, e deve ser feita na contestação, na réplica ou no prazo de 15 dias, contados da intimação da juntada dos documentos aos autos, sob pena de preclusão. Inteligência dos arts. 429 e 430 do CPC. 2. Segundo o Princípio do Livre Convencimento Motivado, o magistrado, a partir dos fatos narrados pelas partes e da legislação aplicável ao caso, atribuirá à prova o valor que julgar pertinente, desde que o faça de forma proporcional, razoável e fundamentada. 3. A multa decorrente da rescisão prematura do contrato não é abusiva em relação à parte que livremente a pactuou. 4. Ao autor incumbe demonstrar os fatos constitutivos do seu direito e ao réu arguir todos os fatos impeditivos, modificativos ou extintivos da pretensão autoral. 5.Recurso conhecido e desprovido. (TJ-DF; 20160110626142 DF; 8ª Turma Cível; Rel. Diaulas Costa Ribeiro; Julg. 09/11/2017; Data de Publicação: DJE: 16/11/2017; Pág. 586/598)

Parágrafo único. Dar-se-á abuso quando aquele que recebeu documento assinado com texto não escrito no todo ou em parte formá-lo ou completá-lo por si ou por meio de outrem, violando o pacto feito com o signatário.

Art. 429. Incumbe o ônus da prova quando:

I – se tratar de falsidade de documento ou de preenchimento abusivo, à parte que a arguir;

Ônus da prova quanto à falsidade do documento ou seu preenchimento abusivo:

✓ DIREITO CIVIL, CAMBIÁRIO E PROCESSUAL CIVIL. MONITÓRIA. CHEQUE PRESCRITO E SUSTADO POR ALEGAÇÃO DE EXTRAVIO/FURTO (MOTIVO 20). PROVA ESCRITA. EMBARGOS À MONITÓRIA. VÍCIO DE ILICITUDE. ALEGAÇÃO DE EXTRAVIO E FURTO DA CÁRTULA. IMPRECAÇÃO DE ILICITUDE AO TÍTULO E AO DÉBITO QUE ESPELHA. ÔNUS PROBATÓRIO AFETADO AO EMITENTE (CPC. ARTS. 373, II e 429, I). PROVA. INEXISTÊNCIA. ASSINATURA. LEGITIMIDADE. CIRCULAÇÃO DO TÍTULO.DESPRENDIMENTO DA CAUSA ORIGINÁRIA DA EMISSÃO. PRINCÍPIO DA AUTONOMIA. ABSTRAÇÃO E INOPONIBILIDADE EM RELAÇÃO A TERCEIROS DE BOA-FÉ. DESTINATÁRIA E PORTADORA ATUAL. MÁ-FÉ NO RECEBIMENTO DO TÍTULO. ALEGAÇÃO E PROVA. INEXISTÊNCIA. TÍTULO IDÔNEO. CONVOLAÇÃO EM TÍTULO EXECUTIVO. JUROS DE MORA. TERMO INICIAL. DATA DA PRIMEIRA APRESENTAÇÃO DO CHEQUE. OBRIGAÇÃO EX RE. CERCEAMENTO DE DEFESA. PROVAS ORAIS. DESNECESSIDADE. FATOS RELEVANTES INCONTROVEROS. INOCORRÊNCIA. APELO DESPROVIDO. SENTENÇA MANTIDA. HONORÁRIOS RECURSAIS. MAJORAÇÃO DA VERBA ORIGINALMENTE FIXADA. SENTENÇA E APELO FORMULADOS SOB A ÉGIDE DA NOVA CODIFICAÇÃO PROCESSUAL CIVIL (CPC, ART. 85, §§ 2º E 11). CONTRARRAZÕES. AUSÊNCIA. IRRELEVÂNCIA. 1. Emergindo dos elementos coligidos a certeza de que o processo restara devidamente guarnecido do aparato material indispensável à elucidação da matéria de fato controversa, o indeferimento de provas orais desprovidas de qualquer utilidade, porquanto inaptas a subsidiarem a elucidação da controvérsia, ainda que postuladas tempestivamente, se conforma com o devido processo legal, obstando que seja qualificado como cerceamento de defesa. 2. Ao Juiz, como destinatário final da prova, é assegurado o poder de dispensar as provas reputadas desnecessárias por já estarem os fatos devidamente aparelhados, consubstanciando o indeferimento de medidas ou dilação probatória inúteis ao desate da lide sob essa moldura expressão do princípio da livre convicção e da autoridade que lhe é resguardada pelo legislador processual, não encerando cerceamento de defesa se qualificado que a dilação postulada não era apta a irradiar qualquer subsídio material relevante para o desate do litígio (CPC, 370, parágrafo único). 3. Conquanto a escolha do legislador pela ausência de individualização dos instrumentos aptos a aparelharem a pretensão injuntiva e até mesmo de estabelecer forma rígida a ser suprida como premissa para a obtenção do atributo traduza pragmatismo e opção pela celeridade e instrumentalidade do processo, da modulação conferida ao procedimento monitório escrito emerge a inexorável certeza de que a documentação passível de lastreá-lo, além de desprovida de eficácia executiva, deve traduzir obrigação de pagar quantia certa, de entrega de coisa fungível ou de determinado bem móvel (CPC, art. 700). 4. O cheque prescrito encerra substancial prova documental, consubstanciando aparato material apto a aparelhar pretensão de cobrança sob o procedimento monitório, estando o portador, inclusive, desobrigado de comprovar a gênese obrigacional da qual germinara (STJ, súmulas 299 e 531), ficando o emitente, em optando por manejar embargos, deflagrado o contraditório pleno, alcançado pelo ônus de evidenciar que solvera a obrigação ou desqualificar a higidez formal do título por encerrarem fatos constitutivos e extintivos do direito invocado em seu desfavor (CPC, art. 373, II). 5. Assumindo a emissão do título, não negando que a chancela nele aposta é legítima, o emitente, ao aviar embargos alegando que a cártula fora extraviada/furtada, atrai para si o ônus de forrar o que aduzido com lastro probatório e, sobretudo, evidenciar que a atual portadora o recebera ciente da sua gênese ilegítima, derivando da ausência de comprovação do fato ilícito e, principalmente, que a portadora atual o recebera de má-fé, tornando legítima a oposição da exceção em seu desfavor, porquanto fatos extintivos do direito invocado pela parte autora, a constatação de que não safara-se do encargo, ensejando a rejeição dos embargos que formulara (CPC, arts. 373, II, e 429, II). 6. Ao circular, o cheque, na expressão dos atributos da autonomia e abstração que lhe são inerentes, desprende-se da causa que determinara sua emissão, tornando inviável a investigação da causa debendi e a oposição das exceções pessoais que detinha o emitente em face do credor originário ao terceiro de boa-fé ao qual fora transmitido (Lei do Cheque, art. 25; CC, art. 916), ficando-lhe imputado o encargo de, ao aventar que o destinatário da cambial a recebera desprovido desse predicado, evidenciar o ventilado, pois a má-fé é impassível de ser presumida, sobejando, ausente qualquer prova da sua ocorrência, a presunção legal de que a recebera imbuído de boa-fé. 7. O cheque prescrito encerra substancial prova documental, consubstanciando aparato material apto a aparelhar pretensão de cobrança sob o procedimento monitório, estando o portador, inclusive, desobrigado de comprovar a gênese obrigacional da qual germinara (STJ, súmulas 299 e 531), ficando o emitente, em optando por manejar embargos, alcançado pelo ônus de evidenciar que solvera a obrigação ou desqualificar a higidez formal do título por encerrarem fatos constitutivos e extintivos do direito invocado em seu desfavor (CPC, art. 373, I e II). 8. Conquanto descaracterizado como título de crédito por ter sido alcançado pela prescrição, deixando-o desguarnecido de exigibilidade, em tendo circulado quando ostentava aludidos predicados na expressão dos atributos inerentes à autonomia, abstração e circulação que lhe eram inerentes como título cambial ressoa inviável que, na contramão do sistema e do havido, o emitente, demandado pela obrigação retratada na cártula que subscrevera, oponha ao atual portador as exceções pessoais que detinha contra o destinatário originário (Lei nº 7.357/85, art. 25; CC, art. 916; STJ, súmulas 299 e 531). 9. Conquanto desprovido o título da qualidade cambiariforme que lhe era inerente em razão do implemento da prescrição, o fenômeno, afetando somente sua exigibilidade, não afeta a natureza de obrigação líquida e certa que ostenta a dívida retratada na cártula, sujeitando-se, pois, ao regramento específico que pauta o termo inicial da mora no dia de vencimento da obrigação, que, em se tratando de cheque, é a data da primeira apresentação da cártula ao banco sacado. 10. Os comandos insculpidos nos artigos 405 do Código Civil e 240 do CPC, que orientam que os juros de mora incidem a partir da citação, só se aplicam nos casos em que há necessidade de interpelação do devedor para que seja constituído em mora, se esta não tiver sido promovida de forma extrajudicial, ou nos casos em que, mesmo havendo prazo estipulado para o pagamento, a obrigação seja ilíquida, inclusive porque a subversão dessa apreensão consubstanciaria verdadeiro incentivo à inadimplência das obrigações em afronta ao princípio que pauta o direito obrigacional, segundo o qual as obrigações licitamente assumidas devem ser cumpridas no molde avençado. 11. Editada a sentença e aviado o apelo sob a égide da nova codificação civil, o desprovimento do recurso implica a majoração dos honorários advocatícios imputados ao recorrente, porquanto o novo estatuto processual contemplara o instituto dos honorários recursais, devendo a majoração ser levada a efeito mediante ponderação dos serviços executados na fase recursal pelos patronos da parte exitosa e guardar observância à limitação da verba honorária estabelecida para a fase de conhecimento (CPC, arts. 85, §§ 2º e 11). 12. Apelação conhecida e desprovida. Preliminar rejeitada. Majorados os honorários advocatícios imputados à apelante. Unânime. (TJ-DF; 20170310000935 DF 0000088-67.2017.8.07.0003; 1ª Turma Cível; Rel. Teófilo Caetano; Julg. 22/11/2017; Data de Publicação: DJE: 05/12/2017; Pág. 187-205)

✓ RECURSO ORDINÁRIO. PARTICIPAÇÃO NOS LUCROS. ÔNUS DA PROVA. PROVA DOCUMENTAL IMPUGNADA. A participação nos lucros é parcela de pagamento não obrigatório pelo empregador, desvinculada da remuneração, podendo ser concedida através de norma coletiva, regulamento da empresa ou norma contratual. Está disciplinada no art. 7º, XI, da CRFB, e regulamentada pela Lei 10.101/00. Portanto, não há necessidade de que seja instituída exclusivamente através de norma coletiva. Demonstrado pelo reclamante o direito à parcela através de prova documental impugnada, cabia ao reclamado o ônus da prova, a teor do art. 373, II, do CPC. Ademais, a teor do art. 429, I, do CPC, o ônus da prova, quando se tratar de falsidade de documento ou de preenchimento abusivo, incumbe à parte que a arguir. (TRT-1; RO 00116003420155010068 RJ; Sexta Turma; Rel. Claudia Regina Vianna Marques Barrozo; Data de Publicação: 07/03/2017)

✓ AGRAVO DE INSTRUMENTO. EMBARGOS À EXECUÇÃO. DECISÃO QUE INDEFERIU A INVERSÃO DO ÔNUS DA PROVA. CONTROVÉRSIA AFETA À VALIDADE DE RECIBO REFERENTE AO PAGAMENTO PARCIAL DA DÍVIDA EXEQUENDA. ALEGADA A NECESSIDADE DE SUSCITAÇÃO DE INCIDENTE DE FALSIDADE. QUESTÃO NÃO ENFRENTADA NO JUÍZO A QUO. ANÁLISE INVIABILIZADA, SOB PENA DE SUPRESSÃO DE INSTÂNCIA. RECLAMO NÃO CONHECIDO NO PONTO. CREDORA/EMBARGADA QUE IMPUGNOU A VALIDADE DO RECIBO APRESENTADO PELO DEVEDOR/EMBARGANTE, ALEGANDO QUE NÃO O FIRMOU. ÔNUS DA PROVA QUE LHE COMPETE, NOS TERMOS DO ART. 489, I, DO CPC. "O ônus da prova é de quem alega a falsidade (art. 429, I, do Novo CPC), mesmo tratando-se de falsidade de assinatura, aplicando-se o art. 429, II, do Novo CPC, somente quando existente presunção de veracidade da assinatura porque presenciada por tabelião (411, I, do Novo CPC). É possível a redistribuição do ônus da prova, nos termos do art. 373 do Novo CPC." (In: Manual de Direito Processual Civil. 8. ed. Salvador: Juspodivm, 2016, p. 1306). PROVA DA FALSIDADE DOCUMENTAL QUE SE SUBSUME ÀS REGRAS ORDINÁRIAS PREVISTAS NO CPC. INAPLICABILIDADE DA DINÂMICA PRECONIZADA PELO CÓDIGO DE DEFESA DO CONSUMIDOR. RECURSO CONHECIDO EM PARTE E, NESSA EXTENSÃO, PROVIDO. Ainda que a relação entabulada pelas partes submeta-se aos ditames do regramento consumerista, se o consumidor traz aos autos documento inquinado de falso pelo prestador de serviços, é de todo inadequado o pleito de inversão do ônus da prova, para que aquele que não apresentou o escrito demonstre a sua falsidade. A dinâmica probatória, nesta hipótese, prescinde de qualquer inversão, justo que obedece ao comando adjetivo previsto no art. 429, I, do CPC, impondo-se à parte que arguir a inveracidade o ônus de fazer a respectiva prova. (TJSC; Agravo de Instrumento 4013349-03.2016.8.24.0000; Araranguá; Primeira Câmara de Direito Civil; Rel. Des. Jorge Luis Costa Beber; Julg. 22-06-2017).

Impugnação da autenticidade de assinatura constante em contrato de locação:

✓ AGRAVO EM RECURSO ESPECIAL Nº 1.388.562 – MS (2018/0283094-3) RELATOR: MINISTRO RAUL ARAÚJO AGRAVANTE: ILMA MONTEIRO AYRES ADVOGADOS: SILZOMAR FURTADO DE MENDONÇA JÚNIOR – MS004287 IZABELLA REZENDE DO AMARANTE – MS021819 AGRAVADO: KEILA ARAUJO ADVOGADO: DEFENSORIA PÚBLICA DO ESTADO DE MATO GROSSO DO SUL INTERES.: HENRIQUE JOSE SCHERLOWSKI LEAL DECISÃO Tratam os autos de agravo em recurso especial interposto por ILMA MONTEIRO AYRES, com fundamento no art. 105, III, a, da Constituição Federal, contra acórdão do eg. Tribunal de Justiça do Mato Grosso do Sul, assim ementado (fl. 195): AGRAVO DE INSTRUMENTO DESPEJO E COBRANÇA INCIDENTE DE FALSIDADE DOCUMENTAL IMPUGNAÇÃO CONTRA AUTENTICIDADE DE ASSINATURA ÔNUS DA PROVA. Nos termos do artigo 429, inciso II, do Código de Processo Civil, incumbe à parte que juntou documento o ônus de provar a autenticidade de assinatura nele constante quando há impugnação da parte contrária e, consequentemente, de arcar com os honorários do perito. Recurso não provido. Na origem, trata-se de agravo de instrumento contra decisão que atribui ao recorrente o ônus de pagamento dos honorários periciais, de perito nomeado pelo juízo, para atestar a autenticidade da assinatura do fiador em contrato de locação trazido pela parte autora. O eg. Tribunal de origem, manteve a decisão agravada, concluindo que, nos termos do artigo 389 do CPC/1973, correspondente ao artigo 429, II, do Código de Processo Civil de 2015, incumbe à parte que produziu o documento, se houver impugnação da parte contrária, arcar com o ônus referente a prova de autenticidade das assinaturas do contrato, por ela trazido aos autos, relativamente à condição de fiadora de Keila Araújo. Irresignada a recorrente interpôs recurso especial alegando ofensa ao art. 429 do CPC/2015, que prevê que o ônus da prova incumbe à parte que arguir, sendo ônus da ré o pagamento dos honorários de perícia, pois foi quem arguiu o incidente de falsidade foi a parte ré. Contrarrazões à fl. 240/244. O apelo nobre foi inadmitido na origem (fls. 247/250), motivando o manejo do presente agravo em recurso especial. Contraminuta às fls. 263/268. É o relatório. Passo a decidir. O recurso em apreço não merece prosperar. Na hipótese em exame, aplica-se o Enunciado 3 do Plenário do STJ: "Aos recursos interpostos com fundamento no CPC/2015 (relativos a decisões publicadas a partir de 18 de março de 2016) serão exigidos os requisitos de admissibilidade recursal na forma do novo CPC". Na espécie, trata-se de impugnação da autenticidade de assinatura constante em contrato de locação, trazido aos autos pela parte autora, tendo por fundamento os artigos 389 do CPC/1973, que tem como correspondente o art. 429, II do CPC/201, verbis: Art. 389. Incumbe o ônus da prova quando: I – se tratar de falsidade de documento, à parte que a arguir; II – se tratar de contestação de assinatura, à parte que produziu o documento. Art. 429. Incumbe o ônus da prova quando: I – se tratar de falsidade de documento ou de preenchimento abusivo, à parte que a arguir; II – se tratar de impugnação da autenticidade, à parte que produziu o documento. Quanto ao ponto, a doutrina se manifesta nos seguintes termos, verbis: Referido artigo distribui o ônus da prova, no caso de falsidade, alegada tanto incidentalmente no processo como a veiculada através de alegação específica, seja por ação autônoma (art. 4º, II), seja por ação incidental (art. 390 do CPC) da seguinte forma: deverá ser provada pela parte que arguir a falsidade. Na hipótese de ser contestada a assinatura, à parte que produziu o documento incumbirá o ônus probandi. (ALVIM, Arruda. ASSIS, Araken de, ALVIM, Arruda Eduardo. Comentários ao código de processo civil. 3 ed. rev. e atual. São Paulo: Revista dos Tribunais, 2014, p. 704/705, n.g) Com efeito, a jurisprudência do eg. STJ tem se manifestado no sentido de que "havendo impugnação de assinatura, como no caso, caberia a ora recorrente, que juntou o documento em questão, provar sua autenticidade, ex vi art. 389, II, do Código de Processo Civil (Resp 488.165/MG, Rel. Min. NANCY ANDRIGHI, DJ de 01/12/2003). No mesmo sentido: AGRAVO REGIMENTAL – AÇÃO DE INDENIZAÇÃO POR DANOS MORAIS DECORRENTES DE INDEVIDA INCLUSÃO DO NOME NOS ÓRGÃOS DE PROTEÇÃO AO CRÉDITO – CONTESTAÇÃO DA ASSINATURA DE DOCUMENTO – ÔNUS PROBATÓRIO – PARTE QUE PRODUZIU O DOCUMENTO NOS AUTOS – INTELIGÊNCIA DO ARTIGO 389, II, DO CÓDIGO DE PROCESSO CIVIL – QUESTÃO EXCLUSIVAMENTE DE DIREITO – NÃO INCIDÊNCIA DO ENUNCIADO N. 7/STJ – VERIFICAÇÃO DA COMPROVAÇÃO E DEMONSTRAÇÃO DO DISSÍDIO JURISPRUDENCIAL – DESNECESSIDADE – AGRAVO IMPROVIDO. I – A controvérsia cinge-se em saber a quem deve ser atribuído o ônus de provar a alegação da ora agravada consistente na falsidade da assinatura aposta no contrato de financiamento, juntado aos autos pela parte ora agravante, cujo inadimplemento ensejou a inscrição nos órgãos de proteção ao crédito. A questão, assim posta e dirimida na decisão agravada, consubstancia-se em matéria exclusivamente de direito, não havendo se falar na incidência do óbice constante do enunciado nº 7 da Súmula desta Corte; II – Nos moldes do artigo 389, II, do Código de Processo Civil, na hipótese de impugnação da assinatura constante de documento, cabe à parte que o produziu nos autos provar a autenticidade daquela; III – No tocante à não comprovação do dissídio jurisprudencial, assinala-se que a matéria cuja divergência se sustenta coincide com a questão trazida pela alínea a do permissivo constitucional, de modo que resta despiciendo apreciar a comprovação do dissídio jurisprudencial em razão da admissibilidade do apelo nobre sob o argumento de violação da legislação federal; IV – Recurso improvido. (AgRg no Ag 604.033/RJ, Rel. Ministro MASSAMI UYEDA, TERCEIRA TURMA, julgado em 12/08/2008, DJe 28/08/2008, n.g) AGRAVO REGIMENTAL EM RECURSO ESPECIAL – AÇÃO DE INDENIZAÇÃO – SERVIÇOS TELEFÔNICOS SUPOSTAMENTE NÃO CONTRATADOS – INVERSÃO DO ÔNUS DA PROVA – MEDIDA A SER DEFERIDA À LUZ DAS PECULIARIDADES DO CASO CONCRETO – PRECEDENTES – ARGUIÇÃO DE FALSIDADE DOCUMENTAL – ÔNUS PROBANDI – ARTIGO 389, I, DO CPC – RECURSO IMPROVIDO. (AgRg no REsp 1197521/ES, Rel. Ministro MASSAMI UYEDA, TERCEIRA TURMA, julgado em 16/09/2010, DJe 04/10/2010, n.g) Como visto, o col. Tribunal de origem asseverou que, foi a autora quem produziu e juntou o contrato de locação nos autos, motivo pelo qual tem o ônus de provar a autenticidade das assinaturas do documento, diante da impugnação da parte contrária da assinatura do fiador, de acordo com regra prevista no artigo 429, inciso II, do Código de Processo Civil de 2015. É o que se observa do seguinte trecho extraído do acórdão recorrido: Nos termos do artigo 429, inciso II, do Código de Processo Civil, incumbe à parte que produziu o documento o ônus de provar sua autenticidade se houver impugnação da parte contrária. No caso, foi a autora quem produziu e juntou o contrato de locação nos autos de processo (f. 18/21), motivo pelo qual tem o ônus provar a autenticidade das assinaturas constantes neste documento, porque houve impugnação da parte contrária, de acordo com regra prevista no artigo 429, inciso II, do Código de Processo Civil. Essa conclusão também é extraída da regra jurídica constante no artigo 373, inciso I, do Código de Processo Civil, porque incumbe ao autor da demanda o ônus de provar o fato constitutivo do seu direito. Por isso, a autora/agravante tem ônus de provar a condição de fiadora de Keila Araújo, por pretender condená-la solidariamente com o locatário (Henrique José Scherlowski Leal) ao pagamento R$ 42.779,18 (quarenta e dois mil, setecentos e setenta e nove reais e dezoito centavos). Em outras palavras, é fato constitutivo de direito da autora/agravante, relativamente ao pedido condenatório, provar a condição de fiadora de Keila Araújo. (fls. 195/200, n.g) Da leitura do excerto ora transcrito, verifica-se que a decisão recorrida está pautada na legislação de regência ao caso, bem como afinada a jurisprudência desta Corte Superior de Justiça, atraindo a incidência da Súmula 83/STJ, aplicável a ambas as alíneas do permissivo constitucional. Com essas considerações, conclui-se que o apelo não merece prosperar. Deixo de fixar os honorários recursais, art. 85, § 11, do CPC/2015, porque não houve condenação em verba honorária na origem, neste agravo de instrumento. Diante do exposto, nos termos do art. 253, parágrafo único, II, b, do RISTJ, conheço do agravo para negar provimento ao recurso especial. Publique-se. Brasília, 26 de novembro de 2018. MINISTRO RAUL ARAÚJO Relator (STJ – AREsp: 1388562 MS 2018/0283094-3, Relator: Ministro RAUL ARAÚJO, Data de Publicação: DJ 30/11/2018)

II – se tratar de impugnação da autenticidade, à parte que produziu o documento.

Ônus da prova quanto à autenticidade do documento:

✓ NULIDADE DE TÍTULO E INDENIZAÇÃO – Confissão de dívida – Impugnação de assinatura – O ônus da prova da autenticidade cabe a quem produziu o documento – Reconhecimento da inexistência de relação contratual entre as partes – Protesto irregular – Ato ilícito configurado – Danos morais – Pessoa jurídica – Ofensa à honra objetiva – Caracterização – Indenização devida – Arbitramento em R$50.000,00 – Repetição de indébito – Ausência de valores a serem restituídos – Sucumbência recíproca – Fixação dos honorários em R$ 5.000,00 a cada parte – Limite mínimo de 10% (CPC, art. 85, § 2º) não aplicado em função da proporcionalidade e razoabilidade – Sentença reformada – Recurso provido, em parte. (TJ-SP 00053156120148260505; SP;0005315-61.2014.8.26.0505, Rel. Mario de Oliveira; Julg. 27/11/2017, 19ª Câmara de Direito Privado, Data de Publicação: 01/12/2017)

✓ PROVA – Perícia – Determinação de recolhimento dos honorários a cargo do banco requerido – Possibilidade – Contestação de assinatura em documento particular, cabendo o ônus da prova à parte que produziu o documento cuja autenticidade é contestada – Aplicação do disposto no artigo 429, II, do Código de Processo Civil – Decisão mantida – Recurso não provido. (TJ-SP; AI 20984058120168260000; SP; 13ª Câmara de Direito Privado; Rel. Heraldo de Oliveira; Julg. 27/06/2016; Data de Publicação: 27/06/2016)

✓ RESPONSABILIDADE CIVIL. AÇÃO INDENIZATÓRIA. PROVA DA CONTRATAÇÃO. INSCRIÇÃO INDEVIDA EM ÓRGÃOS DE PROTEÇÃO AO CRÉDITO. DANO MORAL IN RE IPSA. QUANTUM. 1. Caso em que a instituição financeira ré não demonstrou a regularidade da inscrição do nome da autora em órgãos de proteção ao crédito. Impugnação às assinaturas lançadas em contrato. Ônus da prova da regularidade das firmas que era dirigido à requerida. Art. 429, II do novo CPC. 2. Inscrição indevida em órgãos de proteção ao crédito. Dano moral in re ipsa. Precedente do STJ. Inexistindo critérios objetivos de fixação do valor para indenização por dano moral, cabe ao magistrado arbitrar as quantias de acordo com o caso concreto. Valor fixado em R$ 5.000,00 (cinco mil reais). DERAM PROVIMENTO À APELAÇÃO. UNÂNIME. (TJ-RS; Apelação Cível 70074741844; Décima Câmara Cível; Rel. Jorge Alberto Schreiner Pestana; Julg. 30/11/2017).

✓ APELAÇÃO – Embargos à execução – Duplicatas sem aceite e desacompanhadas do comprovante de entrega das mercadorias – Embargos procedentes para extinguir a execução – Pleito de reforma – Impossibilidade – Duplicatas sem aceite – Necessidade de comprovação da entrega dos produtos – Fato não comprovado – E-mails coligidos aos autos impugnados pela embargante – Ônus de comprovar a autenticidade dos documentos coligidos aos autos que incumbe à parte que os produziu quando houver impugnação – Inteligência do art. 429, II, do CPC – Sem a prova da entrega, as duplicatas são inexequíveis – Lei nº 5.474/68, II, b – Inexistência de óbice à cobrança pelas vias ordinárias – Extinção mantida – Honorários advocatícios – Valor da causa que impede a fixação nos termos do art. 85, § 8º, do CPC – Recurso ao qual se nega provimento. (TJ-SP 10250233520168260562; SP; 19ª Câmara de Direito Privado; Rel. Claudia Grieco Tabosa Pessoa; Julg. 27/11/2017; Data de Publicação: 05/12/2017)

✓ AÇÃO DECLARATÓRIA DE INEXIGIBILIDADE DE DÉBITO – Pedido de exclusão do nome da recorrente de rol de maus pagadores – Alegação de falsidade de assinatura – Divergência visível com a firma utilizada por ela – Documento em poder dos agravados – Impossibilidade de se exigir prévia demonstração da falsidade pela agravante – Atribuição do ônus da prova à parte que produziu o documento e que com base nele sustenta alegado direito subjetivo – Inteligência do disposto no artigo 429, II, do CPC de 2015 – Verossimilhança das alegações, probabilidade do direito e perigo da demora suficientes para concessão da medida – Ausente manifestação do recorrido acerca do cumprimento da decisão – Cabimento de astreintes – Decisão reformada – Agravo de instrumento provido para que seja retirado o nome da agravante dos órgãos de proteção ao crédito em 10 (dez), sob pena de multa diária de R$ 500,00, limitada ao valor da dívida. (TJ-SP 21517719820178260000; SP; 15ª Câmara de Direito Privado; Rel. Mendes Pereira; Julg. 04/12/2017; Data de Publicação: 04/12/2017)

Reconhecimento do ônus da parte a realização da perícia grafotécnica:

✓ RECURSO ESPECIAL Nº 1.869.376 – RO (2020/0076141-0) RELATOR: MINISTRO MARCO AURÉLIO BELLIZZE RECORRENTE: CLARO S.A ADVOGADOS: ÂNGELA MARIA DA CONCEIÇÃO BELICO – RO002241 ISRAEL AUGUSTO ALVES FREITAS DA CUNHA – RO002913 FELIPE GAZOLA VIEIRA MARQUES – RO006235 RECORRIDO: JOSE NILTON DURAES DA SILVA ADVOGADO: JOÃO BOSCO FAGUNDES JUNIOR – RO006148 DECISÃO Trata-se de recurso especial apresentado por CLARO S.A. com base no art. 105, III, a e c, da Constituição Federal, desafiando acórdão assim ementado (e-STJ, fl. 253): Apelação cível. Ação declaratória. Inscrição indevida. Impugnação da assinatura posta em documento apresentado ao processo. Ônus da prova de sua autenticidade da parte que o apresentou. Recurso provido. Tendo o consumidor impugnado a assinatura posta em contrato apresentado pelo fornecedor, cabe a este a prova de sua autenticidade. Os embargos de declaração opostos foram rejeitados (e-STJ, fls. 296-300). Nas razões do recurso especial (e-STJ, fls. 332-342), além de dissídio jurisprudencial, a recorrente alega violação aos arts. 273, II e 422, § 1º do Código de Processo Civil de 2015. Sustenta, em síntese, a regularidade da contratação de serviços na modalidade pós-paga, afirmando que juntou ao feito, no momento da contestação, o contrato firmado com o autor, ora recorrido. Defende a possibilidade de realização de perícia em cópia reprográfica de contrato, apontando divergência jurisprudencial. Não houve apresentação de contrarrazões (e-STJ, fl. 207). Juízo de admissibilidade positivo (e-STJ, fls. 208-210). Brevemente relatado, decido. De início, verifica-se que o recurso foi interposto na vigência do novo Código de Processo Civil. Sendo assim, sua análise obedecerá ao regramento nele previsto. Portanto, aplica-se, na hipótese, o Enunciado Administrativo n. 3, aprovado pelo Plenário desta Casa em 9/3/2016, segundo o qual "aos recursos interpostos com fundamento no CPC/2015 (relativos a decisões publicadas a partir de 18 de março de 2016) serão exigidos os requisitos de admissibilidade recursal na forma do novo CPC". Ao dar provimento ao recurso de apelação do ora recorrido, o Tribunal de origem consignou os seguintes fundamentos (e-STJ, fls. 251-252 – sem grifos no original): Trata-se de ação declaratória de inexistência de débito e reparação por danos morais decorrentes de anotação indevida em órgão restritivo de crédito. Ao contestar, a apelada apresentou cópia do contrato que diz ter firmado com o apelante. A assinatura, apesar de se assemelhar com outras assinaturas do apelante constantes no processo, foi impugnada. Foi acolhido o pedido de realização de prova grafotécnica, e determinado, em duas oportunidades, que a apelada apresentasse o contrato original para viabilizar a realização da perícia, fincado esta inerte. A sentença, apesar da prova pericial não ter sido realizada, entendeu ser legítima a assinatura, ante a semelhança desta com as demais assinaturas, do apelante, constantes nos autos. Pois bem. Apesar de haver semelhança entre a assinatura constante no documento apresentado pela apelada, com outras, do apelante, postas no processo, com a impugnação e a afirmação do apelante não ter assinado, somente a realização de perícia poderia dar a certeza da autenticidade. A perícia só não foi realizada pela inércia da apelada que deixou de apresentar o documento original, presumindo verdadeira a afirmação do apelante. É sabido que compete à parte autora a comprovação do fato constitutivo de seu direito, enquanto à parte requerida, a comprovação de fato extintivo, impeditivo e modificativo de seu direito. No caso, ao negar ter assinado o documento, não tinha como o apelante fazer prova de fato negativo e, como se sabe, ônus da prova da autenticidade de documento é da parte que o apresentar, conforme art. 429, inc. II, do CPC (art. 389, inc. II, do CPC/1973), verbis: CPC Art. 429.Incumbe o ônus da prova quando: [...] II – se tratar de impugnação da autenticidade, à parte que produziu o documento. Diante disso, considerando que o apelante impugnou o contrato apresentado pela apelada, incumbia a esta o ônus de provar a sua autenticidade. [...] Portanto, não restam dúvidas de que era ônus da apelada a realização da perícia grafotécnica capaz de comprovar a idoneidade da assinatura constante no contrato e demais documentos por ela apresentados. Não tendo a prova grafotécnica sido realizada por culpa da apelada, a sentença merece reforma para reconhecer como ilegítima a anotação, declarando inexistente o débito e reconhecer o dano moral, este presumido por força do próprio ato. Como se depreende das razões expendidas, o acórdão recorrido declinou, de forma categórica e coerente, o direito pertinente ao caso, ao assentar que, "quando o documento apresentado por uma parte é contestado pela outra, cabe, àquela a prova de sua autenticidade" (e-STJ, fl. 298). No caso, além da ausência de prova grafotécnica, foi ressaltado que não houve comprovação, por parte da recorrente, de fato extintivo, impeditivo e modificativo do direito alegado pela parte autora. Nesse contexto, forçoso reconhecer que o acolhimento da pretensão recursal não prescindiria do revolvimento do suporte fático-probatório, procedimento vedado no âmbito do recurso especial nos termos da Súmula n. 7 do STJ. Vale frisar, ainda, no tocante à alegação de que não havia impedimento para a realização da perícia grafotécnica embora o documento apresentado não fosse o original, que o acórdão que julgou os embargos de declaração assim decidiu (e-STJ, fl. 298): Finalmente, a tese de que a perícia poderia ser realizada no documento apresentado também não se sustenta, tendo em vista que o embargante assim não se esforçou, durante a fase instrutória, deixando precluir eventual direito nesse sentido. Contudo, não tratou o recorrente de impugnar tal fundamento, cuja subsistência inviabiliza a apreciação do recurso especial e propicia o consequente desprovimento do presente agravo, pela aplicação da Súmula n. 283 do STF: "É inadmissível o recurso extraordinário, quando a decisão recorrida assenta em mais de um fundamento suficiente e o recurso não abrange todos eles". Diante do exposto, nego provimento ao recurso especial. Nos termos do art. 85, § 11, do CPC/2015, majoro os honorários advocatícios em favor do advogado da parte ora recorrida em 2% (dois por cento) sobre o valor da condenação. Publique-se. EMENTA RECURSO ESPECIAL. AÇÃO DECLARATÓRIA DE INEXISTÊNCIA DE DÉBITO C/C INDENIZAÇÃO POR DANOS MORAIS. INSCRIÇÃO INDEVIDA. ÔNUS DA PROVA DE AUTENTICIDADE DO CONTRATO FIRMADO. COMPROVAÇÃO DO FATO EXTINTIVO, IMPEDITIVO OU MODIFICATIVO DO DIREITO. AUSÊNCIA. REVISÃO DO JULGADO. REEXAME DE FATOS E PROVAS. IMPOSSIBILIDADE. SÚMULA 7/STJ. AUSÊNCIA DE IMPUGNAÇÃO A FUNDAMENTO DO ACÓRDÃO RECORRIDO. SÚMULA 283/STF. RECURSO ESPECIAL IMPROVIDO. Brasília (DF), 1º de abril de 2020. MINISTRO MARCO AURÉLIO BELLIZZE, Relator (STJ – REsp: 1869376 RO 2020/0076141-0, Relator: Ministro MARCO AURÉLIO BELLIZZE, Data de Publicação: DJ 22/04/2020)

Subseção II
Da Arguição de Falsidade

Art. 430. A falsidade deve ser suscitada na contestação, na réplica ou no prazo de 15 (quinze) dias, contado a partir da intimação da juntada do documento aos autos.

Incidente de falsidade:

✓ REINTEGRAÇÃO DE POSSE – ARGUIÇÃO DE FALSIDADE – ERROR IN PROCEDENDO. O error in procedendo, ou erro de procedimento, é um vício de atividade, de natureza formal, que invalida o ato judicial em face da infração da norma processual pelo julgador e causa a nulidade da decisão. Na nova legislação processual, há previsão específica para o procedimento de arguição de falsidade, conforme o art. 430 a 433, do CPC. (TJ-MG; AC 10000170879217001 MG; 14ª Câmara Cível; Rel. Evangelina Castilho Duarte; Julg. 07/12/2017; Data de Publicação: 07/12/2017)

✓ APELAÇÃO CÍVEL. RESPONSABILIDADE CIVIL. AÇÃO DECLARATÓRIA CUMULADA COM PEDIDO DE INDENIZAÇÃO POR DANO MORAL. CONTRATO DE FINANCIAMENTO DE VEÍCULO. FRAUDE. CONTESTAÇÃO DE AUTENTICIDADE DE ASSINATURA. ÔNUS DA

PARTE RÉ. DANO MORAL NÃO CONFIGURADO. MERA COBRANÇA. Trata-se de recurso de apelação interposto contra a sentença de improcedência de ação declaratória cumulada com pedido de indenização por dano moral envolvendo contrato fraudulento de financiamento de veículo. Consoante a exordial, a parte ré vem efetuando a cobrança de parcelas de financiamento de veículo, contrato que a parte autora não reconhece, pois inexiste relação jurídica entre os litigantes. INCIDENTE DE FALSIDADE – Mostra-se intempestivo o incidente de falsidade apresentado após a sentença, em inobservância ao disposto no art. 430 do CPC. NULIDADE DO CONTRATO – A relação jurídica em liça está submetida às regras do Estatuto Consumerista, enquadrando-se o demandante no conceito de consumidor por equiparação, sendo vítima do fato do serviço, nos termos do art. 17 do CDC. Assim, a partir da afirmação da parte autora de que não reconhece o contrato de financiamento de veículo, incumbia à parte ré demonstrar a regularidade da anotação. Frise-se que, em se tratando de impugnação de autenticidade de assinatura, o ônus da prova incumbe a quem produziu o documento, nos termos do inc. II do art. 429 do CPC. In casu, a parte ré não manifestou desinteresse na dilação probatória, não logrando se desincumbir do encargo que lhe era imposto. DANO MORAL – Não há, nos autos, elementos indicativos de que a cobrança de parcelas de financiamento de contrato fraudulento tenha causado maiores transtornos à parte autora, não ultrapassando a condição de mero aborrecimento ou dissabor. Por outro lado, em que pese não se desconsidere os transtornos que a parte autora enfrentou, não se constitui em ato ilícito para a configuração do dano moral. Ação julgada procedente em parte. Ônus sucumbenciais redimensionados. APELAÇÃO PARCIALMENTE PROVIDA. (TJ-RS; Apelação Cível 70075404921; Sexta Câmara Cível; Rel. Sylvio José Costa da Silva Tavares; Julg. 23/11/2017).

Parágrafo único. Uma vez arguida, a falsidade será resolvida como questão incidental, salvo se a parte requerer que o juiz a decida como questão principal, nos termos do inciso II do art. 19.

Recurso no incidente de falsidade:

✓ AGRAVO INTERNO. AÇÃO DE DESPEJO. SUPOSTA ARGUIÇÃO DE INCIDENTE DE FALSIDADE. VIOLAÇÃO DOS ARTS. 430 E 431 DO CPC. MERA ALEGAÇÃO DE SER INVERÍDICO O DOCUMENTO. AUSÊNCIA DE CABIMENTO NAS HIPÓTESES DO ART. 1.015 DO CPC. ROL TAXATIVO. IMPOSSIBILIDADE DE APLICAÇÃO DO PRINCÍPIO DA FUNGIBILIDADE. NEGADO PROVIMENTO. (Classe: Agravo, Número do Processo: 0013164-27.2017.8.05.0000/50000, Relator (a): Raimundo Sérgio Sales Cafezeiro; Quinta Câmara Cível; Publicado em: 29/11/2017)

Art. 431. A parte arguirá a falsidade expondo os motivos em que funda a sua pretensão e os meios com que provará o alegado.

Arguição da falsidade:

✓ AGRAVO INTERNO. AÇÃO DE DESPEJO. SUPOSTA ARGUIÇÃO DE INCIDENTE DE FALSIDADE. VIOLAÇÃO DOS ARTS. 430 E 431 DO CPC. MERA ALEGAÇÃO DE SER INVERÍDICO O DOCUMENTO. AUSÊNCIA DE CABIMENTO NAS HIPÓTESES DO ART. 1.015 DO CPC. ROL TAXATIVO. IMPOSSIBILIDADE DE APLICAÇÃO DO PRINCÍPIO DA FUNGIBILIDADE. NEGADO PROVIMENTO. (Classe: Agravo, Número do Processo: 0013164-27.2017.8.05.0000/50000, Relator (a): Raimundo Sérgio Sales Cafezeiro; Quinta Câmara Cível; Publicado em: 29/11/2017)

Art. 432. Depois de ouvida a outra parte no prazo de 15 (quinze) dias, será realizado o exame pericial.

Contraditório no incidente de falsidade:

✓ PROCESSUAL CIVIL. AGRAVO DE INSTRUMENTO. DECISÃO QUE RECONHECE A AUSÊNCIA DE INTERESSE DE AGIR NA INSTAURAÇÃO DE INCIDENTE DE FALSIDADE POR FALTA DE OPOSIÇÃO DA PARTE CONTRÁRIA. INSURGÊNCIA DO AGRAVANTE. ALEGADA FALSIDADE MATERIAL NOS EMAILS COLACIONADOS PELO AUTOR. INCLUSÃO E SUPRESSÃO DE TRECHOS DA CONVERSA REALIZADA ENTRE AS PARTES ATRAVÉS DE MENSAGENS ELETRÔNICAS. ATA NOTARIAL LAVRADA EM TABELIONATO COMPETENTE QUE DEMONSTRA AS ALTERAÇÕES. NÃO INSURGÊNCIA EXPRESSA DO AGRAVADO. DESNECESSIDADE DA INSTAURAÇÃO DO INCIDENTE. FALSIDADE MATERIAL QUE SERÁ DEVIDAMENTE ANALISADA COM O MÉRITO DA QUAESTIO. DECISÃO MANTIDA. RECURSO DESPROVIDO. (TJ-SC; AI 40170218220178240000 São Francisco do Sul; Terceira Câmara de Direito Civil; Rel. Marcus Tulio Sartorato; Julg. 28/11/2017)

Parágrafo único. Não se procederá ao exame pericial se a parte que produziu o documento concordar em retirá-lo.

Ausência de interesse na continuidade do incidente quando a parte que produziu o documento pretendo sua retirada:

✓ AGRAVO DE INSTRUMENTO. INCIDENTE DE FALSIDADE. DOCUMENTO PARTICULAR. ACORDO IMPUGNADO. DESENTRANHAMENTO DO DOCUMENTO REQUERIDO PELA PARTE ADVERSA. OPOSIÇÃO INJUSTIFICADA DA REQUERENTE. AUSÊNCIA DE INTERESSE DE AGIR. 1. Trata-se de um incidente de falsidade instaurado no bojo da execução extrajudicial pela parte exequente, sob a alegação de que a assinatura constante no acordo apresentado pelo executado é falsa. 2. Inobstante o pedido de desentranhamento do documento impugnado, formulado pelo executado, o juízo a quo determinou a produção de perícia já que a parte requerente não consentiu com o desentranhamento, pois pretende apurar eventual prática de conduta ilícita penal. 3. O documento rechaçado consiste em um instrumento particular que versa sobre direitos de crédito e, portanto, perfeitamente disponíveis por seus respectivos titulares. 4. Nessa esteira, se o exequente afirma que não consentiu com o aludido pacto e o executado não refuta tal afirmação e concorda em tornar inválida e ineficaz a suposta avença, tem-se para fins endoprocessuais os mesmos efeitos de um distrato. 5. Desta forma, faz-se irrelevante para o deslinde da causa examinada, reconhecer se o novo acordo fora firmado por sujeitos legítimos. 6. A mera oposição da requerente quanto ao desentranhamento do acordo impugnado sem qualquer demonstração da existência de um interesse ao pedido de desentranhamento e relevante à presente execução, capaz de caracterizar a manutenção do interesse de agir, não tem o condão de induzir o prosseguimento do incidente de falsidade. 7. Ora, ao contrário do que expressamente pretende a exequente, a responsabilidade em razão de eventual prática de ato ilícito penal deve ser apurada na seara criminal e não justifica a interposição do aludido incidente. 8. Diante da ausência de interesse de agir, deve-se extinguir o aludido incidente. 9. Dá-se provimento ao recurso. (TJ-RJ; AI 00106452620168190000 Rio de Janeiro Cabo Frio; 1ª Vara Cível, Décima Quinta Câmara Cível; Rel. Gilberto Clóvis farias matos; Julg. 24/05/2016; Data de Publicação: 30/05/2016)

Art. 433. **A declaração sobre a falsidade do documento, quando suscitada como questão principal, constará da parte dispositiva da sentença e sobre ela incidirá também a autoridade da coisa julgada.**

→ *v.* Arts. 19, II, e 503, § 1º, do CPC.

Instauração do incidente de falsidade:

✓ PROCESSO CIVIL. APELAÇÃO CÍVEL. AÇÃO REIVINDICATÓRIA. DOMÍNIO. USUCAPIÃO ESPECIAL RURAL. RECONHECIMENTO. POSSE INJUSTA. INTERESSE SOCIAL. REQUISITOS DA USUCAPIÃO. ART. 1.239 DO CÓDIGO CIVIL. ÔNUS DA PROVA. SUBSTITUIÇÃO DE TESTEMUNHA. POSSIBILIDADE. OITIVA DE TESTEMUNHA QUE NÃO FOI ARROLADA. TESTEMUNHA NÃO IDENTIFICADA REGULARMENTE. INEXISTÊNCIA DE CONTRADITA DA TESTEMUNHA ANTES DA OITIVA. PRECLUSÃO CONSUMATIVA. ALEGAÇÃO DE INEXISTÊNCIA DE PROVAS NO TOCANTE À RESIDÊNCIA NA ÁREA OBJETO DE USUCAPIÃO. ABANDONO DA ÁREA PELO PROPRIETÁRIO (05 ANOS). INEXISTÊNCIA DE ESBULHO. JUNTADA DE DOCUMENTO FALSIFICADO. ALEGAÇÃO DE FALSIDADE DOCUMENTAL APRESENTADA NAS ALEGAÇÕES FINAIS. MEIO PROCESSUAL INADEQUADO. (EXIGÊNCIA DO ARTIGO 430 E SEGUINTES DO CPC/2015). INTEMPESTIVIDADE E PRECLUSÃO. INEXISTÊNCIA DE REQUISITOS DA USUCAPIÃO ESPECIAL RURAL (TRABALHO RURAL E RESIDÊNCIA NA TERRA). MATÉRIA NÃO SUSCITADA NA 1ª INSTÂNCIA. INOVAÇÃO RECURSAL. ARTIGO 1.013 DO CPC). RECURSO CONHECIDO E NÃO PROVIDO. SENTENÇA MANTIDA. 1. De acordo com o artigo 1.239 do Código Civil Brasileiro, possui direito à usucapião especial rural (aquisição da propriedade) todo aquele que não sendo proprietário de imóvel rural ou urbano, possua como sua, por 05 anos, sem oposição, área de terra em zona rural não superior a 50 hectares, tornando-a produtiva por seu trabalho ou de sua família, tendo nela sua moradia. 2. Nos termos do art. 373 do CPC/2015, é ônus do autor/apelante (proprietário), comprovar que os requeridos/apelados não possuem os requisitos exigidos no artigo 1.239 do Código Civil Brasileiro (usucapião especial rural), ou seja, que os réus não residem no local (área rural) com sua família; que a área ocupada por cada requerido seria maior que 50 hectares; que o período de ocupação é inferior a 05 anos e, ainda, que a terra estaria improdutiva ou que os beneficiários possuem outros imóveis na região ou fora dela. 3. O usucapião especial rural não comporta discussão sobre a posse justa ou injusta, o que se perquire é apenas os requisitos exigidos no art. 1.239 do Código Civil. Neste tipo de usucapião, prestigia-se o trabalho do agricultor, garantindo a função social da terra, transferindo a propriedade daquele que a deixou inerte para o possuidor que a tornou produtiva. 4. O magistrado de 1ª instância poderá autorizar, a pedido de qualquer das partes, a substituição de testemunha anteriormente arrolada, conforme faculta o art. 451 do CPC. 4.1. Se no momento da audiência uma das partes (autor ou réu) requerer a substituição de testemunha, deve o magistrado ouvir a parte contrária sobre o pedido de substituição. Não havendo insurgência ou impugnação da parte adversa, é perfeitamente possível a substituição e, consequente oitiva da testemunha na audiência de instrução, tudo em face do princípio da celeridade e economia processual e, ainda, razão do princípio do contraditório e da ampla defesa. 4.2. Compete à parte prejudicada com a substituição da testemunha, apresentar seu inconformismo no momento da audiência, fazendo constar na ata a sua insurgência para, posteriormente, manejar o recurso cabível. 4.3. Se o apelante não se insurgiu contra a substituição nem mesmo quanto à falta de identificação (RG e CPF) da testemunha substituída no momento da audiência e, ainda, não interpôs, no prazo legal, o recurso cabível contra este ato do magistrado, não poderá alegar, em sede de recurso de apelação, ilegalidade na substituição e identificação da testemunha ouvida, tendo em vista que o ato já se consumou, ocorrendo a preclusão consumativa. 5. Não é possível considerar como esbulhado um bem que não recebe destinação econômica ou mesmo sirva de moradia para o autor/apelante, principalmente se este confessou no processo que os apelados passaram a ocupar o imóvel em 22/09/2002 e a ação reivindicatória somente foi protocolada no dia 19/06/2012, dez anos depois. No caso, caracterizado restou o abandono da área pelo autor/proprietário, não havendo que se falar em esbulho praticado pelos ocupantes da área abandonada. 6. A arguição de falsidade deve ser suscitada na contestação, réplica ou no prazo de 15 (quinze) dias, contados a partir da intimação da juntada do documento falso aos autos, ou, ainda, poderá ser alegada como matéria principal em ação de conhecimento, tudo em conformidade com o art. 430 ao 433, c/c art. 19, inciso II, todos do CPC. 6.1. Se o apelante somente alegou a falsidade do documento nas alegações finais, apresentada 07 (sete) meses depois da juntada do documento indicado como falso, deve ser considerado precluso o direito de insurgir-se contra o documento. 6.2. O pedido de arguição de falsidade deve ser formulado de forma clara e expressa, tendo em vista que o magistrado está adstrito ao pedido formulado pela parte. Não havendo pedido expresso para reconhecimento e declaração de falsidade de documento nos autos, não há como ser reconhecida a impugnação ao documento apontado como falso. 6.3. Se o apelante formula a arguição de falsidade de forma inadequada e intempestiva, vez que não utilizou o meio adequado e muito menos observou o prazo processual para tal arguição, por consequência, precluso o seu direito de levantar o problema. 7. Instado a falar em réplica sobre a contestação e reconvenção apresentada, onde os requeridos/apelados formularam pedido para o reconhecimento da usucapião, não tendo o apelado se manifestado, não poderá insurgir-se contra o reconhecimento da usucapião, alegando que não foi atendido aos requisitos para concessão do benefício. 7.1. O efeito devolutivo previsto no artigo 1.013 do CPC/2015 exige o contraditório e/ou julgamento prévio, não podendo abarcar discussão apresentada somente em sede recursal por configurar típica inovação processual. 8. Recurso Conhecido e improvido. Sentença mantida. (TJ-DF; 20120510069463 DF; 6ª Turma Cível; Rel. Alfeu Machado; Julg. 08/11/2017, Data de Publicação: DJE: 14/11/2017; Pág. 588/608)

Subseção III
Da Produção da Prova Documental

Art. 434. Incumbe à parte instruir a petição inicial ou a contestação com os documentos destinados a provar suas alegações.

→ *V.* Arts. 320 e 336 do CPC.

Oportunidade para apresentação dos documentos:

✓ APELAÇÃO CÍVEL. PRESTAÇÃO DE CONTAS. 2ª FASE. CRÉDITO DECORRENTE DE CONTRATO DE PRESTAÇÃO DE SERVIÇOS ADUANEIROS. REALIZAÇÃO DE PROVA PERICIAL. AUSÊNCIA DE COMPROVAÇÃO DA EFETIVA PRESTAÇÃO DO SERVIÇO. EXISTÊNCIA DE CRÉDITO EM FAVOR DO CONTRATANTE. AUDIÊNCIA DE CONCILIAÇÃO NÃO REALIZADA. INEXISTÊNCIA DE PREJUÍZO. PROVA DOCUMENTAL EXTEMPORÂNEA, EM VIOLAÇÃO AOS ARTIGOS 397 DO CPC/1973 E 435 DO CPC/2015. MANUTENÇÃO DA SENTENÇA. A não realização da audiência do art. 331 do CPC não invalida o processo, podendo o juiz dispensá-la, caso o direito tutelado não admita transação ou se as circunstâncias da causa evidenciarem ser improvável sua obtenção. Perícia judicial que conclui que o recorrente não comprovou a efetiva prestação dos serviços contratados pela parte e apurado, ainda, a existência de crédito em favor da autora. Apresentação extemporânea de documentos. Conforme previsão do art. 396 do CPC/1973, mantida pelo CPC/2015, nos termos do art. 434, incumbe à parte instruir a petição inicial ou a contestação com os documentos destinados a provar suas alegações. A juntada extemporânea de prova documental somente é permitida para demonstrar fatos supervenientes ou quando se tratar de documento novo, sendo ainda admitida, segundo a jurisprudência, nos casos em que a apresentação anterior dos documentos não se fez possível por motivo de força maior, devidamente justificado. Conhecimento e desprovimento do recurso. (TJ-RJ; APL 00796888620128190001 Rio de Janeiro; 51ª Vara Cível, Vigésima Segunda Câmara Cível; Rel. Rogério de Oliveira Souza; Julg. 06/09/2016; Data de Publicação: 09/09/2016)

✓ APELAÇÃO CÍVEL. PROCESSUAL CIVIL. AÇÃO DE CONSIGNAÇÃO EM PAGAMENTO. PRODUÇÃO DE PROVAS. AUSÊNCIA DE ESPECIFICAÇÃO NO MOMENTO OPORTUNO. JULGAMENTO ANTECIPADO DO MÉRITO. CERCEAMENTO DE DEFESA. NÃO OCORRÊNCIA. 1. O oferecimento da defesa é o momento processual adequado para o réu requerer e especificar as provas que pretende produzir, bem como apresentar os documentos aptos a demonstrar suas alegações, nos termos dos artigos 336 e 434 do Código de Processo Civil. 2. O julgamento antecipado do mérito não configura cerceamento de defesa quando o processo está devidamente instruído com elementos probatórios e as partes não apresentam requerimento para produção de provas. 3. Recurso conhecido e desprovido. (TJ-DF; 20160110780268 DF; 8ª Turma Cível; Rel. Eustáquio de Castro; Julg. 20/07/2017; Data de Publicação: DJE: 25/07/2017; Pág. 572/579)

Parágrafo único. Quando o documento consistir em reprodução cinematográfica ou fonográfica, a parte deverá trazê-lo nos termos do *caput*, mas sua exposição será realizada em audiência, intimando-se previamente as partes.

→ *V.* Art. 361 do CPC.

Produção de documentos que consistem em reprodução cinematográfica ou fonográfica:

✓ APELAÇÃO – EMBARGOS À EXECUÇÃO – DOCUMENTOS JUNTADOS NO RECURSO – CD – REPRODUÇÃO SOMENTE EM AUDIÊNCIA – NÃO CONHECIMENTO – ALEGAÇÃO DE QUITAÇÃO DE DÍVIDA – ACORDO SEM ASSINATURA DAS PATES – INEFICÁCIA – PROSSEGUIMENTO DA EXECUÇÃO. – Tratando-se de reprodução fonográfica, a sua apresentação só pode ser feita em audiência, não podendo ser considerado para análise em sede de apelação, conforme artigo 434 do CPC/2015. – Não tem eficácia acordo assinado por apenas uma das partes, devendo prosseguir a execução da dívida. (TJ-MG; AC 10569160006270001 MG; 12ª Câmara Cível; Rel. Juliana Campos Horta; Julg. 28/06/2017; Data de Publicação: 05/07/2017)

Necessidade de reprodução cinematográfica ou fonográfica que não se supre pela prova testemunhal:

✓ JUSTA CAUSA. IMPROBIDADE. NÃO RECONHECIMENTO. AUSÊNCIA DE PROVA CABAL. O reconhecimento do justo motivo demissório, por seus danosos efeitos sobre a reputação pessoal, social e profissional do empregado, demanda prova robusta, a cargo do empregador. "In casu", a empresa recorrente não se desincumbiu de seu encargo processual, porquanto se limitara a apresentar depoimento de uma testemunha que não presenciara os fatos que narra, relatando-os a partir do que assistira em uma filmagem de circuito interno que não integra o acervo processual. (TRT-7; RO 00014810620135070007; Rel. Antonio Marques Cavalcante Filho; Julg. 24/07/2017; Data de Publicação: 24/07/2017)

Art. 435. É lícito às partes, em qualquer tempo, juntar aos autos documentos novos, quando destinados a fazer prova de fatos ocorridos depois dos articulados ou para contrapô-los aos que foram produzidos nos autos.

Emenda a inicial versus documentos novos:

✓ DIREITO CIVIL – OBRIGAÇÕES – RESPONSABILIDADE CIVIL – ACIDENTE AMBIENTAL – INCÊNDIO PROVOCADO PELA COMBUSTÃO DE FERTILIZANTES – FUMAÇA – DECRETO MUNICIPAL INSTAURANDO SITUAÇÃO DE EMERGÊNCIA – DANOS MORAIS – IMPROCEDÊNCIA – 1. CERCEAMENTO DE DEFESA PELO JULGAMENTO ANTECIPADO DO FEITO – INACOLHIMENTO – AUSÊNCIA DE REQUERIMENTO DE PROVA – INCUMBÊNCIA DA AUTORA – FATO CONSTITUTIVO DO DIREITO – PROVIDÊNCIA QUE COMPETE À PARTE – PRELIMINAR AFASTADA – 2. NULIDADE DA SENTENÇA – DESCUMPRIMENTO DO ART. 321 DO CPC – INOCORRÊNCIA – FATO CONSTITUTIVO DE DIREITO – DESNECESSIDADE DE EMENDA À INICIAL – NULIDADE AFASTADA – 3. RESIDÊNCIA COMPROVADA PELA PROCURAÇÃO AD JUDICIA – INACOLHIMENTO – PRESUNÇÃO RELATIVA – NECESSIDADE DE COMPROVAÇÃO EM JUÍZO – PARTE AUTORA QUE NÃO DEMONSTRA QUE RESIDIA EM UMA DAS ÁREAS ATINGIDAS PELA FUMAÇA – RECURSO DESPROVIDO – SENTENÇA MANTIDA. 1. Se oportunizado à autora postular a produção das provas necessárias à comprovação do fato constitutivo de seu direito, e ele se mantém inerte, não pode, posteriormente, em grau recursal, requerer a nulidade da sentença por cerceamento de defesa, em nítido comportamento contraditório, vedado pelo ordenamento jurídico vigente. 2. A de emenda à inicial, baseada no art. 320 do CPC, somente se justifica quando a parte não traz documento indispensável ao ajuizamento da ação, o qual não se confunde com prova de fato constitutivo de direito. 3. Incomprovado nos autos que a autora residia em local atingido pela fumaça, improcede indenizatória fundamentada em danos morais decorrentes desse evento. (TJ-SC; AC 20160045010 São Francisco do Sul; Sexta Câmara de Direito Civil; Rel. Monteiro Rocha; Julg. 22/03/2016)

Documentos novos na fase recursal:

✓ APELAÇÕES CÍVEIS. RECURSO ADESIVO. CIVIL E PROCESSUAL CIVIL. AÇÃO DE COBRANÇA POR LOCUPLETAMENTO ILÍCITO C/C PERDAS E DANOS E LUCROS CESSANTES. INTERPOSIÇÃO DE APELAÇÃO E RECURSO ADESIVO PELA MESMA PARTE. PRINCÍPIO DA UNICIDADE RECURSAL. NÃO CONHECIMENTO DO APELO ADESIVO. AGRAVO RETIDO. FALTA DE INTERESSE RECURSAL. NÃO CONHECIMENTO. ADITAMENTO DAS CONTRARRAZÕES. PRECLUSÃO CONSUMATIVA. NÃO APRECIAÇÃO. DOCUMENTOS NOVOS. APRESENTAÇÃO NA FASE RECURSAL (CONTRARRAZÕES). POSSIBILIDADE. MÉRITO DOS APELOS. OMISSÃO DO SENTENCIANTE, EM AÇÃO DIVERSA, QUANTO AO APERFEIÇOAMENTO DA USUCAPIÃO. IMÓVEL PÚBLICO. IMPOSSIBILIDADE DE AQUISIÇÃO PELA USUCAPIÃO. TRANSFERÊNCIA A PARTICULAR. MARCO INICIAL PARA A PRESCRIÇÃO AQUISITIVA. PERDA DA POSSE EM MOMENTO POSTERIOR À CELEBRAÇÃO DO NEGÓCIO. EVICÇÃO NÃO CARACTERIZADA. LITIGÂNCIA DE MÁ-FÉ. RECONHECIMENTO. POSTURA TEMERÁRIA. 1. O regime processual pátrio prestigia o sistema da singularidade recursal, segundo o qual somente é admissível a interposição de um único recurso em face da decisão objeto da insurgência, razão pela qual, na hipótese de interposição de apelação e recurso adesivo contra a mesma sentença de mérito, apenas um dos recursos manejados poderá ser conhecido em sede de juízo de admissibilidade. 2. O interesse recursal é condição do recurso consubstanciada na utilidade do provimento pleiteado, que se caracteriza pela demonstração da necessidade de interposição do recurso, bem como da sua adequação. 3. Carece a parte autora de interesse recursal quando pleiteia a complementação da perícia que sequer foi considerada pelo sentenciante, o qual deixou para apurar o valor indenizatório na fase de liquidação da sentença, mediante realização de nova perícia. Agravo retido não conhecido. 4. Não se mostra cabível a complementação das contrarrazões recursais ainda que se encontre dentro do prazo legal. Ou seja, praticado o ato, a parte fica obstada de apresentar argumentos adicionais, ante a preclusão consumativa. 5. Segundo o disposto no art. 397 do Código de Processo Civil de 1973 (CPC/2015, art. 435), "é lícito às partes, em qualquer tempo, juntar aos autos documentos novos, quando destinados a fazer prova de fatos ocorridos depois dos articulados, ou para contrapô-los aos que foram produzidos nos autos". 6. É admitida a juntada de documento novo nos autos, na fase de apelação, quando não forem contrariados os seguintes requisitos: i) não se tratar de documento indispensável à propositura da ação; não existir indícios de má-fé na conduta da parte que pleiteia a sua juntada; e iii) quando oportunizado o contraditório e a ampla defesa à parte contrária. Precedente do STJ. (REsp 1.176.440/RO, Rel. Ministro NAPOLEÃO NUNES MAIA FILHO; Julg. 17/09/2013, T1 – PRIMEIRA TURMA, DJe: 04/10/2013). 7. O imóvel de propriedade da NOVACAP afigura-se como bem público e, portanto, insuscetível de ser adquirido por usucapião, por expressa vedação constitucional (arts. 183, § 3º e 191, parágrafo único). Assim, o marco inicial para a prescrição aquisitiva do imóvel é a data em que ocorre a transferência do bem ao particular, quando efetivamente poderá ser exercida a posse sobre ele. 8. O direito de demandar pela evicção exige a perda da posse ou da propriedade do bem, por sentença judicial ou ato administrativo, derivada de fato anterior à realização do negócio jurídico. Portanto, demonstrado que a alienação do bem é anterior à sua aquisição por terceiros pela usucapião, fica descaracterizada a evicção. 9. Configura-se a litigância de má-fé quando a parte procede de modo temerário (CPC/2015, art. 80, V), adotando postura contrária ao princípio da boa-fé processual (CPC/2015, art. 5º) e da cooperação, segundo o qual, "todos os sujeitos do processo devem cooperar entre si para que se obtenha, em tempo razoável, decisão de mérito justa e efetiva." (CPC/2015, art. 6º) 10. A postura da parte que se vale de recursos e pedidos infundados, expõe alegações mal articuladas em gigantescas peças processuais e extensa documentação, sem qualquer utilidade, dificultando a compreensão da controvérsia e causando nítido tumulto processual, além de dificultar o exercício do contraditório pelas partes adversas, impõe a incidência do regramento previsto no artigo 80, inciso V c/c o artigo 81 do novo CPC. 11. Recurso adesivo e agravo retido dos autores não conhecidos. Apelação dos réus conhecida e provida. Apelação dos autores prejudicada. (TJ-DF; 20050111176306 DF; 1ª Turma Cível; Rel. Simone Lucindo; Julg. 24/05/2017; Data de Publicação: DJE: 27/06/2017; Pág. 173-192)

✓ APELAÇÃO CÍVEL. AÇÃO DE INDENIZAÇÃO POR DANOS MORAIS. LIBERAÇÃO DE FUMAÇA TÓXICA DECORRENTE DE REAÇÃO QUÍMICA OCASIONADA POR ARMAZENAMENTO DE FERTILIZANTES. IMPROCEDÊNCIA NA ORIGEM EM FACE DA INEXISTÊNCIA DE COMPROVANTE IDÔNEO DO DOMICÍLIO DA AUTORA. INSURGÊNCIA DESTA. 1. PRELIMINARES DE NULIDADE DA SENTENÇA: (A) ALEGAÇÃO DE QUE O JULGAMENTO ANTECIPADO DA LIDE CERCEOU SEU DIREITO DE DEFESA, TENDO EM VISTA A NÃO CONCESSÃO DE PRAZO PARA COMPLEMENTAÇÃO DE DOCUMENTOS ESSENCIAIS E DE INSTRUÇÃO PROBATÓRIA. INSUBSISTÊNCIA. COMPROVANTE DE DOMICÍLIO INDISPENSÁVEL PARA DEMONSTRAR O NEXO DE CAUSALIDADE ENTRE O ATO ILÍCITO E O SUPOSTO DANO DELE ADVINDO. FATO CONSTITUTIVO DO DIREITO DA AUTORA (ART. 373, I, DO CPC E ART. 333, I, DO CPC/1973) A SER DEMONSTRADO POR PROVA EMINENTEMENTE DOCUMENTAL DE FÁCIL CONFECÇÃO, DEVENDO SER APRESENTADA COM A PETIÇÃO INICIAL OU COM A RÉPLICA, SOB PENA DE PRECLUSÃO, POR NÃO SER CONSIDERADO DOCUMENTO NOVO, CONSOANTE ARTIGOS 434 E 435 DO CPC (ARTIGOS 396 E 397 DO CPC/1973). AUSÊNCIA DE PEDIDO DE PRODUÇÃO DE PROVAS NA PETIÇÃO INICIAL E NA RÉPLICA. POSSIBILIDADE DE JULGAMENTO ANTECIPADO DA LIDE, EM CONSONÂNCIA COM O LIVRE CONVENCIMENTO MOTIVADO DO JULGADOR E DA LIVRE ADMISSIBILIDADE DA PROVA (ARTS. 370 E 371 DO CPC), POIS ULTRAPASSADA A FASE EM QUE DEVERIAM SER JUNTADOS OS DOCUMENTOS. – "[...] 1 Descabe determinação de emenda à inicial, porque "a prova do domicílio caracteriza-se como fato constitutivo do direito da parte autora, não basta para tanto a mera declaração por si subscrita, sendo necessário que a petição inicial acompanhe documento idôneo destinado a tal finalidade (conta de água, luz, ou telefone; cadastro em banco ou loja; certidão eleitoral). Isso porque, à luz do art. 396 do CPC/73, 'compete à parte instruir a petição inicial (art. 283), ou a resposta (art. 297), com os documentos destinados a provar-lhe as alegações'. A juntada posterior somente é permitida em caso de documento novo (art. 397, CPC/73)" (AC n. 0600350-19.2014.8.24.0061, Des. Marcus Tulio Sartorato). Mormente quando a angularização processual já foi atingida. 2 Não há que se falar em cerceamento de defesa quando a produção de provas se mostra absolutamente inócua, notadamente quando a parte, para se eximir do ônus, deveria apresentar documentos com a inicial. [...] (TJSC, Apelação Cível n. 0501159-35.2013.8.24.0061, de São Francisco do Sul, rel. Des. Luiz Cézar Medeiros; Julg. 25-04-2017). (B) ALEGAÇÃO DE QUE A NÃO COMPROVAÇÃO DA RESIDÊNCIA ENSEJA A EXTINÇÃO DA DEMANDA SEM O JULGAMENTO DO MÉRITO. TESE AFASTADA. - O comprovante de residência não é tido como documento indispensável à propositura da ação, não se aplicando as disposições dos artigos 283 e 284 do CPC/1973 (arts. 320 e 321 do CPC), mas, sim, à prova de fato constitutivo do direito da parte autora relacionado ao mérito da demanda. - Justamente pelo motivo elencado, a ausência do comprovante aqui discutido não gera o julgamento do feito, sem resolução do mérito, por indeferimento da petição inicial (art. 267, I, do CPC/1973 e art. 485, I, do CPC). Acarreta, na verdade, a improcedência do pedido da requerente, nos termos do art. 269, I, do CPC/1973 (art. 487, I, do CPC). 2. MÉRITO. DANO MORAL. RESPONSABILIDADE OBJETIVA DAS RÉS. AUSENTE, PORÉM, PROVA IDÔNEA DE QUE A REQUERENTE RESIDIA EM UM DOS BAIRROS AFETADOS PELA FUMAÇA TÓXICA. SIMPLES DECLARAÇÃO DE RESIDÊNCIA NA PROCURAÇÃO QUE TAMBÉM NÃO É CONSIDERADA PROVA APTA DO SEU DOMICÍLIO, CRUCIAL AO ACOLHIMENTO DE SUA PRETENSÃO, ATÉ PORQUE NÃO MENCIONA EXPRESSAMENTE A RESPONSABILIDADE DA DECLARANTE, NOS TERMOS DA LEI Nº 7.115/1983. NEXO DE CAUSALIDADE NÃO CONFIGURADO. DEVER DE INDENIZAR AUSENTE. SENTENÇA MANTIDA. RECURSO CONHECIDO E DESPROVIDO. (TJSC; Apelação Cível 0501307-46.2013.8.24.0061; São Francisco do Sul; Quinta Câmara de Direito Civil; Rel. Des. Cláudia Lambert de Faria; Julg. 12-12-2017).

✓ PROCESSUAL CIVIL - JUNTADA DE DOCUMENTO EM SEDE DE EMBARGOS DE DECLARAÇÃO - NÃO CONHECIMENTO - DOCUMENTAÇÃO EXISTENTE À ÉPOCA DE INTERPOSIÇÃO DO AGRAVO 1 O documento novo, cuja juntada e conhecimento são autorizados pelo Código de Processo Civil (art. 435), é aquele ignorado pela parte, seja porque não sabia de sua existência, seja porque não era possível dele fazer uso durante o trâmite do processo. 2 Se já existente e de conhecimento da parte, sua juntada tardia não autoriza que seja conhecido, sobretudo em sede de embargos de declaração em que há a finalidade equivocada de reformar o acórdão para adaptá-lo às convicções do recorrente. OBSCURIDADE E OMISSÃO - INOCORRÊNCIA - ACÓRDÃO DEVIDAMENTE FUNDAMENTADO (CPC, ART. 489, § 1º) - REDISCUSSÃO - DESCABIMENTO 1 Os embargos de declaração não têm a finalidade de restaurar a discussão da matéria decidida com o propósito de ajustar o decisum ao entendimento sustentado pelo embargante. 2 A essência desse procedimento recursal é a correção de obscuridade, contradição ou omissão do julgado, não se prestando à nova análise do acerto ou justiça deste, mesmo que a pretexto de prequestionamento. (TJSC; Embargos de Declaração 4017543-46.2016.8.24.0000; Joinville; Quinta Câmara de Direito Civil; Rel. Des. Luiz Cézar Medeiros; Julg. 11-07-2017).

✓ VOTO: Na origem, cuidam os autos de inscrição indevida nos cadastros de inadimplentes. Narra a parte autora que era beneficiária de plano de saúde coletivo administrado pela ré; salientando, em seguida, que não mais satisfeita com o plano, requereu, em 14/10/2016, a rescisão contratual; esclarecendo, ainda, que o cancelamento ocorreu via contato telefônico, onde a preposta da ré foi enfática em afirmar que não havia débito contratual a quitar. Enumerou o protocolo de atendimento, requerendo, ao final, a inversão do ônus probatório a fim de que a parte ré traga aos autos a tratativa feita no contato mencionado na inicial; busca, ainda, a exclusão de seu nome dos cadastros de inadimplência, a repetição do indébito e indenização por danos morais. Citada, a recorrente apresentou a contestação alegando que o autor efetuou o pedido de cancelamento fora do prazo contratual e, como a prestação é a vencer, ou seja, o pagamento se dá no mês de cobertura, o plano estava vigendo e, por consequência, a mensalidade era devida. A sentença julgou procedentes os pedidos, acolhendo o argumento de que houve restrição indevida do nome do autor. A ora recorrente interpôs o presente recurso, cujas razões vieram acompanhadas de documentos. Seguiram-se as contrarrazões, onde, preliminarmente, o recorrido pugna pelo desentranhamento dos documentos, considerando que os mesmos foram apresentados de forma extemporânea. No mérito, prestigia a sentença e pugna pela manutenção do julgado. É o relatório. Passo ao voto. Encontram-se presentes os pressupostos recursais, razão pela qual o recurso deve ser conhecido. Antes de analisar o mérito recursal, analiso a questão da juntada dos documentos em sede recursal. Cabe consignar que a lei 9099/95 tem como bases principiológicas a informalidade, celeridade e oralidade; sendo certo que tais peculiaridades devem estar sempre compatibilizadas com o postulado maior da ampla defesa e o devido processo legal substancial. Dentro deste contexto, o artigo 33 da lei especial exige, por regra, que todas as provas sejam produzidas no momento da audiência de instrução e julgamento; previu o legislador, portanto, a concentração dos atos instrutórios em audiência. Decerto, portanto, que a rigor não se admite a juntada de documentos após o encerramento da audiência de instrução e julgamento. Isso nada obstante, não obsta que em hipóteses excepcionais, a produção da prova seja feita após a realização do ato, e até mesmo em sede recursal, a fim de atender ao postulado maior do contraditório e da ampla defesa. Não é outa a inteligência do artigo 435 do novo CPC, in verbis: "Art. 435. É lícito às partes, em qualquer tempo, juntar aos autos documentos novos, quando destinados a fazer prova de fatos ocorridos depois dos articulados ou para contrapô-los aos que foram produzidos nos autos. Parágrafo único. Admite-se também a juntada posterior de documentos formados após a petição inicial ou a contestação, bem como dos que se tornaram conhecidos, acessíveis ou disponíveis após esses atos, cabendo à parte que os produzir comprovar o motivo que a impediu de juntá-los anteriormente e incumbindo ao juiz, em qualquer caso, avaliar a conduta da parte de acordo com o art. 5º. Nessa linha intelectiva, a jurisprudência do STJ é firme em admitir a juntada posterior de documentos, desde que não sejam essenciais à propositura da ação (hipótese em que deveriam ser juntados no primeiro momento, isto é, com a petição inicial ou com a contestação, conforme a posição do sujeito processual) e respeitado o contraditório. Veja-se: PROCESSO CIVIL. AÇÃO POSSESSÓRIA. JUNTADA EXTEMPORÂNEA DE DOCUMENTOS. DETERMINAÇÃO DE DESENTRANHAMENTO. PODERES INSTRUTÓRIOS DO JUÍZO. RELATIVIZAÇÃO. NECESSIDADE DE CONTRADITÓRIO. 1. É admitida a juntada de documentos novos após a petição inicial e a contestação desde que: (i) (art. 398 do CPC). Precedentes. 2. Dessarte, a mera declaração de intempestividade não tem, por si só, o condão de provocar o desentranhamento do documento dos autos, impedindo o seu conhecimento pelo Tribunal a quo, mormente tendo em vista a maior amplitude, no processo civil moderno, dos poderes instrutórios do juiz, ao qual cabe determinar, até mesmo de ofício, a produção de provas necessárias à instrução do processo (art. 130 do CPC). 3. De fato, o processo civil contemporâneo encontra-se marcado inexoravelmente pela maior participação do órgão jurisdicional na construção do conjunto probatório, o que, no caso em apreço, autorizaria o Juízo a determinar a produção da prova consubstanciada em documento público, tornando irrelevante o fato de ela ter permanecido acostada aos autos a despeito da ordem para seu desentranhamento. 4. Nada obstante, essa certidão foi objeto de incidente de falsidade, o qual foi extinto pelo Juízo singular, em virtude da perda superveniente do interesse de agir decorrente da determinação de desentranhamento dos documentos impugnados dos autos. Assim, verifica-se que o contraditório não foi devidamente exercido, sendo tal cerceamento contrário à norma insculpida no art. 398 do CPC. 5. Recurso especial parcialmente provido (REsp 1.072.276 / RN, STJ, 4ª Turma, Relator Ministro Luis Felipe Salomão; Julg. 21/2/2013). Nesta perspectiva, a juntada a qualquer tempo de documentos somente é possível quando: (i) não se trate de documento indispensável à propositura da ação; (ii) não haja má fé na ocultação do documento; (iii) seja ouvida a parte contrária. Dessa forma, a produção da prova documental – ainda que posterior a primeira manifestação das partes no processo – isto é, com a petição inicial e a contestação – somente é admitida quando não se tratar documento essencial; vale dizer, não seja ele fundamental, assim entendido como destinado a comprovar os fatos que compõe a causa de pedir, tanto em relação a petição inicial quanto a contestação. Esclarecedoras as palavras do professor Moacir Amaral Santos: "São fundamentais os documentos que se tornam indispensáveis porque o autor a eles se referiu na petição inicial, como fundamento do pedido. (Santos, Moacir Amaral, Primeiras Linhas de Direito Processual Civil. 20 ed. São Paulo. Saraiva, 1990. V2, pag. 138). No caso dos autos, os documentos juntados com as razões recursais – sobretudo, o instrumento contratual e a tela que supostamente reproduz o contato telefônico – foram referidos pela parte ré em sua contestação, mas com ela não se fez acompanhar. São documentos essenciais e não foram apresentados na fase instrutória, sendo certo que não houve por parte da recorrente qualquer justificativa para a apresentação extemporânea. Portanto, ainda que seja prescindível o desentranhamento, tais provas não podem ser levadas em consideração para efeitos do julgamento deste recurso. Superada a preliminar, avanço na direção do mérito recursal. Nesta quadra, convém consignar que o recorrido escuda sua pretensão no fato de que não havia inadimplência a justificar a restrição que lhe foi imposta. É de conhecimento ordinário que a obrigação assumida pelos beneficiários de um plano de saúde é, por regra, similar a um prêmio de seguro, vale dizer, paga-se o mês em curso para ter direito as coberturas contratuais dentro daquele ciclo contratual. Todavia, esta regra pode ser alterada pelas partes, antes ou durante a execução do contrato, bastando a administradora do plano informar adequadamente o consumidor, como exige a norma do artigo 6º do CDC. De toda a sorte, a conduta das partes, com a modificação das cláusulas contratuais ou a simples concessão de algum direito, deve estar sempre pautada pela boa-fé, evitando-se, com isso, surpresa, dissabores e, sobretudo, o inadimplemento contratual. Não por outra razão que aos contratantes foram impostos deveres anexos ao cumprimento da obrigação principal; a boa-fé objetiva, o que se traduz em transparência, eticidade e lealdade na relação contratual. O descumprimento de tais comportamentos induz mora e, por conseguinte, inadimplemento. Vale lembrar ainda, que a conduta de qualquer preposto vincula o fornecedor, sendo ambos solidariamente responsáveis pelos seus atos perante o Consumidor. Deste modo, o autor afirma que o preposto da ré, no momento da rescisão contratual, afirmou não existir dívida contratual, ainda que, pelo ajuste inicial, houvesse a obrigação de pagar a parcela do mês em curso. A par desta premissa, as tratativas feitas pelas partes, naquele momento, tem crucial importância no julgamento desta demanda, afinal, se a informação foi clara e adequada no sentido de que ao recorrente caberia pagar a mensalidade, a sua mora está caracterizada, e, portanto, não haveria qualquer irregularidade no apontamento restritivo. É importante deixar consignado a singularidade da importância desta prova, pois o recorrido, de forma taxativa, solicitou a produção de tal prova já na inicial, reforçando sua importância na sua contrariedade ao recurso apresentado. Todavia, a transcrição das tratativas não foi objeto do contraditório, pois sequer veio aos autos em momento oportuno. Por outro lado, cumpre observar que mesmo admitida a juntada de documentos nesta sede recursal, a reprodução da tela sistêmica apresentada nas razões do recurso não se presta a comprovar a obrigação do recorrido, pois, além de unilateralmente produzida pela recorrente, foi devidamente impugnada nas contrarrazões. A conta do exposto, entendo que a restrição é indevida e deve ser excluída; e, bem assim, declarada a inexigibilidade da dívida contratual. O dano moral está presente, pois é entendimento pacífico das Turmas Recursais de que a inclusão indevida do nome do consumidor nos cadastros restritivos ao crédito gera danos morais, sendo certo que tal entendimento está de pleno acordo com os dispositivos constitucionais vigentes. O arbitramento do dano moral deve levar em conta a proporcionalidade ao agravo. Não pode ser excessivo, enriquecendo sem causa o ofendido. Tampouco irrisório, amesquinhando o instituto e estimulando o ofensor à reincidência. E tem de considerar os aspectos indenizatório e punitivo da verba. Inteligência do artigo 5º, V, de nossa Carta Política. Com isto em mente entendo que o arbitramento feito pelo juiz de primeiro grau está em conformidade com as decisões desta Turma, razão pela qual a sentença não merece qualquer censura. Por tais fundamentos, voto pelo conhecimento e desprovimento do recurso, condenando o recorrente nas custas e honorários advocatícios de 20% do valor da condenação, conforme o disposto no art. 55 da Lei 9099/95. É como voto. Poder Judiciário do Estado do Rio de Janeiro 3ª Turma Recursal Cível Recurso Inominado nº 0053240-03.2017.8.19.0001 Recorrente: ALIANÇA ADMINISTRADORA DE BENEFÍCIOS DE SAÚDE SA Recorrido: DANIEL SOTO LOPES Rel. Juiz Marcos Antônio Ribeiro de Moura Brito Sessão: 27/09/2017 Palácio da Justiça do Estado do Rio de Janeiro – Lâmina V Avenida Erasmo Braga nº 115 – Centro – Rio de Janeiro – RJ (TJ-RJ; RI 00532400320178190001 Rio de Janeiro; IX Juizado Especial Cível/Univ. Veiga de Almeida; Capital 3a. Turma Recursal dos Juizados Especiais Cíveis; Rel. Marcos Antonio Ribeiro de Moura Brito; Julg. 02/10/2017; Data de Publicação: 04/10/2017)

Parágrafo único. Admite-se também a juntada posterior de documentos formados após a petição inicial ou a contestação, bem como dos que se tornaram conhecidos, acessíveis ou disponíveis após esses atos, cabendo à parte que os produzir comprovar o motivo que a impediu de juntá-los anteriormente e incumbindo ao juiz, em qualquer caso, avaliar a conduta da parte de acordo com o art. 5º.

→ *V.* Art. 1.014 do CPC.

Impossibilidade de anexação extemporânea de documento:

✓ AÇÃO DECLARATÓRIA DE INEXIGIBILIDADE DE DÉBITO. Negativação. Legitimidade do débito não provada pelo Apelante. Art. 333, inc. II, CPC. Juntada de documento novo indispensável depois de proferida a sentença. Inadmissibilidade no caso concreto. Documento que deveria ter sido juntado com a contestação, pena de surpresa à parte contrária e ao órgão julgador, além de ofensa ao contraditório e à lealdade processual. Inteligência do art. 397 do CPC/73, à luz do entendimento C. STJ (REsp nº 1.072.276-RN), e do par. único do art. 435 do CPC. Documento não admitido. Sentença mantida. Recurso não provido. (TJ-SP; APL 10210948020158260577; SP; 12ª Câmara de Direito Privado; Rel. Tasso Duarte de Melo; Julg. 06/06/2016; Data de Publicação: 06/06/2016)

✓ AÇÃO DECLARATÓRIA C.C. REPARAÇÃO DE DANOS MORAIS. Documentos novos juntados com o recurso de apelação. Inadmissibilidade. Surpresa à parte contrária e ao órgão julgador, além de ofensa ao contraditório e à lealdade processual. Inteligência do par. único do art. 435 do CPC (art. 397 do CPC/73), à luz do entendimento C. STJ (REsp nº 1.072.276-RN). Discussão sobre a exigibilidade de conta de consumo de energia elétrica. Apelante que alega ter deixado o imóvel em abril de 2012, decorrência de ação de reintegração de posse promovida por terceiro. Fato não provado. Também não provada eventual comunicação de saída do imóvel à concessionária que presta o serviço público. Art. 373, inc. I, do CPC. Sentença mantida íntegra, com determinação de desentranhamento dos documentos novos de fls. 158/173. Recurso não provido, com determinação. (TJ-SP; APL 10039158020148260606; SP; 12ª Câmara de Direito Privado; Rel. Tasso Duarte de Melo; Julg. 14/09/2016; Data de Publicação: 20/09/2016). AGRAVO EM RECURSO ESPECIAL Nº 1.126.150 – RJ (2017/0154771-2) RELATORA: MINISTRA MARIA ISABEL GALLOTTI AGRAVANTE: COMPANHIA MUTUAL DE SEGUROS – EM LIQUIDAÇÃO REPR. POR: MARCIA REGINA CALVANO MACHADO – LIQUIDANTE ADVOGADO: THATYANA FLAVIA GUIMARÃES PRADO VASQUES E OUTRO (S) – RJ189750 AGRAVADO: MARIA DA CONCEICAO FELIS DE SOUZA ADVOGADO: MARIZA SILVA SANTOS – RJ080032 INTERES.: VIAÇÃO SUL FLUMINENSE TRANSPORTES E TURISMO LTDA ADVOGADO: AURA MEDEIROS DE PAIVA LIMA E OUTRO (S) – RJ049533 DECISÃO Trata-se de agravo manifestado pela Companhia Mutual de Seguros – Em Liquidação, representada por Márcia Regina Calvano Machado – Liquidante contra decisão que negou seguimento ao recurso especial, no qual se alega violação dos arts. 98, 99, § 2º, 489, § 1º, IV e 1.022, II, do Código de Processo Civil de 2015, além de dissídio jurisprudencial. O acórdão recorrido está retratado na seguinte ementa (fls. 65/66): AGRAVO DE INSTRUMENTO. DIREITO CIVIL. AÇÃO ORDINÁRIA DE INDENIZAÇÃO EM FACE DA VIAÇÃO SUL FLUMINENSE TRANSPORTES E TURISMO LTDA. CHAMAMENTO AO PROCESSO DA COMPANHIA MUTUAL DE SEGUROS, QUE REQUEREU GRATUIDADE DE JUSTIÇA ALEGANDO ESTAR EM LIQUIDAÇÃO EXTRAJUDICIAL. DECISÃO DO JUÍZO A QUO INDEFERINDO O BENEFÍCIO, ENTENDENDO QUE A CHAMADA NÃO DEMONSTROU COMO O RECOLHIMENTO DAS CUSTAS PODERIA ABALAR O SEU PLANO DE RECUPERAÇÃO. AGRAVO DE INSTRUMENTO INTERPOSTO PELA SEGURADORA. O SUPERIOR TRIBUNAL DE JUSTIÇA JÁ DECIDIU QUE A DECRETAÇÃO DE FALÊNCIA OU RECUPERAÇÃO JUDICIAL DA PESSOA JURÍDICA, POR SI SÓ, NÃO É SUFICIENTE PARA REPUTÁ-LA HIPOSSUFICIENTE. (AGRG NO AG 1292537 / MG, MINISTRO LUIZ FUX, 1ª TURMA, J. 18/08/2010). AUSÊNCIA DE PROVA, NO CASO CONCRETO, DA HIPOSSUFICIÊNCIA. NÃO PROVIMENTO DO AGRAVO DE INSTRUMENTO. "Ação ordinária de Indenização" ajuizada por Maria da Conceição Felis de Souza contra a Viação Sul Fluminense Transportes e Turismo Ltda. Chamamento ao processo da Companhia Mutual de Seguros – em Liquidação Extrajudicial, a qual requereu gratuidade de justiça. Decisão do juízo a quo indeferindo a gratuidade, sob o entendimento de que a chamada não demonstrou concretamente como o recolhimento das custas poderia abalar seu plano de recuperação. Agravo de instrumento interposto pela seguradora chamada ao processo. Preliminar de cerceamento de defesa em função do indeferimento do pleito. No mérito, pleiteia a reforma da decisão. Não assiste razão à agravante. Decisão publicada sob a égide do CPC. Preliminarmente, cabe esclarecer que não se verifica na presente hipótese qualquer violação aos art. 11 e 489, § 1º, do CPC, e 93, IX, da CRFB, inexistindo a propalada nulidade e qualquer inobservância ao devido processo legal. O indeferimento da gratuidade requerida pela agravante só importaria em nulidade caso fosse imotivado, o que claramente não ocorreu, visto que o juízo a quo considerou, dentre outras questões, que "...a Chamada não demonstrou, concretamente, como o recolhimento das custas processuais poderia abalar o seu plano de recuperação, limitando-se a dissertar sobre a possibilidade do benefício da gratuidade de justiça à pessoa jurídica com fins lucrativos.", tendo, assim, explicado didaticamente as razões que o levaram a entender pelo indeferimento do solicitado. A Constituição Federal assegura a todos que comprovarem insuficiência de recursos a assistência jurídica integral e gratuita, mesmo em se tratando de pessoa jurídica, segundo se extrai dos incisos XXXIV e LXXIV, de seu art. 5º. Enquanto para a pessoa física milita a presunção de veracidade da afirmação de pobreza, no tocante às pessoas jurídicas já se encontra sedimentado o entendimento de que a concessão da gratuidade de justiça depende da comprovação da impossibilidade de arcar com os encargos processuais. Inteligência das súmulas nº 121, desta Corte, e 481, do STJ. O fato de estar a empresa em liquidação extrajudicial, por si só, não implica no direito ao benefício da gratuidade de justiça. O Superior Tribunal de Justiça já decidiu que apenas a decretação de falência ou recuperação judicial da pessoa jurídica não são suficientes para reputá-la hipossuficiente. A ora agravante não demonstrou, concretamente, a verossimilhança dos fatos alegados, qual seja, sua hipossuficiência econômica com a impossibilidade de recolher as custas processuais, não se prestando para tal apenas a juntada do relatório de direção fiscal elaborado em 2015 pela então liquidante judicial. Precedentes jurisprudenciais do STJ e desta Corte. AGRAVO DE INSTRUMENTO AO QUAL SE NEGA PROVIMENTO. Sustenta a agravante que a pessoa jurídica com insuficiência de recursos tem direito aos benefícios da justiça gratuita, na forma dos arts. 98 e 99 do Código de Processo Civil.

Afirma que o relatório fiscal e o relatório elaborado pela liquidante atestam a situação de insolvência da empresa. Argumenta que antes do indeferimento do benefício da justiça gratuita, deve o julgador oportunizar ao requerente a juntada de novos documentos. Assim delimitada a controvérsia, passo a decidir. Inicialmente, em relação à suposta ofensa aos arts. 489 e 1.022 do CPC/2015, verifico que inexiste omissão ou ausência de fundamentação na apreciação das questões suscitadas. Ademais, não se exige do julgador a análise de todos os argumentos das partes, a fim de expressar o seu convencimento. O pronunciamento acerca dos fatos controvertidos, a que está o magistrado obrigado, encontra-se objetivamente fixado nas razões do acórdão recorrido. No mérito, observo que é pacífica a jurisprudência desta Corte no sentido de que é possível a concessão dos benefícios da justiça gratuita à pessoa jurídica, desde que seja comprovada a precariedade de sua situação financeira, já que é relativa a presunção de miserabilidade. Nesse sentido, confira-se: AGRAVO REGIMENTAL NO AGRAVO EM RECURSO ESPECIAL. ASSISTÊNCIA JUDICIÁRIA GRATUITA. PESSOA JURÍDICA EM REGIME DE LIQUIDAÇÃO EXTRAJUDICIAL. HIPOSSUFICIÊNCIA NÃO COMPROVADA. REVISÃO. SÚMULA 7/STJ. RECURSO NÃO PROVIDO. 1. A jurisprudência desta eg. Corte entende que é possível a concessão do benefício da assistência judiciária gratuita à pessoa jurídica somente quando comprovada a precariedade de sua situação financeira, não havendo falar em presunção de miserabilidade. 2. A concessão do benefício da assistência judiciária à pessoa jurídica em regime de liquidação extrajudicial ou de falência depende de demonstração de sua impossibilidade de arcar com os encargos processuais. 3. Na espécie, foi consignado que, a despeito de se encontrar em regime de liquidação extrajudicial, o recorrente é empresa de grande porte que não logrou êxito em demonstrar, concretamente, situação de hipossuficiência para o fim de concessão do benefício da assistência judiciária. 4. Neste contexto, a modificação de tal entendimento lançado no v. acórdão recorrido, como ora perseguida, demandaria a análise do acervo fático-probatório dos autos, o que é vedado pela Súmula 7 do STJ. 5. Agravo regimental a que se nega provimento. (AgRg no AREsp 576.348/RJ; Quarta Turma; Rel. Raul Araújo; DJe de 23.4.2015) Na presente hipótese, o Tribunal de origem manteve o indeferimento da gratuidade de justiça à empresa agravante, assim discorrendo (fls. 69 e 135/136): (...) Contudo, o fato de estar a empresa em liquidação extrajudicial, por si só, não implica no direito ao benefício da gratuidade de justiça. Veja-se que o Superior Tribunal de Justiça já decidiu que apenas a decretação de falência ou recuperação judicial da pessoa jurídica não são suficientes para reputá-la hipossuficiente. Confira-se: (...) No caso em tela a ora agravante não demonstrou, concretamente, a verossimilhança dos fatos alegados, qual seja, sua hipossuficiência econômica com a impossibilidade de recolher as custas processuais, não se prestando para tal apenas a juntada do relatório de direção fiscal elaborado em 2015 pela então liquidante judicial. (...) Quanto ao "Relatório do Liquidante" (índice 000103), documento novo através do qual a embargante pretende comprovar sua hipossuficiência, o art. 435 do CPC expressa que "É lícito às partes, em qualquer tempo, juntar aos autos documentos novos, quando destinados a fazer prova de fatos ocorridos depois dos articulados ou para contrapô-los aos que foram produzidos aos autos.". Entretanto, verifica-se que o referido documento foi produzido em 03/03/2016, anteriormente, portanto, ao agravo de instrumento, datado de 18/05/2016 e protocolado em 27/05/2016 (fls. 02/16 – índice 000002), não havendo nos embargos de declaração qualquer prova de que o Relatório lhe fosse inacessível por ocasião do recurso, de forma a incidir a exegese do parágrafo único do art. 435: "Parágrafo único. Admite-se também a juntada posterior de documentos formados após a petição inicial ou a contestação, bem como dos que se tornaram conhecidos, acessíveis ou disponíveis após esses atos, cabendo à parte que os produzir comprovar o motivo que a impediu de juntá-los anteriormente e incumbindo ao juiz, em qualquer caso, avaliar a conduta da parte de acordo com o art. 5º.". Ressalte-se que, apesar de não se vislumbrar ausência de boa-fé na juntada do Relatório (art. 5º, CPC), vê-se que o mesmo, por si só, não se prestaria ao deferimento do benefício, posto que denota ambiguidade ao concluir que "Diante do exposto acima, em que pese, a princípio, não estar configurada a hipótese de pedido de falência, solicitamos um prazo de seis meses para prosseguimento dos trabalhos necessários com o intuito de apresentar a situação econômico-financeira mais fidedigna com a realidade da massa liquidanda." (índice 000103) Gize-se, por derradeiro, que ficou evidenciado que o juízo a quo oportunizou ao ora embargante a possibilidade de comprovação do preenchimento dos pressupostos da gratuidade antes do seu indeferimento, nos termos do art. 99, § 2º, do CPC, como se infere do seguinte trecho da decisão agravada: "Na hipótese "sub judice", regularmente intimado para recolher a verba honorária através do despacho de fls. 318, a chamada COMPANHIA MUTUAL DE SEGUROS sustentou que se encontra em liquidação extrajudicial..." (fls. 08/09 – índice 000008 – anexo 1). (...) Com efeito, anoto que a desconstituição da referida conclusão demandaria o reexame do acervo fático dos autos, procedimento que, em sede especial, encontra óbice na Súmula n. 7/STJ. Em face do exposto, nego provimento ao agravo. Intimem-se. Brasília (DF), 29 de agosto de 2017. STJ; AREsp: 1126150 RJ 2017/0154771-2; Rel. Min. Maria Isabel Gallotti; Data de Publicação: DJ 08/09/2017

✓ AGRAVO EM RECURSO ESPECIAL Nº 1.514.013 – SE (2019/0154935-0) RELATOR: MINISTRO PRESIDENTE DO STJ AGRAVANTE: MUNICIPIO DE CARMOPOLIS ADVOGADOS: MÁRCIO MACÊDO CONRADO E OUTRO(S) – SE003806 CRISTIANO MIRANDA PRADO – SE005794 AGRAVADO: DIRCEU PASSOS ADVOGADO: AGAMENON ALVES FREIRE JUNIOR E OUTRO(S) – SE006027 DECISÃO Trata-se de agravo apresentado pelo MUNICÍPIO DE CARMOPOLIS contra a decisão que não admitiu seu recurso especial. O apelo nobre, fundamentado no artigo 105, inciso III, alínea "a", da CF/88, visa reformar acórdão proferido pelo TRIBUNAL DE JUSTIÇA DO ESTADO DE SERGIPE, assim resumido: Apelação Cível. Município de Carmópolis. Gratificação por Titulação. Observância das Leis Municipais nº 681/2002 e 682/2002. Documentos acostados pela parte autora que servem para comprovar o direito alegado. Pretensão de recebimento da gratificação desde a data do protocolo junto à Municipalidade. Sentença mantida. Recurso conhecido e desprovido. Alega violação dos arts. 373, inciso I, e 435, parágrafo único, ambos do Código de Processo Civil, no que concerne à impossibilidade de juntada tardia dos documentos destinados a comprovar as alegações do autor, trazendo os seguintes argumentos: Vejamos o que dispõe o artigo 434, do Código de Processo Civil, sobre esse tema: Art. 434 – Incumbe a parte instruir a petição inicial ou a contestação com os documentos destinados a provar suas alegações. O artigo 373, inciso I, do mesmo Diploma Processual, também atribui que é ônus do Autor provar o fato constitutivo do seu direito. Insta salientar que em respeito à paridade de armas e ao princípio da isonomia, os documentos apresentados posteriormente ao ingresso da ação não merecem ser conhecidos, pois preclusa a oportunidade para juntada dos certificados que baseiam o pleito autoral. Seguindo adiante, de acordo com o artigo 435, parágrafo único, do CPC, é cabível a juntada posterior somente de documentos novos, ou que foram formados após a petição inicial ou contestação, bem como dos que se tornaram conhecidos, acessíveis ou disponíveis após esses atos, desde que a parte comprove o motivo que impediu de juntá-los anteriormente, o que não foi feito. Atente-se ao que diz o mencionado enunciado prescritivo: Art. 435. É lícito às partes, em qualquer tempo, juntar aos autos documentos novos, quando destinados a fazer prova de fatos ocorridos depois dos articulados ou para contrapô-los aos que foram produzidos nos autos. Parágrafo único. Admite-se também a juntada posterior de documentos formados após a petição inicial ou a contestação, bem como dos que se tornaram conhecidos, acessíveis ou disponíveis após esses atos, cabendo à parte que os produzir comprovar o motivo que a impediu de juntá-los anteriormente e incumbindo ao juiz, em qualquer caso, avaliar a conduta da parte de acordo com o art. 5°. (Destacado) Diante do caso em análise, percebemos que não houve quaisquer das hipóteses previstas para a juntada tardia de tais documentos. Importante observar que possibilitar a apresentação de documentos de forma extemporânea e sem observância aos ditames estabelecidos na legislação pátria gerará, por certo, causa de nulidade processual. Pelo exposto, operou-se a preclusão consumativa (fls. 290/291). É o relatório. Decido. Na espécie, incide o óbice das Súmulas 282/STF e 356/STF, uma vez que a questão, assim como suscitada nas razões do recurso especial, não foi examinada pela Corte de origem, tampouco foram opostos embargos de declaração para tal fim. Dessa forma, ausente o indispensável requisito do prequestionamento. Nesse sentido: REsp n. 1.160.435/PE, relator Ministro Benedito Gonçalves, Corte Especial, DJe de 28/4/2011; AgInt no AREsp n. 1.339.926/PR, relator Ministro Raul Araújo, Quarta Turma, DJe de 15/2/2019; e REsp n. 1.730.826/MG, relator Ministro Herman Benjamin, Segunda Turma, DJe de 12/2/2019. Ante o exposto, com base no art. 21-E, V, do Regimento Interno do Superior Tribunal de Justiça, conheço do agravo para não conhecer do recurso especial. Publique-se. Intimem-se. Brasília, 18 de junho de 2019. MINISTRO JOÃO OTÁVIO DE NORONHA Presidente (STJ - AREsp: 1514013 SE 2019/0154935-0, Relator: Ministro JOÃO OTÁVIO DE NORONHA, Data de Publicação: DJ 24/06/2019)

Art. 436. A parte, intimada a falar sobre documento constante dos autos, poderá:

Possibilidade de a parte impugnar o documento:

✓ PROCESSO CIVIL. AÇÃO DE DESPEJO C/C COBRANÇA DE ALUGUÉIS E DEMAIS DESPESAS. PRELIMINAR DE NULIDADE DA JUNTADA DO MANDADO DE CITAÇÃO COM PEDIDO DE AFASTAMENTO DA REVELIA REJEITADA. PRELIMINAR DE NULIDADE DO PROCESSO POR CERCEAMENTO DE DEFESA POR AUSÊNCIA DE INTIMAÇÃO DO ADVOGADO PARA MANIFESTAÇÃO ACOLHIDA. SENTENÇA CASSADA. 1- Sendo o réu regularmente citado e não havendo defeito na juntada do mandado aos autos, não há razão para afastar a sua revelia diante da apresentação da contestação fora do prazo legal. Preliminar de nulidade do mandado rejeitada. 2- Nos termos do art. 437, § 1°, do CPC, sempre que uma das partes requerer a juntada de documento aos autos, o juiz ouvirá, a seu respeito, a outra parte, que disporá do prazo de 15 (quinze) dias para adotar qualquer das posturas indicadas no art. 436 (I - impugnar a admissibilidade da prova documental; II - impugnar sua autenticidade; III - suscitar sua falsidade, com ou sem deflagração do incidente de arguição de falsidade; IV - manifestar-se sobre seu conteúdo). 3- Ausente a intimação do réu para se manifestar a respeito dos documentos juntados à réplica, que fundamentaram o julgamento de parcial procedência do pedido inicial, perdeu a possibilidade de influenciar o julgador na formação de seu convencimento acerca de pontos controvertidos da lide, razão pela qual a sentença deverá ser cassada, retornando os autos à instância de origem para que seja regularmente oportunizada a manifestação sobre os documentos acostados pelo autor em réplica. Preliminar de cerceamento de defesa acolhida. 4- Preliminar acolhida. Sentença cassada. (TJ-DF; 20150110593096 0016934-39.2015.8.07.0001; 5ª Turma Cível; Rel. Josapha Francisco dos Santos; Julg. 10/05/2017; Data de Publicação: DJE: 23/05/2017; Pág. 846/849)

✓ APELAÇÃO CÍVEL - AÇÃO DE COBRANÇA - RECONVENÇÃO - SENTENÇA PROFERIDA SEM DAR VISTA DE DOCUMENTO TRAZIDO PELA PARTE CONTRÁRIA E SEM INTIMAR AS PARTES PARA INFORMAR SE PRETENDIAM PRODUZIR ALGUM TIPO DE PROVA - CERCEAMENTO DE DEFESA CONFIGURADO - SENTENÇA ANULADA. O julgamento antecipado da lide, sem dar oportunidade de produção de provas configura inequívoco cerceamento do direito constitucional à ampla defesa e ao contraditório, delineado no art. 5º, inciso LV, da CR/88, mormente quando o Magistrado se baseia em documentos dos quais não teve vista a parte contrária. (TJ-MG; AC 10701150161175001 MG; 16ª Câmara Cível; Rel. Marcos Henrique Caldeira Brant; Julg. 01/11/2017; Data de Publicação: 10/11/2017)

✓ MONITÓRIA. CHEQUE. Interrupção do prazo prescricional pelo ajuizamento de demanda pelo devedor, em que discutida a relação jurídica que fundamenta o saque do título de crédito objeto do pedido monitório. Prazo prescricional quinquenal não ultrapassado. Nulidade processual não verificada. Intimação das partes para especificação de provas. Ciência dos atos e termos do processo. Autenticidade da prova documental acostada aos autos não impugnada. Incidente de falsidade não suscitado. Prejuízo ao recorrente não evidenciado. Demonstração da causa debendi. Pagamento da obrigação não comprovado. Exigibilidade do débito configurada. Sentença mantida. RECURSO DESPROVIDO. (TJ-SP 10082209620158260566; SP; 35ª Câmara Extraordinária de Direito Privado; Rel. Afonso Bráz; Julg. 29/09/2017; Data de Publicação: 29/09/2017)

✓ APELAÇÃO CÍVEL - DIREITO CIVIL - DIREITO DE PREFERÊNCIA - CESSÃO DIREITOS ANTES AJUIZAMENTO AÇÃO - DOCUMENTO NOVO - JUNTADA - AUSÊNCIA DE VISTA - ILEGITIMIDADE ATIVA - EXTINÇÃO PROCESSO - INEXISTÊNCIA DE CERCEAMENTO - AUSÊNCIA DE ALEGAÇÃO DE QUALQUER FATO MODIFICADOR DA SITUAÇÃO OU EM RELAÇÃO AO DOCUMENTO - MANUTENÇÃO SENTENÇA. - É cediço que do documento novo carreado aos autos pela parte deve ser dada vista a parte contrária para se manifestar, sob pena de se apurar cerceamento de defesa. - Não há que se falar em cerceamento de defesa quando o documento novo juntado não tenha sido em momento algum impugnado pela parte contrária, ainda que em sede de recurso de apelação, quando a parte se limita a questionar o cerceamento de defesa, não trazendo qualquer fato que pudesse alterar o resultado do processo, caracterizando por possível tentativa de procrastinar o final do processo. – É ilegítima a parte que demanda por direito que considera ter se ao tempo do ajuizamento da ação já havia sido cedido a outrem. (TJ-MG; AC 10005100031789001 MG; 11ª Câmara Cível; Rel. Alexandre Santiago; Julg. 25/01/2017; Data de Publicação: 31/01/2017)

I – impugnar a admissibilidade da prova documental;

II – impugnar sua autenticidade;

III – suscitar sua falsidade, com ou sem deflagração do incidente de arguição de falsidade;

IV – manifestar-se sobre seu conteúdo.

Parágrafo único. Nas hipóteses dos incisos II e III, a impugnação deverá basear-se em argumentação específica, não se admitindo alegação genérica de falsidade.

Art. 437. O réu manifestar-se-á na contestação sobre os documentos anexados à inicial, e o autor manifestar-se-á na réplica sobre os documentos anexados à contestação.

Cientificação da parte para se manifestar sobre documentos encartados:

✓ E M E N T A – RECURSO DE APELAÇÃO – DECLARATÓRIA DE INEXISTÊNCIA DE DÉBITO CUMULADA COM COMPENSAÇÃO POR DANOS MATERIAIS E MORAIS – AUSÊNCIA DE INTIMAÇÃO DA AUTORA PARA IMPUGNAR CONTESTAÇÃO – NECESSIDADE DE PROVA PERICIAL – SENTENÇA ANULADA – RECURSO PREJUDICADO. 1. É imprescindível a intimação da autora para impugnar as alegações do réu em sede de contestação (art. 437 do CPC), bem como é necessária a intimação da autora para se manifestar sobre os fatos extintivos de seu direito suscitados pelo réu (art. 350 do CPC). 2. Inexistência de elementos para manutenção ou reforma da sentença, ante a ausência de prova pericial para o deslinde da controvérsia sobre a veracidade da assinatura contida no comprovante de débito apresentado. Sentença anulada, de ofício. Recurso prejudicado. (TJ-MS; APL: 08253658820158120001 MS; 2ª Câmara Cível; Rel. Des. Vilson Bertelli; Julg. 14/12/2016; Data de Publicação: 15/12/2016)

✓ CARTÃO DE CRÉDITO CONSIGNADO – Ação visando à desconstituição do ajuste, além de indenização por danos materiais e morais – Sentença de improcedência – Recurso do autor – ERROR IN PROCEDENDO – A parte deve ser intimada para manifestar-se sobre novo documento juntado aos autos – A prolação de sentença sem a intimação da parte para tal manifestação, com relação a documento relevante para o deslinde do feito, constitui cerceamento de defesa – Anulação da sentença que se impõe – Sentença anulada – RECURSO PROVIDO. (TJ-SP 10006400720178260352; SP; 38ª Câmara de Direito Privado; Rel. Spencer Almeida Ferreira; Julg. 17/11/2017; Data de Publicação: 17/11/2017)

§ 1º Sempre que uma das partes requerer a juntada de documento aos autos, o juiz ouvirá, a seu respeito, a outra parte, que disporá do prazo de 15 (quinze) dias para adotar qualquer das posturas indicadas no art. 436.

Quanto a necessidade de cientificação da parte para se manifestar sobre documento anexado ao processo:

✓ APEÇÃO CÍVEL – AÇÃO DECLARATÓRIA DE INEXISTÊNCIA DE NEGÓCIO C/C REPETIÇÃO DE INDÉBITO E INDENIZAÇÃO POR DANOS MORAIS – DOCUMENTO NOVO JUNTADO PELA PARTE RÉ – AUSÊNCIA DE OITIVA DA PARTE AUTORA E DE OPORTUNIDADE PARA PRODUÇÃO DE CONTRAPROVA – PREJUÍZO AO CONTRADITÓRIO. Apresentados novos documentos, considerados determinantes na sentença para o desfecho do processo, é imperioso o contraditório prévio, dando-se oportunidade para manifestação/impugnação e, caso requerido, produção de contraprova a respeito, sob pena de nulidade. (TJ-MG; AC 10394130069138001 MG; 12ª Câmara Cível; Rel. José Augusto Lourenço dos Santos; Julg. 22/06/2017; Data de Publicação: 28/06/2017)

✓ APELAÇÃO – AÇÃO DECLARATÓRIA DE INEXIGIBILIDADE DE DÉBITO c/c INDENIZATÓRIA – CERCEAMENTO DE DEFESA – Ocorrência – Descabimento do julgamento antecipado da lide – Apresentação de novos documentos com a réplica – Necessidade de observância do contraditório, nos termos do art. 437, § 1º do CPC – Por não ter sido oportunizada à parte contrária a possibilidade de se manifestar sobre estes documentos, impõe-se a nulidade da r. sentença – Restituição dos autos à Vara de origem – Recurso provido. (TJ-SP; 10539803220168260114; SP; 25ª Câmara de Direito Privado; Rel. Hugo Crepaldi; Julg. 11/12/2017; Data de Publicação: 11/12/2017)

✓ APELAÇÃO CÍVEL. DIREITO PRIVADO NÃO ESPECIFICADO. AÇÃO MONITÓRIA. CERCEAMENTO DE DEFESA. CONFIGURAÇÃO. Julgamento de procedência da lide fundamentado com base em documentos em relação aos quais não foi oportunizada a manifestação da apelante. Violação do artigo 437, § 1º, do CPC. Cerceamento de defesa caracterizado. Sentença desconstituída. DERAM PROVIMENTO AO RECURSO. UNÂNIME. (TJ-RS; Apelação Cível 70073515991; Décima Oitava Câmara Cível; Rel. Marlene Marlei de Souza; Julg. 29/08/2017).

✓ APELAÇÃO CÍVEL. AÇÃO CONDENATÓRIA. PEDIDO DE DEVOLUÇÃO DE NUMERÁRIO INVESTIDO NA TELEXFREE. SENTENÇA TERMINATIVA. RECONHECIMENTO DA LITISPENDÊNCIA. RECURSO DO AUTOR. ALEGADA NÃO CONFIGURAÇÃO DA LITISPENDÊNCIA. SUBSISTÊNCIA. AUSÊNCIA DE PROVAS DA IDENTIDADE DA CAUSA DE PEDIR. COLACIONADA AOS AUTOS TÃO SOMENTE A INICIAL DESACOMPANHADA DE DOCUMENTAÇÃO DO FEITO PRETÉRITO. PEDIDOS CONDENATÓRIOS DE VALORES DISTINTOS. IMPOSSIBILIDADE DE AFERIÇÃO CONCRETA, POR ORA, DA TRÍPLICE IDENTIDADE DAS DEMANDAS. NÃO RESPEITADO, OUTROSSIM, O PRINCÍPIO DO CONTRADITÓRIO SUBSTANCIAL. EXTINÇÃO DO FEITO SEM PRÉVIA OITIVA DA PARTE AUTORA ACERCA DO CONTEÚDO DOS DOCUMENTOS JUNTADOS APÓS A CONTESTAÇÃO. SENTENÇA CASSADA. RECURSO CONHECIDO E PROVIDO. (TJ-SC; AC 03021066020158240075 Tubarão; Sexta Câmara de Direito Civil; Rel. Denise Volpato; Julg. 31/10/2017)

✓ APELAÇÃO CÍVEL. EMBARGOS À EXECUÇÃO. CERCEAMENTO DE DEFESA. CONFIGURAÇÃO. Ordenada a remessa de documentos ao Ministério Público para apuração de eventual crime de falso testemunho quando do julgamento de improcedência dos embargos à execução. Em razão de não ter sido oportunizada ao apelante a manifestação acerca dos referidos documentos, juntados pela recorrida em sede de memoriais, resta caracterizado o cerceamento de defesa. Violação do artigo 437, § 1º, do CPC. Sentença desconstituída. DERAM PROVIMENTO AO RECURSO. UNÂNIME (TJ-RS; Apelação Cível 70074287061; Décima Oitava Câmara Cível; Rel. Marlene Marlei de Souza; Julg. 23/11/2017).

✓ APELAÇÃO CÍVEL E RECURSO ADESIVO. AÇÃO DE OBRIGAÇÃO DE FAZER CUMULADA COM PEDIDO DE INDENIZAÇÃO POR DANOS MORAIS. PROCEDENTE NA ORIGEM. INSURGÊNCIA DO BANCO. ADESÃO DA PARTE AUTORA. PRELIMINAR. NULIDADE PROCESSUAL. DANOS MORAIS EDIFICADOS NA PEÇA PORTAL EM COBRANÇA VEXATÓRIA E MENSAGENS DE CELULAR INOPORTUNAS. CONDENAÇÃO EM RAZÃO DA INSCRIÇÃO DO NOME DA PARTE EM CADASTRO DE RESTRIÇÃO DE CRÉDITO, COM BASE EM DOCUMENTOS ACOSTADOS ANTES DA SENTENÇA, OS QUAIS SEQUER FORA OPORTUNIZADO AO BANCO PRAZO PARA MANIFESTAÇÃO. OFENSA AO PRINCÍPIO DA CONGRUÊNCIA, DO CONTRADITÓRIO E DA AMPLA DEFESA. PROCESSO NULO DESDE O ATO COMPOSITIVO DA LIDE. PREJUÍZO LATENTE. NULIDADE INSANÁVEL. RECURSO PROVIDO. (TJ-SC; AC 03045753820168240045 Palhoça; Primeira Câmara de Direito Comercial; Rel. Guilherme Nunes Born; Julg. 05/10/2017)

✓ APELAÇÃO CÍVEL. AÇÃO REVISIONAL DE ALIMENTOS. INSURGÊNCIA DA AUTORA. ALEGADO CERCEAMENTO DE DEFESA. OCORRÊNCIA. AUSÊNCIA DE INTIMAÇÃO QUANTO AOS DOCUMENTOS JUNTADOS EM IMPUGNAÇÃO À CONTESTAÇÃO. INTELIGÊNCIA DO ARTIGO 437, § 1º, DO CÓDIGO DE PROCESSO CIVIL/2015. DECISÃO QUE, POR SE BASEAR EM PROVA ACERCA DA QUAL A RECORRENTE NÃO FOI INTIMADA A SE MANIFESTAR, CARACTERIZA OFENSA AO PRINCÍPIO DO CONTRADITÓRIO SUBSTANCIAL (ARTS. 9º E 10º DO CPC/2015). ADEMAIS, RECORRENTE QUE POSTULOU A PRODUÇÃO DE TODOS OS MEIOS DE PROVA, OITIVA DE TESTEMUNHAS E DEPOIMENTO PESSOAL DO REQUERIDO. NECESSIDADE DE INSTRUÇÃO DO FEITO QUE SE IMPÕE. GARANTIA DO ACESSO À JUSTIÇA. DIREITO À AMPLA DEFESA E AO CONTRADITÓRIO. SENTENÇA CASSADA. RECURSO PROVIDO. (TJ-SC; AC 03015541520168240058 São Bento do Sul; Sexta Câmara de Direito Civil; Rel. André Luiz Dacol; Julg. 07/11/2017)

✓ APELAÇÃO CÍVEL E RECURSO ADESIVO. AÇÃO DE OBRIGAÇÃO DE FAZER CUMULADA COM PEDIDO DE INDENIZAÇÃO POR DANOS MORAIS. PROCEDENTE NA ORIGEM. INSURGÊNCIA DO BANCO. ADESÃO DA PARTE AUTORA. PRELIMINAR. NULIDADE PROCESSUAL. DANOS MORAIS EDIFICADOS NA PEÇA PORTAL EM COBRANÇA VEXATÓRIA E MENSAGENS DE CELULAR INOPORTUNAS. CONDENAÇÃO EM RAZÃO DA INSCRIÇÃO DO NOME DA PARTE EM CADASTRO DE RESTRIÇÃO DE CRÉDITO, COM BASE EM DOCUMENTOS ACOSTADOS ANTES DA SENTENÇA, OS QUAIS SEQUER FORA OPORTUNIZADO AO BANCO PRAZO PARA MANIFESTAÇÃO. OFENSA AO PRINCÍPIO DA CONGRUÊNCIA, DO CONTRADITÓRIO E DA AMPLA DEFESA. PROCESSO NULO DESDE O ATO COMPOSITIVO DA LIDE. PREJUÍZO LATENTE. NULIDADE INSANÁVEL. RECURSO PROVIDO. (TJ-SC; AC 03045753820168240045 Palhoça 0304575-38.2016.8.24.0045; Primeira Câmara de Direito Comercial; Rel. Guilherme Nunes Born; Julg. 05/10/2017)

✓ APELAÇÃO CÍVEL. NEGÓCIOS JURÍDICOS BANCÁRIOS. AÇÃO DE INDENIZAÇÃO. NULIDADE DA SENTENÇA. Não configurada a nulidade da sentença, por violação ao art. 398 do CPC/1973, pois a autora teve a oportunidade de se manifestar sobre os documentos apresentados pelo réu na contestação, deixando transcorrer in albis o prazo para manifestação. Ademais, não demonstrou interesse na produção de provas, mesmo intimada para tanto. APELAÇÃO IMPROVIDA. (TJ-RS; Apelação Cível 70066922790; Décima Primeira Câmara Cível; Rel. Luiz Roberto Imperatore de Assis Brasil; Julg. 18/05/2016).

✓ AGRAVO DE INSTRUMENTO. Determinada a sujeição do crédito à recuperação judicial da empresa agravada. Não oportunizada a manifestação da agravante quanto aos documentos que fundamentaram a decisão. Decisão anulada. Recurso provido. (TJ-SP; AI 21285470520158260000; SP; 2ª Câmara de Direito Privado; Rel. José Joaquim dos Santos; Julg. 05/04/2016, Data de Publicação: 07/04/2016)

✓ APELAÇÃO CÍVEL. CONSUMIDOR. SERVIÇO DE TELEFONIA CELULAR. ALEGAÇÃO AUTORAL DE COBRANÇA E NEGATIVAÇÃO INDEVIDAS POR SERVIÇO NÃO CONTRATADO. BANCO APRESENTA CONTRATO SUPOSTAMENTE FIRMADO ENTRE AS PARTES, PORÉM HOUVE A PROLAÇÃO DA SENTENÇA, SEM QUE O AUTOR TENHA SE MANIFESTADO ACERCA DE TAIS DOCUMENTOS. NECESSIDADE DE OBSERVÂNCIA DO ARTIGO 437, DO CPC, PARA O CORRETO DESLINDE DA DEMANDA. AUSÊNCIA DE CONTRADITÓRIO. ERROR IN PROCEDENDO. ANULAÇÃO DA SENTENÇA EX OFFICIO. RECURSO PREJUDICADO. 1. "O réu manifestar-se-á na contestação sobre os documentos anexados à inicial, e o autor manifestar-se-á na réplica sobre os documentos anexados à contestação. § 1º Sempre que uma das partes requerer a juntada de documento aos autos, o juiz ouvirá, a seu respeito, a outra parte, que disporá do prazo de 15 (quinze) dias para adotar qualquer das posturas indicadas no art. 436. (Art. 437, caput e § 1º, do CPC); 2. In casu, não houve manifestação do autor acerca dos documentos juntados pelo banco réu, relativos ao contrato firmado entre as partes, sendo procedimento indispensável para o deslinde da demanda; 3. Sentença que se anula, ex officio; 4. Recurso prejudicado. (TJ-RJ – APL: 00230561020178190213, Relator: Des(a). LUIZ FERNANDO DE ANDRADE PINTO, Data de Julgamento: 10/06/2020, VIGÉSIMA QUINTA CÂMARA CÍVEL, Data de Publicação: 2020-06-15)

§ 2º Poderá o juiz, a requerimento da parte, dilatar o prazo para manifestação sobre a prova documental produzida, levando em consideração a quantidade e a complexidade da documentação.

→ *v.* Art. 139, VI, do CPC.

Art. 438. O juiz requisitará às repartições públicas, em qualquer tempo ou grau de jurisdição:

I – as certidões necessárias à prova das alegações das partes;

→ *v.* Art. 5º, XXXIV, **b**, da CF/1988.

Possibilidade de o juízo requisitar informações:

✓ AGRAVO DE INSTRUMENTO. REVISIONAL DE ALIMENTOS C/C REGULAMENTAÇÃO DE VISITAS. DECISÃO INTERLOCUTÓRIA QUE INDEFERE AS TUTELAS DE URGÊNCIA PLEITEADAS E A EXPEDIÇÃO DE OFÍCIO À JUCESC, DEFERINDO APENAS EM PARTE A GRATUIDADE JUDICIÁRIA AO AUTOR. I. ALIMENTOS. MAJORAÇÃO PERTINENTE. AUMENTO PRESUMIDO DAS NECESSIDADES ANTE O TRANSCURSO DE LONGO LAPSO TEMPORAL DESDE A PRIMITIVA FIXAÇÃO DO ENCARGO. PROVAS JÁ PRODUZIDAS QUE DENOTAM A CAPACIDADE ECONÔMICA DO ALIMENTANTE, AINDA QUE DESCONHECIDOS, POR ORA, A TOTALIDADE DOS SEUS RENDIMENTOS. EXASPERAÇÃO AGASALHADA EM EXTENSÃO MENOR DO QUE A REQUERIDA. II. VISITAS. REGULAMENTAÇÃO NECESSÁRIA. DIREITO DO MENOR DE CONVIVER COM O ASCENDENTE, AINDA QUE TENHA SIDO ELE RECONHECIDO COMO TAL EM INVESTIGASTÓRIA DE PATERNIDADE. INTERESSE, ADEMAIS, MANIFESTADO RECIPROCAMENTE PELAS PARTES. INSTITUIÇÃO DO REGIME DE VISITAÇÃO QUE É, SOBRETUDO, FORMA DE ESTIMULAR O DESENVOLVIMENTO DOS LAÇOS PATERNO-FILIAIS. III. EXPEDIÇÃO DE OFÍCIO À JUNTA COMERCIAL. PERTINÊNCIA. IMPOSSIBILIDADE MATERIAL DO AUTOR EM OBTER A PROVA DE FORMA ADMINISTRATIVA. VULTOSIDADE DAS DESPESAS ORIUNDAS DO REQUERIMENTO DOS DOCUMENTOS, FRENTE AO VALOR DOS ALIMENTOS PERCEBIDOS, QUE JUSTIFICA O ACOLHIMENTO DA PRETENSÃO. INCIDÊNCIA DO ART. 438, I, DA LEI PROCESSUAL CIVIL. IV. GRATUIDADE JUDICIÁRIA. DEFERIMENTO APENAS PARCIAL. POSSIBILIDADE ESTEADA NO ART. 98, § 5º, CPC/15. MAJORAÇÃO DO ENCARGO ALIMENTAR QUE POSSIBILITA AO AUTOR FAZER FRENTE À PARTE DAS DESPESAS PROCESSUAIS. RECURSO CONHECIDO E PARCIALMENTE PROVIDO. (TJ-SC; AI 40116082520168240000 Gaspar; Primeira Câmara de Direito Civil; Rel. Jorge Luis Costa Beber; Julg. 21/09/2017)

✓ GRATUITA DA JUSTIÇA. Benefício que abrange também as custas extrajudiciais para obtenção de certidões. Art. 9º II, Lei Estadual 11.331/02. Precedentes. Art. 98 § 1º IX e 438 I CPC/15. O Juízo deverá determinar a expedição dos ofícios requeridos, sem custos para o inventariante ou espólio. Recurso provido. (TJ-SP 21909662720168260000; SP; 4ª Câmara de Direito Privado; Rel. Teixeira Leite; Julg. 10/08/2017; Data de Publicação: 10/08/2017)

✓ Agravo de Instrumento. Insurgência contra decisão que determinou a citação por edital Citação editalícia que deve ser precedida do esgotamento dos meios de localização do réu. Informações do oficial de justiça de que a localização do réu é certa, atualmente residindo com seus genitores. É admissível ao magistrado a requisição às repartições públicas de informações necessárias à instrução processual (art. 438 do CPC/15). Agravo provido. (TJ-SP; AI 20186437920178260000; SP; 7ª Câmara de Direito Privado; Rel. Rômolo Russo; Julg. 26/04/2017; Data de Publicação: 26/04/2017)

✓ DECISÃO: ACORDAM os Senhores Desembargadores integrantes da Quinta Câmara Cível do Tribunal de Justiça do Estado do Paraná, por unanimidade de votos, em não acolher os Embargos de Declaração opostos por JULIANA GUIMARÃES PIMENTEL. EMENTA: EMBARGOS DE DECLARAÇÃO. AGRAVO DE INSTRUMENTO. AÇÃO CIVIL PÚBLICA POR ATO DE IMPROBIDADE ADMINISTRATIVA. ELEMENTOS DOS AUTOS QUE INDICAM A NECESSIDADE DE AFASTAMENTO DA SERVIDORA. TENTATIVA DA ADMINISTRAÇÃO DE NOMEÁ-LA EM OUTRO CARGO. PETIÇÃO DA PREFEITA MUNICIPAL DEFENDENDO A ATUAÇÃO DA SERVIDORA. CLARA POSSIBILDADE DE INFLUÊNCIA DA AGRAVADA NO ÂMBITO ADMINISTRATIVO. PROVA DOCUMENTAL QUE PODE SER OBTIDA NO CURSO DO PROCESSO, TANTO PELAS PARTES OU PELO PRÓPRIO JUIZ (ART. 435 C/C438, AMBOS DO CPC), O QUE DEMONSTRA A NECESSIDADE DE MANUTENÇÃO DO AFASTAMENTO. AUSÊNCIA DAS HIPÓTESES PREVISTAS NO ART. 1.022 E SEGUINTES DO CPC PARA OPOSIÇÃO DOS EMBARGOS DE DECLARAÇÃO. NÍTIDA TENTATIVA DE REDISCUSSÃO DA MATÉRIA. 1. Como frisado no voto embargado, a servidora possui clara influência no âmbito administrativo municipal, pois mesmo tendo sido determinado seu afastamento das funções relacionadas com licitações, em ação judicial paralela, houve tentativa da municipalidade de mantê-la na administração, só que agora em outro cargo com status administrativo equivalente.3. A influência da servidora também pode ser constatada pela petição da Exma. Sr.ª Prefeita, em que a Mandatária ressalta as qualidades da agravada e seu conhecimento na área, na tentativa de justificar sua manutenção na administração municipal.4. Mesmo que a embargante afirme que eventual influência na coleta de testemunho pode ocorrer independentemente do exercício da função pública, certamente o alto nível hierárquico do cargo investigado repercute na prova testemunhal, o que reforça a manutenção de seu afastamento.5. Portanto, como já consignado no voto recorrido, o afastamento da servidora faz-se necessário no caso em tela diante dos fatos e ações da agravada, pois como já decidiu o STJ: "(...) A situação de excepcionalidade não se configura sem a demonstração de um comportamento do agente público que importe efetiva ameaça à instrução do processo." (STJ; REsp 993065; ES; Primeira Turma; Rel. Teori Albino Zavascki; Julg. 26/02/2008; DJe 12/03/2008) EMBARGOS DE DECLARAÇÃO NÃO ACOLHIDOS. (TJPR; EDC 1422085-6/01 – Marmeleiro; – 5ª C. Cível; Rel. Nilson Mizuta; Unânime; Julg.11.10.2016)

✓ AGRAVO DE INSTRUMENTO. DIREITO TRIBUTÁRIO. IMPOSTOS. IPTU. EXECUÇÃO FISCAL. CONSULTA DE SISTEMAS DO INFOJUD E RENAJUD PARA OBTENÇÃO DE DADOS RELACIONADOS AO ÓBITO DA EXECUTADA. EXCEPCIONALIDADE DEMONSTRADA. A expedição de ofício aos órgãos de praxe e utilização dos sistemas judiciais colocados à disposição como Infodud e Renajud é medida excepcional. Hipótese em que o credor comprovou ter esgotado as diligências possíveis no sentido de identificar maiores informações relacionadas ao óbito da executada, viabilizando o deferimento da medida. AGRAVO DE INSTRUMENTO PROVIDO. (TJ-RS; Agravo de Instrumento 70074430398; Primeira Câmara Cível; Rel. Newton Luís Medeiros Fabrício; Julg. 13/09/2017).

✓ EMENTA - AGRAVO DE INSTRUMENTO. CUMPRIMENTO DE SENTENÇA. DECISÃO QUE NEGOU A EXPEDIÇÃO DE OFÍCIO À RECEITA FEDERAL POR MEIO DO SISTEMA INFOJUD - ESGOTAMENTO DE DILIGÊNCIAS CABÍVEIS - POSSIBILIDADE. RECURSO CONHECIDO E PROVIDO. Consoante entendimento no Superior Tribunal de Justiça, é possível a realização de consulta ao sistema Infojud, desde que comprovado o esgotamento de tentativas de obtenção dos dados na via extrajudicial. (TJ-MS; AI 14042139820168120000 MS; 4ª Câmara Cível; Rel. Des. Odemilson Roberto Castro Fassa; Julg. 10/08/2016; Data de Publicação: 15/08/2016)

✓ AGRAVO DE INSTRUMENTO – AÇÃO DE COBRANÇA – Fase de cumprimento de sentença. Pretensão de determinar a realização de pesquisa de bens via Infojud. ADMISSIBILIDADE: A pesquisa de bens pelo sistema Infojud é diligência que deve ser determinada pelo Poder Judiciário diante da impossibilidade de obtenção de informações pelas vias administrativas em razão do sigilo fiscal. Decisão reformada. RECURSO PROVIDO. (TJ-SP; AI 20556544520178260000; SP; 37ª Câmara de Direito Privado; Rel. Israel Góes dos Anjos; Julg. 25/04/2017; Data de Publicação: 27/04/2017)

✓ AGRAVO DE INSTRUMENTO - CUMPRIMENTO DE SENTENÇA –Reiteração do pedido de bloqueio de valores pelo sistema "Bacenjud". – ADMISSIBILIDADE: Medida cabível considerando-se o lapso de tempo decorrido da primeira tentativa de bloqueio. Decisão reformada. RECURSO PROVIDO. (TJ-SP; AI 21451329820168260000; SP; 37ª Câmara de Direito Privado; Rel. Israel Góes dos Anjos; Julg. 20/09/2016; Data de Publicação: 20/09/2016)

✓ AGRAVO DE INSTRUMENTO - EXECUÇÃO DE TÍTULO EXTRAJUDICIAL - BACENJUD - Pedido de arresto "online". INADMISSIBILIDADE: Ausência dos requisitos necessários – Artigo 830 do novo CPC. Não comprovação da tentativa frustrada de citação. AGRAVO DE INSTRUMENTO –Pedido de pesquisa de bens via "Infojud". ADMISSIBILIDADE: Trata-se de diligência que deve ser determinada pelo Poder Judiciário diante da impossibilidade de obtenção de informações pelas vias administrativas em razão do sigilo fiscal e bancário. Pedido inserido no poder instrutório do magistrado. SISTEMA RENAJUD – Pedido de pesquisa de bens via "Renajud" – NÃO CONHECIMENTO: A pretensão recursal não merece ser conhecida nessa parte, devido à ausência de interesse, porque o nobre magistrado já decidiu a questão em favor do banco agravante. RECURSO PARCIALMENTE PROVIDO NA PARTE CONHECIDA. (TJ-SP; AI 21738787320168260000; SP; 37ª Câmara de Direito Privado; Rel. Israel Góes dos Anjos; Julg. 20/09/2016; Data de Publicação: 20/09/2016)

Providências a cargo da parte que não podem ser solicitadas pelo juízo:

✓ Agravo de instrumento. Monitória. Decisão que indeferiu requerimento do Município autor para oficiar aos órgãos mantenedores dos cadastros de inadimplentes para incluir o nome da devedora. Providência de interesse da parte e que a ela compete, não estando entre as previstas no art. 438 e seus incisos do novo C.P.C. Precedente deste Tribunal de Justiça. Desprovimento do recurso. (TJ-RJ; AI 00615348120168190000 Rio de Janeiro, Angra Dos Reis; 2ª Vara Cível; Nona Câmara Cível; Rel. Gilberto Dutra Moreira; Julg. 28/03/2017; Data de Publicação: 30/03/2017)

II – os procedimentos administrativos nas causas em que forem interessados a União, os Estados, o Distrito Federal, os Municípios ou entidades da administração indireta.

→ v. Art. 41, parágrafo único, da Lei 6.830/1980.

→ v. Decreto 70.235/1972 – Dispõe sobre o processo administrativo fiscal.

§ 1º Recebidos os autos, o juiz mandará extrair, no prazo máximo e improrrogável de 1 (um) mês, certidões ou reproduções fotográficas das peças que indicar e das que forem indicadas pelas partes, e, em seguida, devolverá os autos à repartição de origem.

§ 2º As repartições públicas poderão fornecer todos os documentos em meio eletrônico, conforme disposto em lei, certificando, pelo mesmo meio, que se trata de extrato fiel do que consta em seu banco de dados ou no documento digitalizado.

Seção VIII
Dos Documentos Eletrônicos

Art. 439. A utilização de documentos eletrônicos no processo convencional dependerá de sua conversão à forma impressa e da verificação de sua autenticidade, na forma da lei.

Sobre a utilização de documentos eletrônicos:

✓ EMBARGOS DE DECLARAÇÃO. PRESTAÇÃO DE CONTAS DE CANDIDATO. PRELIMINAR DE INTEMPESTIVIDADE. ASSINATURA DIGITAL EM DOCUMENTO FÍSICO. IMPOSSIBILIDADE DE VERIFICAÇÃO DE SUA AUTENTICIDADE. APLICAÇÃO DO ART. 932, PARÁGRAFO ÚNICO DO CPC. 1. O Recurso foi protocolado pessoalmente de forma física, mas com assinatura digital, cuja autenticidade não pode ser aferida após a impressão. 2. Considerando que o recurso foi protocolado dentro do prazo, deve ser aplicado o art. 932, parágrafo único, do CPC a fim de que o Embargante seja intimado para apresentar a peça recursal devidamente assinada, evitando-se o que outrora se denominava de jurisprudência defensiva, muito criticada, data venia, pelos grandes processualistas modernos, ensejando um efetivo acesso à ordem jurídica justa através do respeito ao duplo grau de jurisdição. (TRE-TO; RE 40646 NATIVIDADE; Rel. Agenor Alexandre da Silva; Julg. 22/05/2017, Data de Publicação: DJE 24/05/2017; Pág. 3)

✓ APELAÇÃO CÍVEL. EMBARGOS À EXECUÇÃO DE TÍTULO EXTRAJUDICIAL. CONTRATO DE LOCAÇÃO. RUPTURA AMIGÁVEL DO CONTRATO, COM EXCLUSÃO DA MULTA PELA EMBARGADA, ORA APELANTE, AJUSTADA POR MEIO DE CORREIO ELETRÔNICO. IRRESIGNAÇÃO DA EMBARGADA. 1. Ao contrário do defendido pela Embargada, ora Apelante, a sentença não desconsiderou o contrato de locação como título executivo extrajudicial, tanto que fixou o valor da Execução em R$ 1.523,26, correspondentes ao saldo de 14 dias de aluguel inadimplido. 2. No mundo altamente conectado e virtual em que hoje nos encontramos, as mensagens eletrônicas alçaram valor probante, consoante farta jurisprudência pátria nessa direção, tanto que o tema foi objeto de disposição normativa no novo CPC. 3. Art. 425, inc. V, 439, 440 e 441 da Lei nº 13.105, de 16/03/15. 4. A Embargada, ora Apelante, não nega a existência dos e-mails acostados aos autos, embora a eles empreste valor de mera tratativa. 5. Infere-se do teor das mensagens eletrônicas que a pintura do imóvel a cargo dos Embargantes, ora Apelados, não foi contrapartida à renúncia da multa pela Embargada, ora Apelante. Na realidade, os Embargantes, ora Apelados, pretendiam compensar despesas referentes a benfeitorias no imóvel com a pintura exigida pela Embargada, ora Apelante. 6. Correta a sentença ao decotar a multa contratual do valor exequendo, visto que a renúncia àquela parcela já havia sido ajustada entre as partes na ruptura amigável do contrato de locação. 7. A irresignação dos Embargantes quanto ao saldo de 14 dias correspondentes ao aluguel inadimplido e ao quantum devido a título de honorários de sucumbência não podem ser apreciadas, visto que deveriam ter sido deduzidas em Apelação, recurso próprio para tanto. 8. Sentença mantida. NEGADO PROVIMENTO AO RECURSO. (TJ-RJ; APL 00232052820118190209 Rio de Janeiro, Barra da Tijuca, Regional; 7ª Vara Cível, Décima Primeira Câmara Cível; Rel. Fernando Cerqueira Chagas; Julg. 24/06/2015; Data de Publicação: 29/06/2015)

Art. 440. O juiz apreciará o valor probante do documento eletrônico não convertido, assegurado às partes o acesso ao seu teor.

Eficácia probatória dos documentos eletrônicos:

✓ DECISÃO: ACORDAM os integrantes da Décima Oitava Câmara Cível do Tribunal de Justiça do Paraná, por unanimidade, em negar provimento ao agravo de instrumento, nos termos do voto do relator. EMENTA: AGRAVO DE INSTRUMENTO. FASE DE CUMPRIMENTO DE SENTENÇA. PRELIMINAR. INTERPOSIÇÃO DE RECURSO CONTRA DECISÃO INTERLOCUTÓRIA. CABIMENTO. ART. 203, § 2º DO CPC.PRECLUSÃO CONSUMATIVA. INOCORRÊNCIA. QUESTÃO A SER APURADA EM SEDE DE LIQUIDAÇÃO DE SENTENÇA. Ausente a preclusão consumativa, pois disposto em acórdão que a exibição do documento de venda do bem ocorreria em sede de liquidação de sentença. PRECLUSÃO PRO JUDICATO. INOCORRÊNCIA. QUESTÃO PROBATÓRIA. DOCUMENTO. AUTÊNTICO E COM FORÇA PROBATÓRIA. ART. 440, DO CPC. PROVA DA ALIENAÇÃO DO VEÍCULO. VALOR REAL. INAPLICABILIDADE DA TABELA FIPE. Desnecessário o reconhecimento da firma do signatário por tabelião, quando possibilitada a prova da autenticidade por outros meios. Cabe ao juiz apreciar o valor probante do documento eletrônico não convertido, assegurado às partes o acesso ao seu teor, nos termos do art. 440, do CPC. Recurso não provido. (TJPR - 18ª C. Cível - AI - 1585520-2 - Região Metropolitana de Maringá - Foro Central de Maringá - Rel. Pericles Bellusci de Batista Pereira; Unânime; Julg.14.12.2016)

✓ APELAÇÃO CÍVEL. EMBARGOS À EXECUÇÃO DE TÍTULO EXTRAJUDICIAL. CONTRATO DE LOCAÇÃO. RUPTURA AMIGÁVEL DO CONTRATO, COM EXCLUSÃO DA MULTA PELA EMBARGADA, ORA APELANTE, AJUSTADA POR MEIO DE CORREIO ELETRÔNICO. IRRESIGNAÇÃO DA EMBARGADA. 1. Ao contrário do defendido pela Embargada, ora Apelante, a sentença não desconsiderou o contrato de locação como título executivo extrajudicial, tanto que fixou o valor da Execução em R$ 1.523,26, correspondentes ao saldo de 14 dias de aluguel inadimplido. 2. No mundo altamente conectado e virtual em que hoje nos encontramos, as mensagens eletrônicas alçaram valor probante, consoante farta jurisprudência pátria nessa direção, tanto que o tema foi objeto de disposição normativa no novo CPC. 3. Art. 425, inc. V, 439, 440 e 441 da Lei nº 13.105, de 16/03/15. 4. A Embargada, ora Apelante, não nega a existência dos e-mails acostados aos autos, embora a eles empreste valor de mera tratativa. 5. Infere-se do teor das mensagens eletrônicas que a pintura do imóvel a cargo dos Embargantes, ora Apelados, não foi contrapartida à renúncia da multa pela Embargada, ora Apelante. Na realidade, os Embargantes, ora Apelados, pretendiam compensar despesas referentes a benfeitorias no imóvel com a pintura exigida pela Embargada, ora Apelante. 6. Correta a sentença ao decotar a multa contratual do valor exequendo, visto que a renúncia àquela parcela já havia sido ajustada entre as partes na ruptura amigável do contrato de locação. 7. A irresignação dos Embargantes quanto ao saldo de 14 dias correspondentes ao aluguel inadimplido e ao quantum devido a título de honorários de sucumbência não podem ser apreciadas, visto que deveriam ter sido deduzidas em Apelação, recurso próprio para tanto. 8. Sentença mantida. NEGADO PROVIMENTO AO RECURSO. (TJ-RJ; APL 00232052820118190209 Rio de Janeiro, Barra da Tijuca, Regional; 7ª Vara Cível, Décima Primeira Câmara Cível; Rel. Fernando Cerqueira Chagas; Julg. 24/06/2015; Data de Publicação: 29/06/2015)

✓ DIREITO DO CONSUMIDOR. AÇÃO DE COBRANÇA. CONTRATO ELETRÔNICO. ALEGADA AUSÊNCIA DOS TERMOS DO CONTRATO DE ADESÃO. ÔNUS DA PROVA. INVERSÃO. POSSIBILIDADE TECNOLÓGICA DE COMPROVAÇÃO. CONFIGURADA. NÃO IMPLEMENTADA. TERMO GERAL DO CONTRATO DE MÚTUO. INEXISTÊNCIA. ELEMENTOS PROBANTES. AUSÊNCIA. DEVER DE REGISTRO DOS ATOS PRATICADOS. COMPROMISSO DE TRANSPARÊNCIA E DE INFORMAÇÃO. INCIDÊNCIA. CAPITALIZAÇÃO MENSAL DE JUROS. AUSÊNCIA DE PACTUAÇÃO EXPRESSA. VEDADA. SENTENÇA REFORMADA. MAJORAÇÃO DA SUCUMBÊNCIA. 1. Serviços prestados por instituição bancária estão sob guarda do Código de Defesa do Consumidor, Súmula n. 297 do STJ. 2. O contrato eletrônico é de mesma espécie do contrato tradicional, não se tratando de uma nova modalidade de contratação, divergindo apenas em sua forma, pois possui os mesmos requisitos para a sua validade jurídica. 3. O documento digital deve atender aos requisitos de identificação, autenticação, impedimento de rejeição, verificação e integridade, privacidade e aos princípios da neutralidade e da perenidade das normas reguladoras do ambiente digital, conservação e aplicação das normas jurídicas existentes aos contratos eletrônicos, boa-fé objetiva e figura do iniciador. 4. O contrato celebrado eletronicamente de forma interativa é de adesão, mesmo que possua lacunas e opções sistêmicas de adequação aos requisitos do aderente, pois não lhe é ofertado a possibilidade de alteração daquilo que já fora previamente concebido. Como tal, o pacto digital deve ser moldado pelos limites consumeristas específicos. 5. A instituição bancária dispõe de alto poder financeiro e tecnológico, suficientes para implementar mecanismos de auditoria, preservação de registros digitais, recuperação de informações, disponibilização de acesso e transparência dos atos praticados, segurança e autenticidade dos documentos eletrônicos, a ponto de não ser razoável a argumentação de que não havendo assinatura em documento físico, não haveria possibilidade de comprovação de autoria e consentimento dos pactos firmados digitalmente. 6. Comprovando-se o crédito do empréstimo em conta corrente do consumidor, mas não havendo evidências das taxas de juros e demais termos pactuados, nem tampouco da anuência do consumidor para a capitalização dos juros, aplica-se de maneira simples a taxa média de juros do mercado praticada no período. 7. Nos termos do art. 85, §§ 2º e 11 do CPC/2015, o tribunal, ao julgar o recurso, deve elevar o valor dos honorários fixados no 1º grau, a que fica condenada a parte vencida, levando em consideração o zelo profissional, o lugar do serviço, natureza e importância da causa, trabalho e tempo exigido do advogado. 8. Recurso conhecido. Preliminar de gratuidade de Justiça acatada. Apelo provido. Em vista do trabalho adicional realizado em grau de recurso, foi majorada a verba honorária de sucumbência. Unânime. (TJ-DF; 20120111804179 DF; 7ª Turma Cível; Rel. Romeu Gonzaga Neiva; Julg. 19/07/2017; Data de Publicação: DJE: 25/07/2017; Pág. 500-508)

A fixação da competência do juízo independe da forma como os atos processuais serão processados:

✓ CONFLITO DE COMPETÊNCIA Nº 158.354 - RS (2018/0108626-0) RELATOR: MINISTRO HERMAN BENJAMIN SUSCITANTE: JUÍZO FEDERAL DA 1A VARA E JUIZADO ESPECIAL PREVIDENCIÁRIO DE SANTA MARIA - SJ/RS SUSCITADO: JUÍZO DE DIREITO DA 1A VARA CÍVEL ESPECIALIZADA EM FAZENDA PÚBLICA DE SANTA MARIA - RS INTERES.: ARZENIO DE SOUZA ADVOGADOS: RODRIGO RAMOS BAIRROS - RS067241 JÚLIA MONFARDINI MENUCI - RS102315 INTERES.: INSTITUTO NACIONAL DO SEGURO SOCIAL DECISÃO Trata-se de Conflito Negativo de Competência, suscitado pela 1ª Vara Federal de Santa Maria/RS contra a Vara Estadual da Comarca de Santa Maria/RS, nos autos da ação proposta por Arzenio de Souza contra o INSS, pretendendo a concessão do benefício previdenciário de auxílio-doença decorrente de acidente de trabalho. A referida ação, inicialmente, fora ajuizada perante o Juízo Federal que, por se tratar de pedido de benefício previdenciário, declinou da competência para o Juízo Estadual. Este, por sua, vez declinou da competência para o Juízo Federal. É o relatório. Decido. Os autos foram recebidos neste Gabinete em 10.5.2018. É necessário consignar que a competência para julgar as demandas que objetivam a concessão de benefício previdenciário relacionado à acidente de trabalho deve ser determinada em razão do pedido e da causa de pedir. Nesse sentido: CC 107.468/BA, Terceira Seção, Rel. Min. Maria Thereza de Assis Moura, DJe de 22/10/2009. No caso dos autos, a ação foi ajuizada contra o Instituto Nacional de Seguridade Social - INSS, na qual o segurado (entregador de gás) objetiva o recebimento de benefício previdenciário decorrente de acidente de trabalho (acidente de moto), conforme narrado na petição inicial. Sobre o tema, o texto constitucional é cristalino ao fixar a competência da Justiça Estadual para o processamento e julgamento da matéria acidentária. Vejamos: Art. 109. Aos juízes federais compete processar e julgar: I - as causas em que a União, entidade autárquica ou empresa pública federal forem interessadas na condição de autoras, rés, assistentes ou oponentes, exceto as de falência, as de acidentes de trabalho e as sujeitas à Justiça Eleitoral e à Justiça do Trabalho; O referido dispositivo constitucional expressamente excepciona a competência da Justiça Federal para julgar demandas que envolvem acidente de trabalho, as quais devem ser julgadas pela Justiça Estadual, inclusive as relacionadas à concessão e revisão de benefícios previdenciários. Nesse sentido, a orientação das Súmulas 15/STJ e 501/STF, as quais estabelecem, respectivamente: "Compete a justiça estadual processar e julgar os litígios decorrentes de acidente do trabalho." e "Compete à justiça ordinária estadual o processo e o julgamento, em ambas as instâncias, das causas de acidente do trabalho, ainda que promovidas contra a união, suas autarquias, empresas públicas ou sociedades de economia mista.". Nesse sentido: PREVIDENCIÁRIO. BENEFÍCIO POR INCAPACIDADE. SEGURADO CONTRIBUINTE INDIVIDUAL. PEDIDO E CAUSA DE PEDIR. JUSTIÇA FEDERAL. COMPETÊNCIA. 1. A competência ratione materiae, em regra, é determinada em função da natureza jurídica da pretensão deduzida, sendo questão anterior a qualquer outro juízo sobre a causa. 2. Hipótese de ação ajuizada perante a Justiça Federal por contribuinte individual que postula o restabelecimento de auxílio-doença ou a concessão de aposentadoria por invalidez, sem nenhuma referência a acidente de trabalho, o que desautoriza a tramitação da lide perante a Justiça estadual. Precedentes. 3. Agravo interno desprovido. (AgInt no CC 140.766/MG, Rel. Ministro Gurgel de Faria, Primeira Seção, julgado em 28/6/2017, DJe 6/9/2017) PREVIDENCIÁRIO. AGRAVO REGIMENTAL NO CONFLITO NEGATIVO DE COMPETÊNCIA. JUSTIÇA ESTADUAL E JUSTIÇA FEDERAL. CONCESSÃO DE APOSENTADORIA POR INVALIDEZ OU AUXÍLIO-DOENÇA, DECORRENTES DE ACIDENTE DE TRABALHO. SÚMULAS 15/STJ E 501/STF. TRABALHADOR AUTÔNOMO. COMPETÊNCIA DA JUSTIÇA ESTADUAL. AGRAVO REGIMENTAL IMPROVIDO. I. Na linha dos precedentes desta Corte, "compete à Justiça comum dos Estados apreciar e julgar as ações acidentárias, que são aquelas propostas pelo segurado contra o Instituto Nacional do Seguro Social, visando ao benefício, aos serviços previdenciários e respectivas revisões correspondentes ao acidente do trabalho. Incidência da Súmula 501 do STF e da Súmula 15 do STJ" (STJ, AgRg no CC 122.703/SP, Rel. Ministro Mauro Campbell Marques, Primeira Seção, DJe de 5/6/2013) II. É da Justiça Estadual a competência para o julgamento de litígios decorrentes de acidente de trabalho (Súmulas 15/STJ e 501/STF). III. Já decidiu o STJ que "a questão referente à possibilidade de concessão de benefício acidentário a trabalhador autônomo se encerra na competência da Justiça Estadual" (STJ, CC 82.810/SP, Rel. Ministro Hamilton Carvalhido, DJU de 8/5/2007). Em igual sentido: STJ, CC 86.794/DF, Rel. Ministro Arnaldo Esteves Lima, Terceira Seção, DJU de 1/2/2008. IV. Agravo Regimental improvido. (AgRg no CC 134.819/SP, Rel. Ministra Assusete Magalhães, Primeira Seção, julgado em 23/9/2015, DJe 5/10/2015) CONSTITUCIONAL, PREVIDENCIÁRIO E PROCESSUAL CIVIL. CONFLITO DE COMPETÊNCIA. JUÍZOS ESTADUAL E FEDERAL. AÇÃO REIVINDICATÓRIA DE APOSENTADORIA POR INVALIDEZ OU DE CONCESSÃO DE AUXÍLIO-DOENÇA. CAUSA DE PEDIR QUE REVELA A NATUREZA PREVIDENCIÁRIA DA POSTULAÇÃO, E NÃO ACIDENTÁRIA. VARA DISTRITAL. COMARCA SEDE DE VARA FEDERAL. COMPETÊNCIA DA JUSTIÇA FEDERAL. 1. Na forma dos precedentes desta Col. Terceira Seção, "É da competência da Justiça Federal o julgamento de ações objetivando a percepção de benefícios de índole previdenciária, decorrentes de acidentes de outra natureza, que não do trabalho. In casu, não restou comprovada a natureza laboral do acidente sofrido pelo autor." (CC 93.303/SP, Rel. Min. Arnaldo Esteves Lima, Terceira Seção, julgado em 8/10/2008, DJe 28/10/2008). Ainda no mesmo sentido: CC 62.111/SC, Rel. Min. Maria Thereza de Assis Moura, Terceira Seção, julgado em 14/3/2007, DJ 26/3/2007, p. 200. 2. Ainda em acordo com a posição sedimentada pelo referido Órgão, "Inexiste a delegação de competência federal prevista no 109, § 3º, da CF/88, quando a comarca a que se vincula a vara distrital sediar juízo federal. Inaplicabilidade, na espécie, da Súmula nº 3/STJ (Precedentes da 1ª e 3ª Seções desta e. Corte Superior)." (CC 95.220/SP, Rel. Min. Felix Fischer, Terceira Seção, julgado em 10/9/2008, DJe 1º/10/2008). 3. Agravo regimental a que se nega provimento. (AgRg no CC 118.348/SP, Rel. Ministro OG FERNANDES, TERCEIRA SEÇÃO, julgado em 29/02/2012, DJe 22/03/2012) A fixação da competência do juízo independe da forma como os atos processuais serão processados, mediante documentação física ou eletrônica, cabendo ao juízo competente promover sua conversão, quando necessário, nos termos dos arts. 439 a 441 do CPC/2015. Seção VIII Dos Documentos Eletrônicos Art. 439. A utilização de documentos eletrônicos no processo convencional dependerá de sua conversão à forma impressa e da verificação de sua autenticidade, na forma da lei. Art. 440. O juiz apreciará o valor probante do documento eletrônico não convertido, assegurado às partes o acesso ao seu teor. Art. 441. Serão admitidos documentos eletrônicos produzidos e conservados com a observância da legislação específica. Ante o exposto, conheço do Conflito para declarar competente a Justiça Comum Estadual. Publique-se. Intimem-se. Brasília (DF), 24 de maio de 2018. MINISTRO HERMAN BENJAMIN Relator (STJ – CC: 158354 RS 2018/0108626-0, Relator: Ministro HERMAN BENJAMIN, Data de Publicação: DJ 18/06/2018)

Art. 441. Serão admitidos documentos eletrônicos produzidos e conservados com a observância da legislação específica.

→ *v.* Art. 11 da Lei 11.419/2006.

Admissibilidade dos documentos eletrônicos:

✓ APELAÇÃO CÍVEL. EMBARGOS À EXECUÇÃO DE TÍTULO EXTRAJUDICIAL. CONTRATO DE LOCAÇÃO. RUPTURA AMIGÁVEL DO CONTRATO, COM EXCLUSÃO DA MULTA PELA EMBARGADA, ORA APELANTE, AJUSTADA POR MEIO DE CORREIO ELETRÔNICO. IRRESIGNAÇÃO DA EMBARGADA. 1. Ao contrário do defendido pela Embargada, ora Apelante, a sentença não desconsiderou o contrato de locação como título executivo extrajudicial, tanto que fixou o valor da Execução em R$ 1.523,26, correspondentes ao saldo de 14 dias de aluguel inadimplido. 2. No mundo altamente conectado e virtual em que hoje nos encontramos, as mensagens eletrônicas alçaram valor probante, consoante farta jurisprudência pátria nessa direção, tanto que o tema foi objeto de disposição normativa no novo CPC. 3. Art. 425, inc. V, 439, 440 e 441 da Lei nº 13.105, de 16/03/15. 4. A Embargada, ora Apelante, não nega a existência dos e-mails acostados aos autos, embora a eles empreste valor de mera tratativa. 5. Infere-se do teor das mensagens eletrônicas que a pintura do imóvel a cargo dos Embargantes, ora Apelados, não foi contrapartida à renúncia da multa pela Embargada, ora Apelante. Na realidade, os Embargantes, ora Apelados, pretendiam compensar despesas referentes a benfeitorias no imóvel com a pintura exigida pela Embargada, ora Apelante. 6. Correta a sentença ao decotar a multa contratual do valor exequendo, visto que a renúncia àquela parcela já havia sido ajustada entre as partes na ruptura amigável do contrato de locação. 7. A irresignação dos Embargantes quanto ao saldo de 14 dias correspondentes ao aluguel inadimplido e ao quantum devido a título de honorários de sucumbência não podem ser apreciadas, visto que deveriam ter sido deduzidas em Apelação, recurso próprio para tanto. 8. Sentença mantida. NEGADO PROVIMENTO AO RECURSO. (TJ-RJ; APL 00232052820118190209 Rio de Janeiro, Barra da Tijuca, Regional; 7ª Vara Cível, Décima Primeira Câmara Cível; Rel. Fernando Cerqueira Chagas; Julg. 24/06/2015; Data de Publicação: 29/06/2015)

✓ DIREITO DO CONSUMIDOR. AÇÃO DE COBRANÇA. CONTRATO ELETRÔNICO. ALEGADA AUSÊNCIA DOS TERMOS DO CONTRATO DE ADESÃO. ÔNUS DA PROVA. INVERSÃO. POSSIBILIDADE TECNOLÓGICA DE COMPROVAÇÃO. CONFIGURADA. NÃO IMPLEMENTADA. TERMO GERAL DO CONTRATO DE MÚTUO. INEXISTÊNCIA. ELEMENTOS PROBANTES. AUSÊNCIA. DEVER DE REGISTRO DOS ATOS PRATICADOS. COMPROMISSO DE TRANSPARÊNCIA E DE INFORMAÇÃO. INCIDÊNCIA. CAPITALIZAÇÃO MENSAL DE JUROS. AUSÊNCIA DE PACTUAÇÃO EXPRESSA. VEDADA. SENTENÇA REFORMADA. MAJORAÇÃO DA SUCUMBÊNCIA. 1. Serviços prestados por instituição bancária estão sob guarda do Código de Defesa do Consumidor, Súmula n. 297 do STJ. 2. O contrato eletrônico é de mesma espécie do contrato tradicional, não se tratando de uma nova modalidade de contratação, divergindo apenas em sua forma, pois possui os mesmos requisitos para a sua validade jurídica. 3. O documento digital deve atender aos requisitos de identificação, autenticação, impedimento de rejeição, verificação e integridade, privacidade e aos princípios da neutralidade e da perenidade das normas reguladoras do ambiente digital, conservação e aplicação das normas jurídicas existentes aos contratos eletrônicos, boa-fé objetiva e figura do iniciador. 4. O contrato celebrado eletronicamente de forma interativa é de adesão, mesmo que possua lacunas e opções sistêmicas de adequação aos requisitos do aderente, pois não lhe é ofertado a possibilidade de alteração daquilo que já fora previamente concebido. Como tal, o pacto digital deve ser moldado pelos limites consumeristas específicos. 5. A instituição bancária dispõe de alto poder financeiro e tecnológico, suficientes para implementar mecanismos de auditoria, preservação de registros digitais, recuperação de informações, disponibilização de acesso e transparência dos atos praticados, segurança e autenticidade dos documentos eletrônicos, a ponto de não ser razoável a argumentação de que não havendo assinatura em documento físico, não haveria possibilidade de comprovação de autoria e consentimento dos pactos firmados digitalmente. 6. Comprovando-se o crédito do empréstimo em conta corrente do consumidor, mas não havendo evidências das taxas de juros e demais termos pactuados, nem tampouco da anuência do consumidor para a capitalização dos juros, aplica-se de maneira simples a taxa média de juros do mercado praticada no período. 7. Nos termos do art. 85, §§ 2º e 11 do CPC/2015, o tribunal, ao julgar o recurso, deve elevar o valor dos honorários fixados no 1º grau, a que fica condenada a parte vencida, levando em consideração o zelo profissional, o lugar do serviço, natureza e importância da causa, trabalho e tempo exigido do advogado. 8. Recurso conhecido. Preliminar de gratuidade de Justiça acatada. Apelo provido. Em vista do trabalho adicional realizado em grau de recurso, foi majorada a verba honorária de sucumbência. Unânime. (TJ-DF; 20120111804179 DF 0049568-93.2012.8.07.0001; 7ª Turma Cível; Rel. Romeu Gonzaga Neiva; Julg. 19/07/2017; Data de Publicação: Publicado no DJE: 25/07/2017; Pág. 500-508)

Seção IX
Da Prova Testemunhal

Subseção I
Da Admissibilidade e do Valor da Prova Testemunhal

Art. 442. A prova testemunhal é sempre admissível, não dispondo a lei de modo diverso.

→ v. Art. 1.543 e parágrafo único, do CC/2002.

Admissibilidade da prova testemunhal:

✓ APELAÇÃO CÍVEL. AÇÃO DE COBRANÇA. CHEQUES. SENTENÇA DE PROCEDÊNCIA. RECURSO DA PARTE RÉ, VIGENTE O CPC/15. INCONFORMISMO QUANTO À PROVA DA EXISTÊNCIA DA DÍVIDA. PROVA DOCUMENTAL E TESTEMUNHAL APTAS E SUFICIENTES PARA COMPROVAR O DÉBITO (ARTIGOS 227 DO CC E 442 DO CPC). DEVER DO RÉU DE IMPUGNAR ESPECIFICAMENTE TODAS AS ALEGAÇÕES DE FATO CONTIDAS NA INICIAL. ENCARGOS SUCUMBENCIAIS. CONSECUTIVA DECAÍDA DA RECORRENTE. HONORÁRIOS RECURSAIS. VERBA FIXADA NA ORIGEM NO PERCENTUAL DE 20% SOBRE O VALOR DA CONDENAÇÃO, PERCENTUAL MÁXIMO PERMITIDO PELO ART. 85, § 2º, DO CPC/2015, ASSIM MANTIDO. RECURSO CONHECIDO E DESPROVIDO. (TJ-SC; AC 00349861920108240023 Capital; Primeira Câmara de Direito Comercial; Rel. Luiz Zanelato; Julg. 28/09/2017)

✓ PROCESSO CIVIL. AÇÃO CIVIL PÚBLICA DE IMPROBIDADE ADMINISTRATIVA. INDEFERIMENTO DE PROVAS. AGRAVO DE INSTRUMENTO. PLEITO DE PRODUÇÃO DE PROVA TESTEMUNHAL. ACOLHIMENTO. PROVA QUE É SEMPRE ADMISSÍVEL, NÃO DISPONDO A LEI DE MODO DIVERSO. DECISÃO QUE NÃO SE FUNDAMENTOU EM HIPÓTESES PREVISTAS NO ART. 400, INCISOS I E II, DO CÓDIGO DE PROCESSO CIVIL VIGENTE À ÉPOCA (ARTS. 442 E 443, INCISOS I E II DO NOVO CÓDIGO DE PROCESSO CIVIL). PRINCÍPIOS CONSTITUCIONAIS DA AMPLA DEFESA E DO CONTRADITÓRIO, NO DEVIDO PROCESSO LEGAL. NECESSIDADE DEMONSTRADA. REQUISIÇÃO DE DOCUMENTOS PELO JUDICIÁRIO. AUSÊNCIA DE DEMONSTRAÇÃO DA INDISPENSABILIDADE DA INTERVENÇÃO DO PODER JUDICIÁRIO PARA A OBTENÇÃO DOS DOCUMENTOS QUE AFASTA A NECESSIDADE DE SUA ATUAÇÃO. LEI DE ACESSO A INFORMACAO. CONHECIMENTO E PROVIMENTO PARCIAL DO RECURSO. 1. Em face dos princípios constitucionais da ampla defesa e do contraditório, no devido processo legal, deve-se garantir a produção da prova testemunhal, que é sempre admissível, não dispondo a lei de modo diverso. 2. A requisição de documentos às repartições públicas pelo magistrado, prevista no art. 399 do Código de Processo Civil de 1973 (art. 438 do CPC), encontra amparo quando a parte demonstra a impossibilidade de obter, pessoalmente, a informação cuja requisição pleiteia. 3. A Lei de Acesso a Informação concretizou o direito fundamental à informação junto ao Poder Público, sem que seja necessária a transferência do encargo das partes ao Poder Judiciário. 4. Julgados do STJ (AgRg no REsp 1506037/RS, Rel. Ministro Herman Benjamin, Segunda Turma; Julg. em 16/06/2015; REsp 834.297/PR, Rel. Ministro Luiz Fux, Primeira Turma; Julg. em 18/09/2008). 5. Agravo conhecido e parcialmente provido. (TJ-RN; AI 20150073786 RN; 2ª Câmara Cível; Rel. Juíza Sandra Elali (convocada); Julg. 12/04/2016)

Art. 443. O juiz indeferirá a inquirição de testemunhas sobre fatos:

I – já provados por documento ou confissão da parte;

Afastamento da prova testemunhal pela existência de documento comprovando o fato:

✓ APELAÇÃO CÍVEL. AÇÃO DE DECLARAÇÃO DE INEXISTÊNCIA DE DÉBITO C/C COM INDENIZAÇÃO POR DANOS MORAIS E PEDIDO DE TUTELA ANTECIPADA. PRELIMINARES. NULIDADE POR CERCEAMENTO DEFESA. JULGAMENTO ANTECIPADO DA LIDE. PRETENDIDA PRODUÇÃO DE PROVA TESTEMUNHAL. REJEIÇÃO. INTELIGÊNCIA DO ART. 442 E ART. 443, I, AMBOS DO CPC/2015. INADMISSIBILIDADE QUANDO O FATO JÁ ESTIVER PROVADO POR DOCUMENTO ENCARTADO AOS AUTOS. CARÊNCIA DE AÇÃO POR FALTA DE INTERESSE DE AGIR AFASTADA. DISCUSSÃO QUE INDEPENDE DO FATO PERDURAR AO TEMPO DA PROPOSITURA DA DEMANDA. MÉRITO. DÉBITO VENCIDO E INADIMPLIDO. DIVERSAS TENTATIVAS ADMINISTRATIVAS DE COBRANÇA DA DÍVIDA INEXITOSAS. INCLUSÃO DO NOME DA DEVEDORA NOS CADASTROS DE RESTRIÇÃO AO CRÉDITO. EXERCÍCIO REGULAR DO DIREITO. ALEGADA MANUTENÇÃO DO REGISTRO APÓS O ADIMPLEMENTO DA DÍVIDA. LAPSO DE 12 (DOZE) DIAS QUE NÃO SE REVELA ABUSIVO. EXISTÊNCIA DE OITO INSCRIÇÕES ANTERIORES NO ROL DOS MAUS PAGADORES. ATO ILÍCITO NÃO CONFIGURADO. DEVER DE INDENIZAR AFASTADO. DECISÃO DE PROCEDÊNCIA REFORMADA. PLEITO DE AFASTAMENTO DA MULTA DE 1% (UM POR CENTO) SOBRE O VALOR DA CAUSA PELA REJEIÇÃO DOS EMBARGOS DE DECLARAÇÃO OPOSTOS. ACOLHIMENTO. ATUAÇÃO DOLOSA NÃO CARACTERIZADA. INVERSÃO DOS ÔNUS DE SUCUMBÊNCIA. EXIGÊNCIA SUSPENSA, FRENTE À GRATUIDADE DA JUSTIÇA CONCEDIDA. RECURSO CONHECIDO E PROVIDO. (TJ-SC; AC 20140515566 Campos Novos; Quarta Câmara de Direito Comercial; Rel. José Everaldo Silva; Julg. 12/04/2016)

✓ APELAÇÃO CÍVEL. AÇÃO MONITÓRIA. CHEQUES. PROCEDÊNCIA DO PEDIDO. IRRESIGNAÇÃO DO RÉU. NULIDADE DA DECISÃO POR CERCEAMENTO DEFESA. JULGAMENTO ANTECIPADO DA LIDE. PRETENDIDA PRODUÇÃO DE PROVA TESTEMUNHAL. REJEIÇÃO. INTELIGÊNCIA DOS ARTS. 442 C/C 443, I, DO CPC/2015 (CORRESPONDENTE AO ART. 400, I, DO CPC/1973). INADMISSIBILIDADE QUANDO O FATO JÁ ESTIVER PROVADO POR DOCUMENTOS ENCARTADOS AOS AUTOS. RECURSO CONHECIDO E NÃO PROVIDO. (TJ-SC;

AC 20150797501 Taió 2015.079750-1; Quarta Câmara de Direito Comercial; Rel. José Everaldo Silva; Julg. 19/04/2016)

✓ CIVIL E PROCESSUAL CIVIL. AÇÃO DE RESSARCIMENTO. SEGURADORA. ACIDENTE DE VEÍCULO. CONFISSÃO DA PARTE RÉ. RESPONSABILIDADE CIVIL COMPROVADA. PROVA TESTEMUNHAL INDEFERIDA. AUSÊNCIA DE VIOLAÇÃO AO CONTRADITÓRIO. SENTENÇA MANTIDA. 1. Eventual violação ao contraditório deve ser alegada de modo principal, em preliminar, e não em caráter subsidiário, consoante o disposto no art. 1.009 do CPC. 2. O magistrado indeferirá a inquirição de testemunhas sobre fatos já provados por documento ou confissão da parte, nos termos do art. 443, inciso I, do CPC. 3. Comprovados os requisitos da responsabilidade civil, quais sejam, a conduta do agente, o dano e o nexo de causalidade entre eles, como no caso, impõe-se a procedência do pedido de ressarcimento. 4. Recurso conhecido e desprovido. (TJ-DF; 20160111111732 DF 0031865-13.2016.8.07.0001; 5ª Turma Cível; Rel. Sebastião Coelho; Julg. 18/10/2017; Data de Publicação: Publicado no DJE: 13/11/2017; Pág. 331/337)

II – que só por documento ou por exame pericial puderem ser provados.

Dispensa da prova testemunhal pela existência de perícia comprovando o fato:

✓ AGRAVO DE INSTRUMENTO. Medida cautelar de produção antecipada de prova. Indeferimento de oitiva de testemunhas. Prova desnecessária, eis que o laudo pericial de engenharia elucidou as controvérsias. Aplicação do art. 443, I e II do CPC/2015. O Juiz é o destinatário da prova e cabe a ele determinar aquelas necessárias ao julgamento do mérito, conforme Art. 370 do CPC/2015. Segundo a Súmula 156 do TJRJ "a decisão que defere ou indefere a produção de determinada prova só será reformada se teratológica." Decisão mantida. RECURSO A QUE SE NEGA PROVIMENTO, na forma do art. 932, IV, a do CPC/2015. (TJ-RJ; AI 00430952220168190000 RIO DE JANEIRO MEIER REGIONAL 1 Vara Cível, Rel. PEDRO SARAIVA DE ANDRADE LEMOS; Julg. 05/09/2016, DÉCIMA Câmara Cível, Data de Publicação: 08/09/2016)

✓ FALTA DE INTERESSE DE AGIR E INÉPCIA DA INICIAL – Inocorrência – Princípio da inafastabilidade da jurisdição – Art. 5º, XXXV, CF. APELAÇÃO CÍVEL – Concurso público para a investidura no cargo de Oficial de Saúde – Candidato considerado inapto no exame médico admissional complementar, por possuir histórico de problemas psiquiátricos relacionados à depressão – Alegação de se encontra apto para o cargo, havendo atestado médico que comprove tal condição – Sentença de improcedência – Admissibilidade – Perícia médica complementar efetuada pelo órgão oficial (DPME) que concluiu pela incapacidade do apelante para o exercício do cargo – Ademais, instado a requerer provas, limitou-se a sustentar a sua plena capacidade com base unicamente em atestado médico particular que, ainda assim, ressalvou tal condição, diante do exame clínico e do histórico da doença – Precedentes – Preliminar afastada – Recurso improvido. (TJ-SP 10005774020168260053; SP; 6ª Câmara de Direito Público; Rel. Silvia Meirelles; Julg. 30/10/2017; Data de Publicação: 31/10/2017)

A prova oral era é dispensável em incidente de falsidade documental:

✓ AGRAVO EM RECURSO ESPECIAL Nº 1.486.301 – PR (2019/0104880-5) RELATORA: MINISTRA NANCY ANDRIGHI AGRAVANTE: A. L. FERREIRA CASA DOURADA IMOVEIS ADVOGADOS: ADILSON LUIZ FERREIRA – PR004245 SOLANGE CANDIDA WUICIK FERREIRA – PR010588 LUCANOS LUIS FERREIRA E OUTRO(S) – PR069349 AGRAVADO: LIRIO RODRIGO TEIXEIRA PEDRO ADVOGADO: JOVANIL TEIXEIRA PEDRO – PR055602 INTERES.: ZELINDA ALVES RAMOS LIMA INTERES.: CESAR GONCALVES DE LIMA PROCESSUAL CIVIL. AGRAVO EM RECURSO ESPECIAL. INCIDENTE DE FALSIDADE DOCUMENTAL. AUSÊNCIA DE PREQUESTIONAMENTO. SÚMULA 282/STF. REEXAME DE FATOS E PROVAS. SÚMULA 7/STJ. DISSÍDIO JURISPRUDENCIAL. NÃO INDICAÇÃO DO DISPOSITIVO LEGAL COM INTERPRETAÇÃO DIVERGENTE. SÚMULA 284/STF. 1 – Incidente de falsidade documental. 2. A ausência de decisão acerca dos dispositivos legais indicados como violados impede o conhecimento do recurso especial. 3. O reexame de fatos e provas em recurso especial é inadmissível. 4. Não se conhece do recurso especial quando ausente a indicação expressa do dispositivo legal a que se teria dado interpretação divergente. 6. Agravo conhecido. Recurso especial não conhecido. DECISÃO Cuida-se de agravo interposto por A. L. FERREIRA CASA DOURADA IMÓVEIS contra decisão denegatória de recurso especial fundamentado nas alíneas "a" e "c" do permissivo constitucional. Agravo em Recurso Especial interposto em: 20/02/2019 Processo distribuído ao Gabinete em: 29/05/2019 Incidente: de falsidade documental proposto por LÍRIO RODRIGO TEIXEIRA PEDRO, em face de CASA DOURADA IMÓVEIS LTDA E OUTROS, que versa sobre a falsidade de assinatura constante do recibo de sinal de negócio e princípio de pagamento decorrente de contrato de compra e venda de imóvel. Sentença: julgou procedente o incidente de falsidade oferecido pelo autor, reconhecendo a falsidade dos documentos. Acórdão: negou provimento à apelação da recorrente, nos termos da ementa a seguir: DIREITO CIVIL. DIREITO PROCESSUAL CIVIL. INCIDENTE DE FALSIDADE DE DOCUMENTO. PRELIMINAR. CERCEAMENTO DE DEFESA. INDEFERIMENTO DE PROVA ORAL. ALEGADA NULIDADE. INOCORRÊNCIA. PRECLUSÃO. PROVA ORAL, ADEMAIS, DESNECESSÁRIA AO DESLINDE DA CAUSA. COMPROVAÇÃO EXCLUSIVAMENTE POR MEIO DE DOCUMENTO. PERÍCIA GRAFOTÉCNICA EM ASSINATURA. NECESSIDADE DE APRESENTAÇÃO DO DOCUMENTO ORIGINAL. AUSÊNCIA DE MANIFESTAÇÃO DO PERITO. DESNECESSIDADE. JUIZ DESTINATÁRIO DA PROVA. PRELIMINAR AFASTADA. MÉRITO. SENTENÇA PARCIALMENTE REFORMADA. ÔNUS DA SUCUMBÊNCIA. REDISTRIBUIÇÃO. 1. O instituto da preclusão consiste na perda da faculdade processual por não ter sido exercida no tempo devido (preclusão temporal), ou por incompatibilidade com um ato anteriormente praticado (preclusão lógica) ou, ainda, por já ter sido exercida anteriormente (preclusão consumativa). 2. A prova oral era dispensável, na medida em que, para o deslinde deste incidente de falsidade documental, era necessária, exclusivamente, a juntada do documento, no qual seria realizada a perícia grafotécnica; consoante o disposto no inc. II do art. 443 da Lei n. 13.105/2015: Art. 443. O juiz indeferirá a inquirição de testemunhas sobre fatos: [...]; II que só por documento ou por exame pericial puderem ser provados. 3. Cabe, ainda, ao Magistrado, enquanto destinatário das provas, decidir sobre os critérios para elucidação dos pontos controvertidos e da consequente solução da demanda, deferindo, ou não, as provas que assim entenda pertinentes. 4. O documento originalmente assinado era indispensável para a realização da perícia grafotécnica, pois tem-se como insuficiente, para tanto, a mera cópia digitalizada do documento, sendo despicienda a manifestação do perito a esse respeito, posto ser manifesto que a metodologia utilizada exige o cotejo das assinaturas apostas nos documentos originais. 5. O reconhecimento da falsidade dos documentos apresentados pelos compradores na ação principal, além de acarretar prejuízo ao direito por eles alegado, não foi objeto do pedido formulado pela Parte Autora neste incidente de falsidade, configurando-se, neste ponto, decisão extra petita. 6. Ante o parcial provimento do recurso de apelação, é de se determinar a redistribuição do ônus da sucumbência, para que as custas processuais sejam suportadas recíproca e igualitariamente entre as Partes, ressalvado o disposto nos §§ 2º e 3º do art. 98 da Lei n. 13.105/2015. Descabimento da fixação de honorários advocatícios sucumbenciais em incidente de falsidade. 7. Recurso de apelação cível conhecido, e, no mérito, parcialmente, provido (e-STJ fl. 487/488). Recurso Especial: a recorrente sustenta violação dos arts. 369 e 442 do CPC, aduzindo, em síntese, que não poderia apresentar o documento original, porque esse foi-lhe repassado assinado unicamente pela via eletrônica, não tendo a recorrente acesso físico ao original, pelo que ao ser indeferida a prova testemunhal teria ocorrido o cerceamento de defesa. Alega, ainda, ocorrência de divergência jurisprudencial, defendendo que não teria sido oportunizado ao perito verificar a possibilidade de realizar a perícia e que é possível a realização de perícia por meio de cópia de documento. RELATADO O PROCESSO, DECIDE-SE. – Julgamento: aplicação do CPC/2015 – Da ausência de prequestionamento. Quanto à suposta violação dos arts. 369 e 442 do CPC, esses não foram objeto de análise pelo Tribunal de origem, restando ausente o prequestionamento ensejador da interposição do recurso especial. Incide a Súmula 282/STF. – Do reexame de fatos e provas. Por fim, ainda que fosse ultrapassado tal óbice, tem-se que alterar a convicção do julgador a quo, acerca da não configuração do cerceamento de defesa em razão da desnecessidade de produção de prova oral, demandaria o reexame de fatos e provas, o que é vedado em recurso especial pela Súmula 7/STJ. – Da divergência jurisprudencial A falta de indicação do dispositivo legal sobre o qual recai a divergência inviabiliza a análise do dissídio, o que atrai a aplicação da Súmula 284/STF. Nesse sentido: AgRg no REsp 1579618/PR, 3ª Turma, DJe de 01/07/2016; AgRg no RESP 1283930/SC, 4ª Turma, DJe de 14/06/2016; e AgRg no REsp 1.346.588/DF, Corte Especial, DJe de 17/03/2014. Forte nessas razões, CONHEÇO do agravo e, com fundamento no art. 932, III, do CPC/2015, NÃO CONHEÇO do recurso especial. Previno a parte recorrente que a interposição de recurso contra esta decisão, se declarado manifestamente inadmissível, protelatório ou improcedente, poderá acarretar sua condenação às penalidades fixadas nos arts. 1.021, § 4º, e 1.026, § 2º, do CPC/15. Publique-se. Intimem-se. Brasília (DF), 30 de maio de 2019. MINISTRA NANCY ANDRIGHI Relatora (STJ – AREsp: 1486301 PR 2019/0104880-5, Relator: Ministra NANCY ANDRIGHI, Data de Publicação: DJ 03/06/2019)

Art. 444. Nos casos em que a lei exigir prova escrita da obrigação, é admissível a prova testemunhal quando houver começo de prova por escrito, emanado da parte contra a qual se pretende produzir a prova.

→ *V.* Súmula 149 do STJ.

Exigência de prova mínima para admissão de prova testemunhal nos casos em que indispensável prova documental:

✓ APELAÇÃO CÍVEL. AÇÃO MONITÓRIA FUNDADA EM CHEQUE. SENTENÇA QUE REJEITOU OS EMBARGOS MONITÓRIOS E JULGOU PROCEDENTE O PLEITO INICIAL. RECURSO DO EMBARGANTE. PRELIMINAR. CERCEAMENTO DE DEFESA. INOCORRÊNCIA. AUSÊNCIA DE ELEMENTO PROBATÓRIO MÍNIMO A DEMONSTRAR A VERACIDADE DA ASSERTIVA LEVANTADA. "À ausência do mínimo de prova acerca da ilicitude na emissão dos cheques, somam-se os princípios da literalidade e da autonomia, segundo os quais a apresentação física das cambiais é suficiente para o exercício do direito ao recebimento das quantias por eles representadas." (Apelação Cível n. 2012.064880-7, de Imbituba, rel. Des. Robson Luz Varella; Julg. 6-10-2015). MÉRITO. PRÉVIA APRESENTAÇÃO DOS CHEQUES AO BANCO SACADO PARA MANEJO DA AÇÃO MONITÓRIA. IRRELEVÂNCIA. O CHEQUE AFETADO PELA PRESCRIÇÃO NÃO PERDE A SUA EFICÁCIA DE TÍTULO EXECUTIVO. "A não apresentação do cheque ao sacado para compensação, embora possa obstar à caracterização da cártula como título executivo, não impede seja ela utilizada como "prova escrita" apta a instruir ação monitória." (Apelação Cível n. 2009.059432-2, de Blumenau, rel. Des. Jorge Luiz de Borba; Julg. 2-8-2010). RECURSO CONHECIDO E DESPROVIDO. (TJ-SC; AC 00033483720128240042 Maravilha; Câmara Especial Regional de Chapecó; Rel. José Maurício Lisboa; Julg. 03/07/2017)

✓ APELAÇÃO CÍVEL. AÇÃO DE COBRANÇA C/C INDENIZAÇÃO POR DANOS MORAIS. SENTENÇA DE IMPROCEDÊNCIA. INCONFORMISMO DO AUTOR. CONTRATO VERBAL DE PRESTAÇÃO DE SERVIÇOS. SUBEMPREITADA. AUSÊNCIA DE INÍCIO DE PROVA ESCRITA A RESPEITO DO NEGÓCIO. DEPOIMENTOS QUE NADA ESCLARECEM SOBRE A EXISTÊNCIA DA RELAÇÃO CONTRATUAL. IMPOSSIBILIDADE, ADEMAIS, DE UTILIZAÇÃO DA PROVA EXCLUSIVAMENTE TESTEMUNHAL. PREÇO DO AJUSTE QUE SUPERA EM MUITO O VALOR DO DÉCUPLO DO SALÁRIO MÍNIMO VIGENTE À ÉPOCA. EXEGESE DO ART. 401 DO CPC/73. AUTOR QUE NÃO SE DESINCUMBIU DE DEMONSTRAR OS FATOS CONSTITUTIVOS DO SEU DIREITO, NOS TERMOS DO ART. 373, I, DO CPC. SENTENÇA MANTIDA. RECURSO CONHECIDO E DESPROVIDO. – Provar, sabidamente, é indispensável para o êxito da causa. Se aquele que tem o ônus de demonstrar o fato constitutivo do seu direito não consegue se desincumbir satisfatoriamente de tal encargo, e se a prova atinente aos seus interesses não vem aos autos por qualquer outro meio, não há como proclamar um édito de procedência em seu favor. – A lei adjetiva codificada não permite a produção de prova exclusivamente testemunhal para comprovar a existência de negócio cujo valor supera o décuplo do salário mínimo à época da sua celebração (art. 401 do CPC), mitigando-se esse entendimento quando apresentado começo de prova escrita passível de ser complementado, com a necessária segurança, pelos testigos arrolados, o que não se verifica na hipótese. (TJ-SC; AC 00118317020128240005 Balneário Camboriú; Primeira Câmara de Direito Civil; Rel. Jorge Luis Costa Beber; Julg. 22/06/2017)

✓ APELAÇÃO CÍVEL. DIREITO PRIVADO NÃO ESPECIFICADO. EMBARGOS À EXECUÇÃO. Inviável a pretensão do embargante em comprovar o pagamento da dívida mediante prova exclusivamente testemunhal. Inteligência do artigo 444 do Código de Processo Civil e dos artigos 319 e 320 do Código Civil. Hipótese em que o embargante não se desincumbiu de seu ônus probatório – art. 373, I, do Código de Processo Civil. APELO NÃO PROVIDO. UNÂNIME. (Apelação Cível Nº 70072133606, Décima Primeira Câmara Cível, Tribunal de Justiça do RS, Rel. Antônio Maria Rodrigues de Freitas Iserhard; Julg. 05/07/2017). (TJ-RS; AC 70072133606 RS; Décima Primeira Câmara Cível; Rel. Antônio Maria Rodrigues de Freitas Iserhard; Julg. 05/07/2017; Data de Publicação: 10/07/2017)

Art. 445. Também se admite a prova testemunhal quando o credor não pode ou não podia, moral ou materialmente, obter a prova escrita da obrigação, em casos como o de parentesco, de depósito necessário ou de hospedagem em hotel ou em razão das práticas comerciais do local onde contraída a obrigação.

Admissão da prova testemunhal quando a prova escrita é dispensada pelas práticas comerciais:

✓ APELAÇÃO CÍVEL Nº 000576-22.2015.8.08.0049 APELANTE: PARAISO TURISMO LTDA. ME APELADO: AUTO POSTO FALQUETO LTDA. RELATOR: DES. CARLOS SIMÕES FONSECA EMENTA APELAÇÃO CÍVEL – EMBARGOS MONITÓRIOS – NOTAS DE ABASTECIMENTO – PRESUNÇÃO DA EXISTÊNCIA DO CRÉDITO E DO SEU QUANTUM – ALEGAÇÃO DE QUE OS ABASTECIMENTOS NÃO FORAM AUTORIZADOS – ÔNUS DA PROVA DO EMBARGANTE – TESTEMUNHAS NÃO CONTRADITADAS – PRECLUSÃO – VIOLAÇÃO AOS ARTS. 401 E 402 DO CPC NÃO CARACTERIZADA – RECURSO DESPROVIDO. 1.Tratando-se de embargos à ação monitória, e em razão da presunção da existência do crédito e de seu quantum decorrentes da força probante dos documentos imprescindíveis ao ajuizamento da demanda embargada, é do embargante, o ônus de provar os fatos desconstitutivos do direito de crédito presumido em favor do autor/embargado. 2.O recurso de apelo se insurge contra as conclusões alcançadas pela sentença com fundamento, unicamente, na desqualificação das testemunhas ouvidas e na alegação de violação aos arts. 401 e 402 do CPC. 3.Quanto ao primeiro depoimento que se pretendeu desqualificar, vê-se que as informações por ele prestadas são e devem ser consideradas de suma importância para o deslinde da quaestio, já que, como gerente do posto de gasolina apelado à época dos fatos, presenciou e participou diretamente de todas as negociações envolvendo as partes em relação ao crédito que se busca satisfazer por meio da ação monitória, sendo que as questões relativas ao impedimento ou à suspeição de qualquer testemunha devem ser alegadas por meio da chamada contradita e no momento próprio para tanto, qual seja, quando da sua qualificação do depoente, a teor do que dispõe o § 1º do art. 414 do CPC. 4.Não realizada a contradita no momento adequado, opera-se a preclusão, o que impossibilita a sua discussão em grau de recurso de apelo, conforme já restou sedimentado pela jurisprudência pátria. 5.Em relação à segunda testemunha que se pretende desqualificar, a oitiva da gravação de sua inquirição é clara ao indicar que ele, como mecânico e motorista, entende que foi contratado pela apelante, PARAISO TURISMO LTDA., por seus administradores e para ela prestava serviços, conduzindo veículos de sua propriedade – da PARAISO TURISMO LTDA. – no transporte de pessoas, confirmando as conclusões alcançadas pelo juízo a quo. 6.O convencimento do juízo não se baseou somente na prova oral produzida, pois os documentos que acompanham a petição inicial da ação monitória – capazes de convencer que a apelante abastecia seus veículos no posto de gasolina apelado – somente foram confirmados pela prova testemunhal, que deu conta de que a apelante autorizou tal prática, na medida em que efetuava periodicamente o pagamento dos abastecimentos – com exceção, por certo, dos que compõem o crédito que aqui se discute. 7.Descabe a alegação de que tal prova documental não pode ser utilizada na forma do art. 402, I, do CPC, porque as assinaturas de prepostos – assim entendidos por força da aplicação da teoria da aparência – nas notas de abastecimento caracterizam que tais documentos foram, sim, emanados da sociedade apelante. 8.Por fim, a título de **obiter dictum**, devo ressaltar que as disposições legais utilizadas pelo apelante para desqualificar a sentença recorrida já foram extirpadas do nosso ordenamento jurídico, tendo o Novo CPC, acertadamente, banido a limitação de valores para a utilização da prova exclusivamente testemunhal, especialmente em casos – como o que se analisa – em que, em razão das práticas comerciais do local onde contraída a obrigação, não são exigidas provas escritas da obrigação (arts. 444 e 445). 9.Recurso desprovido. ACÓRDÃO Vistos, relatados e discutidos estes autos, ACORDA a Colenda Segunda Câmara Cível, na conformidade da ata da sessão, à unanimidade de votos, NEGAR PROVIMENTO ao recurso, nos termos do voto do relator. Vitória (ES), 12 de julho de 2016. DES. PRESIDENTE DES. RELATOR (TJ-ES; APL 00005762220158080049; Segunda Câmara Cível; Rel. Carlos Simões Fonseca; Julg. 12/07/2016; Data de Publicação: 19/07/2016)

Art. 446. É lícito à parte provar com testemunhas:
I – nos contratos simulados, a divergência entre a vontade real e a vontade declarada;

Viabilidade da prova testemunhal para comprovação de simulação:

✓ DECISÃO: Acordam os Desembargadores da 18ª Câmara Cível do Tribunal de Justiça do Estado do Paraná, por unanimidade de votos, em conhecer e negar provimento ao recurso, nos termos da fundamentação. EMENTA: APELAÇÃO CÍVEL – AÇÃO DECLARATÓRIA DE ANULAÇÃO DE NEGÓCIO JURÍDICO – NEGÓCIO SIMULADO – SISTEMÁTICA PROCESSUAL QUE PERMITE PROVA ESTRITAMENTE TESTEMUNHAL – ART. 446, I DO CPC. 1. O Juiz é livre para formar seu convencimento e não há uma hierarquia preestabelecida da valoração dos meios de provas, pelo que, o Magistrado dará a carga probatória que entender cabível, desde que fundamente sua decisão. 2. A sistemática do atual Código de Processo Civil, em seu art. 446, inciso I, deixa claro que é lícito a prova testemunhal quando há simulação. 3. No contrato simulado há uma discrepância entre a vontade e a declaração, sendo perfeitamente possível a prova exclusivamente testemunhal para provar a divergência entre a vontade real e a vontade declarada. 4. Sentença que não se baseou apenas em prova testemunhal, com análise em conjunto dos depoimentos, da prova documental e dos fatos narrados. 5. RECURSO IMPROVIDO. (TJPR; AC - 1607158-2 - Guarapuava; 18ª C. Cível; Rel. Marcelo Gobbo Dalla Dea; Unânime; Julg.08.03.2017)

II – nos contratos em geral, os vícios de consentimento.

→ *V.* Arts. 138 a 155, 166, VII, e 167 do CC/2002.

Viabilidade da prova testemunhal para comprovação de vício de consentimento:

✓ DECISÃO: ACORDAM os Magistrados integrantes da 7ª Câmara Cível do Tribunal de Justiça do Estado do Paraná, por unanimidade de votos, em CONHECER e DAR PROVIMENTO ao recurso de apelação. EMENTA: APELAÇÃO CÍVEL - AÇÃO DE ANULAÇÃO DE CONTRATO COM GARANTIA DE ALIENAÇÃO FIDUCIÁRIA - SENTENÇA QUE JULGOU IMPROCEDENTE A PRETENSÃO INICIAL - RECURSO DO AUTOR - CERCEAMENTO DE DEFESA - ALEGAÇÃO DE OCORRÊNCIA DE COAÇÃO NA FORMAÇÃO DO CONTRATO - PRETENSÃO DE PRODUÇÃO DE PROVA TESTEMUNHAL - JULGAMENTO ANTECIPADO DA LIDE - DESCABIMENTO - PROVA TÍPICA PREVISTA NO ARTIGO 446, INCISO II, DO CÓDIGO DE PROCESSO CIVIL - SENTENÇA QUE FUNDAMENTA INOCORRÊNCIA DE VÍCIO DE CONSENTIMENTO NA AUSÊNCIA DE COMPROVAÇÃO DO ALEGADO, QUANDO A PRODUÇÃO DA PROVA ORAL NÃO FOI OPORTUNIZADA - CERCEAMENTO DE DEFESA CONFIGURADO - SENTENÇA ANULADA - RECURSO CONHECIDO E PROVIDO. (TJPR; AC 1398249-3 - União da Vitória; 7ª C. Cível; Rel. Clayton Camargo; Unânime; Julg.28.06.2016)

✓ APELAÇÃO CÍVEL. AÇÃO DE RESCISÃO CONTRATUAL CUMULADA COM INDENIZATÓRIA POR DANOS MORAIS. SENTENÇA QUE JULGOU PARCIALMENTE PROCEDENTES OS PEDIDOS DA AÇÃO. RECURSO DO AUTOR, NA VIGÊNCIA DO CPC/15. ALEGAÇÃO DE CERCEAMENTO DE DEFESA. PEDIDO DE PRODUÇÃO DE PROVA TESTEMUNHAL DEFERIDO PELO JUÍZO "A QUO". OITIVA DE TESTEMUNHAS NÃO REALIZADA. JULGAMENTO ANTECIPADO DO MÉRITO COM BASE NA ALEGAÇÃO DE SUFICIÊNCIA DE PROVA DOCUMENTAL PARA A FORMAÇÃO DO CONVENCIMENTO DO JULGADOR. IMPOSSIBILIDADE. NECESSIDADE DE REALIZAÇÃO DA PROVA TESTEMUNHAL PARA COMPROVAÇÃO DO ALEGADO ERRO DE CONSENTIMENTO. CERCEAMENTO DE DEFESA CARACTERIZADO. SENTENÇA ANULADA. RETORNO DOS AUTOS À ORIGEM PARA REALIZAÇÃO DE AUDIÊNCIA DE INSTRUÇÃO E JULGAMENTO. RECURSO CONHECIDO E PROVIDO. 1. "Há cerceamento de defesa quando o magistrado julga a lide antecipadamente, a despeito de a parte ter especificado as provas que pretendia produzir, sobre questões fáticas relevantes, atinentes ao mérito da causa, e sobre as quais as partes controvertem." (TJ-SC; AC 00015825820138240059 São Carlos; Primeira Câmara de Direito Comercial; Rel. Luiz Zanelato; Julg. 30/11/2017)

✓ DECISÃO: ACORDAM os Magistrados integrantes da 7ª Câmara Cível do Tribunal de Justiça do Estado do Paraná, por unanimidade de votos, em CONHECER e DAR PROVIMENTO ao recurso de apelação. EMENTA: APELAÇÃO CÍVEL - AÇÃO DE ANULAÇÃO DE CONTRATO COM GARANTIA DE ALIENAÇÃO FIDUCIÁRIA - SENTENÇA QUE JULGOU IMPROCEDENTE A PRETENSÃO INICIAL - RECURSO DO AUTOR - CERCEAMENTO DE DEFESA - ALEGAÇÃO DE OCORRÊNCIA DE COAÇÃO NA FORMAÇÃO DO CONTRATO - PRETENSÃO DE PRODUÇÃO DE PROVA TESTEMUNHAL - JULGAMENTO ANTECIPADO DA LIDE - DESCABIMENTO - PROVA TÍPICA PREVISTA NO ARTIGO 446, INCISO II, DO CÓDIGO DE PROCESSO CIVIL - SENTENÇA QUE FUNDAMENTA INOCORRÊNCIA DE VÍCIO DE CONSENTIMENTO NA AUSÊNCIA DE COMPROVAÇÃO DO ALEGADO, QUANDO A PRODUÇÃO DA PROVA ORAL NÃO FOI OPORTUNIZADA - CERCEAMENTO DE DEFESA CONFIGURADO - SENTENÇA ANULADA - RECURSO CONHECIDO E PROVIDO. (TJPR; AC 1398249-3 - União da Vitória; 7ª C. Cível; Rel. Clayton Camargo; Unânime; Julg.28.06.2016)

✓ Anulação de ato jurídico. Defeito do negócio. Prova documental. Indícios suficientes corroborados por prova testemunhal. Validade. Apelo não provido. Deve ser mantida a sentença que decretou a nulidade do ato jurídico, ante a existência de prova documental suficiente a comprovar o defeito no negócio jurídico, corroborado pela produção de prova testemunhal. (TJ-RO; Apelação Processo 0007487-75.2013.822.0002; 1ª Câmara Cível, Rel. do Acórdão: Des. Rowilson Teixeira; Data de julgamento: 31/08/2016)

Art. 447. Podem depor como testemunhas todas as pessoas, exceto as incapazes, impedidas ou suspeitas.

→ *V.* Art. 228 do CC/2002.

Aptidão para prestar testemunho:

✓ AGRAVO DE INSTRUMENTO. AÇÃO DECLARATÓRIA DE RECONHECIMENTO E DISSOLUÇÃO DE SOCIEDADE DE FATO C/C APURAÇÃO DE HAVERES E PARTILHA. DECISÃO QUE ACOLHEU A CONTRADITA DE TESTEMUNHA. ALEGAÇÃO DE EXISTÊNCIA DE AÇÃO TRABALHISTA CONTRA A RÉ E INQUÉRITO PENAL MÚTUO. INCONFORMISMO DA PARTE AUTORA. DECISÃO QUE MERECE REFORMA. - A demanda originária nada tem a ver com o objeto da reclamação trabalhista ajuizada pela testemunha ora contraditada, e mais, esta foi arrolada pelo Agravante que se apresenta como sendo um dos sócios da Agravada, cujo reconhecimento e dissolução está a se discutir judicialmente. Aplicação do Enunciado da Súmula nº 357 do TST. - Outrossim, o que se verifica, apenas, é a existência de um termo circunstanciado onde constam a testemunha em questão e o patrono do Agravado, relatando ameaças recíprocas, sendo que tal fato não justifica o acolhimento da contradita em questão. -Ausência das hipóteses previstas no artigo 447 do novo Código de Processo Civil. Decisão que deve ser reformada para que o Juízo de 1ª instância agende nova audiência de instrução e julgamento para a realização da oitiva da referida testemunha. - RECURSO CONHECIDO E PROVIDO. (TJ-RJ; AI 00584073820168190000 Rio de Janeiro Volta Redonda; 1ª Vara Cível; Décima Quinta Câmara Cível; Rel. Maria Regina Fonseca Nova Alves; Julg. 31/01/2017; Data de Publicação: 02/02/2017)

✓ DANOS MORAIS. Indenização. Agressões físicas. Conduta ilícita geradora de danos morais. Testemunha isenta. Depoimento na fase de investigação policial e em juízo que se confirmam. Contradita rejeitada com acerto. Valor de indenização arbitrada que não se mostra excessivo e deve ser mantido, posto que se coaduna com as peculiaridades do caso concreto. Precedentes desta C. Câmara. Não caracterizada hipótese de litigância de má-fé. RECURSO NÃO PROVIDO. (TJ-SP; APL 10010801220168260037; SP; 6ª Câmara de Direito Privado; Rel. Ana Maria Baldy; Julg. 09/03/2017; Data de Publicação: 10/03/2017)

✓ CERCEAMENTO DE DEFESA. INDEFERIMENTO DA OITIVA DE TESTEMUNHA. Configura cerceamento de defesa o indeferimento da oitiva de testemunha convidada pelo reclamante, destinada a comprovar as circunstâncias dos fatos sobre os quais se fundam a pretensão inicial. O fato de a testemunha ter ajuizado reclamatória trabalhista contra o mesmo empregador não caracteriza, por si só, suspeição, nos termos da Súmula nº 357 do TST, ainda que se trate de pedidos idênticos ou análogos. (TRT-4; RO 00202983020155040752; 9ª Turma; Julg. 31/03/2017)

✓ DANOS MORAIS. Indenização. Agressões físicas. Conduta ilícita geradora de danos morais. Testemunha isenta. Depoimento na fase de investigação policial e em juízo que se confirmam. Contradita rejeitada com acerto. Valor de indenização arbitrada que não se mostra excessivo e deve ser mantido, posto que se coaduna com as peculiaridades do caso concreto. Precedentes desta C. Câmara. Não caracterizada hipótese de litigância de má-fé. RECURSO NÃO PROVIDO. (TJ-SP; APL 10010801220168260037; SP; 6ª Câmara de Direito Privado; Rel. Ana Maria Baldy; Julg. 09/03/2017; Data de Publicação: 10/03/2017)

§ 1º São incapazes:

→ *v.* Art. 6º da Lei 13.146/2015.

I – o interdito por enfermidade ou deficiência mental;

II – o que, acometido por enfermidade ou retardamento mental, ao tempo em que ocorreram os fatos, não podia discerni-los, ou, ao tempo em que deve depor, não está habilitado a transmitir as percepções;

→ *v.* Art. 3º do CC/2002.

III – o que tiver menos de 16 (dezesseis) anos;

IV – o cego e o surdo, quando a ciência do fato depender dos sentidos que lhes faltam.

§ 2º São impedidos:

I – o cônjuge, o companheiro, o ascendente e o descendente em qualquer grau e o colateral, até o terceiro grau, de alguma das partes, por consanguinidade ou afinidade, salvo se o exigir o interesse público ou, tratando-se de causa relativa ao estado da pessoa, não se puder obter de outro modo a prova que o juiz repute necessária ao julgamento do mérito;

Impedimento para ser testemunha pelo parentesco:

✓ APELAÇÃO. POSSE. COMPRA E VENDA DE VEÍCULO USADO, ALIENADO FIDUCIARIAMENTE ANTERIORMENTE PELO VENDEDOR COMO GARANTIA DO FINANCIAMENTO OBTIDO PARA SUA AQUISIÇÃO. MORTE DO VENDEDOR SEIS MESES DEPOIS. VEÍCULO QUE NÃO FOI INCLUÍDO PELOS FAMILIARES NO INVENTÁRIO. PRETENSÃO DO AUTOR DE SER INDENIZADO POR SUPOSTOS DANOS MATERIAL E MORAL EM RAZÃO DA CONDUTA OMISSIVA QUE ORIGINOU PROBLEMAS NA DOCUMENTAÇÃO DO VEÍCULO. ALEGAÇÃO DE CERCEAMENTO DE DEFESA. TESTEMUNHA ARROLADA PELO AUTOR QUE NÃO FOI OUVIDA. INTELIGÊNCIA DO § 2º, I, DO ART. 447, DO CPC/2015. AUSÊNCIA DE NULIDADE. RECURSO IMPROVIDO. O art. 447, § 2º, I, do CPC/2015, estabelece que podem depor como testemunhas todas as pessoas, exceto as incapazes, impedidas ou suspeitas e que são impedidos o cônjuge, o companheiro, o ascendente e o descendente em qualquer grau e o colateral, até o terceiro grau, de alguma das partes, por consanguinidade ou afinidade, salvo se o exigir o interesse público ou, tratando-se de causa relativa ao estado da pessoa, não se puder obter de outro modo a prova que o juiz repute necessária ao julgamento do mérito. NO caso, a pessoa que foi impedida de testemunhar é irmã do apelante. Logo, está impedida de testemunhar. Não existe qualquer disposição no CPC que determine que apenas à parte adversa é possibilitado contraditar testemunha. Aliás, muito pelo contrário, pois o § 1º, do art. 457, do CPC/2015, dispõe que é lícito à parte contraditar a testemunha. Desse modo, é permitido à parte contraditar testemunha, mas esse não é um ato reservado somente aos litigantes. O juiz preside o processo e, se o interesse público não exigir, não se tratar de causa relativa ao estado da pessoa ou podendo obter de outro modo a prova que repute necessária ao julgamento do mérito, não deve ouvir a testemunha impedida. Os §§ 4º e 5º do art. 447, do mesmo diploma, estabelecem que, sendo necessário, pode o juiz admitir o depoimento das testemunhas menores, impedidas ou suspeitas, mas esses depoimentos serão prestados independentemente de compromisso, e o juiz lhes atribuirá o valor que possam merecer. Também no caso, outras testemunhas foram ouvidas e forneceram elementos suficientes para o desfecho da controvérsia. O depoimento de uma testemunha impedida não alteraria o resultado do julgamento, mesmo confirmando tudo o que alega o apelante. (TJ-SP; APL 10002140820168260553; SP; 31ª Câmara de Direito Privado; Rel. Adilson de Araujo; Julg. 14/03/2017; Data de Publicação: 14/03/2017)

✓ FAMÍLIA. AGRAVO DE INSTRUMENTO. AÇÃO DE ALIMENTOS. PEDIDO PARA EX-COMPANHEIRA. PROVA TESTEMUNHAL. ARROLAMENTO DOS FILHOS DO CASAL. IMPOSSIBILIDADE. DECISÃO MANTIDA. 1. O ordenamento jurídico proíbe o depoimento, como testemunha, dos descendentes, relativizando se estritamente necessário, para a prova de fatos que só elas conheçam, que não é a hipótese dos autos. 2. Não se trata de demanda que envolva relevante interesse público ou estado de pessoas, impossibilitando, por esta razão, a oitiva dos descendentes dos litigantes. 3. Por outro lado, as testemunhas arroladas são descendentes dos litigantes, não se mostrando sensato, pois poderá implicar em desarmonia às relações familiares. 4. Agravo de Instrumento não provido. (Classe: Agravo de Instrumento, Número do Processo: 0025899-63.2015.8.05.0000; Rel. Pilar Celia Tobio de Claro; Primeira Câmara Cível; Publicado em: 26/04/2016)

✓ APELAÇÃO CÍVEL – Ação Monitória – Preliminar de Suspeição da testemunha – Inocorrência – Não há que se falar em suspeição ou impedimento por razão de parentesco, eis que a ré se trata de pessoa jurídica - Preliminar Rejeitada - Inexistência de comprovação de pedido e recebimento das mercadorias, cujo valor se pretende receber - Sentença mantida - Sucumbência majorada nos termos do art. 85, 11º do CPC - Apelo desprovido. (TJ-SP 10029096420158260004; SP; 34ª Câmara Extraordinária de Direito Privado; Rel. Jacob Valente; Julg. 14/11/2017; Data de Publicação: 14/11/2017)

II – o que é parte na causa;

Testemunha que é parte na causa:

✓ AGRAVO DE INSTRUMENTO. AÇÃO DE IMPROBIDADE. DEPOIMENTO PESSOAL. AUSÊNCIA DE REQUERIMENTO DO AUTOR. VIOLAÇÃO AO ART. 5º, LXIII, CF. DIREITO AO SILÊNCIO. NÃO PROCEDÊNCIA. ROL DE TESTEMUNHAS. OITIVA DE MAGISTRADO E MEMBRO DO MP. IMPEDIMENTO. ART. 405, § 2º, III, do CPC/73 [ART. 447, § 2º, III, CPC]. SUBSTITUIÇÃO DE TESTEMUNHAS. PRINCÍPIO DA AMPLA DEFESA. ACOLHIMENTO. PROVIMENTO PARCIAL DO AGRAVO. 1) Não se mostra suficiente para impedir seu interrogatório, figurar o réu em ação penal que apura o mesmo fato a si imputado em ação de improbidade, pois poderá se recusar a responder a perguntas que guardem relação com o fato criminoso; 2) Em não tendo conhecimento de fatos que possam influir na decisão, pode o juiz mandar excluir seu nome do rol de testemunhas, caso contrário, deverá declarar-se impedido para julgar o feito; 3) O promotor que subscreve petição inicial de ação de improbidade atua na qualidade de representante do Ministério Público, estando, por isso, legalmente impedido de depor como testemunha, por força do art. 405, § 2º, III, do CPC/73 [art. 447, § 2º, III, CPC]; 4) Em obediência ao princípio da ampla defesa, deve-se oportunizar ao réu a substituição das testemunhas por si arroladas, a fim de prestigiar a garantia constitucional do art. 5º, LV; 5) Agravo parcialmente provido. (TJ-AP; 00017185220158030000 AP; Câmara Única; Rel. Desembargador Raimundo Vales; Julg. 31/05/2016)

III – o que intervém em nome de uma parte, como o tutor, o representante legal da pessoa jurídica, o juiz, o advogado e outros que assistam ou tenham assistido as partes.

Testemunho por parte do advogado:

✓ MANDADO DE SEGURANÇA - DECISÃO QUE DESTITUI ADVOGADO CONSTITUÍDO POR RÉU EM AÇÃO PENAL PARA ARROLÁ-LO COMO TESTEMUNHA DO JUÍZO - DEVER DE RECUSAR-SE A DEPOR E DE GUARDAR SIGILO PROFISSIONAL - ARTIGOS 7º, XIX, DA LEI 8.906/94 E 207 DO CPP - RECUSA JUSTIFICADA - SEGURANÇA CONCEDIDA. É ilegítima a decisão judicial que, nos autos de ação penal, destituiu o impetrante da condição de advogado do réu para arrolá-lo como testemunha do juízo, sob a justificativa de que ele "era o responsável pelo setor jurídico do Município de Deodápolis e encarregado de comunicar eventuais pagamentos e/ou compensações de créditos". Ora, a recusa do impetrante em prestar depoimento na qualidade de testemunha do juízo na supracitada ação penal ampara-se na sua condição de advogado do acusado, tanto no respectivo processo crime, como também nos autos da Ação Civil Pública por Improbidade Administrativa n.º 0800601-76.2014.8.12.0032, relacionada exatamente aos mesmos fatos. Dessa forma, não deve prevalecer a decisão proferida pela autoridade apontada como coatora, na medida em que a lei estabelece como justa a recusa do advogado de prestar depoimento como testemunha em demanda na qual tenha atuado, sobre fato relacionado com pessoa de quem seja advogado ou, ainda, sobre aquilo que saiba em razão do seu ofício, exatamente como ocorre na hipótese dos autos (Inteligência do artigo 7º, inciso XIX da Lei n. 8.906/94, artigo 207 do CPP e artigo 405, § 2º, inciso III do CPC/73 correspondente ao artigo 447, § 2º, inciso III, do Novo CPC). Segurança concedida. CONTRA O PARECER (TJ-MS; MS 14094106820158120000; Seção Criminal; Rel. Des. Francisco Gerardo de Sousa; Julg. 08/02/2017; Data de Publicação: 20/02/2017)

§ 3º São suspeitos:

I – o inimigo da parte ou o seu amigo íntimo;

Amizade ou inimizade da testemunha:

✓ TESTEMUNHA IMPEDIDA. AMIGA ÍNTIMA. LICITUDE DO ACOLHIMENTO DA CONTRADITA. ART. 473, § 3º, I, CPC/15. Veda a lei, por presunção de suspeição, o deferimento do compromisso de depor para aquele que é amigo íntimo de qualquer das partes, e a amizade íntima envolve análise de circunstâncias de índole subjetiva. Todavia, componentes objetivos são relevantes para a sua definição. Assim é que o relacionamento estreito pode ser traduzido, entre outras ocorrências, por visitas à residência, compartilhamento de atividades de lazer, laços de solidariedade, dívidas de gratidão, troca de confidências etc. Na hipótese, a testemunha se disse amiga da recorrente, pelo sentido de gratidão a ela, perfazendo-se a previsão contida no referido art. 447, § 3º, I, do CPC/15. Claramente caracterizado o comprometimento da isenção de ânimo, correto o acolhimento da contradita. Recurso ordinário a que se nega provimento. (RO - 0000392-13.2016.5.06.0413, Primeira Turma; Redator: Eduardo Pugliesi; Data de julgamento: 20/10/2016; Data da assinatura: 26/10/2016)

✓ RECURSO ORDINÁRIO. PROVA DOCUMENTAL PRECLUSA. DANOS MORAIS. NÃO CONFIGURADO. A parte obreira não conseguiu provar que se encontrava em licença para tratamento de saúde no dia de sua dispensa, uma vez que juntou aos autos atestado médico após o fim da instrução processual, isto é, de forma preclusa nos termos do art. 852 - H, da CLT, que regulamenta o Procedimento Sumaríssimo. Ademais, a prova testemunhal produzida pela obreira configurou-se suspeita nos termos do art. 829, da CLT, c/c o art. 447, § 3.º, I, do CPC/2015. Desta forma, não se verificou o requisito do dano moral relativo à culpa da reclamada, uma vez que esta agiu dentro dos limites legais ao dispensar a obreira sem justa causa. Sentença confirmada neste ponto. (TRT-7; RO 00013742120165070018; Rel. Francisco José Gomes da Silva; Julg. 20/03/2017; Data de Publicação: 21/03/2017)

II – o que tiver interesse no litígio.

Interesse no litígio por parte da testemunha:

✓ EMENTA: APELAÇÕES CÍVEIS. AÇÃO ORDINÁRIA. RECURSO INTERPOSTO POR JOSIAS SOARES DIAS. NULIDADE DA SENTENÇA. CERCEAMENTO DE DEFESA. INOCORRÊNCIA. SUSPEIÇÃO DE TESTEMUNHA RECONHECIDA CORRETAMENTE. INTERESSE NO LITÍGIO. SERVIDOR PÚBLICO. DESVIO DE FUNÇÃO. AUXILIAR E

TÉCNICO DE ENFERMAGEM. AUSÊNCIA DE PROVA DO EXERCÍCIO HABITUAL DE ATRIBUIÇÕES DO CARGO DE TÉCNICO DE ENFERMAGEM. REENQUADRAMENTO. VEDAÇÃO EXPRESSA POR FORÇA DA SÚMULA VINCULANTE Nº 43 DO STF. RECEBIMENTO DAS DIFERENÇAS REMUNERATÓRIAS ENTRE OS CARGOS (SÚMULA Nº 378 DO STJ). IMPOSSIBILIDADE. RECURSO DESPROVIDO. RECURSO INTERPOSTO PELO ESTADO DO ESPÍRITO SANTO. HONORÁRIOS ADVOCATÍCIOS SUCUMBENCIAIS DEVIDOS À FAZENDA PÚBLICA ESTADUAL. VERBA QUE INTEGRA O PATRIMÔNIO PÚBLICO. DEPÓSITO DIRETO NA CONTA BANCÁRIA TITULARIZADA PELA ASSOCIAÇÃO DE PROCURADORES DO ESTADO DO ESPÍRITO SANTO. IMPOSSIBILIDADE. INEXISTÊNCIA DE LEGISLAÇÃO ESTADUAL. LEI ESTADUAL Nº 4.708/92 REVOGADA. RECURSO DESPROVIDO. 1) Se o juiz condutor do processo, como destinatário da prova e com base no seu critério discricionário, reduz o valor probatório de depoimento prestado por pessoa que constata possuir interesse no litígio, ouvindo-a na qualidade de informante, não há que se falar em cerceamento de defesa, na medida em que sua atitude encontra amparo no disposto no art. 405, § 3º, inciso IV, e § 4º, do CPC/197 Art. 405. Podem depor como testemunhas todas as pessoas, exceto as incapazes, impedidas ou suspeitas. (¿). § 3º São suspeitas: (¿); IV ¿ o que tiver interesse no litígio. § 4º Sendo estritamente necessário, o juiz ouvirá testemunhas impedidas ou suspeitas; mas os seus depoimentos serão prestados independentemente de compromisso (art. 415) e o juiz lhes atribuirá o valor que possam merecer, vigente à época da instrução processual e que foi reproduzido no art. 447, § 3º, inciso II, e §§ 4º e 5º, do CPC/2015. 2) Embora não seja lícito ao Poder Judiciário realizar o reenquadramento do servidor público que atua em desvio de função, uma vez que tal provimento configuraria verdadeira burla à regra de acesso a cargo público mediante concurso (art. 37, inciso II, da CF/88), é perfeitamente possível o pagamento, a título indenizatório, das diferenças remuneratórias entre os cargos ao servidor, a fim de evitar indevido locupletamento da Administração Pública. Posicionamento sedimentado por meio da Súmula Vinculante nº 43 do Supremo Tribunal Federal e da Súmula nº 378 do Superior Tribunal de Justiça. 3) O desvio de função ocorre quando o servidor é compelido a realizar, de modo permanente e habitual, atividades privativas de cargo público diverso do por ele exercido. 4) Na hipótese vertente, o autor não se desincumbiu do ônus probatório de comprovar o fato constitutivo de seu direito, a teor do artigo 333, inciso I, do CPC/1973, vigente à época da prolação da sentença, porquanto não logrou êxito em demonstrar o alegado desvio de função, visto que é imprescindível a prova robusta de que o auxiliar de enfermagem tenha desempenhado as atividades típicas do cargo de técnico de enfermagem, de maneira que não faz jus ao recebimento das diferenças remuneratórias entre os aludidos cargos públicos, quiçá o reenquadramento almejado. 5) A prova testemunhal produzida no feito demonstra sua fragilidade para o convencimento de que o apelante laborou em desvio de função, visto que não foi clarificado que este exercia, com habitualidade, funções atribuídas unicamente ao cargo de técnico de enfermagem. Ao contrário, o que se extrai das manifestações, inclusive das informantes reconhecidamente suspeitas, é que as atividades desenvolvidas rotineiramente pelo recorrente são compatíveis com o cargo público que ocupa (auxiliar de enfermagem) e as eventuais práticas de poucas e esporádicas funções do cargo de técnico de enfermagem, que sequer foram esclarecidas e demonstradas, não possibilitam o reconhecimento do desvio de função. 6) Recurso interposto por Josias Soares Dias conhecido e desprovido. 7) Consoante construção pretoriana, o titular da verba honorária sucumbencial quando vencedora em processo judicial é a Fazenda Pública; no entanto, longe de se desgarrar do interesse público, poderá o ente federado respectivo estabelecer a destinação da cifra dentro da política que reputar conveniente, restando assim imperiosa uma clara normatização a respeito. 8) Os advogados públicos fazem jus ao recebimento dos honorários sucumbenciais, entretanto, por ser esta verba de titularidade do ente estatal, a sua transferência somente pode se dar por meio de autorização legislativa, a qual regulamentará a questão, em consonância com o disposto no art. 85, § 19, do Código de Processo Civil de 2015. 9) Se tanto a jurisprudência dos Tribunais Superiores quanto o Novo Código de Processo Civil estabelecem que o recebimento dos honorários sucumbenciais diretamente pelos advogados públicos está condicionado a existência de legislação disciplinando a matéria, não há como reconhecer este direito em benefício dos Procuradores do Estado do Espírito Santo, tendo em vista que inexiste lei em sentido formal no ordenamento jurídico capixaba tratando da questão, ante a revogação expressa da Lei Estadual nº 4.708/92. 10) Recursos interposto pelo Estado do Espírito Santo conhecido e desprovido. (TJ-ES; APL 00022559420148080048; Terceira Câmara Cível; Rel. Eliana Junqueira Munhos Ferreira; Julg. 09/05/2017; Data de Publicação: 19/05/2017)

§ 4º Sendo necessário, pode o juiz admitir o depoimento das testemunhas menores, impedidas ou suspeitas.

Admissão na oitiva de testemunhas menores, impedidas ou suspeitas:

✓ Ação declaratória de inexigibilidade de débito cumulada com indenização por danos morais e materiais – Prestação de serviços água – Alegação de desvio de água em razão de irregularidade constatada no hidrômetro – Sentença de parcial procedência. AGRAVO RETIDO – Pedido de acareação de testemunhas indeferido – Testemunhas que foram exaustivamente questionadas na audiência de instrução e julgamento, de modo que a acareação restaria inócua – Inquirição de testemunha como informante – Agravo retido desprovido. APELAÇÕES – Apelo da requerida para afastar a declaração de inexigibilidade do débito e a condenação ao pagamento de indenização por danos morais – Recurso da autora para majorar o quantum fixado a título de danos morais e dar provimento do pleito relativo à indenização por danos materiais – Ausência de fé pública da SABESP, mera pessoa jurídica de direito privado, a quem cabe ônus probatório como qualquer outra empresa – Ônus da prova era da ré, haja vista que, após constatar a suposta irregularidade no hidrômetro, assumiu o dever de guarda e vigilância do objeto que deveria ser periciado – Necessidade de perícia para comprovar a violação do hidrômetro – Prova pericial inviabilizada em razão da perda do objeto – O desvio de água no hidrómetro não ficou demonstrado nos autos – Ré não se desincumbiu do seu ônus da prova, nos termos do art. 373, II, do CPC/2015 – Corte no fornecimento de água enseja dano moral, mesmo sendo a autora pessoa jurídica – Súmula 227 do STJ – Ofensa à honra objetiva – Abalo da sua credibilidade perante terceiros, prejudicando sua imagem no mercado – Quantum indenizatório que merece ser mantido – Danos materiais não comprovados – Sucumbência mínima da autora – Requerida deverá enfrentar de forma integral as verbas sucumbenciais relativas à ação principal – Recurso da requerida desprovido – Recurso da requerente parcialmente provido. (TJ-SP 10000724520148260562; SP; 24ª Câmara de Direito Privado; Rel. Jonize Sacchi de Oliveira; Julg. 31/08/2017; Data de Publicação: 04/09/2017)

✓ APELAÇÃO. POSSE. COMPRA E VENDA DE VEÍCULO USADO, ALIENADO FIDUCIARIAMENTE ANTERIORMENTE PELO VENDEDOR COMO GARANTIA DO FINANCIAMENTO OBTIDO PARA SUA AQUISIÇÃO. MORTE DO VENDEDOR SEIS MESES DEPOIS. VEÍCULO QUE NÃO FOI INCLUÍDO PELOS FAMILIARES NO INVENTÁRIO. PRETENSÃO DO AUTOR DE SER INDENIZADO POR SUPOSTOS DANOS MATERIAL E MORAL EM RAZÃO DA CONDUTA OMISSIVA QUE ORIGINOU PROBLEMAS NA DOCUMENTAÇÃO DO VEÍCULO. ALEGAÇÃO DE CERCEAMENTO DE DEFESA. TESTEMUNHA ARROLADA PELO AUTOR QUE NÃO FOI OUVIDA. INTELIGÊNCIA DO § 2º, I, DO ART. 447, DO CPC/2015. AUSÊNCIA DE NULIDADE. RECURSO IMPROVIDO. O art. 447, § 2º, I, do CPC/2015, estabelece que podem depor como testemunhas todas as pessoas, exceto as incapazes, impedidas ou suspeitas e que são impedidos o cônjuge, o companheiro, o ascendente e o descendente em qualquer grau e o colateral, até o terceiro grau, de alguma das partes, por consanguinidade ou afinidade, salvo se o exigir o interesse público ou, tratando-se de causa relativa ao estado da pessoa, não se puder obter de outro modo a prova que o juiz repute necessária ao julgamento do mérito. NO caso, a pessoa que foi impedida de testemunhar é irmã do apelante. Logo, está impedida de testemunhar. Não existe qualquer disposição no CPC que determine que apenas à parte adversa é possibilitado contraditar testemunha. Aliás, muito pelo contrário, pois o § 1º, do art. 457, do CPC/2015, dispõe que é lícito à parte contraditar a testemunha. Desse modo, é permitido à parte contraditar testemunha, mas esse não é um ato reservado somente aos litigantes. O juiz preside o processo e, se o interesse público não exigir, não se tratar de causa relativa ao estado da pessoa ou podendo obter de outro modo a prova que repute necessária ao julgamento do mérito, não deve ouvir a testemunha impedida. Os §§ 4º e 5º do art. 447, do mesmo diploma, estabelecem que, sendo necessário, pode o juiz admitir o depoimento das testemunhas menores, impedidas ou suspeitas, mas esses depoimentos serão prestados independentemente de compromisso, e o juiz lhes atribuirá o valor que possam merecer. Também no caso, outras testemunhas foram ouvidas e forneceram elementos suficientes para o desfecho da controvérsia. O depoimento de uma testemunha impedida não alteraria o resultado do julgamento, mesmo confirmando tudo o que alega o apelante. (TJ-SP; APL 10002140820168260553; SP; 31ª Câmara de Direito Privado; Rel. Adilson de Araujo; Julg. 14/03/2017; Data de Publicação: 14/03/2017)

Irrelevância da oitiva de menores para a solução da controvérsia:

✓ RECURSO ESPECIAL Nº 1.715.124 - AL (2017/0320301-6) RELATOR: MINISTRO MARCO BUZZI RECORRENTE: RICARDO MACEDO CAMELO RECORRENTE: RONALDO BUARQUE GUSMÃO ADVOGADOS: DEIVIS CALHEIROS PINHEIRO - AL009577 LUCAS TELES BENTES - AL012457 LUANA KAREN DE AZEVEDO SANTANA E OUTRO (S) - AL013085 RECORRIDO: RONALD CABRAL DE MENDONCA ADVOGADOS: RODRIGO SARMENTO TIGRE - AL009345A CARLOS EDUARDO OLIVEIRA DE MENDONÇA - AL011921 DECISÃO Cuida-se de recurso especial interposto por RONALDO BUARQUE GUSMÃO, com fundamento no artigo 105, inciso III, alínea a da Constituição Federal, em desafio a acórdão proferido em apelação cível pelo Tribunal de Justiça do Estado de Alagoas, assim ementado: APELAÇÕES CÍVEIS. AÇÃO DE COBRANÇA. CERCEAMENTO DE DEFESA. INOCORRÊNCIA. NEGOCIO JURÍDICO FIRMADO ENTRE AS PARTES. CESSÃO DE QUANTIA DECORRENTES DE PRECATÓRIOS ORIUNDO DE AÇÃO TRABALHISTA. POSSIBILIDADE DE REALIZAÇÃO DE NEGÓCIO JURÍDICO DE NATUREZA CÍVEL APÓS O RECEBIMENTO DA QUANTIA, SENDO IRRELEVANTE SUA ORIGEM INICIAL NO CASO. REMUNERAÇÃO QUE INTEGRA O PATRIMÔNIO PESSOAL, PODENDO SER OBJETO DE CESSÃO, PAGAMENTO E COBRANÇA. NATUREZA IRRENUNCIÁVEL DOS DIREITOS TRABALHISTAS QUE VISAM ASSEGURAR A PROTEÇÃO DO TRABALHADOR EM FACE DO EMPREGADOR QUE NÃO SE OPÕE ÀS RELAÇÕES JURÍDICAS POSTERIORMENTE FIRMADAS. COAÇÃO. NÃO COMPROVADA. PARTES CAPAZES. NEGÓCIO JURÍDICO VÁLIDO E EFICAZ. RECURSOS CONHECIDOS E NÃO PROVIDOS. Opostos aclaratórios pelo patrono do autor (fls. 290-291) foram esses providos para sanar omissão atinente à verba honorária sucumbencial recursal, nos termos da seguinte ementa: EMBARGOS DE DECLARAÇÃO EM APELAÇÕES CÍVEIS. OMISSÃO VERIFICADA. MAJORAÇÃO DA VERBA HONORÁRIA SUCUMBENCIAL, EM RAZÃO DO NÃO PROVIMENTO DOS RECURSOS INTERPOSTOS PELA PARTE ADVERSA. HONORÁRIOS RECURSAIS. § 11, DO ARTIGO 85, DO CÓDIGO DE PROCESSO CIVIL. RECURSO CONHECIDO E PROVIDO. Opostos embargos de declaração pelos réus (fls. 313-317), foram esses rejeitados, com aplicação de multa, consoante a ementa que segue: EMBARGOS DE DECLARAÇÃO EM APELAÇÕES CÍVEIS. AÇÃO DE COBRANÇA. OMISSÃO. INEXISTÊNCIA. CARACTERIZADO INCONFORMISMO DO EMBARGANTE. IMPOSSIBILIDADE DE REDISCUSSÃO DA MATÉRIA. RECURSO COM O INTUITO MANIFESTAMENTE PROTELATÓRIOS. APLICAÇÃO DE MULTA DE 2% (DOIS POR CENTO) SOBRE O VALOR DA CAUSA ATUALIZADO. ART. 1026, § 2º, DO CPC. RECURSO CONHECIDO E PROVIDO. Nas razões do recurso especial (fls. 339-352), alega o insurgente ofensa aos artigos 446, § 4º e 1025, ambos do CPC, aduzindo, em síntese: a) ter sido cerceado o seu direito de defesa em virtude de não ter podido demostrar a coação na realização do contrato firmado com o recorrido, porquanto não foi deferida a oitiva das partes; e, b) inaplicabilidade da multa nos embargos de declaração que foram opostos com intuito de prequestionamento. Admitido o reclamo na origem ascenderam os autos a esta Corte Superior. Às fls. 475 foi protocolada petição de desistência pelo recorrente RICARDO MACEDO CAMELO. É o relatório. Decido. O reclamo não merece prosperar. 1. No que concerne à tese de cerceamento de defesa ante o indeferimento de oitiva das partes, melhor sorte não socorre o insurgente. Confira-se, por oportuno, o entendimento do Tribunal a quo acerca da alegada imprescindibilidade da prova requerida: Na sentença, o juiz de primeiro grau analisou o pedido de produção de prova, considerando que as matérias referentes ao mérito da demanda já estariam evidenciadas pelos documentos acostados aos autos, motivo pelo qual indeferiu a oitiva das pessoas arroladas, por entender que não seria capaz de influenciar a apreciação da questão posta em juízo, mormente por constarem no rol de impedimento. Em leitura dos autos e da sentença recorrida, vejo que foi possível ao o julgador formar o seu convencimento sem a produção da prova pretendida pelos apelantes, o que não representou qualquer ofensa ao princípio constitucional da ampla defesa, uma vez que a lei ordinária permite que o juiz, destinatário das provas, dispense o a produção daquelas que julgar inúteis'. Além disso, urge destacar que a caracterização do cerceamento de defesa o não está relacionada ao acolhimento da tese de quem requereu a produção de prova, mas se era necessária a realização de determinada diligência probatória para a compreensão da controvérsia e dos argumentos dos litigantes. Por certo, é lícito à parte provar com testemunhas sua tese de vício no contrato firmado (art. 446, do CPC), contudo, na hipótese, as únicas pessoas indicadas pelos apelados foram os próprios litigantes, ou seja, impedidos para figurar na qualidade de testemunha por força do disposto no art. 447, do diploma processual, in verbis: Art. 447. Podem depor como testemunhas todas as pessoas, exceto as =z incapazes, impedidas ou suspeitas. [...] § 2º São impedidos: [...] - o que é parte na causa; [...] § 4º Sendo necessário, pode o juiz admitir o depoimento das testemunhas menores, impedidas ou suspeitas. In casu, vejo que a oitiva dos mesmos era irrelevante para a solução da controvérsia, pois como partes além serem consideradas testemunhas impedidas, seus posicionamentos na demanda já ficaram claros através das peças processuais por eles apresentadas. É entendimento assente nesta Corte Superior não ser possível, em recurso especial, o reconhecimento de suposto cerceamento de defesa na hipótese em que o Tribunal a quo entendeu que o feito encontrava-se substancialmente instruído a permitir o julgamento da causa sem a produção da prova requerida. Isso porque compete às instâncias ordinárias o exame da necessidade ou não de dilação probatória, haja vista sua proximidade com as circunstâncias fáticas da causa, cujo reexame é vedado em recurso especial, nos termos da Súmula 7 deste STJ. Ademais, de acordo com o art. 130 do CPC/73, atual 370 do CPC, cabe ao julgador determinar as provas que entender pertinentes à instrução do processo, bem como o indeferimento das que considerar inúteis ou protelatórias, em observância aos princípios da livre admissibilidade da prova e do livre convencimento do juiz. Nesse sentido: AGRAVO REGIMENTAL NO RECURSO ESPECIAL. USUCAPIÃO EXTRAORDINÁRIA. TESTEMUNHA IMPEDIDA. PARENTESCO. IRMÃ DAS PARTES. CERCEAMENTO DE DEFESA. NÃO CONFIGURAÇÃO. EXERCÍCIO DA POSSE. NÃO COMPROVAÇÃO. REVISÃO. SÚMULA 7/STJ. 1. Inexiste afronta ao art. 535 do CPC, pois o acórdão impugnado não contém nenhum vício, notadamente a alegada contradição. 2. Verificado que o Tribunal Estadual já havia analisado e decidido de modo claro e objetivo as questões que delimitaram a controvérsia, não havia a necessidade de oposição de embargos de declaração, motivo pelo qual se mantém a aplicação da multa do art. 538, parágrafo único, do CPC. 3. Não configura cerceamento de defesa o julgamento da causa sem a oitiva de testemunha impedida, quando não é evidente a estrita necessidade de seu depoimento. Ademais, aferir a imprescindibilidade da oitiva da testemunha impedida demanda reexame de prova, vedado nos termos da Súmula 7/STJ. Precedentes. 4. A conclusão das instâncias ordinárias pela falta de prova do exercício da posse - requisito indispensável para a aquisição por usucapião -, decorreu da análise do conjunto probatório dos autos, cujo revolvimento encontra óbice na Súmula 7/STJ. 5. Agravo Regimental a que se nega provimento. (AgRg no REsp 1335306/RJ, Rel. Ministro LUIS FELIPE SALOMÃO, QUARTA TURMA, julgado em 10/03/2015, DJe 16/03/2015) – grifo nosso Processual civil. Prestação jurisdicional. Fundamentação. Recurso especial. Reexame de provas. Impossibilidade (Súmula 7/STJ). Dissídio pretoriano não demonstrado. I – Não há negativa de prestação jurisdicional nem ausência de fundamentação se o julgador, tendo se pronunciado sobre as bases em que firmou seu entendimento, silencia acerca dos demais argumentos suscitados pela parte. II – Aferir a necessidade de ouvir testemunhas impedidas ou suspeitas requereria reexame de provas vedado na via especial. III – A caracterização da divergência jurisprudencial impõe a demonstração da coincidência ou similitude entre as situações fáticas subjacentes aos julgados contrastados (arts. 541, parágrafo único, do CPC e 255, § 2º, do RISTJ). IV – Ofensa aos arts. 165, 405, 458 e 535, I e II, do CPC não configurada. Agravo regimental a que se nega provimento. (AgRg no Ag 420.715/MG, Rel. Ministro ANTÔNIO DE PÁDUA RIBEIRO, TERCEIRA TURMA, julgado em 27/06/2002, DJ 19/08/2002, p. 162) – grifo nosso PROCESSUAL CIVIL. AGRAVO REGIMENTAL. AGRAVO EM RECURSO ESPECIAL. AÇÃO INDENIZATÓRIA. DANOS MORAIS E ESTÉTICOS. PROCEDÊNCIA. (1) RECURSO MANEJADO SOB A ÉGIDE DO CPC/73. (2) OFENSA AO ART. 535. OMISSÃO INEXISTENTE. (3) PROVA PERICIAL. INDEFERIMENTO. CERCEAMENTO DE DEFESA. INOCORRÊNCIA. (...) 3. Cabe ao juiz, que é o destinatário final da prova, avaliar sua efetiva conveniência e necessidade, podendo, inclusive, indeferir as diligências inúteis ou meramente protelatórias, em consonância com o disposto na parte final do art. 130 do Código de Processo Civil. 4. O Tribunal local, soberano na análise fático-probatória dos autos, reconheceu configurado o dano moral indenizável. A reforma de tal entendimento atrai o óbice da Súmula nº 7 do STJ. 5. Mostra-se desnecessária a intervenção desta Corte para alterar verba indenizatória apta e suficiente para cumprir o dúplice caráter punitivo/reparatório. 6. Agravo regimental não provido. (AgRg no AREsp 604.829/DF, Rel. Ministro MOURA RIBEIRO, TERCEIRA TURMA, julgado em 16/06/2016, DJe 22/06/2016) 2. É assente na jurisprudência desta Corte que os embargos de declaração manifestados com notório propósito de prequestionamento não têm caráter protelatório (Enunciado n. 98 da Súmula deste STJ), não se justificando, por esse motivo, a aplicação da multa prevista no art. 538, parágrafo único, do CPC/1973, atual 1025 do CPC quando evidenciada a intenção prequestionadora dos embargantes. Na hipótese, contudo, pretendeu o insurgente com a oposição dos aclaratórios fosse reexaminada a temática afeta à alegada necessidade de depoimento das testemunhas impedidas, o que já havia sido feito à exaustão pelo Tribunal a quo, motivo pelo qual não havia a apontada omissão. Desta forma, não pretendendo a parte o prequestionamento mas sim a rediscussão do julgado, sem que estivesse evidenciado quaisquer dos vícios autorizadores do manejo dos embargos de declaração, inviável o afastamento da multa aplicada. 3. Do exposto, com amparo no artigo 932 do CPC c/c a súmula 568/STJ, nego provimento ao recurso especial e, nos termos do artigo 85, § 11, do CPC, majoro os honorários em 1% sobre o valor da condenação. Publique-se. Intimem-se. Brasília (DF), 1º de agosto de 2018. Ministro MARCO BUZZI Relator (STJ – REsp: 1715124 AL 2017/0320301-6, Relator: Ministro MARCO BUZZI, Data de Publicação: DJ 06/08/2018)

§ 5º Os depoimentos referidos no § 4º serão prestados independentemente de compromisso, e o juiz lhes atribuirá o valor que possam merecer.

Art. 448. A testemunha não é obrigada a depor sobre fatos:

I – que lhe acarretem grave dano, bem como ao seu cônjuge ou companheiro e aos seus parentes consanguíneos ou afins, em linha reta ou colateral, até o terceiro grau;

Possibilidade da testemunha ser ouvida como informante:

✓ APELAÇÃO CÍVEL. PRELIMINAR DE CERCEAMENTO DE DEFESA REJEITADA. ALIMENTOS AVOENGOS. OBRIGAÇÃO RESIDUAL. AUSÊNCIA DE PROVA ACERCA DA INCAPACIDADE OU IMPOSSIBILIDADE DOS GENITORES. DEVER DE SUSTENTO DOS PAIS NÃO AFASTADO. INTELIGÊNCIA DOS ARTS. 1.694, CAPUT, 1.697 E 1.698 DO CCB. PRECEDENTES. SENTENÇA DE IMPROCEDÊNCIA CONFIRMADA. Não há falar em cerceamento de defesa em razão do indeferimento do pedido de substituição das testemunhas, tendo em vista a inobservância das disposições insertas nos artigos 451 e 370, § único, do CPC. Igualmente inexiste violação às disposições contidas nos artigos 447, § 2º, e 448, inciso I, do CPC, pois cabe ao julgador determinar a realização das provas necessárias à instrução do feito, inclusive admitir o depoimento das testemunhas impedidas na condição de informantes. A obrigação de alimentos somente será repassada a outros parentes, incluindo os avós, excepcionalmente, quando comprovada a incapacidade dos genitores, a quem incumbe primeiramente esse dever, decorrente do poder familiar, e independentemente da eventual circunstância de os avós desfrutarem de melhores condições financeiras, sob pena de subversão do princípio da solidariedade familiar. PRELIMINAR REJEITADA. APELO DESPROVIDO. (TJ-RS; Apelação Cível 70075384560; Sétima Câmara Cível; Rel. Sandra Brisolara Medeiros; Julg. 22/11/2017).

II – a cujo respeito, por estado ou profissão, deva guardar sigilo.

→ v. Art. 7º, XIX, da Lei 8.906/1994.

Sigilo profissional e testemunho:

✓ AGRAVO DE INSTRUMENTO. PROCESSO CIVIL. ANULAÇÃO DE TESTAMENTO. FASE DE PROVAS. PROVA PERICIAL GRAFOTÉCNICA. INDEFERIMENTO. PRECLUSÃO. MATÉRIA JÁ DECIDIDA NO SANEADOR QUE RESTOU IRRECORRIDO. PRECLUSA A OPORTUNIDADE DE DISCUSSÃO SOBRE A PRODUÇÃO DE PROVA PERICIAL GRAFOTÉCNICA, SENDO VEDADO DISCUTIR-SE NOVAMENTE QUESTÃO JÁ DECIDIDA. PRONTUÁRIO MÉDICO. APRESENTAÇÃO. INTIMAÇÃO DOS PROFISSIONAIS QUE TRATARAM O DE CUJUS. POSSIBILIDADE. QUEBRA DE SIGILO PROFISSIONAL. NÃO VERIFICAÇÃO. SIGILO PROFISSIONAL QUE NÃO É ABSOLUTO. HIPÓTESE DOS AUTOS EM QUE O PEDIDO NÃO ENSEJA QUEBRA DE SIGILO PROFISSIONAL, PORQUE PEDIDO O PRONTUÁRIO PARA SABER DO ESTADO DE SAÚDE DE PACIENTE, VISANDO APURAR POSSÍVEL PRÁTICA DE FRAUDE. PRECEDENTES DO SUPERIOR TRIBUNAL DE JUSTIÇA. PARCIAL PROVIMENTO DO RECURSO. (TJ-RJ; AI 00152735820168190000 Rio de Janeiro; 3ª Vara Órfãos Sucessões; Vigésima Câmara Cível; Rel. Marília De Castro Neves Vieira; Julg. 08/06/2016; Data de Publicação: 15/06/2016)

Art. 449. Salvo disposição especial em contrário, as testemunhas devem ser ouvidas na sede do juízo.

→ v. Art. 454 do CPC.

Possibilidade de colheita da prova em local diverso da sede do juízo:

✓ CORREIÇÃO PARCIAL. CURATELA. DESIGNAÇÃO DE DIVERSAS AUDIÊNCIAS DE ENTREVISTA, EM DILIGÊNCIA EXTERNA. DESNECESSIDADE DE PRÉVIA DEFINIÇÃO DO HORÁRIO DE CADA AUDIÊNCIA. Não caracteriza tumulto processual a designação de diversas audiências de entrevista com demandados em ações de curatela, em diligência externa, desde que o Ministério Público seja intimado da pauta e dos endereços em que serão realizadas as audiências, não sendo necessário, porém, a prévia definição do horário de cada audiência, porquanto isso se mostraria impraticável – uma vez que duração de cada oitiva pode variar – e ainda implicaria severo comprometimento ao rendimento do trabalho, por não permitir a otimização do tempo de acordo com o andamento das entrevistas, o que não consulta o melhor interesse público. POR MAIORIA, REJEITARAM A CORREIÇÃO PARCIAL. (TJ-RS; Correição Parcial 70071281547; Oitava Câmara Cível; Rel. Ivan Leomar Bruxel; Julg. 10/11/2016).

Parágrafo único. Quando a parte ou a testemunha, por enfermidade ou por outro motivo relevante, estiver impossibilitada de comparecer, mas não de prestar depoimento, o juiz designará, conforme as circunstâncias, dia, hora e lugar para inquiri-la.

Subseção II
Da Produção da Prova Testemunhal

Art. 450. O rol de testemunhas conterá, sempre que possível, o nome, a profissão, o estado civil, a idade, o número de inscrição no Cadastro de Pessoas Físicas, o número de registro de identidade e o endereço completo da residência e do local de trabalho.

→ v. Enunciado 34 do CJF: A qualificação incompleta da testemunha só impede a sua inquirição se houver demonstração de efetivo prejuízo.

Necessidade de apresentação do rol de testemunhas:

✓ APELAÇÃO CÍVEL. DIREITO PRIVADO NÃO ESPECIFICADO. PRESTAÇÃO DE SERVIÇOS. VALOR ALEGADAMENTE CONTRATADO NÃO COMPROVADO. AUSÊNCIA DE PROVA DA PRETENSÃO DEDUZIDA NA INICIAL. SENTENÇA MANTIDA POR SEUS PRÓPRIOS FUNDAMENTOS. Cerceamento de defesa inexistente. Parte que anuncia pretensão de produzir prova oral, mas não apresenta o rol no prazo estipulado pelo juiz. Consoante a orientação jurisprudencial desta Corte o prazo fixado pelo Julgador é preclusivo. Não é crível que a parte tenha obtido o deferimento do seu pedido para produção de prova testemunhal e, cerca de quatro meses após, ainda não tenha conseguido apresentar rol de testemunhas. Alegação da parte de que levaria as testemunhas independentemente de intimação que não a desobriga de apresentar o rol, porque a parte adversa, até mesmo para preparar eventual contradita, tem o direito de saber quais as testemunhas que se pretende ouvir. Princípio de isonomia. APELO IMPROVIDO. (TJ-RS; Apelação Cível 70066504986; Décima Segunda Câmara Cível; Rel. Guinther Spode; Julg. 16/06/2016).

✓ Agravo de instrumento. Deferimento em audiência de substituição de testemunha que não havia sido arrolada ou substituída anteriormente. Substituição que fere o princípio do contraditório e da ampla defesa já que o agravante não teve conhecimento prévio acerca da pessoa que seria ouvida em Juízo. Previsão constitucional de contraditório pleno e ampla defesa desrespeitada. Incidência do art. 7º CPC/15. Vedação à surpresa processual. Impossibilidade de se proceder o agravante à contradita da testemunha. Inteligência do art. 407 CPC/73, atual 357, § 4º CPC/15. Agravado que traz testemunha em audiência cujo prenome confessa que desconhecia. Cerceamento de defesa configurado. Inexistência de atos atentatórios à justiça a autorizar a incidência de multa. Parcial provimento do recurso para determinar a nulidade do depoimento. (TJ-RJ; AI 00069332820168190000 Rio de Janeiro, Itaperuna; 1ª Vara; Quinta Câmara Cível; Rel. Cristina Tereza Gaulia; Julg. 12/04/2016; Data de Publicação: 14/04/2016)

✓ RECURSO DE REVISTA NÃO REGIDO PELA LEI 13.015/2014. INDEFERIMENTO DO PEDIDO DE ADIAMENTO DE AUDIÊNCIA PARA PRODUÇÃO DE PROVA ORAL. AUSÊNCIA DE TESTEMUNHA CONVIDADA. MOTIVO JUSTIFICADO. CERCEAMENTO DO DIREITO DE PRODUÇÃO DE PROVA. CONFIGURAÇÃO. VIOLAÇÃO DO ART. 5º, LV, DA CF/88. A Reclamante, consoante exposto no acórdão regional, pretendeu o adiamento da audiência para a produção de prova oral. No que concerne à prova testemunhal no processo do trabalho, o art. 825 da CLT, embora lacônico, é categórico ao pontuar que as testemunhas devem comparecer à audiência independentemente de intimação, acrescentando o seu parágrafo único que as testemunhas ausentes serão intimadas e se, ainda assim, faltarem à audiência em prosseguimento, serão conduzidas coercitivamente, além de sofrerem, se não houver justificativa razoável para a ausência, a sanção de que trata o art. 730 da CLT. Não há, entretanto, no conjunto das regras que disciplinam os ritos trabalhistas qualquer norma que preveja a necessidade de prévio depósito do rol de testemunhas, nos moldes do art. 450 do CPC/2015 (407 do CPC/73). Essa situação, não raras vezes, pode acarretar prejuízos para eventual instrução dos incidentes de que trata o § 1º do art. 457 do CPC/2015 (§ 1º do art. 414 do CPC/73), na medida em que as partes podem ser surpreendidas com a presença de testemunhas suspeitas ou impedidas, sem que disponham, já naquele instante da audiência, dos elementos de convicção necessários para subsidiar as impugnações às oitivas respectivas (CLT, art. 818), com risco de comprometimento da idoneidade do acervo probatório testemunhal e do próprio direito de defesa (CF, art. 5º, LV). Em tais situações, entretanto, caberá ao magistrado, no exercício prudente da jurisdição, resguardar posições e faculdades jurídico-processuais aos litigantes, postergando eventual instrução dos incidentes para momento ulterior, mas respeitando a unicidade da audiência e a própria regra da incomunicabilidade das testemunhas (CPC/2015, art. 456 c/c o art. 824 da CLT). Mas, para além desses aspectos, fato é que as normas processuais trabalhistas foram idealizadas para ensejar procedimentos céleres, simples e desburocratizados, em face da própria natureza alimentar dos créditos debatidos no âmbito desta jurisdição especializada. No caso dos autos, as premissas fáticas inscritas no acórdão regional indicam que a parte requereu o adiamento da audiência para oitiva de testemunha devidamente convidada, mas que não pode comparecer por motivo justificado. Assim, dispondo o art. 825 da CLT que as testemunhas devem comparecer à audiência independentemente de intimação, sem qualquer alusão à necessidade de apresentação de rol prévio, a adoção da sistemática processual comum, particularmente do art. 451 do CPC/2015 (408 do CPC/73), denota, com a vênia devida, inescusável "error in procedendo", circunstância que autoriza o conhecimento do recurso de revista, com base no permissivo inscrito no art. 896, c, da CLT. Recurso de revista conhecido e provido para determinar o retorno dos autos à origem, a fim de que seja reaberta a instrução processual para a produção de prova oral pela Autora e prolação de nova sentença, prosseguindo-se o feito como entender de direito o d. Juízo de primeiro grau. Recurso de revista conhecido e provido. (TST; RR 14090520105040008; 7ª Turma; Rel. Douglas Alencar Rodrigues; Julg. 05/04/2017; Data de Publicação: DEJT 11/04/2017)

Art. 451. Depois de apresentado o rol de que tratam os §§ 4º e 5º do art. 357, a parte só pode substituir a testemunha:

Impossibilidade de substituição das testemunhas sem que se apresente as hipóteses legais:

✓ MANDADO DE SEGURANÇA. ATAQUE À DECISÃO DE JUIZ DE PRIMEIRO GRAU PROFERIDA EM SEDE DE AIJE. INDEFERIMENTO DE SUBSTITUIÇÃO DE TESTEMUNHAS A SEREM OUVIDAS EM AUDIÊNCIA. AUSÊNCIA DE SITUAÇÃO EXCEPCIONAL A JUSTIFICAR O AFASTAMENTO DA REGRA CONTIDA NO ART. 451 DO CPC. EVIDENTE PROPÓSITO DE TUMULTUAR E PROCRASTINAR O FEITO CONEXO A OUTRAS TRINTA AÇÕES. PRIMAZIA DO PRINCÍPIO DA CELERIDADE, DURAÇÃO RAZOÁVEL DO PROCESSO E DEVER DE COOPERAÇÃO DAS PARTES. AUSÊNCIA DE DIREITO LÍQUIDO E CERTO A SER TUTELADO. DENEGAÇÃO DA ORDEM. AGRAVO REGIMENTAL PREJUDICADO. I – O presente writ tem como fundamento atacar decisão proferida pelo Juízo de primeiro grau em sede de Ação de Investigação Judicial Eleitoral, cujo objeto de fundo versa sobre suposta utilização indevida do programa denominado "Cheque Cidadão" para fins eleitorais, na municipalidade de Campos dos Goytacazes. II – A decisão vergastada, em síntese, teve por objeto indeferir o pedido de substituição de testemunhas a serem ouvidas em audiência, uma vez que não configurada quaisquer das situações ressalvadas no art. 451 do novo CPC. III – Não se desconhece a jurisprudência desta Corte acerca da pretensão do impetrante, ainda que fora do elenco constante do diploma processual civil. Todavia, não se pode olvidar que a regra, ainda assim, permanece sendo aquela segundo a qual a testemunha somente pode ser substituída após a apresentação do rol pelas partes, nos casos de falecimento, enfermidade ou quando não localizada no endereço indicado. Admite-se a excepcionalidade da norma apenas quando se vislumbrar eventual prejuízo ou cerceamento à tese defensiva, o que não se afigura na situação dos autos. IV - Como bem ressaltou o magistrado impetrado, a substituição pretendida seria elemento de prova que em nada acresceria à sua convicção, na medida em que objetivava abordar suposta extrapolação aos limites de cumprimento do mandado de busca e apreensão, cuja nulidade sequer fora arguida anteriormente na peça defensiva e que facilmente poderia ser verificada da mera leitura do próprio documento. V - Na condição de destinatário da prova, ao condutor do processo é dado o direito de coordenar a instrução probatória de acordo com o que julgar necessário à formação de seu livre convencimento, nos termos do art. 370 do novo CPC. VI - Tramita sob esta relatoria outro mandado de segurança impetrado pelo demandante, insurgindo-se contra atos anteriormente praticados pelo Juízo impetrado, pertinente às mesmas AIJE's de origem, bem como diversas outras ações mandamentais objetivando atacar qualquer mínimo ato emanado pelo magistrado, todos patrocinados pelos mesmos causídicos. VII - Possível entrever, portanto, a tentativa de utilizarem-se de tais remédios constitucionais como sucedâneo recursal, bem como o aparente animus de tumultuar e procrastinar o andamento das referidas ações judiciais eleitorais, cujo resultado pode lhes ser desfavorável, a resultar na cassação de seus diplomas e declaração de inelegibilidade. VIII- Esta Justiça especializada não pode tolerar condutas que venham a evidenciar embaraço ao deslinde do feito, de modo que primar-se, in casu, pela celeridade e dever de cooperação das partes para que se obtenha, em tempo razoável, decisão de mérito justa e efetiva, nos moldes do art. 6º do novo CPC. O raciocínio, aliás, reforça os fundamentos destacados pela autoridade impetrada, no sentido de que admitir a exceção à regra a um dos investigados significa abrir precedente aos demais e trazer consequências danosas à solução do litígio. Ausência de direito líquido e certo a ser tutelado, a impor a denegação da ordem. Agravo Regimental prejudicado. (TRE-RJ; MS 46783 Campos dos Goytacazes - RJ, Rel. Andre Ricardo Cruz Fontes; Julg. 01/02/2017; Data de Publicação: DJERJ 08/02/2017; Pág. 18/25)

✓ Agravo de instrumento. Deferimento em audiência de substituição de testemunha que não havia sido arrolada ou substituída anteriormente. Substituição que fere o princípio do contraditório e da ampla defesa já que o agravante não teve conhecimento prévio acerca da pessoa que seria ouvida em Juízo. Previsão constitucional de contraditório pleno e ampla defesa desrespeitada. Incidência do art. 7º CPC/15. Vedação à surpresa processual. Impossibilidade de se proceder o agravante à contradita da testemunha. Inteligência do art. 407 CPC/73, atual 357, § 4º CPC/15. Agravado que traz testemunha em audiência cujo prenome confessa que desconhecia. Cerceamento de defesa configurado. Inexistência de atos atentatórios à justiça a autorizar a incidência de multa. Parcial provimento do recurso para determinar a nulidade do depoimento. (TJ-RJ; AI 00069332820168190000 Rio de Janeiro, Itaperuna; 1ª Vara; Quinta Câmara Cível; Rel. Cristina Tereza Gaulia; Julg. 12/04/2016; Data de Publicação: 14/04/2016)

✓ PROCESSUAL PENAL. RECURSO ORDINÁRIO EM HABEAS CORPUS. NULIDADE. INDEFERIMENTO DE SUBSTITUIÇÃO DE TESTEMUNHAS PREVIAMENTE ARROLADAS NA RESPOSTA À ACUSAÇÃO. INOCORRÊNCIA. NÃO PREENCHIMENTO DAS HIPÓTESES LEGAIS. RECURSO ORDINÁRIO DESPROVIDO. A jurisprudência predominante nesta Corte Superior de Justiça entende só ser possível a substituição de testemunhas previamente arroladas em sede de resposta à acusação nas hipóteses de sua não localização, enfermidade ou falecimento, não verificadas no caso, tudo nos termos do novel art. 451, do CPC/2015, aplicado ao processo penal por força do art. 3º, do CPP. Recurso ordinário desprovido. (RHC 67.589; PA; Quinta Turma; Rel. Min. Felix Fischer; Julg. 09/08/2016; DJe 22/08/2016)

I – que falecer;

II – que, por enfermidade, não estiver em condições de depor;

III – que, tendo mudado de residência ou de local de trabalho, não for encontrada.

Art. 452. Quando for arrolado como testemunha, o juiz da causa:

I – declarar-se-á impedido, se tiver conhecimento de fatos que possam influir na decisão, caso em que será vedado à parte que o incluiu no rol desistir de seu depoimento;

→ v. Art. 144, I, do CPC.

II – se nada souber, mandará excluir o seu nome.

Art. 453. As testemunhas depõem, na audiência de instrução e julgamento, perante o juiz da causa, exceto:

I – as que prestam depoimento antecipadamente;

→ v. Arts. 381 a 383 do CPC.

II – as que são inquiridas por carta.

→ v. Art. 260 e seguintes do CPC.

§ 1º A oitiva de testemunha que residir em comarca, seção ou subseção judiciária diversa daquela onde tramita o processo poderá ser realizada por meio de videoconferência ou outro recurso tecnológico de transmissão e recepção de sons e imagens em tempo real, o que poderá ocorrer, inclusive, durante a audiência de instrução e julgamento.

→ v. Arts. 236, § 3º, 385, § 3º, 461, § 2º, e 937, § 4º, do CPC.

§ 2º Os juízos deverão manter equipamento para a transmissão e recepção de sons e imagens a que se refere o § 1º.

Possibilidade de colheita da prova em local diverso da sede do juízo:

✓ CORREIÇÃO PARCIAL. CURATELA. DESIGNAÇÃO DE DIVERSAS AUDIÊNCIAS DE ENTREVISTA, EM DILIGÊNCIA EXTERNA. DESNECESSIDADE DE PRÉVIA DEFINIÇÃO DO HORÁRIO DE CADA AUDIÊNCIA. Não caracteriza tumulto processual a designação de diversas audiências de entrevista com demandados em ações de curatela, em diligência externa, desde que o Ministério Público seja intimado da pauta e dos endereços em que serão realizadas as audiências, não sendo necessário, porém, a prévia definição do horário de cada audiência, porquanto isso se mostraria impraticável - uma vez que duração de cada oitiva pode variar - e ainda implicaria severo comprometimento ao rendimento do trabalho, por não permitir a otimização do tempo de acordo com o andamento das entrevistas, o que não consulta o melhor interesse público. POR MAIORIA, REJEITARAM A CORREIÇÃO PARCIAL. (TJ-RS; Correição Parcial 70071281547; Oitava Câmara Cível; Rel. Ivan Leomar Bruxel; Julg. 10/11/2016).

✓ DIVÓRCIO LITIGIOSO. Decisão que deferiu a expedição de carta precatória para oitiva de testemunha em outra comarca. Pretensão de que o depoimento se dê por videoconferência, nos termos do artigo 453, § 1º, do CPC/2015. Pedido não formulado em primeira instância. Impossibilidade de decisão neste recurso de agravo de instrumento, pena de supressão de um grau de jurisdição. RECURSO NÃO CONHECIDO. (TJ-SP 22174305420178260000 SP 2217430-54.2017.8.26.0000, Relator: Paulo Alcides, Data de Julgamento: 15/12/2017, 6ª Câmara de Direito Privado, Data de Publicação: 15/12/2017)

Art. 454. São inquiridos em sua residência ou onde exercem sua função:

→ V. Art. 33, I, da LC 35/1979.

→ V. Art. 40, I, Lei 8.625/1993.

I – o presidente e o vice-presidente da República;

II – os ministros de Estado;

III – os ministros do Supremo Tribunal Federal, os conselheiros do Conselho Nacional de Justiça e os ministros do Superior Tribunal de Justiça, do Superior Tribunal Militar, do Tribunal Superior Eleitoral, do Tribunal Superior do Trabalho e do Tribunal de Contas da União;

IV – o procurador-geral da República e os conselheiros do Conselho Nacional do Ministério Público;

V – o advogado-geral da União, o procurador-geral do Estado, o procurador-geral do Município, o defensor público-geral federal e o defensor público-geral do Estado;

VI – os senadores e os deputados federais;

VII – os governadores dos Estados e do Distrito Federal;

VIII – o prefeito;

IX – os deputados estaduais e distritais;

X – os desembargadores dos Tribunais de Justiça, dos Tribunais Regionais Federais, dos Tribunais Regionais do Trabalho e dos Tribunais Regionais Eleitorais e os conselheiros dos Tribunais de Contas dos Estados e do Distrito Federal;

XI – o procurador-geral de justiça;

XII – o embaixador de país que, por lei ou tratado, concede idêntica prerrogativa a agente diplomático do Brasil.

§ 1º O juiz solicitará à autoridade que indique dia, hora e local a fim de ser inquirida, remetendo-lhe cópia da petição inicial ou da defesa oferecida pela parte que a arrolou como testemunha.

§ 2º Passado 1 (um) mês sem manifestação da autoridade, o juiz designará dia, hora e local para o depoimento, preferencialmente na sede do juízo.

§ 3º O juiz também designará dia, hora e local para o depoimento, quando a autoridade não comparecer, injustificadamente, à sessão agendada para a colheita de seu testemunho no dia, hora e local por ela mesma indicados.

Art. 455. Cabe ao advogado da parte informar ou intimar a testemunha por ele arrolada do dia, da hora e do local da audiência designada, dispensando-se a intimação do juízo.

Incumbência do advogado cientificar as testemunhas arroladas sobre a audiência:

✓ AGRAVO DE INSTRUMENTO – PRODUÇÃO DE PROVA ORAL – OITIVA DE TESTEMUNHAS – INTIMAÇÃO – RESPONSABILIDADE DO ADVOGADO – JUDICIÁRIO QUE ATUA APENAS EXCEPCIONALMENTE Prescreve o art. 455 do novo Código de Processo Civil que cabe ao advogado da parte informar ou intimar a testemunha por ele arrolada do dia, da hora e do local da audiência designada, dispensando-se a intimação do juízo, que apenas ocorrerá em casos excepcionais. Caso em estudo no qual o pedido de intimação pelo juízo se sustenta apenas na tese de que a parte é beneficiária da gratuidade, exceção não prevista pelo legislador como autorizadora da intimação pelo Judiciário. Advogados da seguradora que tem condições de efetuar a intimação das testemunhas e dar cumprimento às regras do CPC. RECURSO IMPROVIDO. (TJ-SP; AI 20455603820178260000; SP; 30ª Câmara de Direito Privado; Rel. Maria Lúcia Pizzotti; Julg. 24/05/2017; Data de Publicação: 26/05/2017)

§ 1º A intimação deverá ser realizada por carta com aviso de recebimento, cumprindo ao advogado juntar aos autos, com antecedência de pelo menos 3 (três) dias da data da audiência, cópia da correspondência de intimação e do comprovante de recebimento.

§ 2º A parte pode comprometer-se a levar a testemunha à audiência, independentemente da intimação de que trata o § 1º, presumindo-se, caso a testemunha não compareça, que a parte desistiu de sua inquirição.

Desistência presumida da testemunha que não comparece, quando a parte se comprometeu em levá-la à audiência:

✓ AGRAVO DE INSTRUMENTO. LOCAÇÃO DE BEM MÓVEL. EXECUÇÃO DE TÍTULO EXTRAJUDICIAL. EMBARGOS À EXECUÇÃO. AUSÊNCIA DE TESTEMUNHA. COMPROMISSO DE SUA APRESENTAÇÃO EM AUDIÊNCIA. Se a embargante arrola testemunha assumindo o ônus de apresentá-la em audiência, e esta não comparece, verifica-se a desistência de sua inquirição, por expressa presunção legal, do art. 455, § 2º, do CPC. Decisão mantida. Recurso desprovido. (TJ-SP 20989233720178260000; SP; 26ª Câmara de Direito Privado; Rel. Felipe Ferreira; Julg. 14/09/2017; Data de Publicação: 15/09/2017)

✓ CIVIL E PROCESSUAL CIVIL. APELAÇÃO. AÇÃO DE INDENIZAÇÃO. OFENSAS FÍSICAS E VERBAIS. CERCEAMENTO DE DEFESA. COMPROMETIMENTO DA PARTE EM LEVAR AS TESTEMUNHAS ESPONTANEAMENTE PARA SEREM OUVIDAS EM AUDIÊNCIA. ALEGAÇÃO DE SUSPEIÇÃO DE TESTEMUNHAS. PRELIMINARES AFASTADAS. ART. 186 DO CÓDIGO CIVIL. DANO MORAL CONFIGURADO. RECURSO PARCIALMENTE PROVIDO. 1.Apelação interposta contra a sentença que julgou procedentes os pedidos formulados na inicial para condenar as rés, ao pagamento de danos morais, em razão de ofensas físicas e verbais perpetradas pelas requeridas. 2. Nos termos do § 2º do art. 455 do CPC/2015, "a parte pode comprometer-se a levar a testemunha à audiência, independentemente da intimação de que trata o § 1º, presumindo-se, caso a testemunha não compareça, que a parte desistiu de sua inquirição". 2.1 Não tendo a testemunha comparecido à audiência, nem a parte apresentado qualquer justificativa para a sua ausência, passado o momento oportuno para reverter essa decisão, preclusa está a matéria. 3. À luz da hipótese do art. 485, VII, do CPC, é documento novo aquele preexistente ao processo cuja juntada não ocorreu, oportunamente, porque a parte desconhecia a sua existência ou porque, embora sabendo, esteve impossibilitada de juntá-lo por justa causa ou força maior. 3.1. Como os documentos apresentados pelas rés consistem em atestados médicos datados do ano de 2012 e os fatos discutidos na presente ação datam de 2014 e, ainda considerando-se que referidos atestados já foram juntados aos autos, não há razão para o deferimento da juntada dos documentos. 4. As partes podem contraditar a testemunha, desde que seja após a sua qualificação ou no curso do depoimento, não sendo cabível a impugnação da testemunha sob a alegação de suspeição por amizade íntima em sede de apelação, porque se operou a preclusão (§ 1º do art. 457 do CPC/2015). 5. O conjunto probatório indica que as rés agrediram o requerente física e verbalmente, além de terem mandado uma carta aos condôminos e colado cartazes nas áreas do condomínio, ofendendo a honra e a moral do autor. 5.1. Neste contexto, considerando-se a prova produzida, com ampla repercussão sobre a imagem do autor, outra conclusão não se chega senão a de que as rés, ao assim procederem, atraíram o dever de ressarcimento, nos moldes do artigo 186, do Código Civil atual. 6. Levando-se em conta as circunstâncias do caso concreto, os critérios de proporcionalidade e razoabilidade, bem como a capacidade econômica das partes envolvidas, urge reduzir-se o valor dos danos morais antes fixados em R$ 21.720,00 (vinte e hum mil setecentos e vinte reais), para R$ 10.000,00 (dez mil reais), por comparecer o necessário e suficiente para a prevenção e reparação do dano. Alterado o quantum indenizatório, este passa ser o marco inicial para a incidência de correção monetária. 7. Recurso parcialmente provido. (TJ-DF; 20140710267159 0026077-68.2014.8.07.0007; 2ª Turma Cível; Rel. João Egmont; Julg. 30/11/2016; Data de Publicação: Publicado no DJE: 13/12/2016; Pág. 201/228)

✓ RECURSO DE REVISTA DA RECLAMADA. PROCESSO SOB A ÉGIDE DA LEI 13.015/2014. 1. HORAS EXTRAS. MOTORISTA CARRETEIRO. ATIVIDADE EXTERNA. POSSIBILIDADE DE CONTROLE DE JORNADA. AFERIÇÃO A PARTIR DA MATÉRIA FÁTICO-PROBATÓRIA. SÚMULA 126 DO TST. A inclusão do empregado na hipótese prevista no art. 62, I, da CLT não se dá por mera previsão em norma coletiva, mas em conformidade com a realidade fática que circunda a prestação de serviço do empregado, em respeito a um dos princípios basilares do Direito do Trabalho, que é o princípio da primazia da realidade (art. 9º da CLT). Com efeito, constatada a real possibilidade de controle de jornada pela empresa empregadora, não há como enquadrar o Obreiro na hipótese do art. 62, I, da CLT. Recurso de revista não conhecido no aspecto. 2. JORNADA ARBITRADA. APELO DESFUNDAMENTADO. AUSÊNCIA DE INDICAÇÃO DOS PRESSUPOSTOS DO ART. 896 DA CLT. Desfundamentado o apelo em que o Reclamado não indica, validamente, nenhum dos pressupostos intrínsecos de admissibilidade previstos no art. 896, a, b ou c, da CLT. Recurso de revista não conhecido no tema. B) RECURSO DE REVISTA DO RECLAMANTE. PROCESSO SOB A ÉGIDE DA LEI 13.015/2014. NULIDADE. CERCEAMENTO DE DEFESA. COMPROMISSO DA PARTE NO COMPARECIMENTO ESPONTÂNEO DA TESTEMUNHA. DENECESSIDADE DE INTIMAÇÃO. AUSÊNCIA POSTERIOR. PRESUNÇÃO DE DESISTÊNCIA. ART. 412, § 1º, CPC/1973 (ART. 455, § 2º, CPC/2015). Comprometendo-se a parte a levar a testemunha à audiência de instrução, independentemente de intimação, o não comparecimento da testemunha presume sua desistência em depor, aplicando-se ao caso o art. 455, § 2º, do CPC/2015 (art. 412, § 1º, do CPC/1973). Recurso de revista não conhecido. (TST; RR 203569620135040204; 3ª Turma; Rel. Mauricio Godinho Delgado; Julg. 25/05/2016; Data de Publicação: DEJT 03/06/2016)

✓ PROCESSUAL CIVIL. COBRANÇA DE ALUGUEIS E ACESSÓRIOS DA LOCAÇÃO. INDEFERIMENTO DE OITIVA DE TESTEMUNHA. CERCEAMENTO AO DIREITO DE DEFESA. NÃO OCORRÊNCIA. COMPROMISSO DE COMPARECIMENTO ESPONTANEO. FALTA NÃO JUSTIFICADA. PRESUNÇÃO DE DESISTÊNCIA DA OITIVA. 1. O art. 455, § 2º, do CPC estabelece que a parte pode comprometer-se a levar a testemunha à audiência, independentemente da intimação por carta com aviso de recebimento, presumindo-se, caso a testemunha não compareça, que a parte desistiu de sua inquirição. 2. Não há cerceamento ao direito de defesa se a parte firmou compromisso perante o Juízo a quo de que as testemunhas arroladas compareceriam espontaneamente à audiência de instrução, deixando estas, contudo, de se fazerem presentes, sem justificativa plausível, situação que, na estrita aplicação da norma, enseja a presunção de que a parte desistiu da oitiva. 3. A alegação recursal no sentido de que a morosidade no trâmite processual teria possibilitado que a testemunha mudasse de endereço, inviabilizando, em tempo hábil, o empreendimento de novas diligências e contatos, não configura justificativa plausível para que seja afastada a presunção legal de desistência da inquirição. 4. Os réus/apelantes não produziram (art. 373, II, CPC), portanto, prova de que a parte autora teria anuído com a transferência do contrato de locação em favor do 4º réu/apelado. Logo, ainda que se cogite, em tese, da importância da prova em questão, o ônus de sua realização incumbia aos réus/apelantes, que deixaram de assim proceder na forma do que previsto na legislação de regência. 5. Aliás, na espécie, os apelantes não enfrentam, em caráter eventual, qualquer outro dos fundamentos de mérito da r. sentença ora combatida, limitando-se a arguirem suposta nulidade do julgado, por cerceamento ao direito de defesa, o que, nas linhas dos fundamentos acima expostos, não ocorreu. 6. Recurso conhecido e desprovido. (TJ-DF; 00225350820158070007 DF; 7ª Turma Cível; Rel. Gislene Pinheiro; Julg. 08/11/2017; Data de Publicação: Publicado no DJE: 16/11/2017)

§ 3º A inércia na realização da intimação a que se refere o § 1º importa desistência da inquirição da testemunha.

§ 4º A intimação será feita pela via judicial quando:

I – for frustrada a intimação prevista no § 1º deste artigo;

II – sua necessidade for devidamente demonstrada pela parte ao juiz;

III – figurar no rol de testemunhas servidor público ou militar, hipótese em que o juiz o requisitará ao chefe da repartição ou ao comando do corpo em que servir;

IV – a testemunha houver sido arrolada pelo Ministério Público ou pela Defensoria Pública;

→ v. Enunciado 15 do CJF: Aplicam-se às entidades referidas no § 3º do art. 186 do CPC as regras sobre intimação pessoal das partes e suas testemunhas (art. 186, § 2º; art. 455, § 4º, IV; art. 513, § 2º, II e art. 876, § 1º, II, todos do CPC).

Testemunha arrolada pela Defensoria Pública:

✓ APELAÇÃO CÍVEL. REVISIONAL DE ALIMENTOS. AUSÊNCIA DE INTIMAÇÃO JUDICIAL DA TESTEMUNHA ARROLADA PELA DEFENSORIA PÚBLICA. NULIDADE. Tratando-se de testemunha arrolada pela Defensoria Pública, a intimação deve feita pela via judicial (art. 455, § 4º, IV, do CPC). A ausência de tal providência, aliada ao não comparecimento das testemunhas à audiência de instrução e julgamento implica nulidade por cerceamento de defesa. Sentença desconstituída. DERAM PROVIMENTO AO APELO. (TJ-RS; Apelação Cível 70074239104; Oitava Câmara Cível; Rel. Rui Portanova; Julg. 17/08/2017).

V – a testemunha for uma daquelas previstas no art. 454.

§ 5º A testemunha que, intimada na forma do § 1º ou do § 4º, deixar de comparecer sem motivo justificado será conduzida e responderá pelas despesas do adiamento.

Condução coercitiva das testemunhas:

✓ Apelação Cível. Ação indenizatória por danos morais. Transporte realizado pelo Município de São Pedro da Aldeia de pacientes para tratamento de câncer no Município do Rio de Janeiro. Alegação autoral de que o ônibus destinado ao transporte teria retornado ao município de origem sem aguardar o fim do seu tratamento, deixando-o à sua própria sorte, em município distante, sem dinheiro ou meios para regressar para a sua residência, tendo que pedir dinheiro a transeuntes para conseguir comprar uma passagem de volta. Pedido julgado improcedente diante da não realização de prova testemunhal imprescindível. Error in procedendo. O Autor postulou a produção da prova testemunhal e arrolou adequadamente as testemunhas que foram intimadas e compareceram à primeira audiência. Inquirição não realizada em razão da ausência das testemunhas do Réu, obrigando a designação de nova data, com a intimação de todos os presentes, inclusive as testemunhas do Autor, em audiência. Nova audiência infrutífera porquanto não estavam presentes o Autor e as suas testemunhas. Apresentação de atestado médico indicando a impossibilidade de comparecimento do Autor ao ato em razão de tratamento de saúde. Ausência de comparecimento das suas testemunhas que, à exemplo da audiência anterior, deveria ter motivado a remarcação do ato com a renovação das intimações ou mesmo condução coercitiva. Inobservância das normas processuais pertinentes e ao princípio que garante tratamento isonômico entre as partes. Anulação da sentença recorrida. Inteligência do art. art. 412, parte final, do CPC/73, então vigente, correspondente ao art. 455, § 5º do CPC/2015. Recurso ao qual se dá provimento. (TJ-RJ; APL 00009461120148190055 Rio de Janeiro, São Pedro da Aldeia; 2ª Vara, Sétima Câmara Cível; Rel. Luciano Sabóia Rinaldi de Carvalho; Julg. 14/12/2016; Data de Publicação: 16/12/2016)

Art. 456. O juiz inquirirá as testemunhas separada e sucessivamente, primeiro as do autor e depois as do réu, e providenciará para que uma não ouça o depoimento das outras.

Procedimento para colheita da prova testemunhal:

✓ PREVIDENCIÁRIO E PROCESSUAL CIVIL. AUDIÊNCIA DE INSTRUÇÃO E JULGAMENTO. OITIVA CONJUNTA DAS TESTEMUNHAS. NULIDADE. 1. Por expressa disposição legal, a oitiva das testemunhas deve se dar separadamente e sucessivamente, de modo que uma não ouça o depoimento das outras. 2. Não tendo sido observadas as formalidades previstas no artigo 456 do CPC/2015 (com correspondente no artigo 413 do CPC/1973) restou violada a autonomia dos depoimentos, padecendo de nulidade a audiência de instrução e julgamento e, por via de consequência, os atos processuais subsequentes. Precedentes desta Corte. (TRF-4; AC 23012792014404999; Quinta Turma; Rel. Roger Raupp Rios; Julg. 28/03/2017)

✓ PREVIDENCIÁRIO E PROCESSUAL CIVIL. AUDIÊNCIA DE INSTRUÇÃO E JULGAMENTO. OITIVA CONJUNTA DAS TESTEMUNHAS. NULIDADE. 1. Por expressa disposição legal, a oitiva das testemunhas deve se dar separadamente e sucessivamente, de modo que uma não ouça o depoimento das outras. 2. Não tendo sido observadas as formalidades previstas no artigo 456 do CPC/2015 (com correspondente no artigo 413 do CPC/1973) restou violada a autonomia dos depoimentos, padecendo de nulidade a audiência de instrução e julgamento e, por via de consequência, os atos processuais subsequentes. Precedentes desta Corte. (TRF-4; AC 151401820114049999 RS 0015140-18.2011.404.9999, Rel. ROGER RAUPP RIOS; Julg. 23/08/2016, QUINTA TURMA)

Parágrafo único. O juiz poderá alterar a ordem estabelecida no *caput* se as partes concordarem.

→ v. Art. 139, VI, do CPC.

Art. 457. Antes de depor, a testemunha será qualificada, declarará ou confirmará seus dados e informará se tem relações de parentesco com a parte ou interesse no objeto do processo.

§ 1º É lícito à parte contraditar a testemunha, arguindo-lhe a incapacidade, o impedimento ou a suspeição, bem como, caso a testemunha negue os fatos que lhe são imputados, provar a contradita com documentos ou com testemunhas, até 3 (três), apresentadas no ato e inquiridas em separado.

Contradita da testemunha:

✓ APELAÇÕES CÍVEIS. CIVIL E PROCESSUAL CIVIL. AÇÃO DE INDENIZAÇÃO POR DANOS MATERIAIS C/C COMPENSAÇÃO POR DANOS MORAIS E ESTÉTICOS. TESTEMUNHA. CONTRADITA. PRECLUSÃO. CONHECIMENTO PARCIAL. PRELIMINAR. INÉPCIA DA INICIAL. PEDIDO. DANO MORAL. VALOR. SALÁRIOS MÍNIMOS. POSSIBILIDADE. REJEIÇÃO. MÉRITO. RESPONSABILIDADE CIVIL EXTRACONTRATUAL. ACIDENTE AUTOMOBILÍSTICO. SEQUELAS PERMANENTES. ATO ILÍCITO. CONDUTA CULPOSA. DESATENÇÃO, NEGLIGÊNCIA E IMPERÍCIA. CULPA EXCLUSIVA DA VÍTIMA. NÃO COMPROVAÇÃO. DANOS MATERIAIS. TRATAMENTO MÉDICO. PLANO DE SAÚDE. USO PARCIAL. TRATAMENTO PARTICULAR. FACULDADE. CABIMENTO. DANOS MORAIS. ABALOS PSICOLÓGICOS. DEMONSTRAÇÃO. QUANTUM. PROPORCIONALIDADE E RAZOABILIDADE.

DANOS ESTÉTICOS. DEFORMIDADE FÍSICA. AUSÊNCIA DE PROVA. LUCROS CESSANTES. PISO SALARIAL. PRESUNÇÃO. IMPOSSIBILIDADE. INEXISTÊNCIA DE ELEMENTOS PROBATÓRIOS. SENTENÇA MANTIDA. 1. Nos termos do art. 457, § 1º, do Código de Processo Civil, "é lícito à parte contraditar a testemunha, arguindo-lhe a incapacidade, o impedimento ou a suspeição, bem como, caso a testemunha negue os fatos que lhe são imputados, provar a contradita com documentos ou com testemunhas, até 3 (três), apresentadas no ato e inquiridas em separado", não sendo possível, em razão da preclusão da matéria, a prova da impugnação apenas em alegações finais, restando superada a questão. Conhecimento parcial. 2. É inepta a petição inicial quando o pedido for indeterminado, ressalvadas as hipóteses legais em que se permite o pedido genérico (art. 330, § 1º, II, CPC), não havendo que se falar em indeterminação quando os pedidos de compensação por danos morais e estéticos são feitos com base em salários mínimos, já que, por simples conta aritmética, é possível se alcançar o montante pleiteado pela parte. 3. A vinculação do valor que se pede na inicial ao salário mínimo a título de compensação por danos morais e estéticos é mero parâmetro norteador do quantum pretendido pela parte, até porque, em razão da natureza personalíssima dos institutos, não é possível aferir, ou mesmo expressar, com exatidão, os valores efetivamente devidos, sendo a análise do julgador verdadeiro exercício de ponderação entre a razoabilidade e proporcionalidade em cada caso concreto. 4. Efetivamente provados nos autos o dano, a conduta ilícita culposa e o nexo causal entre ambos apontando para a responsabilidade civil extracontratual do réu, a este cumpre demonstrar a culpa exclusiva da vítima pelo acidente, ônus do qual não se desincumbiu (art. 373, II, CPC). 5. O fato de a parte possuir plano de saúde não afasta o dever de ressarcimento quanto aos gastos médicos sustentados, visto que não há qualquer imposição legal no sentido de obrigá-la a utilizar o contrato mencionado, desde que respeitado o princípio da boa-fé. 6. Conforme sedimentado pela doutrina e jurisprudência, configura-se o dano moral quando violado o bem-estar, a saúde, ou a incolumidade física e psicológica da pessoa, que é justamente o reflexo do direito à vida e a manifestação da personalidade. 7. Em que pese a falta de critérios objetivos sobre os valores das compensações por danos morais, sua fixação deve ser pautada pela proporcionalidade e razoabilidade, de sorte que a quantia definida, além de servir como forma de compensação pelo dano sofrido, deve ter caráter sancionatório e inibidor da conduta praticada, levando-se em consideração as circunstâncias de cada caso concreto, como a capacidade econômica do ofensor e ofendido. 8. O dano estético figura como categoria autônoma em relação ao dano moral (Súmula nº 387 do e. STJ), ficando caracterizado diante de um efeito particular de um dano físico, a saber, a exteriorização de um "enfeiamento", por exemplo, em decorrência de deformidades, repercutindo de maneira negativa na imagem do ofendido. 9. Ausente nos autos prova efetiva de qualquer deformidade sofrida pela vítima de acidente, não há que se falar em danos estéticos indenizáveis, em razão do ônus probatório imposto pelo art. 373, I, CPC. 10. Os lucros cessantes, que correspondem a tudo aquilo que o credor razoavelmente deixou de lucrar, reclamam prova inequívoca do prejuízo efetivo, não sendo possível admiti-los com base em mera presunção. 11.Apelação do réu parcialmente conhecida, preliminar rejeitada e, na extensão, não provida. Apelação autoral conhecida e não provida. (TJ-DF; 20160110929574; Segredo de Justiça 0026361-26.2016.8.07.0001; 1ª Turma Cível; Rel. Simone Lucindo; Julg. 22/11/2017; Data de Publicação: Publicado no DJE: 05/12/2017; Pág. 187-205)

Momento oportuno para se alegar a suspeição da testemunha é logo após a qualificação, por meio de contradita:

✓ RECURSO ESPECIAL Nº 1.805.280 – DF (2019/0082888-0) RELATOR: MINISTRO PAULO DE TARSO SANSEVERINO RECORRENTE: MONICA FLORENCIO TARDIVO ADVOGADO: ROQUE TELLES FERREIRA – DF005226 RECORRIDO: MARIANNA LEMOS NOVAES ADVOGADO: JOSÉ EDMUNDO DE MAYA VIANA – DF010636 INTERES.: NARESH KUMAR VASHIST ADVOGADO: SEM REPRESENTAÇÃO NOS AUTOS – SE000000M RECURSO ESPECIAL. PROCESSUAL CIVIL. CPC/2015. EMBARGOS DE TERCEIRO. NEGATIVA DE UNIÃO ESTÁVEL ALEGADA 'INCIDENTER TANTUM'. RAZÕES RECURSAIS DISSOCIADAS DA REALIDADE DOS AUTOS. ÓBICE DA SÚMULA 284/STF. RECURSO ESPECIAL NÃO CONHECIDO. DECISÃO Vistos etc. Trata-se de recurso especial interposto por MONICA FLORENCIO TARDIVO em face de acórdão do Tribunal de Justiça do Distrito Federal e Territórios, assim ementado: PROCESSO CIVIL. APELAÇÃO CÍVEL. EXECUÇÃO. FIANÇA. EMBARGOS DE TERCEIRO. MEAÇÃO. PROTEÇÃO. POSSIBILIDADE. ESTADO CIVIL. PERQUIRIÇÃO. COMPETÊNCIA DO JUÍZO EXECUTIVO. SENTENÇA REFORMADA PARCIALMENTE. 1. Os embargos de terceiro objetivam resguardar a meação do cônjuge (companheiro) que não participou do contrato de fiança (art. 674, CPC). 2. Não há que se falar em incompetência absoluta do juízo executivo para decidir sobre eventual direito de meação, ainda que a solução do feito dependa da verificação do estado civil existente entre embargante e devedor/embargado. A Colenda Corte Superior admite a declaração incidental da união estável, sem, contudo, resultar coisa julgada material contra os interessados especificamente. Precedente (STJ, REsp 1203144/RS, Rel. Ministro LUIS FELIPE SALOMÃO, QUARTA TURMA, julgado em 27/05/2014, DJe 15/08/2014). 3. Diante da existência de filhos comuns e do fato de que o fiador/embargado tem domicílio no mesmo imóvel em que procedida a penhora da escultura, não há espaço para outra conclusão que não seja a de convivência em união estável entre a embargante e o executado. 4. Se a embargante traz elementos de convicção suficientes para a solução da causa, faz-se indiferente o depoimento de testemunha interessada no desfecho do processo. 5. Resguardada, portanto, a meação da embargante e corrigido o valor atribuído ao bem móvel penhorado, deve a execução prosseguir. Precedentes. 6. Recurso conhecido e provido parcialmente. (fl. 340) Opostos embargos de declaração, foram rejeitados. Em suas razões, alega a parte recorrente violação dos arts. 1.022, inciso II, do CPC/2015, art. 447, §§ 2º e 3º, do CPC/2015, art. 27 da Lei 11.697/2008 e art. 9º da Lei 9.278/1996, sob os argumentos de: (a) negativa de prestação jurisdicional; (b) suspeição da testemunha ouvida em juízo; (c) incompetência do juízo da execução para conhecer de alegação de união estável; e (d) ilegitimidade da exequente para alegar união estável entre a embargante e o executado. Contrarrazões ao recurso especial às fls. 430/452. É o relatório. Passo a decidir. O recurso especial não merece ser conhecido. No que tange à suspeição da testemunha JORGE FLORENTINO, a parte ora recorrente admitiu nas razões do recurso especial que "não constou na Ata a contradita" (fl. 397). Ora, nos termos do art. 457, § 1º, do CPC/2015, o momento oportuno para se alegar a suspeição da testemunha é logo após a qualificação, por meio de contradita. Confira-se, a propósito, o enunciado normativo do art. 457, § 1º, do CPC/2015: Art. 457. Antes de depor, a testemunha será qualificada, declarará ou confirmará seus dados e informará se tem relações de parentesco com a parte ou interesse no objeto do processo. § 1º É lícito à parte contraditar a testemunha, arguindo-lhe a incapacidade, o impedimento ou a suspeição, bem como, caso a testemunha negue os fatos que lhe são imputados, provar a contradita com documentos ou com testemunhas, até 3 (três), apresentadas no ato e inquiridas em separado. A solução da controvérsia, portanto, passaria necessariamente pela questão federal relativa à preclusão da contradita, matéria não devolvida ao conhecimento desta Corte Superior, razão pela qual o recurso, nesse ponto, encontra óbice na Súmula 284/STF, abaixo transcrita: Súmula 284/STF – É inadmissível o recurso extraordinário, quando a deficiência na sua fundamentação não permitir a exata compreensão da controvérsia. Também encontra óbice na referida súmula as alegações de incompetência do juízo da execução para declarar união estável e de ilegitimidade da exequente para o requerer. Primeiro, porque a controvérsia não diz respeito a uma "ação de união estável", mas apenas ao conhecimento da questão incidente relativa à negativa de união estável suscitada em embargos de terceiro, questão cuja competência para o conhecimento não disciplinada na Lei de Organização Judiciária do Distrito Federal e Territórios, apontada como violada. Segundo, porque a exequente não suscitou união estável, mas tão somente indicou à penhora bem encontrado no endereço em que o executado foi citado, tendo sido o próprio executado quem declarou perante o oficial de justiça que os bens da casa "seriam de sua companheira" (fl. 22). Assim, estando as alegações da parte ora recorrente dissociadas da realidade dos autos, é de rigor a aplicação do óbice da Súmula 284/STF. Destarte, o recurso especial não merece ser conhecido. Ante o exposto, com base no art. 932, inciso III, do CPC/2015 c/c a Súmula 568/STJ, NÃO CONHEÇO do recurso especial. Com base no art. 85, § 11, do CPC/2015, majoro o percentual de honorários advocatícios devidos pela ora recorrente de 12% para 18% (dezoito por cento) sobre o valor atualizado da causa. Advirta-se para o disposto nos arts. 1.021, § 4º, e 1.026, § 2º, do CPC/2015. Intimem-se. Brasília (DF), 28 de junho de 2019. MINISTRO PAULO DE TARSO SANSEVERINO Relator (STJ – REsp: 1805280 DF 2019/0082888-0, Relator: Ministro PAULO DE TARSO SANSEVERINO, Data de Publicação: DJ 01/08/2019)

§ 2º Sendo provados ou confessados os fatos a que se refere o § 1º, o juiz dispensará a testemunha ou lhe tomará o depoimento como informante.

Ausência de comprovação da contradita:

✓ APELAÇÃO – Preliminar de cerceamento de defesa afastada – Possibilidade de indeferimento de testemunha contraditada, sob fundamento de sua impertinência – Agente de Vigilância e Recepção – Servidor da UNESP, submetido a regime estatutário – Inaplicabilidade das regras previstas na CLT – Inexistência do direito às verbas decorrentes de supressão de intervalo intrajornadas – Direito ao descanso semanal remunerado assegurado – Ausência de provas acerca do trabalho em feriados – Sentença de improcedência mantida – Preliminar afastada e recurso desprovido. (TJ-SP; APL 10011457720158260510; SP; 9ª Câmara de Direito Público; Rel. Moreira de Carvalho; Julg. 30/06/2016; Data de Publicação: 30/06/2016)

✓ APELAÇÃO – AÇÃO DE INDENIZAÇÃO POR DANOS – ACIDENTE AUTOMOBILÍSTICO – INVASÃO DA CONTRAMÃO DE DIREÇÃO – RESPONSABILIDADE DO RÉU PELOS DANOS CAUSADOS. Diante da prova carreada aos autos, que confirmou a versão apresentada no pelo autor e em face da ausência de prova por parte do apelante que demonstre a culpa do apelado pelo sinistro, conclui-se que o apelante deve ser responsabilizado exclusivamente pelos danos causados. Não demonstrada a inimizade do autor com a testemunha, imperiosa a manutenção da rejeição da contradita. (TJ-MG; AC 10143150002572001 MG; 13ª Câmara Cível; Rel. Alberto Henrique; Julg. 19/10/2017; Data de Publicação: 27/10/2017)

§ 3º A testemunha pode requerer ao juiz que a escuse de depor, alegando os motivos previstos neste Código, decidindo o juiz de plano após ouvidas as partes.

→ *v.* Art. 388 do CPC.

Art. 458. Ao início da inquirição, a testemunha prestará o compromisso de dizer a verdade do que souber e lhe for perguntado.

Parágrafo único. O juiz advertirá à testemunha que incorre em sanção penal quem faz afirmação falsa, cala ou oculta a verdade.

→ *v.* Art. 342 do CP.

Art. 459. As perguntas serão formuladas pelas partes diretamente à testemunha, começando pela que a arrolou, não admitindo o juiz aquelas que puderem induzir a resposta, não tiverem relação com as questões de fato objeto da atividade probatória ou importarem repetição de outra já respondida.

→ *v.* Art. 212 do CPP.

Possibilidade de o juiz indeferir perguntas que possam induzir a resposta:

✓ APELAÇÃO CÍVEL. AÇÃO DE INDENIZAÇÃO. ACIDENTE DE TRÂNSITO. PERDA DE ENTE QUERIDO. DANOS MORAIS. VÍTIMA ACIDENTADA DURANTE FUGA, EM MOTOCICLETA, APÓS BATIDA POLICIAL. VÍTIMA SEM CAPACETE E EM ALTA VELOCIDADE. SENTENÇA QUE RECONHECEU A CONCORRÊNCIA DE CAUSA. PRELIMINAR DE CERCEAMENTO DE DEFESA. INDEFERIMENTO DE PERGUNTAS NA OITIVA DE TESTEMUNHAS. POSSIBILIDADE. INTELIGÊNCIA DO ART. 459 DO CPC/15 (ART. 416, § 1º, DO CPC/73). AGRAVO RETIDO DESPROVIDO. MÉRITO. ALEGAÇÃO DE FATO OU CULPA EXCLUSIVA DA VÍTIMA. FALTA DE PROVA DE QUE A RÉ TENHA CONTRIBUÍDO DE MODO DIREITO E IMEDIATO PARA A CAUSAÇÃO DO DANO. PROVIMENTO DO APELO. 1 – Age dentro dos limites de seu poder de controle sobre a condução das audiências, e a inquirição das testemunhas, o juiz que indefere perguntas que possam induzir a resposta, ou que não tenha relação com a questão de fato vivenciada pela testemunha. Preliminar de cerceamento de defesa afastada. 2 – Sabe-se que o sistema brasileiro de responsabilidade civil, ao reverso do que se optou na responsabilidade penal, adotou a teoria da causa direta e imediata (art. 403 do CC), no sentido de que apenas a causa mais próxima e necessária ao dano deve ser considerada para fins de imputação do vínculo de causalidade, em seu sentido jurídico. Entender do modo diverso, é ampliar arbitrariamente a responsabilidade, sobretudo nos sistemas de responsabilidade objetiva, àqueles que participaram do evento, mas não contribuíram decisivamente para ele. São essas as razões para se refutar as teorias da equivalência dos antecedentes e as chamadas teorias da causalidade adequada e causalidade eficiente. 3 – O regime da responsabilidade objetiva das concessionárias de serviço público (art. 37, § 6º, da CF) não induz presunção de existência de nexo causal em desfavor do agente. Ao autor recai o ônus da prova sobre os fatos constitutivos de seu direito, especialmente no sentido de comprovar que a concessionária causou, direta e imediatamente, o dano sofrido. 4 – A prova produzida nos autos caminha em via de mão única, apenas no sentido de que a vítima foi aquela que contribuiu decisivamente, direta e imediatamente, à causação de seu próprio dano, o que juridicamente se denomina de "fato exclusivo da vítima". A vítima fugia de um comando de parada da Polícia Militar, sem capacete e sem carteira de habilitação, em alta velocidade, havendo depoimento nos autos no sentido que "provavelmente" foi ela quem cortou a frente do veículo da ré 5 – Não se nega que a parte ré esteve envolvida no acidente, mas não consta qualquer indício probatório de que tenha atuado no sentido de causar o dano. São fatos provados que o veículo de propriedade da concessionária de serviço público trafegava em velocidade normal, com cautela e sem qualquer indício de trafegar na contramão (fls. 134/139 e 248/250). Não se pode, desde modo, pura e simplesmente, presumir que tenha ela contribuído de maneira decisiva, direta e imediata, para a ocorrência do dano. Afinal, cabe à parte autora se desincumbir do ônus da prova dos fatos constitutivos de seu direito (art. 373, I, do CPC/15). Aplicar a presunção de nexo causal em hipótese de responsabilidade objetiva, em que já não se analisa o elemento "culpa", é aproximar a solução jurídica da perigosa doutrina do risco integral. RECURSO CONHECIDO E PROVIDO. (TJ-RJ; APL 00117011420148190211; Rio de Janeiro, Pavuna Regional; 1ª Vara Cível; Décima Sétima Câmara Cível; Rel. Marcia Ferreira Alvarenga; Julg. 31/05/2017; Data de Publicação: 02/06/2017)

§ 1º O juiz poderá inquirir a testemunha tanto antes quanto depois da inquirição feita pelas partes.

§ 2º As testemunhas devem ser tratadas com urbanidade, não se lhes fazendo perguntas ou considerações impertinentes, capciosas ou vexatórias.

§ 3º As perguntas que o juiz indeferir serão transcritas no termo, se a parte o requerer.

Art. 460. O depoimento poderá ser documentado por meio de gravação.

Depoimentos registrados por gravação:

✓ REITEGRAÇÃO DE POSSE. Falta de impugnação específica. Recurso que não impugna a r. sentença. Violação ao art. 1.010, II e IV, do CPC. Requerimento de transcrição dos depoimentos das testemunhas. Impossibilidade. Depoimentos gravados em mídia digital, nos termos do art. 460 do CPC. Recurso não conhecido. (TJ-SP 10138615920168260007; SP; 12ª Câmara de Direito Privado; Rel. Tasso Duarte de Melo; Julg. 19/10/2017; Data de Publicação: 19/10/2017)

A gravação dos depoimentos colhidos em audiência pelo método audiovisual é suficiente para a devolução da carta adequadamente cumprida:

✓ CONFLITO NEGATIVO DE COMPETÊNCIA. PROCESSUAL CIVIL. DIREITO INTERTEMPORAL. CARTA PRECATÓRIA. INQUIRIÇÃO DE TESTEMUNHA. DEPOIMENTO. DEGRAVAÇÃO. ART. 460 DO CPC/2015. COMPETÊNCIA DO JUÍZO DEPRECANTE. 1. Cinge-se a controvérsia a definir o juízo competente para a degravação de depoimento colhido nos autos de carta precatória por sistema audiovisual na vigência do Código de Processo Civil de 2015. 2. O cumprimento de carta precatória é composto por diversos atos, os quais possuem suficiente autonomia para não serem considerados um ato único, mas sim como vários procedimentos isolados, aos quais é possível a aplicação de norma processual superveniente. 3. Na vigência do Código de Processo Civil de 2015, a colheita de prova testemunhal por gravação passou a ser um método convencional, ficando a degravação prevista apenas para hipóteses excepcionais em que, em autos físicos, for interposto recurso, sendo impossível o envio da documentação eletrônica. 4. Em caso de precatória inquiritória, a gravação dos depoimentos colhidos em audiência pelo método audiovisual é suficiente para a devolução da carta adequadamente cumprida. 5. Na hipótese excepcional de se mostrar necessária a degravação, deverá ser realizada pelo juízo deprecante ou pela parte interessada. 6. Conflito de competência conhecido para declarar a competência do Juízo de Direito da 12ª Vara Cível de São Paul (STJ – CC: 150252 SP 2016/0323461-8, Relator: Ministro RICARDO VILLAS BÔAS CUEVA, Data de Julgamento: 10/06/2020, S2 – SEGUNDA SEÇÃO, Data de Publicação: DJe 16/06/2020)

O juízo deprecante é o competente para a degravação de depoimento colhido por carta precatória

✓ CONFLITO NEGATIVO DE COMPETÊNCIA. PROCESSUAL CIVIL. DIREITO INTERTEMPORAL. CARTA PRECATÓRIA. INQUIRIÇÃO DE TESTEMUNHA. DEPOIMENTO. DEGRAVAÇÃO. ART. 460 DO CPC/2015. COMPETÊNCIA DO JUÍZO DEPRECANTE. 1. Cinge-se a controvérsia a definir o juízo competente para a degravação de depoimento colhido nos autos de carta precatória por sistema audiovisual na vigência do Código de Processo Civil de 2015. 2. O cumprimento de carta precatória é composto por diversos atos, os quais possuem suficiente autonomia para não serem considerados um ato único, mas sim como vários procedimentos isolados, aos quais é possível a aplicação de norma processual superveniente. 3. Na vigência do Código de Processo Civil de 2015, a colheita de prova testemunhal por gravação passou a ser um método convencional, ficando a degravação prevista apenas para hipóteses excepcionais em que, em autos físicos, for interposto recurso, sendo impossível o envio da documentação eletrônica. 4. Em caso de precatória inquiritória, a gravação dos depoimentos colhidos em audiência pelo método audiovisual é suficiente para a devolução da carta adequadamente cumprida. 5. Na hipótese excepcional de se mostrar necessária a degravação, deverá ser realizada pelo juízo deprecante ou pela parte interessada. 6. Conflito de competência conhecido para declarar a competência do Juízo de Direito da 12ª Vara Cível de São Paulo. (CC 150.252/SP, Rel. Min. Ricardo Villas Bôas Cueva, Segunda Seção, julgado em 10/06/2020, DJe 16/06/2020)

§ 1º Quando digitado ou registrado por taquigrafia, estenotipia ou outro método idôneo de documentação, o depoimento será assinado pelo juiz, pelo depoente e pelos procuradores.

§ 2º Se houver recurso em processo em autos não eletrônicos, o depoimento somente será digitado quando for impossível o envio de sua documentação eletrônica.

§ 3º Tratando-se de autos eletrônicos, observar-se-á o disposto neste Código e na legislação específica sobre a prática eletrônica de atos processuais.

→ *v.* Lei 11.419/2006 – Dispõe sobre a informatização do processo judicial.

Art. 461. O juiz pode ordenar, de ofício ou a requerimento da parte:

→ *v.* Art.370 do CPC.

I – a inquirição de testemunhas referidas nas declarações da parte ou das testemunhas;

Inquirição de testemunhas referidas:

✓ PROCESSO CIVIL. CIVIL. AÇÃO DE DESPEJO. ARGUIÇÃO DE EXCEÇÃO DE USUCAPIÃO COMO TESE DEFENSIVA. SENTENÇA EXTRA PETITA. NULIDADE CONFIGURADA. JULGAMENTO PREMATURO. INSUFICIÊNCIA DE PROVAS. NECESSÁRIA A CASSAÇÃO DA SENTENÇA PARA SANEAMENTO DO PROCESSO E INQUIRIÇÃO DE TESTEMUNHAS INDISPENSÁVEIS À LIDE. APLICAÇÃO DA REGRA DA TESTEMUNHA REFERIDA. INTELIGÊNCIA DO ARTIGO 461 DO CPC/2015. APELO CONHECIDO E PROVIDO. 1. Trata-se de Apelação Cível interposta em face de sentença que julgou procedente o pleito formulado em ação de despejo, meio pelo qual o recurso indica a necessidade de anulação do decisum pela existência de nulidades que maculam o feito. 2. Constata-se a existencial de prejudicial de mérito de nulidade, tendo em vista que a sentença julgou matéria alheia à lide, pois, ao analisar os pedidos da petição inicial verifica-se unicamente o pedido de despejo da parte promovida. Contudo, na sentença, há condenação da parte promovida ao pagamento de "alugueis vencidos e demais encargos". Sentença extra petita. Nulidade configurada. Ofensa aos artigos 141 e 492 do CPC/2015. 3. Na análise da sentença constata-se a existência de contradição interna, pois, no capítulo da fundamentação o juízo decide pela inexistência de contrato locatício por não haver comprovação de pagamento de alugueis e entende haver na prática existência de contrato de comodato (empréstimo gratuito), ao passo que no capítulo destinado ao dispositivo julga procedente a demanda de despejo, em total contradição ao que determinou na fundamentação. Nulidade configurada. Precedentes. 4. No mérito, verifica-se que a sentença julgou a demanda de forma inadequada, sem as provas necessárias ao desfecho da lide. Encerrou a fase instrutória de forma prematura o que impossibilitou esclarecer a matéria fática da lide. Com isso, remeteu os autos á presente instância carente de provas e esclarecimentos, o que também acarreta sua nulidade. Insuficiência de provas a fundamentar a decisão. Violação ao artigo 93, inciso IX da CF/88. Precedentes. 5. O contexto fático e probatório da lide, bem como pela regra da testemunha referida (citadas nos depoimentos das testemunhas já ouvidas pelo juízo a quo), resta necessária a aplicação do disposto no artigo 461 do CPC/2015 a fim de que sejam inquiridas como testemunhas João Felinto Castro Silva (pai da parte promovida) e Enio (filho da parte promovente), a esclarecer os fatos narrados na demanda. 6. Vê-se logo que a sentença é nula, porque malfere tanto a garantia constitucional de acesso à Justiça, o princípio da busca da verdade, devido processo legal, e a garantia do contraditório e da ampla defesa. In casu, tem-se a incidência do artigo 93, inciso IX, da CF/88; artigos 141, 357, 461, 492, todos do CPC/2015; bem como violação ao artigo 355, inciso I c/c artigo 370, ambos do CPC/2015. 7. Recurso conhecido e provido. Sentença cassada. Necessário o retorno dos autos à origem para realização do saneamento processual e reabertura da fase instrutória. ACÓRDÃO: Vistos, relatados e discutidos estes autos, acorda a 2ª Câmara Direito Privado do Tribunal de Justiça do Estado do Ceará, por unanimidade, em conhecer para dar provimento ao recurso, nos termos do voto do Relator. Fortaleza, 19 de outubro de 2016. FRANCISCO BARBOSA FILHO Presidente do Órgão Julgador DESEMBARGADOR TEODORO SILVA SANTOS Relator PROCURADOR (A) DE JUSTIÇA (TJ-CE; APL 00421373520128060001 CE; 2ª Câmara Direito Privado; Rel. Teodoro Silva Santos; Data de Publicação: 19/10/2016)

✓ DECISÃO: ACORDAM os Desembargadores integrantes da Quinta Câmara Cível do Tribunal de Justiça do Estado do Paraná, por unanimidade de votos, em conhecer do recurso de apelação e lhe negar provimento, nos termos do voto. EMENTA: APELAÇÃO CÍVEL. AÇÃO DECLARATÓRIA DE NULIDADE DE ATO ADMINISTRATIVO.APELANTES SUBMETIDOS A CONSELHO DISCIPLINAR E EXCLUÍDOS DA CORPORAÇÃO. ALEGAÇÃO DE ABSORÇÃO DA TRANSGRESSÃO MILITAR PELO CRIME NOS TERMOS DO ARTIGO 14, § 4º DO DECRETO FEDERAL Nº 4346/2002. COISA JULGADA. TESE JÁ APRECIADA EM AÇÃO DIVERSA TRANSITADA EM JULGADO.GRAVAÇÃO AMBIENTAL E CAPTAÇÃO DE CONVERSA TELEFÔNICA POR UM DOS INTERLOCUTORES. AUSÊNCIA DE ILEGALIDADE. PRECEDENTES DO STJ E STF.APELANTE COM MENOS DE 10 ANOS DE SERVIÇO EFETIVO SUBMETIDO AO CONSELHO DE DISCIPLINA. AUSÊNCIA DE NULIDADE. PROCEDIMENTO QUE PREVÊ MAIS GARANTIAS AO ACUSADO. OITIVA DE TESTEMUNHAS NÃO ARROLADAS.POSSIBILIDADE. ARTIGO 461, INCISO I DO CPC. BUSCA DA VERDADE REAL.ALEGAÇÃO DE AUSÊNCIA DE PROVAS DO COMETIMENTO DO ATO ILEGAL PELOS RECORRENTES. MÉRITO ADMINISTRATIVO.DECISÃO ADMINISTRATIVA DEVIDAMENTE FUNDAMENTADA. HONORÁRIOS ADVOCATÍCIOS MAJORADOS CONFORME ARTIGO 85, § 8º, INCISO III E § 11º DO CPC/2015. RECURSO CONHECIDO E DESPROVIDO. Não cabe a alteração do julgado após o seu trânsito em julgado, sob pena de ofensa à coisa julgada e ao que está expresso no art. 502 e no art. 505 do CPC, tendo havido preclusão da pretensão dos recorrentes quanto a matéria relativa a absorção da transgressão militar pelo crime, visto que poderiam no momento oportuno ter se insurgido, o que não o fizeram. A falta de autorização judicial para gravação ambiental do discurso, bem como a captação de conversa telefônica por um de seus interlocutores sem o conhecimento do outro, não invalida o conteúdo da prova colhida, pois tal exigência constitucional refere-se, tão somente, às interceptações telefônicas, não havendo falar em nulidade no caso em comento. Ainda que um dos apelantes tenha sido submetido ao Conselho de Disciplina com menos de dez anos de serviço efetivo, diversamente do que prevê o artigo 4º, inciso I da Lei nº 16.544/2010, vê-se que o procedimento ao qual o mesmo foi submetido prevê mais garantias ao acusado quando comparado com a Apuração Disciplinar de Licenciamento (Artigos 23 e seguintes).O artigo 461, inciso I do CPC (antigo 418 do CPC/73), autoriza a oitiva de testemunhas, de ofício, pelo condutor do processo quando esse entenda necessária para a busca da verdade real. Não cabe ao Poder Judiciário a análise do mérito da decisão administrativa que ensejou a exclusão dos recorrentes das fileiras da Polícia Militar do Paraná, mas sim, a análise da legalidade do procedimento disciplinar e não da conveniência, oportunidade, eficiência ou justiça das medidas de competência da Administração Pública, sob pena de invadir sua esfera de competência. (TJPR; AC - 1620561-7 - Curitiba; 5ª C. Cível; Rel. Luiz Mateus de Lima; Unânime; Julg.14.03.2017)

✓ DECISÃO: ACORDAM os Desembargadores integrantes da 8ª Câmara Cível do Tribunal de Justiça do Estado do Paraná, por unanimidade de votos, em conhecer e negar provimento ao recurso de Apelação, nos termos do voto do Desembargador Relator. EMENTA: AÇÃO DE INDENIZAÇÃO POR DANOS MATERIAIS C/C LUCROS CESSANTES.SENTENÇA QUE JULGOU IMPROCEDENTE O PEDIDO INICIAL. 1. CÓDIGO DE PROCESSO CIVIL DE 2015.APLICABILIDADE. 2. PRESSUPOSTOS RECURSAIS. JUSTIÇA GRATUITA DEFERIDA À AUTORA.IMPUGNAÇÃO EM CONTRARRAZÕES PELO RÉU. NÃO ACOLHIMENTO. ELEMENTOS EXISTENTES NOS AUTOS QUE DEMONSTRAM QUE A AUTORA FAZ JUS À CONCESSÃO DA GRATUIDADE DE JUSTIÇA.BENECÍFIO QUE ABRANGE TODOS OS GRAUS DE JURISDIÇÃO. DESNECESSIDADE DE PREPARO. PRELIMINAR AFASTADA. 3. PRELIMINAR DE CERCEAMENTO DE DEFESA. INOCORRÊNCIA. SENTENÇA PROFERIDA COM BASE NO CONJUNTO PROBATÓRIO CARREADO AOS AUTOS.APRESENTAÇÃO INTEMPESTIVA DO ROL DE TESTEMUNHAS PELO RÉU. PRECLUSÃO.POSSIBILIDADE DE OITIVA COMO TESTEMUNHA DO JUÍZO. INTELIGÊNCIA DO ARTIGO 461, I, CPC. 4. MÉRITO. PLANTAÇÃO DE LEGUMES DA AUTORA AFETADA PELO EMPREGO DE HERBICIDA EM PROPRIEDADE VIZINHA. AUSÊNCIA DE PROVAS CONTUNDENTES DE QUE A DISPERSÃO DO VENENO FOI PROVENIENTE DO TERRENO DO RÉU.IMPOSSIBILIDADE DE ACOLHIMENTO DA PRETENSÃO INDENIZATÓRIA.TESTEMUNHAS ARROLADAS PELA AUTORA QUE NÃO PRESENCIARAM O SUPOSTO ATO ILÍCITO. PREVALÊNCIA DO RELATO DA ENGENHEIRA AGRÔNOMA DA ADEPAR (AGÊNCIA DE DEFESA AGROPECUÁRIA DO PARANÁ) QUE REALIZOU A FISCALIZAÇÃO NO LOCAL. SENTENÇA DE IMPROCEDÊNCIA MANTIDA. 5. HONORÁRIOS ADVOCATÍCIOS RECURSAIS. FIXAÇÃO. POSSIBILIDADE ARTIGO 82, § 11, CPC.RECURSO DE APELAÇÃO CONHECIDO E DESPROVIDO. (TJPR; AC - 1618481-3 - Andirá; 8ª C. Cível; Rel. Luis Sérgio Swiech; Unânime; Julg.23.03.2017)

II – a acareação de 2 (duas) ou mais testemunhas ou de alguma delas com a parte, quando, sobre fato determinado que possa influir na decisão da causa, divergirem as suas declarações.

Possibilidade de acareação:

✓ APELAÇÃO. RESPONSABILIDADE CIVIL DO ESTADO. DANOS MATERIAIS E MORAIS. ERRO MÉDICO. DIAGNÓSTICO TARDIO. INOCORRÊNCIA. AUSÊNCIA DE NEXO DE CAUSALIDADE. Preliminar. Cerceamento de defesa. Inocorrência. Impossibilidade de acolhimento do pedido de acareação entre testemunha e perito judicial. Acareação que só ser realizada entre testemunhas ou entre estas e as partes, não sendo possível estendê-la ao perito. Inteligência do art. 461, II, do CPCl. Desnecessidade de produção de outras provas. Preliminar rejeitada. Mérito. Pretensão de reparação de danos morais e materiais, por suposta negligência ou imperícia na prestação de serviços médicos e hospitalares, que levaram o paciente a óbito. Conjunto probatório insuficiente para evidenciar o nexo de causalidade. Inocorrência de diagnóstico tardio, diante do contexto apresentado, visto que todo o atendimento médico possível foi concedido ao paciente. Laudo pericial atestando que não houve falha na prestação do serviço. Sentença de improcedência do pedido mantida. Honorários advocatícios majorados, nos termos do art. 85, § 11, do CPC/2015. Recurso não provido. (TJ-SP 40018008420138260019; SP; 13ª Câmara de Direito Público; Rel. Djalma Lofrano Filho; Julg. 25/10/2017; Data de Publicação: 26/10/2017)

§ 1º Os acareados serão reperguntados para que expliquem os pontos de divergência, reduzindo-se a termo o ato de acareação.

§ 2º A acareação pode ser realizada por videoconferência ou por outro recurso tecnológico de transmissão de sons e imagens em tempo real.

→ *V.* Arts. 236, § 3º, 385, § 3º, 453, § 1º, 937, § 4º, do CPC.

Art. 462. A testemunha pode requerer ao juiz o pagamento da despesa que efetuou para comparecimento à audiência, devendo a parte pagá-la logo que arbitrada ou depositá-la em cartório dentro de 3 (três) dias.

Art. 463. O depoimento prestado em juízo é considerado serviço público.

Depoimento prestado em juízo e abono de faltas:

✓ REEXAME NECESSÁRIO E APELAÇÃO CÍVEL - MANDADO DE SEGURANÇA - DIREITO ADMINISTRATIVO - ABONO DE FALTAS EM DISCIPLINA MINISTRADA POR INSTITUIÇÃO DE ENSINO SUPERIOR - IMPOSSIBILIDADE JURÍDICA DO PEDIDO - SUPERAÇÃO - LANÇAMENTO DE FALTAS RETROATIVO AO PERÍODO EM QUE O ALUNO AINDA NÃO ESTAVA MATRICULADO NA MATÉRIA - AUSÊNCIA DE INFORMAÇÃO CLARA SOBRE O INÍCIO DAS AULAS DA DISCIPLINA EM MOMENTO ANTERIOR AO INÍCIO DO PERÍODO LETIVO - DUAS MATÉRIA NA MESMA SITUAÇÃO - ABONO DE FALTAS EM UMA DAS MATÉRIAS E NA OUTRA NÃO - FALTAS LANÇADAS EM DIAS QUE O IMPETRANTE FOI INTIMADO A COMPARECER EM JUÍZO - INDEFERIMENTO DO PEDIDO DE ABONO DAS FALTAS - AUSÊNCIA DE RAZOABILIDADE DO ATO COATOR - CONCESSÃO DA SEGURANÇA. 1. Não há falar em impossibilidade jurídica do pedido se a pretensão relativa ao abono de faltas referentes à disciplina ministrada por instituição de ensino superior não está vedada, em tese, pelo ordenamento jurídico. 2. O indeferimento do pedido de abono de faltas em disciplina ministrada por instituição de ensino superior referente a período anterior à matrícula do aluno na matéria cujas aulas tiveram início antes mesmo da data marcada como início do período letivo, bem como aos dias em que o impetrante foi intimado a comparecer em juízo na qualidade de autor e de testemunha, revela-se incompatível com o princípio da razoabilidade, assim impositiva a concessão da segurança para assegurar o abono das faltas pretendido. (TJ-MG; AC 10024143059079001 MG; 8ª Câmara Cível; Rel. Edgard Penna Amorim; Julg. 14/05/2017; Data de Publicação: 25/05/2017)

Parágrafo único. A testemunha, quando sujeita ao regime da legislação trabalhista, não sofre, por comparecer à audiência, perda de salário nem desconto no tempo de serviço.

Seção X
Da Prova Pericial

Art. 464. A prova pericial consiste em exame, vistoria ou avaliação.

→ v. Art. 231 do CC/2002.
→ v. Art. 3º, VI, da Lei 1.060/1950.
→ v. Arts. 422, § 1º e 872, do CPC.

Indeferimento de prova pericial não necessariamente configura cerceamento de defesa:

✓ "AGRAVO INTERNO NO AGRAVO EM RECURSO ESPECIAL. AÇÃO DE INDENIZAÇÃO POR DANOS MATERIAIS E MORAIS. DESNECESSIDADE DE NOVA PERÍCIA. CERCEAMENTO DE DEFESA. NÃO OCORRÊNCIA. (...) 1. Não há cerceamento de defesa quando o julgador, ao constatar nos autos a existência de provas suficientes para o seu convencimento, indefere pedido de produção ou complementação de prova. Cabe ao juiz decidir sobre os elementos necessários à formação de seu entendimento, pois, como destinatário da prova, é livre para determinar as provas necessárias ou indeferir as inúteis ou protelatórias. Precedentes(...) (AgInt no AREsp 804.303/MA, Rel. Ministro RAUL ARAÚJO, QUARTA TURMA, julgado em 22/06/2020, DJe 01/07/2020).

A necessidade de prova pericial complexa pode acarretar a incompetência dos Juizados Especiais Cíveis, mas não dos Juizados Especiais da Fazenda Pública:

✓ AGRAVO INTERNO NO RECURSO ORDINÁRIO EM MANDADO DE SEGURANÇA. CONTROLE DE COMPETÊNCIA PELO TRIBUNAL DE JUSTIÇA. JUIZADOS ESPECIAIS CÍVEIS. MANDADO DE SEGURANÇA. CABIMENTO. INDENIZAÇÃO. PROPAGANDA ENGANOSA. DEPRECIAÇÃO DO IMÓVEL. AUSÊNCIA DE ENTREGA DE ITENS PROPAGADOS PELO EMPREENDIMENTO. COMPLEXIDADE E DILAÇÃO PROBATÓRIA. DESLOCAMENTO PARA O JUÍZO ORDINÁRIO. INCOMPETÊNCIA DO JUIZADO ESPECIAL. EXORBITÂNCIA DA COMPETÊNCIA ESTABELECIDA NO ART. 3º DA LEI 9.099/95. AGRAVO INTERNO PROVIDO. RECURSO ORDINÁRIO EM MANDADO DE SEGURANÇA A QUE SE NEGA PROVIMENTO. 1. É possível a impetração de mandado de segurança, no âmbito da Justiça comum, com a finalidade de promover o controle de competência nos processos em trâmite nos juizados especiais. Precedentes do STJ. 2. "A necessidade da realização de prova pericial, por si só, não afasta a competência dos juizados especiais. Precedentes" (RMS 39.071/MG, Rel. Ministra MARIA ISABEL GALLOTTI, QUARTA TURMA, julgado em 04/10/2018, DJe de 15/10/2018). 3. No caso, o Tribunal de origem, após o exame acurado dos autos originários, do acervo fático-probatório, das alegações e dos pedidos, concluiu pela necessidade de maior dilação probatória com produção de prova pericial complexa, para se constatar o alegado pelas partes, quanto à aduzida propaganda enganosa e à depreciação do imóvel pela ausência de entrega de itens propagados na ocasião da venda do empreendimento e, consequentemente, pelo declínio da competência do Juizado Especial. Dessa forma, na espécie, evidencia-se a causa dotada de complexidade a recomendar o deslocamento do feito para o Juízo ordinário, frente à incompetência dos Juizados Especiais Cíveis. 4. Agravo interno provido para reconsiderar a decisão ora agravada e, em novo julgamento, negar provimento ao recurso ordinário em mandado de segurança. (AgInt no RMS 57.649/SP, Rel. Ministro RAUL ARAÚJO, QUARTA TURMA, julgado em 17/12/2019, DJe 03/02/2020)

✓ PROCESSUAL CIVIL E TRIBUTÁRIO. AGRAVO INTERNO NO AGRAVO EM RECURSO ESPECIAL. AUSÊNCIA DE VIOLAÇÃO DOS ARTS. 165, 458 E 535, II DO CPC/1973. JUIZADOS ESPECIAIS DA FAZENDA PÚBLICA. CRITÉRIOS DE FIXAÇÃO DE COMPETÊNCIA. NECESSIDADE DE REALIZAÇÃO DE PERÍCIA QUE NÃO AFETA A COMPETÊNCIA. AGRAVO INTERNO DA CONTRIBUINTE A QUE SE NEGA PROVIMENTO. 1. Não há falar em violação dos arts. 165, 458 e 535, II do CPC/1973, tendo em vista que o Tribunal de origem apreciou a lide de forma clara e adotou fundamentação suficiente para negar a pretensão da parte recorrente. Portanto, em não havendo omissão, contradição ou obscuridade no julgado, rejeita-se a tese de violação dos mencionados artigos. 2. A jurisprudência desta Corte entende que a competência dos Juizados Especiais deve ser fixada segundo o valor da causa, que não pode ultrapassar 60 salários mínimos, sendo irrelevante a necessidade de produção de prova pericial, ou seja, a complexidade da matéria. Precedentes: AgRg no AREsp. 753.444/RJ, Rel. Min. HERMAN BENJAMIN, DJe 18.11.2015; AgRg no REsp. 1.214.479/SC, Rel. Min. OG FERNANDES, DJe 6.11.2013; AgRg no REsp. 1.222.345/SC, Rel. Min. HAMILTON CARVALHIDO, DJe 18.2.2011. 3. Agravo Interno da Contribuinte a que se nega provimento. (AgInt no AREsp 572.051/RS, Rel. Ministro NAPOLEÃO NUNES MAIA FILHO, PRIMEIRA TURMA, julgado em 18/03/2019, DJe 26/03/2019)

Desnecessário a produção de prova pericial para demonstrar a incidência de capitalização de juros, quando já pactuada:

✓ AGRAVO INTERNO NO AGRAVO EM RECURSO ESPECIAL. REVISÃO CONTRATUAL. COMPROMISSO DE COMPRA E VENDA. DESNECESSIDADE DA PROVA PERICIAL RECONHECIDA PELO TRIBUNAL DE ORIGEM. REEXAME DE FATOS E PROVAS. COBRANÇA DE CAPITALIZAÇÃO ADMITIDA. PROVA DA CAPITALIZAÇÃO. IRRELEVÂNCIA. TABELA PRICE. POSSIBILIDADE. AGRAVO NÃO PROVIDO. 1. O Tribunal de origem reconheceu a desnecessidade da produção da prova pericial. No caso, a prova pericial tinha como objetivo demonstrar a incidência de capitalização de juros. Contudo, a sentença e o acórdão recorrido concluíram que a capitalização foi devidamente pactuada e, portanto, seria admitida. Dessarte, mostra-se inócua a produção de prova pericial para demonstrar sua incidência na hipótese dos autos. 2. A utilização do Sistema Francês de Amortização, Tabela Price, para o cálculo das prestações da casa própria não é ilegal e não enseja, por si só, a incidência de juros sobre juros. Precedentes. 3. Agravo interno não provido. (AgInt no AREsp 751.655/SP, Rel. Ministro RAUL ARAÚJO, QUARTA TURMA, julgado em 10/03/2020, DJe 31/03/2020)

§ 1º O juiz indeferirá a perícia quando:

I – a prova do fato não depender de conhecimento especial de técnico;

Indeferimento da perícia se a prova do fato não depender de conhecimento especializado:

✓ AGRAVO INTERNO. PROCESSUAL CIVIL E TABELA PRICE. REEXAME DE PROVAS E INTERPRETAÇÃO CON-

TRATUAL, EM SEDE DE RECURSO ESPECIAL. INVIABILIDADE. TABELA PRICE. INEXISTÊNCIA DE APURAÇÃO CONCRETA DE ABUSIVIDADE. IMPOSITIVO JULGAMENTO DE IMPROCEDÊNCIA. 1. Conforme entendimento perfilhado pela Corte Especial, por ocasião do julgamento do recurso repetitivo, REsp 1.124.552/RS, as "regras de experiência comum" e as "as regras da experiência técnica" devem ceder vez à necessidade de "exame pericial", cabível sempre que a prova do fato "depender do conhecimento especial de técnico". 2. Nesse mesmo precedente, foi consignado que o melhor para a segurança jurídica consiste em não admitir deliberações arbitrárias ou divorciadas do exame probatório do caso concreto. É dizer, quando o juiz ou o Tribunal, ad nutum, afirmar a legalidade ou ilegalidade da Tabela Price, sem antes verificar adequadamente, no caso concreto, a ocorrência ou não de juros capitalizados (compostos ou anatocismo), há ofensa aos arts. 131, 333, 335, 420, 458 ou 535 do CPC/1973, ensejando novo julgamento com base nas provas ou nas consequências de sua não produção, levando-se em conta o ônus probatório de cada litigante. 3. "Portanto, não há falar em juros capitalizados, sendo improcedente o pedido formulado na exordial nesta parte". (AgRg no REsp 1209923/SC, Rel. Ministro LUIS FELIPE SALOMÃO, QUARTA TURMA, julgado em 15/03/2016, DJe 21/03/2016) 4. Agravo interno não provido. (AgInt no REsp 1327098/SC, Rel. Ministro LUIS FELIPE SALOMÃO, QUARTA TURMA, julgado em 20/09/2018, DJe 26/09/2018)

II – for desnecessária em vista de outras provas produzidas;

Indeferimento da perícia pela prova do fato ser desnecessária pelo contexto probatório:

✓ AGRAVO INTERNO NO AGRAVO EM RECURSO ESPECIAL. AÇÃO DE INDENIZAÇÃO POR DANOS MATERIAIS E MORAIS. DESNECESSIDADE DE NOVA PERÍCIA. CERCEAMENTO DE DEFESA. NÃO OCORRÊNCIA. REVISÃO DA CONFIGURAÇÃO DE DANO INDENIZÁVEL. IMPOSSIBILIDADE. SÚMULA 7/STJ. HONORÁRIOS ADVOCATÍCIOS. VALOR ADEQUADO. IMPOSSIBILIDADE DE ALTERAÇÃO. JUROS DE MORA. RESPONSABILIDADE EXTRACONTRATUAL. TERMO INICIAL. EVENTO DANOSO. AGRAVO INTERNO NÃO PROVIDO. 1. Não há cerceamento de defesa quando o julgador, ao constatar nos autos a existência de provas suficientes para o seu convencimento, indefere pedido de produção ou complementação de prova. Cabe ao juiz decidir sobre os elementos necessários à formação de seu entendimento, pois, como destinatário da prova, é livre para determinar as provas necessárias ou indeferir as inúteis ou protelatórias. Precedentes(...) (AgInt no AREsp 804.303/MA, Rel. Ministro RAUL ARAÚJO, QUARTA TURMA, julgado em 22/06/2020, DJe 01/07/2020)

III – a verificação for impraticável.

§ 2º De ofício ou a requerimento das partes, o juiz poderá, em substituição à perícia, determinar a produção de prova técnica simplificada, quando o ponto controvertido for de menor complexidade.

§ 3º A prova técnica simplificada consistirá apenas na inquirição de especialista, pelo juiz, sobre ponto controvertido da causa que demande especial conhecimento científico ou técnico.

→ *v.* Art. 35 da Lei 9.099/1995.

§ 4º Durante a arguição, o especialista, que deverá ter formação acadêmica específica na área objeto de seu depoimento, poderá valer-se de qualquer recurso tecnológico de transmissão de sons e imagens com o fim de esclarecer os pontos controvertidos da causa.

Art. 465. O juiz nomeará perito especializado no objeto da perícia e fixará de imediato o prazo para a entrega do laudo.

→ v. Art. 10 da Lei 12.153/2009.

→ v. Art. 12 da Lei 10.259/2001.

→ v. Arts. 156, 157, 579 a 587, 595 a 597, 604, III, e 756, § 2º, do CPC.

§ 1º Incumbe às partes, dentro de 15 (quinze) dias contados da intimação do despacho de nomeação do perito:

→ v. Art. 163, II, do CPC.

I – arguir o impedimento ou a suspeição do perito, se for o caso;

Oportunidade para arguição do impedimento ou da suspeição do perito:

✓ PROCESSUAL CIVIL E ADMINISTRATIVO. AGRAVO INTERNO NO AGRAVO INTERNO NOS EMBARGOS DE DECLARAÇÃO NO AGRAVO EM RECURSO ESPECIAL. ENUNCIADO ADMINISTRATIVO 3/STJ. EXCEÇÃO DE SUSPEIÇÃO DO PERITO. TERMO INICIAL. CONTAGEM DE PRAZO. CONHECIMENTO DOS FATOS. VERIFICAÇÃO. SÚMULA 7/STJ. AGRAVO INTERNO NÃO PROVIDO (...) 2. "Aplicam-se ao perito os motivos de impedimento e suspeição previstos para o juiz (CPC, art. 138, III), devendo o interessado arguir o incidente no prazo de 15 (quinze) dias contados da data em que tomou conhecimento dos fatos". (...)"(REsp 1433098/GO, Rel. Ministro MARCO AURÉLIO BELLIZZE, TERCEIRA TURMA, julgado em 26/05/2015, DJe 15/06/2015) (...) (AgInt no AgInt nos EDcl no AREsp 1154060/RS, Rel. Ministro MAURO CAMPBELL MARQUES, SEGUNDA TURMA, julgado em 17/05/2018, DJe 24/05/2018)

✓ AGRAVO INTERNO NO AGRAVO EM RECURSO ESPECIAL. (...) AÇÃO DE RESCISÃO DE CONTRATO. LOCAÇÃO DE EQUIPAMENTO. NEGATIVA DE PRESTAÇÃO JURISDICIONAL. NÃO OCORRÊNCIA. QUALIFICAÇÃO DO PERITO. PRECLUSÃO. NULIDADE DE CLÁUSULA CONTRATUAL. RAZÕES DISSOCIADAS DOS FUNDAMENTOS DO ACÓRDÃO ATACADO. AGRAVO CONHECIDO PARA NEGAR PROVIMENTO AO RECURSO ESPECIAL. (...)3. Consoante a jurisprudência desta Corte, "a impugnação da nomeação do perito deve ser alegada na primeira oportunidade de falar nos autos, sob pena de preclusão" (AgRg no AREsp 428.933/SP, Rel. Ministra MARIA ISABEL GALLOTTI, QUARTA TURMA, julgado em 27/03/2014, DJe de 03/04/2014). (...) (AgInt no AREsp 1629154/SP, Rel. Ministro RAUL ARAÚJO, QUARTA TURMA, julgado em 10/08/2020, DJe 26/08/2020)

II – indicar assistente técnico;

O momento da intimação para se manifestar quanto ao perito é o mesmo para a manifestação quanto ao assistente técnico e quesitos:

✓ AGRAVO INTERNO NO RECURSO ESPECIAL. PROCESSUAL CIVIL. REALIZADA INTIMAÇÃO ACERCA DA NOMEAÇÃO DO PERITO. INTIMAÇÃO ESPECÍFICA PARA A

INDICAÇÃO DE ASSISTENTE TÉCNICO E APRESENTAÇÃO DE QUESITOS. PRESCINDIBILIDADE. EXEGESE DO ART. 465, § 1º, II E III, DO CPC/2015 (EQUIVALENTE AO ART. 421, § 1º, I E II, DO CPC/1973). MANTIDO O ACÓRDÃO RECORRIDO. AGRAVO INTERNO DESPROVIDO. 1. Sendo intimadas as partes acerca da nomeação do perito, inicia-se o prazo para as partes indicarem assistente técnico e apresentarem quesitos, sendo prescindível intimação específica para tal fim, nos termos do art. 465, § 1º, II e III, do CPC/2015 (art. 421, § 1º, I e II, do CPC/1973), não se evidenciando afronta à ampla defesa e ao contraditório. 2. Agravo interno desprovido. (AgInt no REsp 1832521/SP, Rel. Ministro MARCO AURÉLIO BELLIZZE, TERCEIRA TURMA, julgado em 16/12/2019, DJe 19/12/2019

III – apresentar quesitos.

Decisão acerca da preclusão quanto à formulação de quesitos:

✓ PROCESSUAL CIVIL. RECURSO ESPECIAL. AÇÃO DE OBRIGAÇÃO DE FAZER CUMULADA COM PEDIDO DE INDENIZAÇÃO POR PERDAS E DANOS E COMPENSAÇÃO DE DANOS MORAIS. PROVA PERICIAL. PRAZO PARA APRESENTAÇÃO DE QUESITOS. TRABALHO DO PERITO JÁ INICIADO. OCORRÊNCIA DE PRECLUSÃO. 1. Recurso especial interposto em 17/05/2016 e redistribuído a esta Relatora em 25/08/2016. 2. O prazo para indicação de assistente técnico e formulação de quesitos não é peremptório, de modo que podem ser feitos após o prazo de 5 (cinco) dias previsto no art. 421, § 1º, do CPC, mas sempre antes do início dos trabalhos periciais 3. Recurso especial não provido. (REsp 1618618/RO, Rel. Ministra NANCY ANDRIGHI, TERCEIRA TURMA, julgado em 20/09/2016, DJe 30/09/2016)

§ 2º Ciente da nomeação, o perito apresentará em 5 (cinco) dias:

I – proposta de honorários;

Perícia não se realiza se não houver o pagamento dos honorários periciais:

✓ PROCESSUAL CIVIL. AGRAVO INTERNO NO AGRAVO EM RECURSO ESPECIAL. LIQUIDAÇÃO DE SENTENÇA. HONORÁRIOS PERICIAIS. INTIMAÇÃO. PAGAMENTO. INÉRCIA. CÁLCULOS APRESENTADOS PELA PARTE CONTRÁRIA. HOMOLOGAÇÃO. EXCESSO DE EXECUÇÃO. SUPRESSÃO DE INSTÂNCIA. ACÓRDÃO RECORRIDO EM CONSONÂNCIA COM JURISPRUDÊNCIA DESTA CORTE. SÚMULA N. 83 DO STJ. DECISÃO MANTIDA. 1. Deve ser imputado ao vencido, caso ele não antecipe as despesas dos honorários periciais a que estava obrigado na fase de cumprimento de sentença, as consequências da não realização da perícia, presumindo-se verdadeira a quantia que a parte vencedora estimou como correta. Precedentes. 2. Sob pena de supressão de instância, a instância posterior não pode se manifestar sobre a alegação de excesso de execução não submetida à instância anterior. Precedentes. (...). (AgInt no AREsp 1180597/PR, Rel. Ministro ANTONIO CARLOS FERREIRA, QUARTA TURMA, julgado em 23/09/2019, DJe 27/09/2019)

Inversão do ônus da prova não significa inversão do pagamento da prova:

✓ AGRAVO INTERNO NO RECURSO ESPECIAL. CONSUMIDOR. INVERSÃO DO ÔNUS DA PROVA. SÚMULA 7 DO STJ. HONORÁRIOS PERICIAIS. RESPONSABILIDADE PELO PAGAMENTO. DISSÍDIO JURISPRUDENCIAL. AUSÊNCIA DE COTEJO E DE SIMILITUDE. (...) 2. Esta Corte Superior tem precedentes no sentido de que, a despeito de cristalizar-se a inversão do ônus da prova, é responsável pelo pagamento dos honorários periciais a parte que os requer. Em síntese, ainda que deferida, a inversão do ônus da prova não tem o condão de obrigar o fornecedor a custear prova requerida pelo consumidor. (...). (AgInt no REsp 1473670/SP, Rel. Ministro LUIS FELIPE SALOMÃO, QUARTA TURMA, julgado em 11/06/2019, DJe 18/06/2019)

II – currículo, com comprovação de especialização;

Qualificação do expert e preclusão:

✓ PROCESSUAL CIVIL E ADMINISTRATIVO. (...) IMPUGNAÇÃO DA QUALIFICAÇÃO DO PERITO. ALEGAÇÃO NO PRIMEIRO MOMENTO PROCESSUAL OPORTUNO. PRECLUSÃO. FUNDAMENTO NÃO ATACADO. (...). 1. Cuida-se, na origem, de Ação de Desapropriação movida pela Santo Antônio Energia S/A Eletronorte para exploração do potencial de energia hidráulica em trecho do Rio Madeira, Estado de Rondônia (...) 3. No que tange à necessidade de nomeação de novo perito, o entendimento a quo está em consonância com a orientação do Superior Tribunal de Justiça de que, se não houver impugnação à qualificação do expert indicado em momento oportuno, preclui o direito da parte em fazê-la posteriormente. 4. Ademais, a insurgente não colaciona argumentos aptos a afastar a conclusão de preclusão, atraindo a incidência, por analogia, da Súmula 283/STF, que assim dispõe: "É inadmissível o recurso extraordinário, quando a decisão recorrida assenta em mais de um fundamento suficiente e o recurso não abrange todos eles"(...) (REsp 1698577/RO, Rel. Ministro HERMAN BENJAMIN, SEGUNDA TURMA, julgado em 06/11/2018, DJe 19/11/2018)

III – contatos profissionais, em especial o endereço eletrônico, para onde serão dirigidas as intimações pessoais.

§ 3º As partes serão intimadas da proposta de honorários para, querendo, manifestar-se no prazo comum de 5 (cinco) dias, após o que o juiz arbitrará o valor, intimando- se as partes para os fins do art. 95.

→ *v.* Arts. 91, § 1º e 95, do CPC.

Honorários periciais: necessidade de contraditório:

✓ AGRAVO DE INSTRUMENTO – PROCESSO CIVIL – HONORÁRIOS PERICIAIS – INTIMAÇÃO DAS PARTES PARA IMPUGNAR VALOR. 1 – Antes de determinar o pagamento dos honorários pleiteados pelo perito, deve o magistrado intimar as partes para se manifestar sobre o valor, sob pena de afronta ao princípio do contraditório e da ampla defesa. 2 – O CPC/2015 estabelece expressamente o procedimento acerca da fixação de honorários periciais, em respeito aos direitos de defesa. 3 – Recurso conhecido e parcialmente provido. (...) (TJ-ES; AI 00043151120168080035; Terceira Câmara Cível; Rel. Elisabeth Lordes; Julg. 26/04/2016; Data de Publicação: 06/05/2016)

§ 4º O juiz poderá autorizar o pagamento de até cinquenta por cento dos honorários arbitrados a favor do perito no início dos trabalhos, devendo o remanescente ser pago apenas ao final, depois de entregue o laudo e prestados todos os esclarecimentos necessários.

Antecipação dos honorários periciais:

✓ ADMINISTRATIVO E PROCESSUAL CIVIL. DESAPROPRIAÇÃO INDIRETA. HONORÁRIOS PERICIAIS. ÔNUS PECUNIÁRIO. PARTE QUE REQUER. ARTS. 82 E 95 DO CPC. PRECEDENTES DO STJ. 1. Cuida-se de inconformismo com acórdão do Tribunal de origem que não atribuiu ao autor da ação de desapropriação indireta o ônus sobre o adiantamento dos honorários periciais. 2. De acordo com o disposto nos arts. 82 e 95 do CPC, cabe à parte que requereu a produção de prova pericial adiantar o pagamento da remuneração do profissional, ou ao autor quando requerida por ambas as partes ou determinada de ofício pelo juiz. (AgRg no REsp 1.478.715/AM, Rel. Ministro Herman Benjamin, Segunda Turma, DJe 26/11/2014). 3. Na ação de desapropriação indireta, o ônus do adiantamento dos honorários periciais compete a quem requereu a prova ou ao autor, no caso de requerimento de ambas as partes (REsp 1.363.653/SC, Rel. Ministro Og Fernandes, Segunda Turma, DJe 26/2/2018). No mesmo sentido: REsp 1.343.375/BA. Rel. Min. Eliana Calmon, Segunda Turma, DJe 17/9/2013; AgRg no REsp 1.253.727/MG, Rel. Min. Arnaldo Esteves, Primeira Turma, DJe 15/9/2011; AgRg no REsp 1.165.346/MT, Rel. Ministro Humberto Martins, Segunda Turma, DJe 27/10/2010; REsp 948.351/RS, Rel. Ministro Luiz Fux, Rel. p Acórdão Min. Teori Albino Zavascki, Primeira Turma, DJe 29/62009. 4. O fato de o ICMBio ter cumprido a decisão judicial que determinou à autarquia que antecipasse o pagamento dos honorários periciais, não tem o condão de acarretar a perda superveniente do objeto recursal. 5. Recurso Especial provido. (REsp 1823835/ES, Rel. Ministro HERMAN BENJAMIN, SEGUNDA TURMA, julgado em 22/10/2019, DJe 05/11/2019)

✓ PROCESSO CIVIL. AÇÃO CIVIL PÚBLICA. PROVA PERICIAL REQUERIDA PELO MINISTÉRIO PÚBLICO. PAGAMENTO DOS HONORÁRIOS PERICIAIS. PREVALÊNCIA DO REGIME ESPECIAL PREVISTO NA LEI 7.347/1985. OFENSA À CLÁUSULA DE RESERVA DE PLENÁRIO. NÃO OCORRÊNCIA. 1. Adotou-se no caso o entendimento pacificado na Primeira Seção do STJ "de que o adiantamento dos honorários periciais, nas ações civis públicas em que o Ministério Público é o autor, cabe à Fazenda Pública a que se acha vinculado o Parquet, ainda que não seja parte no processo" (AgInt no RMS 61.383/SP, Relator Min. Gurgel de Faria, Primeira Turma, DJe 12.12.2019). 2. "No caso, não houve a declaração de inconstitucionalidade do art. 91, § 5º, do CPC/2015, mas o reconhecimento da prevalência do regime processual previsto na Lei n. 7.347/1985, na linha dos precedentes desta Corte Superior, considerando-se o microssistema normativo aplicável à tutela dos direitos coletivos" (AgInt no RMS 58.313/SP, Relator Min. Og Fernandes, Segunda Turma, DJe 27.6.2019) 3. Embargos de Declaração rejeitados. (EDcl no RMS 62.315/SP, Rel. Ministro HERMAN BENJAMIN, SEGUNDA TURMA, julgado em 15/09/2020, DJe 06/10/2020)

§ 5º Quando a perícia for inconclusiva ou deficiente, o juiz poderá reduzir a remuneração inicialmente arbitrada para o trabalho.

Redução da remuneração do expert:

✓ AGRAVO DE INSTRUMENTO. HONORÁRIOS DE PROFISSIONAIS LIBERAIS. LIQUIDAÇÃO DE SENTENÇA POR ARBITRAMENTO. HONORÁRIOS PERÍCIAIS. MANUTENÇÃO DA DECISÃO QUE AFASTOU A REDUÇÃO DOS HONORÁRIOS PERICIAIS. Inaplicabilidade das hipóteses dos artigos 465, § 5º, e 468, § 2º, do novo Código de Processo Civil, inexistindo motivos que justifique a redução dos honorários inicialmente arbitrados. A nomeação do engenheiro ocorreu única e exclusivamente para a realização de uma avaliação técnica dos bens imóveis, fins de complementação do laudo contábil apresentado pela expert – homologado em juízo. (...). (TJ-RS; Agravo de Instrumento 70073671885; Décima Quinta Câmara Cível; Rel. Ana Beatriz Iser; Julg. 23/08/2017).

§ 6º Quando tiver de realizar-se por carta, poder-se-á proceder à nomeação de perito e à indicação de assistentes técnicos no juízo ao qual se requisitar a perícia.

Perícia realizada por precatória:

✓ AGRAVO DE INSTRUMENTO. AÇÃO RENOVATÓRIA DE ALUGUEL. CARTA PRECATÓRIA. NOMEAÇÃO DE PERITO. 1. O perito nomeado pelo juízo deprecado declarou não estar apto a realizar a perícia. 2. Conforme o art. 468 do CPC, deve ser feita nova nomeação. 3. Incide ainda o art. 465, § 6º, do CPC, devendo a nomeação ser feita pelo juízo deprecado. DECISÃO REFORMADA. RECURSO CONHECIDO E PROVIDO. (TJ-RJ; AI 00102434220168190000 Rio de Janeiro, São João De Meriti; 4ª Vara Cível; Décima Primeira Câmara Cível; Rel. Fernando Cerqueira Chagas; Julg. 20/07/2016; Data de Publicação: 21/07/2016)

Art. 466. **O perito cumprirá escrupulosamente o encargo que lhe foi cometido, independentemente de termo de compromisso.**

Sobre o perito e os assistentes técnicos:

✓ Agravo de instrumento. Ação declaratória de nulidade de cláusula contratual c.c. rescisão contratual e perdas e danos. Inconformidade com o resultado da perícia que não justifica a substituição para nova perícia. Perito habitual que goza da confiança do juízo. Às partes é facultada a indicação de assistentes técnicos para acompanhar o trabalho pericial, oferecendo parecer técnico no sentido de confirmar o laudo ou impugná-lo. A mera inconformidade da agravante ou impugnações leigas não justifica a realização de nova perícia. Agravo desprovido. (TJ-SP; AI 20409428420168260000; SP; 8ª Câmara de Direito Privado; Rel. Silvério da Silva; Julg. 13/10/2016; Data de Publicação: 13/10/2016)

✓ AGRAVO INTERNO NO RECURSO ESPECIAL. CIVIL E PROCESSUAL CIVIL. AFRONTA AO PRINCÍPIO DA DEVOLUÇÃO RECURSAL E CERCEAMENTO DE DEFESA. NÃO OCORRÊNCIA. INDICAÇÃO DE ASSISTENTE TÉCNICO. ENCARGO DA PARTE INTERESSADA. AUSÊNCIA DE COMPROVAÇÃO DO EFETIVO PREJUÍZO. (...) 2. A

Corte de origem asseverou que não houve o cerceamento de defesa alegado, mormente por ter sido oportunizada a indicação de assistente técnico. Não obstante, a parte recorrente pretendeu que o referido ônus fosse suprido pelo magistrado, por litigar sob o benefício da justiça gratuita, situação incompatível com tal nomeação, consubstanciada em encargo do interessado. 3. Não se pode confundir a nomeação de perito com a nomeação de assistente técnico. Enquanto o perito é nomeado pelo magistrado, para agir de forma imparcial no processo, o assistente técnico é profissional de confiança das partes, contratado para atuar em prol dos interesses do contratante. 4. Ademais, mesmo com a ausência da participação de assistente técnico, não se comprovou, na hipótese, o efetivo prejuízo, máxime ante a participação imparcial de perito técnico judicial, que atestou a ausência de culpabilidade dos réus, observando, no laudo, inclusive, os quesitos apresentados pelos recorrentes. 5. Agravo interno não provido. (AgInt no REsp 1254838/MS, Rel. Ministro LUIS FELIPE SALOMÃO, QUARTA TURMA, julgado em 03/08/2017, DJe 09/08/2017)

§ 1º Os assistentes técnicos são de confiança da parte e não estão sujeitos a impedimento ou suspeição.

→ *v.* Art. 95 do CPC.

Laudo do assistente técnico pode ser considerado na decisão:

✓ CONSTITUCIONAL. ADMINISTRATIVO. PROCESSUAL CIVIL. REMESSA NECESSÁRIA. DESAPROPRIAÇÃO DIRETA. INDENIZAÇÃO JUSTA. POSSIBILIDADE DE UTILIZAÇÃO DE LAUDO DE AVALIAÇÃO DO IMÓVEL ELABORADO POR ASSISTENTE TÉCNICO. CONVENCIMENTO MOTIVADO DO MAGISTRADO. ADEQUAÇÃO DO MÉTODO COMPARATIVO. APURAÇÃO DO VALOR DE MERCADO DO BEM NA DATA DA AVALIAÇÃO. NATUREZA RURAL OU URBANA DO TERRENO NOS CADASTROS OFICIAIS. IRRELEVÂNCIA. OMISSÃO DA SENTENÇA NO TOCANTE AOS JUROS E CORREÇÃO MONETÁRIA. REEXAME OBRIGATÓRIO PARCIALMENTE PROVIDO. 1- O laudo de avaliação elaborado por engenheiro civil a pedido da promovida pode ser utilizado como elemento para a formação da convicção do Juízo, ainda que o referido profissional seja amigo íntimo da família da expropriada. Isso porque, segundo prescreve o art. 422, caput, do CPC/1973, correspondente ao art. 466, § 1º, do CPC/2015, os assistentes técnicos são de confiança da parte e não estão sujeitos a impedimento ou suspeição. 2- A justa indenização do imóvel desapropriado, nos termos do art. 5º, XXIV, da CF/88, deve refletir o valor real do bem, sob pena de enriquecimento ilícito do expropriante, e engloba os danos emergentes, os lucros cessantes, os juros compensatórios e moratórios, despesas judiciais, honorários advocatícios e atualização monetária. 3- In casu, o engenheiro empregou o método comparativo para a avaliação, isto é, fixou o valor do imóvel com base na comparação direta com outros ofertados ou transacionados no mercado da região, de acordo com norma técnica da ABNT (NB-502/89). 4- Segundo o firme entendimento do Superior Tribunal de Justiça, o art. 26 do Decreto-Lei 3.365/41 atribui à justa indenização a contemporaneidade da avaliação judicial, e não do laudo elaborado pelo ente expropriante, para a aferição desse requisito (cf. AgRg no REsp 1428357/PE, Rel. Napoleão Nunes Maia Filho, T1; DJe 28/03/16). Precedentes do STJ. (...) (TJ-CE; Remessa Necessária: 00030031620008060035 CE; 1ª Câmara Direito Público; Rel. Fernando Luiz Ximenes Rocha; Data de Publicação: 14/11/2016).

§ 2º O perito deve assegurar aos assistentes das partes o acesso e o acompanhamento das diligências e dos exames que realizar, com prévia comunicação, comprovada nos autos, com antecedência mínima de 5 (cinco) dias.

Consequências da falta de intimação das partes para acompanhar a perícia:

✓ AGRAVO INTERNO NO AGRAVO EM RECURSO ESPECIAL. PROCESSUAL CIVIL. PERÍCIA. IRREGULARIDADE. AUSÊNCIA DE INTIMAÇÃO DAS PARTES. NULIDADE RELATIVA. SÚMULA N. 83/STJ. PREJUÍZO NÃO RECONHECIDO PELO ACÓRDÃO RECORRIDO. REEXAME DAS CONCLUSÕES. IMPOSSIBILIDADE. SÚMULA 7/STJ. AGRAVO INTERNO DESPROVIDO. 1. Nos termos da jurisprudência desta Corte, a falta de intimação para acompanhar a perícia gera nulidade relativa, cabendo à parte a demonstração de eventual prejuízo sofrido, o que não ocorreu no caso dos autos, conforme consignado pelas instâncias ordinárias. Incidência das Súmulas n. 7 e 83 do STJ. 2. Agravo interno desprovido. (AgInt no AREsp 1552999/SC, Rel. Ministro MARCO AURÉLIO BELLIZZE, TERCEIRA TURMA, julgado em 01/06/2020, DJe 04/06/2020)

Art. 467. O perito pode escusar-se ou ser recusado por impedimento ou suspeição.

→ *v.* Art. 163, II, do CPC.

Parágrafo único. O juiz, ao aceitar a escusa ou ao julgar procedente a impugnação, nomeará novo perito.

→ *v.* Art. 148 e §§ do CPC.

Art. 468. O perito pode ser substituído quando:

I – faltar-lhe conhecimento técnico ou científico;

Necessidade de conhecimento técnico para realização da perícia e substituição do perito:

✓ RECURSO ESPECIAL. AGRAVO DE INSTRUMENTO NA ORIGEM. PROPRIEDADE INDUSTRIAL. ALEGADA CONTRAFAÇÃO. PROVA PERICIAL DETERMINADA. PERITO NOMEADO. CONHECIMENTO TÉCNICO CORRELATO. AUSÊNCIA. SUBSTITUIÇÃO DE PERITO NOMEADO. NECESSIDADE. RECURSO ESPECIAL PROVIDO. 1. A prova pericial é meio probatório destinado a apurar a ocorrência de fatos para os quais é imprescindível o conhecimento de premissas técnico-científicas não disponíveis ao conhecimento do homem comum. 2. O conhecimento técnico-científico é, portanto, essencial ao perito, que deverá assumir o encargo com imparcialidade, atendendo os deveres e responsabilidades legalmente estabelecidos (art. 146, 147 e 422 do CPC/1973). 3. A ausência de conhecimento técnico compatível com o objeto a ser periciado impõe ao juiz da causa a promoção, de ofício, de sua substituição. 4. O conhecimento jurídico, ainda que especializado e aprofundado no âmbito do direito autoral e de propriedade industrial, não assegura à perita nomeada o conhecimento necessário para apurar a similitude ou dessemelhança entre equipamentos eletrônicos, que envolve a composição física e o funcionamento e a programação dos dispositivos, fatos essenciais para configurar a contrafação alegada. 5. Recurso especial provido. (REsp 1726227/SP, Rel. Ministro MARCO AURÉLIO BELLIZZE, TERCEIRA TURMA, julgado em 05/06/2018, DJe 08/06/2018)

✓ RECURSO ESPECIAL. PROCESSUAL CIVIL. (...) PERÍCIA. LAUDO PERICIAL SUBSCRITO POR ENGENHEIRO MECÂNICO E NÃO POR ENGENHEIRO AGRÔNOMO. EXCEÇÃO QUE DEVE SER CABALMENTE JUSTIFICADA. (...) 1. Trata-se, na origem, de ação proposta pelo INCRA visando à expropriação de imóvel rural, denominado "Fazenda Alvorada", localizado no Município de Caucaia-CE. SUBSCRIÇÃO DE LAUDO POR ENGENHEIRO MECÂNICO 2. A regra nos processos de desapropriação para fins de reforma agrária é que o perito do juízo seja engenheiro agrônomo. Contudo, admite-se, de maneira excepcional e cabalmente fundamentada, nomeação de perito de outra área, que detenha conhecimento técnico para tanto, quando na região inexistir profissional do ramo específico da agronomia. Precedentes do STJ: REsp 1.050.215/CE, Rel. Ministra Eliana Calmon, Segunda Turma, julgado em 23.6.2009, DJe de 4.8.2009; REsp 924.105/ES, Rel. Ministro Luiz Fux, Primeira Turma, julgado em 16.12.2008, DJe de 19.02.2009 VIOLAÇÃO DOS ARTS. 12, § 1º, DA LEI 8.629/1993, 131, 436 DO CPC/1973, 26 DO DECRETO-LEI 3.365/1941 E 12 DA LEI COMPLEMENTAR 76/1993 3. O critério utilizado para fixar a indenização consistente na média aritmética da quantia oferecida pelo expropriante e do valor inserto no laudo pericial não reflete a justa indenização a que alude a Constituição da República e ofende o disposto no art. 12 da Lei 8.629/1993. O julgador não pode fixar critérios distintos dos legais. O STJ entende que, embora o magistrado não esteja vinculado às conclusões do laudo oficial, a prova pericial é indispensável ao pleito expropriatório, revestindo-se de fundamental importância para a fixação do justo preço. Assim, concluindo o julgador pela invalidade e insuficiência do laudo pericial para a fixação do justo preço, torna-se necessária a renovação da prova técnica. CONCLUSÃO 4. Recurso Especial provido. (REsp 1302364/CE, Rel. Ministro HERMAN BENJAMIN, SEGUNDA TURMA, julgado em 08/11/2016, DJe 26/08/2020)

✓ AGRAVO INTERNO NO AGRAVO EM RECURSO ESPECIAL. DIREITO CIVIL E PROCESSUAL CIVIL. AÇÃO DE EXECUÇÃO. TÍTULO EXTRAJUDICIAL. SUBSTITUIÇÃO DE PERITO. HIPÓTESES NÃO VERIFICADAS. REEXAME FÁTICO-PROBATÓRIO. IMPOSSIBILIDADE. SÚMULA Nº 7/STJ (...) 2. Concluindo as instâncias de cognição pela desnecessidade de substituição do perito quando inexistente indício de suspeição e impedimento do profissional nomeado e não configuradas as hipóteses de substituição previstas no art. 468 do CPC/2015, escapa o reexame da questão da competência desta Corte Superior, haja vista a incidência do óbice da Súmula nº 7/STJ. 3. Agravo interno não provido. (AgInt no AREsp 1154937/SP, Rel. Ministro RICARDO VILLAS BÔAS CUEVA, TERCEIRA TURMA, julgado em 06/03/2018, DJe 12/03/2018)

✓ AGRAVO INTERNO NO AGRAVO EM RECURSO ESPECIAL. PROCESSUAL CIVIL. AÇÃO DE COBRANÇA. PERITO JUDICIAL. DESTITUIÇÃO. QUEBRA DE CONFIANÇA. SUBSTITUIÇÃO. POSSIBILIDADE. NOVO EXPERT. QUALIFICAÇÃO TÉCNICA. SÚMULA Nº 7/STJ. PERÍCIA COMPLEMENTAR. COLABORAÇÃO SUBSIDIÁRIA. ADMISSIBILIDADE. PROVA COMPLEXA. (...)3. A jurisprudência desta Corte Superior é no sentido de que a destituição do perito pode se dar não só com base nas hipóteses do art. 424 do CPC/1973, mas também nas situações de quebra da confiança entre tal auxiliar e o magistrado. 4. É possível a substituição dos peritos no curso de perícia se isso for necessário para a lisura da prova e do processo, mesmo que apenas para esclarecimentos suplementares. Os trabalhos inicialmente elaborados podem ser considerados válidos, apesar de incompletos, ensejando a nomeação de novo profissional somente para complementá-los. 5. A verificação da qualificação técnica do perito importa no revolvimento de matéria fática. Incidência da Súmula nº 7/STJ. 6. O perito, diante da complexidade da produção da prova, pode se socorrer de todos os meios de coleta de dados necessários, inclusive conhecimentos técnicos de outros profissionais. 7. Agravo interno não provido. (AgInt no AREsp 629.939/RJ, Rel. Ministro RICARDO VILLAS BÔAS CUEVA, TERCEIRA TURMA, julgado em 12/06/2018, DJe 19/06/2018)

II – sem motivo legítimo, deixar de cumprir o encargo no prazo que lhe foi assinado.

Substituição do perito pelo descumprimento do encargo:

✓ AGRAVO DE INSTRUMENTO. AÇÃO DE PRESTAÇÃO DE CONTAS. DEFERIMENTO DO PEDIDO DE NOMEAÇÃO DE EXPERT PARA REALIZAÇÃO DE NOVA PERÍCIA TÉCNICA. SUBSTITUIÇÃO POR DESCUMPRIMENTO DO ENCARGO. PERITO DESTITUÍDO QUE LEVANTOU A QUANTIA DEPOSITADA PELA PARTE RÉ. DETERMINAÇÃO DE ADIANTAMENTO DE NOVOS HONORÁRIOS PERICIAIS PELO AUTOR/AGRAVADO FACE A ALEGAÇÃO DE IMPRESTABILIDADE DO LAUDO. IRRESIGNAÇÃO. NOVO CPC QUE DETERMINA A RESTITUIÇÃO DOS VALORES RECEBIDOS PELO TRABALHO NÃO REALIZADO. INTELIGÊNCIA DO ART. 468, II, § 2º, DO CPC/15. REFORMA DA DECISÃO PARA DISPENSAR O AGRAVANTE DO ADIANTAMENTO DOS HONORÁRIOS PERICIAIS, CABENDO AO JULGADOR DE 1º GRAU APLICAR A COMINAÇÃO DO CITADO DISPOSTIVO LEGAL NO QUE CONCERNE À DEVOLUÇÃO DA QUANTIA PELO EXPERT DESTITUÍDO, NO PRAZO DE 15 (QUINZE) DIAS, SOB PENA DE FICAR IMPEDIDO DE ATUAR COMO PERITO JUDICIAL, PELO LAPSO DE 5 (CINCO) ANOS. RECURSO CONHECIDO, AO QUAL SE DÁ PROVIMENTO. (TJ-RJ; AI 00462693920168190000 Rio de Janeiro; 49 Vara Cível, Décima Sexta Câmara Cível; Rel. Mauro Dickstein; Julg. 06/12/2016; Data de Publicação: 16/12/2016)

§ 1º No caso previsto no inciso II, o juiz comunicará a ocorrência à corporação profissional respectiva, podendo, ainda, impor multa ao perito, fixada tendo em vista o valor da causa e o possível prejuízo decorrente do atraso no processo.

§ 2º O perito substituído restituirá, no prazo de 15 (quinze) dias, os valores recebidos pelo trabalho não realizado, sob pena de ficar impedido de atuar como perito judicial pelo prazo de 5 (cinco) anos.

§ 3º Não ocorrendo a restituição voluntária de que trata o § 2º, a parte que tiver realizado o adiantamento dos honorários poderá promover execução

contra o perito, na forma dos arts. 513 e seguintes deste Código, com fundamento na decisão que determinar a devolução do numerário.

Art. 469. As partes poderão apresentar quesitos suplementares durante a diligência, que poderão ser respondidos pelo perito previamente ou na audiência de instrução e julgamento.

Parágrafo único. O escrivão dará à parte contrária ciência da juntada dos quesitos aos autos.

Apresentação de quesitos suplementares:

✓ AGRAVO DE INSTRUMENTO. AÇÃO DE INDENIZAÇÃO POR SUPOSTO ERRO NA EXECUÇÃO DE TRATAMENTO DENTÁRIO (IMPLANTE DE PRÓTESES DENTÁRIAS). REALIZAÇÃO DE PERÍCIA INDIRETA. JUÍZO A QUO QUE REPUTOU INSUFICIENTE O LAUDO PERICIAL E DETERMINOU A PRODUÇÃO DE NOVA PERÍCIA, NOMEANDO NOVO EXPERT E IMPUTANDO À AUTORA AGRAVANTE O ÔNUS FINANCEIRO DA PROVA. LAUDO JÁ CONFECCIONADO QUE PODE SER INTEGRADO POR MEIO DE QUESITOS SUPLEMENTARES. PRINCÍPIOS DA ECONOMIA E CELERIDADE PROCESSUAL.POSSIBILIDADE DE COMPLEMENTAÇÃO IGNORADA PELO JUÍZO A QUO. NOVA PERÍCIA QUE DEVE SER DETERMINADA APENAS NA HIPÓTESE DE O LAUDO JÁ PRODUZIDO RESULTAR INSUFICIENTE MESMO APÓS A RESPOSTA AOS QUESITOS SUPLEMENTARES.DECISÃO REFORMADA. RECURSO PROVIDO. (TJPR; AI - 1450278-2; Região Metropolitana de Maringá, Foro Central de Maringá; 10ª C. Cível; Rel. Lilian Romero; Unânime; Julg.14.04.2016)

✓ AGRAVO INTERNO NO AGRAVO EM RECURSO ESPECIAL. AÇÃO MONITÓRIA. PERÍCIA. QUESITOS. HONORÁRIOS SUPLEMENTARES. PRECLUSÃO. PREQUESTIONAMENTO FICTO. AUSÊNCIA. DUPLICATA. LAUDO PERICIAL CONCLUSIVO. AUSÊNCIA DE RECEBIMENTO DAS MERCADORIAS RECONHECIDA PELO TRIBUNAL DE ORIGEM. REEXAME DE FATOS E PROVAS. SÚMULA 7/STJ. HONORÁRIOS ADVOCATÍCIOS. PERCENTUAL ADEQUADO. HONORÁRIOS RECURSAIS. TRABALHO ADICIONAL. DISPENSABILIDADE. MULTA. ART. 1.021, § 4º, DO CPC/2015. AGRAVO NÃO PROVIDO. 1. A agravante não formulou os quesitos no momento oportuno, bem como não interpôs recurso contra decisão que, relevando a falha, admitiu a complementação do laudo pericial, desde que condicionada ao pagamento de honorários suplementares, não sendo possível rever tais questões consideradas preclusas (...) (AgInt no AREsp 1316667/AM, Rel. Ministro RAUL ARAÚJO, QUARTA TURMA, julgado em 18/10/2018, DJe 25/10/2018)

Art. 470. Incumbe ao juiz:

I – indeferir quesitos impertinentes;

Indeferimento de quesitos impertinentes:

✓ APELAÇÃO CÍVEL. AÇÃO REVISIONAL DE ALUGUEIS. MAGISTRADO A QUO QUE JULGOU PROCEDENTE EM PARTE O PEDIDO EXORDIAL PARA MAJORAR O VALOR DA LOCAÇÃO EM CONSONÂNCIA COM A PROVA JUDICIAL. INCONFORMISMO DA LOCATÁRIA. CERCEAMENTO DE DEFESA. MAGISTRADO DE ORIGEM QUE NÃO TERIA ANALISADO QUESITOS COMPLEMENTARES SOBRE QUEM SERIA O RESPONSÁVEL PELO PAGAMENTO DE IPTU E PELO CUSTEAMENTO DAS REFORMAS NO IMÓVEL. CERCEAMENTO DE DEFESA NÃO OCORRIDO. QUESTIONAMENTOS ADICIONAIS IRRELEVANTES PARA A SOLUÇÃO DO FEITO. PERÍCIA FAVORÁVEL AO AUMENTO DO ALUGUEL. VALOR DEVIDO DESDE A DATA DA CITAÇÃO, CONFORME ART. 69 DA LEI N. 8.245/91. REFORMAS NO CURSO DA LIDE QUE JUSTIFICAM ACRÉSCIMO AO VALOR DO ALUGUEL. MAJORAÇÃO, NO ENTANTO, É DEVIDA APENAS A PARTIR DO TÉRMINO DAS OBRAS, SOB PENA DE ENRIQUECIMENTO SEM CAUSA. REFORMA DA SENTENÇA NESTE PONTO. JUROS MORATÓRIOS QUE DEVERÃO INCIDIR DESDE A CITAÇÃO. SUCUMBÊNCIA. SENTENÇA QUE TEVE ALTERAÇÃO APEQUENADA. MANUTENÇÃO DO ÔNUS JÁ ESTABELECIDO NA ORIGEM. RECURSO CONHECIDO E PARCIALMENTE PROVIDO. (TJ-SC; AC 00072696020148240033 Itajaí; Quarta Câmara de Direito Civil; Rel. Rosane Portella Wolff; Julg. 16/11/2017)

II – formular os quesitos que entender necessários ao esclarecimento da causa.

→ *v.* Art. 370, parágrafo único, do CPC.

Formulação de quesitos pelo juiz:

✓ Agravo de instrumento. Ação Civil Pública em que se discute os efeitos que obras realizadas pela agravante teriam exercido sobre o meio ambiente de Itaboraí. Decisão que determinou a produção de prova pericial ambiental, rejeitando o laudo pericial que havia sido produzido em sede de agravo de instrumento julgado por esta Câmara Cível, sob o fundamento de o perito não ser da confiança do magistrado de primeiro grau e de se tratar de prova emprestada. Perito que possui incontestável competência na matéria, conforme art. 465 do novo C.P.C. Ausência de impugnação por qualquer das partes quanto à qualificação do profissional. Inocorrência das condições previstas no art. 468 do referido Código. Laudo apresentado que se mostrou extremamente detalhado e criterioso. Advento do novo Código de Processo Civil que prestigiou o entendimento defendido por doutrinadores e que se firmara na jurisprudência, em particular, do Colendo Superior Tribunal de Justiça, no sentido da possibilidade de uso de prova emprestada desde que respeitado o contraditório e a livre defesa. Prova que, na presente hipótese, sequer pode ser considerada emprestada, já que produzida no mesmo feito, em mero recurso incidental, com relação ao mesmo pedido e com a participação das mesmas partes. Possibilidade de eventual complementação do laudo com a apresentação de esclarecimentos e de depoimento do perito em audiência, na presença do Juízo a quo, conforme previsão dos arts. 470, II e 477, § 3º, do mesmo diploma legal. Desnecessária repetição de prova que somente imporia ônus financeiro ao Estado, como pretende o Ministério Público, e causaria maior demora à solução da lide. Provimento do recurso. (TJ-RJ; AI 00156209120168190000 Rio de Janeiro, Itaboraí; 1ª Vara Cível, Nona Câmara Cível; Rel. Gilberto Dutra Moreira; Julg. 07/06/2016; Data de Publicação: 10/06/2016)

Art. 471. As partes podem, de comum acordo, escolher o perito, indicando-o mediante requerimento, desde que:

I – sejam plenamente capazes;

II – a causa possa ser resolvida por autocomposição.

→ V. Art. 190 do CPC.

§ 1º As partes, ao escolher o perito, já devem indicar os respectivos assistentes técnicos para acompanhar a realização da perícia, que se realizará em data e local previamente anunciados.

§ 2º O perito e os assistentes técnicos devem entregar, respectivamente, laudo e pareceres em prazo fixado pelo juiz.

§ 3º A perícia consensual substitui, para todos os efeitos, a que seria realizada por perito nomeado pelo juiz.

Art. 472. O juiz poderá dispensar prova pericial quando as partes, na inicial e na contestação, apresentarem, sobre as questões de fato, pareceres técnicos ou documentos elucidativos que considerar suficientes.

→ V. Art. 370, parágrafo único, do CPC.

Juiz, como destinatário da prova, avalia se (des)necessária a perícia, inclusive em coteja com outras provas presentes nos autos:

✓ AGRAVO INTERNO NO AGRAVO EM RECURSO ESPECIAL. AÇÃO REIVINDICATÓRIA. IMPROCEDÊNCIA DO PEDIDO E PROCEDÊNCIA DA RECONVENÇÃO. COMPROVAÇÃO DA PROPRIEDADE DA RÉ SOBRE O IMÓVEL OBJETO DA LIDE. DESNECESSIDADE DE NOVA PERÍCIA. CERCEAMENTO DE DEFESA. NÃO OCORRÊNCIA. AGRAVO INTERNO DESPROVIDO. 1. Não há cerceamento de defesa quando o julgador, ao constatar nos autos a existência de provas suficientes para o seu convencimento, indefere pedido de produção ou complementação de prova. Cabe ao juiz decidir sobre os elementos necessários à formação de seu entendimento, pois, como destinatário da prova, é livre para determinar as provas necessárias ou indeferir as inúteis ou protelatórias. Precedentes. 2. No caso, a sentença julgou improcedente o pedido da inicial e procedente a reconvenção, por entender que o autor não comprovou a origem das áreas registradas em seu nome, enquanto o réu apresentou título com registro anterior e inequívoca comprovação do domínio, o que foi constatado pela perícia. Diante da robusta prova documental apresentada pelo réu, o magistrado reputou desnecessária a realização de nova perícia, acentuando que o perito respondeu as questões levantadas pelas partes. 3. Agravo interno a que se nega provimento. (AgInt no AREsp 1619012/MA, Rel. Ministro RAUL ARAÚJO, QUARTA TURMA, julgado em 15/06/2020, DJe 01/07/2020)

✓ PROCESSUAL CIVIL. VAGA RESERVADA A PORTADOR DE DEFICIÊNCIA MENTAL. PROVA PERICIAL. OFENSA AO ART. 1.022 DO CPC/2015 NÃO CONFIGURADA. REVISÃO. MATÉRIA FÁTICO-PROBATÓRIA. INCIDÊNCIA DA SÚMULA 7/STJ (...) 2. Sendo o juiz destinatário das provas, nos termos do art. 370 do CPC/2015, cabe-lhe determinar a produção das que considerar necessárias ao julgamento de mérito. 3. No caso, o Tribunal a quo entendeu que o ato administrativo – exame médico de avaliação para ingresso na vaga destinada ao Portador de Deficiência realizado pela Junta Médica da UFS -, que concluiu pelo não enquadramento do recorrente na deficiência mental, goza de presunção de veracidade e legitimidade (...) 4. O art. 472 do CPC/2015 (art. 427 do CPC/1973) dispõe que "o juiz poderá dispensar prova pericial quando as partes, na inicial e na contestação, apresentarem, sobre as questões de fato, pareceres técnicos ou documentos elucidativos que considerar suficientes". Tendo o julgador entendido pela insuficiência da prova produzida, não se pode dispensar a produção de perícia judicial, no caso. 5. Ademais, a reforma do aresto impugnado – para entender que as provas anteriormente apresentadas seriam suficientes para atestar o direito que se alega – é inviável, pois inarredável a revisão do conjunto probatório dos autos para afastar as premissas fáticas estabelecidas pelo acórdão recorrido. Aplica-se, portanto, o óbice da Súmula 7/STJ. 5. Recurso Especial parcialmente conhecido e, nessa parte, não provido. (REsp 1804146/SE, Rel. Ministro HERMAN BENJAMIN, SEGUNDA TURMA, julgado em 09/05/2019, DJe 29/05/2019)

Art. 473. O laudo pericial deverá conter:

Requisitos do laudo pericial:

✓ Apelação – Posse e exercício de função pública – Perícia médica do DPME aferindo inaptidão de concursando para o exercício da função de professor de educação básica II – Perícia médica inconsistente e em desacordo com os requisitos legais estipulados pelos artigos art. 473 do CPC – Ilegalidade do ato administrativo que negou ingresso de concursando na atividade laborativa (Lei Estadual nº 10.177/98)– Ato administrativo passível de controle jurisdicional – Novo laudo pericial apresentado pelo IMESC – Competência e livre convencimento do juiz – Sentença mantida – Recurso improvido. (TJ-SP 10261289020148260053; SP; 7ª Câmara de Direito Público; Rel. Fernão Borba Franco; Julg. 13/11/2017; Data de Publicação: 14/11/2017)

✓ Apelação. Ação indenizatória. Vazamento em unidade condominial. Sentença de improcedência. Preliminar de cerceamento de defesa afastada. Validade do laudo pericial. Trabalho técnico elaborado que cumpriu com todos os requisitos do artigo 473 do Código de Processo Civil. Conclusão da expert que afastou o nexo de causalidade entre os danos apontados e qualquer conduta do réu. Sentença mantida. Recurso não provido. (TJSP; Apelação Cível 1013484-51.2017.8.26.0590; Relator (a): Ana Lucia Romanhole Martucci; Órgão Julgador: 33ª Câmara de Direito Privado; Foro de São Vicente – 1ª Vara Cível; Data do Julgamento: 16/12/2020; Data de Registro: 16/12/2020)

I – a exposição do objeto da perícia;

II – a análise técnica ou científica realizada pelo perito;

III – a indicação do método utilizado, esclarecendo-o e demonstrando ser predominantemente aceito pelos especialistas da área do conhecimento da qual se originou;

Necessidade de esclarecimento sobre o método adotado no laudo pericial:

✓ AGRAVO DE INSTRUMENTO – PROVA PERICIAL – AVALIAÇÃO DE BENS PENHORADOS – Agravante que questiona o método adotado pelo perito avaliador, bem como alega a nulidade da decisão que homologou o laudo pericial, por ausência de fundamentação – Decisão que deve ser mantida – Alegação de nulidade que não procede – Decisão que, embora sucinta, se mostra apta a indicar as razões pelas quais o juízo a quo não acolheu as impugnações ao laudo pericial – Quanto à prova pericial, propriamente dita, inexistem vícios aptos a torná-la imprestável – Requisitos dos art. 473 e 872 do CPC/15 devidamente atendidos – bem como, inexistem nos autos razões fundamentadas e capazes de por em dúvida o método adotado pelo expert de confiança do juízo a quo – Recurso improvido. (TJ-SP; AI 22316197120168260000; SP; 1ª Câmara de Direito Público; Rel. Rubens Rihl; Julg. 05/04/2017; Data de Publicação: 05/04/2017)

✓ AGRAVO DE INSTRUMENTO. PROCESSO CIVIL. PROVA PERICIAL. LAUDO. CONCLUSÕES DO EXPERT BASEADAS NA DOCUMENTAÇÃO DO PROCESSO. ESCLARECIMENTOS A RESPEITO DO LAUDO. RESPOSTA SATISFATÓRIA. MOTIVAÇÃO E FUNDAMENTAÇÃO ADEQUADAS. 1. Caso em que a parte recorrente defende ser necessário um esclarecimento por parte do expert quanto aos documentos utilizados para o alcance de sua conclusão. Pedem que sejam apresentados os documentos que deram origem aos relatórios sem os quais não há como verificar a correção das informações lançadas. 2. As impugnações tecidas pelos recorrentes com relação ao procedimento de elaboração da perícia são infundadas, pois pela leitura atenta do laudo, bem como dos esclarecimentos prestados, tem-se que aludida prova foi elaborada de acordo com o que foi determinado pelo STJ sendo oportunizado aos agravantes realizarem as devidas impugnações. 3. O trabalho apresentado pelo perito respondeu as questões debatidas com base nos documentos constantes dos autos não havendo que se falar em cerceamento de defesa. 4. Negou-se provimento ao agravo. (TJDFT, Acórdão 1306809, 07417576320208070000, Relator: ARQUIBALDO CARNEIRO PORTELA, 6ª Turma Cível, data de julgamento: 2/12/2020, publicado no DJE: 18/12/2020.)

IV – resposta conclusiva a todos os quesitos apresentados pelo juiz, pelas partes e pelo órgão do Ministério Público.

Laudo pericial que deve apontar respostas conclusivas:

✓ DPVAT. PRETENSÃO INDENIZATÓRIA COMPLEMENTAR. SENTENÇA DE IMPROCEDÊNCIA. RECURSO DA AUTORA PLEITEANDO A ANULAÇÃO DO JULGADO POR INADEQUAÇÃO DO LAUDO PERICIAL PRODUZIDO. SUBSISTÊNCIA. PERÍCIA INCONCLUSIVA. CARACTERÍSTICAS E DESDOBRAMENTOS DAS LESÕES DISCRIMINADAS DE MODO INSUFICIENTE. APARENTE CONTRADIÇÃO NAS CONCLUSÕES DO PERITO. CERCEAMENTO DE DEFESA CONFIGURADO. NECESSÁRIA SEGUNDA PERÍCIA PARA O PLENO ESCLARECIMENTO DO GRAU DE INVALIDEZ DA AUTORA. APLICAÇÃO DO ART. 480 DO CPC. NOVO EXAME A SER REALIZADO POR OUTRO PERITO. PRECEDENTES. SENTENÇA ANULADA. RECURSO PARCIALMENTE PROVIDO. (TJ-SC; AC 03005237820148240009 Bom Retiro; Quarta Câmara de Direito Civil; Rel. Cesar Abreu; Julg. 17/08/2017)

✓ APELAÇÃO. Ação indenizatória por erro médico. Responsabilidade objetiva da operadora de Plano de Saúde e do Hospital corré. Responsabilidade subjetiva do médico. Prova pericial conclusiva no sentido de indicar imperícia na perfuração da bexiga nas condições clínicas da paciente autora, além de utilização inadequada de linha não absorvível no procedimento, quando a literatura recomenda o contrário. Responsabilidade civil verificada. Corré Vanessa que não atuou como cirurgiã, mas como auxiliar. Laudo pericial conclusivo para afastar a responsabilidade do médico auxiliar nas intercorrências havidas no caso em concreto. Responsabilidade civil subjetiva da médica afastada. Dano moral. Ocorrência. Erro médico somado ao tempo de 05 anos com dores abdominais sem solução e necessidade de sujeição a novo procedimento cirúrgico que evidenciam o dano de natureza moral suportado pela parte autora. Quantum fixado em R$ 30.000,00. Manutenção. Sentença mantida. Recurso desprovido. (TJSP; Apelação Cível 1001065-90.2017.8.26.0010; Relator (a): Rogério Murillo Pereira Cimino; Órgão Julgador: 9ª Câmara de Direito Privado; Foro Regional X – Ipiranga – 1ª Vara Cível; Data do Julgamento: 18/12/2020; Data de Registro: 18/12/2020)

✓ Direito processual civil. Prova pericial. Demanda de revisão de contrato de cartão de crédito. Processo em que se discute a legalidade dos juros aplicados, a prática de anatocismo, além de cobrança de taxas, encargos e outros serviços. Laudo pericial que deve conter resposta conclusiva a todos os quesitos apresentados pelas partes. Art. 473, IV, do CPC. Exigência legal que não foi cumprida pelo perito. Matéria discutida que não foi suficientemente esclarecida. Necessidade de realização de segunda perícia, em que deve ser esclarecida toda a matéria discutida. Art. 480, § 1º, do CPC. Nulidade da sentença que se decreta, determinando-se, de ofício, a realização de segunda perícia, considerando os elementos indicados no presente acórdão. Recurso prejudicado. (TJ-RJ; APL 0483168-02.2015.8.19.0001; SEGUNDA CÂMARA CÍVEL; REL. ALEXANDRE ANTONIO FRANCO FREITAS CÂMARA; Julg. 18/05/2020)

§ 1º No laudo, o perito deve apresentar sua fundamentação em linguagem simples e com coerência lógica, indicando como alcançou suas conclusões.

§ 2º É vedado ao perito ultrapassar os limites de sua designação, bem como emitir opiniões pessoais que excedam o exame técnico ou científico do objeto da perícia.

§ 3º Para o desempenho de sua função, o perito e os assistentes técnicos podem valer-se de todos os meios necessários, ouvindo testemunhas, obtendo informações, solicitando documentos que estejam em poder da parte, de terceiros ou em repartições públicas, bem como instruir o laudo com planilhas, mapas, plantas, desenhos, fotografias ou outros elementos necessários ao esclarecimento do objeto da perícia.

Possibilidade de solicitação de elementos pelo perito para terceiros:

✓ AGRAVO DE INSTRUMENTO. CONTRATO DE PARCERIA AGRÍCOLA. EXPLORAÇÃO RURAL. EXIBIÇÃO DE DOCUMENTOS. COMPLEMENTAÇÃO DO LAUDO PERICIAL. Sendo o Juiz o destinatário da prova, a ele compete a faculdade de determinar ou indeferir a produção de provas que julgue necessárias à segura apreciação da lide. A decisão recorrida respeitou o art. 473, § 3º, do CPC, ao solicitar documentos que estejam em poder da parte e de terceiros. AGRAVO DE

INSTRUMENTO DESPROVIDO. (TJ-RS; Agravo de Instrumento 70073408791; Vigésima Câmara Cível; Rel. Glênio José Wasserstein Hekman; Julg. 14/06/2017).

✓ PROVA – Perícia – Ré-agravante pretende que a autora junte documentos aos autos para melhor instrução da perícia a ser realizada – Juiz pode indeferir o pedido diante do seu poder instrutório – Possibilidade, entretanto, de o perito judicial solicitar depois os documentos, caso entenda necessário à instrução de seu trabalho – Exegese do art. 473, § 3º, do CPC/2015 – Decisão mantida – Recurso desprovido. (TJ-SP – AI: 20745547120208260000 SP 2074554-71.2020.8.26.0000, Relator: Álvaro Torres Júnior, Data de Julgamento: 20/07/2020, 20ª Câmara de Direito Privado, Data de Publicação: 20/07/2020)

✓ PROCESSUAL CIVIL. DIREITO DO CONSUMIDOR. AGRAVO DE INSTRUMENTO. PLANO DE SAÚDE. AÇÃO REVISIONAL DE CONTRATO. REAJUSTES POR FAIXA ETÁRIA. AVALIAÇÃO ATUARIAL. BASE DE DADOS E RELATÓRIOS. ELABORAÇÃO DE LAUDO PERICIAL. FORNECIMENTO DE INFORMAÇÕES. RECUSA INJUSTIFICADA. IMPUTAÇÃO DOS ÔNUS PROCESSUAIS. POSSIBILIDADE. 1. Verificada a hipossuficiência do consumidor, é possível a inversão do ônus da prova, nos moldes do disposto no inciso VIII do art. 6º do Código de Defesa do Consumidor. 2. Ressai injustificada a recusa de apresentação, pela parte, dos documentos necessários à elaboração de laudo pericial, bem como lícita e razoável a imputação, em seu desfavor, dos ônus processuais advindos de sua inércia. 3. O art. 473, § 3º, do Código de Processo Civil outorga ao perito, para o desempenho de sua função, a competência de solicitação de documentos que estejam em poder da parte, de terceiros ou em repartições públicas. 4. Recurso não provido. (Acórdão 1269850, 07067709820208070000, Relator: MARIO-ZAM BELMIRO, 8ª Turma Cível, data de julgamento: 29/7/2020, publicado no DJE: 13/8/2020. Pág.: Sem Página Cadastrada.)

Art. 474. As partes terão ciência da data e do local designados pelo juiz ou indicados pelo perito para ter início a produção da prova.

→ v. Art. 466, § 2º, do CPC

Necessidade de ciência das partes sobre o início da produção da prova pericial:

✓ AGRAVO INTERNO NO AGRAVO EM RECURSO ESPECIAL. PROCESSUAL CIVIL. PERÍCIA. IRREGULARIDADE. AUSÊNCIA DE INTIMAÇÃO DAS PARTES. NULIDADE RELATIVA. PREJUÍZO RECONHECIDO PELO ACÓRDÃO RECORRIDO. REVER TAIS CONCLUSÕES. IMPOSSIBILIDADE. SÚMULA 7/STJ. AGRAVO DESPROVIDO.1. A jurisprudência desta Corte Superior é assente em entender que a inexistência de intimação para produção da perícia gera nulidade relativa, devendo a parte demonstrar o prejuízo suportado com o alegado vício. Constatado pelo acórdão recorrido que houve prejuízo à parte beneficiária da declaração da nulidade, torna-se inviável rever tais conclusões, pois imprescindível o reexame de provas e incidência da Súmula 7/STJ.2. Agravo interno desprovido.(AgInt no AREsp 1418641/SP, Rel. Ministro MARCO AURÉLIO BELLIZZE, TERCEIRA TURMA, julgado em 27/05/2019, DJe 31/05/2019)

✓ AGRAVO INTERNO NO AGRAVO EM RECURSO ESPECIAL. PROCESSUAL CIVIL. PERÍCIA. IRREGULARIDADE. AUSÊNCIA DE INTIMAÇÃO DAS PARTES. NULIDADE RELATIVA. SÚMULA N. 83/STJ. PREJUÍZO NÃO RECONHECIDO PELO ACÓRDÃO RECORRIDO. REEXAME DAS CONCLUSÕES. IMPOSSIBILIDADE. SÚMULA 7/STJ. AGRAVO INTERNO DESPROVIDO. 1. Nos termos da jurisprudência desta Corte, a falta de intimação para acompanhar a perícia gera nulidade relativa, cabendo à parte a demonstração de eventual prejuízo sofrido, o que não ocorreu no caso dos autos, conforme consignado pelas instâncias ordinárias. Incidência das Súmulas n. 7 e 83 do STJ. 2. Agravo interno desprovido. (AgInt no AREsp 1552999/SC, Rel. Ministro MARCO AURÉLIO BELLIZZE, TERCEIRA TURMA, julgado em 01/06/2020, DJe 04/06/2020)

Art. 475. Tratando-se de perícia complexa que abranja mais de uma área de conhecimento especializado, o juiz poderá nomear mais de um perito, e a parte, indicar mais de um assistente técnico.

Perícia complexa e nomeação de mais de um expert:

✓ ADMINISTRATIVO. PROCESSUAL CIVIL. AMBIENTAL. AGRAVO INTERNO NO RECURSO ESPECIAL. PERÍCIA. DESIGNAÇÃO DE EQUIPE MULTIDISCIPLINAR. FACULDADE DO MAGISTRADO. VIOLAÇÃO DOS ARTS. 489 E 1.022 DO CPC/2015. NÃO OCORRÊNCIA. REEXAME DE MATÉRIA FÁTICA. IMPOSSIBILIDADE. SÚMULA 7/STJ. DISSÍDIO JURISPRUDENCIAL. SÚMULA 284/STF (...) 2. A jurisprudência desta Corte de Justiça é firme no sentido de que a prova tem como destinatário o magistrado, a quem cabe avaliar sua suficiência, necessidade e relevância. Assim, é facultado ao julgador o indeferimento e a não realização de produção probatória que julgar desnecessária para o regular trâmite do processo, sob o pálio da prerrogativa do livre convencimento, seja ela testemunhal, pericial ou documental, cabendo-lhe, apenas, expor fundamentadamente o motivo de sua decisão. 3. Da leitura do art. 475 do CPC/15 infere-se que a nomeação de mais de um perito constitui faculdade do juiz, não sendo possível, no caso concreto, obrigá-lo à designação de equipe multidisciplinar, especialmente quando, segundo seu convencimento, um perito especialista em engenharia ambiental é hábil a analisar os pontos levantados pelas partes (...) (AgInt no REsp 1648745/PR, Rel. Ministro SÉRGIO KUKINA, PRIMEIRA TURMA, julgado em 27/11/2018, DJe 06/12/2018)

Art. 476. Se o perito, por motivo justificado, não puder apresentar o laudo dentro do prazo, o juiz poderá conceder-lhe, por uma vez, prorrogação pela metade do prazo originalmente fixado.

Prazo suplementar para realização da perícia:

✓ AGRAVO DE INSTRUMENTO – Direito autoral – Perícia – Insurgência contra decisão que concedeu prazo suplementar que merece acolhimento – Redução do prazo da perícia (...) Decisão reformada em parte – Recurso parcialmente provido. (TJ-SP 21954834120178260000; SP; 2ª Câmara de Direito Privado; Rel. José Carlos Ferreira Alves; Julg. 06/12/2017; Data de Publicação: 06/12/2017)

Art. 477. O perito protocolará o laudo em juízo, no prazo fixado pelo juiz, pelo menos 20 (vinte) dias antes da audiência de instrução e julgamento.

§ 1º As partes serão intimadas para, querendo, manifestar-se sobre o laudo do perito do juízo no prazo comum de 15 (quinze) dias, podendo o assistente técnico de cada uma das partes, em igual prazo, apresentar seu respectivo parecer.

Possibilidade de contraditório acerca do laudo pericial:

✓ ESTADO DE SANTA CATARINA TRIBUNAL DE JUSTIÇA Apelação Cível n. 0302490-65.2015.8.24.0061 ESTADO DE SANTA CATARINA TRIBUNAL DE JUSTIÇA. Apelação Cível n. 0302490-65.2015.8.24.0061, de São Francisco do Sul. Rel. Desembargador Sérgio Roberto Baasch Luz PREVIDENCIÁRIO. PEDIDO DE CONCESSÃO DE BENEFÍCIO JULGADO IMPROCEDENTE. IRRESIGNAÇÃO DO SEGURADO. LAUDO PERICIAL INAUDÍVEL. AUSÊNCIA DE INTIMAÇÃO DAS PARTES PARA MANIFESTAÇÃO. PREJUÍZO EVIDENCIADO. SENTENÇA ANULADA. RECURSO PROVIDO. "Não tendo se oportunizado ao INSS manifestação sobre o resultado do laudo pericial, mormente por não ter sido aberto prazo para alegações finais, forçosa a anulação da sentença em razão do cerceamento de defesa." (TJ-SC; AC 03024906520158240061 São Francisco do Sul; Segunda Câmara de Direito Público; Rel. Sérgio Roberto Baasch Luz; Julg. 17/10/2017)

✓ AGRAVO INTERNO. RECURSO ESPECIAL. PROCESSUAL CIVIL. IMPUGNAÇÃO AO CUMPRIMENTO DE SENTENÇA. PROVA PERICIAL. CRITÉRIOS ESTABELECIDOS PELO JUÍZO. PRECLUSÃO. INOCORRÊNCIA. ALEGAÇÃO DE OFENSA À COISA JULGADA ANTES DA ELABORAÇÃO DO LAUDO. DESCABIMENTO. 1. "O juiz não está adstrito ao laudo pericial, podendo formar a sua convicção com outros elementos ou fatos provados nos autos" (art. 436 do CPC/1973). 2. Ausência de caráter preclusivo da decisão que encaminha os autos ao perito e estabelece os critérios para a realização da prova pericial, pois o laudo não vincula o juízo, conforme jurisprudência pacífica desta Corte Superior, quanto a esse ponto. 3. Possibilidade de a parte discordante solicitar esclarecimentos ao perito após a elaboração do laudo (cf. art. 477 do CPC/2015), bem como de interpor recurso contra a decisão do juízo que vier a encampar as conclusões do 'expert'. 4. Prematuridade da alegação de ofensa à coisa julgada antes da elaboração do laudo pericial. 5. AGRAVO INTERNO DESPROVIDO. (AgInt no REsp 1557353/RS, Rel. Ministro PAULO DE TARSO SANSEVERINO, TERCEIRA TURMA, julgado em 17/11/2016, DJe 22/11/2016)

§ 2º O perito do juízo tem o dever de, no prazo de 15 (quinze) dias, esclarecer ponto:

I – sobre o qual exista divergência ou dúvida de qualquer das partes, do juiz ou do órgão do Ministério Público;

II – divergente apresentado no parecer do assistente técnico da parte.

Esclarecimento pelo perito de divergência com os trabalhos realizados pelo assistente técnico:

✓ AGRAVO DE INSTRUMENTO. ARRENDAMENTO MERCANTIL. AÇÃO REVISIONAL. LIQUIDAÇÃO DE SENTENÇA. Na forma do disposto no inciso II do § 2º do artigo 477 do CPC, o perito do juízo tem o dever de esclarecer os pontos divergentes apresentados no parecer do assistente técnico da parte, o que não foi observado na origem. Decisão desconstituída. RECURSO PROVIDO. (TJ-RS; Agravo de Instrumento 70074654948, Décima Quarta Câmara Cível; Rel. Judith dos Santos Mottecy; Julg. 31/08/2017).

§ 3º Se ainda houver necessidade de esclarecimentos, a parte requererá ao juiz que mande intimar o perito ou o assistente técnico a comparecer à audiência de instrução e julgamento, formulando, desde logo, as perguntas, sob forma de quesitos.

→ *v.* Arts. 361, I, e 365, do CPC.

Esclarecimento pelo perito em audiência e nulidade:

✓ SERVIDÃO ADMINISTRATIVA – Sentença – Anulação – Cerceamento de defesa – Perícia – Feito julgado logo após, sem enfrentar questões levantadas pela expropriada em sua impugnação ao laudo pericial e sem a realização de audiência, para ouvida do perito judicial, técnicos, testemunhas e possibilitar a apresentação de alegações finais – Matéria que necessita dilação probatória diante da peculiaridade da servidão administrativa – Recurso da demandada provido para anular a sentença. (TJ-SP 00009273820158260390; SP; 11ª Câmara de Direito Público; Rel. Jarbas Gomes; Julg. 03/10/2017; Data de Publicação: 04/10/2017)

✓ AGRAVO INTERNO NO AGRAVO EM RECURSO ESPECIAL. AÇÃO INDENIZATÓRIA. PRESTAÇÃO DE SERVIÇOS. CONTRATO DE EMPREITADA. INDEFERIMENTO DE OITIVA EM AUDIÊNCIA DO PERITO JUDICIAL E DO DEPOIMENTO DOS ENGENHEIROS DA PARTE RÉ. ALEGADO CERCEAMENTO DE DEFESA. ACÓRDÃO RECORRIDO APOIADO NAS PREMISSAS FÁTICAS CONSTANTES DOS AUTOS. IMPOSSIBILIDADE DE SUA REVISÃO NA VIA ESPECIAL. APLICAÇÃO DA SÚMULA N. 7 DO STJ. AGRAVO INTERNO NÃO PROVIDO. 1. O cerceamento de defesa sustentado na ausência de realização de oitiva do perito em audiência, a fim de prestar esclarecimentos, ou de realização de novo laudo pericial, foi afastado pelo juiz – destinatário da prova – com respaldo no acervo fático e probatório dos autos, de forma que a sua revisão, na via especial, é obstada pela Súmula n. 7 desta Corte. 2. Agravo interno não provido. (AgInt no AREsp 997.023/SP, Rel. Ministro LUIS FELIPE SALOMÃO, QUARTA TURMA, julgado em 15/12/2016, DJe 02/02/2017)

§ 4º O perito ou o assistente técnico será intimado por meio eletrônico, com pelo menos 10 (dez) dias de antecedência da audiência.

Art. 478. **Quando o exame tiver por objeto a autenticidade ou a falsidade de documento ou for de natureza médico-legal, o perito será escolhido, de preferência, entre os técnicos dos estabelecimentos oficiais especializados, a cujos diretores o juiz autorizará a remessa dos autos, bem como do material sujeito a exame.**

→ *v.* Arts. 430 a 433, 753 e §§, e 756 e §§, do CPC.

§ 1º Nas hipóteses de gratuidade de justiça, os órgãos e as repartições oficiais deverão cumprir a determinação judicial com preferência, no prazo estabelecido.

→ *v.* Art. 95, §§ 3º a 5º, do CPC.

§ 2º A prorrogação do prazo referido no § 1º pode ser requerida motivadamente.

§ 3º Quando o exame tiver por objeto a autenticidade da letra e da firma, o perito poderá requisitar, para efeito de comparação, documentos existentes em repartições públicas e, na falta destes, poderá requerer ao juiz que a pessoa a quem se atribuir a autoria do documento lance em folha de papel, por cópia ou sob ditado, dizeres diferentes, para fins de comparação.

Laudo pericial grafotécnico e colheita de assinaturas para exame:

✓ EMBARGOS ACOLHIDOS, COM O SOBRESTAMENTO DEFINITIVO DA EXECUÇÃO – CERCEAMENTO DE DEFESA – OCORRÊNCIA – execução aparelhada por nota promissória – questionamento do apelado quanto à legitimidade da assinatura atribuída a si no referido título de crédito – laudo pericial grafotécnico no qual exarou-se conclusão no sentido da falsidade da assinatura atribuída ao apelado na nota promissória – hipótese, contudo, em que o cotejo entre assinaturas se deu entre o mencionado título e a procuração e a declaração de pobreza que acompanharam a inicial dos embargos – documentos que não podem ser admitidos como paradigmas revestidos de presunção de veracidade com força suficiente para possibilitar a elaboração de laudo pericial grafotécnico, com a segurança exigida pelo ordenamento jurídico – coleta de material grafotécnico que tem previsão no parágrafo único do artigo 434 do CPC de 1973 e no § 3º do artigo 478 do CPC de 2015 – expediente que tem por escopo resguardar os postulados do contraditório, da ampla defesa e da paridade de armas, ínsitos à atividade probatória – preliminar acolhida para o fim de ser anulada a sentença, determinada a produção de nova prova pericial – prejudicado o conhecimento das demais questões alinhavadas no apelo – recurso provido, com determinação. (TJ-SP; APL 00277671820118260005; SP; 12ª Câmara de Direito Privado; Rel. Castro Figliolia; Julg. 28/09/2016; Data de Publicação: 28/09/2016)

Art. 479. O juiz apreciará a prova pericial de acordo com o disposto no art. 371, indicando na sentença os motivos que o levaram a considerar ou a deixar de considerar as conclusões do laudo, levando em conta o método utilizado pelo perito.

Apreciação do laudo pericial por parte do juiz:

✓ PROCESSUAL CIVIL. AGRAVO INTERNO NO AGRAVO EM RECURSO ESPECIAL. AÇÃO DE INDENIZAÇÃO. REQUERIMENTO DE NOVA PERÍCIA. PRINCÍPIO DA PERSUASÃO RACIONAL. CERCEAMENTO DE DEFESA. FUNDAMENTOS DA DECISÃO AGRAVADA. IMPUGNAÇÃO. AUSÊNCIA. SÚMULA N. 182/STJ. REEXAME DE CONTEÚDO FÁTICO-PROBATÓRIO. SÚMULA N. 7/STJ. HONORÁRIOS. CPC/1973. CAUSA COM CONDENAÇÃO. AUSÊNCIA DE COMPROVAÇÃO DA DIVERGÊNCIA JURISPRUDENCIAL. DECISÃO MANTIDA. 1. "A jurisprudência desta Corte entende que, 'no sistema da persuasão racional, adotado pela legislação processual civil (artigos 130 e 131, CPC/1973 e 371, CPC/2015), o magistrado é livre para examinar o conjunto fático-probatório produzido nos autos para formar sua convicção, desde que indique de forma fundamentada os elementos de seu convencimento' (AgInt no AgRg no AREsp 717.723/SP, Rel. Ministro Marco Buzzi, Quarta Turma, julgado em 22/03/2018, DJe 02/04/2018). 4. Consoante o STJ, 'não fica o juiz adstrito ao laudo pericial, podendo formar sua convicção com base em outros elementos ou fatos provados nos autos, podendo determinar a realização de nova perícia, quando a matéria não estiver suficientemente esclarecida, nos termos dos arts. 371, 479 e 480, do Código de Processo Civil de 2015' (AgInt no REsp 1.738.774/SP, Rel. Ministra Regina Helena Costa, Primeira Turma, julgado em 07/08/2018, DJe 13/08/2018)" (AgInt no REsp n. 1.736.715/MT, Rel. Ministro MARCO AURÉLIO BELLIZZE, TERCEIRA TURMA, julgado em 25/2/2019, DJe 13/3/2019) (...) 4. No caso concreto, o Tribunal de origem analisou as provas contidas no processo para concluir pela existência de danos. Alterar esse entendimento demandaria reexame do conjunto probatório do feito, vedado em recurso especial (...) (AgInt no AREsp 813.359/MA, Rel. Ministro ANTONIO CARLOS FERREIRA, QUARTA TURMA, julgado em 22/06/2020, DJe 26/06/2020)

✓ PROCESSUAL CIVIL E ADMINISTRATIVO. DANOS MORAIS. REEXAME FÁTICO-PROBATÓRIO. SÚMULA 7 DO STJ. APLICAÇÃO. VALOR DA INDENIZAÇÃO. DISPOSITIVO LEGAL VIOLADO. INDICAÇÃO. AUSÊNCIA (...) 3. Hipótese em que o Tribunal de origem, soberano na análise das circunstâncias fáticas da causa, reconheceu a falha estatal no episódio que ensejou dano físico permanente na autora, por ocasião do seu nascimento. 4. O juiz não está adstrito às conclusões do laudo pericial, uma vez que pode formar suas convicções com base em outros elementos ou fatos existentes nos autos, o que ocorreu na espécie, inexistindo qualquer violação do art. 479 do CPC/2015. (...). (AgInt no AREsp 1397918/SP, Rel. Ministro GURGEL DE FARIA, PRIMEIRA TURMA, julgado em 02/12/2019, DJe 06/12/2019)

Art. 480. O juiz determinará, de ofício ou a requerimento da parte, a realização de nova perícia quando a matéria não estiver suficientemente esclarecida.

→ v. Art. 715, § 2º, do CPC.

Situações para realização de nova perícia:

✓ AGRAVO INTERNO NO AGRAVO EM RECURSO ESPECIAL. PROCESSUAL CIVIL. 1. NEGATIVA DE PRESTAÇÃO JURISDICIONAL. NÃO OCORRÊNCIA. 2. NOVA PERÍCIA E DEDUÇÃO DA TAXA DE ADMINISTRAÇÃO. MATÉRIAS FÁTICAS DECIDIDAS PELO ACÓRDÃO A QUO. SÚMULA 7/STJ. 3. AGRAVO DESPROVIDO. (...) 2. Consoante a jurisprudência desta Corte, "não há regra em nosso ordenamento jurídico que imponha seja realizada a segunda perícia, na hipótese de insuficiência da primeira, tampouco que se faça aquela pelo mesmo profissional que efetivou esta, incumbindo ao julgador, no exercício do livre convencimento motivado, avaliar as circunstâncias concretas" (REsp 1.758.265/PR, Rel. Ministra Nancy Andrighi, Terceira Turma, julgado em 2/4/2019, DJe 4/4/2019). 2.1. O acórdão recorrido asseverou que seria desnecessária uma nova remessa dos autos à perita e que a matéria referente à dedução da taxa de administração não foi discutida na fase de conhecimento, sendo inviável o seu debate após a formação do título executivo judicial. As questões foram decididas mediante análise das provas dos autos. Incidência da Súmula 7/STJ. 3. Agravo interno desprovido. (AgInt no AREsp 1600124/RJ, Rel. Ministro MARCO AURÉLIO BELLIZZE, TERCEIRA TURMA, julgado em 10/08/2020, DJe 17/08/2020)

✓ PROCESSUAL CIVIL. AGRAVO INTERNO NO RECURSO ESPECIAL. CÓDIGO DE PROCESSO CIVIL DE 2015. APLICABILIDADE. OMISSÃO NÃO CONFIGURADA. DANO MORAIS. LAUDO PERICIAL. REVISÃO. IMPOSSIBILIDADE. SÚMULA N. 7/STJ. INCIDÊNCIA. CERCEAMENTO DE DEFESA. INEXISTÊNCIA. PRINCÍPIO DO LIVRE CONVENCIMENTO MOTIVADO. FUNDAMENTAÇÃO DEFICIENTE. SÚMULA 284/STF. INCIDÊNCIA. ARGUMENTOS INSUFICIENTES PARA DESCONSTITUIR A DECISÃO ATACADA. HONORÁRIOS RECURSAIS. NÃO CABIMENTO. APLICAÇÃO DE MULTA. ART. 1.021, § 4º, DO CÓDIGO DE PROCESSO CIVIL DE 2015. DESCABIMENTO. (...)III – In casu, rever o entendimento do Tribunal de origem, no sentido de afastar as conclusões do laudo pericial, demandaria necessário revolvimento de matéria fática, o que é inviável em sede de recurso especial, à luz do óbice contido na Súmula n. 7/STJ. IV – Não fica o juiz adstrito ao laudo pericial, podendo formar sua convicção com base em outros elementos ou fatos provados nos autos, podendo determinar a realização de nova perícia, quando a matéria não estiver suficientemente esclarecida, nos termos dos arts. 371, 479 e 480, do Código de Processo Civil de 2015. (...) IX – Agravo Interno improvido. (AgInt no REsp 1738774/SP, Rel. Ministra REGINA HELENA COSTA, PRIMEIRA TURMA, julgado em 07/08/2018, DJe 13/08/2018)

✓ RECURSO ESPECIAL. AÇÃO DE INDENIZAÇÃO POR DANOS MATERIAIS E COMPENSAÇÃO DO DANO MORAL. AUSÊNCIA DE PREQUESTIONAMENTO. SÚM. 282/STF. FUNDAMENTOS NÃO IMPUGNADOS. SÚM. 283/STF. NEGATIVA DE PRESTAÇÃO JURISDICIONAL. VÍCIOS NÃO DEMONSTRADOS. FUNDAMENTAÇÃO DEFICIENTE. SÚMULA 284/STF. NULIDADE DA SENTENÇA. EXTENSÃO DOS DANOS MATERIAIS. LAUDO PERICIAL INSUFICIENTE. SEGUNDA PERÍCIA.DESNECESSIDADE. LIVRE CONVENCIMENTO MOTIVADO DO JULGADOR. DANO MORAL. SÚM. 07/STJ. JULGAMENTO: CPC/15 (...) 2. O propósito recursal é dizer sobre: (i) a negativa de prestação jurisdicional; (ii) a nulidade da sentença, ante a não realização da segunda perícia; (iii) a configuração do dano moral; (iv) a validade do laudo pericial apresentado (...) 7. Tanto o CPC/73 como o CPC/15 estabelecem que o julgador não está adstrito ao laudo pericial, e, constatando que a matéria não foi suficientemente esclarecida, seja por não ter esgotado o estudo técnico dos fatos a serem provados, seja por falta de precisão, clareza ou certeza quanto a determinado dado relevante, pode determinar a realização de uma segunda perícia, a fim de corrigir eventual omissão ou inexatidão dos resultados a que a primeira conduziu. 8. Não há regra em nosso ordenamento jurídico que imponha seja realizada a segunda perícia, na hipótese de insuficiência da primeira, tampouco que se faça aquela pelo mesmo profissional que efetivou esta, incumbindo ao julgador, no exercício do livre convencimento motivado, avaliar as circunstâncias concretas. 9. Hipótese em que não se evidencia qualquer nulidade na decisão que, diante da insuficiência do resultado da perícia com relação à extensão dos danos materiais, relega, para a fase de liquidação por arbitramento, a apuração do quanto devido pela recorrente aos recorridos, assim resolvendo, desde logo, a crise de adimplemento havida entre as partes. 10. Com relação aos fundamentos que motivaram a conclusão de que o laudo pericial é insuficiente no que toca à extensão dos danos materiais (quantum debeatur), não há como alterar a conclusão à que chegaram as instâncias de origem sem o revolvimento do conjunto fático-probatório (súm. 07/STJ). 11. Alterar a decisão da instância de origem, de que não se trata de mero inadimplemento contratual, estando caracterizada a ofensa à dignidade dos recorridos, esbarraria no óbice da súmula 07/STJ (...) (REsp 1758265/PR, Rel. Ministra NANCY ANDRIGHI, TERCEIRA TURMA, julgado em 02/04/2019, DJe 04/04/2019)

✓ PROCESSUAL CIVIL E PREVIDENCIÁRIO. AGRAVO INTERNO NO AGRAVO EM RECURSO ESPECIAL. ENUNCIADO ADMINISTRATIVO 3/STJ. ACIDENTE DO TRABALHO. BENEFÍCIO POR INCAPACIDADE. CERCEAMENTO DE DEFESA. OBSERVÂNCIA DO PRINCÍPIO DO LIVRE CONVENCIMENTO MOTIVADO DO JUIZ. REQUISITOS DO BENEFÍCIO. SÚMULA 7/STJ. AGRAVO INTERNO NÃO PROVIDO. 1.A questão a ser revisitada gira em torno da verificação da ocorrência de cerceamento de defesa e do reconhecimento de existência de acidente do trabalho e consequente concessão de benefício acidentário. 2. No que toca ao cerceamento de defesa, o Tribunal a quo, amparado na sentença, consignou que o pedido de realização de nova prova pericial foi indeferido, porque o laudo pericial existente nos autos foi considerado claro e objetivo. E, após a análise do conjunto probatório, julgou desnecessária a prova oral. Deveras, é o Juiz o destinatário das provas e afirmando-se convencido, tem a faculdade de indeferir motivadamente a produção de prova. 3. Outrossim, quanto ao reconhecimento dos requisitos para concessão de benefício por incapacidade em decorrência do acidente do trabalho, o Tribunal a quo foi firme ao asseverar que, no caso, não ficou comprovada a incapacidade ou redução da capacidade de trabalho, ainda que temporária. No contexto traçado pelo Tribunal a quo, o agravante, após ter sofrido o acidente do trabalho, sofreu lesões que não se consolidaram e por isso não geraram incapacidade laborativa. A pretensão aqui encontra mesmo óbice na Súmula 7/STJ e, por conseguinte, a análise do dissídio jurisprudencial fica prejudicada. 4. Agravo interno não provido. (AgInt no AREsp 1070518/ES, Rel. Ministro MAURO CAMPBELL MARQUES, SEGUNDA TURMA, julgado em 19/09/2017, DJe 25/09/2017)

§ 1º A segunda perícia tem por objeto os mesmos fatos sobre os quais recaiu a primeira e destina-se a corrigir eventual omissão ou inexatidão dos resultados a que esta conduziu.

§ 2º A segunda perícia rege-se pelas disposições estabelecidas para a primeira.

§ 3º A segunda perícia não substitui a primeira, cabendo ao juiz apreciar o valor de uma e de outra.

Seção XI
Da Inspeção Judicial

Art. 481. O juiz, de ofício ou a requerimento da parte, pode, em qualquer fase do processo, inspecionar pessoas ou coisas, a fim de se esclarecer sobre fato que interesse à decisão da causa.

→ *v.* Art. 35, parágrafo único, da Lei 9.099/1995.

Inspeção judicial e Súmula 7/STJ:

✓ ADMINISTRATIVO E PROCESSUAL CIVIL. CONSTRUÇÃO ÀS MARGENS DE FERROVIA. ÁREA NON EDIFICANDI. ARGUMENTOS CONSTITUCIONAIS. SÚMU-

LAS 7/STJ E 282/STF. PRECEDENTES. 1. Trata-se, na origem, de Ação de Nunciação de Obra Nova proposta pela Companhia Brasileira de Trens Urbanos – CBTU contra construtoras que realizavam terraplanagem em trecho de linha férrea que liga os municípios de Extremoz a Massangana, com o objetivo de dar acesso a loteamento privado(...) 4. A parte recorrente argumenta a nulidade da sentença por não ter sido aberta a fase instrutória após a realização da inspeção judicial, proferindo o juízo monocrático a decisão na mesma assentada. Ao juízo, de acordo com cada caso concreto, cabe avaliar quais provas devem ou não ser produzidas para a solução da lide, de acordo com os fatos apresentados pelas partes e seu livre convencimento. 5. É inviável analisar a tese defendida no Recurso Especial quanto à necessidade ou não da produção das provas requeridas pela parte recorrente, pois inarredável a revisão do conjunto probatório dos autos para afastar as premissas fáticas estabelecidas pelo acórdão recorrido. Aplica-se, portanto, o óbice da Súmula 7/STJ. (...) (REsp 1748699/RN, Rel. Ministro HERMAN BENJAMIN, SEGUNDA TURMA, julgado em 16/08/2018, DJe 13/11/2018)

Art. 482. Ao realizar a inspeção, o juiz poderá ser assistido por um ou mais peritos.

Art. 483. O juiz irá ao local onde se encontre a pessoa ou a coisa quando:

I – julgar necessário para a melhor verificação ou interpretação dos fatos que deva observar;

II – a coisa não puder ser apresentada em juízo sem consideráveis despesas ou graves dificuldades;

III – determinar a reconstituição dos fatos.

Parágrafo único. As partes têm sempre direito a assistir à inspeção, prestando esclarecimentos e fazendo observações que considerem de interesse para a causa.

Direito das partes acompanharem a inspeção judicial:

✓ RECURSO ORDINÁRIO DO RÉU. CERCEAMENTO DE DEFESA. CONFIGURAÇÃO. Nos termos do art. 483, p. único do CPC, as partes têm o direito de acompanhar a inspeção judicial, devendo ainda ser intimadas para se manifestarem acerca do laudo após sua juntada aos autos. A ausência de intimação para acompanhar a diligência e para manifestação viola os princípios da ampla defesa, contraditório e não surpresa, configurando cerceamento de defesa. (TRT 17ª R., RO 0129300-79.2010.5.17.0191; Rel. Desembargador José Carlos Rizk; DEJT 29/05/2017).

Art. 484. Concluída a diligência, o juiz mandará lavrar auto circunstanciado, mencionando nele tudo quanto for útil ao julgamento da causa.

Inspeção judicial que deve resultar em auto circunstanciado:

✓ AGRAVO DE INSTRUMENTO. MEDIDA CAUTELAR. INSPEÇÃO JUDICIAL REALIZADA POR MAGISTRADO SUBSTITUTO. PRINCÍPIO DA IDENTIDADE FÍSICA DO JUIZ AFASTADO PELO CPC. APRECIAÇÃO DO RECURSO POR JUIZ DIVERSO. POSSIBILIDADE. LAVRATURA DO AUTO CIRCUNSTANCIADO. UTILIDADE PARA O JULGAMENTO DA CAUSA. PARCIAL PROVIMENTO DO RECURSO. 1. Trata-se de agravo de instrumento em face da decisão singular que deixou de reconhecer a prevenção do magistrado que supostamente realizou inspeção judicial nos autos da ação cautelar. (...) 3. Reconhecido por ambas as partes o comparecimento do magistrado no local para inspeção, deve o mesmo, concluída a diligência, lavrar auto circunstanciado, mencionando nele tudo quanto for útil ao julgamento da causa. 5. Recurso parcialmente provido. (TJ-RJ; AI 00066751820168190000 Rio de Janeiro; 42ª Vara Cível, Décima Sétima Câmara Cível; Rel. Elton Martinez Carvalho Leme; Julg. 18/05/2016; Data de Publicação: 20/05/2016)

Parágrafo único. O auto poderá ser instruído com desenho, gráfico ou fotografia.

Capítulo XIII
DA SENTENÇA E DA COISA JULGADA

Seção I
Disposições Gerais

Art. 485. O juiz não resolverá o mérito quando:

→ *V.* Enunciado 5 do CJF: Ao proferir decisão parcial de mérito ou decisão parcial fundada no art. 485 do CPC, condenar-se-á proporcionalmente o vencido a pagar honorários ao advogado do vencedor, nos termos do art. 85 do CPC.

I – indeferir a petição inicial;

→ *V.* Art. 330 do CPC.

Extinção sem resolução de mérito pelo indeferimento da inicial:

✓ PROCESSUAL CIVIL. AÇÃO RESCISÓRIA. AUSÊNCIA DE INDICAÇÃO PRECISA DOS DISPOSITIVOS LEGAIS VIOLADOS PELA DECISÃO RESCINDENDA. ERRO DE FATO NO JULGAMENTO NÃO INDIVIDUALIZADO. INÉPCIA DA PETIÇÃO INICIAL. DECISÃO RESCINDENDA QUE INDEFERIU LIMINARMENTE MANDADO DE SEGURANÇA POR ILEGITIMIDADE PASSIVA E POR IMPOSSIBILIDADE DE INSTRUÇÃO. AUSÊNCIA DE EXAME DO MÉRITO DA CONTROVÉRSIA. INADEQUAÇÃO DA AÇÃO RESCISÓRIA. AÇÃO RESCISÓRIA NÃO PROVIDA. 1. De acordo com a jurisprudência do STJ, não é possível declarar a inépcia da petição inicial quando a narração dos fatos denota razoável compreensão da causa de pedir e do pedido. 2. Contudo, a narração dos fatos não conduz à ocorrência dos vícios rescisórios porque não indica – precisamente – como os dispositivos legais indicados foram violados e nem como a decisão rescindenda foi consubstanciada em erro de fato. Tendo em vista a inépcia da ação rescisória, impõe-se a sua extinção sem resolução de mérito. Nesse sentido: (AgRg na AR 5.604/MS, Rel. Ministro MOURA RIBEIRO, SEGUNDA SEÇÃO, julgado em 09/09/2015, DJe 16/09/2015). 3. Ademais, a decisão monocrática do Min. Benedito Gonçalves indeferiu liminarmente a petição de Mandado de Segurança tanto pela impossibilidade de atividade instrutória quanto pela ilegitimidade da autoridade coatora. Em outras, palavras, a decisão rescindenda não realizou nenhum exame do mérito da demanda apresentada no mandado de segurança. Logo, a presente ação rescisória deve ser considerada inadmissível. (...) 4. Ação rescisória improcedente. (AR 6.008/RJ, Rel. Ministro MAURO CAMPBELL MARQUES, PRIMEIRA SEÇÃO, julgado em 10/10/2018, DJe 12/11/2018)

✓ AGRAVO INTERNO NO RECURSO ESPECIAL. AÇÃO MONITÓRIA. EMBARGOS À EXECUÇÃO. INADEQUAÇÃO DA VIA ELEITA. PRINCÍPIO DA FUNGIBILIDADE. INAPLI-

CABILIDADE. INEXISTÊNCIA DE DÚVIDA OBJETIVA SOBRE O MEIO PROCESSUAL PERTINENTE. ART. 702 DO CPC/2015. PREVISÃO DE APRESENTAÇÃO DE EMBARGOS NOS PRÓPRIOS AUTOS. MANUTENÇÃO DO JULGADO QUE DETERMINOU O RESTABELECIMENTO DA SENTENÇA. AGRAVO INTERNO IMPROVIDO. 1. De acordo com a jurisprudência do STJ, o princípio da fungibilidade não pode ser aplicado quando houver expressa previsão legal de determinado meio processual, o que afasta a dúvida objetiva e impõe o reconhecimento de erro grosseiro pela utilização de outro meio. 2. Tendo o acórdão recorrido adotado entendimento contrário à jurisprudência deste Tribunal Superior (assentada na inaplicabilidade do princípio da fungibilidade ante a inexistência de dúvida objetiva sobre o meio processual pertinente, no caso havia previsão expressa de apresentação dos embargos nos próprios autos), foi justificada a reforma do julgado, com o restabelecimento da sentença que indeferiu a petição inicial e julgou extinto o processo sem resolução de mérito nos termos do art. 485, I, do CPC/2015, compreensão que permanece incólume. 3. Agravo interno improvido. (AgInt no REsp 1804717/DF, Rel. Ministro MARCO AURÉLIO BELLIZZE, TERCEIRA TURMA, julgado em 30/09/2019, DJe 03/10/2019)

Necessidade de determinar a emenda antes do indeferimento da inicial:

✓ AGRAVO INTERNO NO RECURSO ESPECIAL. PROCESSUAL CIVIL. SUMULAS 5 E 7 DO STJ. NÃO INCIDÊNCIA. EXECUÇÃO. AUSÊNCIA DE DEMONSTRATIVO DE DÉBITO. POSSIBILIDADE DE EMENDA À INICIAL PARA ACRESCENTAR A PLANILHA. INTIMAÇÃO. NECESSIDADE. 1. As conclusões a que se chegou na decisão recorrida não desbordaram do arcabouço fático-probatório delineado pela Corte de origem, motivo pelo qual não há que se falar em incidência dos enunciados das Súmulas 5 e 7 do STJ. 2. Uma vez afastada a tese perfilhada pela Corte de origem, compete ao Superior Tribunal de Justiça avançar no julgamento da causa, aplicando o direito à espécie, na forma a do art. 1.034, caput, do Código de Processo Civil, da Súmula n. 456 do STF e do art. 255, § 5º, do RISTJ, incluído pela Emenda Regimental n. 24 de 2016. 3. Esta Corte Superior perfilha o entendimento, em atenção aos princípios da instrumentalidade das formas, da celeridade, da economia e efetividade processuais, de que "encontrando-se a execução instruída com título executivo hábil, a falta da adequada demonstração da evolução da dívida ou a ausência do simples cálculo aritmético, não acarreta, por si só, a extinção automática do processo, devendo o magistrado oportunizar a emenda a inicial para correção do vício (art. 616, do CPC)" (AgRg no AgRg no REsp 987.311/MS, Rel. Ministro Luis Felipe Salomão, Quarta Turma, julgado em 12/04/2012, DJe de 19/04/2012). 4. Agravo interno não provido. (AgInt no REsp 1849649/MG, Rel. Ministro LUIS FELIPE SALOMÃO, QUARTA TURMA, julgado em 13/10/2020, DJe 16/10/2020)

✓ PROCESSUAL CIVIL. ADMINISTRATIVO. AGRAVO INTERNO NO RECURSO ESPECIAL. FGTS. UNIÃO. LEGITIMIDADE PASSIVA. EMENDA DA INICIAL. AGRAVO DE INSTRUMENTO. EFEITO SUSPENSIVO NEGADO. SUPERVENIÊNCIA DE SENTENÇA EXTINTIVA. PREJUDICIALIDADE. DESCUMPRIMENTO DE DETERMINAÇÃO JUDICIAL. INTIMAÇÃO PESSOAL. DESNECESSIDADE. CAUSA MADURA. PREQUESTIONAMENTO. AUSÊNCIA. IMPUGNAÇÃO ESPECÍFICA. SÚMULA 182/STJ. 1. Hipótese em que a decisão determinando a emenda da inicial para incluir a União no feito foi atacada por agravo de instrumento, que não recebeu efeito suspensivo. Descumprida a determinação judicial, houve sentença extintiva, considerada prejudicial pelo Relator do agravo, em decisão que não foi impugnada. Pretensão recursal de discussão da matéria na apelação. 2. O acórdão recorrido, da apelação, não discutiu a ilegitimidade passiva da União por entendê-la preclusa, ante o não manejo da insurgência contra o decidido no agravo de instrumento. Incidência da Súmula 356/STF ("O ponto omisso da decisão, sobre o qual não foram opostos embargos declaratórios, não pode ser objeto de recurso extraordinário, por faltar o requisito do prequestionamento"). Idêntica conclusão aplica-se quanto ao instituto da causa madura. 3. Conforme precedentes, o descumprimento de determinação de emenda da inicial não exige intimação pessoal da parte autora para extinção do feito, não se confundido com hipóteses de abandono da causa, regularização de representação ou negligência do patrono. 4. A insurgência da agravante com base em argumentos já afastados na decisão singular ou sem enfrentar suas razões de decidir expressas atrai a incidência da Súmula 182/STJ ("É inviável o agravo do art. 545 do CPC que deixa de atacar especificamente os fundamentos da decisão agravada"). 4. Agravo interno conhecido em parte e, nessa extensão, não provido. (AgInt no REsp 1210619/RJ, Rel. Ministro OG FERNANDES, SEGUNDA TURMA, julgado em 31/08/2020, DJe 24/09/2020)

II – o processo ficar parado durante mais de 1 (um) ano por negligência das partes;

Extinção pelo abandono do processo pelas partes:

✓ INTIMAÇÃO POR EDITAL. NECESSIDADE. AGRAVO PROVIDO. 1. Para a extinção do processo por abandono da causa, é necessário o requerimento do réu (Súmula 240/STJ) e a intimação pessoal do autor, sendo dispensável a intimação de seu advogado. 2. Se a intimação pessoal do autor for frustrada por falta de endereço correto, deve-se proceder à intimação por edital. Somente após, se o autor permanecer silente, é que poderá ser extinto o processo sem resolução do mérito, por abandono de causa. 3. A ratio do legislador em determinar a intimação pessoal do autor parece estar atrelada ao fato de o abandono da causa, muitas vezes, decorrer de deficiente atuação de seu advogado, que, em descompasso com os interesses da parte e sem que esta saiba, deixa de promover atos processuais, embora seja quem possua a capacidade postulatória, inclusive a referente ao dever de atualização nos autos do endereço, na forma exigida pela legislação processual (arts. 106 e 274 do CPC de 2015; arts. 39 e 238 do CPC de 1973). 4. Devem, por isso, ser esgotados os meios legais para a comunicação do autor (e não do advogado) para que manifeste interesse ou não no prosseguimento da demanda, sendo o silêncio entendido como ausência deste. 5. Agravo interno provido para, alterando a fundamentação do julgado, negar provimento ao recurso especial. (AgInt nos EDcl no REsp 1703824/PR, Rel. Ministro RAUL ARAÚJO, QUARTA TURMA, julgado em 13/08/2019, DJe 27/08/2019)

III – por não promover os atos e as diligências que lhe incumbir, o autor abandonar a causa por mais de 30 (trinta) dias;

→ v. Súmula 631 do STF.

→ v. Súmula 240 do STJ.

Extinção por abandono após intimação:

✓ AGRAVO INTERNO NO RECURSO ESPECIAL. PROCESSUAL CIVIL. EXTINÇÃO DO PROCESSO SEM JULGAMENTO DE MÉRITO. ABANDONO DA CAUSA. INTIMAÇÃO PESSOAL DA PARTE. ACÓRDÃO EM SINTONIA COM A JURISPRUDÊNCIA DO STJ. SÚMULA 83/STJ. RECURSO NÃO PROVIDO. 1. O acórdão recorrido decidiu em sintonia com a jurisprudência do STJ de que houve a intimação pessoal do autor para dar prosseguimento ao feito, sendo que somente depois foi declarada a extinção do feito sem resolução do mérito. 2. Agravo interno a que se nega provimento. (AgInt no REsp 1785243/RO, Rel. Ministro RAUL ARAÚJO, QUARTA TURMA, julgado em 23/04/2019, DJe 23/05/2019)

(des)necessidade de requerimento do réu para extinção por abandono do autor:

✓ PROCESSUAL CIVIL. AGRAVO INTERNO NO RECURSO ESPECIAL. AÇÃO MONITÓRIA. CONTRATO PARA DESCONTO DE TÍTULOS. EXTINÇÃO DO PROCESSO. ABANDONO DA CAUSA. NECESSIDADE DE REQUERIMENTO DO RÉU. 1. Ação monitória fundada em contrato para desconto de títulos. 2. A extinção do processo, por abandono da causa pelo autor, depende de requerimento do réu, somente podendo ser dispensada tal exigência, com admissão da extinção do processo de ofício pelo juiz, quando ainda não angularizada a relação jurídico-processual pela citação. Precedentes. 3. Agravo interno no recurso especial não provido. (AgInt no REsp 1821665/SP, Rel. Ministra NANCY ANDRIGHI, TERCEIRA TURMA, julgado em 25/05/2020, DJe 28/05/2020)

✓ AGRAVO INTERNO NO AGRAVO EM RECURSO ESPECIAL. SÚMULA 182/STJ. NÃO INCIDÊNCIA. RECONSIDERAÇÃO DA DECISÃO AGRAVADA. EXECUÇÃO DE TÍTULO EXTRAJUDICIAL. REVELIA. CITAÇÃO POR EDITAL. EMBARGOS DO DEVEDOR APRESENTADOS POR CURADOR ESPECIAL. EXTINÇÃO DA EXECUÇÃO POR ABANDONO DA CAUSA PELO AUTOR. REQUERIMENTO DO RÉU. DESNECESSIDADE NO CASO. AGRAVO INTERNO PROVIDO. RECURSO ESPECIAL NÃO PROVIDO. 1. "A extinção prevista no artigo 485, inciso III, do CPC, ante o abandono da causa, tem aplicação subsidiária ao processo de execução (art. 771, parágrafo único, do CPC)" (AgInt no AREsp 1.427.832/SP, Rel. Ministro MARCO BUZZI, QUARTA TURMA, julgado em 24/06/2019, DJe de 1º/07/2019). 2. "A extinção do processo por abandono da causa pelo autor, necessita de requerimento do réu apenas nos casos em que o réu passou a integrar a lide, justificando, assim, sua manifestação acerca da extinção" (AgInt no AREsp 989.329/RJ, Rel. Ministro LUIS FELIPE SALOMÃO, QUARTA TURMA, julgado em 21/02/2017, DJe de 24/02/2017). 3. Inaplicabilidade da Súmula 240/STJ ao caso, por se tratar de réu revel, citado por edital e defendido pela Defensoria Pública, na condição de curadora especial, que também não se opôs à extinção da demanda. 4. Agravo interno provido para reconsiderar a decisão agravada e, em novo julgamento, conhecer do agravo para negar provimento ao recurso especial. (AgInt no AREsp 1534585/RJ, Rel. Ministro RAUL ARAÚJO, QUARTA TURMA, julgado em 10/03/2020, DJe 01/04/2020)

IV – verificar a ausência de pressupostos de constituição e de desenvolvimento válido e regular do processo;

Extinção do processo pela ausência de pressuposto processual:

✓ AGRAVO INTERNO NO AGRAVO EM RECURSO ESPECIAL. AÇÃO MONITÓRIA. INÉRCIA DA PARTE PARA PROMOVER A CITAÇÃO. EXTINÇÃO DO FEITO SEM RESOLUÇÃO DO MÉRITO. DESNECESSIDADE DE INTIMAÇÃO PESSOAL. ART. 485, IV, DO CPC/2015. AGRAVO INTERNO NÃO PROVIDO. 1. A jurisprudência desta Corte possui entendimento no sentido de ser desnecessária a intimação pessoal da parte autora para extinção do feito sem resolução do mérito, com amparo no art. 485, IV, do CPC/2015. 2. A intimação pessoal da parte é exigida nos casos de extinção do feito por abandono (art. 485, §1º do CPC/2015). Hipótese diversa da dos autos, em que a parte autora não procedeu as medidas necessárias para a citação, não obstante ter sido intimada para tanto. 3. Agravo interno não provido. (AgInt no AREsp 1480641/SP, Rel. Ministro LUIS FELIPE SALOMÃO, QUARTA TURMA, julgado em 20/08/2019, DJe 23/08/2019)

✓ MANDADO DE SEGURANÇA. PROCESSUAL CIVIL. ATO DE OUTRO TRIBUNAL. SÚMULA 41/STJ. INCOMPETÊNCIA DO STJ. IMPETRAÇÃO CONTRA DECISÃO JUDICIAL DA QUAL CABE RECURSO COM EFEITO SUSPENSIVO. DESCABIMENTO. ART. 5º, II, DA LEI 12.016/2009. SÚMULA 267/STF. AUSÊNCIA DE INDICAÇÃO DO POLO PASSIVO DA AÇÃO. INÉPCIA. FALTA DE PRESSUPOSTO DE CONSTITUIÇÃO E DESENVOLVIMENTO VÁLIDO E REGULAR DO PROCESSO. INDEFERIMENTO DA INICIAL. ARTS. 10 DA LEI 12.016/2009 E 485, IV, DO CPC/2015. EXTINÇÃO SEM RESOLUÇÃO DO MÉRITO. 1. Trata-se de Mandado de Segurança, com pedido de liminar, impetrado para atribuir efeito suspensivo a Medida Cautelar incidental e Apelação apresentadas ao Tribunal Regional Federal da 1ª Região. (...) 3. O art. 485, IV, do CPC/2015 estabelece que o juiz não resolverá o mérito quando verificar a ausência de pressupostos de constituição e desenvolvimento válido e regular do processo. 4. A impetrante ajuizou o Writ diretamente no STJ contra ato de relator de Apelação interposta no TRF da 1ª Região. Esbarra na Súmula 41/STJ: "O Superior Tribunal de Justiça não tem competência para processar e julgar, originariamente, mandado de segurança contra ato de outros tribunais ou dos respectivos órgãos". 5. Não bastasse isso, a ordem impetrada se dirige contra ato jurisdicional passível de recurso sujeito a efeito suspensivo. A decisão na cautelar incidental desafiava Agravo de Instrumento. Nesse caso, aplica-se a vedação contida no art. 5º, II, da Lei 12.016/2009, segundo a qual não se concederá Mandado de Segurança "de decisão judicial da qual caiba recurso com efeito suspensivo". A mesma restrição se extrai da Súmula 267/STF: "não cabe mandado de segurança contra ato judicial passível de recurso ou correição". 6. Por fim, não consta da petição inicial do mandamus a indicação da autoridade apontada como coatora, restringido-se a impetrante a narrar o objetivo da impetração. Além de manifestamente inepta, por falta de polo passivo, carece de pressuposto de constituição e desenvolvimento válido e regular do processo, devendo a inicial desde logo ser indeferida, com fulcro no art. 10 da Lei 12.016/2009 c/c art. 485, IV, do CPC/2015. 7. Mandado de Segurança extinto, sem resolução do mérito. (MS 23.850/MG, Rel. Ministro HERMAN BENJAMIN, PRIMEIRA SEÇÃO, julgado em 13/12/2017, DJe 20/11/2018)

V – reconhecer a existência de perempção, de litispendência ou de coisa julgada;

→ v. Art. 5º, XXXVI, da CF/1988.

→ v. Art. 337, §§ 1º a 4º, do CPC.

Extinção do processo pela repetição de processo pendente de julgamento (litispendência):

✓ PROCESSUAL CIVIL. AGRAVO INTERNO NO MANDADO DE SEGURANÇA. LITISPENDÊNCIA RECONHECIDA. DECISÃO MONOCRÁTICA MANTIDA. 1. Litispendência reconhecida entre ação de execução de título extrajudicial e mandado de segurança que possuem a mesma causa de pedir e o mesmo pedido: percepção dos valores contidos em portaria de anistia. 2. A litispendência é aferida tão somente pela identidade de partes, pedido e causa de pedir. Daí ser impertinente a alegação de que as medidas empregadas são diversas, pois o meio eleito é irrelevante para caracterizar a duplicidade de demandas. 3. Quanto ao alegado pedido de desistência da ação de cobrança, somente anunciado tardiamente, para além de desacompanhado de documentos (e a via mandamental não se afeiçoa à dilação probatória), não afeta o fundamento da decisão agravada, pois é certo que, por ocasião do julgamento monocrático, já estava configurada a litispendência. 4. Agravo interno não provido. (AgInt no MS 23.546/DF, Rel. Ministro SÉRGIO KUKINA, PRIMEIRA SEÇÃO, julgado em 14/08/2019, DJe 19/08/2019)

✓ PROCESSUAL CIVIL. AGRAVO INTERNO NO RECURSO ESPECIAL. EMBARGOS À EXECUÇÃO FISCAL. MANDADO DE SEGURANÇA. LITISPENDÊNCIA. EXTINÇÃO DO PROCESSO. VIOLAÇÃO DO ART. 1.022 DO CPC/2015. INEXISTÊNCIA. ACÓRDÃO EM CONFORMIDADE COM PACÍFICO ENTENDIMENTO JURISPRUDENCIAL. (...) 2. A litispendência é hipótese de extinção, e não de suspensão do processo. Precedentes. 3. No caso dos autos, o recurso não foi conhecido porque o acórdão recorrido está em conformidade com pacífico entendimento jurisprudencial, tendo em vista o TRF da 4ª Região extinguir o processo de embargos à execução fiscal, após o reconhecimento de litispendência com mandado de segurança impetrado anteriormente. 4. Agravo interno não provido. (AgInt no REsp 1640855/RS, Rel. Ministro BENEDITO GONÇALVES, PRIMEIRA TURMA, julgado em 01/06/2020, DJe 04/06/2020)

✓ PROCESSUAL CIVIL. ADMINISTRATIVO. AGRAVO INTERNO NO MANDADO DE SEGURANÇA. DESISTÊNCIA DE AÇÕES ANTERIORES. HOMOLOGAÇÃO JUDICIAL POSTERIOR À IMPETRAÇÃO DO PRESENTE MANDADO DE SEGURANÇA. EFEITOS. LITISPENDÊNCIA RECONHECIDA. DECISÃO MONOCRÁTICA MANTIDA. 1. O Superior Tribunal de Justiça já decidiu que "diversamente de outras declarações unilaterais expendidas pelas partes no curso do processo, o pedido de desistência da ação somente produz efeitos a partir da correlata homologação judicial, nos termos do parágrafo único do artigo 158 do Código de Processo Civil" (AgRg no REsp 1.401.725/MS, Rel. Ministro MARCO AURÉLIO BELLIZZE, TERCEIRA TURMA, julgado em 04/08/2015, DJe 17/08/2015). 2. Corroborando o referido entendimento, o art. 200, parágrafo único, do Código de Processo Civil vigente expressamente estabelece a necessidade da homologação judicial para que o pedido de desistência produza seus efeitos. 3. Impetrado o presente mandado de segurança em 23/01/2017, data anterior à homologação do pedido de desistência da ação anterior, em 21/03/2017, configurada está a litispendência, fazendo incidir sobre a espécie a vedação contida no art. 485, inciso V, do CPC: "O juiz não resolverá o mérito quando [...] reconhecer a existência de perempção, de litispendência ou de coisa julgada". 4. Agravo interno a que se nega provimento. (AgInt no MS 23.170/DF, Rel. Ministro SÉRGIO KUKINA, PRIMEIRA SEÇÃO, julgado em 22/02/2018, DJe 02/03/2018)

Extinção do processo pela existência de coisa julgada:

✓ PROCESSUAL CIVIL. MANDADO DE SEGURANÇA. ANISTIA. REPARAÇÃO ECONÔMICA. COISA JULGADA. RECONHECIMENTO. 1. Consoante o entendimento desta Corte, há a caracterização da coisa julgada quando proposta ação anterior, com decisão já transitada em julgado, com a identidade de partes, de causa de pedir e de pedido. 2. Hipótese em que o impetrante ajuizou ação ordinária perante a Justiça Federal da Seção Judiciária do Rio de Janeiro com o objetivo idêntico ao do presente mandamus: o pagamento integral da reparação econômica. 3. Agravo interno desprovido. (AgInt nos EDcl no MS 23.067/DF, Rel. Ministro GURGEL DE FARIA, PRIMEIRA SEÇÃO, julgado em 23/10/2019, DJe 19/11/2019)

✓ CONCURSO PÚBLICO. RESERVA DE VAGAS PARA COTISTAS. IMPETRAÇÃO DE ANTERIOR MANDADO DE SEGURANÇA. IDENTIDADE DE PARTES, PEDIDO E CAUSA DE PEDIR. COISA JULGADA OPERADA. DESISTÊNCIA APÓS EXPIRAR PRAZO DE VALIDADE DO CERTAME. AUSÊNCIA DE DIREITO LÍQUIDO E CERTO. I – Na origem, trata-se de mandado de segurança impetrado por Estevão Santos de Oliveira com o intuito de ver resguardado o direito à nomeação, pelas vagas destinadas aos candidatos negros e pardos, decorrente de aprovação em concurso público da Secretaria de Saúde do Estado do Rio Grande do Sul. II – Verificando-se a impetração de anterior mandado de segurança com identidade de partes, pedido e causa de pedir, a qual foi julgada improcedente, é de rigor a extinção sem julgamento de mérito do presente mandamus, ante a existência de coisa julgada . III – O entendimento desta Corte é no sentido de que a desistência de candidato aprovado deve se dar no período de validade ou prorrogação do concurso, a fim de demonstrar o direito à nomeação do classificado subsequente. IV – Recurso ordinário improvido. (RMS 59.655/RS, Rel. Ministro FRANCISCO FALCÃO, SEGUNDA TURMA, julgado em 21/03/2019, DJe 27/03/2019)

Não reconhecimento da litispendência ou coisa julgada pela ausência da tríplice identidade:

✓ AGRAVO INTERNO NO MANDADO DE SEGURANÇA. PROCESSUAL CIVIL. NOVO CÓDIGO DE PROCESSO CIVIL. LITISPENDÊNCIA. TRÍPLICE IDENTIDADE NÃO CONFIGURADA. AGRAVO PROVIDO PARA AFASTAR A EXTINÇÃO DO FEITO. 1. O Novo Código de Processo Civil filiou-se à corrente tradicional, processual, que exige, para que duas ações sejam consideradas idênticas, a chamada tríplice identidade (causa de pedir, pedido e partes), a tria eadem. 2. Do exame do caso concreto, nota-se que, no primeiro Mandado de Segurança, a parte fundou-se na alegação de prescrição, a qual foi afastada pelo eminente Relator. Na segunda ação, no entanto, sustentou-se a desproporcionalidade entre a infração e a sanção, bem como a má composição da comissão processante. 3. Diante da adoção de dois fundamentos absolutamente independentes, não se entende configurada a litispendência. 4. Agravo Interno do particular provido. (AgInt no MS 22.573; DF; Primeira Seção; Rel. Min. Humberto Martins, Rel. p/ Acórdão Min. Napoleão Nunes Maia Filho; Julg. 24/08/2016; DJe 02/02/2017)

✓ PROCESSUAL CIVIL. AGRAVO INTERNO NO AGRAVO INTERNO NO AGRAVO EM RECURSO ESPECIAL. ALIENAÇÃO FIDUCIÁRIA. EXTINÇÃO DA EXECUÇÃO EXTRAJUDICIAL. TEORIA DO ADIMPLEMENTO SUBSTANCIAL. NULIDADE DO LEILÃO EXTRAJUDICIAL. PREÇO VIL. AUSÊNCIA DE INTIMAÇÃO DO DEVEDOR. LITISPENDÊNCIA. INEXISTÊNCIA. PEDIDO E CAUSA DE PEDIR DISTINTOS. SÚMULA N. 83/STJ. DECISÃO MANTIDA. 1. "Somente se verifica a litispendência nas hipóteses em que haja a tríplice identidade entre as ações, vale dizer, mesmas partes, causa de pedir e pedido" (REsp 302.142/MG, Rel. Ministro RAUL ARAÚJO, QUARTA TURMA, julgado em 11/10/2011, DJe 22/11/2011). 2. No caso, há apenas identidade de partes, tendo em vista que, enquanto nos presentes autos busca-se extinguir a execução extrajudicial pela aplicação da teoria do adimplemento substancial do contrato de alienação fiduciária, na outra ação o pedido é de declaração de nulidade de leilão extrajudicial, em razão do preço vil da arrematação e da ausência de intimação do devedor. 3. Agravo interno a que se nega provimento. (AgInt no AgInt no AREsp 665.909/DF, Rel. Ministro ANTONIO CARLOS FERREIRA, QUARTA TURMA, julgado em 10/09/2019, DJe 17/09/2019)

VI – verificar ausência de legitimidade ou de interesse processual;

➔ v. Arts. 17 e 18 do CPC.

Extinção do processo por falta de legitimidade:

✓ PROCESSUAL CIVIL. RECURSO ORDINÁRIO EM MANDADO DE SEGURANÇA. REDUÇÃO DA BASE DE CÁLCULO DO ICMS. SECRETÁRIO DA FAZENDA APONTADO COMO AUTORIDADE COATORA. ILEGITIMIDADE. EXTINÇÃO DO PROCESSO, SEM RESOLUÇÃO DO MÉRITO. 1. O Superior Tribunal de Justiça tem se pronunciado no sentido de que o Secretário de Fazenda de Estado não é parte legítima para figurar como autoridade coatora em mandados de segurança em que se discute a exigibilidade de tributos, não havendo falar, de outro lado, na possibilidade de encampação nem em eventual poder hierárquico sobre seus subordinados, uma vez que sua presença indevida no mandamus altera a competência para o julgamento da ação mandamental. 2. Na hipótese dos autos, porque a autoridade indicada pelo impetrante não detém poderes para alterar as normas impugnadas, por força do art. 6º, §§ 3º e 5º, da Lei n. 12.016/2009, c/c com os arts. 330 e 485, VI e § 3º, do CPC/2015, o mandado de segurança deve ser denegado, com a extinção do processo, sem resolução do mérito. 3. Mandado de segurança denegado. Recurso ordinário prejudicado. (RMS 43.239/GO; Primeira Turma; Rel. Gurgel de Faria; Julg. 26/04/2016; DJe 11/05/2016)

✓ APELAÇÃO CÍVEL. AÇÃO DE COBRANÇA DE ALUGUÉIS. SENTENÇA DE PARCIAL PROCEDÊNCIA. RECURSO DA RÉ. PRELIMINAR DE ILEGITIMIDADE PASSIVA. DEMANDA AJUIZADA PELO LOCADOR DIRETAMENTE CONTRA O SUBLOCATÁRIO DO BEM. INEXISTÊNCIA DE RELAÇÃO JURÍDICA ENTRE AS PARTES. RESPONSABILIDADE DO SUBLOCATÁRIO ADMITIDA SOMENTE SUBSIDIARIAMENTE. EXEGESE DO ART. 16 DA LEI N. 8.245/91. ILEGITIMIDADE PASSIVA EVIDENTE. IMPERIOSA EXTINÇÃO DO FEITO SEM RESOLUÇÃO DO MÉRITO COM FULCRO NO ART. 485, VI, DO CÓDIGO DE PROCESSO CIVIL. APELO CONHECIDO E PROVIDO. Consoante disposição contida no art. 16 da Lei n. 8.245/91, o sublocatário responde subsidiariamente ao locador pela importância que dever ao sublocador, quando este for demandado. Nessa senda, tendo em vista que a sublocação não estabelece direitos e deveres entre o locador primitivo e o subinquilino, o manejo de ação diretamente por aquele contra o sublocatário evidencia a ilegitimidade deste para figurar no polo passivo da demanda, razão pela qual a extinção do feito é medida que se impõe. (TJSC, Apelação Cível 0001020-20.2006.8.24.0051; Ponte Serrada; Câmara Especial Regional de Chapecó; Rel. Des. Luiz Felipe Schuch; Julg. 17/07/2017).

✓ PROCESSUAL CIVIL. (...) EXECUÇÃO FISCAL. REDIRECIONAMENTO CONTRA SÓCIO FALECIDO ANTES DA PROPOSITURA DA AÇÃO. EXTINÇÃO DO PROCESSO SEM JULGAMENTO DO MÉRITO. AJUIZAMENTO DE NOVO PROCESSO EXECUTIVO CONTRA O ESPÓLIO. (...) 2. O STJ possui o entendimento pacífico de que o redirecionamento da execução contra o espólio só é admitido quando o falecimento do contribuinte ocorrer depois de ele ter sido devidamente citado nos autos da execução fiscal, o que não é o caso dos autos, já que o devedor apontado faleceu antes do ajuizamento da demanda. 3. Assim, se ajuizada execução fiscal contra devedor já falecido, mostra-se ausente uma das condições da ação, qual seja, a legitimidade passiva. Dessa forma, não se cogita de substituição da Certidão de Dívida Ativa, haja vista a carência de ação que implica a extinção do feito sem resolução do mérito, nos termos do art. 485, VI, do CPC/2015. Precedentes: AgRg no REsp 1.455.518/SC, Rel. Ministro Sérgio Kukina, Primeira Turma, DJe 26/3/2015, e AgRg no AREsp 555.204/SC, Rel. Ministro Mauro Campbell Marques, Segunda Turma, DJe 5/11/2014. 4. Recurso Especial não provido. (REsp 1826150/RS, Rel. Ministro HERMAN BENJAMIN, SEGUNDA TURMA, julgado em 10/09/2019, DJe 05/11/2019)

Aferição da litispendência nas ações coletivas, à luz dos beneficiários:

✓ RECURSO ESPECIAL. PROCESSUAL CIVIL. AÇÃO CIVIL PÚBLICA. IDENTIDADE DE BENEFICIÁRIOS. LEGITIMADO EXTRAORDINÁRIO. SUBSTITUIÇÃO PROCESSUAL. LITISPENDÊNCIA ENTRE AÇÕES COLETIVAS. OCORRÊNCIA. RECURSO PROVIDO. 1. Segundo a jurisprudência do STJ, nas ações coletivas, para análise da configuração de litispendência, a identidade das partes deve ser aferida sob a ótica dos possíveis beneficiários do resultado das sentenças, tendo em vista tratar-se de substituição processual por legitimado extraordinário. 2. Recurso especial provido para extinguir o processo sem julgamento do mérito." (REsp 1726147/SP, Rel. Ministro ANTONIO CARLOS FERREIRA, QUARTA TURMA, julgado em 14/05/2019, DJe 21/05/2019).

Extinção do processo por falta de interesse processual:

✓ ADMINISTRATIVO. AMBIENTAL. AGRAVO INTERNO NO RECURSO ESPECIAL. AÇÃO POSSESSÓRIA. EXTINÇÃO DO PROCESSO SEM RESOLUÇÃO DE MÉRITO. AUSÊNCIA DE INTERESSE DE AGIR AFIRMADA PELA INSTÂNCIA RECURSAL ORDINÁRIA. INUTILIDADE DA DEMANDA. REEXAME DE MATÉRIA FÁTICA. IMPOSSIBILIDADE. SÚMULA 7/STJ. 1. No caso, o Tribunal de origem determinou a extinção do processo por reconhecer a inutilidade da demanda e a ausência de interesse de agir da União. Nesse contexto, a alteração das conclusões adotadas pela Corte a quo, de modo a autorizar o processamento do feito, demandaria, necessariamente, novo exame do acervo fático-probatório constante dos autos, providência vedada em recurso especial, conforme o óbice previsto na Súmula 7/STJ. 2. Agravo interno não provido. (AgInt no REsp 1517493/RJ, Rel. Ministro SÉRGIO KUKINA, PRIMEIRA TURMA, julgado em 29/06/2020, DJe 01/07/2020)

✓ RECURSOS ESPECIAIS. PREVIDÊNCIA PRIVADA. DIREITO PROCESSUAL CIVIL. AÇÃO DECLARATÓRIA. INTERESSE PROCESSUAL. AUSÊNCIA. CONDIÇÃO DA AÇÃO. EXTINÇÃO DO PROCESSO SEM RESOLUÇÃO DO MÉRITO. NECESSIDADE. (...) 2. A declaração de existência ou de inexistência de relação jurídica deve versar sobre uma situação atual, já verificada, e não sobre situação futura e hipotética. Precedentes. 3. No caso dos autos, desponta cristalina a desnecessidade do provimento judicial para responder a indagações hipotéticas da parte autora, fundadas no exercício do direito de retirada de patrocínio não efetivado e sequer cogitado. 4. O Poder Judiciário não pode ser utilizado como órgão de consulta para responder a questionamentos das partes acerca de situações futuras hipotéticas e abstratas. 5. Recurso especial da PETROS provido e recurso especial da ARLANXEO prejudicado. (REsp 1750925/RJ, Rel. Ministro MOURA RIBEIRO, Rel. p/ Acórdão Ministro RICARDO VILLAS BÔAS CUEVA, TERCEIRA TURMA, julgado em 24/09/2019, DJe 10/10/2019)

✓ PROCESSUAL CIVIL. ADMINISTRATIVO. AGRAVO INTERNO NO RECURSO ORDINÁRIO EM MANDADO DE SEGURANÇA. CONCURSO PÚBLICO. ALEGATIVA DE PRETERIÇÃO DO DIREITO À NOMEAÇÃO. PRORROGAÇÃO DO PRAZO DE VALIDADE DO CERTAME. NOMEAÇÃO DE PARTE DOS IMPETRANTES. AUSÊNCIA DE INTERESSE DE AGIR. PROCESSO EXTINTO SEM RESOLUÇÃO DO MÉRITO. DEMAIS RECORRENTES. AUSÊNCIA DE IMPUGNAÇÃO ESPECÍFICA DOS FUNDAMENTOS DA DECISÃO AGRAVADA. SÚMULA 182/STJ. 1. Diante da publicação do ato de nomeação de parte dos impetrantes da presente ação mandamental, não há mais interesse de agir dos mencionados insurgentes para o prosseguimento da demanda, devendo o feito ser extinto, sem resolução do mérito, nos termos do art. 485, VI, do CPC/2015. (...) 5. Mandado de segurança extinto, sem resolução do mérito, em relação aos impetrantes que foram atendidos pelo ato de nomeação no cargo pleiteado. Agravo interno manejado pelos demais interessados não conhecido. (AgInt no RMS 51.780/MS, Rel. Ministro OG FERNANDES, SEGUNDA TURMA, julgado em 04/10/2018, DJe 11/10/2018)

Julgado acerca da impossibilidade jurídica do pedido (que era condição da ação no CPC/1973):

✓ TRIBUTÁRIO E PROCESSUAL CIVIL. RESCISÓRIA. PRESCRIÇÃO. IMPOSTO DE RENDA. CINCO MAIS CINCO. MATÉRIA NÃO TANGENCIADA PELO ACÓRDÃO. AUSÊNCIA DE IMPUGNAÇÃO DOS FUNDAMENTOS DO ACÓRDÃO RESCINDENDO. RESCISÓRIA JULGADA IMPROCEDENTE. 1. A rescisória por violação de direito federal exige que a tese prestigiada no acórdão seja atacada de forma direta e específica. 2. Hipótese em que a rescisória, fundada em alegação de violação de literal dispositivo de lei, refere-se à questão diversa daquela que foi apreciada pelo acórdão rescindendo. Caso de absoluta assimetria entre o que julgou a Corte e o que alega o autor como causa de rescisão. É inviável pretender rescindir o que não declarou o acórdão, o que nele não se contém. 3. No regime do CPC de 2015, em que as condições da ação não mais configuram categoria processual autônoma, diversa dos pressupostos processuais e do mérito, a possibilidade jurídica do pedido deixou de ser questão relativa à admissibilidade e passou a ser mérito. Afirma a Exposição de motivos do Anteprojeto do Novo CPC que "a sentença que, à luz da lei revogada seria de carência da ação, à luz do Novo CPC é de improcedência e resolve definitivamente a controvérsia". 4. Nos termos do parágrafo único do art. 974 do CPC, a conversão em multa do depósito do art. 488, II, do CPC/1973 (atual 968, II) pressupõe ser a rescisória julgada improcedente ou inadmissível por unanimidade, razão pela qual a decisão quanto ao destino do depósito somente poderá ser tomada após a conclusão do julgamento. Ação rescisória julgada improcedente. (AR 3.667/DF; Primeira Seção; Rel. Humberto Martins; Julg. 27/04/2016; DJe 23/05/2016)

✓ AGRAVO INTERNO NO RECURSO ESPECIAL. ADMINISTRATIVO. DETRAN. IMPOSIÇÃO DE OBRIGAÇÃO NÃO PREVISTA EM LEI. IMPOSSIBILIDADE JURÍDICA DO PEDIDO. EXTINÇÃO DO FEITO SEM JULGAMENTO DO MÉRITO. LEGALIDADE ADMINISTRATIVA. INTERPRETAÇÃO RESTRITA. AGRAVO INTERNO DO MPGO DESPROVIDO. 1. Pleito formulado pelo Ministério Público do Estado de Goiás de imputar ao DETRAN/GO a obrigação de fazer constar, se for o caso, no prontuário do veículo e no DUT-Documento Único de transferência, a informação de que o veículo sinistrado foi objeto de pagamento de indenização total, com a intenção de identificar veículos que, a rigor, embora sinistrados com indenização total, foram recuperados por oficinas e posteriormente recolocados no mercado. 2. Diante da inexistência de previsão normativa impondo ao DETRAN a obrigação intentada, torna-se inviável buscar-se no Judiciário a criação dessa imputação, evidenciando a impossibilidade jurídica do pedido. 3. Essa conclusão advém do princípio da legalidade, sob o enfoque do Direito Administrativo, previsto no art. 37, caput da CF/1988, pelo qual a Administração está vinculada estritamente aos mandamentos da lei, privando-se de agir além dos seus limites e disposições. Precedentes: AgRg no AgRg no REsp. 1.507.243/RS, Rel. Min. HUMBERTO MARTINS, DJe 13.4.2016; AgRg no RMS 44.099/ES, Rel. Min. BENEDITO GONÇALVES, DJe 10.3.2016, entre outros. 4. Agravo Interno do MINISTÉRIO PÚBLICO DO ESTADO DE GOIÁS DESPROVIDO. (AgInt no REsp 1423447/GO, Rel. Ministro NAPOLEÃO NUNES MAIA FILHO, PRIMEIRA TURMA, julgado em 01/03/2018, DJe 14/03/2018)

VII – acolher a alegação de existência de convenção de arbitragem ou quando o juízo arbitral reconhecer sua competência;

→ v. Art. 3º e 8º, da Lei 9.307/1996.

Acórdão que atesta a competência do juiz arbitral frente ao estatal quando existente cláusula compromissória cheia:

✓ AGRAVO DE INSTRUMENTO. AÇÃO DE RITO ORDINÁRIO. RESOLUÇÃO DE PARTE REMANESCENTE DE CONTRATO. ANTECIPAÇÃO DOS EFEITOS DA TUTELA. PEDIDO DE SUSPENSÃO DE IMISSÃO NA POSSE DE IMÓVEIS FUNDADO EM SENTENÇA ARBITRAL. INDEFERIMENTO DO PLEITO DE URGÊNCIA. RECURSO DOS AUTORES. ANÁLISE DA EFICÁCIA E ALCANCE DE CLÁUSULA COMPROMISSÓRIA CHEIA. PRINCÍPIO DO KOMPETENZ-KOMPETENZ. COMPETÊNCIA EXCLUSIVA DO JUÍZO CONVENCIONAL NA FASE INICIAL DO PROCEDIMENTO ARBITRAL. POSSIBILIDADE DE EXAME PELO JUDICIÁRIO APÓS SENTENÇA ARBITRAL. "(.) 2. AGRAVO DE INSTRUMENTO. AÇÃO DE RITO ORDINÁRIO. RESOLUÇÃO DE PARTE REMANESCENTE DE CONTRATO. ANTECIPAÇÃO DOS EFEITOS DA TUTELA. PEDIDO DE SUSPENSÃO DE IMISSÃO NA POSSE DE IMÓVEIS FUNDADO EM SENTENÇA ARBITRAL. INDEFERIMENTO DO PLEITO DE URGÊNCIA. RECURSO DOS AUTORES. ANÁLISE DA EFICÁCIA E ALCANCE DE CLÁUSULA COMPROMISSÓRIA CHEIA. PRINCÍPIO DO KOMPETENZ-KOMPETENZ. COMPETÊNCIA EXCLUSIVA DO JUÍZO CONVENCIONAL NA FASE INICIAL DO PROCEDIMENTO ARBITRAL. POSSIBILIDADE DE EXAME PELO JUDICIÁRIO APÓS SENTENÇA ARBITRAL." (.) 2. AGRAVO DE INSTRUMENTO. AÇÃO DE RITO ORDINÁRIO. RESOLUÇÃO DE PARTE REMANESCENTE DE CONTRATO. ANTECIPAÇÃO DOS EFEITOS DA TUTELA. PEDIDO DE SUSPENSÃO DE IMISSÃO NA POSSE DE IMÓVEIS FUNDADO EM SENTENÇA ARBITRAL. INDEFERIMENTO DO PLEITO DE URGÊNCIA. RECURSO DOS AUTORES. ANÁLISE DA EFICÁCIA E ALCANCE DE CLÁUSULA COMPROMISSÓRIA CHEIA. PRINCÍPIO DO KOMPETENZ-KOMPETENZ. COMPETÊNCIA EXCLUSIVA DO JUÍZO CONVENCIONAL NA FASE INICIAL DO PROCEDIMENTO ARBITRAL. POSSIBILIDADE DE EXAME PELO JUDICIÁRIO APÓS SENTENÇA ARBITRAL. "(.) 2. AGRAVO DE INSTRUMENTO. AÇÃO DE RITO ORDINÁRIO. RESOLUÇÃO DE PARTE REMANESCENTE DE CONTRATO. ANTECIPAÇÃO DOS EFEITOS DA TUTELA. PEDIDO DE SUSPENSÃO DE IMISSÃO NA POSSE DE IMÓVEIS FUNDADO EM SENTENÇA ARBITRAL. INDEFERIMENTO DO PLEITO DE URGÊNCIA. RECURSO DOS AUTORES. ANÁLISE DA EFICÁCIA E ALCANCE DE CLÁUSULA COMPROMISSÓRIA CHEIA. PRINCÍPIO DO KOMPETENZ-KOMPETENZ. COMPETÊNCIA EXCLUSIVA DO JUÍZO CONVENCIONAL NA FASE INICIAL DO PROCEDIMENTO ARBITRAL. POSSIBILIDADE DE EXAME PELO JUDICIÁRIO APÓS SENTENÇA ARBITRAL." (...) 2. A cláusula compromissória "cheia", ou seja, aquela que contém, como elemento mínimo a eleição do órgão convencional de solução de conflitos, tem o condão de afastar a competência estatal para apreciar a questão relativa à validade da cláusula arbitral na fase inicial do procedimento (parágrafo único do art. 8º, c/c o art. 20 da LArb). 3. De fato, é certa a coexistência das competências dos juízos arbitral e togado relativamente às questões inerentes à existência, validade, extensão e eficácia da convenção de arbitragem. Em verdade – excluindo-se a hipótese de cláusula compromissória patológica ("em branco") –, o que se nota é uma alternância de competência entre os referidos órgãos, porquanto a ostentam em momentos procedimentais distintos, ou seja, a possibilidade de atuação do Poder Judiciário é possível tão somente após a prolação da sentença arbitral, nos termos dos arts. 32, I e 33 da Lei de Arbitragem."(REsp 1278852/MG; Quarta Turma; Rel. Luis Felipe Salomão; Julg. 21/05/2013; DJe 19/06/2013) NECESSIDADE DE ANÁLISE DA QUESTÃO PELO JUÍZO CONVENCIONAL, DIANTE DA NEGATIVA DE PROCESSAMENTO DE PLEITO RECONVENCIONAL EM PROCEDIMENTO ARBITRAL ANTERIOR. LIMITE OBJETIVO DA SENTENÇA ARBITRAL. AUSÊNCIA DE COISA JULGADA. INTELIGÊNCIA DO ARTIGO 469 DO CÓDIGO DE PROCESSO CIVIL. NOVO PROCEDIMENTO ARBITRAL JÁ INSTAURADO. "Dispõe o art. 469, III, do Código de Processo Civil que não faz coisa julgada a apreciação de questão prejudicial, decidida incidentemente no processo"(sic), pelo que tais questões são decididas com eficácia interna (preclusão), como o são de resto, todas as questões emergentes no processo, mas nunca julgadas com eficácia externa (coisa julgada material), que garante às decisões arbitrais autoridade além do processo em que são proferidas. Se pretenderem as partes, na arbitragem, que a questão prejudicial faça coisa julgada, com o alcance do art. 470 do Código de Processo Civil, devem convencioná-lo, e, se não o fizerem originariamente, devem fazê-lo por aditamento ao compromisso, no curso da demanda arbitral. Havendo resistência de qualquer das partes à celebração do aditamento, fica excluída qualquer possibilidade de ação declaratória incidental, em sede arbitral, permanecendo a questão prejudicial em residência periférica, sem condições de residir no núcleo da demanda principal; será apreciada, mas não julgada." (CARREIRA ALVIM, J. E. Direito Arbitral. 2 ed. Rio de Janeiro: Forense, 2007) p. 377-9) op. cit. 299). ACOLHIMENTO DE CONTRARRAZÃO ERIGIDA PELO AGRAVADO. EFEITO TRANSLATIVO DO RECURSO. EXTINÇÃO DA AÇÃO ORIGINÁRIA. RECURSO NÃO CONHECIDO. (TJ-SC; AI 20140065463 São José 2014.006546-3; Quarta Câmara de Direito Comercial; Rel. Altamiro de Oliveira; Julg. 15/07/2014)

VIII – homologar a desistência da ação;

→ v. Art. 200, parágrafo único, do CPC.

Extinção do processo pela desistência:

✓ MANDADO DE SEGURANÇA. DESISTÊNCIA. HOMOLOGAÇÃO DO PEDIDO COM A EXTINÇÃO DO WRIT SEM JULGAMENTO DE MÉRITO. APLICABILIDADE DO ART. 485, INC. VIII, DO CÓDIGO DE PROCESSO CIVIL. "Manifestada pelo impetrante a intenção de desistir do mandamus, homologa-se o pedido, restando extinto o processo [...]" (STJ – MS n. 5.957/DF, rel. Min. Félix Fischer). (TJ-SC; MS: 40086884420178240000 Capital; Grupo de Câmaras de Direito Público; Rel. João Henrique Blasi; Julg. 27/09/2017)

✓ PROCESSUAL CIVIL. AGRAVO INTERNO APRECIADO PELO COLEGIADO. SESSÃO VIRTUAL. COMPOSIÇÃO AMIGÁVEL ENTRE AS PARTES. DESISTÊNCIA FORMULADA ANTES DO JULGAMENTO. HOMOLOGAÇÃO. 1. Após o julgamento do feito na Sessão Virtual de 5/11/2019 a 11/11/2019, ocasião em que a Primeira Turma decidiu negar provimento ao agravo interno, constatou-se a existência de anterior pedido de desistência, informando a existência de composição amigável das partes. 2. Existindo pedido de desistência protocolado antes do julgamento do agravo interno, deve o requerimento ser apreciado com primazia. 3. Acórdão de fls. 620/624, tornado sem efeito. Pedido de desistência homologado, com a consequente extinção do processo. (DESIS no AREsp 1478356/SP, Rel. Ministro SÉRGIO KUKINA, PRIMEIRA TURMA, julgado em 03/12/2019, DJe 16/12/2019)

✓ PROCESSUAL CIVIL. EXTINÇÃO DO PROCESSO. PAGAMENTO DE CUSTAS EM RAZÃO DE DESISTÊNCIA. ENTENDIMENTO A QUO EM CONFORMIDADE COM ORIENTAÇÃO DO STJ. SÚMULA 83/STJ. 1. Na hipótese dos autos, constata-se que a extinção do feito decorreu do pedido de desistência formulado pela ora recorrente, consoante reconhecido pelo Tribunal de origem, não havendo que falar em extinção por mero cancelamento da distribuição. 2. Dessarte, com razão o Sodalício a quo ao inadmitir o Recurso Especial, visto que o acórdão objurgado está em consonância com a orientação do Superior Tribunal de Justiça de que em havendo desistência da ação e, ainda que a desistência ocorra antes da citação, a parte desistente responde pelas custas e despesas processuais. 3. Dessume-se que o acórdão recorrido está em sintonia com o atual entendimento deste Tribunal Superior, razão pela qual não merece prosperar a irresignação. (...) 4. Cumpre ressaltar que a referida orientação é aplicável também aos recursos interpostos pela alínea "a" do art. 105, III, da Constituição Federal de 1988. Nesse sentido: REsp 1.186.889/DF, Segunda Turma, Relator Ministro Castro Meira, DJe de 2.6.2010. 5. Agravo Interno não provido. (AgInt no AREsp 1520884/RS, Rel. Ministro HERMAN BENJAMIN, SEGUNDA TURMA, julgado em 26/11/2019, DJe 14/05/2020)

Custas na desistência no processo de execução:

✓ PROCESSUAL CIVIL. RECURSO ESPECIAL. MONITÓRIA. DESISTÊNCIA DA AÇÃO APÓS CONTESTAÇÃO. CONCORDÂNCIA EXPRESSA DA PARTE RÉ. AUSÊNCIA DE SUCUMBÊNCIA E DE PROVEITO ECONÔMICO. FALÊNCIA DO DEMANDADO. INSUCESSO NA CONTINUIDADE DA DEMANDA. CAUSALIDADE. PRECEDENTES. VERBA HONORÁRIA. ARBITRAMENTO EQUITATIVO, NOS TERMOS DO ART. 85, § 8º, DO CÓDIGO DE PROCESSO CIVIL. REVISÃO. SÚMULA 7/STJ. 1. Nos termos em que se orienta a jurisprudência do Superior Tribunal de Justiça, não deve o credor ser punido pela impossibilidade de êxito na execução ao se deparar com a insuficiência de bens do devedor para a satisfação do crédito, de modo que, com o decreto de falência do réu no curso da monitória, o pedido de desistência do autor não traz para si o ônus da aplicação do princípio da causalidade. Precedentes. 2. Recurso especial a que se nega provimento. (REsp 1769204/RS, Rel. Ministra MARIA ISABEL GALLOTTI, QUARTA TURMA, julgado em 25/06/2019, DJe 03/09/2019)

Preclusão do pedido de desistência:

✓ AGRAVO INTERNO NO RECURSO ESPECIAL. EXECUÇÃO DE TÍTULO EXTRAJUDICIAL. PEDIDO DE EXTINÇÃO DA LIDE COM ESTEIO NA SATISFAÇÃO DA OBRIGAÇÃO. HOMOLOGAÇÃO EFETUADA. ALEGAÇÃO POSTERIOR DO CREDOR DE ERRO MATERIAL. IMPOSSIBILIDADE. PRECLUSÃO LÓGICA. PRECEDENTES. AGRAVO INTERNO IMPROVIDO. 1. A jurisprudência desta Corte entende que o instituto da preclusão lógica impede o acolhimento do pedido que se insurge contra homologação de desistência da ação. Precedentes. 2. Agravo interno improvido. (AgInt no REsp 1743647/CE, Rel. Ministro MARCO AURÉLIO BELLIZZE, TERCEIRA TURMA, julgado em 14/08/2018, DJe 27/08/2018)

IX – em caso de morte da parte, a ação for considerada intransmissível por disposição legal; e

Extinção do processo pelo falecimento da parte:

✓ APELAÇÃO CÍVEL. AÇÃO DE OBRIGAÇÃO DE FAZER COM PEDIDO DE ANTECIPAÇÃO DE TUTELA. FORNECIMENTO DE MEDICAMENTOS PELO ESTADO. DIREITO À SAÚDE ASSEGURADO PELA CONSTITUIÇÃO FEDERAL. OBRIGAÇÃO DO PODER PÚBLICO. FALECIMENTO DA DEMANDANTE INFORMADO EM MOMENTO ANTERIOR À PROLAÇÃO DA SENTENÇA. EXTINÇÃO DO FEITO SEM RESOLUÇÃO DO MÉRITO QUE SE IMPÕE. HONORÁRIOS ADVOCATÍCIOS. PLEITO DE REDUÇÃO. PERTINÊNCIA. VERBA HONORÁRIA QUE SE MOSTRA EXORBITANTE. APELO CONHECIDO E PROVIDO. (TJ-SC; AC 03006048020168240001 Abelardo Luz 0300604-80.2016.8.24.0001; Terceira Câmara de Direito Público; Rel. Júlio César Knoll; Julg. 31/10/2017)

✓ REEXAME NECESSÁRIO. AÇÃO DE OBRIGAÇÃO DE FAZER COM PEDIDO DE ANTECIPAÇÃO DE TUTELA. FORNECIMENTO DE MEDICAMENTOS PELO MUNICÍPIO. DIREITO À SAÚDE ASSEGURADO PELA CONSTITUIÇÃO FEDERAL. OBRIGAÇÃO DO PODER PÚBLICO. FALECIMENTO DA DEMANDANTE INFORMADO APÓS A PROLAÇÃO DA SENTENÇA. EXTINÇÃO DO FEITO SEM RESOLUÇÃO DO MÉRITO QUE SE IMPÕE. HONORÁRIOS ADVOCATÍCIOS. CABIMENTO. PRINCÍPIO DA CAUSALIDADE. REMESSA NECESSÁRIA PARCIALMENTE PROVIDA. (TJ-SC; REEX: 00239979620108240008 Blumenau; Terceira Câmara de Direito Público; Rel. Júlio César Knoll; Julg. 12/09/2017)

✓ ADMINISTRATIVO. AGRAVO INTERNO NO RECURSO ESPECIAL. EXTINÇÃO DA AÇÃO EM RAZÃO DO FALECIMENTO DA PARTE. ART. 485, IX DO CÓDIGO FUX. AGRAVO INTERNO PREJUDICADO. 1. No caso, após o início do julgamento na sessão 13.3.2018, na qual neguei provimento ao Agravo Interno manejado pela União, o Ministro BENEDITO GONÇALVES inaugurou divergência e, em seguida, pediu vista dos autos o Ministro SÉRGIO KUKINA. 2. Entretanto, às fls. 231, informa o Ministro SÉRGIO KUKINA o seguinte: (...) em consulta ao sítio eletrônico mantido pelo Tribunal de Justiça do Distrito Federal e Territórios, apurei que o Processo 2005.08.1.008008-3, ação penal que impossibilitou a homologação, pela Polícia Federal, do Certificado do Curso de Reciclagem de Vigilantes da parte recorrida, foi proferida a seguinte sentença: Constato que ADAILTON MIRANDA MOREIRA faleceu em 08-10-2008, conforme documento de fl. 107. Isto posto, acolho o parecer do Ministério Público e declaro extinta a punibilidade de ADAILTON MIRANDA MOREIRA, nos termos do art. 107, inciso I, do Código Penal. Sem custas. Após o trânsito em julgado, arquivem-se. 3.

Desse modo, impõe-se a extinção do processo, sem resolução de mérito, nos termos do art. 485, IX do Código Fux, ficando prejudicada a análise do Agravo Interno no Recurso Especial. (AgInt no REsp 1599697/DF, Rel. Ministro NAPOLEÃO NUNES MAIA FILHO, PRIMEIRA TURMA, julgado em 01/09/2020, DJe 08/09/2020)

X – nos demais casos prescritos neste Código.

Extinção do processo pelo não recolhimento das custas (cancelamento da distribuição):

✓ PROCESSO CIVIL. AGRAVO INTERNO NO AGRAVO EM RECURSO ESPECIAL. NÃO PAGAMENTO DAS CUSTAS. INTIMAÇÃO PESSOAL. DESNECESSIDADE. CANCELAMENTO DA DISTRIBUIÇÃO. POSSIBILIDADE. PRECEDENTES. 1. O cancelamento da distribuição, por falta de pagamento das custas iniciais, não depende de prévia intimação da parte. Precedentes. 2. Agravo interno a que se nega provimento. (AgInt no AREsp 956.522/MS, Rel. Ministro OG FERNANDES, SEGUNDA TURMA, julgado em 21/02/2017, DJe 02/03/2017)

§ 1º Nas hipóteses descritas nos incisos II e III, a parte será intimada pessoalmente para suprir a falta no prazo de 5 (cinco) dias.

Ciência prévia da parte para promover o andamento processual sob pena de extinção:

✓ AÇÃO DE ALIMENTOS. EXTINÇÃO DO FEITO, SEM RESOLUÇÃO DO MÉRITO, COM BASE NO ART. 485, III, DO CPC. DESÍDIA REITERADA DA AUTORA EM APRESENTAR DOCUMENTAÇÃO NECESSÁRIA À ANÁLISE DO MÉRITO DA DEMANDA. CERTIDÃO DE NASCIMENTO. RECURSO DESPROVIDO. SENTENÇA EXTINTIVA MANTIDA. Conforme regência legal, em suma, se o autor não promover o que lhe incumbe no processo, abandonando a causa, deverá ser intimado, pessoalmente, para suprir a falta e dar andamento ao feito, compreendendo-se como válida a intimação pessoal dirigida ao endereço constante nos autos, ainda que não recebida pessoalmente pelo interessado. Tomadas tais providências e não se obtendo resposta por parte do autor no prazo legal, mediante requerimento do réu (art. 485, § 6º, CPC), extingue-se o processo sem resolução do mérito. (TJ-SC; AC 03001325720158240052 Porto União; Terceira Câmara de Direito Civil; Rel. Maria do Rocio Luz Santa Ritta; Julg. 04/07/2017)

✓ AÇÃO DE BUSCA E APREENSÃO. APELAÇÃO CÍVEL. SENTENÇA QUE EXTINGUIU O FEITO SEM RESOLUÇÃO DO MÉRITO, COM FULCRO NO ART. 485, INCISO III, DO CÓDIGO DE PROCESSO CIVIL DE 2015. INSURGÊNCIA DA INSTITUIÇÃO FINANCEIRA AUTORA. ALEGAÇÃO DE NULIDADE DA SENTENÇA POR INOBSERVÂNCIA ÀS REGRAS PROCESSUAIS CONTIDAS NOS § 1º E § 6º DO ART. 485 DO CPC/2015. CASO EM CONCRETO EM QUE A PARTE AUTORA FOI INTIMADA, POR SEU PROCURADOR E PESSOALMENTE, A IMPULSIONAR O FEITO, CONTUDO, MANTEVE-SE INERTE. PARTE RÉ QUE FOI INSTADA SOBRE A EXTINÇÃO DO PROCESSO E NÃO APRESENTOU OPOSIÇÃO. REGRAS PROCESSUAIS OBSERVADAS. NULIDADES AFASTADAS. SENTENÇA MANTIDA. RECURSO CONHECIDO E DESPROVIDO. (TJ-SC; AC 05008582320138240018 Chapecó; Quinta Câmara de Direito Comercial; Rel. Soraya Nunes Lins; Julg. 29/06/2017,)

✓ AGRAVO INTERNO NO RECURSO ESPECIAL. PROCESSUAL CIVIL. EXTINÇÃO DO PROCESSO SEM JULGAMENTO DE MÉRITO. ABANDONO DA CAUSA. INTIMAÇÃO PESSOAL DA PARTE. ACÓRDÃO EM SINTONIA COM A JURISPRUDÊNCIA DO STJ. SÚMULA 83/STJ. RECURSO NÃO PROVIDO. 1. O acórdão recorrido decidiu em sintonia com a jurisprudência do STJ de que houve a intimação pessoal do autor para dar prosseguimento ao feito, sendo que somente depois foi declarada a extinção do feito sem resolução do mérito. 2. Agravo interno a que se nega provimento. (AgInt no REsp 1785243/RO, Rel. Ministro RAUL ARAÚJO, QUARTA TURMA, julgado em 23/04/2019, DJe 23/05/2019)

✓ ADMINISTRATIVO E PROCESSUAL CIVIL. ABANDONO DE CAUSA. INTIMAÇÃO PESSOAL DO AUTOR. MUDANÇA DE ENDEREÇO NÃO COMUNICADA NOS AUTOS. FALTA PARCIAL DE PREQUESTIONAMENTO. SÚMULA 211/STJ. DIVERGÊNCIA JURISPRUDENCIAL PREJUDICADA. 1. (...) O magistrado monocrático julgou extinto o feito sem resolução do mérito, nos termos do art. 485, III, do CPC. (...)4. O Tribunal a quo decidiu corretamente a lide, uma vez que o art. 485, § 1º, do CPC exige a intimação pessoal do autor "para suprir a falta no prazo de 5 (cinco) dias" nas hipóteses de abandono da causa por mais de 30 (trinta) dias. 5. Conforme consta dos autos, a intimação pessoal da recorrente, através de aviso de recebimento, foi enviada ao endereço constante na petição inicial, contudo não foi cumprida. Dessa forma, entendeu a Corte Estadual que a intimação teria sido válida, porquanto é obrigação da parte atualizar o seu endereço toda vez que ocorra qualquer modificação (art. 77, V, do CPC). 6. Percebe-se que o Tribunal de origem utilizou-se, para decidir a lide, de argumento não impugnado no recurso. A falta de manifestação sobre esse fundamento atrai a incidência da Súmula 283/STF. (...) 8. Recurso Especial não conhecido. (REsp 1785870/AM, Rel. Ministro HERMAN BENJAMIN, SEGUNDA TURMA, julgado em 11/04/2019, DJe 31/05/2019)

Hipótese em que desnececessária a intimação pessoal da parte para a extinção:

✓ PROCESSUAL CIVIL. IRREGULARIDADE NA REPRESENTAÇÃO PROCESSUAL DAS EMPRESAS. PRAZO TRANSCORRIDO IN ALBIS. EXTINÇÃO DO PROCESSO. 1. O Tribunal gaúcho consignou: "Devidamente intimada (fl. 374), a parte embargante restou silente, transcorrendo o prazo in albis para cumprimento da determinação judicial". 2. Depreende-se pela análise dos autos que a Corte estadual se baseou no art. 76 do CPC para decidir o feito. Na hipótese sub judice, o magistrado determinou a intimação das empresas recorrentes para regularizarem a representação processual, ficando o processo suspenso pelo prazo de 30 dias. Apesar disso, descumpriram a determinação judicial, tendo-se extinguido o processo. Dessarte, não pode ser acolhido o pedido de intimação pessoal para suprir a falta no prazo de 5 dias, visto que o caso sob exame não se subsume ao art. 485, § 1º, do CPC, porquanto o prazo para a regularização da procuração foi oferecido anteriormente e transcorreu in albis. 3. Recurso Especial não provido. (REsp 1816063/RS, Rel. Ministro HERMAN BENJAMIN, SEGUNDA TURMA, julgado em 10/09/2019, DJe 11/10/2019)

✓ AGRAVO INTERNO NO AGRAVO EM RECURSO ESPECIAL. AÇÃO DE EXECUÇÃO DE TÍTULO EXTRAJUDICIAL EM FACE DE DEVEDORES PRINCIPAL E SOLIDÁRIOS. AUSÊNCIA DE CITAÇÃO DE UM DOS LITISCONSORTES. DESÍDIA DA EXEQUENTE EM FORNECER ENDEREÇO VÁLIDO. EXTINÇÃO PARCIAL DO PROCESSO. PROSSEGUIMENTO DO FEITO EM RELAÇÃO AOS LITISCONSORTES CITADOS. INTIMAÇÃO PESSOAL. DESNECESSIDADE. AGRAVO DESPROVIDO. 1. No caso, é cabível a extinção parcial do processo, com relação a um dos litisconsortes executados, que deixou de ser citado, em razão de desídia atribuível à exequente em fornecer endereço válido, prosseguindo o feito somente quanto aos litisconsortes citados. 2. Segundo o entendimento do Superior Tribunal de Justiça, a extinção do processo, por falta de providência do ato citatório, prescinde de prévia intimação pessoal do autor. Precedentes. 3. Agravo interno a que se nega provimento. (AgInt no AREsp 1361546/SC, Rel. Ministro RAUL ARAÚJO, QUARTA TURMA, julgado em 07/05/2019, DJe 22/05/2019)

§ 2º No caso do § 1º, quanto ao inciso II, as partes pagarão proporcionalmente as custas, e, quanto ao inciso III, o autor será condenado ao pagamento das despesas e dos honorários de advogado.

Distribuição da sucumbência na extinção processual por abandono:

✓ AGRAVO INTERNO NO AGRAVO EM RECURSO ESPECIAL. PROCESSUAL CIVIL. AÇÃO DE COBRANÇA. EXTINÇÃO DO PROCESSO SEM RESOLUÇÃO DO MÉRITO. ABANDONO DA CAUSA. HONORÁRIOS ADVOCATÍCIOS. PRINCÍPIO DA CAUSALIDADE. ÔNUS DA PARTE AUTORA. AGRAVO INTERNO NÃO PROVIDO. 1. Nas hipóteses de extinção do processo sem resolução do mérito, a responsabilidade pelo pagamento de custas e honorários advocatícios deve ser fixada com base no princípio da causalidade, segundo o qual a parte que deu causa à instauração do processo deve suportar as despesas dele decorrentes. Precedentes. 2. No caso, não se pode dizer que o réu deu causa ao ajuizamento da ação, ante o débito alegado, pois o direito de cobrança nem sequer foi examinado. Por isso, é correto imputar à autora a responsabilidade pelos ônus sucumbenciais, pois deu causa à instauração do processo e ocasionou sua extinção por abandono. 3. Agravo interno a que se nega provimento. (AgInt no AREsp 1542033/MT, Rel. Ministro RAUL ARAÚJO, QUARTA TURMA, julgado em 11/05/2020, DJe 25/05/2020)

§ 3º O juiz conhecerá de ofício da matéria constante dos incisos IV, V, VI e IX, em qualquer tempo e grau de jurisdição, enquanto não ocorrer o trânsito em julgado.

→ *v.* Art. 10 do CPC.

Possibilidade de exame de ofício das questões relativas à ordem pública:

✓ CONSTITUCIONAL. ADMINISTRATIVO. RECURSO ORDINÁRIO EM MANDADO DE SEGURANÇA. CONTRATO ADMINISTRATIVO. ABERTURA DE PROCESSO DE TOMADA DE CONTAS ESPECIAL PELO TRIBUNAL DE CONTAS DO DISTRITO FEDERAL. DECISÃO ADMINISTRATIVA PROFERIDA PELO ÓRGÃO PLENO DA CORTE DE CONTAS. MANDAMUS DIRECIONADO APENAS CONTRA O RELATOR DO RESPECTIVO PROCESSO. IMPOSSIBILIDADE. ILEGITIMIDADE PASSIVA DA APONTADA AUTORIDADE COATORA. FALTA DE CONDIÇÃO DA AÇÃO RECONHECIDA DE OFÍCIO. EFEITO TRANSLATIVO. ART. 485, § 3º, DO CPC. EXTINÇÃO DO WRIT SEM RESOLUÇÃO DO MÉRITO. (...) 2. Há, contudo, necessária preliminar a ser enfrentada no âmbito deste recurso ordinário, que diz com a falta de legitimidade da apontada autoridade coatora. 3. Cuidando-se a questão relativa à legitimidade ad causam de inegável matéria de ordem pública, nada obsta seja ela, mesmo de ofício, conhecida e resolvida nos domínios do ordinário apelo ora examinado. Assim o permite, diga-se, o disposto no § 3º do art. 485 do vigente CPC, portador da seguinte redação (que, na sua essência, reproduz aquela antes prevista no art. 267, § 3º, do revogado CPC/73): "O juiz conhecerá de ofício da matéria constante dos incisos IV, V, VI e IX, em qualquer tempo e grau de jurisdição, enquanto não ocorrer o trânsito em julgado". Na espécie, ressalte-se, a matéria concernente às condições da ação está prevista no inciso VI do normativo em comento. (...) 5. É longevo o entendimento do STJ no sentido de que, "Constituído acórdão, o relator já não pode mais figurar, isoladamente, como autoridade coatora, visto que os seus atos ficaram albergados pelo julgamento do colegiado" (RMS 4148/RJ, Relator MINISTRO MILTON LUIZ PEREIRA, Primeira Turma, DJ 21/11/1994, p. 31.706). Sufragando essa mesma compreensão, mais recentemente, esta Corte Superior sublinhou que "O presidente do órgão colegiado, por ser representante externo do órgão que preside, tem legitimidade passiva para responder em juízo pelas decisões do órgão colegiado" (AgRg no RMS 22.576/BA, Relator MINISTRO NEFI COREIRO, Sexta Turma, DJe 16/2/2016). 6. Recurso ordinário conhecido para, de ofício, extinguir a presente ação de segurança, sem a resolução de seu mérito, a teor do art. 6º, § 5º, da Lei n. 12.016/09. (RMS 63.004/DF, Rel. Ministro SÉRGIO KUKINA, PRIMEIRA TURMA, julgado em 18/08/2020, DJe 24/08/2020)

§ 4º Oferecida a contestação, o autor não poderá, sem o consentimento do réu, desistir da ação.

Indispensabilidade do consentimento do réu para deferimento da desistência do processo:

✓ ACIDENTE DE TRÂNSITO. DPVAT. SEGURO OBRIGATÓRIO. COBRANÇA. Tendo sido apresentada a contestação, o autor só poderá requerer a desistência da ação com o consentimento do réu, nos termos do art. 485, § 4º, do CPC. Sentença homologatória anulada. Recurso provido para determinar o regular prosseguimento da ação no juízo de origem. (TJ-SP 10718293020148260100; SP; 26ª Câmara de Direito Privado; Rel. Felipe Ferreira; Julg. 10/08/2017; Data de Publicação: 11/08/2017)

✓ AGRAVO INTERNO NO RECURSO ESPECIAL. RECURSO ESPECIAL. AÇÃO DE COBRANÇA DE TAXAS CONDOMINIAIS PRÉ-OPERACIONAIS INSTITUÍDAS EM ASSEMBLEIA. DESISTÊNCIA DA AÇÃO. CONCORDÂNCIA DO RÉU. NECESSIDADE. ACÓRDÃO EM HARMONIA COM O ENTENDIMENTO DESTA CORTE. INCIDÊNCIA DA SÚMULA 83/STJ. REVISÃO DA CONCLUSÃO ESTADUAL. IMPOSSIBILIDADE. APLICAÇÃO DA SÚMULA 7/STJ. AGRAVO IMPROVIDO. 1. Nos termos da jurisprudência desta Corte, após o oferecimento da resposta, o autor não pode desistir da ação sem o consentimento do réu. No presente feito, a desistência apresentada pelo autor/condomínio não foi homologada, pois a concordância do réu foi condicional. Súmula 83/STJ. (...) 3. Razões recursais insuficientes para a revisão do julgado. 4. Agravo interno a que se nega provimento. (AgInt no REsp 1652213/DF, Rel. Ministro MARCO AURÉLIO BELLIZZE, TERCEIRA TURMA, julgado em 27/06/2017, DJe 03/08/2017)

§ 5º A desistência da ação pode ser apresentada até a sentença.

Sentença como limite para realização da desistência do processo:

✓ APELAÇÃO – DECLARATÓRIA DE INEXISTÊNCIA DE DÉBITO, COM PLEITO INDENIZATÓRIO CUMULADO – INDEFERIMENTO DA INICIAL. Autora, ora recorrente, que atravessou petição desistindo da ação – Desistência da ação que não tem lugar após a publicação da sentença – CPC, art. 485, § 5º – Contudo, a manifestação em testilha consiste em aceitação tácita do julgamento, ato incompatível com a vontade de recorrer, de modo que resta prejudicada a análise do recurso. RECURSO PREJUDICADO. (TJ-SP 10421892720168260224; SP; 37ª Câmara de Direito Privado; Rel. Sergio Gomes; Julg. 21/08/2017; Data de Publicação: 21/08/2017)

Regra específica para o MS:

✓ PROCESSUAL CIVIL. MANDADO DE SEGURANÇA. DESISTÊNCIA DA AÇÃO APÓS DECISÃO DE MÉRITO. POSSIBILIDADE. 1. A atual redação dos §§ 4º e 5º do art. 485 do CPC/2015 (Art. 485. O juiz não resolverá o mérito quando: "(...) § 4º Oferecida a contestação, o autor não poderá, sem o consentimento do réu, desistir da ação. § 5º A desistência da ação pode ser apresentada até a sentença) manteve o que previa o § 4º do art. 267 do CPC/1973, no sentido de exigir o consentimento do réu para a desistência da ação após decorrido o prazo para a resposta". 2. Ocorre que o STF, sob a égide do CPC/1973, editou o Tema 530 da sua jurisprudência para permitir, a qualquer tempo, a desistência independentemente da anuência prévia da autoridade coatora: "É lícito ao impetrante desistir da ação de mandado de segurança, independentemente de aquiescência da autoridade apontada como coatora ou da entidade estatal interessada ou, ainda, quando for o caso, dos litisconsortes passivos necessários (MS 26.890-AgR/DF, Pleno, Ministro Celso de Mello, DJe de 23.10.2009), a qualquer momento antes do término do julgamento (MS 24.584-AgR/DF, Pleno, Ministro Ricardo Lewandowski, DJe de 20.6.2008), mesmo após eventual sentença concessiva do writ constitucional, (&) não se aplicando, em tal hipótese, a norma inscrita no art. 267, § 4º, do CPC (RE 255.837-AgR/PR, 2ª Turma, Ministro Celso de Mello, DJe de 27.11.2009). Jurisprudência desta Suprema Corte reiterada em repercussão geral (Tema 530 – Desistência em mandado de segurança, sem aquiescência da parte contrária, após prolação de sentença de mérito, ainda que favorável ao impetrante)" (RE 669.367/RJ, Tribunal Pleno, Repercussão Geral, Rel. Ministro Luiz Fux, DJ 30/10/2014). 3. O STJ, seguindo o precedente da Suprema Corte, tem entendido que "é lícito ao impetrante desistir da ação de mandado de segurança, independentemente de aquiescência da autoridade apontada como coatora e a qualquer tempo, mesmo após sentença de mérito, ainda que lhe seja desfavorável" (Recurso Extraordinário 669.367, publicado do DJe de 30.10.2014). A propósito: REsp 1.679.311/RS, Rel. Ministro Herman Benjamin, Segunda Turma, julgado em 26/9/2017, DJe 11/10/2017; e AgInt no REsp 1.475.948/SC, Rel. Ministra Regina Helena Costa, Primeira Turma, julgado em 2/8/2016, DJe 17/8/2016) 4. Pedido de desistência do Mandado de Segurança homologado. (DESIS no MS 23.188/DF, Rel. Ministro HERMAN BENJAMIN, PRIMEIRA SEÇÃO, julgado em 27/03/2019, DJe 01/07/2019)

§ 6º Oferecida a contestação, a extinção do processo por abandono da causa pelo autor depende de requerimento do réu.

→ v. Súmula 240/STJ.

Extinção do processo por abandono do autor mediante requerimento do réu:

✓ APELAÇÃO CÍVEL. FAMÍLIA. AÇÃO DE ALIMENTOS. EXTINÇÃO DA AÇÃO. DESCABIMENTO. NECESSIDADE DE NOMEAÇÃO DE CURADOR ESPECIAL PARA PROTEGER OS INTERESSES DOS MENORES. PROSSEGUIMENTO DO FEITO. 1. A inércia processual de representante legal dos menores, tratando-se de conduta que conflita diretamente com os seus interesses, exige a nomeação de curador especial nos autos. 2. Para que seja extinta a ação por abandono da causa, deve haver o requerimento do réu, o que no caso não ocorreu, conforme Súmula 240 STJ e art. 485, § 6º do CPC RECURSO PROVIDO. (TJ-RS; Apelação Cível 70075749333; Sétima Câmara Cível; Rel. Liselena Schifino Robles Ribeiro; Julg. 17/11/2017).

✓ APELAÇÃO CÍVEL. AÇÃO DE EXECUÇÃO DE TÍTULO EXTRAJUDICIAL. SENTENÇA QUE EXTINGUIU O PROCESSO POR ABANDONO DE CAUSA. IRRESIGNAÇÃO DO EXEQUENTE. ABANDONO DA CAUSA. NÃO CARACTERIZAÇÃO. AUSÊNCIA DE REQUERIMENTO EXPRESSO DA EXECUTADA. INTELIGÊNCIA DA SÚMULA N. 240 DO SUPERIOR TRIBUNAL DE JUSTIÇA. DESCONSTITUIÇÃO DA SENTENÇA QUE SE MOSTRA NECESSÁRIA. RETORNO DOS AUTOS À ORIGEM PARA O SEU REGULAR PROCESSAMENTO. "Segundo a jurisprudência desta Corte, consolidada na Súmula nº 240/STJ, é defeso ao juiz extinguir o processo por abandono da causa de ofício, sendo imprescindível o requerimento do réu, pois, de um lado, não é dado presumir desinteresse da parte contrária já citada no prosseguimento e solução da causa e, de outro, ao autor não poderia ser imposta tal sanção sem o requerimento prévio da parte ré, pois sua inércia, nesse caso, não estaria suficientemente evidenciada." "Vale ressaltar que a inteligência da Súmula nº 240/STJ foi incorporada ao Código de Processo Civil de 2015 que passou a prever, em seu artigo 485, § 6º, que, oferecida a contestação, a extinção do processo por abandono da causa pelo autor depende de requerimento do réu" (Recurso Especial n. 1.596.446/SC, rel. Min. Ricardo Villas Bôas Cueva; Julg. em 14-6-2016). RECURSO CONHECIDO E PROVIDO. (TJ-SC; AC 05004787420138240058 São Bento do Sul; Quarta Câmara de Direito Comercial; Rel. Altamiro de Oliveira; Julg. 22/08/2017)

✓ RECURSO ESPECIAL. AÇÃO DE APURAÇÃO DE HAVERES DE QUOTAS DE SÓCIO EXCLUÍDO. EXTINÇÃO DE OFÍCIO DO PROCESSO SEM RESOLUÇÃO DE MÉRITO. ABANDONO DA CAUSA. ART. 267, INCISO III, §

1º, CPC/1973. REQUERIMENTO DA PARTE RÉ. NECESSIDADE. SÚMULA Nº 240/STJ. INTIMAÇÃO PESSOAL FRUSTRADA. ENDEREÇO ESTRANHO AOS AUTOS. INTIMAÇÃO POR EDITAL. NECESSIDADE. (...) 2. Segundo a jurisprudência desta Corte, consolidada na Súmula nº 240/STJ, é defeso ao juiz extinguir o processo por abandono da causa de ofício, sendo imprescindível o requerimento do réu, pois, de um lado, não é dado presumir desinteresse da parte contrária já citada no prosseguimento e solução da causa e, de outro, ao autor não poderia ser imposta tal sanção sem o requerimento prévio da parte ré, pois sua inércia, nesse caso, não estaria suficientemente evidenciada. 3. Vale ressaltar que a inteligência da Súmula nº 240/STJ foi incorporada ao Código de Processo Civil de 2015 que passou a prever, em seu artigo 485, § 6º, que, oferecida a contestação, a extinção do processo por abandono da causa pelo autor depende de requerimento do réu. 4. A extinção do processo por abandono da causa pelo autor pressupõe a sua intimação pessoal que, se for frustrada por falta de endereço correto, deve se perfectibilizar por edital. Precedentes. 5. Recurso especial provido. (REsp 1596446/SC; Terceira Turma; Rel. Ricardo Villas Boas Cueva; Julg. 14/06/2016; DJe 20/06/2016)

✓ PROCESSUAL CIVIL. RECURSO ESPECIAL. AFRONTA AO ART. 1.022 DO CPC/2015 NÃO CARACTERIZADA. MANDADO DE SEGURANÇA. EXTINÇÃO DO FEITO SEM JULGAMENTO DO MÉRITO. ABANDONO DA CAUSA. AUSÊNCIA DE REQUERIMENTO DO IMPETRADO. IMPOSSIBILIDADE. ART. 485, § 6º, DO CPC/2015 E SÚMULA 240/STJ. (...) 2. Segundo a jurisprudência do STJ, consolidada na Súmula 240/STJ, é defeso ao juiz extinguir o processo por abandono da causa de ofício, sendo imprescindível o requerimento do réu, pois, de um lado, não é dado presumir desinteresse da parte contrária já citada no prosseguimento e solução da causa e, de outro, ao autor não poderia ser imposta tal sanção sem o requerimento prévio da parte ré, pois sua inércia, nesse caso, não estaria suficientemente evidenciada. 3. Vale ressaltar que a inteligência da Súmula 240/STJ foi incorporada ao Código de Processo Civil de 2015, que passou a prever, em seu artigo 485, § 6º, que, oferecida a contestação, a extinção do processo por abandono da causa pelo autor depende de requerimento do réu, o que não ocorreu na hipótese dos autos. 4. Recurso Especial não provido. (REsp 1831958/CE, Rel. Ministro HERMAN BENJAMIN, SEGUNDA TURMA, julgado em 10/09/2019, DJe 11/10/2019)

Desnecessidade de oitiva do réu se ainda não citado:

✓ AGRAVO INTERNO NO AGRAVO EM RECURSO ESPECIAL. SÚMULA 182/STJ. NÃO INCIDÊNCIA. RECONSIDERAÇÃO DA DECISÃO AGRAVADA. EXECUÇÃO DE TÍTULO EXTRAJUDICIAL. REVELIA. CITAÇÃO POR EDITAL. EMBARGOS DO DEVEDOR APRESENTADOS POR CURADOR ESPECIAL. EXTINÇÃO DA EXECUÇÃO POR ABANDONO DA CAUSA PELO AUTOR. REQUERIMENTO DO RÉU. DESNECESSIDADE NO CASO. AGRAVO INTERNO PROVIDO. RECURSO ESPECIAL NÃO PROVIDO. 1. "A extinção prevista no artigo 485, inciso III, do CPC, ante o abandono da causa, tem aplicação subsidiária ao processo de execução (art. 771, parágrafo único, do CPC)" (AgInt no AREsp 1.427.832/SP, Rel. Ministro MARCO BUZZI, QUARTA TURMA, julgado em 24/06/2019, DJe de 1º/07/2019). 2. "A extinção do processo por abandono da causa pelo autor, necessita de requerimento do réu apenas nos casos em que o réu passou a integrar a lide, justificando, assim, sua manifestação acerca da extinção" (AgInt no AREsp 989.329/RJ, Rel. Ministro LUIS FELIPE SALOMÃO, QUARTA TURMA, julgado em 21/02/2017, DJe de 24/02/2017). 3. Inaplicabilidade da Súmula 240/STJ ao caso, por se tratar de réu revel, citado por edital e defendido pela Defensoria Pública, na condição de curadora especial, que também não se opôs à extinção da demanda. 4. Agravo interno provido para reconsiderar a decisão agravada e, em novo julgamento, conhecer do agravo para negar provimento ao recurso especial. (AgInt no AREsp 1534585/RJ, Rel. Ministro RAUL ARAÚJO, QUARTA TURMA, julgado em 10/03/2020, DJe 01/04/2020)

✓ PROCESSUAL CIVIL. AGRAVO INTERNO NO RECURSO ESPECIAL. AÇÃO MONITÓRIA. CONTRATO PARA DESCONTO DE TÍTULOS. EXTINÇÃO DO PROCESSO. ABANDONO DA CAUSA. NECESSIDADE DE REQUERIMENTO DO RÉU. 1. Ação monitória fundada em contrato para desconto de títulos. 2. A extinção do processo, por abandono da causa pelo autor, depende de requerimento do réu, somente podendo ser dispensada tal exigência, com admissão da extinção do processo de ofício pelo juiz, quando ainda não angularizada a relação jurídico-processual pela citação. Precedentes. 3. Agravo interno no recurso especial não provido. (AgInt no REsp 1821665/SP, Rel. Ministra NANCY ANDRIGHI, TERCEIRA TURMA, julgado em 25/05/2020, DJe 28/05/2020)

§ 7º Interposta a apelação em qualquer dos casos de que tratam os incisos deste artigo, o juiz terá 5 (cinco) dias para retratar-se.

→ *v.* Art. 198, VII, do ECA.

→ *v.* Arts. 331, 332, §§ 3º e 4º, e 485, § 7º, do CPC.

Art. 486. **O pronunciamento judicial que não resolve o mérito não obsta a que a parte proponha de novo a ação.**

Extinção do processo sem resolução de mérito e possibilidade de sua repropositura:

✓ AGRAVO INTERNO NO AGRAVO EM RECURSO ESPECIAL. PROCESSUAL CIVIL. NÃO IMPUGNAÇÃO DOS FUNDAMENTOS DA DECISÃO QUE INADMITIU O RECURSO ESPECIAL. RECONSIDERAÇÃO DA DECISÃO AGRAVADA. AÇÃO DECLARATÓRIA DE NULIDADE DE NEGÓCIO JURÍDICO. AUSÊNCIA DE JULGAMENTO DO MÉRITO DE RECONVENÇÃO PROPOSTA ANTERIORMENTE PELO AUTOR EM AÇÃO REIVINDICATÓRIA. COISA JULGADA FORMAL. AJUIZAMENTO DE NOVA DEMANDA. POSSIBILIDADE. AGRAVO INTERNO PROVIDO. RECURSO ESPECIAL PROVIDO. 1. "A coisa julgada material somente se dá quando apreciado e decidido o mérito da causa" (EREsp 160.850/SP, Rel. Ministro EDSON VIDIGAL, Rel. p/ acórdão Ministro SÁLVIO DE FIGUEIREDO TEIXEIRA, CORTE ESPECIAL, julgado em 03/02/2003, DJ de 29/09/2003, p. 134). 2. No caso, a ausência de análise do mérito da reconvenção, sob o fundamento de impossibilidade de ampliação do liame objetivo e subjetivo da demanda, não é passível de formar coisa julgada material, mas somente coisa julgada formal, que não impede a propositura de nova demanda para discutir a questão acerca da nulidade do negócio jurídico. 3. Agravo interno provido para, reconsiderando a decisão agravada, dar provimento ao recurso especial. (AgInt no AREsp 1511032/DF, Rel. Ministro RAUL ARAÚJO, QUARTA TURMA, julgado em 04/02/2020, DJe 13/02/2020)

✓ PROCESSUAL CIVIL. AGRAVO INTERNO NO RECURSO ESPECIAL. AÇÃO RESCISÓRIA. NÃO CABIMENTO. EXECUÇÃO. EXTINÇÃO SEM JULGAMENTO DO MÉRITO. CONFISSÃO DE DÍVIDA. NÃO JUNTADA DOS CONTRATOS ANTERIORES. REPROPOSITURA DA DEMANDA. POSSIBILIDADE. DECISÃO MANTIDA. 1. Segundo a jurisprudência pacífica desta Corte Superior, não é cabível ação rescisória contra decisão sem julgamento do mérito, quando possível a repropositura da demanda após sanado o vício (precedentes). 2. A não juntada dos contratos anteriores à confissão da dívida ocasiona a extinção do processo executivo sem julgamento de mérito (AgRg no REsp 988.699/SC, Rel. Ministra NANCY ANDRIGHI, TERCEIRA TURMA, julgado em 06/03/2008, DJe 17/03/2008). 3. Agravo interno a que se nega provimento. (AgInt no REsp 1835852/CE, Rel. Ministro ANTONIO CARLOS FERREIRA, QUARTA TURMA, julgado em 29/06/2020, DJe 01/07/2020)

✓ AGRAVO INTERNO NO AGRAVO EM RECURSO ESPECIAL. EXECUÇÃO. ABANDONO DA CAUSA. EXTINÇÃO DO PROCESSO SEM RESOLUÇÃO DO MÉRITO. INEXISTÊNCIA DE COISA JULGADA MATERIAL. PROPOSITURA DE NOVA EXECUÇÃO. POSSIBILIDADE (ART. 486, § 3º, DO CPC/2015). AGRAVO INTERNO DESPROVIDO. (...) 2. O Superior Tribunal de Justiça firmou orientação de que a extinção do processo anterior sem julgamento de mérito, em face da impossibilidade jurídica do pedido, não tem o condão de formar a coisa julgada material, mas apenas formal, sendo, por conseguinte, possível a propositura de nova demanda, desde que sanada a irregularidade da ação anterior. Precedentes. 3. Agravo interno desprovido. (AgInt no AREsp 1290934/MG, Rel. Ministro MARCO AURÉLIO BELLIZZE, TERCEIRA TURMA, julgado em 24/06/2019, DJe 27/06/2019)

§ 1º No caso de extinção em razão de litispendência e nos casos dos incisos I, IV, VI e VII do art. 485, a propositura da nova ação depende da correção do vício que levou à sentença sem resolução do mérito.

Extinção do processo sem resolução de mérito e impossibilidade de sua repropositura:

✓ APELAÇÃO CÍVEL. CRIANÇA E ADOLESCENTE. VAGA EM CRECHE. LITISPENDÊNCIA. INOCORRÊNCIA. DEMANDA ANTERIOR EXTINTA SEM RESOLUÇÃO DE MÉRITO. INTELIGÊNCIA DO ART. 486 DO CPC. SENTENÇA DESCONSTITUÍDA. Não há falar em extinção do feito por litispendência se a anterior ação proposta foi igualmente extinta sem resolução de mérito. Caso concreto em que se faz necessária a desconstituição da sentença por força do disposto no art. 486 do CPC. APELAÇÃO PROVIDA. (TJ-RS; Apelação Cível 70074819939; Sétima Câmara Cível; Rel. Sandra Brisolara Medeiros; Julg. 22/11/2017).

✓ APELAÇÃO CÍVEL. AÇÃO DE REPARAÇÃO POR DANOS MATERIAIS DECORRENTES DE ACIDENTE DE TRÂNSITO. INDEFERIMENTO DA INICIAL POR EXISTÊNCIA DE COISA JULGADA MATERIAL. INCONFORMISMO DOS AUTORES. RAZÃO QUE, PORÉM, NÃO LHES ASSISTE. EM AÇÃO ANTERIOR, PROPOSTA PELA PARTE RÉ, FOI JULGADO IMPROCEDENTE O PEDIDO CONTRAPOSTO DOS APELANTES. SENTENÇA QUE TRANSITOU EM JULGADO. REITERAÇÃO DA PRETENSÃO ATRAVÉS DE NOVA DEMANDA. IMPOSSIBILIDADE. EXTINÇÃO DO NOVO PROCESSO, SEM RESOLUÇÃO DO MÉRITO, DIANTE DA CONFIGURAÇÃO DA COISA JULGADA MATERIAL. INTELIGÊNCIA DO ART. 485, V, DO CPC/2015. SENTENÇA MANTIDA. RECURSO CONHECIDO E DESPROVIDO. (TJ-SC; AC 03023531820168240039 Lages; Quinta Câmara de Direito Civil; Rel. Cláudia Lambert de Faria; Julg. 06/06/2017)

§ 2º A petição inicial, todavia, não será despachada sem a prova do pagamento ou do depósito das custas e dos honorários de advogado.

Repropositura da demanda que exige o prévio recolhimento de custas:

✓ Ação rescisória. Ajuizamento anterior de outras duas ações rescisórias. Indeferimento, na primeira delas, do benefício da gratuidade de justiça. Custas não recolhidas. Cancelamento da distribuição. Propositura de nova ação que fica condicionada ao pagamento das custas iniciais a que foram os autores condenados na primeira ação. Inteligência do artigo 486, § 2º, do CPC/15. Inobservância. Cancelamento da distribuição, na forma do artigo 290 do CPC/15. (TJ-RJ; AR: 00156113220168190000 Rio de Janeiro, Tribunal de Justiça, Seção Cível Comum; Rel. Eduardo Gusmão Alves de Brito Neto; Julg. 19/05/2016; Data de Publicação: 24/05/2016)

✓ AGRAVO INTERNO NOS EMBARGOS DE DECLARAÇÃO NO AGRAVO EM RECURSO ESPECIAL. AÇÃO DE INDENIZAÇÃO POR DANOS MATERIAIS E MORAIS. EXISTÊNCIA DE PROCESSO ANTERIOR, EXTINTO SEM RESOLUÇÃO DO MÉRITO, PELA FALTA DE RECOLHIMENTO DAS RESPECTIVAS CUSTAS. AJUIZAMENTO DE NOVA AÇÃO SEM A PROVA DO PAGAMENTO DAQUELAS CUSTAS. NECESSIDADE. COMANDO DO ART. 268 DO CPC/1973 (ART. 486, § 2º, DO CPC/2015). AGRAVO INTERNO NÃO PROVIDO. (...) 2. Ajuizada nova ação, porquanto a primeira foi extinta sem resolução do mérito, pode o magistrado intimar o autor para que comprove o pagamento ou deposite as custas, conforme determina o art. 268 do CPC/1973 (correspondente ao art. 486, § 2º, do CPC/2015). Precedentes. 3. No caso, o processo anterior foi extinto sem resolução do mérito, com fundamento no art. 267, IV, do CPC/1973. Ajuizada nova ação, o juízo de origem determinou o recolhimento das custas do processo anteriormente extinto, mas o autor não cumpriu a providência. 4. Agravo interno não provido. (AgInt nos EDcl no AREsp 1132081/SP, Rel. Ministro RAUL ARAÚJO, QUARTA TURMA, julgado em 17/09/2019, DJe 03/10/2019)

Recolhimento das custas da 1ª demanda se na 2ª há gratuidade de justiça:

✓ ADMINISTRATIVO E PROCESSUAL CIVIL. AGRAVO INTERNO NO RECURSO ESPECIAL. AGRAVO DE INSTRUMENTO. REPROPOSITURA DE AÇÃO IDÊNTICA A OUTRA, ANTERIORMENTE EXTINTA, SEM EXAME DE MÉRITO. RECOLHIMENTO PRÉVIO DE CUSTAS E HONORÁRIOS FIXADOS NA DEMANDA ANTERIOR, COMO PRÉ-REQUISITO PARA A PROPOSITURA DE NOVO PROCESSO. DISPENSA. DEFERIMENTO DO BENEFÍCIO DA ASSISTÊNCIA JUDICIÁRIA NA DEMANDA ATUAL. NE-

CESSIDADE DE ASSEGURAR O PLENO ACESSO À JUSTIÇA. PRECEDENTES DO STJ. AGRAVO INTERNO IMPROVIDO.(...) III. O Tribunal de origem, a par de dar parcial provimento ao recurso, deferindo, à parte recorrente, o benefício da assistência judiciária, condicionou o recebimento da nova demanda ao recolhimento das custas e honorários advocatícios fixados na demanda idêntica, anteriormente proposta, nos termos do art. 268 do CPC/73, de vez que "a concessão de justiça gratuita somente é válida à parte agravante nos autos principais (nº 0025304-24.2014.4.03.6100), não podendo retroagir para a ação anteriormente proposta (nº 0013797-06.2014.4.03.6100)". IV. Ao assim decidir, o Tribunal de origem o fez em descompasso com o entendimento perfilhado por esta Corte, segundo o qual, para que se viabilize o pleno acesso à Justiça, a regra do art. 268 do CPC/73 (atual art. 486, § 2°, do CPC/2015) – segundo a qual a petição inicial da nova ação repetida não será despachada sem a prova do pagamento ou do depósito das custas e dos honorários advocatícios relativos à demanda anteriormente extinta – fica mitigada, quando a parte litiga, no novo processo, sob o pálio da assistência judiciária. Precedentes do STJ: AgRg no Ag 1.208.487/MG, Rel. Ministro ALDIR PASSARINHO JUNIOR, QUARTA TURMA, DJe de 15/12/2010; REsp 1.673/ES, Rel. Ministro BUENO DE SOUZA, QUARTA TURMA, DJU de 26/10/1992. V. Acórdão recorrido reformado, pela decisão ora agravada, a fim de afastar a obrigação de a autora comprovar o recolhimento das custas e honorários advocatícios relativos à anterior Ação Ordinária 0013797-06.2014.4.03.6100, como requisito para propositura da presente demanda. VI. Agravo interno improvido. (AgInt no REsp 1585256/SP, Rel. Ministra ASSUSETE MAGALHÃES, SEGUNDA TURMA, julgado em 21/09/2020, DJe 25/09/2020)

Novas custas no caso de incompetência e remessa a outro ramo do Judiciário:

✓ APELAÇÃO CÍVEL. EXECUÇÃO POR TÍTULO EXECUTIVO EXTRAJUDICIAL. FEITO REDISTRIBUÍDO AO JUÍZO A QUO EM VIRTUDE DE DECLÍNIO DE COMPETÊNCIA PROMOVIDO PELA JUSTIÇA ESTADUAL DO ESTADO DE SÃO PAULO. AUSÊNCIA DO RECOLHIMENTO DAS CUSTAS PERANTE ESTE TRIBUNAL. INTIMAÇÃO DO EXEQUENTE. INÉRCIA. ALEGAÇÃO AUTORAL DE INEXEGIBILIDADE DE NOVO PREPARO, TENDO EM VISTA O PAGAMENTO DE CUSTAS PERANTE O TJ/SP, QUANDO DA PROPOSITURA DA PRESENTE EXECUÇÃO. SENTENÇA DE EXTINÇÃO DO FEITO, SEM RESOLUÇÃO DO MÉRITO, COM BASE NO ART. 485, X, DO CPC, DETERMINANDO-SE O CANCELAMENTO DA DISTRIBUIÇÃO, COM BASE NO ART. 290 DO CPC. APELO INSISTINDO NA DESNECESSIDADE DO PREPARO. DESCABIMENTO. CUSTAS E EMOLUMENTOS QUE SÃO DESTINADOS, EXCLUSIVAMENTE, AO CUSTEIO DOS SERVIÇOS AFETOS ÀS ATIVIDADES ESPECÍFICAS DA JUSTIÇA. TAXA JUDICIÁRIA QUE TEM COMO FATO GERADOR A UTILIZAÇÃO EFETIVA OU POTENCIAL DA PRESTAÇÃO JURISDICIONAL. INCIDÊNCIA DO § 2º DO ART. 98 DA CF/88 E ART. 77 DO CTN. OCORRÊNCIA DE NOVO FATO GERADOR DA EXAÇÃO COM A REDISTRIBUIÇÃO DO FEITO PELO DECLÍNIO. INEXISTÊNCIA DE BIS IN IDEM TRIBUTÁRIO. CORRETA A IMPOSIÇÃO AO PAGAMENTO DAS CUSTAS PERTINENTES. PRECEDENTES JURIPRUDENCIAIS NO MESMO SENTIDO. CORRETA EXTINÇÃO DO FEITO, SEM RESOLUÇÃO DO MÉRITO, COM O CANCELAMENTO DA DISTRIBUIÇÃO NA FORMA DO ART. 290 DO CPC. INAPLICABILIDADE DO § 2º DO ART. 486 DO CPC, IN CASU, POSTO QUE SE RELACIONA AOS CASOS DE EXTINÇÃO EM RAZÃO DE LITISPENDÊNCIA E AOS CASOS DOS INCISOS I, IV, VI E VII DO ART. 485 DO CPC. DESPROVIMENTO DO RECURSO. (TJ-RJ; APL 00343686320158190209 Rio de Janeiro, Barra da Tijuca, Regional; 2ª Vara Cível, Sexta Câmara Cível; Rel. Inês Da Trindade Chaves de Melo; Julg. 30/08/2017; Data de Publicação: 11/09/2017)

§ 3º Se o autor der causa, por 3 (três) vezes, a sentença fundada em abandono da causa, não poderá propor nova ação contra o réu com o mesmo objeto, ficando-lhe ressalvada, entretanto, a possibilidade de alegar em defesa o seu direito.

Art. 487. **Haverá resolução de mérito quando o juiz:**

I – acolher ou rejeitar o pedido formulado na ação ou na reconvenção;

Decisão que reconhece a impossibilidade jurídica do pedido como hipótese de improcedência (questão polêmica):

✓ TRIBUTÁRIO E PROCESSUAL CIVIL. RESCISÓRIA. PRESCRIÇÃO. IMPOSTO DE RENDA. CINCO MAIS CINCO. MATÉRIA NÃO TANGENCIADA PELO ACÓRDÃO. AUSÊNCIA DE IMPUGNAÇÃO DOS FUNDAMENTOS DO ACÓRDÃO RESCINDENDO. RESCISÓRIA JULGADA IMPROCEDENTE. 1. A rescisória por violação de direito federal exige que a tese prestigiada no acórdão seja atacada de forma direta e específica. 2. Hipótese em que a rescisória, fundada em alegação de violação de literal dispositivo de lei, refere-se à questão diversa daquela que foi apreciada pelo acórdão rescindendo. Caso de absoluta assimetria entre o que julgou a Corte e o que alega o autor como causa de rescisão. É inviável pretender rescindir o que não declarou o acórdão, o que nele não se contém. 3. No regime do CPC de 2015, em que as condições da ação não mais configuram categoria processual autônoma, diversa dos pressupostos processuais e do mérito, a possibilidade jurídica do pedido deixou de ser questão relativa à admissibilidade e passou a ser mérito. Afirma a Exposição de motivos do Anteprojeto do Novo CPC que "a sentença que, à luz da lei revogada seria de carência da ação, à luz do Novo CPC é de improcedência e resolve definitivamente a controvérsia". 4. Nos termos do parágrafo único do art. 974 do CPC, a conversão em multa do depósito do art. 488, II, do CPC/1973 (atual 968, II) pressupõe ser a rescisória julgada improcedente ou inadmissível por unanimidade, razão pela qual a decisão quanto ao destino do depósito somente poderá ser tomada após a conclusão do julgamento. Ação rescisória julgada improcedente. (AR 3.667/DF; Primeira Seção; Rel. Humberto Martins; Julg. 27/04/2016; DJe 23/05/2016)

II – decidir, de ofício ou a requerimento, sobre a ocorrência de decadência ou prescrição;

→ *v.* Arts. 302, IV, 310, e 332, § 1º, do CPC.

Prescrição e decadência como decisão de mérito e não processual:

✓ Processual civil. Hipóteses de agravo de instrumento. Rol taxativo. Interpretação extensiva. Possibilidade. Decisão que afasta a prescrição e a decadência. Possibilidade de interposição do recurso. 1. É certo que as hipóteses de agravo de instrumento trazidas pelo CPC de 2015 são taxativas, mas também é certo que o exegeta pode valer-se de uma interpretação extensiva. 2. A decisão sobre prescrição e decadência é, consoante o art. 487, II, de mérito, não havendo razão para somente permitir a interposição de Agravo de Instrumento da decisão que reconhece os dois institutos. 3. É inadequada a preclusão prematura da decisão que afasta as prejudiciais de mérito elencadas na contestação, razão pela qual, por meio de interpretação extensiva, deve-se reconhecer a possibilidade de interposição de agravo de instrumento nesses casos, ou mesmo por interpretação literal, diante do teor do art. 1.015, II, do CPC. 4. Recurso especial conhecido e provido" (REsp 1695936/MG, Rel. Min. Herman Benjamin, 2.ª Turma, j. 21.11.2017, *DJe* 19.12.2017).

✓ CIVIL. PROCESSUAL CIVIL. AÇÃO DE REPARAÇÃO DE DANOS MATERIAIS E MORAIS. DECISÃO INTERLOCUTÓRIA QUE REJEITA A ALEGAÇÃO DE PRESCRIÇÃO ARGUIDA PELO RÉU. RECORRIBILIDADE IMEDIATA POR AGRAVO DE INSTRUMENTO. POSSIBILIDADE. CABIMENTO DO RECURSO COM BASE NO ART. 1.015, II, DO CPC/2015. PRESCRIÇÃO E DECADÊNCIA. QUESTÕES DE MÉRITO, SEJA NO ACOLHIMENTO, SEJA NA REJEIÇÃO. (...) 2- O propósito recursal consiste em definir se a decisão interlocutória que afasta a alegação de prescrição é recorrível, de imediato, por meio de agravo de instrumento interposto com fundamento no art. 1.015, II, do CPC/2015. 3- O CPC/2015 colocou fim às discussões que existiam no CPC/73 acerca da existência de conteúdo meritório nas decisões que afastam a alegação de prescrição e de decadência, estabelecendo o art. 487, II, do novo Código, que haverá resolução de mérito quando se decidir sobre a ocorrência da prescrição ou da decadência, o que abrange tanto o reconhecimento, quanto a rejeição da alegação. 4- Embora a ocorrência ou não da prescrição ou da decadência possam ser apreciadas somente na sentença, não há óbice para que essas questões sejam examinadas por intermédio de decisões interlocutórias, hipótese em que caberá agravo de instrumento com base no art. 1.015, II, do CPC/2015, sob pena de formação de coisa julgada material sobre a questão. Precedente. (...) 6- Recurso especial conhecido e provido. (REsp 1738756/MG, Rel. Ministra NANCY ANDRIGHI, TERCEIRA TURMA, julgado em 19/02/2019, DJe 22/02/2019)

Recorribilidade quanto à apreciação da prescrição:

✓ RECURSO ESPECIAL. PROCESSO CIVIL. DECISÃO INTERLOCUTÓRIA QUE AFASTA A PRESCRIÇÃO. DECISÃO DE MÉRITO QUE DESAFIA O RECURSO DE AGRAVO DE INSTRUMENTO. ART. 487, II, C/C ART. 1.015, II, DO CPC/15. 1. Segundo o CPC/2015, nas interlocutórias em que haja algum provimento de mérito, caberá o recurso de agravo de instrumento para impugná-las (art. 1.015, II). 2. No atual sistema processual, nem toda decisão de mérito deve ser tida por sentença, já que nem sempre os provimentos com o conteúdo dos arts. 485 e 487 do CPC terão como consequência o fim do processo (extinção da fase cognitiva do procedimento comum ou da execução). 3. As decisões interlocutórias que versem sobre o mérito da causa não podem ser tidas como sentenças, pois, à luz do novel diploma, só haverá sentença quando se constatar, cumulativamente: I) o conteúdo previsto nos arts. 485 e 487 do CPC; e II) o fim da fase de cognição do procedimento comum ou da execução (CPC, art. 203, § 1°). 4. O novo Código considerou como de mérito o provimento que decide sobre a prescrição ou a decadência (art. 487, II, do CPC), tornando a decisão definitiva e revestida do manto da coisa julgada. 5. Caso a prescrição seja decidida por interlocutória, como ocorre na espécie, o provimento deverá ser impugnado via agravo de instrumento. Já se a questão for definida apenas no âmbito da sentença, pondo fim ao processo ou a capítulo da sentença, caberá apelação nos termos do art. 1.009 do CPC. 6. Recurso especial não provido. (REsp 1778237/RS, Rel. Ministro LUIS FELIPE SALOMÃO, QUARTA TURMA, julgado em 19/02/2019, DJe 28/03/2019)

IAC sobre prescrição intercorrente, antes e durante o CPC/2015:

✓ RECURSO ESPECIAL. INCIDENTE DE ASSUNÇÃO DE COMPETÊNCIA. AÇÃO DE EXECUÇÃO DE TÍTULO EXTRAJUDICIAL. PRESCRIÇÃO INTERCORRENTE DA PRETENSÃO EXECUTÓRIA. CABIMENTO. TERMO INICIAL. NECESSIDADE DE PRÉVIA INTIMAÇÃO DO CREDOR-EXEQUENTE. OITIVA DO CREDOR. INEXISTÊNCIA. CONTRADITÓRIO DESRESPEITADO. RECURSO ESPECIAL PROVIDO. 1. As teses a serem firmadas, para efeito do art. 947 do CPC/2015 são as seguintes: 1.1 Incide a prescrição intercorrente, nas causas regidas pelo CPC/73, quando o exequente permanece inerte por prazo superior ao de prescrição do direito material vindicado, conforme interpretação extraída do art. 202, parágrafo único, do Código Civil de 2002. 1.2 O termo inicial do prazo prescricional, na vigência do CPC/1973, conta-se do fim do prazo judicial de suspensão do processo ou, inexistindo prazo fixado, do transcurso de um ano (aplicação analógica do art. 40, § 2°, da Lei 6.830/1980). 1.3 O termo inicial do art. 1.056 do CPC/2015 tem incidência apenas nas hipóteses em que o processo se encontrava suspenso na data da entrada em vigor da novel lei processual, uma vez que não se pode extrair interpretação que viabilize o reinício ou a reabertura de prazo prescricional ocorridos na vigência do revogado CPC/1973 (aplicação irretroativa da norma processual). 1.4. O contraditório é princípio que deve ser respeitado em todas as manifestações do Poder Judiciário, que deve zelar pela sua observância, inclusive nas hipóteses de declaração de ofício da prescrição intercorrente, devendo o credor ser previamente intimado para opor algum fato impeditivo à incidência da prescrição. (...) (REsp 1604412/SC, Rel. Ministro MARCO AURÉLIO BELLIZZE, SEGUNDA SEÇÃO, julgado em 27/06/2018, DJe 22/08/2018).

III – homologar:

a) o reconhecimento da procedência do pedido formulado na ação ou na reconvenção;

Acordo protocolado anteriormente e anulação do julgamento:

✓ QUESTÃO DE ORDEM NO ACORDO NO AGRAVO EM RECURSO ESPECIAL. ANULAÇÃO DO JULGAMENTO DO AGRAVO INTERNO. HOMOLOGAÇÃO DO ACORDO FIRMADO. EXTINÇÃO DO PROCESSO COM RESOLUÇÃO DO MÉRITO. 1. O acordo foi protocolizado antes do julgamento do Agravo Interno, diante disso, nos termos do art. 34, inciso XIV c/c o art. 91, inciso II ambos do RISTJ, submete-se a presente Questão de Ordem à esta egrégia Turma a fim de chamar o feito a ordem e anular o julgamento do Agravo Interno (fls. 1.476/1.483). 2. Verifica-se haver nos autos instrumento de procuração com outorga de poderes especiais para transigir aos advogados da parte requerente (fls. 27e fls. 305/306). 3. Homologa-se o acordo firmado conforme pleiteado e, extingue-se o processo com resolução de mérito, em conformidade com o art. 487, inciso III, b do Código Fux. (Acordo no AREsp 1455048/SP, Rel. Ministro NAPOLEÃO NUNES MAIA FILHO, PRIMEIRA TURMA, julgado em 17/12/2019, DJe 19/12/2019)

Sentença homologatória passível de ação rescisória:

✓ PROCESSUAL CIVIL E ADMINISTRATIVO. AÇÃO RESCISÓRIA. DESAPROPRIAÇÃO. INTERESSE SOCIAL. REFORMA AGRÁRIA. DECISÃO RESCINDENDA. ART. 10 DA LC 76/1993. NATUREZA MERITÓRIA. CABIMENTO. SÍNTESE DA CONTROVÉRSIA 1. Trata-se, na origem, de Ação Rescisória de sentença homologatória (art. 10 da Lei Complementar 76/1993) proferida nos autos da ação promovida pelo INCRA visando à expropriação por interesse social para fins de reforma agrária do imóvel rural (...) 7. O acórdão recorrido entendeu que a decisão rescindenda não examinou o mérito por ter natureza meramente homologatória do preço ofertado, não constituindo sentença de mérito impugnável por Ação Rescisória, mas sim por Ação Anulatória. 8. O acórdão recorrido assentou que o INCRA apresentou a Ação de Desapropriação e posteriormente houve concordância do réu com os valores ofertados na inicial, o que resultou em sentença homologatória do juiz de primeiro grau com a consolidação da transferência da propriedade. 9. Como é apontado pela Corte Regional, a sentença, após a concordância do réu, homologou o preço oferecido, o que tomou por base a expressa determinação do caput do art. 10 da Lei Complementar 76/1993 ("Havendo acordo sobre o preço, este será homologado por sentença"). 10. Resta, pois, definir a natureza jurídica da sentença homologatória na Ação de Desapropriação, mas o INCRA entende que ela configura como sentença de resolução de mérito por reconhecimento do pedido. 11. A Ação de Desapropriação é um procedimento constitutivo da propriedade em favor do ente público mediante efetivação da justa indenização. Para isso, o juiz atua, com ampla liberdade instrutória, para a persecução da apuração do valor indenizatório justo, o que inclui a possibilidade, como já manifestado no STJ, de ele não homologar o acordo a que chegaram as partes e determinar a realização de perícia judicial. 12. A propósito: "a ação de desapropriação dispensa a elaboração da prova pericial, quando houver acordo entre as partes, sendo certo que esta prescindibilidade deve ser analisada cum granu salis, porquanto a indenização deve buscar sempre o princípio constitucional da justa indenização (CF, art. 5º, XXIV)." (REsp 886.672/RO, Rel. Ministro Luiz Fux, Primeira Turma, DJ 22.11.2007). 13. Mesmo que haja concordância expressa ou tácita do réu com o valor ofertado, o juiz deve observar a razoabilidade da indenização, notadamente para garantir a observância do interesse público e da justa indenização, o que leva à conclusão de que a decisão homologatória do valor ofertado se reveste de conteúdo meritório. 14. Além disso, como consta no acórdão recorrido, assim foi exarado o dispositivo da sentença rescindenda: "Tais as razões, HOMOLOGO o preço oferecido, ficando o imóvel descrito no decreto presidencial acima aludido incorporado ao patrimônio do INCRA (art. 10 da LC – 76/93)". 15. Como consequência da natureza jurídica da Ação de Desapropriação, o juiz constatou a regularidade formal do procedimento, acolheu o preço ofertado e declarou a transferência da propriedade em favor do INCRA (fls. 94-98), o que ressalta o evidente caráter meritório da decisão rescindenda. 16. Por fim, o art. 269, II, do CPC/1973, vigente à época da decisão rescindenda, estabelecia que há resolução de mérito quando o réu reconhecer a procedência do pedido. 17. Sendo o objeto da Ação de Desapropriação o pagamento da justa indenização pelo bem expropriado, a aceitação, pelo réu, do valor ofertado pelo autor indica o reconhecimento do pedido, e a sentença homologatória, por conseguinte, se enquadra na hipótese do art. 269, II, do CPC/1973. 18. O Código de Processo Civil de 2015, em seu art. 487, III, "a", deixa mais clara essa situação ao estabelecer que haverá resolução de mérito quando o juiz "homologar" o reconhecimento da procedência do pedido formulado na ação. 19. Recurso Especial do INCRA provido para que seja dado prosseguimento ao julgamento da Ação Rescisória na origem. Recurso Especial de Ipê Agroindustrial Ltda. prejudicado. (REsp 1295181/TO, Segunda Turma; Rel. Herman Benjamin; Julg. 13/12/2016; DJe 19/12/2016)

b) a transação;

Efeitos da homologação de transação:

✓ AGRAVO INTERNO NOS EMBARGOS DE DECLARAÇÃO NO RECURSO ESPECIAL. AGRAVO DE INSTRUMENTO. ALEGAÇÃO DA PARTE AGRAVANTE DE INCIDÊNCIA DAS SÚMULAS 7 E 211 DO STJ E 282 DO STF SOBRE AS QUESTÕES ADUZIDAS NO RECURSO ESPECIAL DA PARTE RECORRIDA. NÃO ACOLHIMENTO. AÇÃO PRINCIPAL DE INDENIZAÇÃO EM FASE DE CUMPRIMENTO DE SENTENÇA. TRANSAÇÃO. HOMOLOGAÇÃO JUDICIAL. ATO PERFEITO E ACABADO. PREPONDERÂNCIA SOBRE A SENTENÇA ANTERIOR. TAXA DE JUROS. VERIFICAÇÃO DA SUA ADEQUAÇÃO. ERRO DE DIREITO. SUBMISSÃO À COISA JULGADA E À PRECLUSÃO. ACÓRDÃO RECORRIDO REFORMADO. RESTABELECIMENTO DA DECISÃO DE PRIMEIRO GRAU AGRAVADA. AGRAVO DESPROVIDO. (...) 2. É iterativa a jurisprudência desta Corte Superior no sentido de que "a transação estabelecida entre as partes devidamente homologada, com observância dos preceitos legais e sem que sejam identificados vícios, constitui-se em ato jurídico perfeito e acabado, motivo por que suas disposições devem ser observadas" (EDcl no AgRg no AREsp 306.833/MS, Rel. Ministra Maria Isabel Gallotti, Quarta Turma, julgado em 24/9/2019, DJe 2/10/2019). 3. Aperfeiçoada a transação, tal ato torna-se perfeito e acabado, não se cogitando de sua nulidade em virtude do arrependimento unilateral de uma das partes. Precedente. 4. Amparando-se o Tribunal a quo em dispositivo legal para alterar a sentença (que foi objeto de duas transações sucessivas posteriormente), não há que se falar em erro material, mas, sim, em erro de direito, o qual se submete, efetivamente, à coisa julgada e à preclusão, sendo insuscetível de modificação. 5. Agravo interno desprovido. (AgInt nos EDcl no REsp 1546606/RS, Rel. Ministro MARCO AURÉLIO BELLIZZE, TERCEIRA TURMA, julgado em 04/05/2020, DJe 08/05/2020)

c) a renúncia à pretensão formulada na ação ou na reconvenção.

Homologação de renúncia à pretensão:

✓ AÇÃO RESCISÓRIA. PEDIDO DE RENÚNCIA AO DIREITO EM QUE SE FUNDA A AÇÃO. EXISTÊNCIA DE PROCURAÇÃO COM PODERES ESPECÍFICO. HOMOLOGAÇÃO DO PEDIDO. ART. 487, III, 'C', DO CPC/2015.

PROCESSO EXTINTO COM RESOLUÇÃO DO MÉRITO. Decisão: Trata-se de petição apresentada por Enio Marques Gualda (Petição STF nº 2.114/2017), por advogado constituído com poderes especiais para tanto, em que se manifesta o interesse em "renunciar ao direito que se funda a ação em comento, requerendo seja o processo extinto, com resolução do mérito, nos termos do art. 487, III, alínea 'c' do CPC". É o relatório. Decido. Tratando das hipóteses em que cabe ao juiz resolver o mérito do processo, o art. 487 do Código de Processo Civil de 2015 assim dispõe em seu inciso III: "Art. 487. Haverá resolução de mérito quando o juiz: [...] III – homologar: [...] c) a renúncia à pretensão formulada na ação ou na reconvenção." Ademais, apresentou-se procuração com poderes específicos "para renunciar ao direito sobre o qual se funda a ação (CPC, art. 487, III. 'c') nos autos de Ação Rescisória nº. 2562, em trâmite perante o Supremo Tribunal Federal", em atendimento às exigências do art. 105 do CPC/2015. Ex positis, homologo a renúncia e extingo o processo com resolução de mérito, nos termos do art. 487, III, 'c', do CPC/2015 Publique-se. Int. Brasília, 2 de fevereiro de 2017. Ministro Luiz Fux Relator Documento assinado digitalmente (STF; AR: 2562; DF – DISTRITO FEDERAL; 0057169-94.2016.1.00.0000; Rel. Min. Luiz Fux; Julg. 02/02/2017; Data de Publicação: DJe-030 15/02/2017)

✓ PROCESSUAL CIVIL. RENÚNCIA AO DIREITO EM QUE SE FUNDA A AÇÃO. HOMOLOGAÇÃO. ALTERAÇÃO DO PEDIDO. IMPOSSIBILIDADE. DECISÃO DE MÉRITO. FIXAÇÃO DOS HONORÁRIOS. JUÍZO DE ORIGEM. 1. O pedido do agravante, já homologado, foi bem claro no sentido de desistência do recurso especial e renúncia ao direito em que se funda a presente ação, não podendo, em sede de agravo interno, haver alteração de tal pleito. 2. O art. 487, III, "c", do CPC/2015 estabelece que haverá resolução de mérito quando o juiz homologar a renúncia à pretensão formulada na ação ou na reconvenção, decisão que, por sua vez, substituirá o julgado anteriormente proferido no processo, devendo os autos retornarem ao juízo de origem para que julgue a respeito das verbas de sucumbência, nos termos da reiterada jurisprudência do Superior Tribunal de Justiça. 3. Agravo interno desprovido. (AgInt nos EDcl na DESIS no REsp 1639435/SC, Rel. Ministro GURGEL DE FARIA, PRIMEIRA TURMA, julgado em 20/03/2018, DJe 25/04/2018)

Parágrafo único. Ressalvada a hipótese do § 1º do art. 332, a prescrição e a decadência não serão reconhecidas sem que antes seja dada às partes oportunidade de manifestar-se.

→ *V.* Art. 10 do CPC.

Necessidade de cientificação prévia das partes antes da decisão sobre prescrição ou decadência:

✓ APELAÇÃO CÍVEL. AÇÃO MONITÓRIA CONVERTIDA EM EXECUÇÃO. FEITO ARQUIVADO ADMINISTRATIVAMENTE EM RAZÃO DA AUSÊNCIA DE BENS PENHORÁVEIS. DECURSO, A PARTIR DO TÉRMINO DA SUSPENSÃO (DE UM ANO, ART. 921, § 4º, DO CPC/2015), DE PERÍODO SUPERIOR AO PRAZO PRESCRICIONAL DE CINCO ANOS (ART. 206, § 5º, I, DO CÓDIGO CIVIL. DESNECESSIDADE DE INTIMAÇÃO PESSOAL DA PARTE. AUSÊNCIA, POR OUTRO LADO, DE INTIMAÇÃO DO PROCURADOR DA PARTE EXEQUENTE. INOBSERVÂNCIA AO DISPOSTO NO ART. 487, PARÁGRAFO ÚNICO, DO CPC/2015. NULIDADE DECRETADA. Muito embora prescinda de intimação pessoal da parte, a decretação da prescrição intercorrente deve ser precedida, necessariamente, de intimação de seu procurador, na forma do art. 487, parágrafo único, do CPC/2015, a fim de que lhe seja franqueado o exercício do contraditório em relação àquela causa extintiva. A possibilidade de a prescrição ser decretada de ofício não elide a necessidade da intimação prévia ao seu reconhecimento. HONORÁRIOS RECURSAIS. AUSÊNCIA DE FIXAÇÃO DE VERBA ADVOCATÍCIA EM PRIMEIRO GRAU. INVIABILIDADE. É inviável a fixação de honorários recursais, a despeito do labor adicional em grau recursal e de a prolação da sentença ter se dado já sob a égide do CPC/2015, se não houve, porque não cabia, a fixação de verba advocatícia em primeiro grau. (TJ-SC; AC 00034629719988240031 Indaial; Quarta Câmara de Direito Comercial; Rel. Janice Goulart Garcia Ubialli; Julg. 10/10/2017)

Art. 488. Desde que possível, o juiz resolverá o mérito sempre que a decisão for favorável à parte a quem aproveitaria eventual pronunciamento nos termos do art. 485.

→ *V.* Art. 282, § 2º, do CPC.

Aplicação do princípio da preponderância no exame do mérito (primazia do mérito):

✓ APELAÇÃO CÍVEL EM MANDADO DE SEGURANÇA. ADMINISTRATIVO. (...) INTIMAÇÃO DAS PARTES PARA ACOSTAREM DOCUMENTOS. APLICAÇÃO DO PRINCÍPIO DA PRIMAZIA DA RESOLUÇÃO DE MÉRITO. ART. 488, CPC/2015. SENTENÇA PARCIALMENTE REFORMADA. AGRAVO PARCIALMENTE PROVIDO. JUÍZO DE RETRATAÇÃO POSITIVO PARA JULGAR PARCIALMENTE PROCEDENTES OS PEDIDOS INICIAIS. Sentença ou decisão que não resolve, quiçá devolvendo o problema para o futuro, não é produto a ser almejado por quem quer que seja, principalmente quando considerado o tempo e os recursos despendidos durante o andamento processual (Zulmar Duarte de Oliveira Jr.) (TJSC, Apelação Cível 0502897-46.2011.8.24.0023; Capital; Terceira Câmara de Direito Público; Rel. Des. Pedro Manoel Abreu; Julg. 31/10/2017).

✓ Cível. Ação monitória. Contrato de compra e venda inadimplido. Sentença de improcedência. Apelo da parte autora. Demandante que adquiriu equipamento industrial. Alegação de pagamento do valor do bem e de não entrega do mesmo pela parte ré. Pretensão de ressarcimento dos valores pagos, que vem ventilada sob a forma de ação monitória. Rito monitório que é destinado àqueles que, com base em prova escrita sem eficácia de título executivo, tem direito de exigir do devedor o pagamento de quantia em dinheiro. Art. 700, I, do CPC/2015. Contrato que tinha por objeto entrega de coisa mediante paga, sendo certo que o autor não é credor da obrigação de pagar, mas, sim, da de entrega do bem adquirido. Inexistência de título executivo. Interesse processual que não se verifica, por ofensa ao princípio da adequação, ante a adoção de via processual inadequada aos fins almejados pela parte. Aplicação do art. 485, VI, do CPC/2015. Superação da preliminar e apreciação do mérito, nos termos da vênia insculpida no art. 488 do CPC/2015. Prescrição do crédito que o autor busca ver ressarcido. Precedente do E. STJ.

Desprovimento do recurso. Manutenção da sentença. (TJ-RJ; APL 00028761120168190050 Rio de Janeiro, Santo Antônio de Pádua; 2ª Vara; Vigésima Primeira Câmara Cível; Rel. Pedro Freire Raguenet; Julg. 13/06/2017; Data de Publicação: 20/06/2017)

Seção II
Dos Elementos e dos Efeitos da Sentença

Art. 489. São elementos essenciais da sentença:

→ v. Art. 93, IX, da CF/1988.

→ v. Art. 99 da Lei 11.101/2005.

→ v. Art. 38 da Lei 9.099/1995.

→ v. Enunciado 37 do CJF: Aplica-se aos juizados especiais o disposto nos parágrafos do art. 489 do CPC.

→ v. Enunciado 47 da ENFAM: O art. 489 do CPC/2015 não se aplica ao sistema de juizados especiais.

Necessidade de serem observados os requisitos do artigo 489 do CPC:

✓ Apelação Cível. Execução Fiscal. Extinção da execução. Apelo do exequente invocando preliminar de nulidade absoluta. Autos digitalizados sem a cópia da sentença recorrida, existindo apenas certidão fazendo referência de que ela fora prolatada em lote, constando a original vinculada a outro processo. Sentença em conjunto com outros feitos e que não menciona o número do processo e os nomes das partes. Violação ao art. 489 do CPC. Nulidade absoluta. Óbice insanável a impedir apreciação do presente apelo. Preliminar que ora se acolhe. Provimento ao recurso para, acolhendo a preliminar suscitada, anular a sentença, determinando-se o prosseguimento do feito. (TJ-RJ; APL 00607986120078190038 Rio de Janeiro, Nova Iguaçu Central de Dívida Ativa; Nona Câmara Cível; Rel. Gilberto Dutra Moreira; Julg. 29/11/2016; Data de Publicação: 01/12/2016)

Violação ao art. 489 x suficiência de fundamentação:

✓ Processual civil e administrativo. Ofensa aos arts. 489 e 1.022 do CPC/2015. Não ocorrência. Responsabilidade civil do Estado. Servidor público. Doença ocupacional. Pensão mensal afastada. Acórdão recorrido fundado em matéria constitucional e infraconstitucional. Não interposição de recurso extraordinário. Incidência da Súmula 126/STJ. Dano material. Reexame de provas. Incidência da Súmula 7/STJ. 1. Não há violação dos arts. 489, § 1.º, VI, e 1.022, parágrafo único, II, do CPC de 2015, pois há fundamentação suficiente para amparar o acórdão recorrido. 2. Firmado o acórdão recorrido em fundamentos constitucional e infraconstitucional, cada um suficiente, por si só, para manter inalterada a decisão, é ônus da parte recorrente a interposição tanto do recurso especial quanto do Recurso Extraordinário, ocasionando a preclusão de uma das questões e o consequente não conhecimento do recurso. Aplicação da Súmula 126 do STJ. 3. O Tribunal de origem, com base nas provas existentes, entendeu não haver comprovação do dano material. A inversão do julgado nos moldes pretendidos pela recorrente demanda revolvimento das provas, o que encontra óbice na Súmula 7/STJ. 4. Recurso especial parcialmente conhecido e, nessa extensão, não provido. (STJ, REsp 1707574/SE, Rel. Min. Herman Benjamin, 2.ª Turma, j. 07.12.2017, *DJe* 19.12.2017).

Desnecessidade de os tribunais responderem a todas as questões suscitadas pelas partes:

✓ Administrativo. Responsabilidade civil. Acidente de trânsito. Alegação de ausência de fundamentação no acórdão recorrido. Inexistente. Acórdão que enfrentou todas as questões necessárias. Pretensão de reexame fático-probatório. Incidência do enunciado n. 7 da Súmula do STJ. I – Conforme pacífico entendimento desta Corte, o órgão julgador não é obrigado a responder a todas as questões suscitadas pelas partes, quando já tenha encontrado motivo suficiente para proferir a decisão. A determinação contida no art. 489 do CPC/2015 'veio confirmar a jurisprudência já sedimentada pelo Colendo Superior Tribunal de Justiça, sendo dever do julgador apenas enfrentar as questões capazes de infirmar a conclusão adotada na decisão recorrida' (EDcl no MS 21.315/DF, Rel. Min. Diva Malerbi (Desembargadora Convocada TRF 3.ª Região), Primeira Seção, j. 08.06.2016, DJe 15.06.2016). II – A corte de origem analisando o contexto fático-probatório dos autos concluiu (fl. 270): 'Neste caso, ainda que houvesse buracos no asfalto e ainda que a pista apresentasse irregularidades, é certo que o acidente que vitimou fatalmente [...] somente ocorreu por culpa do motociclista que invadiu a contramão da via em alta velocidade'. III – Para alterar tais conclusões seria necessário o reexame fático-probatório, vedado pelo enunciado n. 7 da Súmula do STJ, segundo o qual: 'pretensão de simples reexame de provas não enseja recurso especial'. IV – Agravo interno improvido" (STJ, AgInt no AREsp 1037131/SP, Rel. Min. Francisco Falcão, 2.ª Turma, j. 16.11.2017, *DJe* 22.11.2017)

I – o relatório, que conterá os nomes das partes, a identificação do caso, com a suma do pedido e da contestação, e o registro das principais ocorrências havidas no andamento do processo;

Requisitos mínimos da sentença:

✓ ADMINISTRATIVO E PROCESSUAL CIVIL. AGRAVO INTERNO NO AGRAVO EM RECURSO ESPECIAL. DECISÃO AGRAVADA QUE ATENDE AOS REQUISITOS DO ART. 489 DO CPC/2015. AUSÊNCIA DE IMPUGNAÇÃO ESPECÍFICA DOS FUNDAMENTOS ADOTADOS PELA DECISÃO AGRAVADA. SÚMULA 182/STJ. 1. A decisão agravada atende aos requisitos do art. 489 do CPC/2015, pois apresenta relatório em que descreve claramente a controvérsia dos autos, bem como adota, como razão de decidir, entendimento firmado no âmbito deste Superior Tribunal de Justiça, segundo o qual, é decenal o prazo prescricional para a cobrança de remuneração pactuada em contrato de concessão de direito real de uso sobre imóvel público, nos termos do art. 205 do Código Civil, por se tratar de valores cuja natureza jurídica é a de preço público. 2. Inviável a apreciação do agravo interno que deixa de atacar especificamente os fundamentos da decisão agravada, incidindo, portanto, a Súmula 182/STJ. 2. Agravo interno não conhecido. (AgInt no REsp 1543146/DF, Rel. Ministro SÉRGIO KUKINA, PRIMEIRA TURMA, julgado em 14/08/2018, DJe 23/08/2018)

II – os fundamentos, em que o juiz analisará as questões de fato e de direito;

Fundamentação como requisito da sentença:

✓ PROCESSUAL CIVIL E ADMINISTRATIVO. AGRAVO INTERNO NO RECURSO ESPECIAL. OMISSÃO NO

ACÓRDÃO RECORRIDO. VÍCIO NÃO CONFIGURADO. ART. 489, § 1º, DO CPC/2015. FUNDAMENTAÇÃO DEFICIENTE. NÃO OCORRÊNCIA. SERVIDOR PÚBLICO. REAJUSTE SALARIAL. PRESCRIÇÃO DA PRETENSÃO REMUNERATÓRIA. REVISÃO DO JULGADO. IMPOSSIBILIDADE. CONTROVÉRSIA DECIDIDA PELA CORTE DE ORIGEM COM BASE NA LEI LOCAL E NAS PROVAS DOS AUTOS. INCIDÊNCIA DAS SÚMULAS 280 DO STF E 7 DO STJ. DIVERGÊNCIA JURISPRUDENCIAL. ANÁLISE PREJUDICADA. 1. Não há falar em omissão existente no acórdão quando o Tribunal local julga integralmente a lide, apenas não adotando a tese defendida pelos recorrentes. Não se pode confundir julgamento desfavorável ao interesse da parte com negativa ou ausência de prestação jurisdicional. 2. Afasta-se a tese de fundamentação deficiente do aresto combatido (art. 489, § 1º, III, IV e VI, do CPC/2015), pois esta Corte Superior possui precedente de que, "se os fundamentos do acórdão recorrido não se mostram suficientes ou corretos na opinião do recorrente, não quer dizer que eles não existam. Não se pode confundir ausência de motivação com fundamentação contrária aos interesses da parte, como ocorreu na espécie. Violação do art. 489, § 1º, do CPC/2015 não configurada" (AgInt no REsp 1.584.831/CE, Rel. Ministro Humberto Martins, Segunda Turma; Julg. 14/6/2016; DJe 21/6/2016). (...) (AgInt no REsp 1649443/RO; Segunda Turma; Rel. Og Fernandes; Julg. 26/09/2017; DJe 29/09/2017)

✓ AGRAVO INTERNO NO RECURSO ESPECIAL. ALEGAÇÃO DE VIOLAÇÃO DO ART. 489 DO CPC/2015. NÃO OCORRÊNCIA. PIS E COFINS. REGIME NÃO CUMULATIVO. IRPJ. APURAÇÃO PELO LUCRO REAL. 1. Consoante a jurisprudência deste Tribunal Superior, a ausência de fundamentação não deve ser confundida com a adoção de razões contrárias aos interesses da parte, como ocorre na hipótese. Assim, não há falar em violação do art. 489 do CPC/2015. (...) (AgInt no REsp 1752737/SC, Rel. Ministro OG FERNANDES, SEGUNDA TURMA, julgado em 28/09/2020, DJe 06/10/2020)

III – o dispositivo, em que o juiz resolverá as questões principais que as partes lhe submeterem.

Discordância com a sentença não significa violação dos elementos:

✓ PROCESSUAL CIVIL. DEFICIÊNCIA NA FUNDAMENTAÇÃO. SÚMULA 284/STF. 1. É inadmissível Recurso Especial cuja fundamentação seja deficiente. Incidência, por analogia, da Súmula 284/STF. 2. No caso concreto, a tese defendida pela empresa é de que o acórdão hostilizado não enfrentou "as questões de fato e de direito e não enfrentou também as questões principais que a recorrente submeteu ao Judiciário". Afirma que a perícia realizada constatou que 90% do crédito lançado foi extinto, mas que o acórdão hostilizado adotou fundamentação incongruente com o que foi demandado ao órgão julgador. 3. A leitura do acórdão hostilizado evidencia que a decisão judicial contém os elementos essenciais, isto é, a motivação e o dispositivo. 4. A irresignação da recorrente não diz respeito à falta dos elementos essenciais do ato judicial, mas ao vício consistente na alegada omissão e na suposta valoração de questões estranhas às que teriam sido submetidas ao pronunciamento jurisdicional. 5. Nesse sentido, é forçoso reconhecer que a norma do art. 489, II e III, do CPC não possui aptidão para infirmar o acórdão recorrido, uma vez que os vícios apontados não se referem ao dispositivo legal que disciplina os elementos essenciais da decisão, mas sim à norma que regulamenta os defeitos do ato judicial. Aplicação da Súmula 284/STF. 6. Recurso Especial não conhecido. (REsp 1697162/MG, Rel. Ministro HERMAN BENJAMIN, SEGUNDA TURMA, julgado em 16/11/2017, DJe 19/12/2017)

§ 1º Não se considera fundamentada qualquer decisão judicial, seja ela interlocutória, sentença ou acórdão, que:

I – se limitar à indicação, à reprodução ou à paráfrase de ato normativo, sem explicar sua relação com a causa ou a questão decidida;

Fundamentação e eventual nulidade:

✓ PROCESSUAL CIVIL E ADMINISTRATIVO. AGRAVO INTERNO NO RECURSO ESPECIAL. OMISSÃO NO ACÓRDÃO RECORRIDO. VÍCIO NÃO CONFIGURADO. ART. 489, § 1º, DO CPC/2015. FUNDAMENTAÇÃO DEFICIENTE. NÃO OCORRÊNCIA. SERVIDOR PÚBLICO. REAJUSTE SALARIAL. PRESCRIÇÃO DA PRETENSÃO REMUNERATÓRIA. REVISÃO DO JULGADO. IMPOSSIBILIDADE. CONTROVÉRSIA DECIDIDA PELA CORTE DE ORIGEM COM BASE NA LEI LOCAL E NAS PROVAS DOS AUTOS. INCIDÊNCIA DAS SÚMULAS 280 DO STF E 7 DO STJ. DIVERGÊNCIA JURISPRUDENCIAL. ANÁLISE PREJUDICADA. (...) 2. Afasta-se a tese de fundamentação deficiente do aresto combatido (art. 489, § 1º, III, IV e VI, do CPC/2015), pois esta Corte Superior possui precedente de que, "se os fundamentos do acórdão recorrido não se mostram suficientes ou corretos na opinião do recorrente, não quer dizer que eles não existam. Não se pode confundir ausência de motivação com fundamentação contrária aos interesses da parte, como ocorreu na espécie. Violação do art. 489, § 1º, do CPC/2015 não configurada" (AgInt no REsp 1.584.831/CE, Rel. Ministro Humberto Martins, Segunda Turma, julgado em 14/6/2016, DJe 21/6/2016). (...). (AgInt no REsp 1649443/RO, Rel. Ministro OG FERNANDES, SEGUNDA TURMA, julgado em 26/09/2017, DJe 29/09/2017)

II – empregar conceitos jurídicos indeterminados, sem explicar o motivo concreto de sua incidência no caso;

Fundamentação deficiente da decisão que se limita ao emprego de conceitos jurídicos indeterminados:

✓ AGRAVO INTERNO – r. decisão que indeferiu antecipação da tutela recursal – ausência de nulidade ou de falta de fundamentação – Art. 489, § 1º, do CPC, que demanda apenas a demonstração do motivo concreto de incidência de conceitos jurídicos indeterminados, o que ocorreu na hipótese dos autos, quando se aduziu que não estavam presentes os requisitos para antecipação de tutela, precipuamente a probabilidade do direito alegado nas razões de agravo de instrumento da Ré – impossibilidade de antecipação de considerações sobre o mérito do recurso de agravo de instrumento, sob pena de ferimento do devido processo legal, principalmente quanto ao contraditório. RECURSO DA AGRAVANTE NÃO PROVIDO. (TJ-SP; AGV 20092572520178260000; SP; 28ª Câmara de Direito Privado; Rel. Berenice Marcondes Cesar; Julg. 28/03/2017; Data de Publicação: 30/03/2017)

✓ PROCESSUAL CIVIL. AGRAVO INTERNO NO RECURSO ESPECIAL. ENUNCIADO ADMINISTRATIVO 3/STJ. CONCURSO PÚBLICO. POLÍCIA MILITAR. AVALIAÇÃO DE ESTATURA MÍNIMA. AFASTAMENTO DO LIMITE. FALTA DE RAZOABILIDADE E DE PROPORCIONALIDADE. PECULIARIDADES DA POPULAÇÃO LOCAL. CARACTERIZAÇÃO. NEGATIVA DE PRESTAÇÃO JURISDICIONAL. 1. Incorre em negativa de prestação jurisdicional o Tribunal que prolata acórdão que, para resolver a controvérsia, apoia-se em princípios jurídicos sem proceder à necessária densificação, bem como emprega conceitos jurídicos indeterminados sem explicar o motivo concreto de sua incidência no caso. Inteligência dos arts. 489 e 1.022 do CPC/2015. 2.Agravo interno não provido. (AgInt no REsp 1842710/AP, Rel. Ministro MAURO CAMPBELL MARQUES, SEGUNDA TURMA, julgado em 21/09/2020, DJe 24/09/2020)

III – invocar motivos que se prestariam a justificar qualquer outra decisão;

Fundamentação que não se pode limitar a invocação genérica de motivos:

✓ PROCESSUAL CIVIL. EMBARGOS DE DECLARAÇÃO. OMISSÃO. INOCORRÊNCIA. 1. Os embargos de declaração têm por escopo sanar decisão judicial eivada de obscuridade, contradição, omissão ou erro material. 2. À luz dos incisos III e IV do § 1º do art. 489 do CPC/2015, o órgão julgador não necessita construir textos individuados para cada um dos casos analisados, quando é possível aferir, sem qualquer esforço, que a fundamentação não é genérica. 3. Hipótese em que não há omissão quanto à fundamentação utilizada para afastar as preliminares de não conhecimento do recurso especial. 4. Embargos de declaração rejeitados. (EDcl no REsp 1322791/DF; Primeira Turma; Rel. Gurgel de Faria; Julg. 15/12/2016; DJe 20/02/2017)

✓ Agravo de instrumento – execução – embargos – concessão de efeito suspensivo – requisitos do art. 919 do Código de Processo Civil – ausência de fundamentação – art. 489, § 1º III e IV do Código de Processo Civil – art. 93, IX da Constituição Federal – decisão anulada, de ofício. (TJ-SP 21214013920178260000; SP; 16ª Câmara de Direito Privado; Rel. Coutinho de Arruda; Julg. 14/11/2017; Data de Publicação: 14/11/2017)

✓ AGRAVO INTERNO NO AGRAVO EM RECURSO ESPECIAL. AÇÃO DE INDENIZAÇÃO. CÉDULA DE PRODUTO RURAL. DEVER DE FUNDAMENTAÇÃO. ART. 489, § 1º, III E IV, DO CPC/2015. CUMPRIMENTO. PRESCRIÇÃO. NÃO OCORRÊNCIA. ALEGAÇÃO DE LIMITAÇÃO DA RESPONSABILIDADE. RAZÕES RECURSAIS DISSOCIADAS DOS FUNDAMENTOS DO ACÓRDÃO RECORRIDO. INCIDÊNCIA DA SÚMULA 284/STF. AGRAVO NÃO PROVIDO. 1. Não há violação ao art. 489, § 1º, do CPC/2015 quando devidamente cumprido o dever de fundamentação, ante a análise integral do cerne da controvérsia, não se confundindo vício de fundamentação com mero inconformismo da parte em relação aos argumentos do julgador. (...). (AgInt no AREsp 1647252/SP, Rel. Ministro RAUL ARAÚJO, QUARTA TURMA, julgado em 10/08/2020, DJe 26/08/2020)

IV – não enfrentar todos os argumentos deduzidos no processo capazes de, em tese, infirmar a conclusão adotada pelo julgador;

→ v. Enunciado 9 da ENFAM: É ônus da parte, para os fins do disposto no art. 489, § 1º, V e VI, do CPC/2015, identificar os fundamentos determinantes ou demonstrar a existência de distinção no caso em julgamento ou a superação do entendimento, sempre que invocar jurisprudência, precedente ou Enunciado de súmula.

→ v. Enunciado 11 da ENFAM: Os precedentes a que se referem os incisos V e VI do § 1º do art. 489 do CPC/2015 são apenas os mencionados no art. 927 e no inciso IV do art. 332.

→ v. Enunciado 12 da ENFAM: Não ofende a norma extraível do inciso IV do § 1º do art. 489 do CPC/2015 a decisão que deixar de apreciar questões cujo exame tenha ficado prejudicado em razão da análise anterior de questão subordinante.

→ v. Enunciado 13 da ENFAM: O art. 489, § 1º, IV, do CPC/2015 não obriga o juiz a enfrentar os fundamentos jurídicos invocados pela parte, quando já tenham sido enfrentados na formação dos precedentes obrigatórios.

→ v. Enunciado 19 da ENFAM: A decisão que aplica a tese jurídica firmada em julgamento de casos repetitivos não precisa enfrentar os fundamentos já analisados na decisão paradigma, sendo suficiente, para fins de atendimento das exigências constantes no art. 489, § 1º, do CPC/2015, a correlação fática e jurídica entre o caso concreto e aquele apreciado no incidente de solução concentrada.

Fundamentação e enfrentamento de todas as questões submetidas pelas partes:

✓ Ementa: Direito administrativo e constitucional. Agravo interno em mandado de segurança. CNJ. Correição. Identificação de pagamento da comissão de 5% a leiloeiros integrantes do quadro de servidores do TJ/AM. 1. Como regra geral, o controle dos atos do CNJ pelo STF somente se justifica nas hipóteses de (i) inobservância do devido processo legal; (ii) exorbitância das competências do Conselho; e (iii) injuridicidade ou manifesta irrazoabilidade do ato impugnado, inocorrentes na espécie. 2. O impedimento para a percepção da comissão reside na excepcional circunstância de que os leiloeiros atuantes no TJ/AM são servidores concursados e, por essa razão, já recebem a devida remuneração para o exercício do cargo, diferentemente do que ocorre com os demais leiloeiros públicos, cuja remuneração depende inteiramente do seu êxito. Tal entendimento prejudica a argumentação desenvolvida pela parte, o que desobriga a análise de fundo quanto às normas legais invocadas pelo agravante, por serem incapazes, em tese, de alterar as conclusões do julgado (art. 489, § 1º, IV, do CPC). 3. A tese relativa à analogia com os advogados públicos não fez parte das razões da inicial, sendo aduzida somente nesta via recursal. Constitui-se, portanto, em inovação insuscetível de apreciação neste momento processual. 4. Agravo a que se nega provimento. (MS 33327 AgR; Primeira Turma; Rel. Roberto Barroso; Julg. 24/02/2017; Processo Eletrônico DJe-048 DIVULG 13-03-2017 PUBLIC 14-03-2017)

✓ Ementa: AGRAVO REGIMENTAL NO RECURSO EXTRAORDINÁRIO COM AGRAVO. ADMINISTRATIVO. INCLUSÃO DE VANTAGENS PESSOAIS NO TETO REMUNERATÓRIO ESTADUAL. EMENDA CONSTITUCIONAL N. 41/2003. PRECEDENTES. VIOLAÇÃO AO ART. 489, § 1º, IV, CPC/2015. NÃO CONFIGURADA. VIOLAÇÃO AO ARTIGO 5º, INCISOS XXXV E XXXVI. AUSÊNCIA DE REPERCUSSÃO GERAL. AGRAVO REGIMENTAL A QUE SE NEGA PROVIMENTO, COM APLICAÇÃO DE MULTA. I –

Repercussão geral do tema reconhecida no Recurso Extraordinário n. 606.358. II – Esta Corte rejeitou a repercussão geral na hipótese de alegação de ofensa aos princípios do contraditório, da ampla defesa, dos limites da coisa julgada e do devido processo legal. O julgamento da causa dependeria de prévia análise da adequada aplicação das normas infraconstitucionais (ARE nº 748.371-RG/MT, Rel. Gilmar Mendes). III – A falta de fundamentação a que se refere o inciso IV do § 1º do artigo 489 do CPC/2015, não se configura quando a decisão recorrida estiver fundamentada na jurisprudência consolidada do Supremo Tribunal Federal. IV – Nos termos do art. 85, § 11, do CPC, deixo de majorar os honorários advocatícios, pois já fixados no limite legal. IV- Agravo regimental a que se nega provimento, com aplicação da multa prevista no art. 1.021, § 4º do CPC. (ARE 974499 AgR; Segunda Turma; Rel. Ricardo Lewandowski; Julg. 02/12/2016; Processo Eletrônico DJe-266 DIVULG 14-12-2016 PUBLIC 15-12-2016)

✓ PROCESSO CIVIL. RECURSO ESPECIAL. GRATUIDADE DE JUSTIÇA. IMPUGNAÇÃO ACOLHIDA. APELAÇÃO. QUESTÕES PERTINENTES E RELEVANTES NÃO APRECIADAS. AGRAVO INTERNO. REPRODUÇÃO DA DECISÃO AGRAVADA. ACÓRDÃO NÃO FUNDAMENTADO. VIOLAÇÃO DO ART. 489, § 1º, IV, DO CPC/15. (...) 3. Cinge-se a controvérsia a decidir sobre a invalidade do julgamento proferido, por ausência de fundamentação, a caracterizar violação do art. 489, § 1º, IV, do CPC/2015. 4. Conquanto o julgador não esteja obrigado a rebater, com minúcias, cada um dos argumentos deduzidos pelas partes, o novo Código de Processo Civil, exaltando os princípios da cooperação e do contraditório, lhe impõe o dever, dentre outros, de enfrentar todas as questões pertinentes e relevantes, capazes de, por si sós e em tese, infirmar a sua conclusão sobre os pedidos formulados, sob pena de se reputar não fundamentada a decisão proferida. 5. Na hipótese, mostra-se deficiente a fundamentação do acórdão, no qual é confirmado o indeferimento da gratuidade de justiça, sem a apreciação das questões suscitadas no recurso, as quais indicam que a recorrente – diferentemente dos recorridos, que foram agraciados com o benefício – não possui recursos suficientes para arcar com as despesas do processo e honorários advocatícios. 6. É vedado ao relator limitar-se a reproduzir a decisão agravada para julgar improcedente o agravo interno. 7. Recurso especial conhecido e provido. (REsp 1622386/MT; Terceira Turma; Rel. Nancy Andrighi; Julg. 20/10/2016; DJe 25/10/2016)

✓ PROCESSUAL CIVIL. AGRAVO INTERNO NO RECURSO ESPECIAL. CÓDIGO DE PROCESSO CIVIL DE 2015. APLICABILIDADE. OFENSA AO ART. 489 DO CPC/2015. AUSENTE. HONORÁRIOS. REVISÃO. IMPOSSIBILIDADE. SÚMULA N. 7/STJ. INCIDÊNCIA. ARGUMENTOS INSUFICIENTES PARA DESCONSTITUIR A DECISÃO ATACADA. (...) II – O art. 489 do Código de Processo Civil de 2015 impõe a necessidade de enfrentamento dos argumentos que possuam aptidão, em tese, para infirmar a fundamentação do julgado, não estando o julgador obrigado a responder a todas as questões suscitadas pelas partes, quando já tenha encontrado motivo suficiente para proferir a decisão. Precedentes. III – In casu, rever o entendimento do Tribunal de origem, o qual consignou que, em virtude de o contribuinte ter decaído de parte mínima do pedido, o município réu deve arcar com os honorários advocatícios em 10% sobre o valor dado à causa, demandaria necessário revolvimento de matéria fática, o que é inviável em sede de recurso especial, à luz do óbice contido na Súmula n. 7/STJ. (...). (AgInt no REsp 1662345/RJ; Primeira Turma; Rel. Regina Helena Costa; Julg. 13/06/2017; DJe 21/06/2017)

✓ PROCESSUAL CIVIL. AGRAVO INTERNO NO AGRAVO EM RECURSO ESPECIAL. AÇÃO DE EXECUÇÃO DE TÍTULO EXTRAJUDICIAL. VIOLAÇÃO DO ART. 1.021, § 3º, DO CPC/2015. AUSÊNCIA. PREQUESTIONAMENTO. AUSÊNCIA. SÚMULA 282/STF. REEXAME DE FATOS E PROVAS. INADMISSIBILIDADE. 1. Cuida-se na origem, de ação de execução de título extrajudicial. 2. "Deve-se interpretar o comando do art. 1.021, § 3º, do CPC/2015 em conjunto com a regra do art. 489, § 1º, IV, do mesmo diploma. Na hipótese em que a parte insiste na mesma tese, repisando as mesmas alegações já apresentadas em recurso anterior, sem trazer nenhum argumento novo – ou caso se limite a suscitar fundamentos insuficientes para abalar as razões de decidir já explicitadas pelo julgador – não se vislumbra nulidade quanto à reprodução, nos fundamentos do acórdão do agravo interno, dos mesmos temas já postos na decisão monocrática" (EDcl no AgInt no AREsp 1.411.214/MG, 3ª Turma, DJe 20/08/2019). (...). (AgInt no AREsp 1607878/SP, Rel. Ministra NANCY ANDRIGHI, TERCEIRA TURMA, julgado em 11/05/2020, DJe 13/05/2020) PROCESSUAL CIVIL. RECURSO ESPECIAL. NEGATIVA DE PRESTAÇÃO JURISDICIONAL E CARÊNCIA DE FUNDAMENTAÇÃO. RECONHECIMENTO. ACÓRDÃO COMBATIDO. ANULAÇÃO. 1. De acordo com o art. 1.022, parágrafo único, II, combinado com o art. 489, § 1º, IV, ambos do CPC/2015, considera-se omissa a decisão que "não enfrentar todos os argumentos deduzidos no processo capazes de, em tese, infirmar a conclusão adotada pelo julgador". 2. De acordo com a jurisprudência do STJ, há ofensa aos arts. 489, § 1º, IV, 1.022, II, do CPC/2015 "nas hipóteses em que o Tribunal de origem, mesmo após a oposição de embargos de declaração, omite-se no exame de questão pertinente para a resolução da controvérsia" (REsp 1660844/MG, Rel. Ministra NANCY ANDRIGHI, TERCEIRA TURMA, julgado em 19/06/2018, DJe 25/06/2018). 3. Hipótese em que o Regional proveu agravo de instrumento, mediante a reprodução literal da decisão liminar anterior, e, a despeito de provocado via embargos de declaração, manteve-se silente quanto às teses sustentadas pelo CADE, ora agravado, no agravo interno manejado na origem. 4. Apesar de não se exigir do magistrado, desde que amparado em fundamentação suficiente, a obrigação de responder a todos os argumentos suscitados pela parte, na espécie, as alegações apresentadas nos aludidos embargos de declaração mostram-se relevantes para a solução da controvérsia, razão por que devem ser expressamente enfrentadas, sob pena de inviabilizar o acesso à instância especial, nos termos da Súmula 211 do STJ. 5. Acórdão recorrido anulado, com determinação de retorno dos autos à Corte de origem para rejulgamento dos embargos de declaração. 6. Agravo interno desprovido. (AgInt no AREsp 1377683/SP, Rel. Ministro GURGEL DE FARIA, PRIMEIRA TURMA, julgado em 28/09/2020, DJe 01/10/2020)

✓ CIVIL. PROCESSUAL CIVIL. AGRAVO INTERNO NO AGRAVO EM RECURSO ESPECIAL. RECURSO MANEJADO SOB A ÉGIDE DO CPC. AÇÃO DE EXONERAÇÃO DE PENSÃO ALIMENTÍCIA. PENSÃO ALIMENTÍCIA EX-CÔNJUGE. TRIBUNAL ESTADUAL QUE NÃO RECONHECEU A EXISTÊNCIA DE UNIÃO ESTÁVEL. VIOLAÇÃO DOS ARTS. 489, § 1º, VI E 371, DO CPC. NÃO CONFIGURADA. PRE-

TENSÃO DE REVISÃO DAS CONCLUSÕES ALCANÇADAS PELO TRIBUNAL ESTADUAL. IMPOSSIBILIDADE. DECISÃO MANTIDA. AGRAVO INTERNO NÃO PROVIDO. (...) 2. Ausência de violação do art. 489 do CPC. O Tribunal estadual não está obrigado a manifestar-se sobre todas as teses aventadas pelas partes, mas apenas àquelas capazes de infirmar a conclusão adotada pelo julgador. Precedentes. 3. Não sendo a linha argumentativa apresentada capaz de evidenciar a inadequação dos fundamentos invocados pela decisão agravada, o presente agravo não se revela apto a alterar o conteúdo do julgado impugnado, devendo ele ser integralmente mantido em seus próprios termos. 4. Agravo interno não provido. (AgInt no AREsp 1675398/PR, Rel. Ministro MOURA RIBEIRO, TERCEIRA TURMA, julgado em 21/09/2020, DJe 24/09/2020)

✓ EMBARGOS DE DECLARAÇÃO NO AGRAVO INTERNO. OMISSÃO SOBRE PEDIDO DE APLICAÇÃO DE MULTA. EMBARGOS ACOLHIDOS SEM EFEITOS INFRINGENTES. 1. Depreende-se do artigo 1.022 do CPC, que os embargos de declaração apenas são cabíveis quando constar, na decisão recorrida, obscuridade, contradição, erro material ou omissão em ponto sobre o qual deveria ter se pronunciado o julgador, ou até mesmo as condutas descritas no artigo 489, § 1º, do referido diploma legal, que configurariam a carência de fundamentação válida. 2. No caso, verifica-se omissão quanto ao pleito de aplicação de multa por recurso manifestamente protelatório (arts. 259, §4º, do RISTJ e 1.021, §4º, do CPC). 3. "Em que pese o não provimento do agravo interno, a sua interposição, por si só, não pode ser considerada como protelatória, de modo que incabível a aplicação de penalidade à parte que exerce regularmente faculdade processual prevista em lei, nos termos do artigo 1.021, § 4º, do CPC." (EDcl no AgInt no REsp 1792064/RO, Rel. Ministra Maria Isabel Gallotti, Quarta Turma, julgado em 20/02/2020, DJe 03/03/2020) 4. Embargos de declaração acolhidos, sem efeitos infringentes. (EDcl no AgInt no AREsp 1556533/SP, Rel. Ministro LUIS FELIPE SALOMÃO, QUARTA TURMA, julgado em 24/08/2020, DJe 26/08/2020)

✓ AGRAVO INTERNO. AGRAVO EM RECURSO ESPECIAL. AÇÃO REVISIONAL DE CONTRATO. REFORMA DE ELEVADORES. PRESTAÇÃO DE SERVIÇOS. EMBARGOS DE DECLARAÇÃO OPOSTOS CONTRA ACÓRDÃO PROFERIDO PELO TRIBUNAL DE ORIGEM. ALEGAÇÃO DE NULIDADE DA INTIMAÇÃO. AUSÊNCIA DE EXAME. VIOLAÇÃO DOS ARTS. 489 E 1.022 DO CPC/2015. 1. Ofende os arts. 489 e 1.022 do CPC/2015 acórdão que, a despeito da oposição de embargos de declaração, não examina matéria essencial ao deslinde da controvérsia. 2. Agravo interno a que se nega provimento. (AgInt no AREsp 1212965/SP, Rel. Ministra MARIA ISABEL GALLOTTI, QUARTA TURMA, julgado em 01/06/2020, DJe 05/06/2020)

V – se limitar a invocar precedente ou enunciado de súmula, sem identificar seus fundamentos determinantes nem demonstrar que o caso sob julgamento se ajusta àqueles fundamentos;

Fundamentação relativa a precedente ou enunciado de súmula:

✓ ADMINISTRATIVO E PROCESSUAL CIVIL. AGRAVO INTERNO NO AGRAVO EM RECURSO ESPECIAL. AUXILIARES DE SERVIÇOS GERAIS DO MUNICÍPIO (COZINHEIRAS E FAXINEIRAS). PRETENSÃO DE PAGAMENTO DE ADICIONAL DE INSALUBRIDADE. LAUDOS DE CONDIÇÕES DE TRABALHO CONFLITANTES. NECESSIDADE DE REALIZAÇÃO DE PROVA PERICIAL. ALEGAÇÃO DE CERCEAMENTO DE DEFESA ACOLHIDA, PELO TRIBUNAL DE ORIGEM, DIANTE DO ACERVO FÁTICO DA CAUSA. REVISÃO. IMPOSSIBILIDADE. SÚMULA 7/STJ. AGRAVO INTERNO IMPROVIDO. (...) II. Não há que se falar em nulidade da decisão ora agravada, "por ofensa ao art. 489, §1º, V, do Novo Código de Processo Civil, quando o julgador decidiu de forma fundamentada, identificando de forma clara e objetiva as teses adotadas, e ainda amparado em precedentes que se ajustam ao caso concreto" (STJ, AgInt no REsp 1.624.685/MG; Primeira Turma; Rel. Sérgio Kukina; DJe de 16/12/2016). (...) V. Consoante a jurisprudência desta Corte, "no sistema de persuasão racional adotado pelo Código de Processo Civil nos arts. 130 e 131, em regra, não cabe compelir o magistrado a autorizar a produção desta ou daquela prova, se por outros meios estiver convencido da verdade dos fatos, tendo em vista que o juiz é o destinatário final da prova, a quem cabe a análise da conveniência e necessidade de sua produção. Com efeito, entendendo o Tribunal recorrido que ao deslinde da controvérsia seriam desnecessárias as provas cuja produção o recorrente buscava, tal conclusão não se desfaz sem o revolvimento de provas, o que é vedado pela Súmula 7/STJ" (STJ, AgRg no Ag 1.406.633/RS; Quarta Turma; Rel. Luis Felipe Salomão; DJe de 17/02/2014). No caso, a modificação das conclusões a que chegou o Tribunal a quo – que anulou a sentença, para permitir a instrução probatória, ante a insuficiência dos elementos constantes dos autos -, de modo a acolher a tese da parte ora recorrente, demandaria, inarredavelmente, o revolvimento do acervo fático-probatório dos autos, o que é inviável, em sede de Recurso Especial, em face da Súmula 7 desta Corte. VI. Agravo interno improvido. (AgInt no AREsp 933.697/SC; Segunda Turma; Rel. Assusete Magalhães; Julg. 21/03/2017; DJe 06/04/2017)

✓ AGRAVO INTERNO NO AGRAVO EM RECURSO ESPECIAL. PLANO DE SAÚDE. TRATAMENTO. NEGATIVA. DOENÇA COBERTA. ALEGAÇÃO. VIOLAÇÃO À LEI. SÚMULA N. 83 DO STJ. APLICABILIDADE. FUNDAMENTAÇÃO. DEFICIÊNCIA. ARTIGO 489, § 1º, DO CPC. NÃO OCORRÊNCIA. AGRAVO NÃO PROVIDO. 1. Uma vez coberto o mal de que acometido o segurado, cabe ao médico especialista a opção da técnica a ser utilizada para a realização do tratamento. 2. O enunciado n. 83 da Súmula do Superior Tribunal de Justiça aplica-se indistintamente aos recursos especiais interpostos pela violação à lei ou por divergência jurisprudencial. 3. Não é deficiente a fundamentação do julgado que elenca suficientemente as razões pelas quais fez incidir os enunciados sumulares cabíveis na hipótese. 4. Agravo interno a que se nega provimento. (AgInt no AREsp 911.502/SP; Quarta Turma; Rel. Maria Isabel Galotti; Julg. 01/12/2016; DJe 07/12/2016)

✓ PROCESSUAL CIVIL. PRINCÍPIO DO COLEGIADO. AFRONTA. AUSÊNCIA. FUNDAMENTAÇÃO VÁLIDA. EXISTÊNCIA. FAZENDA PÚBLICA. CUSTAS. REEMBOLSO. RECURSO REPETITIVO. APLICAÇÃO ANALÓGICA. PRINCÍPIO DA CAUSALIDADE. INCIDÊNCIA. LITIGÂNCIA DE MÁ-FÉ. CONDUTA NÃO CONSTATADA. 1. O Plenário do STJ decidiu que "aos recursos interpostos com fundamento no CPC/1973 (relativos a decisões publicadas até 17 de março de

2016) devem ser exigidos os requisitos de admissibilidade na forma nele prevista, com as interpretações dadas até então pela jurisprudência do Superior Tribunal de Justiça" (Enunciado Administrativo n. 2). 2. O art. 932, IV, "b", do Código de Processo Civil de 2015, reproduzido no art. 255, § 4º, II, do RISTJ, autoriza o relator a negar provimento a recurso que for contrário a tese fixada sob o rito dos recursos repetitivos. 3. Não carece de fundamentação válida, a respaldar o enquadramento no art. 489, § 1º, V, do referido diploma legal, a decisão que explicita amoldar-se o caso à orientação firmada por este Tribunal em precedente paradigma. 4. Caso em que a tese firmada em recurso representativo da controvérsia – "a Fazenda Pública, se vencida, é obrigada a reembolsar a parte vencedora no que houver adiantado a título de custas, o que se coaduna com o art. 27, do Código de Processo Civil" (REsp 1.107.543/SP, Rel. Ministro Luiz Fux, Primeira Seção; DJe 26/04/2010) – tem aplicação analógica ao caso em que o ente público, embora não vencido na demanda, deu causa à impetração e posterior extinção por perda de objeto de mandado de segurança e, por isso, deve suportar o encargo de reembolsar as custas adiantadas pela parte impetrante. 5. Ainda que se afastasse aquele precedente, subsiste a manutenção do referido ônus por força do princípio da causalidade, segundo o qual aquele que deu causa à instauração do processo deve arcar com as despesas dele decorrentes, preceito também aplicado à Fazenda Pública. Precedentes. 6. Admite-se a imposição de multa por litigância de má-fé quando a parte "se vale do direito de recorrer, não para ver a reforma, invalidação ou integração da decisão impugnada, mas para postergar ou perturbar o resultado do processo" (REsp 1381655/SC, Rel. Ministra NANCY ANDRIGHI, TERCEIRA TURMA; Julg. 13/08/2013; DJe 06/11/2013) 7. In casu, não ficou delineada, em princípio, a situação prevista no art. 80, VII, do CPC/2015 (art. 17, VI, do CPC/1973). 8. Agravo interno desprovido. (AgInt no AgRg no AREsp 793.589/SP; Primeira Turma; Rel. Gurgel de Faria; Julg. 27/10/2016; DJe 02/12/2016)

✓ PROCESSUAL CIVIL. RECURSO ESPECIAL. AÇÃO DE REPARAÇÃO DE DANOS MATERIAIS E COMPENSAÇÃO DE DANOS MORAIS. EMBARGOS DE DECLARAÇÃO. OMISSÃO, CONTRADIÇÃO OU OBSCURIDADE. NÃO OCORRÊNCIA. VIOLAÇÃO DO ART. 489 DO CPC/2015. INOCORRÊNCIA. PEDIDO CERTO. SENTENÇA ILÍQUIDA. RELEGAÇÃO DAS COMPROVAÇÃO DOS DANOS MATERIAIS À FASE DE CUMPRIMENTO DE SENTENÇA. IMPOSSIBILIDADE. FUNDAMENTO DO ACÓRDÃO NÃO IMPUGNADO. SÚMULA 283/STF. 1. Ação de reparação de danos materiais e compensação de danos morais, em virtude da aquisição de veículo usado e que, logo após a compra, apresentou diversos vícios que impediam seu pleno uso (...) 4. Não há que se falar em violação do art. 1.022 do CPC/2015 quando o Tribunal de origem, aplicando o direito que entende cabível à hipótese, soluciona integralmente a controvérsia submetida à sua apreciação, ainda que de forma diversa daquela pretendida pela parte. 5. Devidamente analisadas e discutidas as questões de mérito, e fundamentado corretamente o acórdão recorrido, de modo a esgotar a prestação jurisdicional, não há que se falar em violação do art. 489, § 1º, V, do CPC/2015. 6. À luz do CPC/73, havia previsão legal expressa de vedação à prolação de sentença ilíquida quando o autor houver formulado pedido certo (art. 459, parágrafo único, do CPC/73). 7. A jurisprudência deste STJ, contudo, entende que, não estando o juiz convencido da extensão do pedido certo, pode remeter as partes à liquidação de sentença, devendo o art. 459, parágrafo único do CPC ser aplicado em consonância com o princípio do livre convencimento (art. 131, do CPC/73). 8. No bojo do novo Código de Processo Civil, a regra processual de vedação da prolação de sentença ilíquida permanece hígida no diploma (art. 491 do CPC/2015). 9. Dos termos do art. 491 do CPC/2015 extrai-se duas conclusões: i) sempre que possível, a condenação relacionada com obrigação por quantia deverá ser líquida, pouco importando que o pedido tenha sido líquido ou genérico; e ii) excepcionalmente, admitir-se-á condenação genérica quando não for possível determinar, de modo definitivo, o montante devido ou quando a apuração do valor devido depender da produção de prova de realização demorada ou excessivamente dispendiosa, assim reconhecida na sentença, hipóteses em que seguir-se-á a apuração do valor devido por liquidação. 10. Na hipótese dos autos, o autor da ação fez pedido certo – condenação à reparação de danos materiais no importe de R$ 1.830,00 (mil oitocentos e trinta reais) e o acórdão acabou por proferir comando ilíquido, relegando à fase de cumprimento de sentença a comprovação do que fora eventualmente despendido com o conserto do veículo. 11. O Tribunal de origem não definiu que o valor a ser fixado a título de reparação dos danos materiais dependeria de liquidação, reconhecendo que a comprovação dos gastos poderia ocorrer na própria fase de cumprimento de sentença, em evidente descompasso com o previsto na legislação processual civil. 12. Imperioso mostra-se, portanto, o retorno dos autos ao TJ/SP para que este, à luz do entendimento firmado neste voto, defina a necessidade de liquidação do julgado ou, na hipótese de reconhecer pela sua desnecessidade, promova a prolação de decisum líquido, nos termos do art. 491 do CPC/2015. 13. A existência de fundamento do acórdão recorrido não impugnado – quando suficiente para a manutenção de suas conclusões – impede a apreciação do recurso especial. 14. Recurso especial parcialmente conhecido e, nessa extensão, parcialmente provido. (REsp 1837436/SP, Rel. Ministra NANCY ANDRIGHI, TERCEIRA TURMA, julgado em 10/03/2020, DJe 12/03/2020)

VI – deixar de seguir enunciado de súmula, jurisprudência ou precedente invocado pela parte, sem demonstrar a existência de distinção no caso em julgamento ou a superação do entendimento.

Fundamentação deficiente pela não aplicação de precedente qualificado invocado sem apontar as razões de sua não incidência:

✓ Embargos de declaração. Omissão e obscuridade. Inocorrência. Por definição, não é omisso nem obscuro o acórdão que deixa de abordar precedentes jurisprudenciais que não se aplicam ao caso concreto. Distinção evidente. Inteligência do art. 489, § 1º, inciso VI, in fine, do CPC-2015. Os embargos declaratórios não se prestam ao reexame da matéria já enfrentada e decidida, mas sim a provocar o pronunciamento integrativo-retificador, na hipótese de ocorrência de omissão, obscuridade, contradição, ou erro material, a teor do rol exaustivo do art. 1.022 do CPC-2015. Desprovimento do recurso. (TJ-RJ; APL 00330871420118190209 Rio de Janeiro, Barra da Tijuca, Regional; 5ª Vara Cível, Vigésima Sétima Câmara Cível Consumidor; Rel. Marcos Alcino de Azevedo Torres; Julg. 27/04/2016; Data de Publicação: 02/05/2016)

✓ PROCESSUAL CIVIL. EMBARGOS DE DECLARAÇÃO NO AGRAVO INTERNO NOS EMBARGOS DE DECLARAÇÃO NO RECURSO ESPECIAL. IRRESIGNAÇÃO SUBMETIDA AO CPC. AÇÃO DE BUSCA E APREENSÃO. FASE DE

CUMPRIMENTO DE SENTENÇA. COBRANÇA DE MULTA DIÁRIA POR DESCUMPRIMENTO DE OBRIGAÇÃO DE FAZER. IMPOSSIBILIDADE. NECESSIDADE DE INTIMAÇÃO PESSOAL DA PARTE. PRECEDENTES. EMBARGOS DE DECLARAÇÃO ACOLHIDOS PARA SUPRIMENTO DE OMISSÃO, SEM EFEITOS MODIFICATIVOS. (...) 2. Nos termos do art. 489, § 1º, VI, do CPC, considera-se não fundamentada a decisão judicial que deixar de seguir enunciado de súmula, jurisprudência ou precedente invocado pela parte, sem demonstrar a existência de distinção no caso em julgamento ou a superação do entendimento. 3. No caso dos autos, o acórdão embargado não se manifestou sobre os precedentes desta Corte que concluem pela inaplicabilidade da Súmula nº 461 do STJ após a edição das Leis nºs 11.232/2005 e 11.382/2006, colacionados nas razões do agravo interno. 4. Em suprimento à referida omissão, esclarece-se que referido entendimento foi posteriormente superado pela Corte Especial, no julgamento do EREsp 1.360.577/MG, Rel. Ministro HUMBERTO MARTINS, Rel. p/ Acórdão Ministro LUIS FELIPE SALOMÃO, julgado em 19/12/2018, DJe 7/3/2019. 5. Embargos acolhidos, sem efeitos modificativos. (EDcl no AgInt nos EDcl no REsp 1737829/SP, Rel. Ministro MOURA RIBEIRO, TERCEIRA TURMA, julgado em 24/08/2020, DJe 27/08/2020)

✓ EMBARGOS DE DECLARAÇÃO NO AGRAVO EM RECURSO ESPECIAL. INEXISTÊNCIA DE MANIFESTAÇÃO SOBRE PRECEDENTE QUE CORROBORA COM A TESE RECURSAL E QUE FORA UTILIZADO COMO RATIO DECIDENDI DA DECISÃO MONOCRÁTICA. VIOLAÇÃO AO ART. 1.022 DO CPC CONFIGURADA. 1. O Diploma Processual estabelece quatro hipóteses de cabimento dos embargos de declaração, tratando-se de recurso de fundamentação vinculada, restrito a situações em que patente a existência de i) obscuridade, ii) contradição, iii) omissão e iv) erro material (art. 1.022). 2. Com relação à omissão do julgado, previu, ainda, em seu parágrafo único, que incidirá neste vício o julgado que incorrer em qualquer das condutas descritas no artigo 489, § 1º, do CPC, entre as quais se destaca o inciso VI – "deixar de seguir enunciado de súmula, jurisprudência ou precedente invocado pela parte, sem demonstrar a existência de distinção no caso em julgamento ou a superação do entendimento". 3. O acórdão recorrido, na hipótese, foi omisso, uma vez que, a despeito da oposição de embargos de declaração – pela ausência de manifestação sobre o precedente da Segunda Seção que corrobora com a sua tese recursal, sendo tal julgado, inclusive, utilizado como ratio decidendi da decisão agravada pelo Min. Relator -, não se manifestou de forma satisfatória sobre o ponto articulado. 4. Mostra-se imprescindível, no caso, que o Juízo aprecie o precedente indicado, seja para efetuar o distinguishing, seja para reconhecer a superação do posicionamento (overruling), não podendo ficar silente quanto ao ponto. 5. Embargos de declaração parcialmente providos. (EDcl no AgInt no AgInt no AREsp 165.721/BA, Rel. Ministro LÁZARO GUIMARÃES (DESEMBARGADOR CONVOCADO DO TRF 5ª REGIÃO), Rel. p/ Acórdão Ministro LUIS FELIPE SALOMÃO, QUARTA TURMA, julgado em 07/08/2018, DJe 25/09/2018)

§ 2º No caso de colisão entre normas, o juiz deve justificar o objeto e os critérios gerais da ponderação efetuada, enunciando as razões que autorizam a interferência na norma afastada e as premissas fáticas que fundamentam a conclusão.

Dever do juiz, ocorrendo colisão entre normas, justificar os critérios para sua ponderação:

✓ Apelação cível. Execução de título extrajudicial. Sentença de extinção sem mérito por abandono da causa. Recurso da parte ré requerendo condenação do autor ao pagamento de honorários advocatícios. Ação executiva que perdurou cerca de 14 anos, sem satisfação do crédito. Apelante-executado, que originariamente deu causa à propositura da ação, em razão de seu inescusável inadimplemento, não faz jus a honorários sucumbenciais a seu favor. Partes que devem comportar-se com boa-fé no curso do processo visando o resultado útil do processo, este que é o alcance da solução integral satisfativa do mérito. Inteligência dos arts. 4º//5º//6º CPC/2015. Ponderação de valores por aplicação do § 2º do art. 489 CPC/2015. Sentença mantida. Recurso desprovido. (TJ-RJ; APL 00433661920028190001 Rio de Janeiro; 3ª Vara Cível, Quinta Câmara Cível; Rel. Cristina Tereza Gaulia; Julg. 20/06/2017; Data de Publicação: 26/06/2017)

✓ RECURSO ESPECIAL. PROCESSO CIVIL. AÇÃO DE INDENIZAÇÃO. INTERNET. RETIRADA DE CONTEÚDO. YOUTUBE. VIDEOCLIPE MUSICAL. CONFLITO. LIBERDADE DE EXPRESSÃO. INVIOLABILIDADE RELIGIOSA. ART. 1.022 DO CPC/2015. FUNDAMENTAÇÃO. VÍCIOS. INEXISTÊNCIA. ART. 489, §§ 1º E 2º, DO CPC/2015. TÉCNICA DE PONDERAÇÃO DE PRINCÍPIOS. NULIDADE. NÃO CONFIGURAÇÃO. MÉRITO. MATÉRIA CONSTITUCIONAL. COMPETÊNCIA DO SUPREMO TRIBUNAL FEDERAL. SÚMULA Nº 7/STJ. SÚMULA Nº 284/STF. (...) 2. Cinge-se a controvérsia a aferir se houve omissão no acórdão recorrido e se foram observados os critérios previstos no art. 489, §§ 1º e 2º, do CPC/2015 no que diz respeito à fundamentação de decisão judicial baseada na ponderação de princípios constitucionais. 3. No caso concreto, a recorrente ajuizou ação indenizatória objetivando a remoção de vídeos do YouTube sob a alegação de possuírem conteúdo ofensivo à liturgia da religião islâmica em virtude da utilização indevida de trechos do Alcorão, remixados em música do gênero funk. A demanda foi julgada improcedente em primeiro e segundo graus, tendo sido a decisão fundamentada na ausência de ilicitude, a partir da ponderação entre a liberdade de expressão e a inviolabilidade das liturgias religiosas. 4. Não há violação do art. 1.022 do CPC/2015 se o Tribunal de origem examina de forma clara, precisa e completa as questões relevantes do processo e os argumentos capazes de infirmar a sua conclusão, solucionando a controvérsia com a aplicação do direito que entendeu cabível à hipótese. 5. Na hipótese, o acórdão recorrido efetivamente analisou a tese autoral, inclusive o argumento de que a mera utilização de trechos do Alcorão violaria a proteção da crença religiosa, apenas não no sentido pretendido pela parte. 6. O art. 489 do CPC/2015 dispõe que constituem elementos essenciais da sentença o relatório, a fundamentação e o dispositivo e elenca parâmetros para aferir se uma decisão judicial – seja ela interlocutória, sentença ou acórdão – ostenta motivação jurídica racional e apropriada para o caso concreto analisado, correspondendo à entrega de uma prestação jurisdicional efetiva, nos termos do art. 93, inciso IX, da Constituição Federal. 7. O § 2º do art. 489 do CPC/2015 estabelece balizas para a aplicação da técnica da ponderação visando a assegurar a racionalidade e a controlabilidade da decisão judicial, sem implicar a revogação de outros critérios de resolução de antinomias, tais como os expostos na Lei de Introdução às Normas do Direito Brasileiro, que permanecem aplicáveis. 8. Apenas se configura nulidade por violação do § 2º do art. 489 do CPC/2015 na hipótese de ausência ou flagrante deficiência da justificação do objeto, dos critérios gerais da ponderação realizada e das premissas fáticas e jurídicas que embasaram a conclusão, ou seja, quando não for possível depreender dos fundamentos da decisão o motivo pelo qual a ponderação foi necessária para solucionar o caso concreto e de que forma se estruturou o juízo valorativo do aplicador. 9. O exame da validade/nulidade da decisão que aplicar a técnica da ponderação deve considerar o disposto nos arts. 282 e 489, § 3º, do CPC/2015, segundo os quais a decisão judicial constitui um todo unitário a ser interpretado a partir da conjugação de todos os seus elementos e em conformidade com o princípio da boa-fé, não se pronunciando a nulidade quando não houver prejuízo à parte que alega ou quando o mérito puder ser decidido a favor da parte a quem aproveite. 10. A pretensão de rever o mérito da ponderação aplicada pelo Tribunal de origem não se confunde com a alegação de nulidade por ofensa ao art. 489, § 2º, do CPC/2015. 11. No âmbito de recurso especial, o reexame do mérito da ponderação efetuada pressupõe que se trate de matéria infraconstitucional e que constem das razões recursais as normas conflitantes e as teses que demonstram a suposta violação/negativa de vigência da legislação federal. 12. Tratando-se da ponderação entre normas ou princípios eminentemente constitucionais, não cabe a esta Corte Superior apreciar a correção do entendimento firmado no acórdão recorrido, sob pena de usurpação de competência do Supremo Tribunal Federal. 13. No caso concreto, o recurso especial está fundamentado apenas na alegação de violação dos arts. 1.022 e 489, §§ 1º e § 2º do CPC/2015, sendo manifestamente incabível a reforma do acórdão recorrido no mérito, seja por incidência das Súmulas nºs 7/STJ e 284/STF, seja por se tratar de matéria eminentemente constitucional, afeta à competência do STF. 14. Recurso especial parcialmente conhecido apenas quanto ao pedido de decretação da nulidade do acórdão recorrido e, nessa extensão, não provido. (REsp 1765579/SP, Rel. Ministro RICARDO VILLAS BÔAS CUEVA, TERCEIRA TURMA, julgado em 05/02/2019, DJe 12/02/2019)

§ 3º A decisão judicial deve ser interpretada a partir da conjugação de todos os seus elementos e em conformidade com o princípio da boa-fé.

→ *V.* Art. 5º do CPC.

Art. 490. **O juiz resolverá o mérito acolhendo ou rejeitando, no todo ou em parte, os pedidos formulados pelas partes.**

→ *V.* Art. 487 do CPC.

Necessidade de a sentença resolver todos os pedidos formulados pelas partes:

✓ AGRAVO INTERNO NO AGRAVO EM RECURSO ESPECIAL. VIOLAÇÃO DOS ARTS. 489 E 490 NÃO CONFIGURADA. ACÓRDÃO RECORRIDO DEVIDAMENTE FUNDAMENTADO. 1. Na presente hipótese, a Corte local foi bem clara aos expor as razões pelas quais o pleito da parte recorrente não poderia ser acolhido, não havendo, pois, falar em violação dos arts. 489, I, II, IV, V, VI, e 490 do CPC/2015, considerando que as questões pertinentes ao litígio foram dirimidas mediante pronunciamento claro e fundamentado. 2. Com efeito, a tutela jurisdicional foi efetivamente prestada, apenas em desconformidade com os interesses da parte recorrente, circunstância que não revela nenhuma irregularidade no julgamento a quo. 3. Ademais, impende destacar que os embargos de declaração não constituem meio idôneo a sanar eventual error in judicando, não lhes sendo atribuível efeitos infringentes caso não haja, de fato, omissão, obscuridade ou contradição. 4. Agravo Interno não provido. (AgInt no AREsp 1599071/SP, Rel. Ministro LUIS FELIPE SALOMÃO, QUARTA TURMA, julgado em 22/06/2020, DJe 30/06/2020)

✓ AGRAVO INTERNO NO AGRAVO EM RECURSO ESPECIAL. PROFESSOR APOSENTADO. URV. DIFERENÇAS SALARIAIS. OMISSÃO DO ARESTO REGIONAL AFASTADA. DEFASAGEM REMUNERATÓRIA QUE DEVE SER APURADA EM SEDE DE LIQUIDAÇÃO DE SENTENÇA. PRECEDENTES DO STJ. 1. Afasta-se a alegação de ofensa aos arts. 489, III, 490 e 492, parágrafo único, do CPC/2015, porquanto a instância ordinária, solucionou, de forma clara e fundamentada, as questões que lhe foram submetidas, apreciando integralmente a controvérsia posta nos autos, não havendo que se confundir julgamento desfavorável ao interesse da parte com negativa ou ausência de prestação jurisdicional. 2. O aresto recorrido não destoa da jurisprudência desta Corte no sentido de que "somente em liquidação de sentença há de se apurar a efetiva defasagem remuneratória devida aos servidores públicos decorrente do método de conversão aplicado pelo Município em confronto com a legislação federal, de modo a evitar eventual pagamento em duplicidade e o enriquecimento sem causa" (AgRg nos EDcl no REsp 1237530/SP, Rel. Ministro Cesar Asfor Rocha, Segunda Turma, julgado em 29/05/2012, DJe 13/06/2012). 3. Agravo interno a que se nega provimento. (AgInt no AREsp 1252108/SP, Rel. Ministro SÉRGIO KUKINA, PRIMEIRA TURMA, julgado em 17/05/2018, DJe 24/05/2018)

Art. 491. **Na ação relativa à obrigação de pagar quantia, ainda que formulado pedido genérico, a decisão definirá desde logo a extensão da obrigação, o índice de correção monetária, a taxa de juros, o termo inicial de ambos e a periodicidade da capitalização dos juros, se for o caso, salvo quando:**

Vedação de decisão ilíquida:

✓ RECURSO ESPECIAL. CIVIL. REVISIONAL DE ALIMENTOS. ANTECIPAÇÃO DE TUTELA. ALTERAÇÃO PARA VALOR ILÍQUIDO. DESCABIMENTO. SUBTRAÇÃO DA EFICÁCIA DA OBRIGAÇÃO DE ALIMENTOS. CONTRARIEDADE AO INTERESSE DO MENOR ALIMENTANTE. 1. Controvérsia acerca do cabimento da revisão da obrigação de alimentos, estabelecida em valor fixo, para uma quantia ilíquida. 2. Fixação pelo acórdão recorrido do percentual de 30% sobre os rendimentos do alimentante, conforme ficar comprovado no curso do processo, por não ser o alimentante assalariado. 3. Existência de regra processual vedando a prolação de sentença ou decisão ilíquida no processo civil (art. 459, p. u., CPC/1973, atual art. 491 do CPC/2015), quando se tratar de obrigação de pagar quantia. 4. Previsão na Lei de Alimentos de que o juiz fixará os alimentos provisórios no limiar do processo, antes da instrução processual (art. 4º da Lei 5.478/1968). 5. Necessidade de se proferir decisões e sentenças líquidas nas ações de alimentos, para se atender às necessidades prementes do alimentando, principalmente quando se trata de menor. 6. Nulidade do acórdão recorrido, em razão da iliquidez da obrigação nele estabelecida. 7. RECURSO ESPE-

CIAL PROVIDO, PREJUDICADAS AS DEMAIS QUESTÕES. (REsp 1442975/PR; Terceira Turma; Rel. Paulo de Tarso Sanseverino; Julg. 27/06/2017; DJe 01/08/2017) – não for possível determinar, de modo definitivo, o montante devido;

II – a apuração do valor devido depender da produção de prova de realização demorada ou excessivamente dispendiosa, assim reconhecida na sentença.

→ *v.* Art. 38, parágrafo único, da Lei 9.099/1995.

Decisão nula se não houver fixação do valor nem determinação de liquidação:

✓ PROCESSUAL CIVIL. RECURSO ESPECIAL. AÇÃO DE REPARAÇÃO DE DANOS MATERIAIS E COMPENSAÇÃO DE DANOS MORAIS. EMBARGOS DE DECLARAÇÃO. OMISSÃO, CONTRADIÇÃO OU OBSCURIDADE. NÃO OCORRÊNCIA. VIOLAÇÃO DO ART. 489 DO CPC/2015. INOCORRÊNCIA. PEDIDO CERTO. SENTENÇA ILÍQUIDA. RELEGAÇÃO DAS COMPROVAÇÃO DOS DANOS MATERIAIS À FASE DE CUMPRIMENTO DE SENTENÇA. IMPOSSIBILIDADE. FUNDAMENTO DO ACÓRDÃO NÃO IMPUGNADO. SÚMULA 283/STF. 1. Ação de reparação de danos materiais e compensação de danos morais, em virtude da aquisição de veículo usado e que, logo após a compra, apresentou diversos vícios que impediam seu pleno uso (...) 8. No bojo do novo Código de Processo Civil, a regra processual de vedação da prolação de sentença ilíquida permanece hígida no diploma (art. 491 do CPC/2015). 9. Dos termos do art. 491 do CPC/2015 extrai-se duas conclusões: i) sempre que possível, a condenação relacionada com obrigação por quantia deverá ser líquida, pouco importando que o pedido tenha sido líquido ou genérico; e ii) excepcionalmente, admitir-se-á condenação genérica quando não for possível determinar, de modo definitivo, o montante devido ou quando a apuração do valor devido depender da produção de prova de realização demorada ou excessivamente dispendiosa, assim reconhecida na sentença, hipóteses em que seguir-se-á a apuração do valor devido por liquidação. 10. Na hipótese dos autos, o autor da ação fez pedido certo – condenação à reparação de danos materiais no importe de R$ 1.830,00 (mil oitocentos e trinta reais) e o acórdão acabou por proferir comando ilíquido, relegando à fase de cumprimento de sentença a comprovação do que fora eventualmente despendido com o conserto do veículo. 11. O Tribunal de origem não definiu que o valor a ser fixado a título de reparação dos danos materiais dependeria de liquidação, reconhecendo que a comprovação dos gastos poderia ocorrer na própria fase de cumprimento de sentença, em evidente descompasso com o previsto na legislação processual civil. 12. Imperioso mostra-se, portanto, o retorno dos autos ao TJ/SP para que este, à luz do entendimento firmado neste voto, defina a necessidade de liquidação do julgado ou, na hipótese de reconhecer pela sua desnecessidade, promova a prolação de decisum líquido, nos termos do art. 491 do CPC/2015. 13. A existência de fundamento do acórdão recorrido não impugnado – quando suficiente para a manutenção de suas conclusões – impede a apreciação do recurso especial. 14. Recurso especial parcialmente conhecido e, nessa extensão, parcialmente provido. (REsp 1837436/SP, Rel. Ministra NANCY ANDRIGHI, TERCEIRA TURMA, julgado em 10/03/2020, DJe 12/03/2020)

§ 1º Nos casos previstos neste artigo, seguir-se-á a apuração do valor devido por liquidação.

→ *v.* Arts. 509 e seguintes do CPC.

§ 2º O disposto no caput também se aplica quando o acórdão alterar a sentença.

Aplicação aos acórdãos do artigo 491 do CPC:

✓ RECURSO ESPECIAL. CIVIL. REVISIONAL DE ALIMENTOS. ANTECIPAÇÃO DE TUTELA. ALTERAÇÃO PARA VALOR ILÍQUIDO. DESCABIMENTO. SUBTRAÇÃO DA EFICÁCIA DA OBRIGAÇÃO DE ALIMENTOS. CONTRARIEDADE AO INTERESSE DO MENOR ALIMENTANTE. 1. Controvérsia acerca do cabimento da revisão da obrigação de alimentos, estabelecida em valor fixo, para uma quantia ilíquida. 2. Fixação pelo acórdão recorrido do percentual de 30% sobre os rendimentos do alimentante, conforme ficar comprovado no curso do processo, por não ser o alimentante assalariado. 3. Existência de regra processual vedando a prolação de sentença ou decisão ilíquida no processo civil (art. 459, p. u., CPC/1973, atual art. 491 do CPC/2015), quando se tratar de obrigação de pagar quantia. 4. Previsão na Lei de Alimentos de que o juiz fixará os alimentos provisórios no limiar do processo, antes da instrução processual (art. 4º da Lei 5.478/1968). 5. Necessidade de se proferir decisões e sentenças líquidas nas ações de alimentos, para se atender às necessidades prementes do alimentando, principalmente quando se trata de menor. 6. Nulidade do acórdão recorrido, em razão da iliquidez da obrigação nele estabelecida. 7. RECURSO ESPECIAL PROVIDO, PREJUDICADAS AS DEMAIS QUESTÕES. (REsp 1442975/PR, Rel. Ministro PAULO DE TARSO SANSEVERINO, TERCEIRA TURMA, julgado em 27/06/2017, DJe 01/08/2017)

Art. 492. É vedado ao juiz proferir decisão de natureza diversa da pedida, bem como condenar a parte em quantidade superior ou em objeto diverso do que lhe foi demandado.

→ *v.* Arts. 2º e 141 do CPC.

Sentença que deve se correlacionar ao pedido:

✓ AGRAVO INTERNO NO AGRAVO EM RECURSO ESPECIAL. RELAÇÃO DE CONSUMO. MATÉRIA QUE DEMANDA REEXAME DE FATOS E PROVAS. SUMULAS 5 E 7 DO STJ. ACÓRDÃO EM SINTONIA COM O ENTENDIMENTO FIRMADO NO STJ. AGRAVO INTERNO NÃO PROVIDO. 1. À luz dos artigos 128 e 460 do CPC/73, atuais, 141 e 492 do CPC/15, o vício de julgamento extra petita não se vislumbra na hipótese do juízo a quo, adstrito às circunstâncias fáticas (causa de pedir remota) e ao pedido constante nos autos, proceder à subsunção normativa com amparo em fundamentos jurídicos diversos dos esposados pelo autor e refutados pelo réu. 2. O Tribunal de origem concluiu que a sentença não foi citra petita, pois decidiu sobre a causa de pedir do autor; e que foi correta a decisão que condenou o réu ao pagamento da multa de 2% sobre o valor do contrato "já incluído o prazo de prorrogação de 180 dias previsto no contrato, devidamente atualizado, em consonância com a equidade de aplicação de cláusula penal contratual à ambas as partes, posto que se fosse o caso de mora do comprador, este seria incorreria na mesma cláusula penal.". Alterar o entendimento do acórdão recorrido não é possível, em sede de recurso especial, pois demandaria reexame do conjunto fático-probatório dos autos, e reinterpretação de cláusula contratual, o que é vedado em razão dos óbices das Súmulas 5 e 7 do STJ. (...). (AgInt nos EDcl no AREsp 1010004/RJ; Quarta Turma; Rel. Luis Felipe Salomão; Julg. 03/10/2017; DJe 05/10/2017)

✓ PROCESSUAL CIVIL. PREVIDENCIÁRIO. AÇÃO RESCISÓRIA. CABIMENTO. JULGAMENTO COM FUNDAMENTAÇÃO DIVERSA DO PEDIDO INICIAL. POSSIBILIDADE. JULGAMENTO AQUÉM DO PEDIDO (CITRA PETITA). ALEGAÇÃO DE INEXISTÊNCIA. REEXAME DE PROVAS. SÚMULA 7/STJ. 1. Não há que se falar em violação do art. 460 do CPC/1973, equivalente ao art. 492 do CPC/2015, na hipótese de julgamento que apenas adota fundamentação diversa das alegações do autor, sem extrapolar os limites em que foi proposta a lide. 2. Verificada a ocorrência de julgamento aquém do pedido (citra petita) pelo juízo ordinário com base no contexto fático-probatório dos autos, descabe a este Superior Tribunal de Justiça o reexame da matéria, em recurso especial. Incidência da Súmula 7/STJ. (...). (REsp 1494427/RS; Segunda Turma; Rel. Og Fernandes; Julg. 19/09/2017; DJe 22/09/2017)

✓ PROCESSUAL CIVIL. AGRAVO INTERNO NO AGRAVO EM RECURSO ESPECIAL.APRECIAÇÃO DE TODAS AS QUESTÕES RELEVANTES DA LIDE PELO TRIBUNAL DE ORIGEM. AUSÊNCIA DE AFRONTA AO ART. 1.022 DO CPC/2015. INDEVIDA INOVAÇÃO RECURSAL. PRINCÍPIO DA ADSTRIÇÃO. PEDIDO E CAUSA DE PEDIR DA INICIAL. IMPOSSIBILIDADE DE REEXAME DE PROVAS. INCIDÊNCIA DA SÚMULA N. 7/STJ. AUSÊNCIA DE IMPUGNAÇÃO A FUNDAMENTO DA DECISÃO AGRAVADA. SÚMULA N. 182/STJ. DIVERGÊNCIA JURISPRUDENCIAL NÃO DEMONSTRADA. DECISÃO MANTIDA. HONORÁRIOS MAJORADOS. (...) 3. "Nos termos da jurisprudência desta Corte, não configura julgamento ultra/extra petita quando o Tribunal local decide questão que é reflexo do pedido na exordial, pois o pleito inicial deve ser interpretado em consonância com a pretensão deduzida como um todo, sendo certo que o acolhimento da pretensão extraído da interpretação lógico-sistemática da peça inicial não implica julgamento ultra ou extra petita" (AgInt no AREsp n. 1.428.896/SP, Rel. Ministro MARCO BUZZI, QUARTA TURMA, julgado em 30/05/2019, DJe 03/06/2019) (...) AgInt no AREsp 1297975/PR, Rel. Ministro ANTONIO CARLOS FERREIRA, QUARTA TURMA, julgado em 28/09/2020, DJe 01/10/2020)CIVIL. PROCESSUAL CIVIL. AGRAVO INTERNO NO RECURSO ESPECIAL. RECURSO MANEJADO SOB A ÉGIDE DO CPC. AÇÃO ANULATÓRIA. NULIDADE DO TÍTULO E DA ARREMATAÇÃO. VIOLAÇÃO DOS ARTS. 128 E 460 DO CPC/73. NEGATIVA DE PRESTAÇÃO JURISDICIONAL. NÃO OCORRÊNCIA. PEDIDO. INTERPRETAÇÃO LÓGICO-SISTEMÁTICA. JULGAMENTO EXTRA PETITA. AUSÊNCIA. DECISÃO MANTIDA. AGRAVO INTERNO NÃO PROVIDO. (...) 2. Segundo a jurisprudência do STJ, não configura julgamento ultra ou extra petita, com violação ao princípio da congruência ou da adstrição, o provimento jurisdicional exarado nos limites do pedido, o qual deve ser interpretado lógica e sistematicamente a partir de toda a petição inicial. (...) (AgInt no REsp 1679076/SP, Rel. Ministro MOURA RIBEIRO, TERCEIRA TURMA, julgado em 19/10/2020, DJe 22/10/2020)

Interpretação do pedido:

✓ ADMINISTRATIVO. MANDADO DE SEGURANÇA. LICITAÇÃO. IMPEDIMENTO. DECISÃO EXTRA PETITA NÃO CONFIGURADA. ABORDAGEM DE INTERPRETAÇÃO LÓGICA. VIOLAÇÃO DO ART. 1º DA LEI MANDAMENTAL. ENVOLVIMENTO COM ALEGAÇÃO DE MÉRITO. APLICABILIDADE DA SANÇÃO. POSSIBILIDADE. ORDEM QUE DEVE SER DENEGADA. I – Na origem, foi impetrado mandado de segurança por empresa de prestação de serviços, com o objetivo de anular o ato administrativo sancionatório de impedimento de licitar com a Administração Estadual pelo prazo de dois anos, motivado pelo fato de ter-se valido de outra empresa para burlar anterior penalidade de suspensão de licitar. II – A ordem foi denegada, mas em grau recursal, o Tribunal a quo, acolhendo o recurso de apelação da empresa, reformou a decisão para conceder a ordem. III – É entendimento jurisprudencial, assente nesta Corte, que não é extra petita a decisão proferida de forma interpretativa lógica, devendo o magistrado proceder à análise ampla e detida da relação jurídica posta nos autos, tal como o que ocorreu no caso, em que o Tribunal a quo, ao conceder a ordem, posicionou-se no sentido de que a impetrante foi alcançada pela penalidade imposta à empresa vencedora da licitação com base exclusivamente nos indícios relativos à confusão de quadros e de estabelecimentos, dentro dos limites do pedido mandamental. (...). (AREsp 1485509/SP, Rel. Ministro FRANCISCO FALCÃO, SEGUNDA TURMA, julgado em 22/10/2019, DJe 28/10/2019)

Pedido implícito:

✓ PROCESSUAL CIVIL. ART. 492 DO CPC. JULGAMENTO EXTRA PETITA. NÃO CONFIGURADO. CONTRATO DE PRESTAÇÃO DE SERVIÇOS. PAGAMENTO DE ENCARGOS MORATÓRIOS. PREVISÃO CONTRATUAL. SÚMULA 7/STJ. 1. Não configurada a ofensa apontada ao artigo 492 do CPC, porquanto o vício de julgamento extra petita não ocorre na hipótese do Juízo a quo, adstrito às circunstâncias fáticas (causa de pedir remota) e ao pedido constante nos autos, proceder à subsunção normativa com amparo em fundamentos jurídicos diversos dos esposados pelo autor e refutados pelo réu. 2. O julgador não viola os limites da causa quando reconhece os pedidos implícitos formulados na inicial, não estando restrito apenas ao que está expresso no capítulo referente aos pedidos, sendo-lhe permitido extrair da interpretação lógico-sistemática da peça inicial aquilo que se pretende obter com a demanda, aplicando o princípio da equidade. 3. Ademais, no presente caso, o Tribunal de origem, após a análise dos elementos fático-probatórios dos autos, concluiu que "a RT PITAGORAS EMPRESA DE OBRAS LTDA ME protocolou o pedido de pagamento de encargos moratórios fora do prazo previsto no contrato firmado entre as partes, sendo os demais valores contratuais plenamente quitados, de forma regular, nenhuma quantia é devida pela Fundação Oswaldo Cruz". Alterar o entendimento do acórdão recorrido demanda reexame de fatos e provas, o que encontra óbice na Súmula 7 do STJ. 4. Recurso Especial não provido". (REsp 1782130/RJ, Rel. Ministro HERMAN BENJAMIN, SEGUNDA TURMA, julgado em 14/05/2019, DJe 29/05/2019).

Parágrafo único. A decisão deve ser certa, ainda que resolva relação jurídica condicional.

Vedação de sentença condicional:

✓ APELAÇÃO CÍVEL. PLANO DE SAÚDE. (...) NÃO ACOLHIDA A PRELIMINAR DE AUSÊNCIA DE INTERESSE PROCESSUAL EM RAZÃO DA FORMULAÇÃO DO PEDIDO GENÉRICO. REQUERIMENTO AUTORIZADO PELO ART. 286, II, DO CPC/1973, REPRODUZIDO NO ART. 324, § 1º, II, DO CPC/2015. (...) .SENTENÇA QUE CONDENOU A RÉ AO FORNECIMENTO DE TODOS OS PROCEDIMENTOS QUE SE FIZEREM NECESSÁRIOS PARA O TRATAMENTO DA DOENÇA DO AUTOR. VEDAÇÃO À SENTENÇA CONDICIONAL. ART. 460, PARÁGRAFO ÚNICO, DO CPC/1973, REPRODUZIDO NO ART. 492, PARÁGRAFO ÚNICO, DO CPC/2015. IMPOSSIBILIDADE DE VINCULAÇÃO DA CONDENAÇÃO EVENTO FUTURO E INCERTO. REFORMA DA SENTENÇA PARA RESTRINGIR A CONDENAÇÃO AO FORNECIMENTO DO EXAME PET-CT, CONFORME SOLICITAÇÃO MÉDICA. (...) APELAÇÃO CÍVEL CONHECIDA E PARCIALMENTE PROVIDA. (TJPR; AC 1513308-7 – Curitiba; 10ª C. Cível; Rel. Guilherme Freire de Barros Teixeira; Unânime; Julg.09.06.2016)

Art. 493. Se, depois da propositura da ação, algum fato constitutivo, modificativo ou extintivo do direito influir no julgamento do mérito, caberá ao juiz tomá-lo em consideração, de ofício ou a requerimento da parte, no momento de proferir a decisão.

→ *V.* Súmula 394 do TST.

Fato superveniente que pode ser considerado pela decisão:

✓ AGRAVO EM RECURSO ESPECIAL. PROCESSO CIVIL E ADMINISTRATIVO. IMPROBIDADE ADMINISTRATIVA. LITISCONSÓRCIO PASSIVO. COMPETÊNCIA. SUJEITO PASSIVO ORIGINARIAMENTE DEPUTADO FEDERAL. POSTERIOR REASSUNÇÃO DO CARGO DE PREFEITO. INEXISTÊNCIA ATUAL DE QUALQUER VÍNCULO COM CARGO POLÍTICO. FATO NOVO SUPERVENIENTE. ART. 462 DO CPC/73 E ART. 493 DO CPC/15. QUESTÃO APRECIÁVEL DE OFÍCIO. ESVAZIAMENTO DO DEBATE A RESPEITO DE PRERROGATIVA DE FORO. COMPETÊNCIA DO JUÍZO DE PRIMEIRO GRAU DA JUSTIÇA ESTADUAL DO RIO DE JANEIRO. (...) II – Fato novo conhecido de ofício. Inexistência atual de qualquer vínculo do ex-Deputado Federal a cargo político. Arts. 462 do CPC/73 e 493 do CPC/15. III – Prejudicada a discussão acerca da competência para o processamento de ação civil pública por ato de improbidade administrativa, sob a perspectiva de prerrogativa de foro de natureza política. IV – Juízo de primeiro grau da Justiça Estadual do Rio de Janeiro competente para conhecer, processar e julgar a ação de improbidade administrativa. V – Agravo conhecido para o fim de dar provimento ao recurso especial. (AREsp 829.314/RJ; Segunda Turma; Rel. Francisco Falcão; Julg. 19/09/2017; DJe 25/09/2017)

✓ AGRAVO INTERNO NOS EMBARGOS DE DECLARAÇÃO NO RECURSO ESPECIAL. DIREITO COMERCIAL. PROPRIEDADE INDUSTRIAL. MARCAS. AÇÃO ANULATÓRIA DE REGISTRO. ANULAÇÃO DE ALGUNS DOS REGISTROS DA MARCA "TRUSSARDI" REALIZADOS PELAS AGRAVANTES. POSSIBILIDADE DE CONSIDERAÇÃO DESSE FATO NO JULGAMENTO DO RECURSO ESPECIAL INTERPOSTO NO CURSO DA AÇÃO COMINATÓRIA CUMULADA COM INDENIZATÓRIA POR USO INDEVIDO DE MARCA. APLICABILIDADE DO ART. 462 DO CPC/73 (ART. 493 DO CPC/15). APLICAÇÃO DO DIREITO À ESPÉCIE. 1.Conhecido o recurso especial, esta Corte detém cognição ampla para o julgamento da lide, podendo, ao aplicar o direito à espécie, levar em consideração fatos novos, extintivos do direito de uma das partes, ocorridos posteriormente ao ajuizamento da ação, nos termos do art. 462 do CPC/73 (art. 493 do CPC/15). 3. Caso concreto em que a ação anulatória de registro de marca, julgada parcialmente procedente, teve efeito direto sobre o resultado da presente ação cominatória pelo uso indevido de marca, cuja relação de prejudicialidade foi considerada no momento do julgamento do presente recurso. 4. Anulados alguns dos registros da marca "Trussardi" realizados pelas agravantes, deve-se reconhecer o direito das agravadas, como titulares de marca notoriamente conhecida em território brasileiro, à sua utilização exclusiva, julgando-se parcialmente procedentes os pedidos formulados na reconvenção. 5. AGRAVO INTERNO DESPROVIDO. (AgInt nos EDcl no REsp 1327956/SP; Terceira Turma; Rel. Paulo de Tarso Sanseverino; Julg. 27/06/2017; DJe 03/08/2017)

✓ SEGUNDOS EMBARGOS DE DECLARAÇÃO EM RECURSO ESPECIAL. PEDIDO DE APLICAÇÃO DE LEGISLAÇÃO SUPERVENIENTE QUE NÃO HAVIA ENTRADO EM VIGOR NA DATA DA INTERPOSIÇÃO DO RECURSO: POSSIBILIDADE. INCIDÊNCIA NÃO RETROATIVA E IMEDIATA ÀS AÇÕES EM CURSO DO PERCENTUAL DE JUROS DE MORA (OS APLICADOS À POUPANÇA) DA LEI 11.960/2009 QUE, NO PONTO, ALTEROU O ART. 1º-F DA LEI 9.994/1997: OMISSÃO QUE SE SUPRE. 1. Não constitui inovação no pedido a solicitação de aplicação, ao caso concreto, de legislação superveniente que não havia entrado em vigor na data da interposição do recurso, amoldando-se a hipótese à previsão contida no art. 462 do CPC/1973 (mantida em sua integralidade no art. 493 do novo CPC – Lei 13.105/2015). 2. Configura omissão a ausência de manifestação no acórdão embargado a respeito de pedido de aplicação de legislação superveniente ao caso concreto, pedido esse formulado pela parte na primeira oportunidade em que lhe coube falar nos autos após a entrada em vigor da nova norma. 3. A Corte Especial deste Tribunal Superior, no julgamento do REsp n. 1.205.946/SP, sob o rito do art. 543-C do CPC/1973, assentou que "a Lei 11.960/2009, a qual traz novo regramento concernente à atualização monetária e aos juros de mora devidos pela Fazenda Pública, deve ser aplicada, de imediato, aos processos em andamento, sem, contudo, retroagir a período anterior à sua vigência". Lembrou, na mesma ocasião, que o Supremo Tribunal Federal já tinha tido oportunidade de decidir no mesmo sentido. 4. Segundos embargos de declaração da União acolhidos, para suprir omissão no tocante à possibilidade de aplicação ao caso concreto dos juros moratórios previstos na Lei 11.960/2009, sem alteração do resultado do julgamento, visto que apenas se dá parcial provimento ao recurso especial da União em maior extensão. (EDcl nos EDcl no REsp 998.428/PR; Quinta Turma; Rel. Reynaldo Soares da Fonseca; Julg. 09/08/2016; DJe 17/08/2016)

✓ RECURSOS ESPECIAIS. CIVIL E PROCESSUAL CIVIL/1973. AÇÃO DE IMISSÃO DE POSSE. PROMESSA DE COMPRA E VENDA. FATO SUPERVENIENTE. AÇÃO REVOCATÓRIA FALIMENTAR JULGADA PROCEDENTE. EFEITOS EX TUNC. DESCONSTITUIÇÃO DO TÍTULO.

AUSÊNCIA DE JUS POSSIDENDI E 'JUS POSSESSIONIS'. IMPROCEDÊNCIA DO PEDIDO. 1. Ação de imissão de posse fundada em promessa de compra e venda declarada ineficaz posteriormente, em ação revocatória falimentar, com eficácia ex tunc. 2. Possibilidade de conhecimento de fato superveniente que possa influir no resultado do julgamento. Julgados desta Corte Superior. 3. Perda do jus possidendi, com eficácia ex tunc, em razão do trânsito em julgado da ação revocatória. 4. Arrecadação do imóvel pela massa falida, com alienação judicial a terceiro. 5. Ausência de exercício do jus possessionis pela autora da demanda. 6. Conflito estabelecido entre possuidores de boa-fé e uma não possuidora, não titular de justo título. 7. Prevalência dos interesses dos possuidores. Doutrina sobre o tema. 8. Improcedência dos pedidos formulados na ação de imissão de posse. 9. Prejudicialidade das demais questões suscitadas. 10. RECURSOS ESPECIAIS PROVIDOS. (REsp 1624393/DF, Rel. Ministro PAULO DE TARSO SANSEVERINO, TERCEIRA TURMA, julgado em 15/12/2016, DJe 07/02/2017)

✓ ADMINISTRATIVO. CONCURSO PÚBLICO. CANDIDATO CLASSIFICADO DENTRO DO NÚMERO DE VAGAS PREVISTAS NO EDITAL. DIREITO LÍQUIDO E CERTO À NOMEAÇÃO. OCORRÊNCIA. RE 598.099/MS. IMPETRAÇÃO ANTES DO PRAZO FINAL DE VALIDADE DO CERTAME. ART. 462 DO CPC. 1. Segundo a jurisprudência do Superior Tribunal de Justiça e do Supremo Tribunal Federal, têm direito líquido e certo à nomeação os candidatos aprovados dentro do número de vagas oferecidas no edital de concurso. 2. Embora o Mandado de Segurança tenha sido impetrado antes do prazo final de validade do certame, o certo é que o referido prazo já se esgotou. É de se aplicar o art. 493 do CPC/2015 (art. 462 do CPC/1973), segundo o qual, "se, depois da propositura da ação, algum fato constitutivo, modificativo ou extintivo do direito influir no julgamento da lide, caberá ao juiz tomá-lo em consideração, de ofício ou a requerimento da parte, no momento de proferir a sentença", para o fim de se reconhecer o direito líquido e certo afirmado na inicial. No mesmo sentido: AgRg no RMS 33.797/SP, Rel. Ministro Arnaldo Esteves Lima, Primeira Turma, DJe 9/10/2012; AgRg no RMS 34.023/SP, Rel. Ministro Teori Albino Zavascki, Primeira Turma, DJe 24/9/2012. 3. Recurso Ordinário provido. (RMS 56.629/AC, Rel. Ministro HERMAN BENJAMIN, SEGUNDA TURMA, julgado em 19/06/2018, DJe 23/11/2018)

Fato superveniente que para ser considerado deve estar relacionado à causa de pedir e ao pedido:

✓ PROCESSUAL CIVIL E PREVIDENCIÁRIO. TEMPO DE CONTRIBUIÇÃO FATO SUPERVENIENTE. ART. 493 DO CPC/2015. AUSÊNCIA DE UTILIDADE NO PROVIMENTO DO RECURSO. REQUISITOS PARA APOSENTADORIA NÃO PREENCHIDOS QUANDO DA PROLAÇÃO DA SENTENÇA DE 1º GRAU. 1. Na hipótese dos autos, o recorrente pugna para que sejam computadas as contribuições vertidas após o requerimento administrativo, sob a alegação de que, no curso da ação, teria completado os requisitos para a concessão da aposentadoria. 2. A Corte a quo entendeu que não é possível a aplicação do art. 493 do CPC/2015, uma vez que o fato superveniente deve guardar pertinência com a causa de pedir e com o pedido inicial. 3. Complementarmente, o Tribunal Regional asseverou que, "por ocasião da prolação da sentença de primeiro grau (18/08/2014 - fls. 202/210), o autor computava o total de 34 anos, 9 meses e 10 dias de tempo de contribuição, sendo insuficientes à concessão da aposentadoria por tempo de serviço integral". 4. Percebe-se, portanto, que, mesmo que houvesse o acatamento da tese proposta pelo recorrente (de que seria possível o cômputo do tempo de contribuição após o requerimento administrativo), não prosperaria o pleito, porquanto não preenchidos os requisitos para concessão da aposentadoria por tempo de serviço integral quando da prolação da sentença. 5. Nota-se a ausência de utilidade do provimento pretendido no presente Recurso Especial, sendo o caso de se reconhecer a falta de interesse recursal da parte. 6. Recurso Especial do qual não se conhece. (REsp 1694987/SP, Segunda Turma; Rel. Herman Benjamin; Julg. 03/10/2017; DJe 11/10/2017)

✓ RECURSO ESPECIAL. DIREITO CIVIL E PROCESSUAL CIVIL. USUCAPIÃO EXTRAORDINÁRIA. PRESCRIÇÃO AQUISITIVA. PRAZO. IMPLEMENTAÇÃO. CURSO DA DEMANDA. POSSIBILIDADE. FATO SUPERVENIENTE. ART. 462 DO CPC/1973. CONTESTAÇÃO. INTERRUPÇÃO DA POSSE. INEXISTÊNCIA. ASSISTENTE SIMPLES. ART. 50 DO CPC/1973. (...) 2. Cinge-se a controvérsia a definir se é possível o reconhecimento da usucapião de bem imóvel na hipótese em que o requisito temporal (prazo para usucapir) previsto em lei é implementado no curso da demanda. 3. A decisão deve refletir o estado de fato e de direito no momento de julgar a demanda, desde que guarde pertinência com a causa de pedir e com o pedido. Precedentes. 4. O prazo, na ação de usucapião, pode ser completado no curso do processo, em conformidade com o disposto no art. 462 do CPC/1973 (correspondente ao art. 493 do CPC/2015). 5. A contestação não tem a capacidade de exprimir a resistência do demandado à posse exercida pelo autor, mas apenas a sua discordância com a aquisição do imóvel pela usucapião. 6. A interrupção do prazo da prescrição aquisitiva somente poderia ocorrer na hipótese em que o proprietário do imóvel usucapiendo conseguisse reaver a posse para si. Precedentes. 7. Na hipótese, havendo o transcurso do lapso vintenário na data da prolação da sentença e sendo reconhecido pelo tribunal de origem que estão presentes todos os demais requisitos da usucapião, deve ser julgado procedente o pedido autoral. 8. O assistente simples recebe o processo no estado em que se encontra, não podendo requerer a produção de provas e a reabertura da fase instrutória nesta via recursal (art. 50 do CPC/1973). Precedente. 9. Recurso especial provido. (REsp 1361226/MG, Rel. Ministro RICARDO VILLAS BÔAS CUEVA, TERCEIRA TURMA, julgado em 05/06/2018, DJe 09/08/2018)

✓ PROCESSUAL CIVIL. AGRAVO INTERNO NO AGRAVO EM RECURSO ESPECIAL. AÇÃO DE NUNCIAÇÃO DE OBRA NOVA. MODIFICAÇÃO DA CAUSA DE PEDIR PRÓXIMA. ESTABILIZAÇÃO DA LIDE. IMPOSSIBILIDADE. DECISÃO RECORRIDA NO MESMO SENTIDO DA JURISPRUDÊNCIA DO STJ. SANEAMENTO DO PROCESSO. MOMENTO. REEXAME DE PROVAS. IMPOSSIBILIDADE. SÚMULA N. 7/STJ. DECISÃO MANTIDA. 1. Segundo jurisprudência desta Corte Superior, "os fundamentos jurídicos do pedido a que faz referência o art. 282 do CPC são os fundamentos de fato, ou os fatos constitutivos do direito do autor – aos quais corresponde a causa de pedir remota -, e os fundamentos de direito – aos quais correspondem a causa de pedir próxima" (REsp n. 1.322.198/RJ, Relator Ministro LUIS FELIPE SALOMÃO, QUARTA TURMA, julgado em 4/6/2013,

DJe 18/6/2013). 2. No caso dos autos, conforme consta na petição inicial, a causa de pedir remota da ação de nunciação de obra nova é a construção da abertura feita na extremidade das propriedades, e a causa de pedir próxima seria o abuso de direito, de forma que a alegação de desobediência das normas edilícias do Município constitui modificação da causa de pedir próxima. 3. De acordo com a jurisprudência do STJ, "descabe a emenda da petição inicial após o oferecimento da contestação e o saneamento do processo, quando essa providência importar alteração do pedido ou da causa de pedir (art. 264, parágrafo único, CPC/73)" (REsp 1678947/RJ, Rel. Ministra NANCY ANDRIGHI, TERCEIRA TURMA, julgado em 13/03/2018, DJe 20/03/2018). 4. É pacífico o entendimento de que "o fato superveniente a ser considerado pelo julgador deve guardar pertinência com a causa de pedir e pedido constantes da inicial, não servindo de fundamento para alterar os limites da demanda fixados após a estabilização da lide" (AgInt no AREsp 1437753/RS, Rel. Ministro RAUL ARAÚJO, QUARTA TURMA, julgado em 19/09/2019, DJe 09/10/2019). 5. O recurso especial não comporta exame de questões que impliquem revolvimento do contexto fático-probatório dos autos (Súmula n. 7/STJ). 6. No caso concreto, a reforma do acórdão recorrido, quanto ao momento em que houve o saneamento do processo, demandaria revolvimento do conjunto fático-probatório, vedado em sede de recurso especial. 7. Agravo interno a que se nega provimento. (AgInt no AREsp 831.729/SC, Rel. Ministro ANTONIO CARLOS FERREIRA, QUARTA TURMA, julgado em 19/10/2020, DJe 26/10/2020)

Parágrafo único. Se constatar de ofício o fato novo, o juiz ouvirá as partes sobre ele antes de decidir.

→ V. Art. 10 do CPC.

Art. 494. Publicada a sentença, o juiz só poderá alterá-la:

I – para corrigir-lhe, de ofício ou a requerimento da parte, inexatidões materiais ou erros de cálculo;

Erro material da sentença que pode ser corrigido de ofício:

✓ PROCESSUAL CIVIL. AGRAVO INTERNO NO RECURSO ESPECIAL. CÓDIGO DE PROCESSO CIVIL DE 2015. APLICABILIDADE. EXECUÇÃO DE SENTENÇA. VIOLAÇÃO AO ART. 1.022 DO CPC. INOCORRÊNCIA. AUSÊNCIA DE PREQUESTIONAMENTO. INCIDÊNCIA DA SÚMULA N. 211/STJ. ERRO MATERIAL. CORREÇÃO DE OFÍCIO A QUALQUER TEMPO. POSSIBILIDADE. SÚMULA 568/STJ. INCIDÊNCIA. HONORÁRIOS RECURSAIS. NÃO CABIMENTO. ARGUMENTOS INSUFICIENTES PARA DESCONSTITUIR A DECISÃO ATACADA. APLICAÇÃO DE MULTA. ART. 1.021, § 4º, DO CÓDIGO DE PROCESSO CIVIL DE 2015. DESCABIMENTO. (...) V – É pacífico o entendimento no Superior Tribunal de Justiça segundo o qual o erro material previsto no inciso I do art. 463 do Código de Processo Civil de 1973 e no inciso I do art. 494 do Código de Processo Civil de 2015 pode ser corrigido de ofício, a qualquer tempo. (...). (AgInt no REsp 1643728/PR; Primeira Turma; Rel. Regina Helena Costa; Julg. 10/10/2017; DJe 26/10/2017)

✓ PROCESSUAL CIVIL. PETIÇÃO. ALEGAÇÃO DE ERRO MATERIAL E CONTRARIEDADE A ORIENTAÇÃO FIRMADA EM RECURSO REPETITIVO. RECEBIMENTO COMO EMBARGOS DE DECLARAÇÃO. IMPOSSIBILIDADE. ERRO MATERIAL QUE SE CORRIGE. NÃO CONHECIMENTO DA ARGUIÇÃO DE DESRESPEITO A PRECEDENTE JULGADO PELO RITO DO ART. 543-C DO CÓDIGO DE PROCESSO CIVIL. IMPROPRIEDADE DA VIA ELEITA. (...) II – Petição na qual se argui a existência de erro material e contrariedade a entendimento firmado em recurso repetitivo. III – Impossibilidade de recebimento da petição como Embargos de Declaração para correção de erro material, no caso, por inobservância do prazo de 5 (cinco) dias previsto no art. 1023, caput, do Código de Processo Civil de 2015. IV – Erro material caracterizado e passível de correção, com amparo no art. 494, I, do Código de Processo Civil de 2015, porquanto, não obstante tenha sido analisada a tese referente à compensação, houve errônea menção a "prescrição" em trecho do voto condutor do julgado. Erro material que se corrige. V – Não conhecimento da alegação de desrespeito a orientação firmada em recurso repetitivo, porquanto formulada em via imprópria. VI – Pedido procedente em parte apenas para correção de erro material. (PET no REsp 1251120/RJ; Primeira Turma; Rel. Regina Helena Costa; Julg. 08/11/2016; DJe 29/11/2016)

✓ PROCESSUAL CIVIL. SENTENÇA ESTRANGEIRA CONTESTADA. DIVÓRCIO CONSENSUAL. ERRO MATERIAL NO ACÓRDÃO HOMOLOGATÓRIO. CORREÇÃO DE OFÍCIO. DEFERIMENTO DO PEDIDO. 1. O peticionário indicou erro material no acórdão homologatório quanto à data do divórcio consensual, afirmação que restou comprovada pela documentação dos autos. 2. Segundo a pacífica jurisprudência deste Tribunal, o erro material previsto no inciso I do artigo 463 do CPC/1973 e no inciso I do artigo 494 do CPC/2015 pode ser corrigido de ofício a qualquer tempo. Precedente da Corte Especial: SEC 6.499/EX, relatada pelo Excelentíssimo Ministro Humberto Martins; DJe de 26/09/2013. 3. Deferimento do pedido, para corrigir-se o erro material apontado, explicitando-se que o processo de divórcio consensual foi julgado no Tribunal de Primeira Instância de Vanda – Finlândia em 21 de fevereiro de 2002. (PET na SEC 6.310/EX; Corte Especial; Rel. Min. Jorge Mussi; Julg. 15/06/2016; DJe 29/06/2016)

✓ 1. Em 16.12.16, julguei procedente a reclamação constitucional em epígrafe para manter a suspensão do processo na origem, até o julgamento de mérito da matéria por esta Suprema Corte. 2. Verifico, contudo, indicada na referida decisão a 1ª Vara do Juizado Especial Cível da Comarca de São Paulo, quando o feito originário nº 533/2008 tramita na 7ª Vara Cível da Comarca de Ribeirão Preto (Recurso nº 0225937-48.2011.8.26.0000/50002 – 33ª Câmara de Direito Privado TJ/SP). 3. Nesse contexto, forte no art. 494, I, do CPC (Art. 494. Publicada a sentença, o juiz só poderá alterá-la: I – para corrigir-lhe, de ofício ou a requerimento da parte, inexatidões materiais ou erros de cálculo;), de rigor sanar a inexatidão material constante da parte final da decisão por mim proferida, bem como determinar sejam expedidas as comunicações de estilo ao juízo da 7ª Vara Cível da Comarca de Ribeirão Preto. À Secretaria Judiciária para as providências cabíveis. Publique-se. Brasília, 13 de fevereiro de 2017. Ministra Rosa Weber Relatora (STF; Rcl 13240; SP; São Paulo 9929336-59.2012.1.00.0000; Rel. Min. Rosa Weber; Julg. 13/02/2017, Data de Publicação: DJe-031 16/02/2017)

✓ AGRAVO INTERNO NOS EMBARGOS DE DECLARAÇÃO NO AGRAVO EM RECURSO ESPECIAL. AGRAVO DE

INSTRUMENTO. AÇÃO DE INVENTÁRIO E PARTILHA. 1. PARTILHA HOMOLOGADA JUDICIALMENTE. RETIFICAÇÃO. ERRO MATERIAL NA AVALIAÇÃO DE BENS. POSSIBILIDADE. 2.QUESTÃO ACERCA DA REMESSA ÀS VIAS ORDINÁRIAS POR SER DE ALTA INDAGAÇÃO. INVERSÃO DO JULGADO. IMPOSSIBILIDADE. INCIDÊNCIA DA SÚMULA 7/STJ. 3.DIVERGÊNCIA JURISPRUDENCIAL PREJUDICADA. 4. AGRAVO IMPROVIDO. 1. Com efeito, a conclusão do acórdão recorrido não destoa do entendimento jurisprudencial desta Corte, segundo o qual o princípio da inalterabilidade da decisão judicial, previsto no art. 463 do CPC/1973, equivalente ao art. 494 do CPC/2015, não é absoluto, podendo ser afastado, inclusive de ofício, para correção de inexatidões materiais ou para correção de erros de cálculo. 2. A modificação da conclusão exarada no aresto hostilizado (de que a questão da apuração dos haveres será remetida às vias próprias somente quando o Juízo entender pela sua alta indagação, o que ainda não ocorreu, pois apenas fixou pontos controvertidos e determinou a realização de audiência para que houvesse diálogo entre as partes sobre os temas considerados controvertidos) demandaria necessariamente o revolvimento fático-probatório do feito, o que não se admite no âmbito do recurso especial, ante a incidência da Súmula 7/STJ, não sendo o caso de revaloração jurídica do conjunto de fatos e provas acostados ao processo. (...). (AgInt nos EDcl no AREsp 1323199/RJ, Rel. Ministro MARCO AURÉLIO BELLIZZE, TERCEIRA TURMA, julgado em 14/09/2020, DJe 21/09/2020)

✓ AGRAVO INTERNO NO AGRAVO EM RECURSO ESPECIAL. CUMPRIMENTO DE SENTENÇA. ALTERAÇÃO DE CRITÉRIOS DA SENTENÇA. IMPOSSIBILIDADE. ACÓRDÃO RECORRIDO EM HARMONIA COM A JURISPRUDÊNCIA DESTA CASA. SÚMULA 83/STJ. INEXISTÊNCIA DE SIMILITUDE FÁTICA. AGRAVO DESPROVIDO. 1. Nos termos da jurisprudência do STJ, o erro de cálculo passível de correção pelo magistrado a qualquer tempo é aquele decorrente de inexatidão meramente aritmética, o que não se confunde com a simples discordância acerca dos critérios fixados na sentença. (...) (AgInt no AREsp 1307381/RS, Rel. Ministro MARCO AURÉLIO BELLIZZE, TERCEIRA TURMA, julgado em 11/11/2019, DJe 21/11/2019)

II – por meio de embargos de declaração.

→ v. Art. 1.022 do CPC.

Alteração da sentença por intermédio de embargos de declaração:

✓ AGRAVO DE INSTRUMENTO. NEGÓCIOS JURÍDICOS BANCÁRIOS. IMPUGNAÇÃO AO CUMPRIMENTO DE SENTENÇA. OPOSIÇÃO DE EMBARGOS DE DECLARAÇÃO. ERRO MATERIAL. O Código de Processo Civil de 2015 incluiu dentre as hipóteses passíveis de serem opostos embargos de declaração a ocorrência de erro material, conforme previsão expressa contida no artigo 1.022, III, do CPC. Portanto, como o juízo se deparou com erro material ao apreciar os embargos, possível a sua correção. AGRAVO DE INSTRUMENTO DESPROVIDO. UNÂNIME. (TJ-RS; Agravo de Instrumento 70073846552, Décima Primeira Câmara Cível; Rel. Antônio Maria Rodrigues de Freitas Iserhard; Julg. 27/09/2017).

✓ PROCESSUAL CIVIL. EMBARGOS DE DECLARAÇÃO NO AGRAVO INTERNO NOS EMBARGOS DE DECLARAÇÃO NO AGRAVO EM RECURSO ESPECIAL. ARTIGO 1.022 DO CPC/2015. OMISSÃO NÃO CARACTERIZADA. 1. Nos termos do que dispõe o artigo 1.022 do CPC/2015, cabem embargos de declaração contra qualquer decisão judicial para esclarecer obscuridade, eliminar contradição, suprir omissão de ponto ou questão sobre a qual devia se pronunciar o juiz de ofício ou a requerimento, bem como para corrigir erro material. 2. Descabe a imposição da multa prevista no art. 1.021, § 4º, do CPC/2015, em razão do mero desprovimento do agravo interno, em votação unânime, sendo necessária a configuração da manifesta inadmissibilidade ou improcedência do recurso a autorizar sua aplicação, o que não ocorreu no caso em apreço. Precedentes. 3. Embargos de declaração rejeitados. (EDcl no AgInt nos EDcl no AREsp 1437205/SP, Rel. Ministro BENEDITO GONÇALVES, PRIMEIRA TURMA, julgado em 30/03/2020, DJe 01/04/2020)

✓ EMBARGOS DE DECLARAÇÃO NO AGRAVO INTERNO NO RECURSO ESPECIAL. ERRO MATERIAL. CORREÇÃO. NECESSIDADE. OMISSÃO NÃO OCORRÊNCIA. MERA PRETENSÃO DE REJULGAMENTO DA CAUSA.EMBARGOS DECLARATÓRIOS ACOLHIDOS APENAS PARA CORRIGIR ERRO MATERIAL. (EDcl no AgInt no REsp 1863800/PR, Rel. Ministro PAULO DE TARSO SANSEVERINO, TERCEIRA TURMA, julgado em 26/10/2020, DJe 29/10/2020)

Art. 495. A decisão que condenar o réu ao pagamento de prestação consistente em dinheiro e a que determinar a conversão de prestação de fazer, de não fazer ou de dar coisa em prestação pecuniária valerão como título constitutivo de hipoteca judiciária.

→ v. Art. 167, I, 2, da Lei 6.015/1975.
→ v. Art. 1.473 e seguintes do CC/2002.
→ v. Enunciado 149 do CJF: A falta de averbação da pendência de processo ou da existência de hipoteca judiciária ou de constrição judicial sobre bem no registro de imóveis não impede que o exequente comprove a má-fé do terceiro que tenha adquirido a propriedade ou qualquer outro direito real sobre o bem.

Constituição de hipoteca judiciária:

✓ AGRAVO DE INSTRUMENTO – HIPOTECA JUDICIÁRIA – Insurgência contra decisão que deferiu o pedido de hipoteca judiciária – Hipoteca judiciária constitui efeito secundário e natural da sentença condenatória – Desnecessidade de oitiva da parte contrária – A hipoteca incidirá sobre os bens do devedor, correspondentes ao valor da condenação, ou sobre o valor da causa se ilíquida a condenação – RECURSO DESPROVIDO. (TJSP; Agravo de Instrumento 0097311-40.2013.8.26.0000; Relator (a): J.B. Paula Lima; Órgão Julgador: 10ª Câmara de Direito Privado; Foro de Ribeirão Preto – 4ª. Vara Cível; Data do Julgamento: 06/06/2017; Data de Registro: 07/06/2017)

✓ Agravo instrumental. Cobrança. Imóveis em condomínio. Locação imobiliária de terrenos, havendo alegação de que não teriam sido repassadas à autora as quantias referentes a seu quinhão. R. sentença de procedência em relação aos Srs. José Carlos e Carlos Antonio, excluída da lide a empresa Acqua (inquilina). Apelos das partes já julgados, pendente ainda julgamento de embargos declaratórios, opostos só pelo demandado José Carlos. Decisão atacada consistente em deferimento de inscrição de hipoteca judiciária. Manutenção, mesmo diante de apelação interposta pelos agravantes, recebida no duplo efeito, já que tal não configura óbice para a inscrição da garantia. Hipoteca judiciária que, nos termos do art. 466 do antigo CPC (495 e §§ do CPC/15), consiste em efeito secundário da sentença, podendo ser constituída a despeito de apelo pendente de julgamento. Desprovimento, mantendo-se integralmente a decisão monocrática, por seus próprios fundamentos. (TJ-SP; AI 21552890420148260000; SP; 27ª Câmara de Direito Privado; Rel. Campos Petroni; Julg. 19/07/2016; Data de Publicação: 20/07/2016)

✓ AGRAVO DE INSTRUMENTO – HIPOTECA JUDICIÁRIA – INTELIGÊNCIA DO ART. 495, DO CPC – PEDIDO DE SUBSTITUIÇÃO DOS BENS DA DEVEDORA POR BENS DE TERCEIRO – ALEGAÇÃO DE QUE A SUBSTITUIÇÃO VISA IMPEDIR ONEROSIDADE EXCESSIVA DECORRENTE DA NECESSIDADE DE ALIENAÇÃO DOS BENS – REJEIÇÃO – DECISÃO MANTIDA – Segundo regramento vigente, a sentença condenatória, ainda que sujeita a recurso dotado de efeito suspensivo, produz hipoteca como efeito dela, automaticamente, sem necessidade de intervenção judicial ou anuência da parte contrária, mediante apresentação do título judicial ao cartório de registro de imóveis – Caso em que a parte credora deixou de fazer a comunicação da hipoteca ao juiz da causa – Irrelevância, se não advindo prejuízo da inércia – Reconhecimento da possibilidade de o juiz da causa afastar eventual abuso – Inexistência de pedido de redução da hipoteca – Inconformismo fundado na rejeição do pedido de substituição dos bens hipotecados por bens de terceiro – Modalidade de hipoteca que se caracteriza por sua unilateralidade e que visa criar direito real de sequela, com validade erga omnes e preferência de excussão – Substituição pretendida que implica maiores riscos à satisfação da dívida, por envolver patrimônio de pessoa física estranha à relação jurídica de direito processual – Devedora constituída sob a forma de SPE exatamente para facilitar o cumprimento das obrigações decorrentes do empreendimento – Inocorrência de onerosidade excessiva – NEGARAM PROVIMENTO AO RECURSO. (TJSP; Agravo de Instrumento 2124195-96.2018.8.26.0000; Relator (a): Alexandre Coelho; Órgão Julgador: 8ª Câmara de Direito Privado; Foro Central Cível – 21ª Vara Cível; Data do Julgamento: 15/10/2018; Data de Registro: 15/10/2018)

✓ AGRAVO DE INSTRUMENTO. PROCESSUAL CIVIL. CUMPRIMENTO DE SENTENÇA. HIPOTECA JUDICIÁRIA INEXISTENTE. PENHORA DE IMÓVEL. HIPOTECA ANTERIOR. POSSIBILIDADE. OBSERVÂNCIA AO DIREITO DE PREFERÊNCIA DO CREDOR HIPOTECÁRIO. ALEGAÇÃO DE OFENSA AO DISPOSTO NO ART. 831 DO CPC AFASTADA. RECURSO CONHECIDO E DESPROVIDO. 1. A denominada hipoteca judiciária, prevista no art. 495 do CPC, constituída por decisão judicial, consiste em efeito secundário da sentença, realizada mediante a apresentação de cópia da sentença perante o cartório de registro imobiliário, pelo credor, a fim de registrar o gravame na matrícula do imóvel. Na hipótese, contudo, não há hipoteca judicial averbada na matrícula do bem objeto da penhora. 2. A hipoteca é gravame que vincula aquele imóvel ao adimplemento de determinada dívida. Determina, assim, o art. 1.419 do Código Civil que, "nas dívidas garantidas por penhor, anticrese ou hipoteca, o bem dado em garantia fica sujeito, por vínculo real, ao cumprimento da obrigação". Destaca-se, ainda, que o credor hipotecário não detém direito absoluto sobre o bem gravado, possuindo, tão somente, o direito de preferência ao recebimento do crédito apurado após a venda do ativo hipotecado. Logo, é possível que o bem garantido pela hipoteca seja objeto de penhora por outros credores. (...) (TJ-DFT Acórdão 1164395, 07008983920198070000, Relator: SANDRA REVES, 2ª Turma Cível, data de julgamento: 3/4/2019, publicado no DJE: 22/4/2019)

Acordo não constitui hipoteca judiciária:

✓ AGRAVO DE INSTRUMENTO – AÇÃO DE EXECUÇÃO POR QUANTIA CERTA CONTRA DEVEDOR SOLVENTE – ACORDO HOMOLOGADO POR SENTENÇA – HIPOTECA JUDICIÁRIA DE BEM IMÓVEL – NEGATIVA DE REGISTRO EM CARTÓRIO – EXPEDIÇÃO DE OFÍCIO – Hipótese em que as partes celebraram acordo nos autos da execução, estabelecendo como garantia do adimplemento a hipoteca de bem imóvel, objeto da matrícula nº 18.585, do 2º CRI de Guarulhos – Acordo homologado em juízo, nos moldes do art. 487, III, alínea "b", do CPC – Demonstrado pelo exequente, ora agravante, porém, que ao apresentar a sentença homologatória para registro da hipoteca, houve recusa do registrador, sob a alegação de se tratar, em verdade, de hipoteca convencional – Reconhecido que a hipoteca judiciária se constitui com a prolação de sentença condenatória, o que não ocorreu na hipótese dos autos – Hipoteca prevista em acordo de forma convencional, pois surgiu da livre vontade das partes – Inaplicabilidade do art. 495, do CPC – Precedentes – Decisão interlocutória suficientemente motivada, mantida nos termos do art. 252, do Regimento Interno deste E.TJSP – Agravo improvido". (TJSP; Agravo de Instrumento 2150512-63.2020.8.26.0000; Relator (a): Salles Vieira; Órgão Julgador: 24ª Câmara de Direito Privado; Foro de Guarulhos – 2ª Vara Cível; Data do Julgamento: 12/03/2014; Data de Registro: 31/08/2020)

Hipoteca em bem de família:

✓ AGRAVO DE INSTRUMENTO. EXECUÇÃO DE TÍTULO JUDICIAL. DECISÃO QUE DEFERE INSCRIÇÃO DE HIPOTECA JUDICIÁRIA SOBRE O BEM INDICADO PELO EXEQUENTE. IMÓVEL RECONHECIDO COMO BEM DE FAMÍLIA IMPOSSIBILIDADE. IMPENHORABILIDADE. LEI 8.009/90 – MEDIDA INEFICAZ. REFORMA DO DECISUM. PROVIMENTO AO RECURSO.1. "O imóvel residencial próprio do casal, ou da entidade familiar, é impenhorável e não responderá por qualquer tipo de dívida civil, comercial, fiscal, previdenciária ou de outra natureza, contraída pelos cônjuges ou pelos pais ou filhos que sejam seus proprietários e nele residam, salvo nas hipóteses previstas nesta lei." (art. 1° da Lei 8.009/90); 2. "A decisão que condenar o réu ao pagamento de prestação consistente em dinheiro e a que determinar a conversão de prestação de fazer, de não fazer ou de dar coisa em prestação pecuniária valerão como título constitutivo de hipoteca judiciária." (Art. 495, CPC/2015)"; 3.In casu, tratando-se de imóvel reconhecido como bem de família e, portanto, impenhorável, por força do art. 1° da Lei 8.009/90, não se vislumbra nenhum proveito ou utilidade na inscrição de hipoteca judiciária prevista no art. 495 CPC, sobre o mesmo, já que futuramente não será permitida a expropriação do referido bem;

4. Recurso provido, nos termos do voto do Relator (Agravo de instrumento 0029736-63.2020.8.19.000, Des(a) Luiz Fernando de Andrade Pinto, Julgamento 26/08/2020 – Vigésima quinta câmara cível).

Hipoteca judiciária e recuperação judicial:

✓ AGRAVO DE INSTRUMENTO. HABILITAÇÃO DE CRÉDITO EM FALÊNCIA. PROVIMENTO PARA INCLUSÃO DO VALOR NO QUADRO GERAL DE CREDORES, ESPECIFICAMENTE NA CATEGORIA DE CRÉDITO COM GARANTIA REAL EM VIRTUDE DE HIPOTECA JUDICIÁRIA. A constituição da hipoteca judiciária, inscrita no registro imobiliário, implica na inclusão do valor na categoria crédito com garantia real, que reflete a pretensão do ora agravante. Errônea, portanto, sua classificação como crédito quirografário. RECURSO PROVIDO (Agravo de instrumento 0057946-17.2019.8.19.0000, Des(a) Antonio Iloizio Barros Bastos – julgamento: 07/02/2020, DJE: 12/02/2020 – Quarta Câmara Cível).

§ 1º A decisão produz a hipoteca judiciária:
I – embora a condenação seja genérica;

Hipoteca em condenação genérica:

✓ ACIDENTE DE VEÍCULO – INDENIZAÇÃO POR DANOS MATERIAIS, MORAIS E ESTÉTICOS – CUMPRIMENTO PROVISÓRIO DE SENTENÇA – HIPOTECA JUDICIÁRIA DE BEM IMÓVEL – DEPÓSITO JUDICIAL DE VALOR QUE ENTENDE DEVIDO – PRETENSA EXTINÇÃO DA HIPOTECA AVERBADA – INADMISSIBILIDADE – ILIQUIDEZ DA CONDENAÇÃO – RECONHECIMENTO – INTELIGÊNCIA DO ART. 495, § 1º, I, DO CPC – DECISÃO MANTIDA – RECURSO NÃO PROVIDO. Considerando que a hipoteca judiciária, com fulcro no art. 495 do CPC, traduz efeito secundário automático da sentença condenatória não transitada em julgado, garantindo ao credor o direito de sequela sobre bens do devedor, suficientes para satisfação de seu crédito, bem como o fato de que a sentença é ilíquida quanto às despesas de tratamento, ao qual a autora, exequente, ainda é submetida, não há como se aferir no presente momento se o valor depositado judicialmente é suficiente para garantir o cumprimento de sentença, razão pela qual, com fulcro no art. 495, § 1º, I, do CPC, de rigor seja mantida a hipoteca judiciária até a definição do "quantum debeatur". Recurso não provido. (TJSP; Agravo de Instrumento 2082938-23.2020.8.26.0000; Relator (a): Paulo Ayrosa; Órgão Julgador: 31ª Câmara de Direito Privado; Foro de Praia Grande - 1ª. Vara Cível; Data do Julgamento: 19/05/2020; Data de Registro: 19/05/2020)

II – ainda que o credor possa promover o cumprimento provisório da sentença ou esteja pendente arresto sobre bem do devedor;
III – mesmo que impugnada por recurso dotado de efeito suspensivo.

Hipoteca pendente recurso de apelação e desnecessidade de ordem judicial:

✓ TUTELA PROVISÓRIA INCIDENTAL. RECURSOS DE APELAÇÃO PENDENTES DE JULGAMENTO. Pretensão de deferimento de hipoteca judiciária. Medida pleiteada que independe de ordem judicial, podendo ser realizada pela parte interessada através da apresentação da cópia da sentença junto do cartório de registro de imóveis. Observância do disposto no artigo 495 §1º e §2º do Código de Processo Civil. Verificada a ausência de interesse processual para a postulação da medida. TUTELA INDEFERIDA. (TJSP; Tutela Provisória 2176070-37.2020.8.26.0000; Relator (a): Paulo Alcides; Órgão Julgador: 6ª Câmara de Direito Privado; Foro Regional VIII - Tatuapé - 1ª Vara Cível; Data do Julgamento: 04/08/2020; Data de Registro: 04/08/2020)

§ 2º A hipoteca judiciária poderá ser realizada mediante apresentação de cópia da sentença perante o cartório de registro imobiliário, independentemente de ordem judicial, de declaração expressa do juiz ou de demonstração de urgência.

Hipoteca judiciária mediante registro no cartório de registro imobiliário, sem ordem judicial:

✓ HIPOTECA JUDICIÁRIA. Ao teor do disposto no § 2º, do art. 495 do CPC atual, A hipoteca judiciária poderá ser realizada mediante apresentação de cópia da sentença perante o cartório de registro imobiliário, independentemente de ordem judicial, de declaração expressa do juiz ou de demonstração de urgência. Assim, a providência de averbação da hipoteca judiciária prescinde da existência de comando judicial. (TRT-4; RO 00203940620165040204; 11ª Turma; Julg. 11/12/2017)

✓ HIPOTECA JUDICIÁRIA. AUSÊNCIA DE INTERESSE RECURSAL. Falece ao exequente interesse recursal, quanto ao indeferimento de sua pretensão de inscrição de hipoteca judiciária sobre imóvel do executado. Isso porque, segundo o novo regramento do art. 495 do CPC/2015, a sentença condenatória vale como título constitutivo de hipoteca judiciária, a qual, a teor do § 2º desse dispositivo, "poderá ser realizada mediante apresentação de cópia da sentença perante o cartório de registro imobiliário, independentemente de ordem judicial, de declaração expressa do juiz ou de demonstração de urgência". Logo, trata-se de ato da parte, que não está sujeito a prévia autorização judicial. (TRT-3; AP 00416201509903009; Nona Turma; Rel. Convocada Olivia Figueiredo Pinto Coelho; Data de Publicação: 12/07/2017)

§ 3º No prazo de até 15 (quinze) dias da data de realização da hipoteca, a parte informá-la-á ao juízo da causa, que determinará a intimação da outra parte para que tome ciência do ato.

§ 4º A hipoteca judiciária, uma vez constituída, implicará, para o credor hipotecário, o direito de preferência, quanto ao pagamento, em relação a outros credores, observada a prioridade no registro.

Hipoteca judiciária e o direito de preferência:

✓ AGRAVO DE INSTRUMENTO. CUMPRIMENTO DE SENTENÇA. HIPOTECA JUDICIAL. ANÁLISE DE ALEGAÇÃO DE IMPENHORABILIDADE. POSSIBILIDADE. (...) A hipoteca judiciária é meio hábil para garantir pagamento de cumprimento de sentença, pois, uma vez constituída, implicará, para o credor hipotecário, o direito de preferência, quanto ao pagamento, em relação a outros credores, observada a prioridade no registro (art. 495, § 4º, do CPC). Desse modo, é perfeitamente possível a análise, no presente momento, do pedido de abrangência ao imóvel, da proteção conferida aos bens de família. Isso se justifica até mesmo para que o credor possa diligenciar na busca de bens que efetivamente irão satisfazer o seu crédito. RECURSO PARCIALMENTE CONHECIDO E PROVIDO. UNÂNIME. (TJ-RS; Agravo de Instrumento 70074876210; Décima Sexta Câmara Cível; Rel. Ergio Roque Menine; Julg. 23/11/2017).

✓ AGRAVO DE INSTRUMENTO – AÇÃO CIVIL PÚBLICA – CUMPRIMENTO DE SENTENÇA – HIPOTECA JUDICIÁRIA 1. Trata-se de agravo de instrumento interposto contra a r. decisão pela qual o D. Magistrado a quo, em fase de cumprimento de sentença, deferiu, em desfavor da parte agravante, anotação de hipoteca judiciária sobre o imóvel inscrito na matrícula 52.039 do 1º Registro de Imóveis da Comarca de Santos, bem como sobre aquelas que dessa matrícula tenham sido geradas, até o deslinde do feito, conforme previsão do art. 495 do CPC. Segundo constou da r. decisão agravada, o deferimento do pedido de averbação de hipoteca judiciária sobre o bem em questão, 'além de contar com a concordância do Ministério Público ... é medida que contribuirá para o efetivo deslinde do feito, posto que lavrada sobre as matrículas dos imóveis envolvidos na reparação ambiental'. 2. A hipoteca judiciária não se confunde com a medida de indisponibilidade de bens e nem com a de arresto e depósito sobre bens indeterminados. Sua constituição visa a garantir direito de preferência ao credor hipotecário quanto ao pagamento em relação a outros credores, nada mais. Inexistência de mácula ao princípio da menor onerosidade do devedor, não se mostrando, no caso em concreto, medida excessiva e desproporcional. Mantença da r. decisão agravada. Recurso de agravo de instrumento desprovido. (TJSP; Agravo de Instrumento 2031603-62.2020.8.26.0000; Relator (a): Nogueira Diefenthaler; Órgão Julgador: 1ª Câmara Reservada ao Meio Ambiente; Foro de Bertioga – 1ª Vara; Data do Julgamento: 24/09/2020; Data de Registro: 05/10/2020)

Hipoteca x outras constrições:

✓ APELAÇÃO CÍVEL. EMBARGOS DE TERCEIRO. PROMESSA DE COMPRA E VENDA NÃO REGISTRADA. PENHORA E HIPOTECA JUDICIÁRIA POSTERIORES. INEFICÁCIA DOS GRAVAMES EM RELAÇÃO AO ADQUIRENTE DE BOA-FÉ. "É admissível a oposição de embargos de terceiro fundados em alegação de posse advinda do compromisso de compra e venda de imóvel, ainda que desprovido de registro" (Súmula 84, STJ). Nos termos do art. 475, § 4º, do CPC, "A hipoteca judiciária, uma vez constituída, implicará, para o credor hipotecário, o direito de preferência, quanto ao pagamento, em relação a outros credores, observada a prioridade no registro". Sendo apenas uma medida processual, diferente, portanto, da hipoteca como garantia real do direito material, a preferência apontada pelo dispositivo legal cede a qualquer regra de direito material. Ineficaz, portanto, em relação ao adquirente de boa-fé, tanto a hipoteca judiciária quanto a penhora posteriores à conclusão da promessa de compra e venda, ainda que desprovida esta de registro na matrícula do imóvel. (TJ-DFT, Acórdão 1165043, 00127211920178070001, Relator: CARMELITA BRASIL, 2ª Turma Cível, data de julgamento: 10/4/2019, publicado no DJE: 16/4/2019.)

§ 5º Sobrevindo a reforma ou a invalidação da decisão que impôs o pagamento de quantia, a parte responderá, independentemente de culpa, pelos danos que a outra parte tiver sofrido em razão da constituição da garantia, devendo o valor da indenização ser liquidado e executado nos próprios autos.

Seção III
Da Remessa Necessária

Art. 496. Está sujeita ao duplo grau de jurisdição, não produzindo efeito senão depois de confirmada pelo tribunal, a sentença:

→ *v.* Súmula 620 do STF.

→ *v.* Súmulas 45, 253, 325, 390 e 490 do STJ.

→ *v.* Art. 13 da Lei 10.259/2001.

→ *v.* Art. 11 da Lei 12.153/2009.

→ *v.* Art. 19 da Lei 4.717/1965.

→ *v.* Art. 14, § 3º, da Lei 12.016/2009.

→ *v.* Art. 28, § 1º, do Dec.-lei 3.365/1941.

Sobre a remessa necessária:

✓ PROCESSUAL CIVIL E CONSUMIDOR. RECURSO ESPECIAL. PLANOS DE SAÚDE. REAJUSTES DO "PROGRAMA DE READEQUAÇÃO". OMISSÃO, CONTRADIÇÃO OU ERRO MATERIAL. AUSÊNCIA. REMESSA NECESSÁRIA. AÇÃO COLETIVA. DIREITO INDIVIDUAIS HOMOGÊNEOS. NÃO CABIMENTO. (...) 3. O fundamento da remessa ou reexame necessário consiste em uma precaução com litígios que envolvam bens jurídicos relevantes, de forma a impor o duplo grau de jurisdição independentemente da vontade das partes. 4. Ações coletivas que versam direitos individuais homogêneos integram subsistema processual com um conjunto de regras, modos e instrumento próprios, por tutelarem situação jurídica heterogênea em relação aos direitos transindividuais. 5. Limites à aplicação analógica do instituto da remessa necessária, pois a coletivização dos direitos individuais homogêneos tem um sentido meramente instrumental, com a finalidade de permitir uma tutela mais efetiva em juízo, não se deve admitir, portanto, o cabimento da remessa necessária, tal como prevista no art. 19 da Lei 4.717/65. 6. Recurso especial conhecido e provido. (REsp 1374232/ES; Terceira Turma; Rel. Nancy Andrighi; Julg. 26/09/2017; DJe 02/10/2017)

✓ PROCESSUAL CIVIL. EMBARGOS DE DIVERGÊNCIA. AÇÃO DE IMPROBIDADE ADMINISTRATIVA. REEXAME NECESSÁRIO. CABIMENTO. APLICAÇÃO, POR ANALOGIA, DO ART. 19 DA LEI 4.717/1965. É FIRME O ENTENDIMENTO NO STJ DE QUE O CÓDIGO DE PROCESSO CIVIL DEVE SER APLICADO SUBSIDIARIAMENTE À LEI DE IMPROBIDADE ADMINISTRATIVA. PRECEDENTES. EMBARGOS DE DIVERGÊNCIA PROVIDOS. 1. Verifica-se que, no acórdão embargado, a Primeira Turma decidiu que não há falar em aplicação subsidiária do art. 19 da Lei 4.717/65, mormente por ser o reexame necessário instrumento de exceção no sistema processual. 2. Já o v. acórdão paradigma da Segunda Turma decidiu admitir o reexame necessário na Ação de Improbidade. 3. A jurisprudência do STJ se firmou no sentido de que o Código de Processo Civil deve ser aplicado subsidiariamente à Lei de Improbidade Administrativa. Nesse sentido: REsp 1.217.554/SP, Rel. Ministra Eliana Calmon, Segunda Turma, DJe 22/8/2013, e REsp 1.098.669/GO, Rel. Ministro Arnaldo Esteves Lima, Primeira Turma, DJe 12/11/2010. 4. Portanto, é cabível o reexame necessário na Ação de Improbidade Administrativa, nos termos do artigo 475 do CPC/1973.

Nessa linha: REsp 1556576/PE, Rel. Ministro Herman Benjamin, Segunda Turma, DJe 31/5/2016. 5. Ademais, por "aplicação analógica da primeira parte do art. 19 da Lei nº 4.717/65, as sentenças de improcedência de ação civil pública sujeitam-se indistintamente ao reexame necessário" (REsp 1.108.542/SC, Rel. Ministro Castro Meira, j. 19.5.2009, DJe 29.5.2009). Nesse sentido: AgRg no REsp 1219033/RJ, Rel. Ministro Herman Benjamin, Segunda Turma, DJe 25/04/2011. 6. Ressalta-se, que não se desconhece que há decisões em sentido contrário. A propósito: REsp 1115586/DF, Rel. Ministro Gurgel de Faria, Primeira Turma, DJe 22/08/2016, e REsp 1220667/MG, Rel. Ministro Napoleão Nunes Maia Filho, Primeira Turma, DJe 20/10/2014. 7. Diante do exposto, dou provimento aos Embargos de Divergência para que prevaleça a tese do v. acórdão paradigma de que é cabível o reexame necessário na Ação de Improbidade Administrativa, nos termos do artigo 475 do CPC/1973, e determino o retorno dos autos para o Tribunal de origem a fim de prosseguir no julgamento. (EREsp 1220667/MG, Rel. Ministro HERMAN BENJAMIN, PRIMEIRA SEÇÃO, julgado em 24/05/2017, DJe 30/06/2017)

Remessa necessária e direito intertemporal:

✓ PROCESSUAL CIVIL. RECURSO ESPECIAL. AÇÃO DE INDENIZAÇÃO CONTRA A FAZENDA PÚBLICA. AUSÊNCIA DE RECURSO VOLUNTÁRIO. ACÓRDÃO A QUO QUE NÃO CONHECEU DA REMESSA NECESSÁRIA. APLICAÇÃO RETROATIVA DO CPC/2015. INVIABILIDADE. ADOÇÃO DO PRINCÍPIO TEMPUS REGIT ACTUM. OBSERVÂNCIA DA LEI EM VIGOR NA DATA DA PROLAÇÃO DA SENTENÇA. 1. Cuida-se de Recurso Especial interposto pelo Estado do Rio Grande do Norte contra acórdão que não conheceu da remessa oficial, tendo em vista a aplicação imediata da norma introduzida pela Lei 13.105/2015 quanto ao Reexame Necessário nas ações com valor inferior a 500 (quinhentos) salários mínimos (art. 496, § 3º, II, do CPC/2015). 2. A jurisprudência do STJ consolidou o entendimento de que a lei em vigor no momento da prolação da sentença regula os recursos cabíveis contra ela, bem como sua sujeição ao duplo grau obrigatório, repelindo-se a retroatividade da norma nova. Precedente: EREsp 600.874/SP, Rel. Ministro José Delgado, Corte Especial, julgado em 1º/8/2006, DJ 4/9/2006. 3. O art. 14 do CPC/2015 tem a seguinte redação: "a norma processual não retroagirá e será aplicável imediatamente aos processos em curso, respeitados os atos processuais praticados e as situações jurídicas consolidadas sob a vigência da norma revogada". 4. Em tais condições, não é possível a aplicação retroativa da lei nova, para regulamentar atos processuais prévios à data de sua entrada em vigor. Tratando-se de recursos ou remessa oficial, a regra geral é de que eles são regidos pela lei vigente à época da decisão recorrida. 5. No caso concreto, a sentença contra a Fazenda Pública foi proferida quando em vigor o CPC de 1973, de modo que essa é a norma a ser observada para o exame dos pressupostos recursais. 6. Preenchidos os pressupostos do reexame obrigatório à luz da lei vigente (art. 475 do CPC), a superveniente modificação da norma pelo CPC/2015, quando já ultrapassado o prazo do recurso voluntário, não compromete o direito processual da Fazenda de ver reapreciada a sentença pelo Tribunal. 7. Recurso Especial provido. (REsp 1689664/RN, Rel. Ministro HERMAN BENJAMIN, SEGUNDA TURMA, julgado em 05/10/2017, DJe 16/10/2017)

I – proferida contra a União, os Estados, o Distrito Federal, os Municípios e suas respectivas autarquias e fundações de direito público;

II – que julgar procedentes, no todo ou em parte, os embargos à execução fiscal.

§ 1º Nos casos previstos neste artigo, não interposta a apelação no prazo legal, o juiz ordenará a remessa dos autos ao tribunal, e, se não o fizer, o presidente do respectivo tribunal avocá-los-á.

Trânsito em julgado pressupõe a realização da remessa necessária:

✓ PROCESSUAL CIVIL. AÇÃO RESCISÓRIA. EXTINÇÃO SEM JULGAMENTO DE MÉRITO. FALTA DE SENTENÇA TRANSITADA EM JULGADO. SÚMULA 423/STF. SENTENÇA OMISSA QUANTO À REMESSA NECESSÁRIA. NOTIFICAÇÃO PARA AVOCAÇÃO DO FEITO. CABIMENTO. 1. Mesmo que a sentença seja omissa quanto ao reexame necessário, não ocorre o trânsito em julgado da decisão antes do julgamento do referido feito pelo tribunal, conforme a Súmula 423/STF, de aplicação corrente nesta Corte Superior: "Não transita em julgado a sentença por haver omitido o recurso ex officio, que se considera interposto ex lege". 2. Na hipótese, correta a ciência ao Presidente do Tribunal de origem para avocação do feito, conforme disposto no art. 475, § 1º, do CPC/1973, reproduzido no art. 496, § 1º, do CPC/2015. 3. Não cabe ação rescisória contra sentença contrária à Fazenda Pública não confirmada pelo Tribunal, por falta do requisito do trânsito em julgado. 4. Recurso especial a que se nega provimento. (REsp 1677671/SP; Segunda Turma; Rel. Og Fernandes; Julg. 19/09/2017; DJe 25/09/2017)

Inexistência da remessa quando interposta apelação:

✓ Apelação cível e remessa necessária – ação indenizatória – ocupação urbana – competência do Município – omissão – loteamento e construções – área de risco – deslizamento de terras – prejuízo aos moradores – responsabilidade civil – ocorrência – remessa necessária – não conhecimento – apelação à qual se dá parcial provimento. 1. Na dicção do art. 496, § 1º do Código de Processo Civil de 2015, havendo recurso de apelação por parte da Fazenda Pública, não se conhece da remessa necessária. 2. A responsabilidade civil das pessoas jurídicas de direito público, via de regra, é objetiva. Tratando-se de omissão, aplica-se a teoria da responsabilidade subjetiva. 3. Dado ser do Município a competência para regular e fiscalizar a ocupação urbana de maneira ordenada e segura, a omissão neste dever acarreta responsabilidade. 4. A doação de lotes pelo poder público municipal, seguida da autorização de desenvolvimento de loteamento e construções em áreas de risco conhecido, implica ato omissivo que enseja o dever de reparação no caso de ocorrência de danos aos imóveis dos adquirentes, decorrentes do deslizamento de terras. (TJ-MG; AC 10549080109339001 MG; 2ª Câmara Cível; Rel. Marcelo Rodrigues; Julg. 14/11/2017; Data de Publicação: 23/11/2017)

§ 2º Em qualquer dos casos referidos no § 1º, o tribunal julgará a remessa necessária.

§ 3º Não se aplica o disposto neste artigo quando a condenação ou o proveito econômico obtido na causa for de valor certo e líquido inferior a:

Remessa necessária e valor condenatório:

✓ PROCESSUAL CIVIL E PREVIDENCIÁRIO. REMESSA OFICIAL. CPC 2015. NÃO CONHECIMENTO. 1. Cuidaram os autos, na origem, de Ação requerendo aposentadoria especial. A sentença julgou procedente o pedido de averbação do período laborado pelo segurado em condições especiais e concedeu o benefício (fls. 509-519, e-STJ). Não houve Apelação. O acórdão não conheceu da Remessa Necessária tendo em vista que o valor da condenação não ultrapassara mil salários mínimos, necessários para sua admissão, conforme reza o § 3º do art. 496 do CPC/2015. 2. Inarredável a revisão do conjunto probatório dos autos para afastar as premissas fáticas estabelecidas pelo acórdão recorrido de que "é possível concluir com segurança absoluta que o limite de 1.000 salários mínimos não seria alcançado pelo montante da condenação". Aplica-se, portanto, o óbice da Súmula 7/STJ. 3. Consubstanciado o que previsto no Enunciado Administrativo 7/STJ, condena-se o recorrente ao pagamento de honorários advocatícios em 10% (dez por cento) sobre o valor total da verba sucumbencial fixada nas instâncias ordinárias, com base no § 11 do art. 85 do CPC/2015. 4. Petição de fls. 669-670 (Pet 31.938/2019), deferida nos termos da fundamentação. 5. Recurso Especial não conhecido. (REsp 1790235/PR, Rel. Ministro HERMAN BENJAMIN, SEGUNDA TURMA, julgado em 28/03/2019, DJe 30/05/2019)

✓ PROCESSUAL CIVIL E PREVIDENCIÁRIO. SENTENÇA ILÍQUIDA. CPC/2015. NOVOS PARÂMETROS. CONDENAÇÃO OU PROVEITO ECONÔMICO INFERIOR A MIL SALÁRIOS MÍNIMOS. REMESSA NECESSÁRIA. DISPENSA. (...)3. A controvérsia cinge-se ao cabimento da remessa necessária nas sentenças ilíquidas proferidas em desfavor da Autarquia Previdenciária após a entrada em vigor do Código de Processo Civil/2015. 4. A orientação da Súmula 490 do STJ não se aplica às sentenças ilíquidas nos feitos de natureza previdenciária a partir dos novos parâmetros definidos no art. 496, § 3º, I, do CPC/2015, que dispensa do duplo grau obrigatório as sentenças contra a União e suas autarquias cujo valor da condenação ou do proveito econômico seja inferior a mil salários mínimos. 5. A elevação do limite para conhecimento da remessa necessária significa uma opção pela preponderância dos princípios da eficiência e da celeridade na busca pela duração razoável do processo, pois, além dos critérios previstos no § 4º do art. 496 do CPC/15, o legislador elegeu também o do impacto econômico para impor a referida condição de eficácia de sentença proferida em desfavor da Fazenda Pública (§ 3º). 6. A novel orientação legal atua positivamente tanto como meio de otimização da prestação jurisdicional – ao tempo em que desafoga as pautas dos Tribunais – quanto como de transferência aos entes públicos e suas respectivas autarquias e fundações da prerrogativa exclusiva sobre a rediscussão da causa, que se dará por meio da interposição de recurso voluntário. 7. Não obstante a aparente iliquidez das condenações em causas de natureza previdenciária, a sentença que defere benefício previdenciário é espécie absolutamente mensurável, visto que pode ser aferível por simples cálculos aritméticos, os quais são expressamente previstos na lei de regência, e são realizados pelo próprio INSS. 8. Na vigência do Código Processual anterior, a possibilidade de as causas de natureza previdenciária ultrapassarem o teto de sessenta salários mínimos era bem mais factível, considerado o valor da condenação atualizado monetariamente. 9. Após o Código de Processo Civil/2015, ainda que o benefício previdenciário seja concedido com base no teto máximo, observada a prescrição quinquenal, com os acréscimos de juros, correção monetária e demais despesas de sucumbência, não se vislumbra, em regra, como uma condenação na esfera previdenciária venha a alcançar os mil salários mínimos. 10. Agravo conhecido para negar provimento ao Recurso Especial. (AREsp 1712101/RJ, Rel. Ministro HERMAN BENJAMIN, SEGUNDA TURMA, julgado em 22/09/2020, DJe 05/10/2020)

I – 1.000 (mil) salários mínimos para a União e as respectivas autarquias e fundações de direito público;

Dispensa da remessa pelo valor condenatório:

✓ PROCESSUAL CIVIL E PREVIDENCIÁRIO. RECURSO ESPECIAL. OFENSA AO ART.1.022 DO CPC/2015 NÃO CONFIGURADA. SENTENÇA PREVIDENCIÁRIA. SENTENÇA ILÍQUIDA. REMESSA NECESSÁRIA. OBRIGATORIEDADE. ENTENDIMENTO CONSOLIDADO NO JULGAMENTO DO RESP 1.101.727/PR, SUBMETIDO AO REGIME DO ART. 543-C DO CPC/1973. SÚMULA 490/STJ. (...) 2. A Corte Especial, no julgamento do REsp 1.101.727/PR, proferido sob o rito do art. 543-C do CPC/73, firmou o entendimento de que é obrigatório o reexame da sentença ilíquida proferida contra a União, os Estados, o Distrito Federal, os Municípios e as respectivas autarquias e fundações de direito público (art. 475, § 2º, CPC/1973). 3. Na esteira da aludida compreensão foi editada a Súmula 490 do STJ: "A dispensa de reexame necessário, quando o valor da condenação ou do direito controvertido for inferior a sessenta salários mínimos, não se aplica a sentenças ilíquidas." 4. Com efeito, o reexame obrigatório é regra, admitindo-se a dispensa apenas nos casos em que, além de certo, o valor da condenação ou do proveito econômico obtido nas causas que envolvam o INSS seja inferior a 1.000 (mil) salários mínimos (art. 496, § 3º, I, do CPC/2015), situação fática aqui não verificada. 5. A Segunda Turma do STJ firmou entendimento no sentido de que a sentença previdenciária que condena a Autarquia previdenciária é de natureza ilíquida, por isso submetida ao reexame obrigatório. 6. Recurso Especial parcialmente provido para determinar o retorno dos autos à origem para que a sentença seja submetida ao Reexame Necessário. (REsp 1875229/SC, Rel. Ministro HERMAN BENJAMIN, SEGUNDA TURMA, julgado em 04/08/2020, DJe 26/08/2020)

✓ PROCESSUAL CIVIL E PREVIDENCIÁRIO. NEGATIVA DE PRESTAÇÃO JURISDICIONAL. INEXISTÊNCIA. SENTENÇA ILÍQUIDA. CPC/2015. NOVOS PARÂMETROS. CONDENAÇÃO OU PROVEITO ECONÔMICO INFERIOR A MIL SALÁRIOS MÍNIMOS. REMESSA NECESSÁRIA. DISPENSA. (...) 3. A controvérsia cinge-se ao cabimento da remessa necessária nas sentenças ilíquidas proferidas em desfavor da Autarquia Previdenciária após a entrada em vigor do Código de Processo Civil/2015. 4. A orientação da Súmula 490 do STJ não se aplica às sentenças ilíquidas nos feitos de natureza previdenciária a partir dos novos parâmetros definidos no art. 496, § 3º, I, do CPC/2015, que dispensa do duplo grau obrigatório as sentenças contra a União e suas autarquias cujo valor da condenação ou do proveito econômico seja inferior a mil salários mínimos. 5. A elevação do limite para conhecimento da remessa necessária significa uma opção pela preponderância dos princípios da eficiência e da celeridade na busca pela duração razoável do processo, pois, além dos critérios previstos no § 4º do art. 496 do CPC/15, o legislador elegeu também o do impacto econômico para impor a referida condição de eficácia de sentença proferida em desfavor da Fazenda Pública (§ 3º). 6. A novel orientação legal atua positivamente tanto como meio de otimização da prestação jurisdicional – ao tempo em que desafoga as pautas dos Tribunais – quanto como de transferência aos entes públicos e suas respectivas autarquias e fundações da prerrogativa exclusiva sobre a rediscussão da causa, que se dará por meio da interposição de recurso voluntário. 7. Não obstante a aparente iliquidez das condenações em causas de natureza previdenciária, a sentença que defere benefício previdenciário é espécie absolutamente mensurável, visto que pode ser aferível por simples cálculos aritméticos, os quais são expressamente previstos na lei de regência, e são realizados pelo próprio INSS. 8. Na vigência do Código Processual anterior, a possibilidade de as causas de natureza previdenciária ultrapassarem o teto de sessenta salários mínimos era bem mais factível, considerado o valor da condenação atualizado monetariamente. 9. Após o Código de Processo Civil/2015, ainda que o benefício previdenciário seja concedido com base no teto máximo, observada a prescrição quinquenal, com os acréscimos de juros, correção monetária e demais despesas de sucumbência, não se vislumbra, em regra, como uma condenação na esfera previdenciária venha a alcançar os mil salários mínimos, cifra que no ano de 2016, época da propositura da presente ação, superava R$ 880.000,00 (oitocentos e oitenta mil reais). 9. Recurso especial a que se nega provimento. (REsp 1735097/RS, Rel. Ministro GURGEL DE FARIA, PRIMEIRA TURMA, julgado em 08/10/2019, DJe 11/10/2019)

II – 500 (quinhentos) salários mínimos para os Estados, o Distrito Federal, as respectivas autarquias e fundações de direito público e os Municípios que constituam capitais dos Estados;

Dispensa da remessa pelo valor condenatório:

✓ PROCESSUAL CIVIL. REMESSA NECESSÁRIA. SENTENÇA ILÍQUIDA. CONDENAÇÃO INFERIOR A 500 (QUINHENTOS) SALÁRIOS MÍNIMOS. PRECEDENTES DO STJ. SÚMULA 83/STJ. APLICAÇÃO. 1. Cuidam os autos de Remessa Necessária de sentença proferida pelo Juízo da 3a Vara da Fazenda Pública da Comarca de Natal/RN que, nos autos da Ação Ordinária nº 0802918-26.2011.8.20.0001, julgou parcialmente procedente o pedido autoral, condenando o Instituto de Pesos e Medidas do Rio Grande do Norte - IPEM/RN a pagar diferenças relativas ao adicional de periculosidade, contadas a partir do ajuizamento da demanda. 2. O Tribunal de origem, considerando o valor do benefício devido até a data da prolação da sentença, afastou a remessa necessária, visto que o proveito econômico buscado na ação, embora não esteja aposto na sentença de forma líquida e definitiva, percebe-se facilmente que é inferior a 500 (quinhentos) salários mínimos, justificando, portanto, o não conhecimento da remessa necessária. 3. A jurisprudência do STJ entende que a dispensabilidade do exame obrigatório pressupõe a certeza quanto à não condenação da Fazenda Pública em valor superior aos limites do art. 496 do CPC/2015. Precedente: REsp 1.664.062/RS, Rel. Min. Herman Benjamin, Segunda Turma, DJe 20.6.2017. 4. Dessume-se que o acórdão recorrido refoge ao que ficou estabelecido no julgamento do REsp 1.101.727/PR, quanto ao cabimento da remessa necessária, de que é obrigatório o reexame da sentença ilíquida proferida contra a União, os Estados, o Distrito Federal, os Municípios e as respectivas autarquias e fundações de direito público (art. 475, § 2º, CPC/73). 5. O Agravo em Recurso Especial deve ser provido para, afastando os motivos que levaram ao não conhecimento, determinar que o Tribunal de origem proceda ao julgamento do reexame necessário como entender de direito . 6. Agravo em Recurso Especial provido nos temos da fundamentação. (AREsp 1532458/RN, Rel. Ministro HERMAN BENJAMIN, SEGUNDA TURMA, julgado em 22/10/2019, DJe 27/05/2020)

III – 100 (cem) salários mínimos para todos os demais Municípios e respectivas autarquias e fundações de direito público.

§ 4º Também não se aplica o disposto neste artigo quando a sentença estiver fundada em:

I – súmula de tribunal superior;

Dispensa da remessa pelo teor do pronunciamento:

✓ ADMINISTRATIVO. PREVIDENCIÁRIO. SERVIDOR PÚBLICO. ÓBITO NA VIGÊNCIA DA LEI N. 3.373/58. FILHA MAIOR DE 21 ANOS. POSSIBILIDADE. DEPENDÊNCIA ECONÔMICA. COMPROVAÇÃO. DESNECESSIDADE. SÚMULA N. 83/STJ I – Na origem, trata-se de ação ordinária objetivando a concessão de pensão por morte em virtude do falecimento do genitor da requerente. Após sentença que julgou procedente o pedido inicial, o Tribunal Regional Federal da 5ª Região negou provimento à remessa necessária e à apelação da União, ficando consignado que a autora preenche os requisitos para concessão da pensão por morte na condição de filha solteira maior de 21 anos e não ocupante de cargo público permanente. II – Na hipótese dos autos, não merece reforma o julgado recorrido, porquanto se encontra em consonância com a jurisprudência do Superior Tribunal de Justiça, a qual é pacífica no sentido de que, com base em interpretação teleológica protetiva do parágrafo único do art. 5° da Lei n. 3.373/1958, é de rigor o reconhecimento à filha maior de 21 anos solteira não ocupante de cargo público permanente, no momento do óbito, da condição de beneficiária da pensão por morte temporária, independente de comprovação de dependência econômica. Confira-se: AgInt no AREsp n. 1.471.084/ES, Rel. Ministro Francisco Falcão, Segunda Turma, julgado em 10/12/2019, DJe 13/12/2019; AgInt no REsp n. 1.829.838/RJ, Rel. Ministra Regina Helena Costa, Primeira Turma, julgado em 28/10/2019, DJe 4/11/2019 e REsp n. 1.837.793/PB, Rel. Ministro Herman Benjamin, Segunda Turma, julgado em 22/10/2019, DJe 29/10/2019. III – Desta forma, aplica-se, à espécie, o enunciado da Súmula n. 83/STJ: "Não se conhece do recurso especial pela divergência, quando a orientação do Tribunal se firmou no mesmo sentido da decisão recorrida." Ressalte-se que o teor do referido enunciado aplica-se, inclusive, aos recursos especiais interpostos com fundamento na alínea a do permissivo constitucional. IV – Agravo interno improvido. (AgInt no REsp 1770107/AL, Rel. Ministro FRANCISCO FALCÃO, SEGUNDA TURMA, julgado em 14/09/2020, DJe 21/09/2020)

II – acórdão proferido pelo Supremo Tribunal Federal ou pelo Superior Tribunal de Justiça em julgamento de recursos repetitivos;

→ v. Arts. 1.036 e seguintes do CPC.

Dispensa da remessa pelo teor do pronunciamento:

✓ SERVIDOR PÚBLICO. MUNICÍPIO DE ALEGRETE. PISO NACIONAL DO MAGISTÉRIO. REMESSA NECESSÁIRA. DISPENSA. LEI NACIONAL. EXAME PELO SUPREMO TRIBUNAL FEDERAL EM AÇÃO DIRETA DE INCONSTITUCIONAILIDADE. BALIZAMENTO DOS EFEITOS. POSSIBILIDADE. 1. A remessa necessária não tem cabimento nos casos em que a sentença estiver em conformidade com jurisprudência do plenário do Supremo Tribunal Federal. Inteligência do art. 496, § 4º, II, do CPC. A sentença está baseada no entendimento firmado pelo Supremo Tribunal Federal no julgamento da ADI nº 4167-DF. 2. A Lei nº 11.738/08, que instituiu o piso salarial profissional nacional para os profissionais do magistério público da educação básica, tem caráter nacional e independe de regulamentação por lei local para ser aplicada. Competência da União para a edição da lei que é prevista expressamente na Constituição Federal. 3. O termo inicial para a execução da referida lei é 27 de abril de 2011, data do julgamento do mérito da ADI nº 4.167, consoante ficou expresso no acórdão. APELAÇÃO PARCIALMENTE PROVIDA. REEXAME NECESSÁRIO NÃO CONHECIDO. DECISÃO MONOCRÁTICA. (TJ-RS; Apelação e Reexame Necessário 70075197590; Terceira Câmara Cível; Rel. Nelson Antônio Monteiro Pacheco; Julg. 23/10/2017).

III – entendimento firmado em incidente de resolução de demandas repetitivas ou de assunção de competência;

→ *v.* Arts. 976 e seguintes do CPC.

→ *v.* Arts. 947 e seguintes do CPC.

Dispensa da remessa pelo teor do pronunciamento:

✓ REMESSA NECESSÁRIA. SAÚDE. DIREITO FUNDAMENTAL. FORNECIMENTO DE SERVIÇOS E PRODUTOS FARMACÊUTICOS, MÉDICOS, HOSPITALARES E AFINS. MATÉRIA DE DIREITO JULGADA PELO STF EM CARÁTER DE REPERCUSSÃO GERAL. JURISPRUDÊNCIA SENDIMENTADA NO ÂMBITO DESTA CORTE. INCIDÊNCIA DA REGRA DE EXCEÇÃO À REVISÃO OBRIGATÓRIA DA SENTENÇA PREVISTA NO § 4º DO ART. 496 DO CPC/2015. REMESSA NECESSÁRIA NÃO CONHECIDA. (TJ-RS; Reexame Necessário 70070938758; Sétima Câmara Cível; Rel. Liselena Schifino Robles Ribeiro; Julg. 29/08/2016).

IV – entendimento coincidente com orientação vinculante firmada no âmbito administrativo do próprio ente público, consolidada em manifestação, parecer ou súmula administrativa.

Dispensa da remessa pelo teor do pronunciamento:

✓ TRIBUTÁRIO. REMESSA NECESSÁRIA. MATÉRIA CONSOLIDADA JUDICIAL E ADMINISTRATIVAMENTE. DISPENSA PARA RECORRER. ART. 496, § 4º CPC. DESCABIMENTO. 1 – Indevido o duplo grau obrigatório, já que se trata de matéria consolidada, não só judicialmente, como administrativamente, estando inclusive a ré dispensada de recorrer em tais feitos, por força da orientação firmada em Ato Declaratório da Fazenda Nacional. 2 – É isso o que determina o art. 496, § 4º, inciso IV do CPC/15, segundo o qual não haverá remessa necessária quando a sentença estiver fundada em "entendimento coincidente com orientação vinculante firmada no âmbito administrativo do próprio ente público, consolidada em manifestação, parecer ou súmula administrativa". 3 – Assim, mostra-se descabida a remessa dos autos ao Tribunal pelo Juízo a quo, devendo ser restituídos à Vara de origem para a certificação do trânsito em julgado e o prosseguimento do feito. 4 – Negado seguimento à remessa necessária. (TRF-2; REOAC 00061244420114025101 RJ; 4ª Turma Especializada; Rel. Luiz Antonio Soares; Julg. 13/06/2017)

Seção IV
Do Julgamento das Ações Relativas às Prestações de Fazer, de Não Fazer e de Entregar Coisa

Art. 497. **Na ação que tenha por objeto a prestação de fazer ou de não fazer, o juiz, se procedente o pedido, concederá a tutela específica ou determinará providências que assegurem a obtenção de tutela pelo resultado prático equivalente.**

→ *v.* Súmula 410 do STJ.

→ *v.* Súmula 629 do STJ

→ *v.* Art. 247 a 249 do CC/2002.

→ *v.* Art. 84 do CDC.

→ *v.* Art. 213 do ECA.

→ *v.* Art. 52, V, da Lei 9.099/1995.

→ *v.* Art. 11 da Lei 7.347/1985.

Parágrafo único. **Para a concessão da tutela específica destinada a inibir a prática, a reiteração ou a continuação de um ilícito, ou a sua remoção, é irrelevante a demonstração da ocorrência de dano ou da existência de culpa ou dolo.**

Prestação de (não) fazer, tutela específica e fixação de astreintes:

✓ PROCESSUAL CIVIL. AGRAVO INTERNO NO RECURSO EM MANDADO DE SEGURANÇA. TERCEIRA INTERESSADA. AÇÃO DE ABSTENÇÃO DE USO DE MARCA CUMULADA COM PERDAS E DANOS. DECISÃO JUDICIAL. OBRIGAÇÃO DE NÃO FAZER E MULTA DIÁRIA. TUTELA PROVISÓRIA DE URGÊNCIA. ESFERA JURÍDICA DA IMPETRANTE NÃO ATINGIDA. DECISÃO MANTIDA. 1. Decisão judicial que, em sede de tutela provisória de urgência – em ação de abstenção de uso de marca cumulada com perdas e danos -, impõe exclusivamente à empresa ré a obrigação de não produzir nem comercializar produtos com a marca questionada, sob pena de multa diária. 2. Tal decisão judicial não afeta a esfera jurídica da firma que originalmente celebrou o contrato de licenciamento, ora recorrente, e que nega ter relação com a empresa ré da ação de abstenção de uso de marca. 2. Agravo interno a que se nega provimento. (AgInt no RMS 59.181/SP, Rel. Ministro ANTONIO CARLOS FERREIRA, QUARTA TURMA, julgado em 20/04/2020, DJe 24/04/2020)

✓ RECURSOS ESPECIAIS. DIREITOS AUTORAIS. NEGATIVA DE PRESTAÇÃO JURISDICIONAL. NÃO OCORRÊNCIA. ECAD. NÃO PAGAMENTO. HOTÉIS E MOTÉIS. EVENTO COMEMORATIVO. TV POR ASSINATURA. PRESCRIÇÃO TRIENAL. TUTELA INIBITÓRIA. SUSPENSÃO DA EXECUÇÃO DE OBRAS MUSICAIS. ART. 105 DA LEI 9.610/98. CABIMENTO. (...). 2. O propósito recursal, além de verificar a ocorrência de negativa de prestação jurisdicional, é analisar (i) o cabimento de medida destinada à suspensão da execução de obras musicais, em quartos de hotéis e motéis, enquanto perdurar a inadimplência de valores devidos a título de direitos autorais; e (ii) o prazo prescricional aplicável à hipótese. 3. Devidamente analisadas e discutidas as questões de mérito, e suficientemente fundamentado o acórdão recorrido, não há como reconhecer a ocorrência de negativa de prestação jurisdicional. 4. A jurisprudência do STJ firmou-se no sentido de que a pretensão de reparação dos danos causados em razão da utilização de obras musicais, literomusicais ou fonogramas, em quartos de hotel e motel, sem a devida autorização prescreve em três anos. Precedentes. 5. A tutela inibitória destinada a impedir a violação de direitos autorais constitui medida expressamente prevista no art. 105 da Lei 9.610/98, não se confundindo com a pretensão de cobrança dos valores devidos e não pagos a esse título. A primeira sanciona a violação da norma, impedindo a continuação ou a repetição do ilícito; a segunda sanciona o dano ou o não cumprimento do dever de pagamento. Doutrina. Precedentes específicos. RECURSOS ESPECIAIS PROVIDOS". (REsp 1819695/RS, Rel. Ministra NANCY ANDRIGHI, TERCEIRA TURMA, julgado em 20/08/2019, DJe 22/08/2019).

✓ AGRAVO INTERNO NO AGRAVO EM RECURSO ESPECIAL. PROCESSUAL CIVIL. AÇÃO DE OBRIGAÇÃO DE FAZER. ATRASO NA ENTREGA DE IMÓVEL. CUMPRIMENTO DE SENTENÇA. TUTELA ANTECIPADA QUE DETERMINOU A ENTREGA DAS CHAVES DO IMÓVEL NO PRAZO DE 48 HORAS. ASTREINTES. REVISÃO DO VALOR. POSSIBILIDADE. EXORBITÂNCIA CONFIGURADA. AGRAVO INTERNO PROVIDO. 1. O eg. Superior Tribunal de Justiça firmou orientação de que o exame do valor atribuído às astreintes pode ser revisto em hipóteses excepcionais, quando for verificada a exorbitância da importância arbitrada em relação à obrigação principal, em flagrante ofensa aos princípios da razoabilidade e da proporcionalidade. 2. Na hipótese, o valor da multa cominatória fixado pelo Tribunal local, embora reduzido em comparação ao montante originalmente executado, ainda se revela exorbitante, diante das peculiaridades do caso: a) a demora para a entrega das chaves do imóvel estava justificada na impossibilidade material de cumprimento da determinação judicial, em razão da realização de reparos necessários para dar condições de uso imediato ao imóvel; b) existe desproporcionalidade com o valor da obrigação principal relativa à condenação por danos materiais. 3. Agravo interno provido para conhecer do agravo a fim de dar provimento ao recurso especial, de modo a reduzir o montante da multa cominatória para o valor de R$ 40.000,00 (quarenta mil reais). (AgInt no AREsp 1433346/SP, Rel. Ministro RAUL ARAÚJO, QUARTA TURMA, julgado em 21/11/2019, DJe 29/11/2019)

Art. 498. Na ação que tenha por objeto a entrega de coisa, o juiz, ao conceder a tutela específica, fixará o prazo para o cumprimento da obrigação.

→ *V.* Art. 311, III, do CPC.

Parágrafo único. Tratando-se de entrega de coisa determinada pelo gênero e pela quantidade, o autor individualizá-la-á na petição inicial, se lhe couber a escolha, ou, se a escolha couber ao réu, este a entregará individualizada, no prazo fixado pelo juiz.

Sobre a tutela específica e entes estatais:

✓ ADMINISTRATIVO E PROCESSUAL CIVIL. AGRAVO CONTRA DECISÃO QUE NÃO ADMITIU O RECURSO ESPECIAL. DIREITO A SAÚDE. RESPONSABILIDADE SOLIDÁRIA ENTRE OS ENTES FEDERATIVOS. JURISPRUDÊNCIA PACÍFICA (...) 2. No que tange à responsabilidade em prover o tratamento de saúde da pessoa humana, a jurisprudência do Superior Tribunal de Justiça firmou-se no sentido de que é dever do Estado fornecer gratuitamente às pessoas carentes a medicação necessária para o efetivo tratamento médico, conforme premissa contida no art. 196 da Constituição Federal.3. Ainda, considerando que o Sistema Único de Saúde é financiado pela União, Estados-membros, Distrito Federal e Municípios, nos termos do art. 198, § 1º, da Constituição Federal, pode-se afirmar que é solidária a responsabilidade dos referidos entes no cumprimento dos serviços públicos de saúde prestados à população. 4. O direito constitucional à saúde faculta ao cidadão obter de qualquer dos Estados da federação (ou do Distrito Federal) os medicamentos de que necessite, dispensando-se o chamamento ao processo dos demais entes públicos não demandados. Desse modo, fica claro o entendimento de que a responsabilidade em matéria de saúde é dever do Estado, compreendidos aí todos os entes federativos. 5. O Tribunal pleno do STF, em 5.3.2015, julgou o RE 855.178/SE, com repercussão geral reconhecida, e reafirmou sua jurisprudência no sentido de que o polo passivo da relação de direito processual pode ser composto por qualquer dos entes federados, porquanto a obrigação de fornecimento de medicamentos é solidária. 6. É pacífico o entendimento do STJ que admite a imposição da multa cominatória à Fazenda Pública. A Primeira Seção, ao julgar o REsp 1.474.665/RS, relatoria do ilustre Ministro Benedito Gonçalves, sob o rito dos Recursos Repetitivos, entendeu cabível a aplicação de multa à Fazenda Pública em condenações de obrigação de fazer constante de fornecimento de medicamentos. (...). (AREsp 1579684/SP, Rel. Ministro HERMAN BENJAMIN, SEGUNDA TURMA, julgado em 03/03/2020, DJe 18/05/2020).

Art. 499. A obrigação somente será convertida em perdas e danos se o autor o requerer ou se impossível a tutela específica ou a obtenção de tutela pelo resultado prático equivalente.

Conversão da obrigação em perdas e danos:

✓ ADMINISTRATIVO E PROCESSUAL CIVIL. ELIMINAÇÃO EM CONCURSO PÚBLICO REVERTIDA JUDICIALMENTE. IMPOSSIBILIDADE DE NOMEAÇÃO. CONVERSÃO DA OBRIGAÇÃO DE FAZER EM PERDAS E DANOS. POSSIBILIDADE. PRECEDENTES. 1. Cuida-se, na origem, de Ação Ordinária com pedido de liminar em que se pleiteia a suspensão do ato que eliminou o ora embargado na fase de Inspeção de Saúde de concurso público, sob a justificativa de possuir tatuagem em local aparente, possibilitando ao autor o prosseguimento no certame, com a consequente convocação para o curso de formação. O acórdão reformou a sentença de improcedência, nestes termos: "Contudo, limitando-se a lide apresentada pelo demandante ao direito de permanecer em certame público, ao ser considerado apto na etapa de Inspeção de Saúde em razão do uso de tatuagens, nenhum outro efeito jurisdicional coercitivo e automático do julgado pode ser extraído em favor do interessado". 2. Em Embargos de Declaração, o autor consignou que, "caso seja reconhecida a impossibilidade de obtenção de resultado prático equivalente, requer o embargante a aplicação do artigo 493 do CPC, haja vista o surgimento de fato novo, cognoscível de ofício e apto a convolar, no mesmo feito, a obrigação de fazer em perdas e danos, a ser liquidada na fase de execução". 3. O Tribunal regional rejeitou os Aclaratórios, mantendo o entendimento anterior de que caberia à parte ajuizar nova ação para requerer compensação financeira: "os desdobramentos correspondentes na esfera extrajudicial de uma decisão judicial com tais características são de responsabilidade das autoridades administrativas, observados os seus poderes vinculados e discricionários, ressalvando-se, entretanto, ao interessado o direito de buscar outras vias de impugnação judicial e extrajudicial, que poderia compreender o direito a uma compensação financeira pela perda de uma chance". 4. O ponto controvertido discutido nesta oportunidade diz respeito à possibilidade de o magistrado, de ofício, sem que haja pedido expresso, realizar a conversão da obrigação de fazer correspondente à nomeação e posse de candidato aprovado em concurso público por decisão judicial em perdas e danos, em razão da ocorrência de fato superveniente que impede o cumprimento da prestação jurisdicional transitada em julgado. 5. No caso concreto, a demora da entrega da prestação jurisdicional impossibilitou o prosseguimento da parte recorrente em concurso público para o qual obteve aprovação, ante a conclusão e a consumação do certame. O cumprimento da obrigação de fazer correspondente à posse do autor não se mostraria juridicamente possível, não tendo o candidato participado das fases subsequentes à inspeção de saúde. 6. O Superior Tribunal de Justiça tem entendimento assente no sentido de que a conversão da obrigação de fazer em indenização não configura julgamento extra petita. A propósito: AgInt nos EDv nos EREsp 1.364.503/PE, Rel. Ministro Francisco Falcão, Corte Especial, DJe 18/6/2018; AgRg no REsp 1.471.450/CE, Rel. Ministro Humberto Martins, Segunda Turma, DJe 8/3/2016; AgRg no REsp 992.028/RJ, Rel. Ministro Napoleão Nunes Maia Filho, Quinta Turma, DJe 14/2/2011. 7. Assim, pode ser aplicada a conversão da obrigação de fazer em perdas em danos, solução essa encontrada nos arts. 497, 499 e 536 do CPC/2015, independentemente de haver o titular do direito subjetivo requerido expressamente (Art. 499. A obrigação somente será convertida em perdas e danos se o autor o requerer ou se impossível a tutela específica ou a obtenção de tutela pelo resultado prático equivalente). 8. Entendimento diverso resultaria no desprestígio do Poder Judiciário, com o esvaziamento dos efeitos da tutela jurisdicional transitada em julgado, por não assegurar ao cidadão posição jurídica equivalente ao que foi postulado inicialmente e assegurado em juízo. 9. Manutenção da decisão que determinou o retorno dos autos à origem para que seja analisado o pedido de conversão da obrigação de fazer em perdas em danos. 10. Agravo Interno não provido. (AgInt no REsp 1779534/RJ, Rel. Ministro HERMAN BENJAMIN, SEGUNDA TURMA, julgado em 23/05/2019, DJe 19/06/2019)

✓ ADMINISTRATIVO. AGRAVO INTERNO NO AGRAVO EM RECURSO ESPECIAL. RESPONSABILIDADE CIVIL. OBRIGAÇÃO DE FAZER. FORNECIMENTO DE DADOS. AUSÊNCIA DE CUMPRIMENTO. CULPA EXCLUSIVA. CONVERSÃO EM PERDAS E DANOS. POSSIBILIDADE. ELEMENTOS CARACTERIZADORES. REEXAME DE MATÉRIA FÁTICA. SÚMULA 7/STJ. (...) 2. O Tribunal a quo condenou a agravante ao pagamento de indenização por perdas e danos, em razão de sua negligência quanto ao fornecimento de dados requeridos pelo Juízo, mesmo diante da possibilidade técnica de realizar a diligência. 3. A jurisprudência do Superior Tribunal de Justiça é firme quanto à possibilidade de conversão do pedido de obrigação de fazer em perdas e danos quando impossível a tutela específica ou a obtenção do resultado prático correspondente, como meio viabilizador da eficácia do julgamento. 4. A alteração das conclusões adotadas pela Corte de origem para aferir os elementos caracterizadores da responsabilidade civil, demandaria, necessariamente, novo exame do acervo fático-probatório constante dos autos, providência vedada em recurso especial, conforme o óbice previsto na Súmula 7/STJ. 5. Agravo interno a que se nega provimento. (AgInt no AREsp 1205100/SP, Rel. Ministro SÉRGIO KUKINA, PRIMEIRA TURMA, julgado em 19/03/2019, DJe 22/03/2019)

✓ PROCESSUAL CIVIL. AGRAVO INTERNO NO AGRAVO EM RECURSO ESPECIAL. OBRIGAÇÃO DE FAZER CONVERTIDA EM PERDAS E DANOS. JULGAMENTO EXTRA PETITA. NÃO CARACTERIZAÇÃO. SÚMULAS N. 5, 7 E 83 DO STJ. DECISÃO MANTIDA. 1. Nos termos do art. 499 do CPC/2015 (norma correspondente ao § 1º do art. 461 do CPC/1973), é possível ao magistrado converter a obrigação de fazer em perdas em danos, independentemente de pedido do titular do direito subjetivo – não havendo falar em julgamento extra petita. Precedentes. Súmula n. 83 do STJ. 2. A pretensão recursal, de reforma da decisão que constatou a impossibilidade de condenação das ora agravantes na obrigação de fazer e converteu essa obrigação em perdas e danos, encontra óbice nas Súmulas n. 5 e 7 do STJ, porque demandaria interpretação das cláusulas contratuais e reexame do conjunto fático-probatório dos autos. 3. Agravo interno a que se nega provimento". (AgInt no AREsp 1534371/SP, Rel. Ministro ANTONIO CARLOS FERREIRA, QUARTA TURMA, julgado em 17/12/2019, DJe 19/12/2019).

Art. 500. A indenização por perdas e danos dar-se-á sem prejuízo da multa fixada periodicamente para compelir o réu ao cumprimento específico da obrigação.

Perdas e danos sem prejuízo da multa cominatória:

✓ AGRAVO INTERNO NO RECURSO ESPECIAL – AÇÃO CONDENATÓRIA – DECISÃO MONOCRÁTICA QUE DEU PROVIMENTO AO RECLAMO DA PARTE ADVERSA. INSURGÊNCIA DA REQUERIDA. 1. O STJ possui entendimento no sentido de que é cabível o pedido de indenização por danos morais ante ao descumprimento de ordem judicial em demanda pretérita envolvendo as mesmas partes, na qual foi fixada multa cominatória, pois são institutos de natureza diversa, sendo possível, portanto, a cumulação das astreintes com a indenização. (...) (AgInt no REsp 1685060/RS, Rel. Ministro MARCO BUZZI, QUARTA TURMA, julgado em 25/11/2019, DJe 27/11/2019).

Perdas e danos em virtude de impossibilidade do cumprimento da obrigação:

✓ ADMINISTRATIVO E PROCESSUAL CIVIL. EMBARGOS DE DECLARAÇÃO. CONCURSO PÚBLICO. NOMEAÇÃO TARDIA. DECISÃO JUDICIAL. SUPERVENIÊNCIA DA IDADE-LIMITE PARA EXERCÍCIO DE CARGO PÚBLICO.

IMPOSSIBILIDADE DO CUMPRIMENTO DA OBRIGAÇÃO DE FAZER. CONVERSÃO EM PERDAS E DANOS. POSSIBILIDADE. ALTERAÇÃO DO VALOR ARBITRADO. EFEITOS INFRINGENTES. HISTÓRICO DA DEMANDA 1. A parte embargada obteve provimento jurisdicional definitivo que obrigava a Administração Pública a nomeá-lo no cargo público de professor de física. Na fase de cumprimento de sentença verificou-se que o embargado atingiu a idade de 70 (setenta) anos, o que impediria sua nomeação no cargo público por força de comando constitucional (art. 40, §1º, II) que fixa o limite etário de 70 (setenta) anos para aposentadoria compulsória do servidor. 2. O ponto controvertido discutido nesta oportunidade diz respeito à possibilidade de o magistrado, de ofício, sem que haja pedido expresso, realizar a conversão da obrigação de fazer correspondente à nomeação e posse de candidato aprovado em concurso público por decisão judicial em perdas e danos, em razão da ocorrência de fato superveniente que impede o cumprimento da prestação jurisdicional transitada em julgado (...) CONVERSÃO DA OBRIGAÇÃO DE FAZER EM PERDAS E DANOS 4. O acórdão embargado adotou a tese da possibilidade da conversão da obrigação de fazer em perdas e danos de ofício pelo magistrado, quando afirma: "Este Superior Tribunal de Justiça tem entendimento assente no sentido de que a conversão da obrigação de fazer em indenização não configura julgamento extra petita. A propósito: AgInt nos EDv nos EREsp 1.364.503/PE, Rel. Ministro Francisco Falcão, Corte Especial, DJe 18/6/2018; AgRg no REsp 1.471.450/CE, Rel. Ministro Humberto Martins, Segunda Turma, DJe 8/3/2016; AgRg no REsp 992.028/RJ, Rel. Ministro Napoleão Nunes Maia Filho, Quinta Turma, DJe 14/2/2011". 5. Não se desconhece o entendimento jurisprudencial fixado no âmbito do STJ de que a demora para a solução judicial da nomeação de candidato aprovado em concurso público não gera direito a indenização (EREsp 1.117.974/RS, Rel. Ministra Eliana Calmon, Rel. p/ Acórdão Ministro Teori A. Zavascki, DJe 19.12.2011) (...) 10. Ocorre que o caso concreto envolve situação peculiar em que o autor da ação sagrou-se vencedor em ação judicial que lhe assegurava o exercício de cargo público, sendo que a demora da prestação jurisdicional impossibilitou o cumprimento da obrigação de fazer pelo superveniente atingimento da idade máxima para o provimento de cargo público (70 anos, à época). 11. Excluir o direito da conversão em perdas e danos acarretaria no esvaziamento da tutela jurisdicional obtida, resultando em uma "vitória processual de Pirro" e "de soma zero" para o embargado, laborando contra o senso de Justiça. 12. Há de se fazer um distinguishing no tocante à jurisprudência formada no tema, para permitir a fixação de uma indenização arbitrada pelo juízo, como forma de compensar o titular do direito reconhecido judicialmente (...) (EDcl no REsp 1758330/MT, Rel. Ministro HERMAN BENJAMIN, SEGUNDA TURMA, julgado em 09/04/2019, DJe 12/09/2019)

Art. 501. Na ação que tenha por objeto a emissão de declaração de vontade, a sentença que julgar procedente o pedido, uma vez transitada em julgado, produzirá todos os efeitos da declaração não emitida.

→ v. Art. 16 do Dec.-Lei 58/1937.

Prazo para uso da adjudicação compulsória:

✓ AGRAVO INTERNO NO AGRAVO EM RECURSO ESPECIAL. AÇÃO DE ADJUDICAÇÃO COMPULSÓRIA. ATO NULO QUE NÃO SOFRE COM OS EFEITOS DA PRESCRIÇÃO. SÚMULA 83/STJ. AGRAVO INTERNO DESPROVIDO. 1. Segunda a jurisprudência desta Corte, "tratando-se de direito potestativo, sujeito a prazo decadencial, para cujo exercício a lei não previu prazo especial, prevalece a regra geral da inesgotabilidade ou da perpetuidade, segundo a qual os direitos não se extinguem pelo não uso. Assim, à míngua de previsão legal, o pedido de adjudicação compulsória, quando preenchidos os requisitos da medida, poderá ser realizado a qualquer tempo" (REsp n.1.216.568/MG, Relator o Ministro Luis Felipe Salomão, DJe 29/9/2015). Incidência da Súmula n. 83/STJ. 2. Agravo interno desprovido". (AgInt no AREsp 1181960/GO, Rel. Ministro MARCO AURÉLIO BELLIZZE, TERCEIRA TURMA, julgado em 24/04/2018, DJe 03/05/2018).

Seção V
Da Coisa Julgada

Art. 502. Denomina-se coisa julgada material a autoridade que torna imutável e indiscutível a decisão de mérito não mais sujeita a recurso.

→ v. Súmula 423 do STF.
→ v. Art. 5º, XXXVI, da CF/1988.
→ v. Art. 6º, § 3º, da LINDB.
→ v. Art. 103 do CDC.
→ v. Art. 16 da Lei 7.347/1985.
→ v. Art. 337, §§ 1º a 4º, do CPC.

Coisa julgada impedindo nova análise de questões já decididas:

✓ AGRAVO INTERNO NO RECURSO ESPECIAL. PROCESSUAL CIVIL. PREVIDÊNCIA PRIVADA. CUMPRIMENTO DE SENTENÇA. TÍTULO JUDICIAL. CRITÉRIO DE CORREÇÃO MONETÁRIA. IGP-M. ALTERAÇÃO. IMPOSSIBILIDADE. OFENSA À COISA JULGADA. PRECEDENTES. MANUTENÇÃO DA DECISÃO AGRAVADA 1. "A substituição, na fase de cumprimento de sentença, dos índices de correção monetária estabelecidos no título judicial configura violação à coisa julgada" (AgInt no AREsp 19.530/RS, Rel. Ministra MARIA ISABEL GALLOTTI, QUARTA TURMA, DJe de 19/04/2017) 2. AGRAVO INTERNO A QUE SE NEGA PROVIMENTO (AgInt no REsp 1672973/RS, Rel. Ministro PAULO DE TARSO SANSEVERINO, TERCEIRA TURMA, julgado em 15/04/2019, DJe 25/04/2019)

✓ AGRAVO INTERNO. AGRAVO EM RECURSO ESPECIAL. PROCESSUAL CIVIL. COISA JULGADA. REDISCUSSÃO, EM CUMPRIMENTO DE SENTENÇA, DE QUESTÕES JÁ DEFINIDAS PELO TÍTULO EXECUTIVO. IMPOSSIBILIDADE. DISCUSSÃO DA EXTENSÃO DO DANO CAUSADO. SÚMULA N. 7/STJ. 1. Com o trânsito em julgado da sentença surge a eficácia preclusiva da coisa julgada, impedindo o conhecimento até mesmo das matérias de ordem pública. Precedentes. Aplicação da Súmula 83/STJ. 2. Não cabe, em recurso especial, reexaminar matéria fático-probatória (Súmula n. 7/STJ). 3. Agravo interno a que se nega provimento. (AgInt no AREsp 1404072/MT, Rel. Ministra MARIA ISABEL GALLOTTI, QUARTA TURMA, julgado em 05/09/2019, DJe 18/09/2019)

✓ CUMPRIMENTO DE SENTENÇA – Matérias alegadas pelo agravante que já foram expressamente apreciadas na sentença transitada em julgado – Inadmissível reapreciação de tais questões, ainda que excesso de execução e pagamento parcial sejam passíveis de alegação nesta fase, porém, não quando já debatidas e julgadas em definitivo e alcançadas pela imutabilidade da coisa julgada – Decisão mantida – Agravo de instrumento desprovido. (TJSP; Agravo de Instrumento 2117968-22.2020.8.26.0000; Relator (a): Mendes Pereira; Órgão Julgador: 15ª Câmara de Direito Privado; Foro de São José do Rio Preto – 1ª Vara Cível; Data do Julgamento: 20/06/2020; Data de Registro: 20/06/2020)

✓ AGRAVO DE INSTRUMENTO – Cumprimento de sentença – Indenização – Dano material – Base de cálculo fixado em apelação – Preclusão da matéria – Impossibilidade de rediscussão da matéria nesta fase processual (cumprimento de sentença), sob pena de ofensa ao instituto da coisa julgada (art. 5º, XXXVI da CF) – Decisão mantida – Recurso desprovido (TJSP; Agravo de Instrumento 2087534-50.2020.8.26.0000; Relator (a): Danilo Panizza; Órgão Julgador: 1ª Câmara de Direito Público; Foro Central – Fazenda Pública/Acidentes – 11ª Vara de Fazenda Pública; Data do Julgamento: 22/07/2020; Data de Registro: 22/07/2020)

✓ Declaratória – Pretendida declaração de nulidade de cheque sacado pelo falecido genitor das partes sob a alegação de falsidade da assinatura aposta – Autenticidade da assinatura que já foi reconhecida em processo outro e que constituía questão prejudicial – Tema que foi alcançado pela autoridade da coisa julgada – Exegese do art. 503, § 1º, do CPC – Litigância de má-fé configurada – Mantença dos benefícios da assistência judiciária aos recorrentes – Sentença mantida – Recurso desprovido. (TJSP; Apelação Cível 1006294-17.2017.8.26.0047; Relator (a): A. C. Mathias Coltro; Órgão Julgador: 5ª Câmara de Direito Privado; Foro de Assis – 2ª Vara Cível; Data do Julgamento: 19/06/2020; Data de Registro: 19/06/2020)

Coisa julgada e agravo interposto de anterior interlocutória cuja posterior sentença não foi objeto de recurso:

✓ CIVIL. PROCESSUAL CIVIL. AÇÃO DE NULIDADE DE RESCISÕES CONTRATUAIS CUMULADA COM REPARAÇÃO DE DANOS. DECISÃO INTERLOCUTÓRIA QUE LIMITA AS PARTES NO POLO ATIVO E DETERMINA EMENDA À PETIÇÃO INICIAL. INTERPOSIÇÃO DE AGRAVO DE INSTRUMENTO. SENTENÇA SUPERVENIENTE. AUSÊNCIA DE RECURSO DE APELAÇÃO. TRÂNSITO EM JULGADO. NECESSIDADE DE PROCESSO EM CURSO PARA REEXAME DA QUESTÃO INCIDENTE. AGRAVO DE INSTRUMENTO. AUSÊNCIA DE EFEITO SUSPENSIVO AUTOMÁTICO E DE EFEITO OBSTATIVO EXPANSIVO. (...) 2- O propósito recursal consiste em definir se deve ser conhecido o recurso especial tirado de agravo de instrumento quando sobrevém sentença de extinção do processo sem resolução de mérito que não foi objeto de apelação. 3- A despeito da divergência doutrinária e do dissenso jurisprudencial entre as Turmas do Superior Tribunal de Justiça, é inadmissível o agravo de instrumento interposto contra decisão interlocutória quando sobrevém sentença que não é objeto de recurso de apelação da parte, pois a formação da coisa julgada, ainda que formal, é óbice intransponível ao conhecimento do agravo, na medida em que é imprescindível que o processo ainda esteja em curso para que os recursos dele originados venham a ser examinados, quer seja diante da inviabilidade de reforma, invalidação ou anulação da decisão interlocutória proferida quando há subsequente sentença irrecorrida e, por isso mesmo, acobertado pela imutabilidade e pela indiscutibilidade, quer seja porque o agravo de instrumento não possui automático efeito suspensivo ex vi legis, nem tampouco efeito obstativo expansivo que impediria a preclusão ou a coisa julgada sobre a decisão recorrida e sobre as decisões subsequentes. Precedentes. 4- Recurso especial não conhecido. (REsp 1750079/SP, Rel. Ministra NANCY ANDRIGHI, TERCEIRA TURMA, julgado em 13/08/2019, DJe 15/08/2019)

Conflito entre coisas julgadas:

✓ PROCESSUAL CIVIL. EMBARGOS DE DIVERGÊNCIA EM AGRAVO EM RECURSO ESPECIAL. DISSENSO ESTABELECIDO ENTRE O ARESTO EMBARGADO E PARADIGMAS INVOCADOS. CONFLITO ENTRE COISAS JULGADAS. CRITÉRIO TEMPORAL PARA SE DETERMINAR A PREVALÊNCIA DA PRIMEIRA OU DA SEGUNDA DECISÃO. DIVERGÊNCIA QUE SE RESOLVE, NO SENTIDO DE PREVALECER A DECISÃO QUE POR ÚLTIMO TRANSITOU EM JULGADO, DESDE QUE NÃO DESCONSTITUÍDA POR AÇÃO RESCISÓRIA. DISCUSSÃO ACERCA DE PONTO SUSCITADO PELA PARTE EMBARGADA DE QUE, NO CASO, NÃO EXISTIRIAM DUAS COISAS JULGADAS. QUESTÃO A SER DIRIMIDA PELO ÓRGÃO FRACIONÁRIO. EMBARGOS DE DIVERGÊNCIA PROVIDOS PARCIALMENTE. 1. A questão debatida neste recurso, de início, reporta-se à divergência quanto à tese firmada no aresto embargado de que, no conflito entre duas coisas julgadas, prevaleceria a primeira decisão que transitou em julgado. Tal entendimento conflita com diversos outros julgados desta Corte Superior, nos quais a tese estabelecida foi a de que deve prevalecer a decisão que por último se formou, desde que não desconstituída por ação rescisória. Diante disso, há de se conhecer dos embargos de divergência, diante do dissenso devidamente caracterizado. 2. Nesse particular, deve ser confirmado, no âmbito desta Corte Especial, o entendimento majoritário dos órgãos fracionários deste Superior Tribunal de Justiça, na seguinte forma: "No conflito entre sentenças, prevalece aquela que por último transitou em julgado, enquanto não desconstituída mediante Ação Rescisória" (REsp 598.148/SP, Rel. Ministro Herman Benjamin, Segunda Turma, julgado em 25/8/2009, DJe 31/8/2009). 3. Entendimento jurisprudencial que alinha ao magistério de eminentes processualistas: "Em regra, após o trânsito em julgado (que, aqui, de modo algum se pré-exclui), a nulidade converte-se em simples rescindibilidade. O defeito, arguível em recurso como motivo de nulidade, caso subsista, não impede que a decisão, uma vez preclusas as vias recursais, surta efeito até que seja desconstituída, mediante rescisão (BARBOSA MOREIRA, José Carlos. Comentários ao Código de Processo Civil, 5ª ed, Forense: 1985, vol. V, p. 111, grifos do original). Na lição de Pontes de Miranda, após a rescindibilidade da sentença, "vale a segunda, e não a primeira, salvo se a primeira já se executou, ou começou de executar-se". (Comentários ao Código de Processo Civil. 3. ed., t. 6. Rio de Janeiro: Forense, 2002, p. 214). 4. Firmada essa premissa, que diz respeito ao primeiro aspecto a ser definido no âmbito deste recurso de divergência, a análise de questão relevante suscitada pela parte embargada, no sentido de que, no caso, não existiriam duas coisas julgadas, deve ser feita pelo órgão fracionário. É que a atuação desta Corte Especial deve cingir-se à definição da tese, e, em consequência, o feito deve retornar à eg. Terceira Turma, a fim de, com base na tese ora estabelecida, rejulgar a questão, diante da matéria reportada pela parte embargada. 5. Embargos de divergência providos parcialmente. (EAREsp 600.811/SP, Rel. Ministro OG FERNANDES, CORTE ESPECIAL, julgado em 04/12/2019, DJe 07/02/2020)

✓ AGRAVO INTERNO NOS EMBARGOS DE DECLARAÇÃO NO AGRAVO EM RECURSO ESPECIAL. AGRAVO DE INSTRUMENTO. EXECUÇÃO DE TÍTULO EXTRAJUDICIAL. EXISTÊNCIA DE DUAS DECISÕES CONFLITANTES. PREVALÊNCIA DA SEGUNDA DECISÃO. ACÓRDÃO EM HARMONIA COM A JURISPRUDÊNCIA DESTA CORTE. SÚMULA 83/STJ. AGRAVO DESPROVIDO. 1. O acórdão recorrido encontra-se em perfeita harmonia com a jurisprudência desta Corte, no sentido de que, "no conflito entre sentenças, prevalece aquela que por último transitou em julgado, enquanto não desconstituída mediante Ação Rescisória" (REsp 598.148/SP, Rel. Ministro Herman Benjamin, Segunda Turma, julgado em 25/8/2009, DJe 31/8/2009). 2. Agravo interno a que se nega provimento. (AgInt nos EDcl no AREsp 1673797/SP, Rel. Ministro MARCO AURÉLIO BELLIZZE, TERCEIRA TURMA, julgado em 11/11/2020, DJe 16/11/2020)

Art. 503. A decisão que julgar total ou parcialmente o mérito tem força de lei nos limites da questão principal expressamente decidida.

Limites objetivos da coisa julgada:

✓ AGRAVO INTERNO. POSSE. BENS IMÓVEIS. IMPUGNAÇÃO AO CUMPRIMENTO DE SENTENÇA. RECURSO CONTRA DECISÃO DO RELATOR. APLICAÇÃO DO ART. 932 DO CPC/15. COISA JULGADA. ALUGUEL INDENIZATÓRIO. CÁLCULO. A coisa julgada tem força de lei nos limites da lide e das questões decididas (art. 503 do CPC/15) e não pode ser revista em pretensão renovada. – Não merece provimento agravo interno que ataca decisão do relator em adequada aplicação da regra contida no art. 932 do CPC/15. RECURSO DESPROVIDO. (TJ/RS; Agravo 70074879818; Décima Oitava Câmara Cível; Rel. João Moreno Pomar; Julg. 24/10/2017).

✓ AGRAVO DE INSTRUMENTO. REVISIONAL DE CONTRATO.CUMPRIMENTO DE SENTENÇA. SENTENÇA QUE DETERMINOU A COBRANÇA ISOLADA DE COMISSÃO DE PERMANÊNCIA, MAS NADA MENCIONOU ACERCA DO PERCENTUAL JÁ FIXADO NO CONTRATO. LIMITES DA COISA JULGADA. DECISÃO EM CUMPRIMENTO DE SENTENÇA QUE NÃO PODE EXTRAPOLAR O QUE JÁ RESTOU DECIDIDO. ART. 503 DO CPC/15. RECURSO CONHECIDO E NÃO PROVIDO. (TJPR; AI – 1607195; Curitiba; 16ª C. Cível; Rel. Vania Maria da S Kramer; Unânime; Julg. 12/04/2017)

✓ RECURSO ESPECIAL. AÇÃO DE INDENIZAÇÃO POR DANOS MORAIS DECORRENTES DA MORTE DE GENITOR EM ACIDENTE DE TRÂNSITO. PREMISSA FÁTICA ADOTADA EM DEMANDA INDENIZATÓRIA ANTECEDENTE. COISA JULGADA. INEXISTÊNCIA. 1. No Código de Processo Civil de 1973, os limites subjetivos da coisa julgada encontravam-se, expressamente, insertos no artigo 472, segundo o qual "a sentença faz coisa julgada às partes entre as quais é dada, não beneficiando, nem prejudicando terceiros". 2. Nada obstante, além de alcançar quem efetivamente figura como parte em uma dada relação jurídica processual, a autoridade da coisa julgada também se estende ao seu sucessor, "porque todo fenômeno de sucessão importa sub-rogação em situações jurídicas e aquele é sempre um prolongamento do sucedido como centro de imputação de direitos, poderes, obrigações, faculdades, ônus, deveres e sujeição" (DINAMARCO, Cândido Rangel. Fundamentos do Processo Civil Moderno. Tomo II, 6ª ed. São Paulo: Malheiros, 2010, p.1.145-1.146). 3. Versando, contudo, a demanda sobre direito próprio do herdeiro – indenização pelo dano moral causado pela morte prematura de seu genitor em acidente de trânsito -, sua posição, em relação à demanda antecedente ajuizada em face da citada vítima fatal, era mesmo de terceiro e não parte. Logo, a coisa julgada formada anteriormente, no âmbito da ação ajuizada pelo ora réu em face do espólio, não se revela extensível ao herdeiro (ora recorrido), nem para o prejudicar nem para o beneficiar. 4. É certo que, a partir da vigência do CPC de 2015, a coisa julgada pode favorecer terceiros. Contudo, tal regramento somente pode ser aplicado àquelas decisões judiciais de mérito transitadas em julgado sob sua égide, nos termos do artigo 14 do novel codex. 5. Ademais, o conteúdo do artigo 469 do CPC de 1973, sobre os limites objetivos da coisa julgada, também inviabiliza a adoção da premissa fática firmada em ação precedente em benefício do herdeiro da vítima do sinistro. Isso porque os motivos (a exemplo da causa de pedir), ainda quando relevantes para o comando concreto pronunciado pelo juiz na decisão, somente fazem coisa julgada se conectados ao pedido, isto é, como elemento da situação jurídica definida pelo dispositivo. 6. Da mesma forma, a verdade dos fatos, estabelecida como fundamento da sentença ou do acórdão, não se recobre do manto da intangibilidade da res judicata. "De tal sorte, um fato tido como verdadeiro em um processo pode muito bem ter sua inverdade demonstrada em outro, sem que a tanto obste a coisa julgada estabelecida na primeira relação processual. Naturalmente, o segundo julgamento, embora baseado no mesmo fato, há de referir-se à lide ou questões diversas, porquanto não será lícito reabrir-se o processo sobre o que já foi decidido e se acha acobertado pela 'res iudicata". (THEODORO JÚNIOR, Humberto. Artigo "Coisa julgada: limites objetivos e eficácia preclusiva (CPC atual e Código projetado)". In: O direito de estar em juízo e a coisa julgada: estudos em homenagem a Thereza Alvim. Coordenadores Arlete Inês Aurelli. (et al.). São Paulo: Revista dos Tribunais, 2014, p. 768-769). 7. Assim, não se reveste da imutabilidade da coisa julgada a premissa fática (culpa concorrente pelo acidente de trânsito) adotada, na demanda anterior, como fundamento para a condenação do espólio do de cujus (genitor do ora recorrido) ao pagamento de indenização pelos danos materiais causados ao ora recorrente, quando dissociada do pedido deduzido naqueles autos. 8. Desse modo, tanto em razão dos limites subjetivos quanto dos objetivos, não é possível reconhecer, na espécie, coisa julgada vinculativa da atividade jurisdicional, afigurando-se correta, portanto, a decisão proferida pelo magistrado de piso, que, analisando o caderno probatório, apontou a culpa exclusiva do de cujus pelo acidente de trânsito e, consequentemente, julgou improcedente a pretensão indenizatória ajuizada pelo ora recorrido. 9. Recurso especial conhecido em parte e, nessa extensão, provido. (REsp 1421034/RS, Rel. Ministro LUIS FELIPE SALOMÃO, QUARTA TURMA, julgado em 17/05/2018, DJe 08/06/2018)

✓ EMBARGOS À EXECUÇÃO. Contrato de financiamento de imóvel com pacto adjeto de hipoteca. Excesso de execução decorrente de ilegal "amortização negativa de juros" e da indevida incidência de encargos moratórios em data anterior à constituição dos embargantes em mora. Preclusão. Coisa julgada. Inocorrência. Questões não abrangidas na ação revisional do mesmo contrato anteriormente ajuizada e que somente vieram ao conhecimento dos embargantes com a propositura da execução. Ausência de coisa julgada em relação a tais matérias. Exegese dos arts. 503, caput, e 508, do CPC. Sentença mantida nesse ponto. (...). (TJSP; Apelação Cível 1007061-32.2018.8.26.0011; Relator (a): Tasso Duarte de Melo; Órgão Julgador: 12ª Câmara de Direito Privado; Foro Regional XI - Pinheiros - 2ª Vara Cível; Data do Julgamento: 22/07/2020; Data de Registro: 22/07/2020)

§ 1º O disposto no caput aplica-se à resolução de questão prejudicial, decidida expressa e incidentemente no processo, se:

→ v. Enunciado 35 do CJF: Considerando os princípios do acesso à justiça e da segurança jurídica, persiste o interesse de agir na propositura de ação declaratória a respeito da questão prejudicial incidental, a ser distribuída por dependência da ação preexistente, inexistindo litispendência entre ambas as demandas (arts. 329 e 503, § 1º, do CPC).

→ v. Enunciado 8 do CEAPRO: Deve o julgador enunciar expressamente no dispositivo quais questões prejudiciais serão acobertadas pela coisa julgada material, até por conta do disposto no inciso I do art. 505.

→ v. Enunciado 438 do FPPC: É desnecessário que a resolução expressa da questão prejudicial incidental esteja no dispositivo da decisão para ter aptidão de fazer coisa julgada.

I – dessa resolução depender o julgamento do mérito;

II – a seu respeito tiver havido contraditório prévio e efetivo, não se aplicando no caso de revelia;

III – o juízo tiver competência em razão da matéria e da pessoa para resolvê-la como questão principal.

Se o decidido não consta do dispositivo (ainda que questão prejudicial), não há coisa julgada:

✓ AGRAVO INTERNO NO AGRAVO EM RECURSO ESPECIAL – LIQUIDAÇÃO DE SENTENÇA – DECISÃO MONOCRÁTICA QUE NEGOU PROVIMENTO AO RECLAMO. INSURGÊNCIA DO AUTOR. 1. Tribunal a quo concluiu ser inviável a inclusão na perícia contábil da fase de liquidação das contas correntes não abrangidas na parte dispositiva da sentença transitada em julgado. 2. O instituto da coisa julgada diz respeito ao comando normativo veiculado no dispositivo da sentença, de sorte que os motivos e os fundamentos, ainda que importantes para determinar o alcance da parte dispositiva, não são alcançados pelo fenômeno da imutabilidade, nos termos do art. 469, do CPC/73, atual 504 do CPC. 3. Inexistindo determinação expressa no dispositivo da sentença transitada em julgado acerca das contas-correntes referidas pela parte agravante, não podem estas ser objeto de liquidação por ensejarem violação à coisa julgada. 4. Agravo interno desprovido. (AgInt no AREsp 384.553/SC, Rel. Ministro MARCO BUZZI, QUARTA TURMA, julgado em 23/04/2019, DJe 26/04/2019).

✓ (...) COISA JULGADA MATERIAL – Limite objetivo da coisa julgada- Dispositivo- Vinculação às alegações deduzidas em defesa em outra demanda- Inocorrência: – Nos termos do art. 504 do Código de Processo Civil, apenas o dispositivo se torna imutável e indiscutível em razão da coisa julgada material, não sendo albergados por seus limites objetivos as alegações deduzidas pela parte, em sede de defesa, em demanda distinta. RECURSO NÃO PROVIDO. (TJSP; Agravo de Instrumento 2212519-91.2020.8.26.0000; Relator (a): Nelson Jorge Júnior; Órgão Julgador: 13ª Câmara de Direito Privado; Foro de São Bernardo do Campo – 1ª Vara Cível; Data do Julgamento: 30/11/2020; Data de Registro: 30/11/2020)

✓ RESTITUIÇÃO DE VALORES. LIMITES OBJETIVOS DA COISA JULGADA. ABRANGÊNCIA DO EFEITO PRECLUSIVO. QUESTÃO PREJUDICIAL. NÃO OCORRÊNCIA. Sentença de parcial procedência. Recurso da demandada. Pretensão dos compradores à devolução do montante pago, já havendo rescisão judicial do contrato de compra e venda em processo anterior. Alegação de coisa julgada e eficácia preclusiva. Inocorrência. Limitação da coisa julgada ao objeto do processo e ao dispositivo da sentença (arts. 503, caput, e 504, CPC). Fundamentação do processo ou questão não deduzida nos autos não produzem efeito preclusivo. Inexistência de prejudicialidade. Não extensão da coisa julgada. Obrigação reclamada nestes autos que não eram prejudiciais à rescisão contratual, não sendo atingida pela coisa julgada (art. 503, §§ 1º e 2º, CPC). Rescisão contratual, por outro lado, não prejudica eventuais obrigações, remanescentes entre as partes do contrato, que não foram objeto do processo com sentença transitada em julgado. Recurso não provido. (TJSP; Apelação Cível 1003925-87.2019.8.26.0400; Relator (a): Carlos Alberto de Salles; Órgão Julgador: 3ª Câmara de Direito Privado; Foro de Olímpia – 1ª Vara Cível; Data do Julgamento: 28/07/2020; Data de Registro: 28/07/2020)

Coisa julgada sobre a questão prejudicial exige competência absoluta do juízo sentenciante:

✓ PLANO DE SAÚDE – Coisa Julgada – Inexistência – Não apreciação do mérito – Decisão proferida pelo Colégio Recursal de Taubaté que restringe-se ao reconhecimento da incompetência absoluta do Juizado Especial Cível para conhecer da matéria, uma vez que não poderia estabelecer a competência da Justiça do Trabalho, por extrapolar os limites de sua competência jurisdicional, como deflui da Súmula n. 150 do STJ, e nem excluir o direito da parte em renovar o pedido perante a Justiça Comum Estadual, uma vez que não foi apreciado o mérito, como dessume do art. 268 do CPC/1973, vigente à época, do que não destoa o art. 486, caput, do CPC/2015- Inteligência do art. 503, § 1º, III, do CPC/2015 – Recurso provido. (TJ-SP; APL: 10027477020168260445; SP; 1ª Câmara de Direito Privado; Rel. Alcides Leopoldo e Silva Júnior; Julg. 06/10/2016; Data de Publicação: 06/10/2016)

§ 2º A hipótese do § 1º não se aplica se no processo houver restrições probatórias ou limitações à cognição que impeçam o aprofundamento da análise da questão prejudicial.

Inexistência da coisa julgada sobre a questão prejudicial por limitação probatória ou a cognição do juiz:

✓ RESOLUÇÃO INCIDENTAL DE QUESTÃO PREJUDICIAL. Conforme o § 2º do art. 503 do CPC/15, a hipótese do § 1º (resolução incidental de questão prejudicial)"não se aplica se no processo houver restrições probatórias ou limitações à cognição que impeçam o aprofundamento da análise da questão prejudicial". Hipótese em que a parte autora não questionou na inicial os motivos da sua despedida, deixando de vincular seu pedido à resolução de tal questão, pelo que a reclamada sequer produziu prova a respeito. Recurso do reclamante não provido. (TRT-4; RO: 00103610320145040761; 6ª Turma; Julg. 08/03/2017)

Art. 504. Não fazem coisa julgada:

→ v. Súmulas 239 e 304 do STF.

→ v. Súmula 344 do STJ.

I – os motivos, ainda que importantes para determinar o alcance da parte dispositiva da sentença;

II – a verdade dos fatos, estabelecida como fundamento da sentença.

Motivação não é coberta pela coisa julgada:

✓ AGRAVO INTERNO NO AGRAVO EM RECURSO ESPECIAL – LIQUIDAÇÃO DE SENTENÇA – DECISÃO MONOCRÁTICA QUE NEGOU PROVIMENTO AO RECLAMO. INSURGÊNCIA DO AUTOR. 1. Tribunal a quo concluiu ser inviável a inclusão na perícia contábil da fase de liquidação das contas correntes não abrangidas na parte dispositiva da sentença transitada em julgado. 2. O instituto da coisa julgada diz respeito ao comando normativo veiculado no dispositivo da sentença, de sorte que os motivos e os fundamentos, ainda que importantes para determinar o alcance da parte dispositiva, não são alcançados pelo fenômeno da imutabilidade, nos termos do art. 469, do CPC/73, atual 504 do CPC. 3. Inexistindo determinação expressa no dispositivo da sentença transitada em julgado acerca das contas-correntes referidas pela parte agravante, não podem estas ser objeto de liquidação por ensejarem violação à coisa julgada. 4. Agravo interno desprovido. (AgInt no AREsp 384.553/SC, Rel. Ministro MARCO BUZZI, QUARTA TURMA, julgado em 23/04/2019, DJe 26/04/2019)

✓ PROCESSUAL CIVIL. RECURSO ESPECIAL. OFENSA AO ART. 535 DO CPC/1973 NÃO CONFIGURADA. HONORÁRIOS DE SUCUMBÊNCIA. BASE DE CÁLCULO ADOTADA POR SENTENÇA. COISA JULGADA. LIMITES. PARTE DISPOSITIVA. MOTIVOS E FUNDAMENTOS NÃO ALCANÇADOS. ART. 469, I, DO CPC/1973. (...) 2. O Tribunal Regional decidiu a controvérsia em consonância com a jurisprudência do STJ de que somente a parte dispositiva da sentença é alcançada pela coisa julgada material. Por essa razão, os fundamentos de fato e de direito em que se baseou a sentença não são atingidos pela coisa julgada e podem ser reapreciados em outra ação (art. 469 do CPC/1973, atual art. 504 do CPC/2015). (...) 4. Recurso Especial parcialmente conhecido e, nessa parte, não provido. (REsp 1763814/SP, Rel. Ministro HERMAN BENJAMIN, SEGUNDA TURMA, julgado em 02/10/2018, DJe 28/11/2018)

✓ APELAÇÃO. Ação de guarda provisória para fins de adoção. Sentença de procedência do pedido de guarda e indeferimento da adoção. Insurgência do autor. Sentença extra petita. Ausência de correspondência na pretensão inicial. Elementos que demonstram interesse numa futura adoção. Genitor conhecido. Providência que dependeria de destituição do poder familiar. Violação do princípio da congruência e adstrição da sentença ao pedido. Inteligência do art. 492 do CPC. Supressão dos fundamentos da sentença quanto ao juízo de valor acerca da conduta do pai biológico. Impossibilidade. Ausentes requisitos do art. 503, do CPC. Motivos da decisão que não integram a coisa julgada. Alusão ao abandono paterno que constou da petição inicial e não acarreta reflexos numa eventual futura adoção. Inocorrência de coisa julgada sobre questão prejudicial. Inteligência do art. 504, I, do CPC. Precedentes deste Tribunal e do STJ. RECURSO PARCIALMENTE PROVIDO. (TJSP; Apelação Cível 1010089-55.2016.8.26.0309; Relator (a): Sulaiman Miguel; Órgão Julgador: Câmara Especial; Foro de Jundiaí – Vara do Júri/Exec./Inf. Juv.; Data do Julgamento: 23/11/2020; Data de Registro: 24/11/2020)

Art. 505. Nenhum juiz decidirá novamente as questões já decididas relativas à mesma lide, salvo:

I – se, tratando-se de relação jurídica de trato continuado, sobreveio modificação no estado de fato ou de direito, caso em que poderá a parte pedir a revisão do que foi estatuído na sentença;

→ v. Art. 15 da Lei 5.478/1968.

II – nos demais casos prescritos em lei.

→ v. Arts. 304, § 6º, e 310, do CPC.

Impossibilidade de rediscussão da coisa julgada:

✓ PROCESSUAL CIVIL E ADMINISTRATIVO. AGRAVO INTERNO NOS EMBARGOS DE DECLARAÇÃO NO AGRAVO EM RECURSO ESPECIAL. ENUNCIADO ADMINISTRATIVO Nº 3/STJ. SERVIDOR PÚBLICO. AGRAVO EM RECURSO ESPECIAL NÃO CONHECIDO EM DECISÃO ANTERIOR JÁ TRANSITADA EM JULGADO. NOVA ANÁLISE. IMPOSSIBILIDADE. PRECLUSÃO PRO JUDICATO E COISA JULGADA. AGRAVO INTERNO NÃO PROVIDO. (...) 2. Tendo a decisão transitado em julgado, inviável novo julgamento do agravo em recurso especial, em razão da ocorrência da preclusão pro judicato e em respeito à coisa julgada. 3. Agravo interno não provido. (AgInt nos EDcl no AREsp 1386145/ES, Rel. Ministro MAURO CAMPBELL MARQUES, SEGUNDA TURMA, julgado em 22/04/2020, DJe 27/04/2020)

✓ AGRAVO INTERNO NO RECURSO ESPECIAL. PROCESSUAL CIVIL. PENHORA. EXTENSÃO. NOVO ENFRENTAMENTO, PELA CORTE LOCAL, DA QUESTÃO. INVIABILIDADE. INCIDÊNCIA DA PRECLUSÃO PRO JUDICATO. 1. É firme a jurisprudência do STJ no sentido de que a preclusão pro judicato afasta a necessidade de novo pronunciamento judicial acerca de matérias novamente alegadas, mesmo as de ordem pública, por se tratar de matéria já decidida. 2. Na hipótese, destacou o juízo de piso que não houve impugnação tempestiva à penhora e sua ampliação", restando preclusa a possibilidade de questionamento por parte da devedora. 3. É firme a jurisprudência do STJ no sentido da possibilidade da penhora do usufruto, desde que o arrematante respeite o ônus real que recai sobre o imóvel até a sua extinção 4. Agravo interno não provido. (AgInt no REsp 1777492/SP, Rel. Ministro LUIS FELIPE SALOMÃO, QUARTA TURMA, julgado em 03/09/2019, DJe 10/09/2019)

Decisão do STJ admitindo a rescisória – e, portanto, a coisa julgada – em ação de alimentos:

✓ AGRAVO INTERNO NOS EMBARGOS DE DECLARAÇÃO NO RECURSO ESPECIAL. (...). AÇÃO DE ALIMENTOS. REDUÇÃO DO VALOR POR SENTENÇA. EFEITOS.

DATA DA CITAÇÃO. PRECEDENTE DA SEGUNDA SEÇÃO. AÇÃO RESCISÓRIA. CABIMENTO. ALTERAÇÃO JURISPRUDENCIAL ANTERIOR AO PROFERIMENTO DO ACÓRDÃO RESCINDENDO. SÚMULA 343/STF. INAPLICABILIDADE. RECURSO DESPROVIDO. 1. Na origem, trata-se de ação rescisória ajuizada objetivando a desconstituição de acórdão que, em autos de execução de alimentos, concluiu pela irretroatividade, à data da citação, dos efeitos da sentença transitada em julgado que fixou os alimentos definitivos em valor inferior aos provisórios, afastando a incidência à hipótese da regra do art. 13, § 2º, da Lei n. 5.478/1968. (...) 6.1. Necessidade de retorno dos autos ao Tribunal estadual a fim de que, superada a questão acerca do cabimento da ação rescisória, possa o órgão julgador prosseguir no seu julgamento, como entender de direito. 7. Agravo interno desprovido. (AgInt nos EDcl no REsp 1854563/PR, Rel. Ministro MARCO AURÉLIO BELLIZZE, TERCEIRA TURMA, julgado em 29/06/2020, DJe 03/08/2020)

Coisa julgada em relação à multa diária:

✓ PROCESSUAL CIVIL. AGRAVO INTERNO NO AGRAVO EM RECURSO ESPECIAL. FALTA DE IMPUGNAÇÃO DOS FUNDAMENTOS DO ACÓRDÃO RECORRIDO. SÚMULAS N. 283 E 284 DO STF. OBRIGAÇÃO DE FAZER. MULTA COMINATÓRIA. PRECLUSÃO. COISA JULGADA. NÃO OCORRÊNCIA. ASTREINTES. REVISÃO EX OFFICIO. POSSIBILIDADE. DECISÃO MANTIDA. 1. O recurso especial que não impugna fundamento do acórdão recorrido suficiente para mantê-lo não deve ser admitido, a teor das Súmulas n. 283 e 284 do STF. 2. A Segunda Seção do STJ, no julgamento de recurso especial processado nos moldes do art. 543-C do CPC/1973, firmou entendimento de que "a decisão que comina astreintes não preclui, não fazendo tampouco coisa julgada" (REsp n. 1.333.988/SP, Relator Ministro PAULO DE TARSO SANSEVERINO, julgado em 9/4/2014, DJe 11/4/2014). 3. A jurisprudência do STJ admite que o valor das astreintes seja revisto a qualquer tempo, inclusive de ofício e mesmo na fase de cumprimento de sentença. Precedentes. 4. Agravo interno a que se nega provimento. (AgInt no AREsp 1210400/PE, Rel. Ministro ANTONIO CARLOS FERREIRA, QUARTA TURMA, julgado em 29/06/2020, DJe 01/07/2020)

Coisa Julgada tributária:

✓ PROCESSUAL CIVIL E TRIBUTÁRIO. IPTU. RELAÇÃO JURÍDICO-TRIBUTÁRIA. INEXISTÊNCIA DECLARADA EM DEMANDA ANTERIOR. COISA JULGADA DE EFEITOS PROSPECTIVOS. SÚMULA 239 DO STF. CASO CONCRETO. INAPLICABILIDADE (...) 2. A coisa julgada resultante de provimento judicial que declara a inexigibilidade de relação jurídica-tributária de caráter continuado gera efeitos prospectivos, alcançando exercícios futuros, enquanto não sobrevier modificação substancial no plano fático ou normativo. 3. Inaplicável, para essa situação, o entendimento consolidado na Súmula 239 do STF: "Decisão que declara indevida a cobrança do imposto em determinado exercício não faz coisa julgada em relação aos posteriores." 4. Hipótese em que, afastada a indevida aplicação da Súmula 239 do STF pelo acórdão recorrido, os autos devem retornar à Corte de origem, para que seja analisada eventual existência de modificação no quadro fático ou normativo a justificar a insubsistência da coisa julgada que reconheceu a imunidade de IPTU à entidade recorrente. 5. Recurso especial provido. (REsp 1545505/MG, Rel. Ministro GURGEL DE FARIA, PRIMEIRA TURMA, julgado em 11/06/2019, DJe 02/08/2019)

Relativização da coisa julgada no caso de ausência de DNA:

✓ RECURSO ESPECIAL. CIVIL E PROCESSO CIVIL. INVESTIGAÇÃO DE PATERNIDADE. REPETIÇÃO DE AÇÃO ANTERIORMENTE AJUIZADA. PEDIDO JULGADO IMPROCEDENTE POR AUSÊNCIA DE PROVAS. EXAME DE DNA NÃO REALIZADO. COISA JULGADA. RELATIVIZAÇÃO. AÇÃO DE ESTADO. PREVALÊNCIA DA VERDADE REAL. JURISPRUDÊNCIA CONSOLIDADA. RECURSO PROVIDO. 1. A relativização da coisa julgada nas ações de investigação de paternidade anteriores à universalização do exame de DNA encontra-se consolidada no eg. Supremo Tribunal Federal (RE 363.889/MG, Rel. Ministro DIAS TOFFOLI) e também no âmbito do Superior Tribunal de Justiça (AgRg nos EREsp 1.202.791/SP, SEGUNDA SEÇÃO, Rel. Min. RICARDO VILLAS BÔAS CUEVA). 2. A necessidade de prevalência da verdade real no reconhecimento das relações de parentesco, amparadas em ações de estado (CPC/1973, arts. 469, II, e 471, I; CPC/2015, arts. 504, I, e 505, I), tem ensejado, ante as novas descobertas científicas, discussão acerca da relativização da coisa julgada. O Poder Judiciário não pode, sob a justificativa de impedir ofensa à coisa julgada, desconsiderar os avanços técnico-científicos inerentes à sociedade moderna, os quais possibilitam, por meio de exame genético, o conhecimento da verdade real, delineando, praticamente sem margem de erro, o estado de filiação ou parentesco de uma pessoa. Com a utilização desse meio de determinação genética, tornou-se possível uma certeza científica (quase absoluta) na determinação da filiação, enfim, das relações de ancestralidade e descendência, inerentes à identidade da pessoa e sua dignidade. 3. Deve ser relativizada a coisa julgada firmada em ação de investigação de paternidade julgada improcedente por insuficiência de provas, na qual o exame hematológico determinado pelo juízo deixou de ser realizado, no entender do Tribunal de origem, por desídia da parte autora. Fundamento que não pode servir de obstáculo ao conhecimento da verdade real, uma vez que a autora, à época da primeira ação, era menor impúbere, e o direito à paternidade, sendo personalíssimo, irrenunciável e imprescritível, não pode ser obstado por ato atribuível exclusivamente à representante legal da parte, máxime considerando-se que anterior à universalização do exame de DNA. 4. Recurso especial provido. (REsp 1071458; MG; Quarta Turma; Rel. Min. Raul Araújo; Julg. 07/03/2017; DJe 15/03/2017)

✓ RECURSO ESPECIAL. DIREITO DE FAMÍLIA. AÇÃO DE INVESTIGAÇÃO DE PATERNIDADE. PRELIMINAR DE OFENSA À COISA JULGADA. EXISTÊNCIA DE AÇÃO INVESTIGATÓRIA TRANSITADA EM JULGADO. EXAME DE DNA NEGATIVO. 1. Conforme entendimento do Supremo Tribunal Federal, bem como da jurisprudência do Superior Tribunal de Justiça, em situações excepcionais, deve-se dar prevalência ao princípio da verdade real nas ações de estado, como as de filiação, admitindo-se a relativização da coisa julgada, quando na demanda anterior não foi possível reconhecer o vínculo filial por insuficiência de provas. 2. No caso dos autos, a ação de investigação de paternidade anterior foi julgada improcedente, inclusive com a realização de exame de DNA, situação que não se subsume àquelas que deram origem à orientação jurisprudencial do STJ e do STF. 3. Impossibilidade de se admitir o processamento e julgamento da segunda ação investigatória quando a filiação tenha sido rechaçada por sentença transitada em julgado amparada em prova genética e cuja causa de pedir deixa de abordar eventual questionamento acerca do acerto ou da lisura do exame anterior. 4. RECURSO ESPECIAL PROVIDO, EXTINGUINDO A DEMANDA SEM RESOLUÇÃO DO MÉRITO. (REsp 1816042/MG, Rel. Ministro PAULO DE TARSO SANSEVERINO, TERCEIRA TURMA, julgado em 26/11/2019, DJe 03/12/2019)

Art. 506. A sentença faz coisa julgada às partes entre as quais é dada, não prejudicando terceiros.

→ v. Art. 103 do CDC.

→ v. Art. 16 da Lei 7.347/1985.

→ v. Enunciado 36 do CJF: O disposto no art. 506 do CPC não permite que se incluam, dentre os beneficiados pela coisa julgada, litigantes de outras demandas em que se discuta a mesma tese jurídica.

Limites subjetivos da coisa julgada:

✓ AGRAVO DE INSTRUMENTO. PROCESSO CIVIL. INDENIZATÓRIA. DANOS EM RESIDÊNCIA DECORRENTES DA COLISÃO COM VEÍCULO AUTOMOTOR. ATRIBUIÇÃO, PELO RÉU, DE RESPONSABILIDADE AO CONDUTOR DE OUTRO VEÍCULO ENVOLVIDO NO EVENTO. DENUNCIAÇÃO DA LIDE. HIPÓTESE FACULTATIVA DE INTERVENÇÃO DE TERCEIROS (CPC, ART. 125, II). OBRIGAÇÃO DE INDENIZAR REGRESSIVAMENTE QUE NÃO DECORRE DIRETAMENTE DA LEI OU DE CONTRATO, MAS DE REGRAS GENÉRICAS DE RESPONSABILIDADE CIVIL. PROCESSO EM FASE DE ALEGAÇÕES FINAIS. INTERVENÇÃO DE TERCEIRO INADMISSÍVEL, NA ESPÉCIE. SENTENÇA PROFERIDA EM AÇÃO CONEXA. LIMITES OBJETIVOS E SUBJETIVOS DA COISA JULGADA. EXISTÊNCIA DE EVENTUAL DIREITO DE REGRESSO OU ATRIBUIÇÃO DE RESPONSABILIDADE DE TERCEIRO QUE DEVERÁ SER ABORDADA NA ORIGEM, QUANDO DA PROLAÇÃO DA SENTENÇA. RECURSO CONHECIDO E NÃO PROVIDO. Nos termos do artigo 70, III, do revogado codex, hipótese tratada atualmente no CPC, no inc. II do art. 125, é admissível a denunciação da lide nos casos em que haja previsão legal ou contratual para que o denunciado, de forma regressiva, indenize o denunciante, caso venha este a sair vencido no processo, não servindo o instituto para a transferência de responsabilidade ao terceiro denunciado. As regras genéricas de responsabilidade civil não implicam o reconhecimento automático do direito de regresso, para efeitos de admissão do pedido de denunciação da lide. "A denunciação da lide, como modalidade de intervenção de terceiros, busca atender aos princípios da economia e da presteza na entrega da prestação jurisdicional, não devendo ser prestigiada quando susceptível de pôr em risco tais princípios" (REsp n. 216.657/SP, rel. Min. Sálvio de Figueiredo Teixeira, Terceira Turma). A coisa julgada, em obediência aos seus limites objetivos e subjetivos, restringe-se ao dispositivo da sentença, não prejudicando terceiros. Inteligência dos artigos 504 e 506 do CPC/15. Em sede de agravo de instrumento, discute-se apenas o acerto ou o desacerto da decisão atacada, o que se faz a partir de um exame superficial, devendo o mérito da causa ser analisado, com profundidade, na origem. Caso contrário, haveria indevido e despropositado julgamento antecipado da lide principal e, pior, com base em instrução inacabada. (TJSC; Agravo de Instrumento 4010904-12.2016.8.24.0000; Joinville; Segunda Câmara de Direito Civil; Rel. Des. Sebastião César Evangelista; Julg. 30-03-2017).

✓ RECURSO ESPECIAL. AÇÃO DE INDENIZAÇÃO POR DANOS MORAIS DECORRENTES DA MORTE DE GENITOR EM ACIDENTE DE TRÂNSITO. PREMISSA FÁTICA ADOTADA EM DEMANDA INDENIZATÓRIA ANTECEDENTE. COISA JULGADA. INEXISTÊNCIA. 1. No Código de Processo Civil de 1973, os limites subjetivos da coisa julgada encontravam-se, expressamente, insertos no artigo 472, segundo o qual "a sentença faz coisa julgada às partes entre as quais é dada, não beneficiando, nem prejudicando terceiros". 2. Nada obstante, além de alcançar quem efetivamente figura como parte em uma dada relação jurídica processual, a autoridade da coisa julgada também se estende ao seu sucessor, "porque todo fenômeno de sucessão importa sub-rogação em situações jurídicas e aquele é sempre um prolongamento do sucedido como centro de imputação de direitos, poderes, obrigações, faculdades, ônus, deveres e sujeição" (DINAMARCO, Cândido Rangel. Fundamentos do Processo Civil Moderno. Tomo II, 6ª ed. São Paulo: Malheiros, 2010, p.1.145-1.146). 3. Versando, contudo, a demanda sobre direito próprio do herdeiro – indenização pelo dano moral causado pela morte prematura de seu genitor em acidente de trânsito -, sua posição, em relação à demanda antecedente ajuizada em face da citada vítima fatal, era mesmo de terceiro e não parte. Logo, a coisa julgada formada anteriormente, no âmbito da ação ajuizada pelo ora réu em face do espólio, não se revela extensível ao herdeiro (ora recorrido), nem para o prejudicar nem para o beneficiar. 4. É certo que, a partir da vigência do CPC de 2015, a coisa julgada pode favorecer terceiros. Contudo, tal regramento somente pode ser aplicado àquelas decisões judiciais de mérito transitadas em julgado sob sua égide, nos termos do artigo 14 do novel codex. 5. Ademais, o conteúdo do artigo 469 do CPC de 1973, sobre os limites objetivos da coisa julgada, também inviabiliza a adoção da premissa fática firmada em ação precedente em benefício do herdeiro da vítima do sinistro. Isso porque os motivos (a exemplo da causa de pedir), ainda quando relevantes para o comando concreto pronunciado pelo juiz na decisão, somente fazem coisa julgada se conectados ao pedido, isto é, como elemento da situação jurídica definida pelo dispositivo. 6. Da mesma forma, a verdade dos fatos, estabelecida como fundamento da sentença ou do acórdão, não se recobre do manto da intangibilidade da res judicata. "De tal sorte, um fato tido como verdadeiro em um processo pode muito bem ter sua inverdade demonstrada em outro, sem que a tanto obste a coisa julgada estabelecida na primeira relação processual. Naturalmente, o segundo julgamento, embora baseado no mesmo fato, há de referir-se à lide ou questões diversas, porquanto não será lícito reabrir-se o processo sobre o que já foi decidido e se acha acobertado pela 'res iudicata'". (THEODORO JÚNIOR, Humberto. Artigo "Coisa julgada: limites objetivos e eficácia preclusiva (CPC atual e Código projetado)". In: O direito de estar em juízo e a coisa julgada: estudos em homenagem a Thereza Alvim. Coordenadores Arlete Inês Aurelli. (et al.). São Paulo: Revista dos Tribunais, 2014, p. 768-769). 7. Assim, não se reveste da imutabilidade da coisa julgada a premissa fática (culpa concorrente pelo acidente de trânsito) adotada, na demanda anterior, como fundamento para a condenação do espólio do de cujus (genitor do ora recorrido) ao pagamento de indenização pelos danos materiais causados ao ora recorrente, quando dissociada do pedido deduzido naqueles autos. 8. Desse modo, tanto em razão dos limites subjetivos quanto dos objetivos, não é possível reconhecer, na espécie, coisa julgada vinculativa da atividade jurisdicional, afigurando-se correta, portanto, a decisão proferida pelo magistrado de piso, que, analisando o caderno probatório, apontou a culpa exclusiva do de cujus pelo acidente de trânsito e, consequentemente, julgou improcedente a pretensão indenizatória ajuizada pelo ora recorrido. 9. Recurso especial conhecido em parte e, nessa extensão, provido. (REsp 1421034/RS, Rel. Ministro LUIS FELIPE SALOMÃO, QUARTA TURMA, julgado em 17/05/2018, DJe 08/06/2018)

✓ AGRAVO INTERNO NO AGRAVO EM RECURSO ESPECIAL. EMBARGOS DE TERCEIRO. TERCEIRO ADQUIRENTE. BOA-FÉ. EFICÁCIA SUBJETIVA DA COISA JULGADA. BEM OU DIREITO LITIGIOSO. MARCO INICIAL. LITISPENDÊNCIA. PROPOSITURA DA AÇÃO. CITAÇÃO VÁLIDA. (...) 2. Na origem, cuida-se de embargos de terceiro opostos por adquirente de bem imóvel que busca a proteção possessória, tendo em vista ordem de reintegração emanada do cumprimento de sentença oriunda de ação da qual não fez parte. 3. A regra geral do artigo 472 do Código de Processo Civil de 1973 dispõe que a coisa julgada só opera efeito entre as partes integrantes da lide. 4. O artigo 109, § 3º, do Código de Processo Civil de 2015 (art. 42, § 3º, do CPC/1973), por exceção, dispõe que, em se tratando de aquisição de coisa ou direito litigioso, a sentença proferida entre as partes originárias estende os seus efeitos ao adquirente ou ao cessionário. 5. Segundo a doutrina especializada, o bem ou direito se torna litigioso com a litispendência, ou seja, com a lide pendente. 6. A lide é considerada pendente, para o autor, com a propositura da ação e, para o réu, com a citação válida. 7. Para o adquirente, o momento em que o bem ou direito é considerado litigioso varia de acordo com a posição ocupada pela parte na relação jurídica processual que sucederia. 8. Não há falar em extensão dos efeitos da coisa julgada ao adquirente se o bem é adquirido por terceiro de boa-fé antes de configurada a litigiosidade. 9. Agravo interno não provido. (AgInt no AREsp 1293353/DF, Rel. Ministro RICARDO VILLAS BÔAS CUEVA, TERCEIRA TURMA, julgado em 03/12/2018, DJe 06/12/2018)

✓ AGRAVO INTERNO NO RECURSO ESPECIAL. DIREITO CIVIL. PROCESSUAL CIVIL. RESPONSABILIDADE CIVIL. ACIDENTE DE TRÂNSITO. LIMITES SUBJETIVOS DA COISA JULGADA. TERCEIRO ALHEIO AO PROCESSO INDENIZATÓRIO PRÉVIO. IMPOSSIBILIDADE DE INCIDÊNCIA DA COISA JULGADA FORMADA EM PROCESSO DE QUE NÃO FOI PARTE. RESPONSABILIDADE CIVIL SOLIDÁRIA E OBJETIVA DO PROPRIETÁRIO DO VEÍCULO ENVOLVIDO EM ACIDENTE. 1. A coisa julgada "inter partes" é a regra em nosso sistema processual, inspirado nas garantias constitucionais da inafastabilidade da jurisdição, do devido processo legal, do contraditório e da ampla defesa. 2. No sistema processual brasileiro, ninguém poderá ser atingido pelos efeitos de uma decisão jurisdicional transitada em julgado, sem que se lhe tenha sido garantido o acesso à justiça, com o devido processo legal, onde se oportunize a participação em contraditório. 3. Nos termos da jurisprudência do Superior Tribunal de Justiça, a sentença e, por conseguinte, o acórdão não poderão prejudicar terceiro, em razão dos limites subjetivos e objetivos da eficácia da coisa julgada. 4. Consoante a jurisprudência do Superior Tribunal de Justiça, o proprietário do veículo responde objetiva e solidariamente pelos atos culposos de terceiro que o conduz, provocando acidente de trânsito, pouco importando que o motorista não seja seu empregado ou preposto, ou que o transporte seja gratuito ou oneroso. 5. Não apresentação pela parte agravante de argumentos novos capazes de infirmar os fundamentos que alicerçaram a decisão agravada. 6. AGRAVO INTERNO CONHECIDO E DESPROVIDO. (AgInt no REsp 1815476/RS, Rel. Ministro PAULO DE TARSO SANSEVERINO, TERCEIRA TURMA, julgado em 25/11/2019, DJe 02/12/2019)

✓ AGRAVO INTERNO NO AGRAVO INTERNO NO AGRAVO NO RECURSO ESPECIAL. AÇÃO REGRESSIVA. EFICÁCIA PRECLUSIVA DA COISA JULGADA. AUSÊNCIA DE PREQUESTIONAMENTO. SÚMULAS 282 E 356 DO STF. LIMITES SUBJETIVOS DA COISA JULGADA. IMPOSSIBILIDADE DE PREJUDICAR TERCEIRO. ART. 506 DO CPC/2015 (EQUIVALENTE AO ART. 472 DO CPC/1973). AGRAVO DESPROVIDO. 1. Incidem as Súmulas 282 e 356 do STF, na espécie, porquanto ausente o prequestionamento acerca da eficácia preclusiva da coisa julgada. 2. Ademais, não se pode reconhecer ter havido a coisa julgada em desfavor da recorrida, haja vista que os limites subjetivos da coisa julgada obstam seja o terceiro prejudicado, nos termos do que preconiza o art. 506 do CPC/2015 (equivalente ao art. 472 do CPC/1973). Precedente. 3. Agravo interno desprovido. (AgInt no AgInt no Ag no REsp 1695444/SP, Rel. Ministro MARCO AURÉLIO BELLIZZE, TERCEIRA TURMA, julgado em 20/04/2020, DJe 24/04/2020)

Beneficiários individuais de sentença coletiva:

✓ EXECUÇÃO – AÇÃO COLETIVA – RITO ORDINÁRIO – ASSOCIAÇÃO – BENEFICIÁRIOS. Beneficiários do título executivo, no caso de ação proposta por associação, são aqueles que, residentes na área compreendida na jurisdição do órgão julgador, detinham, antes do ajuizamento, a condição de filiados e constaram da lista apresentada com a peça inicial. (RE 612043, Relator(a): MARCO AURÉLIO, Tribunal Pleno, julgado em 10/05/2017, PROCESSO ELETRÔNICO REPERCUSSÃO GERAL – MÉRITO DJe-229 DIVULG 05-10-2017 PUBLIC 06-10-2017)

✓ PROCESSUAL CIVIL E ADMINISTRATIVO. AGRAVO INTERNO NO AGRAVO EM RECURSO ESPECIAL. LIMITES DA COISA JULGADA FORMADA EM AÇÃO CIVIL PÚBLICA. ARTS. 16 DA LEI N. 7.347/1985; 81, III E PARÁGRAFO ÚNICO, E 103, III, DO CDC. EFEITOS ERGA OMNES. LIMITES OBJETIVOS E SUBJETIVOS DA DECISÃO. SERVIDORES NÃO ABARCADOS PELO TÍTULO JUDICIAL. ILEGITIMIDADE ATIVA. AGRAVO NÃO PROVIDO. 1. Apesar de os títulos judiciais formados em ações coletivas tratando de direitos individuais homogêneos possuírem efeitos erga omnes, conforme os arts. 16 da Lei n. 7.347/1985; 81, III e parágrafo único, e 103, III, do CDC, a eficácia da sentença está jungida "aos limites objetivos e subjetivos do que foi decidido, levando-se em conta, para tanto, sempre a extensão do dano e a qualidade dos interesses metaindividuais postos em juízo" (AgInt no REsp 1.698.833/PR, Rel. Min. Nancy Andrighi, Terceira Turma, julgado em 27/5/2019, DJe 29/5/2019). 2. Portanto, ainda que os recorrentes estejam na mesma situação fática dos servidores contemplados pela coisa julgada formada na ação civil pública, os efeitos desta não se estendem a eles, porquanto os pedidos veiculados na inicial pelo Parquet, assim como a decisão condenatória, limitaram-se a contemplar a situação específica dos servidores do Judiciário local. 3. Destarte, os efeitos da coisa julgada abarcam, indistintamente, todos os servidores deste Poder, exceto magistrados, que tenham sofrido com atrasos no pagamento dos vencimentos, nos termos do acórdão condenatório. 4. Agravo interno a que se nega provimento. (AgInt no AREsp 1463991/GO, Rel. Ministro OG FERNANDES, SEGUNDA TURMA, julgado em 11/02/2020, DJe 14/02/2020)

Art. 507. É vedado à parte discutir no curso do processo as questões já decididas a cujo respeito se operou a preclusão.

→ *V.* Arts. 63, § 4º, 209, § 2º, 278, 293 e 1.009, § 1º, do CPC.

Preclusão das decisões e impossibilidade de rediscussão:

✓ AGRAVO INTERNO NO AGRAVO DE INSTRUMENTO – IMPUGNAÇÃO AO CUMPRIMENTO DE SENTENÇA – DECISÃO MONOCRÁTICA DA LAVRA DESTE SIGNATÁRIO QUE ACOLHEU O AGRAVO PARA CONHECER EM PARTE DO RECURSO ESPECIAL E, NESSA EXTENSÃO, NEGOU-LHE PROVIMENTO. IRRESIGNAÇÃO DA EXECUTADA. 1. Segundo a reiterada jurisprudência deste Superior Tribunal de Justiça, não há que se confundir decisão contrária aos interesses da parte com negativa de prestação jurisdicional, nem fundamentação sucinta com ausência de fundamentação. Precedentes. 2. A ratio essendi da norma prevista no art. 475-L, VI, do CPC/1973 (art. 525, VII, do CPC/2015) é viabilizar ao executado a discussão de causas impeditivas, modificativas e extintivas que, além de supervenientes a sentença, ainda não foram objeto de decisão por parte do órgão jurisdicional, sendo necessário compatibilizar a referida regra com o art. 473 do CPC/1973 (atual 507 do CPC/2015), no qual prevê ser vedado à parte discutir no curso do processo as questões já decididas a cujo respeito se operou a preclusão. 2.1. Na espécie, embora a transação tenha ocorrido após a fase de conhecimento da demanda, a questão afeta à sua validade foi objeto de decisão não recorrida no tempo oportuno, de modo que, à luz do art. 473 do CPC/1973 (atual 507 do CPC/2015), não poderia a insurgente rediscutir a questão em sede de impugnação ao cumprimento de sentença. 3. Tendo em vista a manutenção da preclusão reconhecida pelas instâncias ordinárias, mostra-se prejudicado o exame da alegada validade da transação entabulada entre as partes. 4. Agravo interno desprovido. (AgInt no Ag 1400631;PR; Quarta Turma; Rel. Min. Marco Buzzi; Julg. 07/06/2016; DJe 17/06/2016)

✓ PROCESSUAL CIVIL. AGRAVO INTERNO NO AGRAVO EM RECURSO ESPECIAL. CUMPRIMENTO DE SENTENÇA. HOMOLOGAÇÃO DE CÁLCULOS. EMPRÉSTIMO COMPULSÓRIO. ENERGIA ELÉTRICA. DECURSO DO PRAZO DE IMPUGNAÇÃO. QUESTIONAMENTO DOS CRITÉRIOS DE CÁLCULO JÁ HOMOLOGADOS VIA AGRAVO DE INSTRUMENTO. PRECLUSÃO CONSUMATIVA. AGRAVO INTERNO DA FAZENDA NACIONAL DESPROVIDO. 1. Nos termos do art. 507 do Código Fux, é vedado à parte discutir no curso do processo as questões já decididas a cujo respeito se operou a preclusão. 2. A oportunidade adequada para refutar os cálculos apresentados pela perícia técnica é conferida no prazo para a impugnação, o qual, uma vez ultrapassado, não pode ser reaberto em razão da preclusão consumativa. 3. Agravo Interno da FAZENDA NACIONAL desprovido. (AgInt no AREsp 1359232/RJ, Rel. Ministro NAPOLEÃO NUNES MAIA FILHO, PRIMEIRA TURMA, julgado em 06/04/2020, DJe 14/04/2020)

✓ PROCESSUAL CIVIL E TRIBUTÁRIO. EMBARGOS À EXECUÇÃO. CONTRIBUIÇÃO PREVIDENCIÁRIA. REPETIÇÃO DE INDÉBITO. UNIVERSIDADE FEDERAL RURAL DE PERNAMBUCO – UFRP. ALEGADA ILEGITIMIDADE PASSIVA AD CAUSAM. PRECLUSÃO. AGRAVO INTERNO QUE NÃO IMPUGNOU O FUNDAMENTO DA DECISÃO AGRAVADA. APLICAÇÃO DA SÚMULA N. 182/STJ. (...) IV – Ainda que afastado o óbice, ad argumentandum tantum, verifica-se que, na hipótese dos autos, a questão da legitimidade foi ventilada no âmbito do processo de conhecimento, não tendo a Universidade repelido, naquela oportunidade, a fixação de sua legitimidade passiva ad causam. Nesse panorama, ocorreu a preclusão, operando-se a coisa julgada material, em conformidade com os arts. 507 e 508 do CPC/2015, sendo vedada a análise da questão no âmbito do processo de execução do título judicial. Precedentes: AgInt no REsp 1.770.167/PE, Rel. Min. Francisco Falcão, DJe 30/8/2019, REsp 871.166/SP, Rel. Min. Luiz Fux, DJe 13/11/2008. AgInt no REsp 1.683.253/RJ, Rel. Min. Gurgel de Faria, DJe 19/2/2019, AgRg no REsp 444.938/SP, Rel. Min. Alderita Ramos de Oliveira (Desembargadora convocada do TJ/PE), DJe 15/03/2013. V – Agravo interno não conhecido. (AgInt no REsp 1676855/PE, Rel. Ministro FRANCISCO FALCÃO, SEGUNDA TURMA, julgado em 19/11/2019, DJe 26/11/2019)

✓ PROCESSUAL CIVIL. AGRAVO INTERNO NO RECURSO ESPECIAL. CÓDIGO DE PROCESSO CIVIL DE 2015. APLICABILIDADE. VIOLAÇÃO AO ART. 535 DO CPC. INOCORRÊNCIA. ERRO MATERIAL. SEM CONTEÚDO DECISÓRIO. ARGUMENTOS INSUFICIENTES PARA DESCONSTITUIR A DECISÃO ATACADA. APLICAÇÃO DE MULTA. ART. 1.021, § 4º, DO CÓDIGO DE PROCESSO CIVIL DE 2015. DESCABIMENTO. (...) III – O erro material, passível de ser corrigido de ofício, e não sujeito à preclusão, é o reconhecido primu ictu oculi, consistente em equívocos materiais sem conteúdo decisório propriamente dito. IV – Não apresentação de argumentos suficientes para desconstituir a decisão recorrida. V – Em regra, descabe a imposição da multa, prevista no art. 1.021, § 4º, do Código de Processo Civil de 2015, em razão do mero improvimento do Agravo Interno em votação unânime, sendo necessária a configuração da manifesta inadmissibilidade ou improcedência do recurso a autorizar sua aplicação, o que não ocorreu no caso. VI – Agravo Interno improvido. (AgInt no REsp 1436490/RN, Rel. Ministra REGINA HELENA COSTA, PRIMEIRA TURMA, julgado em 03/04/2018, DJe 13/04/2018)

✓ AGRAVO INTERNO. RECURSO ESPECIAL. PROCESSUAL CIVIL. ART. 1.022 DO CPC. OMISSÃO. INEXISTÊNCIA. REEXAME DE PROVAS. SÚMULAS 5 E 7/STJ. PRECLUSÃO PRO JUDICATO. MATÉRIA PROBATÓRIA. JUROS REMUNERATÓRIOS. LIMITAÇÃO. IMPOSSIBILIDADE. (...) 3. A revogação da decisão que tratou do deferimento da produção de prova pericial não induz preclusão pro judicato, pois tal instituto é inaplicável ao magistrado em matéria probatória. Precedentes. (...) (AgInt no REsp 1669725/SP, Rel. Ministra MARIA ISABEL GALLOTTI, QUARTA TURMA, julgado em 08/06/2020, DJe 12/06/2020)

Coisa julgada ou preclusão em relação a multa diária:

✓ AGRAVO INTERNO NO AGRAVO EM RECURSO ESPECIAL. PROCESSUAL CIVIL. PLANO DE SAÚDE. RECUSA INDEVIDA DE COBERTURA DE PROCEDIMENTO. DESCUMPRIMENTO DE DECISÃO JUDICIAL. REALIZAÇÃO DA CIRURGIA PELO SUS. ASTREINTES. REVISÃO DO VALOR. POSSIBILIDADE. DESPROPORCIONALIDADE. DECISÃO MANTIDA. AGRAVO NÃO PROVIDO. 1. O valor da multa cominatória (astreintes) pode ser revisto a qualquer tempo, até mesmo de ofício (CPC/2015, art. 537, § 1º), "não se revestindo da imutabilidade da coisa julgada, sendo insuscetível de preclusão, inclusive pro judicato" (AgRg nos EDcl no Ag 1.348.521/MS, Rel. Ministro MARCO BUZZI, QUARTA TURMA, DJe de 6/11/2015). Entendimento firmado em recurso especial repetitivo (REsp 1.333.988/SP, Rel. Ministro PAULO DE TARSO SANSEVERINO, SEGUNDA SEÇÃO, DJe de 11/4/2014). 2. No caso, a multa pelo descumprimento da decisão que determinou ao plano de saúde que autorizasse a cobertura de procedimento cirúrgico para tratamento de hérnia de disco foi fixada em R$ 1.000,00 (mil reais) por dia, tendo alcançado valor que ultrapassa R$ 220.000,00 (duzentos e vinte mil reais). Verificada a desproporcionalidade em relação à obrigação principal, o valor foi reduzido para R$ 30.000, 00 (trinta mil reais), a fim de melhor adequá-lo às circunstâncias da causa. 3. Agravo interno a que se nega provimento. (AgInt no AREsp 798.603/SP, Rel. Ministro RAUL ARAÚJO, QUARTA TURMA, julgado em 27/08/2019, DJe 11/09/2019)

Preclusão de matérias de ordem pública, se já analisadas (em sentidos opostos):

✓ AGRAVO INTERNO NO AGRAVO EM RECURSO ESPECIAL. PROCESSUAL CIVIL. SÚMULA 182/STJ. NÃO INCIDÊNCIA. RECONSIDERAÇÃO DA DECISÃO AGRAVADA. SEGUROS. SFH CUMPRIMENTO DE SENTENÇA. ARGUIÇÃO DE ILEGITIMIDADE ATIVA. PRECLUSÃO. COISA JULGADA. SÚMULA 83/STJ. ACÓRDÃO RECORRIDO MANTIDO. AGRAVO INTERNO PROVIDO. RECURSO ESPECIAL NÃO PROVIDO. (...). 2. Em que pese não se poder falar em preclusão pro judicato para as matérias de ordem pública, o juiz ou tribunal só poderá conhecê-las, a qualquer momento, enquanto ainda não resolvidas. Uma vez alegadas e decididas em definitivo, deve ser observada a coisa julgada. 3. Agravo interno provido para, reconsiderando a decisão agravada, conhecer do agravo para negar provimento ao recurso especial. (AgInt no AREsp 1583265/RS, Rel. Ministro RAUL ARAÚJO, QUARTA TURMA, julgado em 10/03/2020, DJe 02/04/2020)

✓ PROCESSUAL CIVIL. EMBARGOS DE DECLARAÇÃO NOS EMBARGOS DE DECLARAÇÃO NO AGRAVO INTERNO NO RECURSO ESPECIAL. REQUISITOS DE ADMISSIBILIDADE. PRECLUSÃO PRO JUDICATO. NÃO OCORRÊNCIA. EMBARGOS DESPROVIDOS. 1. Os "[r]equisitos de admissibilidade, pressupostos processuais, assim também condições da ação constituem, genuinamente, matérias de ordem pública, não incidindo sobre elas o regime geral de preclusões, o que torna possível a reavaliação desses aspectos processuais desde que a instância se encontre aberta" (AgRg nos EREsp 1134242/DF, Rel. Ministro OG FERNANDES, CORTE ESPECIAL, julgado em 03/12/2014, DJe 16/12/2014). 2. Embargos de declaração rejeitados. (EDcl nos EDcl no AgInt no REsp 1393432/PE, Rel. Ministro ANTONIO CARLOS FERREIRA, QUARTA TURMA, julgado em 13/08/2019, DJe 20/08/2019)

Art. 508. Transitada em julgado a decisão de mérito, considerar-se-ão deduzidas e repelidas todas as alegações e as defesas que a parte poderia opor tanto ao acolhimento quanto à rejeição do pedido.

Eficácia preclusiva da coisa julgada:

✓ AÇÃO REVISIONAL DE PENSÃO GRACIOSA. REPETIÇÃO DE DEMANDA ANTERIOR. ALTERAÇÃO TÃO SOMENTE DA LINHA ARGUMENTATIVA. RECONHECIMENTO DA EFICÁCIA PRECLUSIVA DA COISA JULGADA. EXEGESE DO ART. 508 DO CPC/15. SENTENÇA MANTIDA. RECURSO DESPROVIDO. (TJ-SC; AC 05002932020128240010; Braço do Norte; Terceira Câmara de Direito Público; Rel. Ricardo Roesler; Julg. 05/12/2017)

✓ AGRAVO REGIMENTAL NO RECURSO ESPECIAL – AÇÃO DECLARATÓRIA – DECISÃO MONOCRÁTICA QUE DEU PROVIMENTO AO APELO EXTREMO PARA JULGAR EXTINTO O PROCESSO, SEM RESOLUÇÃO DO MÉRITO – OCORRÊNCIA DA COISA JULGADA – IRRESIGNAÇÃO DA AUTORA – VISTA REGIMENTAL – MANUTENÇÃO DO VOTO – AGRAVO DESPROVIDO. (...) 2. Nos termos do art. 474 do CPC/1973 (art. 508, CPC/2015): "Passada em julgado a sentença de mérito, reputar-se-ão deduzidas e repelidas todas as alegações e defesas, que a parte poderia opor assim ao acolhimento como à rejeição do pedido". 3. Destaca-se ser a coisa julgada tutelada pelo ordenamento jurídico não só pelo impedimento à repropositura de ação idêntica após o trânsito em julgado da decisão, mas também por força da denominada "eficácia preclusiva do julgado", que impede seja infirmado o resultado a que se chegou em processo anterior com decisão transitada em julgado, ainda que a ação repetida seja outra, mas que, por via oblíqua, desrespeita o julgado adredemente proferido. (REsp 1.039.079/MG, Rel. Min. Luiz Fux, DJe de 17.12.2010). 4. Infere-se que em ambas as demandas, além da coincidência das partes, há identidade no pedido e na causa de pedir. Evidencia-se, portanto, a tríplice identidade entre as demandas, estando a pretensão da autora acobertada pela coisa julgada, em razão da decisão proferida no âmbito do juizado especial, que julgou improcedente o pedido. 5. Agravo regimental desprovido. (AgRg no REsp 1204324; RJ; Quarta Turma; Rel. Min. Marco Buzzi; Julg. 15/09/2016; DJe 28/11/2016)

✓ AGRAVO INTERNO NO RECURSO ESPECIAL. CIVIL E PROCESSUAL CIVIL PRESCRIÇÃO DA PRETENSÃO INDENIZATÓRIA. ARGUIÇÃO NA FASE DE CUMPRIMENTO DE SENTENÇA. INVIABILIDADE. CONSONÂNCIA ENTRE O ACÓRDÃO RECORRIDO E O ENTENDIMENTO DESTA CORTE. SÚMULA Nº 568/STJ. 1. Ocorrendo o trânsito em julgado da sentença condenatória prolatada em ação indenizatória, surge a eficácia preclusiva da coisa julgada, impedindo o conhecimento até mesmo das matérias de ordem pública, como a prescrição da pretensão indenizatória, na fase de cumprimento de sentença. 2. É inadmissível o inconformismo quando o acórdão recorrido está em consonância com o entendimento do Superior Tribunal de Justiça. 3. Agravo interno não provido. (AgInt no REsp 1377016/MG,

Rel. Ministro RICARDO VILLAS BÔAS CUEVA, TERCEIRA TURMA, julgado em 27/06/2017, DJe 03/08/2017)

✓ INTERNO. PROCESSUAL CIVIL. OMISSÃO, CONTRADIÇÃO OU OBSCURIDADE. INEXISTÊNCIA. COISA JULGADA. QUESTÕES QUE PODERIAM TER SIDO DEDUZIDAS. MANTO DA INTANGIBILIDADE. ABRANGÊNCIA (...) 2. Por ocasião do julgamento do Recurso Especial representativo da controvérsia n. 1.391.118/RS, a Segunda Seção, na mesma linha da abalizada doutrina, perfilhou o entendimento de que a coisa julgada inclui sob o manto da intangibilidade panprocessual, as questões – tanto as deduzidas como as que poderiam tê-lo sido -, por isso traz embutida ou pressuposta a exegese feita judicialmente, já definida quanto aos seus campos subjetivo e objetivo de aplicação. 3. O agravante pretende, em sede de ação rescisória, rediscutir o conflito, já solucionado por decisão, sob o manto da coisa julgada material – o que, evidentemente, é manifestamente inviável. Com efeito, uma vez que tenha ocorrido o trânsito em julgado, atua a eficácia preclusiva da coisa julgada, apanhando todos os argumentos que poderiam ter sido deduzidos no decorrer da demanda, prestando-se a garantir a intangibilidade da coisa julgada nos exatos limites em que se formou. 4. Agravo interno não provido. (AgInt no AREsp 961.640/RS, Rel. Ministro LUIS FELIPE SALOMÃO, QUARTA TURMA, julgado em 04/09/2018, DJe 11/09/2018)

✓ AGRAVO INTERNO. PROCESSUAL CIVIL. OMISSÃO, CONTRADIÇÃO OU OBSCURIDADE. INEXISTÊNCIA. COISA JULGADA. QUESTÕES QUE PODERIAM TER SIDO DEDUZIDAS. MANTO DA INTANGIBILIDADE. ABRANGÊNCIA. REEXAME DE PROVAS, EM SEDE DE RECURSO ESPECIAL. INVIABILIDADE. 1. A Corte local apura que que "o direito à expedição de carta de adjudicação já foi reconhecido por mais de uma vez, no julgamento de recursos interpostos anteriormente, conforme já mencionado"; "[t]rata-se de matéria preclusa, sendo inadmissível que seja discutida indefinitivamente, em detrimento à segurança jurídica". 2. Por um lado, "uma vez que tenha ocorrido o trânsito em julgado, atua a eficácia preclusiva da coisa julgada, apanhando todos os argumentos que poderiam ter sido deduzidos no decorrer da demanda, prestando-se a garantir a intangibilidade da coisa julgada nos exatos limites em que se formou" (AgInt no AREsp 961.640/RS, Rel. Ministro LUIS FELIPE SALOMÃO, QUARTA TURMA, julgado em 04/09/2018, DJe 11/09/2018). Por outro lado, à luz do apurado pela Corte local – existência de decisão transitada em julgado reconhecendo o direito da recorrida à adjudicação -, só se conceberia a revisão do acórdão recorrido para obstar o mencionado ato (ainda que à luz de argumento supostamente não invocado), mediante o reexame de provas para infirmar essa moldura fática, obstado pela Súmula 7/STJ. 3. Agravo interno não provido. (AgInt na TutPrv no AREsp 1107398/PR, Rel. Ministro LUIS FELIPE SALOMÃO, QUARTA TURMA, julgado em 11/06/2019, DJe 28/06/2019)

✓ ADMINISTRATIVO. AGRAVO INTERNO NO RECURSO ESPECIAL. SERVIDOR PÚBLICO. CANCELAMENTO DE APOSENTADORIA. JUIZ CLASSISTA. REVISÃO DO ATO ADMINISTRATIVO. COISA JULGADA. TRÍPLICE IDENTIDADE. NÃO OCORRÊNCIA. CITAÇÃO VÁLIDA. EFEITO INTERRUPTIVO DA PRESCRIÇÃO. 1. A jurisprudência desta Corte entende que "a eficácia preclusiva da coisa julgada exige a tríplice identidade, a saber: mesmas partes, mesma causa de pedir e mesmo pedido, o que não é o caso dos autos" (REsp 1.704.972/CE, Rel. Ministro RICARDO VILLAS BÔAS CUEVA, TERCEIRA TURMA, DJe 15/10/2018). Precedentes. 2. No caso concreto, a parte recorrida não se manteve inerte quanto à busca do bem da vida por ela almejado, haja vista que dentro do prazo prescricional buscou a anulação do ato administrativo também objeto da presente demanda, razão pela qual houve a interrupção do prazo prescricional, em virtude da citação válida ocorrida naquele processo. Precedentes. 3. Agravo interno não provido. (AgInt no REsp 1523070/RS, Rel. Ministro SÉRGIO KUKINA, PRIMEIRA TURMA, julgado em 11/11/2019, DJe 18/11/2019)

✓ CIVIL. PROCESSUAL CIVIL. AGRAVO INTERNO NO AGRAVO EM RECURSO ESPECIAL. EFICÁCIA PRECLUSIVA DA COISA JULGADA. DECISÃO MANTIDA. 1. Segundo a jurisprudência desta Corte, para o reconhecimento da coisa julgada, faz-se necessária a tríplice identidade – mesmas partes, mesma causa de pedir e mesmo pedido -, o que ocorreu na hipótese em exame. 2. "Uma vez transitada em definitivo a decisão de mérito, considerar-se-ão deduzidas e repelidas todas as alegações e as defesas que a parte poderia opor tanto ao acolhimento quanto à rejeição do pedido" (AgInt no AREsp n. 849.788/RJ, Relator Ministro MARCO BUZZI, QUARTA TURMA, julgado em 27/5/2019, DJe 30/5/2019). 3. Agravo interno a que se nega provimento. (AgInt no AREsp 1299182/SP, Rel. Ministro ANTONIO CARLOS FERREIRA, QUARTA TURMA, julgado em 25/05/2020, DJe 28/05/2020)

✓ AGRAVO DE INSTRUMENTO – AÇÃO ORDINÁRIA – SERVIDOR PÚBLICO APOSENTADO – GRATIFICAÇÃO DE ATIVIDADE DE MAGISTÉRIO – CUMPRIMENTO DE SENTENÇA/ACÓRDÃO – LIMITES DO TÍTULO EXECUTIVO – EFICÁCIA PRECLUSIVA DA COISA JULGADA – Pretensão da executada voltada à correta aplicação dos consectários legais incidentes sobre o montante condenatório – Cabimento – Título executivo judicial que foi expresso ao determinar a aplicação da Lei nº 11.960/09 a partir da sua vigência, tendo transitado em julgado aos 01.12.2018 – Superveniente formação de coisa julgada sobre a decisão judicial condenatória, sem que a parte interessada tenha invocado a tese defensiva no momento oportuno – Impossibilidade de reanálise dessa questão pretérita em sede de cumprimento de sentença, por força da eficácia preclusiva da coisa julgada material – Inteligência dos arts. 507 e 508, do CPC/2015 – Decisão agravada reformada. Recurso provido. (TJSP; Agravo de Instrumento 3003588-66.2020.8.26.0000; Relator (a): Paulo Barcellos Gatti; Órgão Julgador: 4ª Câmara de Direito Público; Foro Central – Fazenda Pública/Acidentes – 3ª Vara de Fazenda Pública; Data do Julgamento: 10/08/2020; Data de Registro: 10/08/2020)

Capítulo XIV
DA LIQUIDAÇÃO DE SENTENÇA

Art. 509. Quando a sentença condenar ao pagamento de quantia ilíquida, proceder-se-á à sua liquidação, a requerimento do credor ou do devedor:

→ v. Súmula 254 do STF

→ v. Súmulas 344 e 453 do STJ.

→ v. Art. 234, § 1º, do CPC.

→ v. Enunciado 145 do CJF: O recurso cabível contra a decisão que julga a liquidação de sentença é o Agravo de Instrumento.

Necessidade de liquidação:

✓ AGRAVO INTERNO NO AGRAVO EM RECURSO ESPECIAL (...) 1. Tendo o título executivo judicial determinado a apuração das perdas e danos em sede de liquidação de sentença, é imperiosa a instauração da respectiva fase processual, sob pena de violação à coisa julgada. Precedente. 2. Conforme expressa disposição do artigo 509, § 1º, do CPC/15, "quando na sentença houver uma parte líquida e outra ilíquida, ao credor é lícito promover simultaneamente a execução daquela e, em autos apartados, a liquidação desta". 3. Agravo interno desprovido". (AgInt no AREsp 1550726/RJ, Rel. Ministro MARCO BUZZI, QUARTA TURMA, julgado em 11/05/2020, DJe 18/05/2020)

Interpretação do título e forma de liquidação do julgado:

✓ AGRAVO INTERNO NO AGRAVO EM RECURSO ESPECIAL (...) 1. De acordo com a jurisprudência desta Corte, inexiste ofensa à coisa julgada quando o magistrado, e sede de cumprimento de sentença, interpreta o título judicial para melhor definir seu alcance e extensão. Precedentes. 1.1. No caso em tela, restou assentado pelo Tribunal local que a condenação estipulada no título exequendo, bem como o modo de cálculo utilizado na liquidação do julgado, obedeceriam às diretrizes contidas no título executivo. Derruir tais conclusões demandaria revolvimento de matéria fático-probatória. Incidência da Súmula 7/STJ. 2. Segundo a jurisprudência desta Corte, cabe ao juiz, como destinatário da prova, indeferir as que entender impertinentes, sem que tal implique cerceamento de defesa. Rever as conclusões do órgão julgador quanto à suficiência das provas apresentadas demanda o reexame do acervo fático-probatório dos autos, providência vedada pela Súmula 7 do STJ. Precedentes. 3. Agravo interno desprovido". (AgInt no AREsp 1281209/ES, Rel. Ministro MARCO BUZZI, QUARTA TURMA, julgado em 17/12/2019, DJe 03/02/2020).

Honorários sucumbenciais na liquidação:

✓ AGRAVO INTERNO NO AGRAVO EM RECURSO ESPECIAL. PROCESSUAL CIVIL. IMPUGNAÇÃO AO CUMPRIMENTO DE SENTENÇA. LIQUIDAÇÃO. CUNHO LITIGIOSO. HONORÁRIOS ADVOCATÍCIOS. CABIMENTO. 1. Recurso especial interposto contra acórdão publicado na vigência do Código de Processo Civil de 2015 (Enunciados Administrativos nºs 2 e 3/STJ). 2. O Superior Tribunal de Justiça possui entendimento de que é possível a fixação de honorários advocatícios, em caráter excepcional, nos casos em que a fase de liquidação de sentença assumir nítido cunho litigioso. 3. Agravo interno não provido. (AgInt no AREsp 1575882/SP, Rel. Ministro RICARDO VILLAS BÔAS CUEVA, TERCEIRA TURMA, julgado em 20/04/2020, DJe 27/04/2020)

I – por arbitramento, quando determinado pela sentença, convencionado pelas partes ou exigido pela natureza do objeto da liquidação;

Liquidação por arbitramento:

✓ ADMINISTRATIVO E PROCESSUAL CIVIL. RECURSO ESPECIAL. (...) ALEGAÇÃO COMUM DAS PARTES REFERENTES À OMISSÃO DO JULGADO NA ESTIPULAÇÃO DO PROCEDIMENTO EM QUE SE DARÁ A LIQUIDAÇÃO DO JULGADO. DESNECESSIDADE DE ALEGAÇÃO E PROVA ACERCA DE FATO NOVO. HIPÓTESE DE LIQUIDAÇÃO POR ARBITRAMENTO. ARTS. 475-C DO CPC/73 E 509, I E 510 DO CPC/2015. EMBARGOS DECLARATÓRIOS DE AMBAS AS PARTES PROVIDOS SEM EFEITOS INFRINGENTES, APENAS PARA DETERMINAR SEJA REALIZADA A LIQUIDAÇÃO POR ARBITRAMENTO. (...) 4. A alegada omissão, por ambas as partes, da não estipulação do procedimento pelo qual deverá se fazer a liquidação do julgado é procedente e, por inexistir a necessidade de se alegar e provar fato novo, deverá seguir o rito do arbitramento, nos termos dos arts. 475-C do CPC/73 e 509, I e 510 do CPC/2015.5. Embargos de Declaração de ambas as partes providos, sem efeitos infringentes, apenas para se determinar a realização da liquidação por arbitramento, nos termos da fundamentação. (EDcl no REsp 1248237/DF; Primeira Turma; Rel. Min. Napoleão Nunes Maia Filho; Julg. 02/02/2017; DJe 15/03/2017)

✓ RECURSO ESPECIAL. CIVIL E PROCESSUAL CIVIL. LIQUIDAÇÃO POR ARBITRAMENTO. CONDENAÇÃO NA FASE DE CONHECIMENTO. PRODUÇÃO DE LAUDOS. NEGATIVA DE PRESTAÇÃO JURISDICIONAL. AUSÊNCIA. PREQUESTIONAMENTO. SÚMULA 211/STJ. CERCEAMENTO DE DEFESA. AUSÊNCIA OFENSAS À COISA JULGADA. NECESSIDADE DE REEXAME DO ACERVO PROBATÓRIO. LIQUIDAÇÃO ZERO. IMPOSSIBILIDADE. (...) 2. O propósito recursal consiste em determinar a ocorrência ilegalidades na decisão que, em liquidação por arbitramento, determinou o valor devido pela recorrente. (...) 8. Na hipótese, não há como prosperar a alegação de ofensa à coisa julgada e, como afirmado acima, a recorrente se insurge contra os cálculos efetuados, matéria que esta Corte não pode apreciar, em obediência à Súmula 7/STJ. 9. Não implica julgamento fora do pedido a concessão de tutela jurisdicional que se encontra, ainda que implicitamente, abrangida no pedido formulado na petição recursal, extraída mediante sua interpretação lógico-sistemática. 10. Impossibilidade de, na hipótese, declarar a ocorrência de "liquidação zero". 11. Recurso parcialmente conhecido e, nessa parte, não provido. (REsp 1782213/SP, Rel. Ministra NANCY ANDRIGHI, TERCEIRA TURMA, julgado em 10/12/2019, DJe 13/12/2019)

II – pelo procedimento comum, quando houver necessidade de alegar e provar fato novo.

Liquidação pelo procedimento comum (fato novo):

✓ AGRAVO INTERNO NO AGRAVO EM RECURSO ESPECIAL. PREVIDÊNCIA PRIVADA. AGRAVO DE INSTRUMENTO. CUMPRIMENTO DE SENTENÇA. FASE DE LIQUIDAÇÃO. PROVA ATUARIAL. REEXAME DA MATÉRIA PROBATÓRIA. IMPOSSIBILIDADE. SÚMULA Nº 7/STJ. FUNDAMENTO SUFICIENTE. AUSÊNCIA DE IMPUGNAÇÃO ESPECÍFICA. SÚMULA Nº 283/STF. (...). 2. Quando a determinação do valor da condenação depender apenas de cálculo aritmético, o cumprimento de sentença poderá se dar sem a fase de liquidação, e não havendo a necessidade de perícia ou de se alegar ou produzir fato novo, não há falar em liquidação por arbitramento ou por artigos. 3. Rever as conclusões do tribunal quanto à necessidade de realização de perícia atuarial demandaria análise de matéria fático-probatória, procedimento inviável em recurso especial, nos termos da Súmula nº 7 do Superior Tribunal de Justiça. 4. A interposição do recurso especial, deixando a parte recorrente de infirmar especificamente os fundamentos suficientes do acórdão, atrai a incidência da Súmula nº 283 do Supremo Tribunal Federal. 5. Agravo interno não provido. (AgInt no AREsp 913.610/RS, Rel. Ministro RICARDO VILLAS BÔAS CUEVA, TERCEIRA TURMA, julgado em 23/11/2017, DJe 04/12/2017)

✓ AGRAVO INTERNO NO AGRAVO EM RECURSO ESPECIAL. PROCESSO CIVIL. TÍTULO EXECUTIVO. PERDAS E DANOS. FATOS NOVOS. LIQUIDAÇÃO POR ARTIGOS. SÚMULA N. 83/STJ. FATOS NOVOS. SÚMULA 7 DO STJ. 1. A liquidação por artigos se revela adequada para a apuração do quantum devido quando há a necessidade de se alegar e provar fatos novos, ainda não discutidos na ação de conhecimento. Precedentes. Incidência da Súmula n. 83/STJ. 2. Na hipótese, rever o entendimento do Tribunal de origem, que consignou que as perdas e danos ficaram comprovadas, tendo os fatos novos alegados sido demonstrados pela agravada, demandaria o revolvimento de matéria fático-probatória, o que é inviável em sede de recurso especial, ante o óbice da Súmula 7/STJ. 3. Agravo interno não provido. (AgInt no AREsp 1351579/CE, Rel. Ministro LUIS FELIPE SALOMÃO, QUARTA TURMA, julgado em 29/04/2019, DJe 02/05/2019)

§ 1º Quando na sentença houver uma parte líquida e outra ilíquida, ao credor é lícito promover simultaneamente a execução daquela e, em autos apartados, a liquidação desta.

Liquidação em autos apartados:

✓ AGRAVO INTERNO NO AGRAVO EM RECURSO ESPECIAL – AUTOS DE AGRAVO DE INSTRUMENTO NA ORIGEM – DECISÃO MONOCRÁTICA QUE CONHECEU DO RECLAMO PARA PROVER EM PARTE O APELO NOBRE. INSURGÊNCIA DA AGRAVANTE. 1. Tendo o título executivo judicial determinado a apuração das perdas e danos em sede de liquidação de sentença, é imperiosa a instauração da respectiva fase processual, sob pena de violação à coisa julgada. Precedente. 2. Conforme expressa disposição do artigo 509, § 1º, do CPC/15, "quando na sentença houver uma parte líquida e outra ilíquida, ao credor é lícito promover simultaneamente a execução daquela e, em autos apartados, a liquidação desta". 3. Agravo interno desprovido. (AgInt no AREsp 1550726/RJ, Rel. Ministro MARCO BUZZI, QUARTA TURMA, julgado em 11/05/2020, DJe 18/05/2020)

§ 2º Quando a apuração do valor depender apenas de cálculo aritmético, o credor poderá promover, desde logo, o cumprimento da sentença.

Cumprimento da sentença e cálculo aritmético:

✓ AGRAVO DE INSTRUMENTO (ART. 1.015, PARÁGRAFO ÚNICO, DO CPC/2015). AÇÃO DE ADIMPLEMENTO CONTRATUAL EM FASE DE CUMPRIMENTO DE SENTENÇA. DECISÃO INTERLOCUTÓRIA QUE REJEITOU A IMPUGNAÇÃO. RECURSO DO IMPUGNANTE. ARGUIÇÃO DE ILIQUIDEZ DO TÍTULO EXECUTIVO JUDICIAL E DE EXCESSO DE EXECUÇÃO. TESES CONTRADITÓRIAS. DESNECESSIDADE DE LIQUIDAÇÃO POR ARBITRAMENTO. CUMPRIMENTO DE SENTENÇA POR SIMPLES CÁLCULOS ARITMÉTICOS, NA FORMA DO ART. 509 DO CPC/15. PRECEDENTES DESTA PRIMEIRA CÂMARA DE DIREITO COMERCIAL. DECISÃO MANTIDA RECURSO CONHECIDO E DESPROVIDO. 1. Já sob a égide o Código anterior, foi abolida a judicialidade da liquidação por simples cálculos, para as hipóteses em que a apuração do quantum debeatur se fazia por meio de operações aritméticas sobre dados já conhecidos no processo (juros, gêneros e títulos cotados em bolsa). O critério foi conservado pelo novo Código que, em seu art. 509, § 2º, dispõe que o próprio credor promova, desde logo, o cumprimento da sentença. (THEODORO JÚNIOR, Humberto. Curso de direito processual civil. Vol. 1. 57.Ed. Rio de Janeiro: Forense, 2016, p. 1174) 2. Quando a determinação do valor da condenação depender apenas de cálculo aritmético, o cumprimento de sentença poderá se dar sem a fase de liquidação, bastando ao credor instruir o pedido com a memória discriminada e atualizada do cálculo. Ademais, não havendo a necessidade de perícia ou de se alegar ou produzir fato novo, não há falar em liquidação por arbitramento ou por artigos, mesmo porque a natureza do objeto do procedimento não o exige. Caso se mostrar mais adequada à apuração do quantum debeatur, pode-se optar pelo cumprimento de sentença já por cálculos aritméticos sem se proceder à passagem pela fase de liquidação, sobretudo porque, consoante jurisprudência pacífica deste Tribunal Superior. (STJ. AgRg no AREsp 805.648/RS, Rel. Min. RICARDO VILLAS BÔAS CUEVA; Julg. 01/03/2016, Dje 08/03/2016) (TJ-SC; AI 40046598220168240000 Blumenau; Primeira Câmara de Direito Comercial; Rel. Luiz Zanelato; Julg. 05/10/2017)

✓ RECURSO ESPECIAL. PROCESSUAL CIVIL. CUMPRIMENTO DE SENTENÇA. PRÉVIA LIQUIDAÇÃO. JUÍZO QUANTO À NECESSIDADE. REEXAME DE PROVAS. IMPOSSIBILIDADE. SÚMULA Nº 7/STJ. 1. Quando a determinação do valor da condenação depender apenas de cálculo aritmético, o cumprimento de sentença poderá se dar sem a fase de liquidação, bastando ao credor instruir o pedido com a memória discriminada e atualizada do cálculo. 2. Não havendo necessidade de perícia ou de se alegar ou produzir fato novo, não há falar em liquidação por arbitramento ou por artigos. 3. Para prevalecer pretensão em sentido contrário à conclusão do tribunal de origem, no tocante à possibilidade de obtenção do numerário devido a título de multa contratual por simples cálculo aritmético, necessária seria a revisão do conjunto fático-probatório dos autos, o que é vedado na via do recurso em razão do óbice da Súmula nº 7/STJ. 4. Recurso especial não provido. (REsp 1634854/DF, Rel. Ministro RICARDO VILLAS BÔAS CUEVA, TERCEIRA TURMA, julgado em 12/09/2017, DJe 21/09/2017)

✓ PROCESSUAL CIVIL. AGRAVO INTERNO NO RECURSO ESPECIAL. ENUNCIADO ADMINISTRATIVO N. 3/STJ. EXECUÇÃO DE SENTENÇA CONTRA A FAZENDA PÚBLICA. AUSÊNCIA DE PRESCRIÇÃO DA PRETENSÃO EXECUTIVA. AGRAVO INTERNO NÃO PROVIDO. 1. A Primeira Seção assevera a desnecessidade de liquidação para a definição do valor da condenação que depende de simples cálculos aritméticos. (...). (AgInt no REsp 1797020/SP, Rel. Ministro MAURO CAMPBELL MARQUES, SEGUNDA TURMA, julgado em 24/09/2019, DJe 26/09/2019)

§ 3º O Conselho Nacional de Justiça desenvolverá e colocará à disposição dos interessados programa de atualização financeira.

Cálculo aritmético e programa:

✓ EMBARGOS DE DECLARAÇÃO. CONTRADIÇÃO, OBSCURIDADE OU OMISSÃO NÃO VERIFICADAS. DECISÃO QUE DEFINE CRITÉRIOS DE APURAÇÃO DO VALOR DO DÉBITO. PRETENSÃO À ENTREGA DE CÁLCULO ATUALIZADO. ÔNUS DO CREDOR. CPC, ART. 509, § 3º. RECURSO CONHECIDO E NÃO PROVIDO. Os embargos de declaração prestam-se a esclarecer o conteúdo do julgamento, corrigindo omissão, contradição ou obscuridade, e não à reforma do decisório embargado (CPC/2015, art. 1.022, incisos I e II). "Quando a determinação do valor da condenação depender apenas de cálculo aritmético, o cumprimento de sentença poderá se dar sem a fase de liquidação, bastando ao credor instruir o pedido com a memória discriminada e atualizada do cálculo." (STJ, Terceira Turma, REsp 1634854/DF, rel. Min. Ricardo Villas Bôas Cueva; Julg. 12.9.2017) Nos moldes do § 3º do art. 509 do Código de Processo Civil, tem-se condenação em valor certo quando se estipulam o principal e os critérios de atualização, cumprindo ao credor, em fase de cumprimento de sentença, apresentar cálculo aritmético do valor total devido, para o que se pode valer do auxílio de ferramenta a ser disponibilizada pelo CNJ (CPC, art. 509, § 4º), ou, no caso do Estado de Santa Catarina, do programa de livre acesso disponibilizado pela Corregedoria-Geral da Justiça (http://cgjweb.tjsc.jus.br/AtualizacaoMonetaria/). (TJ-SC; ED 00006416620118240031 Indaial; Segunda Câmara de Direito Civil; Rel. Sebastião César Evangelista; Julg. 05/10/2017)

✓ AGRAVO DE INSTRUMENTO. LIQUIDAÇÃO DE SENTENÇA. REVISÃO DE BENEFÍCIO ASSISTENCIAL DENOMINADA PENSÃO GRACIOSA. APRESENTAÇÃO DA MEMÓRIA DISCRIMINADA E ATUALIZADA DO CÁLCULO. INCUMBÊNCIA DO CREDOR. CASO CONCRETO QUE REFOGE AO CONCEITO DE "MEROS CÁLCULOS ARITMÉTICOS". RELATIVIZAÇÃO QUE SE IMPÕE PARA QUE SEJAM EXIBIDOS PELO ENTE ESTATAL. DECISÃO SINGULAR REFORMADA. "Embora a regra adjetiva seja clara no sentido de que o cálculo deverá ser elaborado pelo credor, em hipóteses excepcionais, principalmente nas execuções contra a Fazenda Pública, demonstrada a impossibilidade do credor efetuar os cálculos, permite-se que sejam apresentados pelo próprio ente público devedor ou que sejam apurados através de contador judicial" (TJ-SC; AI 00312505220168240000 Garopaba; Quarta Câmara de Direito Público; Rel. Vera Lúcia Ferreira Copetti; Julg. 30/11/2017)

§ 4º Na liquidação é vedado discutir de novo a lide ou modificar a sentença que a julgou.

→ v. Súmula 551 do STJ.

Vedação de discussão na liquidação da sentença:

✓ AGRAVO DE INSTRUMENTO. AÇÃO DE REPETIÇÃO DO INDÉBITO. URV. IMPOSTO DE RENDA. CÁLCULO DE LIQUIDAÇÃO. CRITÉRIOS. Conforme estabelecido na sentença e no acórdão, a retenção do imposto de renda sobre valores pagos pela Fazenda Pública em decorrência de decisão judicial não pode ocorrer sobre o montante acumulado, quando corresponder ele ao somatório de parcelas, por causar prejuízo à credora. A incidência do imposto, se houver, deve ser calculada mês a mês, conforme as alíquotas vigentes à época em que deveria ter ocorrido o pagamento. Regime de competência. É defeso na liquidação discutir de novo a lide ou modificar a sentença (art. 509, § 4º, do CPC). Agravo desprovido. (TJ-RS; Agravo de Instrumento 70073366064; Vigésima Primeira Câmara Cível; Rel. Marco Aurélio Heinz; Julg. 12/07/2017).

Art. 510. Na liquidação por arbitramento, o juiz intimará as partes para a apresentação de pareceres ou documentos elucidativos, no prazo que fixar, e caso não possa decidir de plano, nomeará perito, observando-se, no que couber, o procedimento da prova pericial.

→ v. Arts 464 a 480 do CPC.

Apresentação de pareceres ou documentos elucidativos pelas partes:

✓ INSURGÊNCIA COMUM DAS PARTES DANOS MATERIAIS – ACIONADA QUE ALEGA AUSÊNCIA DE COMPROVAÇÃO DO PREJUÍZO ECONÔMICO SUPORTADO PELA EMPRESA AUTORA – PRESCINDIBILIDADE – DANOS MATERIAIS QUE PODEM SER PRESUMIDOS – LESÃO À ATIVIDADE EMPRESARIAL – PRECEDENTES DO SUPERIOR TRIBUNAL DE JUSTIÇA – QUANTIFICAÇÃO DO DANO RELEGADA À LIQUIDAÇÃO DE SENTENÇA – IMPOSSIBILIDADE, TODAVIA, DE DETERMINAÇÃO, NESTE MOMENTO PROCESSUAL, DE APRESENTAÇÃO DE DOCUMENTOS NAQUELA FASE PROCESSUAL – PROCEDIMENTO DIVERSO E AUTÔNOMO, QUE POSSUI REGULAÇÃO PRÓPRIA – DESPROVIMENTO DE AMBOS OS RECURSOS, NO PONTO. A liquidação de sentença constitui procedimento diverso e autônomo da fase cognitiva e é regida pelos arts. 509 a 512 do atual Regramento Processual Civil. Assim é que o art. 510 expõe que "na liquidação por arbitramento, o juiz intimará as partes para a apresentação de pareceres ou documentos elucidativos, no prazo que fixar, e, caso não possa decidir de plano, nomeará perito, observando-se, no que couber, o procedimento da prova pericial." Destarte, no momento oportuno será determinada a juntada dos documentos necessários para averiguar o montante devido aos autores, razão pela qual, agora, deve-se apenas manter a sentença no tocante à postergação da resolução do "quantum" devido a título de perdas e danos/lucros cessantes. (...). (TJ-SC; AC 00256567220128240008 Blumenau; Segunda Câmara de Direito Comercial; Rel. Robson Luz Varella; Julg. 24/10/2017)

Liquidação por lucros cessantes:

✓ AGRAVO INTERNO NOS EMBARGOS DE DECLARAÇÃO NO AGRAVO EM RECURSO ESPECIAL. PROCESSUAL CIVIL. CIVIL. ATRASO NA ENTREGA DE OBRA. LUCROS CESSANTES. AGRAVO NÃO PROVIDO. 1. A Segunda Seção, no julgamento dos EREsp 1.341.138/SP, de relatoria da eminente Ministra MARIA ISABEL GALLOTTI (julgado em 9/5/2018 e publicado no DJe de 22/05/2018), concluiu que, "descumprido o prazo para a entrega do imóvel objeto do compromisso de compra e venda, é cabível a condenação da vendedora por lucros cessantes, havendo a presunção de prejuízo do adquirente, ainda que não demonstrada a finalidade negocial da transação", de modo que a indenização dos lucros cessantes deve ser calculada com base no valor locatício do bem, no período de atraso na entrega do imóvel, o que, no caso dos autos, será apurado em liquidação de sentença. 2. Agravo interno a que se nega provimento. (AgInt nos EDcl no

AREsp 921.095/SP, Rel. Ministro RAUL ARAÚJO, QUARTA TURMA, julgado em 05/02/2019, DJe 14/02/2019)

✓ DIREITO CIVIL. RECURSO ESPECIAL. AÇÃO DE REPARAÇÃO DE DANOS MATERIAIS. ATRASO NA ENTREGA DO IMÓVEL. ACÓRDÃO QUE DECIDIU SOBRE A LIQUIDAÇÃO DE SENTENÇA. TERMO INICIAL PARA A CONTAGEM DO PRAZO PRESCRICIONAL. INADIMPLEMENTO CONTRATUAL. PRAZO DECENAL. 2. Ação de reparação de danos materiais, já em fase de cumprimento de sentença, em virtude de atraso na entrega de imóvel, objeto de contrato de compra e venda entre as partes (...)4. Tendo em vista que a condenação ao pagamento dos lucros cessantes determinou que a sua apuração deveria dar-se em liquidação por arbitramento, convém reconhecer que, somente com o encerramento da liquidação, é que nasceu para a recorrida a sua pretensão executória (...) (REsp 1453851/DF, Rel. Ministra NANCY ANDRIGHI, TERCEIRA TURMA, julgado em 11/06/2019, DJe 08/08/2019)

Antecipação dos honorários periciais:

✓ PROCESSUAL CIVIL E ADMINISTRATIVO. AGRAVO INTERNO NO RECURSO ESPECIAL. LIQUIDAÇÃO DE SENTENÇA. HONORÁRIOS PERICIAIS. PAGAMENTO PELO DEVEDOR/EXECUTADO. RECURSO ESPECIAL REPETITIVO. DISTINÇÃO. INEXISTÊNCIA. SÚMULA 83/STJ. APLICAÇÃO. 1 Trata-se de Agravo Interno no Recurso Especial interposto contra decisão que não conheceu do Recurso Especial, por estar o acórdão recorrido em sintonia com a jurisprudência do Superior Tribunal de Justiça. 2. Na fase de liquidação de sentença, sendo a perícia realizada quando já conhecida a parte sucumbente, cabe ao devedor, em sua condição de futuro executado, arcar com os honorários periciais, por se mostrar mais adequado e efetivo imputar o encargo diretamente a quem deve suportá-lo, após o transito em julgado da sentença. Precedente: REsp 1.274.466/SC, Rel. Min. Paulo de Tarso Sanseverino, Segunda Seção DJe 21.5.2014. 3. Sem motivos para ensejar a alteração da decisão recorrida, nega-se provimento ao Agravo Interno. 4. Agravo Interno não provido. (AgInt no REsp 1810330/MG, Rel. Ministro HERMAN BENJAMIN, SEGUNDA TURMA, julgado em 03/12/2019, DJe 19/12/2019)

Art. 511. Na liquidação pelo procedimento comum, o juiz determinará a intimação do requerido, na pessoa de seu advogado ou da sociedade de advogados a que estiver vinculado, para, querendo, apresentar contestação no prazo de 15 (quinze) dias, observando-se, a seguir, no que couber, o disposto no Livro I da Parte Especial deste Código.

Procedimento da liquidação:

✓ PROCESSUAL CIVIL. AGRAVO INTERNO NA EXECUÇÃO EM MANDADO DE SEGURANÇA. DEFINIÇÃO DE PARÂMETROS REFERENTES AO CUMPRIMENTO DA OBRIGAÇÃO DE PAGAR QUANTIA, NO QUE CONCERNE AO TÍTULO EXEQUENDO FORMADO NO MS 7.200/DF. (...) 3. Existência de concordância entre as partes, no que concerne ao termo inicial dos efeitos financeiros decorrentes do reconhecimento da condição de anistiado político: a partir da impetração do mandado de segurança (MS 7.200/DF). 4. Não acolhimento da pretensão do exequente, no que se refere ao aproveitamento das planilhas que já foram juntadas, sobretudo porque alterado o termo inicial referente aos efeitos financeiros. Assim, cabe aos exequentes, em nova petição que deverá ser juntada oportunamente, indicar o valor pretendido, com a juntada do demonstrativo discriminado e atualizado do crédito, acompanhado das respectivas planilhas, a fim de que fique viabilizada eventual contestação, por parte da executada (art. 511 do CPC/2015). Registro que isso não obsta eventual aproveitamento das peças já existentes nos autos, o que deverá ser verificado pelos exequentes. 5. Fixação dos seguintes parâmetros para fins de cumprimento da obrigação de pagar quantia, que deverão ser observados em todos os grupos (ramificações do ExeMS 7.200/DF) decorrentes do título exequendo: " Cumprirá aos exequentes obterem junto à Petrobrás as planilhas com os valores mensais devidos a cada exequente; " Os efeitos financeiros somente são gerados a partir da impetração do mandado de segurança; " Vantagens de cunho estritamente pessoal, bem como vantagens atreladas ao efetivo exercício do cargo/emprego não poderão ser computadas; " A incidência de correção monetária e juros de mora deverá observar os parâmetros fixados pela Primeira Seção deste Tribunal; " A liquidação será processada pelo procedimento comum (art. 509, II, do CPC/2015). 6. Agravo interno prejudicado, no ponto em que houve concordância entre as partes; não provimento do recurso, no que se refere aos demais pontos. (AgInt na ExeMS 7.200/DF, Rel. Ministro MAURO CAMPBELL MARQUES, PRIMEIRA SEÇÃO, julgado em 10/10/2018, DJe 09/11/2018)

Art. 512. A liquidação poderá ser realizada na pendência de recurso, processando-se em autos apartados no juízo de origem, cumprindo ao liquidante instruir o pedido com cópias das peças processuais pertinentes.

Liquidação da decisão e a pendência do recurso:

✓ AGRAVO DE INSTRUMENTO. NEGÓCIOS JURÍDICOS BANCÁRIOS. CÉDULA DE CRÉDITO RURAL. LIQUIDAÇÃO INDIVIDUAL DE SENTENÇA COLETIVA. SUSPENSÃO. DESCABIMENTO. O art. 512 do CPC autoriza a liquidação de sentença na hipótese de pendência de recurso, inexistindo ressalva acerca da limitação da disposição aos recursos recebidos apenas no efeito devolutivo. Assim, a concessão de tutela provisória para recebimento dos embargos de divergência em REsp nº 1.319.232 com efeito suspensivo não importa na suspensão da liquidação. AGRAVO DE INSTRUMENTO PROVIDO. (TJ-RS; Agravo de Instrumento 70075281402; Décima Sétima Câmara Cível; Rel. Marta Borges Ortiz; Julg. 30/11/2017).

✓ AGRAVO INTERNO NO AGRAVO EM RECURSO ESPECIAL. PROCESSUAL CIVIL. EXPURGOS INFLACIONÁRIOS. LIQUIDAÇÃO DE SENTENÇA. DEFINITIVIDADE DA EXECUÇÃO. PRESTAÇÃO DE CAUÇÃO. DESNECESSIDADE. AGRAVO DESPROVIDO. 1. É definitiva a execução de título judicial transitado em julgado quando há recurso sem efeito suspensivo pendente de julgamento na liquidação ou impugnação ao cumprimento de sentença, sendo desnecessária a prestação de caução para levantamento dos valores depositados. Precedentes. 2. Agravo interno desprovido. (AgInt no AREsp 938.640/SP, Rel. Ministro MARCO AURÉLIO BELLIZZE, TERCEIRA TURMA, julgado em 17/06/2019, DJe 25/06/2019)

TÍTULO II
Do Cumprimento da Sentença

Capítulo I
DISPOSIÇÕES GERAIS

Art. 513. O cumprimento da sentença será feito segundo as regras deste Título, observando-se, no que couber e conforme a natureza da obrigação, o disposto no Livro II da Parte Especial deste Código.

§ 1º O cumprimento da sentença que reconhece o dever de pagar quantia, provisório ou definitivo, far-se-á a requerimento do exequente.

§ 2º O devedor será intimado para cumprir a sentença:

→ v. Sumula 410 do STJ.

I – pelo Diário da Justiça, na pessoa de seu advogado constituído nos autos;

Intimação do cumprimento na pessoa do advogado

✓ AGRAVO DE INSTRUMENTO. CUMPRIMENTO DE SENTENÇA. DECISÃO AGRAVADA QUE REJEITOU LIMINARMENTE A IMPUGNAÇÃO EM RAZÃO DA INTEMPESTIVIDADE. RECURSO DO IMPUGNANTE. PLEITO DE REFORMA DA DECISÃO AO ARGUMENTO DE SER TEMPESTIVA A SUA IMPUGNAÇÃO. INSUBSISTÊNCIA. EXECUTADO QUE FOI INTIMADO PARA CUMPRIMENTO DA OBRIGAÇÃO PELO DIÁRIO DE JUSTIÇA NA PESSOA DO SEU ADVOGADO (ART. 513, § 2º, I, DO CPC). FATO DE O EXECUTADO RECEBER INTIMAÇÃO PESSOAL POSTERIORMENTE QUE NÃO SE MOSTRA CAPAZ DE RENOVAR O PRAZO PARA O PAGAMENTO DA OBRIGAÇÃO OU PARA APRESENTAÇÃO DA IMPUGNAÇÃO AO CUMPRIMENTO DA SENTENÇA. PRAZO DE 15 (QUINZE) DIAS PARA IMPUGNAÇÃO QUE TEM INÍCIO APÓS O ENCERRAMENTO DO PRAZO DE 15 (QUINZE) DIAS PREVISTO PARA O PAGAMENTO DA OBRIGAÇÃO. EXEGESE DO ART. 525, DO CPC. TÉRMINO DO PRAZO PARA APRESENTAÇÃO DA IMPUGNAÇÃO EM 01/09/2016. PROTOCOLO DATADO DE 17/11/2016. INTEMPESTIVIDADE VERIFICADA. DECISÃO MANTIDA. RECURSO CONHECIDO E DESPROVIDO. (TJSC; Agravo de Instrumento 4007357-27.2017.8.24.0000; Caçador; Sexta Câmara de Direito Civil; Rel. Des. Denise Volpato; Julg. 15/08/2017).

✓ RECURSO ESPECIAL. DIREITO PROCESSUAL CIVIL. CUMPRIMENTO DE SENTENÇA. REVELIA NA FASE COGNITIVA. AUSÊNCIA DE ADVOGADO CONSTITUÍDO. NECESSIDADE DE INTIMAÇÃO DOS DEVEDORES POR CARTA PARA O CUMPRIMENTO DA SENTENÇA. REGRA ESPECÍFICA DO CPC DE 2015. REGISTROS DOUTRINÁRIOS. 1. Controvérsia em torno da necessidade de intimação pessoal dos devedores no momento do cumprimento de sentença prolatada em processo em que os réus, citados pessoalmente, permaneceram revéis. 2. Em regra, intimação para cumprimento da sentença, consoante o CPC/2015, realiza-se na pessoa do advogado do devedor (art. 513, § 2.º, inciso I, do CPC/2015) 3. Em se tratando de parte sem procurador constituído, aí incluindo-se o revel que tenha sido pessoalmente intimado, quedando-se inerte, o inciso II do §2º do art. 513 do CPC fora claro ao reconhecer que a intimação do devedor para cumprir a sentença ocorrerá "por carta com aviso de recebimento". 4. Pouco espaço deixou a nova lei processual para outra interpretação, pois ressalvara, apenas, a hipótese em que o revel fora citado fictamente, exigindo, ainda assim, em relação a esta nova intimação para o cumprimento da sentença, em que pese na via do edital. 5. Correto, assim, o acórdão recorrido em afastar nesta hipótese a incidência do quanto prescreve o art. 346 do CPC. 6. RECURSO ESPECIAL DESPROVIDO. (REsp 1760914/SP, Rel. Ministro PAULO DE TARSO SANSEVERINO, TERCEIRA TURMA, julgado em 02/06/2020, DJe 08/06/2020)

Aplicação da Súmula 410-STJ:

✓ AÇÃO DE OBRIGAÇÃO DE FAZER – EXIBIÇÃO DE PLANILHA DE CÁLCULOS – MULTA DIÁRIA – INTIMAÇÃO PESSOAL – Desnecessidade – A intimação da ré para o cumprimento de obrigação de fazer, sob pena de multa diária, pode ser realizada na pessoa do seu advogado, via Diário da Justiça, nos termos do art. 513, § 2º, I, CPC/2015 – Inaplicabilidade da Súmula 410-STJ – Inexistência de dispositivo legal, determinando que o devedor seja intimado pessoalmente, quando haja previsão de imposição de multa coercitiva – RECURSO DESPROVIDO NESTE TÓPICO. (...). (TJSP; Agravo de Instrumento 2180211-41.2016.8.26.0000; Rel. Sérgio Shimura; Órgão Julgador: 23ª Câmara de Direito Privado; Foro de Araraquara; 4ª Vara Cível; Data do Julgamento: 30/11/2016; Data de Registro: 06/12/2016)

✓ AGRAVO INTERNO NO RECURSO ESPECIAL – EXECUÇÃO DE ASTREINTES – NECESSIDADE DE INTIMAÇÃO PESSOAL PARA ADIMPLEMENTO – DECISÃO MONOCRÁTICA NEGANDO SEGUIMENTO AO RECLAMO. IRRESIGNAÇÃO DA CONSUMIDORA. 1. A multa cominatória objetiva compelir o réu ao cumprimento da ordem judicial a fim de alcançar a efetividade do processo, constituindo-se em meio coativo a ser estipulado em valor que o estimule ao adimplemento e evite a desobediência ao comando judicial. Porém sua exigência só é possível quando o devedor é pessoalmente intimado para cumprir a obrigação, conforme consignado pela Súmula 410 desta Corte: "A prévia intimação do devedor constitui condição necessária para a cobrança de multa pelo descumprimento de obrigação de fazer". 2. Agravo interno desprovido. (AgInt no REsp 1592889/SE, Rel. Ministro MARCO BUZZI, QUARTA TURMA, julgado em 23/08/2016, DJe 31/08/2016)

II – por carta com aviso de recebimento, quando representado pela Defensoria Pública ou quando não tiver procurador constituído nos autos, ressalvada a hipótese do inciso IV;

→ v. Enunciado 15 do CJF: Aplicam-se às entidades referidas no § 3º do art. 186 do CPC as regras sobre intimação pessoal das partes e suas testemunhas (art. 186, § 2º; art. 455, § 4º, IV; art. 513, § 2º, II e art. 876, § 1º, II, todos do CPC).

Necessidade intimação da parte sem advogado constituído nos autos:

✓ AGRAVO DE INSTRUMENTO – Cumprimento de sentença – Executada citada por carta – AR recebido por terceira pessoa – Decisão posterior que reconhece equívoco e considera intimada a devedora – Inadmissibilidade – Hipótese em que o recebimento de AR por terceira pessoa não pode ser considerado intimação válida – Intimação que deve ser refeita de acordo com o art. 513, §2º, I, do CPC – Recurso provido. (TJSP; Agravo de Instrumento 2114888-55.2017.8.26.0000; Rel. José Carlos Ferreira Alves; Órgão Julgador: 2ª Câmara de Direito Privado; Foro Regional II – Santo Amaro; 3ª Vara da Família e Sucessões; Data do Julgamento: 18/09/2017; Data de Registro: 18/09/2017)

III – por meio eletrônico, quando, no caso do § 1º do art. 246, não tiver procurador constituído nos autos;

IV – por edital, quando, citado na forma do art. 256, tiver sido revel na fase de conhecimento.

→ V. Art. 346 do CPC.

Necessidade de nova intimação do réu revel:

✓ AGRAVO DE INSTRUMENTO – CUMPRIMENTO DE SENTENÇA – INTIMAÇÃO – Ré revel – Pretensão à validação de intimação pessoal frustrada, com base no art. 513, §3º, do CPC – Impossibilidade – Agravada que não intervém no processo nem mesmo para se defender – Descabimento de fixação do ônus de informar novo endereço – Necessidade de intimação do revel sobre os atos executórios – Exegese do art. 513, §2º, IV, do CPC – Interpretação que prestigia o contraditório e a ampla defesa – Recurso não provido. (TJSP; Agravo de Instrumento 2094195-50.2017.8.26.0000; Rel. Reinaldo Miluzzi; Órgão Julgador: 6ª Câmara de Direito Público; Foro Central – Fazenda Pública/Acidentes ; 4ª Vara de Fazenda Pública; Data do Julgamento: 06/11/2017; Data de Registro: 09/11/2017)

✓ AGRAVO DE INSTRUMENTO – CUMPRIMENTO DEFINITIVO DA SENTENÇA QUE RECONHECE A EXIGIBILIDADE DE OBRIGAÇÃO DE PAGAR QUANTIA CERTA – Interposição contra decisão que determinou ao exequente, ora agravante, a comprovação do recolhimento das custas para a intimação do executado, ora agravado, por via postal, para, no prazo de quinze (15) dias, querendo, cumprir voluntariamente a obrigação, sob pena de multa de 10% do valor da condenação e honorários, nos termos do artigo 523 e parágrafos do novo Código de Processo Civil e, apenas após, expedição de mandado de penhora – Executado que não está representado, nos autos, por advogado – Artigo 513, §2º, II do novo CPC – Necessidade de intimação pessoal do devedor, que foi revel na fase de conhecimento, para pagamento do débito discriminado na memória descritiva de cálculo apresentada pelo exequente – Precedentes do TJ-SP – A revelia, na fase de conhecimento, não afasta a necessidade de intimação pessoal para os mencionados fins – Decisão mantida – Recurso improvido. (TJSP; Agravo de Instrumento 2188934-15.2017.8.26.0000; Rel. Plinio Novaes de Andrade Júnior; Órgão Julgador: 24ª Câmara de Direito Privado; Foro de Rio Claro; 4ª. Vara Cível; Data do Julgamento: 26/10/2017; Data de Registro: 29/10/2017)

§ 3º Na hipótese do § 2º, incisos II e III, considera-se realizada a intimação quando o devedor houver mudado de endereço sem prévia comunicação ao juízo, observado o disposto no parágrafo único do art. 274.

Validade da intimação enviada ao endereço constante dos autos:

✓ DESPEJO POR FALTA DE PAGAMENTO CUMULADO COM COBRANÇA – FASE DE CUMPRIMENTO DE SENTENÇA – INTIMAÇÃO PESSOAL DO DEVEDOR CITADO POR HORA CERTA E DEFENDIDO PELA DEFENSORIA PÚBLICA – DESNECESSIDADE – NOVA RESIDÊNCIA NÃO INFORMADA AO JUÍZO – INCIDÊNCIA DO §3º DO ARTIGO 513 DO CPC. RECURSO DESPROVIDO (TJSP; Agravo de Instrumento 2197686-73.2017.8.26.0000; Rel. Andrade Neto; Órgão Julgador: 30ª Câmara de Direito Privado; Foro Regional I – Santana; 9ª Vara Cível; Data do Julgamento: 08/11/2017; Data de Registro: 10/11/2017)

✓ AGRAVO INTERNO NO AGRAVO EM RECURSO ESPECIAL. VIOLAÇÃO DO ART. 290 DO CPC/2015 NÃO CONFIGURADA. INTIMAÇÃO REALIZADA. ENDEREÇO INCORRETO. DEVER DE MANTER ATUALIZADO O ENDEREÇO ONDE RECEBE INTIMAÇÕES. ART. 77, V, DO CPC/2015. ACÓRDÃO RECORRIDO EM CONSONÂNCIA COM A JURISPRUDÊNCIA DO STJ. SÚMULA 83/STJ. 1. Hipótese em que o ora insurgente alegou violação do art. 290 do CPC/2015, sob o argumento de que, "...para extinção do processo por abandono, faz-se imprescindível a intimação pessoal da parte para cumprir a diligência". 2. Ocorre que o Sodalício estadual foi categórico ao afirmar que, ao contrário do alegado em recurso especial, houve a devida intimação do ora insurgente para complementação das custas, a qual não se concretizou diante da ausência do correto endereço para recebimento de comunicações do juízo. 3. De acordo com o entendimento do STJ, seguindo o que preconiza a norma dos arts. 77, V, e 274, parágrafo único, do CPC/2015, "É dever da parte e do seu advogado manter atualizado o endereço onde receberão intimações (art. 77, V, do CPC/2015), sendo considerada válida a intimação dirigida ao endereçamento declinado na petição inicial, mesmo que não recebida pessoalmente pelo interessado a correspondência, se houver alteração temporária ou definitiva nessa localização (art. 274, parágrafo único, do CPC/2015)" (AgInt no REsp 1800035/SC, Rel. Ministro MARCO AURÉLIO BELLIZZE, TERCEIRA TURMA, julgado em 21/10/2019, DJe 28/10/2019). (...) (AgInt nos EDcl no AREsp 1546657/RJ, Rel. Ministro LUIS FELIPE SALOMÃO, QUARTA TURMA, julgado em 24/08/2020, DJe 31/08/2020)

§ 4º Se o requerimento a que alude o § 1º for formulado após 1 (um) ano do trânsito em julgado da sentença, a intimação será feita na pessoa do devedor, por meio de carta com aviso de recebimento encaminhada ao endereço constante dos autos, observado o disposto no parágrafo único do art. 274 e no § 3º deste artigo.

Necessidade de intimação do devedor após um ano do trânsito em julgado da sentença:

✓ AGRAVO DE INSTRUMENTO. HONORÁRIOS DE PROFISSIONAIS LIBERAIS. CUMPRIMENTO DE SENTENÇA. NECESSIDADE DE INTIMAÇÃO PESSOAL DO DEVEDOR. Ainda que o devedor tenha advogado constituído nos autos, a intimação do executado para cumprimento voluntário da obrigação será obrigatoriamente feita por meio de carta, com aviso de recebimento, nos termos do §4º do art. 513

do CPC, hipótese em que o requerimento para início da fase de cumprimento de sentença ocorre após um ano do trânsito em julgado. A intimação pessoal do executado visa evitar prejuízo a ambas partes. AGRAVO DE INSTRUMENTO PROVIDO. (TJ-RS; Agravo de Instrumento 70074807157; Décima Quinta Câmara Cível; Rel. Ana Beatriz Iser; Julg. 27/09/2017)

Validade da intimação realizada mesmo após transcorrido um ano do trânsito em julgado da sentença:

✓ AGRAVO DE INSTRUMENTO. CUMPRIMENTO DE SENTENÇA. AÇÃO COMINATÓRIA. Preliminar de intempestividade. Não ocorrência. Recurso interposto contra decisão que considerou válida a intimação da executada realizada na pessoa de seu advogado via Diário de Justiça Eletrônico. Recurso tempestivo. Pretensão de decreto de nulidade da intimação, com fundamento no art. 513, § 4º, do CPC. Inviabilidade. Procuração ad judicia que confere poderes para a fase de cumprimento de sentença. Art. 105, § 4º, do CPC. Embora tenha transcorrido mais de um ano entre o trânsito em julgado da sentença e o início de seu cumprimento, os elementos dos autos indicam que o patrono continua mantendo relacionamento com a representada, denotando a vigência dos poderes outorgados por meio do instrumento de procuração constante nos autos. Validade da intimação realizada na pessoa do advogado. Decisão mantida. AGRAVO DESPROVIDO. (TJSP; Agravo de Instrumento 2145883-51.2017.8.26.0000; Rel. Donegá Morandini; Órgão Julgador: 3ª Câmara de Direito Privado; Foro Central Cível; 31ª Vara Cível; Data do Julgamento: 18/09/2017; Data de Registro: 18/09/2017)

§ 5º O cumprimento da sentença não poderá ser promovido em face do fiador, do coobrigado ou do corresponsável que não tiver participado da fase de conhecimento.

Impossibilidade do cumprimento de sentença contra fiador que não participou da fase de conhecimento:

✓ AGRAVO DE INSTRUMENTO -- AÇÃO RENAVOTÁRIA DE LOCAÇÃO - CUMPRIMENTO DE SENTENÇA - Insurgência contra decisão que indeferiu a inclusão dos fiadores no polo passivo da fase de cumprimento de sentença - Fiadores que não fizeram parte da fase de conhecimento da ação renovatória de aluguel - Inteligência do artigo 513, § 5°, do CPC e da Súmula 268, do STJ, esta última aplicável também às ações de cunho renovatório - Decisão mantida - RECURSO DESPROVIDO (TJSP; Agravo de Instrumento 2098967-56.2017.8.26.0000; Rel. Ana Catarina Strauch; Órgão Julgador: 27ª Câmara de Direito Privado; Foro Central Cível; 6ª Vara Cível; Data do Julgamento: 06/09/2017; Data de Registro: 06/09/2017)

✓ AGRAVO INTERNO NO RECURSO ESPECIAL. DIREITO CIVIL E PROCESSUAL CIVIL. DESPESAS CONDOMINIAIS. PROMISSÁRIO COMPRADOR. AÇÃO DE COBRANÇA PROMOVIDA CONTRA PROMITENTE VENDEDOR. EXECUÇÃO QUE ATINGIU O IMÓVEL GERADOR DA DÍVIDA, AFETANDO PATRIMÔNIO DO PROMITENTE COMPRADOR. INADMISSIBILIDADE. PRINCÍPIOS DA AMPLA DEFESA E DO CONTRADITÓRIO. (...) 2. A penhora da unidade habitacional que deu origem ao débito condominial não pode ser autorizada em prejuízo de quem não tenha sido parte na ação de cobrança em que formado o título executivo. 3. A natureza propter rem da dívida não autoriza superar a necessária vinculação entre o polo passivo da ação de conhecimento e o polo passivo da ação de execução. 4. Agravo interno não provido, com imposição de multa e majoração da verba honorária. (AgInt no REsp 1368254/RJ, Rel. Ministro MOURA RIBEIRO, TERCEIRA TURMA, julgado em 28/03/2017, DJe 17/04/2017)

Art. 514. **Quando o juiz decidir relação jurídica sujeita a condição ou termo, o cumprimento da sentença dependerá de demonstração de que se realizou a condição ou de que ocorreu o termo.**

→ *V.* Art. 798, I, "c", do CPC.

Art. 515. **São títulos executivos judiciais, cujo cumprimento dar-se-á de acordo com os artigos previstos neste Título:**

I – as decisões proferidas no processo civil que reconheçam a exigibilidade de obrigação de pagar quantia, de fazer, de não fazer ou de entregar coisa;

Decisão como título executivo judicial:

✓ AGRAVO DE INSTRUMENTO. DIREITO PÚBLICO NÃO ESPECIFICADO. AÇÃO DECLARATÓRIA DE INEXISTÊNCIA DE DÉBITO. IMPROCEDÊNCIA DA PRETENSÃO. RECONHECIMENTO DA OBRIGAÇÃO DE PAGAR EM FAVOR DA DEMANDADA. EFICÁCIA EXECUTIVA DA DECISÃO. ART. 515, INCISO, I, DO CPC/2015. A decisão que reconhece a exigibilidade do débito relativo à recuperação de consumo, e, portanto, a existência de obrigação do demandante de pagar quantia certa, é título executivo judicial, constituído em favor da ré/concessionária, nos termos do art. 515, inciso I, do CPC/2015. RESP representativo da controvérsia nº 1.261.888/RS. AGRAVO DE INSTRUMENTO PROVIDO. (TJ-RS; Agravo de Instrumento 70074036492; Quarta Câmara Cível; Rel. Eduardo Uhlein; Julg. 25/10/2017)

✓ PROCESSUAL CIVIL. RECURSO ESPECIAL. AGRAVO DE INSTRUMENTO. AÇÃO DECLARATÓRIA. TARIFAÇÃO DO CONSUMO DE ÁGUA. AUSÊNCIA DE TÍTULO EXECUTIVO APTO A PERMITIR A COBRANÇA DOS VALORES. REVISÃO. REEXAME DE FATOS E PROVAS. SÚMULA 7/STJ. FUNDAMENTO CONSTITUCIONAL NÃO IMPUGNADO. SÚMULA 126/STJ. RECURSO DE QUE NÃO SE CONHECE. 1. O Superior Tribunal de Justiça possui o entendimento de que, para que uma sentença declaratória se constitua em título executivo judicial previsto no art. 475-N, I, do CPC/1973 (art. 515, I, do CPC/2015), é necessário que ateste, de forma exauriente e com força de coisa julgada, a existência de obrigação líquida, certa e exigível. 2. Hipótese em que o Tribunal de origem, ao dirimir a controvérsia, concluiu inexistir nos autos título executivo apto a permitir a cobrança dos valores. 3. A alteração das conclusões adotadas pela Corte regional, acerca da ineficácia executiva do título executivo demanda novo exame do acervo fático-probatório, providência vedada em Recurso Especial, conforme o óbice previsto na Súmula 7/STJ. 4. Ademais, da leitura do acórdão recorrido depreende-se que foram debatidas matérias de natureza constitucional (violação dos princípios do contraditório e da ampla defesa) e infraconstitucional. No entanto, a recorrente interpôs apenas o Recurso Especial, sem discutir a matéria constitucional, em Recurso Extraordinário, no excelso Supremo Tribunal Federal. 5. Recurso Especial de que não se conhece. (REsp 1684460/SP, Rel. Ministro HERMAN BENJAMIN, SEGUNDA TURMA, julgado em 03/10/2017, DJe 16/10/2017)

II – a decisão homologatória de autocomposição judicial;

→ v. Arts. 22, parágrafo único, e 74, da Lei 9.099/1995.

→ v. Arts. 3º, §§ 2º e 3º, 334, § 11, e 487, III, do CPC.

Sentença homologatória de acordo como título executivo:

✓ LOCAÇÃO. AÇÃO DE DESPEJO POR FALTA DE PAGAMENTO CUMULADA COM COBRANÇA DE ALUGUÉIS. ACORDO JUDICIALMENTE HOMOLOGADO. CUMPRIMENTO DE SENTENÇA. IMPUGNAÇÃO. AFIRMATIVA DE EXCESSO DE EXECUÇÃO PORQUE NÃO INCIDE A MULTA DE 10% E NEM SÃO DEVIDOS OS HONORÁRIOS ADVOCATÍCIOS. DESACOLHIMENTO. ALEGAÇÃO DE QUE NÃO É POSSÍVEL DAR O MESMO TRATAMENTO DE SENTENÇA CONDENATÓRIA AO ACORDO. DESACOLHIMENTO. AGRAVO IMPROVIDO. O acordo judicialmente homologado tem eficácia de sentença transitada em julgado, ensejando a instauração da atividade executória mediante cumprimento de sentença. Não há diversidade de tratamento em relação à sentença condenatória, de modo que não encontra sentido o argumento de que não poderia haver incidência da multa de 10% e de honorários advocatícios. O artigo 515 do CPC, que contém a enumeração dos títulos executivos judiciais, deixa claro que todos eles possibilitam a instauração do cumprimento de sentença, com a aplicação de todas as normas que lhe são inerentes. (...) (TJSP; Agravo de Instrumento 2168015-05.2017.8.26.0000; Rel. Antonio Rigolin; Órgão Julgador: 31ª Câmara de Direito Privado; Foro Regional V - São Miguel Paulista; 2ª Vara Cível; Data do Julgamento: 14/09/2017; Data de Registro: 14/09/2017)

✓ PROCESSUAL CIVIL E ADMINISTRATIVO. DESAPROPRIAÇÃO. TRANSAÇÃO. HOMOLOGAÇÃO JUDICIAL. PEDIDO DE SUSPENSÃO DO PROCESSO ATÉ O CUMPRIMENTO DO ACORDO. INDEFERIMENTO. 1. Configura ato incompatível com a vontade de recorrer o superveniente ajuste de vontade celebrado entre as partes litigantes, nos termos do art. 503 do CPC/1973, relativo ao art. 1.000 do CPC/2015. 2. A pretensão de sobrestar o processo de conhecimento, pertinente à ação de desapropriação, até o cumprimento integral do acordo judicial, que está previsto para março de 2021, não tem a menor pertinência, ante a evidente perda de objeto dos recursos dirigidos ao Superior Tribunal de Justiça. 3. A transação devidamente homologada na instância de origem constitui título executivo judicial (art. 475-N, III, do CPC/1973, correspondente ao art. 515, II, do CPC/2015) e, na hipótese de descumprimento da obrigação, a parte interessada pode fazer valer os termos do acordo, promovendo a respectiva execução, nos próprios autos, perante o juízo sentenciante. 4. Agravo interno desprovido. (AgInt nos EDcl no REsp 1405186/SC, Rel. Ministro GURGEL DE FARIA, PRIMEIRA TURMA, julgado em 05/06/2018, DJe 03/08/2018)

III – a decisão homologatória de autocomposição extrajudicial de qualquer natureza;

→ v. Art. 57, caput, da Lei 9.099/1995.

Sentença homologatória de acordo extrajudicial (jurisdição voluntária):

✓ APELAÇÃO CÍVEL. PROCEDIMENTO DE JURISDIÇÃO VOLUNTÁRIA, OBJETIVANDO A HOMOLOGAÇÃO DE ACORDO EXTRAJUDICIAL. SENTENÇA QUE HOMOLOGOU A AUTOCOMPOSIÇÃO E DECRETOU A EXTINÇÃO DO FEITO, COM FULCRO NO ART. 487, INC. III, "B", DO CÓDIGO DE PROCESSO CIVIL DE 2015. RECURSO DA CASA BANCÁRIA AUTORA. PRETENDIDA REFORMA DA SENTENÇA EXTINTIVA. REQUERIDA SUSPENSÃO DO PROCESSO ATÉ O EFETIVO CUMPRIMENTO DA TRANSAÇÃO, COM LASTRO NO ART. 313, INC. II, DO ATUAL ESTATUTO PROCESSUAL CIVIL. ACOLHIMENTO INVIÁVEL, AINDA QUE HAJA PEDIDO EXPRESSO DAS PARTES NESTE SENTIDO. PARALISAÇÃO DO FEITO INCOMPATÍVEL COM O PROCEDIMENTO DE JURISDIÇÃO VOLUNTÁRIA. SENTENÇA HOMOLOGATÓRIA DE ACORDO QUE É O PRÓPRIO FIM DO PRESENTE PROCEDIMENTO. FORMAÇÃO DE TÍTULO EXECUTIVO JUDICIAL (ART. 515, INC. III, DO CPC/2015). EVENTUAL DESCUMPRIMENTO DA TRANSAÇÃO, ADEMAIS, QUE REDUNDARÁ EM REQUERIMENTO DE CUMPRIMENTO DE SENTENÇA, NOS TERMOS DO ART. 513 E SEGUINTES DA NOVA LEGISLAÇÃO PROCESSUAL CIVILISTA. RECLAMO CONHECIDO E NÃO PROVIDO. HONORÁRIOS ADVOCATÍCIOS RECURSAIS. VERBA INCABÍVEL NA PRESENTE DEMANDA, DIANTE DA INEXISTÊNCIA DE ARBITRAMENTO DE HONORÁRIOS ADVOCATÍCIOS NA SENTENÇA. (TJSC; Apelação Cível 0318640-59.2016.8.24.0038; Joinville; Terceira Câmara de Direito Comercial; Rel. Des. Tulio Pinheiro; Julg. 16/11/2017).

✓ APELAÇÃO CÍVEL. PROCEDIMENTO DE JURISDIÇÃO VOLUNTÁRIA. HOMOLOGAÇÃO DE AUTOCOMPOSIÇÃO EXTRAJUDICIAL. EXEGESE DO ART. 725, VIII, DO CPC/2015. FORMAÇÃO DE TÍTULO EXECUTIVO JUDICIAL (ART. 515, III, DO CPC/2015). SUSPENSÃO DO PROCEDIMENTO INCOMPATÍVEL. INAPLICABILIDADE DO ART. 922 DO CPC/2015 POR NÃO SE TRATAR DE EXECUÇÃO. SENTENÇA HOMOLOGATÓRIA QUE É O FIM DO PROCEDIMENTO, NÃO SE JUSTIFICANDO A SUSPENSÃO E POSTERIOR PROSSEGUIMENTO. NECESSIDADE DE REQUERER O CUMPRIMENTO DE SENTENÇA SE OCORRER O INADIMPLEMENTO. RECURSO CONHECIDO E DESPROVIDO. (TJSC; Apelação Cível 0306655-72.2016.8.24.0045; Palhoça; Rel. Des. Dinart Francisco Machado, Segunda Câmara de Direito Comercial; Julg. 12/09/2017).

IV – o formal e a certidão de partilha, exclusivamente em relação ao inventariante, aos herdeiros e aos sucessores a título singular ou universal;

→ v. Art. 655 e parágrafo único, do CPC.

V – o crédito de auxiliar da justiça, quando as custas, emolumentos ou honorários tiverem sido aprovados por decisão judicial;

Crédito de auxiliar da justiça como título executivo:

✓ CUMPRIMENTO DE SENTENÇA. Crédito de auxiliar da justiça. Executada que foi intimada para realizar complementação dos honorários do perito e deixou de realizar o pagamento devido. Perito que iniciou cumprimento de sentença. Adequação da via eleita. Decisão que aprova honorários periciais constitui título executivo judicial. Inovação prevista no art. 515, V, do CPC/15. Desnecessidade de o perito aguardar o trânsito em julgado. As partes devem antecipar as despesas do processo. Decisão que fixa os honorários definitivos torna-os exigíveis. Vencido que posteriormente será condenado pela sentença ao pagamento das despesas que o vencedor antecipou. Recurso provido para determinar o processamento do cumprimento de sentença. (TJSP; Apelação 0008208-41.2016.8.26.0477; Rel. Milton Carvalho; Órgão Julgador: 36ª Câmara de Direito Privado; Foro de Praia Grande; 3ª Vara Cível; Data do Julgamento: 07/02/2017; Data de Registro: 07/02/2017)

VI – a sentença penal condenatória transitada em julgado;

→ v. Art. 387 do CPP.

Sentença penal condenatória como título executivo judicial:

✓ RECURSO ESPECIAL. AÇÃO CIVIL EX DELICTO. FUNDAMENTAÇÃO DEFICIENTE. SÚM. 284/STF. AÇÃO PENAL. CONDENAÇÃO EM PRIMEIRO GRAU PELO CRIME DE LESÕES CORPORAIS GRAVES. APELAÇÃO CRIMINAL. EXTINÇÃO DA PUNIBILIDADE PELA PRESCRIÇÃO DA PRETENSÃO PUNITIVA DO ESTADO. INDEPENDÊNCIA DAS JURISDIÇÕES CÍVEL E PENAL. PRETENSÃO INDENIZATÓRIA. INTERESSE PROCESSUAL. PRESCRIÇÃO AFASTADA. JULGAMENTO: CPC/15. 1. Ação civil ex delicto ajuizada em 09/12/2010, da qual foi extraído o presente recurso especial, interposto em 16/11/2017 e atribuído ao gabinete em 13/02/2019. 2. O propósito recursal consiste em decidir sobre o interesse processual do recorrido para o ajuizamento de ação civil ex delicto, e, subsidiariamente, sobre a prescrição da pretensão indenizatória deduzida na petição inicial. 3. Os argumentos invocados pela recorrente não demonstram como o Tribunal de origem ofendeu os dispositivos legais indicados, o que importa na inviabilidade do recurso especial (súm. 284/STF). 4. O ordenamento jurídico estabelece a relativa independência entre as jurisdições cível e penal, de tal modo que quem pretende ser ressarcido dos danos sofridos com a prática de um delito pode escolher, de duas, uma das opções: ajuizar a correspondente ação cível de indenização ou aguardar o desfecho da ação penal, para, então, liquidar ou executar o título judicial eventualmente constituído pela sentença penal condenatória transitada em julgado. 5. A decretação da prescrição da pretensão punitiva do Estado impede, tão somente, a formação do título executivo judicial na esfera penal, indispensável ao exercício da pretensão executória pelo ofendido, mas não fulmina o interesse processual no exercício da pretensão indenizatória a ser deduzida no juízo cível pelo mesmo fato. 6. O art. 200 do CC/02 dispõe que, quando a ação se originar de fato que deva ser apurado no juízo criminal, não correrá a prescrição antes da respectiva sentença definitiva. 7. Hipótese em que se verifica que a pretensão deduzida pelo recorrido não é de liquidação ou execução da sentença penal condenatória, senão a de se ver reparado dos danos que lhe foram causados pelo recorrente e os demais agressores, apenas se valendo, para tanto, do fato de terem sido eles condenados em primeira instância pelo crime de lesões corporais graves. 8. Recurso especial conhecido em parte e, nessa extensão, desprovido, com majoração dos honorários de sucumbência. (REsp 1802170/SP, Rel. Ministra NANCY ANDRIGHI, TERCEIRA TURMA, julgado em 20/02/2020, DJe 26/02/2020)

VII – a sentença arbitral;

→ v. Art. 31 da Lei 9.307/1996.

Sentença arbitral como título executivo:

✓ LOCAÇÃO DE IMÓVEIS – Ação de execução de sentença arbitral – Acordo Homologado perante Tribunal arbitral, em função de cláusula compromissória inserida no contrato de locação de imóvel avençado – Decisão de Primeiro Grau que rejeitou a impugnação – Posicionamento 'a quo' correto – Acordo homologado por sentença arbitral – Título executivo judicial, a teor do art. 515, VII, do CPC – Alegação de cerceamento de defesa por ausência de dilação probatória – Via processual que não comporta produção das provas requeridas – Recurso improvido. (TJSP; Agravo de Instrumento 2073101-46.2017.8.26.0000; Rel. Carlos Nunes; Órgão Julgador: 31ª Câmara de Direito Privado; Foro de São Bernardo do Campo; 7ª Vara Cível; Data do Julgamento: 09/05/2017; Data de Registro: 09/05/2017)

✓ DIREITO DO CONSUMIDOR. ARBITRAGEM. RECURSO ESPECIAL. AÇÃO DE EXECUÇÃO DE SENTENÇA ARBITRAL. EXCEÇÃO DE PRÉ-EXECUTIVIDADE. COISA JULGADA. IMPUGNAÇÕES. POSSIBILIDADE. LIMITES LEGAIS IMPOSTOS PELO CPC/2015. CLÁUSULA COMPROMISSÓRIA. RELAÇÃO DE CONSUMO. CONTRATO DE ADESÃO. (...) 2. A recorrente alega pela impossibilidade de apreciação da exceção de pré-executividade em razão da suposta formação da coisa julgada sobre a sentença arbitral, cuja execução a recorrente buscou junto ao Poder Judiciário. 3. As sentenças arbitrais são consideradas, por força de lei, títulos executivos judiciais e as possibilidades de questionamento sobre sua validade perante o Poder Judiciário são reduzidas a um elenco previamente fixado, conforme previsto no art. 32 da Lei de Arbitragem. 4. Em sede de impugnação ao cumprimento de sentença arbitral ou em exceção de pré-executividade, é possível a invocação das razões contidas no art. 525, § 1º, do CPC/2015, relativa à nulidade da citação. 5. O art. 51, VII, do CDC limita-se a vedar a adoção prévia e compulsória da arbitragem, no momento da celebração do contrato, mas não impede que, posteriormente, diante de eventual litígio, havendo consenso entre as partes (em especial a aquiescência do consumidor), seja instaurado o procedimento arbitral. 6. Recurso especial não provido. (REsp 1854483/GO, Rel. Ministra NANCY ANDRIGHI, TERCEIRA TURMA, julgado em 08/09/2020, DJe 16/09/2020)

VIII – a sentença estrangeira homologada pelo Superior Tribunal de Justiça;

→ v. Art. 105, I, "i", da CF/1988.

→ v. Art. 960 a 965 do CPC.

Sentença arbitral estrangeira:

✓ SENTENÇA ESTRANGEIRA CONTESTADA. SENTENÇA ARBITRAL ESTRANGEIRA. HOMOLOGAÇÃO. POSSIBILIDADE. JUÍZO MERAMENTE DELIBATÓRIO. COMPETÊNCIA CONCORRENTE ENTRE A JURISDIÇÃO BRASILEIRA E A ALIENÍGENA. ATENDIMENTO DOS REQUISITOS PARA HOMOLOGAÇÃO. DEFERIMENTO. I – A sentença estrangeira arbitral constitui título executivo judicial, podendo, portanto, ser objeto de homologação no Brasil, nos termos do art. 515, VII e VII, do CPC/2015. II – Estando a matéria versada nos autos inserida no rol do art. 21 do CPC/2015, o seu conhecimento é de competência concorrente entre a jurisdição brasileira e a estrangeira. III - O Superior Tribunal de Justiça, nos procedimentos de homologação de sentença estrangeira, exerce um juízo meramente delibatório, sendo-lhe vedado adentrar no mérito da ação alienígena. IV - Homologação de sentença estrangeira deferida. (SEC 7.009/EX, Rel. Ministro FRANCISCO FALCÃO, CORTE ESPECIAL, julgado em 15/08/2018, DJe 28/08/2018)

IX – a decisão interlocutória estrangeira, após a concessão do exequatur à carta rogatória pelo Superior Tribunal de Justiça;

→ *v.* Arts. 35 e 960, § 1º, do CPC.

X – (Vetado).

→ *v.* Redação vetada: "X – o acórdão proferido pelo Tribunal Marítimo quando do julgamento de acidentes e fatos da navegação."

→ *v.* Razões de veto.

§ 1º Nos casos dos incisos VI a IX, o devedor será citado no juízo cível para o cumprimento da sentença ou para a liquidação no prazo de 15 (quinze) dias.

→ *v.* Enunciado 85 do CJF: Na execução de título extrajudicial ou judicial (art. 515, § 1º, do CPC) é cabível a citação postal.

§ 2º A autocomposição judicial pode envolver sujeito estranho ao processo e versar sobre relação jurídica que não tenha sido deduzida em juízo.

Art. 516. **O cumprimento da sentença efetuar-se-á perante:**

I – os tribunais, nas causas de sua competência originária;

Incompetência do STF para execução individual de sentenças genéricas de perfil coletivo:

✓ EMENTA Questão de ordem em cumprimento de sentença em mandado de segurança. Artigo 102, I, m, da CF/88. Interpretação teleológica. Ausência de competência, no caso, para processar a demanda. Questão de ordem resolvida pela incompetência da Corte. 1. Para atração da competência da Corte com base na alínea m do art. 102, I, da CF/88 (execução de seus julgados), se faz necessário perquirir sobre a manutenção da ratio que justificou, até a prolação da sentença, o exame da demanda pela Corte. 2. Questão de ordem resolvida no sentido de que não compete originariamente ao STF a execução individual de sentenças genéricas de perfil coletivo, inclusive aquelas proferidas em sede mandamental coletiva, cabendo essa atribuição aos órgãos competentes de primeira instância. 3. Aplicação do entendimento, no caso, da remessa dos autos ao juízo federal de primeira instância. (Pet 6076 QO; Segunda Turma; Rel. Min. Dias Toffoli; Julg. 25/04/2017, PROCESSO ELETRÔNICO DJe-111 DIVULG 25-05-2017 PUBLIC 26-05-2017)

II – o juízo que decidiu a causa no primeiro grau de jurisdição;

Cumprimento de sentença perante o juízo que formou o título no primeiro grau:

✓ CONFLITO NEGATIVO DE COMPETÊNCIA. CUMPRIMENTO DE SENTENÇA. HONORÁRIOS SUCUMBENCIAIS DESTINADOS AO FADEP. FUNDO DE APARELHAMENTO DA DEFENSORIA PÚBLICA DO ESTADO. COMPETÊNCIA DO JUÍZO QUE PROCESSOU E JULGOU O PROCESSO DE CONHECIMENTO. PRECEDENTES DESTA CORTE. CASO CONCRETO. MATÉRIA DE FATO. A competência para processar e julgar o pedido de cumprimento de sentença, em que se busca o pagamento dos honorários sucumbenciais em favor do FADEP, é do juízo que formou o título no primeiro grau, nos exatos termos do art. 516, II, do CPC. Conflito Negativo de Competência julgado procedente. (TJ-RS; Conflito de Competência 70075675231; Décima Quinta Câmara Cível; Rel. Vicente Barrôco de Vasconcellos; Julg. 30/10/2017).

✓ PROCESSUAL CIVIL. RECURSO ESPECIAL. ESTATUTO DA CRIANÇA E DO ADOLESCENTE (ECA). EXECUÇÃO DE HONORÁRIOS DE SUCUMBÊNCIA ARBITRADOS PELO JUÍZO DA INFÂNCIA E JUVENTUDE. COMPETÊNCIA DESSA MESMA JUSTIÇA ESPECIALIZADA. PROVIMENTO DO RECURSO DA DEFENSORIA PÚBLICA EXEQUENTE. 1. O viés taxativo do art. 148 do ECA, no que estabelece as importantes competências da Justiça da Infância e da Juventude, sem contemplar expressamente a execução de verba honorária por ela arbitrada, não induz, só por si, a incompetência daquele Juízo especializado para o cumprimento/efetivação do montante sucumbencial. 2. Da combinada leitura dos arts. 148 e 152 do ECA, 24, § 1º, do Estatuto da Advocacia e 516, II, do CPC/15, depreende-se que, como regra, o cumprimento da sentença, aí abarcada a imposição sucumbencial, deve ocorrer nos mesmos autos em que se formou o correspondente título exequendo e, por conseguinte, perante o Juízo prolator do título. 3. Ressalte-se que tal solução longe está de inquinar ou contrariar as estritas hipóteses de competência da Vara da Infância e Juventude (art. 148 do ECA), porquanto a postulada verba honorária decorreu de discussão travada em causa cível que tramitou no próprio Juízo menorista, razão pela qual não há falar, no caso concreto, em desvirtuamento de sua competência executória. 4. Por fim, impende realçar que a mesma Lei n. 8.069/90 (ECA), por seu artigo 152, assinala que "Aos procedimentos regulados nesta Lei aplicam-se subsidiariamente as normas gerais previstas na legislação processual pertinente", autorizando, no ponto, a supletiva aplicação do referido art. 516, II, do vigente CPC, segundo o qual "O cumprimento da sentença efetuar-se-á perante [...] o juízo que decidiu a causa no primeiro grau de jurisdição". 5. Recurso especial da Defensoria Pública do Estado de Minas Gerais provido. (REsp 1859295/MG, Rel. Ministro SÉRGIO KUKINA, PRIMEIRA TURMA, julgado em 26/05/2020, DJe 29/05/2020)

Cumprimento de Sentença Coletiva no Juizado:

✓ PROCESSUAL CIVIL. RECURSOS ESPECIAIS REPRESENTATIVOS DA CONTROVÉRSIA. TEMA 1.029/STJ. RESP 1.804.186/SC E RESP 1.804.188/SC. AÇÃO COLETIVA. EXECUÇÃO. COMPETÊNCIA E RITO. JUIZADOS ESPECIAIS DA FAZENDA PÚBLICA. LEI 12.153/2009. IMPOSSIBILIDADE. (...) DEFINIÇÃO DA TESE REPETITIVA 18. Fixa-se a seguinte tese repetitiva para o Tema 1.029/STJ: "Não é possível propor nos Juizados Especiais da Fazenda Pública a execução de título executivo formado em Ação Coletiva que tramitou sob o rito ordinário, assim como impor o rito sumaríssimo da Lei 12.153/2009 ao juízo comum da execução." RESOLUÇÃO DO CASO CONCRETO 19. A Ação Coletiva tramitou na Vara da Fazenda Pública da Comarca de Blumenau/SC e nela foi intentado o cumprimento de sentença sob o rito do art. 534 e seguintes do CPC/2015. 20. O Tribunal de origem assentou que o cumprimento de sentença oriundo de Ação Coletiva em que o valor da causa seja inferior a 60 (sessenta) salários mínimos deve seguir o rito sumaríssimo da Lei 12.153/2009, independentemente de haver Juizado Especial instalado na comarca competente. 21. Essa compreensão está dissonante da aqui fixada, devendo o cumprimento de sentença observar o rito dos arts. 534 e seguintes do CPC/2015 na Vara da Fazenda Pública. CONCLUSÃO 22. Recurso Especial provido, sob o rito dos arts. 1.036 e seguintes do CPC/2015. (REsp 1804188/SC, Rel. Ministro HERMAN BENJAMIN, PRIMEIRA SEÇÃO, julgado em 12/08/2020, DJe 11/09/2020)

III – o juízo cível competente, quando se tratar de sentença penal condenatória, de sentença arbitral, de sentença estrangeira ou de acórdão proferido pelo Tribunal Marítimo.

Juízo competente para cumprimento de sentença:

✓ CONFLITO NEGATIVO DE COMPETÊNCIA - CUMPRIMENTO DE SENTENÇA - JUIZADO ESPECIAL CRIMINAL - COMPOSIÇÃO CIVIL - LIVRE DISTRIBUIÇÃO PARA JUÍZO CÍVEL. – Título que deve ser executado no juízo cível e não pelo juiz prolator da decisão no juizado especial. – 1ª e 2ª Varas da Comarca de Rio das Ostras com competência cível. – Competência do juízo da 1ª Vara que recebeu o processo por livre distribuição. – Procedência do Conflito. (TJ-RJ; CC 00349703120178190000 Rio de Janeiro, Rio das Ostras, 2ª Vara, Sétima Câmara Cível; Rel. Caetano Ernesto da Fonseca Costa; Julg. 13/09/2017; Data de Publicação: 15/09/2017)

Parágrafo único. **Nas hipóteses dos incisos II e III, o exequente poderá optar pelo juízo do atual domicílio do executado, pelo juízo do local onde se encontrem os bens sujeitos à execução ou pelo juízo do local onde deva ser executada a obrigação de fazer ou de não fazer, casos em que a remessa dos autos do processo será solicitada ao juízo de origem.**

→ *v.* Art. 54 do CPC.

Opção para o cumprimento de sentença:

✓ PROCESSUAL CIVIL. RECURSO ESPECIAL. AÇÃO DE REPARAÇÃO DE DANOS MATERIAIS E COMPENSAÇÃO DE DANOS MORAIS. CUMPRIMENTO DE SENTENÇA. PREQUESTIONAMENTO. AUSÊNCIA. SÚMULA 211/STJ. COMPETÊNCIA PARA PROCESSAMENTO DO CUMPRIMENTO DE SENTEÇA. EXEQUENTE QUE PODE OPTAR PELA REMESSA DOS AUTOS AO FORO DA COMARCA DE DOMICÍLIO DO EXECUTADO. (...) 3. O propósito recursal é dizer se, nos termos do art. 516, parágrafo único, do CPC/2015, é possível a remessa dos autos ao foro de domicílio do executado após o início do cumprimento de sentença. 4. A ausência de decisão acerca dos argumentos invocados pela recorrente em suas razões recursais, não obstante a oposição de embargos de declaração, impede o conhecimento do recurso especial. 5. Em regra, o cumprimento de sentença efetua-se perante o juízo que decidiu a causa no primeiro grau de jurisdição. Contudo, nos termos do art. 516, parágrafo único, do CPC/2015, o exequente passou a ter a opção de ver o cumprimento de sentença ser processado perante o juízo do atual domicílio do executado, do local onde se encontrem os bens sujeitos à execução ou do local onde deva ser executada a obrigação de fazer ou não fazer, casos em que a remessa dos autos do processo será solicitada ao juízo de origem. 6. Como essa opção é uma prerrogativa do credor, ao juiz não será lícito indeferir o pedido se este vier acompanhado da prova de que o domicílio do executado, o lugar dos bens ou o lugar do cumprimento da obrigação é em foro diverso de onde decidida a causa originária. 7. Com efeito, a lei não impõe qualquer outra exigência ao exequente quando for optar pelo foro de processamento do cumprimento de sentença, tampouco dispondo acerca do momento em que o pedido de remessa dos autos deve ser feito – se antes de iniciada a execução ou se ele pode ocorrer incidentalmente ao seu processamento. 8. Certo é que, se o escopo da norma é realmente viabilizar a efetividade da pretensão executiva, não há justificativa para se admitir entraves ao pedido de processamento do cumprimento de sentença no foro de opção do exequente, ainda que o mesmo já tenha se iniciado. 9. A remessa dos autos ao foro da Comarca de São Paulo/SP é medida que se impõe. 10. Recurso especial parcialmente conhecido e, nessa extensão, provido. (REsp 1776382/MT, Rel. Ministra NANCY ANDRIGHI, TERCEIRA TURMA, julgado em 03/12/2019, DJe 05/12/2019)

Art. 517. **A decisão judicial transitada em julgado poderá ser levada a protesto, nos termos da lei, depois de transcorrido o prazo para pagamento voluntário previsto no art. 523.**

→ *v.* Lei 9.492/1997 – Regulamenta os serviços concernentes ao protesto de títulos e outros documentos de dívida.

Exigências para o protesto:

✓ AGRAVO EM RECURSO ESPECIAL. IMPROBIDADE ADMINISTRATIVA. AGRAVO DE INSTRUMENTO. PROTESTO DE TÍTULO EXECUTIVO JUDICIAL E INSCRIÇÃO DO NOME DO DEVEDOR NOS ÓRGÃOS DE PROTEÇÃO AO CRÉDITO. ALEGAÇÃO DE VIOLAÇÃO DO ART. 8º DO CPC/2015. RECURSO INAPTO AO CONHECIMENTO. AUSÊNCIA DE PREQUESTIONAMENTO. FALTA DE IMPUGNAÇÃO DE FUNDAMENTO SUFICIENTE PARA A MANUTENÇÃO DO ACÓRDÃO RECORRIDO. AGRAVO CONHECIDO PARA NÃO CONHECER O RECURSO ESPECIAL. I – Trata-se, na origem, de agravo de instrumento interposto contra decisão proferida em via de ação civil pública por ato de improbidade administrativa, em fase de cumprimento de sentença, que deferiu a inscrição da dívida do réu nos cadastros de proteção de crédito, bem como no envio de certidão para protesto. Sustenta-se, em síntese, que a inscrição do seu nome no sistema de protesto e nos órgãos de restrição de crédito constituem medidas desarrazoadas, uma vez que o objetivo desses instrumentos processuais é o de compelir o devedor solvente ao pagamento, e não aquele que simplesmente não possui bens para adimplir o débito. (...) III – Ainda que assim não fosse, não constitui pressuposto para o protesto e a inscrição do réu nos cadastros de proteção ao crédito a comprovação, por parte do exequente, de que o executado possui patrimônio e está se esquivando do processo executivo. IV – No emprego de medidas executivas "típicas" – como as previstas nos arts. 517 e 782, § 3º, do CPC/15, de natureza coercitiva -, há uma ponderação anterior pelo legislador dos princípios da efetividade da tutela executiva e da liberdade patrimonial do devedor. Quando as aplica, parte o juiz de um crivo de proporcionalidade realizado a priori pelo Parlamento, de modo que não opera de forma desproporcional e desarrazoada. Não se pode, como pretendeu o recorrente, atribuir às medidas executivas "típicas" as mesmas exigências valorativas comuns às medidas executivas "atípicas". V – Agravo conhecido para não conhecer o recurso especial. (AREsp 1536713/PR, Rel. Ministro FRANCISCO FALCÃO, SEGUNDA TURMA, julgado em 10/03/2020, DJe 17/03/2020)

Protesto de CDA (certidão da dívida ativa):

✓ PROCESSUAL CIVIL E ADMINISTRATIVO. VIOLAÇÃO DOS ARTS. 948 E 949 DO CPC/2015. NÃO CONFIGURAÇÃO. CERTIDÃO DA DÍVIDA ATIVA. PROTESTO. ART. 1º, PARÁGRAFO ÚNICO, DA LEI 9.492/1997, COM A REDAÇÃO DA LEI 12. 767/2012. LEGALIDADE (...) NECESSIDADE DE SUBMISSÃO DO PRESENTE FEITO AO RITO DOS RECURSOS REPETITIVOS, NÃO OBSTANTE A DECISÃO DO STF QUE RECONHECEU A CONSTITUCIONALIDADE DO PROTESTO DA CDA 3. O acórdão hostilizado, oriundo da 9ª Câmara de Direito Público do TJ/SP, foi proferido em 22.8.2016 e aborda o protesto da CDA efetivado na vigência da Lei 12.767/2012. Nele está consignado que a Corte local, naquela época, concluíra pela constitucionalidade do art. 1º, parágrafo único, da Lei 9.492/1976 (...) CONSIDERAÇÕES ADICIONAIS 27. É importante demonstrar que o legislador vem continuamente instituindo meios alternativos para viabilizar o cumprimento das obrigações de natureza pecuniária fora do âmbito judicial, ora pressupondo relação de contemporaneidade com a tramitação de demandas, ora concebendo-os como medidas antecedentes da utilização do Poder Judiciário. 28. Cite-se, por exemplo, a Lei 11.382/2006, que incluiu o art. 615-A no CPC/1973, autorizando que a parte demandante obtenha certidão comprobatória do ajuizamento da execução, "para fins de averbação no registro de imóveis, registro de veículos ou registro de outros bens sujeitos à penhora ou arresto" – o referido dispositivo foi reproduzido no art. 828 do CPC/2015. 29. Registre-se que o novo CPC, em seu art. 517, expressamente passou a prever que qualquer decisão judicial transitada em julgado "poderá ser levada a protesto, nos termos da lei, depois de transcorrido o prazo para pagamento voluntário previsto no art. 523". Não se pode, a partir daí, conceber a formação de jurisprudência que entenda desnecessária a realização do protesto diante da possibilidade de instauração da fase de cumprimento de sentença (...) TESE REPETITIVA 32. Para fins dos arts. 1.036 e seguintes do CPC, fica assim resolvida a controvérsia repetitiva: "A Fazenda Pública possui interesse e pode efetivar o protesto da CDA, documento de dívida, na forma do art. 1º, parágrafo único, da Lei 9.492/1997, com a redação dada pela Lei 12.767/2012". (...) (REsp 1686659/SP, Rel. Ministro HERMAN BENJAMIN, PRIMEIRA SEÇÃO, julgado em 28/11/2018, DJe 11/03/2019)

Expedição de certidão a ser levada ao cartório de protesto:

✓ AGRAVO DE INSTRUMENTO. RESPONSABILIDADE CIVIL. CUMPRIMENTO DE SENTENÇA. EXPEDIÇÃO DE CERTIDÃO PARA FIM DE PROTESTO DE SENTENÇA JUDICIAL TRANSITADA EM JULGADO. CABIMENTO. Transitada em julgado decisão condenatória e ausente pagamento voluntário, cabível a expedição de certidão para protesto de título executivo judicial, consoante disposto no art. 517 do CPC. AGRAVO DE INSTRUMENTO PROVIDO. (TJ-RS; Agravo de Instrumento 70073372880; Décima Câmara Cível; Rel. Túlio de Oliveira Martins; Julg. 13/09/2017).

Impossibilidade de protesto de ofício:

✓ APELAÇÃO CÍVEL. PROCESSO CIVIL. EXECUÇÃO POR QUANTIA CERTA. SENTENÇA DE EXTINÇÃO COM DETERMINAÇÃO DE EXPEDIÇÃO DE CERTIDÃO DE CRÉDITO. INCONFORMISMO MANIFESTADO PELO EXEQUENTE. 1- Com o advento do CPC/2015, a possibilidade da decisão judicial ser levada a protesto ganhou previsão legal. Art. 517 do novel diploma processual; 2- Esta norma, contudo, traz ao credor uma faculdade, e não uma imposição. Desta forma, não pode o juízo, de ofício, determinar a extinção da execução com a extração de certidão de crédito. Tal procedimento será possível apenas quando houver a requisição pelo exequente, o que não foi o caso dos autos. Precedente deste Tribunal de Justiça; 3- Diante da ausência de bens penhoráveis, deverá o feito ser suspenso pelo prazo de um ano, na forma do art. 921, inciso III e § 1º do CPC; 4- Sentença reformada. Provimento do recurso. (TJ-RJ; APL 00101387220068190014 Rio de Janeiro, Campos dos Goytacazes; 2ª Vara Cível, Décima Sexta Câmara Cível; Rel. Marco Aurélio Bezerra de Melo; Julg. 05/09/2017; Data de Publicação: 15/09/2017)

Não aplicação do dispositivo para execução de título executivo extrajudicial:

✓ EXECUÇÃO DE TÍTULO EXTRAJUDICIAL – Pedido de expedição de certidão para protesto, nos termos do art. 517, § 2º, do CPC/2015 – Impossibilidade – Observância de que o protesto judicial se aplica apenas à sentença transitada em julgado – Decisão mantida – Recurso não provido. (TJ-SP; 21612199520178260000; 17ª Câmara de Direito Privado; Rel. Paulo Pastore Filho; Julg. 27/11/2017; Data de Publicação: 27/11/2017)

§ 1º Para efetivar o protesto, incumbe ao exequente apresentar certidão de teor da decisão.

§ 2º A certidão de teor da decisão deverá ser fornecida no prazo de 3 (três) dias e indicará o nome e a qualificação do exequente e do executado, o número do processo, o valor da dívida e a data de decurso do prazo para pagamento voluntário.

§ 3º O executado que tiver proposto ação rescisória para impugnar a decisão exequenda pode requerer, a suas expensas e sob sua responsabilidade, a anotação da propositura da ação à margem do título protestado.

→ *v.* Arts. 966 a 975 do CPC.

§ 4º A requerimento do executado, o protesto será cancelado por determinação do juiz, mediante ofício a ser expedido ao cartório, no prazo de 3 (três) dias, contado da data de protocolo do requerimento, desde que comprovada a satisfação integral da obrigação.

→ *v.* Art. 26 da Lei 9.492/1997.

Cancelamento do protesto judicial a requerimento do executado:

✓ DIREITO PROCESSUAL CIVIL. CUMPRIMENTO DE SENTENÇA. PROTESTO DO TÍTULO JUDICIAL. CANCELAMENTO. SATISFAÇÃO INTEGRAL DA OBRIGAÇÃO. REGRA EXPRESSA DO ARTIGO 517 DO CPC. APLICAÇÃO SUBSIDIÁRIA DO ART. 782, § 4º, DESCABIDA. I. De acordo com o artigo 517, § 4º, do Código de Processo Civil, o cancelamento do protesto da "decisão judicial transitada em julgado" pressupõe a "satisfação integral da obrigação". II. À vista de regramento legal específico, a garantia da execução, conquanto baste para o cancelamento da inscrição do nome do executado em cadastro de inadimplentes na forma do artigo 782, § 4º, do Código de Processo Civil, não autoriza o cancelamento do protesto do título judicial. III. As normas do processo de execução aplicam-se apenas subsidiariamente ao procedimento de cumprimento de sentença, isto é, na hipótese de vazio normativo, conforme prescrevem os artigos 513 e 771 do Código de Processo Civil. IV. Recurso conhecido e desprovido. (TJ-DF 20160020340670 DF; 4ª Turma Cível; Rel. James Eduardo Oliveira; Julg. 07/06/2017; Data de Publicação: Publicado no DJE: 21/06/2017. Pág.: 249/254)

✓ CUMPRIMENTO DE SENTENÇA – Protesto de título judicial – Pedido de sustação – Inadmissibilidade – Soma dos valores dos bens imóveis penhorados aquém do montante da condenação – Aplicação da regra do artigo 517, § 4º, do Código de Processo Civil – Agravo de instrumento não provido. (TJ-SP 21143091020178260000 SP; 5ª Câmara de Direito Público; Rel. Fermino Magnani Filho; Julg. 06/12/2017; Data de Publicação: 06/12/2017)

✓ AGRAVO INTERNO NO AGRAVO EM RECURSO ESPECIAL. PROCESSO CIVIL. CUMPRIMENTO DEFINITIVO DE SENTENÇA. PROTESTO DE SENTENÇA. PEDIDO DE CANCELAMENTO. GARANTIA DO JUÍZO COM BENS DE BAIXA LIQUIDEZ. IMPOSSIBILIDADE. 1. A regra do art. 782 do CPC/2015, no cumprimento definitivo de sentença, pode ser aplicada desde que a lei não disponha de modo diverso, conforme ocorre na hipótese de protesto de sentença. 2. O art. 517 do CPC/2015 exige para o cancelamento do protesto a comprovação da satisfação integral da obrigação, não sendo suficiente a simples garantia do juízo prevista na hipótese do art. 782 do CPC/2015 . 3. O Tribunal de origem reconheceu ainda a baixa liquidez dos bens dados em garantia ao juízo. 4. Não preenchimento sequer do requisito do § 4º do artigo 782 do novo CPC. Súmula 07/STJ. 5. AGRAVO INTERNO DESPROVIDO. (AgInt no AREsp 1399527/SP, Rel. Ministro PAULO DE TARSO SANSEVERINO, TERCEIRA TURMA, julgado em 08/04/2019, DJe 15/04/2019)

Art. 518. Todas as questões relativas à validade do procedimento de cumprimento da sentença e dos atos executivos subsequentes poderão ser arguidas pelo executado nos próprios autos e nestes serão decididas pelo juiz.

→ v. Art. 277 do CPC.

Possibilidade das questões relativas à validade do procedimento de cumprimento da sentença e dos atos executivos serem suscitados nos próprios autos (exceção de pré-executividade):

✓ AGRAVO DE INSTRUMENTO. PREVIDÊNCIA PRIVADA E PROCESSUAL CIVIL. FUSESC. CUMPRIMENTO DE SENTENÇA. AÇÃO CONDENATÓRIA. REVISÃO DE BENEFÍCIO. EXPURGOS. ADMISSIBILIDADE E PAGAMENTO. – INTERLOCUTÓRIO POSITIVO NA ORIGEM. CUMPRIMENTO DE SENTENÇA. ADMISSIBILIDADE. CONTRAPOSIÇÃO. IMPUGNAÇÃO. AGRAVO. NÃO CABIMENTO. NÃO CONHECIMENTO. – O ato judicial que recebe o pedido de cumprimento de sentença apresentado pelo exequente e determina a intimação do executado para pagamento tem sua via processual de contraposição, em regra, na impugnação ao cumprimento de sentença, ou, excepcionalmente, na exceção de pré-executividade, não sendo cabível a interposição de agravo de instrumento, sob pena de não conhecimento, de modo a não se poder falar em preclusão temporal. RECURSO NÃO CONHECIDO. (TJ-SC; AI 40030125220168240000 Capital 4003012-52.2016.8.24.0000; Quinta Câmara de Direito Civil; Rel. Henry Petry Junior; Julg. 11/07/2017,)

✓ RECURSO ESPECIAL. PROCESSUAL CIVIL. NEGATIVA DE PRESTAÇÃO JURISDICIONAL. FUNDAMENTAÇÃO. AUSENTE. DEFICIENTE. SÚMULA 284/STF. CUMPRIMENTO PROVISÓRIO DE SENTENÇA. PRONUNCIAMENTO JUDICIAL. INTIMAÇÃO PARA PAGAMENTO. NATUREZA. DESPACHO. ART. 203 DO CPC/15. EMBARGOS DE DECLARAÇÃO. MATÉRIA. LIQUIDEZ DA OBRIGAÇÃO. REQUISITO DE EXEQUIBILIDADE. ART. 783 DO CPC/15. CONTEÚDO DO ATO JUDICIAL. CARGA DECISÓRIA. AGRAVO DE INSTRUMENTO. CABIMENTO. (...) 8. A defesa do devedor, no cumprimento de sentença, deve, em regra, ser deduzida na impugnação à referida fase processual, mas certas matérias, como a iliquidez da dívida lançada no título, podem ser arguidas por meio de mera petição, na forma do art. 518 do CPC/15. 9. Na hipótese concreta, embora a questão relacionada à liquidez do título tenha sido suscitada em embargos de declaração opostos contra mero despacho, o pronunciamento judicial proferido no julgamento dos aclaratórios possui carga decisória, haja vista possuir o condão de gerar danos e prejuízos aos interesses da recorrente. 10. Assim, apesar de a questão ter sido decidida em embargos de declaração opostos contra mero despacho, o Tribunal de origem deveria ter conhecido e examinado o mérito do agravo de instrumento interposto pela recorrente. 11. Recurso especial provido. (REsp 1725612/RS, Rel. Ministra NANCY ANDRIGHI, TERCEIRA TURMA, julgado em 02/06/2020, DJe 04/06/2020)

Art. 519. Aplicam-se as disposições relativas ao cumprimento da sentença, provisório ou definitivo, e à liquidação, no que couber, às decisões que concederem tutela provisória.

→ v. Arts. 294 a 311 do CPC.

Capítulo II
DO CUMPRIMENTO PROVISÓRIO DA SENTENÇA QUE RECONHECE A EXIGIBILIDADE DE OBRIGAÇÃO DE PAGAR QUANTIA CERTA

Art. 520. O cumprimento provisório da sentença impugnada por recurso desprovido de efeito suspensivo será realizado da mesma forma que o cumprimento definitivo, sujeitando-se ao seguinte regime:

→ v. Art. 14, § 3º, da Lei 12.016/2009.

→ v. Art. 14 da Lei 7.347/1985.

→ v. Art. 58, V, da Lei 8.245/1991.

→ v. Art. 43 da Lei 9.099/1995.

→ v. Arts. 702, § 4º, 995, 1.012, § 1º, e 1.026, do CPC.

Possibilidade da realização de execução provisória:

✓ AGRAVO INTERNO. PEDIDO DE AGREGAÇÃO DE EFEITO SUSPENSIVO A RECURSO ESPECIAL. PROCES-

SUAL CIVIL. CPC/2015. EXECUÇÃO PROVISÓRIA. AUSÊNCIA DE ATOS CONSTRITIVOS. SEGURO GARANTIA JUDICIAL. INOCORRÊNCIA DE 'PERICULUM IN MORA'. JULGADOS DESTA CORTE SUPERIOR. 1. Existência de norma expressa no CPC/2015, a exemplo do CPC/1973, conferindo ao vencedor (provisório) da demanda o direito de promover a execução provisória da sentença sujeita a recurso sem efeito suspensivo (art. 520 do CPC/2015). 2. Inocorrência de 'periculum in mora' em razão do mero processamento da execução provisória no juízo de origem. Julgados desta Corte Superior. 3. Caso concreto em que o juízo está garantido por seguro garantia judicial, o que por si só impede a prática de atos constritivos (cf. art. 835, § 2º, do CPC/2015). 4. Aplicação da multa do art. 1.021, § 4º, do CPC/2015 ao agravo interno, por se tratar de recuso manifestamente improcedente. 5. AGRAVO INTERNO DESPROVIDO, COM APLICAÇÃO DE MULTA. (AgInt na PET no AREsp 1057682/SP; Terceira Turma; Rel. Min. Paulo de Tarso Sanseverino; Julg. 03/10/2017, DJe 19/10/2017)

✓ PROCESSO CIVIL. AGRAVO INTERNO. PEDIDO DE TUTELA PROVISÓRIA. EFEITO SUSPENSIVO A RECURSO ESPECIAL. POSSIBILIDADE, DESDE QUE DEMONSTRADOS O FUMUS BONI IURIS E O PERICULUM IN MORA. PERIGO DA DEMORA NÃO CONFIGURADO. PANDEMIA. COVID19. IGUALDADE ENTRE AS PARTES. 1. Em hipóteses excepcionais, é possível a atribuição de efeito suspensivo a recurso especial, para tanto, porém, é necessária a demonstração do periculum in mora e a caracterização do fumus boni juris. 2. A ausência do perigo da demora basta para o indeferimento do pedido, sendo, portanto, desnecessário apreciar a questão sob a ótica da plausibilidade do direito alegado, que deve se fazer presente cumulativamente. 3. A execução provisória, por si só, não constitui, isoladamente, a urgência da prestação jurisdicional exigida para a concessão de efeito suspensivo ao agravo ou ao recurso especial, haja vista que esse procedimento possui mecanismos próprios para evitar prejuízos às partes, conforme as rígidas regras dos arts. 520 e 521 do CPC/15. 4. A influência cruel e inclemente da pandemia do COVID19 não deve ser considerada somente à luz da pretensão da agravante. Art. 7º do CPC/15. 5. Agravo interno não provido. (AgInt nos EDcl no TP 2.680/PR, Rel. Ministra NANCY ANDRIGHI, TERCEIRA TURMA, julgado em 24/08/2020, DJe 27/08/2020)

✓ AGRAVO EM RECURSO ESPECIAL. JULGAMENTO COLEGIADO. IRRESIGNAÇÃO SUBMETIDA AO CPC. PROCESSUAL CIVIL. EXECUÇÃO DEFINITIVA. POSSIBILIDADE DE LEVANTAMENTO DE VALORES DEPOSITADOS JUDICIALMENTE. (...) 2. A execução fundada em título judicial transitado em julgado é definitiva, mesmo quando pendente de julgamento recurso interposto contra decisão de improcedência da impugnação ao cumprimento de sentença, sendo desnecessária, em tal situação, a prestação de caução pelo exequente para levantamento do seu crédito depositado. Precedentes. 3. Pela mesma razão, deve ser autorizado o levantamento de valores penhorados quando a impugnação tenha sido parcialmente acolhida, desde que observados os limites fixados nesse decisum. 4. Agravo conhecido para dar provimento ao recurso especial. (AREsp 1241270/MG, Rel. Ministro MOURA RIBEIRO, TERCEIRA TURMA, julgado em 24/04/2018, DJe 30/04/2018)

Depósito de valores na execução provisória não importa em renúncia ao recurso pendente de julgamento:

✓ AÇÃO RESCISÓRIA. PRETENSÃO DE RESCISÃO DE ACÓRDÃO PROFERIDO PELA QUARTA TURMA DO STJ QUE RECONHECEU A FLUÊNCIA DO PRAZO PRESCRICIONAL PARA A COBRANÇA DE CORREÇÃO MONETÁRIA INCIDENTE SOBRE O RESGATE DE CONTRIBUIÇÕES PREVIDENCIÁRIAS. ALEGAÇÃO DE VIOLAÇÃO LITERAL DE DISPOSITIVOS LEGAIS. NÃO OCORRÊNCIA. AÇÃO RESCISÓRIA IMPROCEDENTE (...) 2. Enquanto pendente de julgamento o recurso, a provisoriedade do julgado é ínsita à execução, ainda que ela se processe, naquilo que for cabível, na mesma forma da definitiva, conforme dispõe o art. 475-O do Código de Processo Civil de 1973, então vigente. Logo, o fato de o executado promover o depósito de determinado valor, em cumprimento (provisório) do julgado, sem opor-se ao seu levantamento, já que a execução provisória se processa sob a responsabilidade do exequente, não conduz à conclusão de que houve, de sua parte, assentimento com o julgado condenatório, e, muito menos, perda de objeto do recurso contraposto, que teve por propósito, justamente a reversão da decisão. 3. O silêncio da parte recorrente, por óbvio, não pode ser interpretado como concordância com o inusitado pedido de desistência de seu recurso, formulado pela parte adversa. Isso porque o pedido de desistência de recurso interposto, tecnicamente, somente pode ser efetuado pela parte recorrente e, como tal, independe da anuência da parte recorrida. A requerida interpôs seu recurso e, em momento algum, manifestou a intenção de que não fosse julgado, não se afigurando possível impor-lhe os efeitos da perempção, estabelecidos no art. 267, II e III, do CPC/1973, seja por abandono da causa, seja por negligência. O singular pedido de desistência, na verdade, teve como mote suposta perda de objeto, o que foi correta e peremptoriamente afastado pelo acórdão rescindendo 4. Ação rescisória improcedente. (AR 5.623/RJ, Rel. Ministro MARCO AURÉLIO BELLIZZE, SEGUNDA SEÇÃO, julgado em 27/11/2019, DJe 29/11/2019)

Impossibilidade da execução provisória – recurso com efeito suspensivo:

✓ Agravo de Instrumento – Execução provisória – Impossibilidade de início da execução provisória quando o recurso foi recebido no duplo efeito – Inteligência do artigo 520 do novo Código de Processo Civil – Decisão mantida – Recurso a que se nega provimento. (TJ-SP; AI 20075355320178260000 SP; 7ª Câmara de Direito Privado; Rel. Luis Mario Galbetti; Julg. 03/05/2017; Data de Publicação: 03/05/2017)

I – corre por iniciativa e responsabilidade do exequente, que se obriga, se a sentença for reformada, a reparar os danos que o executado haja sofrido;

→ v. Arts. 402 a 405 do CC/2002.

Execução provisória que se realize por conta e risco do exequente:

✓ EXECUÇÃO PROVISÓRIA. LEVANTAMENTO DE IMPORTÂNCIA DEPOSITADA NOS AUTOS PELA DEVEDORA. POSSIBILIDADE. PENDÊNCIA APENAS DE AGRAVO DA DENEGAÇÃO DE RECURSO ESPECIAL. AUSÊNCIA DE MANIFESTO RISCO DE GRAVE DANO DE DIFÍCIL OU INCERTA REPARAÇÃO. 1. Nos termos do art.

520, e inciso I, do CPC, a execução provisória corre por conta e risco do exequente, que se obriga a reparar eventuais danos causados ao executado, caso a decisão exequenda venha a ser reformada na instância superior. 2. Assim, pendente apenas agravo de instrumento contra a decisão denegatória de seguimento do Recurso Especial, possível a execução provisória do julgado. Art. 520, CPC. 3. No caso, não tendo a agravada ao menos alegado situação financeira desfavorável da exequente ou outra circunstância que representasse manifesto risco de grave e difícil ou incerta reparação, possível o levantamento das importâncias depositadas. Art. 521, III, CPC. 3. Recurso provido. (TJ-SP 21101640820178260000 SP; 14ª Câmara de Direito Privado; Rel. Melo Colombi; Julg. 09/08/2017; Data de Publicação: 14/08/2017)

II – fica sem efeito, sobrevindo decisão que modifique ou anule a sentença objeto da execução, restituindo-se as partes ao estado anterior e liquidando-se eventuais prejuízos nos mesmos autos;

Execução provisória a alteração da decisão exequenda:

✓ Agravo de instrumento. Revisional. Execução provisória. Sentença de parcial procedência anulada em sede de recurso. Ausência de título executivo judicial. Extinção do procedimento de cumprimento de sentença. A execução provisória fica sem efeito na hipótese de sobrevir acórdão que modifique ou anule a sentença objeto do cumprimento, restituindo-se as partes ao estado anterior, a teor do art. 520, II do CPC/2015. Recurso provido. (TJPR; AI 1639721-2 – Barracão; 15ª C. Cível; Rel. Hamilton Mussi Correa; Unânime; Julg. 19.04.2017) (TJ-PR; AI 16397212 PR 1639721-2 (Acórdão); 15ª Câmara Cível; Rel. Hamilton Mussi Correa; Julg. 19/04/2017; Data de Publicação: DJ: 2016 26/04/2017)

III – se a sentença objeto de cumprimento provisório for modificada ou anulada apenas em parte, somente nesta ficará sem efeito a execução;

IV – o levantamento de depósito em dinheiro e a prática de atos que importem transferência de posse ou alienação de propriedade ou de outro direito real, ou dos quais possa resultar grave dano ao executado, dependem de caução suficiente e idônea, arbitrada de plano pelo juiz e prestada nos próprios autos.

→ v. Enunciado 88 do CJF: A caução prevista no inc. IV do art. 520 do CPC não pode ser exigida em cumprimento definitivo de sentença. Considera-se como tal o cumprimento de sentença transitada em julgado no processo que deu origem ao crédito executado, ainda que sobre ela penda impugnação destituída de efeito suspensivo.

Prestação de caução:

✓ PROCESSUAL CIVIL. AGRAVO INTERNO NOS EMBARGOS DE DIVERGÊNCIA EM RECURSO ESPECIAL. PROCESSAMENTO DOS EMBARGOS COM INDEFERIMENTO DO PEDIDO LIMINAR. ALEGAÇÕES RELATIVAS À CAUÇÃO E AOS LIMITES DA DECISÃO JUDICIAL. SUPRESSÃO DE INSTÂNCIA. 1. A mera existência de cumprimento provisório de sentença não é razão, por si só, para a concessão de efeito suspensivo a recurso perante o Superior Tribunal de Justiça. 2. O questionamento e a análise de idoneidade da caução prestada perante o juízo de origem, bem como dos limites da decisão judicial devem ser submetidos às instâncias de origem, sob pena de indevida supressão e ofensa ao devido processo legal. 3. Agravo interno a que se nega provimento. (STJ; AgInt nos EREsp: 1447082 TO 2014/0078043-1; Segunda Seção; Rel. Min. Maria Isabel Gallotti; Julg. 28/06/2017; Data de Publicação: DJe 01/08/2017)

✓ AGRAVO INTERNO NOS EMBARGOS DE DECLARAÇÃO NO PEDIDO DE TUTELA PROVISÓRIO INDEFERIDO. CONSTATAÇÃO, PELA DECISÃO AGRAVADA, DO NÃO PREENCHIMENTO DOS REQUISITOS NECESSÁRIOS À CONCESSÃO DA PRESENTE MEDIDA DE URGÊNCIA. VERIFICAÇÃO. SIMPLES INÍCIO DO CUMPRIMENTO PROVISÓRIO DE SENTENÇA. MECANISMOS ESTABELECIDOS NO CÓDIGO DE PROCESSO CIVIL DESTINADOS A EQUALIZAR OS INTERESSES CONTRAPOSTOS. URGÊNCIA DA MEDIDA. NÃO CARACTERIZAÇÃO. AGRAVO INTERNO IMPROVIDO. 1. A lei adjetiva civil, não obstante permita o cumprimento provisório da sentença, estabelece que "o levantamento de depósito em dinheiro e a prática de atos que importem a transferência de posse ou alienação de propriedade ou de outro direito real, ou dos quais possa resultar grave dano ao executado, dependem de caução suficiente e idônea, arbitrada de plano pelo juiz e prestada nos próprios autos" (inciso IV do art. 520 do CPC/2015). 2. Agravo interno improvido. (AgInt nos EDcl no TP 2.189/SP, Rel. Ministro MARCO AURÉLIO BELLIZZE, TERCEIRA TURMA, julgado em 04/05/2020, DJe 08/05/2020)

§ 1º No cumprimento provisório da sentença, o executado poderá apresentar impugnação, se quiser, nos termos do art. 525.

§ 2º A multa e os honorários a que se refere o § 1º do art. 523 são devidos no cumprimento provisório de sentença condenatória ao pagamento de quantia certa.

Aplicação de multa e honorários na execução provisória:

✓ AGRAVO DE INSTRUMENTO – CUMPRIMENTO PROVISÓRIO DE SENTENÇA – APLICAÇÃO DA MULTA PREVISTA NO ARTIGO 523, § 1º, DO CÓDIGO DE PROCESSO CIVIL – INTELIGÊNCIA DO ARTIGO 520, § 2º, DO CPC – DECISÃO MANTIDA – RECURSO NÃO PROVIDO. (TJ-SP; AI 20807717220168260000 SP; 2ª Câmara de Direito Privado; Rel. Giffoni Ferreira; Julg. 19/05/2016; Data de Publicação: 19/05/2016)

✓ PROCESSUAL CIVIL. AGRAVO DE INSTRUMENTO. Decisão proferida em sede de cumprimento de sentença. Determinação da execução provisória do débito e intimação do devedor para pagar em 15 dias. Possibilidade. Art. 520, CPC. Medida que não equivale à conversão de execução definitiva em execução provisória. Cabimento da imposição de multa e da condenação em honorários advocatícios em caso de não pagamento. Arts. 520, § 2º e 523, § 1º, CPC. (...). (TJPR; AI 1550797-4; Região Metropolitana de Londrina, Foro Central de Londrina; 1ª C. Cível; Rel. Ruy Cunha Sobrinho; Unânime; Julg. 23/08/2016)

✓ ACÓRDÃO EM HARMONIA COM O ENTENDIMENTO DESTA CORTE SUPERIOR. SÚMULA 83/STJ. AGRAVO INTERNO DESPROVIDO. 1. Há existência "de norma expressa no CPC/2015, a exemplo do CPC/1973, conferindo ao vencedor (provisório) da demanda o direito de promover a execução provisória da sentença sujeita a recurso sem efeito suspensivo (art. 520 do CPC/2015)" – (AgInt na PET no AREsp 1.057.682/SP, Rel. Ministro Paulo de Tarso Sanseverino, Terceiro, julgado em 3/10/2017, DJe 19/10/2017). 2. Conforme entendimento do STJ, "a multa a que se refere o art. 523 do Código de Processo Civil de 2015 será excluída apenas se o executado depositar voluntariamente a quantia devida em juízo, sem condicionar seu levantamento a qualquer discussão do débito" (AgInt no AREsp 1.271.636/SP, Rel. Min. Luis Felipe Salomão, Quarta Turma, DJe de 20/11/2018), o que não ocorreu, no caso, ante a necessidade de instauração da fase de cumprimento de sentença. 3. Agravo interno desprovido. (AgInt no REsp 1822625/RJ, Rel. Ministro MARCO AURÉLIO BELLIZZE, TERCEIRA TURMA, julgado em 04/05/2020, DJe 13/05/2020)

§ 3º Se o executado comparecer tempestivamente e depositar o valor, com a finalidade de isentar-se da multa, o ato não será havido como incompatível com o recurso por ele interposto.

→ v. Art. 1.000 do CPC.

Multa pelo não depósito do valor exequendo:

✓ AGRAVO DE INSTRUMENTO. (...) INTIMAÇÃO DO EXECUTADO PARA PAGAR O DÉBITO. AUSÊNCIA DE PAGAMENTO VOLUNTÁRIO NO PRAZO DE QUINZE DIAS. INCIDÊNCIA DE MULTA DE DEZ POR CENTO E HONORÁRIOS ADVOCATÍCIOS DE DEZ POR CENTO. INTELIGÊNCIA DO ARTIGO 523, § 1º, DO CPC. PRESENTES OS REQUISITOS DE LIQUIDEZ E EXIGIBILIDADE DO TÍTULO JUDICIAL. PAGAMENTO DOS VALORES PELO EXECUTADO APÓS A IMPUGNAÇÃO. PRECLUSÃO LÓGICA PARA IMPUGNAR O TERMO FINAL DA OBRIGAÇÃO. BLOQUEIO DO VALOR REMANESCENTE. CABIMENTO. INTELIGÊNCIA DO ARTIGO 523, § 3º, DO CPC. RECURSOS CONHECIDOS E DESPROVIDOS. DECISÕES MANTIDAS. (...) 5. Conforme inteligência do artigo 523, § 1º do CPC, apenas o pagamento da condenação evita a aplicação da multa e dos honorários. 6. Se quisesse evitar a incidência da multa e dos honorários advocatícios no cumprimento de sentença, deveria o devedor realizar o depósito do valor pedido pelo exequente, o que não ocorreu no caso dos autos. 7. Conforme disposto no § 3º do artigo 520 do CPC, se o executado comparecer tempestivamente e depositar o valor, com a finalidade de isentar-se da multa, o ato não será havido como incompatível com o recurso por ele interposto. 8. Não pode a agravante alegar que o termo final da obrigação fixada na sentença seria a data da notificação encaminhada pelos agravados em 16/07/2015, em face da preclusão lógica, visto que pela petição de fls. 280/281 dos autos originários, a parte anuiu tacitamente com a fixação do marco final em 31/05/2016, quando realizou o depósito considerando tal período. 9. A preclusão lógica consiste na perda de uma faculdade processual por se ter praticado ato incompatível com seu exercício. 10. Com o julgamento do AGI nº. 0700836-67.2017.8.07.0000, mantendo a incidência da multa e dos honorários, conforme previsto no § 1º do artigo 523 do CPC, e que o pagamento realizado pelo executado não abarcou tais valores, mostra-se correta a decisão que efetuou, via BacenJud, o bloqueio do saldo remanescente e promoveu a transferência do valor bloqueado para conta à disposição do Juízo. 11. Nos termos do artigo 523, § 3º, do CPC, não efetuado tempestivamente o pagamento voluntário, será expedido, desde logo, mandado de penhora e avaliação, seguindo-se os atos de expropriação. 12. Recursos conhecidos e desprovidos. Decisão mantida. Unânime. (TJ-DF; 07008366720178070000 DF; 1ª Turma Cível; Rel. Romulo de Araujo Mendes; Julg. 26/05/2017; Data de Publicação: Publicado no DJE: 09/06/2017)

Carta de fiança que não exclui a multa:

✓ AGRAVO DE INSTRUMENTO. DIREITO PROCESSUAL CIVIL. IMPUGNAÇÃO AO CUMPRIMENTO PROVISÓRIO DE SENTENÇA. – (...) CUMPRIMENTO PROVISÓRIO DE SENTENÇA.AUSÊNCIA DE DEPÓSITO EM DINHEIRO. CARTA DE FIANÇA QUE SE EQUIPARA Á PENHORA. MULTA E HONORÁRIOS ADVOCATÍCIOS DEVIDOS. – RECURSO CONHECIDO E PARCIALMENTE PROVIDO. (...) – A carta de fiança não equivale ao depósito do valor, pois é uma modalidade de garantia do juízo, de modo que não tem o condão de afastar a multa do art. 520, § 2º do CPC. (TJPR; AI 1624589-1; Região Metropolitana de Londrina, Foro Central de Londrina; 9ª C. Cível; Rel. Rafael Vieira de Vasconcellos Pedroso; Unânime; Julg. 06/04/2017)

§ 4º A restituição ao estado anterior a que se refere o inciso II não implica o desfazimento da transferência de posse ou da alienação de propriedade ou de outro direito real eventualmente já realizada, ressalvado, sempre, o direito à reparação dos prejuízos causados ao executado.

§ 5º Ao cumprimento provisório de sentença que reconheça obrigação de fazer, de não fazer ou de dar coisa aplica-se, no que couber, o disposto neste Capítulo.

→ v. Art. 536 a 538 do CPC.

Art. 521. A caução prevista no inciso IV do art. 520 poderá ser dispensada nos casos em que:

→ v. Enunciado 136 do CJF: A caução exigível em cumprimento provisório de sentença poderá ser dispensada se o julgado a ser cumprido estiver em consonância com tese firmada em incidente de assunção de competência.

I – o crédito for de natureza alimentar, independentemente de sua origem;

Dispensa de caução pela natureza alimentar do crédito:

✓ AGRAVO INTERNO NO AGRAVO REGIMENTAL NO RECURSO ESPECIAL. PROCESSUAL CIVIL. EXECUÇÃO PROVISÓRIA. CAUÇÃO. DESNECESSIDADE. VERBA ALIMENTAR. PRECEDENTES. REVISÃO DAS CONCLUSÕES DO ACÓRDÃO A QUO. NECESSIDADE DE REEXAME DE PROVAS. SÚMULA 7/STJ. AGRAVO DESPROVIDO. 1. Não há previsão legal quanto à exigência de caução no momento da propositura da execução provisória, havendo, apenas, a exigência de que o levantamento de depósito em dinheiro e a prática de atos que importem alienação de propriedade ou dos quais possa resultar grave dano ao executado dependem de caução suficiente e idônea, arbitrada de plano pelo juiz e prestada nos próprios autos. Ademais, a exigência da caução poderá ser dispensada quando o crédito for de natureza alimentar ou decorrente de ato ilícito, até o limite de sessenta vezes o valor do salário mínimo, se o exequente demonstrar situação de necessidade. 2. Para reconhecimento da existência de risco de dano à instituição financeira seria necessário alterar as premissas fático-probatórias firmadas pelas instâncias de origem, com o revolvimento das provas colacionadas ao processo, providência vedada em tema de recurso especial, nos termos do enunciado n. 7 da Súmula do Superior Tribunal de Justiça. 3. Agravo interno desprovido. (AgInt no AgRg no REsp 1289992/RO, Rel. Ministro MARCO AURÉLIO BELLIZZE, TERCEIRA TURMA, julgado em 10/11/2016, DJe 24/11/2016)

Estabelecimento de caução por decisão judicial em crédito de natureza alimentar:

✓ AGRAVO DE INSTRUMENTO. AÇÃO DE COBRANÇA. CUMPRIMENTO DE SENTENÇA PROVISÓRIO. PEDIDO DE LEVANTAMENTO DE PARTE DA VERBA PENHORADA REFERENTE AOS HONORÁRIOS ADVOCATÍCIOS DO PATRONO DO EXEQUENTE. VERBA ALIMENTAR. SEM CAUÇÃO. VULTOSA QUANTIA. LIBERAÇÃO DE APENAS 10% (DEZ POR CENTO) DA IMPORTÂNCIA COM VISTAS A EVITAR POSSÍVEIS DANOS À AGRAVADA. DECISÃO MANTIDA. 1- Não obstante o fato de que os honorários advocatícios consubstanciam verba de natureza alimentar, e que, de acordo o art. 521, inciso I, do novo Código de Processo Civil, o crédito que se pretende levantar possa ser levantado sem caução, é temerário o levantamento, in totum, do importe penhorado, tendo em vista a vultosa quantia em apreço, qual seja, R$964.980,781 (novecentos e sessenta e quatro mil, novecentos e oitenta reais e setenta e oito centavos). 2- Na hipótese de eventual alteração do decisum exequendo que modifique o importe da condenação, caberá ao aludido patrono a respectiva responsabilização, já que o cumprimento de sentença provisório, nos termos do art. 520, inciso I, do referido Diploma Legal, corre por iniciativa e responsabilidade do exequente, que se obriga, se a sentença for reformada, a reparar os danos que a executada houver sofrido, a qual, frise-se, encontra-se em processo de privatização. 3- Faz-se prudente a liberação, sem caução, e ao menos por ora, tão somente do valor correspondente a 10% (dez por cento) do importe efetivamente penhorado, e que seja de titularidade do patrono do agravante. AGRAVO DE INSTRUMENTO CONHECIDO DESPROVIDO. (TJ-GO; AI 01566292020168090000; 6ª Câmara Cível; Rel. Des. Sandra Regina Teodoro Reis; Julg. 23/08/2016; Data de Publicação: DJ 2101 de 31/08/2016)

II – o credor demonstrar situação de necessidade;

Dispensa de caução pelo estado de necessidade do credor:

✓ AGRAVO DE INSTRUMENTO. AÇÃO DE INDENIZAÇÃO SECURITÁRIA. CUMPRIMENTO PROVISÓRIO DE SENTENÇA. LEVANTAMENTO DE VALORES DEPOSITADOS NOS AUTOS DE ORIGEM. PENDÊNCIA DE RECURSO ESPECIAL, SEM EXCEPCIONAL EFEITO SUSPENSIVO. SITUAÇÃO DE NECESSIDADE POR PARTE DO CREDOR. CAUÇÃO. NÃO EVIDENCIADO RISCO DE DANO DE DIFÍCIL E INCERTA REPARAÇÃO. DECISÃO MANTIDA. RECURSO NÃO PROVIDO. 1.Decisão que, nos autos de "ação ordinária de indenização" proposta pelo ora agravado, em fase de cumprimento provisório de sentença, autorizou o levantamento de quantia depositada pela seguradora executada a título de garantia, independentemente da prestação de caução. 2.Pendência de recurso especial, sem excepcional atribuição de efeito suspensivo. Levantamento admissível. 3.Prestação de caução. Dispensabilidade. Evidenciada a necessidade do credor. Art. 521, II, do CPC/2015. Não demonstrado o risco de grave dano de difícil ou incerta reparação. Eventual prejuízo material e econômico suportado pela agravante pode ser discutido em momento oportuno. Decisão mantida. 4.Agravo de instrumento não provido. (TJ-SP 20806389320178260000 SP; 9ª Câmara de Direito Privado; Rel. Alexandre Lazzarini; Julg. 28/11/2017; Data de Publicação: 06/12/2017)

III – pender o agravo do art. 1.042;

→ Inciso III com redação alterada pela Lei 13.256/2016, em vigor no início da vigência da Lei 13.105/2015 – Novo CPC (*v.* art. 4º da Lei 13.256/2016).

→ Anterior redação: III – pender o agravo fundado nos incisos II e III do art. 1.042; (...).

Dispensa de caução pelo fato da submissão do agravo do artigo 1.042 do CPC:

✓ DIREITO PROCESSUAL CIVIL. AGRAVO DE INSTRUMENTO.CUMPRIMENTO DE SENTENÇA PROVISÓRIO. PEDIDO DE LEVANTAMENTO DE VALORES. PRESTAÇÃO DE CAUÇÃO.EXIGÊNCIA LEGAL (ART. 520, INCISO IV DO CPC/2015 - ANTIGO ART. 475-0, § 2º, I DO CPC/73). DISPENSABILIDADE NOS CASOS ARROLADOS NOS INCISOS DO ART. 521 E, AINDA, ASSIM, DESDE QUE DEMONSTRADA QUE NÃO HAVERÁ DANO DE DIFÍCIL E INCERTA REPARAÇÃO. HIPÓTESE QUE SE AMOLDA AO INCISO III, DO ART. 521 DO CPC (PENDER AGRAVO DO ART. 1042 DO CPC/2015). AUSÊNCIA DE RISCOS DE MODIFICAÇÃO DA CONDENAÇÃO DIANTE DE ARGUIÇÕES PERTINENTES A MATÉRIA DE PROVA QUE PROVAVELMENTE ESBARRARÃO NA SÚMULA 7 DO STJ. POSSIBILIDADE DE DISPENSA DA CAUÇÃO. DECISÃO REFORMADA. 1. Apesar da previsão legal art. 520, inciso IV do Novo Código de Processo Civil criar importante Agravo de Instrumento nº 1.548.378-8 fls. 2ESTADO DO PARANÁ PODER JUDICIÁRIO TRIBUNAL DE JUSTIÇA; mecanismo pelo qual se previu a necessidade expressa da prestação de caução nos casos em que se pretenda o levantamento dos valores da condenação, necessário observar que arrolou nos incisos do art. 521 hipóteses de dispensabilidade de tal requisito, ainda, assim, desde que não fica cabalmente demonstrada que ao levantamento dos valores poderá ensejar riscos de grave e difícil reparação. 2. No caso em comento, pendendo agravo do art. 1042 ao Superior Tribunal de Justiça autoriza-se, no inciso III, do art. 521 o levantamento do valor pretendido, máxime porque as matérias aventadas no recurso especial aparentemente se restringem a cunho probatório, o que leva a crer que o recurso possivelmente será desprovido, sob a égide da Súmula 7 daquela Corte Superior, de modo a não se vislumbrar dano de difícil e incerta reparação a obstar a pretensão recursal, havendo, por conseguinte, de se reformar a decisão singular para possibilitar o levantamento dos valores. AGRAVO DE INSTRUMENTO CONHECIDO E PROVIDO. (TJPR; AI 1548378-8, Curitiba; 9ª C. Cível; Rel. Coimbra de Moura; Unânime; Julg. 29/09/2016)

✓ AGRAVO DE INSTRUMENTO. DIREITO PRIVADO NÃO ESPECIFICADO. EXECUÇÃO PROVISÓRIA. NA PENDÊNCIA DE AGRAVO EM RECURSO ESPECIAL A CAUÇÃO PODERÁ SER DISPENSADA. AUSÊNCIA DE RISCO DE GRAVE DANO DE DIFÍCIL REPARAÇÃO OU

INCERTA REPARAÇÃO. CAUÇÃO DISPENSADA. DECISÃO AGRAVADA MANTIDA. A caução pode ser dispensada na pendência de julgamento de agravo em recurso especial (art. 521, III do CPC/15. No caso, a dispensa da caução não indica risco de grave dano de difícil ou incerta reparação, até porque noticiam os autos inexistência de interesse em levantamento de valores. Decisão mantida. AGRAVO DE INSTRUMENTO DESPROVIDO, COM BASE NO ARTIGO 932, IV, DO NOVO CÓDIGO DE PROCESSO CIVIL E ARTIGO 169, XXXIX, DO REGIMENTO INTERNO DO TJRS. (TJ-RS; Agravo de Instrumento 70074275579; Décima Sétima Câmara Cível; Rel. Liege Puricelli Pires; Julg. 03/07/2017).

✓ AGRAVO INTERNO NO AGRAVO EM RECURSO ESPECIAL. DECISÃO DA PRESIDÊNCIA. RECONSIDERAÇÃO. PROCESSUAL CIVIL. CUMPRIMENTO PROVISÓRIO DE SENTENÇA. POSSIBILIDADE DE LEVANTAMENTO DE VALORES INCONTROVERSOS SEM PRESTAÇÃO DE CAUÇÃO. PENDÊNCIA DE AGRAVO DO ART. 1.042 DO CPC/2015. AGRAVO INTERNO PROVIDO PARA CONHECER DO AGRAVO E NEGAR PROVIMENTO AO RECURSO ESPECIAL. (...)3. Nos termos do art. 521, III, do CPC/2015, encontrando-se a causa na pendência do agravo do art. 1.042, poderá ser dispensada a caução prevista no inciso IV do art. 520 do mesmo diploma legal. Precedentes. 4. Agravo interno provido para conhecer do agravo e negar provimento ao recurso especial. (AgInt no AREsp 1685632/RS, Rel. Ministro RAUL ARAÚJO, QUARTA TURMA, julgado em 14/09/2020, DJe 01/10/2020)

✓ AGRAVO INTERNO NO AGRAVO EM RECURSO ESPECIAL. CUMPRIMENTO PROVISÓRIO DE SENTENÇA. POSSIBILIDADE DE LEVANTAMENTO SEM PRESTAÇÃO DE CAUÇÃO. EXISTÊNCIA DE VALORES INCONTROVERSOS. PENDÊNCIA DE AGRAVO DO ART. 1.042 DO CPC. RECURSO NÃO PROVIDO. 1. A jurisprudência desta Corte já assentou que não é necessária caução para levantamento de valores incontroversos, mesmo em sede de execução provisória. Precedentes. 2. Nos termos do art. 521, III, do CPC/2015, encontrando-se a causa na pendência do agravo do art. 1.042, poderá ser dispensada a caução prevista no inciso IV do art. 520 do mesmo diploma legal. 3. Agravo interno a que se nega provimento. (AgInt no AREsp 1245609/SP, Rel. Ministro LÁZARO GUIMARÃES (DESEMBARGADOR CONVOCADO DO TRF 5ª REGIÃO), QUARTA TURMA, julgado em 16/08/2018, DJe 24/08/2018)

IV – a sentença a ser provisoriamente cumprida estiver em consonância com súmula da jurisprudência do Supremo Tribunal Federal ou do Superior Tribunal de Justiça ou em conformidade com acórdão proferido no julgamento de casos repetitivos.

Dispensa de caução pela decisão estar em consonância com súmula da jurisprudência do Supremo Tribunal Federal ou do Superior Tribunal de Justiça ou em conformidade com acórdão proferido no julgamento de casos repetitivos:

✓ EMENTA: AGRAVO DE INSTRUMENTO – RESCISÃO CONTRATUAL C/C RESTITUIÇÃO – EXECUÇÃO PROVISÓRIA – LEVANTAMENTO DE VALORES INCONTROVERSOS – POSSIBILIDADE – RECURSO PARCIALMENTE PROVIDO. 1 – Prevê o artigo 520, IV, do CPC, que o cumprimento provisório da sentença impugnada por recurso desprovido de efeito suspensivo será realizado da mesma forma que o cumprimento definitivo, sendo que o levantamento de depósito em dinheiro e a prática de atos que importem transferência de posse ou alienação de propriedade ou de outro direito real, ou dos quais possa resultar grave dano ao executado, dependem de caução suficiente e idônea, arbitrada de plano pelo juiz e prestada nos próprios autos. 2 – Excepcionando a regra, o art. 521, IV, prevê a possibilidade de dispensa da caução quando a sentença a ser provisoriamente cumprida estiver em consonância com súmula da jurisprudência do Supremo Tribunal Federal ou do Superior Tribunal de Justiça ou em conformidade com acórdão proferido no julgamento de casos repetitivos. 3 – Desfeito o contrato, retornam as partes ao status quo ante com a imediata restituição ao comprador dos valores pagos, pendendo discussão tão somente sobre o quantum passível de retenção pela construtora, a título de despesas administrativas. 4 – Para os casos em que a rescisão da avença decorre de iniciativa do credor, firmou-se a jurisprudência do Tribunal da Cidadania no sentido de ser possível a flutuação do percentual de retenção pelo vendedor entre 10% a 25% do total da quantia paga. 5 – Levando em consideração o depósito realizado pelas agravadas e de acordo com o entendimento sumulado pelo STJ, cabível a imediata restituição ao comprador de 75% (setenta e cinco) por cento do aludido valor, sem necessidade de caução, permanecendo os demais 25% (vinte e cinco por cento) depositados até que se decida o percentual de retenção cabível no presente caso, de acordo com o responsável pela rescisão. 6 – Recurso parcialmente provido (TJ-ES; AI 00024228120178080024; Quarta Câmara Cível; Rel. Manoel Alves Rabelo; Julg. 17/07/2017; Data de Publicação: 31/07/2017)

Parágrafo único. A exigência de caução será mantida quando da dispensa possa resultar manifesto risco de grave dano de difícil ou incerta reparação.

Prestação de caução no caso de risco grave:

✓ AGRAVO INTERNO NO AGRAVO EM RECURSO ESPECIAL. CUMPRIMENTO PROVISÓRIO DE SENTENÇA. ART. 521, PARÁGRAFO ÚNICO, DO CPC/2015. DISPENSA DE CAUÇÃO. AUSÊNCIA DE ELEMENTOS NOS AUTOS APTOS A DEMONSTRAR A EXISTÊNCIA DE RISCO DE GRAVE DANO DE DIFÍCIL OU INCERTA REPARAÇÃO DECORRENTE DA DISPENSA. PRETENSÃO DE REVISÃO DA PREMISSA FIXADA NO ACÓRDÃO RECORRIDO. INVIABILIDADE. NECESSIDADE DE REEXAME DO CONJUNTO FÁTICO-PROBATÓRIO. INCIDÊNCIA DA SÚMULA 7 DO STJ. ADEQUAÇÃO DA DECISÃO AGRAVADA. AGRAVO INTERNO DESPROVIDO. (AgInt no AREsp 1465855/DF, Rel. Ministro PAULO DE TARSO SANSEVERINO, TERCEIRA TURMA, julgado em 08/06/2020, DJe 12/06/2020)

Art. 522. O cumprimento provisório da sentença será requerido por petição dirigida ao juízo competente.

Competência para o processamento do cumprimento provisório:

✓ PROCESSUAL CIVIL E PREVIDENCIÁRIO. APOSENTADORIA POR INVALIDEZ. REQUISITOS. AUSÊNCIA. AUXÍLIO-DOENÇA. INCAPACIDADE TEMPORÁRIA.

CONCLUSÕES DO LAUDO. SÚMULA 7 DO STJ. CUMPRIMENTO DE SENTENÇA. JUÍZO DA EXECUÇÃO. COMPETÊNCIA. 1. O Tribunal de origem concluiu pela incapacidade temporária da recorrente para o exercício de suas atividades a partir de 01/08/2011, afastando, assim, o direito à aposentadoria por invalidez, mas concedendo-lhe o auxílio-doença, de modo que a inversão do julgado demandaria o reexame de prova, inviável em sede de recurso especial, nos termos da Súmula 7 do STJ. 2. Não se conhece de pedido de imediato restabelecimento de benefício, porquanto, nos termos do art. 522 do CPC/2015, o cumprimento provisório da sentença será requerido ao juízo da execução. 3. Agravo interno a que se nega provimento. Pedido de tutela provisória incidental não conhecido. (AgInt no AREsp 533.282; SP; Primeira Turma; Rel. Min. Gurgel de Faria; Julg. 08/06/2017; DJe 07/08/2017)

Parágrafo único. Não sendo eletrônicos os autos, a petição será acompanhada de cópias das seguintes peças do processo, cuja autenticidade poderá ser certificada pelo próprio advogado, sob sua responsabilidade pessoal:

Formação de autos apartados:

✓ LOCAÇÃO. DESPEJO POR FALTA DE PAGAMENTO. CUMPRIMENTO PROVISÓRIO DE SENTENÇA. Caso em que a prestação de caução para o cumprimento provisório da sentença de despejo por falta de pagamento foi estabelecida na sentença. Ausência de recurso de apelação pela parte autora. Mantida a decisão interlocutória que, observando o comando sentencial, determinou a prestação de caução. Formação de autos apartados para o cumprimento de sentença provisório. Art. 522 do Código de Processo Civil. Ausência de prejuízo à parte exequente. AGRAVO DESPROVIDO. (TJ-RS; Agravo de Instrumento 70069611036; Décima Sexta Câmara Cível; Rel. Paulo Sérgio Scarparo; Julg. 01/09/2016).

I – decisão exequenda;

II – certidão de interposição do recurso não dotado de efeito suspensivo;

→ *v.* Arts. 995, 1.012, § 1º, e 1.026, do CPC.

III – procurações outorgadas pelas partes;

IV – decisão de habilitação, se for o caso;

→ v. Arts. 995, 1.012, § 1º, e 1.026, do CPC.

V – facultativamente, outras peças processuais consideradas necessárias para demonstrar a existência do crédito.

Capítulo III
DO CUMPRIMENTO DEFINITIVO DA SENTENÇA QUE RECONHECE A EXIGIBILIDADE DE OBRIGAÇÃO DE PAGAR QUANTIA CERTA

Art. 523. No caso de condenação em quantia certa, ou já fixada em liquidação, e no caso de decisão sobre parcela incontroversa, o cumprimento definitivo da sentença far-se-á a requerimento do exequente, sendo o executado intimado para pagar o débito, no prazo de 15 (quinze) dias, acrescido de custas, se houver.

→ v. Enunciado 84 do CJF: O comparecimento espontâneo da parte constitui termo inicial dos prazos para pagamento e, sucessivamente, impugnação ao cumprimento de sentença.

→ v. Enunciado 89 do CJF: Conta-se em dias úteis o prazo do caput do art. 523 do CPC.

→ v. Enunciado 92 do CJF: A intimação prevista no caput do art. 523 do CPC deve contemplar, expressamente, o prazo sucessivo para impugnar o cumprimento de sentença.

Situação em que o depósito afasta a multa:

✓ AGRAVO INTERNO NO RECURSO ESPECIAL. CUMPRIMENTO PROVISÓRIO DE SENTENÇA. DEPÓSITO PARCELADO DO QUANTUM EXEQUENDO. IMPOSIÇÃO DE MULTA E HONORÁRIOS ADVOCATÍCIOS. APLICAÇÃO DO ART. 523 DO NOVO CPC. ACÓRDÃO EM HARMONIA COM O ENTENDIMENTO DESTA CORTE SUPERIOR. SÚMULA 83/STJ. AGRAVO INTERNO DESPROVIDO. (..). 2. Conforme entendimento do STJ, "a multa a que se refere o art. 523 do Código de Processo Civil de 2015 será excluída apenas se o executado depositar voluntariamente a quantia devida em juízo, sem condicionar seu levantamento a qualquer discussão do débito" (AgInt no AREsp 1.271.636/SP, Rel. Min. Luis Felipe Salomão, Quarta Turma, DJe de 20/11/2018), o que não ocorreu, no caso, ante a necessidade de instauração da fase de cumprimento de sentença. 3. Agravo interno desprovido. (AgInt no REsp 1822625/RJ, Rel. Ministro MARCO AURÉLIO BELLIZZE, TERCEIRA TURMA, julgado em 04/05/2020, DJe 13/05/2020)

✓ PROCESSUAL CIVIL. AGRAVO INTERNO NO AGRAVO EM RECURSO ESPECIAL. OMISSÃO, CONTRADIÇÃO, OBSCURIDADE. AUSÊNCIA. FUNDAMENTAÇÃO. DEFICIENTE. SÚMULA 284/STF. HARMONIA ENTRE O ACÓRDÃO RECORRIDO E A JURISPRUDÊNCIA DO STJ. SÚMULA 568/STJ. 1. Agravo de instrumento interposto contra decisão proferida em ação indenizatória, em fase de cumprimento de sentença, que determinou a incidência da multa prevista no artigo 523, §1º, do CPC/15. (...) 4. A multa a que se refere o art. 523 do Código de Processo Civil de 2015 será excluída apenas se o executado depositar voluntariamente a quantia devida em juízo, sem condicionar seu levantamento a qualquer discussão do débito. Precedentes. O acórdão recorrido que adota a orientação firmada pela jurisprudência do STJ não merece reforma. 5. Agravo interno no agravo em recurso especial não provido. (AgInt no AREsp 1628576/PR, Rel. Ministra NANCY ANDRIGHI, TERCEIRA TURMA, julgado em 31/08/2020, DJe 03/09/2020)

Prazo de 15 dias contados em dias úteis:

✓ RECURSO ESPECIAL. CUMPRIMENTO DE SENTENÇA. INTIMAÇÃO DO DEVEDOR PARA PAGAMENTO VOLUNTÁRIO DO DÉBITO. ART. 523, CAPUT, DO CÓDIGO DE PROCESSO CIVIL DE 2015. PRAZO DE NATUREZA PROCESSUAL. CONTAGEM EM DIAS ÚTEIS, NA FORMA DO ART. 219 DO CPC/2015. REFORMA DO ACÓRDÃO RECORRIDO. RECURSO PROVIDO. 1. Cinge-se a controvérsia a definir se o prazo para o cumprimento voluntário da obrigação, previsto no art. 523, caput, do Código de Processo Civil de 2015, possui natureza processual ou material, a fim de estabelecer se a sua contagem se dará, respectivamente, em dias úteis ou corridos, a teor do que dispõe o art. 219, caput e parágrafo único, do CPC/2015. 2. O art. 523 do CPC/2015 estabelece que, "no caso de condenação em quantia certa, ou já fixada em liquidação, e no caso de decisão sobre parcela incontroversa, o cumprimento definitivo da sentença far-se-á a requerimento do exequente, sendo o executado intimado para pagar o débito, no prazo de 15 (quinze) dias, acrescido de custas, se houver". 3. Conquanto o pagamento seja ato a ser praticado pela parte, a intimação para o cumprimento voluntário da sentença ocorre, como regra, na pessoa do advogado constituído nos autos (CPC/2015, art. 513, § 2º, I), fato que, inevitavelmente, acarreta um ônus ao causídico, o qual deverá comunicar ao seu cliente não só o resultado desfavorável da demanda, como também as próprias consequências jurídicas da ausência de cumprimento da sentença no respectivo prazo legal. 3.1. Ademais, nos termos do art. 525 do CPC/2015, "transcorrido o prazo previsto no art. 523 sem o pagamento voluntário, inicia-se o prazo de 15 (quinze) dias para que o executado, independentemente de penhora ou nova intimação, apresente, nos próprios autos, sua impugnação". Assim, não seria razoável fazer a contagem dos primeiros 15 (quinze) dias para o pagamento voluntário do débito em dias corridos, se considerar o prazo de natureza material, e, após o transcurso desse prazo, contar os 15 (quinze) dias subsequentes, para a apresentação da impugnação, em dias úteis, por se tratar de prazo processual. 3.2. Não se pode ignorar, ainda, que a intimação para o cumprimento de sentença, independentemente de quem seja o destinatário, tem como finalidade a prática de um ato processual, pois, além de estar previsto na própria legislação processual (CPC), também traz consequências para o processo, caso não seja adimplido o débito no prazo legal, tais como a incidência de multa, fixação de honorários advocatícios, possibilidade de penhora de bens e valores, início do prazo para impugnação ao cumprimento de sentença, dentre outras. E, sendo um ato processual, o respectivo prazo, por decorrência lógica, terá a mesma natureza jurídica, o que faz incidir a norma do art. 219 do CPC/2015, que determina a contagem em dias úteis. 4. Em análise do tema, a I Jornada de Direito Processual Civil do Conselho da Justiça Federal – CJF aprovou o Enunciado n. 89, de seguinte teor: "Conta-se em dias úteis o prazo do caput do art. 523 do CPC". 5. Recurso especial provido. (REsp 1708348/RJ, Rel. Ministro MARCO AURÉLIO BELLIZZE, TERCEIRA TURMA, julgado em 25/06/2019, DJe 01/08/2019)

Aplicação do prazo em dobro, no caso de litisconsortes distintos, em processo físico (reforçando ser prazo em dias úteis):

✓ RECURSO ESPECIAL. CUMPRIMENTO DE SENTENÇA. PRAZO PARA PAGAMENTO VOLUNTÁRIO. CÔMPUTO EM DOBRO EM CASO DE LITISCONSORTES COM PROCURADORES DISTINTOS. 1. O artigo 229 do CPC de 2015, aprimorando a norma disposta no artigo 191 do código revogado, determina que, apenas nos processos físicos, os litisconsortes que tiverem diferentes procuradores, de escritórios de advocacia distintos, terão prazos contados em dobro para todas as suas manifestações, em qualquer juízo ou tribunal, independentemente de requerimento. 2. A impossibilidade de acesso simultâneo aos autos físicos constitui a ratio essendi do prazo diferenciado para litisconsortes com procuradores distintos, tratando-se de norma processual que consagra o direito fundamental do acesso à justiça. 3. Tal regra de cômputo em dobro deve incidir, inclusive, no prazo de quinze dias úteis para o cumprimento voluntário da sentença, previsto no artigo 523 do CPC de 2015, cuja natureza é dúplice: cuida-se de ato a ser praticado pela própria parte, mas a fluência do lapso para pagamento inicia-se com a intimação do advogado pela imprensa oficial (inciso I do § 2º do artigo 513 do atual Codex), o que impõe ônus ao patrono, qual seja o dever de comunicar o devedor do desfecho desfavorável da demanda, alertando-o das consequências jurídicas da ausência do cumprimento voluntário. 4. Assim, uma vez constatada a hipótese de incidência da norma disposta no artigo 229 do Novo CPC (litisconsortes com procuradores diferentes), o prazo comum para pagamento espontâneo deverá ser computado em dobro, ou seja, trinta dias úteis. 5. No caso dos autos, o cumprimento de sentença tramita em autos físicos, revelando-se incontroverso que as sociedades empresárias executadas são representadas por patronos de escritórios de advocacia diversos, razão pela qual deveria ter sido computado em dobro o prazo para o cumprimento voluntário da obrigação pecuniária certificada na sentença transitada em julgado. 6. Ocorrido o pagamento tempestivo, porém parcial, da dívida executada, incide, à espécie, o § 2º do artigo 523 do CPC de 2015, devendo incidir a multa de dez por cento e os honorários advocatícios (no mesmo percentual) tão somente sobre o valor remanescente a ser pago por qualquer dos litisconsortes. 7. Recurso especial provido para, considerando tempestivo o depósito judicial realizado a menor por um dos litisconsortes passivos, determinar que a multa de dez por cento e os honorários advocatícios incidam apenas sobre o valor remanescente a ser pago. (STJ, REsp 1693784; DF; Quarta Turma; Rel. Min. Luis Felipe Salomão; Julg. 28/11/2017; DJe 05/02/2018)

Multa apenas após intimação do executado:

✓ AGRAVO DE INSTRUMENTO. PROCESSUAL CIVIL. IMPUGNAÇÃO AO CUMPRIMENTO DE SENTENÇA. AÇÃO DECLARATÓRIA E CONDENATÓRIA. DANOS MORAIS. NEGATIVAÇÃO INDEVIDA. EXCESSO DE EXECUÇÃO. – INTERLOCUTÓRIO DE INDEFERIMENTO NA ORIGEM. (1) CUMPRIMENTO. CONTRAPOSIÇÃO: IMPUGNAÇÃO. AGRAVO. AUSÊNCIA. PRECLUSÃO. NÃO OCORRÊNCIA. – O ato judicial que recebe o pedido de cumprimento de sentença apresentado pelo exequente e determina a intimação do executado para pagamento tem sua via processual de contraposição, por alegado excesso de execução, em regra, na impugnação ao cumprimento de sentença, ou, excepcionalmente, na exceção de pré-executividade, não sendo cabível a interposição de agravo de instrumento, de modo a não se poder falar em preclusão temporal. (2) CUMPRIMENTO DE SENTENÇA. INCIDÊNCIA DA MULTA. NECESSIDADE DE PRÉVIA INTIMAÇÃO DO EXECUTADO PARA PAGAMENTO VOLUNTÁRIO. INEXIGIBILIDADE DE PLANO. – Na vigência dos Códigos de Processo Civil tanto de 1973 quanto de 2015, o cumprimento de sentença que reconhece a exigibilidade de obrigação de pagar quantia certa faz-se a requerimento do exequente, sendo que, após a liquidação, se necessária, ou de plano, se suficiente mero cálculo aritmético, intimar-se-á o executado, em regra, na pessoa de seu advogado, para que, no prazo de 15 (quinze) dias, pague, voluntariamente, o débito, sob pena de incidência, então, de multa e de honorários advocatícios, cada um em 10% (dez por cento). DECISÃO REFORMADA. RECURSO PROVIDO. (TJ-SC; AI 40063061520168240000, Capital; Quinta Câmara de Direito Civil; Rel. Henry Petry Junior; Julg. 11/07/2017)

✓ RECURSO ESPECIAL. DIREITO CIVIL E PROCESSUAL CIVIL. EN. 3/STJ. CUMPRIMENTO DE SENTENÇA. DIREITO INTERTEMPORAL. PRAZO PARA PAGAMENTO VOLUNTÁRIO TRANSCORRIDO NA VIGÊNCIA DO CPC/1973. IMPUGNAÇÃO AO CUMPRIMENTO DE SENTENÇA OFERECIDA NA VIGÊNCIA DO CPC/2015. CON-

TROVÉRSIA ACERCA DA LEI PROCESSUAL APLICÁVEL. NECESSIDADE DE INTIMAÇÃO ESPECÍFICA DO EXECUTADO PARA IMPUGNAÇÃO AO CUMPRIMENTO DE SENTENÇA. COMPATIBILIZAÇÃO DAS REGRAS DO CÓDIGO REVOGADO COM AS DO NOVO CPC. ENUNCIADO Nº 530/FPPC. 1. Controvérsia de direito intertemporal acerca da norma processual aplicável à impugnação ao cumprimento de sentença, na hipótese em que o prazo para pagamento voluntário se findou na vigência do CPC/1973. 2. Nos termos do art. 475-J do CPC/1973, o prazo para impugnação ao cumprimento de sentença somente era contado a partir da intimação do auto de penhora e avaliação. 3. Por sua vez, nos termos do art. 525 do CPC/2015: "Transcorrido o prazo previsto no art. 523 sem o pagamento voluntário, inicia-se o prazo de 15 (quinze) dias para que o executado, independentemente de penhora ou nova intimação, apresente, nos próprios autos, sua impugnação" (sem grifos no original). 4. Descabimento da aplicação da norma do art. 525 do CPC/2015 ao caso dos autos, pois o novo marco temporal do prazo (fim do prazo para pagamento voluntário) ocorreu na vigência do CPC/1973, o que conduziria a uma indevida aplicação retroativa do CPC/2015. 5. Inviabilidade, por sua vez, de aplicação do CPC/1973 ao caso dos autos, pois a impugnação, sendo fato futuro, deveria ser regida pela lei nova ('tempus regit actum'). 6. Existência de conexidade entre os prazos para pagamento voluntário e para impugnação ao cumprimento de sentença, tanto na vigência do CPC/1973 quanto na vigência do CPC/2015, fato que impede a simples aplicação da técnica do isolamento dos atos processuais na espécie. Doutrina sobre o tema. 7. Necessidade de compatibilização das leis aplicáveis mediante a exigência de intimação específica para impugnação ao cumprimento de sentença em hipóteses como a dos autos. 8. Aplicação ao caso do Enunciado nº 525 do Fórum Permanente de Processualistas Civil, assim redigido: "Após a entrada em vigor do CPC-2015, o juiz deve intimar o executado para apresentar impugnação ao cumprimento de sentença, em quinze dias, ainda que sem depósito, penhora ou caução, caso tenha transcorrido o prazo para cumprimento espontâneo da obrigação na vigência do CPC-1973 e não tenha àquele tempo garantido o juízo" (sem grifos no original). 9. Caso concreto em que não houve intimação específica para a impugnação ao cumprimento de sentença, tornando tempestiva, portanto, a impugnação apresentada antecipadamente (cf. art. 218, § 4º, do CPC/2015). 10. Necessidade de retorno dos autos ao Tribunal de origem para que prossiga a apreciação da impugnação. 11. RECURSO ESPECIAL PROVIDO. (REsp 1833935/RJ, Rel. Ministro PAULO DE TARSO SANSEVERINO, TERCEIRA TURMA, julgado em 05/05/2020, DJe 11/05/2020)

Honorários advocatícios no cumprimento de sentença no caso de pagamento em 15 dias:

✓ PROCESSUAL CIVIL – CUMPRIMENTO DE SENTENÇA – INTIMAÇÃO – PAGAMENTO TEMPESTIVO – HONORÁRIOS – CPC/2015, ART. 523, § 1º – NÃO CABIMENTO 1 De acordo com o art. 523, § 1º, do Código de Processo Civil de 2015, são cabíveis honorários advocatícios na fase de cumprimento da sentença somente quando o pagamento voluntário não for realizado dentro do prazo de 15 dias contados da respectiva intimação. 2 Trata-se de entendimento pacificado no Superior Tribunal de Justiça (Súm. 517), o qual entende que "São devidos honorários advocatícios no cumprimento de sentença, haja ou não impugnação, depois de escoado o prazo para pagamento voluntário, que se inicia após a intimação do advogado da parte Executada". (TJ-SC; AC 00003913220148240062 São João Batista; Quinta Câmara de Direito Civil; Rel. Luiz Cézar Medeiros; Julg. 06/06/2017)

Honorários advocatícios no cumprimento de sentença contra a Fazenda:

✓ PROCESSUAL CIVIL. AGRAVO INTERNO NO RECURSO ESPECIAL. CÓDIGO DE PROCESSO CIVIL DE 2015. APLICABILIDADE. EXECUÇÃO CONTRA A FAZENDA PÚBLICA. HIPÓTESE DE REJEIÇÃO DA IMPUGNAÇÃO AO CUMPRIMENTO DE SENTENÇA. HONORÁRIOS ADVOCATÍCIOS. NÃO CABIMENTO. MATÉRIA DECIDIDA EM RECURSO ESPECIAL SUBMETIDO À SISTEMÁTICA DO ART. 543-C DO CPC. SÚMULA 519/STJ. ARGUMENTOS INSUFICIENTES PARA DESCONSTITUIR A DECISÃO ATACADA. APLICAÇÃO DE MULTA. ART. 1.021, § 4º, DO CÓDIGO DE PROCESSO CIVIL DE 2015. DESCABIMENTO. (...) II. Esta Corte, ao julgar o Recurso Especial n. 1.134.186/RS, submetido ao rito do art. 543-C do Código de Processo Civil de 1973, a respeito da condenação ao pagamento de honorários advocatícios em impugnação ao cumprimento de sentença, firmou entendimento segundo o qual: a) são cabíveis em fase de cumprimento de sentença, haja ou não impugnação, depois de escoado o prazo para pagamento voluntário a que alude o art. 475-J do CPC, que somente se inicia após a intimação do advogado, com a baixa dos autos e a aposição do "cumpra-se"; b) descabida a condenação quando rejeitada a impugnação; e c) devida a verba quando acolhida, ainda que em parte, a impugnação. III. Consoante a Súmula 519/STJ, aplicável às execuções contra a Fazenda Pública, "na hipótese de rejeição da impugnação ao cumprimento de sentença, não são cabíveis honorários advocatícios". IV. Não apresentação de argumentos suficientes para desconstituir a decisão recorrida. (...). (AgInt no REsp 1864374/SP, Rel. Ministra REGINA HELENA COSTA, PRIMEIRA TURMA, julgado em 08/09/2020, DJe 14/09/2020)

✓ PROCESSO CIVIL. PREVIDENCIÁRIO. BENEFÍCIOS EM ESPÉCIE. APOSENTADORIA POR TEMPO DE CONTRIBUIÇÃO. ART. 85, § 7º, DO CPC/15. ARBITRAMENTO DE VERBA SUCUMBENCIAL EM CUMPRIMENTO DE SENTENÇA NÃO IMPUGNADA PELA FAZENDA PÚBLICA. INCABÍVEL. EXECUÇÃO DE SENTENÇA CONTRA FAZENDA PÚBLICA. IMPUGNAÇÃO AO FEITO EXECUTIVO. AUSÊNCIA. I – Trata-se, na origem, de agravo de instrumento objetivando reformar decisão que reconsiderou a fixação de honorários na fase de cumprimento de sentença. No Tribunal a quo, o agravo foi improvido. Esta Corte negou provimento ao recurso especial. II – Primeiramente, cumpre destacar que o art. 85, § 7º, do CPC/2015 expressamente prevê que é incabível o arbitramento de verba sucumbencial em cumprimento de sentença não impugnada pela Fazenda Pública. III – Nesse contexto, a jurisprudência do Superior Tribunal de Justiça é pacífica no sentido de que, nos cumprimentos de sentença contra a Fazenda Pública, é indevida a fixação de verba sucumbencial quando ausente a impugnação ao feito executivo. In verbis: REsp n.1.666.182/RS, Rel. Ministro Herman Benjamin, Segunda Turma, julgado em 21/11/2017, DJe 19/12/2017; AgInt no REsp n. 1.814.321/RS, Rel. Ministro Herman Benjamin, Segunda Turma, julgado em 10/12/2019, DJe 19/12/2019. IV – Agravo interno improvido. (AgInt no REsp 1765745/RS, Rel. Ministro FRANCISCO FALCÃO, SEGUNDA TURMA, julgado em 14/09/2020, DJe 21/09/2020)

Multa inaplicável à Fazenda Pública:

✓ PROCESSUAL CIVIL. RECURSO ESPECIAL. SUBMISSÃO À REGRA PREVISTA NO ENUNCIADO ADMINISTRATIVO 03/STJ. SENTENÇA EXEQUENDA PROFERIDA QUANDO VIGENTE O CPC/73. CUMPRIMENTO DE SENTENÇA INICIADO NA VIGÊNCIA DO CPC/2015. APLICAÇÃO DA LEGISLAÇÃO NOVA. (...) 3. No caso concreto, embora a sentença exequenda tenha sido proferida na vigência do CPC/73, o cumprimento de sentença iniciou-se na vigência do CPC/2015, razão pela qual é aplicável a nova legislação. Assim, considerando que a agravante foi intimada e não efetuou o pagamento voluntário, o débito deve ser acrescido de multa de dez por cento e, também, de honorários de advogado de dez por cento (art. 523, § 1º, do CPC/2015). 4. Por outro lado, no que se refere à alegada afronta ao art. 534, § 2º, do CPC/2015, tal dispositivo estabelece que "a multa prevista no § 1º do art. 523 não se aplica à Fazenda Pública". Trata-se de norma que leva em consideração o regime especial de cumprimento de sentença que reconheça a exigibilidade de obrigação de pagar quantia certa pela Fazenda Pública. Em se tratando de bens públicos, encontram-se vinculados a uma finalidade pública específica e são inalienáveis (em regra) e não se sujeitam à expropriação em razão de execução forçada. Destarte, o adimplemento dos débitos pecuniários da Fazenda Pública deve observar o disposto no art. 100 da CF/88, c/c os arts. 534 e 535 do CPC/2015. Em se tratando de regramento especial, não é possível a aplicação do disposto no art. 534, § 2º, do CPC/2015 ao particular, com base no princípio da isonomia. 5. Recurso especial não provido. (REsp 1815762/SP, Rel. Ministro MAURO CAMPBELL MARQUES, SEGUNDA TURMA, julgado em 05/11/2019, DJe 07/11/2019)

A intimação do devedor para pagamento é irrecorrível

✓ PROCESSUAL CIVIL. RECURSO ESPECIAL. RECURSO MANEJADO SOB A ÉGIDE DO NCPC. CUMPRIMENTO DE SENTENÇA. INTIMAÇÃO DO EXECUTADO PARA PAGAMENTO, SOB PENA DE MULTA E FIXAÇÃO DE HONORÁRIOS. DESPACHO DE MERO EXPEDIENTE. AGRAVO DE INSTRUMENTO. DESCABIMENTO. RECURSO ESPECIAL NÃO PROVIDO. (...) 2. As decisões proferidas em liquidação ou cumprimento de sentença, execução e inventário, são impugnáveis por agravo de instrumento (art. 1.015, parágrafo único, do NCPC). 3. Com o advento do Novo Código de Processo Civil, o início da fase de cumprimento de sentença para pagamento de quantia certa passou a depender de provocação do credor. Assim, a intimação do devedor para pagamento é consectário legal do requerimento, e, portanto, irrecorrível, por se tratar de mero despacho de expediente, pois o juiz simplesmente cumpre o procedimento determinado pelo Código de Processo Civil (art. 523 do NCPC), impulsionando o processo. 4. Recurso especial a que se nega provimento. (REsp 1837211/MG, Rel. Min. Moura Ribeiro, Terceira Turma, julgado em 09/03/2021, DJe 11/03/2021)

§ 1º Não ocorrendo pagamento voluntário no prazo do caput, o débito será acrescido de multa de dez por cento e, também, de honorários de advogado de dez por cento.

Pagamento não realizado em 15 dias acarreta honorários advocatícios:

✓ AGRAVO DE INSTRUMENTO. CUMPRIMENTO DE SENTENÇA. HONORÁRIOS ADVOCATÍCIOS FIXADOS PARA A HIPÓTESE DE NÃO HAVER PAGAMENTO VOLUNTÁRIO. DEPÓSITO REALIZADO COM O PROPÓSITO DE GARANTIR O JUÍZO. PAGAMENTO NÃO OCORRIDO NO PRAZO. HONORÁRIOS ADVOCATÍCIOS DEVIDOS. RECURSO PROVIDO. (TJ-SC; AI 40172420220168240000 Joaçaba; Quinta Câmara de Direito Comercial; Rel. Cláudio Barreto Dutra; Julg. 22/06/2017)

Impossibilidade de redução do percentual de 10% previsto no § 1º:

✓ PROCESSUAL CIVIL. RECURSO ESPECIAL. AÇÃO DE COBRANÇA. CUMPRIMENTO DE SENTENÇA. AUSÊNCIA DE PAGAMENTO VOLUNTÁRIO DO DÉBITO. ACRÉSCIMO DE MULTA E HONORÁRIOS ADVOCATÍCIOS. PERCENTUAL DE 10% (DEZ POR CENTO) QUE NÃO PODE SER REDUZIDO À LUZ DOS ARTS. 85, § 2º E § 8º, DO CPC/2015. (...). 3. O propósito recursal é definir se é absoluto o percentual de 10% (dez por cento) de honorários advocatícios, previsto pelo art. 523, § 1º, do CPC/2015 para ser acrescido ao débito nas hipóteses em que não ocorrer o pagamento voluntário, ou se o mesmo pode ser relativizado à luz dos princípios da razoabilidade e da proporcionalidade e dos critérios estabelecidos pelo art. 85, § 2º, do CPC/2015. 4. Em sede de cumprimento de sentença, não ocorrendo pagamento voluntário no prazo de 15 (quinze) dias, o débito será acrescido de multa de 10% (dez por cento) e, também, de honorários de advogado de 10% (dez por cento), nos termos do art. 523, § 1º, do CPC/2015. 5. O percentual de 10% (dez por cento) previsto no art. 523, § 1º, do CPC/2015 não admite mitigação porque: i) a um, a própria lei tratou de tarifar-lhe expressamente; ii) a dois, a fixação equitativa da verba honorária só tem lugar nas hipóteses em que constatado que o proveito econômico é inestimável ou irrisório, ou o valor da causa é muito baixo (art. 85, § 8º, do CPC/2015); e iii) a três, os próprios critérios de fixação da verba honorária, previstos no art. 85, § 2º, I a IV, do CPC/2015, são destinados a abalizar os honorários advocatícios a serem fixados, conforme a ordem de vocação, no mínimo de 10% (dez por cento) ao máximo de 20% (vinte por cento) do valor da condenação, do proveito econômico ou do valor atualizado da causa. 6. Recurso especial conhecido e não provido. (REsp 1701824/RJ, Rel. Ministra NANCY ANDRIGHI, TERCEIRA TURMA, julgado em 09/06/2020, DJe 12/06/2020)

Depósito capaz de afastar a multa:

✓ AGRAVO INTERNO NO AGRAVO EM RECURSO ESPECIAL. CUMPRIMENTO DE SENTENÇA. MULTA DO ART. 523, § 1º, DO CPC/15. INCIDÊNCIA. AUSÊNCIA DE PAGAMENTO VOLUNTÁRIO. PRECEDENTES. ADIMPLEMENTO DA OBRIGAÇÃO. REEXAME DE PROVAS. SÚMULA N. 7/STJ. NÃO PROVIMENTO. 1. A jurisprudência do STJ firmou entendimento no sentido de que o mero depósito judicial do valor exequendo pelo devedor ou seu equivalente, com a finalidade de permitir a oposição de impugnação ao cumprimento de sentença, não perfaz adimplemento voluntário da obrigação, autorizando o cômputo da sanção de

10% (dez por cento) sobre o saldo devedor. 2. Não cabe, em recurso especial, reexaminar matéria fático-probatória (Súmula n. 7/STJ). 3. Agravo interno a que se nega provimento. (AgInt no AREsp 1511492/SP, Rel. Ministra MARIA ISABEL GALLOTTI, QUARTA TURMA, julgado em 21/09/2020, DJe 24/09/2020)

§ 2º Efetuado o pagamento parcial no prazo previsto no caput, a multa e os honorários previstos no § 1º incidirão sobre o restante.

§ 3º Não efetuado tempestivamente o pagamento voluntário, será expedido, desde logo, mandado de penhora e avaliação, seguindo-se os atos de expropriação.

Realização do pagamento parcial e multa:

✓ AGRAVO INTERNO NO AGRAVO EM RECURSO ESPECIAL. CUMPRIMENTO DE SENTENÇA. PAGAMENTO PARCIAL DA CONDENAÇÃO. GARANTIA DO JUÍZO. MULTA DO ART. 475-J DO CPC/1973 SOBRE O SALDO REMANESCENTE. ACÓRDÃO RECORRIDO EM HARMONIA COM A JURISPRUDÊNCIA DESTA CORTE. SÚMULA 83/STJ. AGRAVO IMPROVIDO. 1. O acórdão recorrido encontra-se em perfeita harmonia com a jurisprudência desta Corte no sentido de que, "efetuado o pagamento parcial no prazo previsto no caput do art. 475-J do CPC, a multa de dez por cento incidirá sobre o valor remanescente" (EDcl no AgRg no AREsp 118.881/RS, Relator Ministro Antonio Carlos Ferreira, DJe 3/2/2014). 2. Agravo interno a que se nega provimento. (AgInt no AREsp 1095494/RS, Rel. Ministro MARCO AURÉLIO BELLIZZE, TERCEIRA TURMA, julgado em 17/10/2017, DJe 27/10/2017)

Art. 524. O requerimento previsto no art. 523 será instruído com demonstrativo discriminado e atualizado do crédito, devendo a petição conter:

→ v. Enunciado 91 do CJF: Interpreta-se o art. 524 do CPC e seus parágrafos no sentido de permitir que a parte patrocinada pela Defensoria Pública continue a valer-se da contadoria judicial para elaborar cálculos para execução ou cumprimento de sentença.

I – o nome completo, o número de inscrição no Cadastro de Pessoas Físicas ou no Cadastro Nacional da Pessoa Jurídica do exequente e do executado, observado o disposto no art. 319, §§ 1º a 3º;

II – o índice de correção monetária adotado;

III – os juros aplicados e as respectivas taxas;

IV – o termo inicial e o termo final dos juros e da correção monetária utilizados;

V – a periodicidade da capitalização dos juros, se for o caso;

VI – especificação dos eventuais descontos obrigatórios realizados;

VII – indicação dos bens passíveis de penhora, sempre que possível.

§ 1º Quando o valor apontado no demonstrativo aparentemente exceder os limites da condenação, a execução será iniciada pelo valor pretendido, mas a penhora terá por base a importância que o juiz entender adequada.

Possibilidade de o magistrado enviar os autos à contadoria judicial:

✓ CIVIL. PROCESSUAL CIVIL. AGRAVO INTERNO NO AGRAVO EM RECURSO ESPECIAL. RECURSO MANEJADO SOB A ÉGIDE DO CPC. AGRAVO DE INSTRUMENTO. AÇÃO DE RESCISÃO DE COMPROMISSO DE COMPRA E VENDA DE IMÓVEL. INADMISSÃO DO APELO NOBRE NA ORIGEM. DECISÃO DEVIDAMENTE FUNDAMENTADA. CUMPRIMENTO DE SENTENÇA. EXCESSO DE EXECUÇÃO. DETERMINAÇÃO DE REFAZIMENTO DOS CÁLCULOS EX OFFICIO. POSSIBILIDADE. TRIBUNAL LOCAL QUE DIRIMIU A CONTROVÉRSIA COM BASE NOS FATOS DA CAUSA. REFORMA DO ENTENDIMENTO. SÚMULA Nº 7 DO STJ. RECURSO PROTELATÓRIO. INCIDÊNCIA DA MULTA DO ART. 1.021, § 4º, DO CPC. AGRAVO INTERNO NÃO PROVIDO, COM IMPOSIÇÃO DE MULTA. (...) 4. A atual jurisprudência dessa Corte firmou-se no sentido de que pode o juiz, de ofício, independentemente de requerimento das partes, enviar os autos à contadoria judicial e considerá-los como corretos, quando houver dúvida acerca do correto valor da execução (AgRg nos EDcl no REsp 1.446.516/SP, Rel. Ministro HUMBERTO MARTINS, Segunda Turma, DJe 16/9/2014). Precedentes. (...) (AgInt no AREsp 1415968/SP, Rel. Ministro MOURA RIBEIRO, TERCEIRA TURMA, julgado em 15/04/2019, DJe 22/04/2019)

§ 2º Para a verificação dos cálculos, o juiz poderá valer-se de contabilista do juízo, que terá o prazo máximo de 30 (trinta) dias para efetuá-la, exceto se outro lhe for determinado.

O envio dos autos à contadoria judicial é despacho e, portanto, irrecorrível:

✓ PROCESSUAL CIVIL. AGRAVO REGIMENTAL NO AGRAVO EM RECURSO ESPECIAL. IMPUGNAÇÃO AO CUMPRIMENTO DE SENTENÇA. EXCESSO DE EXECUÇÃO. PRECLUSÃO PRO JUDICATO. INEXISTÊNCIA. DESPACHO. ENVIO DOS AUTOS À CONTADORIA. CONTEÚDO DECISÓRIO. AUSÊNCIA. DECISÃO MANTIDA. 1. Conforme o art. 504 do CPC/1973 (art. 1.001 do CPC/2015), não cabe recurso contra despacho desprovido de conteúdo decisório (precedentes). 2. No caso, o envio dos autos à contadoria judicial, para verificação dos valores controvertidos, constitui despacho de mero expediente e é, portanto, irrecorrível. 3. Assim, tendo o excesso de execução sido julgado somente quando da rejeição à impugnação ao cumprimento de sentença, não há falar em preclusão pro judicato. 4. Agravo regimental a que se nega provimento. (AgRg no AREsp 374.202/RJ, Rel. Ministro ANTONIO CARLOS FERREIRA, QUARTA TURMA, julgado em 15/08/2019, DJe 20/08/2019)

§ 3º Quando a elaboração do demonstrativo depender de dados em poder de terceiros ou do executado, o juiz poderá requisitá-los, sob cominação do crime de desobediência.

→ v. Arts. 401 a 403 do CPC.

Determinação judicial para apresentação de dados para realização do cálculo da execução:

✓ PROCESSUAL CIVIL. AGRAVO DE INSTRUMENTO. EXECUÇÃO DE SENTENÇA. DOCUMENTOS. ALE-

GAÇÃO DE VIOLAÇÃO AO ART. 1.022 DO CPC/2015. NÃO VERIFICADA. TRIBUTÁRIO. RESP N. 1.336.026/PE. EXECUÇÃO CONTRA A FAZENDA PÚBLICA. ENTENDIMENTO DESTA CORTE. VIGÊNCIA DA LEI N. 10.444/2002. POSSIBILIDADE DE ACEITAÇÃO DOS CÁLCULOS DO EXEQUENTE. PRECEDENTES. I – O presente feito decorre de agravo de instrumento interposto contra decisão que, para fins de instruir a execução, determinou que o ente público promovesse a juntada das fichas financeiras. O Tribunal a quo negou provimento ao recurso (...) III – A parte recorrente pugna pela tese de que não é admissível a intervenção judicial para determinar que a Fazenda Pública apresente documentos necessários à instrução da execução contra ela ajuizada, sem que antes a parte exequente comprove que se desincumbiu de requerê-los previamente ao órgão responsável pela guarda das informações. IV – No caso sob exame, já não se debate mais sobre o fato constitutivo de direito invocado pela parte autora (CPC, art. 373, I), já reconhecido em definitivo no título executivo judicial. Assim, não paira dúvida sobre o an debeatur. Cuida-se, isto sim, da quantização do crédito decorrente daquele reconhecimento. O momento é o da definição do quantum debeatur, para o qual, embora se exija a iniciativa do credor, não lhe é exigível a apresentação de elementos de que não tem a guarda ou não lhe é assegurado franco acesso, como é o caso das chamadas fichas financeiras mantidas nos assentamentos da Administração. V – Sabido pelas partes e pelo Juízo que a liquidação do título, ainda que por meros cálculos aritméticos, requer informações que se encontram sob o domínio da parte devedora, não é razoável condicionar o prosseguimento da execução ao prévio requerimento administrativo daqueles documentos, notadamente porque a definição do quantum é procedimento que se realiza no interesse do credor e do devedor, em igual medida, a recomendar com maior ênfase o respeito ao princípio da cooperação (CPC/2015, art. 6º). VI – Nesse contexto, não se extrai dos dispositivos apontados pela parte recorrente, até porque relacionados à demonstração primária dos fatos constitutivos do direito, a exigência do requerimento administrativo de acesso às informações contidas nas fichas financeira, a viabilizar a posterior requisição judicial de tais elementos. VII – Também não há, no art. 524, § 3º, do CPC/2015, a exigência de tal requerimento prévio. VIII – O Superior Tribunal de Justiça firmou entendimento, no julgamento do REsp n. 1.336.026/PE, sob o rito dos recursos repetitivos, que a execução contra a Fazenda Pública não exige uma fase prévia destinada a juntada de documentos de que a Administração tenha a posse. IX – Por essa razão, reconhece-se como correta a conta apresentada pelo exequente se, requisitados pelo Juízo os documentos, a Administração deixar de exibi-los a tempo e modo. A propósito: AgInt no AREsp n. 631.103/RS, Rel. Ministro Francisco Falcão, Segunda Turma, julgado em 7/6/2018, DJe 14/6/2018. X – Agravo interno improvido. (AgInt no REsp 1749737/RS, Rel. Ministro FRANCISCO FALCÃO, SEGUNDA TURMA, julgado em 06/12/2018, DJe 12/12/2018)

§ 4º Quando a complementação do demonstrativo depender de dados adicionais em poder do executado, o juiz poderá, a requerimento do exequente, requisitá-los, fixando prazo de até 30 (trinta) dias para o cumprimento da diligência.

Determinação judicial para apresentação de dados pelo executado para realização do cálculo da execução:

✓ AGRAVO DE INSTRUMENTO. PARTICIPAÇÃO ACIONÁRIA DA TELEFONIA. CUMPRIMENTO DE SENTENÇA. DECISÃO QUE DETERMINOU A EXIBIÇÃO DE DOCUMENTOS, SOB PENA DE INCIDÊNCIA DO CRIME DE DESOBEDIÊNCIA. INSURGÊNCIA DA EMPRESA DE TELEFONIA. EXIBIÇÃO DE DOCUMENTOS. PRESENÇA DOS DADOS NECESSÁRIOS PARA REALIZAÇÃO DO DEMONSTRATIVO DE DÉBITO. CONTRATO DE PARTICIPAÇÃO FINANCEIRA (PEX) E INFORMAÇÃO SOCIETÁRIA PRESENTE NOS AUTOS. DESNECESSIDADE DE INTIMAÇÃO DA PARTE AGRAVANTE, SOB PENA DE CONFIGURAÇÃO DO CRIME DE DESOBEDIÊNCIA (ARTIGO 524, § 3º E § 4º, DO CPC). MEDIDA DESPROPORCIONAL. EXISTÊNCIA DE PENALIDADE ESPECÍFICA EM LEI, QUAL SEJA, VERACIDADE DOS VALORES INDICADOS PELO CREDOR (ARTIGO 524, § 5º, DO CPC). SANÇÃO AFASTADA. Recurso conhecido e provido. (TJ-SC; AI 40127280620168240000 Blumenau; Primeira Câmara de Direito Comercial; Rel. Guilherme Nunes Born; Julg. 14/09/2017)

✓ TRIBUTÁRIO. RESP 1.336.026/PE. EXECUÇÃO CONTRA A FAZENDA PÚBLICA. ENTENDIMENTO DESTA CORTE. VIGÊNCIA DA LEI N. 10.444/2002. POSSIBILIDADE DE ACEITAÇÃO DOS CÁLCULOS DO EXEQUENTE. PRECEDENTES. I – O Superior Tribunal de Justiça tem entendimento pacificado, diante do julgamento do REsp 1.336.026/PE, pelo rito dos recursos repetitivos, que para a execução contra a Fazenda Pública não se faz necessária uma fase prévia para juntada de documentos em posse da administração, sendo reconhecida como correta a conta apresentada pelo exequente acaso a requisição judicial da documentação deixar de ser atendida, não podendo ser invocada a demora na juntada dos referidos documentos. II – Tal entendimento é decorrente da vigência da Lei n. 10.444/2002, que incluiu o § 1º ao art. 604, do CPC/1973, atualmente o art. 524, §§ 3º, 4º e 5º do CPC/2015, que dispõem sobre a elaboração do demonstrativo de cálculos e a aceitação dos cálculos do exequente acaso não sejam entregues os dados complementares pelo executado. Neste sentido: AgInt no AREsp 918.823/SP, Rel. Ministro FRANCISCO FALCÃO, SEGUNDA TURMA, julgado em 12/12/2017, DJe 18/12/2017; AgInt nos EDcl no AREsp 620.934/RS, Rel. Ministro MAURO CAMPBELL MARQUES, SEGUNDA TURMA, julgado em 05/12/2017, DJe 12/12/2017. III – Agravo interno improvido. (AgInt no AREsp 631.103/RS, Rel. Ministro FRANCISCO FALCÃO, SEGUNDA TURMA, julgado em 07/06/2018, DJe 14/06/2018)

§ 5º Se os dados adicionais a que se refere o § 4º não forem apresentados pelo executado, sem justificativa, no prazo designado, reputar-se-ão corretos os cálculos apresentados pelo exequente apenas com base nos dados de que dispõe.

→ v. Arts. 396 a 400 do CPC.

Penalidade pela não apresentação dos dados solicitados:

✓ AGRAVO INTERNO NO AGRAVO EM RECURSO ESPECIAL. AGRAVO DE INSTRUMENTO. CUMPRIMENTO DE SENTENÇA. COMPLEMENTAÇÃO DE AÇÕES. MATÉRIA QUE DEMANDA REEXAME DE FATOS E PROVAS. SU-

MULA 7 DO STJ. AGRAVO INTERNO NÃO PROVIDO. 1. O Tribunal de origem assentou que a radiografia do contrato não é meio idôneo à comprovação do valor integralizado pelo acionista no momento da contratação e que, na ausência da apresentação do contrato de participação, a liquidação deverá prosseguir com a aplicação dos efeitos previstos no art. 475-B, §2º, do CPC/1973 (art. 524, §5º, do CPC/2015) (fls. 60-68). A convicção formada pelo Tribunal de origem acerca da necessidade da exibição do contrato de participação financeira decorreu dos elementos existentes nos autos, de forma que rever a decisão recorrida e acolher a pretensão recursal importaria necessariamente no reexame de provas, o que é defeso nesta fase recursal (Súmula 7-STJ) e impede o conhecimento do recurso por ambas as alíneas do permissivo constitucional. 2. A matéria relativa aos arts. 141, 492 e 503 do CPC/2015 (arts. 128, 460 e 468 do CPC/1973) na ótica arguida pela parte recorrente não foi objeto de discussão no acórdão recorrido, tampouco foram opostos embargos de declaração a fim de suprir eventual omissão. É entendimento assente no Superior Tribunal de Justiça a exigência do prequestionamento dos dispositivos tidos por violados, ainda que a contrariedade tenha surgido no julgamento do próprio acórdão recorrido. Incidem, na espécie, as Súmulas 282 e 356 do Supremo Tribunal Federal. 3. Agravo interno não provido. (AgInt no AREsp 1190659/SC, Rel. Ministro LUIS FELIPE SALOMÃO, QUARTA TURMA, julgado em 10/04/2018, DJe 20/04/2018)

Inaplicabilidade do dispositivo se não houver indicação na decisão exequenda dos critérios para pagamento:

✓ ADMINISTRATIVO E PROCESSUAL CIVIL. AGRAVO INTERNO NO AGRAVO EM RECURSO ESPECIAL. AGRAVO DE INSTRUMENTO. CUMPRIMENTO DE SENTENÇA. AUSÊNCIA DE PREVISÃO DO CRITÉRIO PARA APURAÇÃO DOS VALORES, NO TÍTULO EXEQUENDO. REMESSA DOS AUTOS À CONTADORIA. FALTA DE IMPUGNAÇÃO, NO RECURSO ESPECIAL, DE FUNDAMENTO DO ACÓRDÃO COMBATIDO, SUFICIENTE PARA A SUA MANUTENÇÃO. INCIDÊNCIA DA SÚMULA 283/STF. CONTROVÉRSIA RESOLVIDA, PELO TRIBUNAL DE ORIGEM, À LUZ DAS PROVAS DOS AUTOS. IMPOSSIBILIDADE DE REVISÃO, NA VIA ESPECIAL. SÚMULA 7/STJ. AGRAVO INTERNO IMPROVIDO. (...) II. Trata-se, na origem, de Agravo de Instrumento, interposto pela parte agravante contra decisão prolatada pelo Juízo de 1º Grau, que, em impugnação ao cumprimento de sentença, apresentada por OI S.A. – Em Recuperação Judicial, deixou de homologar os cálculos e determinou a remessa dos autos à contadoria judicial. O Tribunal de origem negou provimento ao Agravo de Instrumento, por considerar que "não foram estipulados na decisão transitada em julgado critérios para apuração dos valores, nem para obtenção dos documentos necessários para realização dos cálculos, sendo inaplicável, no caso concreto, o art. 524, § 5º, do CPC". (...). (AgInt no AREsp 1176006/RS, Rel. Ministra ASSUSETE MAGALHÃES, SEGUNDA TURMA, julgado em 03/05/2018, DJe 09/05/2018)

Art. 525. Transcorrido o prazo previsto no art. 523 sem o pagamento voluntário, inicia-se o prazo de 15 (quinze) dias para que o executado, independentemente de penhora ou nova intimação, apresente, nos próprios autos, sua impugnação.

→ v. Enunciado 90 do CJF: Conta-se em dobro o prazo do art. 525 do CPC nos casos em que o devedor é assistido pela Defensoria Pública.

→ v. Enunciado 93 do CJF: Da decisão que julga a impugnação ao cumprimento de sentença cabe apelação, se extinguir o processo, ou agravo de instrumento, se não o fizer.

Início do prazo para apresentação da impugnação:

✓ RECURSO ESPECIAL. CUMPRIMENTO DE SENTENÇA. INTIMAÇÃO DO DEVEDOR PARA PAGAMENTO VOLUNTÁRIO DO DÉBITO. ART. 523, CAPUT, DO CÓDIGO DE PROCESSO CIVIL DE 2015. PRAZO DE NATUREZA PROCESSUAL. CONTAGEM EM DIAS ÚTEIS, NA FORMA DO ART. 219 DO CPC/2015. REFORMA DO ACÓRDÃO RECORRIDO. RECURSO PROVIDO. 1. Cinge-se a controvérsia a definir se o prazo para o cumprimento voluntário da obrigação, previsto no art. 523, caput, do Código de Processo Civil de 2015, possui natureza processual ou material, a fim de estabelecer se a sua contagem se dará, respectivamente, em dias úteis ou corridos, a teor do que dispõe o art. 219, caput e parágrafo único, do CPC/2015. 2. O art. 523 do CPC/2015 estabelece que, "no caso de condenação em quantia certa, ou já fixada em liquidação, e no caso de decisão sobre parcela incontroversa, o cumprimento definitivo da sentença far-se-á a requerimento do exequente, sendo o executado intimado para pagar o débito, no prazo de 15 (quinze) dias, acrescido de custas, se houver". 3. Conquanto o pagamento seja ato a ser praticado pela parte, a intimação para o cumprimento voluntário da sentença ocorre, como regra, na pessoa do advogado constituído nos autos (CPC/2015, art. 513, § 2º, I), fato que, inevitavelmente, acarreta um ônus ao causídico, o qual deverá comunicar ao seu cliente não só o resultado desfavorável da demanda, como também as próprias consequências jurídicas da ausência de cumprimento da sentença no respectivo prazo legal. 3.1. Ademais, nos termos do art. 525 do CPC/2015, "transcorrido o prazo previsto no art. 523 sem o pagamento voluntário, inicia-se o prazo de 15 (quinze) dias para que o executado, independentemente de penhora ou nova intimação, apresente, nos próprios autos, sua impugnação". Assim, não seria razoável fazer a contagem dos primeiros 15 (quinze) dias para o pagamento voluntário do débito em dias corridos, se considerar o prazo de natureza material, e, após o transcurso desse prazo, contar os 15 (quinze) dias subsequentes, para a apresentação da impugnação, em dias úteis, por se tratar de prazo processual. 3.2. Não se pode ignorar, ainda, que a intimação para o cumprimento de sentença, independentemente de quem seja o destinatário, tem como finalidade a prática de um ato processual, pois, além de estar previsto na própria legislação processual (CPC), também traz consequências para o processo, caso não seja adimplido o débito no prazo legal, tais como a incidência de multa, fixação de honorários advocatícios, possibilidade de penhora de bens e valores, início do prazo para impugnação ao cumprimento de sentença, dentre outras. E, sendo um ato processual, o respectivo prazo, por decorrência lógica, terá a mesma natureza jurídica, o que faz incidir a norma do art. 219 do CPC/2015, que determina a contagem em dias úteis. 4. Em análise do tema, a I Jornada de Direito Processual Civil do Conselho da Justiça Federal – CJF aprovou o Enunciado n. 89, de seguinte teor: "Conta-se em dias úteis o prazo do caput do art. 523 do CPC". 5. Recurso especial provido. (REsp 1708348/RJ, Rel. Ministro MARCO AURÉLIO BELLIZZE, TERCEIRA TURMA, julgado em 25/06/2019, DJe 01/08/2019)

§ 1º Na impugnação, o executado poderá alegar:

Defesa diante de sentença arbitral:

✓ DIREITO DO CONSUMIDOR. ARBITRAGEM. RECURSO ESPECIAL. AÇÃO DE EXECUÇÃO DE SENTENÇA ARBITRAL. EXCEÇÃO DE PRÉ-EXECUTIVIDADE. COISA JULGADA. IMPUGNAÇÕES. POSSIBILIDADE. LIMITES LEGAIS IMPOSTOS PELO CPC/2015. CLÁUSULA COMPROMISSÓRIA. RELAÇÃO DE CONSUMO. CONTRATO DE ADESÃO. (...)4. Em sede de impugnação ao cumprimento de sentença arbitral ou em exceção de pré-executividade, é possível a invocação das razões contidas no art. 525, § 1º, do CPC/2015, relativa à nulidade da citação. 5. O art. 51, VII, do CDC limita-se a vedar a adoção prévia e compulsória da arbitragem, no momento da celebração do contrato, mas não impede que, posteriormente, diante de eventual litígio, havendo consenso entre as partes (em especial a aquiescência do consumidor), seja instaurado o procedimento arbitral. 6. Recurso especial não provido. (REsp 1854483/GO, Rel. Ministra NANCY ANDRIGHI, TERCEIRA TURMA, julgado em 08/09/2020, DJe 16/09/2020)

Questões de ordem pública passíveis de serem reconhecidas em sede de impugnação:

✓ APELAÇÃO CÍVEL. IMPUGNAÇÃO AO CUMPRIMENTO DE SENTENÇA. REVELIA NA FASE DE CONHECIMENTO. ILEGITIMIDADE PASSIVA RECONHECIDA NA ETAPA EXECUTIVA. INSURGÊNCIA OFERTADA PELO EXEQUENTE/IMPUGNADO. ALEGADA OFENSA À COISA JULGADA. INSUBSISTÊNCIA. MATÉRIA DE ORDEM PÚBLICA, QUE NÃO FOI DEBATIDA EM MOMENTO ANTERIOR. POSSIBILIDADE DE CONHECIMENTO, ATÉ MESMO DE OFÍCIO. AUSÊNCIA DE PRECLUSÃO. CONTRATO VERBAL DE COMPRA E VENDA DE VEÍCULO CELEBRADO COM EMPRESA DIVERSA DA EXECUTADA, A QUAL REALMENTE NÃO DETÉM LEGITIMIDADE PARA RESPONDER PELOS PREJUÍZOS SOFRIDOS PELO AUTOR/IMPUGNADO. SENTENÇA MANTIDA. RECURSO CONHECIDO E DESPROVIDO. (TJ-SC; AC 00212126220098240020 Criciúma; Segunda Câmara de Direito Civil; Rel. Rubens Schulz; Julg. 14/09/2017)

Matérias que não podem ser conhecidas em sede de impugnação:

✓ AGRAVO DE INSTRUMENTO. IMPUGNAÇÃO AO CUMPRIMENTO DE SENTENÇA. AÇÃO DE INVENTÁRIO. ACORDO HOMOLOGADO. INADIMPLEMENTO. ONEROSIDADE EXCESSIVA. JUSTIFICATIVA. – INTERLOCUTÓRIO NEGATIVO NA ORIGEM. RECURSO DOS EXECUTADOS. (...) (2) MÉRITO. ACORDO. INADIMPLEMENTO. ONEROSIDADE EXCESSIVA. JUSTIFICATIVA. IMPUGNAÇÃO. ROL TAXATIVO. NÃO CABIMENTO. ACERTO. – A impugnação ao cumprimento de sentença não comporta alegação defensiva, como justificativa ao descumprimento do acordo homologado judicialmente, a fim de afastar os encargos da mora, com base na cláusula rebus sic stantibus e na teoria da onerosidade excessiva, porquanto matérias próprias da fase de conhecimento e não elencadas no rol taxativo do art. 525, § 1º, do Código de Processo Civil. DECISÃO MANTIDA. RECURSO DESPROVIDO. (TJ-SC; AI 40018022920178240000 Balneário Camboriú; Quinta Câmara de Direito Civil; Rel. Henry Petry Junior; Julg. 26/09/2017)

✓ PROCESSUAL CIVIL. AGRAVO INTERNO NOS EMBARGOS DE DECLARAÇÃO NO AGRAVO EM RECURSO ESPECIAL. EXPURGOS INFLACIONÁRIOS. CUMPRIMENTO DE SENTENÇA. FALTA DE PREQUESTIONAMENTO. SÚMULA N. 211 DO STJ. EFICÁCIA PRECLUSIVA DA COISA JULGADA. ALEGAÇÃO DE EXCESSO DE EXECUÇÃO. AUSÊNCIA DE INDICAÇÃO DOS VALORES DEVIDOS. ACÓRDÃO RECORRIDO EM CONSONÂNCIA COM JURISPRUDÊNCIA DESTA CORTE. SÚMULA N. 83 DO STJ. REEXAME DO CONJUNTO FÁTICO-PROBATÓRIO DOS AUTOS. INADMISSIBILIDADE. INCIDÊNCIA DA SÚMULA N. 7 DO STJ. APRECIAÇÃO DE TODAS AS QUESTÕES RELEVANTES DA LIDE PELO TRIBUNAL DE ORIGEM. AUSÊNCIA DE AFRONTA AO ART. 1.022 DO CPC/2015. DECISÃO MANTIDA. (...) 2. O trânsito em julgado da sentença faz surgir a eficácia preclusiva da coisa julgada, impedindo o conhecimento até mesmo das matérias de ordem pública. Precedentes. 3. A impugnação ao cumprimento de sentença, quando fundada na tese de excesso de execução, deve indicar com precisão o valor que a parte entende correto, sob pena de rejeição liminar. Precedentes. (...) (AgInt nos EDcl no AREsp 1348893/SP, Rel. Ministro ANTONIO CARLOS FERREIRA, QUARTA TURMA, julgado em 24/08/2020, DJe 28/08/2020)

✓ PROCESSUAL CIVIL. AGRAVO INTERNO NO RECURSO ESPECIAL. VALOR DA CAUSA. PRECLUSÃO, CUMPRIMENTO DE SENTENÇA. FALTA DE PREQUESTIONAMENTO. SÚMULA 211/STJ. REEXAME DE PROVAS. IMPOSSIBILIDADE. SÚMULA 7/STJ. MATÉRIA DE ORDEM PÚBLICA. PRECLUSÃO. DECISÃO MANTIDA. (...) 4. Segundo a jurisprudência desta Corte Superior, as matérias de ordem pública "podem ser apreciadas a qualquer tempo nas instâncias ordinárias. Todavia, existindo decisão anterior, opera-se a preclusão consumativa se não houver impugnação no momento processual oportuno" (AgInt no REsp 1447224/MG, Rel. Ministro RICARDO VILLAS BÔAS CUEVA, TERCEIRA TURMA, julgado em 20/02/2018, DJe 26/02/2018). 5. Agravo interno a que se nega provimento. (AgInt no REsp 1841515/PR, Rel. Ministro ANTONIO CARLOS FERREIRA, QUARTA TURMA, julgado em 24/08/2020, DJe 28/08/2020)

✓ AGRAVO INTERNO NO AGRAVO EM RECURSO ESPECIAL. PROCESSUAL CIVIL. SÚMULA 182/STJ. NÃO INCIDÊNCIA. RECONSIDERAÇÃO DA DECISÃO AGRAVADA. SEGUROS. SFH CUMPRIMENTO DE SENTENÇA. ARGUIÇÃO DE ILEGITIMIDADE ATIVA. PRECLUSÃO. COISA JULGADA. SÚMULA 83/STJ. ACÓRDÃO RECORRIDO MANTIDO. AGRAVO INTERNO PROVIDO. RECURSO ESPECIAL NÃO PROVIDO. (...) 2. Em que pese não se poder falar em preclusão pro judicato para as matérias de ordem pública, o juiz ou tribunal só poderá conhecê-las, a qualquer momento, enquanto ainda não resolvidas. Uma vez alegadas e decididas em definitivo, deve ser observada a coisa julgada. 3. Agravo interno provido para, reconsiderando a decisão agravada, conhecer do agravo para negar provimento ao recurso especial. (AgInt no AREsp 1583265/RS, Rel. Ministro RAUL ARAÚJO, QUARTA TURMA, julgado em 10/03/2020, DJe 02/04/2020)

I – falta ou nulidade da citação se, na fase de conhecimento, o processo correu à revelia;

II – ilegitimidade de parte;

III – inexequibilidade do título ou inexigibilidade da obrigação;

Inexigibilidade do título:

✓ PROCESSUAL CIVIL. IMPUGNAÇÃO AO CUMPRIMENTO DE SENTENÇA MANEJADO PELA FAZENDA PÚBLICA ESTADUAL. IMPROCEDÊNCIA. EXCESSO DE EXECUÇÃO NÃO COMPROVADO NOS AUTOS. INTERPRETAÇÃO DE LEI LOCAL. SÚMULA 280/STF. MATÉRIA CONSTITUCIONAL. COMPETÊNCIA DO STF. INEXIGIBILIDADE DA OBRIGAÇÃO NÃO CONFIGURADA, À MÍNGUA DE RECONHECIMENTO DE INCONSTITUCIONALIDADE PELO STF EM CONTROLE DE CONSTITUCIONALIDADE CONCENTRADO OU DIFUSO ANTES DO TRÂNSITO EM JULGADO DA DECISÃO EXEQUENDA. EXEGESE DO ARTIGO 535, §5º, CPC (ART. 741, PARÁGRAFO ÚNICO, CPC/1973). (...) 3. Ademais, percebe-se que o entendimento do Tribunal de origem está em conformidade com a orientação do STJ. Com efeito, a Primeira Seção, sob a égide dos recursos repetitivos, art. 543-C do CPC e da Resolução STJ 8/2008, no REsp 1.189.619/PE, de relatoria do Min. Castro Meira, DJe 2.9.2010, entendeu que a norma do art. 741, parágrafo único, do CPC deve ser interpretada restritivamente, porque excepciona o princípio da imutabilidade da coisa julgada, sendo necessário que a inconstitucionalidade tenha sido declarada em precedente do Supremo Tribunal Federal, em controle concentrado ou difuso. 4. Nos termos da Súmula 487/STJ, também estão fora do alcance do parágrafo único do art. 741 do CPC as sentenças cujo trânsito em julgado tenha ocorrido em data anterior à vigência do dispositivo. 5. Por fim, extrai-se do acórdão vergastado e das razões de Recurso Especial que o acolhimento da pretensão recursal demanda reexame do contexto fático-probatório, mormente para certificar a data do trânsito em julgado da sentença exequenda, o que não se admite ante o óbice da Súmula 7/STJ. 6. Agravo Interno não provido. (AgInt no REsp 1778730/MA, Rel. Ministro HERMAN BENJAMIN, SEGUNDA TURMA, julgado em 03/12/2019, DJe 12/05/2020)

IV – penhora incorreta ou avaliação errônea;

→ v. Art. 831 e seguintes do CPC.

V – excesso de execução ou cumulação indevida de execuções;

→ v. Arts. 917, § 2º e 780 do CPC.

Excesso de execução:

✓ PROCESSUAL CIVIL. AGRAVO INTERNO NOS EMBARGOS DE DECLARAÇÃO NO AGRAVO EM RECURSO ESPECIAL. EXPURGOS INFLACIONÁRIOS. CUMPRIMENTO DE SENTENÇA. FALTA DE PREQUESTIONAMENTO. SÚMULA N. 211 DO STJ. EFICÁCIA PRECLUSIVA DA COISA JULGADA. ALEGAÇÃO DE EXCESSO DE EXECUÇÃO. AUSÊNCIA DE INDICAÇÃO DOS VALORES DEVIDOS. ACÓRDÃO RECORRIDO EM CONSONÂNCIA COM JURISPRUDÊNCIA DESTA CORTE. SÚMULA N. 83 DO STJ. REEXAME DO CONJUNTO FÁTICO-PROBATÓRIO DOS AUTOS. INADMISSIBILIDADE. INCIDÊNCIA DA SÚMULA N. 7 DO STJ. APRECIAÇÃO DE TODAS AS QUESTÕES RELEVANTES DA LIDE PELO TRIBUNAL DE ORIGEM. AUSÊNCIA DE AFRONTA AO ART. 1.022 DO CPC/2015. DECISÃO MANTIDA. (...) 3. A impugnação ao cumprimento de sentença, quando fundada na tese de excesso de execução, deve indicar com precisão o valor que a parte entende correto, sob pena de rejeição liminar. Precedentes. (...) 6. No caso concreto, o Tribunal de origem concluiu que o seguro-garantia não deve ser exigido por inexistir prova de grave prejuízo ao executado e que o agravante não declinou na impugnação ao cumprimento de sentença, acompanhada dos devidos cálculos, o valor aduzido como correto. Alterar esses entendimentos demandaria o reexame das provas produzidas nos autos, o que é vedado em recurso especial. (...). (AgInt nos EDcl no AREsp 1348893/SP, Rel. Ministro ANTONIO CARLOS FERREIRA, QUARTA TURMA, julgado em 24/08/2020, DJe 28/08/2020)

VI – incompetência absoluta ou relativa do juízo da execução;

→ v. Art. 516 do CPC.

VII – qualquer causa modificativa ou extintiva da obrigação, como pagamento, novação, compensação, transação ou prescrição, desde que supervenientes à sentença.

Causas impeditivas, modificativas ou extintivas supervenientes à sentença:

✓ AGRAVO INTERNO NO AGRAVO DE INSTRUMENTO – IMPUGNAÇÃO AO CUMPRIMENTO DE SENTENÇA – DECISÃO MONOCRÁTICA DA LAVRA DESTE SIGNATÁRIO QUE ACOLHEU O AGRAVO PARA CONHECER EM PARTE DO RECURSO ESPECIAL E, NESSA EXTENSÃO, NEGOU-LHE PROVIMENTO. IRRESIGNAÇÃO DA EXECUTADA. (...) 2. A ratio essendi da norma prevista no art. 475-L, VI, do CPC/1973 (art. 525, VII, do CPC/2015) é viabilizar ao executado a discussão de causas impeditivas, modificativas e extintivas que, além de supervenientes a sentença, ainda não foram objeto de decisão por parte do órgão jurisdicional, sendo necessário compatibilizar a referida regra com o art. 473 do CPC/1973 (atual 507 do CPC/2015), no qual prevê ser vedado à parte discutir no curso do processo as questões já decididas a cujo respeito se operou a preclusão. 2.1. Na espécie, embora a transação tenha ocorrido após a fase de conhecimento da demanda, a questão afeta à sua validade foi objeto de decisão não recorrida no tempo oportuno, de modo que, à luz do art. 473 do CPC/1973 (atual 507 do CPC/2015), não poderia a insurgente rediscutir a questão em sede de impugnação ao cumprimento de sentença. 3. Tendo em vista a manutenção da preclusão reconhecida pelas instâncias ordinárias, mostra-se prejudicado o exame da alegada validade da transação entabulada entre as partes. 4. Agravo interno desprovido. (AgInt no Ag 1400631; PR; Quarta Turma; Rel. Min. Marco Buzzi; Julg. 07/06/2016, DJe 17/06/2016)

✓ AGRAVO INTERNO NO AGRAVO EM RECURSO ESPECIAL – AUTOS DE AGRAVO DE INSTRUMENTO NA ORIGEM – DECISÃO MONOCRÁTICA QUE NEGOU PROVIMENTO AO RECLAMO. INSURGÊNCIA DA AGRAVANTE. 1. A Corte de origem dirimiu a matéria submetida à sua apreciação, manifestando-se expressamente acerca dos temas necessários à integral solução da lide, de modo que, ausente qualquer omissão, contradição ou obscuridade no aresto recorrido, não se verifica a ofensa ao artigo 1.022 do CPC/15. 2.

Esta Corte Superior firmou posicionamento no sentido de que, em observância à coisa julgada, a prescrição somente pode ser alegada, na fase de cumprimento de sentença, se tiver se consumado após a sentença, nos termos do artigo 525, § 1º, inc. VII, do CPC/15 (artigo 475-L, inc. VI, do CPC/73). Precedentes. 3. Agravo interno desprovido. (AgInt no AREsp 1169563/SP, Rel. Ministro MARCO BUZZI, QUARTA TURMA, julgado em 04/05/2020, DJe 07/05/2020)

§ 2º A alegação de impedimento ou suspeição observará o disposto nos arts. 146 e 148.

§ 3º Aplica-se à impugnação o disposto no art. 229.

§ 4º Quando o executado alegar que o exequente, em excesso de execução, pleiteia quantia superior à resultante da sentença, cumprir-lhe-á declarar de imediato o valor que entende correto, apresentando demonstrativo discriminado e atualizado de seu cálculo.

Impugnação suscitando o excesso de execução que deve apresentar o valor correto:

✓ AGRAVO DE INSTRUMENTO. CUMPRIMENTO DE SENTENÇA DE AÇÃO REVISIONAL. DECISÃO QUE REJEITOU A IMPUGNAÇÃO. INCONFORMISMO DO BANCO IMPUGNANTE. EXCESSO DE EXECUÇÃO. ALEGADA AUSÊNCIA DE ESPECIFICAÇÃO DOS CRITÉRIOS UTILIZADOS PARA O CÁLCULO APRESENTADO PELO CONTADOR JUDICIAL. PLEITO DE ABERTURA DE PRAZO PARA APRESENTAÇÃO DO CÁLCULO DO VALOR QUE ENTENDE DEVIDO. IMPOSSIBILIDADE. IMPUGNAÇÃO QUE DEVE TRAZER O VALOR ENTENDIDO COMO DEVIDO E O DEMONSTRATIVO DO ERRO NO CÔMPUTO APRESENTADO. ALEGAÇÃO GENÉRICA. RAZÃO NÃO PROVIDA. RECURSO CONHECIDO E DESPROVIDO. (TJ-SC; AI 40018716120178240000 Lages; Quarta Câmara de Direito Comercial; Rel. Altamiro de Oliveira; Julg. 28/11/2017)

✓ PREQUESTIONAMENTO FICTO. NÃO CARACTERIZAÇÃO. RECURSO PROVIDO. 1. O Tribunal de origem concluiu que os argumentos apresentados na segunda impugnação não cuidam de questões relativas a fato superveniente ao término do prazo para apresentação da impugnação, e que houve mera atualização do valor anteriormente apresentado pela exequente (na forma estabelecida pelo título executivo judicial). A Corte local também afirmou a inexistência de violação à coisa julgada e que os cálculos apresentados pelo credor guardam estreita sintonia com os parâmetros estabelecidos na sentença exequenda. Alterar esses entendimentos demandaria o reexame das provas produzidas nos autos, o que é vedado em recurso especial, nos termos da Súmula n. 7 do STJ. 2. A apresentação, pelo devedor, de uma segunda petição de impugnação ao cumprimento de sentença para questionar matéria que deveria ter sido arguida na primeira peça de impugnação conduz ao reconhecimento da preclusão para a prática do ato. Precedentes. 3. Ademais, a (segunda) impugnação ao cumprimento de sentença, fundada no excesso de execução, não indicou o valor que a parte entende correto (conforme exigido pelo § 4º do art. 525 do CPC/2015 – norma correspondente ao § 2º do art. 475-L do CPC/1973), o que implica sua rejeição liminar, nos termos do § 5º do art. 525 do CPC/2015. "Para fins do art. 543-C do CPC: 'Na hipótese do art. 475-L, § 2º, do CPC, é indispensável apontar, na petição de impugnação ao cumprimento de sentença, a parcela incontroversa do débito, bem como as incorreções encontradas nos cálculos do credor, sob pena de rejeição liminar da petição, não se admitindo emenda à inicial'" (REsp n. 1.387.248/SC, Relator Ministro PAULO DE TARSO SANSEVERINO, CORTE ESPECIAL, julgado em 7/5/2014, DJe 19/5/2014) (...) (AgInt no AREsp 1503197/DF, Rel. Ministro ANTONIO CARLOS FERREIRA, QUARTA TURMA, julgado em 17/02/2020, DJe 20/02/2020)

§ 5º Na hipótese do § 4º, não apontado o valor correto ou não apresentado o demonstrativo, a impugnação será liminarmente rejeitada, se o excesso de execução for o seu único fundamento, ou, se houver outro, a impugnação será processada, mas o juiz não examinará a alegação de excesso de execução.

→ v. Art. 917, § 2º, do CPC.

→ v. Enunciado 55 da ENFAM: Às hipóteses de rejeição liminar a que se referem os arts. 525, § 5º, 535, § 2º, e 917 do CPC/2015 (excesso de execução) não se aplicam os arts. 9º e 10 desse código.

→ v. Enunciado 94 do CJF: Aplica-se o procedimento do art. 920 do CPC à impugnação ao cumprimento de sentença, com possibilidade de rejeição liminar nas hipóteses dos arts. 525, § 5º, e 918 do CPC.

→ v. Enunciado 95 do CJF: O juiz, antes de rejeitar liminarmente a impugnação ao cumprimento de sentença (art. 525, § 5º, do CPC), deve intimar o impugnante para sanar eventual vício, em observância ao dever processual de cooperação (art. 6º do CPC).

§ 6º A apresentação de impugnação não impede a prática dos atos executivos, inclusive os de expropriação, podendo o juiz, a requerimento do executado e desde que garantido o juízo com penhora, caução ou depósito suficientes, atribuir-lhe efeito suspensivo, se seus fundamentos forem relevantes e se o prosseguimento da execução for manifestamente suscetível de causar ao executado grave dano de difícil ou incerta reparação.

Impugnação e pedido de efeito suspensivo:

✓ AGRAVO INTERNO (ARTIGO 1.021 DO NOVO CÓDIGO DE PROCESSO CIVIL) EM AGRAVO DE INSTRUMENTO. CUMPRIMENTO DE SENTENÇA. DECISÃO MONOCRÁTICA QUE MANTEVE O INDEFERIMENTO DO PLEITO LIMINAR. IMPUGNAÇÃO NÃO GARANTIDA PELO AGRAVANTE, CONFORME PRECONIZA O DISPOSTO NO ART. 525, § 6º, DO CPC. IMPOSSIBILIDADE DE CONCESSÃO DO EFEITO SUSPENSIVO DIANTE DA AUSÊNCIA DA PROBABILIDADE DE PROVIMENTO DO RECURSO. INTERLOCUTÓRIA MANTIDA. RECURSO CONHECIDO E DESPROVIDO. (TJ-SC; AGV: 40147711320168240000 São José; Câmara Civil Especial; Rel. Hildemar Meneguzzi de Carvalho; Julg. 26/10/2017)

✓ PROCESSO CIVIL. CONDENAÇÃO EM AÇÃO INDENIZATÓRIA. IMPUGNAÇÃO AO CUMPRIMENTO DE SENTENÇA. PEDIDO DE EFEITO SUSPENSIVO. AUSÊNCIA DE CARACTERIZAÇÃO DO ART. 525, § 6º DO CPC. EXISTÊNCIA DE VALOR INCONTROVERSO. POSSIBILIDADE DE PRÁTICA DE ATOS EXECUTIVOS. RECURSO

DESPROVIDO. 1. Diante de condenação expressa em sentença, como é o presente caso, não há que se falar em inexistência de valor incontroverso. A apresentação da impugnação ao cumprimento de sentença não implica na produção de efeito suspensivo, já que o magistrado poderá suspender o procedimento somente quando demonstrada a relevância dos fundamentos do devedor e o perigo de dano grave de difícil ou incerta reparação, desde que garantido o juízo. A ausência de efeito suspensivo ao cumprimento de sentença torna perfeitamente possível a prática dos atos executivos praticados pelo juízo de primeiro grau. (TJ-AL; AI 08034919220168020000 AL; 3ª Câmara Cível; Rel. Des. Celyrio Adamastor Tenório Accioly; Julg. 19/06/2017; Data de Publicação: 22/06/2017)

✓ EMENTA - AGRAVO DE INSTRUMENTO - CUMPRIMENTO PROVISÓRIO DE SENTENÇA - PRELIMINARES - INDICAÇÃO INCOMPLETA DO NOME DAS PARTES - AUSÊNCIA DE PREJUÍZO - OFENSA AO PRINCÍPIO DA DIALETICIDADE NÃO VERIFICADA - PRESENÇA DO PEDIDO DE REFORMA - PRELIMINARES AFASTADAS - MÉRITO - EFEITOS SUSPENSIVO À IMPUGNAÇÃO AO CUMPRIMENTO PROVISÓRIO DE SENTENÇA - REQUISITOS DO ART. 525, § 6º, CPC/2015. 1. Discute-se no presente recurso, preliminarmente: a) a ofensa aos requisitos formais da peça recursal (identificação das partes; ofensa ao princípio da dialeticidade e ausência do pedido de reforma ou de nulidade da decisão; e, no mérito, b) a concessão do efeito suspensivo à Impugnação ao Cumprimento Provisório de Sentença. (...) 5. A impugnação não tem efeito suspensivo, podendo o juiz atribuir-lhe tal efeito desde que relevantes seus fundamentos e o prosseguimento da execução seja manifestamente suscetível de causar ao executado grave dano de difícil ou incerta reparação (art. 525, § 6º, CPC/2015). 6. Agravo de Instrumento conhecido em parte e não provido. (TJ-MS; 14071261920178120000; 2ª Câmara Cível; Rel. Des. Paulo Alberto de Oliveira; Julg. 30/08/2017,)

Impossibilidade de apreciar efeito suspensivo à impugnação no STJ:

✓ PROCESSUAL CIVIL. EFEITO SUSPENSIVO À IMPUGNAÇÃO. REVISÃO DO ENTENDIMENTO DO TRIBUNAL DE ORIGEM. REEXAME DA MATÉRIA FÁTICO-PROBATÓRIA. IMPOSSIBILIDADE. INCIDÊNCIA DA SÚMULA 7/STJ. 1. Trata-se de Recurso Especial em que se pleiteia a concessão de efeito suspensivo à impugnação de cumprimento de sentença. 2. É inviável analisar a tese defendida no Recurso Especial, pois inarredável a revisão do conjunto probatório dos autos para afastar as premissas fáticas estabelecidas pelo acórdão recorrido. Aplica-se, portanto, o óbice da Súmula 7/STJ. 3. No mesmo sentido, o Parquet Federal assentou em seu Parecer: "A atribuição do efeito suspensivo à impugnação ao cumprimento de sentença, além da garantia do juízo, reclama a presença simultânea e cumulativa dos requisitos insculpidos no artigo 475-M, 'caput', do CPC/1973, quais sejam, relevância dos fundamentos da impugnação e manifesto dano de difícil ou incerta reparação, suscetível de advir com o prosseguimento da execução". 4. Recurso Especial não conhecido. (REsp 1693966/PE, Rel. Ministro HERMAN BENJAMIN, SEGUNDA TURMA, julgado em 03/05/2018, DJe 02/08/2018)

§ 7º A concessão de efeito suspensivo a que se refere o § 6º não impedirá a efetivação dos atos de substituição, de reforço ou de redução da penhora e de avaliação dos bens.

§ 8º Quando o efeito suspensivo atribuído à impugnação disser respeito apenas a parte do objeto da execução, esta prosseguirá quanto à parte restante.

§ 9º A concessão de efeito suspensivo à impugnação deduzida por um dos executados não suspenderá a execução contra os que não impugnaram, quando o respectivo fundamento disser respeito exclusivamente ao impugnante.

§ 10. Ainda que atribuído efeito suspensivo à impugnação, é lícito ao exequente requerer o prosseguimento da execução, oferecendo e prestando, nos próprios autos, caução suficiente e idônea a ser arbitrada pelo juiz.

Efeito suspensivo e continuidade no cumprimento de sentença:

✓ EMBARGOS DE DECLARAÇÃO. PROCESSO CIVIL. CIVIL. AGRAVO DE INSTRUMENTO. AÇÃO DE RESCISÃO DE CONTRATO C/C INDENIZAÇÃO POR PERDAS E DANOS, EM FASE DE CUMPRIMENTO DE SENTENÇA. ALEGAÇÃO DE CONTRADIÇÃO SOBRE O EFEITO SUSPENSIVO DEFERIDO ÀS IMPUGNAÇÕES AO CUMPRIMENTO DE SENTENÇA DOS DEMAIS EXECUTADOS - REJEIÇÃO - FUNDAMENTAÇÃO SUFICIENTE E CLARA SOBRE A POSSIBILIDADE DE LEVANTAMENTO DO VALOR INCONTROVERSO DA DÍVIDA, INDEPENDENTEMENTE DE CAUÇÃO E QUANTO AO VALOR CONTROVERSO MEDIANTE A PRESTAÇÃO DE CAUÇÃO REAL IDÔNEA, NOS TERMOS DO ART. 525, § 10 DO CPC/2015. ACÓRDÃO MANTIDO. EMBARGOS REJEITADOS. (...) (TJPR; EDC 1563977-7/01, Curitiba; 6ª C. Cível; Rel. Roberto Portugal Bacellar; Unânime; Julg. 04.04.2017)

✓ AGRAVO DE INSTRUMENTO. RESPONSABILIDADE CIVIL EM ACIDENTE DE TRÂNSITO. IMPUGNAÇÃO À FASE DE CUMPRIMENTO DE SENTENÇA. EFEITO SUSPENSIVO. I. A regra - tal como ocorria na vigência do CPC/1973 - continua sendo a ausência de suspensão da execução pela apresentação de impugnação. Para que a execução seja suspensa deve a) haver pedido formulado pelo devedor/impugnante; b) estar demonstrada a relevância dos fundamentos; c) conforme dicção legal, que o prosseguimento da execução seja manifestamente suscetível de causar ao executado grave dano de difícil ou incerta reparação; e e) que exista garantia do juízo com penhora, caução ou depósito suficientes. Doutrina e jurisprudência. II. Requisitos autorizadores presentes, no caso concreto. O juízo está garantido por veículos e valores, e está demonstrada a relevância dos fundamentos e demonstrado que o prosseguimento da execução é manifestamente suscetível de causar à executada grave dano de difícil ou incerta reparação. Embora a ausência de fixação de juros e correção monetária não impeça sejam exigidos, porque sobre qualquer débito decorrente de decisão judicial incidem juros de mora, ainda que omisso o pedido inicial ou a sentença, verifica-se dos cálculos apresentados pela parte exequente que a mesma aplica juros compostos ao... invés de juros simples, elevando o valor efetivamente devido no feito. AGRAVO DE INSTRUMENTO

PROVIDO. (TJ-RS; Agravo de Instrumento 70074483660; Décima Primeira Câmara Cível; Rel. Luiz Roberto Imperatore de Assis Brasil; Julg. 13/09/2017).

§ 11. As questões relativas a fato superveniente ao término do prazo para apresentação da impugnação, assim como aquelas relativas à validade e à adequação da penhora, da avaliação e dos atos executivos subsequentes, podem ser arguidas por simples petição, tendo o executado, em qualquer dos casos, o prazo de 15 (quinze) dias para formular esta arguição, contado da comprovada ciência do fato ou da intimação do ato.

§ 12. Para efeito do disposto no inciso III do § 1º deste artigo, considera-se também inexigível a obrigação reconhecida em título executivo judicial fundado em lei ou ato normativo considerado inconstitucional pelo Supremo Tribunal Federal, ou fundado em aplicação ou interpretação da lei ou do ato normativo tido pelo Supremo Tribunal Federal como incompatível com a Constituição Federal, em controle de constitucionalidade concentrado ou difuso.

Inexigibilidade do título fundado em ato normativo inconstitucional:

✓ AGRAVO REGIMENTAL EM RECURSO EXTRAORDINÁRIO. DIREITO TRIBUTÁRIO. CONTRIBUIÇÕES SOSICIAS. SISTEMA S. MP 1.715/1998. 1. Acórdão proferido pelo Plenário do Supremo Tribunal Federal, ainda que sede de medida cautelar em ação direta de inconstitucionalidade, possibilita a formação de diretriz jurisprudencial dominante idônea a autorizar negativa de seguimento de recurso extraordinário por decisão monocrática. Art. 21, §1º, RISTF. 2. O fato do mérito da ADI não ter sido ainda definitivamente julgado não se mostra impeditivo do julgamento da matéria. Embora seja possível em posterior julgamento a alteração da compreensão jurisprudencial, vige no direito brasileiro o postulado de que lei formal goza de presunção de constitucionalidade até declaração em contrário. Art. 525, §§12, 14 e 15 do CPC/15. 3. Agravo regimental a que se nega provimento, com aplicação de multa, nos termos do art. 1.021, §4º, do CPC. (RE 1039886 AgR; Segunda Turma; Rel. Min. Edson Fachin; Julg. 06/10/2017; PROCESSO ELETRÔNICO DJe-244 DIVULG 24/10/2017 PUBLIC 25/10/2017)

✓ AGRAVO REGIMENTAL EM RECURSO EXTRAORDINÁRIO. DIREITO TRIBUTÁRIO. CONTRIBUIÇÃO SOCIAL SOBRE LUCRO LÍQUIDO. MP 413/2008 E REEDIÇÕES. ANTERIORIDADE NONAGESIMAL. JURISPRUDÊNCIA DOMINANTE. ISONOMIA TRIBUTÁRIA. 1. A existência de ação de controle objetivo pendente de julgamento não infirma a formação de jurisprudência dominante para os fins do art. 21, §1º, do RISTF, com esteio tão somente na expectativa de mudança jurisprudencial. Embora seja possível em posterior julgamento a alteração da compreensão jurisprudencial, vige no direito brasileiro o postulado de que lei formal goza de presunção de constitucionalidade até declaração em sentido contrário. Art. 525, §§12, 14 e 15 do CPC/15. 2. A atribuição de alíquota diferenciada a determinada atividade econômica (instituições financeiras) não viola o princípio da igualdade, assim como não é dado o Poder Judiciário, por não dispor de função legislativa, equiparar cargas tributárias entre contribuintes distintos, com base no referido princípio. Precedentes. 3. A reedição da MP 413/2008 e posterior conversão em lei não violou o princípio da anterioridade nonagesimal, por expressa dicção legal e como atesta o Tribunal de origem. Precedente: RE-AgR 528.160, de relatoria da Ministra Cármen Lúcia, Segunda Turma, DJe 12.06.2013. 4. A majoração de alíquota de CSLL por medida provisória não atrai a aplicação obstativa do art. 246 da Constituição da República. Precedentes. 4. Agravo regimental a que se nega provimento, com aplicação de multa, nos termos do art. 1.021, §4º, do CPC. (RE 659534 AgR; Segunda Turma; Rel. Min. Edson Fachin; Julg. 22/09/2017; ACÓRDÃO ELETRÔNICO DJe-227 DIVULG 03/10/2017 PUBLIC 04/10/2017)

✓ Ementa: CONSTITUCIONAL. LEGITIMIDADE DAS NORMAS ESTABELECENDO PRAZO DE TRINTA DIAS PARA EMBARGOS À EXECUÇÃO CONTRA A FAZENDA PÚBLICA (ART. 1º-B DA LEI 9.494/97) E PRAZO PRESCRICIONAL DE CINCO ANOS PARA AÇÕES DE INDENIZAÇÃO CONTRA PESSOAS DE DIREITO PÚBLICO E PRESTADORAS DE SERVIÇOS PÚBLICOS (ART. 1º-C DA LEI 9.494/97). LEGITIMIDADE DA NORMA PROCESSUAL QUE INSTITUI HIPÓTESE DE INEXIGIBILIDADE DE TÍTULO EXECUTIVO JUDICIAL EIVADO DE INCONSTITUCIONALIDADE QUALIFICADA (ART. 741, PARÁGRAFO ÚNICO E ART. 475-L, § 1º DO CPC/73; ART. 525, § 1º, III E §§ 12 E 14 E ART. 535, III, § 5º DO CPC/15). 1. É constitucional a norma decorrente do art. 1º-B da Lei 9.494/97, que fixa em trinta dias o prazo para a propositura de embargos à execução de título judicial contra a Fazenda Pública. 2. É constitucional a norma decorrente do art. 1º-C da Lei 9.494/97, que fixa em cinco anos o prazo prescricional para as ações de indenização por danos causados por agentes de pessoas jurídicas de direito público e de pessoas jurídicas de direito privado prestadoras de serviços públicos, reproduzindo a regra já estabelecida, para a União, os Estados e os Municípios, no art. 1º do Decreto 20.910/32. 3. São constitucionais as disposições normativas do parágrafo único do art. 741 do CPC, do § 1º do art. 475-L, ambos do CPC/73, bem como os correspondentes dispositivos do CPC/15, o art. 525, § 1º, III e §§ 12 e 14, o art. 535, § 5º. São dispositivos que, buscando harmonizar a garantia da coisa julgada com o primado da Constituição, vieram agregar ao sistema processual brasileiro um mecanismo com eficácia rescisória de sentenças revestidas de vício de inconstitucionalidade qualificado, assim caracterizado nas hipóteses em que (a) a sentença exequenda esteja fundada em norma reconhecidamente inconstitucional – seja por aplicar norma inconstitucional, seja por aplicar norma em situação ou com um sentido inconstitucionais; ou (b) a sentença exequenda tenha deixado de aplicar norma reconhecidamente constitucional; e (c) desde que, em qualquer dos casos, o reconhecimento dessa constitucionalidade ou a inconstitucionalidade tenha decorrido de julgamento do STF realizado em data anterior ao trânsito em julgado da sentença exequenda. 4. Ação julgada improcedente. (ADI 2418; Tribunal Pleno; Rel. Min. Teori Zavascki; Julg. 04/05/2016; ACÓRDÃO ELETRÔNICO DJe-243 DIVULG 16/11/2016 PUBLIC 17/11/2016)

✓ Ementa: CONSTITUCIONAL E PROCESSUAL CIVIL. DECLARAÇÃO DE INCONSTITUCIONALIDADE DE PRECEITO NORMATIVO PELO SUPREMO TRIBUNAL FEDERAL. EFICÁCIA NORMATIVA E EFICÁCIA EXECUTIVA

DA DECISÃO: DISTINÇÕES. INEXISTÊNCIA DE EFEITOS AUTOMÁTICOS SOBRE AS SENTENÇAS JUDICIAIS ANTERIORMENTE PROFERIDAS EM SENTIDO CONTRÁRIO. INDISPENSABILIDADE DE INTERPOSIÇÃO DE RECURSO OU PROPOSITURA DE AÇÃO RESCISÓRIA PARA SUA REFORMA OU DESFAZIMENTO. 1. A sentença do Supremo Tribunal Federal que afirma a constitucionalidade ou a inconstitucionalidade de preceito normativo gera, no plano do ordenamento jurídico, a consequência (= eficácia normativa) de manter ou excluir a referida norma do sistema de direito. 2. Dessa sentença decorre também o efeito vinculante, consistente em atribuir ao julgado uma qualificada força impositiva e obrigatória em relação a supervenientes atos administrativos ou judiciais (= eficácia executiva ou instrumental), que, para viabilizar-se, tem como instrumento próprio, embora não único, o da reclamação prevista no art. 102, I, "l", da Carta Constitucional. 3. A eficácia executiva, por decorrer da sentença (e não da vigência da norma examinada), tem como termo inicial a data da publicação do acórdão do Supremo no Diário Oficial (art. 28 da Lei 9.868/1999). É, consequentemente, eficácia que atinge atos administrativos e decisões judiciais supervenientes a essa publicação, não os pretéritos, ainda que formados com suporte em norma posteriormente declarada inconstitucional. 4. Afirma-se, portanto, como tese de repercussão geral que a decisão do Supremo Tribunal Federal declarando a constitucionalidade ou a inconstitucionalidade de preceito normativo não produz a automática reforma ou rescisão das sentenças anteriores que tenham adotado entendimento diferente; para que tal ocorra, será indispensável a interposição do recurso próprio ou, se for o caso, a propositura da ação rescisória própria, nos termos do art. 485, V, do CPC, observado o respectivo prazo decadencial (CPC, art. 495). Ressalva-se desse entendimento, quanto à indispensabilidade da ação rescisória, a questão relacionada à execução de efeitos futuros da sentença proferida em caso concreto sobre relações jurídicas de trato continuado. 5. No caso, mais de dois anos se passaram entre o trânsito em julgado da sentença no caso concreto reconhecendo, incidentalmente, a constitucionalidade do artigo 9º da Medida Provisória 2.164-41 (que acrescentou o artigo 29-C na Lei 8.036/90) e a superveniente decisão do STF que, em controle concentrado, declarou a inconstitucionalidade daquele preceito normativo, a significar, portanto, que aquela sentença é insuscetível de rescisão. 6. Recurso extraordinário a que se nega provimento. (RE 730462; Tribunal Pleno; Rel. Min. Teori Zavascki; Julg. 28/05/2015; ACÓRDÃO ELETRÔNICO REPERCUSSÃO GERAL - MÉRITO DJe-177 DIVULG 08/09/2015 PUBLIC 09/09/2015)

§ 13. No caso do § 12, os efeitos da decisão do Supremo Tribunal Federal poderão ser modulados no tempo, em atenção à segurança jurídica.

→ *v.* Arts. 11, § 1º, e 27, da Lei 9.868/1999.

§ 14. A decisão do Supremo Tribunal Federal referida no § 12 deve ser anterior ao trânsito em julgado da decisão exequenda.

Necessidade da decisão do STF ser anterior ao trânsito em julgado:

✓ PROCESSUAL CIVIL. AGTR. ALEGAÇÃO DE INCONSTITUCIONALIDADE EM SEDE DE IMPUGNAÇÃO AO CUMPRIMENTO DE SENTENÇA. ACÓRDÃO DO STF POSTERIOR AO TRÂNSITO EM JULGADO DA DECISÃO EXEQUENDA. NECESSIDADE DE PROPOSITURA DE AÇÃO RESCISÓRIA. ART. 525, PARÁGRAFOS 14 E 15 DO CPC. RECURSO IMPROVIDO. 1. O STF reconheceu repercussão geral em recurso extraordinário que versava sobre a incorporação de quintos decorrente do exercício de funções comissionadas no período compreendido entre a edição da Lei nº 9.624/98 e a MP nº 2.225-48/2001. 2. Naquela ocasião, o Pretório Excelso deu provimento ao RE nº 638.115 (julgamento em 19.03.2015, com publicação do acórdão no DJE de 03.08.2015), nos termos do voto do Relator Ministro Gilmar Mendes, o qual fixou a tese de que ofenderia o princípio da legalidade a decisão que concedia a incorporação de quintos pelo exercício de função comissionada no período entre 08.04.1998 e 04.09.2001, ante a carência de fundamento legal. 3. A decisão agravada, considerando que o acórdão do Supremo Tribunal Federal proferido no RE nº 638.115 foi posterior ao trânsito em julgado da decisão exequenda, ocorrido em 25.08.2014, entendeu que não haveria como desconstituí-lo pela via da impugnação ao cumprimento de sentença, sendo imperioso o ajuizamento de ação rescisória para tal finalidade. 4. O CPC, no art. 525, parágrafo 1º, inciso III, preceitua que o executado poderá alegar na impugnação a inexequibilidade do título ou a inexigibilidade da obrigação, acrescentando o parágrafo 12 do mesmo artigo que "para efeito do disposto no inciso III do parágrafo 1º deste artigo, considera-se também inexigível a obrigação reconhecida em título executivo judicial fundado em lei ou ato normativo considerado inconstitucional pelo Supremo Tribunal Federal, ou fundado em aplicação ou interpretação da lei ou do ato normativo tido pelo Supremo Tribunal Federal como incompatível com a CF/88, em controle de constitucionalidade concentrado ou difuso". 5. Preveem os parágrafos 14 e 15 do mesmo artigo, respectivamente, que "a decisão do Supremo Tribunal Federal referida no § 12 deve ser anterior ao trânsito em julgado da decisão exequenda" e que "se a decisão referida no parágrafo 12 for proferida após o trânsito em julgado da decisão exequenda, caberá ação rescisória, cujo prazo será contado do trânsito em julgado da decisão proferida pelo Supremo Tribunal Federal". 6. A decisão exequenda, acórdão oriundo desta Corte Regional, o qual concedeu à parte agravada o direito à incorporação dos quintos até a edição da Medida Provisória nº 2.225-45/2001, transitou em julgado em 25.08.2014, e o acórdão do Pretório Excelso foi proferido em 19.03.2015, com publicação no DJE de 03.08.2015, donde se infirma que a agravante deveria ter ingressado com a correspondente ação rescisória, não podendo alegar a inconstitucionalidade da pretensão em sede de impugnação de sentença. 7. Agravo de instrumento improvido. (TRF-5; AG 08037807420164050000 SE; 1ª Turma; Rel. Desembargador Federal Manoel Erhardt; Julg. 21/08/2016)

Constitucionalidade do dispositivo:

✓ "(...)3. São constitucionais as disposições normativas do parágrafo único do art. 741 do CPC, do § 1.º do art. 475-L, ambos do CPC/73, bem como os correspondentes dispositivos do CPC/15, o art. 525, § 1.º, III e §§ 12 e 14, o art. 535, § 5.º. São dispositivos que, buscando harmonizar a garantia da coisa julgada com o primado da Constituição, vieram agregar ao sistema processual brasileiro um mecanismo com eficácia rescisória de sentenças revestidas de vício de inconstitucionalidade qualificado, assim caracterizado nas hipóteses em que (a) a sentença exequenda esteja fundada em norma reconhecidamente inconstitucional – seja por aplicar norma inconstitucional, seja por aplicar norma em situação ou com um sentido inconstitucionais; ou (b) a sentença exequenda tenha deixado de aplicar norma reconhecidamente constitucional; e (c) desde que, em qualquer dos casos, o reconhecimento dessa constitucionalidade ou a inconstitucionalidade tenha decorrido de julgamento do STF realizado em data anterior ao trânsito em julgado da sentença exequenda" (STF, ADI 2418, Rel. Min. Teori Zavascki, Pleno, julg. 4.5.2016).

✓ EMENTA: RECURSO EXTRAORDINÁRIO. COISA JULGADA INCONSTITUCIONAL. ARTIGO 741, PARÁGRAFO ÚNICO, E ARTIGO 475-L, PARÁGRAFO PRIMEIRO, DO CÓDIGO DE PROCESSO CIVIL DE 1973. ARTIGO 525, PARÁGRAFO PRIMEIRO, INCISO III, PARÁGRAFOS 12 E 14, E ARTIGO 535, PARÁGRAFO 5º, DO CÓDIGO DE PROCESSO CIVIL DE 2015. 1. São constitucionais as disposições normativas do parágrafo único do art. 741 do CPC, do § 1º do art. 475-L, ambos do CPC/73, bem como os correspondentes dispositivos do CPC/15, o art. 525, § 1º, III e §§ 12 e 14, o art. 535, § 5º. 2. Os dispositivos questionados buscam harmonizar a garantia da coisa julgada com o primado da Constituição, agregando ao sistema processual brasileiro, um mecanismo com eficácia rescisória de sentenças revestidas de vício de inconstitucionalidade qualificado. 3. São consideradas decisões com vícios de inconstitucionalidade qualificados: (a) a sentença exequenda fundada em norma reconhecidamente inconstitucional, seja por aplicar norma inconstitucional, seja por aplicar norma em situação ou com sentido inconstitucionais; (b) a sentença exequenda que tenha deixado de aplicar norma reconhecidamente constitucional. 4. Para o reconhecimento do vício de inconstitucionalidade qualificado exige-se que o julgamento do STF, que declara a norma constitucional ou inconstitucional, tenha sido realizado em data anterior ao trânsito em julgado da sentença exequenda. 5. Recurso extraordinário a que se nega provimento. (RE 611503, Relator(a): TEORI ZAVASCKI, Relator(a) p/ Acórdão: EDSON FACHIN, Tribunal Pleno, julgado em 20/08/2018, ACÓRDÃO ELETRÔNICO REPERCUSSÃO GERAL – MÉRITO DJe-053 DIVULG 18-03-2019 PUBLIC 19-03-2019)

§ 15. Se a decisão referida no § 12 for proferida após o trânsito em julgado da decisão exequenda, caberá ação rescisória, cujo prazo será contado do trânsito em julgado da decisão proferida pelo Supremo Tribunal Federal.

Necessidade de ação rescisória para desconstituição de decisão judicial transitada em julgado:

✓ PROCESSUAL CIVIL. AGRAVO INTERNO EM EMBARGOS DE DIVERGÊNCIA EM AGRAVO EM RECURSO ESPECIAL. SUPERVENIÊNCIA DE DECISÃO EM CONTROLE CONCENTRADO PELO SUPREMO TRIBUNAL FEDERAL. INADMISSIBILIDADE DE AÇÃO DE QUERELA NULLITATIS PARA DESCONSTITUIR COISA JULGADA. APLICAÇÃO DO ENTENDIMENTO FIRMADO NO RE N. 730.462/SP. AGRAVO DESPROVIDO. I – A coisa julgada não poderá ser desconstituída através de querela nulitatis, mesmo após julgamento do Supremo Tribunal Federal que reconhece a inconstitucionalidade da lei que fundamentou a sentença que se pretende desconstituir, conforme entendimento exposto no RE 730.462/SP, com repercussão geral, que concluiu ser cabível apenas ação rescisória. II – A decisão se harmoniza perfeitamente com o disposto no artigo 525, §15, do Novo Código de Processo Civil, que permite tão somente o ajuizamento de ação rescisória. Agravo interno desprovido. (AgInt nos EAREsp 44.901; PR; Corte Especial; Rel. Min. Felix Fischer; Julg. 07/12/2016; DJe 15/12/2016)

Art. 526. **É lícito ao réu, antes de ser intimado para o cumprimento da sentença, comparecer em juízo e oferecer em pagamento o valor que entender devido, apresentando memória discriminada do cálculo.**

Possibilidade do executado dar início ao cumprimento da decisão:

✓ CUMPRIMENTO VOLUNTÁRIO DE SENTENÇA – Impugnação do executado – Discussão quanto ao "quantum debeatur" – Preclusão – Inocorrência – Hipótese em que o executado deu início ao cumprimento de sentença, depositando o valor que entendeu devido – Discordando o exequente quanto à quantia depositada, deve o magistrado proferir decisão acerca da suficiência do depósito, definindo o "quantum debeatur" – Inadequação da impugnação ofertada pelo executado, pois inaplicável o art. 525 do CPC/2015 ao cumprimento voluntário de sentença – Ausência de manifestação do executado, porém, que não acarreta aquiescência ao valor defendido pelo exequente em sua impugnação, não se configurando preclusão do tema, que deve ser objeto de apreciação pelo juiz da causa – Insubsistência da ordem de penhora de ativos financeiros, cuja revogação fica mantida – Exegese do art. 526 do CPC/2015 – Recurso parcialmente provido, com observação. (TJ-SP 21340824120178260000 SP; 20ª Câmara de Direito Privado; Rel. Álvaro Torres Júnior; Julg. 06/11/2017; Data de Publicação: 09/11/2017)

§ 1º O autor será ouvido no prazo de 5 (cinco) dias, podendo impugnar o valor depositado, sem prejuízo do levantamento do depósito a título de parcela incontroversa.

Levantamento de valores:

✓ AGRAVO DE INSTRUMENTO. Processual civil. Cumprimento da sentença. Depósito da quantia incontroversa. Cabimento de seu imediato levantamento. Inexistência de óbice legal. Providência de acordo com os princípios da celeridade e efetividade da tutela jurisdicional. Recurso provido. (TJ-RJ; AI 00307282920178190000 Rio de Janeiro, Capital; 11ª Vara Cível, Décima Oitava Câmara Cível; Rel. Carlos Eduardo da Rosa da Fonseca Passos; Julg. 26/07/2017; Data de Publicação: 27/07/2017)

✓ IMPUGNAÇÃO AO CUMPRIMENTO DE SENTENÇA – Alegação de excesso de execução – Pretensão do Exequente de levantamento da quantia incontroversa depositada em Juízo antes da decisão da impugnação – Cabimento – O levantamento do valor incontroverso se amolda aos princípios que regem a execução – Precedentes – Recurso provido. (TJSP; Agravo de Instrumento 2006399-16.2020.8.26.0000; Relator (a): Mario de Oliveira; Órgão Julgador: 38ª Câmara de Direito Privado; Foro de Sorocaba – 4ª. Vara Cível; Data do Julgamento: 09/07/2020; Data de Registro: 09/07/2020)

§ 2º Concluindo o juiz pela insuficiência do depósito, sobre a diferença incidirão multa de dez por cento e honorários advocatícios, também fixados em dez por cento, seguindo-se a execução com penhora e atos subsequentes.

Incidência de multa e honorários advocatícios sobre os valores não pagos:

✓ PREVIDÊNCIA PRIVADA - AÇÃO DE COBRANÇA DE DIFERENÇA DE CORREÇÃO MONETÁRIA - DEPÓSITO ESPONTÂNEO DO DÉBITO ANTES DO INÍCIO DA EXECUÇÃO - VALOR DEPOSITADO INSUFICIENTE PARA A QUITAÇÃO DA DÍVIDA - APLICAÇÃO DE MULTA E HONORÁRIOS, ADVOCATÍCIOS SOBRE A DIFERENÇA - POSSIBILIDADE - APLICAÇÃO DO ARTIGO 526, §2º, DO CPC - JUROS E CORREÇÃO MONETÁRIA DESDE A DATA DO DEPÓSITO A MENOR AGRAVO DESPROVIDO (TJSP; Agravo de Instrumento 2241362-66.2020.8.26.0000; Relator (a): Andrade Neto; Órgão Julgador: 30ª Câmara de Direito Privado; Foro de Araçatuba - 3ª Vara Cível; Data do Julgamento: 29/10/2020; Data de Registro: 29/10/2020)

✓ Cumprimento de sentença - Depósito voluntariamente realizado pelo banco executado que se revelou insuficiente - Apuração de diferença pela Contadoria Judicial - Sentença que acolheu os cálculos e extinguiu o processo sem determinar o acréscimo de multa e honorários previstos no § 2º, do art. 526, do CPC - Extinção afastada - Concordância com a diferença apurada que não implica em aquiescência ao afastamento dos acréscimos previstos na legislação processual - Necessidade de incidência de multa e honorários advocatícios à alíquota de 10% sobre a diferença apurada, devidamente atualizada - Recurso provido (TJSP; Apelação Cível 1011730-77.2017.8.26.0007; Relator (a): Miguel Petroni Neto; Órgão Julgador: 16ª Câmara de Direito Privado; Foro Regional VII - Itaquera - 3ª Vara Cível; Data do Julgamento: 09/09/2020; Data de Registro: 09/09/2020)

§ 3º Se o autor não se opuser, o juiz declarará satisfeita a obrigação e extinguirá o processo.

Art. 527. Aplicam-se as disposições deste Capítulo ao cumprimento provisório da sentença, no que couber.

→ *v.* Arts. 520 a 522 do CPC.

CAPÍTULO IV
DO CUMPRIMENTO DE SENTENÇA QUE RECONHEÇA A EXIGIBILIDADE DE OBRIGAÇÃO DE PRESTAR ALIMENTOS

→ v. Arts. 1.694 a 1.710 do CC/2002.

→ v. Súmula 621 do STJ

→ v. Lei 5.478/1968 – Dispõe sobre ação de alimentos e dá outras providências.

→ v. Lei 11.804/2008 – Disciplina o direito a alimentos gravídicos e a forma como ele será exercido e dá outras providências.

Art. 528. No cumprimento de sentença que condene ao pagamento de prestação alimentícia ou de decisão interlocutória que fixe alimentos, o juiz, a requerimento do exequente, mandará intimar o executado pessoalmente para, em 3 (três) dias, pagar o débito, provar que o fez ou justificar a impossibilidade de efetuá-lo.

→ v. Enunciado 146 do CJF: O prazo de 3 (três) dias previsto pelo art. 528 do CPC conta-se em dias úteis e na forma dos incisos do art. 231 do CPC, não se aplicando seu § 3º.

→ v. Enunciado 147 do CJF: Basta o inadimplemento de uma parcela, no todo ou em parte, para decretação da prisão civil prevista no art. 528, § 7º, do CPC.

§ 1º Caso o executado, no prazo referido no caput, não efetue o pagamento, não prove que o efetuou ou não apresente justificativa da impossibilidade de efetuá-lo, o juiz mandará protestar o pronunciamento judicial, aplicando-se, no que couber, o disposto no art. 517.

Protesto da dívida alimentar:

✓ RECURSO ESPECIAL. DIREITO DE FAMÍLIA. PROCESSUAL CIVIL. ALIMENTOS. EXECUÇÃO. DEVEDOR. INSCRIÇÃO EM CADASTROS DE RESTRIÇÃO AO CRÉDITO. INSCRIÇÃO. POSSIBILIDADE. DIREITO À VIDA DIGNA. AUSÊNCIA DE IMPEDIMENTO LEGAL. COERÇÃO INDIRETA. MELHOR INTERESSE DO ALIMENTANDO. INOVAÇÃO LEGISLATIVA. ARTIGOS 528 E 782 DO NOVO CÓDIGO DE PROCESSO CIVIL. 1. É possível, à luz do melhor interesse do alimentando, na execução de alimentos de filho menor, o protesto e a inscrição do nome do devedor de alimentos nos cadastros de proteção ao crédito. 2. Não há impedimento legal para que se determine a negativação do nome de contumaz devedor de alimentos no ordenamento pátrio. 3. O mecanismo de proteção que visa salvaguardar interesses bancários e empresariais em geral (art. 43 da Lei nº 8.078/90) pode garantir direito ainda mais essencial relacionado ao risco de vida, que violenta a própria dignidade da pessoa humana e compromete valores superiores a mera higidez das atividades comerciais. 4. O legislador ordinário incluiu a previsão de tal mecanismo no Novo Código de Processo Civil, como se afere da literalidade dos artigos 528 e 782. 5. Recurso especial provido. (REsp 1469102; SP; Terceira Turma; Rel. Min. Ricardo Villas Bôas Cueva; Julg. 08/03/2016; DJe 15/03/2016)

Prisão pelo descumprimento de acordo celebrado em execução de alimentos:

✓ PROCESSUAL CIVIL. AGRAVO INTERNO NO HABEAS CORPUS. PRISÃO CIVIL. ALIMENTOS. IMPETRAÇÃO CONTRA DECISÃO LIMINAR PROFERIDA NA INSTÂNCIA ORDINÁRIA. INADMISSIBILIDADE. SÚMULA N. 691/STF. DECISÃO MANTIDA. 1. É inadmissível a impetração de habeas corpus contra decisão monocrática que indefere liminar, da mesma natureza, na instância de origem, salvo em situação de flagrante ilegalidade ou teratologia, o que não se verifica no caso concreto. Aplicação, por analogia, da súmula n. 691/STF. 2. Acordo celebrado em ação de execução de alimentos, se descumprido, pode ensejar a prisão civil do devedor, por ser a dívida pactuada débito em atraso, e não dívida pretérita. Precedentes. 3. Não se detecta ilegalidade ou abuso de poder por parte do magistrado que fixa, desde o início, a prisão do paciente pelo prazo máximo legal, atento às peculiaridades do caso, cujo exame não se ajusta aos estritos limites do Habeas Corpus. 4. Agravo interno a que se nega provimento. (AgInt no HC 380.656; RO; Quarta Turma; Rel. Min. Antonio Carlos Ferreira; Julg. 29/08/2017; DJe 05/09/2017)

Prisão civil como medida de exceção, podendo ser afastada pelas peculiaridades do caso:

✓ PROCESSUAL CIVIL. HABEAS CORPUS. ALIMENTOS DEVIDOS A EX-CÔNJUGE. INADIMPLEMENTO. PRISÃO CIVIL. POSSIBILIDADE. O texto constitucional e os comandos infraconstitucionais que lhe detalham, somente admitem a prisão civil de devedor de alimentos quando o inadimplemento colocar em risco a própria vida do credor-alimentado. A prisão civil por dívida de alimentos não está atrelada a uma possível punição por inadimplemento, ou mesmo à forma de remição da dívida alimentar, mas tem como primário, ou mesmo único escopo, coagir o devedor a pagar o quanto deve ao alimentado, preservando, assim a sobrevida deste, ou em termos menos drásticos, a qualidade de vida do alimentado. Se não há risco iminente à vida do credor de alimentos, ou mesmo, se ele pode, por meio de seu esforço próprio, afastar esse risco, não se pode aplicar a restrita e excepcional opção constitucional, porque não mais se discute a sublimação da dignidade da pessoa humana, em face da preponderância do direito à vida. Seguindo a linha desse entendimento, a prisão civil só se justifica se: i) for indispensável à consecução dos alimentos inadimplidos; ii) atingir o objetivo teleológico perseguido pela prisão civil - garantir, pela coação extrema da prisão do devedor, a sobrevida do alimentado - e; iii) for a fórmula que espelhe a máxima efetividade com a mínima restrição aos direitos do devedor. Em se tratando de prole menor ou incapaz, a iminência e impossibilidade de superação do risco alimentar é presunção que raramente pode ser desafiada. No entanto, quando o credor de débito alimentar for maior e capaz, e a dívida se prolongar no tempo, atingido altos valores, exigir o pagamento de todo o montante, sob pena de prisão civil, é excesso gravoso que refoge aos estreitos e justificados objetivos da prisão civil por dívida alimentar, para desbordar e se transmudar em sanção por inadimplemento, patrocinada pelo Estado, mormente na hipótese, quando é sabido que o alimentante tem patrimônio passível de expropriação, fórmula até hoje não cogitada para a satisfação do crédito perseguido. Ordem concedida para restringir o decreto prisional ao inadimplemento das três últimas parcelas do débito alimentar. (HC 392.521; SP; Terceira Turma; Rel. Min. Nancy Andrighi; Julg. 27/06/2017; DJe 01/08/2017)

✓ RECURSO ORDINÁRIO EM HABEAS CORPUS. EXECUÇÃO DE ALIMENTOS. AÇÃO DE EXONERAÇÃO DE ALIMENTOS JULGADA PROCEDENTE. POSTERIOR DECRETO DE PRISÃO. EFEITO RETROATIVO DA SENTENÇA DE EXONERAÇÃO. DÍVIDA DE DUVIDOSA EXISTÊNCIA E LIQUIDEZ. VERBA ALIMENTAR SEM CARÁTER DE URGÊNCIA. RECURSO PROVIDO. 1. A sentença de procedência de ação de exoneração de alimentos retroage à data da citação (EREsp 1.181.119/RJ, Rel. Min. ISABEL GALLOTTI, SEGUNDA SEÇÃO, DJe de 20/6/2014). 2. O recorrente ajuizou, em 2011, ação de exoneração de alimentos, a qual foi julgada procedente e transitou em julgado em 8/10/2014. A dívida a que se refere a ordem de prisão ora examinada, nos termos do consignado no acórdão recorrido, corresponde ao período de 2011 a 2014, razão pela qual é forçoso reconhecer, na hipótese, a repercussão da sentença de exoneração no valor do débito que fundamenta o decreto prisional, tornando duvidosa a existência e liquidez da dívida. 3. Tratando-se de dívida relativa, em sua quase totalidade, a valor acumulado durante o trâmite de ação exoneratória decidida em favor do alimentante, bem como considerando o lapso entre a data da sentença de exoneração e o decreto de prisão, não se justifica a cobrança pelo rito do art. 733 do CPC/73 (CPC/2015, art. 528), na medida em que a verba discutida aproxima-se mais de uma dívida de valor do que de uma verba alimentar, na real acepção do termo. 4. Recurso ordinário provido. Ordem concedida. (RHC 79.489; MT; Quarta Turma; Rel. Min. Raul Araújo; Julg. 16/02/2017; DJe 06/03/2017)

Obrigação alimentar personalíssima e a impossibilidade de prisão dos sucessores do alimentante:

✓ HABEAS CORPUS PREVENTIVO. DIREITO DE FAMÍLIA. EXECUÇÃO DE ALIMENTOS PROMOVIDA CONTRA O ESPÓLIO. RITO DO ARTIGO 528 DO CPC. JUSTIFICATIVA APRESENTADA PELA INVENTARIANTE. NÃO ACOLHIMENTO. DECRETO DE PRISÃO CIVIL DA INVENTARIANTE PELO PRAZO DE 30 (TRINTA) DIAS. IMPOSSIBILIDADE. DÉBITO ALIMENTAR DO FALECIDO. OBRIGAÇÃO PERSONALÍSSIMA QUE NÃO PODE SER TRANSMITIDA A TERCEIRO. INVENTARIANTE QUE NÃO É DEVEDORA DOS VALORES DEVIDOS PELO FALECIDO. PACIENTE QUE EXERCE O MUNUS DA INVENTARIANÇA, MAS NÃO DETÉM A LIVRE DISPONIBILIDADE DOS BENS DO ESPÓLIO. MANIFESTA ILEGALIDADE DA ORDEM DE PRISÃO. CONSTRANGIMENTO ILEGAL CONFIGURADO. LIMINAR DEFERIDA PARA SUSPENDER A ORDEM DE PRISÃO. RATIFICAÇÃO DA LIMINAR PARA CONCEDER A ORDEM EM DEFINITIVO. RECURSO CONHECIDO E PROVIDO. (TJ-SC; HC: 40165393720178240000 Concórdia; Terceira Câmara de Direito Civil; Rel. Saul Steil; Julg. 29/08/2017)

✓ RECURSO ESPECIAL. DIREITO CIVIL E PROCESSUAL CIVIL. FAMÍLIA. PROCURAÇÃO AD JUDICIA. ASSISTÊNCIA. GENITORA. INSTRUMENTO PÚBLICO. PRESCINDIBILIDADE. INSTRUMENTO PARTICULAR. SUFICIÊNCIA. ALIMENTOS. AÇÃO. HERDEIRO NECESSÁRIO. AUTOR DA HERANÇA. MORTE. PROPOSITURA POSTERIOR. EXTINÇÃO. OBRIGAÇÃO PERSONALÍSSIMA. INTRANSMISSIBILIDADE. (...) 3. Não se transmite dívida alimentar constituída contra o autor da herança após a sua morte aos herdeiros necessários, porquanto obrigação personalíssima. 4. A transmissão da obrigação alimentar em que condenado previamente o falecido ao alimentado coerdeiro é admitida excepcionalmente enquanto perdurar o inventário e nos limites da herança. 5. Recurso especial parcialmente conhecido, e nessa parte, provido. (REsp 1598228/BA, Rel. Ministro RICARDO VILLAS BÔAS CUEVA, TERCEIRA TURMA, julgado em 11/12/2018, DJe 17/12/2018)

§ 2º Somente a comprovação de fato que gere a impossibilidade absoluta de pagar justificará o inadimplemento.

Necessidade de comprovação da impossibilidade para arcar com a verba alimentar para se afastar o decreto de prisão civil:

✓ HABEAS CORPUS. PRISÃO CIVIL. EXECUÇÃO DE ALIMENTOS. IMPOSSIBILIDADE DE ARCAR COM O QUANTUM ALIMENTAR. DESEMPREGO E PROBLEMAS DE SAÚDE. MATÉRIA FÁTICA. IMPOSSIBILIDADE DE EXAME PELA VIA ESTREITA DO WRIT. MAIORIDADE CIVIL DE DOIS DOS EXEQUENTES. FATO QUE PRO-

VOCA A EXTINÇÃO AUTOMÁTICA DA OBRIGAÇÃO ALIMENTAR DE DÍVIDA PRETÉRITA. PROPOSTA DE ACORDO NÃO ACEITA PELOS CREDORES. MATÉRIA NÃO EXAMINADA NA DECISÃO IMPUGNADA E SEM INDÍCIO PROBATÓRIO. PRISÃO CIVIL MANTIDA. ORDEM DENEGADA. O habeas corpus, remédio heroico com previsão constitucional, encontra amparo sempre que alguém sofrer ou se achar ameaçado de sofrer violência ou coação em sua liberdade de locomoção, por ilegalidade ou abuso de poder. Não podem ser apreciadas questões fáticas, acerca das condições financeiras do Alimentante/Paciente, na sede restrita do writ, haja vista a necessidade de ampla dilação probatória em ação própria para tal fim, não servindo de justificativa à revogação do decreto prisional a alegação de desemprego e problemas de saúde, mesmo porque eventual ação revisional de alimentos que minore do quantum alimentar aos filhos, somente terá efeito em relação às prestações futuras, não atingindo o débito das parcelas anteriores, alvo do procedimento executório. Na mesma direção, o fato de dois filhos credores terem atingido a maioridade civil não respalda a extinção automática do dever alimentar, especialmente de dívida pretérita. (TJ-SC; HC 40090383220178240000; Segunda Câmara de Direito Civil; Rel. João Batista Góes Ulysséa; Julg. 01/06/2017)

✓ HABEAS CORPUS. PRISÃO CIVIL. EXECUÇÃO DE ALIMENTOS. DÍVIDA RELATIVA ÀS TRÊS ÚLTIMAS PRESTAÇÕES ANTERIORES À EXECUÇÃO E PRESTAÇÕES VINCENDAS NO CURSO DO PROCESSO. DESEMPREGO. AFASTAMENTO DO DECRETO PRISIONAL (CPC, ART. 528, § 2º). ORDEM CONCEDIDA. 1. A obrigação alimentar é regida pelo binômio necessidade-possibilidade, não se impondo maior valia a nenhuma dessas duas variáveis, mas não se deve desconsiderar que a variável da necessidade é elástica e quase ilimitada, enquanto a da possibilidade é rígida e limitada às posses e disponibilidade do alimentante para o trabalho e, portanto, para a ampliação de seus ganhos. 2. Na hipótese, a obrigação alimentar foi fixada, alternativamente, em 1,5 (um e meio) salário mínimo mensal ou, no caso de vínculo empregatício, em 25% (vinte e cinco por cento) do salário líquido do paciente. 3. Os autos comprovam que o paciente passou por longo período de desemprego, razão pela qual não teve como cumprir a obrigação nos termos em que avençada, realizando pagamentos apenas parciais, e que, atualmente, não obstante empregado como auxiliar administrativo, recebe apenas o equivalente a um salário mínimo mensal, não se encontrando em condições de quitar a dívida pretérita, acumulada em R$ 17.411,99. Ademais, os alimentos atuais vêm sendo regularmente pagos mediante desconto direto em folha de pagamento, no percentual de 25% do salário do devedor. 4. Diante de tais circunstâncias, verifica-se que o inadimplemento não se apresenta inescusável e voluntário, assim como previsto na Constituição Federal, em seu art. 5º, LXVII, para admitir, excepcionalmente, a prisão civil do devedor de alimentos. 5. Ordem concedida. (HC 472.730/SP, Rel. Ministro RAUL ARAÚJO, QUARTA TURMA, julgado em 13/12/2018, DJe 19/12/2018)

✓ CIVIL. PROCESSUAL CIVIL. HABEAS CORPUS. PRISÃO CIVIL POR ALIMENTOS DEVIDOS A EX-CÔNJUGE. DEVEDOR DESEMPREGADO. CREDORA MAIOR, CAPAZ E RECOLOCADA PROFISSIONALMENTE DESDE O ANO DE 2013. DESNECESSIDADE E INEFICÁCIA DA PRISÃO CIVIL NA HIPÓTESE. AUSÊNCIA DE RISCO DE VIDA À CREDORA. PONDERAÇÃO ENTRE A MÁXIMA EFETIVIDADE DA TUTELA SATISFATIVA E A MENOR ONEROSIDADE DA EXECUÇÃO. POSSIBILIDADE. DÍVIDA INDISCUTIVELMENTE EXISTENTE E SUSCETÍVEL DE EXECUÇÃO SEM A ADOÇÃO DA TÉCNICA DE COERÇÃO PESSOAL. I. O propósito do presente habeas corpus é definir se deve ser mantida a ordem de prisão civil do paciente, decretada em decorrência de obrigação alimentar devida a ex-cônjuge, na hipótese em que, de um lado, o devedor está desempregado e, de outro lado, a credora exerce atividade profissional. II. A autorização constitucional e legal para que se utilize a prisão civil como técnica de coerção do devedor de alimentos não significa dizer que se trata de medida de deferimento obrigatório e irrefletido, devendo ser examinado, sempre, as circunstâncias que permeiam a hipótese em juízo de ponderação entre a máxima efetividade da tutela satisfativa e a menor onerosidade da execução. III. Na hipótese, além de o devedor estar comprovadamente desempregado, consignou-se que a credora não está em situação de risco iminente de vida, pois é pessoa maior, capaz e que se recolocou profissionalmente no ano de 2013, de modo que, nesse contexto específico, os alimentos, indiscutivelmente devidos até que haja a eventual exoneração por sentença, deverão ser executados sem a possibilidade de decretação da prisão civil, podendo o juízo de 1º grau, inclusive, valer-se de outras medidas típicas e atípicas de coerção ou sub-rogação, como autoriza o art. 139, IV, do CPC/15. IV. Ordem concedida, confirmando-se a liminar anteriormente deferida. (HC 422.699/SP, Rel. Ministra NANCY ANDRIGHI, TERCEIRA TURMA, julgado em 26/06/2018, DJe 29/06/2018)

Limitações probatórias para debater incapacidade de pagamento no HC:

✓ REVOGAÇÃO DO DECRETO PRISIONAL. NÃO CABIMENTO. IRRELEVÂNCIA DO DÉBITO. EXAME NA VIA ESTREITA DO WRIT. IMPOSSIBILIDADE. 1. A Teoria do Adimplemento Substancial, de aplicação estrita no âmbito do direito contratual, somente nas hipóteses em que a parcela inadimplida revela-se de escassa importância, não tem incidência nos vínculos jurídicos familiares, revelando-se inadequada para solver controvérsias relacionadas a obrigações de natureza alimentar. 2. O pagamento parcial da obrigação alimentar não afasta a possibilidade da prisão civil. Precedentes. 3. O sistema jurídico tem mecanismos por meio dos quais o devedor pode justificar o eventual inadimplemento parcial da obrigação (CPC/2015, art. 528) e, outrossim, pleitear a revisão do valor da prestação alimentar (L. 5.478/1968, art. 15; CC/2002, art. 1.699). 4. A ação de Habeas Corpus não é a seara adequada para aferir a relevância do débito alimentar parcialmente adimplido, o que só pode ser realizado a partir de uma profunda incursão em elementos de prova, ou ainda demandando dilação probatória, procedimentos incompatíveis com a via estreita do remédio constitucional. 5. Ordem denegada. (HC 439.973/MG, Rel. Ministro LUIS FELIPE SALOMÃO, Rel. p/ Acórdão Ministro ANTONIO CARLOS FERREIRA, QUARTA TURMA, julgado em 16/08/2018, DJe 04/09/2018)

✓ RECURSO ORDINÁRIO EM HABEAS CORPUS. EXECUÇÃO DE ALIMENTOS. PRISÃO CIVIL. ALEGADA AUSÊNCIA DE INTIMAÇÃO PESSOAL DO DEVEDOR PARA PAGAR O DÉBITO OU APRESENTAR JUSTIFICATIVA E DE QUE NO PERÍODO EXECUTADO A COBRANÇA É INDE-

VIDA. TEMAS NÃO DEBATIDOS PELA CORTE APONTADA COMO COATORA. IMPOSSIBILIDADE DO EXAME PELO STJ, SOB PENA DE INDEVIDA SUPRESSÃO DE INSTÂNCIA. PRECEDENTES. NULIDADE DA INTIMAÇÃO NA PESSOA DO ADVOGADO. NECESSIDADE DE COMPROVAÇÃO DO PREJUÍZO. INOCORRÊNCIA. TEMA RELATIVO A EXONERATÓRIA NÃO PODE SER DISCUTIDO EM HABEAS CORPUS. CAPACIDADE FINANCEIRA DO ALIMENTANTE. IMPOSSIBILIDADE DE SUA ANÁLISE NA VIA ESTREITA DO WRIT. PRECEDENTES. PAGAMENTO PARCIAL DA DÍVIDA NÃO AFASTA O DECRETO DE PRISÃO. RECURSO ORDINÁRIO EM HABEAS CORPUS NÃO PROVIDO (...) 4. A teor da jurisprudência desta eg. Corte Superior, a real capacidade financeira do paciente não pode ser verificada em habeas corpus que, por possuir cognição sumária, não comporta dilação probatória e não admite a análise aprofundada de provas e fatos controvertidos. Precedentes. 5. O pagamento parcial da dívida alimentar não afasta a possibilidade de decretação da prisão civil. Precedentes. 6. Recurso ordinário em habeas corpus não provido. (RHC 134.275/DF, Rel. Ministro MOURA RIBEIRO, TERCEIRA TURMA, julgado em 13/10/2020, DJe 15/10/2020)

§ 3º Se o executado não pagar ou se a justificativa apresentada não for aceita, o juiz, além de mandar protestar o pronunciamento judicial na forma do § 1º, decretar-lhe-á a prisão pelo prazo de 1 (um) a 3 (três) meses.

→ v. Art. 5º, LXVII, da CF/1988.

→ v. Lei nº 14.010/2020, art. 15 ("Lei da pandemia")

Ausência de comprovação das justificativas e ordem de prisão pelo prazo de três meses:

✓ RECURSO ORDINÁRIO EM HABEAS CORPUS. PRISÃO CIVIL. ALIMENTOS. INADIMPLEMENTO DAS PRESTAÇÕES ALIMENTARES REFERENTES AOS TRÊS MESES ANTERIORES AO AJUIZAMENTO E ÀS PARCELAS VINCENDAS. PRISÃO CIVIL. POSSIBILIDADE. ART. 528, § 3º, DO CPC/15 E SÚMULA 309 DO STJ. AUSÊNCIA DE CONSTRANGIMENTO ILEGAL. ALEGAÇÃO DE DIFICULDADES FINANCEIRAS DO ALIMENTANTE OU DA EXISTÊNCIA DE AÇÃO REVISIONAL EM CURSO QUE NÃO OBSTAM A EXECUÇÃO DOS ALIMENTOS VENCIDOS. RECURSO ORDINÁRIO EM HABEAS CORPUS DESPROVIDO. (RHC 118.832/SP, Rel. Ministro PAULO DE TARSO SANSEVERINO, TERCEIRA TURMA, julgado em 10/03/2020, DJe 18/03/2020)

✓ HABEAS CORPUS. DECISÃO QUE INDEFERIU LIMINAR EM HABEAS CORPUS NO TRIBUNAL DE JUSTIÇA. CABIMENTO RESTRITO DO WRIT. FLAGRANTE ILEGALIDADE NÃO CONFIGURADA. ORDEM DE HABEAS CORPUS DENEGADA. 1. Nos termos da Súmula 309/STJ, o débito alimentar que autoriza a prisão civil do alimentante é o que compreende as três prestações anteriores ao ajuizamento da execução e as que se vencerem no curso do processo. 2. No caso em exame, a execução de alimentos refere-se a débito atual, não estando demonstrada pelas provas pré-constituídas a efetiva ausência de rendimentos, tampouco a absoluta incapacidade econômica do alimentante. Não se trata, assim, de inadimplemento escusável ou involuntário, capaz de elidir o decreto prisional. 3. Ordem de habeas corpus denegada. (HC 492.534/RN, Rel. Ministro RAUL ARAÚJO, QUARTA TURMA, julgado em 23/04/2019, DJe 22/05/2019

Prisão civil em virtude de inadimplemento de obrigação alimentícia devida a ex-cônjuge:

✓ RECURSO EM HABEAS CORPUS. PRISÃO CIVIL. PRESTAÇÃO ALIMENTÍCIA FIXADA EM FAVOR DE EX-CÔNJUGE. NATUREZA INDENIZATÓRIA E/OU COMPENSATÓRIA DESSA VERBA. INADIMPLEMENTO. EXECUÇÃO PELO RITO DA PRISÃO CIVIL. DESCABIMENTO. CONCESSÃO DA ORDEM QUE SE IMPÕE. RECURSO PROVIDO. 1. O propósito recursal consiste em definir se o inadimplemento de obrigação alimentícia devida a ex-cônjuge, de natureza indenizatória e/ou compensatória, justifica a execução sob o rito da prisão civil preconizado no art. 528, § 3º, do CPC/2015. 2. A prisão por dívida de alimentos, por se revelar medida drástica e excepcional, só se admite quando imprescindível à subsistência do alimentando, sobretudo no tocante às verbas arbitradas com base no binômio necessidade-possibilidade, a evidenciar o caráter estritamente alimentar do débito exequendo. 3. O inadimplemento dos alimentos compensatórios (destinados à manutenção do padrão de vida do ex-cônjuge que sofreu drástica redução em razão da ruptura da sociedade conjugal) e dos alimentos que possuem por escopo a remuneração mensal do ex-cônjuge credor pelos frutos oriundos do patrimônio comum do casal administrado pelo ex-consorte devedor não enseja a execução mediante o rito da prisão positivado no art. 528, § 3º, do CPC/2015, dada a natureza indenizatória e reparatória dessas verbas, e não propriamente alimentar. 4. Na hipótese dos autos, a obrigação alimentícia foi fixada, visando indenizar a ex-esposa do recorrente pelos frutos advindos do patrimônio comum do casal, que se encontra sob a administração do ora recorrente, bem como a fim de manter o padrão de vida da alimentanda, revelando-se ilegal a prisão do recorrente/alimentante, a demandar a suspensão do decreto prisional, enquanto perdurar essa crise proveniente da pandemia causada por Covid-19, sem prejuízo de nova análise da ordem de prisão, de forma definitiva, oportunamente, após restaurada a situação normalidade. 5. Recurso ordinário em habeas corpus provido. (RHC 117.996/RS, Rel. Ministro MARCO AURÉLIO BELLIZZE, TERCEIRA TURMA, julgado em 02/06/2020, DJe 08/06/2020)

§ 4º A prisão será cumprida em regime fechado, devendo o preso ficar separado dos presos comuns.

Inviabilidade de prisões sucessivas que impeçam o cumprimento do encargo:

✓ AGRAVO DE INSTRUMENTO. EXECUÇÃO DE ALIMENTOS PELO RITO DO ART. 528 DO CPC/2015. INDEFERIMENTO DE MANUTENÇÃO DO PROCEDIMENTO COERCITIVO PELA PRISÃO CIVIL. IRRESIGNAÇÃO DOS EXEQUENTES. PRELIMINAR DE NULIDADE DO VEREDITO POR AUSÊNCIA DE FUNDAMENTAÇÃO. ARGUMENTOS EXPLANADOS PELO JUÍZO DE FORMA CONCISA, PORÉM SATISFATÓRIA. TESE RECHAÇADA. MÉRITO. AGRAVADO QUE CUMPRIU PRISÃO CIVIL ATÉ MEROS 20 DIAS ANTES DO NOVO PEDIDO SEGREGACIONAL. INVIABILIDADE DE DEFERIMENTO DA MEDIDA, SOB PENA DE TRANSFORMA-LA EM PUNIÇÃO. ADIMPLEMENTO DO DÉBITO A SER BUSCADO PELA VIA DA EXPROPRIAÇÃO. PRETENSÃO DE SEGREGAÇÃO, ADEMAIS, FULCRADA EM DÉBITOS JÁ UTILIZADOS NO PRIMEIRO PLEITO DE CONFINAMENTO. DE-

CISÃO MANTIDA. RECURSO CONHECIDO E DESPROVIDO. A prisão civil não é pena; antes, é meio de coerção. Seu intuito não é, por isso, punir o devedor inadimplente mas fazê-lo se defrontar com possível restrição de sua liberdade que o faça abandonar a inércia e efetuar o pagamento do débito. De nada adianta, portanto, prendê-lo seguidamente, sem viabilizar tempo para que possa arregimentar a quantia necessária a fazer frente aos alimentos. (TJ-SC; AI 40055766720178240000 Brusque; Sexta Câmara de Direito Civil; Rel. André Luiz Dacol; Julg. 18/07/2017)

Cumprimento da prisão por dívida alimentar em regime diverso do fechado em virtude da pandemia do COVID-19:

✓ HABEAS CORPUS SUBSTITUTIVO DE RECURSO ORDINÁRIO. FAMÍLIA. ALIMENTOS. FILHOS MENORES. ADMISSIBILIDADE EM HIPÓTESES EXCEPCIONAIS. PRISÃO CIVIL NA EXECUÇÃO DE ALIMENTOS. PANDEMIA DE COVID-19. RISCO DE CONTÁGIO. PRISÃO DOMICILIAR. APLICAÇÃO DO ART. 15 DA LEI 14.010/2020. ORDEM CONCEDIDA. 1. O presente habeas corpus foi impetrado como substitutivo do recurso ordinário cabível, o que somente é admitido excepcionalmente pela jurisprudência desta Corte de Justiça e do eg. Supremo Tribunal Federal quando constatada a existência de flagrante ilegalidade no ato judicial impugnado, podendo-se, em tais hipóteses, conceder-se a ordem de ofício. 2. Diante do iminente risco de contágio pelo Covid-19, bem como em razão dos esforços expendidos pelas autoridades públicas em reduzir o avanço da pandemia, é recomendável o cumprimento da prisão civil por dívida alimentar em regime diverso do fechado, nos termos do deliberado no Habeas Corpus nº 568.021/CE (Rel. Ministro Paulo de Tarso Sanseverino), o qual estendeu a todos os devedores de alimentos no País os efeitos da liminar deferida no mencionado writ. 3. Ordem de habeas corpus concedida, ex officio, para que o paciente, devedor de alimentos, cumpra a prisão civil em regime domiciliar. (HC 575.785/GO, Rel. Ministro RAUL ARAÚJO, QUARTA TURMA, julgado em 16/06/2020, DJe 14/09/2020)

✓ HABEAS CORPUS. OBRIGAÇÃO ALIMENTÍCIA. INADIMPLEMENTO PRISÃO CIVIL. DECRETAÇÃO. PANDEMIA. SÚMULA Nº 309/STJ. ART. 528, § 7º, DO CPC/2015. PRISÃO CIVIL. PANDEMIA (COVID-19). SUSPENSÃO TEMPORÁRIA. POSSIBILIDADE. DIFERIMENTO. PROVISORIEDADE. 1. Em virtude da pandemia causada pelo coronavírus (Covid-19), admite-se, excepcionalmente, a suspensão da prisão dos devedores por dívida alimentícia em regime fechado. 2. Hipótese emergencial de saúde pública que autoriza provisoriamente o diferimento da execução da obrigação cível enquanto pendente a pandemia. 3. Ordem concedida. (HC 574.495/SP, Rel. Ministro RICARDO VILLAS BÔAS CUEVA, TERCEIRA TURMA, julgado em 26/05/2020, DJe 01/06/2020)

§ 5º O cumprimento da pena não exime o executado do pagamento das prestações vencidas e vincendas.

Desnecessidade de nova execução diante de prestações vencidas no curso do processo:

✓ APELAÇÃO CÍVEL. AÇÃO DE EXECUÇÃO DE ALIMENTOS. PRISÃO CIVIL. EXTINÇÃO DO PROCESSO, SEM RESOLUÇÃO DE MÉRITO, COM FULCRO NO ART. 485, INCISO VI, DO CÓDIGO DE PROCESSO CIVIL. DÉBITO ALIMENTAR VINCENDO INCLUÍDO NA EXECUÇÃO EM ANDAMENTO. DESNECESSIDADE DO AJUIZAMENTO DE OUTRA. NATUREZA SUCESSIVA DA OBRIGAÇÃO ALIMENTAR. LITISPENDÊNCIA CARACTERIZADA. MANUTENÇÃO DA SENTENÇA, COM FUNDAMENTO LEGAL DIVERSO. ART. 485, INCISO V, DO CPC. RECURSO IMPROVIDO. Caracteriza litispendência o ajuizamento de nova ação de execução de alimentos em relação ao débito alimentar vencido no transcurso da demanda executória, ante a natureza sucessiva da obrigação alimentar, inclusive permitindo nova prisão civil sustentada nesta dívida. (TJ-SC; AC 03074452920168240054 Rio do Sul; Segunda Câmara de Direito Civil; Rel. João Batista Góes Ulysséa; Julg. 06/07/2017)

§ 6º Paga a prestação alimentícia, o juiz suspenderá o cumprimento da ordem de prisão.

Pagamento das prestações alimentícias:

✓ AGRAVO DE INSTRUMENTO. EXECUÇÃO DE ALIMENTOS. ORDEM DE PRISÃO. No curso do processo de execução, o pagamento da prestação alimentícia passou a ser feito por desconto junto à fonte pagadora. Assim, o débito anterior perdeu a atualidade, ensejando a revogação da ordem de prisão. No mesmo sentido, o rito deve ser o expropriatório. AGRAVO PROVIDO, EM PARTE. UNÂNIME. (TJ-RS; Agravo de Instrumento 70069903037; Oitava Câmara Cível; Rel. Ivan Leomar Bruxel; Julg. 08/09/2016).

§ 7º O débito alimentar que autoriza a prisão civil do alimentante é o que compreende até as 3 (três) prestações anteriores ao ajuizamento da execução e as que se vencerem no curso do processo.

→ V. Súmula 309 do STJ.

Prestações alimentares passíveis de serem buscadas através da prisão civil:

✓ HABEAS CORPUS – EXECUÇÃO DE ALIMENTOS -PRISÃO CIVIL IMINENTE – PROVA DE REGULAR PAGAMENTO – AUSÊNCIA DE DÉBITO RECENTE – PERDA DA NATUREZA ESTRITAMENTE ALIMENTAR, A AUTORIZAR PRISÃO – VERBETE Nº 309 DA SÚMULA DO STJ – ART. 528 E §§ DO NOVO CPC (LEI Nº 13.105/2015): "O DÉBITO ALIMENTAR QUE AUTORIZA A PRISÃO CIVIL DO ALIMENTANTE É O QUE COMPREENDE ATÉ AS 3 (TRÊS) PRESTAÇÕES ANTERIORES AO AJUIZAMENTO DA EXECUÇÃO E AS QUE SE VENCEREM NO CURSO DO PROCESSO" CONCESSÃO DA ORDEM. (TJ-RJ; HC 00209835920168190000 Rio de Janeiro Capital, 2ª Vara de Família, Vigésima Segunda Câmara Cível; Rel. Marcelo Lima Buhatem; Julg. 24/05/2016;Data de Publicação: 30/05/2016)

✓ HABEAS CORPUS. ALIMENTOS DEVIDOS A EX-CÔNJUGE. EXCEPCIONALIDADE. EX-CÔNJUGE JOVEM E INSERIDA NO MERCADO DE TRABALHO. EXONERAÇÃO JÁ OPERADA EM AÇÃO REVISIONAL. EVENTUAIS PARCELAS PRETÉRITAS. EXECUÇÃO CONTRA DEVEDOR SOLVENTE. 1 – Nos termos da Súmula 309/STJ, "O débito alimentar que autoriza a prisão civil do alimentante é o que compreende as três prestações anteriores ao ajuizamento da execução e as que se vencerem no curso do processo". Assim, a circunstância, por si só, de haver valor considerável de dívida vencida em execução, se correspondente ao somatório das três prestações anteriores ao ajuizamento da cobrança e das vencidas no curso da ação, não caracterizaria a ilegalidade do decreto de prisão. 2. Orienta-se a jurisprudência do Superior Tribunal de Justiça no sentido de que os alimentos entre ex-cônjuges devem ter caráter excepcional e transitório, salvo quando um deles não detenha mais condições de reinserção no mercado de trabalho ou de readquirir sua autonomia financeira, seja em razão da idade avançada ou do acometimento de problemas de saúde. 3. Hipótese, todavia, em que a ex-cônjuge é jovem e inserida no mercado de trabalho, conforme consignado na própria sentença que fixara os alimentos por ocasião do divórcio, já tendo sido a exoneração determinada por acórdão do Tribunal de Justiça em ação revisional. 4. A exoneração dos alimentos retroage à data da citação na ação revisional, de forma que, caso remanesça dívida, dadas as peculiaridades do caso, deverá ser cobrada segundo o rito da execução por quantia certa contra devedor solvente. 5. Ordem concedida. (HC 431.515/DF, Rel. Ministra MARIA ISABEL GALLOTTI, QUARTA TURMA, julgado em 20/08/2019, DJe 26/08/2019)

§ 8º O exequente pode optar por promover o cumprimento da sentença ou decisão desde logo, nos termos do disposto neste Livro, Título II, Capítulo III, caso em que não será admissível a prisão do executado, e, recaindo a penhora em dinheiro, a concessão de efeito suspensivo à impugnação não obsta a que o exequente levante mensalmente a importância da prestação.

Impossibilidade de cumulação dos procedimentos:

✓ AGRAVO DE INSTRUMENTO. CUMPRIMENTO DE SENTENÇA QUE RECONHECE A EXIGIBILIDADE DE OBRIGAÇÃO DE PRESTAR ALIMENTOS. INSURGÊNCIA CONTRA A DECISÃO PELA QUAL O JUÍZO ORIGINÁRIO DETERMINOU QUE A RECORRENTE ADEQUASSE A PRETENSÃO, SE PELO PROCEDIMENTO DO § 3º DO ARTIGO 528, OU PELO DO ARTIGO 523, AMBOS DO CÓDIGO DE PROCESSO CIVIL VIGENTE. ALMEJADA A CUMULAÇÃO DE RITOS. IMPOSSIBILIDADE. PRECEDENTES DESTA CORTE. Muito embora fundamentado nos ditames do Código Buzaid, o entendimento majoritário desta Corte, no sentido de ser inviável a cumulação de ritos na persecução de dívida de alimentos, segue hígido. Conquanto tenha o Diploma Processual Civil atual inovado em inúmeras questões relativas à execução da prestação de alimentos, nesse particular, o legislador não deixou margem para interpretação diversa daquela dada ao Codex anterior; ao revés, o Texto Legal se apresenta suficientemente claro quanto aos alternativos procedimentos dispostos ao credor. Conservou-se as mesmas intenções despendidas na Lei antecessora. RECURSO DESPROVIDO. (TJ-SC; AI 40046181820168240000 Videira; Primeira Câmara de Direito Civil; Rel. Eduardo Mattos Gallo Júnior; Julg. 23/11/2017)

Impossibilidade de conversão do procedimento de ofício:

✓ RECURSO ESPECIAL. AÇÃO DE EXECUÇÃO DE ALIMENTOS. DÉBITO ALIMENTAR REFERENTE ÀS TRÊS PRESTAÇÕES ANTERIORES AO AJUIZAMENTO DA EXECUÇÃO, ALÉM DAS PARCELAS VINCENDAS. SÚMULA 309/STJ. CONVERSÃO PELO JUIZ, DE OFÍCIO, DO PROCEDIMENTO DE EXECUÇÃO DE ALIMENTOS COM BASE NO ART. 528, § 3º, DO CPC/2015, QUE PERMITE A DECRETAÇÃO DE PRISÃO CIVIL DO EXECUTADO, PARA O RITO DO § 8º DO MESMO DISPOSITIVO LEGAL, EM QUE SE OBSERVARÁ A EXECUÇÃO POR QUANTIA CERTA, SEM POSSIBILIDADE DE PRISÃO. IMPOSSIBILIDADE. PAGAMENTO PARCIAL DO DÉBITO QUE NÃO AFASTA A POSSIBILIDADE DE PRISÃO. SALVO EM SITUAÇÕES EXCEPCIONAIS, O TRANSCURO DE TEMPO RAZOÁVEL DESDE O AJUIZAMENTO DA EXECUÇÃO NÃO AFASTA O CARÁTER DE URGÊNCIA DOS ALIMENTOS. RECURSO PROVIDO. 1. A questão controvertida consiste em saber se o Juízo de primeiro grau poderia ter convertido, de ofício, o procedimento de execução de alimentos com base no art. 528, § 3º, do CPC/2015, que permite a decretação de prisão civil do executado, para o rito previsto no § 8º do mesmo dispositivo legal, em que se observará a execução por quantia certa, sem possibilidade de prisão. 2. Da leitura do art. 528, §§ 1º a 9º, do Código de Processo Civil de 2015, extrai-se que o credor possui duas formas de efetivar o cumprimento de sentença que fixa alimentos. A primeira, prevista no parágrafo 3º da norma legal em comento, dispõe que, caso o executado não pague ou se a justificativa apresentada não for aceita, o juiz, além de mandar protestar o pronunciamento judicial, decretar-lhe-á a prisão pelo prazo de 1 (um) a 3 (três) meses. Já a segunda, por sua vez, seguirá o rito processual do cumprimento de sentença que reconhece a exigibilidade de obrigação de pagar quantia certa (CPC/2015, arts. 523 a 527), hipótese em que será vedada a prisão civil do devedor, conforme estabelece o § 8º. 3. Feita a escolha do procedimento que permite a prisão civil do executado, desde que observado o disposto na Súmula 309/STJ, como na espécie, não se mostra possível a sua conversão, de ofício, para o rito correspondente à execução por quantia certa, cuja prisão é vedada, sob o fundamento de que o débito foi adimplido parcialmente, além do transcurso de tempo razoável desde o ajuizamento da ação, o que afastaria o caráter emergencial dos alimentos. 4. Nos termos da jurisprudência pacífica desta Corte Superior, o pagamento parcial do débito alimentar não impede a prisão civil do executado. Além disso, o tempo transcorrido desde o ajuizamento da ação de execução, salvo em situações excepcionais, não tem o condão de afastar o caráter de urgência dos alimentos, sobretudo no presente caso, em que a demora na solução do litígio foi causada pelo próprio devedor, sem contar que os alimentandos possuem, hoje, 10 (dez) e 15 (quinze) anos de idade, o que revela a premente necessidade no cumprimento da obrigação alimentar. 5. Recurso especial provido. (REsp 1773359/MG, Rel. Ministro MARCO AURÉLIO BELLIZZE, TERCEIRA TURMA, julgado em 13/08/2019, DJe 16/08/2019)

§ 9º Além das opções previstas no art. 516, parágrafo único, o exequente pode promover o cumprimento da sentença ou decisão que condena ao pagamento de prestação alimentícia no juízo de seu domicílio.

Art. 529. Quando o executado for funcionário público, militar, diretor ou gerente de empresa ou empregado sujeito à legislação do trabalho, o exequente poderá requerer o desconto em folha de pagamento da importância da prestação alimentícia.

§ 1º Ao proferir a decisão, o juiz oficiará à autoridade, à empresa ou ao empregador, determinando, sob pena de crime de desobediência, o desconto a partir da primeira remuneração posterior do executado, a contar do protocolo do ofício.

§ 2º O ofício conterá o nome e o número de inscrição no Cadastro de Pessoas Físicas do exequente e do executado, a importância a ser descontada mensalmente, o tempo de sua duração e a conta na qual deve ser feito o depósito.

§ 3º Sem prejuízo do pagamento dos alimentos vincendos, o débito objeto de execução pode ser descontado dos rendimentos ou rendas do executado, de forma parcelada, nos termos do caput deste artigo, contanto que, somado à parcela devida, não ultrapasse cinquenta por cento de seus ganhos líquidos.

→ v. Art. 833, § 2º, do CPC.

Possibilidade do juiz flexibilizar o parâmetro legal:

✓ AGRAVO DE INSTRUMENTO. FAMÍLIA E PROCESSUAL CIVIL. EXECUÇÃO DE ALIMENTOS. – PARCELAMENTO DEFERIDO NA ORIGEM. RECURSO DO EXEQUENTE. MAJORAÇÃO. INVIABILIDADE. POSSIBILIDADES DO EXECUTADO NÃO COMPROVADAS. MANUTENÇÃO DEVIDA. – O § 3º do artigo 529 do Código de Processo Civil de 2015 estabelece um parâmetro máximo de 50% (cinquenta por cento) dos rendimentos líquidos do executado para o parcelamento de seu quantum debeatur alimentar. Não está o magistrado, contudo, vinculado a esse teto, podendo fixar o parcelamento do débito em fração inferior, de acordo com as circunstâncias do caso concreto, evitando que a restrição importe em risco a subsistência do executado. Na espécie, a prova constante nos autos não recomenda a majoração da constrição. DECISÃO MANTIDA. RECURSO DESPROVIDO. (TJ-SC; AI 40003931820178240000 Capital; Quinta Câmara de Direito Civil; Rel. Henry Petry Junior; Julg. 30/05/2017)

Não aplicação para honorários advocatícios:

✓ RECURSO ESPECIAL. NEGATIVA DE PRESTAÇÃO JURISDICIONAL. INOCORRÊNCIA. AÇÃO DE INDENIZAÇÃO. CUMPRIMENTO DE SENTENÇA. HONORÁRIOS ADVOCATÍCIOS DE SUCUMBÊNCIA. NATUREZA ALIMENTAR. EXCEÇÃO DO § 2º DO ART. 833. PENHORA DA REMUNERAÇÃO DO DEVEDOR. IMPOSSIBILIDADE. DIFERENÇA ENTRE PRESTAÇÃO ALIMENTÍCIA E VERBA DE NATUREZA ALIMENTAR. JULGAMENTO: CPC/15. 1. Ação de indenização, na fase de cumprimento de sentença para o pagamento dos honorários advocatícios, da qual foi extraído o presente recurso especial, interposto em 12/02/2019 e atribuído ao gabinete em 18/06/2019. 2. O propósito recursal é decidir se o salário do devedor pode ser penhorado, com base na exceção prevista no § 2º do art. 833 do CPC/15, para o pagamento de honorários advocatícios, por serem estes dotados de natureza alimentar, nos termos do art. 85, § 14, do CPC/15. 3. Devidamente analisadas e discutidas as questões de mérito, e suficientemente fundamentado o acórdão recorrido, de modo a esgotar a prestação jurisdicional, não há que se falar em violação do art. 1.022, II, do CPC/15. 4. Os termos "prestação alimentícia", "prestação de alimentos" e "pensão alimentícia" são utilizados como sinônimos pelo legislador em momentos históricos e diplomas diversos do ordenamento jurídico pátrio, sendo que, inicialmente, estavam estritamente relacionados aos alimentos familiares, e, a partir do CC/16, passaram a ser utilizados para fazer referência aos alimentos indenizatórios e aos voluntários. 5. O termo "natureza alimentar", por sua vez, é derivado de "natureza alimentícia", o qual foi introduzido no ordenamento jurídico pela Constituição de 1988, posteriormente conceituado pela EC nº 30/2000, constando o salário como um dos exemplos. 6. Atento à importância das verbas remuneratórias, o constituinte equiparou tal crédito ao alimentício, atribuindo-lhe natureza alimentar, com o fim de conceder um benefício específico em sua execução, qual seja, a preferência no pagamento de precatórios, nos termos do art. 100, § 1º, da CRFB. 7. As verbas remuneratórias, ainda que sejam destinadas à subsistência do credor, não são equivalentes aos alimentos de que trata o CC/02, isto é, àqueles oriundos de relações familiares ou de responsabilidade civil, fixados por sentença ou título executivo extrajudicial. 8. Uma verba tem natureza alimentar quando destinada à subsistência do credor e de sua família, mas apenas se constitui em prestação alimentícia aquela devida por quem tem a obrigação de prestar alimentos familiares, indenizatórios ou voluntários em favor de uma pessoa que, necessariamente, deles depende para sobreviver. 9. As verbas remuneratórias, destinadas, em regra, à subsistência do credor e de sua família, mereceram a atenção do legislador, quando a elas atribuiu natureza alimentar. No que se refere aos alimentos, porque revestidos de grave urgência – porquanto o alimentando depende exclusivamente da pessoa obrigada a lhe prestar alimentos, não tendo outros meios para se socorrer -, exigem um tratamento mais sensível ainda do que aquele conferido às verbas remuneratórias dotadas de natureza alimentar. 10. Em face da nítida distinção entre os termos jurídicos, evidenciada pela análise histórica e pelo estudo do tratamento legislativo e jurisprudencial conferido ao tema, forçoso concluir que não se deve igualar verbas de natureza alimentar às prestações alimentícias, tampouco atribuir àquelas os mesmos benefícios conferidos pelo legislador a estas, sob pena de enfraquecer a proteção ao direito, à dignidade e à sobrevivência do credor de alimentos (familiares, indenizatórios ou voluntários), por causa da vulnerabilidade inerente do credor de alimentos quando comparado ao credor de débitos de natureza alimentar. 11. As exceções destinadas à execução de prestação alimentícia, como a penhora dos bens descritos no art. 833, IV e X, do CPC/15, e do bem de família (art. 3º, III, da Lei 8.009/90), assim como a prisão civil, não se estendem aos honorários advocatícios, como não se estendem às demais verbas apenas com natureza alimentar, sob pena de eventualmente termos que cogitar sua aplicação a todos os honorários devidos a quaisquer profissionais liberais, como médicos, engenheiros, farmacêuticos, e a tantas outras categorias. 12. Recurso especial conhecido e não provido. (REsp 1815055/SP, Rel. Ministra NANCY ANDRIGHI, CORTE ESPECIAL, julgado em 03/08/2020, DJe 26/08/2020)

(Des)cabimento: prisão civil para ato ilícito:

✓ HABEAS CORPUS. RESPONSABILIDADE CIVIL EM ACIDENTE DE TRÂNSITO. DEVEDOR DE ALIMENTOS POR ATO ILÍCITO. PRISÃO CIVIL. Mérito. Não há que se falar em ilegalidade da autoridade coatora, porquanto se limitou a dar cumprimento da decisão proferida no Agravo de Instrumento de nº 70071134027. Ademais, o atual posicionamento desta Colenda Câmara sob a égide do Código de Processo Civil de 2015 é no sentido da possibilidade da prisão civil por débitos de alimentos decorrentes de ato ilícito. Precedente desta Câmara. DENEGADA A SEGURANÇA. UNÂNIME.(Habeas Corpus, Nº 70074884990, Décima Primeira Câmara Cível, Tribunal de Justiça do RS, Relator: Alexandre Kreutz, Julgado em: 02-05-2018)

✓ RECURSO ORDINÁRIO EM HABEAS CORPUS. PROCESSUAL CIVIL E CIVIL. CUMPRIMENTO DE DECISÃO QUE ESTABELECE PRESTAÇÃO DE ALIMENTOS EM AÇÃO DE INDENIZAÇÃO. OBRIGAÇÃO DECORRENTE DE ATO ILÍCITO. NATUREZA INDENIZATÓRIA. PRISÃO CIVIL DE DEVEDOR (CPC/2015, ARTS. 528 E 533). IMPOSSIBILIDADE. GARANTIA CONSTITUCIONAL (CF, ART. 5º, LXVII). RECURSO PROVIDO. ORDEM CONCEDIDA. 1. Antes de se considerar qualquer disposição legal a respeito do sensível tema da prisão civil por dívida, deve-se atentar para a sólida garantia constitucional inerente ao direito fundamental de liberdade do indivíduo, identificado por Karel Vasak, em sua reconhecida classificação, como direitos humanos de primeira geração. Em relação aos direitos de liberdade, ressai o dever estatal de respeito, consistente em postura negativa, de abster-se de violá-los. Descabem, assim, interpretações normativas que conduzam a ampliações da exceção constitucional à ampla garantia de vedação à prisão civil por dívida. 2. Não há como se adotar, como meio de coerção do devedor de alimentos fixados em caráter indenizatório, a prisão civil prevista exclusivamente para o devedor de alimentos decorrentes de vínculos familiares, no art. 528, §§ 3º e 4º, do Código de Processo Civil/2015, em harmonia com o que excepcionalmente admitido pela Constituição da República (art. 5º, LXVII). É que a natureza jurídica indenizatória daquela, fixada no caso de reparação por ato ilícito, difere da estabelecida em razão de laços de parentesco, quando se leva em conta o binômio necessidade-possibilidade. Para a obrigação alimentícia indenizatória, o rito previsto é o do art. 533 do CPC/2015, sem previsão de prisão. 3. Recurso ordinário provido. Ordem de habeas corpus concedida. (RHC 101.008/RS, Rel. Ministro RAUL ARAÚJO, QUARTA TURMA, julgado em 17/11/2020, DJe 27/11/2020)

Art. 530. Não cumprida a obrigação, observar-se-á o disposto nos arts. 831 e seguintes.

Art. 531. O disposto neste Capítulo aplica-se aos alimentos definitivos ou provisórios.

§ 1º A execução dos alimentos provisórios, bem como a dos alimentos fixados em sentença ainda não transitada em julgado, se processa em autos apartados.

Execução de alimentos provisórios:

✓ CIVIL. AGRAVO INTERNO NO RECURSO ESPECIAL. RECURSO MANEJADO SOB A ÉGIDE DO CPC. DIREITO DE FAMÍLIA. EXECUÇÃO DE ALIMENTOS. ALIMENTOS PROVISÓRIOS QUE NÃO INTEGRAM O PATRIMÔNIO JURÍDICO SUBJETIVO DO ALIMENTANDO, PODENDO SER REVISTOS A QUALQUER TEMPO. REVOGAÇÃO POSTERIOR. EFEITOS EX TUNC DA SENTENÇA QUE EXONERA A OBRIGAÇÃO ALIMENTAR. IMPOSSIBILIDADE DE COBRANÇA. PRECEDENTES. 1. Aplica-se o CPC a este recurso ante os termos do Enunciado Administrativo nº 3, aprovado pelo Plenário do STJ na sessão de 9/3/2016: Aos recursos interpostos com fundamento no CPC/2015 (relativos a decisões publicadas a partir de 18 de março de 2016) serão exigidos os requisitos de admissibilidade recursal na forma do novo CPC. 2. A eg. Segunda Seção desta Corte, no julgamento do EREsp nº 1.181.119/RJ, ao interpretar o art. 13, § 2º, da Lei nº 5.478/1968, concluiu, por maioria, que os alimentos provisórios não integram o patrimônio jurídico subjetivo do alimentando, podendo ser revistos a qualquer tempo, porquanto provimento rebus sic stantibus, já que não produzem coisa julgada material (art. 15 da Lei nº 5.478/1968). 3. Não sendo a linha argumentativa apresentada capaz de evidenciar a inadequação dos fundamentos invocados pela decisão agravada, o presente agravo não se revela apto a alterar o conteúdo do julgado impugnado, devendo ele ser integralmente mantido em seus próprios termos. 4. Agravo interno não provido. (AgInt no REsp 1838922/RJ, Rel. Ministro MOURA RIBEIRO, TERCEIRA TURMA, julgado em 23/03/2020, DJe 25/03/2020)

✓ AGRAVO INTERNO NO RECURSO ESPECIAL. EXECUÇÃO DE ALIMENTOS PROVISÓRIOS. AGRAVO DE INSTRUMENTO. RETROAÇÃO DA DECISÃO QUE REVISA O VALOR DOS ALIMENTOS À DATA DA CITAÇÃO. RAZÕES RECURSAIS INSUFICIENTES. AGRAVO INTERNO DESPROVIDO. 1. A jurisprudência desta Corte é no sentido de que a decisão que revisa o valor dos alimentos, mesmo dos alimentos provisórios, retroage à data da citação. Tal entendimento não depende de quem propôs a ação. 2. Razões recursais insuficientes para a revisão do julgado. 3. Agravo interno desprovido. (AgInt no REsp 1829844/RJ, Rel. Ministro MARCO AURÉLIO BELLIZZE, TERCEIRA TURMA, julgado em 16/12/2019, DJe 19/12/2019)

§ 2º O cumprimento definitivo da obrigação de prestar alimentos será processado nos mesmos autos em que tenha sido proferida a sentença.

→ *v.* Art. 516, II, do CPC.

Execução definitiva que se processa nos mesmos autos:

✓ AGRAVO DE INSTRUMENTO. AÇÃO DE ALIMENTOS. CUMPRIMENTO DEFINITIVO DE SENTENÇA. PROCESSAMENTO NOS AUTOS EM QUE PROFERIDA A SENTENÇA. ART. 531, § 2º CPC/2015. Decisão agravada determinou distribuição autônoma da execução de alimentos com fundamento no art. 528 do CPC. Pedido de cumprimento de sentença de pensão alimentícia nos próprios autos. Acordo homologado por sentença com trânsito em julgado desde julho de 2012. Cumprimento da obrigação de prestar alimentos é processado nos autos da ação em que foi proferida a sentença como prevê o § 2º do art. 531 do CPC/2015. Precedentes desta Corte. Reforma da decisão. PROVIMENTO DO RECURSO. (TJ-RJ; AI 00346363120168190000 Rio de Janeiro Rio Claro, Vara Única; Rel. Teresa de Andrade Castro Neves; Julg. 12/07/2017, Sexta Câmara Cível; Data de Publicação: 18/07/2017)

Art. 532. Verificada a conduta procrastinatória do executado, o juiz deverá, se for o caso, dar ciência ao Ministério Público dos indícios da prática do crime de abandono material.

→ *v.* Art. 244 do Código Penal.

Art. 533. Quando a indenização por ato ilícito incluir prestação de alimentos, caberá ao executado, a requerimento do exequente, constituir capital cuja renda assegure o pagamento do valor mensal da pensão.

Constituição de capital para prestação de alimentos de natureza indenizatória:

✓ RESPONSABILIDADE CIVIL. CUMPRIMENTO DE SENTENÇA. CONSTITUIÇÃO DE CAPITAL. ART. 533 DO CPC. PENHORA DE DINHEIRO PARA SER INVESTIDO EM CADERNETA DE POUPANÇA. SUBSTITUIÇÃO DA APLICAÇÃO FINANCEIRA POR IMÓVEL INDICADO PELO CREDOR. CABIMENTO. Conforme art. 533 do CPC, cabe ao executado constituir capital cuja renda assegure pagamento do valor mensal da pensão alimentícia. Este capital pode ser representado tanto por imóveis como por aplicações financeiras. No caso, o imóvel ofertado pela executada Ergo S/A está avaliado em R$1.750.000,00, e foi dado em caução para garantia de débitos tributários cujo total não compromete a idoneidade do bem que serve, portanto, para a finalidade a que ora se propõe – qual seja, a constituição de capital cuja renda assegurará satisfação de futura pensão alimentícia. Deferido pedido de substituição do bem objeto de constituição de capital. AGRAVO DE INSTRUMENTO PROVIDO. (TJ-RS; Agravo de Instrumento 70074176330; Décima Câmara Cível; Rel. Túlio de Oliveira Martins; Julg. 26/10/2017).

✓ IMPUGNAÇÃO AO CUMPRIMENTO DE SENTENÇA. Indenização por erro médico. Decisão que reconhece excesso de execução, determinando o prosseguimento do feito pelo valor indicado pelo devedor. Cálculo do executado que deixou de incluir multa de 10% (dez por cento) em razão da ausência de cumprimento voluntário da obrigação no prazo legal de 15 (quinze) dias. Ausência incontroversa de pagamento voluntário no prazo legal. Multa de 10% devida. Inteligência do art. 523, § 1º c/c art. 520, § 2º, ambos do CPC/2015. Reconhecimento, na origem, de excesso de execução, fundado em despesas médicas e pensões vincendas. Precipitado o reconhecimento do excesso em razão de gastos médicos neste momento. Determinada a concessão de prazo razoável à credora para demonstrar o total de gastos oriundos da prestação do serviço médico pelo executado. Reconhecimento do excesso de execução tão somente em relação às pensões vincendas, ressalvada a possibilidade de constituição de capital para fazer frente a essa despesa, nos termos do art. 533 do CPC/2015. Recurso parcialmente provido. (TJ-SP; AI 22590369620168260000 SP; 1ª Câmara de Direito Privado; Rel. Francisco Loureiro; Julg. 19/05/2017; Data de Publicação: 19/05/2017)

Descabimento de constituição de capital para dívida previdenciária:

✓ PROCESSUAL CIVIL E PREVIDENCIÁRIO. ART. 535 DO CPC/1973. VIOLAÇÃO. INOCORRÊNCIA. AÇÃO REGRESSIVA. GARANTIA DE PAGAMENTO DE BENEFÍCIO. CONSTITUIÇÃO DE CAPITAL. DESCABIMENTO. 1. Não merece acolhimento a pretensão de anulação do julgado por negativa de prestação jurisdicional quando o acórdão adota fundamentação suficiente porém diversa da pretendida pela parte recorrente. 2. O Superior Tribunal de Justiça possui a orientação de que a constituição de capital visa garantir o adimplemento da prestação de alimentos em indenização por ato ilícito, conforme arts. 475-Q e 602 do CPC/1973, e não pode abranger outras parcelas da condenação. 3. A concessão e a manutenção de benefício previdenciário decorrem do vínculo jurídico entre o segurado e a autarquia e são inerentes ao risco social acobertado pela Previdência Social, não sendo alcançados pela finalidade do instituto da constituição de capital. 4. Agravo interno desprovido. (AgInt no REsp 1625421/PB, Rel. Ministro GURGEL DE FARIA, PRIMEIRA TURMA, julgado em 19/06/2018, DJe 07/08/2018)

Constituição de capital independe da situação financeira da parte devedora:

✓ ADMINISTRATIVO E PROCESSUAL CIVIL. AGRAVO INTERNO NO AGRAVO EM RECURSO ESPECIAL. AÇÃO DE INDENIZAÇÃO. CONCESSIONÁRIA DE SERVIÇO PÚBLICO. MORTE POR ELETROPLESSÃO. FALHA DOS SERVIÇOS. CONCESSIONÁRIA DE SERVIÇO PÚBLICO. PENSIONAMENTO MENSAL. DEFICIÊNCIA NA FUNDAMENTAÇÃO. SÚMULA 284/STF. CONFIGURAÇÃO DO DEVER DE INDENIZAR. REEXAME. IMPOSSIBILIDADE. SÚMULA 7/STJ. NECESSIDADE DE CONSTITUIÇÃO DE CAPITAL PARA PAGAMENTO DE PENSÃO MENSAL. SÚMULA 313/STJ. (...) 3. O Superior Tribunal de Justiça perfilha o entendimento de que a constituição de capital para a garantia do pagamento da pensão independe da situação financeira do demandado, conforme previsto no Enunciado nº 313 da Súmula desta Corte. 4. Agravo interno não provido. (AgInt no AREsp 1236626/BA, Rel. Ministro SÉRGIO KUKINA, PRIMEIRA TURMA, julgado em 12/02/2019, DJe 15/02/2019)

§ 1º O capital a que se refere o caput, representado por imóveis ou por direitos reais sobre imóveis suscetíveis de alienação, títulos da dívida pública ou aplicações financeiras em banco oficial, será inalienável e impenhorável enquanto durar a obrigação do executado, além de constituir-se em patrimônio de afetação.

§ 2º O juiz poderá substituir a constituição do capital pela inclusão do exequente em folha de pagamento de pessoa jurídica de notória capacidade econômica ou, a requerimento do executado, por fiança bancária ou garantia real, em valor a ser arbitrado de imediato pelo juiz.

Inclusão em folha de pagamento como substituição à constituição de capital:

✓ AGRAVO INTERNO NO AGRAVO EM RECURSO ESPECIAL. AÇÃO DE INDENIZAÇÃO POR DANOS MORAIS E MATERIAIS. ACIDENTE DE TRÂNSITO. PERCENTUAL CORRESPONDENTE À REDUÇÃO DA CAPACIDADE LABORAL DAS VÍTIMAS. DETERMINAÇÃO DE NOVA PERÍCIA EM LIQUIDAÇÃO DE SENTENÇA. REEXAME DE FATOS E PROVAS. IMPOSSIBILIDADE. CONSTITUIÇÃO DE CAPITAL GARANTIDOR. SUBSTITUIÇÃO PELA INCLUSÃO EM FOLHA DE PAGAMENTO. POSSIBILIDADE. FACULDADE DO JUIZ. DECISÃO MANTIDA. RECURSO DESPROVIDO. 1. A modificação do acórdão recorrido, quanto ao percentual correspondente à redução das capacidades laborais das vítimas e à necessidade de nova perícia médica em liquidação de sentença para averiguação das sequelas ainda presentes, demandaria o revolvimento de suporte fático-probatório dos autos, o que encontra óbice na Súmula 7 do Superior Tribunal de Justiça. 2. É facultado ao juiz da causa substituir a determinação de constituição de capital assegurador do pagamento de pensão mensal pela inclusão dos beneficiários em folha de pagamento da empresa, cuja capacidade econômica deve ser aferida pelas instâncias ordinárias. 3. Agravo interno não provido. (AgInt nos EDcl no AgInt no AREsp 25.729/RJ; Quarta Turma; Rel. Min. Lázaro Guimarães (Desembargador Convocado do TRF 5ª Região); Julg. 07/11/2017; DJe 13/11/2017)

✓ AGRAVO INTERNO NO AGRAVO REGIMENTAL NO RECURSO ESPECIAL - AÇÃO DE INDENIZAÇÃO - DECISÃO MONOCRÁTICA QUE RECONSIDEROU O ANTERIOR DECISUM SINGULAR PARA DAR PROVIMENTO AO APELO NOBRE. IRRESIGNAÇÃO DA DEMANDADA. 1. A mera circunstância de a empresa ré ser concessionária de serviço público não a exime da constituição de capital garantidor, como forma de assegurar o cumprimento da obrigação (Súmula 313/STJ). Precedentes. 2. A possibilidade de substituição da constituição de capital pela inclusão do exequente em folha de pagamento da empresa, deve ser avaliada pelo juízo da execução no momento do cumprimento de sentença. Precedentes desta Corte Superior. 3. Agravo interno desprovido. (AgInt no AgRg no REsp 1142408; RJ; Quarta Turma; Rel. Min. Marco Buzzi Julg. 13/09/2016; DJe 18/10/2016)

✓ AGRAVO INTERNO NO AGRAVO EM RECURSO ESPECIAL. AÇÃO INDENIZATÓRIA. CUMPRIMENTO DE SENTENÇA. CONCLUSÃO DO ACÓRDÃO PELO DESCABIMENTO DO PEDIDO DE INCLUSÃO EM FOLHA DE PAGAMENTO DE CONCESSIONÁRIA DE SERVIÇO PÚBLICO EM SUBSTITUIÇÃO À CONSTITUIÇÃO DE CAPITAL ASSECURATÓRIO DO ADIMPLEMENTO DO PENSIONAMENTO. INEXISTÊNCIA DE PREJUÍZO. MATÉRIA FÁTICO-PROBATÓRIA. INCIDÊNCIA DAS SÚMULAS 7 E 83 DO STJ. FUNDAMENTOS NÃO IMPUGNADOS. SÚMULA 283/STF. AGRAVO INTERNO IMPROVIDO. 1. Segundo a jurisprudência desta Corte, a possibilidade de substituição da constituição de capital pela inclusão do exequente em folha de pagamento da empresa deve ser avaliada pelo juízo da execução no momento do cumprimento de sentença. 2. A mera circunstância de ser a empresa ré concessionária de serviço público não a exime da constituição de capital garantidor, como forma de assegurar o cumprimento da obrigação (Súmula 313/STJ) 3. A alteração da conclusão do Tribunal estadual quanto à necessidade de constituição de capital assecuratório do adimplemento do pensionamento demandaria o reexame do conjunto fático-probatório dos autos, o que é vedado pela Súmula n. 7 do STJ. 4. A manutenção de argumento que, por si só, sustenta o acórdão recorrido torna inviável o conhecimento do recurso especial, atraindo a aplicação do enunciado n. 283 da Súmula do Supremo Tribunal Federal. 5. Agravo interno improvido. (AgInt no AREsp 1530151/RJ, Rel. Ministro MARCO AURÉLIO BELLIZZE, TERCEIRA TURMA, julgado em 16/12/2019, DJe 19/12/2019)

§ 3º Se sobrevier modificação nas condições econômicas, poderá a parte requerer, conforme as circunstâncias, redução ou aumento da prestação.

§ 4º A prestação alimentícia poderá ser fixada tomando por base o salário mínimo.

→ v. Súmula Vinculante 4 do STF.

→ v. Súmula 490 do STF.

→ v. Art. 7º, IV, da CF/1988.

Prestação alimentícia fixada com base em salário mínimo:

✓ AGRAVO DE INSTRUMENTO. DIREITO DE FAMÍLIA. AÇÃO DE RECONHECIMENTO E DISSOLUÇÃO DE UNIÃO ESTÁVEL. DECISÃO INTERLOCUTÓRIA QUE NÃO ADMITIU A POSSIBILIDADE DO SALÁRIO MÍNIMO VIGENTE SER FATOR DE CORREÇÃO DE PENSÃO ALIMENTÍCIA FIXADA EM TERMO DE ACORDO AMIGÁVEL (TÍTULO EXECUTIVO EXTRAJUDICIAL). DECISÃO AGRAVADA DISSONANTE DO ENTENDIMENTO RECENTE DO SUPREMO TRIBUNAL FEDERAL (AGR NO AI Nº 763480/RJ) E DISPOSIÇÃO EXPRESSA CONSTANTE NO CPC/2015 ACERCA DA POSSIBILIDADE DE PENSÃO ALIMENTÍCIA SER FIXADA TOMANDO POR BASE O SALÁRIO MÍNIMO (ART. 533, § 4º). NECESSIDADE DE REFORMA DA DECISÃO RECORRIDA. I – Inicialmente, cumpre asseverar que os Embargos Declaratórios nº 0000336-33.2016.8.05.0000/50.000 opostos pela Recorrente, às fls. 237/243 (e documentos de fls. 244/255), restam prejudicados, ante o julgamento meritório do Agravo de Instrumento que ora se perfaz. II – Submete-se à apreciação desta Corte a pretensão da Agravante MONIQUE SOUZA MARTINS de reformar a decisão agravada em que o Juízo a quo, nos autos da Ação de Reconhecimento e Dissolução de União Estável nº. 0502630-21.2014.8.05.0113, proposta por MAURÍCIO PORTO DE OLIVEIRA PIMENTA, fixou os alimentos provisórios "no valor de R$ 4.500,00 (quatro mil e quinhentos reais), conforme acordo firmado entre as partes, (que será reajustado anualmente, salvo decisão posterior, e a partir desta data, pelo INPC-IBGE)". III – A Agravante, através do presente recurso instrumental, objetiva o reconhecimento, por esta Corte de Justiça, da possibilidade da determinação do salário mínimo como fator de correção da pensão alimentícia firmada pelas partes no "Termo de Acordo Amigável" (título executivo extrajudicial) de fl. 39. IV – Cumpre destacar que o Novo Código de Processo Civil (CPC/2015), em seu art. 533, § 4º, de forma clara e específica, reconhece a possibilidade de fixação de pensão alimentícia tomando por base o salário mínimo, consoante se observa a seguir, verbis: "§ 4º A prestação alimentícia poderá ser fixada tomando por base o salário-mínimo". V – Nessa esteira, é prudente consignar que o CPC/2015, em seu art. 1.046, ao tratar do direito intertemporal, assevera que suas disposições devem ser aplicadas imediatamente aos processos em curso, preceituando expressamente que "Ao entrar em vigor este Código, suas disposições se aplicarão desde logo aos processos pendentes, ficando revogada a Lei no 5.869, de 11 de janeiro de 1973". VI – Ademais, conforme manifestação recente desta Quinta Câmara Cível, consoante acórdão proferido nos autos do Agravo de Instrumento nº 0021275-68.2015.8.05.0000, de minha relatoria e julgado em 26/01/2016, cumpre estatuir que o Supremo Tribunal Federal, no AgR no AI nº 763480 RJ, de relatoria do Ministro Roberto Barroso, consolidou o entendimento de que "em se tratando de pensão alimentícia, é possível sua fixação em salários mínimos" (STF; Rel. Min. ROBERTO BARROSO; Julg. 03/03/2015, Primeira Turma). VII – Observa-se, portanto, em cognição sumária, própria deste momento processual, que a pensão alimentícia pactuada pelos litigantes no "Termo de Acordo Amigável" de fl. 39 (datado de 02/03/2012), prevê expressamente a possibilidade de aumento do valor originário de acordo com o salário mínimo vigente. VIII – Desse modo, conforme jurisprudência hodierna do Supremo Tribunal Federal (AgR no AI nº 763480/RJ) e disposição expressa do CPC/2015 (art. 533, § 4º), não há qualquer óbice legal no reconhecimento da legitimidade do reajuste e atualização da pensão alimentícia, outrora firmada, tendo como base o salário mínimo como indexador. IX – Impositiva é a reforma do decisum agravado, em razão da presença do fumus boni iuris, uma vez que a Agravante trouxe aos autos instrumentais prova inequívoca da plausibilidade de suas alegações recursais, bem como em razão do entendimento pacificado no STF sobre o tema ora tratado (AgR no AI nº 763480/RJ) e disposição expressa constante no CPC/2015 acerca da possibilidade de pensão alimentícia ser fixada tomando por base o salário mínimo (art. 533, § 4º). EMBARGOS DECLARATÓRIOS JULGADOS PREJUDICADOS. AGRAVO DE INSTRUMENTO CONHECIDO E PROVIDO. (Classe: Agravo de Instrumento, Número do Processo: 0000336-33.2016.8.05.0000, Rel. Carmem Lucia Santos Pinheiro, Quinta Câmara Cível, Publicado em: 13/07/2016) (TJ-BA; AI 00003363320168050000; Quinta Câmara Cível; Rel. Carmem Lucia Santos Pinheiro; Data de Publicação: 13/07/2016)

✓ HABEAS CORPUS. PRISÃO CIVIL. EXECUÇÃO DE ALIMENTOS. DÍVIDA RELATIVA ÀS TRÊS ÚLTIMAS PRESTAÇÕES ANTERIORES À EXECUÇÃO E PRESTAÇÕES VINCENDAS NO CURSO DO PROCESSO. SÚMULA 309/STJ. APLICAÇÃO INADEQUADA AO CASO. AFASTAMENTO DO DECRETO PRISIONAL. ORDEM CONCEDIDA. 1. Nos termos da Súmula 309/STJ, "o débito alimentar que autoriza a prisão civil do alimentante é o que compreende as três prestações anteriores ao ajuizamento da execução e as que se vencerem no curso do processo". 2. A obrigação alimentar imposta ao paciente foi fixada em patamar equivalente a 20% (vinte por cento) de seus rendimentos ou, na hipótese de inexistência de vínculo empregatício, no montante de 75% (setenta e cinco por cento) do salário mínimo vigente. 3. O impetrante comprova que o paciente foi aposentado por invalidez, passando a receber mensalmente quantia equivalente a um salário mínimo, motivo pelo qual passou a depositar mensalmente, a título de pagamento de pensão, quantia equivalente a 30% (trinta por cento) de sua remuneração, sem prejuízo do adimplemento integral das 10 (dez) parcelas anteriores à aposentação, incluindo as 3 (três) anteriores ao ajuizamento da execução. 4. Diante de tais circunstâncias, verifica-se que o inadimplemento não se apresenta inescusável e voluntário, assim como previsto na Constituição Federal, em seu art. 5º, LXVII, para admitir, excepcionalmente, a prisão civil do devedor de alimentos. 5. Ordem concedida. (HC 352.348/RJ, Rel. Ministro RAUL ARAÚJO, QUARTA TURMA, julgado em 21/02/2017, DJe 07/03/2017)

✓ HABEAS CORPUS. PRISÃO CIVIL. EXECUÇÃO DE ALIMENTOS. DÍVIDA RELATIVA ÀS TRÊS ÚLTIMAS PRESTAÇÕES ANTERIORES À EXECUÇÃO E PRESTAÇÕES VINCENDAS NO CURSO DO PROCESSO. DESEMPREGO. AFASTAMENTO DO DECRETO PRISIONAL (CPC, ART. 528, § 2º). ORDEM CONCEDIDA. 1. A obrigação alimentar é regida pelo binômio necessidade-possibilidade, não se impondo maior valia a nenhuma dessas duas variáveis, mas não se deve desconsiderar que a variável da necessidade é elástica e quase ilimitada, enquanto a da possibilidade é rígida e limitada às posses e disponibilidade do alimentante para o trabalho e, portanto, para a ampliação de seus ganhos. 2. Na hipótese, a obrigação alimentar foi fixada, alternativamente, em 1,5 (um e meio) salário mínimo mensal ou, no caso de vínculo empregatício, em 25% (vinte e cinco por cento) do salário líquido do paciente. 3. Os autos comprovam que o paciente passou por longo período de desemprego, razão pela qual não teve como cumprir a obrigação nos termos em que avençada, realizando pagamentos apenas parciais, e que, atualmente, não obstante empregado como auxiliar administrativo, recebe apenas o equivalente a um salário mínimo mensal, não se encontrando em condições de quitar a dívida pretérita, acumulada em R$ 17.411,99. Ademais, os alimentos atuais vêm sendo regularmente pagos mediante desconto direto em folha de pagamento, no percentual de 25% do salário do devedor. 4. Diante de tais circunstâncias, verifica-se que o inadimplemento não se apresenta inescusável e voluntário, assim como previsto na Constituição Federal, em seu art. 5º, LXVII, para admitir, excepcionalmente, a prisão civil do devedor de alimentos. 5. Ordem concedida. (HC 472.730/SP, Rel. Ministro RAUL ARAÚJO, QUARTA TURMA, julgado em 13/12/2018, DJe 19/12/2018)

§ 5º Finda a obrigação de prestar alimentos, o juiz mandará liberar o capital, cessar o desconto em folha ou cancelar as garantias prestadas.

Capital que constituiu garantia e não forma de satisfação:

✓ AGRAVO DE INSTRUMENTO – Ação indenizatória – Fase de cumprimento de sentença – Insurgência contra decisão que determinou o levantamento, pelos exequentes, da quantia depositada nos autos a título de constituição de capital – Importância que tem por finalidade garantir o pagamento mensal das pensões de caráter alimentar fixadas em favor dos beneficiários – Levantamento integral descabido – Possibilidade de liberação do capital em favor da devedora, por ocasião da extinção da obrigação – Decisão reformada – Recurso provido. (TJ-SP; AI 21672662220168260000 SP; 6ª Câmara de Direito Privado; Rel. José Roberto Furquim Cabella; Julg. 02/12/2016; Data de Publicação: 02/12/2016)

CAPÍTULO V
DO CUMPRIMENTO DE SENTENÇA QUE RECONHEÇA A EXIGIBILIDADE DE OBRIGAÇÃO DE PAGAR QUANTIA CERTA PELA FAZENDA PÚBLICA

Art. 534. No cumprimento de sentença que impuser à Fazenda Pública o dever de pagar quantia certa, o exequente apresentará demonstrativo discriminado e atualizado do crédito contendo:

I – o nome completo e o número de inscrição no Cadastro de Pessoas Físicas ou no Cadastro Nacional da Pessoa Jurídica do exequente;

II – o índice de correção monetária adotado;

III – os juros aplicados e as respectivas taxas;

IV – o termo inicial e o termo final dos juros e da correção monetária utilizados;

→ v. Art. 1º-F da Lei 9.494/1997.

→ v. ADI n. 4.357/DF e ADI n. 4.425/DF, STF.

V – a periodicidade da capitalização dos juros, se for o caso;

VI – a especificação dos eventuais descontos obrigatórios realizados.

Competência para cumprimento de sentença coletiva contra a Fazenda Pública:

✓ PROCESSUAL CIVIL. RECURSOS ESPECIAIS REPRESENTATIVOS DA CONTROVÉRSIA. TEMA 1.029/STJ. RESP 1.804.186/SC E RESP 1.804.188/SC. AÇÃO COLETIVA. EXECUÇÃO. COMPETÊNCIA E RITO. JUIZADOS ESPECIAIS DA FAZENDA PÚBLICA. LEI 12.153/2009. IMPOSSIBILIDADE. IDENTIFICAÇÃO DA CONTROVÉRSIA 1. O tema repetitivo ora controvertido (1.029/STJ) consiste em estabelecer a "aplicabilidade do rito dos Juizados Especiais da Fazenda Pública (Lei 12.153/2009) ao Cumprimento de Sentença individual oriundo de Ação Coletiva que seguiu o procedimento ordinário em Vara da Fazenda Pública, independentemente de haver Juizado Especial instalado no foro competente." EXAME DO TEMA REPETITIVO 2. Na hipótese tratada no presente tema repetitivo, o Tribunal de origem assentou que, por ser absoluta a competência dos Juizados Especiais da Fazenda Pública (§ 4º do art. 2º da Lei 12.153/2009), o cumprimento de sentença oriundo de Ação Coletiva em que o valor da causa seja inferior a 60 (sessenta) salários mínimos deve seguir o rito sumaríssimo da Lei 12.153/2009, independentemente de haver Juizado Especial instalado na comarca competente. 3. Com relação à execução de sentenças coletivas, o STJ firmou a compreensão, sob o rito do art. 543-C do CPC/1973, de que "a liquidação e a execução individual de sentença genérica proferida em ação civil coletiva pode ser ajuizada no foro do domicílio do beneficiário, porquanto os efeitos e a eficácia da sentença não estão circunscritos a lindes geográficos, mas aos limites objetivos e subjetivos do que foi decidido, levando-se em conta, para tanto, sempre a extensão do dano e a qualidade dos interesses metaindividuais postos em juízo (arts. 468, 472 e 474, CPC e 93 e 103, CDC.)" (REsp 1.243.887/PR, Rel. Ministro Luis Felipe Salomão, Corte Especial, julgado em 19.10.2011, DJe de 12.12.2011). 4. Também está sedimentado na jurisprudência do STJ o entendimento de que, uma vez instalado Juizado Especial Federal ou da Fazenda Pública, conforme o caso, e o valor da causa seja inferior ao da alçada, a competência é absoluta. Apenas como exemplo: REsp 1.537.768/DF, Rel. Ministro Napoleão Nunes Maia Filho, Primeira Turma, julgado em 20.8.2019, DJe de 5.9.2019). 5. A questão que emerge do tema repetitivo é indagar se é possível ajuizar ação executiva no Juizado Especial da Fazenda Pública relativa a título judicial oriundo de Ação Coletiva, em que se seguiu rito próprio desse tipo de ação. 6. O art. 2º, § 1º, I, da Lei 12.153/2009 dispõe que não se incluem na competência do Juizado Especial da Fazenda Pública as demandas sobre direitos ou interesses difusos e coletivos, o que é argumento suficiente para excluir a competência executória de sentenças exaradas em ações coletivas. 7. Na mesma lei não há disposição expressa acerca da competência executória dos Juizados da Fazenda Pública, havendo apenas regramento (arts. 12 e 13) do rito da execução de seus próprios julgados. 8. O art. 27 da Lei 12.153/2009 fixa a aplicação subsidiária do CPC, da Lei 9.099/1995 e da Lei 10.259/2001, os quais se examinam a seguir. 9. A Lei 9.099/1995, no art. 3º, § 1º, delimita a competência dos Juizados Especiais Cíveis e, por aplicação subsidiária, dos Juizados Especiais da Fazenda Pública para promoverem a execução "dos seus julgados" e "dos títulos executivos extrajudiciais, no valor de até quarenta vezes o salário mínimo". 10. Já o art. 3º, caput, da Lei 10.259/2001, também de aplicação subsidiária aos Juizados Especiais da Fazenda Pública, delimita a competência executória a "executar as suas sentenças". 11. Por fim, a terceira lei de regramento de aplicação subsidiária, o CPC, estabelece (grifos acrescentados): "Art. 516. O cumprimento da sentença efetuar-se-á perante: I – os tribunais, nas causas de sua competência originária; II – o juízo que decidiu a causa no primeiro grau de jurisdição; III – o juízo cível competente, quando se tratar de sentença penal condenatória, de sentença arbitral, de sentença estrangeira ou de acórdão proferido pelo Tribunal Marítimo. Parágrafo único. Nas hipóteses dos incisos II e III, o exequente poderá optar pelo juízo do atual domicílio do executado, pelo juízo do local onde se encontrem os bens sujeitos à execução ou pelo juízo do local onde deva ser executada a obrigação de fazer ou de não fazer, casos em que a remessa dos autos do processo será solicitada ao juízo de origem." 12. Vale resgatar a possibilidade, estipulada pelo STJ sob o rito dos recursos repetitivos (REsp 1.243.887/PR, Rel. Ministro Luis Felipe Salomão, Corte Especial, julgado em 19.10.2011, DJe de 12.12.2011), de a execução individual de sentença coletiva poder ser ajuizada no foro do domicílio do exequente, interpretação essa advinda da legislação de tutela dos direitos coletivos e difusos: "A liquidação e a execução individual de sentença genérica proferida em ação civil coletiva pode ser ajuizada no foro do domicílio do beneficiário, porquanto os efeitos e a eficácia da sentença não estão circunscritos a lindes geográficos, mas aos limites objetivos e subjetivos do que foi decidido, levando-se em conta, para tanto, sempre a extensão do dano e a qualidade dos interesses metaindividuais postos em juízo." 13. Assim, nota-se que a Lei 12.153/2009 e as respectivas normas de aplicação subsidiária estabelecem que os Juizados Especiais da Fazenda Pública têm competência apara apreciar apenas as execuções de seus próprios julgados ou de títulos extrajudiciais. 14. Por derradeiro, o Código de Defesa do Consumidor, norma que rege a tutela coletiva não só no direito do consumidor, mas de forma subsidiária de todos os tipos de direitos, fixa a competência, para a execução, do juízo da liquidação da sentença ou da ação condenatória, no caso de execução individual, valendo aqui a regra do domicílio do exequente no caso de haver juízos com a mesma competência. 15. Na mesma linha de compreensão aqui traçada, cita-se precedente da Primeira Turma que examina a Lei 10.259/2001 (Juizado Especial Federal), que é aplicada subsidiariamente à Lei 12.153, ora em exame (grifos acrescentados): "Nos termos do art. 3º, caput, da Lei 10.259/2001, 'Compete ao Juizado Especial Federal Cível processar, conciliar e julgar causas de competência da Justiça Federal até o valor de sessenta salários mínimos, bem como executar as suas sentenças.' Extrai-se do referido dispositivo legal que a fixação da competência do JEF, no que se refere às execuções, impõe a conjugação de duas condicionantes: (a) o valor da causa deve ser inferior a 60 (sessenta) salários mínimos; (b) o título executivo judicial deve ser oriundo do próprio JEF. Caso concreto em que, nada obstante o valor da causa seja inferior ao referido limite legal, a sentença exequenda foi prolatada nos autos da Ação Ordinária nº 2007.81.00.018120-3, que tramitou na 6ª Vara Federal da Seção Judiciária do Ceará, o que afasta a competência do Juizado Especial Federal Cível para a respectiva execução" (REsp 1.648.895/CE, Rel. Ministro Sérgio Kukina, Primeira Turma, julgado em 7.5.2019, DJe 13.5.2019). 16. Assim, não é possível propor nos Juizados Especiais da Fazenda Pública a execução de título executivo formado em Ação Coletiva, muito menos impor o citado rito sumaríssimo ao juízo comum. 17. O cumprimento da sentença coletiva deve observar o rito previsto nos arts. 534 e seguintes do CPC/2015; e fato de o valor da execução ser baixo pode apenas resultar, conforme a quantia, em requisição de pequeno valor para o pagamento do débito (art. 535, § 3º, II, do CPC/2015). DEFINIÇÃO DA TESE REPETITIVA 18. Fixa-se a seguinte tese repetitiva para o Tema 1.029/STJ: "Não é possível propor nos Juizados Especiais da Fazenda Pública a execução de título executivo formado em Ação Coletiva que tramitou sob o rito ordinário, assim como impor o rito sumaríssimo da Lei 12.153/2009 ao juízo comum da execução." RESOLUÇÃO DO CASO CONCRETO 19. A Ação Coletiva tramitou na Vara da Fazenda Pública da Comarca de Blumenau/SC e nela foi intentado o cumprimento de sentença sob o rito do art. 534 e seguintes do CPC/2015. 20. O Tribunal de origem assentou que o cumprimento de sentença oriundo de Ação Coletiva em que o valor da causa seja inferior a 60 (sessenta) salários mínimos deve seguir o rito sumaríssimo da Lei 12.153/2009, independentemente de haver Juizado Especial instalado na comarca competente.21. Essa compreensão está dissonante da aqui fixada, devendo o cumprimento de sentença observar o rito dos arts. 534 e seguintes do CPC/2015 na Vara da Fazenda Pública. CONCLUSÃO 22. Recurso Especial provido, sob o rito dos arts. 1.036 e seguintes do CPC/2015. (REsp 1804188/SC, Rel. Ministro HERMAN BENJAMIN, PRIMEIRA SEÇÃO, julgado em 12/08/2020, DJe 11/09/2020)

Impossibilidade de ser fixada multa coercitiva para cumprimento da obrigação de pagar:

✓ AGRAVO DE INSTRUMENTO. CUMPRIMENTO DE SENTENÇA PROFERIDA EM AÇÃO ACIDENTÁRIA CONTRA O INSS. DECISÃO AGRAVADA QUE FIXOU ASTREINTS COMO MEDIDA COERCITIVA AO CUMPRIMENTO DE OBRIGAÇÃO DE PAGAR, COM BASE NA NORMA DO ART. 139, IV, DO CPC. IMPOSSIBILIDADE. PREVALÊNCIA DA REGRA ESPECIAL DO ART. 535 DO CPC/2015, QUE PREPONDERA SOBRE A REGRA GERAL, HAJA VISTA A QUALIDADE DO DEVEDOR, IN CASU, A FAZENDA PÚBLICA. AGRAVO A QUE SE DÁ PROVIMENTO. (TJ-RJ; AI 00225802920178190000 Rio de Janeiro Capital 28ª Vara Cível, Décima Terceira Câmara Cível; Rel. Fernando Fernandy Fernandes; Julg. 21/06/2017; Data de Publicação: 23/06/2017)

Índices para os juros moratórios:

✓ PROCESSUAL CIVIL. AGRAVO INTERNO NA EXECUÇÃO EM AÇÃO RESCISÓRIA. CUMPRIMENTO DE SENTENÇA CONTRA A FAZENDA PÚBLICA. HONORÁRIOS ADVOCATÍCIOS SUCUMBENCIAIS. JUROS DE MORA E CORREÇÃO MONETÁRIA. PRECLUSÃO. COISA JULGADA. NÃO OCORRÊNCIA. AGRAVO PARCIALMENTE PROVIDO. 1. Este Superior Tribunal firmou entendimento segundo o qual a aplicação de juros e correção monetária pode ser alegada na instância ordinária a qualquer tempo, podendo, inclusive, ser conhecida de ofício. A decisão nesse sentido não caracteriza julgamento extra petita, tampouco conduz à interpretação de ocorrência de preclusão consumativa, porquanto tais institutos são meros consectários legais da condenação (AgInt no REsp 1353317/RS, Rel. Ministro OG FERNANDES, SEGUNDA TURMA, julgado em 03/08/2017, DJe 09/08/2017). 2. Consoante restou assentado pelo Supremo Tribunal Federal, no julgamento do RE 870.947, submetido à sistemática da repercussão geral, no tocante aos juros moratórios, devem ser aplicados os índices oficiais de remuneração básica e juros aplicados à caderneta de poupança a todas as condenações impostas à Fazenda Pública, excetuando as de natureza tributária. No mesmo recurso extraordinário, a Corte Suprema definiu o IPCA-E como índice de correção monetária para todas as condenações judiciais impostas à Fazenda Pública, e não mais a TR. Contudo, como por cautela, a expedição do precatório deve se dar pela TR, tendo em vista que ainda não foi finalizado o julgamento do aludido recurso extraordinário, ficando ressalvada a possibilidade de expedição de requisitórios de valor complementar a depender do resultado desse julgamento. 3. Agravo interno parcialmente provido tão somente para determinar que a aplicação dos juros de mora e da correção monetária ocorra nos termos da fundamentação. (AgInt na ExeAR 3.955/CE, Rel. Ministro NEFI CORDEIRO, TERCEIRA SEÇÃO, julgado em 11/12/2019, DJe 16/12/2019)

Obrigação de fazer que não se submete ao regime dos precatórios:

✓ RECURSO EXTRAORDINÁRIO COM REPERCUSSÃO GERAL. DIREITO CONSTITUCIONAL FINANCEIRO. SISTEMÁTICA DOS PRECATÓRIOS (ART. 100, CF/88). EXECUÇÃO PROVISÓRIA DE DÉBITOS DA FAZENDA PÚBLICA. OBRIGAÇÃO DE FAZER. SENTENÇA COM TRÂNSITO EM JULGADO. EMENDA CONSTITUCIONAL 30/2000. 1. Fixação da seguinte tese ao Tema 45 da sistemática da repercussão geral: "A execução provisória de obrigação de fazer em face da Fazenda Pública não atrai o regime constitucional dos precatórios." 2. A jurisprudência do STF firmou-se no sentido da inaplicabilidade ao Poder Público do regime jurídico da execução provisória de prestação de pagar quantia certa, após o advento da Emenda Constitucional 30/2000. Precedentes. 3. A sistemática constitucional dos precatórios não se aplica às obrigações de fato positivo ou negativo, dado a excepcionalidade do regime de pagamento de débitos pela Fazenda Pública, cuja interpretação deve ser restrita. Por consequência, a situação rege-se pela regra geral de que toda decisão não autossuficiente pode ser cumprida de maneira imediata, na pendência de recursos não recebidos com efeito suspensivo. 4. Não se encontra parâmetro constitucional ou legal que obste a pretensão de execução provisória de sentença condenatória de obrigação de fazer relativa à implantação de pensão de militar, antes do trânsito em julgado dos embargos do devedor opostos pela Fazenda Pública. 5. Há compatibilidade material entre o regime de cumprimento integral de decisão provisória e a sistemática dos precatórios, haja vista que este apenas se refere às obrigações de pagar quantia certa. 6. Recurso extraordinário a que se nega provimento. (RE 573872, Rel. Min. Edson Fachin, Tribunal Pleno; Julg. 24/05/2017, PROCESSO ELETRÔNICO REPERCUSSÃO GERAL – MÉRITO DJe-204 DIVULG 08/09/2017 PUBLIC 11/09/2017)

Impossibilidade de alterar os critérios de atualização dos cálculos, mesmo existindo parâmetros distintos estabelecidos pelo STJ:

✓ PROCESSUAL CIVIL. RECURSO ESPECIAL. CUMPRIMENTO DE SENTENÇA CONTRA A FAZENDA PÚBLICA. ÍNDICES DE CORREÇÃO MONETÁRIA E JUROS DE

MORA. DECLARAÇÃO DE INCONSTITUCIONALIDADE PELO STF. RE 870.947. COISA JULGADA. PREVALÊNCIA. 1. Cinge-se a controvérsia a definir se é possível, em fase de cumprimento de sentença, alterar os critérios de atualização dos cálculos estabelecidos na decisão transitada em julgado, a fim de adequá-los ao entendimento firmado pelo Supremo Tribunal Federal em repercussão geral. 2. O Tribunal de origem fez prevalecer os parâmetros estabelecidos pela Suprema Corte no julgamento do RE 870.947, em detrimento do comando estabelecido no título judicial. 3. Conforme entendimento firmado pelo Pretório Excelso, "[...] a decisão do Supremo Tribunal Federal declarando a constitucionalidade ou a inconstitucionalidade de preceito normativo não produz a automática reforma ou rescisão das sentenças anteriores que tenham adotado entendimento diferente; para que tal ocorra, será indispensável a interposição do recurso próprio ou, se for o caso, a propositura da ação rescisória própria, nos termos do art. 485, V, do CPC, observado o respectivo prazo decadencial (CPC, art. 495)" (RE 730.462, Rel. Min. Teori Zavascki, Tribunal Pleno, julgado em 28/5/2015, acórdão eletrônico repercussão geral – mérito DJe-177 divulg 8/9/2015 public 9/9/2015). 4. Sem que a decisão acobertada pela coisa julgada tenha sido desconstituída, não é cabível ao juízo da fase de cumprimento de sentença alterar os parâmetros estabelecidos no título judicial, ainda que no intuito de adequá-los à decisão vinculante do STF. 5. Recurso especial a que se dá provimento. (REsp 1861550/DF, Rel. Ministro OG FERNANDES, SEGUNDA TURMA, julgado em 16/06/2020, DJe 04/08/2020)

Hipótese de "execução invertida":

✓ PROCESSUAL CIVIL. RECURSO ESPECIAL. POLÍTICA SALARIAL. REAJUSTES. EXECUÇÃO DENOMINADA INVERTIDA. DISCORDÂNCIA DA PARTE CREDORA. PROSSEGUIMENTO QUANTO AOS VALORES INCONTROVERSOS. INSTAURAÇÃO DE CUMPRIMENTO DE SENTENÇA RELATIVO AOS VALORES REMANESCENTES. INCIDÊNCIA DE HONORÁRIOS ADVOCATÍCIOS SOBRE A DIFERENÇA. POSSIBILIDADE. OFENSA AO ART. 1.022 DO CPC NÃO CONFIGURADA. 1. Na origem, trata-se de ação promovida contra o Estado do Rio Grande do Sul, em que, após o trânsito em julgado da ação de conhecimento julgada procedente, por não concordar com a denominada "execução invertida/cumprimento de sentença invertido", a parte credora apresentou seu cumprimento de sentença, com cálculo próprio, consoante prevê o artigo 534 do Código de Processo Civil. 2. É pacífico o entendimento no Superior Tribunal de Justiça segundo o qual não cabe a fixação de honorários advocatícios na hipótese em que o devedor apresenta os cálculos para expedição da correspondente requisição de pequeno valor, caso o credor concorde com o valor apresentado, o que se denomina execução invertida. 3. Recurso Especial não provido. (REsp 1761489/RS, Rel. Ministro HERMAN BENJAMIN, SEGUNDA TURMA, julgado em 07/11/2019, DJe 22/11/2019)

§ 1º Havendo pluralidade de exequentes, cada um deverá apresentar o seu próprio demonstrativo, aplicando-se à hipótese, se for o caso, o disposto nos §§ 1º e 2º do art. 113.

Execução com pluralidade de exequentes:

✓ PREVIDENCIÁRIO. EMBARGOS À EXECUÇÃO. APELAÇÃO. COBRANÇA DE HONORÁRIOS DO PERITO. IMPOSSIBILIDADE. AUSÊNCIA DE ANTECIPAÇÃO. ENRIQUECIMENTO ILÍCITO. ILEGITIMIDADE. PRESCRIÇÃO INTERCORRENTE. VÍNCULO EMPREGATÍCIO. LAUDO MÉDICO PERICIAL. FATO CONHECIDO NA FASE DE CONHECIMENTO. NÃO ALEGADO. COMPENSAÇÃO. DESCABIMENTO. COISA JULGADA. HONORÁRIOS ADVOCATÍCIOS. BASE DE CÁLCULO. PREJUÍZO DOS CÁLCULOS DAS PARTES. PERCENTUAL DE JURO DE MORA. LEI N. 11.960/2009. INAPLICABILIDADE. PRECLUSÃO. SUCUMBÊNCIA MÍNIMA DO EMBARGADO. ART. 86, § ÚNICO, NOVO CPC. SUCUMBÊNCIA DO INSS MANTIDA. FIXAÇÃO DO VALOR DA EXECUÇÃO. RECURSO DO INSS PROVIDO EM PARTE. SENTENÇA REFORMADA PARCIALMENTE. – O exequente embargado não possui legitimidade para a cobrança dos honorários periciais, à vista do contido no artigo 534 do Código de Processo Civil de 2015, a qual exige que a obrigação de pagar quantia certa pela Fazenda Pública deverá ser requerida pelo próprio interessado, mediante demonstrativo de cálculo, devendo conter o que prescrevem os seus incisos, mormente o inciso VI, cujo § 1º estabelece que, "Havendo pluralidade de exequentes, cada um deverá apresentar o seu próprio demonstrativo, aplicando-se à hipótese, se for o caso, o disposto nos §§ 1º e 2º do art. 113.". – Não tendo a parte embargada antecipado os honorários do perito, não poderá ela apurá-los, hipótese que somente será possível no caso de reembolso, legitimando a cobrança. – Ausente o requisito de reembolso de valor antes despendido, a cobrança dos honorários periciais pelo embargado importará em enriquecimento ilícito. – Ocorrência de prescrição intercorrente, na forma dos artigos 487, II, e 924, V, ambos do Código Processual Civil de 2015, para o perito requerer a complementação entre o valor acostado no Ofício Requisitório ao TRF 3ª Região, na forma da Resolução n. 541/2007, e aquele fixado no decisum, por ter decorrido o prazo prescricional de um ano, previsto no art. 206, § 1º, III, do Código Civil de 2002 – o qual reitera a redação do art. 178, § 6º, X, do Código Civil de 1916. – Insubsistente o pedido do INSS, para que haja o desconto do período em que a segurada exerceu atividade laborativa – 4/6/2012 a 11/6/2012 – por contrariar o decisum, por já constar do processo cognitivo referido vínculo (8 dias) s, na forma do laudo médico pericial, dos quais se valeu a sentença, para deferir o benefício de auxílio-doença. – Tratando-se de compensação baseada em fato que já era possível de ser invocado na fase de conhecimento, não poderá o INSS invocá-la pela via de embargos à execução, porque a matéria está protegida pelo instituto da coisa julgada, operando-se a preclusão lógica. – Prejuízo dos honorários advocatícios apurados no cálculo autárquico, por fazer incidir referido desconto na base de cálculo desse acessório; de igual forma, o prejuízo do cálculo embargado quanto a este acessório, por tê-lo apurado sobre o valor da condenação, em prejuízo do decisum, que determinou a aplicação da Súmula 111/STJ. – No caso concreto, inaplicável a Lei n. 11.960/2009 para efeito do percentual de juro de mora, à vista de ter o decisum disposto de forma diversa (12%), em decisão proferida em data a ela posterior. – Ocorrência de preclusão lógica. – Ante a sucumbência mínima do embargado (art. 86, § único, CPC/2015), mantenho os honorários advocatícios a que foi condenada a autarquia, que não se insurgiu contra o valor a ela imputado. – Refazimento dos cálculos, de sorte a amoldá-los ao decisum. – Sentença reformada parcialmente. – Parcial provimento ao recurso do INSS. (TRF-3; AC 00001241220154039999 SP; Nona Turma; Rel. Juiz Convocado Rodrigo Zacharias; Julg. 12/09/2016; Data de Publicação: e-DJF3 Judicial 1: 26/09/2016)

§ 2º A multa prevista no § 1º do art. 523 não se aplica à Fazenda Pública.

Multa inaplicável à Fazenda Pública:

✓ Trata-se de agravo de instrumento contra decisão que, em sede de cumprimento de sentença, determinou ao INSS que apresente os cálculos de liquidação. Insurge-se a autarquia, em síntese, ao argumento de que a apresentação dos cálculos é ônus do credor, o qual, se litigar sob o pálio da AJG, pode requerer a elaboração da conta pela contadoria do Juízo. Aponta violação ao artigo 509, § 2º do CPC, bem como do artigo 5º, LIV da CF/88 (devido processo legal). Requer a atribuição de efeito suspensivo ao recurso. Decido. No caso, a norma de regência é o artigo 534 do CPC. Confira-se: Art. 534. No cumprimento de sentença que impuser à Fazenda Pública o dever de pagar quantia certa, o exequente apresentará demonstrativo discriminado e atualizado do crédito contendo: I - o nome completo e o número de inscrição no Cadastro de Pessoas Físicas ou no Cadastro Nacional da Pessoa Jurídica do exequente; II - o índice de correção monetária adotado; III - os juros aplicados e as respectivas taxas; IV - o termo inicial e o termo final dos juros e da correção monetária utilizados; V - a periodicidade da capitalização dos juros, se for o caso; VI - a especificação dos eventuais descontos obrigatórios realizados. § 1º Havendo pluralidade de exequentes, cada um deverá apresentar o seu próprio demonstrativo, aplicando-se à hipótese, se for o caso, o disposto nos §§ 1º e 2º do art. 113. § 2º A multa prevista no § 1º do art. 523 não se aplica à Fazenda Pública. O que se deve oportunizar ao INSS é o cumprimento voluntário do julgado - o que se dá com a implantação do benefício no prazo de 15 dias a contar da intimação e apresentação dos cálculos para execução, caso em que não será onerado com honorários na fase de cumprimento da sentença. Poder-se-ia cogitar, em se revelando realmente necessário, da realização da liquidação pela contadoria do juízo. No caso em tela, porém, sequer se evidencia essa necessidade porque se trata de benefício no valor mínimo, estando disponíveis no portal da Justiça Federal da 4ª Região, diversos programas de cálculo com vistas a facilitar a liquidação dos julgados. Pelo exposto, defiro o efeito suspensivo requerido. Comunique-se o Juízo. Intimem-se, sendo a parte agravada para responder. (TRF-4; AG 50312938920164040000; Quinta Turma; Rel. Taís Schilling Ferraz; Julg. 27/07/2016)

✓ PROCESSUAL CIVIL. RECURSO ESPECIAL. SUBMISSÃO À REGRA PREVISTA NO ENUNCIADO ADMINISTRATIVO 03/STJ. SENTENÇA EXEQUENDA PROFERIDA QUANDO VIGENTE O CPC/73. CUMPRIMENTO DE SENTENÇA INICIADO NA VIGÊNCIA DO CPC/2015. APLICAÇÃO DA LEGISLAÇÃO NOVA. 1. Nos termos do art. 14 do CPC/2015, "a norma processual não retroagirá e será aplicável imediatamente aos processos em curso, respeitados os atos processuais praticados e as situações jurídicas consolidadas sob a vigência da norma revogada". Na linha dos precedentes desta Corte, "a aplicação da lei processual nova, como o CPC/2015, somente pode se dar aos atos processuais futuros e não àqueles já iniciados ou consumados, sob pena de indevida retroação da lei" (AgInt no AREsp 1016711/RJ, Rel. Ministro MARCO AURÉLIO BELLIZZE, TERCEIRA TURMA, julgado em 27/04/2017, DJe 05/05/2017). 2. Como bem observa a doutrina, é possível a aplicação da norma processual superveniente a situações pendentes, desde que respeitada a eficácia do ato processual já praticado. Esse entendimento é corroborado pelo Enunciado Administrativo 4/STJ, in verbis: "Nos feitos de competência civil originária e recursal do STJ, os atos processuais que vierem a ser praticados por julgadores, partes, Ministério Público, procuradores, serventuários e auxiliares da Justiça a partir de 18 de março de 2016, deverão observar os novos procedimentos trazidos pelo CPC/2015, sem prejuízo do disposto em legislação processual especial." 3. No caso concreto, embora a sentença exequenda tenha sido proferida na vigência do CPC/73, o cumprimento de sentença iniciou-se na vigência do CPC/2015, razão pela qual é aplicável a nova legislação. Assim, considerando que a agravante foi intimada e não efetuou o pagamento voluntário, o débito deve ser acrescido de multa de dez por cento e, também, de honorários de advogado de dez por cento (art. 523, § 1º, do CPC/2015). 4. Por outro lado, no que se refere à alegada afronta ao art. 534, § 2º, do CPC/2015, tal dispositivo estabelece que "a multa prevista no § 1º do art. 523 não se aplica à Fazenda Pública". Trata-se de norma que leva em consideração o regime especial de cumprimento de sentença que reconheça a exigibilidade de obrigação de pagar quantia certa pela Fazenda Pública. Em se tratando de bens públicos, encontram-se vinculados a uma finalidade pública específica e são inalienáveis (em regra) e não se sujeitam à expropriação em razão de execução forçada. Destarte, o adimplemento dos débitos pecuniários da Fazenda Pública deve observar o disposto no art. 100 da CF/88, c/c os arts. 534 e 535 do CPC/2015. Em se tratando de regramento especial, não é possível a aplicação do disposto no art. 534, § 2º, do CPC/2015 ao particular, com base no princípio da isonomia. 5. Recurso especial não provido. (REsp 1815762/SP, Rel. Ministro MAURO CAMPBELL MARQUES, SEGUNDA TURMA, julgado em 05/11/2019, DJe 07/11/2019)

Art. 535. A Fazenda Pública será intimada na pessoa de seu representante judicial, por carga, remessa ou meio eletrônico, para, querendo, no prazo de 30 (trinta) dias e nos próprios autos, impugnar a execução, podendo arguir:

Limitações cognitivas da impugnação:

✓ PROCESSO CIVIL. AGRAVO INTERNO NO RECURSO ESPECIAL. ENUNCIADO ADMINISTRATIVO N.º 3/STJ. JULGAMENTO MONOCRÁTICO DO RECURSO ESPECIAL. POSSIBILIDADE. ART. 932, VIII, DO CPC/2015 C/C O ART. 255, § 4º, III, DO RISTJ E SÚMULA 568/STJ. EXECUÇÃO DE SENTENÇA. DIFERENÇAS A TÍTULO DE VALOR MÍNIMO ANUAL POR ALUNO - VMAA. ILEGITIMIDADE ATIVA DOS MUNICÍPIOS. ANÁLISE DA AUTORIZAÇÃO PARA ATUAÇÃO DA ASSOCIAÇÃO. SÚMULAS 7/STJ e 283/STF. ALTERAÇÃO DA MODALIDADE DE LIQUIDAÇÃO EM EXECUÇÃO. SÚMULA 7/STJ. PERDA DE OBJETO DA EXECUÇÃO EM RAZÃO DA EXTINÇÃO DO FUNDEF. PRECLUSÃO. AGRAVO INTERNO NÃO PROVIDO. 1. "Nos termos do art. 932, VIII, do CPC/2015 c/c o art. 255, § 4º, III, do RISTJ e a Súmula 568/STJ, pode o Relator dar provimento a Recurso Especial, quando o acórdão recorrido for contrário à jurisprudência dominante sobre o tema em julgamento" (AgInt no REsp 1349008/PR, Relatora Ministra Assusete Magalhães, Segunda Turma; Julg. 08/11/2016, DJe 22/11/2016. 2. Nas execuções individuais de sentença coletiva devem ser obedecidos os limites subjetivos dentro dos quais o título executivo judicial foi constituído, ou seja, somente os beneficiados pela sentença de procedência, efetivamente representados pela associação de classe, mediante da comprovação da autorização expressa e da listagem de beneficiários, possuem legitimidade ativa para promover a execução do título judicial constituído na demanda coletiva. 3. O acórdão recorrido verificou a preclusão a respeito da discussão quanto à existência de eventual autorização expressa que permita a atuação judicial da Associação como substituta processual para defender os direitos dos Municípios. A alteração das premissas fáticas contidas no acórdão a quo encontra óbice na Súmula 7/STJ. 4. Ademais, não tendo sido infirmados por meio de recurso especial os fundamentos capazes de manter a totalidade do acórdão recorrido, aplica-se a Súmula 283/STF. 5. A tese relativa à necessidade da liquidação por artigo para se alcançar o quantum debeatur esbarra no óbice da Súmula 7/STF, tendo em vista que o Tribunal de origem asseverou que a apuração dos valores devidos é aferível por simples cálculos aritméticos. 6. Nas execuções de título judicial, os embargos do devedor ficam restritos às matérias constantes do rol taxativo imposto pelo art. 741 do CPC/1973, atual art. 535 do CPC/2015, não podendo conter alegações que deveriam ter sido apresentadas na fase de cognição. 7. Agravo interno não provido. (AgInt no REsp 1653204; PE; Segunda Turma; Rel. Min. Mauro Campbell Marques; Julg. 17/08/2017; DJe 23/08/2017)

✓ PROCESSO CIVIL. AGRAVO INTERNO NO RECURSO ESPECIAL. ENUNCIADO ADMINISTRATIVO N.° 3/STJ. JULGAMENTO MONOCRÁTICO DO RECURSO ESPECIAL. POSSIBILIDADE. ART. 932, VIII, DO CPC/2015 C/C O ART. 255, § 4º, III, DO RISTJ E SÚMULA 568/STJ. EXECUÇÃO DE SENTENÇA. DIFERENÇAS A TÍTULO DE VALOR MÍNIMO ANUAL POR ALUNO - VMAA. ILEGITIMIDADE ATIVA DOS MUNICÍPIOS. ANÁLISE DA AUTORIZAÇÃO PARA ATUAÇÃO DA ASSOCIAÇÃO. SÚMULAS 7/STJ e 283/STF. ALTERAÇÃO DA MODALIDADE DE LIQUIDAÇÃO EM EXECUÇÃO. SÚMULA 7/STJ. PERDA DE OBJETO DA EXECUÇÃO EM RAZÃO DA EXTINÇÃO DO FUNDEF. PRECLUSÃO. AGRAVO INTERNO NÃO PROVIDO. 1. "Nos termos do art. 932, VIII, do CPC/2015 c/c o art. 255, § 4º, III, do RISTJ e a Súmula 568/STJ, pode o Relator dar provimento a Recurso Especial, quando o acórdão recorrido for contrário à jurisprudência dominante sobre o tema em julgamento" (AgInt no REsp 1349008/PR, Relatora Ministra Assusete Magalhães, Segunda Turma; Julg. 08/11/2016, DJe 22/11/2016. 2. Nas execuções individuais de sentença coletiva devem ser obedecidos os limites subjetivos dentro dos quais o título executivo judicial foi constituído, ou seja, somente os beneficiados pela sentença de procedência, efetivamente representados pela associação de classe, mediante da comprovação da autorização expressa e da listagem de beneficiários, possuem legitimidade ativa para promover a execução do título judicial constituído na demanda coletiva. 3. O acórdão recorrido verificou a preclusão a respeito da discussão quanto à existência de eventual autorização expressa que permita a atuação judicial da Associação como substituta processual para defender os direitos dos Municípios. A alteração das premissas fáticas contidas no acórdão a quo encontra óbice na Súmula 7/STJ. 4. Ademais, não tendo sido infirmados por meio de recurso especial os fundamentos capazes de manter a totalidade do acórdão recorrido, aplica-se a Súmula 283/STF. 5. A tese relativa à necessidade da liquidação por artigo para se alcançar o quantum debeatur esbarra no óbice da Súmula 7/STF, tendo em vista que o Tribunal de origem asseverou que a apuração dos valores devidos é aferível por simples cálculos aritméticos. 6. Nas execuções de título judicial, os embargos do devedor ficam restritos às matérias constantes do rol taxativo imposto pelo art. 741 do CPC/1973, atual art. 535 do CPC/2015, não podendo conter alegações que deveriam ter sido apresentadas na fase de cognição. 7. Agravo interno não provido. (AgInt no REsp 1664909; PE; Segunda Turma; Rel. Min. Mauro Campbell Marques; Julg. 17/08/2017, DJe 23/08/2017)

I – falta ou nulidade da citação se, na fase de conhecimento, o processo correu à revelia;

II – ilegitimidade de parte;

III – inexequibilidade do título ou inexigibilidade da obrigação;

Inexigibilidade do título:

✓ Embargos à execução. Impugnação. Inexigibilidade do título. Incorporação de quintos. 1 No cumprimento de sentença que reconheça a exigibilidade de obrigação de pagar quantia certa, a impugnação da Fazenda Pública pode versar sobre a inexequibilidade do título ou inexigibilidade da obrigação (CPC/15, art. 535, III). 2 Torna-se inexigível a obrigação reconhecida em título executivo judicial fundado em lei ou ato normativo considerado inconstitucional pelo Supremo Tribunal Federal, ou fundado em aplicação ou interpretação da lei ou do ato normativo tido pelo Supremo Tribunal Federal como incompatível com a Constituição Federal, em controle de constitucionalidade concentrado ou difuso (CPC/15, art. 535, § 5º). 3 Considerada indevida, pelo c. STF, no RE 638115/CE, a incorporação de quintos após 28.2.95, o título que reconheceu o direito de incorporação de quintos entre 1º.11.95 e 28.12.03 tornou-se inexigível. 4 – Apelação provida. (TJ-DF; APC 20150110560003; 6ª Turma Cível; Rel. Jair Soares; Julg. 25/05/2016; Data de Publicação: Publicado no DJE: 31/05/2016; Pág. 330)

IV – excesso de execução ou cumulação indevida de execuções;

V – incompetência absoluta ou relativa do juízo da execução;

VI – qualquer causa modificativa ou extintiva da obrigação, como pagamento, novação, compensação, transação ou prescrição, desde que supervenientes ao trânsito em julgado da sentença.

§ 1º A alegação de impedimento ou suspeição observará o disposto nos arts. 146 e 148.

§ 2º Quando se alegar que o exequente, em excesso de execução, pleiteia quantia superior à resultante do título, cumprirá à executada declarar de imediato o valor que entende correto, sob pena de não conhecimento da arguição.

→ v. Art. 917, § 2º, do CPC.

→ v. Enunciado 55 da ENFAM: Às hipóteses de rejeição liminar a que se referem os arts. 525, § 5º, 535, § 2º, e 917 do CPC/2015 (excesso de execução) não se aplicam os arts. 9º e 10 desse código.

Excesso de execução e indicação do valor correto:

✓ PROCESSUAL CIVIL. AGRAVO INTERNO NO RECURSO ESPECIAL. CÓDIGO DE PROCESSO CIVIL DE 2015. APLICABILIDADE. REJEIÇÃO LIMINAR DOS EMBARGOS À EXECUÇÃO OU NÃO CONHECIMENTO DO FUNDAMENTO DO EXCESSO DE EXECUÇÃO. EMENDA

À INICIAL. IMPOSSIBILIDADE. ARGUMENTOS INSUFICIENTES PARA DESCONSTITUIR A DECISÃO ATACADA. APLICAÇÃO DE MULTA. ART. 1.021, § 4º, DO CÓDIGO DE PROCESSO CIVIL DE 2015. DESCABIMENTO. (...) II – Fundados os embargos em excesso de execução, a parte embargante deve indicar, na petição inicial, o valor que entende correto, apresentando memória discriminada de cálculo, sob pena de rejeição liminar dos embargos ou de não conhecimento desse fundamento, sendo-lhe vedada a emenda à inicial. (...) (AgInt no REsp 1460988/RS, Rel. Ministra REGINA HELENA COSTA, PRIMEIRA TURMA, julgado em 13/03/2018, DJe 22/03/2018)

✓ PROCESSUAL CIVIL E TRIBUTÁRIO. EMBARGOS À EXECUÇÃO CONTRA A FAZENDA PÚBLICA. IMPUGNAÇÃO GENÉRICA DOS CÁLCULOS. ART. 739-A, § 5º DO CPC/1973. APLICABILIDADE. 1. A orientação jurisprudencial do Superior Tribunal de Justiça é no sentido de que é inteiramente aplicável à Fazenda Pública a regra do art. 739-A, § 5º, do CPC/1973, que atribui ao executado, nos Embargos do Devedor fundados em excesso de execução, o dever de indicar o valor correto da dívida, inclusive com a apresentação da memória de cálculos. 2. Dessume-se que o acórdão recorrido destoa do atual entendimento do STJ, razão pela qual merece prosperar a irresignação. 3. Recurso Especial provido. (REsp 1844327/SC, Rel. Ministro HERMAN BENJAMIN, SEGUNDA TURMA, julgado em 26/11/2019, DJe 27/02/2020)

§ 3º Não impugnada a execução ou rejeitadas as arguições da executada:

I – expedir-se-á, por intermédio do presidente do tribunal competente, precatório em favor do exequente, observando-se o disposto na Constituição Federal;

→ *v.* Art. 100 da CF/1988.

→ *v.* Art. 1º-E da Lei 9.494/1997.

Expedição dos precatórios após a superação da fase de impugnação:

✓ EXECUÇÃO EM MANDADO DE SEGURANÇA Nº 21.503 - DF (2017/0167216-3) RELATOR: MINISTRO PRESIDENTE DA PRIMEIRA SEÇÃO EXEQUENTE: BERNARDETE FERNANDES MATHIAS ADVOGADO: PAULO ROBERTO MANES - SP091571 EXECUTADO: UNIÃO DESPACHO Às fls. 235 e seguintes, a União argumenta que: (...) Nessa quadra, a execução contra a Fazenda Pública precisa respeitar a expedição de precatório, nos termos do artigo 100, parágrafo 1º da Constituição Federal. Além da previsão constitucional, como já dito, o artigo 2º da Lei n. 9.494/97 e o artigo 535, § 3º, I, do CPC também determinam que a execução contra a Fazenda Pública deve se submeter à do rito dos precatórios. Confira-se o CPC/15: Art. 535. A Fazenda Pública será intimada na pessoa de seu representante judicial, por carga, remessa ou meio eletrônico, para, querendo, no prazo de 30 (trinta) dias e nos próprios autos, impugnar a execução, podendo arguir: (...) § 1º A alegação de impedimento ou suspeição observará o disposto nos arts. 146 e 148. § 2º Quando se alegar que o exequente, em excesso de execução, pleiteia quantia superior à resultante do título, cumprirá à executada declarar de imediato o valor que entende correto, sob pena de não conhecimento da arguição. § 3º Não impugnada a execução ou rejeitadas as arguições da executada: I – expedir-se-á, por intermédio do presidente do tribunal competente, precatório em favor do exequente, observando-se o disposto na Constituição Federal; Portanto, é de se indeferir o pedido da Impetrante/exqte, à vista das irregularidades alhures demonstradas a respeito da execução e diante da manifesta impossibilidade de pagamento imediato ou, em assim não se entendo, que seja determinado o aditamento da petição para adequá-la aos termos do art. 534 do CPC com posterior intimação da União nos termos do artigo 535 do CPC/15 para, querendo, impugnar a execução, e apenas, ao final, se for o caso, seja expedido o devido precatório para o cumprimento da ordem. Intime-se o exequente para que, no prazo de 10 (dez) dias úteis, manifeste-se sobre tais argumentos, requerendo, eventualmente, o cumprimento de obrigação de pagar quantia certa em face da Fazenda Pública (na forma dos arts. 534 e seguintes do CPC/2015). Brasília (DF), 11 de setembro de 2017. MINISTRO MAURO CAMPBELL MARQUES Presidente da Primeira Seção (STJ; ExeMS 21503 DF 2017/0167216-3; Rel. Min. Mauro Campbell Marques; Data de Publicação: DJ 14/09/2017)

✓ EXECUÇÃO EM MANDADO DE SEGURANÇA Nº 22.754 - DF (2017/0185439-5) RELATOR : MINISTRO PRESIDENTE DA PRIMEIRA SEÇÃO EXEQUENTE : ANA FLAVIANA DA CUNHA DE SOUZA EXEQUENTE : TIAGO FLAVIO CUNHA DE SOUZA EXEQUENTE : CARLOS HENRIQUE CUNHA DE SOUZA ADVOGADO : YGOR MAXWELL BARRETO MALHEIROS VIANNA E OUTRO (S) - MG155978 EXECUTADO : UNIÃO DESPACHO Às fls. 375 e seguintes, a União argumenta que: (...) Nessa quadra, a execução contra a Fazenda Pública precisa respeitar a expedição de precatório, nos termos do artigo 100, parágrafo 1º da Constituição Federal. (...) Além da previsão constitucional, como já dito, o artigo 2º-B da Lei n. 9.494/97 e o artigo 535, § 3º, I, do CPC também determinam que a execução contra a Fazenda Pública deve se submeter à do rito dos precatórios. Confira-se o CPC: Art. 535. A Fazenda Pública será intimada na pessoa de seu representante judicial, por carga, remessa ou meio eletrônico, para, querendo, no prazo de 30 (trinta) dias e nos próprios autos, impugnar a execução, podendo arguir: (...) § 1º A alegação de impedimento ou suspeição observará o disposto nos arts. 146 e 148. § 2º Quando se alegar que o exequente, em excesso de execução, pleiteia quantia superior à resultante do título, cumprirá à executada declarar de imediato o valor que entende correto, sob pena de não conhecimento da arguição. § 3º Não impugnada a execução ou rejeitadas as arguições da executada: I – expedir-se-á, por intermédio do presidente do tribunal competente, precatório em favor do exequente, observando-se o disposto na Constituição Federal; Portanto, diante da manifesta impossibilidade de pagamento imediato, e diante do título judicial executivo transitado em julgado, sob pena de ofensa a coisa julgada, deve ser a União intimada nos termos do artigo 535 do CPC para que, ao final, se for o caso, seja expedido o devido precatório para o cumprimento da ordem. Intime-se o exequente para que, no prazo de 10 (dez) dias úteis, manifeste-se sobre tais argumentos, requerendo, eventualmente, o cumprimento de obrigação de pagar quantia certa em face da Fazenda Pública (na forma dos arts. 534 e seguintes do CPC/2015). Brasília (DF), 22 de setembro de 2017. MINISTRO MAURO CAMPBELL MARQUES Presidente da Primeira Seção (STJ; ExeMS: 22754 DF 2017/0185439-5; Rel. Min. Mauro Campbell Marques; Data de Publicação: DJ 28/09/2017)

✓ EXECUÇÃO EM MANDADO DE SEGURANÇA Nº 22.398 - DF (2017/0219569-6) RELATOR: MINISTRO PRESIDENTE DA PRIMEIRA SEÇÃO EXEQUENTE: OSVALDINA LINDOSO AIRES DE SOUSA ADVOGADOS : ROBERTH SEGUINS FEITOSA E OUTRO (S) - MA005284 FABIO GUIDO MOTA - DF035664 EXECUTADO : UNIÃO DESPACHO Às fls. 339 e seguintes, a União argumenta que: (...) Nessa quadra, a execução contra a Fazenda Pública precisa respeitar a expedição de precatório, nos termos do artigo 100, parágrafo 1º da Constituição Federal. (...) Além da previsão constitucional, como já dito, o artigo 2º-B da Lei n. 9.494/97 e o artigo 535, § 3º, I, do CPC também determinam que a execução contra a Fazenda Pública deve se submeter à do rito dos precatórios. Confira-se o CPC: Art. 535. A Fazenda Pública será intimada na pessoa de seu representante judicial, por carga, remessa ou meio eletrônico, para, querendo, no prazo de 30 (trinta) dias e nos próprios autos, impugnar a execução, podendo arguir: (...) § 1º A alegação de impedimento ou suspeição observará o disposto nos arts. 146 e 148. § 2º Quando se alegar que o exequente, em excesso de execução, pleiteia quantia superior à resultante do título, cumprirá à executada declarar de imediato o valor que entende correto, sob pena de não conhecimento da arguição. § 3º Não impugnada a execução ou rejeitadas as arguições da executada: I - expedir-se-á, por intermédio do presidente do tribunal competente, precatório em favor do exequente, observando-se o disposto na Constituição Federal; Portanto, diante da manifesta impossibilidade de pagamento imediato por ausência de disponibilidade orçamentária, deve ser a UNIÃO intimada nos termos do artigo 535 do CPC/2015 para que, ao final, se for o caso, seja expedido o devido precatório para o cumprimento da ordem. Intime-se o exequente para que, no prazo de 10 (dez) dias úteis, manifeste-se sobre tais argumentos, requerendo, eventualmente, o cumprimento de obrigação de pagar quantia certa em face da Fazenda Pública (na forma dos arts. 534 e seguintes do CPC/2015). Brasília (DF), 20 de setembro de 2017. MINISTRO MAURO CAMPBELL MARQUES Presidente da Primeira Seção (STJ; ExeMS 22398 DF 2017/0219569-6; Rel. Min. Mauro Campbell Marques; Data de Publicação: DJ 22/09/2017)

II – por ordem do juiz, dirigida à autoridade na pessoa de quem o ente público foi citado para o processo, o pagamento de obrigação de pequeno valor será realizado no prazo de 2 (dois) meses contado da entrega da requisição, mediante depósito na agência de banco oficial mais próxima da residência do exequente.

→ *v.* Art. 17 da Lei 10.259/2001.

→ *v.* Art. 13 da Lei 12.153/2009.

Constitucionalidade do dispositivo

✓ Decisão: O Tribunal, por maioria, julgou parcialmente procedente o pedido formulado na ação direta, para declarar a constitucionalidade do art. 535, § 3º, inciso II, do Código de Processo Civil de 2015, e conferir interpretação conforme à Constituição ao art. 535, § 4º, do CPC, no sentido de que, para efeito de determinação do regime de pagamento do valor incontroverso, deve ser observado o valor total da condenação, conforme tese firmada no RE com repercussão geral nº 1205530 (Tema 28), nos termos do voto do Relator, vencido o Ministro Marco Aurélio, que julgava improcedente o pedido. O Ministro Gilmar Mendes acompanhou o Relator com ressalvas. Plenário, Sessão Virtual de 11.12.2020 a 18.12.2020. Ata publicada no DJ de 8/1/21, ADI 5534.

Expedição da requisição para pagamento de obrigação de pequeno valor:

✓ AÇÃO CAUTELAR. FASE DE CUMPRIMENTO DE SENTENÇA. EXECUÇÃO DE VERBA SUCUMBENCIAL. EXPEDIÇÃO DE REQUISIÇÃO DE PEQUENO VALOR. ART. 102, I, m, DA CRFB/88 E ART. 535, § 3º, II, DO CPC/2015. COMPETÊNCIA DESTE TRIBUNAL PARA REQUISITAR O PAGAMENTO. Decisão: Trata-se de ação cautelar na qual litigavam o Estado de Rondônia e a União Federal. Em 29/04/2015, julguei procedente o pedido, condenando a União ao pagamento de honorários advocatícios, no valor de 10% (dez por cento) sobre o valor da causa, conforme dispositivo cujo teor se transcreve: "Ex positis, confirmando a liminar já deferida, julgo procedente o pedido, a fim de determinar a suspensão das inscrições do Requerente e da administração direta vinculada ao Poder Executivo em todo e qualquer sistema de restrição ao crédito utilizado pela União, que guardem absoluta pertinência com convênios nº 3.925/2001 (inscrição 434.050) e a instauração de tomada de contas especial referente ao convênio nº 326/1995 (inscrição 136255), até que se decida definitivamente nos autos da ação principal (ACO 1.958). Por fim, condeno a União aos honorários advocatícios no valor de 10% (dez por cento) sobre o valor da causa. Resta prejudicado o agravo regimental interposto pela União." Após o trânsito em julgado, o Estado de Rondônia requereu o cumprimento de sentença, nos termos dos arts. 534 e 535 do CPC/2015. Na sequência, intimada a União para que, querendo, impugnasse a petição executiva no prazo de 30 (trinta) dias, nos termos do art. 535 do CPC/2015, apresentou-se resposta informando a não oposição à petição executiva apresentada pelo Estado autor. É o relatório. Decido. Ab initio, nos termos do art. 102, I, m, do texto constitucional, compete ao Supremo Tribunal Federal a condução da fase de cumprimento das decisões proferidas nos feitos que lhe são submetidos originariamente, in verbis: "Art. 102. Compete ao Supremo Tribunal Federal, precipuamente, a guarda da Constituição, cabendo-lhe: I - processar e julgar, originariamente: m) a execução de sentença nas causas de sua competência originária, facultada a delegação de atribuições para a prática de atos processuais;" Assentada a competência desta Corte, verifico que o quantum das verbas sucumbenciais fixadas é inferior ao teto de 60 salários mínimos legalmente estabelecido para as condenações da União (abrangidas suas administrações direta e indireta) consistentes em obrigação de pagar quantia certa. O referido limite é obtido a partir da interpretação conjunta do art. 100, §§ 3º e 4º, da CRFB com os arts. 3º e 17 da Lei nº 10.259/01, os quais assim dispõem: Constituição da República Federativa do Brasil "Art. 100. Os pagamentos devidos pelas Fazendas Públicas Federal, Estaduais, Distrital e Municipais, em virtude de sentença judiciária, far-se-ão exclusivamente na ordem cronológica de apresentação dos precatórios e à conta dos créditos respectivos, proibida a designação de casos ou de pessoas nas dotações orçamentárias e nos créditos adicionais abertos para este fim. [...] § 3º O disposto no caput deste artigo relativamente à expedição de precatórios não se aplica aos pagamentos de obrigações definidas em leis como de pequeno valor que as Fazendas referidas devam fazer em virtude de sentença judicial transitada em julgado. § 4º Para os fins do disposto no § 3º, poderão ser fixados, por leis próprias, valores distintos às entidades de direito público, segundo as diferentes capacidades econômicas, sendo o mínimo igual ao valor do maior benefício do regime geral de previdência social." Lei nº 10.259/01 "Art. 3º Compete ao Juizado Especial Federal Cível processar, conciliar e julgar causas de competência da Justiça Federal até o valor de sessenta salários mínimos, bem como executar as suas sentenças. [...] Art. 17. Tratando-se de obrigação de pagar quantia certa, após o trânsito em julgado da decisão, o pagamento será efetuado no prazo de sessenta dias, contados da entrega da requisição, por ordem do Juiz, à autoridade citada para a causa, na agência mais próxima da Caixa Econômica Federal ou do Banco do Brasil, independentemente de precatório. § 1º Para os efeitos do § 3º do art. 100 da Constituição Federal, as obrigações ali definidas como de pequeno valor, a serem pagas independentemente de precatório, terão como limite o mesmo valor estabelecido nesta Lei para a competência do Juizado Especial Federal Cível (art. 3º, caput). § 2º Desatendida a requisição judicial, o Juiz determinará o sequestro do numerário suficiente ao cumprimento da decisão. § 3º São vedados o fracionamento, repartição ou quebra do valor da execução, de modo que o pagamento se faça, em parte, na forma estabelecida no § 1º deste artigo, e, em parte, mediante expedição do precatório, e a expedição de precatório complementar ou suplementar do valor pago." Noutro ponto, observo que o art. 535, § 3º, II, do Código de Processo Civil de 2015 estabelece a competência do juízo singular para solicitar o pagamento de obrigação de pequeno valor, in verbis: "Art. 535 A Fazenda Pública será intimada na pessoa de seu representante judicial, por carga, remessa ou meio eletrônico, para, querendo, no prazo de 30 (trinta) dias e nos próprios autos, impugnar a execução, podendo arguir: § 3º Não impugnada a execução ou rejeitadas as arguições da executada: II – por ordem do juiz, dirigida à autoridade na pessoa de quem o ente público foi citado para o processo, o pagamento de obrigação de pequeno valor será realizado no prazo de 2 (dois) meses contado da entrega da requisição, mediante depósito na agência de banco oficial mais próxima da residência do exequente." Ex positis, defiro o pedido de cumprimento de sentença formulado pelo Estado de Rondônia e determino à União que, nos termos do art. 535, § 3º, II, do CPC/2015, proceda ao pagamento de obrigação de pequeno valor, no total de R$ 163,52 (cento e sessenta e três reais e cinquenta e dois centavos), valor a ser atualizado até a data do pagamento, no prazo de 2 (dois) meses. Publique-se. Intimem-se. Brasília, 11 de setembro de 2017. Ministro Luiz Fux Relator Documento assinado digitalmente (STF; CumpSent AC 3079 DF 9929213-61.2012.1.00.0000; Rel. Min. Luiz Fux; Julg. 11/09/2017; Data de Publicação: DJe-207 13/09/2017)

Sequestro por descumprimento da requisição de pequeno valor:

✓ AGRAVO DE INSTRUMENTO. EXECUÇÃO. RPV. AUSÊNCIA DE PAGAMENTO NO PRAZO CONFORME LEGISLAÇÃO EM VIGOR NA DATA DA EXPEDIÇÃO DA REQUISIÇÃO DE PEQUENO VALOR. SEQUESTRO. POSSIBILIDADE. Inexistindo pagamento do valor devido pelo ente público no prazo legal, conforme requisição de pequeno valor, cabível o sequestro nas contas do Estado para dar efetividade a decisão judicial transitada em julgado. Uma vez que a requisição de pequeno valor foi expedida na vigência do Código de Processo Civil-CPC/2015, o prazo legal para pagamento é de dois meses. Agravo de instrumento provido. (TJ-RS; Agravo de Instrumento 70073471344; Vigésima Quinta Câmara Cível; Rel. Eduardo Kothe Werlang; Julg. 26/09/2017).

Cumprimento espontâneo da obrigação de pequeno valor:

✓ ADMINISTRATIVO E PROCESSUAL CIVIL. AGRAVO INTERNO NO RECURSO ESPECIAL. REQUISIÇÃO DE PEQUENO VALOR. EXECUÇÃO INVERTIDA. CUMPRIMENTO ESPONTÂNEO PELA FAZENDA PÚBLICA. POSSIBILIDADE, CONFORME O ENTENDIMENTO DESTA CORTE SUPERIOR. AGRAVO INTERNO DO PARTICULAR A QUE SE NEGA PROVIMENTO. (...) 2. É firme o entendimento desta Corte Superior admitindo o cumprimento espontâneo da obrigação de pequeno valor pela Fazenda Pública. Trata-se da denominada execução invertida, na qual o Ente Público, após o trânsito em julgado da sentença condenatória, apresenta os cálculos devidos e postula a expedição da Requisição de Pequeno Valor. 3. Tal medida não afronta o art. 535 do CPC/2015. Primeiro porque o direito de ação se submete ao requisito do interesse processual, naturalmente ausente no caso em que a Fazenda procura adimplir sua obrigação. 4. Demais disso, a execução invertida não resulta em qualquer prejuízo para o credor; pelo contrário, a obtenção do bem da vida, a quantia em dinheiro, ocorrerá de forma mais célere. Julgados: AgInt nos EDcl no REsp. 1.539.158/RS, Rel. Min. NAPOLEÃO NUNES MAIA FILHO, DJe 28.2.2019; AgRg no AREsp. 605.340/RS, Rel. Min. OLINDO MENEZES DJe 9.12.2015; REsp. 1.524.662/MG, Rel. Min. MAURO CAMPBELL MARQUES, DJe 30.6.2015. 5. Agravo Interno do Particular a que se nega provimento. (AgInt no REsp 1742650/RS, Rel. Ministro NAPOLEÃO NUNES MAIA FILHO, PRIMEIRA TURMA, julgado em 08/06/2020, DJe 17/06/2020)

§ 4º Tratando-se de impugnação parcial, a parte não questionada pela executada será, desde logo, objeto de cumprimento.

Interpretação conforme ao dispositivo

✓ Decisão: O Tribunal, por maioria, julgou parcialmente procedente o pedido formulado na ação direta, para declarar a constitucionalidade do art. 535, § 3º, inciso II, do Código de Processo Civil de 2015, e conferir interpretação conforme à Constituição ao art. 535, § 4º, do CPC, no sentido de que, para efeito de determinação do regime de pagamento do valor incontroverso, deve ser observado o valor total da condenação, conforme tese firmada no RE com repercussão geral nº 1205530 (Tema 28), nos termos do voto do Relator, vencido o Ministro Marco Aurélio, que julgava improcedente o pedido. O Ministro Gilmar Mendes acompanhou o Relator com ressalvas. Plenário, Sessão Virtual de 11.12.2020 a 18.12.2020. Ata publicada no DJ de 8/1/21, ADI 5534.

Cumprimento da parte incontroversa:

✓ PROCESSUAL CIVIL. AGRAVO INTERNO NO RECURSO ESPECIAL. EXECUÇÃO PROVISÓRIA CONTRA A FAZENDA. PARCELA INCONTROVERSA. INEXISTÊNCIA. VIOLAÇÃO. ARTS. 489 E 1.022 DO CPC/15. INOCORRÊNCIA. REEXAME DE MATÉRIA FÁTICA. SÚMULA 7/STJ. IMPOSSIBILIDADE. (...) 2. O acórdão recorrido não destoa da jurisprudência deste Superior Tribunal que assentou entendimento segundo o qual é possível a execução provisória contra a Fazenda Pública com o sistema de precatórios, desde que se trate de quantia incontroversa (AgRg no REsp 1225274/PR, Rel. Ministro HERMAN BENJAMIN, SEGUNDA TURMA, julgado em 17/03/2011, DJe 04/04/2011). Precedentes. 3. Inafastável a aplicação do óbice previsto na Súmula 7/STJ, pois, a alteração das premissas fáticas estabelecidas pelas instâncias ordinárias, no sentido de que não há trânsito em julgado quanto à prescrição, demandaria, necessariamente, novo exame do acervo probatório, providência vedada em recurso especial. 4. Pelos mesmos motivos, segue obstado o recurso especial pela alínea c do permissivo constitucional, sendo certo que não foram atendidas as exigências dos arts. 1.029, parágrafo único, do CPC e 255, §§ 1º e 2º, do RISTJ. 5. Agravo interno a que se nega provimento. (AgInt no REsp 1627418/RS, Rel. Ministro SÉRGIO KUKINA, PRIMEIRA TURMA, julgado em 07/08/2018, DJe 13/08/2018)

✓ AGRAVO INTERNO NO RECURSO ESPECIAL. EXECUÇÃO CONTRA A FAZENDA PÚBLICA. EXPEDIÇÃO DE PRECATÓRIO. INEXISTÊNCIA DE PARTE INCONTROVERSA. IMPOSSIBILIDADE. REEXAME DE MATÉRIA FÁTICA. 1. O aresto regional não destoa da orientação jurisprudencial deste Superior Tribunal, firme no sentido de que é possível a execução provisória contra a Fazenda Pública com o sistema de precatórios, desde que se trate de quantia incontroversa (AgRg no REsp 1225274/PR, Rel. Ministro HERMAN BENJAMIN, SEGUNDA TURMA, julgado em 17/03/2011, DJe 04/04/2011). 2. O Tribunal a quo consignou expressamente não haver parte incontroversa a ensejar a execução provisória, de modo que a desconstituição de tal premissa demandaria o reexame de matéria fática, procedimento que, em sede especial, encontra óbice na Súmula 7/STJ. 3. Agravo interno a que se nega provimento. (AgInt no REsp 1598706/RS, Rel. Ministro SÉRGIO KUKINA, PRIMEIRA TURMA, julgado em 13/09/2016, DJe 23/09/2016)

✓ PROCESSUAL CIVIL. AGRAVO INTERNO NA EXECUÇÃO EM MANDADO DE SEGURANÇA. ANISTIA POLÍTICA. PAGAMENTO DE INDENIZAÇÃO RETROATIVA. EXPEDIÇÃO DO PRECATÓRIO RELATIVO À PARCELA INCONTROVERSA DO CRÉDITO. PLEITO DE SUSPENSÃO DO PAGAMENTO DO REQUISITÓRIO CONDICIONADO À DEMONSTRAÇÃO DO EFETIVO INTERESSE EM INSTAURAR PROCEDIMENTO DE REVISÃO DA PORTARIA ANISTIADORA. INTIMAÇÃO DA UNIÃO PARA OS FINS DO ART. 535 DO CPC. AGRAVO PARCIALMENTE PROVIDO. 1. Eventual suspensão do pagamento do precatório relativo à parcela incontroversa do crédito, correspondente ao valor nominal da portaria de anistia, ou bloqueio do respectivo pagamento, condiciona-se à demonstração, pelo ente público executado, de que pretende, efetivamente, instaurar procedimento de revisão do ato de concessão da anistia. 2. Uma vez proposta a execução, assiste razão à UNIÃO quanto à necessidade de ser intimada para os fins do art. 535 do CPC para que possa impugnar a execução. 3. Agravo interno parcialmente provido. (AgInt na ExeMS 21.229/DF, Rel. Ministro BENEDITO GONÇALVES, PRIMEIRA SEÇÃO, julgado em 18/08/2020, DJe 20/08/2020)

§ 5º Para efeito do disposto no inciso III do caput deste artigo, considera-se também inexigível a obrigação reconhecida em título executivo judicial fundado em lei ou ato normativo considerado inconstitucional pelo Supremo Tribunal Federal, ou fundado em aplicação ou interpretação da lei ou do ato normativo tido pelo Supremo Tribunal Federal como incompatível com a Constituição Federal, em controle de constitucionalidade concentrado ou difuso.

Inexigibilidade da obrigação reconhecida em título executivo judicial fundado em ato normativo considerado inconstitucional pelo Supremo Tribunal Federal:

✓ Decisão: Trata-se de embargos opostos pela União contra execução promovida por João Batista de Almeida nos autos do Mandado de Segurança 27.565. A embargante aduz, preliminarmente, a inexigibilidade do título judicial, tendo em vista se fundar em interpretação da EC 41/2003, considerada ilegal pelo STF no julgamento do mérito do RE-RG 609.381, Rel. Min. Teori Zavascki, Pleno, DJe 11.12.2014. Alega ainda excesso de execução, uma vez que a memória de cálculo apresentada pelo exequente não corresponderia ao montante devido. Decido. Para melhor compreensão da controvérsia, faz-se necessária uma breve digressão sobre os fatos. O impetrante, Subprocurador-Geral da República aposentado, impetrou mandado de segurança contra ato do Procurador-Geral da República que, após a edição da EC 41/2003, a qual fixou o teto da remuneração do funcionalismo público, determinou a redução dos seus proventos para se adequar ao novo comando constitucional. Por ocasião do julgamento do presente mandado de segurança, a Segunda Turma assentou a intangibilidade da garantia constitucional de irredutibilidade de vencimentos aos servidores públicos, sendo-lhes assegurada a percepção de valores acima do teto constitucional, até que seus montantes fossem absorvidos por legislação subsequente. Dessa forma, concedeu a segurança para reconhecer o direito de o impetrante – a partir da data da impetração – continuar a receber, sem redução, o montante bruto que percebia anteriormente à Emenda Constitucional n. 41/2003, até a total absorção pelas novas formas de composição de seus proventos. A referida decisão transitou em julgado em 1º.9.2015, conforme certidão de fl. 486. Em seguida, o impetrante requereu o desarquivamento e cumprimento do acórdão (fls. 487-488), apresentando a memória discriminada dos cálculos aritméticos. Devidamente citada, a União apresentou os presentes embargos à execução aduzindo, em síntese, que a decisão que transitou em julgado em 1º.9.2015 está em desacordo com a interpretação conferida pelo STF à EC 41/2003 no julgamento do RE-RG 609.381, Rel. Min. Teori Zavascki, Pleno, DJe 11.12.2014, motivo pelo qual o título seria inexigível. A esse propósito, invocou a aplicação do parágrafo único art. 741 do CPC/73, que assim determinava: "Parágrafo único. Para efeito do disposto no inciso II deste artigo, considera-se também inexigível o título judicial fundado em lei ou ato normativo declarados inconstitucionais pelo Supremo Tribunal Federal ou em aplicação ou interpretação tidas por incompatíveis com a Constituição Federal". Com o advento do Novo Código de Processo Civil, Lei 13.105/2015, a matéria foi disposta nos seguintes termos: "Art. 535. § 5º Para efeito do disposto no inciso III do caput deste artigo, considera-se também inexigível a obrigação reconhecida em título executivo judicial fundado em lei ou ato normativo considerado inconstitucional pelo Supremo Tribunal Federal, ou fundado em aplicação ou interpretação da lei ou do ato normativo tido pelo Supremo Tribunal Federal como incompatível com a Constituição Federal, em controle de constitucionalidade concentrado ou difuso". Cumpre ainda esclarecer que, recentemente, o Plenário desta Corte, ao apreciar a ADI 2.418, Rel. Min. Teori Zavascki, assentou, entre outros pontos, a constitucionalidade do art. 741 do CPC/73 (atual art. 535, § 5º, do CPC). Na oportunidade, o relator assentou o seguinte: "A inexigibilidade do título executivo a que se referem os referidos dispositivos se caracteriza exclusivamente nas hipóteses em que (a) a sentença exequenda esteja fundada em norma reconhecidamente inconstitucional - seja por aplicar norma inconstitucional, seja por aplicar norma em situação ou com um sentido inconstitucionais; ou (b) a sentença exequenda tenha deixado de aplicar norma reconhecidamente constitucional; e (c) desde que, em qualquer dos casos, o reconhecimento dessa constitucionalidade ou a inconstitucionalidade tenha decorrido de julgamento do STF realizado em data anterior ao trânsito em julgado da sentença exequenda". Assim, pode-se concluir que, entre outras teses, o referido julgado assentou que o título executivo fundado em decisão que se baseia em interpretação declarada inconstitucional pelo STF, em data anterior ao seu trânsito em julgado, torna-o inexigível. Registre-se ainda que o Plenário, ao julgar o referido paradigma da repercussão geral (RE-RG 609.381, Rel. Min. Teori Zavascki, Pleno, DJe 11.12.2014), assentou que o teto previsto pela EC 41/2003 possui eficácia imediata "submetendo às referências de valor máximo nele discriminadas todas as verbas de natureza remuneratória percebidas pelos servidores públicos da União, Estados, Distrito Federal e Municípios, ainda que adquiridas de acordo com regime legal anterior". (Grifei) Na oportunidade, também firmou-se orientação no sentido de que "o pagamento de remunerações superiores aos tetos de retribuição de cada um dos níveis federativos traduz exemplo de violação qualificada do texto constitucional", de modo que "os valores que ultrapassam os limites pré-estabelecidos para cada nível federativo na Constituição Federal constituem excesso cujo pagamento não pode ser reclamado com amparo na garantia da irredutibilidade de vencimentos". Confira-se a ementa desse julgado: "CONSTITUCIONAL E ADMINISTRATIVO. TETO DE RETRIBUIÇÃO. EMENDA CONSTITUCIONAL 41/03. EFICÁCIA IMEDIATA DOS LIMITES MÁXIMOS NELA FIXADOS. EXCESSOS. PERCEPÇÃO NÃO RESPALDADA PELA GARANTIA DA IRREDUTIBILIDADE. 1. O teto de retribuição estabelecido pela Emenda Constitucional 41/03 possui eficácia imediata, submetendo às referências de valor máximo nele discriminadas todas as verbas de natureza remuneratória percebidas pelos servidores públicos da União, Estados, Distrito Federal e Municípios, ainda que adquiridas de acordo com regime legal anterior. 2. A observância da norma de teto de retribuição representa verdadeira condição de legitimidade para o pagamento das remunerações no serviço público. Os valores que ultrapassam os limites pré-estabelecidos para cada nível federativo na Constituição Federal constituem excesso cujo pagamento não pode ser reclamado com amparo na garantia da irredutibilidade de vencimentos. 3. A incidência da garantia constitucional da irredutibilidade exige a presença cumulativa de pelo menos dois requisitos: (a) que o padrão remuneratório nominal tenha sido obtido conforme o direito, e não de maneira ilícita, ainda que por equívoco da Administração Pública; e (b) que o padrão remuneratório nominal esteja compreendido dentro do limite máximo pré-definido pela Constituição Federal. O pagamento de remunerações superiores aos tetos de retribuição de cada um dos níveis federativos traduz exemplo de violação qualificada do texto constitucional. 4. Recurso extraordinário provido". Feitas essas considerações, verifica-se que, no caso concreto, o título executivo formado em 1º.9.2015, no qual restou consignado que a redução dos proventos do impetrante, em decorrência da aplicação do teto, configuraria afronta à irredutibilidade de vencimentos, está em desacordo com a interpretação conferida pelo Plenário do STF à EC 41/2003, no julgamento do RE-RG 609.381, Rel. Min. Teori Zavascki, DJe 11.12.2014, que se firmou no sentido de que o teto nela previsto possui eficácia imediata, não havendo se falar em ofensa ao referido princípio constitucional. Dessa forma, diante do entendimento firmado por esta Corte, deve ser reconhecida a inexigibilidade do título judicial que se pretende executar. Ante o exposto, acolho os embargos à execução para declarar a inexigibilidade do título executivo judicial (art. 535, § 5º, do CPC). Deixo de fixar honorários sucumbenciais, tendo em vista a natureza especial do mandado de segurança (art. 25 da Lei 12.016/2009). Publique-se. Brasília, 22 de agosto de 2016. Ministro Gilmar Mendes Relator Documento assinado digitalmente. (STF. ExecFazPub-EE MS 27565 DF 0005120-14.2008.0.01.0000; Rel. Min. Gilmar mendes; Julg. 22/08/2016)

✓ PROCESSUAL CIVIL. IMPUGNAÇÃO AO CUMPRIMENTO DE SENTENÇA MANEJADO PELA FAZENDA PÚBLICA ESTADUAL. IMPROCEDÊNCIA. EXCESSO DE EXECUÇÃO NÃO COMPROVADO NOS AUTOS. INTERPRETAÇÃO DE LEI LOCAL. SÚMULA 280/STF. MATÉRIA CONSTITUCIONAL. COMPETÊNCIA DO STF. INEXIGIBILIDADE DA OBRIGAÇÃO NÃO CONFIGURADA, À MÍNGUA DE RECONHECIMENTO DE INCONSTITUCIONALIDADE PELO STF EM CONTROLE DE CONSTITUCIONALIDADE CONCENTRADO OU DIFUSO ANTES DO TRÂNSITO EM JULGADO DA DECISÃO EXEQUENDA. EXEGESE DO ARTIGO 535, §5º, CPC (ART. 741, PARÁGRAFO ÚNICO, CPC/1973). 1. Na hipótese dos autos, depreende-se que o acolhimento da pretensão recursal demanda exame de suposta ofensa a dispositivo de lei local, qual seja a Lei 6.110/94 (Estatuto do Magistério do Estado do Maranhão), o que não se admite ante o óbice da Súmula 280/STF: "Por ofensa a direito local não cabe Recurso Extraordinário." 2. Outrossim, não compete ao Superior Tribunal de Justiça, em Recurso Especial, apreciar a existência de conflito entre lei local e lei federal ou dispositivo constitucional, sob pena de incorrer em usurpação de competência própria do STF, constante do art. 102, III, d, da Constituição Federal. 3. Ademais, percebe-se que o entendimento do Tribunal de origem está em conformidade com a orientação do STJ. Com efeito, a Primeira Seção, sob a égide dos recursos repetitivos, art. 543-C do CPC e da Resolução STJ 8/2008, no REsp 1.189.619/PE, de relatoria do Min. Castro Meira, DJe 2.9.2010, entendeu que a norma do art. 741, parágrafo único, do CPC deve ser interpretada restritivamente, porque excepciona o princípio da imutabilidade da coisa julgada, sendo necessário que a inconstitucionalidade tenha sido declarada em precedente do Supremo Tribunal Federal, em controle concentrado ou difuso. 4. Nos termos da Súmula 487/STJ, também estão fora do alcance do parágrafo único do art. 741 do CPC as sentenças cujo trânsito em julgado tenha ocorrido em data anterior à vigência do dispositivo. 5. Por fim, extrai-se do acórdão vergastado e das razões de Recurso Especial que o acolhimento da pretensão recursal demanda reexame do contexto fático-probatório, mormente para certificar a data do trânsito em julgado da sentença exequenda, o que não se admite ante o óbice da Súmula 7/STJ. 6. Agravo Interno não provido. (AgInt no REsp 1778730/MA, Rel. Ministro HERMAN BENJAMIN, SEGUNDA TURMA, julgado em 03/12/2019, DJe 12/05/2020)

§ 6º No caso do § 5º, os efeitos da decisão do Supremo Tribunal Federal poderão ser modulados no tempo, de modo a favorecer a segurança jurídica.

→ V. Arts. 11, § 1º, e 27, da Lei 9.868/1999.

§ 7º A decisão do Supremo Tribunal Federal referida no § 5º deve ter sido proferida antes do trânsito em julgado da decisão exequenda.

Inexigibilidade do título que somente pode ser decretada acaso a decisão do STF seja anterior ao trânsito em julgado do primeiro:

✓ EXECUÇÃO DE SENTENÇA. ART. 741, PARÁGRAFO ÚNICO, DO CPC, ACRESCIDO PELA MP Nº 2.180-35/2001. FORMAÇÃO DO TÍTULO EXECUTIVO ANTES DO TRÂNSITO EM JULGADO DA MANIFESTAÇÃO DO STF. O parágrafo único do art. 741 do CPC, acrescido pela MP nº 2.180-35/2001, não tem aplicação aos título executivos judiciais formados antes de sua edição, em face da garantia constitucional (art. 5º, XXXVI, da CF) da irretroatividade da lei em respeito ao ato jurídico perfeito, ao direito adquirido e à coisa julgada. Tal entendimento veio corroborado pelo novo CPC, em seu art. 535, § 7º, ao estatuir que "A decisão do Supremo Tribunal Federal referida no § 5º deve ter sido proferida antes do trânsito em julgado da decisão exequenda." (TRF-4; EDAC 50067292720144047110 RS; Sexta Turma; Rel. João Batista Pinto Silveira; Julg. 07/06/2017)

✓ PROCESSUAL CIVIL. TÍTULO JUDICIAL. TRÂNSITO EM JULGADO ANTERIOR À MANIFESTAÇÃO DO STF. PARÁGRAFO ÚNICO DO ART. 741 DO CPC. NÃO INCIDÊNCIA. 1. Trata-se na origem de Embargos à Execução propostos pelo Estado de Minas Gerais nos quais se alega a inexigibilidade do título exequendo que determinou a devolução da Contribuição de Custeio de Saúde prevista na Lei Complementar Estadual 64/2002. Na inicial, o ora recorrente pleiteia a aplicação do disposto no art. 741, parágrafo único, do CPC/1973, em razão de que o Supremo Tribunal Federal, embora tenha declarado a inconstitucionalidade da referida contribuição na ADI 3106, modulou os efeitos da decisão para não haver devolução da exação em período anterior a 14.4.2010. 2. Sobre a questão, o Tribunal de origem consignou que "é vedado rediscutir a matéria acobertada pela coisa julgada em sede de embargos do devedor. A coisa julgada material torna certa e imutável, em princípio, a relação jurídica material decidida na sentença" (fls 57-58, e-STJ). Ao julgar os Embargos de Declaração opostos contra o referido acórdão, a Corte de origem integrou o julgado afirmando que "por outro norte, para a aplicação do art. 741, parágrafo único, do CPC de 1973, é indispensável que a decisão do egrégio Supremo Tribunal Federal seja anterior ao-trânsito em julgado da sentença executada, conforme esclarecido nos artigos 525, § 14 e 535, § 7º do CPC de 2015" (fl. 80, e-STJ). 3. A Primeira Seção deste Tribunal, sob a égide da norma dos recursos repetitivos, art. 543-C do CPC, e da Resolução STJ 08/2008, no REsp 1.189.619/PE, da relatoria do Min. Castro Meira, DJe 2.9.2010, entendeu que a norma do art. 741, parágrafo único, do CPC deve ser interpretada restritivamente, porque excepciona o princípio da imutabilidade da coisa julgada, sendo necessário que a inconstitucionalidade tenha sido declarada em precedente do Supremo Tribunal Federal, em controle concentrado ou difuso. Nota-se que, no julgamento do repetitivo, ficou consignado que o art. 741, parágrafo único, do CPC/1973, com a redação dada pela MP 2.180/2001, não alcançaria as sentenças que: (a) deixaram de adotar norma declarada constitucional, ainda que em controle concentrado; (b) se valeram de dispositivo da Constituição que o STF considerou sem autoaplicabilidade; (c) não utilizaram dispositivo da Constituição que o STF julgou autoaplicável; e (d) aplicaram preceito normativo que o STF considerou revogado ou não recepcionado. Também foi consolidado o entendimento de que o referido dispositivo legal não teria o condão de atingir as situações jurídicas consolidadas anteriormente à sua entrada em vigor. Dessa forma, o STJ sedimentou tal orientação na Súmula 487, que dispõe que "o parágrafo único do art. 741 do CPC não se aplica às sentenças transitadas em julgado em data anterior à da sua vigência". 4. O Supremo Tribunal Federal no julgamento da ADI 2.418/DF, de Relatoria do Ministro Teori Zavascki, DJe 17.11.2016, na qual se objetivava a declaração de inconstitucionalidade do art. 741, parágrafo único, do CPC/1973, com a redação dada pela Medida Provisória 2.102-2001, firmou a orientação de que o referido dispositivo agregou "ao sistema processual brasileiro um mecanismo com eficácia rescisória de sentenças revestidas de vício de inconstitucionalidade qualificado, assim caracterizado nas hipóteses em que (a) a sentença exequenda esteja fundada em norma reconhecidamente inconstitucional – seja por aplicar norma inconstitucional, seja por aplicar norma em situação ou com um sentido inconstitucionais; ou (b) a sentença exequenda tenha deixado de aplicar norma reconhecidamente constitucional; e (c) desde que, em qualquer dos casos, o reconhecimento dessa constitucionalidade ou a inconstitucionalidade tenha decorrido de julgamento do STF realizado em data anterior ao trânsito em julgado da sentença exequenda (grifei)" 5. No caso em apreço, o trânsito em julgado do título que determinou a repetição de indébito se deu em 2014. Dessa forma, nos termos do que foi decidido no REsp 1.189.619/PE, da relatoria do Min. Castro Meira, DJe 2.9.2010, julgado sob o rito dos recursos repetitivos, seria aplicável o art. 741, parágrafo único, do CPC/1973, permitindo que a Fazenda Pública alegasse a inexigibilidade do título em execução, mesmo após seu trânsito em julgado. Todavia, a decisão que modulou os efeitos da ADI 3106 pelo STF ocorreu em 2015, ou seja após o trânsito em julgado da ação de conhecimento que reconheceu o direito à recorrida. 6. Dessa forma, analisando em conjunto os dois julgados, temos que, na hipótese dos autos, o Estado de Minas Gerais não poderia se valer do disposto no parágrafo único do art. 741 do CPC/1973 para desconstituir o título executivo transitado em julgado, estando correto o entendimento exarado no acórdão recorrido. Ressalta-se que há julgados no STJ que aplicam esse entendimento consolidado pelo STF no julgamento da referida ADI. Nesse sentido: AgRg no AREsp 645.286/SP, Rel. Ministro Sérgio Kukina, Primeira Turma, julgado em 18/08/2015, DJe 27/8/2015; AgRg no REsp 1.221.277/SC, Rel. Ministro Og Fernandes, Sexta Turma, julgado em 28/05/2013, DJe 10/6/2013; AgRg no AREsp 192.500/SC, Rel. Ministro Ari Pargendler, Primeira Turma, julgado em 6/5/2014, DJe 4/8/2014. 7. Recurso Especial não provido. (REsp 1663630/MG, Rel. Ministro HERMAN BENJAMIN, SEGUNDA TURMA, julgado em 16/05/2017, DJe 16/06/2017)

§ 8º Se a decisão referida no § 5º for proferida após o trânsito em julgado da decisão exequenda, caberá ação rescisória, cujo prazo será contado do trânsito em julgado da decisão proferida pelo Supremo Tribunal Federal.

Prazo para a ação rescisória:

✓ PROCESSUAL CIVIL. AÇÃO RESCISÓRIA. PRAZO. TERMO A QUO. ACÓRDÃO RESCINDENDO. TRÂNSITO EM JULGADO. VIGÊNCIA DO CPC/1973. REGRAS DO CPC/2015. INAPLICABILIDADE. DECADÊNCIA. CONFIGURAÇÃO. 1. O Superior Tribunal de Justiça já se manifestou que, nas ações rescisórias, "o marco temporal - para a incidência das regras de direito processual -, deve ser a data do trânsito em julgado da decisão rescindenda, momento em que se inicia a repercussão dos efeitos processuais da pretensão à rescisão do julgado, como sói o prazo e os pressupostos para o seu ajuizamento" (AR 5.931/SP, Relator Ministro PAULO DE TARSO SANSEVERINO - Ratificação de voto; Segunda Seção, DJe 21/06/2018). 2. No julgamento do REsp 1.112.864/MG, submetido ao rito do art. 543-C do CPC/1973, esta Corte de Justiça firmou a compreensão de que o termo a quo para o ajuizamento da ação rescisória coincide com a data do trânsito em julgado da decisão rescindenda, que, por sua vez, dá-se no dia imediatamente subsequente ao último dia do prazo para o recurso em tese cabível (Súmula 401 do STJ). 3. Não se aplica à espécie o disposto no art. 535, III, §§ 5º e 8º, do CPC/2015, que excepciona o termo inicial da contagem do prazo da ação rescisória ao trânsito em julgado da decisão proferida pelo Supremo Tribunal Federal em controle de constitucionalidade concentrado ou difuso, em face do disposto no art. 1.057 do Novo Estatuto Processual. 4. Hipótese em que o aresto rescindendo transitou em julgado em 04/01/2012, na vigência do CPC/1973, tendo sido a presente ação rescisória protocolada em 24/05/2019, quando já superado havia muito o prazo de 2 (dois) anos previsto no art. 495 do CPC/1973. 5. O reconhecimento da constitucionalidade do art. 15-A do Decreto-Lei n. 3.365/1941, no julgamento do mérito da ADI 2.332/DF (17/05/2018), ocorreu em data posterior ao trânsito em julgado do aresto objeto da presente ação desconstitutiva, quando já exaurido o prazo decadencial para o aviamento desta, não sendo possível a pretendida prorrogação, sob pena de criar grave insegurança jurídica. Precedentes do STF. 6. Agravo interno desprovido. (AgInt na AR 6.482/PE, Rel. Ministro GURGEL DE FARIA, PRIMEIRA SEÇÃO, julgado em 12/08/2020, DJe 23/09/2020)

Capítulo VI
DO CUMPRIMENTO DE SENTENÇA QUE RECONHEÇA A EXIGIBILIDADE DE OBRIGAÇÃO DE FAZER, DE NÃO FAZER OU DE ENTREGAR COISA

Seção I
Do Cumprimento de Sentença que Reconheça a Exigibilidade de Obrigação de Fazer ou de Não Fazer

Art. 536. No cumprimento de sentença que reconheça a exigibilidade de obrigação de fazer ou de não fazer, o juiz poderá, de ofício ou a requerimento, para a efetivação da tutela específica ou a obtenção de tutela pelo resultado prático equivalente, determinar as medidas necessárias à satisfação do exequente.

§ 1º Para atender ao disposto no caput, o juiz poderá determinar, entre outras medidas, a imposição de multa, a busca e apreensão, a remoção de pessoas e coisas, o desfazimento de obras e o impedimento de atividade nociva, podendo, caso necessário, requisitar o auxílio de força policial.

Valor da multa diária imposta:

✓ PROCESSUAL CIVIL. MULTA COMINATÓRIA. OBRIGAÇÃO DE FAZER. NOVO REGISTRO DE VEÍCULO AUTOMOTOR. IMPOSSIBILIDADE DE REDUÇÃO DO VALOR TOTAL DA MULTA DIÁRIA. AJUSTE DA MULTA DIÁRIA CONFORME JURISPRUDÊNCIA DO STJ. 1. Agravo de instrumento interposto em 05/05/2014. Recurso especial interposto em 16/10/2014 e atribuído a este Gabinete em 25/08/2016. 2. O valor justo da multa é aquele capaz de dobrar a parte renitente, sujeitando-a aos termos da lei. Justamente aí reside o grande mérito da multa diária: ela se acumula até que o devedor se convença da necessidade de obedecer a ordem judicial. 3. A multa perdurou enquanto foi necessário; se o valor final é alto, ainda mais elevada era a resistência da recorrente a cumprir o devido. A análise sobre o excesso ou não da multa, portanto, não deve ser feita na perspectiva de quem, olhando para fatos já consolidados no tempo - agora que a prestação finalmente foi cumprida - procura razoabilidade quando, na raiz do problema, existe justamente um comportamento desarrazoado de uma das partes. 4. Recurso especial conhecido e não provido. (REsp 1662317/RS, Rel. Ministra NANCY ANDRIGHI, TERCEIRA TURMA, julgado em 12/03/2019, DJe 15/03/2019)

A incidência da multa deve ser afastada quando houver impossibilidade de se alcançar a finalidade da ordem judicial:

✓ AGRAVO INTERNO NOS EMBARGOS DE DECLARAÇÃO NO RECURSO ESPECIAL. CUMPRIMENTO DE SENTENÇA. CONVERSÃO DA OBRIGAÇÃO DE FAZER EM PERDAS E DANOS. AFASTAMENTO DA MULTA COMINATÓRIA. ACÓRDÃO RECORRIDO EM CONSONÂNCIA COM A JURISPRUDÊNCIA DESTA CORTE. AGRAVO NÃO PROVIDO. 1. "À luz da jurisprudência firmada nesta Corte, é cabível a aplicação de astreintes como instrumento de coerção ao cumprimento de decisões judiciais que imponham obrigação de fazer ou não fazer. Todavia, deve ser afastada a incidência da referida multa na hipótese de impossibilidade de se alcançar a finalidade da ordem judicial" (AgRg no AREsp 431.294/RS, Rel. Ministro RAUL ARAÚJO, QUARTA TURMA, julgado em 04/11/2014, DJe de 03/12/2014). 2. Agravo interno a que se nega provimento. (AgInt nos EDcl no REsp 1850537/SP, Rel. Ministro RAUL ARAÚJO, QUARTA TURMA, julgado em 10/08/2020, DJe 26/08/2020)

É ilegal a aplicação de astreintes em virtude da impossibilidade técnica de cumprimento de decisão

✓ RECURSO EM MANDADO DE SEGURANÇA. INTERCEPTAÇÃO DE DADOS. ASTREINTES. POSSIBILIDADE EM ABSTRATO. CRIPTOGRAFIA DE PONTA A PONTA. IMPOSSIBILIDADE FÁTICA, NO CASO CONCRETO, DE CUMPRIMENTO DA ORDEM JUDICIAL. RECURSO PROVIDO. 1. A possibilidade de aplicação, em abstrato, da multa cominatória foi reconhecida, por maioria, nesta Terceira Seção (REsp 1.568.445/PR, Rel. Ministro Rogerio Schietti Cruz, Rel. p/ Acórdão Ministro Ribeiro Dantas, Terceira Seção, julgado em 24/6/2020, DJe 20/8/2020). 2. No caso concreto, porém, há de se fazer uma distinção ou um *distinguishing* entre o precedente citado e a situação ora em análise. Diversamente do precedente colacionado, a questão posta nestes autos objeto de controvérsia é a alegação, pela empresa que descumpriu a ordem judicial, da impossibilidade técnica de obedecer à determinação do Juízo, haja vista o emprego da criptografia de ponta a ponta. (...) 4. Não obstante a complexidade técnica, a resposta jurídica deve ser simples e direta: sim, é possível a aplicação da multa, inclusive nessa hipótese; ou, por outro lado, não, a realização do impossível, sob pena de sanção, não encontra guarida na ordem jurídica. Note-se que não há espaço hermenêutico para um meio termo. 5. Em determinado aspecto, a solução parece ser pela negativa: *ad impossibilia nemo tenetur*, ou seja, ninguém pode ser obrigado a fazer o impossível. (...). 18. Recurso ordinário provido, para afastar a multa aplicada ante a impossibilidade fática, no caso concreto, de cumprimento da ordem judicial, haja vista o emprego da criptografia de ponta-a-ponta. (RMS 60.531/RO, Rel. Min. Nefi Cordeiro, Rel. p/ Acórdão Min. Ribeiro Dantas, Terceira Seção, julgado em 09/12/2020, DJe 17/12/2020)

Possibilidade de imposição de multa diária à Fazenda Pública em cumprimento de obrigação de fazer:

✓ PROCESSUAL CIVIL. FIXAÇÃO DE ASTREINTES CONTRA O PODER PÚBLICO. POSSIBILIDADE. 1. O STJ entende ser cabível a cominação de multa diária (astreinte) contra a Fazenda Pública como meio executivo para cumprimento de obrigação de fazer ou entregar coisa (arts. 536 e 537 do CPC/2015). 2. Recurso Especial provido. (REsp 1827009/PE, Rel. Ministro HERMAN BENJAMIN, SEGUNDA TURMA, julgado em 20/08/2019, DJe 13/09/2019)

Alteração do valor da multa pode ser feito a qualquer tempo e de ofício:

✓ AGRAVO INTERNO. AGRAVO EM RECURSO ESPECIAL. PROCESSUAL CIVIL. MULTA. ART. 461 DO CPC. LIMITAÇÃO. POSSIBILIDADE. PRECEDENTES. 1. O valor da multa diária prevista no artigo 461 do Código de Processo Civil de 1973 (correspondente ao art. 536 do Código vigente) pode ser alterado pelo magistrado a qualquer tempo, até mesmo de ofício, quando irrisório ou exorbitante, não havendo falar em preclusão ou ofensa à coisa julgada. 2. Redução da multa, no caso, limitada ao valor do veículo financiado discutido em juízo, sob pena de enriquecimento indevido. 3. Agravo interno a que se nega provimento. (AgInt no REsp 1714838/MS, Rel. Ministra MARIA ISABEL GALLOTTI, QUARTA TURMA, julgado em 09/10/2018, DJe 23/10/2018)

(Im)possibilidade de sequestro de valores contra a Fazenda Pública

✓ Os princípios básicos da gestão fiscal devem ganhar maior contorno no momento da execução dos valores orçados. Dessa forma, mesmo diante da evidenciada necessidade do serviço público pretendido, o sequestro de valores é medida extremada que não pode ser deferida, sob pena da execução do orçamento público pelo Poder Judiciário, em clara invasão da atribuição conferida ao Poder Executivo. (TJDF; Proc. 0703.08.2.702016-8070000; Ac. 103.3403; Terceira Turma Cível; Rel. Des. Alvaro Ciarlini; Julg. 26/07/2017; DJDFTE 23/08/2017)

✓ O artigo 536, §1º do Código de Processo Civil, ao reafirmar a regra insculpida no artigo 461, § 5º, do CPC/1973, contempla as medidas assecuratórias à obtenção do resultado prático equivalente ao adimplemento, sendo certo que tal rol não é exaustivo, e sim exemplificativo, fundamentando-se nele o sequestro da verba pública, medida excepcional e razoável diante do caso concreto. (TJRJ; AI 0033297-03.2017.8.19.0000; São Gonçalo; Décima Quarta Câmara Cível; Rel. Des. José Carlos Paes; DORJ 17/08/2017; Pág. 375) A astreinte é apenas uma das medidas executivas capazes de garantir o efetivo cumprimento da determinação judicial, conforme artigo 536, §1º do código de processo civil. O juízo de origem, diante do cumprimento parcial da obrigação imposta, tem procedido o sequestro judicial de verba pública em montante suficiente ao atendimento da necessidade da recorrente. Medida que se mostra mais efetiva e menos gravosa. (TJRJ; APL 0001835-96.2017.8.19.0042; Petrópolis; Décima Quarta Câmara Cível; Rel. Des. Francisco de Assis Pessanha Filho; DORJ 21/09/2017; Pág. 289)

Sequestro de bens da Fazenda Pública legitimado pela demora excessiva em caso envolvendo saúde

✓ Demora da Fazenda Pública em dar cumprimento a obrigação de fazer consistente no fornecimento de prótese, apesar de intimada para tanto, justifica a solução excepcional do sequestro de valores disponíveis via BacenJud. (TJSP; AI 2053828-81.2017.8.26.0000; Ac. 10619375; São Carlos; Primeira Câmara de Direito Público; Rel. Des. Rubens Rihl; Julg. 25/07/2017; DJESP 03/08/2017; Pág. 2675)

Possibilidade de aplicação de multa quando frustrada a reintegração de posse, nos termos dos arts. 536 e seguintes:

✓ Conforme entendimento do Superior Tribunal de Justiça, frustrada a implementação da reintegração de posse de bem móvel, é possível a fixação de multa cominatória, aplicando-se, ao caso, as normas dos artigos 536 e seguintes do Código de Processo Civil. (TJMS; AI 1407785-28.2017.8.12.0000; Segunda Câmara Cível; Rel. Des. Vilson Bertelli; DJMS 25/09/2017; Pág. 81)

Suspensão da Carteira Nacional de Habilitação e apreensão de passaporte como medida coercitiva (art. 139, IV):

✓ RECURSO ESPECIAL. AÇÃO DE COMPENSAÇÃO POR DANO MORAL E REPARAÇÃO POR DANO MATERIAL. CUMPRIMENTO DE SENTENÇA. QUANTIA CERTA. MEDIDAS EXECUTIVAS ATÍPICAS. ART. 139, IV, DO CPC/15. CABIMENTO. DELINEAMENTO DE DIRETRIZES A SEREM OBSERVADAS PARA SUA APLICAÇÃO. 1. Ação distribuída em 10/6/2011. Recurso especial interposto em 25/5/2018. Autos conclusos à Relatora em 3/12/2018. 2. O propósito recursal é definir se, na fase de cumprimento de sentença, a suspensão da carteira nacional de habilitação e a retenção do passaporte do devedor de obrigação de pagar quantia são medidas viáveis de serem adotadas pelo juiz condutor do processo. 3. O Código de Processo Civil de 2015, a fim de garantir maior celeridade e efetividade ao processo, positivou regra segundo a qual incumbe ao juiz determinar todas as medidas indutivas, coercitivas, mandamentais ou sub-rogatórias necessárias para assegurar o cumprimento de ordem judicial, inclusive nas ações que tenham por objeto prestação pecuniária (art. 139, IV). 4. A interpretação sistemática do ordenamento jurídico revela, todavia, que tal previsão legal não autoriza a adoção indiscriminada de qualquer medida executiva, independentemente de balizas ou meios de controle efetivos. 5. De acordo com o entendimento do STJ, as modernas regras de processo, ainda respaldadas pela busca da efetividade jurisdicional, em nenhuma circunstância poderão se distanciar dos ditames constitucionais, apenas sendo possível a implementação de comandos não discricionários ou que restrinjam direitos individuais de forma razoável. Precedente específico. 6. A adoção de meios executivos atípicos é cabível desde que, verificando-se a existência de indícios de que o devedor possua patrimônio expropriável, tais medidas sejam adotadas de modo subsidiário, por meio de decisão que contenha fundamentação adequada às especificidades da hipótese concreta, com observância do contraditório substancial e do postulado da proporcionalidade. 7. Situação concreta em que o Tribunal a quo indeferiu o pedido do exequente de adoção de medidas executivas atípicas sob o singelo fundamento de que a responsabilidade do devedor por suas dívidas diz respeito apenas ao aspecto patrimonial, e não pessoal. 8. Como essa circunstância não se coaduna com o entendimento propugnado neste julgamento, é de rigor – à vista da impossibilidade de esta Corte revolver o conteúdo fático-probatório dos autos – o retorno dos autos para que se proceda a novo exame da questão. 9. De se consignar, por derradeiro, que o STJ tem reconhecido que tanto a medida de suspensão da Carteira Nacional de Habilitação quanto a de apreensão do passaporte do devedor recalcitrante não estão, em abstrato e de modo geral, obstadas de serem adotadas pelo juiz condutor do processo executivo, devendo, contudo, observar-se o preenchimento dos pressupostos ora assentados. Precedentes. RECURSO ESPECIAL PROVIDO. (REsp 1782418/RJ, Rel. Ministra NANCY ANDRIGHI, TERCEIRA TURMA, julgado em 23/04/2019, DJe 26/04/2019)

§ 2º O mandado de busca e apreensão de pessoas e coisas será cumprido por 2 (dois) oficiais de justiça, observando-se o disposto no art. 846, §§ 1º a 4º, se houver necessidade de arrombamento.

Aplicabilidade do artigo 536, § 2º, às ações de interdição

✓ A interdição, pela própria natureza do instituto, demanda extrema cautela e o máximo rigor na aplicação da Lei, pois envolve a perspectiva de tolher ao interditando a livre condução da vida civil como um todo. O Magistrado poderá decretar a busca e apreensão de pessoas ou coisas, nos termos do art. 536, §2º, do CPC/2015. (TJMG; AGIN 1.0024.13.429054-3/001; Rel. Des. Darcio Lopardi Mendes; Julg. 15/12/2016; DJEMG 09/01/2017)

§ 3º O executado incidirá nas penas de litigância de má-fé quando injustificadamente descumprir a ordem judicial, sem prejuízo de sua responsabilização por crime de desobediência.

Razoabilidade da multa e fixação em 1% sobre o valor da causa:

✓ Razoabilidade e proporcionalidade. Litigância de má-fé configurada. Inteligência do art. 536, § 3º, do CPC. Condenação da Agravante ao pagamento de multa por litigância de má-fé. Redução do valor da multa para 1% do valor atualizado da causa (TJSP; AI 2091445-75.2017.8.26.0000; Ac. 10713564; Santos; Décima Segunda Câmara de Direito Privado; Rel. Des. Tasso Duarte de Melo; Julg. 18/08/2017; DJESP 31/08/2017; Pág. 2467)

§ 4º No cumprimento de sentença que reconheça a exigibilidade de obrigação de fazer ou de não fazer, aplica-se o art. 525, no que couber.

Intimação do devedor na pessoa do advogado:

✓ PROCESSO CIVIL. AGRAVO INTERNO NOS EMBARGOS DE DIVERGÊNCIA EM AGRAVO EM RECURSO ESPECIAL. CUMPRIMENTO DE SENTENÇA. OBRIGAÇÃO DE FAZER E NÃO FAZER. AUSÊNCIA DA INTIMAÇÃO DO DEVEDOR NA PESSOA DO ADVOGADO. A PRÉVIA INTIMAÇÃO PESSOAL DO DEVEDOR NA PESSOA DO ADVOGADO CONSTITUI CONDIÇÃO NECESSÁRIA PARA A COBRANÇA DE MULTA PELO DESCUMPRIMENTO DE OBRIGAÇÃO DE FAZER OU NÃO FAZER. INCIDÊNCIA DA SÚMULA 410/STJ. AGRAVO INTERNO DOS PARTICULARES DESPROVIDO. 1. Predomina nesta Corte Superior o entendimento de que somente tem cabimento a multa cominada no cumprimento de obrigação de fazer ou não fazer depois de a parte, intimada por intermédio de seu Advogado, não cumprir espontaneamente a condenação. Precedentes: AgInt no AREsp. 1.068.022/RS, Rel. Min. MARIA ISABEL GALLOTTI, DJe 18.12.2017; AgRg nos EDcl no REsp. 1.459.296/SP, Rel. Min. SIDNEI BENETI, DJe 1o.9.2014; REsp. 1.349.790/RJ, Rel. Min. MARIA ISABEL GALLOTTI, DJe 27.2.2014. 2. A prévia intimação do devedor, na pessoa do seu Advogado, constitui condição necessária para a cobrança de multa pelo descumprimento de obrigação de fazer ou não fazer, em respeito ao devido processo legal e ao contraditório, princípios caros sob a perspectiva do garantismo no âmbito do processo civil. Incidência do teor da Súmula 410/STJ. 3. Agravo Interno dos Particulares desprovido. (AgInt nos EAREsp 586.393/RJ, Rel. Ministro NAPOLEÃO NUNES MAIA FILHO, CORTE ESPECIAL, julgado em 03/06/2020, DJe 18/06/2020)

Intimação pessoal do devedor para a cobrança de multa:

✓ PROCESSO CIVIL. EMBARGOS DE DIVERGÊNCIA. OBRIGAÇÃO DE FAZER. DESCUMPRIMENTO. MULTA DIÁRIA. NECESSIDADE DA INTIMAÇÃO PESSOAL DO EXECUTADO. SÚMULA 410 DO STJ. 1. É necessária a prévia intimação pessoal do devedor para a cobrança de multa pelo descumprimento de obrigação de fazer ou não fazer antes e após a edição das Leis n. 11.232/2005 e 11.382/2006, nos termos da Súmula 410 do STJ, cujo teor permanece hígido também após a entrada em vigor do novo Código de Processo Civil. 2. Embargos de divergência não providos. (EREsp 1360577/MG, Rel. Ministro HUMBERTO MARTINS, Rel. p/ Acórdão Ministro LUIS FELIPE SALOMÃO, CORTE ESPECIAL, julgado em 19/12/2018, DJe 07/03/2019)

✓ AGRAVO INTERNO NO AGRAVO INTERNO NO AGRAVO EM RECURSO ESPECIAL. PROCESSUAL CIVIL. OBRIGAÇÃO DE FAZER. ASTREINTES. AFASTAMENTO. NECESSIDADE DE INTIMAÇÃO PESSOAL. SÚMULA 410/STJ. IMPUGNAÇÃO AO CUMPRIMENTO DE SENTENÇA. ACOLHIMENTO. HONORÁRIOS ADVOCATÍCIOS. BASE DE CÁLCULO. PROVEITO ECONÔMICO. ENTENDIMENTO FIRMADO PELA SEGUNDA SEÇÃO DO STJ NO RESP 1.746.072/PR. AGRAVO INTERNO DESPROVIDO.

(AgInt no AgInt no AREsp 1238229/SC, Rel. Ministro PAULO DE TARSO SANSEVERINO, TERCEIRA TURMA, julgado em 24/08/2020, DJe 28/08/2020)

§ 5º O disposto neste artigo aplica-se, no que couber, ao cumprimento de sentença que reconheça deveres de fazer e de não fazer de natureza não obrigacional.

Imposição de multa diária contra o INSS, em caso de não implantação de benefício:

✓ É aplicável à hipótese o artigo 536, § 1º., do CPC e, por tal motivo, é cabível a fixação de multa diária por atraso no cumprimento de decisão judicial. 3. Contudo, no presente caso, a multa diária, em caso de não implantação do benefício em favor do autor, no prazo de 5 dias, foi fixada em valor excessivo (R$ 5000,00, por dia), de maneira que a reduzo a 1/30 (um trinta avos) do valor do benefício, por dia de atraso, o que é compatível com a obrigação de fazer imposta ao INSS. (TRF 3ª R.; AI 0016468-58.2016.4.03.0000; Décima Turma; Relª Desª Fed. Lucia Ursaia; Julg. 28/03/2017; DEJF 10/04/2017)

Dever legal do Estado pode ser exigido antes do trânsito em julgado

✓ O cumprimento imediato da obrigação de fazer (implementação de benefício previdenciário) constante do acórdão sujeito apenas a recurso desprovido de efeito suspensivo não fica sujeito ao trânsito em julgado do título executivo judicial, requisito imprescindível apenas para a execução dos valores devidos de forma retroativa (obrigação de pagar), porque, em relação a estas, aplica-se o disposto no art. 100 da Constituição Federal. (TRF 4ª R.; AG 5019253-75.2016.404.0000; Sexta Turma; Relª Desª Fed. Vânia Hack de Almeida; Julg. 31/05/2017; DEJF 06/06/2017)

A multa diária imposta à pessoa jurídica pode ser majorada de ofício

✓ Pode a multa diária (astreintes) ser majorada de ofício, à pessoa jurídica de direito público, não como pena, mas como meio de coação, visando dar cumprimento à obrigação de fazer pelo INCRA, para garantir a efetividade de uma decisão judicial. É ato que se coaduna com o fim buscado pelo legislador ao prever a hipótese nos artigos 536 e 537 do Código de Processo Civil/2015. (TRF 1ª R.; AI 0050767-18.2016.4.01.0000; Terceira Turma; Relª Juíza Fed. Conv. Rogéria Maria Castro Debelli; DJF1 26/05/2017)

Art. 537. A multa independe de requerimento da parte e poderá ser aplicada na fase de conhecimento, em tutela provisória ou na sentença, ou na fase de execução, desde que seja suficiente e compatível com a obrigação e que se determine prazo razoável para cumprimento do preceito.

§ 1º O juiz poderá, de ofício ou a requerimento, modificar o valor ou a periodicidade da multa vincenda ou excluí-la, caso verifique que:

O valor da multa cominatória não é definitivo:

✓ AGRAVO INTERNO. EMBARGOS DE DECLARAÇÃO. AGRAVO EM RECURSO ESPECIAL. CUMPRIMENTO DE SENTENÇA. EXCEÇÃO DE PRÉ-EXECUTIVIDADE. MULTA COMINATÓRIA. VALOR EXORBITANTE. REVISÃO. POSSIBILIDADE. 1. O valor da multa cominatória não é definitivo, pois poderá ser revisto em qualquer fase processual, inclusive em cumprimento de sentença, caso se revele excessivo ou insuficiente (art. 537, § 1°, do Código de Processo Civil). 2. Agravo interno a que se nega provimento. (AgInt nos EDcl no AREsp 1487868/SC, Rel. Ministra MARIA ISABEL GALLOTTI, QUARTA TURMA, julgado em 28/09/2020, DJe 01/10/2020)

✓ AGRAVO INTERNO NO AGRAVO EM RECURSO ESPECIAL. AÇÃO DECLARATÓRIA DE INEXISTÊNCIA DE DÉBITO CUMULADA COM INDENIZAÇÃO POR DANOS MORAIS. CUMPRIMENTO DE SENTENÇA. ASTREINTES. VALOR EXCESSIVO. REDUÇÃO. POSSIBILIDADE. AGRAVO INTERNO NÃO PROVIDO. 1. É pacífico nesta Corte o entendimento de que o valor da multa cominatória prevista no art. 461 do CPC/1973 (correspondente ao art. 536 do CPC/2015) pode ser alterado pelo magistrado a qualquer tempo, até mesmo de ofício, quando irrisório ou exorbitante, não havendo falar em preclusão ou ofensa à coisa julgada. 2. "O art. 537, § 1º, do Código de Processo Civil de 2015 não se restringe somente à multa vincenda, pois, enquanto houver discussão acerca do montante a ser pago a título da multa cominatória, não há falar em multa vencida" (AgInt no REsp 1.846.190/SP, Rel. Ministro RICARDO VILLAS BÔAS CUEVA, TERCEIRA TURMA, julgado em 20/04/2020, DJe de 27/04/2020). 3. Na hipótese, ficou caracterizada a exorbitância do valor executado a título de multa cominatória (R$ 84.500,00), diante das seguintes peculiaridades: a) o débito que originou a inscrição indevida nos órgãos de proteção ao crédito era de R$ 153,65 (cento e cinquenta e três reais e sessenta e cinco centavos); b) a obrigação principal resultou na condenação de R$ 5.000,00 (cinco mil reais) a título de danos morais, em razão da inscrição indevida em cadastros de inadimplentes. Daí o provimento do recurso especial da agravada para reduzir o montante executado para R$ 5.000,00 (cinco mil reais), tal como procedeu o Juízo de primeiro grau. 4. Agravo interno a que se nega provimento. (AgInt no AREsp 1625951/SE, Rel. Ministro RAUL ARAÚJO, QUARTA TURMA, julgado em 10/08/2020, DJe 26/08/2020)

I – se tornou insuficiente ou excessiva;

Revisão com base no inciso I

✓ AGRAVO INTERNO NO AGRAVO EM RECURSO ESPECIAL. OBRIGAÇÃO DE FAZER. CUMPRIMENTO DE SENTENÇA. EXECUÇÃO DE ASTREINTES. POSSIBILIDADE DE REVISÃO DO VALOR DA MULTA DIÁRIA QUE SE TORNOU EXCESSIVO. CONSONÂNCIA DO ACÓRDÃO RECORRIDO COM A JURISPRUDÊNCIA DESTA CORTE. SÚMULA 83/STJ. AGRAVO INTERNO NÃO PROVIDO. 1. Consoante entendimento desta Corte Superior, é possível a redução do valor das astreintes nas hipóteses em que a sua fixação ensejar multa de valor muito superior ao discutido na ação judicial em que foi imposta, a fim de evitar possível enriquecimento sem causa, em atenção aos princípios da razoabilidade e proporcionalidade. Precedentes. 2. Agravo interno a que se nega provimento. (AgInt no AREsp 1661221/SP, Rel. Ministro

RAUL ARAÚJO, QUARTA TURMA, julgado em 28/09/2020, DJe 20/10/2020)

✓ CIVIL. PROCESSUAL CIVIL. EMBARGOS DE DECLARAÇÃO NO AGRAVO INTERNO NO RECURSO ESPECIAL. RECURSO MANEJADO SOB A ÉGIDE DO CPC. AÇÃO DE OBRIGAÇÃO DE FAZER CUMULADA COM INDENIZAÇÃO POR DANOS MORAIS. CUMPRIMENTO DE SENTENÇA. EXECUÇÃO DE ASTREINTES. VALOR DA MULTA DIÁRIA QUE SE REVELA EM DESCONFORMIDADE COM OS PRINCÍPIOS DA RAZOABILIDADE E DA PROPORCIONALIDADE. REDUÇÃO. VIOLAÇÃO DO ART. 1.022 DO CPC. INEXISTÊNCIA. PRETENSÃO DE REJULGAMENTO DA CAUSA. EMBARGOS REJEITADOS. 1. Aplica-se o CPC a este recurso ante os termos do Enunciado Administrativo nº 3, aprovado pelo Plenário do STJ na sessão de 9/3/2016: Aos recursos interpostos com fundamento no CPC/2015 (relativos a decisões publicadas a partir de 18 de março de 2016) serão exigidos os requisitos de admissibilidade recursal na forma do novo CPC. 2. Nos termos da jurisprudência desta Corte, a pretensão de reforma da decisão não se coaduna com as hipóteses de omissão, contradição, obscuridade ou erro material contidas no art. 1.022 do CPC. 3. Embargos de declaração rejeitados. (EDcl no AgInt no REsp 1828780/RJ, Rel. Ministro MOURA RIBEIRO, TERCEIRA TURMA, julgado em 25/05/2020, DJe 28/05/2020)

II – o obrigado demonstrou cumprimento parcial superveniente da obrigação ou justa causa para o descumprimento.

§ 2º O valor da multa será devido ao exequente.

O juiz pode excluir a multa fixada se identificar que não há mais justa causa para sua manutenção

✓ ...deixando a medida de ser adequada para seu mister, não havendo mais justa causa para sua mantença, deve-se reconhecer, também, a possibilidade de revogação das astreintes pelo magistrado, notadamente quando a prestação tiver se tornado fática ou juridicamente inexigível, desnecessária ou impossível, tendo-se modificado sobremaneira a situação para a qual houvera sido cominada, sempre levando-se em conta os parâmetros da razoabilidade e proporcionalidade. 4. É que, deixando de haver razão para a manutenção da multa, esta perderá a eficácia para o fim a que se justificava, e o próprio provimento que determinava sua incidência perderá a razão de ser, deixando de desempenhar o papel de coerção sobre a vontade do devedor. 5. O novo código de processo civil previu expressamente essa possibilidade, ao estabelecer que "o juiz poderá, de ofício ou a requerimento, modificar o valor ou a periodicidade da multa vincenda ou excluí-la, caso verifique que: I. Se tornou insuficiente ou excessiva; II. O obrigado demonstrou cumprimento parcial superveniente da obrigação ou justa causa para o descumprimento" (CPC, art. 537, § 1º). (STJ; REsp 1.186.960; Proc. 2010/0051756-7; MG; Quarta Turma; Rel. Min. Luis Felipe Salomão; DJE 05/04/2016)

A astreinte pode ser objeto de modificação ou de exclusão pelo juízo e não se submete à coisa julgada:

✓ AGRAVO INTERNO NO RECURSO ESPECIAL. PROCESSUAL CIVIL. CUMPRIMENTO DE SENTENÇA. ASTREINTES. FIXAÇÃO. PRECLUSÃO. COISA JULGADA. NÃO SUBMISSÃO. SÚMULA N. 83/STJ. AGRAVO INTERNO DESPROVIDO. 1. É firme a jurisprudência desta Corte no sentido de que a decisão que fixa multa cominatória não preclui nem faz coisa julgada material, podendo ser revista a qualquer tempo. 2. Agravo interno desprovido. (AgInt no REsp 1846156/SP, Rel. Ministro MARCO AURÉLIO BELLIZZE, TERCEIRA TURMA, julgado em 14/09/2020, DJe 21/09/2020)

✓ RECURSO ESPECIAL. PROCESSUAL CIVIL. NEGATIVA DE PRESTAÇÃO JURISDICIONAL. INOCORRÊNCIA. TUTELA PROVISÓRIA DE URGÊNCIA. AÇÃO DE OBRIGAÇÃO DE NÃO FAZER. RETIRADA DE CONTAINER. PROXIMIDADE DE PORTAS E JANELAS DE IMÓVEL VIZINHO. ASTREINTES. FIXAÇÃO. NATUREZA. EXECUÇÃO INDIRETA. PRECLUSÃO. COISA JULGADA. NÃO SUBMISSÃO. REVISÃO. QUALQUER TEMPO. ART. 537, § 1º, DO CPC/15. EXCLUSÃO. FATOR PREPONDERANTE. RESISTÊNCIA DO DEVEDOR. CASO CONCRETO. INEXISTÊNCIA. (...) 3. O propósito recursal consiste em determinar se: a) ocorreu negativa de prestação jurisdicional; e b) existem motivos para o afastamento ou para a redução do valor das astreintes fixadas na decisão que deferiu a tutela provisória de urgência cautelar e antecipada. 4. Devidamente analisadas e discutidas as questões de mérito, e fundamentado corretamente o acórdão recorrido, de modo a esgotar a matéria em debate, não há que se falar em negativa de prestação jurisdicional. 5. As astreintes possuem a natureza de meio de execução indireta, um mecanismo acessório que cumpre a função específica de compelir o devedor a cumprir a obrigação principal, e, por isso, não consistem fim em si mesmas. 6. A decisão que impõe astreintes não preclui nem faz coisa julgada material; sendo possível sua revisão até mesmo de ofício, a qualquer tempo, inclusive na fase de execução. Tese repetitiva. 7. A fixação das astreintes deve ter em consideração como fator preponderante a efetividade da tutela pretendida pelo credor, averiguada segundo o grau de resistência a ela oposta pela conduta do devedor. 8. O grau de resistência do devedor é elemento central da previsão do art. 537, § 1º do CPC/15, pois serve tanto de parâmetro para a modificação do valor das astreintes, em vista de sua insuficiência ou excesso, na hipótese do inciso I, quanto para a sua exclusão, em decorrência do cumprimento parcial superveniente ou da justa causa para o descumprimento, na hipótese do inciso II. 9. Na hipótese específica dos autos, o bem jurídico protegido pela pretensão dos recorridos – segurança, iluminação, arejamento do imóvel e locomoção de seus clientes, em caso de incêndio – estava eficazmente protegido com o cumprimento, mesmo que parcial, da obrigação de movimentação do contêiner; havia justa causa para o cumprimento parcial, decorrente da atuação dúbia do juízo do primeiro grau de jurisdição; e os recorridos passaram a perseguir as astreintes em preferência ao interesse que lhe fez ingressar em juízo no primeiro momento. 10. Nessas circunstâncias, as astreintes não podem ser exigidas, haja vista não estar configurada a resistência do devedor em cumprir a decisão liminar. 11. Recurso especial provido. (REsp 1862279/SP, Rel. Ministra NANCY ANDRIGHI, TERCEIRA TURMA, julgado em 19/05/2020, DJe 25/05/2020)

O valor da multa não pode ultrapassar o do objeto da obrigação principal:

✓ AGRAVO INTERNO NO AGRAVO EM RECURSO ESPECIAL. PROCESSUAL CIVIL. INDENIZATÓRIA. SECURITÁRIA. CUMPRIMENTO DE SENTENÇA. NEGATIVA DE PRESTAÇÃO JURISDICIONAL. NÃO OCORRÊNCIA. JUROS DE MORA. MULTA DECENDIAL. EXCLUSÃO. CABIMENTO. COISA JULGADA. INVERSÃO DO JULGADO. INVIABILIDADE. REEXAME DE PROVAS. SÚMULA Nº 7/STJ. (...) 3. O entendimento do Superior Tribunal de Justiça é no sentido de que a multa decendial deve se limitar ao valor da obrigação principal, nos termos do artigo 412 do Código Civil, sem o acréscimo de juros. Precedentes. 4. Na hipótese, rever o posicionamento do tribunal de origem, que decidiu pela ausência de violação da coisa julgada, encontra o óbice da Súmula nº 7/STJ. 5. Agravo interno não provido. (AgInt no AREsp 1455518/SP, Rel. Ministro RICARDO VILLAS BÔAS CUEVA, TERCEIRA TURMA, julgado em 30/09/2019, DJe 04/10/2019)

A ausência de condenação da parte ré afasta o cumprimento de sentença e leva à exclusão da imputação de multa diária por descumprimento:

✓ O STJ se posiciona no sentido de que ocorre a perda superveniente do interesse processual quando a parte autora não mais tem necessidade de prosseguir com a ação para obter o resultado útil que pretendia quando a propôs. (AgRg no REsp 1.548.734/SP, Rel. Min. Benedito Gonçalves, 1ª Turma, DJe de 26/10/2015). V- O CPC/2015 prevê a possibilidade de o juiz não resolver o mérito, entre outros, quando verificar ausência de legitimidade ou de interesse processual, podendo conhecer dessa questão inclusive de ofício, em qualquer tempo e grau de jurisdição, enquanto não ocorrer o trânsito em julgado. art. 485, VI, § 3º. VI. A ausência de condenação da parte ré afasta o cumprimento de sentença, tal como previsto no art. 536 e segs. do CPC/2015, e leva à exclusão da imputação de multa diária por descumprimento, o que pode inclusive ser feito pelo juiz de ofício, a teor do art. 537 do CPC/2015. VII. Apelação e Remessa Necessária conhecidas e providas. (TRF 2ª R.; AC 0000270-35.2012.4.02.5004; Quinta Turma Especializada; Rel. Des. Fed. Marcello Granado; Julg. 08/11/2016; DEJF 23/11/2016)

A multa deve ser revertida ao exequente

✓ A multa deverá ser revertida à exequente, como forma de compensá-la pela demora no cumprimento da ordem judicial. Inteligência do art. 537, §2º, do CPC. (TJSP; AI 2012428-87.2017.8.26.0000; Ac. 10747779; Fernandópolis; Trigésima Sétima Câmara de Direito Privado; Rel. Des. Sergio Gomes; Julg. 29/08/2017; rep. DJESP 11/09/2017; Pág. 3183)

✓ Eventual multa aplicada em caso de descumprimento da obrigação não deve ser revertida em favor do Fundo Municipal de Saúde, mas sim em favor do paciente, a teor do art. 537, §2º, do CPC/2015. (TJMG; AI 1.0604.16.001505-2/001; Rel. Des. Kildare Gonçalves Carvalho; Julg. 11/05/2017; DJEMG 16/05/2017)

§ 3º A decisão que fixa a multa é passível de cumprimento provisório, devendo ser depositada em juízo, permitido o levantamento do valor após o trânsito em julgado da sentença favorável à parte. (Redação dada pela Lei nº 13.256, de 2016)

(Im)possibilidade de cumprimento provisório da decisão que fixa a multa:

✓ AGRAVO DE INSTRUMENTO. AÇÃO DE OBRIGAÇÃO DE FAZER E ENTREGA DE COISA CUMULADA COM INDENIZAÇÃO POR PERDAS E DANOS. TUTELA PROVISÓRIA CONCEDIDA COM A FIXAÇÃO DE ASTREINTES. AUSÊNCIA DE CUMPRIMENTO POR PARTE DO REQUERIDO. PEDIDO DE EXECUÇÃO PROVISÓRIA DA MULTA DIÁRIA INDEFERIDO. REFORMA DA DECISÃO. O § 3º DO ART. 537 DO C.P.C. VIGENTE É EXPRESSO EM AUTORIZAR A EXECUÇÃO PROVISÓRIA DAS ASTREINTES. DESNECESSIDADE DE SE AGUARDAR PELA CONFIRMAÇÃO DA DECISÃO PELA SENTENÇA DE MÉRITO E AUSÊNCIA DE EFEITO SUSPENSIVO AO RECURSO EVENTUALMENTE INTERPOSTO EM SEU DESFAVOR. SUPERAÇÃO DO ENTENDIMENTO FIRMADO, EM 2014, PELO SUPERIOR TRIBUNAL DE JUSTIÇA NO RESP. 1.200.856/RS, SOB PENA DE VIOLAÇÃO À LITERALIDADE DO CÓDIGO DE AGRAVO DE INSTRUMENTO Nº 1.621.994-0 | FL. 2 PROCESSO CIVIL. 1. Sob a égide do CPC/1973, o Superior Tribunal de Justiça firmou o entendimento. em sede de recurso repetitivo. de que a multa diária prevista no § 4º do art. 461 do CPC [correspondente ao art. 537 do CPC/2015], devida desde o dia em que configurado o descumprimento, quando fixada em antecipação de tutela, somente poderá ser objeto de execução provisória após a sua confirmação pela sentença de mérito e desde que o recurso eventualmente interposto não seja recebido com efeito suspensivo (STJ, REsp. 1.200.856/RS, rel. Min. SIDNEI BENETI, DJe 1.7.2014). 2. O art. 537, § 3º, do codex em vigor, porém, ao permitir a execução provisória das astreintes, superou este entendimento do S.T.J., não se podendo mais aplicar o referido precedente sob pena de violação à referida lei processual. 3. Diferentemente do que se passava no sistema revogado, a partir da vigência do CPC/2015 o jurisdicionado não mais precisa aguardar a confirmação da tutela provisória pela sentença de mérito, ou depender de recurso ao qual não seja atribuído efeito suspensivo, para executar a multa diária cominada e devida nos autos, eis que o § 3º do art. 537 expressamente prevê a possibilidade de execução provisória das astreintes. Agravo de Instrumento nº 1.621.994-0 | fl. 3 RECURSO CONHECIDO E PROVIDO. (TJPR; Ag Instr 1621994-0; Curitiba; Décima Primeira Câmara Cível; Rel. Juiz Conv. Anderson Ricardo Fogaça; Julg. 16/08/2017; DJPR 30/08/2017; Pág. 268)

✓ PROCESSUAL CIVIL. AGRAVO INTERNO NO RECURSO ESPECIAL. MULTA COMINATÓRIA. CUMPRIMENTO PROVISÓRIO DE SENTENÇA. PREQUESTIONAMENTO. AUSÊNCIA. SÚMULA 282/STJ. REEXAME DE ATOS PROVAS. INADMISSIBILIDADE. INTERESSE DE AGIR. AUSÊNCIA. HARMONIA ENTRE O ENTENDIMENTO DO ACÓRDÃO RECORRIDO E A JURISPRUDÊNCIA DO STJ. 1. Cuida-se, na origem, de cumprimento provisório de decisão judicial que, em sede de tutela antecipada, fixou multa cominatória. (...) 4. Consoante a jurisprudência desta Corte, "enquanto houver discussão acerca do valor devido, não há que se falar em multa vencida". Portanto, não assiste razão à recorrente quanto à violação do art. 537, § 1º, do CPC/15, na medida em que, conforme delineado pelo Tribunal de origem, houve a redução e limitação da multa cominatória ainda na fase de conhecimento. 5. A multa cominatória fixada em sede de tutela antecipada somente pode ser objeto de execução provisória quando confirmada pela sentença de mérito (Tema 743 dos recursos especiais repetitivos). Na hipótese dos autos, contudo, a multa fixada em sede de antecipação de tutela foi modificada pela sentença de mérito, o que esvazia por completo o objeto do presente cumprimento provisório. 6. Em virtude do exame do mérito, por meio do qual foi rejeitada a tese sustentada pela recorrente, fica prejudicada a análise da suposta divergência jurisprudencial. 7. Agravo interno não provido. (AgInt no REsp 1868391/DF, Rel. Ministra NANCY ANDRIGHI, TERCEIRA TURMA, julgado em 24/08/2020, DJe 27/08/2020)

A execução das astreintes pode ser realizada nos próprios autos:

✓ AGRAVO DE INSTRUMENTO. INVENTÁRIO. DECISÃO QUE DETERMINOU A EXECUÇÃO DAS ASTREINTES EM AUTOS PRÓPRIOS. Inconformismo. Cabimento. Fixação de astreintes em caso de não cumprimento de obrigação de fazer constante do acordo celebrado nos autos. Execução de multa diária (astreintes) por descumprimento de obrigação de fazer pode ser realizada nos próprios autos. Art. 537, §3º, do CPC. Decisão reformada. Recurso provido. (TJSP; AI 2104703-55.2017.8.26.0000; Ac. 10756941; São Paulo; Oitava Câmara de Direito Privado; Rel. Des. Pedro de Alcântara da Silva Leme Filho; Julg. 31/08/2017; DJESP 04/09/2017; Pág. 2886)

§ 4º A multa será devida desde o dia em que se configurar o descumprimento da decisão e incidirá enquanto não for cumprida a decisão que a tiver cominado.

Aplicação da multa por descumprimento de ordem:

✓ AGRAVO INTERNO NO AGRAVO EM RECURSO ESPECIAL. COLISÃO ENTRE PREMISSAS FÁTICAS. SÚMULA 7/STJ. AUSÊNCIA DE PREQUESTIONAMENTO. SÚMULA 356/STF. MULTA DIÁRIA. ASTREINTES. TESE RELACIONADA À SUPOSTA EXORBITÂNCIA. NÃO ACOLHIMENTO. ALTERAÇÃO DO ENTENDIMENTO ALCANÇADO NA ORIGEM. ÓBICE DA SÚMULA 7/STJ. 1. Hipótese em, que, ao revés do que se afirma em recurso especial, houve o devido conhecimento acerca das decisões proferidas na origem, não se sustentando a argumentação trazida à apreciação desta Corte. 2. Há nítida colisão entre premissas de natureza fática, as quais não podem ser revistas neste momento processual, pois, para que se acolha alegação trazida pela recorrente, no sentido da ausência de conhecimento das decisões proferidas, seria necessário reanalisar os elementos fático-probatórios constantes do presente processo, o que não se admite, ante o óbice da Súmula 7/STJ. 3. Não houve enfrentamento, pela instância a quo, da questão atinente à necessidade de previsão de teto para aplicação da multa objeto da controvérsia e nem sequer houve oposição de aclaratórios para que tal tema fosse efetivamente apreciado pela Corte de origem. 4. Aplica-se, na espécie, o óbice da Súmula 356/STF, segundo a qual "O ponto omisso da decisão, sobre o qual não foram opostos embargos declaratórios, não pode ser objeto de recurso extraordinário, por faltar o requisito do prequestionamento". 5. No tocante ao valor da multa cominatória, destaca-se que quanto ao seu balizamento, são dois os principais vetores de ponderação: a) efetividade da tutela prestada, para cuja realização as astreintes devem ser suficientemente persuasivas; e b) vedação ao enriquecimento sem causa do beneficiário, porquanto a multa não é, em si, um bem jurídico perseguido em juízo. 6. Sempre dependendo das circunstâncias do caso concreto, devem ser observados os seguintes parâmetros na fixação da multa coercitiva: i) valor da obrigação e importância do bem jurídico tutelado; ii) tempo para cumprimento (prazo razoável e periodicidade); iii) capacidade econômica e capacidade de resistência do devedor; iv) possibilidade de adoção de outros meios pelo magistrado e dever do credor de mitigar o próprio prejuízo (duty to mitigate the loss). 7. No caso concreto, verifica-se que a obrigação a ser cumprida dizia respeito à restituição de estrutura hospitalar (home care) que havia sido retirado indevidamente da residência da ora agravada. 8. No entanto, a parte recorrente quedou-se inerte por 182 dias, o que reforçou o entendimento de que a incidência da multa diária era cabível, diante da demonstrada atitude furtiva, incompatível com os princípios da boa fé e da lealdade processual. 9. Depreende, pois, a suposta exorbitância do valor acumulado foi motivada pela displicência da própria recorrente ao não cumprir a obrigação que lhe foi imposta. 10. A jurisprudência do Superior Tribunal de Justiça tem admitido a possibilidade da alteração, em recurso especial, do valor das astreintes quando estas se revelarem irrisórias ou exorbitantes, não sendo a situação ora em apreço. 11. Eventual alteração da moldura fática estabelecida pela Corte de origem, para fins de revisão da multa ora em apreço, demandaria reincursão no acervo fático-probatório dos autos, o que não se admite nesta estreita via recursal, tendo em vista o óbice da Súmula 7/STJ. 12. Agravo Interno não provido. (AgInt no AREsp 1657149/SP, Rel. Ministro LUIS FELIPE SALOMÃO, QUARTA TURMA, julgado em 22/06/2020, DJe 30/06/2020)

Termo inicial de atualização da multa:

✓ EMBARGOS DE DECLARAÇÃO NO AGRAVO INTERNO NO AGRAVO EM RECURSO ESPECIAL. PROCESSUAL CIVIL. AÇÃO DE OBRIGAÇÃO DE FAZER. ATRASO NA ENTREGA DE IMÓVEL. CUMPRIMENTO DE SENTENÇA. TUTELA ANTECIPADA. ASTREINTES. REVISÃO DO VALOR. CORREÇÃO MONETÁRIA. OMISSÃO CONFIGURADA. EMBARGOS ACOLHIDOS SEM EFEITOS INFRINGENTES. 1. Na hipótese, verifica-se omissão no acórdão embargado sobre a incidência de correção monetária sobre o montante da multa cominatória. 2. O termo inicial de incidência da correção monetária sobre a multa do § 4º do art. 461 do CPC/1973 (correspondente ao art. 536 do CPC/2015) deve ser a data do respectivo arbitramento, o que, no caso, corresponde à data do julgamento no STJ que reduziu o montante fixado pelo Tribunal de origem. Nesse sentido: EREsp 1.492.947/SP, Rel. Ministro MOURA RIBEIRO, SEGUNDA SEÇÃO, julgado em 28/06/2017, DJe de 30/06/2017. 3. Embargos de declaração acolhidos para, sem atribuição de efeitos infringentes, sanar a omissão apontada. (EDcl no AgInt no AREsp 1433346/SP, Rel. Ministro RAUL ARAÚJO, QUARTA TURMA, julgado em 11/02/2020, DJe 03/03/2020)

§ 5º O disposto neste artigo aplica-se, no que couber, ao cumprimento de sentença que reconheça deveres de fazer e de não fazer de natureza não obrigacional.

Seção II
Do Cumprimento de Sentença que Reconheça a Exigibilidade de Obrigação de Entregar Coisa

Art. 538. Não cumprida a obrigação de entregar coisa no prazo estabelecido na sentença, será expedido mandado de busca e apreensão ou de imissão na posse em favor do credor, conforme se tratar de coisa móvel ou imóvel.

Não cumprida a obrigação de entregar coisa no prazo estabelecido na sentença, não há óbice para a determinação de busca e apreensão:

✓ AGRAVO DE INSTRUMENTO. AÇÃO INDENIZATÓRIA -OBRIGAÇÃO DE ENTREGAR COISA. IMPOSIÇÃO. FIXAÇÃO DE NOVA ASTREINTE. IMPOSSIBILIDADE. VEDAÇÃO AO ENRIQUECIMENTO SEM CAUSA. ART. 538 DO CPC/2015. ADEQUAÇÃO DO PEDIDO. POSSBILIDADE. 1- Nos termos dos artigos 497 e 537, ambos do Código de Processo Civil de 2015, nas ações em que há obrigação de fazer ou não fazer, cabe ao juiz, de ofício ou a requerimento da parte, tomar as providências cabíveis e necessárias para assegurar o resultado prático ou a efetivação da tutela específica, sendo viável a aplicação de multa diária para compelir a parte a cumprir a decisão. 2- Não deve ser arbitrada nova multa diária, caso a parte condenada não tenha cumprido a obrigação no prazo estipulado, ocasionando a aplicação do valor máximo da astreinte, quando verificado que a fixação de nova multa implicaria enriquecimento sem causa da parte beneficiada. 3- O art. 538 do CPC/2015 visa conferir efetividade ao cumprimento de sentença. Não cumprida a obrigação de entregar coisa no prazo estabelecido na sentença, não há óbice para a determinação de busca e apreensão. (TJMG; AI 1.0439.15.001509-7/002; Relª Desª Claret de Moraes; Julg. 26/09/2017; DJEMG 06/10/2017)

✓ TRANSPORTE MARÍTIMO. Ação de obrigação de entregar coisa certa. Restituição de contêiner. Procedência. 1. Imposição de multa diária para o caso de descumprimento. Ineficácia da medida, no caso. Busca e apreensão, prevista no art. 538, do CPC, que se afigura medida mais célere e eficaz. Revogação da multa diária. 2. Honorários advocatícios arbitrados de forma razoável e proporcional, representando remuneração condigna para o caso. Recurso parcialmente provido. (TJSP; Apelação Cível 1017392-69.2018.8.26.0562; Relator (a): Gilberto dos Santos; Órgão Julgador: 11ª Câmara de Direito Privado; Foro de Santos – 1ª Vara Cível; Data do Julgamento: 30/05/2019; Data de Registro: 31/05/2019)

§ 1º A existência de benfeitorias deve ser alegada na fase de conhecimento, em contestação, de forma discriminada e com atribuição, sempre que possível e justificadamente, do respectivo valor.

§ 2º O direito de retenção por benfeitorias deve ser exercido na contestação, na fase de conhecimento.

Há preclusão do direito de retenção por benfeitorias:

✓ AGRAVO DE INSTRUMENTO. CUMPRIMENTO DE SENTENÇA DE OBRIGAÇÃO DE ENTREGAR COISA CERTA (REINTEGRAÇÃO DE POSSE). DECISÃO RECORRIDA QUE REABRIU A INSTRUÇÃO PARA QUE O RÉU COMPROVASSE A EXISTÊNCIA DE CONSTRUÇÃO A EMBASAR SEU PLEITO DE RETENÇÃO POR BENFEITORIA. Inconformismo do agravante, buscando a expedição de mandado de reintegração de posse. Provimento. Preclusão do direito do agravado. Apresentação de tese de retenção por benfeitorias inadequada nesse momento processual, sendo igualmente inapropriada a reabertura da instrução para juntada de provas a embasar tal pedido. Exegese do artigo 538, §§ 1º e 2º, do Código de Processo Civil. Eventual direito de indenização pelas benfeitorias a ser perseguido em autos próprios. Consequente expedição de mandado de reintegração de posse. Recurso provido. (TJSP; AI 2024486-25.2017.8.26.0000; Ac. 10775191; Monte Aprazível; Nona Câmara de Direito Privado; Rel. Des. Piva Rodrigues; Julg. 06/09/2017; DJESP 13/09/2017; Pág. 1602)

✓ Agravo de instrumento. Ação indenizatória. Decisão que indeferira o pedido de antecipação de tutela para suspender o cumprimento de sentença de reintegração de posse. Direito de retenção que não foi arguido na fase de conhecimento (art. 538, § 2º, do CPC). Hipótese na qual o título judicial exequendo não reconhecera o direito de retenção, mas apenas ressalvara o direito à indenização das benfeitorias a ser perseguido em ação própria. Princípio do deduzido e dedutível (art. 508 do CPC). Incabível o revolvimento de matéria pertinente ao mérito da ação. Agravo desprovido. (TJSP; Agravo de Instrumento 2234284-55.2019.8.26.0000; Relator (a): Rômolo Russo; Órgão Julgador: 7ª Câmara de Direito Privado; Foro de Suzano – 4ª Vara Cível; Data do Julgamento: 17/12/2019; Data de Registro: 17/12/2019)

§ 3º Aplicam-se ao procedimento previsto neste artigo, no que couber, as disposições sobre o cumprimento de obrigação de fazer ou de não fazer.

Aplicação subsidiária das disposições sobre o cumprimento de sentença:

✓ DIREITO DO CONSUMIDOR. AÇÃO DE OBRIGAÇÃO DE FAZER CUMULADA COM INDENIZAÇÃO POR DANO MORAL. VEÍCULO AUTOMOTOR. Defeito na caixa de marcha. Perícia não realizada por inércia das rés. Responsabilidade da fabricante. Sentença condenou a fabricante à troca do automóvel por outro e ao pagamento de indenização por dano moral, e julgou improcedente os pedidos em face da concessionária de veículos. Apelação da fabricante. Falha na prestação do serviço. Defeitos não reparados. Direito do consumidor à substituição do veículo. Art. 18, § 1º do CDC. Direito do credor deflagrar o cumprimento provisório da sentença. Prazo para cumprimento do julgado e eventual aplicação de multa serão estabelecidos pelo juízo a quo a partir da deflagração do cumprimento da sentença com a intimação pessoal do fabricante. Aplicação subsidiária das disposições sobre o cumprimento da obrigação de fazer e não fazer. Inteligência do § 3º do art. 538 do CPC e da Súmula nº 410 do STJ. Prequestionamento não reconhecido. Apelação destituída de caráter protelatório. Dano moral configurado e adequadamente estabelecido. Súmula nº 343 deste Tribunal de Justiça. Honorários da parte ré majorados de 10% para 15% da condenação. Recurso conhecido e não provido. (TJRJ; APL 0036158-94.2013.8.19.0066; Volta Redonda; Vigésima Sexta Câmara Cível Consumidor; Rel. Desig. Des. Ricardo Alberto Pereira; DORJ 28/07/2017; Pág. 651)

TÍTULO III
DOS PROCEDIMENTOS ESPECIAIS
CAPÍTULO I
DA AÇÃO DE CONSIGNAÇÃO EM PAGAMENTO

Art. 539. Nos casos previstos em lei, poderá o devedor ou terceiro requerer, com efeito de pagamento, a consignação da quantia ou da coisa devida.

Requisitos da consignação:

✓ PROCESSO CIVIL. AGRAVO INTERNO NO AGRAVO INTERNO NO AGRAVO EM RECURSO ESPECIAL. RESOLUÇÃO CONTRATUAL. AÇÃO DECLARATÓRIA DE INEXISTÊNCIA DE DÍVIDA, CANCELAMENTO DE PROTESTO, INDENIZAÇÃO POR DANOS MORAIS E MATERIAIS. TUTELA ANTECIPADA. DEPÓSITO. GARANTIA. CONSIGNAÇÃO EM PAGAMENTO. REQUISITOS. DECISÃO MANTIDA. 1. "A consignação em pagamento visa exonerar o devedor de sua obrigação, mediante o depósito da quantia ou da coisa devida, e só poderá ter força de pagamento se concorrerem 'em relação às pessoas, ao objeto, modo e tempo, todos os requisitos sem os quais não é válido o pagamento' – artigo 336 do NCC" (REsp 1.194.264/PR, Rel. Ministro LUIS FELIPE SALOMÃO, QUARTA TURMA, julgado em 1º/3/2011, DJe 4/3/2011). 2. Agravo interno a que se nega provimento. (AgInt no AgInt no AREsp 977.984/SP, Rel. Ministro ANTONIO CARLOS FERREIRA, QUARTA TURMA, julgado em 24/08/2020, DJe 28/08/2020)

✓ CIVIL E PROCESSUAL. RECURSO ESPECIAL. AÇÃO DE CONSIGNAÇÃO EM PAGAMENTO. CONTRATO BANCÁRIO. IMPROCEDÊNCIA. FINALIDADE DE EXTINÇÃO DA OBRIGAÇÃO. NECESSIDADE DE DEPÓSITO INTEGRAL DA DÍVIDA E ENCARGOS RESPECTIVOS. MORA OU RECUSA INJUSTIFICADA DO CREDOR. DEMONSTRAÇÃO. OBRIGATORIEDADE. EFEITO LIBERATÓRIO PARCIAL. NÃO CABIMENTO. CÓDIGO CIVIL, ARTS. 334 A 339. CPC DE 1973, ARTS. 890 A 893, 896, 897 E 899. RECURSO REPRESENTATIVO DE CONTROVÉRSIA. CPC DE 2015. 1. "A consignação em pagamento visa exonerar o devedor de sua obrigação, mediante o depósito da quantia ou da coisa devida, e só poderá ter força de pagamento se concorrerem 'em relação às pessoas, ao objeto, modo e tempo, todos os requisitos sem os quais não é válido o pagamento' (artigo 336 do NCC)". (Quarta Turma, REsp 1.194.264/PR, Rel. Ministro Luís Felipe Salomão, unânime, DJe de 4.3.2011). 2. O depósito de quantia insuficiente para a liquidação integral da dívida não conduz à liberação do devedor, que permanece em mora, ensejando a improcedência da consignatória. 3. Tese para os efeitos dos arts. 927 e 1.036 a 1.041 do CPC: – "Em ação consignatória, a insuficiência do depósito realizado pelo devedor conduz ao julgamento de improcedência do pedido, pois o pagamento parcial da dívida não extingue o vínculo obrigacional". 4. Recurso especial a que se nega provimento, no caso concreto. (REsp 1108058/DF, Rel. Ministro LÁZARO GUIMARÃES (DESEMBARGADOR CONVOCADO DO TRF 5ª REGIÃO), Rel. p/ Acórdão Ministra MARIA ISABEL GALLOTTI, SEGUNDA SEÇÃO, julgado em 10/10/2018, DJe 23/10/2018)

Consignação e execução relativa à mesma dívida:

✓ PROCESSUAL CIVIL. AGRAVO INTERNO. RECURSO ESPECIAL. AÇÃO DE CONSIGNAÇÃO EM PAGAMENTO. EXECUÇÃO HIPOTECÁRIA RELATIVA À MESMA DÍVIDA. LITISPENDÊNCIA. INEXISTENTE. COBRANÇA INDEVIDA. REPETIÇÃO EM DOBRO. PROVA DA MÁ-FÉ. INDISPENSABILIDADE. 1. A execução fundada em título executivo não pode ser obstada pelo ajuizamento da consignatória, inexistindo litispendência entre as duas ações. Precedentes. 2. "Controvérsia submetida ao rito dos recursos repetitivos (artigo 543-C do CPC): A aplicação da sanção civil do pagamento em dobro por cobrança judicial de dívida já adimplida (cominação encartada no artigo 1.531 do Código Civil de 1916, reproduzida no artigo 940 do Código Civil de 2002) pode ser postulada pelo réu na própria defesa, independendo da propositura de ação autônoma ou do manejo de reconvenção, sendo imprescindível a demonstração de má-fé do credor"(REsp n. 1.111.270/PR, Rel. Ministro Marco Buzzi, Segunda Seção, DJe 16/2/2016). 3. Agravo interno a que se nega provimento. (AgInt no REsp 1471252/PA, Rel. Ministra MARIA ISABEL GALLOTTI, QUARTA TURMA, julgado em 26/02/2019, DJe 06/03/2019)

A ação de consignação em pagamento e débito tributário:

✓ PROCESSUAL CIVIL E TRIBUTÁRIO. AGRAVO INTERNO NO AGRAVO EM RECURSO ESPECIAL. AÇÃO DE CONSIGNAÇÃO EM PAGAMENTO. DEPÓSITO DAS PARCELAS DO PROGRAMA DE PARCELAMENTO DENOMINADO AJUSTAR, EM FACE DO DESCUMPRIMENTO PELO FISCO ESTADUAL DA DECISÃO PROFERIDA EM SEDE DE MANDADO DE SEGURANÇA QUE DETERMINOU A REATIVAÇÃO DO CONTRIBUINTE NO REFERIDO PROGRAMA. AGRAVO INTERNO DO ESTADO DO RIO GRANDE DO SUAL A QUE SE NEGA PROVIMENTO. 1. Consoante já registrado na decisão agravada, não se desconhece a orientação desta Corte Superior quanto à impossibilidade de se utilizar da Ação de Consignação em Pagamento para obter o parcelamento do débito tributário. Precedente: AgRg no AREsp. 470.987/RJ, Rel. Min. MAURO CAMPBELL MARQUES, DJe 26.3.2014. 2. Todavia, a situação tratada nos autos presentes é diversa. Isso porque pretende a Contribuinte utilizar-se da via da Ação de Consignação em Pagamento, a fim de realizar os depósitos das parcelas do programa de parcelamento denominado AJUSTAR, amparado na decisão proferida nos autos de Mandado de Segurança 001/1.11.0094531-9 (0108215-28.2011.8.21.001), no qual foi concedida a ordem, a fim de determinar a reativação do recorrente no sistema do AJUSTAR, mas que vem sendo descumprida pelo Fisco Estadual, o que impede a realização do pagamento pela via administrativa. 3. Ademais, em consulta ao site do TJRS e desta Corte Superior, verifica-se que, em Reexame Necessário e Recurso Adesivo, houve reforma da sentença proferida em 1a. instância nos autos da Ação Mandamental, a fim de conceder integralmente a ordem, determinando a reativação do AJUSTAR, além de declarar a ilegitimidade do ICMS incidente sobre mercadorias em estoque pelo regime de substituição tributária, cuja cobrança foi determinante para exclusão do contribuinte do referido programa de parcelamento. Dessa decisão, o Estado do Rio Grande do Sul interpôs Recurso Especial, autuado nesta Corte como REsp. 1.493739/RS, ao qual a eminente Ministra ASSUSETE MAGALHÃES negou provimento por decisão publicada em 14.5.2018. 4. Nesses termos, afigura-se cabível a Ação Consignatária nos termos do art. 164, I do CTN, a fim de possibilitar a contribuinte realizar o pagamento das parcelas, evitando seja configurada a sua inadimplência (...) (AgInt no AREsp 427.799/RS, Rel. Ministro NAPOLEÃO NUNES MAIA FILHO, PRIMEIRA TURMA, julgado em 08/04/2019, DJe 11/04/2019)

Ação de revisão contratual cumulada com consignação em pagamento:

✓ CIVIL E PROCESSUAL CIVIL. SISTEMA FINANCEIRO DA HABITAÇÃO (SFH). AÇÃO DE CONSIGNAÇÃO EM PAGAMENTO. PEDIDO DE REVISÃO. POSSIBILIDADE. SUPERADA A SÚMUAL 47 DESTE TRIBUNAL. PROCESSO JULGADO COM BASE NO ART. 1.013, §§ 1º E 3º, DO CÓDIGO DE PROCESSO CIVIL/2015. PEDIDO DE CONSIGNAÇÃO IMPROCEDENTE. 1. Este Tribunal vem entendendo que é possível o ajuizamento da ação de consignação em pagamento que contenham pedido de revisão contratual, estando, assim, superada a Súmula nº 47 deste Regional ((IUJAC 0044541-05.2000.4.01.3800/MG, Relator Desembargador Federal João Batista Moreira, Terceira Seção, e-DJF1 de 20.07.2009). 2. Na hipótese dos autos, embora não tenha, especificamente, discutido a revisão do contrato, e, sim, o valor do saldo residual apresentado, é possível o ajuizamento da ação de consignação para essa última finalidade. 3. Sentença que julgou extinto o processo, sem resolução de mérito, na forma do art. 267, inciso VI do CPC/1973 que se anula. Processo apreciado de acordo com o que determina o art. 1.013, § 1º e 3º, inciso I, do CPC/2015 4. Não havendo, nos autos, a demonstração de que o contrato de financiamento tenha sido executado de forma contrária aos parâmetros fixados na sentença proferida na ação revisional n. 2004.40.00.006712-5, não há como acolher a alegação da parte autor de que o valor correto, verificado, a título de saldo residual, é de R$ 9.700,47, não podendo ser considerado, para esse fim, o valor apresentado pela CEF, na proposta, juntada, por cópia, à presente consignatória (fl. 115). 5. Ademais, pretende a autora, em verdade, livrar-se do saldo residual verificado no fim do contrato, quando não há a comprovação de que houve contribuição para o FCVS, sendo certo que esse citado saldo residual é de responsabilidade do mutuário, na forma do art. 2º do Decreto-Lei n. 2.349/1987. 6. Apelação provida para anular a sentença e, analisando o mérito, julgar improcedente o pedido da autora. (TRF 1ª R.; AC 0023374-88.2012.4.01.4000; Sexta Turma; Relª Juíza Fed. Conv. Hind Ghassan Kayath; DJF1 17/03/2017)

O depósito da quantia devida com a correção monetária constitui pressuposto processual específico da ação de consignação em pagamento:

✓ PROCESSO CIVIL. CONSIGNAÇÃO EM PAGAMENTO. PAGAMENTO DO DÉBITO SEM CORREÇÃO MONETÁRIA. IMPOSSIBILIDADE POR INOBSERVÂNCIA AO ART. 539 DO CPC/2015 E DA CLÁUSULA 5 DO ACORDO HOMOLOGADO JUDICIALMENTE. APELAÇÃO CÍVEL NEGADA PROVIMENTO À UNANIMIDADE. 1. O apelante firmou contrato de promessa de compra e venda de imóvel n. 0284, em 23/10/1988, comprometendo-se adimplir 48 parcelas fixas de R$ 175,78. 2. Na ocasião do pagamento da terceira parcela alegou ter o apelante descoberto que o imóvel adquirido junto a apelada encontrava-se com uma constrição judicial. 3. O apelante ingressou com ação de reparação de danos n. 03487/2001, tendo sido firmado em 18/12/2001, acordo homologado judicialmente na referida ação, restando estabelecido na sua cláusula segunda que nenhuma parcela oriunda do contrato de compra e venda do imóvel iria ser cobrada enquanto não operar-se a baixa definitiva na penhora judicial. 4. Foi determinado na cláusula 5 do acordo judicial que a correção monetária contratual não foi excluída, mas, apenas a multa e os juros contratual. 5. O depósito da quantia devida com a correção monetária constitui pressuposto processual específico do procedimento consignatório nos termos do art. 539 do CPC/2015. 6. Não se trata de obrigação abusiva, a fim de incidir art. 51 e seus incisos do CDC, e, sim, de mera correção monetária, prevista no contrato e no acordo firmado entre as partes e homologado judicialmente. 7. Tendo sido a constrição do imóvel retirada é dever do apelante pagar o débito devidamente corrigido conforme pactuado judicialmente, não podendo referido apelante alterar a forma de pagamento do débito, através da ação de consignação em pagamento. 8. Recurso não provido. (TJPE; APL 0000820-36.2011.8.17.0470; Terceira Câmara Cível; Rel. Des. Francisco Eduardo Gonçalves Sertório Canto; Julg. 04/05/2017; DJEPE 17/05/2017)

A insuficiência do depósito acarreta a improcedência do pedido

✓ AGRAVO INTERNO NO RECURSO ESPECIAL. AÇÃO DE CONSIGNAÇÃO EM PAGAMENTO. 1. NEGATIVA DE PRESTAÇÃO JURISDICIONAL. NÃO OCORRÊNCIA. 2. COMPROVAÇÃO DE QUITAÇÃO DE UMAS DAS PARCELAS DO CONTRATO DE CONSÓRCIO. IMPOSSIBILIDADE DE AFERIÇÃO. INCIDÊNCIA DA SÚMULA 7/STJ. 3. NECESSIDADE DE INTIMAÇÃO PARA COMPLEMENTAÇÃO DO DEPÓSITO. AUSÊNCIA DE PREQUESTIONAMENTO. INCIDÊNCIA DAS SÚMULAS 282 E 356 DO STF. 4. TEORIA DO ADIMPLEMENTO SUBSTANCIAL. INAPLICABILIDADE NA AÇÃO DE CONSIGNAÇÃO EM PAGAMENTO. DEPÓSITO QUE, SE NÃO REALIZADO NA INTEGRALIDADE, ENSEJA A IMPROCEDÊNCIA DA DEMANDA. RESP REPETITIVO N. 1.108.058/DF. 5. AGRAVO INTERNO DESPROVIDO. (...) 4. A Segunda Seção do STJ, ao analisar o REsp repetitivo n. 1.108.058/DF, firmou a seguinte tese: em ação consignatória, a insuficiência do depósito realizado pelo devedor conduz ao julgamento de improcedência do pedido, pois o pagamento parcial da dívida não extingue o vínculo obrigacional. No caso, não sendo depositado integralmente o valor devido na ação consignatória, mostra-se descabida aplicação da Teoria do Adimplemento Substancial. 5. Agravo interno desprovido. (AgInt no REsp 1694480/MG, Rel. Ministro MARCO AURÉLIO BELLIZZE, TERCEIRA TURMA, julgado em 10/06/2019, DJe 13/06/2019)

Consignação em pagamento nos juizados especiais:

✓ RECURSO INOMINADO. AÇÃO DE CONSIGNAÇÃO EM PAGAMENTO. INCOMPETÊNCIA ABSOLUTA DO JUIZADO ESPECIAL DA FAZENDA PÚBLICA. PROCEDIMENTO ESPECIAL. ART. 539 E SEGUINTES DO CPC/15. EXTINÇÃO DO FEITO, NA FORMA DO ART. 51, INC. II, DA LEI Nº 9.099/95. PRECEDENTES. Trata-se de ação de consignação em pagamento, na qual postula a parte autora o depósito das parcelas que entende devidas, referente ao IPTU, julgada improcedente na origem. Com efeito, a ação de consignação em pagamento possui procedimento/rito especial, estabelecido no art. 890 e seguintes do CPC, incompatível como o procedimento dos juizados especiais cíveis, dada a sua complexidade, excluída no art. 3º, inc. II, da Lei Federal n. 9.099/95. O microssistema do juizado especial da fazenda, alimentado pelo princípio da concentração dos atos, celeridade e informalidade exclui o processamento de demandas que requerem procedimentos especiais, como o caso em comento. A competência ratione materiae e a legitimatio ad processum prescritas na Lei, se constituem na pedra angular do juizado especial que não podem ser expandidas, sob pena de falência geral do sistema. Dessa forma, considerando que o procedimento exigido para o deslinde da causa é especial, com regulação no CPC, é evidente a incompetência do juizado especial da Fazenda Pública para processar e julgar a presente ação, sob pena de ofensa à liturgia expressa do art. 3º, inc. II da Lei Federal nº 9.099/95. Recurso inominado prejudicado. Ação julgada extinta, de ofício (TJRS; RCív 0065681-62.2016.8.21.9000; Alegrete; Turma Recursal da Fazenda Pública; Rel. Juiz Niwton Carpes da Silva; Julg. 30/03/2017; DJERS 11/04/2017)

✓ RECURSO ORDINÁRIO EM MANDADO DE SEGURANÇA. JUIZADO ESPECIAL. CONTROLE DE COMPETÊNCIA. MANDADO DE SEGURANÇA. CABIMENTO. IMPETRAÇÃO. TRIBUNAL DE JUSTIÇA. AÇÃO DE OBRIGAÇÃO DE FAZER. PORTABILIDADE. PLANO DE SAÚDE. COMPETÊNCIA. JUIZADO ESPECIAL. VALOR DA CAUSA. PERÍCIA. COMPLEXIDADE DA CAUSA. NÃO DEMONSTRAÇÃO. PROVA PRÉ-CONSTITUÍDA. AUSÊNCIA. (...) 2. A controvérsia a ser dirimida reside em definir se o juizado especial possui competência para processar e julgar ação de obrigação de fazer com preceito cominatório cumulada com consignação em pagamento, tendo em vista: (i) a elevada complexidade da ação, com necessidade de realização de prova pericial; (ii) a necessidade de a Agência Nacional de Saúde Suplementar integrar a lide; (iii) a ação de consignação em pagamento possuir rito especial incompatível com o dos Juizados, e (iv) o rito especial dos Juizados não permitir o exercício pleno do direito de defesa. 3. Consolidou-se, no âmbito da jurisprudência deste Tribunal Superior, a orientação no sentido de que se admite a impetração de writ perante os Tribunais de Justiça dos Estados para o exercício do controle de competência dos juizados especiais, ficando a cargo das Turmas Recursais, a teor do que dispõe a Súmula nº 376/STJ, os mandados de segurança que tenham por objetivo o controle de mérito dos atos de juizado especial. 4. A Lei nº 9.099/1995 definiu critérios objetivos para determinar o que significa "causas de menor complexidade", entre eles que o valor da causa não exceda a (40) vezes o salário mínimo. Assim, estando o valor da causa situado dentro dessa faixa, a pequena complexidade é presumida. 5. Quando o legislador quis excepcionar algumas matérias da competência do Juizado Especial, ainda que dentro do valor de alçada, expressamente o fez no § 2º do artigo 3º da Lei nº 9.099/1995, excluindo as causas de natureza alimentar, falimentar, fiscal, de interesse da Fazenda Pública e aquelas relativas a acidentes de trabalho, a resíduos e ao estado e capacidade das pessoas, ainda que de cunho patrimonial. 6. A lide tem como objeto unicamente a transferência de usuário para outro plano de saúde, pois o seu plano anterior (Unimed Aquidauana) entrou em liquidação, situação já regulada pela Resolução ANS nº 1.472/2013. 7. No caso, o valor da causa é inferior a 40 (quarenta) salários mínimos, estando, portanto, dentro do valor de alçada do Juizado Especial (art. 3º, I, da Lei nº 9.099/95). Não há, além disso, manifestação do juízo de origem ou do tribunal estadual no sentido de que a causa é complexa, inexistindo prova pré-constituída da existência de óbice à tramitação do feito no Juizado Especial. 8. Recurso ordinário não provido. (RMS 48.413/MS, Rel. Ministro RICARDO VILLAS BÔAS CUEVA, TERCEIRA TURMA, julgado em 04/06/2019, DJe 06/06/2019)

Consignação por terceiro:

✓ RECURSO ESPECIAL. RELAÇÃO DE CONSUMO. PREVENÇÃO DE DANOS INDEVIDOS AO CONSUMIDOR. DEVER DO FORNECEDOR. AÇÃO DE CONSIGNAÇÃO EM PAGAMENTO. FORMA VÁLIDA DE EXTINÇÃO DA OBRIGAÇÃO. ADIMPLEMENTO DAS OBRIGAÇÕES. INTERESSE SOCIAL. CUMPRIMENTO DE OBRIGAÇÃO POR TERCEIRO. POSSIBILIDADE. INTERESSE JURÍDICO. PRESCINDIBILIDADE. TÍTULO DE CRÉDITO. QUITAÇÃO DE DÉBITO PARA CANCELAMENTO DE PROTESTO DE CLIENTE ENSEJADO POR FORTUITO INTERNO. VIABILIDADE. 1. O vínculo obrigacional como relação dinâmica revela o reconhecimento de deveres secundários, ou anexos, da obrigação, que incidem de forma direta nas relações obrigacionais, prescindindo da manifestação de vontade dos participantes e impondo às partes o dever de zelar pelo cumprimento satisfatório dos interesses da outra parte, vista no direito moderno como parceira contratual. 2. O procedimento da consignação em pagamento existe para atender as peculiaridades do direito material, cabendo às regras processuais regulamentar tão somente o iter para o reconhecimento judicial da eficácia liberatória do pagamento especial, constituindo o depósito em consignação modo de extinção da obrigação, com força de pagamento. 3. Ressalvadas as obrigações infungíveis ou personalíssimas, que somente o devedor pode cumprir, como há interesse social no adimplemento das obrigações, o direito admite que um terceiro venha a pagar a dívida, não se vislumbrando prejuízo algum para o credor que recebe o pagamento de pessoa diversa do devedor, contanto que seu interesse seja atendido. O Código Civil, porém, distingue a disciplina aplicável conforme o terceiro possua ou não interesse jurídico no pagamento (arts. 304 a 306 do CC). 4. Por um lado, muito embora o art. 304 do CC assegure que pode o interessado pagar a dívida, interesse caracterizado pelo fato de a situação jurídica do terceiro sofrer repercussões com a relação obrigacional existente entre o credor e o devedor, o art. 305 do mesmo diploma legal disciplina a situação de o terceiro não interessado pagar em seu próprio nome, e o art. 306 do diploma civilista cuida da hipótese de pagamento feito por terceiro com desconhecimento ou oposição do devedor. 5. Por outro lado, é nítido que o banco autor da ação tem interesse jurídico, já que tem o dever de não causar danos à consumidora, reconhecendo haver verossimilhança na afirmação de sua cliente acerca de extravio do talonário e de sua falha na devolução do cheque, constando como motivo a inexistência de fundos (o que propiciou o protesto a envolver o nome de sua cliente). 6. É patente a idoneidade do instrumento processual utilizado, pois o autor expõe na inicial não ter sido possível localizar a portadora do título levado a protesto, para quitação da obrigação e resgate da cártula protestada. Nesse passo, quando a extinção da obrigação decorrer de processo judicial, o cancelamento do registro do protesto poderá ser requerido com a apresentação da certidão expedida pelo juízo processante, com elementos que identifiquem o documento de dívida protestado com menção do trânsito em julgado, que substituirá o documento protestado (art. 26, § 4º, da Lei n. 9.492/1997). 7. Recurso especial provido. (REsp 1318747/SP, Rel. Ministro LUIS FELIPE SALOMÃO, QUARTA TURMA, julgado em 04/10/2018, DJe 31/10/2018)

§ 1º Tratando-se de obrigação em dinheiro, poderá o valor ser depositado em estabelecimento bancário, oficial onde houver, situado no lugar do pagamento, cientificando-se o credor por carta com aviso de recebimento, assinado o prazo de 10 (dez) dias para a manifestação de recusa.

§ 2º Decorrido o prazo do § 1º, contado do retorno do aviso de recebimento, sem a manifestação de recusa, considerar-se-á o devedor liberado da obrigação, ficando à disposição do credor a quantia depositada.

§ 3º Ocorrendo a recusa, manifestada por escrito ao estabelecimento bancário, poderá ser proposta, dentro de 1 (um) mês, a ação de consignação, instruindo-se a inicial com a prova do depósito e da recusa.

Decadência do direito de propor ação de consignação quando transcorrido o prazo de 30 dias da recusa do credor:

✓ CIVIL E PROCESSUAL CIVIL. AÇÃO DE CONSIGNAÇÃO EM PAGAMENTO. DEPÓSITO EXTEMPORÂNEO DE QUANTIA EM DINHEIRO. DECADÊNCIA. CONFIGURAÇÃO. SENTENÇA MANTIDA. Efetuado o depósito de quantia em dinheiro e havendo recusa do credor ao recebimento manifestada por escrito ao devedor, é de 30 (trinta) dias o prazo para o ajuizamento da Ação de Consignação em Pagamento. Decorrido o aludido período (§ 3º do artigo 890 do CPC/73; § 3º do artigo 539 do CPC vigente), decaiu o Autor do direito de propor a demanda consignatória. Apelação Cível desprovida. (TJDF; APC 2015.01.1.108656-2; Ac. 104.6330; Quinta Turma Cível; Rel. Des. Ângelo Passareli; Julg. 13/09/2017; DJDFTE 28/09/2017)

Ônus da prova da recusa:

✓ APELAÇÃO CÍVEL. CONSIGNAÇÃO EM PAGAMENTO. CÉDULA DE CRÉDITO BANCÁRIO. 1. Recusa do credor em receber o valor. Ausência de prova. Ônus do devedor. 2. Pleito pela alteração da forma de pagamento. Impossibilidade. Ausência de onerosidade excessiva que justifique a modificação da forma de pagamento. Observância aos princípios da obrigatoriedade, função social do contrato e boa-fé objetiva. Manutenção da sentença. 1. A procedência do pedido consignatório depende de prova cabal acerca da recusa do credor em receber o pagamento, nos termos do artigo 335 do Código Civil e 539, §3º do CPC. 2. Descabida a alteração unilateral da cláusula referente a forma de pagamento (débito em conta corrente), considerando a livre escolha do apelante no momento da contratação, devendo ser mantida a forma pactuada, visando à preservação da pacta sunt servanda, da boa-fé objetiva e função social do contrato. Apelação cível não provida. (TJPR; ApCiv 1720953-7; Terra Boa; Décima Quinta Câmara Cível; Rel. Des. Jucimar Novochadlo; Julg. 06/09/2017; DJPR 15/09/2017; Pág. 325)

✓ AGRAVO INTERNO NO RECURSO ESPECIAL – AÇÃO DE CONSIGNAÇÃO EM PAGAMENTO – DECISÃO MONOCRÁTICA QUE NEGOU PROVIMENTO AO RECLAMO – INSURGÊNCIA DA AUTORA. 1. Na hipótese dos autos, a Corte Estadual, quanto ao ônus probatório, entendeu que competia à agravante, como responsável pela realização das exposições, apresentar o efetivo valor da receita bruta obtida com a realização dos eventos, a fim comprovar que o valor consignado era o efetivamente devido. 2. Para afastar as premissas fáticas firmadas pelo Tribunal de origem, de que os cálculos apresentados pelo insurgente não se amparam em elementos sólidos nos autos, seria indispensável o revolvimento dos elementos de prova que instruem o feito, providência vedada nesta sede especial a teor da Súmula 07/STJ. 3. Por fim, a incidência do referido óbice impede o exame do dissídio jurisprudencial, na medida em que falta identidade entre os paradigmas apresentados e os fundamentos do acórdão recorrido, tendo em vista a situação fática do caso concreto, com base na qual deu solução a causa o Tribunal a quo. 4. Agravo interno desprovido. (AgInt no REsp 1638507/MT, Rel. Ministro MARCO BUZZI, QUARTA TURMA, julgado em 03/05/2018, DJe 15/05/2018)

Ainda que o credor seja revel, o autor possui o ônus de provar a recusa do recebimento:

✓ APELAÇÃO CÍVEL. AÇÃO DE CONSIGNAÇÃO EM PAGAMENTO- ALEGAÇÃO DE RECUSA DO CREDOR EM RECEBER VALORES. AUTORA QUE NÃO SE DESINCUMBIU DO ÔNUS DE PROVAR O QUE LHE COMPETIA. OBSERVÂNCIA DO ART. 335, I, DO CC E DO ART. 539, §3º, DO CPC/15. REVELIA DA PARTE REQUERIDA QUE NÃO IMPÕE A PROCEDÊNCIADA AÇÃO. PRESUNÇÃO RELATIVA. RECURSO CONHECIDO E IMPROVIDO. I. Para que seja possível o manejo da ação de consignação em pagamento, ação de procedimento especial, assim disciplinada pelo pergaminho processual, é mister a coexistência de três indispensáveis elementos, quais sejam, a existência de uma relação crédito/débito e a sua liquidez, a figura do devedor e a imprescindível demonstração da recusa injusta do credor em receber o que lhe está sendo ofertado. II. A parte autora não logrou comprovar a recusa e o pagamento do segundo e do terceiro cheques, pois tais fatos restaram apenas referidos na inicial sem serem consubstanciados por prova alguma. III. Nos termos do art. 345 do CPC, a revelia não produz o efeito da presunção de veracidade se a petição inicial não estiver acompanhada de instrumento que a Lei considere indispensável à prova do ato ou se as alegações de fato formuladas pelo autor forem inverossímeis ou estiverem em contradição com prova constante dos autos. lV. Honorários recursais que não se aplicam, pois a parte recorrida foi revel e não constituiu advogado nos autos. V. Recurso conhecido e improvido. (TJSE; AC 201600824188; Ac. 23833/2016; Segunda Câmara Cível; Rel. Des. Alberto Romeu Gouvei Aleite; Julg. 06/12/2016; DJSE 13/12/2016)

§ 4º Não proposta a ação no prazo do § 3º, ficará sem efeito o depósito, podendo levantá-lo o depositante.

Art. 540. **Requerer-se-á a consignação no lugar do pagamento, cessando para o devedor, à data do depósito, os juros e os riscos, salvo se a demanda for julgada improcedente.**

Ação de consignação em pagamento de aluguéis é causa interruptiva da prescrição da ação de cobrança:

✓ AGRAVO INTERNO NO RECURSO ESPECIAL. AÇÃO DE COBRANÇA DE ALUGUÉIS. ANTERIOR AJUIZAMENTO PELA RÉ DE AÇÃO DE CONSIGNAÇÃO EM PAGAMENTO. INTERRUPÇÃO DA PRESCRIÇÃO. AGRAVO INTERNO NÃO PROVIDO. 1. Segundo o entendimento do Superior Tribunal de Justiça, o ajuizamento de ação de consignação em pagamento de aluguéis é causa interruptiva da prescrição da ação de cobrança de aluguéis, voltando a fluir o prazo após o trânsito em julgado do processo. Precedentes. 2. Agravo interno a que se nega provimento. (AgInt no REsp 1818720/AM, Rel. Ministro RAUL ARAÚJO, QUARTA TURMA, julgado em 12/11/2019, DJe 10/12/2019)

Possibilidade de concessão de tutela de urgência na ação de consignação de pagamento, quando houver o depósito do valor integral:

✓ ADMINISTRATIVO. AGRAVO DE INSTRUMENTO. AÇÃO DE CONSIGNAÇÃO EM PAGAMENTO. LOCAÇÃO. PROTESTO. SUSTAÇÃO. POSSIBILIDADE. 1. A tutela de urgência será concedida quando houver elementos que evidenciem a probabilidade do direito e o perigo de dano ou o risco ao resultado útil do processo. Intelecto do caput do art. 300 do CPC. 2. O depósito em consignação tem força de pagamento, e a correspondente ação tem por finalidade ver atendido o direito material do devedor de se liberar da obrigação e obter quitação. Serve ainda a consignação em pagamento para prevenir a mora, liberando o devedor do cumprimento da prestação a que se vinculou. 3. Hipótese na qual, em cognição sumária, é caso de acatar o pleito da parte agravante, pois, tendo havido depósito do valor integral dos aluguéis, incidindo o disposto no art. 540 do CPC, não há porque não possa ser sustado o protesto, fazendo cessar os malefícios da situação para a agravante. (TRF 4ª R.; AG 5024226-39.2017.404.0000; Quarta Turma; Rel. Des. Fed. Luís Alberto Dazevedo Aurvalle; Julg. 11/10/2017; DEJF 13/10/2017)

Inviabilidade da tutela provisória quando não há comprovação da recusa do credor:

✓ AGRAVO DE INSTRUMENTO. AÇÃO DE CONSIGNAÇÃO EM PAGAMENTO. TUTELA PROVISÓRIA DE URGÊNCIA. CONSIGNAÇÃO MENSAL DO VALOR QUE ENTENDE CORRETO. ART. 539 DO CPC. AUSÊNCIA DE COMPROVAÇÃO DA RECUSA DO CREDOR. NÃO PREENCHIMENTO DOS REQUISITOS. IMPOSSIBILIDADE. A tutela de urgência será concedida quando houver elementos que evidenciem a probabilidade do direito e o perigo de dano ou risco ao resultado útil ao processo, ausentes tais requisitos, o pedido formulado deve ser indeferido. Conforme preceituam os arts. 539 e seguintes do CPC, para o ajuizamento da ação de consignação, será indispensável a comprovação da relação obrigacional entre as partes, a sua liquidez e a recusa injusta do credor em receber a quantia ofertada pelo devedor. Não é crível o deferimento da consignação pleiteada, principalmente em sede de tutela de urgência, quando não restar comprovado nos autos a recusa do credor em receber a quantia consignada. (TJMG; AI 1.0090.16.002712-5/001; Rel. Des. Sérgio André da Fonseca Xavier; Julg. 04/07/2017; DJEMG 10/07/2017)

O depósito parcial realizado pelo autor não cessa a mora:

✓ CIVIL E PROCESSUAL. RECURSO ESPECIAL. AÇÃO DE CONSIGNAÇÃO EM PAGAMENTO. CONTRATO BANCÁRIO. IMPROCEDÊNCIA. FINALIDADE DE EXTINÇÃO DA OBRIGAÇÃO. NECESSIDADE DE DEPÓSITO INTEGRAL DA DÍVIDA E ENCARGOS RESPECTIVOS. MORA OU RECUSA INJUSTIFICADA DO CREDOR. DEMONSTRAÇÃO. OBRIGATORIEDADE. EFEITO LIBERATÓRIO PARCIAL. NÃO CABIMENTO. CÓDIGO CIVIL, ARTS. 334 A 339. CPC DE 1973, ARTS. 890 A 893, 896, 897 E 899. RECURSO REPRESENTATIVO DE CONTROVÉRSIA. CPC DE 2015. 1. "A consignação em pagamento visa exonerar o devedor de sua obrigação, mediante o depósito da quantia ou da coisa devida, e só poderá ter força de pagamento se concorrerem 'em relação às pessoas, ao objeto, modo e tempo, todos os requisitos sem os quais não é válido o pagamento' (artigo 336 do NCC)". (Quarta Turma, REsp 1.194.264/PR, Rel. Ministro Luís Felipe Salomão, unânime, DJe de 4.3.2011). 2. O depósito de quantia insuficiente para a liquidação integral da dívida não conduz à liberação do devedor, que permanece em mora, ensejando a improcedência da consignatória. 3. Tese para os efeitos dos arts. 927 e 1.036 a 1.041 do CPC: – "Em ação consignatória, a insuficiência do depósito realizado pelo devedor conduz ao julgamento de improcedência do pedido, pois o pagamento parcial da dívida não extingue o vínculo obrigacional". 4. Recurso especial a que se nega provimento, no caso concreto. (REsp 1108058/DF, Rel. Ministro LÁZARO GUIMARÃES (DESEMBARGADOR CONVOCADO DO TRF 5ª REGIÃO), Rel. p/ Acórdão Ministra MARIA ISABEL GALLOTTI, SEGUNDA SEÇÃO, julgado em 10/10/2018, DJe 23/10/2018)

Art. 541. Tratando-se de prestações sucessivas, consignada uma delas, pode o devedor continuar a depositar, no mesmo processo e sem mais formalidades, as que se forem vencendo, desde que o faça em até 5 (cinco) dias contados da data do respectivo vencimento.

Art. 542. Na petição inicial, o autor requererá:

I – o depósito da quantia ou da coisa devida, a ser efetivado no prazo de 5 (cinco) dias contados do deferimento, ressalvada a hipótese do art. 539, § 3º ;

Deve ser dada à parte a oportunidade de realizar o depósito no prazo de 5 dias, antes da extinção do processo:

✓ CONSIGNAÇÃO EM PAGAMENTO. Extinção (art. 485, III e IV C.C. Art. 542, parágrafo único, CPC). Descabimento. Apelante que não teve oportunidade de realizar o depósito previsto no art. 542, I, do CPC, em razão de publicação concomitante da determinação judicial com a r. Sentença de extinção. Extinção afastada. RECURSO PROVIDO. (TJSP; APL 1021503-95.2016.8.26.0100; Ac. 10106458; São Paulo; Décima Sétima Câmara de Direito Privado; Rel. Des. Afonso Bráz; Julg. 24/01/2017; DJESP 12/09/2017; Pág. 2157)

II – a citação do réu para levantar o depósito ou oferecer contestação.

Possibilidade de citação por edital do credor na ação de consignação em pagamento:

✓ APELAÇÃO CÍVEL. Ação de Consignação em Pagamento. 1) Consignação em Pagamento. Contrato administrativo firmado pelo Município de Iperó para a construção de aterro sanitário. Não localização da empresa credora. Pretensão da autora em consignar o valor de R$ 7.955,12, referente ao contrato administrativo nº 18/2002. Possibilidade. Inteligência do art. 539 do CPC. 2) Alegação de nulidade da citação por edital. Inocorrência. Municipalidade que esgotou as demais formas de citação e requereu diversas diligências na tentativa de localização da empresa e seus sócios, sem lograr êxito. Sentença mantida. Recurso improvido. (TJSP; APL 0001445-60.2007.8.26.0082; Ac. 10757002; Boituva; Décima Segunda Câmara Extraordinária de Direito Público; Rel. Des. Eutálio Porto; Julg. 31/08/2017; DJESP 12/09/2017; Pág. 2611)

Possibilidade de citação com base na teoria da aparência:

✓ PROCESSUAL CIVIL. AGRAVO INTERNO NO AGRAVO EM RECURSO ESPECIAL E RECURSO ESPECIAL. AÇÃO DE CONSIGNAÇÃO EM PAGAMENTO. VALIDADE DA CITAÇÃO. PESSOA JURÍDICA. HARMONIA ENTRE O ACÓRDÃO RECORRIDO E A JURISPRUDÊNCIA DO STJ. SÚMULA 568/STJ. 1. Com base na teoria da aparência, é válida a citação realizada no endereço da pessoa jurídica, quando recebida por empregado, sem ressalvas quanto à inexistência de poderes de representação em juízo. Precedentes. 2. Agravo interno no recurso especial desprovido. (AgInt no AREsp 1430920/SP, Rel. Ministra NANCY ANDRIGHI, TERCEIRA TURMA, julgado em 17/06/2019, DJe 19/06/2019)

Parágrafo único. Não realizado o depósito no prazo do inciso I, o processo será extinto sem resolução do mérito.

Art. 543. Se o objeto da prestação for coisa indeterminada e a escolha couber ao credor, será este citado para exercer o direito dentro de 5 (cinco) dias, se outro prazo não constar de lei ou do contrato, ou para aceitar que o devedor a faça, devendo o juiz, ao despachar a petição inicial, fixar lugar, dia e hora em que se fará a entrega, sob pena de depósito.

Art. 544. Na contestação, o réu poderá alegar que:

I – não houve recusa ou mora em receber a quantia ou a coisa devida;

Extinção da consignação pela ausência de recusa do credor:

✓ AGRAVO REGIMENTAL NO AGRAVO DE INSTRUMENTO – AÇÃO DE CONSIGNAÇÃO EM PAGAMENTO – DECISÃO MONOCRÁTICA QUE NEGOU PROVIMENTO AO RECLAMO. INSURGÊNCIA DA AUTORA 1. A insuficiência das razões recursais e a subsistência de fundamentos aptos a manter do acórdão recorrido ensejam a inadmissão do apelo nobre ante a incidência das Súmulas 283/STF e 284/STF. 2. Na hipótese dos autos, o Tribunal de origem, com base nas provas carreadas aos autos, concluiu pela ausência dos pressupostos de constituição e desenvolvimento válido e regular da ação de consignação em pagamento, uma vez que não havia recusa do credor ou dúvida quanto à quem efetuar o pagamento. Alterar tal conclusão demandaria o reexame de fatos e provas, inviável em recurso especial, a teor do disposto na Súmula 7 do STJ. 3. Agravo regimental desprovido. (AgRg no Ag 1378321/SP, Rel. Ministro MARCO BUZZI, QUARTA TURMA, julgado em 14/11/2017, DJe 20/11/2017)

II – foi justa a recusa;

É justa a recusa quando há pagamento parcial ou controvérsia quanto ao valor:

✓ AÇÃO DE CONSIGNAÇÃO EM PAGAMENTO. INSUFICIÊNCIA DE VALORES. Controvérsia sobre o valor devido. Impossibilidade de pagamento parcial. Restando demonstrado que o valor depositado se mostra insuficiente para quitação do saldo devedor da negociação e considerando, ainda, as determinações legais que regulam o parcelamento a qual aderiu o contribuinte, deve ser reputada justa a recusa da união no recebimento dos valores, nos termos do art. 544, II, do código de processo civil. (TRF 4ª R.; AC 5020125-43.2015.404.7108; RS; Segunda Turma; Rel. Des. Fed. Rômulo Pizzolatti; Julg. 19/09/2017; DEJF 22/09/2017)

✓ CONSIGNAÇÃO EM PAGAMENTO. PARCELA VENCIDA DE CONTRATO BANCÁRIO DE MUTUO. FINANCIAMENTO PARA AQUISIÇÃO DE VEICULO. Disputa do valor devido. Montante de encargos incidentes por conta de pagamento a destempo. Questão não objeto da ação. Limitação da lide. Artigo 539 do CPC e artigo 335 do Código Civil. Integralidade do valor depositado controversa. Não superação da questão relativa à regularidade e legalidade das disposições contratuais avençadas. Recusa justificada do credor. Artigo 544, IV, do CPC. Ação improcedente. Reconhecimento. Recurso provido. (TJSP; APL 1000147-20.2016.8.26.0108; Ac. 10870126; Cajamar; Trigésima Terceira Câmara Extraordinária de Direito Privado; Rel. Des. Henrique Rodriguero Clavisio; Julg. 09/10/2017; DJESP 17/10/2017; Pág. 2180)

III – o depósito não se efetuou no prazo ou no lugar do pagamento;

IV – o depósito não é integral.

Insuficiência do depósito leva à improcedência:

✓ AGRAVO INTERNO NO AGRAVO EM RECURSO ESPECIAL – AÇÃO DE CONSIGNAÇÃO EM PAGAMENTO – DECISÃO MONOCRÁTICA QUE CONHECEU DO AGRAVO PARA NEGAR PROVIMENTO AO RECLAMO. IRRESIGNAÇÃO RECURSAL DOS DEMANDANTES. 1. Nos termos do decidido no REsp nº 1.108.058/DF, submetido ao rito dos repetitivos (Tema 967): "Em ação consignatória, a insuficiência do depósito realizado pelo devedor conduz ao julgamento de improcedência do pedido, pois o pagamento parcial da dívida não extingue o vínculo obrigacional". 2. Agravo interno desprovido. (AgInt no AREsp 1251155/RJ, Rel. Ministro MARCO BUZZI, QUARTA TURMA, julgado em 24/06/2019, DJe 28/06/2019)

✓ CIVIL E PROCESSUAL. RECURSO ESPECIAL. AÇÃO DE CONSIGNAÇÃO EM PAGAMENTO. CONTRATO BANCÁRIO. IMPROCEDÊNCIA. FINALIDADE DE EXTINÇÃO DA OBRIGAÇÃO. NECESSIDADE DE DEPÓSITO INTEGRAL DA DÍVIDA E ENCARGOS RESPECTIVOS. MORA OU RECUSA INJUSTIFICADA DO CREDOR. DEMONSTRAÇÃO. OBRIGATORIEDADE. EFEITO LIBERATÓRIO PARCIAL. NÃO CABIMENTO. CÓDIGO CIVIL, ARTS. 334 A 339. CPC DE 1973, ARTS. 890 A 893, 896, 897 E 899. RECURSO REPRESENTATIVO DE CONTROVÉRSIA. CPC DE 2015. 1. "A consignação em pagamento visa exonerar o devedor de sua obrigação, mediante o depósito da quantia ou da coisa devida, e só poderá ter força de pagamento se concorrerem 'em relação às pessoas, ao objeto, modo e tempo, todos os requisitos sem os quais não é válido o pagamento' (artigo 336 do NCC)". (Quarta Turma, REsp 1.194.264/PR, Rel. Ministro Luís Felipe Salomão, unânime, DJe de 4.3.2011). 2. O depósito de quantia insuficiente para a liquidação integral da dívida não conduz à liberação do devedor, que permanece em mora, ensejando a improcedência da consignatória. 3. Tese para os efeitos dos arts. 927 e 1.036 a 1.041 do CPC: - "Em ação consignatória, a insuficiência do depósito realizado pelo devedor conduz ao julgamento de improcedência do pedido, pois o pagamento parcial da dívida não extingue o vínculo obrigacional". 4. Recurso especial a que se nega provimento, no caso concreto. (REsp 1108058/DF, Rel. Ministro LÁZARO GUIMARÃES (DESEMBARGADOR CONVOCADO DO TRF 5ª REGIÃO), Rel. p/ Acórdão Ministra MARIA ISABEL GALLOTTI, SEGUNDA SEÇÃO, julgado em 10/10/2018, DJe 23/10/2018)

O credor não é obrigado a receber prestação diversa da que lhe é devida:

✓ AÇÃO DE CONSIGNAÇÃO EM PAGAMENTO. CONTRATO DE ABERTURA DE CRÉDITO BB GIRO EMPRESA FLEX. PRETENSÃO DOS AUTORES DE EXTINGUIR A RELAÇÃO JURÍDICA. Vencimento antecipado da dívida. Prevalência das cláusulas e condições, livremente, pactuadas pelas partes, no contrato. Insuficiência do valor depositado configurada. Impossibilidade de decretação da extinção da obrigação. Aplicação dos arts. 334, 335, I, e 336, do novo Código Civil, e dos arts. 539 e 544, I e IV, do CPC. Ação julgada improcedente. O credor não está obrigado a receber prestação diversa daquela que lhe é devida. Para se eximir da obrigação, deve cumprir a prestação da forma como convencionada entre as partes. Recurso não provido. (TJSP; APL 1017556-63.2015.8.26.0554; Ac. 10705680; Santo André; Vigésima Segunda Câmara de Direito Privado; Rel. Des. Roberto Mac Cracken; Julg. 10/08/2017; DJESP 22/08/2017; Pág. 2211)

Parágrafo único. No caso do inciso IV, a alegação somente será admissível se o réu indicar o montante que entende devido.

A simples indicação de valor, sem detalhamento do débito, não é suficiente:

✓ CONTRATOS BANCÁRIOS. Financiamento imobiliário. Consignação em pagamento. Contestação do valor depositado, sob alegação de ser insuficiente, porém sem indicar qual valor seria devido ou então qual a diferença a ser complementada. Imprestabilidade da resposta, diante da disposição expressa do art. 544, IV e seu parágrafo único, do CPC. Ação procedente. Recurso não provido, com majoração da verba honorária. Se o réu contesta genericamente ação de consignação em pagamento, afirmando a não integralidade do depósito efetuado, mas não cuida de dizer qual seria o valor devido, nem muito menos qual seria a diferença a ser complementada, sua resposta é absolutamente imprestável, pois o parágrafo único do art. 544 do Código de Processo Civil é muito claro ao dispor que, quando o réu afirmar que o depósito não é integral, sua alegação só será admissível se o réu indicar o montante que entende devido. (TJSP; APL 1000219-83.2015.8.26.0288; Ac. 10797586; Ituverava; Décima Primeira Câmara de Direito Privado; Rel. Des. Gilberto dos Santos; Julg. 14/09/2017; DJESP 22/09/2017; Pág. 2244)

Art. 545. Alegada a insuficiência do depósito, é lícito ao autor completá-lo, em 10 (dez) dias, salvo se corresponder a prestação cujo inadimplemento acarrete a rescisão do contrato.

Consequências da insuficiência do depósito:

✓ CONSIGNAÇÃO EM PAGAMENTO. DEPÓSITO INSUFICIENTE. COMPLEMENTAÇÃO COM ENCARGOS. INTIMAÇÃO DO CONSIGNANTE. ART. 545, § 2º, CPC/2015. A ação de consignação em pagamento é aquela que permite ao devedor, ou a terceiro interessado, nos casos previstos no artigo 335, do Código Civil, exonerar-se da obrigação, oferecendo ao credor a quantia ou a coisa devida, depositando o valor, se persistir a recusa. A obrigação deve ser declarada extinta quando a parte devedora deposita em juízo o valor da dívida e os encargos moratórios correspondentes. (V.V.) "Constatando-se diferença em favor do credor no depósito consignado e tratando-se de valor de pequena monta, apurável por meros cálculos aritméticos, deve-se conceder ao devedor o prazo de 72 horas, contados do trânsito em julgado, para complementação, sob pena de aplicação do art. 545, § 2º, do CPC/2015". (TJMG; APCV 1.0313.14.028385-1/001; Relª Desª Evangelina Castilho Duarte; Julg. 06/07/2017; DJEMG 14/07/2017)

✓ AGRAVO INTERNO NO AGRAVO EM RECURSO ESPECIAL. AÇÃO DE CONSIGNAÇÃO EM PAGAMENTO. ANÁLISE DO CONTEÚDO DO DISPOSITIVO IMPUGNADO. MENÇÃO EXPRESSA. DESNECESSIDADE. DEPÓSITOS INSUFICIENTES. QUITAÇÃO PARCIAL DA OBRIGAÇÃO. ÔNUS SUCUMBENCIAIS. SUCUMBÊNCIA RECÍPROCA. AGRAVO NÃO PROVIDO. 1. O prequestionamento não exige que haja menção expressa dos dispositivos infraconstitucionais tidos como violados, sendo necessário apenas que, no aresto recorrido, a questão tenha sido discutida e decidida fundamentadamente. No caso dos autos, em que pese o acórdão recorrido não tenha expressamente citado os dispositivos legais em relação aos quais a recorrente alega ausência de prequestionamento, tratou da matéria nele prevista, qual seja, resultado da ação consignatória quando o valor depositado não é integral. 2. Na ação de consignação em pagamento, a insuficiência do depósito não conduz à improcedência do pedido, mas sim à extinção parcial da obrigação, até o montante da importância consignada. Ademais, na hipótese de procedência parcial dos pedidos, os ônus de sucumbência devem ser suportados por ambas as partes. 3. Agravo interno a que se nega provimento. (AgInt no AREsp 609.219/RS, Rel. Ministro RAUL ARAÚJO, QUARTA TURMA, julgado em 11/10/2016, DJe 04/11/2016)

✓ AGRAVO INTERNO NO RECURSO ESPECIAL. AÇÃO DE CONSIGNAÇÃO EM PAGAMENTO. 1. NEGATIVA DE PRESTAÇÃO JURISDICIONAL. NÃO OCORRÊNCIA. 2. COMPROVAÇÃO DE QUITAÇÃO DE UMAS DAS PARCELAS DO CONTRATO DE CONSÓRCIO. IMPOSSIBILIDADE DE AFERIÇÃO. INCIDÊNCIA DA SÚMULA 7/STJ. 3. NECESSIDADE DE INTIMAÇÃO PARA COMPLEMENTAÇÃO DO DEPÓSITO. AUSÊNCIA DE PREQUESTIONAMENTO. INCIDÊNCIA DAS SÚMULAS 282 E 356 DO STF. 4. TEORIA DO ADIMPLEMENTO SUBSTANCIAL. INAPLICABILIDADE NA AÇÃO DE CONSIGNAÇÃO EM

PAGAMENTO. DEPÓSITO QUE, SE NÃO REALIZADO NA INTEGRALIDADE, ENSEJA A IMPROCEDÊNCIA DA DEMANDA. RESP REPETITIVO N. 1.108.058/DF. 5. AGRAVO INTERNO DESPROVIDO. 1. Verifica-se que o Tribunal de origem analisou todas as questões relevantes para a solução da lide, de forma fundamentada, não havendo que se falar em negativa de prestação jurisdicional. 2. É descabido transpor, nesta instância extraordinária, a modificação da conclusão delineada no acórdão recorrido e acolher a tese da parte recorrente – a respeito do suscitado adimplemento da parcela de n. 62 do contrato de consórcio -, pois tal providência exige inexoravelmente o reexame dos fatos e das provas dos autos, o que é vedado pelo disposto na Súmula 7/STJ. 3. Incidem as Súmulas 282 e 356 do STF à espécie, porquanto ausente o prequestionamento da matéria concernente à necessidade de intimação para complementação do depósito. 4. A Segunda Seção do STJ, ao analisar o REsp repetitivo n. 1.108.058/DF, firmou a seguinte tese: em ação consignatória, a insuficiência do depósito realizado pelo devedor conduz ao julgamento de improcedência do pedido, pois o pagamento parcial da dívida não extingue o vínculo obrigacional. No caso, não sendo depositado integralmente o valor devido na ação consignatória, mostra-se descabida aplicação da Teoria do Adimplemento Substancial. 5. Agravo interno desprovido. (AgInt no REsp 1694480/MG, Rel. Ministro MARCO AURÉLIO BELLIZZE, TERCEIRA TURMA, julgado em 10/06/2019, DJe 13/06/2019)

§ 1º No caso do caput, poderá o réu levantar, desde logo, a quantia ou a coisa depositada, com a consequente liberação parcial do autor, prosseguindo o processo quanto à parcela controvertida.

É desnecessário aguardar o trânsito em julgado da sentença para levantar a quantia incontroversa depositada:

✓ ADMINISTRATIVO. AÇÃO DE CONSIGNAÇÃO EM PAGAMENTO. SFH. DEPÓSITO JUDICIAL. VALOR INCONTROVERSO. LEVANTAMENTO IMEDIATO PELO CREDOR. ART. 545, §1º, CPC/2015. 1. Apelação interposta contra sentença que, em ação de consignação em pagamento, julgou procedente, em parte, o pedido, reconhecendo o adimplemento da quantia de R$ 24.483,99 e fixando o saldo devedor remanescente em R$ 4.059,13, atualizado até maio de 2013. Determinou, ainda, o levantamento do valor consignado em favor do credor após o trânsito em julgado. 2. No que concerne ao momento de apropriação do valor depositado judicialmente, é desnecessário aguardar o trânsito em julgado da sentença, como determinado no julgado, tendo em vista que o art. 545, §1º, do CPC/2015 (igual previsão no art. 899, §1º, do CPC/1973) é expresso no sentido de que o réu, em ação de consignação em pagamento, poderá levantar desde logo a quantia depositada, de natureza incontroversa, com a consequente liberação parcial do autor, prosseguindo o processo quanto à parcela controvertida. 3. As despesas da execução extrajudicial não foram comprovadas nos autos, o que impede a sua inclusão na execução a ser promovida em relação ao saldo devedor remanescente fixado na sentença em R$ 4.059,13 (atualizado até maio de 2013). 4. Apelo conhecido e parcialmente provido. (TRF 2ª R.; AC 0000235-75.2012.4.02.5101; Sétima Turma Especializada; Rel. Des. Fed. José Antonio Neiva; Julg. 05/04/2017; DEJF 18/04/2017)

Não havendo indicação do valor devido pelo réu, é inviável o levantamento da quantia depositada:

✓ AGRAVO DE INSTRUMENTO. AÇÃO DE CONSIGNAÇÃO EM PAGAMENTO. OFERECIMENTO DE CONTESTAÇÃO. INSTAURADA CONTROVÉRSIA QUANTO AOS VALORES DEPOSITADOS. AUSÊNCIA DE INDICAÇÃO DO VALOR CONSIDERADO COMO DEVIDO. LEVANTAMENTO DA QUANTIA DEPOSITADA. INCABIMENTO. RECURSO DESPROVIDO. 1- Conforme previsão dos artigos 542, inciso II e 545, §1º do CPC/2015, em se tratando de consignação em pagamento, o levantamento da quantia depositada judicialmente se mostra cabível na hipótese de ausência de contestação pelo réu, ou, caso apresentada contestação, o réu indique o montante devido, autorizando, nesse passo, o levantamento da parte incontroversa. 2- Embora instaurada a controvérsia quanto aos valores depositados pela municipalidade, não houve, pela entidade sindical, indicação do valor considerado devido, resultando inviável autorizar, de imediato, o levantamento da quantia depositada. 3- Recurso desprovido. (TJMG; AI 1.0054.16.001151-3/001; Relª Desª Sandra Fonseca; Julg. 26/09/2017; DJEMG 06/10/2017)

§ 2º A sentença que concluir pela insuficiência do depósito determinará, sempre que possível, o montante devido e valerá como título executivo, facultado ao credor promover-lhe o cumprimento nos mesmos autos, após liquidação, se necessária.

É possível a execução, nos próprios autos, do objeto da ação consignatória, desde que o montante devido seja reconhecido pelo julgador:

✓ AGRAVO DE INSTRUMENTO. PROCESSUAL CIVIL. AÇÃO DE CONSIGNAÇÃO EM PAGAMENTO. EXECUÇÃO NOS PRÓPRIOS AUTOS. MONTANTE DA DÍVIDA RECONHECIDO PELO JUÍZO. CUSTAS E HONORÁRIOS ADVOCATÍCIOS. LIMITAÇÃO DOS ATOS EXECUTÓRIOS AO TÍTULO EXECUTIVO JUDICIAL. PRINCÍPIO DA FIDELIDADE AO TÍTULO. 1. A estrutura do procedimento especial da ação de consignação em pagamento conduz à prolação de sentença declaratória. De fato, sobre o mérito da causa, não ocorre nem constituição, nem condenação. Isso porque não é o ato judicial do magistrado que extingue a obrigação, mas o próprio depósito feito em juízo pelo autor. Em síntese, a sentença apenas reconhece a eficácia do ato da parte. A única execução possível referência os encargos da sucumbência. Custas e honorários advocatícios., com exceção da hipótese prevista no art. 899, § 2º, do CPC/1973 (art. 545, § 2º, do CPC/2015). 2. Esta corte superior entende que é possível a execução, nos próprios autos, do objeto da ação consignatória, quando o montante devido for reconhecido pelo julgador, situação que não ocorreu na hipótese vertente em relação aos aluguéis atrasados. Precedentes. 3. Com efeito, ao compulsar os autos, verifica-se que o juízo de origem, em nenhum momento, assinalou que os aluguéis atrasados faziam parte do montante devido. Ao contrário, ficou assente apenas que seria cobrado, em sede de execução, o valor das custas e dos honorários de sucumbência. 4. No caso sob exame, como apenas houve a condenação do consignante às custas e aos honorários advocatícios, os atos executórios, como reflexo do princípio da fidelidade ao título executivo, somente podem tangenciar os ônus sucumbenciais. 5. Agravo de instrumento não provido. (STJ; Ag 1.343.896; Proc. 2010/0162950-1; DF; Quarta Turma; Rel. Min. Luis Felipe Salomão; DJE 15/09/2017)

Possibilidade de o réu executar contra o autor a sentença para reaver os valores faltantes

✓ APELAÇÃO CÍVEL. SENTENÇA (INDEX 175) QUE JULGOU IMPROCEDENTES OS PEDIDOS E CONDENOU A AUTORA AO PAGAMENTO DAS DESPESAS PROCESSUAIS E HONORÁRIOS ADVOCATÍCIOS, ESTES ÚLTIMOS FIXADOS EM 10% DO VALOR ATUALIZADO DA CAUSA, OBSERVADA A GRATUIDADE DE JUSTIÇA. APELO DA DEMANDANTE A QUE SE NEGA PROVIMENTO. Deve ser afastada a alegação de nulidade do processo, visto que a prova pericial contábil se apresenta desnecessária ao deslinde da controvérsia. Note-se que o contrato já estabeleceu o percentual de juros aplicado, sendo possível aferir se os parâmetros estão próximos dos adotados pelo BACEN. No index 21, se constata que a taxa de juros seria de 1,72% ao mês, que o custo efetivo total seria de 2,0% ao mês e 27,27% ao ano. Ficou, ainda, estabelecido que a capitalização de juros seria mensal. Por outro lado, a sentença não incorreu em julgamento extra petita, ao permitir que o Réu executasse a diferença do valor das parcelas. Note-se que, apesar de não ter sido oferecida reconvenção pelo Reclamado, é possível a execução do julgado pelo Requerido, no que toca ao remanescente devido. O art. 545, § 1º, do CPC, permite que o Suplicado levante a quantia depositada, com a liberação parcial da Reclamante, e que o processo prossiga quanto à parte controvertida. O art. 545, § 2º, do CPC, disciplina que -a sentença que concluir pela insuficiência do depósito determinará, sempre que possível, o montante devido e valerá como título executivo, facultado ao credor promover-lhe o cumprimento nos mesmos autos, após liquidação, se necessária-. O procedimento especial da consignação em pagamento tem natureza dúplice. Assim sendo, a execução dos valores faltantes pode se dar no mesmo processo, por intermédio da liquidação de sentença. Considerando a sucumbência da Autora, majoram-se os honorários advocatícios para 15% sobre o valor da condenação, nos termos do § 11, do art. 85, do CPC, observada a gratuidade de Justiça deferida (index 67). (TJRJ; APL 0040248-19.2013.8.19.0205; Rio de Janeiro; Vigésima Sexta Câmara Cível Consumidor; Rel. Des. Arthur Narciso de Oliveira Neto; DORJ 28/07/2017; Pág. 626)

Tratando-se de valor de pequena monta, deve ser intimado o consignante, após o trânsito em julgado da sentença, para complementação:

✓ CONSIGNAÇÃO EM PAGAMENTO. DEPÓSITO INSUFICIENTE. COMPLEMENTAÇÃO COM ENCARGOS. INTIMAÇÃO DO CONSIGNANTE. ART. 545, § 2º, CPC/2015. A ação de consignação em pagamento é aquela que permite ao devedor, ou a terceiro interessado, nos casos previstos no artigo 335, do Código Civil, exonerar-se da obrigação, oferecendo ao credor a quantia ou a coisa devida, depositando o valor, se persistir a recusa. A obrigação deve ser declarada extinta quando a parte devedora deposita em juízo o valor da dívida e os encargos moratórios correspondentes. (V.V.) "Constatando-se diferença em favor do credor no depósito consignado e tratando-se de valor de pequena monta, apurável por meros cálculos aritméticos, deve-se conceder ao devedor o prazo de 72 horas, contados do trânsito em julgado, para complementação, sob pena de aplicação do art. 545, § 2º, do CPC/2015". (TJMG; APCV 1.0313.14.028385-1/001; Relª Desª Evangelina Castilho Duarte; Julg. 06/07/2017; DJEMG 14/07/2017)

Art. 546. Julgado procedente o pedido, o juiz declarará extinta a obrigação e condenará o réu ao pagamento de custas e honorários advocatícios.

Não é possível a restituição do valor depositado pela consignante quando não há levantamento pela parte ré:

✓ AÇÃO DE CONSIGNAÇÃO EM PAGAMENTO. PREVIDÊNCIA PRIVADA. VALORES CONSIGNADOS NÃO LEVANTADOS PELA PARTE RÉ. RESTITUIÇÃO À CONSIGNANTE. DESCABIMENTO. PRESCRIÇÃO INTERCORRENTE. INAPLICABILIDADE. I. A ação consignatória tem caráter liberatório, ou seja, visa a liberação da parte autora em relação à determinada obrigação para com o réu. Inteligência do art. 890, § 2º, do CPC/1973 (art. 539, § 2º, do CPC/2015). Assim, tendo a autora, ora agravante, ajuizado a demanda consignatória e depositado em juízo os valores que entendia devidos, reconheceu, obviamente, a existência da dívida. Logo, descabe o levantamento pela própria consignante dos valores depositados, os quais pertencem aos requeridos, ora agravados. II. Ademais, não há falar na aplicação da prescrição intercorrente em relação à obrigação já satisfeita pelo pagamento. Agravo desprovido. (TJRS; AI 0412582-98.2016.8.21.7000; Caxias do Sul; Quinta Câmara Cível; Rel. Des. Jorge André Pereira Gailhard; Julg. 31/05/2017; DJERS 06/06/2017)

Parágrafo único. Proceder-se-á do mesmo modo se o credor receber e der quitação.

Art. 547. Se ocorrer dúvida sobre quem deva legitimamente receber o pagamento, o autor requererá o depósito e a citação dos possíveis titulares do crédito para provarem o seu direito

Dúvida quanto ao credor:

✓ PROCESSUAL CIVIL E DIREITO CIVIL. AGRAVO INTERNO NO AGRAVO EM RECURSO ESPECIAL. AÇÃO DE CONSIGNAÇÃO EM PAGAMENTO PROPOSTA POR CONTRATANTE EM PARCERIA AGRÍCOLA. DÚVIDA SOBRE QUEM É O CREDOR: O COMODATÁRIO CONTRATANTE DA PARCERIA AGRÍCOLA OU O ARREMATANTE DO IMÓVEL PENHORADO. ARREMATAÇÃO DO IMÓVEL EM HASTA PÚBLICA. SUB-ROGAÇÃO DO ARRENDANTE NO CONTRATO. DECISÃO MANTIDA. 1. Caso em que, após a penhora de fração ideal do imóvel, o então proprietário, executado, celebrou contrato de comodato, de natureza gratuita, com seus filhos. Na sequência, os comodatários celebraram contrato de parceria rural com terceiro, que propôs a presente ação de consignação por ter dúvida de quem seria o credor: os comodatários ou o arrematante. 2. "A alienação do bem objeto da parceria agrícola não inviabiliza a subsistência desta" (REsp 1.755/PR, Rel. Min. Sálvio de Figueiredo Teixeira, Quarta Turma, DJ 2/4/1990), pois o adquirente se sub-roga nos direitos e obrigações do alienante, segundo os arts. 92, § 5º, do Estatuto da Terra e 15 do Decreto n. 59.566/1.966. 3. O arrematante do imóvel que, em outros autos, foi obrigado a suportar o contrato de parceria, se sub-roga, a partir da arrematação, nos direitos e obrigações do parceiro outorgante. 4. Agravo interno a que se nega provimento. (AgInt no AREsp 917.482/MG, Rel. Ministro ANTONIO CARLOS FERREIRA, QUARTA TURMA, julgado em 31/08/2020, DJe 08/09/2020)

Art. 548. No caso do art. 547:

I – não comparecendo pretendente algum, converter-se-á o depósito em arrecadação de coisas vagas;

II – comparecendo apenas um, o juiz decidirá de plano;

III – comparecendo mais de um, o juiz declarará efetuado o depósito e extinta a obrigação, continuando o processo a correr unicamente entre os presuntivos credores, observado o procedimento comum.

A definição dos efetivos credores não depende do ajuizamento de nova demanda:

✓ APELAÇÃO CÍVEL. SEGUROS. AÇÃO DE CONSIGNAÇÃO EM PAGAMENTO. SEGURO DE VIDA. SEGUNDA FASE. Possibilidade do prosseguimento do feito em caso de dúvida do credor. A consignação em pagamento com fundamento no artigo 548, inciso III, do código de processo civil/2015, está estruturada em duas fases, sendo que, na primeira, o julgador restringe a análise da adequação, suficiência e pertinência da quantia consignada, extinguindo, se assim entender, a obrigação da parte demandante. Comparecendo mais de um pretenso credor, exatamente como no caso concreto, o feito prosseguirá para apuração sobre quem efetivamente possui o direito em relação ao crédito consignado, sem necessidade do ajuizamento de nova demanda. Sentença desconstituída. Apelo e recurso adesivo providos (TJRS; AC 0137590-19.2017.8.21.7000; Porto Alegre; Sexta Câmara Cível; Rel. Des. Ney Wiedemann Neto; Julg. 29/06/2017; DJERS 05/07/2017)

Art. 549. Aplica-se o procedimento estabelecido neste Capítulo, no que couber, ao resgate do aforamento.

CAPÍTULO II
DA AÇÃO DE EXIGIR CONTAS

Art. 550. Aquele que afirmar ser titular do direito de exigir contas requererá a citação do réu para que as preste ou ofereça contestação no prazo de 15 (quinze) dias.

Finalidade da ação de exigir contas

✓ RECURSO ESPECIAL. AÇÃO DE PRESTAÇÃO DE CONTAS. BENS E DIREITOS EM ESTADO DE MANCOMUNHÃO (ENTRE A SEPARAÇÃO DE FATO E A EFETIVA PARTILHA). PATRIMÔNIO COMUM ADMINISTRADO EXCLUSIVAMENTE POR EX-CÔNJUGE. 1. A ação de prestação de contas tem por escopo aclarar o resultado da administração de negócios alheios (apuração da existência de saldo credor ou devedor) e, sob a regência do CPC de 1973, ostentava caráter dúplice quanto à sua propositura, podendo ser deduzida tanto por quem tivesse o dever de prestar contas quanto pelo titular do direito de exigi-las. O Novo CPC, por seu turno, não mais prevê a possibilidade de propositura de ação para prestar contas, mas apenas a instauração de demanda judicial com o objetivo de exigi-las (artigo 550). 2. Assim como consagrado jurisprudencialmente sob a égide do CPC de 1973, o Codex de 2015 explicitou o dever do autor de, na petição inicial, especificar, detalhadamente, as razões pelas quais exige as contas, instruindo-a com documentos comprobatórios dessa necessidade, se existirem. São as causas de pedir remota e próxima, as quais devem ser deduzidas, obrigatoriamente, na exordial, a fim de demonstrar a existência de interesse de agir do autor. 3. Como de sabença, a administração do patrimônio comum do casal compete a ambos os cônjuges (artigos 1.663 e 1720 do Código Civil). Nada obstante, a partir da separação de fato ou de corpos (marco final do regime de bens), os bens e direitos dos ex-consortes ficam em estado de mancomunhão – conforme salienta doutrina especializada -, formando uma massa juridicamente indivisível, indistintamente pertencente a ambos. 4. No presente caso, consoante reconhecido na origem, a separação de fato do casal (que adotara o regime de comunhão universal de bens) ocorreu em janeiro de 2000, tendo sido decretada a separação de corpos em 05.05.2000, no âmbito de ação cautelar intentada pela ex-esposa. Posteriormente, foi proposta ação de separação judicial litigiosa que, em 19.04.2001, foi convertida em consensual. A divisão do acervo patrimonial comum, por sua vez, foi objeto de ação própria, ajuizada em maio de 2001, processada sob a forma de inventário. Revela-se, outrossim, incontroverso que os bens e direitos comuns do casal sempre estiveram sob a administração exclusiva do ex-marido, que, em 27.11.2001, veio a assumir o encargo de inventariante do patrimônio. 5. Em caráter geral, a jurisprudência desta Corte já consagrou o entendimento de que a prestação de contas é devida por aqueles que administram bens de terceiros, não havendo necessidade de invocação de qualquer motivo para o interessado tomá-la. 6. No tocante especificamente à relação decorrente do fim da convivência matrimonial, infere-se que, após a separação de fato ou de corpos, o cônjuge que estiver na posse ou na administração do patrimônio partilhável – seja na condição de administrador provisório, seja na de inventariante – terá o dever de prestar contas ao ex-consorte. Isso porque, uma vez cessada a afeição e a confiança entre os cônjuges, aquele titular de bens ou negócios administrados pelo outro tem o legítimo interesse ao pleno conhecimento da forma como são conduzidos, não se revelando necessária a demonstração de qualquer irregularidade, prejuízo ou crédito em detrimento do gestor. 7. Recurso especial provido para restabelecer a sentença de procedência. (REsp 1274639/SP, Rel. Ministro LUIS FELIPE SALOMÃO, QUARTA TURMA, julgado em 12/09/2017, DJe 23/10/2017)

§ 1º Na petição inicial, o autor especificará, detalhadamente, as razões pelas quais exige as contas, instruindo-a com documentos comprobatórios dessa necessidade, se existirem.

A petição inicial deve ser específica em relação às contas a serem prestadas:

✓ AGRAVO DE INSTRUMENTO. Prestação de Contas. Decisão que julgou procedente o pedido inicial. Recurso do Banco-réu. Insurgência. Possibilidade. Pretensão da requerente agravada de ser prestado contas com relação aos lançamentos de IOF Câmbio, Empréstimos, Juros, Tarifas Bancárias e Investimentos/Rendimentos vinculados a contratos celebrados entre as partes. Impossibilidade. Ausência de interesse de agir para prestação de contas em contratos de financiamento e mútuo. Tese fixada pelo C. STJ em Recurso Repetitivo (RESP 1.293.558/PR). Ausência de especificação pela autora de forma detalhada das razões de exigir as contas. Inteligência do artigo 550, §1º do CPC. Falta de interesse de agir configurada. Processo extinto, sem resolução do mérito, nos termos do artigo 485, VI do CPC. Decisão reformada. Afastamento da condenação do Banco agravante no pagamento dos honorários de sucumbência, devendo a parte agravada arcar com as custas, despesas processuais e honorários advocatícios sucumbenciais. Recurso provido. (TJSP; AI 2149633-61.2017.8.26.0000; Ac. 10865374; São Paulo; Trigésima Oitava Câmara de Direito Privado; Rel. Des. Achile Alesina; Julg. 06/10/2017; DJESP 10/10/2017; Pág. 2734)

Impossibilidade de ajuizamento da ação de exigir contas de forma vaga e genérica:

✓ PRESTAÇÃO DE CONTAS. PRIMEIRA FASE. INÉPCIA DA INICIAL. Pedido genérico. Ônus de individuação dos lançamentos cujo aclaramento o correntista pretende mediante o manejo desta ação que advém do disposto no art. 550, §§1º e 3º, do novo código de processo civil. Matéria, ademais, objeto de instauração de incidente de resolução de demandas repetitivas, fixando-se o entendimento deste e. Tribunal no sentido da impossibilidade de ajuizamento da ação de exigir contas de forma vaga e genérica. Sentença reformada. Ação improcedente. Recurso provido. (TJSP; APL 1099972-92.2015.8.26.0100; Ac. 10753807; São Paulo; Vigésima Terceira Câmara de Direito Privado; Rel. Des. Paulo Roberto de Santana; Julg. 31/08/2017; DJESP 06/09/2017; Pág. 2171)

✓ CIVIL. PROCESSUAL CIVIL. AÇÃO DE EXIGIR CONTAS. NEGATIVA DE PRESTAÇÃO JURISDICIONAL E OMISSÃO. INOCORRÊNCIA. PRONUNCIAMENTO JURISDICIONAL QUE JULGA A PRIMEIRA FASE DA AÇÃO DE EXIGIR CONTAS. NATUREZA JURÍDICA NO CPC/15. DÚVIDA ACERCA DA NATUREZA DE SENTENÇA, IMPUGNÁVEL POR APELAÇÃO, OU DA NATUREZA DE DECISÃO INTERLOCUTÓRIA, IMPUGNÁVEL POR AGRAVO DE INSTRUMENTO. MODIFICAÇÃO SUBSTANCIAL, PELO CPC/15, DOS CONCEITOS DE SENTENÇA, DEFINIDA A PARTIR DE CRITÉRIO FINALÍSTICO E SUBSTANCIAL, E DE DECISÃO INTERLOCUTÓRIA, DEFINIDA A PARTIR DE CRITÉRIO RESIDUAL. ATO JUDICIAL QUE ENCERRA A PRIMEIRA FASE. NECESSIDADE DE OBSERVÂNCIA DO CONTEÚDO. PROCEDÊNCIA DO PEDIDO QUE RESULTA EM DECISÃO PARCIAL DE MÉRITO RECORRÍVEL POR AGRAVO. IMPROCEDÊNCIA DO PEDIDO OU EXTINÇÃO SEM RESOLUÇÃO DO MÉRITO QUE RESULTAM EM SENTENÇA RECORRÍVEL POR APELAÇÃO. CONTROVÉRSIA DOUTRINÁRIA E JURISPRUDENCIAL. DÚVIDA OBJETIVA. INEXISTÊNCIA DE ERRO GROSSEIRO. APLICAÇÃO DO PRINCÍPIO DA FUNGIBILIDADE RECURSAL. PRETENSÃO GENÉRICA DE EXIGIR CONTAS. INOCORRÊNCIA. DESCRIÇÃO SUFICIENTE NA PETIÇÃO INICIAL E DELIMITAÇÃO JUDICIAL NA DECISÃO JUDICIAL QUE JULGOU PROCEDENTE O PEDIDO. ART. 54, §2º, DA LEI Nº 8.245/91. FACULDADE DO LOCATÁRIO. IMPEDIMENTO A PROPOSITURA DA AÇÃO DE EXIGIR CONTAS. INOCORRÊNCIA. (...) 2- O propósito recursal consiste em definir: (i) se houve omissão relevante no acórdão recorrido; (ii) se cabe agravo de instrumento ou apelação contra a decisão que julga a primeira fase da ação de exigir contas; (iii) se, na hipótese, a pretensão de exigir contas é genérica. (...) 6- Fixadas essas premissas e considerando que a ação de exigir contas poderá se desenvolver em duas fases procedimentais distintas, condicionando-se o ingresso à segunda fase ao teor do ato judicial que encerra a primeira fase; e que o conceito de sentença previsto no art. 203, §1º, do CPC/15, aplica-se como regra ao procedimento comum e, aos procedimentos especiais, apenas na ausência de regra específica, o ato judicial que encerra a primeira fase da ação de exigir contas possuirá, a depender de seu conteúdo, diferentes naturezas jurídicas: se julgada procedente a primeira fase da ação de exigir contas, o ato judicial será decisão interlocutória com conteúdo de decisão parcial de mérito, impugnável por agravo de instrumento; se julgada improcedente a primeira fase da ação de exigir contas ou se extinto o processo sem a resolução de seu mérito, o ato judicial será sentença, impugnável por apelação. 7- Havendo dúvida objetiva acerca do cabimento do agravo de instrumento ou da apelação, consubstanciada em sólida divergência doutrinária e em reiterado dissídio jurisprudencial no âmbito do 2º grau de jurisdição, deve ser afastada a existência de erro grosseiro, a fim de que se aplique o princípio da fungibilidade recursal. 8- Delineada suficientemente, nas causas de pedir existentes na petição inicial, o objeto e o período das contas que deverão ser prestadas, inclusive com delimitação judicial do objeto para fins de prosseguimento da ação em sua segunda fase, não há que se falar em pretensão genérica que inviabilize a prestação. 9- O art. 54, §2º, da Lei nº 8.245/91, estabelece uma faculdade ao locatário, permitindo-lhe que exija a prestação de contas a cada 60 dias na via extrajudicial, o que não inviabiliza o ajuizamento da ação de exigir contas, especialmente na hipótese em que houve a efetiva resistência da parte em prestá-las mesmo após a delimitação judicial do objeto. 10- Recurso especial conhecido e parcialmente provido, com inversão da sucumbência e majoração de honorários advocatícios. (REsp 1746337/RS, Rel. Ministra NANCY ANDRIGHI, TERCEIRA TURMA, julgado em 09/04/2019, DJe 12/04/2019)

(Im)possibilidade da ação de exigir contas para fiscalizar gasto com pensão alimentícia:

✓ (...) A ação de prestação de contas tem a finalidade de declarar a existência de um crédito ou débito entre as partes (...) Nas obrigações alimentares, não há saldo a ser apurado em favor do alimentante, porquanto, cumprida a obrigação, não há repetição de valores (...). A ação de prestação de contas proposta pelo alimentante é via inadequada para fiscalização do uso de recursos transmitidos ao alimentando por não gerar crédito em seu favor e não representar utilidade jurídica (...) O alimentante não possui interesse processual em exigir contas da detentora da guarda do alimentando porque, uma vez cumprida a obrigação, a verba não mais compõe o seu patrimônio, remanescendo a possibilidade de discussão do montante em juízo com ampla instrução probatória" (REsp 1.637.378/DF, Rel. Min. Ricardo Villas Bôas Cueva, 3ª Turma, j. 19.02.2019).

✓ (...) Na perspectiva do princípio da proteção integral e do melhor interesse da criança e do adolescente e do legítimo exercício da autoridade parental, em determinadas hipóteses, é juridicamente viável a ação de exigir contas ajuizada por genitor(a) alimentante contra a(o) guardiã(o) e representante legal de alimentado incapaz, na medida em que tal pretensão, no mínimo, indiretamente, está relacionada com a saúde física e também psicológica do menor, lembrando que a lei não traz palavras inúteis (...) Em determinadas situações, não se pode negar ao alimentante não guardião o direito de averiguar se os valores que paga a título de pensão alimentícia estão sendo realmente dirigidos ao beneficiário e voltados ao pagamento de suas despesas e ao atendimento dos seus interesses básicos fundamentais, sob pena de se impedir o exercício pleno do poder familiar (...) Não há apenas interesse jurídico, mas também o dever legal, por força do § 5º do art. 1.538 do CC/02, do genitor alimentante de acompanhar os gastos com o filho alimentado que não se encontra sob a sua guarda, fiscalizando o atendimento integral de suas necessidades materiais e imateriais essenciais ao seu desenvolvimento físico e também psicológico, aferindo o real destino do emprego da verba alimentar que paga mensalmente, pois ela é voltada para esse fim" alimentos (STJ, REsp 1.814.639/RS, Rel. Ministro Paulo de Tarso Sanseverino, Rel. p/ Acórdão Ministro Moura Ribeiro, 3ª Turma, j. em 26/05/2020).

§ 2º Prestadas as contas, o autor terá 15 (quinze) dias para se manifestar, prosseguindo-se o processo na forma do Capítulo X do Título I deste Livro.

Possibilidade de ampliação do prazo de 15 dias:

✓ EMPREITADA. PRESTAÇÃO DE CONTAS. DOCUMENTOS APRESENTADOS PELA RÉ APÓS O PRAZO DEVEM SER MANTIDOS NOS AUTOS. COMPLEXIDADE QUE JUSTIFICA A EXTEMPORANEIDADE. PRINCÍPIO DA EFETIVIDADE PROCESSUAL. PRECEDENTES NO TRIBUNAL. AGRAVO RETIDO NÃO PROVIDO. CONTESTAÇÃO DA RÉ PLEITEANDO A PROCEDÊNCIA DE SEUS ANEXOS CONTÁVEIS. DESIGNAÇÃO DE PERÍCIA APURANDO SALDO EM FAVOR DA RÉ. LAUDO PERICIAL MINUCIOSO E CONVINCENTE. VALORES CONSIDERADOS PELO PERITO COM BASE EM DOCUMENTOS CONTÁBEIS ASSINADOS POR CONTADOR, CUJA IDONEIDADE O AUTOR NÃO LOGROU AFASTAR. POSSIBILIDADE DE CONDENAÇÃO DO AUTOR. Natureza dúplice da ação de prestação de contas que se encontra disciplinada no artigo 552 do CPC/16 (art. 918 do CPC/73). Agravo retido não provido, recurso adesivo do autor não provido e apelo da ré provido. (TJSP; APL 0003991-12.2009.8.26.0602; Ac. 10689889; Sorocaba; Vigésima Sexta Câmara de Direito Privado; Rel. Des. Alfredo Attié; Julg. 10/08/2017; DJESP 22/08/2017; Pág. 2240)

✓ AGRAVO DE INSTRUMENTO. AÇÃO DE PRESTAÇÃO DE CONTAS. SEGUNDA FASE. DILAÇÃO DE PRAZO DEFERIDA PELO JUIZ DE PRIMEIRO GRAU. A decisão que julgar procedente o pedido condenará o réu a prestar as contas no prazo de 15 (quinze) dias, sob pena de não lhe ser lícito impugnar as que o autor apresentar. Artigo 550, § 5º, do CPC. Caso em que o julgador singular deferiu pedido de dilação de prazo efetuado pela instituição financeira, razão pela qual não há falar em intempestividade das contas apresentadas. Agravo de instrumento desprovido. Unânime. (TJRS; AI 0188985-50.2017.8.21.7000; São Borja; Vigésima Terceira Câmara Cível; Rel. Des. Clademir José Ceolin Missaggia; Julg. 29/08/2017; DJERS 08/09/2017)

A extemporaneidade da manifestação do autor acerca das contas apresentadas pelo réu não enseja, por si só, a regularidade destas:

✓ APELAÇÃO CÍVEL. PROCESSO CIVIL. IMPUGNAÇÃO À PRESTAÇÃO DE CONTAS. INTEMPESTIVIDADE. EFEITOS DA REVELIA. AUSÊNCIA. ÔNUS DA PROVA. ART. 373, DO CPC. 1. A manifestação do autor acerca das contas prestadas pelo réu, ainda que apresentada fora do prazo de quinze (15) dias, conforme determinado pelo art. 550, § 2º, do CPC, não enseja a declaração de regularidade das contas apresentadas pelo réu. 2. O ônus da prova incumbe ao réu, quanto à existência de fato impeditivo, modificativo ou extintivo do direito do autor, nos termos do art. 373, do CPC. 3. Apelo não provido. (TJDF; APC 2015.14.1.003550-6; Ac. 104.8763; Quarta Turma Cível; Rel. Des. Arnoldo Camanho; Julg. 20/09/2017; DJDFTE 27/09/2017)

§ 3º A impugnação das contas apresentadas pelo réu deverá ser fundamentada e específica, com referência expressa ao lançamento questionado.

Há preclusão quando a parte ré não impugna as contas apresentadas pela autora, não sendo cabível a impugnação apenas em grau recursal:

✓ PROCESSO CIVIL. PRESTAÇÃO DE CONTAS. PRIMEIRA FASE. DOCUMENTAÇÃO IDÔNEA. AUSÊNCIA DE IMPUGNAÇÃO. 1. Entende-se cumprido o dever de prestar contas, se as informações prestadas pela autora, inventariante, e os documentos por ela acostados atestam que os valores apresentados foram devidamente gastos na administração dos bens do espólio. 2. Não é cabível à ré impugnar as contas apresentadas pela autora somente em grau recursal, em face da preclusão que se operou. Inteligência do artigo 550, § 3º do Código de Processo Civil. 3. Recurso conhecido e desprovido. (TJDF; APC 2015.01.1.114188-2; Ac. 105.0450; Terceira Turma Cível; Relª Desª Maria de Lourdes Abreu; Julg. 27/09/2017; DJDFTE 05/10/2017)

§ 4º Se o réu não contestar o pedido, observar-se-á o disposto no art. 355.

Quando há anuência do réu em relação ao dever de prestar contas, a ação processa-se em fase única, com o imediato julgamento das contas:

✓ APELAÇÃO CÍVEL. PRESTAÇÃO DE CONTAS. AUSÊNCIA DE FUNDAMENTAÇÃO. CERCEAMENTO DE DEFESA. INOCORRÊNCIA. RECONHECIMENTO PELO INVENTARIANTE DO DEVER DE PRESTAR CONTAS. PROCESSAMENTO EM ÚNICA FASE. ART. 550, § 4º, DO CPC. PERÍCIA CONTÁBIL. CORREÇÃO DAS CONTAS PRESTADAS. MANUTENÇÃO DA SENTENÇA. 1. Inocorrência, no caso, de cerceamento de defesa, pois a parte autora foi devidamente intimada do encerramento da instrução, sem apresentar oportuna insurgência. 2. A fundamentação concisa da sentença não implica malferimento ao disposto no artigo 93, IX, da CF/88 e nos artigos 11 e 489, ambos do CPC. 3. Tendo o réu anuído com o dever de prestar contas, a ação processa-se em fase única, com o imediato julgamento das contas, na esteira do que dispõe o art. 915, §§ 1º e 3º, do CPC. 4. Constatando a prova pericial produzida nos autos que as contas apresentadas pelo inventariante estão corretas, sopesada a inexistência de prova acerca da indigitada sonegação de receitas, deve ser mantida hígida a sentença que as julgou boas. Preliminares rejeitadas. Apelo desprovido. (TJRS; AC 0246348-92.2017.8.21.7000; Porto Alegre; Oitava Câmara Cível; Rel. Des. Ricardo Moreira Lins Pastl; Julg. 28/09/2017; DJERS 05/10/2017)

§ 5º A decisão que julgar procedente o pedido condenará o réu a prestar as contas no prazo de 15 (quinze) dias, sob pena de não lhe ser lícito impugnar as que o autor apresentar.

O prazo de 15 dias para o réu cumprir a condenação da primeira fase da ação de exigir contas começa a fluir a partir da intimação do réu, na pessoa do seu advogado

✓ RECURSO ESPECIAL. PROCESSUAL CIVIL. AÇÃO DE EXIGIR CONTAS. PRIMEIRA FASE. PEDIDO INICIAL JULGADO PROCEDENTE. TERMO INICIAL DO PRAZO PARA O RÉU PRESTAR AS CONTAS. INTIMAÇÃO DA DECISÃO. RECURSO ESPECIAL DESPROVIDO. 1. A controvérsia posta no presente recurso especial está em definir o termo inicial do prazo de 15 (quinze) dias, previsto no art. 550, § 5º, do CPC/2015, para o réu cumprir a condenação da primeira fase do procedimento de exigir contas.(...) 3. À luz do atual Código de Processo Civil, o pronunciamento que julga procedente a primeira fase da ação de exigir contas tem natureza jurídica de decisão interlocutória de mérito, recorrível por meio de agravo de instrumento. Precedente. 4. Por essa razão, a contagem do prazo previsto no art. 550, § 5º, do CPC/2015 começa a fluir automaticamente a partir da intimação do réu, na pessoa do seu advogado, acerca da respectiva decisão, porquanto o recurso cabível contra o decisum, em regra, não tem efeito suspensivo (art. 995 do CPC/2015). 5. Em relação à forma da intimação da decisão que julga procedente a primeira fase do procedimento de exigir contas, a jurisprudência desta Corte firmou-se no sentido de que deve ser realizada na pessoa do patrono do demandado, sendo desnecessária a intimação pessoal do réu, ante a ausência de amparo legal. 6. Recurso especial conhecido e desprovido. (REsp 1847194/MS, Rel. Min. Marco Aurélio Bellizze, Terceira Turma, julgado em 16/03/2021, DJe 23/03/2021).

Não cabe aplicação de multa diária ao réu no caso de apresentação de documentação imprópria para a prestação de contas:

✓ APELAÇÃO CÍVEL DO RÉU. AÇÃO DE PRESTAÇÃO DE CONTAS EM SEGUNDA FASE. RAZÕES RECURSAIS DISSOCIADAS DOS FUNDAMENTOS DA SENTENÇA. OFENSA AO PRINCÍPIO DA DIALETICIDADE. RECURSO NÃO CONHECIDO. I. Segundo o princípio da dialeticidade as razões recursais devem demonstrar a insurgência contra os motivos do decisum que pretende modificar, com apresentação dos fatos e fundamentos jurídicos que, no entendimento da parte, permitam o conhecimento e provimento do recurso. Diante disso, apresentadas razões de recurso com fundamentos absolutamente dissociados das razões da sentença, impõe-se o não conhecimento do recurso. AGRAVO RETIDO DO AUTOR. APLICAÇÃO DE MULTA DIÁRIA PELA NÃO APRESENTAÇÃO DE DOCUMENTOS HÁBEIS À PRESTAÇÃO DE CONTAS. DESCABIMENTO. AGRAVO CONHECIDO E NÃO PROVIDO. APELAÇÃO DO AUTOR. AUSÊNCIA DE PRESTAÇÃO DE CONTAS DO BANCO RÉU. CÉDULAS DE CRÉDITO RURAL SEM COMPROVAÇÃO A JUSTIFICAR OS DÉBITOS EM CONTA CORRENTE. RESSARCIMENTO NECESSÁRIO. AUSÊNCIA DE DEMONSTRAÇÃO DE MÁ-FÉ NOS DÉBITOS LANÇADOS INDEVIDAMENTE. DESCABIMENTO DA DEVOLUÇÃO EM DOBRO. RECURSO CONHECIDO E PROVIDO EM PARTE. I. Se o agravado apresentou documentação imprópria ou imprestável para a finalidade da prestação de contas, não se lhe deve aplicar multa diária, uma vez que sua penalidade já será a impossibilidade de impugnar as contas que o autor apresentar, nos termos dos §§ 4º e 5º do art. 550 do CPC-15 (art. 915, § 2º, do CPC-73). II. Não há de se falar em ônus do autor, de apresentar os documentos comprobatórios de sua pretensão de prestação de contas. Tal ônus é do Banco réu que tem a responsabilidade pela gestão da conta corrente do autor. Se o réu não trouxe aos autos a documentação comprobatória da prestação de contas, ao autor cabe apenas apresentar suas próprias contas, nos termos do art. 550, § 6º, in fine, do CPC-15 (art. 915, § 3º, in fine, do CPC-73). Com a apresentação de contas pelo autor, impõe-se o reconhecimento de que os débitos relacionados às cédulas de crédito rural foram lançados indevidamente em sua conta corrente. III. A restituição em dobro dos valores indevidamente cobrados pressupõe a má-fé do credor, o que não restou comprovado no caso concreto. IV. Recurso conhecido e provido em parte. (TJMS; APL 0811996-81.2002.8.12.0001; Segunda Câmara Cível; Rel. Des. Alexandre Bastos; DJMS 03/10/2017; Pág. 100)

Natureza do pronunciamento judicial que encerra a primeira fase e recurso cabível:

✓ AGRAVO INTERNO. EMBARGOS DE DECLARAÇÃO. RECURSO ESPECIAL. AÇÃO DE EXIGIR CONTAS (ART. 550, § 5º, DO CPC/2015). DECISÃO QUE, NA PRIMEIRA FASE, JULGA PROCEDENTE O PEDIDO PARA O FIM DE CONDENAR A PARTE A PRESTAR AS CONTAS. RECURSO CABÍVEL. AGRAVO DE INSTRUMENTO. EXISTÊNCIA DE DÚVIDA OBJETIVA. PRINCÍPIO DA FUNGIBILIDADE. APLICAÇÃO. 1. A jurisprudência do STJ firmou o entendimento no sentido de que "o ato judicial que encerra a primeira fase da ação de exigir contas possuirá, a depender de seu conteúdo, diferentes naturezas jurídicas: se julgada procedente a primeira fase da ação de exigir contas, o ato judicial será decisão interlocutória com conteúdo de decisão parcial de mérito, impugnável por agravo de instrumento; se julgada improcedente a primeira fase da ação de exigir contas ou se extinto o processo sem a resolução de seu mérito, o ato judicial será sentença, impugnável por apelação", todavia, "Havendo dúvida objetiva acerca do cabimento do agravo de instrumento ou da apelação, consubstanciada em sólida divergência doutrinária e em reiterado dissídio jurisprudencial no âmbito do 2º grau de jurisdição, deve ser afastada a existência de erro grosseiro, a fim de que se aplique o princípio da fungibilidade recursal" (REsp 1.746.337/RS, Rel. Ministra NANCY ANDRIGHI, TERCEIRA TURMA, julgado em 9.4.2019, DJe de 12.4.2019). 2. Agravo interno a que se nega provimento. (AgInt nos EDcl no REsp 1831900/PR, Rel. Ministra MARIA ISABEL GALLOTTI, QUARTA TURMA, julgado em 20/04/2020, DJe 24/04/2020)

✓ RECURSO ESPECIAL. PROCESSUAL CIVIL. AÇÃO DE EXIGIR CONTAS (CPC/2015, ART. 550, § 5º). DECISÃO QUE, NA PRIMEIRA FASE, JULGA PROCEDENTE A EXIGÊNCIA DE CONTAS. RECURSO CABÍVEL. MANEJO DE AGRAVO DE INSTRUMENTO (CPC, ART. 1.015, II). DÚVIDA FUNDADA. FUNGIBILIDADE RECURSAL. APLICAÇÃO. RECURSO PROVIDO. 1. Havendo dúvida fundada e objetiva acerca do recurso cabível e inexistindo ainda pronunciamento judicial definitivo acerca do tema, deve ser aplicado o princípio da fungibilidade recursal. 2. Na hipótese, a matéria é ainda bastante controvertida tanto na doutrina como na jurisprudência, pois trata-se de definir, à luz do Código de Processo Civil de 2015, qual o recurso cabível contra a decisão que julga procedente, na primeira fase, a ação de exigir contas (arts. 550 e 551), condenando o réu a prestar as contas exigidas. 3. Não acarretando a decisão o encerramento do processo, o recurso cabível será o agravo de instrumento (CPC/2015, arts. 550, § 5º, e 1.015, II). No caso contrário, ou seja, se a decisão produz a extinção do processo, sem ou com resolução de mérito (arts. 485 e 487), aí sim haverá sentença e o recurso cabível será a apelação. 4. Recurso especial provido. (REsp 1680168/SP, Rel. Ministro MARCO BUZZI, Rel. p/ Acórdão Ministro RAUL ARAÚJO, QUARTA TURMA, julgado em 09/04/2019, DJe 10/06/2019)

✓ AGRAVO INTERNO NO AGRAVO EM RECURSO ESPECIAL. PROCESSUAL CIVIL. NÃO INCIDÊNCIA DA SÚMULA 182/STJ. RECONSIDERAÇÃO DA DECISÃO DA PRESIDÊNCIA. AÇÃO DE EXIGIR CONTAS. DECISÃO QUE, NA PRIMEIRA FASE, JULGA PROCEDENTE A EXIGÊNCIA DE CONTAS. RECURSO CABÍVEL. AGRAVO DE INSTRUMENTO (CPC/2015, ART. 1.015, II). PRESTAÇÃO DE CONTAS EXIGIDA POR TITULAR DE CONTA CORRENTE (SÚMULA 259/STJ). FALTA DE INTERESSE DE AGIR. PEDIDO GENÉRICO. DESCABIMENTO. AGRAVO INTERNO PROVIDO. RECURSO ESPECIAL DESPROVIDO. 1. Agravo interno contra decisão da Presidência que conheceu do agravo para não conhecer do agravo em recurso especial, devido à ausência de impugnação específica dos óbices contidos na decisão de admissibilidade do recurso especial. Reconsideração. 2. Nos termos do entendimento firmado pelo Superior Tribunal de Justiça, o recurso cabível da decisão proferida na primeira fase da ação de exigir contas depende do conteúdo: "Não acarretando a decisão o encerramento do processo, o recurso cabível será o agravo de instrumento (CPC/2015, arts. 550, § 5º, e 1.015, II). No caso contrário, ou seja, se a decisão produz a extinção do processo, sem ou com resolução de mérito (arts. 485 e 487), aí sim haverá sentença e o recurso cabível será a apelação" (REsp 1.680.168/SP, Rel. p/ acórdão Ministro RAUL ARAÚJO, QUARTA TURMA, julgado em 09/04/2019, DJe de 10/06/2019). 3. Nos termos da Súmula 259/STJ, o correntista tem interesse e legitimidade para propor ação de prestação de contas. Não se admite, contudo, a formulação de pedido genérico. 4. A Quarta Turma, no julgamento do AgRg no REsp 1.203.021/PR, sob a relatoria da eminente Ministra MARIA ISABEL GALLOTTI, assentou entendimento quanto às especificidades que compõem o pedido em ação de prestação de contas, dispondo acerca da necessidade de que se demonstre o vínculo jurídico entre autor e réu, a delimitação temporal do objeto da pretensão e os suficientes motivos pelos quais se busca a prestação de contas, para que esteja demonstrado o interesse de agir do autor da ação. 5. No caso, o eg. Tribunal de origem, examinando as circunstâncias da causa, concluiu pelo descabimento da ação de exigir contas, sob o fundamento de que baseada em pedido genérico, circunstância que, na espécie, não pode ser aqui examinada, em vista da ausência da petição inicial. Consignou-se, ademais, a existência de ação idêntica referente à mesma conta corrente, fundamento que não foi rebatido no recurso especial (Súmula 283/STF). 6. Agravo interno provido para conhecer do agravo e negar provimento ao recurso especial. (AgInt no AREsp 1576551/SP, Rel. Ministro RAUL ARAÚJO, QUARTA TURMA, julgado em 04/05/2020, DJe 18/05/2020)

✓ AGRAVO INTERNO NO RECURSO ESPECIAL. AÇÃO DE EXIGIR CONTAS. PRIMEIRA FASE. PROCEDÊNCIA. RECURSO. AGRAVO DE INSTRUMENTO. 1. Recurso especial interposto contra acórdão publicado na vigência do Código de Processo Civil de 2015 (Enunciados Administrativos nºs 2 e 3/STJ). 2. O ato judicial que julga procedente a primeira fase da ação de exigir contas tem natureza interlocutória (decisão parcial de mérito), sendo impugnável por agravo de instrumento. Precedente. 3. Agravo interno não provido. (AgInt no REsp 1748472/SP, Rel. Ministro RICARDO VILLAS BÔAS CUEVA, TERCEIRA TURMA, julgado em 19/08/2019, DJe 27/08/2019)

Não é possível a elaboração de nova perícia posteriormente à decisão do art. 550, § 5º:

✓ PRESTAÇÃO DE CONTAS. INÉRCIA DA INSTITUIÇÃO BANCÁRIA NA APRESENTAÇÃO DE CONTAS. PRECLUSÃO RECONHECIDA NO JULGAMENTO DO RECURSO DE APELAÇÃO DA INSTITUIÇÃO BANCÁRIA. Inteligência do artigo 550, parágrafo 5º, do CPC. Apuração, pela agravada, do quantum devido, seguida da realização de perícia contábil. Descontentamento da instituição bancária com o valor apurado. Pretensão à elaboração de um segundo laudo pericial contábil a fim de apurar se aquelas contas estão corretas. Negativa judicial. Manutenção da r. Decisão fustigada, sob pena de afronta à coisa julgada. Recurso improvido. (TJSP; AI 2097567-07.2017.8.26.0000; Ac. 10628743; Osasco; Vigésima Segunda Câmara de Direito Privado; Rel. Des. Sérgio Rui; Julg. 27/07/2017; DJESP 03/08/2017; Pág. 2179)

§ 6º Se o réu apresentar as contas no prazo previsto no § 5º, seguir-se-á o procedimento do § 2º, caso contrário, o autor apresentá-las-á no prazo de 15 (quinze) dias, podendo o juiz determinar a realização de exame pericial, se necessário.

Art. 551. As contas do réu serão apresentadas na forma adequada, especificando-se as receitas, a aplicação das despesas e os investimentos, se houver.

A mera apresentação de extratos bancários não configura prestação de contas:

✓ PRESTAÇÃO DE CONTAS. EXIBIÇÃO DE EXTRATOS BANCÁRIOS DETALHADOS. PROCEDÊNICA. Apelação. Inteligência do Art. 550 do CPC. Ação de prestação cabível para a discussão posterior dos valores cobrados pela instituição financeira. Presente o interesse de agir. A apresentação dos extratos mensais pelo banco mostra-se insuficiente. Necessidade da exata compreensão dos encargos e lançamentos que compõem o débito. Remanesce o interesse do titular da conta bancária de obter do banco a prestação de contas. Entendimento do Art. 551 do CPC. Especificação completa das taxas e dos juros cobrados pelo banco. Decisão mantida. Recurso desprovido. (TJSP; APL 1015436-27.2016.8.26.0032; Ac. 10797907; Araçatuba; Vigésima Primeira Câmara de Direito Privado; Rel. Des. Virgilio de Oliveira Junior; Julg. 18/09/2017; DJESP 27/09/2017; Pág. 2159)

§ 1º Havendo impugnação específica e fundamentada pelo autor, o juiz estabelecerá prazo razoável para que o réu apresente os documentos justificativos dos lançamentos individualmente impugnados.

§ 2º As contas do autor, para os fins do art. 550, § 5º, serão apresentadas na forma adequada, já instruídas com os documentos justificativos, especificando-se as receitas, a aplicação das despesas e os investimentos, se houver, bem como o respectivo saldo.

A mera apresentação das contas pelo autor não impede a produção de prova pericial

✓ AGRAVO DE INSTRUMENTO. Ação de prestação de contas. Segunda fase. Determinação ex officio de realização de prova pericial. Pertinência. Faculdade atribuída ao juiz pelo artigo 550, § 6º, do código de processo civil. Livre convencimento motivado. Contas apresentada pela parte autora, em virtude da inércia da parte requerida, de forma estimativa e insuficiente. Honorários periciais. Rateio entre as partes. Inteligência do artigo 95 do código de processo civil. Decisão modificada. Recurso conhecido e parcialmente provido. (TJPR; Ag Instr 1682511-3; Londrina; Sétima Câmara Cível; Relª Desª Joeci Machado Camargo; Julg. 19/09/2017; DJPR 03/10/2017; Pág. 149)

Art. 552. A sentença apurará o saldo e constituirá título executivo judicial.

É possível que a prestação de contas demonstre a existência de saldo zero:

✓ ADMINISTRATIVO. APELAÇÃO. PRESTAÇÃO DE CONTAS. O expert oficial integrante do Núcleo de Contadoria Judicial fez uma análise pericial detida de todos os documentos e do próprio processo nº 2000.71.12000564-9, chegando à conclusão de que os valores das duas contas pertinentes ao extinto Banco Nacional S.A. Já foram efetivamente recebidos pelo autor, na data de 10.11.2003 (R$ 215,14 e R$ 24.904,48, consoante os extratos anexados no evento 7 - OUT2 - fls. 3 e 5). Além disso, outras importâncias apontadas nos referidos extratos bancários (evento 7 - fl. 18) foram sacadas pelo autor (10/05/1990 e 11/10/1990), precisamente, as quantias de Cr$ 11.020,16; Cr$ 865.240,98 e Cr$ 11.939,94, respectivamente. Sendo assim, após a manifestação do perito judicial, o qual avaliou com detida lucidez os dados fáticos, nada resta senão concluir que, uma vez cumprida a finalidade da prestação de contas, justamente, esclarecer o estado de coisas, não há saldo credor a se declarar em favor do ora autor, a teor do art. 552 do CPC/2015. Na realidade, diferente da 1ª Fase, o debate aqui levado a efeito, em torno das contas apresentadas, exige pronunciamento judicial a respeito da qualidade da prestação de contas e se há saldo credor - e de que valor - a alcançar àquele que exigiu as contas. Como conclusão, consideramos suficientes as contas apresentadas pelas instituições financeiras requeridas para demonstrar que todos os valores depositados nas contas vinculadas ao FGTS de titularidade do autor foram sacados, não havendo importâncias remanescentes em seu favor (saldo credor zero). (TRF 4ª R.; AC 5037317-18.2012.404.7100; RS; Quarta Turma; Rel. Des. Fed. Luís Alberto d'Azevedo Aurvalle; Julg. 05/04/2017; DEJF 07/04/2017)

Considera-se não fundamentada a sentença que não apura o saldo na segunda fase da ação de exigir contas:

✓ PROCESSO CIVIL. AÇÃO DE PRESTAÇÃO DE CONTAS. PRELIMINAR DE NULIDADE DA SENTENÇA. AUSÊNCIA DE FUNDAMENTAÇÃO. SALDO NÃO APURADO. EXIGÊNCIA PREVISTA NO ART. 552, CPC/2015. SENTENÇA CASSADA. 1. A segunda fase da ação de prestação de contas, nomeada como ação de exigir contas no novo diploma processual, exige a apuração do saldo referente às contas prestadas, constituindo título executivo judicial, nos termos do artigo 552 do CPC/2015. 2. A inexistência de saldo, seja ele positivo, negativo ou nulo, no dispositivo da r. Sentença que julga a segunda fase da ação de exigir contas, acarreta nulidade por ausência de fundamentação e por ausência de elemento essencial, nos termos do art. 489, inciso III, do CPC/2015. 3. Preliminar de nulidade da sentença por ausência de fundamentação suscitada de ofício. Sentença cassada (TJDF; APC 2014.01.1.134855-5; Ac. 100.2036; Quinta Turma Cível; Rel. Des. Josaphá Francisco dos Santos; Julg. 08/03/2017; DJDFTE 23/03/2017)

A decisão que apura o saldo, homologando os cálculos, tem natureza sentença:

✓ AGRAVO DE INSTRUMENTO. AÇÃO DE PRESTAÇÃO DE CONTAS. INSURGÊNCIA CONTRA A DECISÃO QUE APUROU SALDO EM FAVOR DO AUTOR, HOMOLOGANDO CÁLCULOS DO CONTADOR. Pronunciamento judicial que põe fim à segunda fase do processo. Inteligência do artigo 552, do CPC/15. Via recursal eleita inadequada. Decisão que deveria ter sido atacada por apelação. Recurso não conhecido. (TJRJ; AI 0005120-29.2017.8.19.0000; Valença; Nona Câmara Cível; Rel. Des. José Roberto Portugal Compasso; Julg. 04/07/2017; DORJ 06/07/2017; Pág. 248)

Art. 553. As contas do inventariante, do tutor, do curador, do depositário e de qualquer outro administrador serão prestadas em apenso aos autos do processo em que tiver sido nomeado.

Prestação de contas decorrente de relação jurídica de inventariança não deve observar o procedimento especial bifásico. As contas do inventariante devem ser prestadas em apenso aos autos do inventário:

✓ CIVIL. PROCESSUAL CIVIL. AÇÃO DE PRESTAÇÃO DE CONTAS. INVENTÁRIO. FALECIMENTO DO INVENTARIANTE. DESNECESSIDADE DE PROPOSITURA DE AÇÃO AUTÔNOMA. PRESTAÇÃO DE CONTAS EM APENSO AO INVENTÁRIO. DIREITO DE EXIGIR CONTAS E DEVER DE PRESTAR CONTAS QUE DECORREM DA LEI. TRANSMISSIBILIDADE DA AÇÃO EM VIRTUDE DO FALECIMENTO DO INVENTARIANTE. POSSIBILIDADE. ATIVIDADE COGNITIVA E INSTRUTÓRIA NA AÇÃO DE PRESTAÇÃO DE CONTAS ANTES DO FALECIMENTO. APURAÇÃO DE CRÉDITO, DÉBITO OU SALDO QUE MODIFICAM O CARÁTER DA AÇÃO, DE PERSONALÍSSIMA PARA ESSENCIALMENTE PATRIMONIAL. SUCESSÃO PELOS HERDEIROS. POSSIBILIDADE. 1- Ação distribuída em 18/03/2010. Recurso especial interposto em 20/04/2017 e atribuídos à Relatora em 12/04/2018. 2- O propósito recursal é definir se a ação de prestação de contas deve ser extinta sem resolução de mérito em virtude do falecimento, durante a tramitação da ação, do sujeito passivo legitimado a prestá-las. 3- A prestação de contas decorrente de relação jurídica de inventariança não deve observar o procedimento especial bifásico previsto para a ação autônoma de prestação de contas, na medida em que se dispensa a primeira fase - acertamento da legitimação processual consubstanciada na existência do direito de exigir ou prestar contas - porque, no inventário, o dever de prestar contas decorre de expressa previsão legal (art. 991, VII, do CPC/73; art. 618,

VII, do CPC/15) e deve ser prestado em apenso ao inventário (art. 919, 1ª parte, do CPC/73; art. 553, caput, do CPC/15). 4- Tendo sido realizada, na ação autônoma de prestação de contas, atividade cognitiva e instrutória suficiente para a verificação acerca da existência de crédito, débito ou saldo, revela-se irrelevante, para fins de transmissibilidade da ação, que tenha havido o posterior falecimento do inventariante, pois, a partir do referido momento, a ação de prestação de contas modifica a sua natureza personalíssima para um caráter marcadamente patrimonial passível de sucessão processual pelos herdeiros. Precedentes. 5- Na hipótese, foi ajuizada ação autônoma de prestação de contas em face de inventariante que, citado, reconheceu o dever de prestar contas e limitou a sua defesa ao fato de que os títulos da dívida agrária que deveriam ser objeto de partilha não mais existiriam, circunstância fática não corroborada pela prova documental produzida antes do falecimento do inventariante, não se devendo confundir a relação jurídica de direito material consubstanciada na inventariança, que evidentemente se extinguiu com o falecimento da parte, com a relação jurídica de direito processual em que se pleiteia aferir se o inventariante exerceu adequadamente seu encargo, passível de sucessão processual pelos herdeiros. 6- Recurso especial conhecido e provido. (REsp 1776035/SP, Rel. Ministra NANCY ANDRIGHI, TERCEIRA TURMA, julgado em 16/06/2020, DJe 19/06/2020)

Inadmissibilidade da prestação de contas nos autos de processo de inventário nas hipóteses de maior complexidade:

✓ APELAÇÃO CÍVEL. INVENTÁRIO. COLAÇÃO. BENS SONEGADOS. PROVA. AUSÊNCIA. PEDIDO DE PRESTAÇÃO DE CONTAS. VIA INADEQUADA. RECURSO NÃO PROVIDO. 1. Inexistindo comprovação do recebimento de bem em adiantamento de legítima, incabível determinar a sua colação, mormente quando o bem sequer se encontra individualizado. 2. As ações de prestação de contas devem ser solucionadas em procedimento incidental a ser instaurado pelas apelantes, conforme previsto no artigo 553 do CPC/2015, o que não autoriza a solução da matéria nestes autos do processo de inventário. (TJMG; APCV 1.0024.09.499671-7/001; Rel. Des. Edilson Olímpio Fernandes; Julg. 18/07/2017; DJEMG 28/07/2017)

Há interesse de agir do inventariante na ação de prestação de contas

✓ Ação de prestação de contas. Interesse de agir do inventariante. Natureza dúplice da demanda. CPC/2015. Na vigência do CPC/2015, remanesce o interesse de agir do inventariante na ação de prestação de contas, mantido o caráter dúplice da demanda. (REsp 1.707.014/MT, Rel. Min. Luis Felipe Salomão, Quarta Turma, julgado em 02/03/2021)

Parágrafo único. Se qualquer dos referidos no caput for condenado a pagar o saldo e não o fizer no prazo legal, o juiz poderá destituí-lo, sequestrar os bens sob sua guarda, glosar o prêmio ou a gratificação a que teria direito e determinar as medidas executivas necessárias à recomposição do prejuízo.

CAPÍTULO III
DAS AÇÕES POSSESSÓRIAS

Seção I
Disposições Gerais

Art. 554. A propositura de uma ação possessória em vez de outra não obstará a que o juiz conheça do pedido e outorgue a proteção legal correspondente àquela cujos pressupostos estejam provados.

Valor da causa nas ações possessórias:

✓ PROCESSUAL CIVIL. AGRAVO INTERNO NOS EMBARGOS DE DECLARAÇÃO NO RECURSO ESPECIAL. AÇÃO DE REINTEGRAÇÃO DE POSSE. VALOR DA CAUSA. BENEFÍCIO ECONÔMICO. ACÓRDÃO RECORRIDO EM CONSONÂNCIA COM JURISPRUDÊNCIA DESTA CORTE. SÚMULA N. 83 DO STJ. DECISÃO MANTIDA. 1. Nos termos da jurisprudência desta Corte, nas ações possessórias, ainda que sem proveito econômico imediato, o valor da causa deve corresponder ao benefício patrimonial pretendido pelo autor. 2. Inadmissível o recurso especial quando o entendimento adotado pelo Tribunal de origem coincide com a jurisprudência do STJ (Súmula n. 83/STJ). 3. Agravo interno a que se nega provimento. (AgInt nos EDcl no REsp 1772169/AM, Rel. Ministro ANTONIO CARLOS FERREIRA, QUARTA TURMA, julgado em 19/10/2020, DJe 26/10/2020)

Possibilidade do mesmo imóvel ser objeto de mais de uma possessória:

✓ AGRAVO INTERNO NO CONFLITO DE COMPETÊNCIA. AUSÊNCIA DE MANIFESTAÇÃO EXPRESSA DE DOIS OU MAIS JUÍZOS ACERCA DE SUA COMPETÊNCIA OU DE SUA INCOMPETÊNCIA. ART. 66 DO CPC. DESCABIMENTO. ATUAÇÃO EM SUA ESFERA DE COMPETÊNCIA. AGRAVO NÃO PROVIDO. 1. Para caracterizar-se o conflito de competência é indispensável a manifestação expressa de dois ou mais juízos que se considerem competentes ou incompetentes para processar e julgar a mesma demanda. (AgRg no CC 113.767/DF, Rel. Ministro CASTRO MEIRA, CORTE ESPECIAL, julgado em 01/07/2011, DJe 14/10/2011). 2. A homologação de acordo judicial em que se entabula dação em pagamento de bem imóvel não o torna imune eternamente à processos de execuções futuras ou mesmo a constatação de fraude contra credores. 3. O mesmo imóvel pode, simultaneamente, ser objeto de diversas relações jurídicas e demandas judiciais, a exemplo de ações possessórias, partilha em inventário, direito de vizinhança, execução trabalhista ou civil, podendo ser objeto de múltiplas penhoras. 4. Agravo interno não provido. (AgInt no CC 169.413/SP, Rel. Ministro LUIS FELIPE SALOMÃO, SEGUNDA SEÇÃO, julgado em 01/09/2020, DJe 09/09/2020)

Impossibilidade de se converter demanda petitória em possessória:

✓ APELAÇÃO CÍVEL. POSSE (BENS IMÓVEIS). AÇÃO REVINDICATÓRIA. PRESSUPOSTOS NÃO OBSERVADOS. AUSÊNCIA DE PROPRIEDADE REGISTRAL POR PARTE DOS AUTORES. MATRÍCULA NO REGISTRO DE IMÓVEIS EM NOME DO MUNICÍPIO DE CAXIAS DO SUL. PRINCÍPIO DA FUNGIBILIDADE INAPLICÁVEL NA ESPÉCIE. NATUREZA DISTINTA DE AÇÕES. Não possuindo os autores a propriedade registral do imóvel objeto da lide, não há falar em ação reivindicatória, uma vez que a demanda adequada à busca do bem da vida almejado no presente feito é a ação de reintegração de posse. Inadmissão do princípio da fungibilidade ao caso concreto, porquanto a natureza das ações não guarda identidade, sendo a primeira petitória e a segunda possessória. Inteligência do art. 554 do CPC. Ação extinta, de ofício. Apelos prejudicados. (TJRS; AC 0093729-80.2017.8.21.7000; Caxias do Sul; Décima Sétima Câmara Cível; Relª Desª Marta Borges Ortiz; Julg. 26/09/2017; DJERS 10/10/2017)

Demanda possessória e ação de usucapião:

✓ AGRAVO INTERNO NO AGRAVO EM RECURSO ESPECIAL. AÇÃO POSSESSÓRIA E AÇÃO DE USUCAPIÃO. PREJUDICIALIDADE EXTERNA. NÃO OCORRÊNCIA. 1. O STJ possui entendimento de que não há prejudicialidade externa que justifique a suspensão da demanda possessória até que se julgue a ação de usucapião. Precedentes. 2. Agravo Interno não provido. (AgInt no AREsp 1637772/SP, Rel. Ministro LUIS FELIPE SALOMÃO, QUARTA TURMA, julgado em 24/08/2020, DJe 31/08/2020)

§ 1º No caso de ação possessória em que figure no polo passivo grande número de pessoas, serão feitas a citação pessoal dos ocupantes que forem encontrados no local e a citação por edital dos demais, determinando-se, ainda, a intimação do Ministério Público e, se envolver pessoas em situação de hipossuficiência econômica, da Defensoria Pública.

Citação do cônjuge da parte ré:

✓ PROCESSUAL CIVIL. CIVIL. AGRAVO INTERNO NO AGRAVO EM RECURSO ESPECIAL. REINTEGRAÇÃO DE POSSE. CITAÇÃO DO CÔNJUGE. ART. 10, § 2º, DO CPC/1973. ACÓRDÃO RECORRIDO EM CONSONÂNCIA COM JURISPRUDÊNCIA DESTA CORTE. SÚMULA N. 83 DO STJ. DECISÃO MANTIDA. 1. Segundo a jurisprudência do STJ, em regra, nas ações possessórias não há necessidade de citação do cônjuge da parte ré, salvo nos casos de composse ou de ato praticado por ambos os cônjuges. (...) (AgInt no AREsp 1576096/GO, Rel. Ministro ANTONIO CARLOS FERREIRA, QUARTA TURMA, julgado em 30/03/2020, DJe 01/04/2020)

Ações possessórias de litígio coletivo e citação:

✓ RECURSO ESPECIAL. DIREITO PROCESSUAL CIVIL. REINTEGRAÇÃO DE POSSE. INVASÃO COLETIVA DE IMÓVEL POR NÚMERO INDETERMINADO DE PESSOAS. CITAÇÃO POR EDITAL DOS INVASORES NÃO ENCONTRADOS PELO OFICIAL DE JUSTIÇA. NECESSIDADE. LITISCONSÓRCIO PASSIVO MULTITUDINÁRIO FORMADO POR RÉUS INCERTOS. AUSÊNCIA DE CITAÇÃO FICTA. NULIDADE DO FEITO. 1. É firme a jurisprudência do STJ no sentido de que a ausência de intimação do Ministério Público não enseja, por si só, a decretação de nulidade do julgado, salvo a ocorrência de efetivo prejuízo demonstrado nos autos. 2. Nas ações possessórias voltadas contra número indeterminado de invasores de imóvel, faz-se obrigatória a citação por edital dos réus incertos. 3. O CPC/2015, visando adequar a proteção possessória a tal realidade, tendo em conta os interesses público e social inerentes a esse tipo de conflito coletivo, sistematizou a forma de integralização da relação jurídica, com o fito de dar a mais ampla publicidade ao feito, permitindo que o magistrado se valha de qualquer meio para esse fim. 4. O novo regramento autoriza a propositura de ação em face de diversas pessoas indistintamente, sem que se identifique especificamente cada um dos invasores (os demandados devem ser determináveis e não obrigatoriamente determinados), bastando a indicação do local da ocupação para permitir que o oficial de justiça efetue a citação daqueles que forem lá encontrados (citação pessoal), devendo os demais serem citados presumidamente (citação por edital). 5. Na hipótese, deve ser reconhecida a nulidade de todos os atos do processo, em razão da falta de citação por edital dos ocupantes não identificados. 6. Recurso especial provido. (REsp 1314615/SP, Rel. Ministro LUIS FELIPE SALOMÃO, QUARTA TURMA, julgado em 09/05/2017, DJe 12/06/2017)

Intimação Defensoria e MP:

✓ PROCESSUAL CIVIL. INTERVENÇÃO DO MINISTÉRIO PÚBLICO E DA DEFENSORIA PÚBLICA. NECESSIDADE. REVISÃO. MATÉRIA FÁTICO-PROBATÓRIA. INCIDÊNCIA DA SÚMULA 7/STJ. 1. Conforme consignado no decisum agravado, o Tribunal regional concluiu pela necessidade de intimação do Ministério Público e da Defensoria Pública para intervenção no feito, em razão de serem os recorridos pessoas hipossuficientes e muitos deles idosos em situação de risco, sendo certo que a revisão desse entendimento implica revisão do conjunto probatório dos autos, o que encontra óbice na Súmula 7 do Superior Tribunal de Justiça. 2. O Superior Tribunal de Justiça entende que é obrigatória a intervenção do Ministério Público nas ações que envolvam interesse de idoso, se comprovada a situação de risco de que cuida o art. 43 da Lei 10.741/2003. 3. Em que pese a inaplicabilidade do dispositivo ao feito, trazemos à reflexão importante questão envolvendo a normativa prevista no artigo 554, § 1º, CPC/2015, em que se exige a atuação da Defensoria Pública em casos como o presente: "§ 1º: No caso de ação possessória em que figure no polo passivo grande número de pessoas, serão feitas a citação pessoal dos ocupantes que forem encontrados no local e a citação por edital dos demais, determinando-se, ainda, a intimação do Ministério Público e, se envolver pessoas em situação de hipossuficiência econômica, da Defensoria Pública". Conclusão inafastável é que esse dispositivo busca concretizar a dignidade da pessoa humana, democratizando o processo, ao permitir a intervenção defensorial. O artigo almeja garantir e efetivar os princípios do contraditório e da ampla defesa de forma efetiva. 4. Importante destacar que a possibilidade de defesa dos vulneráveis, utilizando-se de meios judiciais e extrajudiciais, está prevista no art. 4º, XI, da LC 80/1994: "Art. 4º São funções institucionais da Defensoria Pública, dentre outras: (...) XI – exercer a defesa dos interesses individuais e coletivos da criança e do adolescente, do idoso, da pessoa portadora de necessidades especiais, da mulher vítima de violência doméstica e familiar e de outros grupos sociais vulneráveis que mereçam proteção especial do Estado". 5. A própria recorrente reconhece que não foi apresentada contestação, no caso, o que por si só comprova o prejuízo advindo da ausência de atuação da Defensoria Pública. 6. Quanto ao argumento acerca da inaplicabilidade do Estatuto do Idoso, não se pode conhecer da irresignação, pois a tese legal apontada não foi analisada pelo acórdão hostilizado. Ausente, portanto, o indispensável requisito do prequestionamento, o que atrai, por analogia, o óbice da Súmula 282 do STF: "É inadmissível o recurso extraordinário, quando não ventilada, na decisão recorrida, a questão federal suscitada". Acrescento que a recorrente não opôs Embargos de Declaração a fim de sanar possível omissão no julgado. 7. Agravo Interno não provido. (AgInt no REsp 1729246/AM, Rel. Ministro HERMAN BENJAMIN, SEGUNDA TURMA, julgado em 04/09/2018, DJe 20/11/2018)

§ 2º Para fim da citação pessoal prevista no § 1o, o oficial de justiça procurará os ocupantes no local por uma vez, citando-se por edital os que não forem encontrados.

§ 3º O juiz deverá determinar que se dê ampla publicidade da existência da ação prevista no § 1º e dos respectivos prazos processuais, podendo, para tanto, valer-se de anúncios em jornal ou rádio locais, da publicação de cartazes na região do conflito e de outros meios.

Art. 555. É lícito ao autor cumular ao pedido possessório o de:

I – condenação em perdas e danos;

Reintegração e perdas e danos de imóvel público, ocupado por servidor público:

✓ ADMINISTRATIVO E PROCESSUAL CIVIL. REINTEGRAÇÃO DE POSSE. OCUPAÇÃO IRREGULAR DE IMÓVEL PÚBLICO POR SERVIDOR PÚBLICO. SANÇÃO PREVISTA NA LEI 8.025/1990. 1. Trata-se, na origem, de Ação de Reintegração de Posse proposta pela União contra o recorrido, objetivando ser reintegrada na posse de imóvel e ser indenizada pelas perdas e danos decorrentes da ocupação indevida, com a cominação da multa, bem como das taxas de ocupação, despesas e gastos de manutenção e serviços. 2. O magistrado sentenciante concluiu indevido o pagamento de indenização equivalente ao valor locatício do imóvel, proporcional ao tempo da ocupação ilegal, tendo em vista que "a multa definida na Lei n. 8.025/90, já mencionada, constitui num forma de compensar a União pelo prazo que ficou impedida de exercer os direitos inerentes à propriedade". 3. O acórdão recorrido está em consonância com a orientação jurisprudencial do STJ, de que não cabe indenização por perdas e danos com base em eventual recebimento de aluguéis por ocupação irregular de imóvel. Não se aplicam na espécie institutos jurídicos próprios do Direito Civil decorrentes de relação contratual, mesmo porque cuidou o legislador de prever expressamente a sanção devida em caso de ocupação irregular de imóvel da União na Lei 8.025/1990, que regula a alienação e a ocupação dos bens imóveis de propriedade da União. 4. Estando o acórdão recorrido em sintonia com o atual entendimento do STJ, incide, in casu, o princípio estabelecido na Súmula 83/STJ: "Não se conhece do Recurso Especial pela divergência, quando a orientação do Tribunal se firmou no mesmo sentido da decisão recorrida." 5. Recurso Especial não conhecido. (REsp 1801129/DF, Rel. Ministro HERMAN BENJAMIN, SEGUNDA TURMA, julgado em 06/06/2019, DJe 19/06/2019)

II – indenização dos frutos.

Parágrafo único. Pode o autor requerer, ainda, imposição de medida necessária e adequada para:

I – evitar nova turbação ou esbulho;

II – cumprir-se a tutela provisória ou final.

A multa diária fixada de ofício:

✓ AGRAVO INTERNO. AGRAVO EM RECURSO ESPECIAL. AÇÃO POSSESSÓRIA. MANDADO DE REINTEGRAÇÃO. MULTA PARA O CASO DE DESCUMPRIMENTO DA DECISÃO. POSSIBILIDADE DE IMPOSIÇÃO DE OFÍCIO, PELO TRIBUNAL. 1. Os embargos de declaração só se prestam a sanar obscuridade, omissão ou contradição porventura existentes no acórdão, não servindo à rediscussão da matéria já julgada no recurso. 2. A multa diária pode ser cominada de ofício pelo magistrado, a fim de assegurar a efetividade da decisão. 3. Agravo interno a que se nega provimento. (AgInt no AREsp 802.388/RJ, Rel. Ministra MARIA ISABEL GALLOTTI, QUARTA TURMA, julgado em 22/08/2017, DJe 29/08/2017)

Art. 556. É lícito ao réu, na contestação, alegando que foi o ofendido em sua posse, demandar a proteção possessória e a indenização pelos prejuízos resultantes da turbação ou do esbulho cometido pelo autor.

É admitido pedido contraposto nas ações possessórias:

✓ APELAÇÃO CÍVEL. REINTEGRAÇÃO DE POSSE. DEFERIMENTO LIMINAR. BEM REINTEGRADO. PEDIDO JULGADO IMPROCEDENTE. COMPROVAÇÃO DE PAGAMENTO DA PARCELA E QUITAÇÃO CONTRATO. PEDIDO CONTRAPOSTO. POSSIBILIDADE. DEVOLUÇÃO VRG. CABIMENTO. DANO MORAL. EXISTENTE. HONORÁRIOS ADVOCATICIOS SUCUMBENCIAIS. ART. 85, §1º, DO CPC. A restituição dos valores pagos a título de VRG pode se dar através de pedido contraposto em ação possessória, privilegiando-se o princípio da economia processual e evitando-se a propositura de outras ações. O art. 556 do CPC também admite o pedido contraposto em ações possessórias. Se a rescisão do contrato se deveu à retomada indevida do bem, não permitindo ao arrendatário a opção de compra na forma pactuada, com a consequente reintegração de posse judicial do bem, será devolvido o VRG antecipado, devidamente atualizado. Restando evidenciada a conduta culposa gerando a reintegração de posse de um bem após a propositura de ação baseado em parcela paga e mais diante da quitação do contrato não impugnado, desnecessária a prova do abalo íntimo em si considerado, mesmo porque tal situação não seria mesmo possível de ser concretizada e, na prática, implicaria na própria negação do instituto da reparação pelo dano moral. Muito embora não haja uma tarifação para as indenizações decorrentes de danos morais, essas devem levar em conta três parâmetros básicos, a saber, compensação da vítima, desestímulo ao ofensor e exemplaridade para a sociedade. (TJMG; APCV 1.0035.14.001375-2/002; Rel. Des. Alexandre Santiago; Julg. 20/09/2017; DJEMG 26/09/2017)

✓ AGRAVO INTERNO. RECURSO ESPECIAL. EMBARGOS DE DECLARAÇÃO. PRESTAÇÃO JURISDICIONAL COMPLETA. INEXISTÊNCIA DE VÍCIOS. AÇÃO DE MANUTENÇÃO DE POSSE. CARÁTER DÚPLICE. PEDIDO CONTRAPOSTO. REINTEGRAÇÃO DE POSSE. CABIMENTO. APRESENTAÇÃO DE RAZÕES FINAIS. JULGA-

MENTO SIMULTÂNEO DE PROCESSO ACESSÓRIO. ENTENDIMENTO ADOTADO NESTA CORTE. AUSÊNCIA DE DEMONSTRAÇÃO DA POSSE JUSTA PELOS ATUAIS OCUPANTES. REEXAME DE PROVA. VERBETES 7 E 83 DA SÚMULA DO STJ. NÃO PROVIMENTO. 1. Se as matérias trazidas à discussão foram dirimidas pelo Tribunal de origem de forma suficientemente ampla e fundamentada, ainda que contrariamente à pretensão da parte, afasta-se a alegada violação ao art. 535 do Código de Processo Civil de 1973. 2. Não cabe, em recurso especial, reexaminar matéria fático-probatória (Súmula 7/STJ). 3. O Tribunal de origem julgou nos moldes da jurisprudência desta Corte. Incidente, portanto, o enunciado 83 da Súmula do STJ. 4. Agravo interno a que se nega provimento. (AgInt no REsp 1431064/GO, Rel. Ministra MARIA ISABEL GALLOTTI, QUARTA TURMA, julgado em 09/10/2018, DJe 24/10/2018)

✓ AGRAVO INTERNO NO AGRAVO EM RECURSO ESPECIAL. AÇÃO DE IMISSÃO DE POSSE. 1. POSSE INJUSTA. REQUISITOS. REVISÃO. REEXAME DE PROVAS. IMPOSSIBILIDADE. SÚMULA 7/STJ. 2. INDENIZAÇÃO. REQUERIMENTO NA CONTESTAÇÃO. IMPOSSIBILIDADE. PRECEDENTE. 3. AGRAVO INTERNO DESPROVIDO. (...) 2. A jurisprudência desta Corte é no sentido de que, nas ações possessórias, pode o réu deduzir, na contestação, pedido indenizatório, desde que correlato à matéria, dado o caráter dúplice dessas demandas, o que não se verifica na presente hipótese. 3. Agravo interno desprovido. (AgInt no AREsp 1314158/SC, Rel. Ministro MARCO AURÉLIO BELLIZZE, TERCEIRA TURMA, julgado em 20/04/2020, DJe 24/04/2020)

Possibilidade de pedido contraposto relativo a indenização pleiteada em face da parte autora:

✓ CONFLITO NEGATIVO DE COMPETÊNCIA. AÇÃO DE IMISSÃO NA POSSE COM PEDIDO DE TUTELA ANTECIPADA. REMESSA DOS AUTOS À VARA DE REGISTROS PÚBLICOS EM RAZÃO DE PEDIDO CONTRAPOSTO PARA O RECONHECIMENTO DE USUCAPIÃO EM FAVOR DA RÉ. Impossibilidade. Alegação de existência de usucapião que pode ser arguido como matéria de defesa, nos termos da Súmula nº 237, do STF. Pedido contraposto que se refere apenas à indenização pleiteada em face da autora, nos autos da ação possessória. Possibilidade. Inteligência do artigo 556, do Novo CPC. Conflito procedente. Competência do Juízo suscitado. (TJSP; CC 0018532-32.2017.8.26.0000; Ac. 10518898; São Paulo; Câmara Especial; Rel. Des. Ademir Benedito; Julg. 12/06/2017; DJESP 24/07/2017; Pág. 1993)

O pedido de retenção de benfeitorias deva ser formulado em sede de contestação, sob pena de preclusão:

✓ AGRAVO INTERNO NO RECURSO ESPECIAL – AÇÃO DECLARATÓRIA – DECISÃO MONOCRÁTICA QUE NEGOU PROVIMENTO AO RECURSO. INSURGÊNCIA DA DEMANDADA. (...) 3. Consoante a jurisprudência deste Tribunal Superior, embora em sede de ação possessória, cujo comando judicial tem intensa força executiva, o pedido de retenção de benfeitorias deva ser formulado em sede de contestação, sob pena de preclusão consumativa e vedação à propositura de ação autônoma, nos feitos de natureza meramente declaratória o referido pedido pode ser manejado em ação própria. 4. Agravo interno desprovido. (AgInt no REsp 1595685/DF, Rel. Ministro MARCO BUZZI, QUARTA TURMA, julgado em 01/06/2020, DJe 10/06/2020)

Indenização por benfeitorias depende de pedido, ainda que após a contestação:

✓ RECURSO ESPECIAL. PROCESSUAL CIVIL. APLICAÇÃO DO CPC/15. AÇÃO DE RESOLUÇÃO DE CONTRATO C/C REINTEGRAÇÃO DE POSSE COM PEDIDO DE ANTECIPAÇÃO DE TUTELA C/C INDENIZAÇÃO POR DANOS MATERIAIS. EMBARGOS DE DECLARAÇÃO. OMISSÃO, CONTRADIÇÃO OU OBSCURIDADE. NÃO OCORRÊNCIA. VIOLAÇÃO DO ART. 489 DO CPC/15. NÃO OCORRÊNCIA. INDENIZAÇÃO POR BENFEITORIAS EM AÇÃO POSSESSÓRIA. NECESSIDADE DE FORMULAÇÃO DE PEDIDO AINDA QUE APÓS A CONTESTAÇÃO. PROVA DA EXISTÊNCIA E DISCRIMINAÇÃO DAS BENFEITORIAS. NECESSIDADE. (...) 4. Nas ações possessórias e considerando a natureza dúplice dessas, não é possível afastar a ocorrência de julgamento extra petita (fora do pedido) da indenização por benfeitorias, em benefício do réu revel, ante a não apresentação de contestação ou da ausência de formulação de pedido indenizatório em momento posterior. 5. O deferimento do pleito de indenização por benfeitorias pressupõe a necessidade de comprovação da existência delas e da discriminação de forma correta. A fase de liquidação de sentença não é momento processual adequado para o reconhecimento da existência de benfeitorias a serem indenizadas, tendo o objetivo – apenas – de especificar o quantum debeatur (apuração do valor da indenização). 6. Recurso especial conhecido e parcialmente provido. (REsp 1836846/PR, Rel. Ministra NANCY ANDRIGHI, TERCEIRA TURMA, julgado em 22/09/2020, DJe 28/09/2020)

Possibilidade de converter a reconvenção em pedido contraposto especifico deste procedimento especial:

✓ AGRAVO DE INSTRUMENTO. AÇÃO DE REINTEGRAÇÃO DE POSSE. RECONVENÇÃO. DESNECESSIDADE. Segundo o art. 556 do novo Código de Processo civil é lícito ao réu, na contestação, alegando que foi o ofendido em sua posse, demandar a proteção possessória e a indenização pelos prejuízos resultantes da turbação ou do esbulho cometido pelo autor. V.V. Em razão do princípio da fungibilidade e da instrumentalidade das formas, em se tratando de erro formal, tendo a parte formulado o pedido reconvencional, nos autos de um processo que tramita por meio de rito próprio, indicando ainda ser um pedido contraposto, pode o magistrado convertê-lo em pedido contraposto, admissível em tal rito, visando o melhor aproveitamento dos atos processuais. (TJMG; AI 1.0476.15.001184-1/001; Relª Desª Mônica Libânio; Julg. 17/11/2016; DJEMG 25/11/2016)

Art. 557. Na pendência de ação possessória é vedado, tanto ao autor quanto ao réu, propor ação de reconhecimento do domínio, exceto se a pretensão for deduzida em face de terceira pessoa.

→ V. Súmula 637 do STJ

Aplicação do dispositivo pelo STJ:

✓ PROCESSUAL CIVIL. CIVIL. AGRAVO INTERNO NO RECURSO ESPECIAL. MATÉRIA CONSTITUCIONAL. APRECIAÇÃO PELO STJ. IMPOSSIBILIDADE. AFRONTA

AO ART. 1.022 DO CPC/2015. FUNDAMENTAÇÃO RECURSAL DEFICITÁRIA. SÚMULA N. 284/STF. INTERDITO PROIBITÓRIO. PEDIDO DE REVERSÃO DA MEDIDA. FALTA DE PREQUESTIONAMENTO. SÚMULAS N. 282 DO STF E 211 do STJ. REEXAME DO CONJUNTO FÁTICO-PROBATÓRIO DOS AUTOS. INADMISSIBILIDADE. INCIDÊNCIA DA SÚMULA N. 7 DO STJ. AÇÃO POSSESSÓRIA. DISCUSSÃO DE DOMÍNIO. IMPOSSIBILIDADE. ACÓRDÃO RECORRIDO EM CONSONÂNCIA COM JURISPRUDÊNCIA DESTA CORTE. SÚMULA N. 83 DO STJ. AUSÊNCIA DE IMPUGNAÇÃO A FUNDAMENTO DA DECISÃO AGRAVADA. SÚMULA N. 182 DO STJ. MÁ VALORAÇÃO DAS PROVAS DOS AUTOS. INEXISTÊNCIA. DECISÃO MANTIDA. 1. Ao Superior Tribunal de Justiça não cabe se manifestar sobre supostas violações de dispositivos constitucionais, sob pena de usurpação da competência do Supremo Tribunal Federal. 2. Considera-se deficiente, a teor da Súmula n. 284 do STF, a fundamentação do recurso especial que alega violação do art. 1.022 do CPC/2015, mas não demonstra, clara e objetivamente, qual o ponto omisso, contraditório ou obscuro do acórdão recorrido que não teria sido sanado no julgamento dos embargos de declaração. 3. A simples indicação de dispositivos legais tidos por violados, sem que o tema tenha sido enfrentado pelo acórdão recorrido, obsta o conhecimento do recurso especial, por falta de prequestionamento, a teor das Súmulas n. 282 do STF e 211 do STJ. 4. O recurso especial não comporta o exame de questões que impliquem revolvimento do contexto fático-probatório dos autos (Súmula n. 7/STJ). 5. No caso concreto, para alterar a conclusão do Tribunal de origem, afastando o mandado de interdito proibitório concedido aos agravados, seria imprescindível nova análise da matéria fática, inviável em recurso especial. 6. De acordo com a jurisprudência desta Corte Superior, "em sede de ação possessória é inviável a discussão a respeito da titularidade do imóvel sob pena de se confundir os institutos, ou seja, discutir a propriedade em ação possessória" (AgRg no REsp n. 1.389.622/SE, Relator Ministro LUIS FELIPE SALOMÃO, QUARTA TURMA, julgado em 18/2/2014, DJe 24/2/2014), o que foi observado pelo Tribunal de origem. 7. Inadmissível o recurso especial quando o entendimento adotado pelo Tribunal de origem coincide com a jurisprudência do STJ (Súmula n. 83/STJ). 8. É inviável o agravo previsto no art. 1.021 do CPC/2015 que deixa de atacar especificamente os fundamentos da decisão agravada (Súmula n. 182/STJ). 9. Conforme jurisprudência consolidada desta Corte Superior, "a errônea valoração da prova que enseja a incursão desta Corte na questão é a de direito, ou seja, quando decorre de má aplicação de regra ou princípio no campo probatório e não para que se colham novas conclusões sobre os elementos informativos do processo" (AgInt no AREsp n. 970.049/RO, Relatora Ministra MARIA ISABEL GALLOTTI, QUARTA TURMA, julgado em 4/5/2017, DJe de 9/5/2017), o que não ocorreu no caso. 10. Agravo interno a que se nega provimento. (AgInt no REsp 1777692/PA, Rel. Ministro ANTONIO CARLOS FERREIRA, QUARTA TURMA, julgado em 18/05/2020, DJe 21/05/2020)

Quando há ação de reconhecimento de domínio ajuizada em face de terceiros, esta não deve ser suspensa:

✓ APELAÇÃO CÍVEL. AÇÃO DE REINTEGRAÇÃO DE POSSE. SENTENÇA DE IMPROCEDÊNCIA. EXTINÇÃO DO PROCESSO COM RESOLUÇÃO DO MÉRITO. ART. 490, DO CPC. AJUIZAMENTO DE AÇÃO DE USUCAPIÃO PELA REQUERIDA. PENDÊNCIA DA PRESENTE LIDE POSSESSÓRIA. PEDIDO DE SUSPENSÃO PELO AUTOR. IMPOSSIBILIDADE. AÇÃO INTEN- TADA PELA REQUERIDA EM FACE DE TERCEIROS. OBSER- VÂNCIA AO ART. 557, DO CPC. A TEOR DO QUE DISPÕE O ART. 557 DO CPC, NA PENDÊNCIA DE AÇÃO POSSES- SÓRIA É VEDADO, TANTO AO AUTOR QUANTO AO RÉU, PROPOR AÇÃO DE RECONHE- CIMENTO DO DOMÍNIO, EXCETO SE A PRETENSÃO FOR DEDUZIDA EM FACE DE TER- CEIRA PESSOA, COMO OCORRE NOS AUTOS. REINTEGRAÇÃO DE POSSE. AUSENTES OS REQUISITOS AU- TORIZADORES PREVISTOS NO ART. 561, DO CPC. POSSE E ES- BULHO NÃO DEMONSTRADOS. ARCABOUÇO PROBATÓRIO INSUFICIENTE. PARTE AUTORA QUE NÃO SE DESINCUMBIU DO ÔNUS DO ART. 373, INCISO I, DO CPC. DECISÃO ESCOR- REITA. A teor do disposto no art. 561 do CPC, incumbe ao autor, na ação de reintegração de posse, provar a posse, o esbulho praticado, a data do esbulho e a perda da posse. No caso, o autor não se desincumbiu do ônus de provar o fato constitutivo do seu direito, eis que não demonstrou o preenchimento dos requisitos necessários para a proteção possessória buscada. Recurso não provido. (TJPR; ApCiv 1701339-5; Matinhos; Décima Oitava Câmara Cível; Rel. Des. Pericles Bellusci de Batista Pereira; Julg. 27/09/2017; DJPR 04/10/2017; Pág. 448)

É vedada a propositura de ação para o reconhecimento do domínio, enquanto pendente ação possessória, havendo discussão sobre o mesmo objeto:

✓ EXTINÇÃO. AUSÊNCIA DE PRESSUPOSTO PROCESSUAL NEGATIVO. PETITÓRIA AJUIZADA NA PENDÊNCIA DE AÇÃO POSSESSÓRIA. DISCUSSÃO SOBRE O MESMO OBJETO. IMPOSSIBILIDADE. ART. 557 DO CÓDIGO DE PROCESSO CIVIL. JUÍZOS DIVERSOS. CAUSAS DE PEDIR INCONCILIÁVEIS. EXTINÇÃO DO FEITO QUE SE IMPÕE. RECURSO DESPROVIDO. É vedada a propositura de ação para o reconhecimento do domínio, enquanto pendente ação possessória, tendo em vista a distinção existente entre os juízos possessório e petitório: Naquele, o exercício do poder de fato sobre a coisa será o objeto da ação; neste, a discussão será a respeito da titulação jurídica dos direitos sobre a coisa" (STJ, RESP n. 1204820/MG, Rel. Min. Luis Felipe Salomão, Quarta Turma; Julg. Em 15-10-2015, DJe 7-12-2015). (TJSC; AC 0300883-29.2016.8.24.0078; Urussanga; Terceira Câmara de Direito Civil; Rel. Des. Fernando Carioni; DJSC 29/09/2017; Pag. 103)

Aplicação do artigo no caso de imóvel público:

✓ PROCESSUAL CIVIL. ADMINISTRATIVO. EMBARGOS DE DIVERGÊNCIA. DESAPROPRIAÇÃO. AÇÃO DE OPOSIÇÃO. NATUREZA POSSESSÓRIA. IMÓVEL PÚBLICO DESTINADO À REFORMA AGRÁRIA. ART. 923 DO CPC/1973. DISCUSSÃO DA POSSE COMO DESDOBRAMENTO DO DIREITO DE PROPRIEDADE. SIMILITUDE FÁTICO-JURÍDICA VERIFICADA. PROVIMENTO DOS EMBARGOS PARA PREVALECER O ENTENDIMENTO FIRMADO NO ACÓRDÃO PARADIGMA. 1. Trata-se de Embargos de Divergência em que o Incra ajuizou, na origem, Ação de Oposição contra os embargados requerendo a reintegração na posse do imóvel, com o objetivo de dar continuidade ao procedimento de desapropriação para fins de reforma agrária, tendo em vista ter verificado a ocupação irregular do imóvel pelos embargados, os quais não se enquadravam no perfil dos beneficiários da referida política pública. 2. Recurso Especial provido para reconhecer a afronta ao art. 923 do CPC/1973, sob o argumento de que não cabe oposição, fundada em domínio do imóvel, em ação em que se discute apenas posse. 3. Os Embargos de Divergência possuem a finalidade de uniformizar a jurisprudência do Tribunal mediante o inarredável pressuposto de que, diante da mesma premissa fática, os órgãos julgadores tenham adotado soluções jurídicas conflitantes. 4. Prevalência do entendimento firmado pela Terceira Turma deste Egrégio STJ no Recurso Especial nº 780.401/DF, da relatoria da Ministra Nancy Andrighi, quando se firmou a tese de que, nos casos em que o imóvel objeto do litígio é público, como aqueles destinados à Reforma Agrária, a discussão da posse em ação possessória decorre do próprio direito de propriedade, não se aplicando a restrição normativa prevista no art. 923 do CPC/73. 5. No EREsp 1.134.446/MT (Rel. Ministro Benedito Gonçalves, julgado em 21/3/2018), a Corte Especial fixou a tese de que, em se tratando de imóvel público pertencente à União, "a vedação constante do art. 923 do CPC/73 (atual art. 557 do CPC/2015), contudo, não alcança a hipótese em que o proprietário alega a titularidade do domínio apenas como fundamento para pleitear a tutela possessória. Conclusão em sentido contrário importaria chancelar eventual fraude processual e negar tutela jurisdicional a direito fundamental". 6. Exigir do poder público o exercício de poder de fato sobre a coisa, especialmente nos casos em que a posse está relacionada a grandes extensões de terra destinadas à reforma agrária, inviabiliza a referida política pública. 7. Interpretação diversa importa, no caso concreto, em sobrepor o interesse privado dos particulares à posse do imóvel ao interesse público primário da efetivação da política pública de reforma agrária. 8. Embargos de Divergência providos. (EREsp 1296991/DF, Rel. Ministro HERMAN BENJAMIN, CORTE ESPECIAL, julgado em 19/09/2018, DJe 27/02/2019)

✓ PROCESSUAL CIVIL. EMBARGOS DE DIVERGÊNCIA EM RECURSO ESPECIAL. DEMANDA POSSESSÓRIA ENTRE PARTICULARES. POSSIBILIDADE DE DEFESA DA POSSE DE BEM PÚBLICO POR MEIO DE OPOSIÇÃO. 1. Hipótese em que, pendente demanda possessória em que particulares disputam a posse de imóvel, a União apresenta oposição pleiteando a posse do bem em seu favor, aos fundamentos de que a área pertence à União e de que a ocupação de terras públicas não constitui posse. 2. Quadro fático similar àqueles apreciados pelos paradigmas, em que a Terracap postulava em sede de oposição a posse de bens disputados em demanda possessória pendente entre particulares, alegando incidentalmente o domínio como meio de demonstração da posse. 3. Os elementos fático-jurídico nos casos cotejados são similares porque tanto no caso examinado pelo paradigma quanto naquele examinado pelo acórdão embargado de divergência o ente público manifesta oposição em demanda possessória pendente entre particulares, sustentando ter ele (o ente público) direito à posse e alegando domínio apenas incidentalmente, como forma de demonstração da posse. 4. Divergência configurada, uma vez que no acórdão embargado a oposição não foi admitida, ao passo que nos paradigmas se admitiu tal forma de intervenção de terceiro. Embargos de divergência admitidos. 5. O art. 923 do CPC/73 (atual art. 557 do CPC/2015), ao proibir, na pendência de demanda possessória, a propositura de ação de reconhecimento do domínio, apenas pode ser compreendido como uma forma de se manter restrito o objeto da demanda possessória ao exame da posse, não permitindo que se amplie o objeto da possessória para o fim de se obter sentença declaratória a respeito de quem seja o titular do domínio. 6. A vedação constante do art. 923 do CPC/73 (atual art. 557 do CPC/2015), contudo, não alcança a hipótese em que o proprietário alega a titularidade do domínio apenas como fundamento para pleitear a tutela possessória. Conclusão em sentido contrário importaria chancelar eventual fraude processual e negar tutela jurisdicional a direito fundamental. 7. Titularizar o domínio, de qualquer sorte, não induz necessariamente êxito na demanda possessória. Art. 1.210, parágrafo 2º, do CC/2002. A tutela possessória deverá ser deferida a quem ostente melhor posse, que poderá ser não o proprietário, mas o cessionário, arrendatário, locatário, depositário etc. 8. A alegação de domínio, embora não garanta por si só a obtenção de tutela possessória, pode ser formulada incidentalmente com o fim de se obter tutela possessória. 9. Embargos de divergência providos, para o fim de admitir a oposição apresentada pela União e determinar o retorno dos autos ao Tribunal de origem, a fim de que aprecie o mérito da oposição. (EREsp 1134446/MT, Rel. Ministro BENEDITO GONÇALVES, CORTE ESPECIAL, julgado em 21/03/2018, DJe 04/04/2018)

Parágrafo único. Não obsta à manutenção ou à reintegração de posse a alegação de propriedade ou de outro direito sobre a coisa.

É inviável a discussão acerca do título dominial em litígio de natureza exclusivamente possessória:

✓ AGRAVO DE INSTRUMENTO. AÇÃO DE REINTEGRAÇÃO DE POSSE C/C COM PEDIDO DE INDENIZAÇÃO. Deferimento da liminar de reintegração de posse. Partes que são coproprietárias do bem, por direito sucessório. Inviabilidade, contudo, de discussão acerca do título dominial, em litígio de natureza exclusivamente possessória (art. 557, par. Único, do CPC). Evidenciada a posse anterior exercida pela agravada com exclusividade sobre a casa 2, não se demonstrando, a princípio, que tenha se concretizado a composse sobre o bem, independentemente da ausência de divisão jurídica do imóvel. Decisão acertada. AGRAVO DESPROVIDO. (TJSP; AI 2124487-18.2017.8.26.0000; Ac. 10797849; São Paulo; Terceira Câmara de Direito Privado; Rel. Des. Donegá Morandini; Julg. 18/09/2017; DJESP 18/10/2017; Pág. 1917)

É inviável a exceção de domínio feita pelo réu em ação possessória:

✓ APELAÇÃO CÍVEL. POSSE (BENS IMÓVEIS). AÇÃO DE REINTEGRAÇÃO DE POSSE. PROTEÇÃO POSSESSÓRIA. Para obter a proteção possessória, incumbe ao autor provar a sua posse, a turbação ou esbulho praticado pela parte adversa e a sua data, bem como a continuação da posse na ação de manutenção e a sua perda na ação de reintegração (art. 560 do CPC/2015). Ademais, inviável a exceção de domínio pelo réu, ainda que proprietário da maior parte da fração do imóvel em condomínio, em ação possessória. No caso concreto, preenchidos os requisitos, impõe-se a reintegração de posse. Apelação provida. (TJRS; AC 0038327-14.2017.8.21.7000; Porto Alegre; Décima Nona Câmara Cível; Rel. Des. Marco Antonio Angelo; Julg. 14/09/2017; DJERS 22/09/2017)

Art. 558. Regem o procedimento de manutenção e de reintegração de posse as normas da Seção II deste Capítulo quando a ação for proposta dentro de ano e dia da turbação ou do esbulho afirmado na petição inicial.

Parágrafo único. Passado o prazo referido no caput, será comum o procedimento, não perdendo, contudo, o caráter possessório.

As ações possessórias ajuizadas depois de ano e dia da turbação ou esbulho seguem o procedimento comum:

✓ AGRAVO DE INSTRUMENTO. POSSE (BENS IMÓVEIS). RESCISÃO DE CONTRATO E REINTEGRAÇÃO DE POSSE. COMPRA E VENDA DE IMÓVEL. ANTECIPAÇÃO DE TUTELA. DEFERIMENTO NA ORIGEM. FORÇA VELHA. AUSENTES OS REQUISITOS DO ART. 300 DO CÓDIGO DE PROCESSO CIVIL. DECISÃO MODIFICADA. O deferimento de medida liminar de natureza possessória, no contexto do procedimento especial previsto nos artigos 554 e seguintes do CPC/15, passa pela comprovação dos requisitos do artigo 561 do mesmo diploma processual. No caso, carece o pedido da parte autora (agravada) de prova inequívoca do direito e da verossimilhança de suas alegações, pois os elementos trazidos aos autos não se mostram suficientes ao fim de propiciar o reconhecimento do direito à reintegração liminar na posse do bem. As circunstâncias que envolveram a relação jurídica recomendam cautela, por se tratar de ação de força velha e ausente o fundado receio de dano irreparável a autorizar a urgência da medida. Necessidade de submeter a pretensão ao crivo do contraditório, visando propiciar manifestação da parte contrária e da dilação probatória, para formação de juízo de valor mais seguro a respeito da pretensão veiculada. Agravo de instrumento provido. Unânime. (TJRS; AI 0407779-72.2016.8.21.7000; Taquara; Décima Sétima Câmara Cível; Rel. Des. Giovanni Conti; Julg. 23/02/2017; DJERS 08/03/2017)

Ação de força velha deferimento da antecipação da tutela:

✓ AGRAVO INTERNO NO AGRAVO EM RECURSO ESPECIAL. AÇÃO DE REINTEGRAÇÃO DE POSSE. DEFERIMENTO DO PEDIDO LIMINAR. POSSE VELHA. ANTECIPAÇÃO DOS EFEITOS DA TUTELA. CABIMENTO. PREENCHIMENTO DOS REQUISITOS NECESSÁRIOS. REEXAME DE FATOS E PROVAS. IMPOSSIBILIDADE. DECISÃO MANTIDA. RECURSO DESPROVIDO. 1. Não configura ofensa ao art. 1.022, I e II, do Código de Processo Civil de 2015 o fato de o Tribunal de origem, embora sem examinar individualmente cada um dos argumentos suscitados, adotar fundamentação contrária à pretensão da parte recorrente, suficiente para decidir integralmente a controvérsia. 2. Inexiste afronta ao art. 489, § 1º, IV, do CPC/2015 quando o órgão julgador se pronuncia de forma clara e suficiente acerca das questões suscitadas nos autos, não havendo necessidade de se construir textos longos e individualizados para rebater uma a uma cada argumentação, quando é possível aferir, sem esforço, que a fundamentação não é genérica. 3. Não há falar em erro de julgamento se a decisão de primeiro grau aplica indevidamente o art. 927 do CPC/73, e o Tribunal de origem enquadra o fato em dispositivo legal diverso, confirmando a liminar de reintegração de posse, porque preenchidos os requisitos do art. 273 do CPC/73. 4. O Superior Tribunal de Justiça tem entendimento de que é possível a concessão de tutela antecipada em ação possessória de força velha, desde que preenchidos os requisitos do art. 273 do CPC/73, a serem aferidos pela instância de origem. 5. Segundo o acórdão recorrido, os documentos carreados aos autos mostraram-se suficientes para comprovar a existência da posse sobre o imóvel e o esbulho praticado. Incidência da Súmula 7/STJ. 6. Agravo interno não provido. (AgInt no AREsp 1089677/AM, Rel. Ministro LÁZARO GUIMARÃES (DESEMBARGADOR CONVOCADO DO TRF 5ª REGIÃO), QUARTA TURMA, julgado em 08/02/2018, DJe 16/02/2018)

Ações possessórias ajuizadas dentre de um ano e um dia da turbação ou do esbulho regem-se pelo procedimento especial:

✓ PROCESSUAL CIVIL. VIOLAÇÃO DO ART. 535 DO CPC/1973 NÃO CONFIGURADA. AÇÃO POSSESSÓRIA. IMÓVEL DESTINADO À REFORMA AGRÁRIA. INDEFERIMENTO DA PETIÇÃO INICIAL POR AUSÊNCIA DE PROVA DOS REQUISITOS DO ART. 927 DO CPC/1973. AÇÃO DE FORÇA NOVA. REFORMA EM GRAU DE APELAÇÃO POR CUMPRIMENTO DOS REQUISITOS. MODIFICAÇÃO. NECESSIDADE DE REEXAME DE FATOS E PROVAS. SÚMULA 7/STJ. 1. No que se refere à alegada afronta ao disposto no art. 535, inciso II, do CPC/1973, o julgado recorrido não padece de omissão, porquanto decidiu fundamentadamente a quaestio trazida à sua análise, não podendo ser considerado nulo tão somente porque contrário aos interesses da parte. 2. Cuida-se, na origem, de ação possessória ajuizada contra o INCRA objetivando a manutenção na posse de imóvel destinado à reforma agrária. 3. O juízo de primeiro grau indeferiu a petição inicial por entender que o autor não comprovou a turbação da posse para fins de deferimento da liminar de manutenção, conforme preceitua o art. 927, II, do CPC/1973. 4. Ao julgar o recurso de Apelação, o Tribunal de origem deu provimento ao recurso por entender que houve cumprimento do referido requisito. Nesse sentido, destaca-se o seguinte trecho do acórdão recorrido: "Logo, observa-se que a parte apelante sofreu restrição ao seu pleno e livre exercício da posse, pois foi notificada para que desocupasse o imóvel em litígio, em duas oportunidades, situação essa que constitui turbação à posse da parte apelante" (fl. 216, e-STJ). 5. Decidir de forma contrária ao que ficou expressamente consignado no v. acórdão recorrido implica revolvimento do conjunto fático-probatório dos autos, o que é vedado pela Súmula 7 do STJ. 6. Recurso Especial parcialmente conhecido e, nessa parte, não provido. (REsp 1659596/MS, Rel. Ministro HERMAN BENJAMIN, SEGUNDA TURMA, julgado em 27/04/2017, DJe 08/05/2017)

Art. 559. Se o réu provar, em qualquer tempo, que o autor provisoriamente mantido ou reintegrado na posse carece de idoneidade financeira para, no caso de sucumbência, responder por perdas e danos, o juiz designar-lhe-á o prazo de 5 (cinco) dias para requerer caução, real ou fidejussória, sob pena de ser depositada a coisa litigiosa, ressalvada a impossibilidade da parte economicamente hipossuficiente.

O requerimento de prestação de caução deve ser acompanhado de prova de inidoneidade do autor, podendo ser feita a qualquer tempo:

✓ PROCESSUAL CIVIL. AGRAVO DE INSTRUMENTO. AÇÃO DE MANUTENÇÃO DE POSSE. ART. 554, DO CPC. LIMINAR DEFERIDA NA ORIGEM. REQUISITOS LEGAIS. EXISTÊNCIA. PRELIMINAR DE IMPROPRIEDADE DO PROCEDIMENTO. AFASTADA. A REGRA ATUAL É O APROVEITAMENTO DA AÇÃO E DOS ATOS JÁ PRATICADOS, SALVO AQUELES QUE PREJUDIQUEM À DEFESA. ART. 283, DO CPC. LIMINAR. EXISTÊNCIA DOS REQUISITOS. CONCESSÃO. ART. 561/562, DO CPC. POSSIBILIDADE. CAUÇÃO PREVISTA NO ART. 559, DO CPC. DEFERIMENTO CONDICIONADO A REQUERIMENTO DO RÉU E À PROVA DE INIDONEIDADE DA PARTE AUTORA AGRAVO CONHECIDO, MAS DESPROVIDO. 1. Agravo interposto para reformar decisão interlocutória que deferiu a liminar de manutenção de posse requerida pelo autor da ação. 2. Afasta-se a preliminar de impropriedade da ação, visto que a regra do vigente CPC é no sentido de aproveitamento da mesma e dos atos já praticados, salvo se prejudicarem à defesa, como dispõe o art. 283, do novel código de processo civil. 3. O deferimento de medida liminar em ação possessória está condicionado à existência dos requisitos dispostos no art. 561, do CPC, a saber, a posse, a turbação ou o esbulho e a sua data de ocorrência, podendo ser deferida liminarmente, acaso haja a devida instrução, situação ocorrente na espécie. 4. A determinação de prestação de caução está contida no art. 559, da vigente Lei adjetiva e deve ser pleiteada pelo requerido, com a prova de inidoneidade financeira do autor, para que este, em caso de sucumbência, venha a responder por perdas e danos, podendo ser feita a qualquer tempo, não sendo o juiz do feito que impõe tal determinação, principalmente, na fase inicial da ação. 5. Agravo conhecido, mas desprovido. (TJCE; AI 0627525-07.2016.8.06.0000; Terceira Câmara de Direito Privado; Relª Desª Maria Vilauba Fausto Lopes; DJCE 06/04/2017; Pág. 105)

A exigência de caução refere-se somente ao deferimento de decisão liminar:

✓ LOCAÇÃO DE BENS MÓVEIS. AÇÃO DE REINTEGRAÇÃO DE POSSE. REVOGAÇÃO DA LIMINAR. EXIGÊNCIA DE CAUÇÃO PARA A DEVOLUÇÃO DOS BENS LOCADOS. IMPOSSIBILIDADE. EXEGESE DO ART. 559 DO CPC. Nos termos do art. 559 do CPC é possível a exigência de caução somente na hipótese de deferimento da liminar nas ações possessórias. A revogação da liminar de reintegração de posse tem o condão de estabelecer o status quo entre as partes, ou seja, como se não houvesse sido deferida, devendo os bens retornaram à posse do locatário sem imposição de qualquer ônus. Recurso provido. (TJSP; AI 2130047-72.2016.8.26.0000; Ac. 10160419; Lençóis Paulista; Trigésima Quinta Câmara de Direito Privado; Rel. Des. Gilberto Leme; Julg. 13/02/2017; DJESP 16/02/2017)

Seção II
Da Manutenção e da Reintegração de Posse

Art. 560. O possuidor tem direito a ser mantido na posse em caso de turbação e reintegrado em caso de esbulho.

Legitimidade do possuidor indireto para ajuizar ação de reintegração de posse:

✓ AGRAVO INTERNO NO AGRAVO EM RECURSO ESPECIAL. PROCESSUAL CIVIL. AÇÃO DE REINTEGRAÇÃO DE POSSE. CABIMENTO. POSSE INDIRETA. ACÓRDÃO RECORRIDO E ENTENDIMENTO DESTA CORTE. CONSONÂNCIA. REEXAME DE PROVAS. IMPOSSIBILIDADE. SÚMULA Nº 7/STJ. 1. O Superior Tribunal de Justiça consolidou o entendimento de que é cabível a ação de reintegração de posse quando o autor comprova o exercício de posse indireta adquirida mediante constituto possessório. (...) (AgInt no AREsp 1081186/GO, Rel. Ministro RICARDO VILLAS BÔAS CUEVA, TERCEIRA TURMA, julgado em 19/09/2017, DJe 28/09/2017)

Possibilidade de a instituição financeira ajuizar ação de reintegração de posse diante do inadimplemento de parcelas previstas em contrato de arrendamento residencial:

✓ AGRAVO INTERNO NO AGRAVO EM RECURSO ESPECIAL. PROGRAMA DE ARRENDAMENTO RESIDENCIAL (PAR). LEI Nº 10.188/2001. INADIMPLEMENTO CONTRATUAL. AÇÃO DE REINTEGRAÇÃO DE POSSE. CUMULAÇÃO DE PEDIDOS. POSSIBILIDADE. 1. Recurso especial interposto contra acórdão publicado na vigência do Código de Processo Civil de 2015 (Enunciados Administrativos nºs 2 e 3/STJ). 2. É cabível o ajuizamento de ação de reintegração de posse pela instituição financeira quando houver o inadimplemento de parcelas previstas em contrato de arrendamento residencial, nos termos da Lei nº 10.188/2001. Precedentes. 3. O inadimplemento de parcelas em contrato de arrendamento residencial previsto na Lei nº 10.188/2001 autoriza a instituição financeira arrendante a ingressar com ação de reintegração de posse. 4 . Agravo interno não provido. (AgInt no AREsp 1325132/RJ, Rel. Ministro RICARDO VILLAS BÔAS CUEVA, TERCEIRA TURMA, julgado em 24/08/2020, DJe 31/08/2020)

O exercício de fato da posse sobre o imóvel deve ser comprovado:

✓ APELAÇÃO CÍVEL. AÇÃO DE MANUTENÇÃO DE POSSE. SENTENÇA DE IMPROCEDÊNCIA. PARTE REQUERIDA QUE SEMPRE MANTEVE POSSE SOBRE O IMÓVEL, HÁ MAIS DE 20 ANOS. POSSE DOS AUTORES NÃO COMPROVADA. PRINCÍPIO DA SAISINE. INOCORRÊNCIA. GENITORES DOS AUTORES QUE NÃO EXERCIAM POSSE DIRETA SOBRE OS TERRENOS. RECURSO IMPROVIDO. 1. Nos termos dos arts. 560 e 561 do Código de Processo Civil, o possuidor tem direito a ser mantido na posse em caso de turbação ou reintegrado, no caso de esbulho, incumbindo-lhe provar a sua posse, a turbação ou o esbulho praticado pelo réu, sua data, e a continuação da posse, embora turbada, na ação de manutenção ou a perda da posse, na ação de reintegração. 2. O que se analisa nos presentes autos é tão somente a questão possessória, de forma que, das provas trazidas aos autos tem-se que a requerida/apelada sempre exerceu a posse direita sobre o imóvel, ao passo que a posse transferida aos herdeiros pela saisine é a posse da maneira como exercida pelos então proprietários no momento da sucessão, exercício este que não restou comprovado nos autos. 3. Para que restasse comprovada a turbação, caberia aos autores primeiramente demonstrar o exercício de fato da posse sobre o imóvel, seja sua posse direta sobre a parcela do terreno sobre a qual a parte requerida se encontra, seja a posse de seus genitores até sua morte, razão pela qual, não restaram preenchidos os requisitos estabelecidos pelo artigo 561 do CPC. (TJPR; ApCiv 1717733-0; Cerro Azul; Décima Oitava Câmara Cível; Rel. Des. Marcelo Gobbo Dalla Dea; Julg. 11/10/2017; DJPR 20/10/2017; Pág. 262)

Possessória para bem objeto de arrendamento mercantil:

✓ AGRAVO INTERNO NO AGRAVO EM RECURSO ESPECIAL. PROCESSUAL CIVIL. REINTEGRAÇÃO DE POSSE. BUSCA E APRENSÃO DE VEÍCULO. NOTIFICAÇÃO EXTRAJUDICIAL. DEVEDOR NÃO LOCALIZADO. ENDEREÇO DESATUALIZADO. INTIMAÇÃO POR EDITAL. VALIDADE. MORA. COMPROVAÇÃO. SÚMULA Nº 568/STJ. (...). 2. Trata-se, na origem, de ação de reintegração de posse de veículo objeto de contrato de arrendamento mercantil, na qual o devedor foi constituído em mora mediante citação por edital. 3. A validade da intimação por edital pressupõe o esgotamento das possibilidades de localização do devedor, como ocorreu no caso. Precedentes. Súmula nº 568/STJ. 4. Agravo interno não provido. (AgInt no AREsp 1369934/MS, Rel. Ministro RICARDO VILLAS BÔAS CUEVA, TERCEIRA TURMA, julgado em 29/04/2019, DJe 06/05/2019)

Uso de possessória entre particulares quando se tratar de bem público:

✓ PROCESSUAL CIVIL. AGRAVO INTERNO NO RECURSO ESPECIAL. RECURSO MANEJADO SOB A ÉGIDE DO CPC. AÇÃO DE REINTEGRAÇÃO DE POSSE. ÁREA PÚBLICA DISPUTADA ENTRE PARTICULARES. POSSIBILIDADE DO SOCORRO ÀS DEMANDAS POSSESSÓRIAS. PRECEDENTES. AGRAVO INTERNO NÃO PROVIDO (...) 2. Ainda que o bem seja público, é possível o manejo de interditos possessórios entre particulares. Precedentes. 3. É vedado, no agravo interno, apreciar questões que não foram objeto de impugnação no recurso especial, sob pena de indevida inovação recursal. 4. Não sendo a linha argumentativa apresentada capaz de evidenciar a inadequação dos fundamentos invocados pela decisão agravada, o presente agravo interno não se revela apto a alterar o conteúdo do julgado impugnado, devendo ele ser integralmente mantido. 5. Agravo interno não provido. (AgInt no REsp 1577415/DF, Rel. Ministro MOURA RIBEIRO, TERCEIRA TURMA, julgado em 17/02/2020, DJe 19/02/2020)

✓ AGRAVO INTERNO NO RECURSO ESPECIAL. EMBARGOS DE TERCEIRO EM AUTOS DE INVENTÁRIO. IMÓVEL PERTENCENTE À TERRACAP. PROTEÇÃO POSSESSÓRIA. DISPUTA ENTRE PARTICULARES. POSSIBILIDADE JURÍDICA DO PEDIDO. DECISÃO MANTIDA. RECURSO DESPROVIDO. 1. Embora não se possa falar em posse, mas mera detenção quanto ao bem público, no caso em que a disputa ocorre entre particulares, é possível se garantir uma proteção possessória àquele que demonstra estar autorizado a ocupar o bem. 2. Realmente, são duas situações que devem ter tratamentos bem distintos: aquela em que o particular invade imóvel público e almeja proteção possessória em face do ente estatal e a disputa possessória entre particulares no tocante a bem público. No último caso, é possível o manejo de interditos possessórios, em que pese a posse dos litigantes estar situada em bem público. 3. No caso dos autos, em que a disputa da posse ocorre entre particulares a respeito de bem incluído em inventário, tem-se por juridicamente possível o pedido de proteção possessória formulado pelo embargante, ocupante do imóvel público. 4. Agravo interno não provido. (AgInt no REsp 1324548/DF, Rel. Ministro RAUL ARAÚJO, QUARTA TURMA, julgado em 08/08/2017, DJe 18/08/2017)

Art. 561. Incumbe ao autor provar:

I – a sua posse;

II – a turbação ou o esbulho praticado pelo réu;

III – a data da turbação ou do esbulho;

IV – a continuação da posse, embora turbada, na ação de manutenção, ou a perda da posse, na ação de reintegração.

Requisitos da inicial e função social da posse:

✓ AGRAVO INTERNO NO RECURSO ESPECIAL. DIREITO CIVIL E PROCESSUAL CIVIL. REINTEGRAÇÃO DE POSSE. FUNÇÃO SOCIAL DA PROPRIEDADE. ART. 927 DO CPC/73. 1. "O cumprimento da função social da posse deve ser cotejado junto a outros critérios e elementos legais, a teor dos artigos 927, do Código de Processo Civil e 1.201, parágrafo único, do Código Civil" (REsp 1148631/DF, Rel. Ministro LUIS FELIPE SALOMÃO, Rel. p/ Acórdão Ministro MARCO BUZZI, QUARTA TURMA, julgado em 15/08/2013, DJe 04/04/2014) 2. O "art. 927 do CPC/1973, reproduzido no art. 561 do novo diploma, previa competir ao autor da ação possessória de reintegração a comprovação dos seguintes requisitos: a posse; a turbação ou esbulho pela parte ré; a data da turbação ou do esbulho e a perda da posse", todavia, "ainda que verificados os requisitos dispostos no item antecedente, o julgador, diante do caso concreto, não poderá se furtar da análise de todas as implicações a que estará sujeita a realidade, na subsunção insensível da norma. É que a evolução do direito não permite mais conceber a proteção do direito à propriedade e posse no interesse exclusivo do particular, uma vez que os princípios da dignidade humana e da função social esperam proteção mais efetiva (REsp 1302736/MG, Rel. Ministro LUIS FELIPE SALOMÃO, QUARTA TURMA, julgado em 12/04/2016, DJe 23/05/2016) 3. O tribunal de origem deixou de prestar jurisdição completa para o deslinde da presente causa ao não apreciar a "qualidade da posse", quanto ao cumprimento da função social da propriedade esbulhada, sendo imperioso o retorno dos autos à origem para prosseguir na avaliação da prova no caso concreto. 4. AGRAVO INTERNO DESPROVIDO. (AgInt no REsp 1636012/MG, Rel. Ministro PAULO DE TARSO SANSEVERINO, TERCEIRA TURMA, julgado em 19/08/2019, DJe 26/08/2019)

Georreferenciamento de área rural como requisito da inicial possessória:

✓ RECURSO ESPECIAL. REGISTROS PÚBLICOS. AÇÃO POSSESSÓRIA. IMÓVEL RURAL. GEORREFERENCIAMENTO. DESNECESSIDADE. ART. 225, CAPUT, DA LEI Nº 6.015/1973. ART. 10 DO DECRETO Nº 4.449/2001. (...) 2. Cinge-se a controvérsia a definir se a identificação dos limites da área rural objeto de demanda possessória deve ser feita mediante a apresentação de memorial descritivo georreferenciado.

3. A identificação da área rural do imóvel por meio de georreferenciamento será exigida nas hipóteses de desmembramento, parcelamento, remembramento e transferência da titularidade do bem. 4. É dispensável o georreferencimento do imóvel rural em ações possessórias nas quais a procedência dos pedidos formulados na inicial não enseja a modificação no registro do imóvel. 5. Recurso especial não provido. (REsp 1646179/MT, Rel. Ministro RICARDO VILLAS BÔAS CUEVA, TERCEIRA TURMA, julgado em 04/12/2018, DJe 07/12/2018)

Art. 562. **Estando a petição inicial devidamente instruída, o juiz deferirá, sem ouvir o réu, a expedição do mandado liminar de manutenção ou de reintegração, caso contrário, determinará que o autor justifique previamente o alegado, citando-se o réu para comparecer à audiência que for designada.**

Necessidade de audiência de justificação quando a inicial não traz provas suficientes:

✓ AGRAVO INTERNO NO RECURSO ESPECIAL. PROCESSUAL CIVIL. MANUTENÇÃO DE POSSE. LIMINAR. INDEFERIMENTO. AUDIÊNCIA DE JUSTIFICAÇÃO. NECESSIDADE. ANULAÇÃO. ATOS SUBSEQUENTES. DEPENDÊNCIA. ANÁLISE.(...) 1. Recurso especial interposto contra acórdão publicado na vigência do Código de Processo Civil de 2015 (Enunciados Administrativos nºs 2 e 3/STJ). 2. Nas hipóteses em que a petição inicial não traz provas suficientes para embasar a expedição do mandado liminar de reintegração ou manutenção na posse, deve ser marcada audiência de justificação antes da análise do pedido liminar, permitindo-se ao autor comprovar suas alegações. 3. Nos termos do artigo 281 do CPC/2015, anulado o ato, consideram-se sem nenhum efeito todos os subsequentes atos que dele dependam, sem prejuízo dos que dele sejam independentes. 4. A análise acerca da impossibilidade de aproveitamento dos atos processuais já realizados, diante da dependência em relação ao ato anulado, deve ser feita pelo juízo de primeiro grau, pois refoge ao âmbito do recurso especial. 5. Agravo interno não provido. (AgInt no REsp 1741898/PR, Rel. Ministro RICARDO VILLAS BÔAS CUEVA, TERCEIRA TURMA, julgado em 25/03/2019, DJe 29/03/2019)

✓ RECURSO ESPECIAL. AÇÃO DE REINTEGRAÇÃO DE POSSE. TRIBUNAL DE ORIGEM QUE, EM AGRAVO DE INSTRUMENTO, CASSA A DECISÃO QUE HAVIA DEFERIDO A LIMINAR PARA DETERMINAR A REALIZAÇÃO DA AUDIÊNCIA DE JUSTIFICAÇÃO (CPC/1973, ART. 928), CONSIDERANDO A NECESSIDADE DE DILAÇÃO PROBATÓRIA. CONTESTAÇÃO OFERECIDA PELO RÉU, DE FORMA PREMATURA, TENDO EM VISTA A CONCESSÃO DE EFEITO SUSPENSIVO AO RECURSO. ALEGAÇÃO DE DESNECESSIDADE DA AUDIÊNCIA QUE NÃO PROSPERA. PARTICULARIDADES DO CASO. OBSERVÂNCIA DOS DISPOSITIVOS LEGAIS QUE REGEM A MATÉRIA. RECURSO DESPROVIDO. 1. Nos termos do art. 928 do CPC/1973 (correspondente ao art. 562 do CPC/2015), na ação de manutenção ou reintegração de posse, "estando a petição inicial devidamente instruída, o juiz deferirá, sem ouvir o réu, a expedição do mandado liminar de manutenção ou de reintegração; no caso contrário, determinará que o autor justifique previamente o alegado, citando-se o réu para comparecer à audiência que for designada". 2. O Tribunal de origem, ao cassar a decisão que deferiu a liminar por entender necessária a realização da audiência de justificação, deu estrito cumprimento ao aludido dispositivo legal, valendo ressaltar que o fato de o réu já ter apresentado contestação não impossibilita a realização da referida audiência, sobretudo porque, além de a contestação ter sido oferecida de forma prematura, pois o prazo não havia sequer iniciado, o processo está suspenso na origem desde então, não havendo que se falar em retrocesso procedimental. 3. Recurso especial desprovido. (REsp 1668360/MG, Rel. Ministro MARCO AURÉLIO BELLIZZE, TERCEIRA TURMA, julgado em 05/12/2017, DJe 15/12/2017)

A ausência de realização da audiência de justificação prévia não acarreta nenhum prejuízo à parte ré:

✓ AGRAVO INTERNO NO RECURSO ESPECIAL. AÇÃO DE REINTEGRAÇÃO DE POSSE. AUDIÊNCIA DE JUSTIFICAÇÃO PRÉVIA NÃO REALIZADA. AUSÊNCIA DE DANO À PARTE RÉ. PREJUÍZO NÃO DEMONSTRADO. ALEGAÇÃO DE NULIDADE. PRECLUSÃO. NULIDADE DE ALGIBEIRA. IMPOSSIBILIDADE DE MANEJO. AGRAVO DESPROVIDO. 1. A ausência de realização da audiência de justificação prévia não acarreta nenhum prejuízo à parte ré, já que o único provimento que pode decorrer do referido ato processual é a concessão de providência liminar à parte contrária. 2. Ainda que se pudesse vislumbrar a possibilidade de dano à parte ré no caso concreto, a jurisprudência desta Corte Superior é firme no sentido de que a decretação de nulidade processual não prescinde da efetiva demonstração do prejuízo, ônus do qual a parte não se desincumbiu. 3. Destaque-se ainda que, nos termos da jurisprudência desta Corte Superior, eventuais vícios processuais devem ser alegados pela parte na primeira oportunidade que tiver de se manifestar nos autos, sob pena de preclusão. 4. Em atenção aos princípios da efetividade, da razoabilidade e da boa-fé processual, não é dado à parte apontar nulidade processual em outra oportunidade que não a primeira, logo após ter pleno conhecimento do suposto vício, utilizando-se do processo como instrumento hábil a coordenar suas alegações, trazendo a lume determinada insurgência somente e se a anterior não tiver sido bem sucedida. 5. Agravo interno desprovido. (AgInt no REsp 1699980/SP, Rel. Ministro MARCO AURÉLIO BELLIZZE, TERCEIRA TURMA, julgado em 15/03/2018, DJe 02/04/2018)

O fato de o réu não comparecer à audiência de justificação não pode lhe ser desfavorável, considerando que o ato processual é realizado para o autor justificar sua posse:

✓ AGRAVO DE INSTRUMENTO. POSSE (BENS IMÓVEIS). AÇÃO DE REINTEGRAÇÃO DE POSSE. CONCESSÃO DE LIMINAR (ARTS. 560 E SEGUINTES DO CPC/2015). Comprovadas a posse anterior e o esbulho ocorrido dentro de ano e dia, o juiz deve determinar desde logo a expedição do mandado de reintegração de posse. Incumbe ao autor o ônus de demonstrar o preenchimento dos requisitos necessários para a reintegração na posse do imóvel, motivo pelo qual, se o juiz entender que esses elementos não foram suficientemente demonstrados pelo demandante, designará audiência de justificação. Dessa forma, o fato de o demandado, embora citado e intimado, não ter comparecido à audiência de justificação, não pode lhe ser desfavorável, porquanto o ato processual é realizado para o demandante justificar a sua posse. Agravo de instrumento provido. (TJRS; AI 0164480-92.2017.8.21.7000; Tramandaí; Décima Nona Câmara Cível; Rel. Des. Marco Antonio Angelo; Julg. 14/09/2017; DJERS 25/09/2017)

Parágrafo único. Contra as pessoas jurídicas de direito público não será deferida a manutenção ou a reintegração liminar sem prévia audiência dos respectivos representantes judiciais.

A exigência de prévia audiência dos representantes judiciais não se estende mandado proibitório:

✓ AGRAVO DE INSTRUMENTO. PROCESSO CIVIL. MEDIDA LIMINAR PROIBITÓRA. Bem imóvel localizado no município de Niterói. Liminar proibitória concedida nos autos da ação de interdito possessório proposta em face do município de Niterói e Emusa. Empresa municipal de moradia, urbanização e saneamento. Rejeitada a alegada nulidade da decisão por ausência de fundamentação. Atendidos os requisitos legais previstos no art. 567 do CPC, a liminar possessória deverá ser deferida pelo julgador, não se exigindo prova contundente nos moldes daquela necessária para o julgamento do mérito. Rejeitada a preliminar de nulidade da decisão em decorrência da inobservância ao parágrafo único do art. 562, que condiciona a proteção liminar à prévia oitiva das pessoas jurídicas de direito público. Isso porque, a exigência legal está adstrita às concessões de mandado liminar de manutenção ou reintegração de posse, não se estendo ao mandado proibitório aqui versado. Evidenciado o justo receio do proprietário de ser molestado na posse do bem. Por outro lado, o município, a despeito de conjecturar a possibilidade de realização de obra de interesse público no local, não instrui o recurso com eventual projeto ou qualquer outro indício a respaldar sua alegação. Incidência da Súmula nº 58 deste tribunal de justiça. Manutenção da liminar. Recurso desprovido. (TJRJ; AI 0014403-76.2017.8.19.0000; Niterói; Quinta Câmara Cível; Relª Desª Denise Nicoll Simões; DORJ 31/08/2017; Pág. 266)

Art. 563. Considerada suficiente a justificação, o juiz fará logo expedir mandado de manutenção ou de reintegração.

Art. 564. Concedido ou não o mandado liminar de manutenção ou de reintegração, o autor promoverá, nos 5 (cinco) dias subsequentes, a citação do réu para, querendo, contestar a ação no prazo de 15 (quinze) dias.

Parágrafo único. Quando for ordenada a justificação prévia, o prazo para contestar será contado da intimação da decisão que deferir ou não a medida liminar.

Prazo para contestação:

✓ AGRAVO INTERNO NO RECURSO ESPECIAL. AÇÃO DE REINTEGRAÇÃO DE POSSE. AUDIÊNCIA DE JUSTIFICAÇÃO. CITAÇÃO PARA CONTESTAR. NECESSIDADE. PRAZO PROCESSUAL QUE TEM INÍCIO COM A INTIMAÇÃO DA DECISÃO DA MEDIDA LIMINAR. ARTS. 928 E 930 DO CPC/73. OBSERVÂNCIA. ALEGAÇÃO DE AUSÊNCIA DE CITAÇÃO. SÚMULA 7/STJ. AGRAVO DESPROVIDO. 1. Esta Corte possui o entendimento de que, "Realizada a audiência de justificação, concedida ou não a liminar, o autor promoverá a citação do réu para contestar, sendo que o prazo só terá início a partir da juntada aos autos do mandado de intimação da decisão que deferir ou não a liminar, nos termos do art. 930, parágrafo único, do CPC" (REsp 890.598/RJ, Rel. Ministro LUIS FELIPE SALOMÃO, QUARTA TURMA, julgado em 23/11/2010, DJe de 26/11/2010). 2. Na hipótese, o Tribunal de origem consignou constar dos autos mandado de citação e intimação expedido pela serventia, tendo o réu ficado advertido de que o prazo para contestação teria início da data da intimação da decisão que deferisse ou não a medida liminar. Assim, alterar a premissa fática adotada pelo acórdão recorrido, para se concluir que não houve referida citação, importaria o revolvimento dos elementos fático-probatórios constantes dos autos, providência vedada pelo teor da Súmula 7/STJ. 3. Agravo interno a que se nega provimento. (AgInt no REsp 1258864/RJ, Rel. Ministro RAUL ARAÚJO, QUARTA TURMA, julgado em 06/06/2017, DJe 20/06/2017)

Necessidade de realização de audiência de justificação antes do indeferimento de liminar:

✓ AGRAVO DE INSTRUMENTO. AÇÃO DE REINTEGRAÇÃO DE POSSE. PROVAS DOCUMENTAIS INSUFICIENTES PARA COMPROVAR OS REQUISITOS DO ART. 561, DO CPC. LIMINAR INDEFERIDA POR INSUFICIÊNCIA PROBA TÓRIA. AUDIÊNCIA DE JUSTIFICAÇÃO PRÉVIA DISPENSADA PELO JUÍZO A QUO. IMPOSSIBILIDADE. DETERMINAÇÃO DE REALIZAÇÃO. PEDIDO DE DECRETAÇÃO DA REVELIA DO AGRAVADO. NÃO OCORRÊNCIA. COMPARECIMENTO ESPONTÂNEO NÃO CONFIGURADO. TERMO INICIAL P ARA A APRESENTAÇÃO DA CONTESTAÇÃO PREJUDICADO ANTE A NECESSIDADE DE DESIGNAÇÃO DE AUDIÊNCIA DE JUSTIFICAÇÃO. AGRAVO PARCIALMENTE PROVIDO. No caso dos autos, diferentemente do que defende a Agravante, não há, junto à inicial, documentos hábeis à comprovação de sua posse sobre o imóvel rural objeto da lide, bem como a respeito do suposto esbulho sofrido. Não há também elementos suficientes para se aferir a data de ocorrência do esbulho, razão pela qual resta impossibilitada a concessão de liminar, independentemente da audiência de justificação. Todavia, entendendo o Juiz pela deficiência dos elementos probatórios que acompanham a exordial reintegratória, de modo a inviabilizar a análise a respeito da posse, do esbulho e da data deste, antes de julgar a medida liminar vindicada, deve determinar a realização de audiência de justificação prévia, em observância ao art. 562, do CPC/15. De outra banda, não se configura comparecimento espontâneo quando o patrono do Agravado junta aos autos procuração sem poderes específicos para receber citação, bem como não apresenta qualquer instrumento de defesa em favor do Agravado, limitando-se a fazer carga dos autos. Entendimento dominante no STJ. Ademais, considerando a necessidade de realização da audiência de justificação antes de apreciação do pedido liminar, resta prejudicado eventual análise de revelia, já que o início do prazo para a apresentação da contestação será contado da intimação da decisão que deferir ou não a medida liminar, consoante prescreve o art. 564, parágrafo único, do CPC/15. RECURSO CONHECIDO E PROVIDO PARCIALMENTE. (TJBA; AI 0162429-29.2016.8.05.0909; Salvador; Terceira Câmara Cível; Rel. Des. Ivanilton Santos da Silva; Julg. 25/04/2017; DJBA 09/05/2017; Pág. 339)

✓ PROCESSUAL CIVIL. AGRAVO INTERNO NO AGRAVO EM RECURSO ESPECIAL. (...) MEDIDA LIMI-

NAR. RECONSIDERAÇÃO DA DECISÃO MONOCRÁTICA. EMBARGOS DE DECLARAÇÃO. OMISSÃO, CONTRADIÇÃO OU OBSCURIDADE. NÃO OCORRÊNCIA. PREQUESTIONAMENTO. AUSÊNCIA. SÚMULA 211/STJ. FUNDAMENTO DO ACÓRDÃO NÃO IMPUGNADO. SÚMULA 283/STF. INDEFERIMENTO DE LIMINAR DE REINTEGRAÇÃO DE POSSE. AUDIÊNCIA DE JUSTIFICAÇÃO PRÉVIA. NECESSIDADE DE REALIZAÇÃO. (...) 5 - Se a petição inicial não traz provas suficientes para justificar a expedição de mandado liminar de posse, deve o juiz determinar a realização de audiência de justificação prévia, com a finalidade de permitir ao autor a oportunidade de comprovar suas alegações. Precedentes. 6 - Agravo interno provido. Agravo em recurso especial conhecido. Recurso especial parcialmente conhecido e provido. (AgInt no AREsp 986.891/SC, Rel. Ministra NANCY ANDRIGHI, TERCEIRA TURMA, julgado em 28/03/2017, DJe 31/03/2017)

Art. 565. No litígio coletivo pela posse de imóvel, quando o esbulho ou a turbação afirmado na petição inicial houver ocorrido há mais de ano e dia, o juiz, antes de apreciar o pedido de concessão da medida liminar, deverá designar audiência de mediação, a realizar-se em até 30 (trinta) dias, que observará o disposto nos §§ 2º e 4º.

Função social da posse como requisito para a proteção possessória, especialmente nos casos de conflitos coletivos:

✓ (...) O art. 927 do CPC/1973, reproduzido no art. 561 do novo diploma, previa competir ao autor da ação possessória de reintegração a comprovação dos seguintes requisitos: a posse; a turbação ou esbulho pela parte ré; a data da turbação ou do esbulho e a perda da posse (...) Ainda que verificados os requisitos dispostos no item antecedente, o julgador, diante do caso concreto, não poderá se furtar da análise de todas as implicações a que estará sujeita a realidade, na subsunção insensível da norma. É que a evolução do direito não permite mais conceber a proteção do direito à propriedade e posse no interesse exclusivo do particular, uma vez que os princípios da dignidade humana e da função social esperam proteção mais efetiva (...) No caso dos autos, o imóvel originalmente reivindicado, na verdade, não existe mais. O bairro hoje, no lugar do terreno antes objeto de comodato, tem vida própria, dotado de infraestrutura urbana, onde serviços são prestados, levando-se à conclusão de que o cumprimento da ordem judicial de reintegração na posse, com satisfação do interesse da empresa de empreendimentos imobiliários, será à custa de graves danos à esfera privada de muitas famílias que há anos construíram suas vidas naquela localidade, fazendo dela uma comunidade, irmanada por idêntica herança cultural e histórica" (STJ, REsp 1302736/MG, Rel. Min. Luis Felipe Salomão, 4ª Turma, j. em 12/04/2016).

Acerca da obrigatoriedade da audiência de mediação:

✓ REINTEGRAÇÃO DE POSSE. AGRAVO DE INSTRUMENTO. Insurgência contra decisão que não concedeu a liminar, não designou a audiência de mediação, determinou a constatação dos ocupantes por Oficial de Justiça e a posterior emenda da inicial para regularização do polo passivo. Impossibilidade. Na nova sistemática processual a audiência de mediação, em se tratando de litígio coletivo pela posse de imóvel, é medida obrigatória (inteligência do artigo 565 do CPC). Constatação e qualificação dos invasores para posterior aditamento à inicial. Desnecessidade. Citação que deve ser realizada na forma do artigo 554, § 1º, do CPC. Decisão reformada. Recurso provido. (TJSP; AI 2102707-22.2017.8.26.0000; Ac. 10585253; Americana; Décima Primeira Câmara de Direito Privado; Rel. Des. Marino Neto; Julg. 05/07/2017; DJESP 11/07/2017; Pág. 1615)

✓ AGRAVO DE INSTRUMENTO. Ação de reintegração de posse. Deferimento liminar da ordem de reintegração. Requisitos do art. 561 do CPC preenchidos à luz da prova documental apresentada. Litígio coletivo pela posse do imóvel. Audiência de mediação. Designação desnecessária. Ação de força nova. Art. 565 do CPC. Justiça gratuita. Insuficiência de recursos não comprovada. Indeferimento do pedido de isenção do preparo recursal. Ilegitimidade ad causam. Impossibilidade de análise. Supressão de instância. Manutenção da decisão agravada pelos seus próprios fundamentos. Recurso não provido. (TJPR; Ag Instr 1612356-1; Curitiba; Décima Oitava Câmara Cível; Rel. Des. Vitor Roberto Silva; Julg. 16/08/2017; DJPR 25/08/2017; Pág. 311)

Em razão da urgência, é possível a concessão de liminar sem prévia intimação do Ministério Público:

✓ AGRAVO DE INSTRUMENTO. REINTEGRAÇÃO DE POSSE. LIMINAR DEFERIDA. LEGALIDADE. Presença dos requisitos legais para a concessão da medida. Esbulho incontroverso. Desnecessidade de audiência de justificação prévia. Prova documental constituída suficiente para deferimento da liminar. Esbulho recentíssimo. Descabimento de designação da audiência de mediação prevista no art. 565 do CPC/2015. Desnecessidade de nomeação e qualificação dos invasores, conforme autorizado pelos arts. 319, § 1º C.C. 554, § 1º do referido diploma legal. Valor da causa que deve ser impugnado em preliminar de contestação, nos termos do art. 337, III do CPC/2015. Inexistência de nulidade pela ausência de prévia manifestação do Ministério Público. Embora seja necessária a intervenção do MP na demanda de origem, a concessão da liminar sem prévia intimação do Parquet se justificava pela urgência da medida. Princípio da função social da propriedade que não justifica o esbulho possessório deliberado. Função social da propriedade que deve se conformar aos requisitos constitucionais que a disciplinam e não servir de justificativa para comportamentos ilegais que se travestem de justiça social. Necessidade de resposta célere do Poder Judiciário. Decisão mantida. Agravo desprovido, com determinação para que seja cientificado o Ministério Público a fim de que intervenha no processo. (TJSP; AI 2153794-51.2016.8.26.0000; Ac. 9961791; São Paulo; Décima Segunda Câmara de Direito Privado; Rel. Des. Castro Figliolia; Julg. 09/11/2016; DJESP 01/12/2016)

§ 1º Concedida a liminar, se essa não for executada no prazo de 1 (um) ano, a contar da data de distribuição, caberá ao juiz designar audiência de mediação, nos termos dos §§ 2º a 4º deste artigo.

§ 2º O Ministério Público será intimado para comparecer à audiência, e a Defensoria Pública será intimada sempre que houver parte beneficiária de gratuidade da justiça.

§ 3º O juiz poderá comparecer à área objeto do litígio quando sua presença se fizer necessária à efetivação da tutela jurisdicional.

§ 4º Os órgãos responsáveis pela política agrária e pela política urbana da União, de Estado ou do Distrito Federal e de Município onde se situe a área objeto do litígio poderão ser intimados para a audiência, a fim de se manifestarem sobre seu interesse no processo e sobre a existência de possibilidade de solução para o conflito possessório.

§ 5º Aplica-se o disposto neste artigo ao litígio sobre propriedade de imóvel.

Art. 566. Aplica-se, quanto ao mais, o procedimento comum.

Seção III
Do Interdito Proibitório

Art. 567. O possuidor direto ou indireto que tenha justo receio de ser molestado na posse poderá requerer ao juiz que o segure da turbação ou esbulho iminente, mediante mandado proibitório em que se comine ao réu determinada pena pecuniária caso transgrida o preceito.

Pressupostos para interdito proibitório:

✓ AGRAVO INTERNO NOS EMBARGOS DE DECLARAÇÃO NO RECURSO ESPECIAL. PROCESSUAL CIVIL. AÇÃO DE INTERDITO PROIBITÓRIO. CONEXÃO E PREJUDICIALIDADE. SÚMULAS 83 E 7 DO STJ. INCIDÊNCIA DA SÚMULA 83 DO STJ NA ALÍNEA "A" DO INCISO III DO ART. 105 DA CF. POSSIBILIDADE. LITISCONSÓRCIO PASSIVO NECESSÁRIO. SÚMULA Nº 7 DO STJ. PRESSUPOSTOS PARA O DEFERIMENTO DO PEDIDO EM INTERDITO PROIBITÓRIO. POSSE E AMEAÇA DE TURBAÇÃO OU ESBULHO. SÚMULA Nº 7 DO STJ. VIOLAÇÃO À SÚMULA Nº 487 DO STF. IMPOSSIBILIDADE DE ABERTURA DA VIA ESPECIAL. (...) 5. Reconhecidos os pressupostos para a propositura da ação possessória – interdito proibitório – deve ser deferida, com o escopo de evitar-se atos de agressão à posse. Isso ocorre porque, para o exercício do interdito proibitório, a parte necessita demonstrar a posse, além da ameaça de turbação e esbulho. 6. A alegação de vício no ato de transmissão do domínio do imóvel não foi matéria considerada na ação possessória, dependente, para a devida comprovação, de processo autônomo. Verifica-se, portanto, que não está sob julgamento, na presente ação, questão atinente à relação jurídica originária que resultou na aquisição da propriedade imóvel pelos ora recorridos, não sendo possível ampliar o objeto da presente possessória, sob pena de desvirtuar o mencionado instituto, que pretende, apenas, resguardar a posse de ameaça de turbação ou esbulho. (...). (AgInt nos EDcl no REsp 1243841/MS, Rel. Ministro LUIS FELIPE SALOMÃO, QUARTA TURMA, julgado em 26/09/2017, DJe 02/10/2017)

Não configura ameaça de moléstia injusta à posse eventual interesse da parte contrária de pleitear tutela possessória:

✓ DIREITO CIVIL E PROCESSUAL CIVIL. APELAÇÃO CÍVEL. AÇÕES DE REINTEGRAÇÃO DE POSSE E DE INTERDITO PROIBITÓRIO. REQUISITOS DA PRETENSÃO REINTEGRATÓRIA. ARTIGO 561 DO CÓDIGO DE PROCESSO CIVIL. DEMONSTRAÇÃO, PELO AUTOR, DE SUA POSSE ANTERIOR SOBRE A ÁREA SOB LITÍGIO E DO ESBULHO PRATICADO PELO RÉU. INEXISTÊNCIA. PEDIDO REJEITADO. MANUTENÇÃO. PRESSUPOSTOS DO INTERDITO PROIBITÓRIO. ARTIGO 567 DO CÓDIGO DE PROCESSO CIVIL. PROVA, PELO REQUERENTE, DA IMINENTE AMEAÇA, PELO REQUERIDO, DE MOLÉSTIA INJUSTA À SUA POSSE. AUSÊNCIA. PRETENSÃO ACOLHIDA. REFORMA. A concessão de tutela possessória depende, nos termos do artigo 561 do Código de Processo Civil, da demonstração, pelo requerente, de sua posse anterior, do esbulho ou turbação praticado pelo requerido, da perda dessa posse, na ação de reintegração, ou de sua continuação, na ação de manutenção, bem como da data de ocorrência do embaraço cuja cessação é pretendida. Inexistente, nos autos, a demonstração de posse anterior exercida pela parte autora sobre a área objeto do litígio, bem como de esbulho praticado pela parte ré, não há como ser acolhida pretensão reintegratória de posse. Para a procedência do pedido em ação de interdito proibitório, faz-se imprescindível, a teor do disposto no artigo 567 do Código de Processo Civil, que o autor faça prova de sua posse sobre o bem, bem como da iminente ameaça de turbação ou esbulho e a probabilidade de sua concretização. Não configura ameaça de moléstia injusta à posse, passível de ser evitada por meio de ação de interdito proibitório, eventual interesse manifestado pela parte contrária em pleitear, perante o Judiciário, tutela possessória relativa a terreno ocupado pelo requerente, uma vez que o desapossamento em virtude de decisão judicial não caracteriza de esbulho ou turbação. (TJMG; APCV 1.0518.12.018218-4/001; Rel. Des. Márcio Idalmo Santos Miranda; Julg. 03/10/2017; DJEMG 20/10/2017)

O pedido de desocupação feito pelo novo adquirente do imóvel não configura ameaça de turbação, quando a posse é precária:

✓ APELAÇÃO CÍVEL. AÇÃO DE INTERDITO PROIBITÓRIO. REQUISITOS DO ART. 567 DO CPC. AUSÊNCIA DE POSSE MANSA E PACÍFICA. PROVA. NOTIFICAÇÃO DO NOVO PROPRIETÁRIO PARA DESOCUPAÇÃO DO IMÓVEL. EXERCÍCIO REGULAR DE DIREITO. AMEAÇA DE TURBAÇÃO NÃO VERIFICADA. MANUTENÇÃO DA SENTENÇA. RECURSO CONHECIDO E NÃO PROVIDO. I- O interdito proibitório é via hábil a proteger o justo possuidor contra ameaças à sua posse. II- Demonstrados nos autos a posse da autora não é justa, mas precária, decorrente de ato de mera permissão do proprietário, o pedido de desocupação do imóvel feito pelo novo adquirente não implica em ameaça de turbação, mas em exercício regular de direito que impõe o reconhecimento da improcedência do pedido. III- Recurso conhecido e não provido. (TJMG; APCV 1.0143.12.002180-1/001; Rel. Des. Vicente de Oliveira Silva; Julg. 12/09/2017; DJEMG 22/09/2017)

Impossibilidade de ajuizar interdito proibitório contra o Estado em casos de detenção consentida ou de ocupação de fato de bem público:

✓ PROCESSUAL CIVIL E ADMINISTRATIVO. ALEGAÇÃO DE POSSE. IMÓVEL MUNICIPAL. INTERDITO

PROIBITÓRIO. ART. 567 DO CÓDIGO DE PROCESSO CIVIL. REEXAME DO CONTEXTO FÁTICO-PROBATÓRIO. IMPOSSIBILIDADE. SÚMULA 7/STJ. OFENSA A LEI LOCAL. SÚMULA 280/STF. 1. Na hipótese dos autos, extrai-se do acórdão vergastado e das razões de Recurso Especial que o acolhimento da pretensão recursal demanda reexame do contexto fático-probatório, mormente de eventual termo de doação de área de imóvel, o que não se admite ante o óbice das Súmulas 5 e 7 do STJ. 2. Outrossim, percebe-se que a pretensão da recorrente tem por fundamento dispositivos de legislação municipal, cuja análise é obstada em Recurso Especial, ante a aplicação, por analogia, da Súmula 280/STF. 3. Note-se que a recorrente, anteriormente, não obteve êxito em Ação de Usucapião do mesmo imóvel, já transitada em julgado. Agora, ajuíza o presente interdito proibitório. 4. Incontroverso que o imóvel em questão integra o patrimônio do municipal. O interdito proibitório pressupõe, por óbvio, genuína posse direta ou indireta. Descabe, pois, ajuizá-lo contra o Estado em casos de detenção consentida (tolerância ou permissão) ou de ocupação de fato de bem público, pouco importando seja curta ou longa, mansa e pacífica. Consolidada a jurisprudência do STJ sobre matéria. 5. Agravo Interno não provido. (AgInt no AREsp 1605083/RS, Rel. Ministro HERMAN BENJAMIN, SEGUNDA TURMA, julgado em 06/05/2020, DJe 14/05/2020)

Art. 568. Aplica-se ao interdito proibitório o disposto na Seção II deste Capítulo.

Julgado entendendo que quando não demonstrados, de imediato, os requisitos do art. 567, deve-se realizar audiência de justificação:

✓ AGRAVO DE INSTRUMENTO. AÇÃO DE INTERDITO PROIBITÓRIO C/C INDENIZAÇÃO. LIMINAR. AUSÊNCIA DE COMPROVAÇÃO DOS REQUISITOS. DESIGNAÇÃO DE AUDIÊNCIA DE JUSTIFICAÇÃO PRÉVIA. NECESSIDADE. Em ação de interdito proibitório, para a concessão da medida liminar, é indispensável que a parte autora demonstre a posse anterior, bem como a ameaça de turbação ou esbulho e o justo receio de que seja efetivada tal ameaça, tal como preceitua o art. 567, do CPC/2015. Não demonstrados, de plano, tais requisitos, imprescindível a realização de audiência de justificação para apuração da verdade real, o que, aliás, a jurisprudência entende como medida acautelatória que impede injustiças em casos que tais. (TJMG; AI 1.0407.16.001877-3/001; Rel. Des. Luciano Pinto; Julg. 25/08/2016; DJEMG 06/09/2016)

CAPÍTULO IV
DA AÇÃO DE DIVISÃO E DA DEMARCAÇÃO DE TERRAS PARTICULARES

Seção I
Disposições Gerais

Art. 569. Cabe:

I – ao proprietário a ação de demarcação, para obrigar o seu confinante a estremar os respectivos prédios, fixando-se novos limites entre eles ou aviventando-se os já apagados;

Impossibilidade de aplicação deste procedimento especial para demarcação de terras indígenas, que demanda procedimento administrativo próprio:

✓ ADMINISTRATIVO. EMBARGOS DE DECLARAÇÃO. CONTRADIÇÃO/OMISSÃO/OBSCURIDADE. DEMARCAÇÃO DE TERRA INDÍGENA. PROCESSO ADMINISTRATIVO. PEDIDO DE APLICAÇÃO DE NORMAS DE TERRAS PARTICULARES. IMPOSSIBILIDADE. DECRETO DO PODER EXECUTIVO. AVALIZAÇÃO ETNO-HISTÓRICA. I. Nos embargos de declaração exige-se a demonstração de omissão do acórdão embargado na apreciação da matéria impugnada, de contradição entre os fundamentos e a parte dispositiva do julgado, ou de necessidade de esclarecimento para sanar obscuridade. II. Não se conformando com o julgamento, a parte deve utilizar o recurso próprio. III. Inexiste omissão/contradição/obscuridade no Julgado, pois o voto condutor é claro quando afirma que "... os apelantes pretendem aplicar ao processo de demarcação de terra indígenas as regras da Lei nº 6.015/1973, que dispõe sobre os registros públicos, e o procedimento especial de demarcação de terras particulares dos arts. 946 e segs do CPC/1973, hoje arts. 569 e sgs do CPC/2015. (...) A disciplina para o processo administrativo de demarcação de terras indígenas no Brasil é de competência da União e consiste numa série de atos correlatos, sendo certo que a demarcação não representa título de posse ou requisito de ocupação, uma vez que o pleno gozo dos índios sobre suas terras independe de qualquer ato administrativo. O processo demarcatório da terra indígena é regulado por Decreto do Poder Executivo, materializando-se num procedimento administrativo conduzido pela Fundação Nacional do Índio. FUNAI e concluindo com um Decreto homologatório do Presidente da República. Esse entendimento tem início com a formação de um grupo técnico especializado que deverá promover o estudo etno-histórico, sociológico, jurídico, cartográfico e ambiental, bem como o levantamento fundiário necessários à delimitação da área, a fim de elaborar relatório circunstanciado a ser encaminhado ao Ministro da Justiça. Este, por sua vez, expedirá portaria delineando os limites da demarcação administrativa da área e concluirá o processo enviando-o ao Presidente da República que tem competência para edita Decreto homologatório. (...) Assim, em caso de reconhecimento final da área como terra tradicionalmente indígena, o efeito jurídico decorrente será a nulidade do título de propriedade, razão pela qual não se trata de cancelamento de matrícula do imóvel, mas sim de declaração da nulidade de título, . (...) Portanto, descabida a pretensão de se aplicar, à espécie, as regras o procedimento de demarcação de terras particulares, já que em vigor procedimento próprio de demarcação das terras indígenas, cumprindo assinalar que o Decreto presidencial que homologa a área indígena tem conteúdo declaratório, e não constitutivo, como pretendem fazer crer os apelantes. " IV. "Necessária a inequívoca ocorrência dos vícios enumerados no art. 1.022 do CPC para conhecimento dos embargos de declaração, o que não ocorre com a simples finalidade de prequestionamento. (EDAC 0024559-55.2011.4.01.3400 / DF, Rel. DESEMBARGADOR FEDERAL FRANCISCO DE ASSIS BETTI, Rel. Conv. JUIZ FEDERAL CÉSAR CINTRA JATAHY FONSECA (CONV.), SEGUNDA TURMA, e-DJF1 de 19/05/2016) V. Em que pese o instituto do prequestionamento basta somente a agitação da matéria constitucional ou infraconstitucional nos aclaratórios, não sendo necessário o reexame dos fundamentos do voto condutor do acórdão ou acolhimento dos embargos de declaração. VI. Descabido o pedido de determinação de cancelamento da averbação que cancelou a matrícula imobiliária da Fazenda Três Rios, uma vez que o acórdão confirmou a sentença que julgou improcedente o pleito de anulação do processo administrativo de demarcação da terra indígena. VII. Embargos de declaração rejeitados. (TRF 1ª R.; AC 0005680-55.2006.4.01.3600; Sexta Turma; Relª Juíza Fed. Conv. Hind Ghassan Kayath; DJF1 10/02/2017)

✓ ADMINISTRATIVO. AÇÃO CIVIL PÚBLICA. DEMARCAÇÃO DE TERRAS INDÍGENAS. PROCEDIMENTO DEMARCATÓRIO. 1. A Funai defende ser impertinente a fixação de prazo, pelo Poder Judiciário, para a finalização de procedimento administrativo de demarcação de terras indígenas. 2. "A demarcação de terras indígenas é precedida de processo administrativo, por intermédio do qual são realizados diversos estudos de natureza etno-histórica, antropológica, sociológica, jurídica, cartográfica e ambiental, necessários à comprovação de que a área a ser demarcada constitui terras tradicionalmente ocupadas pelos índios. Trata-se, como se vê, de procedimento de alta complexidade, que demanda considerável quantidade de tempo e recursos diversos para atingir os seus objetivos. Entretanto, as autoridades envolvidas no processo de demarcação, conquanto não estejam estritamente vinculadas aos prazos definidos na referida norma, não podem permitir que o excesso de tempo para o seu desfecho acabe por restringir o direito que se busca assegurar." (REsp 1.114.012/SC, Rel. Ministra Denise Arruda, Primeira Turma, DJe de 1º/12/2009). 3. Agravo Interno não provido. (AgInt no REsp 1524045/RS, Rel. Ministro HERMAN BENJAMIN, SEGUNDA TURMA, julgado em 22/11/2016, DJe 27/08/2020)

Legitimidade na demarcatória:

✓ PROCESSUAL CIVIL. APELAÇÃO. AÇÃO DEMARCATÓRIA C/C REINTEGRAÇÃO DE POSSE. ILEGITIMIDADE ATIVA AD CAUSAM. DIREITO ALHEIO PLEITEADO EM NOME PRÓPRIO. IMPOSSIBILIDADE. ART. 18 E 569, I, CPC. FALTA DE INTERESSE DE AGIR. EXTINÇÃO SEM RESOLUÇÃO DE MÉRITO. SENTENÇA MANTIDA. I – Em conformidade com o disposto nos artigos 18 e 569, I, do CPC, é defeso pleitear direito alheio em nome próprio. Patente a ilegitimidade ativa ad causam do promovente, ora recorrente, ao perquirir, demarcação de terreno, cuja propriedade não lhe pertence, consoante por ele mesmo admitido. II – Falta de interesse de agir ao autor, pois a ação demarcatória só é cabível quando há confusão de limites na linha divisória, o que não se vê na hipótese. III – Recurso conhecido, mas improvido. Extinção da demanda sem resolução de mérito. Sentença mantida. (TJCE; APL 0003846-47.2011.8.06.0050; Quarta Câmara de Direito Privado; Rel. Des. Francisco Bezerra Cavalcante; Julg. 26/09/2017; DJCE 29/09/2017; Pág. 45)

✓ PROCESSUAL CIVIL E ADMINISTRATIVO. RECURSO ESPECIAL. ENUNCIADO ADMINISTRATIVO 3/STJ. VIOLAÇÃO AO ART. 535 DO CPC. NÃO DEMONSTRAÇÃO. AGRAVO INTERNO NÃO PROVIDO. (...) 2- É incontroverso nos autos não ser o agravante detentor de direito de propriedade em relação ao bem em tela. Portanto, não tem, por consequência e a teor do art. 6º do CPC/1973, legitimidade e interesse jurídico apto a justificar sua presença como litisconsorte necessário nos autos da uma ação demarcatória de bem público. 3- Tendo o Tribunal feito expressa menção sobre a atividade instrutória do magistrado de piso, não há omissão quanto a alegação de ausência de exame a respeito da tese de necessidade de prova indireta em face da ineficácia da prova emprestada produzida em sua ausência. 4- Agravo interno não provido. (AgInt no REsp 1553134/RS, Rel. Ministro MAURO CAMPBELL MARQUES, SEGUNDA TURMA, julgado em 05/09/2017, DJe 14/09/2017)

É necessário o título do domínio para a ação de demarcação, sendo insuficientes os direitos possessórios:

✓ DEMARCATÓRIA. EXTINÇÃO SEM RESOLUÇÃO DO MÉRITO. CARÊNCIA DE AÇÃO. Autora detentora de direitos possessórios. Falta de título de domínio. Art. 569 do CPC. Precedentes. Sentença mantida. Recurso não provido. (TJSP; APL 0001659-13.2012.8.26.0523; Ac. 10724347; Salesópolis; Segunda Câmara de Direito Privado; Rel. Des. Giffoni Ferreira; Julg. 22/08/2017; DJESP 30/08/2017; Pág. 2328)

É possível a exceção de usucapião em ação demarcatória:

✓ APELAÇÃO CÍVEL DA PARTE REQUERIDA. Ação demarcatória. Sentença que julgou procedente o pedido inicial para determinar a demarcação da linha de confrontação dos imóveis. Insurgência da parte ré. Alegação de que as divisas atuais permanecem inalteradas há muitos anos. Não acolhimento. Ação demarcatória fundamentada em direito de propriedade, nos termos do artigo 569, inciso I, do CPC/2015. Necessidade de demarcação conforme as limitações constantes na matrícula. Laudo pericial que indica a existência de equívoco nas divisas se observada a descrição das metragens no registro imobiliário da propriedade do autor. Exceção de usucapião possível de ser alegada em ação demarcatória. Parte ré, porém, que não comprovou a alegação de que a linha divisória por ela defendida permanece inalterada há mais de cinquenta anos. Versão dos fatos apresentada pela parte autora que se mostra mais verossímil em análise ao conjunto probatório. Sentença mantida. Negado provimento ao recurso. (TJPR; ApCiv 1705635-8; Prudentópolis; Décima Sétima Câmara Cível; Rel. Des. Tito Campos de Paula; Julg. 16/08/2017; DJPR 25/08/2017; Pág. 302)

II – ao condômino a ação de divisão, para obrigar os demais consortes a estremar os quinhões.

Diante da ausência de consenso entre todos os condôminos, é necessária a propositura da ação de divisão:

✓ APELAÇÃO CÍVEL. CONDOMÍNIO. AÇÃO ANULATÓRIA DE ESCRITURA PÚBLICA E RECONVENÇÃO. DIVISÃO E EXTINÇÃO DE CONDOMÍIO SEM ANUÊIA DE TODOS COMPROPRIETÁRIOS. SENTENÇA DE PROCEDÊNCIA MANTIDA. É nula a escritura pública de divisão e extinção de condomínio oficializada sem a anuência do arrematante, mesmo que a área não tenha sido registrada. Verificada a ausência de consenso entre todos os condôminos, imperativa a propositura de ação de divisão e extinção prevista no inciso II do artigo 569 do código de processo civil. In casu, os demandados, mesmos cientes da arrematação de parte da área comum por terceiro, formalizaram escritura pública sem a anuência deste, antes de efetuado o registro da carta de arrematação. Apelo desprovido. Unânime. (TJRS; AC 0160893-62.2017.8.21.7000; Caxias do Sul; Décima Sétima Câmara Cível; Relª Desª Liege Puricelli Pires; Julg. 31/08/2017; DJERS 13/09/2017)

Art. 570. É lícita a cumulação dessas ações, caso em que deverá processar-se primeiramente a demarcação total ou parcial da coisa comum, citando-se os confinantes e os condôminos.

Cabe ao proprietário a propositura da ação de demarcação, para posterior divisão:

✓ APELAÇÃO CÍVEL. DIVISÃO E DEMARCAÇÃO DE TERRAS PARTICULARES. ILEGITIMIDADE ATIVA. Nos termos do art. 570, do novo código de processo civil, é possível a cumulação das ações de demarcação e divisão, processando-se primeiro a demarcação da área, razão pela qual cabe ao proprietário a sua propositura, consoante o disposto pelo art. 569, do aludido diploma processual pátrio. No caso, porém, caracterizada a ilegitimidade ativa, visto que a autora não logrou comprovar o necessário domínio. Jurisprudência da câmara. Manutenção da sentença que se impõe. Negaram provimento ao recurso. Unânime. (TJRS; AC 0252597-93.2016.8.21.7000; Bagé; Vigésima Câmara Cível; Relª Desª Walda Maria Melo Pierro; Julg. 14/12/2016; DJERS 25/01/2017)

Art. 571. A demarcação e a divisão poderão ser realizadas por escritura pública, desde que maiores, capazes e concordes todos os interessados, observando-se, no que couber, os dispositivos deste Capítulo.

Art. 572. Fixados os marcos da linha de demarcação, os confinantes considerar-se-ão terceiros quanto ao processo divisório, ficando-lhes, porém, ressalvado o direito de vindicar os terrenos de que se julguem despojados por invasão das linhas limítrofes constitutivas do perímetro ou de reclamar indenização correspondente ao seu valor.

§ 1º No caso do caput, serão citados para a ação todos os condôminos, se a sentença homologatória da divisão ainda não houver transitado em julgado, e todos os quinhoeiros dos terrenos vindicados, se a ação for proposta posteriormente.

§ 2º Neste último caso, a sentença que julga procedente a ação, condenando a restituir os terrenos ou a pagar a indenização, valerá como título executivo em favor dos quinhoeiros para haverem dos outros condôminos que forem parte na divisão ou de seus sucessores a título universal, na proporção que lhes tocar, a composição pecuniária do desfalque sofrido.

Art. 573. Tratando-se de imóvel georreferenciado, com averbação no registro de imóveis, pode o juiz dispensar a realização de prova pericial.

Seção II
Da Demarcação

Art. 574. Na petição inicial, instruída com os títulos da propriedade, designar-se-á o imóvel pela situação e pela denominação, descrever-se-ão os limites por constituir, aviventar ou renovar e nomear-se-ão todos os confinantes da linha demarcanda.

Requisitos da demarcatória:

✓ RECURSO ESPECIAL. PROCESSUAL CIVIL. AÇÃO REIVINDICATÓRIA. EXISTÊNCIA DE ESCRITURA PÚBLICA DE DEMARCAÇÃO. ALTERAÇÃO DA LINHA DIVISÓRIA ORIGINALMENTE DEFINIDA. TITULARIDADE DO DOMÍNIO DO AUTOR. INDIVIDUALIZAÇÃO DA ÁREA. POSSE INJUSTA DOS RÉUS. ARTS. 524 DO CC/1916 E 1.228 DO CC/2002. REQUISITOS RECONHECIDOS PELAS INSTÂNCIAS ORDINÁRIAS. SÚMULA 7/STJ. RECURSO IMPROVIDO. 1. A reivindicatória, de natureza real e fundada no direito de sequela, é a ação própria à disposição do titular do domínio para requerer a restituição da coisa de quem injustamente a possua ou detenha (CC/1916, art. 524 e CC/2002, art. 1.228), exigindo a presença concomitante de três requisitos: a prova da titularidade do domínio pelo autor, a individualização da coisa e a posse injusta do réu. 2. A distinção entre demarcação e reivindicação, segundo o entendimento doutrinário, reside na circunstância de que, na reivindicação, o autor reclama a restituição de área certa e determinada; havendo incerteza quanto à área vindicada, prevalece a demarcação. Ademais, conforme já decidido pelo Superior Tribunal de Justiça, "o ponto decisivo a distinguir a demarcatória em relação a reivindicatória é a circunstância de ser imprecisa, indeterminada ou confusa a verdadeira linha de confrontação a ser estabelecida ou restabelecida no terreno" (REsp 60.110/GO, Rel. Ministro SÁLVIO DE FIGUEIREDO TEIXEIRA, QUARTA TURMA, DJ de 2/10/1995). 3. Reconhecida pelas instâncias ordinárias a titularidade do domínio do autor, a efetiva individualização da coisa vindicada e a posse injusta dos réus, e inexistindo, por outro lado, dúvida quanto à linha divisória entre os imóveis, previamente definida por meio de escritura pública, a simples constatação da alteração do traçado original da linha divisória anteriormente fixada não pressupõe a necessidade de nova demarcação, sendo cabível, na espécie, a demanda reivindicatória. 4. Recurso especial improvido. (REsp 1060259/MG, Rel. Ministro RAUL ARAÚJO, QUARTA TURMA, julgado em 04/04/2017, DJe 04/05/2017)

Demarcatória e possessória:

✓ DIREITO PROCESSUAL CIVIL. RECURSO ESPECIAL. AÇÃO DEMARCATÓRIA. EMBARGOS DE DECLARAÇÃO. OMISSÃO, CONTRADIÇÃO OU OBSCURIDADE. NÃO INDICAÇÃO. SÚMULA 284/STF. PREQUESTIONAMENTO. AUSÊNCIA. SÚMULA 211/STJ. IMPOSSIBILIDADE DE AJUIZAMENTO DE AÇÃO DEMARCATÓRIA NA PENDÊNCIA DE JULGAMENTO DE AÇÃO POSSESSÓRIA. ART. 923 DO CPC/73. AÇÃO DE INTERDITO PROIBITÓRIO DEFINITIVAMENTE JULGADA. AUSÊNCIA DE PENDÊNCIA DE JULGAMENTO DE AÇÃO POSSESSÓRIA. PROSSEGUIMENTO NO JULGAMENTO DA

AÇÃO DEMARCATÓRIA. (...) 2. O propósito recursal é determinar se a presente ação demarcatória cumulada com queixa de esbulho, ajuizada pelos recorrentes, deve ser julgada extinta, sem resolução do mérito, em razão da pendência de ação possessória envolvendo o mesmo imóvel. 3. A ausência de expressa indicação de obscuridade, omissão ou contradição nas razões recursais enseja o não conhecimento do recurso especial. Aplica-se, neste caso, a Súmula 284/STF. 4. A ausência de decisão acerca dos argumentos invocados pelo agravante em suas razões recursais, não obstante a oposição de embargos de declaração, impede o conhecimento do recurso especial. 5. Nos termos do art. 923 do CPC/73, na pendência do processo possessório, é defeso, assim ao autor como ao réu, intentar a ação de reconhecimento de domínio. 6. A proibição do ajuizamento de ação petitória enquanto pendente ação possessória, em verdade, não limita o exercício dos direitos constitucionais de propriedade e de ação, mas vem ao propósito da garantia constitucional e legal de que a propriedade deve cumprir a sua função social, representando uma mera condição suspensiva do exercício do direito de ação fundada na propriedade. 7. A ação demarcatória é instrumento processual posto à disposição tão somente do proprietário, com o propósito de tutelar o seu direito de estabelecer os limites de sua propriedade, com a demarcação ou delimitação compulsória da área, o avivamento de rumos apagados ou a renovação de marcos destruídos ou arruinados entre o prédio do autor e os prédios dos proprietários das áreas confinantes, em razão da existência de confusão de limites territoriais entre os imóveis. 8. A ação demarcatória não se confunde com a reivindicatória, pois por meio desta discute-se o domínio de imóvel certo, perfeitamente identificado e que não sofre debates em torno de suas linhas divisórias, enquanto que, por intermédio daquela, objetiva-se definir quais os limites territoriais entre prédios que, embora possam estar formalmente descritos no título aquisitivo, em termos materiais ensejam discussão quanto à exata localização de suas fronteiras. 9. A ação demarcatória não objetiva somente a declaração de reconhecimento de domínio, uma vez que vem necessariamente atrelada à pretensão de demarcação da área controversa. Contudo, diante da natureza petitória da ação demarcatória, inviável o seu ajuizamento enquanto pendente de julgamento ação possessória, nos termos do que preceituado no art. 923 do CPC/73. 10. Conquanto se tenha concluído pela impossibilidade do ajuizamento da ação demarcatória enquanto pendente de julgamento ação possessória, verifica-se que, na hipótese, não se mostra mais útil a discussão acerca da aplicabilidade do art. 923 do CPC/73. 11. Não estando mais pendente o julgamento de ação possessória, e tendo-se ainda em mente que o art. 923 do CPC/73 prevê apenas uma condição suspensiva para o ajuizamento da ação demarcatória, não há qualquer razão que, neste momento, justifique a sua extinção. 12. Recurso especial parcialmente conhecido e, nessa parte, provido. (REsp 1655582/MT, Rel. Ministra NANCY ANDRIGHI, TERCEIRA TURMA, julgado em 12/12/2017, DJe 18/12/2017)

Citação dos confrontantes:

✓ AGRAVO INTERNO NO AGRAVO EM RECURSO ESPECIAL. AÇÃO DEMARCATÓRIA. CITAÇÃO DE TODOS OS CONFRONTANTES. DESNECESSIDADE. AUSÊNCIA DE INTERESSE. AGRAVO NÃO PROVIDO. 1. Em se tratando de ação demarcatória parcial, somente existe litisconsórcio passivo necessário em relação aos proprietários dos imóveis confrontantes da linha demarcanda, tendo em vista que somente estes possuem interesse no resultado da demanda. 2. Agravo interno não provido. (AgInt no AREsp 1014928/RJ, Rel. Ministro RAUL ARAÚJO, QUARTA TURMA, julgado em 17/08/2017, DJe 11/09/2017)

✓ PROCESSUAL CIVIL. NEGATIVA DE PRESTAÇÃO JURISDICIONAL. NÃO OCORRÊNCIA. CIVIL. AÇÃO DEMARCATÓRIA PARCIAL. CITAÇÃO DOS CONFINANTES DEMARCAÇÃO DE ÁREA PARA FINS DE REIVINDICAÇÃO DO BEM OBJETO DE ESBULHO. ILEGIMIDADE ATIVA DO CONFINANTE CITADO PARA ALEGAR NULIDADE DA SENTENÇA ANTE A AUSÊNCIA DE CITAÇÃO DE SUPOSTO LITISCONSORTE. EFEITOS DA COISA JULGADA. QUESTÃO DECIDIDA. PEDIDO E CAUSA DE PEDIR DA AÇÃO. 1. Afasta-se a alegada negativa de prestação jurisdicional quando o acórdão recorrido, integrado por julgado proferido em embargos de declaração, dirime, de forma expressa, congruente e motivada, as questões suscitadas nas razões recursais. 2. Nas demarcatórias parciais, há o litisconsórcio passivo necessário entre o demandante e os vizinhos lindeiros da área específica cuja demarcação é pretendida. Todavia, tratamento diverso se dá aos demais confinantes do imóvel de propriedade do autor da demarcatória cuja área não era objeto de demarcação, pois, quanto a estes, não há litisconsórcio passivo necessário, apenas facultativo. 3. Não se configura a hipótese de nulidade decorrente da não citação de litisconsorte necessário se o confinante que foi regularmente citado não tem legitimidade para arguir a nulidade por ausência de participação dos proprietários das áreas contíguas àquela objeto da demarcatória, em virtude da ausência de prejuízo que lhe teria sido causado e da não demonstração de qual benefício teria com o reconhecimento do alegado vício. 4. Se, da análise da causa de pedir e pedidos formulados na inicial (questões decididas), verifica-se que se intentou a demarcação de parte da área de propriedade dos autores que teria sido objeto de esbulho possessório pelos demandados especificados na inicial, somente quanto a esses réus indicados na exordial se discutiu o domínio; por essa razão, os efeitos da coisa julgada devem ficar adstritos a eles. 5. Recurso especial parcialmente provido. (REsp 1599403/MT, Rel. Ministro JOÃO OTÁVIO DE NORONHA, TERCEIRA TURMA, julgado em 23/06/2016, DJe 01/07/2016)

A alteração do marco divisório deve observar o procedimento especial:

✓ REINTEGRAÇÃO DE POSSE. Liminar deferida. Preenchimento dos requisitos dos arts. 558 e 561 do CPC. Construtora que erguera o muro divisório, segundo a tese recursal, em desconformidade com os limites dos imóveis. Agravada que, desde a construção do muro, vem exercendo a posse sobre a área controvertida, inclusive realizando queimadas. Agravante que admite em seu recurso que construiu nova cerca, adentrando na área que estava na posse da agravada. Alteração do marco divisório de forma clandestina e violenta, sem a observância do procedimento legal de demarcação de terras particulares. Art. 560, I e 574 do CPC. Esbulho possessório. Caso que não se enquadra na hipótese de regular desforço imediato (art. 1210, § 1º, do CC/02). Decisão correta. Agravo de instrumento desprovido. (TJPR;

Ag Instr 1572196-1; Curitiba; Décima Sétima Câmara Cível; Rel. Des. Fernando Paulino; Julg. 14/06/2017; DJPR 30/06/2017; Pág. 312)

Art. 575. Qualquer condômino é parte legítima para promover a demarcação do imóvel comum, requerendo a intimação dos demais para, querendo, intervir no processo.

Art. 576. A citação dos réus será feita por correio, observado o disposto no art. 247.

Parágrafo único. Será publicado edital, nos termos do inciso III do art. 259.

Art. 577. Feitas as citações, terão os réus o prazo comum de 15 (quinze) dias para contestar.

Art. 578. Após o prazo de resposta do réu, observar-se-á o procedimento comum.

Art. 579. Antes de proferir a sentença, o juiz nomeará um ou mais peritos para levantar o traçado da linha demarcanda.

Necessidade de prova pericial:

✓ APELAÇÃO CÍVEL. AÇÃO DE DEMARCAÇÃO. NECESSIDADE DE PRODUÇÃO DE PROVA PERICIAL PARA LEVANTAR O TRAÇADO DA LINHA DEMARCANDA. CERCEAMENTO DE DEFESA EVIDENCIADO. Não se cuidando de imóvel georreferenciado, faz-se imprescindível a produção de prova pericial para levantar o traçado da linha demarcanda, à luz do disposto no art. 579 do CPC. Sentença desconstituída, para oportunizar a produção de prova pericial. Apelo provido. Unânime. (TJRS; AC 0210789-11.2016.8.21.7000; Esteio; Vigésima Câmara Cível; Rel. Des. Dilso Domingos Pereira; Julg. 13/07/2016; DJERS 26/07/2016)

Art. 580. Concluídos os estudos, os peritos apresentarão minucioso laudo sobre o traçado da linha demarcanda, considerando os títulos, os marcos, os rumos, a fama da vizinhança, as informações de antigos moradores do lugar e outros elementos que coligirem.

Art. 581. A sentença que julgar procedente o pedido determinará o traçado da linha demarcanda.

Cabe ao juiz traçar a linha divisória, se inexistentes barreiras naturais e inviável a transação:

✓ APELAÇÃO CÍVEL. AÇÃO DE DEMARCAÇÃO. FIXAÇÃO DO TRAÇADO ENTRE OS IMÓVEIS. ART. 581 DO CPC. ÁREA FALTANTE INSERIDA NA ÁREA TOTAL DO AUTOR. PEDIDO DE RESTITUIÇÃO. REJEITADO. LAUDO PERICIAL CONCLUSIVO. SENTENÇA DE PARCIAL PROCEDÊNCIA. INCONFORMIDADE DO AUTOR COM A VALORAÇÃO DA PROVA. 1. Traçado da linha demarcanda. Na ausência de limites naturais e de divisas anteriores entre as áreas lindeiras, bem como na impossibilidade de composição do litígio cabe ao juiz determinar o traçado da linha demarcanda, nos termos da prova pericial produzida no feio. Oportunizado ao autor ampla defesa e o contraditório, inclusive, com sucessivas complementações periciais, não há se falar em erro do laudo pericial. No caso, não se pode confundir erro com interesse da parte autora. Mantida a linha divisória. Art. 581 do CPC/15. 2. Restituição de área de 4.282 hectares, matrícula 30.662do RI de Montenegro/RS. Conforme a prova pericial a área que o autor pretende ter restituída está inserida na área de 325,472,96m^2 de sua propriedade, formada por fração de terra de diferentes matrículas. Sentença mantida. Apelação desprovida. (TJRS; AC 0150062-52.2017.8.21.7000; Montenegro; Vigésima Câmara Cível; Rel. Des. Glênio José Wasserstein Hekman; Julg. 14/06/2017; DJERS 23/06/2017)

Parágrafo único. A sentença proferida na ação demarcatória determinará a restituição da área invadida, se houver, declarando o domínio ou a posse do prejudicado, ou ambos.

Art. 582. Transitada em julgado a sentença, o perito efetuará a demarcação e colocará os marcos necessários.

Parágrafo único. Todas as operações serão consignadas em planta e memorial descritivo com as referências convenientes para a identificação, em qualquer tempo, dos pontos assinalados, observada a legislação especial que dispõe sobre a identificação do imóvel rural.

Art. 583. As plantas serão acompanhadas das cadernetas de operações de campo e do memorial descritivo, que conterá:

I – o ponto de partida, os rumos seguidos e a aviventação dos antigos com os respectivos cálculos;

II – os acidentes encontrados, as cercas, os valos, os marcos antigos, os córregos, os rios, as lagoas e outros;

III – a indicação minuciosa dos novos marcos cravados, dos antigos aproveitados, das culturas existentes e da sua produção anual;

IV – a composição geológica dos terrenos, bem como a qualidade e a extensão dos campos, das matas e das capoeiras;

V – as vias de comunicação;

VI – as distâncias a pontos de referência, tais como rodovias federais e estaduais, ferrovias, portos, aglomerações urbanas e polos comerciais;

VII – a indicação de tudo o mais que for útil para o levantamento da linha ou para a identificação da linha já levantada.

Art. 584. É obrigatória a colocação de marcos tanto na estação inicial, dita marco primordial, quanto nos vértices dos ângulos, salvo se algum desses últimos pontos for assinalado por acidentes naturais de difícil remoção ou destruição.

Art. 585. A linha será percorrida pelos peritos, que examinarão os marcos e os rumos, consignando em relatório escrito a exatidão do memorial e da planta apresentados pelo agrimensor ou as divergências porventura encontradas.

Art. 586. Juntado aos autos o relatório dos peritos, o juiz determinará que as partes se manifestem sobre ele no prazo comum de 15 (quinze) dias.

Parágrafo único. Executadas as correções e as retificações que o juiz determinar, lavrar-se-á, em seguida, o auto de demarcação em que os limites demarcandos serão minuciosamente descritos de acordo com o memorial e a planta.

Art. 587. Assinado o auto pelo juiz e pelos peritos, será proferida a sentença homologatória da demarcação.

Seção III
Da Divisão

Art. 588. A petição inicial será instruída com os títulos de domínio do promovente e conterá:

I – a indicação da origem da comunhão e a denominação, a situação, os limites e as características do imóvel;

II – o nome, o estado civil, a profissão e a residência de todos os condôminos, especificando-se os estabelecidos no imóvel com benfeitorias e culturas;

III – as benfeitorias comuns.

Interesse de agir na ação de divisão:

✓ AGRAVO INTERNO. AGRAVO EM RECURSO ESPECIAL. AÇÃO DE DIVISÃO. INTERESSE DE AGIR. ACÓRDÃO RECORRIDO QUE ENTENDEU PELA IMPOSSIBILIDADE DA DIVISÃO DA PROPRIEDADE DIANTE DA DOCUMENTAÇÃO APRESENTADA E DAS REGULARIZAÇÕES PENDENTES. AUSÊNCIA DE APRESENTAÇÃO DE IMPUGNAÇÃO. SÚM 283/STF. REVOLVIMENTO DE MATÉRIA FÁTICA. SÚMULA 7 DO STJ. 1. A subsistência de fundamento inatacado apto a manter a conclusão do aresto impugnado impõe o não conhecimento da pretensão recursal, a teor do entendimento disposto na Súmula nº 283/STF. 2. É firme a jurisprudência do STJ no tocante à ausência de preclusão da decisão de saneamento, para o magistrado, com relação às condições da ação. 3. Entender de forma diversa ao Tribunal de origem, para fins de reconhecer o interesse de agir na ação divisória, por ter o recorrente ajuizado a sua inicial com os documentos necessários à sua pretensão (comprovação da origem da comunhão e a denominação, situação, limites e características do imóvel, nos termos do art. 967 do CPC/73 ou 588 do CPC/15), demandaria o revolvimento fático probatório, o que encontra óbice na súmula 7 do STJ. 4. Na hipótese, trata-se de ação divisória por falta de interesse de agir em razão da ausência de títulos translativos da propriedade, bem como pela ocorrência de diversos outros óbices, tais quais: a ausência de georreferenciamento, a ausência de regularização da reserva legal na propriedade e a ausência de CAR – Cadastro Ambiental Rural que demonstram "a total irregularidade destas propriedades", situação peculiar e totalmente diversa dos acórdãos citados como paradigmas. 5. Agravo interno não provido. (AgInt no AREsp 1460370/MS, Rel. Ministro LUIS FELIPE SALOMÃO, QUARTA TURMA, julgado em 10/12/2019, DJe 16/12/2019)

A concordância da parte ré com a pretensão inaugural não configura carência superveniente de interesse processual:

✓ CONDIÇÕES DA AÇÃO. INTERESSE PROCESSUAL. AUSÊNCIA. Descabimento. Ação de divisão de bem imóvel. Interesse de agir presente. Concordância da parte ré com a pretensão inaugural que não afasta o interesse da autora na obtenção da medida judicial. Tutela jurisdicional que se revela útil, adequada e necessária para resolver a situação descrita na petição inicial. Extinção do feito afastada, com determinação para prosseguimento do feito, observado o procedimento previsto a partir do artigo 588, do código de processo civil. Recurso provido. (TJSP; APL 1005288-21.2013.8.26.0271; Ac. 10795483; Itapevi; Sexta Câmara de Direito Privado; Rel. Des. Vito José Guglielmi; Julg. 15/09/2017; DJESP 20/09/2017; Pág. 2341)

É necessária a propositura de ação de di visão para dissolução de condomínio:

✓ INDIVIDUALIZAÇÃO DE REGISTRO IMOBILIÁRIO. NECESSIDADE DE DISSOLUÇÃO DO CONDOMÍNIO EXISTENTE ENTRE AUTOR E DEMAIS COPROPRIETÁRIOS. Inadequação da via processual eleita. Caso concreto que demanda a propositura de ação de divisão, com previsão expressa nos artigos 569 e seguintes do código de processo civil de 2015. Recurso conhecido e desprovido. (TJSC; AC 0005955-31.2009.8.24.0041; Mafra; Quarta Câmara de Direito Público; Relª Desª Vera Lúcia Ferreira Copetti; DJSC 05/06/2017; Pag. 312)

Possibilidade de concessão de tutela provisória na ação de divisão:

✓ AGRAVO INTERNO. AGRAVO DE INSTRUMENTO. DIREITO CIVIL. COISAS. CONDOMÍNIO. AÇÃO DE DIVISÃO E INDIVIDUALIZAÇÃO DE CONDOMÍNIO. TUTELA PROVISÓRIA. TUTELA DE URGÊNCIA. REQUISITOS. ANTECIPAÇÃO. LIMINAR POSSESSÓRIA. Na sistemática do CPC/15 as tutelas de urgência cautelares e de antecipação de direito material estão matizadas sob o regramento da tutela provisória; e que agora pode fundamentar-se em urgência ou tão somente na evidência. Os provimentos de urgência, cautelar ou antecipatório, submetem-se aos pressupostos de probabilidade do direito e do perigo de dano ou risco ao resultado útil do processo; e o pleito não está sujeito ao deferimento de plano. – Circunstância dos autos em que presentes os requisitos para concessão da tutela de urgência; se impunha manter a decisão recorrida. – Não merece provimento agravo interno que ataca decisão do relator em adequada aplicação da regra contida no art. 932, I do CPC. Recurso desprovido. (TJRS; AG 0445267-61.2016.8.21.7000; Flores da Cunha; Décima Oitava Câmara Cível; Rel. Des. João Moreno Pomar; Julg. 27/04/2017; DJERS 08/05/2017)

Art. 589. Feitas as citações como preceitua o art. 576, prosseguir-se-á na forma dos arts. 577 e 578.

Art. 590. O juiz nomeará um ou mais peritos para promover a medição do imóvel e as operações de divisão, observada a legislação especial que dispõe sobre a identificação do imóvel rural.

Parágrafo único. O perito deverá indicar as vias de comunicação existentes, as construções e as benfeitorias, com a indicação dos seus valores e dos respectivos proprietários e ocupantes, as águas principais que banham o imóvel e quaisquer outras informações que possam concorrer para facilitar a partilha.

Art. 591. Todos os condôminos serão intimados a apresentar, dentro de 10 (dez) dias, os seus títulos, se ainda não o tiverem feito, e a formular os seus pedidos sobre a constituição dos quinhões.

Art. 592. O juiz ouvirá as partes no prazo comum de 15 (quinze) dias.

§ 1º Não havendo impugnação, o juiz determinará a divisão geodésica do imóvel.

§ 2º Havendo impugnação, o juiz proferirá, no prazo de 10 (dez) dias, decisão sobre os pedidos e os títulos que devam ser atendidos na formação dos quinhões.

Art. 593. Se qualquer linha do perímetro atingir benfeitorias permanentes dos confinantes feitas há mais de 1 (um) ano, serão elas respeitadas, bem como os terrenos onde estiverem, os quais não se computarão na área dividenda.

Art. 594. Os confinantes do imóvel dividendo podem demandar a restituição dos terrenos que lhes tenham sido usurpados.

§ 1º Serão citados para a ação todos os condôminos, se a sentença homologatória da divisão ainda não houver transitado em julgado, e todos os quinhoeiros dos terrenos vindicados, se a ação for proposta posteriormente.

§ 2º Nesse último caso terão os quinhoeiros o direito, pela mesma sentença que os obrigar à restituição, a haver dos outros condôminos do processo divisório ou de seus sucessores a título universal a composição pecuniária proporcional ao desfalque sofrido.

Art. 595. Os peritos proporão, em laudo fundamentado, a forma da divisão, devendo consultar, quanto possível, a comodidade das partes, respeitar, para adjudicação a cada condômino, a preferência dos terrenos contíguos às suas residências e benfeitorias e evitar o retalhamento dos quinhões em glebas separadas.

Art. 596. Ouvidas as partes, no prazo comum de 15 (quinze) dias, sobre o cálculo e o plano da divisão, o juiz deliberará a partilha.

Parágrafo único. Em cumprimento dessa decisão, o perito procederá à demarcação dos quinhões, observando, além do disposto nos arts. 584 e 585, as seguintes regras:

I – as benfeitorias comuns que não comportarem divisão cômoda serão adjudicadas a um dos condôminos mediante compensação;

II – instituir-se-ão as servidões que forem indispensáveis em favor de uns quinhões sobre os outros, incluindo o respectivo valor no orçamento para que, não se tratando de servidões naturais, seja compensado o condômino aquinhoado com o prédio serviente;

III – as benfeitorias particulares dos condôminos que excederem à área a que têm direito serão adjudicadas ao quinhoeiro vizinho mediante reposição;

IV – se outra coisa não acordarem as partes, as compensações e as reposições serão feitas em dinheiro.

Art. 597. Terminados os trabalhos e desenhados na planta os quinhões e as servidões aparentes, o perito organizará o memorial descritivo.

Se a perícia técnica não efetua o cálculo das áreas dos quinhões com a respectiva avaliação, deve-se determinar sua complementação:

✓ AÇÃO DE DIVISÃO. SEGUNDA FASE. IMPRECISÃO ACERCA DAS ÁREAS DOS RESPECTIVOS QUINHÕES. INTELIGÊNCIA DO ART. 597, DO CPC/2015. NECESSIDADE DE COMPLEMENTAÇÃO DA PROVA PERICIAL. NULIDADE DA SENTENÇA. PRELIMINAR ACOLHIDA. A Ação de Divisão tem por objetivo extinguir o condomínio, atribuindo a cada consorte a sua fração no todo, em correspondência às respectivas partes ideais, transformando a cota ideal de cada consorte sobre o imóvel comum em parte concreta e determinada. Havendo ainda nos autos fatos controvertidos, deve-se oportunizar a produção de quaisquer provas que possam contribuir para a elucidação da matéria, até mesmo de ofício, nos termos do art. 370, do CPC/2015. Não tendo a Perícia Técnica efetuado o cálculo das áreas dos quinhões de cada um dos consortes, com a respectiva avaliação, conforme exige o art. 597, do CPC/2015, deve-se determinar a sua complementação, que é indispensável ao desate da lide. (TJMG; APCV 1.0297.12.000009-8/001; Rel. Des. Roberto Vasconcellos; Julg. 07/12/2016; DJEMG 24/01/2017)

§ 1º Cumprido o disposto no art. 586, o escrivão, em seguida, lavrará o auto de divisão, acompanhado de uma folha de pagamento para cada condômino.

§ 2º Assinado o auto pelo juiz e pelo perito, será proferida sentença homologatória da divisão.

§ 3º O auto conterá:

I – a confinação e a extensão superficial do imóvel;

II – a classificação das terras com o cálculo das áreas de cada consorte e com a respectiva avaliação ou, quando a homogeneidade das terras não determinar diversidade de valores, a avaliação do imóvel na sua integridade;

III – o valor e a quantidade geométrica que couber a cada condômino, declarando-se as reduções e as compensações resultantes da diversidade de valores das glebas componentes de cada quinhão.

§ 4º Cada folha de pagamento conterá:

I – a descrição das linhas divisórias do quinhão, mencionadas as confinantes;

II – a relação das benfeitorias e das culturas do próprio quinhoeiro e das que lhe foram adjudicadas por serem comuns ou mediante compensação;

III – a declaração das servidões instituídas, especificados os lugares, a extensão e o modo de exercício.

Art. 598. Aplica-se às divisões o disposto nos arts. 575 a 578.

CAPÍTULO V
DA AÇÃO DE DISSOLUÇÃO PARCIAL DE SOCIEDADE

Art. 599. A ação de dissolução parcial de sociedade pode ter por objeto:

I – a resolução da sociedade empresária contratual ou simples em relação ao sócio falecido, excluído ou que exerceu o direito de retirada ou recesso; e

II – a apuração dos haveres do sócio falecido, excluído ou que exerceu o direito de retirada ou recesso; ou

III – somente a resolução ou a apuração de haveres.

§ 1º A petição inicial será necessariamente instruída com o contrato social consolidado.

§ 2º A ação de dissolução parcial de sociedade pode ter também por objeto a sociedade anônima de capital fechado quando demonstrado, por acionista ou acionistas que representem cinco por cento ou mais do capital social, que não pode preencher o seu fim.

→ v. Enunciado 67 das Jornadas de Direito Civil do CJF: "A quebra do *affectio societatis* não é causa para a exclusão do sócio minoritário, mas apenas para dissolução (parcial) da sociedade".

→ v. Enunciado 221 das Jornadas de Direito Civil do CJF: "Diante da possibilidade de o contrato social permitir o ingresso na sociedade do sucessor de sócio falecido, ou de os sócios acordarem com os herdeiros a substituição de sócio falecido, sem liquidação da quota em ambos os casos, é lícita a participação de menor em sociedade limitada, estando o capital integralizado, em virtude da inexistência de vedação no Código Civil".

→ v. Enunciado 17 das Jornadas de Direito Comercial do CJF: "Na sociedade limitada com dois sócios, o sócio titular de mais da metade do capital social pode excluir extrajudicialmente o sócio minoritário desde que atendidas as exigências materiais e procedimentais previstas no art. 1.085, caput e parágrafo único, do CC".

Dissolução e prosseguimento das atividades da empresa:

✓ "Caso em que configurada a possibilidade de dissolução parcial diante da viabilidade da continuação dos negócios da companhia, em contrapartida ao direito dos sócios de se retirarem dela sob o fundamento que eles não podem ser penalizados com a imobilização de seu capital por longo período sem obter nenhum retorno financeiro. Aplicação do princípio da preservação da empresa, previsto implicitamente na Lei nº 6.404/76 ao adotar em seus arts. 116 e 117 a ideia da prevalência da função social e comunitária da companhia, caracterizando como abuso de poder do controlador a liquidação de companhia próspera". (STJ, REsp 1321263/PR, Rel. Min. Moura Ribeiro, 3ª Turma, jul. 06.12.2016, DJe 15.12.2016)

Art. 600. A ação pode ser proposta:

→ v. Enunciado 93 das Jornadas de Direito Comercial do CJF: "O cônjuge ou companheiro de titular de EIRELI é legitimado para ajuizar ação de apuração de haveres, para fins de partilha de bens, na forma do art. 600, parágrafo único, do Código de Processo Civil".

I – pelo espólio do sócio falecido, quando a totalidade dos sucessores não ingressar na sociedade;

II – pelos sucessores, após concluída a partilha do sócio falecido;

III – pela sociedade, se os sócios sobreviventes não admitirem o ingresso do espólio ou dos sucessores do falecido na sociedade, quando esse direito decorrer do contrato social;

IV – pelo sócio que exerceu o direito de retirada ou recesso, se não tiver sido providenciada, pelos demais sócios, a alteração contratual consensual formalizando o desligamento, depois de transcorridos 10 (dez) dias do exercício do direito;

A notificação prévia dos demais sócios pelo retirante não é condição de procedibilidade da ação de dissolução:

✓ APELAÇÃO CÍVEL. PRETENSÃO DO SÓCIO DE RETIRADA DA SOCIEDADE. DISSOLUÇÃO PARCIAL. Quebra da affectio societatis. Direito potestativo. Ausência de cerceamento de defesa ou afronta aos princípios da ampla defesa e contraditório pelo julgamento antecipado da lide, já que os próprios réus concordaram com a saída do autor, limitando-se a sentença a determinar sua exclusão, relegando para momento posterior a apuração de haveres. Correta aplicação do art. 1.029 do CC e arts. 599 e seguintes do CPC. Notificação prévia dos demais sócios pelo retirante que não é condição de procedibilidade da presente ação. Precedentes deste TJERJ. Ônus sucumbenciais acertadamente determinados, já que, embora os réus tenham concordado com a exclusão do autor, controverteram com relação a outras questões. Majoração dos honorários sucumbenciais, a teor do art. 85 § 11 do CPC. Desprovimento do recurso. (TJRJ; APL 0410944-66.2015.8.19.0001; Rio de Janeiro; Vigésima Primeira Câmara Cível; Relª Desª Mônica Feldman de Mattos; Julg. 17/10/2017; DORJ 19/10/2017; Pág. 396)

Possibilidade de concessão de tutela provisória:

✓ SOCIETÁRIO. TUTELA DE URGÊNCIA. AÇÃO DE DISSOLUÇÃO PARCIAL DE SOCIEDADE C.C. APURAÇÃO DE HAVERES. Decisão que indeferiu a tutela de evidência e de urgência visando a imediata retirada da autora da sociedade. Hipótese de tutela de evidência que não admitiria a concessão de liminar (art. 311, IV e parágrafo único do CPC/2015). Possibilidade de dissolução parcial de sociedade anônima de capital fechado de cunho familiar. Precedentes do STJ. Requisitos para a concessão de tutela de urgência (art. 300 caput do CPC/2015) presentes no caso concreto. Rés que ao contestar a ação e ao responder ao recurso não se opõem ao pedido de retirada da autora do quadro de acionistas. Perda da affectio societatis evidenciada. Probabilidade do direito alegado pela autora. Sociedade que vem apresentando sucessivos e expressivos prejuízos, rateados entre os acionistas. Risco de dano grave ao patrimônio da autora, de impossível ou difícil reparação. Tutela de urgência concedida para que seja anotada na JUCESP a retirada da autora do quadro de acionistas da sociedade a partir do ajuizamento da ação. Agravo provido. (TJSP; AI 2110151-09.2017.8.26.0000; Ac. 10840698; São Paulo; Segunda Câmara Reservada de Direito Empresarial; Rel. Des. Alexandre Marcondes; Julg. 29/09/2017; DJESP 04/10/2017; Pág. 1875)

V – pela sociedade, nos casos em que a lei não autoriza a exclusão extrajudicial; ou

Legitimidade ativa da pessoa jurídica:

✓ AGRAVO DE INSTRUMENTO. AÇÃO DE DISSOLUÇÃO PARCIAL DE SOCIEDADE CUMULADA COM APURAÇÃO DE HAVERES. LEGITIMIDADE ATIVA DA PESSOA JURÍDICA. POSSIBILIDADE. Consoante o disposto no inciso V, do art. 600, do CPC/2015, a Ação de Dissolução Parcial de Sociedade poderá ser proposta pela Pessoa Jurídica, nos casos em que a Lei não autoriza a exclusão extrajudicial. (TJMG; AI 1.0418.14.001372-7/001; Rel. Des. Roberto Vasconcellos; Julg. 17/08/2017; DJEMG 29/08/2017)

VI – pelo sócio excluído.

Parágrafo único. O cônjuge ou companheiro do sócio cujo casamento, união estável ou convivência terminou poderá requerer a apuração de seus haveres na sociedade, que serão pagos à conta da quota social titulada por este sócio.

Art. 601. Os sócios e a sociedade serão citados para, no prazo de 15 (quinze) dias, concordar com o pedido ou apresentar contestação.

Parágrafo único. A sociedade não será citada se todos os seus sócios o forem, mas ficará sujeita aos efeitos da decisão e à coisa julgada.

(I)legitimidade passiva da sociedade:

✓ CIVIL E PROCESSUAL CIVIL. RECURSO ESPECIAL. RECURSO MANEJADO SOB A ÉGIDE DO CPC. AÇÃO DE COBRANÇA. DISTRIBUIÇÃO DE LUCRO. SOCIEDADE EMPRESÁRIA LIMITADA. ILEGITIMIDADE PASSIVA DO SÓCIO NÃO CONFIGURADA. CITAÇÃO DA SOCIEDADE DESNECESSÁRIA. DOUTRINA E JURISPRUDÊNCIA DESTA CORTE. PRINCÍPIO PROCESSUAL DA INSTRUMENTALIDADE DAS FORMAS. PAS DE NULLITÉ SANS GRIEF. AUSÊNCIA DE PREJUÍZO CONCRETO. RECURSO ESPECIAL NÃO PROVIDO. (...) 2. Nos termos do art. 601, parágrafo único, do CPC, na ação de dissolução parcial de sociedade limitada, é desnecessária a citação da sociedade empresária se todos os que participam do quadro social integram a lide. 3. Por isso, não há motivo para reconhecer o litisconsórcio passivo na hipótese de simples cobrança de valores quando todos os sócios foram citados, como ocorre no caso. 4. Na linha dos precedentes desta Corte, o princípio processual da instrumentalidade das formas, sintetizado pelo brocardo pas de nullité sans grief e positivado nos arts. 282 e 283, ambos do CPC, impede a anulação de atos inquinados de invalidade quando deles não tenham decorrido prejuízos concretos. 5. Recurso especial desprovido. (REsp 1731464/SP, Rel. Ministro MOURA RIBEIRO, TERCEIRA TURMA, julgado em 25/09/2018, DJe 01/10/2018)

✓ EMPRESARIAL. Ação de dissolução de sociedade. Determinação de inclusão da pessoa jurídica no polo passivo da ação. Expediente que pode ser dispensado havendo a citação de todos os sócios para comporem a demanda, nos termos do art. 601 do CPC. Assim, a determinação de inclusão imediata da pessoa jurídica no polo passivo da ação deve ser afastada. Pedido de concessão de tutela de urgência. Ausência dos requisitos previstos no artigo 300 do CPC. Decisão parcialmente reformada. Recurso parcialmente provido. (TJSP; AI 2140555-77.2016.8.26.0000; Ac. 10145247; São Paulo; Primeira Câmara Reservada de Direito Empresarial; Rel. Des. Teixeira Leite; Julg. 08/02/2017; DJESP 10/02/2017)

✓ AÇÃO DE DISSOLUÇÃO TOTAL, OU, SUBSIDIARIAMENTE, PARCIAL, DE SOCIEDADE LIMITADA, COM SAÍDA DA AUTORA DOS QUADROS SOCIAIS. Sentença que declarou a dissolução parcial. Apelação da sociedade, a aduzir tão somente temas pertinentes ao desempenho do sócio corréu na administração social. Fundamentos que não dizem respeito à esfera jurídica da sociedade. Subsídios doutrinários que indicam que o motivo de exigir-se esteja a sociedade no polo passivo de ação de dissolução reside na circunstância de seu patrimônio responder, em primeiro lugar, pelo pagamento dos haveres do sócio dissidente. Essa é a ratio essendi do litisconsórcio passivo necessário instituído pelo art. 601 do CPC. Apelante carecedora de interesse recursal, posto que, no curso do processo, concordou com o laudo de avaliação e, além do mais, não fez, nas razões recursais, qualquer reparo ao dispositivo sentencial que disciplinou o modo de pagamento dos haveres da autora. Manutenção da sentença recorrida. Apelação de que se não conhece. (TJSP; APL 3001060-91.2013.8.26.0101; Ac. 10481588; Caçapava; Primeira Câmara Reservada de Direito Empresarial; Rel. Des. Cesar Ciampolini; Julg. 31/05/2017; DJESP 07/06/2017; Pág. 1598)

Art. 602. A sociedade poderá formular pedido de indenização compensável com o valor dos haveres a apurar.

Art. 603. Havendo manifestação expressa e unânime pela concordância da dissolução, o juiz a decretará, passando-se imediatamente à fase de liquidação.

Inadmissibilidade de reconvenção pela incompatibilidade de ritos entre a prestação de contas e a dissolução de sociedade:

✓ EMBARGOS DE DECLARAÇÃO. APELAÇÃO CÍVEL. AÇÃO DE DISSOLUÇÃO PARCIAL DE SOCIEDADE COM APURAÇÃO DE HAVERES. Sentença que declarou a dissolução parcial da sociedade, com a exclusão da autora, desde o dia 9 de fevereiro de 2009, procedendo-se à apuração dos haveres da sócia que se retira e julgou extinta a reconvenção, sem exame de mérito. Inconformismo das rés. 1-a documentação dos autos não enseja o reconhecimento da hipossuficiência econômica da sociedade ré. 2-preliminares de ilegitimidade passiva da sociedade ré, de falta de interesse de agir, de inépcia da inicial e de prescrição afastadas. 3-cinge-se a controvérsia em analisar a possibilidade da dissolução parcial da sociedade ré, bem como da apuração de haveres das sócias. 4-restou incontroverso nos autos a quebra da affectio societatis. Registre-se que o artigo 603 do CPC determina que havendo manifestação expressa e unânime pela concordância da dissolução, o juiz a decretará, passando-se imediatamente à fase de liquidação. 5-a dissolução parcial da sociedade, com fundamento no princípio da preservação da empresa, se justifica no caso concreto, eis que a 1ª ré afirma em sua contestação que possui interesse na manutenção da atividade da empresa. 6-deixo de me manifestar quanto ao critério a ser utilizado na apuração de haveres, tendo em vista que o mesmo não foi objeto dos recursos. 7-não cabimento da reconvenção, eis que não há compatibilidade de ritos entre a prestação de contas e a dissolução de sociedade, de modo que deve ser, se for o caso, objeto de ação própria. Inteligência do disposto no artigo 327, § 1º, III, do CPC. 8-a apuração de haveres é despesa a ser arcada pela sociedade, por ser realizada no interesse desta, devendo, posteriormente, ser compensado com os haveres do retirante. 9-o julgador é obrigado, ao prolatar a sentença, distribuir os ônus da sucumbência (artigo 85, do CPC), devendo, contudo, ressalvar os termos do artigo 98, § 3º, do código de processo civil, quando houver uma parte beneficiária da justiça gratuita. 10-precedentes do STJ e do TJRJ. Sentença parcialmente reformada. 11-inexistência de omissão, contradição, obscuridade ou dúvida. Recurso com efeito pré-questionatório. Embargos não providos. (TJRJ; APL 0035482-92.2014.8.19.0202; Rio de Janeiro; Décima Sexta Câmara Cível; Rel. Des. Marco Aurelio Bezerra de Melo; DORJ 06/10/2017; Pág. 400)

§ 1º Na hipótese prevista no caput, não haverá condenação em honorários advocatícios de nenhuma das partes, e as custas serão rateadas segundo a participação das partes no capital social.

Condenação em honorários advocatícios:

✓ AGRAVO INTERNO EM AGRAVO EM RECURSO ESPECIAL. DISSOLUÇÃO DE SOCIEDADE. ART. 603, § 1º DO CPC. CONCORDÂNCIA NÃO VERIFICADA. LITIGIOSIDADE INSTAURADA. FIXAÇÃO DE HONORÁRIOS ADVOCATÍCIOS SUCUMBENCIAIS. ART. 85 DO CPC. AGRAVO NÃO PROVIDO. 1. É cediço que o art. 603, § 1º do CPC preleciona que havendo manifestação expressa e unânime pela concordância da dissolução, o juiz a decretará, passando-se imediatamente à fase de liquidação, ao passo que nessa hipótese, não haverá condenação em honorários advocatícios de nenhuma das partes, e as custas serão rateadas segundo a participação das partes no capital social. 2. Todavia, no caso dos autos, foi apresentada contestação, apelação, embargos, recurso especial e agravo em recurso especial, todos discutindo a propriedade dos bens que estavam sendo utilizados pela sociedade, além de dano material e moral, ao passo que a litigiosidade está configurada, afastando a incidência do art. 603, § 1º do CPC e atraindo a aplicação da regra geral prevista no art. 85 do CPC. 3. Ademais, a fixação dos honorários advocatícios é matéria que deve ser conhecida de ofício, porquanto é consectário lógico da sucumbência, não se encontrando subordinada a pedido contraposto ou reconvencional. 4. Agravo interno não provido. (AgInt no AREsp 1268423/DF, Rel. Ministro LUIS FELIPE SALOMÃO, QUARTA TURMA, julgado em 18/02/2020, DJe 03/03/2020)

Honorários periciais:

✓ RECURSO ESPECIAL. AÇÃO DE DISSOLUÇÃO PARCIAL DE SOCIEDADE LIMITADA. FASE DE LIQUIDAÇÃO. HONORÁRIOS PERICIAIS. ANTECIPAÇÃO. ÔNUS QUE INCUMBE A QUEM REQUEREU A PERÍCIA. CIRCUNSTÂNCIAS FÁTICAS QUE NÃO AUTORIZAM A APLICAÇÃO DO ART. 603 DO CPC/15. (...) 2. O propósito recursal consiste em definir a quem incumbe, em processo de dissolução parcial de sociedade limitada, o adiantamento dos honorários devidos ao perito designado para apurar os haveres do sócio excluído. 3. De acordo com o art. 95, caput, do CPC/15, a despesa concernente à antecipação dos honorários periciais incumbe a quem requereu a prova técnica (no particular, o recorrente). 4. A moldura fática da hipótese desautoriza a aplicação da regra do art. 603, § 1º, do CPC/15, pois essa norma exige, para que possa haver o rateio das despesas processuais entre as partes, "manifestação expressa e unânime pela concordância da dissolução", circunstância ausente no particular. 5. A pretensão de rateio dos honorários fundada na alegação de que a perícia contábil seria realizada independentemente de requerimento de quaisquer das partes também não se coaduna com as circunstâncias fáticas da espécie. 6. Ademais, o STJ já se manifestou – muito embora em demanda derivada de fatos distintos da presente – no sentido de que, após o trânsito em julgado da sentença, os encargos relacionados à fase de liquidação devem ser imputados à parte que foi derrotada (no particular, o recorrente), a fim de se garantir a observância da regra geral que impõe ao vencido o pagamento das despesas processuais. RECURSO ESPECIAL NÃO PROVIDO. (REsp 1821048/GO, Rel. Ministra NANCY ANDRIGHI, TERCEIRA TURMA, julgado em 27/08/2019, DJe 29/08/2019)

§ 2º Havendo contestação, observar-se-á o procedimento comum, mas a liquidação da sentença seguirá o disposto neste Capítulo.

Se o réu apresentar contestação, mas concordar com a dissolução parcial da sociedade, deve ser decretada, de imediato, a dissolução:

✓ AÇÃO DE DISSOLUÇÃO PARCIAL DE SOCIEDADE CUMULADA COM APURAÇÃO DE HAVERES. CONCORDÂNCIA EXPRESSA DAS PARTES QUANTO À DISSOLUÇÃO. ANÁLISE DAS DEMAIS QUESTÕES POSTAS NA PETIÇÃO INICIAL. DESCABIMENTO. QUESTÕES RELATIVAS AO DESVIO DE DINHEIRO E RETIRADA DE VALORES DA CONTA BANCÁRIA DA SOCIEDADE QUE DEVERÃO SER APURADAS NA FASE DE LIQUIDAÇÃO. I. O código de processo civil de 2015 deve ser aplicado imediatamente aos processos em curso, na forma dos arts. 14 e 1.046 do novo diploma. II. De acordo com o, havendo concordância expressa das partes quando à dissolução da sociedade, deve o magistrado decretá-la desde logo, passando imediatamente à fase de liquidação. III. No caso dos autos, embora tenha contestado a demanda, especialmente no que tange à alegação de falta grave, o réu concordou expressamente com a dissolução da sociedade, tendo em vista a evidente quebra da affectio societatis. Assim, agiu corretamente a ilustre magistrada singular ao decretar, sem maiores considerações, a dissolução parcial da sociedade, com a exclusão do réu do quadro societário, passando a decidir sobre a questão da apuração dos haveres, observados os ditames dos . IV. De outro lado, as questões relativas ao suposto desvio de dinheiro e retirada de valores da conta bancária da sociedade, as quais revelam a nítida intenção da companhia em compensar os valores devidos pelo sócio excluído do montante que este eventualmente tem a receber, deverão ser apuradas na fase de liquidação e apuração dos haveres, onde será analisada a pertinência e necessidade da prova documental e oral pretendida pelos autores, consoante constou na própria sentença. V. Por fim, descabe a aplicação dos honorários recursais previstos no, pois não foi arbitrada verba honorária em favor do procurador dos autores, ora apelantes. Apelação desprovida. (TJRS; AC 0053022-70.2017.8.21.7000; Porto

Alegre; Quinta Câmara Cível; Rel. Des. Jorge André Pereira Gailhard; Julg. 28/06/2017; DJERS 05/07/2017)

Art. 604. Para apuração dos haveres, o juiz:
I – fixará a data da resolução da sociedade;
II – definirá o critério de apuração dos haveres à vista do disposto no contrato social; e
III – nomeará o perito.

→ v. Enunciado 13 das Jornadas de Direito Comercial do CJF: "A decisão que decretar a dissolução parcial da sociedade deverá indicar a data de desligamento do sócio e o critério de apuração de haveres".

Nomeação de liquidante:

✓ "A nomeação de liquidante somente se faz necessária nos casos de dissolução total da sociedade, porquanto suas atribuições estão relacionadas com a gestão do patrimônio social de modo a regularizar a sociedade que se pretende dissolver. Na dissolução parcial, em que se pretende apurar exclusivamente os haveres do sócio falecido ou retirante, com a preservação da atividade da sociedade, é adequada simplesmente a nomeação de perito técnico habilitado a realizar perícia contábil a fim de determinar o valor da quota-parte devida ao ex-sócio ou aos seus herdeiros." (STJ, REsp 1557989/MG, Rel. Min. Ricardo Villas Bôas Cueva, 3ª Turma, jul. 17.03.2016, DJe 31.03.2016)

§ 1º O juiz determinará à sociedade ou aos sócios que nela permanecerem que depositem em juízo a parte incontroversa dos haveres devidos.

Quando os valores dos haveres do sócio retirante são controversos, é indevida a determinação de depósito pelos demais sócios:

✓ AGRAVO DE INSTRUMENTO. DISSOLUÇÃO E LIQUIDAÇÃO PARCIAL DE SOCIEDADE. ANTECIPAÇÃO DE HAVERES. FIXAÇÃO DE PRO LABORE. BLOQUEIO DE CONTAS. IMPOSSIBILIDADE. 1. Os valores dos haveres do sócio retirante são controversos, sendo precipitada a determinação aos demais sócios de antecipação dos mesmos, nos moldes do §1º do Erro! A referência de hiperlink não é válida.. 2. Não é possível deferir a concessão de pró- labore referente ao período posterior a saída do agravante da sociedade, porquanto deixou de exercer o cargo de administrador da empresa. Questão definida por ocasião do julgamento do AI nº 70064899214. 3. Indeferimento dos pedidos de bloqueio de contas da sociedade, haja vista a impossibilidade de aferição, neste momento processual, das alegações de esvaziamento do patrimônio da empresa objeto do pedido de dissolução. Indisponibilidade dos bens da sociedade deferida pelo douto juízo de origem. Agravo de instrumento desprovido. (TJRS; AI 0202912-83.2017.8.21.7000; Porto Alegre; Quinta Câmara Cível; Relª Desª Isabel Dias Almeida; Julg. 30/08/2017; DJERS 08/09/2017)

§ 2º O depósito poderá ser, desde logo, levantando pelo ex-sócio, pelo espólio ou pelos sucessores.

Juros de mora no depósito.

✓ "Decorrido o prazo legal nonagesimal (art. 1.031, § 2º, do CC/02) para pagamento de quota social, contado de sua efetiva liquidação, são devidos juros de mora". (STJ, AgRg no REsp 1474873/PR, Rel. Min. Marco Aurélio Bellizze, 3ª Turma, jul. 16.02.2016, DJe 19.02.2016)

§ 3º Se o contrato social estabelecer o pagamento dos haveres, será observado o que nele se dispôs no depósito judicial da parte incontroversa.

É possível o parcelamento do depósito do valor incontroverso, desde que exista previsão no contrato social:

✓ AGRAVO DE INSTRUMENTO. DISSOLUÇÃO E LIQUIDAÇÃO DE SOCIEDADE AÇÃO DE APURAÇÃO DE HAVERES. IMPUGNAÇÃO AOS CRITÉRIOS DA PERICIA. ROL TAXATIVO. 1. A decisão agravada, no ponto em que relegou a análise da impugnação aos critérios de cálculo do expert para sentença, não merece ser conhecida, por tratar-se de hipótese não prevista no rol taxativo do art. 1.015 do CPC. 2. Por outro lado, a decisão, na parte em que antecipa parcialmente o direito invocado pela parte autora, depósito de valor incontroverso, nos termos do art. 604, § 1º, encontra previsão no inciso I do art. 1.015 do mesmo diploma legal, motivo pelo qual cabível a interposição do recurso de agravo de instrumento. 3. Hipótese em que cabível o parcelamento do depósito do valor incontroverso, nos moldes do § 3º do art. 604. Pagamento parcelado dos haveres do sócio retirante previsto no contrato social. Necessidade de observância, conforme art. 609 do referido diploma legal. Recurso parcialmente conhecido e, no ponto, parcialmente provido. (TJRS; AI 0107753-16.2017.8.21.7000; Porto Alegre; Quinta Câmara Cível; Relª Desª Isabel Dias Almeida; Julg. 28/06/2017; DJERS 04/07/2017)

Art. 605. A data da resolução da sociedade será:
I – no caso de falecimento do sócio, a do óbito;

A data do óbito do sócio original é a data da resolução da sociedade para a apuração dos haveres em balanço especial:

✓ AGRAVO DE INSTRUMENTO. AÇÃO CONDENATÓRIA. OBRIGAÇÃO DE FAZER. Pretensão dos autores de serem admitidos na sociedade limitada como sucessores do falecido pai. Resistência do sócio remanescente, que não aceita o ingresso de novos sócios, justificado em cláusula contratual que condiciona à concordância dos sócios atuais o ingresso dos novos. Pedido de antecipação de tutela para distribuição imediata de lucros da empresa do exercício atual e dos anteriores. Óbito do sócio original ocorrido há cinco anos. Ajuizamento pelo sócio remanescente de ação de liquidação da cota do sócio extinto para indenizar os seus herdeiros. Hipótese de não ingresso dos herdeiros como sócio que justifica a não distribuição de lucros, porque a data do óbito do sócio extinto é a data da resolução da sociedade para a apuração dos haveres em balanço especial de determinação, na forma do art. 1.031 do Código Civil, e dos artigos 604, I e 605, I, do código de processo civil de 2015. Assim, os lucros posteriores ao óbito do sócio extinto somente serão partilháveis aos seus herdeiros se estes forem admitidos como sócios da empresa, o que até agora não aconteceu e é o pedido da ação judicial por eles proposta. Por esse motivo, é impossível, neste momento, conceder a antecipação de tutela para a distribuição de lucros, já que os herdeiros ainda não adquiriram a condição de sócios. Agravo de instrumento não provido. (TJRS; AI 0087852-96.2016.8.21.7000; Porto Alegre; Sexta Câmara Cível; Rel. Des. Ney Wiedemann Neto; Julg. 09/06/2016; DJERS 17/06/2016)

II – na retirada imotivada, o sexagésimo dia seguinte ao do recebimento, pela sociedade, da notificação do sócio retirante;

Considera-se data da retirada o sexagésimo dia, a contar do recebimento da notificação:

✓ RECURSO ESPECIAL. AÇÃO DE DISSOLUÇÃO PARCIAL DE SOCIEDADE LIMITADA DE PRAZO INDETERMINADO. NOTIFICAÇÃO PRÉVIA. APURAÇÃO DE HAVERES. DATA-BASE. PRAZO DE 60 DIAS. 1. Ação distribuída em 18/12/2009. Recursos especiais interpostos em 4/9/2017 e 18/9/2017. Autos conclusos à Relatora em 17/4/2018. 2. O propósito recursal é definir a data-base para apuração dos haveres devidos ao sócio em caso de dissolução parcial de sociedade limitada de prazo indeterminado. 3. O direito de recesso, tratando-se de sociedade limitada constituída por prazo indeterminado, pode ser exercido mediante envio de notificação prévia, respeitado o prazo mínimo de sessenta dias. Inteligência do art. 1.029 do CC. 4. O contrato societário fica resolvido, em relação ao sócio retirante, após o transcurso de tal lapso temporal, devendo a data-base para apuração dos haveres levar em conta seu termo final. RECURSO ESPECIAL NÃO PROVIDO. (REsp 1735360/MG, Rel. Ministra NANCY ANDRIGHI, TERCEIRA TURMA, julgado em 12/03/2019, DJe 15/03/2019)

O termo inicial para correção monetária é o sexagésimo dia posterior à data do recebimento da notificação:

✓ EMBARGOS DE DECLARAÇÃO. FIXAÇÃO DO TERMO INICIAL DE INCIDÊNCIA DA CORREÇÃO MONETÁRIA. SEXAGÉSIMO DIA POSTERIOR À DATA DO RECEBIMENTO DA NOTIFICAÇÃO PELA SOCIEDADE. Juros moratórios a partir da citação. Inteligência do art. 1029 do Código Civil c/c art. 605, inciso II, do Código de Processo Civil. Embargos acolhidos. (TJSP; EDcl 2228876-88.2016.8.26.0000/50001; Ac. 10862072; Piracicaba; Primeira Câmara Reservada de Direito Empresarial; Rel. Des. Hamid Bdine; Julg. 04/10/2017; DJESP 11/10/2017; Pág. 2424)

III – no recesso, o dia do recebimento, pela sociedade, da notificação do sócio dissidente;

IV – na retirada por justa causa de sociedade por prazo determinado e na exclusão judicial de sócio, a do trânsito em julgado da decisão que dissolver a sociedade; e

Na ação de exclusão de sócio por justa causa, a data da resolução da sociedade será a data do trânsito em julgado da sentença que o excluiu:

✓ APELAÇÃO CÍVEL. Ação de exclusão de sócio por justa causa em razão de cometimento de falta grave. Na forma do art. 605, inciso IV, do CPC/2015, a data da resolução da sociedade será a data do trânsito em julgado da sentença que excluiu a ré. Litigância de má-fé não caracterizada. Não estando presente qualquer das hipóteses discriminadas no art. 80 do código de processo civil/15, não há que se falar em litigância de má-fé. Os honorários advocatícios não foram arbitrados de modo proporcional e adequado e justificam sua majoração. Apelo provido em parte. (TJRS; AC 0207118-43.2017.8.21.7000; Novo Hamburgo; Sexta Câmara Cível; Rel. Des. Ney Wiedemann Neto; Julg. 28/09/2017; DJERS 05/10/2017)

V – na exclusão extrajudicial, a data da assembleia ou da reunião de sócios que a tiver deliberado.

Art. 606. Em caso de omissão do contrato social, o juiz definirá, como critério de apuração de haveres, o valor patrimonial apurado em balanço de determinação, tomando-se por referência a data da resolução e avaliando-se bens e direitos do ativo, tangíveis e intangíveis, a preço de saída, além do passivo também a ser apurado de igual forma.

→ v. Enunciado 62 das Jornadas de Direito Civil do CJF: "Com a exclusão do sócio remisso, a forma de reembolso das suas quotas, em regra, deve-se dar com base em balanço especial, realizado na data da exclusão".

→ v. Enunciado 95 das Jornadas de Direito Civil do CJF: "Os perfis em redes sociais, quando explorados com finalidade empresarial, podem se caracterizar como elemento imaterial do estabelecimento empresarial".

Fixação do critério de apuração de haveres quando o contrato social for omisso:

✓ AGRAVO INTERNO NO AGRAVO EM RECURSO ESPECIAL. DISSOLUÇÃO PARCIAL DE SOCIEDADE. APURAÇÃO DE HAVERES. OMISSÃO DO CONTRATO SOCIAL A RESPEITO. REALIZAÇÃO DE PERÍCIA. ART. 1.031 DO CÓDIGO CIVIL. APLICAÇÃO DA SÚMULA 5/STJ. 1. A forma da apuração de haveres, em caso da exclusão prevista no art. 1.030 do Código Civil, está disposta no art. 1.031 do mesmo diploma legal, caso não haja uma previsão específica no contrato social. Nesta hipótese, a apuração de haveres deve ocorrer na forma de perícia que avalie a situação patrimonial da sociedade no momento em que se efetuou, no plano fático, a exclusão do sócio, mediante um balanço especialmente levantado, que considere a situação patrimonial da empresa e não meramente contábil, justamente o que foi efetuado pelas instâncias ordinárias. 2. O acórdão recorrido aferiu que o contrato social é omisso sobre o critério de apuração dos haveres e a adoção de entendimento contrário demanda interpretação de suas cláusulas, o que é vedado a teor da Súmula 5 do STJ. 3. Agravo interno a que se nega provimento. (AgInt no AREsp 492.491/RJ, Rel. Ministra MARIA ISABEL GALLOTTI, QUARTA TURMA, julgado em 23/08/2018, DJe 11/09/2018)

A apuração de haveres deve ser efetivada com base em balanço especial, a ser apurada sem liquidação:

✓ APELAÇÃO CÍVEL. DISSOLUÇÃO DE SOCIEDADE. SOCIEDADE EM COMUM. INEQUÍVOCA CONSTITUIÇÃO DE SOCIEDADE EM COMUM E QUEBRA DA AFFECTIO SOCIETATIS. APURAÇÃO DE HAVERES. 1. Havendo confessada constituição de sociedade em comum e quebra da affectio societatis, é de ser acolhido o pedido de dissolução da sociedade. 2. A apuração de haveres deve ser efetivada com base no balanço especial considerando a data da saída do sócio, nos termos do art. 606 do CPC, a ser apurada em liquidação. Recurso provido. (TJRS; AC 0172791-72.2017.8.21.7000; Farroupilha; Quinta Câmara Cível; Relª Desª Isabel Dias Almeida; Julg. 30/08/2017; DJERS 06/09/2017)

Parágrafo único. Em todos os casos em que seja necessária a realização de perícia, a nomeação do perito recairá preferencialmente sobre especialista em avaliação de sociedades.

Art. 607. A data da resolução e o critério de apuração de haveres podem ser revistos pelo juiz, a pedido da parte, a qualquer tempo antes do início da perícia.

Art. 608. Até a data da resolução, integram o valor devido ao ex-sócio, ao espólio ou aos sucessores a participação nos lucros ou os juros sobre o capital próprio declarados pela sociedade e, se for o caso, a remuneração como administrador.

Parágrafo único. Após a data da resolução, o ex-sócio, o espólio ou os sucessores terão direito apenas à correção monetária dos valores apurados e aos juros contratuais ou legais.

Art. 609. Uma vez apurados, os haveres do sócio retirante serão pagos conforme disciplinar o contrato social e, no silêncio deste, nos termos do § 2º do art. 1.031 da Lei no 10.406, de 10 de janeiro de 2002 (Código Civil).

Critérios para apuração dos haveres:

✓ APELAÇÃO CÍVEL. AÇÃO DE APURAÇÃO DE HAVERES. LEGITIMIDADE PASSIVA DO SÓCIO QUOTISTA REMANESCENTE. INTERESSE DE AGIR CONFIGURADO. JUROS DE MORA. AFASTAMENTO. CRITÉRIO DE FIXAÇÃO DA APURAÇÃO DE HAVERES. CONTRATO SOCIAL. FORMA DE PAGAMENTO. ART. 609 DO CPC. ART. 1.031, §2º DO CC/02. 1. Relativamente à preliminar de ilegitimidade passiva do quotista remanescente, frisa-se que é de ser afastada. Na esteira da jurisprudência do STJ, o sócio remanescente é, juntamente com a pessoa jurídica correspondente, legítimo para figurar no polo passivo da demanda de dissolução parcial de sociedade. 2. Com efeito, vai afastada a preliminar de ausência de interesse de agir. Infere-se, em princípio, que a presente demanda, em contraposição à ação consignatória, possuem naturezas, fundamentalmente, distintas. Considera-se, outrossim, a existência de controvérsia quanto ao valor devido, no que toca a uma das demandas em questão. 3. Quanto ao mais, no que se refere ao pleito de afastamento da incidência de juros moratórios, tenho que, com efeito, merece acolhimento, eis que não há, à luz dos elementos contidos nos autos, como se imputar a mora às recorrentes. Inteligência do art. 396 do CC/02. 4. O critério de apuração de haveres fixado na sentença – Correspondente aquele previsto no contrato social – Encontra respaldo na legislação aplicável à matéria e na jurisprudência do STJ, razão pela qual vai mantido. 5. Outrossim, no que toca à forma de pagamento dos haveres, impõe-se a observância do que dispõem os artigos 609 do CPC e 1.031, §2º do CC/02, considerando a ausência de previsão no contrato social relativamente à questão. Dado parcial provimento ao recurso. (TJRS; AC 0298706-68.2016.8.21.7000; Porto Alegre; Quinta Câmara Cível; Rel. Des. Léo Romi Pilau Júnior; Julg. 30/11/2016; DJERS 08/12/2016)

✓ AGRAVO INTERNO NO AGRAVO EM RECURSO ESPECIAL. DISSOLUÇÃO PARCIAL DE SOCIEDADE. APURAÇÃO DE HAVERES DEVERÁ SEGUIR O QUE SE ESTABELECER EM CONTRATO SOCIAL. ALTERAÇÃO. NECESSIDADE DO REVOLVIMENTO FÁTICO-PROBATÓRIO DOS AUTOS, BEM COMO ANÁLISE E INTERPRETAÇÃO DE CLÁUSULAS CONTRATUAIS. SÚMULAS N. 5/STJ E N. 7/STJ. CRITÉRIOS PARA APURAÇÃO DE HAVERES. BALANÇO DE DETERMINAÇÃO. SÚMULA N. 83/STJ. RECURSO NÃO PROVIDO. (...) 2. Ademais, verifica-se que o entendimento firmado pelo Colegiado local está em harmonia com a jurisprudência desta Corte, no sentido de que " na dissolução parcial de sociedade por quotas de responsabilidade limitada, o critério previsto no contrato social para a apuração dos haveres do sócio retirante somente prevalecerá se houver consenso entre as partes quanto ao resultado alcançado. Em caso de dissenso, a jurisprudência do Superior Tribunal de Justiça está consolidada no sentido de que o balanço de determinação é o critério que melhor reflete o valor patrimonial da empresa". (REsp 1335619/SP, Rel. Ministra NANCY ANDRIGHI, Rel. p/ Acórdão Ministro JOÃO OTÁVIO DE NORONHA, TERCEIRA TURMA, julgado em 03/03/2015, DJe 27/03/2015). 3. Agravo interno a que se nega provimento. (AgInt no AREsp 1626253/SP, Rel. Ministro LUIS FELIPE SALOMÃO, QUARTA TURMA, julgado em 24/08/2020, DJe 26/08/2020)

✓ AGRAVO INTERNO NOS EMBARGOS DE DECLARAÇÃO NO AGRAVO EM RECURSO ESPECIAL - AÇÃO DECLARATÓRIA C/C COBRANÇA – DECISÃO MONOCRÁTICA QUE NEGOU PROVIMENTO AO RECLAMO. INSURGÊNCIA DOS DEMANDADOS. (...) 2. A jurisprudência desta Corte Superior orienta-se no sentido de que "na ação para apuração de haveres de sócio, a legitimidade processual passiva é da sociedade e dos sócios remanescentes, em litisconsórcio passivo necessário" (REsp 1015547/AM, Rel. Ministro RAUL ARAÚJO, QUARTA TURMA, julgado em 01/12/2016, DJe 14/12/2016). 3. Conforme entendimento do Superior Tribunal de Justiça, "a prescrição para cobrança entre advogados de honorários proporcionais aos serviços prestados é regulada pelo prazo decenal disposto no art. 205 do Código Civil, ante a ausência de regra específica" (REsp 1635771/DF, Rel. Ministro MOURA RIBEIRO, TERCEIRA TURMA, julgado em 09/05/2017, DJe 02/06/2017). 4. A apuração de haveres se processa da forma prevista no contrato social, uma vez que, nessa seara, prevalece o princípio da força obrigatória dos contratos, cujo fundamento é a autonomia da vontade, desde que observados os limites legais e os princípios gerais do direito. Precedentes. 5. Acórdão recorrido em consonância com a orientação jurisprudencial firmada nesta Corte sobre a matéria, o que atrai a incidência da Súmula 83/STJ. 6. Para infirmar as conclusões a que chegou o Tribunal de origem, demandaria, necessariamente, o reexame das provas carreadas aos autos, o que é vedado nesta instância especial, a teor das Súmulas 5 e 7/STJ. 7. Agravo interno desprovido. (AgInt nos EDcl no AREsp 639.591/RJ, Rel. Ministro MARCO BUZZI, QUARTA TURMA, julgado em 29/06/2020, DJe 03/08/2020)

CAPÍTULO VI
DO INVENTÁRIO E DA PARTILHA

Seção I
Disposições Gerais

Art. 610. Havendo testamento ou interessado incapaz, proceder-se-á ao inventário judicial.

Apesar da letra da lei, a existência de testamento não afasta a possibilidade de inventário extrajudicial, se não houver incapazes e houver concordância:

✓ RECURSO ESPECIAL. CIVIL E PROCESSO CIVIL. SUCESSÕES. EXISTÊNCIA DE TESTAMENTO. INVENTÁRIO EXTRAJUDICIAL. POSSIBILIDADE, DESDE QUE OS INTERESSADOS SEJAM MAIORES, CAPAZES E CONCORDES, DEVIDAMENTE ACOMPANHADOS DE SEUS ADVOGADOS. ENTENDIMENTO DOS ENUNCIADOS 600 DA VII JORNADA DE DIREITO CIVIL DO CJF; 77 DA I JORNADA SOBRE PREVENÇÃO E SOLUÇÃO EXTRAJUDICIAL DE LITÍGIOS; 51 DA I JORNADA DE DIREITO PROCESSUAL CIVIL DO CJF; E 16 DO IBDFAM. 1. Segundo o art. 610 do CPC/2015 (art. 982 do CPC/73), em havendo testamento ou interessado incapaz, proceder-se-á ao inventário judicial. Em exceção ao caput, o § 1° estabelece, sem restrição, que, se todos os interessados forem capazes e concordes, o inventário e a partilha poderão ser feitos por escritura pública, a qual constituirá documento hábil para qualquer ato de registro, bem como para levantamento de importância depositada em instituições financeiras. 2. O Código Civil, por sua vez, autoriza expressamente, independentemente da existência de testamento, que, "se os herdeiros forem capazes, poderão fazer partilha amigável, por escritura pública, termo nos autos do inventário, ou escrito particular, homologado pelo juiz" (art. 2.015). Por outro lado, determina que "será sempre judicial a partilha, se os herdeiros divergirem, assim como se algum deles for incapaz" (art. 2.016) – bastará, nesses casos, a homologação judicial posterior do acordado, nos termos do art. 659 do CPC. 3. Assim, de uma leitura sistemática do caput e do § 1° do art. 610 do CPC/2015, c/c os arts. 2.015 e 2.016 do CC/2002, mostra-se possível o inventário extrajudicial, ainda que exista testamento, se os interessados forem capazes e concordes e estiverem assistidos por advogado, desde que o testamento tenha sido previamente registrado judicialmente ou haja a expressa autorização do juízo competente. 4. A mens legis que autorizou o inventário extrajudicial foi justamente a de desafogar o Judiciário, afastando a via judicial de processos nos quais não se necessita da chancela judicial, assegurando solução mais célere e efetiva em relação ao interesse das partes. Deveras, o processo deve ser um meio, e não um entrave, para a realização do direito. Se a via judicial é prescindível, não há razoabilidade em proibir, na ausência de conflito de interesses, que herdeiros, maiores e capazes, socorram-se da via administrativa para dar efetividade a um testamento já tido como válido pela Justiça. 5. Na hipótese, quanto à parte disponível da herança, verifica-se que todos os herdeiros são maiores, com interesses harmoniosos e concordes, devidamente representados por advogado. Ademais, não há maiores complexidades decorrentes do testamento. Tanto a Fazenda estadual como o Ministério Público atuante junto ao Tribunal local concordaram com a medida. Somado a isso, o testamento público, outorgado em 2/3/2010 e lavrado no 18° Ofício de Notas da Comarca da Capital, foi devidamente aberto, processado e concluído perante a 2ª Vara de Órfãos e Sucessões. 6. Recurso especial provido. (REsp 1808767/RJ, Rel. Ministro LUIS FELIPE SALOMÃO, QUARTA TURMA, julgado em 15/10/2019, DJe 03/12/2019)

Desnecessidade de inventário para haver a sucessão em processo judicial:

✓ PROCESSUAL CIVIL. AÇÃO ORDINÁRIA EM FASE DE CUMPRIMENTO DE SENTENÇA. SUBSTITUIÇÃO DOS FALECIDOS POR SEUS SUCESSORES. ABERTURA DE INVENTÁRIO. DESNECESSIDADE. 1. A jurisprudência do STJ reconhece a legitimidade dos sucessores para pleitearem direitos transmitidos pelo falecido antes mesmo de inaugurado o inventário, considerando que o direito patrimonial perseguido é transmissível aos herdeiros. 2. Acórdão recorrido em dissonância com a orientação firmada pelo STJ. 2. Recurso Especial provido. (REsp 1715839/SP, Rel. Ministro HERMAN BENJAMIN, SEGUNDA TURMA, julgado em 17/04/2018, DJe 25/05/2018)

Situação em que basta "pedido de alvará":

✓ PROCESSO CIVIL. AGRAVO INTERNO. RAZÕES QUE NÃO ENFRENTAM O FUNDAMENTO DA DECISÃO AGRAVADA. CRÉDITOS TRABALHISTAS DE VALOR ELEVADO. NÃO INCIDÊNCIA DA LEI N° 6.858/80. EXISTÊNCIA DE OUTROS BENS A PARTILHAR. PROCESSAMENTO NO INVENTÁRIO. PRECEDENTES. SÚMULA N° 83/STJ. 1. As razões do agravo interno não enfrentam adequadamente o fundamento da decisão agravada. 2. "A Lei n. 6.858/80, ao pretender simplificar o procedimento de levantamento de pequenos valores não recebidos em vida pelo titular do direito, aplica-se estritamente a hipóteses em que atendidos dois pressupostos: (a) condição de dependente inscrito junto à previdência; (b) inexistência de outros bens a serem inventariados" (REsp 1537010/RJ, Rel. Ministro PAULO DE TARSO SANSEVERINO, TERCEIRA TURMA, julgado em 15/12/2016, DJe 7/2/2017). 3. Agravo interno a que se nega provimento. (AgInt no REsp 1625836/MG, Rel. Ministra MARIA ISABEL GALLOTTI, QUARTA TURMA, julgado em 10/10/2019, DJe 25/10/2019)

§ 1° Se todos forem capazes e concordes, o inventário e a partilha poderão ser feitos por escritura pública, a qual constituirá documento hábil para qualquer ato de registro, bem como para levantamento de importância depositada em instituições financeiras.

A realização da partilha ou inventário extrajudicial é uma mera faculdade das partes:

✓ APELAÇÃO CÍVEL. INVENTÁRIO. EXTINÇÃO. AUSÊNCIA DE INTERESSE DE AGIR. INVENTÁRIO EXTRAJUDICIAL. OPÇÃO DAS PARTES. POSSIBILIDADE DA ESCOLHA DA VIA JUDICIAL. A redação do art. 610, § 1°, do CPC/2015 permite seja feito o inventário e a partilha por escritura pública, desde que capazes e concordes os interessados. Trata-se de faculdade atribuída aos interessados os quais "podem" (no sentido de possibilidade e não de dever) optar pela lavratura de escritura em cartório ou pelo procedimento judicial. Todavia, referida faculdade não representa óbice a realização do inventário pela jurisdicional, razão pela qual deve ser afastada a falta de interesse de agir reconhecida pelo julgador de piso, impondo-se a cassação de sua sentença. (TJMG; APCV 1.0295.16.001813-7/001; Rel. Des. Peixoto Henriques; Julg. 22/08/2017; DJEMG 29/08/2017)

§ 2º O tabelião somente lavrará a escritura pública se todas as partes interessadas estiverem assistidas por advogado ou por defensor público, cuja qualificação e assinatura constarão do ato notarial.

Art. 611. O processo de inventário e de partilha deve ser instaurado dentro de 2 (dois) meses, a contar da abertura da sucessão, ultimando-se nos 12 (doze) meses subsequentes, podendo o juiz prorrogar esses prazos, de ofício ou a requerimento de parte.

→ *v.* Lei nº 14.010/2020, art. 16 ("Lei da pandemia")

O Código de Processo Civil não prevê qualquer penalidade pela inobservância do prazo para abertura do inventário, mas permite que os Estados cobrem multa pela extemporaneidade:

✓ INVENTÁRIO. DECISÃO QUE INDEFERIU A GRATUIDADE E A ISENÇÃO DO TRIBUTO (ITCMD) E DA MULTA DECORRENTE DA EXTEMPORANEIDADE NA ABERTURA DO INVENTÁRIO. INCONFORMISMO. Acolhimento em parte. Custas que devem ser suportadas pelo espólio e não pelo inventariante ou herdeiros. O espólio não dispõe de recursos financeiros ou outros bens de pronta liquidez, para honrar as despesas processuais. Gratuidade concedida. Higidez da multa, visto que não observado o prazo previsto no art. 983 do CPC/73 (art. 611, do CPC/15), vigente à data da abertura da sucessão e do inventário. Quanto à isenção do tributo (ITCMD), prematuro o exame, pois sequer há informação sobre o valor total do acervo hereditário e nem prévia manifestação da Fazenda Pública a respeito da quantia indicada (art. 1.007, do CPC/73 e art. 633, do CPC/15). Decisão ajustada. Recurso provido em parte. (TJSP; AI 2167946-70.2017.8.26.0000; Ac. 10832252; São Paulo; Oitava Câmara de Direito Privado; Rel. Des. Grava Brazil; Julg. 27/09/2017; DJESP 02/10/2017; Pág. 2102)

Art. 612. O juiz decidirá todas as questões de direito desde que os fatos relevantes estejam provados por documento, só remetendo para as vias ordinárias as questões que dependerem de outras provas.

Questões de alta indagação e ação autônoma:

✓ AGRAVO INTERNO. RECURSO ESPECIAL. DIREITO CIVIL. SUCESSÕES. INVENTÁRIO. PARTILHA. MEEIRA. QUESTÃO DE ALTA INDAGAÇÃO. PRETENSÃO DE ANULAÇÃO DE NEGÓCIO JURÍDICO ANTERIOR AO ÓBITO. TRANSFERÊNCIA DE COTAS SOCIETÁRIAS. AÇÃO ANULATÓRIA. 1. Questões de alta indagação são as que demandam a produção de provas que não estão nos autos do inventário, e, por exigirem ampla cognição para serem apuradas e solucionadas, devem ser decididas em ação própria, nas vias ordinárias. (CPC/1973, art. 984 e CPC/2015, art. 612). Precedentes. 2. Os sucessores e o meeiro não são terceiros interessados em relação aos negócios jurídicos celebrados pelo inventariado; recebem eles o patrimônio (ativo e passivo) nas condições existentes na data do óbito. 3. As cotas societárias transferidas antes da data do óbito não integram o patrimônio a ser partilhado no inventário, sendo irrelevante, em relação aos sucessores do falecido, a circunstância de o registro do negócio jurídico na junta comercial ter ocorrido após o óbito. O registro é necessário apenas para a produção de efeitos da alteração societária em face da própria sociedade e de terceiros. 4. A verificação de existência de eventuais vícios no contrato de compra e venda das cotas societárias, sob o argumento de que teria a finalidade de beneficiar o filho do de cujus, deverá ser precedida de ampla instrução probatória, configurando, pois, questão de alta indagação a ser decidida pelas vias ordinárias, no caso, em ação que já se encontra em tramitação. 5. Agravo interno provido. Recurso especial parcialmente provido. (AgInt no REsp 1359060/RJ, Rel. Ministro LÁZARO GUIMARÃES (DESEMBARGADOR CONVOCADO DO TRF 5ª REGIÃO), Rel. p/ Acórdão Ministra MARIA ISABEL GALLOTTI, QUARTA TURMA, julgado em 19/06/2018, DJe 01/08/2018)

Reconhecimento incidental de união estável no inventário:

✓ PROCESSUAL CIVIL E CIVIL. AÇÃO DE ABERTURA DE INVENTÁRIO. RECONHECIMENTO INCIDENTAL DE UNIÃO ESTÁVEL. COMPROVAÇÃO DOCUMENTAL. POSSIBILIDADE. NÃO FIXAÇÃO DE TERMO INICIAL. PREJUÍZO NÃO DEMONSTRADO. O reconhecimento de união estável em sede de inventário é possível quando esta puder ser comprovada por documentos incontestes juntados aos autos do processo. Em sede de inventário, a falta de determinação do marco inicial da União Estável só importa na anulação de seu reconhecimento se houver demonstração concreta de que a partilha será prejudicada pela indefinição da duração do relacionamento marital. Na inexistência de demonstração de prejuízo, mantem-se o reconhecimento. Recurso especial conhecido e desprovido. (REsp 1685935/AM, Rel. Ministra NANCY ANDRIGHI, TERCEIRA TURMA, julgado em 17/08/2017, DJe 21/08/2017)

Apuração dos haveres do sócio falecido – ação autônoma e não inventário:

✓ CIVIL. PROCESSUAL CIVIL. AÇÃO DE INVENTÁRIO. APURAÇÃO DE HAVERES DE SÓCIO FALECIDO. QUESTÃO A SER DEBATIDA, EM REGRA, EM AÇÃO AUTÔNOMA. OBSERVÂNCIA DO CONTRADITÓRIO EM RELAÇÃO AOS SÓCIOS REMANESCENTES QUE PODEM NÃO SER LEGITIMADOS PARA A AÇÃO DE INVENTÁRIO. FLEXIBILIZAÇÃO. POSSIBILIDADE. PRESERVAÇÃO DE ATOS PROCESSUAIS PRATICADOS DESDE QUE AUSENTE PREJUÍZO. APURAÇÃO DE HAVERES GERADORA DE CONTROVÉRSIA APENAS ENTRE HERDEIROS. AUSÊNCIA DE PRETENSÃO DE DISSOLUÇÃO PARCIAL DA SOCIEDADE. ADMISSIBILIDADE DA APURAÇÃO DE HAVERES NO BOJO DA AÇÃO DE INVENTÁRIO. QUESTÃO DE ALTA INDAGAÇÃO SUPERADA PELA REALIZAÇÃO DE EXAUSTIVA PROVA PERICIAL, CONTRA A QUAL NÃO SE INSURGIRAM AS PARTES OPORTUNAMENTE. VÍCIO PROCEDIMENTAL CONVALIDADO PELO TEMPO E PELA AUSÊNCIA DE PREJUÍZO. PROVA TÉCNICA. ALEGADA AUSÊNCIA DE BALANÇO DE DETERMINAÇÃO COMPLETO. RATIFICAÇÃO DO LAUDO POR AMICUS CURIAE. AUSÊNCIA DE BENS NÃO COMPROVADA PELA PARTE. PREMISSA FÁTICA IMUTÁVEL. SÚMULA 7/STJ. 1- Recurso especial interposto em 14/12/2015 e atribuído à Relatora em 17/10/2016. 2- Os propósitos recursais consistem em definir: (i) se o juízo em que tramitava o inventário era competente para proceder também à apuração de haveres do autor da herança; (ii) se o laudo pericial correspondente à apuração de haveres observou os critérios legais para a sua confecção, em especial ser um balanço de determinação. 3- Conquanto a jurisprudência desta Corte tenha se consolidado no sentido de que, em regra, a apuração de haveres deverá ser objeto de ação autônoma, sobretudo diante da necessidade de se respeitar o contraditório em relação aos sócios remanescentes que poderão não ser legitimados a figurar no polo da ação de inventário e que eventualmente poderão ser atingidos pelas decisões judiciais nela proferidas, é certo que esse entendimento tem sido flexibilizado, seja para preservar os atos processuais que foram praticados sem a observância dessa regra se não houve prejuízo às partes e a terceiros, seja nas hipóteses em que a apuração de haveres não envolve controvérsia entre meeiro, herdeiros e sócios remanescentes, nem tampouco a pretensão de apuração de haveres tenciona a dissolução parcial da sociedade. 4- Na hipótese, além de inexistir apuração de haveres propriamente dita, mas sim avaliação e precificação das quotas sociais que serão atribuídas a cada herdeiro, a controvérsia se instalou apenas entre os herdeiros do sócio falecido que não pretendem a dissolução da sociedade controladora das demais empresas do mesmo grupo econômico e, ademais, embora se pudesse reconhecer que a apuração dos haveres era uma questão de alta indagação, houve a produção de prova pericial complexa, em regular contraditório, que não deve ser integralmente invalidada em virtude do eventual desrespeito de regra de natureza procedimental, especialmente quando a arguição do vício foi apenas tardiamente manifestada e não houve a demonstração do prejuízo que decorreria do referido vício. 5- As conclusões adotadas pelo acórdão recorrido, no sentido de que foi realizado um balanço de determinação e de que o laudo pericial é completo, não tendo levado em consideração os bens indicados pela parte porque não havia prova de que eles efetivamente existiam, configuram premissas fáticas que não se pode infirmar neste grau de jurisdição especial em razão da Súmula 7/STJ, inclusive porque, na hipótese, houve a intervenção de amicus curiae para auxiliar a formação da convicção dos julgadores diante da situação de dúvida técnica que se estabeleceu por ocasião do julgamento no Tribunal. 6- Recurso especial conhecido em parte e, nessa extensão, desprovido. (REsp 1698780/RJ, Rel. Ministra NANCY ANDRIGHI, TERCEIRA TURMA, julgado em 03/12/2019, DJe 05/12/2019)

Art. 613. Até que o inventariante preste o compromisso, continuará o espólio na posse do administrador provisório.

Enquanto não aberto inventário, o espólio permanece na posse do administrador provisório:

✓ AGRAVO DE INSTRUMENTO. EXECUÇÃO FISCAL. EXCEÇÃO DE PRÉ-EXECUTIVIDADE. ESPÓLIO. REPRESENTAÇÃO PROCESSUAL. CONTRIBUIÇÃO DE MELHORIA. NECESSIDADE DE LEI ESPECÍFICA. REPRESENTAÇÃO PROCESSUAL. Enquanto não aberto inventário, o espólio permanece na posse do administrador provisório, sendo cabível a sua representação processual, na forma dos arts. 613 e 614 do CPC. E não há óbice a que apenas um dos herdeiros alegue as questões trazidas na exceção, pois matérias que o juiz pode conhecer de ofício. Cabimento da exceção. No âmbito das execuções fiscais, é incabível a oposição de exceção de pré-executividade veiculando discussão de questões que dependam da dilação probatória e não possam ser conhecidas de ofício pelo magistrado. Verbete nº 393 da Súmula do STJ. Na hipótese, a discussão é eminentemente de direito, prescindindo de dilação probatória. A tese defendida pelo excipiente é de que a previsão genérica de tributação na legislação básica local não substituiu a necessidade de Lei específica para cada obra realizada pelo ente público. Não há alegação de ausência de valorização imobiliária ou de outros fatos que necessitem ser provados. Lei específica. A contribuição de melhoria exige a instituição por Lei específica e a publicação de edital anteriores à consumação do fato gerador, que é a realização da obra, à luz do princípio da legalidade tributária e do disposto no artigo 82, I, do CTN. Inexistência de Lei para a obra que gerou a cobrança da contribuição de melhoria. Precedentes do STJ e desta corte. Agravo de instrumento desprovido. (TJRS; AI 0188943-98.2017.8.21.7000; Teutônia; Vigésima Primeira Câmara Cível; Rel. Des. Almir Porto da Rocha Filho; Julg. 09/08/2017; DJERS 14/08/2017)

Falecimento do réu antes da citação e desnecessidade de sucessão:

✓ CIVIL. PROCESSUAL CIVIL. EXECUÇÃO DE TÍTULO EXTRAJUDICIAL. RÉU FALECIDO ANTES DO AJUIZAMENTO DA AÇÃO. DESNECESSIDADE DE HABILITAÇÃO, SUCESSÃO OU SUBSTITUIÇÃO PROCESSUAL. NECESSIDADE DE SE FACULTAR A EMENDA À INICIAL PARA CORREÇÃO DO POLO PASSIVO DIANTE DA AUSÊNCIA DE CITAÇÃO VÁLIDA. PRETENSÃO QUE DEVE SER DIRIGIDA AO ESPÓLIO. AUSÊNCIA DE INVENTÁRIO OU DE INVENTARIANTE COMPROMISSADO. REPRESENTAÇÃO JUDICIAL DO ESPÓLIO. ADMINISTRADOR PROVISÓRIO. EMBARGOS DE DECLARAÇÃO PROTELATÓRIOS. POSSIBILIDADE DE AFASTAMENTO. EXCEPCIONALIDADE. DIVERGÊNCIA JURISPRUDENCIAL NÃO CONFIGURADA. (...) 2. O propósito recursal consiste em definir se a execução em face de devedor falecido antes do ajuizamento da ação deve ser suspensa até o processamento de ação de habilitação de sucessores ou se, ao revés, é admissível a emenda à inicial, antes da citação, para a substituição do executado falecido pelo seu espólio. 3. A propositura de ação em face de réu preteritamente falecido não se submete à habilitação, sucessão ou substituição processual, nem tampouco deve ser suspensa até o processamento de ação de habilitação de sucessores, na medida em que tais institutos apenas são aplicáveis às hipóteses em que há o falecimento da parte no curso do processo judicial. Inteligência dos arts. 43, 265, I, e 1.055, todos do CPC/73. 4. O correto enquadramento jurídico da situação em que uma ação judicial é ajuizada em face de réu falecido previamente à propositura da demanda é a de ilegitimidade passiva do de cujus, devendo ser facultado ao autor, diante da ausência de ato citatório válido, emendar a petição inicial para regularizar o polo passivo, dirigindo a sua pretensão ao espólio. 5. Na ausência de ação de inventário ou de inventariante compromissado, o espólio será representado judicialmente pelo administrador provisório, responsável legal pela administração da herança até a assunção do encargo pelo inventariante. 6. É admissível que esta Corte afaste a multa aplicada por embargos de declaração reputados protelatórios, em caráter excepcional, quando a ausência do manifesto propósito de protelar for evidente e aferível da mera leitura da peça recursal. 7. A ausência de cópia do acórdão paradigma e de cotejo analítico entre os julgamentos alegadamente conflitantes impede o conhecimento do recurso especial pela divergência jurisprudencial. 8. Recurso especial conhecido em parte e, nessa extensão, provido. (REsp 1559791/PB, Rel. Ministra NANCY ANDRIGHI, TERCEIRA TURMA, julgado em 28/08/2018, DJe 31/08/2018)

Art. 614. O administrador provisório representa ativa e passivamente o espólio, é obrigado a trazer ao acervo os frutos que desde a abertura da sucessão percebeu, tem direito ao reembolso das despesas necessárias e úteis que fez e responde pelo dano a que, por dolo ou culpa, der causa.

Na ausência de nomeação de inventariante, o administrador provisório deve representar o espólio:

✓ DESPESAS CONDOMINIAIS - AÇÃO DE COBRANÇA - AUSÊNCIA DE INVENTARIANTE NOMEADO - EXTINÇÃO DO FEITO SEM JULGAMENTO DE MÉRITO - ART. 485, IV, DO NOVO CPC/2015 - INOCORRÊNCIA - PRESENTES AS CONDIÇÕES DA AÇÃO - REPRESENTAÇÃO PROCESSUAL POR ADMINISTRADOR PROVISÓRIO - ART. 614, DO ATUAL CPC (ANTIGO 986) - SENTENÇA ANULADA - RECURSO PROVIDO. I - Presentes os pressupostos processuais para a constituição e desenvolvimento regular do processo, bem como as condições da ação, incabível a extinção desta com base no art. 485, VI do CPC; II - De acordo com o art. 614 do CPC, enquanto não nomeado inventariante e prestado compromisso, a representação ativa e passiva do espólio caberá ao administrador provisório, o qual detém a posse direta e a administração dos bens hereditários. No caso, possível reconhecer a figura do administrador provisório naquele que contatou diretamente o condomínio-autor para iniciar tratativas de composição amigável; III - A prematura extinção do feito torna nula a sentença, devendo ser afastada para que outra seja proferida, após regular processamento da ação. (TJSP - APL: 10162522920158260554 SP 1016252-29.2015.8.26.0554; Rel. Paulo Ayrosa; Julg. 16/05/2017, 31ª Câmara de Direito Privado, Data de Publicação: 16/05/2017)

✓ CIVIL. PROCESSUAL CIVIL. EXECUÇÃO DE TÍTULO EXTRAJUDICIAL. RÉU FALECIDO ANTES DO AJUIZAMENTO DA AÇÃO. DESNECESSIDADE DE HABILITAÇÃO, SUCESSÃO OU SUBSTITUIÇÃO PROCESSUAL. NECESSIDADE DE SE FACULTAR A EMENDA À INICIAL PARA CORREÇÃO DO POLO PASSIVO DIANTE DA AUSÊNCIA DE CITAÇÃO VÁLIDA. PRETENSÃO QUE DEVE SER DIRIGIDA AO ESPÓLIO. AUSÊNCIA DE INVENTÁRIO OU DE INVENTARIANTE COMPROMISSADO. REPRESENTAÇÃO JUDICIAL DO ESPÓLIO. ADMINISTRADOR PROVISÓRIO. EMBARGOS DE DECLARAÇÃO PROTELATÓRIOS. POSSIBILIDADE DE AFASTAMENTO. EXCEPCIONALIDADE. DIVERGÊNCIA JURISPRUDENCIAL NÃO CONFIGURADA. 1- Ação distribuída em 12/05/2011. Recurso especial interposto em 10/05/2012 e atribuídos à Relatora em 25/08/2016. 2. O propósito recursal consiste em definir se a execução em face de devedor falecido antes do ajuizamento da ação deve ser suspensa até o processamento de ação de habilitação de sucessores ou se, ao revés, é admissível a emenda à inicial, antes da citação, para a substituição do executado falecido pelo seu espólio. 3. A propositura de ação em face de réu preteritamente falecido não se submete à habilitação, sucessão ou substituição processual, nem tampouco deve ser suspensa até o processamento de ação de habilitação de sucessores, na medida em que tais institutos apenas são aplicáveis às hipóteses em que há o falecimento da parte no curso do processo judicial. Inteligência dos arts. 43, 265, I, e 1.055, todos do CPC/73. 4. O correto enquadramento jurídico da situação em que uma ação judicial é ajuizada em face de réu falecido previamente à propositura da demanda é a de ilegitimidade passiva do de cujus, devendo ser facultado ao autor, diante da ausência de ato citatório válido, emendar a petição inicial para regularizar o polo passivo, dirigindo a sua pretensão ao espólio. 5. Na ausência de ação de inventário ou de inventariante compromissado, o espólio será representado judicialmente pelo administrador provisório, responsável legal pela administração da herança até a assunção do encargo pelo inventariante. 6. É admissível que esta Corte afaste a multa aplicada por embargos de declaração reputados protelatórios, em caráter excepcional, quando a ausência do manifesto propósito de protelar for evidente e aferível da mera leitura da peça recursal. 7. A ausência de cópia do acórdão paradigma e de cotejo analítico entre os julgamentos alegadamente conflitantes impede o conhecimento do recurso especial pela divergência jurisprudencial. 8. Recurso especial conhecido em parte e, nessa extensão, provido. (REsp 1559791/PB, Rel. Ministra NANCY ANDRIGHI, TERCEIRA TURMA, julgado em 28/08/2018, DJe 31/08/2018)

Seção II
Da Legitimidade para Requerer o Inventário

Art. 615. O requerimento de inventário e de partilha incumbe a quem estiver na posse e na administração do espólio, no prazo estabelecido no art. 611.

Parágrafo único. O requerimento será instruído com a certidão de óbito do autor da herança.

Art. 616. Têm, contudo, legitimidade concorrente:

I – o cônjuge ou companheiro supérstite;

II – o herdeiro;

III – o legatário;

IV – o testamenteiro;

V – o cessionário do herdeiro ou do legatário;

VI – o credor do herdeiro, do legatário ou do autor da herança;

VII – o Ministério Público, havendo herdeiros incapazes;

VIII – a Fazenda Pública, quando tiver interesse;

IX – o administrador judicial da falência do herdeiro, do legatário, do autor da herança ou do cônjuge ou companheiro supérstite.

Seção III
Do Inventariante e das Primeiras Declarações

Art. 617. O juiz nomeará inventariante na seguinte ordem:

I – o cônjuge ou companheiro sobrevivente, desde que estivesse convivendo com o outro ao tempo da morte deste;

II – o herdeiro que se achar na posse e na administração do espólio, se não houver cônjuge ou companheiro sobrevivente ou se estes não puderem ser nomeados;

III – qualquer herdeiro, quando nenhum deles estiver na posse e na administração do espólio;

IV – o herdeiro menor, por seu representante legal;

V – o testamenteiro, se lhe tiver sido confiada a administração do espólio ou se toda a herança estiver distribuída em legados;

VI – o cessionário do herdeiro ou do legatário;

VII – o inventariante judicial, se houver;

VIII – pessoa estranha idônea, quando não houver inventariante judicial.

Parágrafo único. O inventariante, intimado da nomeação, prestará, dentro de 5 (cinco) dias, o compromisso de bem e fielmente desempenhar a função.

O rol do art. 617 não é taxativo, sendo possível flexibilizar a ordem de preferência:

✓ PROCESSUAL CIVIL. AGRAVO INTERNO NO AGRAVO EM RECURSO ESPECIAL. NOMEAÇÃO DE INVENTARIANTE. ORDEM. ART. 617 DO CPC/2015 (ART. 990 DO CPC/1973). ROL NÃO TAXATIVO. CONSONÂNCIA DO ACÓRDÃO RECORRIDO COM A JURISPRUDÊNCIA DO STJ. AUSÊNCIA DE PREQUESTIONAMENTO. SÚMULA N. 282/STF. DECISÃO MANTIDA. 1. "A ordem de nomeação dos legitimados como inventariante prevista no art. 990 do CPC/1973 admite excepcional alteração por não apresentar caráter absoluto" (RESP n. 1.537.292/RJ, Min. Rel. RICARDO VILLAS BÔAS CUEVA, TERCEIRA TURMA, julgamento em 17/10/2017, DJe 24/10/2017). (...) (STJ; AgInt-AREsp 1.235.431; Proc. 2018/0014283-9; RS; Quarta Turma; Rel. Min. Antonio Carlos Ferreira; Julg. 15/05/2018; DJE 21/05/2018; Pág. 2142).

Exige-se fundada razão para desconsiderar a ordem legal:

✓ AGRAVO INTERNO NO AGRAVO EM RECURSO ESPECIAL. DECISÃO DA PRESIDÊNCIA. RECONSIDERAÇÃO. AGRAVO DE INSTRUMENTO. INVENTARIANTE. REMOÇÃO. VIOLAÇÃO DOS ARTS. 489 E 1.022 DO CPC/2015. NÃO OCORRÊNCIA. (...). 4. A ordem de nomeação de inventariante, prevista no artigo 990 do Código de Processo Civil de 1973, não apresenta caráter absoluto, podendo ser alterada em situação excepcional, quando tiver o juiz fundadas razões para tanto, sendo possível a Superior Tribunal de Justiça flexibilização e alteração da ordem de legitimados, para se atender às peculiaridades do caso concreto. Precedentes. (...) (STJ; AgInt-AREsp 1.625.810; Proc. 2019/0350357-8; SP; Quarta Turma; Rel. Min. Raul Araújo; Julg. 10/08/2020; DJE 26/08/2020).

✓ AGRAVO INTERNO NO AGRAVO EM RECURSO ESPECIAL. AGRAVO DE INSTRUMENTO. REMOÇÃO DE INVENTARIANTE. ACÓRDÃO EM CONSONÂNCIA COM PRECEDENTES DESTA CORTE SUPERIOR. SUMULAS 83 E 7 DO STJ. AGRAVO INTERNO NÃO PROVIDO. (...) 2. O STJ possui firme o entendimento no sentido de que o magistrado tem a prerrogativa legal de promover a remoção do inventariante caso verifique a existência de vícios aptos, a seu juízo, a amparar a medida, mesmo que não inseridos no rol do artigo 995 do Código de Processo Civil de 1973; e que a ordem de nomeação de inventariante, prevista no artigo 990 do Código de Processo Civil de 1973, não apresenta caráter absoluto, podendo ser alterada em situação excepcional, quando tiver o juiz fundadas razões para tanto, sendo possível a flexibilização e alteração da ordem de legitimados, inclusive com a nomeação de inventariante dativo, para se atender às peculiaridades do caso concreto. Incidência da Súmula nº 83 do STJ. 3. As conclusões do acórdão recorrido sobre a remoção do inventariante e nomeação de inventariante dativo não podem ser revistas por esta Corte Superior, pois demandaria reexame dos elementos fático - probatório dos autos, o que é vedado em sede de Recurso Especial, em razão do óbice da Súmula nº 7 do STJ. (...) (STJ; AgInt-AREsp 1.388.943; Proc. 2018/0284169-5; SP; Quarta Turma; Rel. Min. Luis Felipe Salomão; Julg. 18/06/2019; DJE 25/06/2019)

Inviabilidade de reexaminar conclusão do tribunal de origem sobre a legitimidade da companheira.

✓ AGRAVO INTERNO NO AGRAVO EM RECURSO ESPECIAL. (...). ORDEM DE NOMEAÇÃO DE INVENTARIANTE. FLEXIBILIZAÇÃO. COMPANHEIRA. CONDIÇÃO DE HERDEIRA. SÚMULA Nº 7/STJ. (...) 2. A jurisprudência do Superior Tribunal de Justiça, a depender do caso concreto, admite a flexibilização da ordem de nomeação do art. 990 do CPC/1973. 3. Rever as conclusões do acórdão recorrido para considerar a companheira como herdeira do espólio demandaria o reexame de matéria fático-probatória, procedimento vedado em Recurso Especial, nos termos da Súmula nº 7 do Superior Tribunal de Justiça. (...). (STJ; AgInt-AREsp 1.013.581; Proc. 2016/0297590-5; RJ; Terceira Turma; Rel. Min. Ricardo Villas Boas Cueva; DJE 13/06/2017)

Art. 618. Incumbe ao inventariante:

I – representar o espólio ativa e passivamente, em juízo ou fora dele, observando-se, quanto ao dativo, o disposto no art. 75, § 1º;

II – administrar o espólio, velando-lhe os bens com a mesma diligência que teria se seus fossem;

III – prestar as primeiras e as últimas declarações pessoalmente ou por procurador com poderes especiais;

IV – exibir em cartório, a qualquer tempo, para exame das partes, os documentos relativos ao espólio;

V – juntar aos autos certidão do testamento, se houver;

VI – trazer à colação os bens recebidos pelo herdeiro ausente, renunciante ou excluído;

VII – prestar contas de sua gestão ao deixar o cargo ou sempre que o juiz lhe determinar;

VIII – requerer a declaração de insolvência.

Prestação de contas cabível em apenso ao inventário.

✓ CIVIL. PROCESSUAL CIVIL. AÇÃO DE PRESTAÇÃO DE CONTAS. INVENTÁRIO. FALECIMENTO DO INVENTARIANTE. DESNECESSIDADE DE PROPOSITURA DE AÇÃO AUTÔNOMA. PRESTAÇÃO DE CONTAS EM APENSO AO INVENTÁRIO. DIREITO DE EXIGIR CONTAS E DEVER DE PRESTAR CONTAS QUE DECORREM DA LEI. TRANSMISSIBILIDADE DA AÇÃO EM VIRTUDE DO FALECIMENTO DO INVENTARIANTE. (...) 3- A prestação de contas decorrente de relação jurídica de inventariança não deve observar o procedimento especial bifásico previsto para a ação autônoma de prestação de contas, na medida em que se dispensa a primeira fase - acertamento da legitimação processual consubstanciada na existência do direito de exigir ou prestar contas - porque, no inventário, o dever de prestar contas decorre de expressa previsão legal (art. 991, VII, do CPC/73; art. 618, VII, do CPC/15) e deve ser prestado em apenso ao inventário (art. 919, 1ª parte, do CPC/73; art. 553, caput, do CPC/15).4- Tendo sido realizada, na ação autônoma de prestação de contas, atividade cognitiva e instrutória suficiente para a verificação acerca da existência de crédito, débito ou saldo, revela-se irrelevante, para fins de transmissibilidade da ação, que tenha havido o posterior falecimento do inventariante, pois, a partir do referido momento, a ação de prestação de contas modifica a sua natureza personalíssima para um caráter marcadamente patrimonial passível de sucessão processual pelos herdeiros. Precedentes. 5- Na hipótese, foi ajuizada ação autônoma de prestação de contas em face de inventariante que, citado, reconheceu o dever de prestar contas e limitou a sua defesa ao fato de que os títulos da dívida agrária que deveriam ser objeto de partilha não mais existiriam, circunstância fática não corroborada pela prova documental produzida antes do falecimento do inventariante, não se devendo confundir a relação jurídica de direito material consubstanciada na inventariança, que evidentemente se extinguiu com o falecimento da parte, com a relação jurídica de direito processual em que se pleiteia aferir se o inventariante exerceu adequadamente seu encargo, passível de sucessão processual pelos herdeiros (...) (STJ; REsp 1.776.035; Proc. 2018/0075247-8; SP; Terceira Turma; Relª Min. Nancy Andrighi; Julg. 16/06/2020; DJE 19/06/2020).

Cabe à inventariante, e não aos demais herdeiros, apresentar primeiras e últimas declarações pessoalmente ou por procurador com poderes especiais.

✓ PROCESSUAL CIVIL. AGRAVO INTERNO NO AGRAVO EM RECURSO ESPECIAL. (...). 2. O Tribunal de origem registra que de acordo com os elementos dos autos, os bens guerreados não foram revertidos em proveito do casal. Além disso, de acordo com a prova documental juntada, isto é, a declaração de imposto de renda do de cujus, esta se mostra insuficiente para demonstrar que as ações foram adquiridas com o valor dos empréstimos efetivados em prol da família, de modo que tal questão exige maior dilação probatória, incompatível com o rito do inventário judicial. Outrossim, sublinha que cabe à inventariante, ora agravada, e não aos demais herdeiros, apresentar as primeiras e as últimas declarações pessoalmente ou por procurador com poderes especiais, nos termos do art. 618, III, do CPC. Deste modo não há que ser falar em preclusão, pois não são válidas as declarações apresentados pelos agravantes, ainda que analisadas e consideradas corretas pelo partidor. (...) (STJ; AgInt-AREsp 1.408.147; Proc. 2018/0317270-0; SP; Quarta Turma; Rel. Min. Luis Felipe Salomão; Julg. 18/06/2019; DJE 25/06/2019).

Art. 619. Incumbe ainda ao inventariante, ouvidos os interessados e com autorização do juiz:

I – alienar bens de qualquer espécie;

II – transigir em juízo ou fora dele;

III – pagar dívidas do espólio;

IV – fazer as despesas necessárias para a conservação e o melhoramento dos bens do espólio.

Necessidade de prévia intimação dos herdeiros e credores para alienação de bens pelo inventariante:

✓ CIVIL E PROCESSUAL CIVIL. AGRAVO DE INSTRUMENTO EM AÇÃO DE INVENTÁRIO. EXISTÊNCIA DE 08 (OITO) HERDEIROS. UM ÚNICO IMÓVEL A PARTILHAR. USO E FRUIÇÃO DO BEM POR APENAS PARTE DOS SUCESSORES. DECISÃO ADVERSADA QUE DETERMINOU A DESOCUPAÇÃO DO IMÓVEL EM 30 (TRINTA) DIAS E A RESPECTIVA ALIENAÇÃO JUDICIAL. IMPOSSIBILIDADE. ALIENAÇÃO ANTECIPADA QUE PRESSUPÕE PRÉVIA OITIVA DE TODOS OS HERDEIROS. INOBSERVÂNCIA NA ESPÉCIE. (...) 1. Ausente o registro do formal de partilha, o imóvel a integrar a herança, até então, una e indivisível (por força do artigo 1.791, parágrafo único, do CC/2002) não pode ser objeto de alienação antecipada sem a prévia intimação de todos os herdeiros, que, além de garantir-lhes o contraditório e a ampla defesa, resguarda-lhes eventual possibilidade de usufruir do direito de preferência. (...) (TJCE; AI 0632112-04.2018.8.06.0000; Primeira Câmara de Direito Privado; Rel. Des. Francisco Mauro Ferreira Liberato; Julg. 24/07/2019; DJCE 01/08/2019; Pág. 39)

É necessária autorização judicial para alienação de bens do espólio no curso do processo.

✓ AGRAVO DE INSTRUMENTO. INVENTÁRIO. REMOÇÃO DE INVENTARIANTE. ART. 1992 DO CÓDIGO CIVIL. NECESSIDADE DE AÇÃO PRÓPRIA. DECISÃO MANTIDA. 1. Na presente hipótese, os recorrentes pretendem remover a inventariante nomeada pelo Juízo singular, pois afirmam que vendeu bem imóvel sem prévia autorização do Juízo singular. 2. Ressalte-se que os encargos atribuídos ao inventariante, tais como alienação de bens, celebração de transação, pagamento de dívida do espólio ou de despesas necessárias para a conservação da universalidade de bens, dependem de intimação dos interessados e de autorização do Juízo competente, nos termos do art. 619 do CPC. (...). (TJDF; Proc 07098.93-41.2019.8.07.0000; Ac. 120.8866; Terceira Turma Cível; Rel. Des. Alvaro Ciarlini; Julg. 16/10/2019; DJDFTE 22/10/2019)

É necessária a autorização judicial para que o inventariante realize acordo.

✓ AGRAVO DE INSTRUMENTO AUTOS DE INVENTÁRIO PEDIDO DE HOMOLOGAÇÃO DE ACORDO EM PARTILHA, RESERVA DE BENS PARA PAGAMENTO DE

DÍVIDAS, RESERVA DE QUINHÃO DE PRETENSO HERDEIRO, E TRANSIGIR COM CREDORES DO ESPÓLIO DECISÃO MANTIDA RECURSO DESPROVIDO. (...) Nos termos da norma contida no art. 619, do Código de Processo Civil, o inventariante pode alienar bens, transigir, fazer acordo, extra ou judicial, pagar as dívidas do espólio, desde que com autorização do juízo, entendendo-se, que tal autorização seja feita durante o processamento do inventário e não a obtenção de um salvo conduto para que após a partilha, decida sobre as dívidas. Também não se defere a homologação da partilha se, além da existência de interesses de menores, não há consenso entre as partes. (TJMS; AI 1401368-54.2020.8.12.0000; Quarta Câmara Cível; Rel. Des. Vladimir Abreu da Silva; DJMS 07/07/2020; Pág. 177)

A quitação da obrigação pecuniária decorrente da relação jurídico-tributária carece apenas de autorização judicial, sendo dispensada a prévia oitiva dos interessados:

✓ AGRAVO DE INSTRUMENTO - DIREITO SUCESSÓRIO - INVENTÁRIO - PODERES DO INVENTARIANTE - SUJEIÇÃO AO CONTROLE JUDICIAL - PAGAMENTO DE DÍVIDAS - IMPOSTO SOBRE A PROPRIEDADE TERRITORIAL RURAL - ITR - AUTORIZAÇÃO JUDICIAL - DISPENSA DA PRÉVIA OITIVA DOS INTERESSADOS - CONTRADITÓRIO DIFERIDO - PRESTAÇÃO DE CONTAS - RELAÇÃO JURÍDICO-TRIBUTÁRIA INCONTROVERSA - LIBERAÇÃO DE VALOR EM CONTA BANCÁRIA - POSSIBILIDADE.- Incumbe ao Inventariante administrar o espólio, velando-lhe os bens com a mesma diligência que teria se seus fossem e, ainda, após oitiva dos interessados e com autorização do juiz, pagar as dívidas do espólio (inciso II, do artigo 618 c/c inciso III, do artigo 619, ambos do CPC/15). - Nos termos do caput do artigo 619, do CPC/15, o pagamento de dívidas do espólio se encontra previamente condicionado à oitiva dos interessados e à homologação judicial. - Relativamente nos casos de impostos devidos e não questionados pelo espólio, a quitação da obrigação pecuniária decorrente da relação jurídico-tributária, carece, tão somente, de autorização judicial, dispensando, nessa hipótese, a prévia oitiva dos interessados. (TJ-MG; AI: 10024895839496011 MG; 4ª Câmara Cível; Rel. Ana Paula Caixeta; Julg. 23/02/2017; Data de Publicação: 23/02/2017)

Art. 620. Dentro de 20 (vinte) dias contados da data em que prestou o compromisso, o inventariante fará as primeiras declarações, das quais se lavrará termo circunstanciado, assinado pelo juiz, pelo escrivão e pelo inventariante, no qual serão exarados:

I – o nome, o estado, a idade e o domicílio do autor da herança, o dia e o lugar em que faleceu e se deixou testamento;

II – o nome, o estado, a idade, o endereço eletrônico e a residência dos herdeiros e, havendo cônjuge ou companheiro supérstite, além dos respectivos dados pessoais, o regime de bens do casamento ou da união estável;

III – a qualidade dos herdeiros e o grau de parentesco com o inventariado;

IV – a relação completa e individualizada de todos os bens do espólio, inclusive aqueles que devem ser conferidos à colação, e dos bens alheios que nele forem encontrados, descrevendo-se:

a) os imóveis, com as suas especificações, nomeadamente local em que se encontram, extensão da área, limites, confrontações, benfeitorias, origem dos títulos, números das matrículas e ônus que os gravam;

b) os móveis, com os sinais característicos;

c) os semoventes, seu número, suas espécies, suas marcas e seus sinais distintivos;

d) o dinheiro, as joias, os objetos de ouro e prata e as pedras preciosas, declarando-se-lhes especificadamente a qualidade, o peso e a importância;

e) os títulos da dívida pública, bem como as ações, as quotas e os títulos de sociedade, mencionando-se-lhes o número, o valor e a data;

f) as dívidas ativas e passivas, indicando-se-lhes as datas, os títulos, a origem da obrigação e os nomes dos credores e dos devedores;

g) direitos e ações;

h) o valor corrente de cada um dos bens do espólio.

§ 1º O juiz determinará que se proceda:

I – ao balanço do estabelecimento, se o autor da herança era empresário individual;

II – à apuração de haveres, se o autor da herança era sócio de sociedade que não anônima.

§ 2º As declarações podem ser prestadas mediante petição, firmada por procurador com poderes especiais, à qual o termo se reportará.

Art. 621. Só se pode arguir sonegação ao inventariante depois de encerrada a descrição dos bens, com a declaração, por ele feita, de não existirem outros por inventariar.

Art. 622. O inventariante será removido de ofício ou a requerimento:

I – se não prestar, no prazo legal, as primeiras ou as últimas declarações;

II – se não der ao inventário andamento regular, se suscitar dúvidas infundadas ou se praticar atos meramente protelatórios;

Direito de recebimento de honorários advocatícios pela parte beneficiada pelo inventário

✓ AGRAVO INTERNO NO AGRAVO EM RECURSO ESPECIAL. COBRANÇA DE HONORÁRIOS ADVOCATÍCIOS. MATÉRIA QUE DEMANDA REEXAME DE FATOS E PROVAS. SUMULA 7 DO STJ. AUSÊNCIA DE PREQUESTIONAMENTO. SÚMULA Nº 211 DO STJ. AGRAVO INTERNO NÃO PROVIDO. (...) 3. Rever as conclusões do Tribunal de origem, e acolher a Superior Tribunal de Justiça pretensão recursal no tocante ao direito alegado, de recebimento dos honorários advocatícios pela parte beneficiada pelo inventário; demandaria, necessariamente, reexame do acervo fático-probatório dos autos, o que é vedado em sede de Recurso Especial, em razão do óbice da Súmula nº 7 do STJ. (...) (STJ; AgInt-AREsp 1.611.704; Proc. 2019/0323381-2; RS; Quarta Turma; Rel. Min. Luis Felipe Salomão; Julg. 16/11/2020; DJE 23/11/2020).

Inércia da inventariante não enseja a extinção do inventário, mas sim a sua remoção.

✓ INVENTÁRIO. EXTINÇÃO DO PROCESSO SEM RESOLUÇÃO DE MÉRITO. INTIMAÇÃO PESSOAL DO INVENTARIANTE. DESCABIMENTO DA PROLAÇÃO DE SENTENÇA EXTINTIVA. MEDIDA PREJUDICIAL AOS INTERESSES DO ESPÓLIO E DOS DEMAIS HERDEIROS. INÉRCIA DO INVENTARIANTE QUE DEVE ACARRETAR A SUA REMOÇÃO. SÚMULA Nº 97 DO TJPE. PRECEDENTE. RECURSO PROVIDO. 1. É cediço que a desídia ou a inércia do inventariante em não dar regular andamento ao feito não é motivo para que o juízo a quo extinga o processo de inventário por abandono de causa ou por ausência nela de interesse processual, haja vista envolver interesse público, de modo que, verificado que o inventariante deixou de promover o andamento do processo, proceder-se-á a remoção deste e à nomeação de outro em seu lugar, nos termos do artigo 622, inciso II, do código de processo civil. 2. É certo que a inércia do inventariante caracteriza desídia no desempenho do encargo para o qual foi nomeado, constituindo-se causa para sua remoção ou arquivamento dos autos, não podendo os interesses do espólio, como um todo, e dos demais herdeiros serem prejudicados, com a prolação de sentença extintiva, em virtude da conduta exclusiva do inventariante, de não conferir regular andamento ao feito. (...) (TJPE; APL 0000193-80.2011.8.17.0260; Rel. Des. José Viana Ulisses Filho; Julg. 04/11/2020; DJEPE 16/11/2020)

III – se, por culpa sua, bens do espólio se deteriorarem, forem dilapidados ou sofrerem dano;

IV – se não defender o espólio nas ações em que for citado, se deixar de cobrar dívidas ativas ou se não promover as medidas necessárias para evitar o perecimento de direitos;

V – se não prestar contas ou se as que prestar não forem julgadas boas;

VI – se sonegar, ocultar ou desviar bens do espólio.

A remoção do inventariante somente deve ser aplicada em casos extremos, quando não há o cumprimento satisfatório das obrigações legais.

✓ AGRAVO DE INSTRUMENTO. AÇÃO DE INVENTÁRIO. REMOÇÃO DE INVENTARIANTE. INVOCAÇÃO DO ART. 622 DO CÓDIGO DE PROCESSO CIVIL. COMPROVAÇÃO DOS FATOS ALEGADOS. DECISÃO DE PRIMEIRO GRAU MANTIDA. 1. A remoção de inventariante consiste em sanção a ser aplicada nos casos extremos, quando a pessoa investida no encargo não cumpre satisfatoriamente suas obrigações legais. 2. Verificado que o inventariante nomeado não promoveu o regular andamento do processo de inventário, mantém-se a decisão de primeiro grau que o destituiu do encargo e nomeou outro. (...) (TJMG; AI 1.0194.14.009080-5/002; Rel. Des. Audebert Delage; Julg. 20/02/2018; DJEMG 02/03/2018)

✓ INVENTÁRIO. Incidente de remoção de inventariante. Rejeição. Insuficiência de elementos que autorizem o acolhimento da pretensão do recorrente. (...) Não há prova segura de intenção deliberada da inventariante de atrasar o desfecho do inventário, nem da alegada dilapidação do patrimônio. Advertência formal realizada pelo juízo não configura conduta grave o suficiente para autorizar a imediata remoção. (...) (TJSP; AI 2150723-02.2020.8.26.0000; Ac. 13970843; São Paulo; Primeira Câmara de Direito Privado; Rel. Des. Francisco Loureiro; Julg. 17/09/2020; DJESP 25/09/2020; Pág. 2160)

O rol do art. 622 é exemplificativo:

✓ AGRAVO DE INSTRUMENTO. INCIDENTE DE REMOÇÃO DE INVENTARIANTE JULGADO PROCEDENTE PELO JUIZO DE PRIMEIRO GRAU. PLEITEIA A AGRAVANTE A RESTITUIÇÃO DO CARGO DE INVENTARIANTE. Descabimento. Decisão mantida. O rol de motivos de exclusão do inventariante do artigo 622 do CPC/2015 é meramente exemplificativo, sendo cabíveis outras hipóteses, podendo o inventariante ser removido no caso de se mostrar omisso, improbo ou prejudicial ao término do inventário. Exercício do encargo que deve atender aos interesses do espólio como um todo, sendo acertada a remoção da agravante como inventariante. Recurso desprovido. (TJRJ; AI 0044807-42.2019.8.19.0000; São João de Meriti; Décima Nona Câmara Cível; Relª Desª Valeria Dacheux Nascimento; DORJ 02/10/2020; Pág. 734)

Art. 623. Requerida a remoção com fundamento em qualquer dos incisos do art. 622, será intimado o inventariante para, no prazo de 15 (quinze) dias, defender-se e produzir provas.

Parágrafo único. O incidente da remoção correrá em apenso aos autos do inventário.

É imprescindível a prévia intimação do inventariante para defesa e produção de provas, sob pena de nulidade:

✓ AGRAVO DE INSTRUMENTO REMOÇÃO DE INVENTARIANTE INADMISSIBILIDADE DE REMOÇÃO IMEDIATA. É inadmissível a remoção imediata do inventariante, sendo necessária sua intimação para apresentação de defesa, conforme art. 623 do Código de Processo Civil. (...) (TJMS; AI 1411701-65.2020.8.12.0000; Segunda Câmara Cível; Rel. Des. Vilson Bertelli; DJMS 17/11/2020; Pág. 197)

✓ AGRAVO DE INSTRUMENTO. DIREITO SUCESSÓRIO. REMOÇÃO DE INVENTARIANTE EX OFFICIO. Necessidade da instauração do contraditório, facultando a manifestação da parte com a apresentação de provas, de modo a permitir afastar atos eventualmente caracterizadores de sua alegada desídia na condução do feito. Art. 623, CPC/2015. Atendimento ao princípio da não surpresa. Art. 10, da legislação processual civil. Precedentes. Equívoco procedimental. Anulação da solução de 1º grau com a manutenção do agravante no encargo, até que ultimado eventual incidente visando a sua destituição. (...) (TJRJ; AI 0041481-40.2020.8.19.0000; Rio de Janeiro; Décima Sexta Câmara Cível; Rel. Des. Mauro Dickstein; DORJ 18/09/2020; Pág. 523)

É necessária a demonstração de conduta lesiva do inventariante para que este seja removido.

✓ AGRAVO DE INSTRUMENTO. REMOÇÃO DE INVENTARIANTE. TUTELA DE URGÊNCIA. AUSÊNCIA DE

PROVA ROBUSTA. HIPÓTESES DO ART. 622, DO CPC. ESPÓLIO QUE COMPREENDE O CONTROLE MAJORITÁRIO DE EMPRESAS DE GRANDE PORTE. SUBSTITUIÇÃO POR INVENTARIANTE DATIVO. RISCO A BOA ADMINISTRAÇÃO DAS EMPRESAS. PERICULUM IN MORA INVERSO. DECISÃO IMPUGNADA MANTIDA. RECURSO CONHECIDO E IMPROVIDO. AGRAVO INTERNO PREJUDICADO. 1) A remoção do inventariante é medida excepcional, sendo necessária a demonstração de conduta lesiva à condução do inventário. Hipóteses de remoção previstas no art. 622 do Código de Processo Civil de 2015. 2) A simples demora para o término do inventário não é causa para a remoção do inventariante de seu cargo, de forma que outros fatores podem corroborar para sua manutenção, como a complexidade do patrimônio e a litigiosidade entre os herdeiros, que geram a demora no encerramento do procedimento. (...) (TJES; AI 0007624-68.2019.8.08.0024; Terceira Câmara Cível; Rel. Des. Ronaldo Gonçalves de Sousa; Julg. 06/10/2020; DJES 16/10/2020)

Desavenças com os demais herdeiros não são suficientes para o afastamento do inventariante:

✓ INCIDENTE DE REMOÇÃO DE INVENTARIANTE. 2. Necessária a prova robusta do comportamento lesivo na administração do Espólio e na condução do encargo assumido. 3. Apresentação das primeiras declarações, cuja extemporaneidade deve ser analisada em conjunto com as circunstâncias que constituem o caso concreto. Prazo não preclusivo. Precedente. (...) As desavenças pessoais entre esta e os demais herdeiros não autoriza o deferimento da medida excepcional pretendida. 7. Inexistência de demonstração inequívoca de dilapidação ou ocultação de bens e direitos do Espólio. (...) (TJRJ; AI 0034338-97.2020.8.19.0000; Niterói; Décima Quinta Câmara Cível; Rel. Des. Gilberto Clovis Farias Matos; DORJ 23/10/2020; Pág. 527)

Art. 624. Decorrido o prazo, com a defesa do inventariante ou sem ela, o juiz decidirá.

Parágrafo único. Se remover o inventariante, o juiz nomeará outro, observada a ordem estabelecida no art. 617.

Necessidade de continuidade do inventário, mesmo após a remoção do inventariante, até a ultimação da partilha, com nomeação de inventariante dativo pelo juízo.

✓ APELAÇÃO CÍVEL. AÇÃO DE INVENTÁRIO. Extinção do feito sem julgamento do mérito. Recurso da inventariante. Alegação de que a inércia do inventariante não é causa de extinção. Subsistência. Inventário e partilha que vão além dos interesses dos herdeiros. Procedimentos que envolvem matéria de ordem pública. Desídia na condução do inventário que somente é causa de substituição do inventariante. Possibilidade de nomeação de outro herdeiro ou, na ausência, de inventariante dativo. Sentença desconstituída. Retorno dos autos à origem. Recurso conhecido e provido. (TJSC; AC 0000877-45.2011.8.24.0216; Campo Belo do Sul; Segunda Câmara de Direito Civil; Rel. Des. Rubens Schulz; DJSC 10/09/2020; Pag. 43)

Art. 625. O inventariante removido entregará imediatamente ao substituto os bens do espólio e, caso deixe de fazê-lo, será compelido mediante mandado de busca e apreensão ou de imissão na posse, conforme se tratar de bem móvel ou imóvel, sem prejuízo da multa a ser fixada pelo juiz em montante não superior a três por cento do valor dos bens inventariados.

Imissão na posse de bens do espólio em favor do inventariante nomeado é natural decorrência do exercício da inventariança.

✓ REMOÇÃO DE INVENTARIANTE. INSURGÊNCIA CONTRA DECISÃO QUE DEFERIU IMISSÃO NA POSSE DOS BENS DO ESPÓLIO EM FAVOR DO INVENTARIANTE NOMEADO EM SUBSTITUIÇÃO. MERA DECORRÊNCIA DO ARTIGO 625 DO CÓDIGO DE PROCESSO CIVIL. Exercício da inventariança que abrange administração de bens do espólio. Devido processo legal observado (...) (TJSP; AI 2171761-70.2020.8.26.0000; Ac. 14198460; Araraquara; Quarta Câmara de Direito Privado; Rel. Des. Natan Zelinschi de Arruda; Julg. 30/11/2020; DJESP 18/12/2020; Pág. 3157).

Incumbe ao inventariante destituído, independentemente de intimação, entregar imediatamente ao novo inventariante os bens do espólio para administração, sob pena de ser compelido a fazê-lo mediante mandado de imissão de posse.

✓ RECURSO DE AGRAVO DE INSTRUMENTO. AÇÃO DE INVENTÁRIO. (...) Consoante os art. 618, inciso II e 625, ambos do CPC/15, incumbe ao inventariante destituído, independente de intimação, entregar imediatamente ao novo inventariante os bens do espólio para administração, sob pena de ser compelido a fazê-lo mediante mandado de imissão de posse. Se, além de o imóvel sobre o qual a viúva invoca o direito real de garantia não constituir sua morada habitual, foi adquirido pelo falecido antes mesmo do início da união estável com a companheira, não há porque obstar a imissão do novo inventariante na posse de tal bem. Inatacável a decisão que determina ao ex-inventariante destituído a prestação de contas (informações) acerca dos valores arrecadados com a exploração econômica (aluguel e venda) de parte dos bens imóveis do espólio no período em que se encontrava no encargo da inventariança. (TJMT; AI 1006193-70.2019.8.11.0000; Segunda Câmara de Direito Privado; Rel. Juiz Sebastião de Moraes Filho; DJMT 03/11/2020; Pág. 42).

Seção IV
Das Citações e das Impugnações

Art. 626. Feitas as primeiras declarações, o juiz mandará citar, para os termos do inventário e da partilha, o cônjuge, o companheiro, os herdeiros e os legatários e intimar a Fazenda Pública, o Ministério Público, se houver herdeiro incapaz ou ausente, e o testamenteiro, se houver testamento.

Necessidade de citação de todos os herdeiros após as primeiras declarações, sob pena de violação do direito ao contraditório.

✓ AGRAVO DE INSTRUMENTO. SUCESSÕES. INVENTÁRIO. DETERMINAÇÃO DE REALIZAÇÃO DE LEILÃO DO ÚNICO IMÓVEL OBJETO DO INVENTÁRIO. DESCABIMENTO. INEXISTÊNCIA DE CITAÇÃO DE TODOS OS HERDEIROS. POSSIBILIDADE DE QUE UM OU MAIS INTERESSADOS ADQUIRAM O BEM. O inventário judicial segue o rito previsto no art. 610 e seguintes do CPC. Nos termos do art. 626 do CPC, depois de prestadas as primeiras declarações, cumpre ao juiz mandar citar, dentre outros, os herdeiros, que poderão (a) arguir erros, omissões e sonegação de bens, (b) reclamar contra a nomeação de inventariante e/ou (c) contestar a qualidade de quem foi incluído no título de herdeiro. (...) (TJRS; AI 330128-90.2018.8.21.7000; Canela; Oitava Câmara Cível; Rel. Des. Luiz Felipe Brasil Santos; Julg. 21/03/2019; DJERS 26/03/2019)

✓ APELAÇÃO. CIVIL E PROCESSUAL CIVIL. AÇÃO ANULATÓRIA. INVENTÁRIO. CÔNJUGE. AUSÊNCIA DE CITAÇÃO. NULIDADE DA SENTENÇA. RECURSO CONHECIDO E NÃO PROVIDO. 1. Todos os herdeiros devem ser citados para integrar o inventário, nos termos do artigo 626 do Código de Processo Civil. 2. Acaso não seja citado qualquer herdeiro, poderá ser anulada a sentença do inventário, ante o vício insanável, por violação direta ao princípio constitucional do contraditório. 3. Conforme consignou o Superior Tribunal de Justiça, ocorre nulidade, passível de ser objeto até mesmo de ação declaratória de nulidade insanável, se os herdeiros necessários deixam de ser citados em processo de habilitação. (...) (TJBA; AP 0500331-43.2017.8.05.0250; Salvador; Quinta Câmara Cível; Relª Desª Carmem Lucia Santos Pinheiro; Julg. 05/11/2019; DJBA 11/11/2019; Pág. 867)

§ 1º O cônjuge ou o companheiro, os herdeiros e os legatários serão citados pelo correio, observado o disposto no art. 247, sendo, ainda, publicado edital, nos termos do inciso III do art. 259.

Herdeiros devem ser citados para que, querendo, manifestem-se sobre as primeiras declarações.

✓ AGRAVO DE INSTRUMENTO. INVENTÁRIO. Decisão que, entre outras deliberações, indeferiu o benefício da justiça gratuita à agravante e determinou a inclusão dos demais herdeiros no polo ativo do inventário. Irresignação. Herdeiros que devem ser citados para que, querendo, se manifestem sobre as primeiras declarações apresentadas pela agravante. Inteligência da norma do art. 626, § 1º, do CPC. Medida que representaria inadmissível conversão *ex officio* do rito processual livremente escolhido pela parte. Justiça gratuita. (...) (TJSP; AI 2217777-82.2020.8.26.0000; Ac. 14064827; Bauru; Sexta Câmara de Direito Privado; Rel. Des. Alexandre Marcondes; Julg. 16/10/2020; DJESP 21/10/2020; Pág. 2107)

Necessidade de publicação de edital.

✓ AGRAVO DE INSTRUMENTO. (...) Publicação de edital para cientificar eventuais interessados incertos e desconhecidos acerca da existência do inventário. Aplicação da Lei Processual Civil vigente quando da publicação da decisão objurgada (CPC/2015). Necessidade de observância do preceituado nos arts. 626, §1º e 259, III, ambos do CPC. (...) (TJRS; AI 0038991-40.2020.8.21.7000; Proc 70084006329; Ijuí; Sétima Câmara Cível; Relª Desª Sandra Brisolara Medeiros; Julg. 25/06/2020; DJERS 30/06/2020)

✓ INVENTÁRIO. DIREITO DE REPRESENTAÇÃO. SOMENTE CABÍVEL EM FAVOR DOS FILHOS DE IRMÃOS DO FALECIDO. HERDEIROS EM LINHA ASCENDENTE (TIOS). NÃO CABIMENTO. DESNECESSIDADE DA APRESENTAÇÃO DA DOCUMENTAÇÃO DETERMINADA. (...) Herdeira incerta indicada na certidão de óbito. Ausência de elementos suficientes à sua identificação e realização de pesquisas. Necessidade, entretanto, de publicação de edital para sua citação (arts. 626, §1º, e 259, III, ambos do CPC). (...) (TJSP; AI 2025895-31.2020.8.26.0000; Ac. 13349447; Limeira; Terceira Câmara de Direito Privado; Rel. Des. Carlos Alberto de Salles; Julg. 24/02/2020; DJESP 03/03/2020; Pág. 1853).

A Fazenda tem legitimidade e interesse para recorrer da decisão sobre recolhimento de tributos no inventário em qualquer das suas modalidades.

✓ DIREITO PROCESSUAL CIVIL. APELAÇÃO. FAZENDA PÚBLICA. INVENTÁRIO E PARTILHA. ARROLAMENTO SUMÁRIO. LEGITIMIDADE E INTERESSE RECURSAL. HOMOLOGAÇÃO E EXPEDIÇÃO DO FORMAL DE PARTILHA. PROVA DA QUITAÇÃO DOS TRIBUTOS (ITCD). DESNECESSIDADE. SENTENÇA MANTIDA. I. A Fazenda Pública tem possui legitimidade e interesse para recorrer contra pronunciamento judicial que delibera sobre recolhimento de tributos no inventário, em qualquer de suas modalidades, consoante a inteligência dos artigos 626, 629, 633, 634, 638, 654 e 996 do Código de Processo Civil. II. O Código de Processo Civil de 2015 prevê duas modalidades de arrolamento: (I) sumário, regulado pelos artigos 659 a 663, aplicável quando a partilha é celebrada consensualmente entre partes capazes; e (II) comum, disciplinado pelo artigo 664, aplicável quando o valor dos bens do espólio for igual ou inferior a 1.000 salários mínimos. III. Ao contrário do que se verifica no arrolamento comum, no arrolamento sumário a homologação da partilha e a expedição do formal de partilha prescindem da quitação do imposto de transmissão e de outros tributos porventura incidentes sobre os bens do espólio, a teor do que prescrevem os artigos 659, caput e § 2º, e 662, § 2º, do Código de Processo Civil. lV. O artigo 192 do Código Tributário Nacional foi recepcionado pela nova ordem constitucional como Lei Complementar apenas quanto às matérias de caráter estritamente tributário elencadas no artigo 146 da Constituição de 1988. V. Norma que estabelece a prova de quitação de todos os tributos relativos aos bens do espólio, como condição para prolação de sentença de julgamento de partilha ou adjudicação, não tem feição essencialmente tributária. Senão processual. E, assim, expõe-se à revogação por norma infraconstitucional que dispõe em sentido diverso, consoante a inteligência do artigo 2º, § 1º, da Lei de Introdução às Normas do Direito Brasileiro. VI. Dada a regulação normativa própria e distinta do arrolamento sumário, não há espaço interpretativo para submetê-lo às regras tributárias do arrolamento comum, tendo em vista que a interpretação sistemática, a despeito da sua grande envergadura hermenêutica, não autoriza a harmonização artificial de institutos jurídicos submetidos a disciplinas específicas e inconfundíveis, mesmo que se possa divisar algum tipo de incongruência legislativa (...) (TJDF; APC 07178.64-56.2019.8.07.0007; Ac. 126.1728; Quarta Turma Cível; Rel. Des. James Eduardo Oliveira; Julg. 01/07/2020; Publ. PJe 05/08/2020)

§ 2º Das primeiras declarações extrair-se-ão tantas cópias quantas forem as partes.

§ 3º A citação será acompanhada de cópia das primeiras declarações.

§ 4º Incumbe ao escrivão remeter cópias à Fazenda Pública, ao Ministério Público, ao testamenteiro, se

houver, e ao advogado, se a parte já estiver representada nos autos.

Art. 627. Concluídas as citações, abrir-se-á vista às partes, em cartório e pelo prazo comum de 15 (quinze) dias, para que se manifestem sobre as primeiras declarações, incumbindo às partes:

I – arguir erros, omissões e sonegação de bens;

II – reclamar contra a nomeação de inventariante;

III – contestar a qualidade de quem foi incluído no título de herdeiro.

O pedido de substituição de inventariante previsto no inciso II do art. 627 do CPC pode ser deduzido mediante petição da parte interessada nos próprios autos do inventário, ou de ofício.

✓ INVENTÁRIO. DECISÃO INTERLOCUTÓRIA QUE NOMEOU A AGRAVADA COMO INVENTARIANTE. INCONFORMISMO. Desacolhimento. Ocorrência de mera substituição da inventariante (art. 627 do CPC). Hipótese que não se afina à remoção da inventariante com fundamento no art. 622 do CPC. Inexigibilidade da identificação das circunstâncias arroladas pelo art. 622 do CPC, tampouco do aperfeiçoamento de incidente processual de remoção. Viúva que se encontra na administração dos bens do espólio, o que amplifica a legitimidade ao exercício da inventariança. Vício processual inexistente. (...) (TJSP; AI 2259151-15.2019.8.26.0000; Ac. 13632469; Chavantes; Sétima Câmara de Direito Privado; Rel. Des. Rômolo Russo; Julg. 09/06/2020; DJESP 15/06/2020; Pág. 2169)

✓ AGRAVO DE INSTRUMENTO. INVENTÁRIO. REMOÇÃO DE INVENTARIANTE. SUBSTITUIÇÃO DE INVENTARIANTE. O pedido de substituição de inventariante está previsto no inciso II do art. 627 do CPC, podendo ser deduzido mediante petição da parte interessada nos próprios autos do inventário, ou de ofício (art. 622), diferente do pedido de remoção de inventariante, na qual é necessário a intimação do inventariante para defender-se e produzir prova, consoante art. 622 do CPC. Deve ser mantida a decisão que deferiu a substituição de inventariante. (...). (TJRS; AI 0313636-91.2016.8.21.7000; Santa Maria; Sétima Câmara Cível; Rel. Des. Jorge Luís Dall'Agnol; Julg. 26/10/2016; DJERS 01/11/2016).

§ 1º Julgando procedente a impugnação referida no inciso I, o juiz mandará retificar as primeiras declarações.

§ 2º Se acolher o pedido de que trata o inciso II, o juiz nomeará outro inventariante, observada a preferência legal.

Não havendo justo motivo para subversão da ordem de preferência, esta deve ser mantida no caso de nomeação de outro inventariante:

✓ INVENTÁRIO. NOMEADA HERDEIRA FILHA PARA O CARGO DE INVENTARIANTE. INADMISSIBILIDADE. Requerente do inventário que omitiu a existência de companheira supérstite. Observância da ordem prevista do artigo 617 do CPC. Relativização da ordem que pode ocorrer em circunstâncias excepcionais, não existentes no caso concreto. Nomeada companheira em substituição (...) (TJSP; AI 2239752-63.2020.8.26.0000; Ac. 14139676; São Bernardo do Campo; Sexta Câmara de Direito Privado; Rel. Des. Vito José Guglielmi; Julg. 12/11/2020; DJESP 16/11/2020; Pág. 1648)

§ 3º Verificando que a disputa sobre a qualidade de herdeiro a que alude o inciso III demanda produção de provas que não a documental, o juiz remeterá a parte às vias ordinárias e sobrestará, até o julgamento da ação, a entrega do quinhão que na partilha couber ao herdeiro admitido.

A reserva de bens ex officio está amparada na presença dos requisitos para concessão da tutela cautelar:

✓ QUEM FOR PRETERIDO EM DETERMINADA SUCESSÃO PODE REQUERER O INGRESSO NO INVENTÁRIO, DESDE QUE O FAÇA ATÉ A PARTILHA, DEVENDO SE SOCORRER DAS VIAS ORDINÁRIAS, QUANDO A COMPROVAÇÃO DA QUALIDADE DE HERDEIRO DEPENDA DA PRODUÇÃO DE PROVA QUE NÃO SEJA EXCLUSIVAMENTE A DOCUMENTAL. 2. Neste caso, deve o juiz determinar a reserva do respectivo quinhão, em poder do inventariante, até que se decida a respeito da admissão do herdeiro no inventário. Art. 628, caput e § 2º, do novo CPC. 3. Tal medida é de natureza cautelar. 4. O fumus boni iuris se evidencia da ação de reconhecimento de filiação socioafetiva promovida pelo Agravado em face do Agravante, pendente de decisão definitiva. 5. O periculum in mora decorre do risco de prejuízo na restauração do monte da herança, caso desfeita a partilha por força da procedência do pedido formulado na referida ação. (...) (TJRJ; AI 0055222-55.2017.8.19.0000; Rio de Janeiro; Décima Quinta Câmara Cível; Relª Desª Jacqueline Lima Montenegro; DORJ 02/04/2018)

Possibilidade de sobrestar, até o desfecho da ação de investigação de paternidade, o levantamento de quinhões.

✓ INVENTÁRIO. DECISÃO QUE INDEFERIU O PEDIDO DE HABILITAÇÃO, SOB O FUNDAMENTO DE QUE A PETICIONÁRIA NÃO COMPROVOU SUA CONDIÇÃO DE HERDEIRA (FILHA), DEVENDO GARANTIR SEU QUINHÃO PELA VIA PRÓPRIA. Agravante que insiste na suspensão do processo, até julgamento final da ação de investigação de paternidade, sob o fundamento de ser a única herdeira do falecido, não possuindo os irmãos do de cujus qualquer direito ao patrimônio deixado. Ausência dos requisitos para, cautelarmente, determinar a reserva do quinhão da ora agravante, nos termos do § 2º do art. 628 do CPC/2015, considerando-se a juntada de laudo elaborado pelo IMESC, afastando a paternidade alegada. Suspensão do processo que não se justifica. Necessidade, todavia, de sobrestar o levantamento dos quinhões pelos irmãos do falecido, considerando-se que a agravante questiona a qualidade de herdeiros de todos eles (§ 3º do art. 627 do CPC/2015). (...) (TJSP; AI 2120061-89.2019.8.26.0000; Ac. 13613785; Ribeirão Preto; Nona Câmara de Direito Privado; Relª Desª Angela Lopes; Julg. 03/06/2020; DJESP 09/06/2020; Pág. 2330)

Art. 628. Aquele que se julgar preterido poderá demandar sua admissão no inventário, requerendo-a antes da partilha.

§ 1º Ouvidas as partes no prazo de 15 (quinze) dias, o juiz decidirá.

§ 2º Se para solução da questão for necessária a produção de provas que não a documental, o juiz remeterá o requerente às vias ordinárias, mandando reservar, em poder do inventariante, o quinhão do herdeiro excluído até que se decida o litígio.

O ajuizamento de ação de investigação de paternidade não suspende a tramitação do processo de inventário:

✓ AGRAVO DE INSTRUMENTO. Decisão proferida nos autos da ação de inventário. Insurgência contra o indeferimento da suspensão do processo de inventário até o julgamento da ação de investigação de paternidade. Além de não caber a suspensão do processo de inventário, a reserva de bens, como providência de natureza cautelar, se sujeita à demonstração dos requisitos do fumus boni iuris e do periculum in mora. Deferimento do pedido de reserva de quinhão hereditário a ser apreciado primeiramente pelo Juízo de origem. (...) (TJSP; AI 2232879-81.2019.8.26.0000; Ac. 13232341; São Paulo; Quarta Câmara de Direito Privado; Rel. Des. Alcides Leopoldo; Julg. 15/01/2020; DJESP 07/02/2020; Pág. 1709)

✓ AGRAVO DE INSTRUMENTO. INVENTÁRIO. DECISÃO QUE DETERMINA A SUSPENSÃO DO FEITO ANTE A DISTRIBUIÇÃO DE AÇÃO DE INVESTIGAÇÃO DE PATERNIDADE POST MORTEM POR PRETENSA HERDEIRA QUE AINDA NÃO ATINGIU A MAIORIDADE, AO FUNDAMENTO DE QUE O DE CUJUS É SEU PAI BIOLÓGICO. Desacerto. O simples ajuizamento de ação investigatória de paternidade não tem o condão de impor a suspensão da tramitação do inventário. Basta que o Juízo do inventário determine a reserva, em poder da inventariante, do quinhão que cabe em tese à pretensa herdeira. Medida que, além de preservar os interesses da autora da ação investigatória, não prejudica os herdeiros com a suspensão sine die do inventário, que pode prosseguir normalmente. Inteligência do art. 628, § 2º, do CPC. Decisão reformada, determinado o prosseguimento do inventário. (...) (TJSP; AI 2263399-58.2018.8.26.0000; Ac. 12483673; São Paulo; Quarta Câmara de Direito Privado; Rel. Des. Maurício Campos da Silva Velho; Julg. 09/05/2019; DJESP 21/05/2019; Pág. 1843)

O pedido de reconhecimento de união estável não suspende a tramitação do inventário:

✓ INVENTÁRIO. Pedido de suspensão da tramitação do inventário até o julgamento definitivo das ações de reconhecimento e dissolução de união estável ajuizadas em relação ao de cujus. Pretensão afastada. Demandas julgadas procedentes, em fase de julgamento dos apelos interpostos. Ausência de perigo de dano ou mesmo risco ao resultado útil do processo com o prosseguimento do inventário. Elevado grau de litigiosidade entre as partes. Reserva de bens já deferida às autoras de tais ações no curso do inventário. Existência de anterior julgado, no entanto, a determinar a impossibilidade de homologação de partilha, ante as peculiaridades do caso, até que haja solução definitiva das ações de reconhecimento de união estável. (...) (TJSP; AI 2031778-56.2020.8.26.0000; Ac. 14039058; São Paulo; Décima Câmara de Direito Privado; Rel. Des. Elcio Trujillo; Julg. 06/10/2020; DJESP 14/10/2020; Pág. 2112)

✓ AGRAVO DE INSTRUMENTO. Ação de Inventário. Decisão que indeferiu o pedido de remoção de inventariante, além de rejeitar o pedido de suspensão do feito sucessório até a superveniência de decisão de mérito na ação de reconhecimento de união estável. Inconformismo. (...) Reconhecimento da união estável que deve ser dirimida em ação própria, com ampla dilação probatória, nos termos do artigo 612 do Código de Processo Civil, sendo descabida a suspensão do curso do inventário para discussão da união estável em via autônoma, por ser possível a reserva de bens no inventário para a garantia da agravante na hipótese de reconhecimento definitivo da união estável com o falecido. Remoção da inventariante que se revela descabida, à míngua de demonstração das hipóteses do artigo. 622 do Código de Processo Civil. (...) (TJSP; AI 2088071-80.2019.8.26.0000; Ac. 13879780; São Paulo; Nona Câmara de Direito Privado; Rel. Des. José Aparício Coelho Prado Neto; Julg. 18/08/2020; DJESP 01/09/2020; Pág. 657)

A postulação de reserva de bens deve ser formulada nos autos do processo de inventário, e não em ação de sobrepartilha.

✓ AGRAVO DE INSTRUMENTO. DIREITO PROCESSUAL CIVIL. SUCESSÃO. Incabível a postulação de reserva de bens, em ação de sobrepartilha, pois, como se sabe, a postulação deve ser formulada nos autos do processo de inventário, de acordo com o contido no art. 628 do NCPC (...) (TJRS; AI 0145627-69.2016.8.21.7000; Porto Alegre; Sétima Câmara Cível; Relª Desª Liselena Schifino Robles Ribeiro; Julg. 27/07/2016; DJERS 08/08/2016)

Art. 629. **A Fazenda Pública, no prazo de 15 (quinze) dias, após a vista de que trata o art. 627, informará ao juízo, de acordo com os dados que constam de seu cadastro imobiliário, o valor dos bens de raiz descritos nas primeiras declarações.**

Descabimento da nomeação de perito judicial para reavaliação do bem em sede de inventário.

✓ AGRAVO DE INSTRUMENTO. SUCESSÕES. AÇÃO DE INVENTÁRIO. PEDIDO DE NOMEAÇÃO DE PERITO JUDICIAL PARA REAVALIAÇÃO DO VALOR DO IMÓVEL, FACE IMPUGNAÇÃO DO VALOR ATRIBUÍDO PELA FAZENDA PÚBLICA. DESCABIMENTO. A avaliação prevista no artigo 629 do CPC, é levada a efeito para fins de recolhimento do respectivo imposto de transmissão causa mortis. Logo, incompetente o Juízo do inventário para autorizar nova avaliação pelo Fisco. O valor atribuído pela Fazenda Pública, para efeito de incidência do tributo, não vincula, por certo, o valor de bem para fins comerciais. Em face disto, descabida a nomeação de perito judicial para reavaliação do bem em sede de inventário, face perda do prazo pertinente do recorrente para impugnação do valor atribuído pela Fazenda Pública, mormente porque pretende reavaliação para apresentar à Caixa Econômica Federal. Precedente do TJRS. (...) (TJRS; AI 0099181-66.2020.8.21.7000; Proc 70084608223; Porto Alegre; Sétima Câmara Cível; Rel. Des. Carlos Eduardo Zietlow Duro; Julg. 30/09/2020; DJERS 05/10/2020).

Caso as partes interessadas concordem com o valor atribuído pela Fazenda Pública, a avaliação dos bens será dispensada.

✓ APELAÇÃO CÍVEL. AÇÃO DE INVENTÁRIO. PRIMEIRAS DECLARAÇÕES, SEM INDICAÇÃO DOS VALOR DOS BENS DEIXADOS PELO DE CUJUS. PEDIDO DE AVALIA-

ÇÃO. AUSÊNCIA DE PLANO DE PARTILHA. HOMOLOGAÇÃO INDEVIDA. SENTENÇA INSUBSISTENTE. RECURSO PROVIDO. 1. O inventário compreende as seguintes etapas: a abertura do inventário, a nomeação do inventariante, o oferecimento das primeiras declarações, a citação dos interessados, a avaliação dos bens, o cálculo e pagamento de impostos devidos, as últimas declarações, a partilha e sua homologação. 2. Apresentadas as primeiras declarações, sem que fossem indicados os valores dos bens deixados pelo de cujus, nos termos do art. 629 do CPC, a Fazenda Pública, após a vista de que trata o art. 627 do mesmo código, deve informar ao Juízo o valor dos bens de raiz descritos nas primeiras declarações, de acordo com os dados que constam de seu cadastro imobiliário, isso no prazo de 15 dias. 3. Caso as partes interessadas concordem com o valor atribuído pela Fazenda Pública, a avaliação dos bens será dispensada. Do contrário deverá ser feita pelo avaliador oficial ou perito nomeado pelo juiz. 4. Não sendo observadas tais etapas e ocorrendo a homologação de partilha que não foi levada a efeito nos autos, deve ser desconstituída a sentença, para que o processo retorne a origem, para seus ulteriores termos. (TJMS; AC 0803177-79.2017.8.12.0018; Segunda Câmara Cível; Rel. Des. Fernando Mauro Moreira Marinho; DJMS 28/06/2019; Pág. 67).

Seção V
Da Avaliação e do Cálculo do Imposto

Art. 630. Findo o prazo previsto no art. 627 sem impugnação ou decidida a impugnação que houver sido oposta, o juiz nomeará, se for o caso, perito para avaliar os bens do espólio, se não houver na comarca avaliador judicial.

Parágrafo único. Na hipótese prevista no art. 620, § 1º, o juiz nomeará perito para avaliação das quotas sociais ou apuração dos haveres.

Necessidade de nomeação de perito para avaliar bens do espólio por haver herdeiro incapaz.

✓ AGRAVO DE INSTRUMENTO. INVENTÁRIO. HERDEIRO INCAPAZ. AVALIAÇÃO JUDICIAL. OBRIGATÓRIA. AVALIAÇÃO SEM INDIVIDUALIZAR GLEBAS E BENFEITORIAS ESPECIFICANDO SUAS CARACTERÍSTICAS E VALORES. NOVA AVALIAÇÃO. NECESSIDADE. DECISÃO REFORMADA. À teor dos arts. 630 e 633 do CPC/2015, havendo herdeiro incapaz, imperativa a avaliação judicial dos bens do espólio. Nos termos do art. 872, incisos I e II do CPC, a avaliação realizada por oficial de justiça deve especificar: I. Os bens, com as suas características, e o estado em que se encontram; e II. O valor dos bens. Considerando que no caso específico dos autos a avaliação judicial impugnada não cuidou de individualizar as glebas e benfeitorias existentes no imóvel inventariado, especificando suas características e valores, afigura-se necessária nova avaliação, com fundamento no art. 873, I do CPC, razão pela qual a reforma da r. Decisão agravada é medida que se impõe. (TJMG; AI 1316165-34.2019.8.13.0000; Timóteo; Sexta Câmara Cível; Relª Desª Yeda Athias; Julg. 12/05/2020; DJEMG 13/05/2020).

Superveniência da maioridade do herdeiro não afasta necessidade de avaliação de bens do espólio.

✓ AGRAVO DE INSTRUMENTO. INVENTÁRIO. Decisão agravada que indeferiu pedido de avaliação judicial dos bens do espólio. Recurso do ministério público. Aventado interesse de herdeiro incapaz. Necessidade de averiguação da parcela atribuída ao descendente no plano de partilha. Exigência de avaliação judicial. Insurgência acolhida. Superveniência da maioridade que não afasta necessidade de avaliação. Existência de cotas sociais no patrimônio arrolado. Incidência dos arts. 620, § 1º, II, e 630, parágrafo único, do CPC/2015 (...). (TJSC; AI 8000258-35.2017.8.24.0000; São Carlos; Sétima Câmara de Direito Civil; Rel. Des. Osmar Nunes Júnior; DJSC 05/05/2020; Pag. 211).

A participação da autora da herança em sociedade de advogados justifica o pedido de apuração de haveres no inventário, mediante nomeação de perito.

✓ AGRAVO DE INSTRUMENTO. INVENTÁRIO. (...) Deve ser prestigiada a decisão que rejeita pedido de homologação da partilha de parte dos bens integrantes do acervo, em decisão parcial de mérito, antes mesmo da apuração definitiva do monte-mor e quitação do imposto. A participação da autora da herança em sociedade de advogados justifica o pedido de apuração de haveres no inventário, mediante nomeação de perito, nos termos dos arts. 620, § 1º, II, e 630, parágrafo único, ambos do CPC. (...) (TJSP; AI 2086812-16.2020.8.26.0000; Ac. 13613773; São Paulo; Oitava Câmara de Direito Privado; Rel. Des. Alexandre Coelho; Julg. 03/06/2020; DJESP 08/06/2020; Pág. 2089)

Necessidade de avaliação de bens por força de controvérsias sobre a estimativa constante nas primeiras declarações.

✓ AGRAVO DE INSTRUMENTO. INVENTÁRIO. (...) II. Avaliação judicial de quinhão de bem imóvel (Haras Graciosa) e das cotas de sociedade empresária (Novos Tempos), ostentados pelo falecido. Adequação. Bens componentes do espólio. Determinação que cumpre a regra do artigo 630 do Código de Processo Civil, notadamente dada a controvérsia instaurada a respeito da estimativa constante em primeiras declarações. Despesas periciais, no mais, que devem ser arcadas pelo acervo, dado o interesse comum de todos os sucessores sobre a prova. Precedentes do E. Tribunal. III. Avaliação dos demais bens do espólio. Anterior determinação que já havia imposto a apresentação de laudos imobiliários particulares pelos dois herdeiros. Inventariante que se desincumbiu do ônus respectivo, remanescendo inerte o coerdeiro agravado. (...) (TJSP; AI 2122764-90.2019.8.26.0000; Ac. 12910963; Bragança Paulista; Terceira Câmara de Direito Privado; Rel. Des. Donegá Morandini; Julg. 25/09/2019; DJESP 27/09/2019; Pág. 1723).

Art. 631. Ao avaliar os bens do espólio, o perito observará, no que for aplicável, o disposto nos arts. 872 e 873.

Possibilidade de renovação da avaliação quando constatada majoração no valor do bem.

✓ AGRAVO DE INSTRUMENTO. INVENTÁRIO. PROCESSUAL CIVIL. Avaliação de imóvel deixado pelo de cujus em 1984. Feito que permaneceu arquivado até o ano de 2011. Fazenda Estadual que, diante do extenso lapso temporal decorrido, requer a realização de nova apreciação, para subsequente cálculo do Imposto sobre a Transmissão Causa Mortis e Doação de Quaisquer Bens ou Direitos (ITD) devido. Concordância expressa da inventariante, no bojo da demanda principal. Indeferimento. Irresignação do Estado. Arts. 631 e 873, II, ambos do CPC. Possibilidade de renovação do ato quando constatada majoração no valor do bem. Patrimônio que, enquanto paralisado o processo, valorizou-se, aparentemente, em mais de 100% (cem por cento), segundo as guias de IPTU acostadas pela parte. Laudo do contador que atribuiu à Res o valor irrisório de R$ 0,10 (dez centavos), sem sequer examinar os bens colacionados quando do início do processamento do Inventário do filho da obituada, em trâmite conjunto desde 2014. Absoluta incompatibilidade com o quantum estabelecido pelo Fisco municipal. Precedentes do Supremo Tribunal Federal e do Superior Tribunal de Justiça (...) (TJRJ; AI 0037536-50.2017.8.19.0000; Cabo Frio; Décima Primeira Câmara Cível; Rel. Des. Sérgio Nogueira de Azeredo; DORJ 20/04/2018; Pág. 368).

Art. 632. Não se expedirá carta precatória para a avaliação de bens situados fora da comarca onde corre o inventário se eles forem de pequeno valor ou perfeitamente conhecidos do perito nomeado.

Art. 633. Sendo capazes todas as partes, não se procederá à avaliação se a Fazenda Pública, intimada pessoalmente, concordar de forma expressa com o valor atribuído, nas primeiras declarações, aos bens do espólio.

Havendo herdeiros incapazes é necessária a avaliação judicial dos bens, sendo sempre judicial a partilha quando um deles for incapaz.

✓ AGRAVO DE INSTRUMENTO. INVENTÁRIO. HERDEIROS INCAPAZES. Necessidade de avaliação judicial dos bens. Havendo herdeiros incapazes, necessária a avaliação judicial dos bens, sendo sempre judicial a partilha, quando algum deles for incapaz. Aplicação dos arts. 633 do CPC e 2.016 do CC. Precedentes do TJRS (...) (TJRS; AI 0114438-34.2020.8.21.7000; Proc 70084760792; Itaqui; Sétima Câmara Cível; Rel. Des. Carlos Eduardo Zietlow Duro; Julg. 16/11/2020; DJERS 18/11/2020).

Ainda que no plano de partilha se atribua o bem imóvel exclusivamente à herdeira menor, a avaliação será necessária para seja observado o princípio da igualdade, sob pena de gerar prejuízos à incapaz.

✓ AGRAVO DE INSTRUMENTO. INVENTÁRIO. Plano de partilha em que se atribui bem imóvel com exclusividade à herdeira menor. Determinada a avaliação do bem, conforme requerimento do Ministério Público. Insurgência. Avaliação necessária, a fim de que seja observado o princípio da igualdade, sob pena de gerar prejuízos à incapaz. Precedentes. Hipótese em que a Lei não dispensa a avaliação. Inteligência do artigo 633 do CPC/2015. Valor do declarado do bem que não corresponde ao valor real (...). (TJSP; AI 2079225-11.2018.8.26.0000; Ac. 11675650; São Paulo; Terceira Câmara de Direito Privado; Rel. Des. Alexandre Marcondes; Julg. 01/08/2018; rep. DJESP 07/08/2018; Pág. 1977)

Art. 634. Se os herdeiros concordarem com o valor dos bens declarados pela Fazenda Pública, a avaliação cingir-se-á aos demais.

A avaliação judicial sobre imóvel inventariado é dispensável somente quando todos os herdeiros são maiores e capazes e concordam com o valor apontado pela Fazenda Pública.

✓ CIVIL E PROCESSUAL CIVIL. APELAÇÃO CÍVEL. INVENTÁRIO. SONEGAÇÃO DE BENS. NULIDADE DA PARTILHA E INCLUSÃO DE BENS CONTROVERTIDOS. NECESSIDADE DE DILAÇÃO PROBATÓRIA E AÇÃO PRÓPRIA. SENTENÇA MANTIDA. 1. Sonegados são os bens que deveriam entrar na partilha, mas foram conscientemente omitidos pelo inventariante, não restituídos, doados a herdeiro ou não trazidos à colação pelo beneficiado. 2. Nos moldes do art. 633 do CPC, sendo as partes capazes, não se procederá à avaliação se a Fazenda Pública, intimada pessoalmente, concordar de forma expressa com o valor atribuído aos bens do espólio (...) (TJDF; Proc 00000.59-40.2005.8.07.0002; Ac. 118.8443; Terceira Turma Cível; Relª Desª Fátima Rafael; Julg. 25/07/2019; DJDFTE 31/07/2019)

Art. 635. Entregue o laudo de avaliação, o juiz mandará que as partes se manifestem no prazo de 15 (quinze) dias, que correrá em cartório.

Eventual nulidade resta sanada quando a parte se manifesta nos autos principais em que consta o laudo de avaliação, não cabendo falar em alegação de nulidade por ausência de intimação.

✓ AGRAVO DE INSTRUMENTO. INVENTÁRIO. PRELIMINARES. NULIDADE DA DECISÃO POR AUSÊNCIA DE INTIMAÇÃO PARA MANIFESTAÇÃO. INÉPCIA DA INICIAL. REJEIÇÃO. EXPEDIÇÃO DE OFÍCIO A INSTITUIÇÕES FINANCEIRAS PARA APURAR CONTA EM NOME DA INVENTARIANTE. PEDIDO DE PRESTAÇÃO DE CONTAS. IMPOSSIBILIDADE. ALIENAÇÃO DE SEMOVENTES. VALOR OBTIDO EM AVALIAÇÃO JUDICIAL. RECURSO PARCIALMENTE PROVIDO. O art. 635 do CPC determina a manifestação das partes, no prazo de 15 dias corridos em cartório, a respeito do laudo de avaliação; porém, eventual nulidade resta sanada quando a parte se manifesta nos autos principais, nos quais já constava o laudo de avaliação, sendo certo que, não havendo formalidade determinada por Lei e tendo sido sanada de outro modo, não há como se falar em alegação de nulidade por ausência de intimação. (...) (TJMG; AI 1.0684.16.002789-3/002; Rel. Des. Moacyr Lobato; Julg. 08/11/2018; DJEMG 12/11/2018)

§ 1º Versando a impugnação sobre o valor dado pelo perito, o juiz a decidirá de plano, à vista do que constar dos autos.

§ 2º Julgando procedente a impugnação, o juiz determinará que o perito retifique a avaliação, observando os fundamentos da decisão.

Art. 636. Aceito o laudo ou resolvidas as impugnações suscitadas a seu respeito, lavrar-se-á em seguida o termo de últimas declarações, no qual o inventariante poderá emendar, aditar ou completar as primeiras.

Demonstrada documentalmente a existência de bens adicionais, fazem-se necessários aditamento e complementação, devendo a inventariante apresentar as últimas declarações.

✓ INVENTÁRIO. Sentença que homologou a partilha. Insurgência dos coerdeiros. Documentos juntados aos autos que demonstram a existência de valores depositados em conta-corrente de titularidade do falecido, créditos de alugueis, bem como débitos referentes a pagamento de execução fiscal relativa a bem constante do monte-mor, IPVA de automóvel e despesas com o funeral que não foram relacionados nas primeiras declarações. Necessidade de aditamento e complementação devendo a inventariante apresentar as últimas declarações. Art. 636 do CPC. Sentença anulada. (...) (TJSP; AC 1004486-37.2016.8.26.0297; Ac. 12360862; Jales; Sétima Câmara de Direito Privado; Relª Desª Maria de Lourdes Lopez Gil; Julg. 29/03/2019; DJESP 11/04/2019; Pág. 250).

É descabido cogitar em preclusão quanto ao requerimento de colação de bens à luz do disposto no art. 636 do CPC.

✓ INVENTÁRIO. Decisão que, acolhendo requerimento de herdeiro, determinou a colação dos bens recebidos em doação pelos descendentes, do autor da herança. Admissibilidade. Doação que, aqui, é incontroversa. Incidência do disposto no artigo 2.002 do Código Civil, não se cuidando de questão de alta indagação. Ausente situação excepcional a que alude o art. 2.005 do mesmo Estatuto. Descabido cogitar-se em preclusão, à luz do disposto no art. 636 do Novo CPC. (...) (TJSP; AI 2134464-68.2016.8.26.0000; Ac. 9755964; Jundiaí; Oitava Câmara de Direito Privado; Rel. Des. Salles Rossi; Julg. 30/08/2016; DJESP 02/09/2016)

Art. 637. Ouvidas as partes sobre as últimas declarações no prazo comum de 15 (quinze) dias, proceder-se-á ao cálculo do tributo.

Necessidade de providências prévias antes do cálculo do tributo.

✓ APELAÇÃO CÍVEL. EMBARGOS À EXECUÇÃO FISCAL. ITCMD. HIPÓTESE DE INCIDÊNCIA. TRANSMISSÃO DOS BENS E DIREITOS AOS HERDEIROS. EXIGIBILIDADE DO TRIBUTO. CONHECIMENTO DA BASE DE CÁLCULO. HOMOLOGAÇÃO DOS CÁLCULOS NO INVENTÁRIO. RECURSO NÃO PROVIDO. 1. Embora a hipótese de incidência se concretize com a transmissão da herança, é somente com a homologação dos cálculos no inventário que é possível identificar a base de cálculo do ITCMD, qual seja, os sucessores e seus respectivos quinhões e, via de consequência, realizar o lançamento tributário. 2. Não é por outro motivo que o art. 637 do CPC/15 dispôs que apenas após ouvidas as partes sobre as últimas declarações, no prazo comum de 15 (quinze) dias, proceder-se-á ao cálculo do imposto. (TJMG; APCV 1.0267.13.002670-6/001; Rel. Des. Carlos Roberto de Faria; Julg. 30/05/2018; DJEMG 14/06/2018)

Art. 638. Feito o cálculo, sobre ele serão ouvidas todas as partes no prazo comum de 5 (cinco) dias, que correrá em cartório, e, em seguida, a Fazenda Pública.

§ 1º Se acolher eventual impugnação, o juiz ordenará nova remessa dos autos ao contabilista, determinando as alterações que devam ser feitas no cálculo.

§ 2º Cumprido o despacho, o juiz julgará o cálculo do tributo.

O tributo torna-se exigível a partir da homologação do cálculo:

✓ INVENTÁRIO. INDEFERIMENTO DO PEDIDO DE SUSPENSÃO DO PROCESSO E DE DILAÇÃO DE PRAZO PARA RECOLHIMENTO DO ITCMD, EM RAZÃO DO AJUIZAMENTO DE AÇÃO DE ANULAÇÃO DE TESTAMENTO. (...) Tributo que somente é calculado após a manifestação das partes sobre as últimas declarações, sendo imprescindível a prévia manifestação da Fazenda Pública sobre o montante fixado, seguindo-se da homologação do valor pelo juiz. Arts. 637 e 638 do CPC/2015. Ausência, no caso, de homologação do cálculo do tributo. Imposto que não é devido antes da homologação do cálculo, nos termos da Súmula nº 114 do STF. Necessidade de prévia homologação judicial do cálculo do imposto que também é reconhecida pelo próprio Fisco, nos termos do art. 18 do Decreto Estadual nº 46.655/2002. Exclusão da multa e dos juros incidentes sobre o ITCMD que é de rigor. Precedentes jurisprudenciais deste E. TJSP. (...) (TJSP; AI 2189046-13.2019.8.26.0000; Ac. 13789942; São Paulo; Nona Câmara de Direito Privado; Relª Desª Angela Lopes; Julg. 27/07/2020; DJESP 31/07/2020; Pág. 2841)

Deve-se recolher o imposto após a decisão homologatória do cálculo para não haver prejuízo ao herdeiro menor.

✓ AGRAVO DE INSTRUMENTO. Inventário. ITCMD. O art. 17 da Lei Estadual n. 10.705/2000 e o art. 31 do Decreto n. 46.655/2002 não explicitam em que circunstâncias dever-se-á considerar, para o início do prazo para o recolhimento do tributo, a decisão homologatória do cálculo ou o despacho que determinar seu pagamento. O art. 638 e seus parágrafos do CPC/2015 dispõe que feito o cálculo, sobre ele serão ouvidas todas as partes no prazo comum de 5 (cinco) dias, que correrá em cartório, e, em seguida, a Fazenda Pública. Se acolher eventual impugnação, o juiz ordenará nova remessa dos autos ao contabilista, determinando as alterações que devam ser feitas no cálculo. Cumprido o despacho, o juiz julgará o cálculo do tributo. Observância. Recolhimento do imposto que deverá contar-se após a decisão homologatória do cálculo para que não haja prejuízo ao herdeiro menor, sujeitando-o ao pagamento de multa e juros (...). (TJSP; AI 2265915-17.2019.8.26.0000; Ac. 13501108; Taubaté; Quarta Câmara de Direito Privado; Rel. Des. Alcides Leopoldo; Julg. 25/05/2015; DJESP 12/05/2020; Pág. 1695).

Seção VI
Das Colações

Art. 639. No prazo estabelecido no art. 627, o herdeiro obrigado à colação conferirá por termo nos autos ou por petição à qual o termo se reportará os bens que recebeu ou, se já não os possuir, trar-lhes-á o valor.

Parágrafo único. Os bens a serem conferidos na partilha, assim como as acessões e as benfeitorias que o donatário fez, calcular-se-ão pelo valor que tiverem ao tempo da abertura da sucessão.

A avaliação da totalidade dos bens deve ser feita conforme valores reais vigentes à época da abertura da sucessão:

✓ AGRAVO DE INSTRUMENTO. Inventário. Colação. Deve ser considerado o valor do imóvel na data da abertura da sucessão (óbito). Decisão reformada para autorizar a perícia pretendida para apuração do real valor do imóvel. Critérios do artigo 1.847 do Código Civil. Caso concreto em que. O imóvel doado integrava à época da morte o patrimônio da donatária. Avaliação conforme valores reais vigentes à época da abertura da sucessão, nos termos do artigo 639, parágrafo único do CPC/2015, a prevalecer sobre o artigo 2.004 do Código Civil (valor atribuído no ato da liberalidade, aliás, quase sempre defasado na prática em casos como o dos autos). Inteligência do enunciado nº 119 da I Jornada de Direito Civil, que ainda que sob a égide do CPC anterior, se aplica no caso concreto, notadamente para evitar o enriquecimento sem causa de um herdeiro em detrimento dos demais. (...) (TJSP; AI 2047408-55.2020.8.26.0000; Ac. 13839054; Piracicaba; Segunda Câmara de Direito Privado; Rel. Des. José Carlos Ferreira Alves; Julg. 08/08/2020; DJESP 14/08/2020; Pág. 2265)

Art. 640. O herdeiro que renunciou à herança ou o que dela foi excluído não se exime, pelo fato da renúncia ou da exclusão, de conferir, para o efeito de repor a parte inoficiosa, as liberalidades que obteve do doador.

§ 1º É lícito ao donatário escolher, dentre os bens doados, tantos quantos bastem para perfazer a legítima e a metade disponível, entrando na partilha o excedente para ser dividido entre os demais herdeiros.

§ 2º Se a parte inoficiosa da doação recair sobre bem imóvel que não comporte divisão cômoda, o juiz determinará que sobre ela se proceda a licitação entre os herdeiros.

§ 3º O donatário poderá concorrer na licitação referida no § 2º e, em igualdade de condições, terá preferência sobre os herdeiros.

Art. 641. Se o herdeiro negar o recebimento dos bens ou a obrigação de os conferir, o juiz, ouvidas as partes no prazo comum de 15 (quinze) dias, decidirá à vista das alegações e das provas produzidas.

§ 1º Declarada improcedente a oposição, se o herdeiro, no prazo improrrogável de 15 (quinze) dias, não proceder à conferência, o juiz mandará sequestrar-lhe, para serem inventariados e partilhados, os bens sujeitos à colação ou imputar ao seu quinhão hereditário o valor deles, se já não os possuir.

§ 2º Se a matéria exigir dilação probatória diversa da documental, o juiz remeterá as partes às vias ordinárias, não podendo o herdeiro receber o seu quinhão hereditário, enquanto pender a demanda, sem prestar caução correspondente ao valor dos bens sobre os quais versar a conferência.

O pedido de busca e apreensão de bens que supostamente estão com a ex-companheira do de cujus demanda dilação probatória e deve ser apreciado em ação própria.

✓ AGRAVO DE INSTRUMENTO INVENTÁRIO. PEDIDO DE IMISSÃO NA POSSE E BUSCA E APREENSÃO DE BENS DO ESPÓLIO. QUESTÃO QUE DEMANDA DILAÇÃO PROBATÓRIA A SER DIRIMIDA EM AÇÃO PRÓPRIA. ARTIGOS. 612 E 641, §2º CPC/15. DECISÃO MANTIDA. Por se tratar de pedido de busca e apreensão de bens que supostamente se encontram com a ex-companheira do de cujus, o que demanda a necessária dilação probatória, inviável sua análise no bojo do inventário, pois deve se garantir à parte a oportunidade de defesa e, portanto, a questão deve ser dirimida nas vias ordinárias, por meio de ação própria, a teor dos artigos 612 e 641, § 2º, do CPC/15(...) (TJMS; AI 1414787-78.2019.8.12.0000; Primeira Câmara Cível; Rel. Des. Divoncir Schreiner Maran; DJMS 17/02/2020; Pág. 204).

Seção VII
Do Pagamento das Dívidas

Art. 642. Antes da partilha, poderão os credores do espólio requerer ao juízo do inventário o pagamento das dívidas vencidas e exigíveis.

Antes da partilha, é incabível a transferência do valor correspondente ao quinhão do herdeiro para pagamento de dívida deste.

✓ AGRAVO DE INSTRUMENTO. INVENTÁRIO. CRÉDITO ALIMENTAR. DÍVIDA DE HERDEIRO. ALVARÁ PARA LEVANTAMENTO DO CORRESPONDENTE A 1/3 DOS LOCATIVOS DEPOSITADOS EM JUÍZO. PEDIDO DE QUE TAIS VALORES PASSEM A SER DEPOSITADOS MENSALMENTE PELA IMOBILIÁRIA EM BENEFÍCIO DAS ALIMENTADAS. INDEFERIMENTO. DECISÃO MANTIDA. No caso, considerando que as agravantes são credoras de um dos herdeiros, descabido tanto o pagamento mensal postulado quanto o levantamento de valores, já que, enquanto não homologada a partilha, não titula o herdeiro-devedor qualquer bem individuado dos espólios de seus falecidos genitores, razão pela qual, sem a definição dos bens que comporão o seu quinhão, inviável o pronto pagamento do débito alimentar. Assim, o débito alimentar deve ser resguardado por ocasião da apresentação do plano de partilha ante a penhora no rosto dos autos. (...) (TJRS; AI 87755-91.2019.8.21.7000; Canoas; Oitava Câmara Cível; Rel. Des. Ricardo Moreira Lins Pastl; Julg. 30/05/2019; DJERS 04/06/2019)

Somente tem legitimidade para postular habilitação de crédito quem é credor do espólio:

✓ RECURSO ESPECIAL. PROCESSUAL CIVIL. HABILITAÇÃO DE CRÉDITO EM INVENTÁRIO. TÍTULO EXECUTIVO JUDICIAL. DEVEDORA PESSOA JURÍDICA. SÓCIO QUE NÃO FOI PARTE PASSIVA DA AÇÃO DE INDENIZAÇÃO EM QUE FORMADO O TÍTULO. ILEGITIMIDADE PASSIVA DO ESPÓLIO. 1. É improcedente o pedido de habilitação de crédito em inventário de pessoa física se do título executivo que se pretende habilitar consta como devedora apenas a pessoa jurídica da qual aquela era sócia. 2. O falecimento de sócio não implica, por si só, o desfazimento da pessoa jurídica. 3. A desconsideração da personalidade jurídica, a fim de que o patrimônio dos sócios responda pela dívida, pressupõe a ocorrência de alguma das hipóteses previstas em Lei, como, por exemplo, no art. 50 do Código Civil ou no art. 28 do Código de Defesa do Consumidor. (...) (STJ; REsp 1.508.597; Proc. 2014/0343795-8; AC; Quarta Turma; Relª Minª Maria Isabel Gallotti; Julg. 05/11/2019; DJE 19/11/2019)

✓ AGRAVO DE INSTRUMENTO. PRELIMINAR DE ILEGITIMIDADE RECURSAL. REJEIÇÃO. AÇÃO DE INVENTÁRIO. PRETENSO DIREITO DE CRÉDITO ADVINDO DE OUTRA DEMANDA. (...) Nos estritos termos do artigo 642, do CPC, antes da partilha, poderão os credores do espólio requerer ao juízo do inventário o pagamento das dívidas vencidas e exigíveis. Portanto, apenas os credores do espolio poderão requerer ao juízo do inventario o seu cadastramento na condição de credores de dívida vencida e exigível, o que não se vislumbra no caso, haja vista que os recorrentes são pretensos credores de um dos herdeiros, que veio a óbito durante o tramite da Ação de Inventario em analise e não comprovaram a devida habilitação do direito suscitado nos autos do Inventario, o qual deverá ser pleiteado na via própria. Consoante dispõe o §único, do art. 643, do NCPC, a reserva de bens inventariados somente se mostra possível no caso de o credor devidamente habilitado comprovar documentalmente a obrigação inadimplida. Finalmente, não comprovado o direito ao credito alegado, haja vista a ausência de transito em julgado da decisão que lhe fixou, o desprovimento do recurso é medida que se impõe. (...) (TJMG; AI 1718675-52.2019.8.13.0000; Rel. Des. Corrêa Junior; Julg. 01/09/2020; DJEMG 09/09/2020)

Os honorários contratuais, ainda que de natureza alimentar, constituem dívida de responsabilidade do espólio, cabendo ao juízo do inventário deliberar sobre o respectivo pagamento.

✓ AGRAVO DE INSTRUMENTO. ANTECIPAÇÃO DE TUTELA. HONORÁRIOS ADVOCATÍCIOS CONTRATUAIS DEVIDOS POR ESPÓLIO. DESTAQUE. HABILITAÇÃO PERANTE O JUÍZO DO INVENTÁRIO. HONORÁRIOS SUCUMBENCIAIS. NECESSIDADE DE HABILITAÇÃO DOS HERDEIROS. Os honorários contratuais, ainda que de natureza alimentar, constituem dívida de responsabilidade do Espólio, cabendo ao juízo do inventário deliberar sobre o respectivo pagamento (artigo 642 do CPC/2015), após averiguar a existência de outras dívidas, com preferência, e eventual quitação parcial ou total do montante efetivamente devido (art. 22, § 4º, parte final, da Lei nº 8.906/94).- Após o falecimento do exequente é necessária a habilitação dos herdeiros para o prosseguimento do feito, eis que o processo permanece suspenso, forte no artigo 689 do CPC, até a habilitação nos autos. (TRF 4ª R.; AG 5014785-63.2019.4.04.0000; Quarta Turma; Relª Desª Fed. Maria Isabel Pezzi Klein; Julg. 29/01/2020; Publ. PJe 30/01/2020)

Não cabe arbitramento de honorários na decisão que decide a habilitação de credor no inventário.

✓ AGRAVO INTERNO. RECURSO ESPECIAL. PROCESSUAL CIVIL. HABILITAÇÃO DE CRÉDITO EM INVENTÁRIO. REMESSA DO PEDIDO AOS MEIOS ORDINÁRIOS. PRETENSÃO RESISTIDA. HONORÁRIOS ADVOCATÍCIOS. NÃO CABIMENTO. 1. A sentença que denega a habilitação de crédito na sucessão, por mera discordância de qualquer interessado, não enseja a condenação em honorários advocatícios, pois não torna litigiosa a demanda, não havendo falar em condenação, nem de se cogitar em qualquer proveito econômico, já que o direito ao crédito e à sua cobrança são remetidos às vias ordinárias. 2. Deveras, "nessa situação não haverá o processamento incidental deste pedido, mas a necessidade de propositura de uma ação própria na qual será discutida a dívida em pauta e a obrigação do espólio arcar, ou não, com ela, daí a remissão às "vias ordinárias" (WAMBIER, Teresa Arruda Alvim. Primeiros comentários ao novo código de processo civil: artigo por artigo. São Paulo: RT, 2016, p. 1095) (...). (STJ; AgInt-REsp 1.792.709; Proc. 2019/0014463-7; SP; Quarta Turma; Rel. Min. Luis Felipe Salomão; Julg. 06/08/2019; DJE 13/08/2019)

A habilitação do crédito depende de liquidez e exigibilidade:

✓ PRELIMINAR DE SUSPEIÇÃO REJEITADA. NÃO DEMONSTRADA DE FORMA INEQUÍVOCA A PARCIALIDADE DO MAGISTRADO PARA O JULGAMENTO DA CAUSA, IMPÕE-SE A REJEIÇÃO DA PRELIMINAR DE SUSPEIÇÃO2. Manifestada a discordância do espólio quanto à habilitação requerida, a solução da questão há de ser remetida para as vias ordinárias, revelando-se, por conseguinte, irrelevante a tese recursal acerca da existência ou liquidez da dívida, uma vez que a controvérsia não pode ser dirimida nos autos de inventário, por expresso comando legal do artigo 643 do CPC. 3. Reserva de bens. Indeferimento. Artigo 643, parágrafo único, do CPC. Não restou comprovada suficientemente a existência do crédito. (...) (TJRJ; APL 0010502-36.2018.8.19.0010; Relª Desª Mônica de Faria Sardas; DORJ 04/08/2020; Pág. 720)

É facultado ao credor requerer ao juízo do inventário a habilitação, sem prejuízo do prosseguimento da ação de execução.

✓ AGRAVO INTERNO NO AGRAVO EM RECURSO ESPECIAL. (...) "A habilitação de crédito no inventário, a ser realizada antes da partilha, é medida de natureza facultativa, disponibilizada ao credor para facilitar a satisfação da dívida, o que não impede, contudo, o ajuizamento de ações autônomas para a mesma finalidade, especialmente nas hipóteses em que a dívida não está vencida ou não é exigível" (RMS 58.653/SP, Relatora Ministra NANCY ANDRIGHI, TERCEIRA TURMA, julgado em 2/4/2019, DJe de 4/4/2019). Incidência, na espécie, da Súmula nº 83 do STJ. Superior Tribunal de Justiça (...) (STJ; AgInt-AREsp 1.612.510; Proc. 2019/0327797-6; MT; Quarta Turma; Rel. Min. Raul Araújo; Julg. 20/04/2020; DJE 04/05/2020)

✓ AGRAVO DE INSTRUMENTO. CUMPRIMENTO DE SENTENÇA. JUÍZO ORDINÁRIO. JUÍZO DO INVENTSÁRIO. CREDOR. OPÇÃO. FACULDADE LEGAL. (...) O Min. Paulo de Tarso Sanseverino, no julgamento do RESP nº 615.077/SC, julgado que vem sido reiteradamente repisado pelos demais ministros da corte de cidadania, inclusive pela via monocrática, já pacificaram o entendimento de que pedido de habilitação de crédito formulado pela instituição financeira credora, nos autos do processo de inventário, em razão da morte superveniente de avalista da cédula de crédito comercial executada. A regra do art. 1.017 do CPC deve ser interpretada como mera faculdade concedida ao credor, podendo também optar por propor ação de cobrança ou de execução. Precedente específico. Tendo o credor já ajuizado ação de execução contra a devedora principal e os demais coobrigados, sobrevindo a morte do avalista do título cobrado, a hipótese é de suspensão do processo para habilitação dos sucessores do de cujus, na forma do art. 265, I, e 1055 e seguintes do CPC. Dúvidas não tenho quanto a faculdade do credor de habilitar seu crédito perante o juízo do inventário ou prosseguir com o cumprimento de sentença perante o juízo ordinário e, sendo esta a sua escolha, o processo de cumprimento de sentença deverá ter seu trâmite regular. (...) (TJES; AI 0013819-08.2019.8.08.0012; Terceira Câmara Cível; Rel. Des. Ronaldo Gonçalves de Sousa; Julg. 13/10/2020; DJES 09/12/2020)

O credor pode optar pelo seguimento da execução em ação própria, após o falecimento da executada, determinando-se a penhora no rosto dos autos do inventário e a reserva de importância ou de bens, sendo desnecessário o pedido de habilitação do crédito no juízo do inventário.

✓ AGRAVO DE INSTRUMENTO. CUMPRIMENTO DE SENTENÇA. PENHORA QUE RECAIU SOBRE CRÉDITOS ORIUNDOS DE AÇÃO TRABALHISTA MOVIDA PELO FINADO EXECUTADO (...) Ação principal, em fase de cumprimento de sentença, que teve início muito antes do falecimento do devedor. Bloqueio de valores nos autos da ação trabalhista para satisfação dos créditos executados e que, in casu, deixou de possuir natureza alimentar em razão do óbito do devedor. Obrigação precípua dos herdeiros é o pagamento das dívidas deixadas pelo falecido. Direito à herança apenas em relação ao patrimônio líquido do de cujus (art. 1.997 do Código Civil). Mitigação da regra da impenhorabilidade de salário (art. 883, inciso IV, do CPC) que, no caso concreto, se mostrou adequada, uma vez que o valor penhorado não chegou a alcançar sequer o percentual de 10% dos créditos trabalhistas recebido pelos herdeiros, inexistindo a natureza alimentar desses valores. Possibilidade de satisfação da obrigação no Juízo da execução, independentemente de haver ação de inventário em andamento. Sucessão processual que teve início com a habilitação do representante do Espólio nos autos da execução. Habilitação do crédito no Juízo orfanológico que não seria uma obrigatoriedade, mas sim uma mera faculdade do credor (art. 642 do CPC) (...) (TJRJ; AI 0034590-03.2020.8.19.0000; Rio de Janeiro; Nona Câmara Cível; Relª Desª Daniela Brandão Ferreira; DORJ 03/09/2020; Pág. 299).

Não é possível a penhora no rosto dos autos do inventário quando o devedor é o próprio de cujus:

✓ AGRAVO DE INSTRUMENTO. DECISÃO QUE INDEFERIU O BLOQUEIO DE ATIVOS FINANCEIROS EM NOME DO ESPÓLIO, SOB O ARGUMENTO DE QUE HÁ NECESSIDADE DE HABILITAÇÃO NOS AUTOS DO INVENTÁRIO. 1.CUIDA-SE, NA ORIGEM, DE AÇÃO DE EXECUÇÃO DE QUANTIA CERTA CONTRA DEVEDOR SOLVENTE AJUIZADA PELO ORA RECORRENTE CONTRA O ORA RECORRIDO, SOB O FUNDAMENTO DE QUE AS PARTES FIRMARAM DIVERSOS CONTRATOS PARA PRESTAÇÃO DE SERVIÇOS ADVOCATÍCIOS, CUJOS TRABALHOS ESTÃO CONCLUÍDOS. TODAVIA, O EXECUTADO DEIXOU DE ADIMPLIR OS VALORES RESPECTIVOS. 2.Na esteira da jurisprudência da Corte Superior, não há irregularidades na penhora direta de bens do espólio quando consequente de dívidas contraídas pelo de cujus. 3.Com efeito, a penhora no rosto dos autos do inventário do de cujus seria inconteste caso um dos herdeiros fosse devedor da presente execução; no entanto, o devedor é o próprio espólio, o que justifica o deferimento da penhora almejada. Precedentes do STJ. (...) (TJRJ; AI 0050252-41.2019.8.19.0000; Campos dos Goytacazes; Décima Primeira Câmara Cível; Rel. Des. Fernando Cerqueira Chagas; DORJ 16/06/2020; Pág. 555)

A mera habilitação do crédito nos autos do inventário não suspende o cumprimento de sentença:

✓ PROCESSUAL CIVIL. EXECUÇÃO DE TÍTULO EXTRAJUDICIAL. ESPÓLIO QUE FIGURA COMO EXECUTADO. FACULDADE DO CREDOR (ART. 642, CPC). POSTERIOR HABILITAÇÃO DO CRÉDITO NO INVENTÁRIO. SUSPENSÃO DA EXECUÇÃO. FALTA DE PREVISÃO LEGAL – Além de a habilitação de crédito contra o espólio, no juízo do inventário, ser mera faculdade concedida ao credor (CPC, art. 642), que pode optar por propor ação de execução, a suspensão da demanda executiva até o pagamento do débito naqueles autos não se insere dentre as hipóteses previstas nos arts. 921 e 922 do Código de Processo Civil. (TJSC; AI 4020748-49.2017.8.24.0000; Palhoça; Quinta Câmara de Direito Civil; Rel. Des. Luiz Cézar Medeiros; DJSC 09/08/2018; Pag. 175)

§ 1º A petição, acompanhada de prova literal da dívida, será distribuída por dependência e autuada em apenso aos autos do processo de inventário.

A habilitação é distribuída por dependência e autuada em apenso aos autos do inventário:

✓ AGRAVO DE INSTRUMENTO. INVENTÁRIO. DECISÃO QUE NÃO CONHECEU DE PEDIDO DE HABILITAÇÃO DE CRÉDITO APRESENTADO POR TERCEIRO NOS PRÓPRIOS AUTOS DO INVENTÁRIO. Inconformismo. Não acolhimento. Necessidade de observância da forma legal. Pleito que deve ser objeto de requerimento próprio, distribuído por dependência e autuado em apenso ao inventário. Art. 642, § 1º, do Código de Processo Civil (...) (TJSP; AI 2280329-20.2019.8.26.0000; Ac. 13413046; São José dos Campos; Sétima Câmara de Direito Privado; Relª Desª Maria de Lourdes Lopez Gil; Julg. 17/03/2020; DJESP 31/03/2020; Pág. 1133)

✓ PROCESSO CIVIL. HABILITAÇÃO DE CRÉDITO. INVENTÁRIO. INCLUSÃO HERDEIROS. POLO PASSIVO. PETIÇÃO INICIAL. INÉPCIA. DETERMINAÇÃO DE EMENDA. NÃO ATENDIDA. EXTINÇÃO SEM RESOLUÇÃO DO MÉRITO. PEDIDO. CONTRARAZÕES. IMPOSSIBILIDADE. 1. A petição de habilitação de crédito, acompanhada de prova literal da dívida, será distribuída por dependência e autuada em apenso aos autos do processo de inventário. 2. A petição inicial de habilitação de crédito deve apontar, em seu polo passivo, as partes integrantes do processo de inventário, incluídos os herdeiros e cônjuge supérstite meeiro, visto que a procedência do pedido nela formulado depende da concordância dessas. 3. A inércia no atendimento da decisão que determina a emenda da petição inicial conduz ao seu indeferimento por inépcia. 4. Não se conhece de pedido realizado em contrarrazões, quando a parte recorrida deixa transcorrer in albis o prazo para apresentar recurso adesivo, na forma autônoma, conforme determina o artigo 997, § 2º do Código de Processo Civil. (...) (TJDF; Proc 07365.42-74.2018.8.07.0001; Ac. 121.0717; Terceira Turma Cível; Relª Desª Maria de Lourdes Abreu; Julg. 16/10/2019; DJDFTE 30/10/2019).

Caso exista debate a respeito da dívida, as partes devem ser remetidas às vias ordinárias:

✓ APELAÇÃO CÍVEL. (...) I. É necessária a concordância de todas as partes acerca do pedido de habilitação de crédito em inventário, nos termos do disposto no artigo 643 do Código de Processo Civil de 2015. II. Havendo discordância quanto a habilitação do crédito, o pedido será remetido às vias ordinárias, bem como o juiz mandará reservar os bens suficientes para pagar o credor quando da dívida constar de documento que comprove suficientemente a obrigação e a impugnação não se funda em quitação (parágrafo único do artigo 643 do CPC) (...) (TJMS; AC 0800890-31.2012.8.12.0015; Segunda Câmara Cível; Rel. Des. Alexandre Bastos; DJMS 02/05/2019; Pág. 101)

§ 2º Concordando as partes com o pedido, o juiz, ao declarar habilitado o credor, mandará que se faça a separação de dinheiro ou, em sua falta, de bens suficientes para o pagamento.

Havendo aceitação do inventariante, e ausente impugnação de qualquer parte, o silêncio dos herdeiros representa aceitação tácita do pedido de habilitação do crédito:

✓ APELAÇÃO CÍVEL. HABILITAÇÃO DE CRÉDITO EM INVENTÁRIO. SILÊNCIO DOS HERDEIROS QUANTO AO PEDIDO. ACORDO QUE CONFIRMA O NEGÓCIO JURÍDICO. PEDIDO DE AVERBAÇÃO DA CESSÃO NA MATRÍCULA DO IMÓVEL. DEFERIDO. RECURSO CONHECIDO E PARCIALMENTE PROVIDO. Os herdeiros devem ser intimados para manifestarem-se acerca do pedido de habilitação de crédito. Não havendo oposição dos herdeiros, opera-se a preclusão do direito, deferindo-se a habilitação de crédito. (TJMS; AC 0833643-78.2015.8.12.0001; Quarta Câmara Cível; Rel. Des. Odemilson Roberto Castro Fassa; DJMS 28/09/2018; Pág. 170)

§ 3º Separados os bens, tantos quantos forem necessários para o pagamento dos credores habilitados, o juiz mandará aliená-los, observando-se as disposições deste Código relativas à expropriação.

O juízo do inventário é competente para expedir mandado de constatação e avaliação.

✓ AGRAVO DE INSTRUMENTO. CIVIL E PROCESSUAL CIVIL. INVENTÁRIO E PARTILHA. IMÓVEL SOB A POSSE EXCLUSIVA DE UM DOS HERDEIROS. PRETENSÃO DE FIXAÇÃO DE COMPENSAÇÃO FINANCEIRA EM FAVOR DOS DEMAIS. AUSÊNCIA DE COMPLEXIDADE. QUESTÕES AFEITAS AO JUÍZO DO INVENTÁRIO. VERIFICAÇÃO. DECISÃO INTERLOCUTÓRIA REFORMADA. 1. Consoante dispõe o art. 612 do CPC, que informa o princípio do juízo universal, e na linha do entendimento jurisprudencial dominante, o juízo do inventário é o competente para decidir todas as questões de direito e as de fato relacionadas aos bens deixados pelo falecido, mormente quando as alegações se acharem provadas por documento, devendo encaminhar para as vias ordinárias somente aquelas que se apresentam complexas (ou de alta indagação), notadamente, por dependerem de outras provas. 2. Tem-se de um lado o espólio e do outro um dos herdeiros obstando que os demais sucessores aufiram os frutos civis do único bem inventariado porquanto não repassa nem o aluguel que viria recebendo por uma casa de fundos localizada no local nem libera o bem principal para que todos os demais possam usufruir dele, possivelmente, alugando-o até a efetivação da partilha e possível alienação judicial. 3. Nesse sentido, insta apenas que seja expedido mandado de constatação e avaliação do bem a fim de se estimar um possível valor compensatório ante a exclusividade de sua utilização por um dos herdeiros, o que a rigor não traduz circunstância apta a ensejar a remessa para vias ordinárias, devendo assim ser processada no juízo do inventário. (...) (TJDF; Proc 0703.95.7.062017-8070000; Ac. 112.0134; Sexta Turma Cível; Rel. Des. Alfeu Machado; Julg. 29/08/2018; DJDFTE 03/09/2018).

§ 4º Se o credor requerer que, em vez de dinheiro, lhe sejam adjudicados, para o seu pagamento, os bens já reservados, o juiz deferir-lhe-á o pedido, concordando todas as partes.

Necessária concordância expressa de todos os herdeiros.

✓ AGRAVO DE INSTRUMENTO. Inventário. Venda da fração dos bens dos Espólios. Admissibilidade. Autos que tramitam desde o ano de 2004 e justificou o deferimento para venda dos bens, a falta de consenso entre os herdeiros e as dívidas dos espólios, além dos encargos sobre os imóveis e a necessidade de pagar os impostos e despesas do processo. A venda dos bens dos Espólios antes da partilha tem amparo legal, seja para propiciar o pagamento das dívidas (art. 642, § 3º, CPC), ou para possibilitar a divisão (art. 649, CPC). Não há concordância da totalidade dos herdeiros na pretensão do agravante, herdeiro e credor do espólio, de transformar o débito do credor em cotas hereditárias, e a adjudicação de bem reservado para o pagamento da dívida, depende da concordância de todos (art. 642, § 4º, CPC), todavia, em condições de igualdade, o condômino tem preferência na arrematação judicial, a ser dirimido pelo Juízo de origem. (...) (TJSP; AI 2210166-49.2018.8.26.0000; Ac. 12151036; São Paulo; Quarta Câmara de Direito Privado; Rel. Des. Alcides Leopoldo; Julg. 28/01/2019; DJESP 04/02/2019; Pág. 2211)

§ 5º Os donatários serão chamados a pronunciar-se sobre a aprovação das dívidas, sempre que haja possibilidade de resultar delas a redução das liberalidades.

Art. 643. Não havendo concordância de todas as partes sobre o pedido de pagamento feito pelo credor, será o pedido remetido às vias ordinárias.

Na ausência de concordância dos herdeiros e de documento que comprove suficientemente a obrigação, o julgamento do crédito depende de ação própria.

✓ DIREITO CIVIL. Direito processual civil. Agravo de instrumento. Habilitação de crédito em inventário. Alienação judicial de parte de bem imóvel. Decisão judicial a quo que indeferiu a proposta de aquisição/ adjudicação por um dos credores. Ausência de concordância de todas as partes. Remissão legal às vias ordinárias. Possibilidade de reserva de bens. Incidência dos art. 642 e seguintes da Lei n. 13.105/2015. 1. Não havendo concordância de todas as partes sobre o pedido de pagamento feito pelo credor na habilitação, deve ele remetido para os meios ordinários (art. 1.018, CPC). Não obstante, o juiz pode determinar que sejam reservados bens em poder do inventariante para pagar o credor, desde que a dívida esteja consubstanciada em documento que comprove suficientemente a obrigação e a impugnação não se fundar em quitação. (...) (TJPR; Ag Instr 1674238-4; Cascavel; Décima Segunda Câmara Cível; Rel. Des. Mario Luiz Ramidoff; Julg. 07/03/2018; DJPR 27/03/2018; Pág. 147)

✓ PROCESSO CIVIL. (..) 1. O autor, ora apelante, requereu na petição inicial a habilitação de seu crédito em inventário. Diante da ausência de concordância da inventariante, o Magistrado julgou improcedente o pedido, determinando, de modo acertado, a remessa do feito às vias ordinárias, consoante art. 643 do CPC. Contudo, deixou de ordenar a reserva dos bens suficientes para o pagamento, por entender inexistente prova literal da dívida. 2. Segundo o art. 643, parágrafo único, do CPC, para a reserva de bens, faz-se necessário que a impugnação dos herdeiros não se baseie em alegação de quitação, sendo este justamente o caso dos autos (não se funda em quitação). Deve, ainda, a dívida constar de documento que comprove suficientemente a obrigação. 3. Consoante os documentos acostados à inicial e ao recurso, verifica-se que o crédito pretendido pelo insurgente decorre diretamente de Certidão de Crédito emitida pelo Tribunal de Justiça do Distrito Federal e Territórios, demonstrando a existência de obrigação no bojo do processo nº 2000.01.1.077843-9, que tramitou na 2ª Vara Cível da Comarca de Brasília, e configura título executivo judicial. 4. Havendo documento demonstrativo do crédito, ainda que a constituir começo de prova, é necessária a reserva de bens para garantia do pagamento caso venha a ser reconhecido pelas vias próprias (TJMG – Apelação Cível 1.0491.12.000251-5/001, julgamento em 06/02/2020, publicado em 18/02/2020). Afinal, a questão ainda será pormenorizadamente apreciada na primeira instância, e a reserva dos bens tem o intuito de resguardar os direitos do credor até o julgamento da demanda respectiva. 5. Desse modo, persistindo indícios da obrigação a ser satisfeita, consoante opinou o Parquet, deve-se acolher o pedido subsidiário do autor, ora apelante, de modo que sejam reservados, em poder da inventariante, bens suficientes para o pagamento do crédito. Precedente deste TJCE. (...) (TJCE; APL 0179211-58.2017.8.06.0001; Terceira Câmara de Direito Privado; Rel. Des. Francisco Luciano Lima Rodrigues; Julg. 29/04/2020; DJCE 06/05/2020; Pág. 242)

Parágrafo único. O juiz mandará, porém, reservar, em poder do inventariante, bens suficientes para pagar o credor quando a dívida constar de documento que comprove suficientemente a obrigação e a impugnação não se fundar em quitação.

Resistência de herdeiros, rejeição da habilitação e sucumbência recíproca.

✓ CIVIL. RECURSO ESPECIAL. RECURSO INTERPOSTO SOB A ÉGIDE DO CPC/73. INVENTÁRIO. HABILITAÇÃO DE CRÉDITO. INDEFERIMENTO. RESERVA DE CRÉDITO. HONORÁRIOS. CABIMENTO. PROCEDIMENTO DE JURISDIÇÃO VOLUNTÁRIA. DISCORDÂNCIA DOS HERDEIROS. REMESSA ÀS VIAS ORDINÁRIAS COM RESERVA DE BENS. DISCUSSÃO SOBRE OS ÔNUS SUCUMBENCIAIS. OCORRÊNCIA DE SUCUMBÊNCIA RECÍPROCA. RECURSO ESPECIAL PARCIALMENTE PROVIDO. (...) Em caso de resistência dos herdeiros, a rejeição do pedido de habilitação de crédito em inventário enseja a condenação do habilitante em honorários. Contudo, em caso de determinação de reserva de bens e de remessa das partes às instâncias ordinárias, em razão da existência de documentos suficientes para comprovar o crédito, deve-se concluir que houve sucumbência recíproca, do que decorre, nessa situação excepcionalíssima, a compensação da verba honorária e a divisão das custas processuais entre os litigantes. (...) (STJ; REsp 1.482.368; Proc. 2014/0223214-0; SP; Terceira Turma; Rel. Min. Moura Ribeiro; Julg. 15/05/2018; DJE 29/05/2018; Pág. 1747).

É cabível a reserva de bens caso se comprove suficientemente a obrigação, não obstante haja discordância das partes.

✓ PROCESSO CIVIL. (...) PROCESSO DE INVENTÁRIO. HABILITAÇÃO DE CRÉDITO. DISCORDÂNCIA DAS PARTES. REMESSA ÀS VIAS ORDINÁRIAS. ALEGAÇÃO DE PRESCRIÇÃO. IMPOSSIBILIDADE DE ANÁLISE PELO JUÍZO DO INVENTÁRIO. RESERVA DE BENS SUFICIENTES À GARANTIA DO CRÉDITO. INTELIGÊNCIA DO ART. 643 DO CPC/2015. HONORÁRIOS ADVOCATÍCIOS. IMPOSSIBILIDADE DE ARBITRAMENTO (...) A simples discordância das partes quanto ao pedido de habilitação de crédito formulado no processo de inventário resulta na remessa da pretensão às vias ordinárias; assim, havendo oposição de qualquer das partes ao pagamento, ao credor permanecem abertos todos os instrumentos de cobrança ordinários, tais como ação de cobrança, ação monitória, demanda executória etc., sem que seja possível ao magistrado proceder à análise da (in) existência do crédito ou mesmo se pronunciar sobre qualquer outra matéria, pois o processo de inventário e partilha não se presta a resolver litígios entre o espólio e terceiros. III. O juiz pode determinar que sejam reservados bens em poder do inventariante para pagar o credor, desde que a dívida esteja consubstanciada em documento que comprove suficientemente a obrigação e a impugnação não se fundar em quitação (RESP 703.884/SC, Rel. Ministra NANCY ANDRIGHI, TERCEIRA TURMA, julgado em 23/10/2007, DJ 08/11/2007, p. 225). (...) (TJMA; AI 0805460-52.2018.8.10.0000; Ac. 297196/2020; Quarta Câmara Cível; Rel. Des. Jaime Ferreira de Araujo; DJEMA 10/12/2020; Pág. 496).

Art. 644. O credor de dívida líquida e certa, ainda não vencida, pode requerer habilitação no inventário.

Parágrafo único. Concordando as partes com o pedido referido no *caput*, o juiz, ao julgar habilitado o crédito, mandará que se faça separação de bens para o futuro pagamento.

A decisão que julga o incidente de habilitação de crédito em inventário é interlocutória.

✓ INVENTÁRIO. HABILITAÇÃO DE CRÉDITO. Recurso de apelação. Interposição contra decisão que rejeitou pedido de habilitação de crédito. Inadmissibilidade. Natureza interlocutória do provimento, que decide mero incidente (artigo 644, CPC). Cabimento de agravo de instrumento, na forma do artigo 1.015, parágrafo único, do Código de Processo Civil. Inadmissibilidade, no mais, de aplicação do princípio da fungibilidade. Erro grosseiro. Precedentes do C. Superior Tribunal de Justiça e desta E. Corte. (...) (TJSP; AC 0001025-44.2020.8.26.0003; Ac. 14204063; São Paulo; Terceira Câmara de Direito Privado; Rel. Des. Donegá Morandini; Julg. 02/12/2020; DJESP 09/12/2020; Pág. 1585).

Despesa condominial é apurada mensalmente, varia de acordo com necessidades e não detém liquidez e certeza

✓ PROCESSUAL CIVIL. Agravo de instrumento. Habilitação de crédito em inventário. Dívidas vincendas de condomínio.

Art. 644 do CPC que permite a habilitação de dívida não vencida, mas exige que seja líquida e certa. Despesa condominial que é apurada mensalmente, variável de acordo com a necessidade do condomínio, e não detém liquidez e certeza. Impossibilidade de habilitação. (...) (TJPR; Ag Instr 1741569-5; Foz do Iguaçu; Décima Segunda Câmara Cível; Relª Desª Ivanise Maria Tratz Martins; Julg. 11/04/2018; DJPR 02/05/2018; Pág. 101)

Honorários advocatícios fixados verbalmente são ilíquidos, sendo impossível sua habilitação.

✓ APELAÇÃO CÍVEL. PEDIDO DE HABILITAÇÃO DE CRÉDITO EM INVENTÁRIO. AUSÊNCIA DE LIQUIDEZ DA DÍVIDA. IMPOSSIBILIDADE DE HABILITAÇÃO. MANUTENÇÃO DA DECISÃO. Embora haja a certeza da dívida, pois o apelante patrocinou o de cujus em ação movida contra a Fazenda Pública, a qual foi julgada procedente, não existe crédito líquido a ser habilitado, pois o próprio apelante afirma que a fixação dos honorários foi feita de forma verbal. Como refere o art. 644 do CPC, somente o credor de dívida líquida e certa pode ser habilitado no inventário, o que não ocorre in casu, ante a incerteza do valor a ser cobrado (...) (TJRS; AC 0360909-32.2017.8.21.7000; Porto Alegre; Oitava Câmara Cível; Rel. Des. José Antônio Daltoé Cezar; Julg. 22/03/2018; DJERS 29/03/2018)

Art. 645. O legatário é parte legítima para manifestar-se sobre as dívidas do espólio:

I – quando toda a herança for dividida em legados;

II – quando o reconhecimento das dívidas importar redução dos legados.

O legatário apenas responde pelas obrigações passivas do espólio quando toda a herança for dividida em legados ou quando o reconhecimento das dívidas importar em redução dos legados.

✓ AGRAVO DE INSTRUMENTO. SUCESSÕES. INVENTARIANTE DATIVO. REMUNERAÇÃO. PARTICIPAÇÃO DA LEGATÁRIA. ART. 1.020 DO CPC/73 (ATUAL ART. 645 DO NCPC). 1. Nos termos do art. 1.020 do CPC/73 (atual art. 645 do NCPC), o legatário apenas responde pelas obrigações passivas do espólio "quando toda a herança for dividida em legados" ou "quando o reconhecimento das dívidas importar redução dos legados". 2. Na espécie, possuindo o espólio forças para satisfação da remuneração devida à inventariante dativa, em princípio, não há falar em responsabilidade da legatária. (...) (TJRS; AI 0081708-09.2016.8.21.7000; Porto Alegre; Oitava Câmara Cível; Rel. Des. Ricardo Moreira Lins Pastl; Julg. 02/06/2016; DJERS 07/06/2016)

Art. 646. Sem prejuízo do disposto no art. 860, é lícito aos herdeiros, ao separarem bens para o pagamento de dívidas, autorizar que o inventariante os indique à penhora no processo em que o espólio for executado.

Seção VIII
Da Partilha

Art. 647. Cumprido o disposto no art. 642, § 3º, o juiz facultará às partes que, no prazo comum de 15 (quinze) dias, formulem o pedido de quinhão e, em seguida, proferirá a decisão de deliberação da partilha, resolvendo os pedidos das partes e designando os bens que devam constituir quinhão de cada herdeiro e legatário.

É cabível o levantamento de valores após habilitado o crédito.

✓ INVENTÁRIO. HABILITAÇÃO DE CRÉDITO. LEVANTAMENTO DE VALORES. Decisão que deixou para a ocasião da homologação da partilha a apreciação do pedido de pagamento do crédito pelo espólio. Alegada necessidade de remessa da questão às vias ordinárias ou de compensação de valores. Habilitado o crédito por decisão não recorrida. Preclusão. Pagamento que deve ocorrer antes da partilha (arts. 642 e 647 do CPC). Autorizado o levantamento de valores depositados em juízo em favor da credora (...). (TJSP; AI 2085735-69.2020.8.26.0000; Ac. 13988222; Indaiatuba; Terceira Câmara de Direito Privado; Rel. Des. Carlos Alberto de Salles; Julg. 22/09/2020; DJESP 29/09/2020; Pág. 1584)

Parágrafo único. O juiz poderá, em decisão fundamentada, deferir antecipadamente a qualquer dos herdeiros o exercício dos direitos de usar e de fruir de determinado bem, com a condição de que, ao término do inventário, tal bem integre a cota desse herdeiro, cabendo a este, desde o deferimento, todos os ônus e bônus decorrentes do exercício daqueles direitos.

O pedido com base no art. 647, parágrafo único, deve preencher os requisitos da tutela provisória (art. 300 do CPC).

✓ SUCESSÕES. INVENTÁRIO. ANTECIPAÇÃO PARCIAL DE LEGÍTIMA ANTES DA PARTILHA. Impossibilidade. Inexistência de prova inequívoca acerca da necessidade premente do herdeiro ou de prejuízo com o tramitar dos autos, devendo-se aguardar a finalização do inventário, quitando-se dívidas e tributos pertinentes ao caso, para então retirar-se a meação e distribuir a herança. Observância dos artigos 647 e 642, § 3º, do CPC. (...) Ausência dos requisitos previstos no art. 300, do CPC. (...) (TJSP; AI 2030338-25.2020.8.26.0000; Ac. 13487827; São Paulo; Segunda Câmara de Direito Privado; Relª Desª Hertha Helena de Oliveira; Julg. 17/04/2020; DJESP 28/04/2020; Pág. 1640)

Resta indeferida a partilha antecipada de quotas sociais quando a iniciativa contraria os interesses do espólio.

✓ AGRAVO DE INSTRUMENTO. INVENTÁRIO. QUOTAS SOCIAIS. PARTILHA ANTECIPADA. ART. 674, PARÁGRAFO ÚNICO, DO CPC. DESCABIMENTO, NO CASO. Embora o art. 647, parágrafo único, do CPC, autorize a qualquer dos herdeiros o exercício antecipado dos direitos de usar e de fruir de determinado bem inventariado, no caso concreto, entretanto, a partilha antecipada das quotas sociais vai de encontro aos interesses do espólio, porque manterá na administração o herdeiro-sócio que vem comprovadamente desviando o patrimônio, com o claro intuito de fraudar credores, malferindo os interesses das próprias empresas (sujeitas às sanções civis e tributárias decorrentes destes atos) e, por conseguinte, do espólio (...) (TJRS; AI 0290651-26.2019.8.21.7000; Proc 70083187427; Porto Alegre; Oitava Câmara Cível; Rel. Des. Ricardo Moreira Lins Pastl; Julg. 13/02/2020; DJERS 18/02/2020).

A antecipação do exercício dos direitos de uso e fruição de bens do espólio não pode ser deferida quando ausente a demonstração da realização de reserva de bens suficientes ou do pagamento de todas as dívidas do espólio.

✓ AGRAVO DE INSTRUMENTO. INVENTÁRIO. PEDIDO DE ANTECIPAÇÃO DO EXERCÍCIO DOS DIREITOS DE USO E FRUIÇÃO DOS BENS DO ESPÓLIO. ART. 647, PARÁGRAFO ÚNICO, DO CPC -ART. 642, § 3º, DO CPC. INTERPRETAÇÃO SISTEMÁTICA. AUSÊNCIA DE RESERVA DE BENS/QUITAÇÃO DOS CREDORES DO ESPÓLIO. IMPOSSIBILIDADE. ALTO GRAU DE LITIGIOSIDADE ENTRE HERDEIROS. ART. 648, I, DO CPC. NÃO RECOMENDÁVEL. O pedido de antecipação do exercício dos direitos de uso e fruição de bens do espólio, previsto no parágrafo único do art. 647, do CPC deve ser apreciado à luz do disposto no art. 642, § 3º, do CPC, não podendo ser deferido quando ausente a demonstração da realização de reserva de bens suficientes ou do pagamento de todas as dívidas do espólio. (TJMG; AI 1.0480.15.000424-4/003; Rel. Des. Adriano de Mesquita Carneiro; Julg. 25/10/2018; DJEMG 31/10/2018)

Art. 648. Na partilha, serão observadas as seguintes regras:

I – a máxima igualdade possível quanto ao valor, à natureza e à qualidade dos bens;

Na partilha, deve ser observado o princípio da igualdade:

✓ AGRAVO DE INSTRUMENTO. INVENTÁRIO. Decisão que indefere o levantamento de alugueres referentes a imóvel integrante do monte mor. Dissenso quanto à forma de partilha e administração do patrimônio que compõe o monte. Relevância da impugnação do agravado, em especial a destinação dos alugueres dos imóveis do espólio e o fato de diversos bens componentes do monte mor estarem sendo utilizados/explorados por alguns herdeiros com exclusividade. Partilha que deve observar a máxima igualdade possível quanto ao valor, à natureza e à qualidade dos bens, bem como a prevenção de litígios futuros (art. 648, I e II do CPC), sendo obrigado o administrador provisório a trazer ao acervo os frutos que desde a abertura da sucessão percebeu (art. 614 do CPC), comando legal extensível ao inventariante. Acesso a bens do monte mor antes do encerramento do inventário que é medida de exceção (art. 1.791, p. Único do CC). (...) (TJSP; AI 2193637-81.2020.8.26.0000; Ac. 13970558; São Paulo; Sexta Câmara de Direito Privado; Rel. Des. Alexandre Marcondes; Julg. 17/09/2020; DJESP 29/09/2020; Pág. 1700)

II – a prevenção de litígios futuros;

Deixar em condomínio o patrimônio do falecido é iniciativa a ser evitada pela potencial geração de conflitos futuros.

✓ APELAÇÃO CÍVEL. (...) A partilha realizada na origem não observou os exatos termos do acordo entabulado entre as partes, pois abateu do monte mor o valor devido à viúva meeira/inventariante, quando, em verdade, deveria retirar do quinhão da herdeira devedora o valor ajustado, representado por bens móveis e imóveis arrolados no presente inventário. Ainda, a magistrada acabou deixando em condomínio o patrimônio do falecido, fazendo a divisão apenas em percentual, o que, na medida do possível, é de ser evitado, como previsto no art. 648, II, do CPC, pois pode gerar conflitos futuros. Como se isso não bastasse, o juízo a quo deixou de se pronunciar, pontualmente, sobre as questões levantadas/impugnadas pela herdeira dissidente. Ou seja, não resolveu a controvérsia, como previsto nos arts. 647 e 652 do CPC. Nesse contexto, impõe-se a desconstituição da sentença, mas por fundamento diverso, ou seja, afronta ao devido processo legal. Outrossim, não há necessidade, no caso, de nomeação de partidor judicial, como aventado pela inventariante/recorrente, pois a matéria controvertida não é complexa, podendo ser dirimida pelo próprio julgador. (...) (TJRS; AC 373674-98.2018.8.21.7000; Canoas; Oitava Câmara Cível; Rel. Des. Luiz Felipe Brasil Santos; Julg. 16/05/2019; DJERS 21/05/2019).

III – a máxima comodidade dos coerdeiros, do cônjuge ou do companheiro, se for o caso.

Art. 649. Os bens insuscetíveis de divisão cômoda que não couberem na parte do cônjuge ou companheiro supérstite ou no quinhão de um só herdeiro serão licitados entre os interessados ou vendidos judicialmente, partilhando-se o valor apurado, salvo se houver acordo para que sejam adjudicados a todos.

Quando não há acordo entre os herdeiros ou o bem é insuscetível de divisão cômoda, cabe aliená-lo para repartir o valor apurado.

✓ EMBARGOS DE DECLARAÇÃO. (...) Caso em que a ausência de acordo entre os herdeiros inviabiliza a divisão cômoda, bem como a adjudicação dos quinhões aos herdeiros, sendo de rigor a avaliação e alienação dos bens que compõem o monte-mor, com consequente partilha dos valores, conforme preconiza o art. 649, do CPC. (...) (TJSP; EDcl 2222876-38.2017.8.26.0000/50000; Ac. 13580445; Jundiaí; Sexta Câmara de Direito Privado; Rel. Des. Rodolfo Pellizari; Julg. 25/05/2020; rep. DJESP 01/06/2020; Pág. 2194)

✓ APELAÇÃO CÍVEL. INVENTÁRIO. PARTILHA DO ÚNICO BEM DEIXADO PELO DE CUJUS DECLARADA EM CONDOMÍNIO DE FRAÇÃO IDEAL. IMPOSSIBILIDADE. DISCORDÂNCIA ENTRE OS HERDEIROS. DIVISÃO CÔMODA INADMITIDA. ANULAÇÃO DA SENTENÇA, NO PARTICULAR. DETERMINADA A VENDA JUDICIAL DO IMÓVEL E POSTERIOR REPARTIÇÃO DO MONTANTE APURADO, SALVO SE HOUVER ACORDO PARA SER ADJUDICADO A TODOS OS BENEFICIÁRIOS. INTELIGÊNCIA DO ART. 2.019 DO CC E ART. 649 DO CPC. (...) 1. No caso em apreço, a Fazenda a ser partilhada é insuscetível de divisão cômoda, cabendo assim a alienação para a repartição do valor apurado, donde se infere que se mostra perfeitamente cabível a sua venda judicial, mesmo porque os herdeiros não entraram em acordo sobre a demarcação do imóvel mencionado (...) (TJBA; AP 0000323-57.1994.8.05.0080; Salvador; Quinta Câmara Cível; Relª Desª Adriana Sales Braga; Julg. 09/10/2018; DJBA 17/10/2018; Pág. 817).

Bens de divisão cômoda podem ser avaliados para o pagamento de quinhão a herdeiro que discorda da adjudicação a todos:

✓ AGRAVO DE INSTRUMENTO. Inventário. Decisão que indeferiu o pedido de avaliação dos bens e determinou o prosseguimento da partilha. Insurgência de uma das herdeiras que não pretende permanecer em condomínio com os demais herdeiros. Inventariante que pretende a avaliação dos bens para o pagamento do quinhão da referida herdeira. Cabimento. Bens insuscetíveis de divisão cômoda. Herdeiro que discorda da adjudicação a todos. Arts. 2.019 do CC e art. 648 e 649 do CPC. (...) (TJSP; AI 2211791-89.2016.8.26.0000; Ac. 10441628; Araras; Terceira Câmara de Direito Privado; Rel. Des. Egidio Giacoia; Julg. 19/05/2017; DJESP 07/06/2017; Pág. 1559)

Art. 650. Se um dos interessados for nascituro, o quinhão que lhe caberá será reservado em poder do inventariante até o seu nascimento.

Art. 651. O partidor organizará o esboço da partilha de acordo com a decisão judicial, observando nos pagamentos a seguinte ordem:

I – dívidas atendidas;

II – meação do cônjuge;

III – meação disponível;

IV – quinhões hereditários, a começar pelo coerdeiro mais velho.

A meação da viúva somente será aferida após a quitação de eventuais dívidas.

✓ AGRAVO DE INSTRUMENTO. INVENTÁRIO. AUTOR DA HERANÇA CASADO COM A AGRAVANTE PELO REGIME DA COMUNHÃO UNIVERSAL DE BENS. Falecimento do cônjuge não acarreta a imediata divisão dos bens. Meação de viúva somente será aferida após quitação de eventuais dívidas. Inteligência do artigo 651 do código de processo civil. (...) (TJSP; AI 2213259-20.2018.8.26.0000; Ac. 14039427; São Paulo; Quinta Câmara de Direito Privado; Rel. Des. Erickson Gavazza Marques; Julg. 07/10/2020; rep. DJESP 14/10/2020; Pág. 1883).

Diante da patente animosidade entre os herdeiros, o plano de partilha deveria ter sido realizado pelo Partidor Judicial.

✓ APELAÇÃO. INVENTÁRIO. Impugnação à r. Sentença homologatória de partilha. Patente animosidade entre os herdeiros. Plano de partilha que deveria ter sido realizado pelo Partidor Judicial, consoante artigo 651, do CPC. Herdeira necessária preterida, em razão de aplicação de dispositivo declarado inconstitucional, pelo STF. Necessidade de realização de esboço de partilha judicial e concessão de prazo para impugnação (art. 652, CPC), bem como abertura de nova vista à Fazenda Estadual. Impossibilidade de adjudicação de bens e redistribuição de quinhões, em segundo grau, sob pena de supressão de rito específico. (...) (TJSP; AC 0010116-78.2004.8.26.0114; Ac. 12267199; Campinas; Quinta Câmara de Direito Privado; Rel. Des. Fábio Podestá; Julg. 28/02/2019; DJESP 18/03/2019; Pág. 2073).

Se falta Partidor Judicial na Comarca, é possível nomear profissional de confiança do Juízo, mediante a fixação de honorários, para elaborar o necessário plano de partilha.

✓ APELAÇÃO CÍVEL. Ação de arrolamento de bens. Inventário e Partilha. Sentença homologatória de partilha amigável. Inconformismo. Acolhimento. Esboço de partilha. Inobservância às Normas contidas nos artigos 651 a 653 do Código de Processo Civil. Partilha realizada de forma incorreta. Existência de herdeiros por cabeça e por estirpe, logo os quinhões não podem ser idênticos. Ausência de remessa dos Autos ao Partidor Judicial Interesse de menor. Não obstante a falta de Partidor Judicial na Comarca, é possível a nomeação de Profissional de confiança do Juízo, mediante a fixação de honorários. Necessidade de. Elaboração de novo plano de partilha, com correta distribuição dos quinhões devidos aos herdeiros, notadamente, o reservado ao incapaz(...) (TJSP; APL 0009000-25.2012.8.26.0577; Ac. 12115953; São José dos Campos; Décima Câmara de Direito Privado; Rel. Des. Penna Machado; Julg. 18/12/2018; DJESP 29/01/2019; Pág. 1760).

Não havendo consenso entre os herdeiros quanto à partilha, esta será decidida pelo juiz, sendo possível o estabelecimento de condomínio.

✓ INVENTÁRIO. PLANO DE PARTILHA. INCLUSÃO DO HERDEIRO RECONHECIDO EM AÇÃO DE INVESTIGAÇÃO DE PARTERNIDADE. DESNECESSIDADE DE AJUIZAMENTO DE AÇÃO DE PETIÇÃO DE HERANÇA. POSSIBILIDADE DE ESTABELECEIMENTO DE CONDOMÍNIO ENTRE OS HERDEIROS POR AUSÊNCIA DE CONSENSO. 1. Correta a determinação de apresentação de novo plano de partilha, com a inclusão do herdeiro reconhecido em ação de investigação de paternidade transitada em julgado, sendo desnecessário o ajuizamento por ele de ação de petição de herança, pois ainda não foi ultimado o inventário. 2. Não se cogita da paternidade socioafetiva do herdeiro reconhecido com o pai registral, quando tal possibilidade já foi afastada na ação de investigação de paternidade. 3. Não havendo consenso entre os herdeiros com relação à partilha dos bens, será ela decidida pelo julgador, devendo o partidor judicial estabelecer a divisão conforme critérios estabelecidos em Lei, sendo possível que os bens fiquem em condomínio, caso não comportem divisão cômoda. Inteligência do art. 651 do NCPC. (...) (TJRS; AI 0079840-59.2017.8.21.7000; Novo Hamburgo; Sétima Câmara Cível; Rel. Des. Sérgio Fernando de Vasconcellos Chaves; Julg. 31/05/2017; DJERS 05/06/2017).

Art. 652. Feito o esboço, as partes manifestar-se-ão sobre esse no prazo comum de 15 (quinze) dias, e, resolvidas as reclamações, a partilha será lançada nos autos.

Apresentado o plano de partilha por um dos herdeiros, os demais devem ser intimados:

✓ APELAÇÃO CÍVEL. INVENTÁRIO. APRESENTAÇÃO DE PLANO DE PARTILHA. PROCURADORES DISTINTOS ENTRE OS HERDEIROS. AUSÊNCIA DE INTIMAÇÃO. HOMOLOGAÇÃO DA PARTILHA. IMPOSSIBILIDADE. NULIDADE. RECURSO PROVIDO. Consoante dispõe o art. 652 do CPC/15, as partes deverão ser intimadas sobre o esboço de partilha apresentado, no prazo comum de 15 (quinze) dias, em especial quando possuírem procuradores distintos, devendo o julgador decidir todas as controvérsias dos autos, sendo judicial a partilha realizada quando há divergência entre os herdeiros. Ausente a intimação de todas as partes para manifestação acerca do esboço de partilha apresentado, a nulidade processual é inafastável, impondo-se a cassação da sentença. (...) (TJMG; APCV 1744622-27.2006.8.13.0433; Montes

Claros; Terceira Câmara Cível; Rel. Des. Elias Camilo; Julg. 21/05/2020; DJEMG 07/07/2020)

Antes da homologação do plano de partilha deve haver a intimação de todos os herdeiros e a resolução de todas as insurgências.

✓ APELAÇÃO CÍVEL. INVENTÁRIO. PLANO DE PARTILHA. AUSÊNCIA DE INTIMAÇÃO DOS HERDEIROS. As apelantes, filhas do inventariado de outro relacionamento conjugal do pai, não foram intimadas para se manifestaram sobre o plano de partilha apresentado pela inventariante, sobrevindo, em ato contínuo, a sentença de homologação. Assim, foi desatendido o disposto no art. 652 do CPC. (...) (TJRS; AC 0324903-26.2017.8.21.7000; Alvorada; Oitava Câmara Cível; Rel. Des. Luiz Felipe Brasil Santos; Julg. 08/02/2018; DJERS 19/02/2018)

✓ INVENTÁRIO. HOMOLOGAÇÃO DE PLANO DE PARTILHA. AUSÊNCIA DE INTIMAÇÃO. CERCEAMENTO DE DEFESA. OCORRÊNCIA. 1. Antes de deliberar a partilha, deve o julgador resolver, de forma fundamentada, as insurgências apresentadas pelas partes e, após, deve remeter o feito ao partidor para organizar o esboço da partilha, sendo indispensável facultar às partes se manifestarem sobre o plano de partilha. 2. Somente depois de resolvidas as reclamações, é que deverá a partilha ser lançada nos autos. Inteligência dos arts. 647 a 652, NCPC. 3. Quando o esboço de partilha é oferecido e existe litígio no feito, maior razão existe para que seja oportunizada a manifestação dos litigantes. 4. O julgamento da partilha proposta sem a prévia resolução das reclamações configura cerceamento de defesa e, por conseguinte, acarreta a anulação do decisório. (...) (TJRS; AC 0263942-85.2018.8.21.7000; Encantado; Sétima Câmara Cível; Rel. Des. Sérgio Fernando de Vasconcellos Chaves; Julg. 31/10/2018; DJERS 08/11/2018).

Havendo manifesta discordância de herdeiros quanto ao esboço de partilha, este não deve ser homologado.

✓ AGRAVO DE INSTRUMENTO. INVENTÁRIO. PLANO DE PARTILHA. Homologação que restou desconstituída, discordância de uma das herdeiras. Parâmetros estabelecidos no acórdão que desconstituiu a sentença homologatória. Determinação de apresentação de novo plano de partilha, observando as deliberações do juízo do inventário. Decisão prolatada que está em consonância com a decisão proferida em sede de apelação. (...) (TJRS; AI 0092363-98.2020.8.21.7000; Proc 70084540046; Erechim; Sétima Câmara Cível; Rel. Des. Roberto Arriada Lorea; Julg. 30/11/2020; DJERS 02/12/2020)

✓ APELAÇÃO. ARROLAMENTO DE BENS. PARTILHA. HOMOLOGAÇÃO. DELIBERAÇÃO. AUSÊNCIA. IMPOSSIBILIDADE. JULGAMENTO ANTECIPADO. IRRESIGNAÇÃO. FEITO EIVADO DE NULIDADES. INTELIGÊNCIA DO ART. 647, DO CÓDIGO DE PROCESSO CIVIL. NECESSIDADE DE RETORNO À COMARCA DE ORIGEM. PROVIMENTO DO RECURSO. Não sendo dado às partes direito ao pedido de quinhão ou, tampouco, a deliberação sobre a partilha, indevida a homologação da mesma. Havendo discordância quanto aos bens deixados pelo de cujus, por parte dos herdeiros, cabe ao juiz proceder à intimação das partes e, em seguida, proferir o julgamento da partilha. (TJPB; APL 0003021-72.2014.815.0301; Quarta Câmara Especializada Cível; Rel. Des. Frederico Martinho da Nóbrega Coutinho; DJPB 15/07/2019; Pág. 7)

Art. 653. A partilha constará:

I – de auto de orçamento, que mencionará:

a) os nomes do autor da herança, do inventariante, do cônjuge ou companheiro supérstite, dos herdeiros, dos legatários e dos credores admitidos;

b) o ativo, o passivo e o líquido partível, com as necessárias especificações;

c) o valor de cada quinhão;

II – de folha de pagamento para cada parte, declarando a quota a pagar-lhe, a razão do pagamento e a relação dos bens que lhe compõem o quinhão, as características que os individualizam e os ônus que os gravam.

Parágrafo único. O auto e cada uma das folhas serão assinados pelo juiz e pelo escrivão.

O inventariante deve administrar os bens até a efetiva realização da partilha:

✓ AGRAVO DE INSTRUMENTO. REINTEGRAÇÃO DE POSSE. IMÓVEL QUE COMPÕE ACERVO HEREDITÁRIO. UTILIZAÇÃO EXCLUSIVA POR UM ÚNICO HERDEIRO. NOTIFICAÇÃO EXTRAJUDICIAL EXPEDIDA PELOS COERDEIROS. EXERCÍCIO REGULAR DO DIREITO. TRANSMUDAÇÃO DO CARÁTER DA POSSE. POSSE PRECÁRIA E INJUSTA. ESBULHO CARACTERIZADO. RETENÇÃO DE BENFEITORIA. PROVAS. MATÉRIA AFETA AO MÉRITO. RECURSO DESPROVIDO. 1. Os agravados, na condição coproprietários e compossuidores do imóvel, podem postular através de notificação extrajudicial a desocupação do imóvel utilizado de forma exclusiva pelo primeiro agravante, sendo irrelevante o fato deste também ser herdeiro. É de se acrescentar que, enquanto não formalizada a partilha, compete ao inventariante, representante legal do espólio, gerenciar e administrar os bens herdados, tendo legitimidade para a propositura de ação possessória, inclusive contra herdeiro que esteja na posse exclusiva do imóvel sem autorização dos demais herdeiros. 2. Outrossim, a permanência dos agravantes, após notificação, transmuda o carácter da posse para precária e injusta, configurando esbulho. 3. De mais a mais, não restou comprovada a existência das alegadas benfeitorias, de sorte que não podem servir de escusa para a desocupação. (...) (TJES; AI 0008455-58.2019.8.08.0011; Quarta Câmara Cível; Rel. Des. Jorge do Nascimento Viana; Julg. 03/02/2020; DJES 11/02/2020)

O crédito arrolado nos autos do inventário, inclusive garantido com a penhora no rosto dos autos, deve ser observado quando da apresentação do plano de partilha:

✓ AGRAVO DE INSTRUMENTO. INVENTÁRIO. PENHORA DO ROSTO DOS AUTOS. OBSERVÂNCIA NO PLANO DE PARTILHA. DECISÃO MANTIDA. O crédito arrolado nos autos do inventário, inclusive garantido com a penhora no rosto dos autos, deve ser observado quando da apresentação do plano de partilha, na linha do preconizado no art. 1.025 do CPC/73 (atual art. 653 do NCPC). (...) (TJRS; AI 0049583-85.2016.8.21.7000; Santana do Livramento; Oitava Câmara Cível; Rel. Des. Ricardo Moreira Lins Pastl; Julg. 14/04/2016; DJERS 18/04/2016).

Art. 654. Pago o imposto de transmissão a título de morte e juntada aos autos certidão ou informação negativa de dívida para com a Fazenda Pública, o juiz julgará por sentença a partilha.

Parágrafo único. A existência de dívida para com a Fazenda Pública não impedirá o julgamento da partilha, desde que o seu pagamento esteja devidamente garantido.

A sentença de julgamento da partilha somente poderá ser proferida após a comprovação do pagamento do imposto de transmissão ou informação da negativa de dívida contra a Fazenda Pública:

✓ AGRAVO DE INSTRUMENTO. INVENTÁRIO. Decisão que estabeleceu que o julgamento da partilha depende da comprovação de pagamento do ITCMD. Inconformismo que não pode ser acolhido. Artigo 654 do Código de Processo Civil. O recolhimento do imposto representa requisito para o julgamento da partilha. (...) (TJSP; AI 2207855-17.2020.8.26.0000; Ac. 13965695; São Paulo; Oitava Câmara de Direito Privado; Relª Desª Clara Maria Araújo Xavier; Julg. 16/09/2020; DJESP 22/09/2020; Pág. 1678)

✓ APELAÇÃO CÍVEL. INVENTÁRIO. SENTENÇA DE HOMOLOGAÇÃO DA PARTILHA AMIGÁVEL. Determinada a expedição do formal de partilha, condicionada à comprovação do pagamento do ITD e à juntada das quitações fiscais. Apelo do Estado apontando que, por se tratar de inventário, a sentença não pode ser proferida sem o recolhimento do ITD. Assiste-lhe razão. Inobservância do art. 654 do CPC, que condiciona a sentença ao recolhimento do imposto. Embora o inventário pudesse tramitar pelo rito do arrolamento, os herdeiros não manifestaram tal intenção e não foi apreciado pedido do Estado pela conversão. Rito que não se aplica automaticamente e impossibilidade de conversão de ofício, conforme jurisprudência pacífica deste Tribunal. Dispositivos especiais do rito do arrolamento que não têm aplicação no caso. Precedentes. (...) (TJRJ; APL 0012729-21.2017.8.19.0014; Campos dos Goytacazes; Quinta Câmara Cível; Relª Desª Claudia Telles de Menezes; DORJ 27/08/2020; Pág. 327)

✓ APELAÇÃO. AÇÃO DE INVENTÁRIO. SENTENÇA QUE HOMOLOGOU PARTILHA AMIGÁVEL. Insurgência da Fazenda Pública. Ausência de reconhecimento de isenção pela autoridade administrativa ou pagamento do imposto apurado em cálculo regularmente homologado. Demanda ajuizada sob o rito do art. 610 e seguintes, do CPC/15, devendo obedecer as suas formalidades. Observância ao art. 654, do CPC/15. Sentença proferida sem a prova da devida quitação tributária (...) (TJSP; AC 1065946-55.2017.8.26.0114; Ac. 13805918; Campinas; Sétima Câmara de Direito Privado; Rel. Des. Luiz Antonio Costa; Julg. 30/07/2020; DJESP 03/08/2020; Pág. 1841)

O juízo pode condicionar a apreciação do pedido de alvará para venda de imóvel do espólio à apresentação de certidões negativas dos tributos:

✓ AGRAVO DE INSTRUMENTO. SUCESSÕES. AÇÃO DE INVENTÁRIO. EXIGÊNCIA DE EXIBIÇÃO DA CERTIDÃO NEGATIVA DE TRIBUTOS ATUALIZADA. REALIZAÇÃO DE DILIGÊNCIAS. CABIMENTO. Pode o juízo condicionar a apreciação do pedido de alvará para a venda de imóvel pertencente ao espólio, à apresentação das certidões negativas atualizadas de tributos. Inteligência do art. 654 do NCPC. (...) (TJRS; AI 0369095-78.2016.8.21.7000; Porto Alegre; Sétima Câmara Cível; Relª Desª Liselena Schifino Robles Ribeiro; Julg. 20/10/2016; DJERS 24/10/2016)

Excepcionalmente, pode haver homologação da partilha independentemente da apresentação de garantia ou quitação da dívida fiscal de responsabilidade da pessoa jurídica cujo sócio era o falecido:

✓ Agravo de Instrumento – ação de inventário – dispensa da garantia do art. 654, § único do CPC indeferida – no caso concreto o débito fiscal é originária de pessoa jurídica limitada da qual o falecido era sócio e está em curso desde 1992, sem que tenha havido penhora sobre os bens integrantes do monte mor – Observada a força da herança, o disposto no art. 1.792, do CC, e no art. 131, II, do CTN, é caso de excepcionar a regra, a fim de possibilitar a homologação da partilha, independente da apresentação de garantia ou da quitação da dívida fiscal, de responsabilidade da pessoa jurídica – a questão sobre a impenhorabilidade do imóvel deve ser analisada pelo Juízo da execução fiscal (...) (TJSP, 22127953020178260000 SP 2212795-30.2017.8.26.0000; 5ª Câmara de Direito Privado; Rel. Moreira Viegas; Julg. 09/11/2017; Data de Publicação: 09/11/2017)

Art. 655. Transitada em julgado a sentença mencionada no art. 654, receberá o herdeiro os bens que lhe tocarem e um formal de partilha, do qual constarão as seguintes peças:

I – termo de inventariante e título de herdeiros;

II – avaliação dos bens que constituíram o quinhão do herdeiro;

III – pagamento do quinhão hereditário;

IV – quitação dos impostos;

V – sentença.

Parágrafo único. O formal de partilha poderá ser substituído por certidão de pagamento do quinhão hereditário quando esse não exceder a 5 (cinco) vezes o salário-mínimo, caso em que se transcreverá nela a sentença de partilha transitada em julgado.

Art. 656. A partilha, mesmo depois de transitada em julgado a sentença, pode ser emendada nos mesmos autos do inventário, convindo todas as partes, quando tenha havido erro de fato na descrição dos bens, podendo o juiz, de ofício ou a requerimento da parte, a qualquer tempo, corrigir-lhe as inexatidões materiais.

A partilha, mesmo depois de transitada em julgado a sentença, pode ser emendada nos mesmos autos do inventário:

✓ AGRAVO DE INSTRUMENTO. INVENTÁRIO. SENTENÇA HOMOLOGATÓRIA DE PARTILHA, TRÂNSITO EM JULGADO. Ordem de vocação hereditária. Pedido de nulidade e retificação da partilha. Descabimento. Precedentes desta corte. Considerando que o plano de partilha foi homologado por sentença, já transitada em julgado, mostra-se irretocável a decisão fustigada, que deixou de apreciar os pedidos de declaração de nulidade ante a inobservância da vocação hereditária e de retificação da partilha, remetendo-os à ação própria, pois o art. 656 do CPC é claro no sentido que, transitada em julgado a sentença homologatória, a partilha pode ser emendada nos mesmos autos do inventário, convindo todas as partes, quando tenha havido erro de fato na descrição dos bens, podendo o juiz, de ofício ou a requerimento da parte, a qualquer tempo, corrigir-lhe as inexatidões materiais, hipóteses que não se coadunam à hipótese em comento. Precedentes desta corte. (...) (TJRS; AI 0119207-85.2020.8.21.7000; Proc 70084808484; Erechim; Oitava Câmara Cível; Rel. Des. Ricardo Moreira Lins Pastl; Julg. 04/12/2020; DJERS 08/12/2020)

✓ AÇÃO DE INVENTÁRIO. INDEFERIMENTO DO PEDIDO DE RETIFICAÇÃO DO FORMAL DE PARTILHA (ART. 656 DO CPC/2015). Agravantes que pretendem a retificação da partilha, para que sejam conferidas às herdeiras Zepherina e Hortência 50% dos lotes 141 e 142 (que são objeto da transcrição nº 9.371 do 3º CRI de São Paulo). Descabimento. Partilha que, mesmo depois de transitada em julgado, poderá ser emendada se houver concordância de todos os interessados. Inexistência de concordância expressa de todos os interessados. Pretensão dos agravantes que implica na alteração dos quinhões já atribuídos. Emenda da partilha, prevista no artigo 656 do CPC/2015 (art. 1.028 do CPC/1973), que se presta à correção de erro na descrição dos bens ou de inexatidão material, mas não para a modificação do conteúdo da partilha. Ausência dos requisitos do artigo 656 do CPC/2015. (...) (TJSP; AI 2284420-56.2019.8.26.0000; Ac. 13994466; São Paulo; Nona Câmara de Direito Privado; Relª Desª Angela Lopes; Julg. 24/09/2020; DJESP 30/09/2020; Pág. 2611)

Para haver retificação da partilha é imprescindível a concordância de todos os sucessores,

✓ AÇÃO DE INVENTÁRIO. INDEFERIMENTO DO PEDIDO DE RETIFICAÇÃO DO FORMAL DE PARTILHA (ART. 656 DO CPC/2015). Agravante que afirma adquiriu 8/9 dos direitos hereditários, por instrumento particular de cessão, omitido no inventário. Partilha que, mesmo depois de transitada em julgado, poderá ser emendada se houver concordância de todos os interessados. Inexistência de concordância expressa de todos os herdeiros. Ausência dos requisitos do artigo 656 do CPC/2015 (...) (TJSP; AI 2224465-94.2019.8.26.0000; Ac. 13958693; Nazaré Paulista; Nona Câmara de Direito Privado; Relª Desª Angela Lopes; Julg. 14/09/2020; DJESP 22/09/2020; Pág. 1713)

Art. 657. A partilha amigável, lavrada em instrumento público, reduzida a termo nos autos do inventário ou constante de escrito particular homologado pelo juiz, pode ser anulada por dolo, coação, erro essencial ou intervenção de incapaz, observado o disposto no § 4º do art. 966.

Parágrafo único. O direito à anulação de partilha amigável extingue-se em 1 (um) ano, contado esse prazo:

I – no caso de coação, do dia em que ela cessou;

II – no caso de erro ou dolo, do dia em que se realizou o ato;

III – quanto ao incapaz, do dia em que cessar a incapacidade.

A pretensão de anulação da partilha deve ser requerida em via própria.

✓ AGRAVO DE INSTRUMENTO. Ação de Arrolamento de Bens. Decisão que indeferiu o pedido dos agravantes para alteração da partilha homologada por sentença. Inconformismo. Alegação de possibilidade de emenda da partilha ante ao erro de manifestação de vontade dos herdeiros com relação ao imóvel do qual foi cedido o usufruto em favor do viúvo meeiro e não a doação de quinhão. Descabimento. Artigo 656 do CPC que autoriza a emenda da partilha em. Hipótese de erro de fato na descrição dos bens e não do conteúdo. Pretensão de anulação da partilha que deve ser requerida em vias próprias. Artigo 657 do CPC. (...) (TJSP; AI 2261957-57.2018.8.26.0000; Ac. 13610119; Matão; Nona Câmara de Direito Privado; Rel. Des. José Aparício Coelho Prado Neto; Julg. 02/06/2020; DJESP 09/06/2020; Pág. 2333).

✓ AÇÃO RESCISÓRIA. SENTENÇA HOMOLOGATÓRIA DE PARTILHA. DESCONSTITUIÇÃO POR MEIO DE AÇÃO ANULATÓRIA. PRECEDENTES DO STJ. EXTINÇÃO SEM RESOLUÇÃO DO MÉRITO POR AUSÊNCIA DE INTERESSE PROCESSUAL 1. O art. 657 do CPC é expresso ao dispor que a partilha constante de escrito particular homologado pelo juiz é anulável por vícios da vontade, no prazo decadencial de um ano; 2. De acordo com o STJ, A análise da ação adequada à invalidação da partilha tem por pressuposto a análise do conteúdo e dos limites da sentença proferida nos autos do inventário: Se homologada, simplesmente, a partilha, mesmo que para aprovar o plano apresentado pelo inventariante, mas desde que ausente litigiosidade, deve-se ajuizar a ação anulatória; se, ao revés, na sentença forem resolvidas questões suscitadas pelos interessados quanto à divisão de bens e/ou à admissão de herdeiros, cabível é a ação rescisória (RESP 1238684/SC); 3. Extinção do processo sem resolução do mérito, por ausência de interesse processual, nos termos do art. 485, VI do CPC. A pretensão para desconstituir a partilha amigável homologada judicialmente deve ser deduzida por meio de ação anulatória. Impossibilidade de aproveitamento dos atos processuais, dadas as diferenças na causa de pedir, no pedido e na competência em relação à ação rescisória (...) (TJBA; AR 0025285-87.2017.8.05.0000; Salvador; Quinta Câmara Cível; Relª Desª Carmem Lucia Santos Pinheiro; Julg. 18/09/2018; DJBA 28/09/2018; Pág. 731)

O prazo decadencial de um ano é específico para a anulação de partilha do direito sucessório.

✓ ANULAÇÃO DE PARTILHA. Ex-esposa X ex-marido. Decadência reconhecida, nos termos do art. 487, II, do CPC e do art. 657, parágrafo único, do CPC c/c o art. 2.027 do Código Civil. Insurgência da autora. Alegação de que à hipótese se aplica o art. 178 do Código Civil. Cabimento. Em acordo de partilha celebrado entre ex-casal e homologado judicialmente, com suposto vício de vontade a afetar um dos celebrantes, o prazo para apresentar o pedido judicial de anulação é de quatro anos, conforme estipula o artigo 178 do Código Civil. Prazo decadencial de um ano que é específico para a anulação de partilha do direito sucessório. Regra que limita direito que deve ser interpretada restritivamente. (...) (TJSP; AC 1002505-73.2017.8.26.0123; Ac. 13177990; Capão Bonito; Sétima Câmara de Direito Privado; Rel. Des. Miguel Brandi; Julg. 12/12/2019; DJESP 18/12/2019; Pág. 3232).

O termo de início do prazo prescricional é a cessação da coação.

✓ APELAÇÃO CÍVEL. AÇÃO ANULATÓRIA DE ATO JURÍDICO POR VÍCIO DE CONSENTIMENTO EM PARTILHA REALIZADA EM SEPARAÇÃO CONSENSUAL. ALEGAÇÃO DE QUE O ACORDO FOI CELEBRADO MEDIANTE COAÇÃO. SENTENÇA DE IMPROCEDÊNCIA. AUSÊNCIA DE PROVA DO FATO CONSTITUTIVO DO DIREITO RECLAMADO. APELO PROMOVIDO PELA AUTORA CONTRA A SENTENÇA HOMOLOGATÓRIA. PRESCRIÇÃO DA PRETENSÃO DA AUTORA. TERMO DE INÍCIO DO PRAZO PRESCRICIONAL A CONTAR DA CESSAÇÃO DA COAÇÃO COM A INTERPOSIÇÃO RECURSAL À ÉPOCA DOS FATOS. PRAZO ÂNUO. INTELIGÊNCIA DO ART. 657, PARÁGRAFO ÚNICO, INCISO I, DO CPC/2015. RECURSO CONHECIDO. PREJUDICIAL DE MÉRITO RECONHECIDA DE OFÍCIO. I – A coação, se ocorrida, não cessou apenas quando do falecimento de A. T., na data de 10/03/2012, porquanto a Autora/Apelante, na data de 30/08/1979, recorreu da sentença que homologou a separação consensual por meio de Apelação, insurgindo-se contra todos os termos do acordo. II – O próprio ato de recorrer exercido pela Autora/Apelante na data de 30/08/1979 demonstra que desde então a alegada coação não mais existia, sendo este, portanto, o termo inicial para a contagem do prazo prescricional ânuo previsto do art. 657, parágrafo único, inciso I, do CPC/2015. (TJ-SC; AC: 00022145020138240038 Joinville; Quarta Câmara de Direito Civil; Rel. Rodolfo Cezar Ribeiro Da Silva Tridapalli; Julg. 29/06/2017).

Art. 658. É rescindível a partilha julgada por sentença:

I – nos casos mencionados no art. 657;

II – se feita com preterição de formalidades legais;

III – se preteriu herdeiro ou incluiu quem não o seja.

Ultimada a partilha, é inoportuna qualquer discussão entre os herdeiros sobre os respectivos quinhões hereditários, o que somente seria possível nas hipóteses dos artigos 656 a 658 do CPCivil, perante o juízo competente.

✓ APELAÇÃO CÍVEL. (...) 8. Nos termos do artigo 1.997 do Código Civil, ultimada a partilha, os herdeiros responderão pelo pagamento das dívidas do falecido dentro das forças da herança e na proporção da parte que coube a cada um dos herdeiros no acervo partilhado, sendo inoportuna qualquer discussão entre os herdeiros sobre os respectivos quinhões hereditários, o que somente seria possível nas hipóteses dos artigos 656 a 658 do Código de Processo Civil, e, ainda assim, perante o juízo competente. (...) (TJDF; APC 07092.75-30.2018.8.07.0001; Ac. 125.5263; Oitava Turma Cível; Rel. Des. Eustáquio de Castro; Julg. 17/06/2020; Publ. PJe 22/06/2020)

Havendo companheiro supérstite que enfeixa tanto as prerrogativas de meeiro como as de herdeiro, não há amparo legal para a adjudicação dos bens exclusivamente em nome da mãe da autora da herança, por não se tratar de herdeira única.

✓ AÇÃO DE INVENTÁRIO. ADJUDICAÇÃO DOS BENS EM NOME DA GENITORA DA AUTORA DA HERENÇA. EXISTÊNCIA DE COMPANHEIRO SUPÉRSTITE. PRETERIÇÃO DE UM HERDEIRO E DA MEAÇÃO. NULIDADE DA SENTENÇA. CPC, ART. 658, III. RECURSO PROVIDO. Havendo companheiro supérstite, que enfeixa tanto as prerrogativas de meeiro como as de herdeiro, não há amparo legal para a adjudicação dos bens exclusivamente em nome da mãe da autora da herança, por não se tratar de herdeira única, nos termos do art. 659, §1º, do CPC. Verificada a preterição de um herdeiro e também da meação, a anulação da sentença de adjudicação é medida que se impõe. (...) (TJMG; APCV 0014851-04.2017.8.13.0069; Bicas; Terceira Câmara Cível; Rel. Des. Maurício Soares; Julg. 11/07/2019; DJEMG 23/07/2019)

A ação de nulidade de partilha refere-se à partilha amigável homologada judicialmente, enquanto a ação rescisória é concernente à partilha julgada por sentença:

✓ APELAÇÃO CÍVEL. AÇÃO DE NULIDADE DE PARTILHA. INADEQUAÇÃO DA VIA ELEITA. EXTINÇÃO DO PROCESSO SEM RESOLUÇÃO DE MÉRITO. Nos termos do Código de Processo Civil, Art. 657. "A partilha amigável, lavrada em instrumento público, reduzida a termo nos autos do inventário ou constante de escrito particular homologado pelo juiz, pode ser anulada por dolo, coação, erro essencial ou intervenção de incapaz, observado o disposto no § 4º do art. 966" e Art. 658. "É rescindível a partilha julgada por sentença: I. nos casos mencionados no art. 657; II. se feita com preterição de formalidades legais; III. se preteriu herdeiro ou incluiu quem não o seja". Em se tratando de ação que visa à nulidade de partilha, deve-se distinguir inicialmente se a partilha foi homologada pelo juiz ou se julgada, por sentença, para que seja identificada a ação, conforme estabelecem os artigos 657 e 658 do CPC/2015. -Considerando que os autores não utilizaram a via processual adequada, porquanto ajuizaram ação de nulidade de partilha, quando deveriam ter ajuizado ação rescisória, com fundamento no art. 1030, do CPC/1973, (vigente à época da sentença), atual art. 658, do CPC/2015, conforme inclusive reconhecido pelo juiz de primeiro grau, deve ser mantida a sentença, porém com alteração do resultado do julgamento, para julgar extinto o processo, sem resolução do mérito, nos termos do art. 485, VI do CPC/15. (TJMG; APCV 1.0620.13.000618-7/001; Rel. Des. Yeda Athias; Julg. 20/06/2017; DJEMG 30/06/2017)

Seção IX
Do Arrolamento

Art. 659. A partilha amigável, celebrada entre partes capazes, nos termos da lei, será homologada de plano pelo juiz, com observância dos arts. 660 a 663.

§ 1º O disposto neste artigo aplica-se, também, ao pedido de adjudicação, quando houver herdeiro único.

Tratando-se de partilha conduzida por herdeiro único, aplicam-se as disposições do arrolamento, e não do inventário:

✓ APELAÇÃO CÍVEL. PETIÇÃO DE INVENTÁRIO. ARROLAMENTO SUMÁRIO. Sentença que homologou a adjudicação do único bem deixado pelo inventariado em favor do único herdeiro. Recurso da Fazenda Pública estadual requerendo a anulação do julgado em razão da inexistência de comprovação da quitação de débitos fiscais. Código de processo civil que estabelece a possibilidade de processamento do inventário pelo arrolamento sumário, tratando-se de modalidade mais célere de inventário-partilha para os casos em que há concordância entre herdeiros capazes ou quando houver herdeiro único, hipótese dos autos. Desnecessidade de prévia quitação de tributos à luz do disposto nos artigos 659, § 2º e 662 § 2º, ambos do CPC. Dispositivos que excepcionaram a regra do artigo 192 do CTN. Expedição de carta de adjudicação que não fica condicionada ao pagamento prévio de tributos, cabendo tal exigência nas vias administrativas. Correção de ofício da sentença considerando a matéria de ordem pública. (...) (TJRJ; APL 0000586-63.2018.8.19.0014; Campos dos Goytacazes; Terceira Câmara Cível; Relª Desig. Desª Fernanda Fernandes Coelho Arrabida Paes; DORJ 18/08/2020; Pág. 253)

§ 2º Transitada em julgado a sentença de homologação de partilha ou de adjudicação, será lavrado o formal de partilha ou elaborada a carta de adjudicação e, em seguida, serão expedidos os alvarás referentes aos bens e às rendas por ele abrangidos, intimando-se o fisco para lançamento administrativo do imposto de transmissão e de outros tributos porventura incidentes, conforme dispuser a legislação tributária, nos termos do § 2º do art. 662.

Não mais se condiciona a expedição do formal de partilha à quitação de todos os tributos incidentes em partilha amigável.

✓ PROCESSUAL CIVIL. ARROLAMENTO SUMÁRIO. PARTILHA AMIGÁVEL. PRÉVIA QUITAÇÃO DOS TRIBUTOS DEVIDOS À FAZENDA PÚBLICA. DESNECESSIDADE. I – Na origem, o contribuinte ajuizou ação de inventário e partilha, tendo como objetivo a expedição de formal de partilha. Após sentença que julgou procedente o pedido, para determinar a expedição de formal de partilha, independentemente da comprovação do pagamento dos tributos incidentes sobre a transmissão, foi interposta apelação pelo Distrito Federal, alegando a necessidade de prévia comprovação da quitação dos tributos para o encerramento do procedimento de arrolamento (comum ou sumário). II – As Turmas que compõem a Primeira Seção do Superior Tribunal de Justiça firmaram entendimento no sentido de que é cabível a homologação da partilha no procedimento do arrolamento sumário independentemente do pagamento do imposto sobre transmissão, sendo o Fisco intimado posteriormente para o lançamento administrativo do imposto. Precedentes: AgInt no AREsp 1.497.714/DF, Rel. Ministro Gurgel de Faria, Primeira Turma, DJe 4/12/2019; AgInt no AREsp 1.374.548/DF, Rel. Ministro Mauro Campbell Marques, Segunda Turma, DJe 19/2/2019; RESP 1.771.623/DF, Rel. Ministro Herman Benjamin, Segunda Turma, DJe 4/2/2019.III – (...) (STJ; AREsp 1.596.714; Proc. 2019/0298734-1; DF; Segunda Turma; Rel. Min. Francisco Falcão; Julg. 04/08/2020; DJE 07/08/2020)

✓ TRIBUTÁRIO E PROCESSUAL CIVIL. AGRAVO INTERNO NO AGRAVO EM RECURSO ESPECIAL. PARTILHA DE BENS. ARROLAMENTO SUMÁRIO. ITCMD. ALEGADA INFRINGÊNCIA AO ART. 663 DO CPC/2015. (...) II. Na origem, a sentença, em procedimento de arrolamento sumário, homologou a partilha de bens, e, nos termos do art. 659, § 2º, do CPC/2015, determinou a intimação da Fazenda Pública para o lançamento administrativo do ITCMD, consoante a disposição do art. 662, § 2º, do CPC/2015, dispensando, assim, o prévio recolhimento do tributo, para a sentença homologatória da partilha ou da adjudicação e a respectiva expedição do formal de partilha ou da carta de adjudicação. (...) De acordo com a orientação jurisprudencial firmada nesta Corte, "diante da inovação normativa contida no art. 659, § 2º, do CPC/2015, no procedimento de arrolamento sumário, a homologação da partilha e a expedição dos respectivos formais não dependem do prévio recolhimento do imposto de transmissão. Precedentes" (STJ, AgInt no AREsp 1.497.714/DF, Rel. Ministro GURGEL DE FARIA, PRIMEIRA TURMA, DJe de 04/12/2019). Em igual sentido: "A homologação da partilha no procedimento do arrolamento sumário não pressupõe o atendimento das obrigações tributárias principais e tampouco acessórias relativas ao imposto sobre transmissão causa mortis. Consoante o novo Código de Processo Civil, os artigos 659, § 2º, cumulado com o 662, § 2º, com foco na celeridade processual, permitem que a partilha amigável seja homologada anteriormente ao recolhimento do imposto de transmissão causa mortis, e somente após a expedição do formal de partilha ou da carta de adjudicação é que a Fazenda Pública será intimada para providenciar o lançamento administrativo do imposto, supostamente devido" (STJ, RESP 1.751.332/DF, Rel. Ministro MAURO CAMPBELL MARQUES, SEGUNDA TURMA, DJe de 03/10/2018). Com a mesma orientação: STJ, AgInt no AREsp 1.374.548/DF, Rel. Ministro MAURO CAMPBELL MARQUES, SEGUNDA TURMA, DJe de 19/02/2019; RESP 1.771.623/DF, Rel. Ministro HERMAN BENJAMIN, SEGUNDA TURMA, DJe de 04/02/2019; AgInt no AREsp 1.298.980/DF, Rel. Ministra ASSUSETE MAGALHÃES, SEGUNDA TURMA, DJe de 12/05/2020.VI. É firme nesta Corte o entendimento no sentido de que o conflito entre Lei ordinária e Lei Complementar não dá ensejo à interposição de Recurso Especial, por envolver discussão de índole eminentemente constitucional. Superior Tribunal de Justiça. Nesse sentido: STJ, AgInt no RESP 1.584.966/AL, Rel. Ministra DIVA MALERBI (Desembargadora Federal convocada do TRF/3ª Região), SEGUNDA TURMA, DJe de 15/04/2016; AgInt no RESP 1.647.612/RS, Rel. Ministro MAURO CAMPBELL MARQUES, SEGUNDA TURMA, DJe de 28/03/2017. VII. (...) (STJ; AgInt-AREsp 1.222.849; Proc. 2017/0325140-8; DF; Segunda Turma; Relª Min. Assusete Magalhães; Julg. 25/05/2020; DJE 01/06/2020)

✓ AGRAVO INTERNO EM APELAÇÃO. AUSÊNCIA DE IMPUGNAÇÃO ESPECÍFICA. RAZÕES DISSOCIADAS. ARROLAMENTO SUMÁRIO. APELAÇÃO PELA FAZENDA PÚBLICA. PRECLUSÃO. (...). 2. O legislador processual dispôs expressamente no artigo 659, §2º, do CPC que, em sede de arrolamento sumário, será o Fisco intimado somente após o trânsito em julgado da sentença, para fins de proceder ao lançamento administrativo dos impostos devidos, deixando, inclusive, de condicionar a partilha ao prévio recolhimento tributário. 3. Os artigos 659 e 662 do CPC têm por finalidade afastar qualquer discussão no procedimento de arrolamento sumário acerca de questões relacionadas ao lançamento, pagamento ou quitação do ITCMD. 4. Conforme entendimento do STJ, no arrolamento sumário não se condiciona a entrega dos formais de partilha ou da carta de adjudicação à prévia quitação dos tributos concernentes à transmissão patrimonial aos sucessores. STJ. 1ª Turma. RESP 1.704.359-DF, Rel. Min. Gurgel de Faria, julgado em 28/08/2018 (Informativo 634). 5. O envio dos autos à Fazenda Pública, após a certificação do trânsito em julgado, não possui o condão de iniciar a fluência de prazo recursal em seu favor. (...) (TJDF; AIN 07063.40-53.2019.8.07.0010;

Ac. 130.5206; Quinta Turma Cível; Relª Desª Ana Cantarino; Julg. 25/11/2020; Publ. PJe 11/12/2020)

✓ DIREITO PROCESSUAL CIVIL. APELAÇÃO CÍVEL. INVENTÁRIO. AÇÃO DE ARROLAMENTO SUMÁRIO. Homologação de partilha. Fazenda Pública que suscita a incompatibilidade do dispositivo com a disposição contida no art. 192 do CTN. Incompatibilidade afastada. Partilha amigável. Imposto de transmissão causa mortis. ITCMD. Prévia quitação dos tributos. Desnecessidade. Aplicação da nova regra processual civil. Interpretação e incidência dos arts. 659, caput e § 2º e 662, caput e § 2º, do CPC/2015. A intimação do fisco para o lançamento administrativo do imposto de transmissão eventualmente incidente é relegada para momento posterior à expedição do alvará. Dispositivos legais que não se contradizem e devem ser interpretados de forma conjunta. Entendimento do STJ e deste tribunal. (...) (TJAL; APL 0704236-66.2013.8.02.0001; Maceió; Segunda Câmara Cível; Rel. Des. Klever Rêgo Loureiro; DJAL 22/07/2020; Pág. 57)

✓ APELAÇÃO CÍVEL. DIREITO PROCESSUAL CIVIL. INVENTÁRIO. Sentença de homologação de partilha de bens. Controvérsia recursal que se resume à discussão sobre a possibilidade de homologação da partilha amigável entre os herdeiros sem comprovação do pagamento do ITCMD e dos demais tributos incidentes sobre os bens e rendas do espólio. O artigo 659, §2º, do código de processo civil de 2015 trouxe uma modificação em relação à regra fixada no artigo 1.031, §2º, do Estatuto Processual de 1973, ao determinar que após o trânsito em julgado da sentença de homologação de partilha amigável será lavrado o formal de partilha e, em seguida, serão expedidos os alvarás, intimando-se o fisco para lançamento administrativo do imposto de transmissão e de outros tributos incidentes. Por outro lado, o artigo 192, do Código Tributário Nacional estabelece que nenhuma sentença de partilha será proferida sem a prova da quitação de todos os tributos relativos aos bens do espólio, ou a suas rendas. Diante do conflito de normas entre o artigo 659, §2º, do código de processo civil de 2015, de um lado, e os artigos 1.031, §2º, do código de processo civil de 1973 e 192, do Código Tributário Nacional, de outro, deve-se aplicar o critério temporal da hermenêutica, a fim de que prevaleça a norma mais recente, presente no atual diploma processual, que inclusive é mais consentânea com o princípio constitucional da duração razoável do processo. Precedentes deste tribunal. Entendimento em conformidade com as normas de direito intertemporal previstas nos artigos 14 e 1.046, da atual Lei de ritos, que impõem a aplicabilidade imediata das novas regras procedimentais aos processos em curso. (...) (TJRJ; APL 0000485-73.1999.8.19.0052; Araruama; Primeira Câmara Cível; Rel. Des. Fábio Dutra; DORJ 14/10/2020; Pág. 273)

Em sentido contrário: é necessária prévia quitação de tributos para expedição de formal de partilha no arrolamento sumário.

✓ APELAÇÃO. ARROLAMENTO SUMÁRIO. IMPOSTO DE TRANSMISSÃO CAUSA MORTIS. PROVA DE PAGAMENTO. LAVRATURA DO FORMAL DE PARTILHA OU DA CARTA DE ADJUDICAÇÃO. I. A conclusão do arrolamento sumário, com a lavratura do formal de partilha ou da carta de adjudicação, demanda prova da quitação dos débitos tributários, arts. 663 e 664, § 5º, do CPC e 192 do CTN. Reformulado o entendimento da Relatora. (...) (TJDF; APC 07049.73-50.2017.8.07.0014; Ac. 130.3892; Sexta Turma Cível; Relª Desª Vera Andrighi; Julg. 25/11/2020; Publ. PJe 10/12/2020)

✓ APELAÇÃO CÍVEL. DIREITO PROCESSUAL CIVIL. DIREITO TRIBUTÁRIO. AÇÃO DE INVENTÁRIO. ARROLAMENTO SUMÁRIO. HOMOLOGAÇÃO DA PARTILHA. QUITAÇÃO DE TRIBUTOS. ART. 192, CTN. ART. 31, LEI Nº 6.830/80. OBRIGATORIEDADE. RECURSO CONHECIDO E PROVIDO. SENTENÇA REFORMADA. 1. O formal de partilha constitui título que viabiliza a transmissão da propriedade do patrimônio partilhado em favor do cônjuge meeiro e dos herdeiros na forma modulada pela partilha viabilizando, assim, a transmissão da propriedade imobiliária nos moldes do artigo 654 do Código de Processo Civil. 2. A quitação do imposto de transmissão consubstancia pressuposto da transmissão da propriedade dos bens legados da titularidade do extinto para os herdeiros e sucessores de acordo com o que preceitua artigo 192 do Código Tributário Nacional e 31 da Lei de Execuções Fiscais. 3. Não se pode invocar o que preceitua no artigo 662 do Código de Processo Civil para afastar essa necessidade de quitação dos tributos devidos pelo espólio, quando o processo transitar sob a forma de arrolamento sumário uma vez que se deve aplicar uma interpretação sistemática e uniforme dos dispositivos do diploma cível com os tributários que determinam a intimação do órgão fazendário após o trânsito em julgado da partilha. (...) (TJDF; APC 00289.64-98.2009.8.07.0007; Ac. 129.1069; Primeira Turma Cível; Rel. Des. Rômulo de Araújo Mendes; Julg. 07/10/2020; Publ. PJe 20/10/2020)

É possível a homologação de partilha amigável ou da adjudicação por único herdeiro antes do recolhimento do imposto de transmissão causa mortis:

✓ AGRAVO DE INSTRUMENTO. INVENTÁRIO. ÚNICA HERDEIRA. POSSIBILIDADE DE CONVERSÃO DO PROCEDIMENTO EM ARROLAMENTO. ITCMD. DESNECESSIDADE DE COMPROVAÇÃO DO RECOLHIMENTO DO TRIBUTO. 01. É viável o arrolamento na hipótese de único herdeiro, de acordo com o § 1º do art. 659 do Código de Processo Civil. 02. Não é condição de homologação da partilha, ou de adjudicação, a quitação fiscal. A Fazenda Pública será intimada para lançamento administrativo do imposto de transmissão e de outros tributos porventura incidentes, conforme § 2º do art. 659 do Código de Processo Civil. (...) (TJMS; AI 1400045-48.2019.8.12.0000; Segunda Câmara Cível; Rel. Des. Vilson Bertelli; DJMS 04/02/2019; Pág. 117).

Art. 660. Na petição de inventário, que se processará na forma de arrolamento sumário, independentemente da lavratura de termos de qualquer espécie, os herdeiros:

I – requererão ao juiz a nomeação do inventariante que designarem;

II – declararão os títulos dos herdeiros e os bens do espólio, observado o disposto no art. 630;

III – atribuirão valor aos bens do espólio, para fins de partilha.

Art. 661. Ressalvada a hipótese prevista no parágrafo único do art. 663, não se procederá à avaliação dos bens do espólio para nenhuma finalidade.

A homologação da partilha amigável não se condiciona à quitação de tributos porventura incidentes sobre os bens arrolados.

✓ DISCUSSÃO ACERCA DOS TRIBUTOS. (...) Também não prospera o pedido alternativo de reforma da decisão para determinar o recolhimento dos tributos devidos em razão da norma contida no art. 192 do CTN ter sido excepcionado pela dicção do art. 659, conforme esclarecedora lição de Humberto Theodoro júnior: A sistemática do arrolamento sumário dos arts. 659 a 663 subtraiu do judiciário o dever de controlar o recolhimento do imposto de transmissão causa mortis (art. 662, §1º). Exige, apenas, a intimação do fisco para lançamento administrativo do imposto de transmissão e de outros tributos porventura incidentes, conforme dispuser a legislação tributária (art. 662, §2º), fato que ocorrerá depois de homologada a partilha ou deferida a adjudicação (art. 659, §2º). [...] em face dessa nova orientação legislativa, nem mesmo vista mais se abre à Fazenda Pública para falar sobre as declarações do inventariante. Como tem proclamado a jurisprudência, 'a vista, que tinha a fazenda no texto anterior (art. 1.033) [nCPC, art. 661], foi deliberadamente suprimida no texto novo, o que significa que a fiscalização se deslocou para esfera administrativa.'" (...) (TJCE; APL 0191873-25.2015.8.06.0001; Segunda Câmara de Direito Público; Relª Desª Maria Iraneide Moura Silva; Julg. 05/06/2019; DJCE 13/06/2019; Pág. 73).

Não se realiza avaliação em arrolamento (salvo hipótese de reserva de bens).

✓ AGRAVO DE INSTRUMENTO. Arrolamento. Agravante que declinou o valor dos bens que integram o patrimônio a partilhar, enquanto era inventariante, concordando o agravado. Avaliação que não é realizada para nenhuma finalidade no arrolamento, salvo hipótese de reserva de bens, nos termos do art. 661 do CPC. (...) (TJSP; AI 2081988-48.2019.8.26.0000; Ac. 12651128; Bariri; Terceira Câmara de Direito Privado; Rel. Des. Viviani Nicolau; Julg. 02/07/2019; rep. DJESP 05/07/2019; Pág. 1837).

Art. 662. No arrolamento, não serão conhecidas ou apreciadas questões relativas ao lançamento, ao pagamento ou à quitação de taxas judiciárias e de tributos incidentes sobre a transmissão da propriedade dos bens do espólio.

No arrolamento não é cabível discussão a respeito do lançamento, pagamento ou quitação dos tributos incidentes sobre a transmissão da propriedade dos bens do espólio:

✓ ARROLAMENTO SUMÁRIO. ITCMD. Insurgência contra a base de cálculo do ITCMD apresentado pela Fazenda Pública. Alegação de que o cálculo só poderia ser feito com base no valor venal do imóvel em 1995, data do óbito, e que, como não há como apurar esse valor, deve haver isenção do tributo. Inteligência do art. 662 do CPC (art. 1.034 do CPC/1973) que veda qualquer discussão a respeito do lançamento, pagamento ou quitação de taxas judiciárias e tributos, no procedimento do arrolamento sumário. Questão examinada no Recurso Especial Repetitivo no. 1.150.356, do C. STJ. (...) (TJSP; AI 2274613-75.2020.8.26.0000; Ac. 14220001; Bauru; Sexta Câmara de Direito Privado; Rel. Des. Marcus Vinicius Rios Gonçalves; Julg. 10/12/2020; DJESP 14/12/2020; Pág. 2273)

No arrolamento não se discute a regularidade do recolhimento do ITCMD:

✓ PROCESSO CIVIL. APELAÇÃO CÍVEL. INVENTÁRIO. ARROLAMENTO. PROCEDIMENTO SUMÁRIO. PARTILHA AMIGÁVEL. FORMAL DE PARTILHA. COMPROVAÇÃO DE QUITAÇÃO DOS TRIBUTOS. DESNECESSIDADE. ARTIGO 659, §2º, DO CPC. ARTIGO 192 DO CTN. NATUREZA PROCESSUAL. SENTENÇA MANTIDA. 1. A simplificação do arrolamento sumário, em relação ao inventário e ao arrolamento comum, afasta a possibilidade de exigir o recolhimento dos tributos previamente à homologação da partilha, conforme expõe o art. 659 c/c 662 e seguintes do CPC. Precedente do STJ, RESP. 1751.332. DF. 2. As regras contidas no art. 192 do CTN e no art. 31 da LEF não se infirmam com as modificações previstas no art. 659 do CPC, visto que a Lei Processual apenas disciplina o procedimento, sem afastar a incidência da legislação tributária no tocante ao lançamento e cobrança do imposto de transmissão causa mortis. 3. Inviável falar que o CPC/2015 não trouxe relevante alteração em relação ao procedimento sumário. Exemplo disso é a inovação trazida pelo art. 659 ao não condicionar a prévia comprovação da regularidade fiscal no âmbito do arrolamento sumário para fins de ultimação da partilha, mas apenas determina que, após o trânsito em julgado, a Fazenda Pública fosse intimada para o lançamento administrativo do tributo cabível. (...) Ao prestigiar o primado da celeridade, o novo modelo retirou do procedimento sucessório questões ligadas ao interesse material do Fisco, acidentalmente manifestado em conflito com o contribuinte, quando em sede processual imprópria der-se a instauração dissídios atinentes, V. G., ao valor da exação ou à sua consumação propriamente. Ademais, em proveito do interesse arrecadatório, persiste na Lei condicionante do registro de títulos judiciais ou extrajudiciais de transmissão da propriedade imóvel ao prévio recolhimento do imposto causa mortis ou inter vivos (Lei nº 6.015/1.973, art. 143), razão pela qual não se justifica a duplo mecanismo voltado ao mesmo fim. 4. A nova sistemática não ocasionou prejuízo algum ao interesse da Fazenda Pública, senão mera alteração quanto ao momento para o pagamento do tributo. (...) (TJDF; APC 00082.04-68.2017.8.07.0001; Ac. 127.8291; Primeira Turma Cível; Rel. Des. Carlos Rodrigues; Julg. 26/08/2020; Publ. PJe 05/10/2020)

§ 1º A taxa judiciária, se devida, será calculada com base no valor atribuído pelos herdeiros, cabendo ao fisco, se apurar em processo administrativo valor diverso do estimado, exigir a eventual diferença pelos meios adequados ao lançamento de créditos tributários em geral.

O imposto de transmissão causa mortis e eventual diferença da taxa judiciária são matérias a serem tratadas administrativamente pela Fazenda:

✓ CONSTITUCIONAL E PROCESSO CIVIL. APELAÇÃO. ARROLAMENTO SUMÁRIO. ITCD. PEDIDO DE EFEITO SUSPENSIVO. DESNECESSIDADE. PRELIMINARES. INTEMPESTIVIDADE E ILEGITIMIDADE PASSIVA. REJEI-

TADAS. PARTILHA AMIGÁVEL. FORMAL DE PARTILHA. PRÉVIA QUITAÇÃO DOS TRIBUTOS. DESNECESSIDADE. INOVAÇÃO DO CPC DE 2015. RESERVA DE LEI COMPLEMENTAR. ART. 146, III, CF. MATÉRIA PROCESSUAL. RECURSO IMPROVIDO. (...) O legislador, ao prever o procedimento sumário, quis dar celeridade ao processo de inventário, com o intuito de amenizar a dor da família e realizar a divisão dos bens do de cujus da forma mais célere possível. 5.2. Em face dessa peculiaridade do arrolamento sumário, o art. 662, §2º, do CPC dispõe que no referido instituto não serão apreciadas questões relativas à quitação de tributos cabíveis. 5.3. Eventuais diferenças apuradas pelo Fisco em sede administrativa poderão ser cobradas por execução fiscal. (...) Em suma: Diante da nova sistemática processual civil, não há se proceder em tais casos (arrolamento sumário) à verificação da regularidade tributária por parte do Fisco antes da homologação da partilha, devendo assim tais matérias serem tratadas na esfera administrativa, após o trânsito em julgado da homologação da partilha. (...). (TJDF; APC 00039.58-11.2017.8.07.0007; Ac. 123.4715; Segunda Turma Cível; Rel. Des. João Egmont; Julg. 04/03/2020; Publ. PJe 16/03/2020)

§ 2º O imposto de transmissão será objeto de lançamento administrativo, conforme dispuser a legislação tributária, não ficando as autoridades fazendárias adstritas aos valores dos bens do espólio atribuídos pelos herdeiros.

Art. 663. A existência de credores do espólio não impedirá a homologação da partilha ou da adjudicação, se forem reservados bens suficientes para o pagamento da dívida.

Parágrafo único. A reserva de bens será realizada pelo valor estimado pelas partes, salvo se o credor, regularmente notificado, impugnar a estimativa, caso em que se promoverá a avaliação dos bens a serem reservados.

A existência de credores do espólio não impede a homologação da partilha amigável ou da adjudicação:

✓ DIREITO CIVIL E PROCESSUAL CIVIL. APELAÇÃO CÍVEL. ARROLAMENTO SUMÁRIO. SENTENÇA HOMOLOGATÓRIA DA PARTILHA. ALEGAÇÃO DE EXISTÊNCIA DE DÉBITO DO ESPÓLIO. SUPOSTO DANO AO ERÁRIO MUNICIPAL. OBRIGAÇÃO DE RESSARCIMENTO NÃO CONSTITUÍDA. DÍVIDA INCERTA. PEDIDO DE RESERVA DE BENS. INVIABILIDADE. RECURSO CONHECIDO E NÃO PROVIDO. 1. No arrolamento sumário, a existência de débitos do espólio não impede a homologação judicial da partilha amigável, quando celebrada pelos herdeiros em estrita observância aos requisitos legais. 2. Isto porque é assegurada aos credores a garantia de reserva de bens suficientes para o pagamento das dívidas, desde que sejam líquidas e certas. Inteligência dos artigos 663 e 644 do NCPC. 3. No caso dos autos, tem-se por inviável tal benefício em favor do município recorrente, eis que não se encontra constituída a obrigação de ressarcimento ao erário decorrente de fraude na execução de contrato administrativo, imputada ao espólio. (...) (TJCE; APL 0142836-34.2012.8.06.0001; Terceira Câmara de Direito Público; Rel. Des. Antônio Abelardo Benevides Moraes; Julg. 21/10/2019; DJCE 30/10/2019; Pág. 62)

Art. 664. Quando o valor dos bens do espólio for igual ou inferior a 1.000 (mil) salários-mínimos, o inventário processar-se-á na forma de arrolamento, cabendo ao inventariante nomeado, independentemente de assinatura de termo de compromisso, apresentar, com suas declarações, a atribuição de valor aos bens do espólio e o plano da partilha.

O arrolamento é meio de processar o inventário de modo mais célere, compacto e restrito dado o óbice ao debate de certos temas.

✓ NA ESPÉCIE, CUIDA-SE DE RECURSO OPOSTO CONTRA DECISÃO JUDICIAL QUE CONVERTEU O RITO ORDINÁRIO DO INVENTÁRIO, PARA O SUMÁRIO. INSURGE-SE A AGRAVANTE, SOB O FUNDAMENTO DE QUE A ESCOLHA DO RITO CONSTITUI UMA FACULDADE DAS PARTES. 2. Na dicção do art. 664 do CPC, quando o valor dos bens do espólio não ultrapassar 1.000 salários mínimos, o inventário deve ser processado na forma de arrolamento, determinando-se ao inventariante a apresentação de declarações com atribuição de valor aos bens do espólio e o plano da partilha. 3. O arrolamento constitui uma forma de se processar o inventário de modo mais célere, compacta e restrita, haja vista o óbice ao debate de certos temas, tais como recolhimento correto dos tributos e diligências acerca de avaliações e cálculos judiciais, razão pela qual, havendo consenso entre os herdeiros, leva-se ao Magistrado o esboço da partilha para homologação. (...) (TJRJ; AI 0075447-28.2019.8.19.0000; Rio de Janeiro; Vigésima Quinta Câmara Cível; Rel. Des. Sergio Seabra Varella; DORJ 28/05/2020; Pág. 531)

São de responsabilidade do inventariante a elaboração de plano de partilha e a apresentação de novo plano com retificações indicadas pelo partidor.

✓ INVENTÁRIO E PARTILHA. REMESSA DOS AUTOS AO PARTIDOR. Insurgência da requerida contra decisão que indeferiu o pedido de remessa dos autos ao partidor. Decisão mantida. Responsabilidade de elaboração do plano de partilha no arrolamento comum que é do inventariante (art. 664, CPC). A própria agravante, em um primeiro momento, apresentou plano de partilha, que foi, em seguida, encaminhado ao partidor apenas para conferência. É também da inventariante, portanto, a responsabilidade de apresentação de novo plano de partilha, com as retificações indicadas pelo partidor (...) (TJ-SP; 21683450220178260000 SP; 3ª Câmara de Direito Privado; Rel. Carlos Alberto de Salles; Julg. 20/10/2017; Data de Publicação: 20/10/2017)

§ 1º Se qualquer das partes ou o Ministério Público impugnar a estimativa, o juiz nomeará avaliador, que oferecerá laudo em 10 (dez) dias.

§ 2º Apresentado o laudo, o juiz, em audiência que designar, deliberará sobre a partilha, decidindo de plano todas as reclamações e mandando pagar as dívidas não impugnadas.

§ 3º Lavrar-se-á de tudo um só termo, assinado pelo juiz, pelo inventariante e pelas partes presentes ou por seus advogados.

§ 4º Aplicam-se a essa espécie de arrolamento, no que couber, as disposições do art. 672, relativamente ao lançamento, ao pagamento e à quitação da taxa judiciária e do imposto sobre a transmissão da propriedade dos bens do espólio.

→ v. Enunciado 131 do CJF: A remissão ao art. 672, feita no art. 664, § 4º, do CPC, consiste em erro material decorrente da renumeração de artigos durante a tramitação legislativa. A referência deve ser compreendida como sendo ao art. 662, norma que possui conteúdo integrativo adequado ao comando expresso e finalístico do art. 664, § 4º.

§ 5º Provada a quitação dos tributos relativos aos bens do espólio e às suas rendas, o juiz julgará a partilha.

No procedimento do arrolamento comum as partes devem comprovar o recolhimento dos tributos relativos aos bens do espólio e às suas rendas antes do julgamento da partilha:

✓ APELAÇÃO CÍVEL. PROCESSO CIVIL. ARROLAMENTO COMUM. ART. 664, CAPUT E §5º DO CPC. EXPEDIÇÃO DE FORMAL DE PARTILHA. NECESSIDADE DE RECOLHIMENTO DOS TRIBUTOS. RECURSO CONHECIDO E PROVIDO. 1-O art. 664 do Código de Processo Civil estabelece procedimento de arrolamento comum para os casos em que o valor dos bens do espólio não ultrapasse 1.000 (mil) salários mínimos. 2-Quanto ao pagamento dos tributos relativos aos bens do espólio, o §5º determina expressamente que o juiz só julgará a partilha quando demonstrado o pagamento dos tributos. 3. Nesse rito de inventário, não é possível determinar a expedição de formal de partilha sem a prova de quitação do imposto, conforme exigido tanto pela norma adjetiva, como pela legislação tributária (art. 192 do Código Tributário Nacional) (...) (TJDF; APC 07013.69-91.2020.8.07.0009; Ac. 129.4878; Quarta Turma Cível; Rel. Des. Luís Gustavo Barbosa de Oliveira; Julg. 22/10/2020; Publ. PJe 04/11/2020).

A previsão do art. 664 não se aplica ao arrolamento sumário, e sim ao arrolamento comum:

✓ DIREITO PROCESSUAL CIVIL. ARROLAMENTO SUMÁRIO. HOMOLOGAÇÃO E EXPEDIÇÃO DO FORMAL DE PARTILHA. PROVA DA QUITAÇÃO DOS TRIBUTOS. DESNECESSIDADE. SENTENÇA MANTIDA. I. O Código de Processo Civil de 2015 prevê duas modalidades de arrolamento: (I) o sumário, regulado pelos artigos 659 a 663, aplicável quando a partilha é acordada entre partes capazes; e (II) o comum, disciplinado pelo artigo 664, aplicável quando o valor dos bens do espólio for igual ou inferior a 1.000 salários mínimos. II. Ao contrário do que se verifica no arrolamento comum, no arrolamento sumário a homologação da partilha e a expedição do formal de partilha prescindem da quitação do imposto de transmissão e de outros tributos porventura incidentes sobre os bens do espólio, consoante a inteligência dos artigos 659, caput e § 2º, e 662, § 2º, do Código de Processo Civil. (...) Dada a regulação normativa própria e distinta do arrolamento sumário, não há espaço interpretativo para submetê-lo às regras tributárias do arrolamento comum, tendo em vista que a interpretação sistemática, a despeito da sua grande envergadura hermenêutica, não autoriza a harmonização artificial de institutos jurídicos submetidos a disciplinas específicas e inconfundíveis, mesmo que se possa divisar algum tipo de incongruência legislativa. (...) (TJDF; APC 07008.74-68.2020.8.07.0002; Ac. 128.9701; Quarta Turma Cível; Rel. Des. James Eduardo Oliveira; Julg. 01/10/2020; Publ. PJe 06/11/2020)

✓ CIVIL TRIBUTÁRIO E PROCESSUAL CIVIL. ABERTURA DE INVENTÁRIO. ARROLAMENTO SUMÁRIO. HOMOLOGAÇÃO DA SOBREPARTILHA. PRÉVIA QUITAÇÃO DOS TRIBUTOS. PRESCINDIBILIDADE. ART. APLICAÇÃO DA REGRA INSERTA NO § 2º DO ARTIGO 659 DO CPC. INTIMAÇÃO POSTERIOR DO FISCO PARA LANÇAMENTO ADMINISTRATIVO DO IMPOSTO SOBRE TRANSMISSÃO CAUSA MORTIS E DOAÇÃO. ITCMD. SENTENÇA MANTIDA. 1. Com a inovação trazida pelo artigo 659 do Código de Processo Civil, a partilha amigável, no arrolamento sumário, deve ser homologada de plano pelo juiz e, somente após a expedição do formal de partilha e dos alvarás, é que a Fazenda Pública deverá ser intimada para providenciar o lançamento administrativo do ITCD e outros tributos. 2. A quitação dos tributos anteriormente ao julgamento da partilha somente é exigível nas hipóteses de arrolamento comum (artigo 664, § 5º, Código de Processo Civil). 3. A regra inserta no artigo 659 do Código de Processo Civil deve prevalecer sobre o artigo 192 do Código Tributário Nacional, porquanto tem natureza processual, apenas disciplinando o procedimento processual, sem estabelecer restrição à aplicação da legislação tributária quanto ao lançamento e cobrança do ITCD. (...) (TJDF; APC 07232.50-74.2018.8.07.0016; Ac. 127.2803; Oitava Turma Cível; Relª Desª Nídia Corrêa Lima; Julg. 05/08/2020; Publ. PJe 03/09/2020)

✓ APELAÇÃO CÍVEL. AÇÃO DE INVENTÁRIO PELO RITO DO ARROLAMENTO COMUM. DIVERGÊNCIA ENTRE OS HERDEIROS ACERCA DO BEM POR INVENTARIAR E DO QUINHÃO HEREDITÁRIO. (...) O rito do arrolamento comum se impõe quando o valor dos bens por inventariar for inferior a 1.000 salários mínimos na forma do art. 664 do CPC. O arrolamento comum não se confunde com o arrolamento sumário. A premissa de que a discussão sobre eventual direito de benfeitoria deve ser discutido nas vias ordinárias faz pressupor que o plano de partilha fundamentado em suposta divisão não registrada do imóvel está incorreta, devendo considerar-se o bem imóvel como único a ser inventariado. Além disso, no arrolamento comum é possível haver divergência entre os herdeiros, caso em que deve ser realizada a avaliação do bem com posterior designação de audiência para julgar as impugnações e reclamações, na forma do art. 664, § 2º do CPC. Sentença que se anula para determinar o prosseguimento do feito com realização de avaliação do imóvel considerado como único bem por inventariar e designação de audiência para solução das impugnações e reclamações e julgamento da partilha. (...) (TJRJ; APL 0031463-88.2015.8.19.0208; Rio de Janeiro; Terceira Câmara Cível; Rel. Des. Peterson Barroso Simão; DORJ 14/02/2020; Pág. 394)

O pagamento dos tributos é pressuposto para expedição do formal de partilha e o parcelamento da dívida não equivale à sua extinção pelo pagamento.

✓ AGRAVO DE INSTRUMENTO. ARROLAMENTO SUMÁRIO. FORMAL DE PARTILHA. DÉBITO TRIBUTÁRIO. PARCELAMENTO. QUITAÇÃO. REQUISITO. ART. 192 CTN. DECISÃO REFORMADA. 1. Agravo de Instrumento contra decisão em que se determinou a expedição de formal de partilha, mediante da apresentação de certidão positiva de débitos com efeito de negativa, a despeito da existência de débito tributário parcelado. 2. Da leitura dos artigos 192; 156, I; 158, I, do CTN, e 664, § 5º, do CPC, infere-se que o pagamento é pressuposto para expedição do formal de partilha e que o parcelamento da dívida não equivale a sua extinção pelo pagamento. (...) (TJDF; 07051869820178070000 DF; 2ª Turma Cível; Rel. Cesar Loyola; Julg. 14/06/2017; Data de Publicação: 20/06/2017)

A quitação de dívidas com a Fazenda Pública não se confunde como o pagamento do imposto sobre transmissão de propriedade dos bens do espólio:

✓ AGRAVO DE INSTRUMENTO. HIPÓTESE DO ART. 664. ESPÓLIO INFERIOR A MIL SALÁRIOS MÍNIMOS. ANUÊNCIA DAS PARTES E DO MINISTÉRIO PÚBLICO COM A PARTILHA. ART. 665, CPC. ARROLAMENTO COMUM. PARTILHA CONDICIONADA AO ADIMPLEMENTO DO ITCMD. COBRANÇA DO ITCMD APÓS O TRÂNSITO EM JULGADO. PREVISÃO DO ART. 659, §2º DO CPC. RECURSO CONHECIDO E PROVIDO. UNÂNIME. 1. Conforme dispõe o art. 664 do NCPC, quando o valor dos bens do espólio for igual ou inferior a 1.000 (mil) salários-mínimos, o inventário processar-se-á na forma de arrolamento, cabendo ao inventariante nomeado, independentemente de assinatura de termo de compromisso, apresentar, com suas declarações, a atribuição de valor aos bens do espólio e o plano da partilha. 2. O novo código inova ao possibilitar que, ainda que haja interesse de incapaz, tal procedimento será adotado excepcionalmente, desde que as partes e o ministério público estejam de acordo com a partilha (art. 665).3. O art. 664, §5º dispõe que uma vez provada a quitação dos tributos relativos aos bens do espólio e às suas rendas, o juiz julgará a partilha. A quitação de dívidas para com a Fazenda Pública é quanto aos bens e rendas a serem divididos, como também quanto aos demais débitos ou pendências do de cujus para com o erário, que compõem o passivo da herança, não se confundindo como o pagamento do imposto sobre transmissão de propriedade dos bens do espólio, ITCMD. 4. Isso posto, tenho que a apreciação das questões relacionadas ao lançamento, pagamento ou quitação de tributos incidentes sobre a transmissão da propriedade dos bens do espólio deverão ser tratadas na esfera administrativa, após o trânsito em julgado da homologação da partilha. (TJSE; AI 201600829101; Ac. 17448/2017; Segunda Câmara Cível; Rel. Des. Alberto Romeu Gouveia Aleite; DJSE 18/08/2017)

Art. 665. O inventário processar-se-á também na forma do art. 664, ainda que haja interessado incapaz, desde que concordem todas as partes e o Ministério Público.

É possível a tramitação do inventário sob o rito do arrolamento sumário, ainda que haja incapaz, desde que concordem todas as partes e o Ministério Público

✓ AGRAVO DE INSTRUMENTO. DIREITO TRIBUTÁRIO E PROCESSO CIVIL. HOMOLOGAÇÃO DA PARTILHA. PRÉVIA COMPROVAÇÃO DA QUITAÇÃO DE TRIBUTOS RELATIVOS AOS BENS E ÀS RENDAS DO ESPÓLIO. NECESSIDADE. ARROLAMENTO SUMÁRIO. IMPOSSIBILIDADE. INTERESSE DE INCAPAZ. 1. Agravo de Instrumento contra decisão na qual foi indeferido o pedido de homologação da adjudicação e expedição dos competentes alvarás, independentemente do pagamento do imposto de transmissão. 2. Na hipótese de existir interessados incapazes, o inventário pode ser processado na forma do arrolamento sumário, desde que concordem todas as partes e o Ministério Público, art. 664 do CPC. 3. No caso dos autos, a única herdeira é incapaz, sendo inapropriada a via do arrolamento sumário, porquanto não houve a anuência do Ministério Público ao pedido formulado por ela, art. 665 do CPC. Consequentemente, a tramitação do inventário não está sujeita ao arrolamento sumário, no qual a homologação da partilha, segundo o entendimento do e. Superior Tribunal de Justiça (REsp: 1704359 DF), dispensa a efetiva quitação dos tributos relativos aos bens às rendas do espólio, art. 664, § 5º, do CPC. (...) (TJDF; AGI 07220.63-45.2019.8.07.0000; Ac. 122.5502; Segunda Turma Cível; Rel. Des. César Loyola; Julg. 22/01/2020; Publ. PJe 05/02/2020)

✓ A ABERTURA DA SUCESSÃO ENSEJA A OBSERVÂNCIA DO PROCEDIMENTO ESPECIAL DE JURISDIÇÃO DENOMINADO "INVENTÁRIO E PARTILHA", O QUAL SE SUBDIVIDE EM DOIS PROCEDIMENTOS DISTINTOS INVENTÁRIO PROPRIAMENTE DITO (ARTS. 610 A 658) E O ARROLAMENTO (ARTS. 659 A 667). 2. O rito de arrolamento, por sua vez, recebe duas qualificações diferentes: Arrolamento sumário (arts. 660 a 663, CPC), quando existe apenas um herdeiro ou quando os interessados são capazes e em comunhão de interesses sobre a partilha e arrolamento simples (art. 664, do CPC), quando o espolio for de pequeno valor, igual ou inferior a mil salários mínimos) ou quando as partes e o MP estiverem de acordo sobre a partilha, mesmo existindo herdeiro incapaz (art. 665, do CPC). (...) (TJRJ; APL 0021445-39.2012.8.19.0070; Oitava Câmara Cível; Relª Desª Mônica Maria Costa Di Piero; DORJ 03/07/2020; Pág. 576)

Art. 666. Independerá de inventário ou de arrolamento o pagamento dos valores previstos na Lei nº 6.858, de 24 de novembro de 1980.

Havendo comprovação da condição de sucessor, o pagamento dos valores deve ser feito, independentemente de inventário:

✓ APELAÇÃO CÍVEL. ALVARÁ JUDICIAL. PEDIDO AUTÔNOMO. Levantamento de quantia depositada correspondente a precatório judicial. Ressarcimento de descontos realizados nos proventos da falecida. Verba a ser levantada por simples alvará. Art. 1º da Lei nº 6.858/80 que prevê o recebimento, pelos dependentes ou sucessores, de valores não resgatados em vida pelos respectivos titulares, independentemente de arrolamento ou inventário. Decreto nº 85.845/81 que regulamenta o citado diploma legal. Inteligência do art. 666 do CPC/15. (...) (TJRJ; APL 0027786-47.2019.8.19.0002; Niterói; Sexta Câmara Cível; Rel. Des. Benedicto Abicair; DORJ 01/12/2020; Pág. 310)

✓ AGRAVO DE INSTRUMENTO. ALVARÁ JUDICIAL. FALECIMENTO DO TITULAR DE CONTA CORRENTE. Pretensão dos herdeiros de levantamento dos valores ali depositados à título de pensão alimentícia. Possibilidade de pagamento das verbas relacionadas na Lei nº 6.858/80, sem a necessidade do ajuizamento de inventário ou de arrolamento, como disposto no artigo 666, do CPC. O alvará judicial é um procedimento de jurisdição voluntária, em que o juiz não está obrigado a observar o critério de legalidade estrita, podendo adotar em cada caso a solução que reputar mais conveniente ou oportuna (julgamento por equidade), porque o espírito da referida Lei foi justamente desburocratizar o recebimento de valores em conta bancária. Verba de natureza alimentar. Concordância dos demais herdeiros com o levantamento. (...) (TJRJ; AI 0059253-16.2020.8.19.0000; Rio de Janeiro; Décima Oitava Câmara Cível; Relª Desª Margaret de Olivaes Valle dos Santos; DORJ 15/10/2020; Pág. 481)

✓ AGRAVO DE INSTRUMENTO. ALVARÁ. DECISÃO QUE INDEFERIU O PEDIDO DE EXPEDIÇÃO DE ALVARÁ JUDICIAL PARA O LEVANTAMENTO DE VERBAS TRABALHISTAS. Aplicação do artigo 1º da Lei nº 6.858/1980, que autoriza o levantamento por beneficiário de pensão por morte junto à autarquia previdenciária de valores devidos por empregadores aos empregados falecidos. Expedição de alvará que independe de inventário ou arrolamento. Artigo 666 do CPC. Valor residual da conta corrente que deve observar a ordem de sucessão hereditária. (...) (TJRJ; AI 0035563-55.2020.8.19.0000; São Gonçalo; Primeira Câmara Cível; Rel. Des. José Carlos Maldonado de Carvalho; DORJ 08/09/2020; Pág. 224)

Desnecessidade de ajuizamento de ação de inventário para levantamento de resíduos oriundos de benefícios previdenciários.

✓ APELAÇÃO CÍVEL. SUCESSÕES. PEDIDO DE ALVARÁ. VALORES DE BENEFÍCIO PREVIDENCIÁRIO (INSS). Não pode subsistir a sentença de indeferimento da petição inicial sob o fundamento de haver bens a inventariar. O pleito da recorrente, filha do falecido, visando a obter resíduo não pago de benefício do INSS tem amparo na Lei nº 8.231/91, que dispõe no art. 112 que o valor não recebido em vida pelo segurado será pago aos seus dependentes habilitados à pensão por morte ou, na falta deles, aos seus sucessores na forma da Lei Civil, independentemente de inventário ou arrolamento. No mesmo sentido, o art. 521, §1º, da Instrução Normativa nº 77. De outro lado, tendo a sentença indeferido a inicial (art. 485, I, do CPC), incide à espécie o art. 1.013, § 3º, inc. I, do CPC, o que autoriza o imediato julgamento do mérito por este Tribunal, pois a causa está madura. (...) (TJRS; APL 0005412-04.2020.8.21.7000; Proc 70083670539; Sobradinho; Oitava Câmara Cível; Rel. Des. Luiz Felipe Brasil Santos; Julg. 23/04/2020; DJERS 15/09/2020)

Não pode ser exigida a apresentação de certidões negativas para expedição de alvará judicial:

✓ ALVARÁ JUDICIAL. LIBERAÇÃO DE VALORES. EXIGÊNCIA DE CERTIDÕES. Decisão que determinou a apresentação de Certidão Negativa de Débitos Federal e certidão do Colégio Notarial da de cujus. Procedimento de alvará judicial, sem necessidade de inventário ou arrolamento (art. 666, CPC/2015, e Lei 6.858/1980). Dispensa de arrolamento e de inventário que não se coaduna com a exigência das certidões. Decisão reformada. (...) (TJ-SP; AI 20130783720178260000 SP; 3ª Câmara de Direito Privado; Rel. Carlos Alberto de Salles; Julg. 09/05/2017; Data de Publicação: 09/05/2017)

A dispensa de inventário ou arrolamento ocorre em casos excepcionais, sendo necessária sua instauração quando os valores das contas do de cujus superam 500 OTN:

✓ Agravo de instrumento. Arrolamento. Decisão que determinou complementação das custas. Insurgência da autora. Alegação de que o arrolamento é dispensável no caso dos autos. Pretensão de expedição de alvará para levantamento de valores depositados em contas bancárias da "de cujus". Não acolhimento. Dispensa de inventário ou arrolamento ocorre em casos excepcionais. Inteligência do art. 666, CPC cc. Lei 6.858/80. Valores depositados nas contas da "de cujus" superam 500 OTN. Apuração do teto legal conforme parâmetros fixados em recurso repetitivo, REsp 1.168.625/MG. Caso dos autos não se enquadra nas exceções legais. Necessária instauração de arrolamento e recolhimento das custas correspondentes. Pedido de reconhecimento de titularidade de conta poupança. Não conhecimento. Matéria não foi objeto da decisão recorrida, tampouco das razões recursais. (...) (TJSP 21570619420178260000 SP 2157061-94.2017.8.26.0000; 9ª Câmara de Direito Privado; Rel. Edson Luiz de Queiróz; Julg. 19/09/2017; Data de Publicação: 20/09/2017)

✓ DIREITO PROCESSUAL CIVIL. PEDIDO DE ALVARÁ JUDICIAL. LEVANTAMENTO DE SALDO BANCÁRIO DEIXADO PELO AUTOR DA HERANÇA. DINHEIRO PARA VIABILIZAR INVENTÁRIO EXTRAJUDICIAL. PAGAMENTO DE ITCMD E EMOLUMENTOS. FALTA DE AMPARO LEGAL. I. Herdeiros capazes e concordes podem optar pela realização de inventário e partilha por escritura pública, nos termos do artigo 610, § 1º, do Código de Processo Civil, e do artigo 2º da Resolução CNJ 35/2007. II. Ao decidir pela via extrajudicial, os herdeiros devem estar preparados para as exigências respectivas, dentre as quais o pagamento dos tributos incidentes sobre os bens do espólio e dos emolumentos do tabelião, a teor do que prescrevem os artigos 15 e 22, alínea g, da Resolução CNJ 35/2007. III. Não há amparo legal para o levantamento judicial de dinheiro que integra a herança para viabilizar, mediante o pagamento de ITCMD e emolumentos, a realização de inventário e partilha mediante escritura pública. lV. Segundo o artigo 2º da Lei nº 6.858/1980 e o artigo 666 do Código de Processo Civil, o levantamento de saldo bancário deixado pelo de cujus, independentemente de inventário ou arrolamento, só é possível quando o valor respectivo não supera 500 ORTNS e inexistem outros bens sujeitos à partilha (...) (TJDF; Rec 07007.41-17.2020.8.07.0005; Ac. 128.7195; Quarta Turma Cível; Rel. Des. James Eduardo Oliveira; Julg. 24/09/2020; Publ. PJe 19/10/2020)

O cumprimento de sentença que reconhece indébito de IRPF independe de inventário ou arrolamento:

✓ AGRAVO DE INSTRUMENTO. CUMPRIMENTO DE SENTENÇA CONTRA A FAZENDA PÚBLICA. INDÉBITO DE IMPOSTO DE RENDA PESSOA FÍSICA. IRPF. REQUISIÇÃO DE PEQUENO VALOR. BENEFICIÁRIOS. HERDEIROS. SUCESSORES. INVENTÁRIO. PARTILHA. DESNECESSIDADE. Executando-se na origem sentença que reconheceu indébito de imposto de renda pessoa física, aplica-se a exceção prevista no art. 666 do Código de Processo Civil de que o pagamento dos valores aos herdeiros independe de inventário ou partilha, já que a Lei nº 6.858, de 1980, expressamente faz referência às restituições relativas ao Imposto de Renda e outros tributos, recolhidos por pessoa física (art. 2º). (TRF 4ª R.; AG 5040787-41.2017.404.0000; Segunda Turma; Rel. Des. Fed. Rômulo Pizzolatti; Julg. 17/10/2017; DEJF 19/10/2017)

Art. 667. Aplicam-se subsidiariamente a esta Seção as disposições das Seções VII e VIII deste Capítulo.

Seção X
Disposições Comuns a Todas as Seções

Art. 668. Cessa a eficácia da tutela provisória prevista nas Seções deste Capítulo:

I – se a ação não for proposta em 30 (trinta) dias contados da data em que da decisão foi intimado o impugnante, o herdeiro excluído ou o credor não admitido;

II – se o juiz extinguir o processo de inventário com ou sem resolução de mérito.

Art. 669. São sujeitos à sobrepartilha os bens:

I – sonegados;

Para a caracterização de sonegação, é imprescindível que o pleito de sobrepartilha recaia sobre patrimônio que venha a ser descoberto pelo postulante posteriormente à consumação da partilha:

✓ PROCESSO CIVIL E CIVIL. AÇÃO DE SOBREPARTILHA. CASAL. CASAMENTO. REGIME DE BENS. COMUNHÃO PARCIAL. DIVÓRCIO. PARTILHA DO PATRIMÔNIO ENTÃO ARROLADO. SONEGAÇÃO. (...) Colocado termo à sociedade conjugal e partilhado o patrimônio comum reunido durante sua constância, a sobrepartilha somente é admissível se, por desconhecimento ou omissão, à época da consumação da partilha foram sonegados bens, direitos ou obrigações passivas integrantes do acervo patrimonial comum do casal à revelia de um dos consortes, afigurando-se inviável que, tratando-se de bens subsistentes à época do partilhamento e conhecidos dum dos cônjuges, sejam sobrepartilhados, conquanto germinados na constância do vínculo matrimonial, integrando o patrimônio comum, porquanto presume-se que foram considerados no momento da realização do rateio dos bens comuns e colocado termo à sociedade conjugal (CPC, art. 669, I). (...) Apreendido que bens móveis consubstanciados em veículos foram adquiridos no decorrer do vínculo conjugal ou logo após sua dissolução de fato, conquanto integrantes do acervo partilhável, a ciência da ex-consorte quanto à sua subsistência no momento da celebração do acordo que pautara a dissolução do vínculo matrimonial e partilha do patrimônio comum conduz à presunção de que foram contabilizados por ocasião da partilha concertada, afastando-se a apreensão de que teriam sido sonegados pelo ex-cônjuge varão, tornando inviável que sejam objetos de sobrepartilha como expressão da constatação de que a ex-consorte não aparelhara o direito invocado com os fatos dos quais emergiria, consoante lhe estava reservado(CC, art. 2.022; CPC, art. 373, I) (...) (TJDF; Rec 07097.71-36.2017.8.07.0020; Ac. 123.0916; Primeira Turma Cível; Rel. Des. Teófilo Caetano; Julg. 12/02/2020; Publ. PJe 02/03/2020)

II – da herança descobertos após a partilha;

III – litigiosos, assim como os de liquidação difícil ou morosa;

Cabimento de partilha dos bens não litigiosos do espólio, reservados os demais para sobrepartilha.

✓ AGRAVO DE INSTRUMENTO. INVENTÁRIO. PEDIDO DE PARTILHA DOS BENS NÃO LITIGIOSOS DO ESPÓLIO, RESERVADOS OS DEMAIS PARA SOBREPARTILHA. Cabimento. Artigos 669, III, e parágrafo único do CPC, bem como 2.021 do CC. Verificada de fato a existência de bens incontroversamente a partilhar. Preceitos que atendem a celeridade da divisão e mesmo sem se prever suspensão, senão reserva de bens em função de litígio que sobre eles se estabeleça. Decisão revista. (...) (TJSP; AI 2133013-66.2020.8.26.0000; Ac. 13968530; São Paulo; Primeira Câmara de Direito Privado; Rel. Des. Claudio Godoy; Julg. 15/09/2020; DJESP 21/09/2020; Pág. 1794).

IV – situados em lugar remoto da sede do juízo onde se processa o inventário.

Parágrafo único. Os bens mencionados nos incisos III e IV serão reservados à sobrepartilha sob a guarda e a administração do mesmo ou de diverso inventariante, a consentimento da maioria dos herdeiros.

Se existem outros bens a partilhar, a sobrepartilha pode ser proposta.

✓ AGRAVO DE INSTRUMENTO. DIREITO PROCESSUAL CIVIL. REQUERIMENTO DE ALVARÁ JUDICIAL. Pretensão de levantamento de valores desconhecidos à época da partilha. Inventário extrajudicial findo. Magistrado a quo que determinou a adequação do procedimento para sobrepartilha. Irresignação das requerentes. Insurgem-se as recorrentes contra decisão proferida pelo juízo da 5ª vara de família do Méier que determinou a conversão do requerimento de alvará judicial para sobrepartilha de bens, com o devido recolhimento das custas, sob o fundamento de que "existem outros bens a partilhar". Nos termos do art. 669 do CPC, deve ser feita a sobrepartilha dos bens descobertos após a partilha. No caso, os bens dos falecidos pais das agravantes já foram inventariados e partilhados extrajudicialmente, conforme comprova a escritura de inventário e partilha lavrada em 18/10/2018, não havendo outros bens sujeitos à inventário. As recorrentes tiveram conhecimento do montante ora perseguido (R$ 4.357,84), somente em fevereiro de 2019. Ressalte-se que o referido valor encontra-se dentro do limite legal de 500 ORTNS estabelecido pelo art. 2º, da Lei nº. 6.858/80. Desnecessidade de sobrepartilha. Inteligência do art. 666 do CPC. Precedentes desta corte de justiça. (...) (TJRJ; AI 0036102-21.2020.8.19.0000; Rio de Janeiro; Vigésima Primeira Câmara Cível; Rel. Des. André Emilio Ribeiro Von Melentovytch; DORJ 16/12/2020; Pág. 407)

O art. 669 é taxativo quanto às hipóteses de cabimento de sobrepartilha:

✓ 58267053 – APELAÇÃO CÍVEL. FAMÍLIA. AÇÃO DE SOBREPARTILHA DO DIVÓRCIO. GRATUIDADE JUDICIÁRIA. CONCESSÃO. ART. 98, § 3º, DO CÓDIGO DE RITOS. SOBREPARTILHA DOS BENS. POSSIBILIDADE NO CASO CONCRETO. ART. 669 DO CÓDIGO DE RITOS. COISA JULGADA. DESCABIMENTO. HONORÁRIOS EM GRAU RECURSAL. MAJORAÇÃO. CABIMENTO. ART. 85, § 1º DO CPC. RECURSO IMPROVIDO. (...) Caso em que não restou configurada no caso a coisa julgada, pois na anterior ação de divórcio não houve menção expressa acerca dos bens constituídos pelo casal na constância do casamento, de modo que perfeitamente possível a sobrepartilha, nos termos do art. 669 do CPC; 3. O art. 669 do Código de Ritos é taxativo quanto às hipóteses de cabimento de sobrepartilha, valendo destacar que, embora decretada a revelia da apelada nos autos da ação de divórcio, a divisão dos bens por ela pretendida nesta ação não foi enfrentada quando da decretação do divórcio, não havendo que se falar, portanto, no instituto da coisa julgada, como pretende o apelante. (...). (TJPE; APL 0000128-28.2014.8.17.0730; Segunda Câmara Cível; Rel. Des. Stênio José de Sousa Neiva Coêlho; Julg. 28/10/2020; DJEPE 13/11/2020)

Não havendo procedimento de sobrepartilha em andamento, nem escritura pública de sobrepartilha que conceda poderes de representação a anterior inventariante, é manifesta a ilegitimidade do espólio para figurar no polo passivo de demanda.

✓ AGRAVO DE INSTRUMENTO. PROCESSO CIVIL. LEGITIMIDADE PASSIVA. APÓS O INVENTÁRIO. HERDEIROS. LITISCONSÓRCIO PASSIVO E UNITÁRIO. SOBREPARTILHA. 1. Encerrado o procedimento de inventário, judicial ou extrajudicial, o espólio deixa de existir e, consequentemente, a figura do inventariante perde os poderes de representação do ente despersonalizado, passando-o aos sucessores. O Art. 1.991 do CC e o Art. 991, inciso I, do CPC, dispõem que a representação processual do espólio pelo inventariante se dá apenas enquanto o inventário está em trâmite. 2. Inaplicável a presente hipótese o disposto no Art. 2.021 do CC e no parágrafo único do Art. 669 do CPC, pois no instrumento público pelo qual foi ultimado o inventário, não há nenhuma ressalva quanto ao bem imóvel objeto da execução de dividas condominiais. De fato, o referido imóvel não foi objeto de partilha, o que determina a aplicação do Art. 2.022 do CC, bem como do Art. 669, incs. I e II, do CPC. 2. Não havendo procedimento de sobrepartilha em andamento, nem escritura pública de sobrepartilha que conceda poderes de representação à antiga inventariante, manifesta a ilegitimidade do espólio para figurar no polo passivo da demanda, já que o ente despersonalizado não mais perdura. (...) (TJDF; 07101149220178070000 DF; 1ª Turma Cível; Rel. Roberto Freitas; Julg. 19/10/2017; Data de Publicação: Publicado no DJE: 24/10/2017)

Art. 670. Na sobrepartilha dos bens, observar-se-á o processo de inventário e de partilha.

Parágrafo único. A sobrepartilha correrá nos autos do inventário do autor da herança.

É necessária a observância do processo de inventário e partilha.

✓ APELAÇÃO CÍVEL. SUCESSÕES. SOBREPARTILHA. INVENTÁRIO E PARTILHA REALIZADOS EXTRAJUDICIALMENTE. IMPOSSIBILIDADE DE TRAMITAÇÃO DA SOBREPARTILHA NOS MESMOS AUTOS DO INVENTÁRIO. DESCONSTITUIÇÃO DA SENTENÇA. Embora o art. 670, parágrafo único, do CPC, preveja que a sobrepartilha de bens correrá nos autos do inventário do autor da herança, tal disposição é inaplicável, no caso, considerando que o inventário e a partilha foram realizados na via extrajudicial. Ademais, conforme esclarece o art. 670, caput, do CPC, na sobrepartilha de bens, observar-se-á o processo de inventário e partilha, o que enseja a aplicação do procedimento especial dos arts. 610 e seguintes do CPC, não havendo falar em legitimidade passiva do espólio, pois o objeto da sobrepartilha é justamente complementar a partilha anterior. Não se tratando, pois, de pretensão dirigida contra o espólio, não há razão para que este figure no polo passivo, sendo que, como dispõe o art. 626 do CPC, deverá haver a citação do cônjuge/companheiro supérstite e dos herdeiros. Assim, deve ser desconstituída a sentença, para que o feito tenha regular prosseguimento na origem. (...) (TJRS; APL 0244396-10.2019.8.21.7000; Proc 70082724873; Arroio Grande; Oitava Câmara Cível; Rel. Des. Luiz Felipe Brasil Santos; Julg. 30/01/2020; DJERS 04/02/2020)

Art. 671. O juiz nomeará curador especial:

I – ao ausente, se não o tiver;

II – ao incapaz, se concorrer na partilha com o seu representante, desde que exista colisão de interesses.

É desnecessário nomear curador especial às herdeiras menores quando não evidenciada colisão de seus interesses com os da genitora inventariante.

✓ AGRAVO DE INSTRUMENTO. INVENTÁRIO. DECISÃO QUE DETERMINOU A NOMEAÇÃO DE CURADOS ESPECIAL AS HERDEIRAS MENORES. ARTIGOS 72, INCISO I E 671, INCISO II, AMBOS DO CPC. AUSÊNCIA DE COLIDÊNCIA ENTRE OS INTERESSES DA GENITORA INVENTARIANTE E AS HERDEIRAS MENORES. DESNECESSIDADE DE NOMEAÇÃO DE CURADOR ESPECIAL. REFORMA DA DECISÃO AGRAVADA. Agravante que se insurge contra decisão que nomeou curador especial as herdeiras menores ante a possível colidência de interesses entre a genitora inventariante e as herdeiras menores, na forma do artigo 72, inciso I do CPC. Não restou evidenciado nos autos a existência de colisão de interesses da genitora inventariante e as herdeiras menores. Artigo 72, inciso I e artigo 671, inciso II do CPC. Ausência de fundamentação específica capaz de demonstrar a colisão de interesses entre as partes. Desnecessidade de nomeação de curador especial às herdeiras menores. (...) (TJRJ; AI 0074336-72.2020.8.19.0000; Rio de Janeiro; Quarta Câmara Cível; Relª Desª Maria Helena Pinto Machado; DORJ 17/12/2020; Pág. 368).

A concorrência direta de bens particulares entre a representante legal e os herdeiros menores é suficiente para configurar colisão de interesses.

✓ AGRAVO DE INSTRUMENTO. DIREITO PROCESSUAL CIVIL. DIREITO CIVIL. INVENTÁRIO. CURADORIA ESPECIAL. MENORES. REPRESENTANTE LEGAL. COLISÃO DE INTERESSES. CONFIGURADO. RECURSO CONHECIDO E NÃO PROVIDO. DECISÃO MANTIDA. (...) 2. No caso em análise estamos diante de uma concorrência direta de bens particulares entre a representante legal e os herdeiros menores, além disso, a atuação da Defensoria Pública tem intuito único de preservar os interesses dos menores, e não prejudicar andamento do processo, tendo inclusive atuado por meio de impugnações ao plano de partilha apresentado pela inventariante. (...) (TJDF; Proc 07002.19-39.2019.8.07.0000; Ac. 118.3612; Primeira Turma Cível; Rel. Des. Rômulo de Araújo Mendes; Julg. 03/07/2019; DJDFTE 19/07/2019).

Decisão que nomeia curador especial com base no art. 671, II sem apontar qual é o conflito de interesses é nula por falta de fundamentação.

✓ AGRAVO DE INSTRUMENTO. AÇÃO DE INVENTÁRIO. DECISÃO QUE NOMEOU CURADOR ESPECIAL AOS HERDEIROS MENORES. Decisões judiciais que devem ser fundamentadas, ainda que de forma sucinta, o que não ocorreu no caso concreto. Juízo que nomeou curador especial aos herdeiros menores de idade com fundamento no art. 671, II do CPC, mas sem apontar quais seriam os conflitos de interesse que justificariam a medida. Violação do art. 93, IX da Carta Magna e dos princípios da ampla defesa e do contraditório. Nulidade que se reconhece. Precedente desta Câmara Cível. (...) (TJRJ; AI 0057274-87.2018.8.19.0000; Rio de Janeiro; Décima Terceira Câmara Cível; Relª Desª Sirley Abreu Biondi; DORJ 26/04/2019; Pág. 256)

Havendo patrimônio a ser transferido tanto para o menor quanto para sua genitora, a nomeação de curador especial é a medida mais segura.

✓ INVENTÁRIO. Insurgência da inventariante contra a nomeação de curador especial para seu filho menor. Não acolhimento. O artigo 671, inciso II, do Código de Processo Civil prevê a nomeação de curador quando houver colisão de interesses entre o incapaz e seu representante. A medida, no presente caso, é a mais segura diante da existência de patrimônio a ser transferido tanto para o menor quanto para sua genitora. (...) (TJSP; AI 2069125-60.2019.8.26.0000; Ac. 12843402; São José dos Campos; Décima Câmara de Direito Privado; Rel. Des. Elcio Trujillo; Julg. 03/09/2019; DJESP 23/09/2019; Pág. 1638).

Art. 672. É lícita a cumulação de inventários para a partilha de heranças de pessoas diversas quando houver:

I – identidade de pessoas entre as quais devam ser repartidos os bens;

II – heranças deixadas pelos dois cônjuges ou companheiros;

III – dependência de uma das partilhas em relação à outra.

Parágrafo único. No caso previsto no inciso III, se a dependência for parcial, por haver outros bens, o juiz pode ordenar a tramitação separada, se melhor convier ao interesse das partes ou à celeridade processual.

É possível a cumulação no caso de identidade de pessoas entre as quais devam ser repartidos os bens, mas pode ser determinada a separação se melhor convier ao interesse das partes ou à celeridade processual.

✓ AGRAVO DE INSTRUMENTO INVENTÁRIO E PARTILHA. DECISÃO QUE INDEFERIU A REUNIÃO DE INVENTÁRIOS DEPENDÊNCIA PARCIAL DE PARTILHAS. DIVERSIDADE DE BENS. POSSIBILIDADE DE TUMULTO PROCESSUAL. NÃO RECOMENDADA. INVENTÁRIOS EM FASES DISTINTAS (...). A cumulação de inventários deve ser admitida quando evidente a dependência de uma partilha em relação a outra, visando economia e celeridade processual, desde que não represente tumulto ao processo. É possível o julgador valer-se da possibilidade prevista no parágrafo único do inciso III do art. 672, do CPC, e indeferir a cumulação de inventários quando houver dependência parcial entre as partilhas e possibilidade de tumulto processual. (TJMS; AI 1412763-43.2020.8.12.0000; Primeira Câmara Cível; Rel. Juiz Luiz Antônio Cavassa de Almeida; DJMS 25/11/2020; Pág. 187).

É impossível a cumulação de inventários quando uma parte dos coerdeiros é composta por filhos de mãe diversa.

✓ AGRAVO DE INSTRUMENTO. (...) Mérito. Cumulação de inventários dos genitores da então inventariante. Impossibilidade no caso concreto. Herdeiros heterogêneos. Falta de identidade de pessoas entre as quais devem ser repartidos os bens. Parte dos coerdeiros filhos de mãe diversa. Vedação à cumulação conforme art. 672, I, II e III, da Lei adjetiva civil. (...) (TJSC; AI 4006493-23.2016.8.24.0000; Porto Belo; Quarta Câmara de Direito Civil; Rel. Des. Luiz Felipe Schuch; DJSC 25/03/2020; Pag. 121)

É possível a tramitação nos mesmos autos dos inventários de pai e filha, pois há identidade de herdeiros e dependência entre as partilhas:

✓ AGRAVO DE INSTRUMENTO. INVENTÁRIO CONJUNTO. PAI E FILHA. ART. 672 DO CPC. CABIMENTO. Na espécie, mostra-se possível a tramitação nos mesmos autos de ambos os inventários (pai e filha), seja porque há identidade dos herdeiros, seja porque há dependência de uma das partilhas em relação à outra. Inteligência do art. 672, I e III, do CPC. (...) (TJRS; AI 0195996-33.2017.8.21.7000; Novo Hamburgo; Oitava Câmara Cível; Rel. Des. Ricardo Moreira Lins Pastl; Julg. 14/09/2017; DJERS 22/09/2017)

É possível o processamento conjunto de 4(quatro) inventários quando há dependência de uma das partilhas em relação à outra, independentemente de haver identidade entre os herdeiros.

✓ AGRAVO DE INSTRUMENTO. INVENTÁRIO. PROCESSAMENTO CONJUNTO DE QUATRO INVENTÁRIOS. ADMISSIBILIDADE. PARTILHAS QUE GUARDAM RELAÇÃO DE DEPENDÊNCIA. ART. 672, III, CPC. IRRELEVÂNCIA DA INEXISTÊNCIA DE IDENTIDADE DE HERDEIROS. O art. 672, III, do CPC, admite o inventário conjunto quando há dependência de uma das partilhas em relação à outra, independentemente de haver identidade entre os herdeiros. Requisitos que não são cumulativos. Precedentes. Caso em que se trata de um único imóvel e ausência de litígio entre os herdeiros. (...) (TJSP; AI 2107698-36.2020.8.26.0000; Ac. 13753560; Americana; Oitava Câmara de Direito Privado; Rel. Des. Alexandre Coelho; Julg. 15/07/2020; DJESP 22/07/2020; Pág. 2417).

O desmembramento de inventários acarreta o risco de decisões conflitantes:

✓ INVENTÁRIO – Decisão que indeferiu o desmembramento dos inventários – Insurgência que não comporta acolhida – Regra do art. 672 do Novo CPC que admite a cumulação de inventários, tendo em vista a identidade de herdeiros (inciso I) – Desmembramento que acarretaria risco de decisões conflitantes (...) (TJ-SP 21500761220178260000; 8ª Câmara de Direito Privado; Rel. Salles Rossi; Julg. 31/10/2017; Data de Publicação: 31/10/2017)

Art. 673. No caso previsto no art. 672, inciso II, prevalecerão as primeiras declarações, assim como o laudo de avaliação, salvo se alterado o valor dos bens.

CAPÍTULO VII
DOS EMBARGOS DE TERCEIRO

Art. 674. Quem, não sendo parte no processo, sofrer constrição ou ameaça de constrição sobre bens que possua ou sobre os quais tenha direito incompatível com o ato constritivo, poderá requerer seu desfazimento ou sua inibição por meio de embargos de terceiro.

§ 1º Os embargos podem ser de terceiro proprietário, inclusive fiduciário, ou possuidor.

→ *v.* Enunciado 133: É admissível a formulação de reconvenção em resposta aos embargos de terceiro, inclusive para o propósito de veicular pedido típico de ação pauliana, nas hipóteses de fraude contra credores.

Admitem-se embargos de terceiro fundados em alegação de posse advinda de compromisso de compra e venda, ainda que desprovido de registro, de imóvel adquirido na planta que se encontra em fase de construção.

✓ Para a oposição de embargos de terceiro, além de ostentar a qualidade de terceiro, o embargante deve ser senhor ou possuidor da coisa ou do direito que tenha sofrido constrição judicial, nos termos do art. 674 do CPC/2015.Frise-se que a posse que permite a oposição dos embargos de terceiro é tanto a direta quanto a indireta. E, diferentemente do que ocorre nas ações possessórias, a insurgência do terceiro embargante não se dá contra a regularidade~, ou não, do ato de turbação ou esbulho que lhe impôs, mas contra a afirmação de que o bem constrito está na esfera de responsabilidade patrimonial do executado. Além disso, faz-se de suma importância relembrar o enunciado da Súmula 84/STJ, que preceitua que é admissível a oposição de embargos de terceiro fundados em alegação de posse advinda do compromisso de compra e venda, ainda que desprovido de registro. Na hipótese, o imóvel adquirido ainda estava em fase de construção, razão pela qual o instrumento particular de compra e venda – deve ser considerado para comprovação da posse, admitindo-se, por via de consequência, a oposição dos embargos de terceiro. (STJ, Informativo n. 672) (REsp 1.861.025-DF, Rel. Min. Nancy Andrighi, Terceira Turma, por unanimidade, julgado em 12/05/2020, DJe 18/05/2020).

A cessão de direitos hereditários sobre bem singular viabiliza a transmissão da posse, que pode ser objeto de tutela específica pela via dos embargos de terceiro.

✓ No caso, busca-se a comprovação da propriedade/posse do imóvel objeto de penhora, por meio de embargos de terceiro opostos por adquirente de direitos hereditários sobre imóvel pertencente a espólio, cedidos a terceiros antes de ultimada a partilha com a anuência daquelas que se apresentavam como únicas herdeiras, a despeito do reconhecimento de outros dois sucessores por sentença proferida em ação de investigação de paternidade cumulada com petição de herança. Quanto ao ponto, consigna-se que, em regra, o juízo de procedência dos embargos de terceiro está condicionado à comprovação da posse ou do domínio sobre o imóvel que sofreu a constrição, por meio de prova documental ou testemunhal, cabendo ao juiz, no caso de reconhecer suficientemente provado o domínio ou a posse, determinar a suspensão das medidas constritivas sobre o bem litigioso, além da manutenção ou da reintegração provisória da posse, se o embargante a houver requerido (arts. 677 e 678 do CPC/2015). Quanto à cessão de direitos, o Código Civil de 2002 dispõe: "Art. 1.793. O direito à sucessão aberta, bem como o quinhão de que disponha o coerdeiro, pode ser objeto de cessão por escritura pública. § 2º É ineficaz a cessão, pelo coerdeiro, de seu direito hereditário sobre qualquer bem da herança considerado singularmente". No que tange, à existência, à validade e à eficácia da cessão de direitos hereditários sobre bem determinado da herança, observa-se que: a) a cessão de direitos hereditários sobre bem singular, desde que celebrada por escritura pública e não envolva o direito de incapazes, não é negócio jurídico nulo, tampouco inválido, ficando apenas a sua eficácia condicionada a evento futuro e incerto consubstanciado na efetiva atribuição do bem ao herdeiro cedente por ocasião da partilha; b) a ineficácia se opera somente em relação aos demais herdeiros; c) se celebrado pelo único herdeiro ou havendo a anuência de todos os coerdeiros, o negócio é válido e eficaz desde o seu nascimento, independentemente de autorização judicial, pois o que a lei busca evitar é que um único herdeiro, em prejuízo dos demais, aliene um bem que ainda não lhe pertence, e d) se o negócio não é nulo, mas tem apenas a sua eficácia suspensa, a cessão de direitos hereditários sobre bem singular viabiliza a transmissão da posse, que pode ser objeto de tutela específica na via dos embargos de terceiro. Assim, embora controvertida a matéria, tanto na doutrina como na jurisprudência dos tribunais, o fato de não ser a cessão de direitos hereditários sobre bem individualizado eivada de nulidade, mas apenas ineficaz em relação aos coerdeiros que com ela não anuíram, é o quanto basta para, na via dos embargos de terceiro, assegurar à cessionária a manutenção de sua posse. Salienta-se, ademais, que admite-se a oposição de embargos de terceiro fundados em alegação de posse advinda do compromisso de compra e venda de imóvel, mesmo que desprovido do registro, a teor da Súmula n. 84/STJ, entendimento que também deve ser aplicado na hipótese em que a posse é defendida com base em instrumento público de cessão de direitos hereditários. (STJ, Informativo n. 672. REsp 1.809.548-SP, Rel. Min. Ricardo Villas Bôas Cueva, Terceira Turma, por unanimidade, julgado em 19/05/2020, DJe 27/05/2020)

É necessário demonstrar satisfatoriamente a qualidade de possuidor, situação a ser melhor apurada após o contraditório e a instrução processual.

✓ PRELIMINAR DA AGRAVADA DE NÃO CONHECIMENTO DO RECURSO POR FALTA DE PROCURAÇÃO DA AGRAVANTE. (...). Decisão indeferiu tutela antecipada para suspensão de leilão de imóvel, por ser necessária melhor apuração da condição do Embargante, se de terceiro ou de herdeiro. Embargante pretende a suspensão do leilão por ser bem de família. Imóvel penhorado de propriedade da coexecutada, falecida e genitora do Embargante. Embargos baseados não na condição de herdeiro mas sim na condição de possuidor do bem constrito. A princípio, cabível os presentes Embargos sob alegação de posse. Contudo, o Embargante, por ora, não demonstrou satisfatoriamente ser efetivo possuidor do imóvel, descrevendo-se por vezes como mero detentor, uma vez que nele reside em razão de relação familiar, por permissão da proprietária. Dúvida entre terceiro possuidor, detentor ou herdeiro. Questão a ser melhor apurada após o contraditório e instrução processual. Prudente a suspensão do leilão até decisão final de mérito. (...) (TJSP; AI 2179550-57.2019.8.26.0000; Ac. 14200592; São Paulo;

Vigésima Quarta Câmara de Direito Privado; Relª Desª Denise Andréa Martins Retamero; Julg. 01/12/2020; DJESP 10/12/2020; Pág. 1713)

✓ PROCESSUAL CIVIL. EMBARGOS DE TERCEIRO EM EXECUÇÃO FISCAL. AMEAÇA DE CONSTRIÇÃO. POSSE COM ANIMUS DOMINI NÃO DEMONSTRADA(...). 1. Nos termos do art. 674 do NCPC, os pressupostos para a oposição de embargos de terceiro são (i) a qualidade de terceiro; (ii) a existência de constrição ou ameaça de constrição e (iii) a propriedade ou posse do bem. 2. O embargante não logrou fazer prova sumária da qualidade de possuidor do imóvel sub judice. 3. No mais, questão referente ao preenchimento, pelo embargante, dos requisitos para requerer usucapião desbordam dos limites desta lide, pelo que dela não se conhece. 4. De acordo com as regras do ônus probatório, incumbe ao embargante provar o fato constitutivo do seu direito, cabendo à parte embargada demonstrar fato impeditivo, modificativo ou extintivo, nos termos do art. 373, do NCPC. 5. Inexistência de demonstração de indícios mínimos da posse sobre o bem cuja constrição foi determinada pelo juízo a quo. (...) (TRF 3ª R.; AC 0002478-46.2015.4.03.6107; Primeira Turma; Rel. Des. Fed. Hélio Nogueira; Julg. 22/08/2017; DEJF 30/08/2017)

Caracterização da legitimidade ativa quando não se integra a relação jurídica referente à ação em que ocorreu a constrição.

✓ IN CASU, VOLTAM-SE OS EMBARGANTES CONTRA A PENHORA REALIZADA NOS AUTOS DA EXECUÇÃO DE TÍTULO EXTRAJUDICIAL, NA QUAL A MÃE DA PRIMEIRA EMBARGANTE E AVÓ DOS DEMAIS EMBARGANTES FIGURA COMO EXECUTADA. 2. A ação de embargos de terceiro tem por finalidade livrar da constrição judicial injusta os bens apreendidos em um processo no qual o seu proprietário ou possuidor não é parte. Essa é a exegese da redação do art. 674 do Código de Processo. Doutrina. 3. Parte legítima, assim, para a propositura dos embargos de terceiro é o proprietário ou possuidor do bem apreendido, que não é parte no processo onde se determinou a constrição. Por outro lado, legitimado passivo é o beneficiário da referida constrição judicial injusta. Precedente do STJ. 4. O Superior Tribunal de Justiça também assentou entendimento segundo o qual o filho, integrante da entidade familiar, possui legitimidade ativa "para opor embargos de terceiros objetivando proteger o imóvel onde reside com os pais". Precedentes. 5. No caso concreto, a alegada impenhorabilidade já restou afastada por esta Corte quando da análise do Agravo de Instrumento (0060788-82.2017.8.19.0000) interposto pela proprietária. 6. Entrementes, constata-se que buscam os embargantes, por via transversa, rediscutir a impenhorabilidade do bem de família, já afastada anteriormente, com o fito de beneficiar o proprietário que com ele reside e que não mais poderá formular tal alegação, em razão da coisa julgada material. 7. Aliás, em caso análogo, a Corte Superior de Justiça afastou a possibilidade de se rediscutir a impenhorabilidade do bem imóvel em demanda manejada pelos filhos, por já ter sido afastada por decisão transitada em julgado envolvendo o proprietário do imóvel. Precedente. 8. Dessa forma, em que pese a legitimidade dos filhos para propositura de embargos de terceiros buscando o reconhecimento da impenhorabilidade do bem de família, em razão de tal questão já ter sido afastada quando da alegação pelo proprietário, incabível a rediscussão almejada, razão pela qual se mantém a sentença extintiva proferida. (...) (TJRJ; APL 0016523-10.2018.8.19.0210; Décima Quarta Câmara Cível; Rel. Des. José Carlos Paes; DORJ 19/11/2020; Pág. 515)

✓ BEM MÓVEL. AÇÃO DE INDENIZAÇÃO POR DANOS MATERIAIS E MORAIS. EMBARGOS DE TERCEIRO. Embargante que é proprietário de automóvel que sofreu restrições judiciais em ação da qual não fez parte. Legitimidade ativa para opor embargos de terceiro. Inteligência do art. 674, §1º, do CPC. (...) (TJSP; AC 1004510-52.2019.8.26.0526; Ac. 14108855; Salto; Trigésima Quinta Câmara de Direito Privado; Rel. Des. Melo Bueno; Julg. 29/10/2020; DJESP 09/11/2020; Pág. 2002)

Réu na ação penal também é parte ilegítima para opor embargos de terceiro:

✓ APELAÇÃO CRIMINAL. EMBARGOS DE TERCEIRO. PEDIDO DE SUSPENSÃO DO LEILÃO. NOVA AVALIAÇÃO E MEAÇÃO DO VALOR ARRECADADO EM HASTA PÚBLICA DA FAZENDA CONFISCADA EM AÇÃO PENAL TRANSITADA EM JULGADO. PETIÇÃO INICIAL INDEFERIDA. AUSÊNCIA DE DOCUMENTOS COMPROBATÓRIOS E ILEGITIMIDADE DE PARTE. SENTENÇA MANTIDA. 1. A petição inicial dos embargos de terceiro foi precariamente instruída, pois nela não foram juntados documentos relativos: i) à ação penal originária; ii) ao confisco, leilão ou arrematação alegado; iii) ao óbito do suposto marido e; iv) ao casamento travado entre a apelante e Iram Tabô Faria; iv) propriedade da Fazenda Riacho Fundo. 2. Os únicos documentos anexados à exordial foram: i) cópia da carteira de identidade da embargante; ii) comprovante de residência; iii) procuração conferida ao advogado; iv) substabelecimento em favor de um estagiário de direito; v) cópia da OAB do advogado e do estagiário; vi) pagamento de guia de recolhimento da União. Referidos documentos não possuem conteúdo suficiente para demonstrar o quanto alegado na exordial, nos termos dos artigos 319, inc. VI e 320, ambos do Novo Código de Processo Civil (NCPC). 3. Não obstante a apelante tenha juntado alguns documentos agora, em razões de apelação (fls. 31/35), o fez de maneira extemporânea e, ainda assim, de forma insuficiente. 4. Diferentemente do exigido pelo caput do art. 674 do NCPC, a ora recorrente foi parte na referida ação penal (não obstante tenha sido absolvida) e, portanto, não tem legitimidade para a propositura de tais embargos. 5. Portanto, se a recorrente figurou no polo passivo da ação penal, não possui legitimidade para a oposição de embargos de terceiro, pelo que não merece reparo a sentença recorrida, que extinguiu o feito com fundam então no art. 924, I, do Novo CPC, haja vista que, nos termos do artigo 330, I, do mesmo diploma legal, a ilegitimidade de parte tem com o consequência o indeferimento da petição inicial. (...) (TRF 3ª R.; ACr 0008610-18.2016.4.03.6000; Primeira Turma; Rel. Des. Fed. José Lunardelli; Julg. 07/02/2017; DEJF 15/02/2017)

Necessidade de comprovação do ato de constrição ou de sua ameaça para configuração do interesse de agir:

✓ EMBARGOS DE TERCEIRO. DESPESAS CONDOMINIAIS. Pedido de Justiça ao pretenso sucessor do polo ativo, que teria adquirido o imóvel objeto dos autos, para isenção do preparo recursal. Descabimento. Recolhimento que incumbe ao autor na qualidade de parte, porque não admitida ainda qualquer sucessão. 2. Inexistência de constrição ou de sua iminência sobre o imóvel do qual o recorrente se diz proprietário. Ausência de interesse de agir para o ajuizamento destes embargos de terceiro. (...) (TJSP; AC 1005853-17.2019.8.26.0451; Ac. 14172268; Piracicaba; Vigésima Sexta Câmara de Direito Privado; Rel. Des. Vianna Cotrim; Julg. 24/11/2020; DJESP 03/12/2020; Pág. 1832)

✓ EMBARGOS DE TERCEIRO. IMPUGNAÇÃO AO VALOR DA CAUSA. ATRIBUIÇÃO DE QUANTIA MUITO SUPERIOR A DA AQUISIÇÃO DO IMÓVEL. PENHORA INEXISTENTE. 1. Tendo o imóvel em questão sido adquirido por quantia muito inferior àquela que lhe é atribuída, sem qualquer comprovação dos motivos da valorização, deve ser reduzido o valor atribuído à causa. 2. Não tendo ocorrido a penhora do bem e nem ameaça concreta de constrição, deve ser reconhecida a carência de ação dos embargantes por ausência de interesse de agir. (TRF 4ª R.; AC 5011358-14.2018.4.04.7107; RS; Segunda Turma; Relª Desª Fed. Maria de Fátima Freitas Labarrère; Julg. 24/11/2020; Publ. PJe 24/11/2020)

A substituição do bem penhorado por dinheiro não configurada falta de interesse de agir nos embargos de terceiro:

✓ APELAÇÃO. EMBARGOS DE TERCEIRO. DESCONSTITUIÇÃO DA PENHORA. SUBSTITUIÇÃO DA PENHORA POR DINHEIRO. FALTA DE INTERESSE DE AGIR NÃO CONFIGURADA. PRECEDENTE DO STJ BEM DE FAMÍLIA. 1. A finalidade dos embargos de terceiros é livrar o bem ou direito da constrição judicial injustamente imposta em processo de execução, da qual o terceiro não faz parte, mas mesmo assim sofre esbulho ou turbação na posse de seus bens por ato de apreensão nele determinada, conforme o disposto no art. 674 do Código de Processo Civil de 2015. Ressalta-se que o pedido de exclusão de bens de terceiros da constrição judicial pode ocorrer tanto em razão do direito de propriedade quanto em razão da simples posse, fato que repercute diretamente no plano da legitimação ativa, restando facultado ao terceiro defender, através de embargos, a posse de seus bens. 2. No caso dos autos, a Embargante requereu a substituição da penhora por depósitos em dinheiro no valor integral da dívida fiscal e o cancelamento da contrição sobre o imóvel, pois não é parte na execução fiscal nº 95.0001064-0 e por se tratar de bem impenhorável, nos termos do art. 1º da Lei nº 8090/90 3- Após ter sido efetivada a troca da penhora por dinheiro, em 09/11/2011, o Juízo a quo proferiu sentença, extinguindo o feito por falta de interesse de agir, por ter sido resolvida a questão da liberação da penhora (fl. 245/247). 4- Contudo, a jurisprudência do STJ tem assentado que não há perda de interesse de agir do embargante quando há substituição do bem penhorado por dinheiro (STJ- Resp 200501994960. Terceira Turma. Relatora Ministra Nancy Andrighi. DJ 08/05/2006 pág. 213). 5. Assim, estando suficientemente demonstrado nos autos que o imóvel da Embargante é bem de família, abrigado pela impenhorabilidade prevista na Lei nº 8009/90, impõe-se a extensão da impenhorabilidade sobre à totalidade do bem, a fim de se resguardar o seu direito à moradia. (...) (TRF 2ª R.; AC 0002919-16.2011.4.02.5001; Quarta Turma Especializada; Rel. Juiz Fed. Conv. Mauro Luís Rocha Lopes; DEJF 26/01/2017)

Os embargos de terceiro são admissíveis por decorrência de medidas produzidas a partir da TAC em Ação Civil Pública:

✓ ADMINISTRATIVO. EMBARGOS DE TERCEIRO. ARTIGO 674 DO NCPC. AÇÃO CIVIL PÚBLICA. EXECUÇÃO DE TÍTULO EXECUTIVO. HOMOLOGAÇÃO DE TERMO DE AJUSTAMENTO DE CONDUTA. INEXISTÊNCIA DE ATO DE CONSTRIÇÃO JUDICIAL DE BENS E/OU DIREITOS. DESPROVIMENTO. 1. Os embargos de terceiro constituem medida que tem por fim livrar da constrição judicial injusta bens que foram apreendidos em um processo no qual o seu proprietário ou possuidor não é parte, nos termos do art. 674 do NCPC. 2. Com relação ao instituto dos embargos de terceiro, o CPC/2015 confere tratamento mais amplo com relação ao diploma legal anterior, pois, além de não exemplificar quais seriam os atos de constrição judicial, elucida que poderão ser opostos quando da sua efetiva ocorrência ou, ainda, diante da ameaça de constrição. 3. Termo de Ajustamento de Conduta firmado entre o MPF, a UNIÃO, o Município de Vila Velha e a Imobiliária Santa Inês LTDA., em novembro/1994, foi submetido à homologação judicial nos autos da Ação Civil Pública nº 0004754-30.1900.4.02.5001, vindo a se caracterizar como título cuja execução foi requerida posteriormente pelo Parquet naquela demanda, ao verificar que o Município não viria cumprindo adequadamente as obrigações pactuadas. 4. A determinação judicial proferida nos autos da Ação Civil Pública apenas ensejou a adoção de medidas administrativas em cumprimento de acordo homologado judicialmente, dando azo à notificação administrativa expedida pela municipalidade para que fosse desocupado imóvel construído em unidade ambiental. 5. Não ocorreu, na hipótese, ato judicial de constrição ou sua ameaça, mas somente a concretização de medida administrativa levada a efeito pelo Município, em cumprimento de título executivo judicial, o que não tem o condão de ensejar a oposição de embargos de terceiro. 6. A autora em nenhum momento insurgiu-se contra a homologação do Termo de Ajustamento de Conduta, que é o verdadeiro objeto daquela ação civil pública, demonstrando-se descabida a utilização do instituto embargos de terceiro. (...) (TRF 2ª R.; AC 0002408-76.2015.4.02.5001; Quinta Turma Especializada; Rel. Des. Fed. Aluísio Gonçalves de Castro Mendes; Julg. 14/03/2017; DEJF 27/03/2017)

Possibilidade de embargos de terceiro em tutela inibitória ou preventiva:

✓ APELAÇÃO. (...) Controvérsia recursal que recai sobre o interesse processual em relação aos embargos de terceiro. Instrumento a permitir a defesa da posse ou qualquer direito sobre a coisa que seja objeto de constrição ou ameaça de constrição decorrente de processo judicial do qual o embargante não faça parte. Não obstante a anulação dos atos processuais praticados na ação reivindicatória proposta pelo ora embargado, a tutela jurisdicional pode assumir feição inibitória, vez que o direito processual reconhece a viabilidade da tutela preventiva (art. 5º, XXXV, da CF/88), aqui substanciado no pedido de manutenção da posse do imóvel descrito na inicial. Constituiria, aliás, manifesto contrassenso que se devesse exigir das sedizentes compossuidoras que se mantivessem inertes, aguardando consumação da lesão que pretendem evitar, para então pedirem a proteção possessória, se os embargos podem ser opostos a qualquer tempo no processo de conhecimento. Assim, há de se reconhecer que não houve perda do objeto dos presentes embargos, porquanto persiste o interesse processual das ora embargantes em evitar ato judicial lesivo à posse alegada na inicial, haja vista que a ação reivindicatória terá seguimento. (...) (TJRJ; APL 0406593-21.2013.8.19.0001; Rio de Janeiro; Vigésima Sétima Câmara Cível; Relª Desª Maria Luiza de Freitas Carvalho; DORJ 30/11/2020; Pág. 594)

✓ DIREITO PROCESSUAL CIVIL. (...) 2. O propósito recursal consiste em definir se é possível a oposição de embargos de terceiro preventivos, isto é, antes da efetiva constrição judicial sobre o bem. Hipótese em que foi averbada a existência de ação de execução no registro de veículo de propriedade e sob a posse de terceiro. 3. Os embargos de terceiro constituem ação de natureza contenciosa que tem por finalidade a defesa de um bem objeto de ameaça ou efetiva constrição judicial em processo alheio. 4. Em que pese a redação do art. 1.046, caput, do CPC/73, admite-se a oposição dos embargos de terceiro preventivamente, isto é, quando o ato judicial, apesar de não caracterizar efetiva apreensão do bem, configurar ameaça ao pleno exercício da posse ou do direito de propriedade pelo terceiro. 5. Sendo promessa constitucional a inafastabilidade da jurisdição (art. 5º, XXXV, da CF/88), o direito processual reconhece a viabilidade da tutela preventiva, tradicionalmente chamada de inibitória, para impedir a prática de um ato ilícito, não se condicionando a prestação jurisdicional à verificação de um dano. 6. A averbação da existência de uma demanda executiva, na forma do art. 615 – A do CPC/73, implica ao terceiro inegável e justo receio de apreensão judicial do bem, pois não é realizada gratuitamente pelo credor; pelo contrário, visa assegurar que o bem possa responder à execução, mediante a futura penhora e expropriação, ainda que seja alienado ou onerado pelo devedor, hipótese em que se presume a fraude à execução. 7. Assim, havendo ameaça de lesão ao direito de propriedade do terceiro pela averbação da execução, se reconhece o interesse de agir na oposição dos embargos. (...) (STJ; REsp 1.726.186; Proc. 2016/0076144-4; RS; Terceira Turma; Relª Minª Nancy Andrighi; Julg. 08/05/2018; DJE 11/05/2018; Pág. 1118)

Aplicação do princípio da fungibilidade:

✓ PROCESSUAL CIVIL. EMBARGOS TERCEIRO. FUNGIBILIDADE PARA PROCESSAMENTO COMO EMBARGOS À EXECUÇÃO. POSSIBILIDADE. É viável o recebimento dos embargos de terceiro como embargos do devedor, em atenção aos princípios da fungibilidade, economia processual, cooperação e instrumentalidade das formas. (TJMG; APCV 0095552-77.2018.8.13.0016; Alfenas; Décima Terceira Câmara Cível; Rel. Des. Luiz Carlos Gomes da Mata; Julg. 05/11/2020; DJEMG 13/11/2020)

✓ PROCESSO CIVIL. (...)Embargos de terceiro extintos, sem resolução do mérito, ante a inadequação da via eleita, caracterizada pelo fato de que o embargante, coexecutado nos autos da execução fiscal poderia valer-se de embargos à execução fiscal ou de exceção de pré-executividade para alegar ilegitimidade de parte e a impenhorabilidade dos valores constritos. – Da leitura do então vigente art. 1.046 do CPC/1973 (matéria atualmente regulada pelo art. 674 do CPC), verifica-se que os embargos de terceiros poderão ser opostos por quem, não sendo parte no processo, sofrer turbação ou esbulho na posse de seus bens por ato de apreensão judicial, em casos como o de penhora, depósito, arresto, sequestro, alienação judicial, arrecadação, arrolamento, inventário ou partilha. – Considerando que o embargante figura como réu na ação de execução fiscal em que foi determinada a penhora dos valores constritos, não haveria como qualificá-lo como terceiro. – A jurisprudência, em homenagem aos princípios da ampla defesa, da instrumentalidade das formas e da fungibilidade processual, tem suavizado a regra do art. 1.046 do CPC/1973 (art. 674 do CPC) e admitido que o sócio, sem poderes de gerência, citado como litisconsorte passivo na execução, e visando livrar da constrição judicial seus bens particulares, tenha seus embargos recebidos e processados como embargos à execução, desde que observados os requisitos legais. – Em que pese eventual possibilidade de aplicação do princípio da fungibilidade, no caso em tela, o embargante não trouxe aos autos a comprovação de que a execução se encontra garantida (penhora e atos consequentes), tampouco a demonstração da data do início do prazo para embargar (tempestividade), embora expressamente intimada para fazê-lo. – Desta feita, impossível verificar o preenchimento dos requisitos para o recebimento da presente ação como embargos à execução. (...) (TRF 3ª R.; ApCiv 0036356-28.2015.4.03.6182; SP; Quarta Turma; Relª Desª Fed. Mônica Autran Machado Nobre; Julg. 19/10/2020; DEJF 26/10/2020)

§ 2º Considera-se terceiro, para ajuizamento dos embargos:

I – o cônjuge ou companheiro, quando defende a posse de bens próprios ou de sua meação, ressalvado o disposto no art. 843;

Ilegitimidade do ex-cônjuge quando o bem não integra a meação:

✓ TRIBUTÁRIO. EMBARGOS DE TERCEIRO. COPROPRIEDADE. PENHORA. MEAÇÃO. BEM DA EMPRESA. ILEGITIMIDADE ATIVA. 1. O patrimônio da pessoa jurídica não se confunde com o patrimônio dos sócios. Em caso de penhora de bem da empresa, não há meação por parte do cônjuge do representante legal, ainda mais quando este figura como sócio da empresa. (...) (TRF 4ª R.; AC 5003814-42.2018.4.04.7117; RS; Primeira Turma; Rel. Des. Fed. Roger Raupp Rios; Julg. 07/10/2020; Publ. PJe 07/10/2020)

✓ APELAÇÃO. (...) A embargante/apelante, cônjuge do executado, pretende defender a posse e a meação de bens que não mais compõem o patrimônio do casal. 2. O executado e a embargante/apelante, casados entre si, transferiram bens imóveis de seu patrimônio pessoal à sociedade empresária da qual o primeiro é sócio, configurando fraude à execução, reconhecida no Acórdão n. 831017. 3. O reconhecimento da fraude à execução torna ineficazes, perante o processo de execução, os atos de incorporação dos imóveis ao patrimônio da pessoa jurídica, sem afetar a validade do negócio jurídico translativo da propriedade. 4. Promovida a alienação de bens comuns do casal à sociedade empresária da qual o executado é sócio, a meeira não ostenta legitimidade ativa para a oposição de embargos de terceiro objetivando a defesa da posse dos bens que não mais lhe pertencem ou dos que deixaram de compor a meação, em obediência ao disposto no art. 674, § 2º, do CPC. Ainda, efetuada a penhora sobre os imóveis pertencentes à sociedade empresária, não configura cerceamento de defesa a extinção dos embargos de terceiro sem que a embargante produza prova oral tendente a demonstrar a sua posse sobre os bens constritos, se esta posse não possui o condão de desfazer ou inibir a penhora que incide sobre tais propriedades. (...) (TJDF; Proc 07160.12-49.2018.8.07.0001; Ac. 116.5032; Segunda Turma Cível; Relª Desª Sandra Reves; Julg. 11/04/2019; DJDFTE 29/04/2019)

O fato de a partilha não ter sido registrada ao tempo do ajuizamento da execução é irrelevante: o que importa é a posse, pelo ex-cônjuge, em momento anterior à penhora:

✓ PROCESSUAL CIVIL. (...) O então vigente art. 1.046 do CPC/1973 (art. 674 do CPC) autorizava ao proprietário ou ao possuidor a defesa de seu patrimônio objeto de penhora por meio dos embargos de terceiro, haja vista que somente o patrimônio do executado responde perante o Juízo da Execução,. A jurisprudência do C. STJ é assente no sentido de que o bem partilhado para a mulher antes do processo de execução contra o ex-marido não pode ser alcançado pela penhora, contra o ex-marido, pouco relevando que a partilha não tenha sido levada ao registro. No caso, a penhora do imóvel matriculado sob nº 11598, junto ao 2º Cartório de Registro de Imóveis de Campinas/SP, deu-se sobre bem que já não integrava o patrimônio do devedor Vilson Carmassi, sócio da empresa executada Calçados Alvorada Ltda., pois que partilhado com a embargante em decorrência do divórcio consensual (fls. 13/40). O fato do formal de partilha não ter sido registrado ao tempo do ajuizamento do executivo fiscal (ajuizamento em 14/12/1998. fls. 176/177) é irrelevante, uma vez que o que se discute é a ilegitimidade da penhora em razão de posse anterior em favor da embargante decorrente da sentença que desvinculou o imóvel do patrimônio do executado. Mantida a condenação da Fazenda Nacional ao pagamento de honorários tendo em vista que, não obstante a averbação do divórcio, ocorrido em 14/12/1994, tenha se efetivado junto ao 2º Cartório de Registro de Imóveis de Campinas somente em 26/12/2000 (fls. 08/11), é certo que o mandado de penhora foi cumprido em 18/05/2012 (fl. 07), portanto, quando notória a publicidade do divórcio e da adjudicação do bem penhorado à embargante. (...) (TRF 3ª R.; Rem 0011811-09.2013.4.03.6134; Quarta Turma; Relª Desª Fed. Mônica Nobre; Julg. 24/05/2017; DEJF 08/06/2017)

Os embargos de terceiro não suspendem a constrição, havendo apenas a reserva da meação sobre o produto da alienação do bem, se indivisível:

✓ AGRAVO DE INSTRUMENTO. Embargos de terceiro. Pleito para suspensão de atos expropriatórios relacionados ao imóvel penhorado. Tutela indeferida. Irresignação da embargante. O art. 300 do CPC exige, para a concessão de tutela de urgência, elementos que evidenciem a probabilidade do direito e o perigo de dano ou o risco ao resultado útil do processo. Requisitos não preenchidos. Penhora que recaiu sobre bem indivisível. Inteligência do art. 843 do NCPC. Defesa da meação que não obsta a penhora sobre todo o bem. Reserva de quota-parte sobre o produto da alienação e direito de preferência na arrematação. (...) (TJSP; AI 2050735-08.2020.8.26.0000; Ac. 13699230; São Paulo; Vigésima Quarta Câmara de Direito Privado; Relª Desª Jonize Sacchi de Oliveira; Julg. 29/06/2020; DJESP 10/07/2020; Pág. 2845)

✓ AGRAVO DE INSTRUMENTO. EMBARGOS DE TERCEIRO. EFEITO SUSPENSIVO. CUMPRIMENTO DE SENTENÇA. PENHORA. VEÍCULO. CÔNJUGE. RESERVA DA MEAÇÃO. 1. Conforme jurisprudência do Superior Tribunal de Justiça, a propositura de embargos de terceiro pelo cônjuge da parte executada não tem o condão de suspender o feito executivo, mas apenas garante o resguardo da meação em face de eventual alienação. 2. No caso sob exame, considerando que a decisão agravada já assegurou a reserva da meação e, não tendo a agravante comprovado que o veículo penhorado seria indispensável à sua locomoção, não se vislumbra qualquer prejuízo apto a autorizar a suspensão liminar dos atos executórios em curso. (TRF 4ª R.; AG 5005278-78.2019.4.04.0000; Rel. Des. Fed. Luís Alberto d'Azevedo Aurvalle; Julg. 22/05/2019; DEJF 23/05/2019)

II – o adquirente de bens cuja constrição decorreu de decisão que declara a ineficácia da alienação realizada em fraude à execução;

Ineficácia da alienação em sede de execução fiscal, em face da presunção absoluta de fraude a partir da inscrição do débito em dívida ativa:

✓ PROCESSUAL CIVIL. AGRAVO INTERNO NO RECURSO ESPECIAL. EMBARGOS DE TERCEIRO. ALIENAÇÃO DO BEM POSTERIOR À INSCRIÇÃO DO DÉBITO EM DÍVIDA ATIVA. FRAUDE À EXECUÇÃO CARACTERIZADA. DESPICIENDA A DISCUSSÃO ACERCA DA BOA-FÉ DO TERCEIRO ADQUIRENTE. INAPLICABILIDADE DA SÚMULA Nº 375/STJ. RESP 1.141.990/PR, REL. MIN. LUIZ FUX, DJE 19.11.2010, JULGADO PELO RITO DO ART. 543-C DO CPC/1973. RESSALVA DO PONTO DE VISTA DO RELATOR. AGRAVO INTERNO DA EMPRESA A QUE SE NEGA PROVIMENTO. 1. Ao julgar o RESP. 1.141.990/PR, de relatoria do eminente Ministro Luiz FUX, DJe 19.11.2010, representativo da controvérsia, esta Corte assentou o entendimento de que não se aplica à Execução Fiscal o Enunciado nº 375 da Súmula de sua jurisprudência, segundo o qual o reconhecimento da fraude à execução depende do registro da penhora do bem alienado ou da prova de má-fé do terceiro adquirente. Sendo assim, há presunção absoluta da fraude à execução quando a alienação é efetivada após a inscrição do débito tributário em Dívida Ativa, ou, em sendo a alienação feita em data anterior à entrada em vigor da LC 118/2005, presume-se fraudulenta quando feita após a citação do devedor, sendo desnecessária, portanto, a discussão acerca da má-fé ou não do adquirente. 2. Na espécie, o próprio acórdão recorrido aponta que o negócio jurídico entabulado pela parte agravante foi aperfeiçoado após a entrada em vigor da LC 118/2005 e a inscrição em Dívida Ativa. Dessa forma, aplicando a sistemática do recurso repetitivo, deve-se presumir que o terceiro/comprador sabia da execução, devendo ser afastada a boa-fé. 3. Faço a ressalva do meu entendimento pessoal, para afirmar a impossibilidade de presunção absoluta em favor da Fazenda Pública. Isso porque nem mesmo o direito à vida tem caráter absoluto, que dirá questões envolvendo pecúnia. No entanto, acompanho a jurisprudência, porquanto já está consolidada em sentido contrário. (...) (STJ; AgInt-REsp 1.873.654; Proc. 2020/0109379-6; PR; Primeira Turma; Rel. Min. Napoleão Nunes Maia Filho; DJE 23/10/2020)

✓ TRIBUTÁRIO. EMBARGOS DE TERCEIRO. FRAUDE À EXECUÇÃO. ART. 185 DO CTN, COM A REDAÇÃO DA LC Nº 118, DE 09/02/2005. ALIENAÇÃO DO BEM APÓS A INSCRIÇÃO DE DÉBITO EM DÍVIDA ATIVA. PRESUNÇÃO ABSOLUTA. TEMA 290 DO STJ. 1. É absoluta a presunção de fraude à execução fiscal prevista no art. 185 do CTN, com a redação dada pela LC nº 118, de 09/02/2005, o que torna ineficaz a alienação realizada após a inscrição do débito em dívida ativa, descabendo perquirir-se sobre a boa-fé do comprador. 2. Alegação de reserva de bens, pelo devedor, desconstituída pelas informações colhidas do processamento da execução fiscal de origem. (...) (TRF 4ª R.; AC 5009851-32.2015.4.04.7201; SC; Primeira Turma; Rel. Des. Fed. Alexandre Gonçalves Lippel; Julg. 18/11/2020; Publ. PJe 18/11/2020)

III – quem sofre constrição judicial de seus bens por força de desconsideração da personalidade jurídica, de cujo incidente não fez parte;

IV – o credor com garantia real para obstar expropriação judicial do objeto de direito real de garantia, caso não tenha sido intimado, nos termos legais dos atos expropriatórios respectivos.

Legitimidade ativa do proprietário fiduciário para opor embargos:

✓ APELAÇÃO CÍVEL. DIREITO PRIVADO NÃO ESPECIFICADO. EMBARGOS DE TERCEIRO. Legitimidade ativa. Quem, não sendo parte no processo, sofrer constrição ou ameaça de constrição sobre bens que possua ou sobre os quais tenha direito incompatível com o ato constritivo, poderá requerer seu desfazimento ou sua inibição por meio de embargos de terceiro. Os embargos podem ser de terceiro proprietário, inclusive fiduciário, ou possuidor. Art. 674, §1º do NCPC. (...) (TJRS; APL 0332472-10.2019.8.21.7000; Proc 70083605634; São José do Ouro; Décima Primeira Câmara Cível; Relª Desª Katia Elenise Oliveira da Silva; Julg. 16/03/2020; DJERS 08/09/2020)

Art. 675. Os embargos podem ser opostos a qualquer tempo no processo de conhecimento enquanto não transitada em julgado a sentença e, no cumprimento de sentença ou no processo de execução, até 5 (cinco) dias depois da adjudicação, da alienação por iniciativa particular ou da arrematação, mas sempre antes da assinatura da respectiva carta.

Flexibilização do prazo para considerar como termo inicial a efetiva ciência da penhora ou arrematação:

✓ EMBARGOS DE TERCEIRO. APELAÇÃO. EXECUÇÃO FISCAL. CONSTRIÇÃO JUDICIAL SOBRE IMÓVEL. ARREMATAÇÃO. INTIMAÇÃO. PRAZO PARA INTERPOSIÇÃO DE EMBARGOS. INTEMPESTIVIDADE. RECURSO IMPROVIDO. I. Tratando-se de embargos de terceiro interpostos incidentalmente a executivo fiscal, sua interposição deve ocorrer em até 05 (cinco) dias da adjudicação, da alienação por iniciativa particular ou da arrematação, mas sempre antes da assinatura da respectiva carta, consoante artigo 675 do Código de Processo Civil. II. Contudo, o STJ assentou entendimento no sentido de flexibilizar o termo inicial de oposição dos embargos, quando verificada a hipótese em que o terceiro não foi cientificado da penhora ou da arrematação. Nesses casos, o termo inicial do quinquídio legal é a efetiva ciência da execução/penhora ou da turbação/esbulho possessório. (...) (TRF 3ª R.; AC 0001671-76.2013.4.03.6113; Primeira Turma; Rel. Des. Fed. Valdeci dos Santos; Julg. 04/12/2018; DEJF 18/12/2018)

Parágrafo único. Caso identifique a existência de terceiro titular de interesse em embargar o ato, o juiz mandará intimá-lo pessoalmente.

É necessária intimação dos possuidores para que, querendo, ofertem embargos de terceiros.

✓ CUMPRIMENTO DE SENTENÇA. Impugnação à penhora suscitada pela executada. Crédito perseguido pelo exequente com origem na resolução de compromisso de venda e compra. Promissário comprador jamais exerceu a posse direta sobre o imóvel e requereu em sede de cumprimento de sentença a penhora do bem compromissado à venda para satisfazer seu crédito. Executada alega que o bem foi alienado a terceiros, que exercem a posse desde o ano de 2.014. Penhora. Não pode ser ultimada neste momento. Documentos que instruíram a impugnação conferem verossimilhança à alegação da agravante. Necessária intimação dos possuidores para, querendo, ofertar embargos de terceiros, a teor do artigo 675, parágrafo único do CPC/2015. Nada impede que o credor busque a penhora de outros bens livres e desembaraçados, nem que a penhora deste imóvel seja realizada futuramente caso não sejam opostos embargos de terceiro, ou no caso de sua improcedência. Recomenda-se, inclusive, a intimação da devedora para apresentar bens penhoráveis, pena de ato atentatório à dignidade da justiça. (...) (TJSP; AI 2250500-57.2020.8.26.0000; Ac. 14192060; São Caetano do Sul; Primeira Câmara de Direito Privado; Rel. Des. Francisco Loureiro; Julg. 30/11/2020; DJESP 04/12/2020; Pág. 2285)

✓ AGRAVO DE INSTRUMENTO. (...) Com efeito, quanto aos atos preparatórios do leilão, cumpre frisar que além da exequente, algumas pessoas devem ser intimadas da constrição do bem e da realização de hasta pública, sob pena de ineficácia da alienação em relação ao titular de garantia, nos termos do art. 889 do CPC. 4. Desta feita, nos termos do art. 804, CPC, a alienação do imóvel não produzirá efeitos em relação ao credor que não for intimado da hasta pública. 5 Ademais, conforme disposto no art. 675, parágrafo único, CPC, havendo terceiro interessado em embargar, cabe ao juiz intimá-lo pessoalmente. 6. Assim sendo, os embargos de terceiro são meio adequado para afastar a constrição e/ou a ameaça de constrição sobre bem que possua ou que tenha direito incompatível com o ato constritivo, no entanto, deve haver a intimação dos terceiros interessados. 7. Ocorre que não se verifica nos autos, até o momento, qualquer comprovação da intimação dos agravantes sobre a designação de data do leilão e da arrematação do imóvel. 8. Neste cenário, ausente a intimação da parte e antes da expedição da carta de arrematação, eventuais vícios podem sim ser alegados nos próprios autos da execução. Precedente. (...) (TRF 3ª R.; AI 5001110-26.2020.4.03.0000; SP; Primeira Turma; Rel. Des. Fed. Valdeci dos Santos; Julg. 04/09/2020; DEJF 11/09/2020)

Art. 676. Os embargos serão distribuídos por dependência ao juízo que ordenou a constrição e autuados em apartado.

Parágrafo único. Nos casos de ato de constrição realizado por carta, os embargos serão oferecidos no juízo deprecado, salvo se indicado pelo juízo deprecante o bem constrito ou se já devolvida a carta.

É absoluta a competência, para o julgamento dos embargos de terceiro, do juízo que determinou a constrição na ação principal

✓ CONFLITO NEGATIVO DE COMPETÊNCIA. EMBARGOS DE TERCEIRO. CONFLITO APARENTE ENTRE NORMAS. ARTIGOS 55 E 676, AMBOS DO CPC. AUTOS ORIGI-

NÁRIOS. SENTENCIADOS. RECONHECIMENTO. COMPETÊNCIA FUNCIONAL. NATUREZA ABSOLUTA. PREPONDERÂNCIA. DEPENDÊNCIA. PONDERAÇÃO. PRINCÍPIO DO DEVIDO PROCESSO LEGAL. COMPETÊNCIA. JUÍZO SUSCITADO. 1. Conflito de competência em que se discute qual é a regra que dever preponderar: A do art. 676 do CPC (Os embargos serão distribuídos por dependência ao juízo que ordenou a constrição e autuados em apartado) ou a da parte final do § 1º do art. 55 do CPC (Os processos de ações conexas serão reunidos para decisão conjunta, salvo se um deles já houver sido sentenciado). 2. Nos termos do repertório jurisprudencial do STJ, competência para o julgamento dos embargos de terceiro é do juiz que determinou a constrição na ação principal, nos termos do art. 1.049 do CPC/1973 (art. 676 do CPC/2015), de modo que, por se tratar de hipótese de competência funcional, é também absoluta e improrrogável (STJ-2ª Seção, CC 142.849, Min. Luis Felipe, j. 22.3.17, DJ 11.4.17). (...) (TJDF; CCP 07336.11-33.2020.8.07.0000; Ac. 130.0080; Primeira Câmara Cível; Relª Desª Leila Arlanch; Julg. 09/11/2020; Publ. PJe 25/11/2020)

✓ PROCESSUAL CIVIL. (...) "A competência para julgamento dos embargos de terceiro é do juiz que determinou a constrição na ação principal, nos termos do art. 1.049 do CPC/1973 (art. 676 do CPC/2015), de modo que, por se tratar de hipótese de competência funcional, é também absoluta e improrrogável" (CC 142.849/SP, Rel. Ministro LUIS FELIPE SALOMÃO, SEGUNDA SEÇÃO, julgado em 22/3/2017, DJe 11/4/2017(...) (STJ; AgInt-AREsp 884.128; Proc. 2016/0068121-5; RJ; Rel. Min. Antonio Carlos Ferreira; Julg. 06/08/2019; DJE 20/08/2019)

Descabimento de embargos de terceiro diante do trânsito em julgado e da ausência de bens constritos.

✓ APELAÇÃO CÍVEL. DIREITO DE FAMÍLIA. EMBARGOS DE TERCEIRO EM AÇÃO DECLARATÓRIA DE UNIÃO ESTÁVEL CUMULADA COM ALIMENTOS E PARTILHA DE BENS. INVIABILIDADE, APÓS O TRÂNSITO EM JULGADO DA SENTENÇA. AUSÊNCIA DE INTERESSE DE AGIR, INCLUSIVE POR NÃO TER SIDO DETERMINADA CONSTRIÇÃO DE BENS NO PROCESSO. CUMULAÇÃO DE PEDIDOS CONCERNENTES A OUTRO FEITO, QUE TRAMITA PERANTE JUÍZO DISTINTO. IMPOSSIBILIDADE. PRETENSÃO ANULATÓRIA EM RAZÃO DA AUSÊNCIA DE CITAÇÃO. IMPROPRIEDADE DA VIA ELEITA, POIS NECESSÁRIO O AJUIZAMENTO DE AÇÃO PRÓPRIA, QUERELA NULLITATIS, COM A DEVIDA FORMAÇÃO DE LITISCONSÓRCIO PASSIVO ENTRE AS PARTES AUTORA E RÉ DO PROCESSO QUE REPUTADO NULO. 1. Os embargos de terceiro têm por finalidade impedir ou cancelar ato de constrição judicial indevida e, no processo de conhecimento, só podem ser opostos até o trânsito em julgado da sentença, nos termos do artigo 675 do Código de Processo Civil. 2. Inexiste interesse processual a autorizar o uso dos embargos de terceiro quando ausente a decretação de medida constritiva de bens. 3. Os embargos de terceiro devem ser dirigidos ao juízo que determinou a medida constritiva e distribuídos por dependência ao processo em que ela tenha sido ordenada, sendo incabível, na mesma ação, a cumulação de pedidos atinentes a feitos que estejam tramitando em juízos distintos. 4. A pretensão anulatória de processo já julgado, por ausência de citação de quem deveria ter integrado a relação jurídico-processual – por disposição legal, pela natureza da relação jurídica controvertida ou porque a eficácia da sentença dependa disso (artigo 114 do Código de Processo Civil) -, deve ser deduzida em ação própria (querela nullitatis), com a formação de litisconsórcio passivo necessário entre as partes autora e ré do processo cuja anulação é pretendida. (...) (TJRS; APL 0312764-71.2019.8.21.7000; Proc 70083408559; Porto Alegre; Sétima Câmara Cível; Rel. Des. Afif Jorge Simões Neto; Julg. 28/05/2020; DJERS 04/09/2020)

Competência do juízo deprecante quando a carta já tiver sido devolvida:

✓ AGRAVO INTERNO EM AGRAVO DE INSTRUMENTO. PROCESSUAL CIVIL. EMBARGOS DE TERCEIRO. CONSTRIÇÃO REALIZADA POR CARTA. COMPETÊNCIA. Tratando-se de embargos de terceiro, a competência para a apreciação da demanda, na hipótese de constrição realizada por carta, é estabelecida pelo art. 676, parágrafo único, do CPC/15, o qual dispõe que os embargos serão oferecidos no juízo deprecado, salvo se indicado pelo juízo deprecante o bem constrito ou se já devolvida a carta. (TRF 4ª R.; AG 5030962-39.2018.4.04.0000; Quarta Turma; Rel. Des. Fed. Luís Alberto d'Azevedo Aurvalle; Julg. 15/05/2019; DEJF 17/05/2019)

Art. 677. Na petição inicial, o embargante fará a prova sumária de sua posse ou de seu domínio e da qualidade de terceiro, oferecendo documentos e rol de testemunhas.

Necessidade de apresentação do rol de testemunhas na petição inicial:

✓ AGRAVO DE INSTRUMENTO. Embargos de terceiro. Petição inicial sem acompanhar o necessário rol de testemunhas. Pedido de produção de prova testemunhal e deferido pelo juízo a quo. Produção de prova oral restou preclusa por não respeitar ao disposto nos artigos 677 do CPC/2015 (antigo art. 1050 do CPC/1973). (...) (TJSE; AI 202000712286; Ac. 29948/2020; Primeira Câmara Cível; Rel. Des. Ruy Pinheiro da Silva; DJSE 14/10/2020)

Necessidade de comprovação documental da efetiva transação referente à aquisição do bem:

✓ APELAÇÃO. CIVIL E PROCESSUAL CIVIL. EMBARGOS DE TERCEIRO. PENHORA DE VEÍCULO EFETUADA NOS AUTOS DE CUMPRIMENTO DE SENTENÇA. VEÍCULO OBJETO DE ALIENAÇÃO FIDUCIÁRIA EM GARANTIA. PRETENSÃO DE EXTIRPAR A CONSTRIÇÃO. PROCURAÇÃO PÚBLICA. PODERES LIMITADOS. AQUISIÇÃO DE VEÍCULO EM DATA ANTERIOR À PENHORA. NÃO COMPROVAÇÃO. ÔNUS SUCUMBENCIAIS. GRATUIDADE DE JUSTIÇA. SUSPENSÃO DE EXIGIBILIDADE. RECURSO CONHECIDO E DESPROVIDO. 1. Nos termos do art. 674 do CPC, quem, não sendo parte no processo, sofrer constrição ou ameaça de constrição sobre bens que possua ou sobre os quais tenha direito incompatível com o ato constritivo, poderá requerer seu desfazimento ou sua inibição por meio de embargos de terceiro. Dessa forma, incumbe ao embargante, que alega ser real proprietário do bem penhorado, comprovar a aquisição efetiva e em data anterior ao ato constritivo (art. 373, I, do CPC). 2. No caso, o instrumento público de procuração coligido aos autos, com o objetivo de comprovar a cessão de direitos sobre o veículo objeto de alienação fiduciária em garantia, confere apenas poderes limitados ao procurador, obstando, inclusive, a possibilidade de substabelecimento, além de não ostentar caráter de irrevogabilidade e irretratabilidade, tampouco dispensar a prestação de contas, sendo que se atribuem tais características à procuração in rem suam. Ademais, os comprovantes de pagamentos colacionados apontam a ocorrência de depósitos bancários efetuados na conta bancária de titularidade da esposa do sócio-proprietário da pessoa jurídica outorgante mandante, mas não esclarecem se foram realizados pelo embargante. 3. Dessa forma, observado que as provas produzidas pelo ora recorrente não são capazes de comprovar a cessão de direitos por ato oneroso em data anterior à penhora realizada no cumprimento de sentença intentado em desfavor da pessoa jurídica outorgante da procuração, revela-se escorreita a r. Sentença que rejeitou os embargos de terceiro. (...) (TJDF; APC 07077.46-15.2019.8.07.0009; Ac. 130.3409; Segunda Turma Cível; Relª Desª Sandra Reves; Julg. 25/11/2020; Publ. PJe 10/12/2020)

§ 1º É facultada a prova da posse em audiência preliminar designada pelo juiz.

A possibilidade de audiência preliminar para esclarecimentos sobre a posse representa importante meio de prova.

✓ DIREITO DAS SUCESSÕES. APELAÇÃO. EMBARGOS DE TERCEIRO. ARROLAMENTO DA INTEGRALIDADE DO IMÓVEL SUPOSTAMENTE PERTENCENTE, EM PARTE, AOS EMBARGANTES, POR SUCESSÃO DO GENITOR, NO INVENTÁRIO DA EX-COMPANHEIRA DO PAI DELES. EXTINÇÃO POR INADEQUAÇÃO DA VIA ELEITA. IMPOSSIBILIDADE. HIPÓTESE EXPRESSAMENTE PREVISTA NO CAPUT DO ART. 1.046 DO CPC DE 1973. INCERTEZA QUANTO À CONDIÇÃO ALEGADA PELOS EMBARGANTES QUE NÃO OBSTA O PROCESSAMENTO DA AÇÃO. POSSIBILIDADE DE DESIGNAÇÃO DE AUDIÊNCIA PRELIMINAR. SUPERVENIÊNCIA DE SENTENÇA TRANSITADA EM JULGADO RECONHECENDO A ALEGADA UNIÃO ESTÁVEL E A AQUISIÇÃO DO BEM EM QUESTÃO DURANTE O RELACIONAMENTO. (...) 2. No presente recurso, os apelantes defendem a nulidade da sentença em razão da ausência de produção de prova testemunhal imprescindível ao deslinde do feito, o que teria resultado em cerceamento de defesa3. Os embargos de terceiro são o meio processual destinado a proteger a posse dos bens atingidos por ato judicial proveniente de processo não integrado pelo terceiro senhor possuidor ou apenas possuidor, nos termos do artigo 1.046 do código de processo civil de 1973, sob a égide do qual foi ajuizada a ação originária. 4. No caso concreto, verifica-se que os embargos de terceiro opostos são, em tese, cabíveis, pois pretendem resguardar bem incluído de forma integral e supostamente indevida no inventário da ex-companheira do pai dos embargantes, haja vista que esses entendem serem proprietários de parcela do imóvel, considerando que ele pertenceria também ao seu falecido pai, que teria vivido em união estável com a de cujus em nome de quem o bem estava registrado. 5. Assim, não se pode considerar que há inadequação da via eleita, pois a possibilidade de utilização dos embargos de terceiro a fim de preservar a posse de bem arrolado em inventário encontra-se expressamente prevista na legislação de regência. 6. Apesar de ser necessária a comprovação sumária da qualidade de possuidor do polo autoral, há possibilidade de oitiva de testemunhas em audiência preliminar, uma vez que essa espécie constitui um importante meio de prova quando há dúvidas quanto às alegações expostas pelas partes e quando a documentação acostada não se mostra suficiente para o convencimento do magistrado. 7. Sob essa perspectiva, não foi garantida aos apelantes a produção de provas pelos meios admitidos pela legislação pátria, de modo que houve cerceamento de defesa, acarretando a nulidade da sentença. (...). (TJCE; APL 0006282-46.2015.8.06.0047; Primeira Câmara de Direito Privado; Rel. Des. Heráclito Vieira de Sousa Neto; Julg. 22/04/2020; DJCE 28/04/2020; Pág. 32)

§ 2º O possuidor direto pode alegar, além da sua posse, o domínio alheio.

§ 3º A citação será pessoal, se o embargado não tiver procurador constituído nos autos da ação principal.

§ 4º Será legitimado passivo o sujeito a quem o ato de constrição aproveita, assim como o será seu adversário no processo principal quando for sua a indicação do bem para a constrição judicial.

Litisconsórcio passivo necessário entre autor e réu, pois este deu ensejo à oposição de embargos de terceiro:

✓ AGRAVO DE INSTRUMENTO. AÇÃO CIVIL PÚBLICA POR ATO DE IMPROBIDADE ADMINISTRATIVA. CUMPRIMENTO DE SENTENÇA. Perdimento de bem imóvel. Embargos de terceiro. Legitimidade passiva para o incidente. Embargos de terceiro ajuizado pelo atual proprietário registrário de bem imóvel que fora objeto de perdimento em favor da CETESB durante a fase de cumprimento de sentença em ação civil por ato de improbidade administrativa promovida pelo MPE-SP contra a aqui agravante (processo nº 0010796-84.1994.8.26.0576). (...). Hipótese dos autos que revela típica situação de litisconsórcio passivo necessário para os embargos de terceiro, devendo figurar em seu bojo tanto o exequente (MPE-SP) quanto a executada (Ana Rita) da ação principal. Inteligência do art. 677, §4º, do CPC/2015. (...) (TJSP; AI 2187140-85.2019.8.26.0000; Ac. 13674396; São José do Rio Preto; Quarta Câmara de Direito Público; Rel. Des. Paulo Barcellos Gatti; Julg. 22/06/2020; DJESP 02/07/2020; Pág. 2705)

Art. 678. A decisão que reconhecer suficientemente provado o domínio ou a posse determinará a suspensão das medidas constritivas sobre os bens litigiosos objeto dos embargos, bem como a manutenção ou a reintegração provisória da posse, se o embargante a houver requerido.

Suspensão da medida constritiva a partir de suficientes indícios de incompatibilidade do direito do embargante com os atos do juízo:

✓ AGRAVO DE INSTRUMENTO. EMBARGOS DE TERCEIRO. DECISÃO DENEGATÓRIA DE EFEITO SUSPENSIVO. RECURSO DA EMBARGANTE. ALEGADA A PROPRIEDADE E POSSE SOBRE O AUTOMOTOR. INEXISTÊNCIA DE INDÍCIOS APRESENTADOS PELA AUTORA, CONFORME ÔNUS ATRIBUÍDO PELOS ARTS. 373, I, 677 E 678 DA LEI ADJETIVA CIVIL. DOMÍNIO DE BEM MÓVEL QUE SE ADQUIRE APENAS COM A TRADIÇÃO, A TEOR DO ART. 1.226 DO CÓ-

DIGO CIVIL. PROVAS NOS AUTOS APONTANDO SER A EXECUTADA A VERDADEIRA POSSUIDORA DA COISA DISPUTADA, A QUAL FOI APREENDIDA NO MUNICÍPIO DE DOMICÍLIO DESTA, DIVERSO DAQUELE ONDE RESIDE A RECORRENTE. ADEMAIS, DEVEDORA QUE RECEBEU O VEÍCULO JUNTO À CONCESSIONÁRIA. AUSÊNCIA DE FUMUS BONUS IURIS PARA SOBRESTAR OS EFEITOS DO ATO CONSTRITIVO. ACERTO DA DECISÃO VERGASTADA. RECLAMO DESPROVIDO. A teor dos arts. 373, I, 677 e 678, do Código de Ritos, a concessão de efeito suspensivo a embargos de terceiro demanda a demonstração sumária da posse ou propriedade do bem litigioso pelo embargante, sem o que resta ausente o fumus bonus iuris necessário ao deferimento da tutela almejada. In casu, a agravante não logrou comprovar o alegado domínio sobre o automotor penhorado na execução, ainda que tenha contraído financiamento bancário para sua aquisição, porquanto inexiste demonstrativo da ocorrência da tradição do bem em seu favor, requisito essencial à transferência da propriedade, consoante art. 1.226 do Código Civil. Também inexistem provas do exercício de atos de posse da embargante sobre a coisa, a qual foi apreendida em poder da executada, a qual reside em município diverso e retirou o automóvel diretamente da concessionária, havendo fundadas suspeitas de que seja a verdadeira proprietária e possuidora do veículo. Portanto, na falta de embasamento mínimo para o acolhimento do pleito de urgência, escorreito o decisum que denegou o efeito suspensivo pretendido. (...) (TJSC; AI 4010939-64.2019.8.24.0000; Quilombo; Segunda Câmara de Direito Comercial; Rel. Des. Robson Luz Varella; DJSC 11/02/2020; Pag. 286)

Parágrafo único. O juiz poderá condicionar a ordem de manutenção ou de reintegração provisória de posse à prestação de caução pelo requerente, ressalvada a impossibilidade da parte economicamente hipossuficiente.

Desnecessidade de prestação de caução:

✓ AGRAVO DE INSTRUMENTO. (...) 1. A admissão dos embargos de terceiro tem como consequência imediata, desprendida de qualquer caução, a suspensão do processo principal quanto ao objeto da pretensão incidental, suspensividade que somente pode ser negada nas hipóteses de rejeição liminar dos embargos ou quando cabalmente evidenciada a hipótese de fraude, o que decorre da própria natureza que ostentam, pois consubstanciam ação constitutiva negativa daquele que, não sendo parte no processo, é injustamente atingido em sua esfera patrimonial, encontrando suporte na presunção de boa-fé do terceiro, que não se abala defronte meras abstrações das circunstâncias que orbitam os fatos cingidos na peça de embargos, sob pena de esvaziamento da sua própria eficácia. 2. Derivada da presunção de boa-fé do embargante na aquisição ou de legitimidade da posse agitada quanto ao bem litigioso é possível afirmar que, recebidos os embargos de terceiro, e não havendo provas contundentes de fraude, a suspensão da ação principal não deriva de atuação discricionária, consubstanciando dever oriundo de norma cogente, traduzido no efeito necessário assegurado aos embargos de terceiro, pois a preservação das coisas até a resolução da pretensão desconstitutiva encontra respaldo na regulação procedimental à qual estão sujeitos e encontra ressonância nos princípios da segurança jurídica e da efetividade processual. 3. A suspensão do processo principal, na razão do bem embargado, é inerente ao ato de oposição dos embargos de terceiro, ou seja, independe da aferição dos requisitos da tutela de urgência de natureza antecipatória, acautelatória ou inibitória, como se verifica nos outros incidentes processuais, ocorrendo quase de forma espontânea, pois a ausência de verossimilhança das alegações ou mesmo a ausência da fumaça do bom direito, se não têm o condão de pôr fim liminar aos embargos, outrossim, não ilidem o efeito paralisante que exercem em face da ação principal, ressalvado que isso não significa dizer que o juiz está hermeticamente atado à suspensão do processo sempre que receber os embargos de terceiro, à medida que, diante de prova contundente de fraude à execução, poderá resguardar a continuidade da ação principal. 4. De conformidade com o preceituado nos artigo 674 e 678 do Estatuto Processual, diante do ajuizamento da ação de embargos de terceiro, municiada do efeito paralisante que lhe é inerente, não sobeja possível a prática de qualquer de expropriação patrimonial alcançando o bem objeto da pretensão incidental, sobressaindo que, até que seja resolvida a pretensão incidental manejada pelo embargante, ressoa impassível que não experimentará a expropriação patrimonial que objetiva evitar, tornando desnecessária e descabida, inclusive porque não se conforma com a natureza da ação por descerrar exaurimento da tutela almejada, a desconstituição da penhora em sede tutela provisória. (...) (TJDF; AGI 07118.63-42.2020.8.07.0000; Ac. 128.0302; Primeira Turma Cível; Rel. Des. Teófilo Caetano; Julg. 02/09/2020; Publ. PJe 01/10/2020)

Art. 679. Os embargos poderão ser contestados no prazo de 15 (quinze) dias, findo o qual se seguirá o procedimento comum.

→ *v.* Enunciado 132 do CJF: O prazo para apresentação de embargos de terceiro tem natureza processual e deve ser contado em dias úteis.

Nova ordem de reintegração emitida em razão da notícia de nova invasão do imóvel não tem o condão de reabrir o prazo para contestar os embargos.

✓ AGRAVO DE INSTRUMENTO. BEM IMÓVEL. EMBARGOS DE TERCEIRO OPOSTOS FRENTE A ORDEM DE REINTEGRAÇÃO DE POSSE. Indeferido o embargo liminar. Irresignação improcedente. Hipótese em que, pelo que se depreende de menos aprofundado exame dos autos, os embargos foram opostos além do prazo previsto no art. 679 do CPC, considerada a data em que se deu o primeiro cumprimento do mandado de reintegração de posse expedido em função da sentença. Nova ordem de reintegração, emitida em razão da notícia de nova invasão do imóvel, sem o condão de reabrir aquele prazo. Embargante que, ademais, parece não ostentar a efetiva condição de terceira, uma vez que foi formalmente citada para a ação de reintegração de posse e teve plenas condições de ali se defender, embora tenha deixado de fazê-lo. (...) (TJSP; AI 2148542-62.2019.8.26.0000; Ac. 13177278; Ferraz de Vasconcelos; Décima Nona Câmara de Direito Privado; Rel. Des. Ricardo Pessoa de Mello Belli; Julg. 12/12/2019; DJESP 23/01/2020; Pág. 6259).

A decisão que anula determinação de penhora de imóvel após a interposição do incidente, sem atender ao disposto nos arts. 676 e 679 do CPC, viola o contraditório e o devido processo legal.

✓ CUMPRIMENTO DE SENTENÇA. (...) Embargos de terceiro. Decisão que anula determinação de penhora de imóvel após a interposição do incidente, sem atendimento ao disposto nos arts. 676 e 679, do CPC. Desatendimento aos princípios do contraditório e do devido processo legal. Decisão reformada, para determinar o processamento do incidente. (...) (TJSP; AI 2198366-87.2019.8.26.0000; Ac. 13132900; Boituva; Segunda Câmara Reservada de Direito Empresarial; Rel. Des. Grava Brazil; Julg. 29/11/2019; DJESP 09/12/2019; Pág. 1988)

Art. 680. Contra os embargos do credor com garantia real, o embargado somente poderá alegar que:

I – o devedor comum é insolvente;

II – o título é nulo ou não obriga a terceiro;

III – outra é a coisa dada em garantia.

Configuração da hipótese do art. 680, III do CPC.

✓ EMBARGOS DE TERCEIRO. Penhor agrícola. Sacas de soja. Prevalência da primeira cédula de produto rural emitida pelo coexecutado em favor da embargante, pela anterioridade do registro do título. Embargante que não comprovou, contudo, que a garantia real da qual é titular, decorrente da segunda cédula de produto rural apresentada, recai sobre a soja arrestada que tem origem na Fazenda Santo Expedito II, não enumerada como local de produção dada em penhor à embargante. Hipótese que se amolda ao art. 680, III, do CPC/2015, pois a embargante não se desincumbiu do ônus de provar que o excedente arrestado era objeto do seu penhor agrícola. (...) (TJSP; AC 1068275-48.2018.8.26.0100; Ac. 13100485; São Paulo; Vigésima Câmara de Direito Privado; Rel. Des. Álvaro Torres Júnior; Julg. 18/11/2019; rep. DJESP 29/11/2019; Pág. 2160).

Art. 681. Acolhido o pedido inicial, o ato de constrição judicial indevida será cancelado, com o reconhecimento do domínio, da manutenção da posse ou da reintegração definitiva do bem ou do direito ao embargante.

Perda da eficácia dos atos constritivos ante a procedência dos embargos de terceiro.

✓ AGRAVO DE INSTRUMENTO. (...) Declaração de fraude à execução em relação à alienação de partes ideais de dois imóveis. Determinação de penhora. Nota de devolução do registrador dando conta da impossibilidade de anotação da constrição, vez que o imóvel não mais pertence ao executado. Indeferimento posterior das penhoras em razão da existência de embargos de terceiro. Correção. Os atos constritivos ficam sem eficácia no caso de procedência dos embargos de terceiro. Inteligência do art. 681 do NCPC. (...) (TJSP; AI 2231545-17.2016.8.26.0000; Ac. 10123363; Campinas; Vigésima Quinta Câmara de Direito Privado; Rel. Des. Azuma Nishi; Julg. 02/02/2017; DJESP 10/02/2017)

✓ APELAÇÃO CÍVEL. EMBARGOS À ARREMATAÇÃO. Decisão que rejeitou a referida peça defensiva. Recurso do polo embargante. Pedido de anulação da arrematação. Acolhimento superveniente à arrematação de embargos de terceiro opostos por outro credor do bem arrematado, reconhecendo a eficácia de pretérita alienação da propriedade em debate, levada a efeito nos autos de outro processo de execução. Precária arrematação realizada em propriedade que não pertencia ao devedor, aqui embargado, consoante reconhecido em feito outro. Desconstituição dos atos constritivos que se impõe, inclusive da própria arrematação aqui questionada. Decisão reformada, de modo a julgar-se procedentes os presentes embargos. (...) (TJSC; AC 0007040-32.2010.8.24.0004; Araranguá; Terceira Câmara de Direito Comercial; Rel. Des. Túlio José Moura Pinheiro; DJSC 04/12/2020; Pag. 365)

Aplicação do princípio da causalidade da definição dos honorários advocatícios:

✓ APELAÇÃO. EMBARGOS DE TERCEIRO. PELA APLICAÇÃO DO PRINCÍPIO DA CASUALIDADE, DEVE ARCAR COM OS ÔNUS DA SUCUMBÊNCIA AQUELE QUE DEU CAUSA À INSTAURAÇÃO DA DEMANDA. Constrição indevida de um terço de imóvel rural. Caracterização de revelia da instituição financeira, com julgamento de parcial procedência pelo dd. Juízo a quo. Pedido da autora que foi acolhido em toda a sua extensão. Necessidade de reforma do dispositivo. Certidão de matrícula que dispunha claramente acerca das cláusulas de inalienabilidade e impenhorabilidade que gravam o bem imóvel, reputadas válidas pela respeitável sentença. Instituição financeira que deu causa à constrição indevida e, por consequência, deve arcar com os honorários advocatícios. Aplicação da Súmula nº 303, do c. STJ, assomada ao art. 85, caput, do CPC. (...) (TJSP; AC 1002486-56.2018.8.26.0180; Ac. 13005565; Espírito Santo do Pinhal; Vigésima Segunda Câmara de Direito Privado; Rel. Des. Alberto Gosson; Julg. 17/10/2019; DJESP 30/10/2019; Pág. 2561)

CAPÍTULO VIII
DA OPOSIÇÃO

Art. 682. Quem pretender, no todo ou em parte, a coisa ou o direito sobre que controvertem autor e réu poderá, até ser proferida a sentença, oferecer oposição contra ambos.

Não cabe oposição quando a pretensão do opoente se dirige a bem diverso daquele discutido na demanda principal:

✓ APELAÇÃO CÍVEL. AÇÃO DE OPOSIÇÃO. DESAPROPRIAÇÃO. Pretensão dos opoentes de receberem a indenização pela área desapropriada em razão de contrato de cessão celebrado com os expropriados. Inadmissibilidade de análise pela via da oposição. Não pode a oposição tratar de tema diverso daquele discutido na ação principal (art. 682, NCPC). Eventual discussão acerca do domínio do imóvel que deve ser travada em ação própria, respeitados os estreitos limites de cognição da ação de desapropriação (art. 20, Decreto-Lei nº 3.365/41). Assim, a ação de oposição movida contra as partes do feito expropriatório é via inadequada para se debater a titularidade do bem expropriado. (...) (TJSP; APL 0003714-87.2014.8.26.0224; Ac. 12184258; Guarulhos; Quinta Câmara de Direito Público; Relª Desª Heloísa Martins Mimessi; Julg. 04/02/2019; rep. DJESP 15/02/2019; Pág. 2876)

Cabimento de oposição em ação de desapropriação em que a União alega ser a proprietária das terras públicas a serem expropriadas:

✓ ADMINISTRATIVO E PROCESSUAL CIVIL. AÇÃO DE DESAPROPRIAÇÃO POR UTILIDADE PÚBLICA. CONSTRUÇÃO DE HIDRELÉTRICA. BEM DOMINICAL DA

UNIÃO SITUADO EM FAIXA DE FRONTEIRA. POSSIBILIDADE DA OPOSIÇÃO. PRECEDENTES DO STJ E DESTE TRIBUNAL. (...) 1. Apelação interposta pela União contra sentença que, em oposição oferecida em ação expropriatória ajuizada por concessionária de energia elétrica em desfavor de particulares, declarou extinto o processo, sem resolução do mérito, nos termos do art. 267, VI, do CPC/73. 2. A jurisprudência do Superior Tribunal de Justiça, bem como a deste Tribunal, é tranquila no sentido de ser possível a modalidade interventiva da oposição em demandas possessórias entre particulares, onde se discute o domínio público do imóvel ocupado. Precedentes: EREsp 1.134.446/MT, Rel. Ministro Benedito Gonçalves, Corte Especial, DJe 04/04/2018; AC 0003555-88.2014.4.01.4100, Rel. Desembargadora Federal Mônica Sifuentes, Terceira Turma, e-DJF1 22/02/2019; AC 0002662-29.2016.4.01.4100, Rel. Desembargador Federal Cândido Ribeiro, Quarta Turma, e-DJF1 27/11/2018. 3. No caso dos autos, a União oferece oposição nos autos de ação de desapropriação ajuizada por empresa concessionária de energia elétrica, sustentando que o imóvel expropriando faria parte de uma área maior arrecada e incorporada pelo ente federal, situada em faixa de fronteira nacional, paralela ao território boliviano, a qual, portanto, não seria passível de alienação por constituir bem público dominical essencial à proteção do Estado brasileiro. 4. Merece reforma a sentença impugnada a fim de que a oposição manifestada pela União seja regularmente processada. 5. Não cabe, contudo, o julgamento do mérito diretamente pelo Tribunal, nos termos do art. 515, § 3º, do CPC/73 (art. 1.013, § 3º, do CPC/2015), porquanto além de o feito ter sido extinto prematuramente, alegam os expropriados que o imóvel seria objeto de procedimento administrativo no âmbito do INCRA para fins de regularização (PA INCRA/SR-17/ Nº 0300/92), o que demandaria, a princípio, instrução probatória para a solução da controvérsia. (...) (TRF 1ª R.; AC 0004990-97.2014.4.01.4100; Quarta Turma; Rel. Des. Fed. Néviton Guedes; DJF1 04/12/2019)

Cabe oposição após a concessão de tutela antecipada na ação originária:

✓ APELAÇÃO CÍVEL. DIREITO PROCESSUAL CIVIL. INTERVENÇÃO DE TERCEIRO. OPOSIÇÃO. INDEFERIMENTO DA PETIÇÃO INICIAL POR VIOLAÇÃO AO PRINCÍPIO DO JUIZ NATURAL. INOCORRÊNCIA. SENTENÇA ANULADA. 1. Quem pretender, no todo ou em parte, a coisa ou o direito sobre que controvertem autor e réu poderá, até ser proferida a sentença, oferecer oposição contra ambos (artigo 682 do NCPC).2. Conforme se enxerga dos fundamentos utilizados na sentença, o magistrado primevo entendeu que a oposição feita pela apelante estaria a ofender o princípio do juiz natural, vez que manejada após a distribuição da ação, da concessão da tutela antecipada e citação do réu. 3. A oposição retratada nos autos está direcionada à pretensão de ambas as partes, autores e réu. Ademais o fato de ter sido deferida a tutela antecipada na ação principal também não ofende o juízo natural, pois além da liminar não se estender automaticamente à opoente, a decisão monocrática não se confunde com a cognição exauriente, podendo ser cassada a qualquer momento quando ausente algum dos requisitos legais. 4. Sendo a oposição instituto jurídico que pretende, no todo ou em parte, a coisa ou direito sobre que pende demanda entre outras pessoas, não há que se exigir proceder diferente da opoente, pois a necessidade de processo pendente é exigência essencial do próprio instituto, não tendo, ainda, a mesma a obrigação de ter conhecimento sobre processo no qual não fora citado ou intimado. 5. Vale ressaltar que a oposição é uma ação autônoma que visa assegurar economia processual, e oportunizar ao opoente se valer de processo já instaurado para nele incluir sua demanda excludente da demanda da ação principal, mostrando-se mais eficaz para evitar os riscos da projeção da sentença para outras pessoas, como aconteceria na hipótese dos autos. 6. Portanto, não verificada a violação ao princípio do juiz natural, a anulação da sentença é medida que se impõe. (...) (TJCE; APL 001281446.2014.8.06.0055; Sétima Câmara Cível; Rel. Des. Francisco Bezerra Cavalcante; DJCE 11/04/2016; Pág. 53)

Art. 683. O opoente deduzirá o pedido em observação aos requisitos exigidos para propositura da ação.

→ *V.* Art. 319 e ss. do CPC

Basta a publicação do ato em nome dos advogados constituídos, através do Diário da Justiça Eletrônico, para integrar os opostos à relação processual.

✓ APELAÇÃO. DIREITO CIVIL. REINTEGRAÇÃO DE POSSE. OPOSIÇÃO. PRELIMINAR DE NULIDADE DA SENTENÇA POR AUSÊNCIA DE CITAÇÃO. REJEITADA. ART. 683, PARÁGRAFO ÚNICO, DO CÓDIGO DE PROCESSO CIVIL. (...) 1. Consoante se depreende do art. 683, parágrafo único, do Código de Processo Civil, distribuída a Oposição por dependência, serão os opostos citados, na pessoa de seus respectivos advogados, para contestar o pedido no prazo comum de 15 (quinze) dias. O dispositivo é claro quanto ao procedimento especial a ser seguindo, bastando a publicação do ato em nome dos advogados constituídos, através do Diário da Justiça Eletrônico. DJE, para integrar os opostos à relação processual. A medida visa conferir celeridade ao procedimento, estruturado em função do princípio da economia processual, por ser o meio mais rápido e barato de comunicação, não havendo prejuízo à parte, já que a Oposição foi apensada, tão logo proposta, aos autos da Reintegração de Posse na qual figurou como autora, tendo se manifestado poucos dias depois da determinação para citação. (...) (TJDF; APC 00080.30-12.2015.8.07.0007; Ac. 126.7030; Oitava Turma Cível; Rel. Des. Eustáquio de Castro; Julg. 22/07/2020; Publ. PJe 03/08/2020).

Parágrafo único. Distribuída a oposição por dependência, serão os opostos citados, na pessoa de seus respectivos advogados, para contestar o pedido no prazo comum de 15 (quinze) dias.

A citação do oposto deve ser feita na pessoa do advogado, sendo irrelevante o fato de o patrono não ter poderes específicos para receber citação.

✓ PROCESSUAL CIVIL. Oposição. Citação do oposto que deve ser feita na pessoa de seu advogado, nos termos do artigo 683, p.u. Do CPC. Irrelevância de o patrono não ter poderes específicos para receber citação. Preliminar afastada. (...) (TJSP; AC 1001599-38.2019.8.26.0568; Ac. 12891057; São João da Boa Vista; Quinta Câmara de Direito Privado; Rel. Des. Moreira Viegas; Julg. 18/09/2019; DJESP 26/09/2019; Pág. 2652).

Art. 684. Se um dos opostos reconhecer a procedência do pedido, contra o outro prosseguirá o opoente.

Art. 685. Admitido o processamento, a oposição será apensada aos autos e tramitará simultaneamente à ação originária, sendo ambas julgadas pela mesma sentença.

A oposição e a ação devem ser julgadas simultaneamente com a prolação de decisão única.

✓ APELAÇÃO CÍVEL. OPOSIÇÃO À AÇÃO DE USUCAPIÃO. NULIDADE DA SENTENÇA. JULGAMENTO SIMULTÂNEO. NECESSIDADE. Nos termos do art. 685 do CPC, a oposição deve ser julgada em conjunto com a ação principal e pela mesma sentença, não sendo admitido o julgamento independente de ambas as demandas. Deve ser reconhecida a nulidade da sentença recorrida para que a oposição e a ação de usucapião sejam julgadas simultaneamente, com a prolação de sentença única. (TJMG; APCV 0028619-90.2015.8.13.0384; Leopoldina; Décima Quarta Câmara Cível; Rel. Des. Marco Aurelio Ferenzini; Julg. 27/08/2020; DJEMG 04/09/2020).

✓ APELAÇÃO CÍVEL. AÇÃO DE REINTEGRAÇÃO DE POSSE. OPOSIÇÃO. ILEGITMIDADE ATIVA. PREJUDICIAL EXTERNA. AÇÃO POSSESSÓRIA EM ANDAMENTO. A preliminar de ilegitimidade ativa não merece acolhimento, porquanto a questão se resolve com base no princípio da asserção. Alegando os autores que ocupam a área em discussão, inclusive com regularização junto à Secretaria de Habitação do Município, a sua legitimidade ativa é inequívoca. A ação de reintegração de posse e oposição devem ser analisadas conjuntamente, nos termos do artigo 685 do CPC. Então, face a conexão e similitude sobre o mesmo tema, o julgamento dos feitos (reintegração de posse e oposição) deve ocorrer de forma simultânea, resultando em efeitos idênticos para as partes. (...) (TJRS; APL 0206221-44.2019.8.21.7000; Proc 70082343120; Caxias do Sul; Décima Nona Câmara Cível; Rel. Des. Eduardo João Lima Costa; Julg. 05/12/2019; DJERS 03/02/2020)

✓ APELAÇÃO CÍVEL. PROMESSA DE COMPRA E VENDA. INTERVENÇÃO DE TERCEIROS (OPOSIÇÃO). JULGAMENTO SEPARADO. NULIDADE ABSOLUTA. DESCONSTITUIÇÃO, DE OFÍCIO, DA SENTENÇA. RECURSO PREJUDICADO. Conforme exegese do art. 685 do CPC/2015 (reproduzindo disposição do art. 59 do CPC/1973), a oposição deve ser apensada aos autos, tramitando simultaneamente à ação originária, sendo ambas julgadas pela mesma sentença. Na hipótese, o julgamento apartado da oposição configura nulidade processual absoluta, a impor a desconstituição da sentença, conforme entendimento jurisprudencial desta corte. Precedentes. (...) (TJRS; AC 0327691-13.2017.8.21.7000; Passo Fundo; Vigésima Câmara Cível; Rel. Des. Dilso Domingos Pereira; Julg. 31/01/2018; DJERS 15/02/2018).

Em sentido contrário: embora inobservada a simultaneidade, a prolação de sentenças distintas na ação principal e na oposição manejada em feito apartado configura mera irregularidade impassível de gerar a nulificação dos julgados.

✓ APELAÇÕES. AÇÃO DECLARATÓRIA DE NULIDADE DE DOAÇÃO PÚBLICA DE BEM IMÓVEL. AJUIZAMENTO PELO MUNICÍPIO DE PRATÁPOLIS. TERRENO DESTINADO À ATIVIDADE INDUSTRIAL. ENCERRAMENTO IRREGULAR. (...) Embora inobservada a simultaneidade disposta no artigo 685, do CPC, a prolação de sentenças distintas para a ação principal e a oposição manejada em feito apartado, ante a inexistência de qualquer prejuízo ao direi TO de defesa do opoente recorrente, configura mera irregularidade impassível de gerar a nulificação dos julgados, por força do artigo 283, do CPC. (...) (TJMG; APCV 0027604-15.2010.8.13.0529; Pratápolis; Sexta Câmara Cível; Rel. Des. Corrêa Junior; Julg. 06/10/2020; DJEMG 16/10/2020).

A oposição deve ser apensada para prolação de sentença única.

✓ APELAÇÃO CÍVEL. OPOSIÇÃO. AÇÃO DE USUCAPIÃO ENTRE TERCEIROS. ALEGAÇÃO DE PROPRIEDADE DE UNIDADE HABITACIONAL EXISTENTE NO IMÓVEL EDIFICADO OBJETO DA USUCAPIÃO. REQUISITOS DO ART. 682 DO CPC/15. NECESSIDADE DE PROSSEGUIMENTO DA OPOSIÇÃO. Nos termos do art. 682 do CPC/15, "quem pretender, no todo ou em parte, a coisa ou o direito sobre que controvertem autor e réu poderá, até ser proferida a sentença, oferecer oposição contra ambos". Preenchidos os requisitos legais pela opoente, impõe-se o prosseguimento da oposição, a qual deve ser apensada à ação entre os opostos para que seja proferida sentença única em ambos os feitos. (TJMG; APCV 1.0021.16.000355-0/001; Rel. Des. Manoel dos Reis Morais; Julg. 02/05/2017; DJEMG 17/05/2017)

A ação de oposição não é capaz de modificar a competência estabelecida na ação principal:

✓ DIREITO PROCESSUAL CIVIL. CONFLITO NEGATIVO DE COMPETÊNCIA. AÇÃO DE REINTEGRAÇÃO DE POSSE. OPOSIÇÃO. DISTRIBUIÇÃO POR DEPENDÊNCIA. COMPETÊNCIA DO JUÍZO SUSCITADO. I. Segundo a inteligência do artigo 683, parágrafo único, do Código de Processo Civil, que estabelece hipótese de competência funcional e, portanto, absoluta, a oposição deve ser distribuída por dependência. II. A oposição representa demanda de cunho incidental que não tem o condão de modificar a competência já sedimentada da ação principal em curso. III. Raiaria pela inversão da ordem processual e pela completa dissonância com o princípio da gravitação admitir que a oposição possa alterar a competência da ação possessória em função da qual foi proposta. (...) (TJDF; CCP 2016.00.2.026052-9; Ac. 975.678; Segunda Câmara Cível; Rel. Des. James Eduardo Oliveira; Julg. 17/10/2016; DJDFTE 28/10/2016)

Parágrafo único. Se a oposição for proposta após o início da audiência de instrução, o juiz suspenderá o curso do processo ao fim da produção das provas, salvo se concluir que a unidade da instrução atende melhor ao princípio da duração razoável do processo.

Suspensão da ação originária para julgamento conjunto:

✓ OPOSIÇÃO. Despacho que suspendeu o andamento da ação de usucapião especial urbano para julgamento em conjunto com a oposição 1002748-22.2017. Oposição citado no despacho não se confunde com a não conhecida pelo MM. Juízo a quo. Despacho em conformidade com o disposto no artigo 685 do Código de Processo Civil. (...) (TJSP; AI 2098959-79.2017.8.26.0000; Ac. 10659824; Praia Grande; Sexta Câmara de Direito Privado; Rel. Des. Percival Nogueira; Julg. 04/08/2017; DJESP 21/08/2017; Pág. 2815)

Art. 686. Cabendo ao juiz decidir simultaneamente a ação originária e a oposição, desta conhecerá em primeiro lugar.

Prejudicialidade da oposição em relação à ação originária:

✓ PROCESSUAL CIVIL. APELAÇÃO CÍVEL. OPOSIÇÃO. SENTENÇA QUE EXTINGUIU O FEITO SEM RESOLUÇÃO DO MÉRITO (ART. 485, VI, DO CPC). JULGAMENTO DA AÇÃO PRINCIPAL QUE TERIA CAUSADO PERDA SUPERVENIENTE DO INTERESSE DE AGIR DO OPOENTE. ERROR IN PROCEDENDO EVIDENCIADO. INOBSERVÂNCIA AO DISPOSTO NOS ARTS. 685 E 686, DO CPC. OPOSIÇÃO QUE DEVERÁ SER JULGADA ANTES OU CONJUNTAMENTE COM A DEMANDA PRINCIPAL OU PROCESSADA COMO AÇÃO AUTÔNOMA. PRECEDENTES STJ. CASSAÇÃO QUE SE IMPÕE. APELO CONHECIDO E PROVIDO. SENTENÇA CASSADA. RETORNO DOS AUTOS À ORIGEM. 1. O cerne da questão cinge-se em averiguar a higidez da sentença que extinguiu a ação de oposição sem resolução do mérito, com base no art. 485, VI, do CPC, pois, após o julgamento da ação principal, teria ocorrido a perda superveniente do interesse de agir. 2. Contudo, coadunando com os argumentos esposados pelo apelante e judicioso parecer da lavra da douta procuradora de justiça, é possível evidenciar o *error in procedendo* perpetrado pelo juízo a quo. 3. Isso porque, da literalidade dos dispositivos constantes no art. 685 e 686 do CPC é possível confirmar o imprescindível julgamento anterior da oposição ou conjuntamente com a ação originária, não havendo se falar em extinção daquela sem a sua devida apreciação. 4. Ademais, o colendo STJ possui entendimento firmado que, a imutabilidade da coisa julgada referente à demanda originária limita-se aos respectivos autor e réu, não submetendo/subordinando o provimento jurisdicional a ser exarado nos autos da oposição interventiva julgada posteriormente e de forma autônoma, cujo aspecto subjetivo é mais amplo do que o da primeira, por dizer respeito à relação jurídica processual instaurada entre o opoente e os opostos. " (STJ, RESP 1552230/MG, Rel. Ministro Luís Felipe Salomão, quarta turma, julgado em 10/10/2019, DJE 27/11/2019). 5. De tal modo, o douto juízo de primeiro grau deveria ter procedido com a regular tramitação desta ação de oposição, pois, a existência de lide pendente entre autor e réu só é requisito processual para a sua admissão no momento de sua propositura. Após protocolada a petição de oposição, esta poderá ser apreciada independentemente da superveniência de sentença na ação principal ou mesmo da sua existência, devendo ela ser analisada no momento da prolação da sentença na querela de origem, ou tratando-se de oposição autônoma, deverá prosseguir para julgamento próprio. 6. Portanto, não no resta outra medida senão reconhecer o vício insanável epigrafado e cassar a sentença hostilizada, eis que inaplicável ao caso em desate a teoria da causa madura, pois, pendentes ainda de regular processamento, eis que não cuida apenas de matéria de direito. (...) (TJCE; AC 0000953-15.2019.8.06.0079; Primeira Câmara de Direito Público; Relª Desª Lisete de Sousa Gadelha; Julg. 28/09/2020; DJCE 07/10/2020; Pág. 61)

Não cabimento de oposição após prolação da sentença:

✓ APELAÇÃO CÍVEL. Posse. Ação de oposição à reintegração de posse. Ajuizamento da ação de oposição após a prolação de sentença nos autos principais. Impossibilidade. Determinação expressa do artigo 682 do Código de Processo Civil. Norma em prol da celeridade processual. Via processual eleita pelo apelante que não se revela adequada. Ausência de interesse de agir. Sentença de extinção do processo sem julgamento de mérito, nos termos do artigo 485, I e VI do Código de Processo Civil. (...) (TJSP; AC 1052557-14.2018.8.26.0002; Ac. 12814605; São Paulo; Décima Nona Câmara de Direito Privado; Relª Desª Daniela Menegatti Milano; Julg. 26/08/2019; DJESP 05/09/2019; Pág. 2860)

CAPÍTULO IX
DA HABILITAÇÃO

Art. 687. A habilitação ocorre quando, por falecimento de qualquer das partes, os interessados houverem de suceder-lhe no processo.

Decisão que aponta a ausência de fluência de prazo prescricional entre o falecimento do autor e o pedido de habilitação:

✓ PROCESSUAL CIVIL. (...) III. É firme o entendimento no âmbito desta Corte no sentido de que a morte de uma das partes tem, como consequência, a suspensão do processo, razão pela qual, na ausência de previsão legal impondo prazo para a habilitação dos sucessores da parte, não corre a prescrição. lV. Nessa linha, ainda que o óbito da autora tenha ocorrido ainda na fase de conhecimento, ou seja, antes da propositura da ação executiva, como a morte de uma das partes é causa de imediata suspensão do processo, não havendo previsão legal de prazo prescricional para habilitação dos sucessores, o processo deveria ter ficado suspenso, desde então, não podendo ser contato, a partir desse evento, o prazo prescricional, em prejuízo dos herdeiros, seja para a habilitação deles, seja para a propositura da ação executiva. Precedentes desta Corte: STJ, AgInt no RESP 1.508.584/PE, Rel. Ministro NAPOLEÃO NUNES MAIA FILHO, PRIMEIRA TURMA, DJe de 06/12/2018; RESP 1.707.423/RS, Rel. Ministro GURGEL DE FARIA, PRIMEIRA TURMA, DJe de 22/02/2018; RESP 1.657.663/PE, Rel. Ministra Regina HELENA COSTA, PRIMEIRA TURMA, DJe de 17/08/2017. Incidência da Súmula nº 568/STJ. (...) (STJ; AgInt-REsp 1.645.120; Proc. 2016/0331239-5; CE; Segunda Turma; Relª Minª Assusete Magalhães; Julg. 21/11/2019; DJE 29/11/2019)

Princípio da primazia do mérito em face da demora dos sucessores em apresentar todos os documentos necessários à habilitação:

✓ PROCESSUAL CIVIL. EMBARGOS DE DECLARAÇÃO. OMISSÃO NÃO CONFIGURADA. PRETENSÃO DE REDISCUSSÃO DO MÉRITO. IMPOSSIBILIDADE. IMPROVIMENTO. 1. Nos termos do art. 1.022, do CPC, os embargos de declaração são cabíveis para esclarecer obscuridade, eliminar contradição, suprir omissão ou corrigir erro material. 2. A Turma julgadora firmou o entendimento de que de que não se mostra razoável, notadamente levando-se em conta o princípio da primazia do mérito, a extinção do processo quando, a despeito da demora dos interessados para promoverem a sua habilitação, nos termos do art. 687 e seguintes do NCPC, os documentos de fls. 793/796 são suficientes para apontar o inventariante, bem como os demais sucessores. (...) (TRF 5ª R.; AC 0019631-02.2008.4.05.8300; PE; Quarta Turma; Rel. Des. Fed. Edilson Pereira Nobre Júnior; DEJF 02/10/2017; Pág. 125)

A habilitação independe de realização de procedimento de inventário:

✓ PROCESSUAL CIVIL E ADMINISTRATIVO. (...) 3. Conforme o entendimento desta Corte Superior, a habilitação dos herdeiros no processo de execução prescinde da realização de inventário, podendo ser feita pelos sucessores do de cujus na forma dos arts. 1.055 e seguintes do CPC/1973. (...) (STJ; AgInt-REsp 1.652.426; Proc. 2017/0023910-0; RS; Primeira Turma; Rel. Min. Napoleão Nunes Maia Filho; DJE 17/11/2020)

✓ ADMINISTRATIVO E PROCESSUAL CIVIL. FALECIMENTO DO AUTOR DA AÇÃO DE USUCAPIÃO. HABILITAÇÃO DE HERDEIROS NECESSÁRIOS. INVENTÁRIO. DESNECESSIDADE. 1. A parte agravante insurge-se contra decisão que determinou a habilitação do cônjuge e dos filhos do falecido (autor da ação de usucapião) afirmando a necessidade da abertura de inventário. 2. O CPC/1973, em vigor quando do óbito do autor da ação, prescrevia no art. 1.060, I: "Proceder-se-á à habilitação nos autos da causa principal e independentemente de sentença quando: I – promovida pelo cônjuge e herdeiros necessários, desde que provem por documento o óbito do falecido e a sua qualidade". 3. A jurisprudência do STJ orienta-se no sentido de que os herdeiros são legitimados para pleitearem direitos transmitidos pelo falecido, não se mostrando imprescindível a abertura do inventário. Nesse sentido: AgInt no AREsp 1.073.844/SP, Rel. Ministro Napoleão Nunes Maia Filho, Primeira Turma, DJe 1º/10/2018; AgInt no RESP 1.600.735/PR, Rel. Ministra Regina Helena Costa, Primeira Turma, DJe 5/9/2016; AGRG no AREsp 669.686/RS, Rel. Ministro Sérgio Kukina, Primeira Turma, DJe 1/6/2015. (...) (STJ; AgInt-PET-REsp 1.667.288; Proc. 2017/0095739-0; SC; Segunda Turma; Rel. Min. Herman Benjamin; Julg. 19/03/2019; DJE 31/05/2019)

✓ EMBARGOS À EXECUÇÃO EM MANDADO DE SEGURANÇA. 1. SUCESSÃO PROCESSUAL. POSSIBILIDADE NA FASE DE EXECUÇÃO. 2. HABILITAÇÃO DO ESPÓLIO. ART. 778, § 1º, II, CPC. REGULARIDADE PROCESSUAL. 3. DESNECESSIDADE DE AMPLIAÇÃO DO OBJETO DOS AUTOS. EVENTUAIS DIREITOS QUE SERÃO DISCUTIDOS NO JUÍZO SUCESSÓRIO. 4. AGRAVO REGIMENTAL A QUE SE NEGA PROVIMENTO. 1. "A jurisprudência do STJ entende que, embora o Mandado de Segurança tenha caráter personalíssimo, o que torna incabível a sucessão processual na fase de conhecimento, na execução é cabível a habilitação dos herdeiros" (EmbExeMS 786/DF, Rel. Ministro Herman Benjamin, Primeira Seção, julgado em 28/06/2017, DJe 01/08/2017). 2. "A habilitação direta de herdeiros não acarreta prejuízo a eventuais herdeiros que não estejam no processo, uma vez que, para o levantamento dos valores devidos, deverá ser exigida a comprovação formal da partilha de bens, por meio da certidão de inventariança ou do formal e da certidão de partilha, sob pena de os valores ficarem disponíveis unicamente para o espólio" (AGRG nos EmbExeMS 11.849/DF, Rel. Ministra Maria Thereza de Assis Moura, Terceira Seção, julgado em 13/3/2013, DJe 20/3/2013). 3. Revela-se desnecessário ampliar o objeto dos presentes autos, para aferir se o inventário foi aberto ou se o requerente é o representante do espólio, sendo suficiente, no caso concreto, a sucessão nos termos em que deferida, para manter a regularidade no trâmite processual. (...) (STJ; AgInt-EEx-MS 11.475; Proc. 2009/0023400-2; DF; Terceira Seção; Rel. Min. Reynaldo Soares da Fonseca; Julg. 13/03/2019; DJE 20/03/2019)

Em sentido contrário, entendendo haver necessidade de inventário:

✓ AGRAVO DE INSTRUMENTO. INTEGRALIDADE DE PENSÃO. FALECIMENTO DO CREDOR. HABILITAÇÃO NOS PRÓPRIOS AUTOS. EXISTÊNCIA DE OUTROS BENS. REPRESENTAÇÃO DO ESPÓLIO PELO INVENTARIANTE. Conforme o disposto no artigo 689 do código de processo civil, a habilitação dos sucessores será procedida nos autos do processo principal. -a habilitação dos sucessores do de cujus que deixou patrimônio suscetível de abertura de inventário exige realização do referido procedimento, sem o qual não será possível a regularização processual, com a nomeação do inventariante, representante do espólio ativa e passivamente nas ações em que este for parte (CPC, art. 75, VIII). (...) (TJRS; AI 0013612-68.2018.8.21.7000; Porto Alegre; Vigésima Quinta Câmara Cível; Relª Desª Leila Vani Pandolfo Machado; Julg. 26/06/2018; DJERS 02/07/2018)

Havendo a conclusão do inventário, não é necessária a sobrepartilha para a habilitação:

✓ AGRAVO DE INSTRUMENTO. CUMPRIMENTO DE SENTENÇA. HABILITAÇÃO DE SUCESSORES DO TITULAR DO CRÉDITO. REABERTURA DE INVENTÁRIO. INEXIGIBILIDADE. É pacífico nesta Corte a legitimidade ativa dos herdeiros necessários para, independente de inventário, postularem judicialmente valores não recebidos em vida pelo titula do crédito. Admissível a regularização da representação processual da parte exequente mediante habilitação dos sucessores, nos termos dos arts. 687 a 689 do CPC, não se figura cabível condicionar o prosseguimento da demanda à abertura de inventário ou à reabertura e sobrepartilha caso já extinto. (...) (TRF 4ª R.; AG 5020623-50.2020.4.04.0000; Terceira Turma; Rel. Des. Fed. Rogerio Favreto; Julg. 07/07/2020; Publ. PJe 08/07/2020)

✓ AGRAVO DE INSTRUMENTO. PREVIDÊNCIA PÚBLICA. CONTRIBUIÇÕES À SEGURIDADE SOCIAL. Execução de sentença contra a Fazenda Pública. Falecimento do autor. Inventário findo. Habilitação dos sucessores. Inexigível prévia sobrepartilha. Possível a habilitação nos autos, de todos os herdeiros, nos termos do artigo 689 do CPC, por estar findo o inventário, sendo inexigível prévia sobrepartilha do crédito. Para habilitação, suficiente informar o percentual cabível a cada herdeiro, exigindo-se eventual recolhimento do ITCD, no momento do pagamento. (...) (TJRS; AI 0282117-93.2019.8.21.7000; Proc 70083102087; Porto Alegre; Vigésima Quinta Câmara Cível; Relª Desª Leila Vani Pandolfo Machado; Julg. 28/04/2020; DJERS 05/05/2020)

Não tratando a demanda de direitos personalíssimos, é cabível o pedido de habilitação.

✓ ADMINISTRATIVO E PROCESSUAL CIVIL. AGRAVO INTERNO NO AGRAVO EM RECURSO ESPECIAL. DIREITO À SAÚDE. FALECIMENTO DA PARTE AUTORA. MULTA DIÁRIA. TRANSMISSIBILIDADE AOS HERDEIROS. CRÉDITO DE NATUREZA PATRIMONIAL, QUE NÃO APRESENTA O MESMO CARÁTER PERSONALÍSSIMO DA OBRIGAÇÃO DE FORNECER TRATAMENTO MÉDICO OU MEDICAMENTO. POSSIBILIDADE DE PROSSEGUIMENTO DA EXECUÇÃO PELOS SUCESSORES DA PARTE DEMANDANTE. AGRAVO INTERNO DO ENTE ESTA-

DUAL A QUE SE NEGA PROVIMENTO. 1. O presente Recurso atrai a incidência do Enunciado Administrativo 3 do STJ, segundo o qual, aos recursos interpostos com fundamento no Código Fux (relativos a decisões publicadas a partir de 18 de março de 2016), serão exigidos os requisitos de admissibilidade recursal na forma do novo Código. 2. A multa diária, tratada nos §§ 4º. a 6º. do art. 461 do CPC/1973 (art. 537 do Código Fux) afigura-se como crédito patrimonial, não se revestindo da mesma natureza personalíssima que possui a pretensão principal, nas demandas cujo objeto é a efetivação do direito à saúde. 3. O pedido de tais ações é considerado personalíssimo porque somente o autor é quem tem a necessidade do tratamento ou medicamento, em razão de suas condições pessoais de saúde. Para qualquer outra pessoa que não apresente o mesmo quadro clínico, inclusive seus herdeiros, a utilização do remédio ou a submissão ao tratamento não faria qualquer sentido, podendo ser até contraproducente. 4. Em relação ao pedido principal da ação – qual seja, a efetivação em espécie do direito personalíssimo à saúde -, não se admite a sucessão da parte demandante por seus herdeiros. 5. Quanto às questões patrimoniais, por outro lado, e ainda que se relacionem de alguma forma com o direito à saúde em si, a solução é diversa. Isso porque, havendo nos autos pretensão de caráter patrimonial, diversa do pedido personalíssimo principal, o direito subjetivo que embasa a pretensão é um crédito em obrigação de pagar quantia, sendo, por isso, plenamente transmissível aos herdeiros. 6. Há que se distinguir, portanto, a obrigação principal cujo adimplemento se busca na Ação – uma obrigação de fazer, no caso de tratamento ou providências aptas a garanti-lo, ou de dar, se o pedido for pelo fornecimento de medicamentos ou outros itens – e eventuais obrigações de pagar, que com aquela não se confundem. 7. Eventual morte da parte autora, assim, afetará apenas a obrigação de fazer ou de dar, que apresenta natureza personalíssima, porquanto adequada apenas ao quadro clínico pessoal da parte demandante. 8. Obrigações de pagar, por sua vez, são de caráter patrimonial, e por isso não têm sua utilidade prática limitada à parte autora ou às peculiaridades de sua condição clínica. Ao revés, os créditos oriundos de tais obrigações se inserem no conjunto das relações jurídicas econômicas da parte, e como tais são plenamente transmissíveis a seus herdeiros. Julgados: AgInt no AREsp. 525.359/MS, Rel. Min. GURGEL DE FARIA, DJe 1.3.2018; RESP. 1.475.871/RS, Rel. Min. João Otávio DE NORONHA, DJe 13.3.2015. 9. Por integrar o patrimônio do autor, a multa cominatória aplicada em função da recalcitrância do demandado em proceder ao cumprimento da ordem judicial é perfeitamente transmissível aos sucessores após o falecimento do titular, ainda que seja personalíssima a obrigação principal que lhe deu origem (RESP. 1.722.666/RJ, Rel. Min. RICARDO VILLAS BÔAS CUEVA, DJe 8.6.2018). (...) (STJ; AgInt-AREsp 1.139.084; Proc. 2017/0177693-4; SC; Primeira Turma; Rel. Min. Napoleão Nunes Maia Filho; Julg. 21/03/2019; DJE 28/03/2019).

✓ AGRAVO DE INSTRUMENTO. LEGITIMIDADE. RECURSO EM NOME DO PATRONO. Mera irregularidade. Retificação da autuação. Ação de obrigação de realizar cirurgia. Execução. Falecimento da autora. Pedido de habilitação de herdeiros indeferida. Existência de multa cominatória pelo atraso do cumprimento da obrigação. Repercussão patrimonial à violação a direito personalíssimo. Transmissibilidade. (...) Como cediço, os direitos de caráter personalíssimos se restringem à esfera jurídica da própria pessoa (intuito persona), sendo intransmissíveis por ato inter vivos ou causa mortis. Via de regra, tais direitos personalíssimos cuidam de direitos da personalidade ou sobre estado de pessoa. Nesse sentido, falecido o autor de uma demanda que verse sobre direitos personalíssimos, não há interesse jurídico na habilitação de eventuais herdeiros, devendo a ação ser julgada extinta por perda de objeto. Entretanto, a repercussão patrimonial à violação ao direito personalíssimo é plenamente transmissível. Como exemplo, podemos citar o direito de indenização pecuniária à violação a um direito personalíssimo, transmissível aos direitos dos herdeiros, restando cabível a sucessão processual dos feitos do de cujus. In casu, trata-se de ação julgada parcialmente procedente, para ratificar a liminar que determinou a realização de cirurgia da qual necessitava a parte autora, sob pena de multa. Com a notícia de falecimento da autora, o juízo a quo indeferiu o pedido de habilitação dos herdeiros para continuidade de execução da multa pelo atraso no cumprimento da obrigação. De fato, a execução da obrigação de fazer perdeu objeto com o falecimento da parte autora, porquanto a cirurgia possuía caráter de direito personalíssimo, intuito persona, intransmissível. Todavia, quantia de astreinte eventualmente devida pelo atraso no cumprimento da obrigação tem caráter patrimonial, transmissível ao espólio do *de cujus*, e por conseguinte, passível de habilitação pelos seus herdeiros. Precedentes deste TJERJ. (...) (TJRJ; AI 0041517-82.2020.8.19.0000; Três Rios; Terceira Câmara Cível; Relª Desª Renata Machado Cotta; DORJ 27/10/2020).

Art. 688. A habilitação pode ser requerida:

I – pela parte, em relação aos sucessores do falecido;

II – pelos sucessores do falecido, em relação à parte.

Não cabe habilitação de sucessores do procurador nas ações em que este receberia honorários advocatícios:

✓ AGRAVO DE INSTRUMENTO. PROCESSUAL CIVIL. AÇÃO PREVIDENCIÁRIA. EXECUÇÃO DE SENTENÇA. FALECIMENTO DO PROCURADOR. PEDIDO DE HABILITAÇÃO DOS SUCESSORES. DESCABIMENTO. 1. O pedido de habilitação dos sucessores do advogado falecido em execução de sentença de ação previdenciária não encontra amparo legal. 2. As disposições tanto do art. 110 quanto do art. 687 do NCPC dizem respeito à sucessão de uma das partes do processo, não de seus procuradores. A regra do § 2º do art. 24 da Lei nº 8.906/94, que prevê o recebimento dos honorários sucumbenciais pelos sucessores ou representantes legais do advogado falecido não socorre a pretensão das Agravantes. (...) (TRF 4ª R.; AG 5006587-08.2017.404.0000; Quinta Turma; Rel. Des. Luiz Carlos Cavalli; Julg. 22/08/2017; DEJF 28/08/2017)

Art. 689. Proceder-se-á à habilitação nos autos do processo principal, na instância em que estiver, suspendendo-se, a partir de então, o processo.

Possibilidade de seguimento do processo quanto aos demais autores quando há pedido de habilitação em relação a um deles:

✓ AGRAVO DE INSTRUMENTO. Ação declaratória de rescisão contratual C.C reintegração de posse, ora em fase de cumprimento de sentença. Decisão recorrida que determinou à exequente a qualificação dos herdeiros/sucessores do executado para retificação do polo passivo da lide. Insurgência. Acolhimento parcial. Falecimento de um dos litisconsortes executados.

Suspensão da execução apenas contra o falecido para habilitação dos herdeiros. Deve ser observada e resguardada a independência entre os litisconsortes, conforme o disposto no art. 117, do CPC. (...) (TJSP; AI 2077724-51.2020.8.26.0000; Ac. 14222280; Itapetininga; Quinta Câmara de Direito Privado; Rel. Des. Moreira Viegas; Julg. 10/12/2020; DJESP 15/12/2020; Pág. 1944)

✓ AGRAVO DE INSTRUMENTO. PROCESSO CIVIL. LIQUIDAÇÃO DE SENTENÇA EM AÇÃO DE REVISÃO DE BENEFÍCIO PREVIDENCIÁRIO COMPLEMENTAR E PAGAMENTO DA DIFERENÇA RETROATIVA. Falecimento de uma das autoras. Pedido de habilitação formulado por uma sobrinha, buscando substituição processual. Decisão do juízo a quo que determinou a juntada das certidões de óbito dos pais e irmã da demandante falecida, a fim de comprovar a condição da requerente de única herdeira, e suspendeu o processo para regularizar o polo processual ativo. Inconformismo dos demandantes. Insuficiência, por ora, de comprovação da qualidade de herdeira única da autora falecida sem deixar bens, de modo a respaldar o procedimento de habilitação. Artigos 687 a 692 do código de processo civil de 2015.litisconsórcio facultativo simples que autoriza o prosseguimento do feito em relação aos demais demandantes durante o procedimento de substituição processual de uma das autoras. Artigo 117 do CPC/2015. (...) (TJRJ; AI 0038943-91.2017.8.19.0000; Niterói; Segunda Câmara Cível; Rel. Des. Luiz Roldão de Freitas Gomes Filho; DORJ 21/09/2017; Pág. 214)

Art. 690. Recebida a petição, o juiz ordenará a citação dos requeridos para se pronunciarem no prazo de 5 (cinco) dias.

É imprescindível a abertura de oportunidade para a parte contrária se pronunciar:

✓ PROCESSO CIVIL. AÇÃO DE REPARAÇÃO DE DANOS. MORTE DO COAUTOR. PLEITO DE HABILITAÇAO DOS HERDEIROS. NECESSIDADE DE PRÉVIA OBEDIÊNCIA AO CONTRADITÓRIO. VÍCIO PROCESSUAL RECONHECIDO. DECISÃO ANULADA. AGRAVO PROVIDO. Tratando-se de pedido de habilitação de herdeiros, faz-se necessária a estrita observância aos artigos 687 a 692 do Código de Processo Civil. A constatação de que a habilitação foi admitida sem a prévia observância do contraditório enseja o reconhecimento da nulidade da decisão, para que outra seja proferida após a abertura de oportunidade para a parte contrária se pronunciar. (TJSP; AI 2111705-76.2017.8.26.0000; Ac. 10646713; Tietê; Trigésima Primeira Câmara de Direito Privado; Rel. Des. Antonio Rigolin; Julg. 01/08/2017; DJESP 04/08/2017; Pág. 1917)

Parágrafo único. A citação será pessoal, se a parte não tiver procurador constituído nos autos.

Art. 691. O juiz decidirá o pedido de habilitação imediatamente, salvo se este for impugnado e houver necessidade de dilação probatória diversa da documental, caso em que determinará que o pedido seja autuado em apartado e disporá sobre a instrução.

Necessidade de observância do rito da habilitação para inclusão de herdeiros no polo passivo:

✓ PRELIMINAR. Falta de fundamentação a acarretar nulidade do julgado. Não ocorrência ante a completude e adequação da decisão. Preliminar rejeitada. HABILITAÇÃO. Pedido de habilitação formulado pela autora, nos autos do processo de execução de título extrajudicial, em razão do falecimento de seu credor. Insurgência do herdeiro quanto a questões que se referem à existência da dívida. Descabimento. Procedimento de habilitação que delimita a discussão à matéria da sucessão. Processo de execução suspenso (art. 689 e 692 do NCPC). (...) (TJSP; AC 0013209-13.2018.8.26.0032; Ac. 13967554; Araçatuba; Décima Quinta Câmara de Direito Privado; Rel. Des. Mendes Pereira; Julg. 15/09/2020; DJESP 22/09/2020; Pág. 1821)

✓ AGRAVO DE INSTRUMENTO. EXECUÇÃO. Inclusão dos herdeiros no polo passivo. Inobservância do procedimento de habilitação (arts. 690 a 692 do CPC). Ofensa aos princípios do contraditório e da ampla defesa. (...) (TJSP; AI 2282922-22.2019.8.26.0000; Ac. 13395628; São Paulo; Décima Quinta Câmara de Direito Privado; Rel. Des. Vicentini Barroso; Julg. 11/03/2020; DJESP 31/03/2020; Pág. 1624)

Art. 692. Transitada em julgado a sentença de habilitação, o processo principal retomará o seu curso, e cópia da sentença será juntada aos autos respectivos.

A decisão que julga pedido de habilitação tem natureza de sentença e é recorrível por apelação.

✓ AGRAVO REGIMENTAL CONTRA DECISÃO MONOCRÁTICA QUE NÃO CONHECEU DO AGRAVO DE INSTRUMENTO, COM FUNDAMENTO NO ART. 932, III, DO NCPC. AGRAVO DE INSTRUMENTO. Decisão que julga pedido de habilitação de herdeiros. Hipótese não abrangida no rol taxativo do art. 1.015 do NCPC. Decisão que ostenta natureza de sentença (NCPC, art. 692), atacável por apelação. (...) (TJSP; AG 2135887-63.2016.8.26.0000/50000; Ac. 9979788; São Paulo; Quinta Câmara de Direito Público; Relª Desª Heloísa Martins Mimessi; Julg. 17/11/2016; DJESP 01/12/2016)

CAPÍTULO X
DAS AÇÕES DE FAMÍLIA

Art. 693. As normas deste Capítulo aplicam-se aos processos contenciosos de divórcio, separação, reconhecimento e extinção de união estável, guarda, visitação e filiação.

Parágrafo único. A ação de alimentos e a que versar sobre interesse de criança ou de adolescente observarão o procedimento previsto em legislação específica, aplicando-se, no que couber, as disposições deste Capítulo.

Por força do art. 693, parágrafo único do CPC, o interstício de quinze dias previsto no art. 695, §2º é aplicável às ações de alimentos.

✓ APELAÇÃO CÍVEL. DIREITO PROCESSUAL CIVIL E DE FAMÍLIA. AÇÃO DE EXONERAÇÃO DE ALIMENTOS. PRAZO EXÍGUO ENTRE O ATO CITATÓRIO E A AUDIÊNCIA. RAZOABILIDADE. NÃO VERIFICAÇÃO. ARTIGO 693, PARÁGRAFO ÚNICO, DO CPC. APLICAÇÃO SUPLETIVA. CERCEAMENTO DE DEFESA. REVELIA NÃO CONFIGURADA. NULIDADE. RECONHECIMENTO. SENTENÇA CASSADA. 1. Conquanto a Lei de Alimentos (Lei n.

5.478/68) consigne expressamente a necessidade de um prazo razoável para que o réu se cientifique sobre a audiência objeto da intimação e sobre os termos dispostos na ação proposta contra si, inexiste nela qualquer delimitação acerca deste termo, competindo, assim, ao julgador a análise casuística para devida aplicação da norma. 2. Fato é que o artigo 693, parágrafo único, do Código de Processo Civil determinou a aplicação supletiva deste regramento, razão pela qual o interstício de quinze dias previsto em seu artigo 695, §2º, revela-se aplicável às ações de alimentos, ante a omissão legislativa específica sobre este prazo existente entre o ato citatório e a audiência designada. 3. Restando evidenciado o prejuízo causado aos réus em decorrência de inobservância de norma processual específica, a r. Sentença não merece ser mantida, especialmente quando verificada clara ofensa ao princípio constitucional do contraditório e da ampla defesa. (...) (TJDF; Rec 07004.80-49.2020.8.07.0006; Ac. 124.5700; Primeira Turma Cível; Relª Desª Simone Lucindo; Julg. 29/04/2020; Publ. PJe 08/05/2020).

Inviabilidade de cumulação de outros pedidos com o de alimentos por força do procedimento próprio a estes.

✓ AGRAVO DE INSTRUMENTO. DIREITO DE FAMÍLIA. AÇÃO DE ALIMENTOS C/C PEDIDO DE GUARDA E FIXAÇÃO DE REGIME DE VISITAS. Inviabilidade da cumulação de pedidos. Os procedimentos correspondentes aos pleitos formulados são díspares, na medida em que a ação de alimentos se submete ao rito específico da Lei nº 5.478/68, enquanto que os pedidos de guarda e visitação devem se reger pelas disposições do art. 693 e seguintes do CPC/15. Além disso, há distinção de partes no polo passivo, na medida em que a demanda fora ajuizada pelo genitor. Possibilidade de tumulto processual. Caberá ao juiz conduzir o processo de acordo com o rito procedimental próprio. Não há qualquer ilegalidade na decisão, que fica mantida. (...) (TJSP; AI 2114691-32.2019.8.26.0000; Ac. 13066218; Carapicuíba; Segunda Câmara de Direito Privado; Relª Desª Rosangela Telles; Julg. 11/11/2019; DJESP 19/11/2019; Pág. 1930).

✓ CUMULAÇÃO DE PEDIDOS. AÇÃO DE REGULAMENTAÇÃO DE VISITAS CUMULADA COM OFERTA DE ALIMENTOS. DETERMINADA A EMENDA DA INICIAL, PARA EXCLUIR UM DOS PEDIDOS. Inconformismo manifestado. Descabimento. Art. 693 do CPC. Pleito alimentar disciplinado por rito especial. Ademais, diversidade das partes. Separação dos pedidos que favorece os genitores e a filha menor (...) (TJSP; AI 2097317-66.2020.8.26.0000; Ac. 13888343; São Paulo; Sexta Câmara de Direito Privado; Rel. Des. Vito José Guglielmi; Julg. 24/08/2020; DJESP 27/08/2020; Pág. 1836).

Demandas indenizatórias por abandono afetivo são ações de família, nos termos do art. 693.

✓ PROCESSUAL CIVIL. CONFLITO NEGATIVO DE COMPETÊNCIA. AÇÃO DE INDENIZAÇÃO POR ABANDONO AFETIVO. POSTULAÇÃO FUNDADA EM DESCUMPRIMENTO DE RELAÇÕES FAMILIARES. MATÉRIA AFETA À COMPETÊNCIA DA VARA DE FAMÍLIA. CONFLITO CONHECIDO, MAS NÃO ACOLHIDO. 1. A despeito de não existir previsão literal e expressa no código de organização judiciária, o entendimento desta corte de justiça segue no sentido de que as postulações indenizatórias fundadas em descumprimento das obrigações provenientes de relações familiares são afetas à competência do juízo de família. 2. Isso porque a procedência dos danos morais postulados pressupõe o reconhecimento do suposto abandono afetivo do genitor em relação à autora, matéria associada aos deveres decorrentes da filiação, prevista no citado artigo 693, do CPC/2015, capaz, portanto, de atrair a competência das varas especializadas. (...) (TJCE; CC 0000437-72.2018.8.06.0000; Primeira Câmara de Direito Privado; Rel. Des. Francisco Mauro Ferreira Liberato; Julg. 12/12/2018; DJCE 18/12/2018; Pág. 39).

Art. 694. Nas ações de família, todos os esforços serão empreendidos para a solução consensual da controvérsia, devendo o juiz dispor do auxílio de profissionais de outras áreas de conhecimento para a mediação e conciliação.

Recurso do Ministério Público para reformular acordo é inadmissível ante a necessidade de prestigiar a solução consensual dos conflitos.

✓ CUMPRIMENTO DE SENTENÇA. ALIMENTOS. ACORDO CELEBRADO ENTRE AS PARTES. Homologação judicial. Apelação do Ministério Público. Pretensão de reformulação do acordo para inclusão de juros e correção monetária no pagamento parcelado do débito em atraso. Inadmissibilidade. Necessidade de se prestigiar a solução consensual dos conflitos, mormente envolvendo ações de família (art. 139, V, e 694, do CPC). Inexistência de prejuízo à menor. (...) (TJSP; AC 0001800-79.2018.8.26.0407; Ac. 14236001; Osvaldo Cruz; Primeira Câmara de Direito Privado; Rel. Des. Augusto Rezende; Julg. 15/12/2020; DJESP 18/12/2020; Pág. 2901).

A sentença proferida de forma prematura, sem citação da parte contrária nem oportunidade de audiência, é nula.

✓ APELAÇÃO. AÇÃO DE GUARDA C.C. VISITAS. (...). Peculiaridades do caso demanda o aprofundamento da prova. Sentença proferida de forma prematura, antes mesmo da citação da parte contrária. Necessidade, na espécie, de formação do contraditório, tentativa de conciliação e produção de provas, especialmente provas técnicas psicossociais, nos termos do artigo 694 do CPC/15. Possibilidade de se averiguar as condições de cada parte no tocante à efetiva possibilidade de exercício da guarda do menor, cujos interesses devem ser priorizados, sem o prejuízo da fixação de um regime adequado de visitas à parte eventualmente vencida. Respeitado o entendimento do D. Magistrado de Primeiro Grau, a sentença comporta anulação de ofício, não havendo nos autos elementos que permitam uma solução adequada do caso nesta sede recursal, impondo-se o retorno dos autos à Primeira Instância para a citação do requerido e abertura da instrução probatória. (...) (TJSP; AC 1001649-33.2018.8.26.0137; Ac. 13916575; Cerquilho; Décima Câmara de Direito Privado; Relª Desª Silvia Maria Facchina Espósito Martinez; Julg. 31/08/2020; DJESP 03/09/2020; Pág. 1972).

Havendo acordo sobre alguns pedidos e possível apreciação de outros, não cabe extinguir o processo sem resolução de mérito.

✓ DIREITO PROCESSUAL CIVIL. AÇÃO DE RECONHECIMENTO E DISSOLUÇÃO DE UNIÃO ESTÁVEL COM PARTILHA DE BENS, GUARDA DE FILHO MENOR E ALIMENTOS. EXTINÇÃO DO PROCESSO SEM RESOLUÇÃO DO

MÉRITO. (...). 1. Cinge-se a controvérsia ao exame da violação dos artigos 10 e 694, do código de processo civil pelo juízo de planície, da presença dos pressupostos processuais aptos à prolação de uma decisão de mérito e da observância ao princípio do aproveitamento dos atos processuais. 3. Na hipótese, as partes protocolaram petição postulando a homologação de acordo referente ao convívio em união estável, guarda e alimentos para o filho menor de idade e partilha de bens, cujo pacto foi objeto de ratificação em audiência designada para esta finalidade. Contudo, antes do julgamento do feito, o ex convivente varão apresentou retratação relacionada apenas aos alimentos destinados ao filho menor de idade e a partilha de bens (fls. 110-116), oportunidade em que apresentou nova proposta, porém, não se retratou quanto a união estável. 4. Na sequência, a ex cônjuge virago refutou a nova proposta apresentada pelo seu ex consorte (fls. 129-148) em relação aos alimentos e a partilha dos bens e, instado a se manifestar, o ministério público emitiu parecer pela homologação do acordo no que pertine a união estável e que as matérias controvertidas fossem solucionadas através de ações autônomas ou que fosse designada audiência de conciliação, todavia, o magistrado planicial decidiu por extinguir o processo sem resolução do mérito quando a medida de maior efetividade na entrega da tutela jurisdicional seria adotar uma das sugestões do parquet, mormente considerando o disposto nos artigos 10 e 694, do código de processo civil. 5. É cediço, que nos processos de família a conciliação é de fundamental importância, tanto para as partes, como para o judiciário, interessados, familiares e a própria sociedade, uma vez que oportuniza aos envolvidos na relação processual a construção de uma decisão resolutiva dos seus próprios conflitos, além de imprimir celeridade aos feitos no âmbito de família. 6. Também observa-se, que no caso concreto, havia a possibilidade de julgamento antecipado parcial do mérito (artigo 356, do CPC), com a solução prévia da matéria incontroversa, como por exemplo, o reconhecimento da união estável, prosseguindo o processo em relação as demais, o que também constitui instrumento hábil para oferecer efetividade à prestação jurisdicional, minimizando os pontos de atrito entre as partes. 7. Destarte, conclui-se que foram violados os artigos 10 e 694, do código de processo civil, ante a não adoção dos instrumentos hábeis postos no ordenamento jurídico pátrio com vista à entrega eficaz da prestação jurisdicional, podendo-se admitir, inclusive a inobservância ao disposto nos artigos 4º, do CPC que estatui o princípio da primazia do mérito, o qual orienta que a atividade jurisdicional deve-se pautar pela atividade satisfativa dos direitos discutidos em juízo e 6º, que prescreve: "todos os sujeitos do processo devem cooperar entre si para que se obtenha, em tempo razoável, decisão de mérito justa e efetiva", pelo que se impõe a desconstituição da sentença hostilizada, devendo o caderno processual virtual retornar ao juízo de origem para o regular processamento da ação. (...) (TJCE; APL 0838528-40.2014.8.06.0001; Segunda Câmara de Direito Privado; Relª Desª Maria de Fátima de Melo Loureiro; DJCE 24/06/2020; Pág. 228).

O pedido de realização de nova audiência conciliatória pode ser rejeitado quando ausentes elementos sobre interesse da parte contrária na solução consensual.

✓ APELAÇÃO CÍVEL. DIREITO CIVIL. AÇÃO DE RECONHECIMENTO DE DISSOLUÇÃO DE UNIÃO ESTÁVEL. (...) Alegada violação ao disposto no art. 694 do CPC. Não designação de audiência de conciliação na fase instrutória. Audiência de conciliação, na forma do art. 334 do CPC, realizada e não obtido o acordo entre as partes. Pedido de realização de nova audiência após decisão saneadora e entendimento do juízo de origem no sentido de estar o feito suficientemente instruído, bem como de determinação de conclusão para julgamento. Ausência de elementos de demonstrem o interesse da parte contrária na solução consensual. Preliminar rejeitada. (...) (TJDF; APC 2016.01.1.072493-0; Ac. 118.1672; Primeira Turma Cível; Rel. Des. Roberto Freitas; Julg. 26/06/2019; DJDFTE 01/07/2019).

Cabe homologar acordo para parcelar débito pretérito com base na autonomia da vontade e no prestigio à solução consensual da controvérsia.

✓ AGRAVO DE INSTRUMENTO. EXECUÇÃO DE ALIMENTOS. Decisão interlocutória que indeferiu a homologação do acordo firmado entre as partes e impôs o cumprimento das determinações proferidas no processo. Insurgência do alimentante. (...) Acolhimento parcial apenas para isentar o agravante de recolhimento do preparo. Almejado deferimento do acordo firmado entre os litigantes na origem. Possibilidade. Inexistência de renúncia de valores. Mero parcelamento do débito pretérito. Dificuldade do alimentante em adimplir com o valor acumulado. Autonomia da vontade das partes. Solução consensual da controvérsia. Exegese do art. 694 do CPC. (...) (TJSC; AI 4002584-65.2019.8.24.0000; Itajaí; Sexta Câmara de Direito Civil; Rel. Des. André Luiz Dacol; DJSC 13/09/2019; Pag. 273).

Parágrafo único. A requerimento das partes, o juiz pode determinar a suspensão do processo enquanto os litigantes se submetem a mediação extrajudicial ou a atendimento multidisciplinar.

Art. 695. Recebida a petição inicial e, se for o caso, tomadas as providências referentes à tutela provisória, o juiz ordenará a citação do réu para comparecer à audiência de mediação e conciliação, observado o disposto no art. 694.

A falta de designação da audiência consensual inicial não enseja nulidade.

✓ AGRAVO EM RECURSO ESPECIAL. Direito de família. Alimentos compensatórios. Negativa de prestação jurisdicional. Não ocorrência. Não realização da audiência de conciliação. Julgamento antecipado da lide. Nulidade não configurada. Acórdão proferido em consonância com a jurisprudência deste Superior Tribunal. (...) (STJ; AREsp 409.526; Proc. 2013/0342284-3; RJ; Terceira Turma; Rel. Min. Paulo de Tarso Sanseverino; DJE 29/08/2016).

Em sentido contrário: a falta de designação da audiência consensual inicial viola o devido processo legal.

✓ MANDADO DE SEGURANÇA. Ato judicial. Decisão teratológica. Inobservância dos arts. 693, caput e art. 695, ambos do CPC/15. Necessidade de designação de audiência de conciliação. Ação de reconhecimento e dissolução de união estável c/c partilha de bens. Violação ao devido processo legal. Concessão da segurança. Decisão unânime. (TJSE; MS 202000606624; Ac. 35360/2020; Câmaras Cíveis Reunidas; Rel. Des. Alberto Romeu Gouveia Aleite; DJSE 15/12/2020).

A audiência consensual não deve ser designada em caso de violência doméstica.

✓ Agravo de instrumento. Ação de guarda e alimentos – indeferimento do pedido de dispensa da audiência de conciliação pelo juízo de piso agravante em situação de violência doméstica medida protetiva decretada pelo juízo da violência doméstica impossibilidade de submeter à vítima ao encontro com o próprio agressor (...) (TJMS; AI 1401722-79.2020.8.12.0000; Quarta Câmara Cível; Rel. Des. Júlio Roberto Siqueira Cardoso; DJMS 14/08/2020; Pág. 198).

✓ AGRAVO DE INSTRUMENTO. AÇÃO DE DIVÓRCIO LITIGIOSO C/C ALIMENTOS. Designação de audiência de conciliação. Pedido de cancelamento declinado pela ré. Indeferimento. Irresignação. Acolhida que se impõe. Compreensão atual do sistema processual que indica claro incentivo aos meios autocompositivos de solução de controvérsias. Inteligência do artigo 334 do Código de Processo Civil. Projeto legislativo, contudo, que não pode compreender-se como um fim em si mesmo. Comprovada situação de violência familiar posta entre as partes. Edição de medida protetiva em favor da virago, à luz da Lei Maria da Penha. Situação que torna o ato processual verdadeiro sofrimento à parte, fulminando o acesso à justiça como finalidade própria do aparato deste E. Tribunal. Inviável a preservação da audiência designada. Respeito, inclusive, à orientação Provimento nº 39/18 da E. Corregedoria Geral da Justiça. Precedentes desta Corte. (...) (TJSP; AI 2257566-25.2019.8.26.0000; Ac. 13486159; São José do Rio Preto; Terceira Câmara de Direito Privado; Rel. Des. Donegá Morandini; Julg. 17/04/2020).

É cabível o deferimento de tutela provisória de evidência em ação de divórcio.

✓ EMBARGOS DE DECLARAÇÃO. OMISSÃO. INOCORRÊNCIA. Ação de divórcio. Tutela de evidência. Possibilidade. Inteligência dos arts. 311, IV e 695, do CPC. EC nº. 66/2010. Divórcio como direito potestativo, incondicionado e extintivo. (...) (TJBA; EDcl 0021527-03.2017.8.05.0000/50001; Salvador; Segunda Câmara Cível; Relª Desª Regina Helena Ramos Reis; Julg. 06/11/2018; DJBA 13/11/2018; Pág. 434)

§ 1º O mandado de citação conterá apenas os dados necessários à audiência e deverá estar desacompanhado de cópia da petição inicial, assegurado ao réu o direito de examinar seu conteúdo a qualquer tempo.

Mandado ou carta de citação não deve estar com cópia da petição inicial em ações de família porque o acesso ao teor do documento acabaria desfavorecendo a conciliação e potencializando o conflito.

✓ AÇÃO DE ALIMENTOS. DESIGNAÇÃO DE AUDIÊNCIA DE CONCILIAÇÃO. (..) 1. Caso a petição inicial preencha os requisitos essenciais, o juiz deve determinar a citação do réu para se fazer presente na audiência de conciliação, com antecedência mínima de 15 (quinze) dias da data designada para a audiência (tal prazo é próprio para as ações de família), e somente não alcançada a conciliação, passa-se à fase litigiosa. 2. Não por outra razão, o mandado ou carta de citação, nesses casos, deve estar desacompanhado de cópia da petição inicial, já que o acesso ao teor desse documento acabaria por desfavorecer a conciliação, potencializando o conflito entre as partes. Somente caso não obtida a conciliação, o réu receberá cópia da exordial, correndo a partir da audiência o prazo de 15 dias para apresentação de contestação. Nesse sentido, a disciplina dos artigos 697 e 335 do CPC/2015. (...) (TJCE; AI 0621997-21.2018.8.06.0000; Quarta Câmara de Direito Privado; Rel. Des. Durval Aires Filho; Julg. 21/05/2019; DJCE 27/05/2019; Pág. 134).

§ 2º A citação ocorrerá com antecedência mínima de 15 (quinze) dias da data designada para a audiência.

Ausente prejuízo, não há nulidade no fato de o réu ser citado com antecedência de 7 dias em relação à audiência conciliatória.

✓ AGRAVO INTERNO NO AGRAVO EM RECURSO ESPECIAL. DIREITO DE FAMÍLIA. AÇÃO DE RECONHECIMENTO DE UNIÃO ESTÁVEL. (...) 2. Com base na apreciação fática da causa, a segunda instância concluiu não ter havido a demonstração de prejuízo ou cerceamento de defesa, em razão do acordo judicial efetivado em audiência realizada antes dos 20 (vinte) dias previstos no art. 334 do CPC/2015. Além disso, estabeleceu-se a ocorrência de mero inconformismo com o acordo entabulado com o recorrido na audiência de conciliação, e não com o mérito de seu conteúdo. (...) (STJ; AgInt-AREsp 1.558.767; Proc. 2019/0230665-1; DF; Terceira Turma; Rel. Min. Marco Aurélio Bellizze; Julg. 09/03/2020; DJE 13/03/2020).

Não há nulidade por ofensa ao art. 695 § 2º se a audiência conciliatória ocorreu em outra oportunidade.

✓ PROCESSO CIVIL. CIVIL. ARTIGO 695, §2º, CÓDIGO DE PROCESSO CIVIL. AUDIÊNCIA. NULIDADE NÃO VERIFICADA. ALTERAÇÃO DOS ALIMENTOS. REDUÇÃO DAS POSSIBILIDADES DO ALIMENTANTE. A citação para a audiência de conciliação deve ser realizada com antecedência mínima de 15 dias, conforme artigo 695, §2º, do Código de Processo Civil, não havendo que falar em nulidade por ofensa ao mencionado artigo se houve a realização do ato em outra oportunidade. (...) (TJDF; Proc 0712.97.5.512017-8070000; Ac. 106.7957; Sexta Turma Cível; Rel. Des. Esdras Neves; Julg. 13/12/2017; DJDFTE 23/01/2018)

Em sentido contrário: é nula a sentença que considerou o réu revel citado antecedência menor que a prevista no dispositivo legal.

✓ AÇÃO DE ALIMENTOS. DESIGNAÇÃO DE AUDIÊNCIA DE CONCILIAÇÃO. RECEBIMENTO DE CARTA DE CITAÇÃO EM DATA POSTERIOR À REALIZAÇÃO DA AUDIÊNCIA. IMPOSSIBILIDADE DE O RÉU SE FAZER PRESENTE E APRESENTAR DEFESA. ANTECEDÊNCIA MÍNIMA NÃO ATENDIDA. NECESSIDADE DE REDESIGNAÇÃO. IMPOSSIBILIDADE DE DECRETAÇÃO DE REVELIA. CERCEAMENTO DE DEFESA CONFIGURADO. NULIDADE DOS ATOS PRATICADOS SEM QUE PUDESSE TER SIDO APRECIADA A DEFESA DO RÉU. (...) 3. No caso dos autos, como se disse, essa sistemática não foi seguida. Primeiramente, porque não foi possibilitada a realização de audiência de conciliação, já que o réu dela tomou conhecimento somente após sua realização. Além disso, o despacho inicial do feito determinou que o réu apresentasse sua defesa até a realização da audiência, o que se mostra um contrassenso com a diretriz do novo processo civil. 4. Diga-se, ainda, que sendo o réu residente e domiciliado em outra cidade, o prazo de antecedência de 15 (quinze) dias de sua citação, previsto no art. 695, §2º, deve ser observado, sob pena de nulidade do feito a partir de então, por cerceamento de defesa. Precedentes. (...) (TJCE; AI 0621997-21.2018.8.06.0000; Quarta Câmara de Direito Privado; Rel. Des. Durval Aires Filho; Julg. 21/05/2019; DJCE 27/05/2019; Pág. 134).

✓ AGRAVO DE INSTRUMENTO. AÇÃO DE REGULAMENTAÇÃO DE DIREITO DE VISITAS. AUDIÊNCIA DE MEDIAÇÃO/CONCILIAÇÃO. NÃO OBSERVÂNCIA DO INTERSTÍCIO MÍNIMO PREVISTO NO ART. 695, §2º, DO CÓDIGO DE PROCESSO CIVIL DE 2015. CERCEAMENTO DE DEFESA CONFIGURADO. PLEITO DE RESTABELECIMENTO DO REGIME DE VISITAÇÃO ANTERIOR. PEDIDO ALTERNATIVO. ACOLHIMENTO DE UM OU DE OUTRO. RECURSO PARCIALMENTE PROVIDO. Estabelece o art. 695, §2º, do NCPC que, nas ações de família, a citação ocorrerá com antecedência mínima de 15 (quinze) dias da data designada para a audiência. Inobservado referido prazo, a anulação da audiência é medida que se impõe, tendo em vista a ocorrência de cerceamento de defesa. (TJMS; AI 1407606-31.2016.8.12.0000; Primeira Câmara Cível; Rel. Des. Sérgio Fernandes Martins; DJMS 05/12/2016; Pág. 75).

§ 3º A citação será feita na pessoa do réu.

Não localizado o réu, a citação feita na pessoa do síndico do condomínio de sua residência é inválida.

✓ AGRAVO DE INSTRUMENTO. PROCESSO CIVIL. AÇÕES DE FAMÍLIA. CITAÇÃO NA PESSOA DO RÉU. art. 695">ARTIGO 695, §3º, DO CÓDIGO DE PROCESSO CIVIL. OFICIAL DE JUSTIÇA. NÃO LOCALIZAÇÃO DA RÉ. CONDOMÍNIO FECHADO SEM PORTARIA. CITAÇÃO FEITA NA PESSOA DO SÍNDICO. DESCUMPRIMENTO DE DETERMINAÇÃO LEGAL. Nas ações que versam sobre direito de família (Capítulo X, do Código de Processo Civil), recebida a petição inicial, será ordenada a citação do réu para comparecer à audiência de mediação e conciliação, devendo a citação ser feita na pessoa do réu, conforme preceitua o artigo 695, §3º, do Código de Processo Civil. Não localizado o réu, a sua citação feita na pessoa do síndico do condomínio de sua residência não pode ser considerada válida, porquanto realizada em pessoa estranha aos autos, e não na pessoa do réu. (TJDF; Rec 07054.34-59.2020.8.07.0000; Ac. 125.5781; Sexta Turma Cível; Rel. Des. Esdras Neves; Julg. 10/06/2020; Publ. PJe 25/06/2020)

§ 4º Na audiência, as partes deverão estar acompanhadas de seus advogados ou de defensores públicos.

A presença de advogado é obrigatória nas audiências judiciais de conciliação ou mediação.

✓ APELAÇÃO CÍVEL. FAMÍLIA. DIVÓRCIO. ACORDO. AUDIÊNCIA DE CONCILIAÇÃO. SENTENÇA HOMOLOGATÓRIA. PARTE RÉ DESACOMPANHADA DE ADVOGADO. NULIDADE. SENTENÇA DESCONSTITUÍDA. O NCPC, em seu art. 334, § 9º, prevê expressamente que, na audiência de conciliação ou de mediação, as partes devem estar acompanhadas por seus advogados ou defensores públicos. Apesar do acordo entabulado entre as partes, homologado por sentença proferida em audiência de conciliação, a demandada estava desacompanhada de advogado, o que torna nulo o ato processual. (...) (TJRS; APL 0261360-78.2019.8.21.7000; Proc 70082894510; Cachoeirinha; Oitava Câmara Cível; Rel. Des. Luiz Felipe Brasil Santos; Julg. 30/01/2020; DJERS 05/02/2020).

✓ AGRAVO DE INSTRUMENTO. DECISÃO AGRAVADA QUE REJEITA A JUSTIFICATIVA APRESENTADA EM AÇÃO DE EXECUÇÃO DE ALIMENTOS. INCONFORMISMO. Acolhimento. Citação da alimentante em ação de divórcio, na forma do art. 695 do CPC. Comparecimento desacompanhada de advogado. Formalização de acordo sem a designação de defensor público. Verossimilhança da tese de nulidade do título executivo judicial. Existência, outrossim, de instrumento de quitação dos alimentos exequendos pendente de realização de perícia grafotécnica. Plausibilidade na suspensão dos efeitos da decisão agravada. (...) (TJSP; AI 2108791-68.2019.8.26.0000; Ac. 13287615; São José do Rio Preto; Sétima Câmara de Direito Privado; Rel. Des. Rômolo Russo; Julg. 16/01/2020; DJESP 10/02/2020; Pág. 2438).

Em sentido contrário: a presença de advogado do réu é imprescindível para a regularidade do ato conciliatório.

✓ APELAÇÃO CÍVEL. FAMÍLIA. Cumprimento de Sentença de Obrigação Alimentar. Homologado acordo realizado entre as partes após a prisão civil do executado. Sentença que homologou a avença. Afastada a preliminar de intempestividade suscitada em contrarrazões. Irresignação do executado que aponta a nulidade do ato homologatório. Não configurada a apontada nulidade. Presença de advogado do réu que não se mostra imprescindível para a regularidade do ato conciliatório. Partes maiores e capazes que formalizaram o acordo em termos claros e objetivos. Prejuízo não demonstrado. Sentença mantida. Recurso desprovido. (TJSP; AC 0005615-95.2016.8.26.0038; Ac. 13433202; Araras; Segunda Câmara de Direito Privado; Rel. Des. José Carlos Ferreira Alves; Julg. 28/05/2020; DJESP 07/04/2020; Pág. 1851)

O acordo extrajudicial celebrado no curso da demanda, sem a presença do advogado da demandante, é válido.

✓ CIVIL E PROCESSUAL CIVIL. APELAÇÃO. REVISIONAL DE ALIMENTOS. ACORDO EXTRAJUDICIAL SEM A PARTICIPAÇÃO DO ADVOGADO. HOMOLOGAÇÃO JUDICIAL. ALEGAÇÃO DE NULIDADE. DESCABIMENTO. DISCUSSÃO QUE VERSA SOBRE DIREITO PATRIMONIAL. SUJEIÇÃO AOS REQUISITOS DE VALIDADE DO ART. 104 DO CÓDIGO CIVIL. PRESCINDIBILIDADE DA PRESENÇA DO CAUSÍDICO. AUSÊNCIA DE VÍCIO DE VONTADE. (...) Durante o trâmite da demanda, a autora e o demandado firmaram acordo extrajudicial sem a presença do advogado da demandante e requereram a homologação do ajuste, no entanto nada falaram acerca de honorários advocatícios. 2. Ao dispor sobre a transação judicial, os artigos 840 e 842 do Código Civil não faz referência à necessidade de intervenção dos procuradores dos litigantes, na exata medida em que aponta como pressuposto do ato apenas a sua realização por escritura pública ou por termo nos autos, assinado pelos transigentes e homologado pelo juiz. Portanto, a transação, qual negócio jurídico de direito material, prescinde da presença e/ou anuência do advogado para que seja considerada válida e eficaz. 3. In casu, o acordo homologado foi celebrado por agentes capazes, recaiu sobre objeto lícito, possível e determinado, e tem forma prescrita e não defesa em Lei, a teor dos requisitos da validade do negócio jurídico declinados no art. 104 do Código Civil. Frise-se, ainda, que, uma vez se tratando de direito disponível, não há exigência legal da imprescindibilidade da presença do advogado da parte para que o acordo se revista de validade e produza seus jurídicos e legais efeitos. 4. Ademais, não há nenhum indicativo nos autos de que o promovido firmou o acordo sob coação ou sob qualquer outro meio coercitivo a demonstrar o vício da sua vontade, razão pela qual não há que se duvidar da validade da transação. 5. No caso de acordo entabulado para encerrar a demanda, como é sabido, não existem vencedores nem vencidos. Além disso para que exista a possibilidade de fixação de honorários advocatícios sucumbenciais necessariamente deve haver parte vencida na contenda. Assim, a extinção do processo, com resolução do mérito, com base no art. 487, inciso III, do CPC, em razão de acordo celebrado entre as partes, não é devida a fixação de honorários advocatícios sucumbenciais, uma vez que não há sucumbência. Precedentes. (...) (TJCE; AC 0046702-50.2017.8.06.0071; Quarta Câmara de Direito Privado; Rel. Des. Francisco Bezerra Cavalcante; Julg. 23/06/2020; DJCE 26/06/2020; Pág. 158).

O acordo obtido e celebrado em sessões de mediação pré-processual, depois submetido para apreciação do MP e homologação judicial, é válido, ainda que as partes estejam desacompanhadas por advogados.

✓ APELAÇÃO CÍVEL. SENTENÇA HOMOLOGATÓRIA DE ACORDO CELEBRADO ENTRE AS PARTES EM SESSÃO DE MEDIAÇÃO PRÉ-PROCESSUAL. NULIDADE. INOCORRÊNCIA. O CPC. Estabelece que, "nas ações de família, todos os esforços serão empreendidos para a solução consensual da controvérsia, devendo o juiz dispor do auxílio de profissionais de outras áreas de conhecimento para a mediação e conciliação" (art. 694, caput). Seguindo a diretriz legal, e as resoluções do CNJ (nº 125/2010) e do Conselho da Magistratura deste TJRS (nº 1.026/2014), foi instaurada vara adjunta de conciliação pré-processual na Comarca de pelotas. O acordo eventualmente obtido e celebrado nas sessões de mediação pré-processual, depois submetidos para apreciação do MP e para homologação judicial, não é inválido, ainda que as partes não estejam acompanhadas por advogados. A presença de advogados é facultativa, não obrigatória. Há expressa autorização judicial para isso (art. 10, da Lei nº 13.140/2015). O acordo obtido em sessão de mediação não é vedado nem mesmo se o direito objeto do acordo for indisponível. Pois no direito de família a maioria dos direitos é indisponível. Assim, se adotado o entendimento de que não pode haver mediação se o direito for indisponível, ficará afastada praticamente toda e qualquer hipótese de mediação em ações de direito de família. E por conseguinte, haverá negativa de vigência ao art. 694, caput, do CPC. A obtenção de acordo nas sessões de mediação pré-processual, realizada sem a presença do agente ministerial e do juiz, representa o cumprimento estrito da nova principiologia adotada pelo CPC, de privilegiar soluções consensuais, especialmente em ações de direito de família. Ademais, no presente caso não se verifica, e aliás nem sequer foi alegado em grau de apelo, qualquer espécie de prejuízo concreto em função dos termos do acordo que foi homologado. (...) (TJRS; AC 0355050-69.2016.8.21.7000; Pelotas; Oitava Câmara Cível; Rel. Des. Rui Portanova; Julg. 09/03/2017; DJERS 17/03/2017).

Art. 696. A audiência de mediação e conciliação poderá dividir-se em tantas sessões quantas sejam necessárias para viabilizar a solução consensual, sem prejuízo de providências jurisdicionais para evitar o perecimento do direito.

Art. 697. Não realizado o acordo, passarão a incidir, a partir de então, as normas do procedimento comum, observado o art. 335.

A deflagração do prazo para contestar ocorre a partir da realização infrutífera de audiência de mediação ou conciliação e não da juntada da carta precatória citatória.

✓ AGRAVO DE INSTRUMENTO. AÇÃO DE MODIFICAÇÃO DE GUARDA. ALIENAÇÃO PARENTAL. REVELIA. PRAZO PARA DEFESA. AUDIÊNCIA DE CONCILIAÇÃO OU MEDIAÇÃO. ESTUDO COMPLEMENTAR. PROVA PERICIAL. SANEAMENTO DO PROCESSO. RECURSO PROVIDO. 1. A agravante pugna pela reforma da decisão proferida às páginas n. 0715681-69.2017.8.01.0001, que: a) acolheu manifestação do Ministério Público, ladeada pelo agravado, para realização de estudo de caso complementar; e b) decretou-lhe a revelia. 2. Afasta-se qualquer linha intelectiva no sentido de que somente após ver escoado o prazo para apresentar contestação, sem fazê-lo, é que a agravante passou a defender o chamamento do feito à ordem. Ademais, a conjugação das disposições dos arts. 335, I, 693, 694, 695, 697, todos do Código de Processo Civil, são conducentes à deflagração do prazo para contestar a partir da realização infrutífera de audiência de mediação ou conciliação e não da juntada da carta precatória citatória. 3. Mantida a citação, afigura-se impositiva a designação de audiência de conciliação ou mediação, cuja intimação deverá ser realizada na pessoa dos advogados da agravante (art. 334, § 3º, CPC), realizado o ato e não se verificando a autocomposição ou mesmo a parte ré manifestando seu desinteresse, somente AI terá deflagrado o prazo para defesa (...) (TJAC; AI 1001100-08.2019.8.01.0000; Ac. 8.061; Rio Branco; Segunda Câmara Cível; Rel. Des. Roberto Barros; DJAC 14/11/2019; Pág. 10).

Art. 698. Nas ações de família, o Ministério Público somente intervirá quando houver interesse de incapaz e deverá ser ouvido previamente à homologação de acordo.

Parágrafo único. O Ministério Público intervirá, quando não for parte, nas ações de família em que figure como parte vítima de violência doméstica e familiar, nos termos da Lei 11.340, de 7 de agosto de 2006 (Lei Maria da Penha).

→ Parágrafo único incluído pela Lei 13.894/2019.

A manifestação do Ministério Público é imprescindível quando há interesse de incapazes.

✓ PROCESSUAL CIVIL. (...) Quanto à manifestação do ministério público. Interesse de menor. Ausência de intervenção do ministério público durante os atos processuais. Intimação tão somente para tomar ciência da sentença desfavorável. Impossibilidade (...), o juízo a quo deveria ter determinado novamente a intimação do ministério público, tendo em vista a presença da menor Maria Júlia do nascimento Teixeira Lima, na forma do art. 178, I, do código de processo civil. lV. Portanto, era imprescindível a intimação do ministério público para acompanhar todos os termos da ação, fato que somente veio ocorrer após exarada a sentença, para dela tomar conhecimento, conforme se vê às fs. 330, realçado pela embargante. (...) (TJCE; EDcl 0157055-47.2015.8.06.0001/50000; Terceira Câmara de Direito Público; Relª Desª Silvia Soares de Sá Nobrega; Julg. 05/10/2020; DJCE 14/10/2020; Pág. 65)

✓ EMBARGOS DE DECLARAÇÃO. AGRAVO DE INSTRUMENTO. AÇÃO DE ALIENAÇÃO PARENTAL E INVERSÃO DE GUARDA. INTERESSE DE INCAPAZ. MINISTÉRIO PÚBLICO. AUSÊNCIA DE INTIMAÇÃO E INTERVENÇÃO OBRIGATÓRIA DO ÓRGÃO MINISTERIAL. (...). 1. Nas demandas que envolvam interesses de incapaz, a intervenção do Ministério Público é obrigatória em todos os atos do processo, sendo nulo àquele em que o membro do órgão ministerial não for intimado a acompanhar o feito em que deva intervir (arts. 178, II e 279, ambos do CPC). 1.1. Todavia, a eventual nulidade só poderá, entretanto, ser decretada após a manifestação do Ministério Público sobre a existência ou inexistência de prejuízo (art. 279, § 2º do CPC). 2. Ademais, nas ações de família, o Ministério Público somente intervirá quando houver interesse de incapaz e deverá ser ouvido previamente à homologação de acordo (art. 698 do CPC). 2.1. Assim, vislumbra-se que, a participação do Ministério Público constitui pressuposto indispensável ao desenvolvimento válido e regular do processo, sobretudo nas causas que figurem interesses de incapazes, o que não ocorreu na fase recursal dos presentes autos. 3. No caso em apreço, é patente que a conclusão adotada no r. Acórdão está em desacordo com os interesses da incapaz. Aliás, a Procuradoria de Justiça manifestou-se pela existência de prejuízo em razão do julgamento desfavorável aos interesses da criança envolvida na ação de alienação parental e inversão de guarda em questão. 4. Demonstrado o prejuízo aos interesses da incapaz e sendo o caso de intervenção obrigatória do Ministério Público, é imperioso reconhecer que o acórdão embargado padece de vício insanável que enseja a sua nulidade. (...) (TJDF; Proc 07026.90-62.2018.8.07.0000; Ac. 121.6403; Primeira Turma Cível; Rel. Des. Roberto Freitas Filho; Julg. 13/11/2019; DJDFTE 05/12/2019).

✓ DIREITO CIVIL E PROCESSUAL CIVIL. APELAÇÃO. AÇÃO DE RECONHECIMENTO E DISSOLUÇÃO DE UNIÃO ESTÁVEL CUMULADA COM PARTILHA DE BENS, REGULAMENTAÇÃO DE GUARDA E ALIMENTOS. NÃO PARTICIPAÇÃO DO MINISTÉRIO PÚBLICO NA AUDIÊNCIA DESIGNADA. HOMOLOGAÇÃO DE ACORDO COM SUPRESSÃO DA ATUAÇÃO DO ÓRGÃO MINISTERIAL NA DEFESA DO INTERESSE DE INCAPAZES. NULIDADE. VIOLAÇÃO AO DISPOSTO NO ART. 127 DA CONSTTUIÇÃO DA REPÚBLICA E ART. 698 DO CPC. SENTENÇA CASSADA. APELO CONHECIDO E IMPROVIDO. UNANIMIDADE. I. Na espécie, observo que o magistrado de base indeferiu pedido de redesignação de audiência formulado pelo membro do Ministério Público, o qual, de forma antecipada, justificou sua ausência na audiência designada sob o argumento de que já tinha compromissos agendados referentes aos procedimentos da promotoria. II. A sentença atacada deve ser anulada, pois houve homologação de acordo entre as partes sem que houvesse a participação do apelante em ação de família, ou seja, reconhecimento e dissolução de união estável com partilha de bens, o que contraria o disposto no art. 698 do CPC acima transcrito. III. Ademais, o apelante, na condição de fiscal da ordem jurídica não teve condições de avaliar em que medida o acordo entabulado entre as partes atingiu o interesse dos incapazes envolvidos, isto é, os cinco filhos do ex-casal, uma vez que a homologação do acordo incluiu a partilha dos bens do casal. (...) (TJMA; AP 039197/2017; Ac. 224759/2018; Quinta Câmara Cível; Rel. Des. Raimundo José Barros de Sousa; Julg. 04/06/2018; DJEMA 08/06/2018).

Art. 699. Quando o processo envolver discussão sobre fato relacionado a abuso ou a alienação parental, o juiz, ao tomar o depoimento do incapaz, deverá estar acompanhado por especialista.

CAPÍTULO XI
DA AÇÃO MONITÓRIA

Art. 700. A ação monitória pode ser proposta por aquele que afirmar, com base em prova escrita sem eficácia de título executivo, ter direito de exigir do devedor capaz:

I – o pagamento de quantia em dinheiro;

II – a entrega de coisa fungível ou infungível ou de bem móvel ou imóvel;

III – o adimplemento de obrigação de fazer ou de não fazer.

§ 1º A prova escrita pode consistir em prova oral documentada, produzida antecipadamente nos termos do art. 381.

Eventual prova oral do crédito deve ser obtida previamente por demanda probatória, sendo inviável prova oral na ação monitória.

✓ AGRAVO DE INSTRUMENTO. AÇÃO MONITÓRIA. (...) Rito da ação monitória que é pautada em prova escrita acerca das alegações do autor. Possibilidade de ingresso de prova oral na demanda apenas na forma do art. 701, § 1º do CPC/15. Desprovimento do recurso. (TJRJ; AI 0008551-71.2017.8.19.0000; Rio de Janeiro; Segunda Câmara Cível; Rel. Des. Paulo Sergio Prestes dos Santos; DORJ 28/07/2017; Pág. 288)

✓ MONITÓRIA. Sentença de improcedência. Acolhimento dos embargos. Recurso do autor. Não ocorrência de cerceamento de defesa. Ação monitória reclama a preexistência de prova escrita ou oral documentada. Inviável a produção de prova oral. Não demonstrada a existência de crédito em favor do autor (...) (TJSP; AC 1000063-93.2020.8.26.0426; Ac. 14094191; Patrocínio Paulista; Sétima Câmara de Direito Privado; Rel. Des. Miguel Brandi; Julg. 27/10/2020; DJESP 25/11/2020; Pág. 1995).

É exigível prova escrita para admissão da ação monitória:

✓ APELAÇÃO CÍVEL. AÇÃO MONITÓRIA. (...) Para a propositura da Ação Monitória exige-se a existência de uma prova escrita do débito, sem força executiva, não exemplificando a Lei quais os documentos prestáveis à admissão da ação. Os documentos carreados pela apelada, notadamente a nota fiscal contendo a assinatura do Secretário Municipal e a data de entrega das mercadorias, são hábeis para embasar a propositura da ação. Tratando-se de Ação Monitória para a cobrança de dívida líquida e certa, os juros de mora e a correção monetária incidem a partir do vencimento. (...) (TJMG; APCV 0017390-72.2017.8.13.0220; Divino; Sexta Câmara Cível; Rel. Des. Edilson Olímpio Fernandes; Julg. 17/11/2020; DJEMG 27/11/2020).

A prova da monitória não precisa ser robusta, bastando elementos que gerem convicção sobre a existência da dívida:

✓ APELAÇÃO CÍVEL. AÇÃO MONITÓRIA. (...) -A prova hábil a instruir a ação monitória, a que alude o artigo 1.102-A do Código de Processo Civil, não precisa, necessariamente, ser robusta, podendo ser aparelhada por documento idôneo, ainda que emitido pelo próprio credor, contanto que, por meio do prudente exame do magistrado, exsurja o juízo de probabilidade acerca do direito afirmado pelo autor- (AGRG no AREsp 559.231/PE). Notas fiscais que não estão acompanhadas de qualquer prova do recebimento da mercadoria pelo réu. Parte autora que apresentou apenas um extrato de acompanhamento de processo administrativo em que figura como interessada, cujos autos não foram localizados. Inexistência de qualquer dado ou informação acerca de eventual contrato que tivesse embasado a emissão das notas, da data da entrega da mercadoria, do eventual protesto das duplicatas aparentemente emitidas com base nas notas fiscais, da cobrança extrajudicial dos valores supostamente devidos, da formulação de requerimento administrativo ou da existência, enfim, de algum negócio jurídico entre as partes. (...) (TJRJ; APL 0045952-29.2016.8.19.0004; São Gonçalo; Décima Sexta Câmara Cível; Rel. Des. Eduardo Gusmão Alves de Brito Neto; DORJ 11/12/2020; Pág. 641)

O contrato de prestação de serviço educacional, acompanhado de demonstrativo do débito, a refletir a presença da relação jurídica entre credor e devedor e a existência da dívida, é hábil a instruir ação monitória:

✓ AGRAVO INTERNO NO AGRAVO REGIMENTAL NO RECURSO ESPECIAL. AÇÃO MONITÓRIA. COBRANÇA DE MENSALIDADES ESCOLARES VIA CONTRATO DE PRESTAÇÃO DE SERVIÇOS EDUCACIONAIS. DECISÃO MONOCRÁTICA QUE DEU PARCIAL PROVIMENTO AO RECLAMO DA INSTITUIÇÃO EDUCACIONAL PARA RECONHECER A POSSIBILIDADE JURÍDICA DO PEDIDO MONITÓRIO, EM VIRTUDE DE HIGIDEZ DOS DOCUMENTOS QUE LASTREIAM A INICIAL, DETERMINANDO-SE, POR CONSEGUINTE, O RETORNO DOS AUTOS AO TRIBUNAL DE ORIGEM A FIM DE QUE ANALISE AS QUESTÕES REMANESCENTES EXPENDIDAS NO RECURSO DE APELAÇÃO. INSURGÊNCIA DA PARTE RÉ. 1. Inviável o acolhimento da tese acerca da impossibilidade de julgamento monocrático do relator fundado em hipótese jurídica não amparada no artigo 932 do NCPC, porquanto, na data de 17 de março de 2016, o Superior Tribunal de justiça fez publicar o enunciado da Súmula nº 568/STJ que expressamente dispõe: "o relator, monocraticamente e no Superior Tribunal de justiça, poderá dar ou negar provimento ao recurso quando houver entendimento dominante acerca do tema ". O julgamento monocrático pelo relator se coaduna à determinação legal estampada no artigo 932 do NCPC, haja vista que, nos termos do disposto nos incisos IV e V do referido diploma legal, incumbe ao relator negar ou dar provimento amparado em Súmula, no caso, o próprio enunciado nº 568/STJ. 2. O contrato de prestação de serviço educacional, acompanhado de demonstrativo do débito, a refletir a presença da relação jurídica entre credor e devedor e a existência da dívida, mostra-se hábil a instruir a ação monitória. Precedentes. No caso, trata-se de ação monitória aparelhada em contrato de prestação de serviços educacionais, com vistas à cobrança de mensalidades em atraso, vale dizer, uma obrigação certa, líquida e exigível em certo prazo, muito embora não pudesse o instrumento ser levado a processo de execução. (...) (STJ; AgInt-AgRg-REsp 1.104.239; Proc. 2008/0243563-1; MG; Quarta Turma; Rel. Min. Marco Buzzi; DJE 08/06/2016)

✓ APELAÇÃO CÍVEL. AÇÃO MONITÓRIA. (...) Demandante que objetiva o recebimento de crédito referente a contrato de prestação de serviços educacionais. Sentença de procedência. Irresignação do Demandado. Falta de juntada do contrato referido na exordial. Julgado combatido que, no ponto, baseou-se em decisão interlocutória que havia considerado a suficiência da prova acostada aos autos e da ausência de impugnação pelo Réu. Inteligência do art. 700, caput, do CPC, dispositivo que exige a instrução do feito com a "prova escrita sem eficácia de título executivo". Indispensabilidade da comprovação documental da dívida. Pressuposto específico de desenvolvimento válido e regular do processo. Insuficiência do demonstrativo de débito colacionado, que se adequa tão somente ao conceito de "memória de cálculo" (art. 700, §2º, I, do CPC). Arestos do Superior Tribunal de Justiça e deste Sodalício. Entendimento da Corte Cidadã no sentido de que é o contrato de prestação de serviço educacional, acompanhado de demonstrativo do débito, o documento hábil a instruir a lide monitória. Insanável deficiência instrutória que acarreta a formação de título judicial inexequível. Error in procedendo incidindo sobre matéria cognoscível de ofício. Art. 485, §3º, do CPC. Necessário retorno dos autos à Vara de origem para prosseguimento do feito, com a anulação de todos os atos decisórios desde o despacho que determinou a citação. Inclusive -, oportunizando-se à Demandante a juntada da prova escrita sem eficácia de título executivo ou a emenda da inicial, para os fins do art. 700, §5º, do CPC. (...) (TJRJ; APL 0300523-09.2015.8.19.0001; Rel. Des. Sérgio Nogueira de Azeredo; DORJ 28/03/2019)

O contrato de abertura de crédito em conta-corrente, acompanhado do demonstrativo de débito, constitui documento hábil para o ajuizamento da ação monitória (Súmula nº 247 do STJ):

✓ AGRAVO INTERNO NO AGRAVO EM RECURSO ESPECIAL. AÇÃO MONITÓRIA. CONTRATO DE ABERTURA DE CRÉDITO EM CONTA CORRENTE. DOCUMENTO HÁBIL. MATÉRIA QUE DEMANDA REEXAME DE FATOS E PROVAS. SUMULA 7 DO STJ. REPETIÇÃO EM DOBRO DO INDÉBITO. MÁ-FÉ NÃO COMPROVADA. ACÓRDÃO EM SINTONIA COM O ENTENDIMENTO FIRMADO NO STJ. SÚMULA Nº 83 DESTA CORTE. AGRAVO INTERNO NÃO PROVIDO. 1. A Corte Estadual decidiu em consonância com a Jurisprudência desta Corte Superior, que possui firme o entendimento no sentido de ser cabível o ajuizamento de ação monitória, com fundamento em contrato de abertura de crédito em conta-corrente, acompanhado do demonstrativo do débito. É o enunciado da Súmula nº 247 do STJ. 2. O acolhimento da pretensão recursal, no sentido de sustentar a eventual iliquidez da dívida, bem como a ausência de documentos hábeis a comprovar a existência do débito, demandaria a alteração das premissas fático-probatórias estabelecidas pelo acórdão recorrido, com o revolvimento das provas carradas aos autos, o que é vedado em sede de Recurso Especial, ante o óbice da Súmula nº 7/STJ. 3. O acórdão recorrido está em harmonia com a jurisprudência consolidada nesta Corte, no sentido de que a repetição em dobro do indébito só é cabível diante da constatação de má-fé do credor, o que na espécie, não ocorreu. Superior Tribunal de Justiça 4. As razões recursais encontram óbice na Súmula nº 83 do STJ, que determina a pronta rejeição dos recursos a ele dirigidos, quando o entendimento adotado pelo e. Tribunal de origem estiver em conformidade com a jurisprudência aqui sedimentada, entendimento aplicável também aos recursos especiais fundados na alínea a do permissivo constitucional. Precedentes(...) (STJ; AgInt-AREsp 1.373.892; Proc. 2018/0246105-1; SP; Quarta Turma; Rel. Min. Luis Felipe Salomão; Julg. 29/06/2020; DJE 03/08/2020)

A nota fiscal, com comprovante de entrega da mercadoria ou da prestação do serviço, é apta a instruir a ação monitória:

✓ PROCESSUAL CIVIL. AGRAVO INTERNO NO AGRAVO EM RECURSO ESPECIAL. RECURSO MANEJADO SOB A ÉGIDE DO NCPC. AÇÃO MONITÓRIA. NOTA FISCAL ACOMPANHADA DO COMPROVANTE DE ENTREGA DA MERCADORIA. COMPROVAÇÃO DA REALIZAÇÃO DO NEGÓCIO JURÍDICO. REEXAME DO CONJUNTO FÁTICO-PROBATÓRIO. SÚMULA Nº 7 DO STJ. ACÓRDÃO ESTADUAL ALINHADO À JURISPRUDÊNCIA DESTA CORTE. SÚMULA Nº 83 DO STJ. CONVERSÃO EM TÍTULO EXECUTIVO JUDICIAL. (...) 2. Havendo o acórdão estadual firmado, com apoio nas provas documentais colacionadas aos autos, que ficou comprovado o crédito pleiteado na ação monitória, a revisão de suas conclusões, na via especial, está impedida pela Súmula nº 7 do STJ. 3. Não é possível o conhecimento do Recurso Especial interposto pela divergência jurisprudencial na hipótese em que o dissídio é apoiado em fatos, e não na interpretação da Lei, pois a tanto se opõe a Súmula nº 7 do STJ. 4. O Tribunal local decidiu em consonância com a jurisprudência iterativa desta Corte ao consignar que a nota fiscal, com comprovante de entrega da mercadoria ou da prestação do serviço, é apta a instruir a ação monitória prevista no art. 1102. A do Código de Processo Civil, o que atrai a aplicação da Súmula nº 83 do STJ. (...). (STJ; AgInt-AREsp 968.508; Proc. 2016/0216389-6; GO; Terceira Turma; Rel. Min. Moura Ribeiro; DJE 20/04/2017)

✓ APELAÇÕES CÍVEIS AÇÃO MONITÓRIA RECURSO DA AUTORA NOTA FISCAL DESACOMPANHADA DO COMPROVANTE DE ENTREGA DAS MERCADORIAS FATO CONSTITUTIVO NÃO COMPROVADO ART. 373, I, CPC SENTENÇA MANTIDA RECURSO DA RÉ (...) I De acordo com o Superior Tribunal de Justiça, "A nota fiscal, acompanhada do respectivo comprovante de entrega e recebimento da mercadoria ou do serviço, devidamente assinado pelo adquirente, pode servir de prova escrita para aparelhar a ação monitoria. " (STJ, 3ª T., REsp 778.852, Rel. Min. Nancy Andrighi, j. 15.08.06). II Ausente prova no sentido de que os produtos foram efetivamente entregues, meras notas fiscais não podem ser admitidas como prova escrita apta a fundamentar ação monitória e, por corolário, constituídas em título executivo judicial. III Os honorários advocatícios constituem direito autônomo do advogado, o que implica dizer que apenas este tem legitimidade e interesse recursal para postulá-los ou requerer sua majoração. (...) (TJMS; AC 0830513-46.2016.8.12.0001; Quarta Câmara Cível; Rel. Des. Luiz Tadeu Barbosa Silva; DJMS 02/12/2020; Pág. 207)

O Contrato de Abertura de Crédito para Financiamento Estudantil – FIES é documento hábil à propositura de ação monitória.

✓ ADMINISTRATIVO. APELAÇÃO. MONITÓRIA. (...) 2. A ação monitória difere-se da mera ação ordinária de cobrança, que não tem como pressuposto a juntada de determinada prova específica, pois exige necessariamente prova escrita, sem eficácia de título executivo, nos termos do art. 700 do CPC/2015. 3. No presente caso, o procedimento monitório foi carreado com documentos que elucidam a evolução da dívida, como o contrato de abertura de crédito para financiamento estudantil, termo de aditamento, demonstrativo de débito posicionado e planilha de evolução contratual, não havendo que falar em carência de ação sob a alegação de que a CEF não instruiu a inicial com prova escrita que comprove os fatos constitutivos de seu direito. (...) (TRF 2ª R.; AC 0521051-60.2008.4.02.5101; Quinta Turma Especializada; Rel. Des. Fed. Ricardo Perlingeiro; DEJF 21/09/2020)

Na ação monitória baseada em duplicata sem aceite, a apresentação do documento que comprove a entrega da mercadoria não é condição *sine qua non* para a admissibilidade da monitória:

✓ INCIDENTE DE RESOLUÇÃO DE DEMANDAS REPETITIVAS. INADMISSIBILIDADE JÁ PROCESSADA. TESE JURIDICA. NECESSIDADE. AÇÃO MONITÓRIA. DUPLICATA SEM ACEITE. COMPROVANTE ENTREGA MERCADORIA. DOCUMENTO ESSENCIAL. NÃO EXIGÊNCIA. Na ação monitória baseada em duplicata sem aceite, a apresentação do documento que comprove a entrega da mercadoria não é condição sine qua non para a admissibilidade do processo. A referida prova poderá ser feita durante a instrução dos embargos monitórios, em razão da possibilidade da ampla defesa. Poderá o magistrado, valendo-se do art. 700, §5º, do NCPC, diante da verificação de prova inidônea, se em tempo hábil, determinar a emenda da inicial, convertendo em procedimento comum. (TJMG; IncSusp 1.0000.16.037133-2/000; Rel. Des. Alexandre Santiago; Julg. 25/09/2017; DJEMG 29/09/2017)

O procedimento especial de ação monitória não modifica a competência absoluta do juízo:

✓ PROCESSUAL CIVIL. CONFLITO NEGATIVO DE COMPETÊNCIA. JUIZ FEDERAL E JUIZ DE JUIZADO ESPECIAL FEDERAL CÍVEL. AÇÃO MONITÓRIA. VALOR DA CAUSA INFERIOR A 60 (SESSENTA) SALÁRIOS-MÍNIMOS. COMPETÊNCIA ABSOLUTA DO JUIZADO ESPECIAL FEDERAL. COMPLEXIDADE DA CAUSA. IRRELEVÂNCIA. 1. A competência do juizado especial federal cível, que é absoluta, é definida pelo valor da causa (art. 3º, § 3º, da Lei nº 10.259/2001), salvo os casos expressa e legalmente dela excluídos. 2. No caso, o valor da causa é inferior a sessenta salários mínimos, o que torna o juizado especial federal competente para processar e julgar o feito. A alegada complexidade da causa não justifica a mudança da competência para o juízo federal. Precedentes. 3. Além disso, a ação monitória, a despeito de estar sujeita ao procedimento especial previsto nos artigos 700 e seguintes do CPC, não se inclui dentre as hipóteses de exclusão da competência dos juizados especiais federais cíveis, previstas no § 1º, art. 3º, da Lei nº 10.259/2001. (...) (TRF 1ª R.;

CC 0022052-34.2014.4.01.0000; Terceira Seção; Rel. Juiz Fed. Conv. Deniele Maranhão; DJF1 14/07/2016)

Diante da confusão entre embargos monitórios e embargos à execução, pode ser aplicado o princípio da fungibilidade.

✓ DIREITO PROCESSUAL CIVIL. AÇÃO MONITÓRIA. DEFESA POR MEIO DE EMBARGOS À EXECUÇÃO. EQUÍVOCO FORMAL. RECEBIMENTO COMO EMBARGOS MONITÓRIOS. FUNGIBILIDADE. PRINCÍPIO DA INSTRUMENTALIDADE DAS FORMAS. I. À luz do princípio da instrumentalidade das formas consagrado nos artigos 188, 277 e 283 do Código de Processo Civil, nada obsta que Embargos à Execução sejam recebidos como Embargos Monitórios. II. O princípio da instrumentalidade das formas legitima a fungibilidade que supera o equívoco formal e valoriza o primado constitucional da ampla defesa. (...) (TJDF; APC 07197.33-88.2018.8.07.0007; Ac. 124.2383; Quarta Turma Cível; Rel. Des. James Eduardo Oliveira; Julg. 01/04/2020; Publ. PJe 12/05/2020)

Há incompatibilidade do rito dos Juizados Especiais da Fazenda Pública com o procedimento da ação monitória:

✓ AGRAVO DE INSTRUMENTO. DIREITO PROCESSUAL CIVIL. COMPETÊNCIA. JUÍZO DA VARA DA FAZENDA PÚBLICA. JUÍZO DO JUIZADO ESPECIAL DA FAZENDA PÚBLICA. AÇÃO MONITÓRIA. RITO PRÓPRIO E INCOMPATÍVEL COM O RITO DO JUIZADO ESPECIAL. 1. A competência dos Juizados Especiais da Fazenda Pública, nos termos do art. 2º da Lei nº 12.153/2009, possui dois parâmetros, o valor da causa e a matéria. Além disso, é necessário verificar se o rito da ação proposta é compatível com o rito dos juizados especiais, que tem como princípios norteadores a oralidade, simplicidade, informalidade, economia e celeridade. 2. A ação monitória possui rito especial próprio, previsto nos artigos 700 a 702 do Código de Processo Civil, incompatível com o rito dos juizados especiais. (...) (TJDF; AGI 07168.42-47.2020.8.07.0000; Ac. 130.0312; Sétima Turma Cível; Rel. Des. Getúlio de Moraes Oliveira; Julg. 11/11/2020; Publ. PJe 25/11/2020)

§ 2º Na petição inicial, incumbe ao autor explicitar, conforme o caso:

I – a importância devida, instruindo-a com memória de cálculo;

É imprescindível a apresentação de memória de cálculo para a instrução da monitória que visa ao pagamento de quantia.

✓ DIREITO PÚBLICO. (...) 1. A não apresentação da memória de cálculo pelo autor, consoante regra inserida no art. 700 do CPC, caracteriza vício capaz de ensejar indeferimento da petição inicial consoante art. 700, §4º do CPC. 2. O Superior Tribunal de Justiça possui jurisprudência assentada quanto à necessidade de prévia intimação do exequente para regularização da falha, sendo descabido o julgamento da monitória sem que se oportunize a correção da incompletude ou insuficiência do demonstrativo atualizado do débito. 3. Necessidade de regularização do procedimento com a intimação do autor para regularizar o feito monitório sob pena de indeferimento da inicial. (...) (TJCE; APL-RN 0004531-80.2018.8.06.0059; Primeira Câmara de Direito Público; Rel. Des. Paulo Francisco Banhos Ponte; Julg. 09/11/2020; DJCE 19/11/2020; Pág. 29)

Em sentido contrário. Desnecessidade de planilha de cálculos quando os demais documentos são suficientes:

✓ APELAÇÃO CÍVEL EM AÇÃO MONITÓRIA. EMBARGOS À MONITÓRIA. ALEGAÇÃO DE CERCEAMENTO DE DEFESA. AFASTADA. Desnecessidade de instrução probatória. Provas juntadas pelo autor necessárias ao deslinde da causa. Faturas e termo de confissão de dívida suficientes à comprovação da existência do débito, bem como seu montante, não se fazendo necessária a memória de cálculo. Termo de confissão assinado pelo representante legal da empresa. Validade. (...). (TJAL; APL 0706164-36.2017.8.02.0058; Arapiraca; Segunda Câmara Cível; Relª Desª Elisabeth Carvalho Nascimento; DJAL 06/08/2020)

II – o valor atual da coisa reclamada;

III – o conteúdo patrimonial em discussão ou o proveito econômico perseguido.

Não se exige que na petição inicial o autor mencione ou comprove a relação causal que deu origem à emissão de cheque prescrito.

✓ CIVIL. PROCESSUAL CIVIL. (...) 2. No julgamento do Recurso Representativo da Controvérsia REsp nº 1.094.571/SP de relatoria do Ministro LUIS FELIPE SALOMÃO foi consolidado o entendimento de que "o autor da ação monitória não precisa, na exordial, mencionar ou comprovar a relação causal que deu origem à emissão do cheque prescrito, todavia nada impede o requerido, em embargos à monitória, discuta a causa debendi, cabendo-lhe a iniciativa do contraditório e o ônus da prova. Mediante apresentação de fatos impeditivos, modificativos ou extintivos do direito do autor ". Súmula nº 83 do STJ. 3. O Tribunal de origem entendeu pela alegação genérica e ausência de provas da prática de agiotagem por terceiro estranho à lide e, portanto, da impossibilidade de inversão do ônus da prova. Incide, assim, a Súmula nº 7 do STJ. (...) (STJ; AgInt-AREsp 860.470; Proc. 2016/0032987-4; SP; Terceira Turma; Rel. Min. Moura Ribeiro; DJE 05/06/2017)

§ 3º O valor da causa deverá corresponder à importância prevista no § 2º, incisos I a III.

§ 4º Além das hipóteses do art. 330, a petição inicial será indeferida quando não atendido o disposto no § 2º deste artigo.

§ 5º Havendo dúvida quanto à idoneidade de prova documental apresentada pelo autor, o juiz intimá-lo-á para, querendo, emendar a petição inicial, adaptando-a ao procedimento comum.

Possibilidade de conversão do procedimento monitório em procedimento comum:

✓ AÇÃO MONITÓRIA. SENTENÇA QUE ENTENDEU PELA INSUFICIÊNCIA DA DOCUMENTAÇÃO JUNTADA INICIALMENTE PELO AUTOR, SEM DAR-LHE OPORTUNIDADE DE EMENDAR A INICIAL PARA POSSÍVEL CONVERSÃO DA AÇÃO AO PROCEDIMENTO COMUM. INADMISSIBILIDADE. Previsão expressa contida no artigo 700, § 5º, CPC. (...) (TJSP; AC 1005676-96.2019.8.26.0566;

Ac. 13971159; São Carlos; Trigésima Quarta Câmara de Direito Privado; Rel. Des. Soares Levada; Julg. 14/09/2020; DJESP 22/09/2020; Pág. 2175)

O fato de já terem sido opostos embargos monitórios não impede a emenda da inicial.

✓ AÇÃO MONITÓRIA. CONTRATO DE ABERTURA DE CRÉDITO. INICIAL PEDIU A CONSTITUIÇÃO DE TÍTULO JUDICIAL DE R$113.770,35, NÃO ACOMPANHADA DE PLANILHA DE DÉBITO E EXTRATOS. Extinção do processo, sem resolução do mérito, nos termos do art. 485, I, do CPC. Descabimento. Possibilidade da emenda (art. 321 do CPC), para tão só na hipótese de descumprimento, extinguir-se o processo, sem resolução de mérito. Apesar de citados apresentando os réus embargos monitórios, possível a emenda da inicial para juntada de documentos, porquanto tal fato não altera o pedido inicial ou a causa de pedir. Precedentes do STJ. (...) (TJSP; AC 1003788-34.2016.8.26.0296; Ac. 12524282; Jaguariúna; Décima Terceira Câmara de Direito Privado; Rel. Des. Francisco Giaquinto; Julg. 24/05/2019; DJESP 15/12/2020; Pág. 1992)

O juiz deve oportunizar à parte a regularização da petição inicial:

✓ APELAÇÃO. AÇÃO MONITÓRIA. CRÉDITO RELATIVO A EMPRÉSTIMO PESSOAL. Sentença de extinção sem resolução do mérito. Parte autora que não juntou aos autos cópia firmada do contrato de empréstimo pessoal que embasa o pedido deduzido na inicial. Irresignação da parte autora. Prolação de sentença que deixou de oportunizar a emenda da inicial, inclusive, com a possibilidade de conversão da monitoria em ação ordinária de cobrança. Não poderia o magistrado a quo reconhecer a inépcia da inicial sem oportunizar a emenda no prazo de 15 dias, direito que lhe é conferido pelo artigo 321 e artigo 700, § 5º, ambos do código de processo civil. (...) (TJRJ; APL 0015172-17.2018.8.19.0205; Relª Desª Valeria Dacheux Nascimento; DORJ 26/11/2020)

§ 6º É admissível ação monitória em face da Fazenda Pública.

Possibilidade de monitória contra a Fazenda Pública:

✓ APELAÇÃO. AÇÃO MONITÓRIA EM FACE DA FAZENDA PÚBLICA. CONTRATO ADMINISTRATIVO DE PRESTAÇÃO DE SERVIÇO DE INFORMÁTICA. Possibilidade. (...) Legitimidade da cobrança de dívida em face da Fazenda Pública, via ação monitória, por dívida consubstanciada em nota fiscal de serviço acompanhada de nota de empenho e nota de conhecimento de transporte assinada pelo recebedor, sendo desnecessária liquidação da despesa na esfera administrativa, eis que se trata de dívida líquida e certa. Documentação acostada que dá conta da efetiva prestação do serviço e a parte adversa em momento algum contraria substancialmente tal afirmação. (...) (TJRJ; APL-RNec 0017124-35.2018.8.19.0042; Petrópolis; Décima Nona Câmara Cível; Rel. Des. Lucio Durante; DORJ 19/11/2020)

§ 7º Na ação monitória, admite-se citação por qualquer dos meios permitidos para o procedimento comum.

Possibilidade de citação por edital:

✓ APELAÇÃO CÍVEL. PROCESSO CIVIL. AÇÃO MONITÓRIA. Contrato de prestação de serviços. Citação por edital. Possibilidade. Cumprimento dos requisitos legais. Revelia decretada e posterior nomeação de curador especial, que apresentou defesa por negativa geral. Ausência de prejuízo e de nulidade. (...) (TJRJ; APL 0015267-13.2017.8.19.0066; Relª Desª Teresa de Andrade; DORJ 09/12/2020)

Art. 701. Sendo evidente o direito do autor, o juiz deferirá a expedição de mandado de pagamento, de entrega de coisa ou para execução de obrigação de fazer ou de não fazer, concedendo ao réu prazo de 15 (quinze) dias para o cumprimento e o pagamento de honorários advocatícios de cinco por cento do valor atribuído à causa.

A intempestividade da oposição de embargos acarreta os efeitos da revelia:

✓ MONITÓRIA. SUSCITADA INTEMPESTIVIDADE DOS EMBARGOS MONITÓRIOS PELA AUTORA, SEM APRECIAÇÃO PELO JUÍZO. EMBARGOS MONITÓRIOS ACOLHIDOS, INDEVIDAMENTE. Exegese do artigo 231, I, do CPC. Prazo que se inicia com a juntada do Aviso de Recebimento aos autos e, não, no dia seguinte. Intempestividade dos embargos que cumpre ser reconhecida. Revelia da ré. Presunção de veracidade dos fatos alegados pela autora. (...) (TJSP; AC 1028768-46.2019.8.26.0100; Ac. 13990473; São Paulo; Décima Terceira Câmara de Direito Privado; Rel. Des. Cauduro Padin; Julg. 23/09/2020; rep. DJESP 05/10/2020; Pág. 1981)

Fixação de honorários de cinco por cento e custas processuais em caso de revelia:

✓ APELAÇÃO CÍVEL. AÇÃO MONITÓRIA. CONVERSÃO EM TÍTULO EXECUTIVO. RÉU REVEL. CONDENAÇÃO EM CUSTAS PROCESSUAIS E HONORÁRIOS SUCUMBENCIAIS. POSSIBILIDADE. À luz do princípio da causalidade, devem ser fixados honorários sucumbenciais, em caso de revelia do réu na ação monitória. Nos termos do §1º do art. 701 do CPC/15, a isenção ao pagamento das custas, na ação monitória, somente ocorre na hipótese de pagamento voluntário do mandado inicial. Entretanto, nos termos do caput do art. 701 do CPC/15 deve prevalecer, para o caso de inércia do réu no pagamento voluntário do mandado inicial, o percentual de 5% (cinco por cento), a título de honorários sucumbenciais. (TJMG; APCV 1.0153.15.009748-0/001; Rel. Des. Luiz Artur Hilário; Julg. 14/09/2017; DJEMG 29/09/2017)

A porcentagem de 5% referente aos honorários só incide quando há pagamento voluntário no prazo de 15 dias.

✓ APELAÇÃO. PROCESSUAL CIVIL. MONITÓRIA. AUSÊNCIA DE PAGAMENTO VOLUNTÁRIO. HONORÁRIOS. FIXAÇÃO NOS TERMOS DO ARTIGO 85 DO CPC. (...) 2. A disposição constante no artigo 701 do Código de Processo Civil, prevendo a fixação dos honorários advocatícios em 5% (cinco por cento) do valor da causa, somente incide quando o devedor, de forma voluntária, satisfaz a obrigação tempestivamente. No caso, não tendo havido pagamento, deve ser observada a previsão constante no artigo 85, § 2º, do CPC, para a fixação dos honorários advocatícios. (...) (TJDF; APC 07044.36-98.2019.8.07.0009; Ac. 130.3395; Segunda Turma Cível; Rel. Des. Sandoval Oliveira; Julg. 25/11/2020; Publ. PJe 07/12/2020)

✓ APELAÇÃO CÍVEL. (...) 2. O percentual de cinco por cento constante do artigo 701 do CPC configura-se como um benefício legal, de modo a incentivar o devedor a cumprir, voluntariamente, sua obrigação com a redução dos honorários advocatícios. Contudo, não atendendo o chamado judicial para o pagamento da dívida no prazo de 15 (quinze dias), os honorários de sucumbência devem ser fixados de acordo com os percentuais e critérios constantes do artigo 85, § 2º do CPC. (...) (TJDF; APC 07186.09-48.2019.8.07.0003; Rel. Des. Rômulo de Araújo Mendes; Julg. 11/11/2020; Publ. PJe 25/11/2020)

§ 1º O réu será isento do pagamento de custas processuais se cumprir o mandado no prazo.

§ 2º Constituir-se-á de pleno direito o título executivo judicial, independentemente de qualquer formalidade, se não realizado o pagamento e não apresentados os embargos previstos no art. 702, observando-se, no que couber, o Título II do Livro I da Parte Especial.

§ 3º É cabível ação rescisória da decisão prevista no *caput* quando ocorrer a hipótese do § 2º.

Há coisa julgada material na ação monitória em relação à decisão que converte o mandado inicial de pagamento em título executivo judicial:

✓ AGRAVO DE INSTRUMENTO. (...) 1. Possui natureza jurídica de sentença condenatória a Decisão Interlocutória que, nos autos de Ação Monitória, converte, de pleno direito, o mandado monitório em título executivo judicial. Precedentes do Superior Tribunal de Justiça. 2. A prolação da decisão prevista no artigo 701, parágrafo 2º do Código de Processo Civil produz coisa julgada material, mesmo se reconhecida a revelia em razão da não apresentação de Embargos à Monitória. 3. Sob pena de violação à segurança jurídica e à coisa julgada, incabível a retomada de discussões acobertadas pelo manto da preclusão temporal, motivo pelo qual apenas se considera possível discutir. Na segunda fase da Ação Monitória. Os temas passíveis de arguição em Cumprimento de Sentença. 4. Uma vez convertido o mandado monitório, na primeira fase processual, executa-se, em seguida, a Sentença condenatória responsável pela constituição do título executivo judicial e não o contrato em si, prova escrita, por si só, destituída de capacidade executiva. 5. Assim, devem ser mantidos íntegros os parâmetros de cálculo, as parcelas devidas e as atualizações apresentadas na Inicial e planilhas anexas não embargadas quando convertidas, na íntegra, em título executivo judicial pela Decisão Interlocutória sobre a qual operam-se os efeitos da coisa julgada material. (...) (TJDF; Proc 07017.57-55.2019.8.07.0000; Ac. 118.8580; Oitava Turma Cível; Rel. Des. Eustáquio de Castro; Julg. 25/07/2019; DJDFTE 31/07/2019)

A decisão que constitui o título executivo judicial equivale a sentença transitada em julgado:

✓ AGRAVO DE INSTRUMENTO. (...) Se na ação monitória foi convertido o mandado inicial de pagamento em título executivo judicial (nCPC, art. 701, § 2º), o devedor somente poderá alegar em sede de impugnação, com fulcro no § 1º do art. 525 do novo CPC, as matérias supervenientes à formação desse título executivo judicial, cuja natureza é de sentença, respeitando-se assim a coisa julgada material constituída no procedimento monitório, de modo que cabível ao juízo de 1º grau apenas decidir quanto aos atos de execução, mas não quanto ao reconhecimento de supostas nulidades anteriores à formação do título judicial (causa subjacente), o que demandava embargos à monitória (NCPC, art. 702). Após a formação da coisa julgada material, as alegações que já sofreram a análise do juízo ou foram desconsideradas, por desinfluentes à época do exame de mérito, ou que ainda nem sequer fizeram parte daquele julgamento, por omissão da parte a quem supostamente interessavam, não podem mais ser discutidas em outro processo, salvo nos estritos limites da ação rescisória. (...) (TJRJ; AI 0043871-51.2018.8.19.0000; Rel. Des. Murilo Andre Kieling Cardona Pereira; DORJ 01/02/2019)

✓ PROCESSO CIVIL. AÇÃO MONITÓRIA. DECISÃO QUE CONSTITUI EM TÍTULO EXECUTIVO JUDICIAL. CONVERSÃO EM TÍTULO EXECUTIVO. EQUIVALÊNCIA COM SENTENÇA TRANSITADA EM JULGADO. APELAÇÃO. NÃO CONHECIDA. 1) A conversão do mandado monitório em mandado definitivo equivale à sentença transitada em julgado e, por isso, admite ação rescisória, nos termos do § 3º do art. 701 do CPC; 2) (...) (TJAP; APL 0004049-64.2016.8.03.0002; Câmara Única; Relª Juíza Conv. Stella Ramos; Julg. 24/08/2017; DJEAP 12/09/2017; Pág. 32)

§ 4º Sendo a ré Fazenda Pública, não apresentados os embargos previstos no art. 702, aplicar-se-á o disposto no art. 496, observando-se, a seguir, no que couber, o Título II do Livro I da Parte Especial.

§ 5º Aplica-se à ação monitória, no que couber, o art. 916.

O parcelamento do débito é possível, sendo uma faculdade do executado:

✓ AÇÃO MONITÓRIA. ABATIMENTO DE VALORES PAGOS ANTES DO AJUIZAMENTO DA DEMANDA. PRETENSÃO JÁ ACOLHIDA. (...) Obrigação positiva e líquida. Inteligência do art. 397 do Código Civil e da Súmula nº 43 do STJ. Possibilidade de aplicação do parcelamento do art. 916 do CPC à demanda monitória. Inteligência do art. 701, § 5º, do CPC. (...) (TJSP; AC 1120326-07.2016.8.26.0100; Ac. 12729535; São Paulo; Vigésima Oitava Câmara de Direito Privado; Rel. Des. Cesar Lacerda; Julg. 01/08/2019; DJESP 06/08/2019; Pág. 2280).

✓ APELAÇÃO CÍVEL. AÇÃO MONITÓRIA. (...) Noutro ponto, resta demonstrado que o parcelamento de dívida é mera faculdade do credor, não havendo como o Poder Judiciário impô-lo, sob pena de ofensa ao princípio autonomia da vontade, que rege as relações privadas. V. Recurso conhecido, para rejeitar a preliminar de carência de ação, e, no mérito, não provido, mantendo incólume a sentença de 1º grau. VI. (...) (TJPI; AC 2017.0001.011776-6; Primeira Câmara Especializada Cível; Rel. Des. Raimundo Eufrásio Alves Filho; DJPI 03/07/2018)

Art. 702. Independentemente de prévia segurança do juízo, o réu poderá opor, nos próprios autos, no prazo previsto no art. 701, embargos à ação monitória.

§ 1º Os embargos podem se fundar em matéria passível de alegação como defesa no procedimento comum.

Aplicam-se as regras de ônus da prova relativas ao procedimento comum:

✓ APELAÇÃO CÍVEL. AÇÃO MONITÓRIA FUNDADA EM CHEQUE. (...) Conforme disposto no art. 373 do CPC/2015, o ônus da prova incumbe ao autor, quanto ao fato constitutivo de seu direito; e ao réu, quanto à existência de fato impeditivo, modificativo ou extintivo do direito do autor. Se o autor deixou de produzir prova que evidenciasse que os fatos constitutivos de seu direito, ônus que lhe competia, o desprovimento do recurso é a medida que se impõe, devendo ser confirmada a sentença que acolheu parcialmente os embargos monitórios. (...) (TJMG; APCV 0013535-29.2018.8.13.0486; Peçanha; Oitava Câmara Cível; Rel. Juiz Conv. Fábio Torres de Sousa; Julg. 17/04/2020; DJEMG 23/09/2020)

§ 2º Quando o réu alegar que o autor pleiteia quantia superior à devida, cumprir-lhe-á declarar de imediato o valor que entende correto, apresentando demonstrativo discriminado e atualizado da dívida.

É necessidade apresentar demonstrativo do valor em excesso.

✓ APELAÇÃO. (...) A teor da Súmula nº 247 do Superior Tribunal de Justiça, "o contrato de abertura de crédito em conta-corrente, acompanhado do demonstrativo de débito, constitui documento hábil para o ajuizamento da ação monitória. " impugnação aos cálculos. Ausência de apresentação de demonstrativo. Impossibilidade. Quando a matéria trazida a baila, por meio dos embargos, for o excesso de cobrança, incumbe exclusivamente ao embargante a apresentação de memória de cálculos com os valores que entende devidos (CPC, art. 702, § 2º). Pelo mesmo motivo, não restou demonstrada a necessidade de perícia judicial, não configurando cerceamento de defesa sua negativa. (...) (TJCE; APL 0102646-53.2017.8.06.0001; Rel. Des. Durval Aires Filho; Julg. 14/04/2020; DJCE 20/04/2020)

A incidência de correção monetária não pode ser afastada quando o réu deixa de se insurgir, de imediato, aos valores apresentados pelo autor:

✓ PROCESSO CIVIL. (...) V. A inicial apresenta os valores que a autora entende devidos, já com a incidência de correção monetária no valor total de R$ 8.026,01 (oito mil e vinte e seis reais e um centavo). Note-se que a União não apresentou qualquer irresignação quanto aos índices utilizados para tal correção, devendo, portanto, ser mantido o cálculo apresentado na inicial, conforme se extrai do disposto no artigo 702, §§2º e 3º do Código de Processo Civil. (...) (TRF 2ª R.; AC 0047341-33.2012.4.02.5101; Oitava Turma Especializada; Rel. Des. Fed. Marcelo Pereira da Silva; Julg. 27/09/2017; DEJF 10/10/2017)

Constatada a intempestividade dos embargos opostos à monitória, constitui-se de pleno direito o título executivo judicial:

✓ APELAÇÃO CÍVEL. AÇÃO MONITÓRIA. (...)Contrato de prestação de serviços educacionais, devidamente assinado pelas partes e acompanhado de planilha de evolução do débito e recibos, constitui prova escrita a subsidiar ação monitória, bem como a existência da obrigação ventilada com escopo de viabilizar a tutela de pagamento. Inteligência do artigo 1.102-A, do CPC/73, vigente ao tempo do ajuizamento da ação. (...) Consoante a dicção dos art. 701, §2º e 702, ambos do CPC de 2015, ao réu é dado o direito de realizar o pagamento voluntário do débito ou oferecer embargos no prazo de 15 (quinze) dias do recebimento do mandado inicial, para a sua suspensão. Nos termos do art. 231, II, do CPC/15, começa a correr o prazo, quando a citação se realizar por oficial de justiça, da data de juntada aos autos do mandado devidamente cumprido. A ausência de oposição tempestiva de embargos monitórios enseja a conversão do mandado inicial em mandado executivo, constituindo-se de pleno direito o título executivo judicial (art. 701, §2º do CPC/15). (TJMG; APCV 5004410-10.2017.8.13.0672; Rel. Juiz Conv. Renan Chaves Carreira Machado; Julg. 29/05/2020; DJEMG 01/06/2020)

§ 3º Não apontado o valor correto ou não apresentado o demonstrativo, os embargos serão liminarmente rejeitados, se esse for o seu único fundamento, e, se houver outro fundamento, os embargos serão processados, mas o juiz deixará de examinar a alegação de excesso.

A ausência do apontamento do valor que o devedor entende correto, com respectiva memória de cálculo, leva à rejeição dos embargos:

✓ APELAÇÃO CÍVEL. (...). Nos embargos à monitória, em sendo alegado que o autor pleiteia quantia superior à devida, cabe à parte embargante indicar o valor que entende como correto desde logo, com sua demonstração mediante memória de cálculo, não bastando meras alegações genéricas quanto à existência de abusividades em cláusulas contratuais, sob pena de rejeição liminar ou não conhecimento da alegação de excesso, conforme dispõe o 702, §§ 2º e 3º, do CPC. No caso, não houve a indicação do valor devido com demonstração em cálculo discriminado, devendo a sentença ser desconstituída e os embargos rejeitados liminarmente, com o prosseguimento da monitória na origem. (...) (TJRS; APL 0032037-75.2020.8.21.7000; Rel. Des. Cairo Roberto Rodrigues Madruga; Julg. 25/11/2020; DJERS 30/11/2020)

§ 4º A oposição dos embargos suspende a eficácia da decisão referida no caput do art. 701 até o julgamento em primeiro grau.

Aplica-se a regra especifica do artigo 702, § 4º (e não o art. 919 do CPC) quanto ao pedido de efeito suspensivo.

✓ AGRAVO DE INSTRUMENTO. (...). III. Neste contexto, haja vista que o Código de Processo Civil possui norma específica no tocante à atribuição de efeito suspensivo aos embargos monitórios, não cabe a aplicação do artigo 919 deste mesmo diploma legal, que trata dos embargos à execução, mormente considerando que os embargos monitórios, ao contrário dos embargos à execução, configuram defesa incidental na ação monitória, tramitando nos próprios autos principais, sendo inviável a atribuição de efeito suspensivo nos moldes do artigo 919. Sendo assim, deve ser atribuído o efeito suspensivo previsto no artigo 702, § 4º, do Código de Processo Civil, tão somente para suspender a eficácia da decisão de deferimento da expedição de pagamento de mandado de pagamento, de entrega de coisa ou para execução de obrigação de fazer ou não fazer, até o julgamento em primeiro grau. (...) (TRF 3ª R.;

AI 5004473-21.2020.4.03.0000; SP; Primeira Turma; Rel. Des. Fed. Valdeci dos Santos; Julg. 10/09/2020; DEJF 17/09/2020).

Havendo litisconsórcio passivo, a apresentação de embargos à monitória por um réu atinge os demais, inclusive quanto à suspensão do mandado de pagamento, quando a defesa apresentada pode ser aproveitada por todos.

✓ AGRAVO DE INSTRUMENTO. (...). 2. Havendo litisconsórcio passivo, a apresentação de embargos à monitória por apenas um dos réus atinge aos demais litisconsortes, inclusive no que se refere à suspensão do mandado de pagamento, caso a defesa apresentada possa ser aproveitada por todos os réus. (...) (TJMG; AI 1.0145.13.006480-4/001; Rel. Des. Marcos Lincoln; Julg. 12/09/2018; DJEMG 18/09/2018)

§ 5º O autor será intimado para responder aos embargos no prazo de 15 (quinze) dias.

§ 6º Na ação monitória admite-se a reconvenção, sendo vedado o oferecimento de reconvenção à reconvenção.

A vedação de reconvenção sucessiva aplica-se apenas para a ação monitoria.

✓ CIVIL. (...) 1 – O propósito recursal é definir se, no sistema processual brasileiro, é admissível a reconvenção sucessiva, também denominada de reconvenção à reconvenção. (...) pois a nova legislação processual solucionou alguns dos impedimentos apontados ao cabimento da reconvenção sucessiva, como, por exemplo, a previsão de que o autor-reconvindo será intimado para apresentar resposta e não mais contestação (art. 343, §1º) e a vedação expressa de reconvenção à reconvenção apenas na hipótese da ação monitória (art. 702, §6º). (...) (STJ; REsp 1.690.216; Proc. 2017/0193448-6; RS; Terceira Turma; Rel. Min. Paulo de Tarso Sanseverino; Julg. 22/09/2020; DJE 28/09/2020)

§ 7º A critério do juiz, os embargos serão autuados em apartado, se parciais, constituindo-se de pleno direito o título executivo judicial em relação à parcela incontroversa.

§ 8º Rejeitados os embargos, constituir-se-á de pleno direito o título executivo judicial, prosseguindo-se o processo em observância ao disposto no Título II do Livro I da Parte Especial, no que for cabível.

A atividade executiva na ação monitória não exige o pagamento de novas custas.

✓ DIREITO PROCESSUAL CIVIL. AÇÃO MONITÓRIA. AUSÊNCIA DE EMBARGOS. CONVERSÃO EM MANDADO EXECUTIVO. RECOLHIMENTO DE NOVAS CUSTAS PROCESSUAIS. DESNECESSIDADE. I. Na ação monitória, não realizado o pagamento e não oferecidos embargos, há a constituição automática do título executivo. Desnecessário, portanto, o recolhimento de novas custas processuais eis que não há sentença. (...) (TJDF; Proc 07090.75-23.2018.8.07.0001; Ac. 116.1805; Sexta Turma Cível; Rel. Des. José Divino; Julg. 29/03/2019; DJDFTE 08/04/2019))

Devem incidir os juros de mora e a correção monetária pelos índices legalmente previstos a partir da constituição de pleno direito do título executivo judicial, e não mais os encargos financeiros previstos no contrato objeto da lide:

✓ CIVIL E PROCESSO CIVIL. (...) Na ação monitória, após a sentença que rejeita os embargos de devedor e acolhe a pretensão autoral do credor, devem incidir os juros de mora e a correção monetária pelos índices legalmente previstos a partir da constituição de pleno direito do título executivo judicial, e não mais os encargos financeiros previstos no contrato objeto da lide. inteligência do art. 702, § 8 do novo CPC/15. (TJMG; APCV 1.0433.10.008090-5/001; Rel. Des. Otávio Portes; Julg. 22/03/2017; DJEMG 31/03/2017)

Em sentido contrário: a atualização de dívida objeto da monitória deve se dar nos termos do contrato celebrado entre as partes, desde o inadimplemento e até a data do efetivo pagamento.

✓ PROCESSUAL CIVIL. (...) O entendimento deste Tribunal é no sentido de que a atualização de dívida objeto de execução extrajudicial, ação monitória etc., oriunda de títulos de crédito, contratos bancários, contratos cíveis etc., deve se dar nos termos do contrato celebrado entre as partes, desde o inadimplemento e até a data do efetivo pagamento, conforme preconizado no Capítulo 3 do Manual de Orientação de Procedimentos para os Cálculos na Justiça Federal. (...) (TRF 3ª R.; ApCiv 0022155-49.2016.4.03.6100; SP; Segunda Turma; Rel. Des. Fed. José Carlos Francisco; Julg. 26/11/2020; DEJF 02/12/2020)

✓ PROCESSO CIVIL. (...) Esta Primeira Turma, na esteira de outros julgados deste Tribunal Regional Federal da 3ª Região, adota o entendimento de que a atualização da dívida segue os parâmetros adotados em contrato até a data de seu efetivo pagamento. Não é razoável a alteração daqueles parâmetros sem fundamentos que a justifiquem, não sendo o mero ajuizamento da ação razão suficiente para tanto. (...) (TRF 3ª R.; ApCiv 5000104-62.2017.4.03.6119; SP; Primeira Turma; Rel. Des. Fed. Valdeci dos Santos; Julg. 03/09/2020; DEJF 11/09/2020)

§ 9º Cabe apelação contra a sentença que acolhe ou rejeita os embargos.

§ 10. O juiz condenará o autor de ação monitória proposta indevidamente e de má-fé ao pagamento, em favor do réu, de multa de até dez por cento sobre o valor da causa.

A aplicação de multa por propositura indevida exige comprovação da má-fé.

✓ APELAÇÃO CÍVEL. (...). 5. O pagamento da multa prevista no art. 702, § 10, do CPC, para o caso de ação monitória proposta indevidamente, requer a comprovação de má-fé, mas esse requisito não se encontra devidamente demonstrado nos autos. (TJDF; APC 07056.05-58.2017.8.07.0020; Ac. 123.6146; Terceira Turma Cível; Rel. Des. Alvaro Ciarlini; Julg. 04/03/2020; Publ. PJe 18/03/2020)

§ 11. O juiz condenará o réu que de má-fé opuser embargos à ação monitória ao pagamento de multa de até dez por cento sobre o valor atribuído à causa, em favor do autor.

Aplicação da multa pela má-fé da embargante.

✓ AÇÃO MONITÓRIA. VIABILIDADE. CONFIGURAÇÃO. NOTAS FISCAIS EM PARTE ACOMPANHADAS DO COMPROVANTE DE ENTREGA DAS MERCADORIAS. RELATÓRIO DETALHADO EMITIDO PELA REQUERIDA E NO QUAL ADMITE A EXISTÊNCIA DO DÉBITO. Perfeita correspondência entre o relatório, as notas fiscais e o pedido. Débito comprovado. Conduta temerária e de má-fé da recorrente. Caracterização. Incidência da multa prevista no art. 702, § 11, CPC. (...) (TJPR; Rec 0005787-62.2018.8.16.0194; Curitiba; Décima Oitava Câmara Cível; Rel. Des. Vitor Roberto Silva; Julg. 21/12/2020; DJPR 21/12/2020)

✓ APELAÇÃO CÍVEL. AÇÃO MONITÓRIA. SENTENÇA DE PROCEDÊNCIA. (...) A apelada aduziu em seus embargos monitórios não ter realizado qualquer negócio jurídico com a apelante que tenha originado as duplicatas, todavia posteriormente propôs o parcelamento da dívida, pelo que se conclui que a apelada extrapolou o exercício do direito de defesa, faltando com a verdade, restando provada a má-fé, pois não é crível sua intenção de pagar por uma dívida que não tenha contraído. Como se não bastasse, ainda apresentou reconvenção pugnando pela condenação da apelante em danos morais, diante dos protestos das duplicatas, ante a afirmação de que seriam indevidos e geraram abalo de crédito. Sendo assim, a apelada deverá incorrer na pena prevista no art. 702, § 11º, do CPC (-o juiz condenará o réu que de má-fé opuser embargos à ação monitória ao pagamento de multa de até dez por cento sobre o valor atribuído à causa, em favor do autor-), a qual se mostra suficiente para compensar o abuso processual, no percentual de 10% sobre o valor atribuído à causa. Precedente do STJ (...) (TJRJ; APL 0041623-20.2016.8.19.0021; Relª Desª Sandra Santarem Cardinali; DORJ 07/08/2020).

✓ AÇÃO MONITÓRIA. Cheque prescrito. Alegação ilegitimidade. Inocorrência. Réu que admitiu ter emitido o cheque e assim tornou-se desnecessária a demonstração da causa da dívida. Precedentes do STJ em recurso repetitivo. Prova de que a autora é sucessora legítima do beneficiário do título. Má-fé do réu. Afronta à boa-fé objetiva e a lealdade processual. Aplicação da multa prevista no art. 702, § 11, do CPC, fixada em 5% sobre o valor da causa. (...) (TJSP; APL 1000604-50.2018.8.26.0474; Ac. 12193098; Potirendaba; Décima Quarta Câmara de Direito Privado; Rel. Des. Achile Alesina; Julg. 07/02/2019; DJESP 14/02/2019; Pág. 2527)

✓ APELAÇÃO CÍVEL. AÇÃO MONITÓRIA. (...) Age de má-fé quem repete a mesma negativa genérica em diversas ações, evidenciando o mero intuito de protelar todas elas. De igual forma, é abusiva a pretensão recursal amparada em negativa de validade a atos que, costumeiramente, eram considerados legítimos pela própria parte que pleiteia a nulidade. (...) (TJAM; APL 0619523-02.2016.8.04.0001; Primeira Câmara Cível; Rel. Des. Paulo Cesar Caminha e Lima; DJAM 28/03/2018; Pág. 27)

Para a configuração da má-fé, exige-se a presença de elementos que afastem a mera inconsistência da defesa e comprovem o uso dos instrumentos processuais como empecilhos para o desfecho da causa.

✓ APELAÇÃO. (...) 5. No tocante à multa prevista no art. 702, § 11, do CPC, não se pode presumir o dolo e a má-fé das alegações deduzidas nos embargos à monitória, pois dirigidas à legítima defesa do direito que os embargantes entendiam possuir. Para a configuração da má-fé é necessária a presença de elementos que afastem a mera inconsistência da defesa e comprovem o uso dos instrumentos processuais como empecilhos para o desfecho da causa. (...) (TJDF; APC 07338.30-77.2019.8.07.0001; Ac. 127.0520; Segunda Turma Cível; Relª Desª Sandra Reves; Julg. 29/07/2020; Publ. PJe 18/08/2020)

O reconhecimento de má-fé não analisado em primeira instância e formulado apenas em sede recursal não pode ser apreciado sob pena de configurar inovação recursal e consequente supressão de instância.

✓ APELAÇÃO CÍVEL. (...) 3. O pedido de condenação da multa do §11 do art. 702 do CPC não analisado na primeira instância e formulado apenas em sede recursal não pode ser conhecido e apreciado, pois configura inovação recursal e consequente supressão de instância. (...) (TJDF; Proc 07016.26-30.2017.8.07.0007; Ac. 114.9313; Quinta Turma Cível; Rel. Des. Josaphá Francisco dos Santos; Julg. 06/02/2019; DJDFTE 23/05/2019)

CAPÍTULO XII
DA HOMOLOGAÇÃO DO PENHOR LEGAL

Art. 703. Tomado o penhor legal nos casos previstos em lei, requererá o credor, ato contínuo, a homologação.

Sendo o locador, por disposição legal expressa, credor pignoratício dos bens móveis do locatário que guarnecem o imóvel faz-se de rigor a homologação do penhor legal.

✓ LOCAÇÃO DE IMÓVEL NÃO RESIDENCIAL. AÇÃO DE DESPEJO C.C. COBRANÇA EM FASE DE CUMPRIMENTO DE SENTENÇA. O LOCADOR, INDEPENDENTEMENTE DE CONVENÇÃO, É CREDOR PIGNORATÍCIO SOBRE OS BENS MÓVEIS DO LOCATÁRIO QUE GUARNECEM O IMÓVEL. Tratando-se de disposição legal expressa (art. 1.467, II, do Código Civil), de rigor a homologação do penhor legal, com a ressalva de que, na eventualidade de o valor dos bens superar a dívida, o excedente deverá ser liberado à executada. (...) (TJSP; AI 2193055-18.2019.8.26.0000; Ac. 13036502; Taubaté; Trigésima Quarta Câmara de Direito Privado; Rel. Des. Gomes Varjão; Julg. 31/10/2019; DJESP 08/11/2019; Pág. 2175).

Indeferida tutela provisória porquanto ausentes os requisitos do art. 300 do CPC e presente o perigo de irreversibilidade.

✓ LOCAÇÃO. IMÓVEL COMERCIAL. HOMOLOGAÇÃO DO PENHOR LEGAL DE BENS MÓVEIS DA LOCATÁRIA REQUERIDA PELA LOCADORA. Decisão de primeiro grau que indefere pedido de tutela de urgência objetivando a imissão da locadora na posse dos bens. Agravo interposto pela locadora. Necessidade de observância do procedimento especial da homologação do penhor legal. Requisitos do artigo 300 do Código de Processo Civil não caracterizados. Perigo de irreversibilidade dos efeitos da decisão de natureza provisória. Decisão mantida. Agravo desprovido. (TJSP; AI 2007484-71.2019.8.26.0000; Ac. 12178062; Guarulhos; Vigésima Nona Câmara de Direito Privado; Rel. Des. Carlos Henrique Miguel Trevisan; Julg. 05/02/2019; DJESP 12/02/2019; Pág. 2306)

§ 1º Na petição inicial, instruída com o contrato de locação ou a conta pormenorizada das despesas, a tabela dos preços e a relação dos objetos retidos, o credor pedirá a citação do devedor para pagar ou contestar na audiência preliminar que for designada.

§ 2º A homologação do penhor legal poderá ser promovida pela via extrajudicial mediante requerimento, que conterá os requisitos previstos no § 1º deste artigo, do credor a notário de sua livre escolha.

§ 3º Recebido o requerimento, o notário promoverá a notificação extrajudicial do devedor para, no prazo de 5 (cinco) dias, pagar o débito ou impugnar sua cobrança, alegando por escrito uma das causas previstas no art. 704, hipótese em que o procedimento será encaminhado ao juízo competente para decisão.

§ 4º Transcorrido o prazo sem manifestação do devedor, o notário formalizará a homologação do penhor legal por escritura pública.

Art. 704. A defesa só pode consistir em:

I – nulidade do processo;

II – extinção da obrigação;

III – não estar a dívida compreendida entre as previstas em lei ou não estarem os bens sujeitos a penhor legal;

IV – alegação de haver sido ofertada caução idônea, rejeitada pelo credor.

A defesa do devedor é limitada a quatro temas.

✓ APELAÇÃO. Ação de homologação de penhor legal. Procedência. Inconformismo da ré. Inadmissibilidade. Legitimidade passiva da Apelante. Defesa limitada pelo Código de Processo Civil revogado à existência de nulidade do processo, à extinção da obrigação por não estar a dívida compreendida entre as previstas em Lei ou a não estarem os bens sujeitos a penhor legal (artigo 875). Atual Código de Processo Civil acrescentou hipótese de haver sido ofertada caução idônea, rejeitada pelo credor (art. 704). Nenhuma das hipóteses de defesa configurada. (...) (TJSP; APL 1000475-25.2016.8.26.0568; Ac. 10600110; São João da Boa Vista; Décima Segunda Câmara de Direito Privado; Relª Desª Cristina Medina Mogioni; Julg. 13/07/2017; DJESP 19/07/2017; Pág. 1847)

Art. 705. A partir da audiência preliminar, observar-se-á o procedimento comum.

Art. 706. Homologado judicialmente o penhor legal, consolidar-se-á a posse do autor sobre o objeto.

§ 1º Negada a homologação, o objeto será entregue ao réu, ressalvado ao autor o direito de cobrar a dívida pelo procedimento comum, salvo se acolhida a alegação de extinção da obrigação.

§ 2º Contra a sentença caberá apelação, e, na pendência de recurso, poderá o relator ordenar que a coisa permaneça depositada ou em poder do autor.

CAPÍTULO XIII
DA REGULAÇÃO DE AVARIA GROSSA

Art. 707. Quando inexistir consenso acerca da nomeação de um regulador de avarias, o juiz de direito da comarca do primeiro porto onde o navio houver chegado, provocado por qualquer parte interessada, nomeará um de notório conhecimento.

Art. 708. O regulador declarará justificadamente se os danos são passíveis de rateio na forma de avaria grossa e exigirá das partes envolvidas a apresentação de garantias idôneas para que possam ser liberadas as cargas aos consignatários.

§ 1º A parte que não concordar com o regulador quanto à declaração de abertura da avaria grossa deverá justificar suas razões ao juiz, que decidirá no prazo de 10 (dez) dias.

§ 2º Se o consignatário não apresentar garantia idônea a critério do regulador, este fixará o valor da contribuição provisória com base nos fatos narrados e nos documentos que instruírem a petição inicial, que deverá ser caucionado sob a forma de depósito judicial ou de garantia bancária.

§ 3º Recusando-se o consignatário a prestar caução, o regulador requererá ao juiz a alienação judicial de sua carga na forma dos arts. 879 a 903.

§ 4º É permitido o levantamento, por alvará, das quantias necessárias ao pagamento das despesas da alienação a serem arcadas pelo consignatário, mantendo-se o saldo remanescente em depósito judicial até o encerramento da regulação.

Art. 709. As partes deverão apresentar nos autos os documentos necessários à regulação da avaria grossa em prazo razoável a ser fixado pelo regulador.

Art. 710. O regulador apresentará o regulamento da avaria grossa no prazo de até 12 (doze) meses, contado da data da entrega dos documentos nos autos pelas partes, podendo o prazo ser estendido a critério do juiz.

§ 1º Oferecido o regulamento da avaria grossa, dele terão vista as partes pelo prazo comum de 15 (quinze) dias, e, não havendo impugnação, o regulamento será homologado por sentença.

§ 2º Havendo impugnação ao regulamento, o juiz decidirá no prazo de 10 (dez) dias, após a oitiva do regulador.

Art. 711. Aplicam-se ao regulador de avarias os arts. 156 a 158, no que couber.

CAPÍTULO XIV
DA RESTAURAÇÃO DE AUTOS

Art. 712. Verificado o desaparecimento dos autos, eletrônicos ou não, pode o juiz, de ofício, qualquer das partes ou o Ministério Público, se for o caso, promover-lhes a restauração.

O terceiro juridicamente interessado tem, excepcionalmente, legitimidade ativa para promover a restauração.

✓ APELAÇÃO CÍVEL. (...) 2. Preceitua o art. 712, caput, do CPC que qualquer das partes do processo que era representado documentalmente pelos autos desaparecidos poderão ingressar com ação de restauração de autos, bem como o Ministério Público que possui legitimidade ativa. Excepcionalmente, o terceiro juridicamente interessado, também terá legitimidade ativa para ingressar. (...) (TJDF; APC 07125.28-89.2019.8.07.0001; Ac. 126.4001; Terceira Turma Cível; Rel. Des. Gilberto Pereira de Oliveira; Julg. 08/07/2020; Publ. PJe 23/07/2020)

Possibilidade de restauração de autos de ofício.

✓ APELAÇÃO. (...) Tendo o desaparecimento dos autos ocorridos em cartório, competia ao Diretor de Secretaria informar ao Juízo o fato, a fim de que fosse providenciada a restauração dos autos, vez que segundo o art. 712 do NCPC, norma já vigente à época da prolação da sentença, estabelece que o juiz pode, de ofício, promover a restauração dos autos. 10. Ora, se houve culpa exclusiva do Poder Judiciário no extravio do processo e levando-se em consideração que, durante o período que o processo restou desaparecido, o prazo prescricional ainda não havia se exaurido, não há como reconhecer a ocorrência da prescrição intercorrente. (...) (TJBA; AP 0085032-48.2006.8.05.0001; Salvador; Terceira Câmara Cível; Relª Desª Rosita Falcão de Almeida Maia; Julg. 21/05/2019; DJBA 29/05/2019; Pág. 515)

✓ RESTAURAÇÃO DE AUTOS INSTAURADA DE OFÍCIO. INTELIGÊNCIA DO ART. 712 CÓDIGO DE PROCESSO CIVIL DE 2015. PEÇAS ESSENCIAIS À COMPREENSÃO DO LITÍGIO DEVIDAMENTE JUNTADAS, POSSIBILITANDO O REGULAR PROCESSAMENTO DA DEMANDA. REQUISITOS PREENCHIDOS. RESTAURAÇÃO CONCLUÍDA. DETERMINAÇÃO DE PROSSEGUIMENTO DO FEITO, NOS TERMOS DO ART. 716 DO CPC/2015. O procedimento de restauração tem por finalidade a recomposição de autos desaparecidos, por meio de cópias, certidões e quaisquer outros documentos (art. 1.063 do CPC/73; art. 712 do CPC/2015)" (Donizetti, Elpídio; Curso Didático de Direito Processual Civil. 19 ED. Rev. E atual. São Paulo: Atlas, 2016, p. 997). (TJSC; REA 0018167-95.2018.8.24.0000; Florianópolis; Câmara de Recursos Delegados; Rel. Des. Segundo Vice-Presidente; DJSC 02/07/2019; Pag. 14)

Não há prazo para a restauração de autos:

✓ RECURSO ESPECIAL. AÇÃO DE RESTAURAÇÃO DE AUTOS. (...) 2. O propósito recursal é dizer se o Tribunal de origem pode, por meio de provimento da respectiva Corregedoria, estabelecer prazo para o requerimento de restauração de autos. 3. Devidamente analisadas e discutidas as questões de mérito, e suficientemente fundamentado o acórdão recorrido, de modo a esgotar a prestação jurisdicional, não há falar em violação do art. 1.022, II, do CPC/15. 4. A opção do legislador, em caso de extravio ou destruição dos autos, é pela sua recomposição, a partir das peças e elementos apresentados, para que seja retomado o curso do processo até a solução do litígio, e não pelo ajuizamento de outra ação idêntica à principal, retrocedendo ao estágio inicial. 5. O CPC/73, assim como o CPC/15, não prevê prazo para a propositura da ação de restauração de autos, daí porque a Corregedoria local fixou termo final para o seu ajuizamento, sob pena de a parte perder o direito à restauração dos autos e ser obrigada a propor novamente a ação principal. 6. Embora com o nobre intuito de evitar que os processos desaparecidos ficassem indefinidamente suspensos, o Tribunal de origem criou verdadeiro prazo decadencial para o exercício do direito de requerer a restauração dos respectivos autos. 7. A criação de prazo decadencial é norma que impõe limite ao exercício do direito pela parte e, consequentemente, à prestação da atividade jurisdicional pelo Estado, razão pela qual não pode ser considerada mera regra de procedimento. 8. Normas puramente procedimentais não podem adentrar aspectos típicos do processo, como competência, prazos, recursos ou provas; são normas que versam apenas sobre questões internas do órgão jurisdicional (interna corporis), de simples organização judiciária, a exemplo da autuação, distribuição e protocolo, custas processuais, lavratura de certidões, informações estatísticas etc. 9. Tal previsão, ademais, viola a garantia do devido processo legal, na sua vertente substancial, porquanto não é razoável que o silêncio do legislador possa ser interpretado pelo Órgão jurisdicional em prejuízo da parte que não deu causa ao desaparecimento dos autos, sequer em favor daquela que se beneficia da suspensão do processo. 10. Ao estabelecer prazo para a propositura da ação de restauração de autos com a apresentação dos documentos necessários, a Corregedoria local editou norma processual – cuja competência legislativa foi atribuída, pela Constituição Federal, privativamente à União (art. 22, I, CF/88) – em ofensa ao devido processo legal, e violou os arts. 1.063 e seguintes do CPC/73 (arts. 712 e seguintes do CPC/15). (...) (STJ; REsp 1.722.633; Terceira Turma; Relª Minª Nancy Andrighi; Julg. 07/08/2018; DJE 10/08/2018)

Se o ente público não promover a restauração dos autos, apesar de sua prévia intimação pessoal, é possível a extinção do processo, sem julgamento do mérito:

✓ DIREITO PROCESSUAL CIVIL. (...) 3. A impossibilidade do Juízo de obter os elementos necessários à restauração dos autos, aliada ao desinteresse do Exequente/Apelante. Verificado, sobretudo, na ausência de manifestação após ter sido intimado ¿, conduzem à impossibilidade de se determinar o prosseguimento da ação executória, diante da constatação insuperável de que a existência formal do processo, ainda que só em meio eletrônico, é pressuposto para a prestação da tutela jurisdicional. 4. Em que pese não ter o Artigo 712, CPC/2015 previsto um prazo para cumprimento das diligências a serem adotadas pela parte, com vistas à restauração dos autos, fato é que o Poder Judiciário não pode aguardar indefinidamente a iniciativa da Exequente/Apelante em restaurar os autos da Execução Fiscal, em especial uma que não teve movimentação desde 07.04.1999. Precedentes do TRF-2ª Região. (...) (TRF 2ª R.; AC 0540377-89.1900.4.02.5101; Oitava Turma Especializada; Rel. Des. Fed. Marcelo Pereira da Silva; DEJF 03/07/2020)

Deve haver a intimação do autor/exequente para promover a restauração de autos antes da extinção do processo sem resolução de mérito:

✓ TRIBUTÁRIO. EXECUÇÃO FISCAL RESTAURAÇÃO DE AUTOS. INÉRCIA DA EXEQUENTE. INTIMAÇÃO PESSOAL DA FAZENDA. EXTINÇÃO DO PROCESSO SEM RESOLUÇÃO DE MÉRITO. 1. A execução fiscal deve ser extinta, por ausência de pressuposto válido ao desenvolvimento do processo (art. 267, IV, do CPC/73 e art. 485, IV, do CPC/15) se, apesar de pessoalmente intimada, a União permanece inerte em promover a restauração dos autos da execução fiscal, sem prejuízo de que, obtendo elementos para tanto, ajuíze a correspondente ação de restauração, na forma dos arts. 1.063 a 1.069 do CPC/73 e arts. 712 a 718 do CPC/15. Precedentes deste TRF e do STJ. 2. Em razão da ausência de elementos mínimos aptos a dar continuidade à execução fiscal, em 07/06/2019, a União Federal foi intimada para apresentar qualquer elemento que tornasse possível o prosseguimento do feito, no prazo de 30 (trinta) dias, mas esta permaneceu inerte até a prolação da sentença. (...) (TRF 2ª R.; AC 0608622-55.1900.4.02.5101; Quarta Turma Especializada; Rel. Des. Fed. Ferreira Neves; DEJF 02/04/2020)

✓ APELAÇÃO CÍVEL EM EMBARGOS À EXECUÇÃO. Extinção por abandono da causa. Intimação pessoal infrutífera em razão da ausência de informação da mudança de endereço. Presunção de validade. Autos extraviados. Impossibilidade de comprovação da inexistência de informação. Necessidade de intimação do embargado para promoção da restauração dos autos conforme decidido em sede de mandado de segurança. Sentença anulada. (...) (TJAL; APL 0016565-16.1997.8.02.0001; Terceira Câmara Cível; Rel. Des. Alcides Gusmão da Silva; DJAL 31/05/2019; Pág. 71)

A comunicação do advogado supostamente responsável pelo desaparecimento dos autos à OAB local é prescindível para a restauração:

✓ PROCESSO CIVIL. (...) AÇÃO DE RESTAURAÇÃO DE AUTOS. REQUISITOS. ARTS. 1.063 A 1.069 DO CPC/1973 (CORRESPONDÊNCIA NOS ARTS. 712 A 718 DO CPC/2015). COMUNICAÇÃO DO FATO À OAB. PRESCINDIBILIDADE. 1. Recurso especial interposto contra acórdão publicado na vigência do CPC/1973. (...) 4. A comunicação do advogado, supostamente responsável pelo desaparecimento dos autos, à OAB local não se mostra imprescindível para o deferimento de sua restauração, nos termos do disposto nos arts. 1.063 a 1.069 do CPC/1973, com correspondência nos arts. 712 a 718 do CPC/2015, que regem a matéria. 5. Em face do princípio da instrumentalidade das formas, não há que se aplicar rigor excessivo que obste o objetivo do procedimento, especialmente diante da falta de comprovação de prejuízo às partes. 6. No procedimento de restauração de autos, todos os interessados devem cooperar exibindo as cópias dos documentos que estiverem em seu poder e quaisquer outros documentos que possam facilitar a sua reconstituição, visando recolocar o processo no estado em que se encontrava antes de os autos terem sido extraviados. Precedentes. (...) (STJ; REsp 1.411.713; Proc. 2013/0349882-0; SE; Segunda Turma; Rel. Min. Og Fernandes; DJE 28/03/2017)

Parágrafo único. Havendo autos suplementares, nesses prosseguirá o processo.

Continuação dos atos processuais em autos suplementares de restauração.

✓ APELAÇÃO CÍVEL. (...) Continuação dos demais atos processuais em autos suplementares da ação de restauração de autos. (...). 2) ademais, nos termos do parágrafo único, do art. 712, do CPC, havendo autos suplementares, nestes prosseguirão os demais atos do processo. (...). (TJRS; APL 0293132-59.2019.8.21.7000; Proc 70083212233; São Vicente do Sul; Sexta Câmara Cível; Relª Desª Eliziana da Silveira Perez; Julg. 20/02/2020; DJERS 04/03/2020)

Art. 713. Na petição inicial, declarará a parte o estado do processo ao tempo do desaparecimento dos autos, oferecendo:

I – certidões dos atos constantes do protocolo de audiências do cartório por onde haja corrido o processo;

II – cópia das peças que tenha em seu poder;

III – qualquer outro documento que facilite a restauração.

A ausência de prova documental, ainda que mínima, enseja a improcedência do pedido de restauração.

✓ DIREITO PROCESSUAL CIVIL. (...) 2. O pedido de restauração deve ser instruído com prova documental mínima da existência do feito e do seu desaparecimento, sendo indispensável o atendimento de todos os requisitos previstos na legislação processual, a fim de garantir segurança jurídica as partes. 3. Não tendo sido observadas as formalidades legais previstas nos arts. 712 e seguintes do CPC, encontram-se ausentes os pressupostos necessários para que se inicie o procedimento de restauração de autos. 4. Restauração de autos julgada improcedente. (TJDF; Rec 00006.48-10.2016.8.07.0014; Ac. 125.4309; Quarta Turma Cível; Rel. Des. Arnoldo Camanho; Julg. 03/06/2020; Publ. PJe 17/06/2020)

Art. 714. A parte contrária será citada para contestar o pedido no prazo de 5 (cinco) dias, cabendo-lhe exibir as cópias, as contrafés e as reproduções dos atos e dos documentos que estiverem em seu poder.

A falta de citação das partes enseja nulidade.

✓ APELAÇÃO CÍVEL. EXECUÇÃO FISCAL. AUTOS FÍSICOS EXTRAVIADOS NO CARTÓRIO. Procedimento de restauração que não observou as determinações do código de processo civil, deixando de citar as partes e de observar se há elementos suficientes para a restauração e prosseguimento da execução. Recurso provido para anular a sentença, determinando-se a observância dos artigos 712 e seguintes do CPC. (TJRJ; APL 0140214-92.2007.8.19.0001; Rio de Janeiro; Décima Sétima Câmara Cível; Relª Desª Flavia Romano de Rezende; DORJ 19/11/2020; Pág. 583).

Impossibilidade da "citação" pelo diário judiciário eletrônico:

✓ PROCESSO CIVIL. INCIDENTE DE RESTAURAÇÃO DE AUTOS. CITAÇÃO PESSOAL. FORMALIDADE LEGAL IMPRESCINDÍVEL. PUBLICAÇÃO NO DJE. INVALIDADE. PROCESSO NULO. O procedimento da ação de restauração de autos prevê que a parte contrária será citada para contestar o pedido no prazo de cinco dias (art. 714, CPC). Os arts. 242 e 246 do CPC, estabelecem que a citação pessoal deverá ser feita em uma das modalidades ali previstas, dentre as quais não se encontra a publicação no diário judiciário eletrônico, circunstância que torna inválido o ato citatório e vicia todo o processo de restauração. (TJMG; APCV 1.0394.16.003531-4/001; Rel. Des. Alberto Vilas Boas; Julg. 11/07/2017; DJEMG 19/07/2017

§ 1º Se a parte concordar com a restauração, lavrar-se-á o auto que, assinado pelas partes e homologado pelo juiz, suprirá o processo desaparecido.

Oportunizado o contraditório e não havendo resistência da parte contrária, homologa-se a restauração de autos:

✓ RESTAURAÇÃO DE AUTOS. PEÇAS INDISPENSÁVEIS. JUNTADA. DILIGÊNCIA DA REQUERENTE. CONTRADITÓRIO OPORTUNIZADO. DOCUMENTAÇÃO RECOMPOSTA. RESTAURAÇÃO HOMOLOGADA DOS AUTOS DA APREENEC 0023810-33.2013.4.01.9199/GO. 1. Após o trânsito em julgado dos autos principais, o feito fora remetido ao Juízo de origem para os fins de direito. Conforme informação prestada pela Coordenadoria da Turma, o feito foi extraviado em uma das unidades dos Correios. 2. A restauração tem o objetivo de reconstituir materialmente os autos, de modo que as atribuições conferidas ao julgador, em sede de restauração de autos, têm índole administrava e não judicial. 3. Juntadas pelas partes as cópias das peças indispensáveis (petição inicial, documentos pessoais do autor, termo de audiência, sentença que julgou procedente o pedido e o V. Acórdão), sem impugnação, homologa-se a restauração de autos (NCPC, art. 716), com prosseguimento do processo após trânsito em julgado da decisão de homologação. (TRF 1ª R.; Rest-Aut 0056305-48.2014.4.01.0000; Rel. Desig. Juiz Fed. Carlos Augusto Pires Brandão; DJF1 27/06/2018).

Possibilidade de acordo na ação de restauração de autos, caracterizando título executivo:

✓ APELAÇÃO CÍVEL. RESTAURAÇÃO DE AUTOS. HOMOLOGAÇÃO. EXECUÇÃO. Firmado acordo no curso do processo de restauração de autos, com expresso reconhecimento do débito e novação, nada obsta o prosseguimento da execução. – Com o negócio jurídico celebrado na audiência, restou caracterizado novo título, de modo que em rigor a restauração, para fins de direito, foi consolidada naquela ocasião. (TRF 4ª R.; AC 5000833-34.2013.404.7111; RS; Terceira Turma; Rel. Des. Fed. Ricardo Teixeira do Valle Pereira; Julg. 08/11/2016; DEJF 11/11/2016)

§ 2º Se a parte não contestar ou se a concordância for parcial, observar-se-á o procedimento comum.

Art. 715. Se a perda dos autos tiver ocorrido depois da produção das provas em audiência, o juiz, se necessário, mandará repeti-las.

§ 1º Serão reinquiridas as mesmas testemunhas, que, em caso de impossibilidade, poderão ser substituídas de ofício ou a requerimento.

§ 2º Não havendo certidão ou cópia do laudo, far-se-á nova perícia, sempre que possível pelo mesmo perito.

§ 3º Não havendo certidão de documentos, esses serão reconstituídos mediante cópias ou, na falta dessas, pelos meios ordinários de prova.

§ 4º Os serventuários e os auxiliares da justiça não podem eximir-se de depor como testemunhas a respeito de atos que tenham praticado ou assistido.

§ 5º Se o juiz houver proferido sentença da qual ele próprio ou o escrivão possua cópia, esta será juntada aos autos e terá a mesma autoridade da original.

Art. 716. Julgada a restauração, seguirá o processo os seus termos.

Não há julgamento do mérito do processo originário na restauração, não havendo coisa julgada quanto a este:

✓ APELAÇÃO CÍVEL. EXECUÇÃO DE SENTENÇA. ESTADO DO RIO GRANDE DO SUL. RESTITUIÇÃO DE AUTOS HOMOLOGADA. ARTS. 714 E 715 DO CPC/15. Ausência de coisa julgada em relação ao mérito discutido na ação. Cobrança de honorários advocatícios em duplicidade comprovada. Mantida a decisão que extinguiu o feito, sem julgamento de mérito, nos termos do art. 485, V, do CPC/15. (...) (TJRS; AC 0419428-34.2016.8.21.7000; Porto Alegre; Quarta Câmara Cível; Rel. Des. Alexandre Mussoi Moreira; Julg. 30/08/2017; DJERS 21/09/2017)

É defeso o exame da causa principal no julgamento da restauração de autos:

✓ PROCESSUAL CIVIL. Restauração de autos. Procedimento que deve observar os artigos 1.065 e 1.067 do CPC/73. Quitação do débito. Questão de mérito. Sentença anulada para processamento do incidente. Apelação e remessa oficial prejudicadas. Na restauração de autos não se discutem questões concernentes à causa principal, pois se objetiva apenas a reconstituição das peças de um feito extraviado, situação essa consolidada na narrativa da inicial e na contestação da parte contrária, de forma que cabe aos interessados colacionar os diversos documentos que compunham os autos originais. Questões de fato e de direito que pertençam à causa principal e são totalmente estranhas à ação de restauração de autos, cuja sentença final homologatória será proferida após a lavratura de auto assinado pelas partes, a teor do artigo 1.065, § 1º, do CPC/73, decisão que haverá de simplesmente declarar restaurados ou não os autos do processo principal. Após a contestação do fisco na restauração de autos, o juízo, inicialmente, converteu o julgamento em diligência e, à vista da notícia de quitação do débito, julgou procedente a ação principal. Porém, considerado que tal decisão perdeu seu efeito, a questão de mérito, sobre a qual as partes têm interesse, discutida na ação anulatória continua pendente, motivo pelo qual o procedimento regular do incidente deve ser ultimado, a fim de se dar prosseguimento ao processo originário, conforme a parte final do caput do artigo 1.067 do código de processo civil/73: "julgada a restauração, seguirá o processo os seus termos". (...) (TRF 3ª R.; Ap-Rem 0017326-45.2004.4.03.6100; Quarta Turma; Rel. Des. Fed. André Nabarrete Neto; Julg. 18/07/2018; DEJF 06/08/2018)

✓ APELAÇÃO CÍVEL. (...) O magistrado julgou procedente o incidente, declarando restaurados os autos da ação civil pública; todavia, no recurso, o apelante limita-se a negar a prática de dano ao meio ambiente, que é matéria a ser analisada posteriormente, no decurso da ação civil pública, e não neste momento processual, em que a sentença trata apenas da restauração de autos. Assim, o apelo, na forma como apresentado, não pode ser conhecido, por ausência de pertinência da fundamentação apresentada e, por consequência, descumprimento dos requisitos previstos no art. 1.010, incisos II e III, do NCPC. (...) (TJRS; AC 0147320-54.2017.8.21.7000; Santo Ângelo; Vigésima Segunda Câmara Cível; Rel. Des. Francisco José Moesch; Julg. 14/09/2017; DJERS 22/09/2017

Parágrafo único. Aparecendo os autos originais, neles se prosseguirá, sendo-lhes apensados os autos da restauração.

Deve ser extinta a da restauração, tendo em vista a localização dos autos originários:

✓ APELAÇÃO CÍVEL. RESTAURAÇÃO DE AUTOS. LOCALIZAÇÃO. EXTINÇÃO DO FEITO. No caso dos autos o feito foi localizado no curso da ação. Extinção do feito. (...) (TJRS; AC 0147628-90.2017.8.21.7000; Porto Alegre; Décima Câmara Cível; Rel. Des. Marcelo Cézar Müller; Julg. 29/06/2017; DJERS 11/07/2017)

Art. 717. Se o desaparecimento dos autos tiver ocorrido no tribunal, o processo de restauração será distribuído, sempre que possível, ao relator do processo.

§ 1º A restauração far-se-á no juízo de origem quanto aos atos nele realizados.

§ 2º Remetidos os autos ao tribunal, nele completar-se-á a restauração e proceder-se-á ao julgamento.

Ocorrendo o desaparecimento dos autos antes da remessa ao tribunal, a competência é do juízo de primeira instância:

✓ CONFLITO NEGATIVO DE COMPETÊNCIA. EMBARGOS À EXECUÇÃO FISCAL. EXTRAVIO ANTERIOR À REMESSA. ARTIGO 717, §§ 1º E 2º, DO CÓDIGO DE PROCESSO CIVIL DE 2015. COMPETÊNCIA DO JUÍZO ONDE OCORREU O EXTRAVIO DOS AUTOS. PRECEDENTES DESTA CORTE. RESTAURAÇÃO PERANTE O JUÍZO SUSCITADO. (...) (TJPR; ConCompCv 1522770-2; Curitiba; Segunda Câmara Cível em Composição Integral; Rel. Juiz Conv. Rodrigo Otávio Rodrigues Gomes do Amaral; Julg. 11/10/2016; DJPR 07/11/2016; Pág. 135)

Art. 718. Quem houver dado causa ao desaparecimento dos autos responderá pelas custas da restauração e pelos honorários de advogado, sem prejuízo da responsabilidade civil ou penal em que incorrer.

O advogado da parte pode responder pelas custas da restauração, mesmo não havendo dolo ou culpa pelo extravio:

✓ PROCESSUAL CIVIL. RESTAURAÇÃO DE AUTOS. SENTENÇA QUE JULGOU RESTAURADOS OS AUTOS, CONDENANDO O ADVOGADO AO PAGAMENTO DOS ÔNUS DA SUCUMBÊNCIA, INCLUSIVE, HONORÁRIOS ADVOCATÍCIOS AO PATRONO DA PARTE ADVERSA. Pretensão do advogado à reforma, em atuação em causa própria. Embora a disciplina do artigo 718 do CPC/2015 seja aplicável a qualquer sujeito processual, inclusive o advogado, in casu, não ficou configurado dolo ou culpa pelo extravio dos autos. Boletim de ocorrência que relata o roubo do veículo no qual estavam os autos objeto desta restauração. Sentença reformada nesse particular. Responsabilidade por eventuais custas e despesas relativas à restauração que, porém, são de responsabilidade do advogado que estava em poder dos autos. (...) (TJSP; APL 1013392-94.2016.8.26.0562; Ac. 10780644; Santos; Vigésima Sétima Câmara de Direito Privado; Rel. Des. Mourão Neto; Julg. 05/09/2017; DJESP 15/09/2017; Pág. 2116)

Em sentido contrário. O art. 718 se refere às partes do processo e não a seus advogados, ainda que eventual perda ou extravio do processo tenha sido culpa exclusiva destes:

✓ APELAÇÃO CÍVEL. AÇÃO DE RESTAURAÇÃO DE AUTOS. Magistrado de origem que julgou procedente a pretensão inaugural. Recurso da requerente. Direito intertemporal. Decisão publicada em cartório em 4-5-16. Aplicação dos enunciados administrativos n. 2, 3 e 7 do STJ. Incidência do código de processo civil de 2015. Almejada concessão da justiça gratuita. Deferimento para todos os atos processuais. Exegese dos arts. 98 e 99 do CPC/2015. Apelante que busca a condenação da sua ex-advogada ao pagamento pelas custas da restauração dos autos e honorários advocatícios. Verberação de que a culpa pelo extravio do feito é exclusivamente de quem comete o ato. Inacolhimento. Expressão "quem" do art. 718 do CPC/2015 que se dirige às partes do processo e não a seus advogados, ainda que eventual perda ou extravio do processo tenha sido culpa exclusiva destes. Autora que poderá buscar, na seara própria, a tutela ao seu direito supostamente violado. Sentença mantida incólume. Honorários sucumbenciais recursais. Inteligência do art. 85, §§ 1º e 11, do código fux. Possibilidade de fixação de ofício em razão da existência de condenação ao pagamento da verba profissional na origem. Entendimento sedimentado pela "corte da cidadania". (...) (TJSC; AC 0012713-57.2011.8.24.0008; Blumenau; Quarta Câmara de Direito Comercial; Rel. Des. José Carlos Carstens Kohler; DJSC 03/02/2017; Pag. 197)

Decisão que condena o ente público a custas e honorários advocatícios:

✓ APELAÇÃO CÍVEL. RESTAURAÇÃO DE AUTOS. HONORÁRIOS ADVOCATÍCIOS. ART. 718, DO CPC. PRINCÍPIO DA CAUSALIDADE. SENTENÇA MANTIDA. RECURSO NÃO PROVIDO. 1. Conforme dispõe o art. 718, do CPC, quem houver dado causa ao desaparecimento dos autos responderá pelas custas da restauração e pelos honorários de advogado. 2. Diante da responsabilidade do ente público pelo extravio do processo, cabível sua condenação ao pagamento dos honorários, por aplicação do princípio da causalidade. (...) (TJMG; APCV 0053904-30.2017.8.13.0024; Belo Horizonte; Segunda Câmara Cível; Rel. Des. Raimundo Messias Júnior; Julg. 03/03/2020; DJEMG 11/03/2020)

Quando o extravio não tem relação com a atuação das partes, não deve haver condenação em custas ou honorários advocatícios:

✓ PROCESSUAL CIVIL. (...) 1. Restauração de autos extraviados em virtude da ocorrência de roubo de caminhão da Empresa Brasileira de Correios e Telégrafo que transportava processos encaminhados da Seção Judiciária do Estado de Minas Gerais, por malotes. 2. Observadas as formalidades dos artigos 712 a 718 do Código de Processo Civil e artigos

369 a 373 do RITRF. 1ª Região, há de se julgar restaurados os autos da Apelação Cível nº 0025837-38.2004.4.01.3400 (2004.34.00.025902-9) /DF 3. Sem condenação nas custas da restauração, uma vez que nenhuma das partes deu causa ao desaparecimento dos autos. (...) (TRF 1ª R.; Rest-Aut 0026625-47.2016.4.01.0000; Corte Especial; Rel. Des. Fed. Carlos Moreira Alves; DJF1 11/09/2019).

✓ RESTAURAÇÃO DE AUTOS. FALHA DO APARELHO JUDICIÁRIO. DESTRUIÇÃO, EM VEZ DE PROCESSAMENTO DOS RECURSOS ESPECIAL E EXTRAORDINÁRIO. ERRO DE ENVIO. RESTAURAÇÃO POR INICIATIVA OFICIAL. 1. Sendo viável a iniciativa oficial para o expediente de restauração, na forma do art. 712 do CPC/15; existindo interesse processual na promoção da restauração, dada a pendência dos recursos excepcionais e obtidas cópias das peças básicas que instruíam o recurso originário, é caso de restauração dos autos. 2. Inviável a condenação de custas e honorários, em razão da iniciativa oficial e de o equívoco não ter relação com a atuação de qualquer das partes. 3. Despicienda a comunicação ao ministério público para eventual apuração de conduta crime, já que não evidenciada justa causa para persecução que tal. (...) (TJRS; Rest-Aut 0172245-51.2016.8.21.7000; Porto Alegre; Primeira Câmara Cível; Rel. Des. Carlos Roberto Lofego Canibal; Julg. 05/04/2017; DJERS 04/05/2017)

✓ APELAÇÃO CÍVEL. Restauração de autos. Pagamento de custas e honorários deve ser arcado pela parte que houver dado causa ao desaparecimento dos autos. Art. 718 do CPC. Feito que desapareceu na secretaria do juízo. Responsabilidade do poder judiciário. Exclusão da condenação do estado de Sergipe (poder executivo) ao pagamento de honorários advocatícios. Reforma parcial da sentença. (...) (TJSE; AC 201700726643; Ac. 4840/2018; Primeira Câmara Cível; Rel. Des. Roberto Eugenio da Fonseca Porto; Julg. 13/03/2018; DJSE 15/03/2018)

Há litigância de má-fé quando a parte pretende, na restauração de autos, rediscutir o mérito da condenação já transitada em julgado proferida nos autos extraviados.

✓ DIREITO PROCESSUAL CIVIL. RESTAURAÇÃO DE AUTOS. CONTRADIÇÃO ENTRE MANIFESTAÇÕES DE UMA MESMA PARTE. LITIGÂNCIA DE MÁ-FÉ. CONFIGURAÇÃO. MULTA. § 2º DO ART. 81 DO CPC. SENTENÇA MANTIDA. 1. Na espécie, a pretensão recursal de reforma da sentença em que foram declarados restaurados os autos de feito extraviado não merece prosperar, tendo em vista que se verifica que os documentos que a parte alega serem indispensáveis ao julgamento da restauração já constam dos autos. 2. Quando, em manifestação anterior, a recorrente havia afirmado aquilo que, em Apelação, nega, aduzindo, em sede recursal, que não estão nos autos documentos que ela mesma havia reconhecido estarem, configura-se a litigância de má-fé (art. 80, VII, do CPC) 3. Há litigância de má-fé, ainda, quando a parte pretende, na Restauração de Autos, rediscutir o mérito da condenação já transitada em julgado proferida nos autos extraviados (art. 80, IV, do CPC). (...) (TJDF; APC 2017.07.1.005231-7; Ac. 104.5057; Quinta Turma Cível; Rel. Des. Ângelo Passareli; Julg. 06/09/2017; DJDFTE 21/09/2017)

CAPÍTULO XV
DOS PROCEDIMENTOS DE JURISDIÇÃO VOLUNTÁRIA

Seção I
Disposições Gerais

Art. 719. Quando este Código não estabelecer procedimento especial, regem os procedimentos de jurisdição voluntária as disposições constantes desta Seção.

É inadequado pedido de providências fundamentado no art. 719 do CPC para reformar decisão interlocutória proferida em sede de cumprimento de sentença.

✓ APELAÇÃO. PEDIDO DE PROVIDÊNCIAS. CADASTRO NACIONAL DE CONDENADOS POR ATOS DE IMPROBIDADE ADMINISTRATIVA DO CNJ. INADEQUAÇÃO DA VIA ELEITA. Irresignação contra sentença que indeferiu a petição inicial do Pedido de Providências ajuizado pelo autor, por inadequação da via eleita. Descabimento. Autor que pretendeu, por meio de pedido de providências fundamentado no art. 719 do CPC, reformar decisão interlocutória proferida em sede de cumprimento de sentença, em agosto de 2016. Procedimento manifestamente inadequado. (...) (TJSP; AC 1000137-15.2020.8.26.0082; Ac. 13750281; Boituva; Quinta Câmara de Direito Público; Rel. Des. Nogueira Diefenthaler; Julg. 06/07/2020; DJESP 22/07/2020; Pág. 2866)

É inadequada a instauração de procedimento para obter alvará judicial quando controverso o saldo existente em conta vinculada ao FGTS.

✓ APELAÇÃO CÍVEL. PROCEDIMENTO DE JURISDIÇÃO VOLUNTÁRIA. (...) O procedimento de jurisdição voluntária, regulado a partir dos art. 719 e seguintes do CPC de 2015, tem por principal característica a inexistência de lide. É inadequada a instauração de procedimento para obtenção de Alvará Judicial, se controverso o saldo existente em conta vinculado ao FGTS. (TJMG; APCV 0009485-16.2016.8.13.0878; Camanducaia; Décima Sexta Câmara Cível; Rel. Des. Pedro Aleixo; Julg. 06/02/2019; DJEMG 15/02/2019

Art. 720. O procedimento terá início por provocação do interessado, do Ministério Público ou da Defensoria Pública, cabendo-lhes formular o pedido devidamente instruído com os documentos necessários e com a indicação da providência judicial.

→ *v.* Enunciado 56 do CJF: A legitimidade conferida à Defensoria Pública pelo art. 720 do CPC compreende as hipóteses de jurisdição voluntária previstas na legislação extravagante, notadamente no Estatuto da Criança e do Adolescente.

Art. 721. Serão citados todos os interessados, bem como intimado o Ministério Público, nos casos do art. 178, para que se manifestem, querendo, no prazo de 15 (quinze) dias.

É desnecessária a citação de todos os interessados ante a especificidade do caso.

✓ APELAÇÃO CÍVEL. AÇÃO DE NOMEAÇÃO DE ADMINISTRADOR PROVISÓRIO. SENTENÇA RECORRIDA QUE INDEFERIU A PETIÇÃO INICIAL, COM FUNDAMENTO NO

ARTIGO 321, PARÁGRAFO ÚNICO DO CPC E, EM CONSEQUÊNCIA, JULGOU EXTINTO O PROCESSO, SEM RESOLUÇÃO DO MÉRITO, COM FUNDAMENTO NO ARTIGO 485, INCISO I, DO MESMO DIPLOMA LEGAL. Insurgência do autor. Acolhimento. Procedimento de jurisdição voluntária. Observância às regras relativas expostas no art. 719 e seguintes do CPC. Art. 721 que dispõe acerca da necessidade de citação de todos os interessados. Informação trazida pelo recorrente no sentido de ser difícil ou praticamente impossível a qualificação e localização dos associados cujos nomes constam, de forma ilegível, na ata de constituição da pessoa jurídica em questão. Desnecessária a citação de todos os interessados, no caso presente, mas ao menos do Presidente anteriormente eleito, para dar cumprimento ao disposto no art. 721 do CPC. Extinção que deve ser afastada. (...) (TJSP; AC 1051298-78.2018.8.26.0100; Ac. 13476580; São Paulo; Oitava Câmara de Direito Privado; Relª Desª Clara Maria Araújo Xavier; Julg. 14/04/2020; DJESP 17/04/2020; Pág. 1957).

Havendo resistência à pretensão, cabe ao condutor do processo convertê-lo ao rito contencioso, dispensando-se a propositura de nova demanda.

✓ APELAÇÃO (...) I. Inicialmente, verifica-se que o pedido de retificação de registro imobiliário segue o rito da jurisdição voluntária e visa corrigir informações de uma matrícula que não reflete a realidade do imóvel registrado, seja porque houve alterações em suas divisas, ou porque há qualquer outro erro material no registro. II. A jurisdição voluntária, regulamentada pelos artigos 719 e seguintes do Código de Processo Civil (arts. 1.103 do CPC/73), embora tenha índole administrativa, exige a citação de eventuais interessados para que se manifestem respondendo à pretensão inicial. III. A partir da comunicação dos interessados, entende a jurisprudência desta Corte que, havendo resistência à pretensão, caberá ao condutor do processo convertê-lo ao rito contencioso, dispensando-se a propositura de nova demanda. (...) (TRF 3ª R.; AC 0010367-92.2003.4.03.6100; Primeira Turma; Rel. Des. Fed. Valdeci dos Santos; DEJF 21/03/2019)

Em sentido contrário: havendo resistência à pretensão, extingue-se o processo sem resolução do mérito.

✓ APELAÇÃO CÍVEL ALVARÁ JUDICIAL. SENTENÇA DE EXTINÇÃO, SEM RESOLUÇÃO DO MÉRITO. INSURGÊNCIA DA AUTORA, CÔNJUGE DO DE CUJUS. Desacolhimento. Processamento de pedido de expedição de alvará judicial, disciplinado pelo art. 725 do CPC dentre os procedimentos de jurisdição voluntária. Impossibilidade de prosseguimento com a jurisdição voluntária em função do litígio instaurado contra o filho do falecido. Controvérsia sobre se a separação de fato foi causa de dissolução da sociedade conjugal que somente comporta solução adequada pela via contenciosa. (...) (TJSP; AC 1001624-80.2019.8.26.0526; Ac. 13697444; Salto; Sétima Câmara de Direito Privado; Relª Desª Maria de Lourdes Lopez Gil; Julg. 24/06/2020; DJESP 02/07/2020; Pág. 2103)

Art. 722. A Fazenda Pública será sempre ouvida nos casos em que tiver interesse.

A falta de intimação da Fazenda nos casos em que tem interesse enseja nulidade.

✓ PROCESSO CIVIL. ALVARÁ JUDICIAL. SENTENÇA DE PROCEDÊNCIA. Apelação da Fazenda Estadual. Ausência de Intimação. Procedimento de Jurisdição Voluntária. Aplicação das regras dispostas nos artigos 719 e 722 do CPC/2015. A Fazenda Pública será sempre ouvida nos casos em que tiver interesse. Apelante que tem interesse no conhecimento do saldo existente à época do óbito para fins de apuração de eventual incidência do ITCMD. Anulação. (...) (TJRJ; APL 0102731-48.2016.8.19.0054; São João de Meriti; Sétima Câmara Cível; Rel. Des. Cláudio Brandão de Oliveira; DORJ 24/07/2018; Pág. 214)

Art. 723. O juiz decidirá o pedido no prazo de 10 (dez) dias.

Parágrafo único. O juiz não é obrigado a observar critério de legalidade estrita, podendo adotar em cada caso a solução que considerar mais conveniente ou oportuna.

→ *V.* Art. 6º da Lei 9.099/1995.

Mitigação do princípio da legalidade estrita na jurisdição voluntária

✓ APELAÇÃO CÍVEL. AÇÃO DE REGISTRO TARDIO DE ÓBITO. (...) A nulidade que macula a sentença apelada respeita, na verdade, à flagrante quebra dos princípios da primazia do julgamento de mérito, da cooperação e da vedação às decisões-surpresa, todos hoje positivados nos artigos 4º, 6º e 10 do CPC/15, respectivamente, haja vista que tanto a autora quanto a defensoria pública, além de terem acostado a declaração de óbito de fl. 08, início razoável de prova material, efetivamente emendaram, conjunta e tempestivamente, a inicial, fornecendo a maioria dos dados necessários ao suprimento do registro tardio de óbito da genitora da requerente, ao menos naquilo que lhes foi possível complementar, demonstrando, assim, inequívoco interesse processual. 5. Desse modo, (...) caberia ao juiz singular, de modo a concretizar as normas principiológicas supramencionadas, em conjunto com o postulado constitucional do acesso à justiça (art. 5º, XXXV, CF/88), intimá-la novamente para sanear especificamente esse ponto, antes de indeferir a inicial desta ação de suprimento de registro civil de óbito, ouvido, em todo caso, o ministério público (art. 109, caput, LRP). 6. Ademais, em se tratando de procedimento de jurisdição voluntária, como este, "o juiz não é obrigado a observar critério de legalidade estrita, podendo adotar em cada caso a solução que considerar mais conveniente ou oportuna. " (art. 723, parágrafo único, CPC/15), sobretudo porque "em qualquer tempo poderá ser apreciado o valor probante da justificação, em original ou por traslado, pela autoridade judiciária competente ao conhecer de ações que se relacionarem com os fatos justificados" (art. 112, LRP). (...) (TJCE; APL 0012415-86.2015.8.06.0053; Relª Desª Maria Vilauba Fausto Lopes; DJCE 09/09/2019)

✓ PROCESSUAL CIVIL. PRESTAÇÃO DE CONTAS. (...) O julgamento das contas, todavia, mormente por tratar-se de procedimento da jurisdição voluntária, não demanda, a teor do disposto no art. 723, parágrafo único, do CPC, a observância de critério de legalidade estrita, abrindo-se ao Juiz a adoção de solução mais conveniente e oportuna ao caso concreto; (...) (TJDF; Proc 07029.94-43.2018.8.07.0006; Ac. 117.3832; Relª Desª Gislene Pinheiro; Julg. 29/05/2019; DJDFTE 04/06/2019)

✓ APELAÇÃO. Alvará Judicial. (...) Extinção sem análise de mérito. Indeferimento da inicial pela não apresentação de documento. Jurisdição voluntária que afasta a legalidade estrita quanto à forma do processo. Alegação do apelante de que a obtenção dos documentos se deu somente após a prolação da sentença. Prestígio da prestação jurisdicional de mérito e observância ao princípio da economia processual. Sentença anulada, com determinação de retorno dos autos para processamento na Vara de Origem. (...) (TJSP; AC 1042385-10.2018.8.26.0100; Ac. 13654641; São Paulo; Nona Câmara de Direito Privado; Rel. Des. Rogério Murillo Pereira Cimino; Julg. 16/06/2020; DJESP 19/06/2020; Pág. 2685)

Art. 724. Da sentença caberá apelação.

→ v. Art. 1.009 e seguintes do CPC.

Inviável aplicação do princípio da fungibilidade.

✓ CUIDA-SE, NA ORIGEM, DE PROCEDIMENTO DE ALVARÁ JUDICIAL DE JURISDIÇÃO VOLUNTÁRIA, REGIDO PELOS ARTIGOS 719 E SEGUINTES DO CPC. 2. Dispõe o artigo 724 do CPC que "da sentença caberá apelação". 3. Ainda que não houvesse norma específica na hipótese, resta evidente que, se o pedido de alvará judicial foi indeferido pelo juiz de 1º grau, e consequentemente o processo não prosseguirá, a R. Decisão ora recorrida ostenta a natureza de sentença, e não de decisão interlocutória. 4. A aplicação do princípio da fungibilidade recursal, que possibilita o conhecimento de um recurso incabível como se cabível fosse, é limitada às hipóteses em que há dúvida objetiva a respeito do recurso adequado, o que não ocorreu in casu, já que o próprio artigo 724 do CPC define o recurso cabível na espécie. 5. Existência de erro grosseiro (...) (TJRJ; AI 0014381-13.2020.8.19.0000; Paraíba do Sul; Décima Quinta Câmara Cível; Rel. Des. Gilberto Clovis Farias Matos; DORJ 28/05/2020; Pág. 419).

Art. 725. Processar-se-á na forma estabelecida nesta Seção o pedido de:

I – emancipação;

→ v. Art. 5º, parágrafo único, do CC/2002.
→ v. Arts. 90 a 95 da Lei 6.015/1973.

II – sub-rogação;

III – alienação, arrendamento ou oneração de bens de crianças ou adolescentes, de órfãos e de interditos;

→ v. Arts. 1.748 a 1.750 do CC/2002

IV – alienação, locação e administração da coisa comum;

→ v. Art. 1.320 do CC/2002.

É inviável, em regra, a condenação a pagar honorários advocatícios se não houve impugnações à pretensão do demandante.

✓ APELAÇÃO CÍVEL. (...) 3. Nos termos do art. 719, em composição com o art. 725, inc. IV, ambos do Código de Processo Civil, a ação de extinção de condomínio (alienação de coisa comum) submete-se ao procedimento de jurisdição voluntária. 4. É inviável, por regra, a condenação ao pagamento de honorários de advogado em procedimento de jurisdição voluntária sem que tenha havido impugnações à pretensão exercida pelo demandante. (...) (TJDF; APC 07138.41-04.2018.8.07.0007; Ac. 124.1047; Terceira Turma Cível; Rel. Des. Alvaro Ciarlini; Julg. 25/03/2020; Publ. PJe 04/05/2020)

Não cabe reconvenção em procedimento de alienação judicial cumulada com extinção de condomínio.

✓ APELAÇÃO CÍVEL. (...) 2. Não é possível que se analise o pedido reconvencional no bojo do procedimento de alienação judicial cumulada com extinção de condomínio sobre a coisa, ante a impossibilidade de julgamento, nos mesmos autos, de pedido de jurisdição voluntária (alienação judicial de imóvel. Artigo 725, inciso IV do CPC) com pleito para prestação de contas e pagamento de aluguéis (jurisdição contenciosa), que são incompatíveis, ainda que se argumente a respeito do princípio da economia processual. (...) (TJDF; APC 07074.85-05.2018.8.07.0003; Ac. 123.5400; Quinta Turma Cível; Rel. Des. Robson Barbosa de Azevedo; Julg. 04/03/2020; Publ. PJe 04/05/2020).

V – alienação de quinhão em coisa comum;

→ v. Art. 1.320 do CC/2002.

VI – extinção de usufruto, quando não decorrer da morte do usufrutuário, do termo da sua duração ou da consolidação, e de fideicomisso, quando decorrer de renúncia ou quando ocorrer antes do evento que caracterizar a condição resolutória;

VII – expedição de alvará judicial;

→ v. Lei 6.858/1980 – Dispõe sobre o Pagamento, aos Dependentes ou Sucessores, de Valores Não Recebidos em Vida pelos Respectivos Titulares.

A competência absoluta prevista no art. 147 da Lei nº 8.069/1990 não é aplicável no procedimento expedição de alvará judicial.

✓ DIREITO PROCESSUAL CIVIL. CONFLITO NEGATIVO DE COMPETÊNCIA. PEDIDO DE EXPEDIÇÃO DE ALVARÁ JUDICIAL. PROCEDIMENTO DE JURISDIÇÃO VOLUNTÁRIA. AUSÊNCIA DE DIVERGÊNCIA OU DE PREJUIZO PARA OS MENORES. INAPLICABILIDADE DO ART. 147 DO ECA. I. A regra de competência absoluta do artigo 147 da Lei nº 8.069/1990 não é aplicável ao procedimento de jurisdição voluntária previsto no artigo 725, inciso VII, do Código de Processo Civil (expedição de alvará judicial), sobretudo quando há convergência de todas as partes interessadas. II. A simples presença de menor na relação processual não atrai a incidência do artigo 147 da Lei nº 8.069/1990, dispositivo que estipula regra de competência para ações que tenham por objeto direitos e garantias que a legislação assegura às crianças e aos adolescentes. III. A interpretação expansiva que vem sendo atribuída pela jurisprudência ao artigo 147 da Lei nº 8.069/1990 se limita às causas que envolvem diretamente direitos e interesses próprios de crianças e adolescentes, não podendo alcançar simples pedido de expedição de alvará judicial em relação ao qual não há divergência nem risco de prejuízo processual para os menores. (...) (TJDF; CCP 07371.20-69.2020.8.07.0000; Ac. 130.5629; Segunda Câmara Cível; Rel. Des. James Eduardo Oliveira; Julg. 30/11/2020; Publ. PJe 17/12/2020).

É cabível pedido de alvará judicial para transferir a propriedade do veículo de pequeno valor deixado pelo *de cujus* (seu único bem).

✓ APELAÇÃO CÍVEL. Pedido de expedição de alvará judicial. Sentença que extinguiu o processo sem resolução do mérito, com fulcro no art. 485, VI NCPC. Transferência de titularidade da propriedade do veículo deixado pelo de cujus. Automóvel de pequeno valor. Inexistência de outros bens a inventariar. Acidente de trânsito que ensejou a perda total do veículo. Indenização securitária. Necessidade de transferência do bem para a liberação da quantia pela seguradora. Possibilidade de expedição de alvará judicial. Mitigação do artigo 666 do CPC/2015. Expedição de alvará judicial como procedimento de jurisdição voluntária. Art. 725, VII do CPC/2015. Possibilidade de o órgão decisório julgar com base na conveniência e oportunidade. Limitação da legalidade estrita. Parágrafo único do art. 723 do CPC/2015. Desnecessidade de ajuizamento de inventário, desde que observadas as formalidades legais. Precedente desta corte de justiça. (...) (TJSE; AC 201900829687; Ac. 35602/2019; Segunda Câmara Cível; Rel. Des. Luiz Antônio Araújo Mendonça; Julg. 16/12/2019; DJSE 19/12/2019)

É cabível pedido de alvará judicial para transferir veículo adquirido de pessoa jurídica com situação cadastral baixada.

✓ ALVARÁ JUDICIAL. Transferência de veículo adquirido de pessoa jurídica com situação cadastral baixada. Alegação de impossibilidade de transferência pela via administrativa. Sentença que julga extinto o pedido por inadequação da via eleita. (...) Pedido de expedição de alvará judicial sob procedimento de jurisdição voluntária. Admissibilidade. Artigo 725, inciso VII, do Código de Processo Civil. Ausência de instrução do pedido com os documentos necessários. Necessidade de emenda da petição inicial. Sentença anulada. (...) (TJSP; APL 1002906-29.2018.8.26.0417; Ac. 12230329; Paraguaçu Paulista; Vigésima Nona Câmara de Direito Privado; Rel. Des. Carlos Henrique Miguel Trevisan; Julg. 18/02/2019; DJESP 21/02/2019; Pág. 2824).

VIII – homologação de autocomposição extrajudicial, de qualquer natureza ou valor.

→ *v.* Art. 57, *caput*, da Lei 9.099/1995.

→ *v.* Art. 515, III, do CPC.

É cabível ação de homologação de acordo extrajudicial para fixação de alimentos.

✓ APELAÇÃO CÍVEL. HOMOLOGAÇÃO DE ACORDO EXTRAJUDICIAL. Alimentos fundamentados no art. 229 da CF/88, arts. 1.694 e 1.696 do CC/2002. Sentença que extinguiu o feito por ausência de interesse de agir. Reforma cabível. Inteligência do artigo 725, VIII do CPC. (...) (TJCE; AC 0175791-74.2019.8.06.0001; Terceira Câmara de Direito Privado; Rel. Des. José Ricardo Vidal Patrocínio; DJCE 18/08/2020; Pág. 144)

É cabível ação de homologação de acordo extrajudicial para reconhecimento e dissolução de união estável.

✓ AGRAVO DE INSTRUMENTO. (...) 1. A hipótese consiste em examinar a possibilidade de homologação de transação celebrada entre as partes para o reconhecimento e concomitante dissolução de união estável. 2. A situação jurídica, em verdade, envolve procedimento de jurisdição voluntária, pois não há pretensão resistida, mas apenas as declarações convergentes das vontades dos 2 (dois) recorrentes, nos termos do art. 725, inc. VIII, do CPC. 3. A união estável é ato-fato jurídico substanciado pela conduta dos conviventes, que passam a se comportar como um verdadeiro núcleo familiar. 3.1. É reconhecida como entidade familiar, configurada na convivência pública (notória), contínua e duradoura e estabelecida com o objetivo de constituição de família (*animus familiae*). 4. A intenção de constituir família deve ser analisada de acordo com o contexto fático demonstrado. No entanto, a análise dos subsequentes elementos probatórios é essencial apenas no caso de divergência entre as versões fáticas dadas pelos interessados. 5. No presente caso verifica-se que há clara convergência nas declarações de vontade emanadas dos recorrentes, que apresentaram petição única e são representados pelo mesmo advogado. 5.1. Por essa razão, nada impede, a princípio, a homologação da transação extrajudicial celebrada entre os agravantes, sobretudo por se tratar de situação que não envolve o interesse de pessoa incapaz. 6. Constata-se, portanto, que não há motivo que impeça a imediata homologação da autocomposição extrajudicial celebrada entre as partes. (...) (TJDF; Rec 07119.29-22.2020.8.07.0000; Ac. 127.2681; Terceira Turma Cível; Rel. Des. Alvaro Ciarlini; Julg. 04/08/2020; Publ. PJe 18/08/2020).

É cabível ação de homologação de acordo extrajudicial para obtenção de título executivo judicial.

✓ HOMOLOGAÇÃO DE ACORDO EXTRAJUDICIAL. SENTENÇA DE EXTINÇÃO POR AUSÊNCIA DE INTERESSE PROCESSUAL. ART. 485, VI, DO CPC. Requerentes que pretendiam a obtenção de título executivo judicial por meio de homologação de acordo extrajudicial em juízo. Expressa previsão legal do procedimento para homologação e da decisão homologatória como título executivo judicial. Artigos 515, III, e 725, VIII, do CPC. Procedimentos executivos diversos para títulos executivos extrajudicial e judicial. Interesse processual existente. Sentença desconstituída. Aplicação do art. 1.013, § 3º, I, do CPC. Pressupostos legais de validade verificados. Partes maiores, capazes e devidamente representadas. Acordo que trata de direitos disponíveis. Homologação da autocomposição extrajudicial como título executivo judicial. (...) (TJSC; AC 0300840-82.2017.8.24.0070; Taió; Terceira Câmara de Direito Civil; Relª Desª Maria do Rocio Luz Santa Ritta; DJSC 13/02/2020; Pag. 160).

✓ DIREITO CIVIL E PROCESSUAL CIVIL. (...) Apelação cível. Teses: I) o art. 725, inciso VII, do CPC, o qual dispõe sobre os procedimentos de jurisdição voluntária, prevê que a homologação de autocomposição extrajudicial de qualquer natureza ou valor está autorizada a seguir a este rito; II) o pedido de homologação de título extrajudicial é uma predileção das partes, não cabendo ao magistrado o indeferimento sem causa a este pedido. Ademais, o acordo foi firmado respeitando os direitos da menor no que cabe aos alimentos e guarda, não apresentando nenhuma desconformidade ou conflito com a Lei; III) o interesse processual concretiza-se pelo fato de que, quando homologado um título executivo extrajudicial, as partes terão posse de sentença judicial, que com as inovações trazidas pelo CPC/2015, em caso de descumprimento, o procedimento de cobrança se dará por cumprimento de sentença, passando por um processo sincrético, que vem dotado de celeridade e automatização da execução nos procedimentos de natureza mandamental e condenatória. Teses acolhidas. Nos termos do artigo 725, VIII, do código de processo civil, processar-se-á pelo procedimento de jurisdição voluntária a ação que visa a homologação de autocomposição extrajudicial, de qualquer natureza ou valor. Observada a validade da transação extrajudicial firmada entre os peticionantes, e, ainda, resguardado em juízo o interesse jurídico do menor incapaz, imperioso é reconhecer o pleito de homologação do acordo firmado, para que surtam os efeitos jurídicos dela decorrentes. (...) (TJAL; APL 0700757-24.2018.8.02.0055; Santana do Ipanema; Segunda Câmara Cível; Rel. Des. Pedro Augusto Mendonça de Araújo; DJAL 20/12/2019; Pág. 130).

Parágrafo único. As normas desta Seção aplicam-se, no que couber, aos procedimentos regulados nas seções seguintes.

Seção II
Da Notificação e da Interpelação

Art. 726. Quem tiver interesse em manifestar formalmente sua vontade a outrem sobre assunto juridicamente relevante poderá notificar pessoas participantes da mesma relação jurídica para dar-lhes ciência de seu propósito.

A notificação premonitória constitui pressuposto processual para ação de despejo em locação por denúncia vazia de contrato por prazo indeterminado

✓ A notificação premonitória para o encerramento do contrato de locação por denúncia vazia é obrigatória e, assim, não seria permitido ao locador ajuizar uma ação de despejo sem ser conferido ao locatário o aviso prévio de que trata o art. www.escoladeprocesso.com.br 52 46, § 2º, da Lei do Inquilinato. A necessidade da referida notificação, previamente ao ajuizamento da ação de despejo, encontra fundamentos em uma série de motivos práticos e sociais e tem a finalidade precípua de reduzir os impactos negativos que necessariamente surgem com a efetivação do despejo. A doutrina aponta uma exceção para a ocorrência da notificação premonitória, que é o ajuizamento da ação de despejo nos 30 (trinta) dias subsequentes ao término do prazo do contrato de locação. Somente nessa hipótese a citação da ação de despejo poderia substituir a notificação premonitória. Assim, em se tratando de contrato por prazo indeterminado, caso a ação de despejo seja ajuizada sem a prévia notificação, deverá ser extinto o processo, sem a resolução do mérito, por falta de condição essencial ao seu normal desenvolvimento. (STJ, Informativo n. 672, REsp1.812.465-MG, Rel. Min. Nancy Andrighi, Terceira Turma, por unanimidade, julgado em 12/05/2020, DJe 18/05/2020).

Notificação e interpelação visam à mera comunicação da intenção ou vontade do notificante ao notificado, não havendo instauração de litígio nem qualquer decisão judicial sobre o conteúdo da notificação.

✓ APELAÇÃO CÍVEL. Notificação Judicial. Notificante que é mãe da notificada e ingressou com esta medida a fim de interpelar a filha para que desocupe o imóvel onde ambas residem, no prazo de 30 dias. Comunicação que foi realizada, concedendo o d. Juízo a quo o prazo de 05 dias para extração de cópias e, depois, determinando o arquivamento do feito. Insurgência da notificada pretendendo discutir o descabimento da desocupação do imóvel em que vive. Recurso que é recebido e processado em caráter absolutamente excepcional, diante do princípio da primazia do julgamento de mérito, uma vez que as decisões questionadas nesta instância, a rigor, não se revestem de natureza de sentença, tampouco interlocutória. Arts. 726 a 729 do Código de Processo Civil que não deixam dúvida de que os procedimentos de jurisdição voluntária relativos à notificação e à interpelação se voltam à mera comunicação da intenção ou vontade do notificante ao notificado, não havendo instauração de litígio, tampouco qualquer decisão judicial sobre o conteúdo da notificação. D. Juízo a quo que, nesse cenário, não determinou a desocupação do imóvel pela notificada, mas apenas encaminhou a notificação apresentada pela genitora dela, a qual, em princípio, não se reveste de flagrante ilegalidade. Pretensão da notificada de que esta notificação seja julgada improcedente, por isso, absolutamente descabida, já que não há conflito de interesses a ser dirimido. Condenação em custas e honorários, igualmente impertinente, já que não há sucumbência nos autos. (...) (TJSP; AC 1000558-44.2018.8.26.0609; Ac. 14205574; Taboão da Serra; Quinta Câmara de Direito Privado; Rel. Des. Rodolfo Pellizari; Julg. 02/12/2020; DJESP 14/12/2020; Pág. 2224).

Impõe-se a identificação clara da conveniência e da utilidade do procedimento, não sendo admitida notificação vaga.

✓ APELAÇÃO CÍVEL. DIREITO PROCESSUAL CIVIL. PROTESTO INTERRUPTIVO DE PRESCRIÇÃO. ART. 726 DO CPC. Pretensão de obstar o decurso do lapso temporal para a propositura de ação de reparação civil, fundada na responsabilidade pela aprovação de investimento financeiro. (...) Nulidade. Protesto Interruptivo de Prescrição. Art. 202 do CC. Art. 726 e 729 do CPC. Procedimento de jurisdição voluntária perante o Judiciário, sem julgamento de procedência ou improcedência (resolução de mérito). Entrementes, impõe-se a identificação clara da conveniência e da utilidade da providência requerida. Inadmissibilidade da notificação vaga. Necessidade de comprovação da relação jurídica entre as partes, que pode acarretar a rejeição da petição inicial do protesto judicial. Artigos 202 do CC e 867 do CPC. Exposição suficiente, in casu, na exordial, da causa de pedir, tanto da indenizatória, quanto do protesto. Pendências de diversas investigações acerca dos fatos narrados, incluindo o acesso a documentos sigilosos, como óbice à melhor avaliação da propositura da ação indenizatória como causa de pedir do protesto. Interesse processual manifesto, diante da necessidade e utilidade da judicialização do pedido, inclusive, para, simultaneamente, resguardar o direito da requerente e evitar a lide temerária. (...) (TJRJ; APL 0218735-31.2019.8.19.0001; Rio de Janeiro; Vigésima Primeira Câmara Cível; Relª Desª Regina Lucia Passos; DORJ 02/07/2020; Pág. 605)

A notificação não possui natureza de caráter constritivo de direito.

✓ APELAÇÃO CÍVEL. NOTIFICAÇÃO JUDICIAL. EXTINÇÃO SEM RESOLUÇÃO DE MÉRITO POR FALTA DE INTERESSE, NA FORMA DO ART. 485, VI, DO CPC. Natureza jurídica da notificação que importa em dar ciência inequívoca a alguém, emanada do art. 726, do CPC. Ato formal que não possui natureza de caráter constritivo de direito, razão pela qual a consequência jurídica pretendida não será objeto de apreciação de mérito neste feito. (...) (TJRJ; APL 0016975-65.2018.8.19.0001; Rio de Janeiro; Quinta Câmara Cível; Relª Desª Denise Nicoll Simões; DORJ 17/06/2020; Pág. 275).

Há interesse de agir na notificação quando a medida é útil para manifestação formal de vontade sobre assunto jurídico relevante, pouco importando se pretensão pode ser alcançada na via extrajudicial.

✓ APELAÇÃO. PROCEDIMENTO DE JURISDIÇÃO VOLUNTÁRIA. NOTIFICAÇÃO JUDICIAL. PRESENÇA DE INTERESSE DE AGIR. SENTENÇA REFORMADA. APELAÇÃO PROVIDA. O interesse de agir na notificação judicial, procedimento de jurisdição voluntária previsto nos arts. 726 e seguintes do CPC/2015, está presente quando a medida é útil para manifestação formal de vontade sobre assunto jurídico relevante, desde que não se pretenda alcançar fim ilícito, pouco importando se essa pretensão pode ser alcançada de forma extrajudicial. (TJSP; AC 1126087-82.2017.8.26.0100; Ac. 11793065; São Paulo; Trigésima Primeira Câmara de Direito Privado; Rel. Des. Adilson de Araujo; Julg. 05/09/2018; DJESP 28/05/2020; Pág. 5147)

Inadequação da notificação para condenar a exibir documento sob pena de multa e obrigar a comparecer para assinar título de transferência de domínio do imóvel compromissado.

✓ NOTIFICAÇÃO JUDICIAL. Petição inicial indeferida, por aventada falta de interesse de agir. Pretensão do requerente de obter condenação do requerido a exibir documento, sob pena de multa e na obrigação de comparecer para assinatura de título de transferência de domínio do imóvel compromissado. Apelo do requerente. Alegação de que o pleito visava apenas informar o notificado do ocorrido, para que este cumpra suas obrigações. Descabimento. Inicial que claramente pretendeu impor condenação ao requerido de obrigação de fazer, sob pena de multa. Inadequação da via eleita. Notificação que tem seus limites traçados no art. 726 do CPC. Hipótese em que o demandante deveria ter se valido da ação própria. (...) (TJSP; AC 1038146-76.2018.8.26.0224; Ac. 13835189; Guarulhos; Nona Câmara de Direito Privado; Rel. Des. Galdino Toledo Júnior; Julg. 06/08/2020; DJESP 11/08/2020; Pág. 1658)

Adequação da notificação para dar ciência aos atuais ocupantes do imóvel sobre o litígio envolvendo o bem e a interrupção do prazo prescricional aquisitivo.

✓ APELAÇÃO. Notificação judicial. Sentença de extinção, sem julgamento do mérito, por inadequação da via eleita. Insurgência da notificante. Pretensão embasada no art. 726, do CPC, visando dar ciência aos atuais ocupantes do imóvel acerca do litígio envolvendo o bem, assim como a respeito da interrupção do prazo prescricional aquisitivo. Possibilidade jurídica. Interesse processual demonstrado. (...) (TJSP; AC 1018004-17.2019.8.26.0224; Ac. 13223492; Guarulhos; Quarta Câmara de Direito Privado; Rel. Des. Maurício Campos da Silva Velho; Julg. 09/01/2020; DJESP 04/02/2020; Pág. 16)

§ 1º Se a pretensão for a de dar conhecimento geral ao público, mediante edital, o juiz só a deferirá se a tiver por fundada e necessária ao resguardo de direito.

§ 2º Aplica-se o disposto nesta Seção, no que couber, ao protesto judicial.

É cabível protesto interruptivo da prescrição como procedimento de jurisdição voluntária.

✓ APELAÇÃO. PROTESTO INTERRUPTIVO DE PRESCRIÇÃO. PROCEDIMENTO DE JURISDIÇÃO VOLUNTÁRIA. Interesse processual verificado. Necessidade de interrupção do decurso do prazo prescricional, evitando-se o impedido do exercício de uma pretensão, nos termos do artigo 202, inciso II, do Código Civil e artigo 726, §2º, do Código de Processo Civil. (...) (TJSP; AC 1104698-70.2019.8.26.0100; Ac. 13990696; São Paulo; Trigésima Terceira Câmara de Direito Privado; Relª Desª Ana Lucia Romanhole Martucci; Julg. 23/09/2020; DJESP 28/09/2020; Pág. 2331)

Inadequação de protesto contra alienação de bens com pedido de tutela de urgência cautelar.

✓ APELAÇÃO CÍVEL. Protesto contra alienação de bens com pedido de tutela de urgência de natureza cautelar. Sentença recorrida que. Julgou extinto o processo sem resolução do mérito, a teor do art. 485, VI do CPC, diante da carência da ação por falta de interesse de agir. Apelo do autor sob o fundamento de que restou demonstrado o risco decorrente da vontade dos apelados em dilapidar o patrimônio para não pagarem eventuais condenações nas lides indenizatórias por ele ajuizada. Não acolhimento. Inexistência de qualquer relação jurídica com os requeridos a possibilitar a utilização da via processual. Além disso, o procedimento do protesto judicial contra alienação requerido que vinha disposto nos arts. 867 e seguintes do CPC/1973, atualmente não encontra mais previsão nos artigos 726 e seguintes do CPC/2015, e sim no seu art. 301. Se a preocupação do autor é o risco ao resultado útil das ações indenizatórias ajuizadas em face dos réus, deveria ter postulado a tutela de urgência no bojo dos referidos processos, conforme lhe possibilita a Lei Processual Civil. Via eleita incorreta. (TJSP; AC 1002062-85.2018.8.26.0415; Ac. 13986129; Palmital; Oitava Câmara de Direito Privado; Relª Desª Clara Maria Araújo Xavier; Julg. 22/09/2020; DJESP 25/09/2020; Pág. 2375)

Uso da notificação judicial para pedido de explicações.

✓ NOTIFICAÇÃO JUDICIAL PARA EXPLICAÇÕES. Procedimento de natureza cautelar. Medida preparatória de ação penal referente a delitos contra a honra (artigo 144 do Código Penal). O pedido de explicações em juízo submete-se à mesma ordem ritual que é peculiar ao procedimento das notificações avulsas (artigo 726 e seguintes do Código de Processo Civil C.C. Artigo 3º do mesmo diploma legal). Procedimento disponibilizado ao requerente. (TJSP; Rec 0026996-11.2018.8.26.0000; Ac. 11982222; Araçatuba; Sexta Câmara de Direito Criminal; Rel. Des. Lauro Mens de Mello; Julg. 25/10/2018; DJESP 12/11/2018; Pág. 2937)

✓ NOTIFICAÇÃO JUDICIAL PARA EXPLICAÇÕES – Procedimento de natureza cautelar. Medida preparatória de ação penal referente a delitos contra a honra (CP, art. 144) – O pedido de explicações em juízo submete-se à mesma ordem ritual que é peculiar ao procedimento das notificações avulsas (CPC, art. 726 e ss c/c o art. 3º do CPP) (...) (TJSP; Notificação para Explicações 2244953-75.2016.8.26.0000; Rel. Antonio Carlos Malheiros; Órgão Julgador: Órgão Especial; Tribunal de Justiça de São Paulo – N/A; Data do Julgamento: 15/03/2017; Data de Registro: 17/03/2017)

Art. 727. Também poderá o interessado interpelar o requerido, no caso do art. 726, para que faça ou deixe de fazer o que o requerente entenda ser de seu direito.

O art. 102, I da CF configura rol taxativo e não contempla interpelação judicial de natureza civil.

✓ PETIÇÃO. INTERPELAÇÃO JUDICIAL. CARÁTER PREPARATÓRIO. ARTS. 726 A 729 DO CPC/2015. NATUREZA CIVIL. AÇÃO DE REPARAÇÃO DE DANO. INCOMPETÊNCIA DO SUPREMO TRIBUNAL FEDERAL. 1. A competência originária prevista no art. 102, I, n, da Lei Maior, pressupõe hipótese em que todos os membros da magistratura sejam direta ou indiretamente interessados ou aquela em que mais da metade dos membros do tribunal de origem estejam impedidos ou sejam direta ou indiretamente interessados. Rol taxativo. Precedentes. 2. Interesse direto ou indireto de todos os membros da magistratura. Hipótese não demonstrada. 3. Interesse direto ou indireto ou impedimento de mais da metade dos membros do tribunal de origem. Feito de competência originária da Primeira Instância a afastar, por ora, o questionamento sobre sua análise pelo tribunal em grau de recurso. Incompetência do Supremo Tribunal Federal. (...) (STF; Pet-AgR 6.978; RJ; Primeira Turma; Relª Min. Rosa Weber; Julg. 13/09/2019; DJE 25/09/2019; Pág. 21)

Não cabe interpelação para fins de consulta/questionamento sobre assuntos envolvendo as partes.

✓ AÇÃO DE INTERPELAÇÃO JUDICIAL. EXTINÇÃO SEM JULGAMENTO DE MÉRITO (ART. 485, IV DO CPC). A AÇÃO QUE TEM POR FINALIDADE (I) A MANIFESTAÇÃO FORMAL DE VONTADE A OUTREM SOBRE ASSUNTO JURIDICAMENTE RELEVANTE (ART. 726 DO CPC). (II) A INTERPELAÇÃO DE OUTREM PARA QUE FAÇA OU DEIXE DE FAZER O QUE O INTERPELANTE ENTENDA SER DE SEU DIREITO (ART. 727 DO CPC). Ação desvirtuada pelo ajuizamento para fins de consulta/questionamento sobre assuntos envolvendo as partes. Sentença mantida (art. 252 do RITJSP). (...) (TJSP; AC 1045379-57.2018.8.26.0602; Ac. 13496733; Sorocaba; Terceira Câmara de Direito Privado; Rel. Des. Alexandre Marcondes; Julg. 23/04/2020; DJESP 28/04/2020; Pág. 1668)

Cabe interpelação para exortar uma pessoa a fazer algo, mas não para impor conduta.

✓ DIREITO PROCESSUAL CIVIL. INTERPELAÇÃO JUDICIAL. ART. 727 DO CPC. CIENTIFICAÇÃO DA INTERPELADA. EXORTAÇÃO PARA FAZER ALGO. POSSIBILIDADE. IMPOSIÇÃO DE CONDUTA. IMPOSSIBILIDADE. EXTINÇÃO POR AUSÊNCIA DE INTERESSE. SENTENÇA CASSADA. 1. O artigo 727 do CPC define a possibilidade de se exortar o Interpelado a fazer algo que o Interpelante entenda ser de seu direito. Contudo, isso não se confunde com o propósito de impor àquele algo, como ocorre nas obrigações de fazer. 2. Cassa-se a sentença em que se extinguiu o Feito por inadequação da via eleita, uma vez que a pretensão manifestada pela Apelante encontra abrigo no art. 727 do CPC. (...). (TJDF; Proc 07094.67-45.2018.8.07.0006; Ac. 117.3049; Quinta Turma Cível; Rel. Des. Ângelo Passareli; Julg. 22/05/2019; DJDFTE 29/05/2019)

A interpelação não é a via adequada para exibição de contrato.

✓ APELAÇÃO CÍVEL. INTERPELAÇÃO JUDICIAL. INDEFERIMENTO DA INICIAL. DESCABIMENTO DA PRETENSÃO. Hipótese em que o autor ajuíza interpelação judicial, requerendo exibição de contrato, providência que não se insere no âmbito do procedimento em tela. Inteligência do art. 727 do CPC. (...) (TJRS; AC 364686-88.2018.8.21.7000; Porto Alegre; Quinta Câmara Cível; Relª Desª Isabel Dias Almeida; Julg. 27/03/2019; DJERS 02/04/2019)

O credor alimentar tem direito de "notificar" e "interpelar" o devedor para que pague os alimentos sob pena de promoção de demanda executiva.

✓ APELAÇÃO CÍVEL. NOTIFICAÇÃO E INTERPELAÇÃO JUDICIAL. ARTIGOS 726 E 727 DO CPC. JURISDIÇÃO VOLUNTÁRIA. EXTINÇÃO SEM JULGAMENTO DO MÉRITO. INADEQUAÇÃO. DIREITO DE AÇÃO DA PARTE. Certo que o credor de alimentos tem ao seu dispor os meios processuais de execução e, assim, compelir o requerido (devedor de alimentos) a colocar em dia o pagamento, através de via processual, com maior força coercitiva. Contudo, também tem o apelante o direito de, antes de executar, apenas "notificar" e "interpelar" o devedor (artigos 726 e 727 do CPC) para que pague os alimentos, sob pena de, caso não pague voluntariamente, daí sim ingressar com demanda executiva, de natureza contenciosa. É uma faculdade que a parte tem. E essa faculdade diz com o exercício do "direito de ação". Logo, a sentença de extinção sumária do pedido, sem resolução do mérito, deve ser desconstituída. Viável deferir desde logo o pedido, pois desnecessária a prévia oitiva do requerido, no caso concreto. (...) (TJRS; AC 0271111-94.2016.8.21.7000; Soledade; Oitava Câmara Cível; Rel. Des. Rui Portanova; Julg. 15/12/2016; DJERS 23/01/2017).

Art. 728. O requerido será previamente ouvido antes do deferimento da notificação ou do respectivo edital:

I – se houver suspeita de que o requerente, por meio da notificação ou do edital, pretende alcançar fim ilícito;

II – se tiver sido requerida a averbação da notificação em registro público.

Interpelação judicial é procedimento que não exige contraditório, bastando a simples comunicação da parte contrária

✓ LOCAÇÃO DE IMÓVEL. INTERPELAÇÃO JUDICIAL. ART. 726 DO CPC. NOTIFICAÇÃO REALIZADA. MANIFESTAÇÃO NOS AUTOS POR PARTE DA REQUERIDA. EXAURIMENTO DO PEDIDO INICIAL. RECONHECIMENTO. RECURSO PREJUDICADO. Considerando que a interpelação judicial se trata de procedimento que não exige contraditório, que se encerra com a simples comunicação da parte contrária, o que já. Foi realizado no caso com a citação da parte ré em Primeiro Grau, a pretensão inicial se exauriu, restando prejudicado o apelo da autora. (TJSP; AC 1051832-85.2019.8.26.0100; Ac. 14006895; São Paulo; Trigésima Primeira Câmara de Direito Privado; Rel. Des. Paulo Ayrosa; Julg. 28/09/2020; DJESP 02/10/2020; Pág. 2704)

É incabível a designação de audiência para oitiva das partes no procedimento de notificação.

✓ NOTIFICAÇÃO. CONSTITUIÇÃO EM MORA. EXTINÇÃO DO PROCEDIMENTO. Oitiva das partes. Realizada notificação com a finalidade de constituição do requerido em mora, extingue-se o procedimento, podendo o notificante obter cópia para o fim que lhe aprouver, descabendo designação de audiência para oitiva das partes, não se aplicando o art. 728, I, do CPC, que prevê a oitiva prévia do requerido na hipótese de suspeita de uso da notificação para fim ilícito ou se tiver sido requerida averbação da notificação em registro público. (...) (TJSP; AC 1001392-09.2019.8.26.0481; Ac. 13486383; Presidente Epitácio; Vigésima Primeira Câmara de Direito Privado; Rel. Des. Itamar Gaino; Julg. 17/04/2020; DJESP 24/04/2020; Pág. 2667)

Exige-se a instauração do contraditório no pedido de averbação da existência da demanda na matrícula de imóvel e respectivas vagas de garagem.

✓ AGRAVO DE INSTRUMENTO. PROTESTO CONTRA ALIENAÇÃO DE BENS. PEDIDO DE AVERBAÇÃO DA EXISTÊNCIA DA DEMANDA NA MATRÍCULA DO IMÓVEL E RESPECTIVAS VAGAS DE GARAGEM. Necessária instauração do contraditório. Inteligência do art. 728 inciso II do CPC. (...) (TJSP; AI 2190851-69.2017.8.26.0000; Ac. 11198434; Indaiatuba; Sétima Câmara de Direito Privado; Relª Desª Maria de Lourdes Lopez Gil; Julg. 21/02/2018; DJESP 02/03/2018; Pág. 1929)

Art. 729. Deferida e realizada a notificação ou interpelação, os autos serão entregues ao requerente.

→ *v.* Súmula 76 do STJ.

→ *v.* Art. 32 da Lei 6.766/1976.

→ *v.* Art. 31 do Dec.-Lei 70/1966.

→ *v.* Art. 1º do Dec.-Lei 745/1969.

Anulada sentença que reconheceu a interrupção da prescrição da pretensão de repetição de indébito do valor recolhido.

✓ PROCESSO CIVIL. (...) I. Na hipótese, a atividade judicial limita-se a comunicar manifestações de vontade, com vistas à prevenção de responsabilidades, conservação e salvaguarda de direitos, não havendo falar em reconhecimento de direito ou formação de título executivo judicial, de modo que o procedimento é encerrado com notificação ou interpelação da parte requerida, não comportando sequer a extinção por sentença, nos exatos termos do art. 729 do CPC; II. Impõe-se, desta forma, a anulação da sentença de primeiro grau que, em procedimento de jurisdição voluntária de notificação, reconheceu a interrupção da prescrição referente a pretensão voltada à repetição de indébito do valor indevidamente recolhido ao estado/apelante a título de ICMS, por violação ao disposto nos art. 726 e 729 do CPC (...) (TJSE; AC 201900737704; Ac. 35092/2020; Primeira Câmara Cível; Relª Desª Iolanda Santos Guimarães; DJSE 19/11/2020)

A apreciação da notificação não tem o condão de gerar prevenção do juízo para demandas posteriores.

✓ CONFLITO DE COMPETÊNCIA. (...) 4. A notificação judicial é procedimento de jurisdição voluntária previsto nos arts. 726 a 729 do CPC, cuja finalidade é conservar direito. Ou seja, cuida-se de procedimento de natureza não contenciosa, que não tem o condão de gerar prevenção do juízo para as ações posteriores. Nesse sentido: AgInt no AREsp 105.177/SP, Rel. Ministro RAUL Araújo, QUARTA TURMA, julgado em 09/03/2017, DJe 22/03/2017. 5. Portanto, ainda que a petição inicial tenha sido instruída com as certidões de dívida ativa e que o CREFITO objetive interromper a prescrição para o ajuizamento futuro de execução fiscal, a notificação judicial deverá ser processada e julgada pela Vara Federal comum. (...) (TRF 3ª R.; CCCiv 5014707-62.2020.4.03.0000; SP; Segunda Seção; Rel. Des. Fed. Luís Antonio Johonsom di Salvo; Julg. 10/08/2020; DEJF 17/08/2020).

Seção III
Da Alienação Judicial

Art. 730. Nos casos expressos em lei, não havendo acordo entre os interessados sobre o modo como se deve realizar a alienação do bem, o juiz, de ofício ou a requerimento dos interessados ou do depositário, mandará aliená-lo em leilão, observando-se o disposto na Seção I deste Capítulo e, no que couber, o disposto nos arts. 879 a 903.

→ *v.* Art. 2.019 do CC/2002.

É necessária a venda em leilão diante da falta de consenso das partes sobre a alienação do bem.

✓ AGRAVO DE INSTRUMENTO. (...) Inconformismo quanto à alienação do bem em hasta pública. Justificativa de tentativa do exequente de prejudicar pessoalmente a executada. Alegação de impossibilidade de aquisição de outro bem com o produto da venda judicial. Rejeição. Ausência de consenso das partes sobre a alienação do bem. Necessária venda em leilão. Inteligência do art. 730 do CPC. (...) (TJSC; AI 4011521-64.2019.8.24.0000; Joinville; Quinta Câmara de Direito Comercial; Rel. Des. Carlos Roberto da Silva; DJSC 19/02/2020; Pag. 243)

É necessária a venda do bem em leilão quando uma das partes é recalcitrante em aliena-lo, não havendo óbice pelo fato de o imóvel indiviso estar afetado por penhora equivalente à metade do que pertence com exclusividade a um dos condôminos.

✓ CIVIL E PROCESSUAL CIVIL. AÇÃO DE ALIENAÇÃO DE COISA COMUM. PATRIMÔNIO COMUM AMEALHADO NA CONSTÂNCIA DO CASAMENTO. IMÓVEL INDIVISO. (...) 1. Ensejando a decretação da partilha do patrimônio amealhado na constância da sociedade conjugal a formação de condomínio sobre a propriedade de imóvel indivisível, a inexistência de consenso acerca da dissolução da copropriedade, aliada à inércia do ex-cônjuge que continua fruindo da coisa na realização da sua alienação como forma de realização da divisão firmada, resulta na sua extinção no molde legalmente estabelecido, que é a alienação judicial da coisa comum na forma estabelecida pelo artigo 730 do CPC, assegurado o direito de preferência resguardado aos condôminos, conforme preceitua o legislador de direito material (CC, art. 1.320). (...) 3. O fato de o imóvel indiviso objeto da pretensão de dissolução do condomínio que sobre ele recai estar afetado por penhora equivalente à metade do que pertence com exclusividade a um dos condôminos não encerra óbice à realização da alienação como fórmula de dissolução do condomínio, à medida em que, a par de a constrição estar adstrita ao que pertence a um dos condôminos, a preservação da constrição será ultimada mediante reserva do que for arrecado com a alienação e lhe seria destinado ao credor, resguardando-lhe a fruição do remanescente, e, ademais, não pode o condomínio ter seu patrimônio afetado por constrição que não lhe diz respeito. (...) (TJDF; APC 07141.13-95.2018.8.07.0007; Ac. 125.4314; Primeira Turma Cível; Rel. Des. Teófilo Caetano; Julg. 03/06/2020; Publ. PJe 18/06/2020)

✓ CUMPRIMENTO DE SENTENÇA. AÇÃO DE EXTINÇÃO DE CONDOMÍNIO. DECISÃO QUE DETERMINOU A VENDA JUDICIAL DO BEM. Admissibilidade. Embora as partes tenham estipulado a alienação extrajudicial do bem em acordo de conciliação, passados cerca de dois anos a providência ainda não se ultimou, caracterizada a recalcitrância da recorrente. Poder-dever do juízo de, assim provocado pela parte interessada, determinar a realização das providências necessárias ao cumprimento da sentença homologatória do acordo. Leilão judicial que é medida adequada à hipótese. Inteligência do artigo 730 do CPC/15. (...) (TJSP; AI 2056451-21.2017.8.26.0000; Ac. 10706465; São Caetano do Sul; Sexta Câmara de Direito Privado; Rel. Des. Vito José Guglielmi; Julg. 17/08/2017; DJESP 21/08/2017; Pág. 2833)

Em ação de extinção de condomínio cumulada com alienação judicial, esta se realiza nos próprios autos sem necessidade de liquidação de sentença ou incidente de cumprimento de sentença,

✓ AGRAVO DE INSTRUMENTO. No caso de extinção de condomínio cumulada com alienação judicial, esta se realiza nos próprios autos, na forma do art. 730 do CPC/2015, sem necessidade de liquidação de sentença ou incidente de cumprimento de sentença, uma vez observado o trâmite previsto nos arts. 879 a 903 do CPC, no que couber. (...) (TJSP; AI 2229603-08.2020.8.26.0000; Ac. 14015244; São Paulo; Quarta Câmara de Direito Privado; Rel. Des. Alcides Leopoldo; Julg. 30/09/2020; DJESP 27/10/2020; Pág. 1832)

Há interesse de agir quando evidenciada a discordância das partes sobre a administração do imóvel, o momento e forma de extinção do condomínio.

✓ EXTINÇÃO DE CONDOMÍNIO. (...) Agravante que pretende o reconhecimento da falta de interesse de agir da agravada, bem como, subsidiariamente, a necessidade de suspensão do processo para tentativa de alienação particular do bem. Descabimento. Interesse de agir configurado, evidenciada a discordância das partes a respeito da administração do imóvel, bem como do momento e forma de extinção do condomínio. Empresa agravada que ajuizou ação objetivando justamente a extinção do condomínio mediante alienação judicial do bem. Impossibilidade de impor-se ao demandante a venda particular deste, por imobiliárias, o que dependeria de acordo dos litigantes. Inteligência do art. 730 do CPC. Acordo para venda extrajudicial que é possível a qualquer momento até a realização da hasta pública. (...) (TJSP; AI 2037240-28.2019.8.26.0000; Ac. 12626082; São Paulo; Nona Câmara de Direito Privado; Relª Desª Angela Lopes; Julg. 15/03/2012; DJESP 01/07/2019; Pág. 3307).

Seção IV

Do Divórcio e da Separação Consensuais, da Extinção Consensual de União Estável e da Alteração do Regime de Bens do Matrimônio

→ *v.* EC. 66/2010 – Dá nova redação ao § 6º do art. 226 da CF, que dispõe sobre a dissolubilidade do casamento civil pelo divórcio, suprimindo o requisito de prévia separação judicial por mais de 1 (um) ano ou de comprovada separação de fato por mais de 2 (dois) anos.

→ *v.* Arts. 1.571 a 1.582 do CC/2002.

Art. 731. A homologação do divórcio ou da separação consensuais, observados os requisitos legais, poderá ser requerida em petição assinada por ambos os cônjuges, da qual constarão:

→ *v.* Arts. 19 a 23 da Lei 6.515/1977.

I – as disposições relativas à descrição e à partilha dos bens comuns;

II – as disposições relativas à pensão alimentícia entre os cônjuges;

→ *v.* Súmulas 226 e 379 do STF.

→ *v.* Súmula 336 do STJ.

→ *v.* Art. 4º da Lei 6.515/1976.

III – o acordo relativo a guarda dos filhos incapazes e ao regime de visitas; e

→ *v.* Arts. 1.583 a 1.590 do CC.

→ *v.* Arts. 9º e 15 da Lei 6.515/1976.

IV – o valor da contribuição para criar e educar os filhos.

→ *v.* Arts. 1.694 a 1.710 do CC.

→ *v.* Art. 20 da Lei 6.515/1976.

Coexistência dos institutos da separação e do divórcio.

✓ RECURSO ESPECIAL. DIREITO CIVIL. FAMÍLIA. EMENDA CONSTITUCIONAL Nº 66/10. DIVÓRCIO DIRETO. SEPARAÇÃO JUDICIAL. SUBSISTÊNCIA. 1. A separação é modalidade de extinção da sociedade conjugal, pondo fim aos deveres de coabitação e fidelidade, bem como ao regime de bens, podendo, todavia, ser revertida a qualquer momento pelos cônjuges (código civil, arts. 1571, III e 1.577). O divórcio, por outro lado, é forma de dissolução do vínculo conjugal e extingue o casamento, permitindo que os ex-cônjuges celebrem novo matrimônio (código civil, arts. 1571, IV e 1.580). São institutos diversos, com consequências e regramentos jurídicos distintos. 2. A Emenda Constitucional nº 66/2010 não revogou os artigos do Código Civil que tratam da separação judicial. (...) (STJ; REsp 1.247.098; Proc. 2011/0074787-0; MS; Quarta Turma; Relª Minª Isabel Gallotti; DJE 16/05/2017)

✓ AGRAVO INTERNO NO RECURSO ESPECIAL. (...) 2.1. A Emenda à Constituição n. 66/2010 apenas excluiu os requisitos temporais para facilitar o divórcio. 2.2. O constituinte derivado reformador não revogou, expressa ou tacitamente, a legislação ordinária que cuida da separação judicial, apenas facultou às partes dissolver a sociedade conjugal direta e definitivamente através do divórcio. 3. Conforme entendimento desta Corte, a interposição de recursos cabíveis não implica "litigância de má-fé nem ato atentatório à dignidade da justiça, ainda que com argumentos reiteradamente refutados pelo Tribunal de origem ou sem alegação de fundamento novo" (AGRG nos EDCL no RESP n. 1.333.425/SP, Relatora a Ministra Nancy Andrighi, DJe 4/12/2012). (...) (STJ; AgInt-REsp 1.882.664; Proc. 2020/0163690-0; MG; Terceira Turma; Rel. Min. Marco Aurélio Bellizze; DJE 30/11/2020)

Desnecessidade do exaurimento da via extrajudicial

✓ APELAÇÃO. DIREITO CIVIL. DIVÓRCIO CONSENSUAL. INDEFERIMENTO DA INICIAL. EXTINÇÃO NA FORMA DO ART. 485, VI, DO CPC. DESCABIMENTO, NA ESPÉCIE. SENTENÇA DESCONSTITUÍDA. 1. Segundo precedentes dos sodalícios de justiça, firmados com esteio em doutrina de escol, existe interesse processual das partes em obter pronunciamento jurisdicional na homologatória do acordo constantes da peça vestibular da ação de divórcio consensual. 2. Na espécie, a utilização da via extrajudicial, quando preenchidas as condições, trata-se de faculdade e não obrigatoriedade. Ademais, o impedimento resulta em ofensa ao livre acesso à jurisdição. (...) (TJCE; AC 0002284-07.2019.8.06.0055; Segunda Câmara de Direito Privado; Rel. Des. Francisco Darival Beserra Primo; Julg. 28/10/2020; DJCE 09/11/2020; Pág. 145)

Prevalência do acordo entre as partes no processo de divórcio consensual

✓ APELAÇÃO CÍVEL. DIVÓRCIO CONSENSUAL C/C GUARDA E ALIMENTOS. PEDIDO DE HOMOLOGAÇÃO DE ACORDO. Sentença que decretou o divórcio do casal e homologou o acordo extrajudicial. Cabimento. Petição que preencheu os requisitos dos artigos 1694 e 1695 do Código Civil e art. 22 do ECA. Direitos da menor garantidos. Ausência de prejuízo. Intervenção do parquet em segunda instância. (...) (TJCE; AC 0000178-34.2018.8.06.0079; Terceira Câmara de Direito Privado; Rel. Des. José Ricardo Vidal Patrocínio; DJCE 18/08/2020; Pág. 160)

✓ CIVIL. (...) O Tribunal a quo, após analisar as circunstâncias fáticas da causa, houve por bem manter a decisão que, reconhecendo a legitimidade da dispensa transitória e precária do ônus do genitor em prestar alimentos a sua filha menor, sem que isso implicasse renúncia do direito da criança à verba alimentar, homologou o acordo firmado em ação de divórcio, suspendendo, temporariamente, a obrigação do genitor ao pagamento de alimentos. 3. O acórdão recorrido ressaltou, ainda, a inexistência de prejuízo à menor, pois, no futuro, caso haja alguma modificação relevante, e se verifique a necessidade do auxílio material do pai, poderá ser estabelecida, por acordo entre as partes, ou judicialmente, a pensão alimentícia em favor da descendente do casal. Rever tal entendimento encontra óbice no enunciado das Súmulas nºs 5 e 7 do STJ. (...) (STJ; AgInt-REsp 1.704.218; Terceira Turma; Rel. Min. Moura Ribeiro; Julg. 12/06/2018; DJE 19/06/2018)

Necessidade do cumprimento dos requisitos: anulada sentença homologatória por petição sem assinatura dos cônjuges

✓ AGRAVO DE INSTRUMENTO. AÇÃO DE DIVÓRCIO LITIGIOSO C/C PARTILHA DE BENS. Ausência de assinatura dos litigantes no acordo apresentado para homologação. Partes devidamente representadas. Causídicos com poderes para transigir que não afasta a necessidade da assinatura dos interessados. Situação específica prevista na Lei Processual (art. 731, do CPC). Homologação que se mostra prematura. (...) (TJSC; AI 4004085-20.2020.8.24.0000; Blumenau; Primeira Câmara de Direito Civil; Rel. Des. Paulo Ricardo Bruschi; DJSC 01/09/2020; Pag. 215)

Necessidade de cumprimento dos requisitos: ausência de acordo sobre guarda e regime de visitação

✓ AGRAVO DE INSTRUMENTO. Ação de Divórcio Consensual. Decisão que indeferiu o pedido de homologação e regulamentação de guarda, determinando que os Requerentes aditassem a cláusula de alimentos ao filho menor. Inconformismo. Não acolhimento. A regulamentação de pensão dos filhos no acordo é necessária e obrigatória. Necessidade de melhor apuração para preservar os interesses do menor. (...) (TJSP; AI 2224722-85.2020.8.26.0000; Ac. 14204447; Diadema; Segunda Câmara de Direito Privado; Rel. Des. Penna Machado; Julg. 02/12/2020; DJESP 11/12/2020; Pág. 2195)

✓ DIREITO DE FAMÍLIA. (...). 1. O cerne da controvérsia em análise gravita em torno da possibilidade (ou não) de o pedido de divórcio consensual ser homologado judicialmente sem que, necessariamente, os cônjuges ajustem as cláusulas atinentes à guarda, à visitação e aos alimentos do(s) filho(s) incapaz(ES), consoante autorizado na sentença recorrida, porém veementemente impugnado, nesta apelação, pela promotoria de justiça. 2. Com efeito, após a promulgação da Emenda Constitucional nº 66/2010, que alterou o § 6º do art. 226 da CF/88 para fazer constar, tão somente, que "o casamento civil pode ser dissolvido pelo divórcio", o instituto do divórcio tornou-se um direito potestativo extintivo daquele que não mais pretenda manter-se casado, de modo que a separação judicial, por mais de um ano, ou a separação de fato, por mais de dois anos, não mais constitui requisito prévio e obrigatório ao exercício da ação de divórcio, seja na modalidade consensual ou litigiosa, muito menos a investigação quanto à culpa pelo declínio do casamento. 3. Entretanto, ainda que o direito de não permanecer casado tenha fundamento constitucional no princípio da dignidade humana, a presença de nascituro e/ou de filhos incapazes não somente impede a decretação extrajudicial do divórcio (art. 733, caput, CPC/15), como obriga, ainda que o divórcio judicial seja consensual, a regulamentação dos direitos dos filhos (nascituro ou incapaz) como requisito da petição inicial, dada a sua natureza indisponível (art. 731, III e IV, CPC/15), sem prejuízo da necessária intervenção ministerial (art. 178, II, CPC/15). Precedentes doutrinários e jurisprudenciais. 4. A proteção aos interesses dos incapazes dá-se pela análise minuciosa das cláusulas do acordo de divórcio consensual, tanto pelo representante do parquet, como pelo próprio magistrado, a quem cabe indeferir a homologação de qualquer transação que possa prejudicar a prole incapaz, na forma do parágrafo único do art. 1.574 do Código Civil brasileiro. 5. Logo, a melhor exegese e, portanto, a solução ideal a ser adotada é aquela sugerida pelo ministério público (de primeiro e segundo graus), no sentido de que a sentença apelada seja anulada por violação ao disposto no art. 731, incisos III e IV, do CPC/15 c/c o art. 227 da CF/88, com o consequente retorno dos autos à origem, a fim de que, uma vez emendada a inicial – o que possibilitará, inclusive, a decretação liminar do divórcio -, sejam dirimidas as questões relativas à filha menor dos apelados, cuja certidão de nascimento deverá ser imediatamente acostada aos autos (art. 320, CPC/15). (...) (TJCE; APL 0129077-95.2015.8.06.0001; Terceira Câmara de Direito Privado; Relª Desª Maria Vilauba Fausto Lopes; DJCE 06/09/2019; Pág. 206)

Parágrafo único. Se os cônjuges não acordarem sobre a partilha dos bens, far-se-á esta depois de homologado o divórcio, na forma estabelecida nos arts. 647 a 658.

→ *v.* Súmula 197 do STJ.

Possibilidade de discussão *a posteriori* sobre a partilha de bens

✓ PROCESSUAL CIVIL, CIVIL, FAMÍLIA. CONFLITO NEGATIVO DE COMPETÊNCIA. SOBREPARTILHA. POSTERIOR AO DIVÓRCIO. CARÁTER COMPLEMENTAR DA PARTILHA. COMPETÊNCIA DO JUÍZO QUE DECRETOU O DIVÓRCIO. (...) Nos termos do artigo 1.581 do Código Civil, o divórcio pode ser concedido sem que haja prévia partilha de bens. Do mesmo modo, o CPC dispõe em seu artigo 731, parágrafo único, que, se os cônjuges não acordarem sobre a partilha dos bens, far-se-á esta depois de homologado o divórcio, na forma estabelecida nos artigos 647 a 658. 3.1. As partes podem optar por deixar a partilha dos bens para demanda posterior ao divórcio. (...) (TJDF; Rec 07061.16-14.2020.8.07.0000; Rel. Des. João Egmont; Julg. 04/05/2020; Publ. PJe 21/05/2020)

Art. 732. As disposições relativas ao processo de homologação judicial de divórcio ou de separação consensuais aplicam-se, no que couber, ao processo de homologação da extinção consensual de união estável.

Art. 733. O divórcio consensual, a separação consensual e a extinção consensual de união estável, não havendo nascituro ou filhos incapazes e observados os requisitos legais, poderão ser realizados por escritura pública, da qual constarão as disposições de que trata o art. 731.

→ *v.* Resolução CNJ 35/2007 – Disciplina a realização de inventários, partilhas, separações e divórcios consensuais por escritura pública.

→ *v.* Provimento CFOAB 118/2007 – Disciplina as atividades profissionais dos advogados na realização de inventários, partilhas, separações e divórcios consensuais por escritura pública.

Extinção de união estável mediante escritura pública

✓ APELAÇÃO CÍVEL. FAMÍLIA. AÇÃO DE RECONHECIMENTO E DISSOLUÇÃO DE UNIÃO ESTÁVEL CONSENSUAL. INICIAL INDEFERIDA. AUSÊNCIA DE INTERESSE PROCESSUAL. DESCABIMENTO. HOMOLOGAÇÃO DE ACORDO. ESCRITURA PÚBLICA. MERA FACULDADE. SENTENÇA DESCONSTITUÍDA. O art. 733 do CPC é claro ao estabelecer que o divórcio consensual, a separação consensual e a extinção consensual de união estável, não havendo nascituro ou filhos incapazes e observados os requisitos legais, poderão ser realizados por escritura pública. Contudo, trata-se de mera faculdade do casal optar pela via extrajudicial, e não uma imposição legal. Logo, não há cogitar de ausência de interesse processual dos autores em ver homologado judicialmente o acordo de dissolução de união. (...) (TJRS; APL 0315378-49.2019.8.21.7000; Proc 70083434696; Sétima Câmara Cível; Relª Desª Liselena Schifino Robles Ribeiro; Julg. 17/12/2019; DJERS 21/01/2020)

§ 1º A escritura não depende de homologação judicial e constitui título hábil para qualquer ato de registro, bem como para levantamento de importância depositada em instituições financeiras.

§ 2º O tabelião somente lavrará a escritura se os interessados estiverem assistidos por advogado ou por defensor público, cuja qualificação e assinatura constarão do ato notarial.

Art. 734. A alteração do regime de bens do casamento, observados os requisitos legais, poderá ser requerida, motivadamente, em petição assinada por ambos os cônjuges, na qual serão expostas as razões que justificam a alteração, ressalvados os direitos de terceiros.

→ *v.* Art. 1.639, § 2º, do CC/2002.

É necessário percorrer a via judicial para modificar o regime de bens.

✓ REEXAME NECESSÁRIO. CONSULTA FORMULADA PELO TABELIÃO DO 1º OFÍCIO DE NOTAS DE SÃO GONÇALO/RJ. REQUERIMENTO PARA LAVRATURA DE ESCRITURA DE ALTERAÇÃO DE REGIME DE BENS, COM A FINALIDADE DE ALTERAR O REGIME DE COMUNHÃO PARCIAL DE BENS PACTUADO NA ESCRITURA DECLARATÓRIA DE UNIÃO ESTÁVEL, PASSANDO A VIGORAR O REGIME DA SEPARAÇÃO ABSOLUTA DE BENS. Sentença orientou os requerentes a apresentar o pleito na esfera judicial. Inexistência de recurso. Encaminhamento dos autos a este Conselho da Magistratura por imposição do art. 48, § 2º da LODJ. Parecer da Procuradoria opinando pela confirmação da sentença. Interesse de terceiros que devem ser preservados. Necessidade de se percorrer a via judicial. Aplicação do art. 1639, §2º, do CC/02 e do art. 734 do Novo Código de Processo Civil à União Estável. Segurança jurídica que se visa preservar. (...) (TJRJ; Proc 0045537-46.2016.8.19.0004; São Gonçalo; Conselho da Magistratura; Relª Desª Maria Augusta Vaz; Julg. 21/06/2018; DORJ 12/07/2018; Pág. 423)

É imprescindível a motivação dos cônjuges para que haja procedência do pedido de mudança no regime de bens.

✓ APELAÇÃO CÍVEL. (...) É admitida a alteração do regime de bens que rege o casamento, mediante autorização judicial, por pedido motivado de ambos os cônjuges, apurada a procedência das razões invocadas, ressalvados direitos de terceiros. Assim, se o pedido de alteração do regime de bens pretendido pelo casal encontra-se ausente de motivação, o desprovimento é a medida que se impõe. (...) (TJMG; APCV 1.0704.09.137973-2/001; Rel. Des. Gilson Soares Lemes; Julg. 27/07/2018; DJEMG 06/08/2018).

Em sentido contrário: é prescindível a exposição das razões para alterar o regime de bens.

✓ APELAÇÃO CÍVEL. (...) Ressalvados os interesses de terceiros, descabe exigir maiores esclarecimentos sobre as razões pessoais que levaram o casal a postular a alteração pretendida. Basta que os requerentes afirmem que o novo regime escolhido melhor atende seus anseios pessoais que se terá por preenchida a exigência legal. Além disso, a alteração do regime de bens do matrimônio deve obedecer ao rito processual estabelecido no art. 734 do CPC. (...) (TJRS; AC 0081817-86.2017.8.21.7000; Charqueadas; Oitava Câmara Cível; Rel. Des. Rui Portanova; Julg. 11/05/2017; DJERS 16/05/2017).

Em sentido intermediário: basta apontar como motivação a autonomia da vontade.

✓ APELAÇÃO CÍVEL. Ação para Alteração de Regime de Bens Instituído em Casamento. Separação de Bens para Comunhão Universal com Efeito Ex Tunc. Pretensão autoral julgada improcedente por insuficiência de motivação. (...)A alteração do regime de bens é possível juridicamente, nos termos do art. 1.639, §2º, do Código Civil desde que evidenciada a conveniência do casal, que apontou como motivação a autonomia de sua vontade decorrente de um casamento que já dura mais de 20 (vinte) anos. 3. Feita a alteração do regime de bens, deve-se conceder o efeito ex tunc, ressalvados direitos de terceiros. (...) (TJSE; AC 201800727176; Ac. 124/2019; Relª Desª Elvira Maria de Almeida Silva; Julg. 22/01/2019; DJSE 25/01/2019).

É descabido exigir apresentação de plano de partilha ou arrolamento do patrimônio para alterar o regime de bens.

✓ AGRAVO DE INSTRUMENTO. (...) A pretensão de alteração de regime de bens do casamento não exige apresentação de plano de partilha ou arrolamento do patrimônio, porquanto não implica extinção do vínculo conjugal. Portanto, as medidas não podem ser exigidas como condição da ação ou requisito de desenvolvimento válido e regular do processo, sob pena de indeferimento da inicial, devendo ser observados pelo juízo apenas os requisitos legais dispostos no art. 1.639, § 2º, do CCB e no art. 734 do novo CPC. (...) (TJRS; AI 0159098-55.2016.8.21.7000; Passo Fundo; Sétima Câmara Cível; Relª Desª Sandra Brisolara Medeiros; Julg. 16/05/2016; DJERS 23/05/2016)

§ 1º Ao receber a petição inicial, o juiz determinará a intimação do Ministério Público e a publicação de edital que divulgue a pretendida alteração de bens, somente podendo decidir depois de decorrido o prazo de 30 (trinta) dias da publicação do edital.

Indeferida tutela provisória porquanto ausentes os requisitos do art. 300 do CPC e presente o perigo de irreversibilidade.

✓ AGRAVO DE INSTRUMENTO. AÇÃO DE ALTERAÇÃO DO REGIME DE BENS DO CASAMENTO. ART. 734 DO CPC. Objetivo de constituição de holding familiar via sociedade limitada. Tutela de urgência. Não demonstração dos requisitos insertos no art. 300 do CPC. Perigo de irreversibilidade dos efeitos da decisão. Manutenção do indeferimento do pedido. (...) (TJRS; AI 0181178-08.2019.8.21.7000; Proc 70082092693; Santa Cruz do Sul; Sétima Câmara Cível; Relª Desª Sandra Brisolara Medeiros; Julg. 25/09/2019; DJERS 30/09/2019)

§ 2º Os cônjuges, na petição inicial ou em petição avulsa, podem propor ao juiz meio alternativo de divulgação da alteração do regime de bens, a fim de resguardar direitos de terceiros.

Como a falta de publicação de edital não causará prejuízos aos requerentes ou a terceiros, não deve ser declarada nulidade processual se não houver demonstração de prejuízo às partes ou terceiros.

✓ APELAÇÃO CÍVEL. (...) Em consonância com o disposto no § 1º do art. 734 do CPC/2015, em se tratando de alteração de regime de bens, ao receber a inicial, o juiz além de determinar a intimação do Ministério Público, determinará a publicação de edital para dar publicidade ao ato. Contudo, o próprio CPC/15 traz previsão para relativizar a regra, dispondo que os cônjuges, na petição inicial ou em petição avulsa, podem propor ao juiz meio alternativo de divulgação da alteração do regime de bens, a fim de resguardar direitos de terceiros. Restando demonstrado nos autos que a ausência de publicação de edital não causará prejuízos aos requerentes ou a terceiros, em face do indeferimento do pedido, não deve ser declarada nulidade processual se não houver demonstração de prejuízo às partes ou terceiros (*pas de nullité sans grief*). (...) (TJMG; APCV 1.0704.09.137973-2/001; Rel. Des. Gilson Soares Lemes; Julg. 27/07/2018; DJEMG 06/08/2018).

§ 3º Após o trânsito em julgado da sentença, serão expedidos mandados de averbação aos cartórios de registro civil e de imóveis e, caso qualquer dos cônjuges seja empresário, ao Registro Público de Empresas Mercantis e Atividades Afins.

É inviável atribuir efeitos retroativos à alteração do regime de bens do casal.

✓ ALTERAÇÃO DE REGIME DE BENS. EFEITOS EX TUNC. INVIABILIDADE. Observação da ressalva de direitos de terceiros. Inteligência dos arts. 734 do CPC e §2º do art. 1.639 do CC. Sentença confirmada. (...) (TJSP; AC 1013802-30.2019.8.26.0019; Ac. 13802963; Americana; Segunda Câmara de Direito Privado; Rel. Des. Giffoni Ferreira; Julg. 29/07/2020; DJESP 04/08/2020; Pág. 1569)

Seção V
Dos Testamentos e dos Codicilos

Art. 735. Recebendo testamento cerrado, o juiz, se não achar vício externo que o torne suspeito de nulidade ou falsidade, o abrirá e mandará que o escrivão o leia em presença do apresentante.

→ *v.* Arts. 1.868 a 1.875 do CC/2002.

§ 1º Do termo de abertura constarão o nome do apresentante e como ele obteve o testamento, a data e o lugar do falecimento do testador, com as respectivas provas, e qualquer circunstância digna de nota.

§ 2º Depois de ouvido o Ministério Público, não havendo dúvidas a serem esclarecidas, o juiz mandará registrar, arquivar e cumprir o testamento.

→ *V.* Art. 1.875 do CC/2002.

§ 3º Feito o registro, será intimado o testamenteiro para assinar o termo da testamentária.

§ 4º Se não houver testamenteiro nomeado ou se ele estiver ausente ou não aceitar o encargo, o juiz nomeará testamenteiro dativo, observando-se a preferência legal.

§ 5º O testamenteiro deverá cumprir as disposições testamentárias e prestar contas em juízo do que recebeu e despendeu, observando-se o disposto em lei.

→ *V.* Art. 1.980 do CC/2002.

Procedimento do testamento cerrado

✓ TESTAMENTO CERRADO. (...) 1. A abertura e ratificação do testamento ocorreu na audiência designada com esse propósito, onde foram observadas todas as formalidades legais, com a presença dos herdeiros acompanhados dos advogados, do Ministério Público e das testemunhas. 2. O magistrado é o destinatário das provas. Cabe a ele determinar as providências indispensáveis à instrução do feito e aferir a necessidade ou não de formação de outros elementos para o julgamento da lide. Preliminar de cerceamento de defesa rejeitada. 3. O procedimento de jurisdição voluntária que regula a abertura, o registro e o cumprimento do testamento destina-se a conhecer a declaração de última vontade do falecido, verificar a sua regularidade formal e ordenar seu cumprimento, nos termos do que estabelece o art. 735 do Código de Processo Civil. 4. Embora o apelante alegue falta de observação de algumas formalidades legais, o que se verifica é que todos os requisitos legais exigidos para a abertura do testamento foram cumpridos, não sendo constatada pelos presentes no momento da abertura do testamento nenhuma suspeita de violação ou de vícios formais. 5. O testamento cerrado aberto em audiência, na presença dos herdeiros, Ministério Público e testemunhas cumpriu as exigências do art. 1.868 do Código Civil, sem sinais de violação ou de vícios formais que o tornem suspeito de falsidade ou nulidade. (...) (TJDF; Proc 07268.29-75.2018.8.07.0001; Rel. Des. Hector Valverde; Julg. 10/07/2019; DJDFTE 19/07/2019)

Art. 736. Qualquer interessado, exibindo o traslado ou a certidão de testamento público, poderá requerer ao juiz que ordene o seu cumprimento, observando- se, no que couber, o disposto nos parágrafos do art. 735.

→ *V.* Arts. 1.864 a 1.867 do CC/2002.

Necessidade do requerimento do cumprimento de testamento

✓ APELAÇÃO CÍVEL. AÇÃO DE ARROLAMENTO DE BENS. INDEFERIMENTO DA INICIAL. Extinção da ação por falta de interesse processual. Art. 330, III, do CPC. Autora deve requerer o devido cumprimento do testamento no juízo em que houve o seu registro. Inteligência do art. 736 do CPC. (...) (TJRS; AC 0157420-68.2017.8.21.7000; São Borja; Sétima Câmara Cível; Relª Desª Sandra Brisolara Medeiros; Julg. 30/08/2017; DJERS 04/09/2017)

Necessidade de suspensão do processo de abertura, registro e cumprimento do testamento e do inventário até o julgamento final da ação de anulação de testamento,

✓ EMBARGOS DE DECLARAÇÃO NA APELAÇÃO CÍVEL. DIREITO SUCESSÓRIO. REQUERIMENTO DE ABERTURA, REGISTRO E CUMPRIMENTO DO TESTAMENTO PÚBLICO. Existência de ação de anulação do testamento (0067177-80.2017.8.19.0001). Sob o fundamento de ausência de respeito a legítima dos filhos. Erro material, inocorrente. Necessidade de suspensão do processo de abertura, registro e cumprimento do testamento e do inventário, até julgamento final da ação de anulação de testamento, ressalvada apenas a realização de atos que venham a preservar o monte inventariado. (...) (TJRJ; APL 0071880-54.2017.8.19.0001; Rio de Janeiro; Sexta Câmara Cível; Relª Desª Cláudia Pires dos Santos Ferreira; DORJ 13/12/2019; Pág. 339)

Art. 737. A publicação do testamento particular poderá ser requerida, depois da morte do testador, pelo herdeiro, pelo legatário ou pelo testamenteiro, bem como pelo terceiro detentor do testamento, se impossibilitado de entregá-lo a algum dos outros legitimados para requerê-la.

→ *V.* Arts. 1.876 a 1.880 do CC/2002.

§ 1º Serão intimados os herdeiros que não tiverem requerido a publicação do testamento.

§ 2º Verificando a presença dos requisitos da lei, ouvido o Ministério Público, o juiz confirmará o testamento.

§ 3º Aplica-se o disposto neste artigo ao codicilo e aos testamentos marítimo, aeronáutico, militar e nuncupativo.

→ *V.* Arts. 1.888 a 1.896 do CC/2002.

§ 4º Observar-se-á, no cumprimento do testamento, o disposto nos parágrafos do art. 735.

Inaplicabilidade do dispositivo aos testamentos públicos

✓ APELAÇÃO CÍVEL. REGISTRO DE TESTAMENTO PÚBLICO. INTIMAÇÃO DE HERDEIROS. DESNECESSIDADE. A intimação de demais herdeiros que não tiverem requerido a abertura do testamento, é exigência somente para os testamentos particulares (artigo 737, § 1º do CPC). Tratando-se pedido de abertura e registro de testamento público, a tarefa judicial se limita à verificação dos requisitos de forma extrínsecos ao ato, sendo dispensável a intimação de demais herdeiros. Precedentes. Eventuais alegações de nulidade de fundo da deixa testamentária devem ser promovidas em ação própria. Por esse motivo, para efeito de "abertura, registro e cumprimento do testamento público", tão somente a alegação de que a apelante não foi intimada ou, ainda, que foi preterida na deixa, não invalida a sentença que registrou o testamento. (...) (TJRS; AC 0166050-16.2017.8.21.7000; Triunfo; Oitava Câmara Cível; Rel. Des. Rui Portanova; Julg. 17/08/2017; DJERS 23/08/2017)

Necessidade de preenchimento dos requisitos legais para haver confirmação do testamento.

✓ PEDIDO DE CONFIRMAÇÃO DE TESTAMENTO. AUSÊNCIA DOS REQUISITOS FORMAIS. 1. O testamento particular, para ser cumprido, deve ser confirmado e publicado em juízo. Art. 737, CPC. 2. A intenção da Lei é deixar cristalina a vontade do testador perante todas as pessoas presentes ao ato, não deixando espaço para manipulações e desvios por parte de quem quer que seja. 3. Diante da ausência das testemunhas necessárias para que o testamento particular seja considerado válido, não há como ser confirmado. (...) (TJRS; AC 317183-71.2018.8.21.7000; Pinheiro Machado; Sétima Câmara Cível; Rel. Des. Sérgio Fernando de Vasconcellos Chaves; Julg. 27/03/2019; DJERS 01/04/2019)

Seção VI
Da Herança Jacente

Art. 738. Nos casos em que a lei considere jacente a herança, o juiz em cuja comarca tiver domicílio o falecido procederá imediatamente à arrecadação dos respectivos bens.

→ *V.* Arts. 1.819 a 1.823 do CC/2002.

Art. 739. A herança jacente ficará sob a guarda, a conservação e a administração de um curador até a respectiva entrega ao sucessor legalmente habilitado ou até a declaração de vacância.

§ 1º Incumbe ao curador:

I – representar a herança em juízo ou fora dele, com intervenção do Ministério Público;

→ *V.* Art. 75, VI, do CPC.

II – ter em boa guarda e conservação os bens arrecadados e promover a arrecadação de outros porventura existentes;

III – executar as medidas conservatórias dos direitos da herança;

IV – apresentar mensalmente ao juiz balancete da receita e da despesa;

V – prestar contas ao final de sua gestão.

§ 2º Aplica-se ao curador o disposto nos arts. 159 a 161.

Art. 740. O juiz ordenará que o oficial de justiça, acompanhado do escrivão ou do chefe de secretaria e do curador, arrole os bens e descreva-os em auto circunstanciado.

§ 1º Não podendo comparecer ao local, o juiz requisitará à autoridade policial que proceda à arrecadação e ao arrolamento dos bens, com 2 (duas) testemunhas, que assistirão às diligências.

§ 2º Não estando ainda nomeado o curador, o juiz designará depositário e lhe entregará os bens, mediante simples termo nos autos, depois de compromissado.

→ *V.* Arts. 159 a 161 do CPC.

§ 3º Durante a arrecadação, o juiz ou a autoridade policial inquirirá os moradores da casa e da vizinhança sobre a qualificação do falecido, o paradeiro de seus sucessores e a existência de outros bens, lavrando-se de tudo auto de inquirição e informação.

§ 4º O juiz examinará reservadamente os papéis, as cartas missivas e os livros domésticos e, verificando que não apresentam interesse, mandará empacotá-los e lacrá-los para serem assim entregues aos sucessores do falecido ou queimados quando os bens forem declarados vacantes.

§ 5º Se constar ao juiz a existência de bens em outra comarca, mandará expedir carta precatória a fim de serem arrecadados.

§ 6º Não se fará a arrecadação, ou essa será suspensa, quando, iniciada, apresentarem-se para reclamar os bens o cônjuge ou companheiro, o herdeiro ou o testamenteiro notoriamente reconhecido e não houver oposição motivada do curador, de qualquer interessado, do Ministério Público ou do representante da Fazenda Pública.

Art. 741. Ultimada a arrecadação, o juiz mandará expedir edital, que será publicado na rede mundial de computadores, no sítio do tribunal a que estiver vinculado o juízo e na plataforma de editais do Conselho Nacional de Justiça, onde permanecerá por 3 (três) meses, ou, não havendo sítio, no órgão oficial e na imprensa da comarca, por 3 (três) vezes com intervalos de 1 (um) mês, para que os sucessores do falecido venham a habilitar-se no prazo de 6 (seis) meses contado da primeira publicação.

§ 1º Verificada a existência de sucessor ou de testamenteiro em lugar certo, far-se-á a sua citação, sem prejuízo do edital.

§ 2º Quando o falecido for estrangeiro, será também comunicado o fato à autoridade consular.

§ 3º Julgada a habilitação do herdeiro, reconhecida a qualidade do testamenteiro ou provada a identidade do cônjuge ou companheiro, a arrecadação converter-se-á em inventário.

§ 4º Os credores da herança poderão habilitar-se como nos inventários ou propor a ação de cobrança.

Art. 742. O juiz poderá autorizar a alienação:

I – de bens móveis, se forem de conservação difícil ou dispendiosa;

II – de semoventes, quando não empregados na exploração de alguma indústria;

III – de títulos e papéis de crédito, havendo fundado receio de depreciação;

IV – de ações de sociedade quando, reclamada a integralização, não dispuser a herança de dinheiro para o pagamento;

V – de bens imóveis:

a) se ameaçarem ruína, não convindo a reparação;

b) se estiverem hipotecados e vencer-se a dívida, não havendo dinheiro para o pagamento.

§ 1º Não se procederá, entretanto, à venda se a Fazenda Pública ou o habilitando adiantar a importância para as despesas.

§ 2º Os bens com valor de afeição, como retratos, objetos de uso pessoal, livros e obras de arte, só serão alienados depois de declarada a vacância da herança.

Art. 743. Passado 1 (um) ano da primeira publicação do edital e não havendo herdeiro habilitado nem habilitação pendente, será a herança declarada vacante.

→ v. Art. 1.820 do CC/2002.

§ 1º Pendendo habilitação, a vacância será declarada pela mesma sentença que a julgar improcedente, aguardando-se, no caso de serem diversas as habilitações, o julgamento da última.

§ 2º Transitada em julgado a sentença que declarou a vacância, o cônjuge, o companheiro, os herdeiros e os credores só poderão reclamar o seu direito por ação direta.

→ v. Art. 1.822 do CC/2002.

Previsão legal do procedimento – falta de habilitação de herdeiros

✓ AGRAVO DE INSTRUMENTO. INVENTÁRIO. HERANÇA JACENTE. DECISÃO QUE INDEFERE HABILITAÇÃO DE SUPOSTO HERDEIRO. INCONFORMISMO DESTE. REJEIÇÃO. A sucessão dos bens deixados por brasileiro domiciliado em território brasileiro segue a Lei brasileira. Art. 10, caput, da LINDB. E se o autor da herança não deixou descendentes, ascendentes ou cônjuge, nem colateral até o quarto grau, deve ser observada a regra sobre herança jacente. Parente estrangeiro de quinto grau colateral que não tem capacidade sucessória. (...) (TJSP; AI 2205575-73.2020.8.26.0000; Ac. 14138373; Rel. Des. Alexandre Coelho; Julg. 11/11/2020; DJESP 02/12/2020)

✓ APELAÇÃO CÍVEL. AÇÃO DE PRODUÇÃO ANTECIPADA DE PROVAS. DESPROPORCIONALIDADE DA MEDIDA. (...) É importante destacar, outrossim, que a herança jacente possui procedimento próprio, que exige a arrecadação de bens, editais e o aguardo de um ano da primeira publicação sem pessoas sucessíveis para que os bens sejam deferidos ao ente público. Com efeito, para que o município-apelante tenha legitimidade sobre esses valores é necessário que já se tenha herança declarada vacante e não meros dados bancários indicativos de ausência de movimentação. Manutenção da sentença atacada, que indeferiu a inicial da ação de produção antecipada de provas, que se impõe. Precedentes. (...) (TJRJ; APL 0167000-56.2019.8.19.0001; Rel. Des. Alcides da Fonseca Neto; DORJ 17/09/2020)

✓ APELAÇÃO CÍVEL. (...). Herança jacente que obedece procedimento próprio, devendo ser respeitado o trâmite legal após o falecimento, não sendo o município titular de eventuais bens. Ausência de comprometimento de eventual direito da municipalidade. Poder público que apenas recolhe a herança na falta de herdeiros. Inteligência dos artigos 738 e seguintes do CPC, bem como artigo 1844 do CC/2002. Quebra de sigilo bancário que constitui medida excepcional, não verificado no caso as hipóteses legais para sua autorização. Ilegitimidade ativa do ente político. (...) (TJRJ; APL-RNec 0167218-84.2019.8.19.0001; Rel. Des. Luiz Henrique de Oliveira Marques; DORJ 21/08/2020)

Seção VII
Dos Bens dos Ausentes

Art. 744. Declarada a ausência nos casos previstos em lei, o juiz mandará arrecadar os bens do ausente e nomear-lhes-á curador na forma estabelecida na Seção VI, observando-se o disposto em lei.

→ v. Arts. 22 a 39 do CC/2002.

→ v. Lei 9.140/1995 – Reconhece como mortas pessoas desaparecidas em razão de participação, ou acusação de participação, em atividades políticas, no período de 2 de setembro de 1961 a 15 de agosto de 1979.

Necessidade de prova da ausência para arrecadação dos bens

✓ DECLARAÇÃO DE AUSÊNCIA. PROVA. 1. É necessário, para que ocorra a declaração de ausência de uma pessoa, que seja colhida prova suficiente para demonstrar o seu desaparecimento prolongado e as circunstâncias. 2. Somente depois de apurado o desaparecimento da pessoa, com regular processamento, é que se mostra cabível promover a arrecadação dos bens do ausente, com a devida nomeação de curador. Inteligência do art. 744, do NCPC. (...) (TJRS; AC 0012619-59.2017.8.21.7000; Pelotas; Sétima Câmara Cível; Rel. Des. Sérgio Fernando de Vasconcellos Chaves; Julg. 30/08/2017; DJERS 04/09/2017)

✓ DECLARAÇÃO DE AUSÊNCIA. Artigo 22 do CC. Ré que se mudou para o Japão há quinze anos sem deixar notícias. Existência de patrimônio comum com as requerentes, suas irmãs. Diligências exaustivas no Japão e no Brasil para localização de seu paradeiro, sem sucesso, o que inclusive justificou sua citação por edital. Necessidade de lhe dar curador na proteção de seus próprios interesses. Ausência decretada, com determinação para arrecadação de bens. Artigos 744 e seguintes do CPC que regularão a futura e eventual sucessão provisória. (...) (TJSP; AC 1001916-85.2013.8.26.0361; Ac. 13630288; Mogi das Cruzes; Oitava Câmara de Direito Privado; Relª Desª Mônica de Carvalho; Julg. 09/06/2020; DJESP 12/06/2020)

Diferença entre os procedimentos de ausência e declaração de morte presumida

✓ PREVIDENCIÁRIO. DECLARAÇÃO DE MORTE PRESUMIDA. COMPETÊNCIA. JUSTIÇA FEDERAL. REQUISITOS DO ART. 78 DA LEI Nº 8.213/91. SENTENÇA MANTIDA. Compete à Justiça Federal julgar os pleitos em que envolve declaração de morte presumida se a intenção é a concessão de benefício previdenciário. Precedente. Artigo 78 da Lei nº 8.213/1991: Por morte presumida do segurado, declarada pela autoridade judicial competente, depois de 6 (seis) meses de ausência, será concedida pensão provisória, na forma desta Subseção. Comprovado o desaparecimento de Carlos José da Silva, nos termos do art. 78 da Lei nº 8.213/91. É oportuno diferenciar a ausência, cuja declaração é regulada nos artigos 744 e 745 do Código de Processo Civil de 2015, e a chamada "morte presumida" de que cuida o artigo 78 da Lei nº 8.213/1991. Por esta, pretende-se, apenas, o reconhecimento de presunção da morte para fins de percepção de pensão previdenciária, enquanto que, da declaração de ausência, decorrem consequências mais amplas, particularmente, em matéria sucessória. Nesta, sim, há que se publicar editais a cada dois meses e durante um ano, só se concedendo a abertura de sucessão provisória, após o decurso desse prazo. Para a percepção de pensão, contudo, não é necessário tal procedimento, bastando que a autoridade judiciária reconheça a presunção de morte, após seis meses de ausência. Precedente. (...) (TRF 3ª R.; AC 0001907-58.2013.4.03.6103; Sétima Turma; Rel. Des. Fed. Fausto de Sanctis; Julg. 07/08/2017; DEJF 18/08/2017)

Art. 745. Feita a arrecadação, o juiz mandará publicar editais na rede mundial de computadores, no sítio do tribunal a que estiver vinculado e na plataforma de editais do Conselho Nacional de Justiça, onde permanecerá por 1 (um) ano, ou, não havendo sítio, no órgão oficial e na imprensa da comarca, durante 1 (um) ano, reproduzida de 2 (dois) em 2 (dois) meses, anunciando a arrecadação e chamando o ausente a entrar na posse de seus bens.

§ 1º Findo o prazo previsto no edital, poderão os interessados requerer a abertura da sucessão provisória, observando-se o disposto em lei.

§ 2º O interessado, ao requerer a abertura da sucessão provisória, pedirá a citação pessoal dos herdeiros presentes e do curador e, por editais, a dos ausentes para requererem habilitação, na forma dos arts. 689 a 692.

§ 3º Presentes os requisitos legais, poderá ser requerida a conversão da sucessão provisória em definitiva.

→ *V.* Art. 37 do CC/2002

→ *V.* Art. 105, parágrafo único, da Lei 6.015/1973

§ 4º Regressando o ausente ou algum de seus descendentes ou ascendentes para requerer ao juiz a entrega de bens, serão citados para contestar o pedido os sucessores provisórios ou definitivos, o Ministério Público e o representante da Fazenda Pública, seguindo-se o procedimento comum.

→ *V.* Art. 36 do CC/2002.

Seção VIII
Das Coisas Vagas

Art. 746. Recebendo do descobridor coisa alheia perdida, o juiz mandará lavrar o respectivo auto, do qual constará a descrição do bem e as declarações do descobridor.

Havendo depósito judicial não levantado pelo credor, a aplicação, por analogia, da legislação sobre coisas vagas é apropriada.

✓ APELAÇÃO CÍVEL. (...) A declaração do valor do depósito judicial consignado. E não levantado pelo requerido, como coisa vaga não se ajusta perfeitamente à conceituação do instituto jurídico, considerando não ser coisa perdida pelo dono, contudo, inexistente regulamentação legal ou infralegal acerca do tema, não se verifica nenhum óbice à aplicação, por analogia, da legislação em referência. 2. O artigo 4º da Lei de Introdução às Normas do Direito Brasileiro estabelece que quando a Lei for omissa, o juiz decidirá o caso de acordo com a analogia, os costumes e os princípios gerais de direito e, na mesma direção, o artigo 140 do Código de Processo Civil dispõe que o juiz não se exime de decidir sob a alegação de lacuna ou obscuridade do ordenamento jurídico. 3. Aplicando-se o teor dos artigos 1.236 e 1.237 do Código Civil c/c o § 2º do artigo 746 do Código de Processo Civil, com a publicação prévia de edital, tem-se por observado o adequado procedimento para dar ciência ao dono da coisa acerca da existência do bem, e, não comparecendo em Juízo para reclamá-la, no prazo de 60 dias fixado na Lei, a coisa será declarada vaga, com o correlato perdimento em favor da União. 4. O artigo 23 da Resolução nº 16 de 15/08/2016 do TJDFT, que estabelece a política de gestão documental para os processos judiciais, dispõe que as unidades de arquivo de processos judiciais, salvo as execuções arquivadas provisoriamente, não receberão autos de processo nos casos em que não houver destinação do depósito ou sem resolução dos autos de constrição efetivados nos autos, hipóteses em que os autos serão devolvidos à unidade judicial, para saneamento. 5. Em se tratando de depósito judicial não levantado pelo credor, a aplicação, por analogia, no que couber, da legislação que rege o instituto da coisa vaga, satisfaz os postulados da ampla prestação jurisdicional e duração razoável do processo, além da necessidade de eficiente e eficaz gestão administrativa, sem descurar-se do princípio da publicidade dos atos judiciais e do devido processo legal, resguardados pelo artigo 5º, incisos LIV e LX, da Constituição Federal. (...) (TJDF; APC 07078.41-57.2019.8.07.0005; Ac. 128.8806; Primeira Turma Cível; Rel. Des. Carlos Rodrigues; Julg. 30/09/2020; Publ. PJe 19/10/2020)

§ 1º Recebida a coisa por autoridade policial, esta a remeterá em seguida ao juízo competente.

§ 2º Depositada a coisa, o juiz mandará publicar edital na rede mundial de computadores, no sítio do tribunal a que estiver vinculado e na plataforma de editais do Conselho Nacional de Justiça ou, não havendo sítio, no órgão oficial e na imprensa da comarca, para que o dono ou o legítimo possuidor a reclame, salvo se se tratar de coisa de pequeno valor e não for possível a publicação no sítio do tribunal, caso em que o edital será apenas afixado no átrio do edifício do fórum.

É necessária a publicação de edital para que o dono ou o legítimo possuidor da coisa vaga a reclame.

✓ MANDADO DE SEGURANÇA CONTRA ATO JUDICIAL. HIPÓTESE DE CABIMENTO. DEPÓSITO JUDICIAL. FAVORECIDO CITADO POR EDITAL. AUTOS ARQUIVADOS. LEVANTAMENTO DE QUANTIA PENDENTE. RESOLUÇÃO 16/2016. DECLARAÇÃO DE COISA VAGA. APLICABILIDADE. PUBLICAÇÃO DE EDITAL NECESSIDADE. ARTIGO 746, § 2º, CPC. DIREITO LÍQUIDO E CERTO. COMPROVAÇÃO. (...). 4. Considerada a impossibilidade de manter-se os autos arquivados no qual consta depósito pendente de levantamento, em função do disposto no artigo 23, inciso IV, da Resolução nº 16/2016, a declaração de coisa vaga mostra-se plenamente cabível nesta situação, à luz do disposto no art. 140 do CPC e art. 4º da Lei de Introdução às Normas do Direito Brasileiro, haja vista a semelhança prática existente com a identificação de bens perdidos, revelando-se a declaração de coisa vaga como uma solução jurídica eficaz aos casos em que determinado bem, por qualquer motivo, não alcança seu proprietário. 5. Impõe-se, no entanto, observar a regra do artigo 746, § 2º, do Código de Processo Civil que estabelece a necessidade de publicação de edital para que o dono ou o legítimo possuidor a reclame. 6. Uma vez constatado que a decisão de declaração do depósito judicial como coisa vaga não foi devidamente publicada e não foi antecedida da publicação de edital, conclui-se pela ofensa ao princípio da publicidade e do devido processo legal, impondo-se a sua cassação. (...) (TJDF; MSG 07023.05-46.2020.8.07.0000; Ac. 124.9591; Segunda Câmara Cível; Rel. Des. César Loyola; Julg. 18/05/2020; Publ. PJe 06/06/2020)

§ 3º Observar-se-á, quanto ao mais, o disposto em lei.

→ v. Arts. 1.233 a 1.237 do CC/2002.

Seção IX
Da Interdição

→ v. Lei 13.146/2015 – Estatuto da Pessoa com Deficiência.

Art. 747. A interdição pode ser promovida:

→ v. art. 1.768 do CC.

I – pelo cônjuge ou companheiro;

II – pelos parentes ou tutores;

III – pelo representante da entidade em que se encontra abrigado o interditando;

IV – pelo Ministério Público.

Parágrafo único. A legitimidade deverá ser comprovada por documentação que acompanhe a petição inicial.

É legitimado para propor interdição o presidente da Casa de Idosos onde estaria a interditanda.

✓ PROCESSUAL CIVIL. (...)I. I. Diante da previsão contida no artigo 747, incisos I a IV, do Código de Processo Civil, leciona a doutrina que a legitimidade para propositura da ação de interdição é ordinária. A situação jurídica afirmada, o direito potestativo de interditar, é atribuído aos mesmos entes que possuem legitimidade para discuti-la em juízo. A legitimação é concorrente: Qualquer dos legitimados pode, igualmente, sem preferência, promover a ação de interdição (in DIDIER JR, Fredie. Breves Comentários ao Código de Processo Civil. Coordenadores Teresa Arruda Alvim Wambier [et al.]. 3ª ED. Rev. E atual. São Paulo: Editora Revista dos Tribunais, 2016, p. 1.930-1.931). I.II. A explicitada compreensão doutrinária não destoa, em linhas gerais, do entendimento firmado pelo Egrégio Superior Tribunal de Justiça, que, diante do debate que havia em torno da ordem prevista no artigo 1.177, do Código de Processo Civil/1973 e no artigo 1.768, do Código Civil, assentou que a enumeração dos legitimados é taxativa, mas não preferencial, podendo a ação ser proposta por qualquer um dos indicados, haja vista tratar-se de legitimação concorrente (STJ - RESP 1346013/MG, Rel. Ministro RICARDO VILLAS BÔAS CUEVA, TERCEIRA TURMA, julgado em 13/10/2015, DJe 20/10/2015). I.III. Na hipótese dos autos, constata-se que a Legitimidade da Recorrente, ao menos para formulação do pedido de interdição, eis que ostenta a condição de Presidente da Casa de Idosos onde estaria a Interditanda, ora Recorrida, encontra supedâneo no artigo 747, inciso III, do Código de Processo Civil, o que não lhe assegura, por certo, de forma automática, o acolhimento do pleito, porquanto a interdição exige a constatação de outros requisitos, em ordem a identificar, inclusive, os limites em que a curatela deverá ser exercida. (...) (TJES; AC 0001576-51.2019.8.08.0038; Segunda Câmara Cível; Rel. Des. Namyr Carlos de Souza Filho; Julg. 06/10/2020; DJES 20/10/2020)

O rol do art. 747 é taxativo.

✓ APELAÇÃO CÍVEL. DIREITO CIVIL E PROCESSUAL CIVIL. AÇÃO DE INTERDIÇÃO. LEGITIMIDADE ATIVA. Rol taxativo. Art. 747 do código de processo civil. Necessidade de relação de parentesco. Ausência de parentes. Legitimação do ministério público. (...) (TJAL; APL 0700150-15.2019.8.02.0204; Batalha; Terceira Câmara Cível; Rel. Des. Domingos de Araújo Lima Neto; DJAL 15/07/2020; Pág. 84)

✓ APELAÇÃO CÍVEL. AÇÃO DE INTERDIÇÃO. ESQUIZOFRENIA PARANOIDE. IRMÃO. CURATELA. POSSIBILIDADE. 1. O rol dos legitimados para requerer a interdição e ser curador (arts. 747 do CPC/2015 e 1.775 do CC) é taxativo, não preferencial e concorrente. Precedentes do STJ. (...) (TJDF; APC 2016.14.1.005154-4; Ac. 118.0332; Quarta Turma Cível; Rel. Des. Sérgio Rocha; Julg. 12/06/2019; DJDFTE 27/06/2019)

O divórcio enseja perda de legitimidade recursal.

✓ CIVIL. (...). 1. Nos termos do art. 747, do CPC, os legitimados para propor a ação de interdição são o cônjuge ou o companheiro do interditado, entre outros elencados nos incisos do referido artigo, não havendo ordem de preferência entre eles. 2. Em que pese inicialmente tenham sido preenchidas todas as condições da ação, houve a perda superveniente da legitimidade recursal após a prolação da sentença, haja vista o divórcio decretado entre as partes em outro processo, rompendo, assim, com o vínculo conjugal anteriormente existente. (...) (TJDF; Proc 00011.68-27.2017.8.07.0016; Ac. 118.1843; Quinta Turma Cível; Rel. Des. Josaphá Francisco dos Santos; Julg. 27/06/2019; DJDFTE 03/07/2019)

Não é legitimada para propor interdição quem se diz cuidadora e companheira, devendo o MP ser incluído no polo ativo.

✓ APELAÇÃO CÍVEL. Interdição. Sentença que indeferiu a inicial e declarou extinto o feito, isso por entender o juízo a quo que a apelante não tem legitimidade ativa para propor a presente demanda. Alegação da apelante de que é cuidadora e companheira da apelada, podendo ser sua curadora, nos termos do 1.775, §3º, CC. Desacolhimento. Questão de natureza processual, e não material, referente à legitimidade da recorrente para ocupar o polo ativo da demanda. Apelante que não se enquadra no rol de legitimados contido no 747 do CPC/15. Suposta união estável que não foi comprovada e deve ser objeto de ação própria. Ausentes as pessoas citadas no artigo 747, I, II, III, do CPC/15 a ação deverá ser promovida pelo Ministério Público. Embora não tenha legitimidade para promover a demanda (artigo 747, CPC/15) apelante poderá, posteriormente, ser nomeada pelo juiz curadora da apelada (artigo 1.775, §3º, CC). Recurso parcialmente provido para incluir o Ministério Público no polo ativo da demanda. (TJSP; AC 1010305-15.2017.8.26.0007; Ac. 12980418; São Paulo; Sexta Câmara de Direito Privado; Rel. Des. José Roberto Furquim Cabella; Julg. 15/10/2019; DJESP 22/10/2019; Pág. 2152)

É legitimado para propor interdição o cunhado da interditanda.

✓ INTERDIÇÃO. AÇÃO AJUIZADA PELO AUTOR EM FACE DA ESPOSA DE SEU IRMÃO. INDEFERIMENTO DA INICIAL. Descabimento. (...) Prova documental de que a ré é cunhada do autor, conferindo-lhe legitimidade para o pedido de interdição (art. 747, II do CPC C.C. O art. 1.595, § 1º do CC). Petição inicial não instruída com laudo médico. Autor que justificou não dispor do documento. Dispensa do laudo, nos termos do art. 750 do CPC. (...) (TJSP; AC 1002409-93.2019.8.26.0606; Ac. 12978558; Suzano; Terceira Câmara de Direito Privado; Rel. Des. Alexandre Marcondes; Julg. 15/10/2019; DJESP 21/10/2019; Pág. 1658)

Art. 748. O Ministério Público só promoverá interdição em caso de doença mental grave:

→ v. art. 1.769 do CC.

I – se as pessoas designadas nos incisos I, II e III do art. 747 não existirem ou não promoverem a interdição;

II – se, existindo, forem incapazes as pessoas mencionadas nos incisos I e II do art. 747.

Atuação do MP somente nos casos de doença mental grave em que não for possível a propositura pelas pessoas referidas no art. 747.

✓ APELAÇÃO CÍVEL. Ação de interdição. Extinção do feito sem resolução de mérito ante a ilegitimidade ativa do ministério público para propor a ação de interdição. Sentença anulada. Legitimidade do ministério público nos termos dos artigos 747 e 748 do NCPC. Interditado que sofre de doença mental grave e o único parente que poderia ajuizar a ação não se manifestou. Ausência de defensoria pública na Comarca. Sentença anulada para que a ação prossiga. (...) (TJPR; ApCiv 1655664-2; Rio Branco do Sul; Décima Primeira Câmara Cível; Rel. Des. Sigurd Roberto Bengtsson; Julg. 18/10/2017; DJPR 13/11/2017; Pág. 209).

✓ INTERDIÇÃO. AÇÃO AJUIZADA PELO AUTOR EM FACE DA ESPOSA DE SEU IRMÃO. INDEFERIMENTO DA INICIAL. Descabimento. Petição inicial que identifica suficientemente as partes. Requisito do inc. II do art. 319 do CPC preenchido. Prova documental de que a ré é cunhada do autor, conferindo-lhe legitimidade para o pedido de interdição (art. 747, II do CPC C.C. O art. 1.595, § 1º do CC). Petição inicial não instruída com laudo médico. Autor que justificou não dispor do documento. Dispensa do laudo, nos termos do art. 750 do CPC. Ação que deve ter regular prosseguimento. Recurso provido. (TJSP; AC 1002409-93.2019.8.26.0606; Ac. 12978558; Suzano; Terceira Câmara de Direito Privado; Rel. Des. Alexandre Marcondes; Julg. 15/10/2019; DJESP 21/10/2019; Pág. 1658)

Art. 749. Incumbe ao autor, na petição inicial, especificar os fatos que demonstram a incapacidade do interditando para administrar seus bens e, se for o caso, para praticar atos da vida civil, bem como o momento em que a incapacidade se revelou.

Havendo provas suficientes da capacidade da interditanda, falta justa causa para a demanda.

✓ AGRAVO INTERNO NO RECURSO ESPECIAL. DIREITO CIVIL E PROCESSUAL CIVIL. AÇÃO DE INTERDIÇÃO. Alegação de nulidade por ausência de exame pericial. Sentença que concluiu pela ausência de justa causa para a ação. Existência de provas suficientes para atestar a capacidade de discernimento da ré. (...) (STJ; AgInt-REsp 1.799.058; Proc. 2017/0294022-3; DF; Rel. Min. Paulo de Tarso Sanseverino; DJE 04/09/2020)

Alegações genéricas sobre suposta incapacidade são insuficientes e demandam instrução.

✓ AGRAVO DE INSTRUMENTO. INTERDIÇÃO. CURATELA PROVISÓRIA. Alegação de que o agravado não possui pleno discernimento. Existência de genéricas alegações quanto à suposta incapacidade. Necessidade de se aguardar a conclusão da instrução probatória com a realização de prova técnica para que com maiores elementos se decida sobre a medida, que se tem como excepcional. (...) (TJSP; AI 2116031-74.2020.8.26.0000; Ac. 13924797; São Paulo; Primeira Câmara de Direito Privado; Rel. Des. Augusto Rezende; Julg. 02/09/2020; DJESP 14/09/2020; Pág. 2162)

Parágrafo único. Justificada a urgência, o juiz pode nomear curador provisório ao interditando para a prática de determinados atos.

Demonstração do pedido e causa de pedir.

✓ APELAÇÃO CÍVEL. AÇÃO DE INTERDIÇÃO. ENTIDADE QUE RECEBE MAIOR PARTE DO BENEFÍCIO PREVIDENCIÁRIO DA INTERDITANDA. AUSÊNCIA DE INTERESSE PROCESSUAL. 1. A interdição pode ser promovida pelo cônjuge ou companheiro, pelos parentes ou tutores, pelo representante da entidade em que se encontra abrigado o interditando, e pelo Ministério Público (CPC, art. 747). E incumbe ao autor, na petição inicial, especificar os fatos que demonstram a incapacidade do interditando para administrar seus bens e, se for o caso, para praticar atos da vida civil, bem como o momento em que a incapacidade se revelou (CPC, art. 749). 2. O interesse de agir é requisito processual cuja presença é detectada desde que presente o binômio necessidade e adequação, o qual decorre da imprescindibilidade da submissão do litígio à análise do Judiciário e a via processual utilizada condiz ou é adequada à solução da lide. 3. Carece a apelante de interesse de agir no tocante ao pleito de interdição da apelada, porquanto a maior parte do benefício previdenciário percebido por esta já é administrado pela entidade. Também não se demonstrou que a recorrida possui bens ou negócios jurídicos de ordem patrimonial ou negocial distintos do benefício de prestação continuada que percebe, a serem administrados. 4. É despicienda a alegação de cerceamento de defesa pelo indeferimento de prova pericial para atestar o grau de incapacidade da apelada, eis que se trata de matéria de mérito que sequer foi analisada nos autos, tendo em vista que a extinção do feito ocorreu devido à ausência de interesse processual da apelante. (...) (TJES; AC 0001575-66.2019.8.08.0038; Primeira Câmara Cível; Rel. Des. Fabio Clem de Oliveira; Julg. 17/11/2020; DJES 11/12/2020)

Necessidade de urgência para concessão da curadoria provisória.

✓ AGRAVO DE INSTRUMENTO. Interdição. Tutela de urgência. Indeferimento. Inexistência de prova inequívoca a aconselhar, em cognição sumária, seja agravada colocada sob tutela curatela provisória. Ausência de perigo a interditanda. Imprescindibilidade de instrução probatória para melhor averiguação dos fatos, com a realização do estudo social determinado pelo juízo. Ausência dos requisitos do art. 300 do CPC. (...) (TJSP; AI 2132083-82.2019.8.26.0000; Ac. 13033565; Nova Granada; Quinta Câmara de Direito Privado; Rel. Des. Moreira Viegas; Julg. 31/10/2019; DJESP 05/11/2019; Pág. 2102)

✓ AGRAVO DE INSTRUMENTO. CURATELA. PEDIDO DE NOMEAÇÃO DE CURADOR PROVISÓRIO. INEXISTÊNCIA DE PROVA INEQUÍVOCA ACERCA DA RELE-

VÂNCIA E URGÊNCIA DA SUBMISSÃO DA DEMANDADA À CURATELA PROVISÓRIA. INDEFERIMENTO DO PLEITO. CONDENAÇÃO DA PARTE AGRAVANTE ÀS PENAS DA LITIGÂNCIA DE MÁ-FÉ. DESCABIMENTO. 1. De acordo com o art. 87 da Lei nº 13.146/2015 - O estatuto da pessoa com deficiência - E os arts. 749 e 750 do CPC/15, somente em casos de relevância e urgência, e a fim de proteger os interesses da pessoa com deficiência em situação de curatela, é cabível a nomeação de curador provisório, competindo à parte autora especificar os fatos que demonstram a necessidade de sujeição da parte requerida à curatela, bem como juntar laudo médico para fazer prova de suas alegações, ou mesmo informar a impossibilidade de fazê-lo. Não restando minimamente comprovada a relevância e urgência na nomeação de curador provisório à requerida, que inclusive respondeu ao recurso, opondo-se à postulação e inclusive noticiando o julgamento de improcedência de anterior ação de interdição movida pelas agravantes, é de rigor o indeferimento do pleito, ao menos até que aportem aos autos novos elementos probatórios que apontem a necessidade da curatela provisória. 2. Não se confirma no agir processual das agravantes a imputação de prática de atos que caracterizariam aquelas como litigantes de má-fé, impondo-se o indeferimento do pleito de condenação às respectivas penas, previstas no art. 18 do CPC/15. (...) (TJRS; AI 0206750-68.2016.8.21.7000; Giruá; Oitava Câmara Cível; Rel. Des. Luiz Felipe Brasil Santos; Julg. 15/12/2016; DJERS 23/01/2017)

Aplicação analógica do artigo 761 do CPC para substituição do curador provisório.

✓ INTERDIÇÃO. SUBSTITUIÇÃO DE CURADOR PROVISÓRIO. ALEGAÇÕES DAS AGRAVANTES QUE SÃO INSUFICIENTES PARA A SUBSTITUIÇÃO. Aplicação analógica do artigo 761 do Código de Processo Civil. Doutrina acerca do tema. (...) (TJSP; AI 2029027-67.2018.8.26.0000; Ac. 11489872; São Paulo; Quarta Câmara de Direito Privado; Rel. Des. Maia da Cunha; Julg. 24/05/2018; DJESP 07/06/2018; Pág. 2100)

Art. 750. O requerente deverá juntar laudo médico para fazer prova de suas alegações ou informar a impossibilidade de fazê-lo.

Cabe dispensa do laudo quando o autor justifica dele não dispor.

✓ INTERDIÇÃO. (...)Petição inicial não instruída com laudo médico. Autor que justificou não dispor do documento. Dispensa do laudo, nos termos do art. 750 do CPC. (...) (TJSP; AC 1002409-93.2019.8.26.0606; Ac. 12978558; Suzano; Terceira Câmara de Direito Privado; Rel. Des. Alexandre Marcondes; Julg. 15/10/2019; DJESP 21/10/2019; Pág. 1658).

✓ AGRAVO DE INSTRUMENTO. Ação de interdição. Exigência de adequação de polo ativo e apresentação de laudo médico no início da lide. Medidas inadequadas e incompatíveis com o interesse do autor da lide. Pressupostos preenchidos para recebimento da ação. (...) 1 2) não há como se exigir apresentação de laudo médico do interditando no início da lide se ao autor da ação não é franqueado acesso ao réu, por possível colisão de interesses entre o requerente (filho) e a esposa e procuradora do interditando. Inteligência do artigo 750, do código de processo civil. (...) (TJMS; AI 1411502-48.2017.8.12.0000; Terceira Câmara Cível; Rel. Des. Nélio Stábile; DJMS 14/03/2018; Pág. 55).

Art. 751. O interditando será citado para, em dia designado, comparecer perante o juiz, que o entrevistará minuciosamente acerca de sua vida, negócios, bens, vontades, preferências e laços familiares e afetivos e sobre o que mais lhe parecer necessário para convencimento quanto à sua capacidade para praticar atos da vida civil, devendo ser reduzidas a termo as perguntas e respostas.

→ v. art. 1.771 do CC.

É imprescindível a realização de entrevista do curatelando.

✓ PROCESSUAL CIVIL E CIVIL. RECURSO ESPECIAL. AÇÃO DE INTERDIÇÃO. AUSÊNCIA DE INTERROGATÓRIO. AUSÊNCIA DE NOMEAÇÃO DE CURADOR À LIDE. (...) II. A questão que exsurge nesse recurso é julgar se a ausência de nomeação de curador à lide e de interrogatório do interditando dão ensejo à nulidade do processo de interdição. III. A participação do Ministério Público como custos legis em ação de interdição não supre a ausência de nomeação de curador à lide, devido à antinomia existente entre as funções de fiscal da Lei e representante dos interesses do interditando. IV. O interrogatório do interditando é medida que garante o contraditório e a ampla defesa de pessoa que se encontra em presumido estado de vulnerabilidade. V. São intangíveis as regras processuais que cuidam do direito de defesa do interditando, especialmente quando se trata de reconhecer a incapacidade e restringir direitos(...) (STJ; REsp 1.686.161; Proc. 2016/0255802-5; SP; Terceira Turma; Relª Minª Nancy Andrighi; DJE 15/09/2017)

✓ APELAÇÃO CÍVEL. DIREITO DE FAMÍLIA. AÇÃO DE CURATELA. AUSÊNCIA DE CITAÇÃO, INTERROGATÓRIO E EXAME PERICIAL MÉDICO DO CURATELANDO. ARTS. 747 E SEGUINTES, DO CPC. IMPRESCINDIBILIDADE. NULIDADE DA SENTENÇA. VIOLAÇÃO AO DEVIDO PROCESSO LEGAL. PRELIMINAR ACOLHIDA. A teor do disposto nos arts. 747 e seguintes, do CPC/15, em ação de curatela são imprescindíveis a citação; o interrogatório do curatelando e a realização de exame médico pericial, sob pena de nulidade da sentença. (...) (TJMG; APCV 5001258-44.2019.8.13.0684; Quarta Câmara Cível; Relª Desª Ana Paula Caixeta; Julg. 27/08/2020; DJEMG 28/08/2020).

✓ INTERDIÇÃO. Entrevista. Impossibilidade de dispensa. Dada a natureza protetiva da curatela é que se faz do ato da entrevista uma necessidade, não, obviamente, para o exame do interditando, nem mesmo juízo do seu estado mental, que se fará por profissional médico ou de outras especialidades correlatas, a critério do juiz, mas para conhecimento e verificação da situação pessoal daquele que pode vir a ter confirmada a incapacidade, por enfermidade ou deficiência mental, que compromete, total ou parcialmente, seu discernimento para a prática dos atos civis. O juiz constata, ainda que perfunctoriamente, se está sendo bem tratado, se não sofre qualquer tipo de violência ou coação, servindo o ato de verdadeiro meio de defesa (...) (TJSP, AC 1005842 52 2018 8 26 0344, Rel. Des Fábio Quadros, Julg 23/07/2020, DJESP 28/08/2020).

✓ APELAÇÃO CÍVEL. (...) Édito proferido com esteio apenas em laudo pericial. Ausência de realização de audiência de entrevista e de nomeação de curador à interditada. Etapas processuais que se afiguram imprescindíveis à constatação da incapacidade e ao exercício do contraditório e da ampla defesa. Exegese dos arts. 751 e 752, caput e § 2º, ambos do CPC. Nulidades insanáveis. (...) (TJSC; AC 0303982-83.2015.8.24.0064; São José; Sétima Câmara de Direito Civil; Rel. Des. Carlos Roberto da Silva; DJSC 15/01/2020; Pag. 109)

Em sentido contrário: é possível dispensar a entrevista do curatelando.

✓ AGRAVO DE INSTRUMENTO (...) Dispensa de entrevista pessoal que, ao menos por ora, se justifica. Avaliação por equipe multidisciplinar Independentemente do debate sobre a vigência do artigo 1 771 do CC, confrontadas as previsões do EPD e do NCPC, caso que é, por enquanto, o de se aguardar o resultado da perícia médica Nomeação de curador especial que se preserva, como medida de cautela e proteção mais ampla a quem se afirma deficiente, mesmo diante da controvérsia sobre o tema e, agora, da redação do art. 752 pars. 1º e 2º, do CPC (...) (TJSP AI 2097577 46 2020 8 26 0000 Rel. Des Claudio Godoy Julg 17/07/2020 DJESP 22/07/2020).

✓ INTERDIÇÃO (...) Só cabe a dispensa da entrevista judicial em casos de pessoas gravemente excepcionais, inexistindo qualquer risco de fraude. Cabe ao juiz, após a realização da entrevista, avaliar a necessidade de nova perícia por equipe multidisciplinar. Sentença anulada, determinada a nomeação de curador especial para defesa processual dos interesses dos interditandos e a realização da entrevista judicial (...) (TJSP AC 1014221, 79 2018 8 26 0344. Rel. Des J B Paula Lima, J 12 09 2019).

✓ INTERDIÇÃO. Nomeação da Defensoria Pública como curadora especial da interditanda. Inadmissibilidade Precedentes do STJ. Entrevista judicial. Dispensa. Situação peculiar da interditanda. Inexistência de prejuízo. (...) (TJSP AC 1009171.72. 2018.8. 26.0344, Ac 12660054, Marília, Quarta Câmara de Direito Privado, Rel. Des Alcides Leopoldo, DJESP 19/07/2019).

É possível postergar a entrevista para momento posterior ao da perícia.

✓ AGRAVO INTERNO. (...) 1. O processo de interdição é de jurisdição voluntária, o que autoriza o juízo, a teor do disposto no parágrafo único do artigo 723 do Código de Processo Civil, a não observar critério de legalidade estrita, podendo adotar em cada caso a solução que reputar mais conveniente ou oportuna. 2. A postergação do interrogatório para após a perícia médica, bem como a negativa de designação de equipe multidisciplinar para a perícia, não caracteriza, por si só, ilegalidade que macule o procedimento e autorize a impetração de mandado de segurança, ainda mais quando os direitos do interditando estão preservados segundo o convencimento do Ministério Público e do juízo processante. 3. A revisão do convencimento das instâncias ordinárias acerca da suficiência da designação do perito médico psiquiatra e do momento mais apropriado para a entrevista com a interditanda dependeria de interpretação das provas e diligências já ocorridas nos autos, matéria de fato complexa, insusceptível de reexame na via do mandado de segurança. (...) (STJ; AgInt-RMS 57.544; Proc. 2018/0113555-2; DF; Quarta Turma; Relª Min. Maria Isabel Gallotti; Julg. 19/11/2019; DJE 06/12/2019).

§ 1º Não podendo o interditando deslocar-se, o juiz o ouvirá no local onde estiver.

Havendo prova de que a interditanda está acamada, aplica-se à perícia o art. 751 § 1º.

✓ AGRAVO DE INSTRUMENTO. Ação de interdição. Necessidade de realização de perícia. Aplicação do art. 751, §1º do CPC. Há prova de que a interditanda está acamada, sem capacidade de deslocamento. (...) (TJSE; AI 201900836852; Ac. 792/2020; Segunda Câmara Cível; Rel. Des. Ricardo Múcio Santana de Abreu Lima; DJSE 31/01/2020).

§ 2º A entrevista poderá ser acompanhada por especialista.

§ 3º Durante a entrevista, é assegurado o emprego de recursos tecnológicos capazes de permitir ou de auxiliar o interditando a expressar suas vontades e preferências e a responder às perguntas formuladas.

§ 4º A critério do juiz, poderá ser requisitada a oitiva de parentes e de pessoas próximas.

Art. 752. **Dentro do prazo de 15 (quinze) dias contado da entrevista, o interditando poderá impugnar o pedido.**

É descabida a supressão do prazo de impugnação do pedido.

✓ APELAÇÃO CÍVEL. INTERDIÇÃO. REQUERIMENTO APRESENTADO PELA GENITORA EM RELAÇÃO A FILHO MAIOR, ACOMETIDO DE DOENÇA MENTAL IRREVERSÍVEL. Entrevista pessoal e dispensa de outras diligências. Sentença de procedência. Inconformismo do Ministério Público. Mérito. Decretação da interdição após realização de entrevista. Supressão do prazo do artigo 752, CPC. Descabimento. Omissão de defesa ou de nomeação de curador especial ao interditando, bem como dispensa de prova técnica e de prestação de contas. Condições que não deixam margem à abreviação sob pena de evidentes prejuízos ao contraditório e à ampla defesa. Imprescindibilidade de observância do direito de defesa e da realização de perícia técnica, para verificação do grau de incapacidade do interditando. Necessidade de maiores esclarecimentos acerca dos rendimentos ou bens do interditado, para análise de eventual dispensa da prestação de contas. (...) (TJSP; AC 1005734-27.2019.8.26.0590; Ac. 13288364; São Vicente; Nona Câmara de Direito Privado; Rel. Des. Edson Luiz de Queiroz; Julg. 06/02/2020; DJESP 17/02/2020; Pág. 2522)

§ 1º O Ministério Público intervirá como fiscal da ordem jurídica.

O Ministério Público não pode atuar como representante da parte no processo.

✓ RECURSO ESPECIAL. (...) 5. Considerando que a atuação do Ministério Público, enquanto fiscal da ordem jurídica na ação de interdição da qual não é o autor, impede que ele atue, simultaneamente, como defensor do curatelando; que a legislação prevê a nomeação de curador especial ao incapaz, para garantir a tutela dos seus próprios interesses e necessidades; e que a curadoria especial é função atípica e exclusiva da Defensoria Pública; forçoso reconhecer a falta de atribuição do Parquet para funcionar nos autos como defensor da curatelanda. 6. A inexistência, em determinada Comarca, de órgão da Defensoria Pública do Estado para exercer a curadoria especial deve ser suprida segundo as normas locais que regulamentam a sua organização e o seu funcionamento e, na impossibilidade de tal suprimento, há de ser designado advogado dativo. (...) (STJ; REsp 1.824.208; Proc. 2019/0103931-3; BA; Terceira Turma; Relª Min. Nancy Andrighi; Julg. 10/12/2019; DJE 13/12/2019).

✓ CIVIL. (...) Ação de interdição. Atuação do ministério público como curador especial. Impossibilidade. Atribuição da defensoria pública. Precedentes. (...) (STJ; AgInt-REsp 1.630.927; Proc. 2016/0264117-7; SP; Terceira Turma; Rel. Min. Moura Ribeiro; DJE 08/11/2017)

✓ CIVIL. PROCESSUAL CIVIL. RECURSO ESPECIAL. IMPOSSIBILIDADE DE EXERCÍCIO DE CURADORIA ESPECIAL PELO MINISTÉRIO PÚBLICO. MUNUS EXERCIDO PELA DEFENSORIA PÚBLICA. (...) 2- Diante da incompatibilidade entre o exercício concomitante das funções de custos legis e de curador especial, cabe à Defensoria Pública o exercício de curadoria especial nas ações de interdição. Precedentes. (...) (STJ; REsp 1.651.165; Proc. 2017/0020241-5; SP; Terceira Turma; Relª Minª Nancy Andrighi; DJE 26/09/2017)

✓ INTERDIÇÃO. Representação do interditando pelo Ministério Público, quando não requerida a medida por esse órgão. Impossibilidade. Inteligência do art. 752, § 1º do CPC, o qual impede seja o Ministério Público representante da parte no processo. Ação proposta pela filha do interditando, não podendo contratar Advogado para a defesa dos interesses dele, pena de estabelecer conflito de interesses. Jurisprudência predominante desta Corte. INTERDIÇÃO. Processo que se desenrolou sem que fosse nomeado Curador Especial para atuar na defesa dos interesses do interditando. Nomeação obrigatória, nos termos do art. 752, § 2º, do CPC, cuja ausência implica em nulidade dos atos processuais praticados. Violação aos princípios da ampla defesa, do contraditório e ao devido processo legal. Necessidade de retorno do processo ao momento em que devera ser possibilitada a contestação, sem prejuízo, evidentemente, do eventual aproveitamento da prova técnica produzida, em obséquio aos princípios da celeridade, razoabilidade e eficiência do processo. (...) (TJSP; AC 1022670-56.2015.8.26.0562; Ac. 13564176; Santos; Décima Câmara de Direito Privado; Rel. Des. João Carlos Saletti; Julg. 15/05/2020; DJESP 22/05/2020; Pág. 2755)

Em sentido contrário: o Ministério Público pode atuar como defensor do interditando e não cabe nomear curador especial.

✓ AGRAVO INTERNO NO AGRAVO EM RECURSO ESPECIAL. PROCEDIMENTO DE INTERDIÇÃO. MINISTÉRIO PÚBLICO. CURADOR ESPECIAL. NOMEAÇÃO. CONFLITO DE INTERESSES. AUSÊNCIA. INTERESSES DO INTERDITANDO. GARANTIA. REPRESENTAÇÃO. FUNÇÃO INSTITUCIONAL DO MINISTÉRIO PÚBLICO. NÃO PROVIMENTO. (...) 2. No procedimento de interdição não requerido pelo Ministério Público, quem age em defesa do suposto incapaz é o órgão ministerial e, portanto, resguardados os interesses do interditando, não se justifica a nomeação de curador especial. 3. A atuação do Ministério Público como defensor do interditando, nos casos em que não é o autor da ação, decorre da Lei (CPC, art. 1.182, § 1º, e CC/2002, art. 1.770) e se dá em defesa de direitos individuais indisponíveis, função compatível com as suas funções institucionais. (...) (STJ; AgInt-AREsp 1.426.124; Proc. 2019/0003876-2; BA; Quarta Turma; Relª Minª Maria Isabel Gallotti; Julg. 10/09/2019; DJE 18/09/2019)

✓ AGRAVO INTERNO NO RECURSO ESPECIAL. INTERDIÇÃO. NOMEAÇÃO DE CURADOR ESPECIAL. DESNECESSIDADE. INEXISTÊNCIA DE CONFLITO DE INTERESSES. REPRESENTAÇÃO. MINISTÉRIO PÚBLICO. SÚMULA Nº 83/STJ. 1. Recurso Especial interposto contra acórdão publicado na vigência do Código de Processo Civil de 1973 (Enunciados Administrativos nºs 2 e 3/STJ). 2. No procedimento de interdição não requerido pelo Ministério Público, quem age em defesa do suposto incapaz é o órgão ministerial. Assim, resguardados os interesses do interditando, não se justifica a nomeação de curador especial (arts. 1.182, § 1º, do CPC/1973 e 1.770 do CC/2002). (...) (STJ; AgInt-REsp 1.652.854; Proc. 2017/0026730-7; SP; Terceira Turma; Rel. Min. Ricardo Villas Boas Cueva; Julg. 18/03/2019; DJE 21/03/2019

É nulo o processo em que o Ministério Público não teve oportunidade de atuar.

✓ APELAÇÃO CÍVEL. (...) Na ação de interdição é indispensável que se cumpra o disposto no artigo 752, §2º, do CPC, e que, ao interditando que não constituir advogado, seja nomeado curador especial, na medida em que a atuação do Ministério Público é como fiscal da ordem jurídica, nos termos do §1º do referido artigo. Precedentes desta Câmara e deste Tribunal. (TJSP; AC 1001578-17.2018.8.26.0562; Ac. 13977456; Santos; Terceira Câmara de Direito Privado; Relª Desª Maria do Carmo Honório; Julg. 18/09/2020; DJESP 24/09/2020; Pág. 1690)

✓ DIREITO PROCESSUAL CIVIL. AÇÃO DE SUBSTITUIÇÃO DE CURATELA. PARTE IDOSA E INCAPAZ. (...) 1. Cinge-se a controvérsia ao exame da obrigatoriedade de intervenção do órgão ministerial nas ações de interdição e curatela. 2. Nos termos do artigo 178, II, do código de processo civil, a intervenção do ministério público como fiscal da ordem jurídica é obrigatória. Quanto as ações de interdição e correlatas, o artigo 752, § 1º, prescreve que após a entrevista do interditando, o ministério público é obrigado a intervir. Já o estatuto do idoso em seu artigo 74, II, estipula que compete ao ministério público "promover e acompanhar as ações de alimentos, de interdição total ou parcial, de designação de curador especial, em circunstâncias que justifiquem a medida e oficiar em todos os feitos em que se discutam os direitos de idosos em condições de risco". 3. Na hipótese, depreende-se do exame dos autos que a ação versa sobre substituição de curatela da interditada, Antônia Camilo Alves, a qual é idosa e incapaz, no entanto, ao ministério público não foi oportunizada a intervenção na origem, razão pela qual a nulidade da sentença é medida que se impõe, nos termos do artigo 279, do código de processo civil, devendo os autos retornarem ao juízo de origem para o regular processamento da ação. (...) (TJCE; AC 0003033-97.2019.8.06.0160; Segunda Câmara de Direito Privado; Relª Desª Maria de Fátima de Melo Loureiro; DJCE 25/11/2020; Pág. 155).

A falta de intervenção do Ministério Público nos processos que envolvem interesse de incapaz não implica automaticamente na nulidade do julgado, sendo imprescindível a demonstração de prejuízo

✓ AGRAVO INTERNO NO RECURSO ESPECIAL. (...) INCAPACIDADE. SENTENÇA DE INTERDIÇÃO. NATUREZA CONSTITUTIVA. PREJUÍZO. AUSÊNCIA (...) 2. O entendimento do Superior Tribunal de Justiça é no sentido de que (...) (II) a ausência de intervenção do Ministério Público nos processos que envolvam interesse de incapaz não implica automaticamente a nulidade do julgado, sendo imprescindível a demonstração de prejuízo. Precedentes. (...) (STJ; AgInt-REsp 1.705.385; Proc. 2014/0345411-3; SP; Terceira Turma; Rel. Min. Ricardo Villas Boas Cueva; Julg. 14/10/2019; DJE 17/10/2019)

§ 2º O interditando poderá constituir advogado, e, caso não o faça, deverá ser nomeado curador especial.

→ v. Art. 72 do CPC.

A nomeação de curador especial se impõe diante do aparente conflito de interesses entre o incapaz e sua curadora.

✓ AGRAVO INTERNO NO AGRAVO EM RECURSO ESPECIAL (...) 2. O entendimento pacífico desta Corte Superior é no sentido de que nos procedimentos de interdição não ajuizados pelo Ministério Público, cabe ao órgão ministerial defender os interesses do interditando e a designação de curador especial pressupõe a presença de conflito de interesses entre o incapaz e o representante legal, o que não é o caso dos autos. (...) (STJ; AgInt-AREsp 1.470.628; Proc. 2019/0081606-6; BA; Quarta Turma; Rel. Min. Marco Buzzi; Julg. 17/12/2019; DJE 03/02/2020).

✓ AGRAVO INTERNO. (...) 1. A designação de curador especial tem por pressuposto a presença do conflito de interesses entre o incapaz e seu representante legal. No procedimento de interdição, quem age em defesa do suposto incapaz é o órgão ministerial e, portanto, resguardados os interesses interditando, não se justifica a nomeação de curador especial. (RESP 1099458/PR, Rel. Ministra Maria ISABEL Gallotti, QUARTA TURMA, julgado em 02/12/2014, DJe 10/12/2014) 2. O art. 4º da Lei Complementar n. 80/1994 – que elenca as funções institucionais da Defensoria – é impertinente para a solução da controvérsia, pois o incapaz sequer se encontra litigando como parte em juízo, sendo apenas sujeito de proteção estatal, mero destinatário da decisão judicial, e a designação de curador especial – atividade passível de ser exercitada pela Defensoria Pública – tem por pressuposto a presença de conflito de interesses entre o incapaz e seu representante legal. (...) (STJ; AgInt-REsp 1.707.902; Proc. 2017/0287364-0; SP; Quarta Turma; Rel. Min. Luis Felipe Salomão; Julg. 27/11/2018; DJE 04/12/2018; Pág. 1933)

✓ INTERDIÇÃO. INCIDENTE DE SUBSTITUIÇÃO DE CURADOR. (...) Nomeação de curador especial que se impõe, diante do aparente conflito de interesses entre incapaz e sua curadora. Recurso provido para anular a sentença, com retorno dos autos à origem e nomeação de curador especial, para defender os interesses do relativamente incapaz, além da produção de provas. (...) (TJSP; AC 1008621-23.2019.8.26.0577; Ac. 14030788; São José dos Campos; Primeira Câmara de Direito Privado; Rel. Des. Francisco Loureiro; Julg. 05/10/2020; DJESP 14/10/2020).

A falta de nomeação de curador especial causa nulidade.

✓ APELAÇÃO CÍVEL. AÇÃO DE INTERDIÇÃO. AUSÊNCIA DE NOMEAÇÃO DE CURADOR ESPECIAL, NOS TERMOS DO ARTIGO 752, §2º, DO CPC. RECONHECIMENTO DE NULIDADE QUE É DE RIGOR. POSSIBILIDADE DE APROVEITAMENTO DE ATOS JÁ PRATICADOS. RECURSO PROVIDO PARA TAL FIM. Na ação de interdição é indispensável que se cumpra o disposto no artigo 752, §2º, do CPC, e que, ao interditando que não constituir advogado, seja nomeado curador especial, na medida em que a atuação do Ministério Público é como fiscal da ordem jurídica, nos termos do §1º do referido artigo. Precedentes desta Câmara e deste Tribunal. (TJSP; AC 1001578-17.2018.8.26.0562; Ac. 13977456; Santos; Terceira Câmara de Direito Privado; Relª Desª Maria do Carmo Honório; Julg. 18/09/2020; DJESP 24/09/2020; Pág. 1690).

Cabe correição parcial contra a decisão que considerou incabível a nomeação de curador especial em processo de interdição.

✓ CORREIÇÃO PARCIAL. AÇÃO DE INTERDIÇÃO. NOMEAÇÃO DE CURADOR ESPECIAL. CABIMENTO. 1. É cabível o ajuizamento de pedido de correição parcial para atacar decisão que considerou incabível a nomeação de curador especial em processo de interdição. 2. O artigo 752, § 2º, do Código de Processo Civil dispõe que deve ser nomeado curador especial ao interditando que não constituir advogado nos autos. 3. A ausência de nomeação de curador especial, na hipótese, é causa de nulidade do processo de interdição. (...) (TJRS; CP 0322159-87.2019.8.21.7000; Proc 70083502500; Cruz Alta; Sétima Câmara Cível; Rel. Des. Afif Jorge Simões Neto; Julg. 08/01/2020; DJERS 21/01/2020).

A atuação do Ministério Público como substituto afasta a necessidade de nomear a Defensoria como curadora especial.

✓ AGRAVO INTERNO NO RECURSO ESPECIAL. INTERDIÇÃO. CURADORIA ESPECIAL. MINISTÉRIO PÚBLICO. SUBSTITUTO PROCESSUAL. REPRESENTAÇÃO DO INTERDITANDO. NOMEAÇÃO DA DEFENSORIA PÚBLICA. DESNECESSIDADE. (...) 2. Resguardados os interesses da criança e do adolescente, não se justifica a obrigatória e automática nomeação da Defensoria Pública como curadora especial em ação movida pelo Ministério Público, que já atua como substituto processual. 3. A Defensoria Pública, no exercício da curadoria especial, desempenha apenas e tão somente uma função processual de representação em juízo do menor que não tiver representante legal ou se os seus interesses estiverem em conflito (arts. 72 do CPC/2015 e 142, parágrafo único, do ECA). (...) (STJ; AgInt-REsp 1620348; Proc. 2016/0215290-5; SP; Terceira Turma; Rel. Min. Ricardo Villas Boas Cueva; Julg. 03/12/2018; DJE 06/12/2018; Pág. 3281).

A atuação do Ministério Público como *custos legis* não afasta a necessidade de nomear curador especial.

✓ INTERDIÇÃO. (...). Ausência de nomeação de curador especial para defesa dos interesses da interditanda. Atuação do Ministério Público como custos legis que não afasta necessidade de se nomear curador especial. Artigo 752, §2º, do Código de Processo Civil. (...) (TJSP; AC 1006623-

70.2017.8.26.0001; Ac. 13434975; São Paulo; Sétima Câmara de Direito Privado; Relª Desª Mary Grün; Julg. 24/03/2014; DJESP 31/03/2020; Pág. 1242).

É admissível a nomeação da Defensoria Pública como curadora especial.

✓ INTERDIÇÃO. CERCEAMENTO DE DEFESA. AUSÊNCIA DE INTIMAÇÃO PESSOAL DA DEFENSORIA PÚBLICA NA CONDIÇÃO DE CURADORA ESPECIAL. PROVA PERICIAL. NECESSIDADE DE REALIZAÇÃO. 1. Sendo a Defensoria Pública a curadora especial da parte ré, era indispensável a sua intimação pessoal sobre a decisão que dispensou a realização da perícia médica. (...) (TJRS; APL 0313712-13.2019.8.21.7000; Proc 70083418038; Novo Hamburgo; Sétima Câmara Cível; Rel. Des. Sérgio Fernando de Vasconcellos Chaves; Julg. 17/01/2020; DJERS 23/01/2020)

Em sentido contrário: é admissível a nomeação da Defensoria Pública como curadora especial.

✓ INTERDIÇÃO. Nomeação da Defensoria Pública como curadora especial da interditanda. Inadmissibilidade Precedentes do STJ. (...) (TJSP AC 1009171.72. 2018.8. 26.0344, Ac 12660054, Marília, Quarta Câmara de Direito Privado, Rel. Des Alcides Leopoldo, DJESP 19/07/2019

§ 3º Caso o interditando não constitua advogado, o seu cônjuge, companheiro ou qualquer parente sucessível poderá intervir como assistente.

Cabe habilitação da irmã como assistente na interdição do irmão.

✓ AGRAVO DE INSTRUMENTO. AÇÃO DE INTERDIÇÃO. DECISÃO QUE INDEFERIU A HABILITAÇÃO DA IRMÃ DO INTERDITANDO COMO ASSISTENTE. Inconformismo desta. Acolhimento. Presença do interesse jurídico do parente em tese legitimado à propositura da demanda. Art. 747, II, do Código de Processo Civil. Interditando que não possui advogado constituído nos autos. Aplicação do art. 752, § 3º, do CPC. Habilitação que deve ser deferida. (...) (TJSP; AI 2213344-69.2019.8.26.0000; Ac. 13331030; Itapecerica da Serra; Sétima Câmara de Direito Privado; Relª Desª Maria de Lourdes Lopez Gil; Julg. 19/02/2020; DJESP 02/03/2020; Pág. 2291)

Conduta tumultuária não justifica a exclusão da relação processual.

✓ AGRAVO DE INSTRUMENTO. AÇÃO DE INTERDIÇÃO. DECISÃO QUE DETERMINOU A EXCLUSÃO DA FILHA DA INTERDITANDA (E IRMÃ DO CURADOR PROVISÓRIO) DA RELAÇÃO PROCESSUAL, POR LHE SER ATRIBUÍDA CONDUTA TUMULTUÁRIA. Inconformismo. Acolhimento. Presença do interesse jurídico do parente em tese legitimado à propositura da demanda. Art. 747, II, do Código de Processo Civil. Intervenção, no entanto, que deve se limitar às atribuições do assistente simples, levando-se em conta que a interditanda tem advogado constituído, o que afasta a aplicação do art. 752, § 3º, do CPC. Conduta tumultuária que não justifica a exclusão da relação processual. (...) (TJSP; AI 2128688-48.2020.8.26.0000; Ac. 14234273; São Paulo; Sétima Câmara de Direito Privado; Relª Desª Maria de Lourdes Lopez Gil; Julg. 15/12/2020; DJESP 18/12/2020; Pág. 3281)

Art. 753. Decorrido o prazo previsto no art. 752, o juiz determinará a produção de prova pericial para avaliação da capacidade do interditando para praticar atos da vida civil.

A perícia é imprescindível para o decreto da interdição.

✓ AGRAVO DE INSTRUMENTO. AÇÃO DE INTERDIÇÃO. (...) Não obstante existam precedentes jurisprudenciais que flexibilizem o disposto no art. 753 do CPC, quando existente demonstração robusta da incapacidade, não se pode olvidar ser o juiz o destinatário das provas. No caso, mesmo depois de cumprido o mandado de constatação pelo oficial (cuja certidão indica possuir a interditanda notória dificuldade de comunicação) e realizada a audiência de entrevista pessoal, entende o juízo ser imprescindível a realização da perícia para formação de sua convicção. Inviável a dispensa da perícia, levando-se em conta as particularidades do caso concreto e a total excepcionalidade da decretação de interdição. (...) (TJSP; AI 2136532-49.2020.8.26.0000; Ac. 14237924; Peruíbe; Sétima Câmara de Direito Privado; Relª Desª Maria de Lourdes Lopez Gil; Julg. 15/12/2020; DJESP 18/12/2020; Pág. 3281)

✓ APELAÇÃO CÍVEL. (...) Alegação de eiva por ausência de perícia e de nomeação de curador à interditanda. Acolhimento. Édito proferido com esteio em atestado médico que instruiu a petição inicial e em dados colhidos pelo magistrado quando da entrevista prevista no art. 751 do código de processo civil. Etapas processuais que se afiguram imprescindíveis à constatação de incapacidade e ao contraditório e ampla defesa. Exegese do art. 752, § 2º, e art. 753, caput e § 2º, ambos do CPC. Direito subjetivo da parte. (...) (TJSC; AC 0309044-55.2017.8.24.0090; Florianópolis; Sétima Câmara de Direito Civil; Rel. Des. Carlos Roberto da Silva; DJSC 14/01/2020; Pag. 99).

✓ INTERDIÇÃO. (...) 1. A interdição é um instituto com caráter nitidamente protetivo da pessoa, não se podendo ignorar que constitui também uma medida extremamente drástica, e, por essa razão, é imperiosa a adoção de todas as cautelas para agasalhar a decisão de privar alguém da capacidade civil, ou deixar de dar tal amparo quando é incapaz. 2. Diante do fato de que o laudo médico apresentado com a peça inicial é vinculado ao serviço psiquiátrico do Hospital São Pedro e não traz elementos de convicção suficientes para se aferir as reais condições pessoais da interditanda, mostra-se necessária a realização de perícia para melhor aferir a possível incapacidade dela para a prática de determinados atos da vida civil, devendo realizado exame pericial e, se necessário, deverá ser elaborado laudo por uma equipe multidisciplinar, conforme dispõe a Lei nº 13.416/15 (Estatuto da Pessoa com Deficiência), comb. Com art. 753 do CPC. (...) (TJRS; APL 0055554-12.2020.8.21.7000; Proc 70084171958; Porto Alegre; Sétima Câmara Cível; Rel. Des. Sérgio Fernando de Vasconcellos Chaves; Julg. 02/10/2020; DJERS 06/10/2020)

✓ APELAÇÃO. Ação de curatela. Sentença que julgou procedente a ação. Inconformismo do parquet. Nulidade da sentença que decretou a curatela sem a realização da prova pericial. Atestado médico insuficiente para comprovação da necessidade de curatela e de seus limites. Medida excepcional. Violação do Estatuto da Pessoa com Deficiência (Lei nº 13.146/2015), e da legislação aplicável ao caso. Perícia indispensável (artigos 753, 754 e 755, do C.P.C.). (...) (TJSP; AC 1002698-29.2018.8.26.0099; Ac. 13889792; Bragança Paulista; Nona Câmara de Direito Privado; Rel. Des. Rogério Murillo Pereira Cimino; Julg. 24/08/2020; DJESP 02/09/2020; Pág. 3595)

✓ INTERDIÇÃO. (...) 2. A interdição é um instituto com caráter nitidamente protetivo da pessoa, não se podendo ignorar que constitui também uma medida extremamente drástica, e, por essa razão, é imperiosa a adoção de todas as cautelas para agasalhar a decisão de privar alguém da capacidade civil, ou deixar de dar tal amparo quando é incapaz. 3. Mesmo que toda prova se destine a formar o convencimento do julgador, e que caiba a ele apontar os meios necessários, como estabelece o art. 370 do CPC, a realização da perícia médica é providência imprescindível na ação de interdição. Inteligência do art. 753, do CPC. (...) (TJRS; APL 0313712-13.2019.8.21.7000; Proc 70083418038; Novo Hamburgo; Sétima Câmara Cível; Rel. Des. Sérgio Fernando de Vasconcellos Chaves; Julg. 17/01/2020; DJERS 23/01/2020)

Em sentido contrário: cabe dispensar a perícia em alguns casos.

✓ PROCESSO CIVIL. Interdição. Cerceamento de defesa. Não ocorrência. Conjunto probatório demonstrando a incapacidade total da interditanda para a prática dos atos da vida civil, mesmo que não tenha ocorrido a perícia do art. 753 do Código de Processo Civil. Pedido instruído com laudos médicos demonstrando a incapacidade cognitiva e locomotiva da interditanda, dispensando a realização de outras provas. Estado da interditanda, ainda, constatado por oficial de justiça. Malgrado a prova pericial conste como parte do procedimento de interdição, na específica hipótese dos autos a incapacidade para a prática desassistida dos atos da vida civil restou demonstrada de forma robusta por outros elementos constantes dos autos, sem a necessidade de que tal perícia fosse realizada. Possibilidade. Precedentes da Câmara. (...) (TJSP; AC 1002548-25.2018.8.26.0236; Ac. 13898700; Ibitinga; Primeira Câmara de Direito Privado; Rel. Des. Rui Cascaldi; Julg. 26/08/2020; DJESP 04/09/2020; Pág. 2342)

✓ APELAÇÃO CÍVEL. (...) I. No processo de interdição, consoante art. 753, caput, do CPC, transcorrido o prazo para defesa, caberá ao juiz determinar a produção de prova pericial para avaliação da capacidade do interditando para praticar atos da vida civil. II. Ocorre que, em casos excepcionais, é possível a dispensa da perícia, desde que haja laudo pericial extrajudicial concludente e interrogatório judicial, de modo a eliminar a mais remota possibilidade de fraude. III. Há nos autos laudo médico extrajudicial (fl. 17) anexado junto com a inicial, atestando que a interditanda passou por avaliação neurológica, onde foi constatado déficit cognitivo e motor permanente ocasionados por patologia de origem congênita (Cid 10: F-72/R-47), que a impossibilita permanentemente na execução de suas atividades de vida diárias, necessitando acompanhamento médico especializado e tratamento continuado por tempo indeterminado. IV. No interrogatório feito pessoalmente pelo MM. Juiz, o depoimento da interditanda não chegou a ser tomado, pois foi constatada a sua absoluta impossibilidade de responder a qualquer pergunta, não possuindo capacidade de exprimir suas vontades, nem apresentando nenhum tipo de reação a estímulos audiovisuais, conforme termo de audiência de fl. 28. (...) (TJMA; ApCiv 0355102018; Sexta Câmara Cível; Rel. Des. José Jorge Figueiredo dos Anjos; Julg. 23/01/2020; DJEMA 30/01/2020).

✓ APELAÇÃO CÍVEL. INTERDIÇÃO. Desnecessária a realização de prova pericial para fins de avaliar os limites da incapacidade do interditando, na medida em que os laudos médicos e audiência de entrevista dão conta da total ausência de discernimento do interdito, que sequer teve condições de responder as perguntas que lhes foram formuladas, dado o quadro de paralisia cerebral quadriplégica espástica e retardo mental moderado (Cid 10 g 80 0 e f 71) (...) (TJRS; AC 0079435.86.2018.8.21.7000; Porto Alegre; Oitava Câmara Cível; Rel. Des. Luiz Felipe Brasil Santos; Julg. 16/08/2018; DJERS 24/08/2018)

Extinção prematura sem realização da nova perícia deferida gera nulidade.

✓ PROCESSO CIVIL. APELAÇÃO CÍVEL. CIVIL. INTERDIÇÃO. REALIZAÇÃO DE PERÍCIA MÉDICA SEM O CONTEÚDO EXIGIDOS POR LEI. DIVERGÊNCIA SOBRE A DOENÇA EINCAPACIDADE DO INTERDITANDO, BEM COMO SOBRE A SUA EXTENSÃO. COMPLEXA MATÉRIA FÁTICA. CERCEAMENTO DE DEFESA. VIOLAÇÃO AOS PRINCÍPIOS DO DEVIDO PROCESSO LEGAL E DA AMPLA DILAÇÃO PROBATÓRIA. SENTENÇA NULA. APELO PROVIDO. A apreciação prematura da lide, sem a competente dilação probatória, feriu os princípios constitucionais do devido processo legal e da ampla instrução probatória, restando evidente o prejuízo à interditanda, na medida em que, à luz dos ditames do art. 84, §3º, da Lei nº 13.146/2015 (Estatuto da Pessoa com Deficiência), a definição de curatela de pessoa com deficiência constitui medida protetiva extraordinária, proporcional às necessidades e às circunstâncias de cada caso, e durará o menor tempo possível. Hipótese dos autos em que o juízo de piso julgou antecipadamente a lide, sem que tenha sido realizada nova perícia médica anteriormente deferida, sendo imperioso reconhecer a violação dos princípios da ampla defesa e do contraditório, em nítida violação ao devido processo legal. (...) (TJMA; ApCiv 0367502019; Primeira Câmara Cível; Rel. Des. Kleber Costa Carvalho; Julg. 20/02/2020; DJEMA 03/03/2020).

Sendo inadequada a determinação de perícia em local a 700 km de onde vive a curatelanda, aplica-se o art. 751 § 1º do CPC.

✓ AGRAVO DE INSTRUMENTO. AÇÃO DE INTERDIÇÃO. DECISÃO QUE DETERMINOU A REALIZAÇÃO DE PROVA PERICIAL, CONFORME DATA E LOCAL AGENDADOS PELO IMESC. Exame agendado na cidade de São Paulo. Irresignação. Interditanda que reside a 700 km da capital paulista. Parte beneficiária da justiça gratuita. Impossibilidade de deslocamento até a unidade referida. Ônus demasiado à parte hipossuficiente. Existência de unidade descentralizada em Presidente Prudente, na qual deve ser realizada a perícia médica. (...) (TJSP; AI 2238122-69.2020.8.26.0000;

Ac. 14198749; Panorama; Quarta Câmara de Direito Privado; Rel. Des. Natan Zelinschi de Arruda; Julg. 30/11/2020; DJESP 18/12/2020; Pág. 3164).

✓ AGRAVO DE INSTRUMENTO. AÇÃO DE INTERDIÇÃO. DECISÃO QUE INDEFERIU PEDIDO DE REALIZAÇÃO DE PERÍCIA MÉDICA NA COMARCA EM QUE RESIDE A INTERDITANDA. Agravante que é beneficiária da gratuidade de Justiça, deferida por esta Câmara em agravo anterior. Curatelada, já idosa, que sofre de moléstias que dificultam o deslocamento para a outra cidade. Perícia que se deve realizar no Município da interditanda, se possível, em órgão público. Sendo o caso de realização de perícia particular, os honorários periciais devem ser suportados pelo Fundo Especial de Custeio de Perícias. FEP, criado pela Lei Estadual n. 16.428/17. (...) (TJSP; AI 2278589-27.2019.8.26.0000; Ac. 13410686; Botucatu; Primeira Câmara de Direito Privado; Rel. Des. Claudio Godoy; Julg. 16/03/2020; DJESP 03/04/2020; Pág. 2048)

§ 1º A perícia pode ser realizada por equipe composta por expertos com formação multidisciplinar.

Nulidade por falta de nomeação de avaliação por equipe multidisciplinar.

✓ AÇÃO DE INTERDIÇÃO. NULIDADE DA SENTENÇA. Ausência de nomeação de curador especial e de avaliação da interdita por equipe multidisciplinar, como determina o procedimento de instituição de curatela, previsto nos artigos 747 e seguintes, do CPC. Previsão legal expressa no sentido de que ao interditando que não constituir advogado deverá ser nomeado curador especial, consoante o artigo 752, § 2º, do CPC. Avaliação a ser realizada por equipe multidisciplinar como o meio previsto pelo Estatuto da Pessoa com Deficiência para avaliar qual medida de autonomia de que pode desfrutar a pessoa sob curatela. Acolhimento das preliminares de nulidade da sentença. (...) (TJSP; AC 1009632-44.2018.8.26.0344; Ac. 13483774; Marília; Nona Câmara de Direito Privado; Relª Desª Angela Lopes; Julg. 16/04/2020; DJESP 23/04/2020; Pág. 1805).

Necessidade de perícia biopsicossocial.

✓ APELAÇÃO CÍVEL. (...) 1. A jurisprudência do Colendo Superior Tribunal de Justiça entende ser imprescindível que o exame médico resulte em laudo pericial fundamentado, no qual devem ser examinadas todas as circunstâncias relacionadas à existência da patologia do interditando, bem como a sua extensão e limites. 2. A Lei nº 13.146/2015, que institui a Lei Brasileira de Inclusão da Pessoa com Deficiência (Estatuto da Pessoa com Deficiência), estabelece que a avaliação da deficiência, quando necessária, será biopsicossocial, realizada por equipe multiprofissional e interdisciplinar, sendo necessária a consideração de aspectos especificados pela legislação em comento. 3. O Estatuto da Pessoa com Deficiência, em seu art. 6º, assegura que a deficiência não afeta a plena capacidade civil da pessoa, inclusive para fins de: (I) casamento e união estável; (II) exercício de direitos sexuais e reprodutivos; (III) exercício do direito de decidir sobre o número de filhos e de ter acesso a informações adequadas sobre reprodução e planejamento familiar; (IV) conservação de sua fertilidade, sendo vedada a esterilização compulsória; (V) exercício do direito à família e à convivência familiar e comunitária e (VI) exercício ao direito à guarda, à tutela, à curatela e à adoção, como adotante ou adotado, em igualdade de oportunidades com as demais pessoas. (...) (TJES; AC 0001513-15.2017.8.08.0032; Quarta Câmara Cível; Rel. Des. Manoel Alves Rabelo; Julg. 09/03/2020; DJES 13/03/2020).

Somente resultado diverso da incapacidade absoluta, sem necessidade permanente dos cuidados de um curador, exigiria a complementação da perícia para exame de outros profissionais,

✓ INTERDIÇÃO. (...) Perícia multidisciplinar. Prescindível. Somente resultado diverso da incapacidade absoluta de gerir sua pessoa e administrar seus bens de modo consciente e voluntário, sem necessidade permanente dos cuidados de um curador, exigiria a complementação da perícia, pelo exame de outros profissionais, frente as alterações introduzidas pela Lei nº 13.146/2015 (...) (TJSP AC 1009171.72. 2018.8. 26.0344, Ac 12660054, Marília, Quarta Câmara de Direito Privado, Rel. Des Alcides Leopoldo, DJESP 19/07/2019).

§ 2º O laudo pericial indicará especificadamente, se for o caso, os atos para os quais haverá necessidade de curatela.

O laudo deve indicar especificadamente os atos em que é necessária a curatela.

✓ PROCESSUAL CIVIL E CIVIL. AÇÃO DE INTERDIÇÃO. AUSÊNCIA DE IMPUGNAÇÃO AO PEDIDO POR MEIO DE ADVOGADO OU CURADOR ESPECIAL. NULIDADE. LAUDO GENÉRICO. (..) 3) O laudo pericial deverá indicar especificadamente os atos para os quais haverá necessidade de curatela, sendo, portanto, vedada a interdição genérica levada a efeito pelo juízo de origem (...) (TJAP; APL 0024853-22.2017.8.03.0001; Câmara Única; Relª Desª Sueli Pini; Julg. 30/04/2020; DJEAP 12/05/2020; Pág. 23).

✓ APELAÇÃO CÍVEL. AÇÃO DE INTERDIÇÃO. LAUDO MÉDICO. REALIZAÇÃO SEM A FORMA E CONTEÚDO EXIGIDOS NO §2º DO ART. 753 DO CPC (...). 1 – Nos termos da jurisprudência do Colendo Superior Tribunal de Justiça, é imprescindível que o exame médico resulte em laudo pericial fundamentado, no qual deverão ser examinadas todas as circunstâncias relacionadas à existência da patologia do interditando, bem como a sua extensão e limites. 2 – In casu, a perícia médica não estabeleceu claramente a extensão e limites da curatela conforme preceitua o parágrafo segundo do art. 753 do CPC. (...) (TJES; AC 0001515-48.2018.8.08.0032; Rel. Des. Manoel Alves Rabelo; DJES 19/02/2020).

O laudo pericial imprestável é nulo, devendo ser repetida a perícia.

✓ CIVIL E PROCESSUAL CIVIL. RECURSO DE APELAÇÃO. PESSOA COM DEFICIÊNCIA. TRANSTORNO AFETIVO BIPOLAR. LAUDO PERICIAL IMPRESTÁVEL. (...) 1. – antes de adentrar o mérito, há questão prejudicial a ser examinada de ofício, vez que a sentença está fundamentada, em maior parte, em laudo pericial imprestável. 2. – laudo pericial que (a) não contém a análise técnica ou científica realizada pelo perito; e a indicação do método utilizado, esclarecendo-o e demonstrando ser predominantemente aceito pelos especialistas da área do conhecimento da qual se originou; e (b) não indica especificadamente os atos para os quais haverá necessidade de curatela. 3. – perito que não apresenta fundamentação em linguagem simples e com coerência lógica, indicando como alcançou suas conclusões. Nulidade do laudo pericial, nos termos dos artigos 473 e 757, §2º, do CPC/2015. Nulidade que contamina a sentença proferida. (...) reconhecida a nulidade de ofício da sentença, determinando o retorno do feito ao juízo de origem para produção de laudo pericial adequado e, posteriormente, regular julgamento do feito de acordo com a legislação pertinente (...) (TJCE; APL 0003907-81.2014.8.06.0120; Segunda Câmara de Direito Privado; Rel. Des. Teodoro Silva Santos; Julg. 24/10/2018; DJCE 30/10/2018; Pág. 54)

Art. 754. Apresentado o laudo, produzidas as demais provas e ouvidos os interessados, o juiz proferirá sentença.

A sentença de interdição produz efeitos ex nunc, salvo expresso pronunciamento judicial em sentido contrário.

✓ AGRAVO INTERNO NO RECURSO ESPECIAL. (...) INCAPACIDADE. SENTENÇA DE INTERDIÇÃO. NATUREZA CONSTITUTIVA. 2. O entendimento do Superior Tribunal de Justiça é no sentido de que (I) a sentença de interdição produz efeitos ex nunc, salvo expresso pronunciamento judicial em sentido contrário (...) (STJ; AgInt-REsp 1.705.385; Proc. 2014/0345411-3; SP; Terceira Turma; Rel. Min. Ricardo Villas Boas Cueva; Julg. 14/10/2019; DJE 17/10/2019)

É essencial apreciar a alegação de que a pessoa teria sido privada da capacidade civil durante o trâmite da interdição.

✓ PROCESSUAL CIVIL. (...) 2. No caso dos autos, o Tribunal de origem deixou de se manifestar sobre a alegação do recorrente de que teria sido privado de sua capacidade civil durante o trâmite da ação de interdição, circunstância que alteraria a contagem do prazo prescricional (...). (STJ; AgInt-AREsp 244.200; Proc. 2012/0217583-4; MS; Quarta Turma; Rel. Min. Antonio Carlos Ferreira; Julg. 27/05/2019; DJE 30/05/2019).

A falta de profícua instrução probatória causa nulidade.

✓ PROCESSUAL CIVIL. (..) I.V. No caso em apreço, à vista do regramento próprio da Ação de Interdição, impõe-se reconhecer como caracterizado o cerceamento de defesa, eis que empreendida a extinção do processo de forma prematura, sem ao menos apurar-se, por meio de profícua produção probatória, quais as condições e o atual estado de capacidade da Interditanda, a imprescindibilidade de que outrem pratique por ela atos da vida civil e em que medida a curatela deverá ser exercida. I.VI. Conquanto não se ignore que o Magistrado de Primeiro Grau registrou que 70% (setenta por cento) benefícios previdenciários dos Idosos são repassados, por força do que decidido nos autos da Ação Civil Pública de nº 0000812-12.2012.8.08.0038 à Instituição presidida pela Recorrente, tal circunstância não afasta, de forma peremptória, a eventual necessidade da Interdição da Recorrida, máxime porque também deverá ser averiguado, por meio de detida prova pericial, em que contexto a curatela se faz indispensável, analisando-se, inclusive, por meio de equipe multidisciplinar, qual a atual situação da Recorrida na Casa de Idosos, se possui alguma assistência familiar, até porque registrado à fl. 36 que ela possui um filho residente na Zona Rural, do Município de Boa Esperança, e em que medida realmente necessita que outros pratiquem eventuais atos de seu interesse. (...) (TJES; AC 0001576-51.2019.8.08.0038; Segunda Câmara Cível; Rel. Des. Namyr Carlos de Souza Filho; Julg. 06/10/2020; DJES 20/10/2020).

É vedada sentença de interdição genérica.

✓ PROCESSUAL CIVIL E CIVIL. AÇÃO DE INTERDIÇÃO. AUSÊNCIA DE IMPUGNAÇÃO AO PEDIDO POR MEIO DE ADVOGADO OU CURADOR ESPECIAL. NULIDADE. LAUDO GENÉRICO. (...) 3) O laudo pericial deverá indicar especificadamente os atos para os quais haverá necessidade de curatela, sendo, portanto, vedada a interdição genérica levada a efeito pelo juízo de origem (...) (TJAP; APL 0024853-22.2017.8.03.0001; Câmara Única; Relª Desª Sueli Pini; Julg. 30/04/2020; DJEAP 12/05/2020; Pág. 23).

Art. 755. Na sentença que decretar a interdição, o juiz:

I – nomeará curador, que poderá ser o requerente da interdição, e fixará os limites da curatela, segundo o estado e o desenvolvimento mental do interdito;

→ v. Art. 1.782 do CC/2002.

É cabível a nomeação de terceiro estranho à família como curador diante das peculiaridades do caso concreto.

✓ CIVIL. (...) Ação de interdição. Nomeação de terceiro estranho à família como curador. Possibilidade diante das peculiaridades do caso concreto. (...) Súmula nº 7, do STJ. Agravo conhecido para conhecer em parte do Recurso Especial e, nessa extensão, negar-lhe provimento. (STJ; AREsp 1.141.155; Proc. 2017/0181296-0; SP; Terceira Turma; Rel. Min. Moura Ribeiro; DJE 26/10/2017).

II – considerará as características pessoais do interdito, observando suas potencialidades, habilidades, vontades e preferências.

→ v. art. 1.772 do CC.

Há interesse de prolação de sentença de interdição mesmo quando o curatelando não possui bens.

✓ **APELAÇÃO CÍVEL. AÇÃO DE INTERDIÇÃO AJUIZADA EM FACE DA IRMÃ.** (...) Apelação do ministério público. Requer a extinção sem julgamento do mérito, na forma do art. 485, VI, do CPC, sob o argumento de que a requerida não tem bens e não incide a hipótese do art. 85 da Lei nº 13.146/2015. (...) A sentença não se olvidou da revogação do art. 3º do Código Civil com o advento do estatuto da pessoa com deficiência, levando em consideração primordialmente a conclusão do *expert* e o fato de a requerida sequer ter condição de outorgar uma procuração, premissa básica para que se habilitasse ao recebimento de benefício previdenciário junto ao INSS. Desta forma, embora a requerida não possua bens, não há que se falar em ausência de interesse processual da autora na demanda, eis que se depreende o interesse em requerer benefício previdenciário. (...) Nessa seara, embora a medida de interdição seja extraordinária, neste caso tem como escopo garantir a própria subsistência da interditanda, facilitando a obtenção do aludido benefício. Ademais, no caso de eventual obtenção do benefício, a interditanda precisará de auxílio com a administração dos seus rendimentos, que se reveste em caráter negocial. (....) Restou evidenciado o interesse processual da autora, e, por conseguinte, revela-se adequado o deferimento da interdição da requerida, "limitada aos atos relacionados aos direitos de natureza patrimonial e negocial, nos termos do art. 85, caput, da Lei nº 13.146/15", em atenção ao teor dos incisos I e II do art. 755 do CPC. Cuida-se de solução que protege a curatelada e garante a efetivação de seus direitos sem, contudo, desmerecer a sua dignidade e o necessário respeito à sua autonomia da vontade, conforme determinação expressa do art. 85, parágrafos 1º e 2ª do estatuto da pessoa com deficiência. (...). (TJRJ; APL 0000385-09.2014.8.19.0080; Rel. Des. Juarez Fernandes Folhes; DORJ 01/11/2018; Pág. 509)

✓ CIVIL E PROCESSUAL CIVIL AÇÃO DE INTERDIÇÃO. (...) 3. Não há que se falar em falta de interesse de agir quando o autor da demanda pretende a interdição de sua irmã alcoolista que se recusa a se submeter a tratamento para a dependência e vem se submetendo, há anos, a diversas situações graves que atentam, inclusive contra sua própria vida, devendo ser devidamente instruído o feito para averiguação da necessidade de ser procedida sua interdição, com consequente nomeação de curador. (...) (TJPR; ApCiv 1608527-1; Francisco Beltrão; Décima Segunda Câmara Cível; Relª Desª Ivanise Maria Tratz Martins; Julg. 13/12/2017; DJPR 24/01/2018; Pág. 318).

§ 1º A curatela deve ser atribuída a quem melhor possa atender aos interesses do curatelado.

→ *V.* Arts. 1.775 e 1.775-A do CC/2002.

Há preferência legal dos familiares, devendo ser nomeada a neta no lugar do curador.

✓ INTERDIÇÃO. Sentença de procedência com manutenção, em definitivo, do curador dativo. Insurgência da autora, neta da idosa, contra a nomeação do curador dativo. Acolhimento. Interesse recursal evidente. Preferência legal dos familiares, sem que lhe tenha sido dada oportunidade para contestar a negligência que lhe foi imputada. Artigos 1775 do CC e 761, § único do CPC. Insuficiência da demora em providenciar documentos, notadamente porque o curador dativo também teve dificuldades e sua manutenção implica onerosidade. Nomeação da neta determinada (...) (TJSP; AC 1059002-16.2016.8.26.0100; Ac. 12906326; São Paulo; Terceira Câmara de Direito Privado; Rel. Des. Carlos Alberto de Salles; Julg. 24/09/2019; DJESP 27/09/2019; Pág. 1720)

§ 2º Havendo, ao tempo da interdição, pessoa incapaz sob a guarda e a responsabilidade do interdito, o juiz atribuirá a curatela a quem melhor puder atender aos interesses do interdito e do incapaz.

§ 3º A sentença de interdição será inscrita no registro de pessoas naturais e imediatamente publicada na rede mundial de computadores, no sítio do tribunal a que estiver vinculado o juízo e na plataforma de editais do Conselho Nacional de Justiça, onde permanecerá por 6 (seis) meses, na imprensa local, 1 (uma) vez, e no órgão oficial, por 3 (três) vezes, com intervalo de 10 (dez) dias, constando do edital os nomes do interdito e do curador, a causa da interdição, os limites da curatela e, não sendo total a interdição, os atos que o interdito poderá praticar autonomamente.

→ *V.* Art. 9º, III, do CC/2002.

→ *V.* Arts. 29, V, 92, 93, 104 e 107 da Lei 6.015/1973.

Na sentença pode ser reconhecida a incapacidade absoluta com interdição plena,

✓ APELAÇÃO QUE DECLAROU A INCAPACIDADE ABSOLUTA DA INTERDITANDA, COM A DECRETAÇÃO DE INTERDIÇÃO E FIXAÇÃO DA CURATELA. Laudo que verificou a incapacidade da interditanda para todos os atos da sua vida civil Possibilidade de interdição (...) (TJSP, AC 1024665 60 2017 8 26 0554 Ac 14005351 Santo André Sétima Câmara de Direito Privado, Rel. Des Luiz Antonio Costa, Julg. 28/09/2020, DJESP 05/10/2020, Pág 1825).

✓ APELAÇÃO CÍVEL AÇÃO DE INTERDIÇÃO (...). 1 Em casos extremos (pessoas em estado de coma, pessoas em estado vegetativo e pessoas que, por qualquer motivo, não tenham condições de manifestar, minimamente e por qualquer meio, a própria vontade), decreta se a interdição plena, conduzindo se, indiretamente, à incapacidade civil absoluta. 2. O art. 85 da Lei n. 13.146/2015 deve ter interpretação conforme o Código Civil e a Constituição Federal, notadamente no que toca à dignidade da pessoa humana, a fim de que seja conferida a proteção integral ao incapaz, de modo que os poderes do curador sejam definidos de acordo com as necessidades do curatelado. 3. Patente o comprometimento da capacidade de autodeterminação do interditando, portador de Alzheimer e Afasia, devem ser atribuídos amplos poderes à curadora para representá-lo em todos os atos de sua vida, de natureza pessoal, patrimonial e negocial(...) *(TJDF; APC 07158.14-06.2018.8.07.0003; Ac. 125.4223; Quarta Turma Cível; Rel. Des. Sérgio Rocha; Julg. 03/06/2020; Publ. PJe 15/06/2020)*

Em sentido contrário: na sentença de interdição não pode ser reconhecida a incapacidade absoluta nem a interdição ampla,

✓ INTERDIÇÃO. Procedência. Requerida considerada parcialmente incapaz. Doença psíquica e drogadição. Que afeta a capacidade da ré em administrar seu patrimônio e realizar atos negociais. Interdição que deve se restringir apenas aos atos relacionados aos direitos de natureza patrimonial e negocial. Inteligência do art. 114 da Lei nº 13.146/2015. Incapacidade absoluta restrita aos menores de 16 anos. (...). (TJSP; AC 0006437-83.2018.8.26.0048; Ac. 14027305; Atibaia; Quinta Câmara de Direito Privado; Rel. Des. Moreira Viegas; Julg. 02/10/2020; rep. DJESP 21/10/2020; Pág. 2032).

✓ APELAÇÃO CÍVEL. (...) Com o advento da Lei Brasileira de Inclusão da Pessoa com Deficiência (nº 13.146/2015) e a revogação de dispositivos do Código Civil, não mais existe a figura do absolutamente incapaz maior de idade. A redação do artigo 4º, inciso III, do Código Civil, não deixa dúvidas de que eventual impedimento à expressão da vontade, ainda que permanente, não transforma o indivíduo em absolutamente incapaz, por isso mesmo, não permite que seja furtado do exercício próprio de seus direitos. 2. De fato, dúvidas não há que, descabe qualquer medida judicial voltada à interdição completa do curatelado para todos os atos da vida civil, seja pela clara redação do Código Civil, seja pela própria sistemática da Lei nº 13.146/2015 (Estatuto da Pessoa com Deficiência). 2.1. Nesse esteio, dispõe o art. 85 da Lei nº 13.146/2015 A curatela afetará tão somente os atos relacionados aos direitos de natureza patrimonial e negocial. 2.2. Portanto, a curatela passa a ser medida excepcional, voltada apenas para à realização de atos de natureza patrimonial e negocial, não mais havendo, tecnicamente, hipótese de interdição absoluta, mesmo para os casos de doenças incuráveis. 3. Sendo assim, restou adequado o provimento judicial que estabeleceu a curatela com poderes de efetiva representação do interditando para os atos de natureza patrimonial e negocial, a fim de suprir a impossibilidade de manifestação de vontade do curatelado. (...) (TJDF; APC 00013.08-03.2017.8.07.0003; Ac. 129.1006; Terceira Turma Cível; Rel. Des. Roberto Freitas; Julg. 06/10/2020; Publ. PJe 19/10/2020).

✓ APELAÇÃO CÍVEL. DIREITO CIVIL. INTERDIÇÃO. ESTATUTO DA PESSOA COM DEFICIÊNCIA. REGIME DE INCAPACIDADES. PESSOA MAIOR. INCAPACIDADE RELATIVA. CURATELA. LIMITES. MEDIDA EXCEPCIONAL. REPRESENTAÇÃO. ATOS DE NATUREZA NEGOCIAL E PATRIMONIAL. (...) 2. Com a entrada em vigor do Estatuto da Pessoa com Deficiência (Lei n. 13.146/2015 e a revogação de dispositivos do Código Civil, não mais existe a figura do absolutamente incapaz maior de idade. A curatela passa a ser, portanto, medida excepcional, voltada apenas para a realização de atos de natureza negocial ou patrimonial, não mais havendo, tecnicamente, hipóteses de interdição absoluta, mesmo para os casos de doenças incuráveis. 3. O papel de destaque conferido pela novel legislação à dignidade-liberdade, em detrimento da dignidade-vulnerabilidade, não deve guardar caráter absoluto. No caso vertente, em que demonstradas a absoluta falta de discernimento do indivíduo e a sua incapacidade para realização de atividades cotidianas e de autocuidado, o exercício da curatela com poderes de mera assistência não se revela suficiente à proteção dos interesses e necessidades do curatelado. 4. O Código de Processo Civil, em compasso com a legislação pertinente à matéria (Lei n. º 13.146/2015) estabelece que a fixação dos limites do exercício da curatela deve considerar as circunstâncias de cada caso, mormente no tocante ao estado mental do curatelado, suas habilidades e potencialidades, tornando possível a atribuição de poderes de representação ao curador. (...) (TJDF; Proc 07065.92-14.2018.8.07.0003; Rel. Des. Sandoval Oliveira; Julg. 22/04/2019; DJDFTE 25/04/2019)

✓ APELAÇÃO. (...) De resto, o art. 85, § 1º da Lei nº 13.146/2015 estabelece expressamente que a definição da curatela não alcança o direito ao próprio corpo, à sexualidade, ao matrimônio, à privacidade, à educação, à saúde, ao trabalho e ao voto., tal como reconhecido na sentença. Logo, não há como acolher o pedido subsidiário do apelante, para reformar a sentença, declarando se a incapacidade civil ampla do requerido, e decretando-lhe a interdição para todos os atos da vida civil. (...) (TJRS; AC 0079435.86.2018.8.21.7000; Porto Alegre; Oitava Câmara Cível; Rel. Des. Luiz Felipe Brasil Santos; Julg. 16/08/2018; DJERS 24/08/2018).

Em sentido intermediário: embora juridicamente seja relativamente incapaz, no plano fático a interditanda se apresenta como pessoa absolutamente incapaz para reger a vida patrimonial, sendo atribuído poder de representação à curadora.

✓ APELAÇÃO CÍVEL. INTERDIÇÃO. LIMITES DA CURATELA. (...) 2. A alteração introduzida na legislação civil pelo Estatuto da Pessoa com Deficiência (Lei n. 13.146/2015), a rigor, não alterou o princípio maior que rege o instituto da interdição, ou do processo que define os termos da curatela. Tanto como antes, é preciso continuar tendo em mente a proteção integral do incapaz, buscando resguardar sua dignidade humana, princípio constitucional balizador do próprio Estado Brasileiro. 3. Nos casos em que restar cabalmente demonstrada a inexistência de capacidade mental média de discernimento do interditando, ao curador deve ser concedido maiores poderes de ação em ordem à proteção integral do curatelado, no mínimo, recebendo poderes de representação, e não só de assistência, em algumas hipóteses, inclusive sob a esfera pessoal do necessitado, sob pena de inviabilizar o próprio exercício do múnus, o que somente prejudica o incapacitado. (...) 5. Diante das provas colhidas e do relatório médico apresentado, em razão da falta de discernimento da curatelada para a tomada de qualquer decisão, seja na esfera patrimonial seja na pessoal, conclui-se que a interdição não pode ficar restrita a aspectos exclusivamente patrimoniais. 6. Considerando a conclusão pericial de que a interditanda não possui capacidade de autodeterminação que lhe permita reger sua própria vida de forma autônoma e independente e ainda, tendo por intuito proteger sua dignidade como sujeito de direitos em condição de vulnerabilidade, o exercício da curatela deve ser ampliado para além da esfera patrimonial, abarcando também a esfera pessoal da curatelada. 7. Embora juridicamente seja relativamente incapaz, no plano fático a interditanda se apresenta como pessoa absolutamente incapaz para reger sua vida patrimonial e pessoal, o que se traduz numa incapacidade relativa que merece proteção especial, a impor que seja atribuído poder de representação à curadora para que represente a curatelada nos atos relacionados aos direitos de natureza patrimonial, negocial e também pessoal, a fim de suprir a impossibilidade de manifestação de vontade da incapaz. (...) (TJDF; APC 07070.94-50.2018.8.07.0003; Ac. 122.2903; Sexta Turma Cível; Rel. Des. Alfeu Machado; Julg. 11/12/2019; Publ. PJe 23/01/2020)

Art. 756. Levantar-se-á a curatela quando cessar a causa que a determinou.

§ 1º O pedido de levantamento da curatela poderá ser feito pelo interdito, pelo curador ou pelo Ministério Público e será apensado aos autos da interdição.

O rol do art. 756 § 1º não é taxativo.

✓ CIVIL. PROCESSUAL CIVIL. AÇÃO DE LEVANTAMENTO DE CURATELA. (...) 2- O propósito recursal é definir se o rol de legitimados para o ajuizamento da ação de levantamento da curatela é taxativo ou se é admissível a propositura da referida ação por outras pessoas não elencadas no art. 756, §1º, do CPC/15. (...). 4- O art. 756, §1º, do CPC/15, ampliou o rol de legitimados para o ajuizamento da ação de levantamento da curatela previsto no art. 1.186, §1º, do

CPC/73, a fim de expressamente permitir que, além do próprio interdito, também o curador e o Ministério Público sejam legitimados para o ajuizamento dessa ação, acompanhando a tendência doutrinária que se estabeleceu ao tempo do código revogado. 5- Além daqueles expressamente legitimados em Lei, é admissível a propositura da ação por pessoas qualificáveis como terceiros juridicamente interessados em levantar ou modificar a curatela, especialmente àqueles que possuam relação jurídica com o interdito, devendo o art. 756, §1º, do CPC/15, ser interpretado como uma indicação do legislador, de natureza não exaustiva, acerca dos possíveis legitimados. (...) (STJ; REsp 1.735.668; Proc. 2018/0086544-0; MT; Terceira Turma; Relª Minª Nancy Andrighi; Julg. 11/12/2018; DJE 14/12/2018; Pág. 1965)

§ 2º O juiz nomeará perito ou equipe multidisciplinar para proceder ao exame do interdito e designará audiência de instrução e julgamento após a apresentação do laudo.

§ 3º Acolhido o pedido, o juiz decretará o levantamento da interdição e determinará a publicação da sentença, após o trânsito em julgado, na forma do art. 755, § 3º, ou, não sendo possível, na imprensa local e no órgão oficial, por 3 (três) vezes, com intervalo de 10 (dez) dias, seguindo-se a averbação no registro de pessoas naturais.

§ 4º A interdição poderá ser levantada parcialmente quando demonstrada a capacidade do interdito para praticar alguns atos da vida civil.

✓ É imprescindível a realização de criterioso exame pericial para se concluir pela cessação (ou não) da causa da curatela. AGRAVO DE INSTRUMENTO. LEVANTAMENTO DE INTERDIÇÃO. (...) 4) Apesar de ser possível o levantamento parcial da interdição quando demonstrada a capacidade do interdito para praticar alguns atos da vida civil (CPC, art. 756 §4º), é imprescindível a realização de criterioso exame pericial para que se conclua pela cessação (ou não) da causa que determinou a curatela e, se for o caso, autorizar o seu levantamento (CPC, art. 756). (TJES; AI 0003020-81.2018.8.08.0062; Terceira Câmara Cível; Relª Desª Eliana Junqueira Munhos Ferreira; Julg. 18/06/2019; DJES 28/06/2019)

Desnecessidade de laudo por junta médica

✓ APELAÇÃO CÍVEL. Ação de levantamento de interdição. Insurgência da apelante quanto ao laudo pericial realizado nos presentes autos por um único médico, enquanto na ação de interdição foi realizado por uma junta médica. Desnecessidade de realização de laudo por junta médica. Inteligência do artigo 756, do NCPC. Insurgência da apelante com relação à guarda dos menores, filhos da apelada, que estavam sob sua guarda em razão da nomeação como curadora. Ajuizamento de ação visando reversão da guarda. Alegação de que os menores são negligenciados pela genitora, ora apelada. Questão que deve ser discutido em autos próprios, e não na ação de interdição. (...) (TJPR; ApCiv 1667091-0; Londrina; Décima Primeira Câmara Cível; Rel. Des. Sigurd Roberto Bengtsson; Julg. 11/10/2017; DJPR 08/11/2017).

Art. 757. A autoridade do curador estende-se à pessoa e aos bens do incapaz que se encontrar sob a guarda e a responsabilidade do curatelado ao tempo da interdição, salvo se o juiz considerar outra solução como mais conveniente aos interesses do incapaz.

Art. 758. O curador deverá buscar tratamento e apoio apropriados à conquista da autonomia pelo interdito.

→ *v.* Art. 1.776 do CC/2002.

Descabimento de que a sentença condicione a interdição à prática de constelação familiar.

✓ APELAÇÃO CÍVEL. DIREITO CIVIL. PESSOAS NATURAIS. CAPACIDADE. Ação de interdição. Sentença de parcial procedência. Inconformismo do réu, na figura de sua curadora especial designada para defender seus interesses, a qual pretende condicionar a interdição à prática de Constelação Familiar em prol da aplicação do Direito Sistêmico. Pretensão recursal de caráter mandamental que transcende os limites da tutela jurisdicional. Exegese do artigo 758 do Código de Processo Civil. Sentença mantida por seus próprios fundamentos. (...) (TJSP; AC 1001260-89.2019.8.26.0597; Ac. 13244388; Sertãozinho; Segunda Câmara de Direito Privado; Rel. Des. José Carlos Ferreira Alves; Julg. 23/01/2020; DJESP 03/02/2020; Pág. 2081)

A pretensão de impor à esposa tratamento médico com possível internação demanda sua prévia interdição.

✓ APELAÇÃO. OBRIGAÇÃO DE FAZER. IMPOSIÇÃO DE TRATAMENTO MÉDICO. Impossibilidade. Direitos da personalidade. Reforma psiquiátrica. Excepcionalidade da medida. Manutenção da sentença. (...). Enfim, se a personalidade jurídica implica no reconhecimento de uma proteção avançada e fundamental a toda e qualquer pessoa humana, em contrapartida, existem determinados grupos de pessoas que, por motivos diversos incapacitantes, como a falta de discernimento ou enfermidade, não podem exercer determinados atos patrimoniais sem a assistência ou representação de terceiro. Nesse cenário, nasce a curatela, encargo imposto a uma pessoa natural para cuidar e proteger uma pessoa maior de idade que não pode se autodeterminar patrimonialmente por conta de uma incapacidade. É, portanto, uma forma de proteção a alguém que, embora maior de idade, não possui plena capacidade jurídica, pois falta-lhe capacidade de fato. A curatela exsurge, portanto, como encargo público, imposto por Lei, por meio do procedimento previsto no art. 1.177 e seguintes do cpc73, artigos 747 a 758 do novo código de processo civil, a alguém para reger e defender uma pessoa e administrar os bens de maiores que, por si sós, não estão em condições de fazê-lo, em regra, em razão de enfermidade ou deficiência mental. Com a decretação da interdição, caberia ao curador adotar as providências necessárias para que o incapaz conquiste sua autonomia, recupere plenamente a sua capacidade, além de garantir o direito à convivência familiar e comunitária, como prevê o art. 1.777 do Código Civil. Para tanto, a autoridade do curador estende-se à pessoa e aos bens do curatelado e dos incapazes que estejam sob a guarda e responsabilidade dele, como dispõe o art. 757 do novo código de processo civil. Trata-se de uma extensão da curatela sobre os incapazes que estão sob a responsabilidade do curatelado, medida que pode ser limitada pelo juízo. In casu, contudo, o demandante, como sublinhou o juízo de 1ª instância, não promoveu ação de interdição, mas persegue a submissão de sua esposa a tratamento médico de forma compulsória, com possibilidade de internação, às próprias expensas, nos termos da Lei nº 10.216/01, a Lei da reforma psiquiátrica. Nesse passo, como frisou o juízo a quo, de fato, a pretensão do demandante requer a prévia interdição da demandada, porquanto, carece de lógica a imposição de tratamento médico sob o argumento de que a parte ré padece de enfermidade mental que compromete seu discernimento sem que seja oferecido curador e limitada a prática de atos da vida civil. Por outro lado, como se depreende da Lei brasileira de inclusão da pessoa com deficiência, a Lei nº 13.146/15, o reconhecimento da incapacidade civil não impede a concretização de atos relacionados aos direitos existenciais, ex vi do art. 6 da referida norma, encontrando-se, decerto, entre eles, o direito de buscar ou não assistência médica. Mas não é só. Conhecida como a Lei da reforma psiquiátrica, a Lei nº 10.216/01 surgiu em nosso país após propostas de transformação do modelo psiquiátrico clássico que tiveram início nos anos 70 e se intensificaram com o processo de redemocratização, cujo ápice se deu nos anos 80. (...) Assim, malgrado a referida norma preveja a internação involuntária, além da compulsória, medidas que prescindem da anuência do sujeito com sofrimento psíquico, tal diploma também prevê a excepcionalidade de ambas, um novo paradigma de cuidado em oposição à lógica manicomial, incompatível com a perspectiva periculosista na qual o indivíduo é encarado tão somente como um objeto de intervenção estatal, de cura ou contenção. Deixa-se de lado, nessa conjuntura, a doença atomizada, o indivíduo não é caracterizado pela enfermidade, havendo um processo de cidadanização do sujeito com sofrimento psíquico, percebendo-se o usuário do sistema de saúde mental como sujeito de direitos, cuja participação é imprescindível no curso no processo terapêutico, o que, frise-se, não se coaduna, num primeiro momento, com a imposição coercitiva de qualquer tratamento(...) (TJRJ; APL 0016207-44.2012.8.19.0036; Nilópolis; Terceira Câmara Cível; Relª Desª Renata Machado Cotta; DORJ 13/04/2018; Pág. 283)

É inviável cumular os pedidos de interdição e internação compulsória na mesma ação.

✓ AGRAVO. DIREITO PROCESSUAL CIVIL. FAMÍLIA. AÇÃO INTERDIÇÃO. CURATELA PROVISÓRIA. CUMULAÇÃO DE PEDIDOS. IMPOSSIBILIDADE. Não apresentado qualquer argumento novo capaz de modificar o decisum recorrido, mantém-se a deliberação monocrática. A interdição é ação de procedimento especial, previsto nos arts. 747 a 758 do NCPC, portanto, inadmissível a adoção do rito ordinário, pois o procedimento especial tem caráter obrigatório, o que impede a cumulação do pedido de interdição (procedimento especial) e do pedido de internação compulsória (procedimento ordinário) numa mesma ação. (...) (TJRS; AG 0270135-53.2017.8.21.7000; Porto Alegre; Oitava Câmara Cível; Relª Desª Liselena Schifino Robles Ribeiro; Julg. 05/10/2017; DJERS 09/10/2017)

Seção X
Disposições Comuns à Tutela e à Curatela

Art. 759. O tutor ou o curador será intimado a prestar compromisso no prazo de 5 (cinco) dias contado da:

I – nomeação feita em conformidade com a lei;

II – intimação do despacho que mandar cumprir o testamento ou o instrumento público que o houver instituído.

§ 1º O tutor ou o curador prestará o compromisso por termo em livro rubricado pelo juiz.

§ 2º Prestado o compromisso, o tutor ou o curador assume a administração dos bens do tutelado ou do interditado.

Os sucessores da curatelada são legitimados para exigir contas da administração da curadora.

✓ AÇÃO DE EXIGIR CONTAS. Primeira fase. Determinação para que sejam prestadas contas desde a data em que a recorrente firmou compromisso como curadora provisória da interdita até os dias atuais, na medida em que desde então administra o patrimônio da curatelada, sua genitora. Aplicação conjunta dos artigos 553, e 759, § 2º, do CPC. Pedido de prestação de contas que pode ser formulado por qualquer interessado. Legitimidade ativa dos sucessores da curatelada para exigir contas da administração da curadora. Precedentes deste E. Tribunal. (...) (TJSP; AI 2067356-51.2018.8.26.0000; Ac. 12699344; Taquaritinga; Nona Câmara de Direito Privado; Relª Desª Angela Lopes; Julg. 15/03/2012; rep. DJESP 06/08/2019; Pág. 1896)

Art. 760. O tutor ou o curador poderá eximir-se do encargo apresentando escusa ao juiz no prazo de 5 (cinco) dias contado:

→ v. Art. 1.738 do CC/2002.

I – antes de aceitar o encargo, da intimação para prestar compromisso;

II – depois de entrar em exercício, do dia em que sobrevier o motivo da escusa.

§ 1º Não sendo requerida a escusa no prazo estabelecido neste artigo, considerar-se-á renunciado o direito de alegá-la.

§ 2º O juiz decidirá de plano o pedido de escusa, e, não o admitindo, exercerá o nomeado a tutela ou a curatela enquanto não for dispensado por sentença transitada em julgado.

→ v. Art. 1.739 do CC/2002.

Art. 761. Incumbe ao Ministério Público ou a quem tenha legítimo interesse requerer, nos casos previstos em lei, a remoção do tutor ou do curador.

→ v. Arts. 1.735 e 1.766 do CC/2002.

→ v. Art. 201, III e IV, do ECA.

Parágrafo único. O tutor ou o curador será citado para contestar a arguição no prazo de 5 (cinco) dias, findo o qual observar-se-á o procedimento comum.

A falta de oportunidade de contestar enseja nulidade.

✓ AGRAVO DE INSTRUMENTO. PROCESSUAL. DECISÃO ANULADA DESCUMPRIMENTO DO PROCEDIMENTO PROCESSUAL ADEQUADO PARA A REMOÇÃO DO CURADOR PROVISÓRIO PREVISTO NO

PARAGRAFO ÚNICO DO ART 761 DO CPC. Violação do contraditório e ampla defesa. (...) (TJSP; AI 2257633-87.2019.8.26.0000; Ac. 13420087; São Paulo; Quinta Câmara de Direito Privado; Rel. Des. Moreira Viegas; Julg. 19/03/2020; DJESP 02/04/2020; Pág. 2780)

O pedido de remoção de curador deve ser deduzido em ação autônoma.

✓ AGRAVO DE INSTRUMENTO. INTERDIÇÃO. DECISÃO QUE DETERMINA A REMOÇÃO DO CURADOR, SOB A JUSTIFICATIVA DE QUE ESTE NÃO ESTARIA EFETUANDO O PAGAMENTO DAS CONTAS PERTINENTES AO LAR DO CURATELADO. Irresignação. Acolhimento. Não observância do contraditório. Hipóteses de destituição de curador não configuradas (arts. 1.774 e 1.776 do Código Civil). Remoção, ademais, que desafia a propositura de ação autônoma (art. 761 do CPC). Precedentes. Inexistência de caso de extrema gravidade a justificar a suspensão da curatela, sem o ajuizamento de ação própria (art. 762 do CPC). (...) (TJSP; AI 2045903-63.2019.8.26.0000; Ac. 13176973; Taquaritinga; Sétima Câmara de Direito Privado; Rel. Des. Rômolo Russo; Julg. 12/12/2019; DJESP 17/12/2019; Pág. 1821)

Art. 762. Em caso de extrema gravidade, o juiz poderá suspender o tutor ou o curador do exercício de suas funções, nomeando substituto interino.

Substituição do curador nas hipóteses cabíveis.

✓ AÇÃO DE MEDIDA DE PROTEÇÃO. SUBSTITUIÇÃO DE CURADOR. INTERESSE DO INCAPAZ. (...) 2. A substituição do curador se mostra necessária quando o estudo social revela situação de risco vivenciada pelo incapaz, devendo ser mantida a curadora nomeada, até que venham aos autos maiores elementos que esclareçam melhor os fatos narrados na peça inicial. 3. A escolha do curador deve ser focalizada somente no interesse do incapaz, e não no interesse ou conveniência de pessoas da família. (...) (TJRS; AI 0093307-03.2020.8.21.7000; Rel. Des. Sérgio Fernando de Vasconcellos Chaves; Julg. 26/11/2020; DJERS 01/12/2020)

✓ AGRAVO DE INSTRUMENTO. DIREITO CIVIL. AÇÃO DE INTERDIÇÃO. CURATELA PROVISÓRIA. ALEGAÇÃO DE AUSÊNCIA DE CONDIÇÕES DO CURADOR PARA EXERCER O ENCARGO. NECESSIDADE DE DILAÇÃO PROBATÓRIA. (...) 2. A remoção ou substituição do curador provisório deve ser lastreada em elementos seguros que indiquem de maneira clara que o atual curador não exerce adequadamente o munus que lhe compete em franco prejuízo ao curatelado. 3. Alegações de que o curador nomeado não está exercendo com zelo o encargo, dilapidando o patrimônio do interditando e lhe causando danos físico e morais, exige a adequada instrução nos autos para se aferir com adequada precisão a alegada inaptidão do curador nomeado para o exercício da curatela. (...) (TJDF; Rec 07212.62-95.2020.8.07.0000; Rel. Des. Arquibaldo Carneiro Portela; Julg. 29/10/2020; Publ. PJe 23/11/2020)

Art. 763. Cessando as funções do tutor ou do curador pelo decurso do prazo em que era obrigado a servir, ser-lhe-á lícito requerer a exoneração do encargo.

§ 1º Caso o tutor ou o curador não requeira a exoneração do encargo dentro dos 10 (dez) dias seguintes à expiração do termo, entender-se-á reconduzido, salvo se o juiz o dispensar.

§ 2º Cessada a tutela ou a curatela, é indispensável a prestação de contas pelo tutor ou pelo curador, na forma da lei civil.

Falecido o curatelado, o direito à prestação de contas passa a ser titularizado pelo espólio.

✓ RECURSO ESPECIAL. AÇÃO DE PRESTAÇÃO DE CONTAS AJUIZADA MEDIANTE REPRESENTAÇÃO POR CURADOR PROVISÓRIO. MORTE DO INTERDITANDO NO CURSO DA AÇÃO DE INTERDIÇÃO. EXTINÇÃO DA AÇÃO DE PRESTAÇÃO DE CONTAS SEM EXAME DE MÉRITO. INADMISSIBILIDADE. SUBSTITUIÇÃO DO POLO ATIVO PELO ESPÓLIO. 1. A representação do interditando por seu curador provisório, assim nomeado dentro do poder geral de cautela do juiz, visa suprir a incapacidade postulatória, que não se confunde com a capacidade de ser titular de direitos. 2. Embora a morte do interditando acarrete a extinção da ação de interdição sem julgamento de mérito, dada sua natureza personalíssima, com a cassação da liminar que nomeara curador provisório, isso não implica igual extinção da ação de prestação de contas, pois o direito nesta tutelado e titularizado pelo interditando passa, com sua morte, a ser titularizado pelo espólio (...) (STJ; REsp 1.444.677; Proc. 2012/0062398-2; SP; Terceira Turma; Rel. Min. João Otávio de Noronha; DJE 09/05/2016).

A obrigação de prestar contas independe de indícios de dilapidação patrimonial.

✓ AGRAVO DE INSTRUMENTO. CURATELA. PRESTAÇÃO DE CONTAS. OBRIGATORIEDADE. Uma vez instituída a curatela em benefício de pessoa incapaz, o curador passa a ter obrigação legal de prestar contas de sua gestão. Art. 1.755, do CC, e art. 763, do CPC. Obrigação de prestar contas que independe da existência de indícios de dilapidação patrimonial. (...) (TJSP; AI 2169323-71.2020.8.26.0000; Ac. 13990310; São José do Rio Preto; Oitava Câmara de Direito Privado; Rel. Des. Alexandre Coelho; Julg. 23/09/2020; DJESP 30/09/2020; Pág. 2544)

A prestação de contas do curador deve ser objeto de incidente apenso aos autos da interdição.

✓ CONFLITO NEGATIVO DE COMPETÊNCIA. PEDIDO DE ALVARÁ JUDICIAL. PREVENÇÃO POR CONEXÃO COM ANTERIOR AÇÃO DE INTERDIÇÃO. Ocorrência. Exegese dos artigos 61 do CPC. Relação de acessoriedade evidente. Munus do curador que se sujeita à fiscalização do Juiz da interdição. Inteligência dos arts. 1.774, C.C. 1.741, 1.746, 1.752, do CC, 759, § 2º e 763, § 2º, do CPC. Art. 553 do CPC, ademais, que prevê a prestação de contas do curador em incidente apenso aos autos da interdição. (...) (TJSP; CC 0016710-03.2020.8.26.0000; Ac. 13855927; Palmeira d`Oeste; Câmara Especial; Rel. Des. Xavier de Aquino; Julg. 13/08/2020; DJESP 14/09/2020; Pág. 3117).

Seção XI
Da Organização e da Fiscalização das Fundações

Art. 764. O juiz decidirá sobre a aprovação do estatuto das fundações e de suas alterações sempre que o requeira o interessado, quando:

I – ela for negada previamente pelo Ministério Público ou por este forem exigidas modificações com as quais o interessado não concorde;

II – o interessado discordar do estatuto elaborado pelo Ministério Público.

→ *V.* Arts. 66 a 68 do CC/2002.

§ 1º O estatuto das fundações deve observar o disposto na Lei n. 10.406, de 10 de janeiro de 2002 (Código Civil).

§ 2º Antes de suprir a aprovação, o juiz poderá mandar fazer no estatuto modificações a fim de adaptá-lo ao objetivo do instituidor.

Aplicação de outras medidas que não a extinção de Fundação.

✓ APELAÇÃO CÍVEL. AÇÃO CIVIL PÚBLICA DE EXTINÇÃO DE FUNDAÇÃO EDUCACIONAL. OMISSÃO DOS DIRIGENTES EM PRESTAR CONTAS. DESCOMPASSO ENTRE AS RECEITAS E DESPESAS DA ENTIDADE. MERA IRREGULARIDADE ADMINISTRATIVA QUE NÃO CAUSA A EXTINÇÃO. ART. 69 DO CÓDIGO CIVIL E ART. 1.204 DO CÓDIGO DE PROCESSO CIVIL. DESCUMPRIMENTO PASSÍVEL DE OUTRAS MEDIDAS JUDICIAIS, COMO A OBRIGAÇÃO DE FAZER DE PRESTAR CONTAS. 1. A omissão dos dirigentes em prestar contas ao Ministério Público configura, tão somente, causa de irregularidade no funcionamento da fundação, sendo passível de adoção de medida judicial de prestação de contas. 2. Contudo, a extinção da fundação somente poderá se dar quando constatada uma das causas previstas no art. 765 do novo Código de Processo Civil, com redação anterior dada pelo art. 1.204 do CPC/73, ou do art. 69 do Código Civil. (...) (TJPR; ApCiv 1695593-0; Ponta Grossa; Quinta Câmara Cível; Rel. Des. Nilson Mizuta; Julg. 29/08/2017; DJPR 18/09/2017; Pág. 131)

Art. 765. Qualquer interessado ou o Ministério Público promoverá em juízo a extinção da fundação quando:

As fundações públicas de direito privado não fazem jus à isenção das custas processuais

✓ No ordenamento jurídico brasileiro, existem três tipos de fundação, quais sejam: fundação de direito privado, instituída por particulares; fundações públicas de direito privado, instituídas pelo Poder Público; e fundações públicas de direito público, que possuem natureza jurídica de autarquia. O art. 5º, IV, do Decreto Lei n. 200/1967, com a redação conferida pela Lei n. 7.596/1987, define fundação pública como "entidade dotada de personalidade jurídica de direito privado, sem fins lucrativos, criada em virtude de uma autorização legislativa, para desenvolvimento de atividades que não exijam execução por órgãos ou entidades de direito público, com autonomia administrativa, patrimônio próprio gerido pelos respectivos órgãos de direção, e funcionamento custeado por recursos da União e de outras fontes". Contudo, o Supremo Tribunal Federal entende que "nem toda fundação instituída pelo Poder Público é fundação de direito privado. As fundações, instituídas pelo Poder Público, que assumem a gestão do serviço estatal e se submetem a regime administrativo previsto, nos Estados membros, por leis estaduais, são fundações de direito público. Tais fundações são espécie do gênero autarquia, aplicando-se a elas a vedação a que alude o § 2º do art. 99 da Constituição Federal". Em idêntica compreensão acenam os julgados realizados por esta Corte, compreendendo a coexistência, no ordenamento jurídico, de fundações públicas de direito público e fundações públicas de direito privado.Com efeito, a premissa é de que são pessoas jurídicas de direito público a União, os Estados, os Municípios, o Distrito Federal, as autarquias e as fundações públicas, leia-se, de direito público, "excluindo-se, portanto, as pessoas jurídicas de direito privado da Administração Pública Indireta: sociedades de economia mista, empresas públicas e fundações" – estas, fundações públicas de direito privado. As fundações públicas de direito público são criadas por lei específica, também chamadas de "fundações autárquicas". Em se tratando de fundações públicas de direito privado, uma lei específica deve ser editada autorizando que o Poder Público crie a fundação. No que se refere às custas processuais, a isenção é devida tão somente às entidades com personalidade de direito público. Dessa forma, para as Fundações Públicas receberem tratamento semelhante ao conferido aos entes da Administração Direta é necessária natureza jurídica de direito público, que se adquire no momento de sua criação, decorrente da própria lei (STJ, Informativo n. 676, REsp 1.409.199-SC, Rel. Min. Luis Felipe Salomão, Quarta Turma, por unanimidade, julgado em 10/03/2020, DJe 04/08/2020).

Necessária demonstração da causa para extinção da fundação.

✓ APELAÇÃO. Ação Civil Pública. Extinção de Fundação. Hipóteses previstas taxativamente no artigo 69 do Código Civil. Ausência de demonstração, neste momento, de inviabilidade de manutenção da associação, ilicitude do objeto ou fim do prazo de vigência. Extinção pautada na deterioração do patrimônio que se mostra prematura. (...) (TJSP; AC 1003127-61.2019.8.26.0066; Ac. 14207316; Barretos; Nona Câmara de Direito Privado; Rel. Des. Rogério Murillo Pereira Cimino; Julg. 03/12/2020; DJESP 10/12/2020; Pág. 1456).

A omissão em prestar contas ao Ministério Público configura somente causa de irregularidade.

✓ APELAÇÃO CÍVEL. AÇÃO CIVIL PÚBLICA DE EXTINÇÃO DE FUNDAÇÃO EDUCACIONAL. OMISSÃO DOS DIRIGENTES EM PRESTAR CONTAS. DESCOMPASSO ENTRE AS RECEITAS E DESPESAS DA ENTIDADE. MERA IRREGULARIDADE ADMINISTRATIVA QUE NÃO CAUSA A EXTINÇÃO. ART. 69 DO CÓDIGO CIVIL E ART. 1.204 DO CÓDIGO DE PROCESSO CIVIL. DESCUMPRIMENTO PASSÍVEL DE OUTRAS MEDIDAS JUDICIAIS, COMO A OBRIGAÇÃO DE FAZER DE PRESTAR CONTAS. 1. A omissão dos dirigentes em prestar contas ao Ministério Público configura, tão somente, causa de irregularidade no funcionamento da fundação, sendo passível de adoção de medida judicial de prestação de contas. 2. Contudo, a extinção da fundação somente poderá se dar quando constatada uma das causas previstas no art. 765 do novo Código de Processo Civil, com redação anterior dada pelo art. 1.204 do CPC/73, ou do art. 69 do Código Civil. (...) (TJPR; ApCiv 1695593-0; Ponta Grossa; Quinta Câmara Cível; Rel. Des. Nilson Mizuta; Julg. 29/08/2017; DJPR 18/09/2017; Pág. 131).

I – se tornar ilícito o seu objeto;

II – for impossível a sua manutenção;

Irregularidade na constituição e paralisação de atividades fazem concluir que a finalidade visada pela fundação se tornou impossível.

✓ DIREITO CIVIL E PROCESSUAL CIVIL. AÇÃO DE EXTINÇÃO DE FUNDAÇÃO PRIVADA. (...) 3. Da análise do contexto fático-probatório, denota-se que a fundação ré apelada foi constituída de forma irregular, uma vez não cumpriu os requisitos para a sua criação, além de não estar desenvolvendo qualquer espécie de atividade, conforme certidão de fls. 2391, datada de 05 de abril de 2019. Por outro lado, a fundação ré não trouxe aos autos indícios mínimos a demonstrar a atual e constante busca de parcerias para manter a execução de sua finalidade social, ônus que lhe incumbia, a teor do art. 373, II, do CPC. 4. Desse modo, conclui-se que a finalidade visada pela fundação tornou-se impossível, impondo-se a sua extinção, na forma do art. 69 do Código Civil e do art. 765 do CPC, devendo seu patrimônio ser incorporado em outra fundação que se proponha a fim igual ou semelhante, nos termos do art. 63 do CC. (...) (TJCE; AC 0000195-93.2008.8.06.0120; Terceira Câmara de Direito Privado; Relª Desª Lira Ramos de Oliveira; DJCE 01/12/2020; Pág. 182)

O não atingimento de finalidades e a inviabilidade financeira tornam impossível a manutenção da fundação.

✓ APELAÇÃO CÍVEL. AÇÃO DE EXTINÇÃO DA FUNDAÇÃO DOS TRABALHADORES DO ESTALEIRO VEROLME. (...) Pretensão recursal não acolhida. Prestação de contas imposta à fundação privada (accountability) que não se confunde com outras modalidades previstas no direito brasileiro. Criação da fundação no ano de 1993. Ausência de prestação de contas ao ministério público desde o longínquo ano de 1994, tendo sido a fundação criada em 1993, à exceção do isolado ano de 2005, ocasião em que mesmo assim ostentou diversas irregularidades. Documentação apresentada somente em fase recursal. Indevida inovação no curso processual. Fatos que já eram do conhecimento da recorrente ao tempo em que apresentou sua contestação. Ampla defesa regularmente nos presentes autos. Insuficiente demonstração do efetivo exercício das atividades pela fundação. Não comprovada a realização dos eventos alegados. Finalidades definidas na escritura pública de constituição da fundação não atingidas. Inviabilidade financeira. Movimentação bancária não compatível com as atividades que deveriam ser desenvolvidas pela entidade. Impossibilidade de manutenção constatada extinção nos termos do artigo 765, inciso II, do código de processo civil, (...) (TJRJ; APL 0005320-71.2010.8.19.0003; Angra dos Reis; Quinta Câmara Cível; Relª Desig. Desª Maria da Glória Oliveira Bandeira de Mello; DORJ 07/12/2018; Pág. 274).

III – vencer o prazo de sua existência.

→ V. Art. 69 do CC/2002.

Seção XII
Da Ratificação dos Protestos Marítimos e dos Processos Testemunháveis Formados a Bordo

Art. 766. Todos os protestos e os processos testemunháveis formados a bordo e lançados no livro Diário da Navegação deverão ser apresentados pelo comandante ao juiz de direito do primeiro porto, nas primeiras 24 (vinte e quatro) horas de chegada da embarcação, para sua ratificação judicial.

Art. 767. A petição inicial conterá a transcrição dos termos lançados no livro Diário da Navegação e deverá ser instruída com cópias das páginas que contenham os termos que serão ratificados, dos documentos de identificação do comandante e das testemunhas arroladas, do rol de tripulantes, do documento de registro da embarcação e, quando for o caso, do manifesto das cargas sinistradas e a qualificação de seus consignatários, traduzidos, quando for o caso, de forma livre para o português.

Art. 768. A petição inicial deverá ser distribuída com urgência e encaminhada ao juiz, que ouvirá, sob compromisso a ser prestado no mesmo dia, o comandante e as testemunhas em número mínimo de 2 (duas) e máximo de 4 (quatro), que deverão comparecer ao ato independentemente de intimação.

§ 1º Tratando-se de estrangeiros que não dominem a língua portuguesa, o autor deverá fazer-se acompanhar por tradutor, que prestará compromisso em audiência.

§ 2º Caso o autor não se faça acompanhar por tradutor, o juiz deverá nomear outro que preste compromisso em audiência.

Art. 769. Aberta a audiência, o juiz mandará apregoar os consignatários das cargas indicados na petição inicial e outros eventuais interessados, nomeando para os ausentes curador para o ato.

Art. 770. Inquiridos o comandante e as testemunhas, o juiz, convencido da veracidade dos termos lançados no Diário da Navegação, em audiência, ratificará por sentença o protesto ou o processo testemunhável lavrado a bordo, dispensado o relatório.

Parágrafo único. Independentemente do trânsito em julgado, o juiz determinará a entrega dos autos ao autor ou ao seu advogado, mediante a apresentação de traslado.

LIVRO II
DO PROCESSO DE EXECUÇÃO

TÍTULO I
Da Execução Em Geral

Capítulo I
DISPOSIÇÕES GERAIS

Art. 771. Este Livro regula o procedimento da execução fundada em título extrajudicial, e suas disposições aplicam-se, também, no que couber, aos procedimentos especiais de execução, aos atos executivos realizados no procedimento de cumprimento de sentença, bem como aos efeitos de atos ou fatos processuais a que a lei atribuir força executiva.

Aplicação da averbação prevista no art. 782 à execução fiscal

✓ A previsão do § 5º do art. 782 do CPC/2015 de que o disposto nos §§ 3º e 4º do mesmo dispositivo legal aplica-se à execução definitiva de título judicial não constitui vedação à utilização nos executivos fiscais. A norma não prevê tal restrição e deve ser interpretada de forma a dar ampla efetividade à tutela executiva, especialmente quando o credor é o Estado e, em última análise, a própria sociedade. Inteligência dos arts. 1º da Lei 6.830/1980 e 771 do CPC/2015. (REsp 1827340/RS, Rel. Ministro Herman Benjamin, Segunda Turma, julgado em 17/09/2019, DJe 11/10/2019)

Parágrafo único. Aplicam-se subsidiariamente à execução as disposições do Livro I da Parte Especial.

→ v. Enunciado 116 do CJF: Aplica-se o art. 219 do CPC na contagem dos prazos processuais previstos na Lei n. 6.830/1980.

Possibilidade de execução de parcelas vincendas periódicas

✓ DIREITO PROCESSUAL CIVIL. RECURSO ESPECIAL. AÇÃO DE EXECUÇÃO DE TÍTULO EXECUTIVO EXTRAJUDICIAL. DÉBITOS CONDOMINIAIS. INCLUSÃO DAS COTAS CONDOMINIAIS VINCENDAS. POSSIBILIDADE. (...) 3. O propósito recursal é definir se, à luz das disposições do CPC/2015, é válida a pretensão do condomínio exequente de ver incluídas, em ação de execução de título executivo extrajudicial, as parcelas vincendas no débito exequendo, até o cumprimento integral da obrigação do curso do processo. 4. O art. 323 do CPC/2015, prevê que, na ação que tiver por objeto cumprimento de obrigação em prestações sucessivas, essas serão consideradas incluídas no pedido, independentemente de declaração expressa do autor, e serão incluídas na condenação, enquanto durar a obrigação, se o devedor, no curso do processo, deixar de pagá-las ou de consigná-las. 5. A despeito de referido dispositivo legal ser indubitavelmente aplicável aos processos de conhecimento, tem-se que deve se admitir a sua aplicação, também, aos processos de execução. 6. O art. 771 do CPC/2015, na parte que regula o procedimento da execução fundada em título executivo extrajudicial, admite a aplicação subsidiária das disposições concernentes ao processo de conhecimento à lide executiva. 7. Tal entendimento está em consonância com os princípios da efetividade e da economia processual, evitando o ajuizamento de novas execuções com base em uma mesma relação jurídica obrigacional. 8. Recurso especial conhecido e provido. (STJ, REsp 1756791/RS, Rel. Ministra Nancy Andrighi, Terceira Turma, julgado em 06/08/2019, DJe 08/08/2019). V. tb. STJ, REsp 1759364/RS, Rel. Ministro Marco Aurélio Bellizze, Terceira Turma, julgado em 05/02/2019, DJe 15/02/2019).

Aplicação subsidiária da hipótese de extinção por abandono do processo de conhecimento ao processo executivo

✓ A extinção prevista no artigo 485, inciso III, do CPC, ante o abandono da causa, tem aplicação subsidiária ao processo de execução (art. 771, parágrafo único, do CPC) (STJ, AgInt no AREsp 1.427.832/SP, Rel. Ministro MARCO BUZZI, QUARTA TURMA, julgado em 24/06/2019, DJe de 1º/07/2019).

Art. 772. O juiz pode, em qualquer momento do processo:

I – ordenar o comparecimento das partes;

II – advertir o executado de que seu procedimento constitui ato atentatório à dignidade da justiça;

III – determinar que sujeitos indicados pelo exequente forneçam informações em geral relacionadas ao objeto da execução, tais como documentos e dados que tenham em seu poder, assinando-lhes prazo razoável.

Art. 773. O juiz poderá, de ofício ou a requerimento, determinar as medidas necessárias ao cumprimento da ordem de entrega de documentos e dados.

Parágrafo único. Quando, em decorrência do disposto neste artigo, o juízo receber dados sigilosos para os fins da execução, o juiz adotará as medidas necessárias para assegurar a confidencialidade.

Art. 774. Considera-se atentatória à dignidade da justiça a conduta comissiva ou omissiva do executado que:

→ v. Enunciado 148 do CJF: A reiteração pelo exequente ou executado de matérias já preclusas pode ensejar a aplicação de multa por conduta contrária à boa-fé.

→ v. Enunciado 50 da ENFAM: O oferecimento de impugnação manifestamente protelatória ao cumprimento de sentença será considerado conduta atentatória à dignidade da Justiça (art. 918, III, parágrafo único, do CPC/2015), ensejando a aplicação da multa prevista no art. 774, parágrafo único.

Entendendo que as condutas do art. 774 orientam a atuação das partes antes e depois da execução

✓ 1. Trata-se, na origem, de Embargos à Execução opostos pelos recorrentes contra o Ministério Público estadual. O Termo de Ajustamento de Conduta – TAC foi firmado em 2011, sob a égide das Leis 4.771/1965 (Código Florestal) e 6.983/1981 (Lei da Política Nacional do Meio Ambiente). As obrigações combinadas não foram implementadas, encontrando-se os proprietários em mora quando da promulgação do novo Código Florestal em 2012. Na petição inicial, os embargantes justificam o inadimplemento com o argumento de que pediram "a suspensão do cumprimento do termo de ajustamento até a aprovação do novo Código Florestal" (grifo acrescentado). (...) 7. Ofende os princípios da probidade e da boa-fé objetiva o compromissário, em mora, que retarda a execução de obrigações pactuadas (especialmente as destinadas a reparar danos metaindividuais) e, em contrapartida, se beneficia de suspensão ou mesmo remissão de sanções administrativas e penais, sob a escusa de que Projeto de Lei ainda em discussão poderá eximi-lo de respeitar o ajustado. Outrossim, celebrar negócio jurídico na expectativa de não ter de cumpri-lo por conta de anunciada reforma legislativa caracteriza repreensível reserva mental (Código Civil, art. 110). Hipótese clara, por outro lado, de conduta atentatória à dignidade da justiça, mediante emprego de meio artificioso para evitar a execução do que acordado em favor da sociedade. Não se deve esquecer que, ao contrário do que indicaria leitura literal apressada, o art. 774 do CPC/2015 representa padrão ético-jurídico a guiar o devedor durante o processo de execução propriamente dito, mas com irradiação para o antes e o depois. (STJ, AgInt no REsp 1688885/SP, Rel. Ministro Herman Benjamin, Segunda Turma, julgado em 01/09/2020, DJe 20/10/2020).

I – frauda a execução;

→ v. Arts. 792 e 856, § 3º do CPC.

II – se opõe maliciosamente à execução, empregando ardis e meios artificiosos;

III – dificulta ou embaraça a realização da penhora;

IV – resiste injustificadamente às ordens judiciais;

Resistência da instituição financeira a transferir ativos bloqueados configura ato atentatório à dignidade da justiça

✓ 8. O descumprimento de uma ordem judicial que determina a transferência de numerário bloqueado via Bacen-Jud para uma conta do juízo, além de configurar crime tipificado no art. 330 do Código Penal, constitui ato atentatório à dignidade da Justiça, a teor do disposto nos arts. 600 do CPC/1973 e 774 do CPC/2015. 9. Hipótese em que a desobediência à ordem judicial foi ainda agravada pelos seguintes fatores: a) a recalcitrância perdurou por 280 (duzentos e oitenta) dias; b) a instituição financeira apenada atuou de forma a obstar a efetividade de execução proposta contra empresa do seu próprio grupo econômico; c) a simples transferência de numerário entre contas-correntes não apresenta nenhuma dificuldade de ordem técnica ou operacional a justificar a exasperação do prazo de 24 (vinte e quatro) horas concedido pelo juízo e d) não foram apresentados motivos plausíveis para o descumprimento da ordem judicial, senão que a instituição financeira confiava no afastamento da multa ou na sua redução por esta Corte Superior. (STJ, REsp 1840693/SC, Rel. Ministro Ricardo Villas Bôas Cueva, Terceira Turma, julgado em 26/05/2020, DJe 29/05/2020).

V – intimado, não indica ao juiz quais são e onde estão os bens sujeitos à penhora e os respectivos valores, nem exibe prova de sua propriedade e, se for o caso, certidão negativa de ônus.

→ v. Art. 835 do CPC.

Mera inércia do executado, intimado uma só vez, em indicar bens à penhora não configura ato atentatório

✓ AGRAVO INTERNO NO AGRAVO EM RECURSO ESPECIAL. EXECUÇÃO DE TÍTULO EXTRAJUDICIAL. INÉRCIA DIANTE DE ORDEM JUDICIAL. ATO ATENTATÓRIO À DIGNIDADE DA JUSTIÇA. NÃO CONFIGURAÇÃO. AGRAVO PROVIDO. 1. Para aplicação da multa por ato atentatório à dignidade da Justiça, há necessidade de verificação do elemento subjetivo, consistente no dolo ou culpa grave do devedor, que deve ter sido reconhecido pelas instâncias ordinárias. 2. É insuficiente, para tanto, a mera inércia ou silêncio da parte executada no descumprimento de uma primeira intimação judicial relativa à indicação de endereços de terceiros, coproprietários de imóvel penhorado. Essa conduta omissiva não caracteriza a resistência injustificada, de que trata a norma aplicada (CPC/2015, art. 774, IV). 3. Agravo interno provido para conhecer do agravo e dar provimento ao recurso especial, a fim de afastar a incidência da multa por ato atentatório à dignidade da Justiça, prevista no art. 774, IV, do CPC/2015. (STJ, AgInt no AREsp 1353853/PR, Rel. Ministro Raul Araújo, Quarta Turma, julgado em 26/02/2019, DJe 16/04/2019)

Parágrafo único. Nos casos previstos neste artigo, o juiz fixará multa em montante não superior a vinte por cento do valor atualizado do débito em execução, a qual será revertida em proveito do exequente, exigível nos próprios autos do processo, sem prejuízo de outras sanções de natureza processual ou material.

→ v. Arts. 77 a 81 do CPC.

A previsão da multa no parágrafo único afasta o crime de desobediência.

✓ 4. A jurisprudência do Superior Tribunal de Justiça firmou-se no mesmo sentido, sendo certo, assim, que, para a configuração do crime de desobediência, não basta apenas o não cumprimento de uma ordem judicial, sendo indispensável que inexista a previsão de sanção específica em caso de descumprimento. Com efeito, o crime de desobediência é delito subsidiário e somente se caracteriza nos casos em que o descumprimento da ordem emitida pela autoridade não é objeto de sanção administrativa, civil ou processual. 5. O Código de Processo Civil, no art. 774, inciso IV, considera ato atentatório à dignidade da Justiça a conduta do executado que resiste injustificadamente às ordens judiciais, conforme se verifica ser a hipótese dos autos. Ademais, o parágrafo único do referido dispositivo apresenta sanção específica para a hipótese, consistente na fixação de multa em montante não superior a 20% do valor do débito em execução, sem prejuízo de outras sanções de natureza processual ou material. Dessa forma, existindo sanção específica no Código de Processo Civil, a qual não faz ressalva expressa no sentido da aplicação cumulativa do art. 330 do Código Penal, tem-se que a conduta imputada ao recorrente não configura o tipo penal de desobediência. (STJ, RHC 98.627/SP, Rel. Ministro Reynaldo Soares da Fonseca, Quinta Turma, julgado em 04/04/2019, DJe 30/04/2019)

Art. 775. O exequente tem o direito de desistir de toda a execução ou de apenas alguma medida executiva.

→ v. Arts. 105 e 200, parágrafo único do CPC.

Parágrafo único. Na desistência da execução, observar-se-á o seguinte:

I – serão extintos a impugnação e os embargos que versarem apenas sobre questões processuais, pagando o exequente as custas processuais e os honorários advocatícios;

→ v. Arts. 525, 535 e 914 do CPC.

II – nos demais casos, a extinção dependerá da concordância do impugnante ou do embargante.

Desistência do exequente diante da falta de bens penhoráveis não autoriza sua condenação em honorários

✓ RECURSO ESPECIAL. DIREITO PROCESSUAL CIVIL. CUMPRIMENTO DE SENTENÇA. DESISTÊNCIA. AUSÊNCIA DE BENS PENHORÁVEIS DE TITULARIDADE DA PARTE EXECUTADA. HONORÁRIOS ADVOCATÍCIOS. NÃO CABIMENTO. 1. Em relação à desistência, que se opera no plano exclusivamente processual, podendo dar azo, inclusive, à repropositura da execução, o novo CPC previu que "o exequente tem o direito de desistir de toda ou de apenas alguma medida executiva" (art. 775). 2. A desistência da execução pelo credor motivada pela ausência de bens do devedor passíveis de penhora, em razão dos ditames da causalidade, não rende ensejo à condenação do exequente em honorários advocatícios. 3. Nesse caso, a desistência é motivada por causa superveniente que não pode ser imputada ao credor. Deveras, a pretensão executória acabou se tornando frustrada após a confirmação da inexistência de bens passíveis de penhora do devedor, deixando de haver interesse no prosseguimento da lide pela evidente inutilidade do processo. 4. Recurso especial não provido. (STJ, REsp 1675741/PR, Rel. Ministro Luis Felipe Salomão, Quarta Turma, julgado em 11/06/2019, DJe 05/08/2019).

Art. 776. O exequente ressarcirá ao executado os danos que este sofreu, quando a sentença, transitada em julgado, declarar inexistente, no todo ou em parte, a obrigação que ensejou a execução.

Art. 777. A cobrança de multas ou de indenizações decorrentes de litigância de má-fé ou de prática de ato atentatório à dignidade da justiça será promovida nos próprios autos do processo.

→ v. Arts. 79 a 81 do CPC.

Capítulo II
DAS PARTES

Art. 778. Pode promover a execução forçada o credor a quem a lei confere título executivo.

→ v. Arts. 97 a 100 do CDC.
→ v. Art. 15 da Lei 7.347/1985.
→ v. Arts. 16 e 17 da Lei 4.717/1965.
→ v. Arts. 515 e 784 do CPC.

§ 1º Podem promover a execução forçada ou nela prosseguir, em sucessão ao exequente originário:

I – o Ministério Público, nos casos previstos em lei;

→ v. Art. 176 do CPC.

II – o espólio, os herdeiros ou os sucessores do credor, sempre que, por morte deste, lhes for transmitido o direito resultante do título executivo;

→ v. Arts. 75, VII, 110; 485, IX e 687 a 692 do CPC.

III – o cessionário, quando o direito resultante do título executivo lhe for transferido por ato entre vivos;

→ v. Arts. 286 a 298 do CC/2002.
→ v. Art. 109 do CPC.

IV – o sub-rogado, nos casos de sub-rogação legal ou convencional.

→ v. Arts. 346 a 351 e 831 do CC/2002.
→ v. Art. 857 do CPC.

§ 2º A sucessão prevista no § 1º independe de consentimento do executado.

Ilegitimidade na execução de sentença condenatória em ação coletiva proposta por associação:

✓ EXECUÇÃO – AÇÃO COLETIVA – RITO ORDINÁRIO – ASSOCIAÇÃO – BENEFICIÁRIOS. Beneficiários do título executivo, no caso de ação proposta por associação, são aqueles que, residentes na área compreendida na jurisdição do órgão julgador, detinham, antes do ajuizamento, a condição de filiados e constaram da lista apresentada com a peça inicial. (STF, RE 612043, Relator(a): Marco Aurélio, Tribunal Pleno, julgado em 10/05/2017, Processo Eletrônico Repercussão Geral – Mérito DJe-229 Divulg 05-10-2017 Public 06-10-2017). Outra é a solução no caso dos sindicatos: RECURSO EXTRAORDINÁRIO. CONSTITUCIONAL. ART. 8º, III, DA LEI MAIOR. SINDICATO. LEGITIMIDADE. SUBSTITUTO PROCESSUAL. EXECUÇÃO DE SENTENÇA. DESNECESSIDADE DE AUTORIZAÇÃO. EXISTÊNCIA DE REPERCUSSÃO GERAL. REAFIRMAÇÃO DE JURISPRUDÊNCIA. I – Repercussão geral reconhecida e reafirmada a jurisprudência do Supremo Tribunal Federal no sentido da ampla legitimidade extraordinária dos sindicatos para defender em juízo os direitos e interesses coletivos ou individuais dos integrantes da categoria que representam, inclusive nas liquidações e execuções de sentença, independentemente de autorização dos substituídos. (STF, RE 883642 RG, Relator(a): Ministro Ricardo Lewandowski, Tribunal Pleno, julgado em 18/06/2015, Acórdão Eletrônico Repercussão Geral – Mérito DJe-124 Divulg 25-06-2015 Public 26-06-2015). Contudo, para o STJ, há precedente reconhecendo a legitimidade em ambos os casos (associação e sindicato): 1. Os sindicatos e associações, na qualidade de substitutos processuais, detêm legitimidade para atuar judicialmente na defesa dos interesses coletivos de toda a categoria que representam, e, nesse contexto, a coisa julgada advinda da ação coletiva deverá alcançar todos os servidores da categoria, legitimando-os para a propositura individual da execução de sentença, ainda que não comprovada sua filiação à época do ajuizamento do processo de conhecimento. Assim, ao contrário do que alega a parte Agravante, é irrelevante qualquer consideração sobre eventual lista apresentada pelo sindicato junto à petição inicial. Precedentes. 2. Agravo interno não provido. (STJ, AgInt nos EDcl no REsp 1869298/RJ, Rel. Ministro Mauro Campbell Marques, Segunda Turma, julgado em 30/11/2020, DJe 03/12/2020)

Espólio, herdeiros ou sucessores

✓ APELAÇÃO CÍVEL. Execução de título judicial ajuizada pelos herdeiros do de cujus. Indeferimento da petição inicial. Descumprimento de decisão anterior que havia determinado a emenda à inicial. Insurgência recursal. Alegação de legitimidade ativa dos herdeiros. Partilha extrajudicial de bens do de cujus já encerrada. Inteligência do artigo 778, §1º, II do NCPC. Matéria de ordem pública. Documentação suficiente para comprovar a legitimidade dos herdeiros. Reforma da decisão que se impõe. Benefícios da assistência judiciaria gratuita concedido em sede recursal. Recurso conhecido e provido. (TJPR; ApCiv 1684265-4; Curitiba; Terceira Câmara Cível; Rel. Juiz Conv. Osvaldo Nallim Duarte; Julg. 29/08/2017; DJPR 04/09/2017; Pág. 151)

Sucessão processual independentemente de consentimento do executado, julgado sob o rito dos repetitivos no CPC/1973, em entendimento inteiramente aplicável ao CPC atual

✓ RECURSO ESPECIAL REPRESENTATIVO DE CONTROVÉRSIA. ART. 543-C DO CPC. PROCESSO CIVIL. CESSÃO DE CRÉDITO. EXECUÇÃO. PRECATÓRIO. SUCESSÃO PELO CESSIONÁRIO. INEXISTÊNCIA DE OPOSIÇÃO DO CEDENTE. ANUÊNCIA DO DEVEDOR. DESNECESSIDADE. APLICAÇÃO DO DISPOSTO NO ART. 567, II, DO CPC. EMENDA CONSTITUCIONAL Nº 62/2009. (...) 1. Em havendo regra específica aplicável ao processo de execução (art. 567, II, do CPC), que prevê expressamente a possibilidade de prosseguimento da execução pelo cessionário, não há falar em incidência, na execução, de regra que se aplica somente ao processo de conhecimento no sentido da necessidade de anuência do adversário para o ingresso do cessionário no processo (arts. 41 e 42 do CPC). 2. "Acerca do prosseguimento na execução pelo cessionário, cujo direito resulta de título executivo transferido por ato entre vivos – art. 567, inciso II do Código de Processo Civil -, esta Corte já se manifestou, no sentido de que a norma inserta no referido dispositivo deve ser aplicada independentemente do prescrito pelo art. 42, § 1º do mesmo CPC, porquanto as regras do processo de conhecimento somente podem ser aplicadas ao processo de execução quando não há norma específica regulando o assunto" (AgRg nos EREsp 354569/DF, Rel. Ministro CASTRO MEIRA, CORTE ESPECIAL, DJe 13/08/2010). (...) (STJ, REsp 1091443/SP, Rel. Ministra Maria Thereza de Assis Moura, Corte Especial, julgado em 02/05/2012, DJe 29/05/2012)

Art. 779. A execução pode ser promovida contra:

I – o devedor, reconhecido como tal no título executivo;

→ *v.* Art. 789 do CPC.

II – o espólio, os herdeiros ou os sucessores do devedor;

→ *v.* Arts. 75, VII, 515, IV e 687 a 692 do CPC.

III – o novo devedor que assumiu, com o consentimento do credor, a obrigação resultante do título executivo;

→ *v.* Arts. 299 a 303 do CC/2002.

→ *v.* Art. 109 do CPC.

IV – o fiador do débito constante em título extrajudicial;

→ *v.* Art. 794 do CPC.

→ *v.* Súmulas 214 e 268 do STJ.

V – o responsável titular do bem vinculado por garantia real ao pagamento do débito;

→ *v.* Art. 835, § 3º do CPC.

VI – o responsável tributário, assim definido em lei.

→ *v.* Arts. 121 e 128 a 138 do CTN.

Ilegitimidade por não constar o devedor no título executivo judicial, ainda que relativo a obrigação *propter rem*:

✓ AGRAVO INTERNO NO RECURSO ESPECIAL. DIREITO CIVIL E PROCESSUAL CIVIL. DESPESAS CONDOMINIAIS. PROMISSÁRIO COMPRADOR. AÇÃO DE COBRANÇA PROMOVIDA CONTRA PROMITENTE VENDEDOR. EXECUÇÃO QUE ATINGIU O IMÓVEL GERADOR DA DÍVIDA, AFETANDO PATRIMÔNIO DO PROMITENTE COMPRADOR. INADMISSIBILIDADE. PRINCÍPIOS DA AMPLA DEFESA E DO CONTRADITÓRIO. (...) 2. A penhora da unidade habitacional que deu origem ao débito condominial não pode ser autorizada em prejuízo de quem não tenha sido parte na ação de cobrança em que formado o título executivo. 3. A natureza propter rem da dívida não autoriza superar a necessária vinculação entre o polo passivo da ação de conhecimento e o polo passivo da ação de execução. 4. Agravo interno não provido, com imposição de multa e majoração da verba honorária. (STJ, AgInt no REsp 1368254/RJ, Rel. Ministro Moura Ribeiro, Terceira Turma, julgado em 28/03/2017, DJe 17/04/2017)

Execução contra sucessores

✓ EXECUÇÃO CONTRA DEVEDOR SOLVENTE. Falecimento do devedor antes do ajuizamento da ação. Indicação do espólio no polo passivo. Suspensão do processo. Determinação de que o credor proceda à abertura do inventário para que o inventariante ou administrador provisório represente o espólio nos autos. Desnecessidade. Possibilidade de ajuizamento da execução contra os sucessores ou herdeiros do de cujus. Artigo 779, inciso II, do Código de Processo Civil. Procedimento adotado pelo banco exequente que se mostra regular. RECURSO PROVIDO. (TJSP; AI 2210335-07.2016.8.26.0000; Ac. 10150849; São Paulo; Décima Terceira Câmara de Direito Privado; Rel. Des. Nelson Jorge Júnior; Julg. 09/02/2017; DJESP 15/02/2017)

Inclusão da empresa sucessora no cumprimento de sentença

✓ AÇÃO DE OBRIGAÇÃO DE FAZER C.C. INDENIZATÓRIA (PLANO DE SAÚDE), EM FASE DE CUMPRIMENTO DE SENTENÇA. DECISÃO QUE DEFERIU O INGRESSO DE TERCEIRO NO POLO PASSIVO. Inconformismo. Não acolhimento. Nos termos do art. 109, § 3º, do CPC, a sentença proferida entre as partes originárias estende os seus efeitos ao adquirente ou cessionário, sendo certo que, na fase de execução, o cumprimento pode ser direcionado em desfavor dos sucessores (art. 779, II, do CPC). No caso, o negócio ajustado entre as pessoas jurídicas foi além da mera aquisição de carteira de clientes, pois envolveu a cessão da marca e do nome comercial, daí o contorno de nítida sucessão empresarial. Precedente deste E. Tribunal de Justiça. Decisão mantida. Recurso desprovido. (TJSP; AI 2022746-32.2017.8.26.0000; Ac. 10489034; Araraquara; Oitava Câmara de Direito Privado; Rel. Des. Grava Brazil; Julg. 31/05/2017; DJESP 08/06/2017; Pág. 2459)

Prazo prescricional de cinco anos para redirecionamento da dívida tributária

✓ PROCESSUAL CIVIL E TRIBUTÁRIO. RECURSO REPRESENTATIVO DE CONTROVÉRSIA (AFETADO NA VIGÊNCIA DO ART. 543-C DO CPC/1973 – ART. 1.036 DO CPC/2015 – E RESOLUÇÃO STJ 8/2008). EXECUÇÃO FISCAL. DISSOLUÇÃO IRREGULAR. TERMO INICIAL DA PRESCRIÇÃO PARA O REDIRECIONAMENTO. DISTINGUISHING RELACIONADO À DISSOLUÇÃO IRREGULAR POSTERIOR À CITAÇÃO DA EMPRESA, OU A OUTRO MARCO INTERRUPTIVO DA PRESCRIÇÃO. ANÁLISE DA CONTROVÉRSIA SUBMETIDA AO RITO DO ART. 543-C DO CPC/1973 (ATUAL 1.036 DO CPC/2015) (...) TESE REPETITIVA 14. Para fins dos arts. 1.036 e seguintes do CPC/2015, fica assim resolvida a controvérsia repetitiva: (i) o prazo de redirecionamento da Execução Fiscal, fixado em cinco anos, contado da diligência de citação da pessoa jurídica, é aplicável quando o referido ato ilícito, previsto no art. 135, III, do CTN, for precedente a esse ato processual; (ii) a citação positiva do sujeito passivo devedor original da obrigação tributária, por si só, não provoca o início do prazo prescricional quando o ato de dissolução irregular for a ela subsequente, uma vez que, em tal circunstância, inexistirá, na aludida data (da citação), pretensão contra os sócios-gerentes (conforme decidido no REsp 1.101.728/SP, no rito do art. 543-C do CPC/1973, o mero inadimplemento da exação não configura ilícito atribuível aos sujeitos de direito descritos no art. 135 do CTN). O termo inicial do prazo prescricional para a cobrança do crédito dos sócios-gerentes infratores, nesse contexto, é a data da prática de ato inequívoco indicador do intuito de inviabilizar a satisfação do crédito tributário já em curso de cobrança executiva promovida contra a empresa contribuinte, a ser demonstrado pelo Fisco, nos termos do art. 593 do CPC/1973 (art. 792 do novo CPC – fraude à execução), combinado com o art. 185 do CTN (presunção de fraude contra a Fazenda Pública); e, (iii) em qualquer hipótese, a decretação da prescrição para o redirecionamento impõe seja demonstrada a inércia da Fazenda Pública, no lustro que se seguiu à citação da empresa originalmente devedora (REsp 1.222.444/RS) ou ao ato inequívoco mencionado no item anterior (respectivamente, nos casos de dissolução irregular precedente ou superveniente à citação da empresa), cabendo às instâncias ordinárias o exame dos fatos e provas atinentes à demonstração da prática de atos concretos na direção da cobrança do crédito tributário no decurso do prazo prescricional. (...) (STJ, REsp 1201993/SP, Rel. Ministro Herman Benjamin, Primeira Seção, julgado em 08/05/2019, DJe 12/12/2019)

Art. 780. O exequente pode cumular várias execuções, ainda que fundadas em títulos diferentes, quando o executado for o mesmo e desde que para todas elas seja competente o mesmo juízo e idêntico o procedimento.

→ v. Súmula 27 do STJ.

→ v. Arts. 292, VI, 327, 525, § 1º, V, 535, IV e 917, III do CPC.

Admitindo a cumulação de execuções por diferentes credores em coligação

✓ RECURSO ESPECIAL. PROCESSUAL CIVIL. EXECUÇÃO DE TÍTULO EXECUTIVO EXTRAJUDICIAL. CÉDULAS DE CRÉDITO BANCÁRIO. COLIGAÇÃO DE CREDORES. POSSIBILIDADE. EXEGESE DO ART. 780 DO CPC/15. PRETENSÕES EXECUTIVAS ORIUNDAS DO PROGRAMA DE EMISSÃO DE CÉDULAS DE CRÉDITO BANCÁRIO PARA CONSTRUÇÃO DE USINA HIDRELÉTRICA. IDENTIDADE DO DEVEDOR. JUÍZO COMPETENTE PARA TODAS AS EXECUÇÕES. ECONOMIA PROCESSUAL. OBSERVADA. EXERCÍCIO DO DIREITO DE DEFESA. PRESERVADO. AUSÊNCIA DE PREJUÍZO AO EXECUTADO. SÚMULA 5/STJ. MAJORAÇÃO DE HONORÁRIOS ADVOCATÍCIOS. (...) 3. É válida a cumulação de execuções em um só processo que aglutina pretensões por um ponto em comum, de fato ou de direito, considerando especialmente a economia processual daí advinda, sem prejuízo ao exercício do direito de defesa. 4. Na hipótese concreta, as pretensões executivas foram movidas em conjunto, considerando sua origem comum no Programa de Emissão de Cédulas de Crédito Bancário para a construção da Pequena Central Hidrelétrica de Apertadinho/RO. Configurada a identidade do devedor e a competência do mesmo juiz para todas as execuções das cédulas de crédito bancário. 5. Assim, a coligação de credores no polo ativo da execução não desvirtuou a finalidade precípua do processo executivo, de satisfazer o crédito executado pelo modo mais efetivo ao credor e menos gravoso ao devedor, tampouco retirou deste a possibilidade de exercer a ampla defesa. 6. Recurso especial conhecido e não provido, com majoração de honorários advocatícios recursais. (STJ, REsp 1688154/SP, Rel. Ministra Nancy Andrighi, Terceira Turma, julgado em 12/03/2019, DJe 15/03/2019)

Impossibilidade de cumulação de execuções com devedores diferentes

✓ RECURSO ESPECIAL. PROCESSUAL CIVIL. EXECUÇÃO POR TÍTULO EXTRAJUDICIAL EM FACE DE AVALISTAS DE TÍTULOS DE CRÉDITO. RELAÇÕES FUNDAMENTAIS DISTINTAS. APENAS UM DEVEDOR COMUM. CUMULAÇÃO SUBJETIVA. INVIABILIDADE. AVAL. OBRIGAÇÃO AUTÔNOMA E INDEPENDENTE. POSSIBILIDADE DE PROSSEGUIMENTO DA EXECUÇÃO. PRÉVIA OPORTUNIDADE DE EMENDA À INICIAL. NECESSIDADE. (...) 2. Os títulos de crédito que embasam a execução referem-se a relações fundamentais distintas e apenas um dos coexecutados é devedor (avalista) de ambos os títulos de crédito. "A execução conjunta de obrigações autônomas contra devedores distintos é hipótese fática que não compreende a cumulação subjetiva autorizada pelo art. 573 do Código de Processo Civil de 1973 [780 do CPC/2015], mas, configura, na verdade, a vedada coligação de devedores". (REsp 1635613/PR, Rel. Ministro RICARDO VILLAS BÔAS CUEVA, TERCEIRA TURMA, julgado em 13/12/2016, DJe 19/12/2016) 3. O art. 616 do Código de Processo Civil do CPC/1973 [correspondente ao art. 801 do CPC/2015] é direcionado aos magistrados, a fim de evitar que seja julgada inepta a execução, possibilitando-lhes facultar à parte exequente a correção de vício verificado na inicial, mediante emenda. 4. Como um coexecutado figura como avalista nos títulos de crédito que embasam a execução [em que as obrigações não têm relação fundamental comum], cabe a oportunidade de emenda à inicial, para restringir o polo passivo ao avalista comum a ambas as cártulas ou mesmo limitar a execução a um só título de crédito e respectivos devedores. 5. Recurso especial parcialmente provido. (STJ, REsp 1366603/CE, Rel. Ministro Luis Felipe Salomão, Quarta Turma, julgado em 22/05/2018, DJe 26/06/2018)

Capítulo III
DA COMPETÊNCIA

Art. 781. A execução fundada em título extrajudicial será processada perante o juízo competente, observando-se o seguinte:

→ v. Art. 98, § 2º do CDC.

→ v. Súmulas 58 e 66 STJ.

→ v. Art. 46, § 5º do CPC.

I – a execução poderá ser proposta no foro de domicílio do executado, de eleição constante do título ou, ainda, de situação dos bens a ela sujeitos;

→ v. Arts. 70 a 78 do CC/2002.

→ v. Art. 63 do CPC.

II – tendo mais de um domicílio, o executado poderá ser demandado no foro de qualquer deles;

III – sendo incerto ou desconhecido o domicílio do executado, a execução poderá ser proposta no lugar onde for encontrado ou no foro de domicílio do exequente;

IV – havendo mais de um devedor, com diferentes domicílios, a execução será proposta no foro de qualquer deles, à escolha do exequente;

V – a execução poderá ser proposta no foro do lugar em que se praticou o ato ou em que ocorreu o fato que deu origem ao título, mesmo que nele não mais resida o executado.

Necessidade de comprovação de dificuldade de defesa para se afastar a cláusula eletiva de foro

✓ PROCESSUAL CIVIL. CONFLITO NEGATIVO DE COMPETÊNCIA. AÇÃO DE EXECUÇÃO DE TÍTULO EXTRAJUDICIAL (NOTA PROMISSÓRIA). DISTRIBUIÇÃO DA PETIÇÃO INICIAL EM CONFORMIDADE COM O FORO DE ELEIÇÃO. DEMANDA DERIVADA DE RELAÇÃO DE CONSUMO. COMPETÊNCIA TERRITORIAL. DECLINAÇÃO DE OFÍCIO PARA FORO DE RESIDÊNCIA DO CONSUMIDOR. NÃO VERIFICADA, DE PLANO, DIFICULDADE DE ACESSO À JUSTIÇA. IMPOSSIBILIDADE. COMPETÊNCIA DO JUÍZO SUSCITADO. 1. O simples fato de se tratar de ação derivada de relação de consumo não autoriza, por si só, o declínio da competência para o foro do domicilio do consumidor, haja vista que a Lei n. 8.078/90 (CDC) não faz essa expressa determinação, afinal o seu art. 6º, inciso VIII, apenas preconiza ser direito do consumidor a facilitação da defesa dos seus direitos. Em rigor, o código consumerista não fixou que tais demandas sejam de ordem pública, adotando-se a regra de competência absoluta. 2. Não destoando dessa interpretação, o art. 781, inciso I, do CPC preconiza que a execução fundada em título extrajudicial poderá ser proposta no foro do domicílio do executado, de eleição constante do título ou, ainda, de situação dos bens a ela sujeitos. Logo, na ótica da legislação processual civil, evidente tratar-se de regra de competência relativa, não cabendo, pois, a declinação de ofício. 3. Por sua vez, o art. 63, § 3º, do CPC disciplina que a cláusula de eleição de foro na ação oriunda de direitos e obrigações, estatui que, antes da citação, se abusiva, o magistrado pode reputá-la ineficaz de ofício e remeter os autos ao domicílio do réu. Assim, mesmo nas ações derivadas de relação de consumo, a declinação de ofício será possível somente quando verificado, de plano, o efetivo prejuízo do exercício do direito de defesa do réu (consumidor) no foro de eleição. Inclusive, porque é facultado ao consumidor preferir litigar no foro indicado na cláusula de eleição de foro. 4. Conflito de competência conhecido. Declarado competente o Juízo Suscitado – 1ª Vara de Execução de Títulos Extrajudiciais de Brasília. (TJDF; Proc. 0708.68.3.232017-8070000; Ac. 104.9407; Segunda Câmara Cível; Relª Desª Sandra Reves; Julg. 26/09/2017; DJDFTE 10/10/2017)

Competência executiva territorial relativa, impossibilitando a declinação de ofício pelo julgador

✓ CONFLITO NEGATIVO DE COMPETÊNCIA. DIREITO PRIVADO NÃO ESPECIFICADO. AÇÃO DE EXECUÇÃO DE TÍTULO EXTRAJUDICIAL. COMPETÊNCIA. EXECUÇÃO DE TÍTULO EXTRAJUDICIAL. DECLINAÇÃO DE OFÍCIO. A competência à execução de título extrajudicial é alternativa assegurada pelo CPC/15 ao exequente dentre as hipóteses previstas no art. 781 do CPC/15. A regra é de competência relativa e não autoriza declinação de ofício, como disposto no art. 64, 1º daquele código e dita a Súmula n. 33 do e. STJ. – Circunstância dos autos em que a declinação ocorreu sem provocação das partes; e se impõe acolher o conflito. Conflito negativo de competência julgado procedente. (TJRS; CC 0209202-17.2017.8.21.7000; Arvorezinha; Décima Oitava Câmara Cível; Rel. Des. João Moreno Pomar; Julg. 13/07/2017; DJERS 18/07/2017)

Art. 782. Não dispondo a lei de modo diverso, o juiz determinará os atos executivos, e o oficial de justiça os cumprirá.

→ *V.* Arts. 154 e 155 do CPC.

§ 1º O oficial de justiça poderá cumprir os atos executivos determinados pelo juiz também nas comarcas contíguas, de fácil comunicação, e nas que se situem na mesma região metropolitana.

→ *V.* Art. 255 do CPC.

§ 2º Sempre que, para efetivar a execução, for necessário o emprego de força policial, o juiz a requisitará.

→ *V.* Arts. 846, § 2º, do CPC.

§ 3º A requerimento da parte, o juiz pode determinar a inclusão do nome do executado em cadastros de inadimplentes.

→ *V.* Enunciado 98 do CJF: O disposto nos §§ 2º e 4º do art. 1.007 do CPC aplica-se aos Juizados Especiais.

A realização da negativação não depende da comprovação de prévia recusa administrativa das entidades mantenedoras do respectivo cadastro

✓ RECURSO ESPECIAL. CUMPRIMENTO DE SENTENÇA. AUSÊNCIA DE NEGATIVA DE PRESTAÇÃO JURISDICIONAL. QUESTÕES DEVIDAMENTE APRECIADAS PELO TRIBUNAL DE ORIGEM. REQUERIMENTO DE INCLUSÃO DO NOME DO EXECUTADO EM CADASTROS DE INADIMPLENTES, NOS TERMOS DO ART. 782, § 3º, DO CPC/2015. DESNECESSIDADE DE PRÉVIO REQUERIMENTO ADMINISTRATIVO. NORMA QUE DEVE SER INTERPRETADA DE FORMA A GARANTIR AMPLA EFICÁCIA À EFETIVIDADE DA TUTELA JURISDICIONAL EXECUTIVA. REFORMA DO ACÓRDÃO RECORRIDO. RECURSO ESPECIAL PROVIDO EM PARTE. (...) 5. Em relação às medidas executivas típicas, uma das novidades trazidas pelo novo diploma processual civil é a possibilidade de inclusão do nome do devedor nos cadastros de inadimplentes, a qual encontra previsão expressa no art. 782, § 3º, do CPC de 2015. 6. Tal norma deve ser interpretada de forma a garantir maior amplitude possível à concretização da tutela executiva, em conformidade com o princípio da efetividade do processo, não se mostrando razoável que o Poder Judiciário imponha restrição ao implemento dessa medida, condicionando-a à prévia recusa administrativa das entidades mantenedoras do respectivo cadastro, em manifesto descompasso com o propósito defendido pelo CPC/2015, especialmente em casos como o presente, em que as tentativas de satisfação do crédito foram todas frustradas. (...) (STJ, REsp 1835778/PR, Rel. Ministro Marco Aurélio Bellizze, Terceira Turma, julgado em 04/02/2020, DJe 06/02/2020)

Impossibilidade de indeferimento da negativação sob o fundamento de que o exequente possui condições de fazê-lo diretamente, independentemente de ordem judicial

✓ DIREITO PROCESSUAL CIVIL. RECURSO ESPECIAL. AÇÃO DE EXECUÇÃO DE TÍTULO EXECUTIVO EXTRAJUDICIAL. REQUERIMENTO DE INCLUSÃO DO NOME DA DEVEDORA EM CADASTROS DE INADIMPLENTES.

ART. 782, § 3º, DO CPC/2015. TRIBUNAL DE ORIGEM QUE INDEFERE O PLEITO EM VIRTUDE DA AUSÊNCIA DE HIPOSSUFICIÊNCIA DAS PARTES REQUERENTES. IMPOSSIBILIDADE. NORMA QUE DEVE SER INTERPRETADA DE FORMA A GARANTIR AMPLA EFICÁCIA À EFETIVIDADE DA TUTELA JURISDICIONAL EXECUTIVA. (...) 3. O propósito recursal é definir se o requerimento da inclusão do nome da executada em cadastros de inadimplentes (art. 782, § 3º, do CPC/2015) pode ser indeferido sob o fundamento de que as exequentes possuem meios técnicos e a expertise necessária para promover, por si mesmas, a inscrição direta junto aos órgãos de proteção ao crédito. 4. Dispõe o art. 782, § 3º, do CPC/2015 que, a requerimento da parte, o juiz pode determinar a inclusão do nome do executado em cadastros de inadimplentes. 5. O dispositivo legal que autoriza a inclusão do nome do devedor nos cadastros de inadimplentes exige, necessariamente, o requerimento da parte, não podendo o juízo promovê-lo de ofício. Ademais, depreende-se da redação do referido dispositivo legal que, havendo o requerimento, não há a obrigação legal de o Juiz determinar a negativação do nome do devedor, tratando-se de mera discricionariedade. A medida, então, deverá ser analisada casuisticamente, de acordo com as particularidades do caso concreto. 6. Não cabe, contudo, ao julgador criar restrições que a própria lei não criou, limitando o seu alcance, por exemplo, à comprovação da hipossuficiência da parte. Tal atitude vai de encontro ao próprio espírito da efetividade da tutela jurisdicional, norteador de todo o sistema processual. (...) 9. É possível ao julgador, contudo, ao determinar a inclusão do nome do devedor nos cadastros dos órgãos de proteção ao crédito, nos termos do art. 782, § 3º, do CPC/2015, que atribua ao mesmo – desde que observada a condição econômica daquele que o requer – a responsabilidade pelo pagamento das custas relativas à referida inscrição. 10. Recurso especial conhecido e provido. (STJ, REsp 1887712/DF, Rel. Ministra Nancy Andrighi, Terceira Turma, julgado em 27/10/2020, DJe 12/11/2020)

O deferimento da negativação do nome do executado se insere na discricionariedade do juiz da execução

✓ ADMINISTRATIVO E PROCESSUAL CIVIL. AGRAVO INTERNO NO AGRAVO EM RECURSO ESPECIAL. INCLUSÃO DO NOME DA PARTE DEVEDORA EM CADASTRO DE PROTEÇÃO AO CRÉDITO. EFETIVIDADE PROCESSUAL E O CUMPRIMENTO DO PRINCÍPIO DA SATISFAÇÃO DO CREDOR. OBEDIÊNCIA AOS DIREITOS FUNDAMENTAIS DO CREDOR À TUTELA EXECUTIVA E AOS DIREITOS DE PERSONALIDADE DO DEVEDOR. DISCRICIONARIEDADE DO MAGISTRADO. INCIDÊNCIA DA SÚMULA 7 DO STJ. AGRAVO INTERNO DA AGÊNCIA NACIONAL DE VIGILÂNCIA SANITÁRIA A QUE SE NEGA PROVIMENTO. 1. Entende-se que na hipótese dos autos, a saber, execução de título executivo extrajudicial, a inclusão do nome da parte devedora em cadastro de proteção ao crédito teria por finalidade buscar a efetividade processual e o cumprimento do princípio da satisfação do credor. Assim, observando o magistrado que, com a adoção da medida, alcançaria-se o objetivo pretendido, qual seja, a satisfação do crédito, seria, então, razoável a utilização do SERASAJUD. 2. Todavia, a inclusão do nome do executado no cadastro de inadimplentes deve ser feita com cautela em obediência os direitos fundamentais do credor à tutela executiva e os direitos de personalidade do devedor, que são afetados pela negativação de seu nome. 3. No caso o Magistrado agiu acertadamente uma vez que, a partir do art. 782, § 3o. do Código Fux, pode o Juiz determinar a inclusão do nome do executado em cadastros de inadimplentes; vê-se que o julgador não está obrigado a incluir o nome do executado no cadastro de inadimplentes, devendo tal ato ser avaliado discricionariamente, ou seja, a critério do juiz conforme análise do caso concreto. Como já explicitado anteriormente, há necessidade de cautela para que não haja violação aos direitos fundamentais do credor. 4. Dessa forma, entende-se que a negativação do nome do executado deve ser feita a critério do Juiz, de forma que a modificação da conclusão adotada no julgado demandaria, necessariamente, exame do acervo fático-probatório dos autos. 5. Agravo Interno da AGÊNCIA NACIONAL DE VIGILÂNCIA SANITÁRIA a que se nega provimento. (STJ, AgInt no AREsp 1397398/RJ, Rel. Ministro Napoleão Nunes Maia Filho, Primeira Turma, julgado em 26/10/2020, DJe 29/10/2020). V. tb. STJ, REsp 1794447/AL, Rel. Ministro Herman Benjamin, Segunda Turma, julgado em 19/03/2019, DJe 22/04/2019.

Admissibilidade da negativação em execução fiscal

✓ TRIBUTÁRIO. AGRAVO INTERNO NO RECURSO ESPECIAL. EXECUÇÃO FISCAL. ART. 782, § 3o. DO CÓDIGO FUX. INCLUSÃO DO NOME DO DEVEDOR EM CADASTRO DE INADIMPLENTES. POSSIBILIDADE. AGRAVO INTERNO DO PARTICULAR DESPROVIDO. 1. Esta Corte Superior de Justiça entende que o pedido de inclusão do nome do executado em cadastros de inadimplentes, tal como o SerasaJUD, nos termos do art. 782, § 3o. do Código Fux, não pode ser recusado pelo Poder Judiciário sob o argumento de que tal medida é inviável em via de execução fiscal. Precedentes: REsp. 1.826.084/SC, Rel. Min. OG FERNANDES, DJe 23.8.2019 e REsp. 1.799.572/SC, Rel. Min. FRANCISCO FALCÃO, DJe 14.5.2019. 2. Agravo Interno do Particular desprovido. (STJ, AgInt no REsp 1814906/PE, Rel. Ministro Napoleão Nunes Maia Filho, Primeira Turma, julgado em 21/09/2020, DJe 24/09/2020). V. tb.: STJ, REsp 1827340/RS, Rel. Ministro Herman Benjamin, Segunda Turma, julgado em 17/09/2019, DJe 11/10/2019

✓ PROCESSUAL CIVIL. RECURSO ESPECIAL SOB O RITO DOS RECURSOS REPETITIVOS. INSCRIÇÃO DO DEVEDOR EM CADASTROS DE INADIMPLENTES POR DECISÃO JUDICIAL. EXECUÇÃO FISCAL. POSSIBILIDADE. (...) RECURSO ESPECIAL CONHECIDO E PROVIDO. RECURSO JULGADO SOB A SISTEMÁTICA DO ART. 1.036 E SEGUINTES DO CPC/2015 C/C ART. 256-N E SEGUINTES DO REGIMENTO INTERNO DO STJ. (...) 13. Tese jurídica firmada: "O art. 782, §3º do CPC é aplicável às execuções fiscais, devendo o magistrado deferir o requerimento de inclusão do nome do executado em cadastros de inadimplentes, preferencialmente pelo sistema SERASAJUD, independentemente do esgotamento prévio de outras medidas executivas, salvo se vislumbrar alguma dúvida razoável à existência do direito ao crédito previsto na Certidão de Dívida Ativa - CDA." (...) (REsp 1807180/PR, Rel. Min. Og Fernandes, Primeira Seção, julgado em 24/02/2021, DJe 11/03/2021, Tema 1026).

Possibilidade da negativação mesmo se o executado não possui bens penhoráveis

✓ AGRAVO EM RECURSO ESPECIAL. IMPROBIDADE ADMINISTRATIVA. AGRAVO DE INSTRUMENTO. PROTESTO DE TÍTULO EXECUTIVO JUDICIAL E INSCRIÇÃO DO NOME DO DEVEDOR NOS ÓRGÃOS DE PROTEÇÃO AO CRÉDITO. ALEGAÇÃO DE VIOLAÇÃO DO ART. 8º DO

CPC/2015. RECURSO INAPTO AO CONHECIMENTO. AUSÊNCIA DE PREQUESTIONAMENTO. FALTA DE IMPUGNAÇÃO DE FUNDAMENTO SUFICIENTE PARA A MANUTENÇÃO DO ACÓRDÃO RECORRIDO. AGRAVO CONHECIDO PARA NÃO CONHECER O RECURSO ESPECIAL. I – Trata-se, na origem, de agravo de instrumento interposto contra decisão proferida em via de ação civil pública por ato de improbidade administrativa, em fase de cumprimento de sentença, que deferiu a inscrição da dívida do réu nos cadastros de proteção de crédito, bem como no envio de certidão para protesto. Sustenta-se, em síntese, que a inscrição do seu nome no sistema de protesto e nos órgãos de restrição de crédito constituem medidas desarrazoadas, uma vez que o objetivo desses instrumentos processuais é o de compelir o devedor solvente ao pagamento, e não aquele que simplesmente não possui bens para adimplir o débito. (...) III – Ainda que assim não fosse, não constitui pressuposto para o protesto e a inscrição do réu nos cadastros de proteção ao crédito a comprovação, por parte do exequente, de que o executado possui patrimônio e está se esquivando do processo executivo. IV – No emprego de medidas executivas "típicas" – como as previstas nos arts. 517 e 782, § 3º, do CPC/15, de natureza coercitiva -, há uma ponderação anterior pelo legislador dos princípios da efetividade da tutela executiva e da liberdade patrimonial do devedor. Quando as aplica, parte o juiz de um crivo de proporcionalidade realizado a priori pelo Parlamento, de modo que não opera de forma desproporcional e desarrazoada. Não se pode, como pretendeu o recorrente, atribuir às medidas executivas "típicas" as mesmas exigências valorativas comuns às medidas executivas "atípicas". V – Agravo conhecido para não conhecer o recurso especial. (STJ, AREsp 1536713/PR, Rel. Ministro Francisco Falcão, Segunda Turma, julgado em 10/03/2020, DJe 17/03/2020)

Impossibilidade de indeferimento da medida por ausência de convênio para que a negativação se faça por via eletrônica

✓ PROCESSUAL CIVIL. INCLUSÃO DO NOME DO DEVEDOR EM CADASTRO RESTRITIVO DE CRÉDITO. PLEITO JUDICIAL. POSSIBILIDADE. I – O pedido de inclusão do nome do devedor em cadastros de inadimplentes, tais como SERASAJUD ou SERASA, nos termos do art. 782, § 3º, do CPC/2015, não pode ser recusado pelo Poder Judiciário a pretexto de inexistência de convênio para negativação pela via eletrônica, tendo em vista a possibilidade de expedição de ofício para atendimento do pleito. II – Tal entendimento vai de encontro com o objetivo de promover a razoável duração do processo e a cooperação processual, além de impor medidas necessárias para a solução satisfativa do feito, conforme interpretação dos arts. 4º, 6º e 139, IV, todos do CPC/2015. III – Recurso especial provido. (STJ, REsp 1736217/SC, Rel. Ministro Francisco Falcão, Segunda Turma, julgado em 21/02/2019, DJe 01/03/2019)

Responsabilidade do exequente por danos morais em caso de negativação indevida

✓ ADMINISTRATIVO E AMBIENTAL. INFRAÇÃO AMBIENTAL. INSCRIÇÃO DO DEVEDOR EM CADASTROS RESTRITIVOS DE CRÉDITO. POSSIBILIDADE. ACÓRDÃO EM CONFRONTO COM A JURISPRUDÊNCIA DA CORTE. (...) III – Os §§ 3º, 4º e 5º do art. |782 do Código de Processo Civil de 2015 estabelecem o cabimento e o procedimento para a inclusão do executado no cadastro de inadimplentes. Esta conduta dependerá de requerimento da parte e poderá gerar responsabilidade civil por danos morais em caso de inscrição indevida (STJ, AgRg no REsp n. 748.474/RS, 3.a T., j. 10.06.2014, rel. Min. Ricardo Villas Bôas Cueva, DJe 17.06.2014 e AgRg 456.331-RS, 4.a T., j. 18.03.2014, rel. Min. Luis Felipe Salomão). (...) VI – A negativa judicial, com fundamento em indisponibilidade do sistema, viola o dispositivo legal, que admite, por exemplo, a expedição pelo magistrado cadastrado de ofício ao banco de dados restritivo do crédito. VII – Assim, deve ser provido o recurso determinando que a Corte a quo expeça ofício ao cadastro restritivo de créditos solicitado pela parte exequente. VIII – Agravo em recurso especial conhecido para dar provimento ao recurso especial, nos termos da fundamentação. (STJ, AREsp 1339480/RJ, Rel. Ministro Francisco Falcão, Segunda Turma, julgado em 07/02/2019, DJe 14/02/2019)

§ 4º A inscrição será cancelada imediatamente se for efetuado o pagamento, se for garantida a execução ou se a execução for extinta por qualquer outro motivo.

§ 5º O disposto nos §§ 3º e 4º aplica-se à execução definitiva de título judicial.

Capítulo IV
DOS REQUISITOS NECESSÁRIOS PARA REALIZAR QUALQUER EXECUÇÃO

Seção I
Do Título Executivo

Art. 783. A execução para cobrança de crédito fundar-se-á sempre em título de obrigação certa, líquida e exigível.

→ *v.* Arts. 786 e 803, I do CPC.

Entendendo que a mera alegação de exceção de contrato não cumprido, sem que se ampare em condição prevista no título executivo, não lhe retira executividade

✓ RECURSO ESPECIAL. PROCESSUAL CIVIL. EMBARGOS À EXECUÇÃO. TÍTULO EXTRAJUDICIAL. TERMO DE CONFISSÃO DE DÍVIDA. APELAÇÃO. UNÂNIME. EMBARGOS DE DECLARAÇÃO. DESACOLHIMENTO, POR MAIORIA. TÉCNICA DE AMPLIAÇÃO DO JULGAMENTO. ART. 942 DO CPC/15. DESCABIMENTO. NULIDADE. AUSÊNCIA. EXIGIBILIDADE DA DÍVIDA. EXCEÇÃO DE CONTRATO NÃO CUMPRIDO. ART. 787 DO CPC/15. INTERDEPENDÊNCIA DAS PRESTAÇÕES. PREVISÃO NO TÍTULO EXECUTIVO. AUSÊNCIA. REFERÊNCIA. NEGÓCIO JURÍDICO SUBJACENTE. EXEQUIBILIDADE DO TÍTULO. RECONHECIMENTO. (...) 11. A certeza da obrigação constante do título executivo não se confunde com a inquestionabilidade da existência do direito material nele referido, correspondendo à previsão da a natureza da prestação, seu objeto e seus sujeitos. 12. A interdependência das prestações obriga que o exequente prove, com a inicial, que satisfez a prestação que lhe cabia antes de exigir a contraprestação do executado, sob pena de extinção do processo, nos termos do art. 787 do CPC/15. 13. A incidência desta regra demanda, no entanto, que a interdependência das prestações esteja prevista no próprio título executivo, pois, caso contrário, devem ser consideradas totalmente independentes as prestações, devendo a matéria relativa à extensão do direito material ser dirimida em eventuais embargos à execução. 14. Na hipótese concreta, o termo de confissão de dívida que ampara a pretensão executiva não continha qualquer previsão de interdependência entre alguma prestação devida pelo recorrente e aquelas devidas pelos recorridos, estando, assim, presente sua exigibilidade e sua exequibilidade. 15. Recurso especial provido. (STJ, REsp 1758383/MT, Rel. Ministra Nancy Andrighi, Terceira Turma, julgado em 04/08/2020, DJe 07/08/2020)

Alegação de adimplemento defeituoso não afasta a executividade do título

✓ RECURSO ESPECIAL. PROCESSUAL CIVIL. AGRAVO DE INSTRUMENTO. EMBARGOS À EXECUÇÃO DE TÍTULO EXTRAJUDICIAL. CONTRATO DE LICENCIAMENTO DE SOFTWARE E DE PRESTAÇÃO DE SERVIÇOS. PLENA EXIGIBILIDADE. ALEGAÇÃO DE ADIMPLEMENTO DEFEITUOSO. MATÉRIA A SER APRECIADA QUANDO DA ANÁLISE DA CULPA PELO INCUMPRIMENTO. INOCORRÊNCIA DE NEGATIVA DE PRESTAÇÃO JURISDICIONAL. 1. Controvérsia em torno da executividade de título representado por "Instrumento Particular de Licenciamento de Software e Aplicativos". 2. O contrato bilateral é título executivo extrajudicial em constituindo obrigação líquida, certa e exigível. 3. Tendo havido cumprimento, não há obstaculizar a execução, impondo-se discutir, dentro dos embargos do devedor, a culpa pelo inadimplemento, acertando-se, daí, os valores objeto da execução. 4. Precedentes do STF e do STJ, além de doutrina acerca do tema. 5. RECURSO ESPECIAL DESPROVIDO. (STJ, REsp 1622547/SP, Rel. Ministro Paulo de Tarso Sanseverino, Terceira Turma, julgado em 22/03/2018, DJe 13/04/2018)

Contrato de adesão a grupo de consórcio não pode ser objeto de execução por faltar certeza ao valor da dívida

✓ AGRAVO INTERNO. AGRAVO EM RECURSO ESPECIAL. CONTRATO. DE ADESÃO. CONSÓRCIO. IMÓVEL. TÍTULO EXECUTIVO EXTRAJUDICIAL. NÃO CONFIGURAÇÃO. GARANTIA HIPOTECÁRIA. AUSÊNCIA DE LIQUIDEZ E CERTEZA. 1. O contrato de adesão a grupo de consórcio de bem imóvel não se configura como título executivo extrajudicial, em face da ausência do requisito da certeza do montante da dívida. Precedentes. 2. A execução do pacto adjeto de hipoteca limita-se aos casos em que configuradas a liquidez, certeza e exigibilidade da obrigação principal. 3. Agravo interno a que se nega provimento. (STJ, AgRg no AREsp 423.753/SP, Rel. Ministra Maria Isabel Gallotti, Quarta Turma, julgado em 01/06/2020, DJe 05/06/2020)

Art. 784. São títulos executivos extrajudiciais:

→ v. Súmula 27 do STJ.

I – a letra de câmbio, a nota promissória, a duplicata, a debênture e o cheque;

→ v. Súmulas 387 e 600 do STF.
→ v. Súmulas 248 e 258 do STJ.
→ v. Arts. 52 a 74 da Lei 6.404/1976.
→ v. Lei 5.474/1968 – Dispõe sobre as Duplicatas.
→ v. Lei 7.357/1985 – Dispõe sobre o cheque.
→ v. Decreto 2.044/1908 – Define a letra de câmbio e a nota promissória e regula as Operações Cambiais.
→ v. Decreto 57.595/1966 – Lei uniforme em matéria de cheque.
→ v. Decreto 57.663/1966 – Lei uniforme sobre letras de câmbio e notas promissórias.
→ v. Art. 7º da lei 13.775/2018.

Exigindo que o aceite seja aposto no próprio título para fins de execução

✓ RECURSO ESPECIAL – EMBARGOS À EXECUÇÃO – INSTÂNCIAS ORDINÁRIAS QUE, A DESPEITO DA AUSÊNCIA DE PROTESTO, CONSIDERARAM TRIPLICATAS SEM ACEITE TÍTULOS EXECUTIVOS EXTRAJUDICIAIS HÁBEIS A AMPARAR A EXECUÇÃO, FACE A COMUNICAÇÃO ENCAMINHADA À SACADORA ACERCA DA RETENÇÃO DAS DUPLICATAS PARA FINS DE BALANÇO DE CRÉDITOS E DÉBITOS ENTRE AS PARTES. IRRESIGNAÇÃO DA EMBARGANTE/EXECUTADA. Hipótese: Controvérsia acerca da necessidade de protesto das triplicatas sem aceite que amparam a execução e da consequente formação de títulos executivos extrajudiciais. (...) 2. As instâncias ordinárias, soberanas na delimitação do contexto fático inerente ao caso concreto, consignaram que as triplicatas sub judice não possuem aceite na própria cártula, tampouco foram protestadas, porém entenderam pela existência de título executivo extrajudicial hábil a amparar a execução, porquanto a retenção das duplicatas pela sacada, com comunicação acerca da necessidade de balanço de créditos e débitos (compensação), acompanhada de resumo indicando crédito a favor da sacada, depois de levadas em consideração as faturas emitidas pela exequente, representaria efetiva concordância para com a dívida, dispensando o protesto da cártula. 3. O aceite é ato formal e deve aperfeiçoar-se na própria cártula mediante assinatura (admitida a digital) do sacado no título, em virtude do princípio da literalidade, nos termos do que dispõe o art. 25 da LUG, não possuindo eficácia cambiária aquele lançado em separado à duplicata. No entanto, o documento que contém a declaração poderá servir como prova de existência de vínculo contratual subjacente ao título, amparando eventual ação monitória ou processo de conhecimento. 4. Inviabilidade de a comunicação de retenção dos títulos para balanço com apresentação de saldo a favor do executado ser considerada aceite por comunicação ou presumido, pois, além de inexistir o intermediário/mandatário referido pela lei (art. 7º, § 2º da Lei 5474/1968), a concordância (aceite) não se perfectibilizou face a comunicação enviada pela executada à suposta credora. (...) (STJ, REsp 1202271/SP, Rel. Ministro Marco Buzzi, Quarta Turma, julgado em 07/03/2017, DJe 18/04/2017)

Debênture

✓ RECURSO ESPECIAL. DIREITO EMPRESARIAL E PROCESSUAL CIVIL. CPC/1973. EXECUÇÃO DE DEBÊNTURES. NEGATIVA DE PRESTAÇÃO JURISDICIONAL. NÃO OCORRÊNCIA. PRESCRIÇÃO QUINQUENAL. DECRETO 20.910/1932. EXTENSÃO AO DEVEDOR SOLIDÁRIO. ÓBICE DA SÚMULA 284/STF. PRAZO DE CINCO ANOS DO ART. 74 DA LEI 6.404/76. INAPLICABILIDADE AO CASO. APLICAÇÃO DO PRAZO GERAL DE 20 ANOS DO CÓDIGO COMERCIAL DE 1850. ADITIVOS E RENEGOCIAÇÕES. ALTERAÇÃO DO VALOR EXEQUENDO. AUSÊNCIA DE DEMONSTRAÇÃO. CERCEAMENTO DE DEFESA. ÓBICE DA SÚMULA 7/STJ. EXCESSO DE EXECUÇÃO. JUROS E CORREÇÃO MONETÁRIA. VEDAÇÃO CONTRATUAL. EXEGESE DE CLÁUSULAS CONTRATUAIS. ÓBICE DA SÚMULA 5/STJ. 1. Controvérsia acerca de uma execução, ajuizada no ano 2000, para a cobrança de debêntures vencidas em 1992, tendo figurado o ESTADO DE SÃO PAULO como fiador e devedor solidário. 2. Inocorrência de maltrato ao art. 535 do CPC/1973 quando o acórdão recorrido, ainda que de forma sucinta, aprecia com clareza as questões essenciais ao julgamento da lide. 3. Incidência do óbice da Súmula 284/STF no que tange à alegação de que o prazo quinquenal do Decreto 20.910/1932, aplicável ao ente público fiador, seria extensível à devedora principal. 4. "A companhia emissora fará, nos livros próprios, as anotações referentes à extinção das debêntures, e manterá arquivados, pelo prazo de 5 (cinco) anos, juntamente com os documentos relativos à extinção, os certificados cancelados ou os recibos dos titulares das contas das debêntures escriturais" (art. 74 da Lei 6.404/1974). 5. Entendimento doutrinário no sentido de que o prazo previsto no art. 74 da Lei 6.404/1974 também se aplicaria às ações dos debenturistas contra a companhia. 6. Condicionamento da extinção das debêntures ao cumprimento, pela companhia emissora, das obrigações nela consignadas. Doutrina sobre o tema. 7. Inaplicabilidade do art. 74 da Lei 6.404/1974 à hipótese dos autos, em que a companhia emissora encontra-se em mora desde a data de vencimento da debênture, não sendo cabível a extinção desse valor mobiliário. 8. Aplicação do prazo geral de prescrição do Código Comercial de 1850 (20 anos), tendo em vista a ausência de prazo específico na Lei das Sociedades por Ações (Lei 6.404/1974) para as pretensões fundadas em debêntures não extintas. Julgado específico da 4ª Turma do STJ sobre o tema. 9. Descabimento da alegação genérica da existência de aditivos e renegociações, sob o argumento de incompletude do título executivo, pois a debênture goza de presunção legal de executividade, 'ex vi' do art. 585, inciso I, do CPC/1973 (atual art. 784, inciso I, do CPC/2015). 10. Existência de cláusula na escritura de emissão de debêntures que, sob a ótica do recorrente, vedaria a incidência de juros e de correção monetária após o vencimento (Cláusula IV, item 14). 11. Exegese do Tribunal de origem no sentido de que a cessação dos juros e da correção monetária estaria condicionada ao cumprimento da obrigação principal, o que não ocorreu na espécie. 12. Inviabilidade de se contrastar a exegese do Tribunal de origem acerca da cláusula IV da escritura, em razão do óbice da Súmula 5/STJ. 13. RECURSO ESPECIAL DESPROVIDO. (STJ; REsp 1599422; SP; Terceira Turma; Rel. Min. Paulo de Tarso Sanseverino; Julg. 15/12/2016; DJe 08/02/2017)

II – a escritura pública ou outro documento público assinado pelo devedor;

→ v. Art. 215 do CC/2002.

III – o documento particular assinado pelo devedor e por 2 (duas) testemunhas;

→ v. Súmulas 233, 286 e 300 do STJ.

Discussão sobre a possibilidade de o advogado ou parente dos contratantes assinar o documento como testemunha

✓ RECURSO ESPECIAL. EMBARGOS À EXECUÇÃO. ATRIBUTOS DO TÍTULO. CONFISSÃO DE DÍVIDA. ART. 580, CAPUT, DO CPC/1973. TESTEMUNHA INSTRUMENTÁRIA. ADVOGADO DO EXEQUENTE. INTERESSE NO FEITO. FATO QUE NÃO CONFIGURA ELEMENTO CAPAZ DE MACULAR A HIGIDEZ DO TÍTULO EXECUTIVO. NULIDADE. NÃO OCORRÊNCIA. (...) 6. O Superior Tribunal de Justiça, em razão das disposições da lei civil a respeito da admissibilidade de testemunhas, tem desqualificado o título executivo quando tipificado em alguma das regras limitativas do ordenamento jurídico, notadamente em razão do interesse existente. A coerência de tal entendimento está no fato de que nada impede que a testemunha participante de um determinado contrato (testemunha instrumentária) venha a ser, posteriormente, convocada a depor sobre o que sabe a respeito do ato negocial em juízo (testemunha judicial). 7. Em princípio, como os advogados não possuem o desinteresse próprio da autêntica testemunha, sua assinatura não pode ser tida como apta a conferir a executividade do título extrajudicial. No entanto, a referida assinatura só irá macular a executividade do título, caso o executado aponte a falsidade do documento ou da declaração nele contida. 8. Na hipótese, não se aventou nenhum vício de consentimento ou falsidade documental apta a abalar o título, tendo-se, tão somente, arguido a circunstância de uma das testemunhas instrumentárias ser, também, o advogado do credor. 9. Recurso especial não provido. (STJ; REsp 1453949; SP; Quarta Turma; Rel. Min. Luis Felipe Salomão; Julg. 13/06/2017; DJe 15/08/2017). V. tb. STJ, AgInt nos EDcl no REsp 1523436/MT, Rel. Ministro Luis Felipe Salomão, Quarta Turma, julgado em 04/05/2020, DJe 12/05/2020.

Entendendo que a falta de assinatura das testemunhas pode ser suprida em condições excepcionais

✓ AGRAVO INTERNO NO RECURSO ESPECIAL. PROCESSUAL CIVIL. AGRAVO DE INSTRUMENTO. TÍTULO EXECUTIVO EXTRAJUDICIAL. ART. 784, III, DO CPC/2015. AUSÊNCIA DE ASSINATURA DAS DUAS TESTEMUNHAS. SITUAÇÃO EXCEPCIONAL. MITIGAÇÃO DO DISPOSITIVO LEGAL. DECISÃO DE ACORDO COM A JURISPRUDÊNCIA DO STJ. INCIDÊNCIA DA SÚMULA 83/STJ. ALTERAÇÃO. IMPOSSIBILIDADE. INCIDÊNCIA DA SÚMULA 7/STJ. AGRAVO DESPROVIDO. 1. "A assinatura das testemunhas é um requisito extrínseco à substância do ato, cujo escopo é o de aferir a existência e a validade do negócio jurídico; sendo certo que, em caráter absolutamente excepcional, os pressupostos de existência e os de validade do contrato podem ser revelados por outros meios idôneos e pelo próprio contexto dos autos, hipótese em que tal condição de eficácia executiva poderá ser suprida." (REsp 1.438.399/PR, Relator Ministro LUIS FELIPE SALOMÃO, QUARTA TURMA, julgado em 10/03/2015, DJe de 05/05/2015). 2. Na hipótese, o Tribunal de origem, com arrimo no acervo fático-probatório carreado aos autos, e seguindo a jurisprudência do STJ, concluiu que "(...) essa situação mitigadora é evidente, na medida em que o excipiente/agravante não nega a assinatura do contrato, tampouco a existência do negócio entabulado". 3. Estando a decisão recorrida em consonância com a jurisprudência desta Corte, o recurso especial encontra óbice na Súmula 83/STJ. 4. Agravo interno desprovido. (STJ, AgInt no REsp 1870540/MT, Rel. Ministro Raul Araújo, Quarta Turma, julgado em 14/09/2020, DJe 01/10/2020)

Admissibilidade da execução de contrato eletrônico sem a assinatura de duas testemunhas

✓ RECURSO ESPECIAL. CIVIL E PROCESSUAL CIVIL. EXECUÇÃO DE TÍTULO EXTRAJUDICIAL. EXECUTIVIDADE DE CONTRATO ELETRÔNICO DE MÚTUO ASSINADO DIGITALMENTE (CRIPTOGRAFIA ASSIMÉTRICA) EM CONFORMIDADE COM A INFRAESTRUTURA DE CHAVES PÚBLICAS BRASILEIRA. TAXATIVIDADE DOS TÍTULOS EXECUTIVOS. POSSIBILIDADE, EM FACE DAS PECULIARIDADES DA CONSTITUIÇÃO DO CRÉDITO, DE SER EXCEPCIONADO O DISPOSTO NO ART. 585, INCISO II, DO CPC/73 (ART. 784, INCISO III, DO CPC/2015). QUANDO A EXISTÊNCIA E A HIGIDEZ DO NEGÓCIO PUDEREM SER VERIFICADAS DE OUTRAS FORMAS, QUE NÃO MEDIANTE TESTEMUNHAS, RECONHECENDO-SE EXECU-

TIVIDADE AO CONTRATO ELETRÔNICO. PRECEDENTES. 1. Controvérsia acerca da condição de título executivo extrajudicial de contrato eletrônico de mútuo celebrado sem a assinatura de duas testemunhas. 2. O rol de títulos executivos extrajudiciais, previsto na legislação federal em "numerus clausus", deve ser interpretado restritivamente, em conformidade com a orientação tranquila da jurisprudência desta Corte Superior. 3. Possibilidade, no entanto, de excepcional reconhecimento da executividade de determinados títulos (contratos eletrônicos) quando atendidos especiais requisitos, em face da nova realidade comercial com o intenso intercâmbio de bens e serviços em sede virtual. 4. Nem o Código Civil, nem o Código de Processo Civil, inclusive o de 2015, mostraram-se permeáveis à realidade negocial vigente e, especialmente, à revolução tecnológica que tem sido vivida no que toca aos modernos meios de celebração de negócios, que deixaram de se servir unicamente do papel, passando a se consubstanciar em meio eletrônico. 5. A assinatura digital de contrato eletrônico tem a vocação de certificar, através de terceiro desinteressado (autoridade certificadora), que determinado usuário de certa assinatura a utilizara e, assim, está efetivamente a firmar o documento eletrônico e a garantir serem os mesmos os dados do documento assinado que estão a ser sigilosamente enviados. 6. Em face destes novos instrumentos de verificação de autenticidade e presencialidade do contratante, possível o reconhecimento da executividade dos contratos eletrônicos. 7. Caso concreto em que o executado sequer fora citado para responder a execução, oportunidade em que poderá suscitar a defesa que entenda pertinente, inclusive acerca da regularidade formal do documento eletrônico, seja em exceção de pré-executividade, seja em sede de embargos à execução. 8. RECURSO ESPECIAL PROVIDO. (STJ, REsp 1495920/DF, Rel. Ministro Paulo De Tarso Sanseverino, Terceira Turma, julgado em 15/05/2018, DJe 07/06/2018)

IV – o instrumento de transação referendado pelo Ministério Público, pela Defensoria Pública, pela Advocacia Pública, pelos advogados dos transatores ou por conciliador ou mediador credenciado por tribunal;

→ v. Arts. 165 a 175 do CPC.
→ v. Art. 5º, § 6º, da Lei 7.347/1985.
→ v. Art. 211 do ECA.
→ v. Art. 57, parágrafo único, da Lei 9.099/1995.
→ v. Art. 13 da Lei 10.741/2003.

V – o contrato garantido por hipoteca, penhor, anticrese ou outro direito real de garantia e aquele garantido por caução;

→ v. Art. 1.424 do CC/2002.
→ v. Arts. 9º a 28 do Dec.-lei 70/1966.
→ v. Lei 492/1937 – Regula o penhor rural e a cédula pignoratícia.

VI – o contrato de seguro de vida em caso de morte;

→ v. Arts. 789 a 802 do CC/2002.
→ v. Dec.-lei 5.384/1943 – Beneficiários do seguro de vida.

Admitindo a execução do prêmio do seguro, mesmo que não seja de vida

✓ AGRAVO INTERNO NO AGRAVO INTERNO NO AGRAVO EM RECURSO ESPECIAL. APONTADA VIOLAÇÃO AO ART. 489 DO CPC/2015. NÃO OCORRÊNCIA. COBRANÇA DE PRÊMIO. SEGURO. VIA EXECUTIVA. POSSIBILIDADE. ARGUMENTOS INSUFICIENTES PARA DESCONSTITUIR A DECISÃO ATACADA. AGRAVO INTERNO DESPROVIDO. 1. As questões postas à discussão foram dirimidas pelo órgão julgador de forma suficientemente ampla, fundamentada e sem omissões, portanto, deve ser afastada a alegada violação ao art. 489 do CPC/2015. 2. A cobrança do prêmio relativo ao contrato de seguro, ainda que não seja de vida ou acidentes pessoais, é passível de processar-se pela forma executiva. Interpretação do art. 27 do Decreto-Lei n. 73/1966 c/c art. 784, XII, do CPC/2015. 3. Agravo interno desprovido. (STJ, AgInt no AgInt no AREsp 1408870/RS, Rel. Ministro Marco Aurélio Bellizze, Terceira Turma, julgado em 10/02/2020, DJe 13/02/2020)

VII – o crédito decorrente de foro e laudêmio;

→ v. Art. 2.038 do CC/2002.

VIII – o crédito, documentalmente comprovado, decorrente de aluguel de imóvel, bem como de encargos acessórios, tais como taxas e despesas de condomínio;

→ v. Lei 8.245/1991 – Dispõe sobre as locações dos imóveis urbanos e os procedimentos a elas pertinentes.

IX – a certidão de dívida ativa da Fazenda Pública da União, dos Estados, do Distrito Federal e dos Municípios, correspondente aos créditos inscritos na forma da lei;

→ v. Súmula 392 do STJ.
→ v. Arts. 201 a 204 do CTN.
→ v. Arts. 2º e 3º da Lei 6.830/1980.

X – o crédito referente às contribuições ordinárias ou extraordinárias de condomínio edilício, previstas na respectiva convenção ou aprovadas em assembleia geral, desde que documentalmente comprovadas;

→ v. Arts. 1.334, I e 1.336, I e § 1º do CC/2002.
→ v. Enunciado 100 do CJF: Interpreta-se a expressão condomínio edilício do art. 784, X, do CPC de forma a compreender tanto os condomínios verticais, quanto os horizontais de lotes, nos termos do art. 1.358-A do Código Civil.

Admissibilidade de execução de parcelas vincendas de cotas condominiais

✓ DIREITO PROCESSUAL CIVIL. RECURSO ESPECIAL. AÇÃO DE EXECUÇÃO DE TÍTULO EXECUTIVO EXTRAJUDICIAL. DÉBITOS CONDOMINIAIS. INCLUSÃO DAS COTAS CONDOMINIAIS VINCENDAS. POSSIBILIDADE. (...) 3. O propósito recursal é definir se, à luz das disposições do CPC/2015, é válida a pretensão do condomínio exequente de ver incluídas, em ação de execução de título executivo extrajudicial, as parcelas vincendas no débito exequendo, até o cumprimento integral da obrigação do curso do processo. 4. O art. 323 do CPC/2015, prevê que, na ação que tiver por objeto cumprimento de obrigação em prestações sucessivas, essas serão consideradas incluídas no pedido, independentemente de declaração expressa do autor, e serão incluídas na condenação, enquanto durar a obrigação, se o devedor, no curso do processo, deixar de pagá-las ou de consigná-las. 5. A despeito de referido dispositivo legal ser indubitavelmente aplicável aos processos de conhecimento, tem-se que deve se admitir a sua aplicação, também, aos processos de execução. 6. O art. 771 do CPC/2015, na parte que regula o procedimento da execução fundada em título executivo extrajudicial, admite a aplicação subsidiária das disposições concernentes ao processo de conhecimento à lide executiva. 7. Tal entendimento está em consonância com os princípios da efetividade e da economia processual, evitando o ajuizamento de novas execuções com base em uma mesma relação jurídica obrigacional. 8. Recurso especial conhecido e provido. (STJ, REsp 1756791/RS, Rel. Ministra Nancy Andrighi, Terceira Turma, julgado em 06/08/2019, DJe 08/08/2019)

Prazo prescricional da cobrança de verbas condominiais

✓ RECURSO ESPECIAL REPRESENTATIVO DE CONTROVÉRSIA. DIREITO CIVIL. COBRANÇA DE TAXAS CONDOMINIAIS. DÍVIDAS LÍQUIDAS, PREVIAMENTE ESTABELECIDAS EM DELIBERAÇÕES DE ASSEMBLEIAS GERAIS, CONSTANTES DAS RESPECTIVAS ATAS. PRAZO PRESCRICIONAL. O ART. 206, § 5º, I, DO CÓDIGO CIVIL DE 2002, AO DISPOR QUE PRESCREVE EM 5 (CINCO) ANOS A PRETENSÃO DE COBRANÇA DE DÍVIDAS LÍQUIDAS CONSTANTES DE INSTRUMENTO PÚBLICO OU PARTICULAR, É O QUE DEVE SER APLICADO AO CASO. 1. A tese a ser firmada, para efeito do art. 1.036 do CPC/2015 (art. 543-C do CPC/1973), é a seguinte: Na vigência do Código Civil de 2002, é quinquenal o prazo prescricional para que o Condomínio geral ou edilício (vertical ou horizontal) exercite a pretensão de cobrança de taxa condominial ordinária ou extraordinária, constante em instrumento público ou particular, a contar do dia seguinte ao vencimento da prestação. 2. No caso concreto, recurso especial provido. (STJ; REsp 1483930; DF; Segunda Seção; Rel. Min. Luis Felipe Salomão; Julg. 23/11/2016; DJe 01/02/2017)

XI – a certidão expedida por serventia notarial ou de registro relativa a valores de emolumentos e demais despesas devidas pelos atos por ela praticados, fixados nas tabelas estabelecidas em lei;

XII – todos os demais títulos aos quais, por disposição expressa, a lei atribuir força executiva.

→ *v.* Súmula 93 do STJ.
→ *v.* Art. 107, I da Lei 6.404/1976.
→ *v.* Art. 24 da Lei 8.906/1994.
→ *v.* Arts. 20 e 28 da Lei 10.931/2004.
→ *v.* Art. 142 da Lei 11.101/2005.
→ *v.* Dec.-lei 167/1967 – Dispõe sobre títulos de crédito rural.
→ *v.* Dec.-lei 413/1969 – Dispõe sobre títulos de crédito industrial.

§ 1º A propositura de qualquer ação relativa a débito constante de título executivo não inibe o credor de promover-lhe a execução.

→ *v.* Art. 49, § 1º da Lei 11.101/2005.

§ 2º Os títulos executivos extrajudiciais oriundos de país estrangeiro não dependem de homologação para serem executados.

§ 3º O título estrangeiro só terá eficácia executiva quando satisfeitos os requisitos de formação exigidos pela lei do lugar de sua celebração e quando o Brasil for indicado como o lugar de cumprimento da obrigação.

→ *v.* Art. 21, II do CPC.

Art. 785. A existência de título executivo extrajudicial não impede a parte de optar pelo processo de conhecimento, a fim de obter título executivo judicial.

→ *v.* Art. 485, VI do CPC.
→ *v.* Enunciado 101 do CJF: É admissível ação monitória, ainda que o autor detenha título executivo extrajudicial.

Admissibilidade da ação monitória, mesmo no caso de o credor ter em mãos título executivo extrajudicial

✓ PROCESSUAL CIVIL. AÇÃO MONITÓRIA PELA FAZENDA PÚBLICA. COBRANÇA DE CRÉDITO FISCAL NÃO TRIBUTÁRIO. MULTA DE TRÂNSITO. POSSIBILIDADE. INTERESSE DE AGIR CARACTERIZADO. 1. Caso em que o Tribunal de origem entendeu inexistente o interesse de agir na pretensão do Município consubstanciada na cobrança das infrações de trânsito praticadas pelo particular, por meio da Ação Monitória. 2. O STJ entende que não se verifica prejuízo para o direito de defesa com a escolha do rito da Ação Monitória, que é mais demorado que o rito da Ação de Execução de Título Extrajudicial. Precedentes: REsp 1281036/RJ, Rel. Ministro Herman Benjamin, Segunda Turma, DJe 24/05/2016; AgRg no AREsp 148.484/SP, Rel. Ministro Sidnei Beneti, Terceira Turma, DJe 28/5/2012; AgRg no REsp 1.209.717/SC, Rel. Ministro Paulo de Tarso Sanseverino, Terceira Turma, DJe 17/9/2012. 3. Nesse sentido, o enunciado 446 do Fórum Permanente de Processualistas Civis: "Cabe ação monitória mesmo quando o autor for portador de título executivo extrajudicial". Ainda, o enunciado 101 da I Jornada de Direito Processual Civil, do Conselho da Justiça Federal: "É admissível ação monitória, ainda que o autor detenha título executivo extrajudicial". 4. A Fazenda Pública pode valer-se da execução fiscal para os créditos fiscais (tributários ou não tributários) decorrentes de atividade essencialmente pública. Os referidos créditos devem ser inscritos em dívida ativa, a fim de possibilitar o ajuizamento da Execução Fiscal. Contudo, não há impedimento para que a Fazenda Pública, em vez de inscrever o crédito em dívida ativa, proponha Ação Monitória, desde que possua prova escrita do crédito, no intuito de obter título judicial e promover, em seguida, o cumprimento de sentença. Isso porque quem dispõe de título executivo extrajudicial pode, mesmo assim, propor ação monitória. 5. Recurso Especial provido. (STJ, REsp 1748849/SP, Rel. Ministro Herman Benjamin, Segunda Turma, julgado em 04/12/2018, DJe 17/12/2018)

Seção II
Da Exigibilidade da Obrigação

Art. 786. A execução pode ser instaurada caso o devedor não satisfaça a obrigação certa, líquida e exigível consubstanciada em título executivo.

→ *v.* Arts. 783 e 803, I do CPC.

Parágrafo único. A necessidade de simples operações aritméticas para apurar o crédito exequendo não retira a liquidez da obrigação constante do título.

Possibilidade de execução de parcelas vincendas periódicas

✓ DIREITO PROCESSUAL CIVIL. RECURSO ESPECIAL. AÇÃO DE EXECUÇÃO DE TÍTULO EXECUTIVO EXTRAJUDICIAL. DÉBITOS CONDOMINIAIS. INCLUSÃO DAS COTAS CONDOMINIAIS VINCENDAS. POSSIBILIDADE. (...) 3. O propósito recursal é definir se, à luz das disposições do CPC/2015, é válida a pretensão do condomínio exequente de ver incluídas, em ação de execução de título executivo extrajudicial, as parcelas vincendas no débito exequendo, até o cumprimento integral da obrigação do curso do processo. 4. O art. 323 do CPC/2015, prevê que, na ação que tiver por objeto cumprimento de obrigação em prestações sucessivas, essas serão consideradas incluídas no pedido, independentemente de declaração expressa do autor, e serão incluídas na condenação, enquanto durar a obrigação, se o devedor, no curso do processo, deixar de pagá-las ou de consigná-las. 5. A despeito de referido dispositivo legal ser indubitavelmente aplicável aos processos de conhecimento, tem-se que deve se admitir a sua aplicação, também, aos processos de execução. 6. O art. 771 do CPC/2015, na parte que regula o procedimento da execução fundada em título executivo extrajudicial, admite a aplicação subsidiária das disposições concernentes ao processo de conhecimento à lide executiva. 7. Tal entendimento está em consonância com os princípios da efetividade e da economia processual, evitando o ajuizamento de novas execuções com base em uma mesma relação jurídica obrigacional. 8. Recurso especial conhecido e provido. (STJ, REsp 1756791/RS, Rel. Ministra Nancy Andrighi, Terceira Turma, julgado em 06/08/2019, DJe 08/08/2019). V. tb. STJ, REsp 1759364/RS, Rel. Ministro Marco Aurélio Bellizze, Terceira Turma, julgado em 05/02/2019, DJe 15/02/2019).

Alegação de adimplemento defeituoso não afasta a executividade do título

✓ RECURSO ESPECIAL. PROCESSUAL CIVIL. AGRAVO DE INSTRUMENTO. EMBARGOS À EXECUÇÃO DE TÍTULO EXTRAJUDICIAL. CONTRATO DE LICENCIAMENTO DE SOFTWARE E DE PRESTAÇÃO DE SERVIÇOS. PLENA EXIGIBILIDADE. ALEGAÇÃO DE ADIMPLEMENTO DEFEITUOSO. MATÉRIA A SER APRECIADA QUANDO DA ANÁLISE DA CULPA PELO INCUMPRIMENTO. INOCORRÊNCIA DE NEGATIVA DE PRESTAÇÃO JURISDICIONAL. 1. Controvérsia em torno da executividade de título representado por "Instrumento Particular de Licenciamento de Software e Aplicativos". 2. O contrato bilateral é título executivo extrajudicial em constituindo obrigação líquida, certa e exigível. 3. Tendo havido cumprimento, não há obstaculizar a execução, impondo-se discutir, dentro dos embargos do devedor, a culpa pelo inadimplemento, acertando-se, daí, os valores objeto da execução. 4. Precedentes do STF e do STJ, além de doutrina acerca do tema. 5. RECURSO ESPECIAL DESPROVIDO. (STJ, REsp 1622547/SP, Rel. Ministro Paulo de Tarso Sanseverino, Terceira Turma, julgado em 22/03/2018, DJe 13/04/2018)

Contrato de adesão a grupo de consórcio não pode ser objeto de execução por faltar certeza ao valor da dívida

✓ AGRAVO INTERNO. AGRAVO EM RECURSO ESPECIAL. CONTRATO. DE ADESÃO. CONSÓRCIO. IMÓVEL. TÍTULO EXECUTIVO EXTRAJUDICIAL. NÃO CONFIGURAÇÃO. GARANTIA HIPOTECÁRIA. AUSÊNCIA DE LIQUIDEZ E CERTEZA. 1. O contrato de adesão a grupo de consórcio de bem imóvel não se configura como título executivo extrajudicial, em face da ausência do requisito da certeza do montante da dívida. Precedentes. 2. A execução do pacto adjeto de hipoteca limita-se aos casos em que configuradas a liquidez, certeza e exigibilidade da obrigação principal. 3. Agravo interno a que se nega provimento. (STJ, AgRg no AREsp 423.753/SP, Rel. Ministra Maria Isabel Gallotti, Quarta Turma, julgado em 01/06/2020, DJe 05/06/2020)

Art. 787. Se o devedor não for obrigado a satisfazer sua prestação senão mediante a contraprestação do credor, este deverá provar que a adimpliu ao requerer a execução, sob pena de extinção do processo.

→ *V.* Arts. 476 e 477 do CC/2002.

→ *V.* Arts. 798, I, **d**, e 917, § 2º, IV do CPC.

Parágrafo único. O executado poderá eximir-se da obrigação, depositando em juízo a prestação ou a coisa, caso em que o juiz não permitirá que o credor a receba sem cumprir a contraprestação que lhe tocar.

Entendendo que a mera alegação de exceção de contrato não cumprido, sem que se ampare em condição prevista no título executivo, não lhe retira executividade

✓ RECURSO ESPECIAL. PROCESSUAL CIVIL. EMBARGOS À EXECUÇÃO. TÍTULO EXTRAJUDICIAL. TERMO DE CONFISSÃO DE DÍVIDA. APELAÇÃO. UNÂNIME. EMBARGOS DE DECLARAÇÃO. DESACOLHIMENTO, POR MAIORIA. TÉCNICA DE AMPLIAÇÃO DO JULGAMENTO. ART. 942 DO CPC/15. DESCABIMENTO. NULIDADE. AUSÊNCIA. EXIGIBILIDADE DA DÍVIDA. EXCEÇÃO DE CONTRATO NÃO CUMPRIDO. ART. 787 DO CPC/15. INTERDEPENDÊNCIA DAS PRESTAÇÕES. PREVISÃO NO TÍTULO EXECUTIVO. AUSÊNCIA. REFERÊNCIA. NEGÓCIO JURÍDICO SUBJACENTE. EXEQUIBILIDADE DO TÍTULO. RECONHECIMENTO. (...) 11. A certeza da obrigação constante do título executivo não se confunde com a inquestionabilidade da existência do direito material nele referido, correspondendo à previsão da a natureza da prestação, seu objeto e seus sujeitos. 12. A interdependência das prestações obriga que o exequente prove, com a inicial, que satisfez a prestação que lhe cabia antes de exigir a contraprestação do executado, sob pena de extinção do processo, nos termos do art. 787 do CPC/15. 13. A incidência desta regra demanda, no entanto, que a interdependência das prestações esteja prevista no próprio título executivo, pois, caso contrário, devem ser consideradas totalmente independentes as prestações, devendo a matéria relativa à extensão do direito material ser dirimida em eventuais embargos à execução. 14. Na hipótese concreta, o termo de confissão de dívida que ampara a pretensão executiva não continha qualquer previsão de interdependência entre alguma prestação devida pelo recorrente e aquelas devidas pelos recorridos, estando, assim, presente sua exigibilidade e sua exequibilidade. 15. Recurso especial provido. (STJ, REsp 1758383/MT, Rel. Ministra Nancy Andrighi, Terceira Turma, julgado em 04/08/2020, DJe 07/08/2020)

Art. 788. O credor não poderá iniciar a execução ou nela prosseguir se o devedor cumprir a obrigação, mas poderá recusar o recebimento da prestação se ela não corresponder ao direito ou à obrigação estabelecidos no título executivo, caso em que poderá requerer a execução forçada, ressalvado ao devedor o direito de embargá-la.

→ *V.* Art. 914 do CPC.

→ *V.* Art. 313 do CC/2002.

Capítulo V
DA RESPONSABILIDADE PATRIMONIAL

Art. 789. O devedor responde com todos os seus bens presentes e futuros para o cumprimento de suas obrigações, salvo as restrições estabelecidas em lei.

→ *V.* Art. 824 do CPC.

Possibilidade de penhora de quotas do sócio em dívida particular deste, ainda que a sociedade esteja em recuperação judicial

✓ RECURSO ESPECIAL. PROCESSUAL CIVIL. EXECUÇÃO. DÍVIDA PARTICULAR DE SÓCIO. PENHORA. QUOTAS SOCIAIS. SOCIEDADE EM RECUPERAÇÃO JUDICIAL. POSSIBILIDADE. 1. Recurso especial interposto contra acórdão publicado na vigência do Código de Processo Civil de 2015 (Enunciados Administrativos nºs 2 e 3/STJ). 2. Cinge-se a controvérsia a definir se em ação de execução proposta contra sócio, relativa a dívida particular por ele contraída, é permitida a penhora de suas quotas sociais e, caso possível, se essa situação se altera na hipótese de a sociedade estar em recuperação judicial. 3. É possível, uma vez verificada a inexistência de outros bens passíveis de constrição, a penhora de quotas sociais de sócio por dívida particular por ele contraída sem que isso implique abalo na *affectio societatis*. Precedentes. 4. Não há vedação para a penhora de quotas sociais de sociedade empresária em recuperação judicial, já que não enseja, necessariamente, a liquidação da quota. 5. Recurso especial não provido. (STJ, REsp 1803250/SP, Rel. Ministro Marco Aurélio Bellizze, Rel. p/ Acórdão Ministro Ricardo Villas Bôas Cueva, Terceira Turma, julgado em 23/06/2020, DJe 01/07/2020)

Art. 790. São sujeitos à execução os bens:

→ v. Súmula 554 do STJ.
→ v. Art. 779 do CPC.

I – do sucessor a título singular, tratando-se de execução fundada em direito real ou obrigação reipersecutória;

II – do sócio, nos termos da lei;

→ v. Art. 795 do CPC.

III – do devedor, ainda que em poder de terceiros;

→ v. Art. 674 do CPC

IV – do cônjuge ou companheiro, nos casos em que seus bens próprios ou de sua meação respondem pela dívida;

→ v. Art. 1.639 e seguintes, do CC/2002.
→ v. Súmula 251 do STJ.

Casos em que o bem do cônjuge responde pela dívida

✓ EMBARGOS DE TERCEIRO. Cônjuge casado em regime de comunhão universal de bens. Pretensão a afastar meação. Elidida a presunção de comunicabilidade da obrigação do varão, não contraída em benefício da família para aquisição do imóvel sujeito a constrição judicial. Inteligência do art. 790, IV, do NCPC e dos arts. 1.642 e 1.644 do CC. Exclusão da meação que deve ser considerada em cada bem do casal. Jurisprudência do STJ. Meação sobre bem indivisível que deve ser preservada, reservando à esposa a metade do preço alcançado quando levado à hasta pública. Recuso provido para esse fim, invertidos os ônus sucumbenciais. (TJSP; APL 1001412-69.2015.8.26.0568; Ac. 10824371; São João da Boa Vista; Décima Quinta Câmara de Direito Privado; Rel. Des. Mendes Pereira; Julg. 26/09/2017; DJESP 09/10/2017; Pág. 2844).

✓ APELAÇÃO CÍVEL. NEGÓCIOS JURÍDICOS BANCÁRIOS. EMBARGOS DE TERCEIRO À PENHORA. EXECUÇÃO. AUTOMÓVEL. POSSIBILIDADE. RESERVA DE MEAÇÃO DA EMBARGANTE, ESPOSA DO EXECUTADO. ÔNUS PROBATÓRIO. Possibilidade da penhora: Inteligência do art. 1.660, inciso I, do Código Civil e do art. 790, inciso IV, do código de processo civil. A embargante não se desincumbiu de seu ônus de provar sua alegação de que a dívida em execução, contraída por seu marido, não se deu em benefício da família, pelo que não há como resguardar sua meação. Negaram provimento ao apelo. (TJRS; AC 0157011-92.2017.8.21.7000; Porto Alegre; Primeira Câmara Especial Cível; Rel. Des. Alex Gonzalez Custodio; Julg. 29/08/2017; DJERS 15/09/2017)

V – alienados ou gravados com ônus real em fraude à execução;

→ v. Art. 792 do CPC.

VI – cuja alienação ou gravação com ônus real tenha sido anulada em razão do reconhecimento, em ação autônoma, de fraude contra credores;

→ v. Arts. 158 a 165 e 171, II, do CC/2002.
→ v. Art. 129 da Lei 11.101/2005.

VII – do responsável, nos casos de desconsideração da personalidade jurídica.

→ v. Art. 50 do CC/2002.
→ v. Art. 28 do CDC.
→ v. Arts. 133 a 137 do CPC.

Desconsideração da personalidade jurídica e bens dos sócios

✓ AGRAVO DE INSTRUMENTO. DIREITO CIVIL E PROCESSUAL CIVIL. GRATUIDADE. IMPUGNAÇÃO. MEIO INADEQUADO. DESCONSIDERAÇÃO DA PERSONALIDADE JURÍDICA DA SOCIEDADE EXECUTADA. NÃO PARTICIPAÇÃO DO SÓCIO NO PROCESSO DE CONHECIMENTO. NULIDADE. NÃO CONFIGURADA. O SÓCIO SOMENTE É CITADO APÓS A INSTAURAÇÃO DO COMPETENTE INCIDENTE. ART. 135 CPC. PRESENTES OS REQUISITOS DO ART. 50 DO CC. INAPLICABILIDADE DO PRAZO PREVISTO NOS ARTS. 1.003 E 1.032 DO CC. LIMITAÇÃO DA RESPONSABILIDADE ÀS COTAS DO SÓCIO. INCABÍVEL. A impugnação à gratuidade de justiça concedida deve ser feita nos autos de origem, na forma estabelecida no artigo 100, do Código de Processo Civil. O fato de o sócio não ter exercido o contraditório na fase de conhecimento, não afasta a sua responsabilidade no cumprimento de sentença, em razão da desconsideração da personalidade jurídica, pois, em regra, ele não passa a integrar o polo passivo, mas seus bens tornam-se sujeitos à execução (art. 790, II do CPC). Por essa razão, não há que falar em nulidade por não ter participado anteriormente do processo. A citação do sócio somente ocorre após a instauração do incidente de desconsideração da personalidade jurídica, nos termos do artigo 135, do Código de Processo Civil. Presentes os requisitos previstos no artigo 50, do Código Civil, deve ser mantida a desconsideração da personalidade jurídica. É inaplicável à desconsideração da personalidade jurídica a limitação temporal de dois anos, prevista nos artigos 1.003, parágrafo único, e 1.032, do Código Civil, para ex-sócios em face a obrigações contraídas quando este ainda fazia parte do quadro societário. Não é possível, na desconsideração da personalidade jurídica, a limitação da responsabilidade dos sócios às suas cotas. Precedentes. (TJDF; Proc 0709.73.6.392017-8070000; Ac. 104.9775; Sexta Turma Cível; Rel. Des. Esdras Neves; Julg. 27/09/2017; DJDFTE 04/10/2017).

✓ DESCONSIDERAÇÃO DA PERSONALIDADE JURÍDICA. PESSOA JURÍDICA INADIMPLENTE. POSSIBILIDADE. Ausentes bens da empresa executada aptos à garantia total da execução, esta poderá recair sobre o patrimônio de seus sócios ou administradores, ainda que estes não tenham participado da fase processual de conhecimento. Isto porque, na seara trabalhista, é pacífico o entendimento de que os bens individuais dos sócios das empresas executadas têm o condão de responder pela satisfação dos débitos advindos das relações de trabalho. Trata-se da aplicação do disposto no artigo 790, II, do Novo CPC e da teoria da desconsideração da personalidade jurídica. (TRT 3ª R.; AP 0010537-57.2014.5.03.0163; Relª Desª Paula Oliveira Cantelli; DJEMG 25/09/2017)

Art. 791. Se a execução tiver por objeto obrigação de que seja sujeito passivo o proprietário de terreno submetido ao regime do direito de superfície, ou o superficiário, responderá pela dívida, exclusivamente, o direito real do qual é titular o executado, recaindo a penhora ou outros atos de constrição exclusivamente sobre o terreno, no primeiro caso, ou sobre a construção ou a plantação, no segundo caso.

→ *v.* Arts. 1.369 a 1.377 do CC/2002.

§ 1º Os atos de constrição a que se refere o *caput* serão averbados separadamente na matrícula do imóvel, com a identificação do executado, do valor do crédito e do objeto sobre o qual recai o gravame, devendo o oficial destacar o bem que responde pela dívida, se o terreno, a construção ou a plantação, de modo a assegurar a publicidade da responsabilidade patrimonial de cada um deles pelas dívidas e pelas obrigações que a eles estão vinculadas.

§ 2º Aplica-se, no que couber, o disposto neste artigo à enfiteuse, à concessão de uso especial para fins de moradia e à concessão de direito real de uso.

→ *v.* Arts. 1.225, XI e XII, e 2.038 do CC/2002.

→ *v.* Enunciado 150 do CJF: Aplicam-se ao direito de laje os arts. 791, 804 e 889, III, do CPC.

Art. 792. A alienação ou a oneração de bem é considerada fraude à execução:

→ *v.* Art. 179 do CP.

→ *v.* Art. 216 da Lei 6.015/1973.

→ *v.* Arts. 54, parágrafo único e 55 da Lei 13.097/2015.

→ *v.* Arts. 774, I, 808 e 856, § 3º do CPC.

I – quando sobre o bem pender ação fundada em direito real ou com pretensão reipersecutória, desde que a pendência do processo tenha sido averbada no respectivo registro público, se houver;

II – quando tiver sido averbada, no registro do bem, a pendência do processo de execução, na forma do art. 828;

III – quando tiver sido averbado, no registro do bem, hipoteca judiciária ou outro ato de constrição judicial originário do processo onde foi arguida a fraude;

→ *v.* Art. 240 da Lei 6.015/1973.

→ *v.* Art. 844 do CPC.

→ *v.* Enunciado 149 do CJF: A falta de averbação da pendência de processo ou da existência de hipoteca judiciária ou de constrição judicial sobre bem no registro de imóveis não impede que o exequente comprove a má-fé do terceiro que tenha adquirido a propriedade ou qualquer outro direito real sobre o bem.

IV – quando, ao tempo da alienação ou da oneração, tramitava contra o devedor ação capaz de reduzi-lo à insolvência;

→ *v.* Súmula 375 do STJ.

V – nos demais casos expressos em lei.

→ *v.* Art. 185 do CTN.

§ 1º A alienação em fraude à execução é ineficaz em relação ao exequente.

§ 2º No caso de aquisição de bem não sujeito a registro, o terceiro adquirente tem o ônus de provar que adotou as cautelas necessárias para a aquisição, mediante a exibição das certidões pertinentes, obtidas no domicílio do vendedor e no local onde se encontra o bem.

§ 3º Nos casos de desconsideração da personalidade jurídica, a fraude à execução verifica-se a partir da citação da parte cuja personalidade se pretende desconsiderar.

→ *v.* Arts. 135 e 137 do CPC.

→ *v.* Enunciado 52 da ENFAM: A citação a que se refere o art. 792, § 3º, do CPC/2015 (fraude à execução) é a do executado originário, e não aquela prevista para o incidente de desconsideração da personalidade jurídica (art. 135 do CPC/2015).

§ 4º Antes de declarar a fraude à execução, o juiz deverá intimar o terceiro adquirente, que, se quiser, poderá opor embargos de terceiro, no prazo de 15 (quinze) dias.

→ *v.* Art. 674 do CPC.

→ *v.* Enunciado 54 da ENFAM: A ausência de oposição de embargos de terceiro no prazo de 15 (quinze) dias prevista no art. 792, § 4º, do CPC/2015 implica preclusão para fins do art. 675, *caput*, do mesmo código.

→ *v.* Enunciado 102 do CJF: A falta de oposição dos embargos de terceiro preventivos no prazo do art. 792, § 4º, do CPC não impede a propositura dos embargos de terceiro repressivos no prazo do art. 675 do mesmo Código.

Apontando ser ônus do exequente demonstrar a má-fé do adquirente, se não houver penhora ou existência da ação registrada na matrícula do imóvel

✓ AGRAVO INTERNO NO RECURSO ESPECIAL. EMBARGOS DE TERCEIRO. COMPRA E VENDA DE IMÓVEL. FRAUDE À EXECUÇÃO. SÚMULA 375/STJ. INEXISTÊNCIA DE REGISTRO IMOBILIÁRIO DA PENHORA OU DA EXISTÊNCIA DA AÇÃO. MÁ-FÉ DO TERCEIRO ADQUIRENTE NÃO COMPROVADA. AGRAVO INTERNO IMPROVIDO. 1. De acordo com a jurisprudência do Superior Tribunal de Justiça, cristalizada na Súmula 375, "O reconhecimento da fraude à execução depende do registro da penhora do bem alienado ou da prova de má-fé do terceiro adquirente". E mais, nos termos da tese firmada pela Corte Especial do STJ, em sede de julgamento de recurso especial repetitivo, "inexistindo registro da penhora na matrícula do imóvel, é do credor o ônus da prova de que o terceiro adquirente tinha conhecimento de demanda capaz de levar o alienante à insolvência" (REsp 956.943/PR, Rel. p/ acórdão Ministro JOÃO OTÁVIO DE NORONHA, CORTE ESPECIAL, julgado em 20/08/2014, DJe de 1º/12/2014). 2. No caso dos autos, inexiste registro da penhora ou da existência da ação na matrícula do imóvel alienado, bem como não ficou comprovado que os agravados, terceiros adquirentes, tinham conhecimento da execução movida em desfavor do alienante, sendo, portanto, inviável o reconhecimento da fraude à execução. 3. Agravo interno a que se nega provimento. (STJ, AgInt no REsp 1738170/SP, Rel. Ministro Raul Araújo, Quarta Turma, julgado em 17/12/2019, DJe 03/02/2020)

Considerando relevante o parentesco entre credor e devedor para fins de caracterizar fraude à execução

✓ PROCESSUAL CIVIL. EXISTÊNCIA DE OMISSÃO. ART. 1.022, II, DO CPC. FRAUDE À EXECUÇÃO. ALIENAÇÃO DE IMÓVEL AO FILHO. GARANTIA DE MULTA ADMINISTRATIVA. 1. O recorrente pretende o "reconhecimento de fraude à execução na alienação do imóvel de matrícula 31.949 do Cartório de Registro de Imóveis da Comarca de Laguna - SC, por parte do exequente, para seu filho para fins de que o bem possa servir como garantia dos créditos de multa administrativa em cobrança na origem." 2. Depreende-se da análise do acórdão recorrido que a Corte a quo não enfrentou a tese desenvolvida pela Autarquia Federal em seus Embargos de Declaração de que "há fraude à execução quando a alienação ocorrer concomitantemente a ação judicial que puder reduzi-lo à insolvência" (art. 792, IV, do CPC). Dessarte, o Tribunal regional limitou-se a fundamentar o decisum nos incisos I, II e III do art. 792 do CPC, contudo silenciou a respeito do inciso IV. 3. Outra questão que deverá ser levada em consideração pelos julgadores, visto que está sendo levantada desde o início pelo recorrente, trata do parentesco (pai e filho) entre o vendedor (executado) e o comprador do imóvel. 4. Recurso Especial provido. (STJ, REsp 1852786/SC, Rel. Ministro Herman Benjamin, Segunda Turma, julgado em 04/08/2020, DJe 26/08/2020)

Não se configura fraude à execução se a alienação decorreu de expropriação judicial

✓ PROCESSUAL CIVIL. EXECUÇÃO FISCAL. INEXISTÊNCIA DE FRAUDE À EXECUÇÃO. AUSÊNCIA PARCIAL DE PREQUESTIONAMENTO. SÚMULA 282/STF. 1. Não se pode conhecer da insurgência contra a ofensa ao art. 3º do CPC, pois o referido dispositivo legal não foi analisado pela instância de origem. Dessa forma, não se pode alegar que houve prequestionamento da questão, nem ao menos implicitamente. Ausente, portanto, o indispensável requisito do prequestionamento, o que atrai, por analogia, o óbice da Súmula 282/STF: "É inadmissível o recurso extraordinário, quando não ventilada, na decisão recorrida, a questão federal suscitada". 2. O Tribunal bandeirante consignou: "Em primeiro lugar porque não houve ato do executado de alienação ou oneração de bem, como menciona o art. 593 (CPC de 1973) e 792 (atual CPC), mas sim adjudicação do bem por outro credor em outra execução." 3. Depreende-se da análise do acórdão recorrido que a Corte estadual interpretou corretamente o art. 792 do CPC, porquanto a fraude à execução só poderá ser reconhecida se houver ato de alienação ou oneração do bem, o que não ocorreu na hipótese sub judice. 4. Recurso Especial não conhecido. (STJ, REsp 1728292/SP, Rel. Ministro Herman Benjamin, Segunda Turma, julgado em 17/04/2018, DJe 24/05/2018)

Fraude à execução nos casos de desconsideração da personalidade jurídica

✓ RECURSO ESPECIAL. PROCESSUAL CIVIL. FRAUDE À EXECUÇÃO. DISPONIBILIDADE DE BEM PELO SÓCIO, QUE JÁ TINHA CIÊNCIA DO PEDIDO DE DESCONSIDERAÇÃO DA PERSONALIDADE JURÍDICA. CONDUTA FRUSTRANDO A ATUAÇÃO/DIGNIDADE DA JUSTIÇA, COM CIÊNCIA DA ADQUIRENTE. FUNDAMENTADA CONVICÇÃO MANIFESTADA PELA CORTE LOCAL. INCIDÊNCIA DA SÚMULA 7/STJ. CONCLUSÃO DA ARREMATAÇÃO. AFETAÇÃO DA EFICÁCIA DO ATO E DOS INTERESSES DO ARREMATANTE, QUE SEQUER INTEGRA O POLO PASSIVO. INEXISTÊNCIA. 1. É incontroverso, e consonante com o apurado pela Corte local, que: a) desde a inicial da ação de cobrança, a autora alertou ao juízo que a empresa requerida não possuía bem registrado em seu nome, requerendo, liminarmente, antecipação dos efeitos da tutela para desconstituir a personalidade jurídica da sociedade empresária demandada e bloquear o imóvel rural de propriedade do sócio; b) a petição inicial se fez acompanhar de declaração emitida por pessoa da região noticiando ter tomado conhecimento por meio de corretores de imóveis que o sócio tentava alienar a Fazenda arrematada; c) a autora ajuizou, em 13/07/2011, a ação de protesto contra alienação de bens, no bojo da qual foi reiterado o pedido de desconsideração da personalidade jurídica da devedora; d) em vista do indeferimento, pelo Juízo de primeira instância, do pedido formulado na ação de protesto, houve interposição de agravo de instrumento, tendo sido acolhido o pedido, em 30/08/2011, determinando a averbação no registro do imóvel; e) o Instrumento Particular de Promessa de Venda e Compra e Outras Avenças de bem de valor vultoso não foi lavrado por escritura pública, e não consta qualquer reconhecimento de firma ou autenticação, no aludido instrumento, que comprove que ele foi celebrado antes da citação ou que é preexistente à data da citação da empresa requerida na ação de cobrança. 2. Por um lado, como são os bens presentes e futuros - à exceção daqueles impenhoráveis - que respondem pelo inadimplemento da obrigação, caracteriza fraude à execução a disponibilidade de bens pelo demandado que frustre a atuação/dignidade da Justiça. Por outro lado, o caso tem peculiaridades relevantes, pois: I) a alienação ocorreu quando o sócio - na pessoa de quem a ré foi citada - já tinha tomado conhecimento da ação de cobrança, com causa de pedir e pedido requerendo a desconsideração da personalidade jurídica e o arresto imediato do bem alienado; II) segundo apurado, o sócio também teve ciência da ação de protesto aludindo a desconsideração da personalidade jurídica e necessidade de protesto a envolver o bem imóvel alienado para satisfação do crédito perseguido na ação de cobrança; III) estão presentes pressupostos objetivos necessários à caracterização desse tipo de fraude, que é correr contra o devedor demanda e o ato praticado frustrar a atuação da justiça. 3. A Corte local aponta que são "inúmeros os fatos ocorridos isoladamente que, quando analisados em conjunto, demonstram a ocorrência da fraude à execução, conforme posteriormente reconhecido pelo Magistrado a quo já na fase de cumprimento de sentença", assim como demonstra a fundamentada convicção, à luz dos elementos contidos nos autos e desencadeamento dos fatos, da ciência da adquirente da fraude. Incidência da Súmula 7/STJ, a impedir o conhecimento do recurso especial. (,..) (STJ, REsp 1763376/TO, Rel. Ministro Luis Felipe Salomão, Quarta Turma, julgado em 18/08/2020, DJe 16/11/2020).

✓ FRAUDE À EXECUÇÃO. INEXISTÊNCIA. DESCONSIDERAÇÃO DA PERSONALIDADE JURÍDICA. Tendo em vista que a venda do imóvel foi realizada pelos sócios anteriormente à sua inclusão no polo passivo da demanda, a partir da desconsideração da personalidade jurídica da executada, e inexistindo qualquer ressalva ou registro de ônus sobre o bem à época da transferência, não há que se falar em fraude à execução, nos termos do art. 792, §3º do CPC/2015. (TRT 3ª R.; AP 0159000-58.2004.5.03.0108; Rel. Des. José Eduardo de Resende Chaves; DJEMG 29/09/2017).

✓ EXECUÇÃO. FRAUDE À EXECUÇÃO. Não conhecimento das questões não alegadas no pedido de declaração de fraude à execução submetido à apreciação do MM Juízo da causa e indeferido pela r. Decisão agravada, por implicar em supressão de um grau de jurisdição. A data da citação a ser considerada, para fins de reconhecimento de fraude à execução, de executado incluído no feito, por desconsideração da personalidade jurídica, é a citação do executado, cuja personalidade foi desconsiderada, a teor do § 3º, do art. 792, do CPC/2015, e, no caso dos autos, é anterior à alienação pelo executado aos terceiros adquirentes dos imóveis objeto do pedido de declaração de fraude à execução. Como, na atual situação processual, (a) não restou demonstrada a insolvência dos executados, em razão das alienações feitas a terceiros dos imóveis objeto do pedido, exigido pelo art. 792, IV, do CPC/2015, uma vez que sequer foi alegada, pela parte agravante, a alienação de cinco imóveis de propriedade dos executados informados pela Arisp, e (b) como dos fatos narrados no pedido de declaração de fraude à execução indeferido pelo MM Juízo da causa não decorre hipótese configuradora de má-fé dos terceiros adquirentes, em hipótese em que a prova da má-fé é exigível, nos termos da Súmula nº 375/STJ, uma vez que inexistente. Averbação da pendência do processo de execução (CPC/2015, art. 792, I), nem o registro da penhora (CPC/2015, art. 792, II) Dos imóveis objeto do pedido, (c) é incabível, na atual situação processual, o reconhecimento da satisfação dos requisitos legais para a declaração de fraude à execução. Manutenção da r. Decisão agravada, ainda que por outros fundamentos. Recurso desprovido. (TJSP; AI 2114812-31.2017.8.26.0000; Ac. 10774388; São Paulo; Vigésima Câmara de Direito Privado; Rel. Des. Rebello Pinho; Julg. 04/09/2017; DJESP 19/09/2017; Pág. 2279)

Inaplicabilidade do dispositivo nas Execuções Fiscais

✓ PROCESSUAL CIVIL E TRIBUTÁRIO. AGRAVO INTERNO NO AGRAVO EM RECURSO ESPECIAL. FRAUDE À EXECUÇÃO FISCAL. ART. 185 DO CTN. EXECUÇÃO FISCAL AJUIZADA DEPOIS DA VIGÊNCIA DA LC 118/2005. REPRESENTATIVO DA CONTROVÉRSIA: RESP 1.141.990/PR, REL. MIN. LUIZ FUX, DJe 19.11.2010. ALIENAÇÃO DO BEM ANTERIOR À INSCRIÇÃO EM DÍVIDA ATIVA. FRAUDE À EXECUÇÃO NÃO CONFIGURADA. AGRAVO INTERNO DA FAZENDA NACIONAL A QUE SE NEGA PROVIMENTO. 1. A Primeira Seção desta Corte, ao julgar o REsp. 1.141.990/PR, representativo de controvérsia, da relatoria do eminente Ministro LUIZ FUX (DJe 19.11.2010), consolidou o entendimento de que não incide a Súmula 375/STJ em sede de Execução Fiscal. Naquela oportunidade, ficou assentado que o art. 185 do CTN, seja em sua escrita original ou na redação dada pela LC 118/2005, não prevê, como condição de presunção da fraude à execução fiscal, a prova do elemento subjetivo da fraude perpetrada, qual seja, o consilium fraudis. Ao contrário, estabeleceu-se que a constatação da fraude deve se dar objetivamente, sem se indagar da intenção dos partícipes do negócio jurídico. 2. *In casu*, o negócio jurídico fora efetivado após a entrada em vigor da LC 118/2005 e anteriormente à inscrição do débito tributário em dívida ativa (6.10.2011 e 8.5.2012, respectivamente). (...) (STJ. AgInt no AREsp 1209717/SC, Rel. Ministro Napoleão Nunes Maia Filho, Primeira Turma, julgado em 17/11/2020, DJe 30/11/2020)

Art. 793. O exequente que estiver, por direito de retenção, na posse de coisa pertencente ao devedor não poderá promover a execução sobre outros bens senão depois de excutida a coisa que se achar em seu poder.

→ v. Arts. 578, 644, 681, 708, 1.219, 1.220, 1.423, 1.433, II, e 1.507, § 2º, do CC/2002.

→ v. Art. 35 da Lei 8.245/1991.

→ v. Art. 116, I da Lei 11.101/2005.

Art. 794. O fiador, quando executado, tem o direito de exigir que primeiro sejam executados os bens do devedor situados na mesma comarca, livres e desembargados, indicando-os pormenorizadamente à penhora.

→ v. Arts. 827 e 828 do CC/2002.

§ 1º Os bens do fiador ficarão sujeitos à execução se os do devedor, situados na mesma comarca que os seus, forem insuficientes à satisfação do direito do credor.

§ 2º O fiador que pagar a dívida poderá executar o afiançado nos autos do mesmo processo.

§ 3º O disposto no *caput* não se aplica se o fiador houver renunciado ao benefício de ordem.

Art. 795. Os bens particulares dos sócios não respondem pelas dívidas da sociedade, senão nos casos previstos em lei.

→ v. Arts. 134, VII e 135, I, do CTN.

→ v. Art. 790, II, do CPC.

§ 1º O sócio réu, quando responsável pelo pagamento da dívida da sociedade, tem o direito de exigir que primeiro sejam excutidos os bens da sociedade.

→ v. Arts. 1.023 e 1.024 do CC/2002.

§ 2º Incumbe ao sócio que alegar o benefício do § 1º nomear quantos bens da sociedade situados na mesma comarca, livres e desembargados, bastem para pagar o débito.

§ 3º O sócio que pagar a dívida poderá executar a sociedade nos autos do mesmo processo.

§ 4º Para a desconsideração da personalidade jurídica é obrigatória a observância do incidente previsto neste Código.

→ v. Arts. 133 a 137 do CPC.

Art. 796. O espólio responde pelas dívidas do falecido, mas, feita a partilha, cada herdeiro responde por elas dentro das forças da herança e na proporção da parte que lhe coube.

→ v. Arts. 1.792, 1.821 e 1.997 do CC/2002.

Espólio não responde por valores recebidos por herdeiros após o falecimento do servidor, pois não se trata de dívida do falecido

✓ PROCESSUAL CIVIL. RECURSO ESPECIAL. ENUNCIADO ADMINISTRATIVO N. 3/STJ. SERVIDOR PÚBLICO

DISTRITAL. QUANTIA DISPONIBILIZADA PELO ENTE PÚBLICO APÓS O FALECIMENTO DA SERVIDORA. ENRIQUECIMENTO SEM CAUSA DAS HERDEIRAS. AÇÃO DE RESSARCIMENTO. LEGITIMIDADE DO ESPÓLIO. NÃO OCORRÊNCIA. RECURSO ESPECIAL PROVIDO. 1. Na hipótese dos autos, o Distrito Federal demandou ação de ressarcimento contra o Espólio de Elisabete Alves de Souza Neves visando à condenação do espólio à restituição dos valores depositados na conta ex-servidora pública, a título de remuneração e de gratificação natalícia, após o seu falecimento. 2. A restituição de quantia recebida indevidamente é um dever de quem se enriqueceu sem causa (art.884 do CC/2002). De acordo com as alegações do ente público, a vantagem econômica foi auferida pelas herdeiras da ex-servidora. 3. Pessoas naturais possuem personalidade jurídica entre seu nascimento com vida e o momento de sua morte (arts. 2º c/c 6º, ambos do CC/2002). A ex-servidora pública não tinha mais personalidade jurídica quando o Distrito Federal depositou a quantia ora pleiteada. 4. Para que se possa ser titular de direitos e obrigações (deveres), necessita-se de personalidade jurídica (art. 1º do CC/2002). Se a de cujus não tinha mais personalidade, não poderia se tornar titular de deveres. Ademais, o falecimento é causa de vacância do cargo público, de modo não existir mais vínculo jurídico-administrativo entre a administração pública e a servidora após o falecimento dessa. 5. O espólio responde pelas dívidas do falecido (art. 796 do CPC/2015 e 1.997 do CC/2002). Por isso, o espólio não deve responder pelo enriquecimento sem causa das herdeiras que não é atribuível à falecida. 6. Logo, se o espólio não pode ser vinculado, nem mesmo abstratamente, ao dever de restituir, ele não pode ser considerado parte legítima nesta ação nos termos do art. 17 do CPC/2015. 7. Recurso especial provido. (STJ, REsp 1805473/DF, Rel. Ministro Mauro Campbell Marques, Segunda Turma, julgado em 03/03/2020, DJe 09/03/2020)

Legitimidade do espólio apenas até a partilha

✓ AGRAVO INTERNO NOS EMBARGOS DE DECLARAÇÃO NO AGRAVO EM RECURSO ESPECIAL. AÇÃO DE COBRANÇA. COTAS CONDOMINIAIS. AUSÊNCIA DE PARTILHA. ILEGITIMIDADE PASSIVA DOS HERDEIROS. SÚMULA 83/STJ. AGRAVO NÃO PROVIDO. 1. Enquanto não aberto o inventário e realizada a partilha de bens, o espólio responde pelas dívidas do falecido, nos termos dos arts. 1.997, caput, do CC/2002 e 597 do CPC/1973 (art. 796 do CPC/2015). Nesse contexto, os herdeiros não têm legitimidade para figurar no polo passivo da ação de cobrança de cotas condominiais relativas a imóvel pertencente aos falecidos. Precedentes. 2. A fixação dos honorários advocatícios com base no art. 338, parágrafo único, do CPC/2015 somente se justifica quando, alegada a ilegitimidade passiva, o autor promove a substituição da parte, o que não ocorreu no caso. 3. Agravo interno não provido. (STJ, AgInt nos EDcl no AREsp 698.185/SP, Rel. Ministro Raul Araújo, Quarta Turma, julgado em 20/08/2019, DJe 09/09/2019)

Feita a partilha, os herdeiros respondem proporcionalmente ao seu quinhão, mas sem solidariedade

✓ DIREITO CIVIL E PROCESSUAL CIVIL. RECURSO ESPECIAL. OMISSÃO, CONTRADIÇÃO OU OBSCURIDADE. INEXISTÊNCIA. COBRANÇA DE DÍVIDA DIVISÍVEL DO AUTOR DA HERANÇA. EXECUÇÃO MANEJADA APÓS A PARTILHA. ULTIMADA A PARTILHA, CADA HERDEIRO RESPONDE PELAS DÍVIDAS DO FALECIDO NA PROPORÇÃO DA PARTE QUE LHE COUBE NA HERANÇA, E NÃO NECESSARIAMENTE NO LIMITE DE SEU QUINHÃO HEREDITÁRIO. ADOÇÃO DE CONDUTA CONTRADITÓRIA PELA PARTE. INADMISSIBILIDADE. 1. Com a abertura da sucessão, há a formação de um condomínio necessário, que somente é dissolvido com a partilha, estabelecendo o quinhão hereditário de cada beneficiário, no tocante ao acervo transmitido. 2. A herança é constituída pelo acervo patrimonial e dívidas (obrigações) deixadas por seu autor. Aos credores do autor da herança, é facultada, antes da partilha dos bens transmitidos, a habilitação de seus créditos no juízo do inventário ou o ajuizamento de ação em face do espólio. 3. Ultimada a partilha, o acervo outrora indiviso, constituído pelos bens que pertenciam ao de cujus, transmitidos com o seu falecimento, estará discriminado e especificado, de modo que só caberá ação em face dos beneficiários da herança, que, em todo caso, responderão até o limite de seus quinhões. 4. A teor do art. 1.997, caput, do CC c/c o art. 597 do CPC [correspondente ao art. 796 do novo CPC], feita a partilha, cada herdeiro responde pelas dívidas do falecido dentro das forças da herança e na proporção da parte que lhe coube, e não necessariamente no limite de seu quinhão hereditário. Dessarte, após a partilha, não há cogitar em solidariedade entre os herdeiros de dívidas divisíveis, por isso caberá ao credor executar os herdeiros *pro rata*, observando a proporção da parte que coube (quinhão), no tocante ao acervo partilhado. 5. Recurso especial não provido. (STJ, REsp 1367942/SP, Rel. Ministro Luis Felipe Salomão, Quarta Turma, julgado em 21/05/2015, DJe 11/06/2015)

TÍTULO II
Das Diversas Espécies de Execução

Capítulo I
DISPOSIÇÕES GERAIS

Art. 797. Ressalvado o caso de insolvência do devedor, em que tem lugar o concurso universal, realiza-se a execução no interesse do exequente que adquire, pela penhora, o direito de preferência sobre os bens penhorados.

→ v. Arts. 905, I, 908 e 909 do CPC.

Parágrafo único. Recaindo mais de uma penhora sobre o mesmo bem, cada exequente conservará o seu título de preferência.

→ v. Art. 187, parágrafo único do CTN.

→ v. Súmula 244 do TFR.

→ v. Art. 908 do CPC.

A flexibilização da ordem dos bens penhoráveis deve ser sopesada à luz da efetividade da execução e da sua menor onerosidade

✓ AGRAVO INTERNO NO AGRAVO EM RECURSO ESPECIAL. LOCAÇÃO DE IMÓVEL. AÇÃO DE EXECUÇÃO DE TÍTULO EXTRAJUDICIAL. PENHORA DE 30% (TRINTA POR CENTO) SOBRE OS CRÉDITOS RECEBIDOS PELA EXECUTADA. PONDERAÇÃO DO PRINCÍPIO DA MENOR ONEROSIDADE E INTERESSE DO CREDOR. REEXAME DO CONJUNTO FÁTICO-PROBATÓRIO DOS AUTOS. INADMISSIBILIDADE. SÚMULA N. 7 DO STJ. AGRAVO IMPROVIDO. 1. A gradação legal estabelecida no art. 835 do CPC/2015, estruturado de acordo com o grau de aptidão satisfativa do bem penhorável, embora seja a regra, não tem caráter absoluto, podendo ser flexibilizada, em atenção às particularidades do caso concreto, sopesando-se, necessariamente, a potencialidade de satisfação do crédito, na medida em que a execução se processa segundo os interesses do credor (art. 797), bem como a forma menos gravosa ao devedor (art. 805). 2. O Tribunal de origem consignou que a "penhora de 30% de créditos recebíveis pela recorrente há de ser reputada razoável, visando buscar a satisfação do crédito do exequente, sem desmerecer a situação financeira da executada", além de não se vislumbrar "nos autos qualquer outro meio de satisfação da execução" (e-STJ, fl. 97). Rever tais conclusões esbarra no óbice da Súmula 7 desta Corte. 3. Agravo interno a que se nega provimento. (STJ, AgInt no AREsp 1401034/SP, Rel. Ministro Marco Aurélio Bellizze, Terceira Turma, julgado em 25/03/2019, DJe 28/03/2019)

Art. 798. Ao propor a execução, incumbe ao exequente:

→ *v.* Súmula 559 do STJ.

I – instruir a petição inicial com:

→ v. Arts. 319 a 321 e 771, parágrafo único, do CPC.

a) o título executivo extrajudicial;

→ *v.* Art. 784 do CPC.

Imprescindibilidade de apresentação do título executivo completo

✓ EMBARGOS À EXECUÇÃO. Documento particular assinado por duas testemunhas. Execução que deve ser instruída com o título executivo em sua integralidade. Inteligência do art. 615, inc. I, do CPC/73, atual art. 798, inc. I, a, do NCPC. Hipótese em que o documento não foi instruído com seus anexos. Imprescindibilidade, na espécie. Extinção do processo, sem resolução do mérito. Exegese do art. 485, inc. IV, do NCPC. Sentença reformada. Recurso provido. (TJSP; APL 1119171-03.2015.8.26.0100; Ac. 10821945; São Paulo; Décima Segunda Câmara de Direito Privado; Rel. Des. Tasso Duarte de Melo; Julg. 25/09/2017; DJESP 02/10/2017; Pág. 2121)

b) o demonstrativo do débito atualizado até a data de propositura da ação, quando se tratar de execução por quantia certa;

Possibilidade de apresentação *a posteriori* do demonstrativo de débito

✓ PROCESSUAL CIVIL. AGRAVO INTENO NO AGRAVO EM RECURSO ESPECIAL. RECURSO MANEJADO SOB A ÉGIDE DO NCPC. EMBARGOS À EXECUÇÃO. APRESENTAÇÃO DO DEMONSTRATIVO DO DÉBITO EM MOMENTO POSTERIOR À INTERPOSIÇÃO DA EXECUÇÃO. POSSIBILIDADE. ACÓRDÃO EM CONSONÂNCIA COM O ENTENDIMENTO DO STJ. PRECEDENTES. RECURSO NÃO PROVIDO. 1. Aplica-se o NCPC a este julgamento ante os termos do Enunciado Administrativo nº 3, aprovado pelo Plenário do STJ na sessão de 9/3/2016: Aos recursos interpostos com fundamento no CPC/2015 (relativos a decisões publicadas a partir de 18 de março de 2016) serão exigidos os requisitos de admissibilidade recursal na forma do novo CPC. 2. A insuficiência ou incompletude do demonstrativo do débito não implica, de imediato, a extinção do processo, uma vez que deve ser possibilitada ao credor a emenda da inicial a fim de corrigir o vício. Precedentes. 3. Ausência de violação do art. art. 798, I, b, do NCPC porque o demonstrativo de débito foi apresentado, ainda que em momento posterior, sem qualquer prejuízo para as partes. 4. Recurso a que se nega provimento. (STJ, AgInt no AREsp 1703302/MG, Rel. Ministro Moura Ribeiro, Terceira Turma, julgado em 11/11/2020, DJe 16/11/2020)

c) a prova de que se verificou a condição ou ocorreu o termo, se for o caso;

→ *v.* Arts. 121 a 131 e 135 do CC/2002.

→ *v.* Arts. 514, 803, III, e 917, § 2º, V, do CPC.

d) a prova, se for o caso, de que adimpliu a contraprestação que lhe corresponde ou que lhe assegura o cumprimento, se o executado não for obrigado a satisfazer a sua prestação senão mediante a contraprestação do exequente;

→ *v.* Art. 787 do CPC.

II – indicar:

a) a espécie de execução de sua preferência, quando por mais de um modo puder ser realizada;

→ *v.* Art. 805 do CPC.

b) os nomes completos do exequente e do executado e seus números de inscrição no Cadastro de Pessoas Físicas ou no Cadastro Nacional da Pessoa Jurídica;

→ *v.* Art. 319, II do CPC.

Indicação de CPF e CNPJ dos executados é ônus do exequente

✓ PROCESSUAL CIVIL. ADMINISTRATIVO. RECURSO ESPECIAL. EXECUÇÃO. SINDICATO. SUBSTITUIÇÃO PROCESSUAL. INCUMBE AO EXEQUENTE INDICAR OS NOMES DOS BENEFICIADOS PELO TÍTULO EXECUTIVO PARA A EXECUÇÃO. VIOLAÇÃO DO ART. 1.022. NÃO OCORRÊNCIA. 1. Não se configura a alegada ofensa ao artigo 1.022 do Código de Processo Civil de 2015, uma vez que o Tribunal de origem julgou integralmente a lide e solucionou, de maneira amplamente fundamentada, a controvérsia, em conformidade com o que lhe foi apresentado. 2. O art. 798, inciso II, alínea 'b', do CPC/2015, dispõe que incumbe ao exequente indicar os nomes completos do exequente e do executado e seus números de inscrição no Cadastro de Pessoas Físicas ou no Cadastro Nacional da Pessoa Jurídica. 3. Nesse sentido, não é função da recorrida providenciar tal lista, pois é atribuição do exequente saber quem são os servidores que possuem as condições estabelecidas no título executivo para a execução, inexistindo amparo legal para a inversão de tal ônus. 4. Recurso Especial não provido. (STJ, REsp 1738386/RS, Rel. Ministro Herman Benjamin, Segunda Turma, julgado em 21/06/2018, DJe 16/11/2018)

c) os bens suscetíveis de penhora, sempre que possível.

→ v. Art. 829, § 2º do CPC.

Parágrafo único. O demonstrativo do débito deverá conter:

I – o índice de correção monetária adotado;

→ *v.* Súmula 288 do STJ.

→ *v.* Lei 6.899/1981 e Decreto 86.649/1981.

II – a taxa de juros aplicada;

→ *v.* Súmulas 596 e 648 do STF.

→ *V.* Súmulas 176, 283, 296, 379, 382 e 472 do STJ.
→ *V.* Art. 405 do CC/2002.
→ *V.* Art. 161, § 2º do CTN.
→ *V.* Art. 1º do Decreto 22.626/1933.
→ *V.* Art. 13 da Lei 9.065/1995.

III – os termos inicial e final de incidência do índice de correção monetária e da taxa de juros utilizados;

→ V. Arts. 406 e 407 do CC/2002.

IV – a periodicidade da capitalização dos juros, se for o caso;

→ *V.* Súmula 121 do STF.
→ *V.* Súmula 93 do STJ.
→ *V.* Art. 4º do Decreto 22.626/1933.

V – a especificação de desconto obrigatório realizado.

Deficiência no demonstrativo de débito enseja a intimação do exequente para suprir o vício

✓ AGRAVO INTERNO NO RECURSO ESPECIAL. PROCESSUAL CIVIL. EMBARGOS À EXECUÇÃO. CÉDULA DE CRÉDITO RURAL. DEFICIÊNCIA DO DEMONSTRATIVO DE DÉBITO QUE INSTRUI A INICIAL. CERCEAMENTO DE DEFESA. RETORNO DOS AUTOS AO JUÍZO SINGULAR PARA SUPRESSÃO DO VÍCIO E POSTERIOR ADITAMENTO DA AÇÃO INCIDENTAL. 1. Nos termos da jurisprudência desta Corte, "é suficiente para instruir a inicial de execução o demonstrativo que permite a exata compreensão da evolução do débito e informa os índices utilizados na atualização da dívida cobrada" (REsp 1.309.047/MT, Rel. Ministra Nancy Andrighi, Rel. p/ Acórdão Ministro João Otávio de Noronha, Terceira Turma, julgado em 27.08.2013, DJe 13.09.2013). Orientação jurisprudencial albergada pelo artigo 798 do Novo CPC. 2. Nada obstante, também é cediço nesta Corte que, "encontrando-se a execução instruída com título executivo hábil, a falta da adequada demonstração da evolução da dívida ou a ausência do simples cálculo aritmético, não acarreta, por si só, a extinção automática do processo, devendo o magistrado oportunizar a emenda a inicial para correção do vício (artigo 616 do CPC)" (AgRg no AgRg no REsp 987.311/MS, Rel. Ministro Luis Felipe Salomão, Quarta Turma, julgado em 12.04.2012, DJe 19.04.2012). No mesmo diapasão é o teor do artigo 801 do Novo CPC. 3. Consequentemente, constatado o cerceamento de defesa do devedor em razão da deficiência do demonstrativo da evolução da dívida que instruiu a inicial da execução, afigura-se impositiva a cassação do acórdão estadual e da sentença, a fim de que seja oportunizada, ao exequente, a supressão do vício apontado no prazo assinalado e, posteriormente, o aditamento e rejulgamento dos embargos à execução. 4. Agravo interno não provido. (STJ, AgInt no REsp 1199272/SP, Rel. Ministro Luis Felipe Salomão, Quarta Turma, julgado em 28/06/2016, DJe 01/08/2016)

Inaplicabilidade às execuções fiscais

✓ EXECUÇÃO FISCAL. EMBARGOS. CDA. NULIDADE NÃO CONFIGURADA. DEMONSTRATIVO DISCRIMINADO DE CÁLCULO. DESNECESSIDADE. ISENÇÃO DE ITR. COISA JULGADA. 1. Não há falar em iliquidez da CDA, porquanto presentes os requisitos legais e indicada a legislação pertinente a cada acréscimo. Ademais, a dívida ativa regularmente inscrita é dotada de presunção juris tantum de certeza e liquidez, só podendo ser afastada por prova inequívoca. 2. Não há necessidade de que a certidão de dívida ativa venha instruída por demonstrativo discriminado de cálculo (artigo 798, I, b, do Novo CPC), prevalecendo, nesse aspecto, a especialidade da LEF. 3. Repetindo esta ação o pedido e a causa de pedir de ação anterior, já transitada em julgado, cabível a extinção do processo sem julgamento do mérito, na forma do artigo 485, V, do Novo CPC. (TRF 4ª R.; AC 5057941-92.2015.404.7000; PR; Segunda Turma; Relª Desª Luciane Amaral Corrêa Münch; Julg. 24/10/2017; DEJF 26/10/2017)

Art. 799. Incumbe ainda ao exequente:

→ *V.* Arts. 804 e 889 do CPC.
→ *V.* Enunciado 154 do CJF: O exequente deve providenciar a intimação do coproprietário no caso da penhora de bem indivisível ou de direito real sobre bem indivisível.

I – requerer a intimação do credor pignoratício, hipotecário, anticrético ou fiduciário, quando a penhora recair sobre bens gravados por penhor, hipoteca, anticrese ou alienação fiduciária;

II – requerer a intimação do titular de usufruto, uso ou habitação, quando a penhora recair sobre bem gravado por usufruto, uso ou habitação;

III – requerer a intimação do promitente comprador, quando a penhora recair sobre bem em relação ao qual haja promessa de compra e venda registrada;

IV – requerer a intimação do promitente vendedor, quando a penhora recair sobre direito aquisitivo derivado de promessa de compra e venda registrada;

Intimação do promitente vendedor se não houver quitação da promessa de compra e venda

✓ AGRAVO DE INSTRUMENTO. CONDOMÍNIO. AÇÃO DE COBRANÇA. FASE DE CUMPRIMENTO DE SENTENÇA. PENHORA DO IMÓVEL GERADOR DA DÍVIDA. NECESSIDADE DE INTIMAÇÃO DO PROMITENTE VENDEDOR ACERCA DOS LEILÕES APRAZADOS. I. Hipótese em que, em decisões anteriores, afastou-se a responsabilidade da massa falida (promitente vendedora) pelo pagamento das cotas condominiais objeto da ação de cobrança e, ainda, reconheceu-se a possibilidade de alienação judicial do bem, a despeito do gravame de indisponibilidade. II. No entanto, mostra-se indispensável a intimação da massa falida acerca das datas aprazadas para os leilões, porquanto, apesar do registro da promessa de compra e venda na matrícula do imóvel, não houve a transferência da propriedade registral à executada. Assim, desconhecendo-se se ocorreu a quitação da promessa de compra e venda, e diante da possibilidade de restar eventual saldo positivo após a amortização das dívidas propter rem, a proprietária registral deve ter ciência acerca daquele. Inteligência do art. 799, III, do NCPC. III. Manutenção da decisão hostilizada, para que a proprietária registral seja intimada acerca das datas designadas para as hastas públicas, fato que não terá o condão de evitar sua ocorrência, mas que impedirá eventual arguição de nulidade da arrematação. Agravo de instrumento desprovido. Unânime. (TJRS; AI 0193013-61.2017.8.21.7000; Porto Alegre; Vigésima Câmara Cível; Rel. Des. Dilso Domingos Pereira; Julg. 23/08/2017; DJERS 01/09/2017)

V – requerer a intimação do superficiário, enfiteuta ou concessionário, em caso de direito de superfície, enfiteuse, concessão de uso especial para fins de moradia ou concessão de direito real de uso, quando a penhora recair sobre imóvel submetido ao regime do direito de superfície, enfiteuse ou concessão;

VI – requerer a intimação do proprietário de terreno com regime de direito de superfície, enfiteuse, concessão de uso especial para fins de moradia ou concessão de direito real de uso, quando a penhora recair sobre direitos do superficiário, do enfiteuta ou do concessionário;

VII – requerer a intimação da sociedade, no caso de penhora de quota social ou de ação de sociedade anônima fechada, para o fim previsto no art. 876, § 7º;

VIII – pleitear, se for o caso, medidas urgentes;

→ *v.* Arts. 300 a 302 do CPC.

Inadmissão de arresto liminar com base em negócio jurídico processual

✓ EXECUÇÃO POR TÍTULO EXTRAJUDICIAL. Arresto. Ausência dos requisitos autorizadores. Insolvência alegada que não está caracterizada no momento. Ausência de comportamento abusivo por parte dos devedores no sentido da dilapidação patrimonial. Medida indeferida. Decisão mantida. Recurso improvido. HONORÁRIOS ADVOCATÍCIOS. Execução. Art. 830 do CPC. Regra que não pode ser modificada pelas partes. Inaplicabilidade do art. 190 do CPC. Precedentes do E. STJ. Recurso improvido. (TJSP; AI 2213996-52.2020.8.26.0000; Ac. 14185801; São Paulo; Vigésima Terceira Câmara de Direito Privado; Rel. Des. J.B. Franco de Godoi; Julg. 27/11/2020; DJESP 01/12/2020; Pág. 2029)

Possibilidade de arresto liminar com base em negócio jurídico processual

✓ AGRAVO DE INSTRUMENTO. EXECUÇÃO DE TÍTULO EXTRAJUDICIAL. INSTRUMENTO PARTICULAR DE CONFISSÃO DE DÍVIDA. Cláusula contratual que prevê, em caso de novo inadimplemento, a possibilidade de penhora e arresto de bens antes mesmo da citação. Indeferimento da pretensão na origem, sob. Fundamento de inconstitucionalidade do art. 190 do CPC. Descabimento. A partir do advento do novo CPC, é possível às partes celebrarem negócio jurídico processual, amoldando as normas processuais de acordo com os seus interesses. Negócio. Jurídico celebrado entre partes plenamente capazes. Medidas constritivas autorizadas, fixando-se, todavia, a penhora de recebíveis de cartões de crédito e de ativos financeiros a 15% dos valores que vierem a ser encontrados, até quitação integral da dívida, para não inviabilizar a continuidade das atividades da empresa. Decisão reformada. Recurso parcialmente provido. (TJSP; AI 2002087-65.2018.8.26.0000; Ac. 11374280; São Paulo; Trigésima Sétima Câmara de Direito Privado; Rel. Des. Sergio Gomes; Julg. 17/04/2018; DJESP 24/04/2018; Pág. 2288)

IX – proceder à averbação em registro público do ato de propositura da execução e dos atos de constrição realizados, para conhecimento de terceiros.

→ *v.* Arts. 792, II e III, 828 e 844 do CPC.

→ *v.* Enunciado 104 do CJF: O fornecimento de certidão para fins de averbação premonitória (art. 799, IX, do CPC) independe de prévio despacho ou autorização do juiz.

Averbação iminente autoriza os embargos de terceiro

✓ APELAÇÃO. EMBARGOS DE TERCEIRO. AVERBAÇÃO DA EXECUÇÃO NO REGISTRO DO IMÓVEL. INTERESSE PROCESSUAL DO PROPRIETÁRIO EM DAR BAIXA NA RESTRIÇÃO. AMEAÇA DE CONSTRIÇÃO. INTERESSE PROCESSUAL DEMONSTRADO. MAJORAÇÃO DOS HONORÁRIOS EM SEDE RECURSAL. 1. Controvérsia centrada na discussão sobre a eventual nulidade da sentença, por ter sido fundamentada sobre pedido cujo objeto é inexistente, qual seja, a penhora de imóvel de propriedade da embargante. 2. A averbação indicada pelo artigo 799, inciso IX, do Código de Processo Civil de 2015, constitui uma ameaça concreta de constrição judicial, justificando a propositura dos Embargos de Terceiro, nos termos do artigo 674 do referido CODEX. 3. No âmbito recursal, os honorários de sucumbência deverão ser majorados se a parte que deu causa à demanda recursal for sucumbente (art. 85, §§ 2. º, 3. º e 11, do Código de Processo Civil/15). 4. Apelação conhecida e não provida. (TJMS; APL 0823181-62.2015.8.12.0001; Segunda Câmara Cível; Rel. Des. Paulo Alberto de Oliveira; DJMS 27/10/2017; Pág. 91)

X – requerer a intimação do titular da construção-base, bem como, se for o caso, do titular de lajes anteriores, quando a penhora recair sobre o direito real de laje; (Incluído pela Lei nº 13.465, de 2017)

XI – requerer a intimação do titular das lajes, quando a penhora recair sobre a construção-base. (Incluído pela Lei nº 13.465, de 2017)

Art. 800. Nas obrigações alternativas, quando a escolha couber ao devedor, esse será citado para exercer a opção e realizar a prestação dentro de 10 (dez) dias, se outro prazo não lhe foi determinado em lei ou em contrato.

→ *v.* Arts. 252 a 256 do CC/2002.

→ *v.* Art. 325 do CPC.

§ 1º Devolver-se-á ao credor a opção, se o devedor não a exercer no prazo determinado.

§ 2º A escolha será indicada na petição inicial da execução quando couber ao credor exercê-la.

Art. 801. Verificando que a petição inicial está incompleta ou que não está acompanhada dos documentos indispensáveis à propositura da execução, o juiz determinará que o exequente a corrija, no prazo de 15 (quinze) dias, sob pena de indeferimento.

→ *v.* Art. 321 do CPC.

Deficiência no demonstrativo de débito enseja a intimação do exequente para suprir o vício

✓ AGRAVO INTERNO NO RECURSO ESPECIAL. PROCESSUAL CIVIL. EMBARGOS À EXECUÇÃO. CÉDULA DE CRÉDITO RURAL. DEFICIÊNCIA DO DEMONSTRATIVO DE DÉBITO QUE INSTRUI A INICIAL. CERCEAMENTO DE DEFESA. RETORNO DOS AUTOS AO JUÍZO SINGULAR PARA SUPRESSÃO DO VÍCIO E POSTERIOR ADITAMENTO DA AÇÃO INCIDENTAL. (...) 2. Nada obstante, também é cediço nesta Corte que, "encontrando-se a execução instruída com título executivo hábil, a falta da adequada demonstração da evolução da dívida ou a ausência do simples cálculo aritmético, não acarreta, por si só, a extinção automática do processo, devendo o magistrado oportunizar a emenda a inicial para correção do vício (artigo 616 do CPC)" (AgRg no AgRg no REsp 987.311/MS, Rel. Ministro Luis Felipe Salomão, Quarta Turma, julgado em 12.04.2012, DJe 19.04.2012). No mesmo diapasão é o teor do artigo 801 do Novo CPC. 3. Consequentemente, constatado o cerceamento de defesa do devedor em razão da deficiência do demonstrativo da evolução da dívida que instruiu a inicial da execução, afigura-se impositiva a cassação do acórdão estadual e da sentença, a fim de que seja oportunizada, ao exequente, a supressão do vício apontado no prazo assinalado e, posteriormente, o aditamento e rejulgamento dos embargos à execução. 4. Agravo interno não provido. (STJ, AgInt no REsp 1199272/SP, Rel. Ministro Luis Felipe Salomão, Quarta Turma, julgado em 28/06/2016, DJe 01/08/2016)

Art. 802. Na execução, o despacho que ordena a citação, desde que realizada em observância ao disposto no § 2º do art. 240, interrompe a prescrição, ainda que proferido por juízo incompetente.

→ *v.* Súmula 150 do STF.

→ *v.* Art. 312 do CPC.

Parágrafo único. A interrupção da prescrição retroagirá à data de propositura da ação.

Inaplicabilidade da interrupção pela inércia do credor

✓ APELAÇÃO CÍVEL. TRIBUTÁRIO. EXECUÇÃO FISCAL. IPTU. NULIDADE PRESCRIÇÃO DIRETA E INTERCORRENTE. OCORRÊNCIA. INAPLICABILIDADE DA SÚMULA Nº 106 DO STJ. INÉRCIA DO CREDOR. I. O prazo prescricional é de 5 (cinco) anos e transcorre a partir da constituição definitiva do crédito tributário, conforme previsto no art. 174 do CTN. Tal prazo é interrompido pelo despacho que ordena a citação do devedor, nos termos do art. 174, incisos I, do CTN, conforme alteração prevista na LC 118/2005. Caso em que, por motivos alheios aos mecanismos do judiciário, a inicial só foi despachada em 25/04/2014, quando, há muito já havia transcorrido o prazo prescricional. Considerando que, na hipótese em comento, a demora na citação ocorreu por culpa exclusiva do exequente, que deixou de promover as diligências que lhe incumbiam, é inaplicável a orientação prevista nos art. 219, § 1º, do CPC/73 e art. 802, parágrafo único, do NCPC, bem como a Súmula nº 106 do STJ. II) Não fosse por isso, em sede de execução fiscal, a inércia da parte credora, por mais de cinco anos, é causa suficiente para deflagrar a prescrição intercorrente, se a parte interessada deixar de promover diligências úteis para a satisfação do crédito. III) No caso, deve ser mantida a sentença que declarou a prescrição intercorrente e julgou extinta a execução fiscal, visto que ultrapassados muito além de cinco anos da propositura da demanda e do despacho inicial, sem que houvesse o mínimo indício de realização de diligências úteis para localização do devedor e/ou bens penhoráveis. Apelo desprovido. Unânime. (TJRS; AC 0261135-29.2017.8.21.7000; Caçapava do Sul; Vigésima Segunda Câmara Cível; Rel. Des. Francisco José Moesch; Julg. 26/10/2017; DJERS 03/11/2017)

Art. 803. É nula a execução se:

I – o título executivo extrajudicial não corresponder a obrigação certa, líquida e exigível;

→ *v.* Arts. 783 e 786 do CPC.

Ausência de título hábil a promover a execução forçada

✓ APELAÇÃO CÍVEL. DIREITO PROCESSUAL CIVIL. EXECUÇÃO DE TÍTULO EXTRAJUDICIAL. Embargos. Sentença de procedência dos embargos. Preliminar de nulidade processual que se rejeita. Ilegitimidade passiva da sócia que se retirou da empresa anteriormente à data em que foram assumidas as obrigações que geraram o débito em execução. Curador especial corretamente nomeado, diante da existência de réu revel citado por edital. Artigo 72, II, do código de processo civil. Mérito. Execução lastreada em notas fiscais. Ausência de título hábil a instruir execução, uma vez que a nota fiscal não consta do rol taxativo dos títulos executivos extrajudiciais previsto no artigo 784 do CPC. Aplicação do artigo 803, I, do CPC. Extinção da execução sem o reconhecimento, contudo, da inexistência de dívida, tema que comporta discussão própria pela via adequada. Verba honorária mantida. Sentença proferida na vigência do CPC/15. Desprovimento do recurso, afastando-se, de ofício, a parte dispositiva da sentença que equivocadamente reconheceu a "inexistência de dívida a ser executada". (TJRJ; APL 0042268-81.2016.8.19.0203; Rio de Janeiro; Segunda Câmara Cível; Rel. Des. Luiz Roldão de Freitas Gomes Filho; Julg. 18/10/2017; DORJ 20/10/2017; Pág. 279)

II – o executado não for regularmente citado;

→ *v.* Art. 239 do CPC.

III – for instaurada antes de se verificar a condição ou de ocorrer o termo.

→ *v.* Arts. 121 a 131 e 135 do CC/2002.

→ *v.* Arts. 514, 798, I, c, e 917, § 2º, V, do CPC.

Parágrafo único. A nulidade de que cuida este artigo será pronunciada pelo juiz, de ofício ou a requerimento da parte, independentemente de embargos à execução.

→ **v.** Enunciado 148 do CJF: A reiteração pelo exequente ou executado de matérias já preclusas pode ensejar a aplicação de multa por conduta contrária à boa-fé.

Reconhecimento do vício mediante simples petição

✓ AGRAVO DE INSTRUMENTO. EXECUÇÃO FISCAL. GRATUIDADE DA JUSTIÇA. PESSOA FÍSICA. REQUISITOS. EFETIVA DEMONSTRAÇÃO. PEDIDO DEFERIDO. EXCEÇÃO DE PRÉ-EXECUTIVIDADE. ARTIGO 803, PARÁGRAFO ÚNICO, DO CPC/2015. ILEGITIMIDADE PASSIVA. COMPROVAÇÃO. EXTINÇÃO DO FEITO. (...) A exceção de pré-executividade constitui construção doutrinário-jurisprudencial que possibilita ao executado questionar matérias de ordem pública e de cognição imediata, as quais possam conduzir à extinção da execução ou do cumprimento da sentença, prescindindo-se de dilação probatória e da prévia garantia do juízo executivo, encontrando-se o seu manejo autorizado pelo artigo 803, parágrafo único, do Código de Processo Civil de 2015. Demonstrada a inexistência de vínculo jurídico entre a executada e o imóvel objeto da execução fiscal em que se pleiteia o recebimento de débitos de IPTU, reconhece-se a ilegitimidade daquela para figurar no polo passivo da ação. Por se tratar de matéria que interfere no atributo da exigibilidade do título exequendo, sem a necessidade de produção de provas outras, acolhe-se a exceção de pré-executividade e julga-se extinta a execução. (TJMG; AI 1.0079.15.050209-8/001; Rel. Des. Paulo Balbino; Julg. 19/10/2017; DJEMG 30/10/2017)

Art. 804. A alienação de bem gravado por penhor, hipoteca ou anticrese será ineficaz em relação ao credor pignoratício, hipotecário ou anticrético não intimado.

→ v. Art. 1.501 do CC/2002.

→ v. Arts. 799, I a VI e 889, I a VII, do CPC.

§ 1º A alienação de bem objeto de promessa de compra e venda ou de cessão registrada será ineficaz em relação ao promitente comprador ou ao cessionário não intimado.

§ 2º A alienação de bem sobre o qual tenha sido instituído direito de superfície, seja do solo, da plantação ou da construção, será ineficaz em relação ao concedente ou ao concessionário não intimado.

§ 3º A alienação de direito aquisitivo de bem objeto de promessa de venda, de promessa de cessão ou de alienação fiduciária será ineficaz em relação ao promitente vendedor, ao promitente cedente ou ao proprietário fiduciário não intimado.

§ 4º A alienação de imóvel sobre o qual tenha sido instituída enfiteuse, concessão de uso especial para fins de moradia ou concessão de direito real de uso, será ineficaz em relação ao enfiteuta ou ao concessionário não intimado.

§ 5º A alienação de direitos do enfiteuta, do concessionário de direito real de uso ou do concessionário de uso especial para fins de moradia será ineficaz em relação ao proprietário do respectivo imóvel não intimado.

§ 6º A alienação de bem sobre o qual tenha sido instituído usufruto, uso ou habitação será ineficaz em relação ao titular desses direitos reais não intimado.

→ v. Enunciado 150 do CJF: Aplicam-se ao direito de laje os arts. 791, 804 e 889, III, do CPC.

Ausência de prejuízo pela falta de prévia intimação de credores com penhora averbada

✓ AGRAVO DE INSTRUMENTO. EXECUÇÃO FISCAL. ARREMATAÇÃO DE BEM SEM A PRÉVIA INTIMAÇÃO DE CREDORES COM PENHORA AVERBADA NA MATRÍCULA DO IMÓVEL. Medida que visa garantir a observância da preferência dos créditos, nos termos do art. 908 do CPC/15. Ausência de prejuízo que afasta o reconhecimento de nulidade. Inteligência do art. 282, §1º e art. 804 do CPC/15. Precedentes deste E. Tribunal de Justiça. Recurso desprovido. (TJSP; AI 2147604-72.2016.8.26.0000; Ac. 10827503; Olímpia; Décima Segunda Câmara de Direito Público; Rel. Des. Souza Meirelles; Julg. 26/09/2017; rep. DJESP 19/10/2017; Pág. 2855)

Art. 805. Quando por vários meios o exequente puder promover a execução, o juiz mandará que se faça pelo modo menos gravoso para o executado.

→ v. Súmula 417 do STJ.

→ v. Arts. 798, II, a, 829, § 2º, 847 e 867 do CPC.

Parágrafo único. Ao executado que alegar ser a medida executiva mais gravosa incumbe indicar outros meios mais eficazes e menos onerosos, sob pena de manutenção dos atos executivos já determinados.

Flexibilização da ordem de bens penhoráveis como decorrência da ponderação do princípio da efetividade da execução com o da menor onerosidade

✓ AGRAVO INTERNO NO RECURSO ESPECIAL – AUTOS DE AGRAVO DE INSTRUMENTO NA ORIGEM – EXECUÇÃO – DECISÃO MONOCRÁTICA QUE NEGOU PROVIMENTO AO APELO. IRRESIGNAÇÃO DA EXEQUENTE. 1. Com base no princípio da menor onerosidade do executado, a jurisprudência desta Corte permite a inobservância da regra de prioridade de penhora, quando, com base nas provas dos autos, verifique-se que a constrição do bem prioritário possa causar prejuízo excessivo ao devedor. (...) (STJ, AgInt no REsp 1574205/MG, Rel. Ministro Marco Buzzi, Quarta Turma, julgado em 25/05/2020, DJe 28/05/2020). V. tb.: PROCESSUAL CIVIL. AGRAVO INTERNO NO AGRAVO EM RECURSO ESPECIAL. AGRAVO DE INSTRUMENTO. CUMPRIMENTO DE SENTENÇA. COBRANÇA DE DESPESAS CONDOMINIAIS. BEM DE FAMÍLIA. PENHORA DO IMÓVEL. POSSIBILIDADE. APRECIAÇÃO DE TODAS AS QUESTÕES RELEVANTES DA LIDE PELO TRIBUNAL DE ORIGEM. AUSÊNCIA DE AFRONTA AO ART. 1.022 DO CPC/2015. SUBSTITUIÇÃO DA PENHORA DO IMÓVEL POR ALUGUÉIS. DESCABIMENTO. PRINCÍPIO DA EFETIVIDADE DA EXECUÇÃO. DESINTERESSE DO CREDOR. AUSÊNCIA DE AFRONTA AO PRINCÍPIO DA MENOR ONEROSIDADE AO DEVEDOR. ORDEM DE GRADAÇÃO LEGAL. CARÁTER NÃO ABSOLUTO. ACÓRDÃO RECORRIDO EM CONSONÂNCIA COM JURISPRUDÊNCIA DESTA CORTE. SÚMULA N. 83 DO STJ. FALTA DE PREQUESTIONAMENTO. SÚMULA N. 282/STF. DECISÃO MANTIDA. (...) 2. Segundo a jurisprudência do STJ, "o princípio da menor onerosidade da execução não é absoluto, devendo ser observado em consonância com o princípio da efetividade da execução, preservando-se o interesse do credor" (AgInt no AREsp n. 1.563.740/RJ, Relator Ministro RAUL ARAÚJO, QUARTA TURMA, julgado em 11/5/2020, DJe 25/5/2020). 3. É assente no STJ o entendimento de que "a gradação legal estabelecida no art. 835 do CPC/2015, estruturado de acordo com o grau de aptidão satisfativa do bem penhorável, embora seja a regra, não tem caráter absoluto, podendo ser flexibilizada, em atenção às particularidades do caso concreto, sopesando-se, necessariamente, a potencialidade de satisfação do crédito, na medida em que a execução se processa segundo os interesses do credor – art. 797 -, bem como a forma menos gravosa ao devedor – art. 805" (AgInt no AREsp n. 1.401.034/SP, Relator Ministro MARCO AURÉLIO BELLIZZE, TERCEIRA TURMA, julgado em 25/3/2019, DJe 28/3/2019). (...) (STJ, AgInt no AREsp 1591043/SP, Rel. Ministro Antonio Carlos Ferreira, Quarta Turma, julgado em 14/09/2020, DJe 22/09/2020)

Apontando, em sede de repetitivo, ser ônus do executado justificar o oferecimento de bens à penhora na execução fiscal em desconformidade com a gradação legal

✓ PROCESSUAL CIVIL. EXECUÇÃO FISCAL. NOMEAÇÃO DE BENS À PENHORA. PRECATÓRIO. DIREITO DE RECUSA DA FAZENDA PÚBLICA. ORDEM LEGAL. SÚ-

MULA 406/STJ. ADOÇÃO DOS MESMOS FUNDAMENTOS DO RESP 1.090.898/SP (REPETITIVO), NO QUAL SE DISCUTIU A QUESTÃO DA SUBSTITUIÇÃO DE BENS PENHORADOS. PRECEDENTES DO STJ. 1. Cinge-se a controvérsia principal a definir se a parte executada, ainda que não apresente elementos concretos que justifiquem a incidência do princípio da menor onerosidade (art. 620 do CPC), possui direito subjetivo à aceitação do bem por ela nomeado à penhora em Execução Fiscal, em desacordo com a ordem estabelecida nos arts. 11 da Lei 6.830/1980 e 655 do CPC. (...) 7. Em suma: em princípio, nos termos do art. 9°, III, da Lei 6.830/1980, cumpre ao executado nomear bens à penhora, observada a ordem legal. É dele o ônus de comprovar a imperiosa necessidade de afastá-la, e, para que essa providência seja adotada, mostra-se insuficiente a mera invocação genérica do art. 620 do CPC [atual art. 805 do CPC]. (STJ, REsp 1337790/PR, Rel. Ministro Herman Benjamin, Primeira Seção, julgado em 12/06/2013, DJe 07/10/2013)

Admissibilidade da apreensão do passaporte do executado que não indica meio executivo menos oneroso

✓ "HABEAS CORPUS". PROCESSUAL CIVIL. CPC/15. CUMPRIMENTO DE SENTENÇA. MEDIDAS EXECUTIVAS ATÍPICAS. ART. 139, IV, DO CPC. RESTRIÇÃO DE SAÍDA DO PAÍS SEM PRÉVIA GARANTIA DA EXECUÇÃO. INEXISTÊNCIA DE ILEGALIDADE MANIFESTA. ATENDIMENTO ÀS DIRETRIZES FIXADAS PELAS TURMAS DE DIREITO PRIVADO DO STJ. (...) 2. Esta Corte Superior de Justiça, pelas suas duas Turmas da Seção de Direito Privado, tem reconhecido que o acautelamento de passaporte é medida capaz de limitar a liberdade de locomoção do indivíduo, o que pode significar constrangimento ilegal e arbitrário, passível de ser analisado pela via do "habeas corpus" 3. A adoção desta medida coercitiva atípica, no âmbito do processo de execução, não configura, em si, ofensa direta ao direito de ir e vir do indivíduo, razão pela qual a eventual abusividade ou ilegitimidade da ordem deve ser examinada no caso concreto. 4. Segundo as diretrizes fixadas pela Terceira Turma desta Corte, diante da existência de indícios de que o devedor possui patrimônio expropriável, ou que vem adotando subterfúgios para não quitar a dívida, ao magistrado é autorizada a adoção subsidiária de medidas executivas atípicas, tal como a apreensão de passaporte, desde que justifique, fundamentadamente, a sua adequação para a satisfação do direito do credor, considerando os princípios da proporcionalidade e razoabilidade e observado o contraditório prévio (REsp 1.782.418/RJ e REsp 1788950/MT, Rel. Ministra NANCY ANDRIGHI, TERCEIRA TURMA, julgados em 23/4/2019, DJe 26/4/2019). (...) 6. Ausência, ademais, de indicação de meio executivo alternativo menos gravoso e mais eficaz pelos executados, conforme lhes incumbia, nos termos do parágrafo único do art. 805 do CPC/2015. (...) (HC 558.313/SP, Rel. Ministro Paulo de Tarso Sanseverino, Terceira Turma, julgado em 23/06/2020, DJe 01/07/2020)

✓ PROCESSUAL CIVIL. RECURSO EM HABEAS CORPUS. CUMPRIMENTO DE SENTENÇA. MEDIDAS EXECUTIVAS ATÍPICAS. CABIMENTO. RESTRIÇÃO DO DIREITO DE DIRIGIR. SUSPENSÃO DA CNH. LIBERDADE DE LOCOMOÇÃO. VIOLAÇÃO DIRETA. INOCORRÊNCIA. PRINCÍPIOS DA RESOLUÇÃO INTEGRAL DO LITÍGIO, DA BOA-FÉ PROCESSUAL E DA COOPERAÇÃO. ARTS. 4º, 5º E 6º DO CPC/15. INOVAÇÃO DO NOVO CPC. MEDIDAS EXECUTIVAS ATÍPICAS. ART. 139, IV, DO CPC/15. COERÇÃO INDIRETA AO PAGAMENTO. POSSIBILIDADE. SANÇÃO. PRINCÍPIO DA PATRIMONIALIDADE. DISTINÇÃO. CONTRADITÓRIO PRÉVIO. ART. 9º DO CPC/15. DEVER DE FUNDAMENTAÇÃO. ART. 489, § 1º, DO CPC/15. COOPERAÇÃO CONCRETA. DEVER. VIOLAÇÃO. PRINCÍPIO DA MENOR ONEROSIDADE. ART. 805, PARÁGRAFO ÚNICO, DO CPC/15. ORDEM. DENEGAÇÃO. (...) 4. A suspensão da Carteira Nacional de Habilitação não configura dano ou risco potencial direto e imediato à liberdade de locomoção do paciente, devendo a questão ser, pois, enfrentada pelas vias recursais próprias. Precedentes. 5. A medida de restrição de saída do país sem prévia garantia da execução tem o condão, por outro lado, – ainda que de forma potencial – de ameaçar de forma direta e imediata o direito de ir e vir do paciente, pois lhe impede, durante o tempo em que vigente, de se locomover para onde bem entender. (...) 15. Na hipótese em exame, embora ausente o contraditório prévio e a fundamentação para a adoção da medida impugnada, nem o impetrante nem o paciente cumpriram com o dever que lhes cabia de indicar meios executivos menos onerosos e mais eficazes para a satisfação do direito executado, atraindo, assim, a consequência prevista no art. 805, parágrafo único, do CPC/15, de manutenção da medida questionada, ressalvada alteração posterior. 16. Recurso em habeas corpus desprovido. (STJ, RHC 99.606/SP, Rel. Ministra Nancy Andrighi, Terceira Turma, julgado em 13/11/2018, DJe 20/11/2018)

Admissibilidade de consulta à B3 para verificação de valores mobiliários de titularidade do executado

✓ PROCESSUAL CIVIL. EXECUÇÃO FISCAL. SOLICITAÇÃO DE INFORMES ACERCA DE TÍTULOS EM NOME DA PARTE EXECUTADA PERANTE A B3 S/A – BRASIL, BOLSA, BALCÃO. EXPEDIÇÃO DE OFÍCIO. REQUERIMENTO EM EXECUÇÃO FISCAL. POSSIBILIDADE. (....) II – A jurisprudência do Superior Tribunal de Justiça é no sentido de que incumbe ao Poder Judiciário promover a razoável duração do processo em consonância com o princípio da cooperação processual, além de impor medidas necessárias para a solução satisfativa do feito (arts. 4º, 6º e 139, IV, todos do CPC/2015), mediante a utilização de sistemas informatizados (sistemas Bacenjud, Renajud, Infojud, Serasajud etc.) ou a expedição de ofício para as consultas e constrições necessárias e suficientes. Dentre essas medidas inclui-se, efetivamente, a consulta junto à B3 S/A de informes acerca da existência, ou não, de títulos registrados em nome da parte executada e sob a custódia da BM&F BOVESPA e da CETIP. Precedentes citados: REsp 1809328/RS, Rel. Ministro Herman Benjamin, Segunda Turma, DJe 01/07/2019; REsp 1736217/SC, Rel. Ministro Francisco Falcão, Segunda Turma, DJe 01/03/2019; REsp 1801946/RS, Rel. Ministro Herman Benjamin, Segunda Turma, DJe 29/05/2019; AgInt no AREsp 1398071/RJ, Rel. Ministro Mauro Campbell Marques, Segunda Turma, DJe 15/03/2019; REsp 1679562/RJ, Rel. Ministro Herman Benjamin, Segunda Turma, DJe 13/09/2017. III – A medida judicial de consulta junto à B3 S/A evita a indevida oposição de sigilo bancário às autarquias sob a alegação de reserva de jurisdição. Além disso, tal consulta abrange instituições financeiras que escapam à pesquisa via Bacenjud. Por fim, ressalta-se que a consulta é menos gravosa que, por exemplo, a inscrição do nome do executado no cadastro de inadimplentes (Serasajud), sendo, assim, informada pelos princípios da proporcionalidade e da menor onerosidade (art. 805, caput, do CPC/2015). IV – No caso, o requerimento de consulta junto à B3 S.A. não poderia, de qualquer sorte, ter sido indeferido pela suposição de que não se encontrariam valores mobiliários custodiados, considerando que a consulta seria necessária justamente para aferir a situação econômica da parte executada. Nesse sentido: AgInt no AREsp 1024444/BA, Rel. Min. Napoleão Nunes Maia Filho, DJe 10/05/2019. AgInt no REsp. 1.479.999/PR, Rel. Min. Gurgel de Faria, DJe 28.6.2018; REsp. 1.653.002/MG, Rel. Min. Herman Benjamin, DJe 24.4.2017. V – Recurso especial provido. (STJ, REsp 1820838/RS, Rel. Ministro Francisco Falcão, Segunda Turma, julgado em 10/09/2019, DJe 16/09/2019)

Realização de segunda penhora sem desconsideração ou insuficiência da primeira viola o princípio da menor onerosidade

✓ RECURSO ESPECIAL. AÇÃO DE EXECUÇÃO. REALIZAÇÃO DE SEGUNDA PENHORA, A DESPEITO DA EXISTÊNCIA DE ANTERIOR CONSTRIÇÃO JUDICIAL SOBRE BENS, CUJO VALOR, SEGUNDO AVALIAÇÃO JUDICIAL, MOSTRA-SE SUFICIENTE PARA FAZER FRENTE AO DÉBITO EXEQUENDO. IMPOSSIBILIDADE. INOBSERVÂNCIA DO PRINCÍPIO DA MENOR ONEROSIDADE AO EXECUTADO. VERIFICAÇÃO. RECURSO ESPECIAL PROVIDO. 1. A controvérsia vertida no recurso especial consiste em saber se o Tribunal de origem, ao manter a realização de uma segunda penhora sobre os rendimentos mensais auferidos pelos executados, em virtude de contrato de parceria agrícola firmado com terceiros, no percentual de 30% (trinta por cento), a despeito da existência de anterior constrição judicial sobre imóveis rurais dos executados – cujo valor da avaliação supera (em muito) o valor atualizado da execução – observou, ou não, o princípio da menor onerosidade que deve nortear o processo executivo. (...) 5. Na espécie, procedeu-se a uma segunda penhora, que, em regra, não é admitida, sem que a anterior fosse anulada, considerada, por qualquer razão, inidônea ou mesmo reputada insuficiente, à revelia do que dispõe o art. 851 do CPC/2015. Ainda que se confira a esse rol o caráter meramente exemplificativo, outras situações que comportem a realização de uma segunda penhora, devidamente sopesadas no caso concreto pelo magistrado, deverão importar, necessariamente, na insubsistência da anterior, providência, como visto, não observada no particular. 6. Conclui-se, assim, que essa segunda constrição, mantida a anterior, que recaiu sobre créditos (prestações periódicas) que os executados auferem em contrato de arrendamento rural, especificamente em 30% do correlato rendimento, refoge, a toda evidência, do princípio da menor onerosidade que deve nortear a execução. (...) (STJ, REsp 1802748/SP, Rel. Ministro Marco Aurélio Bellizze, Terceira Turma, julgado em 20/08/2019, DJe 26/08/2019)

Prefere-se o desconto de verbas recebidas indevidamente pelo servidos à sua inscrição em dívida ativa, por se tratar de meio menos oneroso

✓ PROCESSUAL CIVIL E ADMINISTRATIVO. RECURSO ESPECIAL. OMISSÃO NO ACÓRDÃO RECORRIDO. VÍCIO NÃO CONFIGURADO. SERVIDOR PÚBLICO. VERBA SALARIAL PAGA INDEVIDAMENTE. DEVOLUÇÃO. ARTS. 46 E 47 DA LEI N. 8.112/1990. INSCRIÇÃO EM DÍVIDA ATIVA. DESCABIMENTO. PRIORIDADE DO DESCONTO EM FOLHA. (...) 2. É possível a inscrição em dívida ativa do débito do servidor público nas hipóteses de demissão, exoneração ou cassação da aposentadoria ou disponibilidade se não for quitado no prazo de 60 dias. 3. Para o servidor ativo, o aposentado e o pensionista, porém, a norma estabelece a possibilidade do desconto na remuneração, provento ou pensão, mediante prévia comunicação, admitido o parcelamento no interesse do devedor. Deve-se priorizar essa solução, porque é menos onerosa. Precedente. (...) (STJ, REsp 1690931/SC, Rel. Ministro Og Fernandes, Segunda Turma, julgado em 06/09/2018, DJe 14/09/2018)

Inadmissibilidade da prisão civil de avós que assumiram espontaneamente o custeio de educação de menor e indicaram bens à penhora para satisfação do débito

✓ CIVIL. PROCESSUAL CIVIL. HABEAS CORPUS. PRISÃO CIVIL POR ALIMENTOS. OBRIGAÇÃO ALIMENTAR AVOENGA. CARÁTER COMPLEMENTAR E SUBSIDIÁRIO DA PRESTAÇÃO. EXISTÊNCIA DE MEIOS EXECUTIVOS E TÉCNICAS COERCITIVAS MAIS ADEQUADAS. INDICAÇÃO DE BEM IMÓVEL À PENHORA. OBSERVÂNCIA AOS PRINCÍPIOS DA MENOR ONEROSIDADE E DA MÁXIMA UTILIDADE DA EXECUÇÃO. DESNECESSIDADE DA MEDIDA COATIVA EXTREMA NA HIPÓTESE. 1- O propósito do habeas corpus é definir se deve ser mantida a ordem de prisão civil dos avós, em virtude de dívida de natureza alimentar por eles contraída e que diz respeito às obrigações de custeio de mensalidades escolares e cursos extracurriculares dos netos. 2- A prestação de alimentos pelos avós possui natureza complementar e subsidiária, devendo ser fixada, em regra, apenas quando os genitores estiverem impossibilitados de prestá-los de forma suficiente. Precedentes. 3- O fato de os avós assumirem espontaneamente o custeio da educação dos menores não significa que a execução na hipótese de inadimplemento deverá, obrigatoriamente, seguir o mesmo rito e as mesmas técnicas coercitivas que seriam observadas para a cobrança de dívida alimentar devida pelos pais, que são os responsáveis originários pelos alimentos necessários aos menores. 4- Havendo meios executivos mais adequados e igualmente eficazes para a satisfação da dívida alimentar dos avós, é admissível a conversão da execução para o rito da penhora e da expropriação, que, a um só tempo, respeita os princípios da menor onerosidade e da máxima utilidade da execução, sobretudo diante dos riscos causados pelo encarceramento de pessoas idosas que, além disso, previamente indicaram bem imóvel à penhora para a satisfação da dívida. 5- Ordem concedida, confirmando-se a liminar anteriormente deferida. (STJ, HC 416.886/SP, Rel. Ministra Nancy Andrighi, Terceira Turma, julgado em 12/12/2017, DJe 18/12/2017)

Capítulo II
DA EXECUÇÃO PARA A ENTREGA DE COISA

Seção I
Da Entrega de Coisa Certa

Art. 806. O devedor de obrigação de entrega de coisa certa, constante de título executivo extrajudicial, será citado para, em 15 (quinze) dias, satisfazer a obrigação.

→ *v.* Art. 35, I, do CDC.

→ *v.* Arts. 233 a 242 do CC/2002.

→ *v.* Art. 231 do CPC.

§ 1º Ao despachar a inicial, o juiz poderá fixar multa por dia de atraso no cumprimento da obrigação, ficando o respectivo valor sujeito a alteração, caso se revele insuficiente ou excessivo.

→ *v.* Art. 52, V da Lei 9.099/1995.

§ 2º Do mandado de citação constará ordem para imissão na posse ou busca e apreensão, conforme se tratar de bem imóvel ou móvel, cujo cumprimento se dará de imediato, se o executado não satisfizer a obrigação no prazo que lhe foi designado.

Art. 807. Se o executado entregar a coisa, será lavrado o termo respectivo e considerada satisfeita a obrigação, prosseguindo-se a execução para o pagamento de frutos ou o ressarcimento de prejuízos, se houver.

→ *v.* Arts. 924, II e 925 do CPC.

Art. 808. Alienada a coisa quando já litigiosa, será expedido mandado contra o terceiro adquirente, que somente será ouvido após depositá-la.

→ v. Arts. 109, 240, 674 e 792 do CPC.

Imissão na posse e prévia oitiva do terceiro adquirente

✓ AGRAVO DE INSTRUMENTO. PROMESSA DE COMPRA E VENDA. AÇÃO DE EXECUÇÃO PARA ENTREGA DE COISA CERTA. EXECUÇÃO PARA ENTREGA DE COISA CERTA. OBRIGAÇÃO DE DAR. COMPRA E VENDA. MÓVEL. A promessa de compra e venda constituída por documento com eficácia executiva autoriza o comprador a postular execução para entrega de coisa certa. O fato do bem ter sido transmitido a terceiro antes de ser proposta a execução não retira a eficácia executiva, mas somente obsta a expedição de mandado de imissão em face do terceiro se oportunizada a sua oitiva, por exegese do art. 808 do CPC/15. – Circunstância dos autos em que se impõe dar provimento ao recurso para assegurar que se instaure a relação jurídica processual executiva. RECURSO PROVIDO. (Agravo de Instrumento Nº 70075630871, Décima Oitava Câmara Cível, Tribunal de Justiça do RS, Relator: João Moreno Pomar, Julgado em 30/10/2017). (TJ-RS – AI: 70075630871 RS, Relator: João Moreno Pomar, Data de Julgamento: 30/10/2017, Décima Oitava Câmara Cível, Data de Publicação: Diário da Justiça do dia 01/11/2017)

Art. 809. O exequente tem direito a receber, além de perdas e danos, o valor da coisa, quando essa se deteriorar, não lhe for entregue, não for encontrada ou não for reclamada do poder de terceiro adquirente.

§ 1º Não constando do título o valor da coisa e sendo impossível sua avaliação, o exequente apresentará estimativa, sujeitando-a ao arbitramento judicial.

§ 2º Serão apurados em liquidação o valor da coisa e os prejuízos.

Possibilidade da conversão da obrigação em perdas e danos

✓ DIREITO CIVIL. AÇÃO DE EXECUÇÃO. EXECUÇÃO PARA ENTREGA DE COISA. CONVERSÃO AUTOMÁTICA. EXECUÇÃO POR QUANTIA CERTA. POSSIBILIDADE. VALOR DO CONTRATO. LIQUIDEZ DO TÍTULO. NULIDADE. AUSÊNCIA. PREJUÍZO NÃO DEMONSTRADO. RECURSO CONHECIDO E DESPROVIDO. 1. Nos termos do art. 809 do Código de Processo Civil, o exequente tem direito a receber o valor da coisa, se essa não lhe foi entregue, não havendo necessidade de liquidação se o valor já foi previamente definido no contrato. 2. O valor nominal remanescente da dívida é a quantia mínima que a parte executante poderia exigir, motivo pelo qual não há como reconhecer a nulidade. 3. Não demonstrada a existência de prejuízo com a adoção do rito da execução por quantia, deve-se afastar a alegação de nulidade da execução 4. Recurso conhecido e desprovido. (TJDF; Proc 0705.42.0.802017-8070000; Ac. 103.8334; Quinta Turma Cível; Rel. Des. Robson Barbosa de Azevedo; Julg. 10/08/2017; DJDFTE 23/08/2017)

Necessidade de deterioração da coisa ou falta de entrega para conversão em perdas em danos

✓ AGRAVO DE INSTRUMENTO. Tutela cautelar antecedente convertida em ação de execução para entrega de coisa incerta. Pretensão de inclusão dos valores gastos com a colheita da soja como perdas e danos. Necessidade de obediência primeiro as disposições do artigo 811 e seguintes do CPC e subsidiariamente as do artigo 806 e seguintes. Decisão mantida. Recurso conhecido e desprovido. Na dicção do artigo 809 do CPC/15 o exequente somente terá direito à tutela de ressarcimento quanto ao valor do bem ou a reparação por perdas e danos, quando a coisa não lhe for entregue ou tenha se deteriorado por culpa do executado, o que ainda não ocorreu nos autos, pois se deve obedecer anteriormente a forma prescrita no artigo 811 e seguintes. (TJPR; Ag Instr 1703148-2; Cândido de Abreu; Décima Oitava Câmara Cível; Rel. Des. Marcelo Gobbo Dalla Dea; Julg. 11/10/2017; DJPR 20/10/2017; Pág. 269)

Art. 810. Havendo benfeitorias indenizáveis feitas na coisa pelo executado ou por terceiros de cujo poder ela houver sido tirada, a liquidação prévia é obrigatória.

Parágrafo único. Havendo saldo:

I – em favor do executado ou de terceiros, o exequente o depositará ao requerer a entrega da coisa;

II – em favor do exequente, esse poderá cobrá-lo nos autos do mesmo processo.

→ *v.* Arts. 96, 242 e 1.219 a 1.222 do CC/2002.

Seção II
Da Entrega de Coisa Incerta

Art. 811. Quando a execução recair sobre coisa determinada pelo gênero e pela quantidade, o executado será citado para entregá-la individualizada, se lhe couber a escolha.

Parágrafo único. Se a escolha couber ao exequente, esse deverá indicá-la na petição inicial.

→ *v.* Arts. 243 a 246 do CC/2002.

→ *v.* Art. 15 da Lei 8.929/1994 – Cédula de produto rural.

Art. 812. Qualquer das partes poderá, no prazo de 15 (quinze) dias, impugnar a escolha feita pela outra, e o juiz decidirá de plano ou, se necessário, ouvindo perito de sua nomeação.

Art. 813. Aplicar-se-ão à execução para entrega de coisa incerta, no que couber, as disposições da Seção I deste Capítulo.

Capítulo III
DA EXECUÇÃO DAS OBRIGAÇÕES DE FAZER OU DE NÃO FAZER

Seção I
Disposições Comuns

Art. 814. Na execução de obrigação de fazer ou de não fazer fundada em título extrajudicial, ao despachar a inicial, o juiz fixará multa por período de atraso no cumprimento da obrigação e a data a partir da qual será devida.

Parágrafo único. Se o valor da multa estiver previsto no título e for excessivo, o juiz poderá reduzi-lo.

→ *v.* Arts. 498 e 536, § 1º do CPC.

Possibilidade de aplicação da multa a ente público

✓ AÇÃO DE OBRIGAÇÃO DE FAZER. FORNECIMENTO DE CONSULTA COM MÉDICO FONOAUDIÓLOGO E RESPECTIVO TRATAMENTO. 1. Admissível o fornecimento pelo ente público demandado de tratamento do qual o paciente necessita para controle da doença, consoante prescrição médica. Garantia do direito à saúde e à vida. Inteligência do art. 196 da CR e parágrafo único do art. 219 da CE. 2. É admissível a aplicação de astreinte contra ente público, no caso, devidamente aplicada. Inteligência do art. 814 do CPC. 3. Atualização monetária da verba honorária pelo IPCA-E e acrescidos de juros de poupança, a partir do trânsito em julgado da sentença ou acórdão. Relegada a discussão da matéria à fase de execução. 4. Decisão mantida. Recurso não provido. (TJSP; AGInt 1015797-46.2017.8.26.0602/50000; Ac. 10783684; Sorocaba; Sétima Câmara de Direito Público; Rel. Des. Coimbra Schmidt; Julg. 13/09/2017; DJESP 18/09/2017; Pág. 3060)

Seção II
Da Obrigação de Fazer

Art. 815. Quando o objeto da execução for obrigação de fazer, o executado será citado para satisfazê-la no prazo que o juiz lhe designar, se outro não estiver determinado no título executivo.

→ *v.* Súmula 410 do STJ.

→ *v.* Arts. 247 a 249 do CC/2002.

Art. 816. Se o executado não satisfizer a obrigação no prazo designado, é lícito ao exequente, nos próprios autos do processo, requerer a satisfação da obrigação à custa do executado ou perdas e danos, hipótese em que se converterá em indenização.

→ *v.* Art. 249 do CC/2002.

→ *v.* Arts. 35 e 84 do CDC.

→ *v.* Art. 820 do CPC.

→ *v.* Enunciado 103 do CJF: Pode o exequente – em execução de obrigação de fazer fungível, decorrente do inadimplemento relativo, voluntário e inescusável do executado – requerer a satisfação da obrigação por terceiro, cumuladamente ou não com perdas e danos, considerando que o caput do art. 816 do CPC não derrogou o caput do art. 249 do Código Civil.

Parágrafo único. O valor das perdas e danos será apurado em liquidação, seguindo-se a execução para cobrança de quantia certa.

→ *v.* Arts. 509 a 512 e 824 e seguintes do CPC.

Conversão em perdas e danos nos mesmos autos

✓ AGRAVO DE INSTRUMENTO. EXECUÇÃO DE TERMO DE COMPROMISSO DE RECUPERAÇÃO AMBIENTAL. DESCUMPRIMENTO COMPROVADO. DECISÃO QUE AFASTOU A EXECUÇÃO DA MULTA DIÁRIA FIXADA, ADSTRITO SOMENTE AO VALOR RESULTANTE DA CONVERSÃO DA OBRIGAÇÃO EM PERDAS E DANOS. INADMISSIBILIDADE. ASTREINTE QUE PODE SER INCLUÍDA NO PEDIDO, COM A CONTAGEM A PARTIR DA FLUÊNCIA DO PRAZO CONCEDIDO PARA O CUMPRIMENTO DA ORDEM. RECURSO PROVIDO PARA TAL FIM. Conquanto tenha sido concedido prazo de 180 dias para o cumprimento da ordem, resta incontroverso o descumprimento do TCRA por parte da municipalidade agravada, razão pela qual se reconhece que, primeiro, a comprovação do cumprimento da obrigação é ônus daquele a quem a ordem foi endereçada (art. 373, II, do CPC), e, depois, que a multa diária estipulada pode, de fato, ser incluída no pedido da autora juntamente com o valor atinente à conversão da obrigação em perdas e danos, nos termos do art. 816 do CPC, com a contagem a partir da fluência do prazo e limitada nos termos do art. 412 do CC, mormente por ser a astreinte certa, determinada e exigível, podendo ser liquidada por simples cálculo aritmético. Recurso provido. (TJSP; AI 2068674-06.2017.8.26.0000; Ac. 10798938; São Roque; Segunda Câmara Reservada ao Meio Ambiente; Rel. Des. Paulo Ayrosa; Julg. 14/09/2017; DJESP 26/09/2017; Pág. 2695)

Art. 817. Se a obrigação puder ser satisfeita por terceiro, é lícito ao juiz autorizar, a requerimento do exequente, que aquele a satisfaça à custa do executado.

Parágrafo único. O exequente adiantará as quantias previstas na proposta que, ouvidas as partes, o juiz houver aprovado.

→ *v.* Art. 819 do CPC.

Possibilidade do cumprimento da sentença por terceiro

✓ AGRAVO DE INSTRUMENTO. CUMPRIMENTO DE SENTENÇA. OBRIGAÇÃO DE FAZER FUNGÍVEL. APURAÇÃO DO VALOR. PAGAMENTO PELO EXECUTADO. O inadimplemento de uma obrigação de fazer que possa ser satisfeita por terceiro autoriza o juiz a quantificar o valor correspondente, para que seja satisfeita à custa do executado (art. 817 do CPC/2015), nomeando perito especialista. Recurso conhecido e parcialmente provido. (TJMG; AI 1.0134.03.037680-7/002; Relª Desª Albergaria Costa; Julg. 27/04/2017; DJEMG 23/05/2017)

Art. 818. Realizada a prestação, o juiz ouvirá as partes no prazo de 10 (dez) dias e, não havendo impugnação, considerará satisfeita a obrigação.

→ *v.* Art. 924, II do CPC.

Parágrafo único. Caso haja impugnação, o juiz a decidirá.

Art. 819. Se o terceiro contratado não realizar a prestação no prazo ou se o fizer de modo incompleto ou defeituoso, poderá o exequente requerer ao juiz, no prazo de 15 (quinze) dias, que o autorize a concluí-la ou a repará-la à custa do contratante.

Parágrafo único. Ouvido o contratante no prazo de 15 (quinze) dias, o juiz mandará avaliar o custo das despesas necessárias e o condenará a pagá-lo.

Art. 820. Se o exequente quiser executar ou mandar executar, sob sua direção e vigilância, as obras e os trabalhos necessários à realização da prestação, terá preferência, em igualdade de condições de oferta, em relação ao terceiro.

Parágrafo único. O direito de preferência deverá ser exercido no prazo de 5 (cinco) dias, após aprovada a proposta do terceiro.

Art. 821. Na obrigação de fazer, quando se convencionar que o executado a satisfaça pessoalmente, o exequente poderá requerer ao juiz que lhe assine prazo para cumpri-la.

Parágrafo único. Havendo recusa ou mora do executado, sua obrigação pessoal será convertida em perdas e danos, caso em que se observará o procedimento de execução por quantia certa.

→ *v.* Art. 247 do CC/2002.

Seção III
Da Obrigação de Não Fazer

Art. 822. Se o executado praticou ato a cuja abstenção estava obrigado por lei ou por contrato, o exequente requererá ao juiz que assine prazo ao executado para desfazê-lo.

→ v. Art. 251 do CC/2002.

Art. 823. Havendo recusa ou mora do executado, o exequente requererá ao juiz que mande desfazer o ato à custa daquele, que responderá por perdas e danos.

Parágrafo único. Não sendo possível desfazer-se o ato, a obrigação resolve-se em perdas e danos, caso em que, após a liquidação, se observará o procedimento de execução por quantia certa.

→ v. Arts. 509 a 512 e 824 e seguintes do CPC.

Capítulo IV
DA EXECUÇÃO POR QUANTIA CERTA

Seção I
Disposições Gerais

Art. 824. A execução por quantia certa realiza-se pela expropriação de bens do executado, ressalvadas as execuções especiais.

→ *v.* Arts. 31 a 38 do Dec.-lei 70/1966.

→ *v.* Lei 6.830/1980.

→ *v.* Arts. 789 a 791 e 910 a 913 do CPC.

Art. 825. A expropriação consiste em:

I – adjudicação;

→ v. Arts. 876 a 878 do CPC.

II – alienação;

→ v. Arts. 879 a 903 do CPC.

III – apropriação de frutos e rendimentos de empresa ou de estabelecimentos e de outros bens.

→ *v.* Arts. 867 a 869 do CPC.

Art. 826. Antes de adjudicados ou alienados os bens, o executado pode, a todo tempo, remir a execução, pagando ou consignando a importância atualizada da dívida, acrescida de juros, custas e honorários advocatícios.

→ *v.* Arts. 304 e 305 do CC/2002.

→ *v.* Art. 19, I e II, da Lei 6.830/1980.

→ *v.* Arts. 902, 903 e 924, II do CPC

→ *v.* Enunciado 151 do CJF: O executado pode remir a execução até a lavratura do auto de adjudicação ou de alienação (CPC, art. 826).

Ineficácia da remição após alienação com arrematação do bem

✓ O IMÓVEL ARREMATADO FOI ADQUIRIDO PELO EXECUTADO ANTERIORMENTE AO CASAMENTO ENTRE ESTE E A SUA ESPOSA, PRIMEIRA AGRAVANTE E, POR TAL RAZÃO, INTEGRA O SEU PATRIMÔNIO PARTICULAR. (...) 7. Consigna-se ser ineficaz perante o arrematante o acordo entabulado entre o exequente e o executado, já que posteriormente à arrematação, sendo certo que o artigo 826 do CPC disciplina que "antes de adjudicados ou alienados os bens, o executado pode, a todo tempo, remir a execução, pagando ou consignando a importância atualizada da dívida, acrescida de juros, custas e honorários advocatícios". 8. Uma vez assinado o auto de arrematação, o que já ocorreu, esta "será considerada perfeita, acabada e irretratável", ex vi do artigo 903 do Código de Processo Civil. 9. Não conhecimento do primeiro agravo de instrumento e desprovimento do segundo. (TJRJ; AI 0052847-81.2017.8.19.0000; Cabo Frio; Décima Quinta Câmara Cível; Rel. Des. Gilberto Clovis Farias Matos; DORJ 08/11/2017; Pág. 287)

O termo final para a remição da execução é a assinatura do auto de arrematação, e o executado deve depositar o total da dívida mais acessórios.

✓ PROCESSUAL CIVIL (...) TERMO FINAL PARA REMIÇÃO DA EXECUÇÃO. ASSINATURA DO AUTO DE ARREMATAÇÃO. OBJETO DO DEPÓSITO REMISSIVO. INTEGRALIDADE DA DÍVIDA EXECUTADA E SEUS ACESSÓRIOS. DIVERGÊNCIA JURISPRUDENCIAL PREJUDICADA. (...) 6. A remição da execução, consagrada no art. 826 do CPC/2015, consiste na satisfação integral do débito executado no curso da ação e impede a alienação do bem penhorado. 7. A jurisprudência desta Corte orienta-se pela possibilidade de o direito de remição da execução ser exercido até a assinatura do auto de arrematação (RMS 31.914/RS; AgRg no REsp 958.769/RS). 8. Para a remição da execução, o executado deve pagar ou consignar o montante correspondente à totalidade da dívida executada, acrescida de juros, custas e honorários de advogado, não sendo possível exigir-lhe o pagamento de débitos executados em outras demandas. (...) (REsp 1862676/SP, Rel. Min. Nancy Andrighi, Terceira Turma, julgado em 23/02/2021, DJe 01/03/2021).

Seção II
Da Citação do Devedor e do Arresto

Art. 827. Ao despachar a inicial, o juiz fixará, de plano, os honorários advocatícios de dez por cento, a serem pagos pelo executado.

→ *v.* Art. 85 do CPC.

Considerando que o juiz não pode arbitrar honorários em montante diferente de dez por cento

✓ RECURSO ESPECIAL. EXECUÇÃO DE TÍTULO EXTRAJUDICIAL. ART. 827, CAPUT, DO CPC/2015. DESPACHO INICIAL. HONORÁRIOS ADVOCATÍCIOS. FIXAÇÃO NO PERCENTUAL MÍNIMO DE 10%. OBRIGATORIEDADE. 1. No tocante à execução por quantia certa, estabelece o art. 827 do Código de Processo Civil que, "ao despachar a inicial, o juiz fixará, de plano, os honorários advocatícios de dez por cento, a serem pagos pelo executado". 2. Malgrado se saiba que, como qualquer norma jurídica, o dispositivo de lei não pode ser interpretado de maneira isolada e distanciada do sistema jurídico que o vincula, a clareza da redação do art. 827 do CPC não permite uma digressão sobre seu conteúdo, devendo o aplicador respeitar a escolha legiferante. 3. A opção do legislador foi a de justamente evitar lides paralelas em torno da rubrica "honorários de sucumbência", além de tentar imprimir celeridade ao julgamento do processo, estabelecendo uma espécie de sanção premial ao instigar o devedor a quitar, o quanto antes, o débito exequendo (§ 1° do art. 827). 4. Na hipótese, o magistrado de piso e o Tribunal de origem, na fase inicial da execução por quantia certa, fixaram os honorários advocatícios em percentual diverso do estabelecido na norma, devendo, portanto, ser reformados. 5. Recurso especial provido. (STJ, REsp 1745773/DF, Rel. Ministro Luis Felipe Salomão, Quarta Turma, julgado em 04/12/2018, DJe 08/03/2019)

§ 1º No caso de integral pagamento no prazo de 3 (três) dias, o valor dos honorários advocatícios será reduzido pela metade.

§ 2º O valor dos honorários poderá ser elevado até vinte por cento, quando rejeitados os embargos à execução, podendo a majoração, caso não opostos os embargos, ocorrer ao final do procedimento executivo, levando-se em conta o trabalho realizado pelo advogado do exequente.

→ *V.* Súmula 519 do STJ.

→ *V.* Enunciado 51 da ENFAM: A majoração de honorários advocatícios prevista no art. 827, § 2º, do CPC/2015 não é aplicável à impugnação ao cumprimento de sentença.

Aplicabilidade da majoração prevista no art. 827 do CPC em Execução Fiscal

✓ AGRAVO DE INSTRUMENTO. DIREITO TRIBUTÁRIO. EXECUÇÃO FISCAL. HONORÁRIOS ADVOCATÍCIOS PARA PRONTO PAGAMENTO. VALOR. MAJORAÇÃO. ART. 827, DO CPC/2015. Majoração do valor em que arbitrados os honorários advocatícios para o caso de pronto pagamento ou não apresentação de embargos, em atenção ao art. 827, do CPC/15. Recurso provido. Decisão monocrática. (TJRS; AI 0325872-41.2017.8.21.7000; Sapucaia do Sul; Vigésima Segunda Câmara Cível; Relª Desª Denise Oliveira Cezar; Julg. 27/10/2017; DJERS 08/11/2017)

Aplicação do art. 827, § 2º, do CPC, no cumprimento de sentença – a favor

✓ DIREITO PROCESSUAL CIVIL. EMBARGOS DE DECLARAÇÃO. EXISTÊNCIA DE OMISSÃO NO ACÓRDÃO, REFERENTE À FIXAÇÃO DOS HONORÁRIOS ADVOCATÍCIOS. Rejeição da impugnação ao cumprimento de sentença. Possibilidade de fixação de honorários advocatícios na rejeição da impugnação ao cumprimento de sentença, por aplicação analógica do art. 827, § 2º, do CPC/2015 (enunciado nº 450 do FPPC). Superação legislativa do fundamento determinante (ratio decidendi) do julgamento do RESP 1.134.186/RS (Tema nº 408 do STJ) e do enunciado nº 519 da Súmula do STJ, elaborados à luz do art. 543-C do CPC/1973, já revogado. Doutrina e julgados desta e. Câmara. Integração do acórdão embargado, a fim de majorar os honorários advocatícios para 12% sobre o valor atualizado do excesso de execução (arts. 827, § 2º, e 85, § 11, do CPC). Recurso a que se dá provimento. (TJRJ; AI 0068704-36.2018.8.19.0000; Rio de Janeiro; Segunda Câmara Cível; Rel. Des. Alexandre Freitas Câmara; DORJ 09/05/2019; Pág. 303)

✓ JUÍZO DE RETRATAÇÃO. RECURSO ESPECIAL. AÇÃO DE COBRANÇA, EM FASE DE CUMPRIMENTO DE SENTENÇA. IMPUGNAÇÃO REJEITADA. EXCESSO NÃO COMPROVADO. FIXAÇÃO DE HONORÁRIOS ADVOCATÍCIOS NA FASE DE CUMPRIMENTO DE SENTENÇA E NÃO PELA REJEIÇÃO DA IMPUGNAÇÃO. HIPÓTESE DOS AUTOS QUE NÃO AFRONTA A ORIENTAÇÃO FIRMADA PELO SUPERIOR TRIBUNAL DE JUSTIÇA NO JULGAMENTO DO RESP N. 1.358.281/SP, POR SE TRATAR DE SITUAÇÃO DISTINTA. Precedente do STJ no julgamento do RESP. 1358.281/SP. Tema Nº 408.Inexiste divergência entre a hipótese sob judice e o paradigma. Possibilidade de fixação de honorários advocatícios na rejeição da impugnação ao cumprimento de sentença, por aplicação analógica do art. 827, § 2º, do CPC/2015 (enunciado nº 450 do FPPC). Não exercido o juízo de retratação. Manutenção da decisão. (TJRJ; AI 0018498-52.2017.8.19.0000; Rio de Janeiro; Décima Sexta Câmara Cível; Rel. Des. Lindolpho Morais Marinho; DORJ 08/02/2019; Pág. 546)

Aplicação do art. 827, § 2º, do CPC, no cumprimento de sentença – contra

✓ AGRAVO DE INSTRUMENTO. CUMPRIMENTO DEFINITIVO DO JULGADO. DECISÃO QUE FIXOU HONORÁRIOS ADVOCATÍCIOS EM RAZÃO DA REJEIÇÃO DA IMPUGNAÇÃO AO CUMPRIMENTO DE SENTENÇA QUE MERECE REFORMA. Honorários já fixados em 10% do montante da execução por ocasião do início da fase executiva. Incidência do verbete da Súmula n. º 519 do c. STJ. Precedentes do c. STJ e desta e. Corte de justiça. Inaplicabilidade do disposto no art. 827, § 2º, do CPC, o qual disciplina a execução de título extrajudicial. Agravo a que se dá provimento. (TJRJ; AI 0018386-15.2019.8.19.0000; Rio de Janeiro; Décima Terceira Câmara Cível; Rel. Des. Fernando Fernandy Fernandes; DORJ 04/07/2019; Pág. 276)

Art. 828. O exequente poderá obter certidão de que a execução foi admitida pelo juiz, com identificação das partes e do valor da causa, para fins de averbação no registro de imóveis, de veículos ou de outros bens sujeitos a penhora, arresto ou indisponibilidade.

→ *V.* Arts. 54, 56 e 57 da Lei 13.097/2015.

→ *V.* Arts. 792, II e III, 799, IX e 844 do CPC.

§ 1º No prazo de 10 (dez) dias de sua concretização, o exequente deverá comunicar ao juízo as averbações efetivadas.

§ 2º Formalizada penhora sobre bens suficientes para cobrir o valor da dívida, o exequente providenciará, no prazo de 10 (dez) dias, o cancelamento das averbações relativas àqueles não penhorados.

§ 3º O juiz determinará o cancelamento das averbações, de ofício ou a requerimento, caso o exequente não o faça no prazo.

§ 4º Presume-se em fraude à execução a alienação ou a oneração de bens efetuada após a averbação.

→ *V.* Art. 792, II do CPC.

→ *V.* Enunciado 149 do CJF: A falta de averbação da pendência de processo ou da existência de hipoteca judiciária ou de constrição judicial sobre bem no registro de imóveis não impede que o exequente comprove a má-fé do terceiro que tenha adquirido a propriedade ou qualquer outro direito real sobre o bem.

§ 5º O exequente que promover averbação manifestamente indevida ou não cancelar as averbações nos termos do § 2º indenizará a parte contrária, processando-se o incidente em autos apartados.

Apontando ser ônus do exequente demonstrar a má-fé do adquirente, se não houver penhora ou existência da ação registrada na matrícula do imóvel

✓ AGRAVO INTERNO NO RECURSO ESPECIAL. EMBARGOS DE TERCEIRO. COMPRA E VENDA DE IMÓVEL. FRAUDE À EXECUÇÃO. SÚMULA 375/STJ. INEXISTÊNCIA DE REGISTRO IMOBILIÁRIO DA PENHORA OU DA EXISTÊNCIA DA AÇÃO. MÁ-FÉ DO TERCEIRO ADQUIRENTE NÃO COMPROVADA. AGRAVO INTERNO IMPROVIDO. 1. De acordo com a jurisprudência do Superior Tribunal de Justiça, cristalizada na Súmula 375, "O reconhecimento da fraude à execução depende do registro da penhora do bem alienado ou da prova de má-fé do terceiro adquirente". E mais, nos termos da tese firmada pela Corte Especial do STJ, em sede de julgamento de recurso especial repetitivo, "inexistindo registro da penhora na matrícula do imóvel, é do credor o ônus da prova de que o terceiro adquirente tinha conhecimento de demanda capaz de levar o alienante à insolvência" (REsp 956.943/PR, Rel. p/ acórdão Ministro JOÃO OTÁVIO DE NORONHA, CORTE ESPECIAL, julgado em 20/08/2014, DJe de 1º/12/2014). 2. No caso dos autos, inexiste registro da penhora ou da existência da ação na matrícula do imóvel alienado, bem como não ficou comprovado que os agravados, terceiros adquirentes, tinham conhecimento da execução movida em desfavor do alienante, sendo, portanto, inviável o reconhecimento da fraude à execução. 3. Agravo interno a que se nega provimento. (STJ, AgInt no REsp 1738170/SP, Rel. Ministro Raul Araújo, Quarta Turma, julgado em 17/12/2019, DJe 03/02/2020)

Impossibilidade de averbações excessivas

✓ AGRAVO DE INSTRUMENTO. AÇÃO DE EXECUÇÃO. ARTIGO 828 DO CPC/15. AVERBAÇÕES PREMONITÓRIAS EXCESSIVAS. A parte exequente tem a faculdade processual de realizar averbações premonitórias nos imóveis e móveis da parte executada, de modo a dar ampla publicidade acerca da ação executiva proposta. A averbação premonitória detém natureza jurídica eminentemente informativa, contudo, quando realizada de forma excessiva, configura-se abuso de direito, de modo a garantir a parte lesada tutela jurisdicional, a fim de se afastar o ato considerado desarrazoado, devendo tal permissão legal ser reduzida ao valor do crédito pleiteado. (TJMG; AI 1.0035.17.004013-9/001; Rel. Des. Newton Teixeira Carvalho; Julg. 26/10/2017; DJEMG 10/11/2017)

Alienação anterior à averbação – inocorrência da má-fé e fraude à execução

✓ EXECUÇÃO. INEXISTÊNCIA DE REGISTRO DE PENHORA OU ATO DE AVERBAÇÃO. AQUISIÇÃO DE BOA-FÉ. A aquisição do bem anteriormente a qualquer ato de averbação no registro de imóveis, não recaindo sobre o mesmo qualquer restrição judicial, é fator impeditivo para o reconhecimento de fraude à execução. Aplicação dos arts. 799, inciso IX, e art. 828, § 4º, do novo CPC, além do entendimento consubstanciado na Súmula nº 375 do STJ. Agravo de Petição não provido. (TRT 2ª R.; AP 0166200-60.2008.5.02.0058; Ac. 2017/0467605; Décima Quarta Turma; Relª Desª Fed. Andréia Paola Nicolau Serpa; DJESP 02/08/2017)

Art. 829. O executado será citado para pagar a dívida no prazo de 3 (três) dias, contado da citação.

§ 1º Do mandado de citação constarão, também, a ordem de penhora e a avaliação a serem cumpridas pelo oficial de justiça tão logo verificado o não pagamento no prazo assinalado, de tudo lavrando-se auto, com intimação do executado.

→ *v.* Enunciado 85 do CJF: Na execução de título extrajudicial ou judicial (art. 515, § 1º, do CPC) é cabível a citação postal.

§ 2º A penhora recairá sobre os bens indicados pelo exequente, salvo se outros forem indicados pelo executado e aceitos pelo juiz, mediante demonstração de que a constrição proposta lhe será menos onerosa e não trará prejuízo ao exequente.

→ v. Arts. 798, II, c, 805 e 847 do CPC.

Possibilidade de citação postal na execução de título extrajudicial

✓ AGRAVO DE INSTRUMENTO. AÇÃO DE EXECUÇÃO DE TÍTULO EXTRAJUDICIAL. DECISÃO QUE INDEFERIU A CITAÇÃO DA EXECUTADA POR CARTA POSTAL, DETERMINANDO O RECOLHIMENTO, NO PRAZO DE 05 DIAS, DAS DILIGÊNCIAS DO OFICIAL DE JUSTIÇA. Inconformismo. Citação por carta em ação de execução. Possibilidade. Artigo 247 do Código de Processo Civil. Precedentes desta Corte. Decisão reformada. Recurso provido. (TJSP; AI 2255961-10.2020.8.26.0000; Ac. 14191820; Bebedouro; Vigésima Terceira Câmara de Direito Privado; Rel. Des. Hélio Nogueira; Julg. 30/11/2020; DJESP 04/12/2020; Pág. 2845)

✓ AGRAVO DE INSTRUMENTO. EXECUÇÃO DE TÍTULO EXTRAJUDICIAL. CITAÇÃO PELA VIA POSTAL. Possibilidade. O processo de execução não restou excepcionado pelo artigo 247 do código de processo civil, tanto que o Superior Tribunal de Justiça entende pela possibilidade de que o ato de dar ciência ao executado acerca do ajuizamento do processo pode ser realizado pela via postal. Decisão reformada. Recurso provido. (TJRS; AI 0038056-97.2020.8.21.7000; Proc 70083996975; Canoas; Décima Sexta Câmara Cível; Relª Desª Deborah Coleto Assumpção de Moraes; Julg. 19/11/2020; DJERS 26/11/2020)

Citação por Oficial de Justiça na execução de título extrajudicial – obrigatoriedade

✓ AGRAVO DE INSTRUMENTO. EXECUÇÃO FUNDADA EM TÍTULO EXTRAJUDICIAL. CITAÇÃO. Insurgência do exequente contra a decisão que indeferiu o pedido de citação pelo correio dos executados. O art. 247 do novo CPC não incluiu a execução nas hipóteses de exceção da citação por via postal, mas manteve previsão específica de expedição de mandado de citação para a execução, pressupondo que tal ato deverá ser praticado por oficial de justiça. Citação por oficial de justiça que atende ao interesse do credor e aos princípios de celeridade e economia processual, porquanto permite concentrar, em sequência, os atos de citação, penhora e avaliação de bens do devedor. Art. 829, § 1º, do novo CPC. Precedentes do TJ-SP. Decisão mantida. Recurso improvido. (TJSP; AI 2170379-47.2017.8.26.0000; Ac. 10834544; Jundiaí; Vigésima Quarta Câmara de Direito Privado; Rel. Des. Plinio Novaes de Andrade Júnior; Julg. 21/09/2017; rep. DJESP 04/10/2017; Pág. 2094)

Art. 830. Se o oficial de justiça não encontrar o executado, arrestar-lhe-á tantos bens quantos bastem para garantir a execução.

§ 1º Nos 10 (dez) dias seguintes à efetivação do arresto, o oficial de justiça procurará o executado 2 (duas) vezes em dias distintos e, havendo suspeita de ocultação, realizará a citação com hora certa, certificando pormenorizadamente o ocorrido.

→ v. Arts. 252 a 254 do CPC.

§ 2º Incumbe ao exequente requerer a citação por edital, uma vez frustradas a pessoal e a com hora certa.

→ *v.* Súmula 196 do STJ.

→ *v.* Arts. 256 a 258 do CPC.

§ 3º Aperfeiçoada a citação e transcorrido o prazo de pagamento, o arresto converter-se-á em penhora, independentemente de termo.

Obrigatoriedade de prévia tentativa de citação antes da realização de bloqueio online de ativos financeiros

✓ ADMINISTRATIVO E PROCESSUAL CIVIL. RECURSO ESPECIAL DA UNIÃO. ACÓRDÃO QUE DIRIMIU A CONTROVÉRSIA DOS AUTOS. VIOLAÇÃO AO ART. 1.022, II, DO CPC/2015. NÃO OCORRÊNCIA. EXECUÇÃO DE TÍTULO EXTRAJUDICIAL. ART. 854 do CPC/15. BLOQUEIO DE ATIVOS FINANCEIROS VIA BACENJUD. AUSÊNCIA DE PRÉVIA TENTATIVA DE CITAÇÃO DO DEVEDOR. IMPOSSIBILIDADE. (...) 2. A indisponibilização de ativos financeiros do executado, via BACENJUD, de que cuida o art. 854 do CPC/15, não prescinde da prévia tentativa de citação da parte executada. Precedentes: AgInt no REsp 1.780.501/PR, Rel. Ministra ASSUSETE MAGALHÃES, SEGUNDA TURMA, julgado em 02/04/2019, DJe 11/04/2019; AgInt no REsp 1.485.018/RS, Rel. Ministro NAPOLEÃO NUNES MAIA FILHO, PRIMEIRA TURMA, julgado em 27/6/2017, DJe 3/8/2017. (STJ, REsp 1754600/SC, Rel. Ministro Sérgio Kukina, Primeira Turma, julgado em 14/05/2019, DJe 17/05/2019)

Desnecessidade de esgotar os meios de localização do devedor para o deferimento do arresto

✓ 1. O ARRESTO EXECUTIVO (OU PRÉ-PENHORA) ENCONTRA PREVISÃO NO ARTIGO 830 DO CÓDIGO DE PROCESSO CIVIL DE 2015 E EXIGE, PARA O DEFERIMENTO DA MEDIDA, APENAS QUE A CITAÇÃO DO EXECUTADO TENHA SIDO FRUSTRADA. 2. In casu, depreende-se dos autos originários que a citação do agravado foi tentada em dois endereços, sendo que um deles era o que constava no Contrato de Mútuo firmado entre as partes e que lastreia a execução originária. 3. Assim, revela-se desnecessário o exaurimento dos meios de localizar o devedor para o deferimento da medida, primeiro porque a citação foi diligenciada no endereço fornecido, originalmente, ao Banco, sem que sua mudança posterior houvesse lhe sido comunicada; segundo, porque a tentativa de comunicação também foi infrutífera em outro endereço. 4. Provimento do recurso. (TJRJ; AI 0045184-81.2017.8.19.0000; Rio de Janeiro; Décima Quinta Câmara Cível; Relª Desª Maria Regina Fonseca Nova Alves; DORJ 13/11/2017; Pág. 248)

Seção III
Da Penhora, do Depósito e da Avaliação

Subseção I
Do Objeto da Penhora

Art. 831. A penhora deverá recair sobre tantos bens quantos bastem para o pagamento do principal atualizado, dos juros, das custas e dos honorários advocatícios.

→ *v.* Súmula 560 do STJ.

→ *v.* Súmula 44 do TFR.

→ *v.* Arts. 212, § 2º, 838 e 921, III, do CPC.

→ *v.* Art. 6º, III da Lei 11.101/2005.

Admitindo a liberação progressiva da garantia, à medida que são pagar as parcelas pelo devedor:

✓ TRIBUTÁRIO. RECURSO ESPECIAL. EXECUÇÃO FISCAL. ADESÃO AO PARCELAMENTO DA LEI 11.941/2009. SUSPENSÃO DA EXIGIBILIDADE DO CRÉDITO. PARCELAMENTO PARA PAGAMENTO DE DÉBITO TRIBUTÁRIO QUE FORA OBJETO DE PRÉVIA GARANTIA EM PROCESSO DE EXECUÇÃO FISCAL. MANUTENÇÃO DA CONSTRIÇÃO PATRIMONIAL. POSSIBILIDADE DE LIBERAÇÃO PROGRESSIVA DOS BENS CONSTRICTOS, NA PROPORÇÃO EM QUE REALIZADA A QUITAÇÃO DAS PARCELAS DA MORATÓRIA INDIVIDUAL. PARIDADE ENTRE O VALOR DA DÍVIDA E A SUA CORRESPONDENTE GARANTIA. RAZOABILIDADE, QUANDO OS BENS CONSTRICTOS COMPORTAREM DIVISÃO CÔMODA. TODAVIA, NA HIPÓTESE DOS AUTOS, FICA PREJUDICADO O PEDIDO DO CONTRIBUINTE, ORA RECORRIDO, DE LIBERAÇÃO PROGRESSIVA DAS GARANTIDAS PRESTADAS, EM VIRTUDE DE SUA EXCLUSÃO DO PROGRAMA DE PARCELAMENTO DO DÉBITO. RECURSO ESPECIAL DA FAZENDA NACIONAL PROVIDO. 1. É pacífica a jurisprudência do Superior Tribunal de Justiça de que a adesão a programa de parcelamento tributário, por si só, não tem o condão de afastar a constrição dos valores bloqueados anteriormente. Precedentes: AgInt no REsp. 1.587.756/SE, Rel. Min. HUMBERTO MARTINS, DJe 10.8.2016; AgRg no REsp. 1.289.389/DF, Rel. Min. FRANCISCO FALCÃO, DJe 22.3.2012. (...) 3. Não se pode descurar, porém, que, a teor do art. 659 do CPC do Buzaid (CPC/1973), reproduzido pelo art. 832 do Código Fux (CPC/2015), é admissível o bloqueio de ativos financeiros, por meio do Convênio BACENJUD, de depósitos em dinheiro, existentes em contas correntes do Executado, até o limite da execução, para garantia desta. Ou seja, não há razoabilidade, nem senso comum de equidade na orientação que aceita restrições superiores às necessidades de satisfação do crédito tributário. O excesso de garantia é algo que não tem o abono do Direito e tampouco do mais raso senso comum de Justiça. 4. Deveras, é preciso atentar que a execução deve se processar de forma calibrada, a fim de se alcançar a finalidade do processo de execução, ou seja, a satisfação do crédito, com o mínimo de sacrifício do devedor, que não pode ser condenado ao desespero ou à quebra para cumprir a sua obrigação fiscal. (...) 6. Logo, constatado o gradual pagamento das parcelas em decorrência da celebração de acordo de parcelamento, deve-se assegurar ao devedor a liberação proporcional dos valores constrictos, no intuito de manter a equivalência entre o débito tributário e a garantia da execução. Ao reverso, impedir a liberação proporcional dos valores bloqueados causaria inescusável ônus ao devedor, notadamente nas hipóteses de parcelamento de longo prazo. (...) 8. Nesses termos, firmo meu posicionamento pessoal de ser legítima a liberação progressiva e proporcional do valor da garantia ofertada pelo devedor, na exata dimensão da parcela quitada. (...) (STJ, REsp 1266318/RN, Rel. Ministro Napoleão Nunes Maia Filho, Primeira Turma, julgado em 07/12/2017, DJe 14/12/2017)

Art. 832. Não estão sujeitos à execução os bens que a lei considera impenhoráveis ou inalienáveis.

→ *v.* Súmulas 205, 449, e 486 e 549 do STJ.

→ *v.* Arts. 1.711 a 1.722 do CC/2002.

→ *v.* Lei 8.009/1990 – Dispõe sobre a impenhorabilidade do bem de família.

Alegação de impenhorabilidade e preclusão

✓ PROCESSUAL CIVIL. EXECUÇÃO FISCAL. ATIVOS FINANCEIROS. IMPENHORABILIDADE DA CONTA-POUPANÇA. ALEGAÇÃO EXTEMPORÂNEA. PRECLUSÃO. OCORRÊNCIA. 1. A Corte Especial deste Tribunal Superior firmou entendimento segundo o qual a proteção legal da impenhorabilidade deve ser invocada em tempo e modo próprios pela parte executada, sob pena de preclusão; ressalvada, todavia, a hipótese estabelecida para o bem de família quando ainda não decidida em definitivo. Precedente: EAREsp 223.196/RS, Rel. p/ acórdão Min. Nancy Andrighi, DJe 18/02/2014. 2. Hipótese em que o Tribunal Regional Federal da 4ª Região, atento ao fato de o executado não ter-se insurgido a tempo e modo próprios contra a penhora de ativos financeiros alocados em conta-poupança, decidiu pela penhorabilidade dos valores. 3. Agravo interno não provido. (STJ, AgInt no REsp 1754132/SC, Rel. Ministro Gurgel de Faria, Primeira Turma, julgado em 16/09/2019, DJe 20/09/2019)

Aplicação das hipóteses de impenhorabilidade do CPC à indisponibilidade prevista na Lei de Improbidade Administrativa:

✓ PROCESSUAL CIVIL E ADMINISTRATIVO. AGRAVO INTERNO NO AGRAVO EM RECURSO ESPECIAL. INDISPONIBILIDADE DE BENS EM AÇÃO DE IMPROBIDADE ADMINISTRATIVA. REGRA DE IMPENHORABILIDADE. VALORES ATÉ 40 SALÁRIOS MÍNIMOS. INCIDÊNCIA. PRECEDENTES. 1. O Superior Tribunal de Justiça tem entendido que as regras de impenhorabilidade previstas no Código de Processo Civil aplicam-se aos casos de indisponibilidade de bens decretada nos termos do art. 7º da Lei n. 8.429/1992. Precedentes: AgInt no REsp 1.440.849/PA, Rel. Ministro Sérgio Kukina, Primeira Turma, DJe 30/5/2018; REsp 1.319.515/ES, Rel. Ministro Napoleão Nunes Maia Filho, Rel. p/ Acórdão Ministro Mauro Campbell Marques, Primeira Seção, DJe 21/9/2012. 2. Nessa esteira, a jurisprudência do STJ tem afastado a possibilidade de tornar indisponíveis, com fulcro no art. 7º da Lei n. 8.429/1992, os valores referentes a salários, pensões, vencimentos, remunerações, subsídios, pois constituem verba de natureza alimentar essenciais ao sustento da parte e de sua família. Precedentes: REsp 1.164.037/RS, Rel. Ministro Sérgio Kukina, Rel. p/ Acórdão Ministro Napoleão Nunes Maia Filho, Primeira Turma, DJe 9/5/2014; REsp 1.461.892/BA, Rel. Ministro Herman Benjamin, Segunda Turma, DJe 6/4/2015. 3. Da mesma forma, também está imune à medida constritiva de indisponibilidade, porquanto impenhoráveis, os saldos inferiores a 40 salários-mínimos depositados em caderneta de poupança e, conforme entendimento do STJ, em outras aplicações financeiras e em conta-corrente, desde que os valores não sejam produto da conduta ímproba. Precedentes: AgInt no Resp 1.427.492/SP, Rel. Min. Benedito Gonçalves, Primeira Turma, julgado 19/2/2019; REsp 1.676.267/SP, Rel. Ministro Herman Benjamin, Segunda Turma, DJe 20/10/2017; AgRg no REsp 1.566.145/RS, Rel. Ministro Mauro Campbell Marques, Segunda Turma, DJe 18/12/2015; EREsp 1.330.567/RS, Rel. Ministro Luis Felipe Salomão, Segunda Seção, DJe 19/12/2014. (...) (STJ, AgInt no AREsp 1310475/SP, Rel. Ministro Benedito Gonçalves, Primeira Turma, julgado em 09/04/2019, DJe 11/04/2019)

Imóvel bem de família, embora oferecido como caução imobiliária em contrato de locação, não pode ser penhorado

✓ DIREITO CIVIL. RECURSO ESPECIAL. AÇÃO DE EXECUÇÃO DE TÍTULO EXECUTIVO EXTRAJUDICIAL. CONTRATO DE LOCAÇÃO. CAUÇÃO. BEM DE FAMÍLIA. IMPENHORABILIDADE. (...) 3. O propósito recursal é definir se imóvel – alegadamente bem de família – oferecido como caução imobiliária em contrato de locação pode ser objeto de penhora. 4. Em se tratando de caução, em contratos de locação, não há que se falar na possibilidade de penhora do imóvel residencial familiar. (...) (STJ, REsp 1873203/SP, Rel. Ministra Nancy Andrighi, Terceira Turma, julgado em 24/11/2020, DJe 01/12/2020)

Art. 833. São impenhoráveis:

→ *v.* Súmulas 205, e 364 e 549 do STJ.

→ *v.* Art. 69 do Dec.-lei 167/1967.

→ *v.* Art. 57 do Dec.-lei 413/1969.

→ *v.* Art. 5º, parágrafo único, do Dec.-lei 911/1969.

→ *v.* Art. 10 da Lei 6.830/1980.

→ *v.* Art. 108, § 4º da Lei 11.101/2005.

→ *v.* Lei 4.673/1965 – Aplica aos bens penhorados em execuções fiscais as normas de impenhorabilidade do art. 942 do Código do Processo Civil de 1939.

I – os bens inalienáveis e os declarados, por ato voluntário, não sujeitos à execução;

→ *v.* Art. 1.911 do CC/2002.

→ *v.* Enunciado 152 do CJF: O pacto de impenhorabilidade (arts. 190, 200 e 833, I) produz efeitos entre as partes, não alcançando terceiros.

→ *v.* Enunciado 153 do CJF: A penhorabilidade dos bens, observados os critérios do art. 190 do CPC, pode ser objeto de convenção processual das partes.

Admissibilidade da penhora de arma de fogo

✓ ADMINISTRATIVO. DESCONTO DE SALÁRIO. IMPENHORABILIDADE. ACÓRDÃO EM CONSONÂNCIA COM A JURISPRUDÊNCIA EXECUÇÃO FISCAL. PENHORA DE ARMA DE FOGO. POSSIBILIDADE. BEM ALIENÁVEL. AQUISIÇÃO REGULAMENTADA PELA LEI 10.826/2003. HIPÓTESE NÃO INCLUÍDA NO ROL DE BENS IMPENHORÁVEIS DO ART. 833 DO CPC/2015. ALIENAÇÃO EM HASTA PÚBLICA. OBSERVÂNCIA DAS MESMAS RESTRIÇÕES IMPOSTAS PARA A COMERCIALIZAÇÃO. (...) 2. Entre as excepcionais hipóteses de impenhorabilidade descritas no art. 833 do CPC/2015 não se inclui a arma de fogo. O inciso I da norma estabelece de forma geral que são impenhoráveis os bens inalienáveis, mas esse não é o caso das armas e munições, cuja comercialização e aquisição são regulamentadas, com diversas restrições, pela Lei 10.826/2003. (...) (STJ, REsp 1866148/RS, Rel. Ministro Herman Benjamin, Segunda Turma, julgado em 26/05/2020, DJe 20/08/2020)

II – os móveis, os pertences e as utilidades domésticas que guarnecem a residência do executado, salvo os de elevado valor ou os que ultrapassem as necessidades comuns correspondentes a um médio padrão de vida;

III – os vestuários, bem como os pertences de uso pessoal do executado, salvo se de elevado valor;

IV – os vencimentos, os subsídios, os soldos, os salários, as remunerações, os proventos de aposentadoria, as pensões, os pecúlios e os montepios, bem como as quantias recebidas por liberalidade de terceiro e destinadas ao sustento do devedor e de sua família, os ganhos de trabalhador autônomo e os honorários de profissional liberal, ressalvado o § 2º;

→ v. Art. 114 da Lei 8.213/1991.

Impenhorabilidade limitada à última remuneração do executado

✓ AGRAVO INTERNO NO RECURSO ESPECIAL. CUMPRIMENTO DE SENTENÇA. PENHORA EM CONTA-CORRENTE. INCIDÊNCIA SOBRE INDENIZAÇÃO TRABALHISTA. NATUREZA ALIMENTAR VISLUMBRADA, PORÉM, NÃO DE MANEIRA ABSOLUTA. APLICAÇÃO EXTENSIVA DO ART. 649, X, DO CPC/1973. IMPENHORABILIDADE ASSEGURADA ATÉ O LIMITE DE 40 SALÁRIOS MÍNIMOS. ACÓRDÃO RECORRIDO MANTIDO SOB PENA DE REFORMATIO IN PEJUS. RECURSO DESPROVIDO. 1. A Segunda Seção firmou o entendimento de que a remuneração protegida pela regra da impenhorabilidade é a última percebida - a do último mês vencido - e, mesmo assim, sem poder ultrapassar o teto constitucional referente à remuneração de Ministro do Supremo Tribunal Federal. Após esse período, eventuais sobras perdem tal proteção (REsp n. 1.230.060/PR, Relatora a Ministra Maria Isabel Gallotti, Segunda Seção, DJe de 29/8/2014). (...) (STJ, AgInt no REsp 1540155/SP, Rel. Ministro Marco Aurélio Bellizze, Terceira Turma, julgado em 19/08/2019, DJe 22/08/2019)

Em regra o STJ não permite a penhora de salário, salvo no caso de alimentos

✓ AGRAVO INTERNO NO AGRAVO EM RECURSO ESPECIAL - EXECUÇÃO - AUTOS DE AGRAVO DE INSTRUMENTO NA ORIGEM - DECISÃO MONOCRÁTICA NEGANDO PROVIMENTO AO RECLAMO. INSURGÊNCIA DO EXEQUENTE. 1. Esta Corte Superior adota o posicionamento de que o salário, soldo ou remuneração são impenhoráveis, nos termos do art. 833, IV, do NCPC, sendo essa regra excepcionada apenas quando se tratar de penhora para pagamento de prestação alimentícia ou quando os valores excedam 50 (cinquenta) salários mínimos mensais (art. 833, IV, § 2º, NCPC), o que não é o caso dos autos. Precedentes. (...) (STJ, AgInt no AREsp 1369019/PR, Rel. Ministro Marco Buzzi, Quarta Turma, julgado em 12/02/2019, DJe 19/02/2019)

Mas, em casos excepcionais, admite-se a penhora de salário para pagamento de outras dívidas:

✓ PROCESSUAL CIVIL. EMBARGOS DE DIVERGÊNCIA EM RECURSO ESPECIAL. EXECUÇÃO DE TÍTULO EXTRAJUDICIAL. IMPENHORABILIDADE DE VENCIMENTOS. CPC/73, ART. 649, IV. DÍVIDA NÃO ALIMENTAR. CPC/73, ART. 649, PARÁGRAFO 2º. EXCEÇÃO IMPLÍCITA À REGRA DE IMPENHORABILIDADE. PENHORABILIDADE DE PERCENTUAL DOS VENCIMENTOS. BOA-FÉ. MÍNIMO EXISTENCIAL. DIGNIDADE DO DEVEDOR E DE SUA FAMÍLIA. 1. Hipótese em que se questiona se a regra geral de impenhorabilidade dos vencimentos do devedor está sujeita apenas à exceção explícita prevista no parágrafo 2º do art. 649, IV, do CPC/73 ou se, para além desta exceção explícita, é possível a formulação de exceção não prevista expressamente em lei. 2. Caso em que o executado aufere renda mensal no valor de R$ 33.153,04, havendo sido deferida a penhora de 30% da quantia. 3. A interpretação dos preceitos legais deve ser feita a partir da Constituição da República, que veda a supressão injustificada de qualquer direito fundamental. A impenhorabilidade de salários, vencimentos, proventos etc. tem por fundamento a proteção à dignidade do devedor, com a manutenção do mínimo existencial e de um padrão de vida digno em favor de si e de seus dependentes. Por outro lado, o credor tem direito ao recebimento de tutela jurisdicional capaz de dar efetividade, na medida do possível e do proporcional, a seus direitos materiais. 4. O processo civil em geral, nele incluída a execução civil, é orientado pela boa-fé que deve reger o comportamento dos sujeitos processuais. Embora o executado tenha o direito de não sofrer atos executivos que importem violação à sua dignidade e à de sua família, não lhe é dado abusar dessa diretriz com o fim de impedir injustificadamente a efetivação do direito material do exequente. 5. Só se revela necessária, adequada, proporcional e justificada a impenhorabilidade daquela parte do patrimônio do devedor que seja efetivamente necessária à manutenção de sua dignidade e da de seus dependentes. 6. A regra geral da impenhorabilidade de salários, vencimentos, proventos etc. (art. 649, IV, do CPC/73; art. 833, IV, do CPC/2015), pode ser excepcionada quando for preservado percentual de tais verbas capaz de dar guarida à dignidade do devedor e de sua família. 7. Recurso não provido. (STJ, EREsp 1582475/MG, Rel. Ministro Benedito Gonçalves, Corte Especial, julgado em 03/10/2018, REPDJe 19/03/2019, DJe 16/10/2018)

Admitindo a penhora do empréstimo consignado, salvo demonstração de sua necessidade para a subsistência do executado e de sua família

✓ PROCESSUAL CIVIL E TRIBUTÁRIO. EXECUÇÃO FISCAL. PENHORA VIA BACENJUD. VALORES DECORRENTES DE EMPRÉSTIMO CONSIGNADO. ART. 833, IV, do CPC/2015. PENHORABILIDADE. REGRA. IMPENHORABILIDADE. EXCEÇÃO. MONTANTE NECESSÁRIO AO SUSTENTO DO DEVEDOR E DE SUA FAMÍLIA. (...) V – Os valores decorrentes de empréstimo consignado em folha de pagamento não compreendem verbas de natureza remuneratória. Porém, cuida-se de modalidade de empréstimo com potencial para comprometer a subsistência da pessoa e de sua família. VI – Embora os valores decorrentes de empréstimo consignado, em regra, não sejam impenhoráveis, se o executado (mutuário) comprovar, nos autos, que os recursos oriundos da referida modalidade de empréstimo são destinados e necessários à manutenção do sustento próprio e de sua família, receberão excepcionalmente a proteção da impenhorabilidade. Precedente: REsp n. 1.820.477/DF, Relator Ministro Ricardo Villas Bôas Cueva, Terceira Turma, julgado em 19/5/2020, DJe 27/5/2020. (STJ, REsp 1860120/SP, Rel. Ministro Francisco Falcão, Segunda Turma, julgado em 08/09/2020, DJe 14/09/2020). V. tb. STJ, REsp 1820477/DF, Rel. Ministro Ricardo Villas Bôas Cueva, Terceira Turma, julgado em 19/05/2020, DJe 27/05/2020.

Penhora de valores depositados em fundo de previdência complementar: inadmissibilidade

✓ DIREITO CIVIL E PROCESSUAL CIVIL. AGRAVO DE INSTRUMENTO. PENHORA. PREVIDENCIA COMPLEMENTAR. PREVI. IMPENHORABILIDADE. 1. Na hipótese, o credor pretende obter a determinação da penhora de quantia depositada em fundo de aposentadoria complementar. 2. De acordo com o art. 833, inc. IV, do CPC, não é possível a penhora de valores depositados em fundo de previdência privada complementar, em razão de sua natureza alimentar. 2.1. Por isso, deve ser mantida a decisão agravada, tendo em vista que os valores questionados se encontram protegidos pela impenhorabilidade, nos termos do art. 833, inc. IV, do CPC e do entendimento prevalente no âmbito da jurisprudência deste Egrégio Tribunal de Justiça. 3. Agravo de Instrumento conhecido e desprovido. (TJDF; AGI 07110.85-09.2019.8.07.0000; Ac. 124.1004; Terceira Turma Cível; Rel. Des. Alvaro Ciarlini; Julg. 25/03/2020; Publ. PJe 04/05/2020)

✓ DIREITO CIVIL E PROCESSUAL CIVIL. AGRAVO DE INSTRUMENTO. PENHORA. PREVIDENCIA COMPLEMENTAR. PREVI. IMPENHORABILIDADE 1. Hipótese cuja controvérsia consiste em examinar a possibilidade de penhora de quantia depositada em fundo de aposentadoria complementar, que é gerido pela PREVI. Caixa de Previdência dos Funcionários do Branco do Brasil. 2. De acordo com o art. 833, inc. IV, do CPC, não é possível a penhora de valores depositados em fundo de previdência privada complementar (proventos de aposentadoria), em razão de sua natureza alimentar. 2.1. Por isso, deve ser mantida a decisão agravada, tendo em vista que os valores questionados encontram-se protegidos pela impenhorabilidade, nos termos do art. 833, inc. IV, do CPC e do entendimento prevalente no âmbito da jurisprudência deste Egrégio Tribunal de Justiça. 3. Agravo conhecido e desprovido. (TJDF; Proc 07025.69-97.2019.8.07.0000; Ac. 118.5049; Terceira Turma Cível; Rel. Des. Alvaro Ciarlini; Julg. 10/07/2019; DJDFTE 25/07/2019)

Penhora de valores depositados em fundo de previdência complementar: possibilidade

✓ AGRAVO DE INSTRUMENTO. Execução. Pedido de penhora sobre saldo de previdência privada do devedor. Possibilidade. Existência de saldo superior a 40 salários mínimos mesmo com a realização da constrição 1. O Superior Tribunal de justiça já decidiu no sentido de ser possível a realização de penhora de valores depositados em fundo de previdência privada, cabendo ao magistrado analisar casuisticamente se tal quantia se revela necessária para a subsistência do participante e de sua família. 2. Ainda que se argumente que os valores depositados a título de PGBL se enquadrem no conceito do art. 833, X, do CPC, é importante ressaltar que mesmo com a satisfação integral do débito mediante a penhora realizada, permanecerá na aludida conta saldo superior a 40 salários-mínimos. Recurso provido. Decisão unânime. (TJSE; AI 201900839664; Ac. 13789/2020; Segunda Câmara Cível; Rel. Des. José dos Anjos; DJSE 06/07/2020)

✓ AGRAVO DE INSTRUMENTO. Ação de execução. Decisão que indeferiu o pedido de expedição de ofício para obtenção de informações acerca da existência de planos de previdência privada em nome dos executados, sob o fundamento de que se trata de verba de caráter alimentar nos termos do art. 833, IV, do Código de Processo Civil de 2015. Insurgência. Admissibilidade. Planos de Previdência privada que inequivocamente não possuem caráter alimentar. Possibilidade de deferimento da expedição de ofício para localização e penhora de eventuais ativos financeiros, sem prejuízo de alegação e demonstração de impenhorabilidade pelos executados. Decisão reformada. Recurso parcialmente provido. (TJSP; AI 2162508-63.2017.8.26.0000; Ac. 10983493; Assis; Décima Oitava Câmara de Direito Privado; Rel. Des. Helio Faria; Julg. 14/11/2017; DJESP 23/11/2017; Pág. 2025)

V – os livros, as máquinas, as ferramentas, os utensílios, os instrumentos ou outros bens móveis necessários ou úteis ao exercício da profissão do executado;

→ *V.* Súmula 451 do STJ.

→ *V.* Art. 5º, parágrafo único, do Dec.-lei 911/1969.

Admitindo a penhora do automóvel, salvo se demonstrado que é a sua ferramenta de trabalho

✓ PROCESSUAL CIVIL. AGRAVO INTERNO NOS EMBARGOS DE DECLARAÇÃO NO AGRAVO EM RECURSO ESPECIAL. ALEGAÇÃO DE IMPENHORABILIDADE. AUTOMÓVEL. REEXAME DO CONJUNTO FÁTICO-PROBATÓRIO DOS AUTOS. INADMISSIBILIDADE. INCIDÊNCIA DA SÚMULA N. 7/STJ. DECISÃO MANTIDA. 1. "De acordo com o entendimento desta Corte, a menos que o automóvel seja a própria ferramenta de trabalho (taxista, transporte escolar ou instrutor de autoescola), ele não poderá ser considerado, de per si, como útil ou necessário ao desempenho profissional, devendo o executado fazer prova dessa 'necessidade' ou 'utilidade'" (AgInt no AREsp 1182616/RS, Rel. Ministro LUIS FELIPE SALOMÃO, QUARTA TURMA, julgado em 27/02/2018, DJe 05/03/2018). (...) (STJ, AgInt nos EDcl no AREsp 1564639/GO, Rel. Ministro Antonio Carlos Ferreira, Quarta Turma, julgado em 11/05/2020, DJe 14/05/2020)

Aplicando a hipótese de impenhorabilidade às pequenas empresas e firmas individuais

✓ RECURSO ESPECIAL. PROCESSUAL CIVIL. ART. 649, V, DO CPC/73. INSTRUMENTOS OU OUTROS BENS MÓVEIS NECESSÁRIOS OU ÚTEIS AO EXERCÍCIO PROFISSIONAL. IMPENHORABILIDADE. PESSOAS JURÍDICAS. MICROEMPRESA. 1. A Corte Especial do Superior Tribunal de Justiça, por ocasião do julgamento do REsp 1.114.767/SP, representativo da controvérsia, apreciando hipótese de empresário individual, considerou ser aplicável a impenhorabilidade do art. 649, inciso V, do Código de Processo Civil de 1973 a pessoas jurídicas, notadamente às pequenas empresas, empresas de pequeno porte ou firma individual quanto aos bens necessários ao desenvolvimento da atividade objeto do contrato social. 2. A impenhorabilidade do art. 649 inciso V do CPC/73, correspondente ao art. 833 do CPC/2015, protege os empresários individuais, as pequenas e as microempresas, onde os sócios exerçam sua profissão pessoalmente, alcançando apenas os bens necessários às suas atividades. (...) (STJ, REsp 1224774/MG, Rel. Ministra Maria Isabel Gallotti, Quarta Turma, julgado em 10/11/2016, DJe 17/11/2016)

VI – o seguro de vida;

VII – os materiais necessários para obras em andamento, salvo se essas forem penhoradas;

VIII – a pequena propriedade rural, assim definida em lei, desde que trabalhada pela família;

→ *V.* Art. 5º, XXVI, da CF/1988.

→ *V.* Art. 4º, § 2º da Lei 8.009/1990.

Irrelevância da origem da dívida para fins de impenhorabilidade da pequena propriedade rural

✓ RECURSO ESPECIAL. EMBARGOS À EXECUÇÃO. ALEGAÇÃO DE IMPENHORABILIDADE DE PEQUENA PROPRIEDADE RURAL, DEFINIDA EM LEI E TRABALHADA PELA ENTIDADE FAMILIAR, COM ESCOPO DE GARANTIR A SUA SUBSISTÊNCIA. REJEIÇÃO, PELAS INSTÂNCIAS ORDINÁRIAS, SOB O FUNDAMENTO DE QUE O EXECUTADO NÃO RESIDE NO IMÓVEL E DE QUE O DÉBITO NÃO SE RELACIONA À ATIVIDADE PRODUTIVA. IRRELEVÂNCIA. RECONHECIMENTO. NECESSIDADE DE SE AFERIR, TÃO SOMENTE, SE O BEM INDICADO À CONSTRIÇÃO JUDICIAL CONSTITUI PEQUENA PROPRIEDADE RURAL, NOS TERMOS DA LEI DE REGÊNCIA, E SE A ENTIDADE FAMILIAR ALI DESENVOLVE ATIVIDADE AGRÍCOLA PARA O SEU SUSTENTO. RECURSO ESPECIAL PROVIDO. 1. Tomando-se por base o fundamento que orienta a impenhorabilidade da pequena propriedade rural (assegurar o acesso aos meios geradores de renda mínima à subsistência do agricultor e de sua família), não se afigura exigível, segundo o regramento pertinente, que o débito exequendo seja oriundo da atividade produtiva, tampouco que o imóvel sirva de moradia ao executado e de sua família. 2. Considerada a relevância da pequena propriedade rural trabalhada pela entidade familiar, a propiciar a sua subsistência, bem como promover o almejado atendimento à função socioeconômica, afigurou-se indispensável conferir-lhe ampla proteção. 2.1 O art. 649, VIII, do CPC/1973 (com redação similar, o art. 833, CPC/2015), ao simplesmente reconhecer a impenhorabilidade da pequena propriedade rural, sem especificar a natureza da dívida, acabou por explicitar a exata extensão do comando constitucional em comento, interpretado segundo o princípio hermenêutico da máxima efetividade. 2.2 Se o dispositivo constitucional não admite que se efetive a penhora da pequena propriedade rural para assegurar o pagamento de dívida oriunda da atividade agrícola, ainda que dada em garantia hipotecária (ut REsp 1.368.404/SP, Relatora Ministra Maria Isabel Gallotti, Quarta Turma, julgado em 13/10/2015, DJe 23/11/2015), com mais razão há que reconhecer a impossibilidade de débitos de outra natureza viabilizar a constrição judicial de bem do qual é extraída a subsistência do agricultor e de sua família. 3. O fundamento que orienta a impenhorabilidade do bem de família (rural) não se confunde com aquele que norteia a da pequena propriedade rural, ainda que ambos sejam corolários do princípio maior da dignidade da pessoa humana, sob a vertente da garantia do patrimônio mínimo. O primeiro, destina-se a garantir o direito fundamental à moradia; o segundo, visa assegurar o direito, também fundamental, de acesso aos meios geradores de renda, no caso, o imóvel rural, de onde a família do trabalhador rural, por meio do labor agrícola, obtém seu sustento. 3.1 As normas constitucional e infralegal já citadas estabelecem como requisitos únicos para obstar a constrição judicial sobre a pequena propriedade rural: i) que a dimensão da área seja qualificada como pequena, nos termos da lei de regência; e ii) que a propriedade seja trabalhada pelo agricultor e sua família. Assim, para o reconhecimento da impenhorabilidade da pequena propriedade rural, não se exige que o imóvel seja a moradia do executado, impõe-se, sim, que o bem seja o meio de sustento do executado e de sua família, que ali desenvolverá a atividade agrícola. (...) (STJ, REsp 1591298/RJ, Rel. Ministro Marco Aurélio Bellizze, Terceira Turma, julgado em 14/11/2017, DJe 21/11/2017)

Para a impenhorabilidade da pequena propriedade rural o executado deve provar que o imóvel é explorado pela família, sendo impenhorável mesmo que dado em garantia hipotecária ou não sendo o único bem do devedor

✓ PROCESSUAL CIVIL E CIVIL. AGRAVO EM RECURSO ESPECIAL. EXECUÇÃO DE TÍTULO EXTRAJUDICIAL. PENHORA DE IMÓVEL. PEQUENA PROPRIEDADE RURAL. ALEGAÇÃO DE IMPENHORABILIDADE. ÔNUS DA PROVA DO EXECUTADO DE QUE O BEM CONSTRITO É TRABALHADO PELA FAMÍLIA. AUSÊNCIA DE COMPROVAÇÃO DA EXPLORAÇÃO FAMILIAR. DESNECESSIDADE DE O IMÓVEL PENHORADO SER O ÚNICO DE PROPRIEDADE DO EXECUTADO. JULGAMENTO: CPC/2015. (...) 3. Para reconhecer a impenhorabilidade nos termos do art. 833, VIII, do CPC/2015, é imperiosa a satisfação de dois requisitos, a saber: (i) que o imóvel se qualifique como pequena propriedade rural, nos termos da lei, e (iii) que seja explorado pela família. Até o momento, não há uma lei definindo o que seja pequena propriedade rural para fins de impenhorabilidade. Diante da lacuna legislativa, a jurisprudência tem tomado emprestado o conceito estabelecido na Lei 8.629/1993, a qual regulamenta as normas constitucionais relativas à reforma agrária. Em seu artigo 4ª, II, alínea "a", atualizado pela Lei 13.465/2017, consta que se enquadra como pequena propriedade rural o imóvel rural "de área até quatro módulos fiscais, respeitada a fração mínima de parcelamento". 4. (...) Ademais, como regra geral, a parte que alega tem o ônus de demonstrar a veracidade desse fato (art. 373 do CPC/2015) e, sob a ótica da aptidão para produzir essa prova, ao menos abstratamente, é certo que é mais fácil para o devedor demonstrar a veracidade do fato alegado. Demais disso, art. 833, VIII, do CPC/2015 é expresso ao condicionar o reconhecimento da impenhorabilidade da pequena propriedade rural à sua exploração familiar. Isentar o devedor de comprovar a efetiva satisfação desse requisito legal e transferir a prova negativa ao credor importaria em desconsiderar o propósito que orientou a criação dessa norma, o qual consiste em assegurar os meios para a manutenção da subsistência do executado e de sua família. 5. A ausência de comprovação de que o imóvel penhorado é explorado pela família afasta a incidência da proteção da impenhorabilidade. 6. Ser proprietário de um único imóvel rural não é pressuposto para o reconhecimento da impenhorabilidade com base na previsão do art. 833, VIII, do CPC/2015. A imposição dessa condição, enquanto não prevista em lei, é incompatível com o viés protetivo que norteia o art. 5º, XXVI, da CF/88 e art. 833, VIII, do CPC/2015. 7. A orientação consolidada desta Corte é no sentido de que o oferecimento do bem em garantia não afasta a proteção da impenhorabilidade, haja vista que se trata de norma de ordem pública, inafastável pela vontade das partes (...) (REsp 1913236/MT, Rel. Min. Nancy Andrighi, Terceira Turma, julgado em 16/03/2021, DJe 22/03/2021)

IX – os recursos públicos recebidos por instituições privadas para aplicação compulsória em educação, saúde ou assistência social;

Impenhorabilidade dos créditos vinculados ao FIES

✓ RECURSO ESPECIAL. AUSÊNCIA DE PREQUESTIONAMENTO. SÚM. 282/STF. EMBARGOS À EXECUÇÃO. EXCEÇÃO DE PRÉ-EXECUTIVIDADE. CRÉDITOS VINCULADOS AO FIES. RECURSO PÚBLICO RECEBIDO POR INSTITUIÇÃO PRIVADA PARA APLICAÇÃO COMPULSÓRIA EM EDUCAÇÃO. IMPENHORABILIDADE. JULGAMENTO: CPC/15. (...) 2. O propósito recursal é dizer sobre a possibilidade de penhora dos créditos vinculados ao Fundo de Financiamento Estudantil – FIES, constituídos em favor da recorrente. (...) 4. O recebimento, pelas instituições de ensino superior, dos Certificados Financeiros do Tesouro – Série E (CFT-E) – e mesmo do valor financeiro equivalente, no caso da sua recompra – está condicionado à efetiva prestação de serviços educacionais aos alunos beneficiados pelo financiamento estudantil, sendo, inclusive, vedada a sua negociação com outras pessoas jurídicas de direito privado (art. 10, § 1º, da Lei 10.260/01). 5. O intuito de fazer prevalecer o interesse coletivo em relação ao interesse particular justifica a previsão de impenhorabilidade dos recursos públicos recebidos por instituições privadas para aplicação compulsória em educação, prevista no art. 833, IX, do CPC/15. 6. O fato de a recorrente ter prestado os serviços de educação previamente ao recebimento dos créditos correspondentes do FIES não descaracteriza sua destinação; ao contrário, reforça a ideia de que se trata de recursos compulsoriamente aplicados em educação. 7. Hipótese em que, incidindo a penhora diretamente sobre recursos de origem pública e sendo os valores recebidos pela recorrente vinculados à contraprestação pelos serviços educacionais prestados, conclui-se pela impenhorabilidade dos referidos créditos. (...) (STJ, REsp 1840737/DF, Rel. Ministra Nancy Andrighi, Terceira Turma, julgado em 12/11/2019, DJe 21/11/2019)

Possibilidade de penhora de verbas recebidas por escola de samba da Administração Pública

✓ RECURSO ESPECIAL. PROCESSUAL CIVIL. EXECUÇÃO DE TÍTULO EXTRAJUDICIAL. PENHORA DE REPASSE DE VERBA ORIUNDA DE PARCERIA PÚBLICO-PRIVADA. ESCOLA DE SAMBA. CARNAVAL. EQUIPAMENTOS E MATERIAIS PERMANENTES. INALIENABILIDADE. VERBAS PARA A CONSECUÇÃO DE FINALIDADES DE INTERESSE PÚBLICO E RECÍPROCO. APLICAÇÃO COMPULSÓRIA EM EDUCAÇÃO OU ASSISTÊNCIA SOCIAL. NÃO OCORRÊNCIA. INTERPRETAÇÃO RESTRITIVA DAS IMPENHORABILIDADES. ESTÍMULO A CULTURA E A HISTÓRIA LOCAL. REVISÃO. IMPOSSIBILIDADE. (...) 2. O propósito recursal consiste em definir se são penhoráveis as verbas recebidas por escola de samba a título de parceria com a administração pública. 3. O art. 35, §5º, da Lei 13.019/14 dispõe que os "equipamentos e materiais permanentes" adquiridos com recursos provenientes da celebração da parceria serão gravados com cláusula de inalienabilidade. Não são os recursos o objeto da restrição legal, mas o produto do seu investimento necessário à consecução do projeto de parceria. 4. É inquestionável o valor social, cultural, histórico e turístico do carnaval brasileiro, uma das maiores expressões artísticas nacionais com alcance mundial, inclusive com bens reconhecidos pela UNESCO como patrimônio cultural imaterial da humanidade. 5. A Lei 13.019/14 considera que a parceria entre a administração pública e as organizações da sociedade civil é feita "para a consecução de finalidades de interesse público e recíproco" (art. 2º, III) jamais restringindo seu âmbito "para aplicação compulsória em educação, saúde ou assistência social" (art. 833, IX, do CPC). 6. No particular, o acórdão recorrido fez a interpretação do Edital de Seleção de Projetos Culturais do Município de Florianópolis para concluir que o objetivo do repasse das verbas públicas é o estímulo a cultura e história local, não havendo qualquer menção de que tais valores seriam aplicados em educação, saúde ou assistência social. Súmula 5/STJ. 7. Recurso especial conhecido e não provido. (STJ, REsp 1816095/SC, Rel. Ministra Nancy Andrighi, Terceira Turma, julgado em 05/11/2019, DJe 07/11/2019)

X – a quantia depositada em caderneta de poupança, até o limite de 40 (quarenta) salários mínimos;

Impenhorabilidade aplicável a outros investimentos, fora a poupança

✓ AGRAVO INTERNO NO RECURSO ESPECIAL. CONTRATOS BANCÁRIOS. EMBARGOS À PENHORA. IMPENHORABILIDADE DE VALOR DE ATÉ 40 (QUARENTA) SALÁRIOS MÍNIMOS MANTIDO EM CONTA BANCÁRIA. AUSÊNCIA DE COMPROVAÇÃO DO CARÁTER ESSENCIAL PARA MANUTENÇÃO DA PESSOA JURÍDICA. FUNDAMENTO INATACADO. SÚMULA 283/STF. REEXAME DE MATÉRIA FÁTICO-PROBATÓRIA. IMPOSSIBILIDADE. SÚMULA 7/STJ. AGRAVO NÃO PROVIDO. 1. Segundo a jurisprudência desta Corte Superior, "reveste-se de impenhorabilidade a quantia de até quarenta salários mínimos poupada, seja ela mantida em papel moeda, conta-corrente ou aplicada em caderneta de poupança propriamente dita, CDB, RDB ou em fundo de investimentos, desde que a única reserva monetária em nome do recorrente, e ressalvado eventual abuso, má-fé ou fraude, a ser verificado caso a caso, de acordo com as circunstâncias do caso concreto (inciso X)" (REsp 1.230.060/PR, Relatora Ministra MARIA ISABEL GALLOTTI, SEGUNDA SEÇÃO, julgado em 13/8/2014, DJe de 29/8/2014). (...) (STJ, AgInt no REsp 1833911/RS, Rel. Ministro Raul Araújo, Quarta Turma, julgado em 06/02/2020, DJe 17/02/2020)

XI – os recursos públicos do fundo partidário recebidos por partido político, nos termos da lei;

→ *v.* Arts. 38 a 44 da Lei 9.096/1995.

→ *v.* Art. 854, § 9º do CPC.

XII – os créditos oriundos de alienação de unidades imobiliárias, sob regime de incorporação imobiliária, vinculados à execução da obra.

→ v. Art. 28 e seguintes da Lei 4.591/1964.

§ 1º A impenhorabilidade não é oponível à execução de dívida relativa ao próprio bem, inclusive àquela contraída para sua aquisição.

§ 2º O disposto nos incisos IV e X do *caput* não se aplica à hipótese de penhora para pagamento de prestação alimentícia, independentemente de sua origem, bem como às importâncias excedentes a 50 (cinquenta) salários mínimos mensais, devendo a constrição observar o disposto no art. 528, § 8º, e no art. 529, § 3º.

→ *v.* Arts. 911 a 913 do CPC.

→ *v.* Enunciado 105 do CJF: As hipóteses de penhora do art. 833, § 2º, do CPC aplicam-se ao cumprimento da sentença ou à execução de título extrajudicial relativo a honorários advocatícios, em razão de sua natureza alimentar.

Inaplicabilidade da exceção do § 2º ao pagamento de honorários advocatícios

✓ RECURSO ESPECIAL. NEGATIVA DE PRESTAÇÃO JURISDICIONAL. INOCORRÊNCIA. AÇÃO DE INDENIZAÇÃO. CUMPRIMENTO DE SENTENÇA. HONORÁRIOS ADVOCATÍCIOS DE SUCUMBÊNCIA. NATUREZA ALIMENTAR. EXCEÇÃO DO § 2º DO ART. 833. PENHORA DA REMUNERAÇÃO DO DEVEDOR. IMPOSSIBILIDADE. DIFERENÇA ENTRE PRESTAÇÃO ALIMENTÍCIA E VERBA DE NATUREZA ALIMENTAR. JULGAMENTO: CPC/15. (...) 4. Os termos "prestação alimentícia", "prestação de alimentos" e "pensão alimentícia" são utilizados como sinônimos pelo legislador em momentos históricos e diplomas diversos do ordenamento jurídico pátrio, sendo que, inicialmente, estavam estritamente relacionados aos alimentos familiares, e, a partir do CC/16, passaram a ser utilizados para fazer referência aos alimentos indenizatórios e aos voluntários. 5. O termo "natureza alimentar", por sua vez, é derivado de "natureza alimentícia", o qual foi introduzido no ordenamento jurídico pela Constituição de 1988, posteriormente conceituado pela EC nº 30/2000, constando o salário como um dos exemplos. 6. Atento à importância das verbas remuneratórias, o constituinte equiparou tal crédito ao alimentício, atribuindo-lhe natureza alimentar, com o fim de conceder um benefício específico em sua execução, qual seja, a preferência no pagamento de precatórios, nos termos do art. 100, § 1º, da CRFB. 7. As verbas remuneratórias, ainda que sejam destinadas à subsistência do credor, não são equivalentes aos alimentos de que trata o CC/02, isto é, àqueles oriundos de relações familiares ou de responsabilidade civil, fixados por sentença ou título executivo extrajudicial. 8. Uma verba tem natureza alimentar quando destinada à subsistência do credor e de sua família, mas apenas se constitui em prestação alimentícia aquela devida por quem tem a obrigação de prestar alimentos familiares, indenizatórios ou voluntários em favor de uma pessoa que, necessariamente, deles depende para sobreviver. 9. As verbas remuneratórias, destinadas, em regra, à subsistência do credor e de sua família, mereceram a atenção do legislador, quando a elas atribuiu natureza alimentar. No que se refere aos alimentos, porque revestidos de grave urgência – porquanto o alimentando depende exclusivamente da pessoa obrigada a lhe prestar alimentos, não tendo outros meios para se socorrer -, exigem um tratamento mais sensível ainda do que aquele conferido às verbas remuneratórias dotadas de natureza alimentar. 10. Em face da nítida distinção entre os termos jurídicos, evidenciada pela análise histórica e pelo estudo do tratamento legislativo e jurisprudencial conferido ao tema, forçoso concluir que não se deve igualar verbas de natureza alimentar às prestações alimentícias, tampouco atribuir àquelas os mesmos benefícios conferidos pelo legislador a estas, sob pena de enfraquecer a proteção ao direito, à dignidade e à sobrevivência do credor de alimentos (familiares, indenizatórios ou voluntários), por causa da vulnerabilidade inerente do credor de alimentos quando comparado ao credor de débitos de natureza alimentar. 11. As exceções destinadas à execução de prestação alimentícia, como a penhora dos bens descritos no art. 833, IV e X, do CPC/15, e do bem de família (art. 3º, III, da Lei 8.009/90), assim como a prisão civil, não se estendem aos honorários advocatícios, como não se estendem às demais verbas apenas com natureza alimentar, sob pena de eventualmente termos que cogitar sua aplicação a todos os honorários devidos a quaisquer profissionais liberais, como médicos, engenheiros, farmacêuticos, e a tantas outras categorias. (...) (STJ, REsp 1815055/SP, Rel. Ministra Nancy Andrighi, Corte Especial, julgado em 03/08/2020, DJe 26/08/2020)

§ 3º Incluem-se na impenhorabilidade prevista no inciso V do *caput* os equipamentos, os implementos e as máquinas agrícolas pertencentes a pessoa física ou a empresa individual produtora rural, exceto quando tais bens tenham sido objeto de financiamento e estejam vinculados em garantia a negócio jurídico ou quando respondam por dívida de natureza alimentar, trabalhista ou previdenciária.

Art. 834. Podem ser penhorados, à falta de outros bens, os frutos e os rendimentos dos bens inalienáveis.

Art. 835. A penhora observará, preferencialmente, a seguinte ordem:

→ *V.* Súmula 560 do STJ.

→ *V.* Art. 11 da Lei 6.830/1980.

I – dinheiro, em espécie ou em depósito ou aplicação em instituição financeira;

→ *V.* Súmulas 328 e 417 do STJ.

→ *V.* Art. 854 do CPC.

Entendendo inaplicável o inciso I à quota em fundo de investimento

✓ PROCESSUAL CIVIL. AGRAVO INTERNO. AGRAVO EM RECURSO ESPECIAL. GARANTIA DO JUÍZO. COTAS FUNDO DE INVESTIMENTO. RECURSO. VALIDADE. ATIVOS FINANCEIROS. PENHORA. POSSIBILIDADE. OFENSA AO PRINCÍPIO DA MENOR ONEROSIDADE. INEXISTÊNCIA. 1. "A cota de fundo de investimento não se subsume à ordem de preferência legal disposta no inciso I do art. 655 do CPC/73 (ou no inciso I do art. 835 do NCPC)". "A recusa da nomeação à penhora de cotas de fundo de investimento, reputada legítima a partir das particularidades de cada caso concreto, não encerra, em si, excessiva onerosidade ao devedor, violação do recolhimento dos depósitos compulsórios e voluntários do Banco Central do Brasil ou afronta à impenhorabilidade das reservas obrigatórias" (REsp 1.388.642/SP, julgado sob o rito dos repetitivos, Corte Especial, Relator Ministro Marco Aurélio Bellizze, Corte Especial, DJe 6/9/2016). 2. A jurisprudência da Corte orienta que a constrição de ativos financeiros obedece a gradação legal, sem necessidade de esgotamento de diligências para localização de bens penhoráveis e sem ferimento ao princípio da menor onerosidade da execução. 3. Agravo interno a que se nega provimento. (STJ, AgInt no AREsp 945.366/RS, Rel. Ministra Maria Isabel Gallotti, Quarta Turma, julgado em 28/09/2020, DJe 01/10/2020). V. tb. STJ, AgInt no AREsp 1118923/RS, Rel. Ministro Moura Ribeiro, Terceira Turma, julgado em 05/12/2017, DJe 19/12/2017.

A penhora *online* não viola o princípio da menor onerosidade da execução

✓ AGRAVO INTERNO NO RECURSO ESPECIAL – EXECUÇÃO DE TÍTULO EXTRAJUDICIAL – DECISÃO MONOCRÁTICA QUE NEGOU PROVIMENTO AO RECLAMO. INSURGÊNCIA DA EXECUTADA. 1. Conforme entendimento jurisprudencial firmado por este Superior Tribunal de Justiça, além de obedecer à gradação prevista no art. 835 do CPC/15, a penhora *online* via sistema Bacen-Jud não ofende o princípio da menor onerosidade da execução para o devedor – REsp 1.112.943/MA, processado sob o rito do art. 543-C do CPC. Hipótese em que a Corte de origem preferiu o bloqueio de ativos financeiros da executada em detrimento de bens oferecidos em garantia real, sob pena de inviabilizar o prosseguimento das atividades por ela exercidas. (...) (STJ, AgInt no REsp 1798049/SP, Rel. Ministro Marco Buzzi, Quarta Turma, julgado em 26/08/2019, DJe 30/08/2019)

Possibilidade de a Fazenda Pública recusar bem oferecido à penhora em desacordo com a gradação legal:

✓ PROCESSUAL CIVIL. AGRAVO INTERNO NO AGRAVO EM RECURSO ESPECIAL. SUBMISSÃO À REGRA PREVISTA NO ENUNCIADO ADMINISTRATIVO 03/STJ. EXECUÇÃO FISCAL. PENHORA ON LINE. EXISTÊNCIA DE BENS PENHORÁVEIS. RECUSA FUNDADA NA INOBSERVÂNCIA DA ORDEM LEGAL. LEGITIMIDADE. 1. No julgamento do REsp 1.337.790/PR, Rel. MINISTRO HERMAN BENJAMIN, julgado em 12/06/2013, DJe 07/10/2013, sob o rito do art. 543-C do CPC/1973 (recursos repetitivos), firmou-se a orientação na Primeira Seção desta Corte segundo a qual é legítima a recusa ou a substituição, pela Fazenda Pública, de bem nomeado à penhora em desacordo com a ordem legal prevista nos arts. 11 da Lei n. 6.830/80 e 655 do CPC/1973. (...) (STJ, AgInt no AREsp 1117669/SP, Rel. Ministro Mauro Campbell Marques, Segunda Turma, julgado em 26/09/2017, DJe 02/10/2017)

II – títulos da dívida pública da União, dos Estados e do Distrito Federal com cotação em mercado;

III – títulos e valores mobiliários com cotação em mercado;

IV – veículos de via terrestre;

V – bens imóveis;

→ v. Arts. 79 a 81 do CC/2002.

VI – bens móveis em geral;

→ v. Arts. 82 a 84 do CC/2002.

VII – semoventes;

→ v. Art. 862 do CPC.

VIII – navios e aeronaves;

→ v. Art. 155 da Lei 7.565/1986.

→ v. Art. 864 do CPC.

IX – ações e quotas de sociedades simples e empresárias;

→ v. Art. 860 do CPC.

→ v. Súmula 451 do STJ.

Possibilidade de penhora de quotas do sócio em dívida particular deste, ainda que a sociedade esteja em recuperação judicial

✓ RECURSO ESPECIAL. PROCESSUAL CIVIL. EXECUÇÃO. DÍVIDA PARTICULAR DE SÓCIO. PENHORA. QUOTAS SOCIAIS. SOCIEDADE EM RECUPERAÇÃO JUDICIAL. POSSIBILIDADE. (...) 2. Cinge-se a controvérsia a definir se em ação de execução proposta contra sócio, relativa a dívida particular por ele contraída, é permitida a penhora de suas quotas sociais e, caso possível, se essa situação se altera na hipótese de a sociedade estar em recuperação judicial. 3. É possível, uma vez verificada a inexistência de outros bens passíveis de constrição, a penhora de quotas sociais de sócio por dívida particular por ele contraída sem que isso implique abalo na *affectio societatis*. Precedentes. 4. Não há vedação para a penhora de quotas sociais de sociedade empresária em recuperação judicial, já que não enseja, necessariamente, a liquidação da quota. (...) (STJ, REsp 1803250/SP, Rel. Ministro Marco Aurélio Bellizze, Rel. p/ Acórdão Ministro Ricardo Villas Bôas Cueva, Terceira Turma, julgado em 23/06/2020, DJe 01/07/2020)

X – percentual do faturamento de empresa devedora;

→ v. Art. 866 do CPC.

Admitindo a penhora de faturamento de empresa, desde que o percentual não torne inviável sua atividade:

✓ AGRAVO INTERNO NO AGRAVO EM RECURSO ESPECIAL. EXECUÇÃO DE TÍTULO EXTRAJUDICIAL. PENHORA DO FATURAMENTO DA EMPRESA. ALEGADO NÃO PREENCHIMENTO DOS REQUISITOS E ONEROSIDADE EXCESSIVA. SÚMULA 7 DO STJ. 1. "A jurisprudência desta Corte Superior é assente quanto à possibilidade de a penhora recair, em caráter excepcional, sobre o faturamento da empresa, desde que observadas, cumulativamente, as condições previstas na legislação processual e que o percentual fixado não torne inviável o exercício da atividade empresarial" (AgInt no REsp 1811869/SC, Rel. Ministro Og Fernandes, Segunda Turma, julgado em 19/11/2019, DJe 26/11/2019). (....) (STJ, AgInt no AREsp 1552288/SC, Rel. Ministro Luis Felipe Salomão, Quarta Turma, julgado em 08/06/2020, DJe 12/06/2020)

Penhora de faturamento possível mesmo que tenham sido oferecidos outros bens pelo executado, reputados sem liquidez

✓ AGRAVO INTERNO NO AGRAVO INTERNO NO AGRAVO (ART. 1042 DO NCPC) – AUTOS DE AGRAVO DE INSTRUMENTO NA ORIGEM – PENHORA – FATURAMENTO DA EMPRESA – DECISÃO MONOCRÁTICA QUE RECONSIDEROU DELIBERAÇÃO DA PRESIDÊNCIA DO STJ PARA CONHECER EM PARTE DO RECLAMO ESPECIAL E, NA EXTENSÃO, NEGAR-LHE PROVIMENTO. IRRESIGNAÇÃO DA EXECUTADA. (...) 3. Não obtido êxito na constrição de outros bens consoante a ordem legal estabelecida, viável é a penhora sobre o faturamento líquido da empresa, não servindo a alegação da parte de que ofereceu bens aptos a garantir o juízo, pois consoante referido pelo Tribunal a quo, esses foram rejeitados pelo credor em virtude de não serem de propriedade dos executados, bem ainda de não se mostrarem hígidos para o fim pretendido em virtude de sua iliquidez. (...) (STJ, AgInt no AgInt no AREsp 1110783/SP, Rel. Ministro Marco Buzzi, Quarta Turma, julgado em 10/04/2018, DJe 17/04/2018)

Requisitos para a penhora sobre faturamento da empresa

✓ ADMINISTRATIVO. AGRAVO DE INSTRUMENTO. EXECUÇÃO FISCAL. PENHORA SOBRE FATURAMENTO DA EMPRESA. POSSIBILIDADE. 1. A penhora sobre o faturamento é medida excepcional, não só em razão do impacto da retirada imediata de recursos financeiros à disposição da empresa, mas também pelas consequências que tal medida traz a curto prazo, particularmente quanto ao cumprimento das obrigações com fornecedores e funcionários. 2. Tal providência, prevista nos arts. 835 e 866 do CPC/2015, deve atender, cumulativamente, aos seguintes requisitos: A) não localização de bens passíveis de penhora e suficientes à garantia da execução ou, se localizados, de difícil alienação; b) nomeação de administrador; e c) não comprometimento da atividade empresarial. Nesse sentido, são fartos os julgados do Superior Tribunal de Justiça. 3. Sendo a execução realizada no interesse do credor, nos termos do art. 797 do CPC/2015, cabe ao devedor comprovar eventual prejuízo ao seu regular funcionamento decorrente da constrição de parte de seu faturamento. (TRF 4ª R.; AG 5044293-25.2017.4.04.0000; Quarta Turma; Rel. Des. Fed. Luís Alberto Dazevedo Aurvalle; Julg. 08/11/2017; DEJF 10/11/2017)

XI – pedras e metais preciosos;

→ *v.* Art. 840, § 3º do CPC.

XII – direitos aquisitivos derivados de promessa de compra e venda e de alienação fiduciária em garantia;

XIII – outros direitos.

→ *v.* Arts. 855 a 860 e 867 a 869 do CPC.

Admitindo a recusa da Fazenda Pública ao oferecimento de precatório à penhora:

✓ PROCESSUAL CIVIL. RECURSO ESPECIAL. NEGATIVA DE PRESTAÇÃO JURISDICIONAL. INEXISTÊNCIA. PRECATÓRIO. NOMEAÇÃO À PENHORA. RECUSA PELA FAZENDA NACIONAL. POSSIBILIDADE. SÚMULA 83 DO STJ. HONORÁRIOS ADVOCATÍCIOS. REGIME JURÍDICO APLICÁVEL. MARCO TEMPORAL. DATA DA SENTENÇA. (...) 3. É possível que a Fazenda Pública recuse a nomeação de precatório à penhora, ante o desrespeito da ordem de nomeação de bens estabelecida pelos arts. 11 da LEF e 835 do CPC/2015. (...) (STJ, AgInt no AREsp 1109125/RS, Rel. Ministro Gurgel de Faria, Primeira Turma, julgado em 08/11/2018, DJe 14/12/2018)

Penhora sobre direitos em geral

✓ AGRAVO DE INSTRUMENTO. PRESTAÇÃO DE SERVIÇOS EDUCACIONAIS. MONITÓRIA. Revelia. Fase de cumprimento de sentença. Pretensão à penhora de veículo. Penhora de direitos, envolvendo veículo dado em garantia fiduciária. Possibilidade. Incidência do artigo 835, XII, do CPC/15. Pretensão à expedição de ofício ao Detran. Deferimento. Decisão reformada. Agravo provido. (TJSP; AI 2202813-89.2017.8.26.0000; Ac. 10964462; Guarulhos; Vigésima Sexta Câmara de Direito Privado; Rel. Des. Bonilha Filho; Julg. 09/11/2017; DJESP 23/11/2017; Pág. 2237)

✓ AGRAVO DE INSTRUMENTO. Decisão que indefere a penhora sobre os direitos oriundos do compromisso de compra e venda de imóvel firmado pelas executadas. Não conhecimento do tópico que trata da advertência dada pelo juízo. Ausência de interesse recursal. Possibilidade de penhora sobre direitos. Exegese do inc. XIII do art. 835 do CPC/2015. Desnecessidade de registro do compromisso. Decisão reformada em parte. Agravo de instrumento parcialmente conhecido e provido. (TJPR; Ag Instr 1693926-1; Curitiba; Décima Quinta Câmara Cível; Relª Juíza Conv. Elizabeth M. F. Rocha; Julg. 01/11/2017; DJPR 09/11/2017; Pág. 465)

§ 1º É prioritária a penhora em dinheiro, podendo o juiz, nas demais hipóteses, alterar a ordem prevista no caput de acordo com as circunstâncias do caso concreto.

→ *v.* Súmula 417 do STJ.

Admitindo a flexibilização da ordem legal de penhora com base no princípio da menor onerosidade

✓ AGRAVO INTERNO NO RECURSO ESPECIAL – AUTOS DE AGRAVO DE INSTRUMENTO NA ORIGEM – EXECUÇÃO – DECISÃO MONOCRÁTICA QUE NEGOU PROVIMENTO AO APELO. IRRESIGNAÇÃO DA EXEQUENTE. 1. Com base no princípio da menor onerosidade do executado, a jurisprudência desta Corte permite a inobservância da regra de prioridade de penhora, quando, com base nas provas dos autos, verifique-se que a constrição do bem prioritário possa causa prejuízo excessivo ao devedor. (...) (STJ, AgInt no REsp 1574205/MG, Rel. Ministro Marco Buzzi, Quarta Turma, julgado em 25/05/2020, DJe 28/05/2020)

§ 2º Para fins de substituição da penhora, equiparam-se a dinheiro a fiança bancária e o seguro garantia judicial, desde que em valor não inferior ao do débito constante da inicial, acrescido de trinta por cento.

→ *v.* Art. 9º, II e § 3º, da Lei 6.830/1980.

→ *v.* Art. 848, parágrafo único, do CPC.

Apontando a possibilidade de apresentação de seguro-garantia mesmo sem penhora anterior e indicando que, em regra, a regularidade da seguradora perante a SUSEP é suficiente para atestar a sua idoneidade

✓ RECURSO ESPECIAL. PROCESSUAL CIVIL. IMPUGNAÇÃO AO CUMPRIMENTO DE SENTENÇA. SEGURO-GARANTIA JUDICIAL. INDICAÇÃO. POSSIBILIDADE. EQUIPARAÇÃO A DINHEIRO. PRINCÍPIO DA MENOR ONEROSIDADE PARA O DEVEDOR E PRINCÍPIO DA MÁXIMA EFICÁCIA DA EXECUÇÃO PARA O CREDOR. COMPATIBILIZAÇÃO. PROTEÇÃO ÀS DUAS PARTES DO PROCESSO. (...) 3. Em que pese a lei se referir a "substituição", que pressupõe a anterior penhora de outro bem, o seguro-garantia judicial produz os mesmos efeitos jurídicos que o dinheiro, seja para fins de garantir o juízo, seja para possibilitar a substituição de outro bem objeto de anterior penhora, não podendo o exequente rejeitar a indicação, salvo por insuficiência, defeito formal ou inidoneidade da salvaguarda oferecida. 4. O seguro-garantia judicial, espécie de seguro de danos, garante o pagamento de valor correspondente aos depósitos judiciais que o tomador (potencial devedor) necessite realizar no trâmite de processos judiciais, incluídas multas e indenizações. A cobertura terá efeito depois de transitada em julgado a decisão ou o acordo judicial favorável ao segurado (potencial credor de obrigação pecuniária sub judice) e sua vigência deverá vigorar até a extinção das obrigações do tomador (Circular SUSEP nº 477/2013). 5. No cumprimento de sentença, a fiança bancária e o seguro-garantia judicial são as opções mais eficientes sob o prisma da análise econômica do direito, visto que reduzem os efeitos prejudiciais da penhora ao desonerar os ativos de sociedades empresárias submetidas ao processo de execução, além de assegurar, com eficiência equiparada ao dinheiro, que o exequente receberá a soma pretendida quando obter êxito ao final da demanda. 6. Por serem automaticamente conversíveis em dinheiro ao final do feito executivo, a fiança bancária e o seguro-garantia judicial acarretam a harmonização entre o princípio da máxima eficácia da execução para o credor e o princípio da menor onerosidade para o executado, a aprimorar consideravelmente as bases do sistema de penhora judicial e a ordem de gradação legal de bens penhoráveis, conferindo maior proporcionalidade aos meios de satisfação do crédito ao exequente. 7. A idoneidade da apólice de seguro-garantia judicial deve ser aferida mediante verificação da conformidade de suas cláusulas às normas editadas pela autoridade competente, no caso, pela Superintendência de Seguros Privados – SUSEP, sob pena de desvirtuamento da verdadeira intenção do legislador ordinário. 8. A renovação da apólice, a princípio automática, somente não ocorrerá se não houver mais risco a ser coberto ou se apresentada nova garantia. Se não renovada a cobertura ou se o for extemporaneamente, caraterizado estará o sinistro, nos termos do Ofício nº 23/2019/SUSEP/D1CON/CGCOM/COSET, abrindo-se para o segurado a possibilidade de execução da apólice em face da seguradora. 9. Na hipótese de haver cláusula condicionando o sinistro ao trânsito em julgado para fins de execução da garantia (apólice), como forma de harmonizar o instituto com o ordenamento processual como um todo, admite-se a recusa da garantia ou da substituição da penhora, pelo juízo da execução, a partir das especificidades do caso, se a objeção do executado não se mostrar apta, a princípio, à desconstituição total ou parcial do título. 10. Julgada a impugnação, poderá o juiz determinar que a seguradora efetue o pagamento da indenização, ressalvada a possibilidade de atribuição de efeito suspensivo ao recurso interposto pelo tomador, nos moldes do art. 1.019, I, do Código de Processo Civil de 2015. 11. O fato de se sujeitarem os mercados de seguro a amplo controle e fiscalização por parte da SUSEP é suficiente, em regra, para atestar a idoneidade do seguro-garantia judicial, desde que apresentada a certidão de regularidade da sociedade seguradora perante a referida autarquia. (STJ, REsp 1838837/SP, Rel. Ministra Nancy Andrighi, Rel. p/ Acórdão Ministro Ricardo Villas Bôas Cueva, Terceira Turma, julgado em 12/05/2020, DJe 21/05/2020)

Indicando que a substituição de penhora de dinheiro por seguro-garantia ou fiança bancária é excepcional

✓ AGRAVO INTERNO NO AGRAVO EM RECURSO ESPECIAL – AUTOS DE AGRAVO DE INSTRUMENTO NA ORIGEM – DECISÃO MONOCRÁTICA QUE CONHECEU DO AGRAVO PARA NÃO CONHECER DO RECURSO ESPECIAL. IRRESIGNAÇÃO DA AGRAVANTE. 1. Segundo a jurisprudência do STJ, admite-se a substituição da penhora de dinheiro por seguro-garantia apenas em hipóteses excepcionais, em que seja necessário evitar dano grave ao devedor, sem causar prejuízo ao exequente. 2. O acolhimento da pretensão recursal, quanto à onerosidade da execução e presença dos requisitos necessários ao deferimento do seguro-garantia, demandaria a incursão no acervo fático-probatório dos autos, providência vedada Súmula 7 do STJ. 3. Agravo interno desprovido. (STJ, AgInt no AREsp 1460935/ES, Rel. Ministro Marco Buzzi, Quarta Turma, julgado em 04/05/2020, DJe 07/05/2020). V. tb.: TRIBUTÁRIO E PROCESSUAL CIVIL. EXECUÇÃO FISCAL. MULTA. PENHORA EM DINHEIRO. SUBSTITUIÇÃO. SEGURO-GARANTIA OU FIANÇA BANCÁRIA. IMPOSSIBILIDADE. ANUÊNCIA DA FAZENDA PÚBLICA. NECESSIDADE. (...) 3. Há de se fazer distinção entre a possibilidade jurídica de o devedor apresentar seguro-garantia ou fiança bancária como garantia do valor executado a título de crédito tributário ou não tributário da Fazenda Pública (§2º, art. 835 do CPC/2015) e os casos em que a dívida já se encontra garantida em juízo com depósito em dinheiro e pretende o devedor substituí-la por aquelas modalidades de contratos bancários. 4. Em regra geral, não há vedação para substituir fiança por seguro-garantia, pois as garantias são equivalentes, o que não ocorreria na hipótese de substituição de dinheiro depositado judicialmente por fiança ou seguro-garantia, caso em que a substituição, em regra, seria inadmissível em razão do entendimento da Primeira Seção nos EREsp 1.077.039/RJ. A propósito: REsp 1.632.656/PR, Rel. Ministro Herman Benjamin, Segunda Turma, julgado em 27/4/2017, DJe 11/5/2017; REsp 1.637.094/SP, Rel. Ministro Herman Benjamin, Segunda Turma, julgado em 6/12/2016, DJe 19/12/2016. 5. A penhora em dinheiro está estabelecida na legislação processual como espécie preferencial para a garantia do crédito (art. 835, I do CPC/2015). Substituí-la, sem anuência do credor fazendário, por outra modalidade de garantia de menor liquidez, como os seguros oferecidos por instituições financeiras, em que os contratos possuem prazo de validade e dependem da solidez da própria instituição emissora do papel, importa em ampliar o risco de não adimplemento da obrigação tributária, demandando contra a efetividade e a duração razoável do processo, caso necessário futura substituição da garantia. Nesse sentido: AgInt no TP 178/SP, Rel. Ministra Regina Helena Costa, Primeira Turma, julgado em 13/6/2017, DJe 21/6/2017; REsp 1.592.339/PR, Rel. Ministro Herman Benjamin, Segunda Turma, julgado em 17/5/2016, DJe 1/6/2016; AgRg na MC 25.104/SP, Rel. Ministro Sérgio Kukina, Primeira Turma, julgado em 17/5/2016, DJe 25/5/2016; AgRg no AREsp 213.678/SE, Rel. Ministro Mauro Campbell Marques, Segunda Turma, julgado em 16/10/2012, DJe 24/10/2012. (...) (STJ, REsp 1751548/PR, Rel. Ministro Herman Benjamin, Segunda Turma, julgado em 16/08/2018, DJe 13/11/2018)

Entendendo que, na execução fiscal, a fiança bancária não se equipara a dinheiro

✓ PROCESSUAL CIVIL. EXECUÇÃO FISCAL. FIANÇA BANCÁRIA. RECUSA. POSSIBILIDADE. PROCESSO DIVERSO. VALORES REMANESCENTES. PENHORA. ADMISSIBILIDADE. PRINCÍPIO DA MENOR ONEROSIDADE. VIOLAÇÃO. NÃO OCORRÊNCIA. (...) 2. Esta Corte Superior já afirmou, em diversas ocasiões, que a fiança bancária não possui o mesmo status que o depósito em dinheiro, sendo permitida à Fazenda Pública recusá-la, uma vez não observada a ordem prevista no art. 655 do CPC/1973 (art. 835 do CPC/2015) e no art. 11 da Lei n. 6.830/1980 (Lei de Execução Fiscal). (...) (STJ, AgInt nos EDcl no AREsp 1017788/RJ, Rel. Ministro Gurgel de Faria, Primeira Turma, julgado em 13/10/2020, DJe 20/10/2020)

Entendendo que o acréscimo de 30% previsto no § 2º não se aplica à execução fiscal, a não ser nos casos de substituição de penhora já realizada

✓ PROCESSUAL CIVIL. EXECUÇÃO FISCAL. CARTA DE FIANÇA. EXCLUSÃO DO ACRÉSCIMO DE 30% DO VALOR DA DÍVIDA PREVISTO NO ART. 656, § 2º, DO CPC/1973. INCIDÊNCIA SUBSIDIÁRIA ÀS EXECUÇÕES FISCAIS. ART. 9º, II, DA LEF. GARANTIA PRESTADA DE FORMA ORIGINÁRIA SOBRE O VALOR TOTAL DO CRÉDITO EXECUTADO. HIPÓTESE NÃO ENQUADRADA COMO SUBSTITUIÇÃO DE PENHORA. 1. A controvérsia sub examine versa sobre a exigibilidade do acréscimo de 30% do valor da dívida exigido pelo art. 835, § 2º, do CPC/2015, no seguro- garantia apresentado pela parte devedora logo após a citação em Execução Fiscal. 2. O STJ firmou entendimento recente no sentido de que a norma do art. 835, § 2º, do CPC/2015 (art. 656, § 2º, do CPC/1973), apesar de seu caráter subsidiário, possui aplicação nos processos de Execução Fiscal (REsp 1.564.097/ES, Rel. Ministro Herman Benjamin, Segunda Turma, julgado em 17/3/2016, DJe 24/5/2016). Nada obstante isso, "o art. 656, § 2º, do CPC apenas estabelece a necessidade desse acréscimo nos casos em que há substituição da penhora. Trata-se, portanto, de uma norma mais gravosa para o executado, a qual, nesse ponto, não pode ser interpretada extensivamente." (AgRg na MC 24.961/RJ, Rel. Ministra Diva Malerbi [Desembargadora convocada, TRF 3ª Região], Segunda Turma, julgado em 1/12/2015, DJe 9/12/2015). No mesmo sentido: MC 24.721/RJ, Rel. Min. Humberto Martins, Segunda Turma, DJe 24/09/2015; AgRg na MC 24.099/RJ, Rel. Min. Regina Helena Costa, Primeira Turma, DJe 02/09/2015; AgRg na MC 24.283/RJ, Rel. Min. Sérgio Kukina, Primeira Turma, DJe 11/6/2015; AgRg no AgRg na MC 23.392/RJ, Rel. Min. Marga Tessler (Juíza Federal Convocada do TRF 4ª Região), Primeira Turma, DJe 13/2/2015. 3. A hipótese concreta não é de substituição de penhora, mas de garantia inicial prestada em Execução Fiscal, logo após a citação da parte devedora, razão pela qual, em tese, não se aplicaria o art. 835, § 2º, do CPC/2015, já que este apenas estabelece a necessidade de acréscimo nos casos em que há substituição da penhora. 4. Recurso Especial provido. (STJ, REsp 1841110/SP, Rel. Ministro Herman Benjamin, Segunda Turma, julgado em 26/11/2019, DJe 19/12/2019)

Admitindo a suspensão da exigibilidade de crédito não tributário em razão de seguro-garantia ou fiança bancária

✓ ADMINISTRATIVO E PROCESSUAL CIVIL. RECURSO ESPECIAL. MULTA ADMINISTRATIVA. CRÉDITO NÃO TRIBUTÁRIO. NATUREZA JURÍDICA SANCIONADORA. UTILIZAÇÃO DE TÉCNICAS INTERPRETATIVAS E INTEGRATIVAS VOCACIONADAS À PROTEÇÃO DO INDIVÍDUO (GARANTISMO JUDICIAL). AUSÊNCIA DE PREVISÃO LEGAL DE SUSPENSÃO DE EXIGIBILIDADE DE CRÉDITO NÃO TRIBUTÁRIO. MÉTODO INTEGRATIVO POR ANALOGIA. É CABÍVEL A SUSPENSÃO DA EXIGIBILIDADE DO CRÉDITO NÃO TRIBUTÁRIO A PARTIR DA APRESENTAÇÃO DA FIANÇA BANCÁRIA E DO SEGURO GARANTIA JUDICIAL, DESDE QUE EM VALOR NÃO INFERIOR AO DO DÉBITO CONSTANTE DA INICIAL, ACRESCIDO DE TRINTA POR CENTO (ART. 151, INCISO II DO CTN C/C O ART. 835, § 2o. DO CÓDIGO FUX E O ART. 9o., § 3o. DA LEI 6.830/1980). RECURSO ESPECIAL DA ANTT DESPROVIDO. (...) 1. Consolidou-se o entendimento, pela Primeira Seção desta Corte Superior de Justiça, no julgamento do Recurso Representativo da Controvérsia, nos autos do REsp. 1.156.668/DF, da Relatoria do eminente Ministro LUIZ FUX, Tema 378, DJe 10.12.2010, de que o art. 151, II do CTN é taxativo ao elencar as hipóteses de suspensão da exigibilidade do crédito, não contemplando o oferecimento de seguro garantia ou fiança bancária em seu rol. 2. O entendimento contemplado no Enunciado Sumular 112 do STJ, segundo o qual o depósito somente suspende a exigibilidade do crédito tributário se for integral e em dinheiro, que se reproduziu no julgamento do Recurso Representativo da Controvérsia, nos autos do REsp. 1.156.668/DF, não se estende aos créditos não tributários originários de multa administrativa imposta no exercício do Poder de Polícia. (...) 4. Inexistindo previsão legal de suspensão de exigibilidade de crédito não tributário no arcabouço jurídico brasileiro, deve a situação se resolver, no caso concreto, mediante as técnicas de integração normativa de correção do sistema previstas no art. 4o. da LINDB. 5. O dinheiro, a fiança bancária e o seguro garantia são equiparados para os fins de substituição da penhora ou mesmo para garantia do valor da dívida ativa, seja ela tributária ou não tributária, sob a ótica alinhada do § 2º do art. 835 do Código Fux c/c o inciso II do art. 9o. da Lei 6.830/1980, alterado pela Lei 13.043/2014. 6. É cabível a suspensão da exigibilidade do crédito não tributário a partir da apresentação da fiança bancária e do seguro garantia judicial, desde que em valor não inferior ao do débito constante da inicial, acrescido de trinta por cento, nos moldes previstos no art. 151, inciso II do CTN c/c o art. 835, § 2o. do Código Fux e o art. 9o., § 3o. da Lei 6.830/1980, uma vez que não há dúvida quanto à liquidez de tais modalidades de garantia, permitindo, desse modo, a produção dos mesmos efeitos jurídicos do dinheiro. 7. Não há razão jurídica para inviabilizar a aceitação do seguro garantia judicial, porque, em virtude da natureza precária do decreto de suspensão da exigibilidade do crédito não tributário (multa administrativa), o postulante poderá solicitar a revogação do decreto suspensivo caso em algum momento não viger ou se tornar insuficiente a garantia apresentada 8. O crédito não tributário, diversamente do crédito tributário, o qual não pode ser alterado por Lei Ordinária em razão de ser matéria reservada à Lei Complementar (art. 146, III, alínea b da CF/1988), permite, nos termos aqui delineados, a suspensão da sua exigibilidade, mediante utilização de diplomas legais de envergaduras distintas por meio de técnica integrativa da analogia. 9. Recurso Especial da ANTT desprovido. (STJ, REsp 1381254/PR, Rel. Ministro Napoleão Nunes Maia Filho, Primeira Turma, julgado em 25/06/2019, DJe 28/06/2019)

§ 3º Na execução de crédito com garantia real, a penhora recairá sobre a coisa dada em garantia, e, se a coisa pertencer a terceiro garantidor, este também será intimado da penhora.

→ *v.* Arts. 674, § 2º, IV e 779, V, do CPC.

Apontando ser relativa a preferência da penhora sobre o bem dado em garantia real

✓ PROCESSUAL CIVIL. AGRAVO INTERNO NO AGRAVO EM RECURSO ESPECIAL. EXECUÇÃO. PENHORA. BEM DADO EM GARANTIA. AFASTAMENTO. POSSIBILIDADE. SATISFAÇÃO DO CRÉDITO. REEXAME DE CONTEÚDO FÁTICO-PROBATÓRIO. SÚMULA N. 7/STJ. DECISÃO MANTIDA. 1. "No tocante ao malferimento do artigo 835, § 3º, do CPC (correspondente ao artigo 655, § 1º, do CPC/73), a jurisprudência desta Corte Superior firmou-se no sentido de que a preferência é relativa, devendo ser afastada tal regra quando constatada situação excepcional, notadamente se o bem dado em garantia real se apresenta impróprio ou insuficiente para a satisfação do crédito da parte exequente" (AgInt no REsp n. 1.778.230/DF, Rel. Ministro MARCO BUZZI, QUARTA TURMA, julgado em 11/11/2019, DJe 19/11/2019.) 2. O recurso especial não comporta exame de questões que impliquem revolvimento do contexto fático dos autos (Súmula n. 7 do STJ). (...) (STJ, AgInt no AREsp 1389406/RS, Rel. Ministro Antonio Carlos Ferreira, Quarta Turma, julgado em 24/08/2020, DJe 28/08/2020). V. tb. STJ, AgInt no REsp 1778230/DF, Rel. Ministro Marco Buzzi, Quarta Turma, julgado em 11/11/2019, DJe 19/11/2019.

Possibilidade de penhora de imóvel de terceiro oferecido à penhora

✓ LOCAÇÃO. EXECUÇÃO DE TÍTULO EXTRAJUDICIAL. OFERTA DE IMÓVEL DE TERCEIRO COMO CAU-

ÇÃO EM GARANTIA DAS OBRIGAÇÕES ASSUMIDAS. Realizada averbação, em atenção ao artigo 38, §1º, da Lei nº 8.245/1991. Penhora. Possibilidade. Garantia real. Desnecessidade de participação do caucionante como parte. Suficiente a intimação sobre a penhora. Inteligência do artigo 835, § 3º, do Novo Código de Processo Civil. Agravo provido. (TJSP; AI 2183758-55.2017.8.26.0000; Ac. 10972802; Sertãozinho; Trigésima Terceira Câmara de Direito Privado; Rel. Des. Sá Moreira de Oliveira; Julg. 13/11/2017; DJESP 21/11/2017; Pág. 3133)

Art. 836. Não se levará a efeito a penhora quando ficar evidente que o produto da execução dos bens encontrados será totalmente absorvido pelo pagamento das custas da execução.

§ 1º Quando não encontrar bens penhoráveis, independentemente de determinação judicial expressa, o oficial de justiça descreverá na certidão os bens que guarnecem a residência ou o estabelecimento do executado, quando este for pessoa jurídica.

→ *V.* Art. 921, III, do CPC.

§ 2º Elaborada a lista, o executado ou seu representante legal será nomeado depositário provisório de tais bens até ulterior determinação do juiz.

→ *V.* Art. 839 do CPC.

Penhora *online* de valor reduzido e impossibilidade de liberação para o devedor

✓ TRIBUTÁRIO. AGRAVO. BACENJUD. VALOR ÍNFIMO. LIBERAÇÃO. INVIABILIDADE. 1. Não se pode obstar a penhora via Bacenjud ao pretexto de que os valores identificados na consulta são irrisórios, por isso não caracterizar uma das hipóteses de impenhorabilidade (tal parâmetro não foi eleito pelo legislador como justificativa para a liberação do bem constrito, CF. RESP 1242852/RS, Segunda Turma, DJe 10-05-2011; ainda, RESP 1241768/RS, Segunda Turma, DJe 13-04-2011; RESP 1187161/MG, Primeira Turma, DJe 19-08-2010. AGRG no RESP 1383159/RS, Primeira Turma, DJe 13-09-2013). 2. A penhora somente poderia ser dispensada se o valor obtido não satisfizesse sequer as custas de execução da medida, ou mesmo as custas processuais, nos termos do art. 836 do CPC. Todavia, essa disposição não se aplica ao caso dos autos, seja porque a União é isenta de custas processuais, seja porque o bloqueio de valores via sistema Bacenjud nada depende, de modo que todo o montante encontrado na conta bancária da executada serve ao abatimento do débito (CF. STJ, RESP n. 1.187.161/MG, Primeira Turma, publ. Em 19/08/2010). (TRF 4ª R.; AG 5034322-16.2017.404.0000; Segunda Turma; Relª Desª Luciane Amaral Corrêa Münch; Julg. 24/10/2017; DEJF 26/10/2017)

✓ AGRAVO DE INSTRUMENTO. TRIBUTÁRIO. EXECUÇÃO FISCAL. ICMS. PENHORA ONLINE. PEDIDO DE DESBLOQUEIO. VALOR IRRISÓRIO. MANUTENÇÃO. Inexiste, no ordenamento vigente, previsão de valor mínimo para manutenção da penhora de valores depositados em conta corrente. Ação de execução que se desenvolve no interesse do credor. O art. 836 do CPC é inaplicável à penhora online. Refere-se apenas às penhoras que serão sucedidas de alienação judicial, procedimento que demanda a execução de atos processuais dispendiosos. Agravo de instrumento provido. (TJRS; AI 0298121-79.2017.8.21.7000; Soledade; Segunda Câmara Cível; Relª Desª Lúcia de Fátima Cerveira; Julg. 04/10/2017; DJERS 06/10/2017)

Subseção II
Da Documentação da Penhora, de seu Registro e do Depósito

Art. 837. Obedecidas as normas de segurança instituídas sob critérios uniformes pelo Conselho Nacional de Justiça, a penhora de dinheiro e as averbações de penhoras de bens imóveis e móveis podem ser realizadas por meio eletrônico.

→ *V.* Arts. 193 e 854 do CPC.

Art. 838. A penhora será realizada mediante auto ou termo, que conterá:

→ *V.* Arts. 154, I, 845, § 1º e 872 do CPC.

I – a indicação do dia, do mês, do ano e do lugar em que foi feita;

II – os nomes do exequente e do executado;

III – a descrição dos bens penhorados, com as suas características;

IV – a nomeação do depositário dos bens.

→ *V.* Súmula 319 do STJ.

→ *V.* Art. 862 do CPC.

Necessidade da descrição dos bens penhorados

✓ AGRAVO DE INSTRUMENTO. CUMPRIMENTO DE SENTENÇA. TERMO DE PENHORA. INEXISTÊNCIA DE DESCRIÇÃO E INDIVIDUALIZAÇÃO DA ÁREA OBJETO DA GARANTIA. REQUISITO FORMAL DA PENHORA. NULIDADE DO TERMO. RECURSO PROVIDO. 1. Para fins de penhora, é necessária a descrição total e completa dos bens, com todos os seus característicos, conforme preconiza o art. 838, III, do CPC/15. 2. Caso o termo tenha sido lavrado em dissonância com o que estabelece o dispositivo supracitado, por deixar de individualizar, de maneira satisfatória, o bem penhorado, deve ser decretada sua nulidade e determinada a realização de nova penhora. (TJMG; AI 1.0694.11.004594-5/005; Rel. Des. Mota e Silva; Julg. 05/09/2017; DJEMG 08/09/2017)

Art. 839. Considerar-se-á feita a penhora mediante a apreensão e o depósito dos bens, lavrando-se um só auto se as diligências forem concluídas no mesmo dia.

Parágrafo único. Havendo mais de uma penhora, serão lavrados autos individuais.

Art. 840. Serão preferencialmente depositados:

→ *V.* Art. 32 da Lei 6.830/1980.

→ *V.* Arts. 856, § 1º, 866, § 2º e 868 do CPC.

I – as quantias em dinheiro, os papéis de crédito e as pedras e os metais preciosos, no Banco do Brasil, na Caixa Econômica Federal ou em banco do qual o Estado ou o Distrito Federal possua mais da metade do capital social integralizado, ou, na falta desses estabelecimentos, em qualquer instituição de crédito designada pelo juiz;

→ *V.* Arts. 35, § 2º e 38, § 1º, da Lei 6.766/1979.

→ *V.* Dec.-lei 1.737/1979.

→ *V.* Súmula 257 do TFR.

II – os móveis, os semoventes, os imóveis urbanos e os direitos aquisitivos sobre imóveis urbanos, em poder do depositário judicial;

→ *V.* Art. 862 do CPC.

III – os imóveis rurais, os direitos aquisitivos sobre imóveis rurais, as máquinas, os utensílios e os instrumentos necessários ou úteis à atividade agrícola, mediante caução idônea, em poder do executado.

§ 1º No caso do inciso II do *caput*, se não houver depositário judicial, os bens ficarão em poder do exequente.

Depósito de bens móveis/semoventes preferencialmente com o exequente

✓ AGRAVO DE INSTRUMENTO. INCIDENTE DE DESCONSIDERAÇÃO DA PERSONALIDADE JURÍDICA. DECISÃO LIMINAR. TUTELA PROVISÓRIA DE URGÊNCIA. POSSIBILIDADE. PRESENÇA DOS REQUISITOS LEGAIS. PENHORA DE VEÍCULOS. INEXISTÊNCIA DE DEPOSITÁRIO JUDICIAL. DEPÓSITO EM FAVOR DO CREDOR. POSSIBILIDADE. REQUISIÇÃO DE INFORMAÇÕES FISCAIS POR MEIO DO SISTEMA INFOJUD NA DECISÃO LIMINAR DE DESCONSIDERAÇÃO DA PERSONALIDADE JURÍDICA. POSSIBILIDADE. 1. (...). 5. O art. 840, inc. II, do CPC/15, estabelece que serão preferencialmente depositados os móveis, os semoventes, os imóveis urbanos e os direitos aquisitivos sobre imóveis urbanos, em poder do depositário judicial. Contudo, o § 1º, do art. 840, prevê que, se não houver depositário judicial, os bens ficarão em poder do exequente. O CPC/15, na esteira do que já estabelecia o CPC/73, em seu art. 666, § 1º, com a redação conferida pela Lei nº 11.382, de 06/12/2006, continua a prever que, entre o devedor e o credor, este tem preferência para exercer, na falta de depositário judicial, o encargo de depositário do bem penhorado. (...). (TJMS; AI 1402920-59.2017.8.12.0000; Segunda Câmara Cível; Rel. Des. Paulo Alberto de Oliveira; DJMS 22/11/2017; Pág. 78)

✓ AGRAVO DE INSTRUMENTO. NEGÓCIOS JURÍDICOS BANCÁRIOS. EXECUÇÃO DE TÍTULO EXTRAJUDICIAL. PENHORA DE BENS MÓVEIS. ENCARGO DE FIEL DEPOSITÁRIO DE BEM PENHORADO. PREFERÊNCIA DO CREDOR. Nos termos do previsto no §1º do artigo 840 do código de processo civil recai sobre o credor a preferência de ser nomeado como fiel depositário do bem móvel penhorado. Agravo de instrumento provido, com base no artigo 932 V e VIII, do CPC e artigo 169, XXXIX, do regimento interno desta corte. (TJRS; AI 0305063-30.2017.8.21.7000; Rio Grande; Décima Sétima Câmara Cível; Relª Desª Liege Puricelli Pires; Julg. 26/10/2017; DJERS 06/11/2017)

✓ AÇÃO DE EXECUÇÃO DE TÍTULO EXTRAJUDICIAL. SEGUNDA PENHORA QUE FICA AUTORIZADA QUANDO CONSTATADA A INSUFICIÊNCIA DE BENS DOS DEVEDORES PARA SALDAR A DÍVIDA EXEGESE DO ARTIGO 851 DO CPC. ELEMENTOS QUE NÃO EVIDENCIAM EXCESSO DE PENHORA. NECESSIDADE DE AVALIAÇÃO DOS BENS PENHORADOS. DEPÓSITO DOS VEÍCULOS GARANTIDORES DO CONTRATO COM O EXEQUENTE. ARTIGO 840 DO CPC. DECISÃO MANTIDA. (...). 4. No mais, o bem penhorado somente será depositado em poder do executado com a expressa anuência do exequente ou nos casos de difícil remoção. O exequente pleiteou a constrição judicial dos veículos garantidores do contrato, protestou pela sua nomeação como depositário e imediata remoção dos bens, nos exatos termos do artigo 840 do Código de Processo Civil. Agravo não provido. (TJSP; AI 2176105-02.2017.8.26.0000; Ac. 10930804; São Paulo; Décima Segunda Câmara de Direito Privado; Relª Desª Sandra Galhardo Esteves; Julg. 30/10/2017; DJESP 06/11/2017; Pág. 2698).

§ 2º Os bens poderão ser depositados em poder do executado nos casos de difícil remoção ou quando anuir o exequente.

§ 3º As joias, as pedras e os objetos preciosos deverão ser depositados com registro do valor estimado de resgate.

Art. 841. Formalizada a penhora por qualquer dos meios legais, dela será imediatamente intimado o executado.

§ 1º A intimação da penhora será feita ao advogado do executado ou à sociedade de advogados a que aquele pertença.

→ *V.* Arts. 269 a 275 do CPC.

§ 2º Se não houver constituído advogado nos autos, o executado será intimado pessoalmente, de preferência por via postal.

§ 3º O disposto no § 1º não se aplica aos casos de penhora realizada na presença do executado, que se reputa intimado.

§ 4º Considera-se realizada a intimação a que se refere o § 2º quando o executado houver mudado de endereço sem prévia comunicação ao juízo, observado o disposto no parágrafo único do art. 274.

Mudança de endereço sem prévia comunicação nos autos – validade da intimação postal

✓ PROCESSO CIVIL. EXECUÇÃO DE TÍTULO EXTRAJUDICIAL. INTEMPESTIVIDADE DA IMPUGNAÇÃO À PENHORA. INTIMAÇÃO FICTA DA PENHORA. ALTERAÇÃO DE ENDEREÇO DO EXECUTADO, SEM COMUNICAÇÃO AO JUÍZO. EXECUTADO CITADO, NÃO COMPARECEU AO FEITO. REVELIA. PRAZOS. FLUÊNCIA, INDEPENTEMENTE DE INTIMAÇÃO. NÃO CONHECIMENTO DA MATÉRIA DE MÉRITO DO RECURSO. RECURSO PARCIALMENTE CONHECIDO E DESPROVIDO. 1. Considera-se realizada a intimação da penhora quando o executado houver mudado de endereço sem prévia comunicação ao juízo, e tiver sido tentada a sua intimação, sem êxito, no endereço constante dos autos, nos termos do artigo 841 do NCPC. 2. A nova regra processual aplica-se aos processos em andamento, na data em que entrou em vigor, de forma que, se a penhora foi cientificada ao executado, sob a vigência do novo CPC, a impugnação da penhora deve ser apresentada dentro do prazo de 15 dias, contados da ciência da referida constrição. Inteligência do artigo 917, §1º do NCPC. No caso em exame, a ciência do ato constritivo se deu fictamente, vez que o executado mudou-se de endereço, após citado no processo, sem informar o juízo, mormente sendo o executado revel, quando os prazos correm contra o mesmo, independentemente de intimação. 3. Sendo intempestiva a impugnação à penhora, não se conhece da matéria de mérito nela trazida. 4. Recurso parcialmente conhecido e desprovido. (TJDF; Proc 0709.47.3.072017-8070000; Ac. 105.6562; Quinta Turma Cível; Rel. Des. Robson Barbosa de Azevedo; Julg. 26/10/2017; DJDFTE 10/11/2017)

✓ AGRAVO DE INSTRUMENTO. EXECUÇÃO DE TÍTULO EXTRAJUDICIAL. DECISÃO AGRAVADA QUE INDEFERIU PEDIDO DE EXPEDIÇÃO DE MANDADO DE LEVANTAMENTO DOS VALORES PENHORADOS NOS AUTOS VIA BACENJUD. Insurgência. Acolhimento. Aplicação do disposto no artigo 841, § 4º, do CPC. Realizada tentativa de intimação da penhora por carta e posteriormente por oficial de Justiça no endereço constante do título executado e onde ocorrida a citação, com certificação de que o local se encontra desocupado de pessoas e coisas. Intimação da penhora que se considera realizada, ante a não comunicação ao Juízo da modificação de endereço pela Executada. Levantamento dos valores que deve ser deferido ao Exequente. Recurso provido. (TJSP; AI 2169629-45.2017.8.26.0000; Ac. 10911545; Piracicaba; Trigésima Sétima Câmara de Direito Privado; Rel. Des. João Pazine Neto; Julg. 24/10/2017; DJESP 01/11/2017; Pág. 2880)

Art. 842. Recaindo a penhora sobre bem imóvel ou direito real sobre imóvel, será intimado também o cônjuge do executado, salvo se forem casados em regime de separação absoluta de bens.

→ v. Arts. 1.641, 1.687 e 1.688 do CC/2002.

Necessidade de intimação do cônjuge, sob pena de nulidade

✓ AGRAVO DE INSTRUMENTO. CONTRATO DE LOCAÇÃO. FIANÇA. BEM DE FAMÍLIA. IMPENHORABILIDADE EXCEPCIONALMENTE NÃO OPONÍVEL. IMÓVEL DOADO PELO DISTRITO FEDERAL. PROGRAMA DE POLÍTICA HABITACIONAL. DIREITO À MORADIA. COMUNHÃO DE BENS. REVERTE EM PROVEITO DO CASAL. PENHORA DO IMÓVEL. CÔNJUGE DO AGRAVANTE NÃO INTIMADO NEM RESSALVADOS DIREITOS REFERENTES AO BEM. ATO CONSTRITIVO DECLARDO NULO. (...) 4. Durante todo o processo de execução e, sobretudo, para início da fase de expropriação, o feito executivo há de ser conduzido com obediência ao devido processo legal. Uma das exigências para tanto é que o cônjuge, casado pelo regime da comunhão de bens, deve ser intimado da penhora realizada em seu imóvel, consoante dispõe o art. 842 do CPC. 5. Uma vez que a cônjuge do agravante não integra os autos, não obstante a alegação do agravado de que consta cláusula no contrato de locação que equipare aquela a um outro fiador, nem foi intimada sobre o ato constritivo litigioso, é nula a penhora do imóvel realizada em desacordo com o art. 842 do CPC, sob pena de ofensa aos princípios da ampla defesa e do contraditório, independentemente da faculdade do credor prevista no art. 275 do CC. 6. Agravo de instrumento conhecido e parcialmente provido. (TJDF; Proc 0711.13.0.812017-8070000; Ac. 105.7489; Terceira Turma Cível; Rel. Des. Gilberto Pereira de Oliveira; Julg. 18/10/2017; DJDFTE 10/11/2017)

Art. 843. Tratando-se de penhora de bem indivisível, o equivalente à quota-parte do coproprietário ou do cônjuge alheio à execução recairá sobre o produto da alienação do bem.

→ v. Enunciado 154 do CJF: O exequente deve providenciar a intimação do coproprietário no caso da penhora de bem indivisível ou de direito real sobre bem indivisível.

§ 1º É reservada ao coproprietário ou ao cônjuge não executado a preferência na arrematação do bem em igualdade de condições.

§ 2º Não será levada a efeito expropriação por preço inferior ao da avaliação na qual o valor auferido seja incapaz de garantir, ao coproprietário ou ao cônjuge alheio à execução, o correspondente à sua quota-parte calculado sobre o valor da avaliação.

Admitindo a alienação por inteiro do bem indivisível, resguardadas as quotas-partes dos proprietários não executados, calculadas sobre o valor da avaliação

✓ RECURSO ESPECIAL. EXECUÇÃO DE TÍTULO EXTRAJUDICIAL. PENHORA DE BEM IMÓVEL. EMBARGOS DE TERCEIRO DE EX-CÔNJUGE PENDENTES. DEFESA DA MEAÇÃO. RESERVA DE METADE DO VALOR DE AVALIAÇÃO. ALTERAÇÃO LEGISLATIVA DESCONSIDERADA. RECURSO ESPECIAL PROVIDO. 1. Debate-se a extensão da proteção da meação reservada a ex-cônjuge na hipótese de execução de título extrajudicial. 2. O novo diploma processual, além de estender a proteção da fração ideal para os demais coproprietários de bem indivisível, os quais não sejam devedores nem responsáveis legais pelo adimplemento de obrigação contraída por outro coproprietário, ainda delimitou monetariamente a alienação judicial desses bens. 3. A partir do novo regramento, o bem indivisível somente poderá ser alienado se o valor de alienação for suficiente para assegurar ao coproprietário não responsável 50% (cinquenta por cento) do valor de avaliação do bem (art. 843, § 2º, do CPC/2015). 4. Essa nova disposição legal, de um lado, referenda o entendimento de que o bem indivisível será alienado por inteiro, ampliando a efetividade dos processos executivos; de outro, amplia a proteção de coproprietários inalcançáveis pelo procedimento executivo, assegurando-lhes a manutenção integral de seu patrimônio, ainda que monetizado. 5. Estando pendente o julgamento dos embargos de terceiros opostos por ex-cônjuge meeira, até que se decida sua eventual responsabilidade pela dívida do devedor primário, é prudente, em juízo cautelar, que se mantenha à disposição do Juízo competente valor correspondente à meação, nos termos da nova legislação processual. (STJ, REsp 1728086/MS, Rel. Ministro Marco Aurélio Bellizze, Terceira Turma, julgado em 27/08/2019, DJe 03/09/2019)

Meação deve ser preservada no caso de dívida proveniente da condenação ao pagamento de honorários sucumbenciais em demanda da qual o meeiro não participou

✓ RECURSO ESPECIAL. PROCESSUAL CIVIL. EMBARGOS DE TERCEIRO. CÔNJUGE MEEIRO. RESERVA DE MEAÇÃO. ART. 655-B DO CPC/1973. DÍVIDA RELATIVA A HONORÁRIOS DE SUCUMBÊNCIA. RESPONSABILIDADE DE QUEM É PARTE NA DEMANDA. LIMITES SUBJETIVOS DA COISA JULGADA. (...) 2. Nos termos do art. 655-B do CPC/1973, incluído pela Lei nº 11.382/2006, havendo penhora de bem indivisível, a meação do cônjuge alheio à execução deve recair sobre o produto da alienação do bem. 3. Para impedir que a penhora recaia sobre a sua meação, o cônjuge meeiro deve comprovar que a dívida executada não foi contraída em benefício da família. Precedentes. 4. Tratando-se de dívida proveniente da condenação ao pagamento de honorários sucumbenciais em demanda da qual o cônjuge meeiro não participou, é inegável o direito deste à reserva de sua meação. 5. Os honorários advocatícios consagram direito do advogado contra a parte que deu causa ao processo, não se podendo exigir do cônjuge meeiro, que não integrou a relação processual da lide originária, a comprovação de que a dívida executada não foi contraída em benefício do casal ou da família. (...) (STJ, REsp 1670338/RJ, Rel. Ministro Ricardo Villas Bôas Cueva, Terceira Turma, julgado em 04/02/2020, DJe 07/02/2020)

Art. 844. Para presunção absoluta de conhecimento por terceiros, cabe ao exequente providenciar a averbação do arresto ou da penhora no registro competente, mediante apresentação de cópia do auto ou do termo, independentemente de mandado judicial.

→ *v.* Súmula 375 do STJ.

→ *v.* Art. 167, I-5, da Lei 6.015/1973.

→ *v.* Arts. 792, III e 799, IX, do CPC.

→ *v.* Enunciado 149 do CJF: A falta de averbação da pendência de processo ou da existência de hipoteca judiciária ou de constrição judicial sobre bem no registro de imóveis não impede que o exequente comprove a má-fé do terceiro que tenha adquirido a propriedade ou qualquer outro direito real sobre o bem.

Subseção III
Do Lugar de Realização da Penhora

Art. 845. Efetuar-se-á a penhora onde se encontrem os bens, ainda que sob a posse, a detenção ou a guarda de terceiros.

§ 1º A penhora de imóveis, independentemente de onde se localizem, quando apresentada certidão da respectiva matrícula, e a penhora de veículos automotores, quando apresentada certidão que ateste a sua existência, serão realizadas por termo nos autos.

§ 2º Se o executado não tiver bens no foro do processo, não sendo possível a realização da penhora nos termos do § 1º, a execução será feita por carta, penhorando-se, avaliando-se e alienando-se os bens no foro da situação.

→ *v.* Súmula 46 do STJ.

→ *v.* Súmulas 32 e 33 do TFR.

→ *v.* Arts. 260 a 268 e 914, § 2º, do CPC.

Penhora por termo nos autos, mesmo de bens situados fora da comarca

✓ AÇÃO DE EXECUÇÃO. (...) Alegações de nulidade da penhora efetuada sobre bens imóveis situados em outra Comarca. Agravantes que sustentam a necessidade de que seja realizada mediante expedição de carta precatória. Desnecessidade. Inteligência do art. 845, § 1º, do Código de Processo Civil. Aplicação, pelo Juízo a quo, de multa por litigância de má-fé. Correto entendimento. Executados, ora agravantes, que deduziram pretensão contrária a expressa disposição legal. Manutenção da pena por litigância de má-fé. (...). (TJSP; AI 2139094-36.2017.8.26.0000; Ac. 10753488; São Paulo; Décima Primeira Câmara de Direito Privado; Rel. Des. Renato Rangel Desinano; Julg. 31/08/2017; DJESP 11/09/2017; Pág. 2825)

Reconhecendo a competência do juízo deprecado, se o executado não tiver bens na comarca

✓ CONFLITO NEGATIVO DE COMPETÊNCIA. AÇÃO ANULATÓRIA. CUMPRIMENTO DE SENTENÇA. PENHORA, AVALIAÇÃO E ALIENAÇÃO. BEM IMÓVEL. COMPETÊNCIA DO FORO DA SITUAÇÃO DA COISA. ART. 845, § 2º, DO CPC/15. 1. Conflito suscitado em 24/4/2019. Conclusão ao Gabinete em 26/4/2019. 2. O propósito deste conflito é definir o juízo competente para alienação de bem imóvel situado em comarca diversa daquela onde se processa o cumprimento de sentença. 3. O art. 845, § 2º, do CPC/15, dispõe que, se o executado não tiver bens no foro do processo, a execução deve ser feita por carta, penhorando-se, avaliando-se e alienando-se os bens no foro da situação. CONFLITO CONHECIDO. DECLARADA A COMPETÊNCIA DO JUÍZO SUSCITADO. (CC 165.347/GO, Rel. Ministra Nancy Andrighi, Segunda Seção, julgado em 12/06/2019, DJe 17/06/2019)

Possibilidade de realização de leilão eletrônico de imóvel em comarca diversa, dispensando a execução por carta

✓ TRIBUTÁRIO. CONFLITO NEGATIVO DE COMPETÊNCIA. EXECUÇÃO FISCAL. ALIENAÇÃO JUDICIAL ELETRÔNICA. DESNECESSIDADE DE QUE A REALIZAÇÃO DOS ATOS SEJA PRATICADA NO FORO EM QUE SITUADO O BEM. RECUSA JUSTIFICADA DO CUMPRIMENTO DA CARTA PRECATÓRIA. CONFLITO CONHECIDO PARA DECLARAR COMPETENTE O JUÍZO DE DIREITO DA 4a. VARA DE FEITOS TRIBUTÁRIOS DE BELO HORIZONTE/MG, ORA SUSCITADO. (....) 2. Os procedimentos relativos à alienação judicial por meio eletrônico, na forma preconizada pelo art. 882, § 1o. do Código Fux (CPC/2015), têm por finalidade facilitar a participação dos licitantes, reduzir custos e agilizar processos de execução, primando pelo atendimento dos princípios da publicidade, da celeridade e da segurança. 3. Tal modelo de leilão revela maior eficácia diante da inexistência de fronteiras no ambiente virtual, permitindo que o leilão judicial alcance um número incontável de participantes em qualquer lugar do País, além de propiciar maior divulgação, baratear o processo liciatório e ser infinitamente mais célere em relação ao leilão presencial, rompendo trâmites burocráticos e agilizando o processo de venda do bem objeto de execução. 4. Logo, cabe ao Magistrado atentar para essa relevante alteração trazida pelo Novel Estatuto Processual, utilizando-se desse poderoso instrumento de alienação judicial do bem penhorado em processo executivo, que tornou inútil e obsoleto deprecar os atos de alienação dos bens para satisfação do crédito, já que a alienação pela rede mundial dispensa o comparecimento dos interessados no local da hasta pública. 5. Portanto, considerando que a alienação eletrônica permite ao interessado participar do procedimento mediante um acesso simples à internet, sem necessidade de sua presença ao local da hasta, tem-se por justificada a recusa do cumprimento da Carta Precatória pelo Juízo deprecado, ora suscitante, visto que não há motivos para que a realização do ato de alienação judicial eletrônica seja praticada em Comarca diversa do Juízo da Execução. (....) (STJ, CC 147.746/SP, Rel. Ministro Napoleão Nunes Maia Filho, Primeira Seção, julgado em 27/05/2020, DJe 04/06/2020)

Art. 846. Se o executado fechar as portas da casa a fim de obstar a penhora dos bens, o oficial de justiça comunicará o fato ao juiz, solicitando-lhe ordem de arrombamento.

§ 1º Deferido o pedido, 2 (dois) oficiais de justiça cumprirão o mandado, arrombando cômodos e móveis em que se presuma estarem os bens, e lavrarão de tudo auto circunstanciado, que será assinado por 2 (duas) testemunhas presentes à diligência.

§ 2º Sempre que necessário, o juiz requisitará força policial, a fim de auxiliar os oficiais de justiça na penhora dos bens.

→ *V.* Art. 782, § 2º, do CPC.

§ 3º Os oficiais de justiça lavrarão em duplicata o auto da ocorrência, entregando uma via ao escrivão ou ao chefe de secretaria, para ser juntada aos autos, e a outra à autoridade policial a quem couber a apuração criminal dos eventuais delitos de desobediência ou de resistência.

→ *V.* Arts. 329 e 330 do CP.

§ 4º Do auto da ocorrência constará o rol de testemunhas, com a respectiva qualificação.

Subseção IV
Das Modificações da Penhora

Art. 847. O executado pode, no prazo de 10 (dez) dias contado da intimação da penhora, requerer a substituição do bem penhorado, desde que comprove que lhe será menos onerosa e não trará prejuízo ao exequente.

→ *V.* Art. 15, I, da Lei 6.830/1980.

→ *V.* Art. 805 do CPC.

§ 1º O juiz só autorizará a substituição se o executado:

I – comprovar as respectivas matrículas e os registros por certidão do correspondente ofício, quanto aos bens imóveis;

II – descrever os bens móveis, com todas as suas propriedades e características, bem como o estado deles e o lugar onde se encontram;

III – descrever os semoventes, com indicação de espécie, de número, de marca ou sinal e do local onde se encontram;

IV – identificar os créditos, indicando quem seja o devedor, qual a origem da dívida, o título que a representa e a data do vencimento; e

V – atribuir, em qualquer caso, valor aos bens indicados à penhora, além de especificar os ônus e os encargos a que estejam sujeitos.

§ 2º Requerida a substituição do bem penhorado, o executado deve indicar onde se encontram os bens sujeitos à execução, exibir a prova de sua propriedade e a certidão negativa ou positiva de ônus, bem como abster-se de qualquer atitude que dificulte ou embarace a realização da penhora.

→ *V.* Art. 774 do CPC.

§ 3º O executado somente poderá oferecer bem imóvel em substituição caso o requeira com a expressa anuência do cônjuge, salvo se o regime for o de separação absoluta de bens.

→ *V.* Arts. 1.641, 1.687 e 1.688 do CC/2002.

§ 4º O juiz intimará o exequente para manifestar-se sobre o requerimento de substituição do bem penhorado.

Necessidade de cumprimento dos requisitos cumulativos para deferimento na modificação da penhora

✓ AGRAVO DE INSTRUMENTO. Execução de título extrajudicial nº 201310401186. Pleito de substituição de penhora. Indeferimento. Irresignação. Alegação de que o imóvel penhorado na execução de título extrajudicial nº 201311501142 é suficiente para garantir ambas as execuções. Bem penhorado na execução de título extrajudicial nº 201311501142 que ainda se encontra pendente de avaliação. Impossibilidade de se aferir se o valor do referido bem imóvel é suficiente para adimplir ambos os débitos exequendos. Menor onerosidade do devedor não verificada. Ausência de preenchimento dos requisitos cumulativos contidos no artigo 847 do código de processo civil. Impugnação à justiça gratuita. Rejeitada. Manutenção do decisum. Recurso conhecido e improvido. (TJSE; AI 201700718872; Ac. 25731/2017; Primeira Câmara Cível; Relª Desª Áurea Corumba de Santana; Julg. 20/11/2017; DJSE 23/11/2017)

✓ PROCESSUAL CIVIL. ADMINISTRATIVO. AGRAVO DE INSTRUMENTO. AGRAVO INTERNO. AÇÃO CIVIL POR ATO DE IMPROBIDADE ADMINISTRATIVA. SUBSTITUIÇÃO DE BENS. IMPOSSIBILIDADE. DEMONSTRAÇÃO DE ALIENAÇÃO DOS BENS. IMPRESCINDIBILIDADE. SITUAÇÃO MENOS ONEROSA AO EXEQUENTE. AUSÊNCIA DE COMPROVAÇÃO. ART. 847 DO NOVO CÓDIGO DE RITOS. BENS INDICADOS PARA SUBSTITUIÇÃO. GARANTIA EM OUTRA AÇÃO DE EXECUÇÃO. RECURSOS NÃO PROVIDOS. (...). 2. O art. 847 do Código de Processo Civil/2015, diz: "o executado pode, no prazo de 10 (dez) dias contado da intimação da penhora, requerer a substituição do bem penhorado, desde que comprove que lhe será menos onerosa e não trará prejuízo ao exequente". 3. O presente pedido de substituição se mostra inviável, pois os bens imóveis ofertados pelo ora agravante para garantir o cumprimento da sentença já se encontram penhorados para garantir outra ação de execução fiscal. 4. "A regra do art. 847 do CPC/2015 se limita a prever, abstratamente, a possibilidade de o executado requerer a substituição do bem penhorado, desde que comprove que será menos onerosa e não trará prejuízo ao exequente" (SJT. REsp 1674335/RS, Segunda Turma, Rel. Ministro Herman Benjamin, DJe de 13/09/2017). 5. Agravos de instrumento e interno não providos. (TRF 1ª R.; AI 0038808-16.2017.4.01.0000; Terceira Turma; Rel. Des. Fed. Ney Bello; DJF1 17/11/2017)

Art. 848. As partes poderão requerer a substituição da penhora se:

→ *V.* Súmula 406 do STJ.

I – ela não obedecer à ordem legal;

→ *V.* Art. 11 da Lei 6.830/1980.

→ *V.* Art. 835 do CPC.

II – ela não incidir sobre os bens designados em lei, contrato ou ato judicial para o pagamento;

III – havendo bens no foro da execução, outros tiverem sido penhorados;

IV – havendo bens livres, ela tiver recaído sobre bens já penhorados ou objeto de gravame;

V – ela incidir sobre bens de baixa liquidez;

VI – fracassar a tentativa de alienação judicial do bem; ou

VII – o executado não indicar o valor dos bens ou omitir qualquer das indicações previstas em lei.

Parágrafo único. A penhora pode ser substituída por fiança bancária ou por seguro garantia judicial, em valor não inferior ao do débito constante da inicial, acrescido de trinta por cento.

→ *V.* Art. 15, I, da Lei 6.830/1980.

→ *V.* Art. 835, § 2º, do CPC.

Apontando a possibilidade de apresentação de seguro-garantia mesmo sem penhora anterior e indicando que, em regra, a regularidade da seguradora perante a SUSEP é suficiente para atestar a sua idoneidade

✓ RECURSO ESPECIAL. PROCESSUAL CIVIL. IMPUGNAÇÃO AO CUMPRIMENTO DE SENTENÇA. SEGURO-GARANTIA JUDICIAL. INDICAÇÃO. POSSIBILIDADE. EQUIPARAÇÃO A DINHEIRO. PRINCÍPIO DA MENOR ONEROSIDADE PARA O DEVEDOR E PRINCÍPIO DA MÁXIMA EFICÁCIA DA EXECUÇÃO PARA O CREDOR. COMPATIBILIZAÇÃO. PROTEÇÃO ÀS DUAS PARTES DO PROCESSO. (...) 3. Em que pese a lei se referir a "substituição", que pressupõe a anterior penhora de outro bem, o seguro-garantia judicial produz os mesmos efeitos jurídicos que o dinheiro, seja para fins de garantir o juízo, seja para possibilitar a substituição de outro bem objeto de anterior penhora, não podendo o exequente rejeitar a indicação, salvo por insuficiência, defeito formal ou inidoneidade da salvaguarda oferecida. 4. O seguro-garantia judicial, espécie de seguro de danos, garante o pagamento de valor correspondente aos depósitos judiciais que o tomador (potencial devedor) necessite realizar no trâmite de processos judiciais, incluídas multas e indenizações. A cobertura terá efeito depois de transitada em julgado a decisão ou o acordo judicial favorável ao segurado (potencial credor de obrigação pecuniária sub judice) e sua vigência deverá vigorar até a extinção das obrigações do tomador (Circular SUSEP nº 477/2013). 5. No cumprimento de sentença, a fiança bancária e o seguro-garantia judicial são as opções mais eficientes sob o prisma da análise econômica do direito, visto que reduzem os efeitos prejudiciais da penhora ao desonerar os ativos de sociedades empresárias submetidas ao processo de execução, além de assegurar, com eficiência equiparada ao dinheiro, que o exequente receberá a soma pretendida quando obter êxito ao final da demanda. 6. Por serem automaticamente conversíveis em dinheiro ao final do feito executivo, a fiança bancária e o seguro-garantia judicial acarretam a harmonização entre o princípio da máxima eficácia da execução para o credor e o princípio da menor onerosidade para o executado, a aprimorar consideravelmente as bases do sistema de penhora judicial e a ordem de gradação legal de bens penhoráveis, conferindo maior proporcionalidade aos meios de satisfação do crédito ao exequente. 7. A idoneidade da apólice de seguro-garantia judicial deve ser aferida mediante verificação da conformidade de suas cláusulas às normas editadas pela autoridade competente, no caso, pela Superintendência de Seguros Privados - SUSEP, sob pena de desvirtuamento da verdadeira intenção do legislador ordinário. 8. A renovação da apólice, a princípio automática, somente não ocorrerá se não houver mais risco a ser coberto ou se apresentada nova garantia. Se não renovada a cobertura ou se o for extemporaneamente, caraterizado estará o sinistro, nos termos do Ofício nº 23/2019/SUSEP/D1CON/CGCOM/COSET, abrindo-se para o segurado a possibilidade de execução da apólice em face da seguradora. 9. Na hipótese de haver cláusula condicionando o sinistro ao trânsito em julgado para fins de execução da garantia (apólice), como forma de harmonizar o instituto com o ordenamento processual como um todo, admite-se a recusa da garantia ou da substituição da penhora, pelo juízo da execução, a partir das especificidades do caso, se a objeção do executado não se mostrar apta, a princípio, à desconstituição total ou parcial do título. 10. Julgada a impugnação, poderá o juiz determinar que a seguradora efetue o pagamento da indenização, ressalvada a possibilidade de atribuição de efeito suspensivo ao recurso interposto pelo tomador, nos moldes do art. 1.019, I, do Código de Processo Civil de 2015. 11. O fato de se sujeitarem os mercados de seguro a amplo controle e fiscalização por parte da SUSEP é suficiente, em regra, para atestar a idoneidade do seguro-garantia judicial, desde que apresentada a certidão de regularidade da sociedade seguradora perante a referida autarquia. (STJ, REsp 1838837/SP, Rel. Ministra Nancy Andrighi, Rel. p/ Acórdão Ministro Ricardo Villas Bôas Cueva, Terceira Turma, julgado em 12/05/2020, DJe 21/05/2020)

Indicando que a substituição de penhora de dinheiro por seguro-garantia ou fiança bancária é excepcional

✓ AGRAVO INTERNO NO AGRAVO EM RECURSO ESPECIAL - AUTOS DE AGRAVO DE INSTRUMENTO NA ORIGEM - DECISÃO MONOCRÁTICA QUE CONHECEU DO AGRAVO PARA NÃO CONHECER DO RECURSO ESPECIAL. IRRESIGNAÇÃO DA AGRAVANTE. 1. Segundo a jurisprudência do STJ, admite-se a substituição da penhora de dinheiro por seguro-garantia apenas em hipóteses excepcionais, em que seja necessário evitar dano grave ao devedor, sem causar prejuízo ao exequente. 2. O acolhimento da pretensão recursal, quanto à onerosidade da execução e presença dos requisitos necessários ao deferimento do seguro-garantia, demandaria a incursão no acervo fático-probatório dos autos, providência vedada Súmula 7 do STJ. 3. Agravo interno desprovido. (STJ, AgInt no AREsp 1460935/ES, Rel. Ministro Marco Buzzi, Quarta Turma, julgado em 04/05/2020, DJe 07/05/2020). V. tb.: TRIBUTÁRIO E PROCESSUAL CIVIL. EXECUÇÃO FISCAL. MULTA. PENHORA EM DINHEIRO. SUBSTITUIÇÃO. SEGURO-GARANTIA OU FIANÇA BANCÁRIA. IMPOSSIBILIDADE. ANUÊNCIA DA FAZENDA PÚBLICA. NECESSIDADE. (...) 3. Há de se fazer distinção entre a possibilidade jurídica de o devedor apresentar seguro-garantia ou fiança bancária como garantia do valor executado a título de crédito tributário ou não tributário da Fazenda Pública (§2º, art. 835 do CPC/2015) e os casos em que a dívida já se encontra garantida em juízo com depósito em dinheiro e pretende o devedor substituí-la por aquelas modalidades de contratos bancários. 4. Em regra geral, não há vedação para substituir fiança por seguro-garantia, pois as garantias são equivalentes, o que não ocorreria na hipótese de substituição de dinheiro depositado judicialmente por fiança ou seguro-garantia, caso em que a substituição, em regra, seria inadmissível em razão do entendimento da Primeira Seção nos EREsp 1.077.039/RJ. A propósito: REsp 1.632.656/PR, Rel. Ministro Herman Benjamin, Segunda Turma, julgado em 27/4/2017, DJe 11/5/2017; REsp 1.637.094/SP, Rel. Ministro Herman Benjamin, Segunda Turma, julgado em 6/12/2016, DJe 19/12/2016. 5. A penhora em dinheiro está estabelecida na legislação processual como espécie preferencial para a garantia do crédito (art. 835, I do CPC/2015). Substituí-la, sem anuência do credor fazendário, por outra modalidade de garantia de menor liquidez, como os seguros oferecidos por instituições financeiras, em que os contratos possuem prazo de validade e dependem da solidez da própria instituição emissora do papel, importa em ampliar o risco de não adimplemento da obrigação tributária, demandando contra a efetividade e a duração razoável do processo, caso necessário futura substituição da garantia. Nesse sentido: AgInt no TP 178/SP, Rel. Ministra Regina Helena Costa, Primeira Turma, julgado em 13/6/2017, DJe 21/6/2017; REsp 1.592.339/PR, Rel. Ministro Herman Benjamin, Segunda Turma, julgado em 17/5/2016, DJe 1/6/2016; AgRg na MC 25.104/SP, Rel. Ministro Sérgio Kukina, Primeira Turma, julgado em 17/5/2016, DJe 25/5/2016; AgRg no AREsp 213.678/SE, Rel. Ministro Mauro Campbell Marques, Segunda Turma, julgado em 16/10/2012, DJe 24/10/2012. (...) (STJ, REsp 1751548/PR, Rel. Ministro Herman Benjamin, Segunda Turma, julgado em 16/08/2018, DJe 13/11/2018)

Entendendo que, na execução fiscal, a fiança bancária não se equipara a dinheiro

✓ PROCESSUAL CIVIL. EXECUÇÃO FISCAL. FIANÇA BANCÁRIA. RECUSA. POSSIBILIDADE. PROCESSO DIVERSO. VALORES REMANESCENTES. PENHORA. ADMISSIBILIDADE. PRINCÍPIO DA MENOR ONEROSIDADE. VIOLAÇÃO. NÃO OCORRÊNCIA. (...) 2. Esta Corte Superior já afirmou, em diversas ocasiões, que a fiança bancária não possui o mesmo status que o depósito em dinheiro, sendo permitida à Fazenda Pública recusá-la, uma vez não observada a ordem prevista no art. 655 do CPC/1973 (art. 835 do CPC/2015) e no art. 11 da Lei n. 6.830/1980 (Lei de Execução Fiscal). (...) (STJ, AgInt nos EDcl no AREsp 1017788/RJ, Rel. Ministro Gurgel de Faria, Primeira Turma, julgado em 13/10/2020, DJe 20/10/2020)

Entendendo que o acréscimo de 30% previsto no § 2º não se aplica à execução fiscal, a não ser nos casos de substituição de penhora já realizada

✓ PROCESSUAL CIVIL. EXECUÇÃO FISCAL. CARTA DE FIANÇA. EXCLUSÃO DO ACRÉSCIMO DE 30% DO VALOR DA DÍVIDA PREVISTO NO ART. 656, § 2º, DO CPC/1973. INCIDÊNCIA SUBSIDIÁRIA ÀS EXECUÇÕES FISCAIS. ART. 9º, II, DA LEF. GARANTIA PRESTADA DE FORMA ORIGINÁRIA SOBRE O VALOR TOTAL DO CRÉDITO EXECUTADO. HIPÓTESE NÃO ENQUADRADA COMO SUBSTITUIÇÃO DE PENHORA. 1. A controvérsia sub examine versa sobre a exigibilidade do acréscimo de 30% do valor da dívida exigido pelo art. 835, § 2º, do CPC/2015, no seguro- garantia apresentado pela parte devedora logo após a citação em Execução Fiscal. 2. O STJ firmou entendimento recente no sentido de que a norma do art. 835, § 2º, do CPC/2015 (art. 656, § 2º, do CPC/1973), apesar de seu caráter subsidiário, possui aplicação nos processos de Execução Fiscal (REsp 1.564.097/ES, Rel. Ministro Herman Benjamin, Segunda Turma, julgado em 17/3/2016, DJe 24/5/2016). Nada obstante isso, "o art. 656, § 2º, do CPC apenas estabelece a necessidade desse acréscimo nos casos em que há substituição da penhora. Trata-se, portanto, de uma norma mais gravosa para o executado, a qual, nesse ponto, não pode ser interpretada extensivamente." (AgRg na MC 24.961/RJ, Rel. Ministra Diva Malerbi [Desembargadora convocada, TRF 3ª Região], Segunda Turma, julgado em 1/12/2015, DJe 9/12/2015). No mesmo sentido: MC 24.721/RJ, Rel. Min. Humberto Martins, Segunda Turma, DJe 24/09/2015; AgRg na MC 24.099/RJ, Rel. Min. Regina Helena Costa, Primeira Turma, DJe 02/09/2015; AgRg na MC 24.283/RJ, Rel. Min. Sérgio Kukina, Primeira Turma, DJe 11/6/2015; AgRg no AgRg na MC 23.392/RJ, Rel. Min. Marga Tessler (Juíza Federal Convocada do TRF 4ª Região), Primeira Turma, DJe 13/2/2015. 3. A hipótese concreta não é de substituição de penhora, mas de garantia inicial prestada em Execução Fiscal, logo após a citação da parte devedora, razão pela qual, em tese, não se aplicaria o art. 835, § 2º, do CPC/2015, já que este apenas estabelece a necessidade de acréscimo nos casos em que há substituição da penhora. 4. Recurso Especial provido. (STJ, REsp 1841110/SP, Rel. Ministro Herman Benjamin, Segunda Turma, julgado em 26/11/2019, DJe 19/12/2019)

Admitindo a suspensão da exigibilidade de crédito não tributário em razão de seguro-garantia ou fiança bancária

✓ ADMINISTRATIVO E PROCESSUAL CIVIL. RECURSO ESPECIAL. MULTA ADMINISTRATIVA. CRÉDITO NÃO TRIBUTÁRIO. NATUREZA JURÍDICA SANCIONADORA. UTILIZAÇÃO DE TÉCNICAS INTERPRETATIVAS E INTEGRATIVAS VOCACIONADAS À PROTEÇÃO DO INDIVÍDUO (GARANTISMO JUDICIAL). AUSÊNCIA DE PREVISÃO LEGAL DE SUSPENSÃO DE EXIGIBILIDADE DE CRÉDITO NÃO TRIBUTÁRIO. MÉTODO INTEGRATIVO POR ANALOGIA. É CABÍVEL A SUSPENSÃO DA EXIGIBILIDADE DO CRÉDITO NÃO TRIBUTÁRIO A PARTIR DA APRESENTAÇÃO DA FIANÇA BANCÁRIA E DO SEGURO GARANTIA JUDICIAL, DESDE QUE EM VALOR NÃO INFERIOR AO DO DÉBITO CONSTANTE DA INICIAL, ACRESCIDO DE TRINTA POR CENTO (ART. 151, INCISO II DO CTN C/C O ART. 835, § 2o. DO CÓDIGO FUX E O ART. 9o., § 3o. DA LEI 6.830/1980). RECURSO ESPECIAL DA ANTT DESPROVIDO. (...) 1. Consolidou-se o entendimento, pela Primeira Seção desta Corte Superior de Justiça, no julgamento do Recurso Representativo da Controvérsia, nos autos do REsp. 1.156.668/DF, da Relatoria do eminente Ministro LUIZ FUX, Tema 378, DJe 10.12.2010, de que o art. 151, II do CTN é taxativo ao elencar as hipóteses de suspensão da exigibilidade do crédito, não contemplando o oferecimento de seguro garantia ou fiança bancária em seu rol. 2. O entendimento contemplado no Enunciado Sumular 112 do STJ, segundo o qual o depósito somente suspende a exigibilidade do crédito tributário se for integral e em dinheiro, que se reproduziu no julgamento do Recurso Representativo da Controvérsia, nos autos do REsp. 1.156.668/DF, não se estende aos créditos não tributários originários de multa administrativa imposta no exercício do Poder de Polícia. (...) 4. Inexistindo previsão legal de suspensão de exigibilidade de crédito não tributário no arcabouço jurídico brasileiro, deve a situação se resolver, no caso concreto, mediante as técnicas de integração normativa de correção do sistema previstas no art. 4o. da LINDB. 5. O dinheiro, a fiança bancária e o seguro garantia são equiparados para os fins de substituição da penhora ou mesmo para garantia do valor da dívida ativa, seja ela tributária ou não tributária, sob a ótica alinhada do § 2o. do art. 835 do Código Fux c/c o inciso II do art. 9o. da Lei 6.830/1980, alterado pela Lei 13.043/2014. 6. É cabível a suspensão da exigibilidade do crédito não tributário a partir da apresentação da fiança bancária e do seguro garantia judicial, desde que em valor não inferior ao do débito constante da inicial, acrescido de trinta por cento, nos moldes previstos no art. 151, inciso II do CTN c/c o art. 835,

§ 2o. do Código Fux e o art. 9o., § 3o. da Lei 6.830/1980, uma vez que não há dúvida quanto à liquidez de tais modalidades de garantia, permitindo, desse modo, a produção dos mesmos efeitos jurídicos do dinheiro. 7. Não há razão jurídica para inviabilizar a aceitação do seguro garantia judicial, porque, em virtude da natureza precária do decreto de suspensão da exigibilidade do crédito não tributário (multa administrativa), o postulante poderá solicitar a revogação do decreto suspensivo caso em algum momento não viger ou se tornar insuficiente a garantia apresentada 8. O crédito não tributário, diversamente do crédito tributário, o qual não pode ser alterado por Lei Ordinária em razão de ser matéria reservada à Lei Complementar (art. 146, III, alínea b da CF/1988), permite, nos termos aqui delineados, a suspensão da sua exigibilidade, mediante utilização de diplomas legais de envergaduras distintas por meio de técnica integrativa da analogia. 9. Recurso Especial da ANTT desprovido. (STJ, REsp 1381254/PR, Rel. Ministro Napoleão Nunes Maia Filho, Primeira Turma, julgado em 25/06/2019, DJe 28/06/2019)

Art. 849. Sempre que ocorrer a substituição dos bens inicialmente penhorados, será lavrado novo termo.

→ *v.* Art. 838 do CPC.

Art. 850. Será admitida a redução ou a ampliação da penhora, bem como sua transferência para outros bens, se, no curso do processo, o valor de mercado dos bens penhorados sofrer alteração significativa.

→ *v.* Art. 15, II, da Lei 6.830/1980.

Art. 851. Não se procede à segunda penhora, salvo se:

I – a primeira for anulada;

II – executados os bens, o produto da alienação não bastar para o pagamento do exequente;

→ *v.* Súmula 224 do TFR.
→ *v.* Art. 872, II, do CPC.

III – o exequente desistir da primeira penhora, por serem litigiosos os bens ou por estarem submetidos a constrição judicial.

Possibilidade de segunda penhora, apenas, se presentes os requisitos do art. 851 do CPC

✓ RECURSO ESPECIAL. AÇÃO DE EXECUÇÃO. REALIZAÇÃO DE SEGUNDA PENHORA, A DESPEITO DA EXISTÊNCIA DE ANTERIOR CONSTRIÇÃO JUDICIAL SOBRE BENS, CUJO VALOR, SEGUNDO AVALIAÇÃO JUDICIAL, MOSTRA-SE SUFICIENTE PARA FAZER FRENTE AO DÉBITO EXEQUENDO. IMPOSSIBILIDADE. INOBSERVÂNCIA DO PRINCÍPIO DA MENOR ONEROSIDADE AO EXECUTADO. VERIFICAÇÃO. RECURSO ESPECIAL PROVIDO. (....) 4. O fundamento adotado pelas instâncias ordinárias para justificar a realização da segunda penhora restringiu-se ao tempo da tramitação do processo executivo, o que refoge, *in totum*, da previsão legal que autoriza o reforço, e muito menos, a realização de uma segunda penhora. 4.1 O suposto comprometimento da eficiência do processo executivo, desde que a sua causa não seja atribuível ao executado (notadamente pelo exercício legítimo do direito ao contraditório e ao devido processo legal acerca do valor da avaliação dos bens então constritos), não justifica o agravamento dos meios executivos a serem suportados pelo executado. 4.2 Das decisões proferidas na origem, não se antevê, inclusive, nenhuma ilação quanto a uma suposta inidoneidade dos bens penhorados a satisfazerem o débito exequendo, aventando-se, por exemplo, eventual dificuldade de alienação dos bens constritos judicialmente, caso hipotético que ensejaria, quando muito, a substituição da penhora já realizada, e não a realização de uma segunda constrição, como se deu na espécie. Aliás, como sugere o nome, a substituição da penhora, que também possui expressa previsão legal, pressupõe o desfazimento da constrição judicial anterior, com a liberação do bem constrito, para, então, incidir sobre outro bem, indicado pelo credor ou devedor, nas hipóteses dos arts. 847 e 848 do CPC/2015. 5. Na espécie, procedeu-se a uma segunda penhora, que, em regra, não é admitida, sem que a anterior fosse anulada, considerada, por qualquer razão, inidônea ou mesmo reputada insuficiente, à revelia do que dispõe o art. 851 do CPC/2015. Ainda que se confira a esse rol o caráter meramente exemplificativo, outras situações que comportem a realização de uma segunda penhora, devidamente sopesadas no caso concreto pelo magistrado, deverão importar, necessariamente, na insubsistência da anterior, providência, como visto, não observada no particular. 6. Conclui-se, assim, que essa segunda constrição, mantida a anterior, que recaiu sobre créditos (prestações periódicas) que os executados auferem em contrato de arrendamento rural, especificamente em 30% do correlato rendimento, refoge, a toda evidência, do princípio da menor onerosidade que deve nortear a execução. (...) (STJ, REsp 1802748/SP, Rel. Ministro Marco Aurélio Bellizze, Terceira Turma, julgado em 20/08/2019, DJe 26/08/2019)

Possibilidade de segunda penhora quando houver pedido de substituição de imóvel por dinheiro

✓ AGRAVO DE INSTRUMENTO. EXECUÇÃO DE TÍTULO EXTRAJUDICIAL. NOVA MATRÍCULA. DETERMINAÇÃO CNJ. ORDEM DE PENHORA. SUBSTITUIÇÃO. DESISTÊNCIA. SEGUNDA PENHORA. POSSIBILIDADE. ART. 851, CPC. MANIFESTAÇÃO DO PEDIDO DE SUBSTITUIÇÃO. LEGALIDADE. ART. 847, § 4º, DO CPC. DESPROVIMENTO. (...) 2. É possível, nos termos do art. 851, do CPC uma segunda penhora, mormente quando houve pedido de substituição da penhora do imóvel por dinheiro, (entendido pelo MM. Juiz como desistência) primeiro por estar o bem gravado com hipotecas, segundo por ser o dinheiro o primeiro na ordem de bem a ser penhorado. (...) (TJAC; AG Inst 1000074-43.2017.8.01.0000; Ac. 4.141; Segunda Câmara Cível; Relª Desª Waldirene Cordeiro; DJAC 24/04/2017; Pág. 6)

Art. 852. O juiz determinará a alienação antecipada dos bens penhorados quando:

→ *v.* Art. 730 do CPC.

I – se tratar de veículos automotores, de pedras e metais preciosos e de outros bens móveis sujeitos à depreciação ou à deterioração;

II – houver manifesta vantagem.

Rotatividade do estoque penhorado abre espaço à alienação antecipada

✓ AGRAVO DE INSTRUMENTO. Direito tributário. Execução fiscal. Penhora de parte do estoque. Não interferência na atividade da executada. Cabimento. Precedentes do STJ e do TJRS. Alienação antecipada. Rotatividade de bens que compõem o estoque. Risco de depreciação. Art. 852, I, do CPC/15. Possibilidade. Agravo de instrumento desprovido. (TJRS; AI 0104657-

90.2017.8.21.7000; São Leopoldo; Vigésima Segunda Câmara Cível; Relª Desª Marilene Bonzanini Bernardi; Julg. 29/06/2017; DJERS 05/07/2017)

Inaplicabilidade de alienação antecipada se recebidos os embargos com efeito suspensivo

✓ AGRAVO DE INSTRUMENTO. EXECUÇÃO FISCAL. EMBARGOS À EXECUÇÃO FISCAL. EFEITO SUSPENSIVO. ALIENAÇÃO DO BEM PENHORADO. IMPOSSIBILIDADE. Recebidos os embargos à execução com efeito suspensivo, não cabe proceder à alienação antecipada de bens prevista no art. 852 do CPC. (TRF 4ª R.; AG 5018861-04.2017.404.0000; Segunda Turma; Rel. Des. Fed. Luiz Carlos Cervi; Julg. 22/08/2017; DEJF 25/08/2017)

Art. 853. Quando uma das partes requerer alguma das medidas previstas nesta Subseção, o juiz ouvirá sempre a outra, no prazo de 3 (três) dias, antes de decidir.

Parágrafo único. O juiz decidirá de plano qualquer questão suscitada.

Contraditório para deliberações sobre penhora, sob pena de nulidade

✓ AGRAVO INSTRUMENTO. EMBARGOS DE TERCEIRO. SUBSTITUIÇÃO DA PENHORA. AUSÊNCIA DE INTIMAÇÃO DO EXEQUENTE. OFENSA AO PRINCÍPIO DO CONTRADITÓRIO, AMPLA DEFESA E NÃO SURPESA. IMPOSSIBILIDADE. O art. 10 do NCPC determina que "o juiz não pode decidir, em grau algum de jurisdição, com base em fundamento a respeito do qual não se tenha dado às partes oportunidade de se manifestar, ainda que se trate de matéria sobre a qual deva decidir de ofício". Não tendo a exequente/agravante sido intimada para se manifestar acerca do pedido de substituição do bem penhorado, em desrespeito ao que determina os arts. 847, §4º e 853, ambos do CPC, necessária a cassação da decisão agravada. (TJMG; AI 1.0702.13.025908-9/008; Rel. Des. Sérgio André da Fonseca Xavier; Julg. 22/08/2017; DJEMG 24/08/2017)

Subseção V
Da Penhora de Dinheiro em Depósito ou em Aplicação Financeira

Art. 854. Para possibilitar a penhora de dinheiro em depósito ou em aplicação financeira, o juiz, a requerimento do exequente, sem dar ciência prévia do ato ao executado, determinará às instituições financeiras, por meio de sistema eletrônico gerido pela autoridade supervisora do sistema financeiro nacional, que torne indisponíveis ativos financeiros existentes em nome do executado, limitando-se a indisponibilidade ao valor indicado na execução.

→ *v.* Súmula 560 do STJ.

→ *v.* Art. 837 do CPC.

Obrigatoriedade de prévia tentativa de citação antes da realização de bloqueio online de ativos financeiros

✓ ADMINISTRATIVO E PROCESSUAL CIVIL. RECURSO ESPECIAL DA UNIÃO. ACÓRDÃO QUE DIRIMIU A CONTROVÉRSIA DOS AUTOS. VIOLAÇÃO AO ART. 1.022, II, DO CPC/2015. NÃO OCORRÊNCIA. EXECUÇÃO DE TÍTULO EXTRAJUDICIAL. ART. 854 do CPC/15. BLOQUEIO DE ATIVOS FINANCEIROS VIA BACENJUD. AUSÊNCIA DE PRÉVIA TENTATIVA DE CITAÇÃO DO DEVEDOR. IMPOSSIBILIDADE. (...) 2. A indisponibilização de ativos financeiros do executado, via BACENJUD, de que cuida o art. 854 do CPC/15, não prescinde da prévia tentativa de citação da parte executada. Precedentes: AgInt no REsp 1.780.501/PR, Rel. Ministra ASSUSETE MAGALHÃES, SEGUNDA TURMA, julgado em 02/04/2019, DJe 11/04/2019; AgInt no REsp 1.485.018/RS, Rel. Ministro NAPOLEÃO NUNES MAIA FILHO, PRIMEIRA TURMA, julgado em 27/6/2017, DJe 3/8/2017. (STJ, REsp 1754600/SC, Rel. Ministro Sérgio Kukina, Primeira Turma, julgado em 14/05/2019, DJe 17/05/2019)

§ 1º No prazo de 24 (vinte e quatro) horas a contar da resposta, de ofício, o juiz determinará o cancelamento de eventual indisponibilidade excessiva, o que deverá ser cumprido pela instituição financeira em igual prazo.

§ 2º Tornados indisponíveis os ativos financeiros do executado, este será intimado na pessoa de seu advogado ou, não o tendo, pessoalmente.

§ 3º Incumbe ao executado, no prazo de 5 (cinco) dias, comprovar que:

I – as quantias tornadas indisponíveis são impenhoráveis;

→ *v.* Art. 833 do CPC.

Executado tem o ônus de provar impenhorabilidade/indisponibilidade excessiva

✓ PROCESSUAL CIVIL. AGRAVO DE INSTRUMENTO. EXECUÇÃO DE TÍTULO EXTRAJUDICIAL. (...) 2. Bloqueio de ativos financeiros via Bacenjud. Valores depositados em conta corrente. Impenhorabilidade. Ausência de prova. Ônus do executado. Exegese do art. 854, §3º, do CPC/15. Manutenção da decisão agravada. 1. O pedido de suspensão da execução em face da inexistência de bens constitui motivo justo a impedir a prescrição intercorrente, não se caracterizando inércia ou desídia do credor. 2. Nos termos do art. 833, IV, do CPC, o salário é impenhorável, sendo ônus do executado a comprovação de que a verba depositada na sua conta corrente tem origem salarial, segundo dispõe o art. 854, § 3º, do CPC/15. Por conseguinte, a ausência de provas de que os ativos financeiros constritos têm natureza salarial impede a liberação do bloqueio judicial. Agravo de instrumento desprovido. (TJPR; Ag Instr 1728540-2; Toledo; Décima Quinta Câmara Cível; Rel. Des. Jucimar Novochadlo; Julg. 01/11/2017; DJPR 14/11/2017; Pág. 327)

II – ainda remanesce indisponibilidade excessiva de ativos financeiros.

§ 4º Acolhida qualquer das arguições dos incisos I e II do § 3º, o juiz determinará o cancelamento de eventual indisponibilidade irregular ou excessiva, a ser cumprido pela instituição financeira em 24 (vinte e quatro) horas.

O desbloqueio independe da oitiva do exequente

✓ AGRAVO DE INSTRUMENTO. EXECUÇÃO FISCAL. PRELIMINAR DE AUSENCIA DE OITIVA PRÉVIA DA FA-

ZENDA PÚBLICA. REJEITADA. PENHORA ELETRÔNICA DE SALDO EM CONTAS BANCÁRIAS DE PESSOA JURÍDICA. VALORES DESTINADOS AO PAGAMENTO DE FORNECEDORES E VERBAS TRABALHISTAS. NÃO COMPROVAÇÃO. ORDEM PREFERENCIAL DE PENHORA. INOBSERVANCIA. O desbloqueio de valores independe da oitiva prévia do exequente, consoante se extrai pela leitura do art. 854, §§1º e 4º do Código de Processo Civil. Não comprovada a real destinação dos valores bloqueados na conta de titularidade da empresa executada não há se cogitar sua impenhorabilidade. (....). (TJMG; AI 1.0079.17.001913-1/001; Relª Desª Yeda Athias; Julg. 31/10/2017; DJEMG 14/11/2017)

§ 5º Rejeitada ou não apresentada a manifestação do executado, converter-se-á a indisponibilidade em penhora, sem necessidade de lavratura de termo, devendo o juiz da execução determinar à instituição financeira depositária que, no prazo de 24 (vinte e quatro) horas, transfira o montante indisponível para conta vinculada ao juízo da execução.

§ 6º Realizado o pagamento da dívida por outro meio, o juiz determinará, imediatamente, por sistema eletrônico gerido pela autoridade supervisora do sistema financeiro nacional, a notificação da instituição financeira para que, em até 24 (vinte e quatro) horas, cancele a indisponibilidade.

§ 7º As transmissões das ordens de indisponibilidade, de seu cancelamento e de determinação de penhora previstas neste artigo far-se-ão por meio de sistema eletrônico gerido pela autoridade supervisora do sistema financeiro nacional.

§ 8º A instituição financeira será responsável pelos prejuízos causados ao executado em decorrência da indisponibilidade de ativos financeiros em valor superior ao indicado na execução ou pelo juiz, bem como na hipótese de não cancelamento da indisponibilidade no prazo de 24 (vinte e quatro) horas, quando assim determinar o juiz.

§ 9º Quando se tratar de execução contra partido político, o juiz, a requerimento do exequente, determinará às instituições financeiras, por meio de sistema eletrônico gerido por autoridade supervisora do sistema bancário, que tornem indisponíveis ativos financeiros somente em nome do órgão partidário que tenha contraído a dívida executada ou que tenha dado causa à violação de direito ou ao dano, ao qual cabe exclusivamente a responsabilidade pelos atos praticados, na forma da lei.

→ v. Art. 15-A da Lei 9.096/1995.

Afastando a responsabilidade solidária do Diretório Nacional do partido por dívida contraída pelo Diretório Municipal

✓ DIREITO CIVIL E PROCESSUAL CIVIL. RECURSO ESPECIAL. EMBARGOS DE TERCEIRO. RESPONSABILIDADE CIVIL. PARTIDO POLÍTICO. ILEGITIMIDADE PASSIVA DO DIRETÓRIO NACIONAL POR DÍVIDAS CONTRAÍDAS PELO DIRETÓRIO MUNICIPAL. (...) 2. O propósito recursal é definir acerca da responsabilidade do Diretório Nacional do Partido dos Trabalhadores por dívida contraída pelo Diretório Municipal do partido, a fim de concluir pela possibilidade de inclusão daquele no polo passivo do cumprimento de sentença de ação de cobrança em face deste proposta. 3. O art. 15-A da Lei 9.096/95 (Lei dos Partidos Políticos) prevê expressamente que a responsabilidade, inclusive civil e trabalhista, cabe exclusivamente ao órgão partidário municipal, estadual ou nacional que tiver dado causa ao não cumprimento da obrigação, à violação de direito, a dano a outrem ou a qualquer ato ilícito, excluída a solidariedade de outros órgãos de direção partidária. 4. A corroborar com o disposto no mencionado dispositivo legal, tem-se que o art. 655, § 4º, do CPC/73 (atual art. 854, § 9º, do CPC/2015) preceitua que, quando se tratar de execução movida em face de partido político, cabe a constrição de bens tão somente do órgão partidário que tenha contraído a dívida executada ou que tenha dado causa à violação de direito ou ao dano. 5. Destarte, reconhecida a ausência de solidariedade entre o Diretório Nacional e o Diretório Municipal do partido, não pode aquele figurar no polo passivo do cumprimento de sentença, sendo de rigor, também, o afastamento das constrições incidentes sobre numerários em sua conta corrente. (...) (STJ, REsp 1726704/RS, Rel. Ministra Nancy Andrighi, Terceira Turma, julgado em 19/06/2018, DJe 25/06/2018)

Subseção VI
Da Penhora de Créditos

Art. 855. Quando recair em crédito do executado, enquanto não ocorrer a hipótese prevista no art. 856, considerar-se-á feita a penhora pela intimação:

I – ao terceiro devedor para que não pague ao executado, seu credor;

→ v. Art. 312 do CC/2002.

II – ao executado, credor do terceiro, para que não pratique ato de disposição do crédito.

Possibilidade de penhora de créditos

✓ RECURSO. AGRAVO DE INSTRUMENTO. EXECUÇÃO POR QUANTIA CERTA CONTRA DEVEDOR SOLVENTE. Insurgência contra o respeitável decisum que indeferiu a penhora de crédito da agravada perante terceiros. Admissibilidade. Não tendo sido localizados outros bens, ou sendo os mesmos insuficientes para garantir a execução, nada impede que a constrição recaia sobre créditos a receber que a ora agravada tem perante terceiros. Inteligência do artigo 855 do CPC/15. Recurso provido, com determinação. (TJSP; AI 2116697-80.2017.8.26.0000; Ac. 10957182; São Paulo; Décima Oitava Câmara de Direito Privado; Rel. Des. Roque Antonio Mesquita de Oliveira; Julg. 07/11/2017; DJESP 14/11/2017; Pág. 2333)

Necessidade de intimação das partes do processo em que foi realizada a penhora no rosto dos autos

✓ RECURSO ORDINÁRIO EM MANDADO DE SEGURANÇA. PROCESSUAL CIVIL. AÇÃO DE INDENIZAÇÃO. SENTENÇA DE PROCEDÊNCIA. TRANSAÇÃO DAS PARTES. PAGAMENTO EFETUADO ANTES DA HOMOLOGAÇÃO DO ACORDO. VALIDADE. PENHORA NO ROSTO DOS AUTOS. INTIMAÇÃO DAS PARTES. NECESSIDADE. RECURSO ORDINÁRIO PROVIDO PARA CONCEDER A SEGURANÇA. 1. A questão controvertida consiste na validade do pagamento realizado diretamente à credora originária, após transação das partes, apesar da existência de penhora no rosto dos autos, da qual o devedor não fora formalmente intimado. 2. É imprescindível a intimação das partes do processo em que averbada a penhora no rosto dos autos para a ciência de todos os interessados, não se podendo presumir a ciência do devedor, acerca da penhora, sem a devida intimação formal. 3. Na hipótese, na data da publicação da homologação do acordo, os demandados já haviam efetuado o pagamento nos termos da transação, diretamente na conta corrente da demandante e, ausente prévia intimação dando ciência da penhora no rosto dos autos, não há como impor à recorrente a obrigação de satisfazer crédito de terceiro, sob a justificativa de que teria conhecimento informal da penhora. 4. Recurso ordinário provido para conceder a segurança. (STJ, RMS 60.351/RS, Rel. Ministro Raul Araújo, Quarta Turma, julgado em 17/12/2019, DJe 04/02/2020)

Art. 856. A penhora de crédito representado por letra de câmbio, nota promissória, duplicata, cheque ou outros títulos far-se-á pela apreensão do documento, esteja ou não este em poder do executado.

§ 1º Se o título não for apreendido, mas o terceiro confessar a dívida, será este tido como depositário da importância.

§ 2º O terceiro só se exonerará da obrigação depositando em juízo a importância da dívida.

→ v. Art. 312 do CC/2002.

§ 3º Se o terceiro negar o débito em conluio com o executado, a quitação que este lhe der caracterizará fraude à execução.

→ v. Art. 792 do CPC.

§ 4º A requerimento do exequente, o juiz determinará o comparecimento, em audiência especialmente designada, do executado e do terceiro, a fim de lhes tomar os depoimentos.

Exequente responsável por requerer incidente de apuração da fraude à execução

✓ AÇÃO DE EXECUÇÃO. Cédula de crédito bancário. Exequente que afirma que a executada é credora de terceiro alheio à lide. Penhora de crédito realizada pela intimação do terceiro, nos termos do art. 855, I, do CPC. Pendência de obrigação de pagar negada pelo terceiro. Eventual crédito que deverá ser depositado em juízo (art. 856, § 2º, do CPC), sob pena de responsabilização do terceiro devedor em ação autônoma, nos termos do art. 312 do CC. Ausência de relação obrigacional entre o terceiro e a exequente. Impossibilidade de compelir terceiro alheio à lide a produzir provas em favor da exequente. Agravante que não demonstrou a existência de conluio entre a agravada e o terceiro (art. 373, I, do CPC). Exequente que não requereu a instauração do incidente previsto no art. 856, § 4º, do CPC, ônus que era de sua incumbência. Manutenção da decisão agravada. RECURSO DESPROVIDO. (TJSP; AI 2232666-80.2016.8.26.0000; Ac. 10736440; São Paulo; Décima Primeira Câmara de Direito Privado; Rel. Des. Renato Rangel Desinano; Julg. 25/08/2017; DJESP 30/08/2017; Pág. 2507)

Art. 857. Feita a penhora em direito e ação do executado, e não tendo ele oferecido embargos ou sendo estes rejeitados, o exequente ficará sub-rogado nos direitos do executado até a concorrência de seu crédito.

→ v. Art. 349 do CC/2002.

→ v. Art. 915 do CPC.

Sub-rogação na penhora de créditos e legitimidade do terceiro na ação em que promovida a penhora

✓ AGRAVO DE INSTRUMENTO INTERPOSTO CONTRA R. DECISÃO PELA QUAL FOI DETERMINADA A EXCLUSÃO DA AGRAVANTE DO POLO ATIVO DA DEMANDA. ALEGAÇÃO DE INCORREÇÃO. PEDIDO DE REFORMA. Desacerto da r. Decisão. Sub-rogação. Possibilidade. Penhora no rosto dos autos. Sub-rogação do exequente da ação que deu origem à penhora sobre os direitos do executado. Terceiro que adquire, de tal forma, legitimidade para figurar no polo ativo da demanda em que formalizada a constrição, observados os limites de seu crédito. Inteligência do art. 857, caput, do CPC. Possibilidade de prática de atos necessários à satisfação do crédito. Recurso provido. (TJSP; AI 2125739-56.2017.8.26.0000; Ac. 10944929; Campinas; Décima Sexta Câmara de Direito Privado; Rel. Des. Simões de Vergueiro; Julg. 06/11/2017; DJESP 14/11/2017; Pág. 2290)

§ 1º O exequente pode preferir, em vez da sub-rogação, a alienação judicial do direito penhorado, caso em que declarará sua vontade no prazo de 10 (dez) dias contado da realização da penhora.

→ v. Art. 730 do CPC.

§ 2º A sub-rogação não impede o sub-rogado, se não receber o crédito do executado, de prosseguir na execução, nos mesmos autos, penhorando outros bens.

Legitimidade do genitor que perdeu a guarda executar os alimentos pretéritos ao tempo da guarda:

✓ AGRAVO INTERNO NO AGRAVO EM RECURSO ESPECIAL. AGRAVO DE INSTRUMENTO. EXECUÇÃO DE ALIMENTOS. 1. AUSÊNCIA DE PREQUESTIONAMENTO. SÚMULAS N. 282 E 356/STF. 2. LEGITIMIDADE PARA PROSSEGUIR NA EXECUÇÃO. TRANSFERÊNCIA DE GUARDA. SUB-ROGAÇÃO. ART. 857, § 2º, DO CPC/2015. POSSIBILIDADE. PRECEDENTE. 3. AGRAVO IMPROVIDO. (...) 2. De fato, a jurisprudência da Quarta Turma deste STJ se firmou no sentido de que o genitor possui legitimidade para prosseguir na execução de débitos alimentares relativos à época em que tinha a guarda do menor, com o fito de satisfação de prestações pretéritas, até o momento da transferência da guarda. Incidência da Súmula 83/STJ. (STJ, AgInt no AREsp 1662937/SP, Rel. Ministro Marco Aurélio Bellizze, Terceira Turma, julgado em 28/09/2020, DJe 07/10/2020)

Art. 858. Quando a penhora recair sobre dívidas de dinheiro a juros, de direito a rendas ou de prestações periódicas, o exequente poderá levantar os juros, os rendimentos ou as prestações à medida que forem sendo depositados, abatendo-se do crédito as importâncias recebidas, conforme as regras de imputação do pagamento.

→ v. Arts. 352 a 355 do CC/2002.

Possibilidade de penhora sobre aluguéis

✓ EXECUÇÃO DE TÍTULO EXTRAJUDICIAL. PENHORA DE LOCATIVOS DE IMÓVEL. ALEGAÇÃO DE BEM DE

FAMÍLIA. Possibilidade de constrição sobre os aluguéis. Aplicação do artigo 858 do CPC. Recurso improvido. (TJSP; AI 2146880-68.2016.8.26.0000; Ac. 10057128; São Paulo; Décima Sexta Câmara de Direito Privado; Rel. Des. Miguel Petroni Neto; Julg. 06/12/2016; DJESP 02/02/2017)

Art. 859. Recaindo a penhora sobre direito a prestação ou a restituição de coisa determinada, o executado será intimado para, no vencimento, depositá-la, correndo sobre ela a execução.

Art. 860. Quando o direito estiver sendo pleiteado em juízo, a penhora que recair sobre ele será averbada, com destaque, nos autos pertinentes ao direito e na ação correspondente à penhora, a fim de que esta seja efetivada nos bens que forem adjudicados ou que vierem a caber ao executado.

→ *V.* Art. 642 do CPC.

→ v. Enunciado 155 do CJF: A penhora a que alude o art. 860 do CPC poderá recair sobre direito litigioso ainda não reconhecido por decisão transitada em julgado.

Necessidade de intimação das partes do processo em que foi realizada a penhora no rosto dos autos

✓ RECURSO ORDINÁRIO EM MANDADO DE SEGURANÇA. PROCESSUAL CIVIL. AÇÃO DE INDENIZAÇÃO. SENTENÇA DE PROCEDÊNCIA. TRANSAÇÃO DAS PARTES. PAGAMENTO EFETUADO ANTES DA HOMOLOGAÇÃO DO ACORDO. VALIDADE. PENHORA NO ROSTO DOS AUTOS. INTIMAÇÃO DAS PARTES. NECESSIDADE. RECURSO ORDINÁRIO PROVIDO PARA CONCEDER A SEGURANÇA. 1. A questão controvertida consiste na validade do pagamento realizado diretamente à credora originária, após transação das partes, apesar da existência de penhora no rosto dos autos, da qual o devedor não fora formalmente intimado. 2. É imprescindível a intimação das partes do processo em que averbada a penhora no rosto dos autos para a ciência de todos os interessados, não se podendo presumir a ciência do devedor, acerca da penhora, sem a devida intimação formal. 3. Na hipótese, na data da publicação da homologação do acordo, os demandados já haviam efetuado o pagamento nos termos da transação, diretamente na conta corrente da demandante e, ausente prévia intimação dando ciência da penhora no rosto dos autos, não há como impor à recorrente a obrigação de satisfazer crédito de terceiro, sob a justificativa de que teria conhecimento informal da penhora. 4. Recurso ordinário provido para conceder a segurança. (STJ, RMS 60.351/RS, Rel. Ministro Raul Araújo, Quarta Turma, julgado em 17/12/2019, DJe 04/02/2020)

Penhora no rosto dos autos de procedimento arbitral

✓ RECURSO ESPECIAL. PREQUESTIONAMENTO. AUSÊNCIA. SÚM. 282/STF. AÇÃO DE EXECUÇÃO DE TÍTULO EXTRAJUDICIAL. PENHORA DE DIREITO LITIGIOSO NO ROSTO DOS AUTOS. ATO DE AVERBAÇÃO. PROCEDIMENTO DE ARBITRAGEM. POSSIBILIDADE. CONFIDENCIALIDADE. PRESERVAÇÃO. ORDEM DE PREFERÊNCIA DA PENHORA. EXCESSIVA ONEROSIDADE NÃO DEMONSTRADA. JULGAMENTO: CPC/15. (...) 5. Na prática, a penhora no rosto dos autos consiste apenas numa averbação, cuja finalidade é atingida no exato momento em que o devedor do executado toma ciência de que o pagamento – ou parte dele – deverá, quando realizado, ser dirigido ao credor deste, sob pena de responder pela dívida, nos termos do art. 312 do CC/02. 6. A prévia formação do título executivo judicial não é requisito para que se realize a penhora no rosto dos autos, bastando, para tanto, que o devedor, executado nos autos em que se requer a medida, tenha, ao menos, a expectativa de receber algum bem economicamente apreciável nos autos em cujo "rosto" se pretende seja anotada a penhora requerida. 7. A recente alteração trazida pela Lei 13.129/15 à Lei 9.307/96, a despeito de evidenciar o fortalecimento da arbitragem, não investiu o árbitro do poder coercitivo direto, de modo que, diferentemente do juiz, não pode impor, contra a vontade do devedor, restrições ao seu patrimônio. 8. O deferimento da penhora do direito litigioso no rosto dos autos não implica propriamente a individualização, tampouco a apreensão efetiva e o depósito de bens à ordem judicial, mas a mera afetação à futura expropriação, além de criar sobre eles a preferência para o respectivo exequente. 9. Respeitadas as peculiaridades de cada jurisdição, é possível aplicar a regra do art. 674 do CPC/73 (art. 860 do CPC/15), ao procedimento de arbitragem, a fim de permitir que o juiz oficie o árbitro para que este faça constar em sua decisão final, acaso favorável ao executado, a existência da ordem judicial de expropriação, ordem essa, por sua vez, que só será efetivada ao tempo e modo do cumprimento da sentença arbitral, no âmbito do qual deverá ser também resolvido eventual concurso especial de credores, nos termos do art. 613 do CPC/73 (parágrafo único do art. 797 do CPC/15). 10. Dentre as mencionadas peculiaridades, está a preservação da confidencialidade estipulada na arbitragem, à que alude a recorrente e da qual não descurou a Lei 9.307/96, ao prever, no parágrafo único do art. 22-C, que o juízo estatal observará, nessas circunstâncias, o segredo de justiça. (...) (STJ, REsp 1678224/SP, Rel. Ministra Nancy Andrighi, Terceira Turma, julgado em 07/05/2019, DJe 09/05/2019)

Penhora no rosto dos autos de inventário

✓ AGRAVO DE INSTRUMENTO. DIREITO PRIVADO NÃO ESPECIFICADO. FASE DE CUMPRIMENTO DE SENTENÇA. PENHORA SOBRE BENS DO ESPÓLIO INDEFERIDA. PENHORA NO ROSTO DOS AUTOS DO INVENTÁRIO. DESCABIMENTO. DECISÃO AGRAVADA REFORMADA. Nos termos do previsto no artigo 860 do código de processo civil quando o direito estiver sendo pleiteado em juízo, a penhora que recair sobre ele será averbada, com destaque, nos autos pertinentes ao direito e na ação correspondente à penhora, a fim de que esta seja efetivada nos bens que forem adjudicados ou que vierem a caber ao executado. A penhora no rosto dos autos do inventário só é cabível, portanto, quando o devedor executado é herdeiro. No caso, tratando-se de dívida de cujus, a penhora deve recair sobre bens do espólio. Agravo de instrumento provido. Unânime. (TJRS; AI 0171538-49.2017.8.21.7000; Dom Pedrito; Décima Sétima Câmara Cível; Relª Desª Liege Puricelli Pires; Julg. 31/08/2017; DJERS 28/09/2017)

Subseção VII
Da Penhora das Quotas ou das Ações de Sociedades Personificadas

Art. 861. Penhoradas as quotas ou as ações de sócio em sociedade simples ou empresária, o juiz assinará prazo razoável, não superior a 3 (três) meses, para que a sociedade:

→ *v.* Art. 43, § 2º, da Lei 6.404/1976.

I – apresente balanço especial, na forma da lei;

II – ofereça as quotas ou as ações aos demais sócios, observado o direito de preferência legal ou contratual;

III – não havendo interesse dos sócios na aquisição das ações, proceda à liquidação das quotas ou das ações, depositando em juízo o valor apurado, em dinheiro.

§ 1º Para evitar a liquidação das quotas ou das ações, a sociedade poderá adquiri-las sem redução do capital social e com utilização de reservas, para manutenção em tesouraria.

§ 2º O disposto no *caput* e no § 1º não se aplica à sociedade anônima de capital aberto, cujas ações serão adjudicadas ao exequente ou alienadas em bolsa de valores, conforme o caso.

→ v. Arts. 871, III, 876 a 878, 881, § 2º, e 886, parágrafo único, do CPC.

§ 3º Para os fins da liquidação de que trata o inciso III do *caput*, o juiz poderá, a requerimento do exequente ou da sociedade, nomear administrador, que deverá submeter à aprovação judicial a forma de liquidação.

§ 4º O prazo previsto no *caput* poderá ser ampliado pelo juiz, se o pagamento das quotas ou das ações liquidadas:

I – superar o valor do saldo de lucros ou reservas, exceto a legal, e sem diminuição do capital social, ou por doação; ou

II – colocar em risco a estabilidade financeira da sociedade simples ou empresária.

§ 5º Caso não haja interesse dos demais sócios no exercício de direito de preferência, não ocorra a aquisição das quotas ou das ações pela sociedade e a liquidação do inciso III do *caput* seja excessivamente onerosa para a sociedade, o juiz poderá determinar o leilão judicial das quotas ou das ações.

Possibilidade de penhora de quotas do sócio em dívida particular deste, ainda que a sociedade esteja em recuperação judicial

✓ RECURSO ESPECIAL. PROCESSUAL CIVIL. EXECUÇÃO. DÍVIDA PARTICULAR DE SÓCIO. PENHORA. QUOTAS SOCIAIS. SOCIEDADE EM RECUPERAÇÃO JUDICIAL. POSSIBILIDADE. (...) 2. Cinge-se a controvérsia a definir se em ação de execução proposta contra sócio, relativa a dívida particular por ele contraída, é permitida a penhora de suas quotas sociais e, caso possível, se essa situação se altera na hipótese de a sociedade estar em recuperação judicial. 3. É possível, uma vez verificada a inexistência de outros bens passíveis de constrição, a penhora de quotas sociais de sócio por dívida particular por ele contraída sem que isso implique abalo na affectio societatis. Precedentes. 4. Não há vedação para a penhora de quotas sociais de sociedade empresária em recuperação judicial, já que não enseja, necessariamente, a liquidação da quota. (...) (STJ, REsp 1803250/SP, Rel. Ministro Marco Aurélio Bellizze, Rel. p/ Acórdão Ministro Ricardo Villas Bôas Cueva, Terceira Turma, julgado em 23/06/2020, DJe 01/07/2020)

Subseção VIII
Da Penhora de Empresa, de Outros Estabelecimentos e de Semoventes

Art. 862. Quando a penhora recair em estabelecimento comercial, industrial ou agrícola, bem como em semoventes, plantações ou edifícios em construção, o juiz nomeará administrador-depositário, determinando-lhe que apresente em 10 (dez) dias o plano de administração.

→ *v.* Art. 825, III, do CPC.

§ 1º Ouvidas as partes, o juiz decidirá.

§ 2º É lícito às partes ajustar a forma de administração e escolher o depositário, hipótese em que o juiz homologará por despacho a indicação.

§ 3º Em relação aos edifícios em construção sob regime de incorporação imobiliária, a penhora somente poderá recair sobre as unidades imobiliárias ainda não comercializadas pelo incorporador.

§ 4º Sendo necessário afastar o incorporador da administração da incorporação, será ela exercida pela comissão de representantes dos adquirentes ou, se se tratar de construção financiada, por empresa ou profissional indicado pela instituição fornecedora dos recursos para a obra, devendo ser ouvida, neste último caso, a comissão de representantes dos adquirentes.

Nomeação de administrador como requisito para a penhora de empresa

✓ AGRAVO DE INSTRUMENTO. PROCESSO CIVIL. EXECUÇÃO. DEVEDOR. PENHORA DE COTAS SOCIAIS. ADMINISTRADOR JUDICIAL. NOMEAÇÃO. LEGITIMIDADE. 1. O artigo 862 do Código de Processo Civil determina a nomeação de administrador-depositário para os casos em que a penhora recair sobre estabelecimento comercial. 2. Aos casos em que restar claro que a mera penhora do faturamento da empresa não se mostre, vez que o responsável pela aferição do faturamento da empresa seja o próprio devedor objeto de desconsideração reversa da personalidade jurídica, mostra-se necessária a nomeação de administrador judicial, na forma prevista pelo artigo 862 do Código de Processo Civil, para garantir o adimplemento da dívida. 3. Agravo não provido. (TJDF; AGI 2016.00.2.044452-8; Ac. 101.9178; Terceira Turma Cível; Rel. Des. Flavio Renato Jaquet Rostirola; Julg. 17/05/2017; DJDFTE 26/05/2017)

Art. 863. A penhora de empresa que funcione mediante concessão ou autorização far-se-á, conforme o valor do crédito, sobre a renda, sobre determinados bens ou sobre todo o patrimônio, e o juiz nomeará como depositário, de preferência, um de seus diretores.

§ 1º Quando a penhora recair sobre a renda ou sobre determinados bens, o administrador-depositário apresentará a forma de administração e o esquema de pagamento, observando-se, quanto ao mais, o disposto em relação ao regime de penhora de frutos e rendimentos de coisa móvel e imóvel.

→ v. Arts. 867 a 869 do CPC.

§ 2º Recaindo a penhora sobre todo o patrimônio, prosseguirá a execução em seus ulteriores termos, ouvindo-se, antes da arrematação ou da adjudicação, o ente público que houver outorgado a concessão.

Penhora de empresa que funcione mediante concessão

✓ PENHORA DE EMPRESA QUE FUNCIONAL MEDIANTE CONCESSÃO. Em sendo a impetrante concessionária de serviço público, a ela se aplica o disposto no art. 863, caput" e § 1º do Código de Processo Civil, devendo haver, para a penhora de faturamento, nomeação de um depositário, preferencialmente diretor da empresa, que então deve apresentar "a forma de administração e o esquema de pagamento ". Tais exigências contrastam com a determinação de penhora direta contida no ato impugnado. Segurança concedida. (TRT 18ª R.; MS 0010566-89.2017.5.18.0000; Relª Desª Kathia Maria Bomtempo de Albuquerque; DJEGO 26/09/2017; Pág. 223)

Art. 864. A penhora de navio ou de aeronave não obsta que continuem navegando ou operando até a alienação, mas o juiz, ao conceder a autorização para tanto, não permitirá que saiam do porto ou do aeroporto antes que o executado faça o seguro usual contra riscos.

→ v. Art. 155 da Lei 7.565/1986.

Art. 865. A penhora de que trata esta Subseção somente será determinada se não houver outro meio eficaz para a efetivação do crédito.

→ v. Art. 805 do CPC.

Subseção IX
Da Penhora de Percentual de Faturamento de Empresa

Art. 866. Se o executado não tiver outros bens penhoráveis ou se, tendo-os, esses forem de difícil alienação ou insuficientes para saldar o crédito executado, o juiz poderá ordenar a penhora de percentual de faturamento de empresa.

§ 1º O juiz fixará percentual que propicie a satisfação do crédito exequendo em tempo razoável, mas que não torne inviável o exercício da atividade empresarial.

§ 2º O juiz nomeará administrador-depositário, o qual submeterá à aprovação judicial a forma de sua atuação e prestará contas mensalmente, entregando em juízo as quantias recebidas, com os respectivos balancetes mensais, a fim de serem imputadas no pagamento da dívida.

→ v. Arts. 352 a 355 do CC/2002.

§ 3º Na penhora de percentual de faturamento de empresa, observar-se-á, no que couber, o disposto quanto ao regime de penhora de frutos e rendimentos de coisa móvel e imóvel.

Admitindo a penhora de faturamento de empresa, desde que o percentual não torne inviável sua atividade:

✓ AGRAVO INTERNO NO AGRAVO EM RECURSO ESPECIAL. EXECUÇÃO DE TÍTULO EXTRAJUDICIAL. PENHORA DO FATURAMENTO DA EMPRESA. ALEGADO NÃO PREENCHIMENTO DOS REQUISITOS E ONEROSIDADE EXCESSIVA. SÚMULA 7 DO STJ. 1. "A jurisprudência desta Corte Superior é assente quanto à possibilidade de a penhora recair, em caráter excepcional, sobre o faturamento da empresa, desde que observadas, cumulativamente, as condições previstas na legislação processual e que o percentual fixado não torne inviável o exercício da atividade empresarial" (AgInt no REsp 1811869/SC, Rel. Ministro Og Fernandes, Segunda Turma, julgado em 19/11/2019, DJe 26/11/2019). (....) (STJ, AgInt no AREsp 1552288/SC, Rel. Ministro Luis Felipe Salomão, Quarta Turma, julgado em 08/06/2020, DJe 12/06/2020)

Penhora de faturamento possível mesmo que tenham sido oferecidos outros bens pelo executado, reputados sem liquidez

✓ AGRAVO INTERNO NO AGRAVO INTERNO NO AGRAVO (ART. 1042 DO NCPC) - AUTOS DE AGRAVO DE INSTRUMENTO NA ORIGEM - PENHORA - FATURAMENTO DA EMPRESA - DECISÃO MONOCRÁTICA QUE RECONSIDEROU DELIBERAÇÃO DA PRESIDÊNCIA DO STJ PARA CONHECER EM PARTE DO RECLAMO ESPECIAL E, NA EXTENSÃO, NEGAR-LHE PROVIMENTO. IRRESIGNAÇÃO DA EXECUTADA. (...) 3. Não obtido êxito na constrição de outros bens consoante a ordem legal estabelecida, viável é a penhora sobre o faturamento líquido da empresa, não servindo a alegação da parte de que ofereceu bens aptos a garantir o juízo, pois consoante referido pelo Tribunal a quo, esses foram rejeitados pelo credor em virtude de não serem de propriedade dos executados, bem ainda de não se mostrarem hígidos para o fim pretendido em virtude de sua iliquidez. (...) (STJ, AgInt no AgInt no AREsp 1110783/SP, Rel. Ministro Marco Buzzi, Quarta Turma, julgado em 10/04/2018, DJe 17/04/2018)

Requisitos para a penhora sobre faturamento da empresa

✓ ADMINISTRATIVO. AGRAVO DE INSTRUMENTO. EXECUÇÃO FISCAL. PENHORA SOBRE FATURAMENTO DA EMPRESA. POSSIBILIDADE. 1. A penhora sobre o faturamento é medida excepcional, não só em razão do impacto da retirada imediata de recursos financeiros à disposição da empresa, mas também pelas consequências que tal medida traz a curto prazo, particularmente quanto ao cumprimento das obrigações com fornecedores e funcionários. 2. Tal providência, prevista nos arts. 835 e 866 do CPC/2015, deve atender, cumulativamente, aos seguintes requisitos: A) não localização de bens passíveis de penhora e suficientes à garantia da execução ou, se localizados, de difícil alienação; b) nomeação de administrador; e c) não comprometimento da atividade empresarial. Nesse sentido, são fartos os julgados do Superior Tribunal de Justiça. 3. Sendo a execução realizada no interesse do credor, nos termos do art. 797 do CPC/2015, cabe ao devedor comprovar eventual prejuízo ao seu regular funcionamento decorrente da constrição de parte de seu faturamento. (TRF 4ª R.; AG 5044293-25.2017.4.04.0000; Quarta Turma; Rel. Des. Fed. Luís Alberto Dazevedo Aurvalle; Julg. 08/11/2017; DEJF 10/11/2017)

Penhora sobre a receita (não sobre o lucro)

✓ LOCAÇÃO DE IMÓVEL. EXECUÇÃO DE TÍTULO EXTRAJUDICIAL. DECISÕES QUE DETERMINARAM A PENHORA DE 10% DO FATURAMENTO DA EMPRESA

AGRAVANTE. Manutenção. Necessidade. Desnecessidade de a agravante ser instada a se manifestar acerca do interesse em ser depositária e administradora dos montantes a serem constritos. Inteligência do art. 869, do NCPC. Penhora que deve recair sobre a receita da executada e não sobre o lucro. Ausência de comprovação no sentido de que o percentual do faturamento a ser penhorado inviabilizará a atividade da empresa. Recurso desprovido. (TJSP; AI 2086382-69.2017.8.26.0000; Ac. 10660425; Sumaré; Trigésima Câmara de Direito Privado; Rel. Des. Marcos Ramos; Julg. 02/08/2017; DJESP 14/08/2017; Pág. 2802)

Desnecessidade de nomeação de administrador na penhora de recebíveis de cartão de crédito

✓ CUMPRIMENTO PROVISÓRIO DE DECISÃO. PENHORA DE RECEBÍVEIS PROVENIENTES DAS OPERADORAS DE CARTÃO DE CRÉDITO. CABIMENTO. Desnecessidade de nomeação de administrador-depositário. Inteligência do artigo 866, § 2º do CPC de 2015. Recurso desprovido. (TJSP; AI 2183524-73.2017.8.26.0000; Ac. 10963462; Assis; Vigésima Nona Câmara de Direito Privado; Rel. Des. Fortes Barbosa; Julg. 10/11/2017; DJESP 17/11/2017; Pág. 3028)

Penhora sobre *royalties*

✓ AGRAVO DE INSTRUMENTO. EXECUÇÃO POR QUANTIA CERTA CONTRA DEVEDOR SOLVENTE. ENDOSSATÁRIO DOS CHEQUES. (...) PENHORA SOBRE ROYALTIES. PRINCÍPIO DA MENOR ONEROSIDADE. REQUISITOS DA JURISPRUDÊNCIA. Hipótese em que não houve o pagamento do débito nem houve a indicação de bens à penhora. Reconhecido que a penhora sobre os royalties da empresa, que se assemelha a penhora sobre o faturamento, é admissível na hipótese de não haver bens penhoráveis, ou serem estes insuficientes ou de difícil comercialização. Demonstrada a existência de inúmeras franquias no de Estado de São Paulo e em outros estados da federação. Requisitos exigidos pela jurisprudência do C. STJ que se encontram presentes e/ou superados por este decisum. Cabível a penhora no percentual de 30% dos valores líquidos recebíveis pela executada, a título de royalties, relativos às empresas franqueadas. Necessidade de observância às cautelas dos artigos 862, 863 e 869 do NCPC. Hipótese, ademais, que incumbe ao executado que alegar ser a medida executiva mais gravosa, indicar meios mais eficazes e menos onerosos, sob pena de manutenção dos atos executivos já determinados. Ônus do qual a agravante não se desincumbiu a contento. Inteligência do art. 805, parágrafo único do NCPC, sem correspondente do ACPC. Decisão reformada em parte. Agravo regimental prejudicado. Agravo parcialmente provido. (TJSP; AI 2241340-47.2016.8.26.0000; Ac. 10761143; São Paulo; Vigésima Quarta Câmara de Direito Privado; Rel. Des. Salles Vieira; Julg. 01/09/2017; DJESP 18/09/2017; Pág. 2926)

Subseção X
Da Penhora de Frutos e Rendimentos de Coisa Móvel ou Imóvel

Art. 867. O juiz pode ordenar a penhora de frutos e rendimentos de coisa móvel ou imóvel quando a considerar mais eficiente para o recebimento do crédito e menos gravosa ao executado.

→ V. Art. 805 do CPC.

Penhora por meio de usufruto de imóvel

✓ COBRANÇA DE DESPESAS CONDOMINIAIS. CUMPRIMENTO DE SENTENÇA. Pretensão de constituição de USUFRUTO, em favor do condomínio exequente, sobre o imóvel penhorado. Possibilidade. Aplicação dos artigos 867 a 869, do Código de Processo Civil. Medida que não ofende o princípio da menor onerosidade e que se mostra eficiente à satisfação do crédito. Decisão reformada. Recurso PROVIDO. (TJSP; AI 2165227-18.2017.8.26.0000; Ac. 10958492; Diadema; Vigésima Quinta Câmara de Direito Privado; Rel. Des. Claudio Hamilton; Julg. 09/11/2017; DJESP 17/11/2017; Pág. 2919)

Art. 868. Ordenada a penhora de frutos e rendimentos, o juiz nomeará administrador-depositário, que será investido de todos os poderes que concernem à administração do bem e à fruição de seus frutos e utilidades, perdendo o executado o direito de gozo do bem, até que o exequente seja pago do principal, dos juros, das custas e dos honorários advocatícios.

§ 1º A medida terá eficácia em relação a terceiros a partir da publicação da decisão que a conceda ou de sua averbação no ofício imobiliário, em caso de imóveis.

§ 2º O exequente providenciará a averbação no ofício imobiliário mediante a apresentação de certidão de inteiro teor do ato, independentemente de mandado judicial.

Necessidade de nomeação de depositário-administrador

✓ AGRAVO DE INSTRUMENTO. Insurgência contra decisão que condicionou a análise da viabilidade da penhora do faturamento da empresa executada ao parecer do administrador judicial. Inobservância do procedimento previsto no art. 868 do CPC, que determina a nomeação do administrador após a penhora. Decisão reformada. RECURSO PROVIDO. (TJSP; AI 2141117-52.2017.8.26.0000; Ac. 10860292; Piracicaba; Décima Oitava Câmara de Direito Privado; Relª Desª Carmen Lucia da Silva; Julg. 19/09/2017; DJESP 09/10/2017; Pág. 2932)

Possibilidade de nomeação do exequente como depositário-administrador

✓ AGRAVO DE INSTRUMENTO. DIREITO PRIVADO NÃO ESPECIFICADO. AÇÃO RESCISÓRIA E EXECUTIVA. CONEXAS. SENTENÇA NÃO TRANSITADA EM JULGADO. Admitida a venda dos bens móveis, condicionada à caução da execução, observado o disposto no art. 520, do CPC, por se tratar de cumprimento provisório de sentença não transitada em julgado. Hipótese também de deferimento da nomeação do exequente como fiel depositário-administrador do bem imóvel do executado, forte no art. 868 do CPC. Agravo de instrumento provido. (TJRS; AI 0025447-87.2017.8.21.7000; Lajeado; Décima Primeira Câmara Cível; Rel. Des. Bayard Ney de Freitas Barcellos; Julg. 05/07/2017; DJERS 11/07/2017)

Art. 869. O juiz poderá nomear administrador-depositário o exequente ou o executado, ouvida a parte contrária, e, não havendo acordo, nomeará profissional qualificado para o desempenho da função.

§ 1º O administrador submeterá à aprovação judicial a forma de administração e a de prestar contas periodicamente.

§ 2º Havendo discordância entre as partes ou entre essas e o administrador, o juiz decidirá a melhor forma de administração do bem.

§ 3º Se o imóvel estiver arrendado, o inquilino pagará o aluguel diretamente ao exequente, salvo se houver administrador.

§ 4º O exequente ou o administrador poderá celebrar locação do móvel ou do imóvel, ouvido o executado.

§ 5º As quantias recebidas pelo administrador serão entregues ao exequente, a fim de serem imputadas ao pagamento da dívida.

→ *v.* Arts. 352 a 355 do CC/2002.

§ 6º O exequente dará ao executado, por termo nos autos, quitação das quantias recebidas.

Subseção XI
Da Avaliação

Art. 870. A avaliação será feita pelo oficial de justiça.

→ *v.* Art. 154, V, do CPC.

Parágrafo único. Se forem necessários conhecimentos especializados e o valor da execução o comportar, o juiz nomeará avaliador, fixando-lhe prazo não superior a 10 (dez) dias para entrega do laudo.

→ v. Art. 13 da Lei 6.830/1980.

Avaliação por Oficial de Justiça como regra

✓ AGRAVO DE INSTRUMENTO. EXECUÇÃO. AVALIAÇÃO. Decisão que nomeou expert do juízo para realização de perícia. Irresignação. Regra geral. Possibilidade de avaliação ser feita por oficial de justiça. Inexistência de complexidade que enseje a realização da avaliação por perito. Inteligência dos art. 870 e 871, ambos do CPC. Precedentes deste E. Tribunal. Decisão reformada. RECURSO PROVIDO. (TJSP; AI 2104155-25.2020.8.26.0000; Ac. 14173957; Lençóis Paulista; Vigésima Quarta Câmara de Direito Privado; Relª Desª Jonize Sacchi de Oliveira; Julg. 24/11/2020; DJESP 18/12/2020; Pág. 3644)

✓ AGRAVO DE INSTRUMENTO. ALIENAÇÃO FIDUCIÁRIA. EXECUÇÃO DE TÍTULO EXTRAJUDICIAL. CÉDULA DE CRÉDITO BANCÁRIO. DETERMINAÇÃO DE AVALIAÇÃO DO BEM MÓVEL E DO BEM IMÓVEL PELO EXEQUENTE. DECISÃO REFORMADA. AUSÊNCIA DE EXCEPCIONALIDADE A JUSTIFICAR A MEDIDA ADOTADA. A avaliação de bem a ser penhorado em sede de processo executivo deve ser feita pelo oficial de justiça, nos termos do artigo 870 do CPC. A determinação de que seja feita por terceiro somente se justifica em casos excepcionais, o que não se mostra presente no caso concreto, até o momento. Ademais, a parte inconformada com a avaliação pode manejar a sua irresignação pelos meios cabíveis. Decisão reformada. Agravo de instrumento provido. (TJRS; AI 0049204-13.2017.8.21.7000; Arroio do Tigre; Décima Terceira Câmara Cível; Relª Desª Angela Terezinha de Oliveira Brito; Julg. 26/10/2017; DJERS 03/11/2017)

Art. 871. Não se procederá à avaliação quando:

I – uma das partes aceitar a estimativa feita pela outra;

→ *v.* Art. 1.484 do CC/2002.

II – se tratar de títulos ou de mercadorias que tenham cotação em bolsa, comprovada por certidão ou publicação no órgão oficial;

III – se tratar de títulos da dívida pública, de ações de sociedades e de títulos de crédito negociáveis em bolsa, cujo valor será o da cotação oficial do dia, comprovada por certidão ou publicação no órgão oficial;

→ v. Arts. 861, § 2º, 881, § 2º e 886, parágrafo único, do CPC.

IV – se tratar de veículos automotores ou de outros bens cujo preço médio de mercado possa ser conhecido por meio de pesquisas realizadas por órgãos oficiais ou de anúncios de venda divulgados em meios de comunicação, caso em que caberá a quem fizer a nomeação o encargo de comprovar a cotação de mercado.

Valor base do IPTU insuficiente para dispensar a avaliação

✓ AGRAVO DE INSTRUMENTO. CUMPRIMENTO DE SENTENÇA. AVALIAÇÃO DO IMÓVEL PENHORADO. Cotações divergentes apresentadas pelas partes. Ausência de vistoria no imóvel. Divergência significativa entre o valor base para cálculo do IPTU e valor de referência do imóvel. Não caracterização da hipótese de dispensa de avaliação (art. 871, I do CPC). Rejeição das avaliações apresentadas. Prosseguimento na forma do art. 870, parágrafo único do CPC. Recurso. Provido. (TJSP; AI 2269540-25.2020.8.26.0000; Ac. 14161664; São Paulo; Primeira Câmara de Direito Privado; Rel. Des. Enéas Costa Garcia; Julg. 19/11/2020; rep. DJESP 09/12/2020; Pág. 1577)

Utilização da tabela FIPE como parâmetro de avaliação

✓ AGRAVO INTERNO. PRESTAÇÃO DE SERVIÇOS. GESTÃO PATRIMONIAL. AÇÃO DE RESCISÃO CONTRATUAL C.C. RESTITUIÇÃO DE VALORES PAGOS. Cumprimento de sentença. Decisão monocrática que negou provimento a agravo de instrumento. Avaliação de veículo. Tabela FIPE. Possibilidade. Valor médio de mercado. Art. 871, IV, do CPC. Ofensa ao art. 10, do CPC. Inocorrência. Decisão mantida. Recurso desprovido. (TJSP; AgInt 2189232-02.2020.8.26.0000/50000; Ac. 14107316; Bauru; Trigésima Quinta Câmara de Direito Privado; Rel. Des. Melo Bueno; Julg. 29/10/2020; DJESP 09/11/2020; Pág. 2021)

✓ AVALIAÇÃO. Execução de título extrajudicial. Penhora de veículo. Pesquisa pela Tabela FIPE. Pretensão de avaliação por perito judicial. Desnecessidade. Inteligência do art. 871, inc. IV, do CPC. Realizada a penhora, em execução de título extrajudicial, não se constata a necessidade de nomeação de avaliador especializado, o que só encarece e atrasa a celeridade processual. Executado que não justifica de forma específica a necessidade de realização de perícia. RECURSO NÃO PROVIDO. (TJSP; AI 2040692-12.2020.8.26.0000; Ac. 14002077; São Paulo; Décima Terceira Câmara de Direito Privado; Rel. Des. Nelson Jorge Júnior; Julg. 25/09/2020; DJESP 02/10/2020; Pág. 2358)

Entendendo que a tabela FIPE não dispensa a avaliação do veículo

✓ AGRAVO DE INSTRUMENTO. DIREITO PRIVADO NÃO ESPECIFICADO. AÇÃO DE EXECUÇÃO DE TÍTULO EXTRAJUDICIAL. AVALIAÇÃO. VEÍCULO AUTOMOTOR. TABELA FIPE. A dispensa da avaliação de bem penhorado está adstrita aos casos previstos no art. 871 do CPC/15. A tabela da FIPE não é elaborada por órgão oficial e não afasta a necessidade de ser demonstrado o valor de mercado que considera as peculiaridades do veículo, como acessórios, revisões regulares, quilometragem e estado de conservação. - Circunstâncias dos autos em que se impõe manter a decisão recorrida. Recurso desprovido. (TJRS; AI 0294710-28.2017.8.21.7000; Porto Alegre; Décima Oitava Câmara Cível; Rel. Des. João Moreno Pomar; Julg. 24/10/2017; DJERS 31/10/2017)

Parágrafo único. Ocorrendo a hipótese do inciso I deste artigo, a avaliação poderá ser realizada quando houver fundada dúvida do juiz quanto ao real valor do bem.

Art. 872. A avaliação realizada pelo oficial de justiça constará de vistoria e de laudo anexados ao auto de penhora ou, em caso de perícia realizada por avaliador, de laudo apresentado no prazo fixado pelo juiz, devendo-se, em qualquer hipótese, especificar:

I – os bens, com as suas características, e o estado em que se encontram;

II – o valor dos bens.

§ 1º Quando o imóvel for suscetível de cômoda divisão, a avaliação, tendo em conta o crédito reclamado, será realizada em partes, sugerindo-se, com a apresentação de memorial descritivo, os possíveis desmembramentos para alienação.

→ *V.* Art. 893 do CPC.

§ 2º Realizada a avaliação e, sendo o caso, apresentada a proposta de desmembramento, as partes serão ouvidas no prazo de 5 (cinco) dias.

Fé pública da avaliação feita pelo Oficial de Justiça em conformidade com o art. 872 do CPC.

✓ AGRAVO DE INSTRUMENTO. REAVALIAÇÃO DE IMÓVEL REALIZAÇÃO POR OFICIAL DE JUSTIÇA. DESNECESSIDADE DE NOMEAÇÃO DE PERITO. 1. O Oficial de Justiça Avaliador é profissional que goza de fé pública e habilitado, nos termos do art. 870 do CPC, a efetuar avaliações e/ou reavaliações perante a justiça, incumbindo às partes alegarem a necessidade de reavaliação por perito. 2. Os requisitos legais que devem estar presentes no laudo de avaliação estão previstos no artigo 872 do Código de Processo Civil, e, uma vez atendidos pelo oficial de justiça, não se pode dispensar o trabalho realizado pelo auxiliar do juízo, em especial quando goza de fé pública, tendo entre as atribuições específicas de seu cargo justamente a avaliação de bens, móveis e imóveis (artigo 154, inciso V, do Código de Processo Civil). (TRF 4ª R.; AG 5035430-80.2017.4.04.0000; Primeira Turma; Rel. Des. Fed. Roger Raupp Rios; Julg. 08/11/2017; DEJF 10/11/2017)

Art. 873. É admitida nova avaliação quando:

I – qualquer das partes arguir, fundamentadamente, a ocorrência de erro na avaliação ou dolo do avaliador;

Necessidade de nova avaliação se a anterior não chegou a ser concluída

✓ AGRAVO INTERNO NO AGRAVO INTERNO NO RECURSO ESPECIAL - AUTOS DE AGRAVO DE INSTRUMENTO NA ORIGEM - DECISÃO MONOCRÁTICA QUE RECONSIDEROU DELIBERAÇÃO ANTERIOR E, DE PLANO, DEU PARCIAL PROVIMENTO AO APELO EXTREMO DA PARTE ADVERSA. INSURGÊNCIA RECURSAL DA AGRAVANTE. 1. É manifesta a necessidade de nova avaliação do imóvel penhorado quando o primeiro ato não foi sequer concluído, eis que expressamente certificado o fato de ter sido avaliado somente o terreno, desconsiderada a edificação existente (no caso, um prédio comercial). (...) (STJ, AgInt no AgInt no REsp 1675947/MG, Rel. Ministro Marco Buzzi, Quarta Turma, julgado em 30/09/2019, DJe 07/10/2019)

II – se verificar, posteriormente à avaliação, que houve majoração ou diminuição no valor do bem;

→ *V.* Enunciado 156 do CJF: O decurso de tempo entre a avaliação do bem penhorado e a sua alienação não importa, por si só, nova avaliação, a qual deve ser realizada se houver, nos autos, indícios de que houve majoração ou diminuição no valor.

III – o juiz tiver fundada dúvida sobre o valor atribuído ao bem na primeira avaliação.

→ *V.* Arts. 847, § 1º, V e 878 do CPC.

Parágrafo único. Aplica-se o art. 480 à nova avaliação prevista no inciso III do *caput* deste artigo.

Impossibilidade de reavaliação se não forem preenchidos os requisitos do art. 873 do CPC

✓ BUSCA E APREENSÃO. Cumprimento de sentença homologatória de acordo. Penhora de imóveis (2 lotes de terreno). Avaliação por perito de confiança do juízo. Designação de datas para parcelamento dos bens. Insurgência contra decisão que rejeitou embargos declaratórios e manteve decisão que indeferiu pedido de nova avaliação dos bens imóveis penhorados. Não configuração de nenhuma das hipóteses previstas no artigo 873 do CPC. Ausentes indícios de que os bens penhorados tenham sofrido valorização excepcional, sendo de conhecimento público que o setor imobiliário foi impactado pela crise econômica, resultando em declive do preço dos bens. Pequeno lapso temporal entre a avaliação e a hasta pública (2 anos). Parecer técnico particular que, a despeito de apontar valor consideravelmente maior para os bens, deixa de apontar equívoco na avaliação realizada pelo perito oficial e, ademais, adota como referência comparativa imóveis de metragem demasiadamente superior ao avaliando. Desnecessidade de nova avaliação, mostrando-se suficiente simples correção monetária, de acordo com a tabela prática deste Tribunal. Precedente do C. STJ. Decisão mantida. Recurso improvido. (TJSP; AI 2122809-65.2017.8.26.0000; Ac. 10979698; Araçatuba; Trigésima Segunda Câmara de Direito Privado; Rel. Des. Caio Marcelo Mendes de Oliveira; Julg. 16/11/2017; DJESP 24/11/2017; Pág. 2393)

Art. 874. Após a avaliação, o juiz poderá, a requerimento do interessado e ouvida a parte contrária, mandar:

I – reduzir a penhora aos bens suficientes ou transferi-la para outros, se o valor dos bens penhorados for consideravelmente superior ao crédito do exequente e dos acessórios;

II – ampliar a penhora ou transferi-la para outros bens mais valiosos, se o valor dos bens penhorados for inferior ao crédito do exequente.

→ *V.* Art. 851, II do CPC.

Art. 875. Realizadas a penhora e a avaliação, o juiz dará início aos atos de expropriação do bem.

Interpretação das regras para a avaliação do imóvel na ação de desapropriação em conformidade com o CPC

✓ PROCESSUAL CIVIL. AÇÃO DE DESAPROPRIAÇÃO. NECESSIDADE DE AVALIAÇÃO DO IMÓVEL. INEXISTÊNCIA DE URGÊNCIA. AUSÊNCIA DE OMISSÃO, ART. 1.022, II, DO CPC. FALTA DE PREQUESTIONAMENTO. SÚMULA 211/STJ. (...) 4. O art. 15 do Decreto-Lei 3.365/1941 deve ser interpretado em consonância com o art. 685 do CPC de 1973 ou com os arts. 874 e 875 do novo diploma processual. Por isso, o magistrado, em caso de dúvida, deve exigir avaliação do imóvel, para autorizar a imissão do expropriante na posse do imóvel, principalmente, quando parece não existir caso de urgência. (STJ, REsp 1650614/SC, Rel. Ministro Herman Benjamin, Segunda Turma, julgado em 25/04/2017, DJe 05/05/2017)

Seção IV
Da Expropriação de Bens
Subseção I
Da Adjudicação

Art. 876. É lícito ao exequente, oferecendo preço não inferior ao da avaliação, requerer que lhe sejam adjudicados os bens penhorados.

§ 1º Requerida a adjudicação, o executado será intimado do pedido:

I – pelo Diário da Justiça, na pessoa de seu advogado constituído nos autos;

II – por carta com aviso de recebimento, quando representado pela Defensoria Pública ou quando não tiver procurador constituído nos autos;

III – por meio eletrônico, quando, sendo o caso do § 1º do art. 246, não tiver procurador constituído nos autos.

§ 2º Considera-se realizada a intimação quando o executado houver mudado de endereço sem prévia comunicação ao juízo, observado o disposto no art. 274, parágrafo único.

§ 3º Se o executado, citado por edital, não tiver procurador constituído nos autos, é dispensável a intimação prevista no § 1º.

→ *V.* Art. 346 do CPC.

§ 4º Se o valor do crédito for:

I – inferior ao dos bens, o requerente da adjudicação depositará de imediato a diferença, que ficará à disposição do executado;

II – superior ao dos bens, a execução prosseguirá pelo saldo remanescente.

§ 5º Idêntico direito pode ser exercido por aqueles indicados no art. 889, incisos II a VIII, pelos credores concorrentes que hajam penhorado o mesmo bem, pelo cônjuge, pelo companheiro, pelos descendentes ou pelos ascendentes do executado.

§ 6º Se houver mais de um pretendente, proceder-se-á a licitação entre eles, tendo preferência, em caso de igualdade de oferta, o cônjuge, o companheiro, o descendente ou o ascendente, nessa ordem.

§ 7º No caso de penhora de quota social ou de ação de sociedade anônima fechada realizada em favor de exequente alheio à sociedade, esta será intimada, ficando responsável por informar aos sócios a ocorrência da penhora, assegurando-se a estes a preferência.

→ *V.* Arts. 799, VII, e 861 do CPC.

Possibilidade de adjudicação de fração de imóvel

✓ AGRAVO DE INSTRUMENTO. Ação ordinária em fase de cumprimento de sentença. Adjudicação de fração ideal de bens imóveis objeto de penhora. Requisitos dos artigos 876 e 877 do CPC preenchidos. Lavratura do auto e expedição da respectiva carta de adjudicação e de mandado de imissão na posse. Cabimento. Recurso conhecido e provido. (TJPR; Ag Instr 1655960-9; Curitiba; Décima Oitava Câmara Cível; Rel. Des. Vitor Roberto Silva; Julg. 01/11/2017; DJPR 14/11/2017; Pág. 337)

Necessidade de intimação do devedor para se manifestar quanto ao pedido de adjudicação do bem

✓ AGRAVO DE INSTRUMENTO. EXECUÇÃO DE TÍTULO EXTRAJUDICIAL. DECISÃO QUE DEFERIU A ADJUDICAÇÃO DO IMÓVEL OBJETO DA AVALIAÇÃO. Insurgência do Executado quanto à ausência de sua intimação. Necessidade de intimação do devedor acerca do pedido de adjudicação. Inteligência do art. 876, § 1º, do CPC. Precedentes jurisprudenciais. Decisão anulada, de modo a oportunizar a manifestação do Agravante acerca do pedido realizado pela Agravada. Recurso parcialmente provido. (TJSP; AI 2190522-57.2017.8.26.0000; Ac. 10948693; Suzano; Trigésima Sétima Câmara de Direito Privado; Rel. Des. João Pazine Neto; Julg. 07/11/2017; DJESP 14/11/2017; Pág. 2534)

Desnecessidade de o exequente exibir a integralidade do preço na adjudicação

✓ AGRAVO DE INSTRUMENTO. (...) Não é possível determinar a exibição integral do preço ao exequente interessado na adjudicação do bem, sendo cabível, apenas, o depósito da diferença quando o valor da avaliação do bem for superior à quantia da dívida. Recurso conhecido e provido em parte. (TJMS; AI 1404638-91.2017.8.12.0000; Segunda Câmara Cível; Rel. Des. Marcos José de Brito Rodrigues; DJMS 19/10/2017; Pág. 89)

Art. 877. Transcorrido o prazo de 5 (cinco) dias, contado da última intimação, e decididas eventuais questões, o juiz ordenará a lavratura do auto de adjudicação.

§ 1º Considera-se perfeita e acabada a adjudicação com a lavratura e a assinatura do auto pelo juiz, pelo adjudicatário, pelo escrivão ou chefe de secretaria, e, se estiver presente, pelo executado, expedindo-se:

→ v. Enunciado 151 do CJF: O executado pode remir a execução até a lavratura do auto de adjudicação ou de alienação (CPC, art. 826).

I – a carta de adjudicação e o mandado de imissão na posse, quando se tratar de bem imóvel;

II – a ordem de entrega ao adjudicatário, quando se tratar de bem móvel.

§ 2º A carta de adjudicação conterá a descrição do imóvel, com remissão à sua matrícula e aos seus registros, a cópia do auto de adjudicação e a prova de quitação do imposto de transmissão.

§ 3º No caso de penhora de bem hipotecado, o executado poderá remi-lo até a assinatura do auto de adjudicação, oferecendo preço igual ao da avaliação, se não tiver havido licitantes, ou ao do maior lance oferecido.

§ 4º Na hipótese de falência ou de insolvência do devedor hipotecário, o direito de remição previsto no § 3º será deferido à massa ou aos credores em concurso, não podendo o exequente recusar o preço da avaliação do imóvel.

Possibilidade de ação anulatória mesmo após a lavratura e assinatura do auto de adjudicação

✓ AGRAVO DE INSTRUMENTO. AÇÃO DE EXECUÇÃO DE TÍTULO EXTRAJUDICIAL. TERMO DE CONFISSÃO DE DÍVIDA E OUTRAS AVENÇAS. ADJUDICAÇÃO DE BEM DADO EM GARANTIA. SUSPENSÃO DOS EFEITOS. PROPOSITURA DE AÇÃO ANULATÓRIA. ARTIGO 877, § 1º, INCISO I, DO CPC/2015. RECURSO CONHECIDO E DESPROVIDO. 1. Apesar de o artigo 877, § 1º, do CPC/2015 estabelecer que a lavratura e assinatura do auto torna perfeita e acabada a adjudicação, é possível a suspensão de seus efeitos quando for proposta ação anulatória visando desconstituir a cláusula que entregou o bem imóvel em garantia. 2. Proposta ação anulatória na qual se discute a propriedade do imóvel objeto da adjudicação, deve ser mantida a decisão que sobrestou a imissão do adjudicante na posse do bem. (TJMS; AI 1410216-35.2017.8.12.0000; Terceira Câmara Cível; Rel. Des. Eduardo Machado Rocha; DJMS 26/10/2017; Pág. 48)

Art. 878. Frustradas as tentativas de alienação do bem, será reaberta oportunidade para requerimento de adjudicação, caso em que também se poderá pleitear a realização de nova avaliação.

→ v. Art. 921, IV, do CPC.

Subseção II
Da Alienação

Art. 879. A alienação far-se-á:

I – por iniciativa particular;

II – em leilão judicial eletrônico ou presencial.

Art. 880. Não efetivada a adjudicação, o exequente poderá requerer a alienação por sua própria iniciativa ou por intermédio de corretor ou leiloeiro público credenciado perante o órgão judiciário.

§ 1º O juiz fixará o prazo em que a alienação deve ser efetivada, a forma de publicidade, o preço mínimo, as condições de pagamento, as garantias e, se for o caso, a comissão de corretagem.

→ v. Art. 870 do CPC.

Alienação particular e necessidade de estabelecimento das condições pelo juiz

✓ AGRAVO DE INSTRUMENTO. Ação de Despejo C.C. Cobrança em fase de Cumprimento Sentença. Leilão Digital Extrajudicial. Decisão agravada que determina a realização do expediente de Arrematação. Observância dos requisitos do Artigo 880, parágrafo 1º do Código de Processo Civil em consonância com o Provimento CSM nº. 1625/2009. Necessidade. Decisão que deve informar de forma explícita as condições da Alienação determinadas nos Dispositivos Legais citados, inclusive, para evitar eventuais futuras alegações de nulidade. Determinação para complementação da r. Decisão Agravada. Imprescindibilidade. RECURSO PARCIALMENTE PROVIDO para determinar-se a complementação da r. Decisão Agravada nos termos do artigo 880, parágrafo primeiro do Código de Processo Civil e do Provimento CSM nº. 1625/2009. (TJSP; AI 2177002-30.2017.8.26.0000; Ac. 10958574; Santos; Trigésima Câmara de Direito Privado; Rel. Des. Penna Machado; Julg. 08/11/2017; DJESP 21/11/2017; Pág. 3061)

§ 2º A alienação será formalizada por termo nos autos, com a assinatura do juiz, do exequente, do adquirente e, se estiver presente, do executado, expedindo-se:

I – a carta de alienação e o mandado de imissão na posse, quando se tratar de bem imóvel;

II – a ordem de entrega ao adquirente, quando se tratar de bem móvel.

Alienação particular – acordo extrajudicial antes da expedição da carta como causa de cancelamento da expropriação

✓ AGRAVO DE INSTRUMENTO. EXECUÇÃO DE TÍTULO EXTRAJUDICIAL. VENDA DIRETA. HOMOLOGAÇÃO. POSSIBILIDADE DE RECONSIDERAÇÃO ANTES DA EXPEDIÇÃO DA CARTA DE ALIENAÇÃO. 1. Tratando-se de bem imóvel, o ato jurídico denominado alienação por iniciativa particular (venda direta) prevista no art. 880 do CPC, será considerado perfeito e acabado com assinatura do termo e a expedição da carta de alienação e mandado de imissão na posse. 2. Comprovada a quitação da dívida, através de acordo firmado na via administrativa, em data anterior a expedição da carta de alienação, correta a decisão agravada no ponto em que reconsiderou a decisão de homologação e tornou sem efeito a alienação. (TRF 4ª R.; AG 5026023-50.2017.404.0000; Terceira Turma; Relª Desª Fed. Marga Inge Barth Tessler; Julg. 19/09/2017; DEJF 25/09/2017)

§ 3º Os tribunais poderão editar disposições complementares sobre o procedimento da alienação prevista neste artigo, admitindo, quando for o caso, o concurso de meios eletrônicos, e dispor sobre o credenciamento dos corretores e leiloeiros públicos, os quais deverão estar em exercício profissional por não menos que 3 (três) anos.

§ 4º Nas localidades em que não houver corretor ou leiloeiro público credenciado nos termos do § 3º, a indicação será de livre escolha do exequente.

Art. 881. A alienação far-se-á em leilão judicial se não efetivada a adjudicação ou a alienação por iniciativa particular.

→ *v.* Art. 142 da Lei 11.101/2005.

§ 1º O leilão do bem penhorado será realizado por leiloeiro público.

→ v. Decreto 21.981/1932 – Regula a profissão de leiloeiro.

§ 2º Ressalvados os casos de alienação a cargo de corretores de bolsa de valores, todos os demais bens serão alienados em leilão público.

→ v. Arts. 860, § 2º, 871, II e III, e 886, parágrafo único, do CPC.

Leilão somente se não houver adjudicação ou alienação por iniciativa particular

✓ AGRAVO DE INSTRUMENTO. EXECUÇÃO DE TÍTULO EXTRAJUDICIAL. ALIENAÇÃO POR INICIATIVA PARTICULAR. VENDA DIRETA. BEM MÓVEL. VEÍCULO. PRÉVIA TENTATIVA DE LEILÃO. DESNECESSIDADE. 1. De acordo com o art. 881 do CPC o leilão judicial somente será efetivado se não manifestado interesse na adjudicação ou na alienação por iniciativa particular. 2. Havendo interesse do exequente em realizar a alienação por iniciativa particular (venda direta) cabível o deferimento do pedido, mesmo que antes da tentativa de leilão judicial, observado o procedimento previsto no art. 880 do CPC. 3. Agravo de instrumento provido. (TRF 4ª R.; AG 5030618-29.2016.404.0000; Terceira Turma; Rel. Des. Fed. Fernando Quadros da Silva; Julg. 27/09/2016; DEJF 29/09/2016)

Art. 882. Não sendo possível a sua realização por meio eletrônico, o leilão será presencial.

§ 1º A alienação judicial por meio eletrônico será realizada, observando-se as garantias processuais das partes, de acordo com regulamentação específica do Conselho Nacional de Justiça.

§ 2º A alienação judicial por meio eletrônico deverá atender aos requisitos de ampla publicidade, autenticidade e segurança, com observância das regras estabelecidas na legislação sobre certificação digital.

→ *v.* Medida Provisória 2.200/2001 – Institui a Infraestrutura de Chaves Públicas Brasileira.

→ *v.* Lei 11.419/2006 – Dispõe sobre a informatização do processo judicial.

§ 3º O leilão presencial será realizado no local designado pelo juiz.

Possibilidade de realização de leilão eletrônico de imóvel em comarca diversa, dispensando a execução por carta

✓ TRIBUTÁRIO. CONFLITO NEGATIVO DE COMPETÊNCIA. EXECUÇÃO FISCAL. ALIENAÇÃO JUDICIAL ELETRÔNICA. DESNECESSIDADE DE QUE A REALIZAÇÃO DOS ATOS SEJA PRATICADA NO FORO EM QUE SITUADO O BEM. RECUSA JUSTIFICADA DO CUMPRIMENTO DA CARTA PRECATÓRIA. CONFLITO CONHECIDO PARA DECLARAR COMPETENTE O JUÍZO DE DIREITO DA 4a. VARA DE FEITOS TRIBUTÁRIOS DE BELO HORIZONTE/MG, ORA SUSCITADO. (....) 2. Os procedimentos relativos à alienação judicial por meio eletrônico, na forma preconizada pelo art. 882, § 1o. do Código Fux (CPC/2015), têm por finalidade facilitar a participação dos licitantes, reduzir custos e agilizar processos de execução, primando pelo atendimento dos princípios da publicidade, da celeridade e da segurança. 3. Tal modelo de leilão revela maior eficácia diante da inexistência de fronteiras no ambiente virtual, permitindo que o leilão judicial alcance um número incontável de participantes em qualquer lugar do País, além de propiciar maior divulgação, baratear o processo liciatório e ser infinitamente mais célere em relação ao leilão presencial, rompendo trâmites burocráticos e agilizando o processo de venda do bem objeto de execução. 4. Logo, cabe ao Magistrado atentar para essa relevante alteração trazida pelo Novel Estatuto Processual, utilizando-se desse poderoso instrumento de alienação judicial do bem penhorado em processo executivo, que tornou inútil e obsoleto deprecar os atos de alienação dos bens para satisfação do crédito, já que a alienação pela rede mundial dispensa o comparecimento dos interessados no local da hasta pública. 5. Portanto, considerando que a alienação eletrônica permite ao interessado participar do procedimento mediante um acesso simples à internet, sem necessidade de sua presença ao local da hasta, tem-se por justificada a recusa do cumprimento da Carta Precatória pelo Juízo deprecado, ora suscitante, visto que não há motivos para que a realização do ato de alienação judicial eletrônica seja praticada em Comarca diversa do Juízo da Execução. (....) (STJ, CC 147.746/SP, Rel. Ministro Napoleão Nunes Maia Filho, Primeira Seção, julgado em 27/05/2020, DJe 04/06/2020)

Art. 883. Caberá ao juiz a designação do leiloeiro público, que poderá ser indicado pelo exequente.

Nomeação de leiloeiro público

✓ AGRAVO DE INSTRUMENTO. CONDOMÍNIO. AÇÃO DE COBRANÇA. EXECUÇÃO DE SENTENÇA. Inexistência de obrigatoriedade de realização de praça dos imóveis através do porteiro de auditórios. Indicação de leiloeiro público. Possibilidade. Inteligência do art. 881, § 1º e seguintes, do novo CPC. Reforma da decisão. Agravo de instrumento provido. (TJRS; AI 0389041-36.2016.8.21.7000; Porto Alegre; Décima Sétima Câmara Cível; Rel. Des. Giovanni Conti; Julg. 30/03/2017; DJERS 07/04/2017)

Art. 884. Incumbe ao leiloeiro público:

I – publicar o edital, anunciando a alienação;

II – realizar o leilão onde se encontrem os bens ou no lugar designado pelo juiz;

III – expor aos pretendentes os bens ou as amostras das mercadorias;

Remoção do bem penhorado para depósito judicial, para fins de exposição à venda

✓ AGRAVO DE INSTRUMENTO. EXECUÇÃO FISCAL. BENS PENHORADOS. REMOÇÃO. CABIMENTO. Designada data para realização de leilão, cabível a determinação de remoção dos bens a depósito judicial, medida que se dá no interesse da execução, viabilizando o cumprimento do disposto no art. 884, III do Código de Processo Civil. (TRF 4ª R.; AG 5050414-69.2017.4.04.0000; Segunda Turma; Rel. Des. Fed. Rômulo Pizzolatti; Julg. 21/11/2017; DEJF 22/11/2017)

✓ AGRAVO DE INSTRUMENTO. EXECUÇÃO FISCAL. BENS PENHORADOS. REMOÇÃO. CABIMENTO. Cabível a determinação de remoção dos bens a depósito judicial, medida que se dá no interesse da execução, viabilizando o cumprimento do disposto no art. 884, III do Código de Processo Civil. (TRF 4ª R.; AG 5031760-34.2017.404.0000; Segunda Turma; Rel. Des. Fed. Luiz Carlos Cervi; Julg. 22/08/2017; DEJF 25/08/2017)

IV – receber e depositar, dentro de 1 (um) dia, à ordem do juiz, o produto da alienação;

V – prestar contas nos 2 (dois) dias subsequentes ao depósito.

Parágrafo único. O leiloeiro tem o direito de receber do arrematante a comissão estabelecida em lei ou arbitrada pelo juiz.

→ *v.* Art. 23, § 2º da Lei 6.830/1980.

→

Art. 885. O juiz da execução estabelecerá o preço mínimo, as condições de pagamento e as garantias que poderão ser prestadas pelo arrematante.

→ *v.* Art. 892 do CPC.

Art. 886. O leilão será precedido de publicação de edital, que conterá:

→ *v.* Art. 22 da Lei 6.830/1980.

→ *v.* Art. 894, § 2º do CPC.

I – a descrição do bem penhorado, com suas características, e, tratando-se de imóvel, sua situação e suas divisas, com remissão à matrícula e aos registros;

II – o valor pelo qual o bem foi avaliado, o preço mínimo pelo qual poderá ser alienado, as condições de pagamento e, se for o caso, a comissão do leiloeiro designado;

Impossibilidade de que a comissão do leiloeiro seja imputada ao que ofertou a segunda melhor proposta, diante da desistência do arrematante

✓ PROCESSUAL CIVIL. RECURSO ESPECIAL. RECURSO MANEJADO SOB A ÉGIDE DO NCPC. ALEGAÇÃO DE OFENSA AO ART.1.022 DO NCPC. CONTRADIÇÃO INEXISTENTE. ACÓRDÃO DEVIDAMENTE FUNDAMENTADO. EXECUÇÃO DE TÍTULO EXTRAJUDICIAL. LEILÃO. DESISTÊNCIA DA VENCEDORA DO CERTAME. SEGUNDO PROPONENTE QUE MANIFESTOU DESINTERESSE NA ARREMATAÇÃO DO BEM. COMISSÃO DO LEILOEIRO. COBRANÇA. IMPOSSIBILIDADE. RECURSO PARCIALMENTE PROVIDO. (...). 3. O arrematante do bem é o responsável pelo pagamento da comissão do leiloeiro, não podendo essa obrigação ser imputada àquele que ofertou a segunda melhor proposta, porque o vencedor desistiu da arrematação. (...) (STJ, REsp 1826273/SP, Rel. Ministro Moura Ribeiro, Terceira Turma, julgado em 10/09/2019, DJe 12/09/2019)

III – o lugar onde estiverem os móveis, os veículos e os semoventes e, tratando-se de créditos ou direitos, a identificação dos autos do processo em que foram penhorados;

IV – o sítio, na rede mundial de computadores, e o período em que se realizará o leilão, salvo se este se der de modo presencial, hipótese em que serão indicados o local, o dia e a hora de sua realização;

V – a indicação de local, dia e hora de segundo leilão presencial, para a hipótese de não haver interessado no primeiro;

→ *v.* Súmula 128 do STJ.

VI – menção da existência de ônus, recurso ou processo pendente sobre os bens a serem leiloados.

→ *v.* Art. 908, § 1º do CPC.

→ *v.* Art. 130, parágrafo único, do CTN.

Parágrafo único. No caso de títulos da dívida pública e de títulos negociados em bolsa, constará do edital o valor da última cotação.

→ v. Arts. 861, § 2º, 871, II e III, e 881, § 2º, do CPC.

A inobservância dos requisitos do art. 886 configura apenas nulidade relativa, dependendo de comprovação do prejuízo

✓ PROCESSUAL CIVIL. EXECUÇÃO. EMBARGOS À ARREMATAÇÃO. ART. 805 DO CPC/2015. DISPOSITIVO NÃO PREQUESTIONADO. EDITAL DE ARREMATAÇÃO. ALEGAÇÃO DE INSUFICIÊNCIA NA DESCRIÇÃO DO IMÓVEL. REQUISITOS DO ART. 886 DO CPC/2015. IMÓVEL SUFICIENTEMENTE INDIVIDUALIZADO NO EDITAL. AUSÊNCIA DA INDICAÇÃO DE BENFEITORIAS. NULIDADE APENAS RELATIVA. BEM ARREMATADO PELO PREÇO DA AVALIAÇÃO. EXPRESSA CONCORDÂNCIA DO EXECUTADO COM A AVALIAÇÃO. NECESSIDADE DE INEQUÍVOCA COMPROVAÇÃO DE PREJUÍZO PELO DEVEDOR. RECURSO ESPECIAL NÃO PROVIDO. (...) 2. Segundo jurisprudência consolidada desta Corte, o art. 686 do CPC/73, replicado no art. 886 do CPC/2015, possui natureza procedimental, por isso que eventual inobservância dos elementos ali indicados configura nulidade apenas relativa, a qual demanda a comprovação de prejuízo por parte do devedor. Precedentes: AgRg nos EDcl no REsp 1.144.332/DF, Rel. Ministro RAUL ARAÚJO, QUARTA TURMA, julgado em 15/10/2013, DJe 03/12/2013; e REsp 520.039/RS, Rel. Ministra ELIANA CALMON, SEGUNDA TURMA, julgado em 21/09/2004, DJ 29/11/2004, p. 281. 3. No caso, o edital de arrematação, embora sem especificar a existência de benfeitorias e acessões, individualizou suficientemente a propriedade, sendo certo que o executado houvera concordado com o valor indicado na avaliação. 4. Existindo proposta no valor previsto na avaliação, cumpria ao devedor recorrente demonstrar o efetivo e inequívoco prejuízo sofrido, não bastando, a tal desiderato, a tão só afirmativa de que a descrição das benfeitorias e acessões do imóvel poderia, em tese, ampliar o leque de interessados e, com isso, o montante a ser alcançado na arrematação. 5. Recurso especial parcialmente conhecido e, nessa extensão, não provido. (STJ, REsp 1750685/PB, Rel. Ministro Napoleão Nunes Maia Filho, Rel. p/ Acórdão Ministro Sérgio Kukina, Primeira Turma, julgado em 09/06/2020, DJe 01/07/2020)

Menção no edital de ônus ou processos sobre os bens penhorados em sede de execução fiscal

✓ AGRAVO DE INSTRUMENTO. AÇÃO DE EXECUÇÃO FISCAL. EXIGENCIA DA CERTIDÃO ATUALIZADA DE MATRÍCULA DO IMÓVEL OBJETO DA EXECUÇÃO.

DECISÃO CORRETA. RECURSO CONHECIDO E IMPROVIDO. (...) III. Diante disto, entende-se ser irreparável a determinação feita pelo juízo da execução, uma vez que o art. 22 da Lei de Execuções Fiscais deve ser interpretado em conjunto com o artigo 886, inciso VI do CPC/2015, a fim de assegurar ao arrematante o pleno conhecimento da situação do bem que está sendo adquirido. lV. É sabido que a necessidade na juntada de tal certidão no edital de hasta pública tem por finalidade certificar se há ônus, recurso ou causa pendente sobre o imóvel constrito, evitando-se, desta forma, que o arrematante seja surpreendido com dívidas constantes em outras execuções ou que tenha que assumir obrigações que não constavam do edital, logo, o arrematante deve ter pleno conhecimento da situação do bem. V. Ante o exposto, conheço o Recurso de Agravo e Nego-lhe provimento, mantendo inalterada a decisão recorrida. (TJPA; AI 0008421-03.2008.8.14.0301; Ac. 180969; Belém; Segunda Câmara Cível Isolada; Relª Desª Rosileide Maria da Costa Cunha; Julg. 18/09/2017; DJPA 27/09/2017; Pág. 214)

Art. 887. O leiloeiro público designado adotará providências para a ampla divulgação da alienação.

§ 1º A publicação do edital deverá ocorrer pelo menos 5 (cinco) dias antes da data marcada para o leilão.

§ 2º O edital será publicado na rede mundial de computadores, em sítio designado pelo juízo da execução, e conterá descrição detalhada e, sempre que possível, ilustrada dos bens, informando expressamente se o leilão se realizará de forma eletrônica ou presencial.

→ *v.* Art. 882 do CPC.

§ 3º Não sendo possível a publicação na rede mundial de computadores ou considerando o juiz, em atenção às condições da sede do juízo, que esse modo de divulgação é insuficiente ou inadequado, o edital será afixado em local de costume e publicado, em resumo, pelo menos uma vez em jornal de ampla circulação local.

§ 4º Atendendo ao valor dos bens e às condições da sede do juízo, o juiz poderá alterar a forma e a frequência da publicidade na imprensa, mandar publicar o edital em local de ampla circulação de pessoas e divulgar avisos em emissora de rádio ou televisão local, bem como em sítios distintos do indicado no § 2º.

§ 5º Os editais de leilão de imóveis e de veículos automotores serão publicados pela imprensa ou por outros meios de divulgação, preferencialmente na seção ou no local reservados à publicidade dos respectivos negócios.

§ 6º O juiz poderá determinar a reunião de publicações em listas referentes a mais de uma execução.

Nulidade da alienação por ausência de publicação de edital

✓ APELAÇÃO CÍVEL. DIREITO PÚBLICO NÃO ESPECIFICADO. EMBARGOS À ARREMATAÇÃO. No caso, a arrematação é nula em razão da ausência de publicação do edital em jornal de grande circulação local (art. 687 do CPC vigente na época e art. 887, §3º, da Lei nº 13.105/2015). Tal exigência está em consonância com o princípio da publicidade e com o disposto no art. 620 da Lei nº 5.869/1973 e com o art. 805 da Lei nº 13.105/2015, ou seja, que a execução deve se dar de forma menos gravosa ao executado, possibilitando assim que a arrematação ocorra pelo maior valor possível. (...) (TJRS; AC 0067385-67.2014.8.21.7000; Cacequi; Segunda Câmara Cível; Rel. Des. João Barcelos de Souza Junior; Julg. 24/06/2016; DJERS 07/07/2016)

Art. 888. Não se realizando o leilão por qualquer motivo, o juiz mandará publicar a transferência, observando-se o disposto no art. 887.

Parágrafo único. O escrivão, o chefe de secretaria ou o leiloeiro que culposamente der causa à transferência responde pelas despesas da nova publicação, podendo o juiz aplicar-lhe a pena de suspensão por 5 (cinco) dias a 3 (três) meses, em procedimento administrativo regular.

Art. 889. Serão cientificados da alienação judicial, com pelo menos 5 (cinco) dias de antecedência:

→ v. Arts. 799, I a VII e 804 do CPC.

I – o executado, por meio de seu advogado ou, se não tiver procurador constituído nos autos, por carta registrada, mandado, edital ou outro meio idôneo;

→ *v.* Súmula 121 do STJ.

Possibilidade de intimação do executado na pessoa de seus advogados que atuaram em embargos à execução

✓ NULIDADE. Leilão eletrônico. Ausência de intimação dos executados acerca das datas do leilão eletrônico. Inocorrência. Válida a intimação realizada por meio de publicação em nome dos patronos das executadas. Representação nos autos dos embargos à execução que se estende à execução, mesmo porque o instrumento de mandato acostado nos primeiros tem previsão expressa da atribuição de poderes para representação na demanda executiva. (...). (TJSP; AI 2042188-81.2017.8.26.0000; Ac. 10690348; Pirangi; Vigésima Câmara de Direito Privado; Rel. Des. Álvaro Torres Júnior; Julg. 07/08/2017; DJESP 24/08/2017; Pág. 2404)

II – o coproprietário de bem indivisível do qual tenha sido penhorada fração ideal;

III – o titular de usufruto, uso, habitação, enfiteuse, direito de superfície, concessão de uso especial para fins de moradia ou concessão de direito real de uso, quando a penhora recair sobre bem gravado com tais direitos reais;

→ *v.* Enunciado 150 do CJF: Aplicam-se ao direito de laje os arts. 791, 804 e 889, III, do CPC.

IV – o proprietário do terreno submetido ao regime de direito de superfície, enfiteuse, concessão de uso especial para fins de moradia ou concessão de direito real de uso, quando a penhora recair sobre tais direitos reais;

V – o credor pignoratício, hipotecário, anticrético, fiduciário ou com penhora anteriormente averbada, quando a penhora recair sobre bens com tais gravames, caso não seja o credor, de qualquer modo, parte na execução;

→ v. Art. 1.501 do CC/2002.

VI – o promitente comprador, quando a penhora recair sobre bem em relação ao qual haja promessa de compra e venda registrada;

Intimação do promitente comprador sobre a alienação, sob pena de nulidade

✓ AGRAVO DE INSTRUMENTO. ARREMATAÇÃO. NULIDADE. Ausência de intimação do terceiro interessado da hasta pública. Evidente interesse do promitente comprador em participar dos atos processuais. Incidência dos artigos 804, par. 1º e 889, inciso VI do CPC. Em homenagem à ampla defesa, necessário dar oportunidade à parte agravante, que sofrerá os efeitos da constrição judicial, de participar e impugnar eventuais irregularidades existentes nos atos expropriatórios. Provimento do recurso. (TJRJ; AI 0043634-51.2017.8.19.0000; Rio de Janeiro; Terceira Câmara Cível; Rel. Des. Peterson Barroso Simão; Julg. 25/10/2017; DORJ 27/10/2017; Pág. 338)

VII – o promitente vendedor, quando a penhora recair sobre direito aquisitivo derivado de promessa de compra e venda registrada;

VIII – a União, o Estado e o Município, no caso de alienação de bem tombado.

→ v. Art. 892, § 3º, do CPC.

Parágrafo único. Se o executado for revel e não tiver advogado constituído, não constando dos autos seu endereço atual ou, ainda, não sendo ele encontrado no endereço constante do processo, a intimação considerar-se-á feita por meio do próprio edital de leilão.

→ v. Art. 346 do CPC

Art. 890. Pode oferecer lance quem estiver na livre administração de seus bens, com exceção:

I – dos tutores, dos curadores, dos testamenteiros, dos administradores ou dos liquidantes, quanto aos bens confiados à sua guarda e à sua responsabilidade;

→ v. Art. 1.753 do CC/2002.

II – dos mandatários, quanto aos bens de cuja administração ou alienação estejam encarregados;

III – do juiz, do membro do Ministério Público e da Defensoria Pública, do escrivão, do chefe de secretaria e dos demais servidores e auxiliares da justiça, em relação aos bens e direitos objeto de alienação na localidade onde servirem ou a que se estender a sua autoridade;

IV – dos servidores públicos em geral, quanto aos bens ou aos direitos da pessoa jurídica a que servirem ou que estejam sob sua administração direta ou indireta;

V – dos leiloeiros e seus prepostos, quanto aos bens de cuja venda estejam encarregados;

VI – dos advogados de qualquer das partes.

Art. 891. Não será aceito lance que ofereça preço vil.

Parágrafo único. Considera-se vil o preço inferior ao mínimo estipulado pelo juiz e constante do edital, e, não tendo sido fixado preço mínimo, considera-se vil o preço inferior a cinquenta por cento do valor da avaliação.

→ v. Arts. 870, 883 e 884, II, do CPC.

Possibilidade excepcional de arrematação por valor inferior a 50% da avaliação

✓ RECURSO ESPECIAL. FALÊNCIA E PROCESSUAL CIVIL. ARREMATAÇÃO. ALEGAÇÃO DE PREÇO VIL. CIRCUNSTÂNCIAS DO CASO CONCRETO. PRECEDENTES. HIPÓTESE EM QUE AS PECULIARIDADES DO CASO NÃO AUTORIZAM A CONCLUSÃO DE PREÇO VIL. INTERPRETAÇÃO CONFORME O ESTATUÍDO NO NOVO CPC (ART. 891, PARÁGRAFO ÚNICO). (...) 2. Hipótese em que o recorrente arrematou o bem em segundo leilão, mediante lance único, pelo valor mínimo fixado no próprio edital da hasta pública. 3. Precedentes desta Corte reconhecendo a possibilidade de, diante das peculiaridades do caso concreto, admitir a arrematação em valor menor ao equivalente aos 50% (cinquenta por cento) da avaliação do bem, sem caracterizar preço vil. 4. Interpretação em consonância com o conceito legal de "preço vil" estatuído pelo parágrafo único, do art. 891 do novo CPC: "Considera-se vil o preço inferior ao mínimo estipulado pelo juiz e constante do edital, e, não tendo sido fixado preço mínimo, considera-se vil o preço inferior a cinquenta por cento do valor da avaliação." 5. RECURSO ESPECIAL PROVIDO. (STJ, REsp 1648020/MT, Rel. Ministro Paulo de Tarso Sanseverino, Terceira Turma, julgado em 09/10/2018, DJe 15/10/2018)

Necessidade de atualização do valor da avaliação para definição do preço vil

✓ AGRAVO DE INSTRUMENTO. DIREITO PRIVADO NÃO ESPECIFICADO. Execução de título executivo extrajudicial. Arrematação. Preço vil. Necessidade de atualização da avaliação para a apuração do preço mínimo da arrematação, previsto no art. 891, § único, do CPC. Caso em que o lance vencedor foi bem inferior a 50% do valor da avaliação atualizado. Nulidade reconhecida. Recurso provido. Unânime. (TJRS; AI 0256768-59.2017.8.21.7000; Getúlio Vargas; Décima Segunda Câmara Cível; Rel. Des. Pedro Luiz Pozza; Julg. 07/11/2017; DJERS 10/11/2017)

Art. 892. Salvo pronunciamento judicial em sentido diverso, o pagamento deverá ser realizado de imediato pelo arrematante, por depósito judicial ou por meio eletrônico.

→ v. Art. 886, II, do CPC.

§ 1º Se o exequente arrematar os bens e for o único credor, não estará obrigado a exibir o preço, mas, se o valor dos bens exceder ao seu crédito, depositará, dentro de 3 (três) dias, a diferença, sob pena de tornar-se sem efeito a arrematação, e, nesse caso, realizar-se-á novo leilão, à custa do exequente.

§ 2º Se houver mais de um pretendente, proceder-se-á entre eles à licitação, e, no caso de igualdade de oferta, terá preferência o cônjuge, o companheiro, o descendente ou o ascendente do executado, nessa ordem.

§ 3º No caso de leilão de bem tombado, a União, os Estados e os Municípios terão, nessa ordem, o direito de preferência na arrematação, em igualdade de oferta.

→ v. Art. 889, VIII, do CPC.

Possibilidade de o credor arrematar por preço inferior ao da avaliação

✓ AGRAVO DE INSTRUMENTO. EXECUÇÃO DE TÍTULO EXTRAJUDICIAL. PENHORA DE IMÓVEL. Arrematação pelo credor em segunda praça, por valor correspondente a 60% do valor de avaliação do bem. Decisão que rejeitou o lanço ofertado, por considerar que o valor correto deve corresponder ao da avaliação do imóvel. Exequente que, a despeito de não ser obrigado oferecer lance não inferior ao da avaliação desse bem, somente poderá arrematá-lo, em segunda praça sem licitante, por valor não inferior ao de seu crédito. Art. 892, § 1º do CPC. Recurso improvido, com observação. (TJSP; AI 2170345-72.2017.8.26.0000; Ac. 10960113; São Paulo; Décima Quarta Câmara de Direito Privado; Rel. Des. Thiago de Siqueira; Julg. 09/11/2017; DJESP 14/11/2017; Pág. 2259)

✓ AÇÃO ANULATÓRIA DE ARREMATAÇÃO. Leilão judicial. Bem imóvel. Alegação de que o exequente não poderia ter arrematado o bem oferecendo preço inferior ao valor de avaliação. Descabimento. Não realizada a adjudicação, o exequente possui legitimidade para participar do leilão e arrematar o bem penhorado. Em se tratando de segundo leilão, nada obsta que seja oferecido lance inferior ao valor de avaliação. Ademais, não restou demonstrada a ocorrência de quaisquer das hipóteses do artigo 903, §1º, do Código de Processo Civil. Inteligência dos artigos 880 e 892, §1º, do Código de Processo Civil. Sentença mantida. RECURSO NÃO PROVIDO. (TJSP; APL 1000178-10.2017.8.26.0624; Ac. 10779150; Tatuí; Décima Primeira Câmara de Direito Privado; Rel. Des. Renato Rangel Desinano; Julg. 11/09/2017; DJESP 15/09/2017; Pág. 1922)

Art. 893. Se o leilão for de diversos bens e houver mais de um lançador, terá preferência aquele que se propuser a arrematá-los todos, em conjunto, oferecendo, para os bens que não tiverem lance, preço igual ao da avaliação e, para os demais, preço igual ao do maior lance que, na tentativa de arrematação individualizada, tenha sido oferecido para eles.

→ v. Art. 23, § 1º, da Lei 6.830/1980.

Art. 894. Quando o imóvel admitir cômoda divisão, o juiz, a requerimento do executado, ordenará a alienação judicial de parte dele, desde que suficiente para o pagamento do exequente e para a satisfação das despesas da execução.

→ v. Art. 872, § 1º, do CPC.

§ 1º Não havendo lançador, far-se-á a alienação do imóvel em sua integridade.

§ 2º A alienação por partes deverá ser requerida a tempo de permitir a avaliação das glebas destacadas e sua inclusão no edital, e, nesse caso, caberá ao executado instruir o requerimento com planta e memorial descritivo subscritos por profissional habilitado.

Momento e requisitos para desmembramento do imóvel:

✓ AGRAVO DE INSTRUMENTO. EXECUÇÃO DE TÍTULO EXTRAJUDICIAL. PENHORA DE PROPRIEDADE RURAL. PEDIDO DE DESMEMBRAMENTO DO IMÓVEL. INDEFERIMENTO. INTELIGÊNCIA DO ART. 894, §2º, DO CPC DE 2015. DECISÃO MANTIDA. AGRAVO IMPROVIDO. O pedido de desmembramento de imóvel, nos termos do art. 894,§2º, do Código de Processo Civil de 2015, deve ser formulado pelo executado a tempo de permitir a avaliação das glebas destacadas e sua inclusão no edital, bem como ser instruído com planta e memorial descritivo subscritos por profissional habilitado. (TJMG; AI 1.0620.15.000424-5/001; Rel. Des. José Marcos Vieira; Julg. 02/03/2017; DJEMG 13/03/2017)

Art. 895. O interessado em adquirir o bem penhorado em prestações poderá apresentar, por escrito:

Se a proposta for apresentada nos termos do previsto do Código, deve ser acolhida:

✓ AGRAVO DE INSTRUMENTO. COBRANÇA DE DESPESAS CONDOMINIAIS. FASE DE CUMPRIMENTO DE SENTENÇA. ACOLHIMENTO DE PROPOSTA PARA AQUISIÇÃO PARCELADA DE IMÓVEL NÃO ALIENADO EM SEGUNDA HASTA PÚBLICA. POSSIBILIDADE. PROPOSTA QUE OBEDECEU OS REQUISITOS LEGAIS (ARTS. 891 E 895 DO CPC/2015). DECISÃO MANTIDA. RECURSO DESPROVIDO. A proposta para aquisição parcelada de imóvel não alienado em segunda hasta pública deve ser acolhida, se cumpridos os requisitos legais, precipuamente os constantes nos arts. 891 e 895, ambos do CPC/2015. (TJSP; AI 2023036-47.2017.8.26.0000; Ac. 10247090; Santos; Trigésima Primeira Câmara de Direito Privado; Rel. Des. Adilson de Araújo; Julg. 14/03/2017; DJESP 22/03/2017)

I – até o início do primeiro leilão, proposta de aquisição do bem por valor não inferior ao da avaliação;

→ v. Art. 870 do CPC.

II – até o início do segundo leilão, proposta de aquisição do bem por valor que não seja considerado vil.

→ v. Art. 891 do CPC.

→ v. Enunciado 157 do CJF: No leilão eletrônico, a proposta de pagamento parcelado (art. 895 do CPC), observado o valor mínimo fixado pelo juiz, deverá ser apresentada até o início do leilão, nos termos do art. 886, IV, do CPC.

Impossibilidade de formulação de proposta de aquisição parcelada após o término do segundo leilão:

✓ AGRAVO DE INSTRUMENTO. Execução de título extrajudicial. Arrematação. Acolhida proposta de pagamento parcelado apresentada após o término da segunda praça. Impossibilidade. Violação do artigo 895, II do CPC. Discordância do credor quanto a proposta. Decisão reformada. Recurso provido. (TJSP; AI 2047468-33.2017.8.26.0000; Ac. 10495746; Campinas; Vigésima Primeira Câmara de Direito Privado; Rel. Des. Maia da Rocha; Julg. 07/06/2017; DJESP 22/06/2017; Pág. 2135)

§ 1º A proposta conterá, em qualquer hipótese, oferta de pagamento de pelo menos vinte e cinco por cento do valor do lance à vista e o restante parcelado em até 30 (trinta) meses, garantido por caução idônea, quando se tratar de móveis, e por hipoteca do próprio bem, quando se tratar de imóveis.

§ 2º As propostas para aquisição em prestações indicarão o prazo, a modalidade, o indexador de correção monetária e as condições de pagamento do saldo.

§ 3º (**Vetado**).

→ *V.* Redação vetada: "§ 3º As prestações, que poderão ser pagas por meio eletrônico, serão corrigidas mensalmente pelo índice oficial de atualização financeira, a ser informado, se for o caso, para a operadora do cartão de crédito."

§ 4º No caso de atraso no pagamento de qualquer das prestações, incidirá multa de dez por cento sobre a soma da parcela inadimplida com as parcelas vincendas.

§ 5º O inadimplemento autoriza o exequente a pedir a resolução da arrematação ou promover, em face do arrematante, a execução do valor devido, devendo ambos os pedidos ser formulados nos autos da execução em que se deu a arrematação.

→ v. Art. 903, § 1º, III, do CPC.

§ 6º A apresentação da proposta prevista neste artigo não suspende o leilão.

§ 7º A proposta de pagamento do lance à vista sempre prevalecerá sobre as propostas de pagamento parcelado.

Julgado admitindo que prevaleça a forma parcelada ao pagamento à vista, relativizando a previsão do § 7º:

✓ AGRAVO DE INSTRUMENTO. FALÊNCIA. ILEGITIMIDADE. INOVAÇÃO RECURSAL. NÃO CONHECIMENTO. HOMOLOGAÇÃO DE ARREMATAÇÃO DE IMÓVEL. PROPOSTA DE PAGAMENTO PARCELADO. OFERTA MAIS VANTAJOSA. RECURSO CONHECIDO EM PARTE E DESPROVIDO. (...) 2. Ainda que admitida a forma de pagamento parcelada em detrimento da quitação à vista, atenuando-se a interpretação literal do artigo 895, § 7º, do CPC/2015, deve prevalecer o valor mais favorável ao proprietário do bem levado a leilão. 3. Recurso conhecido em parte e desprovido. Decisão mantida. (TJDF; AGI 2016.00.2.044297-3; Ac. 101.1594; Quinta Turma Cível; Rel. Des. Josaphá Francisco dos Santos; Julg. 19/04/2017; DJDFTE 09/05/2017)

§ 8º Havendo mais de uma proposta de pagamento parcelado:

I – em diferentes condições, o juiz decidirá pela mais vantajosa, assim compreendida, sempre, a de maior valor;

II – em iguais condições, o juiz decidirá pela formulada em primeiro lugar.

§ 9º No caso de arrematação a prazo, os pagamentos feitos pelo arrematante pertencerão ao exequente até o limite de seu crédito, e os subsequentes, ao executado.

→ *V.* Art. 130, parágrafo único, do CTN.

→ *V.* Art. 908, § 1º, do CPC.

Art. 896. Quando o imóvel de incapaz não alcançar em leilão pelo menos oitenta por cento do valor da avaliação, o juiz o confiará à guarda e à administração de depositário idôneo, adiando a alienação por prazo não superior a 1 (um) ano.

Decisão apontando que (i) não há preclusão quanto à alegação de alienação por valor inferior a 80% e (ii) que há presunção de prejuízo ao incapaz, de modo que desnecessário se apontar prejuízo com a alienação:

✓ EXECUÇÃO POR QUANTIA CERTA. Arrematação de imóvel do coexecutado, incapaz, por preço inferior a 80% do valor da avaliação. Preclusão da impugnação do coexecutado. Inocorrência. Incapacidade para os atos da vida civil noticiada tempestivamente, na primeira oportunidade que a Lei conferiu para tanto e após o coexecutado ter tomado ciência inequívoca da designação de hastas públicas do seu imóvel. Art. 903, § 2º, do NCPC. Ausência de prova do prejuízo. Irrelevância. Presunção legal de prejuízo do incapaz. Invalidade do ato. Art. 903, § 1º, I, C.C. Art. 896, caput, do NCPC. Decisão reformada. (...). (TJSP; AI 2229287-34.2016.8.26.0000; Ac. 10487545; Itatiba; Décima Segunda Câmara de Direito Privado; Rel. Des. Tasso Duarte de Melo; Julg. 02/06/2017; DJESP 09/06/2017; Pág. 2090)

Espólio não se confunde com herdeiro menor, para fins de aplicação do art. 896:

✓ AGRAVO DE INSTRUMENTO. AÇÃO DE COBRANÇA DE COTAS CONDOMINIAIS. DECISÃO QUE INDEFERIU PEDIDO DE RESTRINGIR A ARREMATAÇÃO A OITENTA POR CENTO DO VALOR DE AVALIAÇÃO DO IMÓVEL, EM OBSERVÂNCIA AOS TERMOS DO ART. 896, DO CPC. Sendo o espólio o conjunto de bens, obrigações e direitos, ele responde pelas dívidas contraídas pelo de cujus ou pelo Espólio, responde ele pelas dívidas contraídas pelo falecido, o que não admite a agravante como parte na ação de cobrança de cotas condominiais, até porque, dívida propter rem e, no caso dos autos, não houve a efetivação da partilha. Não incidência do art. 896, do CPC. Nega-se provimento ao recurso. (TJRJ; AI 0025895-65.2017.8.19.0000; Rio de Janeiro; Terceira Câmara Cível; Relª Desª Helda Lima Meireles; DORJ 28/07/2017; Pág. 318)

Caso não haja nomeação de depositário, não necessariamente haverá nulidade:

✓ AGRAVO DE INSTRUMENTO. EXECUÇÃO DE SENTENÇA. AUSÊNCIA DE NOMEAÇÃO DE DEPOSITÁRIO DO BEM. MERA IRREGULARIDADE. AUSÊNCIA DE NULIDADE DOS ATOS EXPROPRIATÓRIOS. Em que pese a disposição contida no art. 896 do NCPC, entende-se que a ausência de nomeação do curador como depositário do bem constitui irregularidade sanável, que não enseja, por si só, a nulidade dos atos expropriatórios, notadamente quando inexistente, como no caso dos autos, qualquer prejuízo às partes com a inobservância de tal medida. Negado provimento ao recurso. Unânime. (TJRS; AI 0066147-08.2017.8.21.7000; Porto Alegre; Décima Quinta Câmara Cível; Rel. Des. Otávio Augusto de Freitas Barcellos; Julg. 31/05/2017; DJERS 13/06/2017)

§ 1º Se, durante o adiamento, algum pretendente assegurar, mediante caução idônea, o preço da avaliação, o juiz ordenará a alienação em leilão.

§ 2º Se o pretendente à arrematação se arrepender, o juiz impor-lhe-á multa de vinte por cento sobre o valor da avaliação, em benefício do incapaz, valendo a decisão como título executivo.

→ v. Art. 784, XII, do CPC.

§ 3º Sem prejuízo do disposto nos §§ 1º e 2º, o juiz poderá autorizar a locação do imóvel no prazo do adiamento.

§ 4º Findo o prazo do adiamento, o imóvel será submetido a novo leilão.

Art. 897. Se o arrematante ou seu fiador não pagar o preço no prazo estabelecido, o juiz impor-lhe-á, em favor do exequente, a perda da caução, voltando os bens a novo leilão, do qual não serão admitidos a participar o arrematante e o fiador remissos.

→ v. Art. 903, § 1º, III, do CPC.

Art. 898. O fiador do arrematante que pagar o valor do lance e a multa poderá requerer que a arrematação lhe seja transferida.

Aquele que apenas anui com a caução não se equipara a fiador e não pode haver para si o bem arrematado

✓ AGRAVO DE INSTRUMENTO. QUIZENA PARA INTERPOSIÇÃO QUE SE FINDA EM DIA NO QUAL NÃO HÁ EXPEDIENTE FORENSE. PRORROGAÇÃO DO PRAZO. PRELIMINAR DE INTEMPESTIVIDADE RECURSAL REJEITADA. AÇÃO DE EXECUÇÃO. IMÓVEL PENHORADO. HASTA PÚBLICA. LANÇO VENCEDOR. INEXISTÊNCIA DE QUITAÇÃO NO PRAZO ASSINALADO. PERDA DA CAUÇÃO OFERECIDA. PERTINÊNCIA. ANUENTE DO IMÓVEL OFERECIDO EM GARANTIA. DISSOCIAÇÃO DA FIGURA DO FIADOR A QUE SE REFEREM OS ARTS. 897 E 898, AMBOS DO CPC. RECURSO A QUE SE NEGA PROVIMENTO. (...) Aquele que atua como doador/anuente da caução oferecida ao lanço, consistente em imóvel de sua propriedade, não se confunde com a figura do fiador a que se referem os arts. 897 e 898, ambos do CPC, a quem é dada a opção de pagar o valor e a multa para que a arrematação lhe seja transferida. Recurso a que se nega provimento, mantendo-se a decisão combatida, que tornou sem efeito a arrematação ocorrida nos autos, impondo ao arrematante a perda, em favor do exequente, da caução oferecida, consistente em imóvel de propriedade daquele que anuiu com o ato garantidor. (TJMG; AI 1.0396.08.039429-1/002; Rel. Des. Eduardo Mariné da Cunha; Julg. 01/12/2016; DJEMG 13/12/2016)

Art. 899. Será suspensa a arrematação logo que o produto da alienação dos bens for suficiente para o pagamento do credor e para a satisfação das despesas da execução.

Art. 900. O leilão prosseguirá no dia útil imediato, à mesma hora em que teve início, independentemente de novo edital, se for ultrapassado o horário de expediente forense.

→ v. Art. 212 do CPC.

Art. 901. A arrematação constará de auto que será lavrado de imediato e poderá abranger bens penhorados em mais de uma execução, nele mencionadas as condições nas quais foi alienado o bem.

§ 1º A ordem de entrega do bem móvel ou a carta de arrematação do bem imóvel, com o respectivo mandado de imissão na posse, será expedida depois de efetuado o depósito ou prestadas as garantias pelo arrematante, bem como realizado o pagamento da comissão do leiloeiro e das demais despesas da execução.

→ v. Arts. 826 e 903, § 3º, do CPC.

Necessidade de prévia lavratura do auto para que sejam expedidos a carta de arrematação e o mandado de imissão na posse:

✓ AGRAVO DE INSTRUMENTO. Execução de título extrajudicial. (...) O artigo 901, § 1º do CPC autoriza a expedição da carta de arrematação e do mandado de imissão na posse do imóvel, tão logo efetuados os depósitos pelo arrematante, desde que a expedição do auto de arrematação, que é condição necessária à concretização da arrematação, tenha se aperfeiçoado, o que aqui não ocorreu. Decisão mantida. Recurso não provido. (TJSP; AI 2173488-06.2016.8.26.0000; Ac. 10686929; Taubaté; Vigésima Câmara de Direito Privado; Rel. Des. Roberto Maia; Julg. 07/08/2017; DJESP 24/08/2017; Pág. 2426)

§ 2º A carta de arrematação conterá a descrição do imóvel, com remissão à sua matrícula ou individuação e aos seus registros, a cópia do auto de arrematação e a prova de pagamento do imposto de transmissão, além da indicação da existência de eventual ônus real ou gravame.

Art. 902. No caso de leilão de bem hipotecado, o executado poderá remi-lo até a assinatura do auto de arrematação, oferecendo preço igual ao do maior lance oferecido.

→ v. Art. 825 do CPC.

Parágrafo único. No caso de falência, ou insolvência, do devedor hipotecário, o direito de remição previsto no caput defere-se à massa, ou aos credores em concurso, não podendo o exequente recusar o preço da avaliação do imóvel.

Art. 903. Qualquer que seja a modalidade de leilão, assinado o auto pelo juiz, pelo arrematante e pelo leiloeiro, a arrematação será considerada perfeita, acabada e irretratável, ainda que venham a ser julgados procedentes os embargos do executado ou a ação autônoma de que trata o § 4º deste artigo, assegurada a possibilidade de reparação pelos prejuízos sofridos.

→ v. Enunciado 151 do CJF: O executado pode remir a execução até a lavratura do auto de adjudicação ou de alienação (CPC, art. 826).

Responsabilidade do arrematante pelas dívidas condominiais a partir da conclusão da arrematação do imóvel

✓ AGRAVO INTERNO NO AGRAVO EM RECURSO ESPECIAL. EXECUÇÃO DE TÍTULO EXTRAJUDICIAL. DESPESAS CONDOMINIAIS. EXCEÇÃO DE PRÉ-EXECUTIVIDADE OPOSTA PELO ARREMATANTE DO IMÓVEL. DÉBITOS POSTERIORES À ARREMATAÇÃO. LEGITIMIDADE PASSIVA. REGISTRO IMOBILIÁRIO E IMISSÃO NA POSSE DO BEM AINDA NÃO EFETIVADOS. IRRELEVÂNCIA. OBRIGAÇÃO PROPTER REM. AGRAVO PRO-

VIDO. 1. A dívida condominial constitui obrigação propter rem, respondendo o arrematante pelos débitos constituídos a partir da conclusão da arrematação do imóvel, ainda que não imitido na posse do bem e não formalizado o registro imobiliário respectivo, uma vez que tais circunstâncias decorrem de relações jurídicas estranhas ao condomínio e que, por isso, não lhe podem ser impostas. Precedentes. 2. Aperfeiçoada a arrematação, com a lavratura do auto, resta materializada causa de transferência da propriedade com todos os direitos que lhe são inerentes, ressalvados aqueles que dependem, por lei, de forma especial para aquisição (REsp 833.036/SP, Rel. Ministra LAURITA VAZ, QUINTA TURMA, julgado em 18/11/2010, DJe de 28/03/2011). 3. Existência de distinção entre o presente caso e aquele julgado pela Segunda Seção no REsp 1.345.331/RS, da relatoria do Ministro LUIS FELIPE SALOMÃO (Tema Repetitivo 886), uma vez que, aqui, não se cuida de contrato de compra e venda de imóvel, mas de aquisição em arrematação judicial, hipótese não aventada no precedente obrigatório (*distinguishing*). (...) (STJ, AgInt no AREsp 1347829/SP, Rel. Ministro Raul Araújo, Quarta Turma, julgado em 10/12/2019, DJe 19/12/2019)

§ 1º Ressalvadas outras situações previstas neste Código, a arrematação poderá, no entanto, ser:

I – invalidada, quando realizada por preço vil ou com outro vício;

→ v. Art. 891 do CPC.

A incorreta indicação do bem no edital é vício capaz de levar à nulidade da arrematação:

✓ AGRAVO INTERNO. RECURSO QUE VISA À REFORMA DA DECISÃO QUE DECLAROU NULA A ARREMATAÇÃO DO IMÓVEL EM TELA. AGRAVANTE QUE ALEGA VIOLAÇÃO AOS ARTS. 276 E 277 DO CPC. QUE O IMÓVEL SE ENCONTRAVA CORRETAMENTE DESCRITO NA RETIFICAÇÃO DO LAUDO DE AVALIAÇÃO. E QUE INEXISTIU PREJUÍZO PARA O ARREMATANTE, EIS QUE MANTIDO O VALOR DA AVALIAÇÃO DO IMÓVEL. Edital que tem por finalidade a divulgação da praça, objetivando alcançar a alienação do bem e que deve observar os requisitos constantes no art. 886 do Código de Processo Civil. Imóvel descrito no edital como sendo de sala e dois quartos, sendo uma suíte. Arrematante que ao receber as chaves do imóvel, verificou que o mesmo possuía apenas 1 quarto, diferindo, em muito, da descrição apresentada no edital. Evidenciado o erro no edital quanto à descrição do imóvel leiloado, incorrendo em violação ao inciso I do precitado art. 886. Retificação da avaliação efetivada nos autos que não afasta o vício existente no edital. A uma, porque o edital faz Lei entre as partes e as vinculam, devendo seus termos ser fielmente observados. A duas, porque a alteração no laudo de avaliação em nada aproveita à solução do vício existente no edital, uma vez que o arrematante não está obrigado a consultar o processo que deu origem a alienação. Caracterização do prejuízo que ocorre não somente em caso de redução do valor econômico do imóvel, mas, igualmente, quando se modifica substancialmente a própria utilização do bem. Nesse aspecto, o prejuízo do arrematante é mais que evidente, na medida em que um imóvel de apenas 1 quarto não comporta ou acomoda da mesma forma e a mesma quantidade de pessoas que um imóvel de 2 quartos, sendo 1 suíte. Incidência, na hipótese, da previsão contida no inciso I do § 1º e inciso II do § 5º, ambos do art. 903 do Código de Processo Civil. Inexistência da alegada violação aos arts. 276 e 277 da Lei Processual Civil. Decisão agravada que se mostra escorreita, devendo, pois, ser mantida. DESPROVIMENTO DO RECURSO. (TJRJ; Pet-Cr 0001144-19.2014.8.19.0000; Rio de Janeiro; Tribunal Pleno e Órgão Especial; Rel. Des. Celso Ferreira Filho; DORJ 06/09/2017; Pág. 273)

II – considerada ineficaz, se não observado o disposto no art. 804;

III – resolvida, se não for pago o preço ou se não for prestada a caução.

→ v. Arts. 892, 895, § 5º, e 897 do CPC.

§ 2º O juiz decidirá acerca das situações referidas no § 1º, se for provocado em até 10 (dez) dias após o aperfeiçoamento da arrematação.

§ 3º Passado o prazo previsto no § 2º sem que tenha havido alegação de qualquer das situações previstas no § 1º, será expedida a carta de arrematação e, conforme o caso, a ordem de entrega ou mandado de imissão na posse.

§ 4º Após a expedição da carta de arrematação ou da ordem de entrega, a invalidação da arrematação poderá ser pleiteada por ação autônoma, em cujo processo o arrematante figurará como litisconsorte necessário.

Inviabilidade de impetração de mandado de segurança contra ato judicial no lugar da ação prevista no art. 903, § 4º

✓ AGRAVO INTERNO NO RECURSO EM MANDADO DE SEGURANÇA. ATO JURISDICIONAL. ABUSIVIDADE E TERATOLOGIA. NÃO EVIDENCIADAS. USUCAPIÃO. DILAÇÃO PROBATÓRIA. IMPOSSIBILIDADE. ART. 903, § 4º, DO CPC/2015. INADEQUAÇÃO DA VIA MANDAMENTAL. 1. O mandado de segurança não constitui via idônea a amparar a revisão de ato de natureza jurisdicional, salvo situação de absoluta excepcionalidade em que restar cabalmente evidenciado o caráter abusivo ou teratológico da medida impugnada, o que não ocorreu no caso dos autos. 2. O sugerido exame da documentação anexada aos autos, com vistas à verificação dos requisitos da posse, ou mesmo da prescrição aquisitiva alegada pelos ora agravantes, é providência incompatível com a via mandamental. 3. O mandado de segurança se mostra incabível quando o ato judicial questionado for passível de impugnação por recurso adequado ou meio processual previsto na legislação, visto que o writ não pode ser utilizado como sucedâneo de recurso próprio ou de ação prevista no ordenamento jurídico. (...) (STJ, AgInt no RMS 60.697/RJ, Rel. Ministro Ricardo Villas Bôas Cueva, Terceira Turma, julgado em 19/10/2020, DJe 29/10/2020)

Dispensando a necessidade de ação autônoma para invalidar a arrematação se ainda não houve o registro da carta

✓ RECURSO ORDINÁRIO EM MANDADO DE SEGURANÇA. PROCESSUAL CIVIL E CONSTITUCIONAL. EXECUÇÃO DE CÉDULA DE CRÉDITO BANCÁRIO. DECISÃO QUE DECLAROU A NULIDADE DE TODOS OS ATOS PRATICADOS A PARTIR DA PENHORA DO IMÓVEL CONSTRITADO, TORNANDO SEM EFEITO A CARTA DE ARREMATAÇÃO EXPEDIDA. ACÓRDÃO RECORRIDO QUE DENEGOU A ORDEM COM BASE EM VÁRIOS FUNDA-

MENTOS ESSENCIAIS E AUTÔNOMOS. RECURSO ORDINÁRIO QUE IMPUGNA APENAS UM DELES. NÃO OBSERVÂNCIA DO ART. 932, III, DO CPC/2015. RECURSO NÃO CONHECIDO. (...) 5. Ainda que analisado o único fundamento impugnado na petição do recurso ordinário, o recurso não seria acolhido. Isso, porque esta Corte de Justiça consagra orientação de que a arrematação pode ser impugnada nos próprios autos da execução, mediante petição do interessado, ou invalidada, de ofício, caso haja nulidade. Todavia, após expedida a carta de arrematação com respectivo registro do título translativo no Registro de Imóveis, nos termos do art. 1.245 do CC/2002, a sua desconstituição somente pode ser pleiteada na via própria, ou seja, por meio de ação anulatória (CPC/1973, arts. 486 e 694; CPC/2015, art. 903, § 4º). 6. Na hipótese em exame, não houve o registro da carta de arrematação no cartório imobiliário, de maneira que não há falar em necessidade de ajuizamento de ação anulatória para viabilizar a decretação da nulidade da arrematação. (...) (STJ, RMS 57.566/SC, Rel. Ministro Lázaro Guimarães (Desembargador Convocado do TRF 5ª Região), Quarta Turma, julgado em 11/09/2018, DJe 17/09/2018)

Necessidade de ação autônoma para se alegar nulidades que não as previstas no § 1º:

✓ AGRAVO DE INSTRUMENTO. DESPESAS CONDOMINIAIS. COBRANÇA. CUMPRIMENTO DE SENTENÇA. DECISÃO QUE INDEFERIU PLEITO DE NULIDADE DOS ATOS PROCEDIDOS APÓS A PENHORA DO IMÓVEL GERADOR DAS DESPESAS. INTIMAÇÃO DO ESPÓLIO AGRAVANTE QUE OCORREU NA PESSOA DO INVENTARIANTE QUE DETINHA ESSE ENCARGO À ÉPOCA DA CONSTRIÇÃO. CIÊNCIA INEQUÍVOCA DA PENHORA. ADEMAIS, AS ALEGAÇÕES FORAM VEICULADAS APÓS A ARREMATAÇÃO PERFEITA, ACABADA E IRRETRATÁVEL DO IMÓVEL, DE FORMA QUE NULIDADES OUTRAS QUE NÃO AQUELAS ELENCADAS NO §1º, DO ART. 903 DO CPC, SÓ PODEM SER ARGUIDAS EM AÇÃO AUTÔNOMA, CONFORME PREVISÃO DO §4º DO MESMO DISPOSITIVO. DECISÃO MANTIDA. Agravo de instrumento improvido. (TJSP; AI 2139088-29.2017.8.26.0000; Ac. 10782185; Itanhaém; Trigésima Sexta Câmara de Direito Privado; Rel. Des. Jayme Queiroz Lopes; Julg. 12/09/2017; DJESP 15/09/2017; Pág. 2266)

O simples ajuizamento da ação de anulação de arrematação não acarreta a suspensão de demandas envolvam a posse do imóvel expropriado:

✓ APELAÇÃO. AÇÃO DE IMISSÃO DE POSSE. ARREMATAÇÃO. LEILÃO EXTRAJUDICIAL. AÇÃO ANULATÓRIA DE ARREMATAÇÃO. NÃO ENSEJA A SUSPENSÃO DA AÇÃO DE IMISSÃO DE POSSE. 1. Os documentos constantes dos autos são aptos a comprovar a aquisição do imóvel pelo autor em leilão extrajudicial provido pela Caixa Econômica Federal. 2. O art. 37, §2º do Decreto-Lei nº 70/66 impõe a imissão do arrematante da posse do imóvel, inclusive em sede de liminar. 3. A propositura de ação visando a anulação da execução extrajudicial e, via de consequência, do leilão, não suspende a ação de Imissão de Posse. As alegações de prejudicialidades externas que visam a anulação do leilão não podem interferir nos legítimos direitos do terceiro adquirente de boa-fé. 4. Nos termos do art. 903 do CPC, caso seja invalidada a arrematação, é assegurada a reparação pelos prejuízos sofridos à parte que foi indevidamente expropriada do bem. (TJMG; APCV 1.0027.13.027465-0/001; Rel. Des. Mota e Silva; Julg. 29/08/2017; DJEMG 31/08/2017)

§ 5º O arrematante poderá desistir da arrematação, sendo-lhe imediatamente devolvido o depósito que tiver feito:

A desistência da arrematação também acarreta a devolução da comissão do leiloeiro:

✓ AGRAVO DE INSTRUMENTO. CONDOMÍNIO. AÇÃO DE COBRANÇA. LEILÃO DO IMÓVEL. ARREMATAÇÃO. DESISTÊNCIA. DEVOLUÇÃO DA COMISSÃO DE LEILOEIRO. ASSISTÊNCIA JUDICIÁRIA GRATUITA. (...) Comissão de leiloeiro: Desfeita a arrematação, a requerimento do arrematante, por força da procrastinação do feito pelo executado e pela oposição de embargos, nos termos do art. 903, § 5º do CPC/15, é devida a devolução da comissão do leiloeiro. Precedentes do e. STJ e desta corte. Todavia, as despesas para realização dos atos não devem ser devolvidas. Deram parcial provimento ao agravo de instrumento. (TJRS; AI 0072899-93.2017.8.21.7000; São Leopoldo; Décima Nona Câmara Cível; Rel. Des. Eduardo João Lima Costa; Julg. 17/08/2017; DJERS 29/08/2017)

I – se provar, nos 10 (dez) dias seguintes, a existência de ônus real ou gravame não mencionado no edital;

II – se, antes de expedida a carta de arrematação ou a ordem de entrega, o executado alegar alguma das situações previstas no § 1º;

III – uma vez citado para responder a ação autônoma de que trata o § 4º deste artigo, desde que apresente a desistência no prazo de que dispõe para responder a essa ação.

§ 6º Considera-se ato atentatório à dignidade da justiça a suscitação infundada de vício com o objetivo de ensejar a desistência do arrematante, devendo o suscitante ser condenado, sem prejuízo da responsabilidade por perdas e danos, ao pagamento de multa, a ser fixada pelo juiz e devida ao exequente, em montante não superior a vinte por cento do valor atualizado do bem.

→ v. Art. 774 do CPC.

A multa prevista neste parágrafo depende da desistência da arrematação pelo arrematante, e não apenas de alegações infundadas:

✓ AGRAVO DE INSTRUMENTO. IMPUGNAÇÃO À ARREMATAÇÃO. ATO ATENTATÓRIO À DIGNIDADE DA JUSTIÇA. Embora as alegações da parte credora sejam desarrazoadas, a interpretação que se dá ao art. 903, §6º, do NCPC, é a de que a suscitação infundada de vício pela executada deve implicar a desistência da arrematação ou ao menos ensejar justificada e comprovada possibilidade concreta de desistência da aquisição do bem pelo arrematante, o que não ocorreu na espécie. Afastamento da penalidade aplicada na decisão recorrida. Agravo de instrumento provido. (TJRS; AI 0056834-23.2017.8.21.7000; Porto Alegre; Décima Nona Câmara Cível; Rel. Des. Voltaire de Lima Moraes; Julg. 13/07/2017; DJERS 21/07/2017)

Seção V
Da Satisfação do Crédito

Art. 904. A satisfação do crédito exequendo far-se-á:

I – pela entrega do dinheiro;

II – pela adjudicação dos bens penhorados.

Art. 905. O juiz autorizará que o exequente levante, até a satisfação integral de seu crédito, o dinheiro depositado para segurar o juízo ou o produto dos bens alienados, bem como do faturamento de empresa ou de outros frutos e rendimentos de coisas ou empresas penhoradas, quando:

→ *v.* Arts. 858 e 866 a 869 do CPC.

Julgado apontando que o art. 905 se refere ao levantamento de quantia incontroversa:

✓ AGRAVO DE INSTRUMENTO. EXECUÇÃO DE TÍTULO EXTRAJUDICIAL. PENHORA DO LUCRO LÍQUIDO DA SOCIEDADE NA QUAL O SEGUNDO EXECUTADO INTEGRA. (...) Com espeque no art. 905 do CPC/15, é direito do exequente requerer a execução parcial sobre o valor depositado em juízo, representativo de parcela incontroversa, até a satisfação integral do crédito. Em havendo credores distintos, forma-se concurso singular de credores, na forma do art. 908 do CPC/15, motivo pelo qual a preferência é a favor dos honorários de sucumbência, que possuem natureza alimentar, e não o oposto. Débitos de naturezas absolutamente distintas e autônomos entre si. Inteligência dos arts. 23 e 24 da Lei n. 8.906/94. Assiste razão ao agravante em arguir o seu direito ao levantamento dos valores já depositados, oferecendo quitação parcial, na forma do art. 905 do CPC/15, cabendo-lhe também o direito a pedir a expedição de mandados distintos, concomitante e proporcionalmente, a favor do exequente e do patrono, respectivamente, no que concerne ao valor proporcional da dívida e dos honorários de sucumbência. (...) (TJRJ; AI 0037698-45.2017.8.19.0000; Rio de Janeiro; Décima Sétima Câmara Cível; Relª Desª Marcia Ferreira Alvarenga; DORJ 25/08/2017; Pág. 523)

I – a execução for movida só a benefício do exequente singular, a quem, por força da penhora, cabe o direito de preferência sobre os bens penhorados e alienados;

→ v. Arts. 797 e 908 do CPC.

Decisão que permite o levantamento de valores pelo exequente mesmo no caso de extinção de execução sem resolução de mérito:

✓ PROCESSUAL CIVIL. EXECUÇÃO DE TÍTULO EXTRAJUDICIAL. EXTINÇÃO DO FEITO SEM RESOLUÇÃO DO MÉRITO. ART. 485, IV, DO CPC. LIBERAÇÃO DA PENHORA EM FAVOR DO EXEQUENTE. ART. 905 DO CPC. EXPEDIÇÃO DE CERTIDÃO DE CRÉDITO DO VALOR REMANESCENTE DA EXECUÇÃO. LEGALIDADE. RECURSO CONHECIDO E DESPROVIDO. 1. Dispõe o artigo 905 do CPC que o juiz autorizará que o exequente levante, até a satisfação integral de seu crédito, o dinheiro depositado para segurar o juízo ou o produto dos bens alienados. Extinta a execução, ainda que por ausência de pressuposto válido e regular do processo em razão da inércia do credor em apresentar planilha atualizada, correta a sentença que determina a expedição de certidão de crédito do valor remanescente da execução, se requerida, bem como a liberação do valor incontroverso penhorado nos autos em favor do credor. 2. Recurso conhecido e desprovido. Sem majoração de honorários, haja vista que tal verba não foi fixada na sentença apelada. (TJDF; APC 2011.03.1.022888-8; Ac. 998.714; Segunda Turma Cível; Relª Desª Sandra Reves; Julg. 22/02/2017; DJDFTE 08/03/2017)

II – não houver sobre os bens alienados outros privilégios ou preferências instituídos anteriormente à penhora.

Decisão apontando a preferência do crédito tributário, mesmo que crédito hipotecário tenha sido previamente constituído:

✓ AGRAVO DE INSTRUMENTO. NEGÓCIOS JURÍDICOS BANCÁRIOS. AÇÃO DE EXECUÇÃO. PREFERÊNCIA DO CRÉDITO TRIBUTÁRIO AO CRÉDITO HIPOTECÁRIO. HONORÁRIOS ADVOCATÍCIOS. 1. Com fundamento no artigo 186 do CTN, o crédito tributário tem preferência em relação ao crédito hipotecário, ainda que este tenha sido constituído anteriormente àquele, não havendo falar, portanto, na aplicação do artigo 905, II, do CPC/2015. 2. Não há falar na alteração da ordem de preferência, em virtude da previsão do parágrafo único do artigo 186 do CTN, pois não se está diante de caso de falência da empresa devedora, sendo que, nos termos do artigo 190 do mesmo diploma legal, "deverão ser pagos preferencialmente a quaisquer outros os créditos tributários vencidos ou vincendos, a cargo de pessoas jurídicas de direito privado em liquidação judicial ou voluntária, exigíveis no decurso da liquidação". (...) (TJRS; AI 0111134-32.2017.8.21.7000; Marau; Décima Segunda Câmara Cível; Rel. Des. Umberto Guaspari Sudbrack; Julg. 29/06/2017; DJERS 06/07/2017)

Parágrafo único. Durante o plantão judiciário, veda-se a concessão de pedidos de levantamento de importância em dinheiro ou valores ou de liberação de bens apreendidos.

Art. 906. Ao receber o mandado de levantamento, o exequente dará ao executado, por termo nos autos, quitação da quantia paga.

Parágrafo único. A expedição de mandado de levantamento poderá ser substituída pela transferência eletrônica do valor depositado em conta vinculada ao juízo para outra indicada pelo exequente.

Art. 907. Pago ao exequente o principal, os juros, as custas e os honorários, a importância que sobrar será restituída ao executado.

→ v. Art. 924, II, do CPC.

Dentre o "principal e juros", podem ser incluídas despesas processuais:

✓ AGRAVO DE INSTRUMENTO. EXECUÇÃO EXTRAJUDICIAL. DESPESAS CONDOMINIAIS. Inclusão de custas e despesas processuais na planilha de cálculo. Possibilidade. Inteligência do art. 907 do NCPC. RECURSO PROVIDO. (TJSP; AI 2025091-68.2017.8.26.0000; Ac. 10637631; São Paulo; Vigésima Quinta Câmara de Direito Privado; Rel. Des. Azuma Nishi; Julg. 27/07/2017; DJESP 03/08/2017; Pág. 2270)

Art. 908. Havendo pluralidade de credores ou exequentes, o dinheiro lhes será distribuído e entregue consoante a ordem das respectivas preferências.

→ *v.* Súmula 244 do TFR.

→ *v.* Súmula 478 do STJ.

→ *v.* Arts. 956 a 965 do CC/2002.

→ *v.* Art. 83 da Lei 11.101/2005.

→ *v.* Art. 99 do CDC.

→ *v.* Art. 24, *caput*, da Lei 8.906/1994.

→ *v.* Art. 187, parágrafo único, do CTN.

→ *v.* Art. 797 do CPC.

A existência de duas execuções, uma delas tramitando, justifica a instauração do concurso:

✓ AGRAVO DE INSTRUMENTO. AÇÃO DE EXECUÇÃO POR TÍTULO EXTRAJUDICIAL. PRETENDIDA INSTAURAÇÃO DE CONCURSO DE PREFERÊNCIA POR PARTE DE EX-CÔNJUGE DE UM DOS COEXECUTADOS, REFERENTE A CRÉDITOS PERSEGUIDOS EM DUAS EXECUÇÕES DE ALIMENTOS POR ELA AJUIZADAS. Elementos dos autos evidenciando que uma das execuções de alimentos ainda está em plena tramitação. Circunstância que justifica a instauração de concurso, na forma prevista no art. 908 do CPC. Consequente reforma parcial da decisão que não admitiu o concurso sob o falso pressuposto de que ambas as execuções de alimentos estariam extintas. Dispositivo: Deram parcial provimento ao agravo. (TJSP; AI 2039212-04.2017.8.26.0000; Ac. 10697713; Sertãozinho; Décima Nona Câmara de Direito Privado; Rel. Des. Ricardo Pessoa de Mello Belli; Julg. 07/08/2017; DJESP 24/08/2017; Pág. 2343)

Possibilidade de se determinar o depósito em juízo para que se defira a adjudicação – com posterior instauração de concurso de credores:

✓ AGRAVO DE INSTRUMENTO. EXECUÇÃO POR QUANTIA CERTA. PEDIDO DE ADJUDICAÇÃO DE BEM PENHORADO NOS AUTOS. DECISÃO QUE CONDICIONOU TAL MEDIDA AO DEPÓSITO DO VALOR DE CRÉDITO PREFERENCIAL APRESENTADO NOS AUTOS. CRÉDITO PREFERENCIAL QUE SE SOBREPÕE À ORDEM TEMPORAL DE PENHORAS. RECURSO PARCIALMENTE PROVIDO (...) Quando o juiz delibera que um dos credores tem preferência sobre o outro, para recebimento do respectivo crédito, por ocasião da realização da alienação judicial ou da apresentação do pedido de adjudicação formulado pelo credor exequente ou por outro que tenha penhora sobre o mesmo bem, é lícita a determinação do depósito da diferença entre o valor do crédito e o valor do bem, para que se instaure, em seguida, o concurso de preferência de que trata o artigo 908 do NCPC, uma vez que na espécie passa a incidir o disposto no artigo 905, II, do mesmo diploma legal. III). A diferença a ser depositada, todavia, é entre o valor do crédito daquele que pretende adjudicar e o valor do bem a ser adjudicado, e não com o valor do crédito do terceiro, ponto no qual a r. decisão deve ser alterada. (...) (TJMS; AI 1404955-89.2017.8.12.0000; Quarta Câmara Cível; Rel. Des. Dorival Renato Pavan; DJMS 15/08/2017; Pág. 61)

§ 1º No caso de adjudicação ou alienação, os créditos que recaem sobre o bem, inclusive os de natureza **propter rem**, sub-rogam-se sobre o respectivo preço, observada a ordem de preferência.

→ v. Art. 130, parágrafo único, do CTN.

Hipótese em que se afasta a previsão do § 1º:

✓ AÇÃO DE COBRANÇA. QUOTAS DE DESPESAS CONDOMINIAIS. ARREMATAÇÃO. Apelante que admite que tinha ciência da existência da dívida. Inaplicabilidade do disposto no artigo 908, §1º do CPC de 2015. Prevalência do princípio tempus *regit actum*. Sentença de procedência mantida. Recurso desprovido. (TJSP; APL 1015963-09.2015.8.26.0001; Ac. 10654653; São Paulo; Vigésima Nona Câmara de Direito Privado; Rel. Des. Fortes Barbosa; Julg. 02/08/2017; DJESP 10/08/2017; Pág. 2286)

§ 2º Não havendo título legal à preferência, o dinheiro será distribuído entre os concorrentes, observando-se a anterioridade de cada penhora.

Possibilidade de credores que não promoveram a execução de seu crédito participarem do concurso de credores

✓ AGRAVO INTERNO. PROCESSUAL CIVIL. PREFERÊNCIA DO CRÉDITO TRIBUTÁRIO EM RELAÇÃO AO CONDOMINIAL. (...) 2. "O credor com título de preferência legal pode participar do concurso previsto no art. 711 do CPC" de 1973 – correspondente ao art. 908 do NCPC – "para resguardar o seu direito de preferência, mesmo que não tenha promovido a execução do seu crédito. Nessa hipótese, reconhecida a preferência do crédito, o levantamento do valor fica condicionado a posterior ajuizamento de execução" (REsp 1219219/SP, Rel. Ministra NANCY ANDRIGHI, TERCEIRA TURMA, julgado em 17/11/2011, DJe 25/11/2011). (...) (STJ, AgInt no REsp 1862300/SP, Rel. Ministro Luis Felipe Salomão, Quarta Turma, julgado em 31/08/2020, DJe 29/09/2020)

Incompetência do juízo falimentar para decidir sobre concurso de credores no processo em que a Massa Falida é exequente:

✓ AGRAVO INTERNO NO CONFLITO DE COMPETÊNCIA. PROCESSUAL CIVIL. JUÍZO FALIMENTAR E JUÍZO DA EXECUÇÃO INDIVIDUAL. EXECUÇÃO PROMOVIDA PELA MASSA FALIDA. VALORES CONSTRITOS E TRANSFERIDOS PARA O JUÍZO EM QUE TRAMITA O PROCESSO FALIMENTAR. EXISTÊNCIA DE OUTROS CREDORES DA EXECUTADA NA AÇÃO EXECUTIVA COM PENHORA NO ROSTO DOS AUTOS. INEXISTÊNCIA DA "VIS ATTRACTIVA", NA HIPÓTESE. NECESSIDADE DE INSTAURAÇÃO DE CONCURSO DE CREDORES NA FORMA DOS ARTS. 908 E 909 DO CPC/2015 (ARTS. 711 A 713 DO CPC/73). (...) (STJ, AgInt no CC 141.342/RJ, Rel. Ministro Paulo de Tarso Sanseverino, Segunda Seção, julgado em 26/09/2018, DJe 05/10/2018)

Se houver preferência legal, não se aplica a preferência pela ordem de penhora anterior:

✓ PROCESSUAL CIVIL. TRIBUTÁRIO. INCIDENTE DE HABILITAÇÃO. EXECUÇÃO FISCAL. EXISTÊNCIA DE PENHORAS SOBRE O MESMO BEM. DIREITO DE PREFERÊNCIA. CRÉDITO TRIBUTÁRIO ESTADUAL E CRÉDITO DA FAZENDA NACIONAL. ARTS. 187 DO CTN E 29, I, DA LEI Nº 6.830/80. PREFERÊNCIA DO CRÉDITO TRIBUTÁRIO FEDERAL. (...) 3. Não há dúvida no caso dos autos acerca da preferência do crédito em favor da União, sendo irrelevante a ordem das penhoras, já que somente se aplica o disposto no artigo § 2º do artigo 908 do CPC, somente na hipótese de inexistir título legal à preferência, o que não ocorreu no presente caso. 4. Apelo desprovido. (TRF 3ª R.; AC 0005776-44.2014.4.03.9999; Quarta Turma; Rel. Des. Fed. Marcelo Saraiva; Julg. 16/08/2017; DEJF 05/09/2017)

Decisão que reconhece ser o crédito trabalhista da mesma natureza do crédito de honorários – e, então, que a preferência será pela anterioridade da penhora:

✓ AÇÃO DE RESCISÃO CONTRATUAL E CONSIGNAÇÃO EM PAGAMENTO. FASE DE CUMPRIMENTO DE SENTENÇA. EXECUÇÃO DE HONORÁRIOS ADVOCATÍCIOS SUCUMBENCIAIS. Estabelecimento de concurso de credores sobre o valor que se encontra consignado em juízo. Créditos de mesma natureza (honorários sucumbenciais e verbas trabalhistas). Decisão recorrida que determinou que primeiro fossem satisfeitos os credores trabalhistas, de acordo com a ordem de anterioridade das respectivas penhoras realizadas no rosto dos autos. Possibilidade. Constrições que são anteriores ao pedido de reserva de valores formulado pelo autor para a satisfação do seu crédito. Incidência da regra do artigo 908, § 2º, do CPC. (...) (TJSP; AI 2052447-38.2017.8.26.0000; Ac. 10609675; São Paulo; Trigésima Câmara de Direito Privado; Rel. Des. Andrade Neto; Julg. 19/07/2017; DJESP 26/07/2017; Pág. 1421)

Art. 909. Os exequentes formularão as suas pretensões, que versarão unicamente sobre o direito de preferência e a anterioridade da penhora, e, apresentadas as razões, o juiz decidirá.

CAPÍTULO V
DA EXECUÇÃO CONTRA A FAZENDA PÚBLICA

Art. 910. Na execução fundada em título extrajudicial, a Fazenda Pública será citada para opor embargos em 30 (trinta) dias.

→ v. Súmulas 144, 279 e 339 do STJ.
→ v. Art. 100 da CF/1988.
→ v. EC 94/2017
→ v. Arts. 78, 86, 87 e 97 do ADCT.
→ v. Arts. 100 e 101 do CC/2002.
→ v. Arts. 128 e 130 da Lei 8.213/1991.
→ v. Art. 17, § 1º, da Lei 10.259/2001.
→ v. Art. 13 da Lei 12.153/2009.
→ v. Art. 247, III do CPC.

Desnecessidade de garantia de juízo em execução fiscal contra a Fazenda.

✓ APELAÇÃO CÍVEL. EXECUÇÃO FISCAL CONTRA A FAZENDA PÚBLICA. EMBARGOS DO DEVEDOR. EXTINÇÃO DE PLANO POR AUSÊNCIA DE GARANTIA DO JUÍZO. DESCABIMENTO. Tratando-se de execução fiscal contra a Fazenda Pública, não há previsão de garantia do juízo. Os bens da Fazenda Pública são impenhoráveis e indisponíveis. Incidência do art. 910 do CPC. A exigência do art. 16, § 1º, da LEF, no qual se baseou a magistrada, não se aplica quando a execução fiscal é movida contra ente público. Precedentes deste tribunal. Apelação provida. (TJRS; AC 0237819-84.2017.8.21.7000; Sapiranga; Vigésima Primeira Câmara Cível; Rel. Des. Almir Porto da Rocha Filho; Julg. 23/08/2017; DJERS 12/09/2017)

§ 1º Não opostos embargos ou transitada em julgado a decisão que os rejeitar, expedir-se-á precatório ou requisição de pequeno valor em favor do exequente, observando-se o disposto no art. 100 da Constituição Federal.

→ v. Enunciado 158 do CJF: A sentença de rejeição dos embargos à execução opostos pela Fazenda Pública não está sujeita à remessa necessária.

§ 2º Nos embargos, a Fazenda Pública poderá alegar qualquer matéria que lhe seria lícito deduzir como defesa no processo de conhecimento.

→ v. Arts. 914 a 920 do CPC.

§ 3º Aplica-se a este Capítulo, no que couber, o disposto nos artigos 534 e 535.

CAPÍTULO VI
DA EXECUÇÃO DE ALIMENTOS

→ v. Arts. 1.694 a 1.710 do CC/2002.
→ v. Art. 244 do CP.
→ v. Lei 5.478/1968 – Dispõe sobre ação de alimentos.
→ v. Lei 11.804/2008 – Disciplina o direito a alimentos gravídicos.

Art. 911. Na execução fundada em título executivo extrajudicial que contenha obrigação alimentar, o juiz mandará citar o executado para, em 3 (três) dias, efetuar o pagamento das parcelas anteriores ao início da execução e das que se vencerem no seu curso, provar que o fez ou justificar a impossibilidade de fazê-lo.

→ v. Súmula 309 do STJ.
→ v. Art. 5º, LXVII, da CF/1988.
→ v. Art. 15 da Lei 14.010/2020 – Dispõe sobre o Regime Jurídico Emergencial e Transitório das relações jurídicas de Direito Privado (RJET) no período da pandemia do coronavírus (Covid-19)

A redução unilateral do valor, em virtude de questões pessoais do devedor – sem a respectiva ação revisional – não é justificativa que afasta a prisão civil

✓ AGRAVO DE INSTRUMENTO. DIREITO DE FAMÍLIA. AÇÃO DE EXECUÇÃO DE ALIMENTOS. DECRETO DE PRISÃO CIVIL DO DEVEDOR. CABIMENTO. PRESTAÇÕES VENCIDAS E VINCENDAS. REDUÇÃO DO VALOR PAGO POR INICIATIVA PRÓPRIA ALEGANDO CRISE FINANCEIRA E PROBLEMA DE SAÚDE. AUSÊNCIA DE AÇÃO REVISIONAL PARA REDISCUTIR O VALOR DA PENSÃO ALIMENTÍCIA ACORDADO ENTRE AS PARTES. INTELIGÊNCIA DO ART. 911 DO CPC/2015. AGRAVO DE INSTRUMENTO CONHECIDO E IMPROVIDO. DECISÃO INTERLOCUTÓRIA MANTIDA. (...) 7 – Observa-se, outrossim, que o próprio agravante assevera que cumpriu o acordo no valor de 04 (quatro salários mínimos) do ano de 2006 até dezembro de 2013, quando seus negócios foram atingidos por um abalo financeiro, em razão de problemas de saúde que o impediu de trabalhar, motivo pelo qual "se viu obrigado a reduzir o valor mensalmente arbitrado de R$ 3.152,00 (três mil cento e cinquenta e dois reais) para R$ 1.000,00 (hum mil reais)", observa-se, no entanto, que em nenhum momento postulou a revisão dos alimentos por meio de ação competente para reduzir o encargo alimentar. 8 – Constata-se, pois que os argumentos apresentados pelo executado não são suficientes para afastar a sua obrigação alimentar, nem tampouco o Decreto prisional, devendo o agravante pleitear a redução do encargo em ação própria, sendo inconcebível que o mesmo por conta própria reduza o valor devido, sem a anuência da alimentada, nem autorização do poder judiciário. 9 - Agravo de instrumento conhecido e improvido. Decisão interlocutória mantida. (TJCE; AI 0629102-20.2016.8.06.0000; Quarta Câmara de Direito Privado; Relª Desª Helena Lúcia Soares; Julg. 18/07/2017; DJCE 21/07/2017; Pág. 60)

Julgado admitindo a realização de audiência de instrução e julgamento no âmbito de execução de alimentos

✓ AGRAVO INTERNO EM AGRAVO DE INSTRUMENTO. EXECUÇÃO DE ALIMENTOS. DESPACHO QUE DESIGNOU AUDIÊNCIA DE INSTRUÇÃO E JULGAMENTO ANTE AS JUSTIFICATIVAS APRESENTADAS PELO DEVEDOR. ATO PROCESSUAL QUE NÃO SE ENCONTRA VEDADO PELA APLICAÇÃO SUBSIDIÁRIA DOS ARTIGOS 318, PARÁGRAFO ÚNICO E 771, PARÁGRAFO ÚNICO DO CPC/2015. INEXISTÊNCIA DE ILEGALIDADE. PRONUNCIAMENTO JUDICIAL, ADEMAIS, DESPIDO DE CARGA DECISÓRIA. AGRAVO DE INSTRUMENTO QUE NÃO FOI CONHECIDO. AGRAVO INTERNO CONHECIDO E IMPROVIDO. A despeito de não estar expressamente previsto no rito do artigo 911 do CPC/2015 (anterior artigo 733 do CPC/73), a realização da audiência de instrução e julgamento na execução de alimentos destinada a obter o Decreto de prisão do devedor é possível para formação do pleno convencimento do magistrado, ante as alegações feitas pelo devedor justificando a falta de pagamento ou apresentando as razões de impossibilidade de o fazer. Nessa modalidade executiva não tem lugar embargos do devedor, o que reforça o entendimento de que a realização dessa audiência é perfeitamente possível e não encontra qualquer vedação no ordenamento jurídico. Ao contrário, o artigo 370 do novo CPC ampara tal modo de proceder do magistrado. Impor ao juiz decidir frente, tão somente, aos fatos alegados pelas partes e sem maior extrato probatório, seria interferir no poder que tem de ordenar a instrução e promover a prova dos fatos que entende essenciais para formação do seu livre convencimento, o que ao Tribunal é vedado, eis que o juiz é o destinatário da prova. (...) (TJMS; AgRg 1407292-85.2016.8.12.0000; Quarta Câmara Cível; Rel. Des. Dorival Renato Pavan; DJMS 26/09/2016; Pág. 140)

Parágrafo único. Aplicam-se, no que couber, os §§ 2º a 7º do art. 528.

Cabimento da prisão civil pela falta de pagamento de alimentos da ex-cônjuge, ainda que transitórios

✓ PROCESSUAL CIVIL. HABEAS CORPUS. ALIMENTOS DEVIDOS À EX-CÔNJUGE. INADIMPLEMENTO DAS PRESTAÇÕES ALIMENTARES REFERENTES AOS TRÊS MESES ANTERIORES AO AJUIZAMENTO E ÀS VINCENDAS. PRISÃO CIVIL. POSSIBILIDADE. NCPC, ART. 528, § 3º, 911 E SÚM 309 DO STJ. 1. A jurisprudência do STJ, há tempos, se pacificou no sentido de que "o débito alimentar que autoriza a prisão civil do alimentante é o que compreende as três prestações anteriores ao ajuizamento da execução e as que se vencerem no curso do processo" (Súm 309 do STJ). Entendimento que acabou sendo consagrado pelo novo Código de Processo Civil, na dicção de seus arts. 528, § 7º, e 911, caput. 2. O alimento devido entre cônjuges, decorrentes de obrigação na linha horizontal, tem como fundamento o princípio da solidariedade social e familiar (CF, art. 3º, I) e, mesmo que transitórios, uma vez fixados pelo magistrado, depois da comprovação de sua necessidade, devem ser tidos, ao menos durante esse período, como indispensáveis à sobrevivência humana. 3. Na execução de alimentos devidos entre cônjuges - mesmo quando estipulados na forma transitória - incide, de forma plena, a técnica executiva da coação prisional quando a verba alimentar se enquadrar na tipicidade normativa das 3 (três) prestações anteriores ao seu ajuizamento e das que se vencerem no curso do processo, já que se trata de alimentos legítimos e necessários. 4. A restrição da execução aos valores das últimas três parcelas atrairia o efeito deletério de obrigar o credor alimentar a ajuizar várias execuções paralelas pelo rito prisional, acarretando, inevitavelmente, a acumulação de prazos de prisão decretados em diversos processos distintos. 5. A lei não faz distinção, para fins de prisão, entre a qualidade da pessoa que necessita de alimentos - maior, menor, capaz, incapaz, cônjuge, filho, neto -, mas, tão somente, se o débito é atual ou pretérito, até porque o que se mostra decisivo é a real necessidade do alimentado, mesmo que se trate de ex-consorte. 6. Não é possível, em regra, a discussão sobre à necessidade ou não dos alimentos devidos no âmbito da execução, procedimento que deve ser extremamente célere e cujo escopo de sua deflagração é justamente a indispensabilidade de tais alimentos. 7. Na hipótese, como a execução ocorreu pelo rito da coação pessoal, considerando as prestações vencidas no trimestre anterior ao ajuizamento da execução e as vincendas no curso do processo, ainda que tenha se alongado no tempo, continuará a execução devendo ser tida como de débitos atuais. 8. Ordem de habeas corpus denegada, com revogação da liminar. (STJ, HC 413.344/SP, Rel. Ministro Luis Felipe Salomão, Quarta Turma, julgado em 19/04/2018, DJe 07/06/2018)

Conversão de prisão civil em domiciliar para o portador de doença grave

✓ *HABEAS CORPUS*. PRISÃO CIVIL. EXECUÇÃO DE ALIMENTOS. INADIMPLEMENTO. PACIENTE PORTADOR DE DOENÇA GRAVE. CONVERSÃO DA PRISÃO CIVIL EM PRISÃO DOMICILIAR. EXCEPCIONALIDADE DA MEDIDA. ORDEM CONCEDIDA. 1. A substituição da prisão civil por prisão domiciliar é admitida em situações excepcionais, como ocorre na presente hipótese, em que o paciente é portador de doença grave - osteonecrose bilateral de cabeça femural -, encontra-se acamado, sem condições de se locomover e necessita de assistência médica contínua. 2. Diante de tais circunstâncias, o encarceramento do devedor de prestação alimentícia em estabelecimento prisional comum revela-se extremo e indevido, com riscos de danos graves à sua saúde e integridade física. 3. Ordem concedida. (STJ, HC 540.215/SC, Rel. Ministro Raul Araújo, Quarta Turma, julgado em 12/05/2020, DJe 03/06/2020)

Considerando teratológica a prisão civil do devedor de alimentos, no regime fechado, durante o período da pandemia da Covid-19

✓ HABEAS CORPUS COLETIVO IMPETRADO PELA DEFENSORIA PÚBLICA DO ESTADO DO RIO GRANDE DO NORTE CONTRA DECISÃO PROFERIDA POR DESEMBARGADOR RELATOR QUE INDEFERIU O PEDIDO LIMINAR DE WRIT COLETIVO MANEJADO NA ORIGEM, RELEGANDO A ANÁLISE DE EVENTUAL PEDIDO DE SOLTURA, CASO A CASO, DURANTE A PANDEMIA DO

NOVO CORONAVÍRUS, DESDE QUE PRESENTES DETERMINADAS CONDIÇÕES AVENTADAS PELO SEU PROLATOR, ENTRE ELAS, O ESTADO DE SAÚDE DO DEVEDOR DE ALIMENTOS. MANIFESTA TERATOLOGIA DO DECISUM. RECONHECIMENTO, A AUTORIZAR A FLEXIBILIZAÇÃO DA SÚMULA N. 691/STF. POSICIONAMENTO PACÍFICO DAS TURMAS DE DIREITO PRIVADO DO STJ QUANTO À ILEGALIDADE DA PRISÃO CIVIL DO DEVEDOR DE ALIMENTOS EM REGIME FECHADO, NO PERÍODO DA PANDEMIA, ANTES OU DEPOIS DA LEI N. 10.410/2020. RECONHECIMENTO. DIVERGÊNCIA SUBSISTENTE DAS TURMAS DE DIREITO PRIVADO DO STJ EM RELAÇÃO AO PERÍODO ANTERIOR À LEI (SE DIFERIDA; OU SE EM REGIME DOMICILIAR) QUE NÃO TEM REPERCUSSÃO NO CASO DOS AUTOS. RECONHECIMENTO. ORDEM PARCIALMENTE CONCEDIDA PARA, EM RATIFICAÇÃO À TUTELA COLETIVA LIMINAR ANTERIORMENTE DEFERIDA, DETERMINAR QUE AS PRISÕES CIVIS POR DÍVIDA ALIMENTARES EM TODO O ESTADO DO RIO GRANDE DO NORTE SEJAM CUMPRIDAS NA MODALIDADE DOMICILIAR, SEM PREJUÍZO DA EXIGIBILIDADE DAS RESPECTIVAS OBRIGAÇÕES. (...) 4. O ato coator, no cenário pandêmico em que se vivencia, encerra manifesta teratologia. (...) 4.2. Em atenção: i) ao estado de emergência em saúde pública declarado pela Organização Mundial de Saúde, que perdura até os dias atuais, decorrente da pandemia de Covid-19, doença causada pelo Coronavírus (Sars-Cov-2); ii) à adoção de medidas necessárias à contenção da disseminação levadas a efeito pelo Poder Público, as quais se encontram em vigor; iii) à Recomendação n. 62 do Conselho Nacional de Justiça consistente na colocação em prisão domiciliar das pessoas presas por dívida alimentícia; e, mais recentemente, iv) à edição da Lei n. 10.410, de 10 de junho de 2020, que determinou, expressamente, que, até 30 de outubro de 2020, a prisão civil por dívida de alimentos seja cumprida exclusivamente sob a modalidade domiciliar, sem prejuízo da exigibilidade das respectivas obrigações, mostra-se flagrante a ilegalidade no ato atacado, a autorizar, excepcionalmente, o conhecimento do presente writ e, principalmente, a concessão da ordem impetrada. 5. As Turmas de Direito Privado do STJ são uníssonas em reconhecer a indiscutível ilegalidade/teratologia da prisão civil, sob o regime fechado, no período de pandemia, anterior ou posterior à Lei n. 10.410/2020. 6. A divergência subsistente no âmbito das Turmas de Direito Privado refere-se apenas ao período anterior à edição da Lei n. 10.410/2020, tendo esta Terceira Turma, no tocante a esse interregno, compreendido ser possível o diferimento da prisão civil para momento posterior ao fim da pandemia; enquanto a Quarta Turma do STJ tem reconhecido a necessidade de aplicar o regime domiciliar. (...) 7. Ordem parcialmente concedida para, em ratificação à tutela coletiva liminar anteriormente deferida, determinar que as prisões civis por dívida alimentares em todo o Estado do Rio Grande do Norte sejam cumpridas na modalidade domiciliar, sem prejuízo da exigibilidade das respectivas obrigações. (STJ, HC 569.014/RN, Rel. Ministro Marco Aurélio Bellizze, Terceira Turma, julgado em 06/10/2020, DJe 14/10/2020)

Art. 912. Quando o executado for funcionário público, militar, diretor ou gerente de empresa, bem como empregado sujeito à legislação do trabalho, o exequente poderá requerer o desconto em folha de pagamento de pessoal da importância da prestação alimentícia.

→ *V.* Art. 462 da CLT.

→ *V.* Art. 115, IV, da Lei 8.213/1991.

→ *V.* Arts. 528, § 8º, 529, § 3º, e 833, § 2º, do CPC.

§ 1º Ao despachar a inicial, o juiz oficiará à autoridade, à empresa ou ao empregador, determinando, sob pena de crime de desobediência, o desconto a partir da primeira remuneração posterior do executado, a contar do protocolo do ofício.

→ *V.* Art. 22, parágrafo único, da Lei 5.478/1968.

§ 2º O ofício conterá os nomes e o número de inscrição no Cadastro de Pessoas Físicas do exequente e do executado, a importância a ser descontada mensalmente, a conta na qual deve ser feito o depósito e, se for o caso, o tempo de sua duração.

Possibilidade de desconto em folha de pagamento mesmo se há anterior penhora de bens do devedor

✓ CIVIL. PROCESSUAL CIVIL. EXECUÇÃO DE ALIMENTOS. DESCONTO EM FOLHA DE PAGAMENTO APÓS PENHORA DE BENS DO DEVEDOR. POSSIBILIDADE. OBRIGAÇÃO DE PAGAR QUANTIA CERTA. SUPERAÇÃO DO PRINCÍPIO DA TIPICIDADE DOS MEIOS EXECUTIVOS EXISTENTE NO CPC/73. SATISFATIVIDADE DO DIREITO RECONHECIDO JUDICIALMENTE. NORMA FUNDAMENTAL. CRIAÇÃO DE UM PODER GERAL DE EFETIVAÇÃO DA TUTELA EXECUTIVA QUE ROMPE O DOGMA DA TIPICIDADE. CRIAÇÃO E ADOÇÃO DE MEDIDAS ATÍPICAS APENAS EXISTENTES EM OUTRAS MODALIDADES EXECUTVAS E COMBINAÇÃO DE MEDIDAS EXECUTIVAS. POSSIBILIDADE. PONDERAÇÃO ENTRE A MÁXIMA EFETIVIDADE DA EXECUÇÃO E MENOR ONEROSIDADE DO DEVEDOR. CRITÉRIOS. HIPÓTESE CONCRETA. DÉBITO ALIMENTAR ANTIGO E DE GRANDE VALOR. DESCONTO EM FOLHA PARCELADO E EXPROPRIAÇÃO DE BENS PENHORADOS. POSSIBILIDADE. (...) 3- Diferentemente do CPC/73, em que vigorava o princípio da tipicidade dos meios executivos para a satisfação das obrigações de pagar quantia certa, o CPC/15, ao estabelecer que a satisfação do direito é uma norma fundamental do processo civil e permitir que o juiz adote todas as medidas indutivas, coercitivas, mandamentais ou sub-rogatórias para assegurar o cumprimento da ordem judicial, conferiu ao magistrado um poder geral de efetivação de amplo espectro e que rompe com o dogma da tipicidade. 4- Respeitada a necessidade fundamentação adequada e que justifique a técnica adotada a partir de critérios objetivos de ponderação, razoabilidade e proporcionalidade, conformando os princípios da máxima efetividade da execução e da menor onerosidade do devedor, permite-se, a partir do CPC/15, a adoção de técnicas de executivas apenas existentes em outras modalidades de execução, a criação de técnicas executivas mais apropriadas para cada situação concreta e a combinação de técnicas típicas e atípicas, sempre com o objetivo de conferir ao credor o bem da vida que a decisão judicial lhe atribuiu. 5- Na hipótese, pretende-se o adimplemento de obrigação de natureza alimentar devida pelo genitor há mais de 24 (vinte e quatro) anos, com valor nominal superior a um milhão e trezentos mil reais e que já foi objeto de sucessivas impugnações do devedor, sendo admissível o deferimento do desconto em folha de pagamento do débito, parceladamente e observado o limite de 10% sobre os subsídios líquidos do devedor, observando-se que, se adotada apenas essa modalidade executiva, a dívida somente seria inteiramente quitada em 60 (sessenta) anos, motivo pelo qual se deve admitir a combinação da referida técnica sub-rogatória com a possibilidade de expropriação dos bens penhorados. (...) (STJ, REsp 1733697/RS, Rel. Ministra Nancy Andrighi, Terceira Turma, julgado em 11/12/2018, DJe 13/12/2018)

Art. 913. Não requerida a execução nos termos deste Capítulo, observar-se-á o disposto no art. 824 e seguintes, com a ressalva de que, recaindo a penhora em dinheiro, a concessão de efeito suspensivo aos embargos à execução não obsta a que o exequente levante mensalmente a importância da prestação.

→ *v.* Arts. 528, § 8º, e 919, § 1º, do CPC.

Caso a execução de alimentos se dê sob pena de penhora (e não sob pena de prisão), possibilidade de inclusão de prestações que se vencerem durante o trâmite do processo

✓ AGRAVO DE INSTRUMENTO. EXECUÇÃO DE ALIMENTOS. INCLUSÃO DAS PARCELAS QUE SE VENCERAM NO CURSO DA AÇÃO. ART. 323 DO CPC/15. Na cobrança de débito alimentar pelo rito do art. 913 do CPC/15 é cabível a inclusão das parcelas vencidas no curso da execução, porquanto se tratam de prestações periódicas e sucessivas (art. 323 do CPC). Negaram provimento. (TJRS; AI 0104368-94.2016.8.21.7000; Montenegro; Oitava Câmara Cível; Rel. Des. Rui Portanova; Julg. 07/07/2016; DJERS 14/07/2016)

TÍTULO III
Dos Embargos à Execução

Art. 914. O executado, independentemente de penhora, depósito ou caução, poderá se opor à execução por meio de embargos.

→ *v.* Art. 910, § 2º, do CPC.

Na execução fiscal, diferentemente do previsto no CPC/2015, necessário garantir o juízo para embargar

✓ TRIBUTÁRIO. EXECUÇÃO FISCAL. EMBARGOS DO DEVEDOR. GARANTIA DO JUÍZO. NÃO COMPROVAÇÃO. IRRISORIEDADE. REEXAME DE PROVAS. ÓBICE DA SÚMULA 7/STJ. 1. Conforme decidido pela Primeira Seção do STJ, em julgamento de recurso representativo da controvérsia (art. 543-C do CPC/1973), "Em atenção ao princípio da especialidade da LEF, mantido com a reforma do CPC/73, a nova redação do art. 736, do CPC dada pela Lei n. 11.382/2006 – artigo que dispensa a garantia como condicionante dos embargos – não se aplica às execuções fiscais diante da presença de dispositivo específico, qual seja o art. 16, §1º da Lei n. 6.830/80, que exige expressamente a garantia para a apresentação dos embargos à execução fiscal" (REsp 1.272.827/PE, Rel. Ministro Mauro Campbell Marques; DJe 31/5/2013). Tal entendimento persiste após a entrada em vigor do art. 919 do CPC/2015. 2. In casu, o Tribunal a quo atestou que o valor penhorado é irrisório, pois "corresponde a aproximadamente 1% do valor do débito" (fl. 576), situação que não pode ser equiparada à de garantia insuficiente. Desse modo, rever o consignado pelo Tribunal de origem requer necessariamente revolvimento do conjunto fático-probatório (Súmula 7/STJ). 3. Recurso parcialmente conhecido e, nessa parte, não provido. (REsp 1663742; RS; Segunda Turma; Rel. Min. Herman Benjamin; Julg. 16/05/2017; DJe 16/06/2017)

Defesa do executado e existência de cláusula compromissória: quem é o juízo competente?

✓ RECURSO ESPECIAL. EMBARGOS À EXECUÇÃO. CLÁUSULA COMPROMISSÓRIA. SUSPENSÃO DA EXECUÇÃO. IMPOSSIBILIDADE. EXTINÇÃO. SEM JULGAMENTO DO MÉRITO. MANIFESTAÇÃO DO PODER JUDICIÁRIO QUE ACOLHE ALEGAÇÃO DE EXISTÊNCIA DE CLÁUSULA ARBITRAL. POSSIBILIDADE. (...) 3. A legislação brasileira sobre arbitragem estabelece uma precedência temporal ao procedimento arbitral, permitindo que seja franqueado o acesso ao Poder Judiciário somente após a edição de sentença arbitral. Precedentes. 4. No âmbito do direito processual civil, a principal consequência do princípio competência-competência é a necessária extinção do feito que houver sido proposto com fundamento no contra de desconstituição de sociedade em conta de participação. 5. Na hipótese, a execução do contrato celebrado entre as partes seria possível apenas se confirmada pelo Tribunal arbitral, o qual deverá dirimir todas as controvérsias acerca da validade, existência e liquidez do que será executado. 6. Não há como reconhecer a incompetência do Poder Judiciário para a apreciação dos embargos à execução opostos pela recorrente FMM, pois, na hipótese, era o instrumento processual à sua disposição para se contrapor à execução iniciada pela recorrente CITTÁ, inclusive para arguir ao Poder Judiciário a existência de cláusula compromissória. (...) (STJ, REsp 1717677/PR, Rel. Ministra Nancy Andrighi, Terceira Turma, julgado em 19/11/2019, DJe 22/11/2019)

✓ CIVIL E PROCESSUAL CIVIL. RECURSO ESPECIAL. RECURSO MANEJADO SOB A ÉGIDE DO NCPC. EXECUÇÃO DE TÍTULO EXECUTIVO EXTRAJUDICIAL. CONTRATO DE INTERMEDIAÇÃO. EXCEÇÃO DE PRÉ-EXECUTIVIDADE. CLÁUSULA COMPROMISSÓRIA PACTUADA. POSSIBILIDADE DE CONCOMITÂNCIA ENTRE EXECUÇÃO NO JUÍZO ESTATAL E PROCEDIMENTO ARBITRAL. NECESSIDADE DE SE OBSERVAR CERTOS REQUISITOS. ALEGAÇÃO DE NULIDADE DO TÍTULO EXEQUENDO. CERNE DA CONTROVÉRSIA QUE GUARDA RELAÇÃO COM O PRÓPRIO MÉRITO DO CONTRATO EXECUTADO. OBSERVÂNCIA DO PRINCÍPIO KOMPETENZ-KOMPETENZ. DERROGAÇÃO DO JUÍZO ESTATAL. COMPETÊNCIA DO JUÍZO ARBITRAL. NECESSIDADE DE SUSPENSÃO DOS ATOS EXECUTIVOS. FIXAÇÃO DE SUCUMBÊNCIA. RECURSO ESPECIAL PROVIDO. (...) 2. A existência de cláusula compromissória não obsta a execução de título extrajudicial, desde que preenchidos os requisitos da certeza, liquidez e exigibilidade na medida em que os árbitros não são investidos do poder de império estatal à prática de atos executivos, não tendo poder coercitivo direto. Precedentes. 3. A celebração de cláusula compromissória implica parcial derrogação da jurisdição estatal, impondo ao árbitro o poder-dever de decidir as questões decorrentes do contrato ou das obrigações nele consignadas (existência, constituição ou extinção do crédito). Necessidade de observância do princípio Kompetenz-Kompetenz. Precedentes. 4. Porque os argumentos trazidos na exceção de pré-executividade dizem respeito ao próprio mérito do título executivo em que inserida a cláusula compromissória, deve ser ela rejeitada, com a imediata suspensão da execução até final decisão proferida no juízo arbitral. (...) (STJ, REsp 1864686/

SP, Rel. Ministro Moura Ribeiro, Terceira Turma, julgado em 13/10/2020, DJe 15/10/2020)

Impossibilidade de receber exceção de pré-executividade como embargos à execução

✓ CIVIL. PROCESSUAL CIVIL. AGRAVO INTERNO NO AGRAVO EM RECURSO ESPECIAL. RECURSO MANEJADO SOB A ÉGIDE DO NCPC. EXCEÇÃO DE PRÉ-EXECUTIVIDADE. RECEBIMENTO COMO EMBARGOS À EXECUÇÃO. IMPOSSIBILIDADE. NECESSIDADE DE DILAÇÃO PROBATÓRIA. AUSÊNCIA DE DÚVIDA OBJETIVA QUANTO AO RECURSO CABÍVEL. AGRAVO INTERNO NÃO PROVIDO. (...) 2. Nos termos da jurisprudência consolidada no âmbito do STJ, é inadmissível o recebimento da exceção de pré-executividade como embargos à execução quando as matérias alegadas na exceção dependem de dilação probatória, não podendo ser verificadas de ofício pelo juízo. Precedentes. 3. Além disso, não havia dúvida objetiva quanto ao recurso cabível na hipótese, porque a alegação formulada na inicial – de inexigibilidade do título executivo em razão da nulidade do protesto -, se amolda à hipótese prevista no art. 917, I, do NCPC. (...) (STJ, AgInt no AREsp 1549871/SP, Rel. Ministro Moura Ribeiro, Terceira Turma, julgado em 17/02/2020, DJe 20/02/2020)

Impossibilidade de receber contestação como embargos à execução

✓ APELAÇÃO CÍVEL. DIREITO PRIVADO NÃO ESPECIFICADO. CONTESTAÇÃO RECEBIDA COMO EMBARGOS À EXECUÇÃO. ERRO GROSSEIRO. I. Resta verificada a hipótese de erro grosseiro na manifestação da executada, ao protocolar contestação para contrapor execução aforada contra si. Ressalta-se que o meio cabível seria os embargos à execução, com base nos arts. 914 e 915 do código de processo civil. II. Incabível a incidência do princípio da fungibilidade no presente caso. III. Sentença mantida. IV. Sucumbência majorada. Negaram provimento ao recurso. Unânime. (TJRS; AC 0072151-61.2017.8.21.7000; Porto Alegre; Décima Sexta Câmara Cível; Rel. Des. Ergio Roque Menine; Julg. 27/04/2017; DJERS 09/05/2017)

§ 1º Os embargos à execução serão distribuídos por dependência, autuados em apartado e instruídos com cópias das peças processuais relevantes, que poderão ser declaradas autênticas pelo próprio advogado, sob sua responsabilidade pessoal.

Protocolo dos embargos nos autos da execução não inviabiliza a sua apreciação

✓ DIREITO PROCESSUAL CIVIL. RECURSO ESPECIAL. AÇÃO DE EXECUÇÃO DE TÍTULO EXECUTIVO EXTRAJUDICIAL. PROTOCOLIZAÇÃO DE EMBARGOS À EXECUÇÃO NOS AUTOS DA PRÓPRIA AÇÃO EXECUTIVA. INOBSERVÂNCIA DO ART. 914, § 1º, DO CPC/2015. ERRO SANÁVEL. APLICAÇÃO DOS PRINCÍPIOS DA INSTRUMENTALIDADE DAS FORMAS E DA ECONOMIA PROCESSUAL. (...) 3. Com efeito, é inegável que a lei prevê expressamente que os embargos à execução tratam-se de ação incidente, que deverá ser distribuída por dependência aos autos da ação principal (demanda executiva). 4. Contudo, primando por uma maior aproximação ao verdadeiro espírito do novo Código de Processo Civil, não se afigura razoável deixar de apreciar os argumentos apresentados em embargos à execução tempestivamente opostos – ainda que, de forma errônea, nos autos da própria ação de execução – sem antes conceder à parte prazo para sanar o vício, adequando o procedimento à forma prescrita no art. 914, § 1º, do CPC/2015. 5. Ademais, convém salientar que o art. 277 do CPC/2015 preceitua que, quando a lei prescrever determinada forma, o juiz considerará válido o ato se, realizado de outro modo, lhe alcançar a finalidade. (...) (STJ, REsp 1807228/RO, Rel. Ministro Ricardo Villas Bôas Cueva, Rel. p/ Acórdão Ministra Nancy Andrighi, Terceira Turma, julgado em 03/09/2019, DJe 11/09/2019)

§ 2º Na execução por carta, os embargos serão oferecidos no juízo deprecante ou no juízo deprecado, mas a competência para julgá-los é do juízo deprecante, salvo se versarem unicamente sobre vícios ou defeitos da penhora, da avaliação ou da alienação dos bens efetuadas no juízo deprecado.

→ *v.* Art. 20 da Lei 6.830/1980.

→ *v.* Súmula 46 do STJ.

→ *v.* Súmulas 32 e 33 do TFR.

→ *v.* Arts. 260 a 268, 676 e 845, § 2º, do CPC.

Se o debate não é relativo a vícios da constrição ou expropriação (como no caso de pedido de adjudicação), a competência é do juízo deprecante

✓ CONFLITO DE COMPETÊNCIA. EXECUÇÃO POR CARTA. IMÓVEL PENHORADO PELO JUÍZO DEPRECADO. Pedido de adjudicação deduzido pela suscitante, filha do executado. Matéria que não remete a discussão quanto a eventuais vícios ou defeitos de atos constritivos ou expropriatórios. Competência do Juízo deprecante, da 12ª Vara Cível do Foro Central da Capital, para análise e apreciação do pedido. Inteligência do artigo 914, § 2º, do CPC. Conflito procedente. (TJSP; CC 2087307-65.2017.8.26.0000; Ac. 10685966; Mairiporã; Câmara Especial; Relª Desª Lidia Conceição; Julg. 07/08/2017; DJESP 15/09/2017; Pág. 2604)

Art. 915. Os embargos serão oferecidos no prazo de 15 (quinze) dias, contado, conforme o caso, na forma do art. 231.

→ *v.* Art. 910, § 2º, do CPC.

→ *v.* Enunciado 20 do CJF – Aplica-se o art. 219 do CPC na contagem do prazo para oposição de embargos à execução fiscal previsto no art. 16 da Lei n. 6.830/1980.

O prazo dos embargos independe da penhora; assim, se a penhora for posterior ao prazo dos embargos, a impugnação à penhora se dá por simples petição

✓ APELAÇÃO CÍVEL. NEGÓCIOS JURÍDICOS BANCÁRIOS. EMBARGOS À PENHORA. EMBARGOS. ATAQUE À PENHORA. INTEMPESTIVIDADE. O prazo para oferecimento de embargos à execução é de 15 dias a contar da juntada aos autos do mandado de citação. Intempestivos impõem-se indeferimento de plano, nos termos dos artigos 914, 915 e 918 do CPC/15. Realizada a penhora em data subsequente a impugnação é lato senso e se dá por simples petição. – Circunstância dos autos em que se impõe processar a impugnação como simples petição. Recurso parcialmente provido. (TJRS; AC 0204703-87.2017.8.21.7000; Rodeio Bonito; Décima Oitava Câmara Cível; Rel. Des. João Moreno Pomar; Julg. 10/08/2017; DJERS 18/08/2017)

Se houver conversão de ação de busca e apreensão em execução, basta a intimação para que tenha início o prazo para embargar

✓ APELAÇÃO. AÇÃO DE BUSCA E APREENSÃO. CONVERSÃO EM EXECUÇÃO. EMBARGOS À EXECUÇÃO. Conversão da busca e apreensão em ação executiva nos termos do art. 4º, caput, do Decreto-Lei nº 911/69. CITAÇÃO VÁLIDA. Comparecimento espontâneo do réu ou do executado que supre a falta ou nulidade da citação. Art. 239, §1º, do CPC. INTIMAÇÃO PARA PAGAMENTO. Art. 914 e art. 915 do CPC. Estando o apelante regularmente representado nos autos do processo, verifica-se ter sido igualmente regular sua intimação para pagamento ou apresentação de defesa após a conversão da busca e apreensão em pleito executivo. (...) (TJSP; APL 1003129-89.2017.8.26.0037; Ac. 10731133; Araraquara; Vigésima Quinta Câmara de Direito Privado; Rel. Des. Hugo Crepaldi; Julg. 24/08/2017; DJESP 31/08/2017; Pág. 2759)

§ 1º Quando houver mais de um executado, o prazo para cada um deles embargar conta-se a partir da juntada do respectivo comprovante da citação, salvo no caso de cônjuges ou de companheiros, quando será contado a partir da juntada do último.

O prazo dos executados, para embargar, é independente – e é possível penhora de bens de um executado antes mesmo da citação dos demais executados

✓ AGRAVO DE INSTRUMENTO. Execução por título extrajudicial. Cédula de crédito bancário. Deferimento do pedido de penhora de 10% da renda de um dos devedores. Alegada nulidade do processo, por não ter sido citado, ainda, um dos executados. Nulidade inocorrente. Citação regular dos demais devedores, os quais, de acordo com o disposto no artigo 915, § 1º, do CPC, podem, desde logo, exercer o seu direito à ampla defesa e ao contraditório. (...) (TJSP; AI 2115715-66.2017.8.26.0000; Ac. 10777040; São José dos Campos; Vigésima Câmara de Direito Privado; Rel. Des. Correia Lima; Julg. 04/09/2017; DJESP 15/09/2017; Pág. 2046)

§ 2º Nas execuções por carta, o prazo para embargos será contado:

→ v. Art. 845, § 2º, do CPC.

I – da juntada, na carta, da certificação da citação, quando versarem unicamente sobre vícios ou defeitos da penhora, da avaliação ou da alienação dos bens;

II – da juntada, nos autos de origem, do comunicado de que trata o § 4º deste artigo, ou, não havendo este, da juntada da carta devidamente cumprida, quando versarem sobre questões diversas da prevista no inciso I deste parágrafo.

§ 3º Em relação ao prazo para oferecimento dos embargos à execução, não se aplica o disposto no art. 229.

§ 4º Nos atos de comunicação por carta precatória, rogatória ou de ordem, a realização da citação será imediatamente informada, por meio eletrônico, pelo juiz deprecado ao juiz deprecante.

→ v. Art. 232 do CPC.

Art. 916. No prazo para embargos, reconhecendo o crédito do exequente e comprovando o depósito de trinta por cento do valor em execução, acrescido de custas e de honorários de advogado, o executado poderá requerer que lhe seja permitido pagar o restante em até 6 (seis) parcelas mensais, acrescidas de correção monetária e de juros de um por cento ao mês.

Inaplicabilidade do art. 916 à execução fiscal, considerando a existência de parcelamentos específicos para tributos

✓ AGRAVO DE INSTRUMENTO. EXECUÇÃO FISCAL. AUTARQUIA FEDERAL. DEFERIMENTO DE PARCELAMENTO PELO CPC, ARTIGO 916. IMPOSSIBILIDADE. REGRAMENTO ESPECÍFICO A REGER A MATÉRIA. APLICAÇÃO DA LEI Nº 10.522/02. FIXAÇÃO DE HONORÁRIOS RECURSAIS. IMPOSSIBILIDADE. AGRAVO DE INSTRUMENTO PARCIALMENTE PROVIDO. (...) 2. A concessão do parcelamento com base no Código de Processo Civil, tal como deferiu o Magistrado monocrático, viola o princípio da legalidade, já que há regramento legal específico a que se sujeita a agravante quanto ao parcelamento dos seus créditos, bem como o princípio da isonomia, na medida em que dá margem a administrados em situações iguais sofrerem tratamento desigual no tocante aos benefícios e condições de parcelamento deferidos. 3. O parcelamento concedido na forma do artigo 916, do Código de Processo Civil, deve ser afastado, dando lugar ao parcelamento previsto no artigo 37-B, da Lei nº 10.522/2002, com seus consectários legais, mas desde que haja aceitação do contribuinte. (..) (TRF 3ª R.; AI 0019195-87.2016.4.03.0000; Terceira Turma; Rel. Des. Fed. Antonio Carlos Cedenho; Julg. 05/07/2017; DEJF 13/07/2017)

§ 1º O exequente será intimado para manifestar-se sobre o preenchimento dos pressupostos do *caput*, e o juiz decidirá o requerimento em 5 (cinco) dias.

Se o exequente não for ouvido, há nulidade no deferimento do parcelamento

✓ DESPESAS CONDOMINIAIS. EXECUÇÃO DE TÍTULO EXTRAJUDICIAL. DEPÓSITO DE 30% DO VALOR INICIAL E PEDIDO DE PARCELAMENTO. Desrespeito ao § 1º do art. 916 do CPC. Decisão anulada. Agravo provido em parte para os fins indicados. (TJSP; AI 2122843-40.2017.8.26.0000; Ac. 10731579; São Paulo; Vigésima Sexta Câmara de Direito Privado; Rel. Des. Vianna Cotrim; Julg. 24/08/2017; DJESP 01/09/2017; Pág. 2567)

§ 2º Enquanto não apreciado o requerimento, o executado terá de depositar as parcelas vincendas, facultado ao exequente seu levantamento.

§ 3º Deferida a proposta, o exequente levantará a quantia depositada, e serão suspensos os atos executivos.

§ 4º Indeferida a proposta, seguir-se-ão os atos executivos, mantido o depósito, que será convertido em penhora.

§ 5º O não pagamento de qualquer das prestações acarretará cumulativamente:

I – o vencimento das prestações subsequentes e o prosseguimento do processo, com o imediato reinício dos atos executivos;

II – a imposição ao executado de multa de dez por cento sobre o valor das prestações não pagas.

Caso, após deferido o parcelamento, a empresa executada tenha deferido pedido de recuperação judicial, não se aplica o § 5º

✓ EXECUÇÃO. Parcelamento Judicial do Crédito Exequendo. Recuperação extrajudicial. Como, na espécie, (a) a parte executada estava adimplente com as prestações vencidas do parcelamento judicial do crédito exequendo (CPC/2015, art. 916), quando da homologação do plano de recuperação extrajudicial, que abrange a totalidade de créditos da espécie do crédito exequendo, que acarretou a suspensão da execução (LF 11.101/2005, art. 163, § 1º), (b) é de se reconhecer esse evento superveniente resultou na suspensão da exigibilidade das prestações vincendas do parcelamento judicial do crédito exequendo e, consequentemente, (c) que não restou configurado o inadimplemento do devedor, o fato gerador da multa de 10% prevista no inciso II, do § 5º, do art. 916, do CPC/2015, (d) sendo, a propósito, relevante salientar que entendimento, em sentido diverso, implicaria em afirmar a admitir a exigibilidade, em execução individual, de débito sujeito à recuperação extrajudicial, após a homologação do respectivo plano. Reforma da r. Decisão agravada, para afastar a sanção aplicada à parte agravante executada, consistente na multa de 10% sobre o valor das prestações não pagas. Recurso provido. (TJSP; AI 2054096-38.2017.8.26.0000; Ac. 10775944; São Paulo; Vigésima Câmara de Direito Privado; Rel. Des. Rebello Pinho; Julg. 04/09/2017; DJESP 18/09/2017; Pág. 2875)

§ 6º A opção pelo parcelamento de que trata este artigo importa renúncia ao direito de opor embargos.

§ 7º O disposto neste artigo não se aplica ao cumprimento da sentença.

→ v. Art. 513 e seguintes do CPC.

Art. 917. Nos embargos à execução, o executado poderá alegar:

→ v. Enunciado 55 da ENFAM: Às hipóteses de rejeição liminar a que se referem os arts. 525, § 5º, 535, § 2º, e 917 do CPC/2015 (excesso de execução) não se aplicam os arts. 9º e 10 desse código.

Não se permite a formulação, nos embargos, de pedido a favor do embargante, considerando o rol taxativo do art. 917

✓ CIVIL E PROCESSUAL CIVIL. EMBARGOS À EXECUÇÃO DE TÍTULO EXTRAJUDICIAL. PRELIMINAR DE NÃO CONHECIMENTO DO RECURSO QUANTO AO PEDIDO DE CONDENAÇÃO DO EMBARGADO AO PAGAMENTO DE INDENIZAÇÃO POR DANOS MORAIS. INOVAÇÃO RECURSAL. INOCORRÊNCIA. PEDIDO IMPLÍCITO EXTRAÍDO DA LEITURA DA CAUSA DE PEDIR. POSSIBILIDADE DE CONHECIMENTO DO PLEITO. INTELIGÊNCIA DO ART. 322, § 2º, DO CPC. REJEIÇÃO. SENTENÇA CITRA PETITA. PRESCINDIBILIDADE DE CASSAÇÃO. ANÁLISE DA POSTULAÇÃO COM BASE NO ART. 1.013, § 3º, INCISO II, DO CPC. IMPOSSIBILIDADE DE FORMULAÇÃO DE PEDIDO DE DANOS MORAIS EM SEDE DE EMBARGOS À EXECUÇÃO. GRATUIDADE DE JUSTIÇA. CONDENAÇÃO AO PAGAMENTO DE VERBAS SUCUMBENCIAIS. POSSIBILIDADE. SUSPENSÃO DA EXIGIBILIDADE POR CINCO ANOS (...)3. A ação de embargos à execução é de cognição restrita, limitada às matérias enumeradas nos incisos do art. 917 do CPC, entre as quais não se insere a formulação de pedido condenatório contra a parte embargada. (...) (TJDF; APC 2016.01.1.042416-3; Ac. 104.6517; Quarta Turma Cível; Rel. Des. Arnoldo Camanho de Assis; Julg. 13/09/2017; DJDFTE 19/09/2017)

I – inexequibilidade do título ou inexigibilidade da obrigação;

→ v. Arts. 783 e 803, I, do CPC.

II – penhora incorreta ou avaliação errônea;

→ v. § 1º deste artigo.

→ v. Arts. 831 e 833 do CPC.

III – excesso de execução ou cumulação indevida de execuções;

→ v. §§ 3º e 4o deste artigo.

→ v. Art. 780 do CPC.

Indicação do valor que o executado entende correto não implica admissão de montante incontroverso, quando a tese de excesso de execução é subsidiária

✓ AGRAVO INTERNO NO AGRAVO EM RECURSO ESPECIAL. DISCUSSÃO QUANTO À EXTENSÃO DO EFEITO SUSPENSIVO ATRIBUÍDO AOS EMBARGOS À EXECUÇÃO PELO TRIBUNAL DE ORIGEM, QUE RECONHECEU, EM VIRTUDE DA TESE DE EXCESSO DE EXECUÇÃO, A EXISTÊNCIA, SUPOSTAMENTE, DE VALORES INCONTROVERSOS. EMBARGOS À EXECUÇÃO QUE OBJETIVAM, DE IMEDIATO, A EXTINÇÃO INTEGRAL DA EXECUÇÃO, ANTE A ALEGAÇÃO DE FALTA DE EXIGIBILIDADE DE LIQUIDEZ DO TÍTULO EXEQUENDO, SEM OBSERVÂNCIA, INCLUSIVE, DAS FORMALIDADES LEGAIS DE CONSTITUIÇÃO. ARGUMENTO SUBSIDIÁRIO DE EXCESSO DE EXECUÇÃO QUE NÃO PODE SER CONCEBIDO COMO RECONHECIMENTO, POR PARTE DO EXECUTADO, DE ADMISSÃO DE PARTE DO DÉBITO. INEXISTÊNCIA DE VALORES INCONTROVERSOS. RECONHECIMENTO. ENUNCIADOS N. 735 DA SÚMULA DO STF E 7 DA SÚMULA DO STJ. NÃO INCIDÊNCIA. AGRAVO INTERNO IMPROVIDO. 1. A discussão posta no recurso especial consiste em saber se o fato de o devedor, em seus embargos à execução, após pugnar pela extinção integral da ação executiva, ter apresentado pedido subsidiário consistente na alegação de excesso de execução, com indicação de valor (por determinação legal), poderia ensejar a conclusão de admissão, por parte do embargante, de valor incontroverso. 2. A definição de tal questão jurídica, porque utilizada como fundamento pelo Tribunal de origem para determinar a extensão do efeito suspensivo a ser conferido aos embargos do devedor, e por se referir, principalmente, aos próprios requisitos legais da concessão do efeito suspensivo aos embargos à execução (art. 919, § 3º, do CPC), autoriza o manejo de recurso especial, a afastar a incidência do enunciado n. 735 da Súmula do STF. Precedentes. 3. A tese de excesso de execução, no caso, apresentou-se como argumento subsidiário, a ser conhecido somente se afastadas as teses principais destinadas a extinguir integralmente a execução, do que ressai a conclusão inequívoca de inexistir valores incontroversos. 3.1 Por expressa determinação legal (§§ 3º e 4º do art. 917 do Código de Processo Civil), a tese de excesso de execução arguida pelo embargante deve ser, necessariamente, acompanhada da indicação de valor que se reputa correto ou da apresentação de demonstrativo, sob pena de não conhecimento. 3.2 No caso, o Tribunal de origem reconheceu, indiscutivelmente, a presença dos requisitos necessários à concessão de efeito suspensivo aos embargos à execução, limitando-o, contudo, naquilo que excedesse o valor supostamente admitido pelo embargante/executado. Todavia, não havendo se falar em valores incontroversos, o prosseguimento da execução, nos moldes definitivos, tal como reconhecido pela Corte estadual, evidencia, também na extensão dos valores contidos na tese subsidiária de excesso de execução, risco de dano irreparável, a evidenciar, nessa medida, o malferimento dos dispositivos legais apontados. (...) (STJ, AgInt no AREsp 1688995/SP, Rel. Ministro Marco Aurélio Bellizze, Terceira Turma, julgado em 14/09/2020, DJe 21/09/2020)

IV – retenção por benfeitorias necessárias ou úteis, nos casos de execução para entrega de coisa certa;

→ v. Art. 806 e seguintes do CPC.

V – incompetência absoluta ou relativa do juízo da execução;

→ v. Arts. 46, § 5º, 62, 63 e 781 do CPC.

VI – qualquer matéria que lhe seria lícito deduzir como defesa em processo de conhecimento.

→ *v.* Art. 910, § 2º, do CPC.

Possibilidade de revisão de toda a relação contratual em sede de embargos à execução

✓ CIVIL. AGRAVO INTERNO EM RECURSO ESPECIAL. RECURSO INTERPOSTO SOB A ÉGIDE DO NCPC. EMBARGOS A EXECUÇÃO. GARANTIDOR HIPOTECÁRIO. LEGITIMIDADE PARA OPOR EM EMBARGOS À EXECUÇÃO. CONTEÚDO NORMATIVO DO ART. 917, VI, DO NCPC (ART. 745, V, DO CPC/73) PREQUESTIONADO NA INSTÂNCIA ORDINÁRIA. IMPOSSIBILIDADE DE INOVAÇÃO RECURSAL EM AGRAVO INTERNO. PRECEDENTES. OFENSA AO DISPOSTO NO ART. 917 DO NCPC. MATÉRIA DE DEFESA QUE PODERIA SER ALEGADA NO PROCESSO DE CONHECIMENTO. PRECEDENTES. AGRAVO INTERNO NÃO PROVIDO. (...) 4. Na linha da jurisprudência do STJ, permite-se a discussão em embargos à execução, de toda matéria de defesa, a qual poderia ser objeto de processo de conhecimento, sendo possível em embargos à execução rever toda a relação contratual existente entre as partes, não havendo no art. 745 do Código de Processo Civil comando impeditivo (REsp nº 700.528/RS, Rel. Ministro CARLOS ABERTO MENEZES DIREITO, Terceira Turma, DJ de 5/3/2007). (...) (STJ, AgInt no REsp 1702354/PR, Rel. Ministro Moura Ribeiro, Terceira Turma, julgado em 24/08/2020, DJe 26/08/2020)

Possibilidade de invocar a penalidade do art. 940 do Código Civil em embargos à execução

✓ CIVIL. PROCESSUAL CIVIL. RECURSO ESPECIAL. RECURSO MANEJADO SOB A ÉGIDE DO CPC/73. ALIENAÇÃO DE QUOTAS SOCIAIS. EXECUÇÃO EXTRAJUDICIAL. EMBARGOS. EXCESSO DE EXECUÇÃO. MATÉRIAS OPONÍVEIS. ART. 745 DO CPC/73. MÁ-FÉ DO EMBARGADO. POSSIBILIDADE. INDENIZAÇÃO POR DANOS MORAIS E PATRIMONIAIS. NECESSIDADE DE AÇÃO AUTÔNOMA. RECURSO PARCIALMENTE PROVIDO. (...) 2. Nos termos do art. 745, V, do CPC/73 (reproduzido no art. 917 do NCPC), todas as matérias defensivas podem ser suscitadas nos embargos do devedor, devendo ser considerada como tal a incidência da penalidade prevista no art. 940 do CC na medida em que implica abuso do direito de ação que deve ser sancionado de forma análoga à do art. 18 do CPC/73, correspondente ao art. 81 do NCPC. 3. O pleito de indenização dos danos morais e patrimoniais não é defesa, mas, sim, pedido em sentido estrito, e sua veiculação em embargos do devedor é inviável, reclamando ação autônoma. (...) (STJ, REsp 1638535/RJ, Rel. Ministro Moura Ribeiro, Terceira Turma, julgado em 07/02/2017, DJe 04/04/2017)

§ 1º A incorreção da penhora ou da avaliação poderá ser impugnada por simples petição, no prazo de 15 (quinze) dias, contado da ciência do ato.

§ 2º Há excesso de execução quando:

I – o exequente pleiteia quantia superior à do título;

II – ela recai sobre coisa diversa daquela declarada no título;

III – ela se processa de modo diferente do que foi determinado no título;

IV – o exequente, sem cumprir a prestação que lhe corresponde, exige o adimplemento da prestação do executado;

→ *v.* Arts. 476 e 477 do CC/2002.

→ *v.* Arts. 787 e 798, I, **d**, do CPC.

V – o exequente não prova que a condição se realizou.

→ *v.* Arts. 121 a 131 e 135 do CC/2002.

→ *v.* Arts. 798, I, **c**, e 803, III, do CPC.

§ 3º Quando alegar que o exequente, em excesso de execução, pleiteia quantia superior à do título, o embargante declarará na petição inicial o valor que entende correto, apresentando demonstrativo discriminado e atualizado de seu cálculo.

§ 4º Não apontado o valor correto ou não apresentado o demonstrativo, os embargos à execução:

I – serão liminarmente rejeitados, sem resolução de mérito, se o excesso de execução for o seu único fundamento;

Decisão apontando que, na falta de memória de cálculo, a parte deve ser intimada a emendar, antes da extinção

✓ APELAÇÃO CÍVEL. Sentença que julgou os embargos à execução extintos, sem resolução do mérito. (...) Excesso de execução. Petição inicial desacompanhada de memória de cálculo. Inviabilidade de conhecimento da matéria. Inteligência do art. 917, § 5º, do CPC/15. Impossibilidade de emenda à inicial. Precedentes. Juntada de documentos essenciais. Art. 914, § 1º, do CPC/15. Necessidade de intimação para emenda à inicial. Excesso de rigor. (...) (TJPR; ApCiv 1690451-7; Londrina; Décima Quarta Câmara Cível; Rel. Des. Fernando Antônio Prazeres; Julg. 16/08/2017; DJPR 22/08/2017; Pág. 314)

II – serão processados, se houver outro fundamento, mas o juiz não examinará a alegação de excesso de execução.

§ 5º Nos embargos de retenção por benfeitorias, o exequente poderá requerer a compensação de seu valor com o dos frutos ou dos danos considerados devidos pelo executado, cumprindo ao juiz, para a apuração dos respectivos valores, nomear perito, observando-se, então, o art. 464.

→ v. Arts. 96 e 97 do CC/2002.

§ 6º O exequente poderá a qualquer tempo ser imitido na posse da coisa, prestando caução ou depositando o valor devido pelas benfeitorias ou resultante da compensação.

§ 7º A arguição de impedimento e suspeição observará o disposto nos arts. 146 e 148.

Art. 918. O juiz rejeitará liminarmente os embargos:

→ v. Art. 1.012, § 1º, III, do CPC.

I – quando intempestivos;

II – nos casos de indeferimento da petição inicial e de improcedência liminar do pedido;

→ v. Arts. 330 a 332 do CPC.

III – manifestamente protelatórios.

→ **v.** Enunciado 148 do CJF: A reiteração pelo exequente ou executado de matérias já preclusas pode ensejar a aplicação de multa por conduta contrária à boa-fé.

→ v. Enunciado 50 da ENFAM: O oferecimento de impugnação manifestamente protelatória ao cumprimento de sentença será considerado conduta atentatória à dignidade da Justiça (art. 918, III, parágrafo único, do CPC/2015), ensejando a aplicação da multa prevista no art. 774, parágrafo único.

A aplicação das multas por ato atentatório à dignidade da justiça exige dolo ou culpa grave da parte

✓ AGRAVO INTERNO NO AGRAVO EM RECURSO ESPECIAL. EMBARGOS DE TERCEIRO. SUCESSÃO EMPRESARIAL. RESPONSABILIDADE PATRIMONIAL RECONHECIDA. IMPROCEDÊNCIA DOS EMBARGOS. CARÁTER PROTELATÓRIO. LITIGÂNCIA DE MÁ-FÉ E ATO ATENTATÓRIO À DIGNIDADE DA JUSTIÇA. NÃO CONFIGURAÇÃO. AGRAVO INTERNO PROVIDO PARA CONHECER DO AGRAVO E DAR PROVIMENTO AO RECURSO ESPECIAL. 1. Segundo entendimento do Superior Tribunal de Justiça, para aplicação das multas por litigância de má-fé e ato atentatório à dignidade da Justiça, há necessidade de verificação do elemento subjetivo, consistente no dolo ou culpa grave da parte, que deve ter sido reconhecido pelas instâncias ordinárias. Precedentes. 2. No caso, ainda que se compreenda que o agravante deva responder por eventuais dívidas da sociedade originariamente executada, não se pode interpretar a defesa do seu patrimônio pessoal, mediante o ajuizamento de embargos de terceiro, como litigância de má-fé ou ato atentatório à dignidade da Justiça, pois o referido meio de impugnação era o único remédio processual legalmente previsto para discutir a constrição sobre seus bens em relação a processo do qual não fazia parte. (...) (STJ, AgInt no AREsp 1550744/RJ, Rel. Ministro Raul Araújo, Quarta Turma, julgado em 24/08/2020, DJe 15/09/2020)

A reiteração de questões já rejeitadas em exceção de pré-executividade configura a hipótese de embargos protelatórios

✓ APELAÇÃO. EMBARGOS À EXECUÇÃO. FEITO EXECUTIVO EMBASADO EM ACÓRDÃO PROVENIENTE DO TRIBUNAL DE CONTAS ESTADUAL. SUPOSTA INCOMPETÊNCIA DA CORTE DE CONTAS PARA JULGAR CHEFE DO EXECUTIVO MUNICIPAL. MATÉRIA JÁ AVENTADA EM EXCEÇÃO DE PRÉ-EXECUTIVIDADE REJEITADA PELO JUÍZO NOS AUTOS DA EXECUÇÃO. IMPOSSIBILIDADE DE REITERAÇÃO DOS ARGUMENTOS EM SEDE DE EMBARGOS. PRECEDENTES DOS TRIBUNAIS DE JUSTIÇA. EMBARGOS PROTELATÓRIOS. REJEIÇÃO LIMINAR. APLICAÇÃO DO ART. 739, III, DO CPC/1973, CORRESPONDENTE AO ART. 918, III, DO CPC/2015. APELO DESPROVIDO. SENTENÇA MANTIDA. 1. O juiz rejeitará liminarmente os embargos manifestamente protelatórios. Inteligência do art. 918, III, do código de processo civil. 2. "são manifestamente protelatórios os embargos à execução em que se deduz pretensão que já foi analisada em anterior decisão que julgou improcedente pedido de exceção de pré-executividade" (TJMG; APCV 1.0105.14.026342-4/001; Rel. Des. Edilson olímpio Fernandes; julg. 14/06/2016; DJEMG 24/06/2016). (TJPB; APL 0001298-86.2009.815.0141; Quarta Câmara Especializada Cível; Rel. Des. Romero Marcelo da Fonseca Oliveira; DJPB 18/08/2017; Pág. 9)

Parágrafo único. Considera-se conduta atentatória à dignidade da justiça o oferecimento de embargos manifestamente protelatórios.

→ v. Art. 774 do CPC.

O reconhecimento de embargos protelatórios acarreta a aplicação de multa

✓ PROCESSO CIVIL. EMBARGOS À EXECUÇÃO. MERAMENTE PROTELATÓRIOS. EMBARGOS À EFETIVAÇÃO DO JULGADO. ATO ATENTATÓRIO À DIGNIDADE DA JUSTIÇA. MULTA. 1) Considera-se conduta atentatória à dignidade da justiça o oferecimento de embargos manifestamente protelatórios, nos termos do art. 918, parágrafo único, do CPC; 2) Configurado que os embargos à execução foram opostos com o fito de criar embaraços à efetivação do julgado, sendo meramente protelatório, a incidência da multa prevista no art. 77, § 2º, do CPC, é medida que se impõe; 3) Apelo desprovido. (TJAP; APL 0000231-71.2016.8.03.0013; Câmara Única; Relª Juíza Conv. Stella Ramos; Julg. 01/08/2017; DJEAP 10/08/2017; Pág. 42)

Art. 919. Os embargos à execução não terão efeito suspensivo.

Sistemática do art. 919 aplicável também às execuções fiscais

✓ TRIBUTÁRIO. EMBARGOS À EXECUÇÃO FISCAL. APLICABILIDADE DO ART. 739-A, § 1º, DO CPC/73 ÀS EXECUÇÕES FISCAIS. EFICÁCIA VINCULATIVA DO ACÓRDÃO PROFERIDO NO RESP N. 1.272.827/PE, JULGADO SOB O RITO DO ART. 543-C, CPC/73. TEMA N. 526/STJ. AUSÊNCIA DOS REQUISITOS ENSEJADORES DO EFEITO SUSPENSIVO PRETENDIDO. REVISÃO. SÚMULA 7/STJ. RECURSO ESPECIAL NÃO CONHECIDO. I – A Primeira Seção do Superior Tribunal de Justiça, ao apreciar o Tema n. 526, nos autos do REsp repetitivo n. 1.272.827/PE de relatoria do ministro Mauro Campbell, firmou entendimento no sentido de que o art. 739-A do CPC/73 (art. 919 do CPC/2015) aplica-se às execuções fiscais e que atribuição de efeito suspensivo aos embargos do devedor "fica condicionada" ao cumprimento de três requisitos: apresentação de garantia; verificação pelo juiz da relevância da fundamentação (fumus boni juris) e do perigo de dano irreparável ou de difícil reparação (periculum in mora). (...) (STJ, AgInt no AREsp 1182681/SP, Rel. Ministro Francisco Falcão, Segunda Turma, julgado em 16/08/2018, DJe 27/08/2018)

§ 1º O juiz poderá, a requerimento do embargante, atribuir efeito suspensivo aos embargos quando verificados os requisitos para a concessão da tutela provisória, e desde que a execução já esteja garantida por penhora, depósito ou caução suficientes.

→ *v.* Arts. 300, 311 e 921, II, do CPC.

→ *v.* Enunciado 71 do CJF: É cabível o recurso de agravo de instrumento contra a decisão que indefere o pedido de atribuição de efeito suspensivo a Embargos à Execução, nos termos do art. 1.015, X, do CPC.

Cabimento de agravo de instrumento contra a decisão que aprecia o pedido de efeito suspensivo aos embargos, ainda que seja de indeferimento

✓ AGRAVO INTERNO NO RECURSO ESPECIAL. AGRAVO DE INSTRUMENTO. EMBARGOS À EXECUÇÃO. CABIMENTO. AGRAVO PROVIDO. 1. "A decisão que versa sobre a concessão de efeito suspensivo aos embargos à execução de título extrajudicial é uma decisão interlocutória que versa sobre tutela provisória, como reconhece o art. 919, § 1º, do CPC/2015, motivo pelo qual a interposição imediata do agravo de instrumento em face da decisão que indefere a concessão do efeito suspensivo é admissível com base no art. 1.015, I, do CPC/2015" (REsp 1.745.358/SP, Rel. Ministra Nancy Andrighi, Terceira Turma, julgado em 26/02/2019, DJe de 1º/03/2019). (...) (STJ, AgInt no REsp 1783858/SP, Rel. Ministro Raul Araújo, Quarta Turma, julgado em 03/03/2020, DJe 25/03/2020)

Impossibilidade de relativizar a exigência de garantia do juízo sem qualquer fundamentação, por mais relevantes que sejam as teses do executado

✓ PROCESSUAL CIVIL. RECURSO ESPECIAL. EMBARGOS À EXECUÇÃO. EFEITO SUSPENSIVO. REQUISITOS. ART. 919, § 1º, DO CPC/2015. AUSÊNCIA DA GARANTIA DA EXECUÇÃO POR PENHORA, DEPÓSITO OU CAUÇÃO. (...) 3. O propósito recursal é definir se a exigência da garantia do juízo – prevista no art. 919, § 1º, do CPC/2015 como requisito necessário à concessão de efeito suspensivo aos embargos à execução – pode ser relativizada na hipótese dos autos. 4. O art. 919, § 1º, do CPC/2015 prevê que o Juiz poderá atribuir efeito suspensivo aos embargos à execução quando presentes, cumulativamente, os seguintes requisitos: (a) requerimento do embargante; (b) relevância da argumentação; (c) risco de dano grave de difícil ou incerta reparação; e (d) garantia do juízo. 5. A controvérsia posta a deslinde nos autos consiste na averiguação de ocorrência de excepcionalidade hábil a ensejar a suspensão da execução, ainda que não tenha havido a garantia do juízo, conforme exige o art. 919, § 1º, do CPC/2015. 6. Ao conferir detida análise aos fundamentos utilizados pela Corte local, verifica-se que a garantia prevista em lei foi dispensada, sem, contudo, ter sido traçada qualquer nota relevante que justificasse a adoção da medida. 7. É certo que o Tribunal de origem reconheceu a existência dos outros requisitos exigidos por lei (requerimento da parte, probabilidade do direito alegado e perigo da demora ou risco ao resultado útil do processo). Todavia, a coexistência de tais pressupostos não é suficiente para, por si só, afastar a garantia do juízo, que se deve fazer presente cumulativamente. (...) (STJ, REsp 1846080/GO, Rel. Ministra Nancy Andrighi, Terceira Turma, julgado em 01/12/2020, DJe 04/12/2020)

Suspensão da execução no caso de defesa apresentada pelo executado que deve ser apreciada no juízo arbitral

✓ CIVIL E PROCESSUAL CIVIL. RECURSO ESPECIAL. RECURSO MANEJADO SOB A ÉGIDE DO NCPC. EXECUÇÃO DE TÍTULO EXECUTIVO EXTRAJUDICIAL. CONTRATO DE INTERMEDIAÇÃO. EXCEÇÃO DE PRÉ-EXECUTIVIDADE. CLÁUSULA COMPROMISSÓRIA PACTUADA. POSSIBILIDADE DE CONCOMITÂNCIA ENTRE EXECUÇÃO NO JUÍZO ESTATAL E PROCEDIMENTO ARBITRAL. NECESSIDADE DE SE OBSERVAR CERTOS REQUISITOS. ALEGAÇÃO DE NULIDADE DO TÍTULO EXEQUENDO. CERNE DA CONTROVÉRSIA QUE GUARDA RELAÇÃO COM O PRÓPRIO MÉRITO DO CONTRATO EXECUTADO. OBSERVÂNCIA DO PRINCÍPIO KOMPETENZ-KOMPETENZ. DERROGAÇÃO DO JUÍZO ESTATAL. COMPETÊNCIA DO JUÍZO ARBITRAL. NECESSIDADE DE SUSPENSÃO DOS ATOS EXECUTIVOS. FIXAÇÃO DE SUCUMBÊNCIA. RECURSO ESPECIAL PROVIDO. (...) 2. A existência de cláusula compromissória não obsta a execução de título extrajudicial, desde que preenchidos os requisitos da certeza, liquidez e exigibilidade na medida em que os árbitros não são investidos do poder de império estatal à prática de atos executivos, não tendo poder coercitivo direto. Precedentes. 3. A celebração de cláusula compromissória implica parcial derrogação da jurisdição estatal, impondo ao árbitro o poder-dever de decidir as questões decorrentes do contrato ou das obrigações nele consignadas (existência, constituição ou extinção do crédito). Necessidade de observância do princípio Kompetenz-Kompetenz. Precedentes. 4. Porque os argumentos trazidos na exceção de pré-executividade dizem respeito ao próprio mérito do título executivo em que inserida a cláusula compromissória, deve ser ela rejeitada, com a imediata suspensão da execução até final decisão proferida no juízo arbitral. (...) (STJ, REsp 1864686/SP, Rel. Ministro Moura Ribeiro, Terceira Turma, julgado em 13/10/2020, DJe 15/10/2020)

Reconhecimento de que o juízo já estava garantido, mesmo sem penhora, diante da caução oferecida em ação conexa

✓ DIREITO PROCESSUAL CIVIL. RECURSO ESPECIAL. EMBARGOS À EXECUÇÃO. PREQUESTIONAMENTO. AUSÊNCIA. SÚMULA 282/STF. EFEITO SUSPENSIVO. NECESSIDADE DE GARANTIA DO JUÍZO. CAUÇÃO OFERECIDA EM AÇÃO CONEXA. APROVEITAMENTO. POSSIBILIDADE. (...) 6. No caso concreto, as parcelas contratuais que figuram como objeto da ação de execução são as mesmas que dão sufrágio ao pleito declaratório de inexigibilidade do débito, sendo tais parcelas, também, as mesmas que foram objeto de protesto pela recorrente e, via de consequência, objeto da ação de sustação de protesto, na qual foi concedida a providência liminar ante, dentre a presença dos outros requisitos, a existência de caucionamento do suposto débito. Inclusive, não se descura que, posteriormente, houve o reconhecimento de conexão entre as referidas demandas. 7. Tendo sido reconhecido, no bojo da ação cautelar, que houve o caucionamento do débito – que, frisa-se, é o mesmo discutido na ação de execução e, consequentemente, cujo título os recorridos visam a desconstituir por meio da oposição de embargos à execução – não há por que determinar que seja realizada nova constrição no patrimônio dos agravados, a fim de que seja concedido o efeito suspensivo aos seus embargos. (...) (STJ, REsp 1743951/MG, Rel. Ministra Nancy Andrighi, Terceira Turma, julgado em 06/10/2020, DJe 14/10/2020)

A simples garantia do juízo não assegura a concessão do efeito suspensivo aos embargos

✓ RECURSO ESPECIAL. EXECUÇÃO FISCAL. EFEITO SUSPENSIVO AOS EMBARGOS. NÃO CABIMENTO. AUSÊNCIA DOS REQUISITOS AUTORIZADORES. HIGIDEZ DA MARCHA PROCESSUAL. PRIMAZIA DO CRÉDITO PÚBLICO. PROVIMENTO. 1. A concessão de efeito suspensivo aos embargos à execução fiscal não é automática, dependendo de provimento judicial fundamentado a requerimento da parte embargante. 2. Ou seja, não basta que a execução esteja garantida. Devem estar presentes ainda os juízos de relevância da argumentação (fumus boni juris) e perigo de dano irreparável ou de difícil reparação (periculum in mora), ambos ausentes na espécie. 3. É que, de um lado, o próprio Tribunal de origem afirma que a argumentação trazida pela parte não se revela, de plano, capaz de debelar os títulos executivos; de outro, a simples possibilidade de penhora dos bens garantidos, sequência ordinária da marcha processual, não se mostra suficiente para paralisar a execução do crédito público, que ostenta primazia sobre o privado. 4. Entendimento que persiste após a entrada em vigor do art. 919 do CPC/2015. (...) (STJ, REsp 1732340/RN, Rel. Ministro Og Fernandes, Segunda Turma, julgado em 08/05/2018, DJe 14/05/2018)

O recurso especial para apreciar os requisitos para atribuição de efeito suspensivo aos embargos envolve a reanálise de matéria fática (Súmula 7/STJ)

✓ AGRAVO INTERNO NO RECURSO ESPECIAL. EMBARGOS À EXECUÇÃO. EFEITO SUSPENSIVO. ART. 919, § 1º, DO CPC/2015. AUSÊNCIA DOS REQUISITOS AUTORIZADORES. REVOLVIMENTO DO ACERVO FÁTICO-PROBATÓRIO. IMPOSSIBILIDADE. SÚMULA 7/STJ. AGRAVO NÃO PROVIDO. 1. O art. 919, § 1º, do CPC/2015 prevê que o magistrado poderá atribuir efeito suspensivo aos embargos à execução quando presentes, cumulativamente, os seguintes requisitos: (a) requerimento do embargante; (b) relevância da argumentação; (c) risco de dano grave de difícil ou incerta reparação; e (d) garantia do juízo. 2. No caso, diante das premissas fáticas constantes no acórdão, não está demonstrado o dano de difícil ou incerta reparação necessário à suspensão da execução, mormente considerando que eventual levantamento do valor depositado em juízo pelo recorrente somente deve ser deferido mediante a adoção das cautelas necessárias ao prosseguimento da execução provisória, inclusive prestação de caução, o que será analisado pelo magistrado, no caso concreto. 3. Agravo interno não provido. (STJ, AgInt no REsp 1651168/MT; Quarta Turma; Rel. Min. Raul Araújo; Julg. 28/03/2017; DJe 18/04/2017)

§ 2º Cessando as circunstâncias que a motivaram, a decisão relativa aos efeitos dos embargos poderá, a requerimento da parte, ser modificada ou revogada a qualquer tempo, em decisão fundamentada.

§ 3º Quando o efeito suspensivo atribuído aos embargos disser respeito apenas a parte do objeto da execução, esta prosseguirá quanto à parte restante.

Indicação do valor que o executado entende correto não implica admissão de montante incontroverso, quando a tese de excesso de execução é subsidiária

✓ AGRAVO INTERNO NO AGRAVO EM RECURSO ESPECIAL. DISCUSSÃO QUANTO À EXTENSÃO DO EFEITO SUSPENSIVO ATRIBUÍDO AOS EMBARGOS À EXECUÇÃO PELO TRIBUNAL DE ORIGEM, QUE RECONHECEU, EM VIRTUDE DA TESE DE EXCESSO DE EXECUÇÃO, A EXISTÊNCIA, SUPOSTAMENTE, DE VALORES INCONTROVERSOS. EMBARGOS À EXECUÇÃO QUE OBJETIVAM, DE IMEDIATO, A EXTINÇÃO INTEGRAL DA EXECUÇÃO, ANTE A ALEGAÇÃO DE FALTA DE EXIGIBILIDADE DE LIQUIDEZ DO TÍTULO EXEQUENDO, SEM OBSERVÂNCIA, INCLUSIVE, DAS FORMALIDADES LEGAIS DE CONSTITUIÇÃO. ARGUMENTO SUBSIDIÁRIO DE EXCESSO DE EXECUÇÃO QUE NÃO PODE SER CONCEBIDO COMO RECONHECIMENTO, POR PARTE DO EXECUTADO, DE ADMISSÃO DE PARTE DO DÉBITO. INEXISTÊNCIA DE VALORES INCONTROVERSOS. RECONHECIMENTO. ENUNCIADOS N. 735 DA SÚMULA DO STF E 7 DA SÚMULA DO STJ. NÃO INCIDÊNCIA. AGRAVO INTERNO IMPROVIDO. 1. A discussão posta no recurso especial consiste em saber se o fato de o devedor, em seus embargos à execução, após pugnar pela extinção integral da ação executiva, ter apresentado pedido subsidiário consistente na alegação de excesso de execução, com indicação de valor (por determinação legal), poderia ensejar a conclusão de admissão, por parte do embargante, de valor incontroverso. 2. A definição de tal questão jurídica, porque utilizada como fundamento pelo Tribunal de origem para determinar a extensão do efeito suspensivo a ser conferido aos embargos do devedor, e por se referir, principalmente, aos próprios requisitos legais da concessão do efeito suspensivo aos embargos à execução (art. 919, § 3º, do CPC), autoriza o manejo de recurso especial, a afastar a incidência do enunciado n. 735 da Súmula do STF. Precedentes. 3. A tese de excesso de execução, no caso, apresentou-se como argumento subsidiário, a ser conhecido somente se afastadas as teses principais destinadas a extinguir integralmente a execução, do que ressai a conclusão inequívoca de inexistir valores incontroversos. 3.1 Por expressa determinação legal (§§ 3º e 4º do art. 917 do Código de Processo Civil), a tese de excesso de execução arguida pelo embargante deve ser, necessariamente, acompanhada da indicação de valor que se reputa correto ou da apresentação de demonstrativo, sob pena de não conhecimento. 3.2 No caso, o Tribunal de origem reconheceu, indiscutivelmente, a presença dos requisitos necessários à concessão de efeito suspensivo aos embargos à execução, limitando-o, contudo, naquilo que excedesse o valor supostamente admitido pelo embargante/executado. Todavia, não havendo se falar em valores incontroversos, o prosseguimento da execução, nos moldes definitivos, tal como reconhecido pela Corte estadual, evidencia, também na extensão dos valores contidos na tese subsidiária de excesso de execução, risco de dano irreparável, a evidenciar, nessa medida, o malferimento dos dispositivos legais apontados. (...) (STJ, AgInt no AREsp 1688995/SP, Rel. Ministro Marco Aurélio Bellizze, Terceira Turma, julgado em 14/09/2020, DJe 21/09/2020)

§ 4º A concessão de efeito suspensivo aos embargos oferecidos por um dos executados não suspenderá a execução contra os que não embargaram, quando o respectivo fundamento disser respeito exclusivamente ao embargante.

§ 5º A concessão de efeito suspensivo não impedirá a efetivação dos atos de substituição, de reforço ou de redução da penhora e de avaliação dos bens.

Art. 920. Recebidos os embargos:

→ v. Enunciado 94 do CJF – Aplica-se o procedimento do art. 920 do CPC à impugnação ao cumprimento de sentença, com possibilidade de rejeição liminar nas hipóteses dos arts. 525, § 5º, e 918 do CPC.

I – o exequente será ouvido no prazo de 15 (quinze) dias;

II – a seguir, o juiz julgará imediatamente o pedido ou designará audiência;

Admite-se o julgamento antecipado nos embargos, sem instrução

✓ APELAÇÃO CÍVEL. EMBARGOS À EXECUÇÃO. SENTENÇA DE IMPROCEDÊNCIA. ERROR IN PROCEDENDO E ERROR IN JUDICANDO. INOCORRÊNCIA. CONEXÃO E CONTINÊNCIA. INAPLICABILIDADE DOS ARTS. 55 E 56 DO CPC/15. AÇÃO DE EXECUÇÃO EM TRÂMITE EM OUTRA VARA CÍVEL, EM QUE SÃO EXECUTADAS DUPLICATAS DISTINTAS, RELATIVAS A DIFERENTES NEGÓCIOS JURÍDICOS ENCETADOS ENTRE AS PARTES. (...)Art. 920 II, do CPC/15 que deixa aberta a possibilidade de se julgar os embargos no estado em que se encontram ou de se produzir prova. Magistrado optou por julgar antecipadamente, pois desnecessária a dilação probatória. Inocorrência de ofensa ao contraditório e à ampla defesa, ou aos arts. 9º, ou 10, do CPC/15, nem mesmo ao art. 5º, IV, da CF/88. (...) (TJPR; ApCiv 1721419-4; Londrina; Décima Quarta Câmara Cível; Rel. Des. Fernando Antônio Prazeres; Julg. 13/09/2017; DJPR 21/09/2017; Pág. 247)

III – encerrada a instrução, o juiz proferirá sentença.

→ *v.* Art. 17 da Lei 6.830/1980.

→ *v.* Art. 1.012, § 1º, III, do CPC.

Cabimento exclusivamente de apelação contra a decisão que julga os embargos à execução

✓ PROCESSUAL CIVIL. RECURSO ESPECIAL. AÇÃO COLETIVA. EXECUÇÃO INDIVIDUAL. SERVIDOR MUNICIPAL. AUSÊNCIA DE OMISSÃO. PREQUESTIONAMENTO NÃO REALIZADO. SÚMULA 211/STJ. EMBARGOS À EXECUÇÃO. EXTINÇÃO POR SENTENÇA. INTERPOSIÇÃO DE APELAÇÃO. ERRO CRASSO. INEXISTÊNCIA. DISSÍDIO JURISPRUDENCIAL PREJUDICADO. RECURSO PARCIALMENTE CONHECIDO E, NESSE PONTO, NÃO PROVIDO. (...) 5. A alegada violação do art. 932, III, do CPC/2015 fundamenta-se na tese de que a decisão do juízo de piso que não extinguiu o processo executivo não é sentença, mas, sim, decisão interlocutória. Portanto, aduz o recorrente, é erro grosseiro a Apelação interposta pela recorrida no Tribunal paulista, haja vista que deveria ter juntado, no lugar, Agravo de Instrumento. 6. A tese não encontra qualquer sustento: o processo na origem é Embargos à Execução (fls. 1, 183, 486). O ato do juízo singular tanto está nomeado como sentença (fl. 183) quanto o é de fato, pois afastou a ilegitimidade passiva do recorrente e reputou corretos os cálculos apresentados, tudo com fulcro no art. 487, I, do CPC/2015, norma atinente às sentenças. 7. Como se não fosse suficiente, segundo a previsão literal do art. 920, III, do CPC/2015, quando recebidos os Embargos à Execução – como é o presente caso -, e encerrada a instrução, o juiz proferirá sentença. (...) (STJ, REsp 1806851/SP, Rel. Ministro Herman Benjamin, Segunda Turma, julgado em 23/05/2019, DJe 14/06/2019)

Embargos possuem natureza de ação autônoma, e a recorribilidade das decisões interlocutórias nos embargos se submete aos incisos do art. 1.015

✓ CIVIL. PROCESSUAL CIVIL. DECISÃO INTERLOCUTÓRIA QUE DETERMINA A EMENDA À PETIÇÃO INICIAL DOS EMBARGOS À EXECUÇÃO PARA PERMITIR A INCLUSÃO DE MEMÓRIA DE CÁLCULO ATUALIZADA PELO EMBARGADO. NATUREZA JURÍDICA DOS EMBARGOS À EXECUÇÃO. AÇÃO DE CONHECIMENTO INCIDENTAL. RECORRIBILIDADE DAS INTERLOCUTÓRIAS POR MEIO DE AGRAVO DE INSTRUMENTO QUE SE SUBMETE AO REGIME PREVISTO NO ART. 1.015, INCISOS, DO CPC/15. INAPLICABILIDADE DO REGIME RECURSAL QUE ORIENTA O PROCESSO DE EXECUÇÃO E, CONSEQUENTEMENTE, DO ART. 1.015, PARÁGRAFO ÚNICO, DO CPC/2015. (...) 3- O novo sistema de recorribilidade imediata das decisões interlocutórias instituído pelo CPC/2015 estabeleceu dois regimes recursais distintos: (i) o previsto no art. 1.015, caput e incisos, que se aplica aos processos na fase de conhecimento; (ii) o previsto no art. 1.015, parágrafo único, que excepciona a regra geral e prevê a ampla recorribilidade das interlocutórias nas fases subsequentes à cognitiva, no processo de execução e na ação de inventário e partilha. 4- Dado que natureza jurídica dos embargos à execução é, conforme remansosa doutrina e jurisprudência, de ação de conhecimento incidental, a ele se aplica a regra de recorribilidade das interlocutórias prevista no art. 1.015, caput e incisos, não havendo justificativa lógica ou teórica para equiparar os embargos à execução ao processo de execução, na medida em que nessa ação de conhecimento incidental se resolverá em sentença, de modo que a maioria das questões incidentes – como a legalidade ou não da emenda à inicial dos embargos à execução – poderá, em princípio, ser suscitada na apelação ou em suas contrarrazões. (...) (STJ, REsp 1682120/RS, Rel. Ministra Nancy Andrighi, Terceira Turma, julgado em 26/02/2019, DJe 01/03/2019)

TÍTULO IV
Da Suspensão e da Extinção do Processo de Execução
Capítulo I
DA SUSPENSÃO DO PROCESSO DE EXECUÇÃO

Art. 921. Suspende-se a execução:

I – nas hipóteses dos arts. 313 e 315, no que couber;

A prejudicialidade externa acarreta a suspensão da execução

✓ AGRAVO DE INSTRUMENTO - EXECUÇÃO FUNDADA EM TÍTULO EXTRAJUDICIAL - SUSPENSÃO - Insurgência contra decisão que deferiu requerimento formulado pela executada, ora agravada, de suspensão da presente execução, até que fosse proferida decisão no procedimento arbitral instaurado pela executada, em que se discutia o mesmo título, no qual a presente execução está fundada - Questão prejudicial - Ocorrência - Aplicação do artigo 921, I, c.c. artigo 313, V, "a", do novo Código de Processo Civil - Precedentes jurisprudenciais - Decisão mantida - Recurso improvido. (TJSP, AI 2233646-22.2019.8.26.0000, Rel. Des. Plinio Novaes de Andrade Júnior, 24ª Câmara de Direito Privado, julgado em 30/04/2020)

II – no todo ou em parte, quando recebidos com efeito suspensivo os embargos à execução;

→ *V.* Art. 919, § 1º, do NCPC.

III – quando o executado não possuir bens penhoráveis;

→ *V.* Art. 40 da Lei 6.830/1980.

Incidente de Assunção de Competência (IAC) no REsp 1.604.412/SC: contornos da prescrição intercorrente no CPC/1973 e no CPC/2015

✓ RECURSO ESPECIAL. INCIDENTE DE ASSUNÇÃO DE COMPETÊNCIA. AÇÃO DE EXECUÇÃO DE TÍTULO EXTRAJUDICIAL. PRESCRIÇÃO INTERCORRENTE DA PRETENSÃO EXECUTÓRIA. CABIMENTO. TERMO INICIAL. NECESSIDADE DE PRÉVIA INTIMAÇÃO DO CREDOR-EXEQUENTE. OITIVA DO CREDOR. INEXISTÊNCIA. CONTRADITÓRIO DESRESPEITADO. RECURSO ESPECIAL PROVIDO. 1. As teses a serem firmadas, para efeito do art. 947 do CPC/2015 são as seguintes: 1.1 Incide a prescrição intercorrente, nas causas regidas pelo CPC/73, quando o exequente permanece inerte por prazo superior ao de prescrição do direito material vindicado, conforme interpretação extraída do art. 202, parágrafo único, do Código Civil de 2002. 1.2 O termo inicial do prazo prescricional, na vigência do CPC/1973, conta-se do fim do prazo judicial de suspensão do processo ou, inexistindo prazo fixado, do transcurso de um ano (aplicação analógica do art. 40, § 2º, da Lei 6.830/1980). 1.3 O termo inicial do art. 1.056 do CPC/2015 tem incidência apenas nas hipóteses em que o processo se encontrava suspenso na data da entrada em vigor da novel lei processual, uma vez que não se pode extrair interpretação que viabilize o reinício ou a reabertura de prazo prescricional ocorridos na vigência do revogado CPC/1973 (aplicação irretroativa da norma processual). 1.4. O contraditório é princípio que deve ser respeitado em todas as manifestações do Poder Judiciário, que deve zelar pela sua observância, inclusive nas hipóteses de declaração de ofício da prescrição intercorrente, devendo o credor ser previamente intimado para opor algum fato impeditivo à incidência da prescrição. 2. No caso concreto, a despeito de transcorrido mais de uma década após o arquivamento administrativo do processo, não houve a intimação da recorrente a assegurar o exercício oportuno do contraditório. 3. Recurso especial provido. (STJ, REsp 1604412/SC, Rel. Ministro Marco Aurélio Bellizze, Segunda Seção, julgado em 27/06/2018, DJe 22/08/2018)

Para decretar a prescrição intercorrente é necessária a intimação do credor para que possa opor algum fato impeditivo ao decreto da prescrição, prestigiando-se o contraditório, não sendo mais cogente a intimação para dar andamento ao feito

✓ PROCESSUAL CIVIL. AGRAVO INTERNO NO RECURSO ESPECIAL. EXECUÇÃO DE TÍTULO EXTRAJUDICIAL. PRESCRIÇÃO INTERCORRENTE. PRÉVIA INTIMAÇÃO DO CREDOR PARA DAR ANDAMENTO AO FEITO. DESNECESSIDADE. 1. Cuida-se, na origem, de execução de título extrajudicial. 2. Conforme consolidado pela 2ª Seção do STJ no IAC no REsp 1.604.412/SC – com a ressalva do entendimento pessoal desta Relatora quanto ao tema -, incide a prescrição intercorrente, nos processos regidos pelo CPC/73, quando o exequente permanece inerte por prazo superior ao de prescrição do direito vindicado. 3. Na ocasião, restou estabelecido que é desnecessária, para a decretação da prescrição intercorrente, a prévia intimação da parte exequente para dar andamento ao feito, exigindo apenas que o credor seja intimado para poder opor algum fato impeditivo à incidência da prescrição, em respeito ao princípio do contraditório, o que foi devidamente observado na hipótese dos autos. 4. Agravo interno não provido. (STJ, AgInt no REsp 1818978/PR, Rel. Ministra Nancy Andrighi, Terceira Turma, julgado em 24/08/2020, DJe 27/08/2020)

A falta de bens penhoráveis acarreta a suspensão e não a extinção da execução

✓ AGRAVO INTERNO NO AGRAVO EM RECURSO ESPECIAL - AUTOS DE AGRAVO DE INSTRUMENTO NA ORIGEM - DECISÃO MONOCRÁTICA QUE DEU PARCIAL PROVIMENTO AO RECLAMO. INSURGÊNCIA RECURSAL DA AUTORA 1. A ausência de bens passíveis de penhora não importa a extinção do processo de execução ou baixa no distribuidor, mas apenas enseja o seu arquivamento provisório até que sejam localizados bens do devedor, nos termos do art. 921, III, do NCPC (antigo art. 791, III, do CPC/73). Precedentes. 2. Agravo interno desprovido. (STJ, AgInt no AREsp 382.398/RJ, Rel. Ministro Marco Buzzi, Quarta Turma, julgado em 09/10/2018, DJe 19/10/2018)

IV – se a alienação dos bens penhorados não se realizar por falta de licitantes e o exequente, em 15 (quinze) dias, não requerer a adjudicação nem indicar outros bens penhoráveis;

→ *V.* Súmula 224 do TFR.

→ *V.* Art. 878 do NCPC.

V – quando concedido o parcelamento de que trata o art. 916.

§ 1º Na hipótese do inciso III, o juiz suspenderá a execução pelo prazo de 1 (um) ano, durante o qual se suspenderá a prescrição.

§ 2º Decorrido o prazo máximo de 1 (um) ano sem que seja localizado o executado ou que sejam encontrados bens penhoráveis, o juiz ordenará o arquivamento dos autos.

§ 3º Os autos serão desarquivados para prosseguimento da execução se a qualquer tempo forem encontrados bens penhoráveis.

§ 4º Decorrido o prazo de que trata o § 1º sem manifestação do exequente, começa a correr o prazo de prescrição intercorrente.

→ v. Súmula 150 do STF.

→ v. Súmula 314 do STJ.

§ 5º O juiz, depois de ouvidas as partes, no prazo de 15 (quinze) dias, poderá, de ofício, reconhecer a prescrição de que trata o § 4º e extinguir o processo.

Art. 922. Convindo as partes, o juiz declarará suspensa a execução durante o prazo concedido pelo exequente para que o executado cumpra voluntariamente a obrigação.

→ v. Art. 313, II, do CPC.

Parágrafo único. Findo o prazo sem cumprimento da obrigação, o processo retomará o seu curso.

Art. 923. Suspensa a execução, não serão praticados atos processuais, podendo o juiz, entretanto, salvo no caso de arguição de impedimento ou de suspeição, ordenar providências urgentes.

→ v. Art. 314 do CPC.

CAPÍTULO II
DA EXTINÇÃO DO PROCESSO DE EXECUÇÃO

Art. 924. Extingue-se a execução quando:

I – a petição inicial for indeferida;

→ v. Arts. 330, 331, 798 e 799 do CPC.

II – a obrigação for satisfeita;

→ v. Arts. 304 a 307 do CC/2002.

→ v. Arts. 807, 818, 828 e 907 do CPC.

Se o pagamento é parcial, não há extinção da execução

✓ "EMENTA: APELAÇÃO CÍVEL – EXECUÇÃO FISCAL – PAGAMENTO PARCIAL DO DÉBITO – IMPOSSIBILIDADE DE EXTINÇÃO PELO ART. 924, II, DO CPC – SENTENÇA CASSADA – PROSSEGUIMENTO DO FEITO PELO SALDO REMANESCENTE. -Descabida a extinção da execução pelo art. 924, II, do Código de Processo Civil, quando não houve pagamento integral da dívida, devendo a execução prosseguir pelo saldo devedor remanescente. Provido." (TJMG, AC 10418140024757001, Rel. Des. Elias Camilo, julgado em 23/04/2020, DJ 23/06/2020)

O pagamento da dívida deve abranger honorários e custas

✓ "EMENTA: APELAÇÃO. EXECUÇÃO FISCAL. ACORDO E PARCELAMENTO DO DÉBITO. EXTINÇÃO DA EXECUÇÃO COM BASE NO ART. 924, II, DO CPC. HONORÁRIOS ADVOCATÍCIOS. CABIMENTO. O pagamento da dívida não exime o devedor da quitação das custas processuais e dos honorários advocatícios, para que a ação executiva seja extinta com base no artigo 924, II, do CPC." (TJMG, AC 1.0699.09.105381-8/001, Rel. Des. Kildare Carvalho, 4ª Câmara Cível, julgado em 16/07/2020, DJe 11/08/2020)

III – o executado obtiver, por qualquer outro meio, a extinção total da dívida;

→ v. Arts. 385 a 388 e 840 a 850 do CC/2002.

→ v. Art. 487, III, b, do CPC.

IV – o exequente renunciar ao crédito;

→ v. Art. 487, III, c, do CPC.

A renúncia ao crédito não pode ser tácita

✓ EMENTA: APELAÇÃO CÍVEL – AÇÃO DE EXECUÇÃO – EXTINÇÃO DO PROCESSO – ART. 924, IV, DO CPC/2015 – RENÚNCIA TÁCITA AO CRÉDITO – IMPOSSIBILIDADE – ABANDONO DA CAUSA – INTIMAÇÃO PESSOAL – AUSÊNCIA – RECURSO PROVIDO. 1. Sem a efetiva renúncia do credor, a qual não pode ser tácita, mas expressa e inequívoca, descabida a extinção do processo, com fulcro no art. 924, IV, do Código de Processo Civil. 2. Não precedida a extinção do processo, fundamentada na inércia da parte Exequente, de sua intimação pessoal, sendo, apenas, intimado seu procurador, por meio eletrônico, impõe-se o reconhecimento da nulidade da sentença. (TJMG, AC 1.0205.05.000976-5, Rel. Juiz Convocado Habib Felippe Jabour, 12ª Câmara Cível, julgado em 16/09/0020, DJ 23/09/2020).

V – ocorrer a prescrição intercorrente.

→ v. Súmula 150 do STF.

→ v. Súmula 314 do STJ.

→ v. Art. 40 da Lei n. 6.830/1980.

→ v. Arts. 921, §§ 1º a 5º, e 1.056 do CPC.

→ v. Art. 921, III do CPC.

Art. 925. A extinção só produz efeito quando declarada por sentença.

→ v. Arts. 203, § 1º e 494 do CPC.

A extinção da execução só produzirá efeitos quando declarada por sentença

✓ EMENTA: EXECUÇÃO DE TÍTULO EXTRAJUDICIAL – SUSPENSÃO DA EXECUÇÃO PARA CUMPRIMENTO DE ACORDO – AUSÊNCIA DE EXTINÇÃO DA EXECUÇÃO POR SENTENÇA – DECISÃO PASSÍVEL DE AGRAVO DE INSTRUMENTO – INTERPOSIÇÃO DE APELAÇÃO – ERRO GROSSEIRO – PRINCÍPIO DA FUNGIBILIDADE – INAPLICABILIDADE – RECURSO DESPROVIDO. – Tratando-se de decisão que não põe fim à execução, o recurso cabível é o agravo de instrumento e não apelação. – A extinção da execução só produz efeito quando declarada por sentença. (TJMG, AC 1.0095.17.000967-4/001, Rel. Des. Juliana Campos Horta, 12ª Câmara Cível, julgamento em 13/05/2020, DJ 27/05/2020)

LIVRO III
DOS PROCESSOS NOS TRIBUNAIS E DOS MEIOS DE IMPUGNAÇÃO DAS DECISÕES JUDICIAIS

TÍTULO I
Da Ordem dos Processos e dos Processos de Competência Originária dos Tribunais

CAPÍTULO I
DISPOSIÇÕES GERAIS

→ v. Art. 103-A da CF/1988.

→ v. Lei 11.417/2006 – Disciplina a edição, a revisão e o cancelamento de enunciado de súmula vinculante pelo Supremo Tribunal Federal.

Art. 926. Os tribunais devem uniformizar sua jurisprudência e mantê-la estável, íntegra e coerente.

→ *v.* Art. 489, VI, do CPC.

O art. 926 é argumento pela uniformidade jurisprudencial

✓ "O CPC/2015 estabelece em seu art. 926 que é dever dos tribunais uniformizar a sua jurisprudência e mantê-la estável, íntegra e coerente. A integridade e coerência da jurisprudência exigem que os efeitos vinculante e persuasivo dos fundamentos determinantes (arts. 489, §1º, V; 927, §1º; 979, §2º; 1.038, §3º) sejam empregados para além dos processos que enfrentam a mesma questão, abarcando também processos que enfrentam questões outras, mas onde os mesmos fundamentos determinantes possam ser aplicados. Tal o caso dos presentes autos." (STJ, REsp 1714361/SP, Rel. Ministro Mauro Campbell Marques, Segunda Turma, julgado em 15/10/2019, DJe 17/10/2019).

✓ "O art. 926, *caput*, do CPC/2015 impõe aos tribunais o dever de manter sua jurisprudência estável, íntegra e coerente. Tal determinação aplica-se não apenas aos pronunciamentos com força vinculante é uma diretriz a ser observada em toda e qualquer atuação de cada Corte" (STJ, AgInt no REsp 1739484/PE, Rel. Ministro Sérgio Kukina, Primeira Turma, julgado em 24/08/2020, DJe 01/09/2020).

✓ "PROCESSUAL CIVIL. AGRAVO INTERNO NO AGRAVO EM RECURSO ESPECIAL. AUSÊNCIA DE IMPUGNAÇÃO ESPECÍFICA DOS FUNDAMENTOS DA DECISÃO AGRAVADA. EARESPS 701.404, 746.775 e 831.326. ENTENDIMENTO PACIFICADO PELA CORTE ESPECIAL. NECESSIDADE DE MANUTENÇÃO DA JURISPRUDÊNCIA ESTÁVEL, ÍNTEGRA E COERENTE. ART. 926 DO CPC. 1. O entendimento adotado na decisão recorrida está em plena consonância com a tese firmada pela Corte Especial, no julgamento dos EAREsps 701.404, 746.775 e 831.326, no sentido de que a decisão agravada não pode ser dividida e, portanto, deve ser contestada em sua integralidade. Isto é, a parte recorrente deve fazer a impugnação específica de todos os argumentos da decisão de inadmissibilidade. Precedentes da Segunda Turma. 2. Deve-se ressaltar a obrigação legal que os tribunais têm de manter a jurisprudência estável, íntegra e coerente (art. 926 do CPC/2015), não sendo possível, portanto, o desvio casuístico do entendimento firmado pela Corte Especial em recente pacificação do tema. 3. Agravo interno a que se nega provimento." (STJ, AgInt no AREsp 1410406/RS, Rel. Ministro Og Fernandes, Segunda Turma, julgado em 17/10/2019, DJe 22/10/2019).

✓ "Nas linhas do novo Código, 'os tribunais devem uniformizar sua jurisprudência e mantê-la estável, íntegra e coerente' (art. 926, CPC/2015). Desse modo, existindo um precedente colegiado formado somente são possíveis três caminhos, a saber: a) sua aplicação; b) sua superação e c) a distinção do caso concreto. Quanto à distinção e à superação, registrou o CPC/2015 restarem caracterizadas apenas quando o processo em julgamento trata 'de situação particularizada por hipótese fática distinta ou de questão jurídica não examinada, a impor outra solução jurídica (art. 966, § 6º, do CPC/2015, incluído pela Lei nº 13.256, de 2016) – STJ, REsp 1592971/SC, Rel. Min. Herman Benjamin, Segunda Turma, julgado em 08/10/2019, DJe 05/11/2019.

§ 1º Na forma estabelecida e segundo os pressupostos fixados no regimento interno, os tribunais editarão enunciados de súmula correspondentes a sua jurisprudência dominante.

→ *v.* Arts. 102 e 354-A do RISTF.

→ *v.* Art. 122 e seguintes do RISTJ.

→ *v.* Resolução STF n. 381/2008 – Estabelece procedimentos para a edição, a revisão e o cancelamento de súmulas vinculantes.

→ *v.* Resolução STF n. 388/2008 – Disciplina o processamento de proposta de edição, revisão e cancelamento de súmulas e dá providências correlatas.

§ 2º Ao editar enunciados de súmula, os tribunais devem ater-se às circunstâncias fáticas dos precedentes que motivaram sua criação.

Art. 927. Os juízes e os tribunais observarão:

→ *v.* Enunciado 59 do CJF: não é exigível identidade absoluta entre casos para a aplicação de um precedente, seja ele vinculante ou não, bastando que ambos possam compartilhar os mesmos fundamentos determinantes.

I – as decisões do Supremo Tribunal Federal em controle concentrado de constitucionalidade;

→ *v.* Art. 102, § 2º, da CF/1988.

→ *v.* Lei 9.868/1999 – Dispõe sobre o processo e julgamento da ação direta de inconstitucionalidade e da ação declaratória de constitucionalidade perante o Supremo Tribunal Federal.

→ *v.* Lei 9.882/1999 – Dispõe sobre o processo e julgamento da arguição de descumprimento de preceito fundamental, nos termos do § 1º do art. 102 da Constituição Federal.

→ *v.* Arts. 525, § 12, e 988, III, do CPC.

II – os enunciados de súmula vinculante;

→ *v.* Arts. 311, II, e 988, IV, do CPC.

III – os acórdãos em incidente de assunção de competência ou de resolução de demandas repetitivas e em julgamento de recursos extraordinário e especial repetitivos;

→ *v.* Arts. 311, II, 332, II e III, 496, § 4º, III, 521, IV, 932, IV e V, 947, 955, parágrafo único, II, 976, 988, IV, 1.022, parágrafo único, I, 1.032 e seguintes do CPC.

A previsão do art. 927 objetiva conferir uniformidade na prestação jurisdicional

✓ "A racionalidade de julgamento promovida pela legislação processual civil visa à uniformidade na prestação jurisdicional. Preza o Código de Processo Civil de 2015 pela oportunidade de adequação das decisões proferidas nas Cortes Estaduais e Regionais. Assim, cabe às Cortes Estaduais e Regionais a concretização dos entendimentos firmados nos precedentes jurisprudenciais (art. 927 do CPC/2015)..." (EDcl na PET no REsp 1768061/RS, Rel. Ministro Francisco Falcão, Segunda Turma, julgado em 10/12/2019, DJe 13/12/2019)

Determinadas decisões mencionadas no art. 927 possuem caráter vinculante em razão da exigência de uniformização de jurisprudência

✓ "... o incidente de assunção de competência previsto no CPC/2015 é dotado de importante função no sistema brasileiro de precedentes, pois além de evitar ou compatibilizar dissídios jurisprudenciais, papel também desempenhado pelos embargos de divergência nas Cortes Superiores, é técnica de julgamento que gera precedente de efeito vinculante, prevista no inciso III do art. 927 do CPC/2015, o que impõe a sua observância por Tribunais e juízes na ótica do novo ordenamento processual..." (ProAfR no REsp 1806016/PA, Rel. Ministro Mauro Campbell Marques, Primeira Seção, julgado em 15/09/2020, DJe 22/09/2020)

Com exceção dos preced entes vinculantes previstos no art. 927 do CPC, o juiz não está obrigado a analisar e afastar todos os precedentes, acórdãos e sentenças, suscitados pelas partes

✓ "... Com exceção dos precedentes vinculantes previstos no rol do art. 927 do CPC, inexiste obrigação do julgador em analisar e afastar todos os precedentes, acórdãos e sentenças, suscitados pelas partes" (AgInt no AREsp 1427771/SP, Rel. Ministro Luis Felipe Salomão, Quarta Turma, julgado em 24/06/2019, DJe 27/06/2019)..." (AgInt no AREsp 1491014/SP, Rel. Ministro Antonio Carlos Ferreira, Quarta Turma, julgado em 24/08/2020, DJe 28/08/2020)

A argumentação diferenciada prevista no art. 489, § 1º, VI, do CPC só é exigida do julgador que deixa de seguir precedente com força vinculante

✓ "A regra do art. 489, § 1º, VI, do CPC/15, segundo a qual o juiz, para deixar de aplicar enunciado de súmula, jurisprudência ou precedente invocado pela parte, deve demonstrar a existência de distinção ou de superação, somente se aplica às súmulas ou precedentes vinculantes, mas não às súmulas e aos precedentes apenas persuasivos, como, por exemplo, os acórdãos proferidos por Tribunais de 2º grau distintos daquele a que o julgador está vinculado..." (STJ, REsp 1698774/RS, Rel. Ministra Nancy Andrighi, Terceira Turma, julgado em 1º/09/2020, DJe 09/09/2020).

IV – os enunciados das súmulas do Supremo Tribunal Federal em matéria constitucional e do Superior Tribunal de Justiça em matéria infraconstitucional;

→ v. Arts. 332, I, 496, § 4º, 521, IV, 932, IV e V, 955, parágrafo único, I, 988, IV, e 1.032, § 3º, I, do CPC.

V – a orientação do plenário ou do órgão especial aos quais estiverem vinculados.

O acórdão tomado pela Corte Especial do Superior Tribunal de Justiça em matéria de direito federal infraconstitucional possui vinculação interna, para os membros e órgãos fracionários do STJ, e também uma vinculação externa, para os tribunais a este subordinados (TRFs, TJs, juízes federais e estaduais)

✓ PROCESSO CIVIL. AGRAVO INTERNO NO RECURSO ESPECIAL. PETIÇÃO DA AGU. INTERVENÇÃO DEPOIS DE INICIADO O JULGAMENTO. IMPOSSIBILIDADE. ART. 927, V, CPC/15. JULGAMENTO PELA CORTE ESPECIAL. VINCULAÇÃO INTERNA E EXTERNA. 1. Petição juntada pela União em 23/02/2018, por intermédio da AGU, requerendo a anulação, a reforma ou a modulação dos efeitos do acórdão publicado em 19/12/2017, em que a Corte Especial decidiu que, sob a égide do CPC/15, a comprovação do feriado local deve ocorrer no ato da interposição do respectivo recurso, sob pena de ser considerado intempestivo. 2. A União não é parte neste processo; sequer se apresentou como terceira interessada, tampouco requereu o ingresso como amiga da Corte. E, ainda que eventualmente tivesse requerido a sua intervenção como amiga da Corte, em questão de ordem julgada neste processo, a Corte Especial decidiu que não é cabível a intervenção depois de iniciado o julgamento. 3. O acórdão do agravo interno, ao qual se refere a peticionante, foi publicado em 19/12/2017, tendo sido a petição juntada apenas em 23/02/2018; ou seja, depois de já ultrapassado e definido o julgamento deste recurso pela Corte Especial. 4. Segundo o art. 927, V, do CPC/15, o acórdão exarado pela Corte Especial em matéria de direito federal infraconstitucional, como o da hipótese, possui em si uma vinculação interna, para os membros e órgãos fracionários do STJ, e também uma vinculação externa, para os tribunais a este subordinados (TRFs, TJs, juízes federais e estaduais), portanto, precedente obrigatório. 5. É poder discricionário do STJ resolver sobre a conveniência e necessidade de julgamento pela sistemática dos recursos especiais repetitivos. Então, no particular, não há prejuízo de que, devidamente observado o procedimento legal e a critério desta Corte, possa a matéria ser futuramente afetada, em outros processos. 6. Nessa perspectiva, é totalmente desprovido de fundamento e lógica jurídica o argumento de que a Corte deveria obedecer ao "rito indispensável à formação de precedentes obrigatórios", revelando apenas que a peticionante não se atentou para o microssistema de precedentes instituído pelo novo Código de Processo Civil. 6. Causa espécie o fato de a AGU pleitear, em petição avulsa, o provimento do recurso interposto por um banco privado. 7. Petição não conhecida. (PET no AREsp 957.821/MS, Rel. Ministra Nancy Andrighi, Corte Especial, julgado em 07/03/2018, DJe 13/03/2018)

Para que juízes e tribunais observem as decisões proferidas pelo Plenário ou pelo Órgão Especial não é necessário o trânsito em julgado destas

✓ "O Código de Processo Civil, em reconhecimento ao caráter vinculante de determinadas decisões, determina que o Tribunal observe a orientação do plenário ou do órgão especial ao qual estiver vinculado (ut inciso V do art. 927), não se exigindo, a esse propósito, o transcurso do trânsito em julgado destas." (STJ, AgInt no AgInt na Rcl 37.338/SP, Rel. Min. Marco Aurélio Bellizze, Segunda Seção, julgado em 05/05/2020, DJe 08/05/2020)

§ 1º Os juízes e os tribunais observarão o disposto no art. 10 e no art. 489, § 1º, quando decidirem com fundamento neste artigo.

Antes de decidir com fundamento em algum julgado com efeito vinculante que não tenha sido debatido no processo, deve-se dar oportunidade às partes para se manifestarem a respeito

✓ "AGRAVO DE INSTRUMENTO. CUMPRIMENTO DE SENTENÇA. REAJUSTE DE BENEFÍCIO DE PENSÃO POR MORTE. PRESCRIÇÃO. APLICAÇÃO DE MATÉRIA OBJETO DE RECURSO REPETITIVO. ARTIGO 927, DO CÓDIGO DE PROCESSO CIVIL. DECISÃO SURPRESA. VEDAÇÃO. DECISÃO CASSADA. RECURSO PROVIDO. – Consoante norma insculpida no artigo 927, do Código de Processo Civil, os juízes e os tribunais devem observar as decisões proferidas pelos Tribunais Superiores, notadamente em controle concentrado de constitucionalidade, enunciados de súmulas e em incidentes de assunção de competência ou de resolução de demandas repetitivas e em julgamento de recursos extraordinário e especial repetitivos, bem como a orientação do plenário ou do órgão especial aos quais estiverem vinculados, a fim de uniformizar sua jurisprudência e mantê-la estável, íntegra e coerente. – O §1º, do artigo 927, do Código de Processo Civil, em coerência com a sistemática da não surpresa adotada pelo CPC/2015, estabelece que "os juízes e os tribunais observarão o disposto no art. 10 e no art. 489, § 1º, quando decidirem com fundamento neste artigo", ou seja, antes de decidir com fundamento em algum julgado com efeito vinculante, deve-se dar oportunidade às partes para se manifestarem a respeito." (TJMG, AI Cv 1.0024.07.482735-3/008, Rel. Des. Moacyr Lobato, 5ª Câmara Cível, julgado em 23/04/2020, DJ 28/04/2020)

§ 2º A alteração de tese jurídica adotada em enunciado de súmula ou em julgamento de casos repetitivos poderá ser precedida de audiências públicas e da participação de pessoas, órgãos ou entidades que possam contribuir para a rediscussão da tese.

→ *v.* Art. 138 do CPC.

§ 3º Na hipótese de alteração de jurisprudência dominante do Supremo Tribunal Federal e dos tribunais superiores ou daquela oriunda de julgamento de casos repetitivos, pode haver modulação dos efeitos da alteração no interesse social e no da segurança jurídica.

→ *v.* Art. 27 da Lei n. 9.868/1999.

→ *v.* Art. 11 da Lei n. 9.882/1999.

§ 4º A modificação de enunciado de súmula, de jurisprudência pacificada ou de tese adotada em julgamento de casos repetitivos observará a necessidade de fundamentação adequada e específica, considerando os princípios da segurança jurídica, da proteção da confiança e da isonomia.

→ *v.* Art. 5º da CF/1988.

§ 5º Os tribunais darão publicidade a seus precedentes, organizando-os por questão jurídica decidida e divulgando-os, preferencialmente, na rede mundial de computadores.

→ *v.* Art. 93, IX, da CF/1988.

Art. 928. Para os fins deste Código, considera-se julgamento de casos repetitivos a decisão proferida em:

I – incidente de resolução de demandas repetitivas;

→ *v.* Art. 976 do CPC.

II – recursos especial e extraordinário repetitivos.

→ *v.* Art. 1.036 do CPC.

O art. 928 trata dos meios processuais considerados casos repetitivos

✓ "AGRAVO INTERNO NA RECLAMAÇÃO. PROCESSUAL CIVIL. HIPÓTESES DE CABIMENTO. UTILIZAÇÃO COMO SUCEDÂNEO RECURSAL. 1. A hipótese prevista no inciso IV do artigo 988 do Código de Processo Civil de 2015 limita-se a garantir a observação de decisão proferida em incidente de resolução demandas repetitivas (IRDR) e em assunção de competência (IAC). 2. A teor do que disciplina o artigo 928 do Código de Processo Civil de 2015, a decisão proferida em incidente de resolução de demandas repetitivas é apenas uma das espécies de julgamento de casos repetitivos, não se confundindo com a decisão proferida em recurso especial repetitivo. 3. A reclamação não se presta como sucedâneo recursal. 4. Agravo interno não provido." (STJ, AgInt na Rcl 33.871/SC, Rel. Min. Ricardo Villas Bôas Cueva, Segunda Seção, julgado em 14/06/2017, DJe 20/06/2017).

Recursos especial e extraordinário repetitivos e incidente de resolução de demandas repetitivas (IRDR) compõem o microssistema de repetitivos

✓ "...5- Embora situados em espaços topologicamente distintos e de ter havido previsão específica do procedimento de distinção em IRDR no PLC 8.046/2010, posteriormente retirada no Senado Federal, os recursos especiais e extraordinários repetitivos e o IRDR compõem, na forma do art. 928, I e II, do novo CPC, um microssistema de julgamento de questões repetitivas, devendo o intérprete promover, sempre que possível, a integração entre os dois mecanismos que pertencem ao mesmo sistema de formação de precedentes vinculantes. 6- Os vetores interpretativos que permitirão colmatar as lacunas existentes em cada um desses mecanismos e promover a integração dessas técnicas no microssistema são a inexistência de vedação expressa no texto do novo CPC que inviabilize a integração entre os instrumentos e a inexistência de ofensa a um elemento essencial do respectivo instituto. 7- Na hipótese, não há diferença ontológica e nem tampouco justificativa teórica para tratamento assimétrico entre a alegação de distinção formulada em virtude de afetação para julgamento sob o rito dos recursos repetitivos e em razão de instauração do incidente de resolução de demandas repetitivas, pois ambos os requerimentos são formulados após a ordem de suspensão emanada pelo Tribunal, tem por finalidade a retirada da ordem de suspensão de processo que verse sobre questão distinta daquela submetida ao julgamento padronizado e pretendem equalizar a tensão entre os princípios da isonomia e da segurança jurídica, de um lado, e dos princípios da celeridade, economia processual e razoável duração do processo, de outro lado. 8- Considerando que a decisão interlocutória que resolve o pedido de distinção em relação a matéria submetida ao rito dos recursos repetitivos é impugnável imediatamente por agravo de instrumento (art. 1.037, §13, I, do novo CPC), é igualmente cabível o referido recurso contra a decisão interlocutória que resolve o pedido de distinção em relação a matéria objeto de IRDR. 9- O sistema recursal instituído pelo novo CPC prevê que, em regra, todas as decisões interlocutórias serão impugnáveis, seja imediatamente por agravo de instrumento, seja posteriormente por apelação ou contrarrazões, sendo certo que o Código estabeleceu que determinadas interlocutórias seriam irrecorríveis somente em seis específicas hipóteses, textualmente identificadas em lei. 10- A decisão interlocutória que versa sobre a distinção entre a questão debatida no processo e a questão submetida ao IRDR é impugnável imediatamente também porque, se indeferido o requerimento de distinção e mantida a suspensão do processo, essa questão jamais poderia ser submetida ao Tribunal se devolvida apenas em apelação ou em contrarrazões quando já escoado o prazo de suspensão. 11- É inviável na hipótese a impetração de mandado de segurança contra a decisão que resolve o requerimento de distinção, tendo em vista que a Corte Especial do Superior Tribunal de Justiça por ocasião do julgamento do tema repetitivo 988, além de fixar a tese da taxatividade mitigada, expressamente vedou o uso do mandado de segurança contra ato judicial, em especial contra decisões interlocutórias. 12- Examinado detalhadamente o procedimento de distinção previsto no art. 1.037, §§9º a 13, constata-se que o legislador estabeleceu detalhado procedimento para essa finalidade, dividido em cinco etapas: (i) intimação da decisão de suspensão; (ii) requerimento da parte, demonstrando a distinção entre a questão debatida no processo e àquela submetida ao julgamento repetitivo, endereçada ao juiz em 1º grau;

(iii) abertura de contraditório, a fim de que a parte adversa se manifeste sobre a matéria em 05 dias; (iv) prolação de decisão interlocutória resolvendo o requerimento; (v) cabimento do agravo de instrumento em face da decisão que resolve o requerimento. 13- Hipótese em que parte, ao interpor agravo de instrumento diretamente em face da decisão de suspensão, saltou quatro das cinco etapas acima descritas, sem observar todas as demais prescrições legais. 14- O detalhado rito instituído pelo novo CPC não pode ser reputado como mera e irrelevante formalidade, mas, sim, é procedimento de observância obrigatória, na medida em que visa, a um só tempo, densificar o contraditório em 1º grau acerca do requerimento de distinção, evitar a interposição de recursos prematuros e gerar a decisão interlocutória a ser impugnada (a que resolve a alegação de distinção), sob pena de violação ao duplo grau de jurisdição e supressão de instância. 15- Recurso especial conhecido em parte e, nessa extensão, desprovido." (REsp 1846109/SP, Rel. Ministra Nancy Andrighi, Terceira Turma, julgado em 10/12/2019, DJe 13/12/2019).

Parágrafo único. O julgamento de casos repetitivos tem por objeto questão de direito material ou processual.

→ *v.* Enunciado 41 do CJF: nos processos sobrestados por força do regime repetitivo, é possível a apreciação e a efetivação de tutela provisória de urgência, cuja competência será do órgão jurisdicional onde estiverem os autos.

Capítulo II
DA ORDEM DOS PROCESSOS NO TRIBUNAL

Art. 929. Os autos serão registrados no protocolo do tribunal no dia de sua entrada, cabendo à secretaria ordená-los, com imediata distribuição.

Parágrafo único. A critério do tribunal, os serviços de protocolo poderão ser descentralizados, mediante delegação a ofícios de justiça de primeiro grau.

Art. 930. Far-se-á a distribuição de acordo com o regimento interno do tribunal, observando-se a alternatividade, o sorteio eletrônico e a publicidade.

Parágrafo único. O primeiro recurso protocolado no tribunal tornará prevento o relator para eventual recurso subsequente interposto no mesmo processo ou em processo conexo.

→ *v.* Arts. 1.012, § 3º, I, 1.029, § 5º, I, e 1.037, § 3º, do CPC.

O primeiro recurso interposto no processo gera prevenção para os demais

✓ CONFLITO DE COMPETÊNCIA. AGRAVO DE INSTRUMENTO. ANTERIORES RECURSOS INTERPOSTOS NOS MESMOS AUTOS. PREVENÇÃO. ART. 930, PARÁGRAFO ÚNICO, DO CPC E ART. 81, § 1º DO RITJDFT. COMPETÊNCIA DO MAGISTRADO SUSCITADO. Pela regra da prevenção (art. 930, parágrafo único, do CPC e art. 81 do RITJDFT), são competentes para julgar o agravo de instrumento interposto nos mesmos autos em que, anteriormente, foi interposta apelação cível, o órgão e o relator para quem foi distribuído esse primeiro recurso. Conflito admitido e determinada a competência do magistrado suscitado. (TJDF, CC 20190020002599, Rel. Des. Mario Machado, Conselho Especial, julgado em 02/04/2019).

A prevenção deve ser verificada considerando o processo no qual foi interposto o recurso e também aqueles distribuídos por dependência

✓ "AGRAVO DE INSTRUMENTO. PREVENÇÃO. REMESSA DO PROCESSO. REJEIÇÃO. IMPUGNAÇÃO ESPECÍFICA. PRESENÇA. COMPENSAÇÃO DE CRÉDITOS. RECUPERAÇÃO JUDICIAL. EMPECILHO. NÃO CONFIGURAÇÃO. CUMPRIMENTO PROVISÓRIO DE SENTENÇA. CUMPRIMENTO DEFINITIVO DE SENTENÇA. SUSPENSÃO. HONORÁRIOS SUCUMBENCIAIS. CONTINUIDADE. Nos termos do artigo 930, parágrafo único, do Código de Processo Civil, o primeiro recurso protocolado no tribunal tornará prevento o relator para eventual recurso subsequente interposto no mesmo processo ou em processo conexo. Assim, a prevenção deve ser verificada considerando não apenas o processo no qual foi interposto o recurso, mas também aqueles distribuídos por dependência..." (TJDFT, AC 07264163120198070000, Rel. Des. Esdras Neves, 6ª Turma Cível, julgado em 03/06/2020, DJe 15/06/2020).

✓ CONFLITO NEGATIVO DE COMPETÊNCIA. DESEMBARGADORES. AGRAVO DE INSTRUMENTO. AÇÃO DE RECUPERAÇÃO JUDICIAL. ARTS. 38, § 2º, RITJGO E 930, PARÁGRAFO ÚNICO, DO CPC. TERCEIRO JUÍZO DECLARADO COMPETENTE. PRECEDENTES DO STJ. I- Encontra-se sedimentando na jurisprudência deste Sodalício o entendimento de que a prevenção estabelecida nos artigos 38, § 2º, do RITJGO e 930, parágrafo único, do Código de Processo Civil, refere-se a recursos posteriores relativos ao mesmo processo ou interpostos em autos jungidos ao feito principal. II- Conforme prescreve o art. 930, parágrafo único, do CPC, o primeiro recurso protocolado no tribunal tornará prevento o relator para eventual recurso subsequente interposto no mesmo processo ou em processo conexo. III- O Superior Tribunal de Justiça admite a declaração de competência de terceiro juízo, estranho ao conflito, haja vista que o objetivo do conflito de competência é estabelecer, com segurança e economia processual, o juízo competente para processar e julgar a causa/recurso. Conflito conhecido. Terceiro Juízo estranho ao conflito declarado competente. (TJGO, CC 00171802020208090000, Rel. Des. Nelma Branco Ferreira Perilo, Segunda Seção, julgado em 23/06/2020).

Julgamento de agravo anterior gera prevenção para análise da apelação e do reexame necessário do mesmo processo

✓ PRESTAÇÃO DE SERVIÇOS EDUCACIONAIS. AÇÃO DE COBRANÇA. APELAÇÃO. ANTERIOR JULGAMENTO DE AGRAVO POR CÂMARA DISTINTA. PREVENÇÃO CONFIGURADA. NÃO CONHECIMENTO E DETERMINAÇÃO DE REMESSA. A notícia de que o agravo de instrumento referente a este processo foi anteriormente julgado por decisão monocrática proferida por Desembargador integrante de Câmara distinta, leva necessariamente ao reconhecimento da existência de prevenção, o que impossibilita seja realizado o julgamento da apelação por esta Câmara." (TJSP, AC 1026087-11.2016.8.26.0100, Rel. Des. Antonio Rigolin, julgado em 06/12/2018, 31ª Câmara de Direito Privado, DJ 06/12/2018)

A aposentadoria do primeiro relator inviabiliza a prevenção estipulada no art. 930, parágrafo único

✓ RECURSO DE AGRAVO INTERNO EM RECURSO DE AGRAVO DE INSTRUMENTO – ARGUIÇÃO DE INCOMPETÊNCIA E ILEGITIMIDADE DOS ORA AGRAVANTES – PRELIMINARES REJEITADAS – DECISÃO MONOCRÁTICA QUE CONCEDE A TUTELA DE URGÊNCIA – PRENCHIMENTO DOS REQUISITOS DA PROBABILIDADE DO DIREITO E DO PERIGO DE DANO – REQUISITOS OBSERVADOS NA DECISÃO ATACADA QUE NÃO FORAM IMPUGNADOS ESPECIFICADAMENTE – INOBERVÂNCIA DO §1º DO ARTIGO 1.021 DO CÓDIGO DE PROCESSO CIVIL – DECISÃO DA RELATORA MANTIDA – RECURSO NÃO PROVIDO. I – A partir do momento em que foi concedida a aposentadoria à desembargadora que analisou o primeiro recurso, a prevenção estabelecida no parágrafo único do artigo 930 do Código de Processo Civil não se aplica aos recursos distribuídos posteriormente ao supramencionado ato administrativo. II – Embora a ora agravada afirme que, conforme o termo de renúncia de id. 44220967, os ora agravantes não seriam parte legítima para figurar no polo ativo dos autos de origem, fato é que, intimados para se manifestarem, os advogados dos ora agravantes, noticiaram que, embora tenham renunciado os poderes em relação à alguns processos em que defendiam os ora agravantes, não renunciaram aos poderes outorgados nos autos de origem, de modo que não há que se falar em ilegitimidade dos ora agravantes. III – A teor do § 1º do artigo 1.021 do Código de Processo Civil, os ora agravantes, não atacam especificadamente os fundamentos da decisão agravada. (TJMT, AI 10114885420208110000 MT, Rel. Des. Serly Marcondes Alves, julgado em 05/08/2020).

Art. 931. Distribuídos, os autos serão imediatamente conclusos ao relator, que, em 30 (trinta) dias, depois de elaborar o voto, restitui-los-á, com relatório, à secretaria.

No âmbito do Superior Tribunal de Justiça, segue existindo revisor nas rescisórias processadas e julgadas originariamente naquele tribunal

✓ PROCESSUAL CIVIL. AÇÃO RESCISÓRIA. PROCEDIMENTO LEGAL. ELABORAÇÃO DE RELATÓRIO PARA REMESSA AO REVISOR. PREVISÃO DA LEI 8.038/1990. NÃO OCORRÊNCIA DE REVOGAÇÃO PELO CPC/2015. 1. O advento do CPC/2015 eliminou, como regra geral, a figura do revisor dos procedimentos da apelação, dos embargos infringentes e da ação rescisória, antes prevista no art. 551 do CPC/1973. 2. Nada obstante isso, a Lei 8.038/1990 é lei especial que institui normas procedimentais para determinados processos específicos e contém previsão expressa em seu art. 40 de que as ações rescisórias no Superior Tribunal de Justiça adotem como procedimento a sujeição à revisão. 3. Assim, embora o CPC/2015, como dito, tenha suprimido a revisão como regra geral no processo civil e tenha também revogado explicitamente diversos preceitos da Lei 8.038/1990, não o fez quanto ao art. 40, que permanece em vigor e, por isso, as ações rescisórias processadas e julgadas originalmente no Superior Tribunal de Justiça continuam a submeter-se a tal fase procedimental. 4. Questão de ordem conhecida para estabelecer que as ações rescisórias processadas e julgadas originariamente no Superior Tribunal de Justiça continuam sujeitas ao procedimento da revisão. (STJ, AR 5.241/DF, Rel. Min. Mauro Campbell Marques, Corte Especial, julgado em 05/04/2017, DJe 12/05/2017)

Art. 932. Incumbe ao relator:

A Súmula 568 do STJ manteve a hipótese de julgamento monocrático no caso de jurisprudência dominante (como previsto no art. 557 do CPC/1973, mas não reproduzido no art. 932 do CPC/2015)

✓ "Consoante a jurisprudência desta Corte, a legislação vigente (art. 932 do CPC/15 c/c Súmula 568 do STJ) permite ao relator julgar monocraticamente recurso inadmissível ou, ainda, aplicar a jurisprudência consolidada deste Tribunal. Ademais, a possibilidade de interposição de recurso ao órgão colegiado afasta qualquer alegação de ofensa ao princípio da colegialidade. Precedentes..." (STJ, AgInt no REsp 1886346/SP, Rel. Ministro Marco Buzzi, Quarta Turma, julgado em 27/10/2020, DJe 19/11/2020).

✓ "Na forma da jurisprudência desta Corte, "a legislação processual (art. 557 do CPC/1973, equivalente ao art. 932 do CPC/2015, combinados com a Súmula 568 do STJ) permite ao relator julgar monocraticamente recurso inadmissível ou, ainda, aplicar a jurisprudência consolidada deste Tribunal. Ademais, a possibilidade de interposição de recurso ao órgão colegiado afasta qualquer alegação de ofensa ao princípio da colegialidade." (STJ, AgInt no AREsp 939.321/MG, Rel. Ministro Sérgio Kukina, Primeira Turma, julgado em 24/08/2020, DJe 31/08/2020)

O art. 932 do CPC é aplicável ao Processo Penal

✓ "Os arts. 932 do Código de Processo Civil – CPC c/c o 3º do Código de Processo Penal – CPP e 34, XI e XX, do Regimento Interno do Superior Tribunal de Justiça – RISTJ e o enunciado n. 568 da Súmula do Superior Tribunal de Justiça – STJ, permitem ao relator negar seguimento a recurso manifestamente inadmissível, improcedente, prejudicado ou em confronto com Súmula ou com jurisprudência dominante nos Tribunais superiores, não importando em cerceamento de defesa ou violação ao princípio da colegialidade, notadamente diante da possibilidade de interposição de agravo regimental contra a respectiva decisão, como ocorre no caso, que permite que a matéria seja apreciada pelo Colegiado, afastando eventual vício." (STJ, AgRg no RHC 125.626/MG, Rel. Ministro Joel Ilan Paciornik, Quinta Turma, julgado em 04/08/2020, DJe 10/08/2020).

I – dirigir e ordenar o processo no tribunal, inclusive em relação à produção de prova, bem como, quando for o caso, homologar autocomposição das partes;

II – apreciar o pedido de tutela provisória nos recursos e nos processos de competência originária do tribunal;

→ v. Arts. 1.012, § 3º, II, 1.019, I, e 1.029, § 5º, II, do CPC.

III – não conhecer de recurso inadmissível, prejudicado ou que não tenha impugnado especificamente os fundamentos da decisão recorrida;

→ v. Súmula 288 do STF.

Se o recurso não impugna especificamente os fundamentos da decisão não será conhecido

✓ AGRAVO INTERNO NO AGRAVO EM RECURSO ESPECIAL. AÇÃO DE INDENIZAÇÃO POR DANOS MORAIS. AUSÊNCIA DE IMPUGNAÇÃO ESPECÍFICA DE TODOS OS FUNDAMENTOS DA DECISÃO DO TRIBUNAL DE ORIGEM QUE NÃO ADMITIU O PROCESSAMENTO DO RECURSO ESPECIAL. ART. 932, III, DO CPC/2015. AGRAVO INTERNO DESPROVIDO. 1. Em atenção ao princípio da dialeticidade recursal, as razões do agravo em recurso especial devem infirmar os fundamentos da decisão de inadmissibilidade recursal proferida pelo Tribunal de origem, sob pena de não conhecimento do reclamo por esta Corte Superior, nos termos do art. 932, III, do CPC/2015. 2. Agravo interno desprovido. (STJ, AgInt no AREsp 1722459/SP, Rel. Ministro Marco Aurélio Bellizze, Terceira Turma, julgado em 23/11/2020, DJe 30/11/2020).

IV – negar provimento a recurso que for contrário a:

a) súmula do Supremo Tribunal Federal, do Superior Tribunal de Justiça ou do próprio tribunal;

→ *v.* Art. 926, § 1º, do CPC.

b) acórdão proferido pelo Supremo Tribunal Federal ou pelo Superior Tribunal de Justiça em julgamento de recursos repetitivos;

→ *v.* Art. 1.036 do CPC.

c) entendimento firmado em incidente de resolução de demandas repetitivas ou de assunção de competência;

→ *v.* Arts. 947 e 976 do CPC.

V – depois de facultada a apresentação de contrarrazões, dar provimento ao recurso se a decisão recorrida for contrária a:

a) súmula do Supremo Tribunal Federal, do Superior Tribunal de Justiça ou do próprio tribunal;

b) acórdão proferido pelo Supremo Tribunal Federal ou pelo Superior Tribunal de Justiça em julgamento de recursos repetitivos;

c) entendimento firmado em incidente de resolução de demandas repetitivas ou de assunção de competência;

Eventual mácula na decisão monocrática será sanada pela decisão colegiada, após o julgamento do agravo interno

✓ "A jurisprudência desta Casa dispõe no sentido de ser permitido ao relator decidir monocraticamente o recurso, quando amparado em jurisprudência dominante ou Súmula de Tribunal Superior, consoante exegese do art. 932, IV e V, do CPC/2015. Eventual mácula na deliberação unipessoal fica superada, em razão da apreciação da matéria pelo órgão colegiado na seara do agravo interno" (AgInt no AREsp 1617342/GO, Rel. Ministro Luis Felipe Salomão, Quarta Turma, julgado em 30/11/2020, DJe 03/12/2020)

O julgamento monocrático pelo relator não implica em cerceamento de defesa

✓ "Não há nulidade no julgamento monocrático do recurso se a decisão foi proferida com base na jurisprudência pacificada deste Superior Tribunal de Justiça acerca do tema, com fundamento no artigo 932, V, "a", do Código de Processo Civil em vigor (Lei nº 13.105/2015), c/c artigo 3º do Código de Processo Penal, e no artigo 34, XVIII, "c", parte final, do RISTJ. O julgamento monocrático pelo relator não implica em cerceamento de defesa por eventual supressão do direito do patrono de realizar sustentação oral, sendo de todo inviável a sustentação em sede de agravo regimental, nos termos do artigo 159 do Regimento Interno desta Corte." (AgRg nos EDcl no REsp 1716971/SC, Rel. Ministra Maria Thereza de Assis Moura, Sexta Turma, julgado em 20/3/2018, DJe 27/3/2018)..." (STJ, AgRg no RMS 63.492/AC, Rel. Ministro Ribeiro Dantas, Quinta Turma, julgado em 25/08/2020, DJe 03/09/2020)

VI – decidir o incidente de desconsideração da personalidade jurídica, quando este for instaurado originariamente perante o tribunal;

→ *v.* Art. 133 e seguintes do CPC.

VII – determinar a intimação do Ministério Público, quando for o caso;

→ *v.* Art. 178 do CPC.

VIII – exercer outras atribuições estabelecidas no regimento interno do tribunal.

O julgamento monocrático não representa ofensa ao princípio da colegialidade

✓ "Não se caracteriza a alegada ofensa ao princípio da colegialidade diante da existência de previsão legal e regimental para que o relator julgue, monocraticamente, o recurso especial quando constatadas as situações descritas No art. 932, VIII, do Código de Processo Civil, c/c o art. 34, XVIII, "c", parte final, do Regimento Interno do STJ, circunstância ocorrida nos autos. Com efeito, o relator poderá dar provimento ao recurso especial quando houver entendimento dominante acerca do tema." (STJ, AgRg no REsp 1848629/SC, Rel. Ministro Rogerio Schietti Cruz, Sexta Turma, julgado em 12/05/2020, DJe 20/05/2020).

✓ "A possibilidade de interposição de agravo regimental, com a reapreciação do recurso pelo órgão colegiado, torna superada eventual nulidade da decisão monocrática por suposta ofensa ao princípio da colegialidade." (STJ, AgRg no AREsp 1740720/SP, Rel. Ministro Reynaldo Soares da Fonseca, Quinta Turma, julgado em 01/12/2020, DJe 07/12/2020).

Parágrafo único. Antes de considerar inadmissível o recurso, o relator concederá o prazo de 5 (cinco) dias ao recorrente para que seja sanado vício ou complementada a documentação exigível.

→ *v.* Enunciado 66 do CJF: admite-se a correção da falta de comprovação do feriado local ou da suspensão do expediente forense, posteriormente à interposição do recurso, com fundamento no art. 932, parágrafo único, do CPC.

→ *v.* Enunciado 73 do CJF: para efeito de não conhecimento do agravo de instrumento por força da regra prevista no § 3º do art. 1.018 do CPC, deve o juiz, previamente, atender ao art. 932, parágrafo único, e art. 1.017, § 3º, do CPC, intimando o agravante para sanar o vício ou complementar a documentação exigível.

O art. 932, parágrafo único, do CPC, somente se aplica a vícios formais e sanáveis

✓ "A Corte Especial do STJ já decidiu que a ausência de demonstração da divergência alegada no recurso uniformizador constitui claramente vício substancial resultante da não observância do rigor técnico exigido na interposição do presente recurso, apresentando-se, pois, descabida a incidência do parágrafo único do art. 932 do CPC/2015 para complementação da fundamentação, possível apenas em relação a vício estritamente formal, nos termos do Enunciado Administrativo 6/ STJ." (STJ, AgInt no PUIL 1.748/PR, Rel. Ministro Og Fernandes, Primeira Seção, julgado em 26/08/2020, DJe 04/09/2020).

✓ "O prazo conferido pelo parágrafo único do art. 932 do NCPC somente é aplicável aos casos em que seja possível sanar vícios formais, como ausência de procuração ou de assinatura, e não à complementação da fundamentação ou de comprovação da intempestividade." (STJ, AgInt no AREsp 1659586/ RJ, Rel. Ministro Moura Ribeiro, Terceira Turma, julgado em 24/08/2020, DJe 27/08/2020).

✓ "Não se mostra viável a aplicação do disposto no art. 932, parágrafo único, do CPC/2015, pois "A inobservância ao procedimento recursal cabível configura erro grosseiro e constitui vício insanável, motivo pelo qual inaplicável o disposto no artigo 932, parágrafo único, do CPC relativo à abertura de prazo para o saneamento do vício." (STJ, AgInt no AREsp 1561067/ RJ, Rel. Ministro Sérgio Kukina, Primeira Turma, julgado em 10/08/2020, DJe 17/08/2020)

O art. 932, parágrafo único, do CPC, não se aplica a decisões publicadas na vigência do CPC/1973

✓ "RECURSO EXTRAORDINÁRIO COM AGRAVO – DECISÃO QUE NEGA SEGUIMENTO AO APELO EXTREMO – INTERPOSIÇÃO DE AGRAVO QUE NÃO IMPUGNA AS RAZÕES DESSE ATO DECISÓRIO – SUCESSÃO DE ESTATUTOS PROCESSUAIS (CPC/73 E CPC/15) – DECISÃO IMPUGNADA NO AGRAVO INTERNO PUBLICADA SOB A ÉGIDE DO CPC/73 QUE SE QUALIFICA COMO ESTATUTO DE REGÊNCIA APLICÁVEL EM TEMA RECURSAL – "TEMPUS REGIT ACTUM" – DOUTRINA – CONSEQUENTE INAPLICABILIDADE DO PARÁGRAFO ÚNICO DO ART. 932 DO CPC/15 – AGRAVO INTERNO IMPROVIDO." (STF, ARE 970409 AgR, Rel. Min. Celso de Mello, Segunda Turma, julgado em 02/03/2018, DJe 20/09/2018)

O art. 932, parágrafo único, do CPC, não permite correção quanto à fundamentação do recurso

✓ Ementa: AGRAVO INTERNO NO RECURSO EXTRAORDINÁRIO COM AGRAVO. AUSÊNCIA DE FUNDAMENTAÇÃO A RESPEITO DA REPERCUSSÃO GERAL DA MATÉRIA AGITADA NO APELO EXTREMO. ART. 932, PARÁGRAFO ÚNICO, DO CÓDIGO DE PROCESSO CIVIL. INAPLICABILIDADE PARA SANAR VÍCIO DE FUNDAMENTAÇÃO. 1. A medida prevista no art. 932, § único, do Código de Processo Civil de 2015 não se aplica neste caso porque (a) o recurso extraordinário impugna decisão publicada antes de 18/3/2016 (data de vigência da nova lei processual), logo não se lhe aplicam suas inovações; (b) entre os vícios sanáveis de que trata a norma, não se inserem os que dizem respeito à fundamentação recursal. Na hipótese em apreço, não cabe conceder prazo para que o recorrente apresente a argumentação sobre a repercussão geral da matéria, omitida no recurso extraordinário. 2. Agravo interno a que se nega provimento. Não se aplica o art. 85, § 11, do Código de Processo Civil de 2015, tendo em vista que não houve fixação de honorários advocatícios nas instâncias de origem." (STF, ARE 978184 AgR, Rel. Min. Alexandre de Moraes, Primeira Turma, julgado em 20/02/2018, DJe 06/03/2018).

Não cabe invocar o art. 932, parágrafo único, para demonstrar a tempestividade do recurso

✓ "De acordo com o novo Estatuto Processual, a ocorrência de feriado local deve ser demonstrada por documento idôneo, no ato da interposição do recurso. Descabe a aplicação da regra do parágrafo único do art. 932 do CPC/2015, que permitiria a correção do vício, com a comprovação da tempestividade do recurso, posteriormente." (STJ, AgInt no AREsp 1615088/ SP, Rel. Ministro Gurgel de Faria, Primeira Turma, julgado em 21/09/2020, DJe 23/09/2020).

✓ "O CPC/2015, porém, não possibilita a mitigação ao conhecimento de recurso intempestivo. De fato, nos casos em que a decisão recorrida tenha sido publicada na vigência do novo CPC, descabe a aplicação da regra do art. 932, parágrafo único, do CPC/2015, para permitir a correção do vício, com a comprovação posterior da tempestividade do recurso. Isso porque o CPC/2015 acabou por excluir a intempestividade do rol dos vícios sanáveis, conforme se extrai do seu art. 1.003, § 6º ("o recorrente comprovará a ocorrência de feriado local no ato de interposição do recurso"), e do seu art. 1.029, § 3º ("o Supremo Tribunal Federal ou o Superior Tribunal de Justiça poderá desconsiderar vício formal de recurso tempestivo ou determinar sua correção, desde que não o repute grave")." (STJ, AgInt no AREsp 1661435/RS, Rel. Ministra Assusete Magalhães, Segunda Turma, julgado em 21/09/2020, DJe 25/09/2020).

Não se aplica o art. 932, parágrafo único, para permitir que a parte demonstre o dissenso apto ao processamento dos embargos de divergência

✓ "São inadmissíveis os embargos de divergência quando a parte recorrente deixa de comprovar a alegada divergência nos termos dos arts. 1.043, § 4º, do CPC/2015 e 266, § 4º, do Regimento Interno do Superior Tribunal de Justiça. Não incidência do comando inserto no parágrafo único do art. 932 do CPC/2015. Precedentes." (STJ, AgInt nos EDcl nos EDv nos EREsp 1741148/SP, Rel. Ministro Og Fernandes, Corte Especial, julgado em 16/09/2020, DJe 25/09/2020)

Prevalece o art. 1.003, § 6º em relação ao art. 932, parágrafo único, quanto à comprovação do feriado local

✓ "A Corte Especial do STJ, no julgamento do AgInt no AREsp 957.821/MS, realizado na sessão de 20 de novembro de 2017, ao interpretar os arts. 932, parágrafo único, e 1.003, § 6º, do CPC de 2015 e os princípios consagrados pelo novo Código, firmou orientação de que o recorrente deve comprovar "a ocorrência de feriado local no ato de interposição do recurso", de maneira que fica inviabilizada a apresentação de documento hábil em momento posterior para demonstrar sua tempestividade..." (AgInt no TP 2.112/MS, Rel. Ministro Herman Benjamin, Corte Especial, julgado em 06/11/2019, DJe 20/11/2019).

✓ "A jurisprudência do STJ concluiu que a norma do art. 1.003, § 6º, é especial em relação ao art. 932, parágrafo único, do CPC, não se encontrando a discussão relativa à comprovação da tempestividade inserida no conceito de vício sanável em momento posterior à interposição do recurso." (STJ, AgInt no AREsp 1585705/MG, Rel. Ministro Herman Benjamin, Segunda Turma, julgado em 18/08/2020, DJe 14/09/2020)

Inaplicável o art. 932, parágrafo único, no caso de violação ao princípio da dialeticidade

✓ PROCESSUAL CIVIL. AGRAVO INTERNO NO RECURSO ORDINÁRIO EM MANDADO DE SEGURANÇA. AUSÊNCIA DE IMPUGNAÇÃO ESPECÍFICA DOS FUNDAMENTOS DO ACÓRDÃO RECORRIDO. INOBSERVÂNCIA DO PRINCÍPIO DA DIALETICIDADE. PRAZO PREVISTO NO ART. 932, PARÁGRAFO ÚNICO, DO CPC. INAPLICABILIDADE AO CASO. ENUNCIADO ADMINISTRATIVO N. 6/STJ. APLICAÇÃO. PRECEDENTES. 1. Nas hipóteses em que as razões do recurso não infirmam a totalidade dos fundamentos do acórdão recorrido, nos capítulos em que é impugnado, é dever, e não faculdade do Relator, não conhecer do recurso. Inteligência do art. 932, III, do CPC. 2. O recurso ordinário em mandado de segurança, como espécie recursal que é, reclama, para sua admissibilidade, a fiel observância do princípio da dialeticidade, impondo-se à parte recorrente o ônus de expor, com precisão e clareza, os erros – de procedimento ou de aplicação do direito – que justificam a reforma do acórdão recorrido, não bastando, para isso, a simples insatisfação com a denegação da ordem. 3. A falta de impugnação dos fundamentos da decisão agravada não é vício formal apto a autorizar a abertura de prazo para correção nos termos do parágrafo único do art. 932 do CPC. Enunciado Administrativo n. 6 STJ. 4. Agravo interno não provido. (STJ, AgInt no RMS 54.011/SP, Rel. Ministro Sérgio Kukina, Primeira Turma, julgado em 26/09/2017, DJe 11/10/2017)

Após concessão do prazo para regularização de vicio, se não houver a correção, o recurso não será conhecido

✓ "Não é possível conhecer do recurso subscrito por advogado sem procuração nos autos, caso a parte intimada para regularizar sua representação processual, nos termos do art. 932, parágrafo único, do CPC/15, não promova o saneamento do vício do prazo concedido, juntando procuração que não faz menção ao subscritor do agravo em recurso especial. Inteligência do art. 76, § 2º, I, do CPC/2015." (STJ, AgInt no AREsp 1392744/RS, Rel. Ministro Marco Buzzi, Quarta Turma, julgado em 30/05/2019, DJe 04/06/2019).

✓ "Não se conhece do recurso quando a parte, após intimada para regularizar sua representação processual, nos termos do art. 932, parágrafo único, do NCPC, deixa transcorrer in albis o prazo para o saneamento do vício, nos termos do art. 76, § 2º, I, do NCPC." (STJ, AgInt no AREsp 1246012/SP, Rel. Min. Moura Ribeiro, Terceira Turma, julgado em 17/09/2018, DJe 19/09/2018)

Art. 933. Se o relator constatar a ocorrência de fato superveniente à decisão recorrida ou a existência de questão apreciável de ofício ainda não examinada que devam ser considerados no julgamento do recurso, intimará as partes para que se manifestem no prazo de 5 (cinco) dias.

§ 1º Se a constatação ocorrer durante a sessão de julgamento, esse será imediatamente suspenso a fim de que as partes se manifestem especificamente.

→ V. Enunciado 60 do CJF: é direito das partes a manifestação por escrito, no prazo de cinco dias, sobre fato superveniente ou questão de ofício na hipótese do art. 933, § 1º do CPC, ressalvada a concordância expressa com a forma oral em sessão.

§ 2º Se a constatação se der em vista dos autos, deverá o juiz que a solicitou encaminhá-los ao relator, que tomará as providências previstas no *caput* e, em seguida, solicitará a inclusão do feito em pauta para prosseguimento do julgamento, com submissão integral da nova questão aos julgadores.

Art. 934. Em seguida, os autos serão apresentados ao presidente, que designará dia para julgamento, ordenando, em todas as hipóteses previstas neste Livro, a publicação da pauta no órgão oficial.

Art. 935. Entre a data de publicação da pauta e a da sessão de julgamento decorrerá, pelo menos, o prazo de 5 (cinco) dias, incluindo-se em nova pauta os processos que não tenham sido julgados, salvo aqueles cujo julgamento tiver sido expressamente adiado para a primeira sessão seguinte.

§ 1º Às partes será permitida vista dos autos em cartório após a publicação da pauta de julgamento.

§ 2º Afixar-se-á a pauta na entrada da sala em que se realizar a sessão de julgamento.

A ausência de comparecimento de parte que foi intimada para participar do julgamento não acarreta nulidade

✓ EMBARGOS DE DECLARAÇÃO – Hipóteses do artigo 1.022 do Código de Processo Civil – Contradição – Inexistência – Acolhimento do recurso – Impossibilidade: – Não se admitem embargos de declaração quando guardam nítido caráter infringente, à vista do não preenchimento das hipóteses do artigo 1.022 do Código de Processo Civil. CERCEAMENTO DE DEFESA – RESOLUÇÃO N. 549/2011-TJSP – Recurso julgado em sessão presencial, a qual teve o cumprimento do art. 934 do CPC, com sustentação oral da parte presente. O não comparecimento da parte contrária não acarreta cerceamento de defesa, uma vez que estavam intimadas para tanto, inexistindo ofensa ao prazo de oposição ao julgamento virtual assinalado na Resolução n. 549/2011-TJSP, porquanto não há prejuízo. EMBARGOS DE DECLARAÇÃO REJEITADOS." (TJSP, ED 1027951-22.2017.8.26.0562, Rel. Des. Nelson Jorge Júnior, 13ª Câmara de Direito Privado, julgado em 10/10/2019, DJE 10/10/2019).

A não observância do prazo do art. 935 do CPC enseja nulidade

✓ EMBARGOS DE DECLARAÇÃO. RECURSO DE CARÁTER INTEGRATIVO. HIPÓTESES DE CABIMENTO (ART. 1.022, DO CPC). INOBSERVÂNCIA DO LAPSO TEMPORAL PREVISTO NO ART. 935 DO CPC. NULIDADE ABSOLUTA. PUBLICAÇÃO DA NOVA PAUTA. NECESSIDADE. ACÓR-

DÃO CASSADO. EMBARGOS DE DECLARAÇÃO CONHECIDO E PROVIDO. 1. Os embargos declaratórios são um recurso de caráter integrativo, porque buscam sanar vícios como obscuridade, contradição, omissão ou erro material, que podem comprometer a clareza ou a inteligibilidade da decisão (artigo 1.022 do CPC). 2. Consoante o disposto no art. 935 CPC, impõe-se o reconhecimento da nulidade do acórdão embargado, tendo em vista a ausência de intimação regular das partes acerca da sessão de julgamento. 3. Embargos de declaração conhecido e provido." (TJDF, AC 00029814120168070011, Rel. Des. Luís Gustavo de Oliveira, julgado em 24/09/2019, 4ª Turma Cível, DJ 27/09/2019).

Ausência de intimação do advogado da parte para a sessão de julgamento: nulidade

✓ "EMBARGOS DE DECLARAÇÃO – PUBLICAÇÃO DO ACÓRDÃO – IRREGULARIDADE – Ausência de intimação do Patrono da Embargante quando da inclusão do feito em pauta para julgamento – Acórdão nulo – Art. 935, do Código de Processo Civil vigente – Necessidade de designação de nova sessão de julgamento, intimando-se as partes com antecedência mínima de 05 (cinco) dias – Precedentes deste E. Tribunal de Justiça – Embargos acolhidos, com efeito modificativo, para anular o Acórdão precedente." (TJSP, ED 1000576-74.2014.8.26.0037, Rel. Des. Mario de Oliveira, 19ª Câmara de Direito Privado, julgado em 08/05/2017, DJe 10/05/2017).

Se o julgamento é adiado para a sessão seguinte, desnecessária sua inclusão na nova pauta

✓ PROCESSUAL CIVIL. EMBARGOS DE DECLARAÇÃO. OFENSA AO ART. 1.022 DO CPC DE 2015. NÃO CONFIGURADA. REDISCUSSÃO DA MATÉRIA DE MÉRITO. IMPOSSIBILIDADE. ADMINISTRATIVO. AÇÃO CIVIL PÚBLICA. IMPROBIDADE. NOMEAÇÃO DE PARENTES PARA CARGOS EM COMISSÃO. CERCEAMENTO DE DEFESA. SÚMULA 7/STJ. DEFICIÊNCIA NA FUNDAMENTAÇÃO. SÚMULA 284/STF. 1. Quanto à questão referente ao art. 935 do CPC/2015, o STJ entende que o simples adiamento do julgamento do recurso, sem retirada de pauta, dispensa, em princípio, a publicação de nova intimação das partes. Extrai-se da leitura do andamento do presente processo que o Agravo Interno dos embargantes constava na pauta de julgamento do dia 21/2/2017, tendo sido publicada no dia 10/2/2017. Observa-se que, no dia 21/2/2017, por indicação do Ministro Relator, o julgamento foi adiado. Posteriormente, no dia 4/3/2017, há referência de que o recurso havia sido incluído em mesa para julgamento em sessão designada para dia 7/3/2017, data esta na qual foi julgado o recurso. De acordo com o calendário de Sessões e Julgamentos constante no site desse Tribunal, nota-se que o recurso foi incluído para julgamento na primeira sessão seguinte a do adiamento (7/3/2017), atendendo assim ao disposto no artigo 935 do CPC..." (STJ, EDcl no AgInt no AREsp 886.966/SP, Rel. Ministro Herman Benjamin, Segunda Turma, julgado em 03/08/2017, DJe 12/09/2017).

✓ "1. A certidão de julgamento da sessão do dia 27/6/2017 foi no sentido de que os autos teriam sido adiados "por indicação do(a) Sr(a). Ministro(a)-Relator(a)" (e-STJ, fl. 352), sem especificar, contudo, se tal adiamento seria para a primeira sessão seguinte, omissão que, no entender da embargante, exigiria nova inclusão em pauta para qualquer sessão de julgamento, inclusive a que veio a ocorrer na sequência, em 3/8/2017. 2. A alegação não merece prosperar, pois a conduta adotada pela Segunda Turma do STJ encontra-se em sintonia com os arts. 935 do novo CPC e 90, § 2º, do RISTJ, no sentido de que a inclusão será dispensada somente quando expressamente adiados os autos para a primeira sessão seguinte, visto que, embora inexistente a expressão "para a primeira sessão seguinte", de fato, o recurso foi incluído na primeira sessão subsequente, ocorrida em 3/8/2017, em verdadeira harmonia com o espírito daqueles dispositivos processuais consistente na impossibilidade de se julgar processo em sessão posterior à primeira subsequente sem que conste de pauta publicada com antecedência mínima de cinco dias." (EDcl no REsp 1240538/RJ, Rel. Ministro Og Fernandes, Segunda Turma, julgado em 26/09/2017, DJe 29/09/2017).

Se o processo é retirado de julgamento, sua análise depende de nova incluso em pauta, sob pena de nulidade

✓ PROCESSUAL CIVIL. EMBARGOS DE DECLARAÇÃO. PRESSUPOSTO DE VALIDADE DO JULGADO. AUSÊNCIA. OMISSÃO. OCORRÊNCIA. 1. A reapresentação de recurso retirado por indicação do relator depende de nova inclusão em pauta (art. 935 do CPC/2015). 2. Realizado o julgamento sem a observância do referido dispositivo, está evidenciada a existência de omissão do acórdão embargado, relativo ao preenchimento do citado pressuposto de validade, cuja integração importa no reconhecimento de sua nulidade. 3. Embargos de declaração acolhidos, para anular o acórdão embargado e determinar a realização de novo julgamento do agravo interno, mediante oportuna inclusão em pauta. (EDcl no AgInt nos EREsp 1505296/SP, Rel. Ministro Gurgel de Faria, Primeira Seção, julgado em 22/02/2017, DJe 23/03/2017).

Art. 936. Ressalvadas as preferências legais e regimentais, os recursos, a remessa necessária e os processos de competência originária serão julgados na seguinte ordem:

I – aqueles nos quais houver sustentação oral, observada a ordem dos requerimentos;

II – os requerimentos de preferência apresentados até o início da sessão de julgamento;

III – aqueles cujo julgamento tenha iniciado em sessão anterior; e

IV – os demais casos.

Art. 937. Na sessão de julgamento, depois da exposição da causa pelo relator, o presidente dará a palavra, sucessivamente, ao recorrente, ao recorrido e, nos casos de sua intervenção, ao membro do Ministério Público, pelo prazo improrrogável de 15 (quinze) minutos para cada um, a fim de sustentarem suas razões, nas seguintes hipóteses, nos termos da parte final do *caput* do art. 1.021:

→ *V.* Enunciado 61 do CJF: deve ser franqueado às partes sustentar oralmente as suas razões, na forma e pelo prazo previsto no art. 937, *caput*, do CPC, no agravo de instrumento que impugne decisão de resolução parcial de mérito (art. 356, § 5º, do CPC).

É cabível pedido de tutela antecipada em sustentação oral

✓ É possível o requerimento de antecipação dos efeitos da tutela em sede de sustentação oral. A antecipação dos efeitos da tutela constitui relevante medida à disposição do juiz, para que propicie a prestação jurisdicional oportuna e adequada que, efetivamente, confira proteção ao bem jurídico em litígio, abreviando, ainda que em caráter provisório, os efeitos práticos do provimento definitivo. Em linha de princípio, o requerimento da tutela antecipada – requisito exigido nos termos do art. 273 do CPC/1973 –, assim como a sua extensão, pode ser formulado ou alterado pelo autor, desde que observado o pedido inicial, pois a medida não pode ser mais ampla. Assim, pode o autor requerer ou não, na exordial, a antecipação de parte da tutela, e depois pedir a antecipação da tutela jurisdicional em sua totalidade – o ordenamento jurídico não é infenso à modificação do requerimento de tutela antecipatória. Ora, se o pedido poderia ser formulado ao relator, e o próprio art. 273 do CPC/1973 deixa nítido que novas circunstâncias autorizam o requerimento, possível também que seja deduzido em sessão de julgamento, em feito que comporta sustentação oral, ao Colegiado que apreciará o recurso. Isso porque, tal procedimento consiste em manifestação formal (art. 554 do CPC/1973 e 937 do CPC/2015) a oportunizar à parte adversa até mesmo o contraditório prévio ao exame do pedido (REsp 1332766/SP, Rel. Ministro Luis Felipe Salomão, Quarta Turma, julgado em 01/06/2017, DJe 01/08/2017).

Não há nulidade na ausência de apreciação do pedido de sustentação oral se este foi realizado de modo extemporâneo

✓ EMBARGOS DE DECLARAÇÃO. PEDIDO DE SUSTENTAÇÃO ORAL FORMULADO NO PLENÁRIO VIRTUAL. NÃO APRECIAÇÃO. NULIDADE. INEXISTÊNCIA. RESOLUÇÃO STF 587/2016. PEDIDO EXTEMPORÂNEO. EMBARGOS REJEITADOS. 1. Não se conhece de pedido de destaque formulado pela parte, quanto feito com menos de 24 (vinte e quatro) horas antes do início da sessão virtual. 2. Embargos de declaração rejeitados. (STF, AgRED Rcl 25687/SP, Rel. Min. Edson Fachin, julgado em 13/03/2020, DJe 03/04/2020).

I – no recurso de apelação;

II – no recurso ordinário;

III – no recurso especial;

IV – no recurso extraordinário;

V – nos embargos de divergência;

VI – na ação rescisória, no mandado de segurança e na reclamação;

VII – (**VETADO**).

Não cabe sustentação oral no agravo interno fora da hipótese do art. 937, § 3º, do CPC

✓ "À exceção das hipóteses previstas no art. 937, § 3º, do CPC/2015, não cabe, no âmbito do STJ, sustentação oral em agravo interno, nos termos dos arts. 159 do RISTJ; e 937 e 1.021, caput, do CPC/2015." (STJ, EDcl no AgInt no AREsp 1626318/SP, Rel. Ministro Marco Aurélio Bellizze, Terceira Turma, julgado em 29/06/2020, DJe 03/08/2020)

Descabe sustentação oral em Agravo em Recurso Especial

✓ Diversamente do alegado, não há que se aplicar ao caso a regra do art. 937, III, do CPC/2015, uma vez que a hipótese não é de recurso especial, cuja admissibilidade fora anteriormente obstada pelo eg. Tribunal de origem, tratando-se, em verdade, de agravo em recurso especial, para o qual não há previsão legal ou regimental de sustentação oral. Ademais, nos termos do art. 159, IV, do Regimento Interno do Superior Tribunal de Justiça, não há sustentação oral no julgamento de agravo em recurso especial. A parte somente teria direito à sustentação oral se houvesse a conversão do agravo nos próprios autos em recurso especial, para melhor exame da controvérsia. (STJ, AgInt no AREsp 1316397/SP, Rel. Min. Antonio Carlos Ferreira, Quarta Turma, julgado em 20/04/2020, DJe 24/04/2020)

VIII – no agravo de instrumento interposto contra decisões interlocutórias que versem sobre tutelas provisórias de urgência ou da evidência;

Não cabe sustentação oral em agravo que discuta condições da ação

✓ "... de acordo com o art. 937 do CPC/2015 e com o art. 110 do RITJDFT somente é cabível sustentação oral pelo recorrente e recorrido no agravo de instrumento interposto contra decisões interlocutórias que versem sobre tutelas provisórias de urgência ou da evidência, o que não é o caso, pois a decisão agravada não tratou de tais questões, mas de condições da ação (legitimidade de partes) e de decadência e/ou prescrição para pleitear indenização. Assim, correto o indeferimento da sustentação oral requerida pelas embargantes por ocasião do julgamento do presente agravo de instrumento..." (TJDF, AI 2016.00.2.003114-5 Quinta Turma Cível, Rel. Des. Maria Ivatônia, julgado em 19/10/2016, DJe 08/11/2016).

IX – em outras hipóteses previstas em lei ou no regimento interno do tribunal.

§ 1º A sustentação oral no incidente de resolução de demandas repetitivas observará o disposto no art. 984, no que couber.

§ 2º O procurador que desejar proferir sustentação oral poderá requerer, até o início da sessão, que o processo seja julgado em primeiro lugar, sem prejuízo das preferências legais.

§ 3º Nos processos de competência originária previstos no inciso VI, caberá sustentação oral no agravo interno interposto contra decisão de relator que o extinga.

Só cabe sustentação oral em agravo interno nas hipóteses do § 3º do art. 937

✓ "À exceção das hipóteses previstas no art. 937, § 3º, do CPC/2015, não cabe, no âmbito do STJ, sustentação oral em agravo interno, nos termos dos arts. 159 do RISTJ; e 937 e 1.021, caput, do CPC/2015..." (EDcl no AgInt no AREsp 1626318/SP, Rel. Ministro Marco Aurélio Bellizze, Terceira Turma, julgado em 29/06/2020, DJe 03/08/2020)

§ 4º É permitido ao advogado com domicílio profissional em cidade diversa daquela onde está sediado o tribunal realizar sustentação oral por meio de videoconferência ou outro recurso tecnológico de transmissão de sons e imagens em tempo real, desde que o requeira até o dia anterior ao da sessão.

Pedido de sustentação oral por videoconferência não analisado gera cerceamento do direito de defesa e nulidade do acórdão

✓ "EMENTA: PROCESSUAL CIVIL. EMBARGOS DE DECLARAÇÃO. APELAÇÃO EM AÇÃO REVISIONAL DE ALIMENTOS. SUSTENTAÇÃO ORAL POR VIDEOCONFERÊNCIA. PEDIDO NÃO APRECIADO. VIOLAÇÃO AO DIREITO À AMPLA DEFESA. CONFIGURADO. RECURSO CONHECIDO E PROVIDO. ACÓRDÃO ANULADO. 1. Os Embargos de Declaração destinam-se a suprir omissão, afastar obscuridade ou eliminar contradição existente no julgado, todavia, sem olvidar da circunstância de estarem jungidos a fundamentação vinculada, é possível a concessão de efeitos infringentes, atípicos aos aclaratórios, no caso em que decisão embargada padece de defeito gravíssimo capaz de macular sua integridade, pois, se assim não fosse, ensejaria, inevitavelmente, efeitos de ordem teratológica a quem o direito deve socorrer. 2. De acordo com o § 4º do art. 937 do CPC, é permitido ao advogado com domicílio profissional em cidade diversa daquela onde está sediado o tribunal realizar sustentação oral por meio de videoconferência ou outro recurso tecnológico de transmissão de sons e imagens em tempo real, desde que o requeira até o dia anterior ao da sessão. 3. No caso concreto, a apelação foi levada a julgamento, sem que o embargante tivesse apreciado pedido de sustentação oral por videoconferência, formulado dentro do prazo previsto em lei, com inquestionável prejuízo à sua defesa, eis que cerceada a última oportunidade de manifestar-se antes do julgamento do recurso contra si interposto, razão pela qual deve ser o acórdão anulado e o apelo submetido a novo julgamento. 4. Embargos de Declaração conhecidos e providos. Acórdão anulado." (TJCE, ED na AC 00988235620158060158, Rel. Des. Francisco Luciano Lima Rodrigues, julgado em 05/08/2020, 3ª Câmara Direito Privado, DJ 06/08/2020).

Transferido o processo do plenário virtual para o plenário físico, o julgamento se reinicia, sendo admissível sustentação oral ainda que tenha havido prolação de voto pelo relator

✓ O Plenário, por maioria, deferiu pedidos de sustentação oral no julgamento de ação direta de inconstitucionalidade deslocado do Plenário Virtual (PV) para o físico. Na espécie, o julgamento se iniciou no PV. Após o voto do ministro Alexandre de Moraes (relator), o ministro Edson Fachin pediu vista dos autos. Houve a publicação da ata de julgamento no Diário da Justiça Eletrônico (DJE) e a devolução do processo em ambiente virtual. Posteriormente, o feito foi retirado do julgamento virtual e encaminhado para o presencial, em face de pedido de destaque formulado por ministro do Supremo Tribunal Federal (STF). Prevaleceu o voto do ministro Marco Aurélio, que resolveu questão preliminar quanto à possibilidade de permitir, no caso, as sustentações orais. Consignou que o julgamento se reinicia com o deslocamento para a sessão física. Aduziu ainda que, como regra do próprio STF, os advogados somente têm acesso ao que deliberado na sessão virtual depois de prolatados todos os votos. A ministra Cármen Lúcia frisou que, na Segunda Turma, também se procede dessa maneira, ou seja, quando deslocado para o ambiente presencial por destaque, o julgamento recomeça. O ministro Ricardo Lewandowski salientou que a sustentação oral se insere dentro do direito à ampla defesa constitucionalmente garantido e é uma prerrogativa do advogado. Vencidos os ministros Alexandre de Moraes (relator), Luiz Fux e Dias Toffoli, que indeferiram os pedidos de sustentação oral, porque já proferido voto no PV. O relator sublinhou a existência de prazo para o requerimento de sustentação oral. O ministro Dias Toffoli, por sua vez, asseverou que as partes têm até 48 horas, antes do início da sessão, para formular pedido de destaque do julgamento virtual – debates realizados na ADI 4735/DF, Rel. Min. Alexandre de Moraes, Plenário, julgada em 06/02/2020.

Art. 938. **A questão preliminar suscitada no julgamento será decidida antes do mérito, deste não se conhecendo caso seja incompatível com a decisão.**

§ 1º Constatada a ocorrência de vício sanável, inclusive aquele que possa ser conhecido de ofício, o relator determinará a realização ou a renovação do ato processual, no próprio tribunal ou em primeiro grau de jurisdição, intimadas as partes.

Esclarecimentos quanto ao recolhimento do preparo se insere no art. 938, § 1º

✓ "AGRAVO DE INSTRUMENTO – AÇÃO DECLARATÓRIA DE NULIDADE – ASSISTÊNCIA JUDICIÁRIA – PESSOA JURÍDICA – PEDIDO FORMULADO DIRETAMENTE EM 2ª INSTÂNCA – QUESTÃO PRELIMINAR AO MÉRITO – RECOLHIMENTO DO PREPARO – I – Pedido de assistência judiciária formulado diretamente em 2ª instância – Cabível sua apreciação com efeitos ex nunc – II – Hipótese em que concedeu-se oportunidade à agravante, de comprovar sua hipossuficiência financeira, através da juntada de documentos – Inteligência do art. 99, § 2º, do NCPC – III – Cabível a concessão do benefício, desde que comprovada de forma eficaz a insuficiência de recursos – Art. 5º, inciso LXXIV, da CF e art. 98, §1º, incisos I e II, do CPC, e Súmula nº 481 do STJ – Tratando-se de pessoa jurídica, a insolvência (insuficiência de recursos), não se presume, mas depende de eficaz comprovação, por meio da juntada de documentos idôneos – Ausente a comprovação, a pessoa jurídica não faz jus à concessão da assistência judiciária gratuita – Agravante que, embora dada a oportunidade, não demonstrou a sua efetiva incapacidade financeira – Ausente elementos comprobatórios da condição financeira, recomenda-se a não concessão do benefício – Necessidade, no entanto, de concessão de prazo para regular recolhimento do preparo recursal, sob pena de não conhecimento das demais matérias de mérito arguidas – Conversão do julgamento em diligência, para recolhimento do preparo, no prazo de cinco dias, nos termos do art. 938, § 1º, c.c. art. 101, §2º, do NCPC, sob pena de deserção." (TJSP, AI 2023677-30.2020.8.26.0000, Rel. Des. Salles Vieira, 24ª Câmara de Direito Privado, julgado em 30/09/2020, DJ 30/09/2020).

§ 2º Cumprida a diligência de que trata o § 1º, o relator, sempre que possível, prosseguirá no julgamento do recurso.

Possibilidade de nova perícia a ser realizada em Primeiro Grau

✓ "APELAÇÃO – AÇÃO INDENIZATÓRIA – ALEGAÇÃO DE MÁ PRESTAÇÃO DE SERVIÇO POR CIRURGIÃO-DENTISTA – PRÓTESES – SENTENÇA DE IMPROCEDÊNCIA – INDEFERIMENTO DE PROVA PERICIAL. Recurso em face de sentença de improcedência de ação indenizatória, fundamentada em responsabilidade de cirurgião-dentista por má prestação de serviços para colocação de próteses dentária, por falta de comprovação do nexo causal entre o dano e a conduta do profissional/requerido – Prestação de serviços, por profissional liberal odontólogo, para colocação de próteses dentárias, trata de obrigação de resultado previsível, com culpa presumida, contudo, podendo ser afastada – Questão incidental acerca da inversão do ônus da prova, com acolhimento do pedido, em razão da verossimilhança das alegações, hipossuficiência da autora e natureza do procedimento – Para verificação da culpa, em casos tais, indispensável a realização de prova pericial, considerando a alegação, pela paciente, de má prestação de serviços, e, de outro lado, diz o profissional ter a paciente adulterado a prótese – Em razão do indeferimento da realização da prova pericial, no curso do processo, e insistindo a parte pela realização da mesma, possível a determinação da sua realização, em primeiro grau, na forma do artigo 938, §§1º e 2º, do CPC, cujo ônus é do requerido, dispensando, assim, a decretação de nulidade do feito, para posterior retomada do julgamento do recurso de apelação, imprimindo celeridade na resolução de mérito, com preservação da ampla defesa e devido processo legal. Conversão do julgamento em diligência, para realização de prova técnica em primeiro grau." (TJSP, AC 1000546-96.2017.8.26.0081, Rel. Des. Costa Netto, 6ª Câmara de Direito Privado, julgado em 18/05/2020, DJ18/05/2020)

§ 3º Reconhecida a necessidade de produção de prova, o relator converterá o julgamento em diligência, que se realizará no tribunal ou em primeiro grau de jurisdição, decidindo-se o recurso após a conclusão da instrução.

Finalidade da conversão do julgamento em diligência

✓ "A conversão do julgamento em diligência é medida posta à disposição do julgador que dela se valerá quando entender necessária para esclarecer ponto fundamental para apreciação da matéria, revelando-se excepcional na segunda instância, apesar da previsão contida no §3º do art. 938 do CPC, não se justificando a medida se os fatos já se encontram devidamente esclarecidos." (TJDFT, AC 00344294520158070018, Rel. Des. Robson Barbosa de Azevedo, 5ª Turma Cível, julgado em 08/05/2019, DJ 17/05/2019)

Conversão do julgamento em diligência e comprovação da imprescindibilidade

✓ "Em sede recursal, o reconhecimento de necessidade de produção de prova e conversão do julgamento em diligência para instrução do feito (Art. 938, §3º do CPC) exige a prévia comprovação de imprescindibilidade de sua realização ao deslinde da lide e, no caso, à constatação de cerceamento ao direito da parte à sua produção junto ao Juízo a quo. O julgamento antecipado da lide não enseja cerceamento ao direito de produção de prova oral e técnica quando a prova documental produzida nos autos é suficiente para dirimir a controvérsia." (TJDFT, AC 20150110859885APC, Rel. Des. Getúlio de Moraes Oliveira, 7ª Turma Cível, julgado em 05/04/2017, DJ 25/04/2017).

Possibilidade de conversão de julgamento em diligência para produção de prova

✓ APELAÇÃO. PREVIDENCIÁRIO. AÇÃO PREVIDENCIÁRIA. AUXÍLIO-DOENÇA OU APOSENTADORIA POR INVALIDEZ OU AUXÍLIO-ACIDENTE. NECESSIDADE DE COMPLEMENTAÇÃO DE PROVA. EXEGESE DO ARTIGO *938*, §3º, DO CPC/2015. Havendo fundada dúvida acerca do estado de saúde do autor, notadamente porque as próprias conclusões do laudo pericial se revelam contraditórias, entendo que o mais prudente para um julgamento justo e lastreado em uma prova segura é a desconstituição da sentença, com o retorno dos autos à origem para produção de *nova* prova pericial, com novo perito com especialidade em ortopedia/traumatologia. Sentença desconstituída. Apelação provida para desconstituir a sentença e realizar nova perícia." (TJRS, AC 70082550815, Nona Câmara Cível, Rel. Des. Eduardo Kraemer, julgado em 16/10/2019).

Impossibilidade de conversão do julgamento em diligência em sede de embargos de declaração

✓ "Inviável a conversão do feito em diligência, na forma do art. 938, § 3º do CPC, em sede de embargos de declaração opostos após o julgamento da ação, haja vista que, durante a instrução processual, o embargante informou não necessitar de dilação probatória, ao postular o julgamento antecipado da lide." (TJDFT, ED na AC 20160111294659, Rel. Des. Sandra Reves, 2ª Turma Cível, julgado em 08/11/2017, DJ 30/11/2017).

§ 4º Quando não determinadas pelo relator, as providências indicadas nos §§ 1º e 3º poderão ser determinadas pelo órgão competente para julgamento do recurso.

Art. 939. **Se a preliminar for rejeitada ou se a apreciação do mérito for com ela compatível, seguir-se-ão a discussão e o julgamento da matéria principal, sobre a qual deverão se pronunciar os juízes vencidos na preliminar.**

Se a "preliminar se confunde com o mérito", passa-se desde logo ao julgamento de mérito

✓ "COMPRA E VENDA – Ação de indenização – Sentença de procedência. PRELIMINARES. Ilegitimidade passiva não configurada. Impossibilidade jurídica do pedido – Preliminar que se confunde com o mérito e com ele será analisada. MÉRITO. Abusividade da cobrança das taxas de intermediação – Aplicação dos Temas 938 e 939 do STJ Recurso desprovido." (TJSP, AC 1013193-37.2015.8.26.0100, Rel. Des. Fábio Podestá, 5ª Câmara de Direito Privado, julgado em 07/12/2016, DJ 12/12/2016).

Questões preliminares e de mérito na apelação devem ser votadas em separado, sob pena de nulidade

✓ RECURSO ESPECIAL. NULIDADE. OMISSÃO DO VOTO VENCIDO QUANTO AO EXAME DO MÉRITO DA APELAÇÃO. ART. 939 DO CPC. PRELIMINAR. CONCEITO AMPLO PARA ORDENAR JULGAMENTO. ERROR IN PROCEDENDO EVIDENCIADO. NÃO PRONUNCIAMENTO SOBRE O MÉRITO. DIMINUIÇÃO DA MATÉRIA SUSCETÍVEL DE IMPUGNAÇÃO NOS EMBARGOS INFRINGENTES. PREJUÍZO À DEFESA. OCORRÊNCIA. NULIDADE DO ACÓRDÃO QUE JULGOU A APELAÇÃO. PROVIMENTO. 1. Caso em que o Tribunal de origem procedeu à tomada global dos votos no julgamento da apelação, anotando o resultado das questões preliminar e meritória como resultado final do julgamento. Desse modo, o integrante que ficou vencido quanto à preliminar de cerceamento da defesa, pelo indeferimento de prova, não se pronunciou acerca do mérito recursal. 2. Nos termos do art. 939 do CPC, a possibilidade de encerrar o julgamento por incompatibilidade entre a preliminar e o mérito tem como destinatário todo o órgão colegiado, e não cada um de seus integrantes. (...) 4. Recurso especial provido. (REsp 1843523/CE, Rel. Min. Ribeiro Dantas, Quinta Turma, julgado em 09/03/2021, DJe 15/03/2021)

Art. 940. O relator ou outro juiz que não se considerar habilitado a proferir imediatamente seu voto poderá solicitar vista pelo prazo máximo de 10 (dez) dias, após o qual o recurso será reincluído em pauta para julgamento na sessão seguinte à data da devolução.

→ V. Art. 121 da LC 35/1979.

Prolação de voto-vista após o prazo previsto no art. 940 do CPC: necessidade de nova publicação do processo em pauta

✓ EMENTA: QUESTÃO DE ORDEM. PROLAÇÃO DE VOTO VISTA APÓS O PRAZO DO ART. 940 DO NCPC. INCLUSÃO EM PAUTA INDISPENSÁVEL. ANULAÇÃO DO JULGAMENTO A PARTIR DA PROLAÇÃO DOVOTO VISTA. NOVA INCLUSÃO EM PAUTA E POSTERIOR CONTINUAÇÃO DO JULGAMENTO.1. Trata-se de reapreciação de mandado de segurança coletivo impetrado pela Ordem dos Advogados do Brasil – Seção de Alagoas que objetiva assegurar o correto procedimento de escolha de candidato para ocupar vaga de Conselheiro do Tribunal de Contas do Estado de Alagoas.2. Na sessão de julgamento do dia 30/03/2017, após o voto do Relator, acompanhado pelo desembargador que lhe seguiu, pediu vista o terceiro membro da Turma, o qual proferiu seu voto em 22/06/2017, de modo que a Terceira Turma, por unanimidade, concluiu o julgamento, concedendo a segurança, nos termos do voto do Relator.3. Após pedido de vista, a nova inclusão do feito em pauta de julgamento somente é dispensável quando o julgador estiver habilitado para proferir seu voto no prazo de 10 (dez) dias (art. 940 do Novo CPC).4. No caso, o adiamento durou mais de 03 (três) meses, sem nova inclusão em pauta, conforme certidão emitida pela 3ªTurma, em 05/07/2017. Impediu-se, dessa forma, que a parte e seu patrono acompanhassem o desfecho do julgamento com a apresentação ou renovação de memorais e audiências junto aos magistrados, o que atenta diretamente contra o princípio da não surpresa garantido aos litigantes.5. Questão de ordem acolhida para anular o julgamento a partir da prolação do voto vista e determinar que novo julgamento seja proferido após a nova inclusão do feito em pauta." (TRF5, QO na 99923/AL – 2007.05.00.076811-7, Terceira Turma, Rel. Des. Paulo Machado Cordeiro, julgado em 21/09/2017, DJe 29/09/2017)

Errônea inclusão em pauta e nulidade do julgamento

✓ "EMENTA: PROCESSUAL CIVIL. QUESTÃO DE ORDEM. NULIDADE DO JULGAMENTO. ELABORAÇÃO DE VOTO-VISTA. 1 – A presente demanda fora inserida em pauta para julgamento em 21 de maio de 2018, de forma precoce, na medida em que ainda não liberado o feito para tanto, providência essa de iniciativa da e. Desembargadora Federal Inês Virgínia, tão logo profira seu voto-vista. 2 – A equivocada reinclusão decorreu de inconsistência do sistema processual do PJE, o qual, como se sabe, ainda passa por constante aperfeiçoamento, tanto de sua plataforma e funcionalidades, quanto em relação ao público usuário (interno e externo). 3 – Evidenciada, pois, violação ao disposto no art. 940 do Código de Processo Civil, de rigor o reconhecimento da nulidade do julgamento levado a efeito em 21 de maio de 2018. 4 – Questão de ordem. Nulidade do acórdão. Restituição dos autos à em. Desembargadora Federal Inês Virgínia, para elaboração de voto-vista e oportuno prosseguimento." (TRF3, ApCiv 5001957-33.2017.4.03.6111, Rel. Des. Carlos Eduardo Delgado, julgado em 09/08/2019, DJ 14/08/2019)

Se o prazo é inferior a 10 (dez) dias, desnecessária nova reinclusão em pauta

✓ PROCESSO CIVIL. EMBARGOS DE DECLARAÇÃO RECEBIDOS COMO QUESTÃO DE ORDEM. TRANSCURSO DE PRAZO INFERIOR A 10 (DEZ) DIAS DESDE A SOLICITAÇÃO DE VISTA DOS AUTOS. DESNECESSIDADE DE REINCLUSÃO EM PAUTA. 1. Extrai-se das razões deduzidas pelo embargante a intenção de anular o julgamento proferido por não haver ocorrido a inclusão em pauta após a devolução dos autos que foram objeto de pedido de vista, não subsistindo a indicação expressa de qualquer hipótese configuradora de obscuridade, contradição ou omissão no acórdão recorrido, razão pela qual se impõe o não conhecimento dos embargos de declaração. 2. Não obstante, tendo em vista que a nulidade aventada restou assentada em eventual prejuízo que a parte porventura haveria sofrido por não lhe ter sido oportunizado o exercício do direito à sustentação oral, tenho que tal situação rende ensejo a que insurgência veiculada seja recebida como questão de ordem. 3. A disposição normativa inscrita no art. 940 do CPC/2015 teve o intuito de estabelecer prazo para devolução dos autos retirados por vista, de molde a evitar a sua retenção por lapso temporal indefinido, prorrogando-se de forma injustificada o julgamento do recurso. 4. A interpretação cogitada pelo recorrente, no entanto, não se afigura como a mais adequada, considerando-se os termos do dispositivo em questão, o qual exige para a reinclusão em pauta do recurso o efetivo transcurso de prazo superior a 10 (dez) dias desde a solicitação de vista até a devolução dos autos. 5. A novel disciplina estabelecida pelo CPC/2015 se limitou a reduzir o prazo para que a retirada dos autos por solicitação de vista conduzisse à reinclusão do processo em pauta, exigindo-a, no entanto, a partir do transcurso do prazo previsto. 6. No caso em tela, observa-se que a solicitação de vista se deu na sessão de julgamento ocorrida em 13/04/2016, seguida da apresentação dos autos naquela realizada no dia 27/04/2016, de onde se extrai o transcurso de prazo não superior a 10 (dez) dias desde a sua retirada, afastando a necessidade de nova inclusão em pauta, bem como a nulidade suscitada. 7. Embargos de declaração recebidos como questão de ordem, cujos termos restaram não acolhidos. (TRF5, AR 0008205-51.2014.4.05.0000, Tribunal Pleno, Rel. Des. Fed. Fernando Braga, DJe 01/07/2016)

§ 1º Se os autos não forem devolvidos tempestivamente ou se não for solicitada pelo juiz prorrogação de prazo de no máximo mais 10 (dez) dias, o presidente do órgão fracionário os requisitará para julgamento do recurso na sessão ordinária subsequente, com publicação da pauta em que for incluído.

§ 2º Quando requisitar os autos na forma do § 1º, se aquele que fez o pedido de vista ainda não se sentir habilitado a votar, o presidente convocará substituto para proferir voto, na forma estabelecida no regimento interno do tribunal.

Se é informado o adiamento do julgado e, na mesma sessão, o recurso volta a ser julgado, há nulidade

✓ PROCESSUAL CIVIL. SESSÃO DE JULGAMENTO. PEDIDO DE PREFERÊNCIA. VOTO-VISTA. PROCLAMAÇÃO DE ADIAMENTO. POSTERIOR RETOMADA E PROCLAMAÇÃO DO RESULTADO FINAL NA MESMA ASSENTADA. NULIDADE. 1. O Novo Código de Processo Civil trouxe várias inovações, entre elas um sistema cooperativo processual - norteado pelo princípio da boa-fé objetiva -, no qual todos os sujeitos (juízes, partes e seus advogados) possuem responsabilidades na construção do resultado final do litígio, sendo certo que praticamente todos os processos devem ser pautados, inclusive aqueles com pedido de vista que não forem levados a julgamento na sessão subsequente, nos termos do art. 940, §§ 1º e 2º, do CPC/2015. 2. O objetivo de tais mudanças é dar maior transparência aos atos processuais, garantindo a todos o direito de participação na construção da prestação jurisdicional, a fim de evitar a surpresa na formação das decisões (princípio da não surpresa). 3. Os princípios da cooperação e da boa-fé objetiva devem ser observados pelas partes, pelos respectivos advogados e pelos julgadores. 4. É dever do Órgão colegiado, a partir do momento em que decide adiar o julgamento de um processo, respeitar o ato de postergação, submetendo o feito aos regramentos previstos no CPC/2015. 5. Hipótese em que há nulidade no prosseguimento do julgamento, pois, com a informação prestada aos advogados de que a apresentação daquele feito seria adiada - o que provocou a saída dos patronos do plenário da Primeira Turma -, tornou-se sem efeito a intimação para aquela assentada. 6. Recurso provido para anular o julgamento dos agravos regimentais realizado na sessão do dia 19/04/2016. (STJ, EDcl no AgRg no REsp 1394902/MA, Rel. Min. Gurgel de Faria, Primeira Turma, julgado em 04/10/2016, DJe 18/10/2016).

Art. 941. Proferidos os votos, o presidente anunciará o resultado do julgamento, designando para redigir o acórdão o relator ou, se vencido este, o autor do primeiro voto vencedor.

Se o relator originário é vencido "apenas em parte", pode prosseguir como relator

✓ EMBARGOS DE DECLARAÇÃO NO AGRAVO INTERNO NO AGRAVO EM RECURSO ESPECIAL. EFEITOS INFRINGENTES. NÃO CABIMENTO. INEXISTÊNCIA DOS VÍCIOS DO ART. 1.022 E INCISOS DO CPC. INSURGÊNCIA CONTRA A MULTA DO ART. 1.021, § 4º, DO CPC. SANÇÃO PECUNIÁRIA AFASTADA, VENCIDO EM PARTE O MINISTRO RELATOR, QUE APENAS REDUZIA O SEU MONTANTE. 1. Os embargos de declaração apenas são cabíveis quando constar, na decisão recorrida, obscuridade, contradição ou omissão em ponto sobre o qual deveria ter se pronunciado. 2. A rediscussão da matéria, já julgada de maneira inequívoca, não está em harmonia com a natureza e a função dos embargos declaratórios. 3. Conclusão do Ministro relator no sentido de que, tipificada uma das hipóteses previstas no art. 1.021, do CPC, autorizado estará, desde logo, o relator a aplicar a reprimenda disposta no § 4º do referido artigo. Todavia, o valor excessivo da sanção pecuniária, como na espécie, implica na mitigação do princípio constitucional do amplo acesso à justiça, previsto no art. 5º, inciso XXXV, da Constituição da República, pois o não pagamento da multa obsta o direito de recorrer. Desse modo, a hipótese seria de se manter a pena pecuniária aplicada no agravo interno mas, neste ínterim, reduzir o seu montante. 4. Prevalência do entendimento da maioria dos integrantes da Colenda Quarta Turma no sentido de que deve ser afastada a multa pecuniária fixada pelo acórdão embargado. 5. Embargos de declaração acolhidos em maior extensão para afastar a sanção pecuniária, vencido em parte o Ministro relator. (EDcl no AgInt no AREsp 1032891/RJ, Rel. Min. Luis Felipe Salomão, Quarta Turma, julgado em 12/03/2019, DJe 16/05/2019)

§ 1º O voto poderá ser alterado até o momento da proclamação do resultado pelo presidente, salvo aquele já proferido por juiz afastado ou substituído.

§ 2º No julgamento de apelação ou de agravo de instrumento, a decisão será tomada, no órgão colegiado, pelo voto de 3 (três) juízes.

§ 3º O voto vencido será necessariamente declarado e considerado parte integrante do acórdão para todos os fins legais, inclusive de pré-questionamento.

O não cumprimento do art. 941, § 3º, do CPC, é erro no procedimento

✓ "Na hipótese, verifico haver erro material no tocante à ausência de juntada do voto divergente do Ministro Gurgel de Faria. 3. De acordo com o § 3º do art. 941 do CPC/15, "o voto vencido será necessariamente declarado e considerado parte integrante do acórdão para todos os fins legais, inclusive de pré-questionamento". Sendo assim, a inobservância da regra do § 3º do art. 941 do CPC/15 constitui vício de atividade ou erro de procedimento (*error in procedendo*), porquanto não diz respeito ao teor do julgamento em si, mas à condução do procedimento de lavratura e publicação do acórdão, já que este representa apenas a materialização do respectivo julgamento. Precedente: REsp 1.729.143/PR, Rel. Min. Nancy Andrighi, Terceira Turma, DJe 15/2/2019. 3. Embargos de declaração parcialmente providos." (STJ, EDcl no AgInt no REsp 1776888/MG, Rel. Ministro Benedito Gonçalves, Primeira Turma, julgado em 30/03/2020, DJe 01/04/2020).

As razões expostas no voto vencido podem ser levadas em consideração no julgamento do Recurso Especial

✓ "IV - Recorde-se que, à luz do disposto no art. 941, § 3º, do CPC/2015, "o voto vencido será necessariamente declarado e considerado parte integrante do acórdão para todos os fins legais, inclusive de pré-questionamento". Ou seja, as descrições de fato expostas, no voto vencedor ou vencido, podem ser tomadas em conta para o julgamento do recurso especial; o enfrentamento da questão federal sob a perspectiva do voto-vencido pré-questiona a matéria e viabiliza sua análise nas instâncias especiais (ver, mutatis mutandis, AgRg nos EDcl no REsp n. 1.834.872/RS, Rel. Ministro Ribeiro Dantas, Quinta Turma, julgado em 5/12/2019, DJe 16/12/2019; AgInt no REsp n. 1.330.301/MG, Rel. Ministro Luis Felipe Salomão, Quarta Turma, julgado em 15/5/2018, DJe 1º/8/2018)..." (STJ, AgInt no AgInt no AREsp 1501406/SC, Rel. Ministro Francisco Falcão, Segunda Turma, julgado em 21/09/2020, DJe 24/09/2020)

Embargos de declaração podem ser utilizados para obrigar o órgão julgador a apresentar o voto vencido

✓ EMBARGOS DECLARATÓRIOS. Recurso que deve ser acolhido ante a existência de omissões, mas sem alteração do resultado. Aplicação do artigo 521, parágrafo único do Código de Processo Civil. O embargante não comprovou ou demonstrou, de forma cabal e inconteste, qual seria o manifesto risco de grave dano de difícil ou incerta reparação previsto no dispositivo. O simples fato de se tratar de cumprimento provisório de sentença não leva à conclusão da existência de manifesto risco de grave dano de difícil ou incerta reparação. O artigo 521 da lei adjetiva está inserido dentro do capítulo do cumprimento provisório da sentença que reconhece a exigibilidade de obrigação de pagar quantia certa. O caráter alimentar dos honorários advocatícios se enquadra sim dentro da exceção prevista no artigo 521, I do Código de Processo Civil, como já mencionado no v. aresto vergastado. Voto vencido proferido pelo douto terceiro julgador que não foi declarado. Dispõe o § 3º do artigo 941 da lei processual civil que o voto vencido será necessariamente declarado e considerado parte integrante do acórdão para todos os fins legais, inclusive pré-questionamento. Ocorre que não houve a juntada do voto vencido proferido pelo douto terceiro julgador. Assim sendo, observo que deverá a zelosa escrevania abrir vista ao douto terceiro julgador possibilitando-lhe que declare seu voto. Embargos declaratórios acolhidos, mas sem alteração do resultado, com observação." (TJSP, ED 2226061-16.2019.8.26.0000, Rel. Roberto Maia, 20ª Câmara de Direito Privado, julgado em 1º/07/2020, DJe 01/07/2020).

Após o julgamento estendido do art. 942 o voto vencido deve ser juntado aos autos

✓ EMBARGOS DE DECLARAÇÃO EM APELAÇÃO. AUSÊNCIA DO VOTO DIVERGENTE/VENCEDOR NA ELABORAÇÃO DO ACÓRDÃO. CORREÇÃO DE ERRO MATERIAL. POSSIBILIDADE. EMBARGOS PROVIDOS. VÍCIO SANADO. 1. Os embargos de declaração têm por finalidade eliminar eventual obscuridade, contradição, omissão ou a correção de erro material existente no julgado (artigo 1.022, CPC/2015). 3. O erro material é aquele perceptível de pronto. Assim, se da confecção do acórdão houve a omissão dos termos do voto divergente, que sagrou-se vencedor após o julgamento ampliado do colegiado (art. 942, do CPC), o provimento do recurso para sanar o erro material é medida que se impõe. 4. Embargos de declaração conhecidos e providos. Erro material sanado." (TJDFT, ED na AC 20150110247216APC, Rel. Des. Robson Barbosa de Azevedo, 5ª Turma Cível, julgado em 06/09/2017, DJe 26/09/2017).

O acórdão sem a totalidade dos votos declarados é considerado nulo

✓ "A respeito da pretensão de anulação do julgado pela falta de juntada do teor do voto vencido, saliente-se que a parte sequer demonstra qualquer tipo de prejuízo, não havendo se cogitar, assim, em nulidade. Porém o § 3º do art. 941 do CPC reza que "O voto vencido será necessariamente declarado e considerado parte integrante do acórdão para todos os fins legais, inclusive de pré-questionamento". 4. No caso foram interpostos, na origem, os Embargos de Declaração para suprir a falta de juntada do voto vencido no julgamento recorrido, "pois os fundamentos nele lançados integram o pronunciamento final do colegiado, ainda que não tenham prevalecido perante os demais magistrados". A questão relativa à falta de juntada do voto vencido não foi apreciada. 5. Esses argumentos foram recentemente acolhidos pela Terceira Turma do STJ, no REsp 1.729.143/PR, no qual foi reconhecida a nulidade do acórdão em virtude da falta de juntada do voto vencido. Destaca a parte embargante "que o acórdão sem a totalidade dos votos declarados é absolutamente nulo, devendo ser republicado após a juntada de todos os votos declarados, abrindo-se novo prazo para eventual interposição de recurso pelas partes". 6. Faz-se necessária a correção do julgado, para declarar nulos os atos posteriores à publicação incompleta do acórdão, determinando o retorno dos autos à origem para a juntada do voto vencido e republicação do acórdão, de forma integral, de modo a proporcionar às partes a ampla defesa, ficando por ora prejudicada a análise das demais questões suscitadas pelos recorrentes. 7. Embargos de Declaração acolhidos, nos termos da fundamentação." (STJ, EDcl no AgInt nos EDcl no REsp 1764612/PB, Rel. Ministro Herman Benjamin, Segunda Turma, julgado em 28/09/2020, DJe 14/10/2020).

Art. 942. Quando o resultado da apelação for não unânime, o julgamento terá prosseguimento em sessão a ser designada com a presença de outros julgadores, que serão convocados nos termos previamente definidos no regimento interno, em número suficiente para garantir a possibilidade de inversão do resultado inicial, assegurado às partes e a eventuais terceiros o direito de sustentar oralmente suas razões perante os novos julgadores.

→ *v.* Enunciado 62 do CJF: aplica-se a técnica prevista no art. 942 do CPC no julgamento de recurso de apelação interposto em mandado de segurança.

→ *v.* Enunciado 137 do CJF: se o recurso do qual se originou a decisão embargada comportou a aplicação da técnica do art. 942 do CPC, os declaratórios eventualmente opostos serão julgados com a composição ampliada.

O procedimento previsto no art. 942 do CPC não é espécie recursal, mas uma técnica de julgamento a ser aplicada de ofício

✓ "O procedimento previsto no art. 942 do NCPC não configura espécie recursal, mas uma técnica de julgamento a ser aplicada de ofício, independentemente de requerimento das partes, com o objetivo de aprofundar a discussão a respeito de controvérsia, de natureza fática ou jurídica, acerca da qual houve dissidência. 3. Tem cabimento, nas hipóteses do caput, quando o Tribunal, ao apreciar a apelação, proferir julgamento não unânime, pouco importando que haja juízo de reforma ou cassação. Precedentes. 4. Agravo interno não provido." (STJ, AgInt no REsp 1783569/MG, Rel. Ministro Moura Ribeiro, Terceira Turma, julgado em 19/08/2019, DJe 21/08/2019)

O marco temporal para aferir a incidência do art. 942, caput, do CPC/2015 deve ser a data da proclamação do resultado não unânime

✓ "RECURSO ESPECIAL. PROCESSO CIVIL. ART. 942, CAPUT, DO CPC/2015. JULGAMENTO NÃO UNÂNIME. APELAÇÃO. TÉCNICA DE AMPLIAÇÃO DO COLEGIADO. NATUREZA JURÍDICA. INCIDÊNCIA. MARCO TEMPORAL. ABRANGÊNCIA. NULIDADE. CONFIGURAÇÃO. 1. Recurso especial interposto contra acórdão publicado na vigência do Código de Processo Civil de 2015 (Enunciados Administrativos nºs 2 e 3/STJ). 2. Cinge-se a controvérsia a aferir (i) qual o diploma adjetivo regulador do julgamento colegiado que se iniciou sob a vigência do CPC/1973, mas se encerrou na vigência do CPC/2015; (ii) sucessivamente, entendendo-se pela aplicação do CPC/2015, se era cabível a aplicação da sistemática do julgamento ampliado na hipótese em que a sentença é mantida por acórdão não unânime; e, no mérito, (iii) se há violação do direito exclusivo de exploração da marca validamente registrada "Empório Santa Maria" em virtude da utilização, como título de estabelecimento, do termo "Casa Santa Maria". 3. Nos termos do art. 942, caput, do CPC/2015, quando o resultado da apelação for não unânime, o julgamento terá prosseguimento em sessão a ser designada, com a presença de outros julgadores, em número suficiente para garantir a possibilidade de inversão do resultado inicial. 4. O art. 942 do CPC/2015 não estabelece uma nova espécie recursal, mas, sim, uma técnica de julgamento, a ser aplicada de ofício, independentemente de requerimento das partes, com o objetivo de aprofundar a discussão a respeito de controvérsia, de natureza fática ou jurídica, acerca da qual houve dissidência. 5. O art. 942 do CPC/2015 possui contornos excepcionais e enuncia uma técnica de observância obrigatória pelo órgão julgador, cuja aplicabilidade só se manifesta de forma concreta no momento imediatamente posterior à colheita dos votos e à constatação do resultado não unânime, porém anterior ao ato processual formal subsequente, qual seja a publicação do acórdão. 6. Diante da natureza jurídica sui generis da técnica de ampliação do colegiado, o marco temporal para aferir a incidência do art. 942, caput, do CPC/2015 deve ser a data da proclamação do resultado não unânime da apelação, em respeito à segurança jurídica, à coerência e à isonomia. 7. Na hipótese em que a conclusão do julgamento não unânime da apelação tenha ocorrido antes de 18/3/2016, mas o respectivo acórdão foi publicado após essa data, haverá excepcional ultratividade do CPC/1973, devendo ser concedida à parte a possibilidade de interposição de embargos infringentes, atendidos todos os demais requisitos cabíveis. Precedente da Terceira Turma. 8. Na hipótese de proclamação do resultado do julgamento não unânime ocorrer a partir de 18/3/2016, deve ser observado o disposto no art. 942 do CPC/2015. 9. A incidência do art. 942, caput, do CPC/2015 não se restringe aos casos de reforma da sentença de mérito, tendo em vista a literalidade da disposição legal, que não estabelece nenhuma restrição semelhante ao regime dos extintos embargos infringentes. 10. A redação do caput do art. 942 do CPC/2015, que dispõe acerca da apelação, é distinta do § 3º, que regulamenta a incidência da técnica nos julgamentos não unânimes de ação rescisória e agravo de instrumento, para os quais houve expressa limitação aos casos de rescisão ou modificação da decisão parcial de mérito. 11. Recurso especial provido para, acolhendo a preliminar de nulidade, determinar o retorno dos autos ao Tribunal de origem para que seja convocada nova sessão de prosseguimento do julgamento da apelação, nos moldes do art. 942 do CPC/2015, ficando prejudicadas, por ora, as demais questões." (STJ, REsp 1762236/SP, Rel. Ministro Marco Aurélio Bellizze, Rel. p/ Acórdão Ministro Ricardo Villas Bôas Cueva, Terceira Turma, julgado em 19/02/2019, DJe 15/03/2019). No mesmo sentido: AREsp 1652950/RJ, Rel. Ministra Assusete Magalhães, Segunda Turma, julgado em 03/11/2020, DJe 16/11/2020.

Se a proclamação do resultado em que se deu a votação não unânime ocorreu sob a vigência do CPC/1973 não é possível aplicar o art. 942 do CPC/2015

✓ PROCESSUAL CIVIL E ADMINISTRATIVO. RECURSO ESPECIAL. AÇÃO DE CONSTITUIÇÃO DE SERVIDÃO ADMINISTRATIVA. LINHA DE TRANSMISSÃO DE ENERGIA ELÉTRICA. INEXISTÊNCIA DE NULIDADE POR OFENSA AO ART. 1.022 DO CÓDIGO FUX. APESAR DE REJEITADA A PRETENSÃO ACLARATÓRIA, TODOS OS ARGUMENTOS FORAM ENFRENTADOS DE MANEIRA CLARA, SUFICIENTE E FUNDAMENTADA. ALEGAÇÃO DE NULIDADE DO PROCEDIMENTO DE JULGAMENTO DAS APELAÇÕES POR INOBSERVÂNCIA DA NOVA PREVISÃO TRAZIDA NO ART. 942 DO CÓDIGO FUX, EM RELAÇÃO À PARTE DO JULGADO NÃO UNÂNIME. JULGAMENTO REALIZADO ANTERIORMENTE AO INÍCIO DA VIGÊNCIA DO NOVO CÓDIGO DE PROCESSO CIVIL. IMPOSSIBILIDADE DE APLICAÇÃO RETROATIVA. ATO JURÍDICO PERFEITO. RECURSO ESPECIAL DA ELETRONORTE AO QUAL SE NEGA PROVIMENTO. 1. A nulidade do acórdão dos Aclaratórios, a teor do art. 1.022 do Código Fux somente ocorre quando, apesar da oposição do Recurso Integrador, a Corte local não enfrentar tal argumentação ou as apreciando, restar a presença dos vícios previstos naquele dispositivo legal. Neste caso, houve o enfrentamento fundamentado das matérias levantadas nos Aclaratórios, razão pela qual tal alegação é incabível. 2. Os Enunciados Administrativos publicados pelo Pleno do STJ, de números 3, 5 e 6, apontados pela parte recorrente dizem respeito aos requisitos de admissibilidade ou saneamento de vícios, não sendo aplicáveis ao presente caso. 3. Não assiste razão à parte recorrente quando pretende declaração deste STJ de que, no julgamento das Apelações realizado em 16.32016, dois dias antes da vigência do Código Fux, onde resultou parte não unânime, seria aplicável a providência do art. 942 desta nova legislação. 4. A hipótese é de ato jurídico perfeito, não sendo admissível, a aplicação retroativa deste dispositivo que ainda não estava em vigor. 5. Recurso Especial da Empresa a que se nega provimento. (STJ, REsp 1649424/RO, Rel. Ministro Napoleão Nunes Maia Filho, Primeira Turma, julgado em 24/11/2020, DJe 03/12/2020)

Na Apelação, a técnica de julgamento ampliado deve ser aplicada independentemente de ser julgamento que reforma ou mantém a sentença impugnada

✓ RECURSO ESPECIAL. PROCESSO CIVIL. CPC/2015, ART. 942. TÉCNICA DE AMPLIAÇÃO DE JULGAMENTO. DECISÕES COM MAIOR GRAU DE CORREÇÃO E JUSTIÇA. ECONOMIA E CELERIDADE. APELAÇÃO NÃO UNÂNIME QUE REFORMA OU MANTÉM A SENTENÇA IMPUGNADA. EMPREGO AUTOMÁTICO E OBRIGATÓRIO. 1. Nos termos do caput do art. 942 do CPC/2015, quando o resultado da apelação for não unânime, o julgamento terá prosseguimento em sessão a ser designada com a presença de outros julgadores, em número suficiente para garantir a possibilidade de inversão do resultado inicial. 2. A técnica de ampliação do julgamento prevista no CPC/2015 possui objetivo semelhante ao que possuíam os embargos infringentes do CPC/1973, que não mais subsistem, qual seja a viabilidade de maior grau de correção e justiça nas decisões judiciais, com julgamentos mais completamente instruídos e os mais proficientemente discutidos, de uma maneira mais econômica e célere. 3. Contudo, diferentemente dos embargos infringentes do CPC/1973 – que limitava, no caso da apelação, a incidência do recurso aos julgamentos que resultassem em reforma da sentença de mérito -, a técnica de julgamento prevista no CPC/2015 deverá ser utilizada quando o resultado da apelação for não unânime, independentemente de ser julgamento que reforma ou mantém a sentença impugnada. 4. A forma de julgamento prevista no art. 942 do CPC de 2015 não se configura como espécie recursal nova, porquanto seu emprego será automático e obrigatório, conforme indicado pela expressão "o julgamento terá prosseguimento", no caput do dispositivo, faltando-lhe, assim, a voluntariedade e por não haver previsão legal para sua existência (taxatividade). 5. Recurso especial provido. (STJ, REsp 1733820/SC, Rel. Ministro Luis Felipe Salomão, Quarta Turma, julgado em 02/10/2018, DJe 10/12/2018)

A técnica de julgamento ampliado pode ser aplicada quando os embargos de declaração opostos ao acórdão de apelação são julgados por maioria, possuindo o voto vencido o condão de alterar o resultado inicial

✓ RECURSO ESPECIAL. AÇÃO DE INDENIZAÇÃO POR DANOS MATERIAIS E MORAIS. TÉCNICA DE JULGAMENTO AMPLIADO. APELAÇÃO PROVIDA POR UNANIMIDADE. EMBARGOS DE DECLARAÇÃO REJEITADOS POR MAIORIA. VOTO VENCIDO QUE ALTERA O RESULTADO INICIAL DA APELAÇÃO PARA NEGAR-LHE PROVIMENTO. NECESSIDADE DE FORMAÇÃO DA MAIORIA QUALIFICADA. EFEITO INTEGRATIVO DOS EMBARGOS DE DECLARAÇÃO. RECURSO ESPECIAL PROVIDO. 1. A controvérsia recursal cinge-se a definir se a técnica de julgamento ampliado prevista no art. 942 do CPC/2015 aplica-se quando os embargos de declaração opostos ao acórdão de apelação são julgados por maioria, possuindo o voto vencido o condão de alterar o resultado inicial da apelação. 2. A técnica de julgamento ampliado possui a finalidade de formação de uma maioria qualificada, pressupondo, na apelação, tão somente o julgamento não unânime e a aptidão do voto vencido de alterar a conclusão inicial. 3. O procedimento do art. 942 do CPC/2015 aplica-se nos embargos de declaração opostos ao acórdão de apelação quando o voto vencido nascido apenas nos embargos for suficiente a alterar o resultado primitivo da apelação, independentemente do desfecho não unânime dos declaratórios (se rejeitados ou se acolhidos, com ou sem efeito modificativo), em razão do efeito integrativo deste recurso. 4. Recurso especial provido. (STJ, REsp 1786158/PR, Rel. Ministra Nancy Andrighi, Rel. p/ Acórdão Ministro Marco Aurélio Bellizze, Terceira Turma, julgado em 25/08/2020, DJe 01/09/2020).

✓ RECURSO ESPECIAL. AÇÃO DE INDENIZAÇÃO POR DANOS MATERIAIS E MORAIS. TÉCNICA DE JULGAMENTO AMPLIADO. APELAÇÃO PROVIDA POR UNANIMIDADE. EMBARGOS DE DECLARAÇÃO REJEITADOS POR MAIORIA. VOTO VENCIDO QUE ALTERA O RESULTADO INICIAL DA APELAÇÃO PARA NEGAR-LHE PROVIMENTO. NECESSIDADE DE FORMAÇÃO DA MAIORIA QUALIFICADA. EFEITO INTEGRATIVO DOS EMBARGOS DE DECLARAÇÃO. RECURSO ESPECIAL PROVIDO. 1. A controvérsia recursal cinge-se a definir se a técnica de julgamento ampliado prevista no art. 942 do CPC/2015 aplica-se quando os embargos de declaração opostos ao acórdão de apelação são julgados por maioria, possuindo o voto vencido o condão de alterar o resultado inicial da apelação. 2. A técnica de julgamento ampliado possui a finalidade de formação de uma maioria qualificada, pressupondo, na apelação, tão somente o julgamento não unânime e a aptidão do voto vencido de alterar a conclusão inicial. 3. O procedimento do art. 942 do CPC/2015 aplica-se nos embargos de declaração opostos ao acórdão de apelação quando o voto vencido nascido apenas nos embargos for suficiente a alterar o resultado primitivo da apelação, independentemente do desfecho não unânime dos declaratórios (se rejeitados ou se acolhidos, com ou sem efeito modificativo), em razão do efeito integrativo deste recurso. 4. Recurso especial provido. (STJ, REsp 1786158/PR, Rel. Ministra Nancy Andrighi, Rel. p/ Acórdão Ministro Marco Aurélio Bellizze, Terceira Turma, julgado em 25/08/2020, DJe 01/09/2020). No mesmo sentido: REsp 1833497/TO, Rel. Ministra Nancy Andrighi, Rel. p/ Acórdão Ministro Marco Aurélio Bellizze, Terceira Turma, julgado em 25/08/2020, DJe 01/09/2020).

> **IMPORTANTE:** ao julgar os EDcl nos EDcl nos EDcl no AgRg no AREsp 705.844/SP, Rel. Ministro Herman Benjamin, Segunda Turma, julgado em 06/10/2016, DJe 19/10/2016, o STJ entendeu que não se aplica a técnica do art. 942 do CPC aos embargos de declaração julgados por maioria. Registrou-se na ocasião: "entendo por inaplicável o art. 942 do Novo CPC (técnica de complementação de julgamento), tendo em vista que, para que essa técnica seja adotada, é necessário que o acórdão não unânime seja proferido no julgamento da Apelação, Agravo de Instrumento ou Ação Rescisória, o que não é a hipótese dos autos, que trata de recurso de Embargos de Declaração julgados, por maioria, por esta Corte Superior."

O art. 942 do CPC é aplicável se não houve unanimidade de questão preliminar na apelação

✓ RECURSO ESPECIAL. PROCESSUAL CIVIL. CPC/15. ART. 942, CAPUT, DO CPC. JULGAMENTO NÃO UNÂNIME DE QUESTÃO PRELIMINAR. APELAÇÃO ADESIVA. TÉCNICA DE AMPLIAÇÃO DO COLEGIADO. INOBSERVÂNCIA. NULIDADE. 1. Ação de indenização ajuizada contra os recorrentes visando à reparação de danos morais. 2. Controvérsia em torno da necessidade de aplicação da técnica de ampliação do colegiado, prevista no art. 942 do CPC, na hipótese em que não há unanimidade no juízo de admissibilidade recursal. 3. Proclamado o resultado do julgamento das apelações no dia 9/6/2016, não há dúvidas acerca da incidência das normas insertas no Código de Processo Civil de 2015. 4. Consoante entendimento de ambas as Turmas que compõem a 2ª Seção do STJ, diferentemente dos embargos infringentes regulados pelo CPC/73, a nova técnica de ampliação do colegiado é de observância automática e obrigatória sempre que o resultado da apelação for não unânime e não apenas quando ocorrer a reforma de sentença. 5. O art. 942 do CPC não determina a ampliação do julgamento apenas em relação às questões de mérito. 6. Na apelação, a técnica de ampliação do colegiado deve ser aplicada a qualquer julgamento não unânime, incluindo as questões preliminares relativas ao juízo de admissibilidade do recurso. 7. No caso, o Tribunal de origem, ao deixar de ampliar o quórum da sessão realizada no dia 9/6/2016, diante da ausência de unanimidade com relação à preliminar de não conhecimento da apelação interposta de forma adesiva pelo autor, inobservou o enunciado normativo inserto no art. 942 do CPC, sendo de rigor declarar a nulidade por "*error in procedendo*". 8. Ainda que a preliminar acolhida pelo voto minoritário careça de previsão legal, inviável ao Superior Tribunal de Justiça sanar a nulidade apontada, pois o art. 942 do CPC enuncia uma técnica de observância obrigatória pelo órgão julgador, devendo ser aplicada no momento imediatamente posterior à colheita dos votos e à constatação do resultado não unânime quanto à preliminar. 9. Uma vez ampliado o colegiado, os novos julgadores convocados não ficam adstritos aos capítulos em torno dos quais se estabeleceu a divergência, competindo-lhes também a apreciação da integralidade das apelações. 10. Recurso Especial provido para declarar a nulidade do julgamento das apelações, determinando o retorno dos autos ao Tribunal de origem para que seja convocada nova sessão para prosseguimento do julgamento. (STJ, REsp 1798705/SC, Rel. Ministro Paulo de Tarso Sanseverino, Terceira Turma, julgado em 22/10/2019, DJe 28/10/2019).

✓ AGRAVO INTERNO NO RECURSO ESPECIAL. PROCESSUAL CIVIL. EMPRESARIAL. AGRAVO DE INSTRUMENTO. JULGAMENTO DE MÉRITO. NÃO UNÂNIME. TÉCNICA DE AMPLIAÇÃO DO COLEGIADO (ART. 942 DO CPC/2015/EMBARGOS INFRINGENTES (ART. 530 DO CPC/73). OBRIGATORIEDADE. 1. "A técnica de ampliação do julgamento prevista no CPC/2015 possui objetivo semelhante ao que possuíam os embargos infringentes do CPC/1973, que não mais subsistem, qual seja a viabilidade de maior grau de correção e justiça nas decisões judiciais, com julgamentos mais completamente instruídos e os mais proficientemente discutidos, de uma maneira mais econômica e célere. Contudo, diferentemente dos embargos infringentes do CPC/1973 - que limitava, no caso da apelação, a incidência do recurso aos julgamentos que resultassem em reforma da sentença de mérito -, a técnica de julgamento prevista no CPC/2015 deverá ser utilizada quando o resultado da apelação for não unânime, independentemente de ser julgamento que reforma ou mantém a sentença impugnada" (REsp 1733820/SC, Rel. Ministro Luis Felipe Salomão, Quarta Turma, julgado em 02/10/2018, DJe 10/12/2018).

✓ 2. É firme a jurisprudência do STJ no sentido de que são cabíveis embargos infringentes (art. 530 do CPC/73), equivalente a técnica de ampliação do colegiado prevista no art. 942 e § 3° do CPC, quando o acórdão não unânime houver acolhido preliminar de ilegitimidade ativa. 3. Na hipótese, o Tribunal a quo, de forma não unânime, afastou a legitimidade ativa das recorrentes - pessoas jurídicas do mesmo grupo econômico - para, em litisconsórcio ativo, ajuizar o pedido de recuperação judicial, sem que houvesse, como seria de rigor, a extensão do julgamento colegiado, nos termos do art. 942, § 3° do CPC. 4. Agravo interno não provido. (STJ, AgInt no REsp 1836819/BA, Rel. Ministro Luis Felipe Salomão, Quarta Turma, julgado em 31/08/2020, DJe 09/09/2020).

Os novos julgadores convocados não ficam restritos aos capítulos ou pontos sobre os quais houve inicialmente divergência, cabendo-lhes a apreciação da integralidade da matéria

✓ RECURSO ESPECIAL. PROCESSO CIVIL. AÇÃO DE PRESTAÇÃO DE CONTAS. APELAÇÃO. CÓDIGO DE PROCESSO CIVIL DE 2015. JULGAMENTO NÃO UNÂNIME. TÉCNICA DE AMPLIAÇÃO DO COLEGIADO. ART. 942 DO CPC/2015. NATUREZA JURÍDICA. TÉCNICA DE JULGAMENTO. CABIMENTO. MODIFICAÇÃO DE VOTO. POSSIBILIDADE. NULIDADE. NÃO OCORRÊNCIA. 1. Recurso especial interposto contra acórdão publicado na vigência do Código de Processo Civil de 2015 (Enunciados Administrativos n°s 2 e 3/STJ). 2. Cinge-se a controvérsia a aferir, preliminarmente, se houve negativa de prestação jurisdicional. No mérito, o propósito é definir a correta interpretação e a abrangência da técnica de ampliação de colegiado na hipótese de julgamento não unânime, nos termos do art. 942 do CPC/2015. 3. Não há falar em negativa de prestação jurisdicional se o Tribunal de origem motiva adequadamente sua decisão, solucionando a controvérsia com a aplicação do direito que entende cabível à hipótese, apenas não no sentido pretendido pela parte. 4. No caso concreto, diante da ausência de unanimidade no julgamento da apelação, foi aplicado, de ofício, o art. 942 do CPC/2015 a fim de ampliar o colegiado com a convocação de outros desembargadores. Na continuidade do julgamento, um dos desembargadores alterou o voto anteriormente proferido para negar provimento à apelação e manter a sentença, resultado que prevaleceu, por maioria. 5. A técnica de ampliação do colegiado consiste em significativa inovação trazida pelo CPC/2015, tendo cabimento nas hipóteses de julgamento não unânime de apelação; ação rescisória, quando o resultado for a rescisão da sentença; e agravo de instrumento, quando houver reforma da decisão que julgou parcialmente o mérito. 6. O art. 942 do CPC/2015 não configura uma nova espécie recursal, mas, sim, uma técnica de julgamento, a ser aplicada de ofício, independentemente de requerimento das partes, com o objetivo de aprofundar a discussão a respeito de controvérsia, de natureza fática ou jurídica, acerca da qual houve dissidência. 7. Constatada a ausência de unanimidade no resultado da apelação, é obrigatória a aplicação do art. 942 do CPC/2015, sendo que o julgamento não se encerra até o pronunciamento pelo colegiado estendido, ou seja, inexiste a lavratura de acórdão parcial de mérito. 8. Os novos julgadores convocados não ficam restritos aos capítulos ou pontos sobre os quais houve inicialmente divergência, cabendo-lhes a apreciação da integralidade do recurso. 9. O prosseguimento do julgamento com quórum ampliado em caso de divergência tem por objetivo a qualificação do debate, assegurando-se oportunidade para a análise aprofundada das teses jurídicas contrapostas e das questões fáticas controvertidas, com vistas a criar e manter uma jurisprudência uniforme, estável, íntegra e coerente. 10. Conforme expressamente autorizado pelo art. 942, § 2°, do CPC/2015, os julgadores que já tenham votado podem modificar o seu posicionamento. 11. Não cabe a esta Corte Superior reexaminar as premissas fáticas sobre as quais se fundamentou o Tribunal local, a fim de verificar se houve efetivamente divergência, haja vista o óbice da Súmula n° 7/STJ. 12. Recurso especial não provido. (STJ, REsp 1771815/SP, Rel. Ministro Ricardo Villas Bôas Cueva, Terceira Turma, julgado em 13/11/2018, DJe 21/11/2018)

É possível a aplicação do julgamento ampliado na apreciação de apelação em mandado de segurança

✓ PROCESSUAL CIVIL. MANDADO DE SEGURANÇA, APELAÇÃO. ACÓRDÃO NÃO UNÂNIME. ART. 942 DO CPC/2015. INCIDÊNCIA. 1. O Plenário do STJ decidiu que "aos recursos interpostos com fundamento no CPC/2015 (relativos a decisões publicadas a partir de 18 de março de 2016) serão exigidos os requisitos de admissibilidade recursal na forma do novo CPC" (Enunciado Administrativo n. 3). 2. A técnica de ampliação do colegiado prevista no art. 942 do CPC/2015 também tem aplicação para julgamento não unânime de apelação interposta em sede de mandado de segurança. 3. Hipótese em que o julgamento da apelação foi iniciado na sessão de 11/04/2018, com a apresentação de voto divergente pela manutenção da sentença, o que impõe a sua continuidade, com a extensão do colegiado. 4. Recurso especial provido. (STJ, REsp 1817633/RS, Rel. Ministro Gurgel de Faria, Primeira Turma, julgado em 17/09/2019, DJe 11/10/2019).

Não há nulidade se o julgamento ampliado tiver início sem que todos os membros do colegiado estejam presentes

✓ CIVIL. PROCESSUAL CIVIL. DIREITO DE FAMÍLIA. PRELIMINAR DE NULIDADE DO JULGAMENTO DA APELAÇÃO POR VIOLAÇÃO AO ART. 942 DO CPC/15. INOCORRÊNCIA. TÉCNICA CUJA FINALIDADE É APROFUNDAR A DISCUSSÃO A RESPEITO DE CONTROVÉRSIA ACERCA DA QUAL HOUVE DIVERGÊNCIA, MEDIANTE A CONVOCAÇÃO DE NOVOS JULGADORES. JULGAMENTO AMPLIADO QUE PODERÁ OCORRER EM SESSÃO FUTURA OU NA PRÓPRIA SESSÃO. HIPÓTESE SINGULAR EM QUE A CÂMARA JULGADORA, A DESPEITO DE FORMADA ORDINARIAMENTE COM NÚMERO DE MEMBROS SUFICIENTES PARA PROPICIAR A INVERSÃO DO RESULTADO DO JULGAMENTO, ESTAVA MOMENTAMENTE DESFALCADA DE 01 JULGADOR. INEXISTÊNCIA DE ÓBICE PARA QUE O INÍCIO DO JULGAMENTO AMPLIADO OCORRA NA MESMA SESSÃO EM QUE SE FORMOU A DIVERGÊNCIA E, APÓS A PROLAÇÃO DO 4º VOTO, QUE SEJA SUSPENSO AO AGUARDO DA CONVOCAÇÃO DO 5º JULGADOR. AUSÊNCIA DE PREJUÍZO ÀS PARTES, EIS QUE RESGUARDADA A POSSIBILIDADE DE NOVA SUSTENTAÇÃO ORAL. SUPOSTA NULIDADE QUE, ADEMAIS, NÃO FOI SUSCITADA NA PRÓPRIA SESSÃO DE JULGAMENTO E NEM TAMPOUCO NA PRIMEIRA OPORTUNIDADE EM QUE A PARTE TEVE DE FALAR NO PROCESSO. VIOLAÇÃO DO PRINCÍPIO DA BOA-FÉ. NULIDADE DE ALGIBEIRA CONFIGURADA. RECURSO ESPECIAL INTERPOSTO APELAS PELA ALÍNEA "C" DO PERMISSIVO CONSTITUCIONAL. INADMISSIBILIDADE, EM REGRA. SÚMULA 284/STF. POSSIBILIDADE DE FLEXIBILIZAÇÃO EXCEPCIONAL NA HIPÓTESE DE DIVERGÊNCIA NOTÓRIA. PENSIONAMENTO ENTRE EX-CÔNJUGES. FIXAÇÃO POR TERMO CERTO COMO REGRA. JURISPRUDÊNCIA CONSOLIDADA DO STJ. IMPLEMENTAÇÃO SUPERVENIENTE E NO CURSO DO PROCESSO DOS REQUISITOS PARA EXONERAÇÃO. POSSIBILIDADE. OBSERVÂNCIA DA SITUAÇÃO FÁTICA EXISTENTE AO TEMPO DA PROLAÇÃO DA DECISÃO DE MÉRITO. HIPÓTESE EXCEPCIONAL DE PERENIDADE DO PENSIONAMENTO NÃO CONFIGURADA. 1- Ação proposta em 05/09/2012. Recurso especial interposto em 17/07/2018 e atribuído à Relatora em 20/03/2020. 2- Os propósitos recursais consistem em definir: (i) se, estabelecida a divergência que justifica a ampliação de colegiado prevista no art. 942 do CPC/15, o prosseguimento do julgamento pressupõe que existam julgadores em número suficiente para garantir a possibilidade de inversão do resultado obrigatoriamente desde o início do julgamento ampliado; (ii) se, ao manter o pensionamento devido à ex-cônjuge por tempo indeterminado, o acórdão recorrido destoou da jurisprudência desta Corte. 3- A técnica de ampliação de colegiado prevista no art. 942 do CPC/15 tem por finalidade aprofundar a discussão a respeito de controvérsia, de natureza fática ou jurídica, acerca da qual houve dissidência, mediante a convocação de novos julgadores, sempre em número suficiente a viabilizar a inversão do resultado inicial. Precedente da 3ª Turma. 4- Dado que, no julgamento da apelação, a decisão colegiada será tomada pelo voto de 03 julgadores (art. 941, §2º, do CPC/15), a deliberação dos 02 julgadores convocados poderá ocorrer em sessão futura (art. 942, caput), nas hipóteses de turmas ou câmaras compostas por apenas 03 julgadores, ou na própria sessão de julgamento (art. 942, §1º), nas hipóteses de turmas ou câmaras compostas por 05 ou 07 julgadores. 5- Na singular hipótese de uma turma ou câmara formada ordinariamente por 05 julgadores, mas que se encontre com 04 ao tempo do julgamento, não há óbice para que o início do julgamento ampliado previsto no art. 942 ocorra na mesma sessão em que se formou a divergência, colhendo-se o voto do 4º julgador, e que, ato contínuo, seja suspenso o julgamento ao aguardo da convocação do 5º julgador, inexistindo na hipótese, inclusive, prejuízo às partes, a quem se garante a possibilidade de sustentar oralmente as suas razões perante o 5º julgador. 6- A parte que, inequivocamente ciente da suposta nulidade ocorrida em sessão de julgamento da qual participou, não suscita o vício na própria sessão ou na primeira oportunidade que tiver de falar no processo, vindo a fazê-lo apenas tardiamente, age em desrespeito ao princípio da boa-fé processual, na medida em que configurada a chamada nulidade de algibeira. Precedentes..." (STJ, REsp 1888386/RJ, Rel. Ministra Nancy Andrighi, Terceira Turma, julgado em 17/11/2020, DJe 19/11/2020)

Cabem embargos de declaração se o órgão não adota a técnica de julgamento ampliado

✓ EMBARGOS DE DECLARAÇÃO – AGRAVO DE INSTRUMENTO – ART. 942, § 3º, II, DO CPC – INOBSERVÂNCIA – OMISSÃO – CONFIGURAÇÃO. Consoante o disposto no art. 1.022, do CPC, um dos vícios que autoriza o manejo dos embargos de declaração é a omissão, entendida como a ausência de observância do órgão julgador sobre questão que deveria ter sido por este enfrentada, mas não o foi. Inobservada a técnica de ampliação de julgamento prevista no art. 942, do CPC, resta configurada omissão, de modo a se determinar o prosseguimento do julgamento em nova sessão. (TJMG, ED 1.0000.19.010913-2/002, Rel. Des. Adriano de Mesquita Carneiro, 11ª Câmara Cível, julgado em 03/04/2020, DJ 29/04/2020).

§ 1º Sendo possível, o prosseguimento do julgamento dar-se-á na mesma sessão, colhendo-se os votos de outros julgadores que porventura componham o órgão colegiado.

Existindo quórum no órgão julgador, o julgamento estendido pode acontecer na própria sessão de julgamento

✓ "EMBARGOS DE DECLARAÇÃO – Julgamento estendido na forma do art. 942 do CPC – Possibilidade de julgamento na mesma sessão virtual – Inteligência do art. 41 do RITJSP – Nulidade afastada – Embargos declaratórios opostos pela parte com o nítido propósito de rediscussão da matéria – Descabimento – Inocorrência de contradição, omissão ou obscuridade – Embargos rejeitados." (TJSP, ED 1038078-13.2018.8.26.0100, Rel. Des. Lígia Araújo Bisogni, 14ª Câmara de Direito Privado julgado em 17/03/2020).

§ 2º Os julgadores que já tiverem votado poderão rever seus votos por ocasião do prosseguimento do julgamento.

§ 3º A técnica de julgamento prevista neste artigo aplica-se, igualmente, ao julgamento não unânime proferido em:

I – ação rescisória, quando o resultado for a rescisão da sentença, devendo, nesse caso, seu prosseguimento ocorrer em órgão de maior composição previsto no regimento interno;

→ v. Enunciado 63 do CJF: a técnica de que trata o art. 942, § 3º, I, do CPC aplica-se à hipótese de rescisão parcial do julgado.

II – agravo de instrumento, quando houver reforma da decisão que julgar parcialmente o mérito.

§ 4º Não se aplica o disposto neste artigo ao julgamento:

I – do incidente de assunção de competência e ao de resolução de demandas repetitivas;

II – da remessa necessária;

III – não unânime proferido, nos tribunais, pelo plenário ou pela corte especial.

Aplicação do art. 942 do CPC ao Agravo de Instrumento: requisitos

✓ PROCESSUAL CIVIL. AGRAVO INTERNO EM AGRAVO EM RECURSO ESPECIAL. CUMPRIMENTO DE SENTENÇA. TAXAS CONDOMINIAIS. ALIENAÇÃO FIDUCIÁRIA EM GARANTIA. DIREITOS DO DEVEDOR FIDUCIANTE. PENHORA DO IMÓVEL DEVEDOR. IMPOSSIBILIDADE. 1. Cumprimento de sentença. 2. A técnica diferenciada de julgamento, prevista no artigo 942, caput, § 3º, inciso III, do CPC, só será exigível nas hipóteses em que o Agravo de Instrumento julgue antecipadamente o mérito da demanda, o que permite a interpretação de que tal dispositivo se dirige às ações de conhecimento, não se aplicando, assim, ao processo de execução, como na hipótese dos autos, haja vista tratar-se de cumprimento de sentença. 3. Não se admite a penhora do bem alienado fiduciariamente em execução promovida por terceiros contra o devedor fiduciante, visto que o patrimônio pertence ao credor fiduciário, permitindo-se, contudo, a constrição dos direitos decorrentes do contrato de alienação fiduciária. Precedentes. 4. Agravo interno desprovido. (STJ, AgInt no AREsp 1654813/SP, Rel. Ministra Nancy Andrighi, Terceira Turma, julgado em 29/06/2020, DJe 01/07/2020).

✓ AGRAVO INTERNO. PROCESSUAL CIVIL E CIVIL. DIREITO DE FAMÍLIA. AÇÃO ORIGINÁRIA DE INVESTIGAÇÃO DE PATERNIDADE. CUMPRIMENTO DE SENTENÇA QUANTO À OBRIGAÇÃO ALIMENTAR. ART. 942, § 3º, II, DO CPC. INAPLICABILIDADE. DISSÍDIO JURISPRUDENCIAL NÃO VERIFICADO. 1. "As hipóteses de ampliação do quórum para o julgamento do órgão colegiado são restritas, incidindo apenas em caso de pronunciamento não unânime em apelação, em ação rescisória ou em agravo de instrumento, sendo que, quanto a este último, tão somente quando houver reforma da decisão que julgar parcialmente o mérito (§ 3º, II, do art. 942 do CPC/2015). Especificamente no que se refere ao agravo de instrumento, a interpretação restritiva do dispositivo impõe concluir que a regra se dirige apenas às ações de conhecimento, não se aplicando ao processo de execução e, por extensão, ao cumprimento de sentença, como no caso" (AgInt no AREsp 1233242/RS, Rel. Min. Lázaro Guimarães (Desembargador Convocado do TRF 5ª Região), Quarta Turma, julgado em 18/09/2018, DJe 24/09/2018). 2. O dissídio jurisprudencial não foi demonstrado nos moldes regimentais, o que impede o conhecimento do recurso especial pela alínea "c" do permissivo constitucional. 3. Agravo interno não provido. (STJ, AgInt no REsp 1828365/PR, Rel. Ministro Luis Felipe Salomão, Quarta Turma, julgado em 03/03/2020, DJe 10/03/2020).

Art. 943. Os votos, os acórdãos e os demais atos processuais podem ser registrados em documento eletrônico inviolável e assinados eletronicamente, na forma da lei, devendo ser impressos para juntada aos autos do processo quando este não for eletrônico.

§ 1º Todo acórdão conterá ementa.

§ 2º Lavrado o acórdão, sua ementa será publicada no órgão oficial no prazo de 10 (dez) dias.

Não pode haver divergência entre a ementa e a parte dispositiva do acórdão: cabendo embargos de declaração para corrigir tal vício

✓ "EMENTA. IMPOSSIBILIDADE. EMBARGOS ACOLHIDOS. Estabelece o art. 943, §§ 1º e 2º do CPC, que todo acórdão conterá ementa, que deve ser publicada em órgão oficial no prazo de dez dias da lavratura do acórdão. Conclui-se, portanto, que a ementa é a síntese do acórdão, o seu resumo, parte a ser publicada, daí porque não pode haver divergência entre dispositivo do acórdão e sua ementa, devendo aquele prevalecer sobre este. Ante o exposto, ACOLHEM-SE os presentes Embargos de Declaração para corrigir erro material na ementa do acórdão aclarando, a fim de que nela conste condenação em honorários no patamar de 10% sobre o valor da causa, conforme dispositivo. EMBARGOS DE DECLARAÇÃO REJEITADOS." (TJBA, ED 0300515-47.2013.8.05.0080/50000, Rel. Des. Mário Augusto Albiani Alves Junior, Primeira Câmara Cível, DJ 12/11/2018).

Não se exige ementa em acórdãos proferidos pelas Turmas Recursais

✓ "PEDIDO DE UNIFORMIZAÇÃO REGIONAL. ACÓRDÃO. AUSÊNCIA DE EMENTA. NULIDADE. INEXISTÊNCIA. ADMINISTRATIVO. ANALISTA JUDICIÁRIO ESPECIALISTA EM EXECUÇÃO DE MANDADOS. PEDÁGIO PAGO NO EXERCÍCIO DA FUNÇÃO. PEDIDO DE RESTITUIÇÃO. PARADIGMAS. AUSÊNCIA DE SIMILITUDE FÁTICA. INCIDENTE NÃO CONHECIDO. 1. O art. 46 da Lei 9.099/95 em momento algum exige que o acórdão proferido pela Turma Recursal que mantenha pelos próprios fundamentos a sentença proferida no âmbito dos juizados especiais seja substituído por uma ementa das razões dessa sentença. Além disso, a disposição do art. 563 do Código de Processo Civil de 1973 ("todo acórdão conterá ementa") é inaplicável às Turmas Recursais dos Juizados Especiais. 2. Enquanto o presente caso consiste em pedido de repetição de valores gastos com o pagamento de pedágio por servidor público federal no exercício de sua função, os acórdãos paradigmas citados pelo recorrente apreciaram, cada um, um caso completamente diferente. Afirmar, como pretende o recorrente, que no presente caso se está diante de pretensão a anulação de ato administrativo, tal qual se reconheceu nos casos apontados como paradigmas, significaria ingressar já no mérito do recurso. 3. Incidente não conhecido." (TRF-4, IUJEF 50023272220134047114/RS, Rel. Juiz Nicolau Konkel Júnior, julgado em 06/05/2016).

Se houve contradição entre a ementa e a o dispositivo deve prevalecer o teor do dispositivo

✓ "O dispositivo, e não a ementa, tem papel fundamental nas decisões judiciais. Tanto é assim que esta última parte do julgado torna-se imutável, sofrendo mais propriamente os efeitos do trânsito em julgado. Por sua importância, o dispositivo deve ser redigido com redobrada atenção e, por isso, presume-se que melhor expressa o teor do julgado. A ementa tem, em regra, papel auxiliar e secundário, sendo mero enunciado sintético da tese jurídica desenvolvida na fundamentação do acórdão e da conclusão que constou de seu dispositivo. Diante de incontornável contradição entre o dispositivo e a ementa de acórdão, deve prevalecer o teor de seu dispositivo, pois é este trecho do decisum que se encontra encoberto pelo manto da coisa julgada." (RE no AgInt no REsp 1.839.062/SC, Rel. Min. Maria Thereza de Assis Moura, julgado em 05/03/2020, DJe 09/03/2020). Semelhantemente: REsp 807.675/RJ, Rel. Ministra Nancy Andrighi, Terceira Turma, julgado em 07/10/2008, DJe 23/10/2008; REsp 1839062/SC, Rel. Min. Paulo de Tarso Sanseverino, julgado em 26/09/2019, DJe 02/10/2019).

Art. 944. Não publicado o acórdão no prazo de 30 (trinta) dias, contado da data da sessão de julgamento, as notas taquigráficas o substituirão, para todos os fins legais, independentemente de revisão.

Parágrafo único. No caso do *caput*, o presidente do tribunal lavrará, de imediato, as conclusões e a ementa e mandará publicar o acórdão.

Art. 945. (Revogado pela Lei 13.256, de 04/02/2016)

Art. 946. O agravo de instrumento será julgado antes da apelação interposta no mesmo processo.

Parágrafo único. Se ambos os recursos de que trata o *caput* houverem de ser julgados na mesma sessão, terá precedência o agravo de instrumento.

→ *v.* Enunciado 93 do CJF: da decisão que julga a impugnação ao cumprimento de sentença cabe apelação, se extinguir o processo, ou agravo de instrumento, se não o fizer.

Para o Superior Tribunal de Justiça, a superveniência de sentença enseja a perda de objeto de recursos anteriores que versem sobre questões resolvidas por decisão interlocutória

✓ AGRAVO INTERNO NO RECURSO ESPECIAL. INTERPOSIÇÃO AGRAVO EM RECURSO ESPECIAL NO FEITO PRINCIPAL. SUPERVENIÊNCIA DE DECISÃO NESTA CORTE TRANSITADA EM JULGADO. PERDA DO OBJETO DO PRESENTE RECURSO. AGRAVO INTERNO NÃO PROVIDO. 1. "A superveniência da sentença proferida no feito principal enseja a perda de objeto de recursos anteriores que versem sobre questões resolvidas por decisão interlocutória combatida via agravo de instrumento. Precedentes" (AgRg no REsp 1485765/SP, Rel. Ministro Ricardo Villas Bôas Cueva, Terceira Turma, DJe 29/10/2015). 2. Agravo interno não provido. (STJ, AgInt no REsp 1826871/SC, Rel. Ministro Luis Felipe Salomão, Quarta Turma, julgado em 31/08/2020, DJe 09/09/2020).

✓ "A superveniência da sentença de mérito enseja a perda de objeto do recurso interposto contra o acórdão que julgou agravo de instrumento tirado de decisão interlocutória que deferiu ou indeferiu medida liminar." (STJ, AgInt no AgInt no AREsp 1598301/SP, Rel. Ministro Moura Ribeiro, Terceira Turma, julgado em 10/08/2020, DJe 14/08/2020).

Capítulo III
DO INCIDENTE DE ASSUNÇÃO DE COMPETÊNCIA

Art. 947. É admissível a assunção de competência quando o julgamento de recurso, de remessa necessária ou de processo de competência originária envolver relevante questão de direito, com grande repercussão social, sem repetição em múltiplos processos.

→ *v.* Enunciado 65 do CJF: a desistência do recurso pela parte não impede a análise da questão objeto do incidente de assunção de competência.

→ *v.* Enunciado 135 do CJF: é admissível a concessão de tutela da evidência fundada em tese firmada em incidente de assunção de competência.

→ *v.* Enunciado 141 do CJF: é possível a conversão de Incidente de Assunção de Competência em Incidente de Resolução de Demandas Repetitivas, se demonstrada a efetiva repetição de processos em que se discute a mesma questão de direito.

A instauração do Incidente de Assunção da Competência não pressupõe a existência de múltiplos processos

✓ "PROPOSTA DE AFETAÇÃO. RECURSO ESPECIAL. ASSUNÇÃO DE COMPETÊNCIA. ART. 947, CAPUT, DO CPC/15. RELEVANTE QUESTÃO DE DIREITO. GRANDE REPERCUSSÃO SOCIAL. DIREITO CIVIL. AÇÃO COLETIVA. PROPRIEDADE INTELECTUAL. CULTIVO DE SOJA TRANSGÊNICA. REGULAMENTAÇÃO. LEI DE PATENTES OU LEI DE CULTIVARES. COBRANÇA DE ROYALTIES, TAXAS TECNOLÓGICAS E INDENIZAÇÕES. 1. O incidente de assunção de competência, na hipótese do caput do art. 947 do CPC/15, garante a segurança jurídica, a celeridade e a economia processuais com o julgamento de relevante questão de direito com grande repercussão social e sem repetição em múltiplos processos no órgão colegiado de composição mais completa e com a participação ampla de interessados. 2. Delimitação da controvérsia: definir se é possível conferir proteção simultânea – pelos institutos da patente de invenção (Lei 9.279/96) e da proteção de cultivares (Lei 9.456/97) – a sementes de soja Roundup Ready, obtidas mediante a técnica da transgenia, e, como corolário, se é ou não facultado aos produtores rurais o direito de reservar o produto de seu cultivo para replantio e comercialização como alimento ou matéria prima, bem como o direito de pequenos agricultores de doar ou trocar sementes reservadas no contexto de programas oficiais específicos. 3. Instauração de incidente de assunção de competência, com submissão do recurso especial à 2ª Seção." (STJ, ProAfR no REsp 1610728/RS, Rel. Ministra Nancy Andrighi, Segunda Seção, julgado em 10/04/2018, DJe 16/04/2018)

O IAC pode ser instaurado de ofício

✓ "PROPOSTA DE ASSUNÇÃO DE COMPETÊNCIA. RECURSO ESPECIAL. INCIDENTE INSTAURADO DE OFÍCIO. CIVIL E PROCESSUAL CIVIL. SEGURO DE VIDA. PRESCRIÇÃO ANUAL PARA QUAISQUER PRETENSÕES QUE ENVOLVAM SEGURADO E SEGURADOR. RELEVANTE QUESTÃO DE DIREITO. NOTÓRIA REPERCUSSÃO SOCIAL. 1. Esta Corte Superior não se defrontou, ainda, com importante tese engendrada pela recorrente, no sentido de, em contrato de seguro facultativo, ser ou não anual o prazo da prescrição em todas as pretensões que envolvam segurado e segurador, não apenas as indenizatórias. 2. A matéria em exame consiste em relevante questão de direito, com notória repercussão social, sem repetição em múltiplos processos, apta a ser solucionada, portanto, pelo incidente de assunção de competência. 3. Recurso especial submetido ao rito do art. 947 do CPC/2015." (IAC no REsp 1303374/ES, Rel. Ministro Luis Felipe Salomão, Segunda Seção, julgado em 14/06/2017, DJe 01/08/2017)

Impossibilidade de conversão do incidente de uniformização de jurisprudência (não previsto no CPC/2015) em IAC

✓ EMENTA: EMENTA: INCIDENTE DE UNIFORMIZAÇÃO DE JURISPRUDÊNCIA. CONVERSÃO EM INCIDENTE DE ASSUNÇÃO DE COMPETÊNCIA. IMPOSSIBILIDADE. NULIDADE ABSOLUTA. A conversão do incidente de uniformização de jurisprudência em incidente de assunção de competência não possui arrimo normativo e seu implemento caracteriza nulidade absoluta, ensejando o restabelecimento daquele e seu processamento de estilo até ulterior decisão. (TJMG, IAC 1.0024.13.353129-3/004, Rel. Des. Cabral da Silva, 2ª Seção Cível, julgado em 27/07/2016, DJ 26/08/2016).

Possibilidade de conversão do incidente de uniformização de jurisprudência (não previsto no CPC/2015) em IAC

✓ EMENTA: PROCESSO CIVIL - INCIDENTE DE UNIFORMIZAÇÃO DE JURISPRUDÊNCIA CONVERSÃO EM INCIDENTE DE RESOLUÇÃO DE DEMANDAS REPETITIVAS - FIXAÇÃO DE TESE JURÍDICA - FUNDAMENTO DETERMINANTE - POSSIBILIDADE DE RECEBIMENTO DE ADICIONAL DE INSALUBRIDADE - SERVIDORES MILITARES DA ÁREA DE SAÚDE - JUÍZO DE ADMISSIBILIDADE - INCIDENTE ACOLHIDO. 1 - O Incidente de Assunção de Competência - IAC (CPC/15 art. 947), assim como o Incidente de Resolução de demanda Repetitiva - IRDR (CPC/15, arts. 976-987), é o resultado da reformulação do Incidente de Uniformização de Jurisprudência - IUJ (CPC/73, art. 555, §1º), aplicando-se nos casos em que há relevante questão de direito, com grande repercussão social, com repetição em múltiplos processos, em que se busca uniformizar a jurisprudência, para concretizar a segurança jurídica, evitando-se, dessa forma, decisões divergentes para situações semelhantes; 2 - Em razão da alteração na legislação processual é possível a conversão do IUJ em IAC ou IRDR; 3 - O IRDR será instaurado sempre que houver, simultaneamente, efetiva repetição de processos que contenham controvérsia sobre a mesma questão de direito e risco de ofensa à isonomia e à segurança jurídica; 4 - Admite-se a tese jurídica para decidir acerca da admissibilidade, ou não, de os servidores públicos militares de Minas Gerais, que atuam na área de saúde, receberem o adicional de insalubridade, previsto no art. 31, § 11 c,c, o art., 31, § 6º da Constituição Estadual, supostamente restringidos pelas Leis Delegadas nº 37/89e 43/00, aplicando-lhes a regra do art. 67 da Lei Estadual nº 5.301/69." (TJMG, IRDR Cv 1.0024.10.143281-3/002, Rel. Des. Renato Dresch, 1ª Seção Cível, julgado em 16/11/2016, DJ 16/12/2016).

Não cabe IAC se o tema objeto de debate estiver submetido a julgamento repetitivo perante os tribunais superiores

✓ EMENTA: PROCESSO CIVIL. INCIDENTE ASSUNÇÃO DE COMPETÊNCIA. JUÍZO DE ADMISSIBILIDADE. CONTRATO TEMPORÁRIO DE SERVIDOR PELA ADMINISTRAÇÃO PÚBLICA FUNDADO EM REGRAS DO DIREITO ADMINISTRATIVO. DIREITO AOS DEPÓSITOS DE FGTS. MATÉRIA OBJETO DE PRONUNCIAMENTOS PELO STF. NOVO PRONUNCIAMENTO IMPUGNADO POR EMBARGOS DECLARATÓRIOS. IMPERTINÊNCIA. APLICAÇÃO, POR ANALOGIA, DO ART. 976, §4º, DO CPC AO IAC. INCIDÊNCIA DO ART. 368-O, §4º DO REGIMENTO INTERNO. INCIDENTE INADMITIDO. - A fim de viabilizar a apreciação da questão jurídica objeto de divergência entre órgãos fracionários do Tribunal de Justiça, é preciso, no âmbito do Incidente de Assunção de Competência, efetuar o juízo de admissibilidade quando à declinatória da competência recursal. - A regra do art. 976, § 4º, CPC, contemplada no procedimento do IRDR, é aplicável, por analogia, ao IAC, porquanto não é juridicamente aceitável que se queira criar uma diretriz jurisprudencial a ser aplicada aos órgãos fracionários do Tribunal de Justiça quando tema jurídico idêntico foi objeto de julgamentos, sob o regime da repercussão geral no STF, e, neste referido Tribunal, encontra-se pendente outro recurso extraordinário (RE nº 765.320) que julgou tema igual e encontra-se impugnado por embargos declaratórios. - Hipótese na qual é aplicável a regra prevista no art. 368-O, § 4º, RITJ que veda a admissão do IAC quando o tema jurídico está afetado a tribunal superior. (TJMG, IAC 1.0481.13.007530-4/002, Rel. Des. Alberto Vilas Boas, 1ª Seção Cível, julgado em 16/08/2017, DJ 01/09/2017).

Possibilidade de conversão de IRDR em IAC

✓ EMENTA: INCIDENTE DE RESOLUÇÃO DE DEMANDAS REPETITIVAS - JUÍZO DE ADMISSIBLIDADE - REQUISITO NEGATIVO - EFETIVA REPETIÇÃO DE PROCESSOS - NÃO VERIFICAÇÃO - RELEVÂNCIA DA QUESTÃO DE DIREITO - CONVÊNIÊNCIA DA COMPOSIÇÃO DE DIVERGÊNCIA ENTRE CÂMARAS OU TURMAS DO TRIBUNAL - ART. 947, § 4º, DO CPC - CONVERSÃO EM INCIDENTE DE ASSUNÇÃO DE COMPETÊNCIA. - Nos termos do artigo 976, *caput*, do CPC, é cabível o Incidente de Resolução de Desmandas Repetitivas quando houver, simultaneamente, a efetiva repetição de processos que contenham controvérsia sobre a mesma questão unicamente de direito e risco de ofensa à isonomia e à segurança jurídica. - A inexistência de multiplicidade de processos objeto da controvérsia, obsta a admissão do Incidente de Resolução de Demanda Repetitiva. - Porém, a relevância da questão de direito, a respeito da qual mostra-se conveniente a composição de divergência entre câmaras ou turmas do tribunal, constitui fundamento suficiente para converter o Incidente de Resolução de Demanda Repetitiva (IRDR) em Incidente de Assunção de Competência (IAC). – Incidente de Assunção de Competência admitido com o objetivo de analisar se as Leis Municipais nº 3.886/2003 e 4.288/2005 garantem ao servidor público do Município de Betim o aproveitamento do tempo anterior à investidura no cargo de provimento efetivo, para fins de apostilamento do tempo no serviço público. (TJMG, IRDR 1.0000.15.085222-6/003, Rel. Des. Carlos Levenhagen, 1ª Seção Cível, julgado em 02/03/2020, DJ 21/05/2020)

§ 1º Ocorrendo a hipótese de assunção de competência, o relator proporá, de ofício ou a requerimento da parte, do Ministério Público ou da Defensoria Pública, que seja o recurso, a remessa necessária ou o processo de competência originária julgado pelo órgão colegiado que o regimento indicar.

§ 2º O órgão colegiado julgará o recurso, a remessa necessária ou o processo de competência originária se reconhecer interesse público na assunção de competência.

§ 3º O acórdão proferido em assunção de competência vinculará todos os juízes e órgãos fracionários, exceto se houver revisão de tese.

Tese firmada em IAC deve ser aplicada a todos os processos em andamento

✓ AGRAVO REGIMENTAL. Embargos infringentes. Remessa do feito à justiça do trabalho. Tese firmada em incidente de assunção de competência tombado sob nº 201600625572. Violação ao devido processo legal inexistente. Aplicação imediata da tese firmada no incidente aos processos em andamento que tramitavam perante o tribunal de justiça. Observância do disposto no art. 985, I, do NCPC que deve ser aplicado nos incidentes de assunção de competência. Agravo regimental improvido. (TJSE, AgRg 201700611791, AC 20553/2017, Câmaras Cíveis Reunidas, Rel. Des. Osório de Araujo Ramos Filho, julgado em 21/09/2017, DJSE 03/10/2017).

§ 4º Aplica-se o disposto neste artigo quando ocorrer relevante questão de direito a respeito da qual seja conveniente a prevenção ou a composição de divergência entre câmaras ou turmas do tribunal.

Enquanto pendente IAC de julgamento, deve haver a suspensão de demanda que trate do assunto a ser decidido

✓ "AGRAVO INTERNO NO AGRAVO EM RECURSO ESPECIAL. SUSPENSÃO DE EXPEDIENTE FORENSE NO TRIBUNAL DE ORIGEM. TEMPESTIVIDADE RECONHECIDA. CIVIL. PROCESSUAL CIVIL (CPC/1973). EXECUÇÃO DE TÍTULO EXTRAJUDICIAL. CHEQUE. PRESCRIÇÃO INTERCORRENTE. CONTROVÉRSIA AFETADA À JULGAMENTO PELO RITO DO ARTIGO 947, § 4º DO CÓDIGO DE PROCESSO CIVIL (INCIDENTE DE ASSUNÇÃO DE COMPETÊNCIA). AGRAVO REGIMENTAL ACOLHIDO PARA, EM JUÍZO DE RETRATAÇÃO, DETERMINAR A SUSPENSÃO DO RECURSO ESPECIAL ATÉ A PUBLICAÇÃO DO ACÓRDÃO PARADIGMA." (STJ, AgInt em AREsp 1.020.214/SP, Rel. Min. Paulo de Tarso Sanseverino, julgado em 15/08/2017, DJe 23/08/2017).

CAPÍTULO IV
DO INCIDENTE DE ARGUIÇÃO DE INCONSTITUCIONALIDADE

→ v. Arts. 52, X, 97, 102, I, "a", e III, 103, 125, "e", da CF/1988.

→ v. Lei n. 9.868/1999 – Dispõe sobre o processo e julgamento da ação direta de inconstitucionalidade e da ação declaratória de constitucionalidade perante o Supremo Tribunal Federal.

Art. 948. **Arguida, em controle difuso, a inconstitucionalidade de lei ou de ato normativo do poder público, o relator, após ouvir o Ministério Público e as partes, submeterá a questão à turma ou à câmara à qual competir o conhecimento do processo.**

Se existir o debate quanto à inconstitucionalidade, não pode haver o julgamento na turma, sendo necessária a instauração do incidente e remessa ao órgão máximo previsto no regimento – conforme previsto na cláusula de reserva de plenário (CF, art. 97), reafirmado na Súmula Vinculante 10

✓ EMENTA: REMESSA NECESSÁRIA E APELAÇÃO CÍVEL – EMBARGOS À EXECUÇÃO FISCAL – INCONSTITUCIONALIDADE DA RESOLUÇÃO Nº 13/2012 DO SENADO FEDERAL – QUESTÃO QUE EXIGE A OBSERVÂNCIA À CLÁUSULA DE RESERVA DE PLENÁRIO – INCIDENTE DE ARGUIÇÃO DE INCONSTITUCIONALIDADE SUSCITADO PARA REMETER A RESOLUÇÃO DA MATÉRIA CONSTITUCIONAL CONTROVERTIDA AO ÓRGÃO ESPECIAL DO TRIBUNAL DE JUSTIÇA DO ESTADO DE MINAS GERAIS. Revela-se inafastável a necessidade de manifestação desse egrégio Tribunal de Justiça, no julgamento da apelação cível interposta por contribuinte de ICMS, sobre a tese de inconstitucionalidade da Resolução do Senado Federal nº 13/2012, ato normativo que teria exorbitado a competência atribuída ao órgão legislativo ao instituir benefícios fiscal que, além de discriminatório e não isonômico, seria reservado à convênio a ser firmado entre os Estados da federação, no termos do art. 155, §2º, inciso XII, alínea "g", do Texto Maior. Existindo controvérsia jurisprudencial sobre a questão constitucional, deve ser suscitado Incidente de Arguição de Inconstitucionalidade e remetida a resolução da matéria ao colendo Órgão Especial deste egrégio Tribunal de Justiça, como determina o art. 97 da Constituição da República de 1988, conjugado com art. 948 do Código de Processo Civil, enunciado nº 10 da Súmula Vinculante do excelso Supremo Tribunal Federal e art. 297, §1º, do Regimento Interno deste egrégio Tribunal de Justiça. (TJMG, AC 1.0000.20.023916-8/001, Rel. Des Leite Praça, 19ª Câmara Cível, julgado em 20/08/2020, DJ 26/08/2020).

Descabe incidente suscitado apenas pelo relator, sendo necessário que a Turma, por acórdão, o suscite

✓ "INCIDENTE DE ARGUIÇÃO DE INCONSTITUCIONALIDADE – INCIDENTE SUSCITADO MONOCRATICAMENTE PELO RELATOR – ERROR IN PROCEDENDO – NÃO CONHECIMENTO. – Conforme precedentes deste colendo Órgão Especial, não se conhece de incidente de arguição de inconstitucionalidade suscitado monocraticamente pelo relator do recurso." (TJMG, Arg Inconstitucionalidade 1.0000.16.035186-2/001, Rel. Des. Moreira Diniz, Órgão Especial, julgado em 19/06/2017, DJ 23/06/2017).

Não se aplica o rito dos arts. 948 e 950 do CPC se o acórdão apenas interpretou a legislação infraconstitucional, sem declará-la inconstitucional ou sem afastá-los.

✓ PROCESSUAL CIVIL. ENUNCIADO ADMINISTRATIVO 3/STJ. SERVIDOR PÚBLICO. INOCORRÊNCIA. CLÁUSULA DE RESERVA DE PLENÁRIO. ART. 28, § 1o, DA LEI Nº 11.415/2006. VIOLAÇÃO. AUSÊNCIA. RECURSO ESPECIAL PARCIALMENTE CONHECIDO E, NESSA EXTENSÃO, NÃO PROVIDO. 1. Com efeito, o acórdão recorrido está em sintonia com a jurisprudência do STJ e, portanto, não viola os arts. 948 a 950 do CPC/2015 (arts. 480 a 482 do CPC/73), pois "não há falar em ofensa à cláusula de reserva de plenário (art. 97 da CF/1988) e ao enunciado 10 da Súmula vinculante do Supremo Tribunal Federal quando não haja declaração de inconstitucionalidade dos dispositivos legais tidos por violados, tampouco afastamento destes, mas tão somente a interpretação do direito infraconstitucional aplicável ao caso, com base na jurisprudência desta Corte". (AgRg no REsp 1369698/SE, Rel. Ministro Sérgio Kukina, Primeira Turma, julgado em 20/06/2013, DJe 25/06/2013). 2. Agravo interno não provido. (STJ, AgInt no REsp 1696857/RS, Rel. Ministro Mauro Campbell Marques, Segunda Turma, julgado em 05/04/2018, DJe 11/04/2018).

Art. 949. Se a arguição for:

I – rejeitada, prosseguirá o julgamento;

II – acolhida, a questão será submetida ao plenário do tribunal ou ao seu órgão especial, onde houver.

Rejeitada a arguição, a Câmara ou turma prosseguirá com o julgamento do processo

✓ EMENTA: APELAÇÃO CÍVEL – EMBARGOS À EXECUÇÃO – ADVOGADO DATIVO – ARGUIÇÃO DE INCONSTITUCIONALIDADE – ARTIGO 183 DO CPC/2015 – REJEITADA – MÉRITO – CORREÇÃO MONETÁRIA E JUROS – IPCA-E – HONORÁRIOS ADVOCATÍCIOS – SENTENÇA MANTIDA. – O órgão fracionário, isoladamente, detém competência para, desde logo, rejeitar a arguição de inconstitucionalidade, sem necessidade de remetê-la ao Órgão Especial, por força do disposto no art. 949, inciso I, do CPC/2015, bem como no art. 297, §2º, inciso I, do Regimento Interno deste Tribunal. – No julgamento do RE 870.947/SE, o Supremo Tribunal Federal fixou a tese de que "o art. 1º-F da Lei nº 9.494/97, com a redação dada pela Lei nº 11.960/09, na parte em que disciplina a atualização monetária das condenações impostas à Fazenda Pública segundo a remuneração oficial da caderneta de poupança, revela-se inconstitucional ao impor restrição desproporcional ao direito de propriedade". – Os honorários advocatícios devem ser fixados em conformidade com o art. 85, §§ 2º e 3º, do Código de Processo Civil de 2015, sendo certo que, além de guardarem relação com o proveito econômico da ação, devem ainda considerar a complexidade da demanda e o trabalho desenvolvido pelo patrono da parte. – Recurso desprovido. (TJMG, AC 1.0079.14.057343-1/001, Rel. Des. Luís Carlos Gambogi, 5ª Câmara Cível, julgado em 08/03/2018, DJ em 14/03/2018).

O acolhimento pelo órgão fracionário acerca da inconstitucionalidade é realizado em juízo de prelibação

✓ "EMENTA: AGRAVO INTERNO – AGRAVO DE INSTRUMENTO – AÇÃO CIVIL PÚBLICA – ARGUIÇÃO DE INCONSTITUCIONALIDADE DE LEI MUNICIPAL – JUÍZO DE PRELIBAÇÃO – ACOLHIMENTO DA TESE – PRINCÍPIO DA RESERVA DE PLENÁRIO – ART. 97 DA CONSTITUIÇÃO FEDERAL – SUBMISSÃO DA MATÉRIA AO ÓRGÃO ESPECIAL. 1. Nos termos do art. 97 da Constituição Federal, "somente pelo voto da maioria absoluta de seus membros ou dos membros do respectivo órgão especial poderão os tribunais declarar a inconstitucionalidade de lei ou ato normativo do Poder Público". 2. Uma vez verificada, em juízo de prelibação, a existência de fortes indicativos de inconstitucionalidade na legislação municipal, a matéria deve ser submetida à apreciação do eg. Órgão Especial, com fulcro no art. 949, II, do Código de Processo Civil. 3. Arguição de Inconstitucionalidade acolhida." (TJMG, Agravo Interno Cv 1.0610.17.001446-4/002, Rel. Des. Raimundo Messias Júnior, 2ª Câmara Cível, julgado em 06/08/0019, DJ 19/08/2019).

Parágrafo único. Os órgãos fracionários dos tribunais não submeterão ao plenário ou ao órgão especial a arguição de inconstitucionalidade quando já houver pronunciamento destes ou do plenário do Supremo Tribunal Federal sobre a questão.

Se há decisão do Plenário ou órgão especial do Tribunal sobre o tema não é necessário submetê-lo novamente a debate

✓ PENAL E PROCESSO PENAL. APELAÇÃO CRIMINAL. ROUBO. EMPREGO DE ARMA BRANCA. MATERIALIDADE E AUTORIA COMPROVADAS. LEI 13.654/2018. ABOLITIO CRIMINIS. CAUSA DE AUMENTO DE PENA. INCONSTITUCIONALIDADE FORMAL. DECLARAÇÃO INCIDENTAL. REGIME DE CUMPRIMENTO DE PENA. IMPOSSIBILIDADE DE SUBSTITUIÇÃO DA PENA PRIVATIVA DE LIBERDADE POR PENA RESTRITIVA DE DIREITOS. 1. O reconhecimento da inconstitucionalidade pelo Órgão Especial do Tribunal, nos termos dos arts. 927, inciso V, e 949 do Código de Processo Civil, dispensa a instauração de novo incidente sem violação à clausula de reserva de plenário. 2. Declarada incidentalmente a inconstitucionalidade formal do art. 4º da Lei n.º 13.654/2018, mantém-se vigente o inciso I, §2º, art. 157 do CP, que torna circunstanciado o roubo pelo emprego de arma branca. 3. Inviável a fixação de regime aberto, bem como a substituição da pena privativa de liberdade por penas restritivas de direitos quando o réu foi condenado a pena superior a 4 anos, pela prática de crime doloso, com o emprego de grave ameaça à pessoa, em decorrência do uso de arma branca. 4. Recurso conhecido e desprovido." (TJDFT, AC 00016164720198070010, Rel. Des. Sebastião Coelho, 3ª Turma Criminal, julgado em 02/07/2020, DJ 24/07/2020).

Decidido o tema em IDRD não é necessário levar novamente o assunto ao órgão especial ou ao Plenário

✓ "EMENTA: AGRAVO DE INSTRUMENTO – AÇÃO DE OBRIGAÇÃO DE NÃO FAZER C/C TUTELA DE URGÊNCIA – APOSENTADORIA – MUNICÍPIO DE PIRAPETINGA – LEI MUNICIPAL N.º 985/97 – ARGUIÇÃO DE INCONSTITUCIONALIDADE – REJEIÇÃO – IRDR N.º 1.0002.14.000220-1/003 – PRECEDENTE VINCULANTE – APOSENTADORIA VOLUNTÁRIA DE SERVIDOR PÚBLICO MUNICIPAL REGIDO PELO REGIME GERAL DE PREVIDÊNCIA SOCIAL – VACÂNCIA DO CARGO – AFASTAMENTO OBRIGATÓRIO – DECISÃO REFORMADA – RECURSO PROVIDO. 1- Nos termos do art. 949, parágrafo único do CPC, os órgãos fracionários dos tribunais não submeterão ao plenário ou ao órgão especial a arguição de inconstitucionalidade, quando já houver pronunciamento destes ou do plenário do Supremo Tribunal Federal sobre a questão. 2- No julgamento do IRDR nº 1.0002.14.000220-1/003, este Tribunal de Justiça fixou a tese de que, com a aposentadoria voluntária do servidor público municipal efetivo, regido pelo regime geral de previdência social, ocorre o rompimento do vínculo deste com a Administração Pública, gerando a vacância do cargo, de modo que não se admite a sua permanência no cargo. 3- Tendo o agravado, servidor público municipal efetivo, se aposentado de forma voluntária no regime do RGPS, tem-se que devida à vacância do cargo por ele até então ocupado. 4- Recurso provido." (TJMG, AI 1.0511.17.001157-7/001, Rel. Juiz Convocado Rinaldo Kennedy Silva, 2ª Câmara Cível, julgado em 05/11/2019, DJe 13/11/2019).

Art. 950. Remetida cópia do acórdão a todos os juízes, o presidente do tribunal designará a sessão de julgamento.

§ 1º As pessoas jurídicas de direito público responsáveis pela edição do ato questionado poderão manifestar-se no incidente de inconstitucionalidade se assim o requererem, observados os prazos e as condições previstos no regimento interno do tribunal.

§ 2º A parte legitimada à propositura das ações previstas no art. 103 da Constituição Federal poderá manifestar-se, por escrito, sobre a questão constitucional objeto de apreciação, no prazo previsto pelo regimento interno, sendo-lhe assegurado o direito de apresentar memoriais ou de requerer a juntada de documentos.

§ 3º Considerando a relevância da matéria e a representatividade dos postulantes, o relator poderá admitir, por despacho irrecorrível, a manifestação de outros órgãos ou entidades.

→ v. Art. 138 do CPC.

Uma vez julgada a arguição pelo pleno do tribunal, a conclusão a que se chegou deverá ser seguida pelos demais órgãos da Corte

✓ "APELAÇÃO CÍVEL – Anulatória de débito fiscal – ICMS – Programa Especial de Parcelamento (PEP) – Juros de mora – Lei nº 13.918/2009 – Inaplicabilidade – Afastamento dos critérios estabelecidos pela Lei Estadual n.º 13.918/09 – Questão já decida pelo C. Órgão Especial desta Corte em Arguição de Inconstitucionalidade, declarando a inconstitucionalidade da interpretação dada pelo Fisco Estadual, cujo entendimento deve ser observado pelos órgãos fracionários, nos termos do disposto pelo artigo 949, parágrafo único, do Código de Processo Civil – Sentença de procedência mantida – Recurso desprovido." (TJSP, AC 1002885-27.2020.8.26.0597, Rel. Des. Renato Delbianco, 2ª Câmara de Direito Público, julgado em 21/09/2020, DJ 21/09/2020)

Capítulo V
DO CONFLITO DE COMPETÊNCIA

→ v. Art. 66 e ss. do CPC.

Art. 951. O conflito de competência pode ser suscitado por qualquer das partes, pelo Ministério Público ou pelo juiz.

V. art. 958 do CPC

Hipóteses de cabimento do conflito de competência

✓ "PROCESSUAL CIVIL. AGRAVO INTERNO NO CONFLITO DE COMPETÊNCIA. SERVIDOR PÚBLICO MUNICIPAL. CONTRATAÇÃO. REGIME CELETISTA. AUSÊNCIA DE MANIFESTAÇÃO DOS ÓRGÃOS SUSCITADOS. CONFLITO DE COMPETÊNCIA NÃO CONHECIDO. AGRAVO INTERNO DO MUNICÍPIO DE TUBARÃO A QUE SE NEGA PROVIMENTO. 1. Para a caracterização de Conflito de Competência, é necessário que haja a manifestação de dois juízos, ambos declarando-se competentes ou incompetentes, ou ainda que entre eles surja controvérsia acerca da reunião ou separação de processos. 2. Agravo Interno do Município de Tubarão a que se nega provimento." (STJ, AgInt no CC 153.003/SC, Rel. Ministro Napoleão Nunes Maia Filho, Primeira Seção, julgado em 28/08/2019, DJe 06/09/2019)

Se um dos juízos não se manifestou ainda, não se admite o conflito

✓ PROCESSUAL CIVIL. CONFLITO DE COMPETÊNCIA. AÇÃO ANULATÓRIA DE DOAÇÃO DE IMÓVEL PÚBLICO. DEMANDA EM CURSO NA JUSTIÇA ESTADUAL. RECLAMATÓRIA TRABALHISTA EM FASE DE EXECUÇÃO. PROCESSOS COM IDÊNTICO OBJETO. ALEGAÇÃO DE PREJUDICIALIDADE EXTERNA. SUCEDÂNEO RECURSAL. IMPOSSIBILIDADE. 1. A caracterização de conflito de competência pressupõe a manifestação de dois ou mais juízes que se declaram competentes ou incompetentes, ou, ainda, a existência de controvérsia entre eles acerca da reunião ou da separação de processos, como estatui o art. 66 do CPC/2015. 2. A jurisprudência desta Corte de justiça, conferindo interpretação extensiva ao art. 115 do CPC/1973 (correspondente ao art. 66 do CPC/2015), reconhece a existência de prejudicialidade heterogênea entre demandas que tramitam em Juízos diversos, quando possuírem questões fáticas e objetos semelhantes com chances concretas de existirem decisões conflitantes, admitindo, nesses casos, o sobrestamento de um dos processos. 3. Hipótese em que o Município defende a existência de prejudicialidade externa entre a ação de execução trabalhista movida contra o ora agravado e a ação declaratória de nulidade de doação de bem público, em face da referida empresa ter descumprido o contrato firmado com o ente público, visto que ambas as demandas abrangem o mesmo imóvel. 4. Embora a ação declaratória de nulidade do negócio jurídico, em trâmite no Juízo Cível, possa gerar reflexos na ação trabalhista, já em fase de execução, o suscitante pode utilizar-se das vias judiciais ou recursais cabíveis para se resguardar de possíveis danos ao seu patrimônio, não havendo conflito entre as decisões dos Juízos suscitados, tampouco tendo sido demonstrada a existência de ato expropriatório atual ou iminente sobre o imóvel sub judice, o que torna descabido o pedido de suspensão do processo laboral, por desvirtuar a finalidade do presente incidente. 5. O objetivo precípuo do conflito de competência é declarar, havendo dúvida, qual o juízo competente para o julgamento das causas (art. 957 do CPC/15), não podendo ser utilizado como sucedâneo recursal, sobretudo no caso, em que o Juízo comum já adotou a medida necessária ao impedimento de expropriação ou alienação do bem em questão, determinando a inserção de gravame junto ao Registro de Imóveis, o que inclusive já foi realizado. 6. Agravo interno desprovido. (STJ, AgInt no CC 165.138/MG, Rel. Ministro Gurgel de Faria, Primeira Seção, julgado em 18/06/2019, DJe 25/06/2019)

O conflito de competência não pode ser utilizado como sucedâneo recursal

✓ PROCESSUAL CIVIL. AGRAVO INTERNO NO CONFLITO DE COMPETÊNCIA. CÓDIGO DE PROCESSO CIVIL DE 2015. APLICABILIDADE. CONFLITO ENTRE OS JUÍZOS SUSCITADOS. INEXISTÊNCIA. NÃO CONHECIMENTO. ARGUMENTOS INSUFICIENTES PARA DESCONSTITUIR A DECISÃO ATACADA. HONORÁRIOS RECURSAIS. NÃO CABIMENTO. APLICAÇÃO DE MULTA. ART. 1.021, § 4º, DO CÓDIGO DE PROCESSO CIVIL DE 2015. DESCABIMENTO. I - Consoante o decidido pelo Plenário desta Corte na sessão realizada em 09.03.2016, o regime recursal será determinado pela data da publicação do provimento jurisdicional impugnado. In casu, aplica-se o Código de Processo Civil de 2015. II - O conflito de competência não pode ser utilizado como sucedâneo recursal, bem como não se presta a resolver questões que devem ser dirimidas nas instâncias ordinárias. III - Não apresentação de argumentos suficientes para desconstituir a decisão recorrida. IV - Honorários recursais. Não cabimento. V - Em regra, descabe a imposição da multa, prevista no art. 1.021, § 4º, do Código de Processo Civil de 2015, em razão do mero improvimento do Agravo Interno em votação unânime, sendo necessária a configuração da manifesta inadmissibilidade ou improcedência do recurso a autorizar sua aplicação, o que não ocorreu no caso. VI - Agravo Interno improvido. (STJ, AgInt no CC 156.426/DF, Rel. Min. Regina Helena Costa, Primeira Seção, julgado em 08/08/2018, DJe 14/08/2018).

A reconsideração do juízo suscitado ocasiona o prejuízo do conflito de competência

✓ "EMENTA: CONFLITO DE COMPETÊNCIA - AÇÃO ORDINÁRIA - JUÍZO SUSCITADO - REPOSICIONAMENTO - CONFLITO PREJUDICADO. - O conflito de competência é um incidente processual a ser utilizado quando dois ou mais juízes se consideram incompetentes ou competentes para julgar determinado feito, conforme teor do artigo 66 e disciplinado pelos artigos 951 a 959, todos do Código de Processo Civil. - Ocorrendo o reposicionamento do Juízo Suscitado, aderindo ao entendimento do Suscitante, inexiste o fato processual apto ao processamento do conflito de competência." (TJMG, CC 1.0000.19.120624-2/000, Rel. Des. Ângela de Lourdes Rodrigues, 8ª Câmara Cível, julgado em 04/12/2019, DJ 13/12/2019).

Parágrafo único. O Ministério Público somente será ouvido nos conflitos de competência relativos aos processos previstos no art. 178, mas terá qualidade de parte nos conflitos que suscitar.

Art. 952. Não pode suscitar conflito a parte que, no processo, arguiu incompetência relativa.

Parágrafo único. O conflito de competência não obsta, porém, a que a parte que não o arguiu suscite a incompetência.

A parte que alega incompetência não pode também apresentar o conflito de competência

✓ "É vedado à parte suscitar conflito de competência quando arguiu prévia exceção de incompetência. Previsão do art. 952, caput, do Código de Processo Civil. 2. Ao apresentar a exceção de incompetência, a parte procede a alegações semelhantes àquelas apresentadas em conflito de competência objetivando fixar a legitimidade de um determinado juízo para o exame da demanda. Assim, ao optar por uma via, exclui a outra, carecendo de interesse para suscitar o conflito e debater uma segunda vez tema sobre o qual já houve manifestação. 3. De mais a mais, o caso não se enquadra entre as hipóteses elencadas no art. 66 do Código de Processo Civil, uma vez que não há dois juízes declarando-se ao mesmo tempo competentes ou incompetentes para julgar a ação penal." (STJ, RHC 87.449/RS, Rel. Min. Maria Thereza de Assis Moura, Sexta Turma, julgado em 12/12/2017, DJe 19/12/2017).

Se ambas as partes realizam arguição de incompetência afasta-se o óbice previsto no art. 952 do CPC

✓ PROCESSO CIVIL. AGRAVO INTERNO CONFLITO DE COMPETÊNCIA. AFASTAMENTO DO ART. 952 DO CPC. 1. A arguição de incompetência relativa por ambas as partes na instância ordinária afasta o óbice previsto no art. 952 do CPC, máxime tendo em vista que os juízos suscitados exararam provimentos incompatíveis entre si e que denotam a necessidade de este Tribunal Superior dirimir a controvérsia, nos exatos termos do art. 66 do CPC, uma vez que a situação de indefinição atenta contra a segurança jurídica, podendo gerar ainda inúmeras outras decisões conflitantes. Precedentes. 2. A cláusula que estipula a eleição de foro em contrato de adesão é válida, desde que não obste o acesso ao Poder Judiciário nem a necessária liberdade para contratar, razão pela qual, para sua anulação, é imprescindível a constatação do cerceamento de defesa e a comprovação da hipossuficiência do aderente. Precedentes. 3. Ostentando a hipossuficiência caráter excepcional, faz-se mister sua demonstração cabal pela parte que a alega, não sendo a mera condição de consumidor nem a constatação de contrato de adesão, por si sós, capazes de configurá-la per se. 4. Agravo interno não provido. (STJ, AgInt nos EDcl no CC 156.994/SP, Rel. Ministro Raul Araújo, Rel. p/ Acórdão Ministro Luis Felipe Salomão, Segunda Seção, julgado em 10/10/2018, DJe 20/11/2018)

O conflito de competência não pode ser utilizado como sucedâneo recursal

✓ "1. Constitui requisito essencial ao manejo do conflito de competência a existência de pelo menos duas decisões conflitantes entre magistrados que se reputem, ao mesmo tempo, competentes ou incompetentes para o julgamento do mesmo feito (arts. 115 do CPC e 114, I, do CPP). Caso em que a parte juntou apenas decisão de um Juízo. A divergência de entendimento entre a parte e o magistrado sobre a sua competência para o julgamento da controvérsia não se resolve por meio do conflito de competência, mas, sim, por meio do recurso próprio que deve ser interposto a tempo e modo contra a decisão do julgador que rejeitar a alegação de sua incompetência absoluta ou relativa. 2. Consentâneo com o raciocínio de que o conflito de competência não pode ser utilizado como sucedâneo do recurso cabível que a parte deixou de interpor, o art. 117 do Código de Processo Civil estabelece que 'Não pode suscitar conflito a parte que, no processo, ofereceu exceção de incompetência.'" (STJ, CC 164101/RJ, Rel. Min. Joel Ilan Paciornik, julgado em 24/06/2020, DJ 25/06/2020).

Art. 953. O conflito será suscitado ao tribunal:

→ *v.* Súmula 59 do STJ.

I – pelo juiz, por ofício;

Ao suscitar o conflito, não há a remessa dos autos ao órgão competente para decidir de quem é a competência. O magistrado deve fazer por meio de ofício.

✓ "DECISÃO MONOCRÁTICA. CONFLITO NEGATIVO DE COMPETÊNCIA. SERVIDOR PÚBLICO. REMESSA INTEGRAL DOS AUTOS PELO MAGISTRADO SUSCITANTE. INADEQUAÇÃO DA VIA ELEITA. Nos termos do art. 953, inciso I, do NCPC, cabe ao juiz suscitar o conflito mediante ofício, revelando-se inadequada a instauração do procedimento por meio da remessa dos autos originais. Conflito negativo de competência não conhecido. Autos devolvidos à origem. (TJRS, CC 70082015579, Quarta Câmara Cível, Rel. Des. Antônio Vinícius Amaro da Silveira, julgado em 12/07/2019, DJ 23/07/2019).

É necessário se devolver os autos à origem (quando remetidos ao Tribunal), inclusive para que se aprecie eventuais medidas de urgência

✓ DECISÃO MONOCRÁTICA. CONFLITO NEGATIVO DE COMPETÊNCIA. SERVIDOR PÚBLICO. REMESSA INTEGRAL DOS AUTOS PELO MAGISTRADO SUSCITANTE. INADEQUAÇÃO DA VIA ELEITA. Nos termos do art. 953, inciso I, do NCPC, cabe ao juiz suscitar o conflito mediante ofício, revelando-se inadequada a instauração do procedimento por meio da remessa dos autos originais. Conflito negativo de competência não conhecido. Autos devolvidos à origem. (TJRS, CC 70082015579, Quarta Câmara Cível, Rel. Des. Antônio Vinícius Amaro da Silveira, julgado em 12/07/2019, DJe 13/07/2019).

II – pela parte e pelo Ministério Público, por petição.

Parágrafo único. O ofício e a petição serão instruídos com os documentos necessários à prova do conflito.

Caso o conflito não seja adequadamente instruído não deve ser apreciado

✓ "CONFLITO NEGATIVO DE COMPETÊNCIA. JUÍZO ESTADUAL E TRIBUNAL REGIONAL DO TRABALHO. CONTRIBUIÇÃO SINDICAL DE SERVIDORES PÚBLICOS. LEGITIMIDADE. AUSÊNCIA DE CÓPIA DA INICIAL DA AÇÃO CAUTELAR INOMINADA. DOCUMENTO ESSENCIAL AO DESLINDE DA CONTROVÉRSIA. ART. 953, PARÁGRAFO ÚNICO, DO CPC/2015. 1. Trata-se de Conflito Negativo de Competência instaurado entre o Juízo de Direito da 3ª Vara da Fazenda Pública Municipal e Registros Públicos de Goiânia/GO e o Tribunal Regional do Trabalho da 18ª Região, nos autos de Ação Cautelar Inominada e Principal ajuizada pela Federação das Entidades Sindicais dos Servidores Públicos Municipais do Estado de Goiás e pela Confederação dos Servidores Públicos do Brasil contra a Confederação dos Servidores e Funcionários Públicos das Fundações, Autarquias e Prefeituras Municipais, na qual se discute a legitimidade ativa para o recebimento de contribuições sindicais. 2. Nos termos do art. 953, parágrafo único, do CPC/2015, para a elucidação da controvérsia, é necessária a devida instrução do Conflito, com a juntada de peças indispensáveis, tais como petições iniciais e atos decisórios. 3. Na hipótese em exame, o Juízo suscitante, embora instado, desatendeu a determinação de instrução do Conflito com as peças essenciais à compreensão e deslinde da controvérsia, qual seja, cópia da Ação Cautelar Inominada, inviabilizando, assim, o conhecimento do incidente. 4. Conflito de Competência não conhecido." (STJ, CC 153.145/GO, Rel. Ministro Herman Benjamin, Primeira Seção, julgado em 28/02/2018, DJe 02/08/2018)

Art. 954. Após a distribuição, o relator determinará a oitiva dos juízes em conflito ou, se um deles for suscitante, apenas do suscitado.

Parágrafo único. No prazo designado pelo relator, incumbirá ao juiz ou aos juízes prestar as informações.

Art. 955. O relator poderá, de ofício ou a requerimento de qualquer das partes, determinar, quando o conflito for positivo, o sobrestamento do processo e, nesse caso, bem como no de conflito negativo, designará um dos juízes para resolver, em caráter provisório, as medidas urgentes.

→ *V.* Arts. 313, VII, e 314 do CPC.

Instaurado conflito de competência entre Juízos de Primeiro Grau, o Tribunal designará um deles para apreciar as medidas de urgência, não sendo o caso do Tribunal analisar esses pedidos

✓ "PROCESSO CIVIL. AGRAVO INTERNO EM AGRAVO DE INSTRUMENTO. CONFLITO DE COMPETÊNCIA SUSCITADO. TUTELA DE URGÊNCIA. ALIENAÇÃO FIDUCIÁRIA. CONSOLIDAÇÃO DE PROPRIEDADE. SUSPENSAO ATÉ DEFINIÇÃO DO JUÍZO COMPETENTE. AGRAVO INTERNO CONHECIDO E NÃO PROVIDO. I – A análise da tutela de urgência pretendida deve ser levada à análise do Juízo de Primeiro Grau, sob pena de supressão de instância. II- Nos termos do artigo 955 do CPC, o relator do conflito de competência designará um dos juízes para resolver, em caráter provisório, as medidas urgentes. III- Agravo Interno conhecido e não provido." (TJDFT, CC 07142003820198070000, Rel. Des. Gilberto Pereira de Oliveira, 3ª Turma Cível, julgado em 27/11/2019, DJ 05/12/2019).

Parágrafo único. O relator poderá julgar de plano o conflito de competência quando sua decisão se fundar em:

I – súmula do Supremo Tribunal Federal, do Superior Tribunal de Justiça ou do próprio tribunal;

II – tese firmada em julgamento de casos repetitivos ou em incidente de assunção de competência.

O conflito de competência pode ser decidido monocraticamente com base em súmula do STF, do STJ, do próprio Tribunal ou com lastro em tese firmada em IRDR

✓ CONFLITO NEGATIVO DE COMPETÊNCIA. DIREITO PRIVADO NÃO ESPECIFICADO. AÇÃO DE CANCELAMENTO DE REGISTRO. DECLINAÇÃO DA COMPETÊNCIA. DECLINAÇÃO DE OFÍCIO. INCABÍVEL. INCIDENTE DE RESOLUÇÃO DE DEMANDAS REPETITIVAS. Julgamento monocrático do recurso, com fulcro no art. 955, parágrafo único, II, do CPC/2015. Com base na decisão tomada no Incidente de Resolução de Demandas Repetitivas nº 70070298393 (IRDR 04), a demanda deve tramitar no Foro escolhido pelo consumidor, desde que observada uma das condições legais, descabida a declinação de ofício. No caso dos autos, o autor escolheu o foro da sede do demandado, conforme dispõem os artigos 46 e 53, III, a, do Código de Defesa do Consumidor. CONFLITO NEGATIVO DE COMPETÊNCIA JULGADO PROCEDENTE, EM DECISÃO MONOCRÁTICA." (TJRS, CC 70081946576, Décima Nona Câmara Cível, Rel. Des. Eduardo João Lima Costa, julgado em 02/07/2019).

O STJ admite decisão monocrática solucionando conflito de competência com base na jurisprudência dominante na Corte, nos termos da Súmula 568

✓ "Seguindo orientação consolidada na Súmula n. 568 do STJ, o relator pode decidir monocraticamente o conflito de competência, quando exista jurisprudência dominante do Tribunal sobre o tema." (STJ, CC 173438/BA, Rel. Min. Antonio Carlos Ferreira, julgado em 16/10/2020, DJe 20/10/2020).

Art. 956. Decorrido o prazo designado pelo relator, será ouvido o Ministério Público, no prazo de 5 (cinco) dias, ainda que as informações não tenham sido prestadas, e, em seguida, o conflito irá a julgamento.

→ *v.* Art. 178 do CPC.

Art. 957. Ao decidir o conflito, o tribunal declarará qual o juízo competente, pronunciando-se também sobre a validade dos atos do juízo incompetente.

→ *v.* Arts. 64, §§ 3º e 4º, e 282 do CPC.

Parágrafo único. Os autos do processo em que se manifestou o conflito serão remetidos ao juiz declarado competente.

Possibilidade de, no julgamento do conflito de competência, ser declarado competente outro juízo que não o suscitante ou o suscitado

✓ PROCESSUAL CIVIL. CONFLITO DE COMPETÊNCIA. EXECUÇÃO FISCAL. INCOMPETÊNCIA RELATIVA. FORO DO DOMICÍLIO DO EXECUTADO. PRORROGAÇÃO DA COMPETÊNCIA. PERPETUATIO JURISDICTIONIS. 1. A execução, nos termos do disposto no art. 578 do CPC/73, deve ser proposta no foro do domicílio do réu. 2. A mudança posterior de domicílio do executado não desloca a competência fixada quando do ajuizamento da ação, visto que se trata de competência territorial, de natureza relativa, incidindo o princípio da *perpetuatio jurisdictionis*, consagrado no art. 87 do CPC/73, assim como as Súmulas nº 33 e 58 do STJ. 3. O art. 957 do CPC/15 autoriza que o Tribunal declare a competência de outro juízo que não o suscitante ou o suscitado. (TRF4, CC 0001099-94.2016.404.0000, Primeira Seção, Rel. Juiz Federal Roberto Fernandes Júnior, julgado em 26/01/2017, DJe 31/01/2017).

Se, ao julgar conflito de competência, não houver manifestação quanto à validade dos atos anteriores, cabem embargos de declaração para que isso seja esclarecido

✓ EMBARGOS DE DECLARAÇÃO. ENUNCIADO ADMINISTRATIVO Nº 3 DO STJ. OMISSÃO. Ocorrência. Explicitação sobre a validade dos atos praticados pelo juízo incompetente. Art. 957 do CPC/2015. Aclaratórios acolhidos para integralizar a decisão, sem efeitos infringentes. (STJ, ED no CC 151.702/PR, Rel. Min. Mauro Campbell Marques, julgado em 16/08/2017, DJe 18/08/2017)

A manifestação quanto à validade dos atos antes proferidos não significa que o tribunal analisará o mérito da discussão

✓ AGRAVO REGIMENTAL EM CONFLITO DE COMPETÊNCIA MANEJADO PELO MUNICÍPIO INTERESSADO. ALEGAÇÃO DE INCONSTITUCIONALIDADE DA LEI LOCAL QUE INSTITUIU REGIME CELETISTA. IMPERTINÊNCIA. IMERSÃO NO MÉRITO DA CAUSA. IMPOSSIBILIDADE NO INCIDENTE DO CONFLITO DE COMPETÊNCIA. CONFLITO EM RAZÃO DA MATÉRIA. SOLUÇÃO A PARTIR DA ANÁLISE DO PEDIDO E DA CAUSA DE PEDIR VEICULADOS NA INICIAL. 1. O incidente processual do conflito de competência, consoante se depreende da redação do art. 66 do CPC, surge da divergência entre dois ou mais juízes no tocante à legitimidade para o exercício do poder jurisdicional, com o escopo de se assegurar a observância do princípio do juiz natural no caso concreto. 2. Para solver tal controvérsia, prevê o vigente diploma processual procedimento adequado, no qual incumbe ao tribunal tão somente declarar qual é o juízo competente, pronunciando-se, ainda e se necessário, quanto à validade dos atos praticados pelo juízo reconhecidamente incompetente. Inteligência do art. 957 do CPC. 3. Todavia, não se pode extrair, dessa última regra, esteja o tribunal, no caso este STJ, autorizado a imiscuir-se no mérito da demanda para examinar fatos e provas, antecipando indevido juízo de valor quanto ao próprio objeto da ação originadora do conflito de competência. 4. Essa é a razão pela qual os argumentos apresentados nas razões do presente agravo regimental – tendentes a aferir a modulação de efeitos da alegada declaração de inconstitucionalidade de lei local – não devem sequer ser conhecidos, haja vista que, ao imergir em profundidade na discussão do conteúdo da lide, tenta o Município agravante induzir a Corte a se pronunciar quanto ao direito disputado pelas partes, cujo propósito, à toda vista, desborda da estrita vocação do conflito de competência. 5. Para a solução do presente conflito, basta a este STJ, na esteira de precedentes das três Seções que o integram, reafirmar o entendimento de que, tratando-se de conflito de competência em razão da matéria, a fixação do juízo competente deve considerar o pedido e a causa de pedir delineados na exordial. 6. Agravo Regimental a que se nega provimento para manter a decisão agravada, na qual se declarou a competência da Vara do Trabalho de Santa Rita do Sapucaí/MG, o juízo suscitante. (STJ, AgRg no CC 144.175/MG, Rel. Ministro Sérgio Kukina, Primeira Seção, julgado em 26/10/2016, DJe 08/11/2016)

O Tribunal não pode reformar a decisão do juízo tido competente enquanto este não ratificar as decisões do juízo considerado incompetente

✓ "DIREITO PROCESSUAL CIVIL. CONFLITO DE COMPETÊNCIA. EMBARGOS DE DECLARAÇÃO. ATOS PROCESSUAIS PRATICADOS PELO JUÍZO INCOMPETENTE. PRONUNCIAMENTO DO TJ. INEXISTÊNCIA DE INSURGÊNCIA SOBRE DECISÃO ESPECÍFICA. NÃO CABIMENTO. AUSÊNCIA DE CONTRADIÇÃO, OMISSÃO OU ERRO MATERIAL. REDISCUSSÃO DA MATÉRIA. IMPOSSIBILIDADE. 1. Nos termos do artigo 957 do Código de Processo Civil, o Tribunal, ao declarar o Juízo competente, deverá se pronunciar sobre a validade dos atos processuais praticados pelo Juízo incompetente. Dispõe o art. 64, § 4º, da lei processual, por sua vez, que serão conservadas as decisões proferidas pelo Juízo incompetente, havendo a possibilidade jurídica de sua reavaliação, caso entenda o Juízo declarado competente necessário. 2. No caso, como não há nenhuma decisão específica que tenha sido impugnada pelas partes e/ou interessados, não há como este Tribunal se pronunciar antecipadamente, devendo-se aguardar a manifestação do Juízo competente e, em caso de eventual prejuízo, provocar-se esta Corte de Justiça. 3. Embargos de declaração conhecidos e rejeitados." (TJDFT, AC 07207715920188070000, Rel. Des. Sebastião Coelho, 1ª Câmara Cível, julgado em 22/04/2019, DJ 06/05/2019).

Art. 958. No conflito que envolva órgãos fracionários dos tribunais, desembargadores e juízes em exercício no tribunal, observar-se-á o que dispuser o regimento interno do tribunal.

→ *v.* Art. 24 da Lei 8.038/1990.
→ *v.* Art. 163 e seguintes do RISTF.
→ *v.* Art. 193 e seguintes do RISTJ.

Art. 959. O regimento interno do tribunal regulará o processo e o julgamento do conflito de atribuições entre autoridade judiciária e autoridade administrativa.

→ *v.* Art. 105, I, g, da CF/1988.

Pode o relator suscitar o conflito se entender que há prevenção por parte de outro desembargador

✓ APELAÇÃO CÍVEL. DIREITO PRIVADO NÃO ESPECIFICADO. AÇÃO DECLARATÓRIA. DEMANDA QUE REFOGE À COMPETÊNCIA DESTA CÂMARA. DECLINAÇÃO DA COMPETÊNCIA. PREVENÇÃO DO RELATOR QUE DECIDIU RECURSO ANTERIOR. 1. O objeto da demanda é a declaração de quitação e sustação dos efeitos de protestos, cuja competência para apreciação não pertence ao Colegiado desta Câmara. 2. Assim sendo, conforme definido nos incisos VII, IX e X do artigo 19, do novo Regimento Interno do Egrégio Órgão Especial deste Tribunal, compete às Câmaras Cíveis integrantes dos 6º, 8º, 9º e 10º Grupos Cíveis o exame e o julgamento das questões relativas ao direito privado não especificado 3. Note-se que o simples fato de empresa apelante ter entrado em recuperação judicial, não ocasiona a vinculação de todos os processos que em tramitação ao juízo da recuperação, em especial aqueles que não guardem qualquer relação com créditos líquidos e exigíveis naquela oportunidade. Ademais, os argumentos lançados no recurso não se referem a causa de pedir e pedido, tendo em vista que a competência da demanda é estabelecida com base nos pedidos deduzidos na inicial. 4. Ademais, o eminente Desembargador Guinther Spode foi o relator no julgamento do recurso nºs. 70066357427, no qual já era possível definir a matéria discutida no presente feito, razão pela qual julgado por aquele Magistrado. 5. Dessa forma, aquele insigne Desembargador está prevento para apreciar e julgar as questões atinentes ao presente processo, atendendo ao disposto no art. 958 do novo CPC, e nos termos do art. 180, V, do Regimento Interno deste Tribunal. Suscitada dúvida de competência." (TJRS, ACº 70081725954, Quinta Câmara Cível, Rel. Des. Jorge Luiz Lopes do Canto, julgado em 27/11/2019).

CAPÍTULO VI
DA HOMOLOGAÇÃO DE DECISÃO ESTRANGEIRA E DA CONCESSÃO DO *EXEQUATUR* À CARTA ROGATÓRIA

→ *v.* Art. 105, I, i, da CF/1988.
→ *v.* Art. 109, X, da CF/1988.
→ *v.* Art. 15 do LINDB.
→ *v.* Arts. 36 e 38 da Lei 9.307/1996.
→ *v.* Resolução n. 9/2005 do STJ.
→ *v.* Arts. 24, parágrafo único, 26 e seguintes e 40 do CPC.

Art. 960. A homologação de decisão estrangeira será requerida por ação de homologação de decisão estrangeira, salvo disposição especial em sentido contrário prevista em tratado.

§ 1º A decisão interlocutória estrangeira poderá ser executada no Brasil por meio de carta rogatória.

§ 2º A homologação obedecerá ao que dispuserem os tratados em vigor no Brasil e o Regimento Interno do Superior Tribunal de Justiça.

§ 3º A homologação de decisão arbitral estrangeira obedecerá ao disposto em tratado e em lei, aplicando-se, subsidiariamente, as disposições deste Capítulo.

Requisitos para homologação de sentença estrangeira

✓ DIREITO INTERNACIONAL PRIVADO. PROCESSUAL CIVIL. SENTENÇA ESTRANGEIRA CONTESTADA. AÇÃO DE GUARDA COMPARTILHADA JULGADA POR SENTENÇA ORIUNDA DA ALEMANHA. ARTIGOS 15 E 17 DA LEI DE INTRODUÇÃO ÀS NORMAS DO DIREITO BRASILEIRO. ARTS. 960 E SEGUINTES DO CPC/2015. ARTS. 216-C, 216-D E 216-F DO RISTJ. REQUISITOS ATENDIDOS. PEDIDO DE HOMOLOGAÇÃO DE SENTENÇA ESTRANGEIRA DEFERIDO. 1. A homologação de decisões estrangeiras pelo Poder Judiciário possui previsão na Constituição Federal de 1988 e, desde 2004, está outorgada ao Superior Tribunal de Justiça, que a realiza com atenção aos ditames dos arts. 15 e 17 do Decreto-Lei n.º 4.657/1942 (LINDB), do Código de Processo Civil de 2015 (art. 960 e seguintes) e do art. 216-A e seguintes do RISTJ. 2. Nos termos dos arts. 15 e 17 da Lei de Introdução às Normas do Direito Brasileiro, art. 963 do CPC/2015, e artigos 216-C, 216-D e 216-F do Regimento Interno do Superior Tribunal de Justiça, que, atualmente, disciplinam o procedimento de homologação de sentença estrangeira, constituem requisitos indispensáveis ao deferimento da homologação, os seguintes: (i) instrução da petição inicial com o original ou cópia autenticada da decisão homologanda e de outros documentos indispensáveis, devidamente traduzidos por tradutor oficial ou juramentado no Brasil e chancelados pela autoridade consular brasileira; (ii) haver sido a sentença proferida por autoridade competente; (iii) terem as partes sido regularmente citadas ou haver-se legalmente verificado a revelia; (iv) ter a sentença transitado em julgado; (v) não ofender a soberania, a dignidade da pessoa humana e/ou ordem pública. 3. Entendo que o alegado descumprimento do referido acordo de guarda compartilhada não é óbice para a homologação da sentença estrangeira, pois o ordenamento jurídico brasileiro adota o sistema de delibação na hipótese, razão pela qual há que se verificar apenas a presença dos requisitos formais, não cabendo o exame do mérito. Dessa forma, como bem argumentando na réplica às e-STJ, fls. 164-167, "o ajuizamento de ação modificativa de guarda no Brasil patrocinado pela requerida não tem o condão de obstar a homologação da sentença estrangeira". Precedentes. 4. O fato de existir uma decisão liminar do Judiciário Brasileiro regulando de forma diversa da sentença estrangeira os alimentos e a guarda de menor não importa, só por si, em ofensa à soberania da jurisdição nacional, o que impediria o deferimento do *exequatur* à decisão estrangeira. Precedentes. 5. A execução da sentença estrangeira no país, entretanto, deverá observar a prudente ponderação da Relatora Ministra Maria Thereza de Assis Moura, na SEC 14914-EX, aprovada à unanimidade pela Corte Especial: "Como os provimentos jurisdicionais que versam sobre guarda de menores, direito de visita, alimentos, são desprovidos de definitividade, podendo ser revisto em caso de modificação do estado de fato, tem-se que a sentença estrangeira homologada, quanto a esses pontos, será confrontada, pelo juízo da execução, com as decisões proferidas pelo Poder Judiciário brasileiro.". 6. No que concerne à gratuidade da justiça concedida em favor do requente, já foi concedida pela Presidência e merece ser mantida, nos termos do quanto salientado pela Defensoria Pública da União, pois "a situação socioeconômica do mesmo no processo em questão encontra-se em consonância com a Resolução 133/2016 do Conselho Superior da Defensoria Pública da União, a qual disciplina os critérios para aferição da hipossuficiência econômica de pessoa natural integrante de núcleo familiar cuja renda mensal bruta não ultrapasse valor fixado para atuação do órgão.". Igualmente, penso que merece acolhida o pleito de concessão da justiça gratuita à requerida, pois comprovou que não tem condições de arcar com as custas e despesas do processo. 7. Portanto, os requisitos legais se encontram plenamente atendidos neste caso, quanto à prova da citação do requerido no processo estrangeiro, ao trânsito em julgado e a estar a decisão devidamente autenticada por autoridade consular brasileira e com tradução oficial e/ou juramentada. Nesse sentido, a propósito, o parecer do MPF. 8. Pedido de homologação de sentença estrangeira deferido. (HDE 3.014/EX, Rel. Ministro Og Fernandes, Corte Especial, julgado em 07/10/2020, DJe 20/10/2020)

O STJ não analisa o mérito do processo objeto da homologação, salvo para verificar eventual ofensa à ordem pública ou à soberania nacional

✓ HOMOLOGAÇÃO DE DECISÃO ESTRANGEIRA. EUA. CONTRATO DE COMPRA E VENDA DE AERONAVE, COM CONTRATO ACESSÓRIO DE FINANCIAMENTO. REQUISITOS PREENCHIDOS. INSURGÊNCIA CONTRA A SUPOSTA EXISTÊNCIA DE VÍCIOS NO PRODUTO E FRAUDE DA VENDEDORA. MATÉRIA DE MÉRITO. QUESTÕES QUE REFOGEM AOS LIMITES DA ATUAÇÃO HOMOLOGATÓRIA DO STJ. PRECEDENTES. LEGITIMIDADE ATIVA DO BANCO QUE NÃO PARTICIPOU DA AÇÃO QUE DEU ORIGEM À SENTENÇA ESTRANGEIRA. LEGÍTIMO INTERESSE DEMONSTRADO. COMPETÊNCIA DA JUSTIÇA ESTADUNIDENSE. PRESSUPOSTOS PREENCHIDOS. PEDIDO HOMOLOGATÓRIO DEFERIDO. 1. A Parte que pede homologação de sentença estrangeira não precisa, necessariamente, ser a mesma que participou do processo alienígena. Basta que tenha interesse jurídico demonstrado. Precedente. 2. A presente via processual não se coaduna com a pretensão de rediscutir o mérito do que ficou decidido na sentença homologanda. Precedentes. 3. "Preenchidos os requisitos legais, impõe-se a homologação da sentença estrangeira, não cabendo ao Superior Tribunal de Justiça o exame de matéria pertinente ao mérito, salvo para, dentro de estreitos limites, verificar eventual ofensa à ordem pública e à soberania nacional, o que não é o caso" (SEC 16.180/EX, Rel. Ministro Benedito Gonçalves, Corte Especial, julgado em 20/11/2017, DJe 27/11/2017). 4. Não se discute a competência da jurisdição estrangeira, na medida em que o acerto foi pactuado pelas partes. Aliás, a própria Requerida buscou a justiça alienígena, o que demonstra ter aceito a cláusula de eleição de foro. Ademais, ainda que se cogitasse de competência concorrente, esta Corte tem entendimento consolidado no sentido de que, "versando o caso sobre hipótese de competência internacional concorrente (art. 12, da LINB), o pedido de homologação de sentença americana transitada em julgado não ofende a soberania nacional" (AgInt na HDE 328/EX, Rel. Ministro Felix Fischer, Corte Especial, julgado em 12/02/2019, DJe 18/02/2019). 5. Pedido de homologação deferido. Condenação da Requerida ao pagamento das custas e dos honorários advocatícios." (HDE 710/EX, Rel. Ministra Laurita Vaz, Corte Especial, julgado em 04/12/2019, DJe 17/12/2019)

Compete ao Superior Tribunal de Justiça homologar as sentenças estrangeiras, inclusive as arbitrais

✓ SENTENÇA ARBITRAL ESTRANGEIRA. DIREITO CIVIL. RESCISÃO CONTRATUAL. CUMPRIMENTO DOS REQUISITOS EXIGIDOS PELOS ARTS. 15 E 17 DA LINDB E 216-A A 216-N DO RISTJ. ALEGAÇÃO DE NULIDADE DO COMPROMISSO ARBITRAL E MATÉRIAS REFERENTES AO MÉRITO DA QUESTÃO. RECUPERAÇÃO JUDICIAL. SENTENÇA ARBITRAL ESTRANGEIRA HOMOLOGADA EM CONCORDÂNCIA COM O PARECER MINISTERIAL. 1. O pedido está em conformidade com os arts. 216-A a 216-N do RISTJ e 15 a 17 da Lei de Introdução às Normas do Direito Brasileiro, tendo a sentença arbitral sido proferida por autoridade competente e a instauração sido realizada pela requerida, estando, portanto, suprimida a questão sobre a regularidade da citação. Verifica-se o trânsito em julgado da sentença, conforme normativos da LCIA – Arbitration and ADR worldwide, que, no art. 26.9 de seu regulamento, considera definitivas todas as sentenças lá proferidas. 2. Questões atinentes à existência, validade e eficácia da cláusula compromissória deverão ser apreciadas pelo árbitro, a teor do que dispõem os arts. 8º, parágrafo único, e 20 da Lei n. 9.307/1996. Trata-se da denominada *kompetenz-kompetenz* (competência-competência), que confere ao árbitro o poder de decidir sobre a própria competência, sendo condenável qualquer tentativa das partes ou do juiz estatal de alterar essa realidade. 3. Não compete ao juízo estrangeiro, ao solucionar a questão do compromisso arbitral, determinar a outro juízo que ponha fim ao processo ou mesmo a uma das partes que o faça, sob pena de ferir a disposição inserta no art. 5º, XXXV, da Constituição Federal. 4. Sentença arbitral estrangeira homologada em parte. (SEC 12.781/EX, Rel. Ministro João Otávio de Noronha, Corte Especial, julgado em 07/06/2017, DJe 18/08/2017)

Valor da causa em homologação de sentença estrangeira

✓ "Em sede de homologação de sentença arbitral estrangeira, via de regra, o valor atribuído à causa corresponde ao conteúdo econômico da sentença arbitral, geralmente de quantias vultosas. Por isso, sendo contestada a ação, como na hipótese dos autos, a fixação dos honorários advocatícios em percentual sobre o valor da causa pode mostrar-se exacerbada, conforme já apreciado por este Superior Tribunal de Justiça." (EDcl na SEC

5.782/EX, Rel. Ministro Jorge Mussi, Corte Especial, julgado em 17/08/2016, DJe 30/08/2016).

✓ "...o valor da causa, em homologação de sentença estrangeira condenatória, é o da condenação por esta imposta. Precedentes..." (SEC 14.385/EX, Rel. Ministra Nancy Andrighi, Corte Especial, julgado em 15/08/2018, DJe 21/08/2018)

Art. 961. A decisão estrangeira somente terá eficácia no Brasil após a homologação de sentença estrangeira ou a concessão do *exequatur* às cartas rogatórias, salvo disposição em sentido contrário de lei ou tratado.

→ v. EC 45/2004 alterou a competência prevista no art. 105, I, i, da CF.

§ 1º É passível de homologação a decisão judicial definitiva, bem como a decisão não judicial que, pela lei brasileira, teria natureza jurisdicional.

§ 2º A decisão estrangeira poderá ser homologada parcialmente.

§ 3º A autoridade judiciária brasileira poderá deferir pedidos de urgência e realizar atos de execução provisória no processo de homologação de decisão estrangeira.

§ 4º Haverá homologação de decisão estrangeira para fins de execução fiscal quando prevista em tratado ou em promessa de reciprocidade apresentada à autoridade brasileira.

§ 5º A sentença estrangeira de divórcio consensual produz efeitos no Brasil, independentemente de homologação pelo Superior Tribunal de Justiça.

Interpretação restritiva do STJ quanto à desnecessidade de homologação de divórcio consensual (distinção entre divórcio consensual puro e qualificado)

✓ "SENTENÇA ESTRANGEIRA CONTESTADA. ARTIGOS 15 E 17 DA LEI DE INTRODUÇÃO ÀS NORMAS DO DIREITO BRASILEIRO. ARTS. 216-C, 216-D E 216-F DO RISTJ. REQUISITOS. PREENCHIMENTO. 1. A regra inserta no art. 961, § 5º, do CPC/2015, de que "[a] sentença estrangeira de divórcio consensual produz efeitos no Brasil, independentemente de homologação pelo Superior Tribunal de Justiça", aplica-se apenas aos casos de divórcio consensual puro ou simples e não ao divórcio consensual qualificado, que dispõe sobre a guarda, alimentos e/ou partilha de bens, nos termos dos artigos 1º e 2º do Provimento n. 56/2016 do Conselho Nacional de Justiça. 2. Na hipótese, trata-se de pedido de homologação de sentença estrangeira de divórcio consensual qualificado, sendo perfeitamente cabível o pedido de homologação realizado nesta Corte. 3. Constam dos autos os documentos necessários ao deferimento do pedido – (i) instrução da petição inicial com o original ou cópia autenticada da decisão homologanda e de outros documentos indispensáveis, devidamente traduzidos por tradutor oficial ou juramentado no Brasil e chancelados pela autoridade consular brasileira; (ii) haver sido a sentença proferida por autoridade competente; (iii) terem as partes sido regularmente citadas ou haver-se legalmente verificado a revelia; (iv) ter a sentença transitado em julgado – além de o conteúdo do título não ofender "a soberania, a dignidade da pessoa humana e/ou ordem pública". Inteligência dos artigos 15 e 17 da Lei de Introdução às Normas do Direito Brasileiro e artigos 216-C, 216-D e 216-F do Regimento Interno do Superior Tribunal de Justiça. 4. Sentença estrangeira homologada." (SEC 14.525/EX, Rel. Ministro Benedito Gonçalves, Corte Especial, julgado em 07/06/2017, DJe 14/06/2017).

§ 6º Na hipótese do § 5º, competirá a qualquer juiz examinar a validade da decisão, em caráter principal ou incidental, quando essa questão for suscitada em processo de sua competência.

Homologação de sentença anterior ao CPC/2015 e manutenção do interesse de agir

✓ SENTENÇA ESTRANGEIRA CONTESTADA. DIVÓRCIO CONSENSUAL REALIZADO NOS ESTADOS UNIDOS DA AMÉRICA. NOVO CÓDIGO DE PROCESSO CIVIL. INTERESSE DE AGIR QUANTO ÀS DEMANDAS ANTERIORES À SUA VIGÊNCIA. CUMPRIMENTO DOS REQUISITOS DO ART. 5º DA RESOLUÇÃO STJ 9/2005. 1. Trata-se de pedido de homologação de decisão do Juízo da Vara de Família e Sucessões – Divisão de Middlesex, no Estado de Massachusetts, Estados Unidos da América, que homologou divórcio consensual das partes interessadas. 2. Embora o pedido de homologação não tenha sido materialmente contestado, a competência da Corte Especial deve ser mantida diante da preliminar levantada pelo Ministério Público Federal, segundo a qual, após a vigência do CPC de 2015, o pedido de homologação, no STJ, de divórcio consensual realizado no estrangeiro não seria mais necessário. 3. No caso concreto, uma vez requerida a homologação em período anterior à vigência do NCPC, vislumbro interesse de agir e proveito às partes no exame da homologação, sobretudo diante do § 6º do art. 961 do CPC de 2015, que prevê a possibilidade de qualquer juiz examinar a validade da decisão proferida no exterior 4. Tal entendimento não implica reconhecer a presença de interesse de agir de pedidos de homologação de decisões estrangeiras sobre divórcios consensuais formulados após o advento do novo CPC. 5. Os requisitos formais do art. 5º da Resolução STJ 9/2005 foram atendidos e inexiste na decisão estrangeira, ofensa à soberania nacional, à dignidade da pessoa humana e/ou à ordem pública (art. 6º). 6. Pedido de homologação deferido. Sem honorários, ante a concordância de ambas as partes. (SEC 13.571/EX, Rel. Ministro Herman Benjamin, Corte Especial, julgado em 05/04/2017, DJe 03/05/2017).

Modo de fixação de honorários advocatícios no processo de homologação de sentença estrangeira

✓ AGRAVO INTERNO NA HOMOLOGAÇÃO DE DECISÃO ESTRANGEIRA. HONORÁRIOS ADVOCATÍCIOS SUCUMBENCIAIS FIXADOS POR APRECIAÇÃO EQUITATIVA. 1. Hipótese em que o pedido de homologação de sentença estrangeira foi extinto sem julgamento do mérito, fixando-se honorários advocatícios sucumbenciais em favor dos patronos da Requerida por apreciação equitativa, nos termos do art. 85, parágrafo 8º do CPC/15. 2. A homologação pelo Superior Tribunal de Justiça é apenas uma fase para que a sentença estrangeira tenha eficácia no Brasil. Art. 961 do CPC. Art. 105, I, "i", da Constituição. 3. Em demandas de Homologação de Decisão Estrangeira, aplica-se, na fixação de honorários advocatícios sucumbenciais, o disposto no parágrafo 8º do art. 85 do CPC/2015. Precedentes: EDcl na SEC 11.106/

EX, Rel. Ministro Herman Benjamin, Corte Especial, julgado em 21/02/2018, DJe 17/12/2018; SEC 14.233/EX, Rel. Ministro Og Fernandes, Corte Especial, julgado em 21/11/2018, DJe 27/11/2018. 4. Valor fixado sem olvidar do valor da condenação estampada na sentença estrangeira, mas também levando-se em consideração que o processo tramitou de forma eletrônica, sem necessidade de comparecimento a Brasília e foi extinto sem apreciação do mérito, por falta de prova de representação processual regular da Autora. 5. Agravo interno dos Requeridos não provido. (AgInt nos EDcl na SEC 15.883/EX, Rel. Ministro Benedito Gonçalves, Corte Especial, julgado em 07/08/2019, DJe 13/08/2019)

Ausente a litigiosidade, não haverá condenação em honorários em homologação de sentença estrangeira

✓ "AGRAVO INTERNO NOS EMBARGOS DE DECLARAÇÃO NA HOMOLOGAÇÃO DE DECISÃO ESTRANGEIRA. AUSÊNCIA DE LITIGIOSIDADE DO FEITO. FIXAÇÃO DE HONORÁRIOS SUCUMBENCIAIS. DESCABIMENTO. 1. A ausência de litigiosidade na ação de homologação de sentença estrangeira afasta a condenação da parte requerida em honorários advocatícios sucumbenciais. 2. Agravo interno desprovido." (AgInt nos EDcl na HDE 2.568/EX, Rel. Ministro João Otávio de Noronha, Corte Especial, julgado em 10/12/2019, DJe 13/12/2019).

Art. 962. É passível de execução a decisão estrangeira concessiva de medida de urgência.

§ 1º A execução no Brasil de decisão interlocutória estrangeira concessiva de medida de urgência dar-se-á por carta rogatória.

§ 2º A medida de urgência concedida sem audiência do réu poderá ser executada, desde que garantido o contraditório em momento posterior.

§ 3º O juízo sobre a urgência da medida compete exclusivamente à autoridade jurisdicional prolatora da decisão estrangeira.

§ 4º Quando dispensada a homologação para que a sentença estrangeira produza efeitos no Brasil, a decisão concessiva de medida de urgência dependerá, para produzir efeitos, de ter sua validade expressamente reconhecida pelo juiz competente para dar-lhe cumprimento, dispensada a homologação pelo Superior Tribunal de Justiça.

Art. 963. Constituem requisitos indispensáveis à homologação da decisão:

I – ser proferida por autoridade competente;

II – ser precedida de citação regular, ainda que verificada a revelia;

Modo de citação do brasileiro residente do país em processo de homologação de sentença estrangeira

✓ HOMOLOGAÇÃO DE DECISÃO ESTRANGEIRA CONTESTADA. ALIMENTOS. REQUERIDO RESIDENTE NO BRASIL. NECESSIDADE DE CITAÇÃO POR CARTA ROGATÓRIA. HOMOLOGAÇÃO INDEFERIDA. I – A citação de brasileiro residente no Brasil deve ocorrer por carta rogatória. Precedentes: SEC n. 14.849/EX, Rel. Ministra Nancy Andrighi, Corte Especial, julgado em 7/3/2018, DJe 23/3/2018; SEC n. 12.130/EX, Rel. Ministro Humberto Martins, Corte Especial, julgado em 19/10/2016, DJe 26/10/2016; SEC n. 10.154/EX, Rel. Ministra Laurita Vaz, Corte Especial, julgado em 1º/7/2014, DJe 6/8/2014). II – Homologação de decisão estrangeira indeferida. (HDE 3.601/EX, Rel. Ministro Francisco Falcão, Corte Especial, julgado em 02/09/2020, DJe 10/09/2020)

Decisão do STJ não homologando sentença estrangeira, pois não houve citação regular de residente no Brasil, via rogatória

✓ DIREITO INTERNACIONAL PRIVADO. PROCESSUAL CIVIL. SENTENÇA ESTRANGEIRA CONTESTADA. DIVÓRCIO NÃO CONSENSUAL. CITAÇÃO POR MEIO DE CARTA COM AVISO DE RECEBIMENTO. RESIDENTE NO BRASIL. NECESSIDADE DE CARTA ROGATÓRIA. NÃO ATENDIMENTO DO ART. 15, "b", DA LINDB, ART. 963, II, DO NCPC E ART. 216-D, II, DO RISTJ. PRECEDENTES. 1. Pedido de homologação de sentença de divórcio não consensual proferida em Portugal, na qual se debate apenas se houve citação válida em atenção ao o art. 15, "b", da LINDB, ao art. 963, II, do NCPC e ao art. 216-D, II, do RISTJ. 2. No caso concreto, não há falar em citação válida, já que a citação de brasileiro residente no Brasil deve ser efetivada por meio de carta rogatória, como pacificado na jurisprudência do STJ e não por meio de carta comum, com aviso de recebimento (fl. 81 e fl. 84): "A jurisprudência desta Corte Superior de Justiça é no sentido de que, para homologação de sentença estrangeira proferida em processo que tramitou contra pessoa residente no Brasil, revela-se imprescindível que a citação tenha sido por meio de carta rogatória" (SEC 8.396/EX, Rel. Ministro Mauro Campbell Marques, Corte Especial, DJe 11/12/2014.). Pedido de homologação indeferido. (SEC 12.130/EX, Rel. Ministro Humberto Martins, Corte Especial, julgado em 19/10/2016, DJe 26/10/2016)

A parte que pede homologação de sentença estrangeira não precisa, necessariamente, ser a mesma que participou do processo no exterior

✓ "HOMOLOGAÇÃO DE DECISÃO ESTRANGEIRA. EUA. CONTRATO DE COMPRA E VENDA DE AERONAVE, COM CONTRATO ACESSÓRIO DE FINANCIAMENTO. REQUISITOS PREENCHIDOS. INSURGÊNCIA CONTRA A SUPOSTA EXISTÊNCIA DE VÍCIOS NO PRODUTO E FRAUDE DA VENDEDORA. MATÉRIA DE MÉRITO. QUESTÕES QUE REFOGEM AOS LIMITES DA ATUAÇÃO HOMOLOGATÓRIA DO STJ. PRECEDENTES. LEGITIMIDADE ATIVA DO BANCO QUE NÃO PARTICIPOU DA AÇÃO QUE DEU ORIGEM À SENTENÇA ESTRANGEIRA. LEGÍTIMO INTERESSE DEMONSTRADO. COMPETÊNCIA DA JUSTIÇA ESTADUNIDENSE. PRESSUPOSTOS PREENCHIDOS. PEDIDO HOMOLOGATÓRIO DEFERIDO. 1. A Parte que pede homologação de sentença estrangeira não precisa, necessariamente, ser a mesma que participou do processo alienígena. Basta que tenha interesse jurídico demonstrado. Precedente. 2. A presente via processual não se coaduna com a pretensão de rediscutir o mérito do que ficou decidido na sentença homologanda. Precedentes. 3. "Preenchidos os requisitos legais, impõe-se a homologação da sentença estrangeira, não cabendo ao Superior Tribunal de Justiça o exame de matéria pertinente ao mérito, salvo para, dentro de estreitos limites, verificar eventual ofensa à ordem pública e à soberania nacional, o que não é o caso" (SEC 16.180/EX, Rel. Ministro Benedito Gonçalves, Corte Especial, julgado em 20/11/2017, DJe 27/11/2017). 4. Não se discute a competência da jurisdição estrangeira, na medida em que o acerto foi pactuado pelas partes. Aliás, a própria Requerida buscou a justiça alienígena, o que demonstra ter aceito a cláusula de eleição de foro. Ademais, ainda que se cogitasse de competência concorrente, esta Corte tem entendimento consolidado no sentido de que, "versando o caso sobre hipótese de competência internacional concorrente (art. 12, da LINB), o pedido de homologação de sentença americana transitada em julgado não ofende a soberania nacional" (AgInt na HDE 328/EX, Rel. Ministro Felix Fischer, Corte Especial, julgado em 12/02/2019, DJe 18/02/2019). 5. Pedido de homologação deferido. Condenação da Requerida ao pagamento das custas e dos honorários advocatícios." (HDE 710/EX, Rel. Ministra Laurita Vaz, Corte Especial, julgado em 04/12/2019, DJe 17/12/2019)

Admite-se a citação por edital se o requerente demonstrar que diligenciou, mas não obteve êxito em localizar o requerido

✓ "DECISÃO ESTRANGEIRA. DIVÓRCIO CONSENSUAL. CITAÇÃO POR EDITAL. NULIDADE. INEXISTÊNCIA. PREENCHIMENTO DOS REQUISITOS LEGAIS. PEDIDO DEFERIDO. 1. No caso, as diligências realizadas pela parte requerente no sentido de localizar a parte requerida, sem êxito, autorizam a citação por edital, sendo razoável a conclusão de desconhecimento do paradeiro atual da ex-cônjuge. 2. Preenchidos os requisitos previstos nos arts. 216-A a 216-N do Regimento Interno deste Tribunal, incluídos pela Emenda Regimental n. 18/2014, impõe-se a homologação da sentença estrangeira. 3. Pedido de homologação de decisão de divórcio deferido." (HDE 2.717/EX, Rel. Ministra Maria Thereza de Assis Moura, Corte Especial, julgado em 20/05/2020, DJe 29/05/2020)

III – ser eficaz no país em que foi proferida;

IV – não ofender a coisa julgada brasileira;

V – estar acompanhada de tradução oficial, salvo disposição que a dispense prevista em tratado;

VI – não conter manifesta ofensa à ordem pública.

Decisão do STJ homologando sentença estrangeira, pois presentes todos os requisitos

✓ "HOMOLOGAÇÃO DE DECISÃO ESTRANGEIRA CONTESTADA. PEDIDO DE HOMOLOGAÇÃO DE DECISÃO ESTRANGEIRA QUE HOMOLOGA ACORDO DE DIVÓRCIO E DE GUARDA E ALIMENTOS EM FAVOR DE FILHA MENOR. ARTIGOS 15 E 17 DA LEI DE INTRODUÇÃO ÀS NORMAS DO DIREITO BRASILEIRO. ARTS. 963 A 965 DO CPC. ARTS. 216-C, 216-D E 216-F DO RISTJ. REQUISITOS. CUMPRIMENTO. 1. Nos termos dos artigos 15 e 17 da Lei de Introdução às Normas do Direito Brasileiro, 963 a 965 do Código de Processo Civil e artigos 216-C, 216-D e 216-F do Regimento Interno do Superior Tribunal de Justiça, que, atualmente, disciplinam o procedimento de homologação de sentença estrangeira, constituem requisitos indispensáveis ao deferimento da homologação, os seguintes: (i) instrução da petição inicial com o original ou cópia autenticada da decisão homologanda e de outros documentos indispensáveis; (ii) haver sido a sentença proferida por autoridade competente; (iii) terem as partes sido regularmente citadas ou haver-se legalmente verificado a revelia; (iv) ter a sentença transitado em julgado; (v) não ofender "a soberania, a dignidade da pessoa humana e/ou ordem pública". 2. A cientificação formal do requerido acerca do teor da sentença homologanda não é requisito necessária à homologação, bastando que tenha sido regularmente citado. No caso em exame, tratando-se no estrangeiro de pedido de divórcio consensual para o qual a aqui requerida outorgou procuração, não há que se falar em citação no processo estrangeiro, no qual ela figurou como requerente. 3. Preenchidos os requisitos legais, impõe-se a homologação da sentença estrangeira, não cabendo ao Superior Tribunal de Justiça o exame de matéria pertinente ao mérito, salvo para, dentro de estreitos limites, verificar eventual ofensa à ordem pública e à soberania nacional, o que não é o caso. 4. No que diz respeito aos bens situados no Brasil, não importa não tenha havido deliberação na decisão homologanda, pois, nos termos do art. 23, III, do CPC/2015, a partilha dos bens situados no Brasil apenas poderá ser feita pela autoridade judiciária brasileira, com a exclusão de qualquer outra. 5. No que diz respeito ao exercício da guarda, visitas e alimentos devidos à filha menor, o provimento estrangeiro é despido de definitividade. 6. Sentença estrangeira homologada." (HDE 907/EX, Rel. Ministro Benedito Gonçalves, Corte Especial, julgado em 16/05/2018, DJe 01/06/2018)

Desnecessidade de trânsito em julgado da sentença a ser homologada

✓ HOMOLOGAÇÃO DE SENTENÇA ESTRANGEIRA CONTESTADA. SENTENÇA ARBITRAL SUIÇA. TRIBUNAL ARBITRAL DO ESPORTE. FORMALIDADES. ATENDIMENTO. APOSTILAMENTO. CONVENÇÃO DE HAIA DE 1969. DECRETO 8.660 DE 29.1.2016. DOCUMENTO PÚBLICO. CONCEITO AMPLO. ASSINATURA, SELO E/OU CARIMBO. AUTENTICIDADE. COMPROVAÇÃO. DESNECESSIDADE DE TRÂNSITO EM JULGADO. ART. 963, III, DO CÓDIGO FUX. DECISÃO PLENAMENTE EFICAZ. PRECEDENTES. DEFERIMENTO DO PEDIDO DE HOMOLOGAÇÃO DA DECISÃO ESTRANGEIRA, ACOLHENDO-SE INTEGRALMENTE O PARECER DO MPF. 1. Trata-se de Homologação de Sentença Arbitral Estrangeira proferida pelo Tribunal Arbitral do Esporte (TAS/CAS), localizado em Lausanne, Suíça, ao qual se aplicam os tratados em vigor no Brasil, a Lei relativa a arbitragem e o Regimento Interno do Superior Tribunal de Justiça, incidindo, ainda, subsidiariamente, os dispositivos do Código de Processo Civil que tratam do tema, nos termos do art. 960, §§ 2º e 3º do Código Fux. 2. Na hipótese dos autos, a petição inicial veio devidamente acompanhada de cópia da sentença arbitral que condenou o Requerido ao pagamento de R$137.840,00 (cento e trinta e sete mil oitocentos e quarenta reais), acrescidos de juros de 5% (cinco por cento) ao ano, prolatada pelo Tribunal Arbitral do Esporte (TAS/CAS), devidamente apostilada, nos termos da Convenção de Haia, de 5.10.1961, e respectiva tradução oficial, bem como de cópia do Código de Arbitragem Desportiva e respectiva tradução oficial e do contrato firmado entre as partes, objeto da sentença arbitral a qual se busca homologação. 3. Conforme dispõe a Convenção sobre a Eliminação da Exigência de Legalização de Documentos Públicos Estrangeiros (Convenção de Haia), promulgada pelo Decreto 8.660/2016, são considerados documentos públicos os atos notariais (art. 1o., c), sendo dispensada a formalidade pela qual os agentes diplomáticos ou consulares do país no qual o documento deve produzir efeitos atestam a autenticidade da assinatura, a função ou o cargo exercidos pelo signatário do documento e, quando cabível, a autenticidade do selo ou carimbo aposto no documento (art. 2o.), sendo suficiente para tal finalidade a aposição de apostila, emitida pela autoridade competente do Estado no qual o documento é originado (art. 3o.), atendendo-se, portanto, o requisito previsto no art. 37, I da Lei 9.307/1996, sendo desnecessário, no presente caso, a autenticação consular da decisão objeto da homologação. 4. Conforme já decidiu esta Corte Especial, o conceito de documento público para fins de aplicação da Convenção de Haia, deve ser interpretado de maneira ampla e abrangente, o que assegura o reconhecimento da autenticidade, de maneira simplificada, a um maior número possível de documentos, sendo o apostilamento meio hábil para a comprovação da autenticidade da assinatura, selo ou carimbo oficiais do Estado de origem apostos no documento legal estrangeiro. Nesse sentido, confiram-se: SEC 14385/EX, Rel. Min. Nancy Andrighi, DJe 21.8.2018; HDE 2578/EX, Rel. Min. Maria Thereza de Assis Moura, DJe 10.9.2019. 5. O Código Fux, por meio do disposto no art. 963, III, derrogou a exigência de que haja o trânsito em julgado da decisão a ser homologada, sendo suficiente, para efeito de homologação, que seja eficaz no país em que foi proferida. Nesse sentido: HDE 818/EX, Rel. Min. Benedito Gonçalves, DJe 10.9.2019. 6. A decisão estrangeira homologanda não ofende a soberania nacional, a dignidade da pessoa humana e/ou a ordem pública, nos termos do art. 216-F do RI/STJ, tendo sido proferida por autoridade competente, haja vista a eleição válida, pelas partes, do Tribunal Arbitral du Sport para resolver todo e qualquer litígio originado do Contrato Padrão de Representação. 7. Sentença arbitral estrangeira homologada. Condena-se a parte requerida ao pagamento das custas processuais e honorários advocatícios, no importe de 10% (dez por cento) sobre o valor atualizado da causa. (HDE 1.940/EX, Rel. Ministro Napoleão Nunes Maia Filho, Corte Especial, julgado em 05/02/2020, DJe 17/02/2020)

Parágrafo único. Para a concessão do *exequatur* às cartas rogatórias, observar-se-ão os pressupostos previstos no caput deste artigo e no art. 962, § 2º.

Art. 964. Não será homologada a decisão estrangeira na hipótese de competência exclusiva da autoridade judiciária brasileira.

Parágrafo único. O dispositivo também se aplica à concessão do *exequatur* à carta rogatória.

→ *v.* Art. 23 do CPC.

Não cabe homologação de sentença estrangeira em processo relativo a sucessão causa mortis sobre a partilha de bens imóveis situados no território brasileiro

✓ SENTENÇA ESTRANGEIRA CONTESTADA. INVENTÁRIO E PARTILHA. AUSÊNCIA DE INTERESSE DE AGIR. ILEGITIMIDADE ATIVA AD CAUSAM. CARÊNCIA DE AÇÃO. IMPOSSIBILIDADE DO PEDIDO. INDEFERIMENTO DO PEDIDO DE HOMOLOGAÇÃO. 1. No sistema jurídico brasileiro, a homologação de sentença estrangeira tem por finalidade garantir que esta possua eficácia declaratória, constitutiva ou executória no território nacional. Assim, se a sentença estrangeira não possuir o condão de produzir efeitos no Brasil, não terá a utilidade necessária para configuração do indispensável interesse de agir. 2. No caso, a sentença estrangeira que se pretende homologar refere-se a processo de inventário de bens deixados por morte de estrangeiro, processo do qual não foi parte o requerente, tampouco houve disposição acerca de bens e direitos situados no território brasileiro. Desse modo, não se mostra presente o necessário interesse de agir por parte do requerente para homologação da sentença portuguesa por esta Corte Superior. 3. Ademais, também não está caracterizada a legitimidade ativa do postulante, porquanto não comprovou sua condição sequer de interessado, já que não tomou parte diretamente do negócio jurídico que alega atrelado à sentença estrangeira de inventário. 4. Registre-se, ainda, que, caso a sentença estrangeira trouxesse disposição acerca da partilha de bem imóvel situado no Brasil, o que não ocorre na hipótese, estar-se-ia diante de causa de competência exclusiva da autoridade judiciária brasileira, nos termos do art. 89 do CPC de 1973 (atual art. 23 do CPC de 2015), o que também impossibilitaria a homologação da decisão alienígena. 5. Pedido de homologação de sentença estrangeira indeferido. (SEC 14.069/EX, Rel. Ministro Raul Araújo, Corte Especial, julgado em 07/08/2019, DJe 16/08/2019)

Art. 965. O cumprimento de decisão estrangeira far-se-á perante o juízo federal competente, a requerimento da parte, conforme as normas estabelecidas para o cumprimento de decisão nacional.

Parágrafo único. O pedido de execução deverá ser instruído com cópia autenticada da decisão homologatória ou do *exequatur*, conforme o caso.

Capítulo VII
DA AÇÃO RESCISÓRIA

→ *v.* Súmula 514 do STF.
→ *v.* Súmula 401 do STJ.
→ *v.* Súmula 100 do TST.
→ *v.* Art. 836 da CLT.
→ *v.* Art. 59 da Lei 9.099/1995.
→ *v.* Arts. 701, § 3º, e 937 do CPC.

Art. 966. A decisão de mérito, transitada em julgado, pode ser rescindida quando:

A ação rescisória não é o meio processual adequado para a correção de suposta injustiça da sentença, apreciação de má interpretação dos fatos ou de reexame de provas produzidas

✓ "A jurisprudência do STJ possui o entendimento de que a Ação Rescisória não é o meio adequado para a correção de suposta injustiça da Sentença, apreciação de má interpretação dos fatos ou de reexame de provas produzidas, tampouco para complementá-la. Para justificar a procedência da demanda rescisória, a violação à lei deve ser de tal modo evidente que afronte o dispositivo legal em sua literalidade." (STJ, REsp 1725409/MG, Rel. Ministro Herman Benjamin, Segunda Turma, julgado em 13/03/2018, DJe 13/11/2018).

A ação rescisória não pode ser utilizada como sucedâneo recursal

✓ "Quanto à alegação de violação dos artigos 489, § 1º, IV e 1.022 do CPC/2015, destaca-se que o Tribunal a quo de maneira expressa e fundamentada consignou que, no tocante ao suposto erro de fato, não havia fundamento para rescindir o julgado, pois, com base nas provas existentes nos autos, os julgadores da ação originária concluíram que os autores da ação rescisória não tinham condições financeiras e que os imóveis foram, em verdade, adquiridos pelo gerente da Caixa Econômica Federal. Ademais, o Tribunal de origem fez constar que "Na realidade, os autores pretendem obter a revaloração de provas, o que é inviável nesta via processual. A ação rescisória não pode nem deve ser utilizada como sucedâneo recursal, para veicular inconformidade com decisão contrária aos interesses da parte, sob pena de afronta à segurança jurídica e à estabilidade das decisões judiciais" (e-STJ, fl. 142). Frise-se que a solução integral da controvérsia, com fundamento suficiente, não caracteriza ofensa ao artigo 1.022 do CPC/2015, pois não há que se confundir decisão contrária aos interesses da parte com negativa de prestação jurisdicional." (STJ, AgInt nos EDcl no REsp 1841153/RS, Rel. Ministro Mauro Campbell Marques, Segunda Turma, julgado em 24/08/2020, DJe 02/09/2020).

I – se verificar que foi proferida por força de prevaricação, concussão ou corrupção do juiz;

→ *v.* Arts. 316, 317 e 319 do CP.

II – for proferida por juiz impedido ou por juízo absolutamente incompetente;

→ *v.* Arts. 62, 64 e 144 do CPC.

III – resultar de dolo ou coação da parte vencedora em detrimento da parte vencida ou, ainda, de simulação ou colusão entre as partes, a fim de fraudar a lei;

→ *v.* Arts. 145, 151 e 167 do CC/2002.

→ *v.* Art. 142 do CPC.

IV – ofender a coisa julgada;

→ *v.* Art. 502 e seguintes do CPC.

No conflito entre duas coisas julgadas, a Corte Especial do Superior Tribunal de Justiça entendeu que deve prevalecer a decisão que por último transitou em julgado

✓ PROCESSUAL CIVIL. EMBARGOS DE DIVERGÊNCIA EM AGRAVO EM RECURSO ESPECIAL. DISSENSO ESTABELECIDO ENTRE O ARESTO EMBARGADO E PARADIGMAS INVOCADOS. CONFLITO ENTRE COISAS JULGADAS. CRITÉRIO TEMPORAL PARA SE DETERMINAR A PREVALÊNCIA DA PRIMEIRA OU DA SEGUNDA DECISÃO. DIVERGÊNCIA QUE SE RESOLVE, NO SENTIDO DE PREVALECER A DECISÃO QUE POR ÚLTIMO TRANSITOU EM JULGADO, DESDE QUE NÃO DESCONSTITUÍDA POR AÇÃO RESCISÓRIA. DISCUSSÃO ACERCA DE PONTO SUSCITADO PELA PARTE EMBARGADA DE QUE, NO CASO, NÃO EXISTIRIAM DUAS COISAS JULGADAS. QUESTÃO A SER DIRIMIDA PELO ÓRGÃO FRACIONÁRIO. EMBARGOS DE DIVERGÊNCIA PROVIDOS PARCIALMENTE. 1. A questão debatida neste recurso, de início, reporta-se à divergência quanto à tese firmada no aresto embargado de que, no conflito entre duas coisas julgadas, prevaleceria a primeira decisão que transitou em julgado. Tal entendimento conflita com diversos outros julgados desta Corte Superior, nos quais a tese estabelecida foi a de que deve prevalecer a decisão que por último se formou, desde que não desconstituída por ação rescisória. Diante disso, há de se conhecer dos embargos de divergência, diante do dissenso devidamente caracterizado. 2. Nesse particular, deve ser confirmado, no âmbito desta Corte Especial, o entendimento majoritário dos órgãos fracionários deste Superior Tribunal de Justiça, na seguinte forma: "No conflito entre sentenças, prevalece aquela que por último transitou em julgado, enquanto não desconstituída mediante Ação Rescisória" (REsp 598.148/SP, Rel. Ministro Herman Benjamin, Segunda Turma, julgado em 25/8/2009, DJe 31/8/2009). 3. Entendimento jurisprudencial que alinha ao magistério de eminentes processualistas: "Em regra, após o trânsito em julgado (que, aqui, de modo algum se pré-exclui), a nulidade converte-se em simples rescindibilidade. O defeito, arguível em recurso como motivo de nulidade, caso subsista, não impede que a decisão, uma vez preclusas as vias recursais, surta efeito até que seja desconstituída, mediante rescisão (BARBOSA MOREIRA, José Carlos. Comentários ao Código de Processo Civil, 5ª ed, Forense: 1985, vol. V, p. 111, grifos do original). Na lição de Pontes de Miranda, após a rescindibilidade da sentença, "vale a segunda, e não a primeira, salvo se a primeira já se executou, ou começou de executar-se". (Comentários ao Código de Processo Civil. 3. ed., t. 6. Rio de Janeiro: Forense, 2002, p. 214). 4. Firmada essa premissa, que diz respeito ao primeiro aspecto a ser definido no âmbito deste recurso de divergência, a análise de questão relevante suscitada pela parte embargada, no sentido de que, no caso, não existiriam duas coisas julgadas, deve ser feita pelo órgão fracionário. É que a atuação desta Corte Especial deve cingir-se à definição da tese, e, em consequência, o feito deve retornar à eg. Terceira Turma, a fim de, com base na tese ora estabelecida, rejulgar a questão, diante da matéria reportada pela parte embargada. 5. Embargos de divergência providos parcialmente. (EAREsp 600.811/SP, Rel. Ministro Og Fernandes, Corte Especial, julgado em 04/12/2019, DJe 07/02/2020)

A parte autora da rescisória tem o ônus de demonstrar como a coisa julgada foi violada

✓ PROCESSUAL CIVIL. AÇÃO RESCISÓRIA FUNDADA EM VIOLAÇÃO À COISA JULGADA. NÃO DEMONSTRAÇÃO DE COMO A VIOLAÇÃO TERIA OCORRIDO. AÇÃO RESCISÓRIA NÃO CONHECIDA. 1. Trata-se de Ação Rescisória interposta contra decisão monocrática que deu provimento a Recurso Especial interposto contra acórdão do Tribunal de Justiça do Rio Grande do Sul para pronunciar a prescrição do fundo do direito do autor. 2. Ação Rescisória baseada somente na violação à coisa julgada, uma vez que, embora se afirme fundamentada nos incisos IV ("ofender a coisa julgada") e V ("violar literal disposição de lei") do art. 485 do CPC, o dispositivo cuja literalidade se afirma violada é o art. 5º, XXXVI, da Constituição. 3. A inicial não aponta claramente de que forma a decisão rescindenda teria violado a coisa julgada, o que impede o seu conhecimento. 4. O simples fato de as decisões de 1º e 2º grau terem sido favoráveis ao autor não implica o surgimento de coisa julgada, uma vez que a decisão só se torna imutável após esgotadas as possibilidades de recurso, sendo que, no caso, foi interposto Recurso Especial. E, obviamente, o provimento do Recurso Especial não implica violação da (inexistente) coisa julgada. 5. Ação Rescisória não conhecida. (STJ, AR 4.570/RS, Rel. Min. Herman Benjamin, Primeira Seção, julgado em 26/10/2016, DJe 01/12/2016).

V – violar manifestamente norma jurídica;

→ *v.* Súmula 343 do STF.

A mera interpretação de lei conferida à época do julgamento, mesmo que posteriormente modificada, mas juridicamente aceitável, não caracteriza violação manifesta à norma jurídica

✓ TRIBUTÁRIO. PROCESSUAL CIVIL. AGRAVO INTERNO NA AÇÃO RESCISÓRIA. CÓDIGO DE PROCESSO CIVIL DE 2015. APLICABILIDADE. ALEGAÇÃO DE VIOLAÇÃO LITERAL A DISPOSITIVO DE LEI. OFENSA DEVE SER DIRETA. ACÓRDÃO RESCINDENDO ELEJE UMA DENTRE AS INTERPRETAÇÕES CABÍVEIS. POSSIBILIDADE. DECRETO LEI N. 1.437/1975. RECONHECIDA A

INCONSTITUCIONALIDADE EM SEDE DE CONTROLE DIFUSO. INCIDÊNCIA DA SÚMULA 343/STF. APLICAÇÃO DE MULTA. ART. 1.021, § 4º, DO CÓDIGO DE PROCESSO CIVIL DE 2015. DESCABIMENTO. I – Consoante o decidido pelo Plenário desta Corte na sessão realizada em 09.03.2016, o regime recursal será determinado pela data da publicação do provimento jurisdicional impugnado. Aplica-se, no caso, o Código de Processo Civil de 2015. II – No que se refere à alegada violação literal a dispositivo de lei, a orientação desta Corte é no sentido de que tal ofensa deve ser "direta, evidente, que ressai da análise do aresto rescindendo" e "se, ao contrário, o acórdão rescindendo elege uma dentre as interpretações cabíveis, ainda que não seja a melhor, a ação rescisória não merece vingar, sob pena de tornar-se um mero 'recurso' com prazo de 'interposição' de dois anos". III – O Supremo Tribunal Federal, em precedente julgado sob o rito da repercussão geral, reconheceu a validade do enunciado da Súmula n. 343 daquela Corte, no sentido de não ser cabível ação rescisória por violação de literal dispositivo de lei quando a matéria era controvertida nos Tribunais à época do julgamento, excepcionados apenas os casos submetidos a controle concentrado de constitucionalidade. Registre-se, ainda, que a Suprema Corte decidiu que o óbice previsto na Súmula 343/STF também incide na hipótese de aplicação controvertida de norma constitucional, quando inexistente controle concentrado de constitucionalidade. IV – A mera interpretação de lei conferida à época do julgamento, mesmo que posteriormente modificada jurisprudencialmente, mas juridicamente aceitável, não caracteriza violação a literal dispositivo de lei, nos termos do art. 485, V, do Código de Processo Civil de 1973, reproduzido no art. 966, V, do Código de Processo Civil de 2015 ("violar manifestamente norma jurídica"). V – In casu, como a própria Autora admite em sua petição inicial, a inconstitucionalidade do Decreto Lei n. 1.437/1975 foi reconhecida em sede de controle difuso, razão pela qual tem incidência o teor da Súmula 343/STF. VI – Em regra, descabe a imposição da multa, prevista no art. 1.021, § 4º, do Código de Processo Civil de 2015, em razão do mero desprovimento do Agravo Interno em votação unânime, sendo necessária a configuração da manifesta inadmissibilidade ou improcedência do recurso a autorizar sua aplicação, o que não ocorreu no caso. VII – Agravo interno desprovido. (AgInt na AR 4.820/PB, Rel. Min. Regina Helena Costa, Primeira Seção, julgado em 17/03/2020, DJe 23/03/2020)

A violação à norma jurídica apta a ensejar ação rescisória deve ser frontal, direta, evidente (interpretação manifestamente descabida ao dispositivo legal indicado)

✓ "A jurisprudência do STJ possui o entendimento de que o êxito do pedido rescisório, fundamentado na regra do art. 966, V, do CPC/2015, depende da demonstração inequívoca de que a decisão rescindenda, no momento da aplicação do preceito normativo tido por violado, tenha transgredido sua essência, ou seja, sua literalidade, de modo evidente, direto e manifesto. Inexistência, na hipótese." (AgInt no REsp 1880216/SP, Rel. Min. Marco Buzzi, Quarta Turma, julgado em 19/10/2020, DJe 23/10/2020).

✓ "PROCESSO CIVIL. AÇÃO RESCISÓRIA. PRAZO PRESCRICIONAL. EXECUÇÃO. FICHAS FINANCEIRAS. MANIFESTA VIOLAÇÃO DA LEI FEDERAL. INEXISTÊNCIA. IMPROCEDÊNCIA. 1. O cabimento da ação rescisória com fundamento no inciso V do art. 966 do CPC/2015 demanda a comprovação de que o julgado combatido conferiu uma interpretação manifestamente descabida ao dispositivo legal indicado, contrariando-o em sua essência. Não sendo essa a situação, o título judicial transitado em julgado merece ser preservado, em nome da segurança jurídica. 2. No caso, o aresto rescindendo aplicou a orientação contida na Súmula 150/STF para concluir que o termo inicial da prescrição para o ajuizamento do feito executivo é contado a partir do trânsito em julgado da sentença, de modo que o atraso no fornecimento das fichas financeiras pela entidade pública executada não interfere no transcurso do prazo prescricional. 3. Eventual modificação do entendimento jurisprudencial ocorrido após o trânsito em julgado do aresto rescindendo, a exemplo da superveniente modulação dos efeitos do acórdão proferido no julgamento do REsp 1.336.026/PE, submetido ao rito dos recursos repetitivos, não é suficiente para justificar o cabimento da ação rescisória com base no art. 966, V, do CPC. Incidência da Súmula 343/STF. 4. De acordo com a jurisprudência do STJ, não se admite a rescisória fundamentada no art. 966, V, do CPC (correspondente ao art. 485, V, do CPC/1973), quando o acórdão rescindendo não tiver se pronunciado sobre a questão tida por violada. 5. Ação rescisória julgada improcedente. (STJ, AR 6.010/RS, Rel. Min. Og Fernandes, Primeira Seção, julgado em 27/11/2019, DJe 10/12/2019).

É inepta a inicial da rescisória que não aponta a norma manifestamente violada

✓ "AGRAVO INTERNO NA AÇÃO RESCISÓRIA. PROCESSUAL CIVIL. LITERAL DISPOSIÇÃO DE LEI. VIOLAÇÃO. ERRO DE FATO. INDICAÇÃO. AUSÊNCIA. PETIÇÃO INICIAL. INÉPCIA. 1. É inepta a petição inicial da ação rescisória fundada no art. 966, V e VIII, do Código de Processo Civil de 2015 (art. 485, V e IX, do CPC/1973) que não indica nenhum dispositivo legal que teria sido literalmente violado pela decisão rescindenda, tampouco o erro de fato no qual a referida decisão estaria fundada. 2. Agravo interno não provido." (AgInt na AR 5.943/CE, Rel. Min. Ricardo Villas Bôas Cueva, Segunda Seção, julgado em 01/10/2019, DJe 10/10/2019).

Não cabe ação rescisória fundada no art. 966, V, para adequar a decisão acobertada pela coisa julgada a posterior alteração jurisprudencial

✓ AGRAVO INTERNO NOS EMBARGOS DE DIVERGÊNCIA EM AGRAVO EM RECURSO ESPECIAL. PROCESSUAL CIVIL. PREVIDÊNCIA COMPLEMENTAR. AUXÍLIO-CESTA-ALIMENTAÇÃO. AÇÃO RESCISÓRIA. ACÓRDÃO RESCINDENDO. PROFERIMENTO. DIVERGÊNCIA JURISPRUDENCIAL. SÚMULA Nº 343/STF. DESCABIMENTO. PRETENSÃO RECURSAL. JURISPRUDÊNCIA EM SENTIDO CONTRÁRIO. SÚMULA Nº 168/STJ. 1. Nos termos da jurisprudência do Superior Tribunal de Justiça, não se admite a propositura de ação rescisória fundada em violação literal de Lei (arts. 485, V, do CPC/73 e 966, V, do CPC/15) para fins de adequação da decisão acobertada pelo manto da coisa julgada a posterior alteração jurisprudencial. Precedentes. 2. É possível, com base na Súmula nº 168/STJ, inadmitir embargos de divergência quando a jurisprudência da Corte estiver no mesmo sentido do acórdão embargado. 3. Agravo interno não provido. (AgInt nos EAREsp 1451136/RS, Rel. Ministro Ricardo Villas Bôas Cueva, Segunda Seção, julgado em 18/08/2020, DJe 26/08/2020).

VI – for fundada em prova cuja falsidade tenha sido apurada em processo criminal ou venha a ser demonstrada na própria ação rescisória;

→ *V.* Arts. 19, 427 e 478 do CPC.

É possível que a prova falsa seja demonstrada na própria ação rescisória

✓ PROCESSUAL CIVIL E PREVIDENCIÁRIO. EMBARGOS INFRINGENTES EM AÇÃO RESCISÓRIA. RESCISÃO DETERMINADA COM FUNDAMENTO NO ART. 485, VI, DO CPC. EXISTÊNCIA DE PROVA FALSA COMPROVADA NA PRÓPRIA AÇÃO RESCISÓRIA. SOBRESTAMENTO DO FEITO ATÉ O ENCERRAMENTO DE PROCESSO CRIMINAL. DESNECESSIDADE. REJEIÇÃO. 1. Nos termos do art. 485, VI, do CPC, a sentença de mérito, transitada em julgado, pode ser rescindida quando se fundar em prova cuja falsidade tenha sido apurada em processo criminal ou seja provada na própria ação rescisória. 2. Hipótese em que a prova da falsidade documental, ensejadora da concessão indevida de aposentadoria à ora embargante, conquanto parcialmente extraída de feito em trâmite na esfera penal, foi suficientemente demonstrada na própria ação rescisória. 3. Conclusão consentânea com o princípio do livre convencimento motivado, segundo o qual cabe ao juiz apreciar livremente a prova, atendendo aos fatos e às circunstâncias constantes dos autos, motivo pelo qual se afigura despiciendo o sobrestamento da ação rescisória até o encerramento do feito criminal. 4. Embargos infringentes rejeitados. (STJ, EAR 2.442/SP, Rel. Ministro Rogerio Schietti Cruz, Terceira Seção, julgado em 24/02/2016, DJe 02/03/2016).

VII – obtiver o autor, posteriormente ao trânsito em julgado, prova nova cuja existência ignorava ou de que não pôde fazer uso, capaz, por si só, de lhe assegurar pronunciamento favorável;

Conceito de prova nova

✓ "O acórdão recorrido adotou entendimento consolidado nesta Corte, no sentido de que, documento novo apto a aparelhar a ação rescisória, fundada no art. 485, VII, do CPC/1973 (depois da sentença) ou 966, VII, do CPC/2015 (posteriormente ao trânsito em julgado), é aquele que, já existente à época da decisão rescindenda, era ignorado pelo autor ou do qual não pôde fazer uso, capaz de assegurar, por si só, a procedência do pronunciamento jurisdicional." (STJ, AgInt no REsp 1708934/RS, Rel. Ministra Regina Helena Costa, Primeira Turma, julgado em 08/09/2020, DJe 14/09/2020).

A "prova nova" deve guardar relação com o fato alegado no curso da demanda em que se originou a coisa julgada que se pretende desconstituir

✓ PROCESSUAL CIVIL. AGRAVO INTERNO NA AÇÃO RESCISÓRIA. ART. 966, VII, DO CPC/2015. PROVA NOVA. SENTENÇA DE INTERDIÇÃO ESQUIZOFRENIA. INCAPACIDADE. GENITORA NOMEADA CURADORA. ACÓRDÃO RESCINDENDO PROFERIDO EM AÇÃO DE DISSOLUÇÃO DE UNIÃO ESTÁVEL CUMULADA COM ALIMENTOS PARA A FILHA DO RÉU. 1. O art. 966, VII, do CPC/2015, exige que o documento novo ou a prova nova seja obtida posteriormente ao trânsito em julgado do acórdão rescindendo. 2. No presente caso, a "sentença de interdição", que seria o documento novo, foi proferida em 30/3/2011, estando à disposição do próprio autor desta ação e de sua genitora – nomeada curadora no referido processo interditório – antes do trânsito em julgado do acórdão rescindendo, ocorrido em 2016. Logo, tal peça poderia ter sido juntada nos autos da ação de dissolução de união estável cumulada com pensão alimentícia para a filha ainda durante seu trâmite. 3. A "prova nova" ou "documento novo" deve guardar "relação com o fato alegado no curso da demanda em que se originou a coisa julgada que se quer desconstituir" (REsp n. 1.293.837/DF, Rel. Ministro Paulo de Tarso Sanseverino, Terceira Turma, DJe 6/5/2013). Tal requisito inexiste nesta ação rescisória, tendo em vista que não consta tenha a incapacidade do ora agravante sido discutida na ação de dissolução de união estável cumulada com alimentos à filha. 4. Descabe alegar nesta assentada, com o objetivo de desconstituir o acórdão rescindendo, ofensa aos arts. 5º, LIV e LV, e 133 da CF. A petição inicial limita-se ao inciso VII ("obter o autor, posteriormente ao trânsito em julgado, prova nova cuja existência ignorava ou de que não pôde fazer uso, capaz, por si só, de lhe assegurar pronunciamento favorável") do art. 966 do CPC/2015, não abrangendo o inciso V ("violar manifestamente norma jurídica") do mesmo dispositivo processual. 5. Agravo interno a que se nega provimento. (STJ, AgInt na AR 5.940/MG, Rel. Min. Antonio Carlos Ferreira, Segunda Seção, julgado em 15/09/2020, DJe 22/09/2020).

O CPC/2015 substituiu a expressão "documento novo" por "prova nova", sendo esta qualquer modalidade de prova, inclusive a testemunhal, apta a amparar o pedido de desconstituição do julgado rescindendo

✓ RECURSO ESPECIAL. AÇÃO DE USUCAPIÃO. AÇÃO RESCISÓRIA. ART. 966, INCISO VII, CPC/2015. PROVA NOVA. PROVA TESTEMUNHAL. CABIMENTO. DECADÊNCIA. ART. 975, § 2º, CPC/2015. AFASTAMENTO. TERMO INICIAL DIFERENCIADO. DATA DA DESCOBERTA DA PROVA. RETORNO DOS AUTOS. PROSSEGUIMENTO DO FEITO. NECESSIDADE. 1. Recurso especial interposto contra acórdão publicado na vigência do Código de Processo Civil de 2015 (Enunciados Administrativos nºs 2 e 3/STJ). 2. Recurso especial oriundo de ação rescisória, fundada no artigo 966, inciso VII, do Código de Processo Civil de 2015, na qual a autora noticia a descoberta de testemunhas novas, julgada extinta pelo Tribunal de origem em virtude do reconhecimento da decadência, por entender que testemunhas não se enquadram no conceito de "prova nova". 3. Cinge-se a controvérsia a definir se a prova testemunhal obtida em momento posterior ao trânsito em julgado da decisão rescindenda está incluída no conceito de "prova nova" a que se refere o artigo 966, inciso VII, do Código de Processo Civil de 2015, de modo a ser considerado, para fins de contagem do prazo decadencial, o termo inicial especial previsto no artigo 975, § 2º, do Código de Processo Civil de 2015 (data da descoberta da prova nova). 4. O Código de Processo Civil de 2015, com o nítido propósito de alargar o espectro de abrangência do cabimento da ação rescisória, passou a prever, no inciso VII do artigo 966, a possibilidade de desconstituição do julgado pela obtenção de "prova nova" em substituição à expressão "documento novo" disposta no mesmo inciso do artigo 485 do código revogado. 5. No novo ordenamento jurídico processual, qualquer modalidade de prova, inclusive a testemunhal, é apta a amparar o pedido de desconstituição do julgado rescindendo. Doutrina. 6. Nas ações rescisórias fundadas na obtenção de prova nova, o termo inicial do prazo decadencial é diferenciado, qual seja, a data da descoberta da prova nova, observado o prazo máximo de 5 (cinco) anos, contado do trânsito em julgado da última decisão proferida no processo. 7. Recurso especial provido. (STJ, REsp 1770123/SP, Rel. Ministro Ricardo Villas Bôas Cueva, Terceira Turma, julgado em 26/03/2019, DJe 02/04/2019)

VIII – for fundada em erro de fato verificável do exame dos autos.

Pressupostos da ação rescisória fundada na alegação de "erro de fato"

✓ "A ação rescisória fundada em erro de fato pressupõe que a decisão tenha admitido um fato inexistente ou tenha considerado inexistente um fato efetivamente ocorrido, mas é indispensável que não tenha havido controvérsia nem pronunciamento judicial sobre o fato (art. 966, § 1º, do CPC/2015). Se houve controvérsia acerca do fato na demanda primitiva, a hipótese é de erro de julgamento e não de erro de fato." (STJ, AgInt no AREsp 1537697/RS, Rel. Ministro Luis Felipe Salomão, Quarta Turma, julgado em 10/12/2019, DJe 16/12/2019).

O erro de fato pressupõe equívoco apurável mediante simples exame das provas constantes dos autos da ação originária

✓ "O pedido de rescisão de julgado fundado em erro de fato (art. 966, VIII, § 1º, do CPC/2015) pressupõe que o erro, apurável mediante simples exame das provas constantes dos autos da ação originária, seja relevante para o julgamento da causa, e que o fato em questão não tenha sido objeto de controvérsia nem de pronunciamento judicial." (STJ, AgInt nos EDcl no REsp 1703685/RS, Rel. Min. Antonio Carlos Ferreira, Quarta Turma, julgado em 29/10/2019, DJe 06/11/2019)

§ 1º Há erro de fato quando a decisão rescindenda admitir fato inexistente ou quando considerar inexistente fato efetivamente ocorrido, sendo indispensável, em ambos os casos, que o fato não represente ponto controvertido sobre o qual o juiz deveria ter se pronunciado.

→ *v.* Art. 138 do CC/2002.

Conceito de erro de fato

✓ "Configura-se o erro de fato se o julgado admitir um fato inexistente ou considerar que não existiu um fato ocorrido, nos termos do art. 966, § 1º, do CPC." (STJ, AR 6.365/DF, Rel. Ministro Francisco Falcão, Primeira Seção, julgado em 26/08/2020, DJe 13/10/2020).

A ação rescisória se presta a apurar alguma das hipóteses do art. 966, e não eventuais "injustiças" na decisão ou para reavaliar fato da causa

✓ "Nos termos da jurisprudência desta Corte, a ação rescisória não é o meio adequado para corrigir suposta injustiça da decisão, apreciar má interpretação dos fatos, ou reexaminar as provas produzidas ou complementá-las." (AgInt no AREsp 1559722/RS, Rel. Min. Raul Araújo, Quarta Turma, julgado em 10/03/2020, DJe 31/03/2020).

✓ "Não sendo possível a utilização da ação rescisória como meio de reavaliar fatos da causa ou corrigir eventual injustiça da decisão proferida por esta Corte de Justiça, sob pena de indevida utilização do incidente como sucedâneo recursal." (AR 4.703/AL, Rel. Ministro Benedito Gonçalves, Primeira Seção, julgado em 14/08/2019, DJe 19/08/2019)

§ 2º Nas hipóteses previstas nos incisos do *caput*, será rescindível a decisão transitada em julgado que, embora não seja de mérito, impeça:

I – nova propositura da demanda; ou

II – admissibilidade do recurso correspondente.

O rol do art. 966 é taxativo, ressalvadas as hipóteses do § 2º

✓ EMENTA: AÇÃO RESCISÓRIA – SENTENÇA – DIVÓRCIO – VÍCIO INSANÁVEL – NULIDADE DA CITAÇÃO – REVELIA – INADMISSIBILIDADE DA AÇÃO RESCISÓRIA – QUERELA NULLITATIS – CABIMENTO – INDEFERIMENTO DA PETIÇÃO INICIAL – PROCEDIMENTO QUE NÃO CORRESPONDE A NATUREZA DA CAUSA – AUSÊNCIA DE INTERESSE ADEQUAÇÃO. – As hipóteses de admissibilidade de ação rescisória consta do rol taxativo do art. 966 do CPC, reservada a decisões de mérito transitadas em julgado, assim como decisões que, embora não sejam de mérito, impeçam a nova propositura da demanda ou discorram sobre a admissibilidade do recurso correspondente. – A ausência de citação válida é pressuposto de validade do processo, constituindo violação manifesta de norma jurídica, que se sujeita à ação anulatória e não rescisória. – O vício de citação com revelia e réu ausente é um dos vícios mais graves, denominado de situação transrescisória, que não se submete ao prazo decadencial, porque o julgado não pode transcender aos limites subjetivos da lide. (TJMG, Ação Rescisória 1.0000.19.122732-1, Rel. Des. Renato Dresch, 4ª Câmara Cível, julgado em 02/07/2020, DJ 03/07/2020).

§ 3º A ação rescisória pode ter por objeto apenas 1 (um) capítulo da decisão.

§ 4º Os atos de disposição de direitos, praticados pelas partes ou por outros participantes do processo e homologados pelo juízo, bem como os atos homologatórios praticados no curso da execução, estão sujeitos à anulação, nos termos da lei.

→ *v.* Art. 166 e seguintes do CC/2002.

Em face de decisões homologatórias cabe ação anulatória e não ação rescisória

✓ "AGRAVO INTERNO. AÇÃO RESCISÓRIA. SENTENÇA HOMOLOGATÓRIA DE ACORDO EXTRAJUDICIAL. INADEQUAÇÃO DA VIA ELEITA. 1. Nos termos do art. 966 § 4º do CPC/2015, atos de disposição de direitos praticados pelas partes e homologados pelo juízo estão sujeitos à ação anulatória, não sendo caso de ação rescisória. 2. Negou-se provimento ao agravo interno." (TJDFT, AR 07042215220198070000, Rel. Des. Sérgio Rocha, 2ª Câmara Cível, julgado em 04/05/2020, DJ 20/05/2020).

✓ AÇÃO RESCISÓRIA – PRETENSÃO DE DESCONSTITUIÇÃO DE SENTENÇA HOMOLOGATÓRIA DE ACORDO – INADEQUAÇÃO DA VIA – PRELIMINAR SUSCITADA DE OFÍCIO – EXTINÇÃO DO PROCESSO SEM RESOLUÇÃO DE MÉRITO – ART. 966, § 4º DO C/C ART. 485, IV E X, DO CPC – PRECEDENTES DO STF E STJ. A decisão judicial homologatória de acordo é impugnável por meio de ação anulatória (art. 966, § 4º, do CPC), sendo incabível ação rescisória. Impossível o recebimento como ação anulatória, porque só se aplica o princípio da fungibilidade para recursos. (TJMG, Ação Rescisória 1.0000.18.117630-6/000, Rel. Juíza Convocada Maria das Graças Rocha Santos, 11ª Câmara Cível, julgado em 17/04/2020, DJ 29/04/2020).

Caso a decisão não seja homologatória, cabe ação rescisória

✓ EMENTA: AGRAVO DE INSTRUMENTO. AÇÃO ANULATÓRIA DE ATO JURÍDICO. NÃO CABIMENTO. INADEQUAÇÃO DA VIA ELEITA. AUSÊNCIA DE INTERESSE PROCESSUAL. 1- A ação anulatória, prevista no §4º do art. 966 do Código de Processo Civil, tem cabimento para a desconstituição de atos jurídicos em geral levados a efeito em juízo e alvo de mera homologação judicial. 2- Tratando-se de sentença acobertada pela eficácia da coisa julgada material, resolvendo o mérito da lide (art. 487, I, do CPC), somente poderá ser atacada por meio do ajuizamento de ação rescisória (art. 966, caput, do CPC), restando imprestável a esse fim a demanda disciplinada no § 4º do art. 966." (TJMG, AI 1.0407.19.000612-9/001, Rel. Des. Cláudia Maia, 14ª Câmara Cível, julgado em 12/03/2020).

§ 5º Cabe ação rescisória, com fundamento no inciso V do *caput* deste artigo, contra decisão baseada em enunciado de súmula ou acórdão proferido em julgamento de casos repetitivos que não tenha considerado a existência de distinção entre a questão discutida no processo e o padrão decisório que lhe deu fundamento. (Incluído pela Lei n. 13.256, de 04/02/2016)

Não demonstrado que o acórdão que se busca rescindir está baseado em súmula ou repetitivo, não cabe rescisória com base no art. 966, § 5º

✓ AGRAVO INTERNO. AÇÃO RESCISÓRIA. BANCO ITAUCARD S/A. DIREITO TRIBUTÁRIO. ISSQN. ARRENDAMENTO MERCANTIL. SUJEITO ATIVO DA RELAÇÃO TRIBUTÁRIA. ENTENDIMENTO À ÉPOCA DO JULGAMENTO DA APELAÇÃO. ALTERAÇÃO DE ENTENDIMENTO EM MOMENTO POSTERIOR. APLICABILIDADE DA SÚMULA 343 STF. VIOLAÇÃO À NORMA JURÍDICA NÃO CONFIGURADA. JUÍZO DE RETRATAÇÃO. DESCABIMENTO. 1. Não cabe ação rescisória para rescindir o acórdão proferido na Apelação Cível 70022382584 com fundamento no art. 966, V, do CPC (violar manifestamente norma jurídica), pois não ocorreu violação à norma inserta no art. 12, "a", do Decreto-Lei 406/68. O acórdão rescindendo expressa o entendimento que se tinha à época em que foi julgado com relação à aplicação do referido dispositivo legal. E a modificação desse entendimento ocorrida no julgamento do REsp 1.060.210/SC, em 05/03/2013, submetido ao rito dos recursos repetitivos, não tem o condão de admitir ação rescisória contra o acórdão proferido em conformidade com jurisprudência corrente ao tempo em que julgado. 2. Igualmente não há falar em aplicação do disposto no art. 966, §5º, do CPC. Isso porque o acórdão que se busca rescindir (Apelação Cível 70022382584), julgado em 28/05/2008, não está baseado em súmula ou repetitivo (o repetitivo sobre o tema veio após e em sentido contrário ao julgamento que se busca rescindir). Conforme já referido, o acórdão rescindendo expressa o entendimento que se tinha na época em que foi julgado com relação à aplicação do art. 12, "a", do Decreto-Lei 406/68, inexistindo qualquer possibilidade de fazer distinção entre a questão discutida no processo e o padrão decisório que deu fundamento ao posterior repetitivo. Destarte, não é caso de rescisão do acórdão com fulcro no disposto no parágrafo 5º do art. 966 do Código de Processo Civil. A previsão deste dispositivo é justamente o contrário do que ocorre nos autos, pois para a sua incidência há de ter uma decisão baseada em um repetitivo, obviamente pré-existente, que não observou situação peculiar que o distinguia do julgamento paradigma (não observação do distinguishing). EM JUÍZO DE RETRATAÇÃO MANTIDO O JULGAMENTO PROFERIDO." (TJRS, AI 70077864700, Primeiro Grupo de Câmaras Cíveis, Rel. Des. João Barcelos de Souza Junior, julgado em 12/04/2019)

§ 6º Quando a ação rescisória fundar-se na hipótese do § 5º deste artigo, caberá ao autor, sob pena de inépcia, demonstrar, fundamentadamente, tratar-se de situação particularizada por hipótese fática distinta ou de questão jurídica não examinada, a impor outra solução jurídica. (Incluído pela Lei n. 13.256, de 04/02/2016)

Art. 967. **Têm legitimidade para propor a ação rescisória:**

I – quem foi parte no processo ou o seu sucessor a título universal ou singular;

→ *V.* Art. 108 e seguintes do CPC.

II – o terceiro juridicamente interessado;

→ *V.* Arts. 119 e seguintes e 996 do CPC.

O advogado em favor de quem foram fixados honorários sucumbenciais não tem legitimidade para figurar no polo passivo de ação rescisória

✓ "Quanto à suscitada ilegitimidade passiva ad causam, a Segunda Seção do STJ consolidou entendimento no sentido de que o advogado em favor de quem foram fixados honorários sucumbenciais não tem legitimidade para figurar no polo passivo de Ação Rescisória, porque não possui interesse jurídico no objeto da ação que deu origem à sentença rescindenda, ostentando apenas interesse reflexo na sua manutenção. 3. Com efeito, o entendimento é pela "ilegitimidade dos advogados que patrocinaram a causa originária para figurar no polo passivo da ação rescisória, à míngua da indicação de que violado dispositivo legal diretamente relacionado com a condenação nas verbas sucumbenciais" (AR 5.160/RJ e 5.311/RJ, Rel. Ministro Raul Araújo, Rel. p/ Acórdão Ministro Paulo de Tarso Sanseverino, Segunda Seção, DJe 18.4.2018)." (STJ, AgInt no REsp 1719834/PA, Rel. Ministro Herman Benjamin, Segunda Turma, julgado em 10/12/2019, DJe 28/02/2020).

✓ PROCESSUAL CIVIL. AÇÃO RESCISÓRIA. PREVIDÊNCIA PRIVADA. AUXÍLIO CESTA-ALIMENTAÇÃO. ALTERAÇÃO SUBSTANCIAL DA JURISPRUDÊNCIA. MANEJO DE RESCISÓRIA PARA ADEQUAÇÃO DO JULGADO. INVIABILIDADE. SÚMULA 343/STF. PRECEDENTE ESPECÍFICO DA CORTE ESPECIAL. ERRO DE FATO. NÃO CONFIGURAÇÃO. EFETIVA DISCUSSÃO A RESPEITO DA NATUREZA DA VERBA NO PROCESSO ORIGINÁRIO. INCIDÊNCIA DO § 2º DO ARTIGO 485 DO CPC/73. 1. "A alteração jurisprudencial quanto à inviabilidade de inclusão do auxílio cesta-alimentação nos proventos de complementação de aposentadoria pagos por entidade fechada de previdência privada posterior à manifestação transitada em julgado não autoriza o manejo da ação rescisória" (EAREsp 397.326/MG, Rel. Ministro Humberto Martins, Corte Especial, julgado em 19/10/2016, DJe de 26/10/2016). 2. A ação rescisória fundada em erro de fato pressupõe que a decisão tenha admitido um fato inexistente ou tenha considerado inexistente um fato efetivamente ocorrido, mas, em quaisquer dos casos, é indispensável que não tenha havido controvérsia nem pronunciamento judicial sobre ele (art. 485, IX, e § 2º, do CPC/73). 3. No caso concreto, houve efetiva discussão sobre a natureza jurídica do auxílio cesta-alimentação - se verba de caráter remuneratório ou indenizatório -, a afastar a alegação de erro de fato. 4. Pedidos contidos na ação rescisória julgados improcedentes. (STJ, AR 5.160/RJ, Rel. Ministro Raul Araújo, Rel. p/ Acórdão Ministro Paulo de Tarso Sanseverino, Segunda Seção, julgado em 28/02/2018, DJe 18/04/2018)

III – o Ministério Público:

→ v. Art. 127 e 129 da CF/1988.

a) se não foi ouvido no processo em que lhe era obrigatória a intervenção;

→ v. Art. 178 do CPC.

b) quando a decisão rescindenda é o efeito de simulação ou de colusão das partes, a fim de fraudar a lei;

→ v. Art. 167 do CC/2002.

→ v. Art. 142 do CPC.

c) em outros casos em que se imponha sua atuação;

IV – aquele que não foi ouvido no processo em que lhe era obrigatória a intervenção.

→ v. Art. 135 do CPC.

Parágrafo único. Nas hipóteses do art. 178, o Ministério Público será intimado para intervir como fiscal da ordem jurídica quando não for parte.

Art. 968. A petição inicial será elaborada com observância dos requisitos essenciais do art. 319, devendo o autor:

Requisitos da petição inicial da ação rescisória

✓ "O art. 488, I, do CPC/73 (atual art. 968, I, do CPC/2015) dispõe que a petição inicial da Ação Rescisória será elaborada com a observância dos requisitos do art. 282 do CPC/73 (atual art. 319 do CPC/2015), devendo o autor cumular, ao pedido de rescisão, se for o caso, o de novo julgamento do processo, requisito este obrigatório e que não pode ser considerado implícito, exceto nas demandas fundadas na existência de coisa julgada ou na incompetência absoluta do órgão prolator, conforme já decidiu o STJ (AR 2.677/PI, Rel. Ministra DENISE ARRUDA, PRIMEIRA SEÇÃO, DJU de 07/02/2008; EDcl no AgRg no REsp 1.184.763/MG, Rel. Ministro Ricardo Villas Bôas Cueva, Terceira Turma, DJe de 22/05/2014; AgRg no REsp 647.232/SE, Rel. Ministro Nilson Naves, Sexta Turma, DJe de 05/10/2009). III. Tratando-se de demanda proposta com base no art. 485, V e IX, do CPC/73 (atual art. 966, V e VIII, do CPC/2015), a desconstituição do acórdão rescindendo exige, no caso, o novo julgamento da controvérsia, tornando-se indispensável a cumulação de pedidos rescindendo e rescisório. IV. Apesar de regularmente intimados, os agravantes restringiram-se a colacionar aos autos os documentos indispensáveis à propositura da demanda, de modo que cumpriram apenas parcialmente o comando judicial." (STJ, AgInt na AR 5.303/BA, Rel. Min. Assusete Magalhães, Primeira Seção, julgado em 11/10/2017, DJe 24/10/2017)

Caso a petição inicial da ação rescisória não atenda aos requisitos legais, deve-se abrir prazo para regularização

✓ "Consoante o art. 284, caput e parágrafo único, do CPC/73 (atual art. 321, caput e parágrafo único, do CPC/2015), verificando o juiz que a petição inicial não preenche os requisitos exigidos pelos arts. 282 e 283 do CPC/73 (atuais arts. 319 e 320 do CPC/2015), ou que apresenta defeitos e irregularidades capazes de dificultar o julgamento de mérito, determinará que o autor a emende ou a complete. Se o autor não cumprir a diligência, o juiz indeferirá a petição inicial. VI. Na mesma linha, prevê o art. 295, VI, do CPC/73 (art. 330, IV, do CPC/2015) que "a petição inicial será indeferida: (...) VI – quando não atendidas as prescrições dos arts. 39, parágrafo único, primeira parte, e 284" (atuais arts. 106 e 321 do CPC/2015), e 490, I, do CPC/73 (atual art. 968, § 3º, do CPC/2015), pelo que a petição inicial da Ação Rescisória deve ser indeferida, nos casos previstos no art. 295 do CPC/73 (atual art. 330 do CPC/2015). VII. Furtando-se os agravantes de cumprir integralmente o despacho exarado, deixando, assim, de emendar a inicial, a fim de atender ao disposto no inciso I do art. 488 do CPC/73 (atual art. 968, I, do CPC/2015), cumulando o pedido de rescisão com o de novo julgamento do processo, impõe-se o indeferimento da inicial." (STJ, AgInt na AR 5.303/BA, Rel. Ministra Assusete Magalhães, Primeira Seção, julgado em 11/10/2017, DJe 24/10/2017)

I – cumular ao pedido de rescisão, se for o caso, o de novo julgamento do processo;

II – depositar a importância de cinco por cento sobre o valor da causa, que se converterá em multa caso a ação seja, por unanimidade de votos, declarada inadmissível ou improcedente.

→ v. Art. 836 da CLT.

→ v. Súmula 175 do STJ.

→ v. Súmula 129 do TFR.

→ v. Arts. 96 e 974 do CPC.

O depósito previsto no art. 968, II, do CPC, é pressuposto de constituição e desenvolvimento válido da ação rescisória

✓ "O recolhimento do depósito previsto no art. 968, II, do CPC constitui pressuposto de constituição e desenvolvimento válido da ação rescisória, tratando-se de matéria de ordem pública. Logo, tendo havido intimação da parte para regularizar o referido recolhimento, o descumprimento dessa determinação acarreta o indeferimento da inicial e a extinção do feito sem resolução do mérito." (STJ, AgInt na AR 6.206/PE, Rel. Ministro Og Fernandes, Primeira Seção, julgado em 13/05/2020, DJe 05/08/2020).

Não sendo a parte beneficiária da justiça gratuita, deve realizar o depósito da importância de 5% (cinco por cento) sobre o valor da causa para o processamento da ação rescisória

✓ EMENTA: AÇÃO RESCISÓRIA – JUSTIÇA GRATUITA – HIPOSUFICIÊNCIA FINANCEIRA – AUSÊNCIA DE COMPROVAÇÃO – INDEFERIDA – DEPÓSITO CORRESPON-

DENTE A CINCO POR CENTO DO VALOR DA CAUSA – INTIMAÇÃO PARA REALIZAÇÃO – INÉRCIA DO AUTOR – PETIÇÃO INICIAL INDEFERIDA. – A realização do depósito previsto no art. 968, II, do CPC, é condição essencial para a admissibilidade da ação rescisória, sendo dispensado somente nos casos previstos no parágrafo primeiro. – Não sendo a parte autora beneficiária de gratuidade da justiça, cabe a ela cumprir a exigência constante do ordenamento jurídico. – A consequência da irregularidade, não sanada no prazo legal, apesar da regular intimação, é o indeferimento da petição inicial." (TJMG, Ação Rescisória 1.0000.18.068253-6/000, Rel. Des. Pedro Aleixo, 16ª Câmara Cível, julgado em 20/02/2019, DJ 01/03/2019).

Admite-se o parcelamento do depósito prévio

✓ "AGRAVO INTERNO EM AÇÃO RESCISÓRIA. JUSTIÇA GRATUITA. INDEFERIMENTO. PESSOA JURÍDICA. HIPOSSUFICIÊNCIA FINANCEIRA NÃO DEMONSTRADA. DEFERIMENTO, DE OFÍCIO, DO PARCELAMENTO DO DEPÓSITO PRÉVIO. 1. Inexistindo impugnação específica capaz de conduzir o julgador a nova convicção, nega-se provimento ao Agravo Interno. 2. Faz jus ao benefício da justiça gratuita a pessoa jurídica com ou sem fins lucrativos que demonstrar sua impossibilidade de arcar com os encargos processuais. 3. A concessão da aludida benesse, por ser excepcional, requer a efetiva demonstração da hipossuficiência, não havendo presunção desta situação por meio da mera alegação da pessoa jurídica. Todavia, no caso, diante do elevado valor das despesas processuais, autorizo o parcelamento do recolhimento do depósito prévio em 50% (cinquenta por cento) após o trânsito em julgado do acórdão que julgou este recurso, ficando os outros 50% (cinquenta por cento) para antes do julgamento da ação rescisória, na forma definida no corpo do voto. AGRAVO INTERNO CONHECIDO E DESPROVIDO.PARCELAMENTO DEFERIDO DE OFÍCIO." (TJGO, AR 05955217120188090000, Rel. Des. Orloff Neves Rocha, julgado em 23/05/2019, 1ª Seção Cível, DJ 23/05/2019).

A multa em caso de rescisória improcedente ou inadmissível será revertida em favor do réu da ação

✓ EMENTA: AGRAVO INTERNO – AÇÃO RESCISÓRIA – PEDIDO DE LEVANTAMENTO DO DEPÓSITO DO ART.968. II, CPC, INDEFERIDO – INDEFERIMENTO DA PETIÇÃO INICIAL – EXTINÇÃO DO FEITO POR INADMISSIBILIDADE – JULGAMENTO COLEGIADO COM VOTAÇÃO UNÂNIME – DEPÓSITO DO ART. 968, ll, CPC, EM FAVOR DO RÉU – HIPÓTESE PREVISTA NO ART.974, PARÁGRAFO ÚNICO, CPC. Nos casos em que o órgão colegiado julgar, por unanimidade, inadmissível ou improcedente o pedido rescisório, o depósito prévio, previsto no art.968, II, CPC, necessariamente, será revertido em favor do réu, a título de multa." (TJMG, AI 1.0000.17.045319-5, Rel. Des. Luciano Pinto, 17ª Câmara Cível, julgado em 28/03/2019).

O beneficiário da justiça gratuita não está exonerado da multa caso sua ação rescisória seja declarada inadmissível ou improcedente

✓ "O depósito previsto no inciso II do art. 488 do CPC de 1973 – vigente à época da propositura da ação – e mantido no novel Código de Processo Civil no art. 968, II -, por se reverter em multa a favor do réu nas hipóteses em que a ação rescisória é julgada inadmissível ou improcedente por unanimidade de votos, ostenta nítido caráter sancionatório e tem por escopo desestimular o ajuizamento temerário de ações rescisórias, constituindo instrumento repressivo ao abuso no exercício do direito de ação. Assim, a concessão da gratuidade de justiça não exonera o autor do pagamento dessa quantia ao réu, consoante expressa previsão no parágrafo 4º do art. 98 do CPC de 2015" (AR 4.522/RS, Rel. Ministro Luis Felipe Salomão, Segunda Seção, julgado em 24/05/2017, DJe de 02/08/2017)." (STJ, AgInt no REsp 1585432/PR, Rel. Ministro Raul Araújo, Quarta Turma, julgado em 28/05/2019, DJe 13/06/2019).

§ 1º Não se aplica o disposto no inciso II à União, aos Estados, ao Distrito Federal, aos Municípios, às suas respectivas autarquias e fundações de direito público, ao Ministério Público, à Defensoria Pública e aos que tenham obtido o benefício de gratuidade da justiça.

→ v. Art. 98 e seguintes do CPC.

Conforme previsão legal, a parte beneficiária da justiça gratuita não realiza o depósito da multa

✓ AÇÃO RESCISÓRIA. INTERESSE DE AGIR. PEDIDO POSSÍVEL. ADMISSIBILIDADE DA DEMANDA. ALEGAÇÃO DE JULGAMENTO FUNDADO EM ERRO DE FATO E VIOLAÇÃO A DISPOSITIVO LEGAL. NÃO CONFIGURAÇÃO. Há interesse de agir quando a provimento judicial postulado é capaz de proporcionar uma situação jurídica mais favorável aos autores da demanda. Não existindo vedação no ordenamento jurídico quanto à pretensão firmada na petição inicial não há que se acolher a preliminar de impossibilidade jurídica do pedido. Apontado na petição inicial que a decisão proferida teria violado dispositivo legal e ainda incidido em erro de fato é cabível a propositura da ação rescisória, enquadrando-se tais hipóteses naquilo que prevê a lei processual civil. Concedida a justiça gratuita, não há como se exigir o depósito prévio de 5% sobre o valor da causa. Não há decadência quando da ação rescisória é proposta dentro do prazo de 02 (dois) anos contados do trânsito em julgado da decisão. O erro de fato alegado na ação rescisória deve ter a sua existência decorrente do confronto entre o que se declarou na sentença e os fatos do processo. Hipótese em que decisão impugnada não admitiu um fato inexistente ou mesmo tratou de considerar inexistente um fato efetivamente ocorrido. A ação rescisória não é meio de substituição de recurso e o acórdão que se mantém dentro dos limites do conhecimento da apelação que lhe foi devolvido e o julga, convenientemente, dentro da amplitude do conhecimento que lhe foi translada do, não ofende ou destoa da literalidade do texto de lei. (TJMG, Ação Rescisória 1.0000.11.023373-1/000, Rel. Des Tiago Pinto, 15ª Câmara Cível, julgado em 03/08/2017, DJ 11/08/2017).

Impossibilidade de substituir o depósito da multa por um bem a ser depositado

✓ "Ação Rescisória fundamentada em alegada violação de norma jurídica. Inicial desacompanhada do depósito prévio. Oferecimento de imóvel em depósito. Determinação para o depósito prévio em dinheiro. Autor que insiste no depósito. Descabimento. Indeferimento da inicial nos termos do § 3º do art. 968 do CPC." (TJRJ, AR 00336070920178190000, Rel. Des José Carlos Varanda dos Santos, julgado em 31/08/2017, Seção Cível Comum, DJ 04/09/2017).

§ 2º O depósito previsto no inciso II do *caput* deste artigo não será superior a 1.000 (mil) salários mínimos.

§ 3º Além dos casos previstos no art. 330, a petição inicial será indeferida quando não efetuado o depósito exigido pelo inciso II do *caput* deste artigo.

A petição inicial da ação rescisória será indeferida se não efetuado o depósito da importância de 5% (cinco por cento) sobre o valor da causa

✓ AÇÃO RESCISÓRIA - VALOR DA CAUSA RETIFICADO - PARTE INTIMADA PARA COMPLEMENTAR DEPÓSITO PRÉVIO - INÉRCIA - INDEFERIMENTO DA INICIAL - EXTINÇÃO DA DEMANDA SEM RESOLUÇÃO DE MÉRITO. - O § 3º, do art. 968, do Código de Processo Civil, dispõe que, além dos casos previstos no art. 330, a petição inicial da ação rescisória será indeferida quando não efetuado o depósito da importância de cinco por cento sobre o valor da causa. - Se a parte demandante fora devidamente intimada para complementar o depósito prévio, mas quedou inerte, impõe-se a extinção do feito sem resolução de mérito, nos termos do art. 485, I do CPC. (TJMG, Ação Rescisória 1.0000.19.027065-2, Rel. Des Amorim Siqueira, 9ª Câmara Cível, julgado em 30/06/2020, DJ 03/07/2020).

§ 4º Aplica-se à ação rescisória o disposto no art. 332.

§ 5º Reconhecida a incompetência do tribunal para julgar a ação rescisória, o autor será intimado para emendar a petição inicial, a fim de adequar o objeto da ação rescisória, quando a decisão apontada como rescindenda:

I – não tiver apreciado o mérito e não se enquadrar na situação prevista no § 2º do art. 966;

II – tiver sido substituída por decisão posterior.

→ *v.* Art. 1.008 do CPC.

§ 6º Na hipótese do § 5º, após a emenda da petição inicial, será permitido ao réu complementar os fundamentos de defesa, e, em seguida, os autos serão remetidos ao tribunal competente.

Se a ação rescisória for ajuizada no Tribunal equivocado o autor será intimado para corrigir o vício

✓ "AGRAVO INTERNO. AÇÃO RESCISÓRIA. COMPETÊNCIA DO STJ. DESPACHO DE EMENDA DA INICIAL. ART. 968, § 5º, DO NOVO CPC. RECURSO NÃO PROVIDO. 1) Compete ao Superior Tribunal de Justiça, a teor do art. 105, inciso I, alínea "e", da Constituição Federal, processar e julgar originariamente as revisões criminais e as ações rescisórias de seus julgados. 2) Nos termos do art. 968, § 5º, do Novo CPC, "reconhecida a incompetência do tribunal para julgar a ação rescisória, o autor será intimado para emendar a petição inicial, a fim de adequar o objeto da ação rescisória". (TJMG, Agravo Interno Cv 1.0000.16.067442-0/003, Rel. Des. Marcos Lincoln, 11ª Câmara Cível, julgado em 28/06/0017, DJ 28/06/2017).

Se a ação rescisória impugnar o acórdão do TJ e não do STJ, o relator no STJ deverá determinar a emenda da inicial e, após, remeter ao Tribunal de Justiça respectivo

✓ AGRAVO INTERNO NA AÇÃO RESCISÓRIA. INCOMPETÊNCIA DO STJ. ART. 105, I, "E", DA CONSTITUIÇÃO DA REPÚBLICA. ACÓRDÃO PROFERIDO EM AGRAVO EM RECURSO ESPECIAL SEM A APRECIAÇÃO DO MÉRITO. INTEMPESTIVIDADE. REMESSA DOS AUTOS AO TRIBUNAL COMPETENTE. ARTS. 64, § 3º, E 968, §§ 5º E 6º, DO CPC/2015. 1. O Superior Tribunal de Justiça não detém competência para a apreciação de ação rescisória quando não proferiu pronunciamento a respeito do mérito da demanda rescindenda. 2. Na espécie, a Terceira Turma desta Corte Superior negou provimento ao AgInt no AREsp 1.009.367/SP, em face da intempestividade do recurso especial, que tratava das matérias ora impugnadas. Tal fato impede o conhecimento da questão de fundo, razão pela qual a competência para processar e julgar a ação rescisória é do Tribunal de Justiça do Estado de São Paulo. 3. Agravo interno não provido, de forma a reconhecer a incompetência do STJ, com a abertura de prazo para emendar-se a petição inicial e consequente remessa dos autos ao Tribunal competente. (AgInt na AR 6.077/SP, Rel. Ministro Luis Felipe Salomão, Segunda Seção, julgado em 27/02/2019, DJe 06/03/2019).

Art. 969. A propositura da ação rescisória não impede o cumprimento da decisão rescindenda, ressalvada a concessão de tutela provisória.

→ *v.* Arts. 294 e seguintes e 517, § 3º, do CPC.

→ *v.* Enunciado 43 do CJF: não ocorre a estabilização da tutela antecipada requerida em caráter antecedente, quando deferida em ação rescisória.

A concessão de tutela antecipada em ação rescisória é medida excepcional diante da necessidade de se conservar a autoridade da coisa julgada

✓ PROCESSUAL CIVIL. ANTECIPAÇÃO DOS EFEITOS DA TUTELA. AUSÊNCIA DOS REQUISITOS. INDEFERIMENTO. I - O pedido de tutela antecipada ou de liminar em ação rescisória deve ser examinado com especial cautela diante da necessidade de se conservar a autoridade da coisa julgada, somente devendo ser concedida a medida em casos excepcionais em que a verossimilhança da alegação seja patente e houver sério risco de irreversibilidade do dano oriundo da execução da decisão rescindenda, nos termos do art. 969 do Código de Processo Civil de 2015. II - No caso concreto, não foi demonstrada, ao menos nesse momento processual, a existência de fundado receio de dano grave de incerta ou difícil reparação, não sendo a averbação da homologação da sentença estrangeira que anulou o casamento entre as partes no registro civil das pessoas naturais, razão suficiente à configuração da urgência. III - Ademais, o pedido não se encontra adequadamente instruído, o que também inviabiliza a antecipação de seus efeitos jurídicos. Não foram juntadas aos autos as decisões estrangeiras referentes à ação de divórcio em trâmite na 11ª Circunscrição Judiciária do Condado de Miami Dade, Flórida, e a ação rescisória de sentença e revelia em trâmite no Tribunal do Distrito do Condado de Clark, Nevada, todas oriundas dos Estados Unidos da América. IV - Esclareça-se, por fim, que a eficácia de documentos estrangeiros eventualmente juntados aos autos exige a chancela da autoridade consular brasileira e a tradução por profissional juramentado no Brasil. V - Agravo interno improvido. (STJ, AgInt na AR 6.224/DF, Rel. Min. Francisco Falcão, Corte Especial, julgado em 15/08/2018, DJe 28/08/2018)

A concessão da tutela antecipada em sede de ação rescisória está condicionada à presença cumulada dos requisitos autorizadores da medida extrema

✓ AGRAVO INTERNO NA AÇÃO RESCISÓRIA - PETIÇÃO INICIAL INDEFERIDA LIMINARMENTE - INSURGÊNCIA DA AUTORA. 1. A concessão da tutela antecipada em sede de ação rescisória está condicionada à presença cumulada dos requisitos autorizadores da medida extrema, que se traduzem no fumus boni iuris e no periculum in mora, de modo que somente pode ser deferida quando ficarem demonstrados, no caso concreto, a probabilidade do direito alegado e a presença do perigo de dano ou risco ao resultado útil do processo, pressupostos que podem ensejar a procedência do pedido veiculado na ação rescisória. Circunstâncias inexistentes na presente hipótese. 2. A decisão monocrática proferida nos autos do Recurso Especial n.º 1.796.811/PR. (Dje de 10/05/2019) – a qual se pretende rescindir – conheceu do apelo nobre e deu-lhe provimento sob o fundamento de que "(...) Em função do princípio da causalidade, nas hipóteses de extinção do processo sem resolução do mérito, decorrente de perda de objeto superveniente ao ajuizamento da ação, a parte que deu causa à instauração do processo deverá suportar o pagamento das custas e dos honorários advocatícios". 3. Agravo interno desprovido. (STJ, AgInt na AR 6.542/DF, Rel. Min. Marco Buzzi, Segunda Seção, julgado em 03/12/2019, DJe 11/12/2019).

A propositura da ação rescisória não impede o cumprimento da decisão rescindenda quando indeferida a tutela provisória de urgência

✓ "AGRAVO DE INSTRUMENTO. CUMPRIMENTO DE SENTENÇA. AÇÃO RESCISÓRIA. INTIMAÇÃO PRESUMIDA. VALIDADE. 1. A propositura da ação rescisória não impede o cumprimento da decisão rescindenda quando indeferida a tutela provisória de urgência (CPC/2015 969). 2. Não contém vício a intimação realizada no mesmo endereço em que se deu a citação válida no processo principal. 3. Negou-se provimento ao agravo." (TJDFT, AC 07202784820198070000, Rel. Des. Sérgio Rocha, 4ª Turma Cível, julgado em 29/04/2020, DJ 14/05/2020).

Art. 970. O relator ordenará a citação do réu, designando-lhe prazo nunca inferior a 15 (quinze) dias nem superior a 30 (trinta) dias para, querendo, apresentar resposta, ao fim do qual, com ou sem contestação, observar-se-á, no que couber, o procedimento comum.

→ v. Art. 318 do CPC.

Cabe julgamento antecipado do mérito na ação rescisória, considerando a aplicação subsidiária do procedimento comum

✓ "AÇÃO RESCISÓRIA. PRODUÇÃO PROBATÓRIA DESNECESSÁRIA. JULGAMENTO ANTECIPADO. MEDIDA QUE SE IMPÕE. ALEGAÇÃO DE PROVA FALSA. DOLO. COMPROVAÇÃO DA PARTE QUE ALEGA. INEXISTÊNCIA. PEDIDO RESCISÓRIO JULGADO IMPROCEDENTE. FILHA DE CRIAÇÃO. DIREITO SUCESSÓRIO. FIGURA JURÍDICA INEXISTENTE. AUSÊNCIA DE TRANSMISSÃO DE DIREITO POR SUCESSÃO CAUSA MORTIS. OCUPAÇÃO DE IMÓVEL. PERMISSÃO. MERA DETENÇÃO. Sendo despicienda a produção de provas, cabível o julgamento antecipado da lide. Se a pretensão rescisória lastreia-se na alegação de prova falsa e má-fé da parte, mas resta evidenciada a sua conduta escorreita, bem como a higidez da prova produzida, o pedido formulado na exordial deve ser julgado improcedente. Da condição de filha de criação não emerge qualquer direito sucessório, pois essa figura jurídica não existe em nosso ordenamento. A ocupação de bem imóvel em razão de permissão configura-se como detenção e não posse, pelo que inábil a amparar pedido de usucapião." (TJMG, Ação Rescisória 1.0000.11.085833-9/000, Rel. Des. Amauri Pinto Ferreira, 17ª Câmara Cível, julgado em 05/07/2018, DJ 17/07/2018).

Art. 971. Na ação rescisória, devolvidos os autos pelo relator, a secretaria do tribunal expedirá cópias do relatório e as distribuirá entre os juízes que compuserem o órgão competente para o julgamento.

Parágrafo único. A escolha de relator recairá, sempre que possível, em juiz que não haja participado do julgamento rescindendo.

→ v. Súmula 252 do STF.

Ainda que preferível que o relator da rescisória não seja magistrado que participou do julgamento anterior, não há impedimento para que esse magistrado julgue a ação

✓ "CONFLITO NEGATIVO DE COMPETÊNCIA. AÇÃO RESCISÓRIA. FEITO DISTRIBUÍDO A DESEMBARGADOR QUE PARTICIPOU DO JULGAMENTO DA APELAÇÃO – JULGADO RESCINDENDO. ART. 971, PARÁGRAFO ÚNICO, CPC. Os magistrados que tenham participado do julgado rescindendo não estão impedidos para a ação rescisória (Enunciado n.º 252 da Súmula do c. STF já transcrito). Considerando, contudo, a regra contida no parágrafo único do art. 971 do CPC, segundo a qual "a escolha do relator recairá, sempre que possível, em juiz que não haja participado do julgamento rescindendo" e, bem assim, a composição do Colegiado competente para o julgamento da rescisória, reconhece-se a competência do douto suscitante." (TJDFT, AR20170020202133CCP, Rel. Des. Carmelita Brasil, Conselho Especial, julgado em 30/01/2018, DJ 21/02/2018).

Art. 972. Se os fatos alegados pelas partes dependerem de prova, o relator poderá delegar a competência ao órgão que proferiu a decisão rescindenda, fixando prazo de 1 (um) a 3 (três) meses para a devolução dos autos.

→ v. Art. 67 e seguintes do CPC.

Art. 973. Concluída a instrução, será aberta vista ao autor e ao réu para razões finais, sucessivamente, pelo prazo de 10 (dez) dias.

Parágrafo único. Em seguida, os autos serão conclusos ao relator, procedendo-se ao julgamento pelo órgão competente.

→ v. Art. 101, § 3º, da Lei Complementar n. 35/1979.

→ v. Súmulas 249 e 515 do STF

Art. 974. Julgando procedente o pedido, o tribunal rescindirá a decisão, proferirá, se for o caso, novo julgamento e determinará a restituição do depósito a que se refere o inciso II do art. 968.

Parágrafo único. Considerando, por unanimidade, inadmissível ou improcedente o pedido, o tribunal determinará a reversão, em favor do réu, da importância do depósito, sem prejuízo do disposto no § 2º do art. 82.

Destino do depósito previsto no art. 974 do CPC

✓ TRIBUTÁRIO E PROCESSUAL CIVIL. RESCISÓRIA. PRESCRIÇÃO. IMPOSTO DE RENDA. CINCO MAIS CINCO. MATÉRIA NÃO TANGENCIADA PELO ACÓRDÃO. AUSÊNCIA DE IMPUGNAÇÃO DOS FUNDAMENTOS DO ACÓRDÃO RESCINDENDO. RESCISÓRIA JULGADA IMPROCEDENTE. 1. A rescisória por violação de direito federal exige que a tese prestigiada no acórdão seja atacada de forma direta e específica. 2. Hipótese em que a rescisória, fundada em alegação de violação de literal dispositivo de lei, refere-se à questão diversa daquela que foi apreciada pelo acórdão rescindendo. Caso de absoluta assimetria entre o que julgou a Corte e o que alega o autor como causa de rescisão. É inviável pretender rescindir o que não declarou o acórdão, o que nele não se contém. 3. No regime do CPC de 2015, em que as condições da ação não mais configuram categoria processual autônoma, diversa dos pressupostos processuais e do mérito, a possibilidade jurídica do pedido deixou de ser questão relativa à admissibilidade e passou a ser mérito. Afirma a Exposição de motivos do Anteprojeto do Novo CPC que "a sentença que, à luz da lei revogada seria de carência da ação, à luz do Novo CPC é de improcedência e resolve definitivamente a controvérsia". 4. Nos termos do parágrafo único do art. 974 do CPC, a conversão em multa do depósito do art. 488, II, do CPC/1973 (atual 968, II) pressupõe ser a rescisória julgada improcedente ou inadmissível por unanimidade, razão pela qual a decisão quanto ao destino do depósito somente poderá ser tomada após a conclusão do julgamento. Ação rescisória julgada improcedente. (AR 3.667/DF, Rel. Ministro Humberto Martins, Primeira Seção, julgado em 27/04/2016, DJe 23/05/2016)

Na ação rescisória, o réu tem direito de levantar o depósito previsto no art. 968, II, do CPC/2015 se proferida decisão colegiada unânime em desfavor do autor

✓ "Na ação rescisória, para que o réu tenha direito de levantar o depósito disciplinado no art. 968, II, do CPC/2015, é indispensável seja proferida decisão colegiada unânime em desfavor do autor – reconhecendo a inadmissibilidade ou a improcedência da demanda -, conforme estabelecido na parte final do referido inciso e no art. 974, parágrafo único, do mesmo Código." (AgInt nos EDcl na AR 5.039/PI, Rel. Ministro Antonio Carlos Ferreira, Segunda Seção, julgado em 18/08/2020, DJe 21/08/2020)

O acórdão não unânime autoriza o levantamento do depósito judicial pela parte autora

✓ "Cuidando-se, como é o caso, de acórdão proferido por maioria de votos (e não à unanimidade), não incide a hipótese prevista no art. 974, parágrafo único do CPC, permitindo-se à parte autora levantar o depósito judicial de que cuida o art. 968, II, do mesmo Codex." (EDcl na AR 5.805/RS, Rel. Ministro Sérgio Kukina, Primeira Seção, julgado em 27/11/2019, DJe 02/12/2019).

Julgado procedente o pedido, o Tribunal rescindirá a decisão e proferirá, se for o caso, novo julgamento

✓ EMENTA: AÇÃO RESCISÓRIA. ARTIGO 966, V, DO CPC DE 2015. AÇÃO RECLARAMTÓRIA TRABALHISTA. SERVIDOR PÚBLICO MUNICIPAL. CONTRATAÇÃO TEMPORÁRIA. RENOVAÇÕES SUCESSIVAS DOS CONTRATOS TEMPORÁRIOS. NULIDADE. FGTS. RE n. 705.140 e RE n. 765.320. CABIMENTO. I. É admitida a ação rescisória, com fundamento no artigo 966, V, do CPC de 2015, quando a decisão transitada em julgado contrariar posicionamento anterior do Supremo Tribunal Federal, por ter sido emitido quando já cessada a divergência e sedimentado o posicionamento sobre determinada questão. II. Segundo a disposição contida no artigo 974, do CPC de 2015, julgado procedente o pedido, o Tribunal rescindirá a decisão (*judicium rescindens*) e proferirá, se for o caso, novo julgamento (*judicium rescissorium*). III. As sucessivas contratações temporárias ensejam o reconhecimento da unicidade contratual relacionada a todo período em que houve prestação de serviços mediante recrutamento precário. IV. A contratação realizada em desconformidade com os preceitos do artigo 37, IX, da Constituição de 1988, não gera quaisquer efeitos jurídicos válidos em relação aos servidores contratados; preservam-se, apenas, o direito à percepção dos salários referentes ao período trabalhado e, nos termos do artigo 19-A da Lei nº 8.036, de 1990, o direito ao levantamento dos depósitos efetuados no FGTS (RE nº 765.320/MG, pela sistemática da repercussão geral)." (TJMG, Ação Rescisória 1.0000.17.049863-8/000, Rel. Des Washington Ferreira, 1ª Câmara Cível, julgamento em 09/07/2019, DJ 15/07/2019).

Art. 975. O direito à rescisão se extingue em 2 (dois) anos contados do trânsito em julgado da última decisão proferida no processo.

- → *v.* Súmula 514 do STF.
- → *v.* Súmula 401 do STJ.
- → *v.* Súmula 100 do TST.
- → *v.* Art. 425, § 1º, do CPC.

O prazo decadencial para ajuizamento da ação rescisória só se inicia quando não for cabível qualquer recurso do último pronunciamento judicial

✓ AGRAVO INTERNO NO RECURSO ESPECIAL. AÇÃO RESCISÓRIA. TERMO INICIAL DO PRAZO DECADENCIAL. ÚLTIMO PRONUNCIAMENTO JUDICIAL DO QUAL NÃO CAIBA RECURSO. SÚMULA 401/STJ. AGRAVO DESPROVIDO. 1. Nos moldes da Súmula 401 desta Corte, "o prazo decadencial da ação rescisória só se inicia quando não for cabível qualquer recurso do último pronunciamento judicial". 2. Destaque-se, a título de reforço de argumentação, que o Código de Processo Civil de 2015 positivou no artigo 975 a regra de que "o direito à rescisão se extingue em 2 (dois) anos contados do trânsito em julgado da última decisão proferida no processo". 3. A extemporaneidade do recurso não obsta a aplicação da Súmula 401 do STJ, salvo na hipótese de má-fé do recorrente, o que não ficou configurado no caso concreto. 4. Agravo interno a que se nega provimento. (STJ, AgInt nos EDcl no REsp 1464809/PB, Rel. Ministro Raul Araújo, Quarta Turma, julgado em 30/05/2019, DJe 21/06/2019)

O termo inicial do prazo bienal para ajuizamento da ação rescisória é o dia seguinte ao trânsito em julgado da última decisão proferida nos autos

✓ "Conforme orientação jurisprudencial desta Corte, o prazo bienal previsto no art. 495 do Código de Processo Civil/1973 para propositura da ação rescisória conta-se a partir do dia seguinte ao trânsito em julgado da última decisão proferida nos autos, ou seja, quando não for cabível a interposição de nenhum recurso pelas partes litigantes." (STJ, AR 3.381/RJ, Rel. Ministro Antonio Saldanha Palheiro, Terceira Seção, julgado em 27/02/2019, DJe 12/03/2019).

Se o prazo para ajuizamento da ação rescisória findar durante o recesso forense, prorroga-se para o primeiro dia útil seguinte

✓ "O prazo decadencial para o ajuizamento da ação rescisória se prorroga para o primeiro dia útil seguinte, caso venha a findar no recesso forense, sendo irrelevante a controvérsia acerca da natureza do prazo para ajuizamento da ação rescisória, se prescricional ou decadencial, pois em ambos os casos o termo ad quem seria prorrogado" (STJ, AgInt no REsp 1554278/RS, Rel. Ministro Paulo de Tarso Sanseverino, Terceira Turma, julgado em 03/12/2018, DJe 07/12/2018).

§ 1º Prorroga-se até o primeiro dia útil imediatamente subsequente o prazo a que se refere o *caput*, quando expirar durante férias forenses, recesso, feriados ou em dia em que não houver expediente forense.

→ *v.* Arts. 214, 215 e 216 do CPC.

§ 2º Se fundada a ação no inciso VII do art. 966, o termo inicial do prazo será a data de descoberta da prova nova, observado o prazo máximo de 5 (cinco) anos, contado do trânsito em julgado da última decisão proferida no processo.

§ 3º Nas hipóteses de simulação ou de colusão das partes, o prazo começa a contar, para o terceiro prejudicado e para o Ministério Público, que não interveio no processo, a partir do momento em que têm ciência da simulação ou da colusão.

→ *v.* Art. 167 do CC/2002.

→ *v.* Art. 142 do CPC.

Ajuizada a ação rescisória fora do prazo cabe o julgamento de improcedência liminar

✓ "AÇÃO RESCISÓRIA. AJUIZAMENTO FORA DO PRAZO DE DOIS ANOS DO CAPUT DO ART. 975 DO CPC/2015. INEXISTÊNCIA DE PROVA NOVA APTA ENSEJAR A APLICAÇÃO DO § 2º DO ART. 975 DO CPC/2015. DECADÊNCIA. PEDIDO JULGADO LIMINARMENTE IMPROCEDENTE." (STJ, AR 6058/SP, Rel. Min. Mauro Campbell Marques, julgado em 29/08/2017, DJe 01/09/2017).

Aplicação do prazo decadencial diferenciado do art. 975, § 2º, do CPC

✓ AGRAVO REGIMENTAL. AÇÃO RESCISÓRIA. SERVIDOR PÚBLICO ESTADUAL. PROCESSO ADMINISTRATIVO DISCIPLINAR. DEMISSÃO. PROCESSUAL CIVIL. DECADÊNCIA. ART. 975 DO CPC. 1. A ação rescisória fundada em prova nova (art. 966, VII, do CPC) possui prazo decadencial diferenciado, cujo termo inicial será a data de descoberta da prova nova, observado o prazo máximo de 5 (cinco) anos, contado do trânsito em julgado da última decisão proferida no processo (art. 975, §2º, CPC). 2. Não há como considerar que os documentos ora trazidos possam ser considerados como *prova nova*, a fim de dar azo à propositura da presente ação rescisória. 3. Descaracterizada a documentação trazida como prova nova, o prazo decadencial para interposição da rescisória é aquele fixado no art. 975 do CPC. Precedentes do Superior Tribunal de Justiça. 4. Decorridos mais de dois anos do trânsito em julgado da decisão, verifica-se a decadência do direito de ajuizar a ação, mantendo-se o indeferimento da petição inicial. Negaram provimento ao agravo regimental. (TJRS, AI 70083466375, Segundo Grupo de Câmaras Cíveis, Rel. Des. Matilde Chabar Maia, julgado em 22/05/2020).

Requisitos para aplicação do art. 975, § 5º, do CPC

✓ "AÇÃO RESCISÓRIA. DECADÊNCIA NÃO OPERADA. VIA EXCEPCIONAL DE IMPUGNAÇÃO. DOCUMENTO NOVO. AUSÊNCIA. IMPROCEDÊNCIA DO PEDIDO. 1. Em regra, a extinção do direito à ação rescisória ocorre no prazo de 2 (dois) anos, contado do trânsito em julgado da última decisão no processo. Todavia, se a ação rescisória estiver fundada em prova nova (art. 966, VII, do CPC), esse prazo de dois anos tem início na "data de descoberta da prova nova, observado o prazo máximo de 5 (cinco) anos, contado do trânsito em julgado da última decisão proferida no processo" (art. 975, § 2º, do CPC). 2. A ação rescisória com base no art. 966, VII, do CPC, somente é cabível quando houver prova nova cuja existência ignorava ou de que não pôde fazer uso, capaz, por si só, de assegurar pronunciamento favorável, o que não ocorre na espécie. 3. Ação rescisória admitida. Pedido julgado improcedente." (TJDFT, AR 07067074420188070000, Rel. Des. Fábio Eduardo Marques, 1ª Câmara Cível, julgado em 20/05/2019, DJe 06/06/2019).

Capítulo VIII
DO INCIDENTE DE RESOLUÇÃO DE DEMANDAS REPETITIVAS

→ *v.* Arts. 12, 138, 139, X, 311, II, 313, 332, II e III, 964, § 4º, II e III, 521, IV, 927, III, 928, 932, IV e V, 937, § 1º, 955, parágrafo único, II, 988, IV, 1.022, e 1.036, § 4º do CPC.

Art. 976. É cabível a instauração do incidente de resolução de demandas repetitivas quando houver, simultaneamente:

→ *v.* Enunciado 20 da ENFAM: o pedido fundado em tese aprovada em IRDR deverá ser julgado procedente, respeitados o contraditório e a ampla defesa, salvo se for o caso de distinção ou se houver superação do entendimento pelo tribunal competente.

→ *v.* Enunciado 21 da ENFAM: o IRDR pode ser suscitado com base em demandas repetitivas em curso nos juizados especiais.

→ *v.* Enunciado 22 da ENFAM: a instauração do IRDR não pressupõe a existência de processo pendente no respectivo tribunal.

→ *v.* Enunciado 44 da ENFAM: admite-se o IRDR nos juizados especiais, que deverá ser julgado por órgão colegiado de uniformização do próprio sistema.

→ *v.* Enunciado 65 do CJF: a desistência do recurso pela parte não impede a análise da questão objeto do incidente de assunção de competência.

Cabe IRDR diretamente no STJ nos casos de competência recursal ordinária e de competência originária

✓ AGRAVO INTERNO EM PETIÇÃO. RECLAMAÇÃO. INCIDENTE DE RESOLUÇÃO DE DEMANDAS REPETITIVAS

(IRDR). INSTITUTO AFETO À COMPETÊNCIA JURISDICIONAL DE TRIBUNAIS DE SEGUNDA INSTÂNCIA (ESTADUAIS OU REGIONAIS FEDERAIS). INSTAURAÇÃO DIRETA NO SUPERIOR TRIBUNAL DE JUSTIÇA. POSSIBILIDADE RESTRITA. NECESSIDADE DE OBSERVÂNCIA DOS REQUISITOS (ART. 976 DO CPC). JUÍZO DE ADMISSIBILIDADE NÃO ULTRAPASSADO. NÃO CABIMENTO DA INSTAURAÇÃO DO INSTITUTO. 1. O novo Código de Processo Civil instituiu microssistema para o julgamento de demandas repetitivas – nele incluído o IRDR, instituto, em regra, afeto à competência dos tribunais estaduais ou regionais federal -, a fim de assegurar o tratamento isonômico das questões comuns e, assim, conferir maior estabilidade à jurisprudência e efetividade e celeridade à prestação jurisdicional. 2. A instauração de incidente de resolução de demandas repetitivas diretamente no Superior Tribunal de Justiça é cabível apenas nos casos de competência recursal ordinária e de competência originária e desde que preenchidos os requisitos do art. 976 do CPC. 3. Quando a reclamação não ultrapassa o juízo de admissibilidade, não cabe a instauração do incidente de demandas repetitivas no Superior Tribunal de Justiça. 4. Agravo interno desprovido. (AgInt na Pet 11.838/MS, Rel. Ministra Laurita Vaz, Rel. p/ Acórdão Min. João Otávio de Noronha, Corte Especial, julgado em 07/08/2019, DJe 10/09/2019).

Julgado da Quinta Turma do STJ, posterior ao AgInt na Pet 11.838/MS, analisado pela Corte Especial, considerando que não cabe IRDR no STJ

✓ PENAL E PROCESSO PENAL. AGRAVO REGIMENTAL NO AGRAVO EM RECURSO ESPECIAL. INCIDENTE DE RESOLUÇÃO DE DEMANDAS REPETITIVAS – IRDR. INSTITUTO DIRECIONADO AOS TRIBUNAIS LOCAIS. DESCLASSIFICAÇÃO DO CRIME PREVISTO NO ART. 217-A PARA O DO ART. 215-A DO CP (INTRODUZIDO PELA LEI 13.718/2018). IMPOSSIBILIDADE. VÍTIMA MENOR DE 14 ANOS. PRESUNÇÃO ABSOLUTA DE VIOLÊNCIA. PRINCÍPIO DA ESPECIALIDADE. AGRAVO REGIMENTAL NÃO PROVIDO. 1. Não merece acolhida o pedido de instauração do Incidente de Resolução de Demandas Repetitivas – IRDR, formulado pelo agravante, uma vez que o referido instituto é direcionado aos Tribunais locais (Tribunal de Justiça e Tribunal Regional Federal), revelando-se inaplicável nesta Corte Superior, que apenas detém competência recursal, nos termos do art. 987 do NCPC. 2. Ressalvado meu ponto de vista quanto à possibilidade de desclassificação do tipo penal do art. 217-A para o do art. 215-A, ambos do Código Penal, acompanho o entendimento de ambas as Turmas do Superior Tribunal de Justiça, no sentido da impossibilidade de desclassificação, quando se tratar de vítima menor de 14 anos, concluindo-se ser inaplicável o art. 215-A do CP para a hipótese fática de ato libidinoso diverso de conjunção carnal praticado com menor de 14 anos, pois tal fato se amolda ao tipo penal do art. 217-A do CP, devendo ser observado o princípio da especialidade (AgRg nos EDcl no AREsp n. 1.225.717/RS, Relator Ministro Joel Ilan Paciornik, Quinta Turma, julgado em 21/2/2019, DJe 6/3/2019). 3. No caso em análise, mesmo com a ressalva do meu entendimento, não seria possível a referida desclassificação, tendo em vista a gravidade concreta da conduta praticada pelo pai contra sua própria filha, criança de apenas 6 anos. 4. Agravo regimental não provido. (AgRg no AREsp 1508273/SC, Rel. Min. Reynaldo Soares da Fonseca, Quinta Turma, julgado em 03/09/2019, DJe 12/09/2019).

Não é necessário o trânsito em julgado do IRDR para a sua aplicação

✓ RECURSO ESPECIAL. PENSÃO POR MORTE. PRETENSÃO DE PARIDADE COM OS AGENTES EM ATIVIDADE. TEMÁTICA FIRMADA EM INCIDENTE DE RESOLUÇÃO DE DEMANDAS REPETITIVAS. DESNECESSIDADE DO TRÂNSITO EM JULGADO PARA APLICAÇÃO DO PRECEDENTE PARADIGMA. DESNECESSIDADE DE NOTIFICAR AS PARTES ACERCA DA APLICAÇÃO DA TESE EM IRDR. RECURSO ESPECIAL NÃO PROVIDO. I – A jurisprudência desta Corte Superior considera que não é necessário aguardar o trânsito em julgado de matéria firmada em IRDR para sua aplicação. Precedente: AgInt nos EDcl no RMS 47.944/RO, Rel. Min. Francisco Falcão, DJe de 17.8.2018. II – Ademais, não há falar em ofensa do art. 10 do CPC, eis que o STJ considera que não se faz necessária a manifestação das partes quando a oitiva não puder influenciar na solução da causa ou quando o provimento lhe for favorável, notadamente em razão dos princípios da duração razoável do processo e da economia processual. Precedente: REsp 1.755.266/SC, Rel. Ministro Luis Felipe Salomão, Quarta Turma, julgado em 18/10/2018, DJe 20/11/2018. III – Recurso especial improvido. (REsp 1879554/SC, Rel. Min. Francisco Falcão, Segunda Turma, julgado em 18/08/2020, DJe 31/08/2020).

Não cabe Recurso Especial em face do acórdão que realiza o julgamento acerca da admissibilidade do IRDR

✓ CIVIL E PROCESSUAL CIVIL. INCIDENTE DE RESOLUÇÃO DE DEMANDAS REPETITIVAS – IRDR. ACÓRDÃO DE TRIBUNAL DE 2º GRAU QUE INADMITE A INSTAURAÇÃO DO INCIDENTE. RECORRIBILIDADE AO SUPERIOR TRIBUNAL DE JUSTIÇA. DESCABIMENTO. AUSÊNCIA DE INTERESSE RECURSAL. POSSIBILIDADE DE NOVO REQUERIMENTO DE INSTAURAÇÃO DO IRDR QUANDO SATISFEITO O REQUISITO AUSENTE POR OCASIÃO DO PRIMEIRO PEDIDO, SEM PRECLUSÃO. RECORRIBILIDADE AO STJ OU AO STF PREVISTA, ADEMAIS, SOMENTE PARA O ACÓRDÃO QUE JULGAR O MÉRITO DO INCIDENTE, MAS NÃO PARA O ACÓRDÃO QUE INADMITE O INCIDENTE. DE CAUSA DECIDIDA. REQUISITO CONSTITUCIONAL DE ADMISSIBILIDADE DOS RECURSOS EXCEPCIONAIS. AUSÊNCIA. QUESTÃO LITIGIOSA DECIDIDA EM CARÁTER NÃO DEFINITIVO. 1- Os propósitos recursais consistem em definir: (i) preliminarmente, se é cabível recurso especial do acórdão que inadmite a instauração do incidente de resolução de demandas repetitivas – IRDR; (ii) se porventura superada a preliminar, se a instauração do IRDR tem como pressuposto obrigatório a existência de um processo ou de um recurso no Tribunal. 2- Não é cabível recurso especial em face do acórdão que inadmite a instauração do IRDR por falta de interesse recursal do requerente, pois, apontada a ausência de determinado pressuposto, será possível a instauração de um novo IRDR após o preenchimento do requisito inicialmente faltante, sem que tenha ocorrido preclusão, conforme expressamente autoriza o art. 976, §3º, do CPC/15. 3- De outro lado, o descabimento do recurso especial na hipótese decorre ainda do fato de que o novo CPC previu a recorribilidade excepcional ao Superior Tribunal de Justiça e ao Supremo Tribunal Federal apenas contra o acórdão que resolver o mérito do Incidente, conforme se depreende do art. 987, caput, do CPC/15, mas não do acórdão que admite ou que inadmite a instauração do IRDR. 4- O acórdão que inadmite a instauração do IRDR não preenche o pressuposto constitucional da causa decidida apto a viabilizar o conhecimento de quaisquer recursos excepcionais, uma vez que ausente, na hipótese, o caráter de definitividade no exame da questão litigiosa, especialmente quando o próprio legislador previu expressamente a inexistência de preclusão e a possibilidade de o requerimento de instauração do IRDR ser novamente realizado quando satisfeitos os pressupostos inexistentes ao tempo do primeiro pedido. 5- Recurso especial não conhecido. (REsp 1631846/DF, Rel. Ministro Paulo de Tarso Sanseverino, Rel. p/ Acórdão Ministra Nancy Andrighi, Terceira Turma, julgado em 05/11/2019, DJe 22/11/2019).

O pedido de instauração do IRDR deve ser prévio ao julgamento da apelação, reexame necessário ou processo originário

✓ PROCESSUAL CIVIL. INCIDENTE DE RESOLUÇÃO DE DEMANDAS REPETITIVAS - IRDR. REQUISITO. EXISTÊNCIA DE PROCESSO EM TRÂMITE. JUÍZO DE ADMISSIBILIDADE DO INCIDENTE. INVIABILIDADE. VIOLAÇÃO DO ART. 1.022 DO CPC/2015. INEXISTÊNCIA. I - Na origem, o Fisco ajuizou execução fiscal contra contribuinte, tendo sido determinada a suspensão do processo pelo Juízo de primeira instância, sob o fundamento, em suma, de que o débito tributário estava garantido por seguro-garantia. O Fisco Estadual interpôs agravo de instrumento, tendo o Tribunal de origem deferido a tutela provisória recursal, decidindo que a suspensão do registro no CADIN Estadual depende da suspensão da exigibilidade do crédito tributário. Opostos os declaratórios, a contribuinte requereu a instauração do incidente de resolução de demandas repetitivas - IRDR para fazer prevalecer a tese jurídica de que a suspensão do registro no CADIN Estadual não requer a suspensão da exigibilidade do crédito tributário quando o débito estiver garantido por garantia idônea. II - No caso, o Tribunal de origem inadmitiu a instauração do IRDR, sob o fundamento de que o caso (agravo de instrumento) não poderia ser mais considerado como apto à instauração do IRDR, considerando que não havia mais pendência do agravo para fins de admissibilidade do incidente. Isso porque o que pendia era apenas o julgamento dos embargos declaratórios, que possuem caráter meramente integrativo e cuja oposição nem sequer fora noticiada antes da realização do juízo de admissibilidade do IRDR. III - No recurso especial, a contribuinte sustenta que o caso estava apto à fixação da tese jurídica no IRDR, considerando que, além de preenchidos os demais requisitos de admissibilidade, o agravo ainda estava pendente de julgamento, em razão da oposição dos declaratórios, antes do juízo de admissibilidade do IRDR. IV - Impõe-se o afastamento da alegada violação do art. 1.022 do CPC/2015, quando a questão apontada como omitida pela recorrente - acerca da pendência de julgamento da causa em razão dos declaratórios distribuídos - foi examinada no acórdão recorrido, caracterizando o intuito revisional dos embargos de declaração. V - O cerne da controvérsia consiste em decidir se seria admissível a instauração do IRDR pela escolha de um caso que já tenha sido objeto de julgamento, mas cujos embargos de declaração ainda não foram julgados. Ocorre que, após o julgamento do mérito do recurso do qual se extrairia a tese jurídica, não há que se falar em pendência do caso para fins de instauração do IRDR, diante do obstáculo à formação concentrada do precedente obrigatório. VI - O cabimento do IRDR, condiciona-se à pendência de julgamento, no tribunal, de uma causa recursal ou originária. Se já encerrado o julgamento, não caberá mais a instauração do IRDR, senão em outra causa pendente; mas não naquela que já foi julgada. Nesse sentido, o Enunciado n. 344 do Fórum Permanente de Processualistas Civis. VII - Inserido no microssistema de formação concentrada de precedente obrigatório (arts. 489, § 1°, 984, § 2°, e 1.038, § 3°, CPC/2015), o IRDR extrai sua legitimidade jurídica não apenas de simples previsão legal. Afastando-se de um mero processo de partes (destinado à decisão de um conflito singular), ostenta natureza de processo objetivo, em que legitimados adequados previstos em lei requerem a instauração de incidente cuja função precípua é permitir um ambiente de pluralização do debate, em que sejam isonomicamente enfrentados todos os argumentos contrários e favoráveis à tese jurídica discutida; bem como seja ampliado e qualificado o contraditório, com possibilidade de audiências públicas e participação de *amicus curiae* (arts. 138, 927, § 2º, 983, 1.038, I e II, todos do CPC/2015). VIII - Tendo em vista a concepção dinâmica do contraditório como efetiva oportunidade de influenciar a decisão no procedimento (arts. 10 e 489, § 1º, do CPC/2015), o diferimento da análise da seleção da causa e admissibilidade do IRDR para o momento dos embargos de declaração importaria prejuízo à paridade argumentativa processual, considerando que esse desequilíbrio inicial certamente arriscaria a isonômica distribuição do ônus argumentativo a ser desenvolvido, mesmo que os argumentos fossem pretensamente esgotados durante o curso do incidente. IX - Verifica-se que, de qualquer forma, o pedido de instauração do IRDR parece ter sido utilizado como via substitutiva - em uma causa multimilionária - para fins de reexame do mérito, quando já esgotadas todas as possibilidades recursais. Contudo, o IRDR não pode ser utilizado como sucedâneo recursal. X - Agravo conhecido para conhecer parcialmente do recurso e, nessa parte, negar-lhe provimento. (STJ, AREsp 1470017/SP, Rel. Min. Francisco Falcão, Segunda Turma, julgado em 15/10/2019, DJe 18/10/2019).

✓ PROCESSUAL CIVIL. AGRAVO INTERNO. PEDIDO DE INSTAURAÇÃO DE INCIDENTE DE RESOLUÇÃO DE DEMANDAS REPETITIVAS (IRDR) APÓS O JULGAMENTO DA APELAÇÃO. IMPOSSIBILIDADE DE UTILIZAÇÃO COMO SUCEDÂNEO RECURSAL. INSTRUMENTO QUE NÃO É DESTINADO A REVISAR JULGAMENTO JÁ REALIZADO. AGRAVO INTERNO CONHECIDO E DESPROVIDO. - O Código de Processo Civil de 2015 conferiu ênfase à resolução de demandas seriais, repetitivas ou tidas como "de massa". Para tanto, foram criadas formas de decisão que permitem o alcance de inúmeros processos semelhantes. Estamos diante do cenário processual ao qual se convencionou denominar de microssistema de tutela coletiva, representado, no CPC/2015, pelo IRDR (incidente de resolução de demandas repetitivas) pelos e recursos repetitivos (especial e extraordinário) - ver art. 928 do CPC/2015. - No caso dos autos, após o julgamento do Recurso de Apelação (fls. 259/261v), a parte solicitou a instauração do incidente, o que não é possível, pois tal via não pode ser utilizada como sucedâneo recursal. - Com efeito, tal qual o antigo pedido de uniformização de jurisprudência (previsto nos arts. 476 a 479 do CPC/1973 e extinto pelo CPC/2015), o pedido de instauração do incidente de resolução de demandas repetitivas (IRDR) deve ser prévio ao julgamento do recurso, remessa necessária ou processo de competência originária, sob pena de se criar, dentro do mesmo tribunal, um mecanismo oblíquo de reexame da matéria. - Com efeito, ao interpretar o art. 978, parágrafo único, do CPC, é possível retirar essa compreensão, pois o dispositivo menciona que "o órgão colegiado incumbido de julgar o incidente e de fixar a tese jurídica julgará igualmente o recurso, a remessa necessária ou o processo de competência originária de onde se originou o incidente." Segundo a lei, o órgão designado "julgará" o recurso. Portanto, como o recurso já foi apreciado e julgado, não caberá a instauração do incidente no presente caso. Para que o IRDR seja cabível, deve haver recurso, remessa necessária ou processo de competência originária pendentes de julgamento nesta Corte. – A jurisprudência de outros tribunais (TJSP e TJRS, por exemplo) entende que "verificado o esgotamento da jurisdição, tem-se como inadmissível a instauração do incidente, nos termos do parágrafo único do art. 978 do Novo Código de Processo Civil" – vide IRDR nº 70070446802 – Terceira Turma Cível – Terceiro Gripo Cível – Relator Desembargador Marcelo Cezar Muller, julgado em 10.10.2016. – Entende-se que se o recurso de apelação já foi julgado, não deve ser conhecido o incidente de resolução de demandas repetitivas formulado após o julgamento do Apelo – vide nesse sentido IRDR 2015.009345-8, Rel. Des. Cláudio Santos, Rel. p/ acórdão Des. João Rebouças, julgado em 30.07.2018." (TJRN, AI na AC 2018.006265-8, Rel. Juiz Convocado Eduardo Pinheiro, julgado em 09/04/2019).

Não aplicação de fungibilidade entre incidente de uniformização de jurisprudência (não previsto no CPC/2015) em IRDR

✓ INCIDENTE DE UNIFORMIZAÇÃO DE JURISPRUDÊNCIA – REEXAME NECESSÁRIO E APELAÇÃO CÍVEL – AÇÃO ORDINÁRIA DE COBRANÇA – SERVIDOR MILITAR INATIVO – CONTRIBUIÇÃO PREVIDENCIÁRIA – QUESTÃO DE ORDEM – VIGÊNCIA DO NOVO CPC – IRDR – FUNGIBILIDADE – IMPOSSIBILIDADE – NÃO CONHECER DO INCIDENTE DE UNIFORMIZAÇÃO DE JURISPRUDÊNCIA. 1. Não há que se falar em aplicação do princípio da fungibilidade no caso em espeque, porquanto o presente incidente de uniformização de jurisprudência é, na verdade, forma procedimental mais simplificada que o IRDR, e sendo a matéria processual de aplicação imediata, tenho que o julgamento da presente uniformização de jurisprudência está prejudicada em vista da vigência do Novo CPC. 2. Questão de ordem suscitada para não conhecer do incidente de uniformização de jurisprudência." (TJMG, IACCv 1.0024.13.297471-8/002, Rel. Des. Teresa Cristina da Cunha Peixoto, 1ª Seção Cível, julgado em 19/08/2016, DJ 02/09/2016).

Possibilidade de conversão do incidente de uniformização de jurisprudência (não previsto no CPC/2015) em IRDR

✓ EMENTA: PROCESSO CIVIL – INCIDENTE DE UNIFORMIZAÇÃO DE JURISPRUDÊNCIA CONVERSÃO EM INCIDENTE DE RESOLUÇÃO DE DEMANDAS REPETITIVAS – FIXAÇÃO DE TESE JURÍDICA – FUNDAMENTO DETERMINANTE – POSSIBILIDADE DE RECEBIMENTO DE ADICIONAL DE INSALUBRIDADE – SERVIDORES MILITARES DA ÁREA DE SAÚDE – JUÍZO DE ADMISSIBILIDADE – INCIDENTE ACOLHIDO. 1 – O Incidente de Assunção de Competência – IAC (CPC/15 art. 947), assim como o Incidente de Resolução de demanda Repetitiva – IRDR (CPC/15, arts. 976-987), é o resultado da reformulação do Incidente de Uniformização de Jurisprudência – IUJ (CPC/73, art. 555, §1º), aplicando-se nos casos em que há relevante questão de direito, com grande repercussão social, com repetição em múltiplos processos, em que se busca uniformizar a jurisprudência, para concretizar a segurança jurídica, evitando-se, dessa forma, decisões divergentes para situações semelhantes; 2 – Em razão da alteração na legislação processual é possível a conversão do IUJ em IAC ou IRDR; 3 – O IRDR será instaurado sempre que houver, simultaneamente, efetiva repetição de processos que contenham controvérsia sobre a mesma questão de direito e risco de ofensa à isonomia e à segurança jurídica; 4 – Admite-se a tese jurídica para decidir acerca da admissibilidade, ou não, de os servidores públicos militares de Minas Gerais, que atuam na área de saúde, receberem o adicional de insalubridade, previsto no art. 31, § 11 c,c, o art., 31, § 6º da Constituição Estadual, supostamente restringidos pelas Leis Delegadas nº 37/89e 43/00, aplicando-lhes a regra do art. 67 da Lei Estadual nº 5.301/69." (TJMG, IRDR Cv 1.0024.10.143281-3/002, Rel. Des. Renato Dresch, 1ª Seção Cível, julgado em 16/11/2016, DJ 16/12/2016).

Descabe IRDR se a divergência se refere a julgados dissonantes proferidos sob legislação distinta

✓ INCIDENTE DE RESOLUÇÃO DE DEMANDA REPETITIVA. JUÍZO DE ADMISSIBILIDADE.ARTIGOS 976 A 980 DO CPC E 345-A E B DO REGIMENTO INTERNO. Inadmissível o julgamento de incidente para unificar o entendimento das turmas sobre questão cuja solução varia conforme os elementos do caso concreto. Caso em que os acórdãos indicados como conflitante foram proferidos sob a égide de regulamentos diversos (antigo e novo CPC). (TRF4, REC 5001635-83.2017.404.0000, Corte Especial, Rel. Des. Maria de Fátima Freitas Labarrère, julgado em 23/03/2017, DEJF 27/03/2017).

Descabe IRDR se há a necessidade de apreciação de matéria fática

✓ IRDR. PROCESSUAL CIVIL. REQUISITOS. PREVIDENCIÁRIO. DESCONTINUIDADE. NECESSIDADE DE VERIFICAÇÃO DA MATÉRIA FÁTICA. 1. São requisitos de admissibilidade do IRDR: (i) existência de causa pendente sobre o tema (ii) efetiva repetição de processos; (iii) tratar-se de questão unicamente de direito; (iv) risco de ofensa à isonomia e à segurança jurídica e, finalmente, (v) a ausência de afetação dessa questão no âmbito da competência dos Tribunais Superiores (art. 976/NCPC). 2. O requisito respeitante à existência de processo pendente no tribunal deve ser apreciado levando-se em consideração o momento da proposição do IRDR. 3. A discussão sobre a descontinuidade do labor rural é de difícil reconhecimento como matéria unicamente de direito, dada a necessidade de apreciação caso a caso de cada uma das demandas. 4. Reconhecida a necessidade da apreciação dos fatos pelo julgador para que seja melhor delineado cada caso, resta mitigado o risco de ofensa à isonomia e à segurança jurídica. 5. IRDR inadmitido." (TRF4, IRDR 50511156420164040000, Terceira Seção, Rel. Des. Paulo Afonso Brum Vaz, julgado em 06/04/2017, DJe 18/05/2017).

O órgão designado no regimento como sendo competente para julgar o IRDR não pode examinar o incidente se o tema for de competência de órgão de maior hierarquia (no caso o Plenário do Tribunal)

✓ "EMENTA: PROCESSO CIVIL. INCIDENTE DE RESOLUÇÃO DE DEMANDA REPETITIVAS. QUESTÃO DE ORDEM SUSCITADA *EX OFFICIO* PELO RELATOR. ACO-

LHIMENTO. DECLARAÇÃO DE INCOMPETÊNCIA DA SEÇÃO CÍVEL, ORGÃO DE COMPETÊNCIA JURISDICIONAL MÉDIA, PARA PROCESSAR E JULGAR INCIDENTE DE RESOLUÇÃO DE DEMANDA REPETITIVA – IRDR, NO QUAL PRETENDE DISCUTIR TESE JURÍDICA VERSADA EM *MANDAMUS* DE COMPETÊNCIA ORIGINÁRIA DO TRIBUNAL PLENO, ÓRGÃO DE COMPETÊNCIA JURISDICIONAL MAIOR. IMPOSSIBILIDADE. REMESSA DO FEITO AO TRIBUNAL PLENO, COM DISTRIBUIÇÃO PREVENTA AO RELATOR DO "PROCESSO REFERÊNCIA" NO QUAL SE DISCUTE A TESE JURÍDICA QUESTIONADA." (TJRN, IRDR 2017.007342-1, Rel. Des. Amaury Moura Sobrinho, julgado em 04/09/2017).

I – efetiva repetição de processos que contenham controvérsia sobre a mesma questão unicamente de direito;

Se não há repetição de processos, descabe o IRDR, mas é possível a instauração de IAC

✓ EMENTA: INCIDENTE DE RESOLUÇÃO DE DEMANDAS REPETITIVAS – JUÍZO DE ADMISSIBLIDADE – REQUISITO NEGATIVO – EFETIVA REPETIÇÃO DE PROCESSOS – NÃO VERIFICAÇÃO – RELEVÂNCIA DA QUESTÃO DE DIREITO – CONVÊNIÊNCIA DA COMPOSIÇÃO DE DIVERGÊNCIA ENTRE CÂMARAS OU TURMAS DO TRIBUNAL – ART. 947, §4º, DO CPC – CONVERSÃO EM INCIDENTE DE ASSUNÇÃO DE COMPETÊNCIA. – Nos termos do artigo 976, *caput*, do CPC, é cabível o Incidente de Resolução de Desmandas Repetitivas quando houver, simultaneamente, a efetiva repetição de processos que contenham controvérsia sobre a mesma questão unicamente de direito e risco de ofensa à isonomia e à segurança jurídica. – A inexistência de multiplicidade de processos objeto da controvérsia, obsta a admissão do Incidente de Resolução de Demanda Repetitiva. – Porém, a relevância da questão de direito, a respeito da qual mostra-se conveniente a composição de divergência entre câmaras ou turmas do tribunal, constitui fundamento suficiente para converter o Incidente de Resolução de Demanda Repetitiva (IRDR) em Incidente de Assunção de Competência (IAC). – Incidente de Assunção de Competência admitido com o objetivo de analisar se as Leis Municipais nº 3.886/2003 e 4.288/2005 garantem ao servidor público do Município de Betim o aproveitamento do tempo anterior à investidura no cargo de provimento efetivo, para fins de apostilamento do tempo no serviço público. (TJMG, IRDR 1.0000.15.085222-6/003, Rel. Des. Carlos Levenhagen, 1ª Seção Cível, julgado em 02/03/2020, DJ 21/05/2020)

Não cabe a instauração de IRDR se as situações jurídicas são diversas

✓ INCIDENTE DE RESOLUÇÃO DE DEMANDAS REPETITIVAS (IRDR) – PRESSUPOSTOS – INDENIZAÇÃO POR DANO MORAL POR ATRASO DE VOO. INADMISSIBILIDADE. O incidente de resolução de demandas repetitivas é cabível quando houver, simultaneamente, efetiva repetição de processos que contenham controvérsia sobre a mesma questão unicamente de direito, bem como no caso de risco de ofensa à isonomia e à segurança jurídica, em observância ao disposto no art. 976 do CPC e 368-A do RITJMG. É descabida a instauração do IRDR para homogeneizar danos e interesses claramente heterogêneos e multifacetados, oriundos de atraso em voo, tendo em vista que não há de se impor soluções homogêneas para situações jurídicas que, embora derivadas do mesmo fato, são absolutamente diversas. (TJMG, IRDR 1.0702.16.018391-0/003, Rel. Des. Newton Teixeira Carvalho, 2ª Seção Cível, julgado em 26/11/2019, DJ 19/12/2019).

Não cabe a instauração de IRDR se não há processos envolvendo a mesma matéria

✓ INCIDENTE DE RESOLUÇÃO DE DEMANDAS REPETITIVAS. DIREITO TRIBUTÁRIOS. TAXA. TCDR. COBRANÇA DE CONDOMÍNIO PRO DIVISO. AUSÊNCIA DE REPETIÇÃO DE PROCESSOS. 1. Os requisitos para a admissibilidade do IRDR estão esculpidos nos incisos I e II do art. 976 do CPC: (1) efetiva repetição de processos que contenham controvérsia sobre a mesma questão de direito; e (2) risco de ofensa à isonomia e à segurança jurídica. 2. No pedido de instauração do incidente, nada foi dito sobre a existência de outros processos envolvendo a mesma matéria, tampouco foi mencionada a existência de risco de ofensa à isonomia. Somado a isso, utilizando a ferramenta de pesquisa de jurisprudência disponível no site desta Corte, com as palavras "tributário e taxa e SANEP e condomínio" foram localizados apenas 08 recursos entre apelações e agravos de instrumento. 3. Inexiste, neste momento, *efetiva repetição de processos* sobre a mesma controvérsia – possibilidade ou não de cobrança da taxa de coleta e destinação de esgoto dos condomínios quando se tratar da forma pro-diviso – não havendo suporte jurídico a sustentar o prosseguimento do IRDR. INCIDENTE NÃO ADMITIDO, EM DECISÃO MONOCRÁTICA. (TJRS, IRDR 70084232834, Primeira Turma Cível, Rel. Des. Luiz Felipe Silveira Difini, julgado em 25/05/2020).

✓ "INCIDENTE DE RESOLUÇÃO DE DEMANDAS REPETITIVAS – Juízo de admissibilidade – Controvérsia acerca do cabimento, ou não, de condenação do vencido ao pagamento de honorários advocatícios em incidente de desconsideração da personalidade jurídica julgado improcedente – Ausência de "efetiva repetição de processos que contenham controvérsia sobre a mesma questão unicamente de direito" (inciso I) e "risco de ofensa à isonomia e à segurança jurídica" (inciso II), nos termos do art. 976 do Código de Processo Civil – Hipótese, ademais, em que já julgado pela Câmara competente o recurso de agravo de instrumento em que veiculado o tema, a impossibilitar o conhecimento do IRDR, posto já não pendente de julgamento o recurso (par. único do art. 978 do CPC) – Requisitos para a instauração do incidente que, por concorrentes, devem ser simultâneos – Não preenchimento desses requisitos, no caso concreto – Precedentes do Órgão Especial – Incidente não conhecido. Incidente não conhecido." (TJSP, IRDR 2201556-58.2019.8.26.0000, Rel. Des. João Carlos Saletti, Órgão Especial, julgado em 12/02/2020, DJ 27/02/2020).

II – risco de ofensa à isonomia e à segurança jurídica.

Crítica ao conteúdo do inciso II por considerá-lo redundante

✓ INCIDENTE DE RESOLUÇÃO DE DEMANDAS REPETITIVAS. Servidor público do Tribunal de Justiça. Adicional de Qualificação. LCE nº 1.111/10. LCE nº 1.217/13. Base de cálculo do benefício que corresponde aos vencimentos brutos equivalentes à base de contribuição previdenciária do cargo em exercício. Correta definição. Divergência entre as Câmaras que compõe a Seção de Direito Público. – 1. Estabilidade da jurisprudência. O CPC prevê no art. 926 que 'os tribunais devem uniformizar sua jurisprudência e mantê-la estável, íntegra e coerente' e prevê para isso três instrumentos: (a) a assunção de competência prevista no art. 947 'caput' 'quando o julgamento de recurso, de remessa necessária ou de processo de competência originária envolver relevante questão de direito, com grande repercussão social, sem repetição em múltiplos processos'; (b) a composição da divergência entre câmaras, a antiga uniformização de jurisprudência, prevista no art. 947 § 4º, 'quando ocorrer relevante questão de direito a respeito da qual seja conveniente a prevenção ou a composição de divergência entre câmaras ou turmas do tribunal'; e (c) o incidente de resolução de demandas repetitivas, previsto no art. 976, 'quando houver, simultaneamente: I – efetiva repetição de processos que contenham controvérsia sobre a mesma questão unicamente de direito; II – risco de ofensa à isonomia e à segurança jurídica'. São instrumentos diversos com requisitos próprios, que não se confundem e coexistem. – 2. IRDR. Repetição de demandas. A Turma Especial debruçou-se sobre o requisito de 'repetição' em casos anteriores, sem chegar a uma conclusão; sabe-se apenas, de acordo com trabalhos doutrinários e com a discussão havida, que a lei não estabelece um número mínimo de demandas. A 'repetição de processos' não se refere apenas às demandas propostas, mas também às demandas potenciais ou futuras, assim como a 'controvérsia' refere-se ao momento presente e ao momento futuro, ao que acontece hoje e pode acontecer amanhã não só nos processos ou nos fóruns, mas no dia a dia da sociedade; não casos particulares, isolados, de rara ocorrência, mas controvérsias com o potencial de repetição. É por isso que tenho adotado uma visão mais flexível, ampliada, dos requisitos do inciso I. – 3. IRDR. Controvérsia. O termo 'controvérsia' deve ser tomado em seu uso corrente, de debate ou divergência entre as partes, não entre os julgadores. Assim, a própria existência da demanda demonstra a existência de uma controvérsia entre as partes, que extraem diferente conclusão da mesma questão de direito e basta isso para o atendimento a inciso I. Não é conclusão escoteira, pois a lei diferencia as duas situações: no art. 947, § 4º cuida da 'divergência entre câmaras ou turmas', referindo-se ao desacordo dos juízes, e no art. 976, I cuida da 'controvérsia sobre a mesma questão de direito', referindo-se ao desacordo das partes [a diferente terminologia vem a propósito, pois câmaras não 'controvertem', câmaras 'divergem']. A divergência entre câmaras ou turmas não é requisito do IRDR, que pode ser instaurado mesmo quando a jurisprudência é pacífica; mas apenas a controvérsia recorrente entre as partes sobre questão de direito. No caso, contudo, verifica-se também patente divergência entre as Câmaras que compõem a Seção de Direito Público, a recomendar a pacificação do entendimento. – 4. IRDR. Segurança jurídica. Não bastam a repetição e a controvérsia; é preciso haver risco de ofensa à isonomia e à segurança jurídica, nos termos do inciso II. O inciso II é redundante, desnecessário e está contido no inciso I, pois se todos merecem igual tratamento, qualquer controvérsia que se repita e enseje soluções diferentes ofende a isonomia e a segurança jurídica. Uma demanda que cumpra o inciso I necessariamente cumprirá o inciso II, e vice-versa; não se pode ver um sem o outro. – 5. IRDR. Admissibilidade. Há interesse no processamento do incidente: primeiro, porque, além da controvérsia e ainda que não seja requisito do incidente segundo o entendimento deste relator, há evidente divergência entre as Câmaras que compõem esta Seção de Direito Público e as Turmas Recursais dos Juizados Especiais; segundo, porque a decisão na assunção de competência e no IRDR agrega o efeito vinculante que as decisões isoladas não possuem, como decorre dos art. 947, § 3º e 985, inclusive aos feitos que tramitam nos juizados especiais (inciso I); terceiro, que decorre do efeito vinculante, evita a instabilidade que provém da alteração do entendimento das câmaras ou turmas no decorrer do tempo; quarto e finalmente, ainda que não inserido na lei, induz com a sua maior autoridade o comportamento da administração e dos servidores. É por isso que o Supremo Tribunal Federal e o Superior Tribunal de Justiça vêm submetendo ao rito da repercussão geral e das demandas repetitivas sua jurisprudência pacificada com a específica finalidade de atribuir-lhes a vinculação que as decisões do Pleno ou das Turmas não possuem. – 6. IRDR. Adicional de qualificação. Base de cálculo. Admissibilidade. A decisão envolve a interpretação das LCE nº 1.111/10 e nº 1.217/13, da Resolução TJSP nº 634/13 de 11-12-2013 e do Comunicado nº 263/2015 da Presidência; é patente e efetiva a repetição de processos contendo controvérsia sobre a questão de direito que atinge diretamente milhares de servidores como potenciais, além daqueles que já propuseram demandas análogas, das quais várias já foram apreciadas por este tribunal; atendido, portanto, o requisito quantitativo disposto no inciso I, do art. 976 do Novo Código de Processo Civil. Há necessidade de definir de forma objetiva, transparente e inequívoca a base de cálculo do adicional de qualificação pago aos servidores do Tribunal de Justiça e o que compõe 'os vencimentos brutos equivalentes à base de contribuição previdenciária do cargo em que o servidor estiver em exercício' (art. 37-B e § 2º da LCE nº 1.111/10 de 25-5-2010, acrescentado pela LCE nº 1.217/13 de 12-11-2013), em especial os adicionais temporais (quinquênio e sexta parte) e os décimos do art. 133 da Constituição do Estado. – 7. Competência. Órgão Especial. A base de cálculo do adicional de qualificação foi objeto do MS nº 2160813-79.2014.8.26.0000, Órgão Especial, 29-4-2015, Rel. Evaristo dos Santos, por ocasião do início do pagamento e antes da controvérsia que depois se estabeleceu em primeiro e segundo grau. É conveniente, portanto, que o Órgão afira a sua competência para a análise do incidente, atraída por esse julgamento anterior, prosseguindo na análise ou devolvendo-o para esta Turma Especial, ante a natureza da divergência. – Incidente remetido ao Órgão Especial, para apreciação." (TJSP, IRDR 0018263-85.2020.8.26.0000, Rel. Des. Torres de Carvalho, Turma Especial – Público, julgado em 14/08/2020, DJ 14/09/2020).

§ 1º A desistência ou o abandono do processo não impede o exame de mérito do incidente.

→ *v.* Arts. 200, 785 e 998 do CPC.

§ 2º Se não for o requerente, o Ministério Público intervirá obrigatoriamente no incidente e deverá assumir sua titularidade em caso de desistência ou de abandono.

→ *v.* Art. 176 do CPC.

§ 3º A inadmissão do incidente de resolução de demandas repetitivas por ausência de qualquer de seus pressupostos de admissibilidade não impede que, uma vez satisfeito o requisito, seja o incidente novamente suscitado.

→ *v.* Arts. 139, IX, 152 e 486 do CPC.

Para que o IRDR, inicialmente inadmitido seja novamente instaurado, deve ser sanado o vício anterior

✓ Incidente de Resolução de Demandas Repetitivas – Município de Betim – anterior IRDR não admitido sobre mesma tese – reiteração de razões – ausência de novos fundamentos – Inadmissão fundada em existência de Repercussão Geral – Tema 223 – pressuposto insanável – art. 976, § 4º, do Código de Processo Civil – incidente inadmitido.1. Para que o IRDR seja novamente suscitado há necessidade de ser sanado o pressuposto que ensejou sua inadmissão anterior, nos termos do art. 976, § 3º, do Código de Processo Civil. 2. O art. 976, § 4º, do Código de Processo Civil, dispõe que é incabível o incidente de resolução de demandas repetitivas quando um dos Tribunais Superiores, no âmbito de sua respectiva competência, já tiver afetado recurso para definição de tese sobre questão de direito material ou processual repetitiva. 3. Enquanto não houver a desafetação do recurso, pelo Tribunal Superior, não será admitida a reiteração do IRDR sobre a mesma matéria. (TJMG, IRDR 1.0027.13.032432-3/004, Rel. Des. Marcelo Rodrigues, 1ª Seção Cível, julgado em 19/02/2020, DJ 21/05/2020).

§ 4º É incabível o incidente de resolução de demandas repetitivas quando um dos tribunais superiores, no âmbito de sua respectiva competência, já tiver afetado recurso para definição de tese sobre questão de direito material ou processual repetitiva.

Se após ser instaurado o IRDR, o STJ veio a afetar o tema como repetitivo o incidente é considerado prejudicado

✓ EMENTA: INCIDENTE DE RESOLUÇÃO DE DEMANDAS REPETITIVAS. FIXAÇÃO DE TESE JURÍDICA. CABIMENTO DE AGRAVO DE INSTRUMENTO EM AÇÕES DE RECUPERAÇÃO JUDICIAL E FALÊNCIA. TESE JÁ AFETADA NO STJ. PERDA SUPERVENIENTE DO OBJETO. É incabível o incidente de resolução de demandas repetitivas quando um dos tribunais superiores, no âmbito de sua respectiva competência, já tiver afetado recurso para definição de tese sobre questão de direito material ou processual repetitiva (art. 976, §4º do CPC/2015). A discussão acerca do cabimento de agravo de instrumento contra decisões interlocutórias proferidas em processos de recuperação judicial e falência em hipóteses não expressamente previstas na Lei n.º 11.101/05 é objeto do Tema n.º 1.022 no âmbito do Superior Tribunal de Justiça, esvaziando por completo o objeto deste IRDR. Incidente de resolução de demandas repetitivas prejudicado. (TJMG, IRDR 1.0000.16.058664-0/006, Rel. Des. Albergaria Costa, 1ª Seção Cível, julgado em 19/08/0020, DJ 20/10/2020).

O § 4º do art. 976 do CPC é um pressuposto negativo para a instauração do IRDR

✓ PROCESSUAL CIVIL. INCIDENTE DE RESOLUÇÃO DE DEMANDAS REPETITIVAS – IRDR. OBJETO. IMPOSTO SOBRE OPERAÇÕES RELATIVAS À CIRCULAÇÃO DE MERCADORIAS E SERVIÇOS DE TRANSPORTE INTERESTADUAL E INTERMUNICIPAL E DE COMUNICAÇÃO – ICMS. ENERGIA ELÉTRICA. BASE DE CÁLCULO. INCLUSÃO DA TARIFA DE USO DO SISTEMA DE TRANSMISSÃO (TUST) E DA TARIFA DE USO DO SISTEMA DE DISTRIBUIÇÃO (TUSD) NA BASE DE CÁLCULO DO ICMS INCIDENTE SOBRE A CIRCULAÇÃO DE ENERGIA ELÉTRICA. CONTROVÉRSIA. QUESTÃO DE DIREITO AFETADA PARA ELUCIDAÇÃO EM SEDE DE RECURSO REPETITIVO SUBMETIDO AO FORMATO DO ART. 1036 E 1037 DO CPC. EMBARGOS DE DIVERGÊNCIA EM RECURSO ESPECIAL Nº 1.163.020 – RS. IRDR. INVIABILIDADE. PRESSUPOSTO NEGATIVO NÃO SATISFEITO (CPC, ART. 976, § 4º). INADMISSIBILIDADE. 1. Consoante a regulação legal, o Incidente de Resolução de Demandas Repetitivas – IRDR fora concebido como fórmula de agilização e aperfeiçoamento da prestação jurisdicional mediante a fixação, no seu ambiente, de tratamento uniforme a determinada questão unicamente de direito quando, identificada controvérsia que possa gerar relevante multiplicação de processos fundados em idêntica matéria de direito, a ausência de identidade na resolução dos litígios intersubjetivos pode atentar contra a segurança jurídica defronte o risco de decisões conflitantes, maculando o decoro do judiciário e a previsibilidade das decisões judiciais (CPC, art. 976). 2. Da ritualística que emoldura o processamento do Incidente de Resolução de Demandas Repetitivas – IRDR e da ponderação da sua gênese e destinação, que é materializar o sistema de precedentes incorporado pelo legislador processual de molde a ser prestigiada a segurança jurídica e a celeridade processuais, viabilizando que a mesma controvérsia de direito tenha solução uniforme na área da abrangência jurisdicional do tribunal, a inexistência de recurso afetado para resolução pelos tribunais superiores, na conformidade de suas competências, sob o procedimento dos Recursos Repetitivos ou da Repercussão Geral encerra pressuposto negativo de admissibilidade e julgamento do incidente no ambiente dos tribunais estaduais (CPC, art. 976, § 4º). 3. Da premissa de que o objetivado com a instauração e resolução do incidente de resolução de demandas repetitivas é a fixação de entendimento sobre questão unicamente de direito que deverá ser observado por todos os órgãos jurisdicionais, na resolução de ações individuais ou coletivas, compreendidos na área de jurisdição do respectivo tribunal (CPC, art. 985, I e II), a subsistência de recurso especial sujeitado à fórmula de julgamento dos recursos repetitivos versando sobre a mesma questão de direito obsta a instauração de incidente no tribunal local versando sobre a mesma matéria diante da abrangência nacional da tese que emergirá da Corte Superior de Justiça (CPC, arts. 976, § 4º; 1.036 e 1.037). 4. Incidente de Resolução de Demandas Repetitivas não admitido. Unânime. (TJDFT, IRDR 20170020203360IDR, Rel. Des. Teófilo Caetano, Câmara de Uniformização, julgado em 11/06/2018, DJ 18/06/2018).

§ 5º Não serão exigidas custas processuais no incidente de resolução de demandas repetitivas.

→ *v.* Art. 82 do CPC.

Art. 977. O pedido de instauração do incidente será dirigido ao presidente de tribunal:

A Turma, onde um recurso está pendente de julgamento, é incompetente para receber o pedido de instauração de IRDR

✓ "... Não se vislumbra hipótese de instauração de incidente de demanda repetitiva, pois este órgão colegiado é incompetente para admitir a pretendida instauração de incidente de resolução de demandas repetitivas, uma vez que o referido pedido deve ser dirigido ao Presidente deste Tribunal, nos termos do que dispõe o caput do artigo 977 do Novo Código de Processo Civil. Ademais, não se verifica hipótese de enquadramento no artigo 572 do RITJMS..." (TJMS, AI 20000879820188120900, Rel. Des. Des. João Maria Lós, julgado em 08/05/2018, 1ª Câmara Cível, DJ 14/05/2018).

I – pelo juiz ou relator, por ofício;

II – pelas partes, por petição;

→ v. Enunciado 143 do CJF: o pedido de revisão da tese jurídica firmada no incidente de resolução de demandas repetitivas pode ser feita pelas partes, nos termos do art. 977, II, do CPC/2015.

III – pelo Ministério Público ou pela Defensoria Pública, por petição.

Parágrafo único. O ofício ou a petição será instruído com os documentos necessários à demonstração do preenchimento dos pressupostos para a instauração do incidente.

Art. 978. O julgamento do incidente caberá ao órgão indicado pelo regimento interno dentre aqueles responsáveis pela uniformização de jurisprudência do tribunal.

Não cabimento de IRDR no Tribunal de Justiça de decisões oriundas dos Juizados Especiais

✓ Incidente de resolução de demandas repetitivas. Fase de admissibilidade. Não pendência de recurso a ser julgado neste Tribunal. Ação com o escopo de indenização por dano moral ainda sob processamento em primeiro grau de jurisdição (Juizado Especial da Fazenda Pública). Aliás, ainda que houvesse interposição de recurso próprio, não seria este Tribunal de Justiça o competente para apreciação e julgamento correspondentes. Artigos 978, parágrafo único, e 985 do Código de Processo Civil e 18 da Lei Federal 12.153/2009. Precedentes desta Turma Especial. Incidente não admitido, portanto." (TJSP, IRDR 2195607-19.2020.8.26.0000, Rel. Des. Encinas Manfré, Turma Especial - Público, julgado em 05/10/2020).

✓ INCIDENTE DE RESOLUÇÃO DE DEMANDAS REPETITIVAS - Juízo de admissibilidade. Ausência dos pressupostos necessários à sua instalação. Recurso que ensejou a propositura do IRDR em trâmite perante o Juizado Especial Cível. Ausência de recurso pendente neste Egrégio Tribunal de Justiça. Inteligência do artigo 978, parágrafo único, do Código de Processo Civil. Precedentes. Ferramenta de uniformização da jurisprudência específica prevista no artigo 18 da Lei nº 12.153/2009. INCIDENTE NÃO ADMITIDO." (TJSP, IRDR 2012182-23.2019.8.26.0000, Rel. Des. Jarbas Gomes, julgado em 29/03/2019).

✓ "INCIDENTE DE RESOLUÇÃO DE DEMANDAS REPETITIVAS. PROCESSO CIVIL. JUÍZO DE ADMISSIBILIDADE (ART. 981 DO CÓDIGO DE PROCESSO CIVIL DE 2015). PROCESSO ORIGINÁRIO DOS JUIZADOS ESPECIAIS DA FAZENDA PÚBLICA. NECESSIDADE DE QUE O INCIDENTE DE RESOLUÇÃO DE DEMANDAS REPETITIVAS SE ORIGINE DE RECURSO, REMESSA NECESSÁRIA OU PROCESSO DE COMPETÊNCIA ORIGINÁRIA (ART. 978 DO CÓDIGO DE PROCESSO CIVIL DE 2015). RECURSO INOMINADO JÁ JULGADO.IMPOSSIBILIDADE DE UTILIZAÇÃO DO INCIDENTE DE RESOLUÇÃO DE DEMANDAS REPETITIVAS COMO RECURSO.INCOMPETÊNCIA, ADEMAIS, DE ÓRGÃO FRACIONÁRIO DESTE TRIBUNAL DE JUSTIÇA PARA JULGAR QUALQUER RECURSO PROVENIENTE DOS JUIZADOS ESPECIAIS.INADMISSIBILIDADE DE INSTAURAÇÃO DO INCIDENTE." (TJPR, IRDR 1.602.331-1, Seção Cível Ordinária, Rel. Des. Eduardo Sarrão, julgado em 23/06/2017, DJ 24/07/2017).

Cabimento de IRDR a partir de processos advindos dos juizados especiais

✓ INCIDENTE DE RESOLUÇÃO DE DEMANDAS REPETITIVAS - ARTIGO 978, PARÁGRAFO ÚNICO, DO CPC/2015 - CAUSA PENDENTE DE JULGAMENTO NO TRIBUNAL - DESNECESSIDADE - REGRA DE PREVENÇÃO - INSTAURAÇÃO A PARTIR DE CAUSA EM TRÂMITE NOS JUIZADOS ESPECIAIS - IMPOSSIBILIDADE NÃO VERIFICADA - LEIS 10.259/2001 E 12.153/2009 - PROCEDIMENTO DE UNIFORMIZAÇÃO DE JURISPRUDÊNCIA - INSTITUTO DE ALCANCE LIMITADO - DEBATE ADSTRITO A QUESTÕES DE DIREITO MATERIAL - INEFICÁCIA PARA SEDIMENTAÇÃO DE ENTENDIMENTO NO ÂMBITO DO PRÓPRIO MICROSSISTEMA DOS JUIZADOS - REQUISITOS POSITIVOS PARA ADMISSIBILIDADE DO IRDR: EXISTÊNCIA DE DECISÕES CONFLITANTES SOBRE O MESMO TEMA E MULTIPLICIDADE DE PROCESSOS - DEMONSTRAÇÃO - PRESSUPOSTO NEGATIVO: AFETAÇÃO DE RECURSO PARA DEFINIÇÃO DE TESE PELOS TRIBUNAIS SUPERIORES - ARTIGO 976, §4º DO CPC/2015 - INEXISTÊNCIA - INCIDENTE ADMITIDO. 1. O parágrafo único do artigo 978 do CPC não condiciona a admissibilidade do IRDR à existência de causa pendente de apreciação no Tribunal, de competência originária ou recursal, eis que aludido dispositivo constitui mera regra de prevenção a ser observada para os casos em que o incidente é instaurado a partir de processo já em curso na segunda instância, situação em que o mesmo órgão encarregado do julgamento do incidente também apreciará o recurso, a remessa necessária ou o processo originário, de modo a resguardar a aplicação da tese firmada ao caso concreto. 2. A teor do disposto nos artigos 978, caput, e 985, I, ambos do CPC/2015, e, ainda, no artigo 35, II, do RITJMG, o IRDR suscitado a partir de processos em curso perante o Juizado Especial Cível ou Juizado Especial da Fazenda Pública deve ser julgado pelo Tribunal de Justiça, perante as seções cíveis, observada a competência das câmaras nelas representadas. 3. O procedimento de uniformização de jurisprudência previsto, respectivamente, nos artigos 14 e 18 das Leis Federais de nº 10.259/2001 e nº 12.153/2009, não tem o mesmo alcance do IRDR, pois, além da expressa limitação do debate sobre questões de direito material, a interpretação sedimentada por meio desse instituto não viabiliza a harmonização do entendimento sequer no âmbito do microssistema dos juizados especiais, pois não é precedente qualificado como de cumprimento obrigatório. 4. Demonstrada a existência de decisões conflitantes no âmbito dos Juizados Especiais da Fazenda Pública, bem ainda a multiplicidade de processos dispondo sobre a mesma matéria de direito, bem como a inexistência do pressuposto negativo a que menciona o §4º do artigo 976, do CPC, revela-se impositiva a instauração do IRDR, a fim de que a Seção Cível delibere sobre a questão, elegendo tese única a ser adotada no âmbito do Poder Judiciário Estadual nas demandas envolvendo a mesma temática. (TJMG, IRDR. Cv 1.0134.17.006460-1/001, Rel. Des. Teresa Cristina da Cunha Peixoto, Rel. para o acórdão Des. Afrânio Vilela, 1ª Seção Cível, julgado em 16/03/2020, DJ 29/04/2020).

✓ "PROCESSUAL CIVIL. INCIDENTE DE RESOLUÇÃO DE DEMANDAS REPETITIVAS - IRDR. DEFLAGRAÇÃO DO INCIDENTE A PARTIR DE PROCESSO QUE TRAMITA NOS JUIZADOS ESPECIAIS FEDERAIS. POSSIBILIDADE. 1. Configurados todos os pressupostos legais, impõe-se a admissão do incidente para resolver a tese jurídica aventada. 2. É possível a instauração do IRDR a partir de processos que tramitam nos juizados especiais – precedente da Corte Especial do TRF4 na sessão de 22/09/2016 ao julgar a admissão do IRDR nº 5033207-91.206.404.0000/SC. 3. Recebimento do Incidente para uniformizar a seguinte tese jurídica (art. 345-C do RITRF4): Procedimento no desconto de valores recebidos a título de benefícios inacumuláveis quando o direito à percepção de um deles transita em julgado após o auferimento do outro, gerando crédito de proventos em atraso." (TRF-4, IRDR 5023872-14.2017.4.04.0000, Rel. Des. Jorge Antonio Maurique, julgado em 23/08/2017).

Atenção! Como podemos ver nos dois últimos tópicos, há divergência acerca do cabimento de incidente de resolução de demandas repetitivas (IRDR) se as decisões são oriundas dos Juizados Especiais.

Parágrafo único. O órgão colegiado incumbido de julgar o incidente e de fixar a tese jurídica julgará igualmente o recurso, a remessa necessária ou o processo de competência originária de onde se originou o incidente.

Julgado considerando desnecessária a existência de causa pendente no Tribunal para a instauração do IRDR

✓ INCIDENTE DE RESOLUÇÃO DE DEMANDAS REPETITIVAS – ARTIGO 978, PARÁGRAFO ÚNICO, DO CPC/2015 – CAUSA PENDENTE DE JULGAMENTO NO TRIBUNAL – DESNECESSIDADE – REGRA DE PREVENÇÃO – INSTAURAÇÃO A PARTIR DE CAUSA EM TRÂMITE NOS JUIZADOS ESPECIAIS – IMPOSSIBILIDADE NÃO VERIFICADA – LEIS 10.259/2001 E 12.153/2009 – PROCEDIMENTO DE UNIFORMIZAÇÃO DE JURISPRUDÊNCIA – INSTITUTO DE ALCANCE LIMITADO – DEBATE ADSTRITO A QUESTÕES DE DIREITO MATERIAL – INEFICÁCIA PARA SEDIMENTAÇÃO DE ENTENDIMENTO NO ÂMBITO DO PRÓPRIO MICROSSISTEMA DOS JUIZADOS – REQUISITOS POSITIVOS PARA ADMISSIBILIDADE DO IRDR: EXISTÊNCIA DE DECISÕES CONFLITANTES SOBRE O MESMO TEMA E MULTIPLICIDADE DE PROCESSOS – DEMONSTRAÇÃO – PRESSUPOSTO NEGATIVO: AFETAÇÃO DE RECURSO PARA DEFINIÇÃO DE TESE PELOS TRIBUNAIS SUPERIORES – ARTIGO 976, §4º DO CPC/2015 – INEXISTÊNCIA – INCIDENTE ADMITIDO. 1. O parágrafo único do artigo 978 do CPC não condiciona a admissibilidade do IRDR à existência de causa pendente de apreciação no Tribunal, de competência originária ou recursal, eis que aludido dispositivo constitui mera regra de prevenção a ser observada para os casos em que o incidente é instaurado a partir de processo já em curso na segunda instância, situação em que o mesmo órgão encarregado do julgamento do incidente também apreciará o recurso, a remessa necessária ou o processo originário, de modo a resguardar a aplicação da tese firmada ao caso concreto. 2. A teor do disposto nos artigos 978, caput, e 985, I, ambos do CPC/2015, e, ainda, no artigo 35, II, do RITJMG, o IRDR suscitado a partir de processos em curso perante o Juizado Especial Cível ou Juizado Especial da Fazenda Pública deve ser julgado pelo Tribunal de Justiça, perante as seções cíveis, observada a competência das câmaras nelas representadas. 3. O procedimento de uniformização de jurisprudência previsto, respectivamente, nos artigos 14 e 18 das Leis Federais de nº 10.259/2001 e nº 12.153/2009, não tem o mesmo alcance do IRDR, pois, além da expressa limitação do debate sobre questões de direito material, a interpretação sedimentada por meio desse instituto não viabiliza a harmonização do entendimento sequer no âmbito do microssistema dos juizados especiais, pois não é precedente qualificado como de cumprimento obrigatório. 4. Demonstrada a existência de decisões conflitantes no âmbito dos Juizados Especiais da Fazenda Pública, bem ainda a multiplicidade de processos dispondo sobre a mesma matéria de direito, bem como a inexistência do pressuposto negativo a que menciona o §4º do artigo 976, do CPC, revela-se impositiva a instauração do IRDR, a fim de que a Seção Cível delibere sobre a questão, elegendo tese única a ser adotada no âmbito do Poder Judiciário Estadual nas demandas envolvendo a mesma temática. (Des. Afrânio Vilela)." (TJMG, IRDR 1.0134.17.006460-1/001, Rel. Des. Teresa Cristina da Cunha Peixoto, Rel. para o acórdão Des. Afrânio Vilela, 1ª Seção Cível, julgado em 16/03/2020, DJ 29/04/2020).

Julgados concluindo que o IRDR depende da existência de ao menos um processo pendente de julgamento no Tribunal

✓ INCIDENTE DE RESOLUÇÃO DE DEMANDAS REPETITIVAS – Juízo de admissibilidade – Controvérsia acerca do cabimento, ou não, de condenação do vencido ao pagamento de honorários advocatícios em incidente de desconsideração da personalidade jurídica julgado improcedente – Ausência de "efetiva repetição de processos que contenham controvérsia sobre a mesma questão unicamente de direito" (inciso I) e "risco de ofensa à isonomia e à segurança jurídica" (inciso II), nos termos do art. 976 do Código de Processo Civil – Requisitos que, por concorrentes, devem estar presentes no momento da instauração – Requerimento de instauração do IRDR, ademais, formulado por Juiz de Direito, quando a norma de regência (art. 978 do CPC) exige haja, no Tribunal, causa pendente de julgamento (recursos, remessa necessária ou processos de competência originária dos tribunais), estabelecendo verdadeiro pressuposto de instauração do IRDR, isso significando que excluído se proceda em processo que ainda esteja em primeiro grau – Precedentes do Órgão Especial – Incidente não conhecido. Incidente não conhecido." (TJSP, IRDR 0001774-07.2019.8.26.0000, Rel. Des. João Carlos Saletti, Órgão Especial, julgado em 12/02/2020, DJ 27/02/2020).

✓ DIREITO PROCESSUAL CIVIL. INCIDENTE DE RESOLUÇÃO DE DEMANDAS REPETITIVAS. DECISÃO DECLÍNATÓRIA DE COMPETÊNCIA. HIPÓTESESE DE CABIMENTO DE AGRAVO DE INSTRUMENTO. PRESSUPOSTOS DE ADMISSIBILIDADE. PENDÊNCIA DE RECURSO NO TRIBUNAL. RECURSO JULGADO. AFETAÇÃO DO TEMA PELO STJ. REQUISITOS LEGAIS NÃO SATISFEITOS. INADMISSIBILIDADE. 1. Nos termos do art. 976 do Código de Processo Civil, é cabível a instauração do incidente de resolução de demandas repetitivas quando houver, simultaneamente, efetiva repetição de processos que contenham controvérsia sobre a mesma questão de direito, risco de ofensa à isonomia e à segurança jurídica e pendência de julgamento de causas repetitivas no tribunal. 2. Além dos requisitos de admissibilidade previstos no art. 976 do CPC a legislação processual estabelece ainda, outro, consubstanciado na existência de causa pendente de julgamento no Tribunal, consoante inserta no art. 978 do CPC. 3. Eventual instauração de incidente de resolução de demandas repetitivas sem a pendência de qualquer causa resultaria na atribuição de competência originária ao tribunal, porquanto transmudaria o incidente processual em verdadeira ação autônoma, sem lastro constitucional ou legal. Por outro lado, é defeso utilizar o incidente com nítido escopo de sucedâneo recursal. 4. Consoante a regra prevista no § 4º do art. 976 do CPC, o incidente é incabível quando um dos tribunais superiores já tiver afetado recurso para definição de tese sobre questão de direito material ou processual repetitiva. 5. Incidente não admitido." (TJDFT, IRDR 00073036920188070000, Rel. Des. Mario-Zam Belmiro, Câmara de Uniformização, julgado em 26/08/2019, DJ 02/9/2019).

✓ "AGRAVO INTERNO EM INCIDENTE DE RESOLUÇÃO DE DEMANDAS REPETITIVAS - IRDR. DIREITO PÚBLICO NÃO ESPECIFICADO. DIREITO À SAÚDE E AO ENSINO. JUÍZO DE ADMISSIBILIDADE. DECISÃO MONOCRÁTICA. SUPOSTA IMPOSSIBILIDADE. APLICAÇÃO ANALÓGICA DO ART. 932, III, DO CPC. PERMISSIVO LEGAL. - Aplica-se analogicamente o permissivo legal disposto no art. 932, III, do CPC, conforme prática corriqueira deste Tribunal, quando da inadmissibilidade de incidentes. AUSÊNCIA DE VINCULAÇÃO À CAUSA-PILOTO. REQUISITO ESSENCIAL. INTERPRETAÇÃO DOS ARTS. 976, §1º, E 978, PARÁGRAFO ÚNICO, DO CPC. ENUNCIADO Nº 344 DO FPPC. - A instauração do IRDR pressupõe, simultaneamente, (i) efetiva repetição de processos que contenham controvérsia sobre a mesma questão unicamente de direito - material ou processual - e (ii) risco de ofensa à isonomia e à segurança jurídica, ex vi do art. 976 do CPC; condicionando-se, ainda, (iii) à existência de recurso, remessa necessária ou o processo de competência originária pendente de julgamento, que lhe sirva de causa-piloto, na forma do parágrafo único do art. 978 do CPC. Ausente o atendimento ao terceiro requisito, qual seja, de vinculação à causa-piloto, não há de ser admitido o incidente. ANÁLISE DE VINCULAÇÃO À SUPOSTA CAUSA-PILOTO. ARGUMENTO DE REFORÇO. RECURSO DESPROVIDO. JULGAMENTO ANTERIOR À ANÁLISE DO INCIDENTE. IMPOSSIBILIDADE. - De qualquer sorte, ainda que se admitisse a vinculação do incidente ao recurso indicado na peça inicial (70084078989), cumpre salientar que este já foi objeto de julgamento pelo desprovimento. Exegese do art. 978, parágrafo único, do CPC. Determinação de julgamento conjunto do incidente e do recurso (causa-piloto), o que seria impossível no caso em tela. VINCULAÇÃO À NOVA CAUSA-PILOTO. IMPOSSIBILIDADE. INTERPRETAÇÃO DA EXEGESE DO ART. 976, §3º, DO CPC. NOVA INSTAURAÇÃO CASO PREENCHIDOS OS REQUISITOS POSTERIORMENTE. - Da interpretação do permissivo legal do art. 976, §3º, do CPC, extrai-se que a regra é de que haja nova instauração de incidente caso preenchidos posteriormente os pressupostos requeridos, o que afasta a possibilidade de vinculação à causa-piloto depois de já instaurado e inadmitido o incidente. AGRAVO INTERNO DESPROVIDO." (TJRS, IRDR 70084091495, Segunda Turma Cível, Rel. Des. Marilene Bonzanini, julgado em 27/07/2020).

✓ EMENTA - INCIDENTE DE RESOLUÇÃO DE DEMANDAS REPETITIVAS JUÍZO DE ADMISSIBILIDADE - REQUISITOS AUSÊNCIA DE CAUSA PENDENTE NO TRIBUNAL E RISCO DE OFENSA À ISONOMIA E SEGURANÇA JURÍDICA ARTIGO 976, I E 978, PARÁGRAFO ÚNICO, DO NCPC INCIDENTE NÃO ADMITIDO. Em conformidade com orientação doutrinária e jurisprudencial, os requisitos de admissibilidade do Incidente de Resolução de Demandas Repetitivas estão previstos nos arts. 976 e 978, parágrafo único, do NCPC, valendo destacar: a) efetiva repetição de processos e risco de ofensa à isonomia e à segurança jurídica; b) a questão for unicamente de direito; e c) houver causa pendente no tribunal. Tais requisitos são cumulativos, de modo que a ausência de um deles conduz à inadmissibilidade do incidente. Inexistindo causa pendente no tribunal, não é admissível o IRDR. Ausente qualquer decisão, seja em segundo ou mesmo primeiro grau de jurisdição, não há falar em risco de ofensa à isonomia ou segurança jurídica. Incidente não admitido." (TJMS, IRDR 403641-40.2019.8.12.0000, Rel. Des. Vladimir Abreu da Silva, DJ 27/10/2020).

Atenção! Como podemos notar dos dois últimos tópicos, há divergência acerca da necessidade de causa pendente no Tribunal para a instauração do incidente de resolução de demandas repetitivas (IRDR).

Art. 979. A instauração e o julgamento do incidente serão sucedidos da mais ampla e específica divulgação e publicidade, por meio de registro eletrônico no Conselho Nacional de Justiça.

§ 1º Os tribunais manterão banco eletrônico de dados atualizados com informações específicas sobre questões de direito submetidas ao incidente, comunicando-o imediatamente ao Conselho Nacional de Justiça para inclusão no cadastro.

§ 2º Para possibilitar a identificação dos processos abrangidos pela decisão do incidente, o registro eletrônico das teses jurídicas constantes do cadastro conterá, no mínimo, os fundamentos determinantes da decisão e os dispositivos normativos a ela relacionados.

§ 3º Aplica-se o disposto neste artigo ao julgamento de recursos repetitivos e da repercussão geral em recurso extraordinário.

Art. 980. O incidente será julgado no prazo de 1 (um) ano e terá preferência sobre os demais feitos, ressalvados os que envolvam réu preso e os pedidos de *habeas corpus*.

A suspensão deve durar um ano, conforme previsão do art. 980, caput, do CPC, não se justificando aguardar o trânsito em julgado do incidente

✓ EMBARGOS DE DECLARAÇÃO EM APELAÇÃO CÍVEL - SERVIDOR PÚBLICO - UNIMONTES - GRATIFICAÇÃO DE INCENTIVO À EFICIENTIZAÇÃO DO SERVIÇO (GIEFS) - INCLUSÃO NA BASE DE CÁLCULO DA GRATIFICAÇÃO NATALINA - CABIMENTO - INEXISTÊNCIA NO ACÓRDÃO DOS VÍCIOS PREVISTOS NO ART. 1.022 DO CPC/2015 - REEXAME DA QUESTÃO - EMBARGOS REJEITADOS. I - Promove-se a modificação do "decisum" embargado somente quando nele constatada a presença dos vícios previstos no art. 1.022 do CPC/2015. II - À luz do art. 980, p. único, do CPC/15, tem-se que, já tendo o IRDR completado mais de um ano de existência, sem efeito se torna a ordem de suspensão de casos similares nele exarada, razão pela qual injustificável a continuidade desta suspensão ao aguardo do trânsito em julgado do julgamento final deste incidente. (TJMG, ED 1.0433.15.005337-2/002, Rel. Des. Peixoto Henriques, 7ª Câmara Cível, julgado em 15/05/2018, DJ 18/05/2018)

Distinção entre a suspensão prevista no art. 980 da prevista para recursos especiais e extraordinários

✓ Agravo de Instrumento – Interposição de recurso contra a decisão que negou o pedido de prosseguimento do feito, determinando que o processo continuasse suspenso até o trânsito em julgado do IRDR nº 0007951-21.2018.8.26.0000 (Tema 21 – IRDR – Policial – Civil – Integralidade – Paridade) – Estado de São Paulo interpôs em 25.08.2020 recurso extraordinário contra o v. acórdão proferido no julgamento do IRDR, ainda pendente de processamento – Recurso que comporta provimento – Prazo de um ano de suspensão superado, acarretando sua cessação, conforme previsão do artigo 980, parágrafo único do Código de Processo Civil – Ausente decisão do Relator do IRDR prorrogando o prazo de suspensão – Distinção entre a suspensão do andamento dos processos, que tem prazo certo de um ano, salvo decisão fundamentada do Relator do incidente, do efeito suspensivo automático conferido a eventuais recursos especial ou extraordinário interpostos no IRDR, que se limita a suspender a aplicabilidade da tese, obstando apenas a produção dos efeitos vinculantes previstos no artigo 985, incisos I e II, do Código de Processo Civil – Recurso provido. (TJSP, AI 2236140-20.2020.8.26.0000. Rel. Des. Luciana Bresciani, 2ª Câmara de Direito Público julgado em 20/10/2020).

Parágrafo único. Superado o prazo previsto no *caput*, cessa a suspensão dos processos prevista no art. 982, salvo decisão fundamentada do relator em sentido contrário.

→ v. Art. 313 do CPC.

Art. 981. Após a distribuição, o órgão colegiado competente para julgar o incidente procederá ao seu juízo de admissibilidade, considerando a presença dos pressupostos do art. 976.

O juízo de admissibilidade do IRDR deve ser realizado em julgamento colegiado

✓ INCIDENTE DE RESOLUÇÃO DE DEMANDA REPETITIVAS – REQUISITOS – ART. 976 NCPC – ADMISSIBILIDADE. – Conforme preceitua o NCPC, especificamente no art.976 existem pressupostos para a suscitação ou interposição do Incidente, sendo que acaso não demonstrado ou verificado, diante das ferramentas disponíveis, a inexistências deles, a inadmissibilidade Colegiada, com arrimo no art.981 do Codex é medida que se impõe. – Acaso verificado que o Tribunal ainda não reúna suporte suficiente a embasar a pesquisa necessária a instauração do IRDR e tendo-se conhecimento de ações diversas e divergentes entre o tema, deve ser acolhido o tema de forma que não gere insegurança jurídica ao instituto. (TJMG, IRDR 1.0000.16.037133-2/000, Rel. Des. Alexandre Santiago, 2ª Seção Cível, julgado em 26/09/2016, DJ 30/09/2016).

✓ INCIDENTE DE RESOLUÇÃO DE DEMANDAS REPETITIVAS. ADMISSIBILIDADE. AUSÊNCIA DE PREENCHIMENTO DOS REQUISITOS LEGAIS. 1.Cuida-se de pedido de instauração de incidente de resolução de demandas repetitivas, previsto no artigo 976 e seguintes do Novel Código de Processo Civil, em que a tese ventilada pelo interessado poderá ser fixada como precedente vinculativo, ou não, no âmbito deste Tribunal. 2.Nesse aspecto, é de se gizar que a *admissibilidade* do incidente recai ao órgão *colegiado* indicado no regimento interno deste Tribunal de Justiça, nos termos dos artigos 978 e *981*, do CPC/2015, e artigo 13, inciso I, do Regimento Interno desta Corte. 3.A parte proponente é ilegítima para oferecer o presente incidente, uma vez que não está listada no rol do artigo 977 do NCPC. 4.Ademais, o processo originário da inconformidade já foi julgado pela 9ª Câmara Cível. Não observância do § único do artigo 978 do NCPC, e Súmula n.º 46 deste Tribunal de Justiça. 5.Não bastassem os fundamentos mencionados, a parte proponente não observa que a situação trazida a este Colegiado não se amolda ao inciso I do artigo 976 do NCPC. Veja-se que, do pedido de fixação de tese acerca da existência de dano moral, ou não, quando do descumprimento de acordo por Instituição Financeira, a questão da caracterização do ato ilícito passa, obrigatoriamente, pela análise da situação fática peculiar do caso sob enfoque. O quantum indenizatório, por sua vez, não pode ser "tabelado" como visa o proponente, por força do artigo 944 do CC/2002. 6.No que diz respeito à correção monetária e aos juros de mora, mostra-se inviável o processamento do incidente, eis que a matéria se encontra sumulada pelo Eg. STJ. 7.Inexistência de risco à isonomia e à segurança jurídica, requisito do inciso II do artigo 976 do Caderno Processual. Julgados trazidos pelo proponente que se reportam ao caso concreto. À UNANIMIDADE, NÃO ADMITIRAM O INCIDENTE." (TJRS, IRDR, 70069873859, Terceira Turma Cível – Terceiro Grupo Cível, Rel. Des. Léo Romi Pilau Júnior, julgado em 10/10/2016).

Acórdão permitindo a inadmissibilidade monocrática do incidente de resolução de demandas repetitivas

✓ EMBARGOS DE DECLARAÇÃO. INCIDENTE DE RESOLUÇÃO DE DEMANDAS REPETITIVAS. IRDR. JUÍZO DE ADMISSIBILIDADE. REQUISITOS NÃO PREENCHIDOS. É plenamente viável a inadmissão do incidente por decisão monocrática. Ademais, afigura-se cabível a instauração do incidente de resolução de demandas repetitivas quando houver, simultaneamente efetiva repetição de processos que contenham controvérsia sobre a mesma questão unicamente de direito e risco de ofensa à isonomia e à segurança jurídica. Requisitos não preenchidos. EMBARGOS DESACOLHIDOS. DECISÃO MONOCRÁTICA. (TJRS, ED 70080779309, Quinta Turma Cível, Rel. Des. Walda Maria Melo Pierro, julgado em 07/05/2019).

Atenção! Essa última decisão diverge da posição do mesmo Tribunal e da doutrina majoritária acerca do tema.

A mera instauração do IRDR não enseja a suspensão dos processos pendentes que envolvam a mesma matéria

✓ EMENTA: EXECUÇÃO – NOTA PROMISSÓRIA – SUSPENSÃO DO PROCESSO – CERCEIO DE DEFESA – ALEGAÇÃO DE EXECESSO NA CONSTITUIÇÃO DA DÍVIDA – QUANTIFICAÇÃO PRÉVIA PELO EMBARGANTE – AUSÊNCIA – REJEIÇÃO LIMINAR DOS EMBARGOS – DESFECHO ESCORREITO. – A mera instauração de IRDR não enseja suspensão dos processos pendentes, sendo esta ocorrência consectário da admissão do incidente pelo órgão colegiado. Aplicação dos artigos 981 e 982, do CPC. – Não se cogita de cerceio de defesa quando o alargamento da instrução probatória tem feição despicienda para o correto desate da controvérsia. – A rejeição liminar dos embargos é de rigor quando o excesso da quantia postulada, embora apontado como seu fundamento, não foi de plano demonstrado pela parte embargante segundo quantificação por ela reputada correta. Em situações tais, não se admite ordem de emenda da inicial para cumprimento do disposto no artigo 917, § 3º, do CPC." (TJMG, AC 1.0439.16.008004-0, Rel. Des. Octávio de Almeida Neves, 12ª Câmara Cível, julgado em 24/04/2019, DJ 03/05/2019)

Art. 982. Admitido o incidente, o relator:

I – suspenderá os processos pendentes, individuais ou coletivos, que tramitam no Estado ou na região, conforme o caso;

→ *v.* Art. 313 do CPC.

→ *v.* Enunciado 107 do CJF: não se aplica a suspensão do art. 982, I, do CPC ao cumprimento de sentença anteriormente transitada em julgado e que tenha decidido questão objeto de posterior incidente de resolução de demandas repetitivas.

→ v. Enunciado 140 do CJF: a suspensão de processos pendentes, individuais ou coletivos, que tramitam no Estado ou na região prevista no art. 982, I, do CPC não é decorrência automática e necessária da admissão do IRDR, competindo ao relator ou ao colegiado decidir acerca da sua conveniência.

→ v. Enunciado 142 do CJF: determinada a suspensão decorrente da admissão do IRDR (art. 982, I), a alegação de distinção entre a questão jurídica versada em uma demanda em curso e aquela a ser julgada no incidente será veiculada por meio do requerimento previsto no art. 1.037, §10.

Não cabe agravo em face da decisão que julga a admissibilidade do IRDR

✓ "Agravo de Instrumento – Decisão que determinou a suspensão do curso da ação nos termos do art. 982, do Código de Processo Civil, até o julgamento do Incidente de Resolução de Demandas Repetitivas (IRDR) em curso pelo Eg. Tribunal de Justiça do Estado de São Paulo sob nº 2246948-26.2016.8.26.0000 – Inadmissibilidade do recurso – Decisão interlocutória que não se enquadra nas hipóteses de cabimento do agravo de instrumento, previstas no art. 1.015 do Código de Processo Civil – Rol taxativo – Recurso não conhecido." (TJSP; Agravo de Instrumento 2211705-84.2017.8.26.0000; Rel. Des. Renato Delbianco, 2ª Câmara de Direito Público, julgado em 07/02/2018).

A decisão que analisa a admissibilidade do IRDR é irrecorrível

✓ CIVIL E PROCESSUAL CIVIL. INCIDENTE DE RESOLUÇÃO DE DEMANDAS REPETITIVAS – IRDR. ACÓRDÃO DE TRIBUNAL DE 2º GRAU QUE INADMITE A INSTAURAÇÃO DO INCIDENTE. RECORRIBILIDADE AO SUPERIOR TRIBUNAL DE JUSTIÇA. DESCABIMENTO. AUSÊNCIA DE INTERESSE RECURSAL. POSSIBILIDADE DE NOVO REQUERIMENTO DE INSTAURAÇÃO DO IRDR QUANDO SATISFEITO O REQUISITO AUSENTE POR OCASIÃO DO PRIMEIRO PEDIDO, SEM PRECLUSÃO. RECORRIBILIDADE AO STJ OU AO STF PREVISTA, ADEMAIS, SOMENTE PARA O ACÓRDÃO QUE JULGAR O MÉRITO DO INCIDENTE, MAS NÃO PARA O ACÓRDÃO QUE INADMITE O INCIDENTE. DE CAUSA DECIDIDA. REQUISITO CONSTITUCIONAL DE ADMISSIBILIDADE DOS RECURSOS EXCEPCIONAIS. AUSÊNCIA. QUESTÃO LITIGIOSA DECIDIDA EM CARÁTER NÃO DEFINITIVO. 1- Os propósitos recursais consistem em definir: (i) preliminarmente, se é cabível recurso especial do acórdão que inadmite a instauração do incidente de resolução de demandas repetitivas – IRDR; (ii) se porventura superada a preliminar, se a instauração do IRDR tem como pressuposto obrigatório a existência de um processo ou de um recurso no Tribunal. 2- Não é cabível recurso especial em face do acórdão que inadmite a instauração do IRDR por falta de interesse recursal do requerente, pois, apontada a ausência de determinado pressuposto, será possível a instauração de um novo IRDR após o preenchimento do requisito inicialmente faltante, sem que tenha ocorrido preclusão, conforme expressamente autoriza o art. 976, §3º, do CPC/15. 3- De outro lado, o descabimento do recurso especial na hipótese decorre ainda do fato de que o novo CPC previu a recorribilidade excepcional ao Superior Tribunal de Justiça e ao Supremo Tribunal Federal apenas contra o acórdão que resolver o mérito do Incidente, conforme se depreende do art. 987, caput, do CPC/15, mas não do acórdão que admite ou que inadmite a instauração do IRDR. 4- O acórdão que inadmite a instauração do IRDR não preenche o pressuposto constitucional da causa decidida apto a viabilizar o conhecimento de quaisquer recursos excepcionais, uma vez que ausente, na hipótese, o caráter de definitividade no exame da questão litigiosa, especialmente quando o próprio legislador previu expressamente a inexistência de preclusão e a possibilidade de o requerimento de instauração do IRDR ser novamente realizado quando satisfeitos os pressupostos inexistentes ao tempo do primeiro pedido. 5- Recurso especial não conhecido." (STJ, REsp 1631846/DF, Rel. Ministro Paulo de Tarso Sanseverino, Rel. p/ Acórdão Ministra Nancy Andrighi, Terceira Turma, julgado em 05/11/2019, DJe 22/11/2019).

Se há distinção no caso concreto, não há suspensão por força do IRDR admitido

✓ "EMENTA: APELAÇÃO CÍVEL. AÇÃO MONITÓRIA. PRELIMINAR. SUSPENSÃO PROCESSO. IRDR. INOCORRÊNCIA. CERCEAMENTO DE DEFESA. PEDIDO. PROVA. PRODUÇÃO. NECESSIDADE. NULIDADE DA SENTENÇA. Diante da distinção existente entre o objeto da presente ação e o discutido no incidente de resolução de demandas repetitivas indicado pela parte recorrente tem-se que não há justificativa para a suspensão deste processo. O julgamento da lide sem a produção de prova necessária para o seu correto desate, configura cerceio de defesa, implicando na nulidade da sentença." (TJMG, AC 1.0439.16.004110-9/001, Rel. Des. Cabral da Silva, 10ª Câmara Cível, julgado em 15/10/2019, DJ em 25/10/2019).

II – poderá requisitar informações a órgãos em cujo juízo tramita processo no qual se discute o objeto do incidente, que as prestarão no prazo de 15 (quinze) dias;

III – intimará o Ministério Público para, querendo, manifestar-se no prazo de 15 (quinze) dias.

§ 1º A suspensão será comunicada aos órgãos jurisdicionais competentes.

§ 2º Durante a suspensão, o pedido de tutela de urgência deverá ser dirigido ao juízo onde tramita o processo suspenso.

→ *v.* Art. 294 do CPC.

A suspensão dos processos não impede a concessão de tutela de urgência

✓ AGRAVO DE INSTRUMENTO. TUTELA PROVISÓRIA DE URGÊNCIA, NA MODALIDADE TUTELA ANTECIPADA. Ação de cognição. ICMS. Cobrança do tributo sobre tarifas de transmissão e distribuição – TUST e TUSD. Tutela provisória de urgência. Cabimento. 1. Decisão que indeferiu a tutela provisória de urgência e determinou a suspensão do feito até o julgamento do tema repetitivo n. 986, do C.STJ. Reforma. Suspensão determinada que não impede a análise do pedido de tutela de urgência e liminar nos termos do art. 982, § 2° do CPC. Entendimento no sentido de inadmissibilidade de inclusão das Tarifas de Uso do Sistema de Transmissão e Distribuição (TUSD e TUST) na base de cálculo do ICMS incidente sobre o consumo de energia elétrica. 2. Recurso provido. (TJSP, AI 2116837-12.2020.8.26.0000, Rel. Des. Oswaldo Luiz Palu, 9ª Câmara de Direito Público, julgado em 22/09/2020).

Da decisão que concede a tutela de urgência em processo suspenso, a competência para julgar o respectivo recurso não é do órgão que julga o IRDR, mas do próprio órgão fracionário que usualmente julga os agravos

✓ Ementa: AGRAVO DE INSTRUMENTO. AÇÃO REVISIONAL DE VANTAGEM PESSOAL. GRATIFICAÇÃODE REGÊNCIA DE CLASSE. DECISÃO QUE DEFERIU O REQUERIMENTO DE TUTELA DE URGÊNCIA FORMULADO PELA AUTORA, ORA RECORRIDA. Revogação da decisão monocrática proferida por esta Relatora, que havia suspendido o julgamento do presente feito, até a decisão final do IRDR nº 0026631-20.2016.8.19.0000. Esta Colenda Câmara entendeu que o preceito do art.982, § 2°, do CPC/15 não acarreta a competência da Seção Cível para apreciar as tutelas de urgência, mas ao próprio Juízo natural e, por consequência, ao Órgão Fracionário desta Corte, ao qual for distribuído o recurso. Considerou, ainda, que, em se tratando de tutela de urgência e do recurso interposto em face da decisão que a conceder ou denegar, não incide sobre tais pronunciamentos judiciais a suspensão determinada pelo art. 982, I, CPC/15.- O CPC/2015, em seu art. 294, dispõe que a tutela provisória pode fundamentar-se em urgência ou evidência.- Na hipótese, o Juízo a quo entendeu que há evidência do direito da ora Agravada e que se justifica a urgência da medida em razão de sua idade e diante da possibilidade da demora do julgamento, ressaltando que não se verifica a possibilidade de risco de irreversibilidade, tendo em vista que os ora Agravantes poderão descontar dos proventos futuros da ora Recorrida os valores que lhe forem pagos antecipadamente.- No entanto, diversamente do entendimento do Magistrado a quo, não deve ser concedida a tutela pretendida pela ora Agravada, eis que não se pode concluir, de plano, pela probabilidade de existência do direito, além de haver risco de irreversibilidade do provimento, eis que se trata de verba de caráter alimentar, e, portanto, irrepetível. Inteligência do art. 300, § 3°, do CPC/15.- Além disso, não há acórdão em sede de recurso repetitivo ou súmula vinculante reconhecendo o direito à revisão dos valores da vantagem pessoal denominada "gratificação de regência de classe". -Precedentes desta Colenda Câmara nesse sentido. – Reforma da decisão agravada, para revogar a antecipação dos efeitos da tutela. RECURSO CONHECIDO E PROVIDO." (TJRJ, AI 0036689-48.2017.8.19.0000, Rel. Des. Maria Regina Fonseca Nova Lajes, 15ª Câmara Cível, julgado em 28/09/2017).

§ 3º Visando à garantia da segurança jurídica, qualquer legitimado mencionado no art. 977, incisos II e III, poderá requerer, ao tribunal competente para conhecer do recurso extraordinário ou especial, a suspensão de todos os processos individuais ou coletivos em curso no território nacional que versem sobre a questão objeto do incidente já instaurado.

§ 4º Independentemente dos limites da competência territorial, a parte no processo em curso no qual se discuta a mesma questão objeto do incidente é legitimada para requerer a providência prevista no § 3º deste artigo.

§ 5º Cessa a suspensão a que se refere o inciso I do *caput* deste artigo se não for interposto recurso especial ou recurso extraordinário contra a decisão proferida no incidente.

A determinação de suspensão se prorroga existindo recurso para Tribunal Superior

✓ "Processual civil. Agravo de Instrumento. Ação ordinária. Auxiliar de Papiloscopista Policial. Aposentadoria especial, com integralidade e paridade. Indeferimento de pedido de prosseguimento do feito, suspenso. IRDR admitido pela C. Turma Especial de Direito Público do E. Tribunal de Justiça do Estado de São Paulo. Situação parelha. Processo, no entanto, não mais suspenso por ordem nesse incidente, mas sim por força do art. 982, § 5º, do Código de Processo Civil. Segurança jurídica a ser respeitada. Recurso desprovido." (TJSP, AI 2229001-17.2020.8.26.0000, Rel. Des. Borelli Thomaz, 13ª Câmara de Direito Público, julgado em 25/09/2020, DJ 25/09/2020).

Art. 983. O relator ouvirá as partes e os demais interessados, inclusive pessoas, órgãos e entidades com interesse na controvérsia, que, no prazo comum de 15 (quinze) dias, poderão requerer a juntada de documentos, bem como as diligências necessárias para a elucidação da questão de direito controvertida, e, em seguida, manifestar-se-á o Ministério Público, no mesmo prazo.

§ 1º Para instruir o incidente, o relator poderá designar data para, em audiência pública, ouvir depoimentos de pessoas com experiência e conhecimento na matéria.

§ 2º Concluídas as diligências, o relator solicitará dia para o julgamento do incidente.

Art. 984. No julgamento do incidente, observar-se-á a seguinte ordem:

I – o relator fará a exposição do objeto do incidente;

II – poderão sustentar suas razões, sucessivamente:

a) o autor e o réu do processo originário e o Ministério Público, pelo prazo de 30 (trinta) minutos;

b) os demais interessados, no prazo de 30 (trinta) minutos, divididos entre todos, sendo exigida inscrição com 2 (dois) dias de antecedência.

§ 1º Considerando o número de inscritos, o prazo poderá ser ampliado.

§ 2º O conteúdo do acórdão abrangerá a análise de todos os fundamentos suscitados concernentes à tese jurídica discutida, sejam favoráveis ou contrários.

→ v. Art. 489, § 1º, do CPC.

Art. 985. Julgado o incidente, a tese jurídica será aplicada:

→ v. Art. 927, III, do CPC.

I – a todos os processos individuais ou coletivos que versem sobre idêntica questão de direito e que tramitem na área de jurisdição do respectivo tribunal, inclusive àqueles que tramitem nos juizados especiais do respectivo Estado ou região;

→ v. Art. 496, § 4º, do CPC.

II – aos casos futuros que versem idêntica questão de direito e que venham a tramitar no território de competência do tribunal, salvo revisão na forma do art. 986.

→ v. Arts. 311 e 332, I, do CPC.

A tese fixada em IRDR deve ser aplicada a processos que tramitam e que venham a tramitar no território de competência do Tribunal

✓ MANDADO DE INJUNÇÃO. DECISÃO MONOCRÁTICA. ADICIONAL NOTURNO AOS POLICIAIS MILITARES. QUESTÃO ANALISADA EM SEDE DE INCIDENTE DE RESOLUÇÃO DE DEMANDAS REPETITIVAS. IMPROCEDÊNCIA. O Órgão Especial do Tribunal de Justiça do Estado julgou o IRDR nº 70069445039, em face da tramitação de vários mandados de injunção, os quais buscavam a concessão da gratificação noturna para os policiais militares estaduais. A questão restou definida quando do julgamento dos Embargos Declaratórios nº 70074064734 opostos em face do julgamento do referido incidente, onde se reconheceu a inexistência do direito pleiteado. Assim, nos termos do artigo 985, I e II, do CPC, aos processos individuais que versem sobre a mesma a questão de direito e que tramitam ou que venham a tramitar no território de competência do Tribunal, será aplicada a mesma tese. Mandado de injunção julgado improcedente. (TJRS, MI 70072626237, Tribunal Pleno, Rel. Des. Angela Terezinha de Oliveira Brito, julgado em 19/09/2019, DJ 24/09/2019).

A tese fixada pelo Tribunal de Justiça deve ser seguida pelas Turmas Recursais

✓ RECURSO INOMINADO. SERVIDOR PÚBLICO MILITAR. ADICIONAL NOTURNO. FIXAÇÃO DE TESE EM EMBARGOS DE DECLARAÇÃO Nº 70074064734 NO INCIDENTE DE RESOLUÇÃO DE DEMANDAS REPETITIVAS Nº. 70069445039. TJRS. TRIBUNAL PLENO. ART. 927, III, E ART. 985, I, DO CPC. OBSERVÂNCIA AOS ACÓRDÃOS EM INCIDENTE E APLICAÇÃO A TODOS OS PROCESSOS INDIVIDUAIS OU COLETIVOS QUE VERSEM SOBRE IDÊNTICA QUESTÃO DE DIREITO. SENTENÇA DE IMPROCEDÊNCIA MANTIDA. Diante da verificação da inconstitucionalidade formal e material do inciso I, do art. 46, da Constituição Estadual, em face do disposto nos arts. 61, §1º, e 142, §3º, VIII, da Constituição Federal, fixou-se a seguinte tese: "Os militares do Estado do Rio Grande do Sul, porque submetidos pela Constituição Federal ao regramento próprio dos militares das Forças Armadas, não têm direito à remuneração do trabalho noturno superior à do diurno, não se lhes aplicando o regime jurídico dos servidores ocupantes de cargo público subsidiariamente para essa finalidade." Recurso desprovido. Unânime. (Recurso Cível 71008860611, Segunda Turma Recursal da Fazenda Pública do Rio Grande do Sul, Rel. Juiz José Luiz John dos Santos, julgado em 27/11/2019).

Decidido o IRDR, aplica-se a tese ao concreto, inclusive por força do comendo do art. 926

✓ APELAÇÃO – AÇÃO ORDINÁRIA – SOLDADO DA POLÍCIA MILITAR TEMPORÁRIO – CONTRATAÇÃO NOS TERMOS DA LEI FEDERAL Nº 10.029/2000 E DA LEI ESTADUAL Nº 11.064/2002 – Pretensão da autora voltada ao pagamento de todas as verbas remuneratórias devidas aos policiais militares efetivos – impossibilidade – tese jurídica vinculante fixada pelo Supremo Tribunal Federal, no julgamento da ADI nº 4.173/DF, no sentido de que o art. 6º da Lei Federal nº 10.029/2000 seria constitucional – Constitucionalidade da norma da Lei Estadual nº 11.064/2002 que reproduz a mesma matéria acolhida por reflexo – aplicação da tese – inteligência do art. 985 do CPC/2015 – dever dos tribunais de manterem sua jurisprudência estável, íntegra e coerente (art. 926 do CPC/2015) – Direto, tão somente, ao auxílio-mensal de 02 (dois) salários mínimos, que já vem sendo pago pela Administração Pública – sentença de parcial procedência da demanda reformada. Recursos, oficial e voluntário da Fazenda Pública, providos." (TJSP, AC 1016375-12.2014.8.26.0053, Rel. Des. Paulo Barcellos Gatti, 4ª Câmara de Direito Público, julgado em 03/08/2020).

§ 1º Não observada a tese adotada no incidente, caberá reclamação.

→ v. Art. 988, IV, do CPC.

§ 2º Se o incidente tiver por objeto questão relativa a prestação de serviço concedido, permitido ou autorizado, o resultado do julgamento será comunicado ao órgão, ao ente ou à agência reguladora competente para fiscalização da efetiva aplicação, por parte dos entes sujeitos a regulação, da tese adotada.

→ v. Art. 1.040, IV, do CPC.

Art. 986. A revisão da tese jurídica firmada no incidente far-se-á pelo mesmo tribunal, de ofício ou mediante requerimento dos legitimados mencionados no art. 977, inciso III.

→ v. Art. 927, §§ 2º, 3º e 4º, do CPC.

Julgamento superveniente pelo STF em sentido contrário à tese firmada em IRDR gera a revisão da tese firmada no incidente

✓ INCIDENTE DE RESOLUÇÃO DE DEMANDAS REPETITIVAS – REVISÃO DE TESE JURÍDICA – TEMA Nº 02 – SERVIÇO AUXILIAR VOLUNTÁRIO – Pedido de revisão de tese jurídica formulado em relação ao IRDR nº 0038758-92.2016.8.26.0000 (Tema nº 02) – inteligência do art. 986, do CPC/2015 – controvérsia relevante existente a respeito do aparente conflito entre teses jurídicas vinculantes firmadas pela Turma Especial da Seção de Direito Público deste E. Tribunal de Justiça e pelo E. Supremo Tribunal Federal quanto à [in]constitucionalidade da Lei Estadual nº 11.064/2002 que, replicando o conteúdo da Lei Federal nº 10.029/2000, disciplinou o Serviço Auxiliar Voluntário no âmbito da polícia militar do Estado de São Paulo – insegurança jurídica e risco de julgamentos não isonômicos – particularidades que autorizam a reanálise da tese jurídica firmada por órgão fracionário deste Tribunal de Justiça, por aparente superação de entendimento (overruling). Proposta de revisão de tese jurídica acolhida." (TJSP, IRDR 0036604-96.2019.8.26.0000, Rel. Des. Paulo Barcellos Gatti, Turma Especial, julgado em 31/07/2020, DJ 13/08/2020).

Art. 987. Do julgamento do mérito do incidente caberá recurso extraordinário ou especial, conforme o caso.

§ 1º O recurso tem efeito suspensivo, presumindo-se a repercussão geral de questão constitucional eventualmente discutida.

→ *v.* Art. 1.035 do CPC.

§ 2º Apreciado o mérito do recurso, a tese jurídica adotada pelo Supremo Tribunal Federal ou pelo Superior Tribunal de Justiça será aplicada no território nacional a todos os processos individuais ou coletivos que versem sobre idêntica questão de direito.

Negado seguimento ao recurso especial ou extraordinário em face de acórdão do IRDR, eventual agravo não restaura o efeito suspensivo previsto no art. 987, § 1º, do CPC

✓ EMENTA: ADMINISTRATIVO. PROCESSO CIVIL. AGRAVO INTERNO EM APELAÇÃO. RECURSO EXTRAORDINÁRIO EM IRDR. SEGUIMENTO NEGADO. DECISÃO DE CARÁTER NEGATIVO. INTERPOSIÇÃO DE AGRAVO DE INSTRUMENTO. SUSPENSIVIDADE. NÃO RESTABELECIMENTO. POSSIBILIDADE DE JULGAMENTO DA CAUSA. RECURSO NÃO PROVIDO. – O recurso extraordinário ou o recurso especial interposto em face de acórdão oriundo de julgamento de IRDR no qual se fixou a tese jurídica aplicável a todos os casos iguais tem, em regra, efeito suspensivo na forma do art. 987, § 1º, CPC. – Todavia, se o 1º Vice-Presidente do Tribunal de Justiça negou seguimento ao recurso extraordinário o efeito suspensivo que lhe era inerente desaparece, sendo certo que a interposição de agravo de instrumento objetivando submetê-lo ao crivo do STF não restaura a suspensividade ínsita àquele recurso. – Hipótese na qual não há se falar em impossibilidade de julgamento do recurso de apelação, sobretudo em face da ausência de decisão da Corte Suprema no sentido de acolher o agravo de instrumento ou de determinar o sobrestamento de demandas que versam sobre a matéria tratada no IRDR. (TJMG, AI 1.0024.14.250897-7/002, Rel. Des. Alberto Vilas Boas, 1ª Câmara Cível, julgado em 05/02/2019, DJ 13/02/2019).

Capítulo IX
DA RECLAMAÇÃO

→ *v.* Súmula 734 STF.

→ *v.* Arts. 102, I, l, § 2º, 103-A, § 3º, e 105, I, *f*, da CF/1988.

→ *v.* Art. 156 e seguintes do RISTF.

→ *v.* Art. 187 e seguintes do RISTJ.

→ *v.* Lei 9.868/1999 – Dispõe sobre o processo e julgamento da ação direta de inconstitucionalidade e da ação declaratória de constitucionalidade perante o Supremo Tribunal Federal.

→ *v.* Lei 9.882/1999 – Dispõe sobre o processo e julgamento da arguição de descumprimento de preceito fundamental, nos termos do § 1º do art. 102 da Constituição Federal.

→ *v.* Lei 11.417/2006 – Disciplina a edição, a revisão e o cancelamento de enunciado de súmula vinculante pelo Supremo Tribunal Federal.

Art. 988. Caberá reclamação da parte interessada ou do Ministério Público para:

→ *v.* Enunciado 64 do CJF: ao despachar a reclamação, deferida a suspensão do ato impugnado, o relator pode conceder tutela provisória satisfativa correspondente à decisão originária cuja autoridade foi violada.

Decisão ou súmula sem caráter vinculante não dá ensejo a reclamação

✓ "EMENTA: DIREITO PROCESSUAL CIVIL. AGRAVO INTERNO EM RECLAMAÇÃO. ALEGAÇÃO DE AFRONTA À SÚMULA SEM CARÁTER VINCULANTE. RECLAMAÇÃO INVIÁVEL. 1. A reclamação dirigida a esta Corte só é cabível quando sustenta usurpação de sua competência, ofensa à autoridade de suas decisões ou contrariedade a Súmula Vinculante (CRFB/1988, arts. 102, I, l, e 103-A, § 3º). Exige-se que o pronunciamento tenha efeito vinculante ou, ao menos, que tenha sido proferido em processo subjetivo no qual o reclamante figurou como parte. 2. A alegação de ofensa ao direito objetivo ou a precedente e súmula sem eficácia vinculante não dá ensejo à propositura de reclamação. 3. Agravo interno desprovido, com aplicação da multa prevista no art. 1.021, § 4º, do CPC/2015, em caso de decisão unânime." (STF, Rcl 39662 AgR/SE, Rel. Min. Roberto Barroso, Primeira Turma, julgado em 08/06/2020, DJe 23/06/2020).

Não cabe reclamação para o controle da aplicação de entendimento firmado pelo STJ em recurso especial repetitivo

✓ PROCESSUAL CIVIL. RECLAMAÇÃO. PRECEDENTE FORMADO EM RECURSO REPETITIVO. DESCABIMENTO. 1. A Corte Especial do STJ estabeleceu que não cabe reclamação para o exame da correta aplicação de precedente obrigatório formado em julgamento de recurso especial repetitivo à realidade do processo, entendendo que o art. 988, IV, do CPC/2015, ainda no período da *vacatio legis*, foi alterado pela Lei n. 13.256/2016, sendo excluída a previsão de cabimento de reclamação para garantir a observância de precedente oriundo de "casos repetitivos", passando a constar, apenas, o precedente advindo do julgamento de IRDR, que é espécie daqueles. Ressalva do entendimento do relator. 2. Agravo interno desprovido. (STJ, AgInt na Rcl 40.572/SP, Rel. Ministro Gurgel de Faria, Primeira Seção, julgado em 01/12/2020, DJe 07/12/2020).

✓ RECLAMAÇÃO. RECURSO ESPECIAL AO QUAL O TRIBUNAL DE ORIGEM NEGOU SEGUIMENTO, COM FUNDAMENTO NA CONFORMIDADE ENTRE O ACÓRDÃO RECORRIDO E A ORIENTAÇÃO FIRMADA PELO STJ EM RECURSO ESPECIAL REPETITIVO (RESP 1.301.989/RS – TEMA 658). INTERPOSIÇÃO DE AGRAVO INTERNO NO TRIBUNAL LOCAL. DESPROVIMENTO. RECLAMAÇÃO QUE SUSTENTA A INDEVIDA APLICAÇÃO DA TESE, POR SE TRATAR DE HIPÓTESE FÁTICA DISTINTA. DESCABIMENTO. PETIÇÃO INICIAL. INDEFERIMENTO. EXTINÇÃO DO PROCESSO SEM RESOLUÇÃO DO MÉRITO. 1. Cuida-se de reclamação ajuizada contra acórdão do TJ/SP que, em sede de agravo interno, manteve a decisão que negou seguimento ao recurso especial interposto pelos reclamantes, em razão da conformidade do acórdão recorrido com o entendimento firmado pelo STJ no REsp 1.301.989/RS, julgado sob o regime dos recursos especiais repetitivos (Tema 658). 2. Em sua redação original, o art. 988, IV, do CPC/2015 previa o cabimento de reclamação para garantir a observância de precedente proferido em julgamento de "casos repetitivos", os quais, conforme o disposto no art. 928 do Código, abrangem o incidente de resolução de demandas repetitivas (IRDR) e os recursos especial e extraordinário repetitivos. 3. Todavia, ainda no período de vacatio legis do CPC/15, o art. 988, IV, foi modificado pela Lei 13.256/2016: a anterior previsão de reclamação para garantir a observância de precedente oriundo de "casos repetitivos" foi excluída, passando a constar, nas hipóteses de cabimento, apenas o precedente oriundo de IRDR, que é espécie daquele. 4. Houve, portanto, a supressão do cabimento da reclamação para a observância de acórdão proferido em recursos especial e extraordinário repetitivos, em que pese a mesma Lei 13.256/2016, paradoxalmente, tenha acrescentado um pressuposto de admissibilidade – consistente no esgotamento das instâncias ordinárias – à hipótese que acabara de excluir. 5. Sob um aspecto topológico, à luz do disposto no art. 11 da LC 95/98, não há coerência e lógica em se afirmar que o parágrafo 5º, II, do art. 988 do CPC, com a redação dada pela Lei 13.256/2016, veicularia uma nova hipótese de cabimento da reclamação. Estas hipóteses foram elencadas pelos incisos do caput, sendo que, por outro lado, o parágrafo se inicia, ele próprio, anunciando que trataria de situações de inadmissibilidade da reclamação. 6. De outro turno, a investigação do contexto jurídico-político em que editada a Lei 13.256/2016 revela que, dentre outras questões, a norma efetivamente visou ao fim da reclamação dirigida ao STJ e ao STF para o controle da aplicação dos acórdãos sobre questões repetitivas, tratando-se de opção de política judiciária para desafogar os trabalhos nas Cortes de superposição. 7. Outrossim, a admissão da reclamação na hipótese em comento atenta contra a finalidade da instituição do regime dos recursos especiais repetitivos, que surgiu como mecanismo de racionalização da prestação jurisdicional do STJ, perante o fenômeno social da massificação dos litígios. 8. Nesse regime, o STJ se desincumbe de seu múnus constitucional definindo, por uma vez, mediante julgamento por amostragem, a interpretação da Lei federal que deve ser obrigatoriamente observada pelas instâncias ordinárias. Uma vez uniformizado o direito, é dos juízes e Tribunais locais a incumbência de aplicação individualizada da tese jurídica em cada caso concreto. 9. Em tal sistemática, a aplicação em concreto do precedente não está imune à revisão, que se dá na via recursal ordinária, até eventualmente culminar no julgamento, no âmbito do Tribunal local, do agravo interno de que trata o art. 1.030, § 2º, do CPC/15. 10. Petição inicial da reclamação indeferida, com a extinção do processo sem resolução do mérito. (STJ, Rcl 36.476/SP, Rel. Ministra Nancy Andrighi, Corte Especial, julgado em 05/02/2020, DJe 06/03/2020).

Não cabe reclamação para corrigir eventuais equívocos na aplicação, pelos Tribunais, do instituto da repercussão geral

✓ Ementa: AGRAVO REGIMENTAL NA RECLAMAÇÃO. ALEGAÇÃO DE QUE O ATO RECLAMADO ESTARIA EM DESACORDO COM A TESE FIRMADA PELO SUPREMO TRIBUNAL FEDERAL SOB O REGIME DE REPERCUSSÃO GERAL. INADEQUAÇÃO DA VIA CONSTITUCIONAL. AGRAVO REGIMENTAL A QUE SE NEGA PROVIMENTO. I – A decisão ora atacada não merece reforma ou qualquer correção, pois os seus fundamentos harmonizam-se estritamente com a jurisprudência desta Suprema Corte que orienta a matéria em questão. II – Não cabe reclamação ajuizada com o específico propósito de corrigir eventuais equívocos na aplicação, pelos Tribunais, do instituto da repercussão geral. III – Agravo regimental a que se nega provimento." (Rcl 39117 AgR/SP, Rel. Min. Ricardo Lewandowski, Segunda Turma, julgado em 28/09/2020, DJe 06/10/2020). De modo semelhante: Rcl 42072 ED/SP, Rel. Min. Ricardo Lewandowski, Segunda Turma, julgado em 07/12/2020, DJe 14/12/2020 e Rcl 42027 ED-AgR/PR, Rel. Min. Ricardo Lewandowski, Segunda Turma, julgado em 16/11/2020, DJe 30/11/2020.

✓ Ementa: AGRAVO REGIMENTAL. RECLAMAÇÃO. DECISÃO QUE INADMITE RECURSO EXTRAORDINÁRIO COM BASE NA SISTEMÁTICA DA REPERCUSSÃO GERAL. TEMA 949. AUSÊNCIA DE TERATOLOGIA. IMPOSSIBILIDADE DE UTILIZAÇÃO DA RECLAMAÇÃO COMO SUCEDÂNEO RECURSAL. FUNDAMENTO SUFICIENTE DA DECISÃO AGRAVADA. AUSÊNCIA DE IMPUGNAÇÃO. INCIDÊNCIA DO ART. 317, § 1º, DO RISTF. AGRAVO REGIMENTAL A QUE SE NEGA PROVIMENTO. I – As razões do agravo regimental são inaptas para desconstituir os fundamentos da decisão agravada, que, por isso, se mantêm hígidos. II – O Supremo Tribunal Federal já se pronunciou, em mais de uma oportunidade, pelo não cabimento da reclamação ajuizada com o específico propósito de corrigir eventuais equívocos na aplicação, pelos Tribunais, do instituto da repercussão geral, salvo a ocorrência de evidente teratologia, o que não se verifica no caso em análise. III – O agravante não refutou o fundamento relativo à impossibilidade de utilização da reclamação como sucedâneo recursal, o que atrai a incidência do art. 317, § 1º, do RISTF. Precedentes. IV – Agravo regimental a que se nega provimento. (STF, Rcl 42010 AgR/DF, Rel. Min. Ricardo Lewandowski, Segunda Turma, julgado em 11/11/2020, DJe 19/11/2020).

A reclamação possui natureza de ação, de índole constitucional, e não de recurso ou incidente processual, sendo admitida a aplicação do princípio geral da sucumbência, com a consequente condenação da parte vencida ao pagamento de honorários advocatícios

✓ EMBARGOS DE DECLARAÇÃO NA RECLAMAÇÃO. ALEGAÇÃO DE OMISSÃO DO ACÓRDÃO RECORRIDO. 1. PRETENSÃO DE JULGAMENTO DO MÉRITO DO RECURSO ORDINÁRIO EM MANDADO DE SEGURANÇA. MATÉRIA ESTRANHA AOS LIMITES DA RECLAMAÇÃO. 2. FIXAÇÃO DE HONORÁRIOS ADVOCATÍCIOS DE SUCUMBÊNCIA. POSSIBILIDADE. APERFEIÇOAMENTO DA RELAÇÃO PROCESSUAL MEDIANTE A CITAÇÃO DO BENEFICIÁRIO DO ATO IMPUGNADO. 3. EMBARGOS PARCIALMENTE ACOLHIDOS. 1. O pedido deduzido na reclamação foi julgado procedente para cassar a decisão prévia de admissibilidade de recurso ordinário. Escapam aos limites da reclamação o julgamento de matérias impugnadas pelo próprio recurso ordinário. 2. A partir da vigência do CPC/2015, firmou-se o entendimento doutrinário e jurisprudencial no sentido de que o instituto da reclamação possui natureza de ação, de índole constitucional, e não de recurso ou incidente processual, sendo admitida a aplicação do princípio geral da sucumbência, com a consequente condenação da parte vencida ao pagamento de honorários advocatícios. 3. Embargos de declaração parcialmente acolhidos. (STJ, EDcl na Rcl 35.958/CE, Rel. Ministro Marco Aurélio Bellizze, Segunda Seção, julgado em 26/06/2019, DJe 01/07/2019).

A Reclamação não é instrumento apto para adequar as decisões reclamadas aos julgados do STJ proferidos em Recurso Especial repetitivo

✓ PROCESSUAL CIVIL. AGRAVO INTERNO EM RECLAMAÇÃO. UTILIZAÇÃO PARA ADEQUAÇÃO AO RECURSO ESPECIAL REPETITIVO. NÃO CABIMENTO. SUCEDÂNEO RECURSAL. IMPOSSIBILIDADE. INADEQUAÇÃO DA VIA ELEITA. 1. Trata-se de Agravo Interno interposto contra decisão monocrática que rejeitou liminarmente a Reclamação. Considerou-se ser assente a compreensão acerca do não cabimento de Reclamação contra o julgado que nega provimento ao Agravo Regimental interposto contra decisão de inadmissibilidade do Recurso Especial fundada no art. 543-C, § 7º, I, do CPC/1973 (atual art. 1.040, I, do CPC/2015), tendo em vista não estar caracterizada a usurpação da competência do Superior Tribunal de Justiça. 2. A Reclamação não é instrumento útil para adequar as decisões reclamadas aos julgados do STJ proferidos em Recurso Especial repetitivo. Precedentes: AgInt na Rcl 32.939/PR, Rel. Min. Og Fernandes, Primeira Seção, DJe 2.3.2017; AgInt na Rcl 30.616/SE, Rel. Min. Antonio Carlos Ferreira, Segunda Seção, DJe 25.6.2019. 3. É claro o intento da agravante de utilizar a Reclamação como sucedâneo recursal, pois busca reformar acórdão proferido pela 11ª Câmara de Direito Público do Tribunal de Justiça do Estado de São Paulo que, por ocasião do julgamento dos Embargos de Declaração perante aquela Corte, consignou: "(...) o entendimento desfiado pelo acórdão objeto não afronta a tese firmada no REsp 1.134.186, e as normas inscritas no art. 85, caput e §§ 3º, 5º, 6º e 14 do Código de processo civil, tampouco se mostra omisso, ausentes, pois, defeitos a ensejar recurso declarativo, cuja função própria é a de aclarar obscuridades do dictum do acórdão, ferir questões suscitadas que, indevidamente, se hajam marginado, e retificar contradições internas da sentença hostilizada contudo, supostos dissensos entre o que entendeu o acórdão e o que, na óptica da defesa, deveria ter concluído seja a partir da prova produzida, seja a contar de teses jurídicas, sendo o caso de rejeitar a impugnação aclaratória." 4. O STJ possui compreensão firmada de que a Reclamação é ação de natureza constitucional, que visa preservar a competência desta Corte, garantir a autoridade de suas decisões e a observância de julgamento proferido em IRDR e IAC, sendo vedado o seu emprego como sucedâneo recursal. Precedentes: AgInt na Rcl 37.960/RJ, Rel. Min. Regina Helena Costa, Primeira Seção, DJe 19.9.2019; AgInt na Rcl 34.655/DF, Rel. Min. Nancy Andrighi, Segunda Seção, DJe 13.4.2018. 5. Agravo Interno não provido. (STJ, AgInt na Rcl 39.321/SP, Rel. Ministro Herman Benjamin, Primeira Seção, julgado em 16/06/2020, DJe 23/06/2020).

Não cabe Reclamação ao STJ em face de decisão oriunda de Turma Recursal dos Juizados Especiais

✓ AGRAVO INTERNO. RECLAMAÇÃO CONTRA ACÓRDÃO DE TURMA RECURSAL DO JUIZADO ESPECIAL FEDERAL. NÃO CABIMENTO. 1. É entendimento firmado neste Superior Tribunal de que não cabe reclamação contra decisão de turma recursal de juizado especial federal. Precedente. 2. No caso, verifica-se que esta ação foi ajuizada contra acórdão proferido pela Terceira Turma Recursal do Juizado Especial Federal da Seção Judiciária de São Paulo, o que não se enquadra em nenhuma das hipóteses de cabimento previstas no art. 988 do CPC/2015, ressoando inequívoco o intuito de reforma daquela decisão pela via inadequada. 3. Agravo interno não provido. (STJ, AgInt na Rcl 38.849/SP, Rel. Min. Benedito Gonçalves, Primeira Seção, julgado em 17/03/2020, DJe 19/03/2020)

Não cabe reclamação para dirimir divergência entre Turmas Recursais dos Juizados Especiais Federais

✓ PREVIDENCIÁRIO E PROCESSUAL CIVIL. AGRAVO INTERNO NOS EMBARGOS DE DECLARAÇÃO NA RECLAMAÇÃO. UTILIZAÇÃO PARA DIRIMIR DIVERGÊNCIA ENTRE TURMAS RECURSAIS OU NO INTUITO DE SOBRESTAR O FEITO ATÉ O JULGAMENTO DE RECURSO REPETITIVO. NÃO CABIMENTO. 1. É entendimento firmado neste Superior Tribunal de que não cabe reclamação para dirimir divergência entre turmas recursais de juizado especial federal, ante a existência de procedimento específico de uniformização de jurisprudência (art. 14, § 4º, da Lei n. 10.259/2001). Precedente. 2. Também não cabe o uso da reclamação para sobrestamento de processo até o julgamento de recurso especial repetitivo. Precedente. 3. Agravo interno a que se nega provimento. (STJ, AgInt nos EDcl na Rcl 35.450/SC, Rel. Ministro Og Fernandes, Primeira Seção, julgado em 26/06/2019, DJe 01/08/2019).

Não cabe Reclamação em face de decisão de Ministro do Supremo Tribunal Federal ou de acórdão proferido pelo STF

✓ EMENTA: DIREITO PROCESSUAL CIVIL. AGRAVO INTERNO EM RECLAMAÇÃO. VIOLAÇÃO AO DECIDIDO NA ADI 2.970/DF. INOCORRÊNCIA. 1. Na ADI 2.970/DF, apontada como paradigma, não estava em debate o sistema de julgamento em plenário virtual, mas, sim, a utilização da modalidade secreta de sessão no julgamento, de modo faltar aderência estrita com o ato reclamado na presente reclamação. 2. Não cabe reclamação constitucional direcionada à cassação de decisões de Ministros ou Turmas do Supremo Tribunal Federal, uma vez que os atos emanados pelos seus órgãos, no exercício de suas competências legais e regimentais, são atribuíveis à própria Corte. 3. A alegação de ofensa a direito objetivo não dá ensejo à propositura de reclamação. Precedentes. 4. Agravo interno a que se nega provimento, com aplicação da multa prevista no art. 1.021, § 4º, do CPC/2015." (STF, Rcl 40438 AgR/RJ, Rel. Min. Roberto Barroso, Primeira Turma, julgado em 08/09/2020, DJe 14/09/2020).

Determinada a suspensão do processo por força de repetitivo, descabe reclamação para debater se a suspensão é correta

✓ PROCESSUAL CIVIL. AGRAVO INTERNO NA RECLAMAÇÃO. INSTRUMENTO RECLAMATÓRIO DO ART. 988 DO CPC/2015. CABIMENTO. DECISÃO DE SOBRESTAMENTO DO PROCESSO NA ORIGEM. IMPOSSIBILIDADE. DECISÃO MANTIDA. 1. É inadmissível reclamação para apreciar legalidade de decisão que determina o sobrestamento do processo na origem, decorrente da afetação de tema ao rito dos recursos repetitivos. 2. Agravo interno desprovido. (STJ, AgInt na Rcl 34.175/MG, Rel. Min. Antonio Carlos Ferreira, Segunda Seção, julgado em 27/09/2017, DJe 03/10/2017).

O Superior Tribunal de Justiça, por meio da Resolução n. 03/2016, delegou aos Tribunais de Justiça a competência para dirimir divergência entre acórdão prolatado por Turma Recursal Estadual e do Distrito Federal e a jurisprudência do STJ

✓ PROCESSUAL CIVIL. AGRAVO INTERNO. RECLAMAÇÃO. JUIZADO ESPECIAL. RESOLUÇÃO STJ N. 3/2016. 1. A Resolução STJ/GP n. 3/2016 dispõe que a competência para processar e julgar as reclamações destinadas a dirimir divergência entre acórdão prolatado por turma recursal estadual ou do Distrito Federal e a jurisprudência do Superior Tribunal de Justiça cabe às Câmaras Reunidas ou à Seção Especializada dos Tribunais de Justiça. Revogada a Resolução n. 12/2009 do STJ para os processos distribuídos a partir de 08 de abril de 2016. 2. O insucesso de reclamação anterior pelo Tribunal estadual não rende ensejo à propositura de uma nova reclamação com os mesmos fundamentos à esta Corte, devendo-se coibir sua utilização como sucedâneo recursal, sendo defesa a pretensão de, por via reflexa, ver analisada por esta Corte Superior a reclamação contra uma decisão de mérito proferida por Juízo do Juizados Especial Cível. 3. Agravo interno não provido. (STJ, AgInt nos EDcl na Rcl 39.657/SP, Rel. Ministro Luis Felipe Salomão, Segunda Seção, julgado em 16/06/2020, DJe 22/06/2020)

Acórdãos considerando inconstitucional a Resolução n. 03/2016 do STJ

✓ EMENTA: ARGUIÇÃO DE INCONSTITUCIONALIDADE. RECLAMAÇÃO. RESOLUÇÃO Nº 3, DE 2016, DO SUPERIOR TRIBUNAL DE JUSTIÇA. FIXAÇÃO DE COMPETÊNCIA. DIVERGÊNCIA ENTRE ACÓRDÃO PROLATADO POR TURMA RECURSAL ESTADUAL E JURISPRUDÊNCIA DO SUPERIOR TRIBUNAL DE JUSTIÇA. JULGAMENTO DA RECLAMAÇÃO PELOS TRIBUNAIS ESTADUAIS. INCONSTITUCIONALIDADE. INCIDENTE ACOLHIDO. 1. De acordo com o art. 96, I, da Constituição da República, compete aos tribunais elaborar seus regimentos internos dispondo sobre a competência e o funcionamento dos respectivos órgãos jurisdicionais. 2. O art. 105, I, 'f', da Constituição da República, estabelece ser da competência do Superior Tribunal de Justiça processar e julgar, originariamente a reclamação para a preservação de sua competência e garantia da autoridade de suas decisões. 3. O egrégio Supremo Tribunal Federal, no julgamento dos Embargos de Declaração no RE nº 571.572 – BA, declarou a competência do egrégio Superior Tribunal de Justiça para dirimir a divergência existente entre decisões proferidas pelas Turmas Recursais estaduais e a jurisprudência do Superior Tribunal de Justiça até a criação da turma de uniformização dos juizados especiais estaduais. 4. Portanto, a Resolução nº 3, de 2016, do Superior Tribunal de Justiça, que fixou a competência das Câmaras Reunidas ou da Seção Especializada dos Tribunais de Justiça para processar e julgar as Reclamações destinadas a dirimir divergência entre acórdão prolatado por Turma Recursal Estadual e do Distrito Federal e a jurisprudência do Superior Tribunal de Justiça, é inconstitucional. 5. Incidente de arguição de inconstitucionalidade conhecido e acolhido, para declarar a inconstitucionalidade da Resolução nº 3, de 2016, do Superior Tribunal de Justiça. (TJMG, Arg Inconstitucionalidade 1.0000.16.039708-9/001, Rel. Des. Caetano Levi Lopes, Órgão Especial, julgado em 10/05/2018, DJ 15/06/2018).

✓ "ARGUIÇÃO DE INCONSTITUCIONALIDADE. RESOLUÇÃO Nº 003/2016 DO SUPERIOR TRIBUNALDE JUSTIÇA. ATO NORMATIVO QUE AMPLIA ACOMPETÊNCIA DO TJPB. INCONGRUÊNCIAMATERIAL DA RESOLUÇÃO EM RELAÇÃO ASCONSTITUIÇÕES FEDERAL E ESTADUAL.VIOLAÇÃO DA AUTONOMIA DESTE ESTADOMEMBRO. INCIDENTE ACOLHIDO.A Resolução nº 003/2016 editada pelo Superior Tribunal de Justiça é de natureza normativa e, ao atribuir competência deste Tribunal para processar e julgar reclamações destinadas a dirimir divergência entre acórdão prolatado por turma recursal estadual e a jurisprudência do Superior Tribunal de Justiça, viola o princípio da autonomia dos estados membros assegurado na Constituição Federal e no art. 1º da Constituição desta Unidade Federativa. Como o Superior Tribunal de Justiça não detém competência legislativa para ampliar as atribuições jurisdicionais deste Tribunal de Justiça, por ser tema da competência a ser regulado pelo Estado da Paraíba no exercício da autonomia político-administrativa assegurada na Constituição Federal e materializada no art. 1º da Constituição do Estado da Paraíba, está configurada a inconstitucionalidade da Resolução nº003/2016 do Superior Tribunal de Justiça." (TJPB, Incidente de Inconstitucionalidade 000948-21.2018.815.0000, Plenário, Rel. Des. Maria das Graças Morais Guedes, julgado em 10/04/2019).

I – preservar a competência do tribunal;

II – garantir a autoridade das decisões do tribunal;

→ *v.* Art. 927 do CPC.

III – garantir a observância de enunciado de súmula vinculante e de decisão do Supremo Tribunal Federal em controle concentrado de constitucionalidade; (Redação dada pela Lei n. 13.256, de 04/02/2016)

→ *v.* Art. 927 do CPC.

IV – garantir a observância de acórdão proferido em julgamento de incidente de resolução de demandas repetitivas ou de incidente de assunção de competência; (Redação dada pela Lei n. 13.256, de 04/02/2016)

→ *v.* Arts. 928, 947, 976 e 1.036 do CPC.

§ 1º A reclamação pode ser proposta perante qualquer tribunal, e seu julgamento compete ao órgão jurisdicional cuja competência se busca preservar ou cuja autoridade se pretenda garantir.

§ 2º A reclamação deverá ser instruída com prova documental e dirigida ao presidente do tribunal.

§ 3º Assim que recebida, a reclamação será autuada e distribuída ao relator do processo principal, sempre que possível.

§ 4º As hipóteses dos incisos III e IV compreendem a aplicação indevida da tese jurídica e sua não aplicação aos casos que a ela correspondam.

→ *v.* Enunciado 138 do CJF: é cabível reclamação contra acórdão que aplicou indevidamente tese jurídica firmada em acórdão proferido em julgamento de recursos extraordinário ou especial repetitivos, após o esgotamento das instâncias ordinárias, por analogia ao quanto previsto no art. 988, § 4º, do CPC.

§ 5º É inadmissível a reclamação: (Redação dada pela Lei n. 13.256, de 04/02/2016)

I – proposta após o trânsito em julgado da decisão reclamada; (Incluído pela Lei n. 13.256, de 04/02/2016)

Não cabe Reclamação para desconstituir decisões transitadas em julgado (Súmula 734 do STF)

✓ EMENTA: CONSTITUCIONAL E PROCESSUAL CIVIL. AGRAVO INTERNO NA RECLAMAÇÃO. DECISÃO RECLAMADA TRANSITADA EM JULGADO. ART. 988, § 5º, DO CPC. SÚMULA 734 DO STF. AUSÊNCIA DE USURPAÇÃO DE COMPETÊNCIA DESTA CORTE. DECISÃO RECLAMADA BASEADA NA APLICAÇÃO DE TEMA DE REPERCUSSÃO GERAL. IMPUGNAÇÃO UNICAMENTE POR AGRAVO INTERNO NA ORIGEM. UTILIZAÇÃO DO AGRAVO DO ART. 1.042 DO CPC. ERRO GROSSEIRO. RECURSO DE AGRAVO A QUE SE NEGA PROVIMENTO. 1. Nos termos do art. 988, § 5º, inciso I, do CPC, não cabe Reclamação para desconstituir decisões transitadas em julgado. Trata-se de assimilação, pelo novo código processual, de antigo entendimento do STF, enunciado na Súmula 734 (Não cabe reclamação quando já houver transitado em julgado o ato judicial que se alega tenha desrespeitado decisão do Supremo Tribunal Federal). 2. No caso concreto, é incontroverso que foi certificado o trânsito em julgado do processo em 25/3/2015. 3. A sistemática recursal em vigor determina que, contra decisões denegatórias de recurso extraordinário, cuja fundamentação seja amparada em precedentes do STF formados em conformidade com as regras da Repercussão Geral, o único recurso cabível é o agravo interno, o qual será julgado pelo próprio Juízo de origem (§ 2º do art. 1.030 do CPC). A interposição de agravo com fundamento no art. 1.042 do CPC configura erro grosseiro. Logo, da mesma maneira, é insubsistente a alegação pautada na usurpação de competência desta Corte. Precedentes. 4. Recurso de agravo a que se nega provimento." (STF, Rcl 42955 AgR/BA, Rel. Min. Alexandre de Moraes, Primeira Turma, julgado em 13/10/2020, DJe 29/10/2020).

II – proposta para garantir a observância de acórdão de recurso extraordinário com repercussão geral reconhecida ou de acórdão proferido em julgamento de recursos extraordinário ou especial repetitivos, quando não esgotadas as instâncias ordinárias. (Incluído pela Lei n. 13.256, de 04/02/2016)

→ v. Súmula 734 STF.

Não cabe Reclamação para preservar a autoridade de recurso extraordinário com repercussão geral reconhecida, sem o prévio esgotamento das instâncias ordinárias

✓ AGRAVO INTERNO. RECLAMAÇÃO CONSTITUCIONAL. ALEGAÇÃO DE DESCUMPRIMENTO DE DECISÃO PROFERIDA EM SEDE DE REPERCUSSÃO GERAL. RE 631.240 (TEMA 350). AUSÊNCIA DE ESGOTAMENTO DAS INSTÂNCIAS ORDINÁRIAS. 1. O art. 988, § 5º, inciso II, do Código de Processo Civil condiciona a admissibilidade da reclamação, nos casos em que se busca assegurar a observância de entendimento firmado em sede de repercussão geral, ao esgotamento das instâncias ordinárias. 2. O esgotamento da instância ordinária somente se concretiza após o julgamento de agravo interno manejado contra a decisão da Presidência ou Vice-Presidência da Corte que, no exame de admissibilidade do recurso extraordinário, aplica a sistemática da repercussão geral, nos termos do art. 1.030 e § 2º, do CPC/2015. 3. A ausência de interposição de todos os recursos cabíveis demonstra a ausência de esgotamento das vias ordinárias, inviabilizando o manejo da reclamação. 4. Agravo interno conhecido e não provido, com aplicação da penalidade prevista no art. 1.021, § 4º, do CPC/2015, calculada à razão de 1% (um por cento) sobre o valor arbitrado à causa, se unânime a votação. (STF, Rcl 43709 AgR/RN, Rel. Min. Rosa Weber, Primeira Turma, julgado em 11/11/2020, DJe 20/11/2020).

A reclamação proposta para garantir a observância de acórdão de recurso extraordinário com repercussão geral reconhecida só é admitida quando esgotadas as instâncias ordinárias, incluídos os recursos submetidos aos tribunais superiores

✓ AGRAVO REGIMENTAL EM RECLAMAÇÃO. NÃO CABIMENTO DA RECLAMAÇÃO COMO SUCEDÂNEO RECURSAL. AGRAVO REGIMENTAL A QUE SE NEGA PROVIMENTO. 1. O esgotamento da instância ordinária, previsto no art. 988, § 5º, II, do CPC, pressupõe a impossibilidade de reforma da decisão reclamada por meio de recurso à instância superior, inclusive por tribunal superior. 2. Agravo regimental a que se nega provimento. (STF, Rcl 37988 AgR/PR, Rel. Min. Edson Fachin, Segunda Turma, julgado em 16/11/2020, DJe 23/11/2020).

Atenção! Em decisões da Segunda Turma do STF, tais como, Rcl 42072 ED/SP, Rel. Min. Ricardo Lewandowski, Segunda Turma, julgado em 07/12/2020, DJe 14/12/2020, Rcl 42027 ED-AgR/PR, Rel. Min. Ricardo Lewandowski, Segunda Turma, julgado em 16/11/2020, DJe 30/11/2020 e Rcl 42010 AgR/DF, Rel. Min. Ricardo Lewandowski, Segunda Turma, julgado em 11/11/2020, DJe 19/11/2020, o STF entendeu que não cabe reclamação para corrigir eventuais equívocos na aplicação, pelos Tribunais, do instituto da repercussão geral, de modo semelhante ao que decidido pelo STJ na Rcl 36.476/SP, Rel. Ministra Nancy Andrighi, Corte Especial, julgado em 05/02/2020, DJe 06/03/2020.

Não cabe reclamação para o controle da aplicação de entendimento firmado pelo STJ em recurso especial repetitivo

✓ RECLAMAÇÃO. RECURSO ESPECIAL AO QUAL O TRIBUNAL DE ORIGEM NEGOU SEGUIMENTO, COM FUNDAMENTO NA CONFORMIDADE ENTRE O ACÓRDÃO RECORRIDO E A ORIENTAÇÃO FIRMADA PELO STJ EM RECURSO ESPECIAL REPETITIVO (RESP 1.301.989/RS – TEMA 658). INTERPOSIÇÃO DE AGRAVO INTERNO NO TRIBUNAL LOCAL. DESPROVIMENTO. RECLAMAÇÃO QUE SUSTENTA A INDEVIDA APLICAÇÃO DA TESE, POR SE TRATAR DE HIPÓTESE FÁTICA DISTINTA. DESCABIMENTO. PETIÇÃO INICIAL. INDEFERIMENTO. EXTINÇÃO DO PROCESSO SEM RESOLUÇÃO DO MÉRITO. 1. Cuida-se de reclamação ajuizada contra acórdão do TJ/SP que, em sede de agravo interno, manteve a decisão que negou seguimento ao recurso especial interposto pelos reclamantes, em razão da conformidade do acórdão recorrido com o entendimento firmado pelo STJ no REsp 1.301.989/RS, julgado sob o regime dos recursos especiais repetitivos (Tema 658). 2. Em sua redação original, o art. 988, IV, do CPC/2015 previa o cabimento de reclamação para garantir a observância de precedente proferido em julgamento de "casos repetitivos", os quais, conforme o disposto no art. 928 do Código, abrangem o incidente de resolução de demandas repetitivas (IRDR) e os recursos especial e extraordinário repetitivos. 3. Todavia, ainda no período de *vacatio legis* do CPC/15, o art. 988, IV, foi modificado pela Lei 13.256/2016: a anterior previsão de reclamação para garantir a observância de precedente oriundo de "casos repetitivos" foi excluída, passando a constar, nas hipóteses de cabimento, apenas o precedente oriundo de IRDR, que é espécie daquele. 4. Houve, portanto, a supressão do cabimento da reclamação para a observância de acórdão proferido em recursos especial e extraordinário repetitivos, em que pese a mesma Lei 13.256/2016, paradoxalmente, tenha acrescentado um pressuposto de admissibilidade – consistente no esgotamento das instâncias ordinárias – à hipótese que acabara de excluir. 5. Sob um aspecto topológico, à luz do disposto no art. 11 da LC 95/98, não há coerência e lógica em se afirmar que o parágrafo 5º, II, do art. 988 do CPC, com a redação dada pela Lei 13.256/2016, veicularia uma nova hipótese de cabimento da reclamação. Estas hipóteses foram elencadas pelos incisos do caput, sendo que, por outro lado, o parágrafo se inicia, ele próprio, anunciando que trataria de situações de inadmissibilidade da reclamação. 6. De outro turno, a investigação do contexto jurídico-político em que editada a Lei 13.256/2016 revela que, dentre outras questões, a norma efetivamente visou ao fim da reclamação dirigida ao STJ e ao STF para o controle da aplicação dos acórdãos sobre questões repetitivas, tratando-se de opção de política judiciária para desafogar os trabalhos nas Cortes de superposição. 7. Outrossim, a admissão da reclamação na hipótese em comento atenta contra a finalidade da instituição do regime dos recursos especiais repetitivos, que surgiu como mecanismo de racionalização da prestação jurisdicional do STJ, perante o fenômeno social da massificação dos litígios. 8. Nesse regime, o STJ se desincumbe de seu múnus constitucional definindo, por uma vez, mediante julgamento por amostragem, a interpretação da Lei federal que deve ser obrigatoriamente observada pelas instâncias ordinárias. Uma vez uniformizado o direito, é dos juízes e Tribunais locais a incumbência de aplicação individualizada da tese jurídica em cada caso concreto. 9. Em tal sistemática, a aplicação em concreto do precedente não está imune à revisão, que se dá na via recursal ordinária, até eventualmente culminar no julgamento, no âmbito do Tribunal local, do agravo interno de que trata o art. 1.030, § 2º, do CPC/15. 10. Petição inicial da reclamação indeferida, com a extinção do processo sem resolução do mérito. (STJ, Rcl 36.476/SP, Rel. Ministra Nancy Andrighi, Corte Especial, julgado em 05/02/2020, DJe 06/03/2020).

§ 6º A inadmissibilidade ou o julgamento do recurso interposto contra a decisão proferida pelo órgão reclamado não prejudica a reclamação.

A inadmissibilidade ou o julgamento do recurso interposto contra a decisão proferida pelo órgão reclamado não prejudica a reclamação

✓ "AGRAVO REGIMENTAL NOS EMBARGOS DE DECLARAÇÃO NOS EMBARGOS DE DIVERGÊNCIA NOS EMBARGOS DE DECLARAÇÃO NA RECLAMAÇÃO. PRECATÓRIO. JUROS. ADIs 4.357 E 4.425. 1. As razões recursais estão dissociadas dos fundamentos do ato reclamado e da realidade processual. Súmula 284 do STF. 2. O julgamento do recurso interposto contra a decisão proferida pelo órgão reclamado não prejudica a reclamação. Art. 988, § 6º, do CPC. 3. Agravo regimental a que se nega provimento." (STF, Rcl 17471 ED-EDv-ED-AgR/SP, Rel. Min. Edson Fachin, Tribunal Pleno, julgado em 09/06/2017, DJe 23/06/2017).

Art. 989. Ao despachar a reclamação, o relator:

I – requisitará informações da autoridade a quem for imputada a prática do ato impugnado, que as prestará no prazo de 10 (dez) dias;

II – se necessário, ordenará a suspensão do processo ou do ato impugnado para evitar dano irreparável;

→ *V.* Art. 294 do CPC.

III – determinará a citação do beneficiário da decisão impugnada, que terá prazo de 15 (quinze) dias para apresentar a sua contestação.

Se não houve, na inicial da reclamação, indicação do beneficiário da decisão, deve ser determinada a emenda

✓ "(...) 2. Conforme se extrai da decisão monocrática, ao analisar os autos, constatei que a reclamante não apresentou o nome e o endereço para a citação do *beneficiário* do ato reclamado, limitando-se a reproduzir a inicial já apresentada e sua própria qualificação. Assim, julguei inepta a petição inicial da *reclamação*, pois descumprida a diligência de emenda à inicial imposta. 3. O art. 319, II, do CPC prescreve que incumbe ao autor indicar na petição inicial "os nomes, os prenomes, o estado civil, a existência de união estável, a profissão, o número de inscrição no Cadastro de Pessoas Físicas ou no Cadastro Nacional de Pessoa Jurídica, o endereço eletrônico, o domicílio e a residência do autor e do réu". 4. Dessa forma, a parte reclamante, regularmente intimada, ao não atender a determinação de *emenda da petição inicial*, atraiu as consequências lógicas previstas na legislação processual, nos termos do art. 321 do CPC/2015, *verbis*: "Art. 321. O juiz, ao verificar que a petição inicial não preenche os requisitos dos arts. 319 e 320 ou que apresenta defeitos e irregularidades capazes de dificultar o julgamento de mérito, determinará que o autor, no prazo de 15 (quinze) dias, a emende ou a complete, indicando com precisão o que deve ser corrigido ou completado. Parágrafo único. Se o autor não cumprir a diligência, o juiz indeferirá a petição inicial". 5. Nesse contexto, nada a prover, aqui, exaurida a prestação jurisdicional desta Suprema Corte. À Secretaria desta Suprema Corte proceder ao arquivamento da *reclamação*." (STF, Rcl 39.186/DF, Rel. Min. Rosa Weber, julgado em 10/06/2020, DJe 17/06/2020)

Art. 990. Qualquer interessado poderá impugnar o pedido do reclamante.

Art. 991. Na reclamação que não houver formulado, o Ministério Público terá vista do processo por 5 (cinco) dias, após o decurso do prazo para informações e para o oferecimento da contestação pelo beneficiário do ato impugnado.

Art. 992. Julgando procedente a reclamação, o tribunal cassará a decisão exorbitante de seu julgado ou determinará medida adequada à solução da controvérsia.

Procedente a reclamação, cabe a cassação da decisão impugnada

✓ "AGRAVO INTERNO EM RECLAMAÇÃO. CONSTITUCIONAL. TRABALHISTA. TERCEIRIZAÇÃO. RESPONSABILIDADE SOLIDÁRIA DO ENTE FEDERATIVO PELO INADIMPLEMENTO DE OBRIGAÇÕES TRABALHISTAS POR PARTE DE EMPRESA CONTRATADA POR ENTE DA ADMINISTRAÇÃO INDIRETA. DECISÃO RECLAMADA QUE ADMITE A RESPONSABILIZAÇÃO EM DECORRÊNCIA DA MERA TITULARIDADE DO SERVIÇO PÚBLICO. ALEGAÇÃO DE AFRONTA AO TEOR DA DECISÃO DO PLENÁRIO DO STF NA ADC 16. OCORRÊNCIA. IMPOSSIBILIDADE DE RESPONSABILIZAÇÃO AUTOMÁTICA DA ADMINISTRAÇÃO PELO INADIMPLEMENTO DE OBRIGAÇÕES TRABALHISTAS POR PARTE DA EMPRESA CONTRATADA. INEXISTÊNCIA DE DEVER FISCALIZATÓRIO DO ENTE FEDERATIVO SOBRE OS CONTRATOS FIRMADOS POR ENTES DA ADMINISTRAÇÃO INDIRETA. REGULARIDADE DA DESCENTRALIZAÇÃO ADMINISTRATIVA. AUTONOMIA DAS AUTARQUIAS. AGRAVO A QUE SE DÁ PROVIMENTO. 1. No julgamento da ADC 16, o Plenário do Supremo Tribunal Federal assentou ser "constitucional a norma inscrita no art. 71, § 1º, da Lei federal nº 8.666, de 26 de junho de 1993, com a redação dada pela Lei nº 9.032, de 1995", consignando ser impossível a responsabilização automática do ente público pelos encargos trabalhistas de empresas contratadas. 2. Encontra-se no âmbito da autonomia federativa dos Municípios, bem como dos demais entes da federação, a criação de pessoas jurídicas autônomas (autarquias, fundações públicas, empresas estatais etc.) para a melhor prestação de serviços públicos. Trata-se do fenômeno da descentralização da Administração Pública. 3. Em decorrência da autonomia dos entes da Administração Indireta, não tem o ente federativo criador o dever legal de acompanhar pormenorizadamente a execução de cada contrato celebrado por suas autarquias, fundações públicas ou empresas estatais, razão pela qual não pode ser responsabilizado no âmbito trabalhista pelo eventual descumprimento de dever fiscalizatório destas entidades. 4. Tendo o Plenário do Supremo Tribunal Federal, no julgamento da ADC 16, afastado a possibilidade de responsabilização automática de Ente Público por encargos trabalhistas devidos por empresas por ele contratada (terceirização), a fortiori será impossível a responsabilização automática do Ente Federativo que criou a entidade da Administração Indireta que contratou a empresa empregadora. 5. In casu, o acórdão reclamado violou a jurisprudência vinculante do Supremo Tribunal Federal sobre a matéria, na medida em que fixou a responsabilidade solidária do Município de Porto Alegre de modo automático e pelo simples fato de o serviço público exercido pela entidade da Administração Pública ser de titularidade do Município. 6. Agravo a que se dá provimento, a fim de julgar procedente a reclamação, determinando a cassação da decisão reclamada na parte em que atribui responsabilidade solidária ao Município de Porto Alegre." (Rcl 25393 AgR/RS, Rel. Min. Rosa Weber, Rel. p/ Acórdão Min. Luiz Fux, Primeira Turma, julgado em 30/06/2020, DJe 02/10/2020).

Art. 993. O presidente do tribunal determinará o imediato cumprimento da decisão, lavrando-se o acórdão posteriormente.

TÍTULO II
Dos Recursos

→ v. Art. 5º, LV, § 2º, da CF/1988.

→ v. Art. 25 da Convenção Americana sobre Direitos Humanos.

CAPÍTULO I
DISPOSIÇÕES GERAIS

Art. 994. São cabíveis os seguintes recursos:

I – apelação;

→ v. Art. 1.009 e seguintes do CPC.

II – agravo de instrumento;

→ v. Art. 1.015 e seguintes do CPC.

III – agravo interno;

→ v. Art. 1.021 do CPC.

IV – embargos de declaração;

→ v. Art. 1.022 e seguintes do CPC.

V – recurso ordinário;

→ v. Art. 1.027 e seguintes do CPC.

VI – recurso especial;

→ v. Art. 1.029 e seguintes do CPC.

VII – recurso extraordinário;

→ v. Art. 1.029 e seguintes do CPC.

VIII – agravo em recurso especial ou extraordinário;

→ v. Art. 1.042 do CPC.

IX – embargos de divergência.

→ v. Súmulas 158, 168, 315, 316 e 420 do STJ.

→ v. Arts. 1.043 e 1044 do CPC.

Enunciados administrativos aprovados pelo STJ em 2 e 9 de março de 2016

Enunciado administrativo n. 1

O Plenário do STJ, em sessão administrativa em que se interpretou o art. 1.045 do novo Código de Processo Civil, decidiu, por unanimidade, que o Código de Processo Civil aprovado pela Lei n. 13.105/2015, entrará em vigor no dia 18 de março de 2016.

Enunciado administrativo n. 2

Aos recursos interpostos com fundamento no CPC/1973 (relativos a decisões publicadas até 17 de março de 2016) devem ser exigidos os requisitos de admissibilidade na forma nele prevista, com as interpretações dadas, até então, pela jurisprudência do Superior Tribunal de Justiça.

Enunciado administrativo n. 3

Aos recursos interpostos com fundamento no CPC/2015 (relativos a decisões publicadas a partir de 18 de março de 2016) serão exigidos os requisitos de admissibilidade recursal na forma do novo CPC

Enunciado administrativo n. 4

Nos feitos de competência civil originária e recursal do STJ, os atos processuais que vierem a ser praticados por julgadores, partes, Ministério Público, procuradores, serventuários e auxiliares da Justiça a partir de 18 de março de 2016, deverão observar os novos procedimentos trazidos pelo CPC/2015, sem prejuízo do disposto em legislação processual especial.

Enunciado administrativo n. 5

Nos recursos tempestivos interpostos com fundamento no CPC/1973 (relativos a decisões publicadas até 17 de março de 2016), não caberá a abertura de prazo prevista no art. 932, parágrafo único, c/c o art. 1.029, § 3º, do novo CPC.

Enunciado administrativo n. 6

Nos recursos tempestivos interpostos com fundamento no CPC/2015 (relativos a decisões publicadas a partir de 18 de março de 2016), somente será concedido o prazo previsto no art. 932, parágrafo único, c/c o art. 1.029, § 3º, do novo CPC para que a parte sane vício estritamente formal.

Enunciado administrativo n. 7

Somente nos recursos interpostos contra decisão publicada a partir de 18 de março de 2016, será possível o arbitramento de honorários sucumbenciais recursais, na forma do art. 85, § 11, do novo CPC.

Pedido de reconsideração não é recurso, mas pode ser recebido como agravo interno se preenchidos determinados requisitos

✓ PROCESSUAL CIVIL. PEDIDO DE RECONSIDERAÇÃO EM PETIÇÃO. RECEBIMENTO COMO AGRAVO INTERNO. PRETENSÃO DE EFEITO SUSPENSIVO A RECURSO ESPECIAL PENDENTE, À ÉPOCA, DE ADMISSIBILIDADE PELO TRIBUNAL DE ORIGEM. RECURSO ESPECIAL POSTERIORMENTE INADMITIDO. ARESP 1.485.761/SC QUE, NO STJ, NÃO FOI CONHECIDO. TRÂNSITO EM JULGADO. SUPERVENIENTE PERDA DO OBJETO. AGRAVO INTERNO PREJUDICADO. I. Pedido de Reconsideração de decisão que não conheceu do pedido de concessão de efeito suspensivo ativo a Recuso Especial, pendente de admissibilidade, na época, pelo Tribunal de Justiça do Estado de Santa Catarina. II. É pacífica a jurisprudência do Superior Tribunal de Justiça no sentido de que "o pedido de reconsideração pode ser recebido como agravo regimental quando: a) atender aos requisitos mínimos para aquele exigível; b) for apresentado tempestivamente; e c) não representar erro grosseiro ou má-fé do recorrente" (STJ, RCD no ARE no RE no AgRg no AREsp 729.803/PR, Rel. Ministro Humberto Martins, Corte Especial, DJe de 14/10/2016). Pedido de reconsideração recebido como Agravo interno. III. Nesta Corte, o AREsp 1.485.761/SC, interposto contra decisão que, na origem, inadmitira o processamento do Recurso Especial ao qual se pretendia atribuir efeito suspensivo, não foi conhecido, com trânsito em julgado. IV. No caso, "tendo em vista o superveniente julgamento do agravo em recurso especial ao qual se pretendia conferir efeito suspensivo, deve ser reconhecida a perda de objeto do pedido de tutela provisória" (STJ, AgInt no TP 304/RJ, Rel. Ministro Og Fernandes, Segunda Turma, DJe de 23/06/2017). Nesse mesmo sentido: STJ, AgRg no TP 91/SP, Rel. Ministra Maria Thereza De Assis Moura, Sexta Turma, DJe de 11/05/2017. V. Agravo interno prejudicado. (STJ, RCD na PET na Pet 12.412/SC, Rel. Min. Assusete Magalhães, Segunda Turma, julgado em 21/09/2020, DJe 25/09/2020)

Art. 995. Os recursos não impedem a eficácia da decisão, salvo disposição legal ou decisão judicial em sentido diverso.

→ v. art. 1.012 do CPC

A regra é a ausência de efeito suspensivo nos recursos

✓ EMBARGOS DE DECLARAÇÃO - AUSÊNCIA DE OMISSÃO, CONTRADIÇÃO, OBSCURIDADE OU ERRO MATERIAL - MERO INCONFORMISMO - NECESSIDADE DE OCORRÊNCIA DE UMA DAS HIPÓTESES DO ART. 1.022 DO CPC - INTERPOSIÇÃO DE RECURSO ESPECIAL E EXTRAORDINÁRIO - INADMISSÃO - EFEITO DEVOLUTIVO - ACLARATÓRIOS REJEITADOS. - A oposição dos embargos, ainda que para fins de prequestionamento, pressupõe a existência de obscuridade, contradição, omissão ou erro material no julgado, nos termos do art. 1.022 do Código de Processo Civil/2015. - O fato de o recorrente não concordar com a decisão impugnada não enseja a interposição de Embargos Declaratórios, cabendo à parte interessada utilizar-se dos meios próprios para alcançar a sua pretensão de reforma do julgado. - Na legislação processual vigente, assim como na anterior, o art.995 do Código de Processo Civil dispõe que os recursos não obstam a eficácia da decisão recorrida, motivo pelo qual ausente a prova do deferimento do efeito suspensivo aos recursos especial e extraordinário interpostos, nos termos do art. 1.029, § 5º, do CPC/15, incabível o sobrestamento da decisão que indeferiu o pedido de assistência judiciária e determinou o recolhimento do preparo na instância revisora. (TJMG, ED 1.0620.11.000623-1/002, Rel. Des. Amorim Siqueira, 9ª Câmara Cível, julgado em 09/07/2019, DJ 26/07/2019).

Parágrafo único. A eficácia da decisão recorrida poderá ser suspensa por decisão do relator, se da imediata produção de seus efeitos houver risco de dano grave, de difícil ou impossível reparação, e ficar demonstrada a probabilidade de provimento do recurso.

Requisitos para a concessão do efeito suspensivo

✓ "De acordo com o art. 995, parágrafo único, do Código de Processo Civil de 2015, em caso de recurso que seja dotado de efeito suspensivo, a eficácia da decisão recorrida poderá ser suspensa por decisão do relator, se da imediata produção de seus efeitos houver risco de dano grave, de difícil ou impossível reparação, e ficar demonstrada a probabilidade de provimento do recurso. 3. Como se pode notar, para a excepcional concessão do efeito suspensivo, há de se exigir a presença cumulada dos dois requisitos legais, quais sejam a possibilidade de risco de dano grave, de difícil ou impossível reparação e a probabilidade de provimento do recurso..." (STJ, TP 1.693/RJ, Rel. Min. Herman Benjamin, Segunda Turma, julgado em 13/08/2019, DJe 11/10/2019).

Possibilidade de, excepcionalmente, conferir efeito suspensivo ao agravo interno

✓ "É possível a excepcional atribuição de efeito suspensivo ao agravo interno, hipótese não ocorrente no caso, tendo em vista que não foi demonstrada nos autos a efetiva necessidade desse excepcional efeito, nos termos do art. 995, parágrafo único, c/c art. 1.008 do NCPC." (STJ, AgInt no AREsp 1520094/PB, Rel. Min. Moura Ribeiro, Terceira Turma, julgado em 21/09/2020, DJe 24/09/2020)

Art. 996. O recurso pode ser interposto pela parte vencida, pelo terceiro prejudicado e pelo Minístério Público, como parte ou como fiscal da ordem jurídica.

→ v. Súmulas 99, 202 e 226 do STJ.

O terceiro pode impetrar mandado de segurança contra ato judicial se não teve condições de tomar ciência da decisão que lhe prejudicou, ficando impossibilitado de se utilizar do recurso cabível

✓ PROCESSUAL CIVIL. MANDADO DE SEGURANÇA. DECISÃO JUDICIAL. TERCEIRO INTERESSADO. INTERPOSIÇÃO DE RECURSO. WRIT. DESCABIMENTO. 1. A impetração de mandado de segurança contra decisão judicial somente é admitida nos casos de manifesta ilegalidade ou abuso de poder. Precedentes. 2. De acordo com a Súmula 202 desta Corte, "a impetração de segurança por terceiro, contra ato judicial, não se condiciona à interposição de recurso". 3. A incidência desse verbete contempla "tão somente aquele que não teve condições de tomar ciência da decisão que lhe prejudicou, ficando impossibilitado de se utilizar do recurso cabível" (RMS 42.593/RJ, Rel. Ministro João Otávio de Noronha, Terceira Turma, julgado em 08/10/2013, DJe 11/10/2013), pois a condição de terceiro pressupõe o desconhecimento e ausência de manifestação no processo (RMS 34.055/SP, Rel. Ministro Mauro Campbell Marques, Segunda Turma, julgado em 24/05/2011, DJe 31/05/2011). 4. Hipótese em que o impetrante teve ciência da decisão proferida em sede de medida cautelar que lhe foi desfavorável, inclusive interpondo agravo regimental, conforme consignado no acórdão recorrido, inviabilizando a impetração do writ. 5. Recurso ordinário desprovido. (STJ, RMS 51.532/CE, Rel. Ministro Napoleão Nunes Maia Filho, Rel. p/ Acórdão Ministro Gurgel de Faria, Primeira Turma, julgado em 04/08/2020, DJe 19/08/2020)

Não cabe recurso por quem não seja parte ou terceiro

✓ PROCESSUAL CIVIL. EMBARGOS DE DECLARAÇÃO NO RECURSO ESPECIAL. TERCEIRO INTERESSADO. AUSÊNCIA DE INTERESSE JURÍDICO. INADMISSIBILIDADE. EMBARGOS NÃO CONHECIDOS. 1. A legitimidade para recorrer constitui requisito de admissibilidade dos recursos, razão pela qual não se revelam cognoscíveis os embargos de declaração opostos por quem não seja parte vencida, nem demonstre sua condição de terceiro prejudicado, à luz do disposto no art. 996 do CPC/2015. 2. Embargos de declaração não conhecidos. (STJ, EDcl no REsp 1800032/MT, Rel. Ministro Raul Araújo, Quarta Turma, julgado em 23/06/2020, DJe 30/06/2020).

Parágrafo único. Cumpre ao terceiro demonstrar a possibilidade de a decisão sobre a relação jurídica submetida à apreciação judicial atingir direito de que se afirme titular ou que possa discutir em juízo como substituto processual.

Compete ao terceiro prejudicado demonstrar e provar o seu interesse

✓ "APELAÇÃO CÍVEL - AÇÃO DE REINTEGRAÇÃO DE POSSE - SENTENÇA HOMOLOGATÓRIA DE ACORDO - TERCEIRO PREJUDICADO - ART. 996 DO CPC - NÃO DEMONSTRADO - INTERESSE JURÍDICO - AUSÊNCIA - RECURSO NÃO CONHECIDO. -Nos termos do art. 996 § único do CPC, cumpre ao terceiro demonstrar a possibilidade de a decisão sobre a relação jurídica submetida à apreciação judicial atingir direito de que se afirme titular ou que possa discutir em juízo como substituto processual. -Demonstrado que o acordo firmado entre as partes e homologado nesta ação possessória, com o propósito único de regularização fundiária, não atinge o direito dos terceiros, ora apelantes, resta patente sua ilegitimidade recursal, a teor do art. 996, § único do CPC e, por conseguinte, não deve ser conhecido o recurso, nos termos do art. 932, III, do mesmo diploma legal. (TJMG, AC 1.0024.13.304260-6, Rel. Des. Yeda Athias, 6ª Câmara Cível, julgado em 06/10/0020, DJe 16/10/2020)

Art. 997. Cada parte interporá o recurso independentemente, no prazo e com observância das exigências legais.

§ 1º Sendo vencidos autor e réu, ao recurso interposto por qualquer deles poderá aderir o outro.

O recurso adesivo é forma de interposição e não uma espécie de recurso

✓ RECURSO ESPECIAL. PROCESSUAL CIVIL. RECURSO ADESIVO. REQUISITOS DE ADMISSIBILIDADE. 1. Controvérsia em torno da necessidade de a matéria devolvida no recurso adesivamente interposto guardar relação com a matéria discutida no recurso principal. 2. O recurso adesivo não constitui modalidade recursal diversa daquela a que adere, tendo apenas uma forma de interposição diferente daquela ordinariamente utilizada quanto ao recurso principal (recurso-tipo). 3. A irresignação é manejada fora do seu prazo normal, aproveitando o prazo para contrarrazões em relação ao recurso interposto pela parte adversa. 4. Não decorria do Código de Processo Civil de 1973 (art. 500), nem decorre do atual estatuto processual (art. 997), interpretação que corrobore estar dentro dos requisitos de admissibilidade do recurso adesivo a existência de subordinação à matéria devolvida no recurso principal. 5. Não há restrição em relação ao conteúdo da irresignação manejada na via adesiva, podendo o recorrente suscitar tudo o que arguiria acaso tivesse interposto o recurso de apelação, o recurso especial ou o recurso extraordinário na via normal. 6. A subordinação legalmente prevista é apenas formal, estando adstrita à admissibilidade do recurso principal. 7. Recurso Especial provido. (STJ, REsp 1675996/SP, Rel. Min. Paulo de Tarso Sanseverino, Terceira Turma, julgado em 27/08/2019, DJe 03/09/2019)

O recurso adesivo está subordinado a ocorrência de sucumbência parcial ou recíproca

✓ AGRAVO REGIMENTAL NO AGRAVO EM RECURSO ESPECIAL. EMBARGOS À EXECUÇÃO. VIOLAÇÃO DO ART. 535 DO CPC/1973. INEXISTÊNCIA. RECURSO ADESIVO. SUCUMBÊNCIA RECÍPROCA. OCORRÊNCIA. LITIGÂNCIA DE MÁ-FÉ. SÚMULA Nº 7 DO SUPERIOR TRIBUNAL DE JUSTIÇA. 1. Não há falar em negativa de prestação jurisdicional se o tribunal de origem motiva adequadamente sua decisão, solucionando a controvérsia com a aplicação do direito que entende cabível à hipótese, apenas não no sentido pretendido pela parte. 2. Havendo sucumbência recíproca, é cabível a interposição de recurso adesivo. 3. A reapreciação da conclusão do aresto impugnado acerca da existência de litigância de má-fé encontra óbice, no caso concreto, na Súmula nº 7 do Superior Tribunal de Justiça. 4. Agravo regimental não provido. (STJ, AgRg no AREsp 593.154/SP, Rel. Ministro Ricardo Villas Bôas Cueva, Terceira Turma, julgado em 07/06/2016, DJe 20/06/2016). "O recurso adesivo somente será admitido quando caracterizada a sucumbência recíproca entre a parte que recorreu e a parte que interpôs o recurso adesivamente, o que na espécie não ocorreu." (AgInt no AREsp 1471516/PR, Rel. Ministro Luis Felipe Salomão, Quarta Turma, julgado em 29/10/2019, DJe 05/11/2019).

O recurso adesivo não fica limitado à matéria tratada no recurso principal, podendo impugnar capítulo diverso da decisão

✓ AGRAVO INTERNO NOS EMBARGOS DE DECLARAÇÃO NO AGRAVO EM RECURSO ESPECIAL – AÇÃO CONDENATÓRIA – DECISÃO MONOCRÁTICA QUE CONHECEU DO AGRAVO E PROVEU PARCIALMENTE O RECURSO ESPECIAL DA DEMANDADA DETERMINANDO O RETORNO DOS AUTOS AO TRIBUNAL DE ORIGEM PARA O EXAME DO RECURSO ADESIVO DA PARTE ORA AGRAVADA. INSURGÊNCIA RECURSAL DOS AUTORES. 1. Nos termos da jurisprudência desta Corte, o recurso adesivo não fica limitado à matéria tratada no recurso principal, podendo impugnar capítulo diverso da decisão, pois "[a] 'sucumbência recíproca' há de caracterizar-se à luz do teor do julgamento considerado em seu conjunto; não exclui a incidência do art. 500 o fato de haver cada uma das partes obtido vitória total neste ou naquele capítulo" (REsp 1109249/RJ, Rel. Ministro Luis Felipe Salomão, QUARTA TURMA, julgado em 07/03/2013, DJe 19/03/2013). Precedentes. 2. Agravo interno desprovido. (STJ, AgInt nos EDcl no AREsp 486.612/RS, Rel. Ministro Marco Buzzi, Quarta Turma, julgado em 27/05/2019, DJe 30/05/2019)

É possível a interposição de recurso adesivo voltado apenas para majorar a verba de honorários advocatícios

✓ "A jurisprudência do STJ está consolidada no sentido da possibilidade de manejar Recurso Adesivo em Apelação na hipótese em que se pretende apenas a majoração da verba honorária estipulada em sentença..." (STJ, AgInt no REsp 1710637/GO, Rel. Ministro Herman Benjamin, Segunda Turma, julgado em 22/05/2018, DJe 23/11/2018)

O recurso adesivo pode ser interposto pelo autor da demanda indenizatória, julgada procedente, quando arbitrado, a título de danos morais, valor inferior ao pretendido (Tema 459, STJ)

✓ RECURSO ESPECIAL REPRESENTATIVO DA CONTROVÉRSIA – AÇÃO DE INDENIZAÇÃO POR DANO MORAL MOVIDA CONTRA O AUTOR DE INJUSTA AGRESSÃO FÍSICA OCORRIDA EM BOATE – ACÓRDÃO ESTADUAL DANDO PROVIMENTO À APELAÇÃO ADESIVA DO AUTOR, A FIM DE MAJORAR A QUANTIA INDENIZATÓRIA FIXADA NA SENTENÇA DE PROCEDÊNCIA. INSURGÊNCIA DO RÉU. Hipótese em que julgada procedente a pretensão indenizatória deduzida pela vítima contra o autor de agressão física ocorrida em casa de diversões noturna, fixado o valor de R$ 4.000,00 (quatro mil reais) a título de indenização por danos morais (quantia inferior à pleiteada na inicial). Apelação da parte ré, na qual alega não configurado o dano moral e, subsidiariamente, pugna pela redução do quantum indenizatório arbitrado na sentença. Recurso adesivo interposto pelo autor, voltado à majoração da retrocitada quantia. Tribunal estadual que não provê o recurso do réu e acolhe parcialmente a insurgência adesiva, de modo a majorar a indenização para R$ 18.000,00 (dezoito mil reais). 1. Para fins do artigo 543-C do CPC: O recurso adesivo pode ser interposto pelo autor da demanda indenizatória, julgada procedente, quando arbitrado, a título de danos morais, valor inferior ao que era almejado, uma vez configurado o interesse recursal do demandante em ver majorada a condenação, hipótese caracterizadora de sucumbência material. 2. Ausência de conflito com a Súmula 326/STJ, a qual se adstringe à sucumbência ensejadora da responsabilidade pelo pagamento das despesas processuais e honorários advocatícios. 3. Questão remanescente: Pedido de redução do valor fixado a título de indenização por danos morais. Consoante cediço no STJ, o quantum indenizatório, estabelecido pelas instâncias ordinárias para reparação do dano moral, pode ser revisto tão somente nas hipóteses em que a condenação se revelar irrisória ou exorbitante, distanciando-se dos padrões de razoabilidade, o que não se evidencia no presente caso, no qual arbitrado o valor de R$ 18.000,00 (dezoito mil reais), em razão da injusta agressão física sofrida pelo autor em casa de diversões noturna. Aplicação da Súmula 7/STJ. 4. Recurso especial parcialmente conhecido e, nessa extensão, desprovido. Acórdão submetido ao rito do artigo 543-C do CPC e da Resolução STJ 8/2008. (STJ, REsp 1102479/RJ, Rel. Ministro Marco Buzzi, Corte Especial, julgado em 04/03/2015, DJe 25/05/2015)

É cabível a interposição de recurso adesivo se sucumbência recíproca for verificada no julgamento conjunto da ação e da reconvenção

✓ AGRAVO INTERNO NO AGRAVO NO RECURSO ESPECIAL. PROCESSUAL CIVIL. AÇÃO E RECONVENÇÃO. JULGAMENTO EM CONJUNTO. SUCUMBÊNCIA RECÍPROCA. CABIMENTO DE RECURSO ADESIVO. AGRAVO IMPROVIDO. 1. É cabível a interposição de recurso adesivo, nos termos do art. 500 do Código de Processo Civil de 1973, se sucumbência recíproca for verificada no julgamento conjunto da ação e da reconvenção. Nesse sentido: REsp 1.109.249/RJ, Rel. Min. Luis Felipe Salomão, Quarta Turma, DJe de 19/3/2013. 2. No caso, o recorrente foi vencido na ação principal e vencedor na reconvenção, ambas julgadas na mesma sentença; mostra-se, então, cabível a interposição de apelação adesiva. 3. Agravo interno improvido. (STJ, AgInt no AREsp 706.768/RS, Rel. Ministro Raul Araújo, Quarta Turma, julgado em 22/08/2017, DJe 14/09/2017)

A interposição de recurso adesivo exige a sucumbência material e formal

✓ AGRAVO REGIMENTAL NO AGRAVO (ART. 544 DO CPC/73) – AÇÃO REVISIONAL DE CONTRATO BANCÁRIO – DECISÃO MONOCRÁTICA QUE DEU PROVIMENTO AO RECURSO DA PARTE ADVERSA. INSURGÊNCIA DO REQUERIDO. 1. Nos termos do artigo 500 do CPC/1973, é requisito para o cabimento do recurso adesivo a sucumbência recíproca, entendida como a existência de interesse das partes em obter a reforma da decisão impugnada, ou seja, a existência de sucumbência material, não apenas formal. Precedente da Corte Especial. 2. Consoante a jurisprudência deste Tribunal, tem interesse em recorrer a parte que busca majoração dos honorários advocatícios. 3. No caso em tela, a casa bancária interpôs, em face da sentença de improcedência do pedido autoral, recurso de apelação buscando a majoração da verba honorária, ao que se seguiu apelo adesivo dos autores.

Uma vez conhecido o recurso principal, impõe-se o conhecimento do adesivo. Precedente. 4. Agravo regimental desprovido. (STJ, AgRg no AREsp 364.820/DF, Rel. Ministro Marco Buzzi, Quarta Turma, julgado em 27/02/2018, DJe 02/03/2018)

§ 2º O recurso adesivo fica subordinado ao recurso independente, sendo-lhe aplicáveis as mesmas regras deste quanto aos requisitos de admissibilidade e julgamento no tribunal, salvo disposição legal diversa, observado, ainda, o seguinte:

I – será dirigido ao órgão perante o qual o recurso independente fora interposto, no prazo de que a parte dispõe para responder;

O prazo para interposição do adesivo é o das contrarrazões do recurso principal

✓ AGRAVO REGIMENTAL NO AGRAVO EM RECURSO ESPECIAL. TEMPESTIVIDADE DO RECURSO ADESIVO. PRAZO DAS CONTRARRAZÕES. NÃO IMPUGNAÇÃO ESPECÍFICA DOS FUNDAMENTOS DA DECISÃO AGRAVADA. SÚMULA N. 182/STJ. 1. O recurso especial adesivo deve ser interposto no prazo das contrarrazões. 2. "É inviável o agravo do art. 544 do CPC que deixa de atacar especificamente os fundamentos da decisão agravada" (Súmula n. 182 do STJ). 3. Agravo regimental desprovido. (STJ, AgRg no AREsp 703.471/SC, Rel. Ministro João Otávio de Noronha, Terceira Turma, julgado em 17/03/2016, DJe 28/03/2016).

Não é necessário que o recurso adesivo seja apresentado simultaneamente com as contrarrazões, é suficiente que se respeite o prazo que a parte tem para responder ao recurso principal

✓ PROCESSUAL CIVIL E ADMINISTRATIVO. RECURSO ESPECIAL. AÇÃO DE INDENIZAÇÃO POR DANOS MATERIAIS E MORAIS. INEXISTÊNCIA DE VIOLAÇÃO DO ART. 535 DO CPC/1973. ADMISSIBILIDADE DO RECURSO DE APELAÇÃO INTERPOSTO NA FORMA ADESIVA. APELO MANEJADO APÓS AS CONTRARRAZÕES, MAS AINDA DENTRO DO PRAZO DE RESPOSTA, CONFORME SE COLHE DO ACÓRDÃO RECORRIDO. O ART. 500, I DO CPC/1973 NÃO EXIGE QUE AS CONTRARRAZÕES E O RECURSO ADESIVO SEJAM APRESENTADOS SIMULTANEAMENTE, BASTANDO QUE SEJA RESPEITADO O PRAZO PARA RESPONDER AO RECURSO PRINCIPAL. INOCORRÊNCIA DE PRECLUSÃO. INVIABILIDADE DE CRIAR REQUISITO FORMALISTA E NÃO PREVISO EM LEI AO CONHECIMENTO DO APELO ADESIVO. INEXISTÊNCIA, OUTROSSIM, DE QUALQUER PREJUÍZO À MARCHA PROCESSUAL. RECURSO ESPECIAL DO ENTE ESTADUAL A QUE SE NEGA PROVIMENTO. (...). 3. A controvérsia ora apresentada para julgamento pauta-se na exegese do art. 500, I do CPC/1973, a fim de definir se o Recurso Adesivo deve, necessariamente, ser interposto em conjunto com a apresentação das contrarrazões, sob pena de preclusão; ou se, ao revés, é possível a interposição do Recurso em momento posterior, desde que respeitado o prazo para contrarrazoar. 4. Como se colhe do acórdão recorrido, o Apelo Adesivo foi protocolizado depois das contrarrazões, porém dentro do prazo de 15 dias de que a parte tem para responder ao recurso principal, aliás, como foi certificado nos autos (fls. 287). 5. O art. 500, I do CPC/1973 não exigiu que as contrarrazões e o Recurso Adesivo fossem apresentados conjuntamente, sob pena de não conhecimento deste último. Reforça este argumento a constatação de que, quando a antiga Codificação Processual quis obrigar o manejo conjunto de mais de um tipo de peça impugnativa, assim o fez de forma expressa. É o caso do art. 299 do CPC/1973, segundo o qual a contestação e a reconvenção serão oferecidas simultaneamente. 6. Não se pode falar, também, em preclusão consumativa, como pretende a parte recorrente. Ao contrarrazoar a Apelação principal, a parte recorrida simplesmente exerce a prerrogativa processual de defender o capítulo da sentença em que não foi sucumbente, visando à sua manutenção. Quando interpõe Recurso Adesivo, por outro lado, a parte assume postura processual distinta, pois passa, agora, a buscar a modificação do capítulo decisório em que sucumbiu, visando a que lhe seja atribuído o bem da vida denegado pela decisão atacada. 7. Inexiste, pois, qualquer relação de dependência ou condicionamento recíprocos entre uma postura (contrarrazoar) e outra (recorrer adesivamente), tampouco incompatibilidade lógica na sua prática em momentos distintos. O único elemento em comum entre os dois comportamentos processuais é, em verdade, o prazo a que se refere o art. 500, I do CPC/1973. 8. Ao se admitir a interposição do Apelo Adesivo após a apresentação de contrarrazões – desde que respeitado o prazo destas -, também não há qualquer prejuízo à marcha processual, ao efetivo contraditório e à compreensão das teses em debate. Isso porque a parte oposta terá a oportunidade de manifestar-se sobre o novo Recurso, tempestivamente interposto, sem qualquer restrição cognitiva. 9. Forte nestas considerações, compreende-se que o art. 500, I do CPC/1973 não determina a apresentação simultânea das contrarrazões e do Recurso Adesivo, sendo suficiente que este respeite o prazo para protocolo daquelas. 10. Recurso Especial do Ente Estadual a que se nega provimento. (STJ, REsp 1620762/MT, Rel. Ministro Napoleão Nunes Maia Filho, Primeira Turma, julgado em 22/10/2019, DJe 20/11/2019)

É tempestivo o recurso adesivo interposto antes de ser a parte formalmente intimada para apresentar contrarrazões, desde que o faça até o fim do prazo de resposta, ao recurso principal

✓ AGRAVO INTERNO NO AGRAVO EM RECURSO ESPECIAL. AÇÃO DE RESCISÃO CONTRATUAL. AÇÃO DE DESPEJO. EXECUÇÃO DE TÍTULO EXTRAJUDICIAL. EMBARGOS À EXECUÇÃO. SENTENÇA ÚNICA. NEGATIVA DE PRESTAÇÃO JURISDICIONAL. NÃO OCORRÊNCIA. CONTRADITÓRIO. OBSERVÂNCIA. NULIDADE. AFASTAMENTO. RECURSO ADESIVO. TEMPESTIVIDADE. NOTA PROMISSÓRIA. AUSÊNCIA DE CIRCULAÇÃO. VINCULAÇÃO AO NEGÓCIO ORIGINÁRIO. 1. Não há falar em negativa de prestação jurisdicional, tampouco em fundamentação deficiente, se o tribunal de origem motiva adequadamente sua decisão, solucionando a controvérsia com a aplicação do direito que entende cabível à hipótese, apenas não no sentido pretendido pela parte. 2. A assertiva constante do acórdão recorrido, de que houve a devida intimação da parte adversa para apresentação de contrarrazões ao recurso adesivo, não poderia ser desconstituída nesta via recursal em virtude do óbice da Súmula nº 7/STJ. Constatação, ademais, da prática efetiva do ato de intimação. 3. É tempestivo o recurso adesivo interposto antes de ser a parte formalmente intimada para apresentar contrarrazões, desde que o faça até o fim do prazo de resposta, ao apelo principal. 4. A ausência de prequestionamento da matéria suscitada no recurso especial impede o conhecimento do apelo nobre (Súmula nº 211/STJ). 5. Ausente a circulação do título de crédito emitido como garantia de dívida, não há desvinculação do negócio jurídico originário, de maneira que, havendo a rescisão do contrato de compra e venda garantido por notas promissórias, afetada estará a exigibilidade desses títulos. 6. Agravo interno não provido. (STJ, AgInt no AREsp 839.787/RS, Rel. Ministro Ricardo Villas Bôas Cueva, Terceira Turma, julgado em 16/02/2017, DJe 23/02/2017)

II – será admissível na apelação, no recurso extraordinário e no recurso especial;

→ *v.* Enunciado 88 do FONAJE (Fórum Nacional dos Juizados Especiais): não cabe recurso adesivo em sede de Juizado Especial, por falta de expressa previsão legal

III – não será conhecido, se houver desistência do recurso principal ou se for ele considerado inadmissível.

O rol do art. 997, II, do CPC é taxativo (não é cabível recurso adesivo em agravo de instrumento)

✓ DIREITO CIVIL E PROCESSUAL CIVIL. AGRAVO INTERNO. AGRAVO EM RECURSO ESPECIAL. JULGAMENTO MONOCRÁTICO. JURISPRUDÊNCIA DOMINANTE DO STJ. POSSIBILIDADE. AGRAVO DE INSTRUMENTO ADESIVO. NÃO CABIMENTO. ART. 500, II, DO CPC/73. ROL TAXATIVO. 1. Impugnação de crédito em recuperação judicial. 2. Nos termos do art. 253, parágrafo único, II, "a" e "b", do RISTJ e da Súmula 568 do STJ, mesmo após o advento do CPC/15, é possível o julgamento monocrático do recurso especial para dar-lhe ou negar-lhe provimento com base em jurisprudência dominante do STJ. 3. É incabível recurso adesivo em agravo de instrumento, pois o rol do art. 500, II, do CPC/73 é taxativo. Precedentes. 4. Agravo interno não provido. (STJ, AgInt no AREsp 1103878/MG, Rel. Ministra Nancy Andrighi, Terceira Turma, julgado em 12/08/2019, DJe 14/08/2019)

O não conhecimento do recurso principal torna prejudicado o recurso adesivo

✓ ADMINISTRATIVO. PROCESSUAL CIVIL. RECURSO PRINCIPAL. NEGATIVA DE SEGUIMENTO. RECURSO ADESIVO. PREJUDICIALIDADE. ART. 997, § 2º, III, DO CPC/2015. 1. "O recurso adesivo está subordinado ao recurso principal, assim, negado seguimento ao recurso especial principal, decisão da qual não se recorreu, inadmissível a pretensão de se determinar o prosseguimento do recurso especial adesivo independentemente do recurso especial principal" (AgRg no Ag 1.367.835/SP, Rel. Ministra Nancy Andrighi, Terceira Turma, julgado em 12/04/2011, DJe 18/04/2011). 2. O não conhecimento do agravo em recurso especial principal torna prejudicado o recurso adesivo e seu respectivo agravo, nos termos do art. 997, § 2º, III, do CPC/2015. 3. Agravo interno não provido. (STJ, AgInt no AREsp 593.993/DF, Rel. Min. Sérgio Kukina, Primeira Turma, julgado em 10/06/2019, DJe 12/06/2019).

Caso o recurso principal seja julgado sem adentrar no seu mérito, o adesivo fica prejudicado

✓ AGRAVO INTERNO. AGRAVO EM RECURSO ESPECIAL. RECURSOS ESPECIAIS PRINCIPAL E ADESIVO. FALÊNCIA. AÇÃO DE RESTITUIÇÃO. NÃO PROVIMENTO DO RECURSO PRINCIPAL SEM ANÁLISE DO MÉRITO. RECURSO ADESIVO. NÃO CONHECIMENTO. PREJUDICIALIDADE. FUNDAMENTO NÃO IMPUGNADO. ARTIGO 1.021, § 1º, DO CPC/2015. SÚMULA 182/STJ. 1. Interposto recurso especial principal e adesivo, e decidido o primeiro sem ingresso no mérito, fica prejudicado o recurso adesivo. Precedentes. 2. Nos termos do art. 1021, § 1º, do Código de Processo Civil/2015 e da Súmula 182/STJ, é inviável o agravo interno que deixa de atacar especificamente todos os fundamentos da decisão agravada. 3. Agravo interno a que se nega provimento. (STJ, AgInt no REsp 1418786/RJ, Rel. Min. Maria Isabel Gallotti, Quarta Turma, julgado em 04/05/2020, DJe 06/05/2020)

A desistência do recurso principal gera perda de objeto do recurso adesivo

✓ AGRAVO INTERNO. DESISTÊNCIA DO RECURSO PRINCIPAL. HOMOLOGAÇÃO. PERDA DO OBJETO DO RECURSO ADESIVO. MÁ-FÉ PROCESSUAL. NÃO OCORRÊNCIA. 1. Agravo interno contra decisão que homologou o pedido de desistência do recurso especial formulado pelo Distrito Federal e, na sequência, não conheceu do recurso especial adesivo. 2. A lei faculta ao recorrente desistir do recurso, independentemente da anuência da parte contrária. Isso ocorrendo, fica sem objeto o recurso adesivo. Dicção dos arts. 997 e 998 do CPC/2015. 3. A configuração de má-fé processual da parte que desistiu do recurso principal não se presume; depende de prova inequívoca, que inexiste. 4. Agravo interno a que se nega provimento. (STJ, AgInt na DESIS no REsp 1494486/DF, Rel. Min. Og Fernandes, Segunda Turma, julgado em 21/02/2017, DJe 02/03/2017).

Apelação interposta intempestivamente não pode ser recebida como recurso adesivo

✓ PREVIDENCIÁRIO E PROCESSO CIVIL. INTERPOSIÇÃO INTEMPESTIVA DE APELAÇÃO. RECEBIMENTO COMO RECURSO ADESIVO. PRINCÍPIO DA FUNGIBILIDADE. INAPLICABILIDADE. 1. Conforme entendimento firmado neste Tribunal, na hipótese de interposição de recurso nominado pela parte como apelação, com fundamento no art. 1009 do CPC, não há falar em afastamento de intempestividade para fins de recebimento de recurso principal como adesivo. Da mesma forma, não se revela possível a aplicação do princípio da fungibilidade recursal, por se tratar de erro grosseiro. 2. Agravo interno improvido. (STJ, AgInt no AREsp 1609677/SP, Rel. Ministro Sérgio Kukina, Primeira Turma, julgado em 31/08/2020, DJe 04/09/2020).

Art. 998. O recorrente poderá, a qualquer tempo, sem a anuência do recorrido ou dos litisconsortes, desistir do recurso.

Apresentado pedido de desistência do recurso, deve ser homologado independentemente da anuência do recorrido

✓ PROCESSUAL CIVIL. DESISTÊNCIA NOS EMBARGOS DE DECLARAÇÃO NO AGRAVO INTERNO NO RECURSO ESPECIAL. HOMOLOGAÇÃO. 1. É faculdade do recorrente, nos termos do art. 998 do CPC/2015, a desistência do recurso, independentemente da anuência do recorrido. 2. Desistência dos embargos de declaração homologada. (STJ, DESIS nos EDcl no AgInt no REsp 1498718/RS, Rel. Ministro Benedito Gonçalves, Primeira Turma, julgado em 26/03/2019, DJe 29/03/2019)

O pedido de desistência exige procuração com poder para essa finalidade

✓ PROCESSUAL CIVIL. PEDIDO DE DESISTÊNCIA. FACULDADE DA PARTE. INDEPENDE DA ANUÊNCIA DA PARTE ADVERSA. I - Trata-se de agravo interno em mandado de segurança preventivo com pedido de liminar impetrado contra ato a ser praticado pelo Ministro de Estado das Relações Exteriores, consubstanciado na publicação da penalidade imposta ao impetrante em consequência das conclusões do Processo Administrativo Disciplinar n. 9030.000008/2017-40. Denegou-se a segurança. Interposto agravo interno, a parte impetrante solicitou a desistência do recurso. Contra esta decisão, interpõe a União agravo interno. II - O art. 998 do CPC/2015 autoriza a parte recorrente a desistir do recurso a qualquer tempo, independentemente da anuência da outra parte. Considerando que há procuração nos autos com poderes para desistir, homologo a desistência do recurso interposto. Nesse sentido: DESIS nos EDcl no AgInt no REsp n. 1.498.718/RS, Rel. Ministro Benedito Gonçalves, Primeira Turma, julgado em 26/3/2019, DJe 29/3/2019. III - Agravo interno improvido. (STJ, AgInt no MS 24.461/DF, Rel. Min. Francisco Falcão, Primeira Seção, julgado em 15/09/2020, DJe 21/09/2020).

O pedido de desistência pode ser formulado mesmo após o início do julgamento

✓ "QUESTÃO DE ORDEM. PEDIDO DE DESISTÊNCIA RECURSAL FORMULADO APÓS O INÍCIO DO JULGAMENTO DO AGRAVO INTERNO. ART. 998 DO CPC/2015. PEDIDO DE DESISTÊNCIA HOMOLOGADO." (DESIS no AREsp 1493182/SP, Rel. Min. Assusete Magalhães, Segunda Turma, julgado em 20/02/2020, DJe 29/09/2020).

ATENÇÃO! O STJ já considerou que a desistência seria uma "faculdade do recorrente, nos termos do art. 998 do CPC/2015" (DESIS nos EDcl no AgInt no REsp 1498718/RS, Rel. Ministro Benedito Gonçalves, Primeira Turma, julgado em 26/03/2019, DJe 29/03/2019). Considerando, assim, que "uma vez formulado, há de ser acolhido o pedido de desistência apresentado." (AgInt no AREsp 1132813/SP, Rel. Min. Gurgel de Faria, Primeira Turma, julgado em 19/06/2018, DJe 09/08/2018). Todavia, a Corte também já negou pedido de desistência realizado após o processo ser incluído em pauta, pois considerou que no caso, i) o pedido não foi fundamento e ii) a orientação daquele processo poderia vir a ser aplicada em outros processos versando sobre idêntica questão de direito. Colhemos trecho desse julgado: "o feito foi incluído em pauta no dia 10.10.2019. Nesse caso, fere o princípio da celeridade processual o pedido de desistência, sem fundamentação, formulado pela parte recorrente após a inclusão do feito em pauta. O pedido de desistência nem sempre impede a análise do recurso pelo órgão julgador, v.g: em processo afetado (art. 998, parágrafo único do CPC/2015); após o julgamento (AgRg na SLS 2.045/PB, Rel. Ministro Francisco Falcão, Corte Especial, julgado em 16/09/2015, DJe 16/10/2015). Ademais, o pedido de desistência não deve servir de empecilho a que o STJ "prossiga na apreciação do mérito recursal, consolidando orientação que possa vir a ser aplicada em outros processos versando sobre idêntica questão de direito" (REsp 1721705/SP, Rel. Ministra Nancy Andrighi, Terceira Turma, julgado em 28/08/2018, DJe 06/09/2018)..." (AgInt no AREsp 1431884/ES, Rel. Min. Francisco Falcão, Segunda Turma, julgado em 05/11/2019, DJe 18/11/2019)

Também nos Juizados Especiais o pedido de desistência não depende da oitiva da parte contrária

✓ RECURSO INOMINADO. PRIMEIRA TURMA RECURSAL DA FAZENDA PÚBLICA. PEDIDO DE DESISTÊNCIA RECURSAL. ART. 998 DO CPC/2015. Considerando o pedido de desistência recursal formulado pela parte autora, impositiva sua homologação nos termos do art. 998 do CPC/2015. HOMOLOGADO O PEDIDO DE DESISTÊNCIA RECURSAL. (Recurso Inominado 71007675671, Turma Recursal da Fazenda Pública do Rio Grande do Sul, Rel. Juíza Maria Beatriz Londero Madeira, julgado em 04/11/2020, DJe 06/11/2020).

Parágrafo único. **A desistência do recurso não impede a análise de questão cuja repercussão geral já tenha sido reconhecida e daquela objeto de julgamento de recursos extraordinários ou especiais repetitivos.**

O pedido de desistência não obsta a fixação de tese se houver reconhecimento de repercussão geral do caso analisado

✓ QUESTÃO DE ORDEM. RECURSO EXTRAORDINÁRIO COM AGRAVO. REPERCUSSÃO GERAL. REAFIRMAÇÃO DE JURISPRUDÊNCIA. DIREITO TRIBUTÁRIO. IMPOSTO SOBRE CIRCULAÇÃO DE MERCADORIAS E SERVIÇOS - ICMS. IMPORTAÇÃO. ART. 155, §2º, IX, "A", DA CONSTITUIÇÃO DA REPÚBLICA. ART. 11, I, "D" E "E", DA LEI COMPLEMENTAR 87/96. AS PECTO PESSOAL DA HIPÓTESE DE INCIDÊNCIA. DESTINATÁRIO LEGAL DA MERCADORIA. DOMICÍLIO. ESTABELECIMENTO. TRANSFERÊNCIA DE DOMÍNIO. IMPORTAÇÃO POR CONTA PRÓPRIA. IMPORTAÇÃO POR CONTA E ORDEM DE TERCEIRO. IMPORTAÇÃO POR CONTA PRÓPRIA, SOB ENCOMENDA. 1. A despeito da eficácia do pedido de renúncia à pretensão do pedido vertido em libelo e respectiva decisão homologatória do juízo, é viável avançar quanto ao mérito da questão constitucional imbuída de repercussão geral. Art. 998, parágrafo único, CPC. Precedentes. 2. É possível a reafirmação de jurisprudência no que diz respeito a questões iterativamente decididas pelo STF, sob o rito da repercussão geral. Precedente: RE-QO 582.650, de relatoria da Ministra Presidente Ellen Gracie, Tribunal Pleno, j. 16.04.2008, DJe 24.10.2008. 3. Fixação da seguinte tese jurídica ao Tema 520 da sistemática da repercussão geral: "O sujeito ativo da obrigação tributária de ICMS incidente sobre mercadoria importada é o Estado-membro no qual está domiciliado ou estabelecido o destinatário legal da operação que deu causa à circulação da mercadoria, com a transferência de domínio." Precedentes. 4. Utilização de técnica de declaração de inconstitucionalidade parcial, sem redução de texto, ao art. 11, I, "d", da Lei Complementar federal 87/96, para fins de afastar o entendimento de que o local da operação ou da prestação, para os efeitos da cobrança do imposto e definição do estabelecimento responsável pelo tributo, é apenas e necessariamente o da entrada física de importado, tendo em conta a juridicidade de circulação ficta de mercadoria emanada de uma operação documental ou simbólica, desde que haja efetivo negócio jurídico. 5. Questão de ordem resolvida com a finalidade de fixar interpretação ao art. 998, parágrafo único, do CPC/15, assim como homologar pedido de renúncia da ação, nos termos do art. 487, III, "c", do mesmo diploma processual, com a reafirmação de jurisprudência em Tema da sistemática da repercussão geral. (STF, ARE 665134 QO/MG, Rel. Min. Edson Fachin, Tribunal Pleno, julgado em 27/04/2020, DJe 15/06/2020)

O art. 998, parágrafo único, do CPC, é aplicável para a hipótese de perda de objeto superveniente ao reconhecimento da repercussão geral

✓ CONSTITUCIONAL E ADMINISTRATIVO. RECURSO EXTRAORDINÁRIO. REPERCUSSÃO GERAL RECONHECIDA. PERDA DE OBJETO. PROSSEGUIMENTO DA ANÁLISE DA QUESTÃO COM RELEVÂNCIA AFIRMADA. SERVIDOR PÚBLICO. REVISÃO GERAL ANUAL. PREVISÃO NA LEI DE DIRETRIZES ORÇAMENTÁRIAS - LDO. AUSÊNCIA DE DOTAÇÃO NA LEI ORÇAMENTÁRIA ANUAL. INVIABILIDADE DE CONCESSÃO DO REAJUSTE. 1. Segundo o § único do art. 998 do Código de Processo Civil de 2015, "a desistência do recurso não impede a análise de questão cuja repercussão geral já tenha sido reconhecida e daquela objeto de julgamento de recursos extraordinários ou especiais repetitivos". 2. A norma se aplica para a hipótese de perda de objeto superveniente ao reconhecimento da repercussão geral. Precedente: ARE 1054490 QO, Relator(a): Min. ROBERTO BARROSO, Tribunal Pleno, DJe 09-03-2018. 3. Segundo dispõe o art. 169, § 1º, da Constituição, para a concessão de vantagens ou aumento de remuneração aos agentes públicos, exige-se o preenchimento de dois requisitos cumulativos: (I) dotação na Lei Orçamentária Anual e (II) autorização na Lei de Diretrizes Orçamentárias. 4. Assim sendo, não há direito à revisão geral anual da remuneração dos servidores públicos, quando se encontra prevista unicamente na Lei de Diretrizes Orçamentárias, pois é necessária, também, a dotação na Lei Orçamentária Anual. 5. Homologado o pedido de extinção do processo com resolução de mérito, com base no art. 487, III, c, do Código de Processo Civil de 2015. 6. Proposta a seguinte tese de repercussão geral: A revisão geral anual da remuneração dos servidores públicos depende, cumulativamente, de dotação na Lei Orçamentária Anual e de previsão na Lei de Diretrizes Orçamentárias. (STF, RE 905357, Rel. Min. Alexandre de Moraes, Tribunal Pleno, julgado em 29/11/2019, DJe 18/12/2019)

Art. 999. A renúncia ao direito de recorrer independe da aceitação da outra parte.

→ v. Art. 200 do CPC.

Não é cabível o recebimento de apelação após expressa renúncia ao direito de recorrer

✓ "Apelação. Consignação em pagamento c.c. rescisão contratual. Apelação recebida após expressa renúncia ao direito de recorrer. Inadmissibilidade. Preclusão lógica. Exegese do art. 999 do CPC. Recurso não conhecido." (TJSP, AC 1002201-27.2013.8.26.0281, Rel. Des, Pedro de Alcântara da Silva Leme Filho, 8ª Câmara de Direito Privado, julgado em 29/06/2016).

Efetivada a renúncia ao direito de recorrer, eventual recurso interposto não será conhecido

✓ APELAÇÕES. INDENIZAÇÃO. DANO MORAL. INSTITUIÇÃO DE ENSINO. QUEDA DE ALUNO. FRATURA DO BRAÇO ESQUERDO. RESPONSABILIDADE CIVIL OBJETIVA. RENÚNCIA AO DIREITO DE RECORRER. FALHA NA PRESTAÇÃO DOS SERVIÇOS. DANO MORAL. VALORAÇÃO. I – A renúncia expressa ao direito de recorrer representa pressuposto negativo de admissibilidade recursal. Arts. 999 e 1.000 do CPC. Não conhecida a apelação interposta pelo autor. II – Comprovada a falha na prestação do serviço e o nexo causal entre essa e a fratura no braço esquerdo da criança, ocasionada por queda sofrida na creche, a instituição de ensino tem responsabilidade objetiva de indenizar os danos morais daí decorrentes. III – A valoração da compensação moral deve observar os princípios da razoabilidade e da proporcionalidade, a gravidade e a repercussão dos fatos, a intensidade e os efeitos da lesão. A sanção, por sua vez, deve observar a finalidade didático-pedagógica, evitar valor excessivo ou ínfimo, e objetivar sempre o desestímulo à conduta lesiva. Mantido o valor fixado pela r. sentença. IV – O litisdenunciado não contestou a pretensão de intervenção de terceiro, portanto, não responde pelo pagamento dos honorários advocatícios, o qual recai apenas sobre o litisdenunciante. V – Apelação do autor não conhecida. Apelação da ré-listisdenunciante conhecida e desprovida. (TJDFT, AC 07224681520188070001, Rel. Des. Vera Andrighi, 6ª Turma Cível, julgado em 08/07/2020, DJ 23/07/2020).

Art. 1.000. A parte que aceitar expressa ou tacitamente a decisão não poderá recorrer.

Parágrafo único. Considera-se aceitação tácita a prática, sem nenhuma reserva, de ato incompatível com a vontade de recorrer.

É incompatível com a vontade de recorrer o pedido de manutenção da decisão monocrática em contrarrazões de agravo interno

✓ PROCESSO CIVIL. AGRAVO INTERNO NO RECURSO ESPECIAL. APRESENTAÇÃO DE IMPUGNAÇÃO AO AGRAVO INTERNO DA OUTRA PARTE REQUERENDO A MANUTENÇÃO DA DECISÃO MONOCRÁTICA. PRÁTICA DE ATO INCOMPATÍVEL COM A VONTADE DE RECORRER. AGRAVO INTERNO DA UNIÃO NÃO CONHECIDO. 1. A teor do art. 1.000 do Código Fux, a parte que aceitar expressa ou tacitamente a decisão não poderá recorrer. 2. Na espécie, em face de decisão monocrática de minha lavra, o Estado de Santa Catarina apresentou Agravo Interno (fls. 275/281), o qual foi impugnado pela UNIÃO, que requereu a manutenção da decisão agravada por ser medida de direito aplicável (fls. 290/292). Ato contínuo, a mesma União interpôs o presente Agravo Interno contra referida decisão monocrática no qual sustenta a incorreção do decisum (fls. 293/299). 3. Configura prática de ato incompatível com a vontade de recorrer o pedido de manutenção da decisão monocrática em contrarrazões de Agravo Interno. 4. Agravo Interno da União não conhecido. (STJ, AgInt no REsp 1551920/SC, Rel. Ministro Napoleão Nunes Maia Filho, Primeira Turma, julgado em 21/09/2020, DJe 24/09/2020)

A parte que efetua o preparo recursal não pode, posteriormente, pretender o não recolhimento

✓ AGRAVO INTERNO. DECISÃO QUE DETERMINA O RECOLHIMENTO DO PREPARO. PRECLUSÃO LÓGICA. A parte que aceitar expressa ou tacitamente a decisão não poderá recorrer, nos termos do art. 1.000, *caput*, do CPC. No caso, a agravante insurge-se contra decisão que determinou o recolhimento do preparo do recurso de apelação, requerendo a isenção do mesmo. Contudo, compulsando os autos, verifico que a agravante efetuou o pagamento das despesas processuais, restando caracterizada a ausência de interesse recursal. Agravo interno não conhecido. (TJRS, Agravo Interno 70083692772, Vigésima Primeira Câmara Cível, Rel. Des. Marco Aurélio Heinz, julgado em 25/05/2020)

A parte que exibe os documentos requeridos pelo autor da ação não pode recorrer alegando ilegitimidade

✓ "Exibição de documentos. Sentença de procedência. Petição da instituição bancária que traz aos autos o contrato objeto do pedido inicial. Interposição de recurso de apelação pelo réu sustentando a sua ilegitimidade para ocupar o polo passivo da demanda. Documento juntado espontaneamente após a prolação da sentença. Ato incompatível com a vontade de recorrer. Falta de interesse recursal. Aquiescência. Preclusão lógica ao aceitar a condenação imposta. Inteligência do art. 1.000, caput e parágrafo único, do CPC. Doutrina. Precedentes desta Corte. Recurso não conhecido." (TJSP, AC 1018316-11.2017.8.26.0564, Rel. Des. Jonize Sacchi de Oliveira, 24ª Câmara de Direito Privado, julgado em 14/09/2018, DJe 14/09/2018).

Art. 1.001. Dos despachos não cabe recurso.

Não cabe recurso em face do ato que determina a inclusão do processo em pauta

✓ PROCESSUAL CIVIL. AGRAVO INTERNO NO AGRAVO INTERNO NO RECURSO ESPECIAL. CÓDIGO DE PROCESSO CIVIL DE 2015. APLICABILIDADE. OPOSIÇÃO A JULGAMENTO VIRTUAL. DESPACHO. AUSÊNCIA DE NATUREZA DECISÓRIA. INSUSCETÍVEL DE RECURSO. ARGUMENTOS INSUFICIENTES PARA DESCONSTITUIR A DECISÃO ATACADA. APLICAÇÃO DE MULTA. ART. 1.021, § 4º, DO CÓDIGO DE PROCESSO CIVIL DE 2015. DESCABIMENTO. I – Consoante o decidido pelo Plenário desta Corte na sessão realizada em 09.03.2016, o regime recursal será determinado pela data da publicação do provimento jurisdicional impugnado. In casu, aplica-se o Código de Processo Civil de 2015. II – Tratando-se de questão meramente procedimental a inclusão do Agravo em pauta presencial ou virtual, consoante o disposto no RISTJ (arts. 184-A e 184-F, § 2º), possui natureza de mero despacho, sendo insuscetível de recurso. III – O Código de processo Civil de 2015, no art. 1.001, dispõe que os despachos são irrecorríveis (AgInt na PET no AgInt nos EDcl no AgInt no AREsp 1203602/SP, Rel. Ministro Sérgio Kukina, 1ª Turma, DJe de 13.05.2019 e AgInt nos EDcl no AREsp 1171672/SP, Rel. Ministra Assusete Magalhães, 2ª Turma, DJe de 12.09.2018). IV – Não apresentação de argumentos suficientes para desconstituir a decisão recorrida. V – Em regra, descabe a imposição da multa, prevista no art. 1.021, § 4º, do Código de Processo Civil de 2015, em razão do mero improvimento do Agravo Interno em votação unânime, sendo necessária a configuração da manifesta inadmissibilidade ou improcedência do recurso a autorizar sua aplicação, o que não ocorreu no caso. VI – Agravo Interno não conhecido. (STJ, AgInt no AgInt no REsp 1826663/BA, Rel. Ministra Regina Helena Costa, Primeira Turma, julgado em 20/04/2020, DJe 24/04/2020)

Não cabe recurso em face do despacho que determina que a parte demonstre sua hipossuficiência

✓ AGRAVO INTERNO NO AGRAVO EM RECURSO ESPECIAL. EMBARGOS DO DEVEDOR. REQUERIMENTO. CUSTAS, DIFERIMENTO. DETERMINAÇÃO DE COMPROVAÇÃO DA HIPOSSUFICIÊNCIA. DESPACHO DE MERO EXPEDIENTE. IRRECORRIBILIDADE. ART. 1.001 DO CPC. NÃO PROVIMENTO. 1. À parte, tendo requerido o diferimento das custas, foi determinada a comprovação da hipossuficiência financeira. 2. Ausência de conteúdo decisório que não autoriza a interposição de recurso. 3. "1. Hipótese em que, interpostos Embargos de Divergência, a Presidência do STJ determinou ao recorrente que comprovasse a concessão da gratuidade na origem ou recolhesse o preparo, em dobro, no prazo de cinco dias, sob pena de deserção. 2. Não são recorríveis pronunciamentos jurisdicionais sem conteúdo decisório, como no caso dos autos. Art. 203, c/c art. 1.001, ambos do CPC/2015. 3. Agravo interno não conhecido" (STJ, AgInt nos EDcl na PET nos EAREsp 1209653/SP, Rel. Ministro Benedito Gonçalves, Corte Especial, julgado em 6/11/2019, DJe 11/11/2019). 4. Agravo interno a que se nega provimento. (STJ, AgInt no AREsp 1611440/SP, Rel. Ministra Maria Isabel Gallotti, Quarta Turma, julgado em 14/09/2020, DJe 18/09/2020)

Não cabe recurso contra ato judicial que determina a oitiva da parte acerca de petição juntada ao processo

✓ AGRAVO INTERNO. AGRAVO EM RECURSO ESPECIAL. AGRAVO DE INSTRUMENTO CONTRA DESPACHO QUE DETERMINA MANIFESTAÇÃO DA PARTE ACERCA DE PETIÇÃO JUNTADA. AUSÊNCIA DE CUNHO DECISÓRIO. NATUREZA JURÍDICA DE IMPULSO OFICIAL. IRRECORRIBILIDADE. ART. 1.001 DO CPC/2015. NEGATIVA DE PRESTAÇÃO JURISDICIONAL. NÃO CONFIGURAÇÃO. 1. O despacho que determina a manifestação da parte acerca de petição juntada aos autos não é ato decisório passível de ser atacado por meio de recurso, já que a sua natureza jurídica é de mero impulso oficial (CPC, art. 1001). 2. Se as questões trazidas à discussão foram dirimidas, pelo Tribunal de origem, de forma suficientemente ampla, fundamentada e sem omissões, obscuridades ou contradições, devem ser afastadas as alegadas ofensas ao artigo 1022 do Código de Processo Civil de 2015. 3. Agravo interno a que se nega provimento. (STJ, AgInt no AgInt no AREsp 1446832/SP, Rel. Ministra Maria Isabel Gallotti, Quarta Turma, julgado em 11/05/2020, DJe 18/05/2020)

Não cabe recurso em face do ato judicial que determina a intimação da parte para regularizar o preparo

✓ AGRAVO INTERNO. EMBARGOS DE DIVERGÊNCIA. PREPARO RECURSAL NÃO RECOLHIDO. DESPACHO DE REGULARIZAÇÃO. RECURSO GENÉRICO NÃO ADMISSÍVEL. 1. "É incabível a oposição de embargos de declaração em face de ato judicial que determina a intimação da parte para regularizar o preparo. Isso porque esse ato possui natureza jurídica de despacho e não de decisão, sendo portanto, irrecorrível, nos termos do art. 1.001 do CPC/15" (EDcl no AgInt nos EDcl no AREsp 1.381.749/SE, Rel. Min. Marco Buzzi, Quarta Turma, DJe 27/11/2019). 2. Ademais, a parte agravante adentra no mérito da controvérsia sem nem sequer debater a gratuidade da justiça. 3. Agravo interno não conhecido. (STJ, AgInt nos EDcl nos EDv nos EREsp 1736959/SP, Rel. Ministro Og Fernandes, Primeira Seção, julgado em 28/04/2020, DJe 05/05/2020).

Não cabe recurso em face da determinação judicial para a parte corrigir o preenchimento da guia de recolhimento das custas

✓ AGRAVO INTERNO NO AGRAVO EM RECURSO ESPECIAL. PROCESSO CIVIL. DESPACHO. AUSÊNCIA

DE CONTEÚDO DECISÓRIO. IRRECORRIBILIDADE. AGRAVO INTERNO NÃO CONHECIDO. 1. Nos termos da jurisprudência vigente nesta Corte Superior, são irrecorríveis os despachos desprovidos de conteúdo decisório. 2. No caso em exame, a parte impugna pronunciamento judicial que determinou a correção de equívoco no preenchimento da guia de recolhimento das custas judiciais, inexistindo, desse modo, gravame para a recorrente. 3. Agravo interno não conhecido. (STJ, AgInt no AREsp 1555088/SP, Rel. Min. Marco Aurélio Bellizze, Terceira Turma, julgado em 09/03/2020, DJe 13/03/2020).

Art. 1.002. A decisão pode ser impugnada no todo ou em parte.

A apresentação de recurso parcial não desincumbe a parte de fundamentar sua impugnação

✓ ADMINISTRATIVO E PROCESSO CIVIL. AGRAVO INTERNO NO AGRAVO EM RECURSO ESPECIAL. AÇÃO ORDINÁRIA DE INDENIZAÇÃO. DNER. EXECUÇÃO DE OBRA DE ENGENHARIA POR EMPRESA CONTRATADA. NECESSIDADE DE REALIZAÇÃO DE NOVA OBRA. PREJUÍZOS. CULPA CONCORRENTE. AUSÊNCIA DE VÍCIOS OU OMISSÕES. RECURSO INTERNO QUE INSISTE NA VIOLAÇÃO DO ART. 535 DO CPC/1973, SEM, CONTUDO, TRAZER, DE MANEIRA ESPECÍFICA E FUNDAMENTADA AS RAZÕES PELAS QUAIS ENTENDE QUE A DECISÃO AGRAVADA DEVE SER RECONSIDERADA OU REFORMADA. AGRAVO INTERNO DA UNIÃO A QUE SE NEGA PROVIMENTO. 1. Apesar de ser possível a apresentação de recurso parcial contra uma decisão judicial, tal fato não desobriga a parte recorrente de apresentar de maneira clara, específica e fundamentada as razões pelas quais entende que a decisão recorrida deve ser reconsiderada ou reformada. 2. Agravo Interno da União a que se nega provimento. (STJ, AgInt no AREsp 404.862/SP, Rel. Ministro Napoleão Nunes Maia Filho, Primeira Turma, julgado em 19/06/2018, DJe 26/06/2018)

Art. 1.003. O prazo para interposição de recurso conta-se da data em que os advogados, a sociedade de advogados, a Advocacia Pública, a Defensoria Pública ou o Ministério Público são intimados da decisão.

→ *v.* Arts. 231, 270, 272 e 274 do CPC.

→ *v.* Súmulas 25 e 579 do STJ.

§ 1º Os sujeitos previstos no *caput* considerar-se-ão intimados em audiência quando nesta for proferida a decisão.

Proferida decisão na audiência este é o termo inicial do prazo para impugnar o ato

✓ "APELAÇÃO. Ação de indenização por danos materiais e morais – Transporte de carga – Sentença de parcial procedência – Recurso da empresa ré. INTEMPESTIVIDADE – Partes intimadas da sentença durante audiência de instrução e julgamento – Apelação protocolizada após o prazo de 15 dias úteis – Inteligência do art. 1.003, §§ 1º e 5º do CPC. Recurso não conhecido." (TJSP, AC 1000756-14.2018.8.26.0696, Rel. Des. Helio Faria, 18ª Câmara de Direito Privado julgado em 19/08/2020, DJe 19/08/2020).

Intimada a parte para comparecer à audiência e proferida decisão durante o ato, sua ausência, não enseja nova intimação

✓ AGRAVO DE INSTRUMENTO. AÇÃO DE INDENIZAÇÃO DE DANOS MATERIAIS, MORAIS E ESTÉTICOS. 1. Decisão que deixou de processar a apelação interposta pelo réu, em virtude de intempestividade. Inconformismo. Não acolhimento. 2. Sentença prolatada em audiência. Parte que, devidamente intimada da audiência, deixou de comparecer. Desnecessidade de nova intimação. Aplicação do art. 1.003, § 1º, do CPC. Precedentes do STJ e deste Tribunal. Decisão mantida. Negado provimento ao recurso." (TJSP, AI 2108322-85.2020.8.26.0000, Rel. Des. Donegá Morandini, 3ª Câmara de Direito Privado, julgado em 21/07/2020, DJ 22/07/2020).

Proferida sentença na audiência é irrelevante a juntada posterior do ato decisório para fins de contagem de prazo

✓ "AGRAVO DE INSTRUMENTO. Sentença publicada em audiência. Pedido de devolução do prazo para recorrer. Desacolhimento. Sentença foi proferida e publicada em audiência, saindo as partes intimadas, nos termos do artigo 1.003, § 1º, do CPC, sendo irrelevante a juntada da r. sentença aos autos no dia seguinte e a posterior publicação. RECURSO IMPROVIDO." (TJSP, AI 2041661-27.2020.8.26.0000, Rel. Des. Silvia Maria Facchina Esposito Martinez, 10ª Câmara de Direito Privado julgado em 23/04/2020, DJ 23/04/2020).

§ 2º Aplica-se o disposto no art. 231, incisos I a VI, ao prazo de interposição de recurso pelo réu contra decisão proferida anteriormente à citação.

§ 3º No prazo para interposição de recurso, a petição será protocolada em cartório ou conforme as normas de organização judiciária, ressalvado o disposto em regra especial.

§ 4º Para aferição da tempestividade do recurso remetido pelo correio, será considerada como data de interposição a data de postagem.

Não se deve exigir do recorrente que interpõe recurso pelo correio a apresentação de outra documentação indicando a data de postagem, pois essa informação consta na correspondência postal

✓ PROCESSO CIVIL. AGRAVO INTERNO NO RECURSO ORDINÁRIO EM MANDADO DE SEGURANÇA. INTERPOSIÇÃO PELOS CORREIOS. TEMPESTIVIDADE. CPC/2015. DATA DA POSTAGEM. COMPROVAÇÃO. AVISO DE RECEBIMENTO. POSSIBILIDADE. NECESSIDADE DE SUPERAÇÃO DA ORIENTAÇÃO CONTRÁRIA. 1. Nos termos do art. 1.003, § 4º, do CPC/2015, a tempestividade do recurso interposto pelo sistema postal deverá ser aferida com base no momento da postagem da peça recursal nos Correios. 2. Na omissão do Tribunal de origem em registrar a data da postagem do recurso, deve-se admitir que a parte interessada comprove o alegado por meio de AR juntado aos autos na oportunidade de manifestação nos autos. Precedente: EDcl no AgInt no AREsp 1.159.127/PR, Rel. Min. Maria Isabel Gallotti, Quarta Turma, julgado em 18/9/2018, DJe 24/9/2018. 3. Não é possível exigir-se do recorrente, no momento da interposição do recurso, a apresentação de outra documentação indicando a data de postagem do apelo, uma vez que essa informação já se encontra referenciada na própria correspondência postal. 4. A regra disposta no art. 1.003, § 6º, do CPC/2015, que veda a comprovação posterior da tempestividade do recurso, refere-se às situações de feriado local, não sendo possível aplicá-la, por analogia, aos casos de interposição do recurso pelo sistema postal. 5. A inexistência de normativo que impeça a comprovação posterior do dia da postagem do recurso autoriza o magistrado a aplicar o regramento do art. 932, parágrafo único, do CPC, facultando à parte a oportunidade de regularizar o vício processual, no prazo de cinco dias úteis. 6. Agravo interno a que se nega provimento. (STJ, AgInt no AgInt no RMS 56.554/PI, Rel. Ministro Og Fernandes, Segunda Turma, julgado em 21/03/2019, DJe 28/03/2019)

§ 5º Excetuados os embargos de declaração, o prazo para interpor os recursos e para responder-lhes é de 15 (quinze) dias.

→ v. Arts. 180, 183, 186 e 229 do CPC.

→ v. Enunciado 46 da ENFAM: o § 5º do art. 1.003 do CPC/2015 (prazo recursal de 15 dias) não se aplica ao sistema de juizados especiais.

A comprovação da tempestividade recursal, quando há dúvida acerca da data da interposição, deve ser resolvida por meio de certidão do Tribunal respectivo

✓ PROCESSUAL CIVIL. AGRAVO INTERNO NO AGRAVO EM RECURSO ESPECIAL. APELO NOBRE. TEMPESTIVIDADE. ILEGIBILIDADE DO PROTOCOLO. NECESSIDADE DE CERTIDÃO EQUIVALENTE. 1. Havendo o Tribunal de origem, por meio de certidão, afirmado a ilegibilidade do protocolo do recurso especial nos autos físicos, inviável a afirmação de falha no processo de digitalização dos autos. Incidência da Súmula 7/STJ. 2. É dever da parte, constatada a ilegibilidade do carimbo de protocolo, providenciar certidão da secretaria de protocolo do Tribunal de origem para possibilitar a verificação da tempestividade recursal. Precedentes. 3. Agravo interno parcialmente conhecido e, nessa extensão, não provido. (STJ, AgInt no AREsp 1555513/RS, Rel. Ministro Og Fernandes, Segunda Turma, julgado em 08/06/2020, DJe 17/06/2020)

A tempestividade recursal pode ser aferida, excepcionalmente, por meio de informação constante em andamento processual disponibilizado no sítio eletrônico, quando informação equivocadamente disponibilizada pelo Tribunal de origem induz a parte em erro

✓ PROCESSUAL CIVIL. EMBARGOS DE DIVERGÊNCIA. ENUNCIADO ADMINISTRATIVO Nº 3/STJ. ANDAMENTO PROCESSUAL DISPONIBILIZADO PELA INTERNET. VENCIMENTO DO PRAZO RECURSAL INDICADO DE FORMA EQUIVOCADA NO ANDAMENTO PELO TRIBUNAL DE ORIGEM. ERRO ALHEIO À VONTADE DA PARTE. CONSIDERAÇÃO PARA FINS DA CONTAGEM DE PRAZO. POSSIBILIDADE. JUSTA CAUSA PARA PRORROGAÇÃO DO PRAZO RECURSAL. ART. 183, §§ 1º E 2º, DO CPC/1973. PRINCÍPIOS DA BOA-FÉ E DA CONFIANÇA. EMBARGOS DE DIVERGÊNCIA PROVIDOS. 1. A divulgação do andamento processual pelos Tribunais por meio da internet passou a representar a principal fonte de informação dos advogados em relação aos trâmites do feito. A jurisprudência deve acompanhar a realidade em que se insere, sendo impensável punir a parte que confiou nos dados assim fornecidos pelo próprio Judiciário. Ainda que não se afirme que o prazo correto é aquele erroneamente disponibilizado, desarrazoado frustrar a boa-fé que deve orientar a relação entre os litigantes e o Judiciário. Por essa razão o art. 183, §§ 1º e 2º, do CPC determina o afastamento do rigorismo na contagem dos prazos processuais quando o descumprimento decorrer de fato alheio à vontade da parte. (REsp 1324432/SC, Rel. Ministro Herman Benjamin, Corte Especial, julgado em 17/12/2012, DJe 10/05/2013). 2. Embargos de divergência providos. (EAREsp 688.615/MS, Rel. Ministro Mauro Campbell Marques, Corte Especial, julgado em 04/03/2020, DJe 09/03/2020).

A alegação da ocorrência de ponto facultativo embasada em ato do Poder Executivo Estadual não é capaz, por si só, de comprovar a inexistência de expediente forense para aferição da tempestividade recursal

✓ EMBARGOS DE DECLARAÇÃO NO AGRAVO INTERNO NO AGRAVO EM RECURSO ESPECIAL. 1. AUSÊNCIA DE OMISSÃO. PRETENSÃO DE REDISCUSSÃO DA MATÉRIA. IMPOSSIBILIDADE. 2. EMBARGOS REJEITADOS. 1. O acórdão embargado solucionou as questões deduzidas no recurso de forma satisfatória, sem incorrer nos vícios de obscuridade, contradição ou omissão com relação a ponto controvertido relevante, cujo exame pudesse levar a um diferente resultado na prestação da tutela jurisdicional, pretendendo a parte, na verdade, a rediscussão do julgado, o que não autoriza a oposição dos embargos. 1.1. A alegação da ocorrência de ponto facultativo embasada em ato do Poder Executivo Estadual não é capaz, por si só, de comprovar a inexistência de expediente forense para fins de aferição da tempestividade recursal, em razão da desvinculação administrativa e da separação entre os Poderes. 1.2. Desse modo, caberia à recorrente, no momento da interposição recursal, fazer a juntada de documento idôneo, o qual, na hipótese, consistia no inteiro teor do Aviso TJ n. 30, de 19/4/2018, a fim de vincular a decretação do feriado nas repartições públicas estaduais com a suspensão dos prazos pela Corte de Justiça. 2. Embargos de declaração rejeitados. (EDcl no AgInt no AREsp 1510568/RJ, Rel. Ministro Marco Aurélio Bellizze, Terceira Turma, julgado em 23/03/2020, DJe 30/03/2020).

O prazo de 15 (quinze) dias é para interpor o recurso e apresentar contrarrazões – e esse é também o prazo para a tempestividade do recurso adesivo

✓ APELAÇÃO CÍVEL. AÇÃO DECLARATÓRIA DE INEXISTÊNCIA DE DÉBITO CUMULADA COM INDENIZAÇÃO POR DANOS MORAIS. INTEMPESTIVIDADE. NÃO CONHECIMENTO. O prazo para interposição do recurso de apelação é de 15 (quinze) dias (art. 1.003, § 5º, CPC), cujo termo inicial é a data da intimação da sentença no Diário da Justiça eletrônico (art. 231, VII, CPC). Assim, extemporâneo o recurso interposto após o lapso temporal de 15 dias úteis. RECURSO ADESIVO. SUBORDIÇÃO AO RECURSO PRINCIPAL. NÃO CONHECIMENTO. Considerando que o recurso adesivo fica subordinado ao recurso independente (art. 927, § 2º, CPC), imperativo também o não conhecimento do recurso adesivo. RECURSOS PRINCIPAL E ADESIVO NÃO CONHECIDOS. (TJRS, AC 70084089457, Décima Quinta Câmara Cível, Rel. Des. Maria Thereza Barbieri, julgado em 27/07/2020).

✓ "Apelação Cível e Recurso Adesivo. Ação declaratória c.c indenizatória. Sentença de parcial procedência. Inconformismo de ambas as partes. Prazo recursal de 15 dias úteis. Inteligência do artigo 1.003, § 5º, do Código de Processo Civil. Recurso interposto além da quinzena legal. Quarta-feira de cinzas que deve ser computada na contagem do prazo recursal, pois, muito embora em referida data o expediente forense tenha sido reduzido, não se tratou do termo inicial ou do vencimento do prazo. Inteligência do art. 224, § 1º, do CPC. Intempestividade configurada. Conhecimento do recurso adesivo prejudicado, porquanto dependente do processamento do principal. Recursos não conhecidos." (TJSP, AC 1050515-86.2018.8.26.0100, Rel. Des. Hélio Nogueira, 22ª Câmara de Direito Privado, julgado em 04/09/2019, DJ 04/09/2019).

§ 6º O recorrente comprovará a ocorrência de feriado local no ato de interposição do recurso.

→ *V.* Enunciado 66 do CJF: admite-se a correção da falta de comprovação do feriado local ou da suspensão do expediente forense, posteriormente à interposição do recurso, com fundamento no art. 932, parágrafo único, do CPC.

O art. 1.003, § 6º, é especial em relação ao art. 932, parágrafo único e o art. 1.029, § 3º, do CPC

✓ EMBARGOS DE DECLARAÇÃO NO AGRAVO INTERNO NOS EMBARGOS DE DECLARAÇÃO NO RECURSO ESPECIAL. ART. 1.022 DO CPC/2015. TEMPESTIVIDADE. FERIADO LOCAL. COMPROVAÇÃO POSTERIOR. IMPOSSIBILIDADE. ARTIGO 1.003, § 6º, DO CÓDIGO DE PROCESSO CIVIL DE 2015. NOVO REGRAMENTO PROCESSUAL EXPRESSO. 1. Eventual documento idôneo apto a comprovar a ocorrência de feriado local ou a suspensão do expediente forense deve ser colacionado aos autos no momento de sua interposição, para fins de aferição da tempestividade do recurso, a teor do que dispõe o artigo 1.003, § 6º, do CPC/2015. Precedente da Corte Especial. 2. A interpretação literal da norma expressa no § 6º do artigo 1.003 do CPC/2015, de caráter especial, sobrepõe-se a qualquer interpretação mais ampla que se possa conferir às disposições de âmbito geral insertas nos artigos 932, parágrafo único, e 1.029, § 3º, do referido diploma legal. 3. O reconhecimento da tempestividade pelo tribunal de origem não vincula esta Corte em seu juízo de admissibilidade. Precedentes. 4. Embargos de declaração acolhidos para fins de esclarecimentos, sem efeitos modificativos. (EDcl no AgInt nos EDcl no REsp 1819358/RJ, Rel. Ministro Ricardo Villas Bôas Cueva, Terceira Turma, julgado em 23/11/2020, DJe 01/12/2020).

A comprovação de feriado local deve ser feita no momento da interposição do recurso, não sendo aplicável, no ponto, a possibilidade de posterior correção do recurso (art. 932, parágrafo único e art. 1.029, § 3º)

✓ Agravo regimental em recurso extraordinário com agravo. 2. Direito Processual Civil. 3. Feriado local. Comprovação no ato da interposição do recurso (Art. 1.003, § 6º, do CPC). Precedentes. 4. Alegada necessidade de concessão de prazo para correção do vício. Descabimento. Art. 1.029, § 3º, do CPC. 5. Ausência de argumentos capazes de infirmar a decisão agravada. 6. Negativa de provimento ao agravo regimental. (ARE 1117110 AgR/RJ, Rel. Gilmar Mendes, Segunda Turma, julgado em 17/08/2018, DJe 27/08/2018).

✓ PROCESSUAL CIVIL. RECURSO ESPECIAL. TEMPESTIVIDADE. SUSPENSÃO DO EXPEDIENTE FORENSE. COMPROVAÇÃO NO TRIBUNAL AD QUEM. IMPOSSIBILIDADE. 1. Conforme estabelecido pelo Plenário do STJ, aos recursos interpostos com fundamento no CPC/2015 (relativos a decisões publicadas a partir de 18 de março de 2016) serão exigidos os requisitos de admissibilidade recursal na forma nele prevista (Enunciado Administrativo n. 3). 2. A Corte Especial do STJ, em sessão realizada no dia 03/02/2020, apreciou a QO no REsp 1.813.684/SP, suscitada pela Ministra Nancy Andrighi, para decidir que a modulação dos efeitos do acórdão quanto à possibilidade de comprovação posterior de feriado local restringe-se à segunda-feira de carnaval. 3. Não sendo a hipótese alcançada pela referida modulação, prevalece a regra disposta no art. 1.003, § 5º, do CPC/2015, segundo a qual é intempestivo o recurso interposto fora do prazo de 15 (quinze) dias úteis. 4. De acordo com o novo Estatuto Processual, a ocorrência de feriado local deve ser demonstrada por documento idôneo, no ato da interposição do recurso. 5. Descabe a aplicação da regra do parágrafo único do art. 932 do CPC/2015, que permitiria a correção do vício, com a comprovação da tempestividade do recurso, posteriormente. 6. "A existência de recesso forense no Superior Tribunal de Justiça não tem o condão de influenciar na contagem dos prazos para a interposição de recursos nas instâncias ordinárias, ainda que direcionadas a esta Corte" (AgInt no AREsp 911.223/RN, Relatora Ministra Regina Helena Costa, Primeira Turma, DJe 13/12/2017). 7. Hipótese em que a parte recorrente não comprovou, no momento da interposição do recurso, o recesso alegado, não havendo como afastar a intempestividade do recurso especial. 8. Agravo interno desprovido. (AgInt no AREsp 1615088/SP, Rel. Ministro Gurgel de Faria, Primeira Turma, julgado em 21/09/2020, DJe 23/09/2020).

Precedente da Corte Especial que originou esse entendimento:

✓ AGRAVO INTERNO NO AGRAVO EM RECURSO ESPECIAL. FERIADO LOCAL. COMPROVAÇÃO. ATO DE INTERPOSIÇÃO DO RECURSO. 1. O propósito recursal é dizer, à luz do CPC/15, sobre a possibilidade de a parte comprovar, em agravo interno, a ocorrência de feriado local, que ensejou a prorrogação do prazo processual para a interposição do agravo em recurso especial. 2. O art. 1.003, § 6º, do CPC/15, diferentemente do CPC/73, é expresso no sentido de que "o recorrente comprovará a ocorrência de feriado local no ato de interposição do recurso". 3. Conquanto se reconheça que o novo Código prioriza a decisão de mérito, autorizando, inclusive, o STF e o STJ a desconsiderarem vício formal, o § 3º do seu art. 1.029 impõe, para tanto, que se trate de "recurso tempestivo". 4. A intempestividade é tida pelo Código atual como vício grave e, portanto, insanável. Daí porque não se aplica à espécie o disposto no parágrafo único do art. 932 do CPC/15, reservado às hipóteses de vícios sanáveis. 5. Seja em função de previsão expressa do atual Código de Processo Civil, seja em atenção à nova orientação do STF, a jurisprudência construída pelo STJ à luz do CPC/73 não subsiste ao CPC/15: ou se comprova o feriado local no ato da interposição do respectivo recurso, ou se considera intempestivo o recurso, operando-se, em consequência, a coisa julgada. 6. Agravo interno desprovido. (AgInt no AREsp 957.821/MS, Rel. Ministro Raul Araújo, Rel. p/ Acórdão Ministra Nancy Andrighi, Corte Especial, julgado em 20/11/2017, DJe 19/12/2017)

ATENÇÃO! Ao analisar o REsp 1.813.684/SP, julgado em 02/10/2019, DJe 18/11/2019, a Corte Especial do STJ manteve a posição acima, de que a parte deve demonstrar a ocorrência de feriado local na data da interposição do recurso, mas resolveu modular os efeitos da decisão para admitir a comprovação posterior para os recursos interpostos até a data da publicação do citado recurso especial, no caso, 18/11/2019. Todavia, na QO no REsp 1813684/SP, Rel. Min. Nancy Andrighi, Corte Especial, julgado em 03/02/2020, DJe 28/02/2020, a Corte Especial decidiu que a decisão tomada no REsp 1813684/SP só é válida para a segunda-feira de Carnaval e não para os demais feriados. Para estes, a parte deve demonstrar a ocorrência do feriado local na juntamente com a interposição do recurso.

A decisão tomada no REsp 1.813.984/SP somente é válida para o feriado de segunda-feira de Carnaval – ver QO no REsp 1813684/SP

✓ RECURSO ESPECIAL. PROCESSUAL CIVIL. FERIADO LOCAL. NECESSIDADE DE COMPROVAÇÃO NO ATO DE INTERPOSIÇÃO DO RECURSO. MODULAÇÃO DOS EFEITOS DA DECISÃO. NECESSIDADE. SEGURANÇA JURÍDICA. PROTEÇÃO DA CONFIANÇA. 1. O novo Código de Processo Civil inovou ao estabelecer, de forma expressa, no § 6º do art. 1.003 que "o recorrente comprovará a ocorrência de feriado local no ato de interposição do recurso". A interpretação sistemática do CPC/2015, notadamente do § 3º do art.1.029 e do § 2º do art. 1.036, conduz à conclusão de que o novo diploma atribuiu à intempestividade o epíteto de vício grave, não havendo se falar, portanto, em possibilidade de saná-lo por meio da incidência do disposto no parágrafo único do art. 932 do mesmo Código. 2. Assim, sob a vigência do CPC/2015, é necessária a comprovação nos autos de feriado local por meio de documento idôneo no ato de interposição do recurso. 3. Não se pode ignorar, todavia, o elastecido período em que vigorou, no âmbito do Supremo Tribunal Federal e desta Corte Superior, o entendimento de que seria possível a comprovação posterior do feriado local, de modo que não parece razoável alterar-se a jurisprudência já consolidada deste Superior Tribunal, sem se atentar para a necessidade de garantir a segurança das relações jurídicas e as expectativas legítimas dos jurisdicionados. 4. É bem de ver que há a possibilidade de modulação dos efeitos das decisões em casos excepcionais, como instrumento vocacionado, eminentemente, a garantir a segurança indispensável das relações jurídicas, sejam materiais, sejam processuais. 5. Destarte, é necessário e razoável, ante o amplo debate sobre o tema instalado nesta Corte Especial e considerando os princípios da segurança jurídica, da proteção da confiança, da isonomia e da primazia da decisão de mérito, que sejam modulados os efeitos da presente decisão, de modo que seja aplicada, tão somente, aos recursos interpostos após a publicação do acórdão respectivo, a teor do § 3º do art. 927 do CPC/2015. 6. No caso concreto, compulsando os autos, observa-se que, conforme documentação colacionada à fl. 918, os recorrentes, no âmbito do agravo interno, comprovaram a ocorrência de feriado local no dia 27/2/2017, segunda-feira de carnaval, motivo pelo qual, tendo o prazo recursal se iniciado em 15/2/2017 (quarta-feira), o recurso especial interposto em 9/3/2017 (quinta-feira) deve ser considerado tempestivo. 7. Recurso especial conhecido. (REsp 1813684/SP, Rel. Ministro Raul Araújo, Rel. p/ Acórdão Ministro Luis Felipe Salomão, Corte Especial, julgado em 02/10/2019, DJe 18/11/2019).

✓ QUESTÃO DE ORDEM. CONTRADIÇÃO ENTRE NOTAS TAQUIGRÁFICAS E VOTO ELABORADO PELO RELATOR PARA ACÓRDÃO. PREVALÊNCIA DAS NOTAS TAQUIGRÁFICAS, QUE REFLETEM A MANIFESTAÇÃO DO COLEGIADO. SESSÕES DE JULGAMENTO DO RESP 1.813.684/SP. LIMITAÇÃO DO DEBATE E DA DELIBERAÇÃO À POSSIBILIDADE DE COMPROVAÇÃO POSTERIOR ACERCA DO FERIADO DE SEGUNDA-FEIRA DE CARNAVAL, DIANTE DAS PECULIARIDADES QUE MODIFICARIAM A SUA NATUREZA JURÍDICA. VOTO DO RELATOR PARA ACÓRDÃO QUE ABRANGE MAIS DO QUE A MATÉRIA DECIDIDA COLEGIADAMENTE, ESTENDENDO O REFERIDO ENTENDIMENTO TAMBÉM AOS DEMAIS FERIADOS. REDUÇÃO DA ABRANGÊNCIA EM QUESTÃO DE ORDEM. POSSIBILIDADE. 1- O propósito da presente questão de ordem é definir, diante da contradição entre as notas taquigráficas e o acórdão publicado no DJe de 18/11/2019, se a modulação de efeitos deliberada na sessão de julgamento do recurso especial, ocasião em que se permitiu a posterior comprovação da tempestividade de recursos dirigidos a esta Corte, abrange especificamente o feriado da segunda-feira de carnaval ou se diz respeito a todos e quaisquer feriados. 2- Havendo contradição entre as notas taquigráficas e o voto elaborado pelo relator, deverão prevalecer as notas, pois refletem a convicção manifestada pelo órgão colegiado que apreciou a controvérsia. Precedentes. 3- Consoante revelam as notas taquigráficas, os debates estabelecidos no âmbito da Corte Especial, bem como a sua respectiva deliberação colegiada nas sessões de julgamento realizadas em 21/08/2019 e 02/10/2019, limitaram-se exclusivamente à possibilidade, ou não, de comprovação posterior do feriado da segunda-feira de carnaval, motivada por circunstâncias excepcionais que modificariam a sua natureza jurídica de feriado local para feriado nacional notório. 4- Tendo o relator interpretado que a tese firmada por ocasião do julgamento colegiado do recurso especial também permitiria a comprovação posterior de todo e qualquer feriado, é admissível, em questão de ordem, reduzir a abrangência do acórdão. 5- Questão de ordem resolvida no sentido de reconhecer que a tese firmada por ocasião do julgamento do REsp 1.813.684/SP é restrita ao feriado de segunda-feira de carnaval e não se aplica aos demais feriados, inclusive aos feriados locais. (QO no REsp 1813684/SP, Rel. Ministra Nancy Andrighi, Corte Especial, julgado em 03/02/2020, DJe 28/02/2020).

A simples referência à existência de feriado local previsto em Regimento Interno e em Código de Organização Judiciária Estadual não é suficiente para a comprovação de tempestividade do recurso especial nos moldes do art. 1.003, § 6º, do CPC/2015

✓ CIVIL E PROCESSUAL CIVIL. AÇÃO DE REPARAÇÃO DE DANOS MATERIAIS E MORAIS. RECURSO ESPECIAL. TEMPESTIVIDADE. FERIADO LOCAL. NECESSIDADE DE COMPROVAÇÃO DOCUMENTAL DA DILAÇÃO DO PRAZO NO ATO DE INTERPOSIÇÃO. SIMPLES MENÇÃO OU REFERÊNCIA NAS RAZÕES RECURSAIS. IMPOSSIBILIDADE. PREVISÃO EM REGIMENTO INTERNO OU EM CÓDIGO DE ORGANIZAÇÃO JUDICIÁRIA. IRRELEVÂNCIA. NORMATIVO LOCAL IDÊN-

TICO ÀS DEMAIS ESPÉCIES NORMATIVAS. DIREITO ESTADUAL. PROVA CONDICIONADA À DETERMINAÇÃO JUDICIAL. REGRA DE TEORIA GERAL DA PROVA DESTINADA À ATIVIDADE INSTRUTÓRIA DA CAUSA. INAPLICABILIDADE À ADMISSIBILIDADE RECURSAL, INCLUSIVE EM RAZÃO DA EXISTÊNCIA DE REGRA ESPECIAL. 1- O propósito recursal consiste em definir se a simples menção acerca da existência de feriado local alegadamente previsto em Regimento Interno e em Código de Organização Judiciária é suficiente para a comprovação de tempestividade do recurso especial nos moldes do art. 1.003, §6º, do novo CPC. 2-. A comprovação da existência de feriado local que dilate o prazo para interposição de recursos dirigidos ao STJ deverá ser realizada por meio de documentação idônea, não sendo suficiente a simples menção ou referência nas razões recursais. Precedentes. 3- Para fins de incidência da regra do art. 1.003, §6º, do novo CPC, é irrelevante que o alegado feriado local tenha previsão em Regimento Interno ou em Código de Organização Judiciária do Estado, pois esses normativos, juntamente com os provimentos, os informativos, as portarias, os atos normativos e afins, são apenas espécies do gênero normativo local expressamente abrangido pela regra processual. 4- A regra do art. 376 do novo CPC (antigo art. 337 do CPC/73), segundo a qual a parte que alega direito local somente lhe provará teor, vigência e conteúdo se houver determinação judicial, situa-se no âmbito da teoria geral da prova e serve às instâncias ordinárias na atividade instrutória da causa, não se aplicando, todavia, ao juízo de admissibilidade de recurso dirigido ao Superior Tribunal de Justiça, que possui regra específica. Precedente. 5- Recurso especial não conhecido. (REsp 1763167/GO, Rel. Ministro Moura Ribeiro, Rel. p/ Acórdão Ministra Nancy Andrighi, Terceira Turma, julgado em 18/02/2020, DJe 26/02/2020)

A menção à ocorrência do feriado local com a remissão ao endereço eletrônico (link) do Tribunal de origem não é meio idôneo para comprovação da suspensão do prazo processual

✓ PROCESSUAL CIVIL. AGRAVO INTERNO NO AGRAVO EM RECURSO ESPECIAL. TEMPESTIVIDADE. INTERRUPÇÃO DO EXPEDIENTE NA CORTE DE ORIGEM EM RAZÃO DE FERIADO LOCAL DIVERSO DA SEGUNDA-FEIRA DE CARNAVAL. COMPROVAÇÃO EM MOMENTO POSTERIOR AO DA INTERPOSIÇÃO DO RECURSO. IMPOSSIBILIDADE. 1. Esta Corte já se manifestou no sentido de que "a simples menção, no bojo das razões recursais, da ocorrência do feriado local com a remissão ao endereço eletrônico (link) do Tribunal de origem não é meio idôneo para comprovação da suspensão do prazo processual, a teor do art. 1.003, § 6º, do CPC/15" (AgInt no REsp 1752192/MG, Rel. Ministro Marco Buzzi, Quarta Turma, julgado em 18/10/2018, DJe 29/10/2018). 2. Em 2/10/2019, a Corte Especial do Superior Tribunal de Justiça, ao apreciar o REsp 1.813.684/SP, reafirmou o entendimento segundo o qual o recorrente deve comprovar a ocorrência de feriado local no ato de interposição do recurso (em sintonia, aliás, com a dicção do art. 1.003, § 6º, do CPC/15). Na mesma oportunidade, contudo, o Colegiado modulou os efeitos da decisão, "de modo que seja aplicada, tão somente, aos recursos interpostos após a publicação do acórdão respectivo" (que ocorreu em 18/11/2019). 3. Posteriormente, em 3/2/2020, no julgamento de questão de ordem suscitada no âmbito do mencionado REsp 1.813.684/SP, a Corte Especial estabeleceu que a modulação de efeitos e a possibilidade de comprovação posterior da existência de feriado local não se aplicariam a todos os feriados, mas apenas à segunda-feira de carnaval. 4. Assim, como o caso concreto não é de comprovação do mencionado feriado, escorreita a decisão agravada ao consignar a intempestividade do recurso. 5. Agravo interno desprovido. (AgInt no AREsp 1687712/SP, Rel. Ministro Sérgio Kukina, Primeira Turma, julgado em 11/11/2020, DJe 17/11/2020).

Art. 1.004. **Se, durante o prazo para a interposição do recurso, sobrevier o falecimento da parte ou de seu advogado ou ocorrer motivo de força maior que suspenda o curso do processo, será tal prazo restituído em proveito da parte, do herdeiro ou do sucessor, contra quem começará a correr novamente depois da intimação.**

→ *V.* Arts. 110 e 313 do CPC.

A doença do advogado apta a ensejar justa causa deve impedi-lo totalmente de exercer sua profissão

✓ PROCESSUAL CIVIL. AGRAVO INTERNO. RECURSO ESPECIAL INTEMPESTIVO. DOENÇA DO ADVOGADO DA CAUSA. JUSTA CAUSA. INEXISTÊNCIA. 1. A parte Recorrente foi intimada do acórdão recorrido em 4/7/2017, tendo sido o Recurso Especial interposto somente em 27/7/2017. Dessa forma, o recurso é manifestamente intempestivo, uma vez que foi interposto fora do prazo de 15 (quinze) dias úteis, nos termos do art. 994, VI, c.c os arts. 1.003, § 5.º, 1.029 e 219, caput, todos do Código de Processo Civil. 2. O entendimento jurisprudencial do STJ determina que, consoante o art. 507 do Código de Processo Civil de 1973 (1.004 do CPC/2015), "a doença que acomete o advogado somente se caracteriza como justa causa, a ensejar a devolução do prazo, quando o impossibilita totalmente de exercer a profissão ou de substabelecer o mandato a colega" (AgRg no Ag 1362942/SP, Rel. Ministro Luis Felipe Salomão, Quarta Turma, julgado em 28/6/2011, DJe 1º/7/2011). 3. Na hipótese, a advogada não comprovou a alegada força maior, uma vez que se limitou a acostar nos autos atestado médico (fls. 100, e-STJ) segundo o qual ela teria sido atendida na emergência do Hospital Municipal de Santo Antônio do Descoberto/GO no dia 24.7.2017, último dia para apresentação do recurso. 4. Agravo Interno não provido. (STJ, AgInt no AREsp 1221052/DF, Rel. Ministro Herman Benjamin, Segunda Turma, julgado em 12/06/2018, DJe 23/11/2018)

O falecimento do filho e a internação hospitalar da esposa do advogado representam justa causa a suspender o prazo recursal

✓ AGRAVO INTERNO NO AGRAVO EM RECURSO ESPECIAL. PROCESSUAL CIVIL. AGRAVO DE INSTRUMENTO. TEMPESTIVIDADE. IMPEDIMENTO DO CAUSÍDICO. JUSTA CAUSA COMPROVADA. FUNDAMENTO INATACADO. SÚMULA 283/STF. INOVAÇÃO RECURSAL. VEDAÇÃO. AGRAVO NÃO PROVIDO. 1. A jurisprudência desta eg. Corte entende que o pedido de devolução do prazo recursal deve vir acompanhado da necessária comprovação das circunstâncias que impediram o advogado de atuar no feito. 2. A Corte de origem, analisando o acervo fático-probatório dos autos, concluiu que ficou comprovada a justa causa para devolução do prazo recursal não apenas pelo falecimento do filho do causídico, mas pela internação de seu cônjuge gestante, ocorrida quando ainda em curso o prazo recursal. Consignou, ainda, que o fato de o recorrido ser assistido por mais de um advogado, no caso concreto, não impede a prorrogação do prazo recursal, pois o segundo advogado não fora intimado da decisão recorrida. 3. Contudo, tais fundamentos, autônomos e suficientes à manutenção do v. acórdão recorrido, não foram impugnados nas razões do recurso especial, convocando, na hipótese, a incidência da Súmula 283/STF, segundo a qual "É inadmissível o recurso extraordinário, quando a decisão recorrida assenta em mais de um fundamento suficiente e o recurso não abrange todos eles". 4. É vedado à parte inovar suas razões recursais em sede de agravo interno, trazendo novas questões não suscitadas oportunamente em sede de recurso especial, tendo em vista a configuração da preclusão consumativa. 5. Agravo interno a que se nega provimento. (STJ, AgInt no AREsp 1548753/SP, Rel. Ministro Raul Araújo, Quarta Turma, julgado em 06/02/2020, DJe 18/02/2020).

A morte do advogado provoca a suspensão do processo desde o evento fatídico, sendo irrelevante a data da comunicação ao juízo

✓ AGRAVO INTERNO NO AGRAVO EM RECURSO ESPECIAL. PROCESSUAL CIVIL. PRESCRIÇÃO. FALECIMENTO DO ADVOGADO. SUSPENSÃO DO PROCESSO. 1. O entendimento do Tribunal de origem encontra-se em consonância com a jurisprudência desta Corte Superior, firme no sentido de que o óbito do representante legal da parte constitui causa para suspensão do processo desde o evento fatídico, independente de comunicação ao juízo. Precedentes: AR 2.995/RS, Rel. Ministro Jorge Mussi, Terceira Seção, julgado em 12/03/2014, DJe 25/03/2014; EDcl no REsp 861.723/SP, Rel. Ministra Eliana Calmon, Segunda Turma, julgado em 09/06/2009, DJe 25/06/2009) 2. Agravo interno a que se nega provimento. (AgInt no AREsp 1105146/RS, Rel. Ministro Sérgio Kukina, Primeira Turma, julgado em 28/09/2017, DJe 17/10/2017). No mesmo sentido: REsp 1749138/MS, Rel. Ministro Herman Benjamin, Segunda Turma, julgado em 06/09/2018, DJe 27/11/2018.

Art. 1.005. O recurso interposto por um dos litisconsortes a todos aproveita, salvo se distintos ou opostos os seus interesses.

Não se aplica o efeito extensivo à majoração de honorários em recurso de apenas um dos litisconsortes

✓ PROCESSUAL CIVIL. AGRAVO INTERNO NO RECURSO ESPECIAL. HONORÁRIOS. ART. 20, § 4º, DO CPC/1973. RECURSO DE APENAS UM LITISCONSORTE. EFEITO EXTENSIVO. ART. 509 DO CPC/1973. INAPLICABILIDADE. DECISÃO MANTIDA. 1. Não se aplica o efeito extensivo do art. 509 do CPC/1973 (art. 1.005 do CPC/2015) à majoração de honorários em recurso de apenas um dos litisconsortes. 2. Conforme orienta a jurisprudência das Turmas que compõem a Segunda Seção do STJ, "a aplicação da multa prevista no § 4º do art. 1.021 do CPC/2015 não é automática, não se tratando de mera decorrência lógica do não provimento do agravo interno em votação unânime. A condenação do agravante ao pagamento da aludida multa, a ser analisada em cada caso concreto, em decisão fundamentada, pressupõe que o agravo interno mostre-se manifestamente inadmissível ou que sua improcedência seja de tal forma evidente que a simples interposição do recurso possa ser tida, de plano, como abusiva ou protelatória, o que, contudo, não ocorreu na hipótese examinada" (AgInt nos EREsp n. 1.120.356/RS, Relator Ministro Marco Aurélio Bellizze, Segunda Seção, julgado em 24/8/2016, DJe 29/8/2016). 3. Agravo interno a que se nega provimento. (STJ, AgInt no REsp 1593496/MG, Rel. Ministro Antonio Carlos Ferreira, Quarta Turma, julgado em 18/02/2020, DJe 28/02/2020)

O art. 1005, caput, do CPC é aplicável ao litisconsórcio unitário

✓ PROCESSUAL CIVIL. AGRAVO INTERNO NO AGRAVO EM RECURSO ESPECIAL. RECURSO ESPECIAL INTEMPESTIVO. INTERPOSIÇÃO FORA DO PRAZO LEGAL. AUSÊNCIA DE CONTAGEM DO PRAZO EM DOBRO. 1. Não se verifica, no caso, litisconsórcio unitário (art. 116 do CPC/2015), o qual atrai a benesse do prazo em dobro conferida pelo art. 191 do CPC/1973, correspondente ao art. 229, caput, do CPC/2015. 2. Na forma da jurisprudência desta Corte Superior, em não se caracterizando o litisconsórcio unitário, a interposição de recurso por um litisconsorte não aproveita aos demais. Inteligência do art. 1.005 do CPC/2015. 3. Se o recurso de um litisconsorte (ou, como na hipótese, grupo de litisconsortes) não aproveita aos demais, a verdade é que os ora agravantes nem sequer poderiam ter interposto o recurso especial cuja tempestividade se discute, considerando que não interpuseram previamente recurso de apelação perante a Corte de origem. De fato, a apelação de fls. 218-235 foi protocolada apenas pelo outro grupo de litisconsortes. 4. Outrossim, observando-se essa particularidade do caso "interposição de apelação apenas por Maria Inês Pichiteli Pagamento e Rogério Luiz da Silva Magalhães" evidencia-se que, ainda que se considerasse ocorrente na espécie o dito litisconsórcio unitário, a jurisprudência pacificada do STJ é no sentido de que, se a decisão recorrida é prejudicial aos litisconsortes, mas apenas um recorre, o prazo em dobro existe em relação ao prazo desse recurso, passando a ser simples para os recursos posteriores. 5. Desse modo, por qualquer ângulo que se examine a questão, o recurso especial dos agravantes é intempestivo, uma vez que interposto fora do prazo definido no art. 1.003, §5º, do CPC/2015. 6. Agravo interno não provido. (AgInt no AREsp 1185746/DF, Rel. Ministro Benedito Gonçalves, Primeira Turma, julgado em 11/11/2020, DJe 16/11/2020).

✓ PROCESSUAL CIVIL. AGRAVO INTERNO NO RECURSO ESPECIAL. HONORÁRIOS. ART. 20, § 4º, DO CPC/1973. RECURSO DE APENAS UM LITISCONSORTE. EFEITO EXTENSIVO. ART. 509 DO CPC/1973. INAPLICABILIDADE. DECISÃO MANTIDA. 1. Não se aplica o efeito extensivo do art. 509 do CPC/1973 (art. 1.005 do CPC/2015) à majoração de honorários em recurso de apenas um dos litisconsortes. 2. Conforme orienta a jurisprudência das Turmas que compõem a Segunda Seção do STJ, "a aplicação da multa prevista no § 4º do art. 1.021 do CPC/2015 não é automática, não se tratando de mera decorrência lógica do não provimento do agravo interno em votação unânime. A condenação do agravante ao pagamento da aludida multa, a ser analisada em cada caso concreto, em decisão fundamentada, pressupõe que o agravo interno mostre-se manifestamente inadmissível ou que sua improcedência seja de tal forma evidente que a simples interposição do recurso possa ser tida, de plano, como abusiva ou protelatória, o que, contudo, não ocorreu na hipótese examinada" (AgInt nos EREsp n. 1.120.356/RS, Relator Ministro Marco Aurélio Bellizze, Segunda Seção, julgado em 24/8/2016, DJe 29/8/2016). 3. Agravo interno a que se nega provimento. (AgInt no REsp 1593496/MG, Rel. Ministro Antonio Carlos Ferreira, Quarta Turma, julgado em 18/02/2020, DJe 28/02/2020).

✓ "... Em não se caracterizando litisconsórcio unitário, a interposição de recurso pelo litisconsorte não aproveita aos demais. Inteligência do art. 1.005 do CPC/2015..." (REsp 1767406/SC, Rel. Ministro Mauro Campbell Marques, Segunda Turma, julgado em 19/03/2019, DJe 22/03/2019)

O art. 1005 do CPC representa o efeito expansivo subjetivo dos recursos

✓ EMENTA: EMBARGOS DE DECLARAÇÃO. OMISSÃO CONFIGURADA. DIREITO À SAÚDE. ART. 1.005 CPC. LITISCONSORTES. EXTENSÃO DOS EFEITOS. POSSIBILIDADE. EMBARGOS ACOLHIDOS. Constatada a existência de um dos vícios elencados no art. 1.022 do Código de Processo Civil ou erro material no acórdão, os embargos devem ser acolhidos para sanar a irregularidade. "Cabível a aplicação do efeito expansivo subjetivo para alcance do litisconsorte, se as razões de decidir dizem respeito aos próprios requisitos da concessão liminar (art. 1.005 do CPC/2015)." (TJMG, ED 1.0000.19.000131-3/002, Rel. Des. Belizário de Lacerda, 7ª Câmara Cível, julgado em 29/10/2019, DJ 05/11/2019).

A extensão dos efeitos do disposto no art. 1.005 do CPC independe de manifestação do órgão colegiado

✓ EMENTA: EMBARGOS DE DECLARAÇÃO. AÇÃO ORDINÁRIA DE FORNECIMENTO DE MEDICAMENTO. DECISÃO REFORMADA. EFEITO EXPANSIVO SUBJETIVO. ART. 1.005, DO CPC/15. DECLARAÇÃO EXPRESSA. DESNECESSIDADE. OMISSÃO. INEXISTÊNCIA. (...). II. De acordo com o disposto no art. 1.005, do CPC/15, o recurso interposto por um dos litisconsortes a todos aproveita, salvo se distintos ou opostos seus interesses. III. A extensão dos efeitos da decisão em relação aos demais litisconsortes decorre diretamente da norma contida no art. 1.005, do CPC/15 e independe de manifestação do órgão colegiado. (TJMG, ED 1.0223.18.015229-8/002, Rel. Des. Washington Ferreira, 1ª Câmara Cível, julgado em 12/02/2020, DJe 28/02/2020).

Parágrafo único. Havendo solidariedade passiva, o recurso interposto por um devedor aproveitará aos outros quando as defesas opostas ao credor lhes forem comuns.

Havendo solidariedade passiva entre os litisconsortes, o recurso apresentado por um aproveita ao outro

✓ EMENTA: APELAÇÃO CÍVEL – AÇÃO DE DESPEJO C/C COBRANÇA DE ALUGUÉIS E ENCARGOS DA LOCAÇÃO – LOCATÁRIA – PESSOA JURÍDICA – ALTERAÇÃO DO QUADRO SOCIAL – COMUNICAÇÃO – OBRIGAÇÃO – DESCUMPRIMENTO – CONTRATO – PRORROGAÇÃO – PRAZO INDETERMINADO – RESPONSABILIDADE DOS FIADORES – IMPOSSIBILIDADE – CLÁUSULA EXPRESSA – INEXISTÊNCIA. – Se cabe ao réu a prova do fato impeditivo, modificativo ou extintivo do direito do autor (CPC, art. 373, II), a ausência dessa prova implica a procedência do pedido inicial. – A jurisprudência do STJ firmou o entendimento de que, tratando-se de locação predial urbana contratada à luz da redação primitiva do art. 39 da Lei do Inquilinato, subsiste a fiança prestada na hipótese de prorrogação do contrato – inclusive até a entrega das chaves -, desde que haja cláusula expressa nesse sentido (STJ, AgInt no AREsp 1274030/GO, Rel. Ministro Antonio Carlos Ferreira, Quarta Turma, julgado em 02/08/2018, DJe 09/08/2018). – No litisconsórcio simples, o recurso interposto por um dos litisconsortes ao outro não aproveita (CPC, art. 117). Existindo, porém, solidariedade passiva entre os litisconsortes, o recurso interposto por um dos devedores aproveitará aos outros quando as defesas opostas ao credor lhes forem comuns (CPC, art. 1.005, p. ú.)." (TJMG, AC 1.0133.15.002508-7/001, Rel. Des. Ramom Tácio, 16ª Câmara Cível, julgado em 24/10/2018, DJe 05/11/2018).

✓ APELAÇÃO. AÇÃO INDENIZATÓRIA DE DANOS MATERIAIS E MORAL. CUMPRIMENTO DE SENTENÇA. SOLIDARIEDADE PASSIVA. RECURSO INTERPOSTO POR UMA DEVEDORA QUE APROVEITA ÀQUELA QUE NÃO RECORREU. INTELIGÊNCIA DO ART. 1.005, PARÁGRAFO ÚNICO, DO CPC/2015. EXTINÇÃO DA EXECUÇÃO, NOS TERMOS DO ART. 924, II, DO CPC/2015. SENTENÇA MANTIDA. RECURSO IMPROVIDO. 1.- No caso em exame, há relação de solidariedade passiva entre a parte denunciante (segurada) e a parte denunciada (seguradora), expressamente reconhecida na sentença, por meio da qual esta foi condenada a pagar valores dentro dos limites da apólice de seguro. Estabelecida essa premissa, conquanto realmente não seja o caso de litisconsórcio unitário de que trata o art. 1.005, "caput", do CPC/2015, forçoso concluir que o caso em julgamento amolda-se à hipótese prevista no parágrafo único, mormente porque comuns as defesas opostas à credora. Por conseguinte, interposto recurso adesivo pela ré-denunciante, com provimento parcial da sua pretensão, a redução da condenação da indenização de danos materiais por ela obtida com o v. Acórdão atinge não somente a ré-denunciante (segurada), mas, também, a ré-denunciada (seguradora), não obstante já tenha realizado o depósito da indenização fixada na primeira instância sem recorrer da sentença. 2.- Nesse contexto, como o depósito realizado pela seguradora excedeu o valor da condenação final por dano material, o excesso a ser decotado foi corretamente empregado pelo douto Magistrado de primeiro grau na satisfação da condenação ao pagamento de indenização por dano moral imposta no v. Acórdão, pelo qual foi provido em parte o apelo da autora nesse sentido. Logo, correta a extinção do cumprimento de sentença, nos termos do art. 924, II, do CPC/2015. (TJSP, AC 4000540-71.2013.8.26.0568, Rel. Des. Adilson de Araújo, 31ª Câmara de Direito Privado, julgado em 24/05/2018, DJ 24/05/2018).

Art. 1.006. Certificado o trânsito em julgado, com menção expressa da data de sua ocorrência, o escrivão ou o chefe de secretaria, independentemente de despacho, providenciará a baixa dos autos ao juízo de origem, no prazo de 5 (cinco) dias.

Art. 1.007. No ato de interposição do recurso, o recorrente comprovará, quando exigido pela legislação pertinente, o respectivo preparo, inclusive porte de remessa e de retorno, sob pena de deserção.

→ v. Súmulas 483 e 484 do STJ

A greve dos bancários é justo impedimento ao recolhimento do preparo, desde que efetivamente impeça a parte de realizar o pagamento

✓ "A greve dos bancários constitui justo impedimento ao recolhimento do preparo, desde que efetivamente impeça a parte de assim proceder, circunstância que deve ser manifestada e comprovada no ato da interposição do respectivo recurso, com o posterior pagamento das custas e a juntada da respectiva guia aos autos, no dia subsequente ao término do movimento grevista (ou no prazo eventualmente fixado pelo respectivo Tribunal via portaria), sob pena de preclusão" (AgInt no AREsp 1246017/SP, Rel. Ministro Raul Araújo, Quarta Turma, julgado em 15/06/2020, DJe 01/07/2020)

A juntada de comprovante de agendamento não é meio apto a comprovar que o preparo foi devidamente recolhido, não sendo possível a juntada posterior

✓ PROCESSUAL CIVIL. RECURSO ORDINÁRIO. PREPARO. AUSÊNCIA. INTIMAÇÃO PARA REGULARIZAÇÃO. NÃO CUMPRIMENTO. DESERÇÃO. 1. "O equívoco no preenchimento da guia de custas não implicará a pena de deserção, cabendo ao relator, na hipótese de dúvida quanto ao recolhimento, intimar o recorrente para sanar o vício no prazo de 5 (cinco) dias" (art. 1.007, § 7º, do CPC). 2. Hipótese em que constatada a irregularidade pela Presidência desta Corte Superior, houve a intimação da parte para sanar o vício, o que não ocorreu. 3. "A juntada de comprovante de agendamento não é meio apto a comprovar que o preparo foi devidamente recolhido (Súmula 187 do Superior Tribunal de Justiça), não sendo possível sua juntada posterior, em decorrência da preclusão consumativa" (AgInt nos EDcl no AREsp 1.424.727/SP, Rel. Ministra Maria Isabel Gallotti, Quarta Turma, DJe 17/03/2020). 4. Agravo interno não provido. (AgInt nos EDcl no RMS 62.282/PR, Rel. Ministro Gurgel de Faria, Primeira Turma, julgado em 13/10/2020, DJe 20/10/2020)

A juntada apenas do comprovante de pagamento, desacompanhado da respectiva guia de recolhimento, não comprova a efetivação do preparo

✓ AGRAVO INTERNO NO AGRAVO EM RECURSO ESPECIAL. PROCESSUAL CIVIL. LIQUIDAÇÃO DE SENTENÇA. RECURSO ESPECIAL. PREPARO INSUFICIENTE. AUSÊNCIA DE COMPLEMENTAÇÃO. DESERÇÃO CONFIGURADA. AGRAVO INTERNO IMPROVIDO. 1. Consoante orientação jurisprudencial do STJ, "a juntada apenas do comprovante de pagamento das custas processuais, desacompanhado da respectiva guia de recolhimento, é insuficiente à comprovação do preparo" (AgInt no REsp 1.622.574/RS, Rel. Ministro Francisco Falcão, Segunda Turma, julgado em 20/04/2017, DJe 27/04/2017). 2. Na falta de comprovação do recolhimento do preparo no ato da interposição do recurso, o recorrente será intimado para realizá-lo em dobro, sob pena de deserção, nos termos do art. 1.007, § 4º, do CPC/2015. 3. A jurisprudência deste Tribunal Superior assevera que é deserto o recurso especial na hipótese em que a parte recorrente, mesmo após intimada a regularizar o preparo, nos termos do art. 1.007, § 7º, do CPC/2015, não o faz devidamente. 4. Conforme entendimento desta Corte, "quando devida a verba honorária recursal, mas, por omissão, o Relator deixar de aplicá-la em decisão monocrática, poderá o colegiado, ao não conhecer do respectivo Agravo Interno ou negar-lhe provimento, arbitrá-la ex officio, por se tratar de matéria de ordem pública, que independe de provocação da parte, não se verificando reformatio in pejus" (AgInt nos EAREsp 762.075/MT, Rel. Ministro Felix Fischer, Rel. p/ acórdão Ministro Herman Benjamin, Corte Especial, DJe 7/3/2019). 4. Agravo interno improvido. (AgInt no AREsp 1552561/RS, Rel. Ministro Marco Aurélio Bellizze, Terceira Turma, julgado em 19/10/2020, DJe 26/10/2020).

§ 1º São dispensados de preparo, inclusive porte de remessa e de retorno, os recursos interpostos pelo Ministério Público, pela União, pelo Distrito Federal, pelos Estados, pelos Municípios, e respectivas autarquias, e pelos que gozam de isenção legal.

§ 2º A insuficiência no valor do preparo, inclusive porte de remessa e de retorno, implicará deserção se o recorrente, intimado na pessoa de seu advogado, não vier a supri-lo no prazo de 5 (cinco) dias.

O ato judicial que determinar a complementação do preparo é despacho e, portanto, irrecorrível

✓ PROCESSUAL CIVIL. ADMINISTRATIVO. SERVIDOR PÚBLICO. REMUNERAÇÃO. DIFERENÇAS SALARIAIS. INTERPOSIÇÃO DE RECURSO SEM COMPROVAÇÃO DO RECOLHIMENTO DO PREPARO. DETERMINAÇÃO DE COMPLEMENTAÇÃO. DESPACHO. IRRECORRIBILIDADE. I – Na origem, trata-se de ação ordinária, ajuizada contra a União, objetivando revisão geral anual de remuneração. Na sentença, o pedido foi julgado improcedente. No Tribunal a quo, foi negado provimento. No STJ, determinou-se que a parte recorrente promovesse a comprovação do preparo. Contra tal despacho a parte interpõe agravo interno. II – Trata-se de agravo interno interposto contra despacho que determinou a complementação do preparo, nos seguintes termos: "Não foi comprovado o recolhimento do preparo no momento da interposição do recurso e, antes de o tribunal de origem proceder à intimação para o recolhimento em dobro, previsto no § 4º, art. 1.007 do Código de Processo Civil, a parte juntou a guia de recolhimento e o respectivo comprovante de pagamento; no entanto, de forma simples. Dessa forma e como as custas eram devidas em dobro, intime-se a parte recorrente, nos termos do § 2º c/c o § 4º do art. 1.007 do Código de Processo Civil, para sanar, no prazo de cinco dias, o vício apontado, complementando o recolhimento, sob pena de não conhecimento do recurso." III – A determinação para que a parte recorrente regularize o preparo, nos termos do art. 1.007, § 2º e § 4º do CPC/15, possui natureza jurídica de despacho e não de decisão, sendo portanto, irrecorrível. IV – Agravo interno não conhecido." (AgInt no AREsp 1551942/RJ, Rel. Ministro Francisco Falcão, Segunda Turma, julgado em 18/05/2020, DJe 20/05/2020). No mesmo sentido: (AgInt no AREsp 1551942/RJ, Rel. Ministro Francisco Falcão, Segunda Turma, julgado em 18/05/2020, DJe 20/05/2020)

Se não houver recolhimento do preparo na íntegra, a parte deve ser intimada a recolher. Se não recolher, há a deserção

✓ AGRAVO INTERNO NOS EMBARGOS DE DECLARAÇÃO NO AGRAVO EM RECURSO ESPECIAL. PREPARO. COMPROVAÇÃO. AUSÊNCIA. INTIMAÇÃO. PRAZO

TRANSCORRIDO IN ALBIS. DESERÇÃO. ART. 1.007, § 2º, DO CPC. NÃO PROVIMENTO. 1. Intimada a parte para providenciar a complementação do preparo e quedando-se inerte, irremediável a decretação de deserção do recurso, nos termos do artigo 1.007, § 2º, do Código de Processo Civil. 2. Agravo interno a que se nega provimento. (STJ, AgInt nos EDcl no AREsp 1588737/AM, Rel. Ministra Maria Isabel Gallotti, Quarta Turma, julgado em 24/08/2020, DJe 27/08/2020)

Se mesmo após a intimação para complementar o preparo, a parte reitera o recolhimento a menor, o recurso não será conhecido

✓ GRAVO INTERNO NO AGRAVO EM RECURSO ESPECIAL. PREPARO INSUFICIENTE. COMPLEMENTAÇÃO. MENOR. DESERÇÃO. 1. Recurso especial interposto contra acórdão publicado na vigência do Código de Processo Civil de 2015 (Enunciados Administrativos nºs 2 e 3/STJ). 2. Após a intimação para complementar o preparo, o recolhimento a menor justifica a aplicação da deserção, nos termos do art. 1.007, § 2º, do CPC/2015. 3. Agravo interno não provido. (AgInt no AREsp 1314743/DF, Rel. Ministro Ricardo Villas Bôas Cueva, Terceira Turma, julgado em 15/04/2019, DJe 24/04/2019).

Não precisa o magistrado determinar expressamente os casos em que deve ser complementado, nos termos do art. 1.007, § 2º ou recolhido em dobro conforme preceitua o art. 1.007, § 4º, sendo dever da parte recorrente tal avaliação

✓ AGRAVO INTERNO NO AGRAVO INTERNO NO RECURSO ESPECIAL. PREPARO. NÃO COMPROVAÇÃO NO ATO DE INTERPOSIÇÃO. INTIMAÇÃO REGULARIZAÇÃO. NÃO ATENDIMENTO. APLICAÇÃO DA PENA DE DESERÇÃO. 1. Na égide do CPC/2015, não havendo a comprovação do recolhimento do preparo no ato da interposição do recurso, após intimado, o recorrente deverá realizar o recolhimento em dobro, sob pena de deserção (art. 1004, caput e § 4º, do CPC). 2. O CPC/2015 é expresso em afirmar que, caso o recolhimento não seja comprovado no momento de interposição do recurso, ele deve ser realizado em dobro, inexistindo qualquer incumbência do julgador em determinar expressamente os casos em que deve ser complementado, nos termos do art. 1.007, § 2º ou recolhido em dobro conforme preceitua o art. 1.007, § 4º, sendo dever da parte recorrente tal avaliação. 3. Descumprindo a norma no sentido de comprovar o respectivo preparo no ato de interposição do recurso e não atendendo a determinação legal de, após intimado, efetuar o recolhimento em dobro, é de rigor que à parte recorrente seja imposta a pena de deserção do recurso. 4. Agravo interno não provido. (AgInt no AgInt no REsp 1718692/RO, Rel. Ministro Luis Felipe Salomão, Quarta Turma, julgado em 29/04/2019, DJe 02/05/2019)

Decisões de Turmas Recursais não admitindo a aplicação dessa previsão do CPC aos Juizados Especiais em virtude do Enunciado 80 do FONAJE

✓ JUIZADO ESPECIAL CÍVEL. PROCESSO CIVIL. HIPOSSUFICIÊNCIA NÃO COMPROVADA. GRATUIDADE DE JUSTIÇA INDEFERIDA. AUSÊNCIA DE RECOLHIMENTO DO PREPARO. DESERÇÃO. RECURSO NÃO CONHECIDO. 1. Indeferida a concessão da gratuidade de justiça (ID 20059386), a recorrente foi instada a efetuar o pagamento das custas e do preparo, mas, manteve-se inerte (ID 20303657), em desobediência ao disposto no § 1º do art. 42 da Lei nº 9.099/95. 2. O recurso inominado está sujeito a preparo, compreendendo todas as despesas processuais, inclusive aquelas dispensadas em primeiro grau de jurisdição, que será efetivado e comprovado, independentemente de intimação, em estabelecimento bancário conveniado ao TJDFT, nas quarenta e oito horas seguintes à interposição do recurso, sob pena de deserção (artigos 71, I, e 74, §3º do Regimento Interno das Turmas Recursais dos Juizados Especiais do Distrito Federal c/c artigo 54, parágrafo único, da Lei nº 9.099/95). 3. Indeferido o benefício da justiça gratuita e não constatado o recolhimento do preparo e das custas processuais dentro do prazo legal, resta caracterizada a deserção, em virtude da qual o não conhecimento do presente recurso é medida que se impõe. 4. Em adição, ressalta-se a inaplicabilidade do art. 1.007, § 2º, do CPC, conforme Enunciado 80 do FONAJE: "O recurso inominado será julgado deserto quando não houver o recolhimento integral do preparo e sua respectiva comprovação pela parte, no prazo de 48 horas, não admitida a complementação intempestiva (art. 42, § 1º, da Lei 9.099/1995)". 5. Recurso não conhecido. 6. Condenada a parte recorrente ao pagamento das custas processuais, sem condenação ao pagamento dos honorários advocatícios, pois não foram apresentadas contrarrazões. 7. A súmula de julgamento servirá de acórdão, conforme regra do art. 46 da Lei n.º 9.099/95. (Recurso n. 07578196720198070016, Rel. Juiz Carlos Alberto Martins Filho, Terceira Turma Recursal do distrito Federal, julgado em 27/10/2020, DJ 09/11/2020).

✓ "AGRAVO INTERNO NO RECURSO INOMINADO. PREPARO PARCIAL DO RECURSO. INAPLICABILIDADE DO ART. 1.007, § 2º DO CPC EM SEDE DOS JUIZADOS ESPECIAIS. INCOMPATIBILIDADE COM O SISTEMA PROCESUAL ERIGIDO PELA LEI 9.099/95. AGRAVO INTERNO CONHECIDO E IMPROVIDO. DECISÃO MONOCRÁTICA MANTIDA PELOS PRÓPRIOS FUNDAMENTOS. 1. Nos termos do art. 54, parágrafo único da Lei n.º 9.099/95 e art. 3º, inciso III, alínea "a", da Lei Estadual n.º 1.286/2001 (Lei de Custas), o preparo do recurso inominado na sistemática dos juizados especiais cíveis inclui: i) as custas iniciais do processo; ii) as custas do recurso; e iii) a taxa judiciária. 2. Compete à parte recorrente, por meio de seu advogado, o qual possui conhecimento técnico acerca do ordenamento jurídico, zelar pelo correto recolhimento do preparo recursal (Enunciado n. 13 da Turma Recursal deste Estado), sendo certo que o preparo deve ser feito, independentemente de intimação, nas quarenta e oito horas seguintes à interposição (art. 42, § 1º, da Lei n.º 9.099/95). 3. No caso dos autos, a recorrente apenas comprovou o pagamento da taxa judiciária e custas iniciais do processo [evento 48, COMP1, COMP2, DAJ3 e DAJ4 dos autos de origem], deixando, por outro lado, de depositar o importe relativo às custas do recurso inominado. Trata-se, portanto, de pagamento incompleto do preparo recursal, sendo deserto o recurso inominado interposto (inobservância do artigo 54, parágrafo único da Lei nº 9.099/95). 4. O disposto no art. 1.007, § 2º, do CPC não se aplica aos Juizados Especiais por ser incompatível com o sistema processual erigido pela Lei n.º 9.099/95 (Enunciado 168 FONAJE). 5. Conforme entendimento da Segunda Seção do STJ, a aplicação da multa prevista no § 4º do art. 1.021 do CPC/15 não é automática, não se tratando de mera decorrência lógica do não provimento do agravo interno em votação unânime (Precedente: EDcl no AgRg na PET na

Rcl 22.564). 6. Ante o exposto, nego provimento ao agravo. Decisão monocrática mantida por seus fundamentos. 7. Julgamento unânime." (RI 00175449220188279200, Turma Recursal do Tocantins, Rel. Juiz Ariostenis Guimarães Vieira, julgado em 05/06/2019).

§ 3º É dispensado o recolhimento do porte de remessa e de retorno no processo em autos eletrônicos.

§ 4º O recorrente que não comprovar, no ato de interposição do recurso, o recolhimento do preparo, inclusive porte de remessa e de retorno, será intimado, na pessoa de seu advogado, para realizar o recolhimento em dobro, sob pena de deserção.

A falta de comprovação do preparo no ato da interposição do recurso não gera a sua imediata deserção

✓ PROCESSUAL CIVIL. RECURSO ESPECIAL. PREPARO. AUSÊNCIA. PAGAMENTO EM DOBRO. NÃO CUMPRIMENTO. DESERÇÃO. SUSPENSÃO DO EXPEDIENTE FORENSE. COMPROVAÇÃO PERANTE O TRIBUNAL AD QUEM. IMPOSSIBILIDADE 1. Conforme estabelecido pelo Plenário do STJ, aos recursos interpostos com fundamento no CPC/2015 (relativos a decisões publicadas a partir de 18 de março de 2016) serão exigidos os requisitos de admissibilidade recursal na forma nele prevista (Enunciado Administrativo n. 3). 2. A falta de comprovação do preparo no ato da interposição do recurso não gera a sua imediata deserção, que só ocorrerá depois de conferida ao interessado a oportunidade de providenciar o recolhimento em dobro, consoante o art. 1.007, § 4º, do novo estatuto processual. 3. Hipótese em que constatada a irregularidade, houve a intimação da parte recorrente para recolher em dobro o preparo, não sendo comprovado o referido recolhimento, de modo que não há como afastar a incidência da Súmula 187 desta Corte. 4. A Corte Especial do STJ, em sessão realizada no dia 03/02/2020, apreciou a QO no REsp 1.813.684/SP, suscitada pela Ministra Nancy Andrighi, para decidir que a modulação dos efeitos do acórdão quanto à possibilidade de comprovação posterior de feriado local restringe-se à segunda-feira de carnaval. 5. Não sendo a hipótese dos autos alcançada pela referida modulação, prevalece a regra disposta no art. 1.003, § 5º, do CPC/2015, segundo a qual é intempestivo o recurso interposto fora do prazo de 15 (quinze) dias úteis. 6. Agravo interno desprovido. (AgInt no AREsp 1591826/SP, Rel. Ministro Gurgel de Faria, Primeira Turma, julgado em 13/10/2020, DJe 20/10/2020)

Quando a parte não realiza o preparo no ato da interposição do recurso deve ser intimada para fazê-lo em dobro, sob pena de deserção

✓ "(...) V – Não tendo a parte comprovado o recolhimento do preparo no ato de interposição do recurso, como ocorreu no caso, o Tribunal de origem deveria ter intimado a parte para efetuar o recolhimento em dobro, nos termos do art. 1.007, § 4º, do CPC. VI – No STJ, o recorrente foi intimado, nos termos do § 2º, c/c o § 4º do art. 1.007 do Código de Processo Civil, para sanar, no prazo de cinco dias, o vício apontado, complementando o recolhimento das custas. Porém, a parte não regularizou..." (AgInt no AREsp 1667577/ES, Rel. Min. Francisco Falcão, Segunda Turma, julgado em 19/10/2020, DJe 22/10/2020).

✓ "(...) na falta de comprovação do recolhimento do preparo no ato da interposição do recurso, o recorrente será intimado para realizá-lo em dobro, sob pena de deserção, nos termos do art. 1.007, § 4º, do CPC/2015. 3. A jurisprudência deste Tribunal Superior assevera que é deserto o recurso especial na hipótese em que a parte recorrente, mesmo após intimada a regularizar o preparo, nos termos do art. 1.007, § 7º, do CPC/2015, não o faz devidamente..." (AgInt no AREsp 1552561/RS, Rel. Min. Marco Aurélio Bellizze, Terceira Turma, julgado em 19/10/2020, DJe 26/10/2020)

Se, após intimada, a parte não realiza o preparo em dobro, nem apresente justa causa, o recurso não será conhecido

✓ AGRAVO INTERNO NO AGRAVO EM RECURSO ESPECIAL. PREPARO. FALTA DE COMPROVAÇÃO DO PAGAMENTO OPORTUNO. INTIMAÇÃO. PAGAMENTO EM DOBRO. NECESSIDADE. NÃO RECOLHIMENTO. DESERÇÃO. INTEMPESTIVIDADE. PRAZO EM DOBRO. INAPLICÁVEL À ESPÉCIE. 1. A ausência de regular comprovação do preparo, no ato de interposição do recurso, implica a incidência do § 4º do art. 1.007 do CPC. Quem não prova o pagamento a tempo e modo, sem o amparo de justa causa (§ 6º), nem efetua o recolhimento em dobro quando intimado (§§ 4º e 5º) sofre a pena da deserção (Súmula 187/STJ). Não há falar em possibilidade de comprovação tardia, visto que a hipótese não se equipara às situações de regularização posterior previstas no § 2º (insuficiência no valor) e no § 7º (equívoco no preenchimento da guia). 2. O prazo em dobro previsto no art. 229 do CPC/2015, correspondente ao art. 191 do CPC/1973, não se aplica para o agravo interposto contra a decisão que nega seguimento a recurso especial, mesmo que haja litisconsortes com procuradores diversos, porquanto somente o autor dessa irresignação possuirá interesse e legitimidade para recorrer (AgInt no AREsp 1.081.447/GO, Rel. Min. Herman Benjamin, Segunda Turma, julgado em 24/10/2017, DJe 19/12/2017). 3. Agravo interno a que se nega provimento. (AgInt no AREsp 1635507/MG, Rel. Min. Og Fernandes, Segunda Turma, julgado em 06/10/2020, DJe 21/10/2020)

Após a intimação prevista no art. 1007, § 4º, do CPC, não cabe nova intimação

✓ "... É deserto o Recurso Especial quando o recorrente não comprova, por documento hábil, a realização do preparo no prazo concedido para saneamento do vício identificado, nos termos do disposto no art. 1.007, § 7º, do CPC/2015, não cabendo nova oportunidade para sua regularização, por operada a preclusão consumativa..." AgInt no AREsp 1477953/SP, Rel. Ministro Herman Benjamin, Segunda Turma, julgado em 07/11/2019, DJe 19/11/2019)

§ 5º É vedada a complementação se houver insuficiência parcial do preparo, inclusive porte de remessa e de retorno, no recolhimento realizado na forma do § 4º.

Não cabe complementação de preparo se houve despacho anterior determinando o recolhimento em dobro

✓ AGRAVO INTERNO NO AGRAVO DE INSTRUMENTO – NÃO COMPROVAÇÃO DO PREPARO NO MOMENTO OPORTUNO – DETERMINAÇÃO DE RECOLHIMENTO EM DOBRO – IMPOSSIBILIDADE DE COMPLEMENTA-

ÇÃO – DESERÇÃO – INADMISSIBILIDADE MONOCRÁTICA – MULTA DO ART. 1.021, § 4º, DO CPC – APLICAÇÃO. I- De acordo com o art. 1.007, § 4º, do CPC, se não demonstrado o pagamento do preparo no momento oportuno, a parte insurgente deve proceder ao recolhimento em dobro, sob pena de deserção; II- Segundo o art. 1.007, § 5º, do CPC, é vedada a complementação se houver insuficiência parcial do preparo, inclusive porte de remessa e de retorno, no recolhimento realizado na forma do § 4º; III- Se apesar de intimada para realizar e demonstrar o preparo em dobro, a parte recorrente deixa de assim proceder, limitando-se a uma juntada inoportuna de comprovante de pagamento das custas recursais simples, o agravo de instrumento interposto deve ser considerado deserto e, conseguintemente, inadmitido pelo relator, com fulcro no art. 932, III, do CPC; IV- Segundo o art. 1.021, § 4º, do CPC, em sendo declarada a manifesta improcedência do agravo interno em votação unânime, a parte agravante deve ser condenada ao pagamento de multa em favor da adversa, de um a cinco por cento do valor atualizado da causa. (TJMG, Agravo Interno 1.0000.20.060361-1/003, Rel. Des. João Cancio, 18ª Câmara Cível, julgado em 10/11/0020, DJ 11/11/2020).

§ 6º Provando o recorrente justo impedimento, o relator relevará a pena de deserção, por decisão irrecorrível, fixando-lhe prazo de 5 (cinco) dias para efetuar o preparo.

O desconhecimento do valor do preparo não configura justo impedimento

✓ PROCESSUAL CIVIL. RECURSO DE APELAÇÃO. PREPARO. PORTE DE REMESSA E RETORNO. AUSÊNCIA. PENA DE DESERÇÃO. JUSTO IMPEDIMENTO. CARACTERIZAÇÃO. INOCORRÊNCIA. 1. Conforme estabelecido pelo Plenário do STJ, aos recursos interpostos com fundamento no CPC/2015 (relativos a decisões publicadas a partir de 18 de março de 2016) serão exigidos os requisitos de admissibilidade recursal na forma nele prevista (Enunciado Administrativo n. 3). 2. A falta de comprovação do preparo no ato da interposição do recurso não gera a sua imediata deserção, que só ocorrerá depois de conferida ao interessado a oportunidade de providenciar o recolhimento em dobro, consoante o art. 1.007, § 4º, do novo estatuto processual. 3. Hipótese em que constatada a irregularidade, houve a intimação da parte recorrente para recolher em dobro o porte de remessa e retorno do recurso de apelação e, não sendo efetivado o pagamento de forma suficiente, mostra-se correta a aplicação da pena de deserção. 4. Além de o impedimento (art. 1.007, § 6º, do CPC) – desconhecimento do valor do preparo – ter sido alegado somente após a decretação da deserção, é certo que competia ao recorrente consultar o regimento de custas judiciais do Estado ou requerer informação sobre o respectivo valor dentro do prazo recursal, o que não ocorreu no caso. 5. Agravo interno desprovido. (AgInt no AREsp 1405527/SP, Rel. Min. Gurgel de Faria, Primeira Turma, julgado em 22/06/2020, DJe 26/06/2020).

A alegação do recorrente de que se encontra em dificuldades financeiras para o pagamento do preparo não se releva "justo impedimento"

✓ "... A alegação de que o recorrente se encontrava em dificuldades financeiras para o pagamento das custas processuais não se releva "justo impedimento" (art. 1.007, § 6º, do CPC) para o não recolhimento das custas processuais, considerando que o Codex processual assegura aos litigantes com insuficiência de recursos para pagar as custas a possibilidade de requerer a gratuidade de justiça, disciplinada nos arts. 98 a 102 do CPC..." (AgInt nos EDcl no AREsp 1100520/MG, Rel. Ministro Luis Felipe Salomão, Quarta Turma, julgado em 04/09/2018, DJe 11/09/2018).

§ 7º O equívoco no preenchimento da guia de custas não implicará a aplicação da pena de deserção, cabendo ao relator, na hipótese de dúvida quanto ao recolhimento, intimar o recorrente para sanar o vício no prazo de 5 (cinco) dias.

O equívoco no preenchimento da guia de recolhimento do preparo não enseja, desde logo, no não conhecimento do recurso: deve-se permitir à parte sanar o vício

✓ PROCESSUAL CIVIL. RECURSO ORDINÁRIO. PREPARO. AUSÊNCIA. INTIMAÇÃO PARA REGULARIZAÇÃO. NÃO CUMPRIMENTO. DESERÇÃO. 1. "O equívoco no preenchimento da guia de custas não implicará a pena de deserção, cabendo ao relator, na hipótese de dúvida quanto ao recolhimento, intimar o recorrente para sanar o vício no prazo de 5 (cinco) dias" (art. 1.007, § 7º, do CPC). 2. Hipótese em que constatada a irregularidade pela Presidência desta Corte Superior, houve a intimação da parte para sanar o vício, o que não ocorreu. 3. "A juntada de comprovante de agendamento não é meio apto a comprovar que o preparo foi devidamente recolhido (Súmula 187 do Superior Tribunal de Justiça), não sendo possível sua juntada posterior, em decorrência da preclusão consumativa" (AgInt nos EDcl no AREsp 1.424.727/SP, Rel. Ministra Maria Isabel Gallotti, Quarta Turma, DJe 17/03/2020). 4. Agravo interno não provido. (AgInt nos EDcl no RMS 62.282/PR, Rel. Ministro Gurgel de Faria, Primeira Turma, julgado em 13/10/2020, DJe 20/10/2020).

A ausência de código de barras no comprovante de pagamento do preparo apresentado quando da interposição do recurso especial, leva à incidência do § 4º e não do § 7º do art. 1.007 do CPC

✓ "...Esta Corte já firmou a compreensão de que a falta de correspondência entre o número do código de barras da guia de recolhimento e o comprovante bancário demonstra irregularidade no preparo do recurso especial, tornando-o, portanto, deserto (AgInt no AREsp 1594535/PB, Rel. Ministra Assusete Magalhães, Segunda Turma, julgado em 23/11/2020, DJe 30/11/2020)

Art. 1.008. **O julgamento proferido pelo tribunal substituirá a decisão impugnada no que tiver sido objeto de recurso.**

Quando o STJ adentra no mérito no recurso, realizando o efeito substitutivo previsto no art. 1.008 do CPC, é dele a competência para analisar a eventual rescisória do julgado

✓ AGRAVO INTERNO NO RECURSO ESPECIAL. AÇÃO RESCISÓRIA. ÚLTIMA DECISÃO DE MÉRITO PROFERIDA NOS AUTOS ORIGINÁRIOS. INCOMPETÊNCIA ABSOLUTA DO TRIBUNAL DE JUSTIÇA ESTADUAL. COMPETÊNCIA DO STJ. CABIMENTO DA REAUTUAÇÃO DOS AUTOS À LUZ DO NOVO CPC. 1. Quando o

STJ adentra o mérito da questão federal controvertida no recurso especial, opera-se o efeito substitutivo previsto no artigo 512 do CPC de 1973 (artigo 1.008 do NCPC), o que atrai a competência para apreciação da ação rescisória. Hipótese em que, consoante assente em julgamento proferido pela Segunda Seção, foi reconhecida a natureza meritória da última decisão proferida pelo STJ nos autos originários. Na ocasião, o referido órgão julgador considerou que a circunstância de o recurso especial não ter sido conhecido não descaracteriza sua natureza de decisão de mérito, uma vez detidamente examinada a controvérsia e indeferida a pretensão da recorrente. 2. Constatada a incompetência absoluta do tribunal perante o qual a rescisória foi ajuizada (pois indicada como rescindível decisão de mérito que fora substituída por outra de tribunal superior), deve o relator determinar a emenda da inicial para adequação do objeto da ação e a posterior remessa dos autos ao juízo competente para apreciação da demanda. 3. Agravo interno não provido. (AgInt nos EDcl no REsp 1611431/MT, Rel. Min. Luis Felipe Salomão, Quarta Turma, julgado em 28/11/2017, DJe 01/12/2017).

O efeito substitutivo previsto no art. 1.008 do CPC independe do trânsito em julgado do acórdão do tribunal

✓ AGRAVO DE INSTRUMENTO. DIREITO PROCESSUAL CIVIL. CUMPRIMENTO DE SENTENÇA. IMPUGNAÇÃO AOS CÁLCULOS DO EXEQUENTE. JUROS COMPENSATÓRIOS. PRECLUSÃO RECONHECIDA PELO TRIBUNAL. EFEITO SUBSTITUTIVO DO RECURSO. APLICAÇÃO DA DECISÃO REFORMADA ATÉ O TRÂNSITO EM JULGADO DO RECURSO. IMPOSSIBILIDADE. IMPUGNAÇÃO GENÉRICA. AUSÊNCIA DO VALOR QUE ENTENDE CORRETO. REJEIÇÃO LIMINAR. LITIGÂNCIA DE MÁ-FÉ. INOCORRÊNCIA. MAJORAÇÃO DOS HONORÁRIOS. IMPOSSIBILIDADE. DECISÃO MANTIDA 1. Os recursos gozam, em regra, de efeito substitutivo, conforme estampado no artigo 1.008 do CPC, de modo que o julgamento proferido pelo Tribunal substituirá a decisão impugnada, efeito que, inclusive independe do trânsito em julgado. 2. A impugnação deve vir acompanhada do valor reputado correto pelo impugnante, na forma do artigo 525, § 5º, do CPC. A mera alegação de excesso de execução pelo executado enseja a rejeição liminar da impugnação. 3. Para a incidência das sanções por litigância de má-fé, é necessária a prova inconteste de que a parte praticou quaisquer das condutas descritas no artigo 80 do Código de Processo Civil, bem como elementos atinentes à existência de ato doloso e de prejuízo. Presente a percepção de que a hipótese reflete apenas o exercício dialético do direito de ação/defesa mediante o confronto de teses e argumentos, evidencia-se a não ocorrência dos referidos pressupostos, o que conduz ao não cabimento da pleiteada condenação por litigância de má-fé. 4. Eventual insurgência quanto ao percentual arbitrado no cumprimento de sentença a título de honorários deve ser apresentada em recurso próprio e oportuno, sendo inviável sua alegação em sede de contrarrazões de agravo que nem sequer tem como objeto a decisão que os fixou. 5. Agravo de Instrumento conhecido e não provido." (TJDFT, AC 07163107320208070000, Rel. Des. Simone Lucindo, 1ª Turma Cível, julgado em 29/07/2020, DJ 12/08/2020).

Se o tribunal analisa o mérito da demanda, a ação rescisória deve ser proposta em face do acórdão e não da sentença

✓ "Ação Rescisória – Rescisão de sentença que rejeitou os embargos, extinguindo o processo, sem resolução do mérito, com base no art. 485, V, do CPC – Sentença posteriormente substituída por acórdão da C. 14ª Câmara de Direito Privado, que negou provimento à apelação interposta pela autora – Inadmissibilidade – Com o julgamento proferido pelo tribunal, operou-se o efeito substitutivo, sendo a sentença substituída pelo acórdão (art. 1.008 do CPC) – Impossibilidade de rescindir a sentença, substituída que foi pelo acórdão, sendo a decisão colegiada em tese rescindível, porque o reconhecimento da coisa julgada impede a propositura de nova demanda para rediscussão da matéria (art. 966, §2º, do CPC) – Manifesta violação a norma jurídica e existência de prova nova (art. 966, V e VII do CPC) – Inocorrência – Impossibilidade de manejo da ação rescisória como sucedâneo de recurso ou rejulgamento da causa – Precedentes do STJ – Ação rescisória extinta, sem resolução de mérito, nos termos do art. 485, I e VI do CPC." (TJSP, Ação Rescisória 2279711-75.2019.8.26.0000, Rel. Des. Francisco Giaquinto, 7º Grupo de Direito Privado, 1ª Vara Cível, julgado em 25/03/2020, DJ: 25/03/2020).

Reformada a sentença, eventual tutela antecipada concedida em Primeiro Grau não produz mais efeitos

✓ EMBARGOS DE DECLARAÇÃO – APELAÇÃO CÍVEL – MODIFICAÇÃO DO RESULTADO DO JULGAMENTO – EFEITO SUBSTITUTIVO – REVOGAÇÃO CONSEQUENTE DA TUTELA ANTECIPADA.- O julgamento proferido pelo tribunal substituirá a decisão impugnada no que tiver sido objeto de recurso" – art. 1.008 do CPC -, razão pela qual, uma vez reformada a sentença, a decisão que analisou a medida de urgência confirmada em primeiro grau não produz mais efeito, passando a vigorar o resultado proferido na apelação. (TJMG, EDCv 1.0024.14.013784-5/004, Rel. Des. Fernando Lins, 18ª Câmara Cível, julgado em 26/05/2020, DJ 03/06/2020).

Capítulo II
DA APELAÇÃO

Art. 1.009. Da sentença cabe apelação.

→ *V.* Art. 203 do CPC.

→ *V.* Art. 316 do CPC.

→ *V.* Art. 485 e seguintes do CPC.

→ *V.* Enunciado 67 do CJF: há interesse recursal no pleito da parte para impugnar a multa do art. 334, § 8º, do CPC por meio de apelação, embora tenha sido vitoriosa na demanda.

Caberá Apelação ou Agravo de Instrumento a depender se o ato judicial encerrou a fase processual

✓ " O recurso cabível está relacionado à natureza jurídica dessa decisão proferida. A interposição de apelação ou agravo de instrumento dependerá se o ato judicial importar no encerramento da atividade jurisdicional de primeira instância ou não, respectivamente..." (AgInt no AgInt no AREsp 1275372/GO, Rel. Ministro Moura Ribeiro, Terceira Turma, julgado em 29/06/2020, DJe 01/07/2020)

A decisão que resolve a execução e extingue o cumprimento de sentença é passível de apelação

✓ GRAVO INTERNO NO RECURSO ESPECIAL. PROCESSUAL CIVIL. CUMPRIMENTO DE SENTENÇA. EXTINÇÃO. RECURSO CABÍVEL. APELAÇÃO. PRINCÍPIO DA FUNGIBILIDADE. INOCORRÊNCIA. 1. "Consoante o entendimento do STJ, a decisão que põe fim ao cumprimento da sentença, extinguindo a obrigação, é passível de repreensão pela via de apelação, e não de agravo de instrumento, sendo incabível a aplicação do princípio da fungibilidade recursal" (AgInt no AREsp 1141865/SP, Rel. Ministro Gurgel de Faria, Primeira Turma, julgado em 14/10/2019, DJe 17/10/2019). 2. Agravo interno não provido. (AgInt no REsp 1608843/PR, Rel. Ministro Luis Felipe Salomão, Quarta Turma, julgado em 22/06/2020, DJe 30/06/2020).

Caso a decisão não ponha fim ao cumprimento de sentença (não extinga a execução), será cabível Agravo de Instrumento

✓ PROCESSUAL CIVIL. AGRAVO INTERNO NO RECURSO ESPECIAL. ENUNCIADO ADMINISTRATIVO N. 3/STJ. DECISÃO EM IMPUGNAÇÃO AO CUMPRIMENTO DE SENTENÇA. NÃO EXTINÇÃO DA EXECUÇÃO. RECURSO CABÍVEL. AGRAVO DE INSTRUMENTO. PRECEDENTES DO STJ. AGRAVO NÃO PROVIDO. 1. "A jurisprudência do STJ é unissona ao afirmar que a decisão que resolve Impugnação ao Cumprimento de Sentença e extingue a execução deve ser combatida através de Apelação, enquanto aquela que julga o mesmo incidente, mas sem extinguir a fase executiva, por meio de Agravo de Instrumento" (REsp 1.803.176/SP, Rel. Ministro Herman Benjamin, Segunda Turma, julgado em 09/05/2019, DJc 21/05/2019). 2. Tendo o contribuinte interposto apelação contra incidente em execução e não agravo de instrumento, não é possível aplicar o princípio da fungibilidade recursal para conhecer da apelação interposta, tendo em vista a configuração de erro grosseiro. 3. Agravo interno não provido. (STJ, AgInt nos EDcl no REsp 1750183/CE, Rel. Ministro Mauro Campbell Marques, Segunda Turma, julgado em 22/04/2020, DJe 27/04/2020).

Recurso cabível na ação de exigir contas

✓ AGRAVO INTERNO. EMBARGOS DE DECLARAÇÃO. RECURSO ESPECIAL. AÇÃO DE EXIGIR CONTAS (ART. 550, § 5°, DO CPC/2015). DECISÃO QUE, NA PRIMEIRA FASE, JULGA PROCEDENTE O PEDIDO PARA O FIM DE CONDENAR A PARTE A PRESTAR AS CONTAS. RECURSO CABÍVEL. AGRAVO DE INSTRUMENTO. EXISTÊNCIA DE DÚVIDA OBJETIVA. PRINCÍPIO DA FUNGIBILIDADE. APLICAÇÃO. 1. A jurisprudência do STJ firmou o entendimento no sentido de que "o ato judicial que encerra a primeira fase da ação de exigir contas possuirá, a depender de seu conteúdo, diferentes naturezas jurídicas: se julgada procedente a primeira fase da ação de exigir contas, o ato judicial será decisão interlocutória com conteúdo de decisão parcial de mérito, impugnável por agravo de instrumento; se julgada improcedente a primeira fase da ação de exigir contas ou se extinto o processo sem a resolução de seu mérito, o ato judicial será sentença, impugnável por apelação", todavia, "Havendo dúvida objetiva acerca do cabimento do agravo de instrumento ou da apelação, consubstanciada em sólida divergência doutrinária e em reiterado dissídio jurisprudencial no âmbito do 2° grau de jurisdição, deve ser afastada a existência de erro grosseiro, a fim de que se aplique o princípio da fungibilidade recursal" (REsp 1.746.337/RS, Rel. Ministra Nancy Andrighi, Terceira Turma, julgado em 9.4.2019, DJe de 12.4.2019). 2. Agravo interno a que se nega provimento. (STJ, AgInt nos EDcl no REsp 1831900/PR, Rel. Ministra Maria Isabel Gallotti, Quarta Turma, julgado em 20/04/2020, DJe 24/04/2020).

Recurso cabível da decisão que julga embargos à execução

✓ "...O recurso cabivel contra decisão que julga embargos à execução é a apelação e não o agravo de instrumento, que, somente se admite quando interposto contra decisões interlocutórias proferidas na fase de liquidação de sentença ou de cumprimento de sentença..." (STJ, AgInt no AgInt no AREsp 1630140/SP, Rel. Ministra Maria Isabel Gallotti, Quarta Turma, julgado em 31/08/2020, DJe 04/09/2020).

Em face de decisão que determina a expedição de ofícios requisitórios e encerra a fase de cumprimento de sentença cabe apelação

✓ "(...) A controvérsia se refere a uma decisão, proferida na fase de cumprimento de sentença, por meio da qual o Juízo de primeiro grau ordenou a expedição de Requisição de Pequeno Valor (RPV), sob o entendimento de que seria "de ordem acolher a livre manifestação das partes, haja vista a inexistência de vícios e nulidades, e proceder à competente homologação de valores, encerrando com isso, a presente execução contra a Fazenda Pública" (fl. 267, e-STJ). 4. Se houve homologação dos cálculos, ordem para expedição dos ofícios requisitórios e expresso encerramento da fase de cumprimento de sentença, proferiu-se sentença. O art. 203, § 1°, do CPC/2015, caracteriza essa decisão como o "pronunciamento por meio do qual o juiz [...] põe fim à fase cognitiva do procedimento comum, bem como extingue a execução". E, se é de sentença que se trata, o recurso cabível é a Apelação (art. 1.009 do CPC//2015). 5. Conforme a jurisprudência do Superior Tribunal de Justiça, o recurso cabível contra decisão que homologa os cálculos apresentados e determina a expedição de RPV ou precatório, declarando extinta a execução, é o de apelação..." (STJ, REsp 1855034/PA, Rel. Ministro Herman Benjamin, Segunda Turma, julgado em 03/03/2020, DJe 18/05/2020).

§ 1° As questões resolvidas na fase de conhecimento, se a decisão a seu respeito não comportar agravo de instrumento, não são cobertas pela preclusão e devem ser suscitadas em preliminar de apelação, eventualmente interposta contra a decisão final, ou nas contrarrazões.

→ *v.* art. 1015 do CPC

As questões decididas na fase de conhecimento que não comportarem agravo de instrumento não são cobertas pela preclusão e devem ser suscitadas em preliminar de apelação ou nas contrarrazões

✓ ADMINISTRATIVO E PROCESSUAL CIVIL. AGRAVO INTERNO NO RECURSO EM MANDADO DE SEGURANÇA. ADIANTAMENTO DE HONORÁRIOS PERICIAIS. AÇÃO MOVIDA POR BENEFICIÁRIO DA JUSTIÇA GRATUITA. ART. 95, § 3°, DO CPC/73. MANDADO DE SEGURANÇA UTILIZADO COMO SUCEDÂNEO RECURSAL.

NÃO CABIMENTO. AGRAVO INTERNO IMPROVIDO. I. Agravo interno aviado contra decisão que julgara recurso interposto contra decisum publicado na vigência do CPC/2015. II. No acórdão objeto do Recurso Ordinário, o Tribunal de origem denegou a ordem, em Mandado de Segurança impetrado pelo recorrente, Estado do Mato Grosso do Sul, contra decisão que determinara que arcasse ele com a antecipação dos honorários periciais decorrentes de perícia médica requerida por parte beneficiária de assistência judiciária, em Ação de Indenização por Danos Morais. III. Nos termos da jurisprudência do Superior Tribunal de Justiça, o "mandado de segurança não serve como sucedâneo recursal, daí porque não é cabível sua impetração em casos em que há recurso próprio, previsto na legislação processual, apto a resguardar a pretensão do impetrante, mesmo que sem efeito suspensivo, salvo a hipótese de decisão teratológica ou flagrantemente ilegal" (STJ, AgInt no MS 23.159/DF, Rel. Ministra Maria Thereza de Assis Moura, Corte Especial, DJe de 05/12/2017). IV. A jurisprudência do STJ é assente no sentido de que o Mandado de Segurança contra ato judicial é medida excepcional, admissível somente nas hipóteses em que se verifica de plano decisão teratológica, ilegal ou abusiva, contra a qual não caiba recurso com efeito suspensivo. V. No caso, ainda que o ato judicial tido como coator não seja impugnável mediante Agravo de Instrumento, em consonância com o previsto no art. 1.015 do CPC/2015, as questões decididas na fase de conhecimento que não comportarem o referido recurso não são cobertas pela preclusão e devem ser suscitadas em preliminar de apelação ou nas contrarrazões, na forma do art. 1.009, § 1º, do CPC/2015. VI. A tese firmada, em sede de recurso representativo da controvérsia, no sentido de que "o rol do art. 1.015 do CPC é de taxatividade mitigada, por isso admite a interposição de agravo de instrumento quando verificada a urgência decorrente da inutilidade do julgamento da questão no recurso de apelação" (STJ, REsp 1.696.396/MT, Rel. Ministra Nancy Andrighi, Corte Especial, DJe de 19/12/2018), não altera o entendimento expendido, na decisão agravada, uma vez que, no presente caso, não se verifica prejuízo, pelo reexame da questão no recurso de apelação. Indemonstrada, na hipótese, decisão judicial teratológica ou flagrantemente ilegal. VII. Incidência, in casu, da Súmula 267/STF, segundo a qual "não cabe mandado de segurança contra ato judicial passível de recurso ou correição". Nesse sentido: STJ, RMS 61.763/SP, Rel. Ministro Herman Benjamin, Segunda Turma, DJe de 18/11/2019. VIII. Agravo interno improvido. (STJ, AgInt no RMS 61.596/MS, Rel. Ministra Assusete Magalhães, Segunda Turma, julgado em 14/09/2020, DJe 22/09/2020)

Não cabe formular pedido em contrarrazões de apelação, salvo em relação a interlocutórias não agraváveis

✓ DIREITO PROCESSUAL CIVIL. AÇÃO DE BUSCA E APREENSÃO. HONORÁRIOS ADVOCATÍCIOS DE SUCUMBÊNCIA. PRINCÍPIO DA CAUSALIDADE. INAPLICABILIDADE. PEDIDO DE REFORMA DA SENTENÇA EM CONTRARRAZÕES. INADEQUAÇÃO DA VIA ELEITA. SENTENÇA MANTIDA. 1 – Para a fixação dos honorários advocatícios, o Código de Processo Civil adotou, como regra geral, o princípio da sucumbência (art. 85, caput, do CPC) e não o da causalidade, que é utilizado pelo ordenamento jurídico para casos específicos (§ 10 do art. 85 do CPC e Enunciado nº 303 da Súmula do Superior Tribunal de Justiça, por exemplo). Se o caso concreto amolda-se à regra geral do caput do art. 85, deve reger a fixação dos honorários o princípio da sucumbência. 2 – As contrarrazões não são a via adequada para se formular pedido de majoração de honorários advocatícios arbitrados na sentença, exigindo-se para isso a interposição do recurso adequado (art. 1.009 do CPC). Apelação Cível desprovida. (TJDFT, AC 07003991820208070001, Rel. Des. Angelo Passareli, 5ª Turma Cível, julgado em 26/08/2020, DJ 08/09/2020).

✓ LOCAÇÃO DE IMÓVEL RESIDENCIAL. DESPEJO C/C COBRANÇA DE ALUGUEL E ENCARGOS. Sentença de procedência parcial. Contrarrazões. Pedido de reforma da sentença. Inadequação da via eleita. Peça que é limitada à resposta e à discussão das questões decididas em decisões interlocutórias irrecorríveis por agravo de instrumento. Exegese do art. 1.009, §1º, do CPC. Pedido de indenização por danos no imóvel rejeitado na sentença. Requerimento que desafiava a interposição do recurso adequado. Não conhecimento. Apelo da ré. Cerceamento de defesa inocorrente. Pedido de oitiva de testemunha sem justificação da pertinência, nem juntada de rol. Preliminar rejeitada. Contrato de locação celebrado por terceiros que não vincula a ré e tampouco comprova a tese de desocupação do imóvel antes da entrega das chaves realizada em audiência. Cobrança devida. Caução que deve ser atualizada monetariamente pelo índice da poupança, consoante o art. 38, §2º, da Lei nº 8.245/91. Sentença mantida. RECURSO Não provido e não conhecido o pedido formulado em contrarrazões. (TJSP, AC 1022320-50.2016.8.26.0007, Rel. Des. Alfredo Attié, 27ª Câmara de Direito Privado, julgado em 25/10/2020, DJ 25/10/2020)

Descabimento de mandado de segurança em face de decisão interlocutória não agravável, cuja única hipótese de impugnação seria em preliminar de apelação, prevista neste § 1º

✓ EMBARGOS DE DECLARAÇÃO – Mandado de segurança não conhecido – Acórdão em agravo que entendeu que a parte poderá veicular a pretensão em preliminar de apelação, eventualmente, se o caso – Inadequação da via eleita – Decisão judicial que desafia recurso específico previsto na legislação de regência – Poderá a parte impugnar tal decisão oportunamente, em sede de preliminar de apelação ou de contrarrazões (art.1.009, §1º, Código de Processo Civil) – Petição inicial indeferida – Acórdão fundamentado – Vícios – Inocorrência – Embargos rejeitados." (TJSP, ED 2039989-81.2020.8.26.0000, Rel. Des. José Carlos Ferreira Alves, 1º Grupo de Direito Privado, julgado em 13/06/2020, DJ 13/06/2020).

✓ MANDADO DE SEGURANÇA. DECISÃO MONOCRÁTICA. USUCAPIÃO. BENS IMÓVEIS. AÇÃO DE USUCAPIÃO. JUNTADA DE PLANTA E MEMORIAIS DESCRITIVOS DOS IMÓVEIS OBJETO DA AÇÃO. Caso em que a parte possui mecanismo para atacar o ato em comento, circunstância que torna inviável a utilização do *mandado de segurança*. Sem demérito dos fundamentos constitucionais e legais trazidos pelo impetrante para respaldar o direito invocado, relativo à necessidade de atribuir aos Estado a responsabilidade pela realização da planta e memorial descritivo do imóvel usucapiendo quando o autor litigar sob amparo da gratuidade da justiça, o exercício do direito em comento depende de situações e fatos ainda indeterminados, porquanto a questão objeto da irresignação será examinada quando da prolação da sentença – contra a qual caberá a interposição do recurso de apelação (*art. 1.009*, caput, do CPC/15. Inicial indeferida. *Mandado de segurança* extinto sem análise do mérito. (TJRS, MS 70082133729, Décima Oitava Câmara Cível, Rel. Des. Heleno Tregnago Saraiva, julgado em 11/07/2019).

§ 2º Se as questões referidas no § 1º forem suscitadas em contrarrazões, o recorrente será intimado para, em 15 (quinze) dias, manifestar-se a respeito delas.

§ 3º O disposto no *caput* deste artigo aplica-se mesmo quando as questões mencionadas no art. 1.015 integrarem capítulo da sentença.

→ v. Enunciado 93 do CJF: da decisão que julga a impugnação ao cumprimento de sentença cabe apelação, se extinguir o processo, ou agravo de instrumento, se não o fizer.

Art. 1.010. A apelação, interposta por petição dirigida ao juízo de primeiro grau, conterá:

I – os nomes e a qualificação das partes;

II – a exposição do fato e do direito;

Caso a apelação não exponha adequadamente as razões pela reforma, o recurso não deve ser conhecido (princípio da dialeticidade – vide art. 932, III)

✓ "AÇÃO DE MANUTENÇÃO DE POSSE – Recurso – Pressupostos de admissibilidade recursal – Princípio da Dialeticidade – Não observância – Afronta ao disposto no art. 1.010, II e III do CPC – Recorrente que em nenhum momento rebateu ou se manifestou sobre as questões trazidas pela sentença – Inteligência do artigo 932, inciso III, do Código de Processo Civil – Ausência de devolutividade – Decisão de improcedência mantida – Recurso não conhecido." (TJSP, AC 0000999-76.2015.8.26.0082, Rel. Des. Lavínio Donizetti Paschoalão, 12ª Câmara de Direito Privado, julgado em 10/11/2020, DJ 10/11/2020).

A mera repetição de petição inicial nas razões de apelação não enseja, por si só, afronta ao princípio da dialeticidade, mas a parte deve impugnar os fundamentos da sentença

✓ PROCESSUAL CIVIL. AGRAVO INTERNO NO AGRAVO EM RECURSO ESPECIAL. CONSONÂNCIA ENTRE O ACÓRDÃO RECORRIDO E A JURISPRUDÊNCIA DO STJ. 1. Ação revisional c/c consignação em pagamento, fundada na abusividade de cláusulas contratuais. 2. Embora a mera reprodução da petição inicial nas razões de apelação não enseje, por si só, afronta ao princípio da dialeticidade, se a parte não impugna os fundamentos da sentença, não há como conhecer da apelação, por descumprimento do art. 514, II, do CPC/1973, atual art. 1.010, II, do CPC/2015. Precedentes. Ante o entendimento do tema nesta Corte Superior, aplica-se, no particular, a Súmula 568/STJ. 3. Agravo interno no recurso especial não provido. (STJ, AgInt no AgInt no AREsp 1690918/MT, Rel. Ministra Nancy Andrighi, Terceira Turma, julgado em 26/10/2020, DJe 29/10/2020)

Não há violação ao princípio da dialeticidade se, apesar da repetição dos argumentos lançados na petição inicial, é possível extrair as razões de inconformismo com a decisão recorrida

✓ AGRAVO INTERNO NO RECURSO ESPECIAL. EMBARGOS À EXECUÇÃO. SENTENÇA DE IMPROCEDÊNCIA. APELAÇÃO QUE REPETE ARGUMENTOS APRESENTADOS NA INICIAL. ATENDIMENTO AO ARTIGO 514 DO CPC DE 1973. 1. Consoante cediço nesta Corte, a repetição dos argumentos lançados na petição inicial (ou na contestação) não representa, por si só, a ausência de requisito objetivo de admissibilidade da apelação, se possível extrair, de suas razões, os fundamentos de fato e de direito pelos quais o recorrente almeja ver reformada a sentença. 2. Agravo interno não provido. (STJ, AgInt no REsp 1551747/SP, Rel. Ministro Luis Felipe Salomão, Quarta Turma, julgado em 29/06/2020, DJe 03/08/2020)

III – as razões do pedido de reforma ou de decretação de nulidade;

IV – o pedido de nova decisão.

§ 1º O apelado será intimado para apresentar contrarrazões no prazo de 15 (quinze) dias.

§ 2º Se o apelado interpuser apelação adesiva, o juiz intimará o apelante para apresentar contrarrazões.

§ 3º Após as formalidades previstas nos §§ 1º e 2º, os autos serão remetidos ao tribunal pelo juiz, independentemente de juízo de admissibilidade.

→ v. Enunciado 68 do CJF: a intempestividade da apelação desautoriza o órgão a quo a proferir juízo positivo de retratação.

Cabe reclamação, por usurpação da competência do Tribunal respectivo, em face de decisão de Juízo de Primeiro Grau que realiza juízo de admissibilidade do Recurso de Apelação

✓ RECLAMAÇÃO. EXECUÇÃO DE TÍTULO EXTRAJUDICIAL. Executados que interpuseram embargos à execução nos mesmos autos que a execução. Decisão que rejeitou os embargos liminarmente objeto de recurso de apelação. Recurso não conhecido pelo juízo a quo. Insurgência dos executados. Juízo de admissibilidade que deve ser realizado pelo juízo ad quem. Inteligência do art. 1.010. §3º do CPC. Decisão reformada. Reclamação procedente, para que o exequente seja intimado a apresentar contrarrazões ao Recurso de Apelação e que os autos sejam encaminhados ao Tribunal para julgamento do recurso." (TJSP, Reclamação 2116413-67.2020.8.26.0000, Rel. Des. Marcos Gozzo, 23ª Câmara de Direito Privado, julgado em 23/09/2020, DJ 23/09/2020). RECLAMAÇÃO. JUÍZO DE ADMISSIBILIDADE DA APELAÇÃO REALIZADO PELO JUÍZO A QUO. IMPOSSIBILIDADE. USURPAÇÃO DA COMPETÊNCIA. ART. 1.010, §3º, DO CPC. DECISÃO CASSADA. – Nos termos do art. 988, do Código de Processo Civil, a reclamação destina-se à preservação da competência do Tribunal ou à garantia da autoridade de seus julgados ou de seus precedentes obrigatórios. - O § 3º, do art. 1.010, do CPC, dispõe que, após as formalidades previstas nos §§1º e 2º do mesmo dispositivo, os autos serão remetidos ao tribunal pelo juiz, independentemente de juízo de admissibilidade. – Hipótese na qual deve ser julgada procedente a reclamação e cassada a decisão que não conheceu do recurso em razão da alegada inadequação da via eleita, uma vez que caracterizada a usurpação da competência do órgão ad quem. (TJMG, Reclamação 1.0000.19.040017-6/000, Rel. Des. Alberto Vilas Boas, 1ª Câmara Cível, julgado em 24/09/2019, DJ 27/09/2019).

ATENÇÃO! Alguns tribunais admitem agravo de instrumento nesse caso

AGRAVO DE INSTRUMENTO – Cumprimento provisório de sentença contra a Fazenda Pública – R. decisão que indeferiu o processamento do recurso de apelação da agravante – Impossibilidade – Juízo de admissibilidade do recurso de apelação que é realizado por esta Egrégia Corte – Inteligência do art. 1.010, § 3º do CPC – Recurso provido. (TJSP, AI 2046111-13.2020.8.26.0000, Rel. Des. Silvia Meirelles, 6ª Câmara de Direito Público, julgado em 29/10/2020, DJ 29/10/2020).

EMBARGOS À ARREMATAÇÃO. SENTENÇA DE IMPROCEDÊNCIA. RECURSO DE APELAÇÃO. JUÍZO DE ADMISSIBILIDADE. ART. 1.010, § 3º, CPC. 1. Interposta apelação, o juízo de admissibilidade do recurso é do juízo "ad quem". 2. Assim, em que pese a correta conduta de se evitar recursos protelatórios, o apelo deve subir, para que o tribunal possa aferir sua admissibilidade, nos termos do art. 1.010, § 3º, do CPC. 3. Recurso provido. (TJSP, AI 2232552-05.2020.8.26.0000, Rel. Des. Melo Colombi, 14ª Câmara de Direito Privado, julgado em 29/10/2020, DJ 29/10/2020).

AGRAVO DE INSTRUMENTO CONTRA DECISÃO QUE INADMITIU O RECURSO DE APELAÇÃO POR JULGÁ-LO DESERTO. APLICAÇÃO DO ARTIGO 1.010, § 3º, NO SENTIDO DE QUE O JUÍZO DE ADMISSIBILIDADE DO RECURSO DE APELAÇÃO, NA SISTEMÁTICA IMPLANTADA PELO CPC/15 É DE COMPETÊNCIA EXCLUSIVA DO SEGUNDO GRAU. RECURSO PROVIDO." (TJSP, Agravo de Instrumento 2038730-51.2020.8.26.0000, Rel. Des. Alberto Gosson, 22ª Câmara de Direito Privado, julgado em 14/10/2020, DJe 14/10/2020)

Admitindo a conversão do Agravo de Instrumento em Reclamação

✓ AGRAVO DE INSTRUMENTO RECEBIDO COMO RECLAMAÇÃO. JUÍZO DE ADMISSIBILIDADE EM RECURSO DE APELAÇÃO. COMPETÊNCIA DO TRIBUNAL. Caberá reclamação para preservar a competência do tribunal (art. 988, I, CPC). Incumbe ao Tribunal de Justiça exercer o juízo de admissibilidade do recurso de apelação interposto, nos termos do artigo 1.010, § 3º, do CPC, sob pena de usurpação de competência, o que não se pode admitir. Reclamação acolhida." (TJRS, Reclamação 70082002940, Décima Nona Câmara Cível, Rel. Des. Marco Antonio Angelo, julgado em 20/02/2020).

Art. 1.011. Recebido o recurso de apelação no tribunal e distribuído imediatamente, o relator:

I – decidi-lo-á monocraticamente apenas nas hipóteses do art. 932, incisos III a V;

No caso de não conhecimento do recurso, desnecessário o julgamento colegiado

✓ "Ação de exoneração de alimentos – Sentença de procedência – Insurgência da alimentada – Recurso não comporta conhecimento – Intempestividade configurada – Inteligência do artigo 1.011, inciso I, cumulado com o artigo 932, inciso III (primeira parte), do Código de Processo Civil – Recurso não conhecido. Recurso não conhecido." (TJSP, AC 1007194-51.2019.8.26.0266, Rel. Des. Marcia Dalla Déa Barone, 4ª Câmara de Direito Privado, julgado em 11/08/2020).

II – se não for o caso de decisão monocrática, elaborará seu voto para julgamento do recurso pelo órgão colegiado.

Art. 1.012. A apelação terá efeito suspensivo.

→ *V.* Art. 995 do CPC.

→ *V.* Enunciado 144 do CJF: no caso de apelação, o deferimento de tutela provisória em sentença retira-lhe o efeito suspensivo referente ao capítulo atingido pela tutela.

A regra é a apelação com efeito suspensivo no CPC, de modo que descabe – quando a apelação for recebida no duplo efeito – o início do cumprimento provisório de sentença

✓ "DIREITO PROCESSUAL CIVIL. AÇÃO DE DESPEJO. SENTENÇA DE PROCEDÊNCIA. APELAÇÃO. AUSÊNCIA DE EFEITO SUSPENSIVO. CUMPRIMENTO PROVISÓRIO. ADMISSIBILIDADE. I. Apelação interposta contra sentença de procedência proferida em ação de despejo não é dotada de efeito suspensivo e, por conseguinte, não impede o seu cumprimento provisório, a teor do que prescrevem os artigos 58, inciso V, e 63, § 1º, alínea b, da Lei 8.245/1991, e o artigo 520, *caput*, do Código de Processo Civil. II. Somente a atribuição de efeito suspensivo à apelação, na forma do artigo 1.012, §§ 3º e 4º, do Código de Processo Civil, pode retirar da sentença que decreta o despejo sua aptidão executiva antes do trânsito em julgado. III. Recurso conhecido e desprovido." (TJDFT, AC 07267263720198070000, Rel. Des. James Eduardo Oliveira, 4ª Turma Cível, julgado em 20/5/2020, DJ 1º/07/2020).

A apelação interposta contra sentença que aplica medida socioeducativa deve ser recebida, em regra, apenas no efeito devolutivo

✓ AGRAVO REGIMENTAL NO HABEAS CORPUS. ESTATUTO DA CRIANÇA E DO ADOLESCENTE. ATOS INFRACIONAIS ANÁLOGOS AOS DELITOS PREVISTOS NOS ARTS. 157, § 2.º, INCISO II, C.C. O § 2.º-A, INCISO I, E 330, AMBOS DO CÓDIGO PENAL, E 309 DO CÓDIGO DE TRÂNSITO BRASILEIRO. EFEITO MERAMENTE DEVOLUTIVO DA SENTENÇA. MEDIDA SOCIOEDUCATIVA APLICADA ANTES DO TRÂNSITO EM JULGADO. POSSIBILIDADE. RISCO DE INFECÇÃO PELA COVID-19. TESE NÃO APRECIADA PELA CORTE LOCAL. SUPRESSÃO DE INSTÂNCIA. AGRAVO DESPROVIDO. 1. Conforme entendimento desta Corte, "condicionar o cumprimento da medida socioeducativa ao trânsito em julgado na sentença constitui obstáculo ao escopo ressocializador da intervenção estatal, além de permitir que o adolescente permaneça em situação de risco, exposto aos mesmos fatores que o levaram à prática infracional" (AgRg no HC 459.153/SC, Rel. Ministro Rogerio Schietti Cruz, Sexta Turma, julgado em 16/10/2018, DJe 05/11/2018). 2. É certo, ainda, que a apelação interposta contra sentença que acolhe representação do Ministério Público e impõe medida socioeducativa ao adolescente infrator, possui, salvo decisão em contrário, apenas efeito devolutivo. 3. O pleito de aplicação de medida socioeducativa em meio aberto visando preservar a saúde do Adolescente não pode ser examinado pelo Superior Tribunal de Justiça, sob pena de indevida supressão de instância, uma vez que o pedido sequer foi suscitado perante as instâncias ordinárias. 4. Agravo desprovido. (STJ, AgRg no HC 605.758/SC, Rel. Ministra Laurita Vaz, Sexta Turma, julgado em 13/10/2020, DJe 23/10/2020).

§ 1º Além de outras hipóteses previstas em lei, começa a produzir efeitos imediatamente após a sua publicação a sentença que:

I – homologa divisão ou demarcação de terras;

II – condena a pagar alimentos;

III – extingue sem resolução do mérito ou julga improcedentes os embargos do executado;

→ *v.* Súmulas 317 e 331 do STJ.

IV – julga procedente o pedido de instituição de arbitragem;

V – confirma, concede ou revoga tutela provisória;

VI – decreta a interdição.

O rol do art. 1.012, § 1º, do CPC, é taxativo

✓ "Petição – Pretensão à concessão de efeito suspensivo excepcional a recurso de apelação interposto em face de sentença que julgou improcedentes embargos de terceiro – Efeito suspensivo já assegurado "ope legis" ao recurso interposto – Hipótese que não se enquadra em nenhum dos incisos do rol taxativo do art. 1.012, §1º do CPC – Ausência de interesse processual dos requerentes. Petição não conhecida." (TJSP, Pedido de Efeito Suspensivo à Apelação 2034964-87.2020.8.26.0000, Rel. Des. Henrique Rodriguero Clavisio, 18ª Câmara de Direito Privado, julgado em 27/04/2020).

§ 2º Nos casos do § 1º, o apelado poderá promover o pedido de cumprimento provisório depois de publicada a sentença.

→ *v.* Enunciado 136 do CJF: a caução exigível em cumprimento provisório de sentença poderá ser dispensada se o julgado a ser cumprido estiver em consonância com tese firmada em incidente de assunção de competência.

§ 3º O pedido de concessão de efeito suspensivo nas hipóteses do § 1º poderá ser formulado por requerimento dirigido ao:

I – tribunal, no período compreendido entre a interposição da apelação e sua distribuição, ficando o relator designado para seu exame prevento para julgá-la;

II – relator, se já distribuída a apelação.

§ 4º Nas hipóteses do § 1º, a eficácia da sentença poderá ser suspensa pelo relator se o apelante demonstrar a probabilidade de provimento do recurso ou se, sendo relevante a fundamentação, houver risco de dano grave ou de difícil reparação.

→ *v.* Art. 294 do CPC.

A atribuição de efeito suspensivo ao recurso de apelação prevista no § 4º é *ope judicis*

✓ "(...) – Consoante precedentes do STJ, o recurso de apelação que ataca sentença proferida em ação de despejo, ainda que cumulada com pedido de cobrança de aluguéis atrasados, deve ser recebido somente no efeito devolutivo. – O efeito *ope judicis* para suspensão da eficácia da sentença, previsto no §4º do art. 1.012 do CPC, além da relevância da fundamentação na apelação a prova do risco de dano grave ou de difícil reparação, requisito esse de todo inocorrente ante as expressas garantias elencadas em favor do devedor pelo art. 520 do CPC, no caso de cumprimento provisório da sentença..." (TJMG, AC 10000200527372001 MG, Rel. Des. Lílian Maciel, julgado em 14/07/0020, DJe 16/07/2020).

Art. 1.013. A apelação devolverá ao tribunal o conhecimento da matéria impugnada.

→ *v.* Arts. 141 e 492 do CPC.

§ 1º Serão, porém, objeto de apreciação e julgamento pelo tribunal todas as questões suscitadas e discutidas no processo, ainda que não tenham sido solucionadas, desde que relativas ao capítulo impugnado.

§ 2º Quando o pedido ou a defesa tiver mais de um fundamento e o juiz acolher apenas um deles, a apelação devolverá ao tribunal o conhecimento dos demais.

Extensão do efeito devolutivo da Apelação

✓ "CIVIL E PROCESSUAL CIVIL. APELAÇÃO CÍVEL. ARGUIÇÃO DE NULIDADE DA SENTENÇA. OMISSÃO. ARTIGO 1.013, § 1º, DO CÓDIGO DE PROCESSO CIVIL. PRELIMINAR REJEITADA. GRATUIDADE DE JUSTIÇA. DECLARAÇÃO DE HIPOSSUFICIÊNCIA. PRESUNÇÃO JURIS TANTUM. INDEFERIMENTO DA GRATUIDADE. HIPOSSUFICIÊNCIA NÃO COMPROVADA. RECURSO DESPROVIDO. 1. Consoante a exegese do artigo 1.013, §§ 1º e 2º do Código de Processo Civil, a apelação devolverá ao tribunal o conhecimento da matéria impugnada, sendo objeto de apreciação e julgamento todas as questões suscitadas e discutidas no processo, ainda que não tenham sido solucionadas, desde que relativas ao capítulo impugnado. 1.1. Rejeita-se a alegação preliminar de nulidade da sentença se o tribunal pode suprir a omissão suscitada. 2. A declaração de hipossuficiência reveste-se de presunção de veracidade juris tantum, devendo ser acompanhada de elementos que comprovem a ausência de recursos financeiros da parte para o pagamento de eventuais custas processuais, sem prejuízo próprio do sustento e de seus familiares. 3. Não tendo o recorrente se desincumbido do encargo de comprovar a alegada situação de hipossuficiência, não faz jus à concessão do benefício. 4. Recurso conhecido, arguição preliminar rejeitada e, no mérito, desprovido." (TJDFT, AC 07094504720208070003, Rel. Des. Carlos Rodrigues, 1ª Turma Cível, julgado em 21/10/2020, DJe 05/11/2020).

§ 3º Se o processo estiver em condições de imediato julgamento, o tribunal deve decidir desde logo o mérito quando:

I – reformar sentença fundada no art. 485;

II – decretar a nulidade da sentença por não ser ela congruente com os limites do pedido ou da causa de pedir;

→ *v.* Art. 492 do CPC.

III – constatar a omissão no exame de um dos pedidos, hipótese em que poderá julgá-lo;

Admite-se a aplicação da teoria da causa madura nas hipóteses de sentenças proferidas sem análise do mérito, de sentenças nulas, bem como nos casos de sentenças impróprias de mérito

✓ "...a aplicação da teoria da causa madura, adstrita às hipóteses de sentenças sem resolução de mérito e de sentenças nulas, bem como sentenças impróprias de mérito, tem como requisito de aplicabilidade tão somente a necessidade, ou não, de qualificação do acervo fático-probatório, sendo irrelevante que a sentença não tenha examinado e se pronunciado sobre as provas produzidas pelas partes. Precedente...." (REsp 1798849/SC, Rel. Ministra Nancy Andrighi, Terceira Turma, julgado em 01/09/2020, DJe 09/09/2020)

A teoria da causa madura prevista no art. 1.013, § 3º, do CPC, é aplicável ao Processo Penal

✓ "(...) 2. Conforme art. 384, caput, do CPP, o exercício da *mutatio libelli* é atribuição espontânea, de ofício, da acusação. 2.1. Diante da inércia da acusação, não há que se falar em violação ao seu direito de promover a ação penal pública constante no art. 25, III, da Lei n. 8.625/93. 2.2. Conforme o art. 384, § 1º, do CPP, a *mutatio libelli* também pode ser exercida de forma provocada pelo magistrado. Constatada ausência de *mutatio libelli* e ofensa ao princípio da correlação pela sentença condenatória, o Tribunal de origem pode tanto decidir sobre o mérito da condenação como é praxe de julgamento do recurso de apelação quanto anular a sentença e provocar a *mutatio libelli.* 2.3. Em reforço, a Teoria da Causa Madura, constante no Código de Processo Civil – CPC, aplicável no ponto por força do art. 3º do CPP, expressamente preconiza que o Tribunal deve decidir desde logo o mérito quando decretar nulidade da sentença por não ser ela congruente com os limites do pedido ou da causa de pedir (Art. 1.013, § 3º, II, do CPC)..." (REsp 1731183/BA, Rel. Ministro Joel Ilan Paciornik, Quinta Turma, julgado em 01/10/2019, DJe 07/10/2019).

Não se aplica a teoria da causa madura se a sentença for *ultra petita*

✓ "(...) Declarada, na hipótese, a nulidade da sentença em decorrência de julgamento *ultra petita*, impõe-se o retorno dos autos ao primeiro grau de jurisdição, vedada a aplicação do princípio da causa madura..." (AgInt no AREsp 999.161/MA, Rel. Min. Assusete Magalhães, Segunda Turma, julgado em 23/05/2017, DJe 09/06/2017)

A decisão citra petita pode ser objeto da teoria da causa madura, podendo o tribunal julgar desde logo os pedidos formulados

✓ EMENTA: APELAÇÃO – EMBARGOS À EXECUÇÃO FISCAL – PRELIMINAR DE LITISPENDÊNCIA – ACOLHIMENTO PARCIAL – PEDIDOS INICIAIS – OMISSÃO DA SENTENÇA – JULGAMENTO CITRA PETITA – TEORIA DA CAUSA MADURA – ARTIGO 1.013, § 3º, III DO CPC – AUTO DE INFRAÇÃO AMBIENTAL – EXCESSO DE EXECUÇÃO – JUROS DE MORA – TERMO INICIAL – DECISÃO DEFINITIVA NO PROCESSO ADMINISTRATIVO Caracteriza-se litispendência a reprodução, em sede embargos à execução fiscal, de ação anulatória que está em curso, com identidade de partes, causa de pedir e pedido. Omissa a sentença quanto à apreciação de um dos pedidos formulados pela parte, admite-se seja enfrentada a questão desde logo pelo órgão ad quem, mormente quanto expressamente solicitado, estando a causa madura para julgamento, em prol do princípio da celeridade e economia processual. Nos termos do art. 48, §§ 1º e 3º, do Decreto Estadual nº 44.844/08, no caso de interposição de recurso administrativo, o vencimento da multa ambiental ocorrerá no prazo de vinte dias, contados da notificação da decisão administrativa definitiva, momento em que passarão a incidir os juros de mora. (TJMG, AC 10000200305068001, Rel. Des. Kildare Carvalho, julgado em 03/12/2020, 4ª Câmara Cível, DJe 04/12/2020).

Constatação de erro material na sentença autoriza a aplicação da teoria da causa madura

✓ "APELAÇÃO CÍVEL – AÇÃO MONITÓRIA – PRELIMINAR – ERRO MATERIAL NÃO CORRIGIDO EM SEDE DE EMBARGOS DE DECLARAÇAO – TEORIA DA CAUSA MADURA – ART. 1.013, § 3º DO CPC/15 – RETIFICAÇÃO PELA INSTÂNCIA REVISORA – MÉRITO – INADIMPLEMENTO PARCIAL DO CONTRATO – NÃO DEMONSTRADO – RECURSO NÃO PROVIDO. 1- Identificado erro material não corrigido na r. sentença, apesar da oposição de embargos de declaração, de rigor a aplicação da teoria da causa madura, prevista no art. 1.013, § 3º do CPC/15, caso a questão de fundo já tenha sido julgada pelo d. juízo a quo. 2- O inadimplemento contratual deve ser demonstrado pela parte que o alega, atentando-se para a distribuição dinâmica do ônus da prova, nos termos do art. 373 do CPC/15. 3- O dilatado lapso temporal, entre o término da prestação do serviço contratado e a insurgência do contratante para alegar o seu inadimplemento parcial, dificulta a responsabilização do contratado e arrefece a tese do descumprimento do objeto pactuado entre as partes, à medida que torna mais obscura a identificação do nexo causal entre eventual falha no serviço prestado e os problemas supostamente dele advindos." (TJMG, AC 10024133946731002, Rel. Des. Maria Inês Souza, 2ª Câmara Cível, julgado em 02/09/2020, DJe 04/12/2020).

IV – decretar a nulidade de sentença por falta de fundamentação.

→ *v.* Art. 489, § 1º, do CPC.

É possível aplicar a teoria da causa madura às sentenças com fundamentação deficiente

✓ CONTRATO ADMINISTRATIVO. Fornecimento de armas de fogo à Polícia Militar do Estado de São Paulo. Instauração de procedimento administrativo para apuração de inadimplemento contratual. Armas que não atenderiam às especificações técnicas. Prescrição da pretensão punitiva do Estado não consumada. Nulidade da Portaria de instauração, posteriormente aditada, não verificada. Ocorrência de cerceamento de defesa no curso do procedimento administrativo. Ensaios de queda por amostragem realizados pelo Instituto de Pesquisas Tecnológicas – IPT. Causas das falhas apontadas não verificadas. Quesitos apresentados pela autora respondidos pela Polícia Militar. Nulidade do procedimento administrativo. Sentença de improcedência. Nulidade, por falta de fundamentação. Processo em condições de imediato julgamento, nos termos do art. 1.013, § 3º, IV, do CPC. Recurso provido para anular a sentença e julgar procedente a ação. (TJ-SP, AC 1000533-16.2019.8.26.0053, Rel. Des. Antonio Carlos Villen, 10ª Câmara de Direito Público, julgado em 09/11/2020, DJ 02/12/2020)

§ 4º Quando reformar sentença que reconheça a decadência ou a prescrição, o tribunal, se possível, julgará o mérito, examinando as demais questões, sem determinar o retorno do processo ao juízo de primeiro grau.

→ *v.* Arts. 332, § 1º, e 487, II, do CPC.

Cabe a aplicação da teoria da causa madura quando afastada a decadência ou a prescrição pelo Tribunal, estando o feito devidamente instruído e sendo a causa exclusivamente de direito

✓ PROCESSUAL CIVIL. RECURSO ESPECIAL. AÇÃO CIVIL PÚBLICA. OFENSA AO ART. 1.022 DO CPC/2015 NÃO CARACTERIZADA. SERVIDORES PÚBLICOS. CONTRATAÇÃO SEM CONCURSO PÚBLICO. INCONSTITUCIONALIDADE DA LEI ESTADUAL 6.697/1994 DECLARADA PELO PLENÁRIO DO STF NA ADI 1.241/RN. EFICÁCIA ERGA OMNES E EFEITO VINCULANTE. PRESCRIÇÃO E DECADÊNCIA. NÃO INCIDÊNCIA. CAUSA MADURA. APLICAÇÃO DO ART. 1.013, § 3º, DO CPC/2015. OFENSA AO PRINCÍPIO DA NÃO SURPRESA. INEXISTÊNCIA. REEXAME DA CONTROVÉRSIA. SÚMULA 7/STJ. (...) 5. Em relação à alegada violação ao art. 515, § 3º, do CPC/1973 (art. 1.013, § 3º, do CPC/2015), consigna-se que o acórdão recorrido está em conformidade com a jurisprudência do STJ, cuja orientação segue no sentido de que, versando a questão controvertida apenas sobre matéria de direito, o magistrado poderá julgar de imediato a lide. 6. Salienta-se que a aplicação do instituto da causa madura não fica obstada, mesmo na hipótese em que tenha sido extinto o processo com julgamento de mérito, em face do reconhecimento da decadência ou da prescrição pelo juízo primevo. 7. Assim, afastada a decadência ou a prescrição pelo órgão judicante ad quem, estando o feito devidamente instruído e sendo a causa exclusivamente de direito, a princípio, não há impedimento para a aplicação do art. 515, § 3º, do CPC/1973 (art. 1.013, § 3º, do CPC/2015)..." (STJ, REsp 1758078/RN, Rel. Ministro Herman Benjamin, Segunda Turma, julgado em 25/09/2018, DJe 27/11/2018).

§ 5º O capítulo da sentença que confirma, concede ou revoga a tutela provisória é impugnável na apelação.

Art. 1.014. As questões de fato não propostas no juízo inferior poderão ser suscitadas na apelação, se a parte provar que deixou de fazê-lo por motivo de força maior.

A juntada de documentos em sede de apelação é excepcional, somente sendo admitida se respeitado o contraditório e inocorrente a má-fé

✓ AGRAVO INTERNO NO AGRAVO EM RECURSO ESPECIAL. JUNTADA DE DOCUMENTO NÃO INDISPENSÁVEL À SOLUÇÃO DA CONTROVÉRSIA EM SEDE DE APELAÇÃO. POSSIBILIDADE. PRECEDENTES DO STJ. ANÁLISE ACERCA DO MOMENTO DE PRODUÇÃO DA DOCUMENTAÇÃO. IMPOSSIBILIDADE. ÓBICE DA SÚMULA 7/STJ. 1. O STJ possui jurisprudência no sentido de que a apresentação de documentos novos em apelação é admitida, desde que não sejam indispensáveis à apreciação da demanda, observe o contraditório e que não haja má-fé. 2. Na hipótese ora em apreço, a Corte local foi clara ao afirmar que os documentos juntados aos autos em nada influenciariam no valor cobrado, apenas reforçavam a existência da dívida. 3. Além disso, nota-se que não há elementos no acórdão recorrido que conduzam à cabal conclusão de que o art. 435, parágrafo único, do CPC/2015 teria sido violado. 4. O acolhimento da tese proposta em recurso especial demandaria a verificação do preciso momento em que os documentos juntados foram produzidos, bem como a análise de sua imprescindibilidade, providências que dependem da análise do contexto fático-probatório dos autos, o que não se admite em recurso especial, ante o óbice da Súmula 7/STJ. 5. Agravo Interno não provido. (STJ, AgInt no AgInt no AREsp 1653794/MG, Rel. Ministro Luis Felipe Salomão, Quarta Turma, julgado em 24/08/2020, DJe 31/08/2020).

✓ AGRAVO INTERNO NO AGRAVO EM RECURSO ESPECIAL. AÇÃO DE COBRANÇA. JUNTADA DE DOCUMENTO COM A APELAÇÃO. POSSIBILIDADE. ART. 435 DO CÓDIGO DE PROCESSO CIVIL/2015. VALOR DO DÉBITO. REEXAME DE PROVAS. SÚMULAS 5 E 7/STJ. AUSÊNCIA DE IMPUGNAÇÃO AOS FUNDAMENTOS DA DECISÃO. ARTIGOS 932, III, E 1.021, § 1º, DO CÓDIGO DE PROCESSO CIVIL/2015. SÚMULA 182/STJ. APLICAÇÃO POR ANALOGIA. NÃO PROVIMENTO. 1. É possível a juntada a posteriori de documentos com a apelação, desde que tais documentos sejam acerca de fatos já alegados ou para contrapor-se a outros fatos que foram produzidos nos autos, nos termos do art. 435 do CPC/2015 (art. 397 do CPC/1973). 2. Não cabe, em recurso especial, reexaminar matéria fático-probatória e a interpretação de cláusulas contratuais (Súmulas 5 e 7/STJ). 3. Nos termos do art. 1021, § 1º, do CPC/2015 e da Súmula 182/STJ, é inviável o agravo interno que deixa de atacar especificamente os fundamentos da decisão agravada. 4. Agravo interno a que se nega provimento. (STJ, AgInt no AREsp 1471855/SP, Rel. Ministra Maria Isabel Gallotti, Quarta Turma, julgado em 10/03/2020, DJe 17/03/2020)

Capítulo III
DO AGRAVO DE INSTRUMENTO

Art. 1.015. Cabe agravo de instrumento contra as decisões interlocutórias que versarem sobre:

→ *v.* Súmula 255 do STJ.
→ *v.* Art. 7º, § 1º, da Lei 12.016/2009.
→ *v.* Art. 100 da Lei 11.101/2005.
→ *v.* Art. 203 do CPC.

O rol do art. 1.015 do CPC possui taxatividade mitigada: admite-se a interposição de agravo de instrumento fora das hipóteses previstas no artigo quando verificada a urgência decorrente da inutilidade do julgamento da questão no recurso de apelação

✓ RECURSO ESPECIAL REPRESENTATIVO DE CONTROVÉRSIA. DIREITO PROCESSUAL CIVIL. NATUREZA JURÍDICA DO ROL DO ART. 1.015 DO CPC/2015. IMPUGNAÇÃO IMEDIATA DE DECISÕES INTERLOCUTÓRIAS NÃO PREVISTAS NOS INCISOS DO REFERIDO DISPOSITIVO LEGAL. POSSIBILIDADE. TAXATIVIDADE MITIGADA. EXCEPCIONALIDADE DA IMPUGNAÇÃO FORA DAS HIPÓTESES PREVISTAS EM LEI. REQUISITOS. 1- O propósito do presente recurso especial, processado e julgado sob o rito dos recursos repetitivos, é definir a natureza jurídica do rol do art. 1.015 do CPC/15 e verificar a possibilidade de sua interpretação extensiva, analógica ou exemplificativa, a fim de admitir a interposição de agravo de instrumento contra decisão interlocutória que verse sobre hipóteses não expressamente previstas nos incisos do referido dispositivo legal. 2- Ao restringir a recorribilidade das decisões interlocutórias proferidas na fase de conhecimento do procedimento comum e dos procedimentos especiais, exceção feita ao inventário, pretendeu o legislador salvaguardar apenas as "situações que, realmente, não podem aguardar rediscussão futura em eventual recurso de apelação". 3- A enunciação, em rol pretensamente exaustivo, das hipóteses em que o agravo de instrumento seria cabível revela-se, na esteira da majoritária doutrina e jurisprudência, insuficiente e em desconformidade com as normas fundamentais do processo civil, na medida em que sobrevivem questões urgentes fora da lista do art.1.015 do CPC e que tornam inviável a interpretação de que o referido rol seria absolutamente taxativo e que deveria ser lido de modo restritivo. 4- A tese de que o rol do art. 1.015 do CPC seria taxativo, mas admitiria interpretações extensivas ou analógicas, mostra-se igualmente ineficaz para a conferir ao referido dispositivo uma interpretação em sintonia com as normas fundamentais do processo civil, seja porque ainda remanescerão hipóteses em que não será possível extrair o cabimento do agravo das situações enunciadas no rol, seja porque o uso da interpretação extensiva ou da analogia pode desnaturar a essência de institutos jurídicos ontologicamente distintos. 5- A tese de que o rol do art. 1.015 do CPC seria meramente exemplificativo, por sua vez, resultaria na repristinação do regime recursal das interlocutórias que vigorava no CPC/73 e que fora conscientemente modificado pelo legislador do novo CPC, de modo que estaria o Poder Judiciário, nessa hipótese, substituindo a atividade e a vontade expressamente externada pelo Poder Legislativo. 6- Assim, nos termos do art. 1.036 e seguintes do CPC/2015, fixa-se a seguinte tese jurídica: O rol do art. 1.015 do CPC é de taxatividade mitigada, por isso admite a interposição de agravo de instrumento quando verificada a urgência decorrente da inutilidade do julgamento da questão no recurso de apelação. 7- Embora não haja risco de as partes que confiaram na absoluta taxatividade serem surpreendidas pela tese jurídica firmada neste recurso especial repetitivo, pois somente haverá preclusão quando o recurso eventualmente interposto pela parte venha a ser admitido pelo Tribunal, modulam-se os efeitos da presente decisão, a fim de que a tese jurídica apenas seja aplicável às decisões interlocutórias proferidas após a publicação do presente acórdão. 8- Na hipótese, dá-se provimento em parte ao recurso especial para determinar ao TJ/MT que, observados os demais pressupostos de admissibilidade, conheça e dê regular prosseguimento ao agravo de instrumento no que se refere à competência, reconhecendo-se, todavia, o acerto do acórdão recorrido em não examinar à questão do valor atribuído à causa que não se reveste, no particular, de urgência que justifique o seu reexame imediato. 9- Recurso especial conhecido e parcialmente provido. (REsp 1696396/MT, Rel. Ministra Nancy Andrighi, Corte Especial, julgado em 05/12/2018, DJe 19/12/2018 e REsp 1704520/MT, Rel. Ministra Nancy Andrighi, Corte Especial, julgado em 05/12/2018, DJe 19/12/2018).

ATENÇÃO!

A Corte Especial modulou os efeitos da decisão "a fim de que a tese jurídica somente seja aplicável às decisões interlocutórias proferidas após a publicação do presente acórdão", nos termos do acórdão proferido em 05/12/2018 e publicado em 19/12/2018. A tese da taxatividade mitigada, firmada no Tema n. 988/STJ, tem incidência apenas às decisões interlocutórias proferidas após a publicação dos acórdãos prolatados no REsp n. 1.704.520/MT e no REsp 1.696.396/MT (19 de dezembro de 2018).

Finalidade da modulação de efeitos realizada no REsp 1.704.520/MT (Tema 988)

✓ PROCESSUAL CIVIL. AGRAVO INTERNO NO RECURSO EM MANDADO DE SEGURANÇA. DECISÃO QUE, DE OFÍCIO, DECLINA DE COMPETÊNCIA PARA JUIZADOS ESPECIAIS. IMPUGNAÇÃO. MANDADO DE SEGURANÇA. DESCABIMENTO. AGRAVO DE INSTRUMENTO. PRECEDENTES. 1. A modulação dos efeitos do REsp 1.704.520/MT, que julgou o Tema Repetitivo n. 988, teve por objetivo resguardar da alegação de "preclusão consumativa" os litigantes que – antes da publicação desses acórdãos – não interpuseram agravo de instrumento porque entendiam que o rol do art. 1.015 do CPC/2015 era taxativo e, por tal razão, deixaram de recorrer (AgInt no REsp 1797886/SP, Rel. Ministra Maria Isabel Gallotti, Quarta Turma, julgado em 26/11/2019, DJe 6/12/2019). 2. A decisão impugnada (de 10.9.2019) é posterior ao precedente da Corte Especial que estabeleceu a taxatividade mitigada do art. 1.015 do Código de Processo Civil. 3. Sendo cabível o agravo de instrumento contra decisão que, de ofício, declina da competência para os Juizados Especiais, inviável o uso do mandado de segurança como substitutivo de recurso cabível. 4. Agravo interno a que se nega provimento. (AgInt no RMS 64.356/RS, Rel. Ministra Maria Isabel Gallotti, Quarta Turma, julgado em 30/11/2020, DJe 07/12/2020).

São passíveis de agravo de instrumento, de acordo com o STJ:

✓ Decisão interlocutória que indefere a designação da audiência de conciliação pretendida pelas partes (RMS 63.202/MG, Rel. Ministro Marco Aurélio Bellizze, Rel. p/ Acórdão Ministra Nancy Andrighi, Terceira Turma, julgado em 01/12/2020, DJe 18/12/2020)

ATENÇÃO! Nessa decisão, a Terceira Turma do STJ entendeu que não é admissível, nem excepcionalmente, a impetração de mandado de segurança para impugnar decisões interlocutórias após a publicação do acórdão em que se fixou a tese referente ao tema repetitivo 988, segundo a qual "o rol do art. 1.015 do CPC é de taxatividade mitigada, por isso admite a interposição de agravo de instrumento quando verificada a urgência decorrente da inutilidade do julgamento da questão no recurso de apelação." O Tribunal tem compreendido, nessa linha, que é cabível mandado de segurança contra ato judicial quando a impetração foi realizada em período em que as hipóteses taxativas para a interposição do agravo de instrumento estavam ainda em discussão na jurisprudência, havendo controvérsia sobre admitir ou não o recurso contra decisões não listadas no rol da norma. Assim, se no momento da impetração, não era possível impugnar de imediato a decisão interlocutória, por não estar listada no rol taxativo do art. 1.015 do CPC/2015, cabível o mandado de segurança para que a parte busque a tutela jurisdicional imediata – nesse sentido: EDcl no AgInt no AgInt no RMS 59.302/SP, Rel. Min. Luis Felipe Salomão, Quarta Turma, julgado em 23/02/2021, DJe 03/03/2021.

✓ Decisões interlocutórias que reconhecem ou rejeitam a ocorrência da decadência ou da prescrição – AgInt no REsp 1863039/RS, Rel. Min. Sérgio Kukina, Primeira Turma, julgado em 14/09/2020, DJe 18/09/2020 e REsp 1.772.839/SP, Rel. Min. Antonio Carlos Ferreira, Quarta Turma, julgado em 14/05/2019, DJe 23/05/2019.

✓ Decisão interlocutória relacionada à definição de competência (AgInt no RMS 62.264/RS, Rel. Ministro Antonio Carlos Ferreira, Quarta Turma, julgado em 19/10/2020, DJe 26/10/2020)

✓ Decisão que, na fase de cumprimento de sentença, determinou a intimação do executado, na pessoa do advogado, para cumprir obrigação de fazer, sob pena de multa (REsp 1.758.800/MG, Rel. Min. Nancy Andrighi, Terceira Turma, por unanimidade, julgado em 18/02/2020, DJe 21/02/2020)

✓ Decisão que determina a exclusão de litisconsorte – REsp 1772839/SP, Rel. Ministro Antonio Carlos Ferreira, Quarta Turma, julgado em 14/05/2019, DJe 23/05/2019.

ATENÇÃO! Não cabe agravo de instrumento contra a decisão que rejeita excluir o litisconsorte – ver REsp 1724453/SP, Rel. Ministra Nancy Andrighi, Terceira Turma, julgado em 19/03/2019, DJe 22/03/2019.

✓ Decisões interlocutórias proferidas em liquidação e cumprimento de sentença, no processo executivo e na ação de inventário independentemente do conteúdo da decisão – REsp 1762071/RS, Rel. Ministro Herman Benjamin, Segunda Turma, julgado em 10/09/2019, DJe 11/10/2019.

✓ Decisão interlocutória que determina busca e apreensão de menor para efeito de transferência de guarda, enquanto perdurar a ação de dissolução de união estável dos pais – REsp 1744011/RS, Rel. Ministro Ricardo Villas Bôas Cueva, Terceira Turma, julgado em 26/03/2019, DJe 02/04/2019.

✓ Decisão interlocutória que fixa a data da separação de fato do casal para fins de partilha de bens (por dizer respeito ao mérito do processo) – REsp 1798975/SP, Rel. Ministra Nancy Andrighi, Terceira Turma, julgado em 02/04/2019, DJe 04/04/2019.

✓ Decisões judiciais que realizam a redistribuição do ônus da prova (invertem o ônus da prova – art. 6º, VIII, do CDC e art. 373, § 1º, primeira parte, do CPC/2015 ou realizam a distribuição dinâmica do art. 373, § 1º, segunda parte, do CPC/2015) e nas demais modificações judiciais do ônus da prova – REsp 1802025/RJ, Rel. Min. Nancy Andrighi, Terceira Turma, julgado em 17/09/2019, DJe 20/09/2019 e REsp 1831257/SC, Rel. Min. Nancy Andrighi, Terceira Turma, julgado em 19/11/2019, DJe 22/11/2019.

✓ Decisão que acolhe parcialmente a impugnação ou a julga improcedente, por não acarretarem a extinção da fase executiva em andamento – REsp 1882469/MA, Rel. Ministro Og Fernandes, Segunda Turma, julgado em 20/10/2020, DJe 23/11/2020.

✓ Decisão interlocutória que na fase de saneamento resolve sobre o enquadramento fático-normativo da relação de direito existente (se CDC ou CC), estabelece a legislação aplicável ao deslinde da controvérsia e afasta a prescrição com base nessa regra jurídica – REsp 1702725/RJ, Rel. Ministra Nancy Andrighi, Terceira Turma, julgado em 25/06/2019, DJe 28/06/2019.

✓ Contra decisão interlocutória tomada em ação popular (AgInt no REsp 1733540/DF, Rel. Min. Gurgel de Faria, Primeira Turma, julgado em 25/11/2019, DJe 04/12/2019) ou decisões interlocutórias proferidas em ação civil pública (demandas coletivas em geral) – AgInt no REsp 1875150/SE, Rel. Ministra Regina Helena Costa, Primeira Turma, julgado em 11/11/2020, DJe 13/11/2020 e REsp 1828295/MG, Rel. Min. Sérgio Kukina, Primeira Turma, julgado em 11/02/2020, DJe 20/02/2020.

✓ Decisão que o julga procedente o pedido na primeira fase da ação de exigir contas (por ser uma decisão interlocutória com conteúdo de decisão parcial de mérito – REsp 1874603/DF, Rel. Ministra Nancy Andrighi, Terceira Turma, julgado em 03/11/2020, DJe 19/11/2020 e AgInt no REsp 1748472/SP, Rel. Ministro Ricardo Villas Bôas Cueva, Terceira Turma, julgado em 19/08/2019, DJe 27/08/2019.

ATENÇÃO! Se for julgada improcedente a primeira fase da ação de exigir contas ou se extinto o processo sem a resolução de seu mérito, o ato judicial será sentença, impugnável por apelação.

✓ Nessa situação, o STJ, em algumas decisões tem admitido a aplicação do princípio da fungibilidade – ver AgInt nos EDcl no REsp 1831900/PR, Rel. Ministra Maria Isabel Gallotti, Quarta Turma, julgado em 20/04/2020, DJe 24/04/2020 e REsp 1.746.337/RS, Rel. Ministra Nancy Andrighi, Terceira Turma, julgado em 09/04/2019, DJe 12/04/2019).

✓ Decisão interlocutória que indefere a concessão de efeito suspensivo aos embargos à execução de título extrajudicial – REsp 1.745.358/SP, Rel. Ministra Nancy Andrighi, Terceira Turma, julgado em 26/02/2019, DJe de 1º/03/2019 e AgInt no REsp 1783858/SP, Rel. Min. Raul Araújo, Quarta Turma, julgado em 03/03/2020, DJe 25/03/2020.

✓ Decisão que resolve impugnação ao cumprimento de sentença, mas sem extinguir a fase executiva (AgInt nos EDcl no REsp 1750183/CE, Rel. Min. Mauro Campbell Marques, Segunda Turma, julgado em 22/04/2020, DJe 27/04/2020);

✓ A decisão interlocutória que resolve o pedido de distinção em relação a matéria submetida ao rito dos recursos repetitivos (art. 1.037, § 13, I, do novo CPC) – REsp 1846109/SP, Rel. Ministra Nancy Andrighi, Terceira Turma, julgado em 10/12/2019, DJe 13/12/2019. Decisão do Juiz de Primeiro Grau que indefere ou defere o requerimento de distinção de processos sobrestados em virtude de recursos repetitivos (REsp 1717387/PB, Rel. Min. Paulo de Tarso Sanseverino, Terceira Turma, julgado em 08/10/2019, DJe 15/10/2019).

✓ Decisões interlocutórias em processo falimentar e recuperacional, ainda que não haja previsão específica de recurso na Lei n. 11.101/2005 (LREF) – REsp 1.707.066/MT, Rel. Min. Nancy Andrighi, julgado em 03/12/2020 e REsp 1.712.231/MT, Rel. Min. Nancy Andrighi, julgado em 03/12/2020 (Tema 1022).

OBSERVAÇÃO: de acordo com a Lei n. 14.112, de 24 de dezembro de 2020, que deu nova redação ao art. 189 da Lei n. 11.101/2005 (Lei de Falência e Recuperação Judicial), "as decisões proferidas nos processos a que se refere esta Lei serão passíveis de agravo de instrumento, exceto nas hipóteses em que esta Lei previr de forma diversa." (art. 189, § 1º, II)

✓ A decisão que suspende um processo em virtude da instauração de incidente de resolução de demandas repetitivas (IRDR) após o cumprimento das etapas previstas nos parágrafos 9º a 13 do art. 1037 do CPC/2015 (decisão interlocutória que resolve o pedido de distinção entre a questão debatida no processo e a questão submetida ao IRDR) – REsp 1.846.109/SP, Rel. Min. Nancy Andrighi, julgado em 10/12/2019, DJe 13/12/2019.

✓ Contra decisão interlocutória que versa sobre mérito do processo, por exemplo: (i) resolve algum dos pedidos cumulados ou parcela de único pedido suscetível de decomposição, que caracterizam a decisão parcial de mérito; (ii) possui conteúdo que se amolda às demais hipóteses previstas no art. 487 do CPC/2015; ou (iii) diga respeito a substância da pretensão processual deduzida pela parte em juízo, ainda que não expressamente tipificada na lista do art. 487 do CPC (REsp 1702725/RJ, Rel. Min. Nancy Andrighi, Terceira Turma, julgado em 25/06/2019, DJe 28/06/2019).

✓ Admissão de terceiro em ação judicial com o consequente deslocamento da competência para Justiça distinta – REsp 1797991/PR, Rel. Ministra Nancy Andrighi, Terceira Turma, julgado em 18/06/2019, DJe 21/06/2019.

✓ Decisão sobre arguição de impossibilidade jurídica do pedido – REsp 1864430/MG, Rel. Ministro Mauro Campbell Marques, Segunda Turma, julgado em 26/05/2020, DJe 01/06/2020 e REsp 1757123/SP, Rel. Ministra Nancy Andrighi, Terceira Turma, julgado em 13/08/2019, DJe 15/08/2019.

✓ Decisões interlocutórias que versarem sobre: rejeição do pedido de gratuidade da justiça ou acolhimento do pedido de sua revogação – AgInt no Ag 1434149/MG, Rel. Ministra Assusete Magalhães, Segunda Turma, julgado em 05/09/2019, DJe 13/09/2019.

✓ Decisão que versa sobre a imissão provisória na posse nas desapropriações e as suas condicionantes específicas notadamente o depósito da oferta inicial – RMS 60.392/SP, Rel. Ministro Mauro Campbell Marques, Segunda Turma, julgado em 25/06/2019, DJe 28/06/2019.

✓ Decisão que aumenta multa em tutela provisória – REsp 1827553/RJ, Rel. Ministra Nancy Andrighi, Terceira Turma, julgado em 27/08/2019, DJe 29/08/2019.

✓ Decisão que resolve o incidente processual de exibição instaurado em face de parte, a decisão que resolve a ação incidental de exibição instaurada em face de terceiro e, ainda, a decisão interlocutória que versou sobre a exibição ou a posse de documento ou coisa, ainda que fora do modelo procedimental delineado pelos arts. 396 e 404 do CPC/2015 – REsp 1798939/SP, Rel. Min. Nancy Andrighi, Terceira Turma, julgado em 12/11/2019, DJe 21/11/2019.

✓ Decisão interlocutória que defere a reserva de honorários contratuais em fase de liquidação de sentença (REsp 1798937/SP, Rel. Ministra Nancy Andrighi, Terceira Turma, julgado em 13/08/2019, DJe 15/08/2019).

Não são passíveis de agravo de instrumento, segundo o STJ:

✓ Decisão que deferiu a substituição do perito judicial (AgInt no REsp 1867817/PR, Rel. Ministro Gurgel de Faria, Primeira Turma, julgado em 26/10/2020, DJe 26/11/2020).

✓ Decisão sobre a devolução do prazo para depósito dos honorários periciais (AgInt no REsp 1782502/MG, Rel. Ministro Marco Aurélio Bellizze, Terceira Turma, julgado em 24/08/2020, DJe 01/09/2020).

✓ Decisão cominatória da multa do art. 334, § 8º, do CPC, à parte que deixa de comparecer à audiência de conciliação, sem apresentar justificativa adequada (REsp 1.762.957/MG, Rel. Min. Paulo de Tarso Sanseverino, julgado em 10/03/2020, DJe 18/03/2020).

✓ Decisão que indefere pedido de julgamento antecipado do mérito por haver necessidade de dilação probatória (AgInt no AREsp 1.411.485/SP, Rel. Min. Marco Aurélio Bellizze, Terceira Turma, por unanimidade, julgado em 01/07/2019, DJe 06/08/2019).

✓ Decisão de indeferimento do pedido de exclusão de litisconsorte (REsp 1.724.453/SP, Rel. Min. Nancy Andrighi, julgado em 19/03/2019, DJe 22/03/2019).

✓ Decisão que determina a elaboração dos cálculos judiciais e estabelece os parâmetros de sua realização (REsp 1.700.305/PB, Rel. Min. Herman Benjamin, julgado em 25/09/2018, DJe 27/11/2018).

✓ Decisão interlocutória que indefere pedido de suspensão do processo por prejudicialidade externa (REsp 1759015/RS, Rel. Min. Nancy Andrighi, Terceira Turma, julgado em 17/09/2019, DJe 20/09/2019).

✓ Decisão interlocutória que, na segunda fase da ação de prestação contas, defere a produção de prova pericial contábil, nomeia perito e defere prazo para apresentação de documentos, formulação de quesitos e nomeação de assistentes (REsp 1821793/RJ, Rel. Min. Nancy Andrighi, Terceira Turma, julgado em 20/08/2019, DJe 22/08/2019).

✓ Decisão que versa sobre o adiantamento de honorários periciais (REsp 1740305/SP, Rel. Min. Herman Benjamin, Segunda Turma, julgado em 14/08/2018, DJe 26/11/2018).

✓ Decisão interlocutória rejeitando a preliminar de ilegitimidade passiva (decisão interlocutória que versa sobre ilegitimidade passiva, porque a matéria nela suscitada diz respeito ao mérito da causa e depende da produção de provas) – AgInt no AREsp 1063181/RJ, Rel. Min. Assusete Magalhães, Segunda Turma, julgado em 17/09/2019, DJe 24/09/2019.

✓ Decisão que homologa pedido de desistência parcial da ação (AgInt no REsp 1804729/SP, Rel. Min. Marco Aurélio Bellizze, Terceira Turma, julgado em 16/09/2019, DJe 18/09/2019).

✓ Decisão do relator em tribunais (PET no REsp 1800699/MG, Rel. Ministra Nancy Andrighi, Terceira Turma, julgado em 18/08/2020, DJe 26/08/2020).

✓ Decisão com natureza jurídica de sentença – AgInt no REsp 1819587/RJ, Rel. Ministro Benedito Gonçalves, Primeira Turma, julgado em 11/11/2020, DJe 16/11/2020.

✓ Contra decisão que estabeleceu critérios de cálculos à contadoria e indeferiu juntada de documentos – REsp 1788769/RJ, Rel. Ministro Og Fernandes, Segunda Turma, julgado em 27/10/2020, DJe 17/11/2020.

✓ Contra decisão que inadmitiu o recurso especial na origem, pois nessa situação cabe o agravo previsto no art. 1.042 do CPC – AgInt no AREsp 1651047/MS, Rel. Min. Gurgel de Faria, Primeira Turma, julgado em 31/08/2020, DJe 08/09/2020.

✓ Decisão que indeferiu pedido de tutela provisória em embargos de declaração no agravo interno no recurso especial – PET no REsp 1800699/MG, Rel. Ministra Nancy Andrighi, Terceira Turma, julgado em 18/08/2020, DJe 26/08/2020.

I – tutelas provisórias;

Abrangência do termo "tutela provisória" previsto no inciso I

✓ CIVIL. PROCESSUAL CIVIL. AÇÃO DE NULIDADE DE CONTRATO CUMULADA COM REPETIÇÃO DE INDÉBITO E REPARAÇÃO DE DANOS MORAIS. DECISÃO INTERLOCUTÓRIA QUE MAJORA A MULTA FIXADA PARA A HIPÓTESE DE DESCUMPRIMENTO DA ORDEM JUDICIAL. RENITÊNCIA DA PARTE ADVERSA QUE REVELOU A INSUFICIÊNCIA DA TÉCNICA DE APOIO ADOTADA. DECISÃO

MODIFICADORA DA DECISÃO INTERLOCUTÓRIA ANTERIORMENTE PROFERIDA, EM QUE FOI CONCEDIDA A TUTELA PROVISÓRIA. RECORRIBILIDADE IMEDIATA. DECISÃO QUE MAJORA A MULTA FIXADA ANTERIORMENTE VERSA SOBRE TUTELA PROVISÓRIA. AGRAVO DE INSTRUMENTO CABÍVEL. ART. 1.015, I, DO CPC/15. DIVERGÊNCIA JURISPRUDENCIAL PREJUDICADA. 1- Ação proposta em 29/01/2013. Recurso especial interposto em 08/02/2019 e atribuído à Relatora em 30/07/2019. 2- O propósito recursal é definir se a decisão interlocutória que majora a multa fixada para a hipótese de descumprimento de decisão interlocutória antecipatória de tutela anteriormente proferida também versa sobre tutela provisória e, assim, se é recorrível por agravo de instrumento com base no art. 1.015, I, do CPC/15. 3- O conceito de "decisão interlocutória que versa sobre tutela provisória" abrange as decisões que examinam a presença ou não dos pressupostos que justificam o deferimento, indeferimento, revogação ou alteração da tutela provisória e, também, as decisões que dizem respeito ao prazo e ao modo de cumprimento da tutela, a adequação, suficiência, proporcionalidade ou razoabilidade da técnica de efetivação da tutela provisória e, ainda, a necessidade ou dispensa de garantias para a concessão, revogação ou alteração da tutela provisória, motivo pelo qual o art. 1.015, I, do CPC/15, deve ser lido e interpretado como uma cláusula de cabimento de amplo espectro, de modo a permitir a recorribilidade imediata das decisões interlocutórias que digam respeito não apenas ao núcleo essencial da tutela provisória, mas também que se refiram aos aspectos acessórios que estão umbilicalmente vinculados a ela. Precedente. 4- Hipótese em que, após a prolação da primeira decisão interlocutória que deferiu a tutela de urgência sob pena de multa, sobreveio a notícia de descumprimento da ordem judicial, motivando a prolação de subsequente decisão interlocutória que, ao majorar a multa fixada anteriormente, modificou o conteúdo da primeira decisão e, consequentemente, também versou sobre tutela provisória, nos moldes da hipótese de cabimento descrita no art. 1.015, I, do CPC/15. 5- Recurso especial conhecido e provido. (STJ, REsp 1827553/RJ, Rel. Ministra Nancy Andrighi, Terceira Turma, julgado em 27/08/2019, DJe 29/08/2019)

A decisão que versa sobre a concessão de efeito suspensivo aos embargos à execução de título extrajudicial é decisão interlocutória que versa sobre tutela provisória

✓ AGRAVO INTERNO NO RECURSO ESPECIAL. AGRAVO DE INSTRUMENTO. EMBARGOS À EXECUÇÃO. CABIMENTO. AGRAVO PROVIDO. 1. "A decisão que versa sobre a concessão de efeito suspensivo aos embargos à execução de título extrajudicial é uma decisão interlocutória que versa sobre tutela provisória, como reconhece o art. 919, § 1º, do CPC/2015, motivo pelo qual a interposição imediata do agravo de instrumento em face da decisão que indefere a concessão do efeito suspensivo é admissível com base no art. 1.015, I, do CPC/2015" (REsp 1.745.358/SP, Rel. Ministra Nancy Andrighi, Terceira Turma, julgado em 26/02/2019, DJe de 1º/03/2019). 2. Agravo interno provido para reconsiderar a decisão agravada dando provimento ao recurso especial. (STJ, AgInt no REsp 1783858/SP, Rel. Ministro Raul Araújo, Quarta Turma, julgado em 03/03/2020, DJe 25/03/2020). No mesmo sentido: AgInt no REsp 1847449/SP, Rel. Ministro Raul Araújo, Quarta Turma, julgado em 01/06/2020, DJe 15/06/2020.

Decisão interlocutória que indefere pedido de suspensão do processo por prejudicialidade externa não está abrangida pelo art. 1.015, inciso I

✓ CIVIL. PROCESSUAL CIVIL. DECISÃO INTERLOCUTÓRIA QUE INDEFERE PEDIDO DE SUSPENSÃO DO PROCESSO POR PREJUDICIALIDADE EXTERNA. RECORRIBILIDADE IMEDIATA POR AGRAVO DE INSTRUMENTO COM BASE NO ART. 1.015, I, DO CPC/15. IMPOSSIBILIDADE. INSTITUTOS JURÍDICOS ONTOLOGICAMENTE DISTINTOS. AUSÊNCIA DE CAUTELARIDADE. INEXISTÊNCIA DE RISCO AO RESULTADO ÚTIL DO PROCESSO. SUSPENSÃO POR PREJUDICIALIDADE EXTERNA QUE NÃO SE FUNDA EM URGÊNCIA, MAS EM SEGURANÇA JURÍDICA E NO RISCO DE PROLAÇÃO DE DECISÕES CONFLITANTES. SUSPENSÃO DA EXECUÇÃO QUE DEPENDE DA CONCESSÃO DE TUTELA PROVISÓRIA NA AÇÃO DE CONHECIMENTO AJUIZADA PELO EXECUTADO. DISSÍDIO JURISPRUDENCIAL. AUSÊNCIA DE COTEJO ANALÍTICO. 1- Recurso especial interposto em 29/05/2018 e atribuído à Relatora em 12/09/2018. 2- O propósito recursal é definir se a decisão interlocutória que indefere o pedido de suspensão do processo em razão de questão prejudicial externa equivale à tutela provisória de urgência de natureza cautelar e, assim, se é imediatamente recorrível por agravo de instrumento com fundamento no art. 1.015, I, do CPC/15. 3- Embora o conceito de "decisão interlocutória que versa sobre tutela provisória" seja bastante amplo e abrangente, não se pode incluir nessa cláusula de cabimento do recurso de agravo de instrumento questões relacionadas a institutos jurídicos ontologicamente distintos, como a suspensão do processo por prejudicialidade externa. 4- Da existência de natural relação de prejudicialidade entre a ação de conhecimento em que se impugna a existência do título e a ação executiva fundada nesse mesmo não decorre a conclusão de que a suspensão do processo executivo em virtude dessa prejudicialidade externa esteja fundada em urgência, nem tampouco a decisão que versa sobre essa matéria diz respeito à tutela de urgência, na medida em que o valor que se pretende tutelar nessa hipótese é a segurança jurídica, a fim de evitar a prolação de decisões conflitantes, sem, contudo, descuidar dos princípios constitucionais da celeridade e da razoável duração do processo. 5- Cabe ao executado, na ação de conhecimento por ele ajuizada, demonstrar a presença dos requisitos processuais para a concessão de tutela provisória que suste a produção de efeitos do título em que se funda a execução, sendo essa decisão interlocutória – a que conceder ou não a tutela provisória pretendida – que poderá ser impugnada pelo agravo de instrumento com base no art. 1.015, I, do CPC/15. 6- Não se conhece do recurso especial interposto pela divergência jurisprudencial quando ausente o cotejo analítico entre o acórdão paradigma e o acórdão recorrido. 7- Recurso especial parcialmente conhecido e, nessa extensão, desprovido. (REsp 1759015/RS, Rel. Ministra Nancy Andrighi, Terceira Turma, julgado em 17/09/2019, DJe 20/09/2019)

Decisão que determina o bloqueio de valores de réus em ação de improbidade é passível de agravo de instrumento com fundamento no art. 1.015, inciso I

✓ PROCESSUAL CIVIL. AGRAVO DE INSTRUMENTO. IMPROBIDADE ADMINISTRATIVA. DECISÃO QUE INDEFERIU O PLEITO DO RECORRENTE PARA LIBERAÇÃO DE VALORES BLOQUEADOS EM SUA CONTA-

-CORRENTE. SÚMULA 7/STJ. SÚMULAS 283/STF E 284/STF. FUNDAMENTO INATACADO. ARGUMENTAÇÃO DEFICIENTE. 1. É inviável analisar a tese defendida no Recurso Especial de que a decisão agravada que determinou o bloqueio de valores nas contas dos réus configura a tutela provisória prevista no art. 1.015, I, do CPC/2015. Não há como rever o conjunto probatório dos autos para afastar as premissas fáticas estabelecidas pelo acórdão recorrido no sentido de que a decisão atacada no Agravo de Instrumento não versava sobre tutela provisória que deferiu o bloqueio de bens do agravante, ora recorrente, mas sim de pleito formulado por ele, posteriormente à decisão que determinara o citado bloqueio. Aplica-se, assim, o óbice da Súmula 7/STJ. 2. Além disso, como tal fundamentação (preclusão) é apta, por si só, para manter o decisum combatido e não houve contraposição recursal sobre o ponto não há como conhecer do recurso por mais esse motivo. O recorrente não infirma o argumento de que se trata de pleito posterior à decisão que poderia ser objeto de Agravo de Instrumento, limitando-se a asseverar que se cuida de decisão enquadrada no inciso I do art.1.015 do CPC/2015. Por isso, incidem, na espécie, por analogia, os óbices das Súmulas 284 e 283 do STF, ante a deficiência na motivação e a ausência de impugnação de fundamento autônomo. 3. Recurso Especial não conhecido. (REsp 1780790/SE, Rel. Ministro Herman Benjamin, Segunda Turma, julgado em 06/08/2019, DJe 11/10/2019).

Cabe agravo de instrumento, com base no art. 1.015, I, do CPC, em face de decisão interlocutória que acolhe pretensão de bloqueio de valores e bens do réu em ação de despejo

✓ CIVIL. PROCESSUAL CIVIL. AÇÃO DE DESPEJO E COBRANÇA DE ALUGUEIS. AGRAVO DE INSTRUMENTO. CABIMENTO. ART. 1.015 DO CPC/2015. BLOQUEIO DE VALORES E DE BENS NA FASE DE CONHECIMENTO. POSSIBILIDADE, EM TESE, DESDE QUE MEDIANTE CONCESSÃO DE TUTELA PROVISÓRIA. BLOQUEIO QUE SE OPERA COMO TÉCNICA DE EFETIVAÇÃO DE TUTELA PROVISÓRIA QUE DETERMINOU O DEPÓSITO DO VALOR DOS ALUGUEIS VENCIDOS E VINCENDOS. FUNDAMENTAÇÃO DE QUE É PRECISO MINIMIZAR OS PREJUÍZOS DO LOCADOR. PERMISSÃO PARA FRUIR DO BEM DA VIDA ANTES DA SENTENÇA. TUTELA PROVISÓRIA DE URGÊNCIA NA MODALIDADE ANTECIPATÓRIA. FUNDAMENTAÇÃO DE QUE É PRECISO RESGUARDAR O FUTURO RESULTADO ÚTIL DA AÇÃO DE COBRANÇA. TUTELA PROVISÓRIA DE URGÊNCIA NA MODALIDADE CAUTELAR. ACÓRDÃO RECORRIDO QUE SE LIMITA AO PRESSUPOSTO INTRÍNSECO DE ADMISSIBILIDADE DO CABIMENTO. IMPOSSIBILIDADE DE EXAME DAS DEMAIS QUESTÕES SUSCITADAS. 1- Ação proposta em 09/04/2016. Recurso especial interposto em 25/05/2018 e atribuído à Relatora em 21/05/2019. 2- O propósito recursal é definir, para além da negativa de prestação jurisdicional e do vício de fundamentação, se a decisão interlocutória que bloqueia valores e bens do locatário em razão do descumprimento de decisão anterior que havia determinado o depósito em juízo dos alugueis vencidos e vincendos versa sobre tutela provisória e, assim, se é recorrível por agravo de instrumento com base no art. 1.015, I, do CPC/2015. 3- A implementação de medidas executivas ou satisfativas em processo que ainda se encontra na fase de conhecimento, antes mesmo da prolação de sentença de mérito que promova o acertamento da relação jurídica mantida entre as partes, pressupõe a presença de elementos justificadores da antecipação ou do acautelamento do bem da vida pretendida, o que se dá, em regra, mediante concessão de tutela provisória, gênero do qual são espécies as tutelas de urgência e da evidência, operando-se sobre a primeira a clássica subdivisão entre tutelas cautelares e antecipatórias ou satisfativas. 4- A decisão interlocutória que acolhe pretensão de bloqueio de valores e bens do réu, deduzida ao fundamento de que é necessário minimizar os prejuízos do autor com o inadimplemento dos alugueis e está impossibilidade de locar novamente o bem cuja retomada pretende, versa sobre tutela provisória de urgência na modalidade antecipatória (ou satisfativa), pois lhe permitirá, em tese, fruir do bem da vida antes da sentença de mérito. 5- A decisão interlocutória que acolhe pretensão de bloqueio de valores e bens do réu, deduzida ao fundamento de que há risco de inadimplemento em virtude da renitência do locatário e de que é necessário garantir o recebimento futuro do bem da vida pretendido, versa sobre tutela provisória de urgência na modalidade cautelar, pois resguardará o resultado útil da ação de despejo e cobrança dos alugueis. 6- Limitando-se o acórdão recorrido ao exame do pressuposto intrínseco de admissibilidade do cabimento do recurso de agravo de instrumento, não se conhece do recurso especial quanto aos demais temas suscitados pela parte, quer seja porque o exame fica prejudicado, quer seja pela ausência de prequestionamento. 7- Recurso especial parcialmente conhecido e, nessa extensão, provido. (REsp 1811976/AL, Rel. Ministra Nancy Andrighi, Terceira Turma, julgado em 25/06/2019, DJe 28/06/2019)

A decisão que concede imissão da posse em ação de desapropriação é passível de agravo de instrumento com base no art. 1.015, I, do CPC

✓ PROCESSUAL CIVIL. RECURSO ESPECIAL. ART. 1.015, I, DO CPC/2015. DECISÃO DO MAGISTRADO SINGULAR QUE POSTERGA A ANÁLISE DO PEDIDO DE IMISSÃO PROVISÓRIA NA POSSE. CABIMENTO DO AGRAVO DE INSTRUMENTO. 1. No que toca ao art. 1.022, II, do CPC/2015, verifico que não foram opostos Embargos Declaratórios. Perquirir, nesta via estreita, a ofensa das referidas normas, sem que se tenha explicitado a tese jurídica no Juízo a quo, é frustrar a exigência constitucional do prequestionamento, pressuposto inafastável que objetiva evitar a supressão de instância. Ao ensejo, confira-se o teor da Súmula 282/STF: "É inadmissível o recurso extraordinário, quando não ventilada, na decisão recorrida, a questão federal suscitada". 2. "A decisão que trata do pedido de imissão provisória na posse do imóvel deduzido em ação de desapropriação por utilidade pública cuida de controvérsia com natureza de tutela provisória, a desafiar o recurso de agravo de instrumento, com apoio no art. 1.015, inciso I, do CPC/2015" (AREsp 1.389.967/SP, Relator Ministro Mauro Campbell Marques, Segunda Turma, DJe 22/3/2019). 3. Alegada a urgência para a imissão na posse e sendo proferida decisão postergando a medida requerida, há evidente indeferimento que pode ser discutido por Agravo de Instrumento, nos moldes do art.1.015, I, do CPC/2015. 4. Recurso Especial parcialmente conhecido e, nessa extensão, provido. (REsp 1767313/MG, Rel. Ministro Herman Benjamin, Segunda Turma, julgado em 14/05/2019, DJe 18/06/2019)

ATENÇÃO! Caso essa decisão verse sobre o efeito de levantamento parcial do numerário, observa as regras do cumprimento de sentença, sendo passível de agravo de instrumento, com fundamento no art. 1.015, parágrafo único, do CPC

PROCESSUAL CIVIL. RECURSO ORDINÁRIO EM MANDADO DE SEGURANÇA. ENUNCIADO ADMINISTRATIVO 3/STJ. INTERVENÇÃO DO ESTADO NA PROPRIEDADE. DESAPROPRIAÇÃO POR UTILIDADE PÚBLICA. INDEFERIMENTO DE LEVANTAMENTO PARCIAL DA OFERTA INICIAL. CABIMENTO DE AGRAVO DE INSTRUMENTO.

1. Nas ações processadas sob o regime do Decreto-Lei 3.365/1941, a decisão que versa sobre a imissão provisória na posse e as suas condicionantes específicas notadamente o depósito da oferta inicial trata de tutela provisória de urgência, e a sua efetivação, sob o interesse do desapropriado, para efeito de levantamento parcial do numerário, observa as regras do cumprimento de sentença, daí a hipótese específica de cabimento do agravo de instrumento prevista no art. 1.015, parágrafo único, do CPC/2015.

2. Recurso ordinário em mandado de segurança não provido. (RMS 60.392/SP, Rel. Min. Mauro Campbell Marques, Segunda Turma, julgado em 25/06/2019, DJe 28/06/2019)

Cabe agravo de instrumento com fundamento no art. 1.015, inciso I, em face de decisão interlocutória que determina a busca e apreensão de menor, para fins de transferência da guarda

✓ RECURSO ESPECIAL. AGRAVO DE INSTRUMENTO. DECISÃO INTERLOCUTÓRIA. CABIMENTO. TUTELA PROVISÓRIA. GUARDA PROVISÓRIA DE MENOR. PREVISÃO EXPRESSA. ART. 1.015, I, DO CPC/2015. URGÊNCIA. CONFIGURAÇÃO. 1. Recurso especial interposto contra acórdão publicado na vigência do Código de Processo Civil de 2015 (Enunciados Administrativos nºs 2 e 3/STJ). 2. A controvérsia a ser dirimida reside em verificar se a decisão interlocutória que determina a busca e apreensão de menor, para fins de transferência da guarda do infante à sua genitora enquanto perdurar a ação de dissolução de união estável dos pais, pode ser impugnada por meio do recurso de agravo de instrumento, por se tratar da hipótese prevista no art. 1.015, I, do Código de Processo Civil de 2015, que versa a respeito de tutela provisória. 3. A hipótese dos autos, relativa à guarda provisória de menor no curso de ação de dissolução de união estável, enquadra-se na previsão legal de cabimento do agravo de instrumento contra decisão interlocutória que verse acerca de tutelas provisórias, consoante o disposto no art. 1.015, I, do Código de Processo Civil de 2015. 4. Recurso especial conhecido e não provido. (REsp 1744011/RS, Rel. Ministro Ricardo Villas Bôas Cueva, Terceira Turma, julgado em 26/03/2019, DJe 02/04/2019).

II – mérito do processo;

Cabe agravo de instrumento em face de decisão que reconhece ou rejeita a prescrição ou decadência com base no art. 1.015, inciso II

✓ ADMINISTRATIVO E PROCESSUAL CIVIL. AGRAVO INTERNO NO RECURSO ESPECIAL. DECISÃO QUE DETERMINA PRODUÇÃO DE PROVA PERICIAL E AFASTA PRESCRIÇÃO. INTERPOSIÇÃO DE AGRAVO DE INSTRUMENTO. ART. 1.015 DO CPC/2015. HIPÓTESES DE CABIMENTO. 1. Na espécie, o acórdão proferido pela Corte de origem assentou a inexistência de previsão legal para recorribilidade imediata da decisão que deferiu a realização de prova pericial e afastou a prejudicial de prescrição. 2. Contudo, ao decidir pelo não cabimento do agravo de instrumento, o Tribunal a quo dissentiu da jurisprudência deste Sodalício sobre o tema, segundo a qual "Cabe agravo de instrumento contra decisão que reconhece ou rejeita a ocorrência da decadência ou da prescrição, incidindo a hipótese do inciso II do art. 1.015 do CPC/2015" (REsp 1.772.839/SP, Rel. Ministro Antonio Carlos Ferreira, Quarta Turma, julgado em 14/5/2019, DJe 23/5/2019). 3. Note-se que o mesmo entendimento pelo cabimento do agravo de instrumento é aplicável no que se refere à pretensão relativa à redistribuição do ônus da prova. Precedente. 4. Agravo interno a que se nega provimento. (AgInt no REsp 1863039/RS, Rel. Min. Sérgio Kukina, Primeira Turma, julgado em 14/09/2020, DJe 18/09/2020)

Com fundamento no art. 1.015, inciso II, cabe agravo de instrumento em face de decisão que versa sobre possibilidade jurídica do pedido

✓ CIVIL. PROCESSUAL CIVIL. AÇÃO DE EXIGIR CONTAS. DECISÃO INTERLOCUTÓRIA DE MÉRITO. NECESSIDADE DE EXAME DOS ELEMENTOS QUE COMPÕEM O PEDIDO E DA POSSIBILIDADE DE DECOMPOSIÇÃO DO PEDIDO. ASPECTOS DE MÉRITO DO PROCESSO. ALEGAÇÃO DE IMPOSSIBILIDADE JURÍDICA DO PEDIDO. CONDIÇÃO DA AÇÃO AO TEMPO DO CPC/73. SUPERAÇÃO LEGAL. ASPECTO DO MÉRITO APÓS O CPC/15. RECORRIBILIDADE IMEDIATA DA DECISÃO INTERLOCUTÓRIA QUE AFASTA A ALEGAÇÃO DE IMPOSSIBILIDADE JURÍDICA DO PEDIDO. ADMISSIBILIDADE. ART. 1.015, II, CPC/15. 1- Ação proposta em 03/04/2017. Recurso especial interposto em 23/02/2018 e atribuído à Relatora em 16/08/2018. 2- O propósito recursal é definir se cabe agravo de instrumento, com base no art. 1.015, II, do CPC/15, contra a decisão interlocutória que afasta a arguição de impossibilidade jurídica do pedido. 3- Ao admitir expressamente a possibilidade de decisões parciais de mérito quando uma parcela de um pedido suscetível de decomposição puder ser solucionada antecipadamente, o CPC/15 passou a exigir o exame detalhado dos elementos que compõem o pedido, especialmente em virtude da possibilidade de impugnação imediata por agravo de instrumento da decisão interlocutória que versar sobre mérito do processo (art. 1.015, II, CPC/15). 4- Para o adequado exame do conteúdo do pedido, não basta apenas que se investigue a questão sob a ótica da relação jurídica de direito material subjacente e que ampara o bem da vida buscado em juízo, mas, ao revés, também é necessário o exame de outros aspectos relacionados ao mérito, como, por exemplo, os aspectos temporais que permitem identificar a ocorrência de prescrição ou decadência e, ainda, os termos inicial e final da relação jurídica de direito material. Precedentes. 5- O enquadramento da possibilidade jurídica do pedido, na vigência do CPC/73, na categoria das condições da ação, sempre foi objeto de severas críticas da doutrina brasileira, que reconhecia o fenômeno como um aspecto do mérito do processo, tendo sido esse o entendimento adotado pelo CPC/15, conforme se depreende de sua exposição de motivos e dos dispositivos legais que atualmente versam sobre os requisitos de admissibilidade da ação. 6- A possibilidade jurídica do pedido após o CPC/15, pois, compõe uma parcela do mérito em discussão no processo, suscetível de decomposição e que pode ser examinada em separado dos demais fragmentos que o compõem, de modo que a decisão interlocutória que versar sobre essa matéria, seja para acolher a alegação, seja também para afastá-la, poderá ser objeto de impugnação imediata por agravo de instrumento com base no art. 1.015, II, CPC/15. 7- Recurso especial conhecido e provido. (REsp 1757123/SP, Rel. Ministra Nancy Andrighi, Terceira Turma, julgado em 13/08/2019, DJe 15/08/2019). No mesmo sentido: REsp 1864430/MG, Rel. Ministro Mauro Campbell Marques, Segunda Turma, julgado em 26/05/2020, DJe 01/06/2020).

III – rejeição da alegação de convenção de arbitragem;

Admite-se agravo de instrumento em face de decisão que versa sobre a definição de competência por uma interpretação analógica ou extensiva do disposto no inciso III

✓ PROCESSUAL CIVIL. AGRAVO INTERNO NO RECURSO EM MANDADO DE SEGURANÇA. DECLINAÇÃO DE COMPETÊNCIA. IMPOSSIBILIDADE. DECISÃO ATACADA PROFERIDA NO RITO COMUM PASSÍVEL DE IMPUGNAÇÃO POR MEIO DE AGRAVO DE INSTRUMENTO. DECISÃO MANTIDA. 1. A jurisprudência do STJ consolidou-se no sentido de ser possível mandado de segurança com o objetivo de controlar a competência do Juizado Especial, quando a questão for decidida no âmbito de Turma Recursal que recusou a referida competência, cabendo o julgamento do writ à Justiça local. 2. No caso, porém, a decisão declinatória foi proferida no âmbito da Justiça comum, em procedimento ordinário, havendo manifestação anterior desta Corte Superior admitindo o agravo de instrumento nessas hipóteses, o que impossibilita a aplicação da referida jurisprudência do STJ e torna inviável o mandado de segurança contra a decisão interlocutória proferida no Juizado Especial, acerca da competência do juízo. 3. "Apesar de não previsto expressamente no rol do art. 1.015 do CPC/2015, a decisão interlocutória relacionada à definição de competência continua desafiando recurso de agravo de instrumento, por uma interpretação analógica ou extensiva da norma contida no inciso III do art. 1.015 do CPC/2015, já que ambas possuem a mesma ratio -, qual seja, afastar o juízo incompetente para a causa, permitindo que o juízo natural e adequado julgue a demanda" (REsp 1.679.909/RS, Relator Ministro Luis Felipe Salomão, Quarta Turma, julgado em 14/11/2017, DJe 1º/2/2018). 4. "Admitindo-se que seja possível impugnar de imediato certas decisões interlocutórias não listadas no art. 1.015 do CPC/2015, não é cabível o mandado de segurança como sucedâneo recursal, para que a parte busque a tutela jurisdicional imediata. Isso porque o mandado de segurança contra ato judicial é uma verdadeira anomalia do sistema processual, pois, dentre seus diversos aspectos negativos, implica na inauguração de uma nova relação jurídico processual e em notificação à autoridade coatora para prestação de informações; usualmente possui regras de competência próprias nos Tribunais, de modo que, em regra, não será julgado pelo mesmo órgão fracionário a quem competirá julgar os recursos tirados do mesmo processo; admite sustentação oral por ocasião da sessão de julgamento; possui prazo para impetração substancialmente dilatado; e, se porventura for denegada a segurança, a decisão será impugnável por espécie recursal de efeito devolutivo amplo. Trata-se, a toda evidência, de técnica de correção da decisão judicial extremamente contraproducente e que não se coaduna com as normas fundamentais do processo civil, especialmente quando se verifica que há, no sistema processual, meio disponível e mais eficiente para que se promova o reexame e a eventual correção da decisão judicial nessas excepcionais situações: o próprio agravo de instrumento" (REsp 1.704.520/MT, Rel. Ministra Nancy Andrighi, Corte Especial, julgado em 05/12/2018, DJe 19/12/2018). 5. Agravo interno a que se nega provimento. (AgInt no RMS 62.264/RS, Rel. Ministro Antonio Carlos Ferreira, Quarta Turma, julgado em 19/10/2020, DJe 26/10/2020)

ATENÇÃO! Em outro julgado, porém, o STJ já assentou que "não é a melhor interpretação possível a tentativa de equiparação da hipótese contida no inciso III (rejeição da alegação de convenção de arbitragem) à discussão em torno da competência do juízo." (REsp 1700308/PB, Rel. Ministro Herman Benjamin, Segunda Turma, julgado em 17/04/2018, DJe 23/05/2018).

IV – incidente de desconsideração da personalidade jurídica;

V – rejeição do pedido de gratuidade da justiça ou acolhimento do pedido de sua revogação;

VI – exibição ou posse de documento ou coisa;

Alcance e abrangência do inciso VI

✓ CIVIL E CONSUMIDOR. PROCESSUAL CIVIL. AÇÃO DE REPARAÇÃO DE DANOS. DECISÃO INTERLOCUTÓRIA QUE INDEFERE PEDIDO DE EXPEDIÇÃO DE OFÍCIO A TERCEIRO PARA APRESENTAÇÃO DE DOCUMENTOS EM SEU PODER. RECORRIBILIDADE IMEDIATA POR AGRAVO DE INSTRUMENTO COM BASE NO ART. 1.015, VI, DO CPC/15. POSSIBILIDADE. EXIBIÇÃO DE DOCUMENTO QUE TEM POR FINALIDADE PERMITIR QUE A PARTE SE DESINCUMBA DO ÔNUS PROBATÓRIO. INCLUSÃO NO PROCESSO JUDICIAL DE DOCUMENTOS EM PODER DA OUTRA PARTE OU DE TERCEIRO QUE PERMITE O CUMPRIMENTO DO ENCARGO. HIPÓTESE DE CABIMENTO QUE ABRANGE A DECISÃO QUE RESOLVE A EXIBIÇÃO NA MODALIDADE DE INCIDENTE, AÇÃO INCIDENTAL OU MERO REQUERIMENTO NO PRÓPRIO PROCESSO. IRRELEVÂNCIA DO MEIO UTILIZADO PARA SE BUSCAR A EXIBIÇÃO. PREPONDERÂNCIA DO CONTEÚDO DECISÓRIO. 1- Ação proposta em 12/05/2014. Recurso especial interposto em 26/07/2017 e atribuído à Relatora em 06/06/2018. 2- O propósito recursal é definir se a decisão interlocutória que indeferiu a expedição de ofício para agente financeiro que é terceiro, a partir do qual se buscava a apresentação de documentos comprobatórios de vínculo entre os autores e o sistema financeiro de habitação e os riscos cobertos pela apólice de seguro, versa sobre exibição de documento e, assim, se é cabível agravo de instrumento com fundamento no art. 1.015, VI, do CPC/15. 3- O art. 1.015 do CPC/15, que regula o cabimento do recurso de agravo de instrumento em suas hipóteses típicas, é bastante amplo e dotado de diversos conceitos jurídicos indeterminados, de modo que o Superior Tribunal de Justiça ainda será frequentemente instado a se pronunciar sobre cada uma das hipóteses de cabimento listadas no referido dispositivo legal. 4- A regra do art. 1.015, VI, do CPC/15, tem por finalidade permitir que a parte a quem a lei ou o juiz atribuiu o ônus de provar possa dele se desincumbir integralmente, inclusive mediante a inclusão, no processo judicial, de documentos ou de coisas que sirvam de elementos de convicção sobre o referido fato *probandi* e que não possam ser voluntariamente por ela apresentados. 5- Partindo dessa premissa, a referida hipótese de cabimento abrange a decisão que resolve o incidente processual de exibição instaurado em face de parte, a decisão que resolve a ação incidental de exibição instaurada em face de terceiro e, ainda, a decisão interlocutória que versou sobre a exibição ou a posse de documento ou coisa, ainda que fora do modelo procedimental delineado pelos arts. 396 e 404 do CPC/15, ou seja, deferindo ou indeferindo a exibição por simples requerimento de expedição de ofício feito pela parte no próprio processo, sem a instauração de incidente processual ou de ação incidental. 6- Hipótese em que o requerimento da seguradora era a expedição de ofício para agente financeiro, que é terceiro, para que ele apresente documentos comprobatórios do vínculo dos autores com o sistema financeiro de habitação e dos riscos cobertos pela apólice que poderiam, em tese, acarretar a exclusão do dever de indenizar ou a atribuição do dever de indenizar a outra seguradora, e que foi liminarmente indeferido pelo magistrado de 1º grau em decisão interlocutória que versou sobre a exibição do documento. 7- Recurso especial conhecido e provido. (REsp 1798939/SP, Rel. Ministra Nancy Andrighi, Terceira Turma, julgado em 12/11/2019, DJe 21/11/2019).

VII – exclusão de litisconsorte;

Somente caberá agravo de instrumento, com base no inciso VII, em face de decisão que excluir o litisconsorte do processo, não cabendo quando a decisão negar a exclusão.

✓ CIVIL. PROCESSUAL CIVIL. AÇÃO DE COBRANÇA E REPARAÇÃO DE DANOS. ALEGAÇÃO DE ILEGITIMIDADE PASSIVA. CONCEITO DE "DECISÃO INTERLOCUTÓRIA QUE VERSA SOBRE EXCLUSÃO DE LITISCONSORTE" PARA FINS DE RECORRIBILIDADE IMEDIATA COM BASE NO ART. 1.015, VII, DO CPC/15. ABRANGÊNCIA. REGRA DE CABIMENTO DO AGRAVO DE INSTRUMENTO QUE SE LIMITA ÀS HIPÓTESES EM QUE A DECISÃO INTERLOCUTÓRIA ACOLHE O REQUERIMENTO DE EXCLUSÃO DO LITISCONSORTE, TENDO EM VISTA O RISCO DE INVALIDADE DA SENTENÇA PROFERIDA SEM A INTEGRAÇÃO DO POLO PASSIVO. REJEIÇÃO DO REQUERIMENTO QUE, POR SUA VEZ, DEVE SER IMPUGNADO APENAS EM APELAÇÃO OU CONTRARRAZÕES. 1- Ação proposta em 03/11/2014. Recurso especial interposto em 26/06/2017 e atribuído à Relatora em 23/04/2018. 2- O propósito recursal é definir se o conceito de "decisões interlocutórias que versarem sobre exclusão de litisconsorte", previsto no art. 1.015, VII, do CPC/15, abrange somente a decisão que determina a exclusão do litisconsorte ou se abrange também a decisão que indefere o pedido de exclusão. 3- Considerando que, nos termos do art. 115, I e II, do CPC/15, a sentença de mérito proferida sem a presença de um litisconsorte necessário é, respectivamente, nula ou ineficaz, acarretando a sua invalidação e a necessidade de refazimento de atos processuais com a presença do litisconsorte excluído, admite-se a recorribilidade desde logo, por agravo de instrumento, da decisão interlocutória que excluir o litisconsorte, na forma do art. 1.015, VII, do CPC/15, permitindo-se o reexame imediato da questão pelo Tribunal. 4- A decisão interlocutória que rejeita excluir o litisconsorte, mantendo no processo a parte alegadamente ilegítima, todavia, não é capaz de tornar nula ou ineficaz a sentença de mérito, podendo a questão ser reexaminada, sem grande prejuízo, por ocasião do julgamento do recurso de apelação. 5- Por mais que o conceito de "versar sobre" previsto no art. 1.015, caput, do CPC/15 seja abrangente, não se pode incluir no cabimento do agravo de instrumento uma hipótese ontologicamente distinta daquela expressamente prevista pelo legislador, especialmente quando a distinção está teoricamente justificada pelas diferentes consequências jurídicas causadas pela decisão que exclui o litisconsorte e pela decisão que rejeita excluir o litisconsorte. 6- A questão relacionada ao dissenso jurisprudencial fica prejudicada diante da fundamentação que rejeita as razões de decidir adotadas pelos paradigmas. 7- Recurso especial conhecido e desprovido. (REsp 1724453/SP, Rel. Min. Nancy Andrighi, Terceira Turma, julgado em 19/03/2019, DJe 22/03/2019). De modo semelhante: AgInt no AREsp 1711593/SP, Rel. Ministro Marco Buzzi, Quarta Turma, julgado em 30/11/2020, DJe 04/12/2020.

O inciso VII não faz nenhuma restrição ou observação aos motivos jurídicos que ensejaram a exclusão

✓ PROCESSUAL CIVIL. RECURSO ESPECIAL. AÇÃO INDENIZATÓRIA. VIOLAÇÃO DO ART. 1.022, I e II, DO CPC/2015 CONFIGURADA EM PARTE. OMISSÃO QUANTO A ASPECTO FÁTICO RELEVANTE PARA O DESLINDE DO FEITO. AGRAVO DE INSTRUMENTO. DECISÃO INTERLOCUTÓRIA SOBRE MÉRITO DO PROCESSO (PRESCRIÇÃO E DECADÊNCIA) E EXCLUSÃO DE LITISCONSORTE (LEGITIMIDADE DE PARTE). CABIMENTO. RETORNO DOS AUTOS AO TRIBUNAL DE ORIGEM. 1.Deixando a Corte local de se manifestar sobre questão relevante apontada em embargos de declaração que, em tese, poderia infirmar a conclusão adotada pelo Juízo, tem-se por configurada a violação do art. 1.022, II, do CPC/2015. 2. Nos termos do art. 487, II, do CPC/2015 – com redação diversa do art. 269, IV, do CPC/1973 -, haverá resolução de mérito quando o juiz decidir acerca da decadência ou da prescrição, reconhecendo ou rejeitando sua ocorrência. 3. Cabe agravo de instrumento contra decisão que reconhece ou rejeita a ocorrência da decadência ou da prescrição, incidindo a hipótese do inciso II do art. 1.015 do CPC/2015. 4. O art. 1.015, VII, do CPC/2015 estabelece que cabe agravo de instrumento contra as decisões que versarem sobre exclusão de litisconsorte, não fazendo nenhuma restrição ou observação aos motivos jurídicos que possam ensejar tal exclusão. 5. É agravável, portanto, a decisão que enfrenta o tema da ilegitimidade passiva de litisconsorte, que pode acarretar a exclusão da parte. 6. Recurso especial parcialmente provido. (REsp 1772839/SP, Rel. Ministro Antonio Carlos Ferreira, Quarta Turma, julgado em 14/05/2019, DJe 23/05/2019)

VIII – rejeição do pedido de limitação do litisconsórcio;

IX – admissão ou inadmissão de intervenção de terceiros;

X – concessão, modificação ou revogação do efeito suspensivo aos embargos à execução;

→ v. Enunciado 71 do CJF: é cabível o recurso de agravo de instrumento contra a decisão que indefere o pedido de atribuição de efeito suspensivo a Embargos à Execução, nos termos do art. 1.015, X, do CPC.

Cabe agravo de instrumento, por interpretação extensiva ao art. 1.015, X, do CPC, contra decisão que indefere o efeito suspensivo aos embargos à execução

✓ PROCESSUAL CIVIL. AGRAVO DE INSTRUMENTO CONTRA DECISÃO QUE INDEFERIU PEDIDO DE CONCESSÃO DE EFEITO SUSPENSIVO AOS EMBARGOS À EXECUÇÃO. POSSIBILIDADE. ART. 1.015, X, DO CPC/2015. INTERPRETAÇÃO EXTENSIVA. ISONOMIA ENTRE AS PARTES. PARALELISMO COM O ART. 1.015, I, DO CPC/2015. NATUREZA DE TUTELA PROVISÓRIA. 1. A questão objeto da controvérsia é eminentemente jurídica e cinge-se à verificação da possibilidade de interpor Agravo de Instrumento contra decisões que não concedem efeito suspensivo aos Embargos à Execução. 2. Na hipótese dos autos, a Corte Regional entendeu que não é impugnável por meio de Agravo de Instrumento a decisão que deixou de atribuir efeito suspensivo aos Embargos à Execução, pois o rol do art. 1.015 do Código de Processo Civil de 2015 é taxativo. 3. Em uma interpretação literal e isolada do art. 1.015, X, do CPC, nota-se que o legislador previu ser cabível o Agravo de Instrumento contra as decisões interlocutórias que concederem, modificarem ou revogarem o efeito suspensivo aos Embargos à Execução, deixando dúvidas sobre qual seria o meio de impugnação adequado para atacar o decisum que indefere o pedido de efeito suspensivo aos Embargos à Execução. 4. A situação dos autos reclama a utilização de interpretação extensiva do art. 1.015, X, do CPC/2015. 5. Em que pese o entendimento do Sodalício a quo de que o rol do citado art. da nova lei processual é taxativo, não sendo, portanto, possível a interposição de Agravo de Instrumento, nada obsta a utilização da interpretação extensiva. 6. "As hipóteses de agravo de instrumento estão previstas em rol taxativo. A taxatividade não é, porém, incompatível com a interpretação extensiva. Embora taxativas as hipóteses de decisões agraváveis, é possível interpretação extensiva de cada um dos seus tipos". (Curso de Direito Processual Civil, vol. 3. Fredie Didie Jr. e Leonardo Carneiro da Cunha. ed. JusPodivm, 13ª edição, p. 209). 7. De acordo com lição apresentada por Luis Guilherme Aidar Bondioli, "o embargante que não tem a execução contra si paralisada fica exposto aos danos próprios da continuidade das atividades executivas, o que reforça o cabimento do agravo de instrumento no caso". (Comentários ao Código de Processo Civil, vol. XX. Luis Guilherme Aidar Bondioli. ed. Saraiva, p. 126). 8. Ademais, o pedido de concessão de efeito suspensivo aos Embargos à Execução poderia perfeitamente ser subsumido ao que preconiza o inciso I do art. 1.015 do CPC/2015, por ter natureza de tutela provisória de urgência. Dessa forma, por paralelismo com o referido inciso do art. 1015 do CPC/2015, qualquer deliberação sobre efeito suspensivo dos Embargos à Execução é agravável. 9. Dessa forma, deve ser dada interpretação extensiva ao comando contido no inciso X do art. 1.015 do CPC/2015, para que se reconheça a possibilidade de interposição de Agravo de Instrumento nos casos de decisão que indefere o pedido de efeito suspensivo aos Embargos à Execução. 10. Recurso Especial provido. (REsp 1694667/PR, Rel. Ministro Herman Benjamin, Segunda Turma, julgado em 05/12/2017, DJe 18/12/2017).

XI – redistribuição do ônus da prova nos termos do art. 373, § 1º;

→ *V.* Enunciado 72 do CJF: é admissível a interposição de agravo de instrumento tanto para a decisão interlocutória que rejeita a inversão do ônus da prova, como para a que a defere.

Cabe agravo de instrumento tanto nas hipóteses de redistribuição dinâmica do ônus da prova, quanto nas demais modificações judiciais do ônus da prova

✓ CIVIL. PROCESSUAL CIVIL. AÇÃO DE REVISÃO DE CLÁUSULAS CONTRATUAIS DE SEGURO DE VIDA. DECISÃO INTERLOCUTÓRIA QUE VERSA SOBRE PRESCRIÇÃO E INVERSÃO DO ÔNUS DA PROVA EM AÇÃO DE CONSUMO. SUPERVENIÊNCIA DE SENTENÇA DE MÉRITO IMPUGNADA POR APELAÇÃO. PERDA SUPERVENIENTE DA UTILIDADE OU INTERESSE RECURSAL. INOCORRÊNCIA. QUESTÕES ANTECEDENTEMENTE LÓGICAS AO MÉRITO. PRESCRIÇÃO QUE PODE IMPEDIR OU CONDICIONAR O JULGAMENTO DE MÉRITO. INVERSÃO DO ÔNUS DA PROVA QUE PODE DIRECIONAR O JULGAMENTO DO PEDIDO. POSSIBILIDADE DE JULGAMENTO DO AGRAVO E DA APELAÇÃO. ART. 946, CAPUT E PARÁGRAFO ÚNICO, DO CPC/15. DECISÃO INTERLOCUTÓRIA QUE VERSA SOBRE INVERSÃO DO ÔNUS DA PROVA EM AÇÃO DE CONSUMO. CABIMENTO DO AGRAVO DE INSTRUMENTO TANTO NAS HIPÓTESES DE REDISTRIBUIÇÃO DINÂMICA DO ÔNUS DA PROVA, QUANTO NAS DEMAIS MODIFICAÇÕES JUDICIAIS DO ÔNUS DA PROVA. DECISÃO INTERLOCUTÓRIA QUE VERSA SOBRE PRESCRIÇÃO. DECISÃO QUE VERSA SOBRE MÉRITO E QUE ABRANGE A DECISÃO QUE ACOLHE OU QUE REJEITA A OCORRÊNCIA DA PRESCRIÇÃO OU DA DECADÊNCIA. MULTA APLICADA NA ORIGEM POR AGRAVO INTERNO MANIFESTAMENTE INADMISSÍVEL OU IMPROCEDENTE. DESCABIMENTO. PRETENSÃO RECURSAL PLAUSÍVEL, TANTO QUE ACOLHIDA NESTA CORTE. AGRAVO INTERNO, ADEMAIS, QUE ERA ÚNICO MEIO DE EXAURIMENTO DAS INSTÂNCIAS ORDINÁRIAS E DE PREQUESTIONAMENTO. DISSÍDIO JURISPRUDENCIAL PREJUDICADO. 1- Ação proposta em 30/11/2014. Recurso especial interposto em 13/05/2019 e atribuído à Relatora em 12/08/2019. 2- Os propósitos recursais consistem em definir: (i) preliminarmente, se deve ser conhecido o recurso especial tirado de agravo de instrumento quando sobrevém sentença de mérito que foi objeto de apelação; (ii) se eventualmente superada a preliminar, se a decisão interlocutória que inverte o ônus da prova por se tratar de relação de consumo e a decisão interlocutória que afasta a alegação de prescrição são impugnáveis de imediato por agravo de instrumento; (iii) se a multa por agravo interno manifestamente inadmissível era aplicável na hipótese. 3- Não há que se falar em perda superveniente do objeto (ou da utilidade ou do interesse no julgamento) do agravo de instrumento que impugna decisões interlocutórias que versaram sobre prescrição e sobre distribuição judicial do ônus da prova quando sobrevém sentença de mérito que é objeto de apelação, na medida em que ambas são questões antecedentemente lógicas ao mérito da causa, seja porque a prescrição tem aptidão para fulminar, total ou parcialmente, a pretensão deduzida pelo autor, de modo a impedir o julgamento do pedido ou, ao menos, a direcionar o modo pelo qual o pedido deverá ser julgado, seja porque a correta distribuição do ônus da prova poderá, de igual modo, influenciar o modo de julgamento do pedido, sobretudo nas hipóteses em que o desfecho da controvérsia se der pela insuficiência de provas e pela impossibilidade de elucidação do cenário fático. 4- A hipótese de cabimento prevista no art. 1.015, XI, do CPC/15, deve ser interpretada conjuntamente com o art. 373, §1º, do mesmo Código, que contempla duas regras jurídicas distintas, ambas criadas para excepcionar à regra geral: a primeira diz respeito à atribuição do ônus da prova, pelo juiz, em hipóteses previstas em lei, de que é exemplo a inversão do ônus da prova prevista no art. 6º, VIII, do CDC; a segunda diz respeito à teoria da distribuição dinâmica do ônus da prova, incidente a partir de peculiaridades da causa que se relacionem com a impossibilidade ou com a excessiva dificuldade de se desvencilhar do ônus estaticamente distribuído ou, ainda, com a maior facilidade de obtenção da prova do fato contrário, sendo ambas impugnáveis de imediato por agravo de instrumento. Precedente. 5- A hipótese de cabimento prevista no art. 1.015, II, do CPC/15, abrange não apenas a decisão parcial de mérito que resolve algum dos pedidos cumulados ou parte deles, mas também àquela que decide sobre a prescrição ou decadência, pouco importando se o conteúdo da decisão está no sentido de acolher ou de rejeitar a ocorrência desses fenômenos. Precedentes. 6- Provido o recurso especial por reconhecer ser cabível o agravo de instrumento contra decisão interlocutória que versa sobre inversão do ônus da prova em relação de consumo e sobre prescrição, o afastamento da multa aplicada pela interposição de agravo interno que havia sido reputado como manifestamente inadmissível ou improcedente justamente porque não seria cabível o agravo de instrumento é medida que se impõe, especialmente quando se verifica que a interposição de agravo interno contra a decisão unipessoal proferida pelo Relator em 2º grau de jurisdição era o único meio de a parte exaurir as instâncias ordinárias e de prequestionar as matérias que pretendia devolver às Cortes Superiores. 7- O provimento do recurso especial por um dos fundamentos torna despiciendo o exame dos demais suscitados pela parte. Precedentes. 8- Recurso especial conhecido e provido. (REsp 1831257/SC, Rel. Ministra Nancy Andrighi, Terceira Turma, julgado em 19/11/2019, DJe 22/11/2019).

✓ CIVIL E DIREITO DO CONSUMIDOR. PROCESSUAL CIVIL. AÇÃO DE RESCISÃO CONTRATUAL CUMULADA COM INDENIZATÓRIA. DECISÃO INTERLOCUTÓRIA QUE INDEFERE O REQUERIMENTO DE INVERSÃO DO ÔNUS DA PROVA EM AÇÃO DE CONSUMO. RECORRIBILIDADE IMEDIATA POR AGRAVO DE INSTRUMENTO. POSSIBILIDADE. HIPÓTESE DE CABIMENTO QUE ABRANGE QUAISQUER MODIFICAÇÕES JUDICIAIS DO ÔNUS DA PROVA AUTORIZADAS PELO LEGISLADOR OU FUNDADAS EM DISTRIBUIÇÃO DINÂMICA. RECURSO CABÍVEL DAS DECISÕES INTERLOCUTÓRIAS QUE DEFEREM E DAS QUE INDEFEREM A REDISTRIBUIÇÃO DO ÔNUS DA PROVA. DISSÍDIO JURISPRUDENCIAL PREJUDICADO. 1- Ação proposta em 22/05/2014. Recurso especial interposto em 20/07/2018 e atribuído à Relatora em 06/05/2019. 2- O propósito recursal é definir se a decisão interlocutória que indefere o requerimento de inversão do ônus da prova em ação de consumo é imediatamente recorrível por agravo de instrumento com fundamento no art. 1.015, XI, do CPC/15. 3- É cabível o agravo de instrumento nas hipóteses de distribuição judicial do ônus da prova, seja nas situações em que há inversão autorizada pelo legislador (p. ex., art. 6º, VIII, do CDC, combinado com art. 373, §1º, primeira parte, do CPC/15), seja com base na cláusula aberta de distribuição dinâmica do art. 373, §1º, segunda parte, do CPC/15, tratando-se de regras de instrução com as quais o julgador deve se preocupar na fase instrutória. Precedente. 4- A partir do exame dos arts. 1.015, XI, e 373, §1º, ambos do CPC/15, as decisões interlocutórias que deferem e também as decisões que indeferem a modificação judicial do ônus da prova são imediatamente recorríveis por agravo de instrumento, tendo em vista que o conteúdo normativo da referida hipótese de cabimento – "versar sobre redistribuição do ônus da prova nos termos do art. 373, §1º" – não foi objeto de limitação pelo legislador. 5- O provimento do recurso especial por um dos fundamentos torna despiciendo o exame dos demais suscitados pela parte. Precedentes. 6- Recurso especial conhecido e provido. (REsp 1802025/RJ, Rel. Ministra Nancy Andrighi, Terceira Turma, julgado em 17/09/2019, DJe 20/09/2019).

XII – **(VETADO)**.

XIII – outros casos expressamente referidos em lei.

O inciso XIII consagra o cabimento de agravo de instrumento quanto previsto em outros diplomas legais, tal como a norma inserida no microssistema de tutela coletiva (art. 19 da Lei n. 4.717/1965 – Lei da Ação Popular)

✓ ADMINISTRATIVO. PROCESSUAL CIVIL. AÇÃO CIVIL PÚBLICA. DECISÃO INTERLOCUTÓRIA. AGRAVO DE INSTRUMENTO. CABIMENTO. LACUNA EXISTENTE NA LEI Nº 7.347/85. APLICAÇÃO DO ART. 19, § 1º, DA LEI N. 4.717/65. ANALOGIA. COLMATAÇÃO EMPREENDIDA NO ÂMBITO DO MICROSSISTEMA LEGAL DE TUTELA DOS INTERESSES TRANSINDIVIDUAIS. ART. 1.015, XIII, DO CPC. 1. Discute-se a aplicação, por analogia, do art. 19, § 1º, da Lei n. 4.717/65 (Lei da Ação Popular) na hipótese em que o agravo de instrumento é interposto contra decisão interlocutória proferida no âmbito de ação civil pública, matéria que extrapola a tese firmada no julgamento dos REsp's 1.696.396/MT e 1.704.520/MT (Tema nº 988), sob o rito repetitivo. 2. Nas ações civis públicas, cabível se revela a interposição de agravo de instrumento contra decisão interlocutória, devendo a lacuna existente na Lei n. 7.347/85 (Lei de Ação Civil Pública) ser colmatada mediante a aplicação de dispositivo também integrante do microssistema legal de proteção aos interesses ou direitos coletivos, a saber, o art. 19, § 1º, da Lei n. 4.717/65 (Lei de Ação Popular). Nessa toada hermenêutica: REsp 1.473.846/SP, Rel. Ministro Ricardo Villas Bôas Cueva, Terceira Turma, julgado em 21/02/2017, DJe 24/02/2017. 3. Afora isso, o cabimento do agravo de instrumento contra decisões interlocutórias proferidas em demandas coletivas também encontra amparo no próprio inciso XIII do art. 1.015 do CPC/2015, cujo dispositivo admite a interposição do recurso instrumental em "outros casos expressamente referidos em lei". Nesse mesmo sentido: AgInt no REsp 1.733.540/DF, Rel. Ministro Gurgel de Faria, Primeira Turma, julgado em 25/11/2019, DJe 4/12/2019. 4. Recurso especial provido. (STJ, REsp 1828295/MG, Rel. Ministro Sérgio Kukina, Primeira Turma, julgado em 11/02/2020, DJe 20/02/2020).

Parágrafo único. Também caberá agravo de instrumento contra decisões interlocutórias proferidas na fase de liquidação de sentença ou de cumprimento de sentença, no processo de execução e no processo de inventário.

→ *V.* Enunciado 69 do CJF: a hipótese do art. 1.015, parágrafo único, do CPC abrange os processos concursais, de falência e recuperação.

→ v. Enunciado 70 do CJF: é agravável o pronunciamento judicial que postergar a análise de pedido de tutela provisória ou condicioná-la a qualquer exigência.

→ v. Enunciado 145 do CJF: o recurso cabível contra a decisão que julga a liquidação de sentença é o Agravo de Instrumento.

Cabe agravo de instrumento em face de decisão que concede justiça gratuita na fase de cumprimento de sentença, por aplicação do parágrafo único

✓ CIVIL. PROCESSUAL CIVIL. ALIMENTOS. DECISÃO INTERLOCUTÓRIA QUE CONCEDE O BENEFÍCIO DA GRATUIDADE DA JUSTIÇA EM FASE DE CUMPRIMENTO DE SENTENÇA. RECORRIBILIDADE IMEDIATA POR AGRAVO DE INSTRUMENTO. POSSIBILIDADE. CABIMENTO DO RECURSO EM FACE DE TODAS AS DECISÕES INTERLOCUTÓRIAS PROFERIDAS EM LIQUIDAÇÃO E CUMPRIMENTO DE SENTENÇA, EXECUÇÃO E INVENTÁRIO, INDEPENDENTEMENTE DO CONTEÚDO DA DECISÃO. INCIDÊNCIA ESPECÍFICA DO ART. 1.015, PARÁGRAFO ÚNICO, DO CPC/2015. LIMITAÇÃO DE CABIMENTO DO RECURSO, PREVISTA NO ART. 1.015, CAPUT E INCISOS, QUE SOMENTE SE APLICA ÀS DECISÕES INTERLOCUTÓRIAS PROFERIDAS NA FASE DE CONHECIMENTO. VÍCIO DE FUNDAMENTAÇÃO DO ACÓRDÃO. OMISSÃO. NÃO OPOSIÇÃO DE ACLARATÓRIOS NA ORIGEM. QUESTÃO DEVIDAMENTE EXAMINADA A PARTIR DE PREMISSAS FÁTICO-PROBATÓRIAS IMUTÁVEIS. 1- Ação proposta em 26/06/2017. Recurso especial interposto em 16/11/2017 e atribuído à Relatora em 13/11/2018. 2- O propósito recursal consiste em definir: (i) se é recorrível, de imediato e por meio de agravo de instrumento, a decisão interlocutória proferida na fase de cumprimento de sentença que concede o benefício da gratuidade da justiça; (ii) se há vício de fundamentação no acórdão que revogou o benefício anteriormente concedido. 3- Somente as decisões interlocutórias proferidas na fase de conhecimento se submetem ao regime recursal disciplinado pelo art.1.015, caput e incisos do CPC/2015, segundo o qual apenas os conteúdos elencados na referida lista se tornarão indiscutíveis pela preclusão se não interposto, de imediato, o recurso de agravo de instrumento, devendo todas as demais interlocutórias aguardar a prolação da sentença para serem impugnadas na apelação ou nas contrarrazões de apelação. 4- Para as decisões interlocutórias proferidas em fases subsequentes à cognitiva – liquidação e cumprimento de sentença -, no processo de execução e na ação de inventário, o legislador optou conscientemente por um regime recursal distinto, prevendo o art. 1.015, parágrafo único, do CPC/2015, que haverá ampla e irrestrita recorribilidade de todas as decisões interlocutórias, quer seja porque a maioria dessas fases ou processos não se findam por sentença e, consequentemente, não haverá a interposição de futura apelação, quer seja em razão de as decisões interlocutórias proferidas nessas fases ou processos possuírem aptidão para atingir, imediata e severamente, a esfera jurídica das partes, sendo absolutamente irrelevante investigar, nesse contexto, se o conteúdo da decisão interlocutória se amolda ou não às hipóteses previstas no caput e incisos do art. 1.015 do CPC/2015. 5- Na hipótese, tendo sido proferida decisão interlocutória concessiva da gratuidade de justiça na fase de cumprimento de sentença, cabível, de imediato, o recurso de agravo de instrumento, na forma do art. 1.015, parágrafo único, do CPC/2015. 6- Inexiste violação ao art. 489, §1º, IV, do CPC/2015, quando o alegado vício de fundamentação, se existente, caracterizaria omissão que não foi objeto de embargos de declaração opostos em face do acórdão recorrido, e quando a questão alegadamente omissa, na verdade, foi efetivamente enfrentada pelo acórdão recorrido, que se assentou em premissas fático-probatórias irretorquíveis no âmbito dos recursos de estrito direito. 7- Recurso especial parcialmente conhecido e, nessa extensão, desprovido. (REsp 1770992/SP, Rel. Ministra Nancy Andrighi, Terceira Turma, julgado em 19/02/2019, DJe 22/02/2019).

Cabível o agravo de instrumento contra decisão interlocutória que indefere o pedido de revogação do benefício da gratuidade da justiça em processo executivo

✓ CIVIL. PROCESSUAL CIVIL. EXECUÇÃO DE CONTRATO LOCATÍCIO. DECISÃO INTERLOCUTÓRIA QUE INDEFERE O PEDIDO DE REVOGAÇÃO DO BENEFÍCIO DA GRATUIDADE DA JUSTIÇA EM PROCESSO EXECUTIVO. RECORRIBILIDADE IMEDIATA POR AGRAVO DE INSTRUMENTO. POSSIBILIDADE. CABIMENTO DO RECURSO EM FACE DE TODAS AS DECISÕES INTERLOCUTÓRIAS PROFERIDAS EM LIQUIDAÇÃO E CUMPRIMENTO DE SENTENÇA, EXECUÇÃO E INVENTÁRIO, INDEPENDENTEMENTE DO CONTEÚDO DA DECISÃO. INCIDÊNCIA ESPECÍFICA DO ART. 1.015, PARÁGRAFO ÚNICO, DO CPC/2015. LIMITAÇÃO DE CABIMENTO DO RECURSO, PREVISTA NO ART. 1.015, CAPUT E INCISOS, QUE SOMENTE SE APLICA ÀS DECISÕES INTERLOCUTÓRIAS PROFERIDAS NA FASE DE CONHECIMENTO. SUSPENSÃO DO PROCESSO ATÉ REALIZAÇÃO DE PERÍCIA EM AÇÃO DE INTERDIÇÃO DA LOCATÁRIA. PERTINÊNCIA DA SUSPENSÃO. EXAME DA INFLUÊNCIA E DOS REFLEXOS DA PROVA TÉCNICA NA EXECUÇÃO. SÚMULA 7/STJ. 1- Ação proposta em 14/06/2016. Recurso especial interposto em 26/10/2018 e atribuído à Relatora em 11/04/2019. 2- O propósito recursal consiste em definir: (i) se é recorrível, de imediato e por meio de agravo de instrumento, a decisão interlocutória proferida no processo de execução que indefere o pedido de revogação do benefício da gratuidade da justiça; (ii) se o processo executivo poderia ser suspenso até realização da prova pericial a ser realizada na ação de interdição da executada. 3- Somente as decisões interlocutórias proferidas na fase de conhecimento se submetem ao regime recursal disciplinado pelo art.1.015, caput e incisos do CPC/2015, segundo o qual apenas os conteúdos elencados na referida lista se tornarão indiscutíveis pela preclusão se não interposto, de imediato, o recurso de agravo de instrumento, devendo todas as demais interlocutórias aguardar a prolação da sentença para serem impugnadas na apelação ou nas contrarrazões de apelação, observado, quanto ao ponto, a tese da taxatividade mitigada fixada pela Corte Especial do Superior Tribunal de Justiça por ocasião do julgamento dos recursos especiais repetitivos nº 1.696.396/MT e 1.704.520/MT. 4- Para as decisões interlocutórias proferidas em fases subsequentes à cognitiva – liquidação e cumprimento de sentença -, no processo de execução e na ação de inventário, o legislador optou conscientemente por um regime recursal distinto, prevendo o art. 1.015, parágrafo único, do CPC/2015, que haverá ampla e irrestrita recorribilidade de todas as decisões interlocutórias, quer seja porque a maioria dessas fases ou processos não se findam por sentença e, consequentemente, não haverá a interposição de futura apelação, quer seja em razão de as decisões interlocutórias proferidas nessas fases ou processos possuírem aptidão para atingir, imediata e severamente, a esfera jurídica das partes, sendo absolutamente irrelevante investigar, nessas hipóteses, se o conteúdo da decisão interlocutória se amolda ou não às hipóteses previstas no caput e incisos do art. 1.015 do CPC/2015. 5- Na hipótese em exame, foi proferida, em processo de execução, decisão interlocutória indeferindo o pedido formulado de revogação do benefício da gratuidade de justiça anteriormente deferido à parte, tratando-se de decisão imediatamente recorrível, por agravo de instrumento, com base no art. 1.015, parágrafo único, do CPC/2015. 6- A eventual impertinência da suspensão do processo executivo até realização da prova pericial a ser produzida na ação de interdição da parte adversa é questão incognoscível no recurso especial, tendo em vista a necessidade de reexame do acervo fático-probatório no que se refere a potencial utilidade e os efetivos reflexos que a prova técnica causará à execução em cuja defesa se alega, justamente, a incapacidade civil da contratante. 7- Recurso especial parcialmente conhecido e, nessa extensão, provido. (REsp 1803925/SP, Rel. Ministra Nancy Andrighi, Corte Especial, julgado em 01/08/2019, DJe 06/08/2019).

Cabe agravo de instrumento contra todas as decisões interlocutórias proferidas em liquidação e cumprimento de sentença, execução e inventário, independentemente do conteúdo da decisão

✓ CIVIL. PROCESSUAL CIVIL. RECURSO ESPECIAL. LIQUIDAÇÃO DE SENTENÇA. PRONUNCIAMENTO JUDICIAL QUE INDEFERIU PEDIDO DE PARCELAMENTO DE PAGAMENTO DOS HONORÁRIOS PERICIAIS. CONTEÚDO DECISÓRIO. GRAVAME À PARTE DECISÃO INTERLOCUTÓRIA. AGRAVO. ROCORRIBILIDADE. CABIMENTO DO RECURSO EM FACE DE TODAS AS DECISÕES INTERLOCUTÓRIAS PROFERIDAS EM LIQUIDAÇÃO E CUMPRIMENTO DE SENTENÇA, EXECUÇÃO E INVENTÁRIO, INDEPENDENTEMENTE DO CONTEÚDO DA DECISÃO. INCIDÊNCIA ESPECÍFICA DO ART. 1.015, PARÁGRAFO ÚNICO, DO CPC/2015. LIMITAÇÃO DE CABIMENTO DO RECURSO, PREVISTA NO ART. 1.015, CAPUT E INCISOS, QUE SOMENTE SE APLICA ÀS DECISÕES INTERLOCUTÓRIAS PROFERIDAS NA FASE DE CONHECIMENTO. 1- Recurso especial interposto e 05/12/2017 e concluso à Relatora em 30/10/2018. 2- O propósito recursal consiste em definir se é recorrível, de imediato e por meio de agravo de instrumento, o pronunciamento judicial, proferido nos autos de liquidação de sentença, que indeferiu o pedido de parcelamento em 06 vezes do pagamento dos honorários periciais, bem como determinou o pagamento do referido montante em 02 parcelas. 3- Para que determinado pronunciamento jurisdicional seja recorrível, deve possuir algum conteúdo decisório capaz de gerar prejuízo às partes. 4- Na hipótese, o pronunciamento judicial impugnado por meio de agravo de instrumento possui carga decisória, não se tratando de despacho irrecorrível. 5- Somente as decisões interlocutórias proferidas na fase de conhecimento se submetem ao regime recursal disciplinado pelo art. 1.015, caput e incisos do CPC/2015, segundo o qual apenas os conteúdos elencados na referida lista se tornarão indiscutíveis pela preclusão se não interposto, de imediato, o recurso de agravo de instrumento, devendo todas as demais interlocutórias aguardar a prolação da sentença para serem impugnadas na apelação ou nas contrarrazões de apelação. 6- Para as decisões interlocutórias proferidas em fases subsequentes à cognitiva – liquidação e cumprimento de sentença -, no processo de execução e na ação de inventário, o legislador optou conscientemente por um regime recursal distinto, prevendo o art. 1.015, parágrafo único, do CPC/2015, que haverá ampla e irrestrita recorribilidade de todas as decisões interlocutórias, quer seja porque a maioria dessas fases ou processos não se findam por sentença e, consequentemente, não haverá a interposição de futura apelação, quer seja em razão de as decisões interlocutórias proferidas nessas fases ou processos possuírem aptidão para atingir, imediata e severamente, a esfera jurídica das partes, sendo absolutamente irrelevante investigar, nesse contexto, se o conteúdo da decisão interlocutória se amolda ou não às hipóteses previstas no caput e incisos do art. 1.015 do CPC/2015. 7- Na hipótese, tendo sido proferida decisão de cunho interlocutório em liquidação de sentença, cabível, de imediato, o recurso de agravo de instrumento, na forma do art. 1.015, parágrafo único, do CPC/2015. 8- Recurso especial conhecido e provido. (REsp 1747035/SE, Rel. Ministra Nancy Andrighi, Terceira Turma, julgado em 04/06/2019, DJe 07/06/2019)

É cabível agravo de instrumento contra todas as decisões interlocutórias proferidas nos processos de recuperação judicial e falência por força do parágrafo único do art. 1.015 do CPC/2015 (Tema 1022)

✓ "(...) 1- O propósito do presente recurso especial, processado e julgado sob o rito dos recursos repetitivos, é definir se é cabível agravo de instrumento contra decisões interlocutórias proferidas em processos de recuperação judicial e falência em hipóteses não expressamente previstas na Lei 11.101/05. 2- No regime recursal adotado pelo CPC/15, há dois diferentes modelos de recorribilidade das decisões interlocutórias: (i) para as decisões proferidas na fase de conhecimento, será cabível o agravo de instrumento nas hipóteses listadas nos incisos do art. 1.015, observado, ainda, o abrandamento da taxatividade desse rol em razão da tese fixada por ocasião do julgamento do tema repetitivo 988 (tese da taxatividade mitigada); (ii) para as decisões proferidas nas fases de liquidação e cumprimento da sentença, no processo executivo e na ação de inventário, será cabível o agravo de instrumento contra todas as decisões interlocutórias, por força do art. 1.015, parágrafo único. 3- O regime recursal diferenciado para as decisões interlocutórias proferidas nas fases de liquidação e cumprimento de sentença, no processo executivo e na ação de inventário se justifica pela impossibilidade de rediscussão posterior da questão objeto da interlocutória, na medida em que nem sempre haverá apelação nessas espécies de fases procedimentais e processos, inviabilizando a incidência da regra do art. 1.009, §1º, CPC/15 e também pela altíssima invasividade e gravidade das decisões interlocutórias proferidas nessas espécies de fases procedimentais e processos, uma vez que, em regra, serão praticados inúmeros e sucessivos atos judiciais de índole satisfativa (pagamento, penhora, expropriação e alienação de bens etc.) que se revelam claramente incompatíveis com a recorribilidade apenas diferida das decisões interlocutórias. 4- Conquanto a Lei 11.101/2005 preveja o cabimento do agravo de instrumento em específicas hipóteses, como, por exemplo, o art. 17, caput, art. 59, §2º e art. 100, não se pode olvidar que, por ocasião da edição da referida lei, vigorava no Brasil o CPC/73, cujo sistema recursal, no que tange às decisões interlocutórias, era diametralmente oposto ao regime recursal instituído pelo CPC/15, de modo que a escolha, pelo legislador, de apenas algumas específicas hipóteses de recorribilidade imediata das interlocutórias proferidas nos processos recuperacionais e falimentares deve ser interpretada como o reconhecimento de que, naquelas hipóteses, estava presumidamente presente o risco de causar à parte lesão grave e de difícil reparação, requisito exigido pelo art. 522, caput, CPC/73. 5- Ao se reinterpretar a questão relacionada à recorribilidade das decisões interlocutórias proferidas nos processos recuperacionais e falimentares à luz do regime instituído pelo CPC/15, conclui-se que, tendo o processo recuperacional a natureza jurídica de liquidação e de execução negocial das dívidas da pessoa jurídica em recuperação e tendo o processo falimentar a natureza jurídica de liquidação e de execução coletiva das dívidas da pessoa jurídica falida, a esses processos deve ser aplicada a regra do art. 1.015, parágrafo único, CPC/15. 6- Assim, nos termos do art. 1.036 e seguintes do CPC/15, fixa-se a seguinte tese jurídica: Cabe agravo de instrumento de todas as decisões interlocutórias proferidas no processo de recuperação judicial e no processo de falência, por força do art. 1.015, parágrafo único, CPC/15. 7- Para propiciar segurança jurídica e proteger as partes que, confiando na irrecorribilidade das decisões interlocutórias fora das hipóteses de cabimento previstas na Lei 11.101/2005, não interpuseram agravo de instrumento com base no art. 1.015, parágrafo único, CPC/15, faz-se necessário estabelecer que: (i) as decisões interlocutórias que não foram objeto de recurso de agravo de instrumento poderão ser objeto de impugnação pela parte em eventual e hipotética apelação ou em contrarrazões, como autoriza o art. 1.009, §1º, CPC/15, se entender a parte que ainda será útil o enfrentamento da questão incidente objeto da decisão interlocutória naquele momento processual; (ii) que a presente tese jurídica vinculante deverá ser aplicada a todas as decisões interlocutórias proferidas após a publicação do acórdão que fixou a tese e a todos os agravos de instrumento interpostos antes da fixação da tese e que ainda se encontrem pendentes de julgamento ao tempo da publicação deste acórdão, excluindo-se aqueles que não foram conhecidos por decisão judicial transitada em julgado. 8- Na hipótese, a decisão interlocutória proferida no processo de recuperação judicial indeferiu o pedido de liberação das garantias dadas aos contratos firmados com os recorridos antes do pedido de recuperação judicial, e, interposto o agravo de instrumento, entendeu o TJ/MT por não conhecer o recurso de agravo de instrumento ao fundamento de que a hipótese em exame não se amoldaria a nenhum dos incisos do art. 1.015 do CPC, de modo que, fixada a tese jurídica vinculante no sentido de que cabe agravo de instrumento contra todas as decisões interlocutórias proferidas nos processos de recuperação judicial e de falência, por força do art. 1.015, parágrafo único, CPC/15, deve ser provido o recurso especial, a fim de determinar ao TJ/MT que, afastado o óbice do cabimento, conheça do agravo de instrumento, se preenchidos os demais pressupostos de admissibilidade, e dê regular prosseguimento ao agravo de instrumento. 9 – Recurso especial conhecido e provido. (REsp 1707066/MT, Rel. Ministra Nancy Andrighi, Segunda Seção, julgado em 03/12/2020, DJe 10/12/2020)

Atenção! O STJ modulou a decisão tomada no REsp 1.707.066/MT (Tema 1022), julgado em 03/12/2020, DJe 10/12/2020, para que o entendimento seja aplicado às decisões interlocutórias proferidas após a publicação do acórdão que fixou a tese e a todos os agravos de instrumento interpostos antes da fixação da tese, ainda que se encontrem pendentes de julgamento ao tempo da publicação deste acórdão, excluindo-se, tão somente, os agravos de instrumento que não foram conhecidos pelos Tribunais Estaduais ou Regionais Federais por decisão judicial transitada em julgado. OBSERVAÇÃO: de acordo com a Lei n. 14.112, de 24 de dezembro de 2020, que deu nova redação ao art. 189 da Lei n. 11.101/2005 (Lei de Falência e Recuperação Judicial), "as decisões proferidas nos processos a que se refere esta Lei serão passíveis de agravo de instrumento, exceto nas hipóteses em que esta Lei previr de forma diversa." (art. 189, § 1º, II)

Art. 1.016. O agravo de instrumento será dirigido diretamente ao tribunal competente, por meio de petição com os seguintes requisitos:

→ V. Art. 1.003, § 4º, do CPC.

O agravo de instrumento deve ser interposto diretamente no Tribunal

✓ "AGRAVO DE INSTRUMENTO – INDEFERIMENTO DO PEDIDO DE TUTELA PROVISÓRIA DE URGÊNCIA – MODIFICAÇÃO DE GUARDA – INTEMPESTIVIDADE – Recurso interposto fora do prazo recursal previsto no art. 1.003, § 5º, do CPC/2015 – Interposição do "agravo de instrumento" diretamente no juízo "a quo" que não tem o condão de suspender o prazo recursal do presente recurso – Art. 1.016, caput, do CPC/2015 que é expresso, no sentido de que o Agravo de Instrumento deve ser dirigido diretamente ao Tribunal competente – Interposição do agravo de instrumento, diretamente no Tribunal, é requisito intrínseco à própria existência do recurso, de modo que ele passou a existir somente em 26/02/2020 (quando da efetiva protocolização da peça, diretamente neste Tribunal), o que se deu intempestivamente – Agravo de instrumento intempestivo – RECURSO NÃO CONHECIDO." (TJSP, AI 2035524-29.2020.8.26.0000, Rel. Des. Angela Lopes, 9ª Câmara de Direito Privado, julgado em 16/03/2020).

I – os nomes das partes;

II – a exposição do fato e do direito;

III – as razões do pedido de reforma ou de invalidação da decisão e o próprio pedido;

A falta de razões ou a apresentação de razões dissociadas da decisão recorrida impede o conhecimento do recurso

✓ "AGRAVO INTERNO – NÃO CONHECIMENTO DE AGRAVO DE INSTRUMENTO – DIALETICIDADE RECURSAL – VIOLAÇÃO – ANÁLISE DO MÉRITO DO RECURSO – IMPOSSIBILIDADE. – Por ofensa ao princípio da dialeticidade recursal, não se conhece de recurso de agravo de instrumento que apresente razões dissociadas da decisão recorrida, isto é, não concatenadas de forma a expor um raciocínio encadeado (CPC, art. 1.016, III). – Incumbe ao relator não conhecer de recurso inadmissível, prejudicado ou que não tenha impugnado especificamente os fundamentos da decisão recorrida (CPC, art. 932, III). – O exame do mérito do recurso na instância revisora, incluindo as matérias de ordem pública nele deduzidas, somente pode ocorrer se for positivo o juízo de admissibilidade recursal (STJ, AgInt no REsp 1320741/MA)." (TJMG, Agravo Interno Cv 1.0024.12.330527-8/002, Rel. Des. Ramom Tácio, 16ª Câmara Cível, julgamento em 27/05/2020, DJe 28/05/2020).

Não cabe a concessão de prazo para complementação das razões do recurso

✓ AGRAVO DE INSTRUMENTO – AÇÃO DE EXECUÇÃO FISCAL – Decisão que determinou a antecipação do pagamento das despesas de citação – Recurso interposto sem que houvesse a observação dos requisitos do art. 1.016 do CPC – O agravante não efetua a exposição do direito, tampouco as razões do pedido de reforma – Impossibilidade de concessão de prazo para complementação das razões do recurso, ante a preclusão consumativa – Agravo de instrumento não conhecido." (TJSP, Agravo de Instrumento 2100729-05.2020.8.26.0000, Rel. Des. Kleber Leyser de Aquino, 14ª Câmara de Direito Público, julgado em 02/07/2020).

IV – o nome e o endereço completo dos advogados constantes do processo.

Caso a ausência de nome e endereço dos advogados não cause prejuízo, não há óbice ao conhecimento do agravo

✓ AGRAVO DE INSTRUMENTO. AÇÃO CIVIL PÚBLICA. DESCUMPRIMENTO DO ART. 1.016, IV, DO CPC DE 2015. PRINCÍPIO DA INSTRUMENTALIDADE DAS FORMAS. CEMITÉRIO. IRREGULARIDADES NA ADMINISTRAÇÃO. DANO AO MEIO AMBIENTE. TUTELA PROVISÓRIA DE URGÊNCIA SATISFATIVA. REQUISITOS AUSENTES. INDEFERIMENTO MANTIDO. RECURSO NÃO PROVIDO. 1. Em atenção ao princípio da instrumentalidade das formas e dos atos processuais, a ausência do nome e endereço dos advogados da parte agravada, sem qualquer comprovação de prejuízo, não viola os fins da norma contida no art. 1.016, IV, do CPC e nem impede o agravado de responder à pretensão recursal. 2. A concessão de tutela antecipada pressupõe o atendimento dos requisitos legais. 3. Ausentes os requisitos, revela-se correto o indeferimento da medida. 4. Agravo de instrumento conhecido e não provido, mantida a decisão que indeferiu a tutela provisória de urgência satisfativa, rejeitada uma preliminar. (TJMG, Agravo de Instrumento-Cv 1.0000.19.092989-3/001, Rel. Des. Caetano Levi Lopes, 2ª Câmara Cível, julgamento em 28/01/2020, DJe 31/01/2020).

Não enseja a inadmissibilidade do agravo de instrumento, com fundamento no art. 1.016, IV, caso seja possível obter informações acerca do nome e endereço dos advogados por meio de outros documentos constantes no processo

✓ AGRAVO DE INSTRUMENTO. INADMISSIBILIDADE DO RECURSO POR DESCUMPRIMENTO DO ART. 1.016, IV, CPC. TUTELA PROVISÓRIA DE URGÊNCIA. EMPRÉSTIMO CONSIGNADO. AUSÊNCIA DE REPASSE DAS PARCELAS PELO ÓRGÃO PAGADOR. ALTERAÇÃO UNILATERAL DA FORMA DE PAGAMENTO PARA DESCONTO EM CONTA BANCÁRIA. IMPOSSIBILIDADE. 1. A inobservância do requisito previsto no artigo 1.016, IV, do CPC/15, que impõe a indicação na petição de Agravo de instrumento do nome e endereço completo dos advogados constantes do processo, não enseja a inadmissibilidade do recurso caso seja possível obter tais informações por meio de outros documentos juntados aos autos. 2. Nos termos do art. 300 do Código de Processo Civil, a tutela provisória de urgência deve ser deferida quando comprovada a existência de elementos que evidenciem a probabilidade do direito, bem como o perigo de dano ou risco ao resultado útil do processo. 3. Celebrados contratos de empréstimo na modalidade consignado, não se revela razoável a alteração unilateral da forma de pagamento pela instituição financeira, com a realização da cobrança diretamente na conta bancária dos servidores e pensionistas diante da ausência de repasse das parcelas pelo órgão pagador. 4. O eventual atraso no pagamento de qualquer das parcelas pelo órgão da administração pública consignante e já descontado da remuneração do servidor, não deve ser, em princípio, atribuído ao consumidor. 5. Recurso provido. (TJMG, Agravo de Instrumento-Cv 1.0000.18.065467-5/001, Rel. Des. Estevão Lucchesi, 14ª Câmara Cível, julgamento em 04/07/2019, DJe 05/07/2019).

Art. 1.017. A petição de agravo de instrumento será instruída:

I – obrigatoriamente, com cópias da petição inicial, da contestação, da petição que ensejou a decisão agravada, da própria decisão agravada, da certidão da respectiva intimação ou outro documento oficial que comprove a tempestividade e das procurações outorgadas aos advogados do agravante e do agravado;

A demonstração da tempestividade exige a apresentação de certidão de intimação do agravante ou outro documento oficial que ateste a tempestividade do recurso

✓ DIREITO PROCESSUAL CIVIL. AGRAVO INTERNO NO AGRAVO DE INSTRUMENTO. PROVA DE INTIMAÇÃO MEDIANTE DOCUMENTO OFICIAL. PEÇA ESSENCIAL À AFERIÇÃO DE TEMPESTIVIDADE DO RECURSO. 1. O art. 1.017, I, do CPC/15 enumera os documentos obrigatórios para instrução da petição do agravo de instrumento, dentre os quais se inclui a certidão de intimação do agravante ou outro documento que ateste a tempestividade do recurso, desde que oficial. 2. O documento "aba de expedientes", juntado pela ora agravante para comprovar a intimação da parte e consequente tempestividade do recurso, não atende à exigência legal. 3. Agravo interno não provido. (AgInt no Ag 1433859/SP, Rel. Ministro Benedito Gonçalves, Primeira Turma, julgado em 31/08/2020, DJe 02/09/2020).

A ausência de peças obrigatórias enseja a intimação da parte para regularização (art. 1.017, § 3º c/c art. 932, parágrafo único), sendo dispensável essa providência se os autos originários forem eletrônicos, nos termos do art. 1.017, § 5º

✓ AGRAVO DE INSTRUMENTO – PRELIMINAR – IRREGULARIDADE FORMAL – INSTRUÇÃO DEFICIENTE – AUSÊNCIA DE DOCUMENTOS OBRIGATÓRIOS – CÓPIA DA PETIÇÃO QUE ENSEJOU A DECISÃO AGRAVADA – ART. 1.017 DO CPC/2015 – INTIMAÇÃO DA PARTE PARA REGULARIZAÇÃO – DESATENDIMENTO – RECURSO NÃO CONHECIDO. Incumbe à parte recorrente instruir o agravo de instrumento com as peças obrigatórias a que faz menção o art. 1.017, do Código de Processo Civil de 2015.

Constatada a ausência de alguma das peças elencadas no referido dispositivo legal, deve o Relator, antes de considerar inadmissível o recurso, intimar a parte recorrente para que proceda à correção do vício ou juntada da documentação exigível, nos termos do parágrafo único do art. 932, do CPC/15. Verificada o desatendimento em relação ao comando judicial, impõe-se o não conhecimento do recurso por irregularidade formal. Preliminar acolhida. (TJMG, AI 1.0707.13.018782-6/001, Rel. Des. Amorim Siqueira, 9ª Câmara Cível, julgado em 18/08/2020, DJ 24/08/2020)

II – com declaração de inexistência de qualquer dos documentos referidos no inciso I, feita pelo advogado do agravante, sob pena de sua responsabilidade pessoal;

Caso não existam os documentos obrigatórios, é facultado ao advogado do agravante declarar essa condição, sob sua responsabilidade pessoal

✓ PROCESSUAL CIVIL. RECURSO ESPECIAL. AGRAVO DE INSTRUMENTO. PROCURAÇÃO. INEXISTÊNCIA. DECLARAÇÃO. VALIDADE. ART. 1.017, II, DO CPC/2015. RECURSO PROVIDO. 1. A petição de agravo de instrumento deve ser instruída, obrigatoriamente, "com cópias da petição inicial, da contestação, da petição que ensejou a decisão agravada, da própria decisão agravada, da certidão da respectiva intimação ou outro documento oficial que comprove a tempestividade e das procurações outorgadas aos advogados do agravante e do agravado" (CPC/2015, art. 1.017, I). 2. Se inexistente qualquer dos documentos obrigatórios, é facultado ao advogado do agravante declarar essa condição, sob sua responsabilidade pessoal (CPC/2015, art. 1.017, II). 3. Recurso especial provido. (REsp 1793126/MG, Rel. Ministro Antonio Carlos Ferreira, Quarta Turma, julgado em 03/09/2019, DJe 09/09/2019)

III – facultativamente, com outras peças que o agravante reputar úteis.

§ 1º Acompanhará a petição o comprovante do pagamento das respectivas custas e do porte de retorno, quando devidos, conforme tabela publicada pelos tribunais.

→ *v.* Art. 1.007 do CPC.

§ 2º No prazo do recurso, o agravo será interposto por:

I – protocolo realizado diretamente no tribunal competente para julgá-lo;

II – protocolo realizado na própria comarca, seção ou subseção judiciárias;

III – postagem, sob registro, com aviso de recebimento;

→ *v.* Art. 1.003, § 4º, do CPC.

IV – transmissão de dados tipo fac-símile, nos termos da lei;

→ *v.* Lei 9.800/1999 – Permite às partes a utilização de sistema de transmissão de dados para a prática de atos processuais.

V – outra forma prevista em lei.

§ 3º Na falta da cópia de qualquer peça ou no caso de algum outro vício que comprometa a admissibilidade do agravo de instrumento, deve o relator aplicar o disposto no art. 932, parágrafo único.

→ *v.* Enunciado 73 do CJF: para efeito de não conhecimento do agravo de instrumento por força da regra prevista no § 3º do art. 1.018 do CPC, deve o juiz, previamente, atender ao art. 932, parágrafo único, e art. 1.017, § 3º, do CPC, intimando o agravante para sanar o vício ou complementar a documentação exigível.

Os vícios passíveis de correção são os que poderiam ser realizados de ofício pelo relator, referentes a equívocos formais do recurso

✓ RECURSO ESPECIAL. AÇÃO INDENIZATÓRIA EM FASE DE CUMPRIMENTO DE SENTENÇA. AGRAVO DE INSTRUMENTO. AUTOS FÍSICOS DA AÇÃO E AUTOS ELETRÔNICOS DO INSTRUMENTO. AUSÊNCIA DE COMPROVAÇÃO DA INTERPOSIÇÃO DO RECURSO PERANTE O PRIMEIRO GRAU DE JURISDIÇÃO. ÔNUS PROCESSUAL DO AGRAVANTE NÃO OBSERVADO. VÍCIO ARGUIDO E PROVADO PELO AGRAVADO EM CONTRARRAZÕES. INADMISSIBILIDADE. MANUTENÇÃO. 1. Ação indenizatória em fase de cumprimento de sentença da qual se extrai o presente recurso especial, interposto em 31/07/17 e concluso ao gabinete em 26/04/18. 2. O propósito recursal consiste em definir se o agravante deve comprovar a interposição do agravo no juízo de primeiro grau, quando apenas os autos do instrumento são eletrônicos. 3. Quando os autos forem físicos apenas a juntada das cópias do agravo de instrumento no processo originário permite o exercício da retratação pelo juízo prolator da decisão impugnada. Somente a partir dessa perspectiva pode se compreender o §1º do 1.018, acerca da prejudicialidade recursal decorrente da reforma da decisão pelo juízo da origem. 4. Em se tratando de autos eletrônicos em primeiro e segundo graus de jurisdição, com os avanços tecnológicos, espera-se que a integração dos sistemas processuais realize comunicações automáticas e viabilize a plena ciência das informações da demanda por todos os sujeitos envolvidos no litígio, inclusive o magistrado. 5. Os vícios passíveis de correção e a complementação da documentação exigível (arts. 932, parágrafo único, 1.017, §3º, do CPC/15) dizem respeito às providências que seriam realizadas de ofício pelo Relator, referentes a equívocos na formação do próprio recurso. 6. Todavia, na hipótese do art. 1.018, a inadmissibilidade do agravo de instrumento ocorre somente se arguida e provada pelo agravado em contrarrazões, pois o ônus do agravante em tomar referida providência tem prazo assinalado na própria lei, isto é, "três dias a contar da interposição do agravo de instrumento" (§2º). 7. Recurso especial conhecido e não provido. (REsp 1749958/RS, Rel. Ministra Nancy Andrighi, Terceira Turma, julgado em 18/09/2018, DJe 21/09/2018)

§ 4º Se o recurso for interposto por sistema de transmissão de dados tipo fac-símile ou similar, as peças devem ser juntadas no momento de protocolo da petição original.

§ 5º Sendo eletrônicos os autos do processo, dispensam-se as peças referidas nos incisos I e II do *caput*, facultando-se ao agravante anexar outros documentos que entender úteis para a compreensão da controvérsia.

A dispensa de juntada das peças exige que os autos tramitem por meio digital tanto no primeiro quanto no segundo grau de jurisdição

✓ PROCESSUAL CIVIL. AGRAVO INTERNO NO AGRAVO EM RECURSO ESPECIAL. INTERPOSIÇÃO DE AGRAVO DE INSTRUMENTO SEM A CÓPIA DA DECISÃO AGRAVADA. PROCESSO QUE TRAMITA EM MEIO ELETRÔNICO. DESNECESSIDADE. SÚMULA 83/STJ. AGRAVO INTERNO DA UNIÃO A QUE SE NEGA PROVIMENTO. 1. A disposição constante do art. 1.017, § 5º, do CPC/2015, que dispensa a juntada das peças obrigatórias à formação do Agravo de Instrumento em se tratando de processo eletrônico, exige, para sua aplicação, que os autos tramitem por meio digital tanto no primeiro quanto no segundo grau de jurisdição (REsp. 1.643.956/PR, Rel. Min. Ricardo Villas Bôas Cueva, DJe 22.5.2017). 2. Agravo Interno da União a que se nega provimento. (STJ, AgInt no AREsp 1086545/PB, Rel. Ministro Napoleão Nunes Maia Filho, Primeira Turma, julgado em 14/09/2020, DJe 18/09/2020)

O art. 1.017, § 5º, CPC, não se aplica ao recurso especial e ao agravo em recurso especial

✓ AGRAVO INTERNO NO AGRAVO EM RECURSO ESPECIAL. DECISÃO AGRAVADA PROFERIDA PELA PRESIDÊNCIA DO STJ. NÃO CONHECIMENTO DO RECURSO POR AUSÊNCIA DE PROCURAÇÃO DOS ADVOGADOS SUBSCRITORES DO APELO EXCEPCIONAL. SÚMULA 115 DO STJ. AGRAVO IMPROVIDO. 1. A ausência da cadeia completa de procurações impossibilita o conhecimento do recurso interposto para as instâncias superiores, sendo incabível a juntada posterior do instrumento procuratório, em razão da preclusão consumativa. 2. Súmula n. 115 do STJ: Na instância especial é inexistente recurso interposto por advogado sem procuração nos autos. 3. Cumpre observar o dever de vigilância da parte no traslado das peças formadoras do recurso especial, por ser ônus do agravante zelar pela completa formação do instrumento. 4. A dispensa da juntada de procuração em processos eletrônicos, prevista no art. 1.017, § 5º, do CPC/2015, não se estende ao recurso especial ou ao agravo contra a sua inadmissibilidade, porquanto a aplicação do referido dispositivo é específica da classe processual "agravo de instrumento". 5. Agravo interno improvido. (AgInt no AREsp 1691791/SP, Rel. Ministro Marco Aurélio Bellizze, Terceira Turma, julgado em 16/11/2020, DJe 20/11/2020)

Art. 1.018. O agravante poderá requerer a juntada, aos autos do processo, de cópia da petição do agravo de instrumento, do comprovante de sua interposição e da relação dos documentos que instruíram o recurso.

Finalidade do art. 1.018 do CPC

✓ AGRAVO INTERNO NOS EMBARGOS DE DIVERGÊNCIA EM RECURSO ESPECIAL. CIVIL. AGRAVO DE INSTRUMENTO. INTERPOSIÇÃO. COMUNICAÇÃO NA ORIGEM. JURISPRUDÊNCIA. SÚMULA Nº 168/STJ.1. O Superior Tribunal de Justiça, ao interpretar o art. 1.018 do CPC/2015, tem entendimento no sentido de que a finalidade da regra prevista neste dispositivo é proporcionar à parte contrária o exercício de sua defesa, evitando-se qualquer prejuízo processual. Precedentes. 2. Não havendo prejuízo à parte agravada e tendo esta exercido o seu direito de defesa, como afirmado no acórdão embargado, não há que se falar em nulidade. Aplicação do princípio *pas de nullité sans grief*. 3. É possível, com base na Súmula nº 168/STJ, inadmitir embargos de divergência quando a jurisprudência da Corte estiver no mesmo sentido do acórdão embargado. 4. Agravo interno não provido. (AgInt nos EREsp 1727899/DF, Rel. Ministro Ricardo Villas Bôas Cueva, Segunda Seção, julgado em 18/08/2020, DJe 24/08/2020).

§ 1º Se o juiz comunicar que reformou inteiramente a decisão, o relator considerará prejudicado o agravo de instrumento.

Quando os autos forem físicos, apenas a juntada das cópias do agravo de instrumento no processo originário permite o exercício da retratação pelo juízo prolator da decisão impugnada

✓ RECURSO ESPECIAL. AÇÃO INDENIZATÓRIA EM FASE DE CUMPRIMENTO DE SENTENÇA. AGRAVO DE INSTRUMENTO. AUTOS FÍSICOS DA AÇÃO E AUTOS ELETRÔNICOS DO INSTRUMENTO. AUSÊNCIA DE COMPROVAÇÃO DA INTERPOSIÇÃO DO RECURSO PERANTE O PRIMEIRO GRAU DE JURISDIÇÃO. ÔNUS PROCESSUAL DO AGRAVANTE NÃO OBSERVADO. VÍCIO ARGUIDO E PROVADO PELO AGRAVADO EM CONTRARRAZÕES. INADMISSIBILIDADE. MANUTENÇÃO. 1. Ação indenizatória em fase de cumprimento de sentença da qual se extrai o presente recurso especial, interposto em 31/07/17 e concluso ao gabinete em 26/04/18. 2. O propósito recursal consiste em definir se o agravante deve comprovar a interposição do agravo no juízo de primeiro grau, quando apenas os autos do instrumento são eletrônicos. 3. Quando os autos forem físicos apenas a juntada das cópias do agravo de instrumento no processo originário permite o exercício da retratação pelo juízo prolator da decisão impugnada. Somente a partir dessa perspectiva pode se compreender o § 1º do 1.018, acerca da prejudicialidade recursal decorrente da reforma da decisão pelo juízo da origem. 4. Em se tratando de autos eletrônicos em primeiro e segundo graus de jurisdição, com os avanços tecnológicos, espera-se que a integração dos sistemas processuais realize comunicações automáticas e viabilize a plena ciência das informações da demanda por todos os sujeitos envolvidos no litígio, inclusive o magistrado. 5. Os vícios passíveis de correção e a complementação da documentação exigível (arts. 932, parágrafo único, 1.017, § 3º, do CPC/15) dizem respeito às providências que seriam realizadas de ofício pelo Relator, referentes a equívocos na formação do próprio recurso. 6. Todavia, na hipótese do art. 1.018, a inadmissibilidade do agravo de instrumento ocorre somente se arguida e provada pelo agravado em contrarrazões, pois o ônus do agravante em tomar referida providência tem prazo assinalado na própria lei, isto é, "três dias a contar da interposição do agravo de instrumento" (§2º). 7. Recurso especial conhecido e não provido. (REsp 1749958/RS, Rel. Ministra Nancy Andrighi, Terceira Turma, julgado em 18/09/2018, DJe 21/09/2018)

§ 2º Não sendo eletrônicos os autos, o agravante tomará a providência prevista no *caput*, no prazo de 3 (três) dias a contar da interposição do agravo de instrumento.

Se o processo tramitar de modo eletrônico, na primeira e na segunda instâncias, não terá o agravante a obrigação de juntar as cópias previstas no art. 1.018, *caput*

✓ PROCESSUAL CIVIL. AGRAVO DE INSTRUMENTO NÃO CONHECIDO. ART. 1.018 DO CPC/2015. ART. 526 DO CPC/73. DESCUMPRIMENTO NA ORIGEM. OBRIGATORIEDADE DE INFORMAR O JUÍZO DE ORIGEM SOBRE A INTERPOSIÇÃO DO RECURSO. NECESSIDADE DE PROVA DE PREJUÍZO. I – Apenas se ambos os processos tramitarem na forma eletrônica (autos originários e autos do agravo de instrumento), o agravante não terá a obrigação de juntar a cópia do inconformismo na origem. Precedente: REsp 1708609/PR, Rel. Ministro MOURA RIBEIRO, DJe 24/08/2018. II – O agravo de instrumento deve ser inadmitido apenas no caso de prova do prejuízo causado à parte agravada em decorrência da não juntada, aos autos originários, da comprovação da interposição do recurso. Precedentes: AgRg no AREsp 636.518/SP, Rel. Ministro Marco Aurélio Bellizze, DJe 13/10/2015; REsp 1426205/SP, Rel. Ministro Luis Felipe Salomão, DJe 01/08/2017. III – Tendo a agravada apresentado contrarrazões ao agravo de instrumento e exercido seu direito de defesa, não há que se falar na inadmissibilidade do agravo de instrumento pelo descumprimento da exigência do art. 1.018, §§ 2º e 3º do CPC/2015. IV – Recurso especial provido. (REsp 1753502/PR, Rel. Ministro Francisco Falcão, Segunda Turma, julgado em 06/12/2018, DJe 13/12/2018)

A exigência do art. 1.018, § 2º, do CPC pode ser realizada por outros meios que não a certidão cartorária

✓ AGRAVO INTERNO NO RECURSO ESPECIAL. PROCESSUAL CIVIL. AGRAVO DE INSTRUMENTO NÃO CONHECIDO. ART. 1.018, §§ 2º E 3º, DO CPC/2015. COMUNICAÇÃO AO JUÍZO DE ORIGEM SOBRE A INTERPOSIÇÃO DO RECURSO REALIZADA ALÉM DO TRÍDUO LEGAL. AUSÊNCIA, NO CASO, DE PREJUÍZO DA PARTE ADVERSA. APELO NOBRE PROVIDO MONOCRATICAMENTE. AGRAVO INTERNO NÃO PROVIDO. 1. A finalidade da regra do art. 526 do CPC/73, que encontra correspondência no art. 1.018 do CPC/2015, é "principalmente, proporcionar à parte contrária o exercício de sua defesa, evitando-se qualquer prejuízo processual. Inexistindo prejuízo à parte agravada e tendo esta exercido o seu direito de defesa, não há que se falar em nulidade. Precedentes" (AgRg no AREsp 636.518/SP, Rel. Ministro Marco Aurélio Bellizze, Terceira Turma, julgado em 22/9/2015, DJe de 13/10/2015). 2. No caso, tendo a agravada apresentado contrarrazões ao agravo de instrumento e exercido seu direito de defesa, não há que se falar na inadmissibilidade do agravo de instrumento pelo descumprimento da exigência do art. 1.018, §§ 2º e 3º, do CPC/2015. 3. Agravo interno não provido. (AgInt no REsp 1727899/DF, Rel. Ministro Raul Araújo, Quarta Turma, julgado em 02/04/2019, DJe 25/04/2019)

§ 3º O descumprimento da exigência de que trata o § 2º, desde que arguido e provado pelo agravado, importa inadmissibilidade do agravo de instrumento.

→ *v.* Súmula 221 do TFR.

→ *v.* Enunciado 73 do CJF: para efeito de não conhecimento do agravo de instrumento por força da regra prevista no § 3º do art. 1.018 do CPC, deve o juiz, previamente, atender ao art. 932, parágrafo único, e art. 1.017, § 3º, do CPC, intimando o agravante para sanar o vício ou complementar a documentação exigível.

O dispositivo visa propiciar à parte agravada a sua defesa e a demonstração de eventual prejuízo processual decorrente da não comunicação da interposição de agravo de instrumento ao juízo de origem

✓ AGRAVO INTERNO. AGRAVO EM RECURSO ESPECIAL. ART. 1.018, §§ 2º E 3º, DO CPC/2015. EXERCÍCIO DE DEFESA. OCORRÊNCIA. PREJUÍZO. NÃO CONFIGURAÇÃO. EXIGÊNCIA. CUMPRIMENTO. NÃO PROVIMENTO. 1. Exercido o direito de defesa pela parte agravada e não ocorrendo prejuízo a esta, não há que se falar em nulidade, considerando-se cumprida a exigência do art. 1.018, §§ 2º e 3º, do CPC/2015. 2. Agravo interno a que se nega provimento. (STJ, AgInt no AREsp 1677202/RS, Rel. Ministra Maria Isabel Gallotti, Quarta Turma, julgado em 28/09/2020, DJe 01/10/2020)

Art. 1.019. **Recebido o agravo de instrumento no tribunal e distribuído imediatamente, se não for o caso de aplicação do art. 932, incisos III e IV, o relator, no prazo de 5 (cinco) dias:**

I – poderá atribuir efeito suspensivo ao recurso ou deferir, em antecipação de tutela, total ou parcialmente, a pretensão recursal, comunicando ao juiz sua decisão;

→ *v.* Art. 995 do CPC.

II – ordenará a intimação do agravado pessoalmente, por carta com aviso de recebimento, quando não tiver procurador constituído, ou pelo Diário da Justiça ou por carta com aviso de recebimento dirigida ao seu advogado, para que responda no prazo de 15 (quinze) dias, facultando-lhe juntar a documentação que entender necessária ao julgamento do recurso;

Se não houve a citação do réu na origem, descabe sua intimação para contrarrazões, como agravado

✓ "Agravo de instrumento. Ação declaratória de inexigibilidade de dívida c.c. indenizatória. Gratuidade da justiça. Peticionária pensionista, que se declara sem recursos para custear as despesas do processo. Assertiva verossímil, não infirmada pelos elementos dos autos. Viúva autora, ademais, que possui três dependentes menores e percebe, a título de pensão do INSS, importância de cerca de três salários mínimos. Benefício da gratuidade cabível, sem embargo de eventual impugnação da parte adversária. Recurso que se julga de pronto, sem formação do contraditório recursal, sob a consideração de que os réus não foram citados e de que o cumprimento da formalidade do art. 1.019, II, do CPC implicaria demasiado retardo à prestação da tutela recursal. Ressalva, no entanto, do direito de os réus eventualmente impugnarem a gratuidade, em primeiro grau, como preliminar de impugnação (CPC, art. 100), naturalmente com a possibilidade de recorrer contra a decisão a ser exarada quanto ao incidente. Deram provimento ao agravo." (TJSP, AI 2207125-06.2020.8.26.0000, Rel. Des. Ricardo Pessoa de Mello Belli, 19ª Câmara de Direito Privado, julgado em 05/10/2020).

III – determinará a intimação do Ministério Público, preferencialmente por meio eletrônico, quando for o caso de sua intervenção, para que se manifeste no prazo de 15 (quinze) dias.

→ *v.* Art. 178 do CPC.

Art. 1.020. O relator solicitará dia para julgamento em prazo não superior a 1 (um) mês da intimação do agravado.

Capítulo IV
DO AGRAVO INTERNO

Art. 1.021. Contra decisão proferida pelo relator caberá agravo interno para o respectivo órgão colegiado, observadas, quanto ao processamento, as regras do regimento interno do tribunal.

→ *V.* Art. 317 e seguintes do RISTF.

→ *V.* Art. 317 e seguintes do RISTF.

→ *V.* Arts. 258 e 259 do RISTJ.

→ *V.* Enunciado 77 do CJF: para impugnar decisão que obsta trânsito a recurso excepcional e que contenha simultaneamente fundamento relacionado à sistemática dos recursos repetitivos ou da repercussão geral (art. 1.030, I, do CPC) e fundamento relacionado à análise dos pressupostos de admissibilidade recursais (art. 1.030, V, do CPC), a parte sucumbente deve interpor, simultaneamente, agravo interno (art. 1.021 do CPC) caso queira impugnar a parte relativa aos recursos repetitivos ou repercussão geral e agravo em recurso especial/extraordinário (art. 1.042 do CPC) caso queira impugnar a parte relativa aos fundamentos de inadmissão por ausência dos pressupostos recursais.

Não cabe a interposição de agravo interno contra decisão colegiada

✓ AGRAVO INTERNO NO AGRAVO INTERNO NO AGRAVO EM RECURSO ESPECIAL. RECURSO INTERPOSTO CONTRA DECISÃO COLEGIADA DO STJ. AGRAVO INTERNO INCABÍVEL. AUSÊNCIA DE PREVISÃO LEGAL. INVIABILIDADE DE APLICAÇÃO DO PRINCÍPIO DA FUNGIBILIDADE RECURSAL. ACÓRDÃO DEVIDAMENTE FUNDAMENTADO. AGRAVO INTERNO NÃO CONHECIDO. 1. É incabível agravo interno contra decisão colegiada, conforme dispõe o art. 259 do Regimento Interno do Superior Tribunal de Justiça. 2. A interposição de agravo interno contra decisão colegiada constitui erro grosseiro e inescusável, tendo em vista sua previsão exclusiva para atacar decisão monocrática do relator. Precedentes. 3. Agravo interno não conhecido. (STJ, AgInt no AgInt no AREsp 1673107/PR, Rel. Ministro Marco Aurélio Bellizze, Terceira Turma, julgado em 28/09/2020, DJe 07/10/2020)

A interposição de agravo interno contra acórdão é erro grosseiro, não sendo aplicável a fungibilidade nem a possibilidade de correção

✓ PROCESSO CIVIL. AGRAVO INTERNO NO AGRAVO EM RECURSO ESPECIAL. CUMPRIMENTO DE SENTENÇA. INCIDENTE DE DESCONSIDERAÇÃO DA PERSONALIDADE JURÍDICA. INTEMPESTIVIDADE. FERIADO LOCAL. COMPROVAÇÃO POSTERIOR. IMPOSSIBILIDADE. APLICAÇÃO DO CPC/2015. 1. Cumprimento de sentença. Incidente de desconsideração da personalidade jurídica. 2. A jurisprudência do STJ se firmou no sentido de que configura erro grosseiro a interposição de agravo interno contra decisão colegiada e, por isso, o recurso manifestamente incabível não interrompe nem suspende o prazo para a interposição do recurso especial. Precedentes. 3. Agravo interno não provido. (STJ, AgInt no AREsp 1644046/SP, Rel. Ministra Nancy Andrighi, Terceira Turma, julgado em 24/08/2020, DJe 27/08/2020)

Admite-se o recebimento do pedido de reconsideração como agravo interno

✓ PEDIDO DE RECONSIDERAÇÃO NO AGRAVO INTERNO NO AGRAVO EM RECURSO ESPECIAL. DECISÃO COLEGIADA. NÃO CABIMENTO. PRECEDENTE. 1. Pedido de reconsideração recebido como agravo interno. 2. Por ausência de previsão legal e regimental, não cabe pedido de reconsideração apresentado contra a decisão colegiada. 3. Agravo interno não conhecido. (STJ, RCD no AgInt no AREsp 1487757/SP, Rel. Ministro Ricardo Villas Bôas Cueva, Terceira Turma, julgado em 19/10/2020, DJe 29/10/2020)

Requisitos para o recebimento de pedido de reconsideração como agravo interno

✓ "É pacífica a jurisprudência do Superior Tribunal de Justiça no sentido de que "o pedido de reconsideração pode ser recebido como agravo regimental quando: a) atender aos requisitos mínimos para aquele exigível; b) for apresentado tempestivamente; e c) não representar erro grosseiro ou má-fé do recorrente" (STJ, RCD no ARE no RE no AgRg no AREsp 729.803/PR, Rel. Ministro Humberto Martins, Corte Especial, DJe de 14/10/2016). Pedido de reconsideração recebido como Agravo interno. (STJ, AgInt no PUIL 1.000/DF, Rel. Ministra Assusete Magalhães, Primeira Seção, julgado em 11/11/2020, DJe 16/11/2020)

§ 1º Na petição de agravo interno, o recorrente impugnará especificadamente os fundamentos da decisão agravada.

Se não houver impugnação específica, aplica-se o princípio da dialeticidade e o agravo não será conhecido

✓ "... 1. Ausência de regularidade formal do recurso em apreço, ante a inexistência de impugnação específica dos fundamentos da decisão agravada, nos termos do art. 317, § 1º, do Regimento Interno do Supremo Tribunal Federal e da jurisprudência desta Casa. 2. Agravo interno não conhecido, com aplicação da penalidade prevista no art. 1.021, § 4º, do CPC/2015, calculada à razão de 1% (um por cento) sobre o valor atualizado da causa, se unânime a votação." (Rcl 36645 AgR/DF, Rel. Min. Rosa Weber, Primeira Turma, julgado em 26/10/2020, DJe 05/11/2020).

§ 2º O agravo será dirigido ao relator, que intimará o agravado para manifestar-se sobre o recurso no prazo de 15 (quinze) dias, ao final do qual, não havendo retratação, o relator levá-lo-á a julgamento pelo órgão colegiado, com inclusão em pauta.

§ 3º É vedado ao relator limitar-se à reprodução dos fundamentos da decisão agravada para julgar improcedente o agravo interno.

→ *V.* Art. 489, § 1º, do CPC.

O dever do julgador não se limitar a reproduzir a decisão agravada corresponde ao dever da parte impugnar especificamente a decisão recorrida

✓ PROCESSUAL CIVIL. AGRAVO INTERNO. FUNDAMENTOS DA DECISÃO AGRAVADA. AUSÊNCIA DE IMPUGNAÇÃO ESPECÍFICA. ART. 1.021, §§ 1º E 3º, DO CPC/2015 E SÚMULA 182/STJ. 1. Uma das principais mudanças de paradigma trazidas pelo Código de Processo Civil/2015 diz respeito a uma maior exigência de motivação das decisões judiciais. Em especial, quanto ao julgamento do Agravo Interno, o art. 1.021, § 3º, do novo diploma adjetivo dispõe que "É vedado ao relator limitar-se à reprodução dos fundamentos da decisão agravada para julgar improcedente o agravo interno". 2. Ocorre que, não raro, a parte sucumbente interpõe Agravo Interno tão somente repetindo os argumentos já aduzidos no apelo indeferido monocraticamente. Nessa hipótese, à primeira vista, poderia ter-se a ideia de que o Magistrado deveria fazer uso da sua criatividade para adotar novos fundamentos em face de argumentos repetidos. 3. Entretanto, não foi esse o intento do legislador. Em contrapartida à impossibilidade de o relator limitar-se à reprodução dos fundamentos da decisão agravada, ficou estabelecido no art.1.021, § 1º, do novo *Codex* que, "Na petição de agravo interno, o recorrente impugnará especificadamente os fundamentos da decisão agravada". 4. Em busca do aperfeiçoamento do sistema processual pátrio, o legislador instituiu como peças de uma mesma engrenagem tanto a obrigação do julgador de explicitar de forma particularizada as razões que ensejaram a prolação do provimento jurisdicional quanto o ônus da parte recorrente de impugnar especificadamente os fundamentos da decisão atacada. 5. In casu, a parte agravante limitou-se basicamente a reiterar as razões do Recurso Especial, alegando, de forma genérica, a ocorrência de violação dos arts. 20, § 3º, e 535 do CPC/1973 (1.022 do CPC/2015) e a não incidência da Súmula 7/STJ, sem contrapor especificadamente os fundamentos que dão supedâneo ao decisum hostilizado. 6. A ausência de impugnação específica faz incidir na espécie a Súmula 182/STJ ("É inviável o agravo do art. 545 do CPC que deixa de atacar especificamente os fundamentos da decisão agravada"), que está em consonância com a redação atual do CPC em seu art. 1.021, § 1º. 7. Agravo Interno não conhecido. (STJ, AgInt no AREsp 933.639/PE, Rel. Ministro Herman Benjamin, Segunda Turma, julgado em 10/11/2016, DJe 29/11/2016)

Não há nulidade quanto à reprodução, nos fundamentos do acórdão do agravo interno, dos mesmos temas já postos na decisão monocrática se a parte insiste na mesma tese, repetindo as mesmas alegações já apresentadas em recurso anterior

✓ EMBARGOS DE DECLARAÇÃO NO AGRAVO INTERNO NOS EMBARGOS DE DIVERGÊNCIA EM AGRAVO EM RECURSO ESPECIAL. PROCESSO CIVIL. AÇÃO CIVIL PÚBLICA DE IMPROBIDADE ADMINISTRATIVA. HONORÁRIOS ADVOCATÍCIOS EM FAVOR DA UNIÃO E DO MINISTÉRIO PÚBLICO. AUSÊNCIA DE SIMILITUDE FÁTICO-JURÍDICA. DISSENSO NÃO DEMONSTRADO. ALEGADA OMISSÃO. VÍCIO INEXISTENTE. EMBARGOS DE DECLARAÇÃO REJEITADOS. 1. "Deve-se interpretar o comando do art. 1.021, § 3º, do CPC/2015 em conjunto com a regra do art. 489, § 1º, IV, do mesmo diploma. Na hipótese em que a parte insiste na mesma tese, repisando as mesmas alegações já apresentadas em recurso anterior, sem trazer nenhum argumento novo – ou caso se limite a suscitar fundamentos insuficientes para abalar as razões de decidir já explicitadas pelo julgador – não se vislumbra nulidade quanto à reprodução, nos fundamentos do acórdão do agravo interno, dos mesmos temas já postos na decisão monocrática" (EDcl no AgInt no AREsp 1.411.214/MG, Rel. Ministro Marco Aurélio Bellizze, Terceira Turma, julgado em 12/08/2019, DJe 20/08/2019.) 2. No mais, a insurgência, nos termos em que foi deduzida pela Embargante, não disfarça o intento de rediscutir questão já examinada e decidida, desiderato que não se coaduna com a estreita via integrativa dos embargos de declaração. 3. Embargos de declaração rejeitados. (EDcl no AgInt nos EAREsp 996.192/SP, Rel. Ministra Laurita Vaz, Corte Especial, julgado em 26/11/2019, DJe 10/12/2019). No mesmo sentido: AgInt no REsp 1655238/PR, Rel. Ministro Napoleão Nunes Maia Filho, Primeira Turma, julgado em 14/09/2020, DJe 18/09/2020.

O § 3º do art. 1.021 exige que o julgador, mesmo não havendo nenhum fundamento novo trazido pela agravante na peça recursal, não repita as palavras utilizadas na decisão recorrida

✓ PROCESSUAL CIVIL. AGRAVO INTERNO NO AGRAVO EM RECURSO ESPECIAL. AÇÃO INDENIZATÓRIA. DECISÃO DA PRESIDÊNCIA DO STJ. SÚMULA N. 182 DO STJ. RECONSIDERAÇÃO. NEGATIVA DE PRESTAÇÃO JURISDICIONAL. NÃO OCORRÊNCIA. ART. 1.021 § 3º DO CPC/2015. VIOLAÇÃO. NÃO CARACTERIZAÇÃO. AGRAVO INTERNO PROVIDO. AGRAVO EM RECURSO ESPECIAL DESPROVIDO. 1. A Corte "a quo" pronunciou-se, de forma clara e suficiente, acerca das questões suscitadas nos autos, manifestando-se sobre todos os argumentos que, em princípio, poderiam infirmar a conclusão adotada pelo Juízo, não havendo falar em ausência de prestação jurisdicional. O julgamento da causa em sentido contrário aos interesses e à pretensão de uma das partes não caracteriza negativa de prestação jurisdicional, tampouco viola o art. 489 do CPC/2015. 2. "A Corte Especial do Superior Tribunal de Justiça já decidiu que a norma do art. 1.021, § 3º, do CPC/2015 'não pode ser interpretada no sentido de se exigir que o julgador tenha de refazer o texto da decisão agravada com os mesmos fundamentos, mas outras palavras, mesmo não havendo nenhum fundamento novo trazido pela agravante na peça recursal' (EDcl no AgRg nos EREsp 1.483.155/BA, Rel. Min. Og Fernandes, Corte Especial, DJe 03.08.2016)" (EDcl no AgInt nos EDcl no AREsp n. 871352/SP, Relator Ministro Luis Felipe Salomão, Quarta Turma, julgado em 25/6/2019, DJe 28/6/2019). 3. Agravo interno a que se dá provimento para reconsiderar a decisão da Presidência desta Corte e negar provimento ao agravo nos próprios autos. (AgInt no AREsp 1644619/MA, Rel. Ministro Antonio Carlos Ferreira, Quarta Turma, julgado em 08/06/2020, DJe 15/06/2020).

§ 4º Quando o agravo interno for declarado manifestamente inadmissível ou improcedente em votação unânime, o órgão colegiado, em decisão fundamentada, condenará o agravante a pagar ao agravado multa fixada entre um e cinco por cento do valor atualizado da causa.

→ *V.* Art. 80 do CPC.

→ *V.* Enunciado 74 do CJF: o termo "manifestamente" previsto no § 4º do art. 1.021 do CPC se refere tanto à improcedência quanto à inadmissibilidade do agravo.

A multa do art. 1.021, § 4º, do CPC, tem como destinatário a parte contrária e não o Fundo de Aparelhamento do Poder Judiciário

✓ PROCESSUAL CIVIL. RECURSO ESPECIAL. MULTA. AGRAVO INTERNO MANIFESTAMENTE INADMISSÍVEL OU IMPROCEDENTE. ART. 1.021, § 4º, DO CPC/2015. DESTINAÇÃO DO VALOR. FUNDO DE APARELHAMENTO DO PODER JUDICIÁRIO. ART. 97 DO CPC/2015. DESTINAÇÃO INDEVIDA. VALOR QUE DEVERÁ SER DIRECIONADO À PARTE CONTRÁRIA. RECURSO PROVIDO. 1. Cinge-se a controvérsia à destinação do valor da multa aplicada com amparo no art. 1.021, § 4º, do CPC/2015. Enquanto o recorrente defende que a quantia seria devida a ele, o órgão colegiado entendeu que o montante da sanção processual seria destinada ao Fundo de Aparelhamento do Poder Judiciário, por força do art. 97 do CPC/2015. 2. A regra insculpida no art. 97 do CPC/2015, segundo a qual os valores das sanções devidas à União ou aos Estados poderão ser revertidos aos fundos de modernização do Poder Judiciário têm aplicação restrita aos casos de ato atentatório à dignidade da justiça, conforme dispõe o art. 77, § 3º, do CPC/2015, e aos casos de sanções impostas aos serventuários, consoante o art. 96 do CPC/2015. 3. Portanto, quando ocorre a circunstância de ser aplicada multa processual cujo destinatário seja a parte contrária, a esta deverá ser direcionado o montante da sanção, ainda que corresponda justamente ao ente público ao qual pertence o órgão do poder judiciário no qual tramita a ação. 4. Dessa forma, a multa processual deverá ser destinada ao recorrente e não ao Fundo de Aparelhamento do Poder Judiciário. 5. Recurso especial provido. (REsp 1846734/RS, Rel. Ministro Og Fernandes, Segunda Turma, julgado em 11/02/2020, DJe 14/02/2020).

A aplicação da multa prevista no art. 1.021, § 4º, do CPC, não é automática: sua incidência ocorrerá nos casos de agravo manifestamente inadmissível ou de improcedência evidente

✓ "...a aplicação da multa prevista no § 4º do art. 1.021 do CPC/2015 não é automática, não se tratando de mera decorrência lógica do desprovimento do agravo interno em votação unânime, devendo ser aferida a sua incidência caso a caso..." (AgInt no AREsp 1597206/RS, Rel. Ministro Marco Aurélio Bellizze, Terceira Turma, julgado em 23/11/2020, DJe 30/11/2020).

✓ RECURSO EXTRAORDINÁRIO – MATÉRIA FÁTICA E LEGAL – INADEQUAÇÃO. O recurso extraordinário não é meio próprio ao revolvimento da prova nem serve à interpretação de normas legais. AGRAVO – MULTA. Se o agravo é manifestamente inadmissível ou improcedente, impõe-se a aplicação da multa prevista no § 4º do artigo 1.021 do Código de Processo Civil, arcando a parte com o ônus decorrente da litigância protelatória. (RE 1283313 AgR/RS, Rel. Min. Marco Aurélio, Primeira Turma, julgado em 11/11/2020, DJe 20/11/2020)

§ 5º A interposição de qualquer outro recurso está condicionada ao depósito prévio do valor da multa prevista no § 4º, à exceção da Fazenda Pública e do beneficiário de gratuidade da justiça, que farão o pagamento ao final.

→ *v.* Art. 98 e seguintes do CPC.

O prévio recolhimento da multa prevista no § 4º do art. 1.021, do CPC é pressuposto objetivo de admissibilidade de qualquer outro recurso pela mesma parte

✓ PROCESSUAL CIVIL. CIVIL. AGRAVO INTERNO NO AGRAVO EM RECURSO ESPECIAL. DECISÃO DA PRESIDÊNCIA DO STJ. MULTA DO ART. 1.021, § 4º, DO CPC/2015. FALTA DE RECOLHIMENTO. NÃO CONHECIMENTO DO RECURSO. INTIMAÇÃO. DESCABIMENTO. PRECEDENTES DO STJ. DECISÃO MANTIDA. 1. "Segundo a clara dicção do artigo 1.021, § 5º, do Código de Processo Civil de 2015, o prévio recolhimento da multa prevista no § 4º do referido artigo é pressuposto objetivo de admissibilidade de qualquer impugnação recursal, não se conhecendo do recurso manejado sem esse pagamento" (EDcl no AgInt no AREsp n. 859.529/RJ, Relator Ministro Luis Felipe Salomão, Quarta Turma, julgado em 23/8/2016, DJe 29/8/2016), o que ocorreu. 2. "Como o pressuposto objetivo de admissibilidade do recurso diz respeito ao prévio depósito do valor da multa, não há que se cogitar da necessidade de concessão de prazo para que o vício seja sanado, sendo o pagamento posterior da penalidade admitido apenas nas hipóteses legalmente previstas" (AgInt no AREsp n. 1.149.021/SE, Relator Ministro Paulo de Tarso Sanseverino, Terceira Turma, julgado em 15/5/2018, DJe de 21/5/2018), daí por que não há falar em intimação da parte para recolher tal encargo, ao invés de negar conhecimento de plano ao recurso. 3. Agravo interno a que se nega provimento. (AgInt no AREsp 1658762/PR, Rel. Ministro Antonio Carlos Ferreira, Quarta Turma, julgado em 31/08/2020, DJe 08/09/2020).

CAPÍTULO V
DOS EMBARGOS DE DECLARAÇÃO

Art. 1.022. Cabem embargos de declaração contra qualquer decisão judicial para:

→ *v.* Art. 494, II, do CPC.

→ *v.* Enunciado 75 do CJF: cabem embargos declaratórios contra decisão que não admite recurso especial ou extraordinário, no tribunal de origem ou no tribunal superior, com a consequente interrupção do prazo recursal.

→ *v.* Enunciado 76 do CJF: é considerada omissa, para efeitos do cabimento dos embargos de declaração, a decisão que, na superação de precedente, não se manifesta sobre a modulação de efeitos.

Não cabe, por meio dos embargos de declaração, a reanálise de questões de fatos e de direito já apreciadas no acórdão embargado

✓ EMBARGOS DE DECLARAÇÃO AGRAVO REGIMENTAL NOS EMBARGOS DE DIVERGÊNCIA EM AGRAVO REGIMENTAL EM RECURSO EXTRAORDINÁRIO. DIREITO ADMINISTRATIVO. REGIME DE SUBSÍDIO. ADICIONAIS. CONSONÂNCIA DA DECISÃO RECORRIDA COM A JURISPRUDÊNCIA CRISTALIZADA NO SUPREMO TRIBUNAL FEDERAL. PRESSUPOSTOS ESPECÍFICOS DE ADMISSIBILIDADE RECURSAL NÃO PREENCHIDOS. ART. 1.043 DO CPC/2015. DISSENSO JURISPRUDENCIAL INTERNA CORPORIS NÃO DEMONSTRADO. PREVENÇÃO. JURISPRUDÊNCIA DE AMBAS AS TURMAS E DO PLENÁRIO FIRMADA NO SENTIDO DA DECISÃO EMBARGADA. ART. 332 DO RISTF. NÃO CABIMENTO. MANUTENÇÃO DO DECISUM. OMISSÃO E ERRO MATERIAL INEXISTENTES. DECLARATÓRIOS REJEITADOS. 1. Não se prestam os embargos de declaração, não obstante a vocação democrática e a finalidade precípua de aperfeiçoamento da prestação jurisdicional, para o reexame das questões de fato e de direito já apreciadas no acórdão embargado. 2. Ausência de contradição, omissão, obscuridade e erro material justificadores da oposição de embargos declaratórios, nos termos do art. 1.022 do CPC, a evidenciar o caráter meramente infringente da insurgência. 3. Embargos de declaração rejeitados. (RE 707077 AgR-EDv-AgR-ED/RS, Rel. Min. Rosa Weber, Tribunal Pleno, julgado em 30/11/2020, DJe 10/12/2020).

Os embargos de declaração não se destinam a propiciar o rejulgamento da causa

✓ EMBARGOS DE DECLARAÇÃO NO AGRAVO INTERNO NOS QUARTOS EMBARGOS DE DECLARAÇÃO

NO AGRAVO EM RECURSO ESPECIAL. APLICAÇÃO DA MULTA DO ART. 1.026 DO CPC/2015 NA ORIGEM. INEXISTÊNCIA DE OMISSÃO. HONORÁRIOS SUCUMBENCIAIS. ESCLARECIMENTO. EMBARGOS ACOLHIDOS PARCIALMENTE. 1. Nos termos do art. 1.022, I, II e III, do CPC/2015, destinam-se os embargos de declaração a expungir do julgado eventual omissão, obscuridade ou contradição, ou ainda a corrigir erro material, não se caracterizando via própria ao rejulgamento da causa. 2. A norma prevista no art. 85, § 11, do novo CPC é no sentido de que a majoração dos honorários está vinculada ao trabalho desenvolvido em cada grau recursal, e não em cada recurso interposto no mesmo grau. 3. Embargos de declaração parcialmente acolhidos. (EDcl no AgInt nos EDcl nos EDcl nos EDcl nos EDcl no AREsp 1010535/RJ, Rel. Min. Marco Aurélio Bellizze, Terceira Turma, julgado em 19/10/2020, DJe 26/10/2020).

Cabem embargos de declaração com efeitos infringentes para corrigir premissa equivocada do julgamento

✓ PROCESSUAL CIVIL. EMBARGOS DE DECLARAÇÃO NO AGRAVO INTERNO NO RECURSO ESPECIAL. VIOLAÇÃO DO ARTIGO 1.022 DO CPC/2015. OCORRÊNCIA. 1. Esta Corte Superior tem atribuído efeitos infringentes aos embargos de declaração, em situações excepcionais, para corrigir premissa equivocada no julgamento, bem como nos casos em que o acolhimento dos embargos tiver como consectário lógico a alteração da decisão. Nesse sentido: AgRg no AREsp 622.677/SP, Rel. Ministro Marco Aurélio Bellizze, Terceira Turma, DJe 1/4/2016; EDcl no AgRg no RESP 1.393.423/RS, Rel. Ministra Regina Helena Costa, Primeira Turma, DJe 18/5/2016. 2. No caso concreto, observa-se que o não conhecimento do agravo interno decorreu da aplicação equivocada da Súmula 182/STJ, o que torna impositiva sua submissão a nova apreciação. 3. Embargos de declaração acolhidos, com efeitos infringentes, para anular o acórdão embargado. (EDcl no AgInt no REsp 1824325/DF, Rel. Ministro Benedito Gonçalves, Primeira Turma, julgado em 26/10/2020, DJe 28/10/2020)

Manutenção da tese (firmada no Código anterior) de que o julgador não precisa responder todas as questões suscitadas pelas partes, não se prestando os declaratórios como instrumento para tanto

✓ "...consoante a jurisprudência pacífica do Superior Tribunal de Justiça, tem-se que o julgador não está obrigado a rebater, um a um, todos os argumentos invocados pelas partes quando, por outros meios que lhes sirvam de convicção, tenha encontrado motivação suficiente para dirimir a controvérsia; devendo, assim, enfrentar as questões relevantes imprescindíveis à resolução do caso..." (STJ, AgInt no REsp 1864009/CE, Rel. Ministro Francisco Falcão, Segunda Turma, julgado em 30/11/2020, DJe 02/12/2020).

Não são cabíveis embargos de declaração em face de decisão que realiza a admissão de Recurso Extraordinário ou Recurso Especial

✓ AGRAVO INTERNO NO AGRAVO EM RECURSO ESPECIAL. PROCESSUAL CIVIL. 1. DECISÃO QUE INADMITE O RECURSO ESPECIAL. RECURSO CABÍVEL. AGRAVO EM RECURSO ESPECIAL. EXPRESSA PREVISÃO NO ART. 1.042 DO CPC/2015. INTERPOSIÇÃO DE AGRAVO DE INSTRUMENTO. PRINCÍPIO DA FUNGIBILIDADE. INAPLICABILIDADE. ERRO GROSSEIRO. 2. INTERPOSIÇÃO FORA DO PRAZO LEGAL. INTEMPESTIVIDADE RECONHECIDA. 3. EMBARGOS DE DECLARAÇÃO OPOSTOS CONTRA DECISÃO DE INADMISSIBILIDADE DO RECURSO ESPECIAL. NÃO INTERRUPÇÃO DA CONTAGEM DO PRAZO PARA O RECURSO CABÍVEL. 4.AGRAVO INTERNO IMPROVIDO. 1. De acordo com a jurisprudência do STJ, o princípio da fungibilidade não pode ser aplicado quando houver expressa previsão legal de determinado meio processual, o que afasta a dúvida objetiva e impõe o reconhecimento de erro grosseiro pela utilização de outro meio. 2. Nos termos do art. 219, c/c o art. 1.003, § 5º, ambos do Código de Processo Civil de 2015, é intempestivo o recurso interposto com fundamento na respectiva lei adjetiva após escoado o prazo de 15 (quinze) dias úteis. 3. Consoante a jurisprudência desta Corte, o único recurso cabível da decisão do primeiro juízo de admissibilidade do recurso especial é o agravo previsto no art. 1.042 do CPC/2015. A oposição dos embargos de declaração não tem o condão de interromper o prazo para a interposição do citado recurso. Precedentes. 4. Agravo interno improvido. (AgInt no AREsp 1694445/SP, Rel. Ministro Marco Aurélio Bellizze, Terceira Turma, julgado em 21/09/2020, DJe 24/09/2020).

✓ Ementa: AGRAVO REGIMENTAL EM RECURSO EXTRAORDINÁRIO COM AGRAVO. INTEMPESTIVIDADE DO AGRAVO EM RECURSO EXTRAORDINÁRIO. INEXISTÊNCIA DE CAUSA DE SUSPENSÃO OU INTERRUPÇÃO DO PRAZO RECURSAL NO TRIBUNAL DE ORIGEM. DESPROVIMENTO. 1. A oposição de embargos declaratórios à decisão que inadmite o recurso extraordinário não suspende nem interrompe o referido prazo, pois o agravo nos próprios autos é o único recurso cabível contra a decisão que não admite o recurso extraordinário. Precedentes. 2. Agravo regimental a que se nega provimento. (ARE 1107739 AgR/RJ, Rel. Min. Edson Fachin, Segunda Turma, julgado em 29/04/2019, DJe 07/05/2019)

ATENÇÃO! Admite-se, excepcionalmente, embargos de declaração contra a decisão que inadmite recurso especial, se a decisão for extremamente genérica

"...Esta Corte tem admitido o manejo de embargos de declaração contra decisão que inadmite o recurso especial, excepcionalmente, quando referida decisão for genérica. Precedente: AgInt no AREsp 1.144.690/DF, Rel. Ministro Luis Felipe Salomão, Quarta Turma, julgado em 07/12/2017, DJe 13/12/2017. In casu, a leitura dos fundamentos postos na decisão que inadmitiu o recurso especial do reclamante revela generalidade de argumentação e certa dissociação com os argumentos postos no recurso especial, pois não indica por qual motivo os argumentos do recorrente demandariam revolvimento fático-probatório e os precedentes nela mencionados para afirmar que o acórdão recorrido encontrava-se em consonância com o entendimento desta Corte referem-se à hipótese de trancamento de ação penal e falta de justa causa para o deferimento de medidas de busca e apreensão e quebra de sigilo fiscal, temas esses que não guardam relação com as alegações postas no especial. 5. Admite-se a interposição de agravo em recurso especial subsequente aos embargos declaratórios manejados contra a decisão que inadmitiu o especial, quando o agravo for interposto ainda dentro do prazo..." (Rcl 40.302/DF, Rel. Ministro Reynaldo Soares da Fonseca, Terceira Seção, julgado em 23/09/2020, DJe 28/09/2020)

A ausência de indicação de qualquer dos vícios indicados no art. 1.022 do CPC/2015 implica no não conhecimento dos embargos de declaração

✓ PROCESSUAL CIVIL. EMBARGOS DE DECLARAÇÃO NO AGRAVO INTERNO NO CONFLITO DE COMPETÊNCIA. RECURSO MANEJADO SOB A ÉGIDE DO CPC/2015. FALTA DE INDICAÇÃO DOS VÍCIOS DO ART. 1.022 DO NCPC. EMBARGOS NÃO CONHECIDOS. 1. Aplicabilidade do NCPC neste julgamento conforme o Enunciado Administrativo nº 3 aprovado pelo Plenário do STJ na sessão de 9/3/2016: Aos recursos interpostos com fundamento no CPC/2015 (relativos a decisões publicadas a partir de 18 de março de 2016) serão exigidos os requisitos de admissibilidade recursal na forma do novo CPC. 2. Não podem ser conhecidos os embargos de declaração que, além de apresentarem as razões dissociadas do que foi decidido no acórdão embargado, deixam de indicar quaisquer dos vícios enumerados no art. 1.022 do CPC/2015 descumprindo os requisitos previstos no art. 1.023 do mesmo diploma legal. 3. Embargos de declaração não conhecidos. (EDcl no AgInt no CC 158.001/SP, Rel. Ministro Moura Ribeiro, Segunda Seção, julgado em 29/09/2020, DJe 02/10/2020).

Cabem embargos de declaração se o órgão judicial não observa que o tema que analisou estava suspenso por determinação de tribunal superior

✓ EMENTA: EMBARGOS DE DECLARAÇÃO - APELAÇÃO CÍVEL - MATÉRIA OBJETO DE RECURSO REPETITIVO PENDENTE DE JULGAMENTO - DETERMINAÇÃO DE SUSPENSÃO DE PROCESSOS - INOBSERVÂNCIA - OMISSÃO CARACTERIZADA - ANULAÇÃO DO JULGAMENTO E SUSPENSÃO DO PROCESSO. - Caracteriza omissão, suscetível de correção pela via dos embargos de declaração, a inobservância da determinação exarada pelo STJ para suspensão de todos os processos que tramitem no território nacional e versem sobre a matéria objeto de recurso especial afetado para julgamento pelo rito do art. 1.037, do CPC. - Inobservada a determinação de sobrestamento emanada pelo STJ, impõe-se o acolhimento dos embargos de declaração para suprir-se a omissão, anulando-se o julgamento da apelação e suspendendo-se o processo até o julgamento do recurso repetitivo. (TJMG, ED 1.0000.20.036468-5/002, Rel. Des. Adriano de Mesquita Carneiro, 11ª Câmara Cível, julgado em 12/08/2020).

Cabem embargos de declaração para adequar acórdão da Turma à posição superveniente tomada em repercussão geral

✓ CONSTITUCIONAL, TRABALHISTA E PROCESSUAL CIVIL. EMBARGOS DE DECLARAÇÃO NO AGRAVO INTERNO NA RECLAMAÇÃO. OFENSA AO QUE DECIDIDO POR ESTE TRIBUNAL NO JULGAMENTO DA ADPF 324 E DO RE 958.252 (TEMA 725 DA REPERCUSSÃO GERAL). EMBARGOS ACOLHIDOS, COM EFEITOS INFRINGENTES. AGRAVO INTERNO PROVIDO. 1. A controvérsia, nestes autos, é comum tanto ao decidido no julgamento da ADPF 324, Rel. Min. Roberto Barroso, quanto ao objeto de análise do Tema 725 (RE 958.252, Rel. Min. Luiz Fux), em que esta Corte fixou tese no sentido de que: É lícita a terceirização ou qualquer outra forma de divisão do trabalho entre pessoas jurídicas distintas, independentemente do objeto social das empresas envolvidas, mantida a responsabilidade subsidiária da empresa contratante. 2. Por esse motivo, apesar da decisão impugnada ter sido proferida antes da conclusão do julgamento da ADPF 324 (Rel. Min. ROBERTO BARROSO), o processo em que proferida tal decisão encontra-se sobrestado no Tribunal Superior do Trabalho com base no Tema 725, a sugerir, consequentemente, que a solução do presente caso deve observância às diretrizes deste TRIBUNAL quanto ao ponto. 3. Embargos de declaração acolhidos, com efeitos infringentes, para dar provimento ao agravo interno. (Rcl 15724 AgR-ED/PR, Rel. Min. Rosa Weber, Rel. p/ acórdão Min. Alexandre de Moraes, Primeira Turma, julgado em 05/05/2020, DJe 18/06/2020)

I – esclarecer obscuridade ou eliminar contradição;

II – suprir omissão de ponto ou questão sobre o qual devia se pronunciar o juiz de ofício ou a requerimento;

III – corrigir erro material.

Parágrafo único. Considera-se omissa a decisão que:

I – deixe de se manifestar sobre tese firmada em julgamento de casos repetitivos ou em incidente de assunção de competência aplicável ao caso sob julgamento;

II – incorra em qualquer das condutas descritas no art. 489, § 1º.

Art. 1.023. Os embargos serão opostos, no prazo de 5 (cinco) dias, em petição dirigida ao juiz, com indicação do erro, obscuridade, contradição ou omissão, e não se sujeitam a preparo.

A oposição de embargos de declaração fora do prazo leva ao não conhecimento do recurso

✓ PROCESSUAL CIVIL. EMBARGOS DE DECLARAÇÃO NO AGRAVO INTERNO NA RECLAMAÇÃO. INTEMPESTIVIDADE. 1. O prazo para oposição de embargos de declaração é de cinco dias úteis, não observado na hipótese. 2. Embargos de declaração não conhecidos. (EDcl no AgInt na Rcl 36.821/RS, Rel. Min. Nancy Andrighi, Segunda Seção, julgado em 20/08/2019, DJe 22/08/2019)

Há preclusão em alegar novamente questões suscitadas em embargos de declaração não conhecidos se a parte não interpôs agravo interno

✓ EMBARGOS DE DECLARAÇÃO NO AGRAVO REGIMENTAL NOS EMBARGOS DE DECLARAÇÃO NO RECURSO EXTRAORDINÁRIO CRIMINAL. PRECLUSÃO DAS MATÉRIAS NÃO ARGUIDAS NO REGIMENTAL. ART. 1.026, CAPUT e § 4º, DO CPC. AUSÊNCIA DE EFEITO INTERRUPTIVO E DESNECESSIDADE DE AGUARDAR OS TERCEIROS DECLARATÓRIOS PROTELATÓRIOS. DETERMINAÇÃO DA CERTIFICAÇÃO DO TRÂNSITO EM JULGADO NO ACÓRDÃO IMPUGNADO. EMBARGOS DE DECLARAÇÃO NÃO CONHECIDOS. BAIXA IMEDIATA. I – Encontram-se preclusas as questões suscitadas em relação à decisão por meio da qual não foram conhecidos os primeiros embargos de declaração, uma vez que não foram arguidas no agravo regimental. II – Os primeiros declaratórios não foram conhecidos por ausência de demonstração da existência de vício na decisão embargada, sendo, por isso, considerados manifestamente incabíveis. III – Recursos manifestamente incabíveis ou intempestivos não têm o condão de suspender ou interromper prazos para interposição de outras pretensões recursais. Precedentes. IV – O magistrado não está obrigado a aguardar os terceiros embargos de declaração protelatórios da mesma parte para, só após, considerá-los inadmissíveis. Precedentes. V – A certificação do trânsito em julgado da decisão que negou seguimento ao recurso extraordinário foi determinada no acórdão embargado. VI – Embargos de declaração não conhecidos, com determinação da imediata baixa dos autos à origem. (RE 1031181 ED-AgR-ED/PR, Rel. Min. Ricardo Lewandowski, Segunda Turma, julgado em 17/05/2019, DJe 23/05/2019).

Cabem embargos de declaração em face de erro material na certidão de julgamento

✓ EMBARGOS DE DECLARAÇÃO NOS EMBARGOS DE DIVERGÊNCIA EM RECURSO ESPECIAL. NULIDADE DO ARESTO EMBARGADO. ERRO MATERIAL NA CERTIDÃO DE JULGAMENTO. REDATOR DESIGNADO PARA LAVRATURA DO ACÓRDÃO. JULGADOR QUE PROFERIU O VOTO CUJO FUNDAMENTO TENHA SIDO O VENCEDOR NO COLEGIADO. EMBARGOS DECLARATÓRIOS ACOLHIDOS. 1. A atribuição de efeitos infringentes, em embargos de declaração, somente é admitida em casos excepcionais, os quais exigem, necessariamente, a ocorrência dos vícios previstos no art. 1.022 do CPC/2015. 2. Merece acolhida a irresignação da parte embargante, tendo em vista a ocorrência de erro material na certidão de julgamento da Corte Especial do dia 20/11/2019. 3. Assistindo aos vídeos da sessão de julgamento, constata-se que ocorreu o seguinte: 1) na sessão de 7/11/2018, o Relator trouxe voto conhecendo dos embargos de divergência e dando-lhes provimento, ocasião em que pedi vista antecipada; 2) após sucessivos adiamentos, o julgamento prosseguiu na sessão de 15/5/2019, quando proferi voto-vista pelo não conhecimento dos embargos de divergência, com base na Súmula 158/STJ (conforme voto-vista de e-STJ, fls. 637-638), seguindo-se pedido de vista antecipada do Ministro Luis Felipe Salomão; 3) em 7/8/2019, o Min. Salomão trouxe voto-vista pelo não conhecimento dos embargos de divergência, com fundamento na ausência de similitude fático-processual entre os acórdãos cotejados (conforme voto-vista de e-STJ, fls. 639-646), seguindo-se o voto do Ministro Mauro Campbell Marques acompanhando a minha fundamentação, e o pedido de vista do Ministro Jorge Mussi; 4) em 20/11/2019, o Ministro Jorge Mussi trouxe voto-vista acompanhando a posição do Ministro Salomão (conforme voto-vista de e-STJ, fls. 647-651), no que foi acompanhado pelos Ministros Benedito Gonçalves (voto juntado às e-STJ, fls. 652-653), Laurita Vaz, Humberto Martins e Herman Benjamin, este último registrando que acompanhou a divergência pelos fundamentos adotados tanto pelo Ministro Og Fernandes quanto pelo Ministro Luis Felipe Salomão. 4. O erro material da certidão de 20/11/2019, portanto, foi afirmar que: "Lavrará o acórdão o Sr. Ministro Og Fernandes. Votaram com o Sr. Ministro Og Fernandes os Srs. Ministros Jorge Mussi, Luis Felipe Salomão, Mauro Campbell Marques, Benedito Gonçalves, Laurita Vaz, Humberto Martins e Herman Benjamin.". Isso porque, como visto, a maioria do colegiado acompanhou a fundamentação do Ministro Luis Felipe Salomão, o qual, em conformidade com o art. 941 do CPC, e com o art. 101 do RISTJ, deverá lavrar o acórdão. 5. Embargos de declaração acolhidos com efeitos infringentes para declarar nulo o acórdão embargado, remetendo-se os autos ao Ministro Luis Felipe Salomão para lavratura do acórdão. (EDcl nos EREsp 1446587/PE, Rel. Ministro Og Fernandes, Corte Especial, julgado em 26/05/2020, DJe 01/06/2020).

Os vícios suscetíveis de insurgência em novos embargos de declaração são apenas os eventualmente surgidos na decisão que julgou os aclaratórios anteriores

✓ PROCESSUAL CIVIL. AGRAVO INTERNO NO RECURSO ESPECIAL. CÓDIGO DE PROCESSO CIVIL DE 2015. APLICABILIDADE. VIOLAÇÃO AO ART. 1.022 DO CPC. INOCORRÊNCIA. SEGUNDOS EMBARGOS DE DECLARAÇÃO. INTUITO PROTELATÓRIO. APLICAÇÃO DE MULTA. ART. 1.026, § 2º, DO CPC/2015. POSSIBILIDADE. I. Consoante o decidido pelo Plenário desta Corte na sessão realizada em 09.03.2016, o regime recursal será determinado pela data da publicação do provimento jurisdicional impugnado. In casu, aplica-se o Código de Processo Civil de 2015. II. A Corte de origem apreciou todas as questões relevantes apresentadas com fundamentos suficientes, mediante apreciação da disciplina normativa e cotejo ao posicionamento jurisprudencial aplicável à hipótese. Inexistência de omissão, contradição, obscuridade ou erro material. III. É pacífico no Superior Tribunal de Justiça o entendimento segundo o qual os segundos embargos de declaração estão restritos ao argumento da existência de vícios no acórdão proferido nos primeiros aclaratórios, sendo descabida a discussão acerca da decisão anteriormente embargada, pois a oportunidade para a respectiva impugnação extinguiu-se em virtude da preclusão consumativa, ensejando a imposição de multa por prática processual abusiva e manifestamente protelatória, nos termos do art. 1.026, § 2º, do Código de Processo Civil de 2015. IV. Em regra, descabe a imposição da multa, prevista no art. 1.021, § 4º, do Código de Processo Civil de 2015, em razão do mero improvimento do Agravo Interno em votação unânime, sendo necessária a configuração da manifesta inadmissibilidade ou improcedência do recurso a autorizar sua aplicação, o que não ocorreu no caso. V. Agravo Interno improvido. (AgInt no REsp 1888106/RS, Rel. Ministra Regina Helena Costa, Primeira Turma, julgado em 13/10/2020, DJe 16/10/2020).

§ 1º Aplica-se aos embargos de declaração o art. 229.

§ 2º O juiz intimará o embargado para, querendo, manifestar-se, no prazo de 5 (cinco) dias, sobre os embargos opostos, caso seu eventual acolhimento implique a modificação da decisão embargada.

A atribuição de efeitos modificativos aos embargos de declaração exige a prévia intimação da parte embargada

✓ PROCESSUAL CIVIL. AGRAVO INTERNO NO RECURSO ESPECIAL. ART. 1.023, § 2o. DO CÓDIGO FUX. NECESSIDADE DE INTIMAÇÃO DA PARTE EMBARGADA EM CASO DE ACOLHIMENTO DOS ACLARATÓRIOS. FORMALIDADE NÃO CUMPRIDA. NULIDADE DO JULGADO. AGRAVO INTERNO DO MUNICÍPIO DO RIO DE JANEIRO/RJ DESPROVIDO. 1. A atribuição de efeitos infringentes aos Embargos de Declaração supõe a prévia intimação da contraparte, visto que, sem o contraditório, o respectivo julgamento é nulo. Tal entendimento jurisprudencial encontra-se atualmente chancelado pelo § 2º. do artigo 1.023 do Código Fux, segundo o qual o Juiz intimará o embargado para, querendo, manifestar-se, no prazo de 5 (cinco) dias, sobre os embargos opostos, caso seu eventual acolhimento implique a modificação da decisão embargada. 2. Agravo Interno do Município desprovido. (AgInt no REsp 1644737/RJ, Rel. Ministro Napoleão Nunes Maia Filho, Primeira Turma, julgado em 29/06/2020, DJe 01/07/2020)

É nulo o acórdão que acolhe embargos de declaração com efeitos modificativos sem antes de intimar o embargado

✓ AGRAVO INTERNO NO RECURSO ESPECIAL. EMBARGOS DE DECLARAÇÃO ACOLHIDOS COM EFEITOS MODIFICATIVOS. INVERSÃO DA SUCUMBÊNCIA. AUSÊNCIA DE INTIMAÇÃO PARA IMPUGNAR OS EMBARGOS DE DECLARAÇÃO. OFENSA AO CONTRADITÓRIO. NULIDADE DO JULGADO. AGRAVO INTERNO DESPROVIDO. 1. A falta de intimação da parte embargada enseja nulidade do julgamento que acolhe embargos de declaração conferindo-lhes efeitos modificativos. 2. Agravo interno desprovido. (AgInt no REsp 1839732/SP, Rel. Ministro Marco Aurélio Bellizze, Terceira Turma, julgado em 31/08/2020, DJe 08/09/2020).

Art. 1.024. O juiz julgará os embargos em 5 (cinco) dias.

§ 1º Nos tribunais, o relator apresentará os embargos em mesa na sessão subsequente, proferindo voto, e, não havendo julgamento nessa sessão, será o recurso incluído em pauta automaticamente.

→ *v.* Art. 935 do CPC.

Se os embargos de declaração não forem julgados na sessão subsequente, nos tribunais, será necessária a publicação em pauta para que o advogado possa apresentar memoriais e/ou acompanhar o julgamento

✓ EMBARGOS DE DECLARAÇÃO. AGRAVO DE INSTRUMENTO. AUSÊNCIA DE PRÉVIA INCLUSÃO EM PAUTA DE EMBARGOS DE DECLARAÇÃO ANTERIORMENTE OPOSTOS. OFENSA AO ART. 1.024, § 1º, DO CPC. NULIDADE. Admite-se a alegação de nulidade em sede de embargos declaratórios, por ser o ato processual subsequente ao julgamento do recurso que pretende a parte anular (art. 278, CPC). Nos termos dos artigos 1.024, § 1º, do CPC, 97, § 1º, e 267, § 2º, do Regimento Interno do TJDFT, quando o julgamento dos Embargos de Declaração não ocorrer na sessão subsequente à sua distribuição ao Relator, deve haver a prévia inclusão em pauta do recurso, sob pena de nulidade. (TJDFT, ED na AC 07070166520188070000, Rel. Des. Carmelita Brasil, 2ª Turma Cível, julgado em 27/03/2019, DJe 08/04/2019)

É nulo o julgamento dos embargos de declaração não ocorrido na sessão subsequente e sem prévia inclusão em pauta

✓ DIREITO DE FAMÍLIA E DIREITO PROCESSUAL CIVIL. EMBARGOS DECLARATÓRIOS OPOSTOS EM FACE ACÓRDÃO REFERENTE AO JULGAMENTO DOS PRIMEIROS EMBARGOS DE DECLARAÇÃO. AÇÃO DE GUARDA E REGULAMENTAÇÃO DE VISITAS. AUSÊNCIA DE INCLUSÃO PRÉVIA EM PAUTA. NÃO OBSERVÂNCIA DO ART. 1.024, §1º, DO CPC/2015. NULIDADE. 1.Embargos de declaração opostos em face de acórdão proferido no julgamento de embargados de declaração, em que se busca a declaração de nulidade do julgamento, por terem os primeiros embargos sido julgados sem prévia inclusão em pauta. 2. Segundo o § 1º, do art. 1.024, do CPC/2015, "nos tribunais, o relator apresentará os embargos em mesa na sessão subsequente, proferindo voto, e, não havendo julgamento nessa sessão, será o recurso incluído em pauta automaticamente." 3. É nulo o julgamento dos embargos de declaração não ocorrido na sessão subsequente e sem prévia inclusão em pauta (Art. 1.024, §1º, do CPC/2015). 4. Embargos de declaração providos. (TJDFT, ED na AC 20130710382775APC, Rel. Des. João Egmont, 2ª Turma Cível, julgado em 09/08/2017, DJe 15/08/2017).

§ 2º Quando os embargos de declaração forem opostos contra decisão de relator ou outra decisão unipessoal proferida em tribunal, o órgão prolator da decisão embargada decidi-los-á monocraticamente.

Quando os embargos de declaração forem interpostos em face de decisão unipessoal também serão analisados monocraticamente

✓ "... nos termos do art. 1.024, § 2º, do CPC/2015, quando os embargos de declaração forem opostos contra decisão de relator ou outra decisão unipessoal proferida em tribunal, o órgão prolator da decisão embargada decidi-los-á monocraticamente. Ademais, não há nenhum prejuízo à parte, pois lhe é oportunizada a interposição de agravo interno..." (AgInt nos EDcl no AREsp 1490024/SP, Rel. Ministro Marco Aurélio Bellizze, Terceira Turma, julgado em 17/02/2020, DJe 19/02/2020).

O julgamento colegiado quando, corretamente, os embargos de declaração deveriam ter sido analisados monocraticamente não enseja nulidade se não demonstrado o prejuízo

✓ EMBARGOS DE DECLARAÇÃO. RECURSO INTERPOSTO FACE À DECISÃO MONOCRÁTICA. JULGAMENTO COLEGIADO. VIOLAÇÃO AO ARTIGO 1.024, §2º, CPC. NULIDADE. INOCORRÊNCIA. AUSÊNCIA DE PREJUÍZO. O art. 1024, § 2º do CPC dispõe que quando os embargos de declaração forem opostos contra decisão de relator ou outra decisão unipessoal proferida em tribunal, o órgão prolator da decisão embargada decidi-los-á monocraticamente. Todavia, forte na literatura francesa (*pas de nullité sans grief*), o princípio do prejuízo reza que não se decreta invalidação se não comprovado um dano à parte. (TJMG, ED na AC 1.0000.19.081177-8/006, Rel. Des. Estevão Lucchesi, 14ª Câmara Cível, julgado em 06/08/2020, DJe 06/08/2020)

§ 3º O órgão julgador conhecerá dos embargos de declaração como agravo interno se entender ser este o recurso cabível, desde que determine previamente a intimação do recorrente para, no prazo de 5 (cinco) dias, complementar as razões recursais, de modo a ajustá-las às exigências do art. 1.021, § 1º.

A principal hipótese de conversão dos embargos de declaração em agravo interno se verifica quando, nos embargos, há pedido de efeitos modificativos

✓ EMBARGOS DE DECLARAÇÃO SUBMETIDOS AO ENUNCIADO ADMINISTRATIVO 3/STJ. RECEBIMENTO COMO AGRAVO INTERNO. DIREITO AMBIENTAL. AÇÃO ANULATÓRIA DE AUTO DE INFRAÇÃO. OMISSÃO RELEVANTE NÃO SANADA NA ORIGEM. PROVIMENTO DO RECURSO ESPECIAL QUANTO À VIOLAÇÃO AO ART. 1.022 DO CPC/2015. 1. Sobre os presentes embargos de declaração, a análise de suas razões evidencia, de forma clara e inequívoca, que o seu objetivo não é o de sanar erro material, omissão, obscuridade ou contradição, mas sim o de buscar a reforma da decisão embargada. Assim, recebo-o como agravo interno, nos termos do art. 1.024, § 3º, do CPC/2015. 2. É de ser mantida a decisão agravada, tendo em vista que a Corte de origem, mesmo com a oposição de embargos de declaração, deixou de se manifestar sobre o tema da responsabilidade subjetiva para fins de aplicação de multa por infração administrativa ambiental. Como se trata de vício cuja correção tem o potencial de alterar o resultado da demanda, impõe-se a anulação do acórdão dos embargos de declaração para que novo julgamento dos aclaratórios seja realizado, de forma seja apreciada a alegação em questão. 3. Embargos recebidos como agravo interno e, nesta extensão, não provido. (STJ, EDcl no AREsp 1486730/RS, Rel. Ministro Mauro Campbell Marques, Segunda Turma, julgado em 03/03/2020, DJe 09/03/2020)

Intimada a parte para complementar as razões recursais no prazo estabelecido no art. 1.024, § 3º, do CPC, e sendo esta silente, o agravo interno não será conhecido

✓ PROCESSUAL CIVIL. EMBARGOS DE DECLARAÇÃO RECEBIDOS COMO AGRAVO INTERNO NO AGRAVO EM RECURSO ESPECIAL. INTIMAÇÃO PARA COMPLEMENTAÇÃO DAS RAZÕES RECURSAIS NOS TERMOS DO ART. 1.024, § 3o. DO CÓDIGO FUX. APRESENTAÇÃO INTEMPESTIVA. AGRAVO INTERNO DO PARTICULAR NÃO CONHECIDO. 1. Verifica-se que a parte ora agravante, para fins de recebimento dos seus Embargos de Declaração como Agravo Interno, foi intimada para complementar as suas razões recursais, no prazo de cinco dias, nos termos do art. 1.024, § 3º, do Código Fux. Entretanto, consoante certidão de fls. 335, a petição somente foi apresentada após a fluência do prazo recursal. Assim, diante da intempestividade verificada, não há como conhecer do recurso. Precedentes: AgInt no AREsp. 833.341/GO, Rel. Min. Marco Aurélio Bellizze, DJe 30.8.2019; EDcl no AgInt no AREsp. 1.432.867/SP, Rel. Min. Marco Aurélio Bellizze, DJe 19.9.2019. 2. Agravo Interno do Particular não conhecido. (STJ, AgInt no AREsp 1438700/SP, Rel. Ministro Napoleão Nunes Maia Filho, Primeira Turma, julgado em 08/06/2020, DJe 17/06/2020)

Não há necessidade de intimar a parte se o relator não verifica deficiência na fundamentação recursal

✓ PROCESSO CIVIL. EMBARGOS DE DECLARAÇÃO. AUSÊNCIA DE OMISSÃO. PROCEDIMENTO DO PARÁGRAFO 3º DO ARTIGO 1.024 DO CPC. DESNECESSIDADE. REGULARIDADE RECURSAL. EMBARGOS REJEITADOS. 1. Consoante a literalidade do artigo 1.022 do Código de Processo Civil, os embargos de declaração são cabíveis para esclarecer obscuridade, eliminar contradição, suprir omissão de ponto ou questão sobre o qual devia se pronunciar o juiz de ofício ou a requerimento e/ou corrigir eventual erro material. 2. O procedimento do parágrafo 3º do artigo 1.024 do Código de Processo Civil visa salvaguardar o recorrente de eventual deficiência de impugnação recursal no recebimento de seus aclaratórios como agravo interno pela aplicação do princípio da fungibilidade, evitando que seu recurso deixe de ser conhecido à falta de impugnação específica dos fundamentos da decisão recorrida. 3. Não há cerceamento de defesa, ilegalidade, irregularidade procedimental ou prejuízo no recebimento dos aclaratórios como agravo interno sem prévia intimação para complementação de razões na hipótese em que não há deficiência da impugnação recursal, tanto que o recurso foi regularmente conhecido e apreciado pela Corte Especial. 4. Embargos de declaração rejeitados. (STJ, EDcl nos EDcl no RE no AgInt no AREsp 1159136/SP, Rel. Ministra Maria Thereza de Assis Moura, Corte Especial, julgado em 11/12/2018, DJe 14/12/2018). No mesmo sentido: AgRg nos EDcl no AREsp 1519852/RN, Rel. Ministro João Otávio de Noronha, Quinta Turma, julgado em 20/10/2020, DJe 22/10/2020)

Cabe ao relator e não à parte decidir se o recurso será processado como embargos de declaração ou se, em razão de seu manifesto teor infringente, como agravo interno

✓ PROCESSUAL CIVIL. EMBARGOS DE DECLARAÇÃO RECEBIDOS COMO AGRAVO INTERNO NO RECURSO ORDINÁRIO EM MANDADO DE SEGURANÇA. POSSIBILIDADE. AUSÊNCIA DE IMPUGNAÇÃO ESPECÍFICA DOS FUNDAMENTOS DO ACÓRDÃO RECORRIDO. DESAPREÇO AO PRINCÍPIO DA DIALETICIDADE. ART. 932, III, DO CPC. AGRAVO NÃO PROVIDO. 1. Compete ao relator – e não à parte – decidir se o recurso deve ser processado como embargos de declaração ou se, em razão de seu manifesto teor infringente, seguir o figurino do agravo interno, hipótese em que a parte recorrente será intimada para, no prazo de cinco dias, ajustar a petição aos ditames que regulam essa última espécie recursal, providência, aliás, rigorosamente observada no caso em mesa. Inteligência do art. 1.024, § 3º, do CPC. Precedentes. 2. A viabilidade do recurso ordinário pressupõe a demonstração de erro na concatenação dos argumentos expostos na fundamentação do acórdão recorrido, não se mostrando suficiente a mera insurgência do impetrante contra a decisão colegiada desfavorável. 3. Quando as razões recursais não direcionam combate à totalidade dos fundamentos do acórdão impugnado, é dever, e não faculdade do relator, negar trânsito ao recurso. Precedentes. 4. No caso concreto, o agravante confessa não ter impugnado, na íntegra, a fundamentação do acórdão combatido, em frontal desapreço ao princípio da dialeticidade. Exegese do art. 932, III, do CPC. 5. Agravo interno não provido. (STJ, AgInt nos EDcl no RMS 37.523/AP, Rel. Ministro Sérgio Kukina, Primeira Turma, julgado em 05/05/2020, DJe 12/05/2020).

§ 4º Caso o acolhimento dos embargos de declaração implique modificação da decisão embargada, o embargado que já tiver interposto outro recurso contra a decisão originária tem o direito de complementar ou alterar suas razões, nos exatos limites da modificação, no prazo de 15 (quinze) dias, contado da intimação da decisão dos embargos de declaração.

§ 5º Se os embargos de declaração forem rejeitados ou não alterarem a conclusão do julgamento anterior, o recurso interposto pela outra parte antes da publicação do julgamento dos embargos de declaração será processado e julgado independentemente de ratificação.

→ *V.* Súmula 579 do STJ: não é necessário ratificar o recurso especial interposto na pendência do julgamento dos embargos de declaração, quando inalterado o resultado anterior.

A Súmula 579 do STJ é aplicável aos processos em curso, inclusive àqueles recursos interpostos antes da sua edição

✓ AGRAVO INTERNO NO AGRAVO EM RECURSO ESPECIAL. 1. NEGATIVA DE PRESTAÇÃO JURISDICIONAL. OMISSÃO E DEFICIÊNCIA NA FUNDAMENTAÇÃO. NÃO OCORRÊNCIA. 2. TEMPESTIVIDADE DO AGRAVO DE INSTRUMENTO. SÚMULA 579/STJ. 3. ENUNCIADO SU-

MULAR EDITADO POSTERIORMENTE À INTERPOSIÇÃO DO RECURSO. QUESTÃO DESINFLUENTE. ALTERAÇÃO DE ENTENDIMENTO JURISPRUDENCIAL. APLICAÇÃO AOS PROCESSOS EM CURSO, INCLUSIVE AOS RECURSOS INTERPOSTOS ANTERIORMENTE. 4. TESE DE INADEQUAÇÃO DO MONTANTE DE HONORÁRIOS DO ADMINISTRADOR JUDICIAL. IMPOSSIBILIDADE DE ACOLHIMENTO. NECESSIDADE DE REEXAME DE FATOS E PROVAS. SÚMULA 7/STJ. 5. AGRAVO INTERNO DESPROVIDO. 1. Verifica-se que o Tribunal de origem analisou todas as questões relevantes para a solução da lide, de forma fundamentada, não havendo que se falar em negativa de prestação jurisdicional 2. Segundo a jurisprudência desta Corte Superior, preconizada no enunciado n. 579 da sua Súmula, "não é necessário ratificar o recurso especial interposto na pendência do julgamento dos embargos de declaração, quando inalterado o resultado anterior", como na hipótese. 3. Ademais, a alteração do entendimento jurisprudencial aplica-se aos processos em curso, inclusive àqueles recursos interpostos antes da modificação. Precedente. 4. Não há como modificar a conclusão exarada na instância ordinária – a respeito da adequação do montante de honorários do administrador judicial -, sem que se proceda ao reexame dos fatos e das provas dos autos, o que não se admite no âmbito do recurso especial, ante o óbice disposto na Súmula 7/STJ. 5. Agravo interno desprovido. (STJ, AgInt no AREsp 993.151/RJ, Rel. Ministro Marco Aurélio Bellizze, Terceira Turma, julgado em 11/05/2020, DJe 18/05/2020).

Não há necessidade de ratificação do recurso quando não há alteração dos fundamentos da decisão recorrida, mas somente correção de erro material

✓ PROCESSUAL CIVIL E ADMINISTRATIVO. DECISÃO DE ORIGEM QUE INADMITIU RECURSO ESPECIAL. JULGAMENTO DOS EMBARGOS DE DECLARAÇÃO. RATIFICAÇÃO DO RECURSO ESPECIAL. DESNECESSIDADE. ENTENDIMENTO DO STJ. INCIDÊNCIA DA SÚMULA 579/STJ. 1. A Corte de origem entendeu pela inadmissibilidade do Recurso Especial interposto com fundamento na Súmula 579/STJ. 2. A agravante sustenta ser desnecessária a ratificação do Recurso Especial após o julgamento dos Embargos de Declaração. Com razão. 3. A Corte Especial do Superior Tribunal de Justiça, ao analisar a Questão de Ordem no julgamento do REsp 1.129.215/DF, de relatoria do Ministro Luis Felipe Salomão, firmou o entendimento de que "a única interpretação cabível para o enunciado da súmula 418/STJ é aquela que prevê o ônus da ratificação do recurso interposto na pendência de embargos declaratórios apenas quando houver alteração na conclusão do julgamento anterior" (REsp 1.129.215/DF, Relator Ministro Luis Felipe Salomão, Corte Especial, DJe 3.11.2015). 4. Com a alteração legislativa do direito processual civil pátrio, esta Corte de Justiça cancelou o verbete sumular 418/STJ, e aprovou a Súmula 579, nos seguintes termos: "Não é necessário ratificar o recurso especial interposto na pendência do julgamento dos Embargos de Declaração quando inalterado o julgamento anterior." 5. Assentada esta premissa, de pronto afasta-se a necessidade de ratificação do Recurso Especial, visto que não houve alteração dos fundamentos do acórdão recorrido, mas somente correção de erro material. 6. Agravo em Recurso Especial provido para determinar o retorno dos autos à Corte de origem, para que se profira novo juízo de admissibilidade. (STJ, AREsp 1600302/SP, Rel. Ministro Herman Benjamin, Segunda Turma, julgado em 10/03/2020, DJe 25/06/2020).

Art. 1.025. Consideram-se incluídos no acórdão os elementos que o embargante suscitou, para fins de pré-questionamento, ainda que os embargos de declaração sejam inadmitidos ou rejeitados, caso o tribunal superior considere existentes erro, omissão, contradição ou obscuridade.

→ *V.* Súmula 282 do STF.

→ *V.* Súmula 356 do STF.

→ *V.* Súmula 211 do STJ.

O art. 1.025 do CPC consagra o que a jurisprudência denomina de prequestionamento ficto

✓ AGRAVO INTERNO NO AGRAVO EM RECURSO ESPECIAL AÇÃO DE OBRIGAÇÃO DE FAZER CUMULADA COM INDENIZAÇÃO POR DANOS MORAIS. PLANO DE SAÚDE. 1. VIOLAÇÃO AOS ARTS. 1º, II, 35-F E 35-G DA LEI N. 9.656/1998. AUSÊNCIA DE PREQUESTIONAMENTO. INCIDÊNCIA DA SÚMULA 211/STJ. 2. DANOS MORAIS. CONFIGURAÇÃO. QUANTUM INDENIZATÓRIO. REDUÇÃO. IMPOSSIBILIDADE. INCIDÊNCIA DA SÚMULA 7/STJ. 3. AGRAVO INTERNO IMPROVIDO. 1. Incide a Súmula 211 do STJ, na espécie, porquanto ausente o prequestionamento. 1.1. Prevalece no STJ o entendimento de que "a admissão de prequestionamento ficto (art. 1.025 do CPC/2015), em recurso especial, exige que no mesmo recurso seja indicada violação ao art.1.022 do CPC/2015, para que se possibilite ao Órgão julgador verificar a existência do vício inquinado ao acórdão, que uma vez constatado, poderá dar ensejo à supressão de grau facultada pelo dispositivo de lei..." (STJ, AgInt no AREsp 1498485/PE, Rel. Ministro Marco Aurélio Bellizze, Terceira Turma, julgado em 11/11/2020, DJe 16/11/2020).

O prequestionamento ficto é admitido quando a parte interpõe embargos de declaração, o tribunal não sana o vício apontado nos aclaratórios e no Recurso Especial a parte suscita ofensa ao art. 1.022 do CPC

✓ AGRAVO INTERNO NO RECURSO ESPECIAL. EXECUÇÃO DE TÍTULO EXTRAJUDICIAL. PREQUESTIONAMENTO. AUSÊNCIA, EMBORA OPOSTOS E JULGADOS OS EMBARGOS DE DECLARAÇÃO. CARÊNCIA DE ALEGAÇÃO DE OFENSA AO ART. 1.022 DO NOVO CPC NO RECURSO ESPECIAL. APLICAÇÃO DA SÚMULA 211/STJ. FIXAÇÃO DA VERBA HONORÁRIA EM HARMONIA COM O ENTENDIMENTO DESTA CORTE SUPERIOR. SÚMULA 83/STJ. AGRAVO INTERNO DESPROVIDO. 1. O teor do art. 1º do Estatuto da Advocacia não foi objeto de apreciação do aresto estadual, embora opostos e julgados os embargos de declaração. Aplicação da Súmula 211/STJ. 2. Não cabe falar em aplicação do art. 1.025 do novo CPC, pois "a ausência de debate no acórdão recorrido quanto às alegações do recurso especial evidencia a falta de prequestionamento, admitindo-se o prequestionamento ficto somente na hipótese em que não sanada a omissão no julgamento de embargos de declaração e suscitada a ofensa ao art. 1.022 do NCPC no recurso especial, o que não ocorreu no caso dos autos" (AgInt no AgInt no AREsp 1.614.911/SP, Rel. Ministro Moura Ribeiro, Terceira Turma, julgado em 29/6/2020, DJe 1º/7/2020). 3. Não há razão para a modificação do entendimento estadual no tocante à fixação dos honorários advocatícios, pois o acórdão está em sintonia com a jurisprudência desta Corte Superior (Súmula 83/

STJ), no sentido de que, havendo condenação, sobre ela deve incidir o percentual da verba honorária. 4. Agravo interno desprovido. (STJ, AgInt no REsp 1884565/RJ, Rel. Ministro Marco Aurélio Bellizze, Terceira Turma, julgado em 26/10/2020, DJe 29/10/2020).

Se o tema não foi apreciado no Tribunal local e não foi constatado nenhum dos vícios do art. 1.022 do CPC, na instância superior, não há prequestionamento ficto da matéria

✓ "... se a questão levantada não foi discutida pelo Tribunal de origem e não verificada, nesta Corte, a existência de erro, omissão, contradição ou obscuridade, não há falar em prequestionamento ficto da matéria, nos termos do art. 1.025 do CPC/2015, incidindo na espécie a Súmula n. 211/STJ." (AgInt no AREsp 1.557.994/SP, Rel. Ministro Ricardo Villas Bôas Cueva, Terceira Turma, DJe 15/5/2020). A propósito: AgInt no AREsp 1.545.423/GO, Rel. Ministro Marco Aurélio Bellizze, Terceira Turma, DJe 19/12/2019..." (STJ, AgInt no AREsp 1580664/SP, Rel. Min. Francisco Falcão, Segunda Turma, julgado em 26/10/2020, DJe 28/10/2020).

Há prequestionamento dos fundamentos presentes na apelação e não apreciados no acórdão, desde que, diante de REsp, haja a reiteração nas contrarrazões do REsp

✓ PROCESSUAL CIVIL. INTERPOSIÇÃO DE RECURSO DE APELAÇÃO COM EXPOSIÇÃO DE MAIS DE UM FUNDAMENTO. PROVIMENTO DA APELAÇÃO COM BASE EM APENAS UM FUNDAMENTO, DEIXANDO-SE DE EXAMINAR OS DEMAIS. REVERSÃO DO ACÓRDÃO DE SEGUNDA INSTÂNCIA EM DECISÃO MONOCRÁTICA NO STJ. AGRAVO REGIMENTAL QUE VENTILA FUNDAMENTOS DESPREZADOS NO JULGAMENTO DA APELAÇÃO. EXISTÊNCIA DE PREQUESTIONAMENTO. DIVERGÊNCIA INTERNA NO STJ. EMBARGOS DE DIVERGÊNCIA PARCIALMENTE PROVIDOS PARA DAR POR PREQUESTIONADAS QUESTÕES JURÍDICAS REITERADAS NAS CONTRARRAZÕES AO RECURSO ESPECIAL (...) V - A questão precisa ser analisada sob a perspectiva da sucumbência e da possibilidade de melhora da situação jurídica do recorrente, critérios de identificação do interesse recursal. Não se trata de temática afeta a esta ou aquela legislação processual (CPC/73 ou CPC/15), mas de questão antecedente, verdadeiro fundamento teórico da disciplina recursal. Só quem perde, algo ou tudo, tem interesse em impugnar a decisão, desde que possa obter, pelo recurso, melhora na sua situação jurídica. (...) VI - É bastante fácil perceber que os ora embargantes não dispunham, após o julgamento da apelação, de nenhum dos dois requisitos: não eram vencidos (sucumbentes) e não existia perspectiva de melhora na sua situação jurídica. Logo, agiram segundo a ordem e a dogmática jurídicas quando se abstiveram de recorrer. VII - Tenho por bem compor a divergência entre os acórdãos confrontados adotando o entendimento do acórdão paradigma, segundo o qual se consideram prequestionados os fundamentos adotados nas razões de apelação e desprezados no julgamento do respectivo recurso, desde que, interposto recurso especial, sejam reiterados nas contrarrazões da parte vencedora. VIII - Embargos de divergência conhecidos e parcialmente providos a fim de dar por prequestionada a matéria relativa à não ocorrência de prescrição em razão da iliquidez do título executivo, cassando o v. acórdão de fls. 293-294, para que seja realizada nova análise do tema prescrição. (EAREsp 227.767-RS, Rel. Min. Francisco Falcão, Corte Especial, julgado em 17/06/2020, DJe 29/06/2020).

Art. 1.026. Os embargos de declaração não possuem efeito suspensivo e interrompem o prazo para a interposição de recurso.

→ *V.* Art. 995 do CPC.

Os embargos de declaração interrompem o prazo para a interposição de outros recursos, por qualquer das partes

✓ "... Não merece acolhida o argumento de que o entendimento do STJ na decisão atacada foi sedimentado na vigência do CPC/1973, e que o CPC/2015 trouxe inovação no tema, ao prever expressamente, no art. 1.026, que "os embargos de declaração não possuem efeito suspensivo e interrompem o prazo para a interposição de recurso". Isso porque, como é cediço, o art. 538 do CPC/1973 já continha norma idêntica: "Os embargos de declaração interrompem o prazo para a interposição de outros recursos, por qualquer das partes." (STJ, AgInt nos EDcl no MS 25.472/DF, Rel. Ministro Og Fernandes, Corte Especial, julgado em 07/04/2020, DJe 17/04/2020).

A interposição de embargos de declaração manifestamente incabíveis ou intempestivos não interrompe nem suspende a fluência do prazo recursal

✓ PROCESSUAL CIVIL. EMBARGOS DE DECLARAÇÃO NOS EMBARGOS DE DECLARAÇÃO NOS EMBARGOS DE DECLARAÇÃO NO AGRAVO INTERNO NO AGRAVO EM RECURSO ESPECIAL. EMBARGOS ANTERIORES INTEMPESTIVOS. PRAZO. INTERRUPÇÃO. NÃO OCORRÊNCIA. DECISÃO MANTIDA. 1. O prazo para opor embargos de declaração é de 5 (cinco) dias, a teor do que dispõe o art. 1.023 do CPC/2015. 2. No caso concreto, os aclaratórios anteriores foram opostos após o transcurso do período legal, portanto, intempestivos. 3. É pacífica a jurisprudência desta Corte de que a interposição de recurso manifestamente incabível ou intempestivo não interrompe nem suspende a fluência do prazo recursal. 4. Embargos de declaração não conhecidos, com certificação de trânsito em julgado e determinação de baixa imediata dos autos. (STJ, EDcl nos EDcl nos EDcl no AgInt no AREsp 1464733/MG, Rel. Ministro Antonio Carlos Ferreira, Quarta Turma, julgado em 09/03/2020, DJe 16/03/2020).

§ 1º A eficácia da decisão monocrática ou colegiada poderá ser suspensa pelo respectivo juiz ou relator se demonstrada a probabilidade de provimento do recurso ou, sendo relevante a fundamentação, se houver risco de dano grave ou de difícil reparação.

Os embargos de declaração não possuem, em regra, efeito suspensivo

✓ "... os embargos de declaração não possuem efeito suspensivo, podendo ser conferido de forma excepcional, ante a necessária demonstração da probabilidade de provimento do recurso ou, caso relevante a fundamentação, exista risco de dano grave ou de difícil reparação, nos termos do § 1º do art. 1.026 do NCPC. Precedentes..." (AgInt no REsp 1842550/DF, Rel. Min. Moura Ribeiro, Terceira Turma, julgado em 10/08/2020, DJe 14/08/2020).

§ 2º Quando manifestamente protelatórios os embargos de declaração, o juiz ou o tribunal, em decisão fundamentada, condenará o embargante a pagar ao embargado multa não excedente a dois por cento sobre o valor atualizado da causa.

Não são considerados protelatórios os embargos que apontam questão não apreciada no julgamento anterior

✓ PROCESSUAL CIVIL. EMBARGOS DE DECLARAÇÃO NO AGRAVO INTERNO NO RECURSO ESPECIAL. RECURSO MANEJADO SOB A ÉGIDE DO NCPC. VIOLAÇÃO DO ART. 1.022 DO NCPC. OMISSÕES. NÃO VERIFICADAS. JULGAMENTO VIRTUAL. OPOSIÇÃO. PRECLUSÃO. EMBARGOS PROTELATÓRIOS. NÃO CARACTERIZAÇÃO. MULTA INDEVIDA. EMBARGOS DE DECLARAÇÃO REJEITADOS. (...) 6. Os embargos de declaração não são considerados protelatórios quando apontam questão não apreciada no julgamento anterior. 7. Embargos de declaração rejeitados. (STJ, EDcl no AgInt no REsp 1609412/RJ, Rel. Ministro Moura Ribeiro, Terceira Turma, julgado em 21/09/2020, DJe 24/09/2020)

Não é cabível a aplicação da multa prevista no art. 1.026, § 2º, do CPC, se os embargos de declaração tiverem o propósito de prequestionamento

✓ AGRAVO INTERNO NO RECURSO ESPECIAL. AÇÃO DE RESCISÃO DE CONTRATO. SEGURO DE VIDA. 1. OMISSÃO DO TRIBUNAL ESTADUAL QUANTO À ALEGAÇÃO DE JULGAMENTO EXTRA PETITA. 2. MULTA DO ART. 1.026, § 2º, DO CPC/2015. AFASTAMENTO. AUSÊNCIA DE INTUITO PROTELATÓRIO. 3. DEMAIS ALEGAÇÕES PREJUDICADAS. 4. AGRAVO PARCIALMENTE PROVIDO. 1.Segundo a jurisprudência do Superior Tribunal de Justiça, não tendo sido suprida a omissão apontada, impõe-se a devolução dos autos à Corte estadual, a fim de que realize novo julgamento dos embargos de declaração, sanando o vício atestado. 2. Quanto à multa aplicada no julgamento dos embargos de declaração, com razão a recorrente, pois a multa não será cabível quando os embargos de declaração têm o objetivo de prequestionamento, consoante dispõe a Súmula 98/STJ. 3. Determinado o retorno dos autos à instância originária para rejulgamento dos aclaratórios, fica prejudicada a apreciação das demais alegações. 4. Agravo interno parcialmente provido. (STJ, AgInt no REsp 1875784/MG, Rel. Ministro Marco Aurélio Bellizze, Terceira Turma, julgado em 28/09/2020, DJe 07/10/2020).

A reiteração de argumentos já afastados de forma clara e coerente enseja a multa do art. 1.026, § 2º

✓ AGRAVO INTERNO NO RECURSO ESPECIAL - AUTOS DE AGRAVO DE INSTRUMENTO NA ORIGEM - DECISÃO MONOCRÁTICA QUE NEGOU PROVIMENTO AO RECLAMO. IRRESIGNAÇÃO DA PARTE AGRAVANTE. 1. A Corte de origem dirimiu a matéria submetida à sua apreciação, manifestando-se expressamente acerca dos temas necessários à integral solução da lide, de modo que, ausente qualquer omissão, contradição ou obscuridade no aresto recorrido, não se verifica a ofensa ao artigo 1.022 do CPC/15. 2. Nos termos da jurisprudência desta Corte Superior, a reiteração dos argumentos já repelidos de forma clara e coerente configura o caráter protelatório a ensejar a aplicação da multa do art. 1026, § 2º, do CPC/15. Incidência da Súmula 83/STJ. 2.1. O exame da apontada ausência do intuito protelatório dos embargos de declaração, na forma pretendida pela recorrente, demanda o reexame do conjunto fático dos autos, providência que esbarra no óbice da Súmula 7 desta Corte. 3. Agravo interno desprovido. (STJ, AgInt no REsp 1828375/BA, Rel. Ministro Marco Buzzi, Quarta Turma, julgado em 26/10/2020, REPDJe 12/11/2020, DJe 03/11/2020)

§ 3º Na reiteração de embargos de declaração manifestamente protelatórios, a multa será elevada a até dez por cento sobre o valor atualizado da causa, e a interposição de qualquer recurso ficará condicionada ao depósito prévio do valor da multa, à exceção da Fazenda Pública e do beneficiário de gratuidade da justiça, que a recolherão ao final.

→ v. Súmula 98 do STJ.

→ v. Art. 98 e seguintes do CPC.

A multa prevista no art. 1.026, § 3º, do CPC, pressupõe a aplicação da multa prevista no § 2º, não podendo ser aplicada diretamente

✓ PROCESSUAL CIVIL. EMBARGOS DE DECLARAÇÃO PROTELATÓRIOS. MULTA PREVISTA NO ART. 1.026, §§ 2º E 3º, DO CPC/15. I – Opostos embargos de declaração protelatórios, o magistrado, em decisão fundamentada, condenará o embargante a pagar ao embargado multa não excedente a 2%. No caso de reiteração, a multa pode ser majorada para 10%. Inteligência do art. 1.026, §§ 2º e 3º, do CPC/15. II – In casu, o magistrado de primeiro grau aplicou diretamente a multa de 10% ao argumento de que o causídico tem por costume opor embargos de declaração protelatórios. III – Tal interpretação não se coaduna com o dispositivo em comento, que se destina à atuação do advogado no caso em concreto, sendo irrelevante para a aplicação da multa a atuação em outros feitos. IV – Agravo conhecido para dar provimento ao recurso especial para afastar a multa de 10 %, mantida a multa de 2%. (STJ, AREsp 1435078/RS, Rel. Ministro Francisco Falcão, Segunda Turma, julgado em 05/09/2019, DJe 16/09/2019).

§ 4º Não serão admitidos novos embargos de declaração se os 2 (dois) anteriores houverem sido considerados protelatórios.

Não cabem os terceiros embargos de declaração quando os dois anteriores tiverem sido considerados protelatórios

✓ PROCESSUAL CIVIL. QUARTOS EMBARGOS DE DECLARAÇÃO NO AGRAVO REGIMENTAL NO AGRAVO EM RECURSO ESPECIAL. EMBARGOS ANTERIORES PROTELATÓRIOS. NÃO CONHECIMENTO. ART. 1.026, § 4º, DO CPC/2015. PRECEDENTES. 1. Trata-se de quartos embargos de declaração após os dois anteriores terem sido considerados protelatórios, motivo pelo qual os novos aclaratórios não devem ser admitidos, por força do disposto no § 4º do artigo 1.026 do CPC/2015, segundo o qual: "não serão admitidos novos embargos de declaração se os dois anteriores houverem sido considerados protelatórios.". 2. Embargos de declaração não conhecidos. (EDcl nos EDcl nos EDcl nos EDcl no AgRg no AREsp 469.620/SP, Rel. Ministro Benedito Gonçalves, Primeira Turma, julgado em 09/03/2020, DJe 11/03/2020)

CAPÍTULO VI
DOS RECURSOS PARA O SUPREMO TRIBUNAL FEDERAL E PARA O SUPERIOR TRIBUNAL DE JUSTIÇA

→ *V.* Arts. 101 a 105 da CF/1988.

Seção I
Do Recurso Ordinário

→ *V.* Art. 307 e seguintes do RISTF.

→ *V.* Art. 244 e seguintes do RISTJ.

Art. 1.027. Serão julgados em recurso ordinário:

I – pelo Supremo Tribunal Federal, os mandados de segurança, os *habeas data* e os mandados de injunção decididos em única instância pelos tribunais superiores, quando denegatória a decisão;

II – pelo Superior Tribunal de Justiça:

a) os mandados de segurança decididos em única instância pelos tribunais regionais federais ou pelos tribunais de justiça dos Estados e do Distrito Federal e Territórios, quando denegatória a decisão;

b) os processos em que forem partes, de um lado, Estado estrangeiro ou organismo internacional e, de outro, Município ou pessoa residente ou domiciliada no País.

§ 1º Nos processos referidos no inciso II, alínea "b", contra as decisões interlocutórias caberá agravo de instrumento dirigido ao Superior Tribunal de Justiça, nas hipóteses do art. 1.015.

Cabe Reclamação em face de decisão do Tribunal de Justiça ou Tribunal Regional Federal que, usurpando a competência do STJ, realiza o juízo de admissibilidade do Recurso Ordinário

✓ RECLAMAÇÃO. PROCESSUAL CIVIL. RECURSO ORDINÁRIO EM MANDADO DE SEGURANÇA. 1. CABIMENTO. PRESERVAÇÃO DA COMPETÊNCIA DO STJ. 2. JUÍZO DE ADMISSIBILIDADE. TRIBUNAL DE ORIGEM. INCOMPETÊNCIA. 3. RECLAMAÇÃO PROCEDENTE. 1. A reclamação é via própria para preservar a competência do Superior Tribunal de Justiça. 2. O recurso ordinário, consectário direto do duplo grau de jurisdição, tem a mesma natureza jurídica do recurso de apelação, razão pela qual a ele se aplicava, analogicamente, o procedimento de julgamento da apelação, previsto no CPC/1973. 3. O atual sistema processual, além de alterar o processamento dos recursos de apelação, passou a dispor expressamente da sistemática aplicável ao recebimento e processamento dos recurso ordinários. 4. Diante da determinação legal de imediata remessa dos autos do recurso ordinário ao Tribunal Superior, independentemente de juízo prévio de admissibilidade, a negativa de seguimento ao recurso pelo Tribunal a quo configura indevida invasão na esfera de competência do STJ, atacável, portanto, pela via da reclamação constitucional. 5. Reclamação procedente. (Rcl 35.958/CE, Rel. Min. Marco Aurélio Bellizze, Segunda Seção, julgado em 10/04/2019, DJe 12/04/2019).

✓ CONSTITUCIONAL. PROCESSO PENAL. RECLAMAÇÃO. USURPAÇÃO DA COMPETÊNCIA DESTA CORTE. OCORRÊNCIA. JUÍZO DE ADMISSIBILIDADE NEGATIVO DE RECURSO ORDINÁRIO EM HABEAS CORPUS REALIZADO PELA CORTE DE ORIGEM. IMPOSSIBILIDADE. INTEMPESTIVIDADE DO RECURSO ORDINÁRIO NÃO CONFIGURADA. 1. Trata-se de reclamação, com pedido de liminar, proposta em face de ato prolatado pelo 2º Vice-Presidente do Tribunal de Justiça do Estado do Rio de Janeiro, que inadmitiu o recurso ordinário constitucional interposto contra decisão proferida no habeas corpus n. 0009387-49.2014.8.19.0000, sob o fundamento de intempestividade. 2. Segundo a autoridade reclamada, foi negado seguimento ao recurso ordinário do reclamante por intempestividade, com fundamento na jurisprudência assentada neste Superior Tribunal de Justiça no sentido de que o pedido de reconsideração não tem o condão de interromper prazo recursal. 3. Na hipótese, o acórdão da 2ª Câmara Criminal do Tribunal de Justiça do Estado do Rio de Janeiro negou provimento aos embargos declaratórios sem qualquer menção ao seu recebimento como pedido de reconsideração. 4. Com efeito, não poderia o Tribunal de Justiça do Estado do Rio de Janeiro negar seguimento ao recurso ordinário em habeas corpus do reclamante, constatando-se, portanto, a usurpação da competência deste Superior Tribunal de Justiça para a análise da admissibilidade do referido recurso. 5. Reclamação julgada procedente, para determinar à Segunda Vice-Presidência do TJ/RJ que encaminhe a esta Corte Superior o recurso ordinário interposto pelo reclamante para a regular a análise da sua admissibilidade. (Rcl 19.507/RJ, Rel. Ministro Ribeiro Dantas, Terceira Seção, julgado em 22/02/2017, DJe 07/03/2017).

ATENÇÃO! Algumas decisões do STJ consideram que a reclamação não é via própria para atacar acórdão que nega seguimento a recurso ordinário em mandado de segurança, no âmbito do segundo grau – nesse sentido: Rcl 35.113/DF, Rel. Min. Francisco Falcão, julgado em 21/11/2017, DJe 30/11/2017 e Rcl 35.503/SP, Rel. Min. Benedito Gonçalves, julgado em 28/05/2018, DJe 30/05/2018.

O Recurso Ordinário devolve ao tribunal superior a análise dos fatos e fundamentos jurídicos declinados na instância original

✓ "PROCESSUAL CIVIL. ADMINISTRATIVO. MANDADO DE SEGURANÇA. IMPETRAÇÃO CONTRA ATO JUDICIAL. INEXISTÊNCIA DE TERATOLOGIA. RECURSO ORDINÁRIO IMPROVIDO. I – Trata-se, na origem, de mandado de segurança com pedido liminar impetrado contra ato supostamente coator atribuído ao Juízo de Direito da 3º Vara da Fazenda Pública Estadual de São Paulo. Sustentou o impetrante a existência de nulidades absolutas no processo de improbidade administrativa no qual figura como parte, notadamente pela ausência de citação pessoal e a ausência de prévia notificação imposta pelo procedimento da Lei n. 8.429/92, dentre outras. II – No Tribunal de Justiça do Estado de São Paulo denegou-se a ordem considerando a ausência de teratologia ou manifesta ilegalidade nas referidas e r. decisões jurisdicionais. III – O recorrente interpôs recurso ordinário, com fundamento no art. 105, II, b, da CF e arts. 1.027 e 1.028 do CPC/15. IV – Trata-se de recurso que devolve ao tribunal superior a análise dos fatos e fundamentos jurídicos declinados na instância original. No ambiente do mandado de segurança decidido originariamente pelos tribunais locais ou regionais, o recurso ordinário funciona como segunda instância revisora e não sofre as limitações próprias dos recursos especial e extraordinário. V – Se é assim, o recurso ordinário em mandado de segurança devolve ao Superior Tribunal de Justiça a possibilidade de exame integral da presença de direito líquido e certo decorrente de ato ilegal ou abusivo praticado por autoridade pública ou agente de pessoa jurídica no exercício de atribuições do poder público. A autoridade dita coatora, no caso, é o Juízo de Direito da 3ª Vara da Fazenda Pública do Estado de São Paulo..." (AgInt no RMS 61.816/SP, Rel. Ministro Francisco Falcão, Segunda Turma, julgado em 29/04/2020, DJe 04/05/2020).

Constitui erro grosseiro, não se admitindo a aplicação do princípio da fungibilidade, a interposição de recurso especial ou extraordinário, quando cabível o recurso ordinário

✓ "...III. Constitui erro grosseiro a interposição de recurso especial, quando cabível o recurso ordinário, o que afasta a aplicação do princípio da fungibilidade. Precedentes. Não apresentação de argumentos suficientes para desconstituir a decisão recorrida. IV. Em regra, descabe a imposição da multa, prevista no art. 1.021, § 4º, do Código de Processo Civil de 2015, em razão do mero improvimento do Agravo Interno em votação unânime, sendo necessária a configuração da manifesta inadmissibilidade ou improcedência do recurso a autorizar sua aplicação, o que não ocorreu no caso..." (STJ, AgInt no AREsp 1356829/SP, Rel. Ministra Regina Helena Costa, Primeira Turma, julgado em 29/06/2020, DJe 01/07/2020).

§ 2º Aplica-se ao recurso ordinário o disposto nos arts. 1.013, § 3º, e 1.029, § 5º.

Art. 1.028. Ao recurso mencionado no art. 1.027, inciso II, alínea "b", aplicam-se, quanto aos requisitos de admissibilidade e ao procedimento, as disposições relativas à apelação e o Regimento Interno do Superior Tribunal de Justiça.

§ 1º Na hipótese do art. 1.027, § 1º, aplicam-se as disposições relativas ao agravo de instrumento e o Regimento Interno do Superior Tribunal de Justiça.

§ 2º O recurso previsto no art. 1.027, incisos I e II, alínea "a", deve ser interposto perante o tribunal de origem, cabendo ao seu presidente ou vice-presidente determinar a intimação do recorrido para, em 15 (quinze) dias, apresentar as contrarrazões.

O Recurso Ordinário segue rito semelhante ao da Apelação, devendo ser interposto perante o Tribunal de Justiça e Tribunal Regional Federal, se dirigido ao STJ

✓ PROCESSUAL CIVIL. AGRAVO INTERNO NO RECURSO EM MANDADO DE SEGURANÇA. INTERPOSIÇÃO DIRETAMENTE NO STJ. IMPOSSIBILIDADE. DECISÃO MANTIDA. 1. O recurso ordinário em mandado de segurança deve ser interposto perante o Tribunal de origem, no qual terá seguimento seu rito, com a intimação do recorrido para contrarrazões, nos termos dos arts. 1.028, § 2º, do CPC/2015 e 247 do RISTJ. 2. Não se admite recurso ordinário que não seguiu as regras que lhe são atinentes, uma vez que deveria ter sido interposto no Tribunal de origem, e não diretamente nesta Corte (AgRg no RHC 63.626/SP, Relator Ministro Sebastião Reis Júnior, Sexta Turma, julgado em 19/5/2016, DJe 7/6/2016). 3. Consoante precedentes desta Corte, não se revela possível, por inoportuna, a remessa dos autos ao tribunal de origem para que processe o recurso erroneamente interposto no STJ (AgRg no Ag 1.415.668/MG, Relator Ministro Marco Aurélio Bellizze, Quinta Turma, julgado em 6/3/2012, DJe 23/3/2012). 4. Agravo interno a que se nega provimento. (STJ, AgInt no RMS 63.187/SP, Rel. Ministro Antonio Carlos Ferreira, Quarta Turma, julgado em 01/06/2020, DJe 05/06/2020)

§ 3º Findo o prazo referido no § 2º, os autos serão remetidos ao respectivo tribunal superior, independentemente de juízo de admissibilidade.

Seção II
Do Recurso Extraordinário e do Recurso Especial

Subseção I
Disposições Gerais

→ *v.* Arts. 102, III, e 105, III, da CF/1988.

→ *v.* Arts. 321 a 329 do RISTF.

→ *v.* Arts. 255 a 257 do RISTJ.

Art. 1.029. O recurso extraordinário e o recurso especial, nos casos previstos na Constituição Federal, serão interpostos perante o presidente ou o vice-presidente do tribunal recorrido, em petições distintas que conterão:

I – a exposição do fato e do direito;

II – a demonstração do cabimento do recurso interposto;

III – as razões do pedido de reforma ou de invalidação da decisão recorrida.

§ 1º Quando o recurso fundar-se em dissídio jurisprudencial, o recorrente fará a prova da divergência com a certidão, cópia ou citação do repositório de jurisprudência, oficial ou credenciado, inclusive em mídia eletrônica, em que houver sido publicado o acórdão divergente, ou ainda com a reprodução de julgado disponível na rede mundial de computadores, com indicação da respectiva fonte, devendo-se, em qualquer caso, mencionar as circunstâncias que identifiquem ou assemelhem os casos confrontados.

Requisitos para a demonstração da divergência

✓ PROCESSUAL CIVIL. ADMINISTRATIVO. IMPROBIDADE. EXISTÊNCIA DE VÍCIO NA REPRESENTAÇÃO PROCESSUAL. PRÉVIA INTIMAÇÃO PARA REGULARIZAÇÃO DO VÍCIO. DOCUMENTAÇÃO APRESENTADA FORA DO PRAZO LEGAL. NOVA INTIMAÇÃO. IMPOSSIBILIDADE. PRECEDENTES DO STJ. ALEGAÇÃO DE DIVERGÊNCIA JURISPRUDENCIAL. NÃO COMPROVAÇÃO. (...) IX – Para a caracterização da divergência, nos termos do art. 1.029, § 1º, do CPC/2015 e do art. 255, §§ 1º e 2º, do RISTJ, exige-se, além da transcrição de acórdãos tidos por discordantes, a realização do cotejo analítico do dissídio jurisprudencial invocado, com a necessária demonstração de similitude fática entre o aresto impugnado e os acórdãos paradigmas, assim como a presença de soluções jurídicas diversas para a situação, sendo insuficiente, para tanto, a simples transcrição de ementas, como no caso..." (AgInt no AREsp 1677973/MG, Rel. Min. Francisco Falcão, Segunda Turma, julgado em 23/11/2020, DJe 25/11/2020)

Para demonstrar a divergência, é necessário que o recorrente realize cotejo analítico a fim de demonstrar a existência de identidade jurídica e similitude fática entre o acórdão paradigma e o acórdão recorrido

✓ "... Conforme previsão dos artigos mencionados, é indispensável a caracterização das circunstâncias que identifiquem os casos confrontados, cabendo aquele que recorre demonstrar tais circunstâncias, com indicação da similitude fática e jurídica entre os julgados, apontando o dispositivo legal interpretado nos arestos em cotejo, com a transcrição dos trechos necessários para tal demonstração. XXV – O recorrente não realizou o indispensável cotejo analítico a fim de demonstrar a existência de identidade jurídica e similitude fática entre o acórdão recorrido e o(s) paradigma(s) indicado(s). XXVI – Nesse sentido: "Esta Corte já pacificou o entendimento de que a simples transcrição de ementas e de trechos de julgados não é suficiente para caracterizar o cotejo analítico, uma vez que requer a demonstração das circunstâncias identificadoras da divergência entre o caso confrontado e o aresto paradigma, mesmo no caso de dissídio notório." (AgInt no AREsp n. 1.242.167/MA, Relator Ministro Mauro Campbell Marques, Segunda Turma, DJe de 5/4/2019). XXVII – Agravo interno improvido. (STJ, AgInt no AREsp 1657171/MT, Rel. Ministro Francisco Falcão, Segunda Turma, julgado em 26/10/2020, DJe 28/10/2020)

A mera transcrição de ementas não é suficiente para demonstrar a divergência

✓ "... Para a caracterização da divergência, nos termos do art. 1.029, § 1º, do CPC/2015 e do art. 255, §§ 1º e 2º, do RISTJ, exige-se, além da transcrição de acórdãos tidos por discordantes, a realização do cotejo analítico do dissídio jurisprudencial invocado, com a necessária demonstração de similitude fática entre o aresto impugnado e os acórdãos paradigmas, assim como a presença de soluções jurídicas diversas para a situação, sendo insuficiente, para tanto, a simples transcrição de ementas, como no caso..." (STJ, AgInt nos EDcl no AREsp 1702120/PR, Rel. Ministro Francisco Falcão, Segunda Turma, julgado em 16/12/2020, DJe 18/12/2020). "É pacífico nesta Corte que a simples transcrição de ementas ou de trecho isolado do v. acórdão paradigma, sem o necessário cotejo com trechos do v. acórdão embargado, não atende aos dispositivos legais e regimentais aplicáveis à espécie (STJ, AgRg nos EAREsp 1615657/PI, Rel. Ministro Reynaldo Soares da Fonseca, Terceira Seção, julgado em 25/11/2020, DJe 30/11/2020).

§ 2º (Revogado pela Lei 13.256, de 04/02/2016).

§ 3º O Supremo Tribunal Federal ou o Superior Tribunal de Justiça poderá desconsiderar vício formal de recurso tempestivo ou determinar sua correção, desde que não o repute grave.

A falta de impugnação à decisão recorrida não permite a correção do vício

✓ Agravo regimental no recurso extraordinário com agravo. Matéria criminal. Ausência das razões do recurso interno. Erro grave insuscetível de correção (CPC, art. 1.029, § 3º). Circunstância que conduz à conclusão de que os fundamentos da decisão agravada restaram impugnados. Não conhecimento do agravo regimental. 1. No presente agravo regimental, embora o agravante tenha apresentado o termo de interposição do recurso, não apresentou as razões do inconformismo. 2. Essa circunstância, além de configurar erro grave, insuscetível de correção (CPC, art. 1.029, § 3º), conduz à conclusão de que não houve a impugnação dos fundamentos da decisão que se pretende infirmar, atraindo, portanto, o entendimento segundo o qual "não comporta conhecimento o agravo interno que não impugna direta e especificamente os fundamentos indicados na decisão monocrática de Relator" (ARE nº 864.032-AgR-EDv-AgR/PE, Tribunal Pleno, Relator o Ministro Teori Zavascki, DJe de 12/8/15). 3 Agravo regimental do qual não se conhece. (ARE 984064 AgR/SP, Rel. Dias Toffoli, Segunda Turma, julgado em 02/12/2016, DJe 15/02/2017).

Vício formal consistente na falta de esgotamento das vias recursais ordinárias não impede necessariamente o conhecimento do recurso extraordinário

✓ RECURSO EXTRAORDINÁRIO. DIREITO ADMINISTRATIVO. AUXÍLIO-ALIMENTAÇÃO. EQUIPARAÇÃO ENTRE SERVIDORES PÚBLICOS PERTENCENTES A CARREIRAS DISTINTAS. ISONOMIA. REPERCUSSÃO GERAL – TEMA 600. VÍCIO FORMAL. APLICAÇÃO DO ARTIGO 1.029, §3º, DO CPC. PRINCÍPIO DA ECONOMIA PROCESSUAL. NO MÉRITO, IMPOSSIBILIDADE. SEPARAÇÃO DE PODERES. NECESSIDADE DE PRÉVIA DOTAÇÃO ORÇAMENTÁRIA – ARTIGO 169, §1º. SÚMULA VINCULANTE 37. APLICAÇÃO ANALÓGICA. JURISPRUDÊNCIA DOMINANTE DESTA CORTE. RECURSO EXTRAORDINÁRIO PROVIDO. 1. O vício formal (*in casu*, eventual não esgotamento das vias recursais ordinárias) não impede necessariamente o conhecimento do recurso extraordinário, na forma do artigo 1.029, §3º, do CPC..." (RE 710293/SC, Rel. Luiz Fux, Tribunal Pleno, julgado em 16/09/2020, DJe 04/11/2020).

§ 4º Quando, por ocasião do processamento do incidente de resolução de demandas repetitivas, o presidente do Supremo Tribunal Federal ou do Superior Tribunal de Justiça receber requerimento de suspensão de processos em que se discuta questão federal constitucional ou infraconstitucional, poderá, considerando razões de segurança jurídica ou de excepcional interesse social, estender a suspensão a todo o território nacional, até ulterior decisão do recurso extraordinário ou do recurso especial a ser interposto.

→ *v.* Art. 976 e seguintes do CPC.

§ 5º O pedido de concessão de efeito suspensivo a recurso extraordinário ou a recurso especial poderá ser formulado por requerimento dirigido:

→ *v.* Súmulas 634 e 635 do STF

I – ao tribunal superior respectivo, no período compreendido entre a publicação da decisão de admissão do recurso e sua distribuição, ficando o relator designado para seu exame prevento para julgá-lo; (Redação dada pela Lei n. 13.256, de 04/02/2016)

II – ao relator, se já distribuído o recurso;

III – ao presidente ou ao vice-presidente do tribunal recorrido, no período compreendido entre a interposição do recurso e a publicação da decisão de admissão do recurso, assim como no caso de o recurso ter sido sobrestado, nos termos do art. 1.037. (Redação dada pela Lei n. 13.256, de 04/02/2016)

→ *v.* Enunciado 81 do CJF: a devolução dos autos pelo Superior Tribunal de Justiça ou Supremo Tribunal Federal ao tribunal de origem depende de decisão fundamentada, contra a qual cabe agravo na forma do art. 1.037, § 13, II, do CPC.

A atribuição de efeito suspensivo ao recurso extraordinário pressupõe a realização de juízo se admissibilidade na origem

✓ TUTELA CAUTELAR – PLEITO DEDUZIDO PREMATURAMENTE PERANTE O SUPREMO TRIBUNAL FEDERAL – OUTORGA DE EFEITO SUSPENSIVO A RECURSO EXTRAORDINÁRIO JÁ INTERPOSTO, MAS QUE AINDA NÃO SOFREU JUÍZO DE ADMISSIBILIDADE NO TRIBUNAL RECORRIDO – MATÉRIA QUE SE INCLUI, NO PRESENTE MOMENTO, NA ESFERA DE ATRIBUIÇÕES DA PRESIDÊNCIA DO E. TRIBUNAL "A QUO" – EXISTÊNCIA, NESSE SENTIDO, DE NORMA LEGAL EXPRESSA (CPC, ART. 1.029, § 5º, III) – PRECEDENTES ESPECÍFICOS DO SUPREMO TRIBUNAL FEDERAL (SÚMULAS 634/STF E 635/STF) – AGRAVO IMPROVIDO. – Não cabe ao Supremo Tribunal Federal, antecipando-se ao órgão judiciário competente (Presidência do E. TRF/1ª Região, no caso), outorgar, desde logo, eficácia suspensiva a recurso extraordinário que, embora já interposto, ainda não constituiu objeto do pertinente juízo positivo de admissibilidade na instância de origem. – Incumbe, desse modo, à própria Presidência do Tribunal de origem (TRF/1ª Região), enquanto não formular juízo de admissibilidade sobre o recurso extraordinário, outorgar, excepcionalmente, efeito suspensivo ao apelo extremo. Existência, quanto a essa específica atribuição, de expressa previsão normativa (CPC, art. 1.029, § 5º, inciso III, na redação dada pela Lei nº 13.256/2016). – Esse entendimento – que se reflete na jurisprudência do Supremo Tribunal Federal (RTJ 172/846-847 – RTJ 174/437-438, v.g.) – apoia-se em orientação que reconhece ao Presidente do Tribunal de que emanou o acórdão recorrido a possibilidade de exercício do poder geral de cautela, enquanto não efetivado, por ele, o controle de admissibilidade sobre o recurso extraordinário interposto pela parte interessada. Enunciados 634 e 635 da Súmula da jurisprudência do Supremo Tribunal Federal. Doutrina. Precedentes. (Pet 8256 AgR/PR, Rel. Min. Celso de Mello, Segunda Turma, julgado em 04/05/2020, DJe 14/05/2020)

O pedido de tutela provisória com a finalidade de obtenção de efeito suspensivo a recurso especial somente pode ser formulado perante o STJ após a publicação da decisão de admissibilidade

✓ PROCESSUAL CIVIL. AGRAVO INTERNO NA PETIÇÃO NO PEDIDO DE TUTELA PROVISÓRIA. NEGATIVA DE SUBMISSÃO DO FEITO À PRESIDÊNCIA DESTA CORTE. ERROR IN PROCEDENDO E AFRONTA AO PRINCÍPIO DO JUÍZO NATURAL. NÃO OCORRÊNCIA. CONCESSÃO DE EFEITO SUSPENSIVO A RECURSO ESPECIAL AINDA NÃO INTERPOSTO. INCIDÊNCIA DA REGRA CONTIDA NO ARTIGO 1.029, § 5º, DO CPC/2015. PRECEDENTES. 1. Em conformidade com o disposto nos artigos 34, XIII, "a", c/c 288 do RISTJ, a apreciação do pedido de tutela provisória dirigido a esta Corte compete ao relator a quem referido incidente for distribuído. 2. No caso, não há falar em error in procedendo ou afronta ao princípio do juiz natural, porquanto o pedido de tutela provisória formulado pela parte insurgente foi apreciado e não conhecido pelo relator a quem recaiu a distribuição dos autos, em estrita observância à competência a ele atribuída pelas regras regimentais desta Corte. 3. O pedido de tutela provisória para atribuição de efeito suspensivo a recurso especial somente pode ser formulado perante esta Corte após a publicação da decisão de admissibilidade, hipótese diversa à dos autos, em que o recurso especial não foi sequer interposto. Precedentes. 4. Agravo interno não provido. (AgInt na PET no TP 2.715/MG, Rel. Ministro Benedito Gonçalves, Primeira Turma, julgado em 05/10/2020, DJe 07/10/2020)

IMPORTANTE! Excepcionalmente, pode-se analisar a atribuição de efeito suspensivo a recurso especial pendente de admissibilidade, desde que evidenciada a presença do *fumus boni iuris* e do *periculum in mora*.

PROCESSUAL PENAL. AGRAVO REGIMENTAL NA PETIÇÃO. PEDIDO DE EFEITO SUSPENSIVO. RECURSO ESPECIAL AINDA PENDENTE DE ADMISSIBILIDADE. AUSÊNCIA DOS REQUISITOS AUTORIZADORES DA CONCESSÃO DA TUTELA DE URGÊNCIA. EXCEPCIONALIDADE NÃO CARACTERIZADA. AGRAVO DESPROVIDO.

1. Nos termos das Súmulas 634 e 635/STF e do art. 1.029, § 5º, I, do CPC/2015, esse Superior Tribunal de Justiça apreciará o pedido de efeito suspensivo a recurso após a admissibilidade deste pelo Tribunal a quo. Excepcionalmente, pode-se analisar a atribuição de efeito suspensivo a recurso especial pendente de admissibilidade, desde que evidenciada a presença do fumus boni iuris e do periculum in mora.

2. Para o deferimento do pedido de efeito suspensivo do recurso especial é necessário vislumbrar a plausibilidade jurídica do direito e o perigo da demora, o que não ocorreu na espécie.

3. Agravo regimental desprovido. (AgRg na Pet 13.038/BA, Rel. Ministro Ribeiro Dantas, Quinta Turma, julgado em 22/10/2019, DJe 30/10/2019).

Se o recurso especial não foi sequer interposto, não cabe ao STJ analisar o pedido de atribuição de efeito suspensivo

✓ "O art. 1.029, § 5º, III, do Código de Processo Civil de 2015 estabelece que a competência desta Corte Superior, para apreciar pedido de concessão de efeito suspensivo a recurso especial, inicia-se após a realização de juízo de admissibilidade pelo eg. Tribunal de Justiça. Nesse sentido: AgInt na Pet 12.972/SP, Rel. Ministro Napoleão Nunes Maia Filho, Primeira Turma, julgado em 9/12/2019, DJe 12/12/2019; AgInt no TP 2.030/SP, Rel. Ministro Raul Araújo, Quarta Turma, julgado em 11/6/2019, DJe 28/6/2019. VII – Considerando que não há notícia de interposição de recurso dirigido a este Tribunal, é patente a incompetência desta Corte para analisar o pedido de efeito suspensivo. Assim, deve ser liminarmente indeferido o pedido de concessão de efeito suspensivo e extinto o processo. VIII – Agravo interno improvido." (AgInt no TP 2.349/SP, Rel. Ministro Francisco Falcão, Segunda Turma, julgado em 29/04/2020, DJe 04/05/2020).

Cabe ao tribunal de origem analisar o pedido de atribuição de efeito suspensivo a recurso extraordinário, quando o processo está suspenso cumprindo determinação do STF em repercussão geral

✓ "COMPETÊNCIA – RECURSO EXTRAORDINÁRIO – EFEITO SUSPENSIVO – ARTIGO 1.029, § 5º, INCISO III, DO CÓDIGO DE PROCESSO CIVIL – TRIBUNAL DE JUSTIÇA. Cumpre ao Órgão de origem apreciar pedido de empréstimo de efeito suspensivo a recurso extraordinário, quando suspenso, no respectivo âmbito, o processo." (STF, Pet 8065 AgR/SP, Rel. Min. Marco Aurélio, Primeira Turma, julgado em 05/11/2019, DJe 20/11/2019)

Art. 1.030. Recebida a petição do recurso pela secretaria do tribunal, o recorrido será intimado para apresentar contrarrazões no prazo de 15 (quinze) dias, findo o qual os autos serão conclusos ao presidente ou ao vice-presidente do tribunal recorrido, que deverá: (Redação dada pela Lei n. 13.256, de 04/02/2016)

Não é cabível a interposição de embargos de declaração em face de decisão que não admite recurso extraordinário ou recurso especial

✓ AGRAVO REGIMENTAL EM RECURSO EXTRAORDINÁRIO COM AGRAVO. PROCESSUAL CIVIL. RECURSOS. EMBARGOS DE DECLARAÇÃO OPOSTOS CONTRA DECISÃO DO PRESIDENTE DO TRIBUNAL SUPERIOR ELEITORAL QUE NÃO ADMITIU RECURSO EXTRAORDINÁRIO. ERRO GROSSEIRO. NÃO CONHECIMENTO DO APELO EXTREMO. PRECEDENTES. AGRAVO REGIMENTAL A QUE SE NEGA PROVIMENTO. I – É entendimento pacífico do Supremo Tribunal Federal que a ocorrência de erro grosseiro impede a aplicação do princípio da fungibilidade recursal. II – "A oposição de embargos de declaração contra a decisão do Presidente do Tribunal de origem que não admitiu o recurso extraordinário, por serem incabíveis, não suspende ou interrompe o prazo para a interposição do agravo de instrumento" (AI 637.038-AgR/RN, Rel. Min. Dias Toffoli). III – Agravo regimental a que se nega provimento. (STF, ARE 1112507 AgR/AM, Rel. Ricardo Lewandowski, Segunda Turma, julgado em 10/09/2018, DJe 19/09/2018).

✓ "Ementa: AGRAVO REGIMENTAL EM RECURSO EXTRAORDINÁRIO COM AGRAVO. INTEMPESTIVIDADE DO AGRAVO EM RECURSO EXTRAORDINÁRIO. INEXISTÊNCIA DE CAUSA DE SUSPENSÃO OU INTERRUPÇÃO DO PRAZO RECURSAL NO TRIBUNAL DE ORIGEM. DESPROVIMENTO. 1. A oposição de embargos declaratórios à decisão que inadmite o recurso extraordinário não suspende nem interrompe o referido prazo, pois o agravo nos próprios autos é o único recurso cabível contra a decisão que não admite o recurso extraordinário. Precedentes. 2. Agravo regimental a que se nega provimento." (STF, ARE 1107739 AgR/RJ, Rel. Min. Edson Fachin, Segunda Turma, julgado em 29/04/2019, DJe 07/05/2019).

ATENÇÃO! Admite-se, excepcionalmente, embargos de declaração contra a decisão que inadmite recurso especial, se a decisão for extremamente genérica

"...Esta Corte tem admitido o manejo de embargos de declaração contra decisão que inadmite o recurso especial, excepcionalmente, quando referida decisão for genérica..." (Rcl 40.302/DF, Rel. Ministro Reynaldo Soares da Fonseca, Terceira Seção, julgado em 23/09/2020, DJe 28/09/2020)

I – negar seguimento: (Incluído pela Lei n. 13.256, de 04/02/2016)

→ *V.* Enunciado 75 do CJF: cabem embargos declaratórios contra decisão que não admite recurso especial ou extraordinário, no tribunal de origem ou no tribunal superior, com a consequente interrupção do prazo recursal.

a) a recurso extraordinário que discuta questão constitucional à qual o Supremo Tribunal Federal não tenha reconhecido a existência de repercussão geral ou a recurso extraordinário interposto contra acórdão que esteja em conformidade com entendimento do Supremo Tribunal Federal exarado no regime de repercussão geral; (Incluído pela Lei n. 13.256, de 04/02/2016)

b) a recurso extraordinário ou a recurso especial interposto contra acórdão que esteja em conformidade com entendimento do Supremo Tribunal Federal ou do Superior Tribunal de Justiça, respectivamente, exarado no regime de julgamento de recursos repetitivos; (Incluído pela Lei n. 13.256, de 04/02/2016)

→ *V.* Enunciado 77 do CJF: para impugnar decisão que obsta trânsito a recurso excepcional e que contenha simultaneamente fundamento relacionado à sistemática dos recursos repetitivos ou da repercussão geral (art. 1.030, I, do CPC) e fundamento relacionado à análise dos pressupostos de admissibilidade recursais (art. 1.030, V, do CPC), a parte sucumbente deve interpor, simultaneamente, agravo interno (art. 1.021 do CPC) caso queira impugnar a parte relativa aos recursos repetitivos ou repercussão geral e agravo em recurso especial/extraordinário (art. 1.042 do CPC) caso queira impugnar a parte relativa aos fundamentos de inadmissão por ausência dos pressupostos recursais.

II – encaminhar o processo ao órgão julgador para realização do juízo de retratação, se o acórdão recorrido divergir do entendimento do Supremo Tribunal Federal ou do Superior Tribunal de Justiça exarado, conforme o caso, nos regimes de repercussão geral ou de recursos repetitivos; (Incluído pela Lei n. 13.256, de 04/02/2016)

→ *V.* Enunciado 139 do CJF: a ausência de retratação do órgão julgador, na hipótese prevista no art. 1030, II, do CPC, dispensa a ratificação expressa para que haja o juízo de admissibilidade e a eventual remessa do recurso extraordinário ou especial ao tribunal superior competente, na forma dos arts. 1.030, V, "c", e 1.041 do CPC.

III – sobrestar o recurso que versar sobre controvérsia de caráter repetitivo ainda não decidida pelo Supremo Tribunal Federal ou pelo Superior Tribunal de Justiça, conforme se trate de matéria constitucional ou infraconstitucional; (Incluído pela Lei n. 13.256, de 04/02/2016)

→ *V.* Enunciado 77 do CJF: para impugnar decisão que obsta trânsito a recurso excepcional e que contenha simultaneamente fundamento relacionado à sistemática dos recursos repetitivos ou da repercussão geral (art. 1.030, I, do CPC) e fundamento relacionado à análise dos pressupostos de admissibilidade recursais (art. 1.030, V, do CPC), a parte sucumbente deve interpor, simultaneamente, agravo interno (art. 1.021 do CPC) caso queira impugnar a parte relativa aos recursos repetitivos ou repercussão geral e agravo em recurso especial/extraordinário (art. 1.042 do CPC) caso queira impugnar a parte relativa aos fundamentos de inadmissão por ausência dos pressupostos recursais.

→ *v.* Enunciado 78 do CJF: a suspensão do recurso prevista no art. 1.030, III, do CPC deve se dar apenas em relação ao capítulo da decisão afetada pelo repetitivo, devendo o recurso ter seguimento em relação ao remanescente da controvérsia, salvo se a questão repetitiva for prejudicial à solução das demais matérias.

IV – selecionar o recurso como representativo de controvérsia constitucional ou infraconstitucional, nos termos do § 6º do art. 1.036; (Incluído pela Lei n. 13.256, de 04/02/2016)

V – realizar o juízo de admissibilidade e, se positivo, remeter o feito ao Supremo Tribunal Federal ou ao Superior Tribunal de Justiça, desde que: (Incluído pela Lei n. 13.256, de 04/02/2016)

→ *v.* Enunciado 139 do CJF: a ausência de retratação do órgão julgador, na hipótese prevista no art. 1030, II, do CPC, dispensa a ratificação expressa para que haja o juízo de admissibilidade e a eventual remessa do recurso extraordinário ou especial ao tribunal superior competente, na forma dos arts. 1.030, V, "c", e 1.041 do CPC.

a) o recurso ainda não tenha sido submetido ao regime de repercussão geral ou de julgamento de recursos repetitivos; (Incluído pela Lei n. 13.256, de 04/02/2016)

b) o recurso tenha sido selecionado como representativo da controvérsia; ou (Incluído pela Lei n. 13.256, de 04/02/2016)

c) o tribunal recorrido tenha refutado o juízo de retratação. (Incluído pela Lei n. 13.256, de 04/02/2016)

§ 1º Da decisão de inadmissibilidade proferida com fundamento no inciso V caberá agravo ao tribunal superior, nos termos do art. 1.042. (Incluído pela Lei n. 13.256, de 04/02/2016)

§ 2º Da decisão proferida com fundamento nos incisos I e III caberá agravo interno, nos termos do art. 1.021. (Incluído pela Lei n. 13.256, de 04/02/2016)

→ *v.* Enunciado 75 do CJF: cabem embargos declaratórios contra decisão que não admite recurso especial ou extraordinário, no tribunal de origem ou no tribunal superior, com a consequente interrupção do prazo recursal.

→ *v.* Enunciado 77 do CJF: para impugnar decisão que obsta trânsito a recurso excepcional e que contenha simultaneamente fundamento relacionado à sistemática dos recursos repetitivos ou da repercussão geral (art. 1.030, I, do CPC) e fundamento relacionado à análise dos pressupostos de admissibilidade recursais (art. 1.030, V, do CPC), a parte sucumbente deve interpor, simultaneamente, agravo interno (art. 1.021 do CPC) caso queira impugnar a parte relativa aos recursos repetitivos ou repercussão geral e agravo em recurso especial/extraordinário (art. 1.042 do CPC) caso queira impugnar a parte relativa aos fundamentos de inadmissão por ausência dos pressupostos recursais.

A aplicação da sistemática da repercussão geral é atribuição das Cortes de origem

✓ RECLAMAÇÃO. NÃO CABIMENTO. SISTEMÁTICA DA REPERCUSSÃO GERAL. APLICAÇÃO PELA CORTE DE ORIGEM. ARTIGO 1.030 DO CPC. USURPAÇÃO DE COMPETÊNCIA NÃO CONFIGURADA. AGRAVO A QUE SE NEGA PROVIMENTO. 1. A reclamação constitucional não é o instrumento adequado para se alcançar a manifestação do Supremo Tribunal Federal em face de suposta contrariedade a dispositivos ou princípios constitucionais, tampouco suposta ofensa a normas infraconstitucionais. A aplicação do instituto restingue-se aos estritos limites da norma de regência (arts. 102, I, l, e 103-A, § 3º, da Constituição Federal e art. 988 do CPC). 2. A aplicação da sistemática da repercussão geral é atribuição das Cortes de origem, nos termos do art. 1.030 do CPC. 3. Agravo regimental a que se nega provimento. (Rcl 39437 AgR/SP, Rel. Min. Edson Fachin, Segunda Turma, julgado em 20/10/2020, DJe 06/11/2020).

Não usurpa a competência do STF a decisão de Tribunal que aplica a sistemática da repercussão geral

✓ Ementa: AGRAVO REGIMENTAL NA RECLAMAÇÃO. DECISÃO QUE NEGA SEGUIMENTO A RECURSO EXTRAORDINÁRIO COM BASE NO ART. 1.030, I, A, DO CPC. APLICAÇÃO DE PRECEDENTE JULGADO SOB A SISTEMÁTICA DA REPERCUSSÃO GERAL. TEMA 339. USURPAÇÃO DE COMPETÊNCIA DO STF. INOCORRÊNCIA. JURISPRUDÊNCIA CONSOLIDADA DO STF. AGRAVO A QUE SE NEGA PROVIMENTO. I – As razões do agravo regimental são inaptas para desconstituir os fundamentos da decisão agravada, que, por isso, se mantêm hígidos. II – A competência do Supremo Tribunal Federal não é usurpada por decisão de Tribunal que aplica a sistemática da repercussão geral, nos termos do art. 1.030, I, a, do CPC, sendo incabível a reclamação para corrigir eventuais equívocos na aplicação dos precedentes em questão. III – A jurisprudência deste Tribunal é pacífica no sentido de que a reclamação não pode ser utilizada como sucedâneo recursal. IV- Agravo regimental a que se nega provimento. (Rcl 42012 AgR/SP, Rel. Min. Ricardo Lewandowski, Segunda Turma, julgado em 20/10/2020, DJe 04/11/2020).

O recurso cabível de decisão do Tribunal de origem que aplica entendimento firmado em regime de repercussão geral é o agravo interno, sendo erro grosseiro a interposição do agravo em recurso extraordinário

✓ AGRAVO EM RECURSO EXTRAORDINÁRIO. DECISÃO QUE NEGA SEGUIMENTO A RECURSO EXTRAORDINÁRIO. MANIFESTO DESCABIMENTO. NÃO CONHECIMENTO DO RECLAMO. 1. Nos termos do art. 1.030, § 2º, do Código de Processo Civil, é cabível agravo regimental contra a decisão que nega seguimento ao recurso extraordinário, observando a sistemática da repercussão geral. 2. A interposição de agravo em recurso extraordinário contra o referido pronunciamento judicial configura erro grosseiro, impedindo a aplicação do princípio da fungibilidade. Precedentes do STJ e do STF. 3. Recurso não conhecido. (ARE no RE no AgRg no AREsp 1627713/SP, Rel. Ministro Jorge Mussi, Corte Especial, julgado em 13/10/2020, DJe 21/10/2020)

✓ EMENTA: DIREITO PENAL E PROCESSO PENAL. AGRAVO INTERNO EM RECURSO EXTRARDINÁRIO COM AGRAVO. RECURSO CONTRA DECISÃO DO TRIBUNAL DE ORIGEM QUE APLICA A SISTEMÁTICA DA REPERCUSSÃO GERAL. RECURSO CABÍVEL. AGRAVO INTERNO. 1. Nos termos do art. 1.030, § 2º, do CPC/2015, o agravo interno é recurso próprio à impugnação de decisão do Tribunal de origem que aplica entendimento firmado em regime de repercussão geral, configurando erro grosseiro a interposição do agravo do art. 1.042 do CPC/2015. 2. Agravo interno a que se nega provimento. (ARE 999032 AgR-AgR, Rel. Min. Luís Roberto Barroso, Primeira Turma, julgado em 15/09/2020, DJe 22/09/2020)

Não usurpa a competência do STF a decisão do Tribunal de origem que não conhece de agravo em recurso extraordinário (recurso manifestamente incabível), quando o correto seria a interposição de agravo interno

✓ Ementa: AGRAVO REGIMENTAL NA RECLAMAÇÃO. ART. 1.024, § 3º, DO CPC. AUSÊNCIA DE USURPAÇÃO DE COMPETÊNCIA. INAPLICABILIDADE DA SÚMULA 727/STF. AGRAVO A QUE SE NEGA PROVIMENTO. I – Não usurpa competência do Supremo Tribunal Federal a decisão do Tribunal de origem que não conhece de agravo manifestamente incabível, interposto com base no art. 1.042 do CPC, para combater decisão a qual aplicou a sistemática da repercussão geral, nos termos do art. 1.030, I, a, do CPC. II – A Súmula 727/STF é inaplicável em casos como o presente. III – Agravo regimental a que se nega provimento. (Rcl 42192 AgR/RN, Rel. Min. Ricardo Lewandowski, Segunda Turma, julgado em 03/10/2020, DJe 09/10/2020).

Não cabe Reclamação em face de decisão proferida por órgão judiciário "a quo" que aplica a sistemática da repercussão geral

✓ "Revela-se inviável submeter ao Supremo Tribunal Federal, mediante reclamação (que se qualifica como instrumento processualmente inadequado), o reexame de decisão proferida por órgão judiciário "a quo" que aplica a sistemática da repercussão geral, inocorrendo, em tal hipótese, situação configuradora de descumprimento de julgado da Corte Suprema ou de usurpação de sua competência, pois a aplicação do instituto da repercussão geral inclui-se na esfera de atribuições do Presidente (ou do Vice-Presidente) do próprio Tribunal ou órgão judiciário recorrido, cuja decisão – embora não comporte, em referido contexto, o emprego da via reclamatória – admite impugnação, no entanto, por meio de agravo interno (CPC, art. 1.030, § 2º). Precedentes. (Rcl 42625 ED/SP, Rel. Min. Celso de Mello, Segunda Turma, julgado em 10/10/2020, DJe 15/10/2020).

Art. 1.031. Na hipótese de interposição conjunta de recurso extraordinário e recurso especial, os autos serão remetidos ao Superior Tribunal de Justiça.

§ 1º Concluído o julgamento do recurso especial, os autos serão remetidos ao Supremo Tribunal Federal para apreciação do recurso extraordinário, se este não estiver prejudicado.

§ 2º Se o relator do recurso especial considerar prejudicial o recurso extraordinário, em decisão irrecorrível, sobrestará o julgamento e remeterá os autos ao Supremo Tribunal Federal.

§ 3º Na hipótese do § 2º, se o relator do recurso extraordinário, em decisão irrecorrível, rejeitar a prejudicialidade, devolverá os autos ao Superior Tribunal de Justiça para o julgamento do recurso especial.

A previsão do art. 1.031, § 2º, do CPC/2015 constitui faculdade do relator, quando considerar prejudicial o recurso extraordinário em relação ao recurso especial

✓ TRIBUTÁRIO. AGRAVO INTERNO NO RECURSO ESPECIAL. CONTRIBUIÇÃO PREVIDENCIÁRIA SOBRE A RECEITA BRUTA. LEI 13.670/2018. ANO CALENDÁRIO DE 2018. SOBRESTAMENTO DO ESPECIAL ATÉ O PRONUNCIAMENTO DO STF NO EXTRAORDINÁRIO. RELATOR. FACULDADE. PREJUDICIALIDADE NÃO CONFIGURADA. ACÓRDÃO RECORRIDO FUNDADO EM MOTIVAÇÃO EMINENTEMENTE CONSTITUCIONAL. PRINCÍPIOS DA ANTERIORIDADE NONAGESIMAL E DA IRRETROATIVIDADE. INEXISTÊNCIA DE DIREITO ADQUIRIDO A REGIME JURÍDICO. IMPOSSIBILIDADE DE EXAME NO ÂMBITO DO RECURSO ESPECIAL. AGRAVO INTERNO DA EMPRESA DESPROVIDO. 1. A providência prevista no art. 1.031, § 2º, do Código Fux, qual seja, o sobrestamento do Recurso Especial e remessa dos autos ao STF, é uma faculdade do Relator, quando considerar prejudicial o Recurso Extraordinário em relação ao Especial. Contudo, inexistindo prejudicialidade e sim impossibilidade de conhecimento do Apelo Nobre, como ocorre no caso em razão da natureza constitucional da controvérsia, não há falar em sobrestamento. 2. O Tribunal de origem decidiu a questão com base em fundamento eminentemente constitucional (Princípios Constitucionais da Anterioridade Nonagesimal e da Irretroatividade, bem como inexistência de direito adquirido a regime jurídico). Tal circunstância impede a revisão do acórdão recorrido por esta Corte, em Recurso Especial, sob pena de usurpação da competência do Supremo Tribunal Federal. 3. Agravo Interno da Empresa desprovido. (AgInt no REsp 1873961/SC, Rel. Ministro Napoleão Nunes Maia Filho, Primeira Turma, julgado em 11/11/2020, DJe 17/11/2020)

Não obstante a norma inscrita no art. 1.031, § 3º, do CPC, é possível o julgamento do recurso extraordinário (ou do respectivo recurso de agravo) em momento anterior ao do recurso especial

✓ "O Supremo Tribunal Federal tem entendido possível o julgamento do recurso extraordinário (ou do respectivo recurso de agravo) em momento anterior ao do recurso especial, pelo Superior Tribunal de Justiça, não obstante a norma inscrita no art. 1.031, § 3º, do CPC, desde que existentes razões de ordem formal que legitimem a formulação, por esta Suprema Corte, de juízo de incognoscibilidade quanto ao apelo extremo. Vale referir que a prática processual deste Tribunal orienta-se em tal sentido, quer se trate do próprio recurso extraordinário, quer se cuide, quando inadmitido, do respectivo recurso de agravo..." (ARE 1.124.177/SC, Rel. Min. Celso de Mello, julgado em 11/05/2018m DJe 17/05/2018).

Art. 1.032. Se o relator, no Superior Tribunal de Justiça, entender que o recurso especial versa sobre questão constitucional, deverá conceder prazo de 15 (quinze) dias para que o recorrente demonstre a existência de repercussão geral e se manifeste sobre a questão constitucional.

→ *V.* Enunciado 79 do CJF: na hipótese do art. 1.032 do CPC, cabe ao relator, após possibilitar que o recorrente adite o seu recurso para inclusão de preliminar sustentando a existência de repercussão geral, oportunizar ao recorrido que, igualmente, adite suas contrarrazões para sustentar a inexistência da repercussão.

A previsão do art. 1.032 incide apenas naqueles casos em que a parte interpõe unicamente o recurso especial, deixando de manejar o recurso extraordinário

✓ "(...) VII. Conforme já sedimentado pela Corte Especial deste Superior Tribunal de Justiça, interposto o recurso extraordinário contra acórdão do Tribunal de origem, é inaplicável o comando normativo contido no art. 1.032 do Código de Processo Civil de 2015..." (AgInt no REsp 1864049/MG, Rel. Ministra Assusete Magalhães, Segunda Turma, julgado em 16/11/2020, DJe 20/11/2020).

✓ ADMINISTRATIVO. SERVIDOR PÚBLICO. PROMOÇÃO. AUSÊNCIA DE PREQUESTIONAMENTO. ACÓRDÃO COM FUNDAMENTO EMINENTEMENTE CONSTITUCIONAL. RECURSO EXTRAORDINÁRIO INTERPOSTO. I – Na origem, trata-se de ação ordinária em que se pretende a promoção de servidores analistas tributários para os cargos de auditores fiscais tributários. Na sentença, julgou-se improcedente o pedido. No Tribunal a quo, manteve-se a sentença. II – Não se conhece da alegação de violação de dispositivos constitucionais em recurso especial, posto que seu exame é de competência exclusiva do Supremo Tribunal Federal, conforme dispõe o art. 102, III, do permissivo constitucional. III – O acórdão recorrido decidiu a matéria com fundamento eminentemente constitucional, sendo inviável a análise nesta Corte. (...) IV – Existente recurso extraordinário interposto nos autos é desnecessária a realização do procedimento previsto no art. 1.032 do CPC/2015..." (AgInt no AREsp 1241737/DF, Rel. Ministro Francisco Falcão, Segunda Turma, julgado em 27/10/2020, DJe 17/11/2020)

O art. 1.032 consagra a aplicação do princípio da fungibilidade entre recurso especial e recurso extraordinário

✓ PROCESSUAL CIVIL E TRIBUTÁRIO. AGRAVO INTERNO NO AGRAVO EM RECURSO ESPECIAL. SISCOMEX. ACORDÃO COM FUNDAMENTO CONSTITUCIONAL. COMPETÊNCIA DO STF. RAZOABILIDADE. REAJUSTE. SUMULA 7 DO STJ. ART. 1.032 DO CPC/2015. INAPLICABILIDADE. 1. "A conclusão do acórdão recorrido acerca da legitimidade do reajuste da taxa por meio de ato infralegal demanda interpretação de preceitos e dispositivos constitucionais, não podendo ser examinado em recurso especial, sob pena de usurpação de competência do STF"(AgInt no REsp 1.813.417/SC, Rel. Min. Regina Helena Costa, Primeira Turma, DJe 23/10/2019).2. "O Superior Tribunal de Justiça tem jurisprudência no sentido de que a ponderação sobre a razoabilidade do reajuste da taxa SISCOMEX em comparação com os custos de investimentos realizados no sistema, demanda revisão de fatos e provas, o que esbarra no óbice da Súmula 7/STJ" (AgInt no REsp 1.804.446/RS, Rel. Min. Francisco Falcão, Segunda Turma, DJe 14/6/2019).3. A regra do art. 1.032 do CPC/2015, pertinente ao princípio da fungibilidade, incide apenas quando erroneamente interposto o recurso especial contra questão de natureza exclusivamente constitucional, o que não é o caso dos autos. Precedentes.4. Agravo interno a que se nega provimento. (AgInt no AREsp 1283840/SP, Rel. Ministro Og Fernandes, Segunda Turma, julgado em 19/10/2020, DJe 23/10/2020).

A aplicação do art. 1032 está condicionada à hipótese em que há um equívoco quanto à escolha do recurso cabível

✓ PROCESSUAL CIVIL. ADMINISTRATIVO. MANDADO DE SEGURANÇA. SERVIDOR PÚBLICO. AFASTAMENTO SEM PREJUÍZO DA REMUNERAÇÃO. ALEGAÇÃO DE VIOLAÇÃO DO ART. 20, § 4º, DA LEI N. 8.112/1990. ACÓRDÃO RECORRIDO NA ORIGEM. EXISTÊNCIA DE FUNDAMENTO CONSTITUCIONAL E INFRACONSTITUCIONAL. APLICAÇÃO DA SÚMULA N. 126 DO STJ. INEXISTÊNCIA DE EQUÍVOCA NA ESCOLHA RECURSAL. INAPLICABILIDADE DO ART. 1.032 DO CPC. AGRAVO INTERNO IMPROVIDO. (...) VI – Apesar de o art. 1.032 do Código de Processo Civil de 2015 prever a aplicação do princípio da fungibilidade ao apelo nobre que versa sobre questão constitucional, tal aplicação está condicionada à hipótese em que há um equívoco quanto à escolha do recurso cabível. No caso dos autos, além da inexistência de recurso em separado, no tocante ao capítulo decisório de fundamento constitucional, sequer foi apontada contrariedade a preceitos constitucionais, de modo que não há falar em aplicação do referido princípio. Nesse sentido: EDcl no REsp n. 1.792.109/RN, relator Ministro Herman Benjamin, Segunda Turma, julgado em 8/10/2019, DJe 18/10/2019. VII – Agravo interno improvido. (AgInt no AREsp 1683812/DF, Rel. Ministro Francisco Falcão, Segunda Turma, julgado em 16/11/2020, DJe 18/11/2020).

Não se aplica o art. 1.032 se o acórdão recorrido se pautar em fundamento constitucional e o recurso especial trouxer, corretamente, fundamentos infraconstitucionais

✓ AGRAVO INTERNO NO AGRAVO EM RECURSO ESPECIAL. ACÓRDÃO RECORRIDO COM BASE EM FUNDAMENTO CONSTITUCIONAL. RECURSO ESPECIAL AMPARADO EM NORMA INFRACONSTITUCIONAL. APLICAÇÃO DO ART. 1.032 DO CPC/2015. IMPOSSIBILIDADE. AGRAVO IMPROVIDO. 1. Revela-se inaplicável o art. 1.032 do CPC/2015 quando o acórdão recorrido pautar-se em fundamento constitucional e o recurso especial em matéria infraconstitucional. 2. Agravo interno desprovido. (AgInt no AREsp 1540878/SP, Rel. Ministro Marco Aurélio Bellizze, Terceira Turma, julgado em 10/08/2020, DJe 17/08/2020).

Parágrafo único. Cumprida a diligência de que trata o *caput*, o relator remeterá o recurso ao Supremo Tribunal Federal, que, em juízo de admissibilidade, poderá devolvê-lo ao Superior Tribunal de Justiça.

Art. 1.033. Se o Supremo Tribunal Federal considerar como reflexa a ofensa à Constituição afirmada no recurso extraordinário, por pressupor a revisão da interpretação de lei federal ou de tratado, remetê-lo-á ao Superior Tribunal de Justiça para julgamento como recurso especial.

→ *v.* Enunciado 80 do CJF: quando o Supremo Tribunal Federal considerar como reflexa a ofensa à Constituição afirmada no recurso extraordinário, deverá, antes de remetê-lo ao Superior Tribunal de Justiça para julgamento como recurso especial, conceder prazo de quinze dias para que as partes complementem suas razões e contrarrazões de recurso.

A aplicação do art. 1.033 pressupõe que não haja interposição simultânea de Recurso Especial e Extraordinário e o acórdão recorrido tenha sido publicado na vigência do CPC/2015

✓ Ementa: AGRAVO REGIMENTAL NO RECURSO EXTRAORDINÁRIO. DIREITO TRIBUTÁRIO. EXCLUSÃO DA CONTRIBUIÇÃO PREVIDENCIÁRIA SOBRE A RECEITA BRUTA DA BASE DE CÁLCULO DO PIS E DA COFINS. ANÁLISE DE LEGISLAÇÃO INFRACONSTITUCIONAL. INAPLICABILIDADE DO ART. 1.033 DO CPC. 1. É inadmissível o recurso extraordinário quando eventual divergência em relação ao entendimento adotado pelo Colegiado de origem demandar a análise prévia da legislação infraconstitucional pertinente à matéria. 2. In casu, eventual divergência ao entendimento adotado pelo juízo a quo no tocante à exclusão da CPRB da base de cálculo do PIS e da COFINS demandaria o exame da legislação infraconstitucional aplicável à espécie (Leis nº 10.637/02, nº 10.833/03 e nº 12.973/2014). 3. Nos termos da jurisprudência do Supremo, somente é possível o envio dos autos ao Superior Tribunal de Justiça para que processe a demanda, quando não há interposição simultânea dos recursos extraordinário e especial e o acórdão recorrido tenha sido publicado posteriormente ao marco inicial de vigência do CPC/15. Art. 1.033 do CPC. 4. Agravo regimental a que se nega provimento. (RE 1271494 AgR/SC, Rel. Min. Edson Fachin, Segunda Turma, julgado em 20/10/2020, DJe 16/11/2020).

Não se aplica o art. 1.033 do CPC/15, se a ofensa reflexa à Constituição Federal não constituir o único fundamento que deu suporte ao ato decisório impugnado

✓ Ementa: AGRAVO REGIMENTAL NO RECURSO EXTRAORDINÁRIO. EXECUÇÃO FISCAL. MULTA AMBIENTAL. INEXIGIBILIDADE. NECESSIDADE DE REEXAME DO CONJUNTO FÁTICO-PROBATÓRIO DOS AUTOS. INCIDÊNCIA DA SÚMULA 279 DO SUPREMO TRIBUNAL FEDERAL. CONTROVÉRSIA INFRACONSTITUCIONAL. AUSÊNCIA DE OFENSA DIRETA À CONSTITUIÇÃO FEDERAL. ARTIGO 1.033 DO CPC. INAPLICABILIDADE. AGRAVO A QUE SE NEGA PROVIMENTO. I – Conforme a Súmula 279/STF, é inviável, em recurso extraordinário, o reexame do conjunto fático-probatório constante dos autos. II – É inadmissível o recurso extraordinário quando sua análise implica a revisão da interpretação de normas infraconstitucionais que fundamentam o acórdão recorrido, dado que apenas ofensa direta à Constituição Federal enseja a interposição do apelo extremo. III – Inaplicabilidade do art. 1.033 do CPC, visto que o entendimento de que a ofensa à Constituição seria reflexa não foi o único fundamento para se negar seguimento ao RE. IV – Agravo regimental a que se nega provimento. (RE 1281402 AgR/PR, Rel. Min. Ricardo Lewandowski, Segunda Turma, julgado em 04/11/2020, DJe 09/11/2020).

Art. 1.034. Admitido o recurso extraordinário ou o recurso especial, o Supremo Tribunal Federal ou o Superior Tribunal de Justiça julgará o processo, aplicando o direito.

→ v. Súmulas 456 do STF.

Não cabe recurso em face de decisão que admite o recurso excepcional

✓ AGRAVO INTERNO NO RECURSO EXTRAORDINÁRIO. DECISÃO QUE ADMITE O APELO EXTREMO. NÃO CABIMENTO. INEXISTÊNCIA DE PREVISÃO LEGAL. Admitido o recurso extraordinário, cabe ao Supremo Tribunal Federal o seu julgamento (art. 1.034 do CPC), inexistindo previsão legal para o cabimento de agravo interno contra decisão admite o apelo extremo. Agravo interno não conhecido. (AgInt no RE nos EDcl no AgRg na PET nos EREsp 1394036/RN, Rel. Ministro Humberto Martins, Corte Especial, julgado em 04/10/2017, DJe 11/10/2017).

A aplicação do direito à espécie autoriza ao julgador adotar fundamento diverso do invocado pelo recorrente

✓ "(...) 4. É possível a aplicação do direito à espécie, sendo autorizado ao julgador adotar fundamento diverso do invocado pelo recorrente, a teor dos arts. 1.034 do CPC/2015 e 255, § 5º, do RISTJ, bem como da Súmula nº 456/STF. Precedentes..." (AgInt no REsp 1625823/SP, Rel. Ministro Ricardo Villas Bôas Cueva, Terceira Turma, julgado em 04/12/2018, DJe 10/12/2018)

O art. 1.034 do CPC não permite que se leve em consideração novas matérias alegadas a destempo

✓ "...1. O entendimento firmado no Enunciado Sumular n. 456/STF, atualmente reproduzido no art. 1.034, caput, do Código de Processo Civil/2015, não autoriza esta Corte Superior conhecer de matéria suscitada a destempo pela parte; o que ele exterioriza é a compreensão de que a atuação do Superior Tribunal de Justiça, no julgamento do recurso especial, tem natureza revisional e não de mera cassação, o que implica a possibilidade de aplicar o direito à espécie, inclusive apreciando argumentos que, embora invocados pelas partes nas instâncias ordinárias, não foram ali debatidos...." (AgRg no REsp 1637132/RO, Rel. Ministro Sebastião Reis Júnior, Sexta Turma, julgado em 01/06/2017, DJe 21/06/2017)

Parágrafo único. Admitido o recurso extraordinário ou o recurso especial por um fundamento, devolve-se ao tribunal superior o conhecimento dos demais fundamentos para a solução do capítulo impugnado.

Art. 1.035. O Supremo Tribunal Federal, em decisão irrecorrível, não conhecerá do recurso extraordinário quando a questão constitucional nele versada não tiver repercussão geral, nos termos deste artigo.

§ 1º Para efeito de repercussão geral, será considerada a existência ou não de questões relevantes do ponto de vista econômico, político, social ou jurídico que ultrapassem os interesses subjetivos do processo.

§ 2º O recorrente deverá demonstrar a existência de repercussão geral para apreciação exclusiva pelo Supremo Tribunal Federal.

A mera alegação de existência de repercussão geral, desprovida de fundamentação não satisfaz a exigência prevista no art. 1.035, § 2º, do CPC

✓ SEGUNDO AGRAVO REGIMENTAL NO RECURSO EXTRAORDINÁRIO COM AGRAVO. DEMONSTRAÇÃO DE REPERCUSSÃO GERAL. FUNDAMENTAÇÃO DE-

FICIENTE. AGRAVO A QUE SE NEGA PROVIMENTO, COM APLICAÇÃO DE MULTA. I – A mera alegação, nas razões do recurso extraordinário, de existência de repercussão geral das questões constitucionais discutidas, desprovida de fundamentação adequada que demonstre seu efetivo preenchimento, não satisfaz a exigência prevista no art. 1.035, § 2°, do Código de Processo Civil. II – Agravo regimental a que se nega provimento, com aplicação de multa (art. 1.021, § 4°, do CPC). (ARE 1234782 AgR-segundo/MS, Rel. Min. Ricardo Lewandowski, Segunda Turma, julgado em 23/11/2020, DJe 30/11/2020)

§ 3º Haverá repercussão geral sempre que o recurso impugnar acórdão que:

I – contrarie súmula ou jurisprudência dominante do Supremo Tribunal Federal;

→ *v.* Súmula 286 do STF.

Presume-se a repercussão geral do recurso extraordinário interposto em face de acórdão que contraria a jurisprudência dominante do STF ou reconheça a inconstitucionalidade de qualquer ato normativo

✓ AGRAVO REGIMENTAL NO RECURSO EXTRAORDINÁRIO COM AGRAVO. PENAL E PROCESSO PENAL. OFENSA AO PRINCÍPIO DA COLEGIALIDADE. INEXISTÊNCIA. POSSIBILIDADE DE JULGAMENTO MONOCRÁTICO PELO RELATOR E PRESUNÇÃO DE REPERCUSSÃO GERAL. OFENSA DIRETA À CONSTITUIÇÃO. ART. 96, III, DA CF. COMPETÊNCIA PARA INVESTIGAÇÃO DE JUIZ DE DIREITO. HOMICÍDIO CULPOSO NA DIREÇÃO DE VEÍCULO AUTOMOTOR. INQUÉRITO INICIADO POR AUTORIDADE POLICIAL. ALEGADA OFENSA AO ART. 33 DA LOMAN. ATOS INSTRUTÓRIOS RATIFICADOS PELO JUÍZO COMPETENTE. POSSIBILIDADE. NULIDADE DO RECEBIMENTO DA DENÚNCIA PELO TRIBUNAL DE JUSTIÇA. NÃO OCORRÊNCIA. AGRAVO A QUE SE NEGA PROVIMENTO. I – Permite-se o julgamento monocrático pelo relator e presume-se a repercussão geral no recurso extraordinário interposto de decisão contrária à jurisprudência dominante do STF, nos termos do arts. 543-A, § 3°, do CPC/1973 e art. 1.035, § 3°, I, do CPC/2015. II – Com o extraordinário, objetivou-se a apreciação de ofensa direta à Constituição, pois a competência em discussão nos autos encontra-se prevista no art. 96, III, da mesma Carta. III – A possibilidade de ratificação de atos instrutórios – e até mesmo de atos decisórios – pela autoridade competente encontra-se em harmonia com a jurisprudência deste Supremo Tribunal. Precedentes. IV – Inquérito judicial concluído sob a presidência de Desembargador do Tribunal de Justiça e denúncia oferecida pela Procuradoria-Geral de Justiça do Estado. Ausência de nulidade no acórdão alusivo ao recebimento da denúncia. V –Agravo regimental a que se nega provimento. (RE 730579 AgR/TO, Rel. Ricardo Lewandowski, Segunda Turma, julgado em 23/06/2017, DJe 30/06/2017).

II – (Revogado pela Lei 13.256, de 04/02/2016).

III – tenha reconhecido a inconstitucionalidade de tratado ou de lei federal, nos termos do art. 97 da Constituição Federal.

§ 4º O relator poderá admitir, na análise da repercussão geral, a manifestação de terceiros, subscrita por procurador habilitado, nos termos do Regimento Interno do Supremo Tribunal Federal.

§ 5º Reconhecida a repercussão geral, o relator no Supremo Tribunal Federal determinará a suspensão do processamento de todos os processos pendentes, individuais ou coletivos, que versem sobre a questão e tramitem no território nacional.

→ *v.* Art. 313 do CPC.

A suspensão prevista no art. 1.035, § 5º, do CPC, não se aplica às ações de competência originária do Supremo Tribunal Federal

✓ Ementa: AGRAVO INTERNO EM AÇÃO CÍVEL ORIGINÁRIA. INSCRIÇÃO DE ESTADO-MEMBRO EM CADASTRO FEDERAL DE INADIMPLÊNCIA. SIAFI/CAUC/CADIN. INSCRIÇÃO SEM PRÉVIA TOMADA DE CONTAS ESPECIAL. VIOLAÇÃO AO PRINCÍPIO DO DEVIDO PROCESSO LEGAL. PEDIDO DE SOBRESTAMENTO. INDEFERIMENTO. AGRAVO INTERNO A QUE SE NEGA PROVIMENTO. 1. É necessária a realização de Tomada de Contas Especial previamente à inscrição do Estado no SIAFI/CAUC/CADIN, com a devida observação dos princípios constitucionais da ampla defesa e do contraditório. 2. Incabível o pedido de sobrestamento dos autos até o julgamento, pelo Plenário da CORTE, do mérito de repercussão geral reconhecida, considerando que a suspensão prevista no artigo 1.035, § 5º, do CPC/2015 não alcança as ações originárias da própria CORTE, em razão da urgência e relevância dos temas. 3. Agravo interno a que se nega provimento. (ACO 3317 AgR, Rel. Min. Alexandre de Moraes, Tribunal Pleno, julgado em 18/08/2020, DJe 02/10/2020)

A suspensão, após o reconhecimento da repercussão geral, não é automática, ficando a critério do relator

✓ CONSTITUCIONAL. PROCESSUAL CIVIL. ART. 1.035, §5º, DO CPC. SUSPENSÃO NACIONAL DOS PROCESSOS. TEMA CONSTITUCIONAL COM REPERCUSSÃO GERAL RECONHECIDA. TEMA 1.016 DA SISTEMÁTICA DA REPERCUSSÃO GERAL. EXPURGOS INFLACIONÁRIOS. CORREÇÃO MONETÁRIA DE DEPÓSITOS JUDICIAIS. 1. Segundo a jurisprudência do Supremo Tribunal Federal, a suspensão de processamento prevista no §5º do art. 1.035 do CPC é faculdade discricionária do relator do recurso extraordinário paradigma. RE 966.177/RG-QO, Relator Ministro Luiz Fux, julgamento em 07.06.2017. 2. A suspensão nacional dos feitos cujos temas sejam coincidentes com aquele de recurso cuja repercussão geral tenha sido reconhecida pelo Supremo Tribunal Federal é prerrogativa legal do relator do processo paradigma, nos termos do art. 1.035, §5º, do Código de Processo Civil. 3. Agravo regimental a que nega provimento. (RE 1141156 AgR/RJ, Rel. Min. Edson Fachin, Tribunal Pleno, julgado em 19/12/2019, DJe 03/04/2020).

O art. 1.035, § 5º, do CPC, é aplicável aos Processos Penais, sustando o curso da prescrição da pretensão punitiva dos crimes objeto dos processos suspensos até o julgamento definitivo do recurso extraordinário paradigma pelo STF

✓ EMENTA: QUESTÃO DE ORDEM NA REPERCUSSÃO GERAL NO RECURSO EXTRAORDINÁRIO. DIREITO PENAL E PROCESSUAL PENAL. CONTRAVENÇÕES PENAIS

DE ESTABELECER OU EXPLORAR JOGOS DE AZAR. ART. 50 DA LEI DE CONTRAVENÇÕES PENAIS. REPERCUSSÃO GERAL RECONHECIDA. POSSIBILIDADE DE SUSPENSÃO, CONFORME A DISCRICIONARIEDADE DO RELATOR, DO ANDAMENTO DOS FEITOS EM TODO TERRITÓRIO NACIONAL, POR FORÇA DO ART. 1.035, § 5º, DO CPC/2015. APLICABILIDADE AOS PROCESSOS PENAIS. SUSPENSÃO DA PRESCRIÇÃO DA PRETENSÃO PUNITIVA RELATIVA AOS CRIMES PROCESSADOS NAS AÇÕES PENAIS SOBRESTADAS. INTERPRETAÇÃO CONFORME A CONSTITUIÇÃO DO ART. 116, I, DO CP. POSTULADOS DA UNIDADE E CONCORDÂNCIA PRÁTICA DAS NORMAS CONSTITUCIONAIS. FORÇA NORMATIVA E APLICABILIDADE IMEDIATA AOS FUNDAMENTOS CONSTITUCIONAIS DO EXERCÍCIO DA PRETENSÃO PUNITIVA, DO PRINCÍPIO DO CONTRADITÓRIO E DA VEDAÇÃO À PROTEÇÃO PENAL INSUFICIENTE. 1. A repercussão geral que implica o sobrestamento de ações penais, quando determinado este pelo relator com fundamento no art. 1.035, §5º, do CPC, susta o curso da prescrição da pretensão punitiva dos crimes objeto dos processos suspensos, o que perdura até o julgamento definitivo do recurso extraordinário paradigma pelo Supremo Tribunal Federal. 2. A suspensão de processamento prevista no §5º do art. 1.035 do CPC não é consequência automática e necessária do reconhecimento da repercussão geral realizada com fulcro no caput do mesmo dispositivo, sendo da discricionariedade do relator do recurso extraordinário paradigma determiná-la ou modulá-la. 3. Aplica-se o §5º do art. 1.035 do CPC aos processos penais, uma vez que o recurso extraordinário, independentemente da natureza do processo originário, possui índole essencialmente constitucional, sendo esta, em consequência, a natureza do instituto da repercussão geral àquele aplicável. 4. A suspensão do prazo prescricional para resolução de questão externa prejudicial ao reconhecimento do crime abrange a hipótese de suspensão do prazo prescricional nos processos criminais com repercussão geral reconhecida..." (RE 966177 RG-QO/RS, Rel. Min. Luiz Fux, Tribunal Pleno, julgado em 07/06/2017, DJe 01/02/2019).

É faculdade do relator no STJ determinar ou não o sobrestamento de processos que versem sobre matérias cuja repercussão geral tenha sido reconhecida pelo Supremo Tribunal Federal, quando não houver expressa determinação de suspensão dos processos por parte daquela Corte

✓ PROCESSUAL CIVIL. ADMINISTRATIVO. AGRAVO INTERNO NO AGRAVO EM RECURSO ESPECIAL. AÇÃO CIVIL PÚBLICA POR ATO DE IMPROBIDADE ADMINISTRATIVA. CONTRATAÇÃO DE SERVIÇOS ADVOCATÍCIOS, PELO PODER PÚBLICO, SEM PRÉVIO PROCEDIMENTO LICITATÓRIO. RECONHECIMENTO DA PRESENÇA DE REPERCUSSÃO GERAL NA MATÉRIA PELO SUPREMO TRIBUNAL FEDERAL (TEMA 309). AUSÊNCIA DE DETERMINAÇÃO, POR PARTE DO RELATOR DO CASO NA SUPREMA CORTE, DE SUSPENSÃO DOS PROCESSOS EM TODO O TERRITÓRIO NACIONAL. SOBRESTAMENTO QUE, NESSAS CIRCUNSTÂNCIAS, CONSTITUI FACULDADE DO MAGISTRADO. AGRAVO DESPROVIDO. 1. A Corte Especial do Superior Tribunal de Justiça, ao apreciar Questão de Ordem suscitada pelo Ministro Herman Benjamin nos Recursos Especiais 1.202.071/SP e 1.292.976/SP (nos quais também se discutia a possibilidade de configuração de ato de improbidade administrativa consistente na contratação de serviços advocatícios pelo Poder Público sem prévio procedimento licitatório), assentou que é faculdade do magistrado determinar ou não o sobrestamento de processos que versem sobre matérias cuja repercussão geral tenha sido reconhecida pelo Supremo Tribunal Federal, quando não houver expressa determinação de suspensão dos processos por parte daquela Corte. 2. Agravo interno a que se nega provimento. (AgInt no AREsp 1395337/SP, Rel. Ministro Sérgio Kukina, Primeira Turma, julgado em 29/06/2020, DJe 01/07/2020)

A verificação da necessidade de sobrestamento do processo terá lugar quando do exame de admissibilidade de eventual recurso extraordinário a ser interposto

✓ "... O pedido de suspensão do julgamento do Recurso Especial, em razão do reconhecimento de repercussão geral da matéria, pela Suprema Corte, em 2012, não encontra amparo legal no CPC/73, vigente à época, não tendo o Relator, naquele momento, por óbvio, determinado a suspensão do processamento dos processos pendentes, nos termos do § 5º do art. 1.035 do CPC/2015. Assim, a verificação da necessidade de sobrestamento do feito terá lugar quando do exame de admissibilidade de eventual recurso extraordinário a ser interposto, a teor do art. 1.036 do Código de Processo Civil de 2015..." (AgInt no REsp 1868277/SP, Rel. Ministra Assusete Magalhães, Segunda Turma, julgado em 26/10/2020, DJe 12/11/2020)

§ 6º O interessado pode requerer, ao presidente ou ao vice-presidente do tribunal de origem, que exclua da decisão de sobrestamento e inadmita o recurso extraordinário que tenha sido interposto intempestivamente, tendo o recorrente o prazo de 5 (cinco) dias para manifestar-se sobre esse requerimento.

§ 7º Da decisão que indeferir o requerimento referido no § 6º ou que aplicar entendimento firmado em regime de repercussão geral ou em julgamento de recursos repetitivos caberá agravo interno. (Redação dada pela Lei n. 13.256, de 04/02/2016)

A distinção entre o processo sobrestado e o processo paradigma deve ser realizada perante o tribunal de origem

✓ AGRAVO REGIMENTAL EM RECLAMAÇÃO. DIREITO TRIBUTÁRIO. COFINS. SOCIEDADES CIVIS. USURPAÇÃO DE COMPETÊNCIA. SOBRESTAMENTO DE RECURSO. SISTEMÁTICA DA REPERCUSSÃO GERAL. 1. É inviável o ajuizamento de reclamação em face de ato do Tribunal de origem que determina o sobrestamento de recurso com base em paradigma da sistemática da repercussão geral. Precedentes. CPC/73 e CPC/15. 2. Não se consideram esgotadas as instâncias ordinárias antes da realização do juízo positivo ou negativo de admissão do apelo extremo pelo Tribunal de origem em relação aos requisitos processuais, cuja resultante é a subida dos autos ao STF ou a possibilidade de interposição de agravo em recurso extraordinário. 3. A reclamação não é sucedâneo recursal, de modo que a pretensão de distinção (*distinguishing*) entre feito sobrestado e o respectivo caso piloto deve ser deduzida em sede recursal própria junto ao juízo a quo. Art. 1.035, §§6º e 7º, do CPC/15. 4. Agravo regimental a que se nega provimento. (Rcl 24632 AgR/DF, Rel. Min. Edson Fachin, Segunda Turma, julgado em 11/09/2017, DJe 21/09/2017).

§ 8º Negada a repercussão geral, o presidente ou o vice-presidente do tribunal de origem negará seguimento aos recursos extraordinários sobrestados na origem que versem sobre matéria idêntica.

§ 9º O recurso que tiver a repercussão geral reconhecida deverá ser julgado no prazo de 1 (um) ano e terá preferência sobre os demais feitos, ressalvados os que envolvam réu preso e os pedidos de *habeas corpus*.

§ 10. (Revogado pela Lei 13.256, de 04/02/2016)

§ 11. A súmula da decisão sobre a repercussão geral constará de ata, que será publicada no diário oficial e valerá como acórdão.

→ *v.* Art. 313 do CPC.

Subseção II
Do Julgamento dos Recursos Extraordinário e Especial Repetitivos

Art. 1.036. Sempre que houver multiplicidade de recursos extraordinários ou especiais com fundamento em idêntica questão de direito, haverá afetação para julgamento de acordo com as disposições desta Subseção, observado o disposto no Regimento Interno do Supremo Tribunal Federal e no do Superior Tribunal de Justiça.

→ *v.* Art. 321 e seguintes do RISTF.

→ *v.* Art. 255 e seguintes do RISTJ.

→ *v.* Enunciado 23 da ENFAM: é obrigatória a determinação de suspensão dos processos pendentes, individuais e coletivos, em trâmite nos Estados ou regiões, nos termos do § 1º do art. 1.036 do CPC/2015, bem como nos termos do art. 1.037 do mesmo código.

§ 1º O presidente ou o vice-presidente de tribunal de justiça ou de tribunal regional federal selecionará 2 (dois) ou mais recursos representativos da controvérsia, que serão encaminhados ao Supremo Tribunal Federal ou ao Superior Tribunal de Justiça para fins de afetação, determinando a suspensão do trâmite de todos os processos pendentes, individuais ou coletivos, que tramitem no Estado ou na região, conforme o caso.

→ *v.* Art. 311 do CPC.

§ 2º O interessado pode requerer, ao presidente ou ao vice-presidente, que exclua da decisão de sobrestamento e inadmita o recurso especial ou o recurso extraordinário que tenha sido interposto intempestivamente, tendo o recorrente o prazo de 5 (cinco) dias para manifestar-se sobre esse requerimento.

§ 3º Da decisão que indeferir o requerimento referido no § 2º caberá apenas agravo interno. (Redação dada pela Lei n. 13.256, de 04/02/2016)

§ 4º A escolha feita pelo presidente ou vice-presidente do tribunal de justiça ou do tribunal regional federal não vinculará o relator no tribunal superior, que poderá selecionar outros recursos representativos da controvérsia.

§ 5º O relator em tribunal superior também poderá selecionar 2 (dois) ou mais recursos representativos da controvérsia para julgamento da questão de direito independentemente da iniciativa do presidente ou do vice-presidente do tribunal de origem.

A afetação pode ocorrer, no STJ, por decisão das Seções

✓ PROCESSUAL CIVIL E PREVIDENCIÁRIO. PROPOSTA DE AFETAÇÃO DO RECURSO ESPECIAL AO RITO DOS REPETITIVOS. ENUNCIADO ADMINISTRATIVO 3/STJ. APOSENTADORIA POR TEMPO DE CONTRIBUIÇÃO. SEGURADO PROFESSOR. CÁLCULO DO BENEFÍCIO. INCIDÊNCIA OU NÃO DO FATOR PREVIDENCIÁRIO. ATO DE AFETAÇÃO PELO COLEGIADO DA 1ª SEÇÃO DO STJ. OBSERVÂNCIA DO ARTIGO 1.036, § 5º, DO CPC/2015 E ARTIGOS 256-E, II, 256-I, DO RISTJ. (ProAfR no REsp 1799305/PE, Rel. Min. Mauro Campbell Marques, Primeira Seção, julgado em 14/05/2019, DJe 28/05/2019)

§ 6º Somente podem ser selecionados recursos admissíveis que contenham abrangente argumentação e discussão a respeito da questão a ser decidida.

Somente podem ser selecionados como recursos repetitivos aqueles recursos conhecidos (até mesmo Agravo em Recurso Especial), mas desde que contenham abrangente argumentação e discussão a respeito da questão a ser decidida

✓ "... Em relação à possibilidade de afetação do recurso como representativo de controvérsia, dispõe o art. 1.036, § 6º, do CPC/2015: "§ 6º Somente podem ser selecionados recursos admissíveis que contenham abrangente argumentação e discussão a respeito da questão a ser decidida." XIV – Como visto, o recurso especial não comporta conhecimento, pelo que forçosa a rejeição do presente como representativo da controvérsia..." (STJ, AgInt no REsp 1862264/MA, Rel. Ministro Francisco Falcão, Segunda Turma, julgado em 31/08/2020, DJe 03/09/2020)

Art. 1.037. Selecionados os recursos, o relator, no tribunal superior, constatando a presença do pressuposto do *caput* do art. 1.036, proferirá decisão de afetação, na qual:

→ *v.* Enunciado 24 da ENFAM: o prazo de um ano previsto no art. 1.037 do CPC/2015 deverá ser aplicado aos processos já afetados antes da vigência dessa norma, com o seu cômputo integral a partir da entrada em vigor do novo estatuto processual.

I – identificará com precisão a questão a ser submetida a julgamento;

II – determinará a suspensão do processamento de todos os processos pendentes, individuais ou coletivos, que versem sobre a questão e tramitem no território nacional;

→ *v.* Art. 313 do CPC.

→ *v.* Enunciado 41 do CJF: nos processos sobrestados por força do regime repetitivo, é possível a apreciação e a efetivação de tutela provisória de urgência, cuja competência será do órgão jurisdicional onde estiverem os autos.

A suspensão não se aplica aos recursos que estão no próprio tribunal que afetou o recurso como repetitivo

✓ AGRAVO INTERNO NOS EMBARGOS DE DECLARAÇÃO NO AGRAVO EM RECURSO ESPECIAL. RECURSO REPETITIVO. JULGAMENTO PENDENTE. SUSPENSÃO

DE PROCESSO EM TRÂMITE NO STJ. IMPOSSIBILIDADE. PROCESSO CIVIL. AÇÃO DE EXIBIÇÃO DE DOCUMENTO. MULTA. DESCABIMENTO. SÚMULA 372/STJ. AGRAVO INTERNO DESPROVIDO. 1. Segundo a orientação jurisprudencial do STJ, a "afetação de determinado recurso ao rito dos repetitivos, nos termos do art. 543-C do CPC, com correspondência no art. 1.037, II, do NCPC, não implica a suspensão ou o sobrestamento das demais ações já em curso no Superior Tribunal de Justiça, mas, apenas, as em trâmite nas instâncias ordinárias" (AgInt no REsp n. 1.661.140/SP, Relatora a Ministra Nancy Andrighi, DJe de 30/5/2018). 2. De acordo com a jurisprudência firmada no Superior Tribunal de Justiça através da Súmula 372/STJ, não é cabível a incidência de astreintes nas demandas envolvendo pedido cautelar de exibição documental. 3. Agravo interno desprovido. (AgInt nos EDcl no AREsp 1501099/RS, Rel. Ministro Marco Aurélio Bellizze, Terceira Turma, julgado em 20/04/2020, DJe 24/04/2020)

A suspensão dos processos decorre de decisão de afetação da matéria à sistemática dos recursos repetitivos, não tendo o pedido da parte o condão de suspender os feitos relacionados à matéria

✓ AGRAVO INTERNO NO RECURSO ESPECIAL - AÇÃO DE RESCISÃO CONTRATUAL - DECISÃO MONOCRÁTICA QUE NEGOU PROVIMENTO AO RECLAMO. INSURGÊNCIA RECURSAL DA PARTE DEMANDADA. 1. Afasta-se o pedido de suspensão do feito em razão da indicação, pelo e. Min. Paulo de Tarso Sanseverino, de recursos representativos de controvérsia sobre a matéria. No âmbito do STJ, a suspensão do processamento dos feitos somente poderá decorrer da decisão de afetação da matéria à sistemática dos recursos repetitivos, nos termos do artigo 1.037 do CPC/15. No caso, a instauração do incidente mencionado pela parte não tem o condão de suspender os feitos relacionados nesta Corte, o que somente será possível na eventual afetação dos recursos à sistemática. 2. A subsistência de fundamento inatacado apto a manter a conclusão do acórdão impugnado impõe o desprovimento do apelo, a teor do entendimento disposto na Súmula 283 do STF. 3. A interposição do recurso especial pela alínea c do permissivo constitucional também exige que o recorrente cumpra o disposto nos arts. 1029, § único do NCPC e 255, § 1º, a, e § 2º, do RISTJ. 4. A recorrente apenas colacionou ementas de julgados, não atendendo aos requisitos estabelecidos pelos dispositivos legais supramencionados, pois deixou de realizar o cotejo analítico, restando ausente a comprovação do dissídio pretoriano. 5. Agravo interno desprovido. (AgInt no REsp 1867636/SP, Rel. Ministro Marco Buzzi, Quarta Turma, julgado em 28/09/2020, DJe 01/10/2020)

Determinada a suspensão, os processos devem retornar à origem onde ficarão sobrestados até a publicação do acórdão a ser proferido nos autos do recurso representativo da controvérsia

✓ PROCESSUAL CIVIL. EMBARGOS DE DECLARAÇÃO NO AGRAVO INTERNO NO RECURSO ESPECIAL. CÓDIGO DE PROCESSO CIVIL DE 2015. IRRETROATIVIDADE DO NOVO CÓDIGO FLORESTAL. TEMA AFETADO AO RITO DOS RECURSOS ESPECIAIS REPETITIVOS. DEVOLUÇÃO E SOBRESTAMENTO NA CORTE DE ORIGEM ATÉ O JULGAMENTO DO PARADIGMA. ACLARATÓRIOS ACOLHIDOS COM EXCEPCIONAIS EFEITOS INFRINGENTES. I. Consoante o decidido pelo Plenário desta Corte na sessão realizada em 09.03.2016, o regime recursal será determinado pela data da publicação do provimento jurisdicional impugnado. In casu, aplica-se o Código de Processo Civil de 2015. II. O presente recurso envolve tema afetado ao rito dos Recursos Especiais Repetitivos (REsp n. 1.731.334/SP e REsp n. 1.762.206/SP), em 08.09.2020, com a determinação de suspensão do processamento de todos os processos pendentes, individuais ou coletivos, que versem sobre a questão e tramitem no território nacional, a teor do disposto no art. 1.037, II, do Código de Processo Civil de 2015. III. De rigor o retorno dos autos à origem, onde ficarão sobrestados até a publicação do acórdão a ser proferido nos autos do recurso representativo da controvérsia, em observância ao princípio da economia processual e à própria finalidade da sistemática dos repetitivos. Precedentes. IV. Embargos de declaração acolhidos, com excepcionais efeitos infringentes, para tornar sem efeito as decisões anteriores e determinar a devolução dos autos ao tribunal de origem, com a devida baixa, para que o processo permaneça suspenso até a publicação do acórdão do recurso especial repetitivo. (EDcl no AgInt no AgInt no REsp 1727369/SP, Rel. Ministra Regina Helena Costa, Primeira Turma, julgado em 05/10/2020, DJe 08/10/2020)

Cabem embargos de declaração em face de decisão que não observa que o tema objeto de julgamento está suspenso

✓ EMENTA: EMBARGOS DE DECLARAÇÃO - APELAÇÃO CÍVEL - MATÉRIA OBJETO DE RECURSO REPETITIVO PENDENTE DE JULGAMENTO - DETERMINAÇÃO DE SUSPENSÃO DE PROCESSOS - INOBSERVÂNCIA - OMISSÃO CARACTERIZADA - ANULAÇÃO DO JULGAMENTO E SUSPENSÃO DO PROCESSO. - Caracteriza omissão, suscetível de correção pela via dos embargos de declaração, a inobservância da determinação exarada pelo STJ para suspensão de todos os processos que tramitem no território nacional e versem sobre a matéria objeto de recurso especial afetado para julgamento pelo rito do art. 1.037, do CPC. - Inobservada a determinação de sobrestamento emanada pelo STJ, impõe-se o acolhimento dos embargos de declaração para suprir-se a omissão, anulando-se o julgamento da apelação e suspendendo-se o processo até o julgamento do recurso repetitivo. (TJMG, ED 1.0000.20.036468-5/003, Rel. Des. Adriano de Mesquita Carneiro, 11ª Câmara Cível, julgado em 12/08/2020)

III – poderá requisitar aos presidentes ou aos vice-presidentes dos tribunais de justiça ou dos tribunais regionais federais a remessa de um recurso representativo da controvérsia.

§ 1º Se, após receber os recursos selecionados pelo presidente ou pelo vice-presidente de tribunal de justiça ou de tribunal regional federal, não se proceder à afetação, o relator, no tribunal superior, comunicará o fato ao presidente ou ao vice-presidente que os houver enviado, para que seja revogada a decisão de suspensão referida no art. 1.036, § 1º.

§ 2º (Revogado pela Lei 13.256, de 04/02/2016)

§ 3º Havendo mais de uma afetação, será prevento o relator que primeiro tiver proferido a decisão a que se refere o inciso I do *caput*.

§ 4º Os recursos afetados deverão ser julgados no prazo de 1 (um) ano e terão preferência sobre os demais feitos, ressalvados os que envolvam réu preso e os pedidos de *habeas corpus*.

§ 5º (Revogado pela Lei 13.256, de 04/02/2016)

§ 6º Ocorrendo a hipótese do § 5º, é permitido a outro relator do respectivo tribunal superior afetar 2 (dois) ou mais recursos representativos da controvérsia na forma do art. 1.036.

§ 7º Quando os recursos requisitados na forma do inciso III do *caput* contiverem outras questões além daquela que é objeto da afetação, caberá ao tribunal decidir esta em primeiro lugar e depois as demais, em acórdão específico para cada processo.

Na hipótese de remanescerem questões impugnadas em recurso especial distintas daquela objeto da afetação pelo STJ, seja julgada em primeiro lugar a matéria afetada, para apenas depois se prosseguir na resolução do resíduo não alcançado pela afetação

✓ PREVIDENCIÁRIO. TEMA DE FUNDO DECIDIDO PELO STF, SOB O SIGNO DA REPERCUSSÃO GERAL. DEVOLUÇÃO DO FEITO AO TRIBUNAL DE ORIGEM PARA A FEITURA DO JUÍZO DE CONFORMAÇÃO. IMPOSSIBILIDADE DE CISÃO DE JULGAMENTO. INTELIGÊNCIA DOS ART. 1037, § 7º, E 1.041, § 2º, do CPC/15. 1. A decisão agravada determinou a devolução dos autos ao Tribunal de origem, porquanto o tema de fundo trazido no recurso especial coincide com aquele já apreciada no âmbito do RE 937.595/SP – Tema 930/STF, com repercussão geral reconhecida pelo STF. 2. O vigente sistema processual brasileiro não comporta a cisão e a concomitância de julgamentos perante as instâncias ordinária e especial. Logo, em se descortinando a presença de tema submetido à sistemática dos repetitivos ou da repercussão geral, evidenciada está a necessidade de prévia feitura de juízo de conformação pela Corte local. 3. Com efeito, postergada resultará a inauguração da jurisdição do STJ enquanto não exaurido o ofício judicante do Tribunal de origem, que só ocorrerá com o rejulgamento da apelação ou do agravo de instrumento a seu cargo, ou seja, por ocasião do juízo de retratação/conformação, ou mesmo manutenção, nos moldes desenhados nos arts. 1.040 e 1.041 do CPC/2015. 4. A teor do artigo 1.041, § 2º, do CPC/15, "quando ocorrer a hipótese do inciso II do caput do art. 1.040 e o recurso versar sobre outras questões, caberá ao presidente ou ao vice-presidente do Tribunal recorrido, depois do reexame pelo órgão de origem e independentemente de ratificação do recurso, sendo positivo o juízo de admissibilidade, determinar a remessa do recurso ao tribunal superior para julgamento das demais questões" (grifos nossos). 5. Já o art. 1.037, § 7º, do CPC/2015, determina que, na hipótese de remanescerem questões impugnadas em recurso especial distintas daquela objeto da afetação pelo STJ, seja julgada em primeiro lugar a matéria afetada, para apenas depois se prosseguir na resolução do resíduo não alcançado pela afetação. 6. Em tal contexto, presente a necessidade do juízo de conformação, o feito deverá retornar à respectiva instância recursal ordinária e eventual necessidade de exame de matéria remanescente será realizada posteriormente. Portanto, aplicam-se, à hipótese, os arts. 1.041, § 2º, e 1.037, § 7º, do CPC/15. 7. Agravo interno não conhecido. (AgInt no REsp 1728078/RJ, Rel. Ministro Sérgio Kukina, Primeira Turma, julgado em 13/08/2019, DJe 16/08/2019)

O processo deve ser devolvido ao Tribunal de Origem se a repercussão geral reconhecida pelo STF influenciar no julgamento da matéria veiculada no Recurso Especial

✓ PROCESSUAL CIVIL. AGRAVO INTERNO NO RECURSO ESPECIAL. SERVIÇO MILITAR OBRIGATÓRIO. CONVOCAÇÃO. ESTUDANTE DE MEDICINA DISPENSADO POR EXCESSO DE CONTINGENTE. MATÉRIA COM REPERCUSSÃO GERAL RECONHECIDA. TEMA 449. ATO DE SOBRESTAMENTO. ECONOMIA PROCESSUAL. INEXISTÊNCIA DE CARÁTER DECISÓRIO. IRRECORRIBILIDADE. 1. O Superior Tribunal de Justiça consolidou a orientação de que, "podendo a ulterior decisão do STF, em repercussão geral já reconhecida, afetar o julgamento da matéria veiculada no recurso especial, faz-se conveniente que o STJ, em homenagem aos princípios processuais da economia e da efetividade, determine o sobrestamento do especial e devolva os autos ao Tribunal de origem para que ali, em se fazendo necessário, seja oportunamente realizado o ajuste do acórdão local ao que vier a ser decidido na Excelsa Corte" (AgInt no AgInt no REsp 1.603.061/SC, Rel. Min. Sérgio Kukina, Primeira Turma, julgado em 8/6/2017, DJe 28/6/2017). 2. Esta Corte de Justiça decidiu, também, que, "ainda que parte das questões impugnadas no recurso especial sejam distintas daquela objeto da afetação pelo STF, aplicável se mostra, mutatis mutandis, o comando previsto no art. 1.037, § 7º, do CPC/2015, cujo regramento determina seja julgada em primeiro lugar a matéria afetada, para apenas depois se prosseguir na resolução do especial apelo, relativamente ao resíduo não alcançado pela decisão dada em repercussão geral" (AgInt no REsp 1.365.862/PR, Rel. Min. Sérgio Kukina, Primeira Turma, julgado em 12/12/2017, DJe 19/12/2017). 3. Encontrando-se a matéria com repercussão geral reconhecida pelo Pretório Excelso, por medida de economia processual e para evitar decisões dissonantes entre a Corte Suprema e esta Corte Superior, os recursos que tratam da mesma controvérsia no STJ devem aguardar, no Tribunal de origem – quando interposto contra decisão por ele proferida -, ou nesta Corte – quando interposto contra decisão aqui prolatada -, a solução no recurso extraordinário afetado, viabilizando, assim, o juízo de conformação, hoje disciplinado pelos arts. 1.039 e 1.040 do CPC/2015. 4. É irrecorrível ato deste Tribunal Superior que determina o sobrestamento de recursos a fim de se aguardar a fixação de tese jurídica pelo STF, já que desprovido de caráter decisório. 5. Agravo interno não conhecido. (AgInt no REsp 1749371/SP, Rel. Ministro Og Fernandes, Segunda Turma, julgado em 21/05/2019, DJe 30/05/2019)

§ 8º As partes deverão ser intimadas da decisão de suspensão de seu processo, a ser proferida pelo respectivo juiz ou relator quando informado da decisão a que se refere o inciso II do *caput*.

§ 9º Demonstrando distinção entre a questão a ser decidida no processo e aquela a ser julgada no recurso especial ou extraordinário afetado, a parte poderá requerer o prosseguimento do seu processo.

§ 10. O requerimento a que se refere o § 9º será dirigido:

→ *V.* Enunciado 142 do CJF: determinada a suspensão decorrente da admissão do IRDR (art. 982, I), a alegação de distinção entre a questão jurídica versada em uma demanda em curso e aquela a ser julgada no incidente será veiculada por meio do requerimento previsto no art. 1.037, § 10.

I – ao juiz, se o processo sobrestado estiver em primeiro grau;

II – ao relator, se o processo sobrestado estiver no tribunal de origem;

III – ao relator do acórdão recorrido, se for sobrestado recurso especial ou recurso extraordinário no tribunal de origem;

IV – ao relator, no tribunal superior, de recurso especial ou de recurso extraordinário cujo processamento houver sido sobrestado.

Não cabe recurso em face do pronunciamento judicial que determina o sobrestamento ou retorno dos autos à Corte de origem para que seja exercido o cabível juízo de retratação/conformação, salvo se demonstrado, efetivamente, erro ou equívoco, nos termos do art. 1.037, §§ 9º e 10

✓ "(...) Outrossim, esta Corte pacificou a orientação de que não é admissível a interposição de Agravo Interno em face da decisão que determina o sobrestamento de Recurso Especial, com a determinação de retorno dos autos à origem para que sejam analisados nos moldes dos arts. 1.040 e 1.041 do Código Fux, salvo se demonstrado, efetivamente, erro ou equívoco, nos termos do art. 1.037, §§ 9º e 10 do Código Fux, o que, entretanto, não é o caso dos autos..." (AgInt no REsp 1875243/PR, Rel. Ministro Napoleão Nunes Maia Filho, Primeira Turma, julgado em 11/11/2020, DJe 17/11/2020).

✓ "... Conforme entendimento pacífico desta Corte, "não se deve conhecer do recurso de agravo interno impugnando a decisão que determinou a devolução dos autos ao Tribunal de origem para que observe a sistemática prevista nos arts. 1.039 e 1.040 do CPC/2015, tendo em vista que o aludido sobrestamento não é capaz de gerar nenhum prejuízo às partes, motivo pelo qual é irrecorrível" (AgInt no REsp 1882192/CE, Rel. Ministro Francisco Falcão, Segunda Turma, julgado em 16/11/2020, DJe 18/11/2020)

Atenção! Em face da decisão que resolve (não sobresta ou devolve) o requerimento de distinção a que se refere o § 9º caberá agravo de instrumento ou agravo interno, a depender de onde o processo estiver

"... É firme no âmbito desta Corte o entendimento de que é irrecorrível a decisão que determina a devolução dos autos ao Tribunal de origem para a fixação de tese jurídica pelo Supremo Tribunal Federal com repercussão geral reconhecida, porquanto não ostenta caráter decisório. Precedentes. 2. De acordo com o CPC/15, a parte deve demonstrar, no caso concreto, a distinção entre o tema trazido em seu especial e a tese jurídica com repercussão geral pendente de julgamento no STF, por meio de requerimento previsto no art. 1.037, § 9º, de modo que o agravo interno é cabível da decisão que resolver esse requerimento (art. 1.037, § 13). 3. Agravo interno não conhecido." (AgInt no AgInt no AREsp 517.626/SC, Rel. Ministro Paulo de Tarso Sanseverino, Terceira Turma, julgado em 09/03/2020, DJe 13/03/2020)

§ 11. A outra parte deverá ser ouvida sobre o requerimento a que se refere o § 9º, no prazo de 5 (cinco) dias.

§ 12. Reconhecida a distinção no caso:

I – dos incisos I, II e IV do § 10, o próprio juiz ou relator dará prosseguimento ao processo;

II – do inciso III do § 10, o relator comunicará a decisão ao presidente ou ao vice-presidente que houver determinado o sobrestamento, para que o recurso especial ou o recurso extraordinário seja encaminhado ao respectivo tribunal superior, na forma do art. 1.030, parágrafo único.

§ 13. Da decisão que resolver o requerimento a que se refere o § 9º caberá:

I – agravo de instrumento, se o processo estiver em primeiro grau;

II – agravo interno, se a decisão for de relator.

→ *v.* Enunciado 81 do CJF: a devolução dos autos pelo Superior Tribunal de Justiça ou Supremo Tribunal Federal ao tribunal de origem depende de decisão fundamentada, contra a qual cabe agravo na forma do art. 1.037, § 13, II, do CPC.

A decisão que indefere ou defere o pedido de distinção formulado nos termos do art. 1.037, §§ 9º a 11, é passível de agravo

✓ RECURSO ESPECIAL. PROCESSUAL CIVIL. RECURSO ESPECIAL REPETITIVO. ORDEM DE SUSPENSÃO DOS PROCESSOS NA ORIGEM. REQUERIMENTO DE DISTINÇÃO. INDEFERIMENTO. INTERPOSIÇÃO DE AGRAVO DE INSTRUMENTO. CABIMENTO. 1. Controvérsia em torno do cabimento do recurso de agravo de instrumento contra decisão do juízo de primeiro grau indeferitória do pedido de reconsideração da decisão de sobrestamento do processo em razão do reconhecimento pelo Superior Tribunal de Justiça de matéria repetitiva. 2. O Superior Tribunal de Justiça, na vigência do Código de Processo Civil/73, consolidou entendimento de que a decisão que determinava o sobrestamento dos recursos extraordinários e recursos especiais repetitivos não selecionados como paradigmas era irrecorrível. 3. Com a entrada em vigor, porém, do novo Estatuto Processual, a decisão que indefere ou defere o requerimento de distinção passou a ser agravável, conforme expressamente previsto pelo art. 1.037, § 13, inciso I, do novo Código de Processo Civil. 4. Recurso especial provido. (REsp 1717387/PB, Rel. Ministro Paulo de Tarso Sanseverino, Terceira Turma, julgado em 08/10/2019, DJe 15/10/2019).

Art. 1.038. O relator poderá:

I – solicitar ou admitir manifestação de pessoas, órgãos ou entidades com interesse na controvérsia, considerando a relevância da matéria e consoante dispuser o regimento interno;

→ *v.* Art. 178 do CPC.

→ *v.* Enunciado 82 do CJF: quando houver pluralidade de pedidos de admissão de *amicus curiae*, o relator deve observar, como critério para definição daqueles que serão admitidos, o equilíbrio na representatividade dos diversos interesses jurídicos contrapostos no litígio, velando, assim, pelo respeito à amplitude do contraditório, paridade de tratamento e isonomia entre todos os potencialmente atingidos pela decisão.

II – fixar data para, em audiência pública, ouvir depoimentos de pessoas com experiência e conhecimento na matéria, com a finalidade de instruir o procedimento;

III – requisitar informações aos tribunais inferiores a respeito da controvérsia e, cumprida a diligência, intimará o Ministério Público para manifestar-se.

§ 1º No caso do inciso III, os prazos respectivos são de 15 (quinze) dias, e os atos serão praticados, sempre que possível, por meio eletrônico.

§ 2º Transcorrido o prazo para o Ministério Público e remetida cópia do relatório aos demais ministros, haverá inclusão em pauta, devendo ocorrer o julgamento com preferência sobre os demais feitos, ressalvados os que envolvam réu preso e os pedidos de *habeas corpus*.

§ 3º O conteúdo do acórdão abrangerá a análise dos fundamentos relevantes da tese jurídica discutida. (Redação dada pela Lei 13.256, de 04/02/2016)

Art. 1.039. Decididos os recursos afetados, os órgãos colegiados declararão prejudicados os demais recursos versando sobre idêntica controvérsia ou os decidirão aplicando a tese firmada.

Parágrafo único. Negada a existência de repercussão geral no recurso extraordinário afetado, serão considerados automaticamente inadmitidos os recursos extraordinários cujo processamento tenha sido sobrestado.

Art. 1.040. Publicado o acórdão paradigma:

I – o presidente ou o vice-presidente do tribunal de origem negará seguimento aos recursos especiais ou extraordinários sobrestados na origem, se o acórdão recorrido coincidir com a orientação do tribunal superior;

II – o órgão que proferiu o acórdão recorrido, na origem, reexaminará o processo de competência originária, a remessa necessária ou o recurso anteriormente julgado, se o acórdão recorrido contrariar a orientação do tribunal superior;

III – os processos suspensos em primeiro e segundo graus de jurisdição retomarão o curso para julgamento e aplicação da tese firmada pelo tribunal superior;

IV – se os recursos versarem sobre questão relativa a prestação de serviço público objeto de concessão, permissão ou autorização, o resultado do julgamento será comunicado ao órgão, ao ente ou à agência reguladora competente para fiscalização da efetiva aplicação, por parte dos entes sujeitos a regulação, da tese adotada.

→ *v.* Arts. 489, § 1º, e 927 do CPC.

§ 1º A parte poderá desistir da ação em curso no primeiro grau de jurisdição, antes de proferida a sentença, se a questão nela discutida for idêntica à resolvida pelo recurso representativo da controvérsia.

§ 2º Se a desistência ocorrer antes de oferecida contestação, a parte ficará isenta do pagamento de custas e de honorários de sucumbência.

→ *v.* Art. 90 do CPC.

§ 3º A desistência apresentada nos termos do § 1º independe de consentimento do réu, ainda que apresentada contestação.

Se o acórdão de Tribunal de Justiça ou Tribunal Regional Federal estiver em contrariedade com o entendimento firmado em acórdão julgado sob a sistemática dos repetitivos, necessária a devolução dos autos à Corte de origem para o devido juízo de retratação

✓ TRIBUTÁRIO. EXECUÇÃO FISCAL. INDISPONIBILIDADE DE BENS. ART. 185-A DO CTN. REQUISITOS. MATÉRIA JULGADA COMO REPETITIVO. RESP 1.377.507/SP (TEMA 714/STJ). DISTINGUISHING INVÁLIDO. DEVOLUÇÃO DOS AUTOS À ORIGEM PARA ADEQUADO JUÍZO DE CONFORMAÇÃO. ATO JUDICIAL DESPROVIDO DE CARGA DECISÓRIA. IRRECORRIBILIDADE. 1. "Encontrando-se o acórdão a quo em contrariedade com o entendimento firmado em acórdão julgado sob a sistemática do recurso repetitivo, necessária a devolução dos autos à Corte de origem para o devido juízo de retratação, nos termos dos artigos 1.040 e 1.041 do CPC" (AgInt na PET no AREsp 644.832/GO, Rel. Ministra Nancy Andrighi, Terceira Turma, DJe 4/5/2017). 2. Caso concreto que tem por objeto o mesmo tema do repetitivo consubstanciado no REsp 1.377.507/SP (Tema 714/STJ), razão pela qual se ordenou o retorno dos autos à Corte de origem, para que lá, no juízo de retratação a que alude o art. 1.030, II, do CPC/15, decida em conformidade com a diretriz firmada no aludido repetitivo. 3. Ato de remessa desprovido de carga decisória e, por isso mesmo, irrecorrível. 4. Agravo interno não conhecido. (AgInt no REsp 1780744/RS, Rel. Ministro Sérgio Kukina, Primeira Turma, julgado em 30/11/2020, DJe 03/12/2020).

✓ EMENTA EMBARGOS DE DIVERGÊNCIA NO AGRAVO REGIMENTAL EM RECURSO EXTRAORDINÁRIO COM AGRAVO. DISSENSO JURISPRUDENCIAL INTERNA CORPORIS DEMONSTRADO. DIREITO ADMINISTRATIVO. SERVIDOR PÚBLICO. ART. 40, § 4º, DA CONSTITUIÇÃO FEDERAL. AVERBAÇÃO DO TEMPO DE SERVIÇO EM CONDIÇÇÕES ESPECIAIS. PLEITO FUTURO DE APOSENTADORIA. APLICAÇÃO AO CASO DA SISTEMÁTICA DA REPERCUSSÃO GERAL. TEMA Nº 942. EMBARGOS DE DIVERGÊNCIA PROVIDOS PARA DETERMINAR A DEVOLUÇÃO DOS AUTOS À ORIGEM PARA OS FINS DOS ARTS. 1.036 A 1.040 DO CPC/2015. PRECEDENTES. 1. Verificada a identidade entre o precedente paradigmático e o caso dos autos, admite-se a anulação do acórdão embargado e a devolução dos autos à origem para a aplicação da sistemática da repercussão geral. Inteligência dos arts. 328 do Regimento Interno do STF e 1.036 a 1.040 do Código de Processo Civil de 2015. Precedentes. 2. Embargos de divergência providos para anular o acórdão embargado e determinar a devolução dos autos à Corte de origem, para os fins previstos nos arts. 1.036 a 1.040 do Código de Processo Civil de 2015. (STF, ARE 868926 AgR-EDv/SP, Rel. Rosa Weber, Tribunal Pleno, julgado em 20/03/2020, DJe 02/04/2020).

É manifestamente incabível Agravo em Recurso Especial (recurso previsto no art. 1.042) contra acórdão do Tribunal de origem que, julgando Agravo Interno, mantém negativa de seguimento de Recurso Especial com base nos arts. 1.030, I, "b", ou 1.040, I

✓ PROCESSUAL CIVIL E TRIBUTÁRIO. AGRAVO INTERNO. VIOLAÇÃO AO ART. 489, §1º, DO CPC. INE-

XISTÊNCIA. AGRAVO EM RECURSO ESPECIAL INTERPOSTO CONTRA ACÓRDÃO DO TRIBUNAL A QUO QUE MANTÉM NEGATIVA DE SEGUIMENTO DE RECURSO ESPECIAL COM BASE NO ART. 1.040, I, DO CPC/2015 (ART. 543-C, § 7º, DO CPC/1973). NÃO CABIMENTO. 1. Na hipótese dos autos, não se configura a ofensa aos arts. 489, § 1º, ou 1.022 do Código de Processo Civil, uma vez que o Tribunal de origem julgou integralmente a lide e solucionou a controvérsia, em conformidade com o que lhe foi apresentado, manifestando-se de forma clara no sentido de que a questão foi decidida com fundamento no Tema 69/STF. 2. Outrossim, percebe-se que, além de a *vexata quaestio* ter sido decidida sob o enfoque estritamente constitucional, o que afasta a competência do STJ para o julgamento do feito - sob pena de invasão da competência do STF -, é manifestamente incabível Agravo em Recurso Especial contra acórdão do Órgão Especial do Tribunal de origem que, julgando Agravo Interno, mantém negativa de seguimento de Recurso Especial com base nos arts. 1.030, I, "b", ou 1.040, I, do CPC/2015 (anterior art. 543-C, § 7º, do CPC/1973), como é o caso dos autos. 3. Agravo Interno não provido. (AgInt no AREsp 1674349/PR, Rel. Ministro Herman Benjamin, Segunda Turma, julgado em 15/09/2020, DJe 02/10/2020).

Art. 1.041. Mantido o acórdão divergente pelo tribunal de origem, o recurso especial ou extraordinário será remetido ao respectivo tribunal superior, na forma do art. 1.036, § 1º.

Se a matéria que foi determinada a retratação pelo STF for diversa da efetivamente decidida pelo STJ, não haverá o exercício do juízo de retratação e o processo será devolvido

✓ TRIBUTÁRIO E PROCESSUAL CIVIL. RECURSO ORDINÁRIO EM MANDADO DE SEGURANÇA. SISTEMÁTICA DE PAGAMENTO ANTECIPADO DO ICMS. JULGAMENTO, PELO STF, EM REGIME DE REPERCUSSÃO GERAL. RE 593.849/MG. SUBSTITUIÇÃO TRIBUTÁRIA. QUESTÃO JURÍDICA DIVERSA DA ANALISADA NOS PRESENTES AUTOS. JUÍZO DE RETRATAÇÃO. ART. 1.040, II, DO CPC/2015.NÃO CABIMENTO. ACÓRDÃO ANTERIOR MANTIDO. AUTOS DEVOLVIDOS À VICE-PRESIDÊNCIA DO STJ. I. Na hipótese, os autos foram devolvidos para exercício do juízo de retratação, de que cuida o art. 1.040, inciso II, do CPC/2015, ao fundamento de que o acórdão, proferido pela Segunda Turma do STJ, teria contrariado o entendimento do Supremo Tribunal Federal, no julgamento do RE 593.849-RG/MG (Rel. Ministro Edson Fachin, Tribunal Pleno, DJe de 05/04/2017), em regime de repercussão geral, no qual se firmou a seguinte tese: "É devida a restituição da diferença do Imposto sobre Circulação de Mercadorias e Serviços (ICMS) pago a mais no regime de substituição tributária para a frente se a base de cálculo efetiva da operação for inferior à presumida" (Tema 201/STF). II. No entanto, os autos não versam sobre o Tema 201 da sistemática da repercussão geral. A Segunda Turma do Superior Tribunal de Justiça, ao julgar o presente Recurso Ordinário em Mandado de Segurança, julgou legítima a sistemática de pagamento antecipado do ICMS, sem substituição tributária, prevista na Lei 3.796/96 e no Decreto 20.741/2002, ambos do Estado de Sergipe. Desse modo, apresenta-se incabível o exercício do juízo de retratação, de que cuida o art. 1.040, II, do CPC/2015. III. A Segunda Turma do STJ, ao enfrentar situação análoga, já decidiu que, sendo diversa a questão jurídica decidida pelo Supremo Tribunal Federal, em repercussão geral, em relação à questão analisada no acórdão objeto do juízo de retratação, deve ser determinado o retorno dos autos à Vice-Presidência do Superior Tribunal de Justiça, para o fim do art. 1.041, caput, do CPC/2015 (STJ, AgRg no REsp 1.172.548/DF, Rel. Ministro Francisco Falcão, Segunda Turma, DJe de 13/09/2018). IV. Acórdão anterior mantido. Autos devolvidos à Vice-Presidência do STJ. (RMS 17.303/SE, Rel. Ministra Assusete Magalhães, Segunda Turma, julgado em 12/05/2020, DJe 25/05/2020)

§ 1º Realizado o juízo de retratação, com alteração do acórdão divergente, o tribunal de origem, se for o caso, decidirá as demais questões ainda não decididas cujo enfrentamento se tornou necessário em decorrência da alteração.

Realizado o juízo de retratação, com alteração do acórdão divergente, o Tribunal de origem, se for o caso, decidirá as demais questões ainda não decididas cujo enfrentamento se tornou necessário em razão da alteração

✓ AGRAVO INTERNO NO RECURSO ESPECIAL. DIREITO CIVIL E PROCESSUAL CIVIL. AÇÃO CIVIL PÚBLICA. SEGURO. DPVAT. ALEGAÇÃO DE NEGATIVA DE PRESTAÇÃO JURISDICIONAL. NÃO OCORRÊNCIA. CERCEAMENTO DE DEFESA. NÃO OCORRÊNCIA. MINISTÉRIO PÚBLICO. LEGITIMIDADE. CONFIGURADA. PRECEDENTES. DENUNCIAÇÃO DA LIDE. CABIMENTO. REVISÃO DO JULGADO. IMPOSSIBILIDADE. INCIDÊNCIA DO ENUNCIADO N.º 7/STJ. IMPOSSIBILIDADE JURÍDICA DO PEDIDO. AUSÊNCIA DE PREQUESTIONAMENTO. INCIDÊNCIA DO ENUNCIADO N.º 211/STJ. PRESCRIÇÃO. PRAZO TRIENAL. MATÉRIA SUBMETIDA AO RITO DOS REPETITIVOS. 1. Inexistência de maltrato ao art. 1.022, incisos I e II, do Código de Processo Civil, quando o acórdão recorrido, ainda que de forma sucinta, aprecia com clareza as questões essenciais ao julgamento da lide. 2. Em recente julgado, o Superior Tribunal de Justiça, destacou que consoante o art. 1.041, § 1º, do Código de Processo Civil, realizado o juízo de retratação, com alteração do acórdão divergente, o Tribunal de Justiça poderá julgar as demais questões ainda não decididas cujo enfrentamento se tornou necessário em razão da alteração. 3. Conforme a jurisprudência do Superior Tribunal de Justiça, não há cerceamento de defesa quando o julgador considera desnecessária a produção de prova ou suficientes as já produzidas, mediante a existência nos autos de elementos suficientes para a formação de seu convencimento. 4. Jurisprudência do STJ no sentido de que o Ministério Público tem legitimidade ativa para propor ação civil pública e ação coletiva com o propósito de velar por direitos difusos e, também, individuais homogêneos dos consumidores, ainda que disponíveis. 5. A reforma do aresto, quanto à denunciação da lide, demanda inegável necessidade de interpretação de cláusula contratual e reexame de matéria probatória, providências inviáveis de serem adotadas em sede de recurso especial, ante o óbice dos Enunciados n.º 5 e 7/STJ. 6. A ausência de apreciação pelo tribunal "a quo" acerca do dispositivo legal indicado como violado impede o conhecimento do recurso especial em razão do óbice previsto no Enunciado n.º 211/STJ. 7. Não apresentação pela parte agravante de argumentos novos capazes de infirmar os fundamentos que alicerçaram a decisão agravada. 8. Agravo interno conhecido e desprovido. (AgInt no REsp 1711799/GO, Rel. Ministro Paulo de Tarso Sanseverino, Terceira Turma, julgado em 02/12/2019, DJe 10/12/2019)

§ 2º Quando ocorrer a hipótese do inciso II do *caput* do art. 1.040 e o recurso versar sobre outras questões, caberá ao presidente ou ao vice-presidente do tribunal recorrido, depois do reexame pelo órgão de origem e independentemente de ratificação do recurso, sendo positivo o juízo de admissibilidade, determinar a remessa do recurso ao tribunal superior para julgamento das demais questões. (Revogado pela Lei 13.256, de 04/02/2016)

Se forem interpostos recursos especiais contra um mesmo acórdão, o julgamento deverá ser único, não devendo ser apreciado de forma fragmentada ou fracionada pelo STJ

✓ "(...) IV. O julgamento de Recursos Especiais, interpostos contra o mesmo acórdão recorrido, na hipótese dos autos, deve ser único, não devendo ser apreciado de forma fragmentada ou fracionada, pelo STJ, a quem cabe o julgamento do recurso apenas quando esgotada a jurisdição do Tribunal de origem. Se há questão pendente de análise, por estar afetada ao rito dos recursos repetitivos, ainda há jurisdição a ser prestada, pelo Tribunal a quo, antes do exame do recurso da União, pelo STJ. Precedentes do STJ (AgRg nos EDcl no REsp 1.372.363/PR, Rel. Ministro Og Fernandes, Segunda Turma, DJe de 24/06/2014). Nessa mesma linha: STJ, AgRg no REsp 1.319.193/PB, Rel. p/ acórdão Ministra Assusete Magalhães, Segunda Turma, DJe de 02/02/2017). Desse modo, "não é possível cindir o julgamento dos Recursos Especiais, de modo a julgar apenas aquele que não se refere à matéria afetada ao rito dos Recursos Repetitivos (...)" (STJ, EDcl no REsp 1.568.817/MS, Rel. Ministra Regina Helena Costa, DJe de 17/03/2016). V. Agravo interno não conhecido." (AgInt na PET no REsp 1694225/RS, Rel. Ministra Assusete Magalhães, Segunda Turma, julgado em 15/10/2019, DJe 21/10/2019).

Seção III
Do Agravo em Recurso Especial e em Recurso Extraordinário

→ *v.* Art. 253 do RISTJ.

Art. 1.042. Cabe agravo contra decisão do presidente ou do vice-presidente do tribunal recorrido que inadmitir recurso extraordinário ou recurso especial, salvo quando fundada na aplicação de entendimento firmado em regime de repercussão geral ou em julgamento de recursos repetitivos. (Redação dada pela Lei 13.256, de 04/02/2016)

→ *v.* art. 1.030, § 2º do CPC

→ *v.* Enunciado 77 do CJF: para impugnar decisão que obsta trânsito a recurso excepcional e que contenha simultaneamente fundamento relacionado à sistemática dos recursos repetitivos ou da repercussão geral (art. 1.030, I, do CPC) e fundamento relacionado à análise dos pressupostos de admissibilidade recursais (art. 1.030, V, do CPC), a parte sucumbente deve interpor, simultaneamente, agravo interno (art. 1.021 do CPC) caso queira impugnar a parte relativa aos recursos repetitivos ou repercussão geral e agravo em recurso especial/extraordinário (art. 1.042 do CPC) caso queira impugnar a parte relativa aos fundamentos de inadmissão por ausência dos pressupostos recursais.

O recurso cabível contra a decisão que inadmite recurso especial (quando o fundamento utilizado não é a aplicação da sistemática dos repetitivos) é o agravo em recurso especial previsto no art. 1.042

✓ "... É firme a jurisprudência do Superior Tribunal de Justiça no sentido de que o único recurso cabível da decisão de inadmissão do Recurso Especial é o Agravo em Recurso Especial previsto no artigo 1.042 do Código de Processo Civil..." (AgInt no AREsp 1613078/CE, Rel. Ministro Herman Benjamin, Segunda Turma, julgado em 14/09/2020, DJe 01/10/2020).

✓ ADMINISTRATIVO E PROCESSUAL CIVIL. AGRAVO INTERNO NO AGRAVO EM RECURSO ESPECIAL. IMPROBIDADE ADMINISTRATIVA. EMBARGOS DE DECLARAÇÃO. INADMISSIBILIDADE CONTRA DECISÃO DENEGATÓRIA DE RESP NA ORIGEM. ERRO GROSSEIRO. PRAZO PARA A INTERPOSIÇÃO DO RECURSO PRÓPRIO. NÃO INTERRUPÇÃO. INTEMPESTIVIDADE DO AGRAVO. 1. É firme a jurisprudência deste Superior Tribunal de que o único recurso cabível da decisão de inadmissão do recurso especial é o agravo em recurso especial previsto no art. 1.042 do Código de Processo Civil, sendo que a oposição de embargos de declaração dessa decisão é considerado erro grosseiro, o que impossibilita a aplicação do princípio da fungibilidade recursal, bem como não tem o condão de interromper o prazo para a interposição do recurso cabível. 2. Agravo interno a que se nega provimento. (AgInt no AREsp 1564423/PR, Rel. Ministro Og Fernandes, Segunda Turma, julgado em 16/06/2020, DJe 04/08/2020)

O recurso cabível contra a decisão que nega seguimento a recurso especial, sob o fundamento de aplicação dos recursos repetitivos é o agravo interno e não o agravo em recurso especial

✓ AGRAVO INTERNO NO AGRAVO EM RECURSO ESPECIAL. JUÍZO DE ADMISSIBILIDADE DO RECURSO ESPECIAL. SEGUIMENTO NEGADO COM FUNDAMENTO NO ART. 1.030, I, B, DO CPC/2015. INTERPOSIÇÃO DE AGRAVO, NOS TERMOS DO ART. 1.042 DO CPC/2015, AO INVÉS DE AGRAVO INTERNO.CONFIGURAÇÃO DE ERRO GROSSEIRO. AUSÊNCIA DE IMPUGNAÇÃO ESPECÍFICA DE TODOS OS FUNDAMENTOS DA DECISÃO DO TRIBUNAL DE ORIGEM QUE NÃO ADMITIU O PROCESSAMENTO DO RECURSO ESPECIAL. ART. 932, III, DO CPC/2015. AGRAVO INTERNO DESPROVIDO. 1. Consoante dispõe o art. 1.030, § 2º, do CPC/2015, o recurso cabível contra a decisão que nega seguimento a recurso especial, ao fundamento de que o acórdão recorrido está em conformidade com tese fixada em recurso repetitivo (art. 1.030, I, b, do CPC/2015), é o agravo interno. Logo, havendo expressa previsão legal do recurso adequado, a interposição do agravo previsto no art. 1.042, caput, do CPC/2015, com a finalidade de atacar decisão com aquele fundamento, é inadmissível, constituindo erro grosseiro. 2. Em atenção ao princípio da dialeticidade recursal, as razões do agravo em recurso especial devem infirmar os fundamentos da decisão de inadmissibilidade recursal proferida pelo Tribunal de origem, sob pena de não conhecimento do reclamo por esta Corte Superior, nos termos do art. 932, III, do CPC/2015. 3. Agravo interno desprovido. (AgInt no AREsp 1676737/RS, Rel. Ministro Marco Aurélio Bellizze, Terceira Turma, julgado em 19/10/2020, DJe 26/10/2020)

Constitui erro grosseiro a parte interpor agravo em recurso especial quando o Tribunal Local inadmite o recurso especial com base em recurso repetitivo

✓ PROCESSUAL CIVIL. AGRAVO INTERNO NO AGRAVO EM RECURSO ESPECIAL. RECURSO MANEJADO SOB A ÉGIDE DO NCPC. APELO NOBRE NÃO ADMITIDO NA ORIGEM PORQUE A MATÉRIA FOI JULGADA SEGUNDO O RITO DO ART. 1.040, I, e 1.030, I, B, AMBOS DO NCPC (ART. 543-C DO CPC/73). AGRAVO EM RECURSO ESPECIAL. NÃO CABIMENTO. ART. 1.042 DO NCPC. DEMAIS PONTOS. AUSÊNCIA DE IMPUGNAÇÃO ESPECÍFICA AOS FUNDAMENTOS DA DECISÃO DENEGATÓRIA DE ADMISSIBILIDADE DE RECURSO ESPECIAL. DESCUMPRIMENTO DOS REQUISITOS PRECONIZADOS PELO ART. 932, III, NCPC. DECISÃO MANTIDA. AGRAVO INTERNO NÃO PROVIDO. 1. Agravo interno interposto contra decisão publicada na vigência do NCPC, razão pela qual devem ser exigidos os requisitos de admissibilidade recursal na forma nele prevista, nos termos do Enunciado Administrativo nº 3, aprovado pelo Plenário do STJ na sessão de 9/3/2016: Aos recursos interpostos com fundamento no CPC/2015 (relativos a decisões publicadas a partir de 18 de março de 2016) serão exigidos os requisitos de admissibilidade recursal na forma do novo CPC. 2. Constitui erro grosseiro a interposição do agravo previsto no art. 1.042, caput, do NCPC quando a Corte estadual inadmite o recurso especial com base em recurso repetitivo, nos termos do art. 1.040, I, e 1.030, I, b, ambos do NCPC (antigo art. 543-C, § 7º, do CPC/73). 3. Não se mostra viável o agravo em recurso especial que, apresentado em desacordo com os requisitos preconizados pelo art. 932, III, do NCPC, não impugna os fundamentos da respectiva inadmissibilidade (descabimento de análise de afronta a normas constitucionais e incidência da Súmula nº 83 do STJ). 4. Agravo interno não provido. (AgInt no AREsp 1637706/SE, Rel. Ministro Moura Ribeiro, Terceira Turma, julgado em 11/11/2020, DJe 16/11/2020)

Com o advento do CPC/2015, o STJ decidiu não ser mais possível devolver aos tribunais locais agravos em recursos especiais erroneamente interpostos para que fossem admitidos como agravos internos

✓ PROCESSUAL CIVIL. AGRAVO INTERNO. DECISÃO DE INADMISSIBILIDADE. CABIMENTO DE AGRAVO INTERNO NOS TERMOS DO ART. 1.030, § 2º, DO CPC/2015. INTERPOSIÇÃO DO AGRAVO PREVISTO NO ART. 1.042 DO CPC/2015. ERRO GROSSEIRO. INTERPOSIÇÃO SIMULTÂNEA DO AGRAVO INTERNO E DO AGRAVO EM RECURSO ESPECIAL. VIOLAÇÃO DO ART. 489 E 1.022 DO CPC/2015. NÃO OCORRÊNCIA. EXECUÇÃO FISCAL. PRESCRIÇÃO INTERCORRENTE. REVISÃO DO ACÓRDÃO RECORRIDO. NECESSIDADE DE REEXAME DE FATOS E PROVAS. SÚMULA 7 DO STJ. 1. O Recurso Especial teve seguimento negado pela Corte de origem por estar o acórdão recorrido em harmonia com acórdão proferido pelo STJ pela sistemática do recurso repetitivo, com base no que dispõe o artigo 1.030, I, do CPC/2015, e inadmitido com fundamento no art.1.030, V, do CPC/2015, não tendo a parte interposto Agravo Interno, mas, incontinenti, Agravo em Recurso Especial para impugnar todos os fundamentos. 2. O STJ entende que "a interposição do agravo previsto no art. 1.042, caput, do CPC/2015 quando a Corte de origem o inadmitir com base em recurso repetitivo constitui erro grosseiro, não sendo mais devida a determinação de outrora de retorno dos autos ao Tribunal a quo para que o aprecie como agravo interno" (AREsp 959.991/RS, Rel. Ministro Marco Aurélio Bellizze, Terceira Turma, DJe 26/8/2016). 3. A parte deve interpor simultaneamente o Agravo Interno (art. 1.021 do CPC/2015) e o Agravo em Recurso Especial (art. 1.042 do CPC/2015) quando a hipótese é de decisão negativa de admissibilidade de Recurso Especial ou Recurso Extraordinário que contenha, ao mesmo tempo, fundamento relacionado à sistemática dos recursos repetitivos ou repercussão geral (art. 1.030, I, do CPC/2015) e embasamento relacionado aos pressupostos de admissibilidade (art. 1.030, V, do CPC/2015..." (AgInt no AREsp 1693813/SP, Rel. Ministro Herman Benjamin, Segunda Turma, julgado em 26/10/2020, DJe 12/11/2020)

Quando a decisão de inadmissibilidade do Recurso Especial utiliza duplo fundamento – um relacionado à sistemática dos repetitivos e outro relacionado aos pressupostos gerais de admissibilidade do próprio recurso – a parte deve interpor simultaneamente Agravo Interno quanto ao primeiro fundamento e Agravo em Recurso Especial quanto ao segundo

✓ PROCESSO CIVIL. AGRAVO INTERNO NO AGRAVO EM RECURSO ESPECIAL. DECISÃO DE INADMISSÃO DO TRIBUNAL DE ORIGEM COM BASE EM RECURSO REPETITIVO. ALEGAÇÃO DE APLICAÇÃO ERRÔNEA DO PRECEDENTE. NÃO CABIMENTO DO AGRAVO EM RECURSO ESPECIAL. AUSÊNCIA DE DÚVIDA OBJETIVA NA VIGÊNCIA DO CÓDIGO FUX. ERRO GROSSEIRO. INAPLICABILIDADE DA FUNGIBILIDADE RECURSAL. VIOLAÇÃO DO ART. 1.022 DO CÓDIGO FUX REJEITADA. DISSÍDIO JURISPRUDENCIAL NÃO COMPROVADO. MERA TRANSCRIÇÃO DE EMENTAS E VOTOS. AGRAVO INTERNO DA EMPRESA DESPROVIDO. 1. Interpôs-se Agravo em Recurso Especial contra decisão que negou seguimento ao Recurso Especial interposto em razão de sua conformidade com o entendimento exarado sob a sistemática dos recursos repetitivos no REsp. 1.337.790, bem como inadmitiu, quanto ao mais, por ausência de ofensa ao art. 1.022 do Código Fux e de comprovação do dissídio jurisprudencial. 2. Diante da dupla natureza da fundamentação constante do juízo de admissibilidade, o procedimento adequado a ser adotado pela parte insurgente seria a interposição simultânea de agravo interno, suscitando eventual equívoco na aplicação do recurso repetitivo, e de agravo em recurso especial, para infirmar os demais fundamentos que levaram à inadmissão do apelo nobre (AgInt no AREsp. 1.485.946/RS, Rel. Min. Luis Felipe Salomão, DJe 26.11.2019). 3. Este Sodalício já sedimentou que a interposição de Agravo em Recurso Especial, ao invés de Agravo Interno, em face de decisão do Tribunal de origem que nega seguimento ao Apelo Nobre com base em recurso repetitivo configura erro grosseiro, uma vez que, ante a disposição expressa do art. 1.030, §2o. do Código Fux, inexiste dúvida objetiva acerca da insurgência cabível, não sendo possível a aplicação da fungibilidade recursal ou instrumentalidade das formas. Nesse sentido: AgInt no AgInt no AREsp. 1.240.716/SP, Rel. Min. Sérgio Kukina, DJe 6.11.2018; AgInt no AREsp. 1.300.845/MS, Rel. Min. Og Fernandes, DJe 10.12.2018. 4. No mais, a alegada ofensa ao art. 1.022 do Código Fux não ocorreu, na medida em que o Tribunal de origem dirimiu, fundamentadamente, as questões que lhe foram submetidas, apreciando integralmente a controvérsia posta nos autos, não se podendo, ademais, confundir julgamento desfavorável ao interesse da parte com negativa ou ausência de prestação jurisdicional. 5. É inadmissível o Recurso Especial que se fundamenta na existência de divergência jurisprudencial, mas se limita, para a demonstração da similitude fático-jurídica, à mera transcrição de ementas e de trechos de votos ou julgados, como ocorreu no caso sob exame. Hipótese de incidência, por extensão, da Súmula 284/STF. 6. Agravo Interno da Empresa desprovido. (AgInt no AREsp 1233253/SP, Rel. Ministro Napoleão Nunes Maia Filho, Primeira Turma, julgado em 29/06/2020, DJe 01/07/2020)

I – (Revogado pela Lei 13.256, de 04/02/2016)

II – (Revogado pela Lei 13.256, de 04/02/2016)

III – (Revogado pela Lei 13.256, de 04/02/2016)

§ 1º (Revogado pela Lei 13.256, de 04/02/2016)

I – (Revogado pela Lei 13.256, de 04/02/2016)

II – (Revogado pela Lei 13.256, de 04/02/2016)

a) (Revogado pela Lei 13.256, de 04/02/2016)

b) (Revogado pela Lei 13.256, de 04/02/2016)

§ 2º A petição de agravo será dirigida ao presidente ou ao vice-presidente do tribunal de origem e independe do pagamento de custas e despesas postais, aplicando-se a ela o regime de repercussão geral e de recursos repetitivos, inclusive quanto à possibilidade de sobrestamento e do juízo de retratação. (Redação dada pela Lei 13.256, de 04/02/2016)

→ *v.* Súmula 286 do STF.

→ *v.* Súmula 83 do STJ.

O Agravo em Recurso Especial deve ser dirigido ao Presidente ou Vice-Presidente do Tribunal de origem e não diretamente ao STJ

✓ AGRAVO INTERNO NO AGRAVO EM RECURSO ESPECIAL. PROCESSUAL CIVIL. RECURSO ESPECIAL. INADMISSÃO. AGRAVO DE INSTRUMENTO. INTERPOSIÇÃO. ERRO GROSSEIRO. PRINCÍPIO DA FUNGIBILIDADE. APLICAÇÃO. IMPOSSIBILIDADE. 1. Recurso especial interposto contra acórdão publicado na vigência do Código de Processo Civil de 2015 (Enunciados Administrativos nºs 2 e 3/STJ). 2. Nos termos do art. 1.042, § 2º, do Código de Processo Civil de 2015, o recurso cabível para impugnar a decisão que inadmitiu o recurso especial é o agravo em recurso especial, dirigido ao Presidente ou Vice-Presidente do tribunal de origem, e não o agravo previsto no art. 1.015 do CPC/2015. 3. A interposição equivocada de recurso diverso daquele expressamente previsto em lei, quando ausente dúvida objetiva, constitui manifesto erro grosseiro, que inviabiliza a aplicação do princípio da fungibilidade. Precedentes. 4. Agravo interno não provido. (STJ, AgInt no AREsp 1683667/MS, Rel. Ministro Ricardo Villas Bôas Cueva, Terceira Turma, julgado em 14/09/2020, DJe 28/09/2020).

✓ AGRAVO INTERNO NO AGRAVO EM RECURSO ESPECIAL. INTERPOSIÇÃO DO AGRAVO DIRETAMENTE NO SUPERIOR TRIBUNAL DE JUSTIÇA. IMPOSSIBILIDADE. ART. 1.042, § 2º, DO CPC. AGRAVO INTERNO DESPROVIDO. (STJ, AgInt no AREsp 1532379/SP, Rel. Ministro Paulo de Tarso Sanseverino, Terceira Turma, julgado em 23/03/2020, DJe 25/03/2020)

§ 3º O agravado será intimado, de imediato, para oferecer resposta no prazo de 15 (quinze) dias.

§ 4º Após o prazo de resposta, não havendo retratação, o agravo será remetido ao tribunal superior competente.

Embora interposto nos Tribunais de Origem, o juízo de admissibilidade do agravo em Recurso Especial é realizado somente pelo Superior Tribunal de Justiça

✓ PROCESSUAL CIVIL. RECLAMAÇÃO. AGRAVO EM RECURSO ESPECIAL. EXAME. STJ. COMPETÊNCIA. 1. A competência para o julgamento do agravo previsto no art. 1.042 do CPC é do tribunal superior para o qual é dirigido. 2. Diversamente do ocorre com os recursos especial e extraordinário, esse agravo não está sujeito a juízo de prelibação pela Corte a quo (art. 1.042, § 4º, do CPC). 3. Hipótese em que, embora correta a assertiva contida na decisão reclamada, de que a negativa de seguimento do recurso especial fundada em precedente obrigatório formado em julgamento de recurso repetitivo desafia o agravo interno previsto no art. 1.030, § 2º, do CPC, não compete ao Tribunal de origem decidir sobre o cabimento do agravo em recurso especial interposto no processo, mas a este Superior Tribunal de Justiça. 4. Reclamação procedente. (Rcl 39.515/PE, Rel. Ministro Gurgel de Faria, Primeira Seção, julgado em 10/06/2020, DJe 29/06/2020)

§ 5º O agravo poderá ser julgado, conforme o caso, conjuntamente com o recurso especial ou extraordinário, assegurada, neste caso, sustentação oral, observando-se, ainda, o disposto no regimento interno do tribunal respectivo.

O provimento do recurso especial, por meio de decisão unipessoal, não implica violação do comando do art. 1.042, § 5º

✓ "Segundo entendimento desta Corte, o provimento ao recurso especial, por meio de decisão unipessoal, não implica violação do comando do art. 1.042, § 5º, do CPC/2015, mesmo que não viabilizada a sustentação oral das teses apresentadas. Isso porque a possibilidade de interposição de agravo interno contra a respectiva decisão monocrática permite que a matéria seja apreciada pelo órgão colegiado. Nesse sentido: AgInt no AREsp n. 1.410.995/GO, Rel. Ministro Marco Aurélio Bellizze, Terceira Turma, julgado em 26/8/2019, DJe 30/8/2019..." (EDcl no AgInt no AREsp 1139030/DF, Rel. Ministro Francisco Falcão, Segunda Turma, julgado em 29/04/2020, DJe 04/05/2020).

§ 6º Na hipótese de interposição conjunta de recursos extraordinário e especial, o agravante deverá interpor um agravo para cada recurso não admitido.

§ 7º Havendo apenas um agravo, o recurso será remetido ao tribunal competente, e, havendo interposição conjunta, os autos serão remetidos ao Superior Tribunal de Justiça.

→ *v.* Art. 1.031 do CPC.

§ 8º Concluído o julgamento do agravo pelo Superior Tribunal de Justiça e, se for o caso, do recurso especial, independentemente de pedido, os autos serão remetidos ao Supremo Tribunal Federal para apreciação do agravo a ele dirigido, salvo se estiver prejudicado.

→ v. Art. 1.031, § 1º, do CPC.

Seção IV
Dos Embargos de Divergência

→ v. Súmulas 158, 168, 169, 315 e 316 do STJ.
→ v. Arts. 330 a 336 do RISTF.
→ v. Arts. 266 e 267 do RISTJ.

Art. 1.043. É embargável o acórdão de órgão fracionário que:

Os embargos de divergência somente são admissíveis quando os acórdãos embargado e paradigma forem de mérito, ou quando um deles, embora não conhecendo do recurso, tenha apreciado a controvérsia

✓ DIREITO PROCESSUAL CIVIL. AGRAVO INTERNO NOS EMBARGOS DE DIVERGÊNCIA EM AGRAVO EM RECURSO ESPECIAL. AUSÊNCIA DE ANÁLISE MERITÓRIA DO APELO ESPECIAL. INCIDÊNCIA DA SÚMULA 315/STJ. INCIDÊNCIA DA SÚMULA 168/STJ. I – Consoante o art. 1.043 do CPC/2015, os Embargos de Divergência somente são admissíveis quando os acórdãos embargado e paradigma forem de mérito, ou quando um deles, embora não conhecendo do recurso, tenha apreciado a controvérsia. II – In casu, o acórdão embargado não apreciou a controvérsia, no mérito, eis que proferido em sede de agravo interno manejado em agravo em recurso especial, do qual não se adentrou a análise meritória, diante da intempestividade do recurso. III – Incidência, no particular, do teor da Súmula n. 315 do STJ, segundo a qual "Não cabem embargos de divergência no âmbito do agravo de instrumento que não admite recurso especial". IV – Incidência, da súmula 168/STJ, que preconiza não caber "embargos de divergência, quando a jurisprudência do Tribunal se firmou no mesmo sentido do acórdão embargado". V – "A doença que acomete o advogado somente se caracteriza como justa causa, a ensejar a devolução do prazo, quando o impossibilita totalmente de exercer a profissão ou de substabelecer o mandato" (EDcl no AREsp n. 225.773/SP, Rel. Min. Antonio Carlos Ferreira, DJe de 28/3/2014). Agravo Interno desprovido. (AgInt nos EAREsp 1534425/MA, Rel. Ministro Felix Fischer, Corte Especial, julgado em 27/10/2020, DJe 12/11/2020)

Não cabem embargos de divergência se a parte não demonstra similitude fática, com realização de cotejo analítico, entre os acórdãos

✓ PROCESSUAL CIVIL. AGRAVO INTERNO NOS EMBARGOS DE DIVERGÊNCIA EM AGRAVO EM RECURSO ESPECIAL. AUSÊNCIA DE SIMILITUDE FÁTICA. NÃO COMPROVAÇÃO DE DIVERGÊNCIA. NÃO CABIMENTO DOS EMBARGOS. NEGADO PROVIMENTO AO AGRAVO. Os Embargos Declaratórios se prestam a sanar omissão, contradição, obscuridade ou erro material (art. 1.022 do Código Fux). Se, em determinado feito, entenderam-se cabíveis os Aclaratórios, tem-se que um dos seus requisitos alternativos fazia-se presente. Se, em outro processo, entendeu-se inexistente qualquer de seus requisitos, rejeitando-se o recurso, não há que se falar em divergência entre os julgados. Não há sequer que se cogitar de similitude fática a autorizar os Embargos de Divergência. O prequestionamento, como consequência dos Embargos Declaratórios, dá-se quando a decisão atacada foi omissa e, então, com os Aclaratórios, a omissão é sanada. Quando os Embargos de Declaração são rejeitados inexistia omissão na decisão atacada. São incabíveis Embargos de Divergência quando não há comprovação da similitude fática entre os feitos e o que se busca discutir são requisitos de admissibilidade recursal. Inteligência da Súmula 315 do STJ. Agravo Interno desprovido. (AgInt nos EAREsp 1318811/SC, Rel. Ministro Napoleão Nunes Maia Filho, Corte Especial, julgado em 16/11/2020, DJe 20/11/2020)

Para cabimento dos embargos de divergência, os acórdãos devem estar assentados em premissas fáticas semelhantes

✓ AGRAVO REGIMENTAL NOS EMBARGOS DE DIVERGÊNCIA EM RECURSO EXTRAORDINÁRIO. PRESSUPOSTOS ESPECÍFICOS DE ADMISSIBILIDADE RECURSAL NÃO PREENCHIDOS. ART. 1.043, I E III, DO CPC/2015. ART. 332 DO RISTF. APOSENTADORIA DE SERVIDOR PÚBLICO MUNICIPAL PELO REGIME GERAL. VACÂNCIA DO CARGO PREVISTA EM LEI LOCAL. IMPOSSIBILIDADE DE REINTEGRAÇÃO AO MESMO CARGO PARA ACUMULAR OS PROVENTOS E A REMUNERAÇÃO DO CARGO PÚBLICO. CONSONÂNCIA DO ENTENDIMENTO ADOTADO NO ACÓRDÃO EMBARGADO COM A JURISPRUDÊNCIA DESTA SUPREMA CORTE. PARADIGMA NO MESMO SENTIDO DO ACÓRDÃO EMBARGADO. DISSENSO JURISPRUDENCIAL INTERNA CORPORIS NÃO DEMONSTRADO. MANUTENÇÃO DO DECISUM. 1. Mostra-se inespecífico, não evidenciando o dissenso de teses necessário a autorizar a admissibilidade dos embargos de divergência, aresto paradigma assentado sobre premissas fáticas diversas da decisão embargada. 2. Firmada a jurisprudência do Plenário da Corte no sentido da decisão embargada, são incabíveis os embargos (art. 332 do RISTF). 3. Agravo regimental conhecido e não provido. (RE 1063705 AgR-segundo-EDv-AgR/MG, Rel. Min. Rosa Weber, Tribunal Pleno, julgado em 30/11/2020, DJe 10/12/2020).

Os embargos de divergência somente são cabíveis no STF e no STJ

✓ EMBARGOS DE DIVERGÊNCIA EM AGRAVO DE INSTRUMENTO. SERVIDOR PÚBLICO. EXECUÇÃO CONTRA A FAZENDA PÚBLICA. PRESCRIÇÃO DA PRETENSÃO EXECUTIVA. RECURSO INADMISSÍVEL. ART. 932, III, DO CPC. NÃO CONHECIMENTO. Somente são cabíveis embargos de divergência contra acórdãos proferidos por órgãos fracionários do Superior Tribunal de Justiça e do Supremo Tribunal Federal, em sede de recurso especial ou extraordinário, nos termos dos art. 1.043 e 1.044 do Código de Processo Civil/2015. Não conhecimento do recurso, nos termos do art. 932, III, do CPC/2015, diante da manifesta inadmissibilidade. NEGADO SEGUIMENTO AOS EMBARGOS DE DIVERGÊNCIA. DECISÃO MONOCRÁTICA. (TJRS, ED 70069422020, Quarta Câmara Cível, Rel. Des. Eduardo Uhlein, julgado em 30/06/2016, DJe 08/07/2016)

São incabíveis embargos de divergência que tenha como paradigma decisão monocrática

✓ AGRAVO INTERNO EM EMBARGOS DE DIVERGÊNCIA EM AGRAVO NO RECURSO ESPECIAL. PROCESSUAL

CIVIL. AUSÊNCIA DE COMPROVAÇÃO DO DISSÍDIO JURISPRUDENCIAL. AGRAVO DESPROVIDO. 1. Para o cabimento dos embargos de divergência, o dissídio jurisprudencial há de ser comprovado na forma exigida pelo art. 266, § 4º, do RISTJ, c/c os arts. 1.043, § 4º, e 1.044 do CPC de 2015, inclusive com a realização do indispensável cotejo analítico entre os acórdãos embargado e paradigmas. 2. São incabíveis os embargos de divergência que tenham como paradigma decisão monocrática. 3. Agravo interno a que se nega provimento. (AgInt nos EAREsp 1126126/PR, Rel. Ministro Raul Araújo, Corte Especial, julgado em 25/08/2020, DJe 02/09/2020)

É cabível a majoração dos honorários advocatícios recursais prevista no art. 85, § 11, do CPC, aos embargos de divergência não conhecidos ou desprovidos

✓ PROCESSUAL CIVIL. AGRAVO INTERNO NOS EMBARGOS DE DIVERGÊNCIA EM AGRAVO EM RECURSO ESPECIAL. EMBARGOS DE DIVERGÊNCIA INDEFERIDOS LIMINARMENTE. INCIDÊNCIA DA SÚMULA 315/STJ. PARADIGMA PROFERIDO EM MANDADO DE SEGURANÇA. IMPRESTABILIDADE. HONORÁRIOS RECURSAIS. MAJORAÇÃO. AGRAVO REGIMENTAL DESPROVIDO. I – Não é admissível o recurso de embargos de divergência quando o recurso especial não for apreciado, aplicando-se a súmula 315/STJ, que assim preconiza: "Não cabem embargos de divergência no âmbito do agravo de instrumento que não admite recurso especial". II – Não se admite a utilização de acórdãos oriundos de julgados proferidos em habeas corpus, recurso em habeas corpus, mandados de segurança, recurso em mandado de segurança e habeas data como paradigma para configuração da divergência. (Precedentes). III – A Corte Especial firmou entendimento no sentido de que com a interposição dos Embargos de Divergência em Recurso Especial, tem início novo grau recursal, sujeitando-se a parte embargante, ao questionar decisão publicada na vigência do CPC/2015, à majoração dos honorários sucumbenciais, na forma do § 11 do art. 85, quando indeferidos liminarmente pelo relator ou se o colegiado deles não conhecer ou negar-lhes provimento (AgInt nos EAREsp n. 762.075/MT, Corte Especial, de minha relatoria, Rel. p/ Acórdão Min. Herman Benjamin, DJe de 7/3/2019). Agravo regimental desprovido. (AgInt nos EAREsp 642.451/SC, Rel. Ministro Felix Fischer, Corte Especial, julgado em 08/09/2020, DJe 14/09/2020). No mesmo sentido: EDcl nos EREsp 1411420/DF, Rel. Min. Nancy Andrighi, Corte Especial, julgado em 18/11/2020, DJe 26/11/2020.

A ausência de comprovação da divergência configura vício substancial insanável, não se admitindo a sua regularização em momento posterior

✓ PROCESSUAL PENAL. AGRAVO REGIMENTAL NOS EMBARGOS DE DIVERGÊNCIA EM RECURSO ESPECIAL. INDEFERIMENTO LIMINAR DOS EMBARGOS DE DIVERGÊNCIA. REQUISITOS PARA DEMONSTRAÇÃO DA DIVERGÊNCIA. ARTIGOS 1.043, § 3º, DO CPC/2015, E 266, § 4º, DO RISTJ. DESCUMPRIMENTO. COMPROVAÇÃO POSTERIOR. VÍCIO SUBSTANCIAL INSANÁVEL. PARADIGMA PROFERIDO EM RECUSO EM HABEAS CORPUS. IMPRESTÁVEL. I – A jurisprudência da Corte Especial ao interpretar o § 4º do art. 1.043 do CPC/2015 e o art. 266, § 4º, do Regimento Interno desta Corte Superior entendeu que é pressuposto indispensável para a comprovação ou configuração da alegada divergência jurisprudencial a adoção pela parte recorrente, na petição dos embargos de divergência, de uma das seguintes providências, quanto aos paradigmas indicados: (a) a juntada de certidões; (b) apresentação de cópias do inteiro teor dos acórdãos apontados; (c) a citação do repositório oficial, autorizado ou credenciado nos quais eles se achem publicados, inclusive em mídia eletrônica; e (d) a reprodução de julgado disponível na rede mundial de computadores, com a indicação da respectiva fonte na Internet. (AgInt nos EDcl nos EAREsp n. 1.121.421/RS, Corte Especial, Rel. Min. Jorge Mussi, DJe de 02/09/2019). II – O embargante desatendeu a norma, pois se restringiu a transcrever a ementa dos julgados indicados como paradigma, com a indicação de tê-lo extraído de endereço da rede mundial de computadores, deixando de juntar aos autos a íntegra do referido acórdão. III – A comprovação do dissenso constitui regra técnica do recurso de embargos de divergência, cujo descumprimento configura vício substancial insanável, não se admitindo a regularização do referido vício em momento posterior (AgInt nos EAREsp n. 419.397/DF, Corte Especial, Rel. Min. Jorge Mussi, DJe de 14/06/2019). IV – Não se admite a utilização de acórdãos oriundos de julgados proferidos em habeas corpus, mandados de segurança e conflitos de competência como paradigma para configuração da divergência. (Precedentes). Agravo regimental desprovido. (AgRg nos EDv nos EREsp 1800439/SP, Rel. Ministro Felix Fischer, Terceira Seção, julgado em 13/05/2020, DJe 19/05/2020).

I – em recurso extraordinário ou em recurso especial, divergir do julgamento de qualquer outro órgão do mesmo tribunal, sendo os acórdãos, embargado e paradigma, de mérito;

II – (Revogado pela Lei 13.256, de 04/02/2016)

III – em recurso extraordinário ou em recurso especial, divergir do julgamento de qualquer outro órgão do mesmo tribunal, sendo um acórdão de mérito e outro que não tenha conhecido do recurso, embora tenha apreciado a controvérsia;

Os embargos de divergência somente são admissíveis quando os acórdãos embargado e paradigma forem de mérito, ou quando um deles, embora não conhecendo do recurso, tenha apreciado a controvérsia

✓ PROCESSUAL CIVIL. CONSUMIDOR. AÇÃO DE INDENIZAÇÃO. DANO MATERIAL E MORAL. VEÍCULO. DEFEITO DE FABRICAÇÃO. EMBARGOS DE DIVERGÊNCIA LIMINARMENTE INDEFERIDOS. NÃO COMPROVAÇÃO DA DIVERGÊNCIA. NÃO COMPROVAÇÃO DA ATUALIDADE DO DISSÍDIO. I – Na origem, trata-se de ação objetivando, em síntese, reparação por danos moral e material decorrente da responsabilidade civil da montadora de veículo findada em vício de fabricação. Na sentença, julgou-se improcedente o pedido. No Tribunal a quo, a sentença foi mantida. II – Nos termos do art. 1.043 do Código de Processo Civil e do art. 266 do Regimento Interno do Superior Tribunal de Justiça, os embargos de divergência são cabíveis contra acórdão que, em recurso especial, divergir do julgamento de qualquer outro órgão do Tribunal, sendo ambos os acórdãos, embargado ou paradigma, de mérito, ou quando, embora não conhecendo do recurso, tenham apreciado a controvérsia. III – Outrossim, não é admissível o recurso de embargos de divergência, quando o acórdão recorrido não tenha apreciado o mérito ou a controvérsia. Nesse sentido: Agint nos EREsp n. 1500624/MG, Relator Ministro Francisco Falcão, Primeira Seção, DJe de 1/4/2019. IV – Ademais, os embargos de divergência têm como escopo a uniformização interna da jurisprudência deste Superior Tribunal de Justiça, razão pela qual, para que sejam admitidos, é necessária a demonstração, dentre outros requisitos, da atualidade da divergência jurisprudencial entre os seus órgãos fracionários. A propósito: AgInt nos ERESP n. 1.569.739/AL, relator Ministro Gurgel de Faria, Primeira Seção, DJe de 25/10/2018. V – Ademais, efetivamente a parte embargante não logrou comprovar a existência do dissídio atual entre os órgãos fracionários do Superior Tribunal de Justiça, uma vez que o acórdão Resp n. 199.970/DF, indicado como paradigma, foi proferido em 14/6/1999. Nesse sentido: EDcl no AgInt nos ERESP n. 120375/SC, relator Ministro Herman Benjamin, Primeira Seção, DJe de 16/4/2019 e AgInt nos EREsp n. 155769/RS, relator Ministro Herman Benjamin, Corte Especial, DJe de 21/11/2018. VI – Agravo interno improvido. (AgInt nos EREsp 1848530/DF, Rel. Ministro Francisco Falcão, Corte Especial, julgado em 01/12/2020, DJe 07/12/2020)

IV – (Revogado pela Lei 13.256, de 04/02/2016)

§ 1º Poderão ser confrontadas teses jurídicas contidas em julgamentos de recursos e de ações de competência originária.

Não podem servir como paradigmas, para fins de embargos de divergência, acórdãos proferidos em ações constitucionais como os habeas corpus, mandado de segurança, habeas data e mandado de injunção

✓ PROCESSUAL CIVIL. AGRAVO INTERNO NOS EMBARGOS DE DIVERGÊNCIA EM AGRAVO EM RECURSO ESPECIAL. NÃO OBSERVÂNCIA DO DISPOSTO NO ART. 1043, §4º, DO CPC E ART. 266, §4º, DO RI/STJ. INADMISSÍVEL OS EMBARGOS. INDICAÇÃO DE ARESTO ORIUNDO DO JULGAMENTO DE MANDADO DE SEGURANÇA PARA EMBASAR A DIVERGÊNCIA. IMPOSSIBILIDADE. ART. 1.043, § 1º, DO CPC/2015. 1. Não havendo o cumprimento do disposto no art. 1043, §4º, do CPC e do art. 266, §4º, do RI/STJ, em razão da juntada da certidão de publicação do acórdão recorrido e da citação do repositório oficial autorizado ou credenciado, no qual o acórdão embargado foi publicado, inclusive em mídia eletrônica, tem-se como inadmissível os embargos de divergência. Precedentes do STJ. 2. A comprovação posterior dos requisitos insertos nos art. 1.043, § 4º do Código de Processo Civil de 2015 e no art. 266, § 4º do RI/STJ não é permitida, uma vez que a análise dos pressupostos processuais deve ser realizada no momento da interposição do recurso, em virtude da preclusão consumativa, sendo descabida a incidência do parágrafo único do art. 932 do CPC. Precedentes do STJ. 3. O § 1º do art. 1.043 do CPC restringe os julgados que podem ser objetos de comparação, em sede de embargos de divergência, a recursos e ações de competência originária, não podendo, portanto, funcionar como paradigma acórdãos proferidos em ações que têm natureza jurídica de garantia constitucional, como os habeas corpus, mandado de segurança, habeas data e mandado de injunção. O mesmo raciocínio vale para enunciados de súmula de tribunais. 4. Agravo interno não provido (AgInt nos EREsp 1805591/DF, Rel. Ministra Nancy Andrighi, Corte Especial, julgado em 26/05/2020, DJe 01/06/2020)

§ 2º A divergência que autoriza a interposição de embargos de divergência pode verificar-se na aplicação do direito material ou do direito processual.

Não cabem embargos de divergência contra acórdão que discuta requisito de admissibilidade de recurso especial

✓ PROCESSO PENAL. AGRAVO REGIMENTAL NOS EMBARGOS DE DIVERGÊNCIA EM AGRAVO NO RECURSO ESPECIAL. DISSÍDIO. DEMONSTRAÇÃO. AUSÊNCIA. NÃO CONHECIMENTO DOS EMBARGOS DE DIVERGÊNCIA. NÃO CABIMENTO DE EMBARGOS DE DIVERGÊNCIA NA HIPÓTESE DE NÃO TER SIDO ANALISADO O MÉRITO DO RECURSO ESPECIAL. SÚMULA 315/STJ. AGRAVO REGIMENTAL A QUE SE NEGA PROVIMENTO. 1. São inadmissíveis os embargos de divergência quando a parte recorrente deixa de comprovar a alegada divergência nos termos dos arts. 1.043, § 4º, do Código de Processo Civil/2015 e 266, § 4º, do Regimento Interno do Superior Tribunal de Justiça. Não incidência do comando inserto no parágrafo único do art. 932 do CPC/2015. Precedentes. 2. O não cabimento dos embargos de divergência, no caso concreto, é bastante claro, em virtude de não ter sido analisado o mérito do recurso especial no acórdão embargado, atraindo a incidência da Súmula 315 do STJ: "Não cabem embargos de divergência no âmbito do agravo de instrumento que não admite recurso especial." 3. Cabem embargos de divergência para atacar acórdão de órgão fracionário que divergir do julgamento de qualquer outro órgão do mesmo tribunal, em duas hipóteses: 1) sendo os acórdãos, embargado e paradigma, de mérito (art. 1.043, inc. I); ou 2) sendo um acórdão de mérito e outro que não tenha conhecido do recurso, embora tenha apreciado a controvérsia (art. 1.043, inc. III). Nenhuma destas é a hipótese dos autos. Precedentes do STJ. 4. A possibilidade de oposição de embargos de divergência contra acórdão que discuta requisito de admissibilidade de recurso especial não é viabilizada pelo § 2º, do art. 1.043 do CPC/2015. Isso porque a redação do art. 1.043, § 2º, do CPC/2015 (A divergência que autoriza a interposição de embargos de divergência pode verificar-se na aplicação do direito material ou do direito processual) refere-se à possibilidade do cabimento de embargos de divergência contra acórdão que, ao julgar recurso especial, tenha apreciado controvérsia que consista na aplicação do direito material ou do direito processual. Tal não autoriza a conclusão, entretanto, de que seria possível a oposição de embargos de divergência contra acórdão que não conheceu de recurso especial em virtude da ausência de requisito de admissibilidade. 5. Agravo regimental a que se nega provimento. (AgRg nos EAREsp 15.211/PR, Rel. Ministro Og Fernandes, Corte Especial, julgado em 12/05/2020, DJe 15/05/2020)

§ 3º Cabem embargos de divergência quando o acórdão paradigma for da mesma turma que proferiu a decisão embargada, desde que sua composição tenha sofrido alteração em mais da metade de seus membros.

A oposição de embargos de divergência fundado em acórdão paradigma da mesma turma que proferiu a decisão embargada somente é admitida quando houver a alteração de mais da metade dos seus membros

✓ "(...) o art. 1.043, § 3º, do Código de Processo Civil dispõe serem cabíveis embargos de divergência quando o acórdão paradigma for da mesma turma que proferiu decisão embargada. IV – No entanto, condiciona a incidência dessa hipótese à alteração da composição da Turma julgadora em mais da metade de seus membros, entre a data do julgamento do acórdão embargado e a data de julgamento do acórdão paradigma. A propósito: (AgInt nos EREsp n. 1.622.531/CE, Relatora Ministra Maria Thereza de Assis Moura, Corte Especial, DJe de 27/11/2017 e AgRg nos EAREsp n. 321.023/CE, Relator Ministro Reynaldo Soares da Fonseca, Terceira Seção, DJe de 1/6/2018)..." (AgInt nos EREsp 1768953/SP, Rel. Ministro Francisco Falcão, Corte Especial, julgado em 08/09/2020, DJe 10/09/2020)

§ 4º O recorrente provará a divergência com certidão, cópia ou citação de repositório oficial ou credenciado de jurisprudência, inclusive em mídia eletrônica, onde foi publicado o acórdão divergente, ou com a reprodução de julgado disponível na rede mundial de computadores, indicando a respectiva fonte, e mencionará as circunstâncias que identificam ou assemelham os casos confrontados.

→ *v.* Art. 1.029, § 1º, do CPC.

Para o cabimento dos embargos de divergência, o dissídio jurisprudencial há de ser comprovado na forma exigida pelos arts. 1.043, § 4º, e 1.044, e com a realização do indispensável cotejo analítico entre os acórdãos embargado e paradigmas

✓ EMENTA: AGRAVO INTERNO. EMBARGOS DE DIVERGÊNCIA. AUSÊNCIA DE COTEJO ANALÍTICO ENTRE OS CASOS CONFRONTADOS. MANUTENÇÃO DA DECISÃO AGRAVADA. 1. A ausência de cotejo analítico entre os casos confrontados é obstáculo suficiente para que os embargos de divergência não sejam admitidos. 2. Agravo Interno a que se nega provimento. Na forma do art. 1.021, §§ 4º e 5º, do Código de Processo Civil de 2015, em caso de votação unânime, fica condenado o agravante a pagar ao agravado multa de um por cento do valor atualizado da causa, cujo depósito prévio passa a ser condição para a interposição de qualquer outro recurso (à exceção da Fazenda Pública e do beneficiário de gratuidade da justiça, que farão o pagamento ao final). (RE 1257792 AgR-EDv-AgR/SC, Rel. Min. Alexandre de Moraes, Tribunal Pleno, julgado em 04/11/2020, DJe 20/11/2020).

✓ PROCESSUAL CIVIL. AGRAVO INTERNO NOS EMBARGOS DE DIVERGÊNCIA EM RECURSO ESPECIAL. INDEFERIMENTO LIMINAR DOS EMBARGOS DE DIVERGÊNCIA. REQUISITOS PARA DEMONSTRAÇÃO DA DIVERGÊNCIA. ARTIGOS 1.043, § 3º, DO CPC/2015, E 266, § 4º, DO RISTJ. DESCUMPRIMENTO. COMPROVAÇÃO POSTERIOR. VÍCIO SUBSTANCIAL INSANÁVEL. I – A jurisprudência da Corte Especial ao interpretar o § 4º do art. 1.043 do CPC/2015 e o art. 266, § 4º, do Regimento Interno desta Corte Superior entendeu que é pressuposto indispensável para a comprovação ou configuração da alegada divergência jurisprudencial a adoção pela parte recorrente, na petição dos embargos de divergência, de uma das seguintes providências, quanto aos paradigmas indicados: (a) a juntada de certidões; (b) apresentação de cópias do inteiro teor dos acórdãos apontados; (c) a citação do repositório oficial, autorizado ou credenciado nos quais eles se achem publicados, inclusive em mídia eletrônica; e (d) a reprodução de julgado disponível na rede mundial de computadores, com a indicação da respectiva fonte na Internet. (AgInt nos EDcl nos EAREsp n. 1.121.421/RS, Corte Especial, Rel. Min. Jorge Mussi, DJe de 02/09/2019). II – O embargante desatendeu a norma deixando de juntar aos autos a certidão de julgamento do acórdão paradigma. III – A comprovação do dissenso constitui regra técnica do recurso de embargos de divergência, cujo descumprimento configura vício substancial insanável, não se admitindo a regularização do referido vício em momento posterior (AgInt nos EAREsp n. 419.397/DF, Corte Especial, Rel. Min. Jorge Mussi, DJe de 14/06/2019). Agravo interno desprovido. (AgInt nos EDcl nos EAREsp 1448596/DF, Rel. Ministro Felix Fischer, Corte Especial, julgado em 08/09/2020, DJe 14/09/2020).

A ausência de demonstração da divergência alegada é vício substancial, sendo, pois, descabida a abertura de prazo para que a parte sane esse aspecto

✓ PROCESSO CIVIL. AGRAVO INTERNO NOS EMBARGOS DE DIVERGÊNCIA EM AGRAVO EM RECURSO ESPECIAL. DISSÍDIO. DEMONSTRAÇÃO. AUSÊNCIA. AGRAVO INTERNO A QUE SE NEGA PROVIMENTO. 1. São inadmissíveis os embargos de divergência quando a parte recorrente deixa de comprovar a alegada divergência nos termos do art. 1.043, § 4º do CPC/2015 e do art. 266, § 4º do Regimento Interno do Superior Tribunal de Justiça. Não incidência do comando inserto no parágrafo único do art. 932 do CPC/2015. Precedentes. 2. "A mera menção ao Diário da Justiça em que teriam sido publicados os acórdãos paradigmas trazidos à colação, sem a indicação da respectiva fonte, quando os julgados encontram-se disponíveis na rede mundial de computadores ou Internet, não supre a exigência da citação do repositório oficial ou autorizado de jurisprudência, uma vez que se trata de órgão de divulgação em que é publicada somente a ementa do acórdão" (AgInt nos EAg 1.315.565/BA, relatora Min. Assusete Magalhães, Primeira Seção, DJe de 17/4/2018). 3. Agravo interno a que se nega provimento. (AgInt nos EAREsp 1312401/SP, Rel. Ministro Og Fernandes, Corte Especial, julgado em 07/10/2020, DJe 26/10/2020)

§ 5º (Revogado pela Lei 13.256, de 04/02/2016)

Art. 1.044. No recurso de embargos de divergência, será observado o procedimento estabelecido no regimento interno do respectivo tribunal superior.

Os embargos de divergência são recurso de fundamentação vinculada

✓ AGRAVO INTERNO. EMBARGOS DE DIVERGÊNCIA. INDEFERIMENTO LIMINAR. SÚMULA N. 315 DO STJ. RECURSO ESPECIAL NÃO CONHECIDO. SÚMULA N. 158 DO STJ. APLICAÇÃO. RECURSOS. CPC DE 2015. AGRAVO INTERNO DESPROVIDO. 1. Os embargos de divergência ostentam característica de recurso de fundamentação vinculada, a teor do que dispõem os arts. 1.043 e 1.044 do CPC, os quais exigem, como pressuposto indispensável, a demonstração de divergência jurisprudencial entre os órgãos fracionários. 2. No caso posto, não houve análise do mérito do recurso especial, tendo em vista a ausência de impugnação específica dos fundamentos adotados pelo Tribunal de origem, o que atrai a incidência da Súmula n. 315 do STJ, segundo a qual "não cabem embargos de divergência no âmbito do agravo de instrumento que não admite recurso especial". 3. Na esteira da jurisprudência desta Corte, a aplicação da Súmula n. 158 do STJ permanece hígida e tem inteira aplicação aos recursos interpostos sob a égide do CPC de 2015. 4. O recurso uniformizador tem por finalidade precípua dirimir dissídio decorrente da interpretação da legislação federal existente entre julgados proferidos nesta Corte Superior, não servindo para nova discussão acerca da utilização ou não de regra técnica de admissibilidade ou conhecimento do recurso especial, ocorrida no caso concreto e devidamente chancelada pelo respectivo órgão fracionário. 5. Agravo interno desprovido. (AgInt nos EAREsp 1380659/DF, Rel. Ministro Jorge Mussi, Corte Especial, julgado em 13/10/2020, DJe 27/10/2020)

§ 1º A interposição de embargos de divergência no Superior Tribunal de Justiça interrompe o prazo para interposição de recurso extraordinário por qualquer das partes.

§ 2º Se os embargos de divergência forem desprovidos ou não alterarem a conclusão do julgamento anterior, o recurso extraordinário interposto pela outra parte antes da publicação do julgamento dos embargos de divergência será processado e julgado independentemente de ratificação.

→ *V.* Art. 1.024, § 5º, do CPC.

→ *V.* Enunciado 83 do CJF: caso os embargos de divergência impliquem alteração das conclusões do julgamento anterior, o recorrido que já tiver interposto o recurso extraordinário terá o direito de complementar ou alterar suas razões, nos exatos limites da modificação, no prazo de quinze dias, contados da intimação da decisão dos embargos de divergência.

LIVRO COMPLEMENTAR
DISPOSIÇÕES FINAIS E TRANSITÓRIAS

Art. 1.045. Este Código entra em vigor após decorrido 1 (um) ano da data de sua publicação oficial.

A Lei n. 13.105/2015 (Código de Processo Civil) entrou em vigor em 18 de março de 2016

Enunciado administrativo n. 1 do Superior Tribunal de Justiça

O Plenário do STJ, em sessão administrativa em que se interpretou o art. 1.045 do novo Código de Processo Civil, decidiu, por unanimidade, que o Código de Processo Civil aprovado pela Lei n. 13.105/2015, entrará em vigor no dia 18 de março de 2016.

As disposições do CPC/2015 somente se aplicam às decisões publicadas a partir da vigência do Código, em 18 de março de 2016

✓ EMBARGOS DE DECLARAÇÃO NO AGRAVO INTERNO NO AGRAVO EM RECURSO ESPECIAL. HONORÁRIOS ADVOCATÍCIOS. MAJORAÇÃO. ART. 85, § 11, DO CÓDIGO DE PROCESSO CIVIL DE 2015. 1. Nos recursos interpostos contra decisão publicada a partir de 18 de março de 2016, é possível o arbitramento de honorários sucumbenciais recursais, na forma do artigo 85, § 11, do Código de Processo Civil de 2015. 2. Embargos de declaração acolhidos para majorar a verba honorária. (STJ, EDcl no AgInt no AREsp 1561355/GO, Rel. Min. Ricardo Villas Bôas Cueva, Terceira Turma, julgado em 30/11/2020, DJe 03/12/2020).

Os requisitos do reexame necessário seguem a data da publicação da sentença (logo, o art. 496 do CPC somente é aplicável às sentenças publicadas a partir de 18/03/2016)

✓ PROCESSUAL CIVIL. APELAÇÃO. REEXAME NECESSÁRIO. APLICAÇÃO DO CÓDIGO DE PROCESSO CIVIL DE 1973. RECURSO ESPECIAL PROVIDO. 1. Cuida-se, na origem, de Ação proposta pelo ora recorrido em que foi condenada a Fazenda Pública. 2. O Tribunal a quo não conheceu da remessa necessária e assim consignou na sua decisão: "De acordo com o art. 14 do CPC, "a norma processual não retroagirá e será aplicável imediatamente aos processos em curso, respeitados os atos processuais praticados e as situações jurídicas consolidadas sob a vigência da norma revogada". O art. 1.046, por sua vez, estabelece que "ao entrar em vigor este Código, suas disposições se aplicarão desde logo aos processos pendentes, ficando revogada a Lei nº 5.869, de 11 de janeiro de 1973". Não há dúvida, portanto, que a nova regra processual deve ser aplicada imediatamente aos processos em curso, resguardando apenas os atos processuais já praticados e as situações jurídicas consolidadas, o que não é o caso dos autos." (fl. 40). 3. Contudo, esclareça-se que a sentença foi proferida em 31 de março de 2015, e assim os requisitos do reexame necessário devem ser apreciados à luz do CPC/1973. A propósito, o Enunciado administrativo nº 2 do STJ. Nesse sentido: AgRg no AREsp 212.112/RS, Rel. Ministro Marco Buzzi, Quarta Turma, DJe 4/9/2017. 4. Recurso Especial provido, com a determinação de remessa dos autos ao Tribunal de origem para a apreciação dos requisitos do reexame necessário à luz do Código de Processo Civil de 1973. (REsp 1684798/RN, Rel. Ministro Herman Benjamin, Segunda Turma, julgado em 03/10/2017, DJe 11/10/2017).

Art. 1.046. Ao entrar em vigor este Código, suas disposições se aplicarão desde logo aos processos pendentes, ficando revogada a Lei nº 5.869, de 11 de janeiro de 1973.

A regra processual aplicável, no que tange à condenação em honorários advocatícios sucumbenciais, é a vigente na data da prolatação da sentença

✓ PROCESSUAL CIVIL. AGRAVO INTERNO NO RECURSO ESPECIAL. HONORÁRIOS ADVOCATÍCIOS. MARCO TEMPORAL PARA A INCIDÊNCIA DO CPC/2015. PROLAÇÃO DA SENTENÇA. 1. A jurisprudência do STJ se firmou no sentido de que a regra processual aplicável, no que tange à condenação em honorários advocatícios sucumbenciais, é aquela vigente na data da prolatação da sentença. Tal entendimento deve ser adotado até o trânsito em julgado, ainda que a sentença tenha sido reformada. 2. Na hipótese, a sentença de primeiro grau foi publicada quando ainda vigente o CPC/1973. Assim, correto o entendimento do Tribunal de origem que, ao reformar a sentença, aplicou o regramento disposto no art. 20, §§ 3º e 4º, do CPC/73 para fixar os honorários advocatícios em favor da ora agravante. 3. Agravo interno a que se nega provimento. (AgInt no REsp 1789749/CE, Rel. Ministro Og Fernandes, Segunda Turma, julgado em 18/08/2020, DJe 27/08/2020)

§ 1º As disposições da Lei nº 5.869, de 11 de janeiro de 1973, relativas ao procedimento sumário e aos procedimentos especiais que forem revogadas aplicar-se-ão às ações propostas e não sentenciadas até o início da vigência deste Código.

Iniciado um procedimento existente no CPC/1973 e não mais previsto no CPC/2015, prossegue-se a tramitação com base no sistema anterior às ações propostas e não sentenciadas até o início da vigência do atual Código

✓ EMENTA: APELAÇÃO - CAUTELAR DE EXIBIÇÃO DE DOCUMENTO - AÇÃO AJUIZADA SOB A ÉGIDE DO CPC/73 - FEITO NÃO SENTENCIADO ATÉ O INÍCIO DA VIGÊNCIA DO CPC/15 - DIREITO INTERTEMPORAL - APLICAÇÃO DAS NORMAS DO ANTIGO CÓDIGO DE PROCESSO CIVIL - SENTENÇA CASSADA. 1. O artigo 1.046 do CPC/15 dispõe que as disposições da Lei nº 5.869, de 11 de janeiro de 1973, relativas aos procedimentos especiais que forem revogados aplicar-se-ão às ações propostas e não sentenciadas até o início da vigência do Código vigente. 2. Tratando-se de ação cautelar de exibição de documento ajuizada sob a égide do antigo Código de Processo Civil e não sentenciada antes do início da vigência do Novo Código (2015), não há que se falar em adequação do feito à legislação vigente, uma vez que, no caso, aplicam-se as disposições do ordenamento revogado. (TJMG, AC 1.0000.16.013731-1/002, Rel. Des. Antônio Bispo, Rel. p/ acórdão Des. José Américo Martins da Costa, 15ª Câmara Cível, julgado em 04/06/2020, DJ 19/06/2020)

§ 2º Permanecem em vigor as disposições especiais dos procedimentos regulados em outras leis, aos quais se aplicará supletivamente este Código.

§ 3º Os processos mencionados no art. 1.218 da Lei nº 5.869, de 11 de janeiro de 1973, cujo procedimento ainda não tenha sido incorporado por lei submetem-se ao procedimento comum previsto neste Código.

§ 4º As remissões a disposições do Código de Processo Civil revogado, existentes em outras leis, passam a referir-se às que lhes são correspondentes neste Código.

§ 5º A primeira lista de processos para julgamento em ordem cronológica observará a antiguidade da distribuição entre os já conclusos na data da entrada em vigor deste Código.

Art. 1.047. As disposições de direito probatório adotadas neste Código aplicam-se apenas às provas requeridas ou determinadas de ofício a partir da data de início de sua vigência.

Deferida a produção de prova pericial sob a vigência do CPC/1973, não incide o art. 373, § 1º, do CP/C/2015 que autoriza a inversão do ônus da prova

✓ DIREITO PROCESSUAL CIVIL. PROVA DEFERIDA NA VIGÊNCIA DO CPC/73. INAPLICABILIDADE DA TÉCNICA DE INVERSÃO DO ART. 373, § 1º, DO CPC/2015. DIREITO INTERTEMPORAL. CPC/2015, ART. 1.047. IMPOSSIBILIDADE OU DIFICULDADE EXCESSIVA NÃO VERIFICADA. CONTRADITÓRIO ESPECÍFICO. ART. 10 DO CPC/15. INOBSERVÂNCIA. DECISÃO REFORMADA. I. Deferida a prova pericial na vigência do Código de Processo Civil de 1973, a posterior inversão do *onus probandi* com fundamento no artigo 373, § 1º, do Código de Processo Civil de 2015, encontra óbice no artigo 1.047 deste diploma legal. II. Em se tratando de prova pericial a que tem acesso ambas as partes, não se divisa impossibilidade ou dificuldade excessiva apta a lastrear a inversão do ônus probatório, consoante a dicção do artigo 373, § 1º, do Código de Processo Civil de 2015. III. A inversão do ônus da prova depende de contraditório específico, a teor do que estatui o artigo 10 do Código de Processo Civil de 2015. IV. Recurso conhecido e provido. (TJDFT, AC 07006025120188070000, Rel. Des. James Eduardo Oliveira, 4ª Turma Cível, julgado em 28/06/2018, PJe 25/07/2018)

Requerida a prova pericial na vigência do CPC/1973 a distribuição de pagamento será regida pelo art. 33 do diploma revogado e não pelo art. 95 do CPC/2015

✓ Agravo de instrumento - cumprimento de sentença por arbitramento - realização de perícia contábil determinada por sentença - requerimento da prova pericial que ocorreu sob a égide do CPC/1973 - aplicação da regra de transição estabelecida no art. 1.047 do CPC/15, afastando-se a incidência do art. 95 do CPC/15 - ônus pelo custeio da prova pericial determinada pelo juízo que deve ser atribuído ao autor, por força dos art. 33 do CPC/73 - ausência de concessão das benesses da gratuidade - Recurso provido. (TJSP, Agravo de Instrumento 2146681-12.2017.8.26.0000, Rel. Des. Souza Meirelles, 12ª Câmara de Direito Público, julgado em 20/06/2018)

Art. 1.048. Terão prioridade de tramitação, em qualquer juízo ou tribunal, os procedimentos judiciais:

I – em que figure como parte ou interessado pessoa com idade igual ou superior a 60 (sessenta) anos ou portadora de doença grave, assim compreendida qualquer das enumeradas no art. 6º, inciso XIV, da Lei nº 7.713, de 22 de dezembro de 1988;

→ *V.* Lei 13.466/2017, que alterou o art. 71 do Estatuto do Idoso (Lei 10.741/2003), para criar uma "superpreferência", aos maiores de oitenta anos.

II – regulados pela Lei n. 8.069, de 13 de julho de 1990 (Estatuto da Criança e do Adolescente)

III – em que figure como parte a vítima de violência doméstica e familiar, nos termos da Lei n. 11.340, de 7 de agosto de 2006 (Incluído pela Lei n. 13.894, de 29 de outubro de 2019).

IV – em que se discuta a aplicação do disposto nas normas gerais de licitação e contratação a que se refere o inciso XXVII do caput do art. 22 da Constituição Federal (acrescido pela Lei n. 14.133, de 1º de abril de 2021, Lei de Licitações e Contratos Administrativos).

A prioridade processual prevista no art. 1.048 é aplicável se as partes forem abrangidas pelos incisos, não se seus advogados estejam nessas condições

✓ AGRAVO REGIMENTAL. ADJUDICAÇÃO COMPULSÓRIA. Espólio. Pretensão de que seja concedida prioridade na tramitação, nos termos do art. 1.048, I, do CPC. Decisão monocrática que indeferiu o benefício legal. Irresignação. Descabimento. Prioridade que somente pode ser atribuída às partes do processo, não a seus representantes, e interessados, assim entendidos aqueles que atuam por intervenção de terceiro. Participação da inventariante, no feito, que decorre de exigência legal. Inteligência do art. 75, VII do CPC. Representatividade processual que não resulta no benefício de prioridade de tramitação. Decisão mantida. RECURSO IMPROVIDO. (TJSP, Agravo Regimental Cível 1031046-12.2014.8.26.0224, Rel. Des. Mariella Ferraz de Arruda Pollice Nogueira, 9ª Câmara de Direito Privado julgado em 14/05/2019)

O direito à prioridade de tramitação prevista no dispositivo não deve ser obstado se houver litisconsórcio com pessoa que não esteja contemplado pelo artigo

✓ AGRAVO DE INSTRUMENTO. Indeferimento da prioridade de tramitação a pessoa idosa em litisconsórcio facultativo, em razão do caráter personalíssimo da benesse. Benefício previsto no art. 71, §§ 1º e 5º, do Estatuto do Idoso e no art. 1.048 do CPC. Legislação que não condiciona ou limita a concessão na hipótese, antes favorecendo o idoso que figure em qualquer situação processual. Precedentes. Recurso provido. (TJSP, AI 2141023-02.2020.8.26.0000, Rel. Des. Coimbra Schmidt, 7ª Câmara de Direito Público, julgado em 01/07/2020)

A regra da prioridade processual não pode ser derrogada pela vontade das partes

✓ AGRAVO DE INSTRUMENTO. EXECUÇÃO. PRIORIDADE DE TRAMITAÇÃO. NORMA COGENTE. ATOS DE CONSTRIÇÃO. SUSPENSÃO. REQUISITOS. NÃO PREENCHIDOS. I – A prioridade de tramitação do processo, prevista no art. 1048 do CPC, é norma cogente e, portanto, comando legal de ordem pública, que se impõe de modo absoluto e não pode ser derrogada por mera vontade das partes. II – O art. 919, § 1º, do CPC prevê que o magistrado poderá atribuir efeito suspensivo aos embargos à execução se presentes, cumulativamente: o requerimento do embargante; a relevância da argumentação; o risco de dano grave de difícil ou incerta reparação; e a garantia do juízo. III – Não é possível a suspensão dos atos de constrição, se o executado não quita a dívida e oferece embargos sem garantir o juízo. Depois, a eventual concessão de efeito suspensivo não impede a efetivação dos atos de substituição, de reforço ou de redução da penhora e de avaliação dos bens, conforme § 5º do art. 919 do CPC. IV – Negou-se provimento ao recurso. (TJDFT, AC 07200507320198070000, Rel. Des. José Divino, 6ª Turma Cível, julgado em 04/12/2019, DJe 17/12/2019)

§ 1º A pessoa interessada na obtenção do benefício, juntando prova de sua condição, deverá requerê-lo à autoridade judiciária competente para decidir o feito, que determinará ao cartório do juízo as providências a serem cumpridas.

§ 2º Deferida a prioridade, os autos receberão identificação própria que evidencie o regime de tramitação prioritária.

§ 3º Concedida a prioridade, essa não cessará com a morte do beneficiado, estendendo-se em favor do cônjuge supérstite ou do companheiro em união estável.

§ 4º A tramitação prioritária independe de deferimento pelo órgão jurisdicional e deverá ser imediatamente concedida diante da prova da condição de beneficiário.

Art. 1.049. Sempre que a lei remeter a procedimento previsto na lei processual sem especificá-lo, será observado o procedimento comum previsto neste Código.

Parágrafo único. Na hipótese de a lei remeter ao procedimento sumário, será observado o procedimento comum previsto neste Código, com as modificações previstas na própria lei especial, se houver.

Art. 1.050. A União, os Estados, o Distrito Federal, os Municípios, suas respectivas entidades da administração indireta, o Ministério Público, a Defensoria Pública e a Advocacia Pública, no prazo de 30 (trinta) dias a contar da data da entrada em vigor deste Código, deverão se cadastrar perante a administração do tribunal no qual atuem para cumprimento do disposto nos arts. 246, § 2º e 270, parágrafo único.

A realização da intimação eletrônica está condicionada ao prévio cadastro perante a Administração do Tribunal no qual a parte atua e que, se não realizado, consideram-se feitas as intimações pela publicação dos atos no órgão oficial

✓ PROCESSUAL CIVIL. AGRAVO INTERNO NO AGRAVO RECURSO ESPECIAL. CÓDIGO DE PROCESSO CIVIL DE 2015. APLICABILIDADE. INTEMPESTIVIDADE. ARTS. 183, 219, 1.003, § 5º, E 1.070 DO CÓDIGO DE PROCESSO CIVIL DE 2015. INTIMAÇÃO PESSOAL ELETRÔNICA. INOCORRÊNCIA. AUSÊNCIA DE CADASTRO PERANTE O SUPERIOR TRIBUNAL DE JUSTIÇA. VALIDADE DA INTIMAÇÃO REALIZADA POR MEIO DE PUBLICAÇÃO NO DIÁRIO DE JUSTIÇA ELETRÔNICO. HONORÁRIOS RECURSAIS. NÃO CABIMENTO. APLICAÇÃO DE MULTA. ART. 1.021, § 4º, DO CÓDIGO DE PROCESSO CIVIL DE 2015. DESCABIMENTO. I. Consoante o decidido pelo Plenário desta Corte na sessão realizada em 09.03.2016, o regime recursal será determinado pela data da publicação do provimento jurisdicional impugnado. *In casu*, aplica-se o Código de Processo Civil de 2015. II. É intempestivo o agravo interno interposto fora do prazo de quinze dias úteis, previsto nos arts. 219, 1.003, § 5º, e 1.070, do Código de Processo Civil de 2015, contado em dobro, nos termos do art. 183 do referido *codex*. III. Nos termos dos arts. 1.050, 246, § 2º e 270, parágrafo único, todos do estatuto processual civil de 2015, a realização de intimação eletrônica está condicionada à realização de cadastro perante a administração do tribunal no qual a parte atua. IV. Não sendo realizado o cadastro exigido, consideram-se feitas as intimações pela publicação dos atos no órgão oficial, conforme disposto no art. 272 do mencionado estatuto processual. Precedentes. V. Honorários recursais. Não cabimento. VI. Em regra, descabe a imposição da multa prevista no art. 1.021, § 4º, do Código de Processo Civil de 2015 em razão do mero não conhecimento do Agravo Interno em votação unânime, sendo necessária a configuração da manifesta inadmissibilidade ou improcedência do recurso a autorizar sua aplicação, o que não ocorreu no caso. VII. Agravo interno não conhecido. (AgInt no AREsp 978.007/MG, Rel. Ministra Regina Helena Costa, Primeira Turma, julgado em 18/05/2020, DJe 25/05/2020)

Caso não cumpra as exigências de cadastramento perante o Tribunal, não aproveita ao ente público a prerrogativa processual da intimação pessoal

✓ PROCESSUAL CIVIL. AGRAVO INTERNO NO RECURSO ESPECIAL. INTIMAÇÃO DE MUNICÍPIO NÃO CADASTRADO NO STJ. NÃO CUMPRIMENTO DOS ARTS. 246, §§ 1º E 2º, E 1.050 DO CPC/2015. VALIDADE E EFICÁCIA DA INTIMAÇÃO FEITA PELO DIÁRIO DE JUSTIÇA. 1. Não se pode conhecer do Agravo Interno, por intempestividade: consoante certidão de fls. 1.352, foi interposto quando já findo o prazo legal. 2. Nos termos do art. 219, c/c o art. 1.003, § 5º, do CPC/2015, o prazo para interposição do Agravo Interno é de 15 (quinze) dias úteis, sendo seu cômputo dobrado para a advocacia pública (CPC/2015, art. 183). No caso dos autos a decisão agravada foi publicada no dia 21.8.2019, e o Agravo Interno foi aviado apenas no dia 27.11.2019. 3. Apesar de a parte agravante ter prerrogativa de intimação pessoal, nos termos do art. 183 do CPC/2015, não há nulidade na contagem do prazo recursal da publicação no Diário de Justiça Eletrônico, porquanto o Município não realizou cadastramento no Sistema de Intimação Eletrônica do Superior Tribunal de Justiça, como prevê o art. 1.050 do CPC/2015, conforme certificado à fl. 30. 4. Agravo Interno não conhecido. (AgInt no REsp 1763942/SE, Rel. Ministro Herman Benjamin, Segunda Turma, julgado em 29/04/2020, DJe 06/05/2020)

Art. 1.051. As empresas públicas e privadas devem cumprir o disposto no art. 246, § 1º, no prazo de 30 (trinta) dias, a contar da data de inscrição do ato constitutivo da pessoa jurídica, perante o juízo onde tenham sede ou filial.

Parágrafo único. O disposto no caput não se aplica às microempresas e às empresas de pequeno porte.

Art. 1.052. Até a edição de lei específica, as execuções contra devedor insolvente, em curso ou que venham a ser propostas, permanecem reguladas pelo Livro II, Título IV, da Lei nº 5.869, de 11 de janeiro de 1973.

Art. 1.053. Os atos processuais praticados por meio eletrônico até a transição definitiva para certificação digital ficam convalidados, ainda que não tenham observado os requisitos mínimos estabelecidos por este Código, desde que tenham atingido sua finalidade e não tenha havido prejuízo à defesa de qualquer das partes.

Art. 1.054. O disposto no art. 503, § 1º, somente se aplica aos processos iniciados após a vigência deste Código, aplicando-se aos anteriores o disposto nos arts. 5º, 325 e 470 da Lei nº 5.869, de 11 de janeiro de 1973.

A técnica processual de análise das questões prejudiciais prevista no art. 503, § 1º, somente será aplicada nas ações ajuizadas após a vigência do CPC/2015

✓ RECURSO ESPECIAL. PROCESSUAL CIVIL. APLICAÇÃO DO CPC/15. AÇÃO DECLARATÓRIA INCIDENTAL À AÇÃO DE COBRANÇA DE DÉBITOS CONDOMINIAIS. ART. 1.054 DO CPC/15. APLICAÇÃO DAS REGRAS DE CABIMENTO DA AÇÃO DECLARATÓRIA INCIDENTAL PREVISTAS NO CPC/73 (ARTS. 5º, 325 e 470 DO CPC/73) EM DEMANDAS AJUIZADAS ANTES DA VIGÊNCIA DO CPC/15. AÇÃO DE DECLARATÓRIA INCIDENTAL. OBJETIVO. JULGAMENTO. QUESTÃO PREJUDICIAL REFERENTE À RELAÇÃO JURÍDICA CUJA EXISTÊNCIA OU INEXISTÊNCIA DEPENDA A AÇÃO PRINCIPAL. DECLARAÇÃO DE CRITÉRIO DE COBRANÇA DE DÉBITO CONDOMINIAL NÃO VISA DECLARAR A EXISTÊNCIA OU INEXISTÊNCIA DE RELAÇÃO JURÍDICA ENTRE O CONDÔMINO E O CONDOMÍNIO. 1. Ação de declaratória incidental à ação de cobrança de débitos condominiais ajuizada em 01/04/2009. Autos conclusos para esta Relatora em 19/02/2018. Julgamento sob a égide do CPC/15. 2. O CPC/15 suprimiu os dispositivos referentes ao cabimento da ação declaratória incidental constantes no CPC/73 (arts. 5º, 325 e 470, todos, do CPC/73), entretanto – ao discorrer sobre o tema coisa julgada – dispôs no art. 503, § 1º, do CPC/15 que haverá a formação de coisa julgada material sobre questão prejudicial desde que atendidos requisitos específicos previstos na legislação. O art. 1.054 do CPC/15, contudo, dispõe expressamente que a nova técnica processual referente à análise das questões prejudiciais – apenas – será aplicada nas ações ajuizadas após a vigência do CPC/15 (ocorrida em 18/03/2016, consoante o art. 1.045 do CPC/15). 3. O escopo da ação declaratória incidental é o julgamento conclusivo e apto à formação de coisa julgada material de questão prejudicial de mérito, referente à uma relação jurídica de cuja existência ou inexistência depender o julgamento da ação principal. 4. A declaração quanto ao critério de rateio das despesas condominiais não vislumbra a declaração de existência ou inexistência de relação jurídica entre o condômino e o condomínio. 5. A forma da cobrança do débito condominial, consubstanciado em determinado critério, é matéria de mérito da ação de cobrança e a insurgência contra a forma do cálculo deve ser arguida como matéria de defesa. 6. Recurso especial conhecido e não provido. (STJ, REsp 1723570/MG, Rel. Ministra Nancy Andrighi, Terceira Turma, julgado em 01/09/2020, DJe 09/09/2020)

Art. 1.055. (**VETADO**).

Art. 1.056. Considerar-se-á como termo inicial do prazo da prescrição prevista no art. 924, inciso V, inclusive para as execuções em curso, a data de vigência deste Código.

→ V. Arts. 921 e 924

Definição do termo inicial da prescrição intercorrente no CPC/1973 e no CPC/2015

✓ RECURSO ESPECIAL. INCIDENTE DE ASSUNÇÃO DE COMPETÊNCIA. AÇÃO DE EXECUÇÃO DE TÍTULO EXTRAJUDICIAL. PRESCRIÇÃO INTERCORRENTE DA PRETENSÃO EXECUTÓRIA. CABIMENTO. TERMO INICIAL. NECESSIDADE DE PRÉVIA INTIMAÇÃO DO CREDOR-EXEQUENTE. OITIVA DO CREDOR. INEXISTÊNCIA. CONTRADITÓRIO DESRESPEITADO. RECURSO ESPECIAL PROVIDO. 1. As teses a serem firmadas, para efeito do art. 947 do CPC/2015 são as seguintes: 1.1 Incide a prescrição intercorrente, nas causas regidas pelo CPC/73, quando o exequente permanece inerte por prazo superior ao de prescrição do direito material vindicado, conforme interpretação extraída do art. 202, parágrafo único, do Código Civil de 2002. 1.2 O termo inicial do prazo prescricional, na vigência do CPC/1973, conta-se do fim do prazo judicial de suspensão do processo ou, inexistindo prazo fixado, do transcurso de um ano (aplicação analógica do art. 40, § 2º, da Lei 6.830/1980). 1.3 O termo inicial do art. 1.056 do CPC/2015 tem incidência apenas nas hipóteses em que o processo se encontrava suspenso na data da entrada em vigor da novel lei processual, uma vez que não se pode extrair interpretação que viabilize o reinício ou a reabertura de prazo prescricional ocorridos na vigência do revogado CPC/1973 (aplicação irretroativa da norma processual). 1.4. O contraditório é princípio que deve ser respeitado em todas as manifestações do Poder Judiciário, que deve zelar pela sua observância, inclusive nas hipóteses de declaração de ofício da prescrição intercorrente, devendo o credor ser previamente intimado para opor algum fato impeditivo à incidência da prescrição. 2. No caso concreto, a despeito de transcorrido mais de uma década após o arquivamento administrativo do processo, não houve a intimação da recorrente a assegurar o exercício oportuno do contraditório. 3. Recurso especial provido. (REsp 1604412/SC, Rel. Ministro Marco Aurélio Bellizze, Segunda Seção, julgado em 27/06/2018, DJe 22/08/2018).

Art. 1.057. O disposto no art. 525, §§ 14 e 15, e no art. 535, §§ 7º e 8º, aplica-se às decisões transitadas em julgado após a entrada em vigor deste Código, e, às decisões transitadas em julgado anteriormente, aplica-se o disposto no art. 475-L, § 1º, e no art. 741, parágrafo único, da Lei nº 5.869, de 11 de janeiro de 1973.

Se a decisão transitou em julgado sob a vigência do CPC/1973, não se aplica a nova legislação

✓ AGRAVO REGIMENTAL EM AÇÃO RESCISÓRIA. DIREITO FINANCEIRO. INCENTIVOS FISCAIS. REPASSES OBRIGATÓRIOS. SÚMULA 343 DO STF. 1. Não se vislumbra viável, em sede estreita de ação rescisória, realizar distinção entre feito transitado em julgado sob a vigência do CPC/73 e paradigma de repercussão geral, conquanto esse não foi realizado no momento oportuno na via do recurso extraordinário. 2. É entendimento iterativo desta Corte ser inovação recursal, em relação aos fatos ou à novel legislação, insuscetível de apreciação neste momento processual. Precedentes. 3. Nos termos da jurisprudência do STF, torna-se aplicável a Súmula 343 do STF aos casos em que se cogite interpretação controvertida de questão constitucional nos tribunais. Precedente: RE-RG 590.809, de relatoria do Ministro Marco Aurélio, Tribunal Pleno, DJe 24.11.2014. 4. É inviável, sequer no plano hipotético, a aplicação de incisos dos artigos 525 e 535 do CPC/15, haja vista que o acórdão rescindendo transitou em julgado sob a vigência do CPC/73. Art. 1.057 do CPC/2015. 5. Agravo regimental a que se nega provimento. (AR 2457 AgR/PR, Rel. Min. Edson Fachin, Tribunal Pleno, julgado em 08/08/2017, DJe 24/08/2017)

Art. 1.058. Em todos os casos em que houver recolhimento de importância em dinheiro, esta será depositada em nome da parte ou do interessado, em conta especial movimentada por ordem do juiz, nos termos do art. 840, inciso I.

Art. 1.059. À tutela provisória requerida contra a Fazenda Pública aplica-se o disposto nos arts. 1º a 4º da Lei nº 8.437, de 30 de junho de 1992, e no art. 7º, § 2º, da Lei nº 12.016, de 7 de agosto de 2009.

Permitida a execução provisória contra a Fazenda, sem observar as restrições legais, há violação desse dispositivo

✓ AGRAVO DE INSTRUMENTO – R. decisão que indeferiu a execução provisória para fins de concessão, ao agravante, da aposentadoria especial, com paridade e integralidade de proventos – Cabimento – Violação ao art. 1.059, do NCPC, art. 2º-B, da Lei n. 9.494/97 e art. 7º, § 2º, da Lei n. 12.016/09 – Medida de difícil reversão – Impossibilidade de execução antecipada do julgado – Recurso desprovido. (TJSP, AI 2119675-25.2020.8.26.0000, Rel. Des. Silvia Meirelles, 6ª Câmara de Direito Público, julgado em 09/07/2020)

Art. 1.060. O inciso II do art. 14 da Lei nº 9.289, de 4 de julho de 1996, passa a vigorar com a seguinte redação:

"Art. 14. [...]

II – aquele que recorrer da sentença adiantará a outra metade das custas, comprovando o adiantamento no ato de interposição do recurso, sob pena de deserção, observado o disposto nos §§ 1º a 7º do art. 1.007 do Código de Processo Civil;

[...]"

Art. 1.061. O § 3º do art. 33 da Lei nº 9.307, de 23 de setembro de 1996 (Lei de Arbitragem), passa a vigorar com a seguinte redação:

"Art. 33. [...]

§ 3º A decretação da nulidade da sentença arbitral também poderá ser requerida na impugnação ao cumprimento da sentença, nos termos dos arts. 525 e seguintes do Código de Processo Civil, se houver execução judicial."

Art. 1.062. O incidente de desconsideração da personalidade jurídica aplica-se ao processo de competência dos juizados especiais.

Se requerida no curso de cumprimento de sentença, a desconsideração da personalidade jurídica não deve ser proposta em ação autônoma

✓ DIREITO PROCESSUAL CIVIL. INCIDENTE DE DESCONSIDERAÇÃO DA PERSONALIDADE JURÍDICA. AÇÃO AUTÔNOMA. INVIABILIDADE. CUMPRIMENTO DE SENTENÇA EM JUIZADO ESPECIAL CÍVEL. SENTENÇA MANTIDA. I. O Incidente de Desconsideração da Personalidade Jurídica é previsto no Código de Processo Civil como modalidade de intervenção de terceiros que, por sua essência, não pode ser objeto de ação autônoma. II. Só na hipótese em que a desconsideração da personalidade jurídica é pleiteada na petição inicial da própria ação de conhecimento é dispensada a instauração do incidente, conforme se extrai do artigo 134, § 2º, do Código de Processo Civil. III. O Incidente de Desconsideração da Personalidade Jurídica é cabível no âmbito dos Juizados Especiais, a teor do que prescreve o artigo 1.062 do Código de Processo Civil. IV. Nenhuma contingência enfrentada no cumprimento de sentença em curso no Juizado Especial Cível justifica a propositura de ação autônoma para a desconsideração da personalidade jurídica. V. Recurso conhecido e desprovido. (TJDFT, AC 07007103420198070004, Rel. Des. James Eduardo Oliveira, 4ª Turma Cível, julgado em 29/04/2020, DJe 25/05/2020).

Admite-se o manejo de mandado de segurança em face de decisão proferida nos Juizados Especiais que nega o pedido de instauração do incidente de desconsideração da personalidade jurídica

✓ MANDADO DE SEGURANÇA. DECISÃO INTERLOCUTÓRIA QUE INDEFERIU O PEDIDO DE PROCESSAMENTO DA DESCONSIDERAÇÃO DA PERSONALIDADE JURÍDICA. POSSIBILIDADE DE ABERTURA DO INCIDENTE NO ÂMBITO DOS JUIZADOS ESPECIAIS, A TEOR DOS ARTIGOS 1.062 E 135 DO CPC. PRINCÍPIO DO DEVIDO PROCESSO LEGAL E DA AMPLA DEFESA. ILEGALIDADE DA DECISÃO. SEGURANÇA CONCEDIDA. (Quarta Turma Recursal do TJRS, MS 71008665499 Rel. Juíza. Gisele Anne Vieira de Azambuja, julgamento 24/07/2019, DJe 26/07/2019)

Art. 1.063. Até a edição de lei específica, os juizados especiais cíveis previstos na Lei nº 9.099, de 26 de setembro de 1995, continuam competentes para o processamento e julgamento das causas previstas no art. 275, inciso II, da Lei nº 5.869, de 11 de janeiro de 1973.

Art. 1.064. O *caput* do art. 48 da Lei nº 9.099, de 26 de setembro de 1995, passa a vigorar com a seguinte redação:

"Art. 48. Caberão embargos de declaração contra sentença ou acórdão nos casos previstos no Código de Processo Civil. [...]"

Art. 1.065. O art. 50 da Lei nº 9.099, de 26 de setembro de 1995, passa a vigorar com a seguinte redação:

"Art. 50. Os embargos de declaração interrompem o prazo para a interposição de recurso."

Art. 1.066. O art. 83 da Lei nº 9.099, de 26 de setembro de 1995, passam a vigorar com a seguinte redação:

"Art. 83. Cabem embargos de declaração quando, em sentença ou acórdão, houver obscuridade, contradição ou omissão.

[...]

§ 2º Os embargos de declaração interrompem o prazo para a interposição de recurso."

Art. 1.067. O art. 275 da Lei nº 4.737, de 15 de julho de 1965 (Código Eleitoral), passa a vigorar com a seguinte redação:

"Art. 275. São admissíveis embargos de declaração nas hipóteses previstas no Código de Processo Civil.

§ 1º Os embargos de declaração serão opostos no prazo de 3 (três) dias, contado da data de publicação da decisão embargada, em petição dirigida ao juiz ou relator, com a indicação do ponto que lhes deu causa.

§ 2º Os embargos de declaração não estão sujeitos a preparo.

§ 3º O juiz julgará os embargos em 5 (cinco) dias.

§ 4º Nos tribunais:

I – o relator apresentará os embargos em mesa na sessão subsequente, proferindo voto;

II – não havendo julgamento na sessão referida no inciso I, será o recurso incluído em pauta;

III – vencido o relator, outro será designado para lavrar o acórdão.

§ 5º Os embargos de declaração interrompem o prazo para a interposição de recurso.

§ 6º Quando manifestamente protelatórios os embargos de declaração, o juiz ou o tribunal, em decisão fundamentada, condenará o embargante a pagar ao embargado multa não excedente a 2 (dois) salários mínimos.

§ 7º Na reiteração de embargos de declaração manifestamente protelatórios, a multa será elevada a até 10 (dez) salários mínimos."

Art. 1.068. O art. 274 e o *caput* do art. 2.027 da Lei nº 10.406, de 10 de janeiro de 2002 (Código Civil), passam a vigorar com a seguinte redação:

"Art. 274. O julgamento contrário a um dos credores solidários não atinge os demais, mas o julgamento favorável aproveita-lhes, sem prejuízo de exceção pessoal que o devedor tenha direito de invocar em relação a qualquer deles."

"Art. 2.027. A partilha é anulável pelos vícios e defeitos que invalidam, em geral, os negócios jurídicos."

Art. 1.069. O Conselho Nacional de Justiça promoverá, periodicamente, pesquisas estatísticas para avaliação da efetividade das normas previstas neste Código.

Art. 1.070. É de 15 (quinze) dias o prazo para a interposição de qualquer agravo, previsto em lei ou em regimento interno de tribunal, contra decisão de relator ou outra decisão unipessoal proferida em tribunal.

→ *V.* Enunciado 58 do CJF: o prazo para interposição do agravo previsto na Lei n. 8.437/92 é de quinze dias, conforme o disposto no art. 1070 do CPC.

O prazo para interposição do agravo interno nos processos cíveis passou a ser de 15 (quinze) dias úteis

✓ AGRAVO INTERNO NOS EMBARGOS DE DIVERGÊCIA NO AGRAVO NO RECURSO ESPECIAL. PLANOS DE SAÚDE - REVISÃO CONTRATUAL COM DECLARAÇÃO DE NULIDADE DE CLÁUSULAS ABUSIVAS. REEXAME DE FATOS E INTERPRETAÇÃODE CLÁUSULAS CONTRATUAIS. INADMISSIBILIDADE. INSURGÊNCIA DA AGRAVANTE. 1. Não se conhece do agravo interno por intempestividade quando interposto após esgotado o prazo legal de 15 (quinze) dias úteis, nos termos do artigo 1.021 c/c o artigo 1.070 do Código de Processo Civil de 2015. 2. Agravo interno não conhecido. (AgInt nos EAREsp 1048053/RS, Rel. Ministro Marco Buzzi, Segunda Seção, julgado em 11/11/2020, DJe 17/11/2020)

Art. 1.071. O Capítulo III do Título V da Lei nº 6.015, de 31 de dezembro de 1973 (Lei de Registros Públicos), passa a vigorar acrescida do seguinte art. 216-A:

→ *V.* Lei n. 13.465/2017, que alterou a redação do art. 216-A da Lei 6.015/73 (Lei de Registros Públicos), especificamente no tocante ao procedimento da usucapião extrajudicial:

"Art. 216-A. Sem prejuízo da via jurisdicional, é admitido o pedido de reconhecimento extrajudicial de usucapião, que será processado diretamente perante o cartório do registro de imóveis da comarca em que estiver situado o imóvel usucapiendo, a requerimento do interessado, representado por advogado, instruído com:

Os requisitos estabelecidos pelo artigo 1.071, do CPC/2015, para o procedimento extrajudicial da usucapião não são extensíveis à via judicial de reconhecimento da prescrição aquisitiva

✓ USUCAPIÃO ESPECIAL RURAL - INÉPCIA DA INICIAL - INOCORRÊNCIA. Não há falar em inépcia da inicial em razão da ausência da juntada dos documentos exigidos pela norma do artigo 1.071 do CPC, obrigatórios apenas em se tratando de ação de usucapião extrajudicial. (TJMG, AC 1.0086.11.000065-9/001, Rel. Des. Antônio Bispo, 15ª Câmara Cível, julgado em 23/01/2020, DJ 31/01/2020)

A possibilidade de usucapião extrajudicial é uma faculdade, não excluindo a possibilidade da parte optar pela via judicial

✓ APELAÇÃO CÍVEL. USUCAPIÃO (BENS IMÓVEIS). A VIA EXTRAJUDICIAL, NA FORMA DO ART. 216-A DA LRP, COM REDAÇÃO DADA PELO ART. 1.071 DO CPC, CONSTITUI UMA OPÇÃO AO INTERESSADO. SENTENÇA DESCONSTITUÍDA. 1. O procedimento administrativo conferido pelo art. 1.071 do CPC, com acréscimo do art. 216-A na Lei dos Registros Públicos (LRP), constitui uma opção ao interessado, sem prejuízo da via jurisdicional para o reconhecimento da declaração do domínio. 2. Nessa perspectiva, inadequada a sentença que julga extinto o feito por falta de interesse de agir. Sentença desconstituída. Precedentes. APELO PROVIDO. (TJRS, AC 70079834826 RS, Rel. Des. Mylene Maria Michel, julgado em 28/11/2019, DJe 10/12/2019).

I – ata notarial lavrada pelo tabelião, atestando o tempo de posse do requerente e de seus antecessores, conforme o caso e suas circunstâncias, aplicando-se o disposto no art. 384 da Lei no 13.105, de 16 de março de 2015 (Código de Processo Civil); (Redação dada pela Lei 13.465/2017)

II – planta e memorial descritivo assinado por profissional legalmente habilitado, com prova de anotação de responsabilidade técnica no respectivo conselho de fiscalização profissional, e pelos titulares de direitos registrados ou averbados na matrícula do imóvel usucapiendo ou na matrícula dos imóveis confinantes; (Redação dada pela Lei n. 13.465/2017)

III – certidões negativas dos distribuidores da comarca da situação do imóvel e do domicílio do requerente;

IV – justo título ou quaisquer outros documentos que demonstrem a origem, a continuidade, a natureza e o tempo da posse, tais como o pagamento dos impostos e das taxas que incidirem sobre o imóvel.

§ 1º O pedido será autuado pelo registrador, prorrogando-se o prazo da prenotação até o acolhimento ou a rejeição do pedido.

§ 2º Se a planta não contiver a assinatura de qualquer um dos titulares de direitos registrados ou averbados na matrícula do imóvel usucapiendo ou na matrícula dos imóveis confinantes, o titular será notificado pelo registrador competente, pessoalmente ou pelo correio com aviso de recebimento, para manifestar consentimento expresso em quinze dias, interpretado o silêncio como concordância. (Redação dada pela Lei n. 13.465/2017)

§ 3º O oficial de registro de imóveis dará ciência à União, ao Estado, ao Distrito Federal e ao Município, pessoalmente, por intermédio do oficial de registro de títulos e documentos, ou pelo correio com aviso de recebimento, para que se manifestem, em 15 (quinze) dias, sobre o pedido.

§ 4º O oficial de registro de imóveis promoverá a publicação de edital em jornal de grande circulação, onde houver, para a ciência de terceiros eventualmente interessados, que poderão se manifestar em 15 (quinze) dias.

§ 5º Para a elucidação de qualquer ponto de dúvida, poderão ser solicitadas ou realizadas diligências pelo oficial de registro de imóveis.

§ 6º Transcorrido o prazo de que trata o § 4º deste artigo, sem pendência de diligências na forma do § 5º deste artigo e achando-se em ordem a documentação, o oficial de registro de imóveis registrará a aquisição do imóvel com as descrições apresentadas, sendo permitida a abertura de matrícula, se for o caso. (Redação dada pela Lei n. 13.465/2017)

§ 7º Em qualquer caso, é lícito ao interessado suscitar o procedimento de dúvida, nos termos desta Lei.

§ 8º Ao final das diligências, se a documentação não estiver em ordem, o oficial de registro de imóveis rejeitará o pedido.

§ 9º A rejeição do pedido extrajudicial não impede o ajuizamento de ação de usucapião.

§ 10. Em caso de impugnação do pedido de reconhecimento extrajudicial de usucapião, apresentada por qualquer um dos titulares de direito reais e de outros direitos registrados ou averbados na matrícula do imóvel usucapiendo e na matrícula dos imóveis confinantes, por algum dos entes públicos ou por algum terceiro interessado, o oficial de registro de imóveis remeterá os autos ao juízo competente da comarca da situação do imóvel, cabendo ao requerente emendar a petição inicial para adequá-la ao procedimento comum."

§ 11. No caso de o imóvel usucapiendo ser unidade autônoma de condomínio edilício, fica dispensado consentimento dos titulares de direitos reais e outros direitos registrados ou averbados na matrícula dos imóveis confinantes e bastará a notificação do síndico para se manifestar na forma do § 2º deste artigo. (Incluído pela Lei n. Lei 13.465/2017)

§ 12. Se o imóvel confinante contiver um condomínio edilício, bastará a notificação do síndico para o efeito do § 2º deste artigo, dispensada a notificação de todos os condôminos. (Incluído pela Lei n. Lei 13.465/2017)

§ 13. Para efeito do § 2º deste artigo, caso não seja encontrado o notificando ou caso ele esteja em lugar incerto ou não sabido, tal fato será certificado pelo registrador, que deverá promover a sua notificação por edital mediante publicação, por duas vezes, em jornal local de grande circulação, pelo prazo de quinze dias cada um, interpretado o silêncio do notificando como concordância. (Incluído pela Lei n. Lei 13.465/2017)

§ 14. Regulamento do órgão jurisdicional competente para a correição das serventias poderá autorizar a publicação do edital em meio eletrônico, caso em que ficará dispensada a publicação em jornais de grande circulação. (Incluído pela Lei n. Lei 13.465/2017)

§ 15. No caso de ausência ou insuficiência dos documentos de que trata o inciso IV do caput deste artigo, a posse e os demais dados necessários poderão ser comprovados em procedimento de justificação administrativa perante a serventia extrajudicial, que obedecerá, no que couber, ao disposto no § 5º do art. 381 e ao rito previsto nos arts. 382 e 383 da Lei 13.105, de 16 março de 2015 (Código de Processo Civil)." (Incluído pela Lei n. Lei 13.465/2017)

Art. 1.072. Revogam-se:

I – o art. 22 do Decreto-Lei nº 25, de 30 de novembro de 1937;

II – os arts. 227, *caput*, 229, 230, 456, 1.482, 1.483 e 1.768 a 1.773 da Lei nº 10.406, de 10 de janeiro de 2002 (Código Civil);

→ *v.* Art. 114 da Lei 13.146/2015.

III – os arts. 2º, 3º, 4º, 6º, 7º, 11, 12 e 17 da Lei nº 1.060, de 5 de fevereiro de 1950;

IV – os arts. 13 a 18, 26 a 29 e 38 da Lei nº 8.038, de 28 de maio de 1990;

V – os arts. 16 a 18 da Lei nº 5.478, de 25 de julho de 1968; e

VI – o art. 98, § 4º, da Lei nº 12.529, de 30 de novembro de 2011.

Brasília, 16 de março de 2015;
194º da Independência e 127º da República.
Dilma Rousseff
José Eduardo Cardozo
Jaques Wagner
Joaquim Vieira Ferreira Levy
Luís Inácio Lucena Adams
(Publicação no D.O.U. de 17.3.2015)

Leis que alteraram o CPC 2015

LEI Nº 13.256,

DE 4 DE FEVEREIRO DE 2016.

Vigência

Altera a Lei nº 13.105, de 16 de março de 2015 (Código de Processo Civil), para disciplinar o processo e o julgamento do recurso extraordinário e do recurso especial, e dá outras providências.

A PRESIDENTA DA REPÚBLICA Faço saber que o Congresso Nacional decreta e eu sanciono a seguinte Lei:

Art. 1º Esta Lei altera a Lei nº 13.105, de 16 de março de 2015 (Código de Processo Civil), para disciplinar o processo e o julgamento do recurso extraordinário e do recurso especial, e dá outras providências.

Art. 2º A Lei nº 13.105, de 16 de março de 2015 (Código de Processo Civil), passa a vigorar com as seguintes alterações: (Vigência)

"Art. 12. Os juízes e os tribunais atenderão, preferencialmente, à ordem cronológica de conclusão para proferir sentença ou acórdão.

(...)" (NR)

"Art. 153. O escrivão ou o chefe de secretaria atenderá, preferencialmente, à ordem cronológica de recebimento para publicação e efetivação dos pronunciamentos judiciais.

(...)" (NR)

"Art. 521(...)

(...)

III – pender o agravo do art. 1.042;

(...)" (NR)

"Art. 537. (...)

(...)

§ 3º A decisão que fixa a multa é passível de cumprimento provisório, devendo ser depositada em juízo, permitido o levantamento do valor após o trânsito em julgado da sentença favorável à parte.

(...)"(NR)

"Art. 966 (...)

(...)

§ 5º Cabe ação rescisória, com fundamento no inciso V do caput deste artigo, contra decisão baseada em enunciado de súmula ou acórdão proferido em julgamento de casos repetitivos que não tenha considerado a existência de distinção entre a questão discutida no processo e o padrão decisório que lhe deu fundamento.

§ 6º Quando a ação rescisória fundar-se na hipótese do § 5º deste artigo, caberá ao autor, sob pena de inépcia, demonstrar, fundamentadamente, tratar-se de situação particularizada por hipótese fática distinta ou de questão jurídica não examinada, a impor outra solução jurídica." (NR)

"Art. 988. (...)

(...)

III – garantir a observância de enunciado de súmula vinculante e de decisão do Supremo Tribunal Federal em controle concentrado de constitucionalidade;

IV – garantir a observância de acórdão proferido em julgamento de incidente de resolução de demandas repetitivas ou de incidente de assunção de competência;

(...)

§ 5º É inadmissível a reclamação:

I – proposta após o trânsito em julgado da decisão reclamada;

II – proposta para garantir a observância de acórdão de recurso extraordinário com repercussão geral reconhecida ou de acórdão proferido em julgamento de recursos extraordinário ou especial repetitivos, quando não esgotadas as instâncias ordinárias.

(...)" (NR)

"Art. 1.029. (...)

(...)

§ 2º (Revogado).

(...)

§ 5º (...)

I – ao tribunal superior respectivo, no período compreendido entre a publicação da decisão de admissão do recurso e sua distribuição, ficando o relator designado para seu exame prevento para julgá-lo;

(...)

III – ao presidente ou ao vice-presidente do tribunal recorrido, no período compreendido entre a interposição do recurso e a publicação da decisão de admissão do recurso, assim como no caso de o recurso ter sido sobrestado, nos termos do art. 1.037." (NR)

"Art. 1.030. Recebida a petição do recurso pela secretaria do tribunal, o recorrido será intimado para apresentar contrarrazões no prazo de 15 (quinze) dias, findo o qual os autos serão conclusos ao presidente ou ao vice-presidente do tribunal recorrido, que deverá:

I – negar seguimento:

a) a recurso extraordinário que discuta questão constitucional à qual o Supremo Tribunal Federal não tenha reconhecido a existência de repercussão geral ou a recurso extraordinário interposto contra acórdão que esteja em conformidade com entendimento do Supremo Tribunal Federal exarado no regime de repercussão geral;

b) a recurso extraordinário ou a recurso especial interposto contra acórdão que esteja em conformidade com entendimento do Supremo Tribunal Federal ou do Superior Tribunal de Justiça, respectivamente, exarado no regime de julgamento de recursos repetitivos;

II – encaminhar o processo ao órgão julgador para realização do juízo de retratação, se o acórdão recorrido divergir do entendimento do Supremo Tribunal Federal ou do Superior Tribunal de Justiça exarado, conforme o caso, nos regimes de repercussão geral ou de recursos repetitivos;

III – sobrestar o recurso que versar sobre controvérsia de caráter repetitivo ainda não decidida pelo Supremo Tribunal Federal ou pelo Superior Tribunal de Justiça, conforme se trate de matéria constitucional ou infraconstitucional;

IV – selecionar o recurso como representativo de controvérsia constitucional ou infraconstitucional, nos termos do § 6º do art. 1.036;

V – realizar o juízo de admissibilidade e, se positivo, remeter o feito ao Supremo Tribunal Federal ou ao Superior Tribunal de Justiça, desde que:

a) o recurso ainda não tenha sido submetido ao regime de repercussão geral ou de julgamento de recursos repetitivos;

b) o recurso tenha sido selecionado como representativo da controvérsia; ou

c) o tribunal recorrido tenha refutado o juízo de retratação.

§ 1º Da decisão de inadmissibilidade proferida com fundamento no inciso V caberá agravo ao tribunal superior, nos termos do art. 1.042.

§ 2º Da decisão proferida com fundamento nos incisos I e III caberá agravo interno, nos termos do art. 1.021." (NR)

"Art. 1.035. (...)

(...)

§ 3º (...)

(...)

II – (Revogado);

(...)

§ 7º Da decisão que indeferir o requerimento referido no § 6º ou que aplicar entendimento firmado em regime de repercussão geral ou em julgamento de recursos repetitivos caberá agravo interno.

(...)

§ 10. (Revogado).

(...)" (NR)

"Art. 1.036.(...)

(...)

§ 3º Da decisão que indeferir o requerimento referido no § 2º caberá apenas agravo interno.

(...)" (NR)

"Art. 1.038. (...)

(...)

§ 3º O conteúdo do acórdão abrangerá a análise dos fundamentos relevantes da tese jurídica discutida." (NR)

"Art. 1.041(...)

(...)

§ 2º Quando ocorrer a hipótese do inciso II do caput do art. 1.040 e o recurso versar sobre outras questões, caberá ao presidente ou ao vice-presidente do tribunal recorrido, depois do reexame pelo órgão de origem e independentemente de ratificação do recurso, sendo positivo o juízo de admissibilidade, determinar a remessa do recurso ao tribunal superior para julgamento das demais questões." (NR)

"Art. 1.042. Cabe agravo contra decisão do presidente ou do vice-presidente do tribunal recorrido que inadmitir recurso extraordinário ou recurso especial, salvo quando fundada na aplicação de entendimento firmado em regime de repercussão geral ou em julgamento de recursos repetitivos.

I – (Revogado);

II – (Revogado);

III – (Revogado).

§ 1º (Revogado):

I – (Revogado);

II – (Revogado):

a) (Revogada);

b) (Revogada).

§ 2º A petição de agravo será dirigida ao presidente ou ao vice-presidente do tribunal de origem e independe do pagamento de custas e despesas postais, aplicando-se a ela o regime de repercussão geral e de recursos repetitivos, inclusive quanto à possibilidade de sobrestamento e do juízo de retratação.

(...)" (NR)

Art. 3º Revogam-se os seguintes dispositivos da Lei nº 13.105, de 16 de março de 2015 (Código de Processo Civil): (Vigência)

I – art. 945;

II – § 2º do art. 1.029; inciso II do § 3º e § 10 do art. 1.035; §§ 2º e 5º do art. 1.037; incisos I, II e III do caput e § 1º, incisos I e II, alíneas "a" e "b", do art. 1.042;incisos II e IV do caput e § 5º do art. 1.043.

Art. 4º Esta Lei entra em vigor no início da vigência da Lei nº 13.105, de 16 de março de 2015 (Código de Processo Civil).

Brasília, 4 de fevereiro de 2016; 195º da Independência e 128º da República.

DILMA ROUSSEFF

José Eduardo Cardozo

Luís Inácio Lucena Adams

Este texto não substitui o publicado no DOU de 5.2.2016

LEI Nº 13.363,

DE 25 DE NOVEMBRO DE 2016.

Altera a Lei nº 8.906, de 4 de julho de 1994, e a Lei nº 13.105, de 16 de março de 2015 (Código de Processo Civil), para estipular direitos e garantias para a advogada gestante, lactante, adotante ou que der à luz e para o advogado que se tornar pai.

O PRESIDENTE DA REPÚBLICA Faço saber que o Congresso Nacional decreta e eu sanciono a seguinte Lei:

Art. 1º Esta Lei altera a Lei nº 8.906, de 4 de julho de 1994, e a Lei nº 13.105, de 16 de março de 2015 (Código de Processo Civil), para estipular direitos e garantias para a advogada gestante, lactante, adotante ou que der à luz e para o advogado que se tornar pai.

Art. 2º A Lei nº 8.906, de 4 de julho de 1994, passa a vigorar acrescida do seguinte art. 7º -A:

"Art. 7º-A. São direitos da advogada:

I – gestante:

a) entrada em tribunais sem ser submetida a detectores de metais e aparelhos de raios X;

b) reserva de vaga em garagens dos fóruns dos tribunais;

II – lactante, adotante ou que der à luz, acesso a creche, onde houver, ou a local adequado ao atendimento das necessidades do bebê;

III – gestante, lactante, adotante ou que der à luz, preferência na ordem das sustentações orais e das audiências a serem realizadas a cada dia, mediante comprovação de sua condição;

IV – adotante ou que der à luz, suspensão de prazos processuais quando for a única patrona da causa, desde que haja notificação por escrito ao cliente.

§ 1º Os direitos previstos à advogada gestante ou lactante aplicam-se enquanto perdurar, respectivamente, o estado gravídico ou o período de amamentação.

§ 2º Os direitos assegurados nos incisos II e III deste artigo à advogada adotante ou que der à luz serão concedidos pelo prazo previsto no art. 392 do Decreto-Lei nº 5.452, de 1º de maio de 1943 (Consolidação das Leis do Trabalho).

§ 3º O direito assegurado no inciso IV deste artigo à advogada adotante ou que der à luz será concedido pelo prazo previsto no § 6º do art. 313 da Lei nº 13.105, de 16 de março de 2015 (Código de Processo Civil)."

Art. 3º O art. 313 da Lei nº 13.105, de 16 de março de 2015 (Código de Processo Civil), passa a vigorar com as seguintes alterações:

"Art. 313. (...)

(...)

IX – pelo parto ou pela concessão de adoção, quando a advogada responsável pelo processo constituir a única patrona da causa;

X – quando o advogado responsável pelo processo constituir o único patrono da causa e tornar-se pai.

(...)

§ 6º No caso do inciso IX, o período de suspensão será de 30 (trinta) dias, contado a partir da data do parto ou da concessão da adoção, mediante apresentação de certidão de nascimento ou documento similar que comprove a realização do parto, ou de termo judicial que tenha concedido a adoção, desde que haja notificação ao cliente.

§ 7º No caso do inciso X, o período de suspensão será de 8 (oito) dias, contado a partir da data do parto ou da concessão da adoção, mediante apresentação de certidão de nascimento ou documento similar que comprove a realização do parto, ou de termo judicial que tenha concedido a adoção, desde que haja notificação ao cliente." (NR)

Art. 4º Esta Lei entra em vigor na data de sua publicação.

Brasília, 25 de novembro de 2016; 195º da Independência e 128º da República.

MICHEL TEMER

Alexandre de Moraes

Este texto não substitui o publicado no DOU de 28.11.2016

LEI Nº 13.465,

DE 11 DE JULHO DE 2017. (TRECHOS)

Art. 7º A Lei nº 6.015, de 31 de dezembro de 1973, passa a vigorar com as seguintes alterações:

"Art. 216-A. (...)

I – ata notarial lavrada pelo tabelião, atestando o tempo de posse do requerente e de seus antecessores, conforme o caso e suas circunstâncias, aplicando-se o disposto no art. 384 da Lei nº 13.105, de 16 de março de 2015 (Código de Processo Civil);

II – planta e memorial descritivo assinado por profissional legalmente habilitado, com prova de anotação de responsabilidade técnica no respectivo conselho de fiscalização profissional, e pelos titulares de direitos registrados ou averbados na matrícula do imóvel usucapiendo ou na matrícula dos imóveis confinantes;

(...)

§ 2º Se a planta não contiver a assinatura de qualquer um dos titulares de direitos registrados ou averbados na matrícula do imóvel usucapiendo ou na matrícula dos imóveis confinantes, o titular será notificado pelo registrador competente, pessoalmente ou pelo correio com aviso de recebimento, para manifestar consentimento expresso em quinze dias, interpretado o silêncio como concordância.

(...)

§ 6º Transcorrido o prazo de que trata o § 4º deste artigo, sem pendência de diligências na forma do § 5º deste artigo e achando-se em ordem a documentação, o oficial de registro de imóveis registrará a aquisição do imóvel com as descrições apresentadas, sendo permitida a abertura de matrícula, se for o caso.

(...)

§ 11. No caso de o imóvel usucapiendo ser unidade autônoma de condomínio edilício, fica dispensado consentimento dos titulares de direitos reais e outros direitos registrados ou averbados na matrícula dos imóveis confinantes e bastará a notificação do síndico para se manifestar na forma do § 2º deste artigo.

§ 12. Se o imóvel confinante contiver um condomínio edilício, bastará a notificação do síndico para o efeito do § 2º deste artigo, dispensada a notificação de todos os condôminos.

§ 13. Para efeito do § 2º deste artigo, caso não seja encontrado o notificando ou caso ele esteja em lugar incerto ou não sabido, tal fato será certificado pelo registrador, que deverá promover a sua notificação por edital mediante publicação, por duas vezes, em jornal local de grande circulação, pelo prazo de quinze dias cada um, interpretado o silêncio do notificando como concordância.

§ 14. Regulamento do órgão jurisdicional competente para a correição das serventias poderá autorizar a publicação do edital em meio eletrônico, caso em que ficará dispensada a publicação em jornais de grande circulação.

§ 15. No caso de ausência ou insuficiência dos documentos de que trata o inciso IV do caput deste artigo, a posse e os demais dados necessários poderão ser comprovados em procedimento de justificação administrativa perante a serventia extrajudicial, que obedecerá, no que couber, ao disposto no § 5º do art. 381 e ao rito previsto nos arts. 382 e 383 da Lei nº 13.105, de 16 março de 2015 (Código de Processo Civil)." (NR)

(...)

Art. 57. O caput do art. 799 da Lei nº 13.105, de 16 de março de 2015 (Código de Processo Civil), passa a vigorar acrescido dos seguintes incisos X e XI:

"Art. 799. (...)

(...)

X – requerer a intimação do titular da construção-base, bem como, se for o caso, do titular de lajes anteriores, quando a penhora recair sobre o direito real de laje;

XI – requerer a intimação do titular das lajes, quando a penhora recair sobre a construção-base." (NR)

LEI Nº 13.466,

DE 12 DE JULHO DE 2017 (TRECHOS)

Altera os arts. 3º, 15 e 71 da Lei nº 10.741, de 1º de outubro de 2003, que dispõe sobre o Estatuto do Idoso e dá outras providências.

O PRESIDENTE DA REPÚBLICA Faço saber que o Congresso Nacional decreta e eu sanciono a seguinte Lei:

Art. 1º Esta Lei altera os arts. 3º, 15 e 71 da Lei nº 10.741, de 1º de outubro de 2003, que dispõe sobre o Estatuto do Idoso e dá outras providências, a fim de estabelecer a prioridade especial das pessoas maiores de oitenta anos.

(...)

Art. 4º O art. 71 da Lei nº 10.741, de 1º de outubro de 2003, passa a vigorar acrescido do seguinte § 5º:

"Art. 71. (...)

(...)

§ 5º Dentre os processos de idosos, dar-se-á prioridade especial aos maiores de oitenta anos." (NR)

LEI Nº 13.793,

DE 3 DE JANEIRO DE 2019

Altera as Leis n ºs 8.906, de 4 de julho de 1994, 11.419, de 19 de dezembro de 2006, e 13.105, de 16 de março de 2015 (Código de Processo Civil), para assegurar a advogados o exame, mesmo sem procuração, de atos e documentos de processos e de procedimentos eletrônicos, independentemente da fase de tramitação, bem como a obtenção de cópias, salvo nas hipóteses de sigilo ou segredo de justiça, nas quais apenas o advogado constituído terá acesso aos atos e aos documentos referidos

O PRESIDENTE DA REPÚBLICA Faço saber que o Congresso Nacional decreta e eu sanciono a seguinte Lei:

Art. 1º Esta Lei altera as Leis n ºs 8.906, de 4 de julho de 1994, 11.419, de 19 de dezembro de 2006, e 13.105, de 16 de março de 2015 (Código de Processo Civil), para assegurar a advogados o exame, mesmo sem procuração, de atos e documentos de processos e de procedimentos eletrônicos, independentemente da fase de tramitação, bem como a obtenção de cópias, salvo nas hipóteses de sigilo ou segredo de justiça, nas quais apenas o advogado constituído terá acesso aos atos e aos documentos referidos.

(...)

Art. 4º O art. 107 da Lei nº 13.105, de 16 de março de 2015 (Código de Processo Civil) , passa a vigorar acrescido do seguinte § 5º:

"Art. 107......

§ 5º O disposto no inciso I do **caput** deste artigo aplica-se integralmente a processos eletrônicos." (NR)

Art. 5º Esta Lei entra em vigor na data de sua publicação.

Brasília, 3 de janeiro de 2019; 198 º da Independência e 131 º da República.

JAIR MESSIAS BOLSONARO

Paulo Guedes

André Luiz de Almeida Mendonça

LEI Nº 13.894,

DE 29 DE OUTUBRO DE 2019

Altera a Lei nº 11.340, de 7 de agosto de 2006 (Lei Maria da Penha), para prever a competência dos Juizados de Violência Doméstica e Familiar contra a Mulher para a ação de divórcio, separação, anulação de casamento ou dissolução de união estável nos casos de violência e para tornar obrigatória a informação às vítimas acerca da possibilidade de os serviços de assistência judiciária ajuizarem as ações mencionadas; e altera a Lei nº 13.105, de 16 de março de 2015 (Código de Processo Civil), para prever a competência do foro do domicílio da vítima de violência doméstica e familiar para a ação de divórcio, separação judicial, anulação de casamento e reconhecimento da união estável a ser dissolvida, para determinar a intervenção obrigatória do Ministério Público nas ações de família em que figure como parte vítima de violência doméstica e familiar, e para estabelecer a prioridade de tramitação dos procedimentos judiciais em que figure como parte vítima de violência doméstica e familiar.

O VICE–PRESIDENTE DA REPÚBLICA, no exercício do cargo de PRESIDENTE DA REPÚBLICA Faço saber que o Congresso Nacional decreta e eu sanciono a seguinte Lei:

Art. 2º A Lei nº 13.105, de 16 de março de 2015 (Código de Processo Civil), passa a vigorar com as seguintes alterações:

"Art. 53...I – ... d) de domicílio da vítima de violência doméstica e familiar, nos termos da Lei nº 11.340, de 7 de agosto de 2006 (Lei Maria da Penha);..." (NR)

"Art. 698. ...Parágrafo único. O Ministério Público intervirá, quando não for parte, nas ações de família em que figure como parte vítima de violência doméstica e familiar, nos termos da Lei nº 11.340, de 7 de agosto de 2006 (Lei Maria da Penha)." (NR)

"Art. 1.048. ...III – em que figure como parte a vítima de violência doméstica e familiar, nos termos da Lei nº 11.340, de 7 de agosto de 2006 (Lei Maria da Penha)..." (NR)

Art. 3º Esta Lei entra em vigor na data de sua publicação.

Brasília, 29 de outubro de 2019; 198º da Independência e 131º da República.

ANTÔNIO HAMILTON MARTINS MOURÃO

Sérgio Moro

Damares Regina Alves

LEI Nº 14.010,

DE 10 DE JUNHO DE 2020

Dispõe sobre o Regime Jurídico Emergencial e Transitório das relações jurídicas de Direito Privado (RJET) no período da pandemia do coronavírus (Covid-19).

O PRESIDENTE DA REPÚBLICA Faço saber que o Congresso Nacional decreta e eu sanciono a seguinte Lei:

CAPÍTULO I
DISPOSIÇÕES GERAIS

Art. 1º Esta Lei institui normas de caráter transitório e emergencial para a regulação de relações jurídicas de Direito Privado em virtude da pandemia do coronavírus (Covid-19).

Parágrafo único. Para os fins desta Lei, considera-se 20 de março de 2020, data da publicação do Decreto Legislativo nº 6, como termo inicial dos eventos derivados da pandemia do coronavírus (Covid-19).

Art. 2º A suspensão da aplicação das normas referidas nesta Lei não implica sua revogação ou alteração.

CAPÍTULO II
DA PRESCRIÇÃO E DECADÊNCIA

Art. 3º Os prazos prescricionais consideram-se impedidos ou suspensos, conforme o caso, a partir da entrada em vigor desta Lei até 30 de outubro de 2020.

§ 1º Este artigo não se aplica enquanto perdurarem as hipóteses específicas de impedimento, suspensão e interrupção dos prazos prescricionais previstas no ordenamento jurídico nacional.

§ 2º Este artigo aplica-se à decadência, conforme ressalva prevista no art. 207 da Lei nº 10.406, de 10 de janeiro de 2002 (Código Civil).

(...)

CAPÍTULO VI
DAS LOCAÇÕES DE IMÓVEIS URBANOS

~~Art. 9º (VETADO).~~

Art. 9º Não se concederá liminar para desocupação de imóvel urbano nas ações de despejo, a que se refere o art. 59, § 1º, incisos I, II, V, VII, VIII e IX, da Lei nº 8.245, de 18 de outubro de 1991, até 30 de outubro de 2020. Promulgação partes vetadas

(...)

CAPÍTULO X
DO DIREITO DE FAMÍLIA E SUCESSÕES

Art. 15. Até 30 de outubro de 2020, a prisão civil por dívida alimentícia, prevista no art. 528, § 3º e seguintes da Lei nº 13.105, de 16 de março de 2015 (Código de Processo Civil), deverá ser cumprida exclusivamente sob a modalidade domiciliar, sem prejuízo da exigibilidade das respectivas obrigações.

Art. 16. O prazo do art. 611 do Código de Processo Civil para sucessões abertas a partir de 1º de fevereiro de 2020 terá seu termo inicial dilatado para 30 de outubro de 2020.

Parágrafo único. O prazo de 12 (doze) meses do art. 611 do Código de Processo Civil, para que seja ultimado o processo de inventário e de partilha, caso iniciado antes de 1º de fevereiro de 2020, ficará suspenso a partir da entrada em vigor desta Lei até 30 de outubro de 2020.

(...)

Art. 21. Esta Lei entra em vigor na data de sua publicação.

Brasília, 10 de junho de 2020; 199º da Independência e 132º da República.

JAIR MESSIAS BOLSONARO
André Luiz de Almeida Mendonça
Paulo Guedes
Tarcisio Gomes de Freitas
Walter Souza Braga Netto
José Levi Mello do Amaral Júnior

LEI Nº 14.133,
DE 1º DE ABRIL DE 2021

Lei de Licitações e Contratos Administrativos.

O PRESIDENTE DA REPÚBLICA.

Faço saber que o Congresso Nacional decreta e eu sanciono a seguinte Lei:

TÍTULO I
DISPOSIÇÕES PRELIMINARES

CAPÍTULO I
DO ÂMBITO DE APLICAÇÃO DESTA LEI

Art. 1º Esta Lei estabelece normas gerais de licitação e contratação para as Administrações Públicas diretas, autárquicas e fundacionais da União, dos Estados, do Distrito Federal e dos Municípios, e abrange:

I – os órgãos dos Poderes Legislativo e Judiciário da União, dos Estados e do Distrito Federal e os órgãos do Poder Legislativo dos Municípios, quando no desempenho de função administrativa;

II – os fundos especiais e as demais entidades controladas direta ou indiretamente pela Administração Pública.

(...)

CAPÍTULO II
DAS ALTERAÇÕES LEGISLATIVAS

Art. 177. O caput do art. 1.048 da Lei no 13.105, de 16 de março de 2015 (Código de Processo Civil), passa a vigorar acrescido do seguinte inciso IV:

“Art. 1.048.

(...)

IV – em que se discuta a aplicação do disposto nas normas gerais de licitação e contratação a que se refere o inciso XXVII do *caput* do art. 22 da Constituição Federal. (NR)

Brasília, 1º de abril de 2021; 200ºda Independência e 133º da República.

JAIR MESSIAS BOLSONARO
Anderson Gustavo Torres
Paulo Guedes
Tarcisio Gomes de Freitas
Marcelo Antônio Cartaxo Queiroga Lopes Wagner de Campos Rosário
André Luiz de Almeida Mendonça

SÚMULAS SELECIONADAS DO STF E STJ

SÚMULAS VINCULANTES DO SUPREMO TRIBUNAL FEDERAL – STF

3. Nos processos perante o Tribunal de Contas da União asseguram-se o contraditório e a ampla defesa quando da decisão puder resultar anulação ou revogação de ato administrativo que beneficie o interessado, excetuada a apreciação da legalidade do ato de concessão inicial de aposentadoria, reforma e pensão. (*D.O.U.* 6.6.2007)

4. Salvo nos casos previstos na Constituição, o salário mínimo não pode ser usado como indexador de base de cálculo de vantagem de servidor público ou de empregado, nem ser substituído por decisão judicial. (*D.O.U.* 9.5.2008)

5. A falta de defesa técnica por advogado no processo administrativo disciplinar não ofende a Constituição. (*D.O.U.* 16.5.2008)

8. São inconstitucionais o parágrafo único do artigo 5º do Decreto-lei 1.569/1977 e os artigos 45 e 46 da Lei 8.212/1991, que tratam de prescrição e decadência de crédito tributário. (*D.O.U.* 20.6.2008)

10. Viola a cláusula de reserva de plenário (CF, artigo 97) a decisão de órgão fracionário de Tribunal que, embora não declare expressamente a inconstitucionalidade de lei ou ato normativo do poder público, afasta sua incidência, no todo ou em parte. (*D.O.U.* 27.6.2008)

17. Durante o período previsto no § 1º do artigo 100 da Constituição, não incidem juros de mora sobre os precatórios que nele sejam pagos. (*D.O.U.* 10.11.2009)

21. É inconstitucional a exigência de depósito ou arrolamento prévios de dinheiro ou bens para admissibilidade de recurso administrativo. (*D.O.U.* 10.11.2009)

22. A Justiça do Trabalho é competente para processar e julgar as ações de indenização por danos morais e patrimoniais decorrentes de acidente de trabalho propostas por empregado contra empregador, inclusive aquelas que ainda não possuíam sentença de mérito em primeiro grau quando da promulgação da Emenda Constitucional 45/2004. (*D.O.U.* 11.12.2009)

23. A Justiça do Trabalho é competente para processar e julgar ação possessória ajuizada em decorrência do exercício do direito de greve pelos trabalhadores da iniciativa privada. (*D.O.U.* 11.12.2009)

25. É ilícita a prisão civil de depositário infiel, qualquer que seja a modalidade do depósito. (*D.O.U* 23.12.2009)

27. Compete à Justiça estadual julgar causas entre consumidor e concessionária de serviço público de telefonia, quando a Anatel não seja litisconsorte passiva necessária, assistente, nem opoente. (*D.O.U.* 23.12.2009)

28. É inconstitucional a exigência de depósito prévio como requisito de admissibilidade de ação judicial na qual se pretenda discutir a exigibilidade de crédito tributário. (*D.O.U.* 17.2.2010)

37. Não cabe ao poder judiciário, que não tem função legislativa, aumentar vencimentos de servidores públicos sob o fundamento de isonomia. (*D.O.U* 24.10.2014)

SÚMULAS DO SUPREMO TRIBUNAL FEDERAL – STF

40. A elevação da entrância da comarca não promove automaticamente o juiz, mas não interrompe o exercício de suas funções na mesma comarca.

72. No julgamento de questão constitucional, vinculada a decisão do Tribunal Superior Eleitoral, não estão impedidos os ministros do Supremo Tribunal Federal que ali tenham funcionado no mesmo processo, ou no processo originário.

101. O mandado de segurança não substitui a ação popular.

109. É devida a multa prevista no art. 15, § 6º, da Lei 1.300, de 28.12.1950, ainda que a desocupação do imóvel tenha resultado da notificação e não haja sido proposta ação de despejo.

112. O Imposto de Transmissão *Causa Mortis* é devido pela alíquota vigente ao tempo da abertura da sucessão.

113. O Imposto de Transmissão *Causa Mortis* é calculado sobre o valor dos bens na data da avaliação.

114. O Imposto de Transmissão *Causa Mortis* não é exigível antes da homologação do cálculo.

115. Sobre os honorários do advogado contratado pelo inventariante, com a homologação do juiz, não incide o Imposto de Transmissão *Causa Mortis*.

116. Em desquite ou inventário, é legítima a cobrança do chamado Imposto de Reposição, quando houver desigualdade nos valores partilhados.

122. O enfiteuta pode purgar a mora enquanto não decretado o comisso por sentença.

123. Sendo a locação regida pelo Decreto 24.150, de 20.4.1934, o locatário não tem direito à purgação da mora prevista na Lei 1.300, de 28.12.1950.

147. A prescrição de crime falimentar começa a correr da data em que deveria estar encerrada a falência, ou do trânsito em julgado da sentença que a encerrar ou que julgar cumprida a concordata.

149. É imprescritível a ação de investigação de paternidade, mas não o é a de petição de herança.

150. Prescreve a execução no mesmo prazo de prescrição da ação.

151. Prescreve em um ano a ação do segurador sub-rogado para haver indenização por extravio ou perda de carga transportada por navio.

153. Simples protesto cambiário não interrompe a prescrição.

154. Simples vistoria não interrompe a prescrição.

163. Salvo contra a Fazenda Pública, sendo a obrigação ilíquida, contam-se os juros moratórios desde a citação inicial para a ação.

A primeira parte da Súmula 163 não mais subsiste em face do art. 1º da Lei 4.414/1964 – RE 109156, *D.J.* 7.8.1987.

164. No processo de desapropriação, são devidos juros compensatórios desde a antecipada imissão de posse, ordenada pelo juiz, por motivo de urgência.

166. É inadmissível o arrependimento no compromisso de compra e venda sujeito ao regime do Decreto-lei 58, de 10.12.1937.

167. Não se aplica o regime do Decreto-lei 58, de 10.12.1937, ao compromisso de compra e venda não inscrito no Registro Imobiliário, salvo se o promitente vendedor se obrigou a efetuar o registro.

168. Para os efeitos do Decreto-lei 58, de 10.12.1937, admite-se a inscrição imobiliária do compromisso de compra e venda no curso da ação.

169. Depende de sentença a aplicação da pena de comisso.

173. Em caso de obstáculo judicial admite-se a purga da mora, pelo locatário, além do prazo legal.

174. Para a retomada do imóvel alugado, não é necessária a comprovação dos requisitos legais na notificação prévia.

176. O promitente comprador, nas condições previstas na Lei 1.300, de 28.12.1950, pode retomar o imóvel locado.

178. Não excederá de cinco anos a renovação judicial de contrato de locação, fundada no Decreto 24.150, de 20.4.1934.

179. O aluguel arbitrado judicialmente nos termos da Lei 3.085, de 29.12.1956, art. 6º, vigora a partir da data do laudo pericial.

180. Na ação revisional do art. 31 do Decreto 24.150, de 20.4.1934, o aluguel arbitrado vigora a partir do laudo pericial.

181. Na retomada, para construção mais útil de imóvel sujeito ao Decreto 24.150, de 20.4.1934, é sempre devida indenização para despesas de mudança do locatário.

185. Em processo de reajustamento pecuário, não responde a União pelos honorários do advogado do credor ou do devedor.

188. O segurador tem ação regressiva contra o causador do dano, pelo que efetivamente pagou, até ao limite previsto no contrato de seguro.

192. Não se inclui no crédito habilitado em falência a multa fiscal com efeito de pena administrativa.

211. Contra a decisão proferida sobre o agravo no auto do processo, por ocasião do julgamento da apelação, não se admitem embargos infringentes ou de nulidade.

218. É competente o Juízo da Fazenda Nacional da Capital do Estado, e não o da situação da coisa, para a desapropriação promovida por empresa de energia elétrica, se a União Federal intervém como assistente.

222. O princípio da identidade física do juiz não é aplicável às Juntas de Conciliação e Julgamento da Justiça do Trabalho.

223. Concedida isenção de custas ao empregado, por elas não responde o sindicato que o representa em juízo.

224. Os juros da mora, nas reclamações trabalhistas, são contados desde a notificação inicial.

225. Não é absoluto o valor probatório das anotações da carteira profissional.

226. Na ação de desquite, os alimentos são devidos desde a inicial e não da data da decisão que os concede.

230. A prescrição da ação de acidente do trabalho conta-se do exame pericial que comprovar a enfermidade ou verificar a natureza da incapacidade.

231. O revel, em processo cível, pode produzir provas, desde que compareça em tempo oportuno.

233. Salvo em caso de divergência qualificada (Lei 623/1949), não cabe recurso de embargos contra decisão que nega provimento a agravo ou não conhece de recurso extraordinário, ainda que por maioria de votos.

234. São devidos honorários de advogado em ação de acidente do trabalho julgada procedente.

235. É competente para a ação de acidente do trabalho a Justiça Cível Comum, inclusive em segunda instância, ainda que seja parte autarquia seguradora.

236. Em ação de acidente do trabalho, a autarquia seguradora não tem isenção de custas.

237. O usucapião pode ser arguido em defesa.

239. Decisão que declara indevida a cobrança do imposto em determinado exercício não faz coisa julgada em relação aos posteriores.

240. O depósito para recorrer, em ação de acidente do trabalho, é exigível do segurador sub-rogado, ainda que autarquia.

242. O agravo no auto do processo deve ser apreciado, no julgamento da apelação, ainda que o agravante não tenha apelado.

247. O relator não admitirá os embargos da Lei 623, de 19.2.1949, nem deles conhecerá o Supremo Tribunal Federal, quando houver jurisprudência firme do Plenário no mesmo sentido da decisão embargada.

248. É competente, originariamente, o Supremo Tribunal Federal, para mandado de segurança contra ato do Tribunal de Contas da União.

249. É competente o Supremo Tribunal Federal para a ação rescisória, quando, embora não tendo conhecido do recurso extraordinário, ou havendo negado provimento ao agravo, tiver apreciado a questão federal controvertida.

250. A intervenção da União desloca o processo do juízo cível comum para o fazendário.

251. Responde a Rede Ferroviária Federal S.A. perante o foro comum e não perante o juízo especial da Fazenda Nacional, a menos que a União intervenha na causa.

252. Na ação rescisória, não estão impedidos juízes que participaram do julgamento rescindendo.

253. Nos embargos da Lei 623, de 19.2.1949, no Supremo Tribunal Federal, a divergência somente será acolhida, se tiver sido indicada na petição de recurso extraordinário.

254. Incluem-se os juros moratórios na liquidação, embora omisso o pedido inicial ou a condenação.

255. Sendo ilíquida a obrigação, os juros moratórios, contra a Fazenda Pública, incluídas as autarquias, são contados do trânsito em julgado da sentença de liquidação.

256. É dispensável pedido expresso para condenação do réu em honorários, com fundamento nos arts. 63 ou 64 do Código de Processo Civil.

Referido Código de Processo Civil é o de 1939.

257. São cabíveis honorários de advogado na ação regressiva do segurador contra o causador do dano.

258. É admissível reconvenção em ação declaratória.

259. Para produzir efeito em juízo não é necessária a inscrição, no Registro Público, de documentos de procedência estrangeira, autenticados por via consular.

260. O exame de livros comerciais, em ação judicial, fica limitado às transações entre os litigantes.

261. Para a ação de indenização, em caso de avaria, é dispensável que a vistoria se faça judicialmente.

262. Não cabe medida possessória liminar para liberação alfandegária de automóvel.

263. O possuidor deve ser citado pessoalmente para a ação de usucapião.

264. Verifica-se a prescrição intercorrente pela paralisação da ação rescisória por mais de cinco anos.

265. Na apuração de haveres não prevalece o balanço não aprovado pelo sócio falecido, excluído ou que se retirou.

266. Não cabe mandado de segurança contra lei em tese.

267. Não cabe mandado de segurança contra ato judicial passível de recurso ou correição.

268. Não cabe mandado de segurança contra decisão judicial com trânsito em julgado.

269. O mandado de segurança não é substitutivo de ação de cobrança.

270. Não cabe mandado de segurança para impugnar enquadramento da Lei 3.780, de 12.7.1960, que envolva exame de prova ou de situação funcional complexa.

271. Concessão de mandado de segurança não produz efeitos patrimoniais em relação a período pretérito, os quais devem ser reclamados administrativamente ou pela via judicial própria.

272. Não se admite como ordinário recurso extraordinário de decisão denegatória de mandado de segurança.

273. Nos embargos da Lei 623, de 19.2.1949, a divergência sobre questão prejudicial ou preliminar, suscitada após a interposição do recurso extraordinário, ou do agravo, somente será acolhida se o acórdão-padrão for anterior à decisão embargada.

275. Está sujeita a recurso *ex officio* sentença concessiva de reajustamento pecuário anterior à vigência da Lei 2.804, de 25.6.1956.

276. Não cabe recurso de revista em ação executiva fiscal.

277. São cabíveis embargos, em favor da Fazenda Pública, em ação executiva fiscal, não sendo unânime a decisão.

278. São cabíveis embargos em ação executiva fiscal contra decisão reformatória da de primeira instância, ainda que unânime.

279. Para simples reexame de prova não cabe recurso extraordinário.

280. Por ofensa a direito local não cabe recurso extraordinário.

281. É inadmissível o recurso extraordinário, quando couber na Justiça de origem, recurso ordinário da decisão impugnada.

282. É inadmissível o recurso extraordinário, quando não ventilada, na decisão recorrida, a questão federal suscitada.

283. É inadmissível o recurso extraordinário, quando a decisão recorrida assenta em mais de um fundamento suficiente e o recurso não abrange todos eles.

284. É inadmissível o recurso extraordinário, quando a deficiência na sua fundamentação não permitir a exata compreensão da controvérsia.

285. Não sendo razoável a arguição de inconstitucionalidade, não se conhece do recurso extraordinário fundado na letra *c* do art. 101, III, da Constituição Federal.

Referida Constituição é a de 1946.

286. Não se conhece do recurso extraordinário fundado em divergência jurisprudencial, quando a orientação do plenário do Supremo Tribunal Federal já se firmou no mesmo sentido da decisão recorrida.

287. Nega-se provimento ao agravo, quando a deficiência na sua fundamentação, ou na do recurso extraordinário, não permitir a exata compreensão da controvérsia.

288. Nega-se provimento a agravo para subida de recurso extraordinário, quando faltar no traslado o despacho agravado, a decisão recorrida, a petição de recurso extraordinário ou qualquer peça essencial à compreensão da controvérsia.

289. O provimento do agravo por uma das Turmas do Supremo Tribunal Federal ainda que sem ressalva, não prejudica a questão do cabimento do recurso extraordinário.

290. Nos embargos da Lei 623, de 19.2.1949, a prova de divergência far-se-á por certidão, ou mediante indicação do *Diário da Justiça* ou de repertório de jurisprudência autorizado, que a tenha publicado, com a transcrição do trecho que configure a divergência, mencionadas as circunstâncias que identifiquem ou assemelhem os casos confrontados.

291. No recurso extraordinário pela letra *d* do art. 101, III, da Constituição, a prova do dissídio jurisprudencial far-se-á por certidão, ou mediante indicação do *Diário da Justiça* ou de repertório de jurisprudência autorizado, com a transcrição do trecho que configure a divergência, mencionadas as circunstâncias que identifiquem ou assemelhem os casos confrontados.

Referida Constituição é a de 1946.

292. Interposto o recurso extraordinário por mais de um dos fundamentos indicados no art. 101, III, da Constituição, a admissão apenas por um deles não prejudica o seu conhecimento por qualquer dos outros.

Referida Constituição é a de 1946.

293. São inadmissíveis embargos infringentes contra decisão em matéria constitucional submetida ao plenário dos Tribunais.

294. São inadmissíveis embargos infringentes contra decisão do Supremo Tribunal Federal em mandado de segurança.

295. São inadmissíveis embargos infringentes contra decisão unânime do Supremo Tribunal Federal em ação rescisória.

296. São inadmissíveis embargos infringentes sobre matéria não ventilada, pela Turma, no julgamento do recurso extraordinário.

299. O recurso ordinário e o extraordinário interpostos no mesmo processo de mandado de segurança, ou de *habeas corpus*, serão julgados conjuntamente pelo Tribunal Pleno.

300. São incabíveis os embargos da Lei 623, de 19.2.1949, contra provimento de agravo para subida de recurso extraordinário.

304. Decisão denegatória de mandado de segurança, não fazendo coisa julgada contra o impetrante, não impede o uso da ação própria.

305. Acordo de desquite ratificado por ambos os cônjuges não é retratável unilateralmente.

310. Quando a intimação tiver lugar na sexta-feira, ou a publicação com efeito de intimação for feita nesse dia, o prazo judicial terá início na segunda-feira imediata, salvo se não houver expediente, caso em que começará no primeiro dia útil que se seguir.

311. No típico acidente do trabalho, a existência de ação judicial não exclui a multa pelo retardamento da liquidação.

314. Na composição do dano por acidente do trabalho, ou de transporte, não é contrário à lei tomar para base da indenização o salário do tempo da perícia ou da sentença.

315. Indispensável o traslado das razões da revista, para julgamento, pelo Tribunal Superior do Trabalho, do agravo para sua admissão.

317. São improcedentes os embargos declaratórios, quando não pedida a declaração do julgado anterior, em que se verificou a omissão.

319. O prazo do recurso ordinário para o Supremo Tribunal Federal, em *habeas corpus* ou mandado de segurança, é de cinco dias.

320. A apelação despachada pelo juiz no prazo legal não fica prejudicada pela demora da juntada, por culpa do cartório.

322. Não terá seguimento pedido ou recurso dirigido ao Supremo Tribunal Federal, quando manifestamente incabível, ou apresentado fora do prazo, ou quando for evidente a incompetência do Tribunal.

325. As emendas ao Regimento do Supremo Tribunal Federal, sobre julgamento de questão constitucional, aplicam-se aos pedidos ajuizados e aos recursos interpostos anteriormente a sua aprovação.

327. O direito trabalhista admite a prescrição intercorrente.

330. O Supremo Tribunal Federal não é competente para conhecer de mandado de segurança contra atos dos Tribunais de Justiça dos Estados.

335. É válida a cláusula de eleição do foro para os processos oriundos do contrato.

338. Não cabe ação rescisória no âmbito da Justiça do Trabalho.

339. Não cabe ao Poder Judiciário, que não tem função legislativa, aumentar vencimentos de servidores públicos sob fundamento de isonomia.

340. Desde a vigência do Código Civil, os bens dominicais, como os demais bens públicos, não podem ser adquiridos por usucapião.

Referido Código Civil é o de 1916.

342. Cabe agravo no auto do processo, e não agravo de petição, do despacho que não admite a reconvenção.

343. Não cabe ação rescisória por ofensa a literal disposição de lei, quando a decisão rescindenda se tiver baseado em texto legal de interpretação controvertida nos tribunais.

345. Na chamada desapropriação indireta, os juros compensatórios são devidos a partir da perícia, desde que tenha atribuído valor atual ao imóvel.

347. O Tribunal de Contas, no exercício de suas atribuições, pode apreciar a constitucionalidade das leis e dos atos do Poder Público.

349. A prescrição atinge somente as prestações de mais de dois anos, reclamadas com fundamento em decisão normativa da Justiça do Trabalho, ou em convenção coletiva de trabalho, quando não estiver em causa a própria validade de tais atos.

353. São incabíveis os embargos da Lei 623, de 19.2.1949, com fundamento em divergência entre decisões da mesma Turma do Supremo Tribunal Federal.

354. Em caso de embargos infringentes parciais, é definitiva a parte da decisão embargada em que não houve divergência na votação.

355. Em caso de embargos infringentes parciais, é tardio o recurso extraordinário interposto após o julgamento dos embargos, quanto à parte da decisão embargada que não fora por eles abrangida.

356. O ponto omisso da decisão, sobre o qual não foram opostos embargos declaratórios, não pode ser objeto de recurso extraordinário, por faltar o requisito do prequestionamento.

357. É lícita a convenção pela qual o locador renuncia, durante a vigência do contrato, à ação revisional do art. 31 do Decreto 24.150, de 20.4.1934.

360. Não há prazo de decadência para a representação de inconstitucionalidade prevista no art. 8º, parágrafo único, da Constituição Federal.

Referida Constituição é a de 1946.

363. A pessoa jurídica de direito privado pode ser demandada no domicílio da agência, ou estabelecimento, em que se praticou o ato.

365. Pessoa jurídica não tem legitimidade para propor ação popular.

368. Não há embargos infringentes no processo de reclamação.

369. Julgados do mesmo tribunal não servem para fundamentar o recurso extraordinário por divergência jurisprudencial.

370. Julgada improcedente a ação renovatória da locação, terá o locatário, para desocupar o imóvel, o prazo de seis meses, acrescido de tantos meses quantos forem os anos da ocupação, até o limite total de dezoito meses.

376. Na renovação de locação, regida pelo decreto 24150, de 20/4/1934, o prazo do novo contrato conta-se da transcrição da decisão exequenda no registro de títulos e documentos; começa, porém, da terminação do contrato anterior, se esta tiver ocorrido antes do registro.

378. Na indenização por desapropriação incluem-se honorários do advogado do expropriado.

379. No acordo de desquite não se admite renúncia aos alimentos, que poderão ser pleiteados ulteriormente, verificados os pressupostos legais.

380. Comprovada a existência de sociedade de fato entre os concubinos, é cabível a sua dissolução judicial, com a partilha do patrimônio adquirido pelo esforço comum.

381. Não se homologa sentença de divórcio obtida, por procuração, em país de que os cônjuges não eram nacionais.

387. A cambial emitida ou aceita com omissões, ou em branco, pode ser completada pelo credor de boa-fé antes da cobrança ou do protesto.

389. Salvo limite legal, a fixação de honorários de advogado, em complemento da condenação, depende das circunstâncias da causa, não dando lugar a recurso extraordinário.

390. A exibição judicial de livros comerciais pode ser requerida como medida preventiva.

391. O confinante certo deve ser citado, pessoalmente, para a ação de usucapião.

392. O prazo para recorrer de acórdão concessivo de segurança conta-se da publicação oficial de suas conclusões, e não da anterior ciência à autoridade para cumprimento da decisão.

399. Não cabe recurso extraordinário, por violação de lei federal, quando a ofensa alegada for a regimento de tribunal.

400. Decisão que deu razoável interpretação à lei, ainda que não seja a melhor, não autoriza recurso extraordinário pela letra *a* do art. 101, III, da Constituição Federal.

Referida Constituição é a de 1946.

401. Não se conhece do recurso de revista, nem dos embargos de divergência, do processo trabalhista, quando houver jurisprudência firme do Tribunal Superior do Trabalho no mesmo sentido da decisão impugnada, salvo se houver colisão com a jurisprudência do Supremo Tribunal Federal.

403. É de decadência o prazo de trinta dias para instauração do inquérito judicial, a contar da suspensão, por falta grave, de empregado estável.

405. Denegado o mandado de segurança pela sentença, ou no julgamento do agravo, dela interposto, fica sem efeito a liminar concedida, retroagindo os efeitos da decisão contrária.

409. Ao retomante, que tenha mais de um prédio alugado, cabe optar entre eles, salvo abuso de direito.

412. No compromisso de compra e venda com cláusula de arrependimento, a devolução do sinal, por quem o deu, ou a sua restituição em dobro, por quem o recebeu, exclui indenização maior a título de perdas e danos, salvo os juros moratórios e os encargos do processo.

413. O compromisso de compra e venda de imóveis, ainda que não loteados, dá direito à execução compulsória, quando reunidos os requisitos legais.

415. Servidão de trânsito não titulada, mas tornada permanente, sobretudo pela natureza das obras realizadas, considera-se aparente, conferindo direito à proteção possessória.

416. Pela demora no pagamento do preço da desapropriação não cabe indenização complementar além dos juros.

420. Não se homologa sentença proferida no estrangeiro sem prova do trânsito em julgado.

423. Não transita em julgado a sentença por haver omitido o recurso *ex officio*, que se considera interposto *ex lege*.

424. Transita em julgado o despacho saneador de que não houve recurso, excluídas as questões deixadas, explícita ou implicitamente, para a sentença.

425. O agravo despachado no prazo legal não fica prejudicado pela demora da juntada, por culpa do cartório; nem o agravo entregue em cartório no prazo legal, embora despachado tardiamente.

426. A falta do termo específico não prejudica o agravo no auto do processo, quando oportuna a interposição por petição ou no termo da audiência.

427. A falta de petição de interposição não prejudica o agravo no auto do processo tomado por termo.

428. Não fica prejudicada a apelação entregue em cartório no prazo legal, embora despachada tardiamente.

429. A existência de recurso administrativo com efeito suspensivo não impede o uso do mandado de segurança contra omissão da autoridade.

430. Pedido de reconsideração na via administrativa não interrompe o prazo para o mandado de segurança.

Referida Constituição é a de 1946.

432. Não cabe Recurso Extraordinário com fundamento no art. 101, III, "d", da Constituição Federal, quando a divergência alegada for entre decisões da Justiça do Trabalho.

433. É competente o Tribunal Regional do Trabalho para julgar mandado de segurança contra ato de seu presidente em execução de sentença trabalhista.

434. A controvérsia entre seguradores indicados pelo empregador na ação de acidente do trabalho não suspende o pagamento devido ao acidentado.

443. A prescrição das prestações anteriores ao período previsto em lei não ocorre, quando não tiver sido negado, antes daquele prazo, o próprio direito reclamado, ou a situação jurídica de que ele resulta.

448. O prazo para o assistente recorrer, supletivamente, começa a correr imediatamente após o transcurso do prazo do Ministério Público.

449. O valor da causa, na consignatória de aluguel, corresponde a uma anuidade.

450. São devidos honorários de advogado sempre que vencedor o beneficiário de Justiça gratuita.

454. Simples interpretação de cláusulas contratuais não dá lugar a recurso extraordinário.

455. Da decisão que se seguir ao julgamento de constitucionalidade pelo Tribunal Pleno, são inadmissíveis embargos infringentes quanto à matéria constitucional.

456. O Supremo Tribunal Federal, conhecendo do recurso extraordinário, julgará a causa, aplicando o direito à espécie.

457. O tribunal Superior do Trabalho, conhecendo da revista, julgará a causa, aplicando o direito à espécie.

458. O processo da execução trabalhista não exclui a remição pelo executado.

472. A condenação do autor em honorários de advogado, com fundamento no art. 64 do Código de Processo Civil, depende de reconvenção.

473. A administração pode anular seus próprios atos, quando eivados de vícios que os tornam ilegais, porque deles não se originam direitos; ou revogá-los, por motivo de conveniência ou oportunidade, respeitados os direitos adquiridos, e ressalvada, em todos os casos, a apreciação judicial.

474. Não há direito líquido e certo, amparado pelo mandado de segurança, quando se escuda em lei cujos efeitos foram anulados por outra, declarada constitucional pelo Supremo Tribunal Federal.

475. A Lei 4.686, de 21.6.1965, tem aplicação imediata aos processos em curso, inclusive em grau de recurso extraordinário.

476. Desapropriadas as ações de uma sociedade, o poder desapropriante, imitido na posse, pode exercer, desde logo, todos os direitos inerentes aos respectivos títulos.

478. O provimento em cargos de Juízes substitutos do Trabalho, deve ser feito independentemente de lista tríplice, na ordem de classificação dos candidatos.

481. Se a locação compreende, além do imóvel, fundo de comércio, com instalações e pertences, como no caso de teatros, cinemas e hotéis, não se aplicam ao retomante as restrições do art. 8º, *e*, parágrafo único, do Decreto 24.150, de 20.4.1934.

482. O locatário, que não for sucessor ou cessionário do que o precedeu na locação, não pode somar os prazos concedidos a este, para pedir a renovação do contrato, nos termos do Decreto 24.150.

483. É dispensável a prova da necessidade, na retomada de prédio situado em localidade para onde o proprietário pretende transferir residência, salvo se mantiver, também, a anterior, quando dita prova será exigida.

484. Pode, legitimamente, o proprietário pedir o prédio para a residência de filho, ainda que solteiro, de acordo com o art. 11, III, da Lei 4.494, de 25.11.1964.

485. Nas locações regidas pelo Decreto 24.150, de 20.4.1934, a presunção de sinceridade do retomante é relativa, podendo ser ilidida pelo locatário.

486. Admite-se a retomada para sociedade da qual o locador, ou seu cônjuge, seja sócio, com participação predominante no capital social.

487. Será deferida a posse a quem, evidentemente, tiver o domínio, se com base neste for ela disputada.

493. O valor da indenização, se consistente em prestações periódicas e sucessivas, compreenderá, para que se mantenha inalterável na sua fixação, parcelas compensatórias do Imposto de Renda, incidente sobre os juros do capital gravado ou caucionado, nos termos dos arts. 911 e 912 do Código de Processo Civil.
Referido Código de Processo Civil é o de 1939.

500. Não cabe a ação cominatória para compelir-se o réu a cumprir obrigação de dar.

501. Compete à Justiça ordinária estadual o processo e o julgamento, em ambas as instâncias, das causas de acidente do trabalho, ainda que promovidas contra a União, suas autarquias, empresas públicas ou sociedades de economia mista.

502. Na aplicação do art. 839 do Código de Processo Civil, com a redação da Lei 4.290, de 5.12.1963, a relação valor da causa e salário mínimo vigente na Capital do Estado, ou do Território, para o efeito de alçada, deve ser considerada na data do ajuizamento do pedido.
Referido Código de Processo Civil é o de 1939.

504. Compete à Justiça Federal, em ambas as instâncias, o processo e o julgamento das causas fundadas em contrato de seguro marítimo.

505. Salvo quando contrariarem a Constituição, não cabe recurso para o Supremo Tribunal Federal, de quaisquer decisões da Justiça do Trabalho, inclusive dos presidentes de seus Tribunais.

506. O agravo a que se refere o art. 4º da Lei 4348, de 26/6/1964, cabe, somente, do despacho do presidente do supremo tribunal federal que defere a suspensão da liminar, em mandado de segurança; não do que a "denega".

507. A ampliação dos prazos a que se refere o art. 32 do Código de Processo Civil aplica-se aos executivos fiscais.
Referido Código de Processo Civil é o de 1939.

508. Compete à Justiça Estadual, em ambas as instâncias, processar e julgar as causas em que for parte o Banco do Brasil S.A.

509. A Lei 4.632, de 18.5.1965, que alterou o art. 64 do Código de Processo Civil, aplica-se aos processos em andamento, nas instâncias ordinárias.
Referido Código de Processo Civil é o de 1939.

510. Praticado o ato por autoridade, no exercício de competência delegada, contra ela cabe o mandado de segurança ou a medida judicial.

511. Compete à Justiça Federal, em ambas as instâncias, processar e julgar as causas entre autarquias federais e entidades públicas locais, inclusive mandados de segurança, ressalvada a ação fiscal, nos termos da Constituição Federal de 1967, art. 119, § 3º.

512. Não cabe condenação em honorários de advogado na ação de mandado de segurança.

513. A decisão que enseja a interposição de recurso ordinário ou extraordinário não é a do Plenário, que resolve o incidente de inconstitucionalidade, mas a do órgão (Câmaras, Grupos ou Turmas) que completa o julgamento do feito.

514. Admite-se ação rescisória contra sentença transitada em julgado, ainda que contra ela não se tenha esgotado todos os recursos.

515. A competência para a ação rescisória não é do Supremo Tribunal Federal, quando a questão federal, apreciada no recurso extraordinário ou no agravo de instrumento, seja diversa da que foi suscitada no pedido rescisório.

516. O Serviço Social da Indústria (SESI) está sujeito à jurisdição da Justiça Estadual.

517. As sociedades de economia mista só têm foro na Justiça Federal, quando a União intervém como assistente ou opoente.

518. A intervenção da União, em feito já julgado pela segunda instância e pendente de embargos, não desloca o processo para o Tribunal Federal de Recursos.

519. Aplica-se aos executivos fiscais o princípio da sucumbência a que se refere o art. 64 do código de Processo Civil.

527. Após a vigência do Ato Institucional 6, que deu nova redação ao art. 114, III, da Constituição Federal de 1967, não cabe recurso extraordinário das decisões do juiz singular.

528. Se a decisão contiver partes autônomas, a admissão parcial, pelo Presidente do Tribunal *a quo*, de recurso extraordinário que, sobre qualquer delas se manifestar, não limitará a apreciação de todas pelo Supremo Tribunal Federal, independentemente de interposição de agravo de instrumento.

542. Não é inconstitucional a multa instituída pelo Estado-membro, como sanção pelo retardamento do início ou da ultimação do inventário.

552. Com a regulamentação do art. 15 da Lei 5.316/1967, pelo Decreto 71.037/1972, tornou-se exequível a exigência da exaustão da via administrativa antes do início da ação de acidente do trabalho.

556. É competente a Justiça Comum para julgar as causas em que é parte sociedade de economia mista.

557. É competente a Justiça Federal para julgar as causas em que são partes a COBAL e a CIBRAZEM.

558. É constitucional o art. 27 do Decreto-lei 898, de 29.9.1969.

561. Em desapropriação, é devida a correção monetária até a data do efetivo pagamento da indenização, devendo proceder-se à atualização do cálculo, ainda que por mais de uma vez.

562. Na indenização de danos materiais decorrentes de ato ilícito cabe a atualização de seu valor, utilizando-se, para esse fim, dentre outros critérios, dos índices de correção monetária.

597. Não cabem embargos infringentes de acórdão que, em mandado de segurança decidiu, por maioria de votos, a apelação.

598. Nos embargos de divergência não servem como padrão de discordância os mesmos paradigmas invocados para demonstrá-la mas repelidos como não dissidentes no julgamento do recurso extraordinário.

600. Cabe ação executiva contra o emitente e seus avalistas, ainda que não apresentado o cheque ao sacado no prazo legal, desde que não prescrita a ação cambiária.

614. Somente o procurador-geral da Justiça tem legitimidade para propor ação direta interventiva por inconstitucionalidade de lei municipal.

616. É permitida a cumulação da multa contratual com os honorários de advogado, após o advento do Código de Processo Civil vigente.

617. A base de cálculo dos honorários de advogado em desapropriação é a diferença entre a oferta e a indenização, corrigidas ambas monetariamente.

618. Na desapropriação, direta ou indireta, a taxa dos juros compensatórios é de 12% (doze por cento) ao ano.

620. A sentença proferida contra autarquias não está sujeita a reexame necessário, salvo quando sucumbente em execução de dívida ativa.

621. Não enseja embargos de terceiro à penhora a promessa de compra e venda não inscrita no registro de imóveis.

622. Não cabe agravo regimental contra decisão do relator que concede ou indefere liminar em mandado de segurança.

623. Não gera por si só a competência originária do Supremo Tribunal Federal para conhecer do mandado de segurança com base no art. 102, I, *n*, da Constituição, dirigir-se o pedido contra deliberação administrativa do tribunal de origem, da qual haja participado a maioria ou a totalidade de seus membros.

624. Não compete ao Supremo Tribunal Federal conhecer originariamente de mandado de segurança contra atos de outros tribunais.

625. Controvérsia sobre matéria de direito não impede concessão de mandado de segurança.

626. A suspensão da liminar em mandado de segurança, salvo determinação em contrário da decisão que a deferir, vigorará até o trânsito em julgado da decisão definitiva de concessão da segurança ou, havendo recurso, até a sua manutenção pelo Supremo Tribunal Federal, desde que o objeto da liminar deferida coincida, total ou parcialmente, com o da impetração.

627. No mandado de segurança contra a nomeação de magistrado da competência do Presidente da República, este é considerado autoridade coatora, ainda que o fundamento da impetração seja nulidade ocorrida em fase anterior do procedimento.

628. Integrante de lista de candidatos a determinada vaga da composição de tribunal é parte legítima para impugnar a validade da nomeação de concorrente.

629. A impetração de mandado de segurança coletivo por entidade de classe em favor dos associados independe da autorização destes.

630. A entidade de classe tem legitimação para o mandado de segurança ainda quando a pretensão veiculada interesse apenas a uma parte da respectiva categoria.

631. Extingue-se o processo de mandado de segurança se o impetrante não promove, no prazo assinado, a citação do litisconsorte passivo necessário.

632. É constitucional lei que fixa o prazo de decadência para a impetração de mandado de segurança.

633. É incabível a condenação em verba honorária nos recursos extraordinários interpostos em processo trabalhista, exceto nas hipóteses previstas na Lei 5.584/1970.

634. Não compete ao Supremo Tribunal Federal conceder medida cautelar para dar efeito suspensivo a recurso extraordinário que ainda não foi objeto de juízo de admissibilidade na origem.

635. Cabe ao Presidente do Tribunal de origem decidir o pedido de medida cautelar em recurso extraordinário ainda pendente do seu juízo de admissibilidade.

636. Não cabe recurso extraordinário por contrariedade ao princípio constitucional da legalidade, quando a sua verificação pressuponha rever a interpretação dada a normas infraconstitucionais pela decisão recorrida.

637. Não cabe recurso extraordinário contra acórdão de Tribunal de Justiça que defere pedido de intervenção estadual em Município.

638. A controvérsia sobre a incidência, ou não, de correção monetária em operações de crédito rural é de natureza infraconstitucional, não viabilizando recurso extraordinário.

639. Aplica-se a Súmula 288 quando não constarem do traslado do agravo de instrumento as cópias das peças necessárias à verificação da tempestividade do recurso extraordinário não admitido pela decisão agravada.

640. É cabível recurso extraordinário contra decisão proferida por juiz de primeiro grau nas causas de alçada, ou por turma recursal de juizado especial cível e criminal.

641. Não se conta em dobro o prazo para recorrer, quando só um dos litisconsortes haja sucumbido.

642. Não cabe ação direta de inconstitucionalidade de lei do Distrito Federal derivada da sua competência legislativa municipal.

643. O Ministério Público tem legitimidade para promover ação civil pública cujo fundamento seja a ilegalidade de reajuste de mensalidades escolares.

644. Ao titular do cargo de procurador de autarquia não se exige a apresentação de instrumento de mandato para representá-la em juízo.

→ Redação alterada em 26.11.2003.

649. É inconstitucional a criação, por Constituição estadual, de órgão de controle administrativo do Poder Judiciário do qual participem representantes de outros poderes ou entidades.

652. Não contraria a Constituição o art. 15, § 1º, do Decreto-lei 3365/1941 (Lei da Desapropriação por Utilidade Pública).

654. A garantia da irretroatividade da lei, prevista no art. 5º, XXXVI, da Constituição da República, não é invocável pela entidade estatal que a tenha editado.

655. A exceção prevista no art. 100, *caput*, da Constituição, em favor dos créditos de natureza alimentícia, não dispensa a expedição de precatório, limitando-se a isentá-los da observância da ordem cronológica dos precatórios decorrentes de condenações de outra natureza.

667. Viola a garantia constitucional de acesso à jurisdição a taxa judiciária calculada sem limite sobre o valor da causa.

704. Não viola as garantias do juiz natural, da ampla defesa e do devido processo legal a atração por continência ou conexão do processo do corréu ao foro por prerrogativa de função de um dos denunciados.

727. Não pode o magistrado deixar de encaminhar ao Supremo Tribunal Federal o agravo de instrumento interposto da decisão que não admite recurso extraordinário, ainda que referente a causa instaurada no âmbito dos juizados especiais.

728. É de três dias o prazo para a interposição de recurso extraordinário contra decisão do Tribunal Superior Eleitoral, contado, quando for o caso, a partir da publicação do acórdão, na própria sessão de julgamento, nos termos do art. 12 da Lei 6.055/1974, que não foi revogado pela Lei 8.950/1994.

729. A decisão na Ação Direta de Constitucionalidade 4 não se aplica à antecipação de tutela em causa de natureza previdenciária.

733. Não cabe recurso extraordinário contra decisão proferida no processamento de precatórios.

734. Não cabe reclamação quando já houver transitado em julgado o ato judicial que se alega tenha desrespeitado decisão do Supremo Tribunal Federal.

735. Não cabe recurso extraordinário contra acórdão que defere medida liminar.

736. Compete à Justiça do Trabalho julgar as ações que tenham como causa de pedir o descumprimento de normas trabalhistas relativas à segurança, higiene e saúde dos trabalhadores.

SÚMULAS DO SUPERIOR TRIBUNAL DE JUSTIÇA – STJ

1. O foro do domicílio ou da residência do alimentando é o competente para a ação de investigação de paternidade, quando cumulada com a de alimentos.

2. Não cabe o *habeas data* (CF, art. 5º, LXXII, letra *a*) se não houve recusa de informações por parte da autoridade administrativa.

3. Compete ao Tribunal Regional Federal dirimir conflito de competência verificado, na respectiva Região, entre

Juiz Federal e Juiz Estadual investido de jurisdição federal.

4. Compete à Justiça Estadual julgar causa decorrente do processo eleitoral sindical.

5. A simples interpretação de cláusula contratual não enseja recurso especial.

6. Compete à Justiça Comum Estadual processar e julgar delito decorrente de acidente de trânsito envolvendo viatura de Polícia Militar, salvo se autor e vítima forem policiais militares em situação de atividade.

7. A pretensão de simples reexame de prova não enseja recurso especial.

11. A presença da União ou de qualquer de seus entes, na ação de usucapião especial, não afasta a competência do foro da situação do imóvel.

12. Em desapropriação, são cumuláveis juros compensatórios e moratórios.

13. A divergência entre julgados do mesmo Tribunal não enseja recurso especial.

14. Arbitrados os honorários advocatícios em percentual sobre o valor da causa, a correção monetária incide a partir do respectivo ajuizamento.

15. Compete à Justiça Estadual processar e julgar os litígios decorrentes de acidente do trabalho.

22. Não há conflito de competência entre o Tribunal de Justiça e Tribunal de Alçada do mesmo Estado-membro.

23. O Banco Central do Brasil é parte legítima nas ações fundadas na Resolução 1.154/1986.

25. Nas ações da lei de falências o prazo para a interposição de recurso conta-se da intimação da parte.

27. Pode a execução fundar-se em mais de um título extrajudicial relativos ao mesmo negócio.

29. No pagamento em juízo para elidir falência, são devidos correção monetária, juros e honorários de advogado.

32. Compete à Justiça Federal processar justificações judiciais destinadas a instruir pedidos perante entidades que nela têm exclusividade de foro, ressalvada a aplicação do art. 15, II da Lei 5.010/1966.

33. A incompetência relativa não pode ser declarada de ofício.

34. Compete à Justiça Estadual processar e julgar causa relativa a mensalidade escolar, cobrada por estabelecimento particular de ensino.

37. São cumuláveis as indenizações por dano material e dano moral oriundos do mesmo fato.

41. O Superior Tribunal de Justiça não tem competência para processar e julgar, originariamente, mandado de segurança contra ato de outros tribunais ou dos respectivos órgãos.

42. Compete à Justiça Comum Estadual processar e julgar as causas cíveis em que é parte sociedade de economia mista e os crimes praticados em seu detrimento.

45. No reexame necessário, é defeso, ao tribunal, agravar a condenação imposta à Fazenda Pública.

46. Na execução por carta, os embargos do devedor serão decididos no juízo deprecante, salvo se versarem unicamente vícios ou defeitos da penhora, avaliação ou alienação dos bens.

55. Tribunal Regional Federal não é competente para julgar recurso de decisão proferida por juiz estadual não investido de jurisdição federal.

57. Compete à Justiça Comum Estadual processar e julgar ação de cumprimento fundada em acordo ou convenção coletiva não homologados pela Justiça do Trabalho.

58. Proposta a execução fiscal, a posterior mudança de domicílio do executado não desloca a competência já fixada.

59. Não há conflito de competência se já existe sentença com trânsito em julgado, proferida por um dos juízos conflitantes.

62. Compete à Justiça Estadual processar e julgar o crime de falsa anotação na Carteira de Trabalho e Previdência Social, atribuído à empresa privada.

66. Compete à Justiça Federal processar e julgar execução fiscal promovida por Conselho de Fiscalização Profissional.

67. Na desapropriação, cabe a atualização monetária, ainda que por mais de uma vez, independente do decurso de prazo superior a 1 (um) ano entre o cálculo e o efetivo pagamento da indenização.

69. Na desapropriação direta, os juros compensatórios são devidos desde a antecipada imissão na posse e, na desapropriação indireta, a partir da efetiva ocupação do imóvel.

70. Os juros moratórios, na desapropriação direta ou indireta, contam-se desde o trânsito em julgado da sentença.

72. A comprovação da mora é imprescindível à busca e apreensão do bem alienado fiduciariamente.

76. A falta de registro do compromisso de compra e venda de imóvel não dispensa a prévia interpelação para constituir em mora o devedor.

77. A Caixa Econômica Federal é parte ilegítima para figurar no polo passivo das ações relativas às contribuições para o Fundo PIS/PASEP.

82. Compete à Justiça Federal, excluídas as reclamações trabalhistas, processar e julgar os feitos relativos a movimentação do FGTS.

83. Não se conhece do recurso especial pela divergência, quando a orientação do Tribunal se firmou no mesmo sentido da decisão recorrida.

84. É admissível a oposição de embargos de terceiro fundados em alegação de posse advinda do compromisso de compra e venda de imóvel, ainda que desprovido do registro.

85. Nas relações jurídicas de trato sucessivo em que a Fazenda Pública figure como devedora, quando não tiver sido negado o próprio direito reclamado, a prescrição atinge apenas as prestações vencidas antes do quinquênio anterior à propositura da ação.

86. Cabe recurso especial contra acórdão proferido no julgamento de agravo de instrumento.

89. A ação acidentária prescinde do exaurimento da via administrativa.

92. A terceiro de boa-fé não é oponível a alienação fiduciária não anotada no Certificado de Registro do veículo automotor.

97. Compete à Justiça do Trabalho processar e julgar reclamação de servidor público relativamente a vantagens trabalhistas anteriores à instituição do Regime Jurídico Único.

98. Embargos de declaração manifestados com notório propósito de prequestionamento não têm caráter protelatório.

99. O Ministério Público tem legitimidade para recorrer no processo em que oficiou como fiscal da lei, ainda que não haja recurso da parte.

101. A ação de indenização do segurado em grupo contra a seguradora prescreve em um ano.

102. A incidência dos juros moratórios sobre os compensatórios, nas ações expropriatórias, não constitui anatocismo vedado em lei.

105. Na ação de mandado de segurança não se admite condenação em honorários advocatícios.

106. Proposta a ação no prazo fixado para o seu exercício, a demora na citação, por motivos inerentes ao mecanismo da Justiça, não justifica o acolhimento da arguição de prescrição ou decadência.

108. São admissíveis embargos infringentes em processo falimentar.

109. O reconhecimento do direito a indenização, por falta de mercadoria transportada via marítima, independe de vistoria.

110. A isenção do pagamento de honorários advocatícios, nas ações acidentárias, é restrita ao segurado.

111. Os honorários advocatícios, nas ações previdenciárias, não incidem sobre as prestações vencidas após a sentença.

→ Redação alterada em 27.9.2006.

113. Os juros compensatórios, na desapropriação direta, incidem a partir da imissão na posse, calculados sobre o valor da indenização, corrigido monetariamente.

114. Os juros compensatórios, na desapropriação indireta, incidem a partir da ocupação, calculados sobre o valor da indenização, corrigido monetariamente.

115. Na instância especial é inexistente recurso interposto por advogado sem procuração nos autos.

116. A Fazenda Pública e o Ministério Público têm prazo em dobro para interpor agravo regimental no Superior Tribunal de Justiça.

117. A inobservância do prazo de 48 (quarenta e oito) horas, entre a publicação de pauta e o julgamento sem a presença das partes, acarreta nulidade.

118. O agravo de instrumento é o recurso cabível da decisão que homologa a atualização do cálculo da liquidação.

121. Na execução fiscal o devedor deverá ser intimado, pessoalmente, do dia e hora da realização do leilão.

123. A decisão que admite, ou não, o recurso especial deve ser fundamentada, com o exame dos seus pressupostos gerais e constitucionais.

126. É inadmissível recurso especial, quando o acórdão recorrido assenta em fundamentos constitucional e infraconstitucional, qualquer deles suficiente, por si só, para mantê-lo, e a parte vencida não manifesta recurso extraordinário.

128. Na execução fiscal haverá segundo leilão, se no primeiro não houver lanço superior à avaliação.

131. Nas ações de desapropriação incluem-se no cálculo da verba advocatícia as parcelas relativas aos juros compensatórios e moratórios, devidamente corrigidas.

134. Embora intimado da penhora em imóvel do casal, o cônjuge do executado pode opor embargos de terceiro para defesa de sua meação.

137. Compete à Justiça Comum Estadual processar e julgar ação de servidor público municipal, pleiteando direitos relativos ao vínculo estatutário.

139. Cabe à Procuradoria da Fazenda Nacional propor execução fiscal para cobrança de crédito relativo ao ITR.

141. Os honorários de advogado em desapropriação direta são calculados sobre a diferença entre a indenização e a oferta, corrigidas monetariamente.

143. Prescreve em cinco anos a ação de perdas e danos pelo uso de marca comercial.

144. Os créditos de natureza alimentícia gozam de preferência, desvinculados os precatórios da ordem cronológica dos créditos de natureza diversa.

150. Compete à Justiça Federal decidir sobre a existência de interesse jurídico que justifique a presença, no processo, da União, suas autarquias ou empresas públicas.

153. A desistência da execução fiscal, após o oferecimento dos embargos, não exime o exequente dos encargos da sucumbência.

158. Não se presta a justificar embargos de divergência o dissídio com acórdão de Turma ou Seção que não mais tenha competência para a matéria neles versada.

162. Na repetição de indébito tributário, a correção monetária incide a partir do pagamento indevido.

168. Não cabem embargos de divergência, quando a jurisprudência do Tribunal se firmou no mesmo sentido do acórdão embargado.

169. São inadmissíveis embargos infringentes no processo de mandado de segurança.

173. Compete à Justiça Federal processar e julgar o pedido de reintegração em cargo público federal, ainda que o servidor tenha sido dispensado antes da instituição do Regime Jurídico Único.

175. Descabe o depósito prévio nas ações rescisórias propostas pelo INSS.

177. O Superior Tribunal de Justiça é incompetente para processar e julgar, originariamente, mandado de segurança contra ato de órgão colegiado presidido por Ministro de Estado.

178. O INSS não goza de isenção do pagamento de custas e emolumentos, nas ações acidentarias e de benefícios, propostas na Justiça Estadual.

179. O estabelecimento de crédito que recebe dinheiro, em depósito judicial, responde pelo pagamento da correção monetária relativa aos valores recolhidos.

180. Na lide trabalhista, compete ao Tribunal Regional do Trabalho dirimir conflito de competência verificado, na respectiva região, entre Juiz Estadual e Junta de Conciliação e Julgamento.

181. É admissível ação declaratória, visando a obter certeza quanto à exata interpretação de cláusula contratual.

182. É inviável o agravo do art. 545 do CPC que deixa de atacar especificamente os fundamentos da decisão agravada.

185. Nos depósitos judiciais, não incide o Imposto sobre Operações Financeiras.

187. É deserto o recurso interposto para o Superior Tribunal de Justiça, quando o recorrente não recolhe, na origem, a importância das despesas de remessa e retorno dos autos.

188. Os juros moratórios, na repetição do indébito tributário, são devidos a partir do trânsito em julgado da sentença.

189. É desnecessária a intervenção do Ministério Público nas execuções fiscais.

190. Na execução fiscal, processada perante a Justiça Estadual, cumpre à Fazenda Pública antecipar o numerário destinado ao custeio das despesas com o transporte dos oficiais de justiça.

193. O direito de uso de linha telefônica pode ser adquirido por usucapião.

195. Em embargos de terceiro não se anula ato jurídico, por fraude contra credores.

196. Ao executado que, citado por edital ou por hora certa, permanecer revel, será nomeado curador especial, com legitimidade para apresentação de embargos.

199. Na execução hipotecária de crédito vinculado ao Sistema Financeiro da Habitação, nos termos da Lei 5.741/1971, a petição inicial deve ser instruída com, pelo menos, dois avisos de cobrança.

201. Os honorários advocatícios não podem ser fixados em salários mínimos.

202. A impetração de segurança por terceiro, contra ato judicial, não se condiciona à interposição de recurso.

203. Não cabe recurso especial contra decisão proferida por órgão de segundo grau dos Juizados Especiais.

204. Os juros de mora nas ações relativas a benefícios previdenciários incidem a partir da citação válida.

205. A Lei 8.009/1990 aplica-se à penhora realizada antes de sua vigência.

206. A existência de vara privativa, instituída por lei estadual, não altera a competência territorial resultante das leis de processo.

207. É inadmissível recurso especial quando cabíveis embargos infringentes contra o acórdão proferido no tribunal de origem.

208. Compete à Justiça Federal processar e julgar prefeito municipal por desvio de verba sujeita à prestação de contas perante órgão federal.

209. Compete à Justiça Estadual processar e julgar prefeito por desvio de verba transferida e incorporada ao patrimônio municipal.

210. A ação de cobrança das contribuições para o FGTS prescreve em 30 (trinta) anos.

211. Inadmissível recurso especial quanto à questão que, a despeito da oposição de embargos declaratórios, não foi apreciada pelo tribunal *a quo*.

212. A compensação de créditos tributários não pode ser deferida em ação cautelar ou por medida liminar cautelar ou antecipatória.

213. O mandado de segurança constitui ação adequada para a declaração do direito à compensação tributária.

216. A tempestividade de recurso interposto no Superior Tribunal de Justiça é aferida pelo registro no protocolo da Secretaria e não pela data da entrega na agência do correio.

218. Compete à Justiça dos Estados processar e julgar ação de servidor estadual decorrente de direitos e vantagens estatutárias no exercício de cargo em comissão.

222. Compete à Justiça Comum processar e julgar as ações relativas à contribuição sindical prevista no art. 578 da CLT.

223. A certidão de intimação do acórdão recorrido constitui peça obrigatória do instrumento de agravo.

224. Excluído do feito o ente federal, cuja presença levara o Juiz Estadual a declinar da competência, deve o Juiz Federal restituir os autos e não suscitar conflito.

225. Compete ao Tribunal Regional do Trabalho apreciar recurso contra sentença proferida por órgão de primeiro grau da Justiça Trabalhista, ainda que para declarar-lhe a nulidade em virtude de incompetência.

226. O Ministério Público tem legitimidade para recorrer na ação de acidente do trabalho, ainda que o segurado esteja assistido por advogado.

228. É inadmissível o interdito proibitório para a proteção do direito autoral.

232. A Fazenda Pública, quando parte no processo, fica sujeita à exigência do depósito prévio dos honorários do perito.

233. O contrato de abertura de crédito, ainda que acompanhado de extrato da conta-corrente, não é título executivo.

235. A conexão não determina a reunião dos processos, se um deles já foi julgado.

236. Não compete ao Superior Tribunal de Justiça dirimir conflitos de competência entre juízos trabalhistas vinculados a Tribunais do Trabalho diversos.

239. O direito à adjudicação compulsória não se condiciona ao registro do compromisso de compra e venda no cartório de imóveis.

240. A extinção do processo, por abandono da causa pelo autor, depende de requerimento do réu.

242. Cabe ação declaratória para reconhecimento de tempo de serviço para fins previdenciários.

247. O contrato de abertura de crédito em conta-corrente, acompanhado do demonstrativo de débito, constitui documento hábil para o ajuizamento da ação monitória.

248. Comprovada a prestação dos serviços, a duplicata não aceita, mas protestada, é título hábil para instruir pedido de falência.

249. A Caixa Econômica Federal tem legitimidade passiva para integrar processo em que se discute correção monetária do FGTS.

251. A meação só responde pelo ato ilícito quando o credor, na execução fiscal, provar que o enriquecimento dele resultante aproveitou ao casal.

253. O art. 557 do CPC, que autoriza o relator a decidir o recurso, alcança o reexame necessário.

254. A decisão do Juízo Federal que exclui da relação processual ente federal não pode ser reexaminada no Juízo Estadual.

255. Cabem embargos infringentes contra acórdão, proferido por maioria, em agravo retido, quando se tratar de matéria de mérito.

258. A nota promissória vinculada a contrato de abertura de crédito não goza de autonomia em razão da iliquidez do título que a originou.

259. A ação de prestação de contas pode ser proposta pelo titular de conta-corrente bancária.

264. É irrecorrível o ato judicial que apenas manda processar a concordata preventiva.

268. O fiador que não integrou a relação processual na ação de despejo não responde pela execução do julgado.

270. O protesto pela preferência de crédito, apresentado por ente federal em execução que tramita na Justiça Estadual, não desloca a competência para a Justiça Federal.

271. A correção monetária dos depósitos judiciais independe de ação específica contra o banco depositário.

277. Julgada procedente a investigação de paternidade, os alimentos são devidos a partir da citação.

279. É cabível execução por título extrajudicial contra a Fazenda Pública.

282. Cabe a citação por edital em ação monitória.

291. A ação de cobrança de parcelas de complementação de aposentadoria pela previdência privada prescreve em 5 (cinco) anos.

292. A reconvenção é cabível na ação monitória, após a conversão do procedimento em ordinário.

299. É admissível a ação monitória fundada em cheque prescrito.

300. O instrumento de confissão de dívida, ainda que originário de contrato de abertura de crédito, constitui título executivo extrajudicial.

301. Em ação investigatória, a recusa do suposto pai a submeter-se ao exame de DNA induz presunção *juris tantum* de paternidade.

303. Em embargos de terceiro, quem deu causa à constrição indevida deve arcar com os honorários advocatícios.

304. É ilegal a decretação da prisão civil daquele que não assume expressamente o encargo de depositário judicial.

305. É descabida a prisão civil do depositário quando, decretada a falência da empresa, sobrevém a arrecadação do bem pelo síndico.

306. Os honorários advocatícios devem ser compensados quando houver sucumbência recíproca, assegurado o direito autônomo do advogado à execução do saldo sem excluir a legitimidade da própria parte.

309. O débito alimentar que autoriza a prisão civil do alimentante é o que compreende as três prestações anteriores ao ajuizamento da execução e as que se vencerem no curso do processo.

→ Redação alterada em 22.3.2006.

311. Os atos do presidente do tribunal que disponham sobre processamento e pagamento de precatório não têm caráter jurisdicional.

313. Em ação de indenização, procedente o pedido, é necessária a constituição de capital ou caução fidejussória para a garantia de pagamento da pensão, independentemente da situação financeira do demandado.

314. Em execução fiscal, não localizados bens penhoráveis, suspende-se o processo por um ano, findo o qual se inicia o prazo da prescrição quinquenal intercorrente.

315. Não cabem embargos de divergência no âmbito do agravo de instrumento que não admite recurso especial.

316. Cabem embargos de divergência contra acórdão que, em agravo regimental, decide recurso especial.

317. É definitiva a execução de título extrajudicial, ainda que pendente apelação contra sentença que julgue improcedentes os embargos.

318. Formulado pedido certo e determinado, somente o autor tem interesse recursal em arguir o vício da sentença ilíquida.

319. O encargo de depositário de bens penhorados pode ser expressamente recusado.

320. A questão federal somente ventilada no voto vencido não atende ao requisito do prequestionamento.

321. O Código de Defesa do Consumidor é aplicável às entidades abertas de previdência complementar, não incidindo nos contratos previdenciários celebrados com entidades fechadas.

324. Compete à Justiça Federal processar e julgar ações de que participa a Fundação Habitacional do Exército, equiparada à entidade autárquica federal, supervisionada pelo Ministério do Exército.

325. A remessa oficial devolve ao Tribunal o reexame de todas as parcelas da condenação suportadas pela Fazenda Pública, inclusive dos honorários de advogado.

326. Na ação de indenização por dano moral, a condenação em montante inferior ao postulado na inicial não implica sucumbência recíproca.

327. Nas ações referentes ao Sistema Financeiro da Habitação, a Caixa Econômica Federal tem legitimidade como sucessora do Banco Nacional da Habitação.

328. Na execução contra instituição financeira, é penhorável o numerário disponível, excluídas as reservas bancárias mantidas no Banco Central.

329. O Ministério Público tem legitimidade para propor ação civil pública em defesa do patrimônio público.

331. A apelação interposta contra sentença que julga embargos à arrematação tem efeito meramente devolutivo.

333. Cabe mandado de segurança contra ato praticado em licitação promovida por sociedade de economia mista ou empresa pública.

339. É cabível ação monitória contra a Fazenda Pública.

344. A liquidação por forma diversa da estabelecida na sentença não ofende a coisa julgada.

345. São devidos honorários advocatícios pela Fazenda Pública nas execuções individuais de sentença proferida em ações coletivas, ainda que não embargadas.

349. Compete à Justiça Federal ou aos juízes com competência delegada o julgamento das execuções fiscais de contribuições devidas pelo empregador ao FGTS.

354. A invasão do imóvel é causa de suspensão do processo expropriatório para fins de reforma agrária.

358. O cancelamento de pensão alimentícia de filho que atingiu a maioridade está sujeito à decisão judicial, mediante contraditório, ainda que nos próprios autos.

361. A notificação do protesto, para requerimento de falência da empresa devedora, exige a identificação da pessoa que a recebeu.

362. A correção monetária do valor da indenização do dano moral incide desde a data do arbitramento.

363. Compete à Justiça estadual processar e julgar a ação de cobrança ajuizada por profissional liberal contra cliente.

364. O conceito de impenhorabilidade de bem de família abrange também o imóvel pertencente a pessoas solteiras, separadas e viúvas.

365. A intervenção da União como sucessora da Rede Ferroviária Federal S.A. (RFFSA) desloca a competência para a Justiça Federal ainda que a sentença tenha sido proferida por Juízo estadual.

367. A competência estabelecida pela EC n. 45/2004 não alcança os processos já sentenciados.

368. Compete à Justiça comum estadual processar e julgar os pedidos de retificação de dados cadastrais da Justiça Eleitoral.

372. Na ação de exibição de documentos, não cabe a aplicação de multa cominatória.

373. É ilegítima a exigência de depósito prévio para admissibilidade de recurso administrativo.

374. Compete à Justiça Eleitoral processar e julgar a ação para anular débito decorrente de multa eleitoral.

375. O reconhecimento da fraude à execução depende do registro da penhora do bem alienado ou da prova de má-fé do terceiro adquirente.

376. Compete a turma recursal processar e julgar o mandado de segurança contra ato de juizado especial.

383. A competência para processar e julgar as ações conexas de interesse de menor é, em princípio, do foro do domicílio do detentor de sua guarda.

384. Cabe ação monitória para haver saldo remanescente oriundo de venda extrajudicial de bem alienado fiduciariamente em garantia.

387. É lícita a cumulação das indenizações de dano estético e dano moral.

389. A comprovação do pagamento do "custo do serviço" referente ao fornecimento de certidão de assentamentos constantes dos livros da companhia é requisito de procedibilidade da ação de exibição de documentos ajuizada em face da sociedade anônima.

390. Nas decisões por maioria, em reexame necessário, não se admitem embargos infringentes.

392. A Fazenda Pública pode substituir a certidão de dívida ativa (CDA) até a prolação da sentença de embargos, quando se tratar de correção de erro material ou formal, vedada a modificação do sujeito passivo da execução.

393. A exceção de pré-executividade é admissível na execução fiscal relativamente às matérias conhecíveis de ofício que não demandem dilação probatória.

394. É admissível, em embargos à execução, compensar os valores de imposto de renda retidos indevidamente na fonte com os valores restituídos apurados na declaração anual.

→ Redação republicada no *D.J.E.* de 21.10.2009.

396. A Confederação Nacional da Agricultura tem legitimidade ativa para a cobrança da contribuição sindical rural.

401. O prazo decadencial da ação rescisória só se inicia quando não for cabível qualquer recurso do último pronunciamento judicial.

405. A ação de cobrança do seguro obrigatório (DPVAT) prescreve em 3 (três) anos.

406. A Fazenda Pública pode recusar a substituição do bem penhorado por precatório.

409. Em execução fiscal, a prescrição ocorrida antes da propositura da ação pode ser decretada de ofício (art. 219, § 5º, do CPC).

410. A prévia intimação pessoal do devedor constitui condição necessária para a cobrança de multa pelo descumprimento de obrigação de fazer ou não fazer.

414. A citação por edital na execução fiscal é cabível quando frustradas as demais modalidades.

417. Na execução civil, a penhora de dinheiro na ordem de nomeação de bens não tem caráter absoluto.

418. É inadmissível o recurso especial interposto antes da publicação do acórdão dos embargos de declaração, sem posterior ratificação.

419. Descabe a prisão civil do depositário judicial infiel.

420. Incabível, em embargos de divergência, discutir o valor de indenização por danos morais.

421. Os honorários advocatícios não são devidos à Defensoria Pública quando ela atua contra a pessoa jurídica de direito público à qual pertença.

426. Os juros de mora na indenização do seguro DPVAT fluem a partir da citação.

427. A ação de cobrança de diferenças de valores de complementação de aposentadoria prescreve em 5 (cinco) anos contados da data do pagamento.

428. Compete ao Tribunal Regional Federal decidir os conflitos de competência entre juizado especial federal e juízo federal da mesma seção judiciária.

429. A citação postal, quando autorizada por lei, exige o aviso de recebimento.

434. O pagamento da multa por infração de trânsito não inibe a discussão judicial do débito.

447. Os Estados e o Distrito Federal são partes legítimas na ação de restituição de imposto de renda retido na fonte proposta por seus servidores.

449. A vaga de garagem que possui matrícula própria no registro de imóveis não constitui bem de família para efeito de penhora.

451. É legítima a penhora da sede do estabelecimento comercial.

452. A extinção das ações de pequeno valor é faculdade da Administração Federal, vedada a atuação judicial de ofício.

453. Os honorários sucumbenciais, quando omitidos em decisão transitada em julgado, não podem ser cobrados em execução ou em ação própria.

460. É incabível o mandado de segurança para convalidar a compensação tributária realizada pelo contribuinte.

461. O contribuinte pode optar por receber, por meio de precatório ou por compensação, o indébito tributário certificado por sentença declaratória transitada em julgado.

462. Nas ações em que representa o FGTS, a CEF, quando sucumbente, não está isenta de reembolsar as custas antecipadas pela parte vencedora.

467. Prescreve em 5 (cinco) anos, contados do término do processo administrativo, a pretensão da Administração Pública de promover a execução da multa por infração ambiental.

469. Aplica-se o Código de Defesa do Consumidor aos contratos de plano de saúde.

470. O Ministério Público não tem legitimidade para pleitear, em ação civil pública, a indenização decorrente do DPVAT em benefício do segurado.

478. Na execução de crédito relativo a cotas condominiais, este tem preferência sobre o hipotecário.

480. O juízo da recuperação judicial não é competente para decidir sobre a constrição de bens não abrangidos pelo plano de recuperação da empresa.

481. Faz jus ao benefício da justiça gratuita a pessoa jurídica com ou sem fins lucrativos que demonstrar sua impossibilidade de arcar com os encargos processuais.

482. A falta de ajuizamento da ação principal no prazo do art. 806 do CPC acarreta a perda da eficácia da liminar deferida e a extinção do processo cautelar.

483. O INSS não está obrigado a efetuar depósito prévio do preparo por gozar das prerrogativas e privilégios da Fazenda Pública.

484. Admite-se que o preparo seja efetuado no primeiro dia útil subsequente, quando a interposição do recurso ocorrer após o encerramento do expediente bancário.

485. A Lei de Arbitragem aplica-se aos contratos que contenham cláusula arbitral, ainda que celebrados antes da sua edição

486. É impenhorável o único imóvel residencial do devedor que esteja locado a terceiros, desde que a renda obtida com a locação seja revertida para a subsistência ou a moradia da sua família.

487. O parágrafo único do art. 741 do CPC não se aplica às sentenças transitadas em julgado em data anterior à da sua vigência.

488. O § 2º do art. 6º da Lei 9.469/1997, que obriga à repartição dos honorários advocatícios, é inaplicável a acordos ou transações celebrados em data anterior à sua vigência.

489. Reconhecida a continência, devem ser reunidas na Justiça Federal as ações civis públicas propostas nesta e na Justiça estadual.

490. A dispensa de reexame necessário, quando o valor da condenação ou do direito controvertido for inferior a sessenta salários mínimos, não se aplica a sentenças ilíquidas.

497. Os créditos das autarquias federais preferem aos créditos da Fazenda estadual desde que coexistam penhoras sobre o mesmo bem.

503. O prazo para ajuizamento de ação monitória em face do emitente de cheque sem força executiva é quinquenal, a contar do dia seguinte à data de emissão estampada na cártula.

504. O prazo para ajuizamento de ação monitória em face do emitente de nota promissória sem força executiva é quinquenal, a contar do dia seguinte ao vencimento do título.

505. A competência para processar e julgar as demandas que têm por objeto obrigações decorrentes dos contratos de planos de previdência privada firmados com a Fundação Rede Ferroviária de Seguridade Social – REFER é da Justiça estadual.

506. A Anatel não é parte legítima nas demandas entre a concessionária e o usuário de telefonia decorrentes de relação contratual.

515. A reunião de execuções fiscais contra o mesmo devedor constitui faculdade do juiz.

517. São devidos honorários advocatícios no cumprimento de sentença, haja ou não impugnação, depois de escoado o prazo para pagamento voluntário, que se inicia após a intimação do advogado da parte executada.

518. Para fins do art. 105, III, a, da Constituição Federal, não é cabível recurso especial fundado em alegada violação de enunciado de súmula.

519. Na hipótese de rejeição da impugnação ao cumprimento de sentença, não são cabíveis honorários advocatícios.

521. A legitimidade para execução fiscal de multa pendente de pagamento imposta em sentença condenatória é exclusiva da Procuradoria da Fazenda Pública.

525. A Câmara de Vereadores não possui personalidade jurídica, apenas personalidade judiciária, somente podendo demandar em juízo para defender os seus direitos institucionais.

529. No seguro de responsabilidade civil facultativo, não cabe o ajuizamento de ação pelo terceiro prejudicado direta e exclusivamente em face da seguradora do apontado causador do dano.

531. Em ação monitória fundada em cheque prescrito ajuizada contra o emitente, é dispensável a menção ao negócio jurídico subjacente à emissão da cártula.

537. Em ação de reparação de danos, a seguradora denunciada, se aceitar a denunciação ou contestar o pedido do autor, pode ser condenada, direta e solidariamente junto com o segurado, ao pagamento da indenização devida à vítima, nos limites contratados na apólice.

540. Na ação de cobrança do seguro DPVAT, constitui faculdade do autor escolher entre os foros do seu domicílio, do local do acidente ou ainda do domicílio do réu.

549. É válida a penhora de bem de família pertencente a fiador de contrato de locação.

551. Nas demandas por complementação de ações de empresas de telefonia, admite-se a condenação ao pagamento de dividendos e juros sobre capital próprio independentemente de pedido expresso. No entanto, somente quando previstos no título executivo, poderão ser objeto de cumprimento de sentença.

553. Nos casos de empréstimo compulsório sobre o consumo de energia elétrica, é competente a Justiça estadual para o julgamento de demanda proposta exclusivamente contra a Eletrobrás. Requerida a intervenção da União no feito após a prolação de sentença pelo juízo estadual, os autos devem ser remetidos ao Tribunal Regional Federal competente para o julgamento da apelação se deferida a intervenção.

554. Na hipótese de sucessão empresarial, a responsabilidade da sucessora abrange não apenas os tributos devidos pela sucedida, mas também as multas moratórias ou punitivas referentes a fatos geradores ocorridos até a data da sucessão.

558. Em ações de execução fiscal, a petição inicial não pode ser indeferida sob o argumento da falta de indicação do CPF e/ou RG ou CNPJ da parte executada.

559. Em ações de execução fiscal, é desnecessária a instrução da petição inicial com o demonstrativo de cálculo do débito, por tratar-se de requisito não previsto no art. 6º da Lei n. 6.830/1980.

560. A decretação da indisponibilidade de bens e direitos, na forma do art. 185-A do CTN, pressupõe o exaurimento das diligências na busca por bens penhoráveis, o qual fica caracterizado quando infrutíferos o pedido de constrição sobre ativos financeiros e a expedição de ofícios aos registros públicos do domicílio do executado, ao Denatran ou Detran.

564. No caso de reintegração de posse em arrendamento mercantil financeiro, quando a soma da importância antecipada a título de valor residual garantido (VRG) com o valor da venda do bem ultrapassar o total do VRG previsto contratualmente, o arrendatário terá direito de receber a respectiva diferença, cabendo, porém, se estipulado no contrato, o prévio desconto de outras despesas ou encargos pactuados.

568. O relator, monocraticamente e no Superior Tribunal de Justiça, poderá dar ou negar provimento ao recurso quando houver entendimento dominante acerca do tema.

570. Compete à Justiça Federal o processo e julgamento de demanda em que se discute a ausência de ou o obstáculo ao credenciamento de instituição particular de ensino superior no Ministério da Educação como condição de expedição de diploma de ensino a distância aos estudantes.

586. A exigência de acordo entre o credor e o devedor na escolha do agente fiduciário aplica-se, exclusivamente, aos contratos não vinculados ao Sistema Financeiro da Habitação - SFH.

576. Ausente requerimento administrativo no INSS, o termo inicial para a implantação da aposentadoria por invalidez concedida judicialmente será a data da citação válida.

577. É possível reconhecer o tempo de serviço rural anterior ao documento mais antigo apresentado, desde que amparado em convincente prova testemunhal colhida sob o contraditório.

579. Não é necessário ratificar o recurso especial interposto na pendência do julgamento dos embargos de declaração, quando inalterado o resultado anterior.

580. A correção monetária nas indenizações do seguro DPVAT por morte ou invalidez, prevista no § 7º do art. 5º da Lei n. 6.194/1974, redação dada pela Lei n. 11.482/2007, incide desde a data do evento danoso.

581. A recuperação judicial do devedor principal não impede o prosseguimento das ações e execuções ajuizadas contra terceiros devedores solidários ou coobrigados em geral, por garantia cambial, real ou fidejussória.

594. O Ministério Público tem legitimidade ativa para ajuizar ação de alimentos em proveito de criança ou adolescente independentemente do exercício do poder familiar dos pais, ou do fato de o menor se encontrar nas situações de risco descritas no art. 98 do Estatuto da Criança e do Adolescente, ou de quaisquer outros questionamentos acerca da existência ou eficiência da Defensoria Pública na comarca.

595. As instituições de ensino superior respondem objetivamente pelos danos suportados pelo aluno/consumidor pela realização de curso não reconhecido pelo Ministério da Educação, sobre o qual não lhe tenha sido dada prévia e adequada informação.

596. A obrigação alimentar dos avós tem natureza complementar e subsidiária, somente se configurando no caso de impossibilidade total ou parcial de seu cumprimento pelos pais.

598. É desnecessária a apresentação de laudo médico oficial para o reconhecimento judicial da isenção do imposto de renda, desde que o magistrado entenda suficientemente demonstrada a doença grave por outros meios de prova.

601. O Ministério Público tem legitimidade ativa para atuar na defesa de direitos difusos, coletivos e individuais homogêneos dos consumidores, ainda que decorrentes da prestação de serviço público.

602. O Código de Defesa do Consumidor é aplicável aos empreendimentos habitacionais promovidos pelas sociedades cooperativas.

603. É vedado ao banco mutuante reter, em qualquer extensão, os salários, vencimentos e/ou proventos de correntista para adimplir o mútuo (comum) contraído, ainda que haja cláusula contratual autorizativa, excluído o empréstimo garantido por margem salarial consignável, com desconto em folha de pagamento, que possui regramento legal específico e admite a retenção de percentual. (Súmula cancelada no julgamento do REsp 1.555.722/SP – Dje 27/08/2018).

608. Aplica-se o Código de Defesa do Consumidor aos contratos de plano de saúde, salvo os administrados por entidades de autogestão.

614. O locatário não possui legitimidade ativa para discutir a relação jurídico-tributária de IPTU e de taxas referentes ao imóvel alugado nem para repetir indébito desses tributos.

618. A inversão do ônus da prova aplica-se às ações de degradação ambiental.

619. A ocupação indevida de bem público configura mera detenção, de natureza precária, insuscetível de retenção ou indenização por acessões e benfeitorias.

620. A embriaguez do segurado não exime a seguradora do pagamento da indenização prevista em contrato de seguro de vida.

621. Os efeitos da sentença que reduz, majora ou exonera o alimentante do pagamento retroagem à data da citação, vedadas a compensação e a repetibilidade.

622. A notificação do auto de infração faz cessar a contagem da decadência para a constituição do crédito tributário; exaurida a instância administrativa com o decurso do prazo para a impugnação ou com a notificação de seu julgamento definitivo e esgotado o prazo concedido pela Administração para o pagamento voluntário, inicia-se o prazo prescricional para a cobrança judicial.

624. É possível cumular a indenização do dano moral com a reparação econômica da Lei n. 10.559/2002 (Lei da Anistia Política).

625. O pedido administrativo de compensação ou de restituição não interrompe o prazo prescricional para a ação de repetição de indébito tributário de que trata o art. 168 do CTN nem o da execução de título judicial contra a Fazenda Pública.

629. Quanto ao dano ambiental, é admitida a condenação do réu à obrigação de fazer ou à de não fazer cumulada com a de indenizar.

632. Nos contratos de seguro regidos pelo Código Civil, a correção monetária sobre a indenização securitária incide a partir da contratação até o efetivo pagamento.

637. O ente público detém legitimidade e interesse para intervir, incidentalmente, na ação possessória entre particulares, podendo deduzir qualquer matéria defensiva, inclusive, se for o caso, o domínio.

638. É abusiva a cláusula contratual que restringe a responsabilidade de instituição financeira pelos danos decorrentes de roubo, furto ou extravio de bem entregue em garantia no âmbito de contrato de penhor civil.

642. O direito à indenização por danos morais transmite-se com o falecimento do titular, possuindo os herdeiros da vítima legitimidade ativa para ajuizar ou prosseguir a ação indenizatória.

644. O núcleo de prática jurídica deve apresentar o instrumento de mandato quando constituído pelo réu hipossuficiente, salvo nas hipóteses em que é nomeado pelo juízo.

647. São imprescritíveis as ações indenizatórias por danos morais e materiais decorrentes de atos de perseguição política com violação de direitos fundamentais ocorridos durante o regime militar.

Enunciados

Enunciados ENFAM (Escola Nacional de Formação e Aperfeiçoamento da Magistratura)

1) Entende-se por "fundamento" referido no art. 10 do CPC/2015 o substrato fático que orienta o pedido, e não o enquadramento jurídico atribuído pelas partes.

2) Não ofende a regra do contraditório do art. 10 do CPC/2015, o pronunciamento jurisdicional que invoca princípio, quando a regra jurídica aplicada já debatida no curso do processo é emanação daquele princípio.

3) É desnecessário ouvir as partes quando a manifestação não puder influenciar na solução da causa.

4) Na declaração de incompetência absoluta não se aplica o disposto no art. 10, parte final, do CPC/2015.

5) Não viola o art. 10 do CPC/2015 a decisão com base em elementos de fato documentados nos autos sob o contraditório.

6) Não constitui julgamento surpresa o lastreado em fundamentos jurídicos, ainda que diversos dos apresentados pelas partes, desde que embasados em provas submetidas ao contraditório.

7) O acórdão, cujos fundamentos não tenham sido explicitamente adotados como razões de decidir, não constitui precedente vinculante.

8) Os enunciados das súmulas devem reproduzir os fundamentos determinantes do precedente.

9) É ônus da parte, para os fins do disposto no art. 489, § 1º, V e VI, do CPC/2015, identificar os fundamentos determinantes ou demonstrar a existência de distinção no caso em julgamento ou a superação do entendimento, sempre que invocar jurisprudência, precedente ou enunciado de súmula.

10) A fundamentação sucinta não se confunde com a ausência de fundamentação e não acarreta a nulidade da decisão se forem enfrentadas todas as questões cuja resolução, em tese, influencie a decisão da causa.

11) Os precedentes a que se referem os incisos V e VI do § 1º do art. 489 do CPC/2015 são apenas os mencionados no art. 927 e no inciso IV do art. 332.

12) Não ofende a norma extraível do inciso IV do § 1º do art. 489 do CPC/2015 a decisão que deixar de apreciar questões cujo exame tenha ficado prejudicado em razão da análise anterior de questão subordinante.

13) O art. 489, § 1º, IV, do CPC/2015 não obriga o juiz a enfrentar os fundamentos jurídicos invocados pela parte, quando já tenham sido enfrentados na formação dos precedentes obrigatórios.

14) Em caso de sucumbência recíproca, deverá ser considerada proveito econômico do réu, para fins do art. 85, § 2º, do CPC/2015, a diferença entre o que foi pleiteado pelo autor e o que foi concedido, inclusive no que se refere às condenações por danos morais.

15) Nas execuções fiscais ou naquelas fundadas em título extrajudicial promovidas contra a Fazenda Pública, a fixação dos honorários deverá observar os parâmetros do art. 85, § 3º, do CPC/2015.

16) Não é possível majorar os honorários na hipótese de interposição de recurso no mesmo grau de jurisdição (art. 85, § 11, do CPC/2015).

17) Para apuração do "valor atualizado da causa" a que se refere o art. 85, § 2º, do CPC/2015, deverão ser utilizados os índices previstos no programa de atualização financeira do CNJ a que faz referência o art. 509, § 3º.

18) Na estabilização da tutela antecipada, o réu ficará isento do pagamento das custas e os honorários deverão ser fixados no percentual de 5% sobre o valor da causa (art. 304, *caput*, c/c o art. 701, *caput*, do CPC/2015).

19) A decisão que aplica a tese jurídica firmada em julgamento de casos repetitivos não precisa enfrentar os fundamentos já analisados na decisão paradigma, sendo suficiente, para fins de atendimento das exigências constantes no art. 489, § 1º, do CPC/2015, a correlação fática e jurídica entre o caso concreto e aquele apreciado no incidente de solução concentrada.

20) O pedido fundado em tese aprovada em IRDR deverá ser julgado procedente, respeitados o contraditório e a ampla defesa, salvo se for o caso de distinção ou se houver superação do entendimento pelo tribunal competente.

21) O IRDR pode ser suscitado com base em demandas repetitivas em curso nos juizados especiais. (* vide enunciado n. 44)

22) A instauração do IRDR não pressupõe a existência de processo pendente no respectivo tribunal.

23) É obrigatória a determinação de suspensão dos processos pendentes, individuais e coletivos, em trâmite nos Estados ou regiões, nos termos do § 1º do art. 1.036

do CPC/2015, bem como nos termos do art. 1.037 do mesmo código.

24) O prazo de um ano previsto no art. 1.037 do CPC/2015 deverá ser aplicado aos processos já afetados antes da vigência dessa norma, com o seu cômputo integral a partir da entrada em vigor do novo estatuto processual.

25) A vedação da concessão de tutela de urgência cujos efeitos possam ser irreversíveis (art. 300, § 3º, do CPC/2015) pode ser afastada no caso concreto com base na garantia do acesso à Justiça (art. 5º, XXXV, da CRFB).

26) Caso a demanda destinada a rever, reformar ou invalidar a tutela antecipada estabilizada seja ajuizada tempestivamente, poderá ser deferida em caráter liminar a antecipação dos efeitos da revisão, reforma ou invalidação pretendida, na forma do art. 296, parágrafo único, do CPC/2015, desde que demonstrada a existência de outros elementos que ilidam os fundamentos da decisão anterior.

27) Não é cabível ação rescisória contra decisão estabilizada na forma do art. 304 do CPC/2015.

28) Admitido o recurso interposto na forma do art. 304 do CPC/2015, converte-se o rito antecedente em principal para apreciação definitiva do mérito da causa, independentemente do provimento ou não do referido recurso.

29) Para a concessão da tutela de evidência prevista no art. 311, III, do CPC/2015, o pedido reipersecutório deve ser fundado em prova documental do contrato de depósito e também da mora.

30) É possível a concessão da tutela de evidência prevista no art. 311, II, do CPC/2015 quando a pretensão autoral estiver de acordo com orientação firmada pelo Supremo Tribunal Federal em sede de controle abstrato de constitucionalidade ou com tese prevista em súmula dos tribunais, independentemente de caráter vinculante.

31) A concessão da tutela de evidência prevista no art. 311, II, do CPC/2015 independe do trânsito em julgado da decisão paradigma.

32) O rol do art. 12, § 2º, do CPC/2015 é exemplificativo, de modo que o juiz poderá, fundamentadamente, proferir sentença ou acórdão fora da ordem cronológica de conclusão, desde que preservadas a moralidade, a publicidade, a impessoalidade e a eficiência na gestão da unidade judiciária.

33) A urgência referida no art. 12, § 2º, IX, do CPC/2015 é diversa da necessária para a concessão de tutelas provisórias de urgência, estando autorizada, portanto, a prolação de sentenças e acórdãos fora da ordem cronológica de conclusão, em virtude de particularidades gerenciais da unidade judicial, em decisão devidamente fundamentada.

34) A violação das regras dos arts. 12 e 153 do CPC/2015 não é causa de nulidade dos atos praticados no processo decidido/cumprido fora da ordem cronológica, tampouco caracteriza, por si só, parcialidade do julgador ou do serventuário.

35) Além das situações em que a flexibilização do procedimento é autorizada pelo art. 139, VI, do CPC/2015, pode o juiz, de ofício, preservada a previsibilidade do rito, adaptá-lo às especificidades da causa, observadas as garantias fundamentais do processo.

36) A regra do art. 190 do CPC/2015 não autoriza às partes a celebração de negócios jurídicos processuais atípicos que afetem poderes e deveres do juiz, tais como os que: a) limitem seus poderes de instrução ou de sanção à litigância ímproba; b) subtraiam do Estado/juiz o controle da legitimidade das partes ou do ingresso de amicus curiae; c) introduzam novas hipóteses de recorribilidade, de rescisória ou de sustentação oral não previstas em lei; d) estipulem o julgamento do conflito com base em lei diversa da nacional vigente; e e) estabeleçam prioridade de julgamento não prevista em lei.

37) São nulas, por ilicitude do objeto, as convenções processuais que violem as garantias constitucionais do processo, tais como as que: a) autorizem o uso de prova ilícita; b) limitem a publicidade do processo para além das hipóteses expressamente previstas em lei; c) modifiquem o regime de competência absoluta; e d) dispensem o dever de motivação.

38) Somente partes absolutamente capazes podem celebrar convenção pré-processual atípica (arts. 190 e 191 do CPC/2015).

39) Não é válida convenção pré-processual oral (art. 4º, § 1º, da Lei n. 9.307/1996 e 63, § 1º, do CPC/2015).

40) Incumbe ao recorrente demonstrar que o argumento reputado omitido é capaz de infirmar a conclusão adotada pelo órgão julgador.

41) Por compor a estrutura do julgamento, a ampliação do prazo de sustentação oral não pode ser objeto de negócio jurídico entre as partes.

42) Não será declarada a nulidade sem que tenha sido demonstrado o efetivo prejuízo por ausência de análise de argumento deduzido pela parte.

43) O art. 332 do CPC/2015 se aplica ao sistema de juizados especiais e o inciso IV também abrange os enunciados e súmulas dos seus órgãos colegiados competentes.

44) Admite-se o IRDR nos juizados especiais, que deverá ser julgado por órgão colegiado de uniformização do próprio sistema.

45) A contagem dos prazos em dias úteis (art. 219 do CPC/2015) aplica-se ao sistema de juizados especiais.

46) O § 5º do art. 1.003 do CPC/2015 (prazo recursal de 15 dias) não se aplica ao sistema de juizados especiais.

47) O art. 489 do CPC/2015 não se aplica ao sistema de juizados especiais.

48) O art. 139, IV, do CPC/2015 traduz um poder geral de efetivação, permitindo a aplicação de medidas atípicas para garantir o cumprimento de qualquer ordem judicial, inclusive no âmbito do cumprimento de sentença e no processo de execução baseado em títulos extrajudiciais.

49) No julgamento antecipado parcial de mérito, o cumprimento provisório da decisão inicia-se independentemente de caução (art. 356, § 2º, do CPC/2015), sendo aplicável, todavia, a regra do art. 520, IV.

50) O oferecimento de impugnação manifestamente protelatória ao cumprimento de sentença será considerado conduta atentatória à dignidade da Justiça (art. 918, III, parágrafo único, do CPC/2015), ensejando a aplicação da multa prevista no art. 774, parágrafo único.

51) A majoração de honorários advocatícios prevista no art. 827, § 2º, do CPC/2015 não é aplicável à impugnação ao cumprimento de sentença.

52) A citação a que se refere o art. 792, § 3º, do CPC/2015 (fraude à execução) é a do executado originário, e não aquela prevista para o incidente de desconsideração da personalidade jurídica (art. 135 do CPC/2015).

53) O redirecionamento da execução fiscal para o sócio-gerente prescinde do incidente de desconsideração da personalidade jurídica previsto no art. 133 do CPC/2015.

54) A ausência de oposição de embargos de terceiro no prazo de 15 (quinze) dias prevista no art. 792, § 4º, do CPC/2015 implica preclusão para fins do art. 675, *caput*, do mesmo código.

55) Às hipóteses de rejeição liminar a que se referem os arts. 525, § 5º, 535, § 2º, e 917 do CPC/2015 (excesso de execução) não se aplicam os arts. 9º e 10 desse código.

56) Nas atas das sessões de conciliação e mediação, somente serão registradas as informações expressamente autorizadas por todas as partes.

57) O cadastro dos conciliadores, mediadores e câmaras privadas deve ser realizado nos núcleos estaduais ou regionais de conciliação (Núcleos Permanentes de Métodos Consensuais de Solução de Conflitos – NUPEMEC), que atuarão como órgãos de gestão do sistema de autocomposição.

58) As escolas judiciais e da magistratura têm autonomia para formação de conciliadores e mediadores, observados os requisitos mínimos estabelecidos pelo CNJ.

59) O conciliador ou mediador não cadastrado no tribunal, escolhido na forma do § 1º do art. 168 do CPC/2015, deverá preencher o requisito de capacitação mínima previsto no § 1º do art. 167.

60) À sociedade de advogados a que pertença o conciliador ou mediador aplicam-se os impedimentos de que tratam os arts. 167, § 5º, e 172 do CPC/2015.

61) Somente a recusa expressa de ambas as partes impedirá a realização da audiência de conciliação ou mediação prevista no art. 334 do CPC/2015, não sendo a manifestação de desinteresse externada por uma das partes justificativa para afastar a multa de que trata o art. 334, § 8º.

62) O conciliador e o mediador deverão advertir os presentes, no início da sessão ou audiência, da extensão do princípio da confidencialidade a todos os participantes do ato.

Enunciados CEAPRO (Centro de Estudos Avançados de Processo)

1) A aceitação pelo autor da indicação do sujeito passivo pelo réu com a alteração da petição inicial, não está submetida ao prévio controle judicial (artigo 339, parágrafos 1º e 2º).

2) A alegação da ilegitimidade com a indicação do correto sujeito passivo da relação jurídica deve ser feita pelo réu em contestação (artigos 337, XI, 338 e 339).

3) A aceitação do autor, após a alegação da ilegitimidade com a indicação do correto sujeito passivo da relação jurídica, deve ser feita no prazo de 15 dias após a intimação para se manifestar sobre a contestação ou sobre essa alegação do réu (artigo 339, parágrafos 1º e 2º).

4) É objetiva a responsabilidade da parte favorecida com a concessão de tutela antecipada, pelos eventuais danos que este evento vier a ocasionar à parte adversa (art. 302).

5) No depoimento pessoal, a parte contrária deve ter o mesmo tratamento da parte depoente, ou seja, cabe ao magistrado a definição prévia acerca da permanência das partes quando do depoimento da parte contrária (art. 385, §2º).

6) A hipossuficiência justificadora da atribuição do ônus da prova é a informativa e não a econômica (art. 373).

7) O NCPC estabelece um dever-poder instrutório do magistrado (artigo 370).

8) Deve o julgador enunciar expressamente no dispositivo quais questões prejudiciais serão acobertadas pela coisa julgada material, até por conta do disposto no inciso I do art. 504 (artigo 503, § 1º).

9) A reclamação, quando ajuizada dentro do prazo recursal, impede, por si só, o trânsito em julgado da decisão reclamada (artigo 998, §§5º e 6º).

10) No processamento da apelação em primeiro grau não haverá decisão sobre a admissibilidade e nem sobre os efeitos do recurso (artigo 1.012, §3º).

11) A limitação à dispensa da caução no cumprimento provisório de obrigação de pagar quantia poderá ser afastada, excepcionalmente, à luz das particularidades do caso concreto, em decisão fundamentada (artigo 521, parágrafo único).

12) Não se exige o transito em julgado do acórdão paradigma mas apenas a conclusão do julgamento, o que incluiria eventuais embargos de declaração opostos, para que se encerre a suspensão dos RE/RESP até então sobrestados (artigo 1.040, III).

13) O efeito suspensivo automático do recurso de apelação, aplica-se ao agravo de instrumento interposto contra a decisão parcial do mérito prevista no art. 356(artigo 1.015)

14) O juiz deve estimular a adoção da autocomposição, sendo a ele vedada a condução da sessão consensual por força dos princípios da imparcialidade e confidencialidade (art. 139, V, 166, parágrafo, 1, CPC).

15) A exigência de juntada aos autos do processo de cópia da petição do agravo de instrumento se aplica exclusivamente quando os autos do agravo não forem eletrônicos (no art. 1018, § 2º).

16) A apelação contra a sentença que julga os embargos ao mandado monitório não é dotada de efeito suspensivo automático(Art. 702, § 4o).

17) O pleito de decretação de nulidade de sentença arbitral em impugnação ao cumprimento de sentença está sujeito ao prazo decadencial de 90 (noventa) dias previsto no §1º do art. 33 da Lei de Arbitragem. (art.525)

18) A Súmula 375 do STJ não impede a atribuição diversa do ônus da prova, de que tratam os § 1º e 2 do Art. 373 (§ 1º e 2 do art. 373).

19) A hipótese do parágrafo único do artigo 121 não configura substituição processual, prevista no artigo 18. Por consequência, o regime jurídico permanece o da assistência (arts. 18 e 121).

20) É admissível a tutela inibitória com fundamento no parágrafo único, do art.497, tanto nas obrigações de fazer como nas de não fazer, seja para evitar a ocorrência, reiteração ou continuação do ilícito, ou a sua remoção. (parágrafo único, art. 497)

21) O efeito suspensivo automático do art. 1012, aplica-se ao agravo de instrumento interposto contra a decisão parcial do mérito. (art. 356)

Enunciados FPPC

1. Cancelado *(III FPPC-Rio).*

2. (arts. 10 e 927, §1º) Para a formação do precedente, somente podem ser usados argumentos submetidos ao contraditório. *(Grupo: Precedentes 2)*

3. Cancelado *(III FPPC-Rio).*

4. (art. 69, § 1º) A carta arbitral tramitará e será processada no Poder Judiciário de acordo com o regime previsto no Código de Processo Civil, respeitada a legislação aplicável. (Grupo: Arbitragem)

5. (art. 69, §3º) O pedido de cooperação poderá ser realizado também entre o árbitro e o Poder Judiciário. (Grupo: Competência e Cooperação Judiciária Nacional)

6. (arts. 5º, 6º e 190) O negócio jurídico processual não pode afastar os deveres inerentes à boa-fé e à cooperação. *(Grupo: Negócio Processual; redação revista no III FPPC-Rio)*

7. (art. 85, § 18; art. 1.026, § 3º, III) O pedido, quando omitido em decisão judicial transitada em julgado, pode ser objeto de ação autônoma. *(Grupo: Ordem dos Processos no Tribunal, Teoria Geral dos Recursos, Apelação e Agravo)*

8. (arts. 85, § 18, 1.026, § 3º, III) Fica superado o enunciado 453 da súmula do STJ após a entrada em vigor do CPC (*"Os honorários sucumbenciais, quando omitidos em decisão transitada em julgado, não podem ser cobrados em execução ou em ação própria"*). *(Grupo: Ordem dos Processos no Tribunal, Teoria Geral dos Recursos, Apelação e Agravo)*

9. Cancelado (VI FPPC-Curitiba)

10. (arts. 113, §§ 1º e 2º, art. 240, § 1º). Em caso de desmembramento do litisconsórcio multitudinário, a interrupção da prescrição retroagirá à data de propositura da demanda original. (Grupo: Litisconsórcio, Intervenção de Terceiros e Resposta do Réu; redação revista no III FPPC-Rio)

11. (arts. 116 e 124). O litisconsorte unitário, integrado ao processo a partir da fase instrutória, tem direito de especificar, pedir e produzir provas, sem prejuízo daquelas já produzidas, sobre as quais o interveniente tem o ônus de se manifestar na primeira oportunidade em que falar no processo. (Grupo: Litisconsórcio, Intervenção de Terceiros e Resposta do Réu; redação revista no III FPPC-Rio)

12. (arts. 139, IV, 523, 536 e 771) A aplicação das medidas atípicas sub-rogatórias e coercitivas é cabível em qualquer obrigação no cumprimento de sentença ou execução de título executivo extrajudicial. Essas medidas, contudo, serão aplicadas de forma subsidiária às medidas tipificadas, com observação do contraditório, ainda que diferido, e por meio de decisão à luz do art. 489, § 1º, I e II. (Grupo: Execução)

13. (art. 189, IV) O disposto no inciso IV do art. 189 abrange todo e qualquer ato judicial relacionado à arbitragem, desde que a confidencialidade seja comprovada perante o Poder Judiciário, ressalvada em qualquer caso a divulgação das decisões, preservada a identidade das partes e os fatos da causa que as identifiquem. (Grupo: Arbitragem; redação revista no III FPPC-Rio)

14. Cancelado (III FPPC-Rio).

15. (art. 189) As arbitragens que envolvem a Administração Pública respeitarão o princípio da publicidade, observadas as exceções legais (vide art. 2º, § 3º, da Lei

n. 9.307/1996, com a redação da Lei n. 13.129/2015). (Grupo: Arbitragem; aprovado por aclamação)

16. (art. 190, parágrafo único) O controle dos requisitos objetivos e subjetivos de validade da convenção de procedimento deve ser conjugado com a regra segundo a qual não há invalidade do ato sem prejuízo. (Grupo: Negócio Processual)

17. (art. 190) As partes podem, no negócio processual, estabelecer outros deveres e sanções para o caso do descumprimento da convenção. (Grupo: Negócio Processual; redação revista no III FPPC-Rio)

18. (art. 190, parágrafo único) Há indício de vulnerabilidade quando a parte celebra acordo de procedimento sem assistência técnico-jurídica. (Grupo: Negócio Processual)

19. (art. 190) São admissíveis os seguintes negócios processuais, dentre outros: pacto de impenhorabilidade, acordo de ampliação de prazos das partes de qualquer natureza, acordo de rateio de despesas processuais, dispensa consensual de assistente técnico, acordo para retirar o efeito suspensivo de recurso, acordo para não promover execução provisória; pacto de mediação ou conciliação extrajudicial prévia obrigatória, inclusive com a correlata previsão de exclusão da audiência de conciliação ou de mediação prevista no art. 334; pacto de exclusão contratual da audiência de conciliação ou de mediação prevista no art. 334; pacto de disponibilização prévia de documentação (pacto de *disclosure*), inclusive com estipulação de sanção negocial, sem prejuízo de medidas coercitivas, mandamentais, sub-rogatórias ou indutivas; previsão de meios alternativos de comunicação das partes entre si; acordo de produção antecipada de prova; a escolha consensual de depositário-administrador no caso do art. 866; convenção que permita a presença da parte contrária no decorrer da colheita de depoimento pessoal. *(Grupo: Negócio Processual; redação revista no III FPPC- RIO, no V FPPC-Vitória e no VI FPPC-Curitiba)*

20. (art. 190) Não são admissíveis os seguintes negócios bilaterais, dentre outros: acordo para modificação da competência absoluta, acordo para supressão da primeira instância, acordo para afastar motivos de impedimento do juiz, acordo para criação de novas espécies recursais, acordo para ampliação das hipóteses de cabimento de recursos. *(Grupo: Negócio Processual; redação revista no VI FPPC-Curitiba)*

21. (art. 190) São admissíveis os seguintes negócios, dentre outros: acordo para realização de sustentação oral, acordo para ampliação do tempo de sustentação oral, julgamento antecipado do mérito convencional, convenção sobre prova, redução de prazos processuais. *(Grupo: Negócio Processual; redação revista no III FPPC-Rio)*

22. (art. 218, § 4º; art. 1.003) O Tribunal não poderá julgar extemporâneo ou intempestivo recurso, na instância ordinária ou na extraordinária, interposto antes da abertura do prazo. *(Grupo: Ordem dos Processos no Tribunal, Teoria Geral dos Recursos, Apelação e Agravo)*

23. (art. 218, § 4º; art. 1.024, § 5º) Fica superado o enunciado 418 da súmula do STJ após a entrada em vigor do CPC (*"É inadmissível o recurso especial interposto antes da publicação do acórdão dos embargos de declaração, sem posterior ratificação"*). *(Grupo: Ordem dos Processos no Tribunal, Teoria Geral dos Recursos, Apelação e Agravo)*

24. (art. 237, IV) Independentemente da sede da arbitragem ou dos locais em que se realizem os atos a ela inerentes, a carta arbitral poderá ser processada diretamente pelo órgão do Poder Judiciário do foro onde se dará a efetivação da medida ou decisão, ressalvadas as hipóteses de cláusulas de eleição de foro subsidiário. *(Grupo: Arbitragem; redação revista no III FPPC- RIO e no V FPPC-Vitória)*

25. (art. 246, §3º; art. 1.071 e §§) A inexistência de procedimento judicial especial para a ação de usucapião e de regulamentação da usucapião extrajudicial não implica vedação da ação, que remanesce no sistema legal, para qual devem ser observadas as peculiaridades que lhe são próprias, especialmente a necessidade de citação dos confinantes e a ciência da União, do Estado, do Distrito Federal e do Município. *(Grupo: Procedimentos Especiais; redação revista no III FPPC-Rio)*

26. (art. 260; art. 267, I) Os requisitos legais mencionados no inciso I do art. 267 são os previstos no art. 260. *(Grupo: Arbitragem – Enunciado aprovado por aclamação)*

27. (arts. 267 e 26, §3º) Não compete ao juízo estatal revisar o mérito da medida ou decisão arbitral cuja efetivação se requer por meio da carta arbitral, salvo nos casos do §3º do art. 26 do CPC. *(Grupo: Arbitragem – Enunciado aprovado por aclamação; redação revista no IX FPPC-Recife)*

28. Cancelado (V FPPC-Vitória).

29. (art. 298, art. 1.015, I) É agravável o pronunciamento judicial que postergar a análise do pedido de tutela provisória ou condicionar sua apreciação ao pagamento de custas ou a qualquer outra exigência. *(Grupo: Tutela Antecipada; redação revista no V FPPC-Vitória e no VII FPPC-São Paulo)*

30. (art. 298) O juiz deve justificar a postergação da análise liminar da tutela provisória sempre que estabelecer a necessidade de contraditório prévio. *(Grupo: Tutela Antecipada; redação revista no V FPPC-Vitória)*

31. (art. 301) O poder geral de cautela está mantido no CPC. *(Grupo: Tutela Antecipada)*

32. (art. 304) Além da hipótese prevista no art. 304, é possível a estabilização expressamente negociada da tutela antecipada de urgência antecedente. *(Grupo: Tutela Antecipada; redação revista no V FPPC-Vitória)*

33. (art. 304, §§) Não cabe ação rescisória nos casos estabilização da tutela antecipada de urgência. *(Grupo: Tutela Antecipada)*

34. (art. 311, I) Considera-se abusiva a defesa da Administração Pública, sempre que contrariar entendimento coincidente com orientação vinculante firmada no âmbito administrativo do próprio ente público, consolidada em manifestação, parecer ou súmula administrativa, salvo se demonstrar a existência de distinção ou da necessidade de superação do entendimento. *(Grupo: Tutela Antecipada)*

35. (art. 311) As vedações à concessão de tutela provisória contra a Fazenda Pública limitam-se às tutelas de urgência. *(Grupo: Tutela Antecipada; redação revista no V FPPC-Vitória)*

36. Cancelado (V FPPC-Vitória).

37. (art. 333, I) É presumida a relevância social na hipótese do inciso I do art. 333, sendo dispensável a verificação da "dificuldade de formação do litisconsórcio". *(Grupo: Conversão de Ação Individual em Coletiva)*

38. (art. 333, II) Os requisitos de relevância social e de dificuldade de formação do litisconsórcio são alternativos. *(Grupo: Conversão de Ação Individual em Coletiva; redação revista no III FPPC-Rio)*

39. (art. 333) É dever do juiz intimar os legitimados do art. 333 do CPC para, se for o caso, requerer a conversão, aplicando-se, por analogia, o art. 139, X, do CPC. *(Grupo: Conversão de Ação Individual em Coletiva)*

40. (art. 333) Havendo requerimento de conversão, o juiz, antes de decidir, ouvirá o autor e, caso já tenha sido citado, o réu. *(Grupo: Conversão de Ação Individual em Coletiva)*

41. (art. 333) A oposição das partes à conversão da ação individual em coletiva limita-se à alegação do não preenchimento dos seus pressupostos. *(Grupo: Conversão de Ação Individual em Coletiva)*

42. (art. 339) O dispositivo aplica-se mesmo a procedimentos especiais que não admitem intervenção de terceiros, bem como aos juizados especiais cíveis, pois se trata de mecanismo saneador, que excepciona a estabilização do processo. *(Grupo: Litisconsórcio, Intervenção de Terceiros e Resposta do Réu)*

43. Cancelado *(III FPPC-Rio)*.

44. (art. 339) A responsabilidade a que se refere o art. 339 é subjetiva. *(Grupo: Litisconsórcio, Intervenção de Terceiros e Resposta do Réu)*

45. (art. 343) Para que se considere proposta a reconvenção, não há necessidade de uso desse *nomen iuris*, ou dedução de um capítulo próprio. Contudo, o réu deve manifestar inequivocamente o pedido de tutela jurisdicional qualitativa ou quantitativamente maior que a simples improcedência da demanda inicial. *(Grupo: Litisconsórcio, Intervenção de Terceiros e Resposta do Réu)*

46. (art. 343, § 3º) A reconvenção pode veicular pedido de declaração de usucapião, ampliando subjetivamente o processo, desde que se observem os arts. 259, I, e 327, § 1º, II. *(Grupo: Petição inicial, resposta do réu e saneamento; redação revista no IV FPPC-BH e no IX FPPC-Recife)*

47. (art. 485, VII) A competência do juízo estatal deverá ser analisada previamente à alegação de convenção de arbitragem *(Grupo: Arbitragem; redação revista no III FPPC-Rio)*

48. (art. 485, VII) A alegação de convenção de arbitragem deverá ser examinada à luz do princípio da competência-competência. *(Grupo: Arbitragem – enunciado aprovado por aclamação)*

49. Cancelado *(III FPPC-Rio)*.

50. (art. 369; art. 370, *caput*) Os destinatários da prova são aqueles que dela poderão fazer uso, sejam juízes, partes ou demais interessados, não sendo a única função influir eficazmente na convicção do juiz. *(Grupo: Direito Probatório)*

51. (art. 378; art. 379) A compatibilização do disposto nestes dispositivos com o art. 5º, LXIII, da CF/1988, assegura à parte, exclusivamente, o direito de não produzir prova contra si em razão de reflexos no ambiente penal. *(Grupo: Direito Probatório)*

52. (art. 372) Para a utilização da prova emprestada, faz-se necessária a observância do contraditório no processo de origem, assim como no processo de destino, considerando-se que, neste último, a prova mantenha a sua natureza originária. *(Grupo: Direito Probatório)*

53. (art. 396) Na ação de exibição não cabe a fixação, nem a manutenção de multa quando a exibição for reconhecida como impossível. *(Grupo: Direito Probatório)*

54. (art. 400, parágrafo único; art. 403, parágrafo único) Fica superado o enunciado 372 da súmula do STJ ("*Na ação de exibição de documentos, não cabe a aplicação de multa cominatória*") após a entrada em vigor do CPC, pela expressa possibilidade de fixação de multa de natureza coercitiva na ação de exibição de documento. *(Grupo: Direito Probatório)*

55. (art. 927, § 3º) Pelos pressupostos do § 3º do art. 927, a modificação do precedente tem, como regra, eficácia temporal prospectiva. No entanto, pode haver modulação temporal, no caso concreto. *(Grupo: Precedentes 2)*

56. (art. 525, § 1º, VII) É cabível alegação de causa modificativa ou extintiva da obrigação na impugnação de executado, desde que tenha ocorrido após o início do julgamento da apelação, e, uma vez alegada pela parte, tenha o tribunal superior se recusado ou omitido de apreciá-la. *(Grupo: Execução)*

57. (art. 525, § 1º, VII; art. 535, VI) A prescrição prevista nos arts. 525, §1º, VII e 535, VI, é exclusivamente da pretensão executiva. *(Grupo: Execução)*

58. (arts. 525, §§ 12 e 13; 535, §§ 5º e 6º) As decisões de inconstitucionalidade a que se referem os art. 525, §§ 12 e 13 e art. 535 §§ 5º e 6º devem ser proferidas pelo plenário do STF. *(Grupo: Sentença, Coisa Julgada e Ação Rescisória)*

59. (art. 540). Em ação de consignação e pagamento, quando a coisa devida for corpo que deva ser entregue no lugar em que está, poderá o devedor requerer a consignação no foro em que ela se encontra. A supressão do parágrafo único do art. 891 do Código de Processo Civil de 1973 é inócua, tendo em vista o art. 341 do Código Civil. *(Grupo: Procedimentos Especiais; redação revista no III FPPC-Rio)*

60. (art. 541) Na ação de consignação em pagamento que tratar de prestações sucessivas, consignada uma delas, pode o devedor continuar a consignar sem mais formalidades as que se forem vencendo, enquanto estiver pendente o processo. *(Grupo: Procedimentos Especiais)*

61. (art. 545) É permitido ao réu da ação de consignação em pagamento levantar "desde logo" a quantia ou coisa depositada em outras hipóteses além da prevista no §1º do art. 545 (insuficiência do depósito), desde que tal postura não seja contraditória com fundamento da defesa. *(Grupo: Procedimentos Especiais)*

62. (art. 548, III) A regra prevista no art. 548, III, que dispõe que, em ação de consignação em pagamento, o juiz declarará efetuado o depósito extinguindo a obrigação em relação ao devedor, prosseguindo o processo unicamente entre os presuntivos credores, só se aplicará se o valor do depósito não for controvertido, ou seja, não terá aplicação caso o montante depositado seja impugnado por qualquer dos presuntivos credores. *(Grupo: Procedimentos Especiais)*

63. (art. 554) No caso de ação possessória em que figure no polo passivo grande número de pessoas, a ampla divulgação prevista no §3º do art. 554 contempla a inteligência do art. 301, com a possibilidade de determinação de registro de protesto para consignar a informação do litígio possessório na matricula imobiliária respectiva. *(Grupo: Procedimentos Especiais)*

64. Cancelado, em razão de duplicidade (enunciado n. 59).

65. (art. 557) O art. 557 não obsta a cumulação pelo autor de ação reivindicatória e de ação possessória, se os fundamentos forem distintos. *(Grupo: Procedimentos Especiais; redação revista no VI FPPC-Curitiba)*

66. (art. 565) A medida liminar referida no art. 565 é hipótese de tutela antecipada. *(Grupo: Procedimentos Especiais; redação revista no III FPPC-Rio)*

67. (art. 565) A audiência de mediação referida no art. 565 (e seus parágrafos) deve ser compreendida como a sessão de mediação ou de conciliação, conforme as peculiaridades do caso concreto. *(Grupo: Procedimentos Especiais)*

68. (art. 569) Também possuem legitimidade para a ação demarcatória os titulares de direito real de gozo e fruição, nos limites dos seus respectivos direitos e títulos constitutivos de direito real. Assim, além da propriedade, aplicam-se os dispositivos do Capítulo sobre ação demarcatória, no que for cabível, em relação aos direitos reais de gozo e fruição. *(Grupo: Procedimentos Especiais)*

69. (art. 569) Cabe ao proprietário ação demarcatória para extremar a demarcação entre o seu prédio e do confinante, bem como fixar novos limites, aviventar rumos apagados e a renovar marcos destruídos (art. 1.297 do Código Civil). *(Grupo: Procedimentos Especiais)*

70. (art. 580) Do laudo pericial que traçar a linha demarcanda, deverá ser oportunizada a manifestação das partes interessadas, em prestígio ao princípio do contraditório e da ampla defesa. *(Grupo: Procedimentos Especiais)*

71. (art. 654; art. 300, §1º) Poderá ser dispensada a garantia mencionada no parágrafo único do art. 654, para efeito de julgamento da partilha, se a parte hipossuficiente não puder oferecê-la, aplicando-se por analogia o disposto no art. 300, § 1º. *(Grupo: Procedimentos Especiais; redação revista no III FPPC-Rio)*

72. (art. 693) O rol do art. 693 não é exaustivo, sendo aplicáveis os dispositivos previstos no Capítulo X a outras ações de caráter contencioso envolvendo o Direito de Família. *(Grupo: Procedimentos Especiais)*

73. (art. 703, §§) No caso de homologação do penhor legal promovida pela via extrajudicial, incluem-se nas contas do crédito as despesas com o notário, constantes do §2º do art. 703. *(Grupo: Procedimentos Especiais)*

74. (art. 704) No rol do art. 704, que enumera as matérias de defesa da homologação do penhor legal, deve-se incluir a hipótese do art. 1.468 do Código Civil, não tendo o CPC revogado o citado dispositivo. *(Grupo: Procedimentos Especiais)*

75. (art. 707) No mesmo ato em que nomear o regulador da avaria grossa, o juiz deverá determinar a citação das partes interessadas. *(Grupo: Procedimentos Especiais)*

76. (art. 716) Localizados os autos originários, neles devem ser praticados os atos processuais subsequentes, dispensando-se a repetição dos atos que tenham sido ultimados nos autos da restauração, em consonância com a garantia constitucional da duração razoável do processo (CF/88, 5º, LXXVIII) e inspiração no art. 964 do Código de Processo Civil Português. *(Grupo: Procedimentos Especiais)*

77. Cancelado *(III FPPC-Rio).*

78. Cancelado *(III FPPC-Rio).*

79. (art. 768) Não sendo possível a inquirição tratada no art. 768 sem prejuízo aos compromissos comerciais da embarcação, o juiz expedirá carta precatória itinerante para a tomada dos depoimentos em um dos portos subsequentes de escala. *(Grupo: Procedimentos Especiais)*

80. 80. (arts. 919, § 1º, 969) A tutela provisória a que se referem o § 1º do art. 919 e o art. 969 pode ser de urgência ou de evidência. (Grupo: Tutela Antecipada; redação revista no IX FPPC-Recife)

81. (art. 932, V) Por não haver prejuízo ao contraditório, é dispensável a oitiva do recorrido antes do provimento monocrático do recurso, quando a decisão recorrida: (a) indeferir a inicial; (b) indeferir liminarmente a justiça gratuita; ou (c) alterar liminarmente o valor da causa. *(Grupo: Ordem dos Processos no Tribunal, Teoria Geral dos Recursos, Apelação e Agravo)*

82. (art. 932, parágrafo único; art. 938, § 1º) É dever do relator, e não faculdade, conceder o prazo ao recorrente para sanar o vício ou complementar a documentação exigível, antes de inadmitir qualquer recurso, inclusive os excepcionais. *(Grupo: Ordem dos Processos no Tribunal, Teoria Geral dos Recursos, Apelação e Agravo)*

83. (art. 932, parágrafo único; art. 76, § 2º; art. 104, § 2º; art. 1.029, § 3º) Fica superado o enunciado 115 da súmula do STJ após a entrada em vigor do CPC ("*Na instância especial é inexistente recurso interposto por advogado sem procuração nos autos"). (Grupo: Ordem dos Processos no Tribunal, Teoria Geral dos Recursos, Apelação e Agravo)*

84. (art. 935) A ausência de publicação da pauta gera nulidade do acórdão que decidiu o recurso, ainda que não haja previsão de sustentação oral, ressalvada, apenas, a hipótese do §1º do art. 1.024, na qual a publicação da pauta é dispensável. *(Grupo: Ordem dos Processos no Tribunal, Teoria Geral dos Recursos, Apelação e Agravo)*

85. (arts. 960 a 965) Deve prevalecer a regra de direito mais favorável na homologação de sentença arbitral estrangeira em razão do princípio da máxima eficácia. (art. 7º da Convenção de Nova York – Decreto nº 4.311/2002). (Grupo: Arbitragem*; redação revista no III FPPC-Rio*)

86. (art. 964; art. 960, § 3º) Na aplicação do art. 964 considerar-se-á o disposto no § 3º do art. 960. *(Grupo: Arbitragem; enunciado aprovado por aclamação; redação revista no V FPPC-Vitória)*

87. (art. 976, II) A instauração do incidente de resolução de demandas repetitivas não pressupõe a existência de grande quantidade de processos versando sobre a mesma questão, mas preponderantemente o risco de quebra da isonomia e de ofensa à segurança jurídica. *(Grupo: Recursos Extraordinários e Incidente de Resolução de Demandas Repetitivas)*

88. (art. 976; art. 928, parágrafo único) Não existe limitação de matérias de direito passíveis de gerar a instauração do incidente de resolução de demandas repetitivas e, por isso, não é admissível qualquer interpretação que, por tal fundamento, restrinja seu cabimento. *(Grupo: Recursos Extraordinários e Incidente de Resolução de Demandas Repetitivas)*

89. (art. 976) Havendo apresentação de mais de um pedido de instauração do incidente de resolução de demandas repetitivas perante o mesmo tribunal todos deverão ser apensados e processados conjuntamente; os que forem oferecidos posteriormente à decisão de admissão serão apensados e sobrestados, cabendo ao órgão julgador considerar as razões neles apresentadas. *(Grupo: Recursos Extraordinários e Incidente de Resolução de Demandas Repetitivas)*

90. (art. 976) É admissível a instauração de mais de um incidente de resolução de demandas repetitivas versando sobre a mesma questão de direito perante tribunais de 2º grau diferentes. *(Grupo: Recursos Extraordinários e Incidente de Resolução de Demandas Repetitivas)*

91. (art. 981) Cabe ao órgão colegiado realizar o juízo de admissibilidade do incidente de resolução de demandas repetitivas, sendo vedada a decisão monocrática. *(Grupo: Recursos Extraordinários e Incidente de Resolução de Demandas Repetitivas)*

92. (art. 982, I; Art. 313, IV) A suspensão de processos prevista neste dispositivo é consequência da admissão do incidente de resolução de demandas repetitivas e não depende da demonstração dos requisitos para a tutela de urgência. *(Grupo: Recursos Extraordinários e Incidente de Resolução de Demandas Repetitivas; redação revista no III FPPC-Rio)*

93. (art. 982, I) Admitido o incidente de resolução de demandas repetitivas, também devem ficar suspensos os processos que versem sobre a mesma questão objeto do incidente e que tramitem perante os juizados especiais no mesmo estado ou região. *(Grupo: Recursos Extraordinários e Incidente de Resolução de Demandas Repetitivas)*

94. (art. 982, § 4º; art. 987) A parte que tiver o seu processo suspenso nos termos do inciso I do art. 982 poderá interpor recurso especial ou extraordinário contra o acórdão que julgar o incidente de resolução de demandas repetitivas. *(Grupo: Recursos Extraordinários e Incidente de Resolução de Demandas Repetitivas; redação revista no V FPPC-Vitória)*

95. (art. 982, §§3º, 4º e 5º) A suspensão de processos na forma deste dispositivo depende apenas da demonstração da existência de múltiplos processos versando sobre a mesma questão de direito em tramitação em mais de um estado ou região. *(Grupo: Recursos Extraordinários e Incidente de Resolução de Demandas Repetitivas)*

96. (art. 1.003, § 4º) Fica superado o enunciado 216 da súmula do STJ após a entrada em vigor do CPC (*"A tempestividade de recurso interposto no Superior Tribunal de Justiça é aferida pelo registro no protocolo da Secretaria e não pela data da entrega na agência do correio"*). *(Grupo: Ordem dos Processos no Tribunal, Teoria Geral dos Recursos, Apelação e Agravo)*

97. (art. 1.007, § 4º) Nos casos previstos no §4º do art. 1.007 do CPC, é de cinco dias o prazo para efetuar o preparo. *(Grupo: Ordem dos Processos no Tribunal, Teoria Geral dos Recursos, Apelação e Agravo; redação revista no IX FPPC-Recife)*

98. (art. 1.007, §§ 2º e 4º) O disposto nos §§ 2º e 4º do art. 1.007 do CPC aplica-se aos Juizados Especiais. *(Grupo: Ordem dos Processos no Tribunal, Teoria Geral dos Recursos, Apelação e Agravo; redação revista no IX FPPC-Recife)*

99. (art. 1.010, §3º) O órgão *a quo* não fará juízo de admissibilidade da apelação. *(Grupo: Ordem dos Processos no Tribunal, Teoria Geral dos Recursos, Apelação e Agravo)*

100. (art. 1.013, § 1º, parte final) Não é dado ao tribunal conhecer de matérias vinculadas ao pedido transitado em julgado pela ausência de impugnação. *(Grupo: Ordem dos Processos no Tribunal, Teoria Geral dos Recursos, Apelação e Agravo)*

101. Cancelado *(III FPPC-Rio).*

102. (arts. 1.013, §2º; 117 e 326, parágrafo único) O pedido subsidiário ou alternativo não apreciado pelo juiz é devolvido ao tribunal com a apelação. *(Grupo: Ordem dos Processos no Tribunal;* redação revista no VIII FPP-C-Florianópolis pelo Grupo: Recursos (menos os repetitivos))

103. (arts. 1.015, II, 203, § 2º, 354, parágrafo único, 356, § 5º) A decisão parcial proferida no curso do processo com fundamento no art. 487, I, sujeita-se a recurso de agravo de instrumento. *(Grupo: Sentença, Coisa Julgada e Ação Rescisória; redação revista no III FPPC-Rio)*

104. (art. 1.024, § 3º) O princípio da fungibilidade recursal é compatível com o CPC e alcança todos os recursos, sendo aplicável de ofício. *(Grupo: Ordem dos Processos no Tribunal, Teoria Geral dos Recursos, Apelação e Agravo)*

105. Cancelado *(III FPPC-Rio).*

106. (arts. 6º, 8º, 1.007, § 2º) Não se pode reconhecer a deserção do recurso, em processo trabalhista, quando houver recolhimento insuficiente das custas e do depósito recursal, ainda que ínfima a diferença, cabendo ao juiz determinar a sua complementação. (Grupo: Impacto do CPC no Processo do Trabalho)

107. (arts. 7º, 139, I, 218, 437, §2º) O juiz pode, de ofício, dilatar o prazo para a parte se manifestar sobre a prova documental produzida. *(Grupo: Negócios Processuais)*

108. (art. 9º; art. 15) No processo do trabalho, não se proferirá decisão contra uma das partes, sem que esta seja previamente ouvida e oportunizada a produção de prova, bem como não se pode decidir com base em causa de pedir ou fundamento de fato ou de direito a respeito do qual não se tenha oportunizado manifestação das partes e a produção de prova, ainda que se trate de matéria apreciável de ofício. (*Grupo: Impacto do CPC no Processo do Trabalho*)

109. (arts. 10 e 15) No processo do trabalho, quando juntadas novas provas ou alegado fato novo, deve o juiz conceder prazo, para a parte interessada se manifestar a respeito, sob pena de nulidade. *(Grupo: Impacto do CPC no Processo do Trabalho)*

110. (art. 18, parágrafo único) Havendo substituição processual, e sendo possível identificar o substituído, o juiz deve determinar a intimação deste último para, querendo, integrar o processo. *(Grupo: Litisconsórcio e Intervenção de Terceiros; redação revista no IX FPP-C-Recife).*

111. (arts. 19, 329, II, 503, §1º) Persiste o interesse no ajuizamento de ação declaratória quanto à questão prejudicial incidental. *(Grupo: Coisa Julgada, Ação Rescisória e Sentença)*

112. (arts. 90, § 3º, 15) No processo do trabalho, se a transação ocorrer antes da sentença, as partes ficam dispensadas do pagamento das custas processuais, se houver. *(Grupo: Impacto do CPC no Processo do Trabalho)*

113. (art. 98) Na Justiça do Trabalho, o empregador pode ser beneficiário da gratuidade da justiça, na forma do art. 98. *(Grupo: Impacto do CPC no Processo do Trabalho)*

Cancelado (IV FPPC-BH).

114. Cancelado (IV FPPC-BH).

115. (arts. 190, 109 e 110) O negócio jurídico celebrado nos termos do art. 190 obriga herdeiros e sucessores. *(Grupo: Negócios Processuais)*

116. (arts. 113, §1º, e 139, VI) Quando a formação do litisconsórcio multitudinário for prejudicial à defesa, o juiz poderá substituir a sua limitação pela ampliação de prazos, sem prejuízo da possibilidade de desmembramento na fase de cumprimento de sentença. *(Grupo: Negócios Processuais)*

117. (arts. 113 e 312) Em caso de desmembramento do litisconsórcio multitudinário ativo, os efeitos mencionados no art. 240 são considerados produzidos desde o protocolo originário da petição inicial. *(Grupo: Litisconsórcio e Intervenção de Terceiros)*

118. (art. 116) O litisconsorte unitário ativo pode optar por ingressar no processo no polo ativo ou passivo ou, ainda, adotar outra postura que atenda aos seus interesses. *(Grupo: Litisconsórcio e Intervenção de Terceiros; redação revista no IX FPPC-Recife)*

119. (arts. 116 e 259, III; art. 7 º da lei 7.347/1985-) Em caso de relação jurídica plurilateral que envolva diversos titulares do mesmo direito, o juiz deve convocar, por edital, os litisconsortes unitários ativos incertos e indeterminados (art. 259, III), cabendo-lhe, na hipótese de dificuldade de formação do litisconsórcio, oficiar ao Ministério Público, à Defensoria Pública ou a outro legitimado para que possa propor a ação coletiva. *(Grupo: Litisconsórcio e Intervenção de Terceiros; redação revista no VII FPPC-São Paulo)*

120. (art. 125, §1º, art. 1.072, II) A ausência de denunciação da lide gera apenas a preclusão do direito de a parte promovê-la, sendo possível ação autônoma de regresso. *(Grupo: Litisconsórcio e Intervenção de Terceiros)*

121. (art. 125, II, art. 128, parágrafo único) O cumprimento da sentença diretamente contra o denunciado é admissível em qualquer hipótese de denunciação da lide fundada no inciso II do art. 125. *(Grupo: Litisconsórcio e Intervenção de Terceiros)*

122. (art. 129) Vencido o denunciante na ação principal e não tendo havido resistência à denunciação da lide, não cabe a condenação do denunciado nas verbas de sucumbência. *(Grupo: Litisconsórcio e Intervenção de Terceiros)*

123. (art. 133) É desnecessária a intervenção do Ministério Público, como fiscal da ordem jurídica, no incidente de desconsideração da personalidade jurídica, salvo nos casos em que deva intervir obrigatoriamente, previstos no art. 178. *(Grupo: Litisconsórcio e Intervenção de Terceiros)*

124. (arts. 15 e 133, CPC; 855-A, CLT) A desconsideração da personalidade jurídica no processo do trabalho deve ser processada na forma dos arts. 133 a 137. *(Grupo: Impacto do CPC no Processo do Trabalho; redação revista no IX FPPC-Recife)*

125. (art. 134) Há litisconsórcio passivo facultativo quando requerida a desconsideração da personalidade jurídica, juntamente com outro pedido formulado na petição inicial ou incidentemente no processo em curso. *(Grupo: Litisconsórcio e Intervenção de Terceiros)*

126. (art. 134; art. 15) No processo do trabalho, da decisão que resolve o incidente de desconsideração da personalidade jurídica na fase de execução cabe agravo de petição, dispensado o preparo. *(Grupo: Impacto do CPC no Processo do Trabalho)*

127. (art. 138) A representatividade adequada exigida do *amicus curiae* não pressupõe a concordância unânime daqueles a quem representa. *(Grupo: Litisconsórcio e Intervenção de Terceiros)*

128. (art. 138; art. 489, § 1º, IV) No processo em que há intervenção do *amicus curiae,* a decisão deve enfrentar as alegações por ele apresentadas, nos termos do inciso IV do § 1º do art. 489. *(Grupo: Litisconsórcio e Intervenção de Terceiros)*

129. (art. 139, VI, e parágrafo único) A autorização legal para ampliação de prazos pelo juiz não se presta a afastar preclusão temporal já consumada. *(Grupo: Negócios Processuais)*

130. (art. 152, V; art. 828) A obtenção da certidão prevista no art. 828 independe de decisão judicial. *(Grupo: Execução)*

131. (art. 190; art. 15) Aplica-se ao processo do trabalho o disposto no art. 190 no que se refere à flexibilidade do procedimento por proposta das partes, inclusive quanto aos prazos. *(Grupo: Impacto do CPC no Processo do Trabalho)*

132. (art. 190) Além dos defeitos processuais, os vícios da vontade e os vícios sociais podem dar ensejo à invalidação dos negócios jurídicos atípicos do art. 190. *(Grupo: Negócios Processuais)*

133. (art. 190; art. 200, parágrafo único) Salvo nos casos expressamente previstos em lei, os negócios processuais do art. 190 não dependem de homologação judicial. *(Grupo: Negócios Processuais)*

134. (Art. 190, parágrafo único) Negócio jurídico processual pode ser invalidado parcialmente. *(Grupo: Negócios Processuais)*

135. (art. 190) A indisponibilidade do direito material não impede, por si só, a celebração de negócio jurídico processual. *(Grupo: Negócios Processuais)*

136. (art. 240, § 1º; art. 485, VII) A citação válida no processo judicial interrompe a prescrição, ainda que o processo seja extinto em decorrência do acolhimento da alegação de convenção de arbitragem. *(Grupo: Arbitragem)*

137. (art. 658; art. 966, §4º; art. 1.068) Contra sentença transitada em julgado que resolve partilha, ainda que homologatória, cabe ação rescisória. *(Grupo: Coisa Julgada, Ação Rescisória e Sentença)*

138. (art. 657; art. 966, §4º; art. 1.068) A partilha amigável extrajudicial e a partilha amigável judicial homologada por decisão ainda não transitada em julgado são impugnáveis por ação anulatória. *(Grupo: Coisa Julgada, Ação Rescisória e Sentença)*

139. (art. 287; art. 15) No processo do trabalho, é requisito da petição inicial a indicação do endereço, eletrônico ou não, do advogado, cabendo-lhe atualizá-lo, sempre que houver mudança, sob pena de se considerar válida a intimação encaminhada para o endereço informado nos autos. *(Grupo: Impacto do CPC no Processo do Trabalho)*

140. (art. 296) A decisão que julga improcedente o pedido final gera a perda de eficácia da tutela antecipada. *(Grupo: Tutela Antecipada)*

141. (art. 298) O disposto no art. 298, CPC, aplica-se igualmente à decisão monocrática ou colegiada do Tribunal. *(Grupo: Tutela Antecipada)*

142. (arts. 298 e 1.021) Da decisão monocrática do relator que concede ou nega o efeito suspensivo ao agravo de instrumento ou que concede, nega, modifica ou revoga, no todo ou em parte, a tutela provisória nos casos de competência originária ou recursal, cabe agravo interno nos termos do art. 1.021 do CPC. *(Grupo: Tutela Antecipada; redação revista no IX FPPC-Recife)*

143. (art. 300, *caput*) A redação do art. 300, *caput*, superou a distinção entre os requisitos da concessão para a tutela cautelar e para a tutela satisfativa de urgência, erigindo a probabilidade e o perigo na demora a requisitos comuns para a prestação de ambas as tutelas de forma antecipada. *(Grupo: Tutela Antecipada)*

144. Cancelado (V FPPC-Vitória).

145. (art. 319; art. 15) No processo do trabalho, é requisito da inicial a indicação do número no cadastro de pessoas físicas ou no cadastro nacional de pessoas jurídicas, bem como os endereços eletrônicos do autor e do réu, aplicando-se as regras do novo Código de Processo Civil a respeito da falta de informações pertinentes ou quando elas tornarem impossível ou excessivamente oneroso o acesso à justiça. *(Grupo: Impacto do CPC no Processo do Trabalho)*

146. (art. 332, I; art. 927, IV) Na aplicação do inciso I do art. 332, o juiz observará o inciso IV do *caput* do art. 927. *(Grupo: Precedentes)*

147. Cancelado (VIII FPPC-Florianópolis).

148. Cancelado (VIII FPPC-Florianópolis).

149. Cancelado (VIII FPPC-Florianópolis).

150. Cancelado (VIII FPPC-Florianópolis).

151. (arts. 334, § 12; art. 357, § 9º; art. 15) Na Justiça do Trabalho, as pautas devem ser preparadas com intervalo mínimo de uma hora entre as audiências designadas para instrução do feito. Para as audiências para simples tentativa de conciliação, deve ser respeitado o intervalo mínimo de vinte minutos. *(Grupo: Impacto do CPC no Processo do Trabalho)*

152. (arts. 338, *caput*; 339, §§ 1º e 2º; 350 e 351) O autor terá prazo único para requerer a substituição ou inclusão de réu (arts. 338, *caput*; 339, §§ 1º e 2º), bem como para a manifestação sobre a resposta (arts. 350 e 351). (Grupo: Litisconsórcio e Intervenção de Terceiros; redação revista no VII FPPC-São Paulo e no VIII FPPC--Florianópolis)

153. (art. 485, VII) A superveniente instauração de procedimento arbitral, se ainda não decidida a alegação de convenção de arbitragem, também implicará a suspensão do processo, à espera da decisão do juízo arbitral sobre a sua própria competência. *(Grupo: Arbitragem)*

154. (art. 354, parágrafo único; art. 1.015, XIII) É cabível agravo de instrumento contra ato decisório que indefere parcialmente a petição inicial ou a reconvenção. *(Grupo: Coisa Julgada, Ação Rescisória e Sentença; redação alterada no VII FPPC-São Paulo)*

155. (art. 455, § 4º) No processo do trabalho, as testemunhas somente serão intimadas judicialmente nas hipóteses mencionadas no § 4º do art. 455, cabendo à parte informar ou intimar as testemunhas da data da audiência. (*Grupo: Impacto do CPC no Processo do Trabalho*)

156. (art. 459, *caput*) Não configura induzimento, constante do art. 459, *caput*, a utilização de técnica de arguição direta no exercício regular de direito. *(Grupo: Direito Probatório; redação revista no IX FPPC-Recife)*

157. (art. 459 § 1º) Deverá ser facultada às partes a formulação de perguntas de esclarecimento ou complementação decorrentes da inquirição do juiz. *(Grupo: Direito Probatório)*

158. (art. 459, § 3º) Constitui direito da parte a transcrição de perguntas indeferidas pelo juiz. *(Grupo: Direito Probatório)*

159. (art. 485, § 7º) No processo do trabalho, o juiz pode retratar-se no prazo de cinco dias, após a interposição do recurso contra sentença que extingue o processo sem resolução do mérito. *(Grupo: Impacto do CPC no Processo do Trabalho)*

160. (art. 487, I) A sentença que reconhece a extinção da obrigação pela confusão é de mérito. *(Grupo: Coisa Julgada, Ação Rescisória e Sentença)*

161. (art. 487, II) É de mérito a decisão que rejeita a alegação de prescrição ou de decadência. *(Grupo: Coisa Julgada, Ação Rescisória e Sentença).*

162. (art. 489, §1º) Para identificação do precedente, no processo do trabalho, a decisão deve conter a identificação do caso, a suma do pedido, as alegações das partes e os fundamentos determinantes adotados pela maioria dos membros do colegiado, cujo entendimento tenha ou não sido sumulado. *(Grupo: Impacto do CPC no Processo do Trabalho)*

163. Cancelado (VI FPPC-Curitiba).

164. (art. 496) A sentença arbitral contra a Fazenda Pública não está sujeita à remessa necessária. *(Grupo: Arbitragem)*

165. (art. 503, §§1º e 2º) A análise de questão prejudicial incidental, desde que preencha os pressupostos dos parágrafos do art. 503, está sujeita à coisa julgada, independentemente de provocação específica para o seu reconhecimento. *(Grupo: Coisa Julgada, Ação rescisória e Sentença; redação revista no VI FPPC-Curitiba)*

166. (art. 926) A aplicação dos enunciados das súmulas deve ser realizada a partir dos precedentes que os formaram e dos que os aplicaram posteriormente. *(Grupo: Precedentes)*

167. (art. 926; art. 947, § 3º; art. 976; art. 15) Os tribunais regionais do trabalho estão vinculados aos enunciados de suas próprias súmulas e aos seus precedentes em incidente de assunção de competência ou de resolução de demandas repetitivas. (*Grupo: Impacto do CPC no Processo do Trabalho*)

168. (art. 927, I; art. 988, III) Os fundamentos determinantes do julgamento de ação de controle concentrado de constitucionalidade realizado pelo STF caracterizam a *ratio decidendi* do precedente e possuem efeito vinculante para todos os órgãos jurisdicionais. *(Grupo: Precedentes; redação revista no IV FPPC-BH)*

169. (art. 927) Os órgãos do Poder Judiciário devem obrigatoriamente seguir os seus próprios precedentes, sem prejuízo do disposto nos § 9º do art. 1.037 e §4º do art. 927. (*Grupo: Precedentes*)

170. (art. 927, *caput*) As decisões e precedentes previstos nos incisos do *caput* do art. 927 são vinculantes aos órgãos jurisdicionais a eles submetidos. (*Grupo: Precedentes*)

171. (art. 927, II, III e IV; art. 15) Os juízes e tribunais regionais do trabalho estão vinculados aos precedentes do TST em incidente de assunção de competência em matéria infraconstitucional relativa ao direito e ao processo do trabalho, bem como às suas súmulas. *(Grupo: Impacto do CPC no Processo do Trabalho)*

172. (art. 927, § 1º) A decisão que aplica precedentes, com a ressalva de entendimento do julgador, não é contraditória. *(Grupo: Precedentes)*

173. (art. 927) Cada fundamento determinante adotado na decisão capaz de resolver de forma suficiente a questão jurídica induz os efeitos de precedente vinculante, nos termos do Código de Processo Civil. *(Grupo: Precedentes; redação revista no IV FPPC-BH)*

174. (art. 1.037, § 9º) A realização da distinção compete a qualquer órgão jurisdicional, independentemente da origem do precedente invocado. (*Grupo: Precedentes*)

175. (art. 927, § 2º) O relator deverá fundamentar a decisão que inadmitir a participação de pessoas, órgãos ou entidades e deverá justificar a não realização de audiências públicas. *(Grupo: Precedentes)*

176. (art. 525, § 13) Compete exclusivamente ao Supremo Tribunal Federal modular os efeitos da decisão prevista no § 13 do art. 525. (*Grupo: Execução*)

177. (arts. 550, § 5º e 1.015, inc. II) A decisão interlocutória que julga procedente o pedido para condenar o réu a prestar contas, por ser de mérito, é recorrível por agravo de instrumento. (*Grupo: Procedimentos Especiais*)

178. (arts. 554 e 677) O valor da causa nas ações fundadas em posse, tais como as ações possessórias, os embargos de terceiro e a oposição, deve considerar a expressão econômica da posse, que não obrigatoriamente coincide com o valor da propriedade. *(Grupo: Procedimentos Especiais)*

179. (arts. 559 e 139, VI) O prazo de cinco dias para prestar caução pode ser dilatado, nos termos do art. 139, inciso VI. *(Grupo: Procedimentos Especiais)*

180. (art. 559) A prestação de caução prevista no art. 559 poderá ser determinada pelo juiz, caso o réu obtenha a proteção possessória, nos termos no art. 556. (*Grupo: Procedimentos Especiais*)

181. (arts. 645, I, 647, parágrafo único, 651) A previsão do parágrafo único do art. 647 é aplicável aos legatários na hipótese do inciso I do art. 645, desde que reservado patrimônio que garanta o pagamento do espólio. (*Grupo: Procedimentos Especiais)*

182. (arts. 647 e 651) Aplica-se aos legatários o disposto no parágrafo único do art. 647, quando ficar evidenciado que os pagamentos do espólio não irão reduzir os legados. (*Grupo: Procedimentos Especiais*)

183. (art. 658) A ação rescisória de partilha com fundamento na preterição de herdeiro, prevista no inciso III do art. 658, está vinculada à hipótese do art. 628, não se confundindo com a ação de petição de herança (art. 1.824 do Código Civil), cujo fundamento é o reconhecimento do direito sucessório e a restituição da herança por aquele que não participou, de qualquer forma, do processo de inventário e partilha. (*Grupo: Procedimentos Especiais*)

184. (art. 675) Os embargos de terceiro também são oponíveis na fase de cumprimento de sentença e devem observar, quanto ao prazo, a regra do processo de execução. (*Grupo: Procedimentos Especiais*)

185. (art. 675, parágrafo único) O juiz deve ouvir as partes antes de determinar a intimação pessoal do terceiro. *(Grupo: Procedimentos Especiais)*

186. (art. 677; art. 678; art. 681) A alusão à "posse" ou a "domínio" nos arts. 677, 678 e 681 deve ser interpretada em consonância com o art. 674, *caput*, que, de forma abrangente, admite os embargos de terceiro para afastar constrição ou ameaça de constrição sobre bens que possua ou sobre quais tenha "direito incompatível com o ato constritivo". *(Grupo: Procedimentos Especiais)*

187. (arts. 649, 165, § 2º, 166) No emprego de esforços para a solução consensual do litígio familiar, são vedadas iniciativas de constrangimento ou intimidação para que as partes conciliem, assim como as de aconselhamento sobre o objeto da causa. *(Grupo: Procedimentos Especiais)*

188. (art. 700, § 5º) Com a emenda da inicial, o juiz pode entender idônea a prova e admitir o seguimento da ação monitoria. *(Grupo: Procedimentos Especiais)*

189. (art. 765) O art. 765 deve ser interpretado em consonância com o art. 69 do Código Civil, para admitir a extinção da fundação quando inútil a finalidade a que visa. *(Grupo: Procedimentos Especiais)*

190. (art. 782, § 3º) O art. 782, § 3º, não veda a inclusão extrajudicial do nome do executado em cadastros de inadimplentes, pelo credor ou diretamente pelo órgão de proteção ao crédito. (*Grupo: Execução*)

191. (arts. 792, § 4º, 675, *caput*, parágrafo único) O prazo de quinze dias para opor embargos de terceiro, disposto no § 4º do art. 792, é aplicável exclusivamente aos casos de declaração de fraude à execução; os demais casos de embargos de terceiro são regidos na forma do *caput* do art. 675. *(Grupo: Execução; redação revista no VI FPPC-Curitiba)*

192. (art. 880) Alienação por iniciativa particular realizada por corretor ou leiloeiro não credenciado perante o órgão judiciário não invalida o negócio jurídico, salvo se o executado comprovar prejuízo. *(Grupo: Execução)*

193. (arts. 885, 886, II, 891, parágrafo único) Não justifica o adiamento do leilão, nem é causa de nulidade da arrematação, a falta de fixação, pelo juiz, do preço mínimo para a arrematação. (*Grupo: Execução*)

194. (arts. 921, e 771; enunciado 150 da súmula do STF). A prescrição intercorrente pode ser reconhecida no procedimento de cumprimento de sentença. *(Grupo: Execução)*

195. (art. 921, § 4º; enunciado 314 da súmula do STJ). O prazo de prescrição intercorrente previsto no art. 921, § 4º, tem início automaticamente um ano após a intimação da decisão de suspensão de que trata o seu § 1º. *(Grupo: Execução)*

196. (art. 921, § 4º; enunciado 150 da súmula do STF). O prazo da prescrição intercorrente é o mesmo da ação. *(Grupo: Execução)*

197. (art. 932, parágrafo único; 1.029, §3º). Aplica-se o disposto no parágrafo único do art. 932 aos vícios sanáveis de todos os recursos, inclusive dos recursos excepcionais. *(Grupo: Ordem dos Processos nos Tribunais e Recursos Ordinários; redação revista no VI FPP-C-Curitiba)*

198. (art. 935) Identificada a ausência ou a irregularidade de publicação da pauta, antes de encerrado o julgamento, incumbe ao órgão julgador determinar sua correção, procedendo a nova publicação. *(Grupo: Ordem dos Processos nos Tribunais e Recursos Ordinários)*

199. (arts. 938, § 1º, e 15) No processo do trabalho, constatada a ocorrência de vício sanável, inclusive aquele que possa ser conhecido de ofício pelo órgão jurisdicional, o relator determinará a realização ou a renovação do ato processual, no próprio tribunal ou em primeiro grau, intimadas as partes; cumprida a diligência, sempre que possível, prosseguirá no julgamento do recurso. *(Grupo: Impacto do CPC no Processo do Trabalho)*

200. (art. 941, § 3º) Fica superado o enunciado 320 da súmula do STJ ("A questão federal somente ventilada no voto vencido não atende ao requisito do prequestionamento"). *(Grupo: Ordem dos Processos nos Tribunais e Recursos Ordinários; redação revista no IX FPPC-Recife)*

201. (arts. 947, 983 e 984) Aplicam-se ao incidente de assunção de competência as regras previstas nos arts. 983 e 984. *(Grupo: Incidente de Resolução de Demandas Repetitivas e Assunção de Competência)*

202. (arts. 947, § 1º, 978) O órgão colegiado a que se refere o § 1º do art. 947 deve atender aos mesmos requisitos previstos pelo art. 978. *(Grupo: Incidente de Resolução de Demandas Repetitivas e Assunção de Competência)*

203. (art. 966) Não se admite ação rescisória de sentença arbitral. *(Grupo: Arbitragem)*

204. Cancelado (V FPPC-Vitória).

205. (art. 982, *caput*, I e §3º) Havendo cumulação de pedidos simples, a aplicação do art. 982, I e §3º, poderá provocar apenas a suspensão parcial do processo, não impedindo o prosseguimento em relação ao pedido não abrangido pela tese a ser firmada no incidente de resolução de demandas repetitivas. *(Grupo: Incidente de Resolução de Demandas Repetitivas e Assunção de Competência)*

206. Cancelado (VIII FPPC-Florianópolis).

207. (arts. 988, I, 1,010, § 3º, 1.027, II, "b") Cabe reclamação, por usurpação da competência do tribunal de justiça ou tribunal regional federal, contra a decisão de juiz de 1º grau que inadmitir recurso de apelação. *(Grupo: Ordem dos Processos nos Tribunais e Recursos Ordinários)*

208. (arts. 988, I, 1.010, § 3º, 1.027, II, "b") Cabe reclamação, por usurpação da competência do Superior Tribunal de Justiça, contra a decisão de juiz de 1º grau que inadmitir recurso ordinário, no caso do art. 1.027, II, 'b'. *(Grupo: Ordem dos Processos nos Tribunais e Recursos Ordinários)*

209. (arts. 988, I, 1.027, II, 1.028, §2º) Cabe reclamação, por usurpação da competência do Superior Tribunal de Justiça, contra a decisão de presidente ou vice-presidente do tribunal de 2º grau que inadmitir recurso ordinário interposto com fundamento no art. 1.027, II, "a". *(Grupo: Ordem dos Processos nos Tribunais e Recursos Ordinários)*

210. (arts. 988, I, 1.027, I, 1.028, §2º) Cabe reclamação, por usurpação da competência do Supremo Tribunal Federal, contra a decisão de presidente ou vice-presidente de tribunal superior que inadmitir recurso ordinário interposto com fundamento no art. 1.027, I. *(Grupo: Ordem dos Processos nos Tribunais e Recursos Ordinários)*

211. Cancelado *(VII FPPC-São Paulo).*

212. Cancelado *(VII FPPC-São Paulo).*

213. (art. 998, parágrafo único) No caso do art. 998, parágrafo único, o resultado do julgamento não se aplica ao recurso de que se desistiu. *(Grupo: Ordem dos Processos nos Tribunais e Recursos Ordinários)*

214. Cancelado *(IX FPPC-Recife).*

215. (art. 1.007, §§ 2º e 4º). Fica superado o enunciado 187 da súmula do STJ ("*É deserto o recurso interposto para o Superior Tribunal de Justiça, quando o recorrente não recolhe, na origem, a importância das despesas de remessa e retorno dos autos*"). *(Grupo: Ordem dos Processos nos Tribunais e Recursos Ordinários)*

216. Cancelado *(IV FPPC-BH).*

217. (arts. 1.012, § 1º, V, 311) A apelação contra o capítulo da sentença que concede, confirma ou revoga a tutela antecipada da evidência ou de urgência não terá efeito suspensivo automático. *(Grupo: Ordem dos Processos nos Tribunais e Recursos Ordinários)*

218. (art. 1.026) A inexistência de efeito suspensivo dos embargos de declaração não autoriza o cumprimento provisório da sentença nos casos em que a apelação tenha efeito suspensivo. *(Grupo: Ordem dos Processos nos Tribunais e Recursos Ordinários)*

219. 219. (art. 1.029, § 3º) O §3º do art. 1.029 do CPC pode ser aplicado pelo relator ou pelo órgão colegiado. *(Grupo: Recursos Extraordinários; redação revista no IX FPPC-Recife)*

220. (art. 1.029, § 3º) O Supremo Tribunal Federal ou o Superior Tribunal de Justiça inadmitirá o recurso extraordinário ou o recurso especial quando o recorrente não sanar o vício formal de cuja falta foi intimado para corrigir. *(Grupo: Recursos Extraordinários)*

221. Cancelado *(VII FPPC-São Paulo).*

222. Cancelado *(VII FPPC-São Paulo).*

223. Cancelado *(VII FPPC-São Paulo).*

224. (art. 1.035, § 2º) A existência de repercussão geral terá de ser demonstrada de forma fundamentada, sendo dispensável sua alegação em preliminar ou em tópico específico. *(Grupo: Recursos Extraordinários)*

225. (art. 1.042) O agravo em recurso especial ou extraordinário será interposto nos próprios autos. *(Grupo: Recursos Extraordinários)*

226. Cancelado *(VII FPPC-São Paulo).*

227. Cancelado (*VII FPPC-São Paulo*).

228. (art. 1.042, § 4o) Fica superado o enunciado 639 da súmula do STF após a entrada em vigor do CPC ("*Aplica-se a súmula 288 quando não constarem do traslado do agravo de instrumento as cópias das peças necessárias à verificação da tempestividade do recurso extraordinário não admitido pela decisão agravada*"). *(Grupo: Recursos Extraordinários)*

229. (art. 1.042, § 4o) Fica superado o enunciado 288 da súmula do STF após a entrada em vigor do CPC ("*Nega-se provimento a agravo para subida de recurso extraordinário, quando faltar no traslado o despacho agravado, a decisão recorrida, a petição de recurso extraordinário ou qualquer peça essencial à compreensão da controvérsia*"). *(Grupo: Recursos Extraordinários)*

230. (art. 1.043) Cabem embargos de divergência contra acórdão que, em agravo interno ou agravo em recurso especial ou extraordinário, decide recurso especial ou extraordinário. *(Grupo: Recursos Extraordinários)*

231. Cancelado *(VII FPPC-São Paulo).*

232. (art. 1.043, § 3º) Fica superado o enunciado 353 da súmula do STF após a entrada em vigor do CPC ("*São incabíveis os embargos da Lei 623, de 19.02.49, com fundamento em divergência entre decisões da mesma turma do Supremo Tribunal Federal*"). *(Grupo: Recursos Extraordinários)*

233. Ficam superados os enunciados 88, 169, 207, 255 e 390 da súmula do STJ como consequência da eliminação dos embargos infringentes ("*São admissíveis embargos infringentes em processo falimentar*"; "*São inadmissíveis embargos infringentes no processo de mandado de segurança*"; "*É inadmissível recurso especial quando cabíveis embargos infringentes contra o acórdão proferido no tribunal de origem*"; "*Cabem embargos infringentes contra acórdão, proferido por maioria, em agravo retido, quando se tratar de matéria de mérito*"; "*Nas decisões por maioria, em reexame necessário, não se admitem embargos infringentes*") *(Grupo: Ordem dos Processos nos Tribunais e Recursos Ordinários).*

234. (arts. 1.068, 506, 1.005, parágrafo único) A decisão de improcedência na ação proposta pelo credor beneficia todos os devedores solidários, mesmo os que não foram partes no processo, exceto se fundada em defesa pessoal. *(Grupo: Coisa julgada, Ação Rescisória e Sentença)*

235. (arts. 7º, 9º e 10, CPC; arts. 6º, 7º e 12 da Lei 12.016/2009) Aplicam-se ao procedimento do mandado de segurança os arts. 7º, 9º e 10 do CPC. (Grupo: Impactos do CPC nos Juizados e nos procedimentos especiais de legislação extravagante)

236. (art. 44) O art. 44 não estabelece uma ordem de prevalência, mas apenas elenca as fontes normativas sobre competência, devendo ser observado o art. 125, § 1º, da Constituição Federal. (Grupo: Competência e invalidades processuais)

237. (art. 55, §2º, I e II) O rol do art. 55, § 2º, I e II, é exemplificativo. (Grupo: Competência e invalidades processuais)

238. (art. 64, *caput* e §4º) O aproveitamento dos efeitos de decisão proferida por juízo incompetente aplica-se tanto à competência absoluta quanto à relativa. (Grupo: Competência e invalidades processuais)

239. Cancelado *(IX FPPC-Recife).*

240. (arts. 85, § 3º, e 910) São devidos honorários nas execuções fundadas em título executivo extrajudicial contra a Fazenda Pública, a serem arbitrados na forma do § 3º do art. 85. (Grupo: Advogado e Sociedade de Advogados. Prazos).

241. (art. 85, *caput* e § 11). Os honorários de sucumbência recursal serão somados aos honorários pela sucumbência em primeiro grau, observados os limites legais. (Grupo: Advogado e Sociedade de Advogados. Prazos).

242. (art. 85, § 11). Os honorários de sucumbência recursal são devidos em decisão unipessoal ou colegiada. (Grupo: Advogado e Sociedade de Advogados. Prazos).

243. (art. 85, § 11). No caso de provimento do recurso de apelação, o tribunal redistribuirá os honorários fixados em primeiro grau e arbitrará os honorários de sucumbência recursal. (Grupo: Advogado e Sociedade de Advogados. Prazos).

244. (art. 85, § 14) Ficam superados o enunciado 306 da súmula do STJ ("Os honorários advocatícios devem ser compensados quando houver sucumbência recíproca, assegurado o direito autônomo do advogado à execução do saldo sem excluir a legitimidade da própria parte") e a tese firmada no REsp Repetitivo n. 963.528/PR, após a entrada em vigor do CPC, pela expressa impossibilidade de compensação (Grupo: Advogado e Sociedade de Advogados. Prazos).

245. (art. 99, § 4º, 15). O fato de a parte, pessoa natural ou jurídica, estar assistida por advogado particular não impede a concessão da justiça gratuita na Justiça do Trabalho. (Grupo: Impacto do CPC no processo do trabalho)

246. (arts. 99, §7º, e 15). Dispensa-se o preparo do recurso quando houver pedido de justiça gratuita em sede recursal, consoante art. 99, §6º, aplicável ao processo do trabalho. Se o pedido for indeferido, deve ser fixado prazo para o recorrente realizar o recolhimento. (Grupo: Impacto do CPC no processo do trabalho)

247. (art. 133) Aplica-se o incidente de desconsideração da personalidade jurídica no processo falimentar. (Grupo: Impactos do CPC nos Juizados e nos procedimentos especiais de legislação extravagante)

248. (arts. 134, § 2º, e 336) Quando a desconsideração da personalidade jurídica for requerida na petição inicial, constitui ônus do sócio ou da pessoa jurídica, na contestação, impugnar não somente a própria desconsideração, mas também os demais pontos da causa. (Grupo: Petição inicial, resposta do réu e saneamento*; redação revista no IX FPPC-Recife*)

249. (art. 138) A intervenção do *amicus curiae* é cabível no mandado de segurança. (Grupo: Impactos do CPC nos Juizados e nos procedimentos especiais de legislação extravagante)

250. (art. 138; art. 15). Admite-se a intervenção do *amicus curiae* nas causas trabalhistas, na forma do art. 138, sempre que o juiz ou relator vislumbrar a relevância da matéria, a especificidade do tema objeto da demanda ou a repercussão geral da controvérsia, a fim de obter uma decisão respaldada na pluralidade do debate e, portanto, mais democrática. (Grupo: Impacto do CPC no processo do trabalho)

251. (art. 139, VI) O inciso VI do art. 139 do CPC aplica-se ao processo de improbidade administrativa. (Grupo: Impactos do CPC nos Juizados e nos procedimentos especiais de legislação extravagante)

252. (art. 190) O descumprimento de uma convenção processual válida é matéria cujo conhecimento depende de requerimento. (Grupo: Negócios Processuais)

253. (art. 190; Resolução n. 118/CNMP) O Ministério Público pode celebrar negócio processual quando atua como parte. (Grupo: Negócios Processuais)

254. (art. 190) É inválida a convenção para excluir a intervenção do Ministério Público como fiscal da ordem jurídica. (Grupo: Negócios Processuais)

255. (art. 190) É admissível a celebração de convenção processual coletiva. (Grupo: Negócios Processuais)

256. (art. 190) A Fazenda Pública pode celebrar negócio jurídico processual. (Grupo: Negócios Processuais)

257. (art. 190) O art. 190 autoriza que as partes tanto estipulem mudanças do procedimento quanto convencionem sobre os seus ônus, poderes, faculdades e deveres processuais. (Grupo: Negócios Processuais)

258. (art. 190) As partes podem convencionar sobre seus ônus, poderes, faculdades e deveres processuais, ainda que essa convenção não importe ajustes às especificidades da causa. (Grupo: Negócios Processuais)

259. (arts. 190 e 10). A decisão referida no parágrafo único do art. 190 depende de contraditório prévio. (Grupo: Negócios Processuais)

260. (arts. 190 e 200) A homologação, pelo juiz, da convenção processual, quando prevista em lei, corresponde a uma condição de eficácia do negócio. (Grupo: Negócios Processuais)

261. (arts. 190 e 200) O art. 200 aplica-se tanto aos negócios unilaterais quanto aos bilaterais, incluindo as convenções processuais do art. 190. (Grupo: Negócios Processuais)

262. (arts. 190, 520, IV, 521). É admissível negócio processual para dispensar caução no cumprimento provisório de sentença. (Grupo: Negócios Processuais)

263. (art. 194) A mera juntada de decisão aos autos eletrônicos não necessariamente lhe confere publicidade em relação a terceiros. (Grupo: Advogado e Sociedade de Advogados. Prazos).

264. (art. 194) Salvo hipóteses de segredo de justiça, nos processos em que se realizam intimações exclusivamente por portal eletrônico, deve ser garantida ampla publicidade aos autos eletrônicos, assegurado o acesso a qualquer um. (Grupo: Advogado e Sociedade de Advogados. Prazos).

265. (art. 194) É possível haver documentos transitoriamente confidenciais no processo eletrônico. (Grupo: Advogado e Sociedade de Advogados. Prazos).

266. (arts. 218, § 4º, 15) Aplica-se o art. 218, §4º, ao processo do trabalho, não se considerando extemporâneo ou intempestivo o ato realizado antes do termo inicial do prazo. (Grupo: Impacto do CPC no processo do trabalho)

267. (arts. 218, e 1.046). Os prazos processuais iniciados antes da vigência do CPC serão integralmente regulados pelo regime revogado. (Grupo: Direito intertemporal e disposições finais e transitórias)

268. (arts. 219 e 1.046). A regra de contagem de prazos em dias úteis só se aplica aos prazos iniciados após a vigência do Novo Código. (Grupo: Direito intertemporal e disposições finais e transitórias)

269. (art. 220) A suspensão de prazos de 20 de dezembro a 20 de janeiro é aplicável aos Juizados Especiais. (Grupo: Impactos do CPC nos Juizados e nos procedimentos especiais de legislação extravagante)

270. (art. 224, § 1º; art.15) Aplica-se ao processo do trabalho o art. 224, § 1º. (Grupo: Impacto do CPC no processo do trabalho)

271. (art. 231, I, II, VI, §3º) Quando for deferida tutela provisória a ser cumprida diretamente pela parte, o prazo recursal conta a partir da juntada do mandado de intimação, do aviso de recebimento ou da carta precatória; o prazo para o cumprimento da decisão inicia-se a partir da intimação da parte. (Grupo: Advogado e Sociedade de Advogados. Prazos.

272. (art. 231, § 2º) Não se aplica o § 2º do art. 231 ao prazo para contestar, em vista da previsão do § 1º do mesmo artigo. (Grupo: Advogado e Sociedade de Advogados. Prazos).

273. (art. 250, IV; art. 334, § 8º) Ao ser citado, o réu deverá ser advertido de que sua ausência injustificada à audiência de conciliação ou mediação configura ato atentatório à dignidade da justiça, punível com a multa do art. 334, § 8º, sob pena de sua inaplicabilidade. (Grupo: Petição inicial, resposta do réu e saneamento)

274. (art. 272, § 6º) Aplica-se a regra do §6º do art. 272 ao prazo para contestar, quando for dispensável a audiência de conciliação e houver poderes para receber citação. (Grupo: Advogado e Sociedade de Advogados. Prazos).

275. (arts. 229, §2º, 1.046). Nos processos que tramitam eletronicamente, a regra do art. 229, §2º, não se aplica aos prazos já iniciados no regime anterior. (Grupo: Direito intertemporal e disposições finais e transitórias; redação alterada no V FPPC-Vitória)

276. (arts. 281 e 282) Os atos anteriores ao ato defeituoso não são atingidos pela pronúncia de invalidade. (Grupo: Competência e invalidades processuais)

277. (arts. 281 e 282) Para fins de invalidação, o reconhecimento de que um ato subsequente é dependente de um ato defeituoso deve ser objeto de fundamentação específica à luz de circunstâncias concretas. (Grupo: Competência e invalidades processuais)

278. (arts. 282, §2º, e 4º) O CPC adota como princípio a sanabilidade dos atos processuais defeituosos. (Grupo: Competência e invalidades processuais)

279. (arts. 282 e 283) Para os fins de alegar e demonstrar prejuízo, não basta a afirmação de tratar-se de violação a norma constitucional. (Grupo: Competência e invalidades processuais)

280. (art. 290) O prazo de quinze dias a que se refere o art. 290 conta-se da data da intimação do advogado. (Grupo: Advogado e Sociedade de Advogados. Prazos).

281. (art. 319, III) A indicação do dispositivo legal não é requisito da petição inicial e, uma vez existente, não vincula o órgão julgador. (Grupo: Petição inicial, resposta do réu e saneamento; redação revista no V FPPC-Vitória)

282. (arts. 319, III e 343) Para julgar com base em enquadramento normativo diverso daquele invocado pelas partes, ao juiz cabe observar o dever de consulta, previsto no art. 10. (Grupo: Petição inicial, resposta do réu e saneamento)

283. (arts. 319, §1º, 320, 396) Aplicam-se os arts. 319, § 1º, 396 a 404 também quando o autor não dispuser de documentos indispensáveis à propositura da ação. (Grupo: Petição inicial, resposta do réu e saneamento)

284. (art. 321; 968, §3º) Aplica-se à ação rescisória o disposto no art. 321. (Grupo Sentença, Coisa Julgada e Ação Rescisória)

285. (art. 322, §2º) A interpretação do pedido e dos atos postulatórios em geral deve levar em consideração a vontade da parte, aplicando-se o art. 112 do Código Civil. (Grupo: Petição inicial, resposta do réu e saneamento)

286. (art. 322, §2º; art. 5º). Aplica-se o §2º do art. 322 à interpretação de todos os atos postulatórios, inclusive da contestação e do recurso. (Grupo: Petição inicial, resposta do réu e saneamento)

287. (art. 326) O pedido subsidiário somente pode ser apreciado se o juiz não puder examinar ou expressamente rejeitar o principal. (Grupo: Petição inicial, resposta do réu e saneamento)

288. (art. 326) Quando acolhido o pedido subsidiário, o autor tem interesse de recorrer em relação ao principal. (Grupo: Petição inicial, resposta do réu e saneamento)

289. (art. 327, § 1º, II) Se houver conexão entre pedidos cumulados, a incompetência relativa não impedirá a cumulação, em razão da modificação legal da competência. (Grupo: Petição inicial, resposta do réu e saneamento)

290. (art. 330, §§ 2º e 3º) A enumeração das espécies de contrato previstas no § 2º do art. 330 é exemplificativa. (Grupo: Petição inicial, resposta do réu e saneamento)

291. (art. 331) Aplicam-se ao procedimento do mandado de segurança os arts. 331 e parágrafos e 332, §3º do CPC. (Grupo: Impactos do CPC nos Juizados e nos procedimentos especiais de legislação extravagante)

292. (arts. 330 e 321; art. 4º) Antes de indeferir a petição inicial, o juiz deve aplicar o disposto no art. 321. (Grupo Sentença, Coisa Julgada e Ação Rescisória)

293. (arts. 331, 332, § 3º, 485, §7º, 1.010, § 3º) O juízo de retratação, quando permitido, somente poderá ser exercido se a apelação for tempestiva. (Grupo: Petição inicial, resposta do réu e saneamento; redação revista no VIII FPPC-Florianópolis; *redação revista no IX FPPC-Recife*)

294. (arts. 332 e §1º e 15). O julgamento liminar de improcedência, disciplinado no art. 333, salvo com relação ao §1º, se aplica ao processo do trabalho quando contrariar: a) enunciado de súmula ou de Orientação Jurisprudencial do TST; b) acórdão proferido pelo TST em julgamento de recursos de revista repetitivos; c) entendimento firmado em resolução de demandas repetitivas. (Grupo: Impacto do CPC no processo do trabalho)

295. (arts. 334, § 12 357, §9º, 1.046). As regras sobre intervalo mínimo entre as audiências do CPC só se aplicam aos processos em que o ato for designado após sua vigência. (Grupo: Direito intertemporal e disposições finais e transitórias)

296. (art. 321) Verificando liminarmente a ilegitimidade passiva, o juiz facultará ao autor a alteração da petição inicial, para substituição do réu sem ônus sucumbenciais. (Grupo: Petição inicial, resposta do réu e saneamento; *redação revista no IX FPPC-Recife*)

297. (art. 355) O juiz que promove julgamento antecipado do mérito por desnecessidade de outras provas não pode proferir sentença de improcedência por insuficiência de provas. (Grupo: Petição inicial, resposta do réu e saneamento)

298. (art. 357, §3º) A audiência de saneamento e organização do processo em cooperação com as partes poderá ocorrer independentemente de a causa ser complexa. (Grupo: Petição inicial, resposta do réu e saneamento)

299. (arts. 357, §3º, e 191) O juiz pode designar audiência também (ou só) com objetivo de ajustar com as partes a fixação de calendário para fase de instrução e decisão. (Grupo: Petição inicial, resposta do réu e saneamento)

300. (arts. 357, §7º) O juiz poderá ampliar ou restringir o número de testemunhas a depender da complexidade da causa e dos fatos individualmente considerados. (Grupo: Petição inicial, resposta do réu e saneamento)

301. (art. 369) Aplicam-se ao processo civil, por analogia, as exceções previstas nos §§1º e 2º do art. 157 do Código de Processo Penal, afastando a ilicitude da prova. (Grupo: Competência e invalidades processuais)

302. (arts. 373, §§1º e 2º, e 15). Aplica-se o art. 373, §§1º e 2º, ao processo do trabalho, autorizando a distribuição dinâmica do ônus da prova diante de peculiaridades da causa relacionadas à impossibilidade ou à excessiva dificuldade da parte de cumprir o seu encargo probatório, ou, ainda, à maior facilidade de obtenção da prova do fato contrário. O juiz poderá, assim, atribuir o ônus da prova de modo diverso, desde que de forma fundamentada, preferencialmente antes da instrução e necessariamente antes da sentença, permitindo à parte se desincumbir do ônus que lhe foi atribuído. (Grupo: Impacto do CPC no processo do trabalho)

303. (art. 489, §1º) As hipóteses descritas nos incisos do §1º do art. 489 são exemplificativas. (Grupo Sentença, Coisa Julgada e Ação Rescisória)

304. (art. 489; art. 15). As decisões judiciais trabalhistas, sejam elas interlocutórias, sentenças ou acórdãos, devem observar integralmente o disposto no art. 489, sobretudo o seu §1º, sob pena de se reputarem não fundamentadas e, por conseguinte, nulas. (Grupo: Impacto do CPC no processo do trabalho)

305. (arts. 489, § 1º, IV, 984, §2º, 1.038, § 3º). No julgamento de casos repetitivos, o tribunal deverá enfrentar todos os argumentos contrários e favoráveis à tese jurídica discutida, inclusive os suscitados pelos interessados. (Grupo: Precedentes; redação revista no V FPPC-Vitória)

306. (art. 489, § 1º, VI). O precedente vinculante não será seguido quando o juiz ou tribunal distinguir o caso sob julgamento, demonstrando, fundamentadamente, tratar-se de situação particularizada por hipótese fática distinta, a impor solução jurídica diversa. (Grupo: Precedentes)

307. (arts. 489, §1º, 1.013, §3º, IV) Reconhecida a insuficiência da sua fundamentação, o tribunal decretará a nulidade da sentença e, preenchidos os pressupostos do §3º do art. 1.013, decidirá desde logo o mérito da causa. (Grupo: Competência e invalidades processuais)

308. (arts. 489, § 1º, 1.046). Aplica-se o art. 489, § 1º, a todos os processos pendentes de decisão ao tempo da entrada em vigor do CPC, ainda que conclusos os autos antes da sua vigência. (Grupo: Direito intertemporal e disposições finais e transitórias; redação alterada no V FPPC-Vitória)

309. (art. 489) O disposto no § 1º do art. 489 do CPC é aplicável no âmbito dos Juizados Especiais. (Grupo: Impactos do CPC nos Juizados e nos procedimentos especiais de legislação extravagante)

310. (art. 495) Não é título constitutivo de hipoteca judiciária a decisão judicial que condena à entrega de coisa distinta de dinheiro. (Grupo Sentença, Coisa Julgada e Ação Rescisória)

311. (arts. 496 e 1.046) A regra sobre remessa necessária é aquela vigente ao tempo da publicação em cartório ou disponibilização nos autos eletrônicos da sentença ou, ainda, quando da prolação da sentença em audiência, de modo que a limitação de seu cabimento no CPC não prejudica as remessas determinadas no regime do art. 475 do CPC/1973. (Grupo: Direito intertemporal e disposições finais e transitórias; *redação alterada no V FPPC-Vitória e no VII FPPC-São Paulo*)

312. (art. 496) O inciso IV do §4º do art. 496 do CPC aplica-se ao procedimento do mandado de segurança. (Grupo: Impactos do CPC nos Juizados e nos procedimentos especiais de legislação extravagante)

313. (art. 503, §§1º e §2º) São cumulativos os pressupostos previstos nos §1º e seus incisos, observado o §2º do art. 503. (Grupo Sentença, Coisa Julgada e Ação Rescisória)

314. (arts. 926 e 927, I e V). As decisões judiciais devem respeitar os precedentes do Supremo Tribunal Federal, em matéria constitucional, e do Superior Tribunal de Justiça, em matéria infraconstitucional federal. (Grupo: Precedentes)

315. (art. 927). Nem todas as decisões formam precedentes vinculantes. (Grupo: Precedentes)

316. (art. 926). A estabilidade da jurisprudência do tribunal depende também da observância de seus próprios precedentes, inclusive por seus órgãos fracionários. (Grupo: Precedentes)

317. (art. 927). O efeito vinculante do precedente decorre da adoção dos mesmos fundamentos determinantes pela maioria dos membros do colegiado, cujo entendimento tenha ou não sido sumulado. (Grupo: Precedentes)

318. (art. 927). Os fundamentos prescindíveis para o alcance do resultado fixado no dispositivo da decisão (*obiter dicta*), ainda que nela presentes, não possuem efeito de precedente vinculante. (Grupo: Precedentes)

319. (art. 927). Os fundamentos não adotados ou referendados pela maioria dos membros do órgão julgador não possuem efeito de precedente vinculante. (Grupo: Precedentes)

320. (art. 927). Os tribunais poderão sinalizar aos jurisdicionados sobre a possibilidade de mudança de entendimento da corte, com a eventual superação ou a criação de exceções ao precedente para casos futuros. (Grupo: Precedentes)

321. (art. 927, § 4º). A modificação do entendimento sedimentado poderá ser realizada nos termos da Lei nº 11.417, de 19 de dezembro de 2006, quando se tratar de enunciado de súmula vinculante; do regimento interno dos tribunais, quando se tratar de enunciado de súmula ou jurisprudência dominante; e, incidentalmente, no julgamento de recurso, na remessa necessária ou causa de competência originária do tribunal. (Grupo: Precedentes)

322. (art. 927, §4º). A modificação de precedente vinculante poderá fundar-se, entre outros motivos, na revogação ou modificação da lei em que ele se baseou, ou em alteração econômica, política, cultural ou social referente à matéria decidida. (Grupo: Precedentes)

323. (arts. 926 e 927). A formação dos precedentes observará os princípios da legalidade, da segurança jurídica, da proteção da confiança e da isonomia. (Grupo: Precedentes)

324. (art. 927). Lei nova, incompatível com o precedente judicial, é fato que acarreta a não aplicação do precedente por qualquer juiz ou tribunal, ressalvado o reconhecimento de sua inconstitucionalidade, a realização de interpretação conforme ou a pronúncia de nulidade sem redução de texto. (Grupo: Precedentes)

325. (arts. 927 e 15). A modificação de entendimento sedimentado pelos tribunais trabalhistas deve observar a sistemática prevista no art. 927, devendo se desincumbir do ônus argumentativo mediante fundamentação adequada e específica, modulando, quando necessário, os efeitos da decisão que supera o entendimento anterior. (Grupo: Impacto do CPC no processo do trabalho)

326. (arts. 927 e 15). O órgão jurisdicional trabalhista pode afastar a aplicação do precedente vinculante quando houver distinção entre o caso sob julgamento e o paradigma, desde que demonstre, fundamentadamente, tratar-se de situação particularizada por hipótese fática distinta, a impor solução jurídica diversa. (Grupo: Impacto do CPC no processo do trabalho)

327. (art. 928, parágrafo único). Os precedentes vinculantes podem ter por objeto questão de direito material ou processual. (Grupo: Precedentes)

328. (arts. 554 e 565) Os arts. 554 e 565 do CPC aplicam-se à ação de usucapião coletiva (art. 10 da Lei 10.258/2001) e ao processo em que exercido o direito a que se referem os §§4º e 5º do art. 1.228, Código Civil, especialmente quanto à necessidade de ampla publicidade da ação e da participação do Ministério Público, da Defensoria Pública e dos órgãos estatais responsáveis pela reforma agrária e política urbana. (Grupo: Impactos do CPC nos Juizados e nos procedimentos especiais de legislação extravagante)

329. (arts. 843, *caput* e §1º, e 15). Na execução trabalhista deve ser preservada a quota parte de bem indivisível do coproprietário ou do cônjuge alheio à execução, sendo-lhe assegurado o direito de preferência na arrematação do bem em igualdade de condições. (Grupo: Impacto do CPC no processo do trabalho)

330. (arts. 895 e 15). Na Justiça do trabalho, o juiz pode deferir a aquisição parcelada do bem penhorado em sede de execução, na forma do art. 895 e seus parágrafos. (Grupo: Impacto do CPC no processo do trabalho)

331. (arts. 916 e 15). O pagamento da dívida objeto de execução trabalhista fundada em título extrajudicial pode ser requerido pelo executado nos moldes do art. 916. (Grupo: Impacto do CPC no processo do trabalho; redação revista no VI FPPC-Curitiba)

332. (arts. 938, §1º, e 15). Considera-se vício sanável, tipificado no art. 938, §1º, a apresentação da procuração e da guia de custas ou depósito recursal em cópia, cumprindo ao relator assinalar prazo para a parte renovar o ato processual com a juntada dos originais. (Grupo: Impacto do CPC no processo do trabalho)

333. (arts. 938, §1º e 15). Em se tratando de guia de custas e depósito recursal inseridos no sistema eletrônico, estando o arquivo corrompido, impedido de ser executado ou de ser lido, deverá o relator assegurar a possibilidade de sanar o vício, nos termos do art. 938, §1º. (Grupo: Impacto do CPC no processo do trabalho)

334. (art. 947). Por força da expressão "sem repetição em múltiplos processos", não cabe o incidente de assunção de competência quando couber julgamento de casos repetitivos. (Grupo: Precedentes)

335. (arts. 947 e 15). O incidente de assunção de competência aplica-se ao processo do trabalho. (Grupo: Impacto do CPC no processo do trabalho)

336. (art. 966) Cabe ação rescisória contra decisão interlocutória de mérito. (Grupo Sentença, Coisa Julgada e Ação Rescisória)

337. (art. 966, §3º) A competência para processar a ação rescisória contra capítulo de decisão deverá considerar o órgão jurisdicional que proferiu o capítulo rescindendo. (Grupo Sentença, Coisa Julgada e Ação Rescisória)

338. (art. 966, *caput* e §3º, 503, §1º) Cabe ação rescisória para desconstituir a coisa julgada formada sobre a resolução expressa da questão prejudicial incidental. (Grupo Sentença, Coisa Julgada e Ação Rescisória)

339. (art. 967, IV; art. 118, Lei n. 12.529/2011; art. 31, Lei n. 6.385/1976) O CADE e a CVM, caso não tenham sido intimados, quando obrigatório, para participar do processo (art. 118, Lei n. 12.529/2011; art. 31, Lei n. 6.385/1976), têm legitimidade para propor ação rescisória contra a decisão ali proferida, nos termos do inciso IV do art. 967. (Grupo Sentença, Coisa Julgada e Ação Rescisória)

340. (art. 972) Observadas as regras de distribuição, o relator pode delegar a colheita de provas para juízo distinto do que proferiu a decisão rescindenda. (Grupo Sentença, Coisa Julgada e Ação Rescisória)

341. (arts. 975, §§ 2 º e 3º, e 1.046) O prazo para ajuizamento de ação rescisória é estabelecido pela data do trânsito em julgado da decisão rescindenda, de modo que não se aplicam as regras dos §§ 2 º e 3º do art. 975 do CPC à coisa julgada constituída antes de sua vigência. (Grupo: Direito intertemporal e disposições finais e transitórias)

342. (art. 976) O incidente de resolução de demandas repetitivas aplica-se a recurso, a remessa necessária ou a qualquer causa de competência originária. (Grupo: Precedentes)

343. (art. 976) O incidente de resolução de demandas repetitivas compete a tribunal de justiça ou tribunal regional. (Grupo: Precedentes)

344. (art. 978, parágrafo único) A instauração do incidente pressupõe a existência de processo pendente no respectivo tribunal. (Grupo: Precedentes; redação revista no V FPPC-Vitória)

345. (arts. 976, 928 e 1.036). O incidente de resolução de demandas repetitivas e o julgamento dos recursos extraordinários e especiais repetitivos formam um microssistema de solução de casos repetitivos, cujas normas de regência se complementam reciprocamente e devem ser interpretadas conjuntamente. (Grupo: Precedentes; redação revista no V FPPC-Vitória)

346. (art. 976) A Lei nº 13.015, de 21 de julho de 2014, compõe o microssistema de solução de casos repetitivos. (Grupo: Precedentes)

347. (arts. 976 e 15). Aplica-se ao processo do trabalho o incidente de resolução de demandas repetitivas, devendo ser instaurado quando houver efetiva repetição de processos que contenham controvérsia sobre a mesma questão de direito. (Grupo: Impacto do CPC no processo do trabalho)

348. (arts. 987 e 1.037, II, §§ 6º a 8º e seguintes) Os interessados serão intimados da suspensão de seus processos individuais, podendo requerer o prosseguimento ao juiz ou tribunal onde tramitarem, demonstrando a distinção entre a questão a ser decidida e aquela a ser julgada no incidente de resolução de demandas repetitivas, ou nos recursos repetitivos. (Grupo: Precedentes)

349. (arts. 982, § 5º e 988) Cabe reclamação para o tribunal que julgou o incidente de resolução de demandas repetitivas caso afrontada a autoridade dessa decisão. (Grupo: Precedentes)

350. (arts. 988 e 15) Cabe reclamação, na Justiça do Trabalho, da parte interessada ou do Ministério Público, nas hipóteses previstas no art. 988, visando a preservar a competência do tribunal e garantir a autoridade das suas decisões e do precedente firmado em julgamento de casos repetitivos. (Grupo: Impacto do CPC no processo do trabalho)

351. (arts. 1.009, §1º, e 1.015) O regime da recorribilidade das interlocutórias do CPC aplica-se ao procedimento do mandado de segurança. (Grupo: Impactos do CPC nos Juizados e nos procedimentos especiais de legislação extravagante)

352. (arts. 998, *caput* e parágrafo único, e 15) É permitida a desistência do recurso de revista repetitivo, mesmo quando eleito como representativo da controvérsia, sem necessidade de anuência da parte adversa ou dos litisconsortes; a desistência, contudo, não impede a análise da questão jurídica objeto de julgamento do recurso repetitivo. (Grupo: Impacto do CPC no processo do trabalho)

353. (arts. 1.007, § 7º, e 15) No processo do trabalho, o equívoco no preenchimento da guia de custas ou de depósito recursal não implicará a aplicação da pena de deserção, cabendo ao relator, na hipótese de dúvida quanto ao recolhimento, intimar o recorrente para sanar o vício no prazo de cinco dias. (Grupo: Impacto do CPC no processo do trabalho)

354. (arts. 1.009, § 1º, 1.046) O art. 1009, §1º, não se aplica às decisões publicadas em cartório ou disponibilizadas nos autos eletrônicos antes da entrada em vigor do CPC. (Grupo: Direito intertemporal e disposições finais e transitórias; redação alterada no V FPPC-Vitória)

355. (arts. 1.009, §1º, e 1.046) Se, no mesmo processo, houver questões resolvidas na fase de conhecimento em relação às quais foi interposto agravo retido na vigência do CPC/1973, e questões resolvidas na fase de conhecimento em relação às quais não se operou a preclusão por força do art. 1.009, §1º, do CPC, aplicar-se-á ao recurso de apelação o art. 523, §1º, do CPC/1973 em relação àquelas, e o art. 1.009, §1º, do CPC em relação a estas. (Grupo: Direito intertemporal e disposições finais e transitórias)

356. (arts. 1.010, § 3º, e 1.046) Aplica-se a regra do art. 1.010, § 3º, às apelações pendentes de admissibilidade ao tempo da entrada em vigor do CPC, de modo que o exame da admissibilidade destes recursos competirá ao Tribunal de 2º grau. (Grupo: Direito intertemporal e disposições finais e transitórias)

357. (arts. 1.013, 1.014, 1.027, §2º) Aplicam-se ao recurso ordinário os arts. 1.013 e 1.014. (Grupo: Recursos)

358. (art. 1.021, § 4º) A aplicação da multa prevista no art. 1.021, § 4º, exige manifesta inadmissibilidade ou manifesta improcedência. (Grupo: Recursos)

359. (art. 1.021, § 4º) A aplicação da multa prevista no art. 1.021, § 4º, exige que a manifesta inadmissibilidade seja declarada por unanimidade. (Grupo: Recursos)

360. (art. 1.022) A não oposição de embargos de declaração em caso de erro material na decisão não impede sua correção a qualquer tempo. (Grupo: Recursos)

361. (art. 1.026, § 4º) Na hipótese do art. 1.026, § 4º, não cabem embargos de declaração e, caso opostos, não produzirão qualquer efeito. (Grupo: Recursos)

362. Cancelado *(VII FPPC-São Paulo).*

363. (arts. 1.036-1.040). O procedimento dos recursos extraordinários e especiais repetitivos aplica-se por analogia às causas repetitivas de competência originária dos tribunais superiores, como a reclamação e o conflito de competência. (Grupo: Precedentes)

364. (art. 1.036, §1º). O sobrestamento da causa em primeira instância não ocorrerá caso se mostre necessária a produção de provas para efeito de distinção de precedentes. (Grupo: Precedentes)

365. Cancelado *(VII FPPC-São Paulo).*

366. (art. 1.047). O protesto genérico por provas, realizado na petição inicial ou na contestação ofertada antes da vigência do CPC, não implica requerimento de prova para fins do art. 1047. (Grupo: Direito intertemporal e disposições finais e transitórias)

367. (arts. 1.054, 312, 503). Para fins de interpretação do art. 1.054, entende-se como início do processo a data do protocolo da petição inicial. (Grupo: Direito intertemporal e disposições finais e transitórias)

368. (art. 1.071) A impugnação ao reconhecimento extrajudicial da usucapião necessita ser feita mediante representação por advogado. (Grupo: Advogado e Sociedade de Advogados. Prazos).

369. (arts. 1º a 12) O rol de normas fundamentais previsto no Capítulo I do Título Único do Livro I da Parte Geral do CPC não é exaustivo. (Grupo: Normas fundamentais)

370. (arts. 1º a 12) Norma processual fundamental pode ser regra ou princípio. (Grupo: Normas fundamentais)

371. (arts. 3o, §3º, e 165). Os métodos de solução consensual de conflitos devem ser estimulados também nas instâncias recursais. (Grupo: Normas fundamentais)

372. (art. 4º) O art. 4º tem aplicação em todas as fases e em todos os tipos de procedimento, inclusive em incidentes processuais e na instância recursal, impondo ao órgão jurisdicional viabilizar o saneamento de vícios para examinar o mérito, sempre que seja possível a sua correção. (Grupo: Normas fundamentais)

373. (arts. 4º e 6º) As partes devem cooperar entre si; devem atuar com ética e lealdade, agindo de modo a evitar a ocorrência de vícios que extingam o processo sem resolução do mérito e cumprindo com deveres mútuos de esclarecimento e transparência. (Grupo: Normas fundamentais)

374. (art. 5º) O art. 5º prevê a boa-fé objetiva. (Grupo: Normas fundamentais)

375. (art. 5º) O órgão jurisdicional também deve comportar-se de acordo com a boa-fé objetiva. (Grupo: Normas fundamentais)

376. (art. 5º) A vedação do comportamento contraditório aplica-se ao órgão jurisdicional. (Grupo: Normas fundamentais)

377. (art. 5º) A boa-fé objetiva impede que o julgador profira, sem motivar a alteração, decisões diferentes sobre uma mesma questão de direito aplicável às situações de fato análogas, ainda que em processos distintos. (Grupo: Normas fundamentais)

378. (arts. 5º, 6º, 322, §2º, e 489, §3º) A boa fé processual orienta a interpretação da postulação e da sentença, permite a reprimenda do abuso de direito processual e das condutas dolosas de todos os sujeitos processuais e veda seus comportamentos contraditórios. (Grupo: Normas fundamentais)

379. (art. 7º) O exercício dos poderes de direção do processo pelo juiz deve observar a paridade de armas das partes. (Grupo: Poderes do juiz)

380. (arts. 8º, 926, 927) A expressão "ordenamento jurídico", empregada pelo Código de Processo Civil, contempla os precedentes vinculantes. (Grupo: Precedentes, IRDR, Recursos Repetitivos e Assunção de competência)

381. (arts. 9º, 350, 351 e 307, parágrafo único) É cabível réplica no procedimento de tutela cautelar requerida em caráter antecedente. (Grupo: Tutela de urgência e tutela de evidência)

382. (art. 12) No juízo onde houver cumulação de competência de processos dos juizados especiais com outros procedimentos diversos, o juiz poderá organizar duas listas cronológicas autônomas, uma para os processos dos juizados especiais e outra para os demais processos. (Grupo: Poderes do juiz)

383. (art. 75, §4º) As autarquias e fundações de direito público estaduais e distritais também poderão ajustar compromisso recíproco para prática de ato processual por seus procuradores em favor de outro ente federado, mediante convênio firmado pelas respectivas procuradorias. (Grupos: Impacto do novo CPC e os processos da Fazenda Pública e Negócios Processuais)

384. (art. 85, §19) A lei regulamentadora não poderá suprimir a titularidade e o direito à percepção dos honorários de sucumbência dos advogados públicos. (Grupo: Impacto do novo CPC e os processos da Fazenda Pública)

385. (art. 99, § 2º) Havendo risco de perecimento do direito, o poder do juiz de exigir do autor a comprovação dos pressupostos legais para a concessão da gratuidade não o desincumbe do dever de apreciar, desde logo, o pedido liminar de tutela de urgência. (Grupo: Poderes do juiz)

386. (art. 113, §1º; art. 4º) A limitação do litisconsórcio facultativo multitudinário acarreta o desmembramento do processo. (Grupo: Litisconsórcio e intervenção de terceiros)

387. (art. 113, §1º; art. 4º) A limitação do litisconsórcio multitudinário não é causa de extinção do processo. (Grupo: Litisconsórcio e intervenção de terceiros)

388. (arts. 119 e 138) O assistente simples pode requerer a intervenção de *amicus curiae*. (Grupo: Litisconsórcio e intervenção de terceiros)

389. (art. 122) As hipóteses previstas no art. 122 são meramente exemplificativas. (Grupo: Litisconsórcio e intervenção de terceiros)

390. (arts. 136, *caput*, 1.015, IV, 1.009, §3º) Resolvida a desconsideração da personalidade jurídica na sentença, caberá apelação. (Grupo: Litisconsórcio e intervenção de terceiros)

391. (art. 138, §3º) O *amicus curiae* pode recorrer da decisão que julgar recursos repetitivos. (Grupos: Litisconsórcio e intervenção de terceiros; Precedentes, IRDR, Recursos Repetitivos e Assunção de competência)

392. (arts. 138 e 190) As partes não podem estabelecer, em convenção processual, a vedação da participação do *amicus curiae*. (Grupo: Litisconsórcio e intervenção de terceiros)

393. (arts. 138, 926, §1º, e 927, §2º) É cabível a intervenção de *amicus curiae* no procedimento de edição, revisão e cancelamento de enunciados de súmula pelos tribunais. (Grupo: Litisconsórcio e intervenção de terceiros)

394. (art. 138, § 1º; art. 489, §1º, IV; art. 1022, II; art. 10) As partes podem opor embargos de declaração para corrigir vício da decisão relativo aos argumentos trazidos pelo *amicus curiae*. (Grupo: Litisconsórcio e intervenção de terceiros)

395. (art. 138, *caput*) Os requisitos objetivos exigidos para a intervenção do *amicus curiae* são alternativos. (Grupo: Litisconsórcio e intervenção de terceiros)

396. (art. 139, IV; art. 8º) As medidas do inciso IV do art. 139 podem ser determinadas de ofício, observado o art. 8º. (Grupo: Poderes do juiz)

397. (Arts. 165 a 175; Lei 9.099/1995, Lei 10.259/2001, Lei 12.153/2009) A estrutura para autocomposição, nos Juizados Especiais, deverá contar com a conciliação e a mediação. (Grupo: Impacto nos Juizados e nos procedimentos especiais da legislação extravagante)

398. (Art. 174 e Lei 13.140/2015) As câmaras de mediação e conciliação têm competência para realização da conciliação e da mediação, no âmbito administrativo, de conflitos judiciais e extrajudiciais (Grupo: Impacto do novo CPC e os processos da Fazenda Pública e Impacto nos Juizados e nos procedimentos especiais da legislação extravagante; redação revista no VIII FPPC-Florianópolis).

399. (arts. 180 e 183) Os arts. 180 e 183 somente se aplicam aos prazos que se iniciarem na vigência do CPC de 2015, aplicando-se a regulamentação anterior aos prazos iniciados sob a vigência do CPC de 1973. (Grupo: Direito intertemporal)

400. (art. 183) O art. 183 se aplica aos processos que tramitam em autos eletrônicos. (Grupo: Impacto do novo CPC e os processos da Fazenda Pública)

401. (art. 183, § 1º) Para fins de contagem de prazo da Fazenda Pública nos processos que tramitam em autos eletrônicos, não se considera como intimação pessoal a publicação pelo Diário da Justiça Eletrônico. (Grupo: Impacto do novo CPC e os processos da Fazenda Pública)

402. (art. 190) A eficácia dos negócios processuais para quem deles não fez parte depende de sua anuência, quando lhe puder causar prejuízo. (Grupo: Negócios processuais)

403. (art. 190; art. 104, Código Civil) A validade do negócio jurídico processual, requer agente capaz, objeto lícito, possível, determinado ou determinável e forma prescrita ou não defesa em lei. (Grupo: Negócios processuais)

404. (art. 190; art. 112, Código Civil) Nos negócios processuais, atender-se-á mais à intenção consubstanciada na manifestação de vontade do que ao sentido literal da linguagem. (Grupo: Negócios processuais)

405. (art. 190; art. 113, Código Civil) Os negócios jurídicos processuais devem ser interpretados conforme a boa-fé e os usos do lugar de sua celebração. (Grupo: Negócios processuais)

406. (art. 190; art. 114, Código Civil) Os negócios jurídicos processuais benéficos e a renúncia a direitos processuais interpretam-se estritamente. (Grupo: Negócios processuais)

407. (art. 190; art. 5º; art. 422, Código Civil) Nos negócios processuais, as partes e o juiz são obrigados a guardar nas tratativas, na conclusão e na execução do negócio o princípio da boa-fé. (Grupo: Negócios processuais)

408. (art. 190; art. 423, Código Civil) Quando houver no contrato de adesão negócio jurídico processual com previsões ambíguas ou contraditórias, dever-se-á adotar a interpretação mais favorável ao aderente. (Grupo: Negócios processuais)

409. (art. 190; art. 8º, *caput*, Lei 9.307/1996) A convenção processual é autônoma em relação ao negócio em que estiver inserta, de tal sorte que a invalidade deste não implica necessariamente a invalidade da convenção processual. (Grupo: Negócios processuais)

410. (art. 190 e 142) Aplica-se o Art. 142 do CPC ao controle de validade dos negócios jurídicos processuais. (Grupo: Negócios processuais)

411. (art. 190) O negócio processual pode ser distratado. (Grupo: Negócios processuais)

412. (art. 190) A aplicação de negócio processual em determinado processo judicial não impede, necessariamente, que da decisão do caso possa vir a ser formado precedente. (Grupo: Negócios processuais)

413. (arts. 190 e 191; Leis 9.099/1995, 10.259/2001 e 12.153/2009). O negócio jurídico processual pode ser celebrado no sistema dos juizados especiais, desde que observado o conjunto dos princípios que o orienta, ficando sujeito a controle judicial na forma do parágrafo único do art. 190 do CPC. (Grupo: Impacto nos Juizados e nos procedimentos especiais da legislação extravagante)

414. (art. 191, §1º) O disposto no §1º do artigo 191 refere-se ao juízo. (Grupo: Negócios processuais)

415. (arts. 212 e 219; Lei 9.099/1995, Lei 10.259/2001, Lei 12.153/2009) Os prazos processuais no sistema dos Juizados Especiais são contados em dias úteis. (Grupo: Impacto nos Juizados e nos procedimentos especiais da legislação extravagante)

416. (art. 219) A contagem do prazo processual em dias úteis prevista no art. 219 aplica-se aos Juizados Especiais Cíveis, Federais e da Fazenda Pública. (Grupo: Impacto do novo CPC e os processos da Fazenda Pública)

417. (arts. 260, *caput* e §3º, 267, I) São requisitos para o cumprimento da carta arbitral: i) indicação do árbitro ou do tribunal arbitral de origem e do órgão do Poder Judiciário de destino; ii) inteiro teor do requerimento da parte, do pronunciamento do árbitro ou do Tribunal arbitral e da procuração conferida ao representante da parte, se houver; iii) especificação do ato processual que deverá ser praticado pelo juízo de destino; iv) encerramento com a assinatura do árbitro ou do presidente do tribunal arbitral conforme o caso. (Grupo: Arbitragem)

418. (arts. 294 a 311; Leis 9.099/1995, 10.259/2001 e 12.153/2009). As tutelas provisórias de urgência e de evidência são admissíveis no sistema dos Juizados Especiais. (Grupo: Impacto nos Juizados e nos procedimentos especiais da legislação extravagante)

419. (art. 300, § 3º) Não é absoluta a regra que proíbe tutela provisória com efeitos irreversíveis. (Grupo: Tutela de urgência e tutela de evidência)

420. (art. 304) Não cabe estabilização de tutela cautelar. (Grupo: Tutela de urgência e tutela de evidência)

421. (arts. 304 e 969) Não cabe estabilização de tutela antecipada em ação rescisória. (Grupo: Tutela de urgência e tutela de evidência)

422. (art. 311) A tutela de evidência é compatível com os procedimentos especiais. (Grupo: Tutela de urgência e tutela de evidência)

423. (arts. 311; 995, parágrafo único; 1.012, § 4º; 1.019, inciso I; 1.026, § 1º; 1.029, §5º) Cabe tutela de evidência recursal. (Grupo: Tutela de urgência e tutela de evidência)

424. (art. 319; art. 15, Lei 11.419/2006) Os parágrafos do art. 319 devem ser aplicados imediatamente, inclusive para as petições iniciais apresentadas na vigência do CPC-1973. (Grupo: Direito intertemporal)

425. (arts. 321, 106, § 1º) Ocorrendo simultaneamente as hipóteses dos art. 106, § 1º, e art. 321, *caput*, o prazo de emenda será único e de quinze dias. (Grupo: Petição inicial, resposta do réu e saneamento)

426. (art. 340, § 2º) O juízo para o qual foi distribuída a contestação ou a carta precatória só será considerado prevento se o foro competente for o local onde foi citado. (Grupo: Petição inicial, resposta do réu e saneamento)

427. (art. 357, § 2º) A proposta de saneamento consensual feita pelas partes pode agregar questões de fato até então não deduzidas. (Grupo: Negócios processuais)

428. (art. 357, § 3º, 329) A integração e o esclarecimento das alegações nos termos do art. 357, § 3ºº, não se confundem com o aditamento do ato postulatório previsto no art. 329. (Grupo: Petição inicial, resposta do réu e saneamento)

429. (art. 359) A arbitragem a que se refere o art. 359 é aquela regida pela Lei 9.307/1996. (Grupo: Arbitragem)

430. (art. 361, parágrafo único) A necessidade de licença concedida pelo juiz, prevista no parágrafo único do art. 361, é aplicável também aos Defensores Públicos. (Grupo: Poderes do juiz)

431. (arts. 489, § 1º, VI, 926 e 927) O julgador, que aderir aos fundamentos do voto-vencedor do relator, há de seguir, por coerência, o precedente que ajudou a construir no julgamento da mesma questão em processos subsequentes, salvo se demonstrar a existência de distinção ou superação. (Grupo: Poderes do juiz)

432. (art. 496, § 1º) A interposição de apelação parcial não impede a remessa necessária. (Grupo: Impacto do novo CPC e os processos da Fazenda Pública)

433. (arts. 496, § 4º, IV, 6º, 927, §5º) Cabe à Administração Pública dar publicidade às suas orientações vinculantes, preferencialmente pela rede mundial de computadores. (Grupo: Impacto do novo CPC e os processos da Fazenda Pública)

434. (art. 485, VII) O reconhecimento da competência pelo juízo arbitral é causa para a extinção do processo judicial sem resolução de mérito. (Grupo: Arbitragem)

435. (arts. 485, VII, 1015, III) Cabe agravo de instrumento contra a decisão do juiz que, diante do reconhecimento de competência pelo juízo arbitral, se recusar a extinguir o processo judicial sem resolução de mérito. (Grupo: Arbitragem)

436. (arts. 502 e 506) Preenchidos os demais pressupostos, a decisão interlocutória e a decisão unipessoal (monocrática) são suscetíveis de fazer coisa julgada. (Grupo: Sentença, coisa julgada e ação rescisória)

437. (arts. 503, § 1º, 19) A coisa julgada sobre a questão prejudicial incidental se limita à existência, inexistência ou modo de ser de situação jurídica, e à autenticidade ou falsidade de documento. (Grupo: Sentença, coisa julgada e ação rescisória)

438. (art. 503, §1º) É desnecessário que a resolução expressa da questão prejudicial incidental esteja no dispositivo da decisão para ter aptidão de fazer coisa julgada. (Grupo: Sentença, coisa julgada e ação rescisória)

439. (art. 503, §§ 1º e 2º) Nas causas contra a Fazenda Pública, além do preenchimento dos pressupostos previstos no art. 503, §§ 1º e 2º, a coisa julgada sobre a questão prejudicial incidental depende de remessa necessária, quando for o caso. (Grupo: Impacto do novo CPC e os processos da Fazenda Pública)

440. (arts. 516, III e 515, IX). O art. 516, III e o seu parágrafo único aplicam-se à execução de decisão interlocutória estrangeira, após a concessão do *exequatur* à carta rogatória. (Grupo: Execução)

441. (arts. 536, §5º, 537, §5º) O §5º do art. 536 e o §5º do art. 537 alcançam situação jurídica passiva correlata a direito real. (Grupo: Execução)

442. (arts. 536, §5º, 537, §5º). O §5º do art. 536 e o §5º do art. 537 alcançam os deveres legais. (Grupo: Execução)

443. (art. 557) Em ação possessória movida pelo proprietário é possível ao réu alegar a usucapião como matéria de defesa, sem violação ao art. 557. (Grupo: Procedimentos Especiais)

444. (arts. 771, parágrafo único, 822 e 823 e 139, IV) Para o processo de execução de título extrajudicial de obrigação de não fazer, não é necessário propor a ação de conhecimento para que o juiz possa aplicar as normas decorrentes dos arts. 536 e 537. (Grupo: Execução)

445. (art. 779) O fiador judicial também pode ser sujeito passivo da execução. (Grupo: Execução)

446. (arts. 785 e 700) Cabe ação monitória mesmo quando o autor for portador de título executivo extrajudicial. (Grupo: Execução)

447. (arts. 799, 804, 889, VIII e 1.072, I) O exequente deve providenciar a intimação da União, Estados e Municípios no caso de penhora de bem tombado. (Grupo: Execução)

448. (arts. 799, VIII) As medidas urgentes previstas no art. 799, VIII, englobam a tutela provisória urgente antecipada. (Grupo: Execução)

449. (art. 806 do CPC/1973) O art. 806 do CPC de 1973 aplica-se às cautelares propostas antes da entrada em vigor do CPC de 2015. (Grupo: Direito intertemporal)

450. (arts. 827, §2º, 523, 525, 771, parágrafo único) Aplica-se a regra decorrente do art. 827, §2º, ao cumprimento de sentença. (Grupo: Execução)

451. (arts. 827, *caput* e § 1º; art. 85, §1º) A regra decorrente do *caput* e do §1º do art. 827 aplica-se às execuções fundadas em título executivo extrajudicial de obrigação de fazer, não fazer e entrega de coisa. (Grupo: Execução)

452. (arts. 921, §1 a 5º, 980 e 982) Durante a suspensão do processo prevista no art. 982 não corre o prazo de prescrição intercorrente. (Grupo: Precedentes, IRDR, Recursos Repetitivos e Assunção de competência)

453. (arts. 926 e 1.022, parágrafo único, I) A estabilidade a que se refere o *caput* do art. 926 consiste no dever de os tribunais observarem os próprios precedentes. (Grupo: Precedentes, IRDR, Recursos Repetitivos e Assunção de competência)

454. (arts. 926 e 1.022, parágrafo único, I) Uma das dimensões da coerência a que se refere o *caput* do art. 926 consiste em os tribunais não ignorarem seus próprios precedentes (dever de autorreferência). (Grupo: Precedentes, IRDR, Recursos Repetitivos e Assunção de competência)

455. (art. 926) Uma das dimensões do dever de coerência significa o dever de não-contradição, ou seja, o dever de os tribunais não decidirem casos análogos contrariamente às decisões anteriores, salvo distinção ou superação. (Grupo: Precedentes, IRDR, Recursos Repetitivos e Assunção de competência)

456. (art. 926) Uma das dimensões do dever de integridade consiste em os tribunais decidirem em conformidade com a unidade do ordenamento jurídico. (Grupo: Precedentes, IRDR, Recursos Repetitivos e Assunção de competência)

457. (art. 926) Uma das dimensões do dever de integridade previsto no *caput* do art. 926 consiste na observância das técnicas de distinção e superação dos precedentes, sempre que necessário para adequar esse entendimento à interpretação contemporânea do ordenamento jurídico. (Grupo: Precedentes, IRDR, Recursos Repetitivos e Assunção de competência)

458. (arts. 926, 927, §1º, e 10) Para a aplicação, de ofício, de precedente vinculante, o órgão julgador deve intimar previamente as partes para que se manifestem sobre ele. (Grupo: Precedentes, IRDR, Recursos Repetitivos e Assunção de competência)

459. (arts. 927, §1º, 489, §1º, V e VI, e 10) As normas sobre fundamentação adequada quanto à distinção e superação e sobre a observância somente dos argumentos submetidos ao contraditório são aplicáveis a todo o microssistema de formação dos precedentes. (Grupo: Precedentes, IRDR, Recursos Repetitivos e Assunção de competência)

460. (arts. 927, §1º, 138) O microssistema de aplicação e formação dos precedentes deverá respeitar as técnicas de ampliação do contraditório para amadurecimento da tese, como a realização de audiências públicas prévias e participação de *amicus curiae*. (Grupo: Precedentes, IRDR, Recursos Repetitivos e Assunção de competência)

461. (arts. 927, §2º, e art. 947) O disposto no §2º do art. 927 aplica-se ao incidente de assunção de competência. (Grupo: Precedentes, IRDR, Recursos Repetitivos e Assunção de competência)

462. (arts. 932, 489, §1º, V e VI) É nula, por usurpação de competência funcional do órgão colegiado, a decisão do relator que julgar monocraticamente o mérito do recurso, sem demonstrar o alinhamento de seu pronunciamento judicial com um dos padrões decisórios descritos no art. 932. (Grupo: Poderes do juiz)

463. (arts. 932, parágrafo único, 933 e 9º, 10) O parágrafo único do art. 932 e o art. 933 devem ser aplicados aos recursos interpostos antes da entrada em vigor do CPC/2015 e ainda pendentes de julgamento. (Grupo: Direito intertemporal; *redação alterada no VII FPPC-São Paulo*)

464. (arts. 932 e 1.021; Lei 9.099/1995; Lei 10.259/2001; Lei 12.153/2009) A decisão unipessoal (monocrática) do relator em Turma Recursal é impugnável por agravo interno. (Grupo: Impacto nos Juizados e nos procedimentos especiais da legislação extravagante)

465. (arts. 995, parágrafo único; 1.012, §3º; Lei 9.099/1995, Lei 10.259/2001, Lei 12.153/2009) A concessão do efeito suspensivo ao recurso inominado cabe exclusivamente ao relator na turma recursal. (Grupo: Impacto nos Juizados e nos procedimentos especiais da legislação extravagante)

466. (art. 942) A técnica do art. 942 não se aplica aos embargos infringentes pendentes ao tempo do início da vigência do CPC, cujo julgamento deverá ocorrer nos termos dos arts. 530 e seguintes do CPC de 1973. (Grupo: Direito intertemporal)

467. (arts. 947, 179, 976, §2º, 982, III, 983, *caput*, 984, II, "a") O Ministério Público deve ser obrigatoriamente intimado no incidente de assunção de competência. (Grupo: Precedentes, IRDR, Recursos Repetitivos e Assunção de competência)

468. (art. 947). O incidente de assunção de competência aplica-se em qualquer tribunal. (Grupo: Precedentes, IRDR, Recursos Repetitivos e Assunção de competência)

469. (Art. 947). A "grande repercussão social", pressuposto para a instauração do incidente de assunção de competência, abrange, dentre outras, repercussão jurídica, econômica ou política. (Grupo: Precedentes, IRDR, Recursos Repetitivos e Assunção de competência)

470. (art. 982, I) Cancelado (VIII FPPC-Florianópolis)

471. (art. 982, §3º) Aplica-se no âmbito dos juizados especiais a suspensão prevista no art. 982, §3º. (Grupo: Precedentes, IRDR, Recursos Repetitivos e Assunção de competência)

472. (art. 985, I) Aplica-se o inciso I do art. 985 ao julgamento de recursos repetitivos e ao incidente de assunção de competência. (Grupo: Precedentes, IRDR, Recursos Repetitivos e Assunção de competência)

473. (art. 986) A possibilidade de o tribunal revisar de ofício a tese jurídica do incidente de resolução de demandas repetitivas autoriza as partes a requerê-la. (Grupo: Precedentes, IRDR, Recursos Repetitivos e Assunção de competência)

474. (art. 1.010, §3º, *fine*; art. 41 da Lei 9.099/1995) O recurso inominado interposto contra sentença proferida nos juizados especiais será remetido à respectiva turma recursal independentemente de juízo de admissibilidade. (Grupo: Impacto nos Juizados e nos procedimentos especiais da legislação extravagante)

475. (arts. 1.022 e 1.064; art. 48 da Lei 9.099/1995) Cabem embargos de declaração contra decisão interlocutória no âmbito dos juizados especiais. (Grupo: Impacto nos Juizados e nos procedimentos especiais da legislação extravagante)

476. (arts. 1046 e 14) Independentemente da data de intimação, o direito ao recurso contra as decisões unipessoais nasce com a publicação em cartório, secretaria do juízo ou inserção nos autos eletrônicos da decisão a ser impugnada, o que primeiro ocorrer, ou, ainda, nas decisões proferidas em primeira instância, será da prolação de decisão em audiência. (Grupo: Direito intertemporal; *redação alterada no VII FPPC-São Paulo*)

477. (arts. 1.026 e 219) Publicada em cartório ou inserida nos autos eletrônicos a decisão que julga embargos de declaração sob a vigência do CPC de 2015, computar-se-ão apenas os dias úteis no prazo para o recurso subsequente, ainda que a decisão embargada tenha sido proferida ao tempo do CPC de 1973, tendo em vista a interrupção do prazo prevista no art. 1.026. (Grupo: Direito intertemporal)

478. Cancelado *(IX FPPC-Recife)*.

479. (arts. 1046 e 43) As novas regras de competência relativa previstas no CPC de 2015 não afetam os processos cujas petições iniciais foram protocoladas na vigência do CPC-73. (Grupo: Direito intertemporal)

480. (arts. 1.037, II, 928 e 985, I) Aplica-se no âmbito dos juizados especiais a suspensão dos processos em trâmite no território nacional, que versem sobre a questão submetida ao regime de julgamento de recursos especiais e extraordinários repetitivos, determinada com base no art. 1.037, II. (Grupo: Precedentes, IRDR, Recursos Repetitivos e Assunção de competência)

481. (art. 1037, §§ 9º a 13) O disposto nos §§ 9º a 13 do art. 1.037 aplica-se, no que couber, ao incidente de resolução de demandas repetitivas. (Grupo: Precedentes, IRDR, Recursos Repetitivos e Assunção de competência)

482. (art. 1.040, I) Aplica-se o art. 1.040, I, aos recursos extraordinários interpostos nas turmas ou colégios recursais dos juizados especiais cíveis, federais e da fazenda pública. (Grupo: Precedentes, IRDR, Recursos Repetitivos e Assunção de competência)

483. (art. 1.065; art. 50 da Lei 9.099/1995; Res. 12/2009 do STJ). Os embargos de declaração no sistema dos juizados especiais interrompem o prazo para a interposição de recursos e propositura de reclamação constitucional para o Superior Tribunal de Justiça. (Grupo: Impacto nos Juizados e nos procedimentos especiais da legislação extravagante)

484. (art. 1.072, V) A revogação dos arts. 16 a 18 da Lei de Alimentos, que tratam da gradação dos meios de satisfação do direito do credor, não implica supressão da possibilidade de penhora sobre créditos originários de alugueis de prédios ou de quaisquer outros rendimentos do devedor. (Grupo: Execução)

485. (art. 3º, §§ 2º e 3º; art. 139, V; art. 509; art. 513) É cabível conciliação ou mediação no processo de execução, no cumprimento de sentença e na liquidação de sentença, em que será admissível a apresentação de plano de cumprimento da prestação. (Grupo: Execução; *redação revista no VII FPPC-São Paulo*)

486. (art. 12; art. 489) A inobservância da ordem cronológica dos julgamentos não implica, por si, a invalidade do ato decisório. (Grupo: Sentença, coisa julgada e ação rescisória)

487. (art. 18, parágrafo único; art. 119, parágrafo único; art. 3º da Lei 12.016/2009). No mandado de segurança, havendo substituição processual, o substituído poderá ser assistente litisconsorcial do impetrante que o substituiu. (Grupo: Impacto nos Juizados e nos procedimentos especiais da legislação extravagante)

488. (art. 64, §§3º e 4º; art. 968, §5º; art. 4º; Lei 12.016/2009) No mandado de segurança, havendo equivocada indicação da autoridade coatora, o impetrante deve ser intimado para emendar a petição inicial e, caso haja alteração de competência, o juiz remeterá os autos ao juízo competente. (Grupo: Impacto do novo CPC e os processos da Fazenda Pública)

489. (art. 144; art. 145; arts. 13 e 14 da Lei 9.307/1996) Observado o dever de revelação, as partes celebrantes de convenção de arbitragem podem afastar, de comum acordo, de forma expressa e por escrito, hipótese de impedimento ou suspeição do árbitro. (Grupo: Arbitragem)

490. (art. 190; art. 81, §3º; art. 297, parágrafo único; art. 329, inc. II; art. 520, inc.I; art. 848, inc. II). São admissíveis os seguintes negócios processuais, entre outros: pacto de inexecução parcial ou total de multa coercitiva; pacto de alteração de ordem de penhora; pré-indicação de bem penhorável preferencial (art. 848, II); pré-fixação de indenização por dano processual prevista nos arts. 81, §3º, 520, inc. I, 297, parágrafo único (cláusula penal processual); negócio de anuência prévia para aditamento ou alteração do pedido ou da causa de pedir até o saneamento (art. 329, inc. II). (Grupo: Negócios processuais)

491. (art. 190) É possível negócio jurídico processual que estipule mudanças no procedimento das intervenções de terceiros, observada a necessidade de anuência do terceiro quando lhe puder causar prejuízo. (Grupo: Negócios processuais)

492. (art. 190) O pacto antenupcial e o contrato de convivência podem conter negócios processuais. (Grupo: Negócios processuais)

493. (art. 190) O negócio processual celebrado ao tempo do CPC-1973 é aplicável após o início da vigência do CPC-2015. (Grupo: Direito Intertemporal)

494. (art. 191) A admissibilidade de autocomposição não é requisito para o calendário processual. (Grupo: Negócios processuais)

495. (art. 200) O distrato do negócio processual homologado por exigência legal depende de homologação. (Grupo: Negócios processuais)

496. (art. 294, parágrafo único; art. 300, *caput* e §2º; art. 311) Preenchidos os pressupostos de lei, o requerimento de tutela provisória incidental pode ser formulado a qualquer tempo, não se submetendo à preclusão temporal. (Grupo: Tutela de urgência e tutela de evidência)

497. (art. 297, parágrafo único; art. 300, §1º; art. 520, IV) As hipóteses de exigência de caução para a concessão de tutela provisória de urgência devem ser definidas à luz do art. 520, IV, CPC. (Grupo: Tutela de urgência e tutela de evidência)

498. (art. 297, parágrafo único; art. 300, §1º; art. 521) A possibilidade de dispensa de caução para a concessão de tutela provisória de urgência, prevista no art. 300, §1º, deve ser avaliada à luz das hipóteses do art. 521. (Grupo: Tutela de urgência e tutela de evidência)

499. (art. 302, III, parágrafo único; art. 309, III) Efetivada a tutela de urgência e, posteriormente, sendo o processo extinto sem resolução do mérito e sem estabilização da tutela, será possível fase de liquidação para fins de responsabilização civil do requerente da medida e apuração de danos. (Grupo: Tutela de urgência e tutela de evidência)

500. (art. 304) O regime da estabilização da tutela antecipada antecedente aplica-se aos alimentos provisórios previstos no art. 4º da Lei 5.478/1968, observado o §1º do art. 13 da mesma lei. (Grupo: Impacto nos Juizados e nos procedimentos especiais da legislação extravagante)

501. (art. 304; art. 121, parágrafo único) A tutela antecipada concedida em caráter antecedente não se estabilizará quando for interposto recurso pelo assistente simples, salvo se houver manifestação expressa do réu em sentido contrário. (Grupo: Tutela de urgência e tutela de evidência)

502. (art. 305, parágrafo único) Caso o juiz entenda que o pedido de tutela antecipada em caráter antecedente tenha natureza cautelar, observará o disposto no art. 305 e seguintes. (Grupo: Tutela de urgência e tutela de evidência)

503. (arts. 305-310; art. 4º da Lei 7347/1985; art. 16 da Lei 8.249/1992) O procedimento da tutela cautelar, requerida em caráter antecedente ou incidente, previsto no Código de Processo Civil é compatível com o microssistema do processo coletivo. (Grupo: Impacto nos Juizados e nos procedimentos especiais da legislação extravagante)

504. (art. 309, III) Cessa a eficácia da tutela cautelar concedida em caráter antecedente, se a sentença for de procedência do pedido principal, e o direito objeto do pedido foi definitivamente efetivado e satisfeito. (Grupo: Tutela de urgência e tutela de evidência)

505. (art. 323; Lei 8.245/1991) Na ação de despejo cumulada com cobrança, julgados procedentes ambos os pedidos, são passíveis de execução, além das parcelas vencidas indicadas na petição inicial, as que se tornaram exigíveis entre a data de propositura da ação e a efetiva desocupação do imóvel locado. (Grupo: Impacto nos Juizados e nos procedimentos especiais da legislação extravagante)

506. (art. 327, §2º) A expressão "procedimentos especiais" a que alude o §2º do art. 327 engloba aqueles previstos na legislação especial. (Grupo: Impacto nos Juizados e nos procedimentos especiais da legislação extravagante)

507. (art. 332; Lei n.º 9.099/1995) O art. 332 aplica-se ao sistema de Juizados Especiais. (Grupo: Impacto nos Juizados e nos procedimentos especiais da legislação extravagante)

508. (art. 332, § 3º; Lei 9.099/1995; Lei 10.259/2001; Lei 12.153/2009) Interposto recurso inominado contra sentença que julga liminarmente improcedente o pedido, o juiz pode retratar-se em cinco dias. (Grupo: Impacto nos Juizados e nos procedimentos especiais da legislação extravagante)

509. (art. 334; Lei n.º 9.099/1995) Sem prejuízo da adoção das técnicas de conciliação e mediação, não se aplicam no âmbito dos juizados especiais os prazos previstos no art. 334. (Grupo: Impacto nos Juizados e nos procedimentos especiais da legislação extravagante)

510. (art. 335; arts. 21 e 27 da Lei 9.099/1995) Frustrada a tentativa de autocomposição na audiência referida no art. 21 da Lei 9.099/1995, configura prejuízo para a defesa a realização imediata da instrução quando a citação não tenha ocorrido com a antecedência mínima de quinze dias. (Grupo: Impacto nos Juizados e nos procedimentos especiais da legislação extravagante)

511. (art. 338, *caput*; art. 339; Lei n. 12.016/2009) - A técnica processual prevista nos arts. 338 e 339 pode ser usada, no que couber, para possibilitar a correção da autoridade coatora, bem como da pessoa jurídica, no processo de mandado de segurança. (Grupo: Impacto do novo CPC e os processos da Fazenda Pública)

512. (art. 356) A decisão ilíquida referida no §1º do art. 356 somente é permitida nos casos em que a sentença também puder sê-la. (Grupo: Sentença, coisa julgada e ação rescisória)

513. (art. 356; Lei 8.245/1991) Postulado o despejo em cumulação com outro(s) pedido(s), e estando presentes os requisitos exigidos pelo art. 356, o juiz deve julgar parcialmente o mérito de forma antecipada, para determinar a desocupação do imóvel locado. (Grupo: Impacto nos Juizados e nos procedimentos especiais da legislação extravagante)

514. (art. 370) O juiz não poderá revogar a decisão que determinou a produção de prova de ofício sem que consulte as partes a respeito. (Grupo: Direito probatório)

515. (art. 371; art. 489, § 1º) Aplica-se o disposto no art. 489, § 1º, também em relação às questões fáticas da demanda. (Grupo: Direito probatório)

516. (art. 371; art. 369; art. 489, § 1º) Para que se considere fundamentada a decisão sobre os fatos, o juiz deverá analisar todas as provas capazes, em tese, de infirmar a conclusão adotada. (Grupo: Direito probatório)

517. (art. 375; art. 489, §1º) A decisão judicial que empregar regras de experiência comum, sem indicar os motivos pelos quais a conclusão adotada decorre daquilo que ordinariamente acontece, considera-se não fundamentada. (Grupo: Direito probatório)

518. (art. 396) – Em caso de exibição de documento ou coisa em caráter antecedente, a fim de que seja autorizada a produção, tem a parte autora o ônus de adiantar os gastos necessários, salvo hipóteses em que o custeio incumbir ao réu. (Grupo: Direito probatório)

519. (art. 450; art. 319, § 1º; art. 6º) Em caso de impossibilidade de obtenção ou de desconhecimento das informações relativas à qualificação da testemunha, a parte poderá requerer ao juiz providências necessárias para a sua obtenção, salvo em casos de inadmissibilidade da prova ou de abuso de direito. (Grupo: Direito probatório)

520. (art. 485, §7º; Lei 9.099/1995; Lei 12.153/2009) Interposto recurso inominado contra sentença sem resolução de mérito, o juiz pode se retratar em cinco dias. (Grupo: Impacto nos Juizados e nos procedimentos especiais da legislação extravagante)

521. (art. 487, parágrafo único; arts. 210 e 211 do Código Civil) Apenas a decadência fixada em lei pode ser conhecida de ofício pelo juiz. (Grupo: Sentença, coisa julgada e ação rescisória)

522. (art. 489, inc. I; arts. 931 e 933): O relatório nos julgamentos colegiados tem função preparatória e deverá indicar as questões de fato e de direito relevantes para o julgamento e já submetidas ao contraditório. (Grupo: Precedentes, IRDR, Recursos Repetitivos e Assunção de competência)

523. (art. 489, §1º, inc. IV) O juiz é obrigado a enfrentar todas as alegações deduzidas pelas partes capazes, em tese, de infirmar a decisão, não sendo suficiente apresentar apenas os fundamentos que a sustentam. (Grupo: Sentença, coisa julgada e ação rescisória)

524. (art. 489, §1º, IV; art. 985, I) O art. 489, §1º, IV, não obriga o órgão julgador a enfrentar os fundamentos jurídicos deduzidos no processo e já enfrentados na formação da decisão paradigma, sendo necessário demonstrar a correlação fática e jurídica entre o caso concreto e aquele já apreciado. (Grupo: Precedentes, IRDR, Recursos Repetitivos e Assunção de competência)

525. (art. 492; art. 497; art. 139, inc. IV;) A produção do resultado prático equivalente pode ser determinada por decisão proferida na fase de conhecimento. (Grupo: Sentença, coisa julgada e ação rescisória)

526. (art. 497, *caput*; art. 537, *caput*, §3º) A multa aplicada por descumprimento de ordem protetiva, baseada no art. 22, incisos I a V, da Lei 11.340/2006 (Lei Maria da Penha), é passível de cumprimento provisório, nos termos do art. 537, §3º. (Grupo: Impacto nos Juizados e nos procedimentos especiais da legislação extravagante)

527. (art. 515, inc. V; art. 784, inc. X e XI) Os créditos referidos no art. 515, inc. V, e no art. 784, inc. X e XI do CPC-2015 constituídos ao tempo do CPC-1973 são passíveis de execução de título judicial e extrajudicial, respectivamente. (Grupo: Direito Intertemporal)

528. (art. 520, §2º; art. 523, §1º) No cumprimento provisório de sentença por quantia certa iniciado na vigência do CPC-1973, sem garantia da execução, deve o juiz, após o início de vigência do CPC-2015 e a requerimento do exequente, intimar o executado nos termos dos arts. 520, §2º, 523, §1º e 525, *caput*. (Grupo: Direito Intertemporal)

529. (art. 523; art. 133; art. 134; art. 828; art. 799) As averbações previstas nos arts. 799, IX e 828 são aplicáveis ao cumprimento de sentença. (Grupo: Cumprimento de sentença)

530. (art. 525). Após a entrada em vigor do CPC-2015, o juiz deve intimar o executado para apresentar impugnação ao cumprimento de sentença, em quinze dias, ainda que sem depósito, penhora ou caução, caso tenha transcorrido o prazo para cumprimento espontâneo da obrigação na vigência do CPC-1973 e não tenha àquele tempo garantido o juízo. (Grupo: Direito Intertemporal)

531. (art. 525, §§ 6º e 11) É possível, presentes os pressupostos do § 6º do art. 525, a concessão de efeito suspensivo à simples petição em que se alega fato superveniente ao término do prazo de oferecimento da impugnação ao cumprimento de sentença. (Grupo: Cumprimento de sentença)

532. (art. 535, § 3º; art. 100, § 5º, Constituição Federal). A expedição do precatório ou da RPV depende do trânsito em julgado da decisão que rejeita as arguições da Fazenda Pública executada. (Grupo: Impacto do novo CPC e os processos da Fazenda Pública)

533. (art. 536, §3º; art. 774, IV) Se o executado descumprir ordem judicial, conforme indicado pelo § 3º do art. 536, incidirá a pena por ato atentatório à dignidade da justiça (art. 774, IV), sem prejuízo da sanção por litigância de má-fé. (Grupo: Cumprimento de sentença)

534. (art. 548, inc. III) A decisão a que se refere o inciso III do art. 548 faz coisa julgada quanto à extinção da obrigação. (Grupo: Sentença, coisa julgada e ação rescisória)

535. (art. 548, inc. III) Cabe ação rescisória contra a decisão prevista no inciso III do art. 548. (Grupo: Sentença, coisa julgada e ação rescisória)

536. (art. 772, III; art. 773, parágrafo único) O juiz poderá, na execução civil, determinar a quebra de sigilo bancário e fiscal. (Grupo: Execução).

537. (art. 774; Lei 6.830/1980). A conduta comissiva ou omissiva caracterizada como atentatória à dignidade da justiça no procedimento da execução fiscal enseja a aplicação da multa do parágrafo único do art. 774 do CPC/15. (Grupo: Impacto nos Juizados e nos procedimentos especiais da legislação extravagante)

538. (art. 782, § 4º; 517, § 4º) Aplica-se o procedimento do § 4º do art. 517 ao cancelamento da inscrição de cadastro de inadimplentes do § 4º do art. 782. (Grupo: Cumprimento de sentença)

539. (art. 828; art. 799, IX; art. 312) A certidão a que se refere o art. 828 não impede a obtenção e a averbação de certidão da propositura da execução (art. 799). (Grupo: Execução)

540. (art. 854; Lei n. 6.830/1980) A disciplina procedimental para penhora de dinheiro prevista no art. 854 é aplicável ao procedimento de execução fiscal. (Grupo: Impacto nos Juizados e nos procedimentos especiais da legislação extravagante)

541. (art. 854, §§ 7º e 8º) A responsabilidade que trata o art. 854, § 8º, é objetiva e as perdas e danos serão liquidadas de forma incidental, devendo ser imediatamente intimada a instituição financeira para preservação do contraditório. (Grupo: Execução)

542. (art. 903, *caput*, §§1º e 4º) Na hipótese de expropriação de bem por arrematante arrolado no art. 890, é possível o desfazimento da arrematação. (Grupo: Execução)

543. (arts. 914-920) Em execução de título executivo extrajudicial, o juízo arbitral é o competente para conhecer das matérias de defesa abrangidas pela convenção de arbitragem. (Grupo: Arbitragem)

544. (arts. 914-920) Admite-se a celebração de convenção de arbitragem, ainda que a obrigação esteja representada em título executivo extrajudicial. (Grupo: Arbitragem)

545. (art. 918, incisos e parágrafo único; art. 774, parágrafo único; art. 771; art. 525). Aplicam-se à impugnação, no que couber, as hipóteses previstas nos incisos I e III do art. 918 e no seu parágrafo único. (Grupo: Cumprimento de sentença)

546. (arts. 919, §1º e 525, §6º) O efeito suspensivo dos embargos à execução e da impugnação ao cumprimento de sentença pode ser requerido e deferido a qualquer momento do seu trâmite, observados os pressupostos legais. (Grupo: Execução; *redação revista no IX FPPC-Recife*)

547. (arts. 919, §1º e 525, §§ 6º e 8º) O efeito suspensivo dos embargos à execução e da impugnação ao cumprimento de sentença pode ser parcial, limitando-se ao impedimento ou à suspensão de um único ou de apenas alguns atos executivos. (Grupo: Execução; *redação revista no IX FPPC-Recife*)

548. (art. 921, § 3º) O simples desarquivamento dos autos é insuficiente para interromper a prescrição. (Grupo: Execução)

549. (art. 927; Lei n.º 10.259/2001) – O rol do art. 927 e os precedentes da Turma Nacional de Uniformização dos Juizados Especiais Federais deverão ser observados no âmbito dos Juizados Especiais. (Grupo: Impacto nos Juizados e nos procedimentos especiais da legislação extravagante)

550. (art. 932, parágrafo único; art. 6º; art. 10; art. 1.029, §3º; art. 1.033; art.1.035) A inexistência de repercussão geral da questão constitucional discutida no recurso extraordinário é vício insanável, não se aplicando o dever de prevenção de que trata o parágrafo único do art. 932, sem prejuízo do disposto no art. 1.033. (Grupo: Recursos (menos os repetitivos) e reclamação)

551. (art. 932, parágrafo único; art. 6º; art. 10; art. 1.003, §6º) Cabe ao relator, antes de não conhecer do recurso por intempestividade, conceder o prazo de cinco dias úteis para que o recorrente prove qualquer causa de prorrogação, suspensão ou interrupção do prazo recursal a justificar a tempestividade do recurso. (Grupo: Recursos (menos os repetitivos) e reclamação)

552. (art. 942; Lei n.º 9.099/1995) Não se aplica a técnica de ampliação do colegiado em caso de julgamento não unânime no âmbito dos Juizados Especiais. (Grupo: Impacto nos Juizados e nos procedimentos especiais da legislação extravagante)

553. (art. 961, §1º; art. 23 da Lei 9.307/1996) A sentença arbitral parcial estrangeira submete-se ao regime de homologação. (Grupo: Arbitragem)

554. (art. 966, inc. IV) Na ação rescisória fundada em violação ao efeito positivo da coisa julgada, haverá o rejulgamento da causa após a desconstituição da decisão rescindenda. (Grupo: Sentença, coisa julgada e ação rescisória)

555. (art. 966, §2º) Nos casos em que tanto a decisão de inadmissibilidade do recurso quanto a decisão recorrida apresentem vícios rescisórios, ambas serão rescindíveis, ainda que proferidas por órgãos jurisdicionais diversos. (Grupo: Sentença, coisa julgada e ação rescisória)

556. (art. 981) É irrecorrível a decisão do órgão colegiado que, em sede de juízo de admissibilidade, rejeita a instauração do incidente de resolução de demandas repetitivas, salvo o cabimento dos embargos de declaração. (Grupo: Precedentes, IRDR, Recursos Repetitivos e Assunção de competência)

557. (art. 982, I; art. 1.037, § 13, I) O agravo de instrumento previsto no art. 1.037, §13, I, também é cabível contra a decisão prevista no art. 982, inc. I. (Grupo: Recursos (menos os repetitivos) e reclamação)

558. (art. 988, IV, §1º; art. 927, III; art. 947, §3º) Caberá reclamação contra decisão que contrarie acórdão proferido no julgamento dos incidentes de resolução de demandas repetitivas ou de assunção de competência para o tribunal cujo precedente foi desrespeitado, ainda que este não possua competência para julgar o recurso contra a decisão impugnada. (Grupo: Precedentes, IRDR, Recursos Repetitivos e Assunção de competência)

559. (art. 995; art. 1.009, §1º; art. 1.012) O efeito suspensivo *ope legis* do recurso de apelação não obsta a eficácia das decisões interlocutórias nele impugnadas. (Grupo: Recursos (menos os repetitivos) e reclamação)

560. (art. 1.015, inc. I; arts. 22-24 da Lei Maria da Penha) As decisões de que tratam os arts. 22, 23 e 24 da Lei 11.340/2006 (Lei Maria da Penha), quando enquadradas nas hipóteses do inciso I, do art. 1.015, podem desafiar agravo de instrumento. (Grupo: Impacto nos Juizados e nos procedimentos especiais da legislação extravagante)

561. (art. 1.022; art. 12 da Lei n. 9.882/1999) A decisão que julgar procedente ou improcedente o pedido em arguição de descumprimento de preceito fundamental é impugnável por embargos de declaração, aplicando-se por analogia o art. 26 da Lei n.º 9868/1999. (Grupo: Impacto nos Juizados e nos procedimentos especiais da legislação extravagante)

562. (art. 1022, parágrafo único, inc. II; art. 489, § 2º) Considera-se omissa a decisão que não justifica o objeto e os critérios de ponderação do conflito entre normas. (Grupo: Sentença, coisa julgada e ação rescisória)

563. (art. 1.026; art. 339 do RISTF). Os embargos de declaração no âmbito do Supremo Tribunal Federal interrompem o prazo para a interposição de outros recursos. (Grupo: Impacto nos Juizados e nos procedimentos especiais da legislação extravagante)

564. (arts.1032-1033). Os arts. 1.032 e 1.033 devem ser aplicados aos recursos interpostos antes da entrada em vigor do CPC de 2015 e ainda pendentes de julgamento. (Grupo: Direito Intertemporal)

565. (art. 1.032; art. 1.033) Na hipótese de conversão de recurso extraordinário em recurso especial ou vice-versa, após a manifestação do recorrente, o recorrido será intimado para, no prazo do *caput* do art. 1.032, complementar suas contrarrazões. (Grupo: Recursos (menos os repetitivos) e reclamação)

566. (art. 1.033; art. 1.032, parágrafo único) Na hipótese de conversão do recurso extraordinário em recurso especial, nos termos do art. 1.033, cabe ao relator conceder o prazo do *caput* do art. 1.032 para que o recorrente adapte seu recurso e se manifeste sobre a questão infraconstitucional. (Grupo: Recursos (menos os repetitivos) e reclamação)

567. (arts.1.046, § 1º; art. 1.047). Invalidado o ato processual praticado à luz do CPC de 1973, a sua repetição observará o regramento do CPC-2015, salvo nos casos de incidência do art. 1047 do CPC-2015 e no que refere às disposições revogadas relativas ao procedimento sumário, aos procedimentos especiais e às cautelares. (Grupo: Direito Intertemporal)

568. (art. 1046, §1º). As disposições do CPC-1973 relativas aos procedimentos cautelares que forem revogadas aplicar-se-ão às ações propostas e não sentenciadas até o início da vigência do CPC/2015. (Grupo: Direito Intertemporal)

569. (art.1.047; art. 190). O art. 1.047 não impede convenções processuais em matéria probatória, ainda que relativas a provas requeridas ou determinadas sob vigência do CPC-1973. (Grupo: Direito Intertemporal)

570. (art. 1.049, parágrafo único; Lei 8.245/1991) As ações revisionais de aluguel ajuizadas após a entrada em vigor do Código de Processo Civil deverão tramitar pelo procedimento comum, aplicando-se, com as adaptações procedimentais que se façam necessárias, as disposições dos artigos 68 a 70 da Lei 8.245/1991. (Grupo: Impacto nos Juizados e nos procedimentos especiais da legislação extravagante)

571. (art. 1º, §§1º e 2º, da Lei 9.307/1996) A previsão no edital de licitação não é pressuposto para que a Administração Pública e o contratado celebrem convenção arbitral. (Grupo: Arbitragem)

572. (art. 1º, § 1º, da Lei 9.307/1996) A Administração Pública direta ou indireta pode submeter-se a uma arbitragem *ad hoc* ou institucional. (Grupo: Arbitragem)

573. (arts. 3º, §§2º e 3º; 334) As Fazendas Públicas devem dar publicidade às hipóteses em que seus órgãos de Advocacia Pública estão autorizados a aceitar autocomposição. (Grupo: Impacto do novo CPC e os processos da Fazenda Pública)

574. (arts. 4º; 8º) A identificação de vício processual após a entrada em vigor do CPC de 2015 gera para o juiz o dever de oportunizar a regularização do vício, ainda que ele seja anterior. (Grupo: Direito intertemporal)

575. (art. 138) Verificada a relevância da matéria, a repercussão social da controvérsia ou a especificidade do tema objeto da demanda, o juiz poderá promover a ampla divulgação do processo, inclusive por meio dos cadastros eletrônicos dos tribunais e do Conselho Nacional de Justiça, para incentivar a participação de mais sujeitos na qualidade de *amicus curiae.* (Grupo: Litisconsórcio e intervenção de terceiros)

576. (arts. 166, §4º; 354, parágrafo único; art. 3º, §1º, da Lei 13.140/15) Admite-se a solução parcial do conflito em audiência de conciliação ou mediação. (Grupo: Mediação e conciliação (CPC e Lei 13.140/2015); redação revista no VIII FPPC-Florianópolis)

577. (arts. 166, § 4º; 696; art. 2º, II e V da Lei 13.140/2015) A realização de sessões adicionais de conciliação ou mediação depende da concordância de ambas as partes. (Grupo: Mediação e conciliação (CPC e Lei 13.140/2015))

578. (art. 183, §1º) Em razão da previsão especial do § 1º do art. 183, estabelecendo a intimação pessoal da Fazenda Pública por carga, remessa ou meio eletrônico, a ela não se aplica o disposto no § 1º do art. 269. (Grupo: Impacto do novo CPC e os processos da Fazenda Pública)

579. (arts. 190, 219 e 222, §1º) Admite-se o negócio processual que estabeleça a contagem dos prazos processuais dos negociantes em dias corridos. (Grupo: Negócios processuais)

580. (arts. 190; 337, X; 313, II) É admissível o negócio processual estabelecendo que a alegação de existência de convenção de arbitragem será feita por simples petição, com a interrupção ou suspensão do prazo para contestação. (Grupo: Negócios processuais)

581. (art. 303, §1º, I; Art. 139, VI) O poder de dilação do prazo, previsto no inciso VI do art. 139 e no inciso I do §1º do art. 303, abrange a fixação do termo final para aditar o pedido inicial posteriormente ao prazo para recorrer da tutela antecipada antecedente. (Grupo: Tutela provisória)

582. (arts. 304, *caput*; 5º, *caput* e inciso XXXV, CF) Cabe estabilização da tutela antecipada antecedente contra a Fazenda Pública. (Grupo: Tutela provisória)

583. (art. 334, §12) O intervalo mínimo entre as audiências de mediação ou de conciliação não se confunde com o tempo de duração da sessão. (Grupo: Mediação e conciliação (CPC e Lei 13.140/2015))

584. (arts. 385; 117). É possível que um litisconsorte requeira o depoimento pessoal do outro. (Grupo: Direito probatório)

585. (arts. 489, §1º, IV; 1038, §3º; 984, §2º) Não se considera fundamentada a decisão que, ao fixar tese em recurso especial ou extraordinário repetitivo, não abranger a análise de todos os fundamentos, favoráveis ou contrários, à tese jurídica discutida. (Grupo: Sentença, coisa julgada e ação rescisória)

586. (arts. 525; 774, parágrafo único; 771; 918) O oferecimento de impugnação manifestamente protelatória é ato atentatório à dignidade da justiça que enseja a aplicação da multa prevista no parágrafo único do art. 774 do CPC. (Grupo: Cumprimento de sentença e execução)

587. (arts. 529, §3º; 833, IV e § 2º; 528, §8º) A limitação de que trata o §3º do art. 529 não se aplica à execução de dívida não alimentar. (Grupo: Cumprimento de sentença e execução)

588. (art. 771, parágrafo único) Aplicam-se subsidiariamente à execução, além do Livro I da Parte Especial, também as disposições da Parte Geral, do Livro III da Parte Especial e das Disposições Finais e Transitórias. (Grupo: Cumprimento de sentença e execução)

589. (arts. 898; 897) O termo "multa" constante no art. 898 refere-se à perda da caução prevista no art. 897. (Grupo: Cumprimento de sentença e execução)

590. (arts. 917, § 3º; 798, parágrafo único; 524 e 525, § 4º) Na impugnação ao cumprimento de sentença e nos embargos à execução, o executado que alegar excesso de execução deverá elaborar demonstrativo de débito em conformidade com os incisos do art. 524 e do parágrafo único do art. 798, respectivamente. (Grupo:

Cumprimento de sentença e execução; *redação revista no IX FPPC-Recife*)

591. (arts. 927, §5º; 950, §3º; 979) O tribunal dará ampla publicidade ao acórdão que decidiu pela instauração do incidente de arguição de inconstitucionalidade, incidente de assunção de competência ou incidente de resolução de demandas repetitivas, cabendo, entre outras medidas, sua publicação em seção específica no órgão oficial e indicação clara na página do tribunal na rede mundial de computadores. (Grupo: Ordem do processo nos tribunais e regimentos internos)

592. (arts. 932, V; 1.019) Aplica-se o inciso V do art. 932 ao agravo de instrumento. (Grupo: Ordem do processo nos tribunais e regimentos internos)

593. (arts. 932, parágrafo único; 1.030) Antes de inadmitir o recurso especial ou recurso extraordinário, cabe ao presidente ou vice-presidente do tribunal recorrido conceder o prazo de cinco dias ao recorrente para que seja sanado o vício ou complementada a documentação exigível, nos termos do parágrafo único do art. 932. (Grupo: Recursos (menos os repetitivos) e reclamação)

594. (arts. 933; 10) O art. 933 incide no controle concentrado-abstrato de constitucionalidade. (Grupo: Ordem do processo nos tribunais e regimentos internos)

595. (art. 933, §1º) No curso do julgamento, o advogado poderá pedir a palavra, pela ordem, para indicar que determinada questão suscitada na sessão não foi submetida ao prévio contraditório, requerendo a aplicação do §1º do art. 933. (Grupo: Ordem do processo nos tribunais e regimentos internos)

596. (art. 937, VIII) Será assegurado às partes o direito de sustentar oralmente no julgamento de agravo de instrumento que verse sobre tutela provisória e que esteja pendente de julgamento por ocasião da entrada em vigor do CPC de 2015, ainda que o recurso tenha sido interposto na vigência do CPC de 1973. (Grupo: Direito intertemporal)

597. (arts. 941, *caput*; 943) Ainda que o resultado do julgamento seja unânime, é obrigatória a inclusão no acórdão dos fundamentos empregados por todos os julgadores para dar base à decisão. (Grupo: Sentença, coisa julgada e ação rescisória)

598. (arts. 941, *caput* e §3º; 1.022) Cabem embargos de declaração para suprir a omissão do acórdão que, embora convergente na conclusão, deixe de declarar os fundamentos divergentes. (Grupo: Ordem do processo nos tribunais e regimentos internos)

599. (art. 942) A revisão do voto, após a ampliação do colegiado, não afasta a aplicação da técnica de julgamento do art. 942. (Grupo: Ordem do processo nos tribunais e regimentos internos)

600. (art. 947). O incidente de assunção de competência pode ter por objeto a solução de relevante questão de direito material ou processual. (Grupo: IRDR, Recursos Repetitivos e Assunção de competência)

601. (arts. 950, §§ 1º e 10) Instaurado o incidente de arguição de inconstitucionalidade, as pessoas jurídicas de direito público responsáveis pela edição do ato normativo questionado deverão ser intimadas para que tenham ciência do teor do acórdão do órgão fracionário que o instaurou. (Grupo: Ordem do processo nos tribunais e regimentos internos)

602. (arts. 966, VII; 381, III) A prova nova apta a embasar ação rescisória pode ser produzida ou documentada por meio do procedimento de produção antecipada de provas. (Grupo: Direito probatório)

603. (art. 968, II) Não se converterá em multa o depósito inicial efetuado pelo autor, caso a extinção da ação rescisória se dê por decisão do relator transitada em julgado. (Grupo: Sentença, coisa julgada e ação rescisória)

604. (arts. 976, §1º; 987). É cabível recurso especial ou extraordinário ainda que tenha ocorrido a desistência ou abandono da causa que deu origem ao incidente. (Grupo: IRDR, Recursos Repetitivos e Assunção de competência)

605. (arts. 977; 985, I) Os juízes e as partes com processos no Juizado Especial podem suscitar a instauração do incidente de resolução de demandas repetitivas. (Grupo: IRDR, Recursos Repetitivos e Assunção de competência)

606. (arts. 982; 985). Deve haver congruência entre a questão objeto da decisão que admite o incidente de resolução de demandas repetitivas e a decisão final que fixa a tese. (Grupo: IRDR, Recursos Repetitivos e Assunção de competência)

607. (arts. 986; 926) A decisão em recursos especial ou extraordinário repetitivos e a edição de enunciado de súmula pelo STJ ou STF obrigam os tribunais de segunda instância a rever suas decisões em incidente de resolução de demandas repetitivas, incidente de assunção de competência e enunciados de súmula em sentido diverso, nos termos do art. 986. (Grupo: IRDR, Recursos Repetitivos e Assunção de competência)

608. (arts. 986; 927, §§3º e 4º) O acórdão que revisar ou superar a tese indicará os parâmetros temporais relativos à eficácia da decisão revisora. (Grupo: IRDR, Recursos Repetitivos e Assunção de competência)

609. (art. 995, parágrafo único) O pedido de antecipação da tutela recursal ou de concessão de efeito suspensivo a qualquer recurso poderá ser formulado por simples petição ou nas razões recursais. (Grupo: Recursos (menos os repetitivos) e reclamação)

610. (art. 1.007, §§ 4º e 6º) Quando reconhecido o justo impedimento de que trata o §6º do art. 1.007, a parte será intimada para realizar o recolhimento do preparo de forma simples, e não em dobro. (Grupo: Recursos (menos os repetitivos) e reclamação)

611. (arts. 1.015, II; 1.009, §§ 1º e 2º; 354, parágrafo único; 356, §5º; 485; 487). Na hipótese de decisão parcial com fundamento no art. 485 ou no art. 487, as questões exclusivamente a ela relacionadas e resolvidas anteriormente, quando não recorríveis de imediato, devem ser impugnadas em preliminar do agravo de instrumento ou nas contrarrazões. (Grupo: Recursos (menos os repetitivos) e reclamação)

612. (arts. 1.015, V; 98, §§5º e 6º) Cabe agravo de instrumento contra decisão interlocutória que, apreciando pedido de concessão integral da gratuidade da Justiça, defere a redução percentual ou o parcelamento de despesas processuais. (Grupo: Recursos (menos os repetitivos) e reclamação)

613. (arts. 1.021; 99, §7º) A interposição do agravo interno prolonga a dispensa provisória de adiantamento de despesa processual de que trata o §7º do art. 99, sendo desnecessário postular a tutela provisória recursal. (Grupo: Recursos (menos os repetitivos) e reclamação)

614. (arts. 1.023, §2º; 933, §1º; 9º). Não tendo havido prévia intimação do embargado para apresentar contrarrazões aos embargos de declaração, se surgir divergência capaz de acarretar o acolhimento com atribuição de efeito modificativo do recurso durante a sessão de julgamento, esse será imediatamente suspenso para que seja o embargado intimado a manifestar-se no prazo do §2º do art. 1.023. (Grupo: Recursos (menos os repetitivos) e reclamação)

615. (arts. 1036; 1037) Na escolha dos casos paradigmas, devem ser preferidas, como representativas da controvérsia, demandas coletivas às individuais, observados os requisitos do art. 1.036, especialmente do respectivo §6º. (Grupo: IRDR, Recursos Repetitivos e Assunção de competência)

616. (arts. 1046; 14) Independentemente da data de intimação ou disponibilização de seu inteiro teor, o direito ao recurso contra as decisões colegiadas nasce na data em que proclamado o resultado da sessão de julgamento. (Grupo: Direito intertemporal)

617. (art. 3º, §2º; art. 36, §4º da Lei 13.140/2015; art. 17, §1º da Lei n.º 8.429/1992) A mediação e a conciliação são compatíveis com o processo judicial de improbidade administrativa. (Grupo: Mediação e conciliação (CPC e Lei 13.140/2015))

618. (arts. 3º, §§ 2º e 3º, 139, V, 166 e 168; arts. 35 e 47 da Lei nº 11.101/2005; art. 3º, *caput,* e §§ 1º e 2º, art. 4º, *caput* e §1º, e art. 16, *caput,* da Lei nº 13.140/2015). A conciliação e a mediação são compatíveis com o processo de recuperação judicial. (Grupo: Mediação e conciliação (CPC e Lei 13.140/2015))

619. (arts. 6º, 138, 982, II, 983, §1º) O processo coletivo deverá respeitar as técnicas de ampliação do contraditório, como a realização de audiências públicas, a participação de *amicus curiae* e outros meios de participação. (Grupo: Impacto do novo CPC e os processos coletivos)

620. (arts. 8º, 11, 554, §3º) O ajuizamento e o julgamento de ações coletivas serão objeto da mais ampla e específica divulgação e publicidade. (Grupo: Impacto do novo CPC e os processos coletivos)

621. (arts. 85, §14, 771, 833, § 2º) Ao cumprimento de sentença do capítulo relativo aos honorários advocatícios, aplicam-se as hipóteses de penhora previstas no §2º do art. 833, em razão da sua natureza alimentar. (Grupo: Cumprimento de sentença e execução)

622. (arts. 95, §4º e 98, §§2º, 3º e 7º) A execução prevista no §4º do art. 95 também está sujeita à condição suspensiva de exigibilidade prevista no §3º do art. 98. (Grupo: Gratuidade da justiça, petição inicial, contestação e fase de organização e saneamento)

623. (art. 98, §1º, VIII e §4º) O deferimento de gratuidade de justiça não afasta a imposição de multas processuais, mas apenas dispensa sua exigência como condição para interposição de recursos. (Grupo: Gratuidade da justiça, petição inicial, contestação e fase de organização e saneamento)

624. (arts. 98-102 e 337, XIII; Lei 13.140/2015) As regras que dispõem sobre a gratuidade da justiça e sua impugnação são aplicáveis ao procedimento de mediação e conciliação judicial. (Grupo: Mediação e conciliação (CPC e Lei 13.140/2015))

625. (art. 167, §3º) O sucesso ou insucesso da mediação ou da conciliação não deve ser apurado apenas em função da celebração de acordo. (Grupo: Mediação e conciliação (CPC e Lei 13.140/2015))

626. (arts. 186, §§ 2º e 3º, e 223, §§ 1º e 2º) O requerimento previsto no §2º do art. 186, formulado pela Defensoria Pública ou pelas entidades mencionadas no §3º do art. 186, constitui justa causa para os fins do §2º do art. 223, quanto ao prazo em curso. (Grupo: Poderes do juiz e intervenção do Ministério Público)

627. (arts. 297, 537, §3º; art. 12, §2º, Lei 7.347/1985). Em processo coletivo, a decisão que fixa multa coercitiva é passível de cumprimento provisório, permitido o levantamento do valor respectivo após o trânsito em julgado da decisão de mérito favorável. (Grupo: Impacto do novo CPC e os processos coletivos)

628. (arts. 334, 695, 190 e 191) As partes podem celebrar negócios jurídicos processuais na audiência de conciliação ou mediação. (Grupo: Mediação e conciliação (CPC e Lei 13.140/2015))

629. (arts. 343, §3º, 231, §1º e 350) Se o réu reconvier contra o autor e terceiro, o prazo de contestação à reconvenção, para ambos, iniciar-se-á após a citação do terceiro. (Grupo: Gratuidade da justiça, petição inicial, contestação e fase de organização e saneamento)

630. (arts. 356, 57 e 58) A necessidade de julgamento simultâneo de causas conexas ou em que há continência não impede a prolação de decisões parciais. (Grupo: Sentença, ação rescisória e coisa julgada)

631. (arts. 357, §§ 2º e 3º e 493) A existência de saneamento negocial ou compartilhado não afasta a incidência do art. 493. (Grupo: Gratuidade da justiça, petição inicial, contestação e fase de organização e saneamento)

632. (arts. 373, §1º e 10) A redistribuição de ofício do ônus de prova deve ser precedida de contraditório. (Grupo: Direito probatório)

633. (art. 381). Admite-se a produção antecipada de prova proposta pelos legitimados ao ajuizamento das ações coletivas, inclusive para facilitar a autocomposição ou permitir a decisão sobre o ajuizamento ou não da demanda. (Grupo: Impacto do novo CPC e os processos coletivos)

634. (art. 381) Se, na pendência do processo, ocorrer a hipótese do art. 381, I ou II, poderá ser antecipado o momento procedimental de produção da prova, seguindo-se o regramento próprio do meio de prova requerido e não o procedimento dos arts. 381 a 383. (Grupo: Direito probatório)

635. (art. 386, §§ 6º, 9º e 10) Antes de decidir sobre a conduta da parte no depoimento pessoal, deverá o magistrado submeter o tema a contraditório para evitar decisão surpresa. (Grupo: Direito probatório)

636. (arts. 439, 440, 369 e 384) As conversas registradas por aplicativos de mensagens instantâneas e redes sociais podem ser admitidas no processo como prova, independentemente de ata notarial. (Grupo: Direito probatório)

637. (art. 471) A escolha consensual do perito não impede as partes de alegarem o seu impedimento ou suspeição em razão de fato superveniente à escolha. (Grupo: Direito probatório)

638. (arts. 503, §1º, 506 e 115, I) A formação de coisa julgada sobre questão prejudicial incidental, cuja resolução como principal exigiria a formação de litisconsórcio necessário unitário, pressupõe contraditório efetivo por todos os legitimados, observada a parte final do art. 506. (Grupo: Sentença, ação rescisória e coisa julgada)

639. (334, §4º, II) O juiz poderá, excepcionalmente, dispensar a audiência de mediação ou conciliação nas ações em que uma das partes estiver amparada por medida protetiva. (Grupo: Mediação e conciliação (CPC e Lei 13.140/2015); *redação revista no IX FPPC-Recife*)

640. (arts. 723, parágrafo único, e 489) O disposto no parágrafo único do art. 723 não exime o juiz de observar o disposto nos §§ 1º e 2º do art. 489. (Grupo: Poderes do juiz e intervenção do Ministério Público)

641. (arts. 799, 843, 867, § 5º, e 889) O exequente deve providenciar a intimação do coproprietário no caso da penhora de bem imóvel indivisível ou de direito real sobre bem imóvel indivisível. (Grupo: Cumprimento de sentença e execução)

642. (arts. 828, §§ 2º e 5º, 515, I, 523 e 771) A decisão do juiz que reconhecer o direito a indenização, decorrente de indevida averbação prevista no art. 828 ou do não cancelamento das averbações excessivas, é apta a ensejar a liquidação e o posterior cumprimento da sentença, sem necessidade de propositura de ação de conhecimento. (Grupo: Cumprimento de sentença e execução)

643. (Art. 859). A intimação prevista no art. 859, para que seja efetuado o depósito de prestação ou restituição (em favor do executado), deve ser direcionada ao devedor do executado. (Grupo: Cumprimento de sentença e execução)

644. (art. 903, §§3º e 4º) A ação autônoma referida no §4º do art. 903 com base na alegação de preço vil não pode invalidar a arrematação. (Grupo: Cumprimento de sentença e execução)

645. (arts. 932, 933, 938 e 139) Ao relator se conferem os poderes e os deveres do art. 139. (Grupo: Poderes do juiz e intervenção do Ministério Público)

646. (arts. 932, I e 938, §3º) Constatada a necessidade de produção de prova em grau de recurso, o relator tem o dever de conversão do julgamento em diligência. (Grupo: Ordem do processo nos tribunais e regimentos internos)

647. (arts. 932, II, 938 e art. 300, § 2º) A tutela provisória pode ser concedida pelo relator liminarmente ou após justificação prévia. (Grupo: Poderes do juiz e intervenção do Ministério Público)

648. (art. 932, IV, V e VIII) Viola o disposto no art. 932 a previsão em regimento interno de tribunal que estabeleça a possibilidade de julgamento monocrático de recurso ou ação de competência originária com base em "jurisprudência dominante" ou "entendimento dominante". (Grupo: Ordem do processo nos tribunais e regimentos internos)

649. (arts. 934, 935 e 940, *caput* e §1º) A retomada do julgamento após devolução de pedido de vista depende de inclusão em nova pauta, a ser publicada com antecedência mínima de cinco dias, ressalvada a hipótese de o magistrado que requereu a vista declarar que levará o processo na sessão seguinte. (Grupo: Ordem do processo nos tribunais e regimentos internos)

650. (arts. 935 e 1.024, *caput* e §1º) Os embargos de declaração, se não submetidos a julgamento na primeira sessão subsequente à sua oposição, deverão ser incluídos em pauta. (Grupo: Ordem do processo nos tribunais e regimentos internos)

651. (arts. 937, 947, 976 e 984). É admissível sustentação oral na sessão de julgamento designada para o juízo de admissibilidade do incidente de resolução de demandas repetitivas ou do incidente de assunção de competência, sendo legitimados os mesmos sujeitos indicados nos arts. 984 e 947, §1º. (Grupo: IRDR, Recursos Repetitivos e Assunção de competência)

652. (arts. 938, *caput* e 939) Cada questão preliminar suscitada será objeto de votação específica no julgamento. (Grupo: Ordem do processo nos tribunais e regimentos internos)

653. (art. 941) Divergindo os julgadores quanto às razões de decidir, mas convergindo na conclusão, caberá ao magistrado que primeiro deduziu o fundamento determinante vencedor redigir o acórdão. (Grupo: Ordem do processo nos tribunais e regimentos internos)

654. (arts. 943, § 1º e 494, I) Erro material identificado na ementa, inclusive decorrente de divergência com o acórdão, é corrigível a qualquer tempo, de ofício ou mediante requerimento. (Grupo: Ordem do processo nos tribunais e regimentos internos)

655. (arts. 947 e 976; CPC/1973, art. 476) Desde que presentes os requisitos de cabimento, os incidentes de uniformização de jurisprudência pendentes de julgamento na vigência do CPC/2015 deverão ser processados conforme as regras do incidente de resolução de demandas repetitivas ou do incidente de assunção de competência, especialmente as atinentes ao contraditório. (Grupo: IRDR, Recursos Repetitivos e Assunção de competência)

656. (art. 966, VII) A expressão "prova nova" do inciso VII do art. 966 do CPC/2015 engloba todas as provas típicas e atípicas. (Grupo: Sentença, ação rescisória e coisa julgada)

657. (arts. 976, 6º, 10, 317 e 938, §1º) O relator, antes de considerar inadmissível o incidente de resolução de demandas repetitivas, oportunizará a correção de vícios ou a complementação de informações. (Grupo: IRDR, Recursos Repetitivos e Assunção de competência)

658. (arts. 977, I, e 139, X) O dever de comunicação previsto no inciso X do art. 139 não impede nem condiciona que o juiz suscite a instauração de incidente de resolução de demandas repetitivas nos termos do inciso I do art. 977. (Grupo: Poderes do juiz e intervenção do Ministério Público)

659. (arts. 983, 7º, 1.038, I, 927, III, 928 e 138) O relator do julgamento de casos repetitivos e do incidente de assunção de competência tem o dever de zelar pelo equilíbrio do contraditório, por exemplo solicitando a participação, na condição de *amicus curiae,* de pessoas, órgãos ou entidades capazes de sustentar diferentes pontos de vista. (Grupo: IRDR, Recursos Repetitivos e Assunção de competência)

660. (arts. 987 e 1.036) O recurso especial ou extraordinário interposto contra o julgamento do mérito do incidente de resolução de demandas repetitivas, ainda que único, submete-se ao regime dos recursos repetitivos. (Grupo: IRDR, Recursos Repetitivos e Assunção de competência)

661. (arts. 988 e 85) É cabível a fixação de honorários advocatícios na reclamação, atendidos os critérios legais. (Grupo: Recursos (menos os repetitivos))

662. (art. 1.009, § 1º) É admissível impugnar, na apelação, exclusivamente a decisão interlocutória não agravável. (Grupo: Recursos (menos os repetitivos))

663. (art. 1.018, *caput* e §2º) A providência prevista no *caput* do art. 1.018 somente pode prejudicar o conhecimento do agravo de instrumento quando os autos do recurso não forem eletrônicos. (Grupo: Recursos (menos os repetitivos))

664. (arts. 1.029, *caput* e § 5º, 1030 e 932, I) O Presidente ou Vice-Presidente do Tribunal de origem tem competência para homologar acordo celebrado antes da publicação da decisão de admissão do recurso especial ou extraordinário. (Grupo: Ordem do processo nos tribunais e regimentos internos)

665. (arts. 1.030, §1º, 205 e 489, §1º) A negativa de seguimento ou sobrestamento de recurso especial ou extraordinário, ao fundamento de que a questão de direito já foi ou está selecionada para julgamento de recursos sob o rito dos repetitivos, não pode ser feita via carimbo ou outra forma automatizada nem por pessoa não investida no cargo de magistrado. (Grupo: IRDR, Recursos Repetitivos e Assunção de competência)

666. (arts. 4º, 139, X, 317, 488 e 932, parágrafo único; art. 5º, §3º, Lei 7.347/1985 e art. 9º da Lei de Ação Popular) O processo coletivo não deve ser extinto por falta de legitimidade quando um legitimado adequado assumir o polo ativo ou passivo da demanda. (Grupo: Processo Coletivo)

667. (arts. 6º, 8º e 18; art. 6º, § 3º, da Lei n.º 4.717/1965) Admite-se a migração de polos nas ações coletivas, desde que compatível com o procedimento. (Grupo: Processo Coletivo)

668. (art. 63) A convenção de arbitragem e a cláusula de eleição de foro para os atos que necessitem da participação do Poder Judiciário não se excluem, ainda que inseridas em um mesmo instrumento contratual. (Grupo: Competência e cooperação judiciária nacional)

669. (arts. 67, 68 e 69; art. 96 da CF) O regimento interno pode regulamentar a cooperação entre órgãos do tribunal. (Grupo: Ordem dos processos no tribunal e regimentos internos).

670. (arts. 67 a 69) A cooperação judiciária pode efetivar-se pela prática de atos de natureza administrativa ou jurisdicional. (Grupo: Competência e cooperação judiciária nacional)

671. (art. 69, § 2º, II) O inciso II do §2º do art. 69 autoriza a produção única de prova comum a diversos processos, assegurada a participação dos interessados. (Grupo: Competência e cooperação judiciária nacional)

672. (arts. 327, §2º e 693, parágrafo único) É admissível a cumulação do pedido de alimentos com os pedidos relativos às ações de família, valendo-se o autor desse procedimento especial, sem prejuízo da utilização da técnica específica para concessão de tutela provisória prevista na Lei de Alimentos. (Grupo: Gratuidade da Justiça, petição inicial, contestação e fase de organização e saneamento).

673. (art. 334, §4º, II e art. 139, V) A presença do ente público em juízo não impede, por si, a designação da audiência do art. 334. (Grupo: Mediação e conciliação (CPC e Lei 13.140/2015))

674. (art. 343, §§ 3º e 4º) A admissibilidade da reconvenção com ampliação subjetiva não se restringe às hipóteses de litisconsórcio necessário. (Grupo: Litisconsórcio e Intervenção de Terceiros)

675. (art. 357, §1º) O assistente e o amicus curiae têm direito de pedir esclarecimentos ou solicitar ajustes na decisão de saneamento e organização do processo, nos limites dos seus poderes e interesse processual. (Grupo: Litisconsórcio e Intervenção de Terceiros)

676. (arts. 357, §3º, e 6º, CPC) A audiência de saneamento compartilhado é momento adequado para que o juiz e as partes deliberem sobre as especificidades do litígio coletivo, as questões fáticas e jurídicas controvertidas, as provas necessárias e as medidas que incrementem a representação dos membros do grupo. (Grupo: Processo Coletivo)

677. (art. 357, §7º) É possível a ampliação do número de testemunhas, em razão da complexidade da causa e dos fatos individualmente considerados. (Grupo: Direito probatório)

678. (arts. 380 e 77, IV) É lícita a imposição de multa por ato atentatório à dignidade da justiça, em caso de descumprimento injustificado por terceiro da ordem de informar ao juiz os fatos e as circunstâncias de que tenha conhecimento ou de exibir coisa ou documento que esteja em seu poder. (Grupo: Direito probatório)

679. (art. 517, §3º) A anotação da propositura da ação à margem do título protestado não se restringe à ação rescisória, podendo abranger outros meios de desfazimento da coisa julgada. (Grupo: Cumprimento de sentença e Execução)

680. (art. 747; art. 1.768, IV, do Código Civil): Admite-se pedido de autointerdição e de levantamento da própria interdição a partir da vigência do Estatuto da Pessoa com Deficiência. (Grupo: Procedimentos Especiais)

681. (arts. 937, VIII; 1.015, I e X e parágrafo único; 919, §1º; 525, §6º) Cabe sustentação oral no julgamento do agravo de instrumento interposto contra decisão que versa sobre efeito suspensivo em embargos à execução ou em impugnação ao cumprimento de sentença. (Grupo: Ordem dos processos no tribunal e regimentos internos).

682. (art. 942, *caput*) É assegurado o direito à sustentação oral para o colegiado ampliado pela aplicação da técnica do art. 942, ainda que não tenha sido realizada perante o órgão originário. (Grupo: Ordem dos processos no tribunal e regimentos internos).

683. (art. 942) A continuidade do julgamento de recurso de apelação ou de agravo de instrumento pela aplicação do art. 942 exige o quórum mínimo de cinco julgadores. (Grupo: Ordem dos processos no tribunal e regimentos internos).

684. (art. 942; art. 5º, XXXVII, CF) Ofende o juiz natural a convocação de julgadores no caso do art. 942, ou no de qualquer substituição, sem critério objetivo estabelecido previamente em ato normativo. (Grupo: Ordem dos processos no tribunal e regimentos internos).

685. (arts. 988 e 1.042, § 4º; súmula do STF, n. 727). Cabe reclamação, por usurpação de competência do Tribunal Superior, contra decisão do tribunal local que não admite agravo em recurso especial ou em recurso extraordinário. (Grupo: Recursos (menos repetitivos), reclamação e remessa necessária)

686. (arts. 64, § 4º, e 69) Aplica-se o art. 64, § 4º à hipótese de ato de cooperação que invada a competência do juízo requerente. (Grupo: Cooperação Judiciária Nacional)

687. (art. 69, *caput*) A dispensa legal de forma específica para os atos de cooperação judiciária não afasta o dever de sua documentação nos autos do processo. (Grupo: Cooperação Judiciária Nacional)

688. (art. 69) Por ato de cooperação judiciária, admite-se a determinação de um juízo para a penhora, avaliação ou expropriação de bens de um mesmo devedor que figure como executado em diversos processos. (Grupo: Cooperação Judiciária Nacional)

689. (arts. 134, § 2º e 343) A desconsideração da personalidade jurídica requerida em reconvenção processa-se da mesma forma que a deduzida em petição inicial. (Grupo: Intervenção de terceiros, gratuidade de justiça, fase de organização e saneamento).

690. (art. 138) A "representatividade adequada" do amicus curiae não pressupõe legitimidade extraordinária. (Grupo: Intervenção de terceiros, gratuidade de justiça, fase de organização e saneamento).

691. (art. 294; Lei n.º 7347/1985, art. 12) A decisão que nega a tutela provisória coletiva não obsta a concessão da tutela provisória no plano individual. (Grupo: CPC e processo coletivo).

692. (arts. 303, §1º, I e 308, *caput*) O pedido de quebra de sigilo prévio ao ajuizamento de ações de improbidade administrativa, por não configurar tutela provisória, não fica sujeito à complementação prevista nos arts. 303, §1º, I e 308, *caput.* (Grupo: CPC e processo coletivo).

693. (arts. 305, parágrafo único; 1.015, I) Cabe agravo de instrumento contra a decisão interlocutória que converte o rito da tutela provisória de urgência requerida em caráter antecedente. (Grupo: Recursos ordinários)

694. (art. 357, §§ 1º e 4º) Modificada a decisão de saneamento quanto à delimitação das questões de fato sobre as quais recairá a produção de prova testemunhal, poderá a parte complementar ou alterar seu rol de testemunhas. (Grupo: Intervenção de terceiros, gratuidade de justiça, fase de organização e saneamento).

695. (arts. 377; 313, V, b; e 69) A suspensão do julgamento da causa de que trata o art. 377 é aplicável ao requerimento de produção de prova ou de verificação de determinado fato veiculado por qualquer meio de cooperação judiciária. (Grupo: Cooperação Judiciária Nacional)

696. (arts. 503, §1ºe 506; CDC, art. 103) Aplica-se o regramento da coisa julgada sobre questão prejudicial incidental ao regime da coisa julgada nas ações coletivas. (Grupo: CPC e processo coletivo).

697. (art. 520, IV) A caução exigida em sede de cumprimento provisório de sentença pode ser prestada por terceiro, devendo o juiz aferir a suficiência ea idoneidade da garantia. (Grupo: Cumprimento de sentença e execução).

698. (arts. 664, §4º, 662 e 672) O §4º do art. 664 remete às disposições do art. 662, e não à do art. 672, quanto ao lançamento, ao pagamento e à quitação da taxa judiciária e do imposto sobre a transmissão da propriedade dos bens do espólio. (Grupo: Procedimentos especiais)

699. (arts. 700; 701, *caput*; 489, §§ 1º e 2º, 11) Aplicam-se o art. 11 e o §1º do art. 489 à decisão que aprecia o pedido de expedição do mandado monitório. (Grupo: Procedimentos especiais)

700. (arts. 942 e 1.022) O julgamento dos embargos de declaração contra o acórdão proferido pelo colegiado ampliado será feito pelo mesmo órgão com colegiado ampliado. (Grupo: Ordem do processo nos Tribunais, Regimento interno e Incidente de Assunção de Competência)

701.(arts. 947, § 3º; 977, II; 986) O pedido de revisão da tese jurídica firmada no incidente de assunção de competência pode ser feito pelas partes. (Grupo: Ordem do processo nos Tribunais, Regimento interno e Incidente de Assunção de Competência)

702. (arts. 947 e 976, I) É possível a conversão de incidente de assunção de competência em incidente de resolução de demandas repetitivas e vice-versa, garantida a adequação do procedimento. (Grupo: Ordem do processo nos Tribunais, Regimento interno e Incidente de Assunção de Competência)

703. (arts. 988, II e §1º; 926) É admissívela reclamação contra acórdão de órgão fracionário que viole entendimento vinculante do próprio tribunal. (Grupo: Ação rescisória e reclamação).

704. (arts. 988, III e IV; 489, §1º, V e VI) Cabe reclamação baseada nos fundamentos determinantes da decisão vinculante. (Grupo: Ação rescisória e reclamação)

705. (arts. 1.013, §§ 3º e 4º; 332 e 354) Aplicam-se os §§ 3º e 4º do art. 1.013 ao agravo de instrumento interposto contra decisão parcial de mérito. (Grupo: Recursos ordinários).

706. (art. 1.015, parágrafo único) É cabível a interposição de agravo de instrumento contra as decisões interlocutórias proferidas após a decretação da falência ou o deferimento da recuperação judicial. (Grupo: Recursos ordinários).

Enunciados CJF (Conselho da Justiça Federal), da I e II Jornadas de Direito Processual Civil

ENUNCIADO 1 – A verificação da violação à boa-fé objetiva dispensa a comprovação do animus do sujeito processual.

ENUNCIADO 2 – As disposições do CPC aplicam-se supletiva e subsidiariamente às Leis n. 9.099/1995, 10.259/2001 e 12.153/2009, desde que não sejam incompatíveis com as regras e princípios dessas Leis.

ENUNCIADO 3 – As disposições do CPC aplicam-se supletiva e subsidiariamente ao Código de Processo Penal, no que não forem incompatíveis com esta Lei.

ENUNCIADO 4 – A entrada em vigor de acordo ou tratado internacional que estabeleça dispensa da caução prevista no art. 83, § 1o, inc. I do CPC/2015, implica na liberação da caução previamente imposta.

ENUNCIADO 5 – Ao proferir decisão parcial de mérito ou decisão parcial fundada no art. 485 do CPC, condenar-se-á proporcionalmente o vencido a pagar honorários ao advogado do vencedor, nos termos do art. 85 do CPC.

ENUNCIADO 6 – A fixação dos honorários de sucumbência por apreciação equitativa só é cabível nas hipóteses previstas no § 8º do art. 85 do CPC.

ENUNCIADO 7 – A ausência de resposta ao recurso pela parte contrária, por si só, não tem o condão de afastar a aplicação do disposto no art. 85, § 11, do CPC.

ENUNCIADO 8 – Não cabe majoração de honorários advocatícios em agravo de instrumento, salvo se interposto contra decisão interlocutória que tenha fixado honorários na origem, respeitados os limites estabelecidos no art. 85, §§ 2º, 3º e 8º, do CPC.

ENUNCIADO 9 – Aplica-se o art. 90, § 4º, do CPC ao reconhecimento da procedência do pedido feito pela Fazenda Pública nas ações relativas às prestações de fazer e de não fazer.

ENUNCIADO 10 – O benefício do § 4º do art. 90 do CPC aplica-se apenas à fase de conhecimento.

ENUNCIADO 11 – Aplica-se o disposto nos arts. 133 a 137 do CPC às hipóteses de desconsideração indireta e expansiva da personalidade jurídica.

ENUNCIADO 12 – É cabível a intervenção de amicus curiae (art. 138 do CPC) no procedimento do Mandado de Injunção (Lei n. 13.300/2016).

ENUNCIADO 13 – O art. 139, VI, do CPC autoriza o deslocamento para o futuro do termo inicial do prazo.

ENUNCIADO 14 – A ordem cronológica do art. 153 do CPC não será renovada quando houver equívoco atribuível ao Poder Judiciário no cumprimento de despacho ou decisão.

ENUNCIADO 15 – Aplicam-se às entidades referidas no § 3º do art. 186 do CPC as regras sobre intimação pessoal das partes e suas testemunhas (art. 186, § 2º; art. 455, § 4º, IV; art. 513, § 2º, II e art. 876, § 1º, II, todos do CPC).

ENUNCIADO 16 – As disposições previstas nos arts. 190 e 191 do CPC poderão aplicar-se aos procedimentos previstos nas leis que tratam dos juizados especiais, desde que não ofendam os princípios e regras previstos nas Leis n. 9.099/1995, 10.259/2001 e 12.153/2009.

ENUNCIADO 17 – A Fazenda Pública pode celebrar convenção processual, nos termos do art. 190 do CPC.

ENUNCIADO 18 – A convenção processual pode ser celebrada em pacto antenupcial ou em contrato de convivência, nos termos do art. 190 do CPC.

ENUNCIADO 19 – O prazo em dias úteis previsto no art. 219 do CPC aplica-se também aos procedimentos regidos pelas Leis n. 9.099/1995, 10.259/2001 e 12.153/2009.

ENUNCIADO 20 – Aplica-se o art. 219 do CPC na contagem do prazo para oposição de embargos à execução fiscal previsto no art. 16 da Lei n. 6.830/1980.

ENUNCIADO 21 – A suspensão dos prazos processuais prevista no *caput* do art. 220 do CPC estende-se ao Ministério Público, à Defensoria Pública e à Advocacia Pública.

ENUNCIADO 22 – Em causas que dispensem a fase instrutória, é possível o julgamento de improcedência liminar do pedido que contrariar decisão do Supremo Tribunal Federal em controle concentrado de constitucionalidade ou enunciado de súmula vinculante.

ENUNCIADO 23 – Na ausência de auxiliares da justiça, o juiz poderá realizar a audiência inaugural do art. 334 do CPC, especialmente se a hipótese for de conciliação.

ENUNCIADO 24 – Havendo a Fazenda Pública publicizado ampla e previamente as hipóteses em que está autorizada a transigir, pode o juiz dispensar a realização da audiência de mediação e conciliação, com base no art. 334, § 4º, II, do CPC, quando o direito discutido na ação não se enquadrar em tais situações.

ENUNCIADO 25 – As audiências de conciliação ou mediação, inclusive dos juizados especiais, poderão ser realizadas por videoconferência, áudio, sistemas de troca de mensagens, conversa on-line, conversa escrita, eletrônica, telefônica e telemática ou outros mecanismos que estejam à disposição dos profissionais da autocomposição para estabelecer a comunicação entre as partes.

ENUNCIADO 26 – A multa do § 8º do art. 334 do CPC não incide no caso de não comparecimento do réu intimado por edital.

ENUNCIADO 27 – Não é necessário o anúncio prévio do julgamento do pedido nas situações do art. 355 do CPC.

ENUNCIADO 28 – Os incisos do art. 357 do CPC não exaurem o conteúdo possível da decisão de saneamento e organização do processo.

ENUNCIADO 29 – A estabilidade do saneamento não impede a produção de outras provas, cuja necessidade se origine de circunstâncias ou fatos apurados na instrução.

ENUNCIADO 30 – É admissível a prova emprestada, ainda que não haja identidade de partes, nos termos do art. 372 do CPC.

ENUNCIADO 31 – A compatibilização do disposto nos arts. 378 e 379 do CPC com o art. 5º, LXIII, da CF/1988, assegura à parte, exclusivamente, o direito de não produzir prova contra si quando houver reflexos no ambiente penal.

ENUNCIADO 32 – A vedação à apresentação de defesa prevista no art. 382, § 4º, do CPC, não impede a alegação pelo réu de matérias defensivas conhecíveis de ofício.

ENUNCIADO 33 – No depoimento pessoal, o advogado da contraparte formulará as perguntas diretamente ao depoente.

ENUNCIADO 34 – A qualificação incompleta da testemunha só impede a sua inquirição se houver demonstração de efetivo prejuízo.

ENUNCIADO 35 – Considerando os princípios do acesso à justiça e da segurança jurídica, persiste o interesse de agir na propositura de ação declaratória a respeito da questão prejudicial incidental, a ser distribuída por dependência da ação preexistente, inexistindo litispendência entre ambas as demandas (arts. 329 e 503, § 1º, do CPC).

ENUNCIADO 36 – O disposto no art. 506 do CPC não permite que se incluam, dentre os beneficiados pela coisa julgada, litigantes de outras demandas em que se discuta a mesma tese jurídica.

ENUNCIADO 37 – Aplica-se aos juizados especiais o disposto nos parágrafos do art. 489 do CPC.

ENUNCIADO 38 – As medidas adequadas para efetivação da tutela provisória independem do trânsito em julgado, inclusive contra o Poder Público (art. 297 do CPC).

ENUNCIADO 39 – Cassada ou modificada a tutela de urgência na sentença, a parte poderá, além de interpor recurso, pleitear o respectivo restabelecimento na instância superior, na petição de recurso ou em via autônoma.

ENUNCIADO 40 – A irreversibilidade dos efeitos da tutela de urgência não impede sua concessão, em se tratando de direito provável, cuja lesão seja irreversível.

ENUNCIADO 41 – Nos processos sobrestados por força do regime repetitivo, é possível a apreciação e a efetivação de tutela provisória de urgência, cuja competência será do órgão jurisdicional onde estiverem os autos.

ENUNCIADO 42 – É cabível a concessão de tutela provisória de urgência em incidente de desconsideração da personalidade jurídica.

ENUNCIADO 43 – Não ocorre a estabilização da tutela antecipada requerida em caráter antecedente, quando deferida em ação rescisória.

ENUNCIADO 44 – É requisito da petição inicial da tutela cautelar requerida em caráter antecedente a indicação do valor da causa.

ENUNCIADO 45 – Aplica-se às tutelas provisórias o princípio da fungibilidade, devendo o juiz esclarecer as partes sobre o regime processual a ser observado.

ENUNCIADO 46 – A cessação da eficácia da tutela cautelar, antecedente ou incidental, pela não efetivação no prazo de 30 dias, só ocorre se caracterizada omissão do requerente.

ENUNCIADO 47 – A probabilidade do direito constitui requisito para concessão da tutela da evidência fundada em abuso do direito de defesa ou em manifesto propósito protelatório da parte contrária.

ENUNCIADO 48 – É admissível a tutela provisória da evidência, prevista no art. 311, II, do CPC, também em casos de tese firmada em repercussão geral ou em súmulas dos tribunais superiores.

ENUNCIADO 49 – A tutela da evidência pode ser concedida em mandado de segurança.

ENUNCIADO 50 – A eficácia da produção antecipada de provas não está condicionada a prazo para a propositura de outra ação.

ENUNCIADO 51 – Havendo registro judicial ou autorização expressa do juízo sucessório competente, nos autos do procedimento de abertura, registro e cumprimento de testamento, sendo todos os interessados capazes e concordes, poderão ser feitos o inventário e a partilha por escritura pública.

ENUNCIADO 52 – Na organização do esboço da partilha tratada pelo art. 651 do CPC, deve-se incluir a meação do companheiro.

ENUNCIADO 53 – Para o reconhecimento definitivo do domínio ou da posse do terceiro embargante (art. 681 do CPC), é necessária a presença, no polo passivo dos embargos, do réu ou do executado a quem se impute a titularidade desse domínio ou dessa posse no processo principal.

ENUNCIADO 54 – Estando o processo em grau de recurso, o requerimento de habilitação far-se-á de acordo com o Regimento Interno do respectivo tribunal (art. 687 do CPC).

ENUNCIADO 55 – É cabível apelação contra sentença proferida no procedimento especial de habilitação (arts. 687 a 692 do CPC).

ENUNCIADO 56 – A legitimidade conferida à Defensoria Pública pelo art. 720 do CPC compreende as hipóteses de jurisdição voluntária previstas na legislação extravagante, notadamente no Estatuto da Criança e do Adolescente.

ENUNCIADO 57 – Todos os legitimados a promover a curatela, cujo rol deve incluir o próprio sujeito a ser curatelado, também o são para realizar o pedido do seu levantamento.

ENUNCIADO 58 – O prazo para interposição do agravo previsto na Lei n. 8.437/92 é de quinze dias, conforme o disposto no art. 1.070 do CPC.

ENUNCIADO 59 – Não é exigível identidade absoluta entre casos para a aplicação de um precedente, seja ele vinculante ou não, bastando que ambos possam compartilhar os mesmos fundamentos determinantes.

ENUNCIADO 60 – É direito das partes a manifestação por escrito, no prazo de cinco dias, sobre fato superveniente ou questão de ofício na hipótese do art. 933, § 1º, do CPC, ressalvada a concordância expressa com a forma oral em sessão.

ENUNCIADO 61 – Deve ser franqueado às partes sustentar oralmente as suas razões, na forma e pelo prazo previsto no art. 937, *caput*, do CPC, no agravo de instrumento que impugne decisão de resolução parcial de mérito (art. 356, § 5º, do CPC).

ENUNCIADO 62 – Aplica-se a técnica prevista no art. 942 do CPC no julgamento de recurso de apelação interposto em mandado de segurança.

ENUNCIADO 63 – A técnica de que trata o art. 942, § 3º, I, do CPC aplica-se à hipótese de rescisão parcial do julgado.

ENUNCIADO 64 – Ao despachar a reclamação, deferida a suspensão do ato impugnado, o relator pode conceder tutela provisória satisfativa correspondente à decisão originária cuja autoridade foi violada.

ENUNCIADO 65 – A desistência do recurso pela parte não impede a análise da questão objeto do incidente de assunção de competência.

ENUNCIADO 66 – Admite-se a correção da falta de comprovação do feriado local ou da suspensão do expediente forense, posteriormente à interposição do recurso, com fundamento no art. 932, parágrafo único, do CPC.

ENUNCIADO 67 – Há interesse recursal no pleito da parte para impugnar a multa do art. 334, § 8º, do CPC por meio de apelação, embora tenha sido vitoriosa na demanda.

ENUNCIADO 68 – A intempestividade da apelação desautoriza o órgão a quo a proferir juízo positivo de retratação.

ENUNCIADO 69 – A hipótese do art. 1.015, parágrafo único, do CPC abrange os processos concursais, de falência e recuperação.

ENUNCIADO 70 – É agravável o pronunciamento judicial que postergar a análise de pedido de tutela provisória ou condicioná-la a qualquer exigência.

ENUNCIADO 71 – É cabível o recurso de agravo de instrumento contra a decisão que indefere o pedido de atribuição de efeito suspensivo a Embargos à Execução, nos termos do art. 1.015, X, do CPC.

ENUNCIADO 72 – É admissível a interposição de agravo de instrumento tanto para a decisão interlocutória que rejeita a inversão do ônus da prova, como para a que a defere.

ENUNCIADO 73 – Para efeito de não conhecimento do agravo de instrumento por força da regra prevista no § 3º do art. 1.018 do CPC, deve o juiz, previamente, atender ao art. 932, parágrafo único, e art. 1.017, § 3º, do CPC, intimando o agravante para sanar o vício ou complementar a documentação exigível.

ENUNCIADO 74 – O termo "manifestamente" previsto no § 4º do art. 1.021 do CPC se refere tanto à improcedência quanto à inadmissibilidade do agravo.

ENUNCIADO 75 – Cabem embargos declaratórios contra decisão que não admite recurso especial ou extraordinário, no tribunal de origem ou no tribunal superior, com a consequente interrupção do prazo recursal.

ENUNCIADO 76 – É considerada omissa, para efeitos do cabimento dos embargos de declaração, a decisão que, na superação de precedente, não se manifesta sobre a modulação de efeitos.

ENUNCIADO 77 – Para impugnar decisão que obsta trânsito a recurso excepcional e que contenha simultaneamente fundamento relacionado à sistemática dos recursos repetitivos ou da repercussão geral (art. 1.030, I, do CPC) e fundamento relacionado à análise dos pressupostos de admissibilidade recursais (art. 1.030, V, do CPC), a parte sucumbente deve interpor, simultaneamente, agravo interno (art. 1.021 do CPC) caso queira impugnar a parte relativa aos recursos repetitivos ou repercussão geral e agravo em recurso especial/extraordinário (art. 1.042 do CPC) caso queira impugnar a parte relativa aos fundamentos de inadmissão por ausência dos pressupostos recursais.

ENUNCIADO 78 – A suspensão do recurso prevista no art. 1.030, III, do CPC deve se dar apenas em relação ao capítulo da decisão afetada pelo repetitivo, devendo o recurso ter seguimento em relação ao remanescente da controvérsia, salvo se a questão repetitiva for prejudicial à solução das demais matérias.

ENUNCIADO 79 – Na hipótese do art. 1.032 do CPC, cabe ao relator, após possibilitar que o recorrente adite o seu recurso para inclusão de preliminar sustentando a existência de repercussão geral, oportunizar ao recorrido que, igualmente, adite suas contrarrazões para sustentar a inexistência da repercussão.

ENUNCIADO 80 – Quando o Supremo Tribunal Federal considerar como reflexa a ofensa à Constituição afirmada no recurso extraordinário, deverá, antes de remetê-lo ao Superior Tribunal de Justiça para julgamento como recurso especial, conceder prazo de quinze dias para que as partes complementem suas razões e contrarrazões de recurso.

ENUNCIADO 81 – A devolução dos autos pelo Superior Tribunal de Justiça ou Supremo Tribunal Federal ao tribunal de origem depende de decisão fundamentada, contra a qual cabe agravo na forma do art. 1.037, § 13, II, do CPC.

ENUNCIADO 82 – Quando houver pluralidade de pedidos de admissão de amicus curiae, o relator deve observar, como critério para definição daqueles que serão admitidos, o equilíbrio na representatividade dos diversos interesses jurídicos contrapostos no litígio, velando, assim, pelo respeito à amplitude do contraditório, paridade de tratamento e isonomia entre todos os potencialmente atingidos pela decisão.

ENUNCIADO 83 – Caso os embargos de divergência impliquem alteração das conclusões do julgamento anterior, o recorrido que já tiver interposto o recurso extraordinário terá o direito de complementar ou alterar suas razões, nos exatos limites da modificação, no prazo de quinze dias, contados da intimação da decisão dos embargos de divergência.

ENUNCIADO 84 – O comparecimento espontâneo da parte constitui termo inicial dos prazos para pagamento e, sucessivamente, impugnação ao cumprimento de sentença.

ENUNCIADO 85 – Na execução de título extrajudicial ou judicial (art. 515, § 1º, do CPC) é cabível a citação postal.

ENUNCIADO 86 – As prestações vincendas até o efetivo cumprimento da obrigação incluem-se na execução de título executivo extrajudicial (arts. 323 e 318, parágrafo único, do CPC).

ENUNCIADO 87 – O acordo de reparação de danos feito durante a suspensão condicional do processo, desde que devidamente homologado por sentença, é título executivo judicial.

ENUNCIADO 88 – A caução prevista no inc. IV do art. 520 do CPC não pode ser exigida em cumprimento definitivo de sentença. Considera-se como tal o cumprimento de sentença transitada em julgado no processo que deu origem ao crédito executado, ainda que sobre ela penda impugnação destituída de efeito suspensivo.

ENUNCIADO 89 – Conta-se em dias úteis o prazo do *caput* do art. 523 do CPC.

ENUNCIADO 90 – Conta-se em dobro o prazo do art. 525 do CPC nos casos em que o devedor é assistido pela Defensoria Pública.

ENUNCIADO 91 – Interpreta-se o art. 524 do CPC e seus parágrafos no sentido de permitir que a parte patrocinada pela Defensoria Pública continue a valer-se da contadoria judicial para elaborar cálculos para execução ou cumprimento de sentença.

ENUNCIADO 92 – A intimação prevista no *caput* do art. 523 do CPC deve contemplar, expressamente, o prazo sucessivo para impugnar o cumprimento de sentença.

ENUNCIADO 93 – Da decisão que julga a impugnação ao cumprimento de sentença cabe apelação, se extinguir o processo, ou agravo de instrumento, se não o fizer.

ENUNCIADO 94 – Aplica-se o procedimento do art. 920 do CPC à impugnação ao cumprimento de sentença, com possibilidade de rejeição liminar nas hipóteses dos arts. 525, § 5º, e 918 do CPC.

ENUNCIADO 95 – O juiz, antes de rejeitar liminarmente a impugnação ao cumprimento de sentença (art. 525, § 5º, do CPC), deve intimar o impugnante para sanar eventual vício, em observância ao dever processual de cooperação (art. 6º do CPC).

ENUNCIADO 96 – Os critérios referidos no *caput* do art. 537 do CPC devem ser observados no momento da fixação da multa, que não está limitada ao valor da obrigação principal e não pode ter sua exigibilidade postergada para depois do trânsito em julgado.

ENUNCIADO 97 – A execução pode ser promovida apenas contra o titular do bem oferecido em garantia real, cabendo, nesse caso, somente a intimação de eventual coproprietário que não tenha outorgado a garantia.

ENUNCIADO 98 – O art. 782, § 3º, do CPC não veda a possibilidade de o credor, ou mesmo o órgão de proteção ao crédito, fazer a inclusão extrajudicial do nome do executado em cadastros de inadimplentes.

ENUNCIADO 99 – A inclusão do nome do executado em cadastros de inadimplentes poderá se dar na execução definitiva de título judicial ou extrajudicial.

ENUNCIADO 100 – Interpreta-se a expressão condomínio edilício do art. 784, X, do CPC de forma a compreender tanto os condomínios verticais, quanto os horizontais de lotes, nos termos do art. 1.358-A do Código Civil.

ENUNCIADO 101 – É admissível ação monitória, ainda que o autor detenha título executivo extrajudicial.

ENUNCIADO 102 – A falta de oposição dos embargos de terceiro preventivos no prazo do art. 792, § 4º, do CPC não impede a propositura dos embargos de terceiro repressivos no prazo do art. 675 do mesmo Código.

ENUNCIADO 103 – Pode o exequente – em execução de obrigação de fazer fungível, decorrente do inadimplemento relativo, voluntário e inescusável do executado – requerer a satisfação da obrigação por terceiro, cumuladamente ou não com perdas e danos, considerando que o *caput* do art. 816 do CPC não derrogou o *caput* do art. 249 do Código Civil.

ENUNCIADO 104 – O fornecimento de certidão para fins de averbação premonitória (art. 799, IX, do CPC) independe de prévio despacho ou autorização do juiz.

ENUNCIADO 105 – As hipóteses de penhora do art. 833, § 2º, do CPC aplicam-se ao cumprimento da sentença ou à execução de título extrajudicial relativo a honorários advocatícios, em razão de sua natureza alimentar.

ENUNCIADO 106 – Na expropriação, a apropriação de frutos e rendimentos poderá ser priorizada em relação à adjudicação, se não prejudicar o exequente e for mais favorável ao executado.

ENUNCIADO 107 – Não se aplica a suspensão do art. 982, I, do CPC ao cumprimento de sentença anteriormente transitada em julgado e que tenha decidido questão objeto de posterior incidente de resolução de demandas repetitivas.

ENUNCIADO 108 – A competência prevista nas alíneas do art. 53, I, do CPC não é de foros concorrentes, mas de foros subsidiários.

ENUNCIADO 109 – Na hipótese de cumulação alternativa, acolhido integralmente um dos pedidos, a sucumbência deve ser suportada pelo réu.

ENUNCIADO 110 – A instauração do incidente de desconsideração da personalidade jurídica não suspenderá a tramitação do processo de execução e do cumprimento de sentença em face dos executados originários.

ENUNCIADO 111 – O incidente de desconsideração da personalidade jurídica pode ser aplicado ao processo falimentar.

ENUNCIADO 112 – A intervenção do Ministério Público como fiscal da ordem jurídica não inviabiliza a celebração de negócios processuais.

ENUNCIADO 113 – As disposições previstas nos arts. 190 e 191 do CPC poderão ser aplicadas ao procedimento de recuperação judicial.

ENUNCIADO 114 – Os entes despersonalizados podem celebrar negócios jurídicos processuais.

ENUNCIADO 115 – O negócio jurídico processual somente se submeterá à homologação quando expressamente exigido em norma jurídica, admitindo-se, em todo caso, o controle de validade da convenção.

ENUNCIADO 116 – Aplica-se o art. 219 do CPC na contagem dos prazos processuais previstos na Lei n. 6.830/1980.

ENUNCIADO 117 – O art. 356 do CPC pode ser aplicado nos julgamentos dos tribunais.

ENUNCIADO 118 – É cabível a fixação de honorários advocatícios na ação de produção antecipada de provas na hipótese de resistência da parte requerida na produção da prova.

ENUNCIADO 119 – É admissível o ajuizamento de ação de exibição de documentos, de forma autônoma, inclusive pelo procedimento comum do CPC (art. 318 e seguintes).

ENUNCIADO 120 – Deve o juiz determinar a emenda também na reconvenção, possibilitando ao reconvinte, a fim de evitar a sua rejeição prematura, corrigir defeitos e/ou irregularidades.

ENUNCIADO 121 – Não cabe aplicar multa a quem, comparecendo à audiência do art. 334 do CPC, apenas manifesta desinteresse na realização de acordo, salvo se a sessão foi designada unicamente por requerimento seu e não houver justificativa para a alteração de posição.

ENUNCIADO 122 – O prazo de contestação é contado a partir do primeiro dia útil seguinte à realização da audiência de conciliação ou mediação, ou da última sessão de conciliação ou mediação, na hipótese de incidência do art. 335, inc. I, do CPC.

ENUNCIADO 123 – Aplica-se o art. 339 do CPC à autoridade coatora indicada na inicial do mandado de segurança e à pessoa jurídica que compõe o polo passivo.

ENUNCIADO 124 – Não há preclusão consumativa do direito de apresentar contestação, se o réu se manifesta, antes da data da audiência de conciliação ou de mediação, quanto à incompetência do juízo.

ENUNCIADO 125 – A decisão parcial de mérito não pode ser modificada senão em decorrência do recurso que a impugna.

ENUNCIADO 126 – O juiz pode resolver parcialmente o mérito, em relação à matéria não afetada para julgamento, nos processos suspensos em razão de recursos repetitivos, repercussão geral, incidente de resolução de demandas repetitivas ou incidente de assunção de competência.

ENUNCIADO 127 – O juiz pode homologar parcialmente a delimitação consensual das questões de fato e de direito, após consulta às partes, na forma do art. 10 do CPC.

ENUNCIADO 128 – Exceto quando reconhecida sua nulidade, a convenção das partes sobre o ônus da prova afasta a redistribuição por parte do juiz.

ENUNCIADO 129 – É admitida a exibição de documentos como objeto de produção antecipada de prova, nos termos do art. 381 do CPC.

ENUNCIADO 130 – É possível a estabilização de tutela antecipada antecedente em face da Fazenda Pública.

ENUNCIADO 131 – A remissão ao art. 672, feita no art. 664, § 4º, do CPC, consiste em erro material decorrente da renumeração de artigos durante a tramitação legislativa. A referência deve ser compreendida como sendo ao art. 662, norma que possui conteúdo integrativo adequado ao comando expresso e finalístico do art. 664, § 4º.

ENUNCIADO 132 – O prazo para apresentação de embargos de terceiro tem natureza processual e deve ser contado em dias úteis.

ENUNCIADO 133 – É admissível a formulação de reconvenção em resposta aos embargos de terceiro, inclusive para o propósito de veicular pedido típico de ação pauliana, nas hipóteses de fraude contra credores.

ENUNCIADO 134 – A apelação contra a sentença que julga improcedentes os embargos ao mandado monitório não é dotada de efeito suspensivo automático (art. 702, § 4º, e 1.012, § 1º, V, CPC).

ENUNCIADO 135 – É admissível a concessão de tutela da evidência fundada em tese firmada em incidente de assunção de competência.

ENUNCIADO 136 – A caução exigível em cumprimento provisório de sentença poderá ser dispensada se o julgado a ser cumprido estiver em consonância com tese firmada em incidente de assunção de competência.

ENUNCIADO 137 – Se o recurso do qual se originou a decisão embargada comportou a aplicação da técnica do art. 942 do CPC, os declaratórios eventualmente opostos serão julgados com a composição ampliada.

ENUNCIADO 138 – É cabível reclamação contra acórdão que aplicou indevidamente tese jurídica firmada em acórdão proferido em julgamento de recursos extraordinário ou especial repetitivos, após o esgotamento das instâncias ordinárias, por analogia ao quanto previsto no art. 988, § 4º, do CPC.

Enunciado 139 – A ausência de retratação do órgão julgador, na hipótese prevista no art. 1030, II, do CPC, dispensa a ratificação expressa para que haja o juízo de admissibilidade e a eventual remessa do recurso extraordinário ou especial ao tribunal superior competente, na forma dos arts. 1.030, V, "c", e 1.041 do CPC.

ENUNCIADO 140 – A suspensão de processos pendentes, individuais ou coletivos, que tramitam no Estado ou na região prevista no art. 982, I, do CPC não é decorrência automática e necessária da admissão do IRDR, competindo ao relator ou ao colegiado decidir acerca da sua conveniência.

ENUNCIADO 141 – É possível a conversão de Incidente de Assunção de Competência em Incidente de Resolução de Demandas Repetitivas, se demonstrada a efetiva repetição de processos em que se discute a mesma questão de direito.

ENUNCIADO 142 – Determinada a suspensão decorrente da admissão do IRDR (art. 982, I), a alegação de distinção entre a questão jurídica versada em uma demanda em curso e aquela a ser julgada no incidente será veiculada por meio do requerimento previsto no art. 1.037, §10.

ENUNCIADO 143 – O pedido de revisão da tese jurídica firmada no incidente de resolução de demandas repetitivas pode ser feita pelas partes, nos termos do art. 977, II, do CPC/2015.

ENUNCIADO 144 – No caso de apelação, o deferimento de tutela provisória em sentença retira-lhe o efeito suspensivo referente ao capítulo atingido pela tutela.

ENUNCIADO 145 – O recurso cabível contra a decisão que julga a liquidação de sentença é o Agravo de Instrumento.

ENUNCIADO 146 – O prazo de 3 (três) dias previsto pelo art. 528 do CPC conta-se em dias úteis e na forma dos incisos do art. 231 do CPC, não se aplicando seu § 3º.

ENUNCIADO 147 – Basta o inadimplemento de uma parcela, no todo ou em parte, para decretação da prisão civil prevista no art. 528, § 7º, do CPC.

ENUNCIADO 148 – A reiteração pelo exequente ou executado de matérias já preclusas pode ensejar a aplicação de multa por conduta contrária à boa-fé.

ENUNCIADO 149 – A falta de averbação da pendência de processo ou da existência de hipoteca judiciária ou de constrição judicial sobre bem no registro de imóveis não impede que o exequente comprove a má-fé do terceiro que tenha adquirido a propriedade ou qualquer outro direito real sobre o bem.

ENUNCIADO 150 – Aplicam-se ao direito de laje os arts. 791, 804 e 889, III, do CPC.

ENUNCIADO 151 – O legitimado pode remir a execução até a lavratura do auto de adjudicação ou de alienação (CPC, art. 826).

ENUNCIADO 152 – O pacto de impenhorabilidade (arts. 190, 200 e 833, I) produz efeitos entre as partes, não alcançando terceiros.

ENUNCIADO 153 – A penhorabilidade dos bens, observados os critérios do art. 190 do CPC, pode ser objeto de convenção processual das partes.

ENUNCIADO 154 – O exequente deve providenciar a intimação do coproprietário no caso da penhora de bem indivisível ou de direito real sobre bem indivisível.

ENUNCIADO 155 – A penhora a que alude o art. 860 do CPC poderá recair sobre direito litigioso ainda não reconhecido por decisão transitada em julgado.

ENUNCIADO 156 – O decurso de tempo entre a avaliação do bem penhorado e a sua alienação não importa, por si só, nova avaliação, a qual deve ser realizada se houver, nos autos, indícios de que houve majoração ou diminuição no valor.

Índice Remissivo do Código de Processo Civil

A

F

ANOTAÇÕES